SŁOWNIK
POPRAWNEJ
POLSZCZYZNY

PWN

SŁOWNIK
POPRAWNEJ
POLSZCZYZNY

PWN

Wydanie osiemnaste

WYDAWNICTWO NAUKOWE PWN ● WARSZAWA 1994

Opracowanie typograficzne i techniczne
Janusz Malinowski

Projekt graficzny obwoluty i okładki
Andrzej Pilich

Korektorzy
Joanna Młudzikowa, Halina Nagajewska, Janina Wanat

Wydanie XVIII
1994

ISBN 83-01-03811-X

PRZEDMOWA

Słownik poprawnej polszczyzny PWN jest, jak dotąd, jedynym tego typu słownikiem na rynku wydawniczym. Poprzedni *Słownik poprawnej polszczyzny* St. Szobera był uzupełnionym i rozszerzonym wydaniem jego *Słownika ortoepicznego* z 1937 roku.

Informacje poprawnościowe zamieszczone w niniejszym Słowniku dotyczą pisowni, wymowy, odmiany, budowy słowotwórczej, związków frazeologicznych, znaczen i składni opracowanych wyrazów. Pod poszczególnymi hasłami podane są przykłady poprawnego użycia wyrazów oraz ostrzeżenia przed formami błędnymi. *Słownik* zawiera 27 tys. haseł. Ponadto w niektórych artykułach hasłowych omówione zostały także wyrazy pochodne (nie stanowiące samodzielnych haseł). Wśród haseł *Słownika* zostały uwzględnione w dużym wyborze nazwiska oraz nazwy geograficzne polskie i obce, a także powszechnie używane skróty (w tym także skróty nazw instytucji i organizacji). Informacje poprawnościowe podawane przy poszczególnych wyrazach zostały opracowane syntetycznie w odrębnych hasłach problemowych, takich jak: *akcent, nazwy* i *tytuły zawodowe kobiet.*

Słownik poprawnej polszczyzny PWN przeznaczony jest dla jak najszerszego kręgu odbiorców, a zwłaszcza dla młodzieży szkół średnich i wyższych, dla nauczycieli i pracowników wydawnictw, prasy, radia, telewizji, dla wszystkich tych, którzy, szukając właściwych form wypowiadania swych myśli, mogą się wahać co do tego, czy są w zgodzie z obowiązującymi normami językowymi.

Pracami nad słownikiem kierował Komitet Redakcyjny w składzie: prof. dr Witold Doroszewski (Przewodniczący Komitetu i Redaktor Naczelny), prof. dr Stefan Hrabec, prof. dr Zenon Klemensiewicz, doc. dr Halina Kurkowska (Zastępca Redaktora Naczelnego) i prof. dr Stanisław Urbańczyk. Pracę podjęto w latach 1968–1969 w Redakcji Słowników Języka Polskiego PWN, w której funkcję kierownika pełniła wówczas Halina Auderska.

Przekazując Czytelnikom *Słownik poprawnej polszczyzny* PWN, mamy nadzieję, że będzie on dobrze służyć krzewieniu kultury językowej, stanowiącej ważną część ogólnej kultury społecznej.

Redakcja

I. O POPRAWNOŚCI JĘZYKOWEJ BŁĘDACH JĘZYKOWYCH I KRYTERIACH OCENY TYCH POJĘĆ

Myśleć, to znaczy uświadamiać sobie związki zależności między rzeczami, zjawiskami, procesami; im lepiej zaś te związki rozumiemy, tym bardziej się rozszerzają granice możliwości celowego i skutecznego działania.

Poznawanie języka, to jego opanowywanie, a tym samym powiększanie swojej sprawności w posługiwaniu się nim i temu celowi służy zasadniczo każdy słownik języka polskiego. W *Słowniku poprawnej polszczyzny* położony jest nacisk na to, że ma on charakter bardziej zdecydowanie normatywny niż słownik, w którego tytule nie ma wzmianki o pojęciu poprawności. Żeby się nie wikłać w nieporozumieniach, należy powyjaśniać, jaka jest treść pojęć: *poprawność, norma, błąd (językowy)*. Te trzy pojęcia blisko się z sobą łączą, bo poprawność można określić jako zgodność z normą i umiejętność nierobienia błędów. Ale na takim elementarnym stwierdzeniu nie można poprzestać, tym bardziej, że każde z wymienionych pojęć ma zastosowanie nie tylko w językoznawstwie. Można mówić na przykład o logicznie poprawnym myśleniu; w tym wypadku rozumiemy przez „logicznie poprawne" takie myślenie, które jest wewnętrznie spoiste, którego kolejne etapy są w należyty sposób ze sobą powiązane i prowadzą do właściwych wniosków. „Logicznie poprawne myślenie — czytamy w „Myśli Filozoficznej" (1953, l, s. 340) — jest niezbędnym warunkiem naukowego poznania i owocnej działalności praktycznej". Wewnętrzna konsekwencja i rygoryzm logiczny formułowanych tez nie zawsze mogą mieć zastosowanie w rozważaniach językoznawczych, zasada „jeżeli, to" może być często zawodna i nie nadawać się do praktycznego stosowania: można by było powiedzieć: „jeżeli" wyrazy mające łacińskie zakończenie *-um*, jak *muzeum, liceum, gimnazjum, prezydium* mają w mianowniku liczby mnogiej końcówkę *-a*, „to" łaciński wyraz *album* ma w mianowniku liczby mnogiej formę *albumy*. Logicznego przejścia od spodziewanej formy na *-a* do formy *albumy* nie ma, możemy tylko stwierdzić, że forma *albumy* nie została ogarnięta „normą" dającą się wywnioskować z serii form wymienionych wyżej; zgodna z tą normą byłaby forma mianownika liczby mnogiej *alba* odpowiadająca liczbie pojedynczej *album*, która byłaby wtedy formą rodzaju nijakiego: „to album" (forma jeszcze wyjątkowo w mowie osób starszych dająca się posłyszeć). Formami językowymi nie rządzą zasady „immanentno-logiczne", zbyt różnorakie czynniki wpływają na losy tych form. Znany językoznawca francuski, Ferdynand Brunot, nadał rozdziałowi jednej ze swych prac tytuł, który jest prawie okrzykiem: „La grammaire ennemie de la logique, la logique ennemie de la grammaire!" (= Gramatyka wrogiem logiki, logika wrogiem gramatyki). Nie musimy się pod tym hasłem podpisywać, ale musimy sobie uświadamiać, że przymiotnik *poprawny* może co innego znaczyć w logice, co innego w językoznawstwie. Przymiotnik *poprawny* jako określenie wyrazu lub formy wyrazowej znaczy właściwie: nie popadający w kolizję ze zwyczajem panującym w pewnej epoce, w pewnym środowisku językowym i nie wywołujący zakłóceń w odbiorze treści zawartej w danej formie czy w danym wyrazie. *Duszny* nie znaczy dziś «dotyczący duszy» (chociaż jeszcze Żeromski pisał o „torturach dusznych"), toteż, gdyby kto dziś użył przymiotnika *duszny* w tym znaczeniu, znalazłby się w konflikcie ze współczesnym zwyczajem językowym. Gdyby kto przeglądał w słownikach znaczenia wyrazu *szczyt*, to mógłby się dowiedzieć, że wyraz ten znaczył kiedyś «tarczę», ale jeszcze by nie znalazł *szczytu* w znaczeniu «konferencji na najwyższym szczeblu»; ten neologizm znaczeniowy ukazał się w języku dopiero parę lat temu (nie zdążyliśmy go jeszcze zarejestrować nawet w suplemencie do słownika pod moją redakcją, wydanym w r. 1969). Czy należy uznać, że użycie wyrazu *szczyt* w znaczeniu «konferencji na najwyższym szczeblu» jest użyciem niepoprawnym? — Byłby to osąd zbyt kategoryczny. Nie mamy takiej władzy nad językiem, żebyśmy mogli ferować wyroki dotyczące historii wyrazów, wskrzeszać je lub uśmiercać. Mogą się przypomnieć słowa poety:

> Świat wam nie odda, idąc wstecz,
> Zniknionych mar szeregu.
> Nie zdoła ogień, ani miecz
> Powstrzymać myśli w biegu.
>
> (A. Asnyk, *Daremne żale*)

Ogniem ani mieczem językoznawca — szczęśliwie zresztą — nie dysponuje. Jego najmocniejszymi atutami powinny być znajomość historii języka, zdrowy rozsądek i nieprzecenianie samego siebie, to znaczy nietraktowanie siebie jako augura i prawodawcy językowego. Wystarczy, jeżeli będzie się orientował w tym, jakie czynniki wpływają na losy języka i tę swoją orientację, która zawsze wymaga znacznego nakładu pracy, potrafi w prostych słowach przekazywać wszystkim, należącym do danego środowiska językowego. Już samo posługiwanie się prostym i jasnym stylem naukowym jest ważnym wkładem w kształtowanie kultury umysłowej społeczeństwa.

Dotychczasowe uwagi dotyczące pojęcia poprawności językowej były oparte na kryterium zasadniczo historycznym. Zastanówmy się nad możliwymi innymi kryteriami ocen wyrazów i form wyrazowych, ujmując rzecz w sposób możliwie zwięzły. Jednym z nich jest kryterium formalno-logiczne, które można by było również nazwać kryterium korelacji form. Istnieją w języku polskim formacje *należność* i *należytość* obok odpowiadających im podstawowych przymiotników *należny* i *należyty*. Przymiotniki te pod względem znaczeniowym różnią się od siebie dość wyraźnie: *należny* to taki, który się komuś należy, *należyty* to taki, jaki powinien być. Mówimy: „kwota należna komuś wynosi tyle a tyle", obok czego: „uczestnicy wyprawy otrzymali należyte wyposażenie". Jest logiczne, aby ta różnica znaczeń była zachowana w pochodnych rzeczownikach *należność* i *należytość*. Pierwszy z nich, *należność*, nadaje się na oznaczenie tego, co się należy, toteż jest rzeczą naturalną, że się mówi o „należnościach pieniężnych": w tym wypadku znaczenie rzeczownika pozostaje w logicznym związku ze znaczeniem jego słowotwórczej podstawy przymiotnikowej. Jeżeli natomiast ktoś mówi lub pisze o „należytości pieniężnej" — a spotyka się tę formę nawet w drukach urzędowych, to poprawność takiego użycia można zakwestionować, bo z budowy rzeczownika *należytość* wypadałoby wnosić, że ma on znaczyć coś, co jest *należyte*, gdy tymczasem chodzi o coś, co jest *należne*. Stąd wniosek, że w sporze o to, czy lepsza jest forma „należność pieniężna" czy „należytość pieniężna", należy dać pierwszeństwo *należności*. Dawniej różnica znaczeniowa między formami *należny* i *należyty* nie była tak wyraźna jak dziś, ale z chwilą, gdy stała się ona faktem, opowiadamy się za „należnością", a nie „należytością pieniężną", rozszerzając opozycję znaczeniową przymiotników na pochodne od nich rzeczowniki.

W bardzo prosty i wyraźny sposób układają się stosunki między formami *różnicować* i *różniczkować*. W tym wypadku samo wskazanie na podstawę słowotwórczą każdego z tych czasowników powinno właściwie wystarczyć: podstawą pierwszego z nich jest rzeczownik *różnica*, drugiego — *różniczka*. Stąd, choćby przez porównanie z takimi parami jak *kształt* — *kształtować* «nadawać kształt», wynika że *różnicować* może znaczyć tylko «wprowadzać różnicę», *różniczkować* «wprowadzać różniczkę». Można mówić z sensem o „nie zróżnicowanych" funkcjach znaczeniowych jakichś wyrazów, nie ma natomiast sensu mówienie w takim wypadku o „różniczkowaniu się"; *różniczce* i pochodnemu od niej *różniczkowaniu* należy pozostawić ściśle specjalny, związany z matematyką i rachunkiem różniczkowym zakres użycia.

Dość często spotyka się w druku wyrażenia: „człowiek niespożytej energii, niespożyte zasoby duchowe, niespożyta moc narodu" itp. Dziś czasownik *spożyć* znaczy «zjeść», więc *nie spożyty* napisane rozdzielnie powinno znaczyć «nie zjedzony», napisane łącznie *nie-spożyty* — «taki, który nie może być zjedzony» (por. *niezwyciężony, nieustraszony*). Istniał dawniej w języku polskim czasownik *pożyć*, który znaczył «pokonać, zwyciężyć kogo». Imiesłów *niepożyty* znaczył «niepokonany, niezwyciężony», por. u Kochanowskiego: „We wszelkim nieszczęściu i ty bądź niepożyty" albo: „potłukł zbroje niepożyte, spalił tarcze nieprzebite". Mimo że dziś czasownik *pożyć* w znaczeniu «pokonać» nie jest używany, lepsza jest korelacyjna względem tego czasownika forma *niepożyty* (używa jej jeszcze Parandowski, spotykamy ją u Sienkiewicza) od nasuwającej niewłaściwe skojarzenia z czasownikiem *spożyć* «zjeść» formy *niespożyty*.

Jednym z kryteriów bardzo często stosowanym w ocenie języka jest kryterium narodowe. Za dobre, godne użycia, a w razie potrzeby i opieki, uważa się to, co jest w języku narodowe, własne, nie zapożyczone, nie powstałe pod obcym wpływem. Za złe i podlegające usunięciu to, co jest naleciałością obcą. Zagadnienie jest bardzo rozległe. Musimy się ograniczyć do skrótowego sformułowania kilku punktów:

1. Nie należy używać wyrazów obcych dla ozdoby stylu, dla popisania się ich znajomością, co robią często osoby nie znające dobrze obcego języka i używające przygodnie obcych wyrazów w sposób niewłaściwy i ośmieszający tego, kto tych wyrazów używa. Przykładem może być zdanie napisane przez pewnego krytyka: „Legenda ta uznana została w nauce za fałszywą i została roznegliżowana jako panująca powszechnie maniera profetyzmu". W tym steku obcych słów nie wiadomo, o co chodzi, taka forma wysłowienia uniemożliwia myśli jej społeczne oddziaływanie, toteż nie można nie uważać jej za objaw społecznie szkodliwy.

2. Nie należy używać obcego wyrazu, jeżeli się nie jest całkowicie pewnym jego dokładnego znaczenia oraz tego, że zostanie on właściwie zrozumiany przez otoczenie.

3. Racją użycia wyrazu obcego może być potrzeba wyrażenia pewnej treści myślowej nie dającej się zamknąć w żadnym wyrazie swojskim. To może dotyczyć takich wyrazów jak *radar, prekursor, antycypacja*. W wypadkach, kiedy istnieje możliwość wyboru między wyrazem obcym a swojskim, należy dać pierwszeństwo swojskiemu; zamiast na przykład *koincydencja* lepiej powiedzieć *zbieżność*. W terminologii specjalnej, naukowej nie należy zastępować terminów specjalnych ich tłumaczeniami czy też odpowiednikami polskimi, bo byłby to objaw partykularyzmu. Nazwy chorób takich jak *szkarlatyna, dyfteryt, malaria, koklusz, reumatyzm, skleroza* są zrozumiałe dla każdego lekarza, jakiejkolwiek by był narodowości; nazw *płonica, błonica, zimnica, krztusiec, gościec, miażdżyca* nie rozumie żaden lekarz nie-Polak. Obowiązkiem lekarza jest przynoszenie ulgi choremu, a nie zastępowanie obcych, międzynarodowo przyjętych nazw nazwami polskimi (nawet w wypadkach gdy mają one pewną tradycję, jak np. nazwa *gościec*).

4. Sprawę wyrazów obcych w języku należy traktować jako sprawę praktyczną, polegającą na dobieraniu właściwych środków wyrazu do odpowiednich treści myślowych. Nie można byłoby wysnuć żadnych rozsądnych wskazań wychodząc na przykład z założenia, że się zwalcza wyrazy obce, bo są obce. Zwalcza się je w tym stopniu, w jakim są szkodliwe jako źródło zamętu pojęciowego i objawy bezmyślności snobów wywołującej zamęt. Popiera się zaś żywioł rodzimy w słownictwie jako bardziej przydatny do spontanicznego i należytego wypowiadania myśli rodzących się w głowach polskich.

Na marginesie powyższych rozważań można dopisać uwagę, że jeżeli w tekście polskim lub w toku mowy polskiej cytuje się jakiś wyraz obcy jako obcy, to należy go wymawiać w sposób taki, w jaki jest w danym języku wymawiany: w Warszawie słyszy się często wyrażenie francuskie *en deux* jako mające znaczyć «we dwoje», tymczasem to wyrażenie znaczy w języku francuskim «na dwoje» (np. *fendre en deux* = rozciąć na dwoje), *we dwoje* zaś to *à deux* (co może znaczyć również «we dwóch» albo «we dwie»). We fr. *chargé d'affaires* pierwszy wyraz jest dwusylabowy i nie należy go wymawiać „szarż". W wyrazie włoskim *crescendo* litery *sc* wymawiane są jako *sz*, należy więc mówić „kreszendo", a nie „kreszczendo"*.

---

* Szczegóły p. W. Doroszewski *Kryteria poprawności językowej*, Warszawa 1950, s. 40—41.

Kryterium estetyczne. Trudno to kryterium ująć w sposób ścisły. Ograniczę się do kilku uwag. Harmonijną pod względem estetycznym całość stanowią słowa, w których pierwiastki treści znaczeniowych nie są z sobą skłócone. W tytule notatki dziennikarskiej: „Odgłosy wystąpienia Marshalla wygłoszonego w Chicago" wyrazy *wystąpienia* i *wygłoszonego* nie są dobrze zestrojone ze sobą. Gdy mówimy o czyimś wystąpieniu w jakiejś sprawie, to mamy na myśli to przede wszystkim, że ten ktoś wypowiedział publicznie swój sąd w tej sprawie. W wyrazie jednak *wystąpienie* pierwiastki jego znaczenia etymologicznego jeszcze niezupełnie zanikły. Jeszcze go łączą żywe nici skojarzeniowe z *występowaniem* jako czynnością fizyczną, polegającą na wychodzeniu przed jakiś szereg, na jakieś forum. Można powiedzieć *wygłosić opinię*, ale nie można „wygłosić wystąpienia". Mówiąc technicznie, wyraz *wystąpienie* nie jest jeszcze dostatecznie zleksykalizowany, to znaczy ujednolicony i pozbawiony cech struktury słowotwórczej, żeby można było operować nim niezależnie od tego, co on „współoznacza". Wystarczy połączyć — jak w przytoczonym zdaniu — *wystąpienie* z *wygłoszeniem*, żeby współoznaczana treść *wystąpienia* ożyła i wywołała dysharmonię.

Język często bywa nazywany zbiorem wygasłych metafor. Nie wszystkie są jednak wygasłe w tym samym stopniu. Sztuka łączenia wyrazów ze sobą polega na umiejętnym dozowaniu metaforyczności każdego z nich w kombinacjach z innymi wyrazami. Niepanowanie myślowe nad tą całością, którą powinny tworzyć łączące się ze sobą wyrazy pociąga za sobą takie niedorzeczności jak np. zdanie: „Krew przelana wówczas na obcej ziemi w walce ze wspólnym zaciekłym wrogiem Słowiańszczyzny wydała historyczny posiew". „Krew wydająca posiew" to stylizacja, która uchybia powadze tematu.

Sprawdzianem estetycznej wartości tekstu jest możność wmyślania się w sugerowane słowami obrazy. Wystarczy przypomnieć z I księgi *Pana Tadeusza* fragment, w którym poeta mówi o Napoleonie. Świat tonący we łzach i krwi, nad nim bóg wojny — chmura — rydwan — orły — lot — gromy; obrazy rodzą się jedne z drugich, potęgują się wzajemnie. Im bardziej poddajemy się słowom poety, im je wszechstronniej przeżywamy, tym wspanialszy staje przed nami obraz.

Między pięknem a myślą nie ma zasadniczego rozdźwięku. Jasność jest zaletą myśli i ta jasność właśnie przeświecająca przez pryzmaty słów stanowi często o ich pięknie. Dodatkowym efektem piękna jasnego stylu jest jego społeczna skuteczność i pożyteczność.

Jasność i prostota — największe estetyczne zalety stylu — są także najważniejszymi warunkami jego społecznego oddziaływania. *Słownik poprawnej polszczyzny PWN* nie może być tylko zbiorem ostrzeżeń przed błędami, pouczeń, zakazów i nakazów; powinien on służyć tej samej sprawie, której służy słownik ogólny, a mianowicie sprawie rozszerzania skali naszej wrażliwości na słowa, reagowania w coraz bardziej zróżnicowany sposób na bodźce zewnętrzne, znajdowania coraz lepszych form wyrażania swoich myśli i uczuć za pomocą słów. Znajomość gramatyki, bodaj elementarna, jest rzeczą ważną, ale na niej w naszym stosunku do języka nie możemy poprzestać; rację miał Jan Śniadecki pisząc: „Można pisać poprawnie a przy tym źle".

Kryterium geograficzne (miejscowe). Jednym z czynników mogących rozstrzygać o odczuwaniu przez mówiących pewnych form jako poprawnych, nie wywołujących wątpliwości, innych jako złych, niewłaściwych — jest wzgląd na to, gdzie, w jakich okolicach, miastach formy te są używane. Prestiż ośrodka dominującego pod względem kulturalno-społecznym i politycznym udziela się jego językowi. We Francji takim ośrodkiem była Ile de France z Paryżem jako centrum, we Włoszech — prowincja toskańska z Florencją (a później dopiero Rzym, co znalazło wyraz w znanym powiedzeniu, że najlepszy język włoski to *lingua toscana in bocca romana* — język toskański w ustach rzymskich).

U nas stosunki pod tym względem nie układały się tak prosto, bo żadne miasto ani żadna dzielnica nie może rościć pretensji do tego, żeby ich język właśnie stał się wzorem i normą języka ogólnonarodowego. Ośrodkami, których język wyciska swe piętno na języku ogólnopolskim są dziś Warszawa i Kraków. Odmienne warunki historyczne, zwłaszcza w wieku XIX, spowodowały wytwarzanie się pewnych różnic językowych między tymi miastami. Celem, do którego należy dążyć przede wszystkim, jest to, żeby stwierdzając te różnice, zachowywać spokój ducha konieczny do zrozumienia faktu i sformułowania właściwej oceny*.

Różnice między mową warszawian a krakowian dają się stwierdzić w zakresie fonetyki: warszawskie *cóś, któś*, krakowskie *żłóbek, rozprószyć, stósować*; słownictwa: krakowskie *bil* «świeża słonina», *borówki* (warsz. *czarne jagody*), *kończyna* «kraniec», *prawie* «właśnie», *zmięk* (warsz. *odwilż*); rodzaju gramatycznego: krak. *ta litra, ta magiel, ta sorta, ta warianta*; znaczeń wyrazów: krak. *sagan*, warsz. *imbryk*; słowotwórstwa: krak. *chlebuś, podwórzec***.

Oceniając ogólnie różnice językowe krakowsko-warszawskie należy obiektywnie stwierdzić, że jeżeli pominiemy rażące skazy na języku urzędowym byłej Galicji (pośpiesznie tworzonym po roku 1867) i pewne germanizmy, to język Warszawy i język Krakowa trudno przeciwstawiać jako lepszy i gorszy. Różnice między językami tych miast tłumaczą się przyczynami historycznymi, pod względem zaś historycznym nie zawsze dadzą się znaleźć momenty, które by rozstrzygały o lepszości pewnych typów tradycji i pewnych form i były dostateczną przyczyną zwalczania form odmiennych. Kryterium geograficzne, w praktyce sprowadzające się do kwestii wyboru między tradycją językową warszawską a krakowską nie ma w języku polskim wartości niespornej.

Jest jedna dziedzina, w której historyk języka polskiego nie może nie stwierdzić bardzo wielkiego, dominującego wkładu Warszawy; tą dziedziną jest leksykografia, wystarczy wymienić słowniki: Trotza, Lindego, Karłowicza-Kryńskiego-Niedźwieckiego*** i wreszcie słownik przewyższający rozmiarami słowniki dotychczasowe, wydawany w latach 1958–1969 pod redakcją podpisanego.

Kryterium literacko-autorskie. Dość często w sporach o poprawność językową spotkać się można z odwoływaniem się do języka wybitnych twórców literackich. Na poparcie tezy, że jakaś forma jest dobra, przytacza się to, że używał jej któryś ze znanych i uznanych autorów. Jest to jednak zawodne. We wspomnianej już książce *Kryteria poprawności językowej* cytowałem z *Pana Tadeusza* wiele przykładów z zakresu fonetyki, form odmiany wyrazów, słowotwórstwa, składni, semantyki, które pozwalają na wysnucie wniosku, że język Mickiewicza poety i Mickiewicza człowieka jest tym samym językiem. Charakter „wieszcza" właściwy autorowi nie rozstrzyga o tym, aby język przez autora używany mógł być wzorem i instancją, do której odwoływanie się służyłoby sprawom praktycznej troski o język. Język, którym pisze poeta, jest jak każdy inny język uwarunkowany historycznie, geograficznie, socjologicznie. Włącza się on w nurt ogólnej historii języka i tylko na tle tej historii może być właściwie rozumiany i oceniany. Sam w sobie nie stanowi kryterium oceny.

Wśród kryteriów poprawności językowej można by było jeszcze wymienić kryterium sceniczne, szkolne, pisowniowe, ale są to już nie tyle kryteria, ile sposoby dostosowywania do potrzeb szkoły, teatru, nauki czy pisowni pewnych ogólniejszych norm, w których powinien się orientować nauczyciel czy kierownik szkoły dramatycznej. Solski żądał od aktorów, żeby w wyrazie *brąz* wyraźnie wymawiali spółgłoskę *n*, zgodnie z daw-

---

* Gdy jako redaktor *Słownika poprawnej polszczyzny* zwróciłem się listem z dn. 6 marca 1968 r. do prof. Klemensiewicza z prośbą o wzięcie udziału w pracy nad słownikiem, odpowiedział mi listem ujmującym w treści i w formie i wyrażającym zgodę na moją propozycję. Organizowanie współpracy nie zawsze jest u nas łatwe, toteż chciałbym, żeby ta wzmianka była jeszcze jedną formą hołdu należnego pamięci Zenona Klemensiewicza. Po Jego tragicznej śmierci (2.IV.1969 r.) zwróciłem się z prośbą o współpracę do prof. Stefana Hrabca w Łodzi, doświadczonego leksykografa, współredaktora *Słownika języka Adama Mickiewicza*, który również wyraził zgodę na moją propozycję. Zgodził się na nią także prof. Stanisław Urbańczyk. Prof. Hrabec nie doczekał ukazania się *Słownika* w druku: zmarł 25 grudnia 1972 r.

** Inne przykłady cytuję w odpowiednim rozdziale książki *Kryteria poprawności językowej*.

*** M.A. Trotz, *Nowy dykcjonarz to jest mownik polsko-francusko-niemiecki z przydatkiem przysłów potocznych, przestróg gramatycznych, lekarskich, matematycznych i inszym naukom przywoitych wyrazów*, Lipsk 1764.

S.B. Linde, *Słownik języka polskiego*, t. I–VI, Warszawa 1807–1814.

J. Karłowicz, A. Kryński, W. Niedźwiedzki, *Słownik języka polskiego*, t. I–VIII, Warszawa 1900–1927.

niejszą pisownią tego wyrazu: *bronz*. Było to przygodne zastosowanie kryterium literowego, nieodpowiedniego w tym wypadku, bo pozycja przed *z* lub *s* jest tą pozycją, w której samogłoski nosowe mają nosowość wokaliczną, niezależnie od tego, jak się piszą: w wyrazach *anons* i *wąs* samogłoska pisana *on* i *ą* wymawiana jest jednakowo jako *o* nosowe. Informacje dotyczące wymowy poszczególnych wyrazów znajdzie czytelnik pod odpowiednimi hasłami *Słownika*.

Po uświadomieniu sobie tego, na czym opieramy sądy wartościujące, gdy je orzekamy o faktach językowych, to znaczy, do jakich się w tych wypadkach odwołujemy kryteriów, zastanówmy się przez chwilę nad tym, z czym *Słownik* ma walczyć, to znaczy nad pojęciem błędu językowego.

Błąd bywa określany (np. we wstępie do *Słownika polskich błędów językowych* Stanisława Słońskiego) jako ,,odstępstwo od normy językowej, normą zaś jest zwyczaj powszechny w języku warstw kulturalnych, uświęcony językiem pisarzy''. Odstępstwo od normy można ujmować z różnych stron. Chłop mazurzący nie jest w zgodzie z normą języka literackiego, jest natomiast w zgodzie z normą panującą w jego środowisku. Konflikt mazurzenia z niemazurzeniem jest konfliktem dwóch norm środowiskowych, społecznych, konfliktem, którego zakończenie łatwo przewidzieć. W Polsce zachodzi proces urbanizacji, któremu towarzyszy integracja językowa, to znaczy zanikanie cech regionalnych i prowincjonalnych. Nawet gdyby proces integracji już był zakończony, nie znaczyłoby to, że skończył się okres popełniania błędów w języku.

Język jest jedną z form zachowania się człowieka w środowisku społecznym, jedną z form jego działania. Dlatego też językoznawstwo, którego przedmiotem badania jest człowiek jako istota mówiąca, jest nauką nie tylko historyczno-porównawczą, ale i społeczno-pedagogiczną. Koniecznym warunkiem powodzenia w walce z błędami językowymi jest rozumienie tego, jakie są ich źródła, jakiego typu rozregulowania mechanizmów mowy pociągają za sobą ukazywanie się błędów w języku.

Wszelki błąd, a więc i błąd językowy, jest czymś nie zamierzonym. Czynnością nie zamierzoną jest czynność, której ktoś nie przewidział w myśli i nie pragnął, to znaczy czynność odbywająca się poza świadomością i poza aktywnym udziałem woli. Zwalczanie błędów to przeciwdziałanie irracjonalnym, inercyjnym (bezwładnym) skojarzeniom, będącym przyczyną wykolejeń we wszystkich dziedzinach języka (jak mówią Francuzi *paresse linguistique* — lenistwo językowe).

Celem pracy wychowawczej w zakresie języka jest powiększanie sprawności w posługiwaniu się nim jako narzędziem myśli i działania. Od stopnia tej sprawności w życiu naszym zależy bardzo wiele — zarówno w sposobie widzenia świata jak w stosunkach z ludźmi.

Psychologia nowoczesna oparta jest na założeniu, że człowiek stanowi jedność bio-psycho-socjalną. Tę jedność trzeba nie tylko rozumieć, trzeba ją także umieć przeżyć, to znaczy umieć się wydobywać poza ciasne granice swojego ,,ja'', opierać swój stosunek do współuczestników środowiska na życzliwości, która się rodzi z rozumienia wspólnoty losów i współodpowiedzialności za te losy. W tym zespole pozytywnych uczuć tkwią źródła naszej dbałości o to, by posługiwać się językiem, który jest naszą wspólnotą pracy, w sposób jasny i prosty, zgodny z normami społeczno-zwyczajowymi, nie wywołujący konfliktów w naszym porozumiewaniu się z otoczeniem, nie stający się krzywym zwierciadłem widzenia świata przez pryzmat źle używanych słów.

Tym celom chcielibyśmy, żeby służył *Słownik poprawnej polszczyzny PWN* i z tą nadzieją oddajemy go w ręce Czytelników.

Witold Doroszewski

II. O ZAWARTOŚCI SŁOWNIKA

Aby ułatwić użytkownikom korzystanie ze *Słownika*, podajemy informacje szczegółowe, dotyczące przyjętych przez nas zasad doboru wyrazów hasłowych (haseł), sposobu ich opracowania oraz wskazówek normatywnych zawartych w artykułach hasłowych.

Zasady doboru wyrazów hasłowych

Słownik rejestruje te tylko wyrazy, których wymowa, pisownia, odmiana, budowa słowotwórcza, znaczenie, użycie składniowe lub łączliwość z innymi wyrazami mogą sprawiać użytkownikom polszczyzny jakiekolwiek trudności. Ażeby zamieścić w *Słowniku* odpowiednie wyrazy jako hasła i podać wskazówki normatywne rzeczywiście potrzebne, przeanalizowaliśmy obfitą literaturę z zakresu poradnictwa językowego (podano ją na końcu *Słownika*, zob. Bibliografia).

Zasób haseł *Słownika* obejmuje następujące rodzaje w y r a z ó w p o s p o l i t y c h:
a) w szerokim zakresie — powszechnie używane wyrazy ogólnopolskie (np. **adres, album, brać, hamulcowy, koklusz, krawat, krawcowa, litr, spóźniać się, zeszyt**);
b) w węższym zakresie — terminologię techniczną i naukową oraz słownictwo używane w określonych środowiskach zawodowych (np. **hamulczy, hospitalizacja, krztusiec, mitel, obunóż**);
c) w ograniczonym zakresie — słownictwo jakiegoś regionu używane przez warstwy wykształcone (np. **hreczany, krawatka, krawczyni, modrak**) oraz wyrazy różniące się stopniem żywotności (np. *wychodzące z użycia*: **dysputa, inserat, nacja, oberluft, wiktuały**; *przestarzałe*: **influenca, jurysta, kajet, świekra**; *dawne*: **insurekcja, tuz**).

Oprócz wyrazów pospolitych *Słownik* uwzględnia n a z w y w ł a s n e (osobowe i geograficzne), s k r ó t y, s k r ó t o w c e oraz f o r m a c j e o d n i c h p o c h o d n e. Czytelnik znajdzie więc w *Słowniku* omówienie:
a) imion polskich i obcych (np. **Anna, Bogumił, Florian, Kazimierz, Louis, Maksymilian, Otto, Władysław**);
b) nazwisk polskich i obcych (np. **Ampère, Benešić, Cycero, Czechow, Ford, Grottger, Joyce, Kennedy, Leibniz, Moniuszko, Nitsch**);
c) nazw mieszkańców miast, państw, kontynentów oraz członków narodowości, plemion, grup etnicznych (np. **Ajnos, Bułgar, Czeszka, Europejczyk, gdańszczanin, Kiczua, Lotaryńczyk, Nowozelandczyk, Wielkopolanin, wrocławianka**);
d) nazw państw, krajów, krain (geograficznych i historycznych), miejscowości, gór, rzek, jezior (np. **Andy, Badenia, Bukareszt, Dniepr, Europa, Giewont, Iwonicz Zdrój, Kujawy, Łeba, Niegocin, Pacyfik, Turkmenia, Uganda, Wisłok**);
e) skrótów konwencjonalnych (np. **dr, inż., kg, km, kpt., n.p.m.**), skrótów nazw instytucji, organizacji itp. — tzw. skrótowców (np. **AL, CDT, MZK, NRD, ONZ, PAN, PZPR, TASS, WOP, ZMS**) oraz wyrazów pochodnych od skrótowców (np. **akowiec, ormowski, wopista, zetemesowiec**).

W zakresie nazewnictwa geograficznego za podstawę przyjęliśmy *Polskie nazewnictwo geograficzne świata* (oprac. L. Ratajski, J. Szewczyk, P. Zwoliński, Warszawa 1959) —

zaaprobowane i zalecone przez Prezydium i Komisję Kultury Języka Komitetu Językoznawstwa PAN, oraz uchwały Komisji Ustalania Nazw Miejscowości i Obiektów Fizjograficznych.

Informacje podawane w artykułach hasłowych

W artykułach hasłowych o maksymalnej zawartości informacji podajemy ocenę wyrazu ze względu na jego zasięg społeczno-środowiskowy lub geograficzny, zabarwienie stylistyczne, stopień poprawności i rozpowszechnienia, oraz wskazówki dotyczące jego wymowy, pisowni, odmiany, znaczenia, składni, łączliwości z innymi wyrazami i budowy słowotwórczej. W wielu artykułach można się było ograniczyć do przekazania tylko niektórych informacji (np. jedynie do wskazówek dotyczących poprawnej wymowy czy odmiany wyrazu hasłowego). Dążąc do jak największej zwięzłości zastosowaliśmy odpowiednie oznaczenia, kwalifikatory i znaki (zob. III część wstępu: Objaśnienia skrótów i znaków).

Kwalifikatory. Niektóre z nich wymagają szczegółowego omówienia. Kwalifikator *pot.* (= potoczny, potocznie) sygnalizuje występowanie danego elementu językowego przede wszystkim w języku mówionym, w swobodnej, codziennej mowie. Kwalifikatorem *książk.* (= książkowy, książkowo) oznaczamy wyrazy, ich formy i połączenia pojawiające się głównie w języku pisanym, w tekstach o charakterze publicznym (książki, czasopisma, radio, telewizja, oficjalne przemówienia). Kwalifikator *reg.* (= regionalizm, regionalny) stosowany jest do wyrazów, ich form i użyć występujących w mowie ludzi wykształconych jakiegoś regionu geograficznego (zob. hasło: regionalizmy). Zasięgu występowania poszczególnych regionalizmów nie określamy dokładnie ze względu na nie dość jeszcze zaawansowany stan badań nad tą warstwą polskiego słownictwa. Kwalifikatorem *gw.* (= gwarowy, gwarowo) sygnalizujemy wyrazy i formy właściwe mowie mieszkańców wsi (zob. hasła: dialektyzmy, gwara). Ze względu na stosunek mówiącego (piszącego) do odbiorcy i przedmiotu wypowiedzi charakteryzują wyrazy (i związki wyrazowe) takie kwalifikatory jak: *iron.* (= ironiczny), *pogard.* (= pogardliwy), *lekcew.* (= lekceważący), *rub.* (= rubaszny, świadczący o poufałym, bezceremonialnym stosunku do rozmówcy i tematu), *posp.* (= pospolity, nieco ordynarny), *tryw.* (= trywialny, ordynarny z odcieniem nieprzyzwoitości, niestosowny pod względem towarzyskim), *wulg.* (= wulgarny, będący objawem braku kultury). Kwalifikatory *rzad.* (= rzadziej, rzadko używany) i *częściej* informują o mniejszej lub większej liczbie osób używających danego środka językowego (wyrazu, jego formy, znaczenia itp.).

Stopień poprawności wyrazów hasłowych. Wyrazy, ich formy i użycia, które uznaliśmy za lepsze od innych, synonimicznych poprzedzamy zaleceniem: *lepiej.* Ostrzeżenie w postaci: *niepoprawne* lub *nie* umieszczamy przy błędnych formach i znaczeniach haseł lub przy niewłaściwych połączeniach wyrazowych i konstrukcjach składniowych.

Niektóre niepoprawne wyrazy (ich formy lub użycia) stanowią odrębne hasła w *Słowniku*; te, które opatrujemy kwalifikatorem: *niepoprawne* zawierają odpowiednią wskazówkę normatywną, np.:

> **perfekt** *niepoprawne* zamiast: doskonale, świetnie.
> **podchodzący** *niepoprawne* zamiast: odpowiedni, stosowny.
> **po mojemu** *niepoprawne* zamiast: według mego zdania, według mnie.

inne — opatrzone wykrzyknikiem odsyłamy do wyrazów (i form) poprawnych, np.:

> ! **cug** p. ciąg, przeciąg.
> ! **jockey** p. dżokej.
> ! **karnister** p. kanister.

Informacje dotyczące wymowy wyrazów hasłowych i form ich odmiany umieszczane są bezpośrednio po wyrazie lub odpowiedniej jego formie, w nawiasie okrągłym, po skrócie *wym.* (= wymawiaj, wymowa). Szczegóły wymowy podawane są w zasadzie literami zwykłego alfabetu; tylko w wypadkach koniecznych używane są znaki pisowni fonetycznej (zob. Objaśnienia skrótów i znaków).

Wahania i błędy w akcentowaniu podane zostały pod odpowiednimi wyrazami — hasłami. Błędy akcentowe występujące w całej serii form odmiany (np. w czasie przeszłym i trybie warunkowym), w poszczególnych artykułach hasłowych jedynie sygnalizujemy, odsyłając jednocześnie po wyczerpujące wyjaśnienia do odpowiedniego paragrafu hasła: akcent. Miejsce akcentu w wyrazie zaznacza się wyróżnieniem głoski akcentowanej czcionką półgrubą.

Słownik informuje także o wymowie mało przyswojonych wyrazów obcych oraz o różnicach między wymową staranną a potoczną, regionalną i przestarzałą poszczególnych wyrazów, głosek, grup i połączeń głoskowych, np.:

> **atelier** (*wym.* atelje)
> **autodydaktyka** (*wym.* au-todydaktyka, *nie*: a-utodydaktyka, au-todydaktyka; p. akcent § 1c)
> **bionika** (*wym.* bi-onika a. bijonika, p. akcent § lc)
> **chrzestniak** (*wym. pot.* chrześniak, *nie*: krześniak)
> **dżersejowy** (nie *wym.* d-żersejowy)
> **legenda** (*wym. przestarz.* legienda)
> **panienka** (*wym. reg.* panienka)
> **trzy** (*wym.* tszy a. czszy, *nie*: czy).

Słownik podaje spolszczoną wymowę nazwisk, nazw obcych i niektórych wyrazów zapożyczonych, w wypadkach, kiedy jest ona równie poprawna jak ich wymowa oryginalna, czy nawet bardziej od niej godna polecenia, np.:

> **Chicago** (*wym.* Czikago a. Szikago) [*wym.* oryginalna: Szykagou]
> **Niagara** (*wym.* Ńjagara) [*wym.* oryginalna: Najagara]
> **Waszyngton** a. **Washington** (*wym.* Waszyngton) [*wym.* oryginalna: Uoszynton]
> **western** (*wym.* uestern a. western).

Jeżeli mówiący zna i potrafi dokładnie odtworzyć wymowę oryginalną nazw i nazwisk obcych (o której informują wydawnictwa encyklopedyczne), to oczywiście może ją zachowywać.

Informacje o wymowie formy miejscownika rzeczowników na *-izm* podajemy w postaci skróconej, np.:

> **racjonalizm** *m IV, D.* racjonalizmu, *Ms.* racjonalizmie (*wym.* ~izmie a. ~iźmie), *blm.*

Informacje ortograficzne. Ze względu na pisownię *Słownik* zamieszcza tylko te wyrazy jako hasła, które mogą sprawiać piszącym szczególne trudności (obszerne informacje z tego zakresu podają słowniki ortograficzne). Wskazówki pisowniowe w *Słowniku* dotyczą zwłaszcza pisowni łącznej i rozdzielnej oraz wyrazów pisanych w różnych znaczeniach bądź małą, bądź dużą literą. W wielu wypadkach *Słownik* informuje jednocześnie o poprawnej pisowni i o poprawnej wymowie wyrazów hasłowych, np.:

> **chromosom** (*nie*: chromozom)
> **kombinacja** (*nie*: kompinacja)
> **kurenda** (*nie*: kurrenda).

Schematy składniowe, związki frazeologiczne i przykłady użycia wyrazu hasłowego rozpoczynamy dużą literą. Jeżeli wyraz hasłowy w jakimś związku wyrazowym (np. w jakiejś dwuwyrazowej nazwie) jest pisany dużą literą, to związek taki wymieniamy albo w kontekście uwypuklającym tę pisownię, albo też informujemy o danym odstępstwie ortograficznym odpowiednią uwagą, np.:

> **anioł** (...) Dzwoniono na Anioł Pański.
> **bałtycki**: Języki, kraje bałtyckie (*ale*: Morze Bałtyckie).

Słownik obejmuje także podstawowe wiadomości o poprawnym używaniu znaków przestankowych.

W zakresie ortografii i interpunkcji opieraliśmy się na obowiązujących zasadach ustalonych przez Komitet Językoznawstwa Polskiej Akademii Nauk w 1956 r. W wypadku wątpliwości dotyczących niektórych wyrazów o nie ustabilizowanej pisowni (a niekiedy także wymowie) Redakcja *Słownika* zwracała się do Komisji Kultury Języka Komitetu Językoznawstwa PAN, której rozstrzygnięcia były podstawą opracowania odpowiednich haseł. Między innymi ustalono pisownię (i wymowę) takich wyrazów, jak: **akwatinta** (*nie*: akwatynta), **Bur** (*nie*: Boer), **dinar** (*nie*: dynar), **heinemedina, kalif** (*nie*: chalif), **kedyw** (*nie*: chedyw), **lagier** (*nie*: lager), **okamgnienie** (*nie*: oka mgnienie). Dla wielu wyrazów, nie notowanych w słownikach ortograficznych a omówionych w naszym *Słowniku*, Komisja Kultury Języka zaleciła pisownię upowszechnioną, podaną w *Słowniku języka polskiego* pod redakcją W. Doroszewskiego.

Informacje fleksyjne polegają na podawaniu przy poszczególnych wyrazach hasłowych *Słownika* odpowiednich oznaczeń grupy deklinacyjnej lub koniugacyjnej (będących odsyłaczami do tabel form fleksyjnych) oraz na podawaniu niektórych trudniejszych form odmiany, zwłaszcza tych, które stanowią odchylenie od form wymienionych w tabelach. Szersze omówienie zagadnień związanych z odmianą wyrazów podano w IV części wstępu (zob. Formy fleksyjne).

Informacje składniowe polegają na podawaniu schematów połączeń wyrazu hasłowego z innymi wyrazami (np. uważać na kogo, na co; uważać kogo, co — za kogo, za co itp.). Schematy takie zamieszczamy głównie wtedy, kiedy różnice w składniowym użyciu wyrazu hasłowego wiążą się z różnymi jego znaczeniami, kiedy wyraz hasłowy występuje w obocznych konstrukcjach składniowych (zwłaszcza nie w równym stopniu poprawnych) albo kiedy pod względem składniowym często bywa używany błędnie, np.:

> **oszczędzać — oszczędzić 1.** «gospodarować czymś oszczędnie» □ O. co, *lepiej*: czego: Oszczędzać prąd, światło, ubranie (*lepiej*: prądu, światła, ubrania). □ O. na czym: Oszczędzać na prądzie, na jedzeniu. **2.** «nie narażać na przykrość, zmęczenie itp.» □ O. kogo, co: Oszczędzać kobiety. Oszczędzał konia przy zwózce zboża. □ O. komu czego: Wszyscy starali się oszczędzać choremu wzruszeń i zmartwień.
>
> **uważać 1.** «skupiać się; zwracać uwagę; pilnować, strzec» □ U. na kogo, na co: Uważać na dziecko. Uważać na drogę. Uważać na siebie. **2.** «traktować kogoś, coś w jakiś sposób; sądzić»: Uważam, że nie masz racji. □ U. kogo, co — za kogo, za co (*nie*: jako kogo, co, kim, czym): Uważać kogoś za (*nie*: jako) natręta. Te słowa uważałem za (*nie*: jako) obrazę. Uważać kogoś za godnego czegoś (*nie*: godnym czegoś).

Informacje o znaczeniu wyrazów. Znaczenia wyrazów hasłowych są definiowane zasadniczo tylko wtedy, kiedy wątpliwości mogą dotyczyć właśnie strony znaczeniowej hasła. W związku z tym objaśniamy w *Słowniku* znaczenia takich, często błędnie używanych wyrazów, jak: **aktualny, fetować, sugestia.** Poza tym zamieszczamy definicje poszczególnych (czasem nawet wszystkich) znaczeń wyrazów wieloznacznych, jeżeli podawane przez nas informacje normatywne (np. dotyczące pisowni, odmiany czy składni) wiążą się z danym wyrazem hasłowym tylko w tych, a nie innych jego znaczeniach, np.:

> **Malaga** *ż III* **1.** «miasto w Hiszpanii»
> **2.** malaga «gatunek wina»
> **bas** *m IV, lm M.* basy **1.** *D.* basu «najniższy głos męski, instrument muzyczny» **2.** *D.* basa «śpiewak o takim głosie» **3.** *D.* basu, częściej w *lm* «niski rejestr dźwięków w niektórych instrumentach muzycznych»
> **pytać** (...) **1.** w zn. «informować się, zapytać» □ P. kogo (w *B.*, *rzad.* w *D.*; *nie*: pytać u kogo) — o kogo, o co: Pytał ją, *rzad.* jej, o ulicę. Pytała matkę (*rzad.* matki) o zdrowie. Pytała sama (*rzad.* samej) siebie, jak postąpić. **2.** w zn. «przesłuchiwać ucznia z lekcji; egzaminować» □ P. kogo (z czego): Pytał ucznia z matematyki.

W *Słowniku* staramy się także określić za pomocą odpowiednich definicji granicę między znaczeniami wyrazów bliskoznacznych, informujemy o całkowitej (a dla niektórych wątpliwej) równorzędności znaczeniowej wyrazów, a także przestrzegamy przed mieszaniem wyrazów podobnie brzmiących, a znaczeniowo różnych (np. **adaptować** i **adoptować**).

Poza tym przestrzegamy przed nadużywaniem wyrazów występujących szczególnie często, wręcz natrętnie (np. w prasie, w języku oficjalnym) i w związku z tym wypierających z użycia swoje, zwykle precyzyjniejsze znaczeniowo, synonimy (zob. np. hasła: **poważny, problem, realizacja, sugestia, szeroki, ulec, ulegać**).

Informacje frazeologiczne polegają na podawaniu — jedynie przykładowo — niektórych częstych połączeń wyrazu hasłowego z innymi wyrazami oraz na ocenie poprawności utartych związków, w których skład wchodzi wyraz hasłowy.

Słownik ostrzega: **a)** przed deformowaniem postaci i znaczenia połączeń wyrazowych ustalonych powszechnym zwyczajem, np.:

> wpaść z deszczu (*nie*: z dachu) pod rynnę
> twardy (*nie*: ciężki) orzech do zgryzienia
> odgrywać znaczenie (*zamiast*: odgrywać rolę, mieć znaczenie);

b) przed kopiowaniem niektórych zwrotów i wyrażeń obcych, np.:

> zdjąć (*zamiast*: usunąć, zwolnić) ze stanowiska
> od wypadku do wypadku (*zamiast*: od czasu do czasu, niesystēmatycznie);

c) przed używaniem związków, których składniki niepotrzebnie powtarzają te same treści (np.: „wzajemna współpraca, poprawić na lepsze, wracać z powrotem, eksport za granicę");

d) przed przekraczaniem granic dopuszczalnej wymienności pewnych składników związku, np.:

> żywić nadzieję, pogardę, obawę (*ale* nie: ciekawość, opinię, strach)
> broczyć krwią, posoką, juchą (*ale* nie: potem).

Informacje słowotwórcze dotyczą między innymi:

a) możliwości i sposobu tworzenia wyrazów pochodnych od ich podstaw, np. przymiotników od podstaw rzeczownikowych (przemysł *obuwniczy* czy *obuwiowy*?, szpital *dziecięcy* czy *dziecinny*?), rzeczowników żeńskich od męskich (*lekarz* czy *lekarka* Kowalska?), przysłówków od przymiotników (*chmurnie* czy *chmurno*?), rzeczowników i przymiotników od imion, nazwisk, nazw geograficznych i skrótowców (sposób podawania tych informacji omówiono niżej — zob. Wyrazy pochodne od nazw własnych);

b) zróżnicowania znaczeniowego i stylistycznego dubletów słowotwórczych i wyrazów słowotwórczo pokrewnych typu: *dwójkarz — dwójkowicz, hamulcowy — hamulczy, konkursista — konkursowicz, krawcowa — krawczyni, reprezentacyjny — reprezentatywny*;

c) oceny neologizmów słowotwórczych, np.: *chłoporobotnik, filolożka, kinofikacja, rabunkowy* (w wyrażeniu: ubezpieczenie rabunkowe — *zamiast*: ubezpieczenie od rabunku), *roboczogodzina*.

Informacje bibliograficzne. Na końcu niektórych artykułów hasłowych podane zostały w formie skrótowej informacje bibliograficzne — wymieniono ważniejsze opracowania, w których dany szczegół czy problem poprawnościowy był obszerniej rozważany. Informacje bibliograficzne podajemy dla tych użytkowników *Słownika*, których interesuje nie tylko sama wskazówka normatywna umieszczona pod wyrazem hasłowym, ale także jej teoretyczne uzasadnienie. Rozwiązanie skrótów opracowań z zakresu poprawności językowej jest podane w III części wstępu (zob. Objaśnienia skrótów i znaków).

Hasła problemowe

Informacje poprawnościowe podawane w *Słowniku* dotyczą bądź poszczególnych wyrazów i wtedy umieszczane są pod odpowiednimi wyrazami hasłowymi, bądź też całych kategorii wyrazów (wyodrębnionych np. ze względu na typ ich odmiany, budowy słowotwórczej, funkcji składniowej) i wówczas ujęte zostały syntetycznie w postaci haseł tzw. problemowych. W hasłach takich użytkownik *Słownika* znajdzie uzasadnienie informacji szczegółowych (podanych pod poszczególnymi wyrazami hasłowymi) albo — w wypadku pominięcia jakiejś informacji pod wyrazem hasłowym — uzyska wskazówki ogólne, pozwalające mu na samodzielne rozstrzygnięcie jakiejś szczegółowej wątpliwości.

W hasłach problemowych omówione zostały z punktu widzenia poprawności językowej zagadnienia morfologiczne (fleksyjne, słowotwórcze), składniowe, stylistyczne, ortograficzne i ortofoniczne (tj. dotyczące poprawnej wymowy).

Części mowy opracowano w hasłach: czasownik, liczebnik, partykuła, przyimek, przymiotnik, przysłówek, rzeczownik, spójnik, zaimek.

Pisownię — w hasłach: znaki przestankowe (np. kropka, przecinek, dwukropek itd.), litery duże (wielkie) i małe, pisownia łączna i rozdzielna, dzielenie wyrazów, cyfrowy zapis liczebników, cząstki wyrazów.

Wymowę — w hasłach: akcent, enklityki, proklityki, samogłoski nosowe, spółgłoski miękkie.

Odmianę omówiono w hasłach poświęconych poszczególnym częściom mowy i kategoriom gramatycznym (m.in. w takich, jak: czasownik, czasy, rzeczownik, biernik, liczba gramatyczna) oraz w hasłach: imiona (polskie, obce), nazwiska polskie, nazwiska obce (słowiańskie, niesłowiańskie), nazwy i tytuły zawodowe kobiet, nazwy miejscowe (geograficzne), nazwy mieszkańców, nazwy własne jako rzeczowniki pospolite.

Słowotwórstwo — w hasłach: formant, przedrostek, przyrostek, derywat, zdrobnienie, zgrubienie, złożenie, zrost, zestawienie, słowotwórstwo oraz pod poszczególnymi przedrostkami (np. *bez-*, *na-*), przyrostkami (np. *-ak*, *-owiec*) i członami wyrazów złożonych (np. *brązowo-*), występującymi w *Słowniku* jako samodzielne hasła.

Składnię omówiono w hasłach poświęconych poszczególnym częściom zdania (np. orzeczenie, podmiot, przydawka) oraz w hasłach: zdanie, równoważniki zdań, związki rządu, zgody i przynależności, skróty składniowe, formy opisowe w budowie zdań.

Słownictwo i stylistykę omówiono w hasłach: język i jego odmiany, neologizmy, zapożyczenia, słownictwo, styl, bliskoznaczność wyrazów, związki frazeologiczne, błędy językowe, szablon językowy, norma językowa, formy grzecznościowe.

Szczegółowy, alfabetyczny wykaz haseł problemowych (a także haseł szczegółowych zawierających informacje ogólne) podano na końcu słownika (zob. Wykaz haseł niektórych typów).

Warianty wyrazów hasłowych

Postaci oboczne wyrazu hasłowego, tzn. jego warianty (pisowniowe, fonetyczne i słowotwórcze) zostały opracowane w *Słowniku* łącznie. Warianty całkowicie równorzędne łączymy skrótem: a. (= albo), np.:

> **altowiolinista** a. **altowiolista**
> **cukiernica** a. **cukierniczka**
> **drybler** a. **dribler**
> **opodal** a. **nie opodal.**

Niecałkowitą równorzędność wariantów zaznaczamy odpowiednim kwalifikatorem, np.:

> **gałęzisty**, *rzad.* **gałęziasty**
> **hamulcowy**, *środ.* **hamulczy**
> **idiom**, *lepiej:* **idiomatyzm**
> **kapsułka**, *przestarz.* **kabzułka**
> **protokolant**, *reg.* **protokólant.**

W *Słowniku* opracowane są łącznie także czasowniki w ich postaci dokonanej i niedokonanej w wypadku, kiedy różnica między tymi postaciami jest wyłącznie różnicą aspektu. Potraktowaliśmy więc jako jedno hasło formy **angażować** i **zaangażować**, ale jako dwa odrębne hasła formy **grać** i **zagrać**, ponieważ druga z nich oprócz znaczenia dokonaności zawiera również inne elementy treściowe, nie występujące w pierwszej.

Wariant wyrazu hasłowego odległy alfabetycznie od wyrazu, z którym został opracowany łącznie, występuje jako hasło odesłane do hasła łącznego, np.:

> **dribler** p. drybler.
> **nie opodal** p. opodal.
> **zaangażować** p. angażować.

Jeżeli pisowni spolonizowanej hasła dajemy pierwszeństwo przed jego pisownią oryginalną, to podajemy je i opracowujemy wyłącznie w pisowni spolonizowanej. Wyraz w pisowni oryginalnej stanowi wówczas tylko hasło odesłane, np.:

> **cowboy** p. kowboj.
> **kowboj** *m I, lm D.* kowbojów.
> **manicure** p. manikiur.
> **manikiur** (*wym.* manikiur a. manikiur) *m IV, D.* manikiuru (p. akcent § 7).

Odpowiedniki leksykalne

Przy wyrazach zapożyczonych podawane są ich rodzime odpowiedniki leksykalne. Zapożyczenie i całkowicie z nim równoznaczny odpowiednik rodzimy łączymy skrótem: in. (= inaczej), np.:

> **fornir** (*nie:* fornier) *m IV, D.* forniru; in. okleina.
> **kamerton** *m IV, D.* kamertonu; in. widełki stroikowe.
> **kapilarny** in. włoskowaty.

Jeżeli zapożyczenie jest wyrazem w pewien sposób nacechowanym, to jego odpowiednik rodzimy podajemy:
a) jako objaśnienie wyrazu hasłowego, np.:

> **interlokutor** *m IV, lm M.* interlokutorzy *książk.* «rozmówca»
> **kajet** *m IV, D.* kajetu, *lm M.* kajety *przestarz.* «zeszyt»

b) po uwadze: *częściej, lepiej,* np.:

> **forszlak** *m III, D.* forszlaku *reg.; lepiej:* nerkówka.
> **oberluft** (*wym.* oberluft) *m IV, D.* oberluftu *wych. z użycia, lepiej:* wywietrznik.
> **rajzbret** *m IV, D.* rajzbretu; *lepiej:* rysownica.
> **ruptura** (*nie:* ryptura) *ż IV; częściej:* przepuklina.

Jeżeli względy kulturalnojęzykowe przemawiają raczej za używaniem wyrazu zapożyczonego, informujemy o tym pod wyrazem rodzimym, podając:
a) odpowiednik obcy jako objaśnienie wyrazu hasłowego, np.

> **krztusiec** *m II, D.* krztuśca, *blm środ.* (*med*) «koklusz»

b) odpowiednik obcy po uwadze: *częściej, lepiej,* np.:

> **kamieniodruk** *m III, D.* kamieniodruku; *częściej:* litografia.
> **ościeżnica** *ż II, częściej:* futryna.

Wyrazy pochodne od nazw własnych

Wyrazy pochodne (derywaty) od nazw własnych (tj. imion, nazwisk, nazw geograficznych i skrótowców) podawane są w *Słowniku* pod wyrazem podstawowym.
1. Przy imionach polskich podajemy imiona par małżeńskich, formę żeńską imienia oraz jego postaci zdrobniałe, np.

> **Jan** *m IV, lm M.* Janowie — Janek *m III, D.* Janka, *lm M.* Jankowie — Jaś a. Jasio (*nie:* Jasiu), *m I, lm M.* Jasiowie, *DB.* Jasiów — Jasiek *m III, D.* Jaśka, *lm M.* Jaśkowie — Janostwo *n III, DB.*

Janostwa, *Ms.* Janostwu (*nie*: Janostwie), *blm*; a. Janowie *blp*, *D.* Janów — Jankowie, Jasiowie, Jaśkowie *blp*, *D.* Janków, Jasiów, Jaśków — Janina *ż IV* — Janka *ż III*, *lm D.* Janek — Jasia *ż I*, *W.* Jasiu.

Nazwy par małżeńskich oraz nazwy żon i córek będące rzeczownikami pospolitymi występują w *Słowniku* jako hasła samodzielne (np. **aptekarzostwo, aptekarzowa, aptekarzówna**).

2. Przy nazwiskach polskich i nazwiskach obcych występujących w Polsce podajemy nieodmienną formę żeńską, równie poprawną jak (wymienione w tym samym haśle) formy nazwiska żon i córek utworzone odpowiednimi przyrostkami, np.:

> **Moniuszko** *m* odm. jak *ż III*, *lm M.* Moniuszkowie, *DB.* Moniuszków.
> Moniuszko *ż ndm* — Moniuszkowa *ż* odm. jak przym. — Moniuszkówna *ż IV*, *D.* Moniuszkówny, *CMs.* Moniuszkównie (*nie*: Moniuszkównej), *lm D.* Moniuszkówien.
>
> **Grottger** (*wym.* Grotger a. Grotgier) *m IV*, *lm M.* Grottgerowie.
> Grottger *ż ndm* — Grottgerowa *ż* odm. jak przym. — Grottgerówna *ż IV*, *D.* Grottgerówny, *CMs.* Grottgerównie (*nie*: Grottgerównej), *lm D.* Grottgerówien.

3. Przy nazwach kontynentów, krajów, państw, krain i miejscowości podajemy nazwy mieszkańców, członków narodowości i odpowiednie przymiotniki, np.:

> **Azja** *ż I*, *DCMs.* Azji: Azja Mniejsza (*nie*: Mała Azja). — Azjata *m* odm. jak *ż IV*, *lm M.* Azjaci, *DB.* Azjatów — Azjatka *ż III*, *lm D.* Azjatek — azjatycki.
> **Bułgaria** (*nie*: Bulgaria) *ż I*, *DCMs.* Bułgarii: Jechać do Bułgarii. Mieszkać w Bułgarii. — Bułgar *m IV*, *lm M.* Bułgarzy — Bułgarka *ż III*, *lm D.* Bułgarek — bułgarski.
> **Dalmacja** *ż I*, *DCMs.* Dalmacji «kraina w Jugosławii» — Dalmatyńczyk (p.), *przestarz.* Dalmata *m* odm. jak *ż IV*, *lm M.* Dalmaci, *DB.* Dalmatów; a. Dalmatyniec *m II*, *D.* Dalmatyńca, *lm M.* Dalmatyńcy — Dalmatynka, *przestarz.* Dalmatka *ż III*, *lm D.* Dalmatynek (Dalmatek) — dalmatyński, *przestarz.* dalmacki.
> **Dębica** *ż II* «miasto» — dębiczanin *m V*, *D.* dębiczanina, *lm M.* dębiczanie, *D.* dębiczan — dębiczanka *ż III*, *lm D.* dębiczanek — dębicki.

Informacje o obocznej postaci nazwy mieszkańca na *-ak* (np. *warszawiak*), występującej w mowie potocznej, ograniczamy do mieszkańców miast wojewódzkich.

Dwuwyrazowe nazwy miejscowości (różniące się drugim, przymiotnikowym członem), od których tworzy się takie same derywaty, występują w *Słowniku* łącznie, np.

> **Dąbrowa (Białostocka, Górnicza, Tarnowska),** Dąbrowa *ż IV*, *D.* Dąbrowy (*nie*: Dąbrowej); Białostocka, Górnicza, Tarnowska odm. przym. — dąbrowianin *m V*, *D.* dąbrowianina, *lm M.* dąbrowianie, *D.* dąbrowian — dąbrowianka *ż III*, *lm D.* dąbrowianek — dąbrowski (p.).

4. Przy nazwach członków plemion, grup etnicznych podajemy formy żeńskie i postać przymiotnika, np.:

> **Ajnos** *m IV*, *lm M.* Ajnosi a. Ajnowie «członek grupy etnicznej w Japonii i na Sachalinie» — Ajnoska *ż III*, *lm D.* Ajnosek — ajnoski.
> **Kiczua** *m*, w *lp* — *ndm*, w *lm* — *ndm* a. *M.* Kiczuowie, *D.* Kiczuów; *rzad.* **Kiczuanin** *m V*, *D.* Kiczuanina, *lm M.* Kiczuanie, *D.* Kiczuan «członek plemienia indiańskiego» (...) — Kiczuanka *ż III*, *lm D.* Kiczuanek — kiczuański.

5. Przy nazwach gór, rzek, jezior itp. wymieniamy odpowiednie przymiotniki, np.:

> **Bug** *m III*, *D.* Bugu, *reg.* Buga (ale ogólnopolskie: zza Buga) — bużański — nadbużański.
> **Niegocin** *m IV* a. (w połączeniu z wyrazem: jezioro) *ndm*: Nad Niegocinem (nad jeziorem Niegocin). — niegociński.

D e r y w a t y haseł nazewniczych stanowią odrębne hasła tylko wówczas, gdy wymagają dodatkowego omówienia (sygnalizujemy to, umieszczając odpowiednie odesłanie pod nazwą podstawową), np.:

> **Ameryka** (*wym.* Ameryka, *nie*: Ameryka, p. akcent § 1c) *ż III* **1.** «część świata»: Ameryka Północna, Południowa.
> **2.** *pot.* «Stany Zjednoczone Ameryki Północnej» — Amerykanin *m V*, *D.* Amerykanina, *lm M.* Amerykanie, *D.* Amerykanów (*nie*: Amerykan) — Amerykanka (p.) — amerykański (p.).

Amerykanka *ż III, lm D.* Amerykanek **1.** «obywatelka Stanów Zjednoczonych; mieszkanka Ameryki»

2. amerykanka **a)** «fotel lub kanapa, które po rozłożeniu tworzą rodzaj łóżka» **b)** «rodzaj księgowania, księgowość amerykańska, księga używana w tej księgowości» **c)** a. amerykan «powóz»

amerykański: Bar amerykański (*nie*: amerykański bar) «bar, w którym się je i pije, stojąc lub siedząc przy ladzie» △ Amerykańskie złoto, *lepiej*: złoto amerykańskie «tombak platerowany złotem»

Jeżeli nazwa stanowiąca hasło ma więcej niż jedno znaczenie — forma przymiotnika podawana w grupie derywatów odnosi się do znaczenia, pod którym przymiotnik został umieszczony oraz do znaczeń poprzedzających je, nie odnosi się natomiast do znaczeń wymienionych w dalszej kolejności.

6. Przy skrótowcach podajemy pochodne rzeczowniki i przymiotniki, np.:

AL (*wym.* ael, p. akcent § 6) *m I, D.* AL-u, *rzad. n* a. *ż ndm* «Armia Ludowa»: AL został powołany (zostało powołane, została powołana) do życia dekretem KRN. — AL-owiec a. alowiec, aelowiec *m II, D.* AL-owca (alowca, aelowca), *W.* AL-owcu (alowcu, aelowcu), *lm M.* AL-owcy (alowcy, aelowcy) — AL-owski a. alowski, aelowski.

PGR (*wym.* pegieer, p. akcent § 6) *m ndm* a. *m IV, D.* PGR-u «Państwowe Gospodarstwo Rolne»: PGR wykonał plan. Pracować w PGR (w PGR-ze). — pegeer (p.) — PGR-owiec a. pegeerowiec (wym. pegieerowiec) *m II, D.* PGR-owca (pegeerowca), *lm M.* PGR-owcy (pegeerowcy) — PGR-owski a. pegeerowski (*wym.* pegieerowski).

Derywaty skrótowców o ustalonej zwyczajowo, zgodnej z wymową, pisowni stanowią w *Słowniku* hasła odesłane do skrótowca — podstawy, np.:

aelowiec, aelowski p. AL
alowiec, alowski p. AL
pegeerowiec, pegeerowski p. PGR.

Halina Kurkowska
Czesław Pankowski

III. OBJAŚNIENIA SKRÓTÓW I ZNAKÓW

1. Skróty wyrazów, terminów i kwalifikatorów

a.	albo	ndm	nieodmienny, nieodmienne
anat.	anatomia, anatomiczny	niem.	niemiecki
ang.	angielski	nieos.	nieosobowo, nieosobowy
B.	biernik	nieprzech.	nieprzechodni
bezokol.	bezokolicznik	np.	na przykład
biol.	biologia, biologiczny	obelż.	obelżywy, obelżywie
blm	bez liczby mnogiej	odm.	odmiana, odmieniaj
blp	bez liczby pojedynczej	ogr.	ogrodnictwo, ogrodniczy
bot.	botanika, botaniczny	os.	osoba
C.	celownik	p.	patrz
chem.	chemia, chemiczny	pieszcz.	pieszczotliwy
czas.	czasownik	płd.	południowy
czyt.	czytaj	płn.	północny
D.	dopełniacz	podn.	podniosły, podniośle
daw.	dawny, dawniej	poet.	poetycki
dk	dokonany	pogard.	pogardliwy, pogardliwie
dop.	dopełnienie	Por. (por.)	porównaj
filoz.	filozofia, filozoficzny	posp.	pospolity (nieco ordynarny, rażący)
fiz.	fizyka, fizyczny	pot.	potoczny (używany w języku mówio-
franc.	francuski		nym, codziennym), potocznie
fraz.	frazeologia, frazeologiczny	pouf.	poufały, poufale
geol.	geologia, geologiczny	praw.	prawo, prawniczy
gw.	gwarowy	przech.	przechodni
hand.	handel, handlowy	przen.	przenośny, przenośnie
hist.	historia, historyczny	przestarz.	przestarzały
imiesł.	imiesłów	przym.	przymiotnik, przymiotnikowy
in.	inaczej	przysłów.	przysłówek
iron.	ironiczny, ironicznie	psych.	psychologia
itd.	i tak dalej	reg.	regionalizm, regionalny, regionalnie
itp.	i tym podobne	rodz.	rodzaj
jęz.	językoznawstwo, językoznawczy	ros.	rosyjski
książk.	książkowy, książkowo	rub.	rubaszny, rubasznie
kult.	kultowy	rzad.	rzadko używany, rzadziej
lekcew.	lekceważący, lekceważąco	rzecz.	rzeczownik
lit.	literatura, literacki	sport.	sport, sportowy
lm	liczba mnoga	st. najw.	stopień najwyższy
lotn.	lotnictwo	st. w.	stopień wyższy
lp	liczba pojedyncza	środ.	środowiskowy, środowiskowo
łac.	łaciński	techn.	technika, techniczny
łow.	łowiectwo, łowiecki	tj.	to jest
m	męski (rodzaj)	tryw.	trywialny (ordynarny z odcieniem
M.	mianownik		nieprzyzwoitości, niestosowny pod
mat.	matematyka, matematyczny		względem towarzyskim), trywialnie
med.	medycyna, medyczny	tzn.	to znaczy
meteor.	meteorologia, meteorologiczny	tzw.	tak zwany
m.in.	między innymi	urz.	urzędowy
m-nieos.	męski nieosobowy	w.	wiek
m-os.	męskoosobowy	W.	wołacz
muz.	muzyka, muzyczny	wg	według
n	nijaki (rodzaj)	wiech.	wiechowy (używany w wiechu,
N.	narzędnik		w gwarze miejskiej)
ndk	niedokonany	wsch.	wschodni

wulg.	wulgarny, wulgarnie	zn.	znaczenie
wym.	wymawiaj, wymowa	zob.	zobacz
zach.	zachodni	*ż*	żeński (rodzaj)
zdr.	zdrobniały	*żart.*	żartobliwy, żartobliwie
zgr.	zgrubiały	*ż-rzecz.*	żeńsko-rzeczowy

2. Skróty bibliograficzne

D Kryt.	W. Doroszewski, *Kryteria popraw. ości językowej*, Warszawa 1950.
D Kult. I	W. Doroszewski, *O kulturę słowa. Poradnik językowy*, Warszawa 1962.
D Kult. II	W. Doroszewski, *O kulturę słowa. Poradnik językowy*, tom II, Warszawa 1968.
D Myśli	W. Doroszewski, *Myśli i uwagi o języku polskim*, Warszawa 1937.
DW Zas.	W. Doroszewski, B. Wieczorkiewicz, *Zasady poprawnej wymowy polskiej*, Warszawa 1947.
GPK Por.	H. Gaertner, A. Passendorfer, W. Kochański, *Poradnik gramatyczny*, Warszawa 1962.
JP	„Język Polski", dwumiesięcznik.
KJP	D. Buttler, H. Kurkowska, H. Satkiewicz, *Kultura języka polskiego*, Warszawa 1971.
Kl. Aleź	Z. Klemensiewicz, M. Kniagininowa, W. Pisarek, *Aleź tak się nie pisze...*, Kraków 1964.
Kl. Pog.	Z. Klemensiewicz, *Pogadanki o języku*, Wrocław 1966.
KP Pras.	M. Kniagininowa, W. Pisarek, *Poradnik językowy. Podręcznik dla pracowników prasy, radia i telewizji.* Kraków 1969.
PJ	„Poradnik Językowy", miesięcznik.
U Pol. (1)	*Polszczyzna piękna i poprawna*, red. S. Urbańczyk, wyd. 1, Wrocław 1963.
U Pol. (2)	*Polszczyzna piękna i poprawna*, red. S. Urbańczyk, wyd. 2, Wrocław 1966.

3. Znaki

- « » obejmuje definicję
- — oddziela derywatywy w gnieździe hasłowym
- - przed końcówką fleksyjną, przed cząstką (lub po cząstce) wyrazu złożonego, przed formantem lub po formancie; rozdziela (w informacjach o wymowie) połączenia głosek
- ~ przed końcówką fleksyjną wraz z cząstką tematu; nad literą — oznacza wymowę nosową samogłoski
- ⌒ pod literą *u* — oznacza głoskę *u* niezgłoskotwórcze
- η tylnojęzykowe „n" wymawiane jak w wyrazie *bank*
- = znak równości
- □ przed schematem składniowym
- △ przerywnik w tekście haseł
- // przed skrótem bibliograficznym; znak oboczności
- ! oznacza wyraz niepoprawny, rażący
- * oznacza hasło problemowe
- ä samogłoska wymawiana pośrednio między polskim *e* i *a*
- ü samogłoska, w której artykułowaniu język ma pozycję taką jak w wymowie *i*, wargi zaś są zaokrąglone jak w wymowie *u*
- ö samogłoska, w której artykułowaniu język ma pozycję taką jak w wymowie *e*, wargi zaś są zaokrąglone jak w wymowie *o*

IV. FORMY FLEKSYJNE*

W *Słowniku* naszym ze względu na jego objętość nie było możliwe podanie pod odpowiednimi hasłami wszystkich form odmiany, czyli form fleksyjnych wyrazów hasłowych. Cały zasób tych form, właściwy poszczególnym częściom mowy, przedstawiono w tabelach.

Poszczególne klasy wyrazów ze względu na rodzaj gramatyczny i zakończenie odmieniają się według określonych wzorców fleksyjnych, np. rzeczowniki rodzaju żeńskiego przybierają inne końcówki przypadkowe niż rzeczowniki męskie czy nijakie; w obrębie deklinacji żeńskiej wyróżniamy poza tym sześć wzorców (grup) odmiany obowiązujących rzeczowniki żeńskie ze względu na ich zakończenia. Podane niżej tabele zawierają komplety końcówek i wymiany głoskowe w tematach fleksyjnych, właściwe poszczególnym (oznaczonym cyframi rzymskimi) wzorcom (grupom) deklinacyjnym i koniugacyjnym.

W *Słowniku* przy poszczególnych wyrazach hasłowych podano oznaczenie grupy fleksyjnej (będące odesłaniem do odpowiedniej tabeli form) oraz niektóre formy odmiany mogące budzić wątpliwości natury poprawnościowej lub stanowiące odchylenie od wzorca fleksyjnego podanego w tabeli. Zakwalifikowanie wyrazu hasłowego do określonej grupy deklinacyjnej lub koniugacyjnej umożliwi użytkownikowi *Słownika* utworzenie dowolnej formy fleksyjnej tego wyrazu.

W tabelach podane są same końcówki (poprzedzone dywizem, znak: -) lub końcówki ze zmieniającym się zakończeniem tematu (poprzedzone tyldą, znak: ~; pierwsza litera po tym znaku odpowiada ostatniej, nie zmienionej głosce tematu). Oprócz zakończeń właściwych danemu wzorcowi fleksyjnemu podano przykładowo formy wyrazów odmieniających się zgodnie z tym wzorcem.

Występująca w tabelach (zamiast jakiejś formy fleksyjnej) informacja: ,,nie używany, nie używane'' dotyczy tylko wyrazu przykładowego. Inne analogicznie odmieniane wyrazy mogą mieć tę formę fleksyjną (dlatego właśnie sama końcówka jest podana), np. rodzaj męskoosobowy imiesłowu biernego czasownika: umieć — *umiani* nie jest używany, ale samo zakończenie takich form (a więc zakończenie ~*ani*) zostało uwzględnione, ponieważ występuje m.in. w imiesłowie *rozumiani* od: rozumieć; wołacz wyrazu: pal — *palu*! nie jest używany, ale końcówka -*u* została podana, ponieważ pojawia się w formach wołacza innych rzeczowników tej deklinacji.

Rzeczownik

1. Formą hasłową rzeczownika jest mianownik liczby pojedynczej. Rzeczowniki nie mające liczby pojedynczej opatrzone są skrótem *blp* (= bez liczby pojedynczej), a ich formą hasłową jest mianownik liczby mnogiej.

2. Po formie hasłowej rzeczownika mającego liczbę pojedynczą podawane jest oznaczenie jego rodzaju w postaci skrótów: *m* (= rodzaj męski), *ż* (= rodzaj żeński), *n* (= ro-

---

* Opracowane na podstawie objaśnień fleksyjnych J. Tokarskiego zamieszczonych we Wstępie do *Słownika języka polskiego* pod red. W. Doroszewskiego.

dzaj nijaki) oraz oznaczenie cyfrą rzymską grupy deklinacyjnej, podanej w tabeli form fleksyjnych.

3. Formy deklinacyjne niezgodne z tabelą oraz formy oboczne podawane są przy wyrazie hasłowym po skrótach odpowiednich przypadków; skróty przypadków podawane bez wskazania liczby odnoszą się do liczby pojedynczej, a wymieniane po skrócie *lm* — do liczby mnogiej.

4. Formy tematu w przypadkach zależnych niezgodne z tematem formy hasłowej (tj. mianownika liczby pojedynczej), a nie uwzględnione w tabelach, podawane są przy wyrazie hasłowym.

W rzeczownikach rodzaju męskiego oraz w rzeczownikach V i VI grupy rodzaju żeńskiego temat dopełniacza liczby pojedynczej jest tematem wszystkich form deklinacyjnych danego wyrazu (z wyjątkiem formy hasłowej), np.:

róg *m III*, *DMs.* rogu, *C.* rogowi, *N.* rogiem, *lm MB.* rogi, *D.* rogów, *C.* rogom, *N.* rogami, *Ms.* rogach

ząb *m IV*, *D.* zęba, *C.* zębowi itd.

gołąb *m I*, *D.* gołębia, *C.* gołębiowi itd.

sól *ż V*, *D.* soli itd.

5. Rzeczowniki mające jedynie liczbę mnogą nie są zaliczone do żadnej grupy deklinacyjnej i odmieniają się według następującego wzoru:

MBW.	(forma hasłowa)	nożyce
D.	(temat bez końcówki)	nożyc
C.	**-om**	nożycom
N.	**-ami**	nożycami
Ms.	**-ach**	nożycach

Ze względu na występujące często w tych wyrazach końcówki dopełniacza *-ów, -y, -i* dopełniacz zawsze podawany jest przy wyrazie hasłowym, np.:

obcęgi *blp*, *D.* obcęgów

lansady *blp*, *D.* lansad

6. Rzeczowniki, które w zasadzie nie występują w liczbie mnogiej, opatrzone są skrótem *blm* (= bez liczby mnogiej), np.:

filatelistyka *ż III*, *blm*

hegemonia *ż I*, *DCMs.* hegemonii, *blm*

absolutyzm *m IV*, *D.* absolutyzmu, *Ms.* absolutyzmie, zwykle *blm*

7. Skrót: „odm. jak przym." oznacza, że dany rzeczownik odmienia się jak przymiotnik. Formy deklinacyjne takich rzeczowników niezgodne z odmianą przymiotnikową podawane są przy wyrazie hasłowym, np.:

chorąży *m* odm. jak przym., *lm M.* chorążowie.

Rodzaj męski (*m*)

TABELA I

	Przypadek	Grupa deklinacyjna			
		I		II	
		Rzeczowniki zakończone w *M. lp* na spółgłoski fonetycznie miękkie: *ć, dź, j, ń, ś, ź* i na *p, b, m, w,* wymieniające się w przypadkach zależnych z *p', b', m', w'** oraz na *l*		Rzeczowniki zakończone w *M. lp* na spółgłoski funkcjonalnie miękkie: *c, cz, dz, dż, rz, sz, ż*	
Liczba pojedyncza	M.	(bez końcówki)	pal	(bez końcówki)	żołnierz
	D.	**-a**	pala	**-a**	żołnierza
	C.	**-owi**	palowi	**-owi**	żołnierzowi
	B. żywotne nieżywotne	jak *D.* jak *M.*	(króla, konia) pal	jak *D.* jak *M.*	żołnierza (kołnierz)
	W.	jak *Ms.*	(nie używany)	jak *Ms.*	żołnierzu
	N.	**-em**	palem	**-em**	żołnierzem
	Ms.	**-u**	palu	**-u**	żołnierzu
Liczba mnoga	MW. osobowe nieosobowe	**-e**	(kmiecie) pale	**-e, -y** **-e**	żołnierze (chłopcy) (kołnierze)
	D.	**-i, -ów**	pali a. palów	**-y, -ów**	żołnierzy (chłopców)
	C.	**-om**	palom	**-om**	żołnierzom
	B. osobowe nieosobowe	jak *D.* jak *M.*	(kmieci, królów) pale	jak *D.* jak *M.*	żołnierzy (chłopców) (kołnierze)
	N.	**-ami**	palami	**-ami**	żołnierzami
	Ms.	**-ach**	palach	**-ach**	żołnierzach

*Miękkość spółgłosek przed samogłoskami jest oznaczona w pisowni za pomocą litery *i*, np. gość, gość-a — gościa; paw, paw'-a — paw

Rodzaj męski (*m*)

TABELA I (cd.)

		Grupa deklinacyjna		
	Przypadek	III	IV	V
		Rzeczowniki zakończone w *M. lp* na spółgłoski: *k, g, ch*	Rzeczowniki zakończone w *M. lp* na spółgłoski twarde: *b, d, ł, m, n, p, r, s, t, w, z**	Rzeczowniki zakończone w *M. lp* na *-anin*
Liczba pojedyncza	M.	~k rolnik ~g ~ch	(bez końcówki) słup	~anin mieszcza-nin
	D.	~ka rolnika ~ga ~cha	-a słupa	~anina mieszcza-nina
	C.	~kowi rolnikowi ~gowi ~chowi	-owi słupowi	~aninowi mieszczani-nowi
	B. żywotne	jak *D.* rolnika	jak *D.* (chłopa)	jak *D.* mieszcza-nina
	nieżywotne	jak *M.* (bok)	jak *M.* słup	— —
	W.	jak *Ms.* rolniku	jak *Ms.* (nie używany)	jak *Ms.* mieszcza-ninie
	N.	~kiem rolnikiem ~giem ~chem	-em słupem	~aninem mieszcza-ninem
	Ms.	~ku rolniku ~gu ~chu	-e słupie	~aninie mieszcza-ninie
Liczba mnoga	MW. osobowe nieosobowe	~cy rolnicy ~dzy ~si ~ki (boki) ~gi ~chy	-i (chłopi) -y słupy	~anie mieszcza-nie — —
	D.	~ków rolników ~ków ~chów	-ów słupów	~an, ~anów mieszczan (domini-kanów)
	C.	~kom rolnikom ~gom ~chom	-om słupom	~anom mieszcza-nom
	B. osobowe	jak *D.* rolników	jak *D.* (chłopów)	jak *D.* mieszczan (domini-kanów)
	nieosobowe	jak *M.* (boki)	jak *M.* słupy	— —
	N.	~kami rolnikami ~gami ~chami	-ami słupami	~anami mieszcza-nami
	Ms.	~kach rolnikach ~gach ~chach	-ach słupach	~anach mieszcza-nach

*p. także tabela IV

TABELA II

Rodzaj żeński (ż)

	Przypadek	Grupa deklinacyjna		
		I	II	III
		Rzeczowniki, których temat kończy się na spółgłoski fonetycznie miękkie: ć, dź, j, ń, ś, ź, p', b', m', w'* oraz na l	Rzeczowniki, których temat kończy się na spółgłoski funkcjonalnie miękkie: c, cz, dz, dż, rz, sz, ż	Rzeczowniki, których temat kończy się na spółgłoski: k, g, ch
Liczba pojedyncza	M.	-a niedziela	-a tęcza	~ka ~ga ~cha łąka
	D.	-i niedzieli	-y tęczy	~ki ~gi ~chy łąki
	C.	-i niedzieli	-y tęczy	~ce ~dze ~sze łące
	B.	-ę niedzielę	-ę tęczę	~kę ~gę ~chę łąkę
	W.	-o niedzielo	-o tęczo	~ko ~go ~cho łąko
	N.	-ą niedzielą	-ą tęczą	~ką ~gą ~chą łąką
	Ms.	-i niedzieli	-y tęczy	~ce ~dze ~sze łące
Liczba mnoga	MW.	-e niedziele	-e tęcze	~ki ~gi ~chy łąki
	D.	(bez końcówki) niedziel ~ii, ~ji (armii, okazji)	(bez końcówki) tęcz -y (obroży)	(bez końcówki**) łąk
	C.	-om niedzielom	-om tęczom	~kom ~gom ~chom łąkom
	B.	jak M. niedziele	jak M. tęcze	jak M. łąki
	N.	-ami niedzielami	-ami tęczami	~kami ~gami ~chami łąkami
	Ms.	-ach niedzielach	-ach tęczach	~kach ~gach ~chach łąkach

* Miękkość spółgłosek przed samogłoskami jest oznaczona w pisowni za pomocą litery *i*, np. Zoś-a — Zosia; ziem'-a — ziemia.
** W *D. lm* temat bywa rozszerzany elementem *-e-*, np. matek, rączek, łódek.

	Przypadek	Grupa deklinacyjna		
		IV	**V**	**VI**
		Rzeczowniki, których temat kończy się na spółgłoski twarde: *b, d, ł, m, n, p, r, s, t, w, f, z**	Rzeczowniki zakończone na spółgłoski fonetycznie miękkie: *ć, dź, j, ń, ś, ź* i na *p, b, m, w* wymieniające się w przypadkach zależnych z *p', b', m', w'**** oraz na *l*	Rzeczowniki zakończone na spółgłoski funkcjonalnie miękkie: *c, cz, dz, dż, rz, sz, ż*
Liczba pojedyncza	M.	**-a** kobieta	(bez końcówki) postać	(bez końcówki) noc
	D.	**-y** kobiety	**-i** postaci	**-y** nocy
	C.	**-e** kobiecie	**-i** postaci	**-y** nocy
	B.	**-ę** kobietę	jak *M.* postać	jak *M.* noc
	W.	**-o** kobieto	**-i** postaci	**-y** nocy
	N.	**-ą** kobietą	**-ą** postacią	**-ą** nocą
	Ms.	**-e** kobiecie	**-i** postaci	**-y** nocy
Liczba mnoga	MW.	**-y** kobiety	**-e, -i****** postacie a. postaci	**-e** noce
	D.	(bez końcówki**) kobiet	**-i** postaci	**-y** nocy
	C.	**-om** kobietom	**-om** postaciom	**-om** nocom
	B.	jak *M.* kobiety	jak *M.* postacie a. postaci	jak *M.* noce
	N.	**-ami** kobietami	**-ami** postaciami	**-ami** nocami
	Ms.	**-ach** kobietach	**-ach** postaciach	**-ach** nocach

* p. także tabela IV.
** W *D. lm* temat bywa rozszerzany elementem *-(i) e-*, np. druhen, wanien
*** Miękkość spółgłosek przed samogłoskami jest oznaczona w pisowni za pomocą litery *i*, np. dłoń — dłoń-i, dłoń-ą — dłoni, dłonią; brew — brw'-i, brw'-ą — brwi, brwią.
**** Rzeczowniki zakończone na ~*ość* mają w *M. lm* zawsze *-i*.

TABELA III

Rodzaj nijaki (*n*)

	Przypadek	Grupa deklinacyjna		
		I	II	III
		Rzeczowniki, których temat kończy się na spółgłoski fonetycznie miękkie: *ć, dź, j, ń, ś, ź, p', b', m', w';** funkcjonalnie miękkie: *c, cz, dz, dż, rz, sz, ż* oraz na *l*	Rzeczowniki, których temat kończy się na spółgłoski: *k, g, ch*	Rzeczowniki, których temat kończy się na spółgłoski twarde: *b, d, ł, m, n, p, r, s, t, w, z****
Liczba pojedyncza	*M.*	**-e, -o** pole (płuco)	~**ko** łyko ~**go** ~**cho**	**-o** drzewo
	D.	**-a** pola	~**ka** łyka ~**ga** ~**ścha**	**-a** drzewa
	C.	**-u** polu	~**ku** łyku ~**gu** ~**chu**	**-u** drzewu
	B.	jak *M.* pole	jak *M.* łyko	jak *M.* drzewo
	W.	jak *M.* pole	jak *M.* (nie używany)	jak *M.* drzewo
	N.	**-em** polem	~**kiem** łykiem ~**giem** ~**chem**	**-em** drzewem
	Ms.	**-u** polu	~**ku** łyku ~**gu** ~**chu**	**-e** drzewie
Liczba mnoga	*MW.*	**-a** pola	~**ka** łyka ~**ga** ~**cha**	**-a** drzewa
	D.	(bez końcówki) pól **-i, -y** (narzędzi, wybrzeży)	(bez końcówki**) łyk	(bez końcówki**) drzew
	C.	**-om** polom	~**kom** łykom ~**gom** ~**chom**	**-om** drzewom
	B.	jak *M.* pola	jak *M.* łyka	jak *M.* drzewa
	N.	**-ami** polami	~**kami** łykami ~**gami** ~**chami**	**-ami** drzewami
	Ms.	**-ach** polach	~**kach** łykach ~**gach** ~**chach**	**-ach** drzewach

* Miękkość spółgłosek przed samogłoskami jest wyrażona w pisowni za pomocą litery -*i*, np. Zaleś-e — Zalesie.
** W *D. lm* temat bywa rozszerzany elementem -*i (e)*-, np. jajek, haseł, okien
*** p. także tabela IV.

Przypadek	Grupa deklinacyjna		
	IV	V	VI
	Rzeczowniki zakończone w *M. lp* na -*ę*, w *D. lp* na ~*ęcia*	Rzeczowniki zakończone w *M. lp* na -*ę*, w *D. lp* na ~*enia*	Rzeczowniki zakończone w *M. lp* na -*um*
Liczba pojedyncza			
M.	~**ę** pisklę	~**ę** imię	~**um** muzeum
D.	~**ęcia** pisklęcia	~**enia** imienia	~**um** muzeum
C.	~**ęciu** pisklęciu	~**eniu** imieniu	~**um** muzeum
B.	jak *M.* pisklę	jak *M.* imię	jak *M.* muzeum
W.	jak *M.* pisklę	jak *M.* (nie używany)	jak *M.* (nie używany)
N.	~**ęciem** pisklęciem	~**eniem** imieniem	~**um** muzeum
Ms.	~**ęciu** pisklęciu	~**eniu** imieniu	~**um** muzeum
Liczba mnoga			
MW.	~**ęta** pisklęta	~**ona** imiona	~**a** muzea
D.	~**ąt** piskląt	~**on** imion	~**ów** muzeów
C.	~**ętom** pisklętom	~**onom** imionom	~**om** muzeom
B.	jak *M.* pisklęta	jak *M.* imiona	jak *M.* muzea
N.	~**ętami** pisklętami	~**onami** imionami	~**ami** muzeami
Ms.	~**ętach** pisklętach	~**onach** imionach	~**ach** muzeach

Wymiany spółgłoskowe rzeczowników twardotematowych

TABELA IV

Rzeczowniki rodzaju męskiego grupy IV zakończone na:		Rzeczowniki rodzaju żeńskiego grupy IV zakończone na:		Rzeczowniki rodzaju nijakiego grupy III zakończone na:		Przybierają w Ms. lp (męskie także w W. lp, żeńskie także w C. lp) zakończenie:		Rzeczowniki rodzaju męskiego grupy IV osobowe przybierają w M. lm zakończenie:	
~p	chłop	~pa	lipa	~po	tempo	~pie	chłopie, lipie, tempie	~pi	chłopi
~b	Kaszub	~ba	żaba	~bo	niebo	~bie	Kaszubie, żabie, niebie	~bi	Kaszubi
~f	traf	~fa	szafa	~fo	—	~fie	trafie, szafie —	~fi	—
~w	żuaw	~wa	trawa	~wo	drzewo	~wie	żuawie, trawie, drzewie	~wi	żuawi
~m	żandarm	~ma	brama	~mo	widmo	~mie	żandarmie, bramie, widmie	~mi	żandarmi
~t	kamrat	~ta	chata	~to	błoto	~cie	kamracie, chacie, błocie	~ci	kamraci
~d	sąsiad	~da	prawda	~do	udo	~dzie	sąsiedzie, prawdzie, udzie	~dzi	sąsiedzi
~s	juhas	~sa	rosa	~so	proso	~sie	juhasie, rosie, prosie	~si	juhasi
~z	Francuz	~za	koza	~zo	żelazo	~zie	Francuzie, kozie, żelazie	~zi	Francuzi
~n	tyran	~na	mina	~no	wino	~nie	tyranie, minie, winie	~ni	tyrani
~ł	anioł	~ła	szkoła	~ło	koło	~le	aniele, szkole, kole	~li	anieli
~r	autor	~ra	kara	~ro	biuro	~rze	autorze, karze, biurze	~rzy	autorzy
~st	oszust	~sta	lista	~sto	miasto	~ście	oszuście, liście, mieście	~ści	oszuści
~zd	drozd	~zda	gwiazda	~zdo	gniazdo	~ździe	drożdzie, gwieździe, gnieździe	~ździ	—
~sł	pomysł	~sła	Wisła	~sło	masło	~śle	pomyśle, Wiśle, maśle	~śli	—
~s(e)n	sen	~sna	sosna	~sno	krosno	~śnie	śnie, sośnie, krośnie	~śni	—
~z(e)n	błazen	~zna	blizna	~zno	kiełzno	~źnie	błaźnie, bliźnie, kiełznie	~źni	błaźni a. błazny

Przymiotnikowa odmiana rzeczowników

TABELA V

	Przy-padek	Rodzaj męski	Rodzaj żeński	Rodzaj nijaki
Liczba pojedyncza	M.	chorąży	przełożona	wpisowe
	D.	chorążego	przełożonej	wpisowego
	C.	chorążemu	przełożonej	wpisomemu
	B.	chorążego	przełożoną	wpisowe
	W.	chorąży	przełożona	(nie używany)
	N.	chorążym	przełożoną	wpisowym
	Ms.	chorążym	przełożonej	wpisowym
Liczba mnoga	M.	chorążowie	przełożone	wpisowe
	D.	chorążych	przełożonych	wpisowych
	C.	chorążym	przełożonym	wpisowym
	B.	chorążych	przełożone	wpisowe
	W.	chorążowie	przełożone	nie używane
	N.	chorążymi	przełożonymi	wpisowymi
	Ms.	chorążych	przełożonych	wpisowych

Przymiotnik, liczebnik, zaimek i przysłówek

1. Deklinacja przymiotnika w zasadzie nie wykazuje nieregularności, które należałoby sygnalizować w *Słowniku*, przy poszczególnych hasłach (z wyjątkiem paru form omówionych w punktach następnych).

Przymiotniki odmieniają się następująco:

Przymiotniki z tematem zakończonym na spółgłoskę twardą lub funkcjonalnie miękką

TABELA VI

	Przypadek	Rodzaj męski		Rodzaj żeński		Rodzaj nijaki	
Liczba pojedyncza	M.	-y	czarny	-a	czarna	-e	czarne
	D.	-ego	czarnego	-ej	czarnej	-ego	czarnego
	C.	-emu	czarnemu	-ej	czarnej	-emu	czarnemu
	B. żywotne	jak D.	czarnego	-ą	czarną	-e	czarne
	nieżywotne	jak M.	czarny		(kotkę, kredkę)		(pisklę, futro)
	W.	-y	czarny	-a	czarna	-e	czarne
	N.	-ym	czarnym	-ą	czarną	-ym	czarnym
	Ms.	-ym	czarnym	-ej	czarnej	-ym	czarnym

		Rodzaj męskoosobowy		Rodzaj żeńsko-rzeczowy	
Liczba mnoga	MW.	-i	czarni	-e	czarne
	D.	-ych	czarnych	-ych	czarnych
	C.	-ym	czarnym	-ym	czarnym
	B.	-ych	czarnych	-e	czarne
	N.	-ymi	czarnymi	-ymi	czarnymi
	Ms.	-ych	czarnych	-ych	czarnych

Przymiotniki z tematem zakończonym na spółgłoskę fonetycznie miękką

TABELA VIa

	Przypadek	Rodzaj męski		Rodzaj żeński		Rodzaj nijaki	
Liczba pojedyncza	M.	-i	ostatni	-a	ostatnia	-e	ostatnie
	D.	-ego	ostatniego	-ej	ostatniej	-ego	ostatniego
	C.	-emu	ostatniemu	-ej	ostatniej	-emu	ostatniemu
	B. żywotne	jak D.	ostatniego	-ą	ostatnią	-e	ostatnie
	nieżywotne	jak M.	ostatni		(osobę, książkę)		(dziecko, łóżko)
	W.	-i	ostatni	-a	ostatnia	-e	ostatnie
	N.	-im	ostatnim	-ą	ostatnią	-im	ostatnim
	Ms.	-im	ostatnim	-ej	ostatniej	-im	ostatnim

		Rodzaj męskoosobowy		Rodzaj żeńsko-rzeczowy	
Liczba mnoga	MW.	-i	ostatni	-e	ostatnie
	D.	-ich	ostatnich	-ich	ostatnich
	C.	-im	ostatnim	-im	ostatnim
	B.	-ich	ostatnich	-e	ostatnie
	N.	-imi	ostatnimi	-imi	ostatnimi
	Ms.	-ich	ostatnich	-ich	ostatnich

2. Formy rzeczownikowe przymiotników, tj. formy mianownika liczby pojedynczej rodzaju męskiego nie mające końcówki -*y* albo -*i*, podawane są przy haśle, np. *wesół* przy haśle: **wesoły**, *zdrów* przy: **zdrowy** (z uwagą, że formy te używane są tylko jako orzeczniki).

3. Jeżeli przymiotnik lub inny wyraz odmieniający się jak przymiotnik nie ma formy męskiej mianownika liczby pojedynczej zakończonej na -*y* lub -*i*, wówczas w *Słowniku* podajemy obok formy hasłowej także pełną formę żeńską i nijaką, przy czym tematem podstawowym dla wszystkich form deklinacyjnych prócz hasłowej formy męskiej jest temat podanej formy żeńskiej lub nijakiej, np.:

jeden, jedna, jedno   **mój, moja, moje.**

4. Formy męskoosobowe przymiotników o tematach zakończonych w formie hasłowej na spółgłoskę twardą lub funkcjonalnie miękką przybierają w mianowniku liczby mnogiej następujące zakończenia:

TABELA VII

zakończenie formy							
zakończenie formy męskiej *M. lp*	~**py**	ślepy	~**by**	słaby	~**my**	świadomy	~**wy**	krzywy
zakończenie formy męskoosobowej *M. lm*	~**pi**	ślepi	~**bi**	słabi	~**mi**	świadomi	~**wi**	krzywi
zakończenie formy męskiej *M. lp*	~**ty**	syty	~**dy**	chudy	~**sy**	łysy	~**ny**	ładny
zakończenie formy męskoosobowej *M. lm*	~**ci**	syci	~**dzi**	chudzi	~**si**	łysi	~**ni**	ładni
zakończenie formy męskiej *M. lp*	~**ły**	mały	~**ry**	stary	~**cy**	obcy	~**dzy**	cudzy
zakończenie formy męskoosobowej *M. lm*	~**li**	mali	~**rzy**	starzy	~**cy**	obcy	~**dzy**	cudzy
zakończenie formy męskiej *M. lp*	~**szy**	lepszy	~**ży**	duży boży	~**czy**	porywczy	~**ki**	prędki
zakończenie formy męskoosobowej *M. lm*	~**si**	lepsi	~**zi** duzi ~**ży** boży		~**czy**	porywczy	~**cy**	prędcy
zakończenie formy męskiej *M. lp*	~**gi**	drogi	~**chy**	głuchy	~**sty**	tłusty	~**sły**	rosły
zakończenie formy męskoosobowej *M. lm*	~**dzy**	drodzy	~**si**	głusi	~**ści**	tłuści	~**śli**	rośli

Formy męskoosobowe przymiotników w mianowniku liczby mnogiej (oznaczone skrótem *m-os.*) podawane są po wyrazie hasłowym, np.:

bezręki *m-os.* bezręcy
bogaty *m-os.* bogaci
słaby *m-os.* słabi

5. Jeżeli dany przymiotnik ma formę stopnia wyższego (prostą lub opisową), podajemy ją po skrócie: *st. w.*, np.:

bogaty *m-os.* bogaci, *st. w.* bogatszy a. bardziej bogaty
ciekawy *m-os.* ciekawi, *st. w.* ciekawszy
słaby *m-os.* słabi, *st. w.* słabszy

Formy męskoosobowe stopnia wyższego zakończone zawsze na ~*si* (np. słabsi, bogatsi) w zasadzie nie są w *Słowniku* uwzględniane.

6. Liczebniki porządkowe (oraz liczebnik: *jeden*) jak również zaimki przymiotnikowe, odmieniające się jak przymiotniki, są w *Słowniku* opracowane tak samo jak przymiotniki.

7. Jeżeli przysłówek ma formę stopnia wyższego (prostą lub opisową), w *Słowniku* podano ją (tak jak w wypadku przymiotników) po skrócie *st. w.*, np.:

gniewnie *st. w.* gniewniej a. bardziej gniewnie
prędko *st. w.* prędzej

Czasownik

1. Formą hasłową czasownika jest zwykle bezokolicznik.
2. Skrót *dk* (= czasownik dokonany) oznacza, że dany czasownik (np. *napisać*) nie jest używany (w stronie czynnej) w czasie teraźniejszym, nie tworzy form czasu przyszłego złożonego, nie ma też imiesłowu współczesnego. Ma natomiast czas przyszły prosty (bez czasownika posiłkowego *będę, będziesz...* a więc: *napiszę*) oraz imiesłów uprzedni (*napisawszy*).
3. Skrót *ndk* (= czasownik niedokonany) oznacza, że dany czasownik (np. *pisać*) ma czas teraźniejszy (*piszę*), imiesłów współczesny (*piszący, pisząc*), czas przyszły złożony (z czasownikiem posiłkowym: *będę, będziesz... pisała, pisać*), nie ma natomiast imiesłowu uprzedniego.
4. Podana po skrótach *dk* lub *ndk* cyfra rzymska (niekiedy z literą) jest odesłaniem danego czasownika do odpowiedniej grupy koniugacyjnej w tabeli, gdzie są umieszczone zakończenia form prostych danego wzorca koniugacyjnego oraz wyraz stanowiący przykład danego typu odmiany. Formy niezgodne z tabelą podano przy wyrazie hasłowym.
5. Utożsamienie form koniugacyjnych podawanych pod poszczególnymi hasłami czasownikowymi nie nastręcza trudności, stąd też w *Słowniku* (ze względu na oszczędność miejsca) podano je bez skrótów ich nazw gramatycznych.
6. Niektóre czasowniki, np.: *bać się, być, chcieć, iść, jechać, jeść, mieć, stać, wiedzieć* itd. nie są zaliczone do żadnej grupy koniugacyjnej, ponieważ mają odmianę swoistą. Formy fleksyjne danego czasownika mogące budzić wątpliwości zostały umieszczone pod odpowiednimi hasłami.

TABELA VIII

Formy proste czasownika

Grupa tematowa	I		II		III		IV	
	~ać	czytać	~eć	umieć	~eć	osiwieć	~ować	kupować
1. Bezokolicznik	~ać	czytać	~eć	umieć	~eć	osiwieć	~ować	kupować
2. Czas teraźniejszy (ndk) albo czas przyszły prosty (dk)								
lp 1. os.	~am	czytam	~em	umiem	~eję	osiwieję	~uję	kupuję
2. os.	~asz	czytasz	~esz	umiesz	~ejesz	osiwiejesz	~ujesz	kupujesz
3. os.	~a	czyta	~e	umie	~eje	osiwieje	~uje	kupuje
lm 1. os.	~amy	czytamy	~emy	umiemy	~ejemy	osiwiejemy	~ujemy	kupujemy
2. os.	~acie	czytacie	~ecie	umiecie	~ejecie	osiwiejecie	~ujecie	kupujecie
3. os.	~ają	czytają	~eją	umieją	~eją	osiwieją	~ują	kupują
3. Formy proste trybu rozkazującego								
lp 2. os.	~aj	czytaj	~ej	umiej	~ej	osiwiej	~uj	kupuj
lm 1. os.	~ajmy	czytajmy	~ejmy	umiejmy	~ejmy	osiwiejmy	~ujmy	kupujmy
2. os.	~ajcie	czytajcie	~ejcie	umiejcie	~ejcie	osiwiejcie	~ujcie	kupujcie
4. Imiesłów współczesny (ndk)								
przymiotnikowy	~ający	czytający	~ejący	umiejący	~ejący	osiwiejący	~ujący	kupujący
przysłówkowy	~ając	czytając	~ejąc	umiejąc	~ejąc	osiwiejąc	~ując	kupując
5. Czas przeszły								
lp M. rodzaj męski	~ał	czytał	~ał	umiał	~ał	osiwiał	~ował	kupował
rodzaj żeński	~ała	czytała	~ała	umiała	~ała	osiwiała	~owała	kupowała
rodzaj nijaki	~ało	czytało	~ało	umiało	~ało	osiwiało	~owało	kupowało
lm rodzaj męskoosobowy	~ali	czytali	~eli	umieli	~eli	osiwieli	~owali	kupowali
rodzaj żeńsko-rzeczowy	~ały	czytały	~ały	umiały	~ały	osiwiały	~owały	kupowały
6. Imiesłów przeszły przymiotnikowy								
lp M. rodzaj męski	—	—	—	—	~ały	osiwiały	—	—
lm M. rodzaj męskoosobowy	—	—	—	—	~ali	osiwiali	—	—
7. Imiesłów uprzedni (dk)	~awszy		~awszy		~awszy	osiwiawszy	~owawszy	
8. Imiesłów bierny								
lp M. rodzaj męski	~any	czytany	~any	umiany	—	(nie używana)	~owany	kupowany
lm M. rodzaj męskoosobowy	~ani	czytani	~ani	(nie używany)	—		~owani	kupowani
9. Forma nieosobowa czasu przeszłego	~ano	czytano	~ano	umiano	~ano	(nie używana)	~owano	kupowano
10. Rzeczownik odsłowny (na ~nie albo ~cie)	~anie	czytanie	~enie	umienie	~enie	osiwienie	~owanie	kupowanie

TABELA VIII (cd.)

Grupa tematowa	Va		Vb		Vc		VIa	
1. Bezokolicznik	~nąć	szarpnąć	~nąć	płynąć	~nąć	zmoknąć	~ić	robić
2. Czas teraźniejszy (ndk) albo czas przyszły prosty (dk)								
lp 1. os.	~nę	szarpnę	~nę	płynę	~nę	zmoknę	~ę	robię
2. os.	~niesz	szarpniesz	~niesz	płyniesz	~niesz	zmokniesz	~isz	robisz
3. os.	~nie	szarpnie	~nie	płynie	~nie	zmoknie	~i	robi
lm 1. os.	~niemy	szarpniemy	~niemy	płyniemy	~niemy	zmokniemy	~imy	robimy
2. os.	~niecie	szarpniecie	~niecie	płyniecie	~niecie	zmokniecie	~icie	robicie
3. os.	~ną	szarpną	~ną	płyną	~ną	zmokną	~ą	robią
3. Formy proste trybu rozkazującego								
lp 2. os.	~nij	szarpnij	~ń	płyń	~nij	zmoknij	(bez końcówki)	rób
lm 1. os.	~nijmy	szarpnijmy	~ńmy	płyńmy	~nijmy	zmoknijmy	~my	róbmy
2. os.	~nijcie	szarpnijcie	~ńcie	płyńcie	~nijcie	zmoknijcie	~cie	róbcie
4. Imiesłów współczesny (ndk) przymiotnikowy przysłówkowy	~nący	—	~nący	płynący	~nący	—	~ący	robiący
	~nąc	—	~nąc	płynąc	~nąc	—	~ąc	robiąc
5. Czas przeszły								
lp rodzaj męski	~nął	szarpnął	~nął	płynął	~ł	zmókł	~ił	robił
rodzaj żeński	~nęła	szarpnęła	~nęła	płynęła	~ła	zmokła	~iła	robiła
rodzaj nijaki	~nęło	szarpnęło	~nęło	płynęło	~ło	zmokło	~iło	robiło
lm rodzaj męskoosobowy	~nęli	szarpnęli	~nęli	płynęli	~li	zmokli	~ili	robili
rodzaj żeńsko-rzeczowy	~nęły	szarpnęły	~nęły	płynęły	~ły	zmokły	~iły	robiły
6. Imiesłów przeszły przymiotnikowy								
lp M. rodzaj męski	—	—	—	—	~ły	zmokły	—	—
lm M. rodzaj męskoosobowy	—	—	—	—	~li	zmokli	—	—
7. Imiesłów uprzedni (dk)	~nąwszy	szarpnąwszy	~nąwszy	—	~łszy	zmókłszy	~iwszy	—
8. Imiesłów bierny								
lp M. rodzaj męski	~nięty	szarpnięty	~nięty	(nie używana)	~nięty	zmoknięty	~ony	robiony
lm M. rodzaj męskoosobowy	~nięci	szarpnięci	~nięci	—	~nięci	zmoknięci	~eni	(nie używany)
9. Forma nieosobowa czasu przeszłego	~nięto	szarpnięto	~nięto	(nie używana)	~nięto	(nie używana)	~ono	robiono
10. Rzeczownik odsłowny (na ~nie albo ~cie)	~nięcie (daw. ~nienie)	szarpnięcie	~nięcie	płynięcie	~nięcie	zmoknięcie	~enie	robienie

TABELA VIII (cd.)

Grupa tematowa	VIb		VIIa		VIIb		VIIIa	
1. Bezokolicznik	~yć	ważyć	~eć	widzieć	~eć	usłyszeć	~ywać	widywać
2. Czas teraźniejszy (ndk) albo czas przyszły prosty (dk)								
lp 1. os.	~ę	ważę	~ę	widzę	~ę	usłyszę	~uję	widuję
2. os.	~ysz	ważysz	~isz	widzisz	~ysz	usłyszysz	~ujesz	widujesz
3. os.	~y	waży	~i	widzi	~y	usłyszy	~uje	widuje
lm 1. os.	~ymy	ważymy	~imy	widzimy	~ymy	usłyszymy	~ujemy	widujemy
2. os.	~ycie	ważycie	~icie	widzicie	~ycie	usłyszycie	~ujecie	widujecie
3. os.	~ą	ważą	~ą	widzą	~ą	usłyszą	~ują	widują
3. Formy proste trybu rozkazującego								
lp 2. os.	(bez końcówki)	waż	(bez końcówki)	(nie używane)	(bez końcówki)	usłysz	~uj	widuj
lm 1. os.	~my	ważmy	~my	(nie używane)	~my	usłyszmy	~ujmy	widujmy
2. os.	~cie	ważcie	~cie	(nie używane)	~cie	usłyszcie	~ujcie	widujcie
4. Imiesłów współczesny (ndk)								
przymiotnikowy	~ący	ważący	~ący	widzący	—	—	~ujący	widujący
przysłówkowy	~ąc	ważąc	~ąc	widząc	—	—	~ując	widując
5. Czas przeszły								
lp M. rodzaj męski	~ył	ważył	~ał	widział	~ał	usłyszał	~ywał	widywał
rodzaj żeński	~yła	ważyła	~ała	widziała	~ała	usłyszała	~ywała	widywała
rodzaj nijaki	~yło	ważyło	~ało	widziało	~ało	usłyszało	~ywało	widywało
lm rodzaj męskoosobowy	~yli	ważyli	~eli	widzieli	~eli	usłyszeli	~ywali	widywali
rodzaj żeńsko-rzeczowy	~yły	ważyły	~ały	widziały	~ały	usłyszały	~ywały	widywały
6. Imiesłów przeszły przymiotnikowy								
lp M. rodzaj męski	—	—	—	—	—	—	—	—
lm M. rodzaj męskoosobowy	—	—	—	—	—	—	—	—
7. Imiesłów uprzedni (dk)	~ywszy	—	~awszy	—	~awszy	usłyszawszy	~ywawszy	—
8. Imiesłów bierny								
lp M. rodzaj męski	~ony	ważony	~any	widziany	~any	usłyszany	~ywany	widywany
lm M. rodzaj męskoosobowy	~eni	ważeni	~ani	widziani	~ani	usłyszani	~ywani	widywani
9. Forma nieosobowa czasu przeszłego	~ono	ważono	~ano	widziano	~ano	usłyszano	~ywano	widywano
10. Rzeczownik odsłowny (na ~nie albo ~cie)	~enie	ważenie	~enie	widzenie	~enie	usłyszenie	~ywanie	widywanie

TABELA VIII (cd.)

Grupa tematowa	VIIIb		IX		Xa	
1. Bezokolicznik	~iwać	podsłuchiwać	~ać	wiązać	~ć	pić
2. Czas teraźniejszy (*ndk*) albo czas przyszły prosty (*dk*)						
lp 1. os.	~uję	podsłuchuję	~ę	wiążę	~ję	piję
2. os.	~ujesz	podsłuchujesz	~esz	wiążesz	~jesz	pijesz
3. os.	~uje	podsłuchuje	~e	wiąże	~je	pije
lm 1. os.	~ujemy	podsłuchujemy	~emy	wiążemy	~jemy	pijemy
2. os.	~ujecie	podsłuchujecie	~ecie	wiążecie	~jecie	pijecie
3. os.	~ują	podsłuchują	~ą	wiążą	~ją	piją
3. Formy proste trybu rozkazującego			(bez końcówki)			
lp 2. os.	~uj	podsłuchuj		wiąż	~j	pij
lm 1. os.	~ujmy	podsłuchujmy	~my	wiążmy	~jmy	pijmy
2. os.	~ujcie	podsłuchujcie	~cie	wiążcie	~jcie	pijcie
4. Imiesłów współczesny (*ndk*) przymiotnikowy przysłówkowy	~ujący	podsłuchujący	~ący	wiążący	~jący	pijący
	~ując	podsłuchując	~ąc	wiążąc	~jąc	pijąc
5. Czas przeszły						
lp rodzaj męski	~iwał	podsłuchiwał	~ał	wiązał	~ł	pił
rodzaj żeński	~iwała	podsłuchiwała	~ała	wiązała	~ła	piła
rodzaj nijaki	~iwało	podsłuchiwało	~ało	wiązało	~ło	piło
lm rodzaj męskoosobowy	~iwali	podsłuchiwali	~ali	wiązali	~li	pili
rodzaj żeńko-rzeczowy	~iwały	podsłuchiwały	~ały	wiązały	~ły	piły
6. Imiesłów przeszły przymiotnikowy						
lp. M. rodzaj męski	—	—	—	—	—	—
lm. M. rodzaj męskoosobowy	—	—	—	—	—	—
7. Imiesłów uprzedni (*dk*)	~iwawszy	podsłuchiwawszy	~awszy	—	~wszy	—
8. Imiesłów bierny						
lp M. rodzaj męski	~iwany	podsłuchiwany	~any	wiązany	~ty	pity
lm. M. rodzaj męskoosobowy	~iwani	podsłuchiwani	~ani	wiązani	~ci	(nie używane)
9. Forma nieosobowa czasu przeszłego	~iwano	podsłuchiwano	~ano	wiązano	~to	pito
10. Rzeczownik odsłowny (na ~*nie* albo ~*cie*)	~iwanie	podsłuchiwanie	~anie	wiązanie	~cie	picie

TABELA VIII (cd.)

Grupa tematowa	Xb		Xc			XI		
	~ać	grzać	~ąć	~ąć		~c, ~ć	tłuc	mleć
1. Bezokolicznik	~ać	grzać	~ąć	dąć	żąć	~c, ~ć	tłuc	mleć
2. Czas teraźniejszy (ndk) albo czas przyszły prosty (dk)								
lp 1. os.	~eję	grzeję	~mę, ~nę	dmę	żnę	~ę	tłukę	mielę
2. os.	~ejesz	grzejesz	~miesz, ~niesz	dmiesz	żniesz	~esz	tłuczesz	mielesz
3. os.	~eje	grzeje	~mie, ~nie	dmie	żnie	~e	tłucze	miele
lm 1. os.	~ejemy	grzejemy	~miemy, ~niemy	dmiemy	żniemy	~emy	tłuczemy	mielemy
2. os.	~ejecie	grzejecie	~miecie, ~niecie	dmiecie	żniecie	~ecie	tłuczecie	mielecie
3. os.	~eją	grzeją	~mą, ~ną	dmą	żną	~ą	tłuką	mielą
3. Formy proste trybu rozkazującego								
lp 2. os.	~ej	grzej	~mij, ~nij	dmij	żnij	(bez końc.)	tłucz	miel
lm 1. os.	~ejmy	grzejmy	~mijmy, ~nijmy	dmijmy	żnijmy	~my	tłuczmy	mielmy
2. os.	~ejcie	grzejcie	~mijcie, ~nijcie	dmijcie	żnijcie	~cie	tłuczcie	mielcie
4. Imiesłów współczesny (ndk)								
przymiotnikowy	~ejący	grzejący	~mący, ~nący	dmący	żnący	~ący	tłukący	mielący
przysłówkowy	~ejąc	grzejąc	~mąc, ~nąc	dmąc	żnąc	~ąc	tłukąc	mieląc
5. Czas przeszły								
lp M. rodzaj męski	~ał	grzał	~ął	dął	żął	~ł	tłukł	mełł
rodzaj żeński	~ała	grzała	~ęła	dęła	żęła	~ła	tłukła	mełła
rodzaj nijaki	~ało	grzało	~ęło	dęło	żęło	~ło	tłukło	mełło
lm M. rodzaj męskoosobowy	~ali	grzali	~ęli	dęli	żęli	~li	tłukli	mełli
rodzaj żeńsko-rzeczowy	~ały	grzały	~ęły	dęły	żęły	~ły	tłukły	mełły
6. Imiesłów przeszły przymiotnikowy								
lp M. rodzaj męski	—	—	—	—	—	—	—	—
lm M. rodzaj męskoosobowy	—	—	—	—	—	—	—	—
7. Imiesłów uprzedni (dk)	~awszy	—	~ąwszy	—	—	~łszy	—	—
8. Imiesłów bierny								
lp M. rodzaj męski	~any	grzany	~ęty	dęty	żęty	~ony	tłuczony	mielony
lm M. rodzaj męskoosobowy	~ani	grzani	~ęci	(nie używane)	(nie używane)	~eni	tłuczeni	(nie używane)
9. Forma nieosobowa czasu przeszłego	~ano	grzano	~ęto	dęto	żęto	~ono	tłuczono	mielono
10. Rzeczownik odsłowny (na ~nie albo ~cie)	~anie	grzanie	~ęcie	dęcie	żęcie	~enie	tłuczenie	mielenie

I a 1. «spójnik łączący zdania lub ich człony, łączący lub przeciwstawiający ich treści»: Pod oknem stał fotel, a obok mały stolik. Ledwie błysnęło słońce, a już robiło się ciepło. Ma dopiero trzydzieści lat, a wygląda na pięćdziesiąt.

△ *Niepoprawne* jest używanie spójnika przeciwstawnego *a* po zaprzeczonym członie zdania lub zdaniu, jeśli tekst następujący po spójniku jest sprostowaniem treści zdania poprzedniego. W zdaniach takich należy używać spójników *ale, lecz, tylko, natomiast* (ostatni tylko między zdaniami), np.: Nie fałsz zwycięża, lecz (*nie*: a) prawda. Nie na siebie tylko zarabiał, ale (*nie*: a) na całą rodzinę. Nie ja to zrobiłem, tylko (*nie*: a) on. Nie popełniła samobójstwa, ale (*nie*: a) mąż ją zabił. Program ten nie neguje potrzeby zmian, zakłada natomiast (*nie*: a zakłada) stopniowe ich wprowadzanie. △ Użycie *a* przeciwstawnego przed członem zdania z przeczeniem jest poprawne, np. Prawda zwycięża, a nie fałsz. △ Dopuszczalne jest używanie spójnika *a* (albo połączenia *a jednak*) po zdaniach zaprzeczonych, jeżeli można je rozumieć jako zdania tzw. przyzwolone (spójnik *a* można tu zastąpić wyrażeniem *a mimo to*), np. Nie czuł się jeszcze dobrze, a chciał już pójść do pracy. △ Poprawne jest także użycie spójnika *a* po zdaniu zaprzeczonym, jeżeli tekst po spójniku jest zwykłym uzupełnieniem tego zdania, np.: Nie jadł obiadu, a na śniadanie wypił tylko szklankę mleka. Nie pisał do znajomych, a do żony rzadko i nieregularnie. △ Spójnik *a* sygnalizuje m.in. ciągłość procesu (w tym znaczeniu występuje wymiennie z *i*), np. Pisze a pisze. △ Jako spójnik wewnątrzzdaniowy bywa używany w funkcji łącznej, np. Wykład krótki a przystępny (zastosowanie nieco *przestarz.*) — oraz przeciwstawnej (wymiennie z *i*), np.: Człowiek bogaty, a taki nieszczęśliwy. Stary, a głupi. △ Rażącym błędem jest łączenie spójnikiem *a* niejednorodnych składniowo członów zdania (np. Mieszkańców naszego miasta, a grających w toto-lotka, zawiadamiamy... 850-lecie wojny polsko-niemieckiej w roku 1109 a zakończonej na Psim Polu...) — spójnik *a* należy tu opuścić. △ W tytułach artykułów, książek itp. spójnik *a* komunikuje, że w tekście jest mowa o wzajemnym stosunku wymienionych pojęć lub przedmiotów, np.: Sztuka a technika. Kino a telewizja. △ W przypadkach zależnych spójnik *a* musi być zastąpiony spójnikiem *i*, np. Artykuł o sztuce i (*nie*: a) technice. △ Jeżeli spójnik *a* łączy zdania, poprzedzamy go zawsze przecinkiem. Spójnik *a* wewnątrzzdaniowy poprzedzamy przecinkiem, gdy pełni funkcję przeciwstawną lub wprowadza wyrażenie dopowiadające albo wtrącone, np.: Patrz w przyszłość, a nie w przeszłość. Nie malowała ust, a oczy tylko na wieczór. Były to wykłady z bibliografii, a właściwie z bibliotekarstwa.
2. «partykuła nawiązująca i wzmacniająca»: Ktoś czeka na pana. — A niech czeka. Po coś tu przyszła? — A bo chciałam. △ *Niepoprawne* jest wzmacnianie partykułą *a* spójnika przeciwstawnego *natomiast*, np. Zasada ta neguje walkę, a zakłada natomiast... (*zamiast*: Zasada ta neguje walkę, zakłada natomiast...).
3. *przestarz.* «dodać, plus»: Dwa a trzy to pięć. Pewne jak dwa a dwa to cztery. || *D Kult. I, 23; GPK Por. 252; KJP 373; KP Pras.*

II a «skrót wyrazu: *ar*, pisany bez kropki, stawiany zwykle po wymienionej liczbie, czytany jako cały, odmieniany wyraz»: 15 a (*czyt.* arów), 2 a (*czyt.* ary).

a- «przedrostek oznaczający zaprzeczenie, brak czegoś, niezajmowanie się czymś, obojętność względem czegoś», np.: alogiczny, aspołeczny, apolityczny, amoralny, ahistoryzm, asymetria. || *D Kult. I, 343.*

à «po (w języku handlowym, w rachunkowości)»: 5 sztuk czekolady à 5 zł i 5 sztuk à 10 zł.

A «skrót wyrazu: *amper*, pisany bez kropki, stawiany zwykle po wymienionej liczbie, czytany jako cały, odmieniany wyraz»: Natężenie prądu wynosiło 2 A (*czyt.* ampery), 5 A (*czyt.* amperów).

aa «skrót łacińskiego wyrażenia: *ad acta* = (odłożyć) do akt; czytany jako całe wyrażenie: ad akta»

abażur *m IV, D.* abażuru, *rzad.* abażura.

Abbasyda *m* odm. jak *ż IV, lm M.* Abbasydzi, *DB.* Abbasydów.

Abbazia p. Opatija.

Abchazja *ż I, DCMs.* Abchazji «autonomiczna republika w ZSRR» — Abchaz *m IV, lm M.* Abchazi,

1

DB. Abchazów — Abchazka *ż III, lm D.* Abchazek — abchaski.

abcug *m III, D.* abcugu; tylko we *fraz. (posp. a. żart.)* △ W krótkich abcugach «w krótkim czasie, szybko»

abdykacja *ż I, DCMs.* i *lm D.* abdykacji: Złożyć abdykację, *lepiej*: abdykować.

abdykować *ndk a. dk IV,* abdykowaliśmy (p. akcent § 1a i 2) «o panującym: zrzekać się, zrzec się władzy» □ A. bez dop.: Jan Kazimierz abdykował we wrześniu 1668 roku. □ *przestarz., przen.* A. z czego «rezygnować z czegoś, zrzekać się, wyrzekać się czegoś»: Abdykować z roli doradcy.

abecadło *n III, lm D.* abecadeł; *częściej*: alfabet.

abecadłowy: Porządek, układ abecadłowy (*częściej*: alfabetyczny).

Abélard (*wym.* Abelard a. Abelar) *m IV, D.* Abélarda (p. akcent § 7), *rzad.* (zwykle z odmienianym imieniem) *ndm*: Doktryna filozoficzna Abélarda (Piotra Abélard).

aberracja (*nie*: aberacja) *ż I, DCMs.* i *lm D.* aberracji.

Abidżan *m IV, D.* Abidżanu «stolica republiki Wybrzeże Kości Słoniowej» — abidżański.

Abisynia (*wym.* Abisyńja) *ż I, DCMs.* Abisynii; in. Etiopia — Abisyńczyk *m III, lm M.* Abisyńczycy — Abisynka (p.) — abisyński. // *PĴ 1963, 134.*

Abisynka *ż III, lm D.* Abisynek 1. «mieszkanka Abisynii»
2. abisynka a) «płytka studnia z rur metalowych; studnia abisyńska» b) zwykle w *lm* «herbatniki ciemnobrązowego koloru»

abiturient *m IV, lm M.* abiturienci «uczeń kończący szkołę (zwykle średnią)»: Abiturient liceum ogólnokształcącego. *Por.* absolwent.

ablegier (*nie*: aplegier) *m IV, D.* ablegra; *lepiej*: odkład (w zn. *ogr.*).

abnegacja *ż I, DCMs.* i *lm D.* abnegacji *książk.* «niedbanie o własne wygody, o swój wygląd; *wych. z użycia* w zn. ogólniejszym: wyrzeczenie się (np. korzyści), skrajna bezinteresowność»: Wygląd mężczyzny świadczył o jego całkowitej abnegacji.

abominacja *ż I, DCMs.* abominacji, zwykle *blm wych. z użycia* «obrzydzenie, wstręt, odraza»: Wywołać uczucie abominacji. Wzbudzić abominację. □ A. do kogo, do czego: Kiedy zobaczyła, jak się płaszczy przed kierownikiem, poczuła do niego abominację.

abonament *m IV, D.* abonamentu, *lm M.* abonamenty (*nie*: abonamenta): Abonament teatralny, radiowy. □ A. czego a. na co: Abonament loży. Abonament (*częściej*: prenumerata) czasopisma. Abonament na obiady, na koncerty.

abonent *m IV, lm M.* abonenci: Abonent radia. Abonent (*częściej*: prenumerator) czasopisma.

abonować *ndk IV,* abonowaliśmy (p. akcent § 1a i 2) — **zaabonować** *dk*: Abonować lożę w teatrze. Abonować (*częściej*: prenumerować) czasopismo.

abp a. **arcybp** «skróty wyrazu: *arcybiskup,* pisane w mianowniku *lp* bez kropki, w przypadkach zależnych z kropką albo z końcówkami deklinacji męskiej (*m IV*), stawiane zwykle przed nazwiskiem lub przed imieniem i nazwiskiem, czytane jako całe wyrazy»: Abp a. arcybp Chorzelski. Posłuchanie u abpa a. arcybpa *obok*: abp. a. u arcybp. (*czyt.* arcybiskupa) Chorzelskiego.

Abraham (*wym.* Abraham) *m IV, D.* Abrahama.

Abruzzy (*wym.* Abruzzy) *blp, D.* Abruzzów «pasmo górskie we Włoszech»

absces *m IV, D.* abscesu; *lepiej*: ropień.

absencja *ż I, DCMs.* i *lm D.* absencji *urz.* «nieobecność w miejscu, gdzie się być powinno, zwłaszcza nieobecność w pracy»: Nie usprawiedliwiona absencja.

absolucja *ż I, DCMs.* i *lm D.* absolucji (w zn. kultowym *częściej*: rozgrzeszenie): Dać absolucję, udzielić absolucji. Uzyskać absolucję.

absolutorium *n VI* 1. «zwolnienie ustępującej władzy od zobowiązań i odpowiedzialności»: Udzielić absolutorium zarządowi, rządowi. 2. «ukończenie studiów bez uzyskania dyplomu»: Uzyskać absolutorium na Wydziale Filologicznym (*nie*: ...Wydziału Filologicznego).

absolutyzm *m IV, D.* absolutyzmu, *Ms.* absolutyzmie (*wym.* ~yzmie a. ~yźmie), zwykle *blm.*

absolutyzować *ndk IV,* absolutyzowaliśmy (p. akcent § 1a i 2) «nadawać czemuś (np. jakimś teoriom, poglądom) charakter absolutny, bezwzględny» // *KP Pras.*

absolwent *m IV, lm M.* absolwenci «ten, kto ukończył szkołę, kurs, uczelnię»: Absolwent uniwersytetu, technikum. Absolwent Szkoły Nauk Politycznych (*nie*: Absolwent Nauk Politycznych). *Por.* abiturient.

absorbować *ndk IV,* absorbowaliśmy (p. akcent § 1a i 2) — **zaabsorbować** *dk* □ A. kogo «pochłaniać czyjąś uwagę, żywo kogoś interesować; zajmować kogoś czymś»: Studia zaabsorbowały go tak bardzo, że na nic nie miał czasu. Absorbował wszystkich swymi sprawami. □ A. co «wchłaniać, pochłaniać, wiązać chemicznie»: Absorbować ciecze, gazy. // *KP Pras.*

absorpcja *ż I, DCMs.* absorpcji, zwykle *blm* □ A. czego — przez co: Absorpcja gazów przez ciecze. // *D Kult. II, 589.*

abstrahować *ndk IV,* abstrahowaliśmy (p. akcent § 1a i 2) □ A. od czego «świadomie nie brać czegoś pod uwagę, pomijać coś, nie uwzględniać czegoś w rozumowaniu, w wypowiedzi»: Abstrahować od szczegółów. □ A. bez dop. «wyodrębniać cechy istotne od nieistotnych»: Ludzie prymitywnie myślący nie umieją abstrahować.

abstrakcja *ż I, DCMs.* i *lm D.* abstrakcji: Operować abstrakcjami. Żyć w sferze abstrakcji.

abstrakt *m IV, D.* abstraktu, *lm M.* abstrakty a. abstrakta *rzad., książk.* «pojęcie oderwane»

abstynencja *ż I, DCMs.* abstynencji, zwykle *blm* «powstrzymywanie się od picia alkoholu; *wych. z użycia* w zn. ogólniejszym: powstrzymywanie się od pewnej działalności, od pewnych czynności»: Propagować abstynencję. □ A. o d czego: Abstynencja od wódki.

absurd *m IV, D.* absurdu, *lm M.* absurdy (*nie:* absurda): Doprowadzić coś do absurdu.

absyda p. apsyda.

absydalny, absydowy p. apsydalny.

absztyfikant *m IV, lm M.* absztyfikanci *żart.* «konkurent, wielbiciel»: Absztyfikant mojej córki.

aby 1. «spójnik międzyzdaniowy o charakterze książkowym (w mowie potocznej występuje zwykle równoznaczny spójnik *żeby*); wyraża stosunek»: **a)** «celowy», np. Wszedł do pokoju, aby (żeby) odpocząć. **b)** «skutkowy», np. Zbyt trzeźwo patrzyła na życie, aby (żeby) mieć złudzenia co do wierności mężów. **c)** «dopełniający lub rozwijający treść zdania nadrzędnego (występuje zwykle po czasownikach wyrażających chęć, życzenie, polecenie, prośbę, obawę, zamiar itp.)», np.: Poradził, aby (żeby) wrócić okrężną drogą. Chciał, aby (żeby) wszyscy mu ulegali. Trzeba, abyś (żebyś) mu pomógł. △ W tej funkcji bywa poprzedzany nawiązującym zaimkiem *to* w zdaniu nadrzędnym, np. Nie leżało to w jego naturze, aby (żeby) komuś szkodzić. △ W wypadku tożsamości podmiotów zdania głównego i podrzędnego orzeczenie w zdaniu podrzędnym ma zawsze postać bezokolicznika, np.: Przyszedłem, aby (żeby) cię odwiedzić. Musisz dużo pracować, aby (żeby) dobrze żyć (*nie:* Musisz dużo pracować, abyś (żebyś) dobrze żył). △ Po czasownikach ruchu (np. przyjść, pojechać) spójnik *aby* w takich zdaniach często może być opuszczony, np. Przyszedłem, aby (żeby) cię odwiedzić, *obok*: Przyszedłem cię odwiedzić. △ Po czasownikach tzw. modalnych (np. chcieć, musieć) spójnik *aby* musi być opuszczony, np. Pragnął pracować naukowo.

△ Jeżeli w zdaniu podrzędnym, zaczynającym się od *aby*, podmiot jest inny niż w zdaniu nadrzędnym, to orzeczenie ma formę czasu przeszłego, a końcówki osobowe są dołączone do spójnika, np.: Prosił, abyśmy (żebyśmy) mu pomogli. Chciałbym, abyście (żebyście) się nad tym zastanowili. △ Spójnik *aby* zawsze poprzedzamy przecinkiem.
2. «partykuła używana w języku potocznym»: **a)** wymienna z *byle*: Pracował, aby zbyć. Aby do wiosny. Aby do rana. Jakoś się żyje, aby dalej. **b)** zwykle w połączeniu: *czy aby*... «czy rzeczywiście..., czy na pewno...»: Czy to aby prawda? Czy to aby świeże? △ Aby — aby *pot.* «niestarannie, byle zbyć»: Uczył się aby — aby, miał same trójki. △ Inne użycia są *niepoprawne*, np. Miał aby jedną koszulę (*zamiast:* Miał tylko... a. miał zaledwie jedną koszulę). *Por.* by (w zn. 2), żeby.

a capite (*wym.* a kapite) a. **a linea** (*wym.* a linea) «od nowego wiersza»

ach «wykrzyknik» Ach, jak tu ślicznie. Ach, jak boli.
achy tylko w *lm, D.* achów, w użyciu rzeczownikowym *żart.* «westchnienia, zachwyty»: Dookoła słychać było achy i ochy.

Achaja *ż I, DCMs.* Achai «kraina w Grecji» — Achajczyk *m III, lm M.* Achajczycy a. Achajowie — Achajka *ż III, lm D.* Achajek — achajski.

Achemenida *m* odm. jak *ż IV, lm M.* Achemenidzi, *DB.* Achemenidów.

Achilles *m IV, rzad., książk.* **Achil** *m I* △ Pięta Achillesa a. pięta Achillesowa «czyjaś słaba strona»

Achmatowa (*wym.* Achmatowa) *ż* odm. jak przym., *D.* Achmatowej (p. akcent § 7): Liryka Anny Achmatowej.

-acja element występujący w zapożyczeniach, wyodrębniony z nich i jako przyrostek stosowany do tworzenia rzeczowników także na gruncie polskim. Poprawne posługiwanie się tym przyrostkiem jest jednak ograniczone tylko do połączeń z tematami wyrazów zapożyczonych z łaciny lub francuskiego, np.: dekatyzować — *dekatyzacja*, finalizować — *finalizacja*. △ *Niepoprawne* jest łączenie przyrostka *-acja* z tematami wyrazów rodzimych lub zapożyczonych z innych źródeł, np. pielęgnować — *pielęgnacja* (*zamiast:* pielęgnowanie). △ Wyrazy z przyrostkiem *-acja* są nazwami czynności lub jej rezultatów (np. *adaptacja* «przystosowanie» i «rzecz przystosowana»), często odpowiadają znaczeniowo wyrazom z przyrostkiem *-anie, -enie.* △ W odmianie rzeczowników na *-acja* dopełniacz *lp* i *lm* oraz celownik i miejscownik *lp* mają zakończenie: ~*acji*; w *D. lm* można obocznie stosować zakończenie ~*acyj*, zwłaszcza wtedy, kiedy chodzi o wyraźne podkreślenie znaczenia liczby mnogiej, np. we wtorek lekcyj nie będzie (tzn. nie będzie żadnych lekcji). △ Przymiotniki pochodne od tego typu nazw tworzy się zwykle za pomocą przyrostka *-yjny*, np. rekrutacja — *rekrutacyjny*. || D Kult. I, 551, 795.

a conto (*wym.* akonto) «na rachunek, na poczet (należności)»: Wziął 500 zł a conto pensji. *Por.* akonto.

Acosta (*wym.* Akosta) *m* odm. jak *ż IV, D.* Acosty, *CMs.* Acoście: Pisma teologiczne Acosty.

-actwo p. -stwo.

-acz przyrostek tworzący nazwy stałych osobowych i nieosobowych wykonawców czynności, nazwy narzędzi, aparatów, urządzeń itp. — od czasowników niedokonanych, przede wszystkim na *-ać*, np.: *badacz, biegacz, spychacz, powielacz* (od badać, biegać, spychać, powielać). △ *niepoprawne*: ocynkowacz (*zamiast:* cynkowacz a. ocynkowywacz); zasypacz (*zamiast:* zasypywacz). △ W mianowniku *lm* rzeczowniki na *-acz* przybierają zawsze końcówkę *-e*, w dopełniaczu *lm* mogą mieć formy oboczne z *-y* lub *-ów*, np. biegaczy || biegaczów.

-aczka p. -ka.

aczkolwiek *książk.* «spójnik łączący treści przeciwstawne, nieoczekiwane w danym zestawieniu; choć, jednak, mimo że, ale»: Opowiadanie było prawdziwe, aczkolwiek mało prawdopodobne. Choroba, aczkolwiek zalecona, niszczyła organizm. Przyjechała, aczkolwiek niechętnie.

-ać p. -ić.

ad acta (*wym.* ad akta) «do akt; skrót: aa» △ Odłożyć sprawę ad acta «uznać ją za załatwioną, przestać się nią zajmować»

adadżio a. **adagio** (*wym.* adadżjo) w zn. «utwór muzyczny a. jego część» *n ndm, rzad. n III, D.* adadżia (adagia), *Ms.* adadżiu (adagiu), *lm D.* adadżiów (adagiów).

Adalberg (*wym.* Adalberg) *m III*, *D.* Adalberga (p. akcent § 7): „Księga przysłów" Samuela Adalberga.

Adam *m IV*, *lm M.* Adamowie — Adaś *m I*, *lm M.* Adasiowie — Adamostwo *n III*, *DB.* Adamostwa, *Ms.* Adamostwu (*nie*: Adamostwie), *blm*; a. Adamowie *blp*, *D.* Adamów — Adasiowie *blp*, *D.* Adasiów.

adamaszek *m III*, *D.* adamaszku.

adaptacja *ż I*, *DCMs.* i *lm D.* adaptacji **1.** zwykle *blm* «przystosowanie się, przystosowanie do innego użytku, przerobienie (co innego: adaptacja)»: Adaptacja oczu po dłuższym przebywaniu w ciemności. □ A. czego (*nie*: z czego) — na co (jeżeli się wymienia uzyskiwany przedmiot): Adaptacja budynku mieszkalnego na ambulatorium. □ A. czego (zwykle utworu artystycznego) — do czego (zwykle kiedy się wymienia zamierzoną czynność): Adaptacja powieści do wystawienia na scenie. **2.** «rzecz przystosowana, przeróbka»: Ten film jest adaptacją noweli. // *KP Pras.*

adapter *m IV*, *D.* adaptera, *rzad.* adapteru «główka w gramofonie elektrycznym; *pot.* także: gramofon elektryczny» *D Kult. II, 196.*

adaptować *dk* i *ndk IV*, adaptowaliśmy (p. akcent § 1a i 2) — **zaadaptować** *dk* «dostosować do nowych potrzeb, przerobić (co innego: adaptować)» □ A. co (*nie*: z czego) — na co (jeżeli się wymienia przedmiot po adaptacji), do czego (jeżeli się wymienia cel adaptacji): Budynek zaadaptowano na szkołę. Samolot adaptowany do lotów pasażerskich.

addenda *blp*, *D.* addendów *książk.* «przypisy uzupełniające, dodatki; załączniki (do pisma urzędowego lub do podania)»

Addis Abeba, Addis *ndm*, Abeba *ż IV* «stolica Etiopii»: Mieszkać w Addis Abebie.

adeemowski p. ADM.

adekwatny (wyraz używany w tekstach naukowych, w języku ogólnym *lepiej*: ściśle z czymś zgodny, dokładnie odpowiadający czemuś) □ A. do czego (*nie*: czemu, z czym): Poznanie adekwatne do rzeczywistości. // *D Kult. I, 26.*

adept *m IV*, *lm M.* adepci *książk.* «człowiek kształcący się w jakiejś dziedzinie, studiujący coś»: Adept sztuki teatralnej. Adept nauk medycznych.

adherent *m IV*, *lm M.* adherenci *książk.* «stronnik, zwolennik»

ad hoc (*wym.* ad hok) «specjalnie w tym celu; doraźnie»: Żeby wyjaśnić pochodzenie tej nazwy wymyślono ad hoc całą legendę. △ *niepoprawne* w zn. «przypadkowo» // *D Kult. I, 255.*

adieu (*wym.* adjö, *nie*: adie) «żegnaj, bądź zdrów (wyraz francuski używany niekiedy w tekstach polskich, zwykle z odcieniem żartobliwym)» // *D Kult. II, 581.*

adiu (*wym.* adju) tylko w *żart. fraz.* Adiu Fruziu «przepadło, skończyło się, nic z tego nie będzie» // *D Kult. II, 581.*

adiunkt *m IV*, *lm M.* adiunkci □ A. czego (*nie*: przy czym): Adiunkt katedry, kliniki (*nie*: przy katedrze, przy klinice).

adiunkt (*nie*: adiunktka) — o kobiecie, p. nazwy i tytuły zawodowe kobiet: Adiunktem kliniki była doktor Iksińska. Studenci zgłaszali się na konsultacje do pani adiunkt.

adiustacja *ż I*, *DCMs.* adiustacji, zwykle *blm*: Adiustacja tekstu. Adiustacja stylistyczna, techniczna. Dokonać adiustacji. Wykonać adiustację.

adiustować *ndk IV*, adiustowaliśmy (p. akcent § 1a i 2) — **zadiustować** *dk*: Adiustować tekst.

-adło p. -dło.

adm. «skrót wyrazu: *admirał*, pisany z kropką, stawiany zwykle przed nazwiskiem lub przed imieniem i nazwiskiem, czytany jako cały, odmieniany wyraz»: Adm. Piotr Zieliński. Rozkaz adm. (*czyt.* admirała) Zielińskiego.

ADM (*wym.* adeem, p. akcent § 6) *m IV*, *D.* ADM-u, *Ms.* ADM-ie, *rzad.* *ż ndm* «Administracja Domów Mieszkalnych»: Pracował w ADM-ie (w ADM). Poszedł do ADM-u (do ADM). ADM ogłosił (ogłosiła) przepisy porządkowe. — ADM-owski a. adeemowski.

administracja *ż I*, *DCMs.* i *lm D.* administracji **1.** «zarządzanie, zawiadywanie czymś» □ A. czego a. czym: Powierzono mu administrację domu. Administracja majątku a. majątkiem. △ Prowadzić administrację «pełnić obowiązki administratora» **2.** «ogół czynności władzy wykonawczej, organy tej władzy»: Administracja państwowa, samorządowa. **3.** «zarząd jakiejś instytucji, przedsiębiorstwa, zespół zarządzający, kierujący czymś» □ A. czego: Administracja fabryki, spółdzielni, zjednoczenia. △ *niepoprawne* w zn. «urzędujący ministrowie, rząd», np. Z administracji (*zamiast*: z rządu) Nixona ustąpił minister X. // *D Kult. I, 255.*

administrator *m IV*, *lm M.* administratorzy, *rzad.* administratorowie. □ A. czego (*nie*: czym): Administrator majątku, zakładu (*nie*: majątkiem, zakładem).

administrować *ndk IV*, administrowaliśmy (p. akcent § 1a i 2). □ A. czym: Administrować fabryką, majątkiem.

admiracja *ż I*, *DCMs.* admiracji, zwykle *blm* *wych. z użycia, książk.* «podziw, zachwyt, uwielbienie» □ A. dla kogo, czego: Admiracja dla pięknej kobiety, dla czyjegoś rozumu.

admirał (skrót: adm.) *m IV*, *lm M.* admirałowie (*nie*: admirali): Admirał floty.

admirować *ndk IV*, admirowaliśmy (p. akcent § 1a i 2) *wych. z użycia, książk.* «podziwiać, uwielbiać»: Admirować piękną kobietę. Admirować czyjś talent, zdolności.

admonicja *ż I*, *DCMs.* i *lm D.* admonicji *przestarz., książk.* «napomnienie, nagana, pouczenie»: Dawać admonicję, admonicje. Otrzymać admonicję. Udzielić admonicji.

adnotacja *ż I*, *DCMs.* i *lm D.* adnotacji «dopisek, uwaga (pisemna)»: Porobić adnotacje. □ A. do czego: Adnotacja do tekstu.

Adonis *m IV* **1.** «w mitologii greckiej: kochanek Afrodyty»

2. adonis *lm M.* ci adonisi a. adonisowie a. (z silniejszym zabarwieniem ekspresywnym) te adonisy *żart.* **a.** *iron.* «wielbiciel odznaczający się urodą»

adopcja a. **adoptacja** *ż I, DCMs.* i *lm D.* adopcji (adoptacji) «akt prawny polegający na uznaniu cudzego dziecka za swoje; w języku prawniczym także: przysposobienie (co innego: adaptacja)»: Adopcja dziecka. Dokonać adopcji, *lepiej*: adoptować.

adoptować *dk* a. *ndk IV,* adoptowaliśmy (p. akcent § 1a i 2) — **zaadoptować** *dk* «uznać prawnie cudze dziecko za swoje; w języku prawniczym także: przysposobić (co innego: adaptować)»: Adoptować dziecko.

adoracja *ż I, DCMs.* i *lm D.* adoracji *książk.* «uwielbienie, podziw, przejawy czci»: Adoracja pięknych kobiet. Godny adoracji. △ *iron.* Towarzystwo wzajemnej adoracji «grono osób wzajemnie się chwalących»

adorator *m IV, lm M.* adoratorzy, *rzad.* adoratorowie: Był jej cichym adoratorem.

adres *m IV, D.* adresu: Stały adres (*nie*: adres stałego zamieszkania). Pisać, wysłać list pod czyimś adresem (*nie*: na czyjś adres). Pójść pod wskazany adres. △ *przen.* Powiedzieć złośliwą uwagę pod czyimś adresem. △ *niepoprawne* Adres zamieszkania (*zamiast*: miejsce zamieszkania).

adresat *m IV, lm M.* adresaci «osoba, do której się adresuje list, przesyłkę; odbiorca listu, przesyłki»: List nie doszedł do adresata. △ *niepoprawne* w zn. «nadawca»

adresować *ndk IV,* adresowaliśmy (p. akcent § 1a i 2) — **zaadresować** *dk* □ A. co do kogo (*nie*: komu): Adresować do kogoś list, paczkę.

Adrian *m IV, lm M.* Adrianowie.

adriatycki: Flora, fauna adriatycka (*ale*: Morze Adriatyckie).

Adriatyk *m III, D.* Adriatyku (*nie*: Adriatyku, p. akcent § 7) — adriatycki (p.).

adsorbent *m IV, D.* adsorbentu: Właściwości adsorbentu.

adsorpcja *ż I, DCMs.* adsorpcji, *blm.*

adwokacina *m odm.* jak *ż IV, CMs.* adwokacinie, *lm M.* te adwokaciny, *DB.* adwokacinów «*lekcew.* **a.** z politowaniem o adwokacie»

adwokat *m IV, lm M.* adwokaci: Adwokat przysięgły, adwokat z urzędu. Wzięty adwokat. △ *przen.* «człowiek występujący w obronie kogoś lub czegoś»: Bądź moim adwokatem, wstaw się za mną u matki.
adwokat — o kobiecie, p. nazwy i tytuły zawodowe kobiet: Oskarżonego broniła adwokat Maria Kowalska.

adwokatka *ż III, lm D.* adwokatek △ *przen.* «kobieta występująca w obronie kogoś lub czegoś» △ w zn. dosłownym *lepiej*: adwokat (o kobiecie).

adwokatowa *ż odm.* jak przym., *W.* adwokatowo «żona adwokata»

adwokatować *ndk IV,* adwokatowaliśmy (p. akcent § 1a i 2) *pot.* «pełnić obowiązki adwokata» □ *przen.* A. w czyjej obronie albo komu, *rzad.*

a. za kim, za czym: Na zebraniu adwokatował w obronie kolegów. Da sobie radę, nie trzeba mu adwokatować.

Adygejczyk *m III, lm M.* Adygejczycy; *częściej*: Czerkies.

Adygejka *ż III, lm D.* Adygejek; *częściej*: Czerkieska.

adygejski: Język adygejski, *częściej*: czerkieski (*ale*: Adygejski Obwód Autonomiczny).

Adżaria *ż I, DCMs.* Adżarii «autonomiczna republika w ZSRR» — Adżar *m IV, lm M.* Adżarowie — Adżarka *ż III, lm D.* Adżarek — adżarski.

aelowiec, aelowski p. AL.

aero- «pierwszy człon wyrazów złożonych oznaczający łączność ich treści z powietrzem, ruchem w powietrzu, z lotnictwem, pisany łącznie», np.: aerodynamika, aeromechanika, aerotermiczny.

aeroby *blp, D.* aerobów; in. tlenowce.

aerodynamiczny: Kształt aerodynamiczny «kształt opływowy (samochodu, samolotu)»

aerodynamika (*wym.* aerodynamika, *nie*: aerodynamika, p. akcent § 1c) *ż III, blm.*

aeroklub (*wym.* aeroklub) *m IV, D.* aeroklubu.

aerometr *m IV, D.* aerometru.

aeronauta (*wym.* aeronau-ta, *nie*: aerona-uta) *m odm.* jak *ż IV, CMs.* aeronaucie, *lm M.* aeronauci, *DB.* aeronautów *książk.* «lotnik (zwykle balonowy)»

aeronautyka (*wym.* aeronau-tyka, *nie*: aerona-utyka, aerona-utyka, p. akcent § 1c) *ż III, blm książk.* «lotnictwo»

aeroplan (*nie*: areoplan) *m IV, D.* aeroplanu *przestarz.* «samolot»

afekt *m IV, D.* afektu, *lm M.* afekty (*nie*: afekta): Zabójstwo w afekcie. △ *przestarz., żart.* Odczuwać, czuć do kogoś, dla kogoś afekt «kochać kogoś»

afelium *n VI, blm.*

afera *ż IV* «nieuczciwe, oszukańcze przedsięwzięcie, nieczysta sprawa»: Afera szpiegowska. Wplątać się w aferę.

Afganistan *m IV, D.* Afganistanu — Afgan *m IV, lm M.* Afganowie; a. Afgańczyk (*nie*: Afganiec) *m III, lm M.* Afgańczycy — Afganka *ż III, lm D.* Afganek — afganistański — afgański.

afirmacja *ż I, DCMs.* afirmacji, *blm książk.* «potwierdzenie, aprobata»: Utwór jest afirmacją ideałów młodego pokolenia.

afirmować *ndk IV,* afirmowaliśmy (p. akcent § 1a i 2) *książk.* «odnosić się do czegoś z uznaniem, popierać, aprobować coś»: Autor afirmuje ideały postępowej części społeczeństwa.

afisz *m II, D.* afisza (*nie*: afiszu): Afisz teatralny. △ Wejść na afisz, utrzymać się na afiszu; zejść z afisza «o sztuce, filmie, utworze muzycznym: być wystawionym na scenie, wyświetlanym, granym publicznie; przestać być granym»: Sztuka zeszła z afisza po dwóch przedstawieniach.

afiszować się *ndk IV*, afiszowaliśmy się (p. akcent § 1a i 2): Afiszowała się ciągle po balach. □ A. się czym: Afiszować się znajomością języków obcych. □ A. się z kim, z czym: Afiszował się z podejrzanym typem. Afiszować się z serdecznością, z uwielbieniem (dla kogoś).

aforystyczny, *rzad.* **aforyzmowy:** Aforystyczny (aforyzmowy) zwrot. Aforystyczne powiedzonko.

aforyzm *m IV, D.* aforyzmu, *Ms.* aforyzmie (*wym.* ~yzmie a. ~yźmie): Aforyzm filozoficzny. Złośliwy aforyzm.

AFP (*wym.* aefpe, p. akcent § 6) *ż* a. *n ndm* «skrót francuskiej nazwy Francuskiej Agencji Prasowej»: AFP ogłosiła (ogłosiło) komunikat.

Afryka (*wym.* Afryka, *nie:* Afryka, p. akcent § 1c) *ż III* — Afrykanin *m V, lm M.* Afrykanie, *D.* Afrykanów (*nie:* Afrykan) — *wych. z użycia* Afrykańczyk *m III, lm M.* Afrykańczycy — Afrykanka *ż III, lm D.* Afrykanek — afrykański. || D Kult. II, 538.

Afrykaner *m IV, lm M.* Afrykanerzy «potomek kolonistów holenderskich w Afryce Południowej; Bur» — Afrykanerka *ż III, lm D.* Afrykanerek — afrykanerski.

afrykanistyka (*wym.* afrykanistyka, *nie:* afrykanistyka, p. akcent § 1c) *ż III, blm.*

aga *m* odm. jak *ż III, lm M.* agowie, *DB.* agów.

agencja (*wym. przestarz.* agiencja) *ż I, DCMs.* i *lm D.* agencji: Agencja filmowa, handlowa. Agencja prasowa, telegraficzna, pocztowa itp.

agenda (*wym. przestarz.* agienda) *ż IV*: Agendy ministerstwa, banku, Towarzystwa Ubezpieczeń itp.

agent (*wym. przestarz.* agient) *m IV, lm M.* agenci: Agent dyplomatyczny, handlowy, giełdowy. Agent wywiadu.

agentura *ż IV* (*wym. przestarz.* agientura): Wroga agentura. □ A. czego: Agentura obcego wywiadu. □ A. na co: Amerykańska agentura na kraje Europy środkowej.

agenturalny, *rzad.* **agenturowy** (*wym. przestarz.* agienturalny, agienturowy): Agenturalna sieć wywiadu.

AGH (*wym.* agieha, p. akcent § 6) *ż ndm* «Akademia Górniczo-Hutnicza»: Studiować w AGH. AGH wykształciła wielu wybitnych specjalistów. Skończyć AGH.

agitacja *ż I, DCMs.* agitacji, zwykle *blm*: Agitacja polityczna, przedwyborcza, wyborcza. Rozwijać agitację.

agitator *m IV, lm M.* agitatorzy (*nie:* agitatorowie).

agitować *ndk IV*, agitowaliśmy (p. akcent § 1a i 2) — **zaagitować** *dk*: Agitować wyborców, stronników. □ A. za czym, *rzad.* na rzecz czego: Agitować za strajkiem. Agitować na rzecz uchwały.

Agnieszka *ż III, lm D.* Agnieszek — Jagusia *ż I, W.* Jagusiu, *lm M.* Jagusie, *D.* Jaguś — Agnisia *ż I, W.* Agnisiu, *lm M.* Agnisie, *D.* Agniś.

agnostycyzm (*wym.* agnostycyzm) *m IV, D.* agnostycyzmu, *Ms.* agnostycyzmie (*wym.* ~yzmie a. ~yźmie), *blm.*

agonalny (*nie:* agonijny) przym. od agonia: Stan agonalny.

agonia (*wym.* agońja) *ż I, DCMs.* i *lm D.* agonii: Być w agonii.

AGPOL (*wym.* agpol) *m I, D.* AGPOL-u «nazwa Agencji Reklamy Handlu Zagranicznego»: Pracownicy AGPOL-u. AGPOL wprowadził nowe formy reklamy.

agrafka *ż III, lm D.* agrafek (*nie:* agrawek).

agraryzm *m IV, D.* agraryzmu, *Ms.* agraryzmie (*wym.* ~yzmie a. ~yźmie).

agrément (*wym.* agremã) *n ndm* «wyrażenie zgody na to, by przedstawiciel dyplomatyczny obcego państwa pełnił swe funkcje w państwie przyjmującym»: Uzyskać agrément. Cofnąć komuś agrément.

agresja *ż I, DCMs.* i *lm D.* agresji: Akt agresji. □ A. na co: Hitlerowska agresja na Polskę.

agresor *m IV, lm M.* agresorzy, *rzad.* agresorowie.

agresyjny «związany z agresją»: Wojna agresyjna.

agresywny *m-os.* agresywni «zaborczy; napastliwy, zaczepny»: Agresywna polityka. Być agresywnym wobec kogoś.

agro- «pierwszy człon wyrazów złożonych wskazujący na łączność ich treści z gospodarstwem rolnym, z uprawą kultur rolnych, pisany łącznie», np.: agrochemia, agrotechnika.

agrobiolog (*wym.* agrobi-olog a. agrobijolog) *m III, lm M.* agrobiolodzy a. agrobiologowie.
agrobiolog — o kobiecie, p. nazwy i tytuły zawodowe kobiet.

agronom *m IV, lm M.* agronomowie, *rzad.* agronomi.
agronom — o kobiecie, p. nazwy i tytuły zawodowe kobiet.

agronomka *ż III, lm D.* agronomek *pot., lepiej*: agronom (o kobiecie).

Agrypa (*nie:* Agryppa) *m* odm. jak *ż IV, D.* Agrypy: Wielkie budowle Agrypy.

aha 1. «wykrzyknienie (pisane z wykrzyknikiem)»: Aha! Nie na moje wyszło? Aha! Już się napracowałeś! **2.** *pot.* «tak (pisane bez wykrzyknika)»: Czy już idziesz do domu? Aha, idę. Aha, już wszystko rozumiem.

ahistoryzm *m IV, D.* ahistoryzmu, *Ms.* ahistoryzmie (*wym.* ~yzmie a. ~yźmie), *blm.*

a.i. «skrót łacińskiego wyrażenia: *ad interim*, znaczącego: (ważny a. funkcjonujący) tymczasowo, zastępczo; tymczasowy, chwilowy; skrót pisany z kropkami, czytany jako całe wyrażenie»

AIBA (*wym.* aiba) *ż ndm* «skrót francuskiej nazwy Międzynarodowego Związku Boksu Amatorskiego»: AIBA przyjęła dwóch nowych członków.

ajencja *ż I, DCMs.* i *lm D.* ajencji *wych. z użycia,* p. agencja. △ Używane zwykle w zwrocie: Wziąć, dać coś (restaurację, kiosk itp.) w ajencję.

ajent *m IV wych. z użycia,* p. agent.

ajerkoniak (*wym.* ajerkoniak a. ajerkoniak) *m III, D.* ajerkoniaku (p. akcent § 7).

Ajnos *m IV, lm M.* Ajnosi a. Ajnowie «członek grupy etnicznej w Japonii i na Sachalinie» — Ajnoska *ż III, lm D.* Ajnosek — ajnoski.

Ajschylos *m IV, rzad.* **Eschyl** *m I || D Kult. I, 774.*

-ak przyrostek używany do tworzenia następujących typów nazw: **1.** nazw narzędzi, przyrządów, urządzeń itp. — których podstawą mogą być czasowniki, np.: cedzić — *cedzak,* czerpać — *czerpak* lub rzeczowniki, np. jarzyna — *jarzyniak* «nóż do krajania jarzyn»; nazwy osób — wykonawców czynności z tym przyrostkiem należą do starszego zasobu słownictwa, np.: *pijak, śpiewak, żebrak*;
2. ekspresywnych nazw osobowych nosicieli cech, np.: *ważniak, ponurak, starszak*; podstawą tych rzeczowników są przymiotniki, przede wszystkim na *-ny*; od przymiotników na *-owy* omawianego typu wyrazów się nie tworzy;
3. nazw nieosobowych zastępujących dwuwyrazowe połączenia przymiotników z rzeczownikami, np.: autobus pośpieszny — *pośpieszniak,* dom poprawczy — *poprawczak,* powieść produkcyjna — *produkcyjniak*; wyrazy te należą do potocznego języka mówionego i zwykle mają określone zabarwienie uczuciowe: ironiczne, żartobliwe, niekiedy ujemne;
4. nazw mieszkańców: **a)** regionów, np. *Krakowiak* (mieszkaniec regionu krakowskiego), *Warmiak* (mieszkaniec Warmii); **b)** miast, np.: *lubliniak, warszawiak, poznaniak.* Są to nazwy o charakterze potocznym, odpowiadające często nazwom neutralnym na *-anin,* jak *lublinianin, warszawianin.* △ Ekspresywne nazwy osobowe na *-ak* mogą przybierać w mianowniku *lm* końcówki właściwe rzeczownikom nieosobowym, np.: ponurak — *ponuraki,* żebrak — *żebraki.* Użycie takich form podkreśla silniej emocjonalny stosunek mówiącego do przedmiotu wypowiedzi.

AK (*wym.* **aka**) *ż* a. *n ndm* «Armia Krajowa»: AK została rozwiązana (zostało rozwiązane) rozkazem Komendanta Głównego w styczniu 1945 roku. — AK-owiec. akowiec *m II, D.* AK-owca (akowca), *W.* AK-owcu (akowcu), *lm M.* AK-owcy (akowcy) — AK-owski a. akowski.

Akad *m IV, D.* Akadu «państwo starożytne» — Akadyjczyk *m III, lm M.* Akadyjczycy — Akadowie *blp, D.* Akadów — akadyjski, *rzad.* akadzki.

akademia *ż I, DCMs.* i *lm D.* akademii **1.** Akademia «szkoła filozoficzna założona przez Platona» **2.** «instytucja skupiająca uczonych różnych specjalności a. artystów; nazwa niektórych wyższych zakładów naukowych (w nazwach dużą literą)»: Polska Akademia Nauk. Polska Akademia Umiejętności. Studiować w akademii (*nie:* na akademii). Akademia Sztuk Pięknych, Akademia Górniczo-Hutnicza, Akademia Medyczna itp. **3.** «rodzaj uroczystego zebrania publicznego»: Uroczysta akademia. Urządzić akademię ku czyjejś czci, dla uczczenia czegoś. Przemawiać, być na akademii. Zagaić akademię.

akademicki 1. «dotyczący wyższej uczelni; studencki»: Rok akademicki. Młodzież akademicka. Dom akademicki. **2.** «czysto teoretyczny, oderwany od rzeczywistości»: Akademicka dyskusja. Rozumowanie akademickie. **3.** *m-os.* akademiccy «trzymający się utartych wzorów»: Styl, kierunek akademicki. Malarz akademicki. **4.** p. akademijny.

akademijny, *rzad.* **akademicki** «dotyczący akademii nauk, literatury»: Placówka akademijna (akademicka). Wydawnictwo akademijne (akademickie).

akademik *m III, D.* akademika, *lm M.* akademicy (p. akcent § 1d) **1.** «słuchacz wyższej uczelni, *częściej:* student» **2.** «członek akademii nauk, literatury» **3.** *pot. D.* akademika, *lm M.* akademiki «dom akademicki (studencki)»: Dostać się do akademika. Mieszkać w akademiku.

akcent *m IV, D.* akcentu, *lm M.* akcenty, w zn. *przen.* «nacisk, punkt ciężkości; wyraz, odcień; coś, co zwraca uwagę»: W pracy swej główny akcent położył na zagadnienia metodologiczne. Mówił z akcentem szczerości. Błyszcząca broszka na ciemnej sukni stanowiła ładny akcent. △ *niepoprawne* w zn. «główna myśl, tendencja», np. Akcentem (*zamiast:* główną myślą) tej rozprawy jest teza...

*akcent wyrazowy w języku polskim polega na zwiększeniu energii artykulacyjnej sylaby na tle innych sylab, tj. na wyróżnieniu jednej z sylab wyrazu przez wymówienie jej silniej, z przyciskiem. Sylabą akcentowaną jest zwykle sylaba przedostatnia, np. przemytnik, przemytnika, przemytnikowi; kupować, kupowałem, kupujący, kupującego. Od tej zasady zdarzają się jednak pewne odstępstwa zarówno wśród wyrazów rodzimych, jak i wyrazów pochodzenia obcego.
§ 1. Akcent na trzeciej sylabie od końca mają: **a)** formy 1. i 2. os. *lm* czasu przeszłego: byliśmy, byliście, kupiłyśmy, kupiłyście, zarobiliśmy, oddałyście.
b) spójniki połączone z końcówkami osobowymi: abyśmy, ażebyście, choćbyśmy, gdybyście, obyśmy, żebyśmy itp.
c) wyrazy obcego pochodzenia zakończone na *-ika, -yka,* takie jak: akustyka, Ameryka, astronautyka, botanika, charakterystyka, dydaktyka, fizyka, gimnastyka itp. Wyrazy te mają akcent na sylabie trzeciej od końca we wszystkich formach przypadkowych równych co do liczby sylab mianownikowi: *lp M.* gramatyka, *D.* gramatyki, *C.* gramatyce, *B.* gramatykę, *lm M.* gramatyki, *C.* gramatykom, *B.* gramatyki itp., ale formy przypadkowe o większej lub mniejszej liczbie sylab mają przycisk na sylabie przedostatniej, np.: *lm D.* gramatyk, *N.* gramatykami.
d) wyrazy pochodzenia obcego, zakończone na *-ik, -yk,* takie jak: dydaktyk, krytyk, optyk, romantyk itp. Wyrazy te wymawiamy z przyciskiem na trzeciej sylabie od końca we wszystkich formach przypadkowych równych co do liczby sylab dopełniaczowi: *lp D.* i *B.* dydaktyka, *N.* dydaktykiem, *Ms.* o dydaktyku, *W.* dydaktyku, *lm M.* dydaktycy itd. Pozostałe formy przypadkowe mają akcent na przedostatniej sylabie: *lp C.* dydaktykowi, *lm N.* dydaktykami.
§ 2. Akcent na czwartej sylabie od końca mają formy 1. i 2. os. *lm* trybu warunkowego: bylibyśmy, bylibyście; kupiłybyśmy, kupiłybyście — oraz spójniki połączone z niektórymi końcówkami trybu warunkowego, np. jeżelibyście.
§ 3. Akcent na ostatniej sylabie mają: **a)** wyrazy złożone z cząstek *arcy-, eks-, wice-* i rzeczownika jednosylabowego, np.: arcyleń, arcyłotr, eksmąż, wicekról, wicemistrz (*ale:* arcymistrz a. arcymistrz). **b)** wyrazy: akurat (*rzad.:* akurat) i *pot.* galop (w zn. «prędko»), np. pędzić galop (*ale:* galop = cwał, np. galop konia).

§ 4. Wyrazy jednozgłoskowe. Pewne ich typy nie mają samodzielnego akcentu, lecz stanowią całość akcentową z wyrazem poprzedzającym (enklityki) lub następującym (proklityki).

△ Do enklityk należą: **a)** zaimki osobowe jednosylabowe: *mi, ci, mię, cię, go, ją, je, mu, jej, ich, im* oraz zaimek zwrotny *się*, np.: przynieś mi, daj jej to, lubię cię, widziałem go, myję się, każdy się uczył itp. **b)** ruchome końcówki czasu przeszłego *-em, -eś, -śmy, -ście*, np.: chociażem (nie mógł), zaraześ (przyszedł), gotowiśmy (do drogi), możeście (nie wiedzieli). **c)** cząstki *-bym, -byś, -by, -byśmy, -byście*, np.: ciągle byś (spał), dobrze by (było), dałabyś (spokój), jeżelibyś zdążył, abyśmy wiedzieli. **d)** cząstki *-kroć, -set, -sta* liczebników. Wymawiamy np.: czterykroć, tysiąckroć (*ale*: częstokroć), osiemset, ośmiuset, pięciuset, kilkaset, czterysta. **e)** partykuły: *no, -że, li, to*, np.: czemu to, powiedz no, czytajże.

△ Do proklityk należą:
f) przyimki jednosylabowe, np.: bez serca, na wschód, nad chmurami, od stóp do głów, pod przymusem, u nóg, u wrót itp. △ Jeżeli po przyimku następuje zaimek jednosylabowy, akcentuje się przyimek, np.: bez nas, dla niej, do nich, ku nim, na nią, nad nim, od was, o nas, przy nim, u nich. △ Przed zaimkami *mnie, mną* niektóre przyimki jednosylabowe stają się dwusylabowymi, gdyż pojawia się w nich *e*, które w tych połączeniach jest akcentowane, np.: beze mnie, nade mną, ode mnie, przede mną, przeze mnie, we mnie, ze mną.

△ Na przyimku spoczywa też akcent w niektórych utartych zwrotach (będących połączeniem przyimka z jednosylabowym rzeczownikiem), np.: patrzeć spode łba, wyjść za mąż, wodzić kogoś za nos (*ale*: wziął go za nos), pojechać na wieś (*ale*: atak na wieś Janów), pleść trzy po trzy (*ale*: trzy arkusze po trzy złote).

g) partykuła przecząca *nie*. W połączeniu z jednosylabową formą czasownika *nie* jest akcentowane, np.: nie mów, nie dam, nie chcę, nie chodź. W połączeniu partykuły *nie* z wielosylabową formą czasownika akcent pada na jedną (zazwyczaj przedostatnią) sylabę czasownika, np. nie mówił, nie dali, nie chcieliśmy, nie chodzilibyście.

§ 5. Niektóre wyrazy mają akcent chwiejny. Z przyciskiem na trzeciej sylabie od końca lub na przedostatniej wymawiamy np.: okolica, okolica; prezydent, prezydent.
△ Trójsylabowe formy przypadkowe wyrazów *szczegół* i *ogół* mają przycisk na sylabie trzeciej od końca lub (rzadziej) na przedostatniej. Mówimy: szczegółu, ogółu *lub*: szczegółu, ogółu, szczegółem, ogółem *lub*: szczegółem, ogółem, w szczególe *lub*: w szczególe (ale *tylko*: w ogóle), szczegółom lub szczegółom, o szczegółach lub o szczegółach. △ Inne formy przypadkowe tych wyrazów mają zawsze akcent na sylabie przedostatniej, np.: szczegółowi, ogółowi, szczegółami.

§ 6. Akcent skrótowców. W skrótowcach literowych (literowcach) akcentujemy z reguły ostatnią sylabę, np.: AL (*wym.* ael) = Armia Ludowa; PZPR (*wym.* pezetpeer) = Polska Zjednoczona Partia Robotnicza; CDT (*wym.* cedete) = Centralny Dom Towarowy, PDT (*wym.* pedete) = Powszechny Dom Towarowy; ZMS (*wym.* zetemes) = Związek Młodzieży Socjalistycznej; MHD (*wym.* emhade) =

Miejski Handel Detaliczny itp. △ W skrótowcach sylabowych (sylabowcach) akcent pada zwykle na ostatnią sylabę, np.: Pafawag (*wym.* pafawag) = Państwowa Fabryka Wagonów. △ W skrótowcach głoskowych (głoskowcach), liczących więcej niż jedną sylabę jest akcentowana sylaba przedostatnia. Skrótowce bardzo rozpowszechnione, które stały się rzeczownikami pospolitymi, akcentuje się zazwyczaj na przedostatniej, niekiedy także na ostatniej sylabie, np. tylko: pedet, cedet, pekaes, żelbet, *ale*: erkaem, cekaem a. erkaem, cekaem. Dwusylabowe i kilkusylabowe formy skrótowców odmiennych są akcentowane na przedostatniej sylabie, np.: (pracownik) Pafawagu, (członek) Zetemesu, (działacz) Ceerzetzetu (od CRZZ = Centralna Rada Związków Zawodowych) itd.

§ 7. Akcentowanie nazw, nazwisk i wyrazów obcych: W mianowniku *lp* wyrazy te (przytaczane w formie nie spolszczonej) zachowują akcent języka, z którego pochodzą. W innych formach przypadkowych imiona własne i nazwiska cudzoziemskie (odmieniane w języku polskim) mają akcent na przedostatniej sylabie, np.: Leningrad — *D.* Leningradu, Havliček — Havlička, Metternich — Metternicha, Corneille (*wym.* Kornej) — Corneille'a (*wym.* Korneja), Hannibal — Hannibala. Wymowa typu: Lenina, Gogolem jest błędna. △ W formach mianownikowych wielu wyrazów obcych akcentujemy trzecią sylabę od końca (np. leksykon), natomiast w formach pozostałych przypadków tych samych wyrazów — sylabę przedostatnią (np. leksykonu).
△ Wahania i nieregularności akcentu ograniczone do poszczególnych wyrazów podajemy pod odpowiednimi hasłami.

akcentuacja, *rzad.* **akcentacja** *ż I, DCMs.* akcentuacji (akcentacji), *blm*: Autor poświęcił się badaniu akcentuacji w języku rosyjskim.

akceptacja *ż I, DCMs.* i *lm D.* akceptacji; *rzad.* **akcept** *m IV, D.* akceptu: Zobowiązał się nie czynić żadnych kroków bez akceptacji swojego zwierzchnika.

akceptować *ndk a. dk IV,* akceptowaliśmy (p. akcent § 1a i 2) — **zaakceptować** *dk* «uznawać za słuszne, zatwierdzać coś, zgadzać się na coś»: Jednogłośnie zaakceptowano ten projekt. // *KP Pras.*

akces *m IV, D.* akcesu *książk.* «przystąpienie» △ zwykle w zwrocie: Zgłosić akces do czegoś (np. do organizacji, powstania, konfederacji).

akcesorium *n VI*, zwykle w *lm* akcesoria, *D.* akcesoriów (*nie*: akcesorii): Akcesoria balowe, samochodowe.

akcesoryjny, *rzad.* **akcesoryczny** *książk.* «dodatkowy, uboczny, drugorzędny»: Autor opisał w powieści konflikty społeczne epoki, losy poszczególnych bohaterów mają charakter akcesoryjny.

akcja *ż I, DCMs.* i *lm D.* akcji **1.** «zorganizowane działanie»: Akcja wyborcza, żniwna, charytatywna. □ A. czego: Akcja szkolenia kadr. □ A. na rzecz kogo a. czego (*nie*: za czym, w kierunku czego): Akcja na rzecz walczącego Wietnamu. Prowadzić, podjąć, zorganizować akcję. △ Wyraz nadużywany w tym znaczeniu, np. Akcja mleczna, *lepiej*: Sprzedaż, dostawa mleka. **2.** «walka, bitwa»: Wprowadzić do akcji samoloty myśliwskie. Czołgi były w akcji, weszły do akcji. **3.** «zespół wydarzeń przedstawiony w utworze»: Akcja powieści toczy się w wielkim mieście. 4. tylko w *lm* «papiery wartościowe»: Akcje spadają, idą w górę. △ Czyjeś akcje idą w górę «czyjaś pozycja się wzmacnia, czyjeś znaczenie rośnie» || *D Kult. I, 27.*

akcjonariusz *m II, lm DB.* akcjonariuszy, *rzad.* akcjonariuszów.

akcydens *m IV, D.* akcydensu 1. *książk.* «zmienna, przypadkowa, nieistotna cecha czegoś» 2. «druk okolicznościowy»

akcydensowy przym. od akcydens (tylko w zn. 2): Druk, skład akcydensowy. Drukarnia akcydensowa.

akcydentalny *książk.* przym. od akcydens (tylko w zn. 1), *lepiej*: przypadkowy, nieistotny.

akcyjny w zn. «polegający na organizowaniu akcji, mający charakter jednorazowej akcji, kampanii» *lepiej*: dorywczy, doraźny, np. Akcyjny (*lepiej*: doraźny) charakter pracy. || *D Kult. I, 256.*

Akerman (*wym.* Akerman, nie: Akerman) *m IV, D.* Akermanu (p. akcent § 7) «stara twierdza w ZSRR; dziś Białogród» — akermański.

aklamacja *ż I, DCMs.* aklamacji, *blm*: Uchwalić, przyjąć coś, wybrać kogoś przez aklamację (*nie*: aklamacją).

aklimatyzacja *ż I, DCMs.* aklimatyzacji, *blm* «przystosowanie się zwierząt i roślin do nowych warunków życia (co innego: klimatyzacja)»

aklimatyzować *ndk IV*, aklimatyzowaliśmy (p. akcent § 1a i 2) — **zaaklimatyzować** (*nie*: zaklimatyzować) *dk*: Błonkówkę usiłowano aklimatyzować w Polsce.
aklimatyzować się — zaaklimatyzować się △ *przen.* Chłopiec łatwo aklimatyzował się w nowych warunkach.

akomodować *ndk IV*, akomodowaliśmy (p. akcent § 1a i 2) «przystosowywać soczewkę oczną do dokładnego widzenia»: Akomodować oko na określony punkt.

akompaniament *m IV, D.* akompaniamentu △ Grać, śpiewać przy akompaniamencie (*rzad.* z akompaniamentem) gitary, fortepianu itp.

akompaniować *ndk IV*, akompaniowaliśmy (p. akcent § 1a i 2) □ A. komu: Śpiewającemu chórowi dyskretnie akompaniowała orkiestra.

akonto *n III, Ms.* akoncie «zaliczka, wypłata na poczet należności»: Płacić akontami. *Por.* a conto.

akord *m IV, D.* akordu 1. «jednoczesne brzmienie kilku dźwięków»: Podszedł do pianina i wziął kilka akordów. 2. *blm* «płaca uzależniona od wykonanej pracy»: Pracować na akord.

akordeon (*wym.* akordeon) *m IV, D.* akordeonu.

akowiec, akowski p. AK.

akr *m IV, D.* akra (*nie*: akru).

akredytować *ndk IV*, akredytowaliśmy (p. akcent § 1a i 2) zwykle w imiesł. biernym: Ambasador akredytowany w Warszawie.

akrobacja *ż I, DCMs.* i *lm D.* akrobacji 1. «trudne ćwiczenie gimnastyczne»: Wykonywać akrobacje. 2. *blm* in. akrobatyka.

akrobatyka (*wym.* akrobatyka, *nie*: akrobatyka, p. akcent § 1c) *ż III, blm* «gimnastyka akrobatyczna»: Odnosić sukcesy w akrobatyce cyrkowej, sportowej. *Por.* akrobacja.

Akropol *m I, D.* Akropolu; *rzad.* **Akropolis** (*wym.* Akropolis) *ż ndm.*

aksamitek *m III, D.* aksamitka *rzad.*, p. aksamitka (w zn. 2).

aksamitka *ż III, lm D.* aksamitek 1. «wstążka z aksamitu» 2. *rzad.* aksamitek «ozdobna roślina kwiatowa»

aksamitny (*nie*: aksamitowy): Aksamitne ubranko. Aksamitna sukienka.

akselbant (*wym.* akselbant) *m IV, D.* akselbantu, zwykle w *lm*: Na ramieniu oficera błyszczały srebrne akselbanty.

aksjomat *m IV, D.* aksjomatu; in. pewnik.

akt *m IV, D.* aktu 1. *lm M.* akty, *D.* aktów «czyn, działanie; część sztuki teatralnej; naga postać namalowana lub wyrzeźbiona»: Akt agresji. Sztuka w trzech aktach. Akt kobiecy. 2. *lm M.* akta a. akty, *D.* aktów a. akt «dokument urzędowy; tylko w *lm M.* akta, *D.* akt: zbiór dokumentów urzędowych»: Zostały do podpisu jeszcze dwa akty. Akt oskarżenia. Wyciąg z akt. Archiwum akt dawnych. Akta personalne. Załączyć, odłożyć dokument do akt. || *D Kult. I, 256.*

aktor *m IV, lm M.* aktorzy (*nie*: aktorowie): Aktor dramatyczny, charakterystyczny. || *D Kult. I, 730.*

aktorzyna *m odm. jak ż IV, lm M.* te aktorzyny, *DB.* aktorzynów «*lekcew.* a. z politowaniem o aktorze»: Był nędznym aktorzyną w prowincjonalnym teatrzyku.

aktualia *blp, D.* aktualiów (*nie*: aktualii) *rzad.* «wydarzenia, wiadomości aktualne, aktualności»

aktualnie *niepoprawne* w zn. «obecnie, w tej chwili, dziś», np.: Aktualnie (*zamiast*: w tej chwili) nie mam czasu. Aktualnie (*zamiast*: obecnie) pracuje w fabryce. || *KP Pras.*

aktualność *ż V*, w zn. «wydarzenia aktualne» tylko w *lm*: Aktualności filmowe.

aktualny *st. w.* aktualniejszy a. bardziej aktualny 1. «będący na czasie (dotyczący życia współczesnego)»: Aktualne problemy. Aktualny temat. 2. *pot.* «zachowujący ważność w danej chwili, *lepiej*: ważny»: To zaświadczenie nie jest już aktualne (*lepiej*: jest już nieważne). △ *niepoprawne* w zn. «obecny, teraźniejszy», np.: Aktualny (*zamiast*: obecny) kierownik zakładu. Jego aktualne (*zamiast*: teraźniejsze, obecne) możliwości. || *D Kult. II, 198; KP Pras.*

aktyw *m IV, D.* aktywu: Aktyw partyjny, związkowy. Zebranie aktywu. || *D Kult. I, 257.*

aktywa *blp, D.* aktywów: Aktywa przedsiębiorstwa.

aktywizować p. zaktywizować.

aktywny *m-os.* aktywni, *st. w.* aktywniejszy a. bardziej aktywny «czynny»: Był jednym z najaktywniejszych członków stowarzyszenia. △ *niepoprawne* (pleonazm): Aktywna praca, walka, ofensywa itp.

aktywować p. zaktywować.

akumulacja *ż I, DCMs.* akumulacji, *blm*: Akumulacja kapitału. △ Nie należy używać tego wyrazu w zn. ogólnym «nagromadzenie», np. Akumulacja (*zamiast*: nagromadzenie) żywności. // D Kult. II, 199.

akumulować *ndk IV*, akumulowaliśmy (p. akcent § 1a i 2) — **zakumulować** *dk* △ Nie należy używać tego wyrazu w zn. ogólnym «gromadzić», np. Akumulować (*zamiast*: gromadzić) zapasy, żywność. *Ale*: Akumulować kapitał, fundusze.

akurat (*wym.* akurat, *rzad.* akurat) *pot.* **a)** «właśnie, w tej chwili»: Akurat wychodziłem, kiedy przyszli goście. **b)** «dokładnie, tyle, tak samo»: Dostał pieniędzy akurat tyle, ile mu było potrzeba. **c)** «wykrzyknik wyrażający sprzeciw; nie, jeszcze czego»: Oddał dług? Akurat! D Kult. I, 258.

akuratnie *przestarz., reg.* **a)** *st. w.* akuratniej a. bardziej akuratnie «dokładnie, starannie, porządnie» **b)** p. akurat w zn. a.

akuratny *m-os.* akuratni, *st. w.* akuratniejszy a. bardziej akuratny *przestarz.* «dokładny, staranny, porządny» // D Kult. I, 258.

akustyka (*wym.* akustyka, *nie*: akustyka, p. akcent § 1c) *ż III, blm.*

akuszer *m IV, lm M.* akuszerzy, *rzad.* akuszerowie; *in.* położnik.

akuszeria *ż I, DCMs.* akuszerii, *blm*; *in.* położnictwo.

akuszerka *ż III, lm D.* akuszerek; *in.* położna.

akwaforcista (*nie*: akwafortysta) *m odm. jak ż IV, lm M.* akwaforciści, *DB.* akwaforcistów.

akwamaryna *ż IV* a. **akwamaryn** *m IV, D.* akwamarynu.

akwarela *ż I, lm D.* akwarel (*nie*: akwareli).

akwarium *n VI, lm D.* akwariów (*nie*: akwarii).

akwatinta *ż IV, CMs.* akwatincie.

akwedukt (*nie*: akwadukt) *m IV, D.* akweduktu.

Akwitania (*wym.* Akwitańja) *ż I, DCMs.* Akwitanii «kraina we Francji» — akwitański.

akwitański: Władca akwitański (*ale*: Basen Akwitański, Nizina Akwitańska).

Akwizgran *m IV, D.* Akwizgranu «miasto w NRF (Aachen)» — akwizgrański.

akwizgrański: Targi akwizgrańskie (*ale*: Pokój Akwizgrański).

akwizytor *m IV, lm M.* akwizytorzy; *lepiej*: agent: Akwizytor (*lepiej*: agent) Państwowego Zakładu Ubezpieczeń.

AL (*wym.*: ael, p. akcent § 6) *m I, D.* AL-u, *rzad. n* a. *ż ndm* «Armia Ludowa»: AL został powołany (został powołana, została powołana) do życia dekretem KRN. — AL-owiec a. alowiec, aelowiec *m II, D.* AL-owca (alowca, aelowca), *W.* AL-owcu (alowcu, aelowcu), *lm M.* AL-owcy (alowcy, aelowcy) — AL-owski a. alowski, aelowski.

Alabama *ż IV* a. (w połączeniu z wyrazem: stan) *ndm* «rzeka i stan w USA»: Mieszkać w Alabamie (a. w stanie Alabama). Wyjechać z Alabamy (ze stanu Alabama). Kąpać się w Alabamie.

Aladyn (*nie*: Alladyn) *m IV* «imię z bajki»: Cudowna lampa Aladyna. // D Kult. II, 511.

alarm *m IV, D.* alarmu: Podnieść, wszcząć alarm. □ A. na co: Alarm na zbiórkę. □ A. o co: Narobił alarmu o takie głupstwo. △ Bić na alarm, trąbić, dzwonić itp. na alarm «zwracać czyjąś uwagę na groźne, niepomyślne zjawisko» △ W zn. *przen.* tylko: Bić na alarm: Ponieważ liczba chorych stale wzrastała, lekarze zaczęli bić na alarm.

alarmować *ndk IV*, alarmowaliśmy (p. akcent § 1a i 2) — **zaalarmować** *dk* □ A. kogo: Alarmować straż pożarną. □ A. kogo — czym, *rzad.* o co: Sprawa nie jest tak groźna, niepotrzebnie mnie nią alarmowałeś.

Alaska *ż III* a. (w połączeniu z wyrazami: stan, półwysep) *ndm* «półwysep w Ameryce Północnej, stan w USA»: Jechać na Alaskę (*nie*: do Alaski). Mieszkać na Alasce (*nie*: w Alasce). *Ale*: Mieszkać w stanie Alaska. — Alaskanin *m V, D.* Alaskanina, *lm M.* Alaskanie, *D.* Alaskan — Alaskanka *ż III, lm D.* Alaskanek — alaski (p.), *rzad.* alaskijski.

alaski: Roślinność alaska (*ale*: Prąd Alaski).

alasz *m II, D.* alaszu (*nie*: alażu).

Albania (*wym.* Albańja) *ż I, DCMs.* Albanii — Albańczyk *m III, lm M.* Albańczycy — Albanka *ż III, lm D.* Albanek — albański.

Albeniz (*wym.* Albenis) *m IV, D.* Albeniza (*wym.* Albeniza a. Albenisa, p. akcent § 7), *Ms.* Albenizie: Utwory fortepianowe Albeniza.

Albert *m IV* **1.** *lm M.* Albertowie «imię męskie» — Albertostwo *n III, DB.* Albertostwa, *Ms.* Albertostwu (*nie*: Albertostwie), *blm*; a. Albertowie *blp.*, *D.* Albertów. **2.** albert zwykle w *lm, M.* alberty «rodzaj herbatników»

Albertrandi *m odm. jak przym., D.* Albertrandiego, *lm M.* Albertrandiowie, *D.* Albertrandich: Działalność Albertrandiego w Towarzystwie Przyjaciół Nauk.

albigens *m IV*, zwykle w *lm, M.* albigensi: Sekta albigensów. Poglądy religijne albigensów.

albinos *m IV, lm M.* ci albinosi a. te albinosy (o zwierzętach, roślinach tylko: te albinosy, o ludziach: te albinosy — z odcieniem ujemnym).

Albion *m IV, D.* Albionu *podn.* «Anglia» — albioński.

albo 1. «spójnik łączący zdania lub ich człony i wyrażający możliwą wymienność albo wzajemne wyłączanie się zdań równorzędnych lub części zdania»: Zjechali jak na wesele albo na imieniny. Czytała dzieciom bajki albo wymyślała im różne gry. Dziś albo nigdy. Kupię kwiaty albo czekoladki. △ Przed albo nie stawiamy przecinka, chyba że spójnik ten jest powtórzony w zdaniu. △ Albo... albo (*nie*: albo... lub, albo... czy): Wracał do domu albo późno w nocy, albo rano. Albo powiesz prawdę, albo przestanę z tobą rozmawiać. △ Albo: Musiał się zdecydować albo—albo. △ Połączenie spójnika *albo* z cząstką *by* pisane jest łącznie, np. Jutro napisałby list alboby (*wym.* alboby) wysłał depeszę. △ Jako spójnik wewnątrzzdaniowy *albo* występuje także w funkcji utożsamiającej (takie użycie jest już przestarzałe), np. Składnia albo (*dziś:* czyli) nauka o zdaniu. **2.** *pot.* «partykuła nawiązująca i wzmacniająca pytanie lub wykrzyknienie; czy, czyż»: Co to? — Albo ja wiem! Albo ci to źle u nas? Albom ci tego nie mówił? *Por.* alboż, by (w zn. 1 d), czy, czyż, lub.

albowiem *książk.* (z odcieniem podniosłości) «spójnik przyczynowy stojący (inaczej niż *bowiem*) na początku zdania podrzędnego (konstrukcje z tym spójnikiem na drugim miejscu w zdaniu są przestarzałe); bowiem, ponieważ, gdyż, bo»: Słońca nie było widać, albowiem (*dziś* raczej: gdyż, ponieważ) zakryły je czarne chmury. W domu pusto, albowiem wszyscy wyjechali. △ Przed spójnikiem *albowiem* zawsze stawiamy przecinek. *Por.* bowiem, gdyż, bo.

alboż *wych.* z *użycia* «partykuła nawiązująca w funkcji pytajnej lub wykrzyknikowej, będąca wzmocnioną postacią partykuły *albo* (p. albo w zn. 2); czyż»: Alboż u nas mało roboty? Alboż to można przewidzieć, co się stanie? △ Partykułę *alboż* w połączeniu z cząstką składową trybu warunkowego *by* pisze się łącznie, np. Albożby (*wym.* albożby) mu było źle u nas? *Por.* by (w zn. 1d).

album (*nie:* albom) *m IV*, *D.* albumu **1.** «księga do wklejania lub przechowywania zdjęć fotograficznych, znaczków pocztowych, płyt» □ A. do czego, na co, z czym: Album do znaczków. Album na płyty. Album z fotografiami. **2.** «wydanie książkowe zawierające fotografie widoków, obrazów, rzeźb itp.»: Album malarstwa a. malarzy. Album królów polskich. **3.** «księga, w której wpisany jest student wyższej uczelni»: Numer albumu studenta. **4.** «oprawny zeszyt, do którego znajomi właściciela wpisują aforyzmy, pamiątkowe uwagi; pamiętnik» || *D Kult. I, 650; U Pol. (2),* 97.

alchemik *m III*, *D.* alchemika (p. akcent § 1d), *lm M.* alchemicy; *rzad.* **alchemista** *m* odm. jak *ż IV, lm M.* alchemiści, *DB.* alchemistów.

alcista p. altysta.

Alcybiades a. **Alkibiades** *m IV*: Działalność polityczna Alcybiadesa (Alkibiadesa).

aldehyd *m IV*, *D.* aldehydu.

ale 1. «spójnik wyrażający przeciwieństwo, kontrast lub odmienne ujęcie treści łączonych zdań współrzędnych lub ich równorzędnych części; w książkowej odmianie języka bywa zastępowany przez równoznaczne *lecz*»: Tutaj jest zacisznie, ale nad rzeką wieje zimny wiatr. Położył się do łóżka, ale nie spał. △ Spójnik *ale* stoi zawsze na początku zdania przeciwstawnego. Wszedł do pokoju, ale nie chciał (*nie:* nie chciał ale) usiąść. △ Spójnik *ale* w połączeniu z cząstką składową trybu warunkowego *by* pisze się łącznie, np. Po krótkiej nauce języka mówiłaby po francusku źle, aleby (*wym.* aleby) mówiła. △ Przed spójnikiem *ale* zawsze stawiamy przecinek. *Por.* a (w zn. 1). **2.** «partykuła wzmacniająca, podkreślająca kontrast sytuacji czy kontekstu lub wyrażająca podziw, uznanie, zaskoczenie»: Ale się spisał, co? Kto jak kto, ale ja mam chyba prawo do odpoczynku. Wrócił? — Ale gdzie tam! **3.** «wykrzyknik (powtórzony), którego mówiący uży-

wa, gdy sobie coś przypomni»: Ale, ale. Byłbym zapomniał ci powiedzieć, że... **4.** *pot., wych.* z *użycia* «wykrzyknik wyrażający żywe zaprzeczenie (dziś *częściej*: gdzie tam! wcale nie)»: To chyba dużo pieniędzy? — Ale! To są grosze!

ale *n ndm* w użyciu rzeczownikowym «ujemna, słaba strona czegoś»: W każdym projekcie było jakieś drobne ale. Nikt nie jest bez ale. *Por.* by (w zn. 1d), lecz. || *D Kult. I, 27; KP Pras.*

alegoria (*nie:* allegoria) *ż I, DCMs.* i *lm D.* alegorii: Poeta przedstawił Polskę pod alegorią a. w alegorii. Alegoria wiosny, pokoju.

alegoryczny (*nie:* alegoryjny).

aleja (*nie:* alea) *ż I, DCMs.* alei, *lm D.* alei, *rzad.* alej: Aleja lipowa, kasztanowa. Do dworu prowadziła aleja wysadzana topolami. Mieszkać w Alejach (*urz.* przy Alejach) Jerozolimskich. || *D Kult. I, 651; KJP 217.*

Aleksander *m IV, D.* Aleksandra, *lm M.* Aleksandrowie — Olek *m III, D.* Olka, *lm M.* Olkowie — Aleksandrostwo *n III, DB.* Aleksandrostwa, *Ms.* Aleksandrostwu (*nie:* Aleksandrostwie), *blm;* a. Aleksandrowie *blp, D.* Aleksandrów — Olkowie *blp, D.* Olków — Aleksandra *ż IV, lm D.* Aleksander — Ola *ż I, W.* Olu — Oleńka *ż III, lm D.* Oleniek.

Aleksandria *ż I, DCMs.* Aleksandrii «miasto w Egipcie» — aleksandryjczyk *m III, lm M.* aleksandryjczycy — aleksandryjka *ż III, lm D.* aleksandryjek — aleksandryjski.

Aleksandrów (Kujawski, Łódzki), Aleksandrów *m IV, C.* Aleksandrowowi (*ale:* ku Aleksandrowowi a. ku Aleksandrowu), Kujawski, Łódzki odm. jak przym. — aleksandrowski.

aleksandryn *m IV, D.* aleksandrynu.

Aleksy (*nie:* Aleks) *m* odm. jak przym., *C.* Aleksemu (*nie:* Aleksowi), *lm M.* Aleksowie, *DB.* Aleksych.

Aleman *m IV, lm M.* Alemani a. (zwykle w odniesieniu do przeszłości) Alemanowie «członek zachodniogermańskiej grupy etnicznej» — Alemanka *ż III, lm D.* Alemanek — alemański.

Alembert p. d'Alembert.

Aleppo *n ndm* p. Haleb.

alergia *ż I, DCMs.* alergii, zwykle *blm*: Alergia na poziomki, na leki.

aleucki (*wym.* aleucki) △ Wyspy Aleuckie.

Aleuty (*wym.* Aleu-ty, *nie:* Ale-uty) *blp, D.* Aleutów «grupa wysp na Oceanie Spokojnym» — Aleuta *m* odm. jak *ż IV, lm M.* Aleuci, *DB.* Aleutów — Aleutka *ż III, lm D.* Aleutek — aleucki (p).

ależ «wzmocniona partykuła *ale*»: Pani pozwoli? — Ależ bardzo proszę. Ależ on się zmęczył! *Por.* ale (w zn. 2).

alfa *ż IV* △ Alfa i omega «wyrocznia»: Być, stać się dla kogoś alfą i omegą.

Alfons *m IV, lm M.* Alfonsowie **1.** «imię męskie» **2.** alfons *lm M.* ci alfonsi a. (z silniejszym zabarwieniem ekspresywnym) te alfonsy *pot.* «sutener»

al fresco (*wym.* alfresko) *ndm*: Malowidło al fresco. Malować al fresco.

algebra (*wym.* algebra, *nie:* algebra) *ż IV, blm.*

Algier (*nie:* Alger) *m IV, D.* Algieru «stolica Algierii» — algierczyk *m III, lm M.* algierczycy — algierka *ż III, lm D.* algierek — algierski. || *U Pol.* (*2*), *458.*

Algieria (*nie:* Algeria) *ż I, DCMs.* Algierii — Algierczyk *m III, lm M.* Algierczycy — Algierka *ż III, lm D.* Algierek — algierski. || *U Pol.* (*2*), *458.*

alians *m IV, D.* aliansu, *lm M.* alianse (*nie:* aliansy) *książk.* «przymierze, sojusz»: Zawrzeć alians. Wejść z kimś w alians.

aliant *m IV, lm M.* alianci «sprzymierzeniec, sojusznik; w *lm* zwykle: przeciwnicy Niemiec, związani sojuszem podczas I i II wojny światowej»: Zwycięstwo aliantów nad Niemcami.

aliaż *m II, D.* aliażu, *lm D.* aliaży, *rzad.* aliażów; *częściej:* stop.

alibi *n ndm:* Udowodnić, wykazać swoje alibi.

alienacja *ż I, DCMs.* alienacji, zwykle *blm,* w zn. *filoz.* in. wyobcowanie.

a linea p. a capite.

alimenty, *rzad.* **alimenta** *blp, D.* alimentów.

aliści *przestarz.* «spójnik wyrażający przeciwieństwo; jednak, a jednak»: Myślał, że już umrze, aliści los zrządził inaczej.

alkalia *blp, D.* alkaliów (*nie:* alkalii).

alkaloid (*wym.* alkalo-id) *m IV, D.* alkaloidu (*wym.* alkalo-idu, p. akcent § 7).

Alkibiades p. Alcybiades.

alkohol *m I, lm D.* alkoholów a. alkoholi.

alkoholiczny «wywołany alkoholem; taki jak u alkoholika»: Alkoholiczne podniecenie. Alkoholiczne oczy.

alkoholik *m III, D.* alkoholika (p. akcent § 1d), *lm M.* alkoholicy.

alkoholizm *m IV, D.* alkoholizmu, *Ms.* alkoholizmie (*wym.* ~izmie a. ~iźmie).

alkoholowy przym. od alkohol: Napoje alkoholowe. Fermentacja alkoholowa. Zatrucie alkoholowe.

alkowa *ż IV, lm D.* alków.

Allach a. (w tekstach stylizowanych) **Ałłach** *m III, blm:* Modlić się do Allacha.

allegretto w zn. «utwór muzyczny albo jego część» *n ndm* a. *n III* (niektóre formy przypadkowe rzadko używane, np. *Ms.* allegretcie, *wym.* allegrecie).

allegro w zn. «utwór muzyczny a. jego część» *n ndm* a. *n III* (niektóre formy przypadkowe rzadko używane, np. *Ms.* allegrze): Dźwięki pięknego allegro (allegra) ze znanej symfonii.

! **allo-** p. alo-

alleluja *n ndm:* Życzyliśmy sobie nawzajem wesołego alleluja.

Alma Mater *ż ndm podn.* «uniwersytet (dosłownie: żywiąca matka)»: Studenci warszawskiej Alma Mater. Nasza Alma Mater obchodziła swój jubileusz.

-alnia p. -nia.

-alnictwo p. -stwo.

-alnik p. -ik.

-alność p. -ość.

-alny 1. przyrostek wyspecjalizowany w tworzeniu przymiotników tzw. potencjalnych biernych, określających to, co może być przedmiotem jakiegoś działania, jakiejś czynności, np.: *przyswajalny* «możliwy do przyswojenia, dający się przyswoić», *wykrywalny* «dający się wykryć», *zmywalny* «dający się zmyć»; podstawą przymiotników tego typu są czasowniki. Specjalizacja przyrostka *-alny* uniemożliwia tworzenie za jego pomocą przymiotników odczasownikowych o znaczeniu innym niż wymienione. **2.** przyrostek tworzący przymiotniki od rzeczowników pochodzenia obcego lub używany do przyswajania przymiotników obcych, np.: eksperyment — *eksperymentalny,* matura — *maturalny,* teatr — *teatralny. Por.* -arny.

alo- (*nie:* allo-) «pierwszy człon wyrazów pochodzenia obcego, oznaczający: inny», np.: alopatia, alotropia.

Alojzy (*nie:* Alojz) *m odm. jak przym., D.* Alojzego (*nie:* Alojza), *lm M.* Alojzowie, *DB.* Alojzych.

alonż *m II, D.* alonżu, *lm D.* alonży a. alonżów.

alopatia (*nie:* aleopatia) *ż I, DCMs.* alopatii, *blm.*

alowiec, alowski p. AL.

alpaga *ż III* p. I alpaka (w zn. 2).

alpagowy przym. od alpaga: Alpagowy fartuszek.

I alpaka *ż III* **1.** «zwierzę z rodziny wielbłądów»: Sierść alpak jest bardzo cienka i długa. **2.** a. alpaga; zwykle *blm* «rodzaj materiału»: Marynarka z alpaki (alpagi).

II alpaka *ż III* «stop miedzi, cynku i niklu; nowe srebro, argentan»

alpakowy przym. od I, II alpaka.

Alpejczyk *m III, lm M.* Alpejczycy **1.** «mieszkaniec Alp»
2. alpejczyk *sport.* «narciarz startujący w konkurencjach alpejskich»

alpinistyka (*wym.* alpinistyka, *nie:* alpinistyka, p. akcent § 1c) *ż III,* zwykle *blm;* a. **alpinizm** *m IV, D.* alpinizmu, *Ms.* alpinizmie (*wym.* ~izmie a. ~iźmie), zwykle *blm.*

Alpy *blp, D.* Alp (*nie:* Alpów) — Alpejczyk (p.) — Alpejka *ż III, lm D.* Alpejek — alpejski.

alt *m IV, lm M.* te alty **1.** *D.* altu «niski głos kobiecy lub chłopięcy»: Głęboki alt. Śpiewać altem. **2.** *D.* alta «osoba śpiewająca takim głosem»: Aria, partia alta.

altembas *m IV, D.* altembasu; in. złotogłów.

alternatywa *ż IV* «sytuacja wymagająca wyboru między dwiema wyłączającymi się możliwościami»: Mieli przed sobą alternatywę: poddać się albo zginąć. Stanąć przed alternatywą, wobec alternatywy. Przed kimś staje alternatywa. △ *niepoprawne* w zn. «jedna z możliwości», np. Ma przed sobą dwie alternatywy (*zamiast:* Ma przed sobą alternatywę a. Ma przed sobą dwie możliwości): podporządkować się kierownictwu albo podać się do dymisji. // *D Kult. I, 259; II, 199; JP 1968, 315.*

altocumulus (*wym.* altokumulus) *m IV.*

altowiolinista a. **altowiolista** *m odm. jak ż IV, lm M.* altowioliniści (altowioliści), *DB.* altowiolinistów (altowiolistów) «muzyk grający na altówce; altysta, alcista»

altruizm *m IV, D.* altruizmu, *Ms.* altruizmie (*wym.* ~izmie a. ~iźmie), blm.

altysta a. **alcista** *m odm. jak ż IV, lm M.* altyści (alciści), *DB.* altystów (alcistów) **1.** «śpiewający altem» **2.** «grający na altówce; altowiolinista»

alumn *m IV, lm M.* alumni a. alumnowie.

aluzja *ż I, DCMs.* i *lm D.* aluzji □ A. do czego: Złośliwa aluzja do jego niepunktualności. Subtelna, delikatna (*nie*: cienka) aluzja. Robić aluzje.

Alzacja *ż I, DCMs.* Alzacji «kraina we Francji» — Alzatczyk *m III, lm M.* Alzatczycy — Alzatka *ż III, lm D.* Alzatek — alzacki.

-ałka p. -ka.

Ałłach p. Allach.

Ałma-Ata *ż IV, D.* Ałma-Aty (odmienia się tylko druga część nazwy a. obie części są *ndm*) «miasto w ZSRR»: Mieszkał w Ałma-Acie a. w Ałma-Ata. Przybyć do Ałma-Aty a. do Ałma-Ata. — ałma-acki.

Ałtaj *m I, D.* Ałtaju «góry i (skrótowo) Kraj Ałtajski» — Ałtajczyk *m III, lm M.* Ałtajczycy — Ałtajka *ż III, lm D.* Ałtajek — ałtajski (p.).

ałtajski: Flora, fauna ałtajska. Języki ałtajskie (*ale*: Góry Ałtajskie, Kraj Ałtajski).

am p.: m, n

Amado *m ndm*: Utwory powieściowe Amado.

amant *m IV, lm M.* amanci *wych. z użycia*, dziś zwykle *żart.* w zn. «wielbiciel, kochanek»: Mieć, wziąć sobie amanta.

amator *m IV, lm M.* amatorzy **1.** «miłośnik, reflektant» □ A. czego (*żart.* także: kogo) «ktoś lubiący coś szczególnie»: Amator czarnej kawy. Amator zabaw, brydża. Amator blondynek, rozwódek. Być amatorem czegoś, *lepiej*: lubić coś. □ A. na co «ktoś reflektujący na coś»: Nie ma amatorów na zły towar. **2.** «niefachowiec, niezawodowiec (zwykle w funkcji przydawki lub w połączeniach typu: amator w czymś)»: Sportowiec amator. Był w fotografice amatorem.

amatorski: Twórczość amatorska. Teatr amatorski (*nie*: ochotniczy). Amatorska robota. Amatorskie zdjęcia.

Amazonia (*wym.* Amazońja) *ż I, DCMs.* Amazonii «kraina w Ameryce Południowej» — amazoński.

Amazonka *ż III, lm D.* Amazonek **1.** «członkini legendarnego plemienia wojowniczych kobiet» **2.** blm «rzeka w Ameryce Południowej»
3. amazonka *ż* «kobieta jadąca, jeżdżąca konno»: Drogą przemknęła młoda amazonka na ognistym rumaku. **b)** «strój damski do konnej jazdy»: Włożyć amazonkę.

ambaras *m IV, D.* ambarasu *wych. z użycia*, czasem *żart.* «kłopot, tarapaty, trudności»: Mieć z kimś, z czymś ambaras. Narobić ambarasu. △ *rzad.* Wprowadzić, wprawić kogoś w ambaras.

ambasador *m IV, lm M.* ambasadorzy a. ambasadorowie «przedstawiciel dyplomatyczny przy rządzie obcego państwa»: Mianowano nowego ambasadora. Odwołać ambasadora. △ *przen.* «rzecznik, głosiciel czegoś, obrońca czyichś interesów»
ambasador — o kobiecie, p. nazwy i tytuły zawodowe kobiet.

ambasadorka *ż III, lm D.* ambasadorek *pot.; lepiej*: ambasador (o kobiecie). △ *przen.* «rzeczniczka, głosicielka czegoś, kobieta broniąca czyichś interesów»: Ambasadorka polskości.

ambasadorostwo *n III, DB.* ambasadorostwa, *Ms.* ambasadorostwu (*nie*: ambasadorostwie), blm «ambasador z żoną»: Ambasadorostwo urządzili wystawne przyjęcie. Gościnnych ambasadorostwa zastałem w domu.

ambasadorowa *ż odm. jak przym., W.* ambasadorowo.

ambasadorstwo *n III, blm* «urząd, godność ambasadora»

ambicjonalny, *rzad.* **ambicyjny** «wypływający z ambicji, podyktowany ambicją»: Pobudki, względy ambicjonalne (ambicyjne).

ambit *m IV, D.* ambitu, *blm*, dziś tylko w *pot., żart. fraz.* Wziąć na ambit «uznać coś za punkt honoru, unieść się honorem»: Wziął na ambit i postanowił lepiej niż koledzy zdać ten trudny egzamin.

ambitny *st. w.* ambitniejszy a. bardziej ambitny **1.** «wypływający z ambicji, poczucia godności własnej lub chęci wybicia się»: Ambitne plany. Ambitne dzieło, ambitny utwór. **2.** *m-os.* ambitni «mający ambicję»: Ambitny uczeń.

Ambroży *m odm. jak przym., lm M.* Ambrożowie, *DB.* Ambrożych.

ambulans *m IV, D.* ambulansu, *lm M.* ambulanse, *rzad.* ambulansy.

ambulatorium *n VI, lm D.* ambulatoriów (*nie*: ambulatorii); *częściej*: przychodnia (lekarska).

Amelia (*nie*: Amalia) *ż I, DCMs.* i *lm D.* Amelii.

amen *n ndm* △ *pot.* Jak amen w pacierzu «na pewno, z całą pewnością, bez wątpienia»: Po zimnej kąpieli dostaniesz kataru jak amen w pacierzu. △ Na amen «całkowicie, zupełnie, na zawsze»: Drzwi od mieszkania zacięły nam się na amen.

Ameryka (*wym.* Ameryka, *nie*: Ameryka, p. akcent § 1c) *ż III* **1.** «część świata»: Ameryka Północna, Południowa.
2. *pot.* «Stany Zjednoczone Ameryki Północnej» — Amerykanin *m V, D.* Amerykanina, *lm M.* Amerykanie, *D.* Amerykanów (*nie*: Amerykan) — Amerykanka (p.) — amerykański (p.). // *D Kult. II, 200, 445.*

amerykan *m IV* **1.** zwykle w *lm* w zn. «gatunek ziemniaków»: Wykopała wczesne amerykany. **2.** p. Amerykanka (w zn. 2c).

Amerykanka *ż III, lm D.* Amerykanek **1.** «obywatelka Stanów Zjednoczonych; mieszkanka Ameryki»

2. amerykanka **a)** «fotel lub kanapa, które po rozłożeniu tworzą rodzaj łóżka» **b)** «rodzaj księgowania, księgowość amerykańska, księga używana w tej księgowości» **c)** a. amerykan «powóz»

amerykański: Bar amerykański (*nie:* amerykański bar) «bar, w którym się je i pije stojąc lub siedząc przy ladzie» △ Amerykańskie złoto, *lepiej*: złoto amerykańskie «tombak platerowany złotem»

amfibrach *m III, D.* amfibrachu a. amfibracha.

amfilada (*wym.* amfilada a. ãfilada, *nie:* anfilada) *ż IV*: Cztery pokoje w amfiladzie. Amfilada pokojów, sal, komnat. || *D Kult. I, 759.*

amfiteatr (*wym.* amfiteatr a. ãfiteatr, *nie:* anfiteatr) *m IV, D.* amfiteatru: Będziemy dobrze widzieć, mamy miejsca w amfiteatrze.

Amhara *m* odm. jak *ż IV, lm M.* Amharowie, *DB.* Amharów «mieszkaniec Etiopii, którego językiem rodzimym jest amharski» — Amharka *ż III, lm D.* Amharek — amharski.

Amicis (*wym.* Amiczis) *m IV*: „Serce" Amicisa to znana powieść dla młodzieży.

amnestia *ż I, DCMs.* i *lm D.* amnestii: Ogólna, powszechna amnestia. Ogłosić, uchwalić amnestię. Zwolnić na podstawie, na zasadzie amnestii.

amnestionować a. **amnestiować** *ndk* i *dk IV*, amnestionowaliśmy, amnestiowaliśmy (p. akcent § 1a i 2); in. ułaskawiać, ułaskawić.

Amor *m IV* **1.** «mityczny bożek miłości» **2.** tylko w *lm* amory, *pot.* «flirt, miłostka»: Wdać się w amory. □ A. (czyje) z kim (*nie:* do kogo): Znane były jego amory z piękną sąsiadką.

amoralny *m-os.* amoralni «pozbawiony zasad i pojęć moralnych; niemoralny»: Amoralny człowiek. Amoralna sztuka teatralna.

amorficzny in. bezpostaciowy.

amorfizm *m IV, D.* amorfizmu, *Ms.* amorfizmie (*wym.* ~izmie a. ~iźmie), *blm*; in. bezpostaciowość.

amper *m IV, D.* ampera (skrót: A).

Ampère (*wym.* Ãper) *m IV, D.* Ampère'a (*wym.* Ãpera, p. akcent § 7), *Ms.* Ampèrze: Teoria zjawisk elektromagnetycznych Ampère'a.

amperomierz *m II, lm D.* amperomierzy, *rzad.* amperomierzów.

amplifikator *m IV, lepiej*: wzmacniacz.

amputować *ndk* a. *dk IV*, amputowaliśmy (p. akcent § 1a i 2) □ A. co — komu (*nie:* amputować kogo): Amputowano mu nogę do kolana.

Amsterdam (*wym.* Amsterdam, *nie:* Amsterdam) *m IV, D.* Amsterdamu (p. akcent § 7) — amsterdamczyk *m III, lm M.* amsterdamczycy — amsterdamianka *ż III, lm D.* amsterdamianek — amsterdamski.

Amu-daria *ż I, DCMs.* Amu-darii «rzeka w Azji Środkowej»

an p.: m, n

anabioza (*wym.* anabi-oza a. anabijoza) *ż IV, blm*: Stan anabiozy.

anachroniczny (*lepiej* niż: anachronistyczny): Anachroniczny pogląd. Anachroniczne pojęcia.

anachronizm *m IV, D.* anachronizmu, *Ms.* anachronizmie (*wym.* ~izmie a. ~iźmie), w zn. «rzecz przestarzała, niezgodna z duchem epoki, niewspółczesna» in. przeżytek: Ustawa ta jest we współczesnym państwie szkodliwym anachronizmem.

Anakreont (*nie:* Anakreon) *m IV*.

Anaksagoras *m IV* (*wym.* Anaksagoras, *nie:* Anaksagoras): Doktryna filozoficzna Anaksagorasa.

analfabeta (*nie:* analfabet) *m* odm. jak *ż IV, lm M.* analfabeci, *DB.* analfabetów: Kursy dla analfabetów. △ *przen.* Analfabeta polityczny.

analfabetyzm *m IV, D.* analfabetyzmu, *Ms.* analfabetyzmie (*wym.* ~yzmie a. ~yźmie), *blm* «brak umiejętności czytania i pisania» △ Powrotny a. wtórny analfabetyzm «zanik umiejętności czytania i pisania» △ *przen.* Zdradzał analfabetyzm polityczny a. analfabetyzm w zakresie polityki. Analfabetyzm w sprawach wychowywania dzieci.

analityk *m III, D.* analityka (p. akcent § 1d), *lm M.* analitycy.

analiza (*wym.* analiza, *lepiej* niż: analiza) *ż IV*: Wnikliwa, wszechstronna analiza. Poddać coś analizie. Przeprowadzić analizę, np. chemiczną. Dokonać analizy, np. sytuacji, *lepiej*: zanalizować sytuację. Zrobić sobie wszystkie analizy (krwi, moczu itp.). Analiza wykazała obecność cukru. || *D Kult. II, 352.*

analogia *ż I, DCMs.* i *lm D.* analogii **1.** «zgodność, równoległość cech; podobieństwo»: Wnioskować, rozumować przez analogię. □ A. do czego: Wyraz *krążownik* powstał przez analogię do takich, jak *pracownik, kierownik, buntownik*: **2.** «rzecz podobna; odpowiednik» □ A. czego: Powieść autobiograficzna jest analogią autoportretu w malarstwie.

analogiczny «podobny» □ A. do czego (*nie:* z czym): Nigdy się nie znalazłem w sytuacji analogicznej do tej (*nie:* z tą), o której mi opowiadasz. △ *niepoprawne* w zn. «zupełnie taki sam»

ananas *m IV, lm M.* te ananasy **1.** «roślina egzotyczna»: Zasadzić ananas. **2.** *B.* ananas a. ananasa «owoc tej rośliny»: Zjeść ananasa (ananas). Przekroić ananas (ananasa). **3.** *DB.* ananasa *pot., iron.* «gagatek, ziółko»: Cóż z niego za ananas! Wyrósł na dobrego ananasa.

anarchiczny, *rzad.* **anarchistyczny**.

anarchizm *m IV, D.* anarchizmu, *Ms.* anarchizmie (*wym.* ~izmie a. ~iźmie).

anatema (*wym.* anatema) *ż IV wych.* z użycia «ekskomunika»: Rzucić na kogoś anatemę (używane także *przen.*).

Anatolia *ż I, DCMs.* Anatolii «azjatycka część Turcji» — anatolijski (p.).

anatolijski: Języki anatolijskie (*ale:* Wyżyna Anatolijska).

anatom *m IV, lm M.* anatomowie (*nie:* anatomi).

ancymonek (*nie:* mancymonek) *m III, D.* ancymonka, *lm M.* te ancymonki *żart.* «gagatek, ziółko, spryciarz»

Andaluzja *ż I, DCMs.* Andaluzji «kraina w Hiszpanii» — Andaluzyjczyk *m III, lm M.* Andaluzyjczycy — Andaluzyjka *ż III, lm D.* Andaluzyjek — andaluzyjski.

andaluzyjski: Taniec andaluzyjski (*ale:* Góry Andaluzyjskie, Nizina Andaluzyjska).

Andaman *m IV, D.* Andamanu, *lm M.* Andamany, *D.* Andamanów (z wyrazami: wyspa, archipelag — także *ndm*) **1.** «jedna z wysp indyjskich na Oceanie Indyjskim»: Andaman Mały, Andaman Południowy, Środkowy. Przebywać na Andamanie a. na wyspie Andaman (Mały). Jechać na Andaman. **2.** tylko w *lm* «archipelag wysp indyjskich na Oceanie Spokojnym»: Krajobraz Andamanów a. archipelagu Andamany. — Andamanin *m V, lm M.* Andamanie, *D.* Andamanów — Andamanka *ż III, lm D.* Andamanek — andamański.

andamański: Język andamański. Ludność andamańska (*ale:* Morze Andamańskie).

andante w zn. «utwór muzyczny albo jego część» *n ndm, rzad. n III* (niektóre formy przypadkowe rzadko używane, np. *Ms.* andancie): Mistrzowskie wykonanie lirycznego andante (andanta).

andantino w zn. «utwór muzyczny albo jego część» *n ndm, rzad. n III.*

Andegawenia (*wym.* Andegaweńja) *ż I, DCMs.* Andegawenii «kraina we Francji (Anjou)» — Andegaweńczyk (p.) — Andegawenka *ż III, lm D.* Andegawenek — andegaweński.

Andegaweńczyk *m III, lm M.* Andegaweńczycy (zwykle o mieszkańcach Andegawenii) a. Andegawenowie, Andegaweni (zwykle o dynastii), *D.* Andegaweńczyków (Andegawenów).

Andersen (*wym.* Andersen, *nie:* Ander-zen) *m IV, D.* Andersena (p. akcent § 7), *lm M.* Andersenowie.

Andersen-Nexö (*wym.* Andersen Neksö), Andersen *m IV, D.* Andersena (p. akcent § 7), Nexö *ndm:* Powieści Andersena-Nexö.

Andora a. **Andorra** *ż IV, CMs.* Andorze «republika w Pirenejach» — andorski.

Andrić (*wym.* Andrić, *nie:* Andricz) *m I, D.* Andricia: Nowele i powieści Andricia.

Andriolli *m* odm. jak przym., *lm M.* Andriollowie, *DB.* Andriollich: Ilustracje Andriollego do „Pana Tadeusza”.

androny *blp, D.* andronów, zwykle w zwrocie: Pleść androny.

andrus *m IV, lm M.* te andrusy *pot.* «ulicznik»

Andrzej (*wym.* And-żej a. Andż-żej, *nie:* Andżej) *m I, lm M.* Andrzejowie, *D.* Andrzejów — Andrzejostwo *n III, DB.* Andrzejostwa, *Ms.* Andrzejostwu (*nie:* Andrzejostwie), *blm;* a. Andrzejowie *blp, D.* Andrzejów — Andrzejek *m III, lm M.* Andrzejkowie, *pot.* te Andrzejki — Jędrek *m III, D.* Jędrka, *lm M.* Jędrkowie — Jędruś *m I, lm M.* Jędrusiowie. *Por.* Jędrzej.

andrzejki (*wym.* and-żejki a. andż-żejki, *nie:* andżejki) *blp, D.* andrzejek «zabawa w wigilię św. Andrzeja, połączona z wróżbami»

Andy *blp, D.* Andów (*nie:* And) — andyjski.

aneks *m IV, D.* aneksu, *lm M.* aneksy (*nie:* aneksa) «dodatek, załącznik» □ A. do czego: Aneks do traktatu, do petycji.

anemia *ż I, DCMs.* anemii, *blm;* in. *środ.* (*med.*) niedokrwistość.

anemometr *m IV, D.* anemometru; in. wiatromierz.

anemon (*nie:* ta anemona) *m IV, D.* anemonu; in. zawilec. // *U Pol. (2), 112.*

aneroid (*wym.* anero-id) *m IV, D.* aneroidu (*wym.* anero-idu).

anestetyczny a. **anestezyjny** przym. od anestezja.

anestetyk *m III, D.* anestetyka (p. akcent § 1d), *lm M.* anestetycy.

anestezja *ż I, DCMs.* anestezji, *blm* **1.** «znieczulenie, narkoza» **2.** «utrata czucia»

anestezjolog *m III, lm M.* anestezjolodzy a. anestezjologowie.

angaż *niepoprawne* zamiast: zaangażowanie, zatrudnienie. // *D Kult. I, 483. Por.* engagement.

angażować *ndk IV,* angażowaliśmy (p. akcent § 1a i 2) — **zaangażować** *dk* **1.** «przyjmować do pracy, zatrudniać» □ A. kogo — do czego: Angażować pracowników do fabryki, do teatru, do pracy. **2.** «wiązać z czymś materialnie lub moralnie; wciągać w coś; zobowiązywać» □ A. kogo, co — w co, *rzad.* w czym: Nie angażuj serca w tej sprawie. □ Coś angażuje kogo (jak): Ta sprawa angażuje nas uczuciowo. Nie angażujące stanowisko. △ Literatura, sztuka zaangażowana «literatura, sztuka związana z życiem, wyrażająca określoną ideologię, postawę» **angażować się** dziś nadużywane w zn. «wiązać się z czymś moralnie, opowiadać się za czymś, mieszać się, wciągać się w coś, brać w czymś udział» □ A. się w co, *rzad.* w czym: Angażować się w pracę społeczną, *rzad.* w pracy społecznej. Nie chciał się angażować w życie środowiska (*lepiej:* Nie chciał brać udziału w życiu środowiska).

Angelico, Fra (*wym.* Fra Andżeliko) *m III, D.* Fra Angelica (p. akcent § 7), *rzad. ndm:* Obrazy pędzla Fra Angelica (Fra Angelico).

Angers p. d'Angers.

Angielka *ż III, lm D.* Angielek **1.** «kobieta narodowości angielskiej» **2.** angielka **a)** «klacz rasy angielskiej» **b)** «mała szklaneczka» **c)** «odmiana pszenicy» **d)** «komin kuchenny z żelaznym blatem; kuchnia angielska» **e)** w *lm* «rodzaj łyżew»

angielski: Język angielski, *skrótowo:* angielski, *reg.* angielskie: Tłumaczenie na (język) angielski. △ *wych. z użycia* Angielska choroba «krzywica»

Anglia *ż I, DCMs.* Anglii «kraina w Wielkiej Brytanii, w zn. szerszym, nieoficjalnie także: Wielka Brytania» — Anglik (p.) — Angielka (p.) — angielski (p.).

Anglik *m III* **1.** *lm M.* Anglicy «mężczyzna narodowości angielskiej» **2.** anglik *lm M.* angliki «koń rasy angielskiej; angielczyk, anglez»

anglikanin *m V, D.* anglikanina, *lm M.* anglikanie (*nie:* anglikani), *D.* anglikanów (*nie:* anglikan).

15

anglikanizm

anglikanizm *m IV*, *D.* anglikanizmu, *Ms.* anglikanizmie (*wym.* ~izmie a. ~iźmie), *blm.*

anglistyka (*wym.* anglistyka, *nie*: anglistyka, p. akcent § 1c) *ż III*, *blm.*

anglofil *m I*, *lm D.* anglofilów.

Anglosas *m IV*, zwykle w *lm* Anglosasi — anglosaski.

Angola *ż I*, *blm* «kraj w Afryce» — Angolijczyk *m III*, *lm M.* Angolijczycy — Angolijka *ż III*, *lm D.* Angolijek — angolski (p.) a. angolijski (*nie*: angolański).

angolski: Kawa angolska, partyzanci angolscy (*ale*: Basen Angolski).

angora *ż IV* a) (*nie*: ten angor) *ż* a. *m odm.* jak *ż IV*, *lm D.* angor a. angorów «królik, kot, koza, owca pewnej odmiany, o długiej, miękkiej sierści» b) *blm* «wełna z sierści tych zwierząt»: Sweter z angory.
angora *ndm*, w funkcji przymiotnika «angorski»: Kot, królik angora. Wełna angora.

angorowy «zrobiony z angory (wełny)»: Szalik, sweter angorowy. Czapka angorowa. Wełna angorowa.

angorski «dotyczący zwierząt angora»: Królik, kot angorski. Wełna angorska.

ani 1. «spójnik łączący równorzędne części zdania w zdaniu zaprzeczonym (może występować przed każdym członem szeregu)»: W tym dniu nie myślał o domu ani o żonie. Nie umiał ani pisać, ani czytać. △ Czasem może wystąpić jako zaprzeczenie członów szeregu w zdaniu twierdzącym, np. Była przeciętną kobietą, ani mądrą, ani głupią.
2. «spójnik łączący zdania przeczące współrzędne»: Nie kradł ani nie oszukiwał. Ani muzyki nie słuchał, ani nie tańczył. △ Konstrukcje dziś rzadkie: Nie poruszył się ani odezwał. Zapytany, ani potwierdził, ani zaprzeczył (dziś *raczej*: ani nie potwierdził, ani nie zaprzeczył). △ Możliwe jest również użycie spójnika *ni* w konstrukcjach z powtarzającym się spójnikiem *ani*, np. Ani komu smakowało jedzenie, ni szła robota. △ Przed spójnikiem *ani* nie stawiamy przecinka, chyba że jest on potrzebny do zamknięcia wstawki poprzedzonej przecinkiem, np. Sam nie pojechał, tłumacząc się chorobą, ani synowi nie pozwolił. △ Przecinek umieszcza się przed powtórzonym spójnikiem *ani*, np. Nie mogła ani spać, ani jeść.
3. «wzmocniona partykuła przecząca, występująca razem z partykułą *nie*, a najczęściej zastępująca ją, (przeważnie w utartych połączeniach z czasownikami lub rzeczownikami)»: Ani nie drgnął. Był zły, ani do niego przystąp. Ani mi się waż! Chłopak ani pisnął. Bez tego ani rusz. △ W wielu połączeniach *ani* może być zastępowane przez: *wcale nie*, *nawet nie*, np.: Chłopak nawet nie pisnął. Nie miał ani grosza (a. nie miał nawet grosza). △ Jako partykuła *ani* występuje w wielu tradycyjnych połączeniach wykrzyknikowych, np.: Ani dudu; ani mru, mru a. ani mru-mru; ani be, ani me; ani widu, ani słychu. *Por.* ni.

-anie przyrostek tworzący rzeczownikowe nazwy czynności od wszystkich w zasadzie czasowników na *-ać*, np.: biegać — *bieganie*, spotkać — *spotkanie*, zebrać — *zebranie*. Niektóre wyrazy urobione za pomocą tego przyrostka nabrały wtórnego znaczenia, stały się nazwami przedmiotów, np. *nagranie* to nie tylko «nazwa czynności» lecz i «to, co zostało nagrane», podobnie: *doznanie*, *opowiadanie* i in. Rzeczowniki na *-anie* używane w tym zn. występują także w formach liczby mnogiej.

anielski przym. od anioł: Anielskie skrzydła. △ *kult.* Pozdrowienie anielskie «modlitwa „Zdrowaś Maria"»△ W zn. *przen. m-os.* anielscy, *st. w.* bardziej anielski: Anielska dobroć. Stała się jeszcze bardziej anielska.

animizować *ndk IV*, animizowaliśmy (p. akcent § 1a i 2) «nadawać czemuś cechy istoty żyjącej»

animować *ndk, rzad. dk IV*, animowaliśmy (p. akcent § 1a i 2) **1.** «wykonywać serie zdjęć rysunków, kukiełek itp. w poszczególnych fazach ruchu przy nakręcaniu filmu; poruszać kukiełki w teatrze» **2.** *przestarz.* «ożywiać; zabawiać; zachęcać»

-anin przyrostek używany do tworzenia nazw mieszkańców: **a)** regionów, krain, kontynentów, państw itp., np.: *Pomorzanin, Rosjanin, Afrykanin, Jugosłowianin*; **b)** miast polskich i obcych, np.: *gdańszczanin, zakopianin, paryżanin, rzymianin* (*por. -ak, -czyk*). △ Rzeczowniki te mają w mianowniku *lp* zakończenie ~*anie*, w dopełniaczu *lm* zaś — ~*an* (np.: *Rosjan, Słowian, warszawian*), rzadziej (w rzeczownikach na ~*kanin* — wyłącznie) — zakończenie ~*anów* (np.: *Afrykanów, Amerykanów, Meksykanów, Korsykanów*). △ Przyrostek ~*anin* używany jest także do tworzenia nazw członków wyznań, zakonów, zwolenników kierunków społeczno-filozoficznych, wykonawców funkcji, nosicieli cech i in., np.: *muzułmanin, franciszkanin, wolterianin, dworzanin, grubianin*. △ W dopełniaczu *lm* rzeczowniki te przybierają zakończenie ~*anów* (np.: *anglikanów, republikanów*; w nazwach członków zakonów występuje ono bezwyjątkowo: *salezjanów, marianów*), bądź zakończenie ~*an* (np.: *chrześcijan, parafian, mieszczan*).

-anina przyrostek tworzący rzeczowniki będące nazwami czynności, które się powtarzają, są wykonywane bezładnie, np.: *bieganina, szamotanina, tupanina*. Wyrazy tego typu mają często znaczenie ujemne.

anioł *m IV*, *DB.* anioła, *Ms.* aniele, *lm M.* ci aniołowie a. te anioły (w zn. *przen.* zwykle używana druga forma), *rzad.* ci anieli: Dzwoniono na Anioł Pański. △ *przen.* Anioł nie kobieta. Anioł dobroci. // D Kult. I, 260.

anion (*wym.* ańjon) *m IV*, *D.* anionu: Chlor jest najważniejszym anionem roztworu wody morskiej.

aniżeli *książk.* (*częściej*: niż) «partykuła porównawcza, używana po stopniu wyższym przymiotników i przysłówków oraz po wyrazach o treści porównawczej, takich jak: inny, inaczej, raczej, woleć»: Ładniejsza aniżeli jej starsza siostra. Wiem więcej aniżeli myślisz. Wolę pracować aniżeli się nudzić. △ Partykuły *aniżeli* nie poprzedzamy przecinkiem. *Por.* jak, II niż.

aniżeliby (*wym.* aniżeliby, *nie*: aniżeliby), *częściej*: niżby «*aniżeli* w połączeniu z partykułą by, bym, byś itd. trybu warunkowego»: Wolałby głodować aniżeliby cię miał prosić o pożyczkę.

-anka p. -ka.

antybiotyk

Ankara (*nie*: Angora) *ż IV* «stolica Turcji» — ankarski.

ankier *m IV, D.* ankra; in. wychwyt kotwiczny — w zn. «mechanizm w zegarku regulujący równomierność ruchu»

ankieta *ż IV*: Ankieta personalna. Przeprowadzić ankietę. Rozpisać, rozesłać ankietę. Wypełnić ankietę, odpowiedzieć na ankietę.

ankieter *m IV, lm M.* ankieterzy *środ.* «człowiek przeprowadzający badania za pomocą ankiety»

ankietować (*nie*: ankietyzować) *ndk IV,* ankietowaliśmy (p. akcent § 1a i 2) *środ.* «badać coś, pytać kogoś o coś za pomocą ankiety» || *D Kult. I, 484.*

ankietyzacja *ż I, DCMs.* ankietyzacji, *blm środ.*, *lepiej*: ankietowanie, przeprowadzanie a. przeprowadzenie ankiety. || *D Kult. I, 484.*

ankietyzacyjny *środ.* «ankietowy» || *D Kult. I, 484.*

Anna (*nie*: Ana) *ż IV* — Ania *ż I, W.* Aniu — Anka *ż III, lm D.* Anek — Anusia *ż I, W.* Anusiu — *przestarz.* Andzia *ż I, W.* Andziu. || *D Kult. I, 697.* *Por.* Hanna.

annały *blp, D.* annałów.

Annunzio p. d'Annunzio.

ano «partykuła wzmacniająca, nawiązująca lub wykrzyknikowa; wychodzi stopniowo z użycia; dziś używa się raczej: no tak, no cóż» a: Ano, tak — przyznał. Ano starość nie radość. Ano, trudno. *Por.* no.

anomalia (*nie*: anormalia) *ż I, DCMs.* i *lm D.* anomalii.

anonim *m IV* 1. *D.* anonimu, *lm M.* anonimy «list nie podpisany; *rzad.* utwór nieznanego autora» 2. *D.* anonima, *lm M.* anonimowie «bezimienny autor»

anons *m IV, D.* anonsu, *lm M.* anonsy (forma *anonse* wychodzi z użycia) «ogłoszenie zamieszczone w czasopiśmie»: Dać anons (dziś *częściej*: ogłoszenie) do gazety.

anormalny *m-os.* anormalni, *st. w.* bardziej anormalny: Stan anormalny. Anormalne zjawisko. On jest chyba anormalny.

Anouilh (*wym.* Anuj) *m I, D.* Anouilha (*wym.* Anuja, p. akcent § 7): Dramaty Anouilha.

-ans to końcowa cząstka rzeczowników twardotematowych rodzaju męskiego, pochodzących najczęściej z języka francuskiego, np.: *bilans, pasjans, romans, niuans, seans.* W mianowniku *lm* większość tych rzeczowników przybiera końcówkę *-e*, w wielu występuje obocznie także *-y* (np. ambulanse *obok*: ambulansy; dyliżanse || dyliżansy; bilanse || bilansy; dysonanse || dysonansy), w niektórych — tylko końcówka *-e* (np.: kwadranse, alianse, finanse, konwenanse). Wyjątkiem, mającym wyłącznie końcówkę *-y* jest wyraz: szympans (w *M. lm*: szympansy). △ Wszystkie rzeczowniki omawianej grupy w dopełniaczu *lm* mają końcówkę *-ów* (nie: *-y*), np. seansów, bilansów, fajansów, szympansów.

ansa *ż IV, lm M.* anse, *rzad.* ansy *wych. z użycia* «uraza, niechęć» △ zwykle w zwrocie: Mieć do kogoś ansę.

antagonizm *m IV, D.* antagonizmu, *Ms.* antagonizmie (*wym.* ~izmie a. ~iźmie) □ A. między kim (a kim; *nie*: kogo z kim): Antagonizm między braćmi wzrastał. □ A. czego: Antagonizm klas społecznych.

antałek *m III, D.* antałka: Pół antałka piwa.

Antarktyda *ż IV, blm* «ląd wokół Bieguna Południowego»: Stacja badawcza na Antarktydzie (*nie*: w Antarktydzie).

Antarktyka (*wym.* Antarktyka, *nie*: Antarktyka, p. akcent § 1c) *ż III, blm* «obszar rozciągający się wokół Bieguna Południowego (oprócz Antarktydy obejmuje wyspy)»: Badania naukowe w Antarktyce (*nie*: na Antarktyce). — antarktyczny.

antecedencje *blp, D.* antecedencji *książk.* «okoliczności, zdarzenia poprzedzające jakiś fakt»

antedatować p. antydatować.

Antek *m III, D.* Antka 1. *W.* Antku, *pot.* Antek, *lm M.* ci Antkowie, *pot.* te Antki «zdr. od Antoni» 2. antek *W.* antek, *lm M.* te antki *pot.* «ulicznik»: Warszawski antek.

antidotum (*nie*: antydotum) *n VI; przestarz.* **antydot** *m IV, D.* antydotu; in. odtrutka. □ A. przeciw czemu, *rzad.* na co: Antidotum przeciw truciźnie.

Antiochia *ż I, DCMs.* Antiochii «miasto w Turcji» — antiocheński a. antiochijski (*nie*: antiochski).

Antoni *m odm. jak przym., lm M.* Antoniowie, *DB.* Antonich (*nie*: Antoniów) — Antek (p.) — Antoś *m I, lm M.* Antosiowie, *DB.* Antosiów — Antoniostwo *n III, DB.* Antoniostwa, *Ms.* Antoniostwu (*nie*: Antoniostwie), *blm*; a. Antoniowie *blp, DB.* Antonich — Antkowie, Antosiowie *blp, D.* Antków, Antosiów.

antrakt *m IV, D.* antraktu, *lm M.* antrakty (*nie*: antrakta): W antrakcie, podczas antraktu.

antresola *ż I, lm D.* antresoli, *rzad.* antresol: Zajmować antresolę. Pokój, kuchnia z antresolą.

antropoid (*wym.* antropo-id) *m IV, DB.* antropoida (*wym.* antropo-ida), *lm M.* antropoidy.

antropolog *m III, lm M.* antropolodzy a. antropologowie.

antropomorfizacja *ż I, DCMs.* antropomorfizacji, zwykle *blm*; a. **antropomorfizm** *m IV, D.* antropomorfizmu, *Ms.* antropomorfizmie (*wym.* ~izmie a. ~iźmie), *blm.*

antrykot *m IV, D.* antrykotu.

Antwerpia *ż I, DCMs.* Antwerpii «miasto w Belgii» — antwerpijczyk *m III, lm M.* antwerpijczycy — antwerpijka *ż III, lm D.* antwerpijek — antwerpski a. antwerpijski.

anty- «przedrostek oznaczający przeciwieństwo, przeciwstawienie się czemuś, zwalczanie czegoś, wrogość; występuje zwykle w przymiotnikach i rzeczownikach, pisany łącznie», np.: antyalkoholowy, antygrypowy, antymilitaryzm, antytoksyna.

antybiotyk (*wym.* antybi-otyk a. antybijotyk) *m III, D.* antybiotyku (p. akcent § 1d).

antybodziec *m II, D.* antybodźca; *lepiej*: przeciwbodziec. △ *przen.* Należy usunąć wiele działających jeszcze antybodźców (*lepiej*: przeciwbodźców a. hamulców). // *KP Pras.*

antycypacja *ż I, DCMs.* i *lm D.* antycypacji // *D Kryt. 36.*

antycypować *ndk IV,* antycypowaliśmy (p. akcent § 1a i 2) «uprzedzać, przewidywać»: Antycypując wnioski końcowe można stwierdzić, że...

antydatować, *przestarz.* **antedatować** *ndk IV,* antydatowaliśmy, antedatowaliśmy (p. akcent § 1a i 2) «oznaczać coś wcześniejszą datą»: Antydatować dokument, umowę.

antydot, **!antydotum** p. antidotum.

antyk *m III, D.* antyku (*nie*: antyku): Zegar antyk. Sklep z antykami.

antykwariat *m IV, D.* antykwariatu; *rzad.* **antykwarnia** *ż I, lm D.* antykwarni, *rzad.* antykwarń.

antykwariusz *m II, lm D.* antykwariuszy, *rzad.* antykwariuszów; *przestarz.* **antykwarz** *m II, lm D.* antykwarzy.

antykwarski, *rzad.* **antykwaryczny.**

Antyle *blp, D.* Antyli «wyspy w basenie Morza Karaibskiego»: Przebywać na Antylach. Jechać, płynąć na Antyle. — antylski (p.).

antylski: Krajobraz antylski (*ale*: Prąd Antylski).

antypoda *m odm. jak ż IV, CMs.* antypodzie, *lm M.* ci antypodzi a. te antypody, *DB.* antypodów *książk.* **a)** «mieszkaniec drugiej półkuli» **b)** tylko w *lm, MB.* te antypody «tereny położone po przeciwnych stronach kuli ziemskiej»: Mieszkać na antypodach.

antysemityzm *m IV, D.* antysemityzmu, *Ms.* antysemityzmie (*wym.* ~yzmie a. ~yźmie), zwykle *blm.*

antyseptyka (*wym.* antyseptyka, *nie*: antyseptyka, p. akcent § 1c) *ż III,* zwykle *blm.*

antytalent *m IV, D.* antytalentu, *lm M.* te antytalenty *pot.* **a)** o cesze: Nie nadaje się na kierownika, ma antytalent organizacyjny. **b)** o człowieku: Cóż z niego za organizacyjny antytalent.

antyteza *ż IV* «przeciwstawianie, przeciwieństwo, kontrast» □ A. czego, *rzad.* kogo (*nie*: do czego, do kogo): Klasa robotnicza jako historyczna antyteza burżuazji. Był antytezą swojej żony.

anulować *ndk a. dk IV,* anulowaliśmy (p. akcent § 1a i 2): Anulować pismo, dług. Anulować (*lepiej*: unieważnić) rozporządzenie, wybór. Anulować (*lepiej*: znieść) przepis.

-any p. -ny.

-ański p. -ski.

-aństwo p. -stwo.

aojda *m odm. jak ż IV, lm M.* aojdowie (*nie*: aojdzi), *DB.* aojdów.

Apacz *m II, lm D.* Apaczów «członek plemienia Indian» — Apaczka *ż III, lm D.* Apaczek.

apanaż (*wym.* apanaż, *nie*: apanaż) *m II, D.* apanażu, *lm D.* apanaży, *rzad.* apanażów, zwykle w *lm przestarz.* «kwota przeznaczona na czyjeś utrzymanie, zasiłek»: Żyła z apanaży otrzymywanych od rodziny.

aparacik *m III, D.* aparaciku.

aparat *m IV, D.* aparatu 1. w zn. «przyrząd, zespół przyrządów»: Aparat radiowy, telewizyjny, filmowy. Aparat tlenowy. Aparat projekcyjny. □ A. do czego (*nie*: dla czego): Aparat do spawania. Aparat do rejestrowania temperatury. 2. *środ.* «zespół ludzi, instytucji spełniających określone funkcje»: Aparat państwowy, partyjny, związkowy. Aparat urzędniczy. Pracować w aparacie związkowym. // *KP Pras.*

apartament *m IV, D.* apartamentu, *lm M.* apartamenty (*nie*: apartamenta).

apartheid (*wym*: aparthejd) *m IV, D.* apartheidu (*wym.* aparthejdu), *blm,* zwykle w wyrażeniu: Polityka apartheidu. // *D Kult. II, 303.*

aparycja *ż I, DCMs.* i *lm D.* aparycji *wych. z użycia* «czyjś wygląd zewnętrzny, powierzchowność» // *D Kult. II, 201.*

apasz *m II, lm D.* apaszów (*nie*: apaszy).

apatia *ż I, DCMs.* apatii, zwykle *blm*: Głęboka, zupełna apatia. Stan apatii. Popaść, wpaść w apatię. Pogrążyć się w apatii. Otrząsnąć się, wyrwać kogoś z apatii.

apel *m I, D.* apelu 1. w zn. «wezwanie, odezwa» □ A. do kogo, do czego: Apel do ludności. Skierować apel, zwracać się z apelem do kogoś. △ Odpowiedzieć, zgłosić się na czyjś apel (*nie*: podjąć czyjś apel). △ Stanąć do apelu «zgłosić swój udział w odpowiedzi na wezwanie» 2. w zn. «zbiórka; sprawdzenie obecności na zbiórce»: Apel poranny, wieczorny. Zwołać apel. Stawić się do apelu. △ *środ.* Odebrać apel «odebrać meldunek o stanie liczebnym uczestników zbiórki»

apelacja *ż I, DCMs.* i *lm D.* apelacji: Zakładać, założyć, wnieść, wnosić apelację. □ A. od czego: Apelacja od wyroku (np. pierwszej instancji). △ Bez apelacji «bezapelacyjnie, bezwzględnie»

apelować *ndk IV,* apelowaliśmy (p. akcent § 1a i 2) — **zaapelować** *dk* 1. «zwracać się z apelem, odezwą, wezwaniem» □ A. do kogo, do czego (o co): Apelować do kolegów, do czyjegoś honoru. Apelowali do wszystkich obywateli o pomoc dla powodzian. 2. «wnosić apelację do sądu» □ A. od czego: Apelować od wyroku.

apendyks (*wym.* apendyks, *nie*: apendyks) *m IV, D.* apendyksu *rzad., książk.* «dodatek, załącznik»

Apenin *m IV, D.* Apeninu 1. «w odniesieniu do części Apenin»: Apenin Kalabryjski, Liguryjski, Neapolitański. 2. (tylko w *lm*) Apeniny, *D.* Apenin (*nie*: Apeninów) «łańcuch górski we Włoszech»: Apeniny Południowe, Północne, Środkowe. — apeniński (p.).

apeniński: Roślinność apenińska (*ale*: Półwysep Apeniński, Góry Apenińskie).

aperitif (*wym.* aperitif) *m IV, D.* aperitifu (p. akcent § 7).

apetyczny *st. w.* apetyczniejszy a. bardziej apetyczny || *D Kult. II, 352.*

apetyt *m IV, D.* apetytu: Dobry, świetny apetyt. Mieć, poczuć, stracić, odzyskać apetyt. Zaspokoić (swój) apetyt. Jeść z apetytem, bez apetytu. Coś zaostrza apetyt. Apetyt służy, dopisuje komuś. □ A. na co: Apetyt na owoce, na dobre rzeczy. □ A. do czego: Apetyt do jedzenia. △ *pot.* Być przy apetycie «mieć apetyt»

apetytny *st. w.* apetytniejszy a. bardziej apetytny *reg.* «apetyczny»

aphelium (*wym.* ap-helium) p. afelium.

aplauz (*wym.* aplau-z) *m IV, D.* aplauzu (*wym.* aplau-zu) *książk.* «poklask, uznanie»: Powszechny, głośny aplauz. Zyskać aplauz. Przyjąć coś z aplauzem.

! aplegier p. ablegier.

aplikacja *ż I, DCMs.* i *lm D.* aplikacji *przestarz.* w zn. «praktyka w sądownictwie; dziś: aplikantura»

aplikować *ndk IV,* aplikowaliśmy (p. akcent § 1a i 2) **1.** «odbywać aplikację»: Aplikować w sądzie, u adwokata. **2.** — **zaaplikować** *dk* «stosować coś, zwykle środek leczniczy» □ A. komu co: Choremu zaaplikowano bańki. △ *żart.* Aplikować komuś policzek, cios.

apodyktyczny *m-os.* apodyktyczni, *st. w.* apodyktyczniejszy a. bardziej apodyktyczny: Apodyktyczny człowiek. Apodyktyczny sposób mówienia, ton.

apogeum (*nie:* apogieum) *n VI,* zwykle *blm* w zn. *przen., książk.* «punkt najwyższy, szczyt (np. rozwoju)»: Apogeum sławy osiągnął dopiero w starości.

Apokalipsa *ż IV, blm* **1.** «jedna z ksiąg Nowego Testamentu» **2.** apokalipsa *książk.* «objawienie, wizja»: Apokalipsa zagłady narodów.

apoliński (*nie:* apolliński) przym. od Apollo.

Apollinaire (*wym.* Apoliner) *m IV, D.* Apollinaire'a (*wym.* Apolinera, p. akcent § 7), *Ms.* Apollinairze: Poezje Apollinaire'a.

Apollo (*nie:* Apollin) *m IV, D.* Apollina a. *m I, D.* Apolla, *W.* Apollo; *rzad.* **Apollon** *m IV.*

apologeta (*wym. przestarz.* apologieta) *m odm.* jak *ż IV, lm M.* apologeci, *DB.* apologetów *książk.* «obrońca, chwalca jakiejś idei, nauki»

apologetyk (*wym. przestarz.* apologietyk) *m III książk.* **a)** *D.* apologetyku (p. akcent § 1d), *lm M.* apologetyki «list, pismo broniące czegoś, mowa usprawiedliwiająca coś» **b)** *D.* apologetyka, *lm M.* apologetycy, *rzad.,* p. apologeta.

apologetyka (*wym. przestarz.* apologietyka; *nie:* apologetyka, p. akcent § 1c) *ż III, blm.*

apopleksja *ż I, DCMs.* apopleksji, zwykle *blm* «udar mózgu»: Rażony, tknięty apopleksją. Dostać apopleksji.

apoplektyczny *m-os.* apoplektyczni: Atak apoplektyczny. Apoplektyczna twarz, budowa (ciała). Apoplektyczny starzec.

aportować *ndk IV,* aportowałby (p. akcent § 1a i 2) — **zaaportować** *dk:* Pies aportuje zastrzeloną kaczkę.

apostata *m odm.* jak *ż IV, lm M.* apostaci, *DB.* apostatów *książk.* «odstępca, zwykle od religii, wiary; odszczepieniec» □ A. od czego (*przestarz.* czego): Apostata od katolicyzmu, protestantyzmu.

apostazja *ż I, DCMs.* apostazji, *blm, lepiej:* odstępstwo. □ Składnia jak: apostata.

a posteriori (*wym.* a posteri-ori, a posteri-jori a. a posterjori) *książk.* «na podstawie doświadczenia, faktów (a nie opierając się na sformułowanym z góry założeniu)»: Wnioskować a posteriori.

apostoł *m IV, lm M.* apostołowie «uczeń Chrystusa; *przen.* krzewiciel jakiejś idei»: Uważał się za apostoła nowych idei.

apostrof *m IV, D.* apostrofu «znak pisarski w postaci przecinka z prawej strony litery u góry», np.: Laplace'a, d'Alembert.

apostrofa *ż IV* «figura retoryczna» □ A. do kogo, do czego: Utwór zawierał apostrofy autora do czytelników. Apostrofa do litewskich drzew w „Panu Tadeuszu".

Appalachy *blp, D.* Appalachów «góry w Ameryce Północnej» — appalaski (p.).

appalaski: Roślinność appalaska (*ale:* Dolina Appalaska, Wyżyna Appalaska).

apretura *ż IV, Ms.* apreturze **1.** *blm* «zespół czynności dotyczących wykańczania wyrobów, zwłaszcza włókienniczych»: Dokonywać apretury. Apretura chemiczna. **2.** «substancja służąca do apretowania; apret»

a priori (*wym.* a pri-ori, a pri-jori a. a prjori) «opierając się na przyjętych z góry założeniach»: Twierdzić coś, decydować o czymś a priori.

aprobata *ż IV, blm* □ A. czego (*nie:* dla czego) «uznanie czegoś za dobre, potwierdzenie czegoś»: Aprobata czyichś poglądów. □ A. (czyja) na co «przyzwolenie, zgoda»: Uzyskać aprobatę cenzora na druk książki. △ Wyrazić aprobatę, *lepiej:* zaaprobować. △ Z aprobatą «aprobująco»: Kiwać głową z aprobatą.

aprobować *ndk* i *dk IV,* aprobowaliśmy (p. akcent § 1a i 2) — **zaaprobować** *dk:* Aprobować (*lepiej:* zatwierdzać, zatwierdzić) uchwałę. Aprobować czyjąś działalność (*lepiej:* zgadzać się, zgodzić się na czyjąś działalność, pochwalać, pochwalić ją).

à propos (*wym.* apropo) «w związku z czymś, nawiązując do czegoś»: Przypomniał tę sprawę à propos ostatnich wiadomości. △ Jako wykrzyknienie nawiązujące do poprzedniej wypowiedzi: Wczoraj... à propos! Gdzie byłeś wczoraj? △ *pot.* Nie à propos «bez związku z tematem (rozmowy, wypowiedzi itp.)»: Mówisz zupełnie nie à propos.

aprowidować (*nie:* aprowizować) *ndk IV,* aprowidowaliśmy (p. akcent § 1a i 2) — **zaaprowidować** *dk przestarz.* «zaopatrywać w artykuły pierwszej potrzeby, szczególnie w żywność»: Aprowidować ludność stolicy. Aprowidować sklep w towary.

aprowizacja *ż I, DCMs.* aprowizacji, *blm, częściej:* zaopatrzenie, żywność, np. Aprowizacja miasta poprawiła się.

apsyda a. **absyda** *ż IV.*

apsydalny a. **apsydowy, absydalny** a. **absydowy**: Apsydowa (apsydalna) forma bazyliki.

apteczny przym. od apteka: Materiały apteczne. Przemysł apteczny (lub: aptekarski). Zapach apteczny. △ Skład apteczny *reg.* «drogeria»

apteka (*wym.* apteka, *nie:* apteka) *ż III*.

aptekarski przym. od aptekarz a. aptekarstwo: Zawód aptekarski. Aptekarska dokładność. Przemysł aptekarski (lub: apteczny).

aptekarstwo *n III, blm* «zawód aptekarza»

aptekarz *m II, lm D.* aptekarzy.

aptekarzostwo *n III, DB.* aptekarzostwa, *Ms.* aptekarzostwu (*nie:* aptekarzostwie), *blm* «aptekarz z żoną»: Znajomi aptekarzostwo odwiedzili nas wczoraj. Poznałem oboje aptekarzostwa Kowalskich.

aptekarzowa *ż* odm. jak przym., *W.* aptekarzowo: Nie było tu aptekarzowej? Posłał zaproszenie obu aptekarzowym.

aptekarzówna *ż IV, D.* aptekarzówny, *CMs.* aptekarzównie (*nie:* aptekarzównej), *lm D.* aptekarzówien.

Apulia *ż I, DCMs.* Apulii «kraina we Włoszech» — Apulijczyk *m III, lm M.* Apulijczycy — Apulijka *ż III, lm D.* Apulijek — apulski a. apulijski.

ar *m IV, D.* ara (skrót: a).

Arab *m IV* 1. *lm M.* Arabowie «mężczyzna narodowości arabskiej»
2. arab *lm M.* araby «koń rasy arabskiej»

arabeska *ż III, lm D.* arabesek: Barwne arabeski. Tkanina w arabeski.

Arabia *ż I, DCMs.* Arabii *daw.* «Półwysep Arabski»
Arabia Saudyjska, Arabia *ż I, DCMs.* Arabii, Saudyjska odm. przym. — Arab (p.) — Arabka (p.) — arabski (p.).

arabistyka (*wym.* arabistyka, *nie:* arabistyka, p. akcent § 1c) *ż III, blm*.

Arabka *ż III, lm D.* Arabek 1. «kobieta narodowości arabskiej»
2. arabka «klacz rasy arabskiej»

arabski: Cyfra arabska. Guma arabska (*ale:* Półwysep Arabski, Pustynia Arabska). Porozumienie, związek, sojusz państw arabskich (*ale:* Liga Państw Arabskich).

Aragon (*wym.* Aragą) *m IV, D.* Aragona (p. akcent § 7): Wiersze rewolucyjne Aragona.

Aragonia (*wym.* Aragońja) *ż I, DCMs.* Aragonii «kraina w Hiszpanii» — Aragończyk *m III, lm M.* Aragończycy — Aragonka *ż III, lm D.* Aragonek — aragoński.

aranż (*nie:* aranżacja) *m II, D.* aranżu △ Aranż (*lepiej:* układ) piosenki. || *D Kult. II, 353.*

aranżować *ndk IV,* aranżowaliśmy (p. akcent § 1a i 2) — **zaaranżować** *dk* 1. *książk., wych.* z użycia «urządzać, organizować, zwłaszcza imprezy, spotkania towarzyskie»: Aranżować koncert. Aranżować czyjeś spotkanie. 2. aranżować *ndk i dk* «przełożyć, przekładać kompozycję z orkiestry lub śpiewu na in-

strument albo zespół instrumentów a. odwrotnie» △ Aranżować piosenkę (*lepiej:* opracowywać, opracować układ piosenki). || *D Kult. II, 353.*

Ararat *m IV, D.* Araratu, *Ms.* Araracie «wygasły wulkan w Turcji»: Mały, Wielki Ararat.

! aras p. arras.

araukaria (*wym.* ara-ukarja a. arau-karja, *nie:* areukarja) *ż I, DCMs.* i *lm D.* araukarii.

arbiter *m IV, D.* arbitra, *lm M.* arbitrzy, *rzad.* arbitrowie 1. «ten, kto może wyrokować w jakiejś dziedzinie, być przykładem, wzorem» □ A. czego: Arbiter elegancji. 2. «rozjemca» □ A. w czym: Arbiter w sporze rodzinnym. Arbiter w zawiłych kwestiach naukowych.

arbitraż *m II, D.* arbitrażu: Arbitraż gospodarczy. Arbitraż krajowy, międzynarodowy. Rozstrzygnąć coś przez arbitraż. Odwołać się do arbitrażu. Prosić o arbitraż. Podjąć się arbitrażu.

arbuz *m IV* 1. «roślina»: Zasadzić arbuz. 2. *DB.* arbuz a. arbuza «owoc tej rośliny»: Kupić, zjeść arbuza (arbuz). Rozkrajać arbuza (arbuz). △ Dostać, *rzad.* zjeść arbuza «otrzymać odmowę przy oświadczynach»

arch. «skrót wyrazu: *architekt*, pisany z kropką, stawiany zwykle przed nazwiskiem lub przed imieniem i nazwiskiem (często z dodatkiem skrótu: inż. = inżynier), czytany jako cały, odmieniany wyraz»: Arch. Sowiński, arch. Jan Sowiński. Projekt inż. arch. J. Sowińskiego.

archaizm *m IV, D.* archaizmu, *Ms.* archaizmie (*wym.* ~izmie a. ~iźmie).

***archaizmy** Określenie *archaizm* obejmuje wyrazy, ich formy, znaczenia, związki frazeologiczne, konstrukcje składniowe, które wyszły z użycia, a są stosowane dziś tylko w określonych celach stylistycznych, np.: *białogłowa* «kobieta», *wiktoria* «zwycięstwo», *adwersarz* «przeciwnik», *ekstraordynaryjny* «nadzwyczajny»; *szczyt* w zn. «tarcza»; *przytomny* w zn. «obecny», *politycznie* w zn. «grzecznie», *zastanowić się* w zn. «zatrzymać się», *uźrzeć* (ujrzeć), *zabit, dan* (= zabity, dany), *orlimi pióry* (*daw. N. lm*), *zdrajce* (*daw. M. lm*); *mieć z kimś sprawę* «mieć z kimś do czynienia», *mienił się być* jego ojcem «twierdził, że jest...» itp. Archaizmy bywają używane w utworach artystycznych dla odtworzenia kolorytu epok minionych. Pisarze wyzyskują w tym celu zazwyczaj archaizmy leksykalne, znaczeniowe i składniowe (dawne cechy wymowy i odmiany wyrazów jako zbyt powtarzalne nużyłyby monotonią). Za błędy w archaizowaniu uważa się wprowadzanie cech, które nie istniały w języku epoki przywołanej w danym utworze (np. wyrazów charakterystycznych dla polszczyzny Oświecenia w powieści o Polsce średniowiecznej). △ Wyrazy dawne i przestarzałe użyte w tekście współczesnym mają często zabarwienie podniosłe (np.: *rubieże, oręż, wraży*), powinny być więc stosowane wtedy, gdy autorowi wypowiedzi chodzi o wywołanie nastroju uroczystego. △ Od omówionych tu archaizmów językowych w ścisłym sensie należy odróżnić wyrazy, będące nazwami rzeczy, zjawisk, czynności itp. w dzisiejszym życiu już nie istniejących. Nazwy takie bywają określane jako „archaizmy rzeczowe" (np. *halabarda, hajduk, królewszczyzna, podymne* itp.). Używanie takich nazw np. w pracach z zakresu historii jest konieczne, a więc stylistycznie neutralne. △ Pomocą w poprawnym używaniu archaizmów — poza słownikami języka polskiego poszczególnych epok — może być *Podręczny słownik dawnej polszczyzny* Stefana Reczka (Wrocław 1968).

archanioł *m IV, Ms.* archaniele, *lm M.* ci archaniołowie a. te archanioły, *rzad.* ci archanieli.

archeolog *m III, lm M.* archeolodzy a. archeologowie.

architekt (*nie*: architekta) *m IV* (skrót: arch.)
architekt — o kobiecie, p. nazwy i tytuły zawodowe kobiet: Stadion sportowy w naszym mieście projektowała architekt Anna Zalewska.

architektonika (*wym.* architektonika, *nie*: architektonika, p. akcent § 1c) *ż III, blm* «budowa, konstrukcja budowli; architektura»: Architektonika wieżowca.

archiwalia *blp, D.* archiwaliów (*nie*: archiwalii).

archiwalny (*nie*: archiwowy): Dokumenty archiwalne. Poszukiwania archiwalne.

archiwariusz *m II, lm D.* archiwariuszy, *rzad.* archiwariuszów; p. archiwista.

archiwista *m odm. jak ż IV, lm M.* archiwiści, *DB.* archiwistów «badacz, znawca archiwaliów; zarządzający, kustosz archiwum»

archiwistyka (*wym.* archiwistyka, *nie*: archiwistyka, p. akcent § 1c) *ż III, blm.*

archont *m IV, lm M.* archontowie a. archonci.

arcy- «przedrostek występujący w przymiotnikach, przysłówkach oraz w rzeczownikach, pisany łącznie, oznaczający»: **a)** «pierwszeństwo, zwierzchnictwo», np.: arcybiskup, arcykapłan, arcyksiążę.
b) *wych. z użycia* «wzmocnienie znaczeniowe części wyrazu następującej po przedrostku», np.: arcyłotr, arcydowcipny, arcyciekawie.

arcybiskup *m IV, lm M.* arcybiskupi (skrót: abp a. arcybp).

arcybp p. abp

arcyksiążę *m, DB.* arcyksięcia, *CMs.* arcyksięciu, *W. = M., N.* arcyksięciem, *lm M.* arcyksiążęta, *DB.* arcyksiążąt, *C.* arcyksiążętom, *N.* arcyksiążętami, *Ms.* arcyksiążętach (skrót: arcyks.).

arcyksięstwo *n III, blm* **1.** «godność arcyksięcia»
2. *DB.* arcyksięstwa, *Ms.* arcyksięstwu (*nie*: arcyksięstwie) «arcyksiążę z żoną»

arcyksiężna *ż odm. jak przym., rzad.* jak *ż IV, D.* arcyksiężnej a. arcyksiężny, *CMs.* arcyksiężnej a. arcyksiężnie, *B.* arcyksiężnę a. arcyksiężną, *N.* arcyksiężną, *w lm* odm. jak przym., *C.* arcyksiężnom: Zbliżyli się do arcyksiężnej (arcyksiężny). Gospodarz wraz z arcyksiężnymi przeszedł do jadalni.

arcymistrz (*wym.* arcymistrz a. arcymistrz) *m II, lm M.* arcymistrzowie a. arcymistrze, *DB.* arcymistrzów (*nie*: arcymistrzy).

Ardeny *blp, D.* Ardenów «góry we Francji i Belgii» — ardeński (p.).

ardeński: Roślinność ardeńska (*ale*: Kanał Ardeński).

arenda (*gw.* harenda) *ż IV, lm D.* arend.

areometr *m IV, D.* areometru.

areopag (*nie*: aeropag) *m III, D.* areopagu: Areopag profesorów. Areopag literacki.

areszt *m IV, D.* aresztu, zwykle *blm*: Zamknął przestępcę w areszcie. Milicjant zabrał pijanych do aresztu. Na podstawie wyroku położono areszt na majątku (na majątek). Zdjęto areszt z ruchomości.

aresztować *ndk* a. *dk IV*, aresztowaliśmy (p. akcent § 1a i 2) — **zaaresztować** *dk* □ A. kogo «pozbawić wolności osobistej, osadzić w areszcie» □ *przestarz.* A. co «kłaść na czymś areszt»: Aresztować czyjeś konto bankowe.

arfa *ż IV* **1.** *rzad.* harfa «rodzaj sita używanego w rolnictwie i ogrodnictwie» **2.** *przestarz.* p. harfa (w zn. 1).

Arged *m IV, D.* Argedu «nazwa znanego przedsiębiorstwa handlowego, utworzona jako skrót wyrażenia: Artykuły Gospodarstwa Domowego»: Arged sprzedaje nowy typ lodówki. Robić zakupy w Argedzie.

Argentyna *ż IV* — Argentyńczyk *m III, lm M.* Argentyńczycy — Argentynka *ż III, lm D.* Argentynek — argentyński.

Argolida *ż IV, rzad.* **Argolis** *n ndm* «kraina w Grecji» — argolidzki (p.).

argolidzki: Miasta argolidzkie (*ale*: Nizina Argolidzka, Zatoka Argolidzka).

Argos (*wym.* Argos) *n ndm* «miasto w Grecji»: Mieszkańcy Argos. Mieszkać w Argos. Argos słynęło ze szkoły rzeźbiarskiej, z której wyszedł Fidiasz.

argot (*wym.* argo) *n ndm.*

argument *m IV, D.* argumentu, *lm M.* argumenty (*nie*: argumenta) □ A. za czym, *rzad.* za kim: Argument za winą oskarżonego. □ A. przeciw czemu, *rzad.* komu: Argument przeciw wnioskowi. □ A. na co: Szukać argumentu na poparcie swego zdania. △ Wysunąć (*nie*: wysnuć) argument. Zbijać czyjeś argumenty. Znaleźć argument. Poprzeć coś argumentem.

argumentować *ndk IV*, argumentowaliśmy (p. akcent § 1a i 2) □ A. bez dop.: Żeby to udowodnić, nie trzeba długo argumentować. □ A. czym: Adwokat argumentował brakiem dowodów winy oskarżonego. □ Poza tym składnia jak: argument.

Argus *m IV* **1.** «mitologiczny stuoki potwór» **2.** argus *lm M.* ci argusowie a. (z silniejszym zabarwieniem ekspresywnym) te argusy *wych. z użycia* «człowiek czujny, zazdrośnie strzegący czegoś»

aria *ż I, DCMs.* i *lm D.* arii.

arianin *m V, D* arianina, *lm M.* arianie, *D.* arian.

ariergarda *ż IV przestarz.* w zn. dosłownym «straż tylna»

arieta (*nie*: arietta) *ż IV, CMs.* ariecie.

Ariosto (*wym.* Arjosto) *m IV*: Sądy historyków literatury o Arioście.

Arizona *ż IV* a. (w połączeniu z wyrazem: stan) — *ndm* «stan w USA»: Mieszkać w Arizonie (w stanie Arizona). — arizoński.

ark. «skrót wyrazu: *arkusz*, pisany z kropką, stawiany zwykle po wymienionej liczbie, czytany jako cały, odmieniany wyraz, stosowany w księgarstwie i poligrafii (często z dodatkiem skrótów: druk. = drukarski, wyd. = wydawniczy)»: Objętość książki wynosiła 33 ark. wyd., czyli 51 ark. druk.

arka *ż III, lm D.* ark (*nie*: arek).

-arka p. -ka.

Arkadia *ż I, DCMs.* Arkadii **1.** «kraina na Peloponezie» **2.** arkadia *przen.* «kraina szczęśliwości» — arkadyjski.

Arkadiusz *m II, lm M.* Arkadiuszowie; a. **Arkady** *m* odm. jak przym., *lm M.* Arkadowie, *DB.* Arkadych (*nie*: Arkadów).

arkan *m IV, D.* arkanu; in. lasso: Łapać, łowić **na** arkan.

arkana a. **arkany** *blp, D.* arkanów *książk.* «tajemnice, sekrety, zawiłości»: Arkana (arkany) sztuki, wiedzy, rzemiosła. Znać, zgłębiać, przyswajać arkana (arkany) czegoś. Wtajemniczać kogoś w arkana (arkany) czegoś.

Arkansas (*wym.* Arkanzas) *ndm* **1.** *m* «stan w USA»: Mieszkańcy Arkansas. Przebywać w Arkansas. Arkansas został przyjęty do Unii jako 25. stan. **2.** *ż* «rzeka w USA»: Arkansas płynęła spokojnie.

arktyczny: Zima arktyczna, klimat arktyczny (*ale*: Morze Arktyczne, Archipelag Arktyczny).

Arktyka (*wym.* Arktyka, *nie*: Arktyka, p. akcent § 1c) *ż III* «obszar wokół bieguna północnego» — arktyczny (p.).

arkusik (*nie*: arkuszyk) *m III, D.* arkusika (*nie*: arkusiku).

arkusz (skrót: ark.) *m II, D.* arkusza (*nie*: arkuszu), *lm D.* arkuszy (*nie*: arkuszów).

arlekin *m IV, lm M.* te arlekiny, *rzad.* ci arlekini.

Armagnac (*wym.* Armańjak) **1.** *n ndm* «kraina we Francji» **2.** armagnac a. **armaniak** *m III, D.* armagnacu (*wym.* armańjaku, p. akcent § 7), armaniaku «koniak z Armagnac»

armata *ż IV*: Miasto ostrzeliwane z armat (*nie*: armatami, przez armaty). Wytaczać armaty. Nabić armatę. Bić z armat. Armaty grzmią, grają, walą. △ *żart.* Nabić w armatę i wystrzelić «o kimś, o czymś nie nadającym się do niczego»

armator *m IV, lm M.* armatorzy (*nie*: armatorowie).

armatura *ż IV*, in. osprzęt, uzbrojenie.

Armenia (*wym.* Armeńja) *ż I, DCMs.* Armenii «republika związkowa w ZSRR» — Ormianin *m V, D.* Ormianina, *lm M.* Ormianie, D. Ormian; *rzad.* (zwykle w odniesieniu do starożytności) Armeńczyk *m III, lm M.* Armeńczycy — Ormianka *ż III, lm D.* Ormianek; *rzad.* (zwykle w odniesieniu do starożytności) Armenka *ż III, lm D.* Armenek — ormiański (p.), *rzad.* armeński (p.).

armeński: Ludność armeńska (*ale*: Armeńska Socjalistyczna Republika Radziecka, Wyżyna Armeńska).

armia *ż I, DCMs.* i *lm D.* armii: Armia sojusznicza, nieprzyjacielska. Uformować armię. Wcielić do armii. Dowodzić armią. △ *przen.* Armia robotników. △ W nazwach dużą literą: Czerwona Armia a. Armia Czerwona; Armia Krajowa, Armia Ludowa.

-arnia p. -nia.

Arno *n ndm, rzad. n III* «rzeka we Włoszech»: Arno płynęło spokojnie. Wody Arno. Florencja leży nad rzeką Arno (nad Arnem).

-arny przyrostek występujący w przymiotnikach przyswojonych z języków obcych lub utworzonych na gruncie polskim od wyrazów obcego pochodzenia, np.: konsul — *konsularny*, plenum — *plenarny*, tytuł — *tytularny*.

Arpad *m IV, lm M.* Arpadowie: Walki Węgrów pod wodzą Arpada z państwem wielkomorawskim. Dynastia Arpadów.

arpedżio a. **arpeggio** (*wym.* arpedżjo) *n I, lm D.* arpedżiów (arpeggiów).

arras (*nie*: aras) *m IV, D.* arrasu: Ściany obwieszone spowiałymi arrasami.

-arski p. -ski.

-arstwo p. -stwo.

arszenik (*nie*: arszennik) *m III, D.* arszeniku.

arszenikowy (*nie*: arszennikowy).

art. 1. «skrót wyrazu: *artykuł*, pisany z kropką, stawiany zwykle przed wymienioną liczbą, czytany jako cały, odmieniany wyraz, stosowany często w tekstach prawniczych»: Skazano go na mocy art. 76 kodeksu karnego. **2.** «skrót wyrazu: *artysta*, pisany z kropką, stawiany zwykle (łącznie z następnym wyrazem lub skrótem tego wyrazu, oznaczającym dziedzinę twórczości) przed nazwiskiem lub przed imieniem i nazwiskiem; czytany jako cały, odmieniany wyraz»: Wystawa art. mal. (*czyt.* artysty malarza) Jana Brzezińskiego. Dyplomowany art. grafik S. Zieliński.

artel *m I* (*nie*: ta artel), *D.* artelu.

Artemida *ż IV, rzad.* **Artemis** *ż ndm.*

arteria *ż I, DCMs.* i *lm D.* arterii **1.** in. tętnica. **2.** «szlak (komunikacyjny)»: Arteria komunikacyjna. Arteria wodna. Przebić arterię (przez miasto).

arterialny, *częściej*: tętniczy.

arterioskleroza *ż IV, blm*; in. miażdżyca tętnic.

artretyk *m III, D.* artretyka (p. akcent § 1d), *lm M.* artretycy.

artretyzm (*nie*: atretyzm) *m IV, D.* artretyzmu, *Ms.* artretyzmie (*wym.* ∼yzmie a. ∼yźmie) *środ.* (*med.*) dna.

artykuł *m IV, D.* artykułu, *lm M.* artykuły (skrót: art.): Artykuł wstępny (w gazecie).

artyleria *ż I, DCMs.* artylerii, *blm*: Służyć w artylerii (*nie*: przy artylerii).

artysta *m* odm. jak *ż IV, lm M.* artyści, *DB.* artystów (skrót: art.).

artyzm *m IV, D.* artyzmu, *Ms.* artyzmie (*wym.* ~yzmie a. ~yźmie), *blm.*

Aryjczyk *m III, lm M.* Aryjczycy — Aryjka *ż III, lm D.* Aryjek — aryjski.

Arystofanes (*wym.* Arystofanes, *nie:* Arystofanes) *m IV, D.* Arystofanesa (p. akcent § 7): Komedie Arystofanesa.

arystokrata *m odm. jak ż IV, lm M.* arystokraci, *DB.* arystokratów.

Arystoteles (*wym.* Arystoteles a. Arystoteles) *m IV, D.* Arystotelesa (p. akcent § 7).

Arystotelesowski a. **Arystotelesowy** 1. «należący do Arystotelesa, stworzony przez niego»: Dzieła Arystotelesowe.
2. arystotelesowski, *rzad.* arystotelesowy «związany z filozofią, nauką Arystotelesa»: Pojęcia arystotelesowskie.

arystotelizm *m IV, D.* arystotelizmu, *Ms.* arystotelizmie (*wym.* ~izmie a. ~iźmie), *blm.*

arytmetyka (*wym.* arytmetyka, *nie:* arytmetyka, p. akcent § 1c) *ż III, blm.*

arytmia *ż I, DCMs.* i *lm D.* arytmii: Arytmia (*nie:* arytmiczność) serca.

arytmiczność *ż V, blm* «brak rytmu»: Arytmiczność działania. △ *niepoprawne:* Arytmiczność (*zamiast:* arytmia) serca.

arytmograf *m IV, D.* arytmografu.

arytmometr *m IV, D.* arytmometru.

-arz 1. przyrostek twożący nazwy osobowe od rzeczowników: **a)** oznaczające wykonawców zawodów, np.: *futrzarz, młynarz, włókniarz* oraz specjalistów w różnych dziedzinach, np.: *łąkarz, siatkarz*; **b)** charakteryzujące osoby ze względu na pewne skłonności, np.: *grzybiarz* «człowiek lubiący zbierać grzyby», *plotkarz* «człowiek lubiący plotki»; są to nazwy o charakterze ekspresywnym, właściwe przede wszystkim językowi potocznemu.
2. przyrostek używany jeszcze, ale rzadko, do tworzenia nazw wykonawców czynności pochodnych od czasowników, np.: *kreślarz, nudziarz, pisarz.* △ Rzeczowniki na *-arz* odpowiadają stale przymiotniki na *-ski*, np.: włókniarz — *włókniarski*, plotkarz — *plotkarski.* △ Mianownik *lm* rzeczowników na *-arz* ma zawsze końcówkę *-e*, dopełniacz *lm* zaś — końcówkę *-y* (jako oboczna występuje niekiedy także *-ów*).

as *m IV, DB.* asa 1. «karta do gry» 2. *lm M.* te asy (*nie:* ci asowie), *DB.* asów «człowiek celujący w czymś»: As wywiadu.

asauł (*wym.* asa-uł), **asawuł** *m IV* a. **asauła** (*wym.* asa-uła), **asawuła** *m odm. jak ż IV, lm M.* asaułowie (asawułowie), *DB.* asaułów (asawułów).

ascetyzm *m IV, D.* ascetyzmu, *Ms.* ascetyzmie (*wym.* ~yzmie a. ~yźmie), *blm* «zasady i praktyki ascetów»

asceza *ż IV* «oddawanie się praktykom ascetycznym; surowy tryb życia; surowość»

asekuracja *ż I, DCMs.* i *lm D.* asekuracji 1. *lepiej:* ubezpieczenie. □ A. od czego a. na wypadek czego: Asekuracja od ognia. Asekuracja na wypadek

śmierci. 2. «zapewnienie bezpieczeństwa; zabezpieczenie (się)»: Asekuracja hakowa (przy wspinaczce). Asekuracja przed odpowiedzialnością.

asekurant *m IV, lm M.* asekuranci 1. «ten, kto podejmuje zobowiązania w stosunku do ubezpieczającego się; asekurator» 2. *pot.* «człowiek unikający ryzyka, zabezpieczający się przed ponoszeniem odpowiedzialności za sprawę, której wynik nie jest wiadomy»

asekurator *m IV, lm M.* asekuratorzy p. asekurant (w zn. 1).

asekurować *ndk IV,* asekurowaliśmy (p. akcent § 1a i 2) — **zaasekurować** *dk* 1. *lepiej:* ubezpieczać. □ A. od czego a. na wypadek czego: Asekurować od ognia. Asekurować na wypadek śmierci. 2. «zabezpieczać, zapewniać bezpieczeństwo»: Alpinistę przy wspinaczce asekurował kolega. □ A. przed czym: Asekurować przed odpowiedzialnością.

aseptyka (*wym.* aseptyka, *nie:* aseptyka, p. akcent § 1c) *ż III, blm:* Przestrzeganie aseptyki.

asesor *m IV, lm M.* asesorzy a. asesorowie.

asfalt *m IV, D.* asfaltu (*nie:* asfaldu).

asfodel *m I, D.* asfodela a. asfodelu, *lm D.* asfodeli a. asfodelów.

Askenazy *m odm. jak przym., D.* Askenazego, *C.* Askenazemu, *NMs.* Askenazym, *lm M.* Askenazowie, *DB.* Askenazych: Działalność polityczna i naukowa Szymona Askenazego.

asocjacja *ż I, DCMs.* i *lm D.* asocjacji, w zn. ogólnym *wych. z użycia*; w terminologii psychologicznej *in.* kojarzenie, skojarzenie.

asocjować *ndk IV,* asocjowaliśmy (p. akcent § 1a i 2) *książk.* (*lepiej:* kojarzyć): Asocjować pojęcia.

asonans (*wym.* asonãs) *m IV, D.* asonansu, *lm M.* asonanse (*rzad.* asonansy).

asortyment *m IV, D.* asortymentu: Asortyment (*lepiej:* wybór) towarów. Bogaty asortyment (*lepiej:* zestaw, dobór) sprzętu łowieckiego. △ *niepoprawne* W różnym asortymencie (*zamiast:* w różnych gatunkach).

asparagus (*nie:* aszparagus) *m IV, D.* asparagusa.

aspekt *m IV, D.* aspektu, *lm M.* aspekty (*nie:* aspekta): Rozpatrywać coś w aspekcie ekonomicznym, politycznym, społecznym. Aspekt zjawiska, zagadnienia. Różne aspekty (*lepiej:* strony) życia. // KP Pras.

*aspekt czasownika p. czasownik (punkt VI).

aspiracja *ż I, DCMs.* i *lm D.* aspiracji, zwykle w *lm:* Aspiracje artystyczne. Mieć, zaspokajać aspiracje. Wyrzec się aspiracji. □ A. do czego (*nie:* w kierunku czego): Aspiracje do nauki.

aspirant *m IV, lm M.* aspiranci 1. «pracownik zakładu naukowego przygotowujący się do samodzielnej pracy naukowej» □ A. czego: Aspirant socjologii. 2. «ubiegający się o coś; kandydat» □ A. do czego: Aspirant do rzemiosła.

aspirant — o kobiecie, p. nazwy i tytuły zawodowe kobiet.

aspirantka *ż III, D.* aspirantek 1. a. aspirant «kobieta będąca pracownikiem naukowym, przygotowującym się do samodzielnej pracy naukowej» 2. «ubiegająca się o coś, kandydatka»: Aspirantka do objęcia posady. Aspirantka na scenę.

aspirować *ndk IV*, aspirowaliśmy (p. akcent § 1a i 2) *wych. z użycia* w zn. «starać się, pretendować» □ A. do czego: Aspirować do jakiegoś stanowiska, do ręki panny.

Assyż (*nie*: Asyż) *m II, D.* Assyżu «miasto we Włoszech»: Mieszkać w Assyżu. Jechać do Assyżu.

aster *m IV, D.* astra, *lm D.* astrów; *reg.* **astra** *ż IV, lm D.* aster.

astma *ż IV, blm; środ.* (*med.*) dychawica.

astmatyk *m III, D.* astmatyka (p. akcent § 1d), *lm M.* astmatycy.

astro- «pierwszy człon wyrazów złożonych oznaczający: gwiezdny, odnoszący się do gwiazd; pisany jest łącznie», np.: astrofizyka, astrospektroskop.

astrolog *m III, lm M.* astrolodzy a. astrologowie.

astronauta (*wym.* astronau-ta, *nie*: astrona-uta) *m odm. jak ż IV, lm M.* astronauci, *DB.* astronautów.

astronautyka (*wym.* astronau-tyka, *nie*: astrona-utyka; p. akcent § 1c) *ż III, blm.*

astronom *m IV, lm M.* astronomowie (*nie*: astronomi).
astronom — o kobiecie, p. nazwy i tytuły zawodowe kobiet.

astronomka *ż III, lm D.* astronomek *pot., lepiej*: astronom (o kobiecie).

-asty przyrostek urabiający (stosunkowo rzadko) przymiotniki od rzeczowników, np.: *dyniasty, kopulasty*; wskazują one na cechę przedmiotu, która nasuwa skojarzenie z innym przedmiotem, zwraca uwagę na pewne podobieństwo do niego; *kopulasty* dach «dach przypominający kopułę», *ceglasty* kolor «kolor podobny do koloru cegły»

astygmatyzm *m IV, D.* astygmatyzmu, *Ms.* astygmatyzmie (*wym.* ~yzmie a. ~yźmie), *blm*; in. niezborność.

Asuan (*wym.* Asuan) *m IV, D.* Asuanu (p. akcent § 7) «miasto w Egipcie» — asuańczyk *m III, lm M.* asuańczycy — asuanka *ż III, lm D.* asuanek — asuański.

asumpt *m IV, D.* asumptu, *blm przestarz., książk.* «pobudka, zachęta, powód, racja» △ Zwykle w zwrotach: Wziąć, dać asumpt do czegoś, np. Wziął stąd asumpt do dalszej pracy.

asygnata *ż IV, wych. z użycia* **asygnacja** *ż I, DCMs. i lm D.* asygnacji, w zn. «zlecenie (wypłaty); przekaz»: Dać, wydać asygnatę (asygnację). □ A. na co: Asygnata (asygnacja) na prowiant.

asygnować *ndk IV*, asygnowaliśmy (p. akcent § 1a i 2) — **wyasygnować** *dk*: Asygnować na coś pewną sumę.

asymetria *ż I, DCMs.* asymetrii, *blm; rzad.* **asymetryczność** a. **niesymetryczność** *ż V, blm.*

asymetryczny in. niesymetryczny.

asymilacja *ż I, DCMs.* asymilacji, *blm* «przyswojenie, przyswajanie (zwłaszcza obcej kultury); wchłanianie»: Asymilacja kultury greckiej przez Rzymian. Asymilacja dwutlenku węgla u roślin.

asymilować *ndk IV*, asymilowaliśmy (p. akcent § 1a i 2) — **zasymilować** *dk* «przyswajać, wchłaniać; upodabniać»: Tkanka asymilująca.
asymilować się «upodabniać się, przystosowywać się; ulegać asymilacji» □ A. się z czym, w czym: Asymilować się w nowym środowisku. Asymilować się z otoczeniem. □ A. się do czego: Niektóre spółgłoski asymilują się do następujących po nich.

asynchronia (*wym.* asynchrońja) *ż I, DCMs.* asynchronii, *blm; rzad.* **asynchronizm** *m IV, D.* asynchronizmu, *Ms.* asynchronizmie (*wym.* ~izmie a. ~iźmie), *blm*; in. niejednoczesność.

asynchroniczny in. niejednoczesny.

Asyria *ż I, DCMs.* Asyrii «państwo starożytne» — Asyryjczyk *m III, lm M.* Asyryjczycy — Asyryjka *ż III, lm D.* Asyryjek — asyryjski.

asysta *ż IV, blm*: Przybył w asyście dostojników.

asystent *m IV, lm M.* asystenci □ A. czego (*nie*: przy czym): Był asystentem Katedry Historii (*nie*: przy Katedrze Historii).
asystent — o kobiecie, p. nazwy i tytuły zawodowe kobiet: Dostała nominację na starszego asystenta kliniki.

asystentka *ż III, lm D.* asystentek 1. «kobieta pracująca jako pomocniczy pracownik naukowo-dydaktyczny a. na określonym stanowisku w biurze»: Była asystentką znanego profesora. 2. «pomocnica, praktykantka»: Do obowiązków asystentki dentysty należy prowadzenie ewidencji pacjentów.

asystentura *ż IV* □ A. w czym (*nie*: przy czym): Asystentura w (*nie*: przy) Katedrze Historii. Asystentura w (*nie*: przy) Instytucie Hematologii.

asystować *ndk IV*, asystowaliśmy (p. akcent § 1a i 2) □ A. komu: Asystował jej na spacerze. □ A. przy czym: Asystować przy lekcji, przy operacji.

! Asyż p. Assyż.

Aszchabad (*wym.* Aszchabad a. Aszabad) *m IV, D.* Aszchabadu (p. akcent § 7) «stolica Turkmenii» — aszchabadzki.

! aszparagus p. asparagus.

atak *m III, D.* ataku 1. w zn. «zaczepne działanie przeciw siłom nieprzyjaciela; natarcie»: Atak czołgów. Atak ze skrzydeł a. od skrzydeł. Pójść, ruszyć do ataku. Przypuścić atak na coś a. do czegoś. Odeprzeć, *rzad.* odbić atak. □ A. na co (w zn. *przen.* także: na kogo): Atak na basztę twierdzy. Atak krytyków na znanego pisarza. △ Atak na bagnety «atak w walce wręcz, za pomocą bagnetów» 2. w zn. «gwałtowne wystąpienie objawów choroby»: Atak serca a. atak sercowy. Dostać ataku (*nie*: doznać ataku).

ataman *m IV, lm M.* atamani, *rzad.* atamanowie.

ataszat (*nie*: attachat, *ale*: attaché) *m IV, D.* ataszatu: Załatwił sprawę w ataszacie.

atawizm *m IV, D.* atawizmu, *Ms.* atawizmie (*wym.* ~izmie a. ~iźmie), zwykle *blm.*

ateista *m odm. jak ż IV, lm M.* ateiści, *DB.* ateistów. *Por.* ateusz.

ateistyczny *przym.* od ateista, ateizm.

ateizm *m IV, D.* ateizmu, *Ms.* ateizmie (*wym.* ~izmie a. ~iźmie), *blm.*

atelier (*wym.* atelje) *n ndm*: Atelier fotograficzne.

atelierowy przym. od atelier: Zdjęcia atelierowe.

atencja *ż I, DCMs.* i *lm D.* atencji *przestarz., książk.* «poważanie, szacunek, względy» △ Być z atencją dla kogoś, *rzad.* wobec kogoś. Okazywać komuś atencję.

Atenka *ż III, lm D.* Atenek 1. «obywatelka starożytnej republiki ateńskiej»
2. atenka «mieszkanka Aten»

Ateny *blp, D.* Aten — Ateńczyk (p.) — Atenka (p.) — ateński.

Ateńczyk *m III, lm M.* Ateńczycy 1. «obywatel starożytnej republiki ateńskiej»
2. ateńczyk «mieszkaniec Aten»

ateusz *m II, lm D.* ateuszy, *rzad.* ateuszów «czasem z odcieniem ujemnym: ateista; bezbożnik»

ateuszostwo *n III, blm* «czasem z odcieniem ujemnym: ateizm; bezbożnictwo»

ateuszowski «czasem z odcieniem ujemnym: ateistyczny; bezbożny»

atlantycki: Ryby atlantyckie (*ale*: Ocean Atlantycki).

Atlantyk *m III, D.* Atlantyku — atlantycki (p.).

Atlas *m IV* 1. *D.* Atlasa «imię mitologicznego tytana» 2. *D.* Atlasu, *blm* «góry w Afryce»
3. atlas *D.* atlasu «zbiór map, tablic itp.»

atletyka (*wym.* atletyka, *nie*: atletyka, p. akcent § 1c) *ż III, blm.*

atłasek *m III* 1. *D.* atłaska a. atłasku «rodzaj nici do haftu» 2. *D.* atłasku «haft wypukły»

atmosfera (*wym.* atmosfera, *nie*: atmosfera) *ż IV* 1. zwykle *blm* w zn. «nastrój w jakimś środowisku»: Serdeczna atmosfera. Atmosfera rodzinna. Atmosfera życzliwości. Stwarzać, wytwarzać atmosferę. Oczyścić, rozładować atmosferę. Atmosfera panuje, wytwarza się. 2. w zn. «jednostka ciśnienia»: Ciśnienie trzech atmosfer.

a to *niepoprawne* w zn. «a mianowicie, to znaczy»: Przyszli obaj, a to (*zamiast*: to znaczy) szef i zastępca. Zwyciężyli Polacy, a to (*zamiast*: mianowicie) zawodnicy Piotrowski i Kowalski.

atol *m I, D.* atolu, *lm D.* atoli a. atolów: Widać było pasmo atoli (atolów).

atoli *przestarz., książk.* «jednak, lecz, wszakże, mimo to» △ W użyciu samodzielnym występuje na drugim miejscu: Wszyscy byli spragnieni, wody atoli (*nie*: atoli wody) nie było. △ W zespołach: choć... atoli, wprawdzie... atoli — *atoli* występuje na pierwszym lub drugim miejscu, np. Choć byliśmy przyjaciółmi, atoli często (*lub*: często atoli) różniliśmy się w zdaniach.

atomistyka (*wym.* atomistyka, *nie*: atomistyka, p. akcent § 1c) *ż III, blm.*

atomowy w zn. «dotyczący atomu»: Bomba atomowa. Ciężar atomowy. △ *środ.* Fizyk atomowy «atomista»

atrakcja *ż I, DCMs.* i *lm D.* atrakcji: Duża, wielka (*nie*: interesująca) atrakcja.

atrakcyjny *m-os.* atrakcyjni, *st. w.* atrakcyjniejszy a. bardziej atrakcyjny «pociągający, interesujący»: Atrakcyjne widowisko. Atrakcyjna kobieta. △ Przymiotnik ten szerzy się w modnych wyrażeniach, takich jak np.: Atrakcyjne tkaniny, wzory, meble.

atrapa (*nie*: ten atrap) *ż IV* || *D Kult. I, 652.*

! atretyzm p. artretyzm.

atrium *n VI, lm M.* atria, *D.* atriów: Wszyscy zebrali się w niewielkim atrium.

atrybut *m IV, D.* atrybutu *książk.* «istotna cecha; przedmiot stanowiący znak rozpoznawczy wyrzeźbionej, namalowanej postaci»: Ruch jest atrybutem materii. Atrybutem Neptuna był trójząb. △ Wyraz często nadużywany, np. Nieodzownym atrybutem (*zamiast*: nieodzowną częścią) stroju ludowego tych okolic jest kapelusz. || *Kl. Ależ 28.*

! attachat p. ataszat.

attaché (*wym.* atasze) *m ndm*: Attaché handlowy, wojskowy. Attaché ambasady a. w ambasadzie.

Attlee (*wym.* Etli) *m ndm*: Działalność polityczna premiera Attlee.

Attyka (*wym.* Attyka, *nie*: Attyka, Atyka; p. akcent § 1c) *ż III* 1. «państwo w starożytnej Grecji» — attycki.
2. attyka «element architektoniczny» — attykowy.

atu *n ndm* p. atut (w zn. 1): Szlem bez atu. Mieć atu. Wyjść pod atu. Wyjść w atu.

atut *m IV, D.* atutu 1. «kolor kart, uprzywilejowany w danej grze»: Bić atutem. Mieć w ręku kilka atutów. 2. *przen.* «szansa, przewaga»: Błyskotliwość stylu jest głównym atutem tego autora.

audiencja (*wym.* au-djencja) *ż I, DCMs.* i *lm D.* audiencji *książk.* «posłuchanie»: Udzielić komuś audiencji.

audiencjonalny (*wym.* au-djencjonalny), *rzad.* **audiencyjny** (*wym.* au-djencyjny) *książk.* przym. od audiencja: Sala audiencjonalna.

audycja (*wym.* au-dycja) *ż I, DCMs.* i *lm D.* audycji; *in.* słuchowisko: Audycja radiowa. Audycja słowna, muzyczna. Audycja dla dzieci, dla wsi. Nagrać, transmitować audycję. Napisać audycję. △ Audycja telewizyjna (przez analogię do audycji radiowej).

audytor (*wym.* au-dytor) *m IV, lm M.* audytorzy a. audytorowie.

audytorium *n VI, lm M.* audytoria, *D.* audytoriów (*nie*: audytorii).

audytywny (*wym.* au-dytywny): Wrażenia audytywne (*lepiej*: słuchowe).

Augiasz (*wym.* Au-gjasz, *nie* A-ugjasz) *m II, D.* Augiasza.

augiaszowy (*wym.* au-gjaszowy) △ Stajnie Augiaszowe «w mitologii greckiej stajnie króla Augiasza, uporządkowane przez Herkulesa» △ *przen.* Stajnia augiaszowa a. Augiasza «wielki nieporządek; nagromadzenie zaniedbań, błędów; miejsce, gdzie panuje wielki nieporządek»: To biuro to ista stajnia Augiasza (augiaszowa).

Augsburg (*wym.* Au-gsburg, *nie*: A-ugsburg) *m III*, *D.* Augsburga (*nie*: Augsburgu) «miasto w NRF» — augsburski (p.).

augsburski (*wym.* au-gsburski, *nie*: a-ugsburski): Wyznanie augsburskie. — augsbursko-ewangelicki — augsbursko-reformowany.

augur (*wym.* au-gur, *nie*: a-ugur) *m IV*, *D.* augura, *lm M.* augurowie, *rzad.* augurzy: Augurowie wywróżyli wodzowi klęskę. △ *przen.*, *iron.* Augur sztuki.

August (*wym.* Au-gust) *m IV*, *D.* Augusta, *lm M.* Augustowie — Gucio (*nie*: Guciu) *m I*, *lm M.* Guciowie — Augustostwo *n III*, *DB.* Augustostwa, *Ms.* Augustostwu (*nie*: Augustostwie), *blm*; a. Augustowie *blp*, *D.* Augustów — Guciowie *blp*, *D.* Guciów.

augustianin (*wym.* au-gustjanin) *m V*, *D.* augustianina, *lm M.* augustianie, *D.* augustianów 1. «członek zakonu» 2. «patrycjusz rzymski z bliskiego otoczenia cesarza»

augustiański (*wym.* au-gustjański) 1. przym. od augustianin: Klasztor augustiański. Straż augustiańska. 2. przym. od August (w zn. «tytuł cesarzy rzymskich»): Epoka augustiańska.

augustowski (*wym.* au-gustowski) 1. przym. od August (w zn. «imię kilku królów polskich»): Część warszawskich Łazienek jest w stylu augustowskim. 2. przym. od Augustów: Powiat augustowski (*ale*: Kanał Augustowski, Puszcza Augustowska). **Augustowskie** *n odm. jak przym.*, *NMs.* Augustowskiem «powiat augustowski»: Jedziemy w Augustowskie. Malownicze okolice Augustowskiego.

Augustów (*wym.* Au-gustów) *m IV*, *C.* Augustowowi (*ale*: ku Augustowowi a. ku Augustowu) — augustowski (p.).

aukcja (*wym.* au-kcja, *nie*: a-ukcja) *ż I, DCMs.* i *lm D.* aukcji *przestarz.* w zn. «licytacja»

aula (*wym.* au-la, *nie*: a-ula) *ż I, lm D.* auli (*nie*: aul).

Aulida (*wym.* Au-lida) *ż IV*; w *M.* także *rzad.* **Aulis** (*wym.* Au-lis) «port w starożytnej Grecji»

auł (*wym.* a-uł) *m IV, D.* aułu.

aura (*wym.* au-ra, *nie*: a-ura) *ż IV, blm książk.* «pogoda»: Wietrzna aura. △ *przen.* «nastrój»: Żyć w aurze niechęci.

aureola (*wym.* au-reola) *ż I, lm D.* aureoli (*nie*: aureol) △ *przen.* Żyć w aureoli bohaterstwa.

auspicje (*wym.* au-spicje) *blp*, *D.* auspicjów △ *książk.* Pod dobrymi, złymi auspicjami «zgodnie z dobrą, złą wróżbą»: Rozpoczęliśmy podróż pod dobrymi auspicjami, pogoda dopisuje. △ Pod czyimiś auspicjami «pod czyjąś opieką, zwierzchnictwem»: Dzieło wydano pod auspicjami Akademii Nauk.

Austerlitz (*wym.* Au-sterlic) *n ndm* «dawna nazwa miejscowości Sławków w Czechosłowacji»: Bitwa pod Austerlitz.

Australia (*wym.* Au-stralja) *ż I, DCMs.* Australii — Australijczyk, *rzad.* Australczyk *m III, lm*

M. Australijczycy (Australczycy) — Australijka *ż III*, *lm D.* Australijek — australijski.

Austria (*wym.* Au-strja, *nie*: A-ustrja) *ż I, DCMs.* Austrii — Austriak (*wym.* Au-stryjak) *m III, lm M.* Austriacy — Austriaczka (*wym.* Au-stryjaczka) *ż III, lm D.* Austriaczek — austriacki (*wym.* au-stryjacki).

Austro-Węgry (*wym.* Au-stro-Węgry, *nie*: A-ustro-Węgry) *blp*, *D.* Austro-Węgier — austriacko-węgierski (*wym.* au-stryjacko-węgierski) a. austro-węgierski (*wym.* au-stro-węgierski, *nie*: a-ustro-węgierski).

auszpik (*wym.* au-szpik, *nie*: a-uszpik, auśpik) *m III, D.* auszpiku.

aut (*wym.* aut, *nie*: a-ut) *m IV, D.* autu: Strzelać na aut (*nie*: w aut).

autarchia (*wym.* a-utarchja) *ż I, DCMs.* i *lm D.* autarchii; *częściej*: władza absolutna; samowładztwo, despotyzm.

autarkia (*wym.* a-utarkja) *ż I, DCMs.* autarkii, *blm* «samowystarczalność gospodarcza państwa»

autentyczny (*wym.* au-tentyczny) *st. w.* autentyczniejszy a. bardziej autentyczny.

autentyk (*wym.* au-tentyk) *m III, D.* autentyku (p. akcent § 1d).

autentyka (*wym.* au-tentyka, *nie*: a-utentyka; p. akcent § 1c) *ż III, blm*.

auto (*wym.* au-to, *nie*: a-uto) *n III*; in. samochód.

auto- «zapożyczony pierwszy człon wyrazów złożonych (pisany łącznie) oznaczający: sam, własny; łączy się z wyrazami obcego pochodzenia», np.: autoportret, autoreklama, autobiograficzny. △ W niektórych wyrazach wymienny z rodzimym *samo-*, np. autokrytyka =ˢ amokrytyka.

autobiografia (*wym.* au-tobi-ografja a. au-tobijografja) *ż I, DCMs.* i *lm D.* autobiografii: Jego, moja, swoja (*nie*: własna) autobiografia. Autobiografia pisarza.

autobus (*wym.* au-tobus) *m IV, D.* autobusu.

autocasco (*wym.* au-tokasko) *n ndm*.

autochton (*wym.* au-tochton) *m IV* 1. *lm M.* autochtoni, *rzad.* autochtonowie «rdzenny mieszkaniec danego obszaru» 2. *lm M.* autochtony «skała autochtoniczna» || *D Kult.* I, 389.

autochtoniczny a. **autochtoński** (*wym.* au-tochtoniczny, au-tochtoński) *m-os.* autochtoniczni, autochtońscy: Ludność autochtoniczna (autochtońska). △ Skała autochtoniczna (*nie*: autochtońska) «skała, która się osadziła z kipiącej magmy»

autodafe (*wym.* au-todafe, *nie*: a-utodafe, au-todafe) *n ndm*.

autodydakta (*wym.* au-todydakta) *m odm. jak ż IV*, *lm M.* autodydakci, *DB.* autodydaktów *rzad.*, *książk.* «samouk»

autodydaktyczny (*wym.* au-todydaktyczny) *książk.* «samokształceniowy»

autodydaktyka (*wym.* au-todydaktyka, *nie*: a-utodydaktyka, au-todydaktyka; p. akcent § 1c) *ż III*, *blm; rzad.* **autodydaktyzm** (*wym.* au-todydaktyzm) *m IV, D.* autodydaktyzmu, *Ms.* autodydaktyzmie (*wym.* ~yzmie a. ~yźmie), *blm książk.* «samokształcenie, samouctwo»

autogeniczny, *rzad.* **autogenny, autogenowy** *książk.* «wywołany przez przyczyny wewnętrzne»

! **autogiro** p. autożyro.

autograficzny (*wym.* au-tograficzny): Tekst, podpis autograficzny (*lepiej*: własnoręczny).

autokar (*wym.* au-tokar) *m IV, D.* autokaru.

autokratyzm (*wym.* au-tokratyzm) *m IV, D.* autokratyzmu, *Ms.* autokratyzmie (*wym.* ~yzmie a. ~yźmie), *blm* **1.** *częściej*: **autokracja** (*wym.* au-tokracja) *ż I, DCMs.* i *lm D.* autokracji «jedynowładztwo, samowładztwo, absolutyzm» **2.** «władczość jako cecha charakteru»

autokrytycyzm (*wym.* au-tokrytycyzm) *m IV, D.* autokrytycyzmu, *Ms.* autokrytycyzmie (*wym.* ~yzmie a. ~yźmie), *blm; in.* samokrytycyzm.

autokrytyka (*wym.* au-tokrytyka, *nie*: a-utokrytyka, au-tokrytyka; p. akcent § 1c) *ż III, blm; częściej*: samokrytyka.

! **automacja** p. automatyzacja.

automatyczny (*wym.* au-tomatyczny) **1.** «samoczynny»: Karabin automatyczny. Waga automatyczna. **2.** *st. w.* bardziej automatyczny «machinalny»: Automatyczna odpowiedź.

automatyka (*wym.* au-tomatyka, *nie*: a-utomatyka, au-tomatyka; p. akcent § 1c) *ż III, blm* **1.** «nauka o teorii i realizacji urządzeń automatycznych» **2.** *lepiej*: automatyzacja.

automatyzacja (*nie*: automacja; *wym.* au-tomatyzacja) *ż I, blm* «zmechanizowanie czynności; wprowadzanie urządzeń automatycznych»: Automatyzacja ruchów. Automatyzacja produkcji, fabryki.

automatyzm (*wym.* au-tomatyzm) *m IV, D.* automatyzmu, *Ms.* automatyzmie (*wym.* ~yzmie a. ~yźmie), *blm*: Automatyzm oddechowy. Automatyzm ruchowy a. ruchów. Automatyzm reakcji psychicznych.

automobil (*wym.* au-tomobil) *m I, D.* automobilu, *lm D.* automobili a. automobilów *przestarz.* «auto, samochód»

automobilista (*wym.* au-tomobilista) *m odm. jak ż IV, lm M.* automobiliści, *DB.* automobilistów.

automobilizm (*wym.* au-tomobilizm) *m IV, D.* automobilizmu, *Ms.* automobilizmie (*wym.* ~izmie a. ~iźmie), *blm.*

automobilklub (*wym.* au-tomobilklub) *m IV, D.* automobilklubu; *lepiej*: klub samochodowy.

autonomia (*wym.* au-tonomja) *ż I, DCMs.* autonomii, *blm*: Autonomia narodowa, terytorialna, gospodarcza. Autonomia miasta, ludności. Dać, nadać autonomię. Otrzymać, uzyskać autonomię.

autonomiczność (*wym.* au-tonomiczność) *ż V, blm*: Autonomiczność państwa. Autonomiczność (*lepiej*: niezależność) artysty. Autonomiczność (*lepiej*: niezależność) poglądów.

autonomiczny (*wym.* au-tonomiczny) *przym. od* autonomia: Państwo autonomiczne.

autonomistyczny (*wym.* au-tonomistyczny) *rzad. książk.* «oparty na autonomii, zgodny z autonomią, stojący na stanowisku autonomii, autonomiczności czegoś»: Ustawa w duchu autonomistycznym.

autonomizm (*wym.* au-tonomizm) *m IV, D.* autonomizmu, *Ms.* autonomizmie (*wym.* ~izmie a. ~iźmie), *blm rzad., książk.* «niezależność, autonomiczność»

autoportret (*wym.* au-toportret) *m IV, D.* autoportretu: Mój, twój, swój (*nie*: własny) autoportret. Autoportret malarza, autora.

autor (*wym.* **au-tor,** *nie*: a-utor) *m IV, D.* autora, *lm M.* autorzy, *rzad.* autorowie «twórca dzieła literackiego, naukowego lub dzieła sztuki»: Autor klasyczny, współczesny. Autor powieści, scenariusza, audycji, rzeźby. △ *niepoprawne* w zn. «sprawca, zdobywca, ten, kto coś wykonał lub dokonał czegoś», np.: Autor (*zamiast*: sprawca) pobicia. Autor (*zamiast*: zdobywca) rekordu. Autor operacji chirurgicznej (*zamiast*: operator).

autor — o kobiecie, p. nazwy i tytuły zawodowe kobiet: Maria Dąbrowska jest autorem znanego cyklu powieściowego „Noce i dnie".

autorament (*wym.* au-torament) *m IV, D.* autoramentu **1.** *książk.* «typ, rodzaj, pokrój (zwykle w wyrażeniach o konstrukcji: ktoś jakiegoś autoramentu)»: Człowiek starego autoramentu. Łotry wszelkiego autoramentu. **2.** «zaciąg wojska w Polsce przedrozbiorowej zorganizowany według pewnego wzoru»: Polski autorament. Pułk obcego autoramentu.

autorka (*wym.* au-torka) *ż III, lm D.* autorek «autor (o kobiecie)»

autorytatywny (*wym.* au-torytatywny): Autorytatywny ton. Autorytatywne źródło.

autorytet (*wym.* au-torytet a. au-torytet) *m IV, D.* autorytetu **1.** *blm* «ogólnie uznane czyjeś znaczenie»: Autorytet moralny. Autorytet dyrektora. **2.** *lm M.* autorytety «człowiek mający ogólnie uznane znaczenie»: Powołał się na nasze autorytety.

autoryzacja (*wym.* au-toryzacja) *ż I, DCMs.* autoryzacji, *blm*: Autoryzacja inscenizacji powieści. □ A. na co: Autoryzacja na przekład dramatu.

autostop (*wym.* au-tostop a. au-tostop) *m IV, D.* autostopu (p. akcent § 7), *blm*: Jechać, podróżować autostopem.

autostopowicz (*wym.* au-tostopowicz) *m II, lm D.* autostopowiczów (*nie*: autostopowiczy).

autosugestia (*wym.* au-tosugestja, *przestarz.* autosugiestja) *ż I, DCMs.* autosugestii, *blm*: Ulegać, poddawać się autosugestii.

autożyro (*nie*: autogiro; *wym.* au-tożyro) *n III, Ms.* autożyrze; *in.* helikopter, śmigłowiec.

autsajder (*wym.* au-tsajder, *nie*: autzajder) *m IV, D.* autsajdera.

Averroes p. Awerroes.

Avicenna p. Awicenna.

Avignon p. Awinion.

awangardyzm, *rzad.* **awangardzizm** *m IV, D.* awangardyzmu (awangardzizmu), *Ms.* awangardyzmie (*wym.* ~yzmie a. ~yźmie), awangardzizmie (*wym.* ~izmie a. ~iźmie), *blm*: Awangardyzm (awangardzizm) muzyki. Awangardyzm (awangardzizm) w inscenizacji.

awanport (*wym.* awanport) *m IV, D.* awanportu: Stać, czekać, rzucić kotwicę w awanporcie (*nie*: na awanporcie). Przybyć, wpłynąć do awanportu.

awans (*wym.* awãs) *m IV, D.* awansu **1.** *lm M.* awanse a. awansy «przeniesienie lub przejście na wyższe stanowisko»: Awans społeczny. Awans urzędnika. □ A. na kogo a. na co: Awans na docenta. Awans na stanowisko dyrektora. □ A. z czego: Awans z niższego stopnia służbowego. □ *pot.* A. z kogo: Awans z asystenta (np. na adiunkta). □ A. o co: Awans o stopień (w hierarchii służbowej). **2.** *lepiej*: zaliczka «suma pieniężna udzielona na rachunek przyszłych należności»: Urzędnikom wypłacono awans. △ Płacić awansem «dawać zaliczkę» **3.** *lm M.* awanse (zwykle w *lm*) *przestarz.* «uprzejmości, szczególne względy» dziś we *fraz.* Robić komuś awanse «być dla kogoś uprzedzająco grzecznym»

awansować (*wym.* awãsować) *ndk* a. *dk IV*, awansowaliśmy (p. akcent § 1a i 2) «dostawać, dawać awans»: Jest zdolny, stale awansuje. □ A. kogo: Jutro szef awansuje obu pracowników. □ Poza tym składnia jak: awans. □ *przen.* A. do czego (np. do rzędu, roli czegoś a. czyjejś): Awansować do rzędu zagadnień społecznych (*lepiej*: Stawać, stać się zagadnieniem społecznym). Awansować autora do roli wieszcza narodu (*lepiej*: Czynić, uczynić z autora wieszcza narodu). △ *środ.* Awansować do ligi «po eliminacjach dostać się do rozgrywek ligowych»

awantaż *m II, D.* awantażu, *lm D.* awantaży, *rzad.* awantażów *przestarz.* (nieco pretensjonalne), *lepiej*: przewaga, korzyść, zaleta, zysk, np.: Zyskać jakiś drobny awantaż (*lepiej*: drobną korzyść). Odkrywał w niej coraz nowe awantaże (*lepiej*: zalety).

awantażowny *przestarz.* (nieco pretensjonalne), *lepiej*: korzystny, zyskowny; efektowny, np.: To bardzo awantażowna (*lepiej*: korzystna) propozycja.

awantura *ż IV*: Zrobić (*książk.* wszcząć) awanturę. Wyprawiać awantury. □ A. z kim (o co): Wmieszał się w awanturę z kolegami. Była to niedorzeczna awantura o drobnostkę.

awanturować się (*nie*: awanturować) *ndk IV*, awanturowaliśmy się (p. akcent § 1a i 2) □ Składnia jak: awantura.

awaria *ż I, DCMs.* i *lm D.* awarii «znaczne uszkodzenie statku, pojazdu mechanicznego, urządzenia technicznego (*nie*: drobnych urządzeń, sprzętów, aparatów)»: Awaria maszyny, kotła. Awaria wagonu. *Ale*: Uszkodzenie (*nie*: awaria) kontaktu, kranu w łazience; złamanie (*nie*: awaria) mebla. || D Kult. I, 261.

Awarowie *blp, lm D.* Awarów: Podbój Panonii przez Awarów. — awarski.

Awerroes a. **Averroes** *m IV*: Dzieła filozoficzne Awerroesa (Averroesa).

awers *m IV, D.* awersu: Awers monety. △ Awers haftu, serwety, *lepiej*: prawa strona haftu, serwety.

AWF (*wym.* awuef, p. akcent § 6) *m IV, D.* AWF-u, *Ms.* AWF-ie a. *ż ndm* «Akademia Wychowania Fizycznego»: Studiować na AWF-ie (na AWF). AWF wziął (wzięła) udział w defiladzie sportowej.

awiacja *ż I, DCMs.* awiacji, *blm przestarz.* «lotnictwo»

awiacyjny *przestarz.* «lotniczy»

awiatyka (*wym.* awjatyka, *nie*: awiatyka, p. akcent § 1c) *ż III, blm; lepiej*: lotnictwo.

Awicenna a. **Avicenna** *m odm. jak ż IV, D.* Awicenny (Avicenny), *CMS.* Awicennie (Avicennie): Dorobek naukowy Awicenny (Avicenny).

Awinion (*wym.* Awiñjon) *m IV, D.* Awinionu «miasto we Francji (Avignon)»: Zabytki starego Awinionu. — awinioński.

awizacja *ż I, DCMs.* i *lm D.* awizacji; *lepiej*: zawiadomienie; wezwanie; upomnienie.

awizo *n III, lm D.* awizów.

awizować *ndk IV*, awizowaliśmy (p. akcent § 1a i 2) — **zaawizować** *dk* «wysyłać awizo»: Awizować klientowi dostarczony towar. △ *niepoprawne* w zn. «zawiadamiać, oznajmiać, zapowiadać», np.: Awizować przyjazd (*zamiast*: zawiadamiać o przyjeździe). Awizować (*zamiast*: zapowiadać) udział w meczu.

-awy przyrostek używany do tworzenia przymiotników: **a)** od podstaw przymiotnikowych, np.: biały — *białawy*, gorzki — *gorzkawy*, tłusty — *tłustawy*, oznaczających osłabienie cechy wyrażonej w przymiotniku podstawowym; **b)** od podstaw rzeczownikowych, np.: fosfor — *fosforawy*, siarka — *siarkawy*; ten typ przymiotników występuje w terminologii chemicznej, w której stosuje się je do oznaczenia małej zawartości składnika nazwanego wyrazem podstawowym.

azali (*nie*: ażali), **azaliby** (*wym.* azaliby, *nie* azaliby) *daw.*, *podn.* a. *żart.* «czy, czyby»

Azerbejdżan (*wym.* Azerbejdżan, Azerbejdżan, *nie*: Azerbejd-żan, Azerbejdż-żan, Azerbajdżan) *m IV, D.* Azerbejdżanu «republika związkowa w ZSRR» — Azerbejdżanin *m V, D.* Azerbejdżanina, *lm M.* Azerbejdżanie, *D.* Azerbejdżan — Azerbejdżanka *ż III, lm D.* Azerbejdżanek — azerbejdżański (p.).

azerbejdżański (*wym.* azerbejdżański, *nie*: azerbejd-żański, azerbejdż-żański, azerbajdżański): Krajobraz azerbejdżański (*ale*: Azerbejdżańska Socjalistyczna Republika Radziecka).

Azja *ż I, DCMs.* Azji: Azja Mniejsza (*nie*: Mała Azja). — Azjata *m odm. jak ż IV, lm M.* Azjaci, *DB.* Azjatów — Azjatka *ż III, lm D.* Azjatek — azjatycki (p.).

azjatycki (*nie*: azjacki).

AZS (*wym.* azetes, p. akcent § 6) *m IV, D.* AZS-u, *Ms.* AZS-ie a. *ndm* «Akademicki Związek Sportowy»: Warszawski AZS. Należeć do AZS (do AZS-u). Być w AZS (w AZS-ie).

Aztek *m III, lm M.* Aztekowie a. Aztecy — Azteczka *ż III, lm D.* Azteczek — aztecki.

azyl *m I, D.* azylu, *lm M.* azyle, *D.* azylów: Kraj będący azylem emigrantów politycznych. Szukać azylu. Udzielać azylu. Prawo azylu.

aż 1. «spójnik zdań wyrażających skutek, stopień nasilenia albo granicę czasową tego, o czym mowa w zdaniu sąsiednim»: Przeciąga się, aż trzeszczą stawy. Czekali, aż przestanie padać. △ *niepoprawne* Aż nie (w zn. «dopóki, póki nie»): Czekam, aż nie (*zamiast*: dopóki, póki nie) otworzysz. **2.** «partykuła podkreślająca»: **a)** «wielkość lub intensywność czegoś»: Przeszli aż 30 kilometrów. Czekał aż do rana. Tańczyli aż do utraty tchu. **b)** «niezwykłość czynności, procesu lub cechy»: Aż zadrżała z radości na te słowa. Ujrzał łąkę aż białą od kwitnących rumianków.

ażeby (*wym.* ażeby), **ażebyśmy** (*wym.* ażebyśmy, *nie*: ażebyśmy), **ażebyście** (*wym.* ażebyście, *nie*: ażebyście), *częściej*: żeby, żebyśmy, żebyście, aby, abyśmy, abyście: Chcę, ażeby nareszcie była pogoda. Czy wolisz, ażebyśmy odeszli?

ą, ę «litery, którym odpowiadają brzmienia *ą* (*o* nosowe), *ę* albo połączenia samogłosek *o*, *e* z następującą spółgłoską nosową; samogłoski *o*, *e* nosowe» △ Litery *ą*, *ę* piszemy zasadniczo w wyrazach rodzimych (np.: *dąb*, *krąg*, *mącić*, *ręka*, *gęsty*, *kępa*) oraz w niektórych wyrazach zapożyczonych (większości z nich nie odczuwamy zresztą jako obce), np.: *ląd, brąz, pąsowy, flądra, cętka, frędzla, kolęda, pędzel, pręgierz, wędrować*. Wymawiamy je następująco: **1.** Na końcu wyrazów *ą* jako nosowe *o* (*nie*: o, om), natomiast *ę* jako *e* nienosowe lub z nieznacznie zaznaczoną nosowością (*e* z pełną nosowością zachowane jest na ogół w wymowie scenicznej); np.: *robią, mogą, z ochotą* (*wym.* robią, mogą, z ochotą, *nie*: robio, robiom, z ochoto, z ochotom); *robię, cię, książkę* (*wym.* robie a. robię, cie a. cię, książke a. książkę).

2. Przed spółgłoskami *l*, *ł* wymawiamy *ą*, *ę* jako *o*, *e* — bez nosowości (rzadko — jako *o*, *e* z lekką nosowością), np. *wziął* (*wym.* wzioł), *wzięli* (*wym.* wzieli).
3. Przed spółgłoskami szczelinowymi: *s, z, sz, ż, ś, ź, f, w, ch* wymawiamy nosowe *ą*, *ę*; np.: *kąsać, wiązać, dążyć, fąfel, wąwóz, wąchać, mięso, więzy, węszyć, węże, więzić, gęś, węch* (wymowa zgodna z pisownią).
4. Przed spółgłoskami wargowymi zwartymi: *p, b* wymawiamy *ą* jako *om*, *ę* jako *em*; np.: *kąpać, trąba* (*wym.* kompać, tromba), *tępy, kępa, dęby* (*wym.* tempy, kempa, demby).
5. Przed spółgłoskami zwartymi i zwartoszczelinowymi przedniojęzykowymi: *t, d, c, dz, cz, dż* wymawiamy *ą*, *ę* jako *on*, *en*; np.: *kąty, rządek, trącać, żądza, rączka* (*wym.* konty, rzondek, troncać, żondza, ronczka), *pręt, rzędy, więcej, nędza, tęcza* (*wym.* prent, rzendy, wiencej, nendza, tencza; przed spółgłoską *cz* spółgłoskę *n* zwykle wymawiamy jako spółgłoskę dziąsłową).
△ Uwaga: Liczebniki: *piętnaście, dziewiętnaście* (i pochodne) wymawia się: pietnaście, dziewietnaście; wymowa nosowa, zgodna z pisownią, jest rażąca.
6. Przed spółgłoskami zwartoszczelinowymi środkowojęzykowymi: *ć, dź* wymawiamy *ą*, *ę* jako *oń*, *eń*; np.: *dąć, rządzić* (*wym.* dońć, rzońdzić), *pięć, zrzędzić* (*wym.* pieńć, zrzeńdzić).
7. Przed spółgłoskami tylnojęzykowymi zwartymi: *k, g* wymawiamy *ą*, *ę* jako *oŋ*, *eŋ* (z tzw. *n* tylnojęzykowym); np.: *mąka, sągi* (*wym.* moŋka, soŋgi), *sęk, ręka, tęgo* (*wym.* seŋk, reŋka, teŋgo). *Por.* n

-ątko p. -ko

B

b p. spółgłoski miękkie.

b. 1. «skrót wyrazu: *były*, pisany z kropką, czytany jako cały, odmieniany wyraz»: Stępień, b. dyrektor zakładów. Przyjęcie na cześć Faruka, b. (*czyt.* byłego) króla Egiptu. **2.** «skrót wyrazu: *bardzo*, pisany z kropką, czytany jako cały wyraz»: Sprawa b. pilna.

b.a. «skrót wyrażenia: *bez autora*, pisany z kropkami, czytany jako całe wyrażenie, stosowany w katalogowaniu bibliotecznym dla oznaczenia braku uwidocznionego w książce imienia i nazwiska jej auᶜora»

baba *ż IV* △ *żart.* Herod-baba (odm. tylko: baba): Nie chciał mieć za żonę herod-baby. △ Baba-jaga, baba-jędza (odm. oba człony): Opowiadał bajkę o babie-jadze (babie-jędzy).

babbit (*wym.* babit) *m IV, D.* babbitu.

babcia *ż I, W.* babciu.

babcin, babciny *rzad.* (dziś w tym zn. używa się zwykle *D. lp*: babci): Podał babcine okulary. Ukochany babcin (babciny) wnuczek. To jest babcin (babciny) ulubieniec.

I Babel *ż ndm*, tylko w wyrażeniu: Wieża Babel — w zn. *przen.* «zbiorowisko ludzi mówiących różnymi językami; zamieszanie, zamęt»

II Babel *m I, D.* Babla: Szkic biograficzny o Izaaku Bablu.

Babeuf (*wym.* Baböf) *m IV, D.* Babeufa, *rzad.* (zwykle z odmienianym imieniem) *ndm*: Działalność polityczna i rewolucyjna Babeufa (Franciszka Babeuf).

babi *przestarz.* «babski» △ *fraz.* (dziś żywa) Babie lato: Po polach snuły się nitki babiego lata.

Babia Góra, Babia odm. przym., Góra *ż IV* — Babiogórzec *m II, D.* Babiogórca, *lm M.* Babiogórcy — babiogórski.

Babilon *m IV, D.* Babilonu «miasto starożytne» — babiloński (p.).

Babilonia (*wym.* Babilońja) *ż I, DCMs.* Babilonii «państwo starożytne» — Babilończyk *m III, lm M.* Babilończycy —Babilonka *ż III, lm D.* Babilonek — babiloński (p.).

babiloński przym. od Babilon, Babilonia.

Babimost *m IV, D.* Babimostu (*nie*: Babiegomostu) — babimojski.

babimór *m IV, D.* babimoru *reg.* «widłak»

Babin *m IV* «wieś» — babiński (p.).

babiński: Zabudowania babińskie (*ale*: Rzeczpospolita Babińska).

babrać się (*nie*: bebrać się) *ndk IX*, babrze się, *rzad. ndk I*, babra się, babraliśmy się (p. akcent § 1a i 2) □ B. się w czym: Babrać się w błocie, w ziemi.

babsztyl *m I, D.* babsztyla, *lm D.* babsztyli a. babsztylów *pogard.* a. *żart.* o kobiecie.

babunia *ż I, W.* babuniu.

babunin, babuniny *rzad.* (dziś w tym zn. używa się zwykle *D. lp*: babuni): Babunine bajki. Babunin (babuniny) kot.

baca *m* odm. jak *ż II, lm M.* bacowie, *DB.* baców.

Bacciarelli (*wym.* Bacziarelli) *m* odm. jak przym., *D.* Bacciarellego (*nie*: Bacciarelliego), *lm M.* Bacciarellowie, *D.* Bacciarellich.

bachanalia (*nie*: bakchanalie) **1.** *blp, D.* bachanaliów (*nie*: bachanalii) «starożytne święto» **2.** *ż I,* zwykle w *lm, M.* bachanalie, *D.* bachanalii« hulaszcza zabawa»

Bachczysaraj a. **Bakczysaraj,** *rzad.* **Bakczyseraj** *m I, D.* Bachczysaraju (Bakczysaraju, Bakczyseraju) «dawna stolica chanatu krymskiego»

bachor (*nie*: bachur) *m IV, lm M.* bachory «niechętnie o dziecku»

bachorza *ż II* a. **bachorze** *n I reg.* «błotnista dolina; trzęsawiska, mokradła»

Bachus (*nie*: Bakchus) *m IV* — bachusowy (p.) — bachiczny.

bachusowy: Uczta bachusowa «uczta hulaszcza» △ Święto Bachusowe «święto Bachusa»

baciar, baciarz p. batiar.

Bacon (*wym.* Bekon) *m IV, lm M.* Baconowie: Sława obu Baconów sięga poza granice Anglii.

baczność *ż V, blm* △ Mieć się (przed czymś a. przed kimś) na baczności «strzec się»: Miej się na baczności przed złodziejami, kiedy jedziesz w zatłoczonym tramwaju. △ Stać na baczność «stać w pozycji wyprostowanej z rękami wzdłuż boków»

baczny *m-os.* baczni, *st. w.* baczniejszy a. bardziej baczny □ B. na co: Baczny na każdy jej ruch.

baczyć *ndk VIb,* baczyliśmy (p. akcent § 1a i 2) *przestarz., książk.* (częściej w formie zaprzeczonej) □ B. na kogo, na co «zwracać uwagę na kogoś, na coś, pilnować, strzec» △ Zwrot: *Nie bacząc na coś* bywa używany błędnie w zn. «pomimo, mimo coś a. czegoś», np. Nie bacząc na ułatwienia (*zamiast:* mimo ułatwień), z jakich korzystali, nie mogli dać sobie rady. □ B., żeby, by... «starać się, dbać żeby, by...»: Bacz, żebyś nie zabłądził.

bać się *ndk* boję się, boisz się, bój się, bojący się, bał się (*nie:* bojał się), baliśmy się (p. akcent § 1a i 2) □ B. się kogo, czego «czuć strach przed kimś, przed czymś»: Bał się wychowawcy. Bali się nalotów. □ B. się o kogo, o co «niepokoić się, kłopotać o kogoś, o coś»: Bała się o syna. Bać się o przyszłość. □ B. się robić co, *rzad.* czego «nie odważać się czegoś robić»: Bał się podnieść oczy (*rzad.* oczu). Bałem się powiedzieć ci to. □ B. się, że..., żeby nie...: Bał się, że upadnie ze zmęczenia. Bał się, żeby żona nie zachorowała.

badacz *m II, lm D.* badaczy, *rzad.* badaczów.

badanie *n I* □ B. kogo, czego: Badanie oskarżonego, badanie nerek. □ Badania nad czym: Prowadzono badania nad językiem XV wieku. □ *środ.* B. na co «w celu stwierdzenia obecności czegoś»: Badanie na cukier. || D Kult. I, 28; PJ 1926, 63; PJ 1936/7, 43.

badawczy w zn. «dotyczący badań naukowych»: Prace, metody badawcze. *Ale* nie: prace, metody badawcze czego, np. Metody badawcze (*zamiast:* metody badania) związków uranu. || PJ 1966, 290.

Badeni *m odm. jak przym., D.* Badeniego, *lm M.* Badeniowie, *D.* Badenich.

Badenia (*wym.* Badeńja) *ż I, DCMs.* Badenii «część kraju Badenia-Wirtembergia w NRF» — badeński.

Baden-Powell (*wym.* Baden-Powel a. Bejdn-Pouel), Baden *m ndm,* Powell *m I:* Odczyt o Baden--Powellu.

badminton (*wym.* badminton, *nie:* badminton, badmington, babington) *m IV, DB.* badmintona (p. akcent § 7); *in.* kometka: Dzieci grały w badmintona.

badyl *m I, lm D.* badyli a. badylów.

badylarz *m II, lm D.* badylarzy *pot.* (niekiedy *pogard.*) «ogrodnik podmiejski»

Baedeker (*wym.* Bedeker) *m IV, D* Baedekera (*wym.* Bedekera, p. akcent § 7): Wydawnictwa, informatory Baedekera. *Por.* bedeker.

bagaż *m II, D.* bagażu, *lm D.* bagaży, *rzad.* bagażów △ Nadać bagaż, oddać coś na bagaż «oddać rzeczy na dworcu do przewiezienia w oddzielnym wagonie lub pomieszczeniu» △ w zn. *przen.* «zasób (często z odcieniem ironicznym)»: Bagaż wiedzy.

bagażownia *ż I, lm D.* bagażowni.

bagażowy przym. od bagaż: Kwit bagażowy. Kasa bagażowa.

bagażowy w użyciu rzeczownikowym «pracownik, który za opłatą przenosi podróżnym bagaż; numerowy; pracownik bagażowni»

Bagdad *m IV, D.* Bagdadu «stolica Iraku» — bagdadzki.

bagienny «rosnący na bagnach; powstający na bagnach, w bagnach»: Roślinność bagienna. Czarnoziemy bagienne. *Por.* bagnisty.

bagier *m IV, D.* bagru a. bagra; *lepiej:* pogłębiarka.

bagnet *m IV, D.* bagnetu (*nie:* bagneta).

bagnisty «obfitujący w bagna; błotnisty»: Bagnista okolica. Bagnisty grunt. *Por.* bagienny.

Bahama *ż IV,* zwykle w nazwie: Wyspy Bahama (wówczas Bahama *ndm*) «archipelag na Oceanie Atlantyckim»: Bahama składa się z około 700 wysp. Wyspy Bahama zostały odkryte przez Kolumba. △ Wielka Bahama «jedna z wysp tego archipelagu»: Osiedlił się na Wielkiej Bahamie. — bahamski (p.).

bahamski: Klimat bahamski (*ale*: Rów Bahamski).

Bailly (*wym.* Baji) jako nazwisko żeńskie — *ndm*: Róży Bailly przyznano wysokie odznaczenia polskie.

Baird (*wym.* Berd) *m IV, lm M.* Bairdowie: Muzyka polska wiele zawdzięcza Tadeuszowi Bairdowi.

baja *ż I, DCMs.* bai, zwykle *blm*.

bajca p. bejca.

bajcować *ndk IV* 1. *posp.* «blagować» 2. p. bejcować.

bajda *ż IV, lm D.* bajd (*nie:* bajdów) *pot.* «kłamstwo, plotka»

bajdurzyć *ndk VIb,* bajdurzyliśmy (p. akcent § 1a i 2) □ B. bez dop.: Tak bajdurzysz, że przykro słuchać. □ B. o czym: Bajdurzyła o swoich sukcesach.

bajeczny 1. «niezwykły, nadzwyczajny, ogromny»: Miał bajeczne szczęście w życiu. 2. *m-os.* bajeczni *rzad.* «właściwy bajce»: Zjawiały mu się we śnie jakieś bajeczne postacie. *Por.* bajkowy.

Bajkał *m IV, D.* Bajkału a. (w połączeniu z wyrazem: jezioro) *ndm* «jezioro w ZSRR»: Pływał po Bajkale (po jeziorze Bajkał). — bajkalski.

bajkopisarz *m II, lm D.* bajkopisarzy

bajkowy 1. *m-os.* bajkowi «związany z bajką, właściwy bajce»: W utworze są motywy bajkowe. 2. *rzad.* «niezwykły, nadzwyczajny»: Z tego szczytu roztacza się bajkowy widok na całe uzdrowisko. *Por.* bajeczny.

Bajonna (*nie:* Bajona) *ż IV* «miasto we Francji» — bajończyk *m III, lm M.* bajończycy — bajonka *ż III, lm D.* bajonek — bajoński (p.).

bajoński △ Bajońskie sumy (*ale* nie: bajońskie koszty, wydatki itp.).

bajoro (*nie*: ta bajora) *n III, lm D.* bajor; *przestarz.* **bajor** *m IV, lm D.* bajorów.

bajroniczny *m-os.* bajroniczni «będący w stylu Byrona, właściwy bohaterom jego utworów; tajemniczy, melancholijny, samotny»: Bohater bajroniczny. *Por.* Byronowski.

bajronizm *m IV, D.* bajronizmu, *Ms.* bajronizmie (*wym.* ~izmie a. ~iźmie), *blm.*

I bak *m III, D.* baku **1.** «zbiornik, zwłaszcza na materiały pędne»: Napełniał bak benzyną. **2.** «przednia część górnego pokładu na okręcie»

II bak *m III, DB.* baka *pot.* «forma skrócona wyrazu *bakarat* (nazwa gry w karty)»: Grać w baka.

III bak *m III, DB.* baka, zwykle w *lm* «zarost po obu stronach twarzy»

baka *ż III,* tylko we *fraz.* Bakę (*przestarz.* baki) komuś świecić «schlebiać, nadskakiwać komuś»

bakalaureat (*wym.* bakalau-reat), *rzad.* **bakalariat** *m IV, D.* bakalaureatu (bakalariatu): Zdał świetnie bakalaureat. Uzyskać bakalaureat.

bakałarz *m II, lm D.* bakałarzy **1.** «osoba, która w średniowiecznym uniwersytecie uzyskała najwyższy stopień naukowy» **2.** *wych. z użycia, lekcew.* «nauczyciel, belfer»

! **bakchanalie** p. bachanalia.

! **Bakchus** p. Bachus.

bakcyl *m I, lm D.* bakcyli a. bakcylów *przestarz.* «bakteria, zarazek» △ dziś żywe w *przen.*: Połknął bakcyla teatru.

Bakczysaraj, Bakczyseraj p. Bachczysaraj.

bakelit (*nie*: bakielit) *m IV, D.* bakelitu.

bakenbardy a. **bakembardy** *blp, D.* bakenbardów (bakembardów) *daw.* «bokobrody»

bakłaszka *ż III, lm D.* bakłaszek *reg.* «manierka»

bakłażan *m IV, D.* bakłażana a. bakłażanu.

bakszysz, *rzad.* **bakczysz** *m II, D.* bakszyszu (bakczyszu), *lm D.* bakszyszy a. bakszyszów (bakczyszy a. bakczyszów) «datek, napiwek, łapówka (zwłaszcza na Bliskim Wschodzie)»: Dać, przyjąć bakszysz.

bakteriolog *m III, lm M.* bakteriolodzy a. bakteriologowie.
bakteriolog — o kobiecie, p. nazwy i tytuły zawodowe kobiet.

Baku *n ndm* «miasto w ZSRR» — bakiński.

Bakunin (*wym.* Bakunin) *m IV, D.* Bakunina (*nie*: Bakunina, p. akcent § 7): Działalność polityczna Bakunina.

I bal *m I, D.* balu, *lm D.* balów «zabawa taneczna»

II bal *m I, lm D.* bali «kloc, dyl»: Wybudował dom z bali sosnowych.

balans *m IV, D.* balansu, *lm M.* balanse.

balasek *m III, D.* balaska, *lm D.* balasków; *reg.* **balaska** *ż III, lm D.* balasek, zwykle w *lm*: Balustrada z drewnianych balasków.

balerina *ż IV* «solistka w balecie»

baletmistrz *m II, lm D.* baletmistrzów (*nie*: baletmistrzy).

Bali *ż, rzad. n ndm* «wyspa w Indonezji»: Bali pokryta jest bujną roślinnością. Krajobrazy Bali przyciągają turystów. △ Morze Bali. Cieśnina Bali. — Balijczyk *m III, lm M.* Balijczycy — Balijka *ż III, lm D.* Balijek — balijski.

balia (*nie*: balija, baleja) *ż I, DCMs.* i *lm D.* balii △ *niepoprawne* w zn. «wanna»

ballada (*nie*: balada) *ż IV.*

balladowy przym. od ballada: Poezja balladowa. Twórczość balladowa Mickiewicza.

balladyczny «właściwy balladzie»

balladzista, *rzad.* **balladysta** *m odm. jak ż IV, lm M.* balladziści (balladyści), *DB.* balladzistów (balladystów). || U Pol. (2), 99.

balneolog *m III, lm M.* balneolodzy a. balneologowie.

balon *m IV, D.* balonu △ Balon sonda (odm. oba człony) «mały balon bez załogi zaopatrzony w aparaty i urządzenia do badania wyższych warstw atmosfery»

balotaż *m II, D.* balotażu, *blm*; a. **balotowanie** *n I* «głosowanie, zwykle tajne»

balsam (*nie*: balzam) *m IV, D.* balsamu.

balsamiczny (*nie*: balzamiczny) «przesycony balsamem; pachnący, aromatyczny»: Zapach balsamiczny. Powietrze balsamiczne.

balsamowy «zawierający balsam»: Olej balsamowy.

baltolog p. bałtolog.

! **Baltyk** p. Bałtyk.

Balzak a. **Balzac** (*wym.* Balzak, *nie*: Balzak) *m III*: Porównanie Flauberta z Balzakiem.

Balzakowski 1. «należący do Balzaka»: Balzakowska „Komedia ludzka”.
2. balzakowski «właściwy Balzakowi» △ Kobieta w wieku balzakowskim (tj. w wieku od 30 do 40 lat).

bałałajka, *rzad.* **bałabajka** *ż III, lm D.* bałałajek (bałabajek).

bałamucić *ndk VIa,* bałamucę, bałamuciliśmy (p. akcent § 1a i 2) — **zbałamucić** *dk* **1.** «kokietować, uwodzić»: Bałamuciła wszystkich mężczyzn. **2.** *reg.* «trwonić czas; zwlekać, marudzić» □ B. bez dop.: Bałamuci zamiast odrabiać lekcje. Chodź szybko, nie bałamuć!

bałamut *m IV, lm M.* te bałamuty.

Bałkan *m IV, D.* Bałkanu, Bałkany, *lm D.* Bałkanów (*nie*: Bałkan) **1.** *częściej* w *lm* Bałkany «góry»: Wycieczka w Bałkany. Zdobył najwyższy szczyt Bałkanów. **2.** tylko w *lm* «Półwysep Bałkański»: Bułgaria leży na Bałkanach. — bałkański (p.).

bałkański: Klimat bałkański. Flora bałkańska (*ale*: Półwysep Bałkański).

bałtolog a. **baltolog** *m III, lm M.* bałtolodzy (baltolodzy) a. bałtologowie (baltologowie) *rzad.*, p. bałtysta.

bałto-słowiański a. **bałtycko-słowiański**: Bałto-słowiańska wspólnota językowa.

bałtycki: Języki, kraje bałtyckie (*ale*: Morze Bałtyckie).

Bałtyk (*nie*: Baltyk) *m III*, *D.* Bałtyku — bałtycki (p.).

bałtysta *m* odm. jak *ż IV*, *lm M.* bałtyści, *DB.* bałtystów «specjalista w zakresie bałtystyki»

bałtystyka (*wym.* bałtystyka, *nie*: bałtystyka, p. akcent § 1c) *ż III*, *blm* «nauka o językach bałtyckich»

Bałuty *blp*, *D.* Bałut (*nie*: Bałutów) «dzielnica Łodzi» — bałucianin *m V*, *D.* bałucianina, *lm M.* bałucianie (*nie*: bałutczanie), *D.* bałucian — bałucianka *ż III*, *lm D.* bałucianek — bałucki.

bałwan *m IV*, *lm M.* te bałwany **1.** *D.* bałwana «bożek; figura ze śniegu; człowiek głupi, dureń» **2.** *D.* bałwana, *rzad.* bałwanu «spiętrzona fala»

bałwochwalca *m* odm. jak *ż II*, *lm M.* bałwochwalcy, *DB.* bałwochwalców.

bambosz *m II*, *lm D.* bamboszy, *rzad.* bamboszów.

bambus *m IV* **1.** *D.* bambusu a. bambusa «roślina tropikalna» **2.** *D.* bambusa «pręt bambusowy» **3.** tylko w *lm* «uderzenie takim prętem»: Dostał kilkadziesiąt bambusów w pięty.

banan *m IV* **1.** *D.* bananu a. banana «roślina tropikalna» **2.** *B.* banan a. banana «owoc tej rośliny»: Zjeść banana (banan). Przekroić banan (banana).

Bandaranaike (*wym.* Bandaranajke) *m* a. *ż ndm*: Przemówienie premiera Bandaranaike. Pani Bandaranaike stanęła na czele rządu Cejlonu.

bandaż *m II*, *D.* bandaża, *rzad.* bandażu, *lm D.* bandaży, *rzad.* bandażów. || *D Kult. I*, 652.

bandera *ż IV* «flaga morska wywieszana na statkach»: Bandera wojenna, handlowa. Pływał pod polską banderą. Podnieść banderę na statku.

banderola *ż I*, *lm D.* banderoli, *rzad.* banderol.

bandos *m IV*, *lm M.* ci bandosi, *pot.* (z zabarwieniem ekspresywnym) te bandosy.

Bandtkie *m*, w *lp* odm. jak przym., *NMs.* Bandtkiem, w *lm* jak rzecz., *M.* Bandtkowie, *D.* Bandtków: Prace historyczne Bandtkiego.

Bandung *m III*, *D.* Bandungu «miasto w Indonezji» — banduński.

bandyta *m* odm. jak *ż IV*, *lm M.* ci bandyci, *pot.* (z zabarwieniem ekspresywnym) te bandyty, *DB.* bandytów.

Bangkok *m III*, *D.* Bangkoku «stolica Syjamu»

Bangla Desz *n ndm*, *rzad.* (drugi człon) odm. jak *m II*, *D.* Deszu «państwo w Azji (dawna prowincja Pakistanu)» p. Bengalia.

bania *ż I*, *lm D.* bani a. bań *reg.* w zn. «dynia»

banialuka *ż III*, *lm D.* banialuk (*nie*: banialuków), zwykle w *lm*: Ludzie wierzyli w te banialuki. Nie opowiadaj banialuk.

Banja Luka (*wym.* Banialuka) *ż III* «miasto w Jugosławii»: Spacer po Banja Luce.

banjo (*wym.* bandżo a. bandżjo) *n ndm*; a. **banjola** (*wym.* bandżola a. bandżjola) *ż I*: Śpiewał o miłości przy dźwiękach banjo (banjoli).

bank *m III*, *D.* banku: Czek do banku, *rzad.* na bank. △ Coś jest (u kogoś) jak w banku «coś jest (u kogoś) pewne, bezpieczne» △ W nazwach dużą literą: Bank Inwestycyjny.

banknot *m IV*, *D.* banknotu (*nie*: banknota).

bankowiec *m II*, *D.* bankowca, *W.* bankowcze, forma szerząca się: bankowcu, *lm M.* bankowcy.

Bantu *ndm* **1.** «grupa afrykańskich plemion murzyńskich»: Murzyni Bantu.
2. bantu «grupa języków murzyńskich Afryki»: Języki bantu.

bańka *ż III*, *lm D.* baniek **1.** «naczynie» □ B. czego «bańka zawierająca coś; ilość czegoś mieszcząca się w bańce»: Bańka mleka. □ B. na co «bańka do przechowywania czegoś»: Bańka na miód. □ B. do czego «bańka do stałego przechowywania czegoś»: Bańka do mleka. □ B. od czego «bańka o określonym stałym przeznaczeniu, opróżniona z czegoś»: Bańka od nafty. □ B. po czym, *reg.* z czego «bańka, w której coś było»: Bańka po benzynie. □ B. z czym «bańka wraz z zawartością»: Bańka z wodą. **2.** zwykle w *lm* «pęcherzyki, bąbelki»: Bańki powietrza w wodzie. △ Bańki mydlane a. bańki z mydła. Puszczać bańki. **3.** zwykle w *lm* «szklane, kuliste naczyńka używane w lecznictwie»: Bańki suche, cięte. Stawiać (*nie*: kłaść) bańki. **4.** *reg.* «bombka choinkowa»

baobab *m IV*, *D.* baobabu (*nie*: baobaba).

baon *m IV*, *D.* baonu *środ.* «forma skrócona wyrazu: *batalion*»

bar *m IV*, *D.* baru: bar Kuchcik (*ale*: Bar Litewski).

I Bar *m IV*, *D.* Baru «miasto w ZSRR» — barski (p.).

II Bar *m IV*, *D.* Bara, *lm M.* Barowie: Bibliografia Adama Bara.
Bar *ż ndm* — Barowa *ż* odm. jak przym. — Barówna *ż IV*, *D.* Barówny, *CMs.* Barównie (*nie*: Barównej), *lm D.* Barówien.

baranek *m III*, *D.* baranka: Biały baranek (*ale*: Baranek Boży).

Barania Góra Barania odm. przym., Góra *ż IV* «góra w Beskidach» — baraniogórski.

Baranowicze *blp*, *D.* Baranowicz «miasto w ZSRR» — baranowiczanin *m V*, *D.* baranowiczanina, *lm M.* baranowiczanie, *D.* baranowiczan — baranowiczanka *ż III*, *lm D.* baranowiczanek — baranowicki.

barbakan *m IV*, *D.* barbakanu **1.** «okrągła wieża obronna»
2. Barbakan «zabytkowa budowla tego typu w Krakowie, w Warszawie»

Barbara *ż IV* — Barbarka *ż III*, *lm D.* Barbarek — Basia *ż I*, *W.* Basiu — Baśka *ż III*, *lm D.* Basiek.

Barbarka, *reg.* **Barbórka** *ż III* «święto górników»

Barbarossa *m* odm. jak *ż IV, CMs.* Barbarossie: Fryderyk I Barbarossa (Rudobrody).

barbarzyńca *m* odm. jak *ż II, lm M.* barbarzyńcy, *DB.* barbarzyńców.

Barbórka p. Barbarka.

Barbusse (*wym.* Barbüs) *m IV, D.* Barbusse'a (*wym.* Barbüsa, p. akcent § 7), *C.* Barbusse'owi, *N.* Barbusse'em, *Ms.* Barbussie, *rzad.* (zwykle z odmienianym imieniem) *ndm:* Powieść „Ogień" Barbusse'a (*rzad.* Henryka Barbusse).

barć *ż V, lm M.* barcie, *rzad.* barci, *D.* barci.

bard *m IV, lm M.* ci bardowie a. (z zabarwieniem ekspresywnym) te bardy.

Bardo *n III, Ms.* Bardzie «miejscowość»: Wczasy w Bardzie (*nie:* w Bardo). — bardzki (p.).

bardysz p. berdysz.

bardzki (*nie:* bardziański): Most bardzki (*ale:* Góry Bardzkie).

bardzo *st. w.* bardziej (oznacza stopień intensywności, nasilenie, natężenie czegoś): On jest bardzo chory. Ona jest bardziej (*nie:* więcej) chora. Książka podoba mi się bardzo. W miarę czytania książka podoba mi się coraz bardziej (*nie:* coraz więcej). Brat więcej pracuje, ale ja bardziej (*nie:* więcej) się męczę. △ Im bardziej..., tym bardziej: Im bardziej jest zmieszany, tym bardziej się jąka. △ Im (ze *st. w.* przym., przysłów.)..., tym bardziej: Im dłużej czekał, tym bardziej pragnął jej przyjścia. △ Bardziej... niż: Był bardziej zły niż zdenerwowany. △ *pot.* Nie za bardzo «nieco za mało, trochę, niezbyt»: Czy odpocząłeś na urlopie? — Nie za bardzo, bo cały tydzień chorowałem. △ *niepoprawne* Jak najbardziej (*zamiast:* oczywiście, naturalnie), np. Czy ona przyjdzie? Jak najbardziej (*zamiast:* oczywiście). *Por.* wiele, więcej.

bariera *ż IV:* Bariery wokół areny. △ *przen.* Pojawiają się, są wznoszone (*nie:* wyrastają) bariery między pokoleniem młodych a starych.

bark (*nie:* ta barka) *m III, D.* barku, *lm D.* barków 1. «pas barkowy» 2. zwykle w *lm* «ramiona» △ *przen.* Cały ciężar prowadzenia domu spoczywał na jej barkach. Brać na swoje barki (np. ciężkie obowiązki). Składać coś (np. całą robotę) na czyjeś barki. *Ale* nie: Brać na swoje barki (*zamiast:* wkładać, przywdziewać) koszulkę lidera.

barka *ż III, lm D.* barek, *rzad.* bark «duża łódź o płaskim dnie»

barkarola *ż I, lm D.* barkaroli, *rzad.* barkarol: Gondolierzy zanucili barkarolę.

barłóg (*nie:* barłog) *m III, D.* barłogu (*nie:* barłoga): Zmęczony położył się w brudnym barłogu.

barobus, *rzad.* **barowóz** *m IV, D.* barobusu (barowozu), *Ms.* barobusie (barowozie) «ruchomy bar urządzony w autobusie»

barok a. **Barok** *m III, D.* baroku (Baroku), *blm* «styl w sztuce i literaturze»: Malarze baroku (Baroku). △ w *przen.* tylko: barok, np. Styl tego pisarza to istny barok.

barometr *m IV, D.* barometru (*nie:* barometra): Barometr wskazuje wyż.

baron *m IV, lm M.* baronowie, *rzad.* baroni: Nadano mu tytuł barona.

baronostwo *n III 1. DB.* baronostwa, *Ms.* baronostwu (*nie:* baronostwie) «baron z żoną» 2. *Ms.* baronostwie «tytuł, godność barona»

baronówna *ż IV, D.* baronówny, *CMs.* baronównie (*nie:* baronównej), *lm D.* baronówien.

barowóz p. barobus.

Barrault (*wym.* Baro) *m IV, D.* Barraulta (*wym.* Barota, p. akcent § 7) a. (z odmienianym imieniem) *ndm:* Kreacje sceniczne Barraulta a. Jeana (*wym.* Żana) Barrault.

barski: Konfederat barski, konfederacja barska.

barszcz *m II, D.* barszczu, *lm D.* barszczy a. barszczów △ *pot.* Dwa grzyby w barszcz (*nie:* w barszczu) «niepotrzebnie dwa razy to samo»

barszczanin *m V, D.* barszczanina, *lm M.* barszczanie, *D.* barszczan «konfederat barski»

Bartłomiej *m I, lm M.* Bartłomiejowie — Bartek *m III, D.* Bartka, *lm M.* Bartkowie.

Bartniki *blp, D.* Bartnik (*nie:* Bartników) «miejscowość» — bartnicki.

Bartoszyce *blp, D.* Bartoszyc «miasto» — bartoszyczanin *m V, D.* bartoszyczanina, *lm M.* bartoszyczanie, *D.* bartoszyczan — bartoszyczanka *ż V, lm D.* bartoszyczanek — bartoszycki.

barwa *ż IV,* tylko w *lm* w zn. «znak, kolor charakterystyczny dla jakiegoś stowarzyszenia, klubu sportowego itp.»: Występował w barwach Polonii.

barwinek *m III, D.* barwinka a. barwinku.

barwnik, *rzad.* **barwik** *m III:* Barwniki syntetyczne. || *D Kult. II, 356.*

bary *blp, D.* barów △ *przen.* Brać się a. wodzić się z życiem za bary.

I Baryczka *m* odm. jak *ż III, lm M.* Baryczkowie, *DB.* Baryczków «nazwisko»
Baryczka *ż III* a. *ndm* — Baryczkowa *ż* odm. jak przym. — Baryczkówna *ż IV, D.* Baryczkówny, *CMs.* Baryczkównie (*nie:* Baryczkównej), *lm D.* Baryczkówien.

II Baryczka *ż III* «rzeka; wieś»

baryton *m IV, lm M.* barytony 1. *D.* barytonu «głos męski pośredni między tenorem a basem; instrument muzyczny»: Śpiewać barytonem. 2. *D.* barytona, *lm M.* barytony «śpiewak o takim głosie»: Solistą koncertu był baryton.

bas *m IV, lm M.* basy 1. *D.* basu «najniższy głos męski; instrument muzyczny» 2. *D.* basa, *lm M.* basy «śpiewak o takim głosie» 3. *D.* basu, częściej w *lm* «niski rejestr dźwięków w niektórych instrumentach muzycznych» || *D Kult. I, 651.*

baseball (*wym.* bejzbol) *m I, D.* baseballu.

baseballista (*wym.* bejzbolista) *m* odm. jak *ż IV, lm M.* baseballiści, *DB.* baseballistów.

Basedow (*wym.* Bazedow) *m IV* △ Choroba Basedowa, *D.* choroby Basedowa (*nie*: choroby bazedowej).

basetla *ż I, lm D.* basetli.

basista *m* odm. jak *ż IV, lm M.* basiści, *DB.* basistów «śpiewający basem a. grający na basie»

Baskijka *ż III, lm D.* Baskijek 1. «mieszkanka Baskonii»
2. baskijka «beret baskijski»

Baskonia (*wym.* Baskońja) *ż I, DCMs.* Baskonii «kraina w Hiszpanii» — Bask *m III, lm M.* Baskowie — Baskijka (p.) — baskijski.

basować *ndk IV*, basowaliśmy (p. akcent § 1a i 2) □ *pot.* B. komu «przytakiwać dla przypodobania się»: Karierowicz zawsze basuje swoim szefom.

Basra *ż IV, Ms.* Basrze «miasto w Iraku»: Rozwój handlu w Basrze. Zabytki Basry.

bastard *m IV, lm M.* bastardzi «nieślubne dziecko (wyraz używany dziś w odniesieniu do czasów feudalnych)»: Możnowładcy nie chcieli dopuścić do władzy królewskiego bastarda.

bastion *m IV, D.* bastionu (*nie*: bastiona) △ *przen.* Bastion polskości.

Bastylia *ż I, DCMs.* Bastylii «dawna twierdza w Paryżu» — bastylski.

basza *m* odm. jak *ż II, lm M.* baszowie, *DB.* baszów; *rzad.* pasza.

Baszkiria *ż I, DCMs.* Baszkirii «autonomiczna republika w ZSRR» — Baszkir *m IV, lm M.* Baszkirowie, *rzad.* Baszkirzy — Baszkirka *ż III, lm D.* Baszkirek — baszkirski (p.).

baszkirski: Język baszkirski (*ale*: Baszkirska Autonomiczna Socjalistyczna Republika Radziecka).

baśń *ż V, lm M.* baśnie a. baśni, *lm D.* baśni: Baśnie wschodnie.

I bat *m IV, D.* bata, *C.* batu 1. «bicz, batog»: Bić, smagać, chłostać, okładać batem. Zaciąć, podciąć (np. konie) batem. Palnąć, strzelić, trzasnąć z bata. 2. «uderzenie biczem; w *lm*: chłosta, cięgi»: Dać, wsypać komuś baty. Dostać, oberwać baty.

II bat *m IV, D.* batu *reg.* «ciężka łódź ciągniona przez holownik»: Bat piaskarski.

batalia *ż I, DCMs.* i *lm D.* batalii w zn. dosłownym «walka zbrojna»: Stoczyć batalię, wydać komuś batalię. △ *przen.* (dziś żywa): Batalia o tytuły mistrzów Polski.

batalion *m IV, D.* batalionu △ Bataliony Chłopskie. *Por.* baon.

bateryjka *ż III, lm D.* bateryjek 1. «małe ogniwo elektryczne do latarki kieszonkowej» 2. *reg.* «latarka elektryczna»

batiar *m IV, W.* batiaru, *lm M.* te batiary; a. **baciarz** *m II, W.* baciarzu, *lm M.* ci baciarze; *rzad.* **baciar** *m IV, W.* baciaru, *lm M.* te baciary *reg.* «ulicznik, andrus»

batik *m III, D.* batiku 1. *blm* «technika zdobienia tkanin» 2. «materiał zdobiony tą techniką»: Wielobarwne, kolorowe batiki.

baton *m IV, D.* batonu, *rzad.* batona.

batonik *m III, D.* batonika a. batoniku: Batonik czekoladowy.

Batory odm. jak przym.: Panowanie Stefana Batorego. △ Pracować w hucie (Stefan) Batory, *pot.* w Batorym (*nie*: na Batorym — kiedy mowa o tak nazwanym zakładzie produkcyjnym). *Ale*: Pracować na statku (Stefan) Batory, *pot.* na Batorym. △ Płynąć na statku (Stefan) Batory, *pot.* na Batorym a. Batorym.

Batumi *n ndm* «miasto w ZSRR» — batumski.

batuta *ż IV*: Podawać takt batutą. △ Pod batutą «pod kierownictwem danego dyrygenta»

Baudelaire (*wym.* Bodler) *m IV, D.* Baudelaire'a (*wym.* Bodlera, p. akcent § 7), *C.* Baudelaire'owi, *N.* Baudelaire'em, *Ms.* Baudelairze: Poezje Baudelaire'a. Pisał rozprawę o Baudelairze.

Baudouin de Courtenay (*wym.* Boduę de Kurtene) Baudouin *m IV, D.* Baudouina (*wym.* Boduena, p. akcent § 7), de Courtenay *ndm*: Prace językoznawcze Jana Baudouina de Courtenay.

baumkuchen (*wym.* bau-mkuchen) *m IV*; a. **baumkuch, bankuch** *m III przestarz., reg., lepiej*: sękacz.

Bawar *m IV, lm M.* ci Bawarzy 1. *przestarz.* «mieszkaniec Bawarii; Bawarczyk»
2. bawar B. bawar a. bawara, *blm, pot.* «piwo bawarskie»: Pić bawara.

Bawaria *ż I, DCMs.* Bawarii «kraina w NRF» — Bawar (p.) — Bawarczyk *m III, lm M.* Bawarczycy — Bawarka (p.) — bawarski (p.).

Bawarka *ż III, lm D.* Bawarek 1. «mieszkanka Bawarii»
2. bawarka *reg.* «osłodzony napój z wody lub herbaty i mleka»

bawarski: Piwo bawarskie (*ale*: Bawarski Las, Wyżyna Bawarska).

bawełna *ż IV, blm*: Krzew bawełny (*rzad.* bawełniany). △ *pot.* Nie obwijając a. nie owijając w bawełnę «wprost, bez ogródek, bez osłonek» △ *rzad.* Obwijać, owijać coś w bawełnę «mówić o czymś nie wprost, aluzjami»

bawełniany: Krzew bawełniany (*częściej*: krzew bawełny). Tkanina, sukienka bawełniana. Przemysł bawełniany (*rzad.* bawełniarski, *przestarz.* bawełniczy). || D Kult. II, 356.

bawełniasty *rzad.* «przypominający włókno bawełny»: Bawełniaste chmury. || D Kult. II, 357.

bawełniczy p. bawełniany.

bawełnopodobny *środ.* «mający niektóre cechy, właściwości bawełny»: Tkaniny bawełnopodobne.

bawić *ndk VIa*, bawiliśmy (p. akcent § 1a i 2a) □ B. kogo (czym): Bawić dzieci, gości. Bawić kogoś rozmową. □ Coś kogo bawi: Bawiło ją przymierzanie sukien. △ *książk.* Bawić oko «zachwycać»: Piękne widoki bawiły oko. □ *książk.* B. gdzie, u kogo: Bawić na wczasach, na wsi, w Krakowie.
bawić się □ B. się czym: Bawić się lalką, piłką. Bawić się czymś zakłopotaniem. □ B. się w co: Bawić się w piłkę, w berka, w klasy. △ Nie bawić się w coś «nie robić rzeczy w swoim przekonaniu zby-

tecznych»: Ujął sprawę ogólnie, nie bawiąc się w szczegóły. □ B. się w kogo «naśladować kogoś, pozować na kogoś»: Bawił się w wielkiego pána.

bawidamek *m III, D.* bawidamka, *lm M.* te bawidamki (*nie:* ci bawidamkowie).

bawół (*nie:* bawoł) *m IV, D.* bawołu (*nie:* bawoła).

baza *ż IV,* w zn. «ogół czynników ważnych dla istnienia i rozwoju czegoś» *lepiej:* podstawa, np. Baza (*lepiej:* podstawa) materialna, naukowa. △ *niepoprawne:* Baza wyjściowa (*zamiast:* punkt wyjścia). Na bazie (*zamiast:* na podstawie, na zasadzie), np. Rozstrzygnąć sprawę na bazie (*zamiast:* na podstawie) przepisów. || *KP Pras.*

bazgracz *m II, lm D.* bazgraczy, *rzad.* bazgraczów; *rzad.* **bazgrała** *ż* a. *m* odm. jak *ż IV, M.* ten a. ta bazgrała (także o mężczyznach), *lm M.* te bazgrały, *D.* bazgrałów (tylko o mężczyznach) a. bazgrał, *B.* tych bazgrałów (tylko o mężczyznach) a. te bazgrały.

bazgrać *ndk IX,* bazgrze, bazgrz, *rzad.* bazgraj, bazgraliśmy (p. akcent § 1a i 2) — **nabazgrać** *dk* △ Bazgrać jak kura pazurem, łapą (*rzad.* patykiem).

bazgrała p. bazgracz.

bazgroły *blp, D.* bazgrołów (*nie:* bazgroł); *rzad.* **bazgrota** *ż IV, lm D.* bazgrot, zwykle w *lm.*

bazia *ż I, lm D.* bazi (*nie:* baź), zwykle w *lm;* in. kotki: Bazie wierzbowe. Bukiet bazi.

bazować *ndk IV,* bazowaliśmy (p. akcent § 1a i 2) □ B. (*lepiej:* opierać się) na czymś, np. Autor bazuje (*lepiej:* opiera się) na obfitej literaturze przedmiotu. □ *niepoprawne* B. na kim (*zamiast:* mieć oparcie w kimś, liczyć na kogoś). || *KP Pras.*

Bazylea a. **Bazyleja** *ż I, DCMs.* Bazylei «miasto w Szwajcarii» — bazylejczyk *m III, lm M.* bazylejczycy — bazylejka *ż III, lm D.* bazylejek — bazylejski.

bazylianin (*nie:* bazylian) *m V, D.* bazylianina, *lm M.* bazylianie, *D.* bazylianów: Klasztor bazylianów.

bazyliański przym. od bazylianin.

bazylika (*wym.* bazylika, *nie:* bazylika, p. akcent § 1c) *ż III.*

bażant *m IV, lm M.* te bażanty: Bażant złocisty. △ *przen.* (*wych. z użycia*) «młody człowiek ekscentrycznie i modnie ubrany»

bażantarnia, *rzad.* **bażanciarnia** *ż I, lm D.* bażantarni (bażanciarni), *rzad.* bażantarń (bażanciarń).

bąbel *m I, D.* bąbla, *lm D.* bąbli.

bądź 1. bądź, bądźmy, bądźcie «formy trybu rozkazującego czasownika: być»
2. «spójnik wyrażający możliwą wymienność części zdań lub zdań równorzędnych; występuje zwykle przed każdym z nich (bądź... bądź), rzadko tylko przed ostatnim, również w połączeniu z partykułami: to, też; w mowie potocznej częściej: albo: Można tam dojechać koleją, bądź autobusem. Jutro się z tobą skomunikuję, bądź zatelefonuję, bądź napiszę kartkę. Opowiadała o wycieczkach, które robiła po okolicy, bądź sama, bądź w towarzystwie (bądź to sama,

bądź to w towarzystwie; bądź to sama, bądź w towarzystwie a. bądź sama, bądź to w towarzystwie) a. bądź sama, bądź też w towarzystwie (*nie:* bądź sama, względnie w towarzystwie).
3. «partykuła występująca po zaimkach pytających, przysłówkach lub wyrażeniach o ich charakterze, nadająca im znaczenie nieokreślone, pisana osobno; odpowiada przyrostkowi *-kolwiek*»: Kto bądź, *lepiej:* ktokolwiek (*nie:* ktokolwiek bądź); co bądź (*nie:* co nie bądź), *lepiej:* cokolwiek (*nie:* cokolwiek bądź); gdzie bądź, *lepiej:* gdziekolwiek (*nie:* gdziekolwiek bądź): Może to zrobić kto bądź. Weź do pomocy kogo bądź. Komu bądź to powiedz, nie mnie. Pójdę gdzie bądź, byle daleko stąd. Przyślij go tu pod jakim bądź pozorem. △ Bądź co bądź «mimo wszystko, jednak» △ *niepoprawne:* W każdym bądź razie (*zamiast:* w każdym razie). Co nie bądź (*zamiast:* co bądź), np. Narzuciła na siebie co nie bądź (*zamiast:* co bądź) i wybiegła z domu. || *KP Pras.*

bąk *m III, DB.* bąka: Kupił synkowi kolorowego bąka. △ *pot.* Strzelić, palnąć bąka «zrobić błąd, palnąć głupstwo» △ *pot.* Zbijać bąki «próżnować»

BBC (*wym.* bibis-i) *n* a. *ż ndm* «skrót angielskiej nazwy Brytyjskiej Korporacji Radiofonicznej»: Pracował w BBC. BBC nadała (nadało) program w języku polskim.

BBWR (*wym.* bebewuer, p. akcent § 6) *m IV, D.* BBWR-u, *Ms.* BBWR-ze a. *n ndm* «Bezpartyjny Blok Współpracy z Rządem (w czasach sanacji)»: Program BBWR a. BBWR-u. BBWR tworzył (tworzyło) silne ugrupowanie w Sejmie. — BBWR-owiec a. bebewuerowiec *m II, D.* BBWR-owca (bebewuerowca), *lm M.* BBWR-owcy (bebewuerowcy) — BBWR-owski a. bebewuerowski.

BCG (*wym.* beseże) *n ndm* «skrót francuskiej nazwy szczepionki przeciwgruźliczej»: Szczepienia BCG.

BCh (*wym.* becha) *blp, ndm pot.* «Bataliony Chłopskie»: Służyć w BCh. BCh dzielnie walczyły z okupantem. — bechowiec (p.).

B-cia «skrót wyrazu: *bracia,* pisany dużą literą, z łącznikiem, bez kropki, stawiany przed nazwiskiem w *lm,* stosowany często na szyldach, w ogłoszeniach handlowych itp., czytany jako cały, odmieniany wyraz»: B-cia Jabłkowscy. Sklep B-ci (*czyt.* braci) Pakulskich.

b.d. «skrót wyrażenia: *bez daty,* pisany z kropkami, czytany jako całe wyrażenie, stosowany w katalogowaniu bibliotecznym dla oznaczenia braku informacji w książce o roku jej wydania» *Por.* b. r.w.

beatles p. bitels.

beatnik p. bitnik.

Beatrycze, *rzad.* **Beatriks** *ż ndm.*

Beaumarchais (*wym.* Bomarsze) *m* odm. jak przym., *D.* Beaumarchais'go (*wym.* Bomarszego, p. akcent § 7) a. (zwykle z odmienianym imieniem) *ndm*: Komedie przyniosły Beaumarchais'mu wielką sławę. Literatura naukowa o Beaumarchais'm (o Piotrze Beaumarchais).

bebech *m III,* zwykle w *lm posp.* «wnętrzności, kiszki»

bebewuerowiec, bebewuerowski p. BBWR.

bebop (*wym.* bibop) *m IV, D.* bebopu (p. akcent § 7), *blm.*

! bebrać się p. babrać się.

bechowiec *m II, D.* bechowca, *W.* bechowcu *pot.* «członek BCh»

becik *m III, D.* becika, *rzad.* beciku.

Beckett (*wym.* Beket) *m IV, D.* Becketta (p. akcent § 7), *Ms.* Beckecie (*wym.* Bekecie): Utwory dramatyczne Becketta.

beczeć (*nie:* beczyć) *ndk VIIb,* beczeliśmy (p. akcent § 1a i 2a) — **beknąć** *dk Va,* beknąłem (*wym.* beknołem, *nie:* beknełem, bekłem), beknął (*wym.* beknoł), beknęła (*wym.* beknela; *nie:* bekła), beknęliśmy (*wym.* bekneliśmy; *nie:* beknęli) **1.** tylko *ndk* w zn. *pot.* «płakać, zwykle głośno» **2.** tylko *dk* w zn. *pot.* «zapłacić bardzo dużo; doświadczyć przykrych konsekwencji popełnionego czynu» □ B. za co: Beknął za samochód 120 tys. Za takie sprawki można grubo beknąć.

beczka *ż III, lm D.* beczek □ B. czego: «beczka zawierająca coś; ilość czegoś mieszcząca się w beczce»: Beczka piwa. □ B. na co «beczka do przechowywania czegoś»: Trzeba kupić nową beczkę na kapustę. □ B. do czego «beczka do stałego przechowywania czegoś»: Beczka do wody. □ B. od czego «beczka o określonym, stałym przeznaczeniu, opróżniona z czegoś»: W beczce od piwa zakwasili kapustę. □ B. po czym, *reg.* z czego «beczka, w której coś było»: W piwnicy stoi beczka po kapuście. □ B. z czym «beczka wraz z zawartością»: Beczka z ogórkami.

beczkowóz (*wym.* beczkowóz) *m IV, D.* beczkowozu.

beczułka *ż III, lm D.* beczułek □ Składnia jak: beczka, np.: Beczułka nafty. Beczułka do ogórków. Beczułka po piwie, *reg.* z piwa. Beczułka na kapustę. Beczułka z winem.

bedeker (*wym.* bedeker) *m IV* «informator turystyczny»: W podróży posługiwał się bedekerem. Dużo wiadomości o mieście wyczytał z bedekera. *Por.* Baedeker.

bedłka (*wym. pot.* bedka) *ż III, lm D.* bedłek.

bednarz *m II, lm D.* bednarzy.

Beduin *m IV, lm M.* Beduini, *D.* Beduinów — Beduinka *ż III, lm D.* Beduinek — beduiński.

beenowski p. BN.

Beethoven, van (*wym.* wan Betowen) *m IV, D.* van Beethovena (p. akcent § 7): Słuchał z płyt symfonii Beethovena a. Ludwiga van Beethovena.

befsztyk (*nie:* bepsztyk) *m III, D.* befsztyka, *rzad.* befsztyku △ Befsztyk po angielsku.

beg p. bej.

begonia (*wym.* begońja) *ż I, DCMs.* i *lm D.* begonii.

behapowiec, behapowski p. bhp

behawiorysta (*wym.* bihewiorysta) *m odm. jak ż IV, CMs.* behawioryście, *lm M.* behawioryści, *DB.* behawiorystów.

behawioryzm (*wym.* bihewioryzm) *m IV, D.* behawioryzmu, *Ms.* behawioryzmie (*wym.* ~yzmie a. ~yźmie), *blm.*

bej *m I, lm M.* bejowie, *D.* bejów; *rzad.* **beg** *m III, lm M.* begowie.

bejca, *rzad.* **bajca** *ż II, lm D.* bejcy (bajcy); *rzad.* **bejc** *m II, D.* bejcu, zwykle *blm; lepiej*: zaprawa.

bejcować, *rzad.* **bajcować** *ndk IV,* bejcowaliśmy, bajcowaliśmy (p. akcent § 1a i 2) — **zabejcować,** *rzad.* **zabajcować** *dk, lepiej*: gruntować (drewno), zaprawiać (żelazo).

Bejrut *m IV, D.* Bejrutu «stolica Libanu» — bejrucki.

I bek *m III, D.* beku «beczenie»: Bek owcy, jelenia △ *przen.* «głośny płacz»

II bek *m III, D.* beka, *lm M.* bekowie *sport., wych. z użycia* «obrońca (w piłce nożnej, w hokeju itp.)»

bekhend *m IV, D.* bekhendu.

bekiesza (*nie:* bekesza) *ż II, lm D.* bekiesz.

beknąć p. beczeć.

bekon *m IV, D.* bekonu, *rzad.* bekona.

bekoniarnia *ż I, lm D.* bekoniarni, *rzad.* bekoniarń.

beksa *ż a. m odm. jak ż IV, M.* ten a. ta beksa (także o mężczyznach), *lm M.* te beksy, *D.* beksów (tylko o mężczyznach) a. beks, *B.* tych beksów (tylko o mężczyznach) a. te beksy.

bel *m I, D.* bela, *lm D.* beli a. belów *elektr., fiz.* «jednostka logarytmiczna»

bela *ż I, lm D.* tych bel △ *pot.* Spity, pijany jak bela «pijany do nieprzytomności»

belcanto (*wym.* belkanto) *n ndm.*

beletrystyka (*wym.* beletrystyka, *nie:* beletrystyka, p. akcent § 1c) *ż III, blm.*

belfer *m IV, D.* belfra, *lm M.* ci belfrowie a. belfrzy a. (z silniejszym zabarwieniem ekspresywnym) te belfry *pot., pogard.* «nauczyciel»

belferka *ż III, blm;* a. **belferstwo** *n III, blm pot., pogard.* «praca nauczycielska»

Belg *m III, lm M.* Belgowie **1.** «obywatel Belgii» **2.** belg *lm M.* belgi; *rzad.* **belga** *ż III;* in. frank belgijski.

Belgia *ż I, DCMs.* Belgii — Belg (p.), *rzad.* Belgijczyk *m III, lm M.* Belgijczycy — Belgijka (p.) — belgijski.

Belgijka *ż III, lm D.* Belgijek **1.** «obywatelka Belgii» **2.** belgijka «rodzaj bluzy z przypinanym kapturem»

Belgrad *m IV, D.* Belgradu «stolica Jugosławii» — belgradczyk *m III, lm M.* belgradczycy — belgradka *ż III, lm D.* belgradek — belgradzki.

belladona (*nie:* belladonna) *ż IV.*

Beludżystan *m IV, D.* Beludżystanu «kraina w Azji» — Beludża *m odm. jak ż II, lm M.* Beludżo-

belweder

wie, *DB*. Beludżów — Beludżyjka *ż III, lm D*. Beludżyjek — beludżystański.

belweder *m IV* **1.** *D*. belwederu «pałacyk, pawilon, altana» (jako nazwa dużą literą): Premier przyjął delegację górników w Belwederze. **2.** *DB*. belwedera «przedmiot (np. telewizor, papieros) marki Belweder» Kupić, zapalić belwedera. // *GPK Por. 112, 116.*

belwederski: Ogród belwederski (*ale*: Apollo Belwederski).

Bełchatów *m IV, D*. Bełchatowa, *C*. Bełchatowowi (*ale*: ku Bełchatowowi a. ku Bełchatowu) «miasto» — bełchatowianin *m V, D*. bełchatowianina, *lm M*. bełchatowianie, *D*. bełchatowian — bełchatowianka *ż III, lm D*. bełchatowianek — bełchatowski.

Bełdany *blp, D*. Bełdan a. (w połączeniu z wyrazem: jezioro) *ndm* «jezioro» — bełdański.

bełkotać *ndk IX*, bełkocze, *przestarz.* bełkoce, bełkotaliśmy (p. akcent § 1a i 2) — **zabełkotać** *dk.*

bełt *m IV, D*. bełtu *rzad.* «cieśnina morska» △ W nazwach dużą literą: Mały, Wielki Bełt.

bełtać (*nie*: bełkać, bołtać) *ndk IX*, bełcze; *rzad.* *I*, bełta — **zbełtać** *dk*: Bełtać wodę.

Bełz *m IV, D*. Bełza (*nie*: Bełzu), *Ms*. Bełzie (*nie*: Bełzu) «miasto» — bełzianin *m V, D*. bełzianina, *lm M*. bełzianie, *D*. bełzian — bełzianka *ż III, lm D*. bełzianek — bełski.

Bełżec *m II, D*. Bełżca «miejscowość» — bełżanin *m V, D*. bełżanina, *lm M*. bełżanie, *D*. bełżan — bełżanka *ż III, lm D*. bełżanek — bełżecki.

Bełżyce *blp, D*. Bełżyc «miasto» — bełżyczanin *m V, D*. bełżyczanina, *lm M*. bełżyczanie, *D*. bełżyczan — bełżyczanka *ż III, lm D*. bełżyczanek — bełżycki.

bemol *m I, D*. bemola, *lm D*. bemoli a. bemolów: Przy nucie postawił bemol.

Benares *m ndm, rzad. m IV, D*. Benaresu «miasto w Indii»: Mieszkańcy Benares (Benaresu). Mieszkać w Benares (w Benaresie).

Benedykt *m IV, lm M*. Benedyktowie — Benek *m III, D*. Benka, *lm M*. Benkowie.

benedyktyn *m IV* **1.** *lm M*. benedyktyni «zakonnik» **2. a. benedyktynka** *ż III*, zwykle *blm* «likier francuski»

benedyktyński: Klasztor benedyktyński. Opactwo benedyktyńskie. △ *przen.* «mozolny, wytrwały» używane zwykle w wyrażeniach: Benedyktyńska praca, cierpliwość.

beneficjum *n VI, lm M*. beneficja, *D*. beneficjów.

benefis *m IV, D*. benefisu: Dzień benefisu znakomitego aktora. Wystąpił na swój benefis w roli tytułowej.

Benelux (*wym.* Beneluks a. Beneluks) *m IV, D*. Beneluxu (p. akcent § 6), *Ms*. Beneluksie «unia gospodarcza Belgii, Holandii i Luksemburga»: Państwa Beneluxu.

Benešić (*wym.* Beneszić) *m I, D*. Benešicia (*wym.* Beneszicia, p. akcent § 7): Prace literackie i przekładowe Benešicia.

Bengalia *ż I, DCMs*. Bengalii «historyczna kraina w płn.-wsch. części Półwyspu Indyjskiego» △ Bengalia Wschodnia «terytorium Bangla Desz; dawniej: prowincja w Pakistanie, tzw. Pakistan Wschodni» △ Bengalia Zachodnia «stan w Indii» — Bengalczyk *m III, lm M*. Bengalczycy — Bengalka *ż III, lm D*. Bengalek — bengalski.

bengalski: Tygrys bengalski. Ognie bengalskie (*ale*: Zatoka Bengalska).

Beniamin *m IV, lm M*. Beniaminowie △ *przen.* beniamin, *częściej*: beniaminek (p.).

Beniaminek *m III, D*. Beniaminka **1.** zdr. od Beniamin.
2. beniaminek, *lm M*. ci beniaminkowie a. te beniaminki; *rzad.* beniamin, *żart., przen.* «najmłodsze dziecko; ulubieniec»: Zostać czyimś beniaminkiem.

benzyna (*wym.* benzyna a. bęzyna) *ż IV, blm.*

Beocja *ż I, DCMs*. Beocji «kraina w Grecji» — Beota *m odm. jak ż IV, lm M*. Beoci, *DB*. Beotów — Beotka *ż III, lm D*. Beotek — beocki.

Berberia *ż I, DCMs*. Berberii «wspólna nazwa Maroka, Algierii i Tunezji» — Berber *m IV, lm M*. Berberzy a. Berberowie — Berberyjka *ż III, lm D*. Berberyjek — berberyjski.

-berczyk p. -berg.

Berdyczów *m IV, D*. Berdyczowa «miasto w ZSRR» — berdyczowianin *m V, D*. berdyczowianina, *lm M*. berdyczowianie, *D*. berdyczowian — berdyczowianka *ż III, lm D*. berdyczowianek — berdyczowski.

berdysz, *przestarz.* **bardysz** *m II, lm D*. berdyszy a. berdyszów (bardyszy a. bardyszów).

berecik *m III, D*. berecika, *rzad.* bereciku.

Berek *m III, D*. Berka **1.** «imię»: Pułkownik Berek Joselewicz poległ w bitwie pod Kockiem.
2. berek, *DB*. berka «gra dziecięca»: Bawić się, grać w berka.

beret *m IV, D*. beretu **1.** «okrągłe, płaskie nakrycie głowy»: Aksamitny, włóczkowy beret.

beretka *ż III, lm D*. beretek *reg.* «beret»

Bereza Kartuska Bereza *ż IV*, Kartuska odm. przym. «miasto w ZSRR» — bereskokartuski.

bereziak *m III, lm M*. ci bereziacy a. (z silniejszym zabarwieniem ekspresywnym): te bereziaki «więzień polityczny sanacyjnego obozu koncentracyjnego w Berezie Kartuskiej»

-berg, -bergia «końcowy człon obcych, głównie niemieckich, nazw geograficznych, zwłaszcza nazw miast, ziem», np.: Heidelberg, Wirtembergia. △ Rzeczowniki będące nazwami mieszkańców tych miast czy ziem, oraz tworzone od nich przymiotniki tracą przed odpowiednimi przyrostkami spółgłoskę *g* i mają zakończenie: -berczyk (*nie*: bergczyk), np.: heidelberczyk, Wirtemberczyk; -berka (*nie*: bergka), np.: heidelberka, Wirtemberka; -berski (*nie*: -bergski), np.: heidelberski, wirtemberski.

bergamota (*nie*: bergamuta, pergamota, pergamuta) *ż IV*; a. **bergamotka** (*nie*: bergamutka, pergamotka, pergamutka) *ż III, lm D.* bergamotek.

-berka p. -berg.

Berkeley (*wym.* Berklej) *m I, D.* Berkeleya (p. akcent § 7): Filozofia Berkeleya.

berlacz *m II, lm D.* berlaczy a. berlaczów, zwykle w *lm przestarz.* «buty zimowe nakładane na zwykłe obuwie»

Berlin *m IV* «stolica NRD» — berlińczyk *m III, lm M.* berlińczycy — berlinianka *ż III, lm D.* berlinianek — berliński.

berło *n III, lm D.* bereł.

Bermudy *blp, D.* Bermudów a. (w połączeniu z wyrazem: archipelag) *ndm* **1.** «archipelag na Oceanie Atlantyckim» — bermudzki.
2. bermudy «rodzaj szortów»

Bern p. Berno.

Bernard *m IV* **1.** *lm M.* Bernardowie «imię»
2. bernard, *lm M.* bernardy «pies»

bernardyn *m IV* **1.** *lm M.* bernardyni «członek zakonu św. Bernarda» **2.** *lm M.* bernardyny, *rzad.* p. bernard (w zn. 2).

berneński przym. od Berno: Ulice berneńskie (*ale*: Alpy Berneńskie).

Berno *n III* «stolica Szwajcarii» — berneńczyk *m III, lm M.* berneńczycy — bernenka *ż III, lm D.* bernenek — berneński (p.).

-berski p. -berg.

Besarabia (*nie*: Bezarabia, Basarabia) *ż I, DCMs.* Besarabii «kraina historyczna między Dniestrem, Prutem a Morzem Czarnym» — besarabski.

besarabski: Ludność besarabska (*ale*: Wyżyna Besarabska).

Beskid *m IV, D.* Beskidu, *lm D.* Beskidów: Beskid Mały, Niski, Śląski. Beskid Zachodni a. Beskidy Zachodnie. — beskidzki.

bessa (*nie*: besa) *ż IV*: Grać na bessę (na giełdzie).

bestia *ż I, DCMs.* i *lm D.* bestii.

bestialski *m-os.* bestialscy «dziki, okrutny, zwierzęcy»
po bestialsku «w sposób bestialski; bestialsko»: Zamordowano go po bestialsku.

bestseller *m IV, D.* bestsellera, *rzad.* bestselleru. || D Kult. II, 583.

Bestużew (*wym.* Biestużew a. Bestużew) *m IV, D.* Bestużewa (*nie*: Bestużewa, p. akcent § 7), *lm M.* Bestużewowie: Działalność rewolucyjna Bestużewów.

bestwić się *ndk VIa*, bestwij się (*nie*: bestw się), bestwiliśmy się (p. akcent § 1a i 2), *częściej*: pastwić się □ B. się nad kim, nad czym (np. nad dzieckiem, zwierzęciem).

besztać *ndk I*, besztaliśmy (p. akcent § 1a i 2) — **zbesztać** *dk*: Zbeształ go za spóźnienie.

bet *m IV, D.* beta, *rzad.* betu, zwykle w *lm pot.* «pościel (zwłaszcza brudna, wymięta)»: Spać w betach.

Betlejem (*nie*: Betleem) *n ndm* «miasto w Jordanii» — betlejemski.

betoniarnia *ż I, lm D.* betoniarni, *rzad.* betoniarń «wytwórnia wyrobów betonowych»

betoniarz *m II, lm D.* betoniarzy.

betonownia *ż I, lm D.* betonowni «wytwórnia masy betonowej»

I bez *m IV, D.* bzu, *C.* bzowi: Krzak bzu.

II bez «przyimek będący proklityką (p. akcent § 4f), łączący się z rzecz. lub zaimkiem w *D.*, wyrażający brak, niewystępowanie tego, co oznacza ten rzeczownik»: Mieszkał sam bez rodziny. Nosiła suknię bez rękawów. Nie poradzą sobie bez nas. Wejść bez pukania. Obejdzie się bez twoich rad. △ *Niepoprawne* (gwarowe) zamiast: *przez*, np.: Przejść bez las (*zamiast*: przez las). *Ale*: Szedł bez butów (*nie*: przez butów). △ W wypowiedzeniach oznaczających stanowczy zakaz czego, np.: Spokojnie, bez paniki. Tylko bez kpin. △ Wyrażenia z przeczeniem (np. nie bez czegoś) oznaczają niewielki stopień natężenia czegoś: Mówiła o tej sprawie nie bez zdenerwowania. Aktor nie bez talentu. Nie bez tego, żeby nie było między nimi sprzeczki. △ Użycia skrótowe z pominięciem rzeczownika: Chodził na spacer w towarzystwie lub bez.
beze tylko w wyrażeniu: Beze mnie (*wym.* beze mnie): Nie wiem, co się tam dzieje beze mnie.

bez- «przedrostek wyrazów pochodnych: przymiotników (np.: bezcelowy, bezręki, bezpośredni), przysłówków (np.: bezdusznie, bezpłatnie), rzeczowników (np.: bezwyznaniowiec, bezład, bezludzie), wyjątkowo czasowników (np. bezcześcić)» △ Przymiotniki z przedrostkiem *bez-* oznaczają cechę stałą. Nie tworzy się ich dla określenia cechy sporadycznej, np. Pasażer bez biletu (*nie*: Pasażer bezbiletowy).
beze- «przedrostek występujący tylko w przymiotniku *bezecny* i w wyrazach od niego pochodnych», np.: bezeceństwo, bezecnie, bezecność, bezecnik, bezecnica. || D Kult. II, 156.

bezdenny «nie mający dna, bardzo głęboki, przepaścisty»: Bezdenna przepaść. △ *przen.* «bezgraniczny, ogromny, używane zwykle w wyrażeniach: Bezdenna rozpacz, bezdenna głupota.

bezdeń *ż V, D.* bezdni; *rzad.* **bezdnia** *ż I, lm D.* bezdni; a. **bezdno** *n III, lm D.* bezden *książk.* «przepaść, otchłań, głębia»: Zapaść się w bezdeń. △ *przen.* Bezdeń lęku.

bezdomny (*nie*: bezdomy) *m-os.* bezdomni, w użyciu rzeczownikowym «człowiek nie mający gdzie mieszkać, bez dachu nad głową»: Bezdomni szukali noclegu.

bezdroże *n I, lm D.* bezdroży: Pojechali konno na bezdroża.

beze p. II bez.

beze- p. bez-.

bezimienny (*wym.* bez-imienny) *m-os.* bezimienni: Bezimienny grób. Bezimienny datek. Bezimienny utwór.

bezkarny *m-os.* bezkarni «nie ukarany, taki, po którym nie nastąpiła kara (dotyczy sprawcy lub czynu)»: Przestępca pozostał bezkarny. Bezkarna zbrodnia.

bezkresny (*nie*: bezkreśny) *rzad., książk.* «nie mający kresu, końca»: Bezkresna puszcza.

bezkreśnie (*nie*: bezkresnie) *rzad., książk.* «bez kresu, bez końca»: Ocean ciągnął się bezkreśnie.

bezkrólewie *n I, lm D.* bezkrólewi.

bezkrytyczność *ż V, blm; rzad.* **bezkrytycyzm** *m IV, D.* bezkrytycyzmu, *Ms.* bezkrytycyzmie (*wym.* ~yzmie a. ~yźmie), *blm.*

bezlik *m III, D.* bezliku, *blm rzad., książk.* «mnóstwo, moc»: Przytłaczał go bezlik spraw do załatwienia.

bez liku «bardzo wiele, mnóstwo»: Rozrywek mieli bez liku.

bezlitosny (*nie*: bezlitośny, bezlitościwy) *m-os.* bezlitośni: Bezlitosny los. Bezlitosna kara. □ B. dla kogo, czego, względem kogo, czego, w stosunku do kogo, czego: Król bezlitosny dla poddanych.

bezlitośnie (*nie*: bezlitosnie) *st. w.* bezlitośniej a. bardziej bezlitośnie: Pastwili się nad nim bezlitośnie.

bez mała p. mały.

beznogi *m-os.* beznodzy «nie mający nóg a. nogi»: Beznogi kaleka. △ *rzad.* Beznogie krzesło, zwykle: krzesło bez nóg.

beznożny *rzad.* «nie mający nóg (z natury)»: Beznożna jaszczurka.

bez ogródek «bezpośrednio, szczerze, nie szukając wymijających sformułowań», używane zwykle w zwrotach: Powiedzieć, wypalić coś bez ogródek.

*bezokolicznik «forma nieodmienna czasownika wyrażająca czynność lub stan w sposób abstrakcyjny, bez określenia liczby, czasu i osoby» **1.** Równoważnikiem znaczeniowym bezokol. w wielu związkach składniowych może być rzecz. odczasownikowy w prostej formie przypadkowej lub w połączeniu z przyimkiem, np.: Zacząć mówić — Zacząć mówienie. Zakazać komuś palić papierosy — Zakazać komuś palenia papierosów. Zapomniała napisać list — Zapomniała o napisaniu listu. △ Rozgraniczenie użycia bezokolicznika i rzeczownika odsłownego trudno ująć w ścisłe przepisy ogólne, podamy więc tu tylko kilka wskazówek.

△ Bezokolicznik występuje wymiennie z rzeczownikami odsłownymi w następujących typach połączeń:

a) zwykle po czasownikach takich jak: zacząć, skończyć, np.: Zaczął pisać list — Zaczął pisanie listu. Skończył liczyć — Skończył liczenie (ale *nie*: Zaczynali wpadanie w popłoch. Zaczął rozpaczanie).

b) w konstrukcjach z czasownikami tzw. modalnymi, oznaczającymi zamierzenie, chęć, postanowienie (oraz po wyrazach i zwrotach zbliżonych do nich znaczeniowo), np.: Starał się dostać na studia — Starał się o dostanie na studia. Wolał chodzić niż jeździć — Wolał chodzenie niż jazdę. Przywykła chodzić pie-

szo — Przywykła do chodzenia pieszo. Zdecydował się powiedzieć prawdę — Zdecydował się na powiedzenie prawdy. △ W obu omówionych grupach (a i b) bezokol. występuje częściej, jest stylistycznie neutralny, używanie tu rzecz. odsłownego jest właściwością języka pisanego.

c) w niektórych konstrukcjach o znaczeniu modalnym typu: mieć możność, mieć sposobność, mieć chęć, nadzieję, mieć w planie, mieć na celu, uważać za możliwe, potrzebne, konieczne, czuć potrzebę itp., np.: Uważał za konieczne załatwić tę sprawę a. załatwienie tej sprawy. Miałam możność poznać tę osobę, a. poznania tej osoby. Uważał za możliwe załatwić tę sprawę a. załatwienie tej sprawy. Czuł potrzebę zwierzyć się ze swych kłopotów (*częściej*: ...zwierzenia się z kłopotów). Miał prawo to zrobić a. Miał prawo zrobienia (do zrobienia tego).

2. Bezokolicznik jest jedynie poprawny w połączeniach z następującymi czasownikami: **a)** z czasownikami fazowymi: przestać, np. Przestał pisać (*ale*: zaprzestał pisania, *nie*: zaprzestał pisać); *książk.* jąć, np. Jął śpiewać.

b) z czasownikami modalnymi i kauzatywnymi (tj. oznaczającymi powodowanie czynności): kazać, musieć, móc, śmieć, postanowić, usiłować, np.: Kazał napalić w piecu. Musiał wykonać plan. Postanowił zrobić niespodziankę.

3. Bezokolicznik jest *niepoprawny* w połączeniach z czasownikami: projektować, proponować, postulować itp., np.: Postulowali połączenie kilku instytucji (*nie*: Postulowali połączyć kilka instytucji). Nowe przepisy umożliwiają przeprowadzenie reform (*nie*: ...umożliwiają przeprowadzić reformy).

4. Należy unikać w swobodnej mowie używania konstrukcji z rzecz. odsłownego na miejscu bezokol., co jest właściwością języka pisanego, zwłaszcza urzędowego, np. Zabrania się otwierania drzwi (*lepiej*: Zabrania się otwierać drzwi).

5. Bezokolicznik jako składnik czasu przyszłego złożonego występuje wymiennie z imiesł. przeszłym na zasadzie równorzędności, np.: Będzie śpiewać a. będzie śpiewał. Będę się uczyć a. będę się uczył (*ale nie*: uczył się będę).

bezpardonowy «bezlitosny, bezwzględny», używane zwykle w wyrażeniach: Bezpardonowa walka, bitwa.

bezpieczeństwo *n III, blm*: Zapewniać, naruszać bezpieczeństwo. Zagrażać czyjemuś bezpieczeństwu. Bezpieczeństwo ze względu na pożar, *rzad.* od pożaru, bezpieczeństwo pod względem pożarowym (*nie*: Bezpieczeństwo pożarowe, przeciwpożarowe). // *D Kult. II, 30.*

bezpieczny *st. w.* bezpieczniejszy a. bardziej bezpieczny **1.** «niczym nie zagrażający»: Bezpieczna droga. Bezpieczna odległość. **2.** *m-os.* bezpieczni «niczym nie zagrożony»: Był bezpieczny w tej kryjówce. □ B. od kogo, czego: Tu są bezpieczni od wrogów. // *D Kult. II, 292.*

bezprawie *n I, lm D.* bezprawi **1.** *blm* «anarchia, bezrząd»: Panuje bezprawie. **2.** «czyn bezprawny; nadużycie»: Dopuścić się bezprawia. Ukrócić czyjeś bezprawie.

bezpylny a. **bezpyłowy**: Bezpylny wywóz śmieci. Nawierzchnia bezpyłowa.

bezradny *m-os.* bezradni, *st. w.* bezradniejszy a. bardziej bezradny: Bezradny malec. Bezradny uśmiech. □ B. wobec k o g o, c z e g o: Był bezradny wobec jej uporu.

bez reszty p. reszta.

bezręki (*nie*: bezręczny) *m-os.* bezręcy: Bezręki inwalida.

bezrobocie *n I*, zwykle *blm.*

bezrobotny 1. *m-os.* bezrobotni «nie mający stałego zatrudnienia, nie mogący znaleźć pracy»: Bezrobotny urzędnik. 2. *rzad.* «wolny od pracy»: Bezrobotny tydzień.
bezrobotny w użyciu rzeczownikowym «człowiek pozostający bez pracy»: Bezrobotni szukali zajęcia.

bezrogi (*nie*: bezrożny) «nie mający rogów»: Bezrogi jeleń.

bezrozumny *m-os.* bezrozumni *książk.* «nierozumny»: Bezrozumne dziecko. Bezrozumny czyn.

bezrzęsy *m-os.* bezrzęsi; *rzad.* **bezrzęsny** *m-os.* bezrzęśni «nie mający rzęs»: Bezrzęse oczy.

bezsens *m IV*, *D.* bezsensu «rzecz, fakt bezsensowny; niedorzeczność, absurd, nonsens»: Bezsens wojny. Nie zrobię tego, to bezsens.

bezsensowność *ż V*, *blm* «bezsensowny charakter czegoś, niedorzeczność, absurdalność»: Zrozumiał całą bezsensowność swych nadziei.

bezsensowny, *rzad.* **bezsensowy**.

bezsilny *m-os.* bezsilni, w zn. «nie mający sił, żeby czemuś podołać, zaradzić; bezradny» □ B. wobec k o g o, c z e g o: Był bezsilny wobec zrządzenia losu.

bezsporny a. **bezsprzeczny**: Bezsporny fakt, dowód. Bezsporna (bezsprzeczna) wina.

beztalencie *n I*, *lm M.* te beztalencia, *D.* beztalenci *środ.*, *pogard.* «człowiek bez talentu»

beztreściowy *rzad.* p. beztreściwy (w zn. 2): Beztreściowy werbalizm.

beztreściwy 1. «pozbawiony wartościowych składników odżywczych»: Beztreściwe jedzenie, beztreściwa pasza. 2. «pozbawiony treści; czczy, jałowy»: Beztreściwe gadanie.

bezuchy (*wym.* bez-uchy) *m-os.* bezusi «nie mający ucha, uszu a. uch»: Bezuchy człowiek. Bezuchy dzbanek. *Por.* bezuszny.

bez ustanku a. **bezustannie**: Leje bez ustanku od trzech dni.

bezustanny in. nieustanny: Bezustanny deszcz.

bezuszny (*wym.* bez-uszny) *rzad.* (tylko w odniesieniu do przedmiotów) «nie mający ucha a. uch»: Bezuszny garnek. *Por.* bezuchy.

bezwąsy *m-os.* bezwąsi: Bezwąsy młodzieniec.

bezwietrzny (*wym.* bezwietszny, *nie*: bezwieczny): Bezwietrzny dzień. Bezwietrzna pogoda.

bezwład *m IV*, *D.* bezwładu, *blm* 1. «porażenie, omdlałość»: Bezwład rąk, nóg. 2. «ociężałość, apatia»: Kogoś ogarnia bezwład. Otrząsnął się z bezwładu.

bezwładność *ż V*, *blm* 1. p. bezwład (w zn. 1 i 2): Bezwładność po długim omdleniu. Bezwładność czyjegoś umysłu. 2. «fizyczna właściwość ciał; inercja»: Bezwładność materii.

bezwzględny *m-os.* bezwzględni, *st. w.* bezwzględniejszy a. bardziej bezwzględny □ B. w stosunku do k o g o a. dla k o g o «surowy, okrutny w stosunku do kogoś»: Był w swoich sądach bezwzględny, nawet w stosunku do przyjaciół.

bezzębny (*nie*: bezzęby) *m-os.* bezzębni: Bezzębne usta.

I beż *ndm*; a. **beżowy** «koloru mlecznej kawy; piaskowy»: Sukienka beż a. beżowa. || *D Kult. II, 306.*

II beż *m II*, *D.* beżu «kolor mlecznej kawy, odcień tego koloru»: Modne są w tym roku beże i brązy. || *D Kult. I, 486.*

bębnić *ndk VIa*, bębnij, bębniliśmy (p. akcent § 1a i 2) — **zabębnić** *dk* □ B. bez dop.: Dobosze bębnili. □ B. czym w co, po czym: Bębnić w bęben. Bębnić palcami po stole. Bębnić pięściami w drzwi. □ (tylko *ndk*) *pot.* B. o czym; b. że... «rozgłaszać, rozpowiadać coś»: O tych zajściach bębnią już po całym mieście. □ B. na czym «grać głośno, nieudolnie na instrumencie klawiszowym»: Bębnić na fortepianie.

bęcwał *m IV*, *lm M.* te bęcwały *pogard.* «człowiek bezmyślny, leniwy, głupiec, leń»

Będzin *m IV* «miasto» — będzinianin *m V*, *D.* będzinianina, *lm M.* będzinianie, *D.* będzinian — będzinianka *ż III*, *lm D.* będzinianek — będziński.

bękart *m IV*, *lm M.* te bękarty.

bhp (*wym.* behape) «skrót wyrażenia: *bezpieczeństwo i higiena pracy*, pisany bez kropek, czytany czasem jako całe, odmieniane wyrażenie»: Przepisy bhp. Bhp jest regulowane szczegółowymi przepisami. — behapowiec *m II*, *D.* behapowca, *lm M.* behapowcy — behapowski.

bi- «pierwszy człon wyrazów pochodzenia obcego (rzeczowników lub przymiotników), pisany łącznie, wskazujący na występowanie czegoś dwukrotnie, podwójnie, obustronnie itp.; jego polskim odpowiednikiem jest: dwu-», np.: bilateralny, bitonalność.

biadać *ndk I*, biadaliśmy (p. akcent § 1a i 2) □ B. nad kim, nad czym: Biadać nad swoją niedolą. Biadać nad zgubionymi pieniędzmi.

biadolić *ndk VIa*, biadoliliśmy (p. akcent § 1a i 2) *pot.* «lamentować, wyrzekać, ubolewać»: Biadolił o byle głupstwo. □ B. nad kim, nad czym: Biadolić nad chorym. □ B. na co: Biadolić na swój los. □ B. bez dop.: Koledzy unikali jej, bo za często biadoliła.

Biafra *ż IV*, *CMs.* Biafrze a. (w połączeniu z wyrazami: prowincja, zatoka) *ndm* «wschodnia prowincja Nigerii; zatoka u zachodnich wybrzeży Afryki»: Secesja Biafry. Port nad Biafrą (nad zatoką Biafra). — Biafrańczyk *m III*, *lm M.* Biafrańczycy — Biafranka *ż III*, *lm D.* Biafranek — biafrański. || *KJP 123.*

Biała

Biała *ż* odm. jak przym., *B*. Białą (*nie*: Białę) «miejscowość»: Jechać do Białej. Rozbudować Białą. — bialski.

Biała Podlaska oba człony odm. jak przym. «miasto»: Jechać do Białej Podlaskiej (*nie*: do Białej Podlaski). Znać Białą Podlaską (*nie*: Białę Podlaską). Mieszkać w Białej Podlaskiej (*nie*: w Białej Podlasce). — bialski.

biało *st. w.* bielej (*nie*: bialej).

biało- 1. «pierwszy człon wyrazów złożonych» **a)** «w przymiotnikach złożonych oznacza zabarwienie białe lub biały odcień koloru określonego przez drugi człon złożenia, pisany łącznie», np. białoszary «szary z domieszką białego» **b)** «w przymiotnikach złożonych o charakterze dzierżawczym wskazuje na biały kolor przedmiotu nazywanego przez drugi, rzeczownikowy człon złożenia, pisany łącznie», np. białobrody «mający białą brodę» **c)** «w rzeczownikach złożonych o charakterze dzierżawczym wskazuje na biały kolor tego, co nazywa drugi, rzeczownikowy człon złożenia, pisany łącznie», np. białonóżka «klacz mająca białą nóżkę, białe nóżki» 2. «część składowa przymiotników złożonych z członów znaczeniowo równorzędnych, pisana z łącznikiem», np.: biało-czerwony «biały i czerwony», biało--czerwono-zielony «biały, czerwony i zielony (o fladze, materiale w paski itp.)» △ Wyrażenia, w których pierwszym członem jest przysłówek a drugim imiesłów, pisze się rozdzielnie, np. biało nakrapiany.

Białobrzegi *blp*, *D*. Białobrzegów, *reg.* także: Białobrzeg «miejscowość» — białobrzeski.

białodrzew *m IV*, *rzad. m I*, *D*. białodrzewu, *rzad.* białod.zewia, *Ms*. białodrzewie, *rzad.* białodrzewiu.

Białogard *m IV*, *D*. Białogardu «miasto» — białogardzki.

białorusycyzm, *rzad.* **białorusyzm** *m IV*, *D*. białorusycyzmu (białorusyzmu), *Ms*. białorusycyzmie, białorusyzmie (*wym.* ~yzmie a. ~yźmie).

białoruszczyzna *ż IV*, *DCMs*. białoruszczyźnie, *blm* «język białoruski, kultura białoruska»

Białoruś *ż V* «republika związkowa w ZSRR»: Na Białorusi rozwija się przemysł maszynowy. — Białorusin *m IV*, *lm M*. Białorusini, *D*. Białorusinów; *przestarz.* Białorus *m IV*, *lm M*. Białorusy — Białorusinka *ż III*, *lm D*. Białorusinek — białoruski.

Białostocczyzna (*nie*: Białostoczyzna) *ż IV*: Mieszkać na Białostocczyźnie.

białostocki: Mieszkać w województwie białostockim.

Białostockie *n* odm. jak przym., *NMs*. Białostockiem: Mieszkać w Białostockiem.

białowieski (*nie*: białowiejski) przym. od Białowieża: Roślinność białowieska (*ale*: Puszcza Białowieska).

Białowieża *ż II* «miejscowość» — białowieski (p.).

biały *m-os.* biali (*nie*: bieli), *st. w.* bielszy (*nie*: bialszy) △ Białe tango, biały walc «tango, walc, do

których panie proszą panów (*nie*: tańczone nad ranem)» △ *przestarz.* Biały mazur «mazur tańczony nad ranem»

Biały Dunajec, Biały odm. przym., Dunajec *m II*, *D*. Dunajca «rzeka i miejscowość»

Białystok (*wym.* Białystok, *nie*: Białystok) odm. oba człony: Biały odm. przym., ~stok *m III*, *D*. Białegostoku, *C*. Białemustokowi, *Ms*. Białymstoku «miasto» — białostocczanin *m V*, *D*. białostocczanina, *lm M*. białostocczanie, *D*. białostocczan — białostocczanka *ż III*, *lm D*. białostocczanek — białostocki (p.).

biatlon (*wym.* bi-atlon) *m IV*, *D*. biatlonu, *lepiej*: dwubój zimowy. || *JP 1969, 378.*

bibelot *m IV*, *D*. bibelotu, *Ms*. bibelocie, zwykle w *lm*.

Biblia *ż I*, *DCMs*. i *lm D*. Biblii △ w zn. *przen.* małą literą: „Pan Tadeusz" był biblią polskości.

bibliofil *m I*, *lm D*. bibliofili a. bibliofilów; *rzad.* **biblioman** *m IV*, *lm M*. bibliomani, *D*. bibliomanów «miłośnik, znawca, zbieracz książek»

bibliograf *m IV*, *lm M*. bibliografowie «specjalista w dziedzinie bibliografii» **bibliograf** — o kobiecie, p. nazwy i tytuły zawodowe kobiet.

bibliografia *ż I*, *DCMs*. i *lm D*. bibliografii: Bibliografia czyjejś twórczości.

biblioman p. bibliofil.

biblioteka (*wym.* biblioteka, *nie*: biblioteka, biblioteka) *ż III*: Wziąć książkę z biblioteki (*ale*: z Biblioteki Narodowej). || *D Kult. II, 565.*

bibosz *m II*, *lm D*. biboszy, *rzad.* biboszów.

bibrety *blp*, *D*. bibretów: Nosił ciepłą szubę podbitą bibretami.

bibularz *m II*, *lm D*. bibularzy *reg.* p. suszka (w zn. 1).

bić *ndk Xa*, biliśmy (p. akcenc § 1a i 2) w zn. «chłostać» □ B. w co a. po czym: Bić w twarz a. po twarzy. Bić w plecy a. po plecach. **bić się** w zn. «walczyć» □ B. się na co, czym: Bić się na szable, bić się kijami. □ B. się za kogo, za co «walczyć w czyjejś obronie a. w obronie czegoś» □ B. się o kogo, o co **a)** «walczyć w czyjejś obronie a. w obronie czegoś» **b)** «współzawodniczyć w zdobywaniu kogoś, czegoś walką»: Bili się na szpady o dziewczynę. △ *przen.* (*lepiej*: walczyć): Bić się (*lepiej*: Walczyć) o podniesienie płac nauczycielom. || *D Kult. I, 31; KP Pras.*

Bidault (*wym.* Bido) *m IV*, *D*. Bidaulta (*wym.* Bidota, p. akcent § 7) a. (zwykle z odmienianym imieniem lub tytułem) *ndm*: Polityka Bidaulta a. ministra Bidault.

Biebrza *ż II* «rzeka» — biebrzański (p.).

biebrzański: Nurt biebrzański (*ale*: Bagno Biebrzańskie).

biec a. **biegnąć** *ndk Vc*, biegł (*nie*: biegnął), biegliśmy (p. akcent § 1a i 2)

Biecz *m II* «miasto» — bieczanin *m V, D.* bieczanina, *lm M.* bieczanie, *D.* bieczan — bieczanka *ż III, lm D.* bieczanek — biecki.

bieda (*pot.* często *wym.* bida) *ż IV.*

biedactwo (*nie:* biedastwo; *wym. pot.* bidactwo) *n III, lm D.* biedactw.

biedaczyna (*wym. pot.* bidaczyna) *m* a. *ż* odm. jak *ż IV, M.* ten a. ta biedaczyna (także o mężczyznach), *lm M.* te biedaczyny, *D.* tych biedaczynów (tylko o mężczyznach) a. tych biedaczyn, *B.* tych biedaczynów (tylko o mężczyznach) a. te biedaczyny.

biedaczysko (*wym. pot.* bidaczysko) *n* a. *m* odm. jak *n II, M.* to a. ten biedaczysko, *lm M.* te biedaczyska, *D.* tych biedaczysków a. biedaczysk, *B.* te biedaczyska a. tych biedaczysków.

biedak (*wym. pot.* bidak) *m III, lm M.* ci biedacy a. (z silniejszym zabarwieniem ekspresywnym) te biedaki: Jakże te biedaki były wygłodniałe.

biedaka (*wym. pot.* bidaka) *m* a. *ż* odm. jak *ż III,* ten a. ta biedaka (także o mężczyznach), *lm M.* biedaki, *D.* biedaków (tylko o mężczyznach) a. biedak, *B.* tych biedaków (tylko o mężczyznach) a. te biedaki *rzad.* «biedaczysko»: Biedaka złamał nogę. Ona, biedaka, wiele wycierpiała. Te biedaki wszystko straciły podczas wojny.

biedermeier (*wym.* bidermajer) *m IV, D.* biedermeieru, *Ms.* biedermeierze 1. «styl, głównie w meblarstwie»: Charakterystyka biedermeieru. △ Jako przydawka rzeczowna *ndm*: Meble w stylu biedermeier, meble biedermeier. 2. *DB.* biedermeiera «przedmiot, mebel w tym stylu»: W pokoju jadalnym mam biedermeiery.

biedniak *m III, lm M.* biedniacy *środ.* «chłop należący do biedoty wiejskiej»

biedota (*wym. pot.* bidota) *ż IV* 1. *blm* «ludzie biedni»: W taniej restauracji jadała tylko biedota. 2. *rzad.* a) *M.* ten a. ta biedota (także o mężczyznach), *lm M.* te biedoty «człowiek ubogi; człowiek godny współczucia»: Miała, biedota, przetartą spódnicę. Osierociał bardzo wcześnie, biedota. b) *blm przestarz.* «ubóstwo, nędza»: Biedota lepianki kontrastowała z przepychem pałacu.

biedula (*wym. pot.* bidula) *ż* a. *m* odm. jak *ż I, M.* ten a. ta biedula (także o mężczyznach), *lm M.* te biedule *pot.* «człowiek biedny, godzien litości»

biedzić się *ndk VIa,* biedzę się, biedziliśmy się (p. akcent § 1a i 2) — **nabiedzić się** *dk*: Biedził się dwie godziny próbując naprawić maszynę. □ B. się nad czym «mozolić się, trudzić się przy czymś»: Biedzić się nad rozwiązaniem zagadki. □ *przestarz.* B. się z kim, czym «mieć długotrwały kłopot z powodu kogoś, czegoś»: Cały rok biedził się z chorobą. Biedzić się z cerowaniem bielizny.

biegać *ndk I,* biegaliśmy (p. akcent § 1a i 2) □ B. za kim «ubiegać się o czyjeś względy»: Studia mało go obchodzą, biega za kobietami. □ B. po co (co się znajduje w określonym miejscu) □ *pot.* B. za czym (co można znaleźć w różnych miejscach): Całe przedpołudnie biegała za młodymi kartoflami, ale jeszcze ich nigdzie nie sprzedawali. || *KJP 426.*

biegnąć p. biec.

biel *ż. V* 1. *blm* «kolor biały, białość» 2. «biały barwnik mający zastosowanie w technice i malarstwie» 3. *ż V* a. *m I, D.* bielu «biaława warstwa drzewa znajdująca się tuż pod korą» 4. *m I, D.* bielu «bagienny, podmokły teren» 5. *ż V, blm przestarz., książk.* «biały ubiór»: Kobieta w bieli.

Bielany *blp, D.* Bielan «dzielnica Warszawy, Krakowa»: Pojechać na Bielany. Klasztor kamedułów na Bielanach. — bielański.

Bielawa *ż IV* «miasto» — bielawski.

bieleć *ndk III,* bielałby (p. akcent § 4c) 1. — zbieleć *dk* «stawać się białym, jasnym, siwym; bielić się»: Lis polarny bieleje na zimę. Włosy mu bielały z wiekiem. 2. ukazywać się jako biała plama na ciemniejszym tle; bielić się»: W mroku bielały (a. bieliły się) kontury domu. Por. bielić. || *KJP, 298.*

bielić *ndk VIa,* bieliliśmy (p. akcent § 1a i 2) 1. «czynić białym, malować na biało»: Bielić dom wapnem. 2. «odbarwiać, czyścić środkami chemicznymi lub naturalnymi»: Bielić płótno na słońcu. Bielić mąkę do produkcji pieczywa.
bielić się 1. *rzad.* p. bieleć (w zn. 1): Żyta zaczynały się bielić (a. bieleć). 2. p. bielić (w zn. 2): Na morzu bieliły się (bielały) żagle. || *KJP 298. Por.* bieleć.

Bielsko-Biała, Bielsko *n II,* Biała odm. przym. «miasto»: Jechać do Bielska-Białej. Rozbudować Bielsko-Białą (*nie:* Bielsko-Białę). — bielski.

Bielsk Podlaski, Bielsk *m III,* Podlaski odm. przym. «miasto»: Szkoła w Bielsku Podlaskim. — bielski.

bielutki *m-os.* bielutcy; *rzad.* **bialutki** *m-os.* bialutcy (podobnie w innych formach zdrobniałych o odcieniu intensywnym, pochodnych od przym. biały, np. bieluchny, *rzad.* bialuchny)

biennale *n ndm* «impreza artystyczna odbywająca się co dwa lata lub trwająca dwa lata»: Otrzymać nagrodę na biennale we Włoszech.

biennium (*wym.* bi-eńjum, *nie:* bienium) *n VI* «okres dwuletni»

Bierdiajew (*wym.* Bierdiajew) *m IV, D.* Bierdiajewa (*nie:* Bierdiajewa, p. akcent § 7): Studiował muzykę wraz z Bierdiajewem.

*bierna strona p. czasownik (punkt IV).

*biernik jest czwartym przypadkiem deklinacji, właściwym dopełnieniu bliższemu, które oznacza przedmiot czynności wyrażonej formą czasownika. 1. Regularną końcówką biernika *lp* rzeczowników żeńskich samogłoskowych na -*a*, -*i* oraz rzecz. męskich zakończonych na -*a* (i odmieniających się w *lp* jak rzeczowniki żeńskie samogłoskowe) jest -*ę*, w rzecz. żeńskich spółgłoskowych B. równy jest *M.,* np.: wodę, żonę, kotkę, boginię, ciocię; starostę, dowódcę, niedołęgę; mysz, maść. △ Odstępstwem jest tu rzeczownik *pani,* który ma biernik zakończony na -*ą*. 2. Biernik rzeczowników męskich: a) rzeczowniki żywotne w *lp* mają B. równy *D.,* zakończony na -*a,* np. widzę brata, psa, konia (wyjątek: wołu).
b) rzeczowniki nieżywotne mają w *lp* B. równy *M.,* np. widzę stół, nóż, płotek.
c) w liczbie mnogiej tylko rzeczowniki męskoosobowe mają B. równy *D.,* np. widzę braci, chłopców,

43

ale: widzę psy, wilki, konie (*nie*: psów, wilków, koni).
d) w wyrazach typu: *niedołęga, ciamajda* (o zabarwieniu ekspresywnym) występuje czasem *B.* równy *M.*, np. widzę te niedołęgi, ciamajdy (o mężczyznach).
3. Oprócz rzeczowników żywotnych *B. lp* równy dopełniaczowi występuje w następujących typach rzeczowników: **a)** w nazwach osób umarłych lub istot, zjaw „nadprzyrodzonych", np. widzę nieboszczyka, topielca, trupa, ducha, diabła.
b) w nazwach tańców (w połączeniu z niektórymi czasownikami), np.: grać, śpiewać, tańczyć, słuchać mazura, walca, poloneza (*ale*: napisać, skomponować poloneza a. poloneza, mazurek a. mazurka — gdy mowa o utworze muzycznym).
c) w nazwach niektórych gier, np. grać w tenisa, w brydża, w preferansa (*ale*: w bilard).
d) w nazwach monet, np.: wydać rubla, zapłacić złotego, kupić za dolara (*ale*: za grosz, *nie*: za grosza).
e) w nazwach wyrobów fabrycznych (np. samochodów, papierosów), np.: Kupić forda, fiata, sporta, wawela. Zapalić sporta. Upuścić sporta na dywan; *także*: zapalić papierosa (*ale*: wziąć, zgasić papieros a. papierosa; upuścić papierosa a. papieros na podłogę).
f) w nazwach figur szachowych i kart, np. mieć laufra, asa, waleta, dżokera.
g) w wielu utartych zwrotach, np.: *pot.* Mieć stracha, bzika, fioła. Mieć nosa. Dać drapaka. Nabić guza. Spłatać figla, psikusa.
△ Uwaga. W nazwach grzybów i owoców biernik równy dopełniaczowi występuje zwykle wymiennie z biernikiem równym mianownikowi, np.: Znaleźć borowika a. borowik. Zjeść ananasa a. ananas.
4. W zdaniu zaprzeczonym dopełnienie bliższe ma formę dopełniacza zamiast biernika, np.: Kocham matkę — Nie kocham matki. Jem obiad — Nie jem obiadu. Zachować spokój — Nie zachować spokoju.
△ Użycie biernika w funkcji dopełnienia bliższego po czasownikach zaprzeczonych jest rażącym błędem, z wyjątkiem następujących dopuszczalnych odstępstw od tej reguły: **a)** biernik obok dopełniacza może wystąpić w konstrukcjach, w których dopełnienie bliższe zależy od zaprzeczonego czasownika nie bezpośrednio, lecz za pośrednictwem bezokolicznika, np.: Nie uważała za stosowne trzymać język za zębami. Nie wystarczy otworzyć listę a. listy. Niepodobna załatwić tej sprawy a. tę sprawę. Nie sposób wysłać listu a. list.
b) jeżeli biernik ma funkcję okolicznika czasu lub miejsca, może czasem występować obok dopełniacza, np. Siedział tu trzy godziny — Nie siedział tu trzy godziny (*lepiej*: ...trzech godzin), *ale*: Uszedł już trzy kilometry — Nie uszedł jeszcze trzech kilometrów (*nie*: ...trzy kilometry).
c) biernik może występować wymiennie z dopełniaczem, jeżeli jest dopełnieniem poprzedzonym wyrazem *jako*, np. Traktował to jako obelgę — Nie traktował tego jako obelgę a. obelgi.
5. Dopełnienie bliższe ma formę dopełniacza, jeśli czasownik zastępujemy rzeczownikiem odsłownym, np.: Zdobyć uznanie — Zdobycie uznania. Prać bieliznę — Pranie bielizny.
6. W wielu konstrukcjach składniowych biernik występuje obok dopełniacza: **a)** w konstrukcjach z czasownikami rządzącymi tzw. dopełniaczem cząstkowym, np.: Wziąć wino (całe), *obok*: wziąć wina (tro-

chę). Dać chleb *obok*: Dać chleba. Kupić cukier *obok*: Kupić cukru.
b) biernik występuje obok dopełniacza w związkach składniowych niektórych czasowników, np.: Prosić, pytać siostrę, *rzad.* siostry. Dostarczać co, *częściej*: czego. Dozorować co a. dozorować czego. △ W niektórych związkach wymienność biernika z dopełniaczem łączy się ze zróżnicowaniem znaczeniowym, np.: dotknąć kogo (biernik) «obrazić» *obok*: dotknąć kogo, czego «wejść w kontakt za pomocą dotyku». Przestrzegać matkę przed czym (*ale*: przestrzegać przepisów). Daj ołówka (na chwilę) *obok*: daj ołówek (na chwilę a. na stałe).
7. Częsta jest wymienność biernika z narzędnikiem w dopełnieniu bliższym (zachodzi ona zwykle w związkach składniowych czasowników oznaczających wprawianie w ruch), np. rzucać co a. czym.
8. Biernika w połączeniu z czasownikami: *dyskutować, decydować* używa się obocznie z konstrukcją przyimkową „o czym", np.: dyskutować co — dyskutować o czym, decydować o czym — *rzad.* decydować co.
9. Biernik w funkcji okolicznika miary czasu występuje obocznie z konstrukcją przyimkową z przyimkiem *przez*, np. Mieszkać dwa lata w Krakowie *obok*: Mieszkać przez dwa lata w Krakowie. // D Kult. I, 229; II, 173; KJP 304—319.

bies *m IV, lm M.* te biesy «zły duch; diabeł»

Bieszczady *blp, D.* Bieszczad, *rzad.* Bieszczadów «góry»: Jechać w Bieszczady. — bieszczadzki // D Kult. II, 531.

bieżąco «bez opóźnienia, w miarę zdarzania się jakichś faktów»: Bieżąco prowadzić pamiętnik. △ Robić coś na bieżąco.

bifurkacja *ż I, DCMs.* i *lm D.* bifurkacji *książk.* «rozszczepienie czegoś w dwu kierunkach, rozdzielenie na dwie części, grupy; rozwidlenie, rozgałęzienie»

bigamia *ż I, DCMs.* i *lm D.* bigamii «zawarcie (także przez kobietę) nowego małżeństwa w czasie trwania poprzedniego; *rzad.* dwużeństwo»

big-band (*wym.* big bend) *m IV* (odmienny tylko drugi człon), *D.* big-bandu.

big-beat (*wym.* big bit) *m IV* (odmienny tylko drugi człon), *D.* big-beatu.

bigbitowiec (*nie*: bigbeatowiec) *m II, D.* bigbitowca.

bigbitowy (*nie*: bigbeatowy) przym. od big-beat.

Bihar *m IV, D.* Biharu a. (w połączeniu z wyrazami: stan, miasto) *ndm* «stan i miasto w Indii»: Mieszkać w Biharze (w stanie Bihar). — Biharczyk (p.) — Biharka (p.) — biharski.

Biharczyk *m III* **1.** *lm M.* Biharczycy «mieszkaniec stanu Bihar»
2. biharczyk «mieszkaniec miasta Bihar»

Biharka *ż III, lm D.* Biharek **1.** «mieszkanka stanu Bihar»
2. biharka «mieszkanka miasta Bihar»

bijatyka (*wym.* bijatyka, *nie*: bijatyka) *ż III.*

Bikini *n ndm* **1.** «wyspa na Oceanie Spokojnym»
2. bikini «rodzaj dwuczęściowego damskiego kostiumu plażowego»

bikiniarz *m II, lm D.* bikiniarzy *wych. z użycia, pot.* «osobnik popisujący się jaskrawym strojem, pozujący na złotego młodzieńca»

bil *m I reg.* «świeża słonina»

bilans (*wym.* bilãs) *m IV, D.* bilansu, *lm M.* bilanse, *rzad.* bilansy, *D.* bilansów (*nie*: bilansy) «zestawienie przychodów i rozchodów; stosunek przybytku czegoś do ubytku» △ *niepoprawne* w zn. «wykaz», np. Bilans (*zamiast*: wykaz) zmian.

bilansować (*wym.* bilãsować) *ndk IV*, bilansowaliśmy (p. akcent § 1a i 2) — **zbilansować** *dk* «sporządzać bilans» △ *przen.* «zestawiać, porównywać; podsumowywać»: Bilansowano osiągnięcia załogi. Zbilansować przyswojone wiadomości.

bilard *m IV, D.* bilardu: Grać w bilard.

bilardzista *m odm. jak ż IV, lm M.* bilardziści, *DB.* bilardzistów.

bilateralny *książk.* «dwustronny, obustronny»: Bilateralne umowy handlowe między Polską a Francją.

bilet *m IV, D.* biletu, *lm M.* bilety (*nie*: bileta): Bilet do teatru, na koncert. Bezpłatny (*nie*: wolny) bilet. Bilet ważny (*nie*: z ważnością) od... do. Bilet dla jednej osoby (*nie*: opiewający na jedną osobę). Bilet wejścia. Mieć (*nie*: posiadać) bilet. Wchodzić gdzieś, wpuszczać kogoś gdzieś za biletami.

bilingwizm *m IV, D.* bilingwizmu, *Ms.* bilingwizmie (*wym.* ~izmie a. ~iźmie), *blm* «dwujęzyczność»

Biłgoraj *m I, D.* Biłgoraja — biłgorajski.

bimbać *ndk I*, bimbaliśmy (p. akcent § 1a i 2) *pot.* «lekceważyć kogoś, coś» □ B. bez dop.: Nie chodził na wykłady, bimbał sobie. □ B. (sobie) na co (na kogo) a. z czego (z kogo): Był zarozumiały i na wszystkich bimbał. Administracja nadal sobie bimba z kłopotów lokatorów budynku. // *Kl. Aleź 13; KP Pras.*

bimber *m IV, D.* bimbru *pot.* «wódka pędzona domowym sposobem; samogon»: Pędzić bimber.

bimbrownictwo, *rzad.* **bimbrarstwo** *n III, blm.*

bimbrownik *m III; rzad.* **bimbrarz** *m II, lm D.* bimbrarzy.

binokle *blp, D.* binokli.

bio- (*wym.* bi-o a. bijo) «pierwszy człon wyrazów pochodzenia obcego, pisany łącznie, wskazujący na ich związek znaczeniowy z procesami życiowymi», np.: biogeneza, biologia, biotop; biograficzny; biochemicznie.

biodro (*nie*: biedro) *n III, lm D.* bioder (*nie*: biódr).

biograf (*wym.* bi-ograf a. bijograf) *m IV, lm M.* biografowie.

biograf, *rzad.* **biografka** *ż III, lm D.* biografek — o kobiecie, p. nazwy i tytuły zawodowe kobiet.

biografia (*wym.* bi-ografia a. bijografia) *ż I, DCMs.* i *lm D.* biografii.

biolog (*wym.* bi-olog a. bijolog) *m III, lm M.* biolodzy a. biologowie
biolog (*nie*: bioложka) — o kobiecie, p. nazwy i tytuły zawodowe kobiet. // *U Pol. (2), 450.*

biologia (*wym.* bi-ologia a. bijologia) *ż I, DCMs.* biologii, zwykle *blm*. // *D Kult. I, 761; U Pol. (2), 450.*

bionika (*wym.* bi-onika a. bijonika; p. akcent § 1c), *ż III*, zwykle *blm*.

birbant *m IV, lm M.* ci birbanci a. (z silniejszym zabarwieniem ekspresywnym) te birbanty *wych. z użycia* «hulaka»

Birma (*nie*: Burma) *ż IV* «państwo w Azji» — Birmańczyk *m III, lm M.* Birmańczycy — Birmanka *ż III, lm D.* Birmanek — birmański.

I bis *m IV, D.* bisu: Publiczność domagała się bisu. Zaśpiewać coś na bis.

II bis *ndm*: Tramwaj 10 bis.

bisior *m IV, D.* bisioru.

biskajski: Brzeg biskajski (*ale*: Zatoka Biskajska).

biskup *m IV, lm M.* biskupi (skrót: bp).

Biskupiec *m II, D.* Biskupca «miasto» — biskupiecki.

Biskupin *m IV* «wieś; gród przedhistoryczny» — biskupiński (p.).

biskupiński: Gród biskupiński (*ale*: Jezioro Biskupińskie).

biskwit *m IV, D.* biskwitu.

bisować *ndk IV*, bisowaliśmy (p. akcent § 1a i 2) 1. «powtarzać lub wykonywać nadprogramowo jakiś utwór» □ B. bez dop.: Artysta zmuszony był kilka razy bisować. □ B. co: Bisować piosenkę. 2. *przestarz.* «wołać: bis!» □ B. bez dop.: Publiczność bisowała bez końca.

bistro (*wym.* bistro, *nie*: bistro) *n III, lm D.* bistr a. *n ndm*: Wypił w bistrze (w bistro) kieliszek wina.

bisurman *m IV, lm M.* ci bisurmani a. (z silniejszym zabarwieniem ekspresywnym) te bisurmany; a. **bisurmanin** *m V, D.* bisurmanina, *lm M.* bisurmanie, *DB.* bisurmanów *daw., pogard.* «muzułmanin, mahometanin» △ dziś *przen., żart.* tylko: bisurman «rozbrykane, rozhukane dziecko»

biszkopt *m IV* 1. *D.* biszkoptu «rodzaj ciasta» 2. *D.* biszkopta, *B.* biszkopt a. (*pot.*) biszkopta «ciasteczko z takiego ciasta»: Zjadł ostatniego biszkopta i popił łykiem kawy. Dałem dziecku biszkopt a. biszkopta.

bitels a. **beatles** (*wym.* bitels) *m IV, lm M.* bitelsi (beatlesi).

bitelsowski: Zespół bitelsowski.

bitka *ż III, lm D.* bitek 1. *pot.* «zwada, bijatyka, bójka»: Brać się do bitki. 2. tylko w *lm* «kotlety bite» 3. *karc. lepiej*: lewa.

bitnik a. **beatnik** (*wym.* bitnik) *m III, lm M.* bitnicy (beatnicy).

bitnikowski: Bitnikowska młodzież.

bitwa *ż IV, lm D.* bitew, *rzad.* bitw 1. «zbrojne starcie»: Stoczyć, wydać bitwę. □ B. o co: Bitwa o miasto. 2. *przestarz.* «bójka»: Od słów przyszło do bitwy. 3. *przen.* «zorganizowana, wytężona akcja» *lepiej*: walka, np. Bitwa (*lepiej*: walka) o wykonanie planu.

biuletyn *m IV, D.* biuletynu: Biuletyn urzędowy, informacyjny, meteorologiczny. Redakcja Biuletynu Polskiego Towarzystwa Językoznawczego. □ B. o czym: Biuletyn o stanie zdrowia (np. głowy państwa).

biuro *n III, C.* biuru (*nie:* biurowi): Biuro przepustek, tłumaczeń; biuro adresowe. Być w biurze (*nie:* na biurze). △ W nazwach instytucji dużą literą: Pracuje w Biurze Projektów Budownictwa Przemysłowego. || *D Kult. II, 446.*

biust *m IV, D.* biustu, *lm M.* biusty (*nie:* biusta) **1.** «piersi kobiece»: Mały, wydatny biust. **2.** *przestarz.* «popiersie»

biustnik *m III reg.* «biustonosz, stanik»

biustonosz (*nie:* biusthalter) *m II, lm D.* biustonoszy.

Bizancjum *n ndm* «państwo starożytne» — Bizantyjczyk a. Bizantyńczyk *m III, lm M.* Bizantyjczycy (Bizantyńczycy) — bizantyjski a. bizantyński.

Bizet (*wym.* Bize) *m IV, D.* Bizeta (*wym.* Bizeta, p. akcent § 7), *Ms.* Bizecie: Praca muzykologiczna o Bizecie.

biznes (*wym.* biznes) *m IV, D.* biznesu, *Ms.* biznesie *pot.* «interes, przedsięwzięcie finansowe, zwłaszcza w krajach kapitalistycznych»

biznesmen (*wym.* biznesmen) *m IV, lm M.* biznesmeni *pot.* «człowiek interesu, przemysłowiec, handlowiec, zwłaszcza w krajach kapitalistycznych»

bizon (*nie:* bizun) *m IV* «zwierzę»

bizun (*nie:* bizon) *m IV* «bat, batog, kańczug»

blacha *ż III* **1.** zwykle *blm* «arkusze metalu; *środ.* metalowe instrumenty dęte»: Skrzynka obita blachą cynkową. △ Pałac Pod Blachą. **2.** a. brytfanna «płaskie naczynie do pieczenia» **3.** «płyta trzonu kuchennego»

blacharz *m II, lm D.* blacharzy.

! blachowy p. blaszany.

bladnąć p. blednąć.

blado *st. w.* bladziej, *rzad.* bledziej.

blado- «pierwszy człon przymiotników złożonych, pisany łącznie»:
a) «oznaczający blady odcień koloru określanego przez drugi człon złożenia», np. bladoróżowa (sukienka).
b) «wskazujący na blady, jasny kolor tego, co nazywa drugi człon złożenia», np. bladolicy (młodzieniec).

blady *m-os.* bladzi (*nie:* bledzi), *st. w.* bledszy, *rzad.* bladszy: Śmiertelnie, trupio blady. Blady jak kreda, ściana, płótno, *przestarz., książk.* jak chusta. △ *przen.* Blady strach. □ B. z czego: Blady z gniewu, ze złości, z ran.

bladziutki p. bledziutki.

blagować *ndk IV*, blagowaliśmy (p. akcent § 1a i 2) *pot.* «kłamać» □ B. bez dop.: Blagował tak zręcznie, że mu uwierzyli. □ B. o czym: Blagował mi o swoim powodzeniu.

blaknąć *ndk Vc*, blakł, *rzad.* blaknął (*wym.* blaknoł), blakła (*nie:* blaknęła), blaknąłby (*wym.* blaknołby; p. akcent § 4c) — **zblaknąć** *dk*: Kolorowa suknia zblakła od słońca.

blamaż *m II, D.* blamażu *rzad.* «ośmieszenie się, kompromitacja»

blamować *ndk IV*, blamowaliśmy (p. akcent § 1a i 2) — **zblamować** *dk* (częściej w stronie zwrotnej).
blamować się — **zblamować się** «ośmieszać się, kompromitować się»

blanco p. blanko.

blank *m III, D.* blanku, *lm D.* blanków; *przestarz.* **blanka** *ż III, lm D.* blanek, zwykle w *lm* «zęby wieńczące mury, baszty obronne»

blankiet (*nie:* blanket) *m IV, D.* blankietu: Blankiet firmowy, telegraficzny, wekslowy. Wypełnić blankiet. □ B. na co, *rzad.* czego: Blankiet na telegram. Blankiet umowy.

blanko a. **blanco** (*wym.* blanko) △ tylko w wyrażeniu: In blanko, in blanco «w takiej formie, w której warunki umowy czy też treść zobowiązania nie są jeszcze sformułowane»: Podpis in blanko. Podpisać in blanko weksel, umowę.

blask *m III, D.* blasku: Blask słoneczny a. słońca. △ Kłaść, rzucać na coś blask (o słońcu, latarni itp.). Odzyskać blask (o oczach). Przyćmić blask (np. lampy). Tracić blask, nabrać blasku (o oczach). Błyszczeć (o oczach), jaśnieć, świecić (o gwiazdach), lśnić (o śniegu), oślepić kogoś, oblewać coś (o księżycu), płonąć (o drogich kamieniach, ognisku, oczach) blaskiem. △ Blask razi oczy a. w oczy.

blaszanka *ż III, lm D.* blaszanek «naczynie zrobione z blachy» □ Składnia jak: bańka.

blaszany (*nie:* blaszanny, blachowy): Blaszany kubeł. Instrumenty blaszane.

blednąć, *rzad.* **bladnąć** *ndk Vc*, bladł, *rzad.* blednął a. bladnął (*wym.* blednoł, bladnoł); bladła, *rzad.* bledła (*nie:* blednęła); bledliśmy, bladliśmy (p. akcent § 1a i 2); a. **blednieć** *ndk III*, blednieliśmy — **zblednąć**, *rzad.* **zbladnąć** a. **zblednieć** *dk.* || *U Pol. (2), 449.*

blednica *ż II, blm, środ. (med.)* «anemia, niedokrwistość»

blednieć p. blednąć.

bledziutki a. **bladziutki** (podobnie w innych formach zdrobniałych o odcieniu intensywnym pochodnych od przym. blady, np. bledziuteńki a. bladziuteńki).

blef *m IV, D.* blefu.

blefować *ndk IV*, blefowaliśmy (p. akcent § 1a i 2) — **zablefować** *dk*.

blezer *m IV, D.* blezera a. blezeru.

bliski *m-os.* bliscy, *st. w.* bliższy **1.** «znajdujący się w niewielkiej odległości od czegoś»: Bliskie sąsiedztwo lasu. Do najbliższego miasta jest stąd 40 km. □ B. czego (*nie:* czemu): Już widać dom, jesteśmy bliscy celu.
△ *przen.* Coś bliskie czego: Niedelikatność bliska grubiaństwa. Okrucieństwo bliskie zwierzęcości. **2.** «mogący nastąpić w niedalekiej przyszłości lub będący w przeszłości»: Bliskie niebezpieczeństwo. Czuł już bliski zgon. Zdarzenia bliskie i odległe.

□ Ktoś b. czego: Ktoś bliski omdlenia, płaczu. □ Coś bliskie komu: Bliskie nam czasy. **3.** *st. w.* bliższy a. bardziej bliski «drogi, serdeczny»: Bliski znajomy. Bliska przyjaźń. □ Ktoś (coś) bliski (bliskie) komu, czemu: Byli sobie bliscy. Bliski mi człowiek. Bliski sercu. Bliskie mi wspomnienia. **4.** zwykle w *st. w.* «dokładny, szczegółowy»: Jest sympatyczny przy bliższym poznaniu. Bliższe (*nie*: bliskie) dane.
z bliska: Widziałem go z bliska. Poznałam z bliska to środowisko. || *KP Pras.*

Bliski Wschód, Bliski *odm. przym.*, Wschód *m IV, D.* Wschodu «nazwa obejmująca kraje leżące na wschodnim wybrzeżu Morza Śródziemnego» — bliskowschodni.

blisko *st. w.* bliżej **1.** «w niedalekiej odległości (w przestrzeni i w czasie); w bliskich stosunkach»: Dom był już blisko. Stał tak blisko, że mogłam go dotknąć. Żyć z kimś blisko. **2.** zwykle w *st. w.* lub *najw.* «dokładnie»: Poznać kogoś bliżej. **3.** «w przybliżeniu, prawie (nie wpływa na przypadek liczebnika)»: Blisko trzydzieści lat (*nie*: trzydziestu lat).
blisko w funkcji przyimka □ B. kogo, czego a. od kogo, czego: Siedzieli blisko siebie. Stał blisko nas. Mieszkał blisko szkoły a. od szkoły. □ B. do kogo, czego: Ma blisko do biura. || *D Kult.* I, 31, 93; II, 77; *KJP* 352; *U Pol.* (2), 274.

bliskość *ż V, blm* w zn. «serdeczność, przyjaźń, zażyłość» □ B. z kim, między kim a. kim: Ma uczucie bliskości z tymi wszystkimi ludźmi. Z każdym rokiem rosła między nimi bliskość.

bliskoznacznik *m III*; in. synonim.

***bliskoznaczność wyrazów** Synonimami lub wyrazami bliskoznacznymi nazywamy takie wyrazy, które mogą być (zawsze lub tylko w pewnych wypadkach) używane wymiennie, innymi słowy — takie, które mają zbliżone znaczenie i podobny zakres użycia w tekstach. Umiejętne stosowanie synonimów jest trudnym, ale nieodzownym zabiegiem redakcyjnym, gdyż pozwala uniknąć niewskazanych stylistycznie powtórzeń. W związku z tym trzeba zwracać uwagę na to, że:
1. Wyrazy o podobnej budowie słowotwórczej (mające wspólny temat) różnią się często znaczeniem, np. przymiotniki *dziecinny* i *dziecięcy* nie są równoznaczne: *dziecinny* znaczy «taki jak dziecko a. taki jak u dziecka», np.: dziecinny pomysł, dziecinne usposobienie; *dziecięcy* to «należący do dziecka», np.: wózek dziecięcy, zabawa dziecięca. *Niepoprawne* są więc np. połączenia: „człowiek dziecięcy"; „literatura dziecinna" (w zn. «przeznaczona dla dzieci»). Inne przykłady wyrazów różniących się znaczeniem to: wieczorny — wieczorowy; należny — należyty; sąsiedni — sąsiedzki itp.
2. Wyrazy o podobnym znaczeniu mogą mieć różny zakres użycia, np. rzeczowniki *bagno* i *błoto*, przymiotniki: *goły* i *nagi*. Połączenie *bagno moralne* w znaczeniu przenośnym jest poprawne, *niepoprawne* jest jednak: „błoto moralne" ponieważ *błoto* jest synonimem *bagna* tylko w znaczeniu dosłownym. Podobnie *niepoprawne* jest połączenie „goła (*zamiast*: naga) prawda". Przymiotnik *goły* łączy się z rzeczownikami konkretnymi, podczas gdy *prawda* jest rzeczownikiem abstrakcyjnym.

Praktycznych wskazówek dotyczących posługiwania się synonimami dostarczają słowniki: *Słownik języka polskiego* pod red. W. Doroszewskiego; *Słownik wyrazów bliskoznacznych* pod red. S. Skorupki; *Słownik frazeologiczny języka polskiego* S. Skorupki; *Praktyczna stylistyka* (s. *40—55*) A. i P. Wierzbickich. || *D Kult.* I, 497; *PJ* 1949, 15; 1953, 6, 17, 21; 1960, 53.

bliskoznaczny in. synonimiczny.

blizna *ż IV, CMs.* bliźnie, *lm D.* blizn (*nie*: blizen): Mieć bliznę na twarzy, na głowie. □ B. od czego, po czym: Blizna od oparzenia. Blizna po wrzodzie, po operacji.

bliznowaty 1. «odnoszący się do blizny, tworzący blizny»: Tkanka bliznowata. Zmiany bliznowate, *lepiej*: blizny. **2.** «podobny do blizny»: Drzewo z bliznowatymi naroślami. || *KP Pras.*

bliźni *rzad.* «będący (w stosunku do kogoś) bliźniakiem»: To był jego bliźni brat.
bliźni w użyciu rzeczownikowym: Bądźmy życzliwi dla naszych bliźnich.

bliźniak *m III* **1.** *lm M.* ci bliźniacy a. te bliźniaki «jedno z dwojga dzieci urodzonych podczas jednego porodu» **2.** *lm M.* te bliźniaki «komplet dwóch damskich sweterków; *pot.* dom bliźniaczy» *Por.* także: bliźnię.

bliźnię *n IV*, częściej w *lm*, p. bliźniak (w zn. 1).

bloczek *m III, D.* bloczka a. bloczku *reg.* «kartka wydarta z bloczku (zeszyciku, kwitariusza)» *lepiej*: numerek, kwitek. || *U Pol.* (1), 104.

! blomba p. plomba.

blond *ndm* «tylko o włosach: złotawy, jasny»: Wąsiki blond. Dziewczyna o blond włosach.

blondas *m IV* (także o kobiecie), *lm M.* blondasy *żart.* «blondyn, blondynka (szczególnie osoba młoda lub dziecko)»

blondynek *m III, lm M.* ci blondynkowie, *pot.* te blondynki.

blues (*wym.* blus, *rzad.* blues) *m IV, DB.* bluesa: Słuchać, tańczyć, grać bluesa.

bluff p. blef.

bluffować p. blefować.

bluszcz *m II, D.* bluszczu, *lm D.* bluszczy a. bluszczów.

bluzgać *ndk I*, bluzgaliśmy (p. akcent § 1a i 2) — **bluznąć** *dk Va*, bluźnie, bluźnij, bluznąłem (*wym.* bluznołem; *nie*: bluznęłem), bluznął (*wym.* bluznoł), bluznęła (*wym.* bluznęła; *nie*: bluzła), bluznęliśmy (*wym.* bluznęliśmy); *rzad.* **bluzgnąć** *dk Va*, bluzgnęliśmy (*wym.* bluzgnęliśmy) □ B. bez dop.: Krew bluzgała z rany. □ B. czym: Samochód bluznął błotem.

bluźnić *ndk VIa*, bluźnij (*rzad.* bluźń), bluźniliśmy (p. akcent § 1a i 2) «uwłaczać w mowie temu, co jest przez religię uznawane za święte (*nie*: przeklinać, używać nieprzyzwoitych wyrazów)» □ B. bez dop.: Wstydź się, ciągle tylko bluźnisz. □ B. komu, czemu a. przeciwko komu, czemu, *rzad.* na kogo, na co: Bluźnić bogom. Bluźnić przeciwko świętościom religii.

blużnierstwo *n III*: Rzucać, *książk.* miotać bluźnierstwa. □ B. przeciw komu, czemu: Bluźnierstwo przeciw Bogu.

bł. «skrót wyrazu: *błogosławiony(a)*; pisany z kropką, stawiany zwykle przed imieniem lub przed imieniem i nazwiskiem, czytany jako cały, odmieniany wyraz»: Bł. Ładysław z Gielniowa. Proces kanonizacyjny bł. (*czyt.* błogosławionej) Jadwigi.

błagać *ndk I*, błagaliśmy (p. akcent § 1a i 2) □ B. o co: Błagać o przebaczenie, o jałmużnę. □ B., żeby...: Błagał na wszystko, żeby mu pomogła. □ *rzad.* B. czego (ograniczone do takich zwrotów jak): Błagać litości, zmiłowania, przebaczenia. □ B. za kim: Błagać za więźniem, skazańcem.

błahy *st. w.* błahszy a. bardziej błahy.

bławat *m IV, D.* bławatu.

bławatek *m III, D.* bławatka; in. chaber: Oczy jak bławatki.

błazen *m IV, D.* błazna, *lm M.* te błazny, *rzad.* ci błaźni (*nie*: błaznowie).

błaźnić *ndk VIa*, błaźnij, błaźniliśmy (p. akcent § 1a i 2) — **zbłaźnić** *dk* (*częściej* w stronie zwrotnej) **błaźnić się** — **zbłaźnić się:** Nie myślę się błaźnić dla ciebie.

Błażej *m I, lm M.* Błażejowie — **Błażek** *m III, D.* Błażka, *lm M.* Błażkowie — **Błażejostwo** *n III, DB.* Błażejostwa, *Ms.* Błażejostwu (*nie*: Błażejostwie); *blm*; a. Błażejowie *blp, D.* Błażejów — Błażkowie *blp, D.* Błażków.

błąd *m IV, D.* błędu: Błąd w rachunku a. błąd rachunkowy. △ Wybaczyć komuś błąd (błędy). Wytknąć (wytykać) komuś błąd (błędy).

błądzić *ndk VIa*, błądzę, błądziliśmy (p. akcent § 1a i 2) — **zbłądzić** *dk* □ B. bez dop. a. b. po czym, wśród czego «zmylić drogę; błąkać się»: Błądzić po lesie, po ulicach miasta. □ B. bez dop. a. b. w czym «mylić się, mieć fałszywe pojęcie o czymś»

błędny w zn. «zawierający błąd, omyłkowy, niewłaściwy»: Błędny wniosek, pogląd. Błędne użycie wyrazu, błędne obliczenie.

Błędowice *blp, D.* Błędowic «miejscowość» — błędowski (p.).

błędowski przym. od Błędowice a. Błędów: Lasy błędowskie (*ale*: Pustynia Błędowska).

Błędów *m IV, D.* Błędowa, *C.* Błędowowi (*ale*: ku Błędowowi a. ku Błędowu) «miejscowość» — błędowski (p.).

*błędy językowe I. *Innowacja a błąd.* Żeby się posługiwać językiem bezbłędnie i sprawnie należy znać nie tylko słownictwo tego języka i jego gramatykę (czyli prawa łączenia elementów znaczących w większe całości, np. wyrazów w zdania, ale także jego normę. Norma jest to zbiór środków językowych, które dane społeczeństwo w określonej epoce zaaprobowało do użytku (p. norma). Nie każda konstrukcja językowa zgodna z prawami gramatycznymi danego języka wchodzi w skład jego normy. Tak np. gramatyka polska umożliwia tworzenie nazw osobowych żeńskich od męskich za pomocą przyrostka -ka (np.

student+ka, nauczyciel+ka), ale mimo to tak właśnie utworzone wyrazy *premierka* czy *ministerka* nie są objęte normą współczesnej polszczyzny. Tak można po polsku powiedzieć, ale nie ma zwyczaju tak mówić. Wykroczenia poza normę to innowacje językowe. Porozumiewając się za pośrednictwem polskich tekstów stale i·o wszystkim, przekazując coraz to nowe informacje, często zmuszeni jesteśmy do sięgania poza polską normę językową: zapożyczamy obce wyrazy (p. zapożyczenia), tworzymy nowe (p. neologizmy), nadajemy słowom już istniejącym nowe znaczenia (p. neosemantyzmy). Nie każda innowacja językowa jest błędem. Błąd to innowacja niepotrzebna, nieuzasadniona funkcjonalnie. Tak więc trudno kwestionować takie powojenne zapożyczenia jak *nylon* czy *sputnik*, czy takie nowe znaczenia wyrazów jak *warta* «rodzaj zobowiązania produkcyjnego», ponieważ wiążą się one z nowymi rzeczami czy zjawiskami, które trzeba było jakoś nazwać, żeby sobie wzajemnie coś o nich komunikować. Natomiast używanie czasownika *zabezpieczyć* w nowym, przejętym z rosyjskiego znaczeniu «zapewnić» (np. „zabezpieczyć środki finansowe na daną inwestycję") jest innowacją zbędną, ponieważ właśnie czasownik *zapewnić* od dawna służy w języku polskim do wyrażania tej treści (np. Zapewnić komuś dobrobyt, wygody, mieszkanie — a więc także i: Zapewnić środki finansowe na daną inwestycję).
Podobnie niecelowe, a tym samym błędne, jest nadawanie przymiotnikowi *cienki* (również pod wpływem wyrażeń rosyjskich) znaczenia przenośnego, właściwego przymiotnikom *subtelny, finezyjny*, np. „cienka aluzja" (*zamiast*: subtelna aluzja), „cienki dowcip" (*zamiast*: finezyjny, subtelny dowcip). Takie przesunięcia znaczeniowe nie usprawniają porozumiewania się, nasze wypowiedzi przez wprowadzanie ich nie zyskują ani na precyzji, ani na zwięzłości. Przeciwnie, mogą powodować zły odbiór informacji. Ze zdania: „Należy zabezpieczyć paszę dla bydła" odbiorca ma prawo wnioskować, że tę paszę trzeba ochronić, np. przed działaniem wilgoci, podczas gdy w intencji nadawcy tekstu może ono informować o konieczności zapewnienia bydłu dostatecznej ilości paszy. Przyjęcie takich innowacji znaczeniowych nie byłoby więc uzasadnione, zmiany te niepotrzebnie by obciążyły pamięć użytkowników współczesnej polszczyzny.

II. *Błędy z różnych zakresów zjawisk językowych.* Błędy w zakresie słownictwa polegają nie tylko (jak w przykładach wyżej omówionych) na używaniu wyrazów w znaczeniach niezgodnych z polską tradycją językową, ale także na wprowadzaniu do wypowiedzi niepotrzebnych zapożyczeń leksykalnych (np. trend *zamiast*: tendencja) i na nie uzasadnionym modyfikowaniu ustalonych związków wyrazowych (np. „odgrywać znaczenie" — *zamiast*: mieć znaczenie). Błędny zwrot „odgrywać znaczenie" powstał przez kontaminację — skrzyżowanie, pomieszanie ze sobą składników dwu synonimicznych związków: *odgrywać rolę* i *mieć znaczenie*. Kontaminacja jest często także podłożem błędów gramatycznych. Tak np. błędna forma „przekonywuję" jest zbudowana z elementów dwu form poprawnych: *przekonuję* i (przestarzałej) *przekonywam*. △ Błędy fleksyjne wynikają często także z zaliczenia wyrazu do niewłaściwego wzorca odmiany (np. do deklinacji męskiej, zamiast do żeńskiej: „ten pomarańcz" — *zamiast*: ta pomarańcza). △ Do błędów gramatycznych zalicza się także błędy w budowie grup składniowych i zdań, np. niepoprawne użycie po czasowniku *wykładać* dopełnienia w dopełniaczu („wykładać czegoś" — pod wpływem *uczyć czegoś*) zamiast ustalonego w normie: wykładać coś (np. wykładał matematykę, teorię mnogości; *nie*: „wykładał matematyki, teorii mnogości"). △ Najczęstsze błędy fonetyczne (tj. błędy w wymowie) polegają na niezgodnym ze zwyczajem językowym dostosowywaniu wymowy wyrazu do jego postaci pisanej (np. wymawianie „piętnaście" — *zamiast*: pietnaście, „zaczęła" *zamiast*: zaczeła itp.). W języku młodego zwłaszcza pokolenia silna jest obecnie tendencja do wprowadzania normalnego akcentu na drugiej sylabie od końca do wyrazów, które tradycyjnie zwykliśmy akcentować na trzeciej sylabie od końca (niekiedy nawet czwartej), a więc: matematyka (*zamiast*: matematyka), powiedzielibyśmy (*zamiast*: powiedzielibyśmy) itp. W wymowie nowej polskiej inteligencji można często zauważyć pozostałości gwarowe, np. charakterystyczne dla gwar północnej Polski mieszanie twardych i miękkich spółgłosek tylnojęzykowych (wymawianie np. „mogie, nogie, cukerek, kedy — *zamiast*: mogę, nogę, cukerek, kiedy), czy właściwy gwarom północno-wschodnim brak nosowości końcowego ą („mówio, drogo" — *zamiast*: mówią, drogą). △ Psychiczne podłoże powstawania błędów językowych jest zasadniczo takie samo, niezależnie od tego, czy chodzi o błąd leksykalny, gramatyczny czy fonetyczny. Jest nim bierność myślowa twórcy tekstu, nieznajomość ogólnopolskiej normy językowej, niedostateczna dbałość o nienaganną formę wypowiedzi. △ Błędy stylistyczne polegają na użyciu w danej wypowiedzi środków językowych nie dostosowanych do jej charakteru i funkcji. Tak np. typowe dla stylu urzędowego zwroty w rodzaju: *uiścić opłatę* czy *dokonać zakupu* są niestosowne w potocznej rozmowie i odwrotnie, wyrazów charakterystycznych dla języka potocznego takich jak *forsa* czy *facet* nie można użyć (bez narażenia się na śmieszność czy zarzut dziwactwa) np. w piśmie skierowanym do urzędu. △ Niecelowe, a więc stylistycznie błędne, byłoby także posługiwanie się w potocznym dialogu rozbudowanymi zdaniami podrzędnie złożonymi i pedantycznie ściśle wyrażanie zależności treściowych między nimi, ponieważ taka precyzja wypowiedzi nie jest na ogół konieczna w porozumiewaniu się na tematy codzienne. Natomiast maksymalnej ścisłości, uzyskiwanej m.in. środkami składniowymi, mamy prawo oczekiwać od tekstu pracy naukowej. Dobór właściwych środków językowych w każdej wypowiedzi jest więc uwarunkowany tym, o czym, do kogo, po co i w jakich okolicznościach mówimy czy piszemy. || D Kult. I, 755; D Kryt. 102; KJP 11—107; Kl. Ależ 12—122; PJ 1960, 12, 49.

błękitnie, *rzad.* **błękitno** *st. w.* błękitniej.

błękitno- 1. «pierwszy człon wyrazów złożonych» **a)** «oznaczający błękitny odcień koloru określanego przez drugi człon złożenia, pisany łącznie», np. błękitnoszary «szary o odcieniu błękitnym» **b)** «wskazujący na błękitny kolor przedmiotu, nazywanego przez drugi człon złożenia, pisany łącznie», np. błękitnooki «mający błękitne oczy» 2. «część składowa przymiotników złożonych z członów znaczeniowo równorzędnych, pisana z łącznikiem», np. błękitno-biały «błękitny i biały (o fladze, materiale w paski itp.)» △ Wyrażenia, których pierwszym członem jest

przysłówek a drugim imiesłów, pisze się rozdzielnie, np. błękitno pomalowany (pokój).

błocko, *rzad.* **błocisko** *n II, blm* zgr. od błoto.

błogosławić *ndk VIa,* błogosławiliśmy (p. akcent § 1a i 2) — **pobłogosławić** *dk* 1. «udzielać błogosławieństwa; żegnać znakiem krzyża» □ B. kogo, co a. komu, czemu: Ojciec pobłogosławił młodą parę a. młodej parze. 2. (tylko *ndk*) «dziękować, wyrażać wdzięczność, wysławiać za coś» □ B. kogo, co a. komu, czemu: Błogosławił słońce za miłe ciepło. Błogosławili swemu dobroczyńcy. 3. «aprobować coś, życzyć komuś w czymś szczęścia; *podn.* szczęścić» □ B. komu, czemu: Błogosławiła jego planom. Niech ci Bóg błogosławi.

błonica *ż II, blm środ.* (*med.*) «dyfteryt»

błonicowy a. **błoniczy** *środ.* (*med.*) przym. od błonica «dyfterytowy»

błonie (*nie*: ta błoń) *n I, lm D.* błoń a. błoni: Konie pasły się na błoniu.

Błonie *n I* «miasto» — błonianin *m V, D.* błonianina, *lm M.* błonianie, *D.* błonian — błonianka *ż III, lm D.* błonianek — błoński.

błonnik *m III, blm;* in. celuloza.

błotnisty *st. w.* bardziej błotnisty «pełen błota, obfitujący w błoto»: Błotnista droga. Błotniste tereny.

błotny 1. «pełen błota, utworzony z błota»: Błotna kałuża. Kąpiel błotna. 2. «żyjący, rosnący na błotach, na terenach bagnistych»: Roślinność błotna. Ptactwo błotne.

błoto *n III*: Rzucić, upuścić coś w błoto, *reg.* do błota.

błp. «skrót wyrazów: *błogosławionej pamięci*; pisany z kropką, czytany jako całe wyrażenie, używany w odniesieniu do osób zmarłych wyznania mojżeszowego»

błysk *m III* 1. «błyśnięcie»: Błysk latarki, reflektora. Złe błyski w oczach. 2. in. błyszczka.

błyskać *ndk I,* błyskaliśmy (p. akcent § 1a i 2) — **błysnąć** *dk Va,* błyśnie, błyśnij, błysnąłem (*wym.* błysnołem; nie: błysnęłem), błysnął (*wym.* błysnoł), błysnęła a. błysła, błysnęliśmy (*wym.* błysneliśmy) 1. zwykle w 3. os. i bezokoliczniku «wydawać błyski, ukazywać się jako błysk»: Słońce błyska zza chmur. Błysnął piorun. 2. «świecić czymś krótko, przerywanie»: □ B. czym: Błyskać latarką, oczami. △ (tylko *dk*) *przen.* Błysnął talentem, dowcipnymi powiedzonkami.

błyska się «ukazują się błyskawice» || D Kult. I, 391.

błyskawica *ż II*: Zygzaki błyskawic. Szybki jak błyskawica. △ Lotem błyskawicy, błyskawicą, jak błyskawica (np. wieść obiegła miasto) «bardzo szybko, nagle»

błystka p. błyszczka.

błyszczeć (*nie*: błyszczyć) *ndk VIIb,* błyszczeliśmy (p. akcent § 1a i 2) — **zabłyszczeć** *dk* «lśnić, połyskiwać» □ B. bez dop. Śnieg błyszczy w słońcu. □ B. czym: Oczy błyszczały radością. △ *przen.* Błyszczeć w towarzystwie. Błyszczeć inteligencją, dowcipem.

błyszczka *ż III, lm D.* błyszczek; *rzad.* **błystka** *ż III, lm D.* błystek; a. **błyszczyk** *m III*; in. błysk: Łowić ryby na błyszczkę (błystkę, błyszczyk).

bm. «skrót wyrażenia: *bieżącego miesiąca*, pisany z kropką, stawiany w datach po liczbie oznaczającej dzień danego miesiąca; czytany jako całe wyrażenie»

BN (*wym.* been, p. akcent § 6) *ż ndm* albo *m IV, D.* BN-u, *Ms.* BN-ie «Biblioteka Narodowa»: Pracownicy BN (a. BN-u). Odremontowano całą (cały) BN. Popołudnia spędzał nad książkami w BN-ie. — *rzad.* BN-owski a. beenowski.

bo 1. «spójnik przyłączający zdania podrzędne wyrażające przyczynę, uzasadnienie (*por.* ponieważ)»: Nic nie powiem, bo nie moja sprawa. Nie pójdę tam, boby mnie wygnali. △ W utartych połączeniach: Bo i..., *przestarz.* ale bo...: Nie pojedzie nigdzie, bo i za co? Pił często, ale bo jak nie pić przy takich okazjach. △ Bo (to) przecież: Wicher, mróz — bo to przecież luty. △ Bo też (i): Nic nie umiesz, bo też i nie uczysz się wcale. △ Bo to (i): Chłopcy za nią szaleli, bo to i ładna, i posażna. △ *niepoprawne* Dlatego, bo... (*zamiast:* dlatego, że...).
2. «spójnik przyłączający części zdania, będące jego rozwinięciem, uzupełnieniem lub wyjaśnieniem»: Kupiła bardzo niepraktyczną, bo jasną, suknię. Czerstwy, bo chyba przedwczorajszy, chleb mu nie smakował mu. Franek — bo o niego chodzi — nie odzywał się.
3. «w zdaniach rozkazujących: spójnik przyłączający zdania lub ich części, wskazujący na możliwe skutki, następstwa grożące w wypadku niewykonania czegoś»: Zostaw ją, bo popamiętasz! Proszę wyjść, bo zawołam milicję! △ Spójnik *bo* poprzedzamy zawsze przecinkiem.
4. «partykuła stawiana między wyrazami powtórzonymi, mająca w połączeniu ze spójnikami *ale, a* charakter przeciwstawny»: Ładna, bo ładna, ale głupia. △ (A) bo... (w zdaniach pytających) «mam wątpliwości, czy...»: Mówi, że doskonale zarabia. — A bo to prawda?
5. *przestarz.* «partykuła wzmacniająca, umieszczana na drugim miejscu w zdaniu»: Ja bo temu nie wierzę.

boa *ndm* **1.** *m* «niejadowity wąż tropikalny»: Wąż podobny do tropikalnego boa. Wąż boa dusiciel. **2.** *n* «rodzaj długiego kołnierza»: Jedwabne, futrzane boa. Była w pięknym boa z piór.

boazeria (*nie:* buazeria) *ż I, DCMs.* i *lm D.* boazerii.

bobas *m IV, lm M.* te bobasy.

bober p. bób.

bobo *n ndm pieszcz.* «małe dziecko, niemowlę»: Słodkie, śliczne bobo.

bobsleista *m odm. jak ż IV, lm M.* bobsleiści, *DB.* bobsleistów.

bobslej *m I, D.* bobsleju, *lm D.* bobslejów, *rzad.* bobslei.

Boccaccio (*wym.* Bokaczjo) *m I, DB.* Boccaccia, *C.* Boccacciowi, *N.* Boccacciem, *W.* Boccaccio, *Ms.* Boccacciu; *rzad.* **Bokacjusz** *m II*: „Dekameron" Boccacia.

Bochnia *ż I, D.* Bochni «miasto» — bochnianin *m V, D.* bochnianina, *lm M.* bochnianie, *D.* boch-

nian — bochnianka *ż III, lm D.* bochnianek — bocheński.

Bochum *n ndm* «miasto w NRF»

boćwina p. botwina.

bodaj (*nie:* bodej), *przestarz.* **bogdaj**: Pożycz mi bodaj pięć złotych. △ *pot.* Bodaj cię licho wzięło! A bodaj cię! (akcentowane czasem: a bodaj cię). △ Z partykułą *bodaj* wiążą się końcówki osobowe lub zakończenia trybu warunkowego pisane ∙łącznie — zwykle w zdaniach wyrażających zaklęcia, życzenia: bodajem; bodajeś a. bodajś; bodajeśmy a. bodajśmy; bodajeście a. bodajście; bodajbym a. bodajbym; bodajbyś a. bodajbyś; bodajby a. bodajby; bodajbyśmy, bodajbyście △ Orzeczenie występuje w formach czasu przeszłego, np. Bodajbyśmy już nigdy nie musieli tu wracać.

bodajże (*wym.* bodajże a. bodajże) «wzmocnione: bodaj»

bodiak (*wym.* bodjak) *m III, D.* bodiaka a. bodiaku.

bodnia *ż I, lm D.* bodni *reg.* «duża drewniana dzieża z wiekiem»

bodziec *m II, D.* bodźca w zn. «podnieta (wywołująca reakcję), pobudka do działania» □ B. do czego (*nie:* dla czego): Bodziec do pracy, do doskonalenia się.

! **Boer** p. Bur.

bogacić *ndk VIa,* bogacę, bogaciliśmy (p. akcent § 1a i 2), *częściej* w formie zwrotnej.
bogacić się 1. «stawać się bogatym»: Bogacił się w sposób nie zawsze uczciwy. □ B. się na czym, na kim: Bogacić się na dostawach, na handlu. Bogacił się na poddanych. □ B. się czym: Oszczędnością i pracą ludzie się bogacą (przysłowie). **2.** «stawać się zasobniejszym w coś» □ B. się w co (zwykle w rzeczy niematerialne): Bogacić się w doświadczenia. *Por.* wzbogacić się.

bogactwo *n III* **1.** «zasób dóbr mających dużą wartość; duży majątek, zamożność, wielki dostatek»: Nie zależy mu na bogactwie. W skarbcu zebrano wielkie bogactwa. Bogactwa naturalne, mineralne. Bogactwem Śląska jest węgiel. **2.** «wielka ilość, liczba czegoś, obfitość, różnorodność»: Bogactwo barw, dźwięków, ozdób. Bogactwo języka, stylu.

bogacz *m II, lm D.* bogaczy, *rzad.* bogaczów.

Bogarodzica p. Bogurodzica.

bogaty *m-os.* bogaci, *st. w.* bogatszy a. bardziej bogaty, w zn. «obfitujący w coś, mający dużo czegoś» □ B. w co, *przestarz.,* czym: Bogaty w doświadczenia. Kraj bogaty w lasy. Czym chata bogata, tym rada (przysłowie). □ (tylko *st. w.*) Bogatszy o co «mający coś, czego przedtem nie miał (zwykle w *przen.*)»: Bogatszy o doświadczenia, o nowe przeżycia.

bogdaj p. bodaj.

Bogdan a. **Bohdan** *m IV, lm M.* Bogdanowie (Bohdanowie) — Boguś *m I, lm M.* Bogusiowie, *D.* Bogusiów — Bodzio *m I, lm M.* Bodziowie (*nie:* Bodziu) *m I, lm M.* Bodziowie, *D.* Bodziów — Bogdanostwo, Bohdanostwo *n III, DB.* Bogdanostwa, Bohdanostwa, *Ms.* Bogdanostwu, Bohdanostwu (*nie*: Bogdanostwie, Bohdanostwie) — Bogusiowie *blp*, *D*. Bogusiów — Bodziowie *blp*, *D*. Bodziów. *Por*. Bogumił, Bogusław.

bogini (*nie*: boginia) *ż I*, *B*. boginię (*nie*: boginią), *W*. bogini (*nie*: boginio), *lm D*. bogiń.

bogobojny *m-os*. bogobojni, *st. w*. bogobojniejszy a. bardziej bogobojny.

bogoojczyźniany *m-os*. bogoojczyźniani *iron*. «szermujący hasłem: Bóg i Ojczyzna»

Bogoria *ż I*, *DCMs*. Bogorii «miejscowość» — bogoryjski.

Bogumił *m IV*, *lm M*. Bogumiłowie — Boguś *m I*, *lm M*. Bogusiowie — Bogumiłostwo *n III*, *DB*. Bogumiłostwa, *Ms*. Bogumiłostwu (*nie*: Bogumiłostwie), *blm*; a. Bogumiłowie *blp*, *D*. Bogumiłów — Bogusiowie *blp*, *D*. Bogusiów — Bogumiła *ż IV*, *D*. Bogumiły, *CMs*. Bogumile (*nie*: Bogumiłej) — Bogusia *ż I*, *W*. Bogusiu. *Por*. Bogdan, Bogusław.

Bogurodzica a. **Bogarodzica** (*nie*: Bogorodzica) *ż II*, *blm* 1. *podn*. «Matka Boska (matka Jezusa)» 2. tylko: Bogurodzica «najstarsza pieśń polska (od wyrazu rozpoczynającego tę pieśń)»

Bogusław *m IV*, *lm M*. Bogusławowie — Boguś *m I*, *lm M*. Bogusiowie, *D*. Bogusławostwo *n III*, *DB*. Bogusławostwa, *Ms*. Bogusławostwu (*nie*: Bogusławostwie), *blm*; a. Bogusławowie *blp*, *D*. Bogusławów — Bogusiowie *blp*, *D*. Bogusiów — Bogusława *ż IV* — Bogusia *ż I*, *W*. Bogusiu. || *Por*. Bogdan, Bogumił.

Boguś p. Bogdan, Bogumił, Bogusław.

Boh *m III*, *D*. Bohu «rzeka w ZSRR»

bohater (*nie*: bohatyr) *m IV*, *lm M*. bohaterzy a. bohaterowie.

bohaterstwo *n III*, *blm*: Różne rodzaje bohaterstwa (*nie*: różne bohaterstwa, różne rodzaje bohaterstw).

Bohdan p. Bogdan.

bohema *ż IV*, *blm* p. cyganeria.

bohemistyka (*wym*.: bohemistyka, *nie*: bohemistyka, p. akcent § 1c) *ż III*, *blm*.

bohomaz *m IV*, *D*. bohomaza a. bohomazu.

Bohomolec *m II*, *D*. Bohomolca, *lm M*. Bohomolcowie: Komedia Bohomolca.

Boileau (*wym*. Bualo) *m ndm*: Czytał poezje Boileau.

boiskowy przym. od boisko (wyraz nadużywany zamiast określeń w formie rzeczownika lub wyrażenia przyimkowego): Gry boiskowe (*lepiej*: gry na boisku). Teren boiskowy (*lepiej*: teren boiska). || *Kl. Ależ 24*.

boja *ż I*, *DCMs*. i *lm D*. boi (*nie*: boj).

bojar *m IV*, *lm M*. bojarzy a. bojarowie; *rzad*. **bojarzyn** *m IV*, *lm M*. bojarzynowie.

bojarowa *ż* odm. jak przym., *W*. bojarowo.

bojarówna *ż IV*, *D*. bojarówny (*nie*: bojarównej), *CMs*. bojarównie (*nie*: bojarównej), *W*. bojarówno.

bojarzyn p. bojar.

bojaźń *ż V*, *blm* □ B. przed kim, czym, *rzad*. b. czego: Czuł przed nim nieuzasadnioną bojaźń. Bojaźń nieszczęścia, choroby. □ B. o kogo, o co «lęk, żeby się komuś, czemuś nie stało coś złego»: Żyła w ciągłej bojaźni o syna.

bojer *m IV*, *D*. bojera; in. ślizg.

I Bojko *m* odm. jak *ż III*, *D*. Bojki, *C*. Bojce (*nie*: Bojkowi), *lm M*. Bojkowie, *DB*. Bojków «nazwisko» **Bojko** *ż ndm* — Bojkowa odm. jak przym. — Bojkówna *ż IV*, *D*. Bojkówny, *CMs*. Bojkównie (*nie*: Bojkównej), *lm M*. Bojkówny, *D*. Bojkówien.

II Bojko *m III*, zwykle w *lm M*. Bojkowie, *rzad*. Bojki, *DB*. Bojków «grupa etniczna we wsch. Karpatach»

bojkot *m IV*, *D*. bojkotu: Bojkot towarzyski. □ B. kogo, czego (*nie*: przeciw komu, czemu): Bojkot kolegi. Bojkot towarów importowanych.

bojler p. bulier.

bojować *ndk IV*, bojowaliśmy (p. akcent § 1a i 2) *książk*. «walczyć» □ B. o co: Bojować o wolność, o sprawiedliwość. || *D Kult. I, 485*.

bojowiec *m II*, *D*. bojowca, *W*. bojowcze, *pot*. bojowcu, *lm M*. bojowcy «członek organizacji bojowej»

bojownik *m III*, *lm M*. bojownicy «człowiek walczący o coś słowem, czynem (*nie*: bronią)» □ B. o co, *rzad*. czego: Bojownik o wolność, o sprawiedliwość społeczną. Bojownik rewolucji. || *D Kult. I, 485*.

bojowy 1. «wojskowy, bitewny»: Szyk bojowy. Samolot bojowy. Chrzest bojowy. Organizacja bojowa. 2. *m-os*. bojowi, *st. w*. bardziej bojowy (*nie*: bojowszy) «skłonny do boju, ożywiony duchem walki»: Grupa bojowej młodzieży.

bok *m III*, *D*. boku: Ból w boku (*nie*: ból boku). △ *pot*. Zrywać boki ze śmiechu a. od śmiechu «śmiać się serdecznie, do rozpuku» △ Zarabiać, zarobkować z boku a. na boku «zarabiać dodatkowo»

Bokacjusz p. Boccaccio.

bokobrody *blp*, *D*. bokobrodów.

bolączka *ż III*, *lm D*. bolączek (wyraz dziś nadużywany) «wada, niedomaganie; kłopot»: Usuwać (*nie*: rozwiązywać, likwidować) bolączki. Największą bolączką miasta była zła komunikacja. || *KP Pras*.

I boleć *ndk VIIa* (tylko w 3. os.), bolałby, bolałaby (p. akcent § 4c) — **zaboleć** *dk* «sprawiać ból, być odczuwanym jako ból» □ Coś kogo (*nie*: komu) boli: Boli ją głowa (*ale*: Nie boli jej a. ją głowa). △ Kogoś boli o coś głowa (używane zwykle z przeczeniem) «ktoś się o coś martwi, kłopocze»: Sam załatwię tę sprawę, niech cię już o to głowa (*nie*: serce) nie boli. △ Kogoś boli serce «komuś jest przykro»

II boleć *ndk III*, boleliśmy (p. akcent § 1a i 2) «cierpieć z jakiegoś powodu, martwić się» □ B. nad kim, nad czym: Boleć nad czyimś losem. Boleję nad tobą.

bolero *n III* a. *n ndm*: Tańczyć bolero. Rytm bolera.

Bolesław *m IV*, *lm M*. Bolesławowie — Bolek *m III*, *D*. Bolka, *lm M*. Bolkowie — Bolesławostwo *n III*, *DB*. Bolesławostwa, *Ms*. Bolesławostwu (*nie*:

Bolesławostwie), *blm*; a. Bolesławowie *blp*, D. Bolesławów — Bolkowie *blp*, D. Bolków — Bolesława *ż IV.* || *D Kult. I, 699.*

Bolesławiec *m II*, D. Bolesławca «miasto» — bolesławiecki.

bolesny (*nie*: boleśny), *st. w.* boleśniejszy a. bardziej bolesny.

boleść *ż V* **1.** tylko w *lm* «silne, gwałtowne bóle»: Mieć boleści. Wić się w boleściach. Chwyciły go boleści. **2.** (zwykle w *lp*) *książk.* «wielki smutek, żal»: Boleść po stracie męża. Rozumieć czyjąś boleść.

boleśnie *st. w.* boleśniej.

! bolier p. bulier.

Boliwia *ż I*, *DCMs.* Boliwii «republika w Ameryce Płd.» — Boliwijczyk *m III*, *lm M.* Boliwijczycy — Boliwijka *ż III*, *lm D.* Boliwijek — boliwijski.

boliwijski: Naród boliwijski. Miasta boliwijskie (*ale*: Nizina, Wyżyna Boliwijska).

Bolonia (*wym.* Bolońja) *ż I*, *DCMs.* Bolonii «miasto we Włoszech» — bolończyk *m III*, *lm M.* bolończycy — bolonka *ż III*, *lm D.* bolonek — boloński.

bom, *rzad.* **bum** *m IV*, D. bomu (bumu) «przyrząd gimnastyczny; drzewce, na którym jest umocowywany dolny lik żagla»

Bombaj *m I*, D. Bombaju «miasto w Indii» — bombajczyk *m III*, *lm M.* bombajczycy — bombajka *ż III*, *lm D.* bombajek — bombajski.

bombardować *ndk IV*, bombardowaliśmy (p. akcent § 1a i 2) — **zbombardować** *dk*: Samoloty bombardują dworzec. Przerwać bombardowanie miasta (*nie*: zaniechać bombardowań).

bombka *ż III*, *lm D.* bombek: Bombka choinkowa a. na choinkę.

bomblerka p. bumblerka.

bomblować p. bumblować.

bon *m IV*, D. bonu (*nie*: bona), *lm D.* bonów (*nie*: bon) **1.** «dowód uprawniający do otrzymania czegoś w oznaczonym terminie»: Bony mięsne, ubraniowe, węglowe a. bony na mięso, na ubranie, na węgiel. **2.** «papierowy znak zdawkowy z gwarantowaną wymianą na walutę obiegową»: Płacić bonami.

bona *ż IV przestarz.* «wychowawczyni domowa»

Bonaparte *m* w *lp* odm. jak przym., D. Bonapartego, C. Bonapartemu, *NMs.* Bonapartem (*nie*: Bonapartym), w *lm* jak rzecz., M. Bonapartowie, *DB.* Bonapartów. || *D Kult. I, 691.*

bonapartyzm *m IV*, D. bonapartyzmu, *Ms.* bonapartyzmie (*wym.* ~yzmie a. ~yźmie), *blm.*

Bonawentura *m* odm. jak *ż IV*, *lm M.* Bonawenturowie, *DB.* Bonawenturów.

Bonifacy (*nie*: Bonifac) *m* odm. jak przym., D. Bonifacego, *lm M.* Bonifacowie, D. Bonifacych (*nie*: Bonifaców).

bonifikata *ż IV*; *przestarz.* **bonifikacja** *ż I*, *DCMs.* i *lm D.* bonifikacji.

Bonn *n ndm* «miasto w NRF» — boński.

bonza *m* odm. jak *ż IV*, *lm M.* bonzowie, *DB.* bonzów.

boogie-woogie (*wym.* bugi-uugi) *n ndm*: Grać, tańczyć boogie-woogie.

bookmaker (*wym.* bukmaker a. bukmejker) a. **bukmacher** *m IV*, D. bookmakera (bukmachera), *Ms.* bookmakerze (bukmacherze), *lm M.* bookmakerzy (bukmacherzy).

boom (*wym.* bum) *m IV*, D. boomu, *blm ekon.* «ożywienie gospodarcze»

b.opr. «skrót wyrażenia: *bez oprawy*; pisany z kropkami, czytany jako całe wyrażenie, stosowany w katalogowaniu bibliotecznym»

I bor *m IV*, D. boru, *blm* «pierwiastek chemiczny»

II bor *m IV*, D. bora a. boru «rodzaj świdra»: Bor dentystyczny.

-borczyk p. -bork.

Bordeaux (*wym.* Bordo) *n ndm* «miasto we Francji» — bordoski.

bordo (*wym.* bordo) *n ndm* «wino bordoskie»
bordo (*wym.* bordo) w użyciu przymiotnikowym i przysłówkowym «ciemnoczerwony; ciemnoczerwono»: Kolor bordo. Suknia bordo. Pomalowany na bordo. || *D Kult. I, 486; II, 305.*

bordowy *lepiej*: bordo || *D Kult. I, 486; II, 305.*

borg *m III*, D. borgu, *blm daw.*, dziś *posp.*, używane bywa tylko w wyrażeniu: Na borg «na kredyt»: Kupować, dawać na borg.

-borg «końcowy człon obcych nazw miast», np. Wyborg, Göteborg. △ Rzeczowniki będące nazwami mieszkańców tych miast, oraz tworzone od nich przymiotniki, tracą przed odpowiednimi przyrostkami spółgłoskę *g* i mają zakończenie: *-borczyk* (*nie*: -borgczyk), np.: wyborczyk, göteborczyk; *-borski* (*nie*: -borgski), np. wyborski.

Borgia (*wym.* Bordżja) *m* odm. jak *ż I*, *DCMs.* Borgii, *lm M.* Borgiowie, *DB.* Borgiów.
Borgia *ż I*: Życie Lukrecji Borgii.

borgis *m IV*, D. borgisu *środ.* «rodzaj czcionki», *lepiej*: burgos.

borgować *ndk IV*, borgowaliśmy (p. akcent § 1a i 2) — **zborgować** *dk daw.*, dziś *posp.* «dawać albo brać na kredyt»: W sklepie nie chcieli mu już borgować. Dla borgujących szkoda towaru.

-bork «końcowy człon nazw miast pochodzenia obcego (będący spolszczoną formą niemieckiego przyrostka -burg)», np.: Malbork, Frombork (*nie*: Malborg, Fromborg). △ Rzeczowniki będące nazwami mieszkańców tych miast, oraz tworzone od nich przymiotniki tracą przed odpowiednimi przyrostkami spółgłoskę *k* i mają zakończenie: *-borczyk* (*nie*: -borkczyk), np. malborczyk, fromborczyk; *-borka*, np.: malborka, fromborka; *-borski* (*nie*: -borkski), np.: malborski, fromborski. || *D Kult. I, 704.*

bormaszyna *ż IV* **1.** *lepiej*: wiertarka. **2.** *lepiej*: bor dentystyczny.

Borneo (*wym.* Borneo a. Borneo) *n ndm* «wyspa Archipelagu Malajskiego»

Bornholm *m IV, D.* Bornholmu «wyspa na Bałtyku» — bornholmski.

borny przym. od I bor: Kwas borny.

Borodin (*wym.* Borodin, *nie*: Borodin) *m IV, D.* Borodina (p. akcent § 7): Symfonie Borodina. || *D Kult. I, 683.*

borowik *m III, B.* = *D.* a. *M.*: Znaleźć borowika a. borowik.

borowy *książk.* przym. od bór
borowy w użyciu rzeczownikowym *reg.* «gajowy»

borówczany a. **borówkowy** przym. od borówka.

borówka *ż III, lm D.* borówek 1. «borówka brusznica, krzewinka o czerwonych jagodach; owoc tej rośliny» 2. *reg.* «borówka czernica; czarna jagoda» 3. «borówka bagienna, łochynia»

-borski p.: -borg, -bork.

borsuczy, *rzad.* **borsukowy.**

boruta a. **Boruta** *m* odm. jak *ż IV, blm* «legendarny zły duch, diabeł»

borykać się *ndk I,* borykaliśmy się (p. akcent § 1a i 2) □ B. się z kim, z czym: Borykać się z przeciwnikami. Borykać się z losem.

Borzęcin *m IV* «miejscowość» — borzęcinianin *m V, D.* borzęcinianina, *lm M.* borzęcinianie, *D.* borzęcinian — borzęcinianka *ż III, lm D.* borzęcinianek — borzęciński.

BOS (*wym.* bos) *m IV, D.* BOS-u, *Ms.* BOS-ie, *rzad. n ndm* «Biuro Odbudowy Stolicy»: BOS zatrudnił (zatrudniło) wielu inżynierów.

I bosak *m III,* tylko w wyrażeniu: Na bosaka «boso»

II bosak *m III* «drąg zakończony hakiem; *rzad.* osęk, osęka»

Bosfor *m IV, D.* Bosforu «cieśnina łącząca Morze Marmara z Morzem Czarnym»

boski przym. od Bóg, bóg: Imię boskie. Łaska boska (*ale*: Matka Boska).

boss (*wym.* bos) *m IV, lm M.* bossowie *rzad.* «kierownik, szef, zwierzchnik (w krajach anglosaskich)»

Boston *m IV* 1. *D.* Bostonu «miasto w USA» — bostończyk *m III, lm M.* bostończycy — bostonka *ż III, lm D.* bostonek — bostoński (p.). 2. boston, *DB.* bostona «powolny walc»: Tańczyć bostona. 3. boston, *D.* bostonu «cienkie sukno» — bostonowy (p.).

bostonowy «odnoszący się do bostonu: tańca lub materiału»

bostoński «odnoszący się do Bostonu — miasta»

Bośnia *ż I* «część republiki związkowej (Bośni i Hercegowiny) w Jugosławii»: Jechać do Bośni. Mieszkać w Bośni. — Bośniak *m III, lm M.* Bośniacy — Bośniaczka *ż III, lm D.* Bośniaczek — bośniacki.

BOT (*wym.* bot) *m IV, D.* BOT-u, *Ms.* Bocie a. *n ndm* «Biuro Obsługi Turystycznej»: Załatwić sprawę w Bocie (w BOT). BOT zorganizował (zorganizowało) wycieczkę dla studentów.

botanik *m III, D.* botanika (p. akcent § 1d).

botanika (*wym.* botanika, *nie*: botanika; p. akcent § 1c) *ż III,* zwykle *blm.*

Botticelli (*wym.* Botticelli) *m* odm. jak przym., *D.* Botticellego (*nie*: Botticelliego): Praca o Botticellim.

botwina a. **boćwina** *ż IV.*

Bovary (*wym.* Bovari, *nie*: Bowari) jako nazwisko żeńskie — *ndm*: Sławna powieść Flauberta „Pani Bovary". || *D Kult. I, 696.*

bowiem *książk.* «spójnik przyłączający zdania wyrażające przyczynę, wyjaśnienie, uzasadnienie treści zdania poprzedniego (stawia się go zwykle po pierwszym lub drugim członie zdania, w którym występuje)»: Emil żywo interesował się sztuką współczesną, miał bowiem (*nie*: bowiem miał) wielu przyjaciół wśród artystów.

boy (*wym.* boj) *m I, lm M.* ci boye, *D.* boyów: Boy hotelowy.

Boyle (*wym.* Bojl) *m I, D.* Boyle'a (*wym.* Bojla): Mariotte dzieli z Boyle'em sławę odkrywcy jednego z praw gazów.

Boy-Żeleński (*wym.* Boj Żeleński), Boy *m I,* Żeleński odm. przym.: Przekłady klasyków literatury francuskiej Boya-Żeleńskiego. || *D Myśli 85; GPK Por. 168.*

boża krówka a. **boża trusia**, boża odm. przym., krówka *ż III,* trusia *ż I, W.* trusiu *reg.* «biedronka»

bożek *m III, B.* = *D., lm M.* te bożki.

Bożena (*nie*: Bożenna) *ż IV* — Bożenka *ż III, lm D.* Bożenek.

Boże Narodzenie, Boże odm. przym., Narodzenie *n I:* Święta Bożego Narodzenia.

bożnica a. **bóżnica** (*nie*: bóźnica) *ż II;* in. synagoga.

bożniczy a. **bóżniczy**, *rzad.* **bożniczny.**

bożonarodzeniowy, *rzad.* **bożenarodzeniowy.**

boży *m-os.* boży, przym. od Bóg, bóg: Opatrzność boża (*ale*: Boże Narodzenie, Boże Ciało).
po bożemu «uczciwie, sprawiedliwie, zgodnie z zaleceniami religii»: Żyć po bożemu.

bożyszcze *n I, lm D.* bożyszczy a. bożyszcz: Bożyszcze tłumu zdobyło złoty medal (*ale*: Jan Kowalski, bożyszcze tłumu, zdobył złoty medal).

bób (*nie*: bob) *m IV, D.* bobu; *reg.* **bober** (*nie*: bóber) *m IV, D.* bobru △ *pot.* Dać, zadać komuś bobu «dać komuś nauczkę, dać się komuś we znaki»

bóbr *m IV, D.* bobra, w zn. «futro» tylko w *lm*: Nosić bobry.

Bóbr *m IV, D.* Bobru «rzeka»

Bóg *m III, DB.* Boga, *C.* Bogu, *W.* Boże, *blm* 1. «w religiach monoteistycznych: istota nadprzyrodzona, najwyższa» △ Daj Boże (coś); daj Boże+bezokol. «życzenie»: Daj Boże zdrowie! Daj Boże doczekać przyszłych świąt. △ Tak mi (Panie) Boże dopomóż; tak mi dopomóż Bóg «rodzaj przysięgi, zaklęcia» △ Niech (Pan) Bóg broni; broń (Panie) Boże! Boże broń! Boże uchowaj! Uchowaj Boże! «wykrzyk-

nienia, wyrażające ostrzeżenie przed czymś lub zaprzeczenie czemuś» △ *wych. z użycia* Szczęść Boże, Panie Boże dopomóż «pobożna formuła wyrażająca życzenie owocnej pracy». △ Pożal się Boże «zwrot wyrażający pogardliwą ocenę»: Pożal się Boże, co z niego za naukowiec. Piszę po polsku, że pożal się Boże. △ Bogiem a prawdą «w istocie, naprawdę» △ Na Boga! «wykrzyknienie»△ *podn.* Spocząć w Bogu «umrzeć» △ Przyjść z Panem Bogiem «o księdzu: przyjść z komunią» △ Bóg zapłać a. Panie Boże zapłać «pobożna formuła podziękowania» △*pot.* Święty Boże nie pomoże «nic nie pomoże»
2. bóg, *lm M.* ci bogowie a. te bogi «w religiach politeistycznych: jedno z bóstw; bożek»

bój *m I, D.* boju, *lm D.* bojów (*nie:* boi) *książk., podn.* «bitwa, walka»: Zażarty bój. Plac boju. Toczyć, wieść bój. Iść w bój za ojczyznę. □ B. o kogo, o co: Bój o Warszawę. □ B. z kim, z czym: Bój z nieprzyjacielem.

ból *m I, D.* bólu, *reg.* bolu, *lm M.* bóle, *reg.* bole, *lm D.* bólów, *rzad.* bóli, *reg.* bolów. □ B. czego, w czym: Ból głowy (*nie:* w głowie), gardła, zęba. Ból w boku, w kolanie. △ Lekarstwo od bólu a. na ból gardła, głowy, zęba. Cierpieć na ból (bóle) głowy. Skarżyć się na ból (bóle) czegoś, w czymś.

bór *m IV, D.* boru.

bóść (*nie:* bość) *ndk XI,* bodę, bodzie, bodą, bódź, bodliśmy (p. akcent § 1a i 2), bódł, bodła — **ubóść** *dk* □ B. bez dop.: Krowa bodzie. □ B. kogo, co (czym): Bóść konia ostrogami.

bóżnica p. bożnica.

bp «skrót wyrazu: *biskup*, pisany w mianowniku *lp* bez kropki, w przypadkach zależnych z kropką albo z końcówkami deklinacji męskiej (*m IV*), stawiany zwykle przed nazwiskiem lub przed imieniem i nazwiskiem, czytany jako cały wyraz»: Bp Janicki. Ks. bp Stefan Janicki. List pasterski bpa a. bp. (*czyt.* biskupa) Janickiego. △ Bp Janicki i bp Stawiński a. bp bp Janicki i Stawiński. △ Przy wyliczaniu używane także formy z końcówkami: List pasterski bpów: Janickiego, Stawińskiego.

br. «skrót wyrażenia: *bieżącego roku*, pisany łącznie, z kropką, stawiany w datach po liczbach oznaczających dzień i miesiąc danego roku, albo po nazwie miesiąca danego roku; czytany jako całe wyrażenie: Stało się to 7.VI br. Odwiedziliśmy ich w maju br.

b.r. «skrót wyrażenia: *bez roku a. brak roku*, pisany z kropkami, czytany jako całe wyrażenie, stosowany w katalogowaniu bibliotecznym dla oznaczenia braku informacji w książce o roku jej wydania»

Brabancja *ż I, DCMs.* Brabancji «kraina historyczna w Zachodniej Europie» — Brabantczyk *m III, lm M.* Brabantczycy — Brabantka *ż III, lm D.* Brabantek — brabancki.

braciszek *m III, D.* braciszka, *lm M.* braciszkowie.

I brać *ndk IX,* biorę (*nie:* bierę), bierze, braliśmy (p. akcent § 1a i 2) — **wziąć** (*nie:* wziąść) *dk Xc,* wezmę (*nie:* weznę), weźmie (*nie:* weźnie), weź, wziąłem (*wym.* wziołem; *nie:* wzięłem), wzięła (*wym.* wzięła), wzięliśmy (*wym.* wzieliśmy) **1.** «ujmować, chwytać, obejmować»: Brać książkę pod pachę. □ B. kogo, co za co: Brać kogoś za ramię. Wziął dzbanek za ucho. □ B. kogo, co w co: Brać kogoś

w objęcia. Wziąć łopatę w ręce. □ B. kogo, co czym: Brać krzesło ręką. □ B. za co (bez dop. bliższego): Brać za klamkę.
2. (w różnych znaczeniach przenośnych): Brać jeńców do niewoli. Brać przykład z kogoś. Brać kąpiel, lekarstwo. Auto wzięło wiraż. □ B. (czym) po czym a. w co «być bitym»: Brać po głowie a. w głowę. Wziąć kijem po plecach a. w plecy. □ B. kogo, co za kogo, co a) «uważać za kogoś, za coś»: Brali go za wariata. b) «czynić kogoś czymś (w stosunku do siebie)»: Brać kogoś za żonę, za świadka. □ Coś kogoś bierze «o uczuciach, stanach: opanowywać, ogarniać»: Bierze kogoś ciekawość, ochota. △ *pot.* Brać na odwagę «zdobywać się na odwagę» △ Brać coś na rozum «oceniać rozumowo (nie emocjonalnie)» △ Brać pod uwagę, pod rozwagę (*nie:* na uwagę, na rozwagę) «zastanawiać się nad czymś, uwzględniać coś przy decyzji» △ Brać (*nie:* przyjmować) udział w czymś. △ (*częściej dk*) Wziąć coś w posagu, w spadku «dostać coś jako część posagu, spadku» △ Brać kogoś za słowo «podkreślać, że czyjąś obietnicę traktuje się poważnie»

brać się — wziąć się □ B. się do czego (*nie:* za co): Wziął się do roboty, do jedzenia. □ B. się do kogo «zaczynać stosować jakieś środki wobec kogoś»: Wzięli się ostro do niego. □ *pot., wych. z użycia* B. się na co «dawać się oszukiwać; nabierać się»: Nie wezmę się już na te rzewne historyjki. □ Ktoś, coś skądś się bierze «ktoś, coś pojawia się gdzieś»: Skąd się wziąłeś w tym domu? Skąd mu się bierze ta wesołość? △ (*częściej dk*) Wziąć się na sposób «zastosować jakiś pomysłowy sposób» || *D Kult. I, 32; II, 31; U Pol. (2), 81.*

II brać *ż V, blm żart., pouf.* «grupa, kompania, bractwo»

braha (*nie:* bracha) *ż III, CMs.* braże a. brasze.

Brahma (*wym.* Brama) *m odm. jak ż IV, blm.*

Braille (*wym.* Braj a. Brajl) *m I, D.* Braille'a (*wym.* Braja a. Brajla). || *D Kult. I, 691.*

brajl *m I, B. = D., blm* «pismo dla niewidomych»: Czytać, pisać brajlem. △ *środ.* Na brajla «po omacku» || *D Kult. I, 691.*

brajlowski przym. od Braille a. brajl: System brajlowski. Alfabet brajlowski.

brajtszwanc *m II, DB.* brajtszwanca, w zn. «futro» zwykle w *lm*: Nosić brajtszwance.

brak *m III, D.* braku **1.** *blm* «fakt nieistnienia czegoś, nieobecność, niedostatek» □ B. czego (*nie:* na czym): Brak czasu. Odczuwał brak sił. Mimo braku słońca opaliła się nieco. △ Z braku kogoś, czegoś: Z braku powietrza mało nie zemdlał. △ W braku kogoś, czegoś: W braku laku dobry i opłatek (przysłowie). △ *niepoprawne* W naszym osiedlu występuje brak (*zamiast:* brakuje) placówek handlowych. **2.** «wada, skaza, błąd, niedociągnięcie; wyrób z usterkami» □ Braki w czym: Mieć braki w wykształceniu. Produkować braki.

brak *nieos.* w funkcji orzeczenia «nie ma, brakuje, braknie» □ (Komuś) brak (jest) kogo, czego: Brak mi słów. Ludzi tu nie brak. || *KP Pras.*

braknąć *ndk a. dk Vc,* **brakować** *ndk IV* (tylko w 3. os. *lp* czasu teraźniejszego: braknie, brakuje; w 3. os. rodz. *n lp* czasu przeszłego: brakło, brakowało,

w bezokol. i w imiesł. czynnym: brakujący), brakło-
by, brakowałoby (p. akcent § 4c) — **zabraknąć**,
rzad. **zbraknąć** *dk* «nie być, być w zbyt małej ilości
lub liczbie, nie wystarczać»: Może nam braknąć
pieniędzy. □ Kogoś, czegoś (*nie*: ktoś, coś)
braknie: Wszyscy przyszli, brakowało tylko mojego
brata. □ Braknie komu, czemu — czego (*nie*:
braknie co, braknie na czym): Komuś braknie tchu,
sił, słów. W studni zabrakło wody. □ Braknie (komuś) kogoś, czegoś do...: Brakuje dziesięciu
złotych do tysiąca. Nic mi do szczęścia nie brakło.
△ *niepoprawne* Co ci brakuje? (*zamiast*: co ci jest?
co ci dolega?)

brakorób *m IV, D.* brakoroba, *lm M.* te brako-
roby.

brakować *ndk IV*, brakowaliśmy (p. akcent § 1a
i 2) — **wybrakować** *dk* 1. «sortować odrzucając
braki» 2. tylko *ndk* p. braknąć. || *KJP 424.*

brakowny, *rzad.* **brakowy** *pot.* «mający braki,
usterki, wybrakowany»

brama *ż IV*: Pełnić wartę przy bramie (*nie*: na
bramie). Stać, być w bramie, przy bramie (*nie*: na
bramie). △ Brama Floriańska, Brama Szewska.

bramin, *rzad.* **braman** *m IV, lm M.* bramini (bra-
mani), *D.* braminów (bramanów).

braminizm, *rzad.* **bramanizm** *m IV, D.* brami-
nizmu (bramanizmu), *Ms.* braminizmie, bramanizmie
(*wym.* ~izmie a. ~iźmie), *blm*: Wyznawać braminizm.

bramka *ż III, lm D.* bramek, w zn. «w grach
sportowych: dwa słupy połączone poprzeczką»:
Strzelić do bramki, w bramkę, *śród.* na bramkę. △ W
zn. «wygrany punkt w tych grach»: Strzelić bramkę.

bramkarz *m II, lm D.* bramkarzy.

Brandenburg (*wym.* Brandenburg) *m III, D.*
Brandenburga (p. akcent § 7) «miasto w NRD» —
brandenburczyk *m III, lm M.* brandenburczycy —
brandenburka *ż III, lm D.* brandenburek — brandenburski.

Brandenburgia *ż I, DCMs.* Brandenburgii «pro-
wincja NRD» — Brandenburczyk *m III, lm M.*
Brandenburczycy — Brandenburka *ż III, lm D.*
Brandenburek — brandenburski.

brandmur *m IV, D.* brandmuru *przestarz., le-
piej*: ściana ogniowa. || *D Myśli 67.*

brandzel (*nie*: branzel) *m I, D.* brandzla.

Braniewo *n III* «miasto» — braniewski.

brankard (*nie*: bramkart) *m IV, D.* brankardu.

bransoletka (*wym.* brãsoletka, *nie*: brãzoletka)
ż III, lm D. bransoletek; a. **bransoleta** (*wym.* brãso-
leta, *nie*: brãzoleta) *ż IV.*

branża *ż II* «dział handlu lub wytwórczości»:
Branża galanteryjna, metalowa, *lepiej*: Dział galan-
teryjny, metalowy. || *D Kult. I, 392.*

Braque (*wym.* Brak) *m III, D.* Braque'a (*wym.*
Braka), *N.* Brakiem: Współpraca Picassa z Brakiem.

Brasilia (*wym.* Braz-ilia) *ż I, DCMs.* Brasilii
«stolica Brazylii» — brasilijczyk (*wym.* braz-ilijczyk)

m III, lm M. brasilijczycy — brasilijka *ż III, lm D.*
brasilijek — brasilijski.

brat *m IV, C.* bratu, *lm M.* bracia, *D.* braci, *N.*
braćmi: Brat rodzony, bliźniaczy, przyrodni, ciotecz-
ny. △ Brat lata (*nie*: łat) «człowiek poczciwy, bezpośredni, zawsze chętny do poufałej rozmowy, towarzyski» △ Być z kimś za pan brat «przestawać z kim
jak równy z równym, poufale»

bratanek *m III, D.* bratanka, *lm M.* ci bratanko-
wie, *przestarz.* te bratanki.

braterski 1. a. bratni «przyjacielski, serdeczny,
przyjazny»: Braterskie zaufanie. 2. *wych. z użycia*
«odnoszący się, należący do brata»: Mieszkała w domu
braterskim.

braterstwo *n III, blm* 1. *B.* braterstwa, *Ms.* brater-
stwu (*nie*: braterstwie) «brat z żoną»: Moi (*nie*: moje)
braterstwo. Oboje braterstwo przyszli (*nie*: przyszło).
2. *B.* braterstwo, *Ms.* braterstwie «uczucia braterskie,
przyjaźń»: Braterstwo narodów. || *D Kult. II, 149.*

bratni 1. a. braterski «przyjacielski, serdeczny,
przyjazny»: Bratnie pozdrowienie. 2. «związany pokrewieństwem rodzinnym, narodowym, ideologicz-
nym»: Bratnie partie komunistyczne.

bratowa *ż* odm. jak przym., *D.* bratowej (*nie*:
bratowy), *W.* bratowo.

Bratysława *ż IV* «miasto w Czechosłowacji (stolica Słowacji)» — bratysławianin *m V, D.* bratysła-
wianina, *lm M.* bratysławianie, *D.* bratysławian —
bratysławianka *ż III, lm D.* bratysławianek — bra-
tysławski.

brauning *m III, D.* brauninga: Mieć brauning
(*nie*: brauninga).

brawo *n III* 1. «oklaski wyrażające podziw,
uznanie, zachwyt»: Huczne brawa. Bić brawo, *rzad.*
brawa. 2. *ndm* «okrzyk wyrażający aprobatę, pochwałę, uznanie»: Brawo! — krzyknęli widzowie.

Brazylia *ż I, DCMs.* Brazylii — Brazylijczyk
m III, lm M. Brazylijczycy — Brazylijka *ż III, lm
D.* Brazylijek — brazylijski.

brąz *m IV, D.* brązu: Posąg odlany z brązu. Opalił
się na brąz. || *D Kult. I, 791; II, 483.*

brązować *ndk IV*, brązowaliśmy (p. akcent § 1a
i 2) 1. «powlekać przedmioty warstwą metalu»
△ *przen.* «brązowić (w zn. 2)» 2. *rzad., częściej*: brązowić (w zn. 1).

brązowić *ndk VIa*, brązowiliśmy (p. akcent § 1a
i 2) 1. «nadawać kolor brązowy» 2. «oceniać, czcić
kogoś, coś bezkrytycznie, zbytnio idealizować; brązować»
brązowić się «wydawać się brązowym, rzucać się
w oczy jako brązowa plama; brązowieć»

brązowo- 1. «pierwszy człon wyrazów złożonych»:
a) «w przymiotnikach złożonych oznaczający brązowy odcień koloru określanego przez drugi człon złożenia, pisany łącznie», np. brązowozłoty «złoty o odcieniu brązowym»
b) «w przymiotnikach złożonych o charakterze dzierżawczym określający barwę brązową przedmiotu nazywanego przez drugi, rzeczownikowy człon złożenia, pisany łącznie», np. brązowooki «mający brązowe
oczy»

2. «część przymiotników złożonych z członów znaczeniowo równorzędnych, pisana z łącznikiem», np.:
brązowo-biały, zielono-brązowo-biały «brązowy i biały, zielony, brązowy i biały (o fladze, materiale
w paski itp.)» △ Wyrażenia, których pierwszym członem jest przysłówek a drugim imiesłów, pisze się rozdzielnie, np. brązowo nakrapiany.

Brda *ż IV* «rzeka» — brdziański.

brechać *ndk IX*, bresze, brechaliśmy (p. akcent
§ 1a i 2); *rzad.* **brechtać** *ndk I*, brechtaliśmy (p. akcent § 1a i 2) — **nabrechać**, *rzad.* **nabrechtać** *dk
reg.* «pleść, łgać»

bredzić *ndk VIa*, bredzę, bredziliśmy (p. akcent
§ 1a i 2) □ B. bez dop., b. co, o czym «pleść,
opowiadać głupstwa»: Nie bredź, bo słuchać nie
można. Bredzić niestworzone rzeczy. Bredzić o tym
i owym. □ B. bez dop. «majaczyć»: Bredzi w gorączce.

breja a. **bryja** *ż I, DCMs.* brei (bryi), *blm pot.*
«gęsty płyn, papka (najczęściej o gęstej zupie albo
o błocie)»

brelok (*nie:* brylok) *m III* □ B. od czego, do
czego, przy czym: Brelok od zegarka, do paska,
przy bransoletce.

Brema *ż IV* «miasto w NRF» — bremeńczyk
m III, lm M. bremeńczycy — bremenka *ż III, lm
D.* bremenek — bremeński.

Brenner *m IV, D.* Brenneru a. (w połączeniu
z wyrazem: przełęcz) *ndm* «przełęcz w Alpach»

Brentano *m IV, D.* Brentana (*nie:* Brentany):
Powieść C. Brentana.
Brentano *ż ndm*: Dzieło poetyckie Bettiny Brentano.
// *D Kult. I, 668.*

Bretania (*wym.* Bretańja) *ż I, DCMs.* Bretanii
«kraina we Francji» — Bretończyk *m III, lm M.*
Bretończycy — Bretonka *ż III, lm D.* Bretonek —
bretoński (p.).

bretoński: Język bretoński. Stroje bretońskie
(*ale:* Półwysep Bretoński).

Breughel p. Bruegel.

brew *ż V, D.* brwi, *lm M.* brwi (*nie:* brwie).

brewe *n ndm*: Odczytano tekst brewe papieskiego.

brewerie *blp, D.* brewerii: Wyprawiać, urządzać
brewerie.

brewiarz *m II, lm D.* brewiarzy: Odmawiać modlitwy z brewiarza, skrótowo: odmawiać brewiarz.

Breżniew (*wym.* Breżniew) *m IV, D.* Breżniewa
(p. akcent § 7): Konferencja z Leonidem Breżniewem.

bridż p. brydż.

! **bristol** p. brystol.

Bristol *m I, D.* Bristolu «miasto w Wielkiej Brytanii» △ Hotel Bristol — bristolski (p.).

bristolski: Ulice bristolskie (*ale:* Kanał Bristolski).

! **brizol** p. bryzol.

brnąć *ndk Va*, brnąłem (*wym.* brnołem; *nie:* brnę-
łem), brnął (*wym.* brnoł), brnęła (*wym.* brnęła), brnę-

liśmy (*wym.* brnęliśmy; p. akcent § 1a i 2) — **zabrnąć**
dk □ B. przez co: Brnąć przez piach. □ B. w czym:
Brnąć w śniegu. □ B. po czym: Brnąć po błocie.
□ B. w co: Brnęli w las. △ *przen.* Brnąć w długi.

Brno *n III, blm* «miasto w Czechosłowacji» —
brneński. // *D Kult. I, 707.*

broczyć *ndk VIb*, broczyliśmy (p. akcent § 1a i 2)
tylko we *fraz.* Broczyć krwią, posoką, farbą, juchą.
Krew broczy z ran, z ramienia itp. △ *przestarz.,
książk.* Broczyć (a. zbroczyć) coś krwią a. we krwi.

broda *ż IV, CMs.* brodzie, *lm D.* bród: Broda
bujna, długa (do pasa a. po pas). Przystrzyc brodę.

brodacz *m II, lm D.* brodaczy, *rzad.* brodaczów.

Brodnica *ż II* «miasto» — brodniczanin *m V, D.*
brodniczanina, *lm M.* brodniczanie, *D.* brodniczan —
brodniczanka *ż III, lm D.* brodniczanek — brodnicki.

Brody *blp, D.* Brodów **1.** «miasto w ZSRR»
2. «miejscowości w Polsce» — brodzki.

brodzić *ndk VIa*, brodź, brodziliśmy (p. akcent
§ 1a i 2) □ B. w czym: Brodził w gęstej trawie.
□ B. po czym: Brodzić po moczarach.

brodzik *m III, D.* brodzika a. brodziku.

Broglie, de (*wym.* de Broj) *m I, D.* de Broglie'a
(*wym.* de Broja), *lm M.* de Broglie'owie a. (z odmienianym imieniem, tytułem itp.) *ndm*: Fale de Broglie'a. Bracia de Broglie a. de Broglie'owie.

broić *ndk VIa*, broję, brój, broiliśmy (p. akcent
§ 1a i 2) — **zbroić** *dk* □ B. bez dop. a. b. co: Dzieci broiły bezkarnie cały dzień. Coś tam zbroił?

bronić *ndk VIa*, broniliśmy (p. akcent 1a i 2)
□ B. kogo, czego (*nie:* kogo, co): Bronić kraju,
swego stanowiska (*nie:* kraj, swoje stanowisko).
□ B. kogo (z biernikiem) «występować jako czyjś
obrońca sądowy»: Adwokat bronił przestępcę.
□ B. komu kogo, czego: Policja broniła demon-
strantom dostępu na salę obrad. □ B. komu robić
co a. robienia czego: Broniła córce czytać romanse
a. czytania romansów.
bronić się 1. «ochraniać się, osłaniać się»: Bronić się
zaciekle, do upadłego. **2.** «opierać się komuś, opędzać
się, zapobiegać czemuś» □ B. się przed czym: Broniła się przed tą myślą. □ B. się przeciw czemu:
Bronić się przeciw napływającym łzom. □ B. się
od kogo, czego: Bronić się od czarnych myśli. □
wych. z użycia B. się komu, czemu: Nie broń mi
się. Bronić się pokusie. // *D Kult. II, 32; KJP 313,
318.*

Bronisław *m IV, lm M.* Bronisławowie — Bronek
m III, D. Bronka, *lm M.* Bronkowie — Bronisła-
wostwo *n III, DB.* Bronisławostwa, *Ms.* Bronisła-
wostwu (*nie:* Bronisławostwie); a. Bronisławowie *blp,
D.* Bronisławów — Bronkowie *blp, D.* Bronków —
Bronisława *ż IV* — Bronka *ż III, lm D.* Bronek —
Bronia *ż I, W.* Broniu.

broń *ż V* **1.** *blm* «narzędzie walki»: Władać bronią.
Walczyć na białą broń. Broń sieczna. △ Być, czekać,
stać pod bronią «być przygotowanym do walki z bronią w ręku» △ Chwycić za broń, porwać się do broni,
podnieść, zwrócić broń przeciw komuś «podjąć walkę
z bronią w ręku» **2.** «formacja wojskowa»: Na wojnie
wszystkie bronie są jednakowo ważne.

browarniany, browarny a. **browarowy** «odnoszący się do browaru»: Jęczmień browarniany.

browarniczy «dotyczący browarnictwa»: Przemysł browarniczy.

Brown (*wym.* Braun) *m IV, lm M.* Brownowie: Prace Browna w dziedzinie botaniki.

Broz *m IV, Ms.* Brozie: Działalność Józefa Broza w ruchu rewolucyjnym na Syberii.

Broz-Tito Broz *m IV*; Tito *m IV, D.* Tita, *C.* Titowi, *Ms.* Ticie a. (w połączeniu z imieniem lub tytułem) *ndm*: Wizyta prezydenta Broza-Tita a. Broza--Tito. *Por.* Tito.

bród *m IV, D.* brodu: Wytyczyć bród. Bród na rzece a. w rzece.
w bród w użyciu przysłówkowym: Przejść rzekę w bród. △ Jest czegoś w bród «jest czegoś bardzo dużo»

Bródno *n III* «dzielnica Warszawy» — bródnowski.

brudas *m IV, lm M.* te brudasy.

bruderszaft (*wym.* bruderszaft) *m IV, D.* bruderszaftu (p. akcent § 7):Wypić z kimś bruderszaft.

brudno *st. w.* brudniej, przysłów. od brudny △ Pisać coś na brudno.

brudno- «pierwszy człon wyrazów złożonych» a) «w przymiotnikach oznaczających barwę wskazuje na brunatny odcień danej barwy», np. brudnobiały; b) *rzad.* «w rzeczownikach wskazuje, że to, co oznacza druga część złożenia, jest pod jakimś względem brudne», np. brudnopis.

brudny *m-os.* brudni, *st. w.* brudniejszy «nieczysty, zanieczyszczony»: Brudne ręce. □ B. od czego (*nie*: z czego): Był cały brudny od sadzy.

brudzić *ndk VIa*, brudzę, brudziliśmy (p. akcent § 1a i 2) □ B. bez dop.: Dzieci brudzą w mieszkaniu. □ B. co: Brudzić sobie ręce.

brudzio *m I, DB.* brudzia, *blm pot., żart.* zdr. od bruderszaft: Wypić z kimś brudzia.

Bruegel a. **Breughel** (*wym.* Brojgel) *m I, D.* Bruegla, Breughla (*wym.* Brojgla), *lm M.* Brueglowie, Breughlowie: Malarstwo Brueglów (Breughlów).

brukać *ndk I*, brukaliśmy (p. akcent § 1a i 2) — **zbrukać** *dk książk.* «brudzić» △ *częściej* w *przen.*: Tym czynem zbrukał swoje sumienie.

brukarz *m II, lm D.* brukarzy.

brukiew *ż V, D.* brukwi, zwykle *blm*: Zwieźć z pola brukiew.

Bruksela (*nie*: Bruksella) *ż I* «stolica Belgii» — brukselczyk *m III, lm M.* brukselczycy — brukselka (p.) — brukselski.

brukselka *ż III, lm D.* brukselek 1. «mieszkanka Brukseli» 2. «roślina warzywna»

brukwiany a. **brukwiowy** przym. od brukiew: Zupa brukwiana (brukwiowa).

brunecik (*nie*: brenecik) *m III, lm M.* ci brunecikowie, *pot.* te bruneciki.

brunet (*nie*: brenet) *m IV, lm M.* bruneci.

brunetka (*nie*: brenetka) *ż III, lm D.* brunetek; *rzad.* **bruneta** *ż IV.*

Bruno *m IV* 1. a. Brunon, *D.* Brunona (*nie*: Bruna), *lm M.* Brunonowie «imię męskie»: Utwory Brunona Schulza (*nie*: Bruno Schulza). 2. *D.* Bruna «nazwisko filozofa włoskiego»: Poglądy Giordana Bruna.

Brunszwik (*nie*: Bruńświk) *m III, D.* Brunszwiku «dzielnica i miasto w NRF» — brunszwicki.

brusznica (*nie*: bruśnica) *ż II reg.* p. borówka (w zn. 1).

brutal *m I, lm D.* brutali a. brutalów.

brutto *ndm*: Dochód, zysk brutto.

bruździć *ndk VIa*, brużdżę, bruźdź, bruździliśmy (p. akcent § 1a i 2) □ B. co «ryć w czymś bruzdy»: Dziki brużdżą pole. □ B. w czym «przeszkadzać»: Bruździł mu w staraniach o posadę.

b.r.w. «skrót wyrażenia: *bez roku wydania*, pisany z kropkami, czytany jako całe wyrażenie, stosowany w katalogowaniu bibliotecznym dla oznaczenia braku informacji w książce o roku jej wydania» *Por.* b.d.

bryczesy *blp, D.* bryczesów.

bryczka *ż III, lm D.* bryczek: Wsiadać na bryczkę (*ale*: do powozu, do karety).

brydż a. **bridż** *m II, DB.* brydża (bridża), *blm*: Grać w brydża.

brydżysta a. **bridżysta** *m odm. jak ż IV, lm M.* brydżyści (bridżiści), *DB.* brydżystów (bridżystów); *rzad.* **brydżowiec** a. **bridżowiec** *m II, D.* brydżowca (bridżowca), *lm M.* brydżowcy (bridżowcy).

bryftrygier *m IV, D.* bryftrygiera *daw., reg.* «listonosz»

Bryg. (bryg.) «skrót wyrazu: *brygada*, pisany z kropką, czytany jako cały, odmieniany wyraz»: Gen. bryg. (*czyt.* generał brygady) Jan Dębowski. W skład Legionów Polskich wchodziła Bryg. Karpacka.

brygadier *m IV* 1. *rzad.* p. brygadzista. 2. «dawny stopień wojskowy»

brygadierka p. brygadzistka.

brygadzista *m odm. jak ż IV, lm M.* brygadziści, *DB.* brygadzistów «kierownik brygady roboczej»

brygadzistka *ż III, lm D.* brygadzistek; *rzad.* **brygadierka** *ż III, lm D.* brygadierek «kierowniczka brygady roboczej»

Brygida *ż IV* — Brygidka (p.).

Brygidka *ż III, lm D.* Brygidek 1. zdr. od Brygida. 2. brygidka «zakonnica zakonu św. Brygidy; w *lm*: zakon żeński św. Brygidy»: Wstąpiła do brygidek (*nie*: do brygitek).

bryja p. breja.

brykiet (*nie*: brykieta) *m IV, D.* brykietu, zwykle w *lm*: Fabryka brykietów.

brylant (*nie*: brelant) *m IV, D.* brylantu.

bryłowaty, *rzad.* **brylasty**: Bryłowata postać.

bryndza (*nie*: brendza, brędza) *ż II*, zwykle *blm*.

brystol

brystol (*nie*: bristol, chociaż: Bristol) *m I, D*. brystolu: Arkusz brystolu.

bryt (*nie*: ta bryta) *m IV, D*. brytu: Spódnica z 4 brytów (*nie*: bryt).

Brytania (*wym*. Brytańja) *ż I, DCMs*. Brytanii △ Tylko w nazwie: Wielka Brytania «wyspa (w starożytności: Brytania) i państwo» — Brytyjczyk *m III, lm M*. Brytyjczycy — Brytyjka *ż III, lm D*. Brytyjek — brytyjski.

brytfanna (*nie*: brytwanna) *ż IV, lm D*. brytfann (*nie*: brytfanien).

bryzgać *ndk I*, bryzgaliśmy (p. akcent § 1a i 2) — bryznąć *dk Va*, bryznąłem (*wym*. bryznołem; *nie*: bryznełem, bryzłem), bryznął (*wym*. bryznoł), bryznęła (*wym*. bryznęła; *nie*: bryzła), bryznęliśmy (*wym*. bryznęliśmy); *rzad*. brygnąć *dk Va* □ B. czym: Bryzgać na kogoś wodą. □ B. bez dop.: Błoto bryzgało spod kół.

bryzol (*nie*: brizol) *m I, D*. bryzolu, *lm D*. bryzoli a. bryzolów.

brząkać a. brzękać *ndk I*, brząkaliśmy, brzękaliśmy (p. akcent § 1a i 2) — brząknąć a. brzęknąć *dk Va* a. *Vc*, brząknąłem, brzęknąłem (*wym*. brząknołem, brzęknołem; *nie*: brząknęłem, brzęknęłem, brząkłem, brzękłem); brząknął a. brzęknął (*wym*. brząknoł, brzęknoł); brząknęła, brzęknęła (*wym*. brząknęła, brzęknęła) a. brzękła; brząknęliśmy, brzęknęliśmy (*wym*. brząknęliśmy, brzęknęliśmy) □ B. czym: Brząkać kluczami. □ B. na czym: Brząkać na gitarze. □ B. w co: Brząkać w karabelę. □ *rzad*. B. co «cicho grać na instrumencie strunowym»: Brząkać jakąś melodię. □ B. bez dop.: Struna brząkła. Łańcuch brząknął.

brząkadło p. brzękadło.

brzdąc *m II, lm M*. te brzdące: Brzdące bawiły się w piasku.

brzdąkać, *rzad*. brzdękać *ndk I*, brzdąkaliśmy, brzdękaliśmy (p. akcent § 1a i 2) — brzdąknąć, *rzad*. brzdęknąć *dk Va* a. *Vc*, brzdąknąłem, brzdęknąłem (*wym*. brzdąknołem, brzdęknołem; *nie*: brzdąknęłem, brzdęknęłem); brzdąknął, brzdęknął (*wym*. brzdąknoł, brzdęknoł); a. brzdąknęła, brzdęknęła *albo*: brzdąkła, brzdękła; brzdąknęliśmy, brzdęknęliśmy (*wym*. brzdąknęliśmy, brzdęknęliśmy) □ Składnia jak: brząkać.

brzdęknąć 1. p. brzdąkać. 2. *pot*. «upaść z hałasem»: Brzdęknął jak długi.

brzeg *m III, D*. brzegu △ Brzeg kapelusza. △ Położyć się na brzegu, od brzegu a. z brzegu łóżka. △ We *fraz. D. lp* niekiedy: brzega, np. Pierwszy z brzegu (a. z brzega) «pierwszy z kolei, którykolwiek»

Brzeg *m III, D*. Brzegu «miasto» — brzeżanin *m V, D*. brzeżanina, *lm M*. brzeżanie, *D*. brzeżan — brzeżanka *ż III, lm D*. brzeżanek — brzeski (p.).

brzegowy, *rzad*. brzeżny przym. od brzeg: Urwisko brzegowe. Strefa brzeżna (morza).

brzemienny *książk*.: Kobieta brzemienna. □ *przen*. B. czym a. w co: Chmura brzemienna deszczem. Zdarzenie brzemienne w skutki. *Por*. ciężarny.

brzeski przym. od Brzeg, Brzesko a. Brześć.

Brzesko *n II* «miejscowość» — brzeszczanin *m V, D*. brzeszczanina, *lm M*. brzeszczanie, *D*. brzeszczan — brzeszczanka *ż III, lm D*. brzeszczanek — brzeski.

brzeszczot *m IV, D*. brzeszczotu.

Brześć *m I* «miasto w ZSRR» — brześcianin *m V, D*. brześcianina, *lm M*. brześcianie, *D*. brześcian — brześcianka *ż III, lm D*. brześcianek — brzeski.

Brześć Kujawski Brześć *m I*, Kujawski odm. przym. «miasto» — brzeskokujawski.

Brzeziny *blp, D*. Brzezin «miasto» — brzezinianin *m V, D*. brzezinianina, *lm M*. brzezinianie, *D*. brzezinian — brzezinianka *ż III, lm D*. brzezinianek — brzeziński.

brzeźniak, *rzad*. brzeziniak *m III, lm M*. brzeźniaki (brzeziniaki).

Brzeźno *n III* «miejscowość» — brzezieński.

brzeżek *m III, D*. brzeżku a. brzeżka.

brzeżny p. brzegowy.

brzęczeć (*nie*: brzęczyć) *ndk VIIb*, brzęczeliśmy (p. akcent § 1a i 2).

brzękać p. brząkać.

brzękadło, *rzad*. brząkadło *n III, lm D*. brzękadeł (brząkadeł).

brzęknąć 1. p. brząkać. 2. *ndk Vc* — obrzęknąć *dk*, brzęknąłby (*wym*. brzęknołby, p. akcent § 4c) «o ciele: nabrzmiewać, puchnąć»: Nogi komuś brzękną.

brzmieć (*nie*: brzmić) *ndk VIIa*, brzmij, brzmiałoby (p. akcent § 4c) — zabrzmieć *dk*.

brzoskwinka a. brzoskwińka *ż III, lm D*. brzoskwinek (brzoskwiniek), zdr. od brzoskwinia.

brzost (*nie*: brzóst) *m IV, D*. brzostu.

brzoza *ż IV, lm D*. brzóz.

Brzozowa odm. jak przym., *CMs*. Brzozowej (*nie*: Brzozowie) «miejscowość» — brzozowski.

Brzozów *m IV, D*. Brzozowa, *C*. Brzozowowi (*ale*: ku Brzozowowi a. ku Brzozowu) «miasto» — brzozowski.

brzusiec *m II, D*. brzuśca: Brzuśce palców. Brzusiec garnka.

brzuszyna *ż* a. *m* odm. jak *ż IV pieszcz., lekc.* «brzuch»

brzuszysko *n II, lm D*. brzuszysk: Ledwie dźwigał przed sobą wielkie brzuszysko. || *KJP 224*.

brzydal *m I, lm D*. brzydali a. brzydalów.

brzydko *st. w.* brzydziej.

brzydnąć p. zbrzydnąć.

brzydzić *ndk VIa*, brzydzę, brzydziliśmy (p. akcent § 1a i 2) □ *rzad*. Ktoś, coś brzydzi kogo «ktoś, coś budzi wstręt do siebie»: Brzydził ją ten pijak. brzydzić się □ B. się kim, czym: Brzydzić się kłamstwem. □ B. się kogo, czego (tylko w sensie fizycznym): Brzydzić się żab. □ B. się + bezokol.: Brzydzi się jeść koninę.

brzytwa (*nie*: brzytew) *ż IV, lm D.* brzytw a. brzytew.

BSPO (*wym.* beespeo) *ndm* «skrót wyrazów: Bądź Sprawny do Pracy i Obrony»: Odznaka BSPO.

BTA (*wym.* betea, p. akcent § 6) *ż* a. *n ndm* «Bułgarska Agencja Telegraficzna; skrót nazwy bułgarskiej»: Wiadomość podana przez BTA. BTA doniosła (doniosło) o wszczęciu rokowań.

BTMot (*wym.* betemot, p. akcent § 6) *m IV, D.* BTMot-u, *Ms.* BTMocie a. *n ndm* «Biuro Turystyki Motorowej»: BTMot rozszerzył (rozszerzyło) zakres swej działalności. Prowadził dział zagraniczny w BTMocie a. w BTMot.

BTS (*wym.* betees, p. akcent § 6) *m IV, D.* BTS-u, *Ms.* BTS-ie a. *n ndm* «Biuro Turystyki Sportowej»: Działacze BTS-u a. BTS. Pracować w BTS-ie a. w BTS. BTS urządził (urządziło) zawody sportowe.

bubek *m III, lm M.* te bubki *pot., lekc.* «laluś; chłystek»

bubel *m I, lm D.* bubli, *częściej w lm, pot.* «towar niepokupny» || *Kl. Ależ 13; KP Pras.*

Bucefał (*nie*: Bucyfał) *m IV* **1.** *blm* «imię konia Aleksandra Macedońskiego» **2.** bucefał *żart.* «koń, zwłaszcza wielki, ciężki (także pogardliwie o człowieku)»

buchać *ndk I*, buchaliśmy (p. akcent § 1a i 2) — **buchnąć** *dk Va*, buchnąłem (*wym.* buchnołem; *nie*: buchnełem, buchłem), buchnął (*wym.* buchnoł), buchnęła (*wym.* buchneła; *nie*: buchła), buchnęliśmy (*wym.* buchneliśmy): Ogień buchnął. □ B. czym: Piec bucha żarem.

buchalter *m IV wych. z użycia, lepiej*: księgowy.

buchalteria *ż I, DCMs. i lm D.* buchalterii *wych. z użycia, lepiej*: księgowość.

Buchara *ż IV* «miasto w ZSRR» — bucharski.

buchnąć *dk Va*, **1.** p. buchać. **2.** *pot.* **a)** «rzucić się»: Buchnąć w krzaki. **b)** «uderzyć»: Buchnął go w plecy. △ *pot., żart.* Buchnąć kogoś w rękę, w mankiet «pocałować w rękę» **c)** *pot.* «ukraść»: Buchnęli mu portfel.

bucior, *rzad.* **buciar** *m IV*, zgr. od but: Stare buciory.

bucisko *n II, lm D.* bucisków, zgr. od but: Przydeptane buciska.

buczeć (*nie*: buczyć) *ndk VIIb*, buczeliśmy (p. akcent § 1a i 2): Syrena fabryczna buczy. △ *pot.* Dziecko buczy.

buda *ż IV* □ B. dla kogo, czego (o pomieszczeniu dla człowieka lub zwierzęcia): Buda dla psa. □ B. na co (o pomieszczeniu do przechowywania jakichś przedmiotów): Buda na narzędzia.

Budapeszt (*wym.* Budapeszt, *nie*: Budapeszt) *m IV, D.* Budapesztu — budapeszteńczyk *m III, lm M.* budapeszteńczycy — budapesztenka *ż III, lm D.* budapesztenek — budapesztański (*nie*: budapesztański).

Budda *m* odm. jak *ż IV, CMs.* Buddzie: Nauka Buddy.

buddyjski, *rzad.* **buddaistyczny**: Wyznanie buddyjskie.

buddysta *m* odm. jak *ż IV, lm M.* buddyści, *DB.* buddystów.

buddyzm, *rzad.* **buddaizm** *m IV, D.* buddyzmu, buddaizmu, *Ms.* buddyzmie (*wym.* ~yzmie a. ~yźmie), buddaizmie (*wym.* ~izmie a. ~iźmie), *blm.*

Budionny *m* odm. jak przym.: Wojska Budionnego.

budnik *m III wych. z użycia* «rodzaj zegara, budzik»

budowa *ż IV, lm D.* budów **1.** *blm* «budowanie; struktura, konstrukcja»: Budowa domu, wyrazu. Materiał do budowy (*nie*: dla budowy). Pracować przy budowie czegoś (np. fabryki). Przystąpić do budowy czegoś (np. domu). **2.** «budynek w trakcie wznoszenia; miejsce, gdzie się coś buduje»: Wizytował szereg budów. Pracować na budowie. || *D Kult. I, 652; II, 447.*

*budowa słowotwórcza wyrazu «układ, czyli wzajemny stosunek części (morfemów), z których składa się wyraz» p. słowotwórstwo, formant.

budować *ndk IV*, budowaliśmy (p. akcent § 1a i 2) — **zbudować** *dk*: Budować dom, drogę, maszynę. □ B. co — komu, dla kogo: Budować mieszkania pracownikom a. dla pracowników. □ B. co — do czego a. dla czego: Zbudować łódź do własnego użytku, dla przewożenia pasażerów. □ B. co — na czym (dosłownie i przen.). «opierać»: Budować dom na wzgórzu. Budować na czymś plany, nadzieje. △ *przestarz., książk., podn.* Budujący wzór. Budować swoim przykładem.

budowla *ż I, lm D.* budowli.

budowlany *m-os.* budowlani, przym. od budowla: Roboty budowlane. Robotnicy budowlani.
budowlany w użyciu rzeczownikowym: Budowlani pierwsi stanęli do pracy. || *D Kult. II, 203.*

budowniczy *rzad.* «odnoszący się do budownictwa»: Sztuka budownicza.
budowniczy w użyciu rzeczownikowym, *lm M.* budowniczowie «ten, kto się zajmuje budowaniem»: Budowniczowie Pałacu Kultury. || *D Kult. II, 203.*

buduar (*nie*: budoar) *m IV, D.* buduaru.

budyń *m I, D.* budyniu, *lm D.* budyni a. budyniów.

budzić *ndk VIa*, budziliśmy (p. akcent § 1a i 2) **1.** «przerywać czyjś sen» □ B. kogo, co — z czego: Budzić kogoś ze snu, z drzemki. □ B. kogo — do czego, na co: Budzić kogoś do pracy. Budził ją na śniadanie. **2.** «wywoływać u kogoś, czegoś jakieś stany psychiczne, reakcje na coś itp.» □ B. co w kim, czym (*nie*: u kogo, u czego): Budzić (w kimś) niechęć, litość, strach. *Por.* obudzić.

Budziszyn *m IV, D.* Budziszyna «miasto w NRD (Bautzen)» — budziszynianin *m V, D.* budziszynianina, *lm M.* budziszynianie, *D.* budziszynian — budziszynianka *ż III, lm D.* budziszynianek — budziszyński.

budżet (*wym.* bud-żet a. budż-żet, *nie*: budżet) *m IV, D.* budżetu: Wnieść coś do budżetu (*nie*: Wstawić coś w budżet a. do budżetu). // *D Kult. I, 395.*

bufa (*nie*: ten buf) *ż IV, lm D.* buf (*nie*: bufów).

buffo *ndm*: Scena buffo (w przedstawieniu). △ Opera buffo.

bufiaty *reg.* «z bufami; bufiasty»

bufon *m IV, lm M.* te bufony, *rzad.* ci bufoni.

bufonada *ż IV; rzad.* **bufoneria** *ż I, DCMs.* i *lm D.* bufonerii, częściej w *lp.*

bufor *m IV, D.* bufora a. buforu.

Bug *m III, D.* Bugu, *reg.* Buga (*ale*: ogólnopolskie: zza Buga) — bużański — nadbużański.

buhaj *m I, lm D.* buhajów.

bujać *ndk I,* bujaliśmy (p. akcent § 1a i 2) — *rzad.* **bujnąć** *dk Va,* bujnąłem (*wym.* bujnołem; *nie*: bujnęłem), bujnął (*wym.* bujnoł), bujnęła (*wym.* bujneła), bujnęliśmy (*wym.* bujneliśmy) **1.** tylko *ndk* «unosić się w powietrzu, fruwać» □ B. w czym, po czym: Ptaki bujają w błękicie, po niebie. Szybowiec bujał w obłokach. **2.** tylko *ndk* «korzystać ze swobody, biegać, skakać beztrosko» □ B. po czym (*nie*: na czym): Bujać po lasach, po polach. △ *przen.* Oczy bujały po bezkresnych równinach. **3.** tylko *ndk* «bujnie, wysoko rosnąć»: Trawy bujały na żyznym stepie. **4.** «chwiać, huśtać, kołysać» □ B. kogo, co; b. czym: Bujać hamak, kołyskę, dziecko. Bujać nogą. △ Fotel bujany «fotel na biegunach» **5.** *pot.* «zmyślać, blagować, kłamać»: Umiał bujać. Aleś go bujnął.

bujać się — bujnąć się: Bujać się na wietrze, na huśtawce.

bujnie, *przestarz.* **bujno**, *st. w.* bujniej, przysłów. od bujny: Rozkrzewić się, rozrosnąć się bujnie.

buk *m III, D.* buka a. buku: Klepka z buku a. bukowa.

Bukareszt (*wym.* Bukareszt, *nie*: Bukareszt) *m IV, D.* Bukaresztu (p. akcent § 7) — bukareszteńczyk *m III, lm M.* bukareszteńczycy — bukaresztenka *ż III, lm D.* bukaresztenek — bukareszteński (*nie*: bukaresztański) // *D Kult. I, 568.*

bukat *m IV* **1.** *D.* bukata «cielę powyżej trzech miesięcy»: Mięso bukata. **2.** *D.* bukatu «skóra ze starszych cieląt»: Teczka z bukatu.

bukiet (*nie*: buket) *m IV, D.* bukietu. □ B. czego a. z czego: Bukiet róż a. z róż. △ *przen.* Bukiet fajerwerków.

bukiew (*nie*: bukwa) *ż V, D.* bukwi *reg.* «owoce, nasiona buka; buczyna»

bukinista *m odm. jak ż IV, lm M.* bukiniści, *DB.* bukinistów «uliczny handlarz starymi książkami»

bukmacher p. bookmaker.

Bukowina *ż IV* «region w ZSRR i w Rumunii»: Mieszkać na Bukowinie. Jechać na Bukowinę. — Bukowinianin *m V, D.* Bukowinianina, *lm M.* Bukowinianie, *D.* Bukowinian; a. Bukowińczyk *m III, lm M.* Bukowińczycy — Bukowinka *ż III, lm D.* Bukowinek — bukowiński.

Bukowina (Tatrzańska), Bukowina *ż IV,* Tatrzańska odm. przym. «miejscowość»: Mieszkać w Bukowinie. Jechać do Bukowiny. — bukowinin *m V, D.* bukowianina, *lm M.* bukowianie, *D.* bukowian — bukowianka *ż III, lm D.* bukowianek — bukowiański.

buks *m IV, D.* buksu; a. **buksa** *ż IV* «walec metalowy podpierający koniec osi»

buksa *ż IV* «lina do holowania statku»

buksować *ndk IV,* buksowaliśmy (p. akcent § 1a i 2) **1.** tylko w 3. os. *lp* i *lm* «o kołach lub maszynach obracających się kołami: ślizgać się, obracać się w miejscu»: Koła samochodu buksują. **2.** «holować, ciągnąć statek» // *D Kult. I, 262; II, 203.*

bulaj *m I, lm D.* bulajów «okrągłe okienko w kajucie statku»

buldog (*nie*: buldok) *m III, D.* buldoga.

buldożer *m IV, D.* buldożera; *lepiej*: spychacz.

bulgot *m IV, D.* bulgotu: Woda płynęła z bulgotem.

bulgotać *ndk IX,* bulgocze, *przestarz.* bulgoce, bulgotałby (p. akcent § 4c) — **zabulgotać** *dk*: Woda bulgocze.

bulić *ndk VIa,* buliliśmy (p. akcent § 1a i 2) — **wybulić** *pot.* «wydawać dużo pieniędzy, dużo płacić» □ B. na co: Bulić na stroje, na hulanki. □ B. za co: Musiał dużo bulić za światło. // *U Pol. (1), 107.*

bulier (*nie*: bolier) a. **bojler** *m IV, D.* buliera (bojlera).

bulla (*nie*: bula) *ż I, DCMs.* i *lm D.* bulli: Bulla papieska. Wydać, odczytać bullę.

bułczany p. bułkowy.

Bułgaria (*nie*: Bulgaria) *ż I, DCMs.* Bułgarii: Jechać do Bułgarii. Mieszkać w Bułgarii. — Bułgar *m IV, lm M.* Bułgarzy — Bułgarka *ż III, lm D.* Bułgarek — bułgarski.

bułka *ż III, lm D.* bułek △ *reg.* Bułka chleba «bochenek chleba» // *U Pol. (2), 36.*

bułkowy, *rzad.* **bułczany** przym. od bułka: Mąka bułkowa (bułczana).

bum 1. p. bom. **2.** *niepoprawne* p. boom.

bumblerka a. **bomblerka** *ż III, lm D.* bumblerek (bomblerek) *pot.* «hulanka»

bumblować, bumlować a. **bomblować** *ndk IV,* bumblowaliśmy, bumlowaliśmy, bomblowaliśmy (p. akcent § 1a i 2) *pot.* «hulać»

bumelant *m IV, lm M.* bumelanci *środ.* «osoba zaniedbująca się w pracy; w języku ogólnym *lepiej*: próżniak, nierób» // *D Kult. I, 395; KP Pras.*

bumelować *ndk IV,* bumelowaliśmy (p. akcent § 1a i 2) *środ.* «zaniedbywać się w pracy, pracować niedbale; w języku ogólnym *lepiej*: próżnować, leniuchować» // *KP Pras.*

bumerang (*wym.* bumerang, *nie*: bumerang) *m III, D.* bumerangu, *rzad.* bumeranga.

bumlować p. bumblować.

Bundestag (*wym.* Bundestag) *m III, D.* Bundestagu (p. akcent § 7).

Bundeswehra (*wym.* Bundeswera) *ż IV, CMs.* Bundeswehrze.

bungalow *m IV, D.* bungalowu a. *n ndm*: Mieszkać w bungalow a. w bungalowie.

bunkier (*nie*: bunker) *m IV, D.* bunkra a. bunkru, *Ms.* bunkrze.

Bunsch (*wym.* Bunsz) *m II, lm M.* Bunschowie, *D.* Bunschów: Książki historyczne Bunscha.

bunt *m IV, D.* buntu: Bunt chłopów. Krwawy, bezsilny bunt. Wszcząć bunt. Podburzać do buntu. Uśmierzyć, stłumić bunt. □ B. przeciw komu, czemu: Bunt przeciw ciemięzcom, przeciw niewoli.

buntować *ndk IV*, buntowaliśmy (p. akcent § 1a i 2) — **zbuntować** *dk* □ B. kogo — przeciw komu, czemu, *pot.* na kogo, na co: Buntować wojsko przeciw dowództwu. Buntować żonę na męża. **buntować się**: Oddziały zaciężne zaczęły się buntować. □ B. się przeciw komu, czemu, *rzad.* na kogo, na co: Kolonie angielskie buntowały się przeciw swej metropolii. Buntować się na zbyt ostre rygory.

buntownik *m III*: Buntownicy zostali aresztowani. □ B. przeciw komu, czemu: Buntownik przeciw tyranii.

buńczuczny (*nie*: bończuczny, bońdziuczny) *m-os.* buńczuczni: Buńczuczny chłopiec. Buńczuczna mina. △ *hist.* Basza buńczuczny (*nie*: buńczuczny basza).

buńczuczyć się (*nie*: bończuczyć się, bońdziuczyć się) *ndk VIb*, buńczuczyliśmy się (p. akcent § 1a i 2).

buńczuk (*nie*: bończuk) *m III, D.* buńczuka.

Bur (*nie*: Boer) *m IV, lm M.* Burowie; in. Afrykaner — burski.

bura *ż IV*: Dostać (*nie*: oberwać) burę. Dać komuś burę.

buraczany a. **burakowy** 1. «odnoszący się do buraka; otrzymywany z buraka»: Pole buraczane. Cukier, syrop buraczany (burakowy). Liście buraczane (burakowe). 2. «mający kolor buraka»: Policzki buraczane (burakowe) od silnego mrozu.

burczeć (*nie*: burczyć) *ndk VIIb*, burczeliśmy (p. akcent § 1a i 2) — **burknąć** *dk Va*, burknął (*wym.* burknoł), burknęła (*wym.* burknęła; *nie*: burkła), burknęliśmy (*wym.* burkneliśmy; *nie*: burkliśmy) □ B. na kogo, na co: Burczeć na dzieci, na hałasy. □ W bezokol. a. *nieos.*: Burczeć (burczy, burczało) w brzuchu, w żołądku.

-burczyk p. -burg.

burczymucha *m* a. *ż* odm. jak *ż III, M.* ten a. ta burczymucha (także o mężczyznach), *lm M.* te burczymuchy, *D.* burczymuchów (tylko o mężczyznach) a. burczymuch, *B.* tych burczymuchów (tylko o mężczyznach) a. te burczymuchy *pot.* «zrzęda»: Taki (a. taka) z niego burczymucha.

burda 1. *ż IV* «awantura»: Wywołać burdę. Robić burdy. 2. *m* odm. jak *ż IV, M.* ten burda, *D.* tego burdy, *lm M.* te burdy, *DB.* tych burdów *przestarz.* «awanturnik»

-burg, -burgia «końcowy człon obcych nazw geograficznych, zwłaszcza nazw miast, ziem», np.: Hamburg, Brandenburgia. △ Rzeczowniki będące nazwami mieszkańców tych miast czy ziem, oraz tworzone od nich przymiotniki tracą przed odpowiednimi przyrostkami spółgłoskę g i mają zakończenia: -burczyk (*nie*: -burgczyk), np.: hamburczyk, Brandenburczyk; -burka (*nie*: -burgka), np.: hamburka, Brandenburka; -burski (*nie*: -burgski), np.: hamburski, brandenburski.

Burgas (*wym.* Burgas a. Burgas) *m IV, D.* Burgasu (p. akcent § 7) «miasto w Bułgarii» — burgaski (p.).

burgaski: Przedmieście burgaskie (*ale*: Zatoka Burgaska).

-burgia p. -burg.

burgrabia *m* odm. w *lp* jak przym., *rzad.* jak *ż I, D.* burgrabiego, *rzad.* burgrabi, w *lm M.* burgrabiowie, *DB.* burgrabiów, *Ms.* burgrabiach.

burgrabiowski, *rzad.* **burgrabski.**

Burgund *m IV* 1. *lm* Burgundowie «członek dawnego ludu germańskiego» 2. burgund, *B.* burgunda a. burgund «wino burgundzkie»: Pić, nalać, rozlać burgunda a. burgund.

Burgundia *ż I, DCMs.* Burgundii «kraina we Francji» — Burgund (p.) a. Burgundczyk *m III, lm M.* Burgundczycy — Burgundka *ż III, lm D.* Burgundek — burgundzki (p.).

burgundzki: Miasta burgundzkie (*ale*: Brama Burgundzka, Kanał Burgundzki).

buriacki: Strój buriacki (*ale*: Buriacko-Mongolska ASRR «republika autonomiczna w Syberii Wschodniej»).

Buriat *m IV, lm M.* Buriaci — Buriatka *ż III, lm D.* Buriatek — buriacki (p.).

-burka p. -burg.

burknąć p. burczeć.

burłacki przym. od burłak: Osada burłacka. △ Po burłacku «w sposób właściwy burłakowi»: Zaklął po burłacku.

burłak *m III, lm M.* burłacy: Pracował na rzece jako burłak.

burmistrz *m II, lm M.* burmistrzowie a. burmistrze, *D.* burmistrzów (*nie*: burmistrzy).

burmistrzostwo *n III*, zwykle *blm* 1. «urząd burmistrza»: Objąć burmistrzostwo. 2. *B.* burmistrzostwa, *Ms.* burmistrzostwu (*nie*: burmistrzostwie) «burmistrz z żoną»: Burmistrzostwo Iksińscy przyjechali (*nie*: przyjechało) z wizytą.

burmistrzowa *ż* odm. jak przym., *W.* burmistrzowo.

burmistrzówna *ż IV, D.* burmistrzówny (*nie*: burmistrzównej), *CMs.* burmistrzównie (*nie*: burmistrzównej); *rzad.* **burmistrzanka** *ż III, lm D.* burmistrzanek.

buro-

buro- «pierwszy człon przymiotników złożonych, pisany łącznie, wskazujący na bury odcień danej barwy», np.: buroniebieski, burobrązowy.

Burow *m IV* «nazwisko»: Płyn, woda Burowa (*nie*: płyn Burowy), *D.* płynu, wody Burowa (*nie*: płynu Burowego, wody Burowej).

bursa *ż IV wych. z użycia* «internat»

bursiarz, *rzad.* **bursarz** *m II, lm D.* bursiarzy (bursarzy) *pot.* «mieszkaniec bursy»

-burski p. -burg.

bursz *m II, lm M.* bursze a. burszowie, *D.* burszów **1.** *przestarz.* «student uniwersytetu niemieckiego należący do korporacji studenckiej» **2.** *reg.* «ordynans»

bursztyn *m IV, D.* bursztynu: Korale z bursztynu.

burta *ż IV*: Burta statku, łodzi itp. Fale tłuką o burty. △ Kłaść ster na burtę «przesuwać ster maksymalnie w lewo lub w prawo» △ Wyrzucić kogoś za burtę, w zn. *przen.* «wyłączyć kogoś ze środowiska, pozbawić kogoś oparcia w życiu; wyobcować, odosobnić, odizolować»

Burundi *n ndm* «państwo w Afryce»: Burundi uzyskało niepodległość w 1962 r. — Burundyjczyk *m III, lm M.* Burundyjczycy — Burundyjka *ż III, lm D.* Burundyjek — burundyjski.

bury «ciemnoszary z brunatnym odcieniem»: Bura sukmana. Bury pies, zmierzch. Bure oczy.
bury w użyciu rzeczownikowym *reg.* «niedźwiedź»

burzliwy *st. w.* burzliwszy a. bardziej burzliwy «pełen burz; wzburzony»: Burzliwy czas. Burzliwe lato, morze. △ *przen.* Burzliwy śmiech. Burzliwa dyskusja. △ *niepoprawne* Burzliwy (*zamiast*: gwałtowny, szybki, intensywny) rozwój. || D Kult. I, 331.

burzowy «niosący, zapowiadający burzę»: Powiew burzowy. Chmura burzowa. Mieliśmy w tym roku 30 dni burzowych (*nie*: burzliwych). △ Kanał burzowy «kanał odprowadzający z ulic nadmiar wód deszczowych»

burzyć *ndk VIb*, burzyliśmy (p. akcent § 1a i 2) △ *niepoprawne* w zn. «kołatać, dobijać się», np. Burzyć (*zamiast*: dobijać się) do drzwi.
burzyć się *rzad.* w zn. «buntować się» □ B. się przeciw komu, czemu (*nie*: na kogo, na co): Robotnicy burzyli się przeciw wyzyskiwaczom.

burżua (*wym.* burżua) *m ndm rzad.* «burżuj»

burżuj *m I, lm D.* burżujów (*nie*: burżui) *pogard.* «bogacz, kapitalista»

business p. biznes.

businessman p. biznesmen.

Busko (Zdrój), Busko *n II*, Zdrój *m I, D.* Zdroju: Jechać do Buska (Zdroju). — busczanin *m V, D.* busczanina, *lm M.* busczanie, *D.* busczan — busczanka *ż III, lm D.* busczanek — buski.

Buszmen, *rzad.* **Buszman** *m IV, lm M.* Buszmeni (Buszmani) — Buszmenka, *rzad.* Buszmanka *ż III, lm D.* Buszmenek (Buszmanek) — buszmeński (buszmański).

buszować *ndk IV*, buszowaliśmy (p. akcent § 1a i 2): Buszować po lasach, po mieście, w mieście; między tłumem, między chatami. △ *przen.* Wiatr buszuje po ulicach.

butelka *ż III, lm D.* butelek □ B. czego «butelka zawierająca coś; ilość czegoś mieszcząca się w butelce»: Butelka soku. □ B. na co «butelka przeznaczona do przechowywania czegoś»: Butelka na mleko. □ B. do czego «butelka do stałego przechowywania czegoś»: Butelka do piwa. □ B. od czego «butelka o określonym, stałym przeznaczeniu, opróżniona z czegoś»: Butelka od wody mineralnej. □ B. po czym, *reg.* z czego «butelka, w której było coś»: Butelka po winie. △ Pić butelką a. z butelki. △ *posp.* Nabić kogoś w butelkę «oszukać, okpić» || U Pol. (2), 310.

butersznyt a. **butersznit** (*wym.* butersznyt a. butersznit) *m IV, D.* butersznytu, butersznitu (p. akcent § 7) *przestarz.* «kanapka»

butla *ż I* (*nie*: ten butel), *lm D.* butli. Składnia jak: butelka.

butnie (*nie*: butno) *st. w.* butniej: Przemawiać, spoglądać, zachowywać się butnie.

butonierka *ż III, lm D.* butonierek; *rzad.* **butoniera** *ż IV*: Włożyć kwiat do butonierki (butoniery) a. w butonierkę (butonierę).

BUW (*wym.* buw) *m IV, D.* BUW-u, *Ms.* BUW-ie *środ.* «Biblioteka Uniwersytetu Warszawskiego»: Był zatrudniony w BUW-ie. BUW sprowadził nowe książki. — BUW-owski a. buwowski.

Buyno (*wym.* Bujno) *m*, w *lp* odm. jak *ż IV, lm M.* Buynowie: Dom pana Buyny.
Buyno *ż ndm* — Buynowa *ż* odm. jak przym. — Buynówna *ż IV, D.* Buynówny, *CMs.* Buynównie (*nie*: Buynównej), *lm D.* Buynówien.
Buyno-Arctowa Buyno *ż ndm*, Arctowa *ż* odm. jak przym., *D.* Buyno-Arctowej.

buzdygan *m IV, D.* buzdygana, *rzad.* buzdyganu.

buzia *ż I, lm D.* buź a. buzi △ *pot.* Dostać, dać po buzi a. w buzię.

buzować *ndk IV*, buzowaliśmy (p. akcent § 1a i 2) **1. a. buzować się** «palić się dużym płomieniem, hucząc»: Ogień buzował (buzował się) w kominie, pod kuchnią. **2.** «rozpalać duży ogień, palić intensywnie (w piecu)»: Buzować w piecu.

by (także z końcówkami osobowymi: *bym, byś, byśmy, byście*) **1.** «cząstka składowa form trybu warunkowego, pisana łącznie»: **a)** «z formami osobowymi czasownika (używanymi też bezosobowo)»: Zrobiłbym to zaraz. Przeczytałbyś tę książkę. Należałoby pójść na spacer (*wym.* przeczytałbym, zrobiłbym, należałoby, *nie*: przeczytałbym, zrobiłbym, należałoby; p. akcent § 4c). △ Niewskazane jest kończenie zdań formami czasownika z zakończeniem ~bym, ~byś itd., np.: My tam poszlibyśmy (*zamiast*: My byśmy tam poszli.
b) «jako nierozdzielne części spójników: aby, ażeby, żeby, iżby, gdyby, jakby (w zn. «jeśliby, gdyby)»: Chciał, żeby go wszyscy słuchali. Prosiłem, abyś szybciej wrócił. Jakbyś chciał, tobyś zrobił.
c) «jako nierozdzielne części partykuł: czyby, czyżby, gdzieżby, niechajby, nużby, oby i (wyrazów:) jakoby, niby»: Czyżby to już koniec? Nużby się obraził. △ Obyśmy (*wym.* obyśmy, *nie*: obyśmy, p. akcent

§ 1b) tego nie doczekali (*nie*: Oby tego nie doczekaliśmy).

d) «po spójnikach: acz, aczkolwiek, albo, albowiem, ale, ani, aniżeli, atoli, aż, bo, bowiem, byle, choć, chociaż, chyba, czyli, gdyż, jakkolwiek, jednak, jednakże, jeśli, jeżeli, lecz, lub, lubo, nim, niż, niżeli, niźli, ponieważ, przecie, przecież, przeto, skoro, tedy, to, toteż (w zn. «więc»), więc, wprawdzie, wszakże, zanim, zaś, zatem»: Rób co chcesz, bylebyś mnie w to nie mieszał. Jeślibym wyszedł z domu, to na krótko (*wym.* jeślibym, bylebyś, *nie*: jeśliibym, bylebyś; p. akcent § 1b). △ W wypadkach, kiedy *by* jest spójnikiem równoważnym ze spójnikiem *aby* — po spójnikach wymienionych (w punkcie d) pisze się *by* osobno, np. Masz rację, ale by to zrobić, trzeba więcej czasu.

△ Cząstka *by* pisana jest rozłącznie: **a)** «po nieosobowych formach czasowników i po innych częściach mowy»: Sklep otwarto by jutro. Kurs ukończono by we wrześniu. Bez parasola by zmokła. On by to mógł zrobić. U rodziny by ci nie było źle. Tak daleko by nie doszedł. Warto by tam pójść. Można by spróbować. △ Konstrukcje typu: On mógłby to zrobić; On by to mógł zrobić — są równie poprawne. **b)** «po zaimkach przysłownych: gdzie, skąd, którędy, dokąd, kiedy, odkąd, dopóki, jak, dlaczego, tu, tam, stąd, stamtąd, tędy, tamtędy, wtedy, odtąd, dokąd, dotąd, dopóty, tak, dlatego»: Gdzie by to można kupić? Skąd by to wziąć? Kiedy by można wyjechać? Dopóty bym nalegał, dopóki byście nie ustąpili. Tak bym postąpił, jak byś chciał.
2. «spójnik równoważny spójnikom *aby, żeby*»: Prosił, byś go odwiedził. △ Spójnik *by* poprzedzamy przecinkiem. || *D Kult. I, 33, 800.*

Bychawa *ż IV* «miasto» — bychawianin *m V, D.* bychawianina, *lm M.* bychawianie, *D.* bychawian — bychawianka *ż III, lm D.* bychawianek — bychawski.

byczo *posp.* «doskonale, świetnie, wyśmienicie»

byczy *przym.* od byk: Bycza skóra. Byczy ogon. △ Byczy kark «taki jak u byka» △ *przen., posp.* «doskonały, świetny, wyśmienity»: Byczy z niego chłop. Bycza zabawa.

byczyć się *ndk VIb*, byczyliśmy się (p. akcent § 1a i 2) *posp.* «próżnować, leniuchować»

być *ndk* jestem, jesteś (*nie*: jezdem, jezdeś), jest, jesteśmy, jesteście, są, będę, będziesz, będzie, będą, bądź, będący; był, byliśmy, byliście (p. akcent § 1a i 2) △ Być (*nie*: pozostawać) w biedzie, w nędzy «żyć w ubóstwie, nie mieć środków utrzymania» △ W funkcji niesamodzielnej: **1.** Jako czasownik posiłkowy do tworzenia złożonych form czasowników: **a)** czasu przyszłego złożonego: będę widzieć a. będę widział; będziemy widzieć a. będziemy widzieli. **b)** czasu przeszłego trybu warunkowego: *przestarz.* Co by się było stało, gdyby nie jego pomoc. **c)** strony biernej wszystkich czasów: Jest, był, będzie zrobiony. **d)** w zwrotach nieosobowych: Jest dopiero wpół do ósmej. Było dobrze po północy. Trzeba było, widać było iść. **e)** czasu zaprzeszłego: *przestarz.* Mieszkał był dawniej u wuja. **2.** Jako łącznik w orzeczeniu złożonym (p. orzecznik): Wszystko to były jedynie domysły (*nie*: Wszystko to

było jedynie domysłami). Być rynkiem zbytu (*nie*: Być jako rynek zbytu). △ *niepoprawne* Być za kogoś, za coś — *zamiast*: być kimś, czymś.
△ W funkcji zbliżonej do łącznikowej: Być do rzeczy, do niczego «nadawać się lub nie nadawać się do czegoś» △ Być w posiadaniu (*lepiej*: mieć, posiadać). △ Być w stanie, w mocy (*lepiej*: móc). □ *pot.* B. przy czym a. bez czego «mieć coś a. nie mieć czegoś»: Być przy zdrowych zmysłach, przy forsie. Być bez forsy, bez grosza. Ale *niepoprawne*: Być przy pieniądzach (*zamiast*: mieć pieniądze) △ *Niepoprawne* są zwroty: Być na chorobie (*zamiast*: chorować); być na zwolnieniu (*zamiast*: mieć zwolnienie); być na leczeniu (*zamiast*: leczyć się); być w prawie (*zamiast*: mieć prawo); być w trosce (*zamiast*: troszczyć się).
3. W postaci zredukowanej jako cząstka ruchoma przy innych wyrazach: Tyś (ty jesteś) mój brat (*nie*: Tyżeś mój brat). Poszliśmy a. myśmy poszli (*nie*: myżeśmy poszli). || *D Kult. I, 30, 34, 219; II, 33, 165; KP Pras.*

bydgoski: Województwo bydgoskie (*ale*: Kanał Bydgoski).
Bydgoskie w użyciu rzeczownikowym *n* odm. jak przym., *D.* Bydgoskiego, *NMs.* Bydgoskiem «województwo bydgoskie»: Mieszkać w Bydgoskiem.

Bydgoszcz *ż VI, D.* Bydgoszczy: Jechać do Bydgoszczy. Mieszkać w Bydgoszczy. — bydgoszczanin *m V, D.* bydgoszczanina, *lm M.* bydgoszczanie, *D.* bydgoszczan — bydgoszczanka *ż III, lm D.* bydgoszczanek — bydgoski (p.).

byk *m III* **1.** «samiec krowy» △ *posp.* Z byka spaść (zwykle w pytaniu) «nie mieć o czymś pojęcia, mówić, robić coś bez sensu»: Czyś ty z byka spadł? Co ty wyprawiasz! △ *posp.* Stoi jak byk «jest wyraźnie napisane, widoczne»: W piśmie stoi jak byk, że... **2.** *pot.* «błąd, zwłaszcza ortograficzny»: Zrobić byka. △ Palnąć, strzelić byka (*nie*: byk) «popełnić głupstwo» **3.** *pot.* «uderzenie głową w brzuch»: Zwalić, rąbnąć kogoś bykiem.

byle 1. «spójnik»: **a)** «przyłączający zdania lub ich części, oznaczające cel lub skutek, ku któremu zmierza czynność zdania nadrzędnego; wzmocniony spójnik *aby*; aby tylko»: Zrobi wszystko, byle dopiąć swego. Wysłała ją do kina, byle się jej pozbyć z domu. △ Byle zbyć «niedbale, niestarannie»: Nauka nudziła go, odrabiał lekcje byle zbyć.
b) także z końcówkami osobowymi: bylem, byleś, bylesmy, byleście «przyłączający zdania lub ich części, oznaczający warunek, zwykle pożądany»: Poradzę sobie, bylem wyzdrowiała a. bylebym wyzdrowiała (*nie*: byle wyzdrowiałam). Pojadę na wycieczkę, bylem odrobił lekcje a. bylebym odrobił lekcje (*nie*: byle odrobiłem lekcje). Pójdę do pracy, byle dobrze płacili.
c) «przyłączający zdania lub ich części, ograniczające treść zdania poprzedniego»: Mów śmiało wszystko, byle prawdę. △ Byle... a....: Byle dotarli do schroniska, a znajdą opiekę. Byle dopaść lasu, a umkniemy pogoni. △ Byle... to...: Byle go poprosić, to wszystko można od niego uzyskać. △ Spójnik *byle* poprzedzamy przecinkiem.
2. «partykuła, pisana osobno, występująca przed rzeczownikiem lub zaimkiem (zastępującym rzeczownik, przymiotnik lub przysłówek), oznaczająca zwykle nieprzywiązywanie wagi do wyboru czegoś, obojętność na zalety, wady itp.; jeden z wielu, jakikolwiek,

bez wartości, mało ważny»: Byle drobnostka sprawiała jej radość. Nie lubi zadawać się z byle kim. Kładła swoje rzeczy byle gdzie. Podaj mi ręcznik, byle który. △ Wyrażenia z przeczeniem podkreślające ważność, wartość kogoś, czegoś: Nie byle kto, nie byle co, nie byle jaki, nie byle jak. *Por*. byleby.

byleby (*wym*. byleby, *nie*: byleby), także z końcówkami osobowymi (+ formy 3. os. czasu przeszłego): bylebym, bylebyś, bylebyśmy, bylebyście (*nie*: bylebym, bylebyś, bylebyśmy, bylebyście) «spójnik równoważny ze spójnikiem *byle* (w zn. 1), często mający odcień możliwości, mniejszej pewności, słabszej intensywności»: Jestem gotów wszystko poświęcić, byleby ona żyła. Wszystko zrobi, byleby zarobić. Dali by mi większą pensję, bylebym przyszedł do nich. Mąż mógł być nawet stary, byleby był bogaty. *Por*. byle.

były (*nie*: bywszy) *m-os*. byli w zn. «ten, który był, to, co było dawniej (zwykle w odniesieniu do ludzi, którzy zajmowali określone stanowiska, pełnili określone funkcje; o instytucjach, urzędach itp.)»: Były dyrektor. Była nauczycielka. Byłe muzeum. Byli wojskowi. △ *Były* nie jest jednoznaczne z *dawny*, np. Obecny poziom naszej nauki i sztuki zawdzięczamy doświadczeniom dawnych (*nie*: byłych) pokoleń. || D Kult. I, 181.

bynajmniej «wcale, zupełnie, ani trochę, zgoła (zwykle w połączeniu z następującą partykułą *nie*)»: Mówił głosem twardym, ale bynajmniej nie przykrym.

Byron (*wym*. Bajron) *m IV*, *D*. Byrona (*wym*. Bajrona, p. akcent § 7): Wpływ Byrona na polskich poetów romantycznych.

Byronowski przym. od Byron: Utwory Byronowskie. *Por*. bajroniczny.

Bystre *n* odm. jak przym., *NMs*. Bystrem «dzielnica Zakopanego»: Mieszkać na Bystrem.

bystro *st. w*. bystrzej.

Bystroń *m I*, *lm M*. Bystroniowie Bystroń *ż ndm* — Bystroniowa *ż* odm. jak przym. — Bystroniówna *ż IV*, *D*. Bystroniówny (*nie*: Bystroniównej), *CMs*. Bystroniównie (*nie*: Bystroniównej), *lm D*. Bystroniówien.

bystrzyca *ż II* a. **bystrzyna** *ż IV* «miejsce szybkiego prądu w rzece, w potoku»

Bystrzyca *ż II* «rzeka» — bystrzycki (p.).

Bystrzyca Kłodzka, Bystrzyca *ż II*, Kłodzka odm. przym. «miasto» — bystrzycki (p.).

bystrzycki: Hotel bystrzycki. Dopływy bystrzyckie (*ale*: Góry Bystrzyckie).

byt *m IV*, *D*. bytu w zn. «istnienie, życie; materialne warunki życia»: Jest to sprawa bytu narodowego.

△ Racja bytu «sens istnienia, przeznaczenie czegoś» Zabezpieczyć, polepszyć czyjś byt. Podkopać (*nie*: poderwać) czyjś byt.

bytność *ż V*, zwykle *blm* książk. «przebywanie, znajdowanie się gdzieś»: Za czyjejś bytności gdzieś... (*nie*: pod czyjąś bytność gdzieś, *ale przestarz*.: pod czyjąś nieobecność gdzieś).

Bytom *m I*, *D*. Bytomia «miasto» — bytomianin *m V*, *D*. bytomianina, *lm M*. bytomianie, *D*. bytomian — bytomianka *ż III*, *lm D*. bytomianek — bytomski.

bytowy przym. od byt: Sprawy bytowe pracowników. Warunki bytowe (*lepiej*: Warunki bytu a. życia).

Bytów *m IV*, *D*. Bytowa, *C*. Bytowowi (*ale*: ku Bytowowi a. ku Bytowu) «miasto» — bytowianin *m V*, *D*. bytowianina, *lm M*. bytowianie, *D*. bytowian — bytowianka *ż III*, *lm D*. bytowianek — bytowski.

bywać *ndk I*, bywaliśmy (p. akcent § 1a i 2) I. w funkcji samodzielnej 1. «mieć ożywione kontakty towarzyskie» □ B. bez okolicznika: Ostatnio dużo bywali. □ B. u kogo «odwiedzać kogoś»: Bywać u kuzynów, u znajomych. 2. «być często obecnym, znajdować się gdzieś często, uczestniczyć zwykle w czymś»: Bywać na wycieczkach, na zebraniach, w teatrach. Bywać w górach. △ W trybie rozkazującym «*przestarz*. forma nawoływania, powitania: chodź, witaj» △ Bywaj zdrów, bywajcie zdrowi, *skrótowo*: bywaj, bywajcie (zwroty pożegnalne). II. W funkcji niesamodzielnej **a)** «czasownik posiłkowy do tworzenia częstotliwej strony biernej czasu teraźniejszego i przeszłego»: Książka ta bywała często czytana. Bywamy proszeni o pomoc. **b)** «łącznik w orzeczeniu złożonym (p. orzecznik)»: Dawniej wieczorami wesoło bywało w naszym domu. Często bywał smutny, zamyślony (*nie*: smutnym, zamyślonym).

bywalec *m II*, *D*. bywalca, *W*. bywalcze, *pot*. bywalcu, *lm M*. bywalcy, *D*. bywalców (*nie*: bywalcy): Starzy bywalcy mieli przywileje. Stały bywalec kawiarni. Bywalec koncertów a. na koncertach.

! **bywszy** p. były.

! **byznes** p. biznes.

! **byznesmen** p. biznesmen.

Bzianka *ż III* «miejscowość» — bziański.

bzik *m III*, *B*. bzika, *lm M*. te bziki *pot*. «lekki obłęd, wariactwo; wariat, pomyleniec»: Dostać, mieć bzika. Posądzać kogoś o bzika. Mieć, uważać kogoś za bzika.

Bzura *ż IV* «rzeka» — bzurski.

bzyczeć *ndk VIIb*, bzyczałby (p. akcent § 4c), **bzykać** *ndk I*, bzykałby — **bzyknąć** *dk Va*, bzyknął (*wym*. bzyknoł), bzyknęła (*wym*. bzyknęła; *nie*: bzykła), bzyknąłby (*wym*. bzyknołby).

c., ca «skróty wyrazu: *circa* (= około), pisane: *c.* — z kropką, *ca* — bez kropki; czytane jako cały wyraz»: Odległość wynosi ca 50 (pięćdziesiąt) km (*ale*: około pięćdziesięciu km).

Cachin (*wym.* Kaszę) *m IV, D.* Cachina (*wym.* Kaszena, p. akcent § 7), *Ms.* Cachinie a. (zwykle z odmienianym imieniem lub tytułem) *ndm*: Działalność Cachina (Marcela Cachin).

cackać się, *reg.* **ceckać się, ciaćkać się** *ndk I*, cackaliśmy się (p. akcent § 1a i 2) *pot., iron.* «obchodzić się z kimś, czymś delikatnie, ceremoniować się; robić coś zbyt długo, zbyt dokładnie, marudzić» □ C. się bez dop.: Nie cackaj się; kończ i chodź! □ C. się z kim, z czym: Cackać się z samym sobą. Cackać się z robotą.

cadyk *m III, lm M.* cadykowie.

CAF (*wym.* caf) *ż ndm* a. *m IV, D.* CAF-u, *Ms.* CAF-ie «Centralna Agencja Filmowa»: CAF zatrudniła (zatrudnił) wielu nowych pracowników. Pracować w CAF-ie (w CAF).

Cagliostro (*wym.* Kaljostro) *m IV, D.* Cagliostra (*nie*: Cagliostry): Powieść o Cagliostrze.

cal *m I, D.* cala, *lm D.* cali: Drzewko miało osiem cali wysokości. Deska gruba na 1 cal, o grubości a. grubości 1 cala. △ Na cal a. o cal «bardzo blisko»: Był na cal a. o cal od przepaści.

cal. «skrót wyrazu: *kaloria*, pisany z kropką, stawiany zwykle po wymienionej liczbie, czytany jako cały, odmieniany wyraz»: 100 cal. (*czyt.* kalorii).

Calais (*wym.* Kale) *n ndm* «miasto we Francji» — kaletański (p.).

Calderon (*wym.* Kalderon) *m IV*: Twórczość dramatyczna Calderona.

Caldwell (*wym.* Kolduel) *m I*: Monografia o Caldwellu.

Calvin p. Kalwin.

całkowity: Całkowita (*nie*: pełna) wypłata. Całkowity (*nie*: pełny) mrok. Całkowite (*nie*: pełne) wyżywienie. Całkowity (*lepiej*: ogólny) wzrost produkcji.

cało «w całości, bez szwanku, bez szkody» △ Ujść, wyjść (z czegoś) cało «ocaleć, zachować życie»: Z wojny wyszedł cało. Zwierz uszedł cało.

cało- «pierwsza część wyrazów złożonych (zwykle przymiotników) pisana łącznie, wskazująca na całkowitość, zupełność tego, co nazywa druga część złożenia», np.: całodzienny, całostronicowy, całowagonowy, całokształt.

całodzienny, *rzad.* **całodniowy:** Całodzienne wyżywienie.

całokształt *m IV, D.* całokształtu, *blm* «całość (zwykle w pewien sposób zorganizowana); ogół» △ Wyraz często nadużywany, np.: Przedstawić całokształt życia (*lepiej*: Przedstawić całe życie) wielkiego uczonego. Wyczerpać w referacie całokształt zagadnień (*lepiej*: Wyczerpać... wszystkie zagadnienia).

cały *m-os.* cali **1.** w zn. «obejmujący coś od początku do końca (w czasie, przestrzeni, ilości i liczbie); wszystek»: Korzystał z całej swojej wiedzy (*nie*: z pełnej wiedzy, z pełni wiedzy). W całym (lepiej *niż*: w pełnym) znaczeniu tego słowa. Upłynęło całe (*nie*: całych) pięć godzin. Cały szereg (np. spraw, ludzi, budynków itp.). △ *posp.* Na całego «zupełnie, całkiem; zdecydowanie, ryzykując wszystko»: Wpaść na całego. △ Całą (a. pełną) parą **a)** «całą mocą silnika»; Statek rusza całą parą naprzód. **b)** «bardzo intensywnie, szybko, ze wszystkich sił»: Pracował całą parą. △ Całą (a. pełną) piersią «głęboko, intensywnie, swobodnie»: Odetchnąć całą piersią. △ Cała rzecz w tym a. rzecz w tym «o to chodzi»: Cała rzecz w tym, żeby zdążyć na czas. △ Z całej siły a. z całych sił «bardzo mocno, z największym wysiłkiem» △ Szukać dziury w całym (*nie*: na całym) «doszukiwać się błędów tam, gdzie ich nie ma» △ Ktoś wraca, wychodzi itp. z czegoś cały (a. cało) «ktoś pozostaje żywy, zdrowy»: Wyszedł cały (a. cało) z wojennych opresji.
2. *st. w.* bardziej cały, *rzad.* calszy w zn. «nie uszkodzony, nie zniszczony»: Miał buty bardziej całe niż my wszyscy. *// D Kult. I, 77.*

Cambridge (*wym.* Kembridż) *m* a. *n ndm* «miasto w Anglii»: Kształcił się w Cambridge.

camembert p. kamamber.

camping

camping p. kemping.

campingowy p. kempingowy.

Camus (*wym.* Kamü) *m IV, D.* Camusa (*wym.* Kamüsa, p. akcent § 7) a. (zwykle z odmienianym imieniem) *ndm*: Praca o Camusie (o Albercie Camus).

Canaletto (*wym.* Kanaletto) *m IV, D.* Canaletta (*nie:* Canaletty), *C.* Canalettowi, *Ms.* Canaletcie: Obrazy historyczne Canaletta. || *D Kult. I, 668.*

Cannes (*wym.* Kan) *n ndm* «miasto we Francji»: Festiwal filmowy w Cannes.

canoe (*wym.* kanu) *n ndm*: Eskimoskie canoe.

Canossa (*wym.* Kanossa) *ż IV, Ms.* Canossie «miejscowość we Włoszech» △ Iść, pójść do Canossy «upokorzyć się, uznając swój błąd»

Canterbury (*wym.* Kanterbery) *n ndm* «miasto w Anglii»: Mieszkać w Canterbury. — kanterberyjczyk *m III, lm M.* kanterberyjczycy — kanterberyjka *ż III, lm D.* kanterberyjek — kanterberyjski.

! **canzona** p. kancona.

Čapek (*wym.* Czapek) *m III, D.* Čapka: Twórczość dramatyczna Karla Čapka.

Capote (*wym.* Kepot) *m IV, DM.* Capote'a (*wym.* Kepota), *C.* Capote'owi, *N.* Capote'em, *Ms.* Capocie: Gromadzić dzieła Capote'a.

Capri (*wym.* Kapri) *n ndm; rzad.* **Kaprea** *ż I, DCMs.* Kaprei, *B.* Kaprę, *N.* Kaprą «wyspa w Zatoce Neapolitańskiej»: Urlop na malowniczym Capri.

capriccio (*wym.* kapriczjo) *n I, lm D.* capricciów: W okresie baroku powstały słynne capriccia.

capstrzyk (*nie:* czapstrzyk) *m III, D.* capstrzyku: Grać capstrzyk.

Capua p. Kapua.

car *m IV, lm M.* carowie «o dawnych władcach rosyjskich, bułgarskich i serbskich»

Caracas (*wym.* Karakas) *n ndm* «stolica Wenezueli»

carat *m IV, D.* caratu, *Ms.* caracie *blm; rzad.* **caryzm** *m IV, D.* caryzmu, *Ms.* caryzmie (*wym.* ~yzmie a. ~yźmie), *blm* «system rządów carskich»

Cardiff (*wym.* Kardif) *m* a. *n ndm, rzad. m IV, D.* Cardiffu «miasto w Wielkiej Brytanii (stolica Walii)»: Uniwersytet w Cardiff. Cardiff w 1961 r. miał (miało) 256 tys. mieszkańców.

carewicz *m II, lm M.* carewicze a. carewiczowie.

cargo (*wym.* kargo) *n ndm* «ładunek statku morskiego»: Ubezpieczono cargo statku. △ Ubezpieczenie cargo «rodzaj ubezpieczenia transportowego»

Carlyle (*wym.* Karlajl) *m I, D.* Carlyle'a (*wym.* Karlajla), *C.* Carlyle'owi, *N.* Carlyle'em, *Ms.* Carlyle'u: Dzieła Carlyle'a.

Carnot (*wym.* Karno) *m IV, D.* Carnota, *Ms.* Carnocie a. (zwykle z odmienianym imieniem lub tytułem) *ndm*: Zasługi Carnota (a. prezydenta Carnot).

carowa *ż* odm. jak przym.; a. **caryca** *ż II, lm D.* caryc.

Carracci (*wym.* Karraczci) *m* odm. jak przym., *D.* Carracciego, *C.* Carracciemu, *NMs.* Carraccim, *lm M.* Carracciowie: Rodzina Carraccich.

Carrara (*wym.* Karrara) *ż IV* «miasto we Włoszech»: Marmur z Carrary. Mieszkać w Carrarze. — kararyjski (p.).

carstwo *n III* 1. «państwo rządzone przez cara» 2. *DB.* carstwa, *Ms.* carstwu (*nie:* carstwie), *blm* «car z carową»

Caruso (*wym.* Karuzo) *m IV, D.* Carusa, *C.* Carusowi, *Ms.* Carusie: Aria w wykonaniu Carusa.

caryzm p. carat.

Casablanca (*wym.* Kasablanka) *ż III* «miasto w Maroku»: Mieszkać w Casablance.

Casals (*wym.* Kasals) *m IV, D.* Casalsa: Koncert Casalsa.

casco (*wym.* kasko) *n ndm*: Suma wykazana w rachunku nie obejmuje casco ciężarówki.

Cassino p. Monte Cassino.

Castro (*wym.* Kastro) *m IV, Ms.* Castrze a. (zwykle z odmienianym imieniem lub tytułem) *ndm*: Przemówienie Castra (a. Fidela Castro). || *PJ 1962, 183.*

c. at. «skrót wyrazów: *ciężar atomowy,* pisany z kropkami, czytany jako całe wyrażenie»

Cayatte (*wym.* Kajat) *m IV, D.* Cayatte'a (*wym.* Kajata), *C.* Cayatte'owi, *N.* Cayatte'em, *Ms.* Cayatcie (*wym.* Kajacie): Filmy Cayatte'a.

Cazin (*wym.* Kazę) *m IV, D.* Cazina (*wym.* Kazena), *rzad.* (zwykle z odmienianym imieniem) *ndm*: Przekłady Cazina a. Paula (*wym.* Pola) Cazin poezji Mickiewicza.

cążki *blp, D.* cążków; a. **obcążki** *blp, D.* obcążków. *Por.* cęgi.

c.cz. «skrót wyrazów: *ciężar cząsteczkowy,* pisany z kropkami, czytany jako całe wyrażenie»

cd. «skrót wyrazów: *ciąg dalszy,* pisany z kropką, czytany jako całe wyrażenie»

CDD (*wym.* cedede, p. akcent § 6) *m* a. *n ndm* «Centralny Dom Dziecka»: Warszawski CDD jest dobrze zaopatrzony a. warszawskie CDD jest dobrze zaopatrzone.

CDM (*wym.* cedeem, p. akcent § 6) *m IV, D.* CDM-u, *Ms.* CDM-ie a. *ndm* «Centralny Dom Młodzieżowy»: Zgłosić się do CDM a. do CDM-u. Otwarto nowy CDM.

cdn. «skrót wyrazów: *ciąg dalszy nastąpi*» *Por.* dcn.

CDT (*wym.* cedete, p. akcent § 6) *n ndm* a. *m IV, D.* CDT-u, *Ms.* Cedecie «Centralny Dom Towarowy»: Poszedł do CDT (a. do CDT-u). Kupić coś w CDT (a. w Cedecie). — cedet (p.) — CDT-owski a. cedetowski.

CDU (*wym.* cedeu) *ż* a. *n ndm* «skrót niemieckiej nazwy Unii Chrześcijańsko-Demokratycznej (partii w NRF i NRD)»: CDU powstała (powstało) w 1945 r.

ceberek a. **cebrzyk** *m III, D.* ceberka (cebrzyka), *zdr.* od ceber.

cebula (*nie:* cybula) *ż I.*

cebulasty a. **cebulowaty** «podobny do cebuli»: Cebulaste zwieńczenie wieży. Cebulasty nos.

ceckać się p. cackać się.

Cecylia ż I, DCMs. i lm D. Cecylii — Cecylka ż III, lm D. Cecylek.

Cedenbal (wym. Cedenbał) m IV, D. Cedenbała (wym. Cedenbała, p. akcent § 7), Ms. Cedenbale: Działalność polityczna Cedenbała.

cedet m IV, D. cedetu, Ms. cedecie pot. «Centralny Dom Towarowy (CDT)»: Zakupy w cedecie.

cedetowski p. CDT.

cedować ndk IV, cedowaliśmy (p. akcent § 1a i 2) — **scedować** dk □ C. co na kogo a. komu: Cedować spadek na rodzeństwo. Cedować weksel wspólnikowi.

cegielnia ż I, lm D. cegielni, rzad. cegielń.

cegielnictwo n III blm «przemysł cegielniczy, rzad. ceglarstwo»

ceglarstwo n III, blm «rzemiosło ceglarskie; rzad. cegielnictwo»

ceglarz m II, lm D. ceglarzy; rzad. **cegielnik** m III, lm M. cegielnicy.

cegła ż IV, lm D. cegieł 1. «materiał budowlany uformowany w kształcie prostopadłościanów; kostka tego materiału»: 100 cegieł a. 100 sztuk cegły. Dostawa cegły, rzad. cegieł. Dom z cegły, rzad. z cegieł. 2. pot. «książka, na którą nie ma popytu»

Cejlon m IV, D. Cejlonu a. (w połączeniu z wyrazem: wyspa) ndm «wyspa i państwo w Azji»: Uprawa ryżu na Cejlonie (na wyspie Cejlon). — Cejlończyk m III, lm M. Cejlończycy — Cejlonka ż III, lm D. Cejlonek — cejloński. Por. Sri Lanka.

Cejnowa p. Cenowa.

cekaem (wym. cekaem a. cekaem) m IV, D. cekaemu (p. akcent § 6) «ciężki karabin maszynowy (skrót: ckm)»

cekin m IV, D. cekina a. cekinu.

CEKOP (wym. cekop) m IV, D. CEKOP-u, Ms. CEKOP-ie, rzad. m a. ż ndm «Centrala Eksportu Kompletnych Obiektów Przemysłowych»: Pracownik CEKOP-u, rzad. CEKOP. CEKOP wyeksportował (wyeksportowała)...

cel m I, D. celu, lm D. celów 1. «obiekt, do którego się strzela»: Trafić w cel a. do celu. 2. «to, do czego się dąży, co się chce osiągnąć»: Cel pracy. Zmierzać do celu. Stanąć u celu (np. podróży). Dopiąć celu, osiągnąć cel (nie: spełnić, zrealizować cel, doścignąć celu). △ Stawiać sobie za cel, mieć coś na celu, rzad. za cel «dążyć do czegoś»: Miał na celu zrobienie kariery. △ Coś chybia celu «coś jest niecelowe, daremne» △ W celu (książk. celem) uczynienia czegoś «aby coś uczynić»: Przyszedł celem zasięgnięcia informacji. △ książk. (tylko w lm): Na cele, rzad. dla celów «na użytek, na potrzeby»: Przeznaczyć pieniądze na cele oświaty. || D Kult. I, 35; KP Pras.

Celebes (wym. Celebes a. Celebes) m IV, D. Celebesu (wym. Celebesu, p. akcent § 7) a. m ndm (zwłaszcza z wyrazami: wyspa, morze) 1. «wyspa w Archipelagu Malajskim»: Przebywać na Celebes, na wyspie Celebes a. na Celebesie. Celebes został przyłączony do Indonezji.
2. a. n ndm «morze, część Oceanu Spokojnego»: Płynąć po Celebes, po morzu Celebes a. po Celebesie. Celebes był wzburzony a. było wzburzone.

Cellini (wym. Czellini) m odm. jak przym.: Rzeźby, dzieła złotnicze Celliniego.

celniczka ż III, lm D. celniczek pot. «celnik (o kobiecie)»

celnik m III, lm M. celnicy.
celnik — o kobiecie, p. nazwy i tytuły zawodowe kobiet.

I celny m-os. celni, st. w. celniejszy a. bardziej celny, przym. od cel: Celny rzut. Celny strzelec. Celne działo. △ przen. Celny dowcip.

II celny (nie: cłowy) m-os. celni, przym. od cło: Urząd, urzędnik celny. Opłata, odprawa celna.

III celny (zwykle w st. w. i najw.) wych. z użycia w zn. «wyróżniający się, znakomity, wybitny»: Najcelniejsze dzieła sztuki ludowej. Celniejsi ludzie epoki.

I celować ndk IV, celowaliśmy (p. akcent § 1a i 2) — **wycelować** dk □ C. bez dop.: Bierze rewolwer i celuje. □ C. z czego: Celować z karabinu. □ C. do kogo, do czego a. w kogo, w co (nie: na kogo, na co): Celować do wroga. Celować w drzewo. || KP Pras.

II celować ndk IV, celowaliśmy (p. akcent § 1a i 2) «wyróżniać się, odznaczać się» □ C. w czym (nie: czym): Celować w matematyce (nie: matematyką). Celować w grze (nie: grą).

*celownik jest trzecim przypadkiem deklinacji, właściwym dopełnieniu dalszemu, oznaczającemu odbiorcę czynności. Sygnalizuje zwykle zależność rzeczownika od czasownika (rzad. od przymiotnika, wyjątkowo od rzeczownika.
1. Celownik lp rzecz. męskich ma przede wszystkim końcówkę -owi, rzadziej pojawia się końcówka -u np.: uczniowi, domowi, stolarzowi, mieszczaninowi, człowiekowi (ale: członku a. człekowi), bogu, bratu, chłopcu, diabłu, kotu, panu, psu. △ To samo dotyczy miejscowości na -ów, np.: Tarnowowi, Krakowowi (ale: ku Tarnowowi, Krakowowi a. ku Tarnowu, Krakowu).
2. Celownik rzecz. nijakich ma zawsze końcówkę -u (nie: -owi), np.: jezioru, zbożu, plemieniu, cielątku (ale tylko: ku południowi).
3. Celownik rzecz. żeńskich: a) rzeczowniki twardotematowe zakończone na -a (oraz męskie o takim zakończeniu) przybierają zawsze końcówkę -e, np.: żonie, kotce, temu kalece. b) w rzeczownikach miękkotematowych (także męskich na -a) C. równy jest D. (por. dopełniacz), np.: mamii, szyi, mocy, nocy, (temu) dziadzi (rzeczowniki męskie na -a typu: sędzia, hrabia — mają w celowniku lp końcówkę przymiotnikową: sędziemu, hrabiemu, przestarz. sędzi, hrabi).
4. Celownik liczby mnogiej wszystkich rodzajów ma jedną tylko końcówkę: -om, która jest jedyną w deklinacji polskiej końcówką bezwyjątkową, np.: panom, żonom, polom.

5. Celownik łącząc się z czasownikami, stanowi jedynie możliwą formę dopełnienia po czasownikach typu: pomagać, służyć, sprzyjać komuś, ustąpić komuś, kłaniać się komuś, przyglądać się komuś itd. △ Błędem jest używanie zamiast celownika — dopełniacza z przyimkiem *dla*, np. Ten kremowy sweter wydaje się dla mnie (*zamiast*:... wydaje mi się) biały.
6. Po czasownikach łączących się z dopełnieniem biernikowym celownik (tzw. celownik pożytku) bywa wymienny z konstrukcją przyimkową dla z dopełniaczem, np.: Wyjednać co komuś a. dla kogoś. Kupić co komuś a. dla kogoś. △ Czasem z różnicą konstrukcji łączy się różnica znaczeń, np. poświęcać coś komuś «dedykować», *ale*: poświęcić coś dla kogoś «wyrzec się dla kogoś». Zachodzi to zwłaszcza po czasownikach oznaczających wyrządzanie szkody, powodowanie straty, np. Wziąć coś komuś «odebrać», *obok*: Wziąć coś dla kogoś (w celu ofiarowania komuś).
7. Celownik po czasownikach bywa również używany wymiennie z następującymi konstrukcjami: **a)** z konstrukcją przyimkową p r z e d k i m, np.: Zwierzał się przyjacielowi a. przed przyjacielem. Skarżyła się matce a. przed matką. **b)** z różnorodnymi konstrukcjami przyimkowymi, np.: Uciekł matce a. od matki. Wysłał paczkę rodzinie a. do rodziny. **c)** z zaimkami dzierżawczymi albo z dopełniaczem oznaczającym właściciela (przy czym ta wymienność nie zawsze jest obojętna stylistycznie), np.: Serce mi się kraje, *rzad.* Moje serce się kraje. Upaść ojcu do nóg a. Upaść do nóg ojca. Uszkodził sąsiadowi wóz a. Uszkodził wóz sąsiada.
8. Celownik w połączeniu z przymiotnikami (zwykle z takimi, które ogólnie oznaczają pożytek) występuje obocznie z konstrukcją przyimka dla k o g o, np.: Przyjazny ludziom a. dla ludzi. Miły oku a. dla oka. Podręcznik niezbędny mu w nauce a. niezbędny dla niego w nauce. Obcy komuś a. dla kogoś; *ale* tylko: obcy czemuś, np. Zapanował nastrój obcy temu środowisku (*nie*: obcy dla tego środowiska).
9. Celownik w połączeniu z rzeczownikami (zwykle odczasownikowymi na -*anie*, -*enie*): Pomagać komuś — Pomaganie komuś (*ale*: pomoc dla kogoś). Służyć komuś — Służenie komuś (*ale*: służba komuś, *częściej*: dla kogoś). Przydać się komuś — Przydanie się komuś (*ale*: przydatność dla kogoś). Odpowiadać komuś — Odpowiadanie komuś (*ale*: odpowiedź komuś, *częściej*: dla kogoś).
10. Celownik w konstrukcjach nieosobowych typu: Spało mi się dobrze. Marzą mi się podróże. Rozmawiało nam się przyjemnie — może być zastąpiony przez zwykłe zdanie podmiotowe, np.: Spałem dobrze. Marzę o podróżach. Rozmawialiśmy przyjemnie (konstrukcje nieosobowe mają nieco inne zabarwienie stylistyczne).
11. Błędy w używaniu celownika *lp* zaimków osobowych, np.: Opowiadano mnie (*zamiast*: mi). Źle tobie (*zamiast*: źle ci) tutaj? || *KJP 172, 357. Por.* ja, ty, on.

celowy *st. w.* bardziej celowy: Celowy ruch. Celowe działanie.

Celsjusz (*nie*: Celzjusz) *m II*: Temperatura +10° według skali Celsjusza, *pot.* 10° Celsjusza.

Celt *m IV, lm M.* Celtowie — celtycki.

celuloid (*wym.* celulo-id, *nie*: celulojd) *m IV, D.* celuloidu (*wym.* celulo-idu).

celuloidowy (*wym.* celulo-idowy a. celulojdowy).

cembrowina *ż IV* a. **cembrowanie, ocembrowanie** *n I.*

cementowy: Cementowa podłoga. Zaprawa cementowa. Przemysł cementowy (*nie*: cementowniczy). || *D Kult. II, 412.*

cena *ż IV*: Niskie, wysokie (*nie*: tanie, drogie) ceny. Przystępna (*nie*: dostępna) cena. Wygórowana a. wyśrubowana cena. Ceny stałe, *rzad.* sztywne. Podwyżka, obniżka cen. Ustalać, określać cenę. Kupić po cenach zniżonych. Kupić po cenie, *rzad.* w cenie (*nie*: za cenę) kosztu. Spaść w cenie. Ceny podnoszą się, spadają. □ C. czego, *rzad.* za co (zwykle kiedy się wymienia jednostki wagi i miary) a. (zwykle w *lm*) ceny na co: Cena masła. Cena za metr (np. materiału), za kilogram (np. cukru). Ceny za zboże (a. na zboże) idą w górę. △ Za cenę czegoś «kosztem czegoś»: Dorabiał się majątku za cenę zdrowia. △ Za wszelką (*nie*: każdą) cenę «wszelkimi sposobami»: Za wszelką cenę chciał ją zmusić do powrotu. △ Za żadną cenę «za nic, w żadnym wypadku»: Za żadną cenę nie pogodzę się z nią. △ Być w cenie «być poszukiwanym na rynku, popłatnym; być dobrze opłacanym, cenionym»: W tym kraju dużo się buduje, więc architekci są w cenie. || *D Myśli 99; U Pol. (2), 104.*

cenić *ndk VIa*, ceniliśmy (p. akcent § 1a i 2) □ C. co w kim: Cenię w nim prawdomówność. □ C. kogo za co: Cenię tego człowieka za dobroć. △ Cenić sobie coś «uważać coś za cenne»: Cenię sobie pańską życzliwość. △ *przestarz.* Cenić coś (np. na 1000 zł) «ustalać cenę czegoś (na 1000 zł)»

cenny *m-os.* cenni, *st. w.* cenniejszy a. bardziej cenny: Cenna biżuteria. □ C. dla kogo (*nie*: komu): Wskazówka cenna dla podróżujących.

Cenowa a. **Cejnowa, Ceynowa** *m odm. jak ż IV, Ms.* Cenowie (Cejnowie, Ceynowie): Dzieła Cenowy z zakresu folkloru kaszubskiego.

cenowy *niepoprawne* zamiast dopełniacza: ceny, cen, np. Podwyżka cenowa (*zamiast*: podwyżka cen).

cent *m IV, DB.* centa: Dać, pożyczyć komuś centa (*nie*: cent).

centaur (*wym.* centaur) *m IV, DB.* centau-ra (p. akcent § 7).

center *m IV, D.* centra, *lm M.* centrzy (*nie*: centrowie) *środ. sport.* «środkowy napastnik»

centnar *m IV, lepiej*: cetnar.

CENTO (*wym.* cento) *n a. ż ndm* «skrót angielskiej nazwy Organizacji Paktu Centralnego; pakt bagdadzki»: Członkowie CENTO. CENTO uchwaliło (uchwaliła)...

centra *ż IV, lm D.* center (*nie*: centr) *środ. sport.* «piłka podana ze skrzydła do środka»

centrala *ż I, lm D.* centrali, *rzad.* central: Centrala handlowa, telefoniczna.

centralizować *ndk IV*, centralizowaliśmy (p. akcent § 1a i 2) — **scentralizować** *dk*: Centralizować przemysł.

Centrostal (*wym.* centrostal) *m I* (*nie*: ta Centrostal), *D.* Centrostalu, *blm* «Centrala Zbytu Stali» // *D Kult. II, 357.*

centrum *n VI*: Centrum miasta, *lepiej*: śródmieście. Centra (*lepiej*: ośrodki) gospodarki leśnej. Centrum parlamentarne. △ Coś jest w centrum czyjejś uwagi (*lepiej*: Coś skupia czyjąś uwagę). // *D Kult. I, 152; KP Pras.*

I centuria *ż I, DCMs.* i *lm D.* centurii; in. tysiącznik «roślina»

II centuria *ż I, DCMs.* i *lm D.* centurii «jednostka legionu rzymskiego licząca stu żołnierzy»

centryfuga *ż III, lepiej*: wirówka.

centy- «pierwsza część złożonych nazw miar systemu metrycznego oznaczających jednostki sto razy mniejsze od wyrażonych w drugiej części nazwy», np.: centylitr, centymetr.

centygram *m IV, D.* centygrama (skrót: cg).

centylitr *m IV, D.* centylitra (skrót: cl).

centym *m IV, DB.* centyma: Dać, zgubić centyma (*nie*: centym).

centymetr (*nie*: centimetr) *m IV, D.* centymetra, Ms. centymetrze (skrót: cm).

cenzor *m IV, Ms.* cenzorze, *lm M.* cenzorzy, *rzad.* cenzorowie.

cenzurowane *n* odm. jak przym., *B. = M.* a. *D.*, *blm*: Bawić się w cenzurowane a. w cenzurowanego. Siedzieć, być, czuć się jak na cenzurowanym.

cenzus (*nie*: census) *m IV, D.* cenzusu: Cenzus naukowy, majątkowy.

cep *m IV* a. **cepy** *blp* w zn. «narzędzie rolnicze»: Młócić zboże cepem a. cepami. Jeden cep a. jedne cepy. Dwa, trzy itd. cepy a. dwoje, troje itd. cepów. *Ale*: Dwóch, trzech cepów (*nie*: dwojga, trojga cepów) — w zn. *posp.* «prostak; głupiec»

Cepelia *ż I, DCMs.* Cepelii, *blm* «Centrala Przemysłu Ludowego i Artystycznego (CPLiA)» — cepeliowski.

ceper *m IV, D.* cepra, *lm M.* te cepry *pot.* «lekceważąco o człowieku z okolic nizinnych przybyłym w Tatry» // *Pj 1968, 341.*

ceramika (*wym.* ceramika, *nie*: ceramika, p. akcent § 1c), *ż III, blm.*

Cerber *m IV* 1. «mitologiczny pies trzygłowy strzegący bram Hadesu»
2. cerber, *lm M.* te cerbery *żart.* «srogi, czujny dozorca, człowiek krępujący czyjąś swobodę»: Zazdrosny mąż był cerberem własnej żony.

ceregielić się *ndk VIa,* ceregieliliśmy się (p. akcent § 1a i 2) *posp., żart., lepiej*: **ceregielować się** *ndk IV,* ceregielowaliśmy się □ Składnia jak: ceremoniować się.

ceremonia *ż I, DCMs.* i *lm D.* ceremonii, tylko w *lm* w zn. «przesadne dowody grzeczności, przesadne wymawianie się od czegoś; *pot.* ceregiele»

ceremoniować się (*nie*: ceremonić się) *ndk IV,* ceremoniowaliśmy się (p. akcent § 1a i 2): Przy stole długo się ceremoniowali. □ C. się z kim: Ceremoniował się nawet z najbliższymi.

Cergowa *ż IV, D.* Cergowy (*nie*: Cergowej), *CMs.* Cergowie (*nie*: Cergowej) «szczyt w Beskidzie Niskim» — cergowski.

! cerograf p. cyrograf.

cerownia, *rzad.* **cerowalnia** *ż I, lm D.* cerowni (cerowalni a. cerowalń).

certacje *blp, D.* certacji *pot.* «certowanie się»

certolić się *ndk VIa,* certoliliśmy się (p. akcent § 1a i 2) *posp.* «certować się» □ Składnia jak: ceremoniować się.

certyfikacja *ż I, DCMs.* i *lm D.* certyfikacji; a. **certyfikat** *m IV, D.* certyfikatu; *lepiej*: świadectwo, zaświadczenie.

Cervantes (*wym.* Serwantes) *m IV*: Światowa sława Cervantesa.

cesarsko-królewski (skrót: ck) «odnoszący się do cesarza i króla Austro-Węgier (1867—1918)»

cesarstwo *n III* 1. «forma rządu monarchicznego; państwo rządzone przez cesarza»: Cesarstwo Napoleona. 2. *B.* cesarstwa, *Ms.* cesarstwu (*nie*: cesarstwie), *blm* «cesarz z żoną»

cesarz *m II, lm M.* cesarze, *rzad.* cesarzowie, *D.* cesarzy.

cesarzowa *ż* odm. jak przym., *W.* cesarzowo.

cesarzówna *ż IV, D.* cesarzówny (*nie*: cesarzównej), *CMs.* cesarzównie (*nie*: cesarzównej), *B.* cesarzównę (*nie*: cesarzówną), *lm D.* cesarzówien (*nie*: cesarzównych).

cesja *ż I, DCMs.* i *lm D.* cesji: Dokonać cesji. □ C. czego (*nie*: od czego): Cesja placu, domu itp. Wziąć od kogoś cesję jego długów, pretensji.

cetnar *m IV* «jednostka masy równa stu lub — w niektórych krajach (np. w Ameryce, Anglii, Danii) — pięćdziesięciu kilogramom» *Por.* kwintal.

cewka (*nie*: cywka) *ż III, lm D.* cewek. // *GPK Por. 53.*

cewnik *m III,* in. kateter: Cewnik moczowy, przełykowy, uszny, żołądkowy.

Ceynowa p. Cenowa.

Cézanne (*wym.* Sezan) *m IV, D.* Cézanne'a (*wym.* Sezana, p. akcent § 7), *C.* Cézanne'owi, *N.* Cézanne'em, *Ms.* Cézannie: Obrazy Cézanne'a.

Cezar *m IV, Ms.* Cezarze 1. *blm* «przydomek rodowy pierwszego samowładcy rzymskiego»
2. cezar, *lm M.* cezarowie (*nie*: cezary) «tytuł rzymskich samowładców»

Cezarea *ż I, DCMs.* Cezarei, *B.* Cezareę «miasto w Turcji»

cezarianizm p. cezaryzm.

cezariański a. **cezaryjski**, *rzad.*, przym. odpowiadający rzecz. cezarianizm, cezaryzm, cezar: Pałace cezariańskie (cezaryjskie).

Cezary *m* odm. jak przym., *lm M.* Cezarowie — Cezarostwo *n III, DB.* Cezarostwa, *Ms.* Cezarostwu (*nie*: Cezarostwie), *blm*; a. Cezarowie *blp, D.* Cezarych.

cezaryzm, *rzad.* **cezarianizm** *m IV, D.* cezaryzmu (cezarianizmu), *Ms.* cezaryzmie (*wym.* ~yzmie a. ~yźmie), cezarianizmie (*wym.* ~izmie a. ~iźmie), *blm.*

CEZAS a. **Cezas** *m IV, D.* CEZAS-u (Cezasu), *rzad. m* a. *ż ndm* «Centrala Zaopatrzenia Szkół»: Pracował w CEZAS-ie (Cezasie), *rzad.* w CEZAS (Cezas). CEZAS (Cezas) zaopatrzył (zaopatrzyła) szkołę w potrzebne pomoce naukowe.

cęgi (*nie*: cangi) *blp, D.* cęgów (*nie*: cęg); in. obcęgi.

cętkowany, *rzad.* **cętkowaty.**

cf. «skrót łacińskiego wyrazu: *confer* (*wym.* konfer) = porównaj; pisany z kropką, czytany jako cały wyraz»

cg «skrót wyrazu: *centygram*, pisany bez kropki, stawiany zwykle po wymienionej liczbie, czytany jako cały, odmieniany wyraz»

CGT (*wym.* sežete) *n, rzad. ż ndm* «skrót francuskiej nazwy Powszechnej Konfederacji Pracy»: Członkowie CGT. CGT organizowało (organizowała) wystąpienia w obronie interesów francuskiej klasy robotniczej.

ch, h *ch* jest to połączenie literowe oznaczające spółgłoskę tylnojęzykową szczelinową, bezdźwięczną. Spółgłoska ta w wymowie większości Polaków nie różni się od spółgłoski *h* (p.); dlatego wskazówki co do pisowni i wymowy wyrazów zawierających te spółgłoski podawane są łącznie. Brak jest ścisłych reguł ustalających zasady pisowni *ch* i *h* — należy tu każdorazowo kierować się przepisami słownika ortograficznego. Można tylko stwierdzić, że: **1.** *ch* pisane jest m.in.: **a)** w wyrazach, których formy lub wyrazy pokrewne zawierają odpowiadające temu *ch—sz*, np.: mucha — musze — muszka; suchy — suszyć; duch — dusza.
b) na końcu wyrazów, np.: mech, dach, ruch, (w) ustach (wyjątek: druh).
c) w wyrazach pochodzenia obcego w pozycji po *s*, np.: pascha, schizma, schemat, Ajschylos, scholastyczny. △ Uwaga: W wyrazach tych połączenie *sch* należy wymawiać zgodnie z pisownią (*nie* jako *sz*), a więc: schemat, schizmatyk (*nie*: szemat, szyzmatyk).
2. *h* pisane jest m.in.: **a)** w wyrazach, których formy lub wyrazy pokrewne zawierają odpowiadające temu *h* — głoski *g, ż*, np.: wahać się — waga, druh — drużyna, wataha — watażka.
b) na początku wyrazów mających dwojaką postać nagłosową (początkową): z *h* lub bez *h*, np.: Hanna // Anna; Hindus // Indus; harfa // arfa.
c) na początku wyrazów zawierających obce cząstki: *higro-, hiper-, hipo-, homo-, hydro-* i in., np.: higroskopijny, hiperbola, hipochondryk, homologia, hydropatia.
3. Pisownia połączeń *ch, h* z samogłoskami *i, y* zależy od pochodzenia danego wyrazu. Połączenia *chi, hi, hy* występują w wyrazach zapożyczonych i wymawiane są zgodnie z pisownią, np.: chinina, chirurgia, hippika, hymn. Połączenie literowe *chy* spotykamy tylko w wyrazach rodzimych i wymawiamy je twardo, zgodnie z pisownią, np.: chyba, chylić, chytry. △ Wymowa miękka (np.: chiba, chitry, schilić) jest tu *niepoprawna.* △ Do wyjątków należą: a) *chichot* — i pochodne; b) formy wielokrotne niektórych czasowników przed końcówką *-wać*, np.: podkochiwać się,

podsłuchiwać (*nie*: podkochywać się, podsłuchywać); p.ʳdzielenie wyrazów.

Chabarowsk *m III* «miasto w ZSRR» — chabarowski (p.).

chabarowski: Przemysł chabarowski (*ale*: Chabarowski Kraj).

chaber *m IV, D.* chabra a. chabru; in. bławatek.

chabeta *ż IV lekcew.* «nędzny koń, szkapa»

Chabówka *ż III* «miejscowość» — chabowski.

Chagall (*wym.* Szagal) *m I, D.* Chagalla: Sztuka malarska Chagalla.

Chaldeja *ż I, DCMs.* Chaldei, *B.* Chaldeję «starożytne państwo» — Chaldejczyk *m III, lm M.* Chaldejczycy — Chaldejka *ż III, lm D.* Chaldejek — chaldejski.

challenge (*wym.* czelendż) *m II, D.* challenge'u (*wym.* czelendżu) «międzynarodowe zawody samolotów sportowych»

chałat *m IV, D.* chałata a. chałatu, *Ms.* chałacie. △ *środ.* w zn. «fartuch roboczy, kitel»

chałtura *ż IV środ.* «dodatkowa praca, zwykle w dziedzinie sztuki, podjęta wyłącznie dla zarobku; produkt takiej pracy; kicz, szmira»; Uprawiać chałturę. // *D Kult.* II, 204; *U Pol.* (2), 106.

chałturzysta *m odm. jak ż IV, CMs.* chałturzyście, *lm M.* chałturzyści, *DB.* chałturzystów; *rzad.* **chałturowiec** *m II, D.* chałturowca, *lm M.* chałturowcy.

chałupnica *ż II, lm D.* chałupnic; a. **chałupniczka** *ż III, lm D.* chałupniczek «kobieta wykonująca u siebie w domu zamówienia przedsiębiorcy»

Cham *m IV* **1.** «biblijne imię własne»
2. **cham**, *lm M.* te chamy *obelż.* «człowiek ordynarny, niekulturalny»

Chamberlain (*wym.* Czemberlen) *m IV, D.* Chamberlaina (*wym.* Czemberlena, p. akcent § 7)): Spotkanie przedstawicieli rządu francuskiego z Chamberlainem.

chamidło *n III, lm D.* chamideł.

champion p. czempion.

Champollion (*wym.* Szampolją) *m IV, D.* Champolliona a. (zwykle z odmienianym imieniem) *ndm*: Prace Champolliona (a. Jana Franciszka Champollion).

chan *m IV, lm M.* chanowie.

chandra *ż IV, CMs.* chandrze, *blm pot.* «stan przygnębienia, apatia; splin»: Mieć chandrę. Od rana opadła (napadła, naszła) go chandra. // *D Kult.* I, 397.

chanowy a. **chański** przym. od chan.

chaos *m IV, D.* chaosu, *blm*: Chaos bitwy, wojny. Chaos pojęć, uczuć, barw. Kry piętrzą się w nieopisanym chaosie. W kraju panował powojenny chaos. Chaos w głowie.

chapać *ndk IX*, chapię (*nie*: chapę), chapie, chapaliśmy (p. akcent § 1a i 2) — **chapnąć** *dk Va*, chapnij, chapnąłem (*wym.* chapnołem; *nie*: chapnełem, chapłem), chapnął (*wym.* chapnoł), chapnęła (*wym.* chapneła; *nie*: chapła), chapnęliśmy (*wym.* chapnęliśmy; *nie*: chapliśmy).

Chaplin (*wym.* Czaplin a. Czeplin) *m IV, D.* Chaplina: Film z Chaplinem w roli głównej.

charakter *m IV, D.* charakteru, *Ms.* charakterze **1.** w zn. «zespół cech psychicznych właściwych danemu człowiekowi»: Dobry, zły, chwiejny, nieugięty itp. charakter. Szkoła kształtuje charakter dziecka. To nie leży w moim charakterze. **2.** w zn. «wygląd, postać, forma»: Przybrać (*nie*: przyjąć) charakter jakiś a. czegoś. Nabrać jakiegoś charakteru a. charakteru czegoś. △ Coś ma (lepiej *niż*: nosi) jakiś charakter a. charakter czegoś: Jego wystąpienie miało charakter napaści. △ Pracować, być zatrudnionym w charakterze urzędnika, magazyniera, wykładowcy itp. «pracować jako urzędnik, magazynier itp.»

charakterowy przym. od charakter: Właściwości charakterowe (*lepiej*: charakteru).

charakterystyka (*wym.* charakterystyka, *nie*: charakterystyka, p. akcent § 1c) *ż III*: Charakterystyka pisarza. Dać charakterystykę terenu, utworu, dzieła.

charczeć *ndk VIIb*, charczy (*nie*: charcze), charczeliśmy (p. akcent § 1a i 2).

chargé d'affaires (*wym.* szarże dafer) *m ndm*: Na przyjęciu był chargé d'affaires poselstwa.

chargot p. charkot.

charkać *ndk I*, charkaliśmy (p. akcent § 1a i 2) — **charknąć** *dk Va*, charknij, charknąłem (*wym.* charknołem; *nie*: charknełem, charkłem), charknął (*wym.* charknoł), charknęła (*wym.* charkneła; *nie*: charkła), charknęliśmy (*wym.* charknęliśmy; *nie*: charkliśmy): Charkać krwią.

charkot, *rzad.* **chargot** *m IV, D.* charkotu (chargotu).

charkotać *ndk IX*, charkocze, *przestarz.* charkoce; charkotaliśmy (p. akcent § 1a i 2).

Charków *m IV, D.* Charkowa, *C.* Charkowowi (*ale*: ku Charkowowi a. ku Charkowu) «miasto w ZSRR» — charkowski.

Charleston (*wym.* Czarlston) *m IV, D.* Charlestonu (p. akcent § 7) **1.** «miasto w USA» — charlestończyk (*wym.* czarlestończyk) *m III, lm M.* charlestończycy — charlestonka (*wym.* czarlestonka) *ż III, lm D.* charlestonek — charlestoński (*wym.* czarlestoński) **2.** charleston (*wym.* czarleston, *rzad.* czarlston) *m IV, DB.* charlestona (*wym.* czarlestona, *rzad.* czarlstona) «taniec»: Tańczyć charlestona.

charłactwo *n III, blm* «krańcowe wyniszczenie organizmu połączone z wychudnięciem» *Por.* cherlactwo.

charłać p. cherlać.

Chartres (*wym.* Szartr) *n ndm* «miasto we Francji»: Katedra w Chartres. — chartryjski.

Chartum *m IV, D.* Chartumu «stolica Sudanu» — chartumczyk *m III, lm M.* chartumczycy — chartumka *ż III, lm D.* chartumek — chartumski.

charzykowski: Mieszkańcy charzykowscy (*ale*: Jezioro Charzykowskie).

Charzykowy *blp, D.* Charzyków (*nie*: Charzykowych), *C.* Charzykowom (*nie*: Charzykowym), *Ms.* Charzykowach (*nie*: Charzykowych) «miejscowość» — charzykowski (p.). // *D Kult. II, 518.*

chasyd (*nie*: chusyt) *m IV, Ms.* chasydzie, *lm M.* chasydzi.

chaszcze *blp, D.* chaszczy a. chaszczów: Tropione dziki skryły się w chaszczach.

Chateaubriand (*wym.* Szatobrjã) *m IV, D.* Chateaubrianda (*wym.* Szatobrjanda, p. akcent § 7): Monografia o Chateaubriandzie.

chcieć *ndk*, chcę, chciej, chciał, chcieli, chciany, chcenie, chcieliśmy (p. akcent § 1a i 2): Chciał jak najlepiej. Chciał, żebyśmy mu pomogli. Chce mi się jeść. □ C. czego (*nie*: co): Chcieć chleba, papierosa. Chciał chwili spokoju. □ C. co (robić): Chcieć pójść na spacer. Chciał go widzieć. Chciał pożyczyć książkę. △ Czego chcesz, chce itd. a. co chcesz, chce itd. Niczego a. nic nie chcę. △ Chcąc nie chcąc «wbrew własnej woli»: Tak mnie gorąco prosiła, że chcąc nie chcąc musiałem ulec. // *U Pol. (2), 316.*

chciwiec *m II, D.* chciwca, *W.* chciwcze, *pot.* chciwcu, *lm M.* chciwcy.

chciwy *m-os.* chciwi, *st. w.* chciwszy a. bardziej chciwy. □ C. czego: Chciwy wrażeń, zemsty, sławy. □ C. na co (np. na pieniądze).

Chełm *m IV, D.* Chełma (*nie*: Chełmu) «miasto» — chełmianin *m V, D.* chełmianina, *lm M.* chełmianie, *D.* chełmian — chełmianka *ż III, lm D.* chełmianek — chełmski.

Chełmiec *m II, D.* Chełmca «szczyt w Sudetach»

chełmiński: Gwara chełmińska (*ale*: Pojezierze Chełmińskie, Ziemia Chełmińska).

Chełmno *n III, Ms.* Chełmnie «miasto» — chełmnianin *m V, D.* chełmnianina, *lm M.* chełmnianie, *D.* chełmnian — chełmnianka *ż III, lm D.* chełmnianek — chełmiński (p.).

Chełmża *ż II* «miasto» — chełmżanin *m V, D.* chełmżanina, *lm M.* chełmżanie, *D.* chełmżan — chełmżanka *ż III, lm D.* chełmżanek — chełmżyński.

chełmżyński: Kombinat chełmżyński (*ale*: Jezioro Chełmżyńskie).

chełpić się *ndk VIa*, chełp się (*nie*: chełpij się), chełpiliśmy się (p. akcent § 1a i 2) □ C. się kim, czym (*nie*: z czego): «przechwalać się, pysznić się»: Chełpić się swoimi dziećmi. Chełpić się wiedzą, siłą, bogactwem. Chełpił się swymi czynami wojennymi. □ *reg.* C. się na co «łaszczyć się, łakomić się»

chełpliwy *m-os.* chełpliwi, *st. w.* chełpliwszy a. bardziej chełpliwy: On jest chełpliwy (*nie*: chełpliwy z czego, czym).

chemiczka *ż III, lm D.* chemiczek *pot., lepiej*: chemik (o kobiecie).

chemicznofizyczny «odnoszący się do chemii fizycznej»: Badania chemicznofizyczne.

chemiczno-fizyczny «dotyczący chemii i fizyki»: Wydział chemiczno-fizyczny.

chemik *m III*, *D.* chemika (p. akcent § 1d), *lm M.* chemicy.

chemik — o kobiecie, p. nazwy i tytuły zawodowe kobiet.

chemikalia (*nie*: chemikalie) *blp*, *D.* chemikaliów (*nie*: chemikalii).

chemoterapia a. **chemioterapia** *ż I*, *DCMs.* chemoterapii (chemioterapii), *blm* «leczenie środkami chemicznymi chorób, wywołanych przez zakażenie drobnoustrojami, które się rozprzestrzeniają przez krew i limfę; co innego: hemoterapia»

cherlactwo *n III*, *blm* «wątłość, chorowitość» *Por.* charłactwo.

cherlać, *rzad.* **charłać** (*nie*: charlać, charleć, chyrlać, chyrleć) *ndk I*, cherlaliśmy, charłaliśmy (p. akcent § 1a i 2).

cherlak (*nie*: chyrlak) *m III*, *lm M.* te cherlaki, *rzad.* ci cherlacy.

Cheronea *ż I*, *DCMs.* Cheronei, *B.* Cheroneę «miasto w starożytnej Grecji»: Klęska pod Cheroneą.

cherubin, *rzad.* **cherub** *m IV*, *lm M.* cherubini a. cherubiny (cheruby a. cherubowie).

I Chesterfield (*wym.* Czesterfild) *m IV*, *D.* Chesterfielda (*wym.* Czesterfilda, p. akcent § 7): Listy syna do Chesterfielda.

II Chesterfield (*wym.* Czesterfild) *m IV*, *D.* Chesterfieldu (*wym.* Czesterfildu, p. akcent § 7) **1.** a. *m* lub *n ndm* «miasto w Anglii»: Mieszkać w Chesterfield a. w Chesterfieldzie. Mieszkańcy Chesterfield a. Chesterfieldu. Chesterfield został (zostało) za nami. **2.** chesterfield, *DB.* chesterfielda, zwykle w *lm* «gatunek papierosów»: Daj mi chesterfielda.

Chesterton (*wym.* Czesterton) *m IV*, *D.* Chestertona (*wym.* Czestertona, p. akcent § 7): Humor Chestertona.

Chevalier (*wym.* Szewalje) *m IV*, *D.* Chevaliera (*wym.* Szewaljera; p. akcent § 7): Piosenkarz wzorujący się na Chevalierze.

Chęciny *blp*, *D.* Chęcin «miasto» — chęciński.

chęciński: Zamek chęciński (*ale*: Pasmo Chęcińskie).

chęć *ż V*, *lm M.* chęci (*częściej* w *lp*): Gorąca, niekłamana, przemożna chęć. Pałać, płonąć chęcią. Opanowany chęcią. Chęć bierze, porywa itp. kogoś. Nie zbywa komuś na chęci. Dopuścić się czegoś z chęci zysku. Robić coś z chęcią. □ *C. czego* «pragnienie, żeby coś zrobić, żeby osiągnąć jakiś stan»: Chęć ucieczki, podobania się. □ *C. do czego* «stała skłonność do wykonywania jakiejś czynności»: Chęć do pracy, do nauki. □ *C. na co* «ochota na coś (gdy się wymienia pożądany przedmiot albo zamierzoną przyjemność)»: Chęć na owoce, na kino. △ Mieć chęć (coś zrobić): Miał chęć pójść do lasu.

chędożyć *ndk VIb*, chędożyliśmy (p. akcent § 1 a i 2) *przestarz., reg.* «czyścić, porządkować»

chętka *ż III*, *lm D.* chętek. □ Składnia jak: chęć (zwykle: C. na co).

chętny *m.-os.* chętni, *st. w.* chętniejszy □ *C. do czego*: Chętny do nauki, do roboty. □ *przestarz.* *C. komu* «życzliwy»: Był mu zawsze chętny.

Chicago (*wym.* Czikago a. Szikago) *n ndm* «miasto w USA» — chicagoski. // *U Pol. (2)*, 567.

chichot (*nie*: chychot) *m IV*, *D.* chichotu.

chichotać (*nie*: chychotać) *ndk IX*, chichocze, *przestarz.* chichoce (*nie*: chichota), chichocz (*nie*: chichotaj), chichotaliśmy (p. akcent § 1a i 2).

Chile (*wym.* Czile) *n ndm* — Chilijczyk (*wym.* Czilijczyk) *m III*, *lm M.* Chilijczycy — Chilijka (*wym.* Czilijka) *ż III*, *lm D.* Chilijek — chilijski (*wym.* czilijski).

chimerny *st. w.* bardziej chimerny, *rzad., pot.*, p. chimeryczny (w zn. 2).

chimeryczny *st. w.* bardziej chimeryczny **1.** «nierealny, urojony»: Chimeryczne nadzieje, pragnienia, pomysły. **2.** «kapryśny»: Gniewało go jej chimeryczne usposobienie.

chimeryk *m III*, *D.* chimeryka (p. akcent § 1d), *lm M.* chimerycy.

china *ż IV*, *blm rzad.* **a)** «chinowiec, drzewo chinowe» **b)** «kora chinowa»

Chiny *blp*, *D.* Chin — Chińczyk (p.) — Chinka *ż III*, *lm D.* Chinek — chiński (p.).

Chińczyk *m III*, *lm M.* Chińczycy **1.** «mężczyzna narodowości chińskiej» **2.** chińczyk *B.* = *D.* «gra towarzyska»: Grać w chińczyka.

chiński: Chińska herbata, porcelana. Chiński klimat. Mur chiński (*ale*: Nizina Chińska, Chińska Republika Ludowa).

chippendale (*wym.* czipendel) **1.** *ndm* «styl mebli» **2.** *m I*, *lm D.* chippendali (*wym.* czipendeli a. czipendali; p. akcent § 7) zwykle w *lm* «meble w tym stylu»

chirurg *m III*, *lm M.* chirurdzy, *rzad.* chirurgowie.

chirurgia *ż I*, *DCMs.* chirurgii, *blm*.

chlać *ndk I*, chlam, chlają; *reg.* chleję, chleją; chlaliśmy, *reg.* chleliśmy (p. akcent § 1a i 2) *wulg.* «pić»: Chlać wódę.

chlapać *ndk IX*, chlapię (*nie*: chlapę), chlapie, chlapaliśmy (p. akcent § 1a i 2) — **chlapnąć** *dk Va*, chlapnij, chlapnąłem (*wym.* chlapnołem; *nie*: chlapnełem, chlapłem), chlapnął (*wym.* chlapnoł), chlapnęła (*wym.* chlapneła; *nie*: chlapła), chlapnęliśmy (*wym.* chlapneliśmy; *nie*: chlapliśmy).

chlastać *ndk I*, chlasta a. *IX*, chlaszcze, chlaszcz, chlastaliśmy (p. akcent § 1a i 2) — **chlasnąć** *dk Va*, chlasnąłem (*wym.* chlasnołem; *nie*: chlasnełem, chlasłem) chlasnął (*wym.* chlasnoł), chlasnęła (*wym.* chlasneła; *nie*: chlasła), chlasnęliśmy (*wym.* chlasneliśmy; *nie*: chlaśliśmy).

chleb *m IV*: Bochenek chleba (*reg.* bułka chleba). △ Zarabiać na chleb, na kawałek chleba. △ *niepoprawne* Chleb obłożony czymś (*zamiast*: kanapka a. chleb, bułka z czymś).

chlebuś *m I, lm D.* chlebusiów, *reg.* forma zdr. od: chleb.

chlew *m IV, D.* chlewa a. chlewu.

chlewek a. **chlewik** *m III, D.* chlewka (chlewika).

chlewnia *ż I, lm D.* chlewni 1. «chlew» 2. *reg.* «trzoda chlewna»: Pokarm dla chlewni.

chlipać *ndk IX,* chlipię (*nie:* chlipę), chlipie, chlip (*nie:* chlipaj), chlipaliśmy (p. akcent § 1a i 2) — **chlipnąć** *dk Va,* chlipnij (*nie:* chlip), chlipnąłem (*wym.* chlipnołem; *nie:* chlipnełem, chlipłem), chlipnął (*wym.* chlipnoł), chlipnęła (*wym.* chlipneła; *nie:* chlipła), chlipnęliśmy (*wym.* chlipneliśmy; *nie:* chlipliśmy).

chluba *ż IV* 1. «ten, kim (to, czym) można się chlubić»: Być chlubą rodziców, szkoły, miasta. 2. zwykle *blm* «zaszczyt, sława, chwała»: Przynosić chlubę swoim rodzicom, szkole.

chlubić się *ndk VIa,* chlub się, chlubiliśmy się (p. akcent § 1a i 2) — **pochlubić się** *dk* □ C. się kim, czym (*nie:* z czego): Chlubić się swoimi uczniami. Chlubić się zręcznością, siłą.

chlubotać p. chlupotać.

chlupać *ndk IX,* chlupię (*nie:* chlupę), chlupie, chlup (*nie:* chlupaj), chlupaliśmy (p. akcent § 1a i 2) — **chlupnąć** *dk Va,* chlupnij (*nie:* chlup), chlupnąłem (*wym.* chlupnołem; *nie:* chlupnełem, chlupłem), chlupnął (*wym.* chlupnoł), chlupnęła (*wym.* chlupneła; *nie:* chlupła), chlupnęliśmy (*wym.* chlupneliśmy; *nie:* chlupliśmy).

chlupotać, *rzad.* **chlubotać** *ndk IX,* chlupocze, *przestarz.* chlupoce (chlubocze, *przestarz.* chluboce), chlupocz (chlubocz), chlupotaliśmy, chlubotaliśmy (p. akcent § 1a i 2).

chlustać *ndk I* a. *IX,* chlusta a. chluszcze; chlustaj a. chluszcz; chlustają a. chluszczą, chlustaliśmy (p. akcent § 1a i 2) — **chlusnąć** (*nie:* chlustnąć) *dk Va,* chluśnij, chlusnąłem (*wym.* chlusnołem; *nie:* chlusnełem, chlusłem), chlusnął (*wym.* chlusnoł), chlusnęła (*wym.* chlusneła; *nie:* chlusła), chlusnęliśmy (*wym.* chlusneliśmy; *nie:* chluśliśmy) 1. «pryskać, chlapać, chlupać» □ C. czym — na kogo, na co: Chlustać wodą na kogoś. Chlustać mydlinami na podłogę, na nogi. □ C. bez dop.: Morze chluszcze. △ *przen.* Z otwartych drzwi chlusnął gwar. 2. (zwykle *dk*) *pot.* «uderzyć, nagle, walnąć»: □ C. kogo (czym — w co, po czym): Chlusnąć konia batem. Chlusnąć kogoś w twarz.

chłeptać *ndk IX,* chłepcze, *przestarz.* chłepce (*nie:* chłepta), chłeptaliśmy (p. akcent § 1a i 2) — **wychłeptać** *dk.*

chłodek *m III, D.* chłodku.

chłodnąć (*nie:* chłódnąć) *ndk Vc,* chłódł, chłodła, chłodliśmy (p. akcent § 1a i 2); a. **chłodnieć** *ndk III,* chłodnieliśmy.

chłodziarka (*nie:* chłodzarka) *ż III, lm D.* chłodziarek.

chłodzić *ndk VIa,* chłodzę, chłodź a. chłódź, chłodziliśmy (p. akcent § 1a i 2).

chłop *m IV, C.* chłopu (*nie:* chłopowi) 1. *lm M.* ci chłopi, *pot. ekspresywne* także: te chłopy «drobny rol-

nik; *wych. z użycia*: wieśniak»: Dziki niszczą chłopom kartofle. △ *niepoprawnie*: Chłop indywidualny (*zamiast*: Chłop gospodarujący indywidualnie). Chłop czterohektarowy (*zamiast*: Chłop mający cztery hektary). Chłop bezkonny, parokonny (*zamiast*: chłop nie mający konia, mający parę koni). 2. *lm M.* te chłopy *pot.* «mężczyzna; mąż» △ Pięciu, dziesięciu itp. chłopa «grupa złożona z pięciu, dziesięciu itp. mężczyzn» || *D Kult. I, 262; II, 205.*

chłopacki a. **chłopczyński** *rzad.* «właściwy chłopcu; chłopięcy»

chłopaczyna a. **chłopczyna** *m* a. *ż odm. jak ż IV,* ten a. ta chłopaczyna (chłopczyna), *lm M.* te chłopaczyny (chłopczyny), *DB.* tych chłopaczynów (chłopczynów).

chłopaczysko a. **chłopczysko** *n* a. *m odm. jak n II, M.* to a. ten chłopaczysko (chłopczysko), *lm D.* chłopaczysków (chłopczysków), *B.* tych chłopaczysków (chłopczysków) a. te chłopaczyska (chłopczyska).

chłopak *m III, lm M.* te chłopaki, *rzad.* ci chłopacy.

chłopczyna p. chłopaczyna.

chłopczysko p. chłopaczysko.

chłopiec *m II, D.* chłopca, *C.* chłopcu, *W.* chłopcze, *lm M.* chłopcy.

chłopię *n IV przestarz., żart.* a. *poet.* «mały chłopiec»: Dwoje chłopiąt idzie, szło.

chłopina *m* a. *ż odm. jak ż IV, M.* ten a. ta chłopina, *lm M.* te chłopiny, *D.* tych chłopinów, *B.* tych chłopinów a. te chłopiny *pieszcz., lekcew.* «chłop, mężczyzna»

chłopisko *n* a. *m odm. jak n II, M.* to a. ten chłopisko, *lm M.* te chłopiska, *D.* tych chłopisków, *B.* tych chłopisków a. te chłopiska.

chłop-robotnik (*nie:* chłoporobotnik) odmieniają się oba człony: chłop *m IV,* robotnik *m III* «chłop dodatkowo pracujący jako robotnik» || *D Kult. II, 358.*

chłostać *ndk IX, rzad. I,* chłoszcze (chłosta), chłoszcz (chłostaj), chłostaliśmy (p. akcent § 1a i 2) — **wychłostać** *dk.*

chmielarnia *ż I, lm D.* chmielarni, *rzad.* chmielarń 1. *in.* chmielnik «plantacja chmielu» 2. «zakład parowania chmielu»

chmura *ż IV*: Chmura burzowa. Chmura pyłu, dymu. Pokryć się chmurami. △ *wych. z użycia* Drapacz chmur «bardzo wysoki wieżowiec» △ Zajść chmurą a. chmurami «pokryć się chmurą, chmurami»: Słońce zaszło chmurami. △ *przen., poet.* Czoło jej zaszło chmurą.

chmurnie *st. w.* chmurniej 1. «ponuro, posępnie»: Chmurnie ściągnięte brwi. 2. *przestarz.* «bezsłonecznie, gdy niebo jest pokryte chmurami»: Rano było chmurnie, potem się rozpogodziło.

chmurno *st. w.* chmurniej 1. «o stanie pogody, gdy niebo jest pokryte chmurami; bezsłonecznie»: Było chmurno i wietrznie. 2. *rzad.* «ponuro»: Patrzyć chmurno. || *D Kult. I, 265.* Por. pochmurno.

chmurny *st. w.* chmurniejszy 1. «pokryty chmurami, bezsłoneczny»: Chmurne niebo. Chmurny dzień. 2. «sprawiający posępne wrażenie; ponury»: Chmurny wzrok.

chmurowy *rzad.* przym. od chmura: Lot chmurowy.

chochla (*nie*: chochel, chofla) *ż I, lm D.* chochli, *rzad.* chochel *reg.* «łyżka wazowa»

chochołowski: Zabudowania chochołowskie, powstanie chochołowskie (*ale*: Dolina Chochołowska).

Chochołów *m IV, D.* Chochołowa, *C.* Chochołowowi (*ale*: ku Chochołowowi a. ku Chochołowu) «miejscowość» — chochołowianin *m V, D.* chochołowianina, *lm M.* chochołowianie, *D.* chochołowian — chochołowianka *ż III, lm D.* chochołowianek — chochołowski (p.).

chociaż 1. «spójnik równoznaczny z *choć* (w zn. la; w zn. 1b nie używany)»: Był zdolny, chociaż leniwy (*ale* nie: Ciemno, chociaż oko wykol). △ W połączeniu spójnika *chociaż* z ruchomymi końcówkami czasu przeszłego akcent pada na 3. sylabę od końca, np. Chociażem (*nie*: Chociażem) nie mógł przyjść... (konstrukcje takie wychodzą z użycia.)
2. «partykuła uwydatniająca treść, na której komuś szczególnie zależy (w języku potocznym częstsza, niż równoznaczne, ale bardziej książkowe *choć*)»: Dajcie mi chociaż raz się wyspać. *Por.* choć.

Chociebuż *m II* «miasto w NRD (Cottbus)» — chociebuski.

Chocim *m I, D.* Chocimia (*nie*: Chocima) «miasto w ZSRR»: Bitwa pod Chocimiem. Twierdza w Chocimiu. — chocimski.

Chocz *m II, D.* Chocza «miejscowość» — chocki. // *D Kult. I, 570.*

choć 1. «spójnik łączący zdania lub ich części»: **a)** «uwydatniający rozbieżność między tym, co się dzieje, a tym, czego można było oczekiwać w danej sytuacji; używany wymiennie z *chociaż*»: Było im dobrze na ławeczce, choć padał deszcz. Wyszła za niego, choć go nie kochała. Była zgrabna, choć brzydka. **b)** «uwypuklający sytuacje, w których określone czynności, wbrew oczekiwaniu, byłyby bezskuteczne; w tym użyciu wyraz jest zachowany w utartych, potocznych zwrotach»: Uparła się, a ty choć łbem bij o ścianę. Ciemno, choć oko wykol. Dobry człowiek, choć do rany przyłóż.
2. «partykuła uwydatniająca treść, na której komuś szczególnie zależy; chociaż, przynajmniej, bodaj»: Zrób choć jeden krok. Marzył, żeby ją choć zobaczyć z daleka. *Por.* choćby.

choćby, *rzad.* **chociażby** (*wym.* chociażby)
1. «spójnik równoznaczny z *choć* (z odcieniem możliwościowym); łączy się z końcówkami osobowymi w trybie warunkowym»: Nie ruszę się stąd, choćby mnie wypędzali. Każdy sen, chociażby najpiękniejszy, musi się skończyć. Choćby się nawet nie udało, nie traćmy nadziei.
2. «partykuła uwydatniająca minimalny zakres treści członu, do którego się odnosi, lub maksymalny brany pod uwagę (w tym ostatnim użyciu bywa zastępowana przez *nawet*)»: Nie lubił rozstawać się z żoną, choćby na krótko. Mogę poświęcić ci dużo czasu,

choćby cały dzień. △ Wyraz *chociażby* w obu znaczeniach ma zabarwienie nieco potoczne. W połączeniu z ruchomymi końcówkami czasu przeszłego akcent pada na 3. sylabę od końca, np. Choćbyśmy poszli (*nie*: choćbyśmy poszli), lub nawet na 4. sylabę od końca, np. Chociażbyście zrobili (*nie*: chociażbyście zrobili...).

chodliwy *pot.* «dający się łatwo sprzedać; pokupny»: Chodliwy towar.

chodnik *m III* w zn. «podziemny korytarz w kopalni»: Pracować na najniższym chodniku a. w najniższym chodniku. // *U Pol. (2), 289.*

chodzić *ndk VIa,* chodź (*nie*: chódź), chodziliśmy (p. akcent § 1a i 2) □ C. bez dop.: Chodzić prędko, nerwowo. Pociągi, autobusy, statki chodzą codziennie. Zegarek chodzi dobrze, źle. □ C. do czego **a)** «udawać się dokąd»: Chodzić do domu. Chodzić do uniwersytetu (tj. do gmachu uniwersytetu). **b)** (w połączeniu z nazwami instytucji) «uczęszczać dokądś w celu pracy, nauki»: Chodzić do biura, do szkoły oficerskiej (*nie*: na szkołę oficerską). *Ale*: Chodzić na uniwersytet «studiować na uniwersytecie» □ C. na co **a)** (kiedy się wymienia to, w czym się uczestniczy): Chodzić na zabawy, na wykłady, na koncerty, na filmy. **b)** (kiedy się wymienia to, co się łowi, zdobywa, zbiera): Chodzić na ryby, na raki, na jagody, na grzyby. □ C. koło czego «zabiegać, dbać o kogoś, coś»: Chodzić koło swoich interesów. Chodzić koło chorego. □ C. o czym «idąc podpierać się czymś»: Chodzić o kiju, o lasce, o kulach. □ C. po czym (w połączeniu z nazwami instytucji lub osób) «zwracać się do wielu instytucji, osób, najczęściej z prośbami»: Chodzić po urzędach z podaniami. △ Chodzić po kominkach, *reg.* na kominki. □ C. po co (*nie*: za czym) — jeśli wymieniany przedmiot jest dokładnie umiejscowiony «chodzić, żeby coś dostać, kupić»: Chodzić do spółdzielni po bułki. □ (tylko w 3 os.) Coś chodzi po czym (w połączeniu z nazwami części ciała) «coś daje się odczuwać»: Ciarki chodzą po plecach. □ C. (*częściej*: wychodzić) w co «wprowadzać do gry jakąś kartę, jakiś kolor»: Chodzić w piki. □ C. w czym «nosić jakieś ubranie»: Chodzić w sukni, w garniturze, w palcie. □ *pot.* C. z kim «być czyjąś sympatią» □ (tylko w 3. os. *lp*) Coś chodzi za kim «coś uporczywie się przypomina»: Chodzi za mną ten zapach. □ (tylko w 3. os. *lp*) Chodzi (*nie*: rozchodzi się) o coś «coś stanowi istotę sprawy, komuś na czymś zależy»: Chodziło (*nie*: rozchodziło się) mu o posadę. △ Chodzić na czworakach, *przestarz., reg.* chodzić na bałyku. △ *pot.* Chodzić za zarobkiem, za chlebem «poszukiwać zarobku, poszukiwać środków do życia» △ Chodzić po prośbie a. po proszonym. // *D Kult. I, 36, 143, 204; U Pol. (2), 111.*

Chodzież *ż VI* «miasto» — chodzieżanin *m V, D.* chodzieżanina, *lm M.* chodzieżanie, *D.* chodzieżan — chodzieżanka *ż III, lm D.* chodzieżanek — chodzieski.

Chodźko *m* odm. jak *ż III, lm M.* Chodźkowie, *DB.* Chodźków
Chodźkowa *ż ndm* — Chodźkowa *ż* odm. jak przym. — Chodźkówna *ż IV, D.* Chodźkówny, *CMs.* Chodźkównie (*nie*: Chodźkównej), *lm D.* Chodźkówien.

choina (*wym.* cho-ina, *nie*: chojna) *ż IV.*

Chojna *ż IV, CMs.* Chojnie (*nie*: Chojnej) «miejscowość» — chojeński.

Chojnice *blp* «miasto» — chojniczanin *m V, D.* chojniczanina, *lm M.* chojniczanie, *D.* chojniczan — chojniczanka *ż III, lm D.* chojniczanek — chojnicki.

Chojny *blp, D.* Chojnów «miejscowość» — chojnowski.

chojrak *m III, lm M.* te chojraki a. *rzad.* ci chojracy *reg., posp.* «śmiałek»

cholerować *ndk IV,* cholerowaliśmy (p. akcent § 1a i 2) *posp.* □ C. bez dop.: Złościł się i cholerował. □ C. na kogo, na co, *rzad.* kogo, co.

chołodziec *m II, D.* chołodźca *reg.* «chłodnik»

chomąto *n III* (*nie*: ten chomąt): Koń w chomącie.

Chopin (*wym.* Szopen, *nie*: Szopę) a. **Szopen** *m IV, D.* Chopina (Szopena), *Ms.* Chopinie (Szopenie), *lm M.* Chopinowie (Szopenowie).

chopiniana p. szopeniana.

chopinista p. szopenista.

Chopinowski p. Szopenowski.

chor. «skrót wyrazu: *chorąży*, pisany z kropką, stawiany zwykle przed nazwiskiem lub przed imieniem i nazwiskiem, czytany jako cały, odmieniany wyraz»: Chor. Jerzy Kowalski. Meldunek chor. (*czyt.* chorążego) Kowalskiego.

chorał (*nie*: chórał) *m IV, D.* chorału.

chorągiewka *ż III, lm D.* chorągiewek: Machać chorągiewką. △ Być jak chorągiewka (na dachu), być chorągiewką na dachu, na wietrze «być człowiekiem chwiejnym, o zmiennych poglądach, przekonaniach, chęciach» △ Zwijać chorągiewkę «wycofywać się z czegoś; zmieniać poglądy»

chorążostwo *n III* 1. *Ms.* chorążostwie «urząd, funkcja chorążego» 2. *B.* chorążostwa, *Ms.* chorążostwu (*nie*: chorążostwie), *blm* «chorąży z żoną»

chorąży *m odm. jak przym., lm M.* chorążowie (skrót: chor.).

chorążyna *ż IV* (*nie*: odm. jak przym.), *D.* chorążyny «żona chorążego»

choreograf *m IV, lm M.* choreografowie.

choroba *ż IV, lm D.* chorób: Nabawić się choroby. △ Choroba Basedowa (*wym.* Bazedowa; odmienia się tylko pierwszy człon złożenia), *D.* choroby Basedowa (*nie*: ...Basedowej). △ *niepoprawne* Być na chorobie (*zamiast*: Być nieobecnym z powodu choroby; mieć zwolnienie lekarskie).

chorować *ndk IV,* chorowaliśmy (p. akcent § 1a i 2) — **zachorować** *dk* □ C. na co (z wymienieniem nazwy choroby lub chorego organu): Chorować na odrę, na tyfus, na serce, na wątrobę. Ciężko zachorował. Chorować z przemęczenia.

Chorwacja (*nie*: Kroacja) *ż I* «republika związkowa w Jugosławii» — Chorwat *m IV, lm M.* Chorwaci — Chorwatka *ż III, lm D.* Chorwatek — chorwacki.

chory *m-os.* chorzy, *st. w.* bardziej chory. □ C. na co: Chory na grypę, na nerki.

Chorzów *m IV, D.* Chorzowa, *C.* Chorzowowi (*ale*: ku Chorzowowi a. ku Chorzowu) «miasto» — chorzowianin *m V, D.* chorzowianina, *lm M.* chorzowianie, *D.* chorzowian — chorzowianka *ż III, lm D.* chorzowianek — chorzowski.

Choszczno *n III* «miasto» — choszcznianin *m V, D.* choszcznianina, *lm M.* choszcznianie, *D.* choszcznian — choszcznianka *ż III, lm D.* choszcznianek — choszczeński.

chować *ndk IV,* chowaliśmy (p. akcent § 1a i 2) — **schować** *dk,* w zn. «umieszczać w miejscu zakrytym, niewidocznym»: Chować pieniądze do portfelu, chustkę do kieszeni. Chować korespondencję w biurku. □ C. co — przed kim (*nie*: od kogo): Chować podarunki gwiazdkowe przed dziećmi.

chow-chow (*wym.* czau czau, *nie*: cza-u cza-u) *m ndm* «chińska rasa psów; pies tej rasy»

chód *m IV, D.* chodu △ *niestaranne* Coś jest na chodzie «coś jest zdatne do użytku, coś działa, funkcjonuje» // *D Kult.* I, 78.

chóralny «stanowiący chór; przeznaczony do śpiewania chórem, wykonywany chórem»: Zespół chóralny, pieśń chóralna, chóralny śmiech. *Por.* chórowy.

chórmistrz *m II, lm M.* chórmistrze, *rzad.* chórmistrzowie, *D.* chórmistrzów.

chórowy *rzad.* przym. od chór: Kółko chórowe. Pieśń chórowa. *Por.* chóralny.

chrabąszcz *m II, lm D.* chrabąszczy a. chrabąszczów.

chrapa *ż IV, lm D.* chrapów a. chrap, zwykle w *lm.*

chrapać *ndk IX,* chrapię (*nie*: chrapę), chrapie, chrapią, chrapaliśmy (p. akcent § 1a i 2) — **chrapnąć** *dk Va,* chrapnij, chrapnąłem (*wym.* chrapnołem; *nie*: chrapnełem, chrapłem), chrapnął (*wym.* chrapnoł), chrapnęła (*wym.* chrapneła; *nie*: chrapła), chrapnęliśmy (*wym.* chrapneliśmy; *nie*: chrapliśmy).

ChRL (*wym.* chaerel) *ż ndm* «Chińska Republika Ludowa»: ChRL wystosowała notę do rządu USA.

chrobotać *ndk IX,* chrobocze, *przestarz.* chroboce, chrobocz, chrobotaliśmy (p. akcent § 1a i 2).

chromosom (*nie*: chromozom) *m IV, D.* chromosomu, zwykle w *lm.*

chromosomowy (*nie*: chromozomowy).

chronić *ndk VIa,* chroń, chroniliśmy (p. akcent § 1a i 2), chroniony □ C. co — od kogo, od czego a. przed kim, czym: Chronić nogi przed przemoczeniem. Parasolka chroni od deszczu a. przed deszczem. Witamina C chroni od grypy a. przed grypą. Chronił dziewczynę od uderzeń a. przed uderzeniami. **chronić się** 1. — **schronić się** *dk* «szukać schronienia, ukrywać się»: □ C. przed kim, czym (*nie*: od kogo, od czego): Schronił się do bramy przed deszczem. 2. — **uchronić się** *dk* «strzec się, wystrzegać się» □ Składnia jak: chronić: Chronić się przed grypą a. od grypy. // *D Kult.* I, 36.

chronometr *m IV, D.* chronometru.

chropawy a. **chropowaty** (*nie*: chropaty) *st. w.* bardziej chropawy (chropowaty).

! chrosta p. krosta.

chrośniak p. chruśniak.

chrust *m IV, D.* chrustu, *Ms.* chruście, zwykle *blm* 1. «suche gałęzie» 2. «rodzaj ciasta; faworki»

chrustniak p. chruśniak.

Chruszczow (*wym.* Chruszczow) *m IV, D.* Chruszczowa (p. akcent § 7), *lm M.* Chruszczowowie. Chruszczowa (*nie:* Chruszczowowa) *ż* odm. jak przym., *D.* Chruszczowej: Przyjazd Niny Chruszczowej.

chruściany, *rzad.* **chrustowy** przym. od chrust w zn. 1: Chruściany płot, chrustowy kurnik.

chruśniak, *reg.* **chrustniak, chrośniak** *m III, D.* chruśniaka (chrustniaka, chrośniaka), *rzad.* chruśniaku (chrustniaku, chrośniaku).

chryja *ż I, DCMs.* chryi, *lm D.* chryj, *posp.* «awantura»

chrypieć *ndk VIIa,* chrypię (*nie:* chrypę), chrypi, chrypieliśmy (p. akcent § 1a i 2).

chrypka *ż III, lm D.* chrypek, forma zdr. od chrypa: Dostać chrypki (*nie:* chrypkę). Mieć chrypkę.

chrystiania p. kristiania.

chrystianizm (*nie:* chrześcijanizm) *m IV, D.* chrystianizmu, *Ms.* chrystianizmie (*wym.* ~izmie a. ~iźmie), *blm, rzad.* p. chrześcijaństwo (w zn. 1): Rozwój chrystianizmu.

Chrystus *m IV, W.* Chrystusie a. Chryste.

Chrystusowy 1. «dotyczący Chrystusa»: Rany Chrystusowe.
2. chrystusowy «podobny do Chrystusa, taki jak u Chrystusa»: Miał chrystusowy wyraz twarzy. △ *wych. z użycia* Chrystusowy wiek, chrystusowe lata «33 lata»

chryzantema (*nie:* chryzantem, chryzantyna) *ż IV, D.* chryzantemy.

chrz p. cząstki wyrazów.

chrzan (*nie:* krzan) *m IV, D.* chrzanu.

Chrzanów *m IV, D.* Chrzanowa, *C.* Chrzanowowi (*ale:* ku Chrzanowu a. ku Chrzanowowi) «miasto» — chrzanowianin *m V, D.* chrzanowianina, *lm M.* chrzanowianie, *D.* chrzanowian — chrzanowianka *ż III, lm D.* chrzanowianek — chrzanowski.

chrząkać (*nie:* krząkać) *ndk I,* chrząkaliśmy (p. akcent § 1a i 2) — **chrząknąć** *dk Va,* chrząknij, chrząknąłem (*wym.* chrząknołem; *nie:* chrząknełem, chrząknąłem), chrząknął (*wym.* chrząknoł), chrząknęła (*wym.* chrząknęła; *nie:* chrząkła), chrząknęliśmy (*wym.* chrząknęliśmy; *nie:* chrząkliśmy).

chrząsnąć p. chrzęścić.

chrząstka (*nie:* krząstka) *ż III, lm D.* chrząstek.

chrząstkowy a. **chrzęstny**, *rzad.* **chrząstny** przym. od chrząstka: Tkanka chrząstkowa. Szkielet chrzęstny ryby.

chrząstnąć p. chrzęścić.

chrząszcz (*nie:* krząszcz) *m II, lm D.* chrząszczy, *rzad.* chrząszczów.

chrzcić (*nie:* krzcić) *ndk VIa,* chrzczę, chrzcij, chrzciliśmy (p. akcent § 1a i 2) w zn. «udzielać chrztu» — **ochrzcić** *dk* □ *C.* kogo (czym): Chrzcić kogoś święconą wodą. △ Chrzcić kogoś z wody «chrzcić kogoś wodą nie święconą (w wypadku zagrożenia życia)»

chrzciny (*nie:* krzciny) *blp, D.* chrzcin: Wyprawiono w rodzinie dwoje chrzcin.

chrzest (*nie:* krzest) *m IV, D.* chrztu: Otrzymać, przyjąć chrzest. Podawać, *pot.* trzymać (dziecko) do chrztu.

chrzestniak (*wym. pot.* chrześniak, *nie:* krześniak) *m III, lm M.* chrzestniacy.

chrzestny (*wym.* chrzesny a. chrzestny; *nie:* krzesny) *m-os.* chrzestni: Syn chrzestny. Córka chrzestna. Imię chrzestne. Rodzice chrzestni.
chrzestny, chrzestna w użyciu rzeczownikowym *pot.* «ojciec chrzestny, matka chrzestna»: Chrzestna kochała ją jak własną córkę.

chrześcijanin (*wym.* chrześcijanin; nie: chrześćjanin, chrześcijan, krześcijanin) *m V, D.* chrześcijanina, *lm M.* chrześcijanie, *D.* chrześcijan.

chrześcijaństwo (*nie:* chrześcijanizm; *wym.* chrześcijaństwo, *nie:* chrześćjaństwo) *n III, blm* 1. «religia wyznawana przez chrześcijan, oparta na nauce Chrystusa; *rzad.* chrystianizm»: Przyjęcie chrześcijaństwa. Rozwój chrześcijaństwa. 2. «ogół chrześcijan»: Czczono go w całym chrześcijaństwie. *Por.* chrystianizm.

chrzęsnąć p. chrzęścić.

chrzęst (*nie:* krzęst) *m IV, D.* chrzęstu: Chrzęst słomy, zbroi.

chrzęstnąć p. chrzęścić.

chrzęstny p. chrząstkowy.

chrzęścić *ndk VIa,* chrzęszczę, chrzęściliśmy (p. akcent § 1a i 2) — **zachrzęścić** *dk; rzad.* **chrząsnąć** *dk Va,* chrząśnij, chrząsnąłem (*wym.* chrząsnołem; *nie:* chrząsnełem, chrząsłem), chrząsnął (*wym.* chrząsnoł), chrząsnęła (*wym.* chrząsnęła; *nie:* chrząsła), chrząsnęliśmy (*wym.* chrząsnęliśmy; *nie:* chrząśliśmy); a. **chrząstnąć, chrzęsnąć, chrzęstnąć** *dk Va* □ *C.* bez dop.: Żwir chrzęści pod nogami. □ *C.* czym: Robotnicy chrzęścili żelastwem. Zachrzęścił zbroją.

chuchać *ndk I,* chuchaliśmy (p. akcent § 1a i 2) — **chuchnąć** *dk Va,* chuchnij, chuchnąłem (*wym.* chuchnołem; *nie:* chuchnełem, chuchłem), chuchnął (*wym.* chuchnoł), chuchnęła (*wym.* chuchnęła; *nie:* chuchła), chuchnęliśmy (*wym.* chuchnęliśmy; *nie:* chuchliśmy) □ *C.* bez dop.: Chuchnij, chcę się przekonać, czy nie piłeś. □ *C.* na kogo, na co (w formie *ndk* także *przen.*) a. w co: Chuchała na zamarzniętą szybę a. w zamarzniętą szybę. Chuchali w zgrabiałe ręce. △ *przen.* Chuchali na swoje mieszkanie.

chuchro *n III, lm D.* chucher; *rzad.* **chuchrak** *m III, lm M.* te chuchraki *pot.* «człowiek wątły, delikatny»

chuchrowaty *pot.* «słabowity, wątły»

chuć *ż V, lm M.* chuci, *rzad.* chucie *książk.* (zwykle w artystycznych tekstach stylizowanych) «żądza, namiętność»

chuderlak *m III, lm M.* te chuderlaki, *rzad.* ci chuderlacy *pot.* «człowiek chudy, wątły»

chudeusz *m II, lm D.* chudeuszy, *rzad.* chudeuszów *żart.* «człowiek chudy»

chudnąć *ndk Vc,* chudł, *rzad.* chudnął, chudła (*nie*: chudnęła), chudnij, chudliśmy (p. akcent § 1a i 2) — **schudnąć** *dk.*

chudziak p. chudzina.

chudzielec *m II, D.* chudzielca, *W.* chudzielcze a. (z silniejszym zabarwieniem ekspresywnym) chudzielcu, *lm M.* ci chudzielcy, *pot.* te chudzielce.

chudzieńki *reg.* «chudziutki»

chudzina *m a. ż* odm. jak *ż IV, M.* ten a. ta chudzina (także o mężczyznach), *lm M.* te chudziny, *D.* chudzinów (tylko o mężczyznach) a. chudzin, *B.* tych chudzinów (tylko o mężczyznach) a. te chudziny; *rzad.* **chudziak** *m III, lm M.* te chudziaki.

chuligan *m IV, lm M.* ci chuligani a. (z silniejszym zabarwieniem ekspresywnym) te chuligany.

chuliganeria *ż I, DCMs.* chuliganerii, *blm* **1.** «chuligani»: Chuliganeria rozbiła kiosk. **2.** p. chuligaństwo (w zn. 1).

chuligaństwo *n III, blm* **1.** «postępowanie chuligańskie» **2.** *rzad.* p. chuliganeria (w zn. 1).

churał *m IV, D.* churału «rada mongolska» △ Wielki Churał «parlament Mongolskiej Republiki Ludowej»

Churchill (*wym.* Czerczil) *m I, lm M.* Churchillowie, *D.* Churchillów: Działalność polityczna Churchilla.

chustczyna a. **chuścina** *ż IV, lm D.* chustczyn (chuścin) «licha, nędzna chustka»

chusteczka *ż III, lm D.* chusteczek, zdr. od chustka. □ Składnia jak: chustka.

chustka *ż IV* □ C. do czego: Chustka do nosa, do nakrycia głowy (*nie*: dla nakrycia głowy). □ C. na co: Chustka na szyję, na głowę.

! chusyt p. chasyd.

chutor a. **futor** *m IV, D.* chutoru (futoru).

chw p. cząstki wyrazów.

chwalca *m* odm. jak *ż II, lm M.* chwalcy, *DB.* chwalców «ten, kto chwali, wychwala kogoś, coś (zwłaszcza o kimś, kto to robi bezkrytycznie)»: Chwalca cudzoziemszczyzny. Bezkrytyczny chwalca wszystkiego, co nowe.

chwalić *ndk VIa,* chwaliliśmy (p. akcent § 1a i 2) — **pochwalić** *dk* □ C. kogo — (za co, przed kim): Chwalił go za postępy w nauce. Chwaliła go przed dyrektorem. △ (tylko *ndk*) Chwalić sobie coś «być z czegoś zadowolonym»: Chwalił sobie stan emeryta. △ (tylko *ndk*) Coś się komuś chwali «ma się dla kogoś uznanie za coś»

chwalić się — pochwalić się □ C. się czym (*nie*: z czym) — komu a. przed kim: Chwaliła się nam swoim powodzeniem. Chwaliła się przed nami znajomością języków. Nie ma się czym (*nie*: z czym) chwalić.

chwalipięta *m a. ż* odm. jak *ż IV, M.* ten a. ta chwalipięta (także o mężczyznach), *lm M.* te chwalipięty, *D.* tych chwalipiętów (tylko o mężczyznach) a. chwalipięt, *B.* tych chwalipiętów (tylko o mężczyznach) a. te chwalipięty «*iron., pogard.* o kimś, kto się chwali; samochwał, samochwała»

chwast *m IV* **1.** *D.* chwastu (*częściej w lm*) «zielsko»: Ogród zarósł chwastami. **2.** *D.* chwastu a. chwasta *rzad.* «kita, frędzla»: Czapka z chwastem.

chwat *m IV, lm M.* te chwaty.

chwiać *ndk Xb,* chwiali, *reg.* chwieli; chwialiśmy, *reg.* chwieliśmy (p. akcent § 1a i 2) — **zachwiać** *dk* □ C. czym: Chwiać głową.

chwiać się — zachwiać się w zn. «być niezdecydowanym» □ C. się w czym: Chwiać się w postanowieniach, w przekonaniach.

chwiejny *m-os.* chwiejni, *st. w.* bardziej chwiejny, w zn. «niestały, zmienny» □ C. w czym: Bychwiejny w postanowieniach.

chwierutać *ndk I,* chwierutaliśmy (p. akcent § 1a i 2) — **zachwierutać** *dk reg.* «chwiać»

chwila *ż I* △ Co chwilę, *lepiej*: co chwila «raz po raz» △ Po chwili a. w chwilę po czymś «po upływie krótkiego czasu»: Po chwili ochłonął z wrażenia. △ Za chwilę «po upływie krótkiego czasu (w stosunku do przyszłości)»: Będę u was za chwilę. △ W jednej chwili «w ciągu bardzo krótkiego czasu, bardzo szybko»: W jednej chwili się zorientował, co należy zrobić. △ W tej chwili «natychmiast»: W tej chwili ci to przyniosę. △ W każdej chwili, *rzad.* każdej chwili «lada chwila (może coś się zdarzyć)»

chwycić (*nie*: chycić) *dk VIa,* chwyciliśmy (p. akcent § 1a i 2) — **chwytać** (*nie*: chytać) *ndk I,* chwytaliśmy □ C. kogo, co (istotę żywą) — na co (na przyrząd, przynętę służące do łowienia): Chwycić konia na lasso, rybę na wędkę, muchy na lep. □ C. co (przedmiot w ruchu lub spoczynku): Chwycić piłkę, czapkę. □ C. za co (za przedmiot, który ma posłużyć do jakiejś czynności): Chwycić za nóż, żeby pokroić chleb. □ C. bez dop. (zwykle we *fraz. pot.*): Pomysł, argumenty itp. chwyciły (nie chwyciły) «pomysł, argumenty itp. zyskały uznanie (nie zyskały uznania)» △ Mróz chwycił «nastąpił spadek temperatury poniżej zera» □ (tylko w 3. os.) Coś chwyciło kogo «o stanach psychicznych, dolegliwościach natury fizycznej: ogarnąć, opanować kogoś»: Chwyta ją gniew. Chwyciły ją dreszcze.

chwycić się — chwytać się □ C. się czego (zwykle dla utrzymania równowagi): Chwyciła się poręczy, żeby nie upaść. □ C. się za co (za część swojego ciała lub ubrania): Chwycić się za głowę, za kieszeń.

chwytki *rzad.* «łatwo, szybko chwytający»: Chwytkie ręce.

chwytliwy «łatwo, szybko przyswajający»: Chwytliwe ucho. Chwytliwa pamięć.

chwytny «przystosowany do chwytania, mający zdolność chwytania»: Małpy mają chwytne kończyny.

chyba (*nie*: chiba) **1.** «partykuła»: Chyba jutro wyjadę. Miała chyba około 30 lat. △ Z partykułą *chyba* wiążą się zakończenia trybu warunkowego pisane łącznie (zwykle w zdaniach wyrażających przypuszczenie możliwości czego, zachwianie pewności względem czegoś): chybabym, chybabyś, chybaby, chybabyśmy, chybabyście, np.: Chybabym nie mógł się z nią rozstać na stałe. Chybaby przyjechał, gdyby otrzymał depeszę. △ *pot.* No chyba «tak jest, z całą pewnością»: Lubisz kino? — No chyba!
2. «spójnik»: Nikt tu nie przychodzi, chyba jacyś zabłąkani turyści. Nie powiem ci nic, chyba że mnie poprosisz. Przyjdę z pewnością, chyba żebym miał gości. || *D Kult. I, 267.*

chybić (*nie*: chibić) *dk VIa*, chybiliśmy (p. akcent § 1a i 2) — **chybiać** *ndk I*, chybialiśmy □ C. bez dop. (*nie*: do czego): Strzelił do niego, ale chybił. △ *niepoprawne* Myśliwy chybił do sarny (*zamiast*: ...chybił strzelając do sarny). △ Chybić celu «nie osiągnąć celu, być bezskutecznym, bezcelowym»: Wszelkie próby przekonania go chybiały celu. △ Na chybił trafił, *rzad.* na chybi trafi «na los szczęścia, na oślep, nie wybierając»: Zdecydował na chybił trafił. △*pot.*, *wych. z użycia* Ani chybi «na pewno, niechybnie»: Ani chybi będą z tego kłopoty.

chybki (*nie*: chibki) *m-os.* chybcy, *st. w.* bardziej chybki, *wych. z użycia* (dziś używane zwykle w utworach artystycznych) «szybki, prędki»: Chybka sarna. Chybkie ruchy.

chybotać (*nie*: chibotać) *ndk IX*, chybocze, *przestarz.* chyboce; chybotaliśmy (p. akcent § 1a i 2) — **zachybotać** *dk* □ C. czym: Wiatr chybotał drzewami.

chylić (*nie*: chilić) *ndk VIa*, chyliliśmy (p. akcent § 1a i 2) w zn. «pochylać, nachylać» △ Chylić czoło przed kimś, czymś «wyrażać komuś, czemuś uznanie, składać hołd»: Chylił czoło przed jego wiedzą.
chylić się □ C. się ku czemu a. do czego: Chylić się do ziemi a. ku ziemi. Chylić się ku upadkowi a. do upadku. △ Słońce chyliło się ku zachodowi (*nie*: do zachodu).

Chylonia (*wym.* Chylońja a. Chylonia) *ż I, DCMs.* Chylonii a. Chyloni «dzielnica Gdyni» || *U Pol. (2), 511.*

chytrus (*nie*: chitrus) *m IV, lm M.* te chytrusy *pot.* «człowiek chytry»

chytry (*nie*: chitry) *m-os.* chytrzy, *st. w.* chytrzejszy a. bardziej chytry □ *pot.* C. na co «chciwy»: Był chytry na pieniądze. || *D Kult. I, 268.*

chytrze (*nie*: chitrze) *st. w.* chytrzej.

chyży (*nie*: chiży) *m-os.* chyży (*nie*: chyzi), *st. w.* bardziej chyży, *rzad.* chyższy; *wych. z użycia* (dziś używane zwykle w tekstach artystycznych) «zwinny, szybki»: Chyża jaskółka. Chyży gońcy.

CHZ (*wym.* cehazet, p. akcent § 6) *m IV, D.* CHZ-tu, *Ms.* CHZ-cie a. *ż ndm* «Centrala Handlu Zagranicznego»: Pracownicy CHZ (a. CHZ-tu). CHZ wysłał (wysłała) swego przedstawiciela na targi międzynarodowe.

ci 1. «enklityczna, nie akcentowana forma celownika zaimka osobowego *ty* (p.)» **2.** *pot.* «taż forma w funkcji partykuły wzmacniającej używanej zwykle w zwrotach wykrzyknikowych»: Masz ci los! A to ci heca! **3.** «forma mianownika liczby mnogiej zaimka wskazującego *ten* (p.)»

ciaćkać się p. cackać się.

ciało *n III, Ms.* ciele △ Nabierać ciała, przybierać na ciele «poprawiać się, tyć» △ Spadać z ciała a. na ciele, opadać z ciała, *rzad.* tracić ciało «chudnąć» △ w zn. «grono osób»: Ciało ustawodawcze. Ciało (*częściej*: grono) nauczycielskie, pedagogiczne.

ciamajda *m a. ż odm. jak ż IV, M.* ten a. ta ciamajda (także o mężczyznach), *lm M.* te ciamajdy, *D.* ciamajdów (tylko o mężczyznach) a. ciamajd, *B.* tych ciamajdów (tylko o mężczyznach) a. te ciamajdy.

ciapa *m a. ż odm. jak ż IV, M.* ten a. ta ciapa (także o mężczyznach), *lm M.* te ciapy, *D.* ciapów (tylko o mężczyznach) a. ciap, *B.* tych ciapów (tylko o mężczyznach) a. te ciapy.

ciarki *blp, D.* ciarek *pot.* «lekkie dreszcze; mrowie»: Ciarki kogoś przechodzą. Ciarki chodzą komuś po plecach.

ciastkarnia *ż I, lm D.* ciastkarni, *rzad.* ciastkarń.

ciasto *n III, Ms.* cieście (*nie*: ciaście).

ciąć *Xc*, tnę, tnie, ciąłem (*wym.* ciołem; *nie*: ciełem), ciął (*wym.* cioł), cięliśmy (*wym.* cieliśmy, p. akcent § 1a i 2), cięty **1.** *ndk* «krajać, ścinać»: Dzieci cięły nożyczkami kolorowy papier. Ciąć kwiaty. Ciął drzewo na kawałki. **2.** (zwykle *dk*) *wych. z użycia* «uderzyć (zwykle czymś ostrym); rąbnąć, smagnąć»: □ C. kogo (w co, przez co a. po czym): Ciął go szablą w łeb a. przez łeb, po łbie.

ciąg *m III, D.* ciągu, *lm M.* ciągi **1.** *blm* «trwanie, bieg czegoś» △ W ciągu (*nie*: na przestrzeni) — w połączeniu z rzeczownikami oznaczającymi czas «podczas, w trakcie»: W ciągu (*nie*: na przestrzeni) ostatniego dziesięciolecia wybudowano w naszym mieście kilka osiedli. Angielskiego nauczył się w ciągu kilku miesięcy. Postarał się w ciągu tych kilku lat. △ Jednym ciągiem «bez przerwy, ciągle»: Mówiła jednym ciągiem kilka godzin. △ Ciąg dalszy (np. artykułu, powieści itp.) nastąpi (skrót: cdn.) a. dalszy ciąg nastąpi (skrót: dcn.). **2.** (*nie*: cug) w zn. «przepływ powietrza; przeciąg»: Piec miał zły ciąg (*nie*: cug). Od ciągów można dostać reumatyzmu.

ciągać *ndk I*, ciągaliśmy (p. akcent § 1a i 2) □ *pot.* C. kogo po czym «włóczyć, prowadzić ze sobą niepotrzebnie»: Ciągała dziecko po kawiarniach. △ Ciągać kogoś po sądach «nękać procesami» a. *rzad.* Ledwo ciąga nogami a. nogi «ledwo chodzi; ledwie powłóczy nogami» □ *rzad.* C. kogo za co «targać, szarpać»: Ciągać kogoś za uszy, za włosy.

ciągnąć *ndk Va*, ciągnij (*nie*: ciąg), ciągnąłem (*wym.* ciągnołem, *nie*: ciągnełem, ciągłem), ciągnął (*wym.* ciągnoł), ciągnęła (*wym.* ciągneła; nie: ciągła), ciągnęliśmy (*wym.* ciągneliśmy; *nie*: ciągliśmy, p. akcent § 1a i 2), ciągnięty, *przestarz.* ciągniony □ Coś ciągnie od czego, skąd a. *nieos.* skądś ciągnie czym «o powietrzu, wietrze, chłodzie itp.: wieje, dmie, dmucha»: Chłód ciągnie od rzeki a. od rzeki ciągnie chłodem. Ciągnie od okna, drzwi. △ *niepoprawne* Tu, tam, w tym pokoju itp. ciągnie (*zamiast*: tu, tam itp. jest przeciąg). □ Coś ciągnie kogo, co a. *nieos.* ciągnie kogo do kogo, czego «coś pociąga, kusi, wabi»: Ciągnie go teatr. Ciągnęło ją do lasu. Ciągnie go do kieliszka.

ciągnąć się w zn. «zajmować dużą przestrzeń, rozciągać się; trwać, przewlekać się» △ Ciągnąć się bez końca, w nieskończoność (w zn. czasowym *także*: do nieskończoności): Ulica ciągnęła się w nieskończoność. Wykład ciągnął się w nieskończoność a. do nieskończoności.

ciągnienie *n I przestarz.* «ciągnięcie» dziś żywe tylko w zn. «losowanie, okres losowania»: Wygrała stawkę w ostatnim ciągnieniu.

ciągnik *m III*; in. traktor.

ciągoty *blp, D.* ciągot *pot.* «pociąg fizyczny»: Jak o niej pomyślę, to aż mnie ciągoty biorą. △ *przen.*, *żart.* «skłonności do czego; upodobanie»: Ciągoty do teatru, muzyki.

ciążki *blp, D.* ciążków; w zn. *sport.* in. hantle.

ciążyć, *rzad.* ciężyć *ndk VIb*, ciążyliśmy, ciężyliśmy (p. akcent § 1a i 2) «przygniatać swym ciężarem, być odczuwanym jako ciężar»: Głowa ciąży jak ołów. □ C. komu: Ciążyły mu narciarskie buty. △ *przen.* «być uciążliwym, przeszkadzać»: Ciążyły mu dalsze z nią spotkania. △ Coś ciąży na kimś «coś obarcza, obciąża kogoś»: Ciążyło na nim podejrzenie o kradzież. Ciąży na nim obowiązek utrzymania rodziny. △ Coś ciąży nad kimś «coś stanowi groźbę, niebezpieczeństwo» △ Ciążyć ku komu, czemu (*nie*: do kogo, czego) «skłaniać się ku komuś, czemuś»: Ciążyli ku sobie. Ciążył ku socjalizmowi (*nie*: do socjalizmu).

cibalgina (*wym.* cybalgina a. c-ibalgina) *ż IV*.

cibazol (*wym.* cybazol a. c-ibazol) *m IV, D.* cibazolu.

cicerone (*wym.* czyczerone) *m ndm* a. *m IV, D.* cicerona, *lm M.* ciceronowie a. ciceroni.

cichaczem *pot.* «po cichu, ukradkiem; bardziej *pot.* cichcem»: Wymknął się z domu cichaczem.

cichnąć *ndk Vc*, cichł, *rzad.* cichnął (*wym.* cichnoł), cichła (*nie*: cichnęła), cichliśmy (p. akcent § 1a i 2) — ucichnąć *dk*.

cichy *m-os.* cisi, *st. w.* cichszy.

-cie przyrostek tworzący rzeczownikowe nazwy czynności od wszystkich w zasadzie czasowników, zwykle dokonanych, na *-ąć, -nąć* oraz takich, które albo należą do grupy wartość rdzeń zakończony samogłoską, albo mają temat wymienny typu: drzeć — darł — *darcie*, np.: zacząć — *zaczęcie*, ziewnąć — *ziewnięcie*, pić — *picie*, kuć — *kucie*, trzeć — *tarcie*. △ Niektórym czasownikom na *-nąć* odpowiadają nazwy rzeczownikowe typu: *brak* — braknąć, *jęk* — jęknąć, *pisk* — pisnąć, albo z przyrostkiem *-enie*, np.: *pragnienie* — pragnąć, *łaknienie* — łaknąć, *westchnienie* — westchnąć; w takich wypadkach rzeczowników na *-cie* nie tworzymy. Podobnie jak wyrazy na *-anie*, *-enie* nazwy na *-cie* mogą nabrać wtórnego znaczenia przedmiotowego, np. *wklęśnięcie* to nie tylko nazwa czynności, lecz i «miejsce wklęsłe», *zadraśnięcie* to także «miejsce zadraśnięte»

ciebie p. ty.

ciec *ndk Vc*, cieknie, *rzad. XI*, ciecze, ciekł, ciekłoby (p. akcent § 4c); a. **cieknąć** *ndk Vc*, ciekł a. cieknął (*wym.* cieknoł), ciekła (*nie*: cieknęła), cieknij «spływać małymi strugami, kroplami; sączyć się; *nie*: płynąć (o dużej ilości wody, rzece itp.)»: Woda cieknie z kranu. Strumyk ledwie ciekł po kamieniach. △ *niepoprawne*: Wartko ciekący (*zamiast*: płynący) nurt Wisły.

CIECH (*wym.* ciech) *m III, D.* CIECH-u a. *ż ndm* «Centrala Importowo-Eksportowa Chemikaliów»: Pracował w CIECH-u (w CIECH). CIECH eksportował (eksportowała) towary do wielu krajów.

Ciechanowiec *m II, D.* Ciechanowca «miasto» — ciechanowiecki.

Ciechanów *m IV, D.* Ciechanowa, *C.* Ciechanowowi (*ale*: ku Ciechanowowi a. ku Ciechanowu) «miasto» — ciechanowski.

Ciechocinek *m III, D.* Ciechocinka «miasto» — ciechociński.

cieciorka *ż III, lm D.* cieciorek; a. **cieciora** *ż IV, Ms.* cieciorze «samica cietrzewia»

ciekawość *ż V, blm*: Wybrał się tam przez ciekawość a. z ciekawości. □ C. czego (zwykle z rzeczownikiem odsłownym): Ciekawość poznawania świata ciągnęła ją do podróży. □ *pot.*, *wych. z użycia*: C. do czego: Miał od dziecka ciekawość do książek. △ *pot.*, *wych. z użycia*: Ciekawość co..., czy..., gdzie..., jak... «jest rzeczą ciekawą, ciekawe»: Ciekawość, czy zdąży na pociąg. Ciekawość, gdzie można kupić tę książkę.

ciekawski *m-os.* ciekawscy *pot.* «interesujący się cudzymi sprawami, wścibski»

ciekawski w użyciu rzeczownikowym «człowiek zbyt ciekawy, wścibski»: Tłum ciekawskich otaczał miejsce wypadku.

ciekawy *m-os.* ciekawi, *st. w.* ciekawszy; a. **ciekaw** *m*, tylko *M. lp* (w funkcji orzecznika a. przydawki okolicznikowej).
1. «interesujący się czymś, dociekliwy; zaciekawiony»: Mierzyła gościa ciekawym spojrzeniem. □ Ciekawy a. ciekaw czego (*nie*: na co): Był ciekawy (ciekaw) wrażeń z zagranicy. **2.** Tylko: ciekawy «wzbudzający w kimś zainteresowanie, interesujący»: Był to pisarz niezwykle ciekawy. △ Niezbyt ciekawy (*nie*: mało ciekawy): Ta książka jest niezbyt ciekawa. △ Ciekawa rzecz, że..., jak... (*nie*: ciekawym jest, że..., jak...): Ciekawa rzecz, jak się zakończy spór. **3.** *przestarz.*, *rzad.*, *pot.* «ochoczy, chętny, skory» □ C. do czego: Ciekawy do kieliszka.
ciekawy w użyciu rzeczownikowym, zwykle w *lm* «człowiek interesujący się czymś, chciwy wiadomości» // D Kult. I, 37; II, 86.

cieknąć p. ciec.

cielak *m III reg.* «cielę»

ciemięga *m* a. *ż* odm. jak *ż III, M.* ten a. ta ciemięga (także o mężczyznach), *lm M.* te ciemięgi, *D.* ciemięgów (tylko o mężczyznach) a. ciemięg, *B.* tych ciemięgów (tylko o mężczyznach) a. te ciemięgi.

ciemiężyciel *m I* a. **ciemięzca** *m* odm. jak *ż II, lm M.* ciemięzcy, *DB.* ciemięzców.

ciemnia

ciemnia *ż I, lm D.* ciemni **1.** «zaciemnione pomieszczenie do prac ze światłoczułymi materiałami fotograficznymi» **2.** *blm przestarz.* p. ciemń.

ciemniak *m III, lm M.* ci ciemniacy a. (z silniejszym zabarwieniem ekspresywnym) te ciemniaki *posp., pogard.* «człowiek nierozgarnięty, odznaczający się ciemnotą umysłową, tępy»

ciemno *st. w.* ciemniej △ Ciemno, choć oko wykol △ Komuś (robi się) ciemno w oczach a. przed oczyma.

ciemno- «pierwszy człon wyrazów złożonych, pisany łącznie, wskazujący»: **a)** «na ciemny odcień danego koloru», np.: ciemnoczerwony, ciemnoblond; **b)** «na ciemny kolor tego, co nazywa druga część złożenia», np.: ciemnooki, ciemnoskóry, ciemnowłosy.

ciemnoblond *ndm*: Włosy ciemnoblond.

ciemń *ż V, blm przestarz.* «ciemność, gęsty mrok; ciemnia»

cienki (*nie*: cieńki) *st. w.* cieńszy: Cienki drut, papier. Cienkie ręce, nogi. △ *pot.* Cienki głos «głos wysoki, piskliwy» △ Cienka kawa, cienki barszczyk «kawa, barszczyk rozwodnione, mało esencjonalne» △ *rzad.* Śpiewać cienkim głosem, in. cienko śpiewać (p. cienko). △ *niepoprawne* w zn. «subtelny, finezyjny», np.: Cienka (*zamiast*: subtelna) aluzja, ironia. Cienki (*zamiast*: subtelny, finezyjny) dowcip.

cienko (*nie*: cieńko) *st. w.* cieniej: Cienko krajać chleb. △ *pot.* Cienko śpiewać, prząść «odczuwać niedostatek, biedę, żyć w biedzie»

cienkusz *m II, D.* cienkusza a. cienkuszu, *lm D.* cienkuszy, *rzad.* cienkuszów *wych. z użycia* «lichy, słaby trunek (zwykle o piwie, winie, miodzie)»

cień (*nie*: ta cień) *m I, D.* cienia (*nie*: cieniu), *lm D.* cieni, *rzad.* cieniów: Dawać, rzucać cień. Cień od czegoś pada na coś, na kogoś. □ C. czego: Cień drzewa. △ *przen.* Nie ma w nim cienia zarozumiałości. Nie ma w tym cienia prawdy.

cieplarnia *ż I, lm D.* cieplarni, *rzad.* cieplarń.

Cieplice (Śląskie Zdrój), Cieplice *blp, D.* Cieplic; Śląskie *odm. jak przym.*, Zdrój *m I, D.* Zdroju «miejscowość»: Przebywaliśmy w Cieplicach Śląskich Zdroju, *pot.* w Cieplicach. — cieplliczanin *m V, D.* cieplliczanina, *lm M.* cieplliczanie, *D.* cieplliczan — cieplliczanka *ż III, lm D.* cieplliczanek — cieplicki.

I cieplo *n III, blm*: Odczuwać ciepło. 10 stopni ciepła. △ *przen.* Ciepło rodzinne. Okazać komuś trochę, dużo, więcej itp. ciepła.

II cieplo *st. w.* cieplej: △ Ciepło jak w uchu. △ *pot., żart.* Trzymaj się ciepło! (*nie*: ciepła).

cieplomierz *m II, lm D.* cieplomierzy, *rzad.* cieplomierzów; *częściej*: termometr.

cieplota *ż IV, blm środ.* «temperatura»: Cieplota ciała.

ciepły *st. w.* cieplejszy **1.** «mający temperaturę pośrednią między gorącem a zimnem»: Ciepłe powietrze, mieszkanie. Ciepła woda. Ciepły dzień, klimat. △ Dać coś ciepłą ręką «dać coś komuś za życia, przed śmiercią (*nie*: dać coś komuś własnoręcznie,

osobiście)» △ *przen.* Ciepłe słowa, spojrzenie. Ciepłe przyjęcie. **2.** «zabezpieczający, chroniący od zimna»: Ciepłe ubranie. Ciepłe kożuszki. Ciepła (*nie*: ciężka) odzież.

cierniowy «zrobiony, złożony z cierni»: Korona cierniowa. △ *przen.* Cierniowa droga.

ciernisty «pełen cierni, kolców»: Ciernisty krzew głogu. △ *przen.* Cierniowa droga, wędrówka.

cierń *m I, lm D.* cierni, *rzad.* cierniów.

cierpieć *ndk VIIa*, cierp, cierpimy (*nie*: cierpiemy), cierpieliśmy (p. akcent § 1a i 2) **1.** «odczuwać ból fizyczny lub moralny; boleć nad czymś lub z powodu czegoś»: Cierpieć ból, głód, nędzę, męki, zimno. □ C. przez kogo, co, z powodu czego a. wskutek czego (*nie*: dzięki czemu): Bardzo cierpiał z powodu tej sprawy. □ C. nad czym, *przestarz.* nad kim «odczuwać żal z czyjegoś, jakiegoś powodu»: Cierpiał nad jej nieszczęściem. △ *przestarz.* Cierpieć coś do kogoś «mieć do kogoś urazę, odczuwać niechęć»: Nie wiedziałem, co on może cierpieć do mnie. **2.** «chorować» □ C. na co (wymieniając chorobę, jej objaw, lub chorą część organizmu): Cierpieć na anemię, na bezsenność, na gardło, na bóle w stawach. △ Cierpieć na brak czegoś «odczuwać brak czegoś»: Cierpieć na brak gotówki. **3.** «znosić wytrwale, cierpliwie, tolerować; z przeczeniem: nie znosić, bardzo nie lubić, nienawidzić» □ C. kogo, co: Dziwił się, że może cierpieć w domu takiego człowieka. □ Nie c. kogo, czego: Nie cierpię tego chłopaka. Nie cierpiał poważnej muzyki. △ Nie cierpieć zwłoki «wymagać natychmiastowego załatwienia»: Sprawa nie cierpi zwłoki. Rzecz nie cierpiąca zwłoki. △ *niepoprawne* Nie móc kogoś, czegoś cierpieć (*zamiast*: ścierpieć). **4.** «ponosić stratę, szkodę; tracić»: □ C. na czym: Zaniedbał się, na czym najbardziej cierpiały jego interesy.

cierpliwość *ż V, blm*: □ C. do czego, do kogo «cierpliwość wystarczająca do zajmowania się kimś, czymś»: Nie mam cierpliwości do gotowania, do dzieci. □ C. w czym «cierpliwe wykonywanie czegoś»: Ceniono ją w szpitalu za cierpliwość w pielęgnowaniu chorych.

cierpnąć *ndk Vc*, cierpłem (*nie*: cierpnęłem), cierpł (*nie*: cierpnął), cierpła (*nie*: cierpnęła), cierpliśmy (*nie*: cierpnęliśmy; p. akcent § 1a i 2) — **ścierpnąć** *dk*.

ciesielka a. **ciesiołka** *ż III, blm* «robota ciesielska, rzemiosło ciesielskie»: Zajmować się, trudnić się ciesielką (ciesiołką).

ciesiołka *ż III* **1.** *blm* p. ciesielka. **2.** *lm D.* ciesiołek «strug, wyżłabiacz»

cieszyć *ndk VIb* «radować, weselić» tylko w 3. os.: Coś cieszy oko. Cieszyło go wszystko.
cieszyć się, cieszyliśmy się (p. akcent § 1a i 2) **1.** «radować się, weselić się»: Czego się tak cieszysz? □ C. się z czego (zwykle na oznaczenie doraźnej lub uprzedniej przyczyny radości): Cieszyć się z prezentu, z czyjegoś sukcesu. Cieszyć się ze spotkania. □ C. się czym (zwykle na oznaczenie przyczyny aktualnej, trwalszej): Cieszyć się życiem. □ C. się na co «odczuwać radość z powodu czegoś przewidywanego, mającego nastąpić»: Cieszył się na to spotkanie. **2.** tylko w utartych związkach wyrazowych

o znaczeniu dodatnim: △ Cieszyć się zdrowiem, dobrą (*ale* nie: złą) opinią, sympatią, szacunkiem, uznaniem, zaufaniem, popularnością, popytem itp. «mieć zdrowie, mieć dobrą opinię, szacunek, uznanie, zaufanie, popyt itp.» Nie cieszyć się dobrą opinią (*eufemistycznie*: mieć złą opinię). || *D Kult. I, 38; U Pol. (2), 316.*

Cieszyn *m IV* «miasto» — cieszynianin *m V, D.* cieszynianina, *lm M.* cieszynianie, *D.* cieszynian — cieszynianka *ż III, lm D.* cieszynianek — cieszyński (p.).

cieszyński: Powiat cieszyński (*ale*: Śląsk Cieszyński).

cieśla *m* odm. jak *ż I, lm M.* cieśle, *D.* cieśli, *rzad.* cieślów.

cieśnina *ż IV*: Wąska cieśnina, cieśnina morska, cieśnina Bosfor (*ale*: Cieśnina Gibraltarska).

cietrzew *m I, D.* cietrzewia, *lm D.* cietrzewi.

cię p. ty.

cięgi *blp, D.* cięgów △ zwykle w *pot.* zwrotach: Brać, wziąć, znosić, dostać, dać, sprawić cięgi.

cięgno *n III, lm D.* cięgien.

cięty imiesłów przymiotnikowy bierny od czas. ciąć (p.)
cięty *st. w.* bardziej cięty, w użyciu przymiotnikowym 1. «umiejący się odciąć, dowcipny, zjadliwy, ostry»: Cięty dowcip, artykuł. △ *przen.* Cięte pióro. Cięty język. 2. *pot.* «zawzięty, zagniewany na kogoś» □ C. na kogo, na co: Bardzo był cięty na niego.

ciężarek *m III, D.* ciężarka «kawałek metalu, służący do obciążenia (np. sieci), *reg.* także: odważnik»

ciężarny 1. *rzad., poet.* «dużo ważący, obciążony»: □ C. czym: Ciężarne kłosami zboża. 2. tylko: ciężarna *książk., med.* «o kobiecie lub samicy będącej w ciąży»
ciężarna w użyciu rzeczownikowym, odm. jak przym. «kobieta ciężarna»

ciężki *m-os.* ciężcy, *st. w.* cięższy, w zn. «mający dużą wagę, dający się z trudem dźwigać»: Ciężka walizka. △ *przen.* Ciężkie chmury. Ciężki styl, dowcip. Ciężka praca, kara. Ciężkie zarzuty. □ C. do czego «nastręczający wiele trudności»: Coś jest ciężkie do wykonania, do zniesienia. □ Ktoś jest c. do czego «ktoś nieudolnie, z trudem, oporem wykonuje coś» □ Ktoś c. w czym «ktoś ociężały w wykonywaniu czegoś albo ktoś uciążliwy jako wykonawca czegoś, partner w czymś»: Ciężki w tańcu. Ciężki w rozmowie. △ *niepoprawne*: Ciężki (*zamiast*: twardy) orzech do zgryzienia. Ciężka (*zamiast*: ciepła) odzież.

ciężyć p. ciążyć.

! cimelium p. cymelium.

Cincinnati (*wym.* S-ins-inati *n ndm* «miasto w USA»): Mieszkać w Cincinnati. Cincinnati zostało założone w 1788 r.

ciocia *ż I, W.* ciociu, *lm D.* cioć.

ciocin, ciociny (dziś w tym zn. używa się zwykle *D. lp*: cioci): Ciocin (ciociny) pokój. Ciocine rękawiczki.

cios *m IV, D.* ciosu w zn. «uderzenie, raz, cięcie»: Cios pięścią, nożem, siekierą a. cios pięści, noża, siekiery. *Ale* tylko: Zadać, wymierzyć cios pięścią (*nie*: pięści). Cios w szczękę, w brzuch, w głowę itp. (*nie*: cios na szczękę, na brzuch, na głowę). Jednym ciosem a. od jednego ciosu powalił go na ziemię. Od silnego ciosu zwalił się na ziemię. Wymierzać a. zadawać ciosy (*nie*: bić ciosy). Zasłonić się, zastawić się od ciosu. Wystawić (się) na ciosy. *śrd.* Inkasować (*lepiej*: zbierać) ciosy.

ciosać (*nie*: ciesać) *ndk I, rzad. IX,* ciosa, *rzad.* ciosze a. ciesze, ciosaliśmy (p. akcent § 1a i 2) △ Grubo ciosany «nie wykończony, prymitywny; *przen. częściej*: z gruba ciosany»: Twarz pospolita, z gruba ciosana. △ *pot.* Ciosać komuś kołki na głowie, na łbie «maltretować kogoś, pozwalać sobie na wszystko wobec kogoś»

ciotczyn, ciotczyny (dziś w tym zn. używa się zwykle *D. lp*: ciotki): Ciotczyn (ciotczyny) pokój, szal. Ciotczyne walizki.

circa (*wym.* c-irka) «około (skrót: c. albo: ca)»

cirrocumulus (*wym.* c-irrokumulus, *nie*: cirrokumulus) *m IV*.

cirrus (*wym.* c-irrus) *m IV*.

cis *m IV* 1. *D.* cisa a. cisu «drzewo z rodziny cisowatych»: Drewno cisu. Korona cisa. 2. *D.* cisu «drewno tego drzewa»: Szafa z cisu.

ciskać *ndk I,* ciskaliśmy (p. akcent § 1a i 2) — **cisnąć** *dk Va,* cisnąłem (*wym.* cisnołem, *nie*: cisnełem, cisłem), cisnął (*wym.* cisnoł), cisnęła (*wym.* cisneła; *nie*: cisła), cisnęliśmy (*wym.* cisneliśmy; *nie*: ciśliśmy) w zn. «rzucać z siłą, miotać»: Ciskać kamieniami. Cisnąć kamieniem. □ C. co a. czym — w co, o co: Ciska rękawiczki w kąt. Ciska czapkę a. czapką o podłogę. Ciskać kamieniami w szybę. △ *przen.* Ciskać gromy, przekleństwa, klątwę, obelgi.
ciskać się — **cisnąć się** *pot.* (zwykle *ndk*) «złościć się, wybuchać gniewem»: Nie ciskaj się. □ C. się na kogo: Bardzo się na mnie ciskał.

cisnąć *ndk* a. *dk Va,* cisnąłem (*wym.* cisnołem; *nie*: cisnełem, cisłem), cisnęła (*wym.* cisneła; *nie*: cisła), cisnęliśmy (*wym.* cisneliśmy; *nie*: ciśliśmy; p. akcent § 1a i 2) 1. *dk* p. ciskać. 2. *ndk* w zn. «napierać»: □ C. na co: Woda ciśnie na ściany zbiornika. 3. w zn. «gnieść, uwierać, uciskać»: Cisnęły go buty. □ C. co: Ciężar cisnął piersi. △ *przen.* Serce ciśnie tęsknota. 4. *ndk, przestarz.* w zn. «przyciskać, przytulać» □ C. kogo, co do czego: Cisnął przytulać a. Cisnął przytulać: □ C. kogo, co do czego: Cisnie do boku bolącą rękę. Cisnął do piersi.
cisnąć się 1. *dk* p. ciskać się. 2. *ndk* w zn. «tłoczyć się, pchać się» □ C. się do czego a. ku czemu: Wszyscy cisnęli się do okien. Tłum cisnął się ku wyjściu. △ *przen.* Łzy cisną się do oczu.

cisza *ż II, blm*: Cisza niczym nie zmącona. Cisza na morzu a. morska. △ Cisza jak makiem siał.

ciśnieniomierz *m II, lm D.* ciśnieniomierzy, *rzad.* ciśnieniomierzów; in. manometr.

ciuch *m III pot.* (z odcieniem trywialności) **a)** «używane ubranie, często pochodzenia zagranicznego» **b)** tylko w *lm* «targowisko z takimi ubraniami»: Iść na ciuchy. Kupować na ciuchach.

ciułacz *m II, lm D.* ciułaczy a. ciułaczów.

ciupasem *przestarz.* «pod strażą, pod dozorem»

ciurkiem (*nie*: ciurgiem, ciorkiem) *pot.* «strumieniem, strugą»: Woda kapie ciurkiem. Łzy kapią ciurkiem. Krew płynęła ciurkiem.

ciut-ciut *niepoprawne* zamiast: trochę, odrobinę, ledwo ledwo.

ciżma *ż IV, lm D.* ciżem a. ciżm.

cj p. cząstki wyrazów.

ck (*wym.* ceka) «skrót przymiotnika: *cesarsko-królewski*, pisany bez kropki, czytany także jako cały, odmieniany wyraz»

CK (*wym.* ceka) *n ndm* **1.** a. *ż* «Centralna Komisja» **2.** a. *m* «Centralny Komitet» △ CKSD (*wym.* ceka esde) «Centralny Komitet Stronnictwa Demokratycznego»

-cki Z historycznego punktu widzenia w przymiotnikach na *-cki* mamy do czynienia z przyrostkiem *-ski*, którego początkowa spółgłoska uległa modyfikacji pod wpływem sąsiedztwa z ostatnią spółgłoską tematu *-t-*, np. Karpaty — karpacki (dawniej: karpatski). zob. -ski

ckliwie a. **ckliwo** *st. w.* ckliwiej a. bardziej ckliwo: Zrobiło mu się ckliwo.

ckm (*wym.* cekaem, a. cekaem § 6) «skrót nazwy: *ciężki karabin maszynowy*, pisany bez kropki, czytany także jako cała odmieniana nazwa»: Partyzanci dźwigali na ramionach ckm. Zniszczyć gniazdo ckm (*czyt.* cekaemów a. ciężkich karabinów maszynowych).

cl «skrót wyrazu: *centylitr*, pisany bez kropki, stawiany zwykle po wymienionej liczbie, czytany jako cały, odmieniany wyraz»: 5 cl (*czyt.* centylitrów).

Clair (*wym.* Kler) *m IV, D.* Claira (*wym.* Klera), *Ms.* Clairze: Film reżyserowany przez René Claira.

Clarke (*wym.* Klark) *m III, DB.* Clarke'a (*wym.* Klarka), *C.* Clarke'owi, *N.* Clarkiem, *Ms.* Clarke'u: Prace geochemiczne Clarke'a.

Claudel (*wym.* Klodel) *m I, D.* Claudela (*wym.* Klodela): Recenzje sztuk Claudela.

clearing p. kliring.

Clemenceau (*wym.* Klemãso) *m ndm*: Polityka Clemenceau.

I Cleveland (*wym.* Kliwlend) *m IV, D.* Clevelanda (*wym.* Kliwlenda, p. akcent § 7): Działalność polityczna Clevelanda.

II Cleveland (*wym.* Kliwlend) *m* a. *n ndm*, a. *m IV, D.* Clevelandu (*wym.* Kliwlendu, p. akcent § 7) «miasto w USA»: Mieszkać w Cleveland (w Clevelandzie). Zabytkowy (zabytkowe) Cleveland.

clou (*wym.* klu) *n ndm* «główna atrakcja, szczyt czegoś»: Jego występ stał się clou wieczoru.

cło *n III, lm D.* ceł: Wysokie cło. Cło przywozowe, wywozowe.

cm «skrót wyrazu: *centymetr*, pisany bez kropki, stawiany zwykle po wymienionej liczbie, czytany jako cały, odmieniany wyraz»: 2 cm (*czyt.* centymetry), 5 cm (*czyt.* centymetrów).

cmentarz (*nie*: smętarz) *m II, lm D.* cmentarzy.

cmokać (*nie*: ćmokać) *ndk I*, cmokaliśmy (p. akcent § 1a i 2); *rzad.* **cmoktać** *ndk I*, cmokta a. *IX*, cmokcze, cmoktaliśmy (p. akcent § 1a i 2) — **cmoknąć** *dk Va*, cmoknąłem (*wym.* cmoknołem; *nie*: cmoknełem, cmokłem), cmoknął (*wym.* cmoknoł), cmoknęła (*wym.* cmoknela; *nie*: cmokła), cmoknęliśmy (*wym.* cmoknneliśmy; *nie*: cmokliśmy): Cmokać z zadowolenia. □ C. na kogo, na co: Cmoknął na psa. △ *przen.*, *żart.* «całować»: Cmoknął ciotkę w rękę. Cmokał go po policzkach.

cnota *ż IV, lm D.* cnót (*nie*: cnot). || U Pol. (1) 406.

co *D.* czego, *C.* czemu, *B.* co, *NMs.* czym (*nie*: czem), *blm* **1.** «zaimek pytający»: Co to ma znaczyć? Czym mogę służyć? △ Należy zwrócić uwagę na właściwe użycie dopełniacza i biernika tego zaimka. Błędne jest zastępowanie dopełniacza biernikiem, np.: Co sobie życzysz? (*zamiast*: czego sobie życzysz?). Coś się dowiedział (*zamiast*: czegoś się dowiedział?). *Ale pot.*: Co chcesz? △ Powszechne jest natomiast użycie biernika w konstrukcjach zaprzeczonych, np.: Nie mam co robić. Nie było co jeść (*nie*: nie było czego jeść). △ Co innego (*nie*: co inne): Co innego przyjaźń, a co innego miłość. **2.** *ndm* «zaimek pełniący funkcję zaimków względnych i nieokreślonych, takich jak: *kto, który, jaki, ile*; używany jest w mowie potocznej»: Znam kogoś, co to zrobi. Człowiek, co to zrobił, uciekł. Ten, co wygra, dostanie nagrodę. Ci, co odeszli. Nie wyobrażasz sobie, co to pieniędzy kosztowało. △ Powszechnie używany w utartych zwrotach: Tyle, co kot napłakał. Dbać tyle, co pies o piątą nogę. Pomoże tyle, co umarłemu kadzidło. △ Połączenie zaimka *co* z cząstką składową form trybu warunkowego *by* pisze się oddzielnie, np. Nie wiem, co by to mogło znaczyć. △ *niepoprawne* Co by nie zrobił, co by nie było (*zamiast*: cokolwiek zrobił, cokolwiek by było); *por.* cokolwiek. **3.** *ndm* «partykuła używana w wyrażeniach oznaczających powtarzanie się czegoś»: Co krok przystawał. Brał co lepsze rzeczy. Czytając opuszczał co drugą stronę. △ Rzeczowniki oznaczające powtarzalne jednostki czasu lub miary przestrzennej w połączeniu z partykułą *co* mają formę mianownika. Konstrukcje z biernikiem są mniej stosowne, np.: Co godzinę, co niedzielę, co chwilę, *lepiej*: co godzina, co niedziela, co chwila. △ Spotykane jeszcze niekiedy konstrukcje z dopełniaczem (zawsze tylko regionalne) są dziś *przestarzałe*, np.: Co dnia, co tygodnia, co chwili. △ Co dzień, na co dzień (*nie*: na codzień). **4.** *ndm* «partykuła pytajna zastępująca wyrazy: dlaczego, po co, w jakim celu (używana w mowie potocznej obok równie potocznego *czego*)»: Co się tu kręcisz? Co on się dzisiaj tak wystroił? **5.** *ndm* «spójnik, używany w mowie potocznej w znaczeniu: ilekroć, ile razy, za każdym razem gdy»: Co popatrzy (*książk.* ilekroć popatrzy) w górę, spada mu z głowy kapelusz. △ Co do (*nie*: odnośnie) «w sprawie czegoś, pod względem czegoś»: Chciał się z nim porozumieć co do wspólnego działania (*nie*: odnośnie wspólnego działania). △ Co bądź (*nie*: co nie bądź), *D*. czego bądź itd., *staranniej*: cokolwiek (p.): Kupisz jej jutro co bądź. Łatwo go zadowolić czym bądź. △ *wych. z użycia* Co nieco «trochę»: Wiedział co nieco o ludziach. △ Co niemiara «bardzo dużo, obfitość»: Owoców jest w naszym ogrodzie co niemiara. △ Czym prędzej, *rzad.* co prędzej: Trzeba mu czym prędzej posłać potrzebne książki. △ *niepoprawne.* Póki co (*zamiast*: tymczasem, na razie).

CO, C.O., a. **c.o.** (*wym.* ceo) *środ.* «skrót wyrażenia: *centralne ogrzewanie*, pisany z kropkami lub bez, czytany także jako całe odmieniane wyrażenie»

cochać p. czochać.

cocktail p. koktajl.

Cocteau (*wym.* Kokto) *m ndm*: Powieści Cocteau.

coda p. koda.

codziennie: Deszcze padały codziennie (a. co dzień).

codzienny (*nie*: każdodzienny) *m-os.* codzienni: Codzienny spacer. Codzienna praca. Codzienny gość. Pisma codzienne.

cofać (*nie*: cafać) *ndk I*, cofaliśmy (p. akcent § 1a i 2) — **cofnąć** (*nie*: cafnąć) *dk Va*, cofnij, cofnąłem (*wym.* cofnołem; *nie*: cofnełem, cofłem), cofnął (*wym.* cofnoł), cofnęła (*wym.* cofneła; *nie*: cofła), cofnęliśmy (*wym.* cofneliśmy; *nie*: cofliśmy) **1.** «powodować ruch ku tyłowi» □ C. co (*nie*: cofać co wstecz, do tyłu — pleonazm): Cofnąć samochód, konie. **2.** «wstrzymywać, odwoływać»: Cofnąć rezygnację, słowo. □ C. komu co: Cofnąć komuś stypendium, dodatek.
cofać się — cofnąć się 1. «usuwać się do tyłu; ustępować»: Cofać się (*nie*: cofać się wstecz, do tyłu — pleonazm). **2.** «powstrzymywać się od czegoś, rezygnować z czegoś» □ C. się (*częściej* z przeczeniem: nie cofać się) przed czym: Nie cofał się przed oszczerstwem. || *D Kult. I*, 38; II, 35.

cokolwiek *D.* czegokolwiek (odmienia się tylko pierwsza część wyrazu: *co-*, cząstka *-kolwiek* jest nieodmienna) «zaimek nieokreślony»: Daj mi cokolwiek do czytania. Zadowolę się czymkolwiek. △ *niepoprawne* Cokolwiek bądź (*zamiast*: cokolwiek a. co bądź): Ma wszystko, cokolwiek (*nie*: cokolwiek bądź) mu się zamarzy. △ Cokolwiek by zrobił (*nie*: cokolwiek by nie zrobił, co by nie zrobił). △ Matka dawała mu wszystko, o cokolwiek ją poprosił (*nie*: ...o cokolwiek by nie poprosił, *ani*: o co by nie poprosił). *Por.* co.

cokół (*nie*: cokoł) *m IV, D.* cokołu (*nie*: cokółu).

comber *m IV, D.* combra: Comber sarni.

Comte (*wym.* Kąt) *m IV, D.* Comte'a (*wym.* Kąta), *Ms.* Comcie (*wym.* Kącie): Filozofia Comte'a.

Condé p. Kondeusz.

Condillac (*wym.* Kądijak) *m III, D.* Condillaca (*wym.* Kądijaka), *N.* Condillakiem: Traktat filozoficzny Condillaca.

confetti p. konfetti.

Conrad (*wym.* Konrad) *m IV, Ms* Conradzie: Powieści Conrada (Korzeniowskiego).

conradysta (*wym.* konradysta) *m odm.* jak *ż IV, lm M.* conradyści, *DB.* conradystów.

Cook (*wym.* Kuk) *m III, D.* Cooka: Odkrycia geograficzne Cooka.

Cooper (*wym.* Kuper) *m IV, D.* Coopera, *Ms.* Cooperze: Film z Cooperem w roli głównej.

COPIA a. **Copia** *ż ndm* a. *ż I, DCMs.* Copii «Centrala Obsługi Przedsiębiorstw i Instytucji Artystycznych»

coraz 1. «w połączeniu z przysłówkami i przymiotnikami — oznacza stopniowe wzmaganie się, nasilenie czegoś»: Robiło się coraz cieplej. Jechaliśmy coraz wolniej. Dzień był coraz krótszy. **2.** (*nie*: co i raz) «zwykle w połączeniu z czasownikami niedokonanymi — oznacza częste powtarzanie się czegoś; co chwila, w krótkich odstępach czasu»: Coraz (*nie*: co i raz) spoglądał na zegarek. Sprawdzała coraz (*nie*: co i raz) fryzurę w lusterku. □ C. to: Napływały coraz to (*nie*: co i raz to) nowe wiadomości. || *D Kult. II*, 595.

Corazzi (*wym.* Koracc-i) *m odm.* jak przym., *D.* Corazziego: Budowle Corazziego.

Corbusier p. Le Corbusier.

Corneille (*wym.* Kornej) *m I, D.* Corneille'a (*wym.* Korneja), *N.* Corneille'em, *Ms.* Corneille'u: Sztuka teatralna Corneille'a.

corrida (*wym.* korrida) *ż IV, Ms.* corridzie.

corso p. korso.

cosinus (*wym.* kos-inus, *nie*: kosinus) *m IV.*

coś (*nie*: cóś) *D.* czegoś (odmiana jak: co) **1.** «zaimek nieokreślony»: Pisał coś na maszynie. Miał zawsze coś ciekawego do powiedzenia. **2.** *pot.* «partykuła oznaczająca przybliżenie, niedokładność, niepewność; trochę, chyba, zdaje się, jakoś, jak gdyby»: Coś długo jej nie widać. Ta sukienka coś za ciasna. △ Połączenie zaimka *coś* z cząstką składową form trybu warunkowego *by* pisze się oddzielnie, np. Coś by trzeba zrobić.

czegoś *pot.* «z jakiegoś bliżej nieokreślonego powodu; w jakimś celu»: Matka czegoś smutna. On czegoś pobladł. Od tygodnia czegoś tam łazi.

cośkolwiek (*nie*: cóśkolwiek) *D.* czegośkolwiek (odmiana jak: cokolwiek; w użyciu są zwykle tylko formy *M.* i *B.*) *pot.* «niewielka ilość»: Zjem cośkolwiek i zabiorę się do roboty.

cotangens (*wym.* kotaŋgens, *nie*: kotangens) *m IV, D.* cotangensa.

Cottbus p. Chociebuż.

coupe (*wym.* kupe) *n ndm przestarz.* «przedział (wagonu)»

Courbet (*wym.* Kurbe) *m IV, D.* Courbeta (*wym.* Kurbeta), *Ms.* Courbecie: Martwe natury Courbeta.

cowboy p. kowboj.

cowboyski p. kowbojski.

córczyn, córczyny *rzad.* (dziś w tym zn. używa się zwykle *D. lp*: córki): Córczyn (córczyny) pokój. Córczyne gospodarstwo.

*córek nazwiska p.: nazwiska polskie, -anka, -ówna.

córuchna *ż IV, lm D.* córuchen (rzeczownik rzadko używany w *lm*).

córusia *ż I, W.* córusiu, *lm D.* córuś a. córusi (rzeczownik rzadko używany w *lm*).

córuś *ż V, W.* córuś: O moja córuś kochana!

cóż *D.* czegoż a. czegóż, *C.* czemuż, *B.* cóż, *NMs.* czymże, *blm* «wzmocnione *co* w zdaniach pytających»: O cóż ci chodzi? Cóż to siedzisz ponury jak noc? Czymże mogę służyć? △ Czegoż a. czegóż «wzmocnione: czego»: Czegoż tak stoisz w kącie?

CPLiA p. Cepelia.

CPN (*wym.* cepeen, p. akcent § 6) *ż ndm* a. *m IV, D.* CPN-u, *Ms.* CPN-ie «Centrala Produktów Naftowych»: CPN dostarczyła (dostarczył)... Dostarczyć do CPN (do CPN-u).

cracoviana (*wym.* krakowiana) *blp, D.* cracovianów: Zbiór cracovianów.

crawl p. kraul.

credo p. kredo.

crescendo (*wym.* kreszendo, *nie*: kresczendo, kreszczendo) *ndm muz.* «coraz silniej»

! cricket p. krykiet.

Croce (*wym.* Krocze) *m odm. jak przym., D.* Crocego, *NMs.* Crocem a. (zwykle z odmienianym imieniem) *ndm*: Poglądy estetyczne Crocego (Benedetta Croce).

Cromwell p. Kromwel.

cross (*wym.* kros) *m IV, D.* crossu.

CRS (*wym.* ceeres, p. akcent § 6) *m IV, D.* CRS-u, *Ms.* CRS-ie a. *ż ndm* «Centrala Rolniczych Spółdzielni „Samopomoc Chłopska"»: CRS rozprowadził (rozprowadziła) nawozy sztuczne.

Crusoe (*wym.* Kruzo a. Kruzoe) *m ndm* «nazwisko bohatera powieści Daniela Defoe»: Przygody Robinsona Crusoe.

cruzeiro (*wym.* kruzejro) *m ndm* a. *m IV, DB.* cruzeira, *C.* cruzeirowi, *lm M.* cruzeiry, *D.* cruzeirów: Pięć cruzeiro (cruzeirów). Dać komuś jednego cruzeira (cruzeiro).

CRZZ (*wym.* ceer-zetzet, p. akcent § 6) *m IV, D.* CRZZ-tu, *Ms.* CRZZ-cie (*wym.* ceer-zetzecie), *rzad. ż ndm* «Centralna Rada Związków Zawodowych»: CRZZ wysłał (wysłała) delegatów na kongres radzieckich związków zawodowych.

Csató (*wym.* Czato) *m ndm* Szkice krytyczne Edwarda Csató.

CSH (*wym.* ceesha, p. akcent § 6) *n* a. *ż ndm* «Centralna Składnica Harcerska»: CSH była zamknięta (było zamknięte) przez cały miesiąc.

CSI (*wym.* cees-i, p. akcent § 6) *n* a. *ż ndm* «Centrala Spółdzielni Inwalidów»: CSI skupiło (skupiła) wiele spółdzielni inwalidzkich.

CSRS (*wym.* ceeseres, p. akcent § 6) *ż ndm* «Czechosłowacka Republika Socjalistyczna»

ČTK (*wym.* czeteka, p. akcent § 6), *ż* a. *n ndm* «skrót czeskiej nazwy Czechosłowackiej Agencji Prasowej»: ČTK wysłała (wysłało) swego korespondenta na obrady ONZ.

-ctwo p. -stwo.

cucha a. **czucha** *ż III reg.* «gunia»: Góral w wyszywanej cusze (czusze).

cuchnąć *dk Va,* cuchnąłem (*wym.* cuchnołem; *nie*: cuchnełem, cuchłem), cuchnął (*wym.* cuchnoł), cuchnęła (*wym.* cuchneła; *nie*: cuchła), cuchnęliśmy (*wym.* cuchneliśmy; *nie*: cuchliśmy; p. akcent § 1a i 2) □ *C.* czym: Cuchnąć śledziami, gnojówką.

cucić *ndk VIa,* cucę, cuć, cuciliśmy (p. akcent § 1a i 2) — **ocucić** *dk*: Cucić zemdlonego wodą. Cucić z omdlenia.

cud *m IV, D.* cudu, *Ms.* cudzie, *lm M.* cuda, *rzad.* cudy **1.** «zjawisko przypisywane działaniu sił zwanych nadprzyrodzonymi» △ *przen.* Dokonywać, dokazywać cudów męstwa, odwagi, zręczności. **2.** a. **cudo** «rzecz niezwykła, piękna»: Ten obraz to istny cud. Ósmy cud świata.

cudacki *st. w.* bardziej cudacki «właściwy cudakowi; dziwaczny, ekscentryczny»: Cudacki strój. Cudackie maniery, zachowanie się.

cudaczny *m-os.* cudaczni, *st. w.* cudaczniejszy a. bardziej cudaczny «dziwaczny, śmieszny, ekscentryczny, osobliwy»: Cudaczny strój. Cudaczne nazwisko. Wygadywać cudaczne rzeczy.

cudak *m III, lm M.* te cudaki: W tych strojach wyglądali jak cudaki.

cudo *n III, C.* cudu, *Ms.* cudzie, *lm M.* cuda, *D.* cudów, p. cud (w zn. 2): Ta puderniczka to istne cudo. Cuda przyrody. △ *przen., żart.* Przedstawił nam swoje cudo, była rzeczywiście piękna.

cudotworny *daw.*, dziś *reg.* «cudotwórczy, cudowny»

cudzoziemiec *m II, W.* cudzoziemcze, forma szerząca się: cudzoziemcu, *lm M.* cudzoziemcy.

cudzoziemszczyzna *ż IV, CMs.* cudzoziemszczyźnie, *blm.*

cudzy *m-os.* cudzy (*nie*: cudzi) «należący do kogoś innego, *reg.* także: obcy»: Cudza własność, cudze sprawy, cudze grzechy. △ *reg.* Cudze kraje. Cudzy ludzie.

cudzysłów *m IV, D.* cudzysłowu (*nie*: cudzysłowa, cudzysłowia), *Ms.* cudzysłowie (*nie*: cudzysłowiu): Napisać coś w cudzysłowie. Ująć coś w cudzysłów.

*cudzysłów służy do wyodrębniania przytoczonych cudzych słów i wypowiedzi albo też wyrazów o specjalnym znaczeniu.
1. Cudzysłów stosujemy przy cytowaniu wyrazów, powiedzeń lub zdań (np. wyjątków z utworów), tytułów i określeń specjalnych, np.: Wyraz „ciągnik" jest rodzimym odpowiednikiem wyrazu „traktor". Czytał „Życie Warszawy". Przez określenie „ciężki wodór" rozumiemy (...). △ Uwaga. Zamieszczone w obrębie cytatu zdania lub wyrazy nie należące do cytatu wydziela się przecinkami lub pauzami, a poszczególne części cytatu poprzedza się i zamyka cudzy-

słowem (lub też pomija się te wewnętrzne cudzysłowy), np.: „Słuchajcie" — mówił — „Mam ważną wiadomość" albo: „Słuchajcie — mówił — mam ważną wiadomość". △ Przy cytowaniu dłuższego tekstu złożonego z kilku ustępów cudzysłów stosuje się na początku każdego ustępu oraz na końcu ostatniego.
2. Cudzysłowów stosuje się również w celu wyodrębnienia wyrazów lub zwrotów użytych przenośnie albo ironicznie, np. Oglądali szpecący miasto „zabytek". △ Należy unikać nadużywania cudzysłowu w tej funkcji (często zdarzającego się w prasie). △ *Niepoprawne* jest stosowanie cudzysłowu: **a)** przy każdym przenośnym użyciu wyrazu, np. Echo „grało" w lesie. **b)** w utartych związkach frazeologicznych, np. Wszystko jest „zapięte na ostatni guzik". **c)** w wyrazach mało znanych piszącemu lub użytych w znaczeniu wtórnym, niepodstawowym — ale ogólnie znanym, np. Pije kawę z „ekspresu".
△ Niewłaściwe zastosowania cudzysłowu świadczą o nieznajomości słownictwa i niestaranności w operowaniu językiem. Cudzysłów jest często swoistą asekuracją dla autora niefortunnej wypowiedzi. Prowadzi to: **a)** do wprowadzania wyrazów lub wyrażeń niepoprawnych, niewłaściwych, skłóconych stylistycznie z kontekstem (np. słów z potocznego języka zawodowego i środowiskowego), chybionych nowotworów itp., np.: Zakład jest „pod planem". Wagon kolejowy „frekwentuje" na linii. Sędziowie uprawiają „nawalankę". **b)** do dezorientowania czytelnika, jeżeli cudzysłów użyty jest zbędnie i każe się domyślać np. ironii tam, gdzie jej nie ma, np. Uczyniono w tej dziedzinie duży „krok naprzód" (chodzi rzeczywiście o postęp, a zbędny cudzysłów sprawia, że wypowiedź można zrozumieć odwrotnie). || *Kl. Aleź 117—122; PJ 1959, 342.*

! cug p. ciąg, przeciąg.

cugant *m IV*; *rzad.* **cugowiec** *m II, D.* cugowca.

cugle *blp, D.* cugli: Trzymać cugle. Popuścić (koniowi) cugle a. cugli. △ Puścić, popuścić komuś cugli, *rzad.* cugle «dać komuś większą swobodę działania, wypuścić spod kontroli»: Chętnie popuszczał sobie cugli i próżnował. △ Puścić cugle (*częściej:* wodze) fantazji. △ Przykrócić, ukrócić komuś cugli, *rzad.* cugle, wziąć kogoś w cugle, *częściej:* w karby «ograniczyć czyjąś swobodę działania, zmusić do posłuszeństwa»

CUGW (*wym.* cugw) *m IV, D.* CUGW-u, *Ms.* CUGW-ie a. *ndm* «Centralny Urząd Gospodarki Wodnej»: CUGW przyjmował nowych pracowników. Wyrobić zaświadczenie w CUGW (w CUGW--ie).

cukier (*nie:* cuker) *m IV, D.* cukru **1.** *blm* «słodka krystaliczna substancja służąca jako przyprawa do potraw»: Cukier w kostkach. Herbata z cukrem. Owoce w cukrze. Kupić cukru. Wziąć cukier a. cukru do herbaty. **2.** *blp, D.* cukrów *wych. z użycia* «wyroby z cukru; słodycze»: Talerz pełen cukrów. △ *lm:* cukry — używana również w chemii na określenie grupy związków organicznych.

cukierek (*nie:* cukerek) *m III, D.* cukierka: Chrupać, ssać cukierek (*nie:* cukierka).

cukiernia (*nie:* cukernia) *ż I, lm D.* cukierni, *rzad.* cukierń «lokal, gdzie się kupuje, spożywa wyroby cukiernicze, gdzie można napić się kawy itp.»

cukierniany przym. od cukiernia: Ciastka cukierniane. Bywalec cukierniany. *Por.* cukierniczy.

cukiernica (*nie:* cukernica) *ż II, lm D.* cukiernic; a. **cukierniczka** (*nie:* cukerniczka) *ż III, lm D.* cukierniczek «naczynie do cukru»

cukierniczy (*nie:* cukerniczy) «dotyczący cukiernika a. cukiernictwa»: Wyroby cukiernicze. Przemysł cukierniczy. Pracownia cukiernicza. *Por.* cukierniany.

cukiernik (*nie:* cukernik) *m III, lm M.* cukiernicy «ten, kto wyrabia ciastka i torty»: Był doskonałym cukiernikiem, jego ciastka i torty słynęły w całym mieście. *Por.* cukrownik.

cukrować p. cukrzyć.

cukrowniany *rzad.* «dotyczący cukrowni»: Robotnik cukrowniany.

cukrowniczy «dotyczący cukrownika lub cukrownictwa»: Przemysł cukrowniczy. Kampania cukrownicza.

cukrownik *m III, lm M.* cukrownicy «pracownik cukrowni»: Cukrownicy wyprodukowali dodatkową tonę cukru. *Por.* cukiernik.

cukrzyć *ndk VIb,* cukrzyliśmy (p. akcent § 1a i 2); *rzad.* **cukrować** *ndk IV,* cukrowaliśmy — **ocukrzyć** *dk; lepiej:* słodzić.
cukrzyć się, *rzad.* **cukrować się — scukrzyć się** *dk, rzad.* **scukrować się** *dk:* Dżem scukrzył się. Galaretka owocowa źle przyrządzona szybko się cukrzy.

I Cumberland (*wym.* Kamberlend) *m IV, D.* Cumberlanda (*wym.* Kamberlenda, p. akcent § 7): Działalność Cumberlanda.

II Cumberland (*wym.* Kamberlend) *m ndm* (zwłaszcza z wyrazem: zatoka) a. *m IV, D.* Cumberlandu (*wym.* Kamberlendu, p. akcent § 7) «zatoka, część Cieśniny Davisa»: Płynąć po zatoce Cumberland (po Cumberlandzie). Cumberland błyszczał w słońcu.

cumelek *m III reg.* «smoczek»

cumulus (*wym.* kumulus, *nie:* kumulus) *m IV*.

curie (*wym.* küri) *m ndm* «jednostka aktywności źródła promieniotwórczego (skrót: c)»

Curie (*wym.* Küri) *m* a. *ż ndm:* Zasługi Piotra Curie dla nauki światowej.
Curie-Skłodowska, *lepiej:* Skłodowska-Curie (p.).

curiosum p. kuriozum.

Curwood (*wym.* Keruud) *m IV, D.* Curwooda, *Ms.* Curwoodzie: Opis życia zwierząt w powieściach Curwooda.

Curzon (*wym.* Kur-zon) *m IV, D.* Curzona: Linia Curzona.

Cuszima *ż IV* a. (w połączeniu z wyrazem: wyspa) *ndm* «wyspa japońska»: Bitwa pod Cuszimą.

Cuvier (*wym.* Küwje) *m IV, D.* Cuviera (*wym.* Küwjera), *Ms.* Cuvierze: Nową klasyfikację zwierząt zawdzięczamy Cuvierowi.

cwał (*nie:* czwał) *m IV, D.* cwału, *Ms.* cwale, *blm*; in. galop (używane zwykle w formach: cwałem, w cwał — najczęściej w odniesieniu do konia): Biec, pędzić, gnać cwałem. Puścić się cwałem a. w cwał.

cwaniaczka *ż III, lm D.* cwaniaczek; *rzad.* **cwaniarka** *ż III, lm D.* cwaniarek; (bardziej ujemnie) **cwaniara** *ż IV; reg.* **cwaniocha** *ż III posp.* «kobieta sprytna, obrotna»

cwaniak *m III, lm M.* ci cwaniacy a. (z silniejszym zabarwieniem ekspresywnym) te cwaniaki *posp.* «człowiek sprytny, obrotny»: To cwaniak kuty na cztery nogi.

cwany *m-os.* cwani, *st. w.* cwańszy a. bardziej cwany *posp.* «przebiegły, chytry, sprytny»: Cwany facet.

CWF (*wym.* cewuef, p. akcent § 6) *m IV, D.* CWF-u, *Ms.* CWF-ie a. *ż ndm* «Centrala Wynajmu Filmów»: CWF sprowadził (sprowadziła) nowe filmy zagraniczne. Biura CWF (a. CWF-u).

Cwietajewa (*wym.* Cwietajewa) *ż odm.* jak przym., *D.* Cwietajewej (p. akcent § 7): Poezja Cwietajewej.

CWKS (*wym.* cewukaes, p. akcent § 6) *m IV, D.* CWKS-u, *Ms.* CWKS-ie a. *ndm* «Centralny Wojskowy Klub Sportowy»: CWKS rozegrał mecz z Legią. Być członkiem CWKS (a. CWKS-u).

c. wł. «skrót wyrażenia: *ciężar właściwy*, pisany z kropkami, czytany jako całe, odmieniane wyrazy»

cybernetyk *m III, D.* cybernetyka (p. akcent § 1d), *lm M.* cybernetycy.

cybernetyka (*wym.* cybernetyka, *nie*: cybernetyka, p. akcent § 1c) *ż III, blm.*

cybety *blp, D.* cybetów.

cyborium (*nie*: cymborium) *n VI*; in. tabernakulum.

! cybula p. cebula.

Cycero (*wym.* Cycero, *nie*: Cycero) a. **Cyceron** (*wym.* Cyceron) *m IV, D.* Cycerona (p. akcent § 7).

cycero (*wym.* cycero) *n III* «jednostka miary czcionek»: Wysokość kolumny ustala się w cycerach.

Cyceroński, *rzad.* **Cyceronowski** 1. «wygłaszany przez Cycerona, należący do niego»: Sławna Cycerońska mowa. Czasy Cyceronowskie (*częściej*: Cycerona).
2. **cyceroński**, *rzad.* cyceronowski «charakterystyczny dla stylu Cycerona»: Pisał cycerońskimi okresami.

cyferblat (*wym.* cyferblat a. cyferblat) *m IV, D.* cyferblatu 1. *lepiej*: tarcza (zegara a. zegarowa). 2. *wulg.* «twarz»

cyfra *ż IV, lm D.* cyfr (*nie*: cyfer), w zn. «znak graficzny liczby»: Kreślić cyfry na papierze. Cyfry arabskie, rzymskie. △ *niepoprawne* w zn. «liczba», np. 3 miliardy ludzi to cyfra (*zamiast*: liczba) astronomiczna. // D Kult. I, 268.

cyfrowy: System cyfrowy. Maszyna cyfrowa.

*cyfrowy zapis liczebników Liczebniki główne, zbiorowe, ułamkowe i porządkowe można napisać zarówno literami jak cyframi; liczebniki mnożne i wielorakie — tylko literami.
Liczebniki *główne, zbiorowe* i *ułamkowe* przedstawiamy cyfrowo tylko za pomocą cyfr arabskich, bez kropki. Nie dodajemy przy tym żadnych końcówek dla oznaczenia formy lub przypadka, w których dany

liczebnik występuje, np.: 5 książek, 527 km, 0,5 litra, 1 1/2 dnia. To potrwa około 6 (*nie*: 6-ciu) godzin. Dramat w 3 (*nie*: 3-ech) aktach. Przyjęto 4 (*nie*: 4-ro) nowych dzieci. Zagroda dla 5 (*nie*: 5-rga) prosiąt.
△ Liczebniki *porządkowe* wyrażamy cyframi arabskimi lub rzymskimi. Przy cyfrach arabskich stawiamy wówczas kropkę, przy cyfrach rzymskich — nie stawiamy kropki. Nigdy też nie dodajemy żadnych końcówek dla oznaczenia przypadków zależnych, np.: Pałac z XVIII (*nie*: XVIII-ego) wieku. Mieszkać na 3. (*nie*: 3-cim) a. na III (*nie*: III-cim) piętrze.
△ Uwaga: Brak kropki po liczebniku porządkowym zapisanym cyframi arabskimi może spowodować zniekształcenie treści wypowiedzi, np. zapisanie zdania: „W pierwszym półroczu miał złe stopnie" w formie: „w 1 półroczu..." — będzie odczytane jako: „w jednym półroczu" (a więc nie wiadomo, w którym).
△ Kropkę przy zapisie liczebnika porządkowego cyfrą arabską można opuszczać jedynie wtedy, gdy nie ma żadnej wątpliwości co do tego, że chodzi o liczebnik porządkowy, m.in. przy zapisie czasu w godzinach, kiedy jest użyty wyraz *godzina*, np.: o godz. 9 rano. Spotkanie wyznaczono na godzinę 18 (*ale*: Lekcje rozpoczynają się o 8. rano).
△ Można też opuścić kropkę przy oznaczaniu kolejnych tomów i stron, np. Seria II, tom 4, strona 176, wiersz 5. △ Najczęściej kropkę opuszcza się w zapisach dat, zwłaszcza wtedy, gdy liczebnik porządkowy towarzyszy nazwie miesiąca napisanej literami, np. 10 marca (kwietnia) 1950 r. △ Gdy datę w całości piszemy cyframi arabskimi, stawiamy zawsze kropkę po każdej liczbie, np. 10.3.1950 r.; przy łączeniu cyfr arabskich z rzymskimi w datach możemy kropkę stawiać lub nie, np. 10.III.1950 r. lub: 10 III 1950 r.
△ Uwaga: W wyjątkowych wypadkach, gdy liczebnik jest w zdaniu daleko od rzeczownika, np. na końcu zdania, nie należy go wyrażać zapisem cyfrowym, lecz literowym, np. Była to jedna z dalszych przecznic, chyba czwarta (*nie*: 4.).

Cygan *m IV, lm M.* Cyganie (*nie*: Cygani) 1. «członek koczowniczej grupy etnicznej»: Czarny jak Cygan. — Cyganka (p.) — Cyganiątko *n II, lm D.* Cyganiątek — cygański.
2. cygan a) «człowiek pędzący wędrowny, nie ustabilizowany tryb życia» b) *lm M.* te cygany *pot.* «kłamca, oszust»: To krętacz i cygan jakich mało. // D Kult. I, 400.

cyganeria *ż I, DCMs.* cyganerii, zwykle *blm* «środowisko ekscentrycznych artystów; *przestarz.* bohema» // D Kult. I, 400.

Cyganka *ż III, lm D.* Cyganek 1. «kobieta należąca do koczowniczej grupy etnicznej»: Cyganka wróży z kart.
2. cyganka *pot.* «kobieta kłamiąca, oszukująca»

cygaństwo *n III* 1. *blm rzad., pogard.* «Cyganie»
2. *pot.* «oszustwo, oszukaństwo, kłamstwo»: Wyszło na jaw niejedno jego cygaństwo.

cygarnica *ż II wych.* z użycia «papierośnica»: Wyjął papierosa ze srebrnej cygarnicy.

cygarniczka *ż III, lm D.* cygarniczek 1. «rurka, w której się osadza papieros przy paleniu»: Trzymał w ustach bursztynową cygarniczkę. Włożyć papieros do cygarniczki. 2. *rzad.* p. cygarnica: Cygarniczka pełna papierosów.

cygaro *n III, lm D.* cygar.

cyjan *m IV, D.* cyjanu.

cyjanek (*wym. pot.* cjanek) *m III, D.* cyjanku: Cyjanek sodu.

cykl *m I, D.* cyklu, *lm D.* cykli a. cyklów.

Cyklady *blp, D.* Cyklad a. (w połączeniu z wyrazami: archipelag, wyspy) *ndm* «archipelag wysp na Morzu Egejskim»

cyklamen *m IV, D.* cyklamenu.

cykliczny, *rzad.* cyklowy: Cykliczny rozwój, przebieg czegoś. Praca cykliczna. Cyklowe współzawodnictwo.

cyklista *m odm. jak ż IV, lm M.* cykliści, *DB.* cyklistów *wych. z użycia* «rowerzysta, kolarz» || *D Kult. II, 259.*

cyklop *m IV, lm M.* te cyklopy a. ci cyklopi.

cyklowy p. cykliczny.

cylinder (*nie:* celinder) *m IV, D.* cylindra.

cymbał *m IV 1.* tylko w *lm* «instrument muzyczny»: Bić, uderzać, walić w cymbały. **2.** *D.* cymbału «głos w organach» **3.** *DB.* cymbała *pot.* «człowiek głupi; tuman, gamoń»: Nie znosił tego zarozumiałego cymbała.

cymelium (*nie:* cimelium) *n VI,* zwykle w *lm, M.* cymelia, *D.* cymeliów (*nie:* cymelii).

Cymlański △ Cymlański Zbiornik Wodny «jezioro zaporowe w dolnym biegu Donu»

cynaderka (*nie:* cenaderka) *ż III,* zwykle w *lm, D.* cynaderek.

cynadra (*nie:* cenadra), *ż IV,* zwykle w *lm, D.* cynadrów «mięso, potrawa z nerek zwierzęcych»

cynfolia (*nie:* cymfolia) *ż I, DCMs.* cynfolii, *blm;* in. staniol.

cyngiel (*nie:* cyngel) *m I, D.* cyngla, *lm D.* cyngli, *rzad.* cynglów (*lepiej:* spust): Pociągnąć za cyngiel. Nacisnąć cyngiel.

cynia (*wym.* cýnja) *ż I, DCMs. i lm D.* cynii.

cynik *m III, D.* cynika (p. akcent § 1d), *lm M.* cynicy.

cynizm *m IV, D.* cynizmu, *Ms.* cynizmie (*wym.* ∼izmie a. ∼iźmie), *blm.*

cynober *m IV, D.* cynobru.

cypel *m I, D.* cypla, *lm D.* cyplów a. cypli: Na samym cyplu półwyspu stoi latarnia morska.

Cypr *m IV, D.* Cypru «wyspa na Morzu Śródziemnym» — Cypryjczyk *m III, lm M.* Cypryjczycy — Cypryjka *ż III, lm D.* Cypryjek — cypryjski.

Cyprian *m IV, lm M.* Cyprianowie — Cyprianostwo *n III, DB.* Cyprianostwa, *Ms.* Cyprianostwu (*nie:* Cyprianostwie) *blm;* a. Cyprianowie, *blp, D.* Cyprianów.

cyprys *m IV, D.* cyprysa a. cyprysu.

cyrkiel (*nie:* cyrkel) *m I, D.* cyrkla, *lm D.* cyrkli a. cyrklów.

cyrkulacja *ż I, blm książk.* «krążenie, obieg, ruch» (użycie wyrazu ograniczone do niektórych tylko połączeń): Cyrkulacja krwi w organizmie. Cyrkulacja pary wodnej, towarów, pieniędzy.

cyrkulować *ndk IV,* cyrkulowaliśmy (p. akcent § 1a i 2); *lepiej:* krążyć, być w ruchu: □ C. po czym: Krew cyrkuluje po organizmie. □ zwykle *żart.* C. między czym (a czym): Matka stale cyrkulowała między domem a biurem. △ *przestarz.* Pieniądze cyrkulują (dziś: są w obiegu).

cyrograf (*nie:* cerograf) *m IV, D.* cyrografu *przestarz., żart.* «zobowiązanie pisemne»: Podpisać cyrograf.

Cyryl *m I, lm M.* Cyrylowie — Cyrylostwo *n III, DB.* Cyrylostwa, *Ms.* Cyrylostwu (*nie:* Cyrylostwie), *blm;* a. Cyrylowie *blp, D.* Cyrylów.

cytadela *ż I, lm D.* cytadeli a. cytadel.

cytat *m IV, D.* cytatu, *Ms.* cytacie, *lm D.* cytatów; *rzad.* cytata *ż IV, CMs.* cytacie, *lm D.* cytat △ C. z czego, z kogo (z autora jakiegoś, zwykle opublikowanego, tekstu): Posłużył się cytatem (cytatą) z „Boskiej Komedii" Dantego. Przytoczył wiele cytatów (cytat) z Boya. || *U Pol. (2), 113.*

cytra *ż IV, CMs.* cytrze, *lm D.* cytr (*nie:* cyter).

cywil *m I, lm D.* cywilów △ *pot.* Wrócić do cywila, być w cywilu «być zwolnionym z wojska, nie służyć w wojsku (w danym okresie)»: Po służbie wojskowej wrócił do cywila. Dwa lata w wojsku zdążyłem dosłużyć sierżanta, a on jeszcze był w cywilu. △ W cywilu «w cywilnym ubraniu (nie w mundurze); po cywilnemu; jako osoba cywilna»: Wśród żołnierzy kręciło się kilku ludzi w cywilu. W cywilu był adwokatem.

cyzelator a. cyzeler *m IV, Ms.* cyzelatorze (cyzelerze), *lm M.* cyzelatorzy (cyzelerzy).

cyzelatorski a. cyzelerski.

cyzelatorstwo a. cyzelerstwo (*nie:* cyzelarstwo) *n III, blm.*

cyzelować (*nie:* cyzylować) *ndk IV,* cyzelowaliśmy (p. akcent § 1a i 2) — wycyzelować *dk.*

cz p. dzielenie wyrazów.

Czad *m IV, D.* Czadu a. (z wyrazami: jezioro, państwo) *ndm* «jezioro i państwo w Afryce»: W Czadzie. Nad Czadem a. nad jeziorem Czad. — czadzki.

czahary *blp, D.* czaharów *reg.* «zarośla na podmokłych gruntach»

czaić się *ndk VIa,* czaję się, czaj się, czailiśmy się (p. akcent § 1a i 2) — zaczaić się *dk* □ C. się na kogo, na co «podchodzić kogoś, godzić na kogoś z ukrycia»: Bandyta czaił się na nich z bronią. □ C. się przed kim, przed czym «kryć się, ukrywać się»: Buntownicy czaili się przed obławą po lasach.

czajnik *m III* «naczynie zakryte z dziobkiem służące do gotowania wody i do zaparzania herbaty; *reg.* takie naczynie, służące tylko do zaparzania herbaty» || *D Kult. I, 401; U Pol. (2), 114.*

czako *n II, D.* czaka, *C.* czaku: Szaroniebieskie czako. Czako ułańskie, górnicze.

czambuł *m IV, D.* czambułu «zbrojny oddział tatarski» dziś zwykle we *fraz.* Potępić w czambuł «potępić całkowicie, wszystkich bez wyjątku»

Czang Kai-Szek *m III, D.* Czang Kai-Szeka: Wystąpienie zbrojne Czang Kai-Szeka przeciwko ruchowi narodowowyzwoleńczemu.

czapka *ż III, lm D.* czapek: Czapka futrzana, sportowa czapka. Włożyć (*nie*: ubrać) czapkę. Zdjąć przed kimś czapkę. Uchylić przed kimś czapki.

czapkować *ndk IV,* czapkowaliśmy (p. akcent § 1a i 2) *wych. z użycia* □ C. komu, *rzad.* przed kim «kłaniać się czołobitnie»: Czapkował możnym, bo żył z ich łaski.

czapla *ż I, lm D.* czapli (*nie*: czapel).

czapnictwo, *rzad.* **czapkarstwo** *n III, blm.*

czapnik *m III, rzad.* **czapkarz** *m II, lm D.* czapkarzy.

czarci a. **czartowski** przym. od czart *książk.* «diabelski»: Czarci ród, śmiech. Czarcie, czartowskie sztuczki, nasienie.

czarczaf *m IV, D.* czarczafu a. czarczafa.

czardasz *m II, DB.* czardasza: Zagrano czardasza. Tańczyć, słuchać czardasza.

Czarna *ż* odm. jak przym. «miejscowość»: Jechać do Czarnej. — czarniański.

Czarna Białostocka oba człony odm. jak przym. «miasto»: Do Czarnej Białostockiej. W Czarnej Białostockiej.

czarniawy, *rzad.* **czerniawy** *m-os.* czarniawi (czerniawi): Czarniawy zarost.

czarnieć p. czernieć.

czarnina p. czernina.

Czarnków *m IV, D.* Czarnkowa, C. Czarnkowowi (*ale*: ku Czarnkowowi a. ku Czarnkowu) «miasto» — czarnkowski.

czarno *st. w.* czarniej: Był opalony na czarno. △ Czarno (*nie*: czarne) na białym «na piśmie, w druku; wyraźnie, w sposób oczywisty»: Tu jest wszystko napisane czarno na białym. Wykazać, udowodnić coś czarno na białym.

czarno- 1. «pierwszy człon wyrazów złożonych»: **a)** «wskazujący na ciemny odcień danego koloru, pisany łącznie», np.: czarnobrązowy, czarnopurpurowy. **b)** «będący częścią przymiotników złożonych o charakterze dzierżawczym, określający jako czarne to, do czego się odnosi druga, rzeczownikowa część złożenia, pisany łącznie», np.: czarnooki, czarnopióry, czarnoskóry. **c)** «będący częścią rzeczowników złożonych o charakterze dzierżawczym, wskazujący na czarny kolor tego, co nazywa drugi, rzeczownikowy człon złożenia, pisany łącznie», np. czarnoziem. **2.** «część składowa przymiotników złożonych z członów znaczeniowo równorzędnych, pisana z łącznikiem», np.: czarno-biały «czarny i biały», czarno-czerwono-zielony «czarny, czerwony i zielony (np. o materiale w paski)» △ Wyrażenia, w których pierwszym członem jest przysłówek a drugim imiesłów pisze się rozdzielnie, np. czarno nakrapiany.

Czarnogóra *ż IV* «republika związkowa w Jugosławii»: Zamieszkać w Czarnogórze. — Czarnogórzec *m II, lm M.* Czarnogórcy — Czarnogórka *ż III, lm D.* Czarnogórek — czarnogórski.

Czarnolas *m IV, D.* Czarnolasu, *Ms.* Czarnolesie «miejscowość»: Jan z Czarnolasu. — czarnoleski.

czarnomorski przym. od Morze Czarne: Klimat czarnomorski. Roślinność czarnomorska (*ale*: Nizina Czarnomorska).

czarny *m-os.* czarni, *st. w.* czarniejszy a. bardziej czarny: Oczy (włosy) czarne jak smoła. △ Czarna giełda a. czarny rynek «giełda nielegalna, handel nielegalny» △ Czarny ląd «Afryka» △ Czarne jagody, in. borówki czernice. △ W nazwach dużą literą: Morze Czarne, Czarny Dunajec.

czarodziej *m I, lm D.* czarodziejów a. czarodziei.

czart *m IV, C.* czartu, *lm M.* ci czarci a. (z silniejszym zabarwieniem ekspresywnym) te czarty *książk.* «diabeł, szatan» *Por.* czort.

czartowski p. czarci.

czartyzm *m IV, D.* czartyzmu, *Ms.* czartyzmie (*wym.* ~zymie a. ~yźmie), *blm.*

czas *m IV, D.* czasu: Czas odpoczynku, pracy. Mieć czas. Mieć, tracić czas dla kogoś. Czas nagli, schodzi, upływa na czymś. □ C. + bezokol.: Czas wracać. Czas (iść) spać. □ C. na co, *rzad.* do czego (*nie*: dla czego): Czas na polowanie. Nie czas na wymówki. Mieć czas na przygotowanie (*nie*: dla przygotowania) lekcji. Już czas do odjazdu. □ *przestarz., książk.* Czasu + rzecz. w dopełniaczu «w okresie czego»: Działo się to czasu wojny. △ Cały czas a. przez cały czas «w jakimś zakończonym okresie»: Słuchałem go uważnie (przez) cały czas. △ *książk.* Czas po temu «czas właściwy na co»: Jest czas po temu, żeby przystąpić do pracy. △ Do czasu «tylko do pewnej chwili»: Teraz się panoszy — ale do czasu! △ Czasem a. czasami «niekiedy, nieraz»: Czasem trudno go zrozumieć. △ Od czasu do czasu «w pewnych odstępach czasu»: Niebo od czasu do czasu przecinały błyskawice. △ Za czyichś czasów «w okresie czyjejś młodości a. czyjegoś przebywania gdzieś, udziału w czymś itp.»: Za moich czasów nosiło się długie suknie. Pracujecie teraz na 3 zmiany — za moich czasów było inaczej. △ W ostatnich czasach a. ostatnimi czasy (*nie*: w ostatnim czasie) «ostatnio, niedawno» △ Najwyższy czas, *przestarz.* wielki czas, ostatni czas «chwila bardzo bliska, w której coś powinno się stać»: Najwyższy czas wstawać. Najwyższy czas, żebyś się ożenił △ Trawić czas na czymś «spędzać, tracić czas robiąc coś niepotrzebnie»: Trawi czas na bezpłodnych rozmyślaniach. △ Ktoś ma (jeszcze) czas coś zrobić; na coś jest jeszcze czas (*nie*: coś jeszcze ma czas): Masz jeszcze czas kręcić loki. Jeszcze czas na ostateczną rozprawę z nimi. △ *pot.* O czasie «we właściwym czasie, terminie»: Pociąg odszedł o czasie. △ Po czasie «za późno»: Nie zastałem go, bo przyszedłem po czasie. △ Przed czasem «za wcześnie»: Lepiej go przed czasem nie budzić. △ *niepoprawne* Tyle czasy (*zamiast*: tyle czasu). △ Błędne są pleonazmy: Okres czasu (*zamiast*: okres a. czas), np. W tym okresie czasu (*zamiast*: w tym czasie a. w tym okresie) pracował w fabryce. △ Rok, miesiąc, tydzień itp. czasu (*zamiast*: rok, miesiąc, tydzień itp.), np. Na tę robotę wystarczy tydzień czasu (*zamiast*: wystarczy tydzień). || *D Kult. I, 492.*

czasokres *niepoprawne* zamiast: okres a. czas, np.: W tym czasokresie (*zamiast*: okresie) fabryka wyprodukowała tyle a tyle odbiorników radiowych. Od ostatniego remontu upłynął już pewien czasokres (*zamiast*: czas). || *D Kult. I, 491.*

czasopismo *n III, Ms.* czasopiśmie. || *D Kult. I, 408.*

*czasownik I. Odmiana. Czasowniki polskie ze względu na sposób ich odmiany można podzielić na 11 grup (p. tabele we wstępie). W związku z poszczególnymi grupami należy zwrócić uwagę na następujące sprawy wiążące się z zagadnieniami poprawności:
1. W grupie I, obejmującej czasowniki typu: *czytać*, częste są w polszczyźnie niektórych regionów błędne formy wzorowane na grupie IX (czasowniki typu *wiązać*), a więc np. trzymię, trzymie (*zamiast*: trzymam — trzyma). Tendencję odwrotną zauważamy w grupie IX (p.).
2. W grupie II (nieliczne czasowniki takie jak *umieć*) dopuszczalne są niekiedy oboczne formy 3. os. *lm*, np. śmieją *obok*: śmią (*ale*: umieją, *nie*: umiają). Pierwsza osoba czasu teraźniejszego brzmi: śmiem (*nie*: śmię), umiem (*nie*: umię), rozumiem (*nie*: rozumię), a w czasie przeszłym występują formy: umieli, śmieli (*nie*: śmiali).
3. Grupa III (czasowniki typu *osiwieć*) ma w czasie przeszłym wymianę *a* || *e*, która nie występuje w imiesłowach na *-ały* utworzonych od czasowników tej grupy, np.: oszaleć — oszalał, oszaleli (*ale*: oszalali ludzie pędzili przed siebie); zsinieć — zsiniał, zsinieli (*ale*: zsiniali mężczyźni trzęśli się z zimna). *Por.* imiesłów.
4. Grupa IV obejmuje czasowniki typu *kupować*. Należy się wystrzegać mieszania ich z czasownikami na *-ywać* (grupa VIII), np.: obejmować (*nie*: obejmywać), dostępować (*nie*: dostępywać).
5. W grupie V (typ: *szarpnąć*) pewne osobliwości występują w odmianie czasowników na *-nąć* o rdzeniu zakończonym spółgłoską (np. zamknąć, kwitnąć itp.). Czasowniki te mają w czasie przeszłym formy z przyrostkiem *-ną-* lub bez niego (w formach żeńskich daje się zauważyć wyraźna tendencja do pomijania przyrostka), np.: chudł, *rzad.* chudnął, *ale* tylko: chudła (*nie*: chudnęła); zniknął, *rzad.* zniknął, znikła, *rzad.* zniknęła; *ale*: ciągnął (*nie*: ciągł), ciągnęła (*nie*: ciągła), ciągnęli (*nie*: ciągli), kopnęła (*nie*: kopła), (p. poszczególne czasowniki na *-nąć*). △ W związku z omawianą grupą czasowników trzeba zwrócić uwagę na błędne upodobnianie w 1. i 2. os. *lp* czasu przeszłego form męskich do form żeńskich i form *lm*. Stąd *niepoprawne*: pragnęłem, pragnęłeś (pod wpływem: pragnęła, pragnęliśmy, pragnęliście, pragnęli) *zamiast*: pragnąłem, pragnąłeś; zamknęłem, zamknęłeś (*zamiast*: zamknąłem, zamknąłeś).
6. W grupach VI (typ: *robić*) i VII (typ: *widzieć*) częstym jeszcze, choć stopniowo ustępującym błędem, jest używanie form typu: prosiemy (*zamiast*: prosimy), słyszemy, cierpiemy (*zamiast*: słyszymy, cierpimy) w 1. os. *lm* czasu teraźniejszego.
7. W grupie VIII w czasownikach zakończonych na *-ywać* w czasie teraźniejszym występują często poprawne oboczności typu: dokonuję *obok*: dokonywam, przekonuję *obok*: przekonywam. △ *Niepoprawne* natomiast są formy typu: dokonywuję, przekonywuję, przechowywuję itp. oraz tworzone od nich imiesłowy typu: przekonywujący (*zamiast*: przekonujący *lub*: przekonywający).
8. Grupa IX obejmująca czasowniki na *-ać* (np. *wiązać*) charakteryzuje się regularną obocznością tematową: *cz* || *c* w czasie teraźniejszym czasowników o temacie zakończonym na *-t*, np.: deptać — depczę, depcze, *obok*: depcę, depce; szeptać — szepczę, szepcze *obok*: szepcę, szepce. Wszystkie te formy oboczne są poprawne, ale formy z *-c-* (depce, szepce) są już przestarzałe. Należy pamiętać, że w rozkaźniku występuje tu zawsze *-cz*, np. depcz, szepcz. Formy 1. *lp* czasu teraźniejszego czasowników o temacie zakończonym spółgłoską wargową mają miękką spółgłoskę w zakończeniu tematu, np.: kłamię (*nie*: kłamę), kąpię (*nie*: kąpę), łamię (*nie*: łamę), łapię (*nie*: łapę); *ale* wyjątkowo rwę (*nie*: rwię), rwą (*nie*: rwią), najmę (*nie*: najmię), zwę się (*nie*: zwię się), zwą się (*nie*: zwią się). △ Błędem jest wprowadzanie do odmiany czasowników omawianej grupy form właściwych grupie I, np.: skakam, deptam, karam, płukam (*zamiast*: skaczę, depczę, karzę, płuczę). O tym, które czasowniki należą do każdej z tych grup pouczają szczegółowe hasła słownika.
9. W grupie X należy zwrócić uwagę na formy czasu przeszłego niektórych czasowników, w których częstym błędem jest wymiana w rodzaju męskim samogłoski *-ą* na *-ę* (na wzór form żeńskich i form *lm*), np.: wziął, wziąłem, wziąłeś (*nie*: wzięłem, wzięłeś); żąć, żąłem, żąłeś (*nie*: żęłem, żęłeś). W czasownikach omawianej grupy zakończonych na *-ać* występują regionalnie oboczności w czasie przeszłym, np.: śmiali się, *reg.* śmieli się; chwiali się, *reg.* chwieli się; grzali, *reg.* grzeli; podziali, *reg.* podzieli; lali, *reg.* leli; odziali, *reg.* odzieli.
10. W grupie XI spółgłoski *k, g, r* występujące na końcu tematu 1. os. *lp* i 3. os. *lm* czasu teraźniejszego wymieniają się na spółgłoski *cz, ż, rz* w pozostałych formach tego czasu, np.: tłukę, tłuczesz, tłuką (*nie*: tłuczę, tłuczą); strzygę, strzyżesz, strzygą (*nie*: strzyżę, strzyżą); rozpostrę, rozpostrzesz, rozpostrą (*nie*: rozpostrzę, rozpostrzą).
11. Uwaga ogólna. Rażącym błędem jest pomijanie samogłoski *y* w końcówce 1. os. *lm*, np. kupujem (*zamiast*: kupujemy), zrobim (*zamiast*: zrobimy).
12. Wszelkie odchylenia i błędy dotyczące czasowników nieregularnych *być, dać, jeść, wiedzieć, mieć, chcieć, wziąć, iść, jechać, siąść, znaleźć, wrzeć, stać się, bać się* zostały omówione pod poszczególnymi hasłami czasownikowymi. || *KJP 268—300.*
II Czasy. 1. W odmianie czasownika polskiego występują trzy czasy: teraźniejszy (*piszę*), przeszły (*pisałem, napisałem*) i przyszły (*będę pisał* a. *będę pisać, napiszę*). W trybie warunkowym rozróżnia się formy obojętne pod względem czasu (*pisałbym, napisałbym*) i formy czasu przeszłego (*byłbym pisał, byłbym napisał*). Formy czasu przeszłego trybu warunkowego wychodzą z użycia.
2. Końcówki czasu przeszłego *-(e)m, -(e)ś, -(i)śmy* (p.) itd. są ruchome, pisze się je łącznie z czasownikiem lub z innymi wyrazami, np.: Co tam widziałeś a. coś tam widział? Gdzie byliście wczoraj a. gdzieście byli wczoraj? Wczorajeś przyjechał? We Wrocławiuśmy byli w zeszłym roku. △ W wyjątkowych wypadkach, gdy pisownia łączna utrudniłaby zrozumienie sensu wypowiedzi, można między wyraz poprzedzający a końcówkę wstawić łącznik, np. Gdzie-ś pojechał? (*ale*: pojechał gdzieś). Zarówno umieszczanie końcówki przy czasowniku (np. Wczoraj przy-

89

jechaliśmy), jak i przy którymś z wyrazów poprzedzających jest poprawne (np. Wczorajeśmy przyjechali).

△ Uwaga: *Niepoprawne* są ruchome końcówki czasu przeszłego z elementem -że-, np. tużeśmy mieszkali (*zamiast*: tuśmy mieszkali a. tu mieszkaliśmy). Natomiast poprawne są połączenia spójnika *że* z ruchomymi końcówkami czasu przeszłego: Pamiętam, żeśmy tu mieszkali a. pamiętam, że tu mieszkaliśmy.
3. Nie należy używać konstrukcji bez końcówki osobowej, takich jak: my kupili (*zamiast*: kupiliśmy), ja czytał (*zamiast*: czytałem).
4. Rażącym błędem jest używanie męskoosobowych form czasu przeszłego w połączeniu z rzeczownikami niemęskoosobowymi, np.: Stoły stali pod ścianami (*zamiast*: Stoły stały pod ścianami). Dziewczyny poszli na tańce (*zamiast*: Dziewczyny poszły na tańce).
5. Czas przyszły złożony tworzymy tylko od czasowników niedokonanych dodając formy *będę, będziesz* itp. do bezokolicznika albo form 3. os. czasu przeszłego odpowiedniej liczby i rodzaju (obie te konstrukcje są równie poprawne). Przykłady: Chłopiec będzie się uczył a. ...będzie się uczyć. Hanka będzie czytać a. ...będzie czytała. Żołnierze będą walczyć a. ...będą walczyli. △ Szyk członów można zmieniać tylko w konstrukcji z bezokolicznikiem, np. Będę pracować dużo a. pracować będę dużo; *ale* nie: pracowała będę (*zamiast*: będę pracowała).
6. Czas zaprzeszły oznaczający czynność wcześniejszą w stosunku do innej przeszłej nie jest już używany (np. *zamiast* dawnego: Widywałem go był już dawniej, *dziś* tylko: Widywałem go już dawniej).
III. T r y b y c z a s o w n i k a to kategoria gramatyczna oznaczająca stosunek osoby mówiącej do treści zdania, wskazująca, czy mówiący uważa tę treść za rzeczywistą (tryb orzekający, czyli oznajmujący), za możliwą lub nierzeczywistą (tryb warunkowy, czyli przypuszczający), czy za wymaganą (tryb rozkazujący).
△ *Tryb orzekający* wyraża obiektywny stosunek mówiącego względem wypowiadanej treści, np.: Jestem zdrów. Dom stał na wzgórzu. Czy macie dzieci? △ Niekiedy używa się trybu orzekającego zamiast trybu rozkazującego. Użycie 1. os. *lm* czasu teraźniejszego w tej funkcji jest złagodzoną formą polecenia, np. Zaczynamy! (*zamiast*: Zaczynajmy!), natomiast forma 2. os. czasu przyszłego ma charakter bardziej kategoryczny niż 2. os. trybu rozkazującego, np. Pójdziesz do sklepu i kupisz bułki (*zamiast*: Idź do sklepu i kup bułki).
△ *Tryb warunkowy* wyraża niepewność lub warunkowość treści zdania. Składa się on z form 3. os. czasu przeszłego, cząstki *by* oraz końcówek osobowych. Tryb warunkowy ma formy neutralne pod względem czasu (np.: Poszedłbym teraz do kina. Poszlibyśmy jutro na koncert.) oraz formy czasu przeszłego, np.: byłby jadł, byliby pisali; byłby upadł, gdybym go nie podtrzymał. △ Partykuła *by* wraz z końcówką osobową w trybie warunkowym jest ruchoma, np.: On zrobiłby to nieźle a. On by to nieźle zrobił. Nie zdecydowałbym się teraz na operację a. Teraz bym się nie zdecydował na operację. △ W zakresie tych ruchomych końcówek często zdarzają się wykolejenia. Końcówka osobowa w trybie warunkowym musi się łączyć z partykułą *by* i następować po niej, *niepoprawne* są więc formy typu: pisałemby, pisałembym, ja by pisałem, ja bym pisałem (p. by, -by).
△ W połączeniu z czasownikiem *by* pisze się łącznie, w innych wypadkach — osobno, z wyjątkiem połą-

czeń z niektórymi spójnikami i partykułami, np.: Jeżelibym nie przyszedł na czas, nie czekaj na mnie. Czyżbyś zapomniał? (p. by). △ W formach zakończonych na -*bym, -byś, -by* akcent pada zawsze na trzecią sylabę od końca, np.: zrobiłbym, zrobiłaby, zrobiliby, zrobiłby, w formach na -*byśmy, -byście*, — na czwartą sylabę od końca, np.: dalibyśmy, dalibyście (p. akcent 1a i 2).
△ *Tryb rozkazujący* (rozkaźnik) wyraża rozkaz, polecenie, życzenie lub przyzwolenie. Tryb ten wykazuje zróżnicowanie w zakresie tematu: **1.** Ogół czasowników tworzy temat trybu rozkazującego od formy 3. osoby *lp* czasu teraźniejszego (po odjęciu końcówek -*e, -i, -y*), np.: rysuje — rysuj, pisze — pisz, krzyczy — krzycz.
2. Czasowniki o końcówce -*a* w 3. os. czasu teraźniejszego przybierają zakończenie -*aj* w trybie rozkazującym, np.: czyta — czytaj, śpiewa — śpiewaj, trzyma — trzymaj (*nie*: trzym).
3. Miękkie spółgłoski wargowe w temacie trybu rozkazującego ulegają stwardnieniu, np.: kopie — kop, łamie — łam, usprawiedliwia — usprawiedliw, pogłębia — pogłęb.
4. W temacie trybu rozkazującego zachodzą często wymiany samogłosek *o : ó* zależne od końcowej spółgłoski tematu. Czasowniki o temacie kończącym się głoską *j, b, w* mają wyłącznie postać z *ó*, np.: krój, przywój, przysposób, rób, głów się, sadów się, łów. △ Wyrazy z tematem na -*m* zachowują *o*, np.: zawiadom, uświadom, uruchom, zaznajom. Natomiast spośród pozostałych czasowników pewne mają postaci oboczne, np.: chłodź // chłódź; słodź // słódź; groź // gróź; przewoź // przewóź; szkol // szkól; przysporz // przyspórz; inne tylko *ó*, np.: uwódź, rozwódź, odmłódź, oswobódź, rozgródź, zagródź, zgódź się, powóź, zwóź, ogól, zadowól, umórz, twórz, a niektóre tylko *o*, np.: chodź, przychodź.
5. Czasowniki o tematach zakończonych spółgłoskami *k, g* mają w trybie rozkazującym głoski *cz, ż*, np.: wlokę — wlecz; pomogę — pomóż.
6. Czasowniki: *deptać, szeptać* — w trybie rozkazującym mają już tylko formy z *cz*: depcz, szepcz.
7. Temat niektórych czasowników bywa rozszerzany przez -*ij* (-*yj*). Dotyczy to zwykle: **a)** czasowników o rdzeniu bez samogłoski (np.: grzm-ij, drż-yj, rw-ij, dm-ij, trz-yj, lż-yj).
b) czasowników z elementem -*ń* w czasie teraźniejszym, np.: ciągnij (*nie*: ciąg), dźwignij, chudnij, gnij, biegnij, cieknij, rzeknij,
c) pewnych czasowników o temacie zakończonym dwiema lub więcej spółgłoskami, np.: naglij, podwyższyj, wywyższyj, pomścij, otrzeźwij, orzeźwij, unicestwij, ujarzmij, obznajmij. △ Jednakże inne czasowniki o temacie zakończonym dwiema spółgłoskami mają rozkaźnik bezkońcówkowy, np.: naświetl, oświetl, wykreśl, powiększ, upiększ, uiść, wątp, karm, chełp się, dzierż, martw się, ostrz, ułatw, załatw, zwiększ, zwilż. Możliwe są w tej grupie także formy oboczne, np.: iskrzyj się // iskrz się; uwielbij // uwielb; trzeźwij // trzeźw; pastwij się // pastw się; oznajmij // oznajm; spojrzyj // spójrz; obejrzyj // obejrz (*ale* tylko: przejrzyj, przyjrzyj się, ujrzyj, wyjrzyj, zajrzyj),
d) czasowników z tematem zakończonym spółgłoską -*ń*, np.: zaciemnij, objaśnij, odróżnij, zapewnij. Niektóre z nich mają formy oboczne, np.: bluźnij // bluźń; spóźnij się // spóźń się, (*ale* tylko: opóźnij); dopełnij // dopełń; napełnij // napełń; przepeł-

nij // przepełń; spełnij // spełń; wypełnij // wypełń, (ale tylko: zapełnij); zaprzyjaźnij się // zaprzyjaźń się. △ W czasownikach o temacie samogłoskowym jest tu zakończenie -ń, np. suń, płyń. △ Czasowniki przedrostkowe pochodne od czasownika: jąć — mają końcówkę rozkaźnikową -ij, np.: odjąć — odejmij (nie: odejm); zdjąć — zdejmij (nie: zdejm). △ Wyjątek: przyjąć — o dwóch formach rozkaźnikowych: przyjmij // przyjm.

8. Niektóre czasowniki tworzą nieregularnie formy trybu rozkazującego, np.: mieć — miej; chcieć — chciej; jeść — jedz; dawać — dawaj; wiedzieć — wiedz (p. poszczególne czasowniki).

9. Czasownik: wziąć — ma formy rozkaźnika: weź! weźmy! weźcie! △ Czasowniki przedrostkowe pochodne od czasownika: wziąć — mają jednak w trybie rozkazującym końcówkę -ij, np.: powziąć — poweźmij; uwziąć się — uweźmij się.

10. Czasowniki przedrostkowe pochodne od czasownika: rozumieć — mają formy rozkaźnikowe oboczne, np.: zrozum // zrozumiej; porozum // porozumiej się. Oprócz właściwych form rozkaźnikowych, używanych dla 2. os. lp oraz dla 1. i 2. os. lm (np. stój — stójmy — stójcie), używane są — dla 3. os. lp i lm oraz (rzadziej) dla 1. os. lp — opisowe formy rozkaźnikowe, złożone z partykuły niech i odpowiedniej osoby formy czasu teraźniejszego (lub przyszłego prostego) danego czasownika, np. Niech stoi — niech stoją. △ Formy te mogą wyrażać nie tylko rozkaz lub polecenie, lecz bardzo często życzenie lub przyzwolenie, np.: Zostaw go, niech śpi. Niech dzieci wyjdą! Niech sobie deszcz pada, cóż to nam szkodzi. △ Opisowe formy rozkaźnika w połączeniu z rzeczownikami: pan, pani, państwo itp. używane są jako grzecznościowe (oficjalne) formy dla 2. os., np.: Niech państwo pozwolą. Proszę, niech pani siada. △ Połączenie rzeczowników pan, pani z 2. os, lp rozkaźnika jest formą nieuprzejmą, np. Idź pan stąd! (zamiast: Niech pan stąd idzie). △ W 1. osobie lp formy z partykułą niech stosowane są rzadziej (zwykle — z przeczeniem), np.: Niech cię nie znam! Niech jutra nie doczekam! (forma zaklinania się). △ Czasem formy z partykułą niech mogą pełnić funkcję czasowe, np. Zaraz pójdę, niech odpocznę chwilę. △ Niektóre czasowniki (np. oznaczające pewne dyspozycje psychiczne) nie mają form trybu rozkazującego, np.: musieć, móc, woleć. // D Kult. I, 56, 380, 633; KJP 290—297.

IV. Strona czasownika to kategoria gramatyczna, informująca o tym, czy podmiot oznacza wykonawcę czynności (strona czynna), odbiorcę skutków tej czynności (strona bierna) czy też wykonawcę i odbiorcę jednocześnie (strona zwrotna).

1. Czasowniki mające obie strony, czynną i bierną, są czasownikami przechodnimi, np. kochać — być kochanym. Czasowniki nie mające strony biernej są nieprzechodnimi, np. leżeć, spać.

2. Stronę bierną czasownika tworzy się za pomocą słowa posiłkowego być lub zostać oraz imiesłowu biernego, np.: Jest chwalony. Został zrobiony. Był oczarowany. △ Połączenie imiesłowu biernego dokonanego z czasownikiem zostać ma raczej znaczenie czynnościowe, z czasownikiem być — rezultatywno-stanowe (por. Drzwi zostały otwarte — Drzwi były otwarte). △ Uwaga. Nie należy używać słowa posiłkowego zostać przy imiesłowie biernym utworzonym od czasownika niedokonanego, np. Był (nie: został) chwalony.

3. Form strony biernej nie należy nadużywać, np. Konie zostały przez jeźdźców uwiązane (lepiej: Jeźdźcy uwiązali konie). Wybory zostały przeprowadzone (lepiej: Wybory przeprowadzono) zgodnie z konstytucją. Jutro okna zostaną umyte (lepiej: Jutro umyje się okna).

4. W języku polskim istnieje grupa czasowników, które mogą występować tylko z zaimkiem się, np.: śmiać się, modlić się, napić się, zjawić się. Por. się.

V. Osoby. Formy osoby wyróżniają słowo osobowe spośród innych postaci czasowników (np. bezokolicznika i imiesłowów) i określają funkcję czasownika w zdaniu, nadając mu charakter orzeczenia. △ Jeśli podmiot oznacza osobę mówiącą (ja w lp, my w lm), orzeczenie występuje w 1. os. lp lub lm, np.: Ja byłem tam wczoraj. My nie lubimy telewizji.

△ Uwaga: 1. os. lm nie oznacza wielości podmiotów oznaczanych przez zaimek ja (czyli: ja + ja + ... itd.), lecz zbiorowość różnych jednostek + ja. Widać to najwyraźniej, gdy orzeczenie występuje przy kilku podmiotach, np. Ojciec, matka i ja poszliśmy do kina. △ Końcówki osobowe nie mogą być zastępowane przez zaimki osobowe. Poprawne są więc tylko formy: pojechałem (nie: ja pojechał), pojechałbym (nie: ja by pojechał ani: ja pojechałby). △ Czasem podmiot jest domyślny; wówczas końcówki osobowe wyznaczają zgodność orzeczenia z tym podmiotem i stają się samodzielnymi znakami podmiotu, np.: Czytam książkę. Zjadłeś obiad? Nigdy nie była w teatrze. Mieliśmy pecha. Por. podmiot, zaimki.

VI. Aspekt (postać) czasownika. Czasowniki niedokonane (ndk) oznaczają trwanie procesu lub jego powtarzalność, np.: piszę, pisuję; skaczę, podskakuję. △ Czasowniki niedokonane tworzą czas przyszły złożony, nie mają czasu przyszłego prostego, np.: Będę pisał a. pisać. Będziesz skakał a. skakać (p. czasy). △ Czasowniki niedokonane tworzą imiesłów współczesny (przysłówkowy i przymiotnikowy), nie mają natomiast imiesłowu uprzedniego i przeszłego przymiotnikowego, np.: czytający, czytając, piszący, pisząc (ale nie: czytawszy, pisawszy).

△ Czasowniki dokonane (dk) oznaczają zwykle jakiś proces już ukończony, wynik jakiegoś procesu lub uwydatniają fazę początkową procesu, np. Odsiedział karę, skonstruował przyrząd, pojechał do miasta. △ Różnią się od czasowników niedokonanych budową słowotwórczą, np. ndk czytać — dk przeczytać, doczytać, wyczytać; często rządzą innym przypadkiem niż odpowiadające im czasowniki niedokonane, np.: poniewierać kogo a. kim (ale tylko: sponiewierać kogo). Nienawidzić bałaganu (ale: znienawidzić bałagan). △ Formy czasowników dokonanych odpowiadające budową czasowi teraźniejszemu mają znaczenie czasu przyszłego (jest to tzw. czas przyszły prosty), np.: zaniesie, pójdzie, zrobi (p. czasy). △ Uwaga. Czasowniki: potrafić, zdołać, kazać używane w znaczeniu dk i ndk mają formy czasownika dokonanego (nie należy więc mówić: potrafiący, ani: będziecie potrafili, będzie kazał.) △ Czasowniki dokonane mają imiesłów uprzedni (np. przeczytawszy, zrobiwszy), nie tworzą natomiast imiesłowów współczesnych przymiotnikowych ani przysłówkowych.

VII. Jednokrotność i wielokrotność czasowników. Czasowniki jednokrotne — to czasowniki oznaczające czynność lub stan o przebiegu jednorazowym (np. machnąć, błysnąć, grać i spać, chodzić).

△ Czasowniki wielokrotne (a. częstotliwe) to czasowniki oznaczające czynność lub stan, które się powtarzają (np.: machać, błyskać, grywać, sypiać, chadzać). Czasowniki wielokrotne tworzy się od jednokrotnych za pomocą odpowiednich przyrostków (np. *-a-*, *-wa-*) i przedrostków (np. *po-*), często przy jednoczesnej wymianie samogłoski rdzennej (np. w *-a-*, *-o-*), np.: powstać — powstawać; siedzieć — siadywać; płakać — popłakiwać; nieść — nosić; chodzić — chadzać. △ W zakresie tworzenia form wielokrotnych od jednokrotnych trudno o ustalenie ścisłych reguł i prawideł, dlatego należy zachować ostrożność przy posługiwaniu się czasownikami w tych postaciach. W wielu czasownikach możliwe są oboczne formy wielokrotne (np.: ogołacać a. ogałacać; odosobniać a. odosabniać; upodobniać a. upodabniać), jednakże niektóre z nich są rzadziej używane (np. wykańczać — *rzad.* wykończać), inne są tylko regionalnymi odmianami form ogólnopolskich (np. spóźniać się — *reg.* spaźniać się); inne wreszcie są po prostu *niepoprawne*, np.: udawadniać — (*zamiast*: udowadniać, *rzad.* udowodniać); wypagadzać się (*zamiast*: wypogadzać się); upadabniać — (*zamiast*: upodabniać, *rzad.* upodobniać). △ *Niepoprawne* są również często używane w języku mówionym formy wielokrotne: wyłanczać, przełanczać, okrażać — (*zamiast*: wyłączać, przełączać, okrążać), oraz formy: wysłuchywać — (*zamiast*: wysłuchiwać); kupywać (*zamiast*: kupować), (p. I odmiana). Ostrzeżenia przed niepoprawnymi formami czasowników wielokrotnych nasuwających pewne wątpliwości podane są pod poszczególnymi hasłami czasownikowymi. || GPK Por. 106.

czastuszka (*wym.* czastuszka, *nie*: czastuszka) ż III, lm D. czastuszek: Rosyjskie czastuszki.

*czasy p. czasownik (punkt II).

czata ż IV, lm D. czat (*nie*: czatów) **1.** tylko w lm «czatowanie, śledzenie»: Stać na czatach. **2.** a. czaty «oddział zwiadowczy»: Czaty nieprzyjacielskie a. czata nieprzyjacielska.

Czatyrdah m III, D. Czatyrdahu «szczyt w Górach Krymskich»

cząber m IV, D. cząbra a. cząbru, Ms. cząbrze.

*cząstki wyrazów (pisownia) Pisownia początkowych, środkowych i końcowych cząstek wyrazów sprawia często wiele trudności, zwłaszcza, jeśli chodzi o pewne grupy spółgłoskowe. Grupy te albo wchodzą w skład rdzenia wyrazu (np. *gż*, *nż*, *kw*), albo są wyodrębnionymi elementami, stanowiącymi przedrostki lub przyrostki wyrazów (np.: *bez-*, *eks-*, *-kroć*, *-ówka*). Pierwsze pisze się zawsze łącznie z resztą wyrazu; drugie mogą być pisane łącznie lub rozdzielnie (przyrostki — zawsze łącznie; przedrostki — łącznie lub z łącznikiem). △ Wśród grup spółgłoskowych sprawiających trudności ortograficzne na pierwsze miejsce wysuwają się połączenia spółgłosek z rz i ż; ich pisownia jest na ogół stała, z nielicznymi wyjątkami. △ Inną trudność sprawia często pisownia łączna lub rozdzielna przedrostków, przyrostków i partykuł, np.: *bez-*, *pod-*, *nad-*, *-li* itd. — pisane zawsze łącznie; *bądź*, *no* — pisane zawsze osobno. △ W zakresie grup przedrostkowych częste są też wahania co do pisowni końcowych spółgłosek tych grup, wymawianych bezdźwięcznie i w związku z tym pisanych czasem niepoprawnie (np.: *roz-*, *bez-*, *pod-*). △ Oto zestaw cząstek wyrazowych, które najczęściej nasuwają wątpliwości pisowniowe: *anty-* (*nie*: anti-;

z wyjątkiem: *antidotum*) pisane zawsze łącznie, np. *antytalent, antydatować, antypaństwowy.*

bądź pisane zawsze osobno, np.: *co bądź, kto bądź, gdzie bądź, bądź to.*

bez- (*nie*: bes-) jako przedrostek pisane zawsze łącznie, np.: *bezcenny, bezpieczny, bezkrólewie.*

chrz (nigdy: chsz, chż), np.: *chrzan, chrząkać, chrzcić* (*nie*: krzan, krząkać, krzcić); nie należy mylić z grupą *krz-*.

chw (nigdy: chf), np.: *chwila, chwycić, pochwała.*

-cj pisane zawsze wtedy, gdy wymawiamy c twarde przed samogłoską, np.: *emocja, kolacja, lekcji*; kiedy wymawiamy miękkie c (czyli *ć*) — piszemy *ci*, np. *Ewcia, Wacio, kiciuś.* △ Uwaga: -cj nie jest nigdy częścią rdzenia, toteż piszemy: *cyjanek* (*nie*: cjanek), *cyjankali* (*nie*: cjankali) itp.

-dziesiąt pisane zawsze łącznie, np.: *sześćdziesiąt, kilkadziesiąt.*

eks- jako pierwszy człon wyrazów określających tytuł, miano, zawód — oznacza «dawny, były, dymisjonowany», pisane jest z łącznikiem, np.: *eks-król, eks-żołnierz, eks-wojskowy.* W innych wyrazach (zapożyczonych z języków obcych) cząstkę *eks-* pisze się łącznie, np.: *eksmisja, eksport, ekscentryczny.*

ex- tylko w wyrazach przytaczanych w pisowni obcej, oryginalnej, np.: *ex aequo, exposé, Ex libris, explicite.*

grz, gż △ *gż* tylko w wyrazach: *gżegżółka, gżenie się, piegża* — i pochodnych. We wszystkich innych wyrazach: *grz-*, np.: *grzać, grzech, grzęznąć, grząski, bazgrze.*

-inąd pisane zawsze łącznie, np.: *skądinąd, zinąd.*

indziej pisane zawsze osobno, np.: *gdzie indziej, kiedy indziej.*

-ji występuje na końcu wyrazów po *c, s, z*, bardzo rzadko na początku i w środku wyrazów, np.: *lekcji, sesji, poezji; jidisz, najistotniejszy,* ale: *igła* (*nie*: jigła), *poić* (*nie*: pojić), *szyi* (*nie*: szyji).

ju (nigdy: jó), np.: *judzić, kajuta, w raju* (prócz: *Józef* — i pochodnych).

-kolwiek pisane zawsze łącznie, np.: *ktokolwiek, jakkolwiek, gdziekolwiek.*

kontr- pisane zawsze łącznie, np.: *kontrargument, kontrrewolucja.*

krz, ksz △ *ksz* tylko w wyrazach: *kszyk* «ptak», *kształt, bukszpan* — i pochodnych, oraz w stopniu wyższym przymiotników, np. *większy.* We wszystkich innych wyrazach: *krz*, np.: *krzak, krzywy, mokrzej.*

kw (nigdy: kf), np.: *kwadrat, kwit, kwota, kwiat.*

-li pisane zawsze łącznie, np.: *jeżeli, znaszli, chcąli.*

luks- (*nie*: lux), np.: *luksus, luksfer, lukstorpeda.*

lż (nigdy: lrz), np.: *lżyć, lżej.*

-lszy (*nie*: -lwszy) zakończenie imiesłowu uprzedniego od czasowników dokonanych, których temat czasu przeszłego kończy się na spółgłoskę, np.: *zmókłszy, znalazłszy* (*por.* -wszy).

łż (nigdy: lrz), np.: *łże, łżykwiat.*

nad- (nigdy: nat-) w funkcji przedrostka (bez względu na wymowę) pisane łącznie, np.: *nadsyłać, nadto, nadwaga.*

-naście pisane zawsze łącznie, np.: *dwanaście, kilkanaście.*

no jako partykuła lub wyraz o charakterze ekspresywnym pisane zawsze osobno, np.: *Chodź no! Niech no przyjdzie ojciec...*

nż (nigdy: nrz), np.: *inżynier, melanż.*

ob- (*nie*: op-) w funkcji przedrostka, bez względu na wymowę, np.: *obsychać, obciąć, obtoczyć.*

od- (*nie*: ot-) w funkcji przedrostka (bez względu na wymowę) pisane łącznie, np.: *odcinek, odsypiać, odtykać.*

-ówka jako przyrostek, np.: *stalówka, resztówka, potańcówka, podkówka* (z kilkoma wyjątkami, p. *-uwka*).

-ówna (*nie*: -uwna) w nazwach i nazwiskach: *szewcówna, Bartosikówna.*

pod- (*nie*: pot-) w funkcji przedrostka (bez względu na wymowę) pisane łącznie, np.: *podchodzić, podkop, podstawić.*

prz- (*nie*: *przód, prządka, przebić* (z kilkoma wyjątkami, p. *psz-*).

pseudo- pisane bez łącznika, np.: *pseudodyplomata, pseudonauka, pseudoklasyczny* (z wyjątkiem złożeń, w których drugi człon pisany jest dużą literą, wtedy — z łącznikiem, np.: *pseudo-Napoleon, pseudo-Polak*).

psz- na początku — tylko w wyrazach: *pszczoła, Pszczyna, pszenica, pszonak, pszonka* — i pochodnych.

roz- (*nie*: ros-) w funkcji przedrostka (bez względu na wymowę), np.: *rozkwitać, rozsunąć, rozterka.*

s- jako przedrostek — pisane przed spółgłoskami bezdźwięcznymi, np.: *schudnąć, skorzystać, spalić, sczytać.*

-set pisane zawsze łącznie, np.: *pięćset, kilkaset, trzechset.*

sj pisane zawsze wtedy, gdy wymawiamy twarde *s* przed samogłoską, np.: *sjesta, pasja, misja*; kiedy wymawiamy *s* miękko (jako *ś*) — piszemy *si*, np.: *siano, Kasia.*

-stwo np.: *królestwo, ojcostwo, myślistwo* (z pewnymi wyjątkami, p. *-wstwo*).

ś- jako przedrostek — pisane przed spółgłoską *ć* (pisaną: *ci*), np.: *ścinać, ścierać, ściągać.*

też jako partykuła pisana zawsze osobno, np.: *już też, albo też, jako też, też mi zabawa!*; łącznie pisane tylko jako część składowa spójnika *toteż* (= a więc).

tf tylko w wyrazach: *tfu! brytfanna, Westfalia* — i pochodnych.

to jako partykuła i zaimek pisane zawsze osobno, np.: *już to, albo to, niby to, był to, który to*; łącznie pisane tylko jako część składowa wyrazów *nadto* (= zbyt, za) i *ponadto* (= co więcej, w dodatku).

trz- (nigdy: tsz-) na początku wyrazów, np.: *trzask, trzepać, trzmiel, trzcina.*

tw (*nie*: tf) np.: *twój, tworzyć, otwierać*; (z kilkoma wyjątkami, p. *tf*).

-uwka jako zakończenie — tylko w wyrazach: *skuwka, zasuwka, wsuwka* itp., pochodzących od czasowników *skuwać* i *suwać.*

w- (*nie*: f-) w funkcji przedrostka (bez względu na wymowę), np.: *wstać, wciąć, wtyczka.*

wice- (*nie*: vice) pisane zawsze łącznie, np.: *wiceprezes, wicekonsul, wiceprzewodniczący.*

-wstwo tylko w wyrazach: *rybołówstwo, wykonawstwo, szewstwo*, oraz w wyrazach zakończonych na *-znawstwo* i *-dawstwo*, np.: *religioznawstwo, prawodawstwo.*

-wszy (*nie*: -łwszy) zakończenie imiesłowu uprzedniego od czasowników dokonanych, których temat czasu przeszłego, kończy się na samogłoskę, np.: *dawszy, zgubiwszy, napiwszy się, zginąwszy.*

z- jako przedrostek — pisane przed samogłoskami i spółgłoskami dźwięcznymi, oraz przed *h, s, sz, ś*, np.: *zabić, zużyć, zdumieć, zwabić, zhańbić, zsinieć, zsunąć, zszyć.*

zj pisane zawsze wtedy, gdy twardo wymawiamy *z* przed samogłoską, np.: *zjawa, Azja, okazjonalny*;

kiedy wymawiamy *ź* — piszemy *zi*, np.: *Kazia, buzia, ziarno, ziewać.*

-ż jako partykuła pisana zawsze łącznie, np.: *któż, jakiż, gdzież, ciż, chodźcież, trzebaż, abyż...*

że jako partykuła pisane łącznie, np.: *idźże, tenże, tamże, maszże ty sumienie*; jako spójnik pisany rozdzielnie, np.: *chyba że; wiem, że; a że, że to, jako że, omal że.*

czechizm *m IV, D.* czechizmu, *Ms.* czechizmie (*wym.* ~izmie a. ~iźmie); in. bohemizm.

Czechosłowacja *ż I, D.* Czechosłowacji — Czechosłowak *m III, lm M.* Czechosłowacy «obywatel Czechosłowacji» — Czechosłowaczka *ż III, lm D.* Czechosłowaczek «obywatelka Czechosłowacji» — czechosłowacki (p.).

czechosłowacki *przym.* od Czechosłowacja: Korpus czechosłowacki. Obywatelstwo czechosłowackie.

Czechow (*wym.* Czechow) *m IV, D.* Czechowa (*nie*: Czechowa, p. akcent § 7), *C.* Czechowowi, *N.* Czechowem (*nie*: Czechowym), *Ms.* Czechowie: Dramaty Czechowa.

Czechy *blp, D.* Czech «republika związkowa w Czechosłowacji» — Czech *m III, lm M.* Czesi — Czeszka *ż III, lm D.* Czeszek — czeski (p.).

czego 1. «forma dopełniacza zaimka *co*» △ W połączeniu z cząstką składową trybu warunkowego *by* pisze się oddzielnie, np. Nie wiem, czego by chciał. 2. *pot.* (z odcieniem pospolitości) «rodzaj partykuły pytajnej; dlaczego, po co, czemu»: Czego się tu kręcisz? Sam nie wiesz, czego się złościsz.

czegoż, *rzad.* **czegóż** *pot.* (z odcieniem pospolitości) «wzmocnione *czego* w funkcji partykuły pytajnej; dlaczego, czemu, po co»: Czegóż on taki wściekły?

czek *m III, D.* czeku: Czek kasowy. Czek bez pokrycia. □ *C.* na co: Czek na gotówkę. □ *C.* na kogo, co (gdy się wymienia instytucję lub osobę, która ma wypłacić sumę wymienioną na czeku): Czek na bank spółdzielczy. △ Czek na okaziciela «czek polecający wypłacenie oznaczonej na nim sumy okazicielowi»

czekać *ndk I*, czekaliśmy (p. akcent § 1a i 2): Samochód czeka. □ *C.* na kogo, na co «przebywać gdzieś spodziewając się czyjegoś przyjścia lub jakiegoś zdarzenia»: Czekać na koleżankę, na obiad, na pociąg. □ *C.* kogo, czego (*nie*: za kim, za czym) «oczekiwać w pewnym napięciu uczuciowym kogoś, czegoś, pragnąc lub obawiając się czegoś»: Czekałem ciebie jak zbawienia. Z dnia na dzień czekał śmierci. □ Coś czeka kogo, co «coś ma się stać, coś ma spotkać kogoś, coś»: Wiesz dobrze, co cię czeka. Naszą rodzinę czeka wielki los. △ Czekać jak kania dżdżu (*rzad.* deszczu) «oczekiwać czegoś z upragnieniem» △ *pot.* Tylko czekać «zaraz, za chwilę; tylko patrzeć»: Tylko czekać, jak słońce zajdzie. || *U Pol.* (2), 317; *PJ* 1967, 451.

czekan *m IV, D.* czekana: Rękojeść czekana. Uderzenie czekana.

czeladny (*nie*: czeladni): Izba czeladna.

Czeladź *ż V* «miasto»: Mieszkać w Czeladzi. — czeladzki.

czeluść

czeluść *ż V, lm M.* czeluści a. czeluście: Czeluść pieca.

czempion *m IV, lm M.* czempioni *wych. z użycia* «mistrz sportowy»

czemu 1. «forma celownika zaimka *co* (p.)» 2. «dlaczego»: Czemu pani płacze? Czemu nie! Nie wiadomo, czemu. △ Czemu by (pisane oddzielnie): Czemu by miał tego żałować?

czepiać *ndk I,* czepialiśmy (p. akcent § 1a i 2) — *rzad.* czepić *dk VIa,* czepiliśmy □ *posp.* Czepiać kogoś (w zn.) «zatrzymywać, nagabywać»: Już go milicja zaczęła czepiać.

czepiać się □ C. się kogo a. czego (*nie:* do kogo, do czego) a) «chwytać się, zahaczać się»: Kolczaste gałęzie czepiały się ubrania. Pijany czepiał się poręczy. △ *przen.* Czepiać się nadziei. △ *pot.* Czepiać się autobusu, tramwaju «jechać na stopniach (zderzakach) autobusu, tramwaju» b) *pot.* «doszukiwać się w kimś złych intencji, dopatrywać się w kimś, w czymś wad, braków, niesłusznie krytykować»: Wizytator był uprzedzony, czepiał się nawet najlepszych nauczycieli (*nie:* do najlepszych nauczycieli). Czepiać się każdego drobiazgu. △ Czepiać się słów «złośliwie interpretować czyjeś słowa, czyjąś wypowiedź».

czepliwy 1. p. czepny. 2. *m-os.* czepliwi *pot.* «skłonny do zaczepek, czepiający się kogoś a. czegoś»: Był z natury czepliwy.

czepny «czepiający się, chwytliwy»: Rośliny czepne, korzenie czepne.

Czerkies *m IV* 1. *lm M.* Czerkiesi, *rzad.* Adygejczyk «członek narodu zamieszkującego północno-zachodni obszar Kaukazu» — Czerkieska (p.) 2. czerkies, *lm M.* czerkiesy «koń czerkieski» — czerkieski.

Czerkieska *ż III, lm D.* Czerkiesek 1. *rzad.* Adygejka «kobieta narodowości czerkieskiej» 2. czerkieska a) «rodzaj płaszcza męskiego» b) «futrzana czapka z jedwabnym denkiem»

czerniawy p. czarniawy.

czernica *ż II* △ Borówki czernice, in. czarne jagody.

czernieć, *rzad.* czarnieć *ndk III,* czernieliśmy, czarnieliśmy (p. akcent § 1a i 2) 1. — sczernieć *dk* «stawać się czarnym»: Srebro czernieje na powietrzu. 2. «odbijać ciemną barwą od jaśniejszego tła»: W dali czerniał las.

czernina, *reg.* czarnina *ż IV.*

Czerny *m odm. jak przym., lm M.* Czerni, *rzad.* Czernowie: Państwo Czerni przyszli. Zaprosiliśmy do siebie Czernych.
Czerna *ż odm. jak przym.;* a. Czerny *ż ndm*
Czerny-Stefańska, Czerny *ndm,* Stefańska odm. jak przym.: Recital fortepianowy Haliny Czerny-Stefańskiej.

czerpać *ndk IX,* czerpię (*nie:* czerpę), czerpie (*nie:* czerpa), czerp (*nie:* czerpaj), czerpaliśmy (p. akcent § 1a i 2), czerpany □ C. co — czym — z czego: Czerpać wodę ze studni. Czerpała zupę z kotła wielką chochlą. △ Częste w *przen.:* Czerpał dochody, korzyści z niewiadomych źródeł. Czerpać wiadomości z książek, z gazet. Z życia czerpał tematy do swych opowiadań.

Czersk *m III* «miejscowość» — czerski.

czerstwieć (*nie:* czerstwnąć) *ndk III,* czerstwiałby (p. akcent § 4c) — sczerstwieć *dk:* Chleb szybko sczerstwiał.

czerstwy *st. w.* czerstwiejszy a. bardziej czerstwy 1. «o pieczywie: suchy, nieświeży»: Jadł czerstwy chleb sprzed tygodnia. 2. *m-os.* czerstwi «zdrowy, mocny; rumiany»: Czerstwa twarz, cera. Czerstwy starzec. 3. *reg.* «o pieczywie: świeży»: Podała do kawy czerstwe rogaliki, dopiero co wyjęte z pieca.

czerw *m I, D.* czerwia (*nie:* czerwu), *lm D.* czerwi (*nie:* czerwiów).

czerwiec *m II, D.* czerwca «szósty miesiąc roku (w datach pisany słowami, cyframi arabskimi z kropką lub rzymskimi)»: 5 czerwca 1950 r., 5.6.1950 r., 5.VI.1950 r. a. 5 VI 1950 r. △ Na pytanie: kiedy? — zawsze w dopełniaczu liczba porządkowa dnia i nazwa miesiąca: Pierwszego czerwca święcimy Międzynarodowy Dzień Dziecka. △ Na pytanie: jaki jest (lub był) dzień? — liczba porządkowa dnia w mianowniku a. w dopełniaczu, nazwa miesiąca w dopełniaczu: Pierwszy czerwca (*nie:* pierwszy czerwiec) był dniem słonecznym. Dziś jest dziesiąty a. dziesiątego czerwca (*nie:* dziesiąty czerwiec). △ Liczba porządkowa dnia i miesiąca w mianowniku dopuszczalne jako nazwa święta: Pierwszy czerwiec to Dzień Dziecka.

czerwienny *wych. z użycia* «kierowy, kier»: As czerwienny.

czerwień *ż V,* w zn. koloru w kartach *wych. z użycia* «kiery»

Czerwińsk *m III* «miejscowość» — czerwiński.

czerwonka *ż III, lm D.* czerwonek; in. krwawa dyzenteria.

czerwono- 1. «pierwszy człon wyrazów złożonych» a) «oznaczający odcień czerwony koloru określonego przez drugi człon złożenia, pisany łącznie», np. czerwonobrunatny.
b) «w przymiotnikach dzierżawczych: określający czerwony kolor lub zabarwienie czerwone przedmiotu, rzeczy itp., do których się odnosi drugi człon złożenia, pisany łącznie», np.: czerwononogi, czerwonowłosy.
2. «część przymiotników złożonych z członów znaczeniowo równorzędnych, pisana z łącznikiem», np.: czerwono-biały «czerwony i biały», czerwono-niebiesko-zielony «czerwony, niebieski i zielony (o fladze, materiale w paski itp.)»
△ Wyrażenia, w których pierwszym członem jest przysłówek a drugim imiesłów pisze się rozdzielnie, np. czerwono nakrapiany.

czerwonoarmista *m odm. jak ż IV, lm M.* czerwonoarmiści, *DB.* czerwonoarmistów «żołnierz Armii Czerwonej»

czerwony *m-os.* czerwoni, *st. w.* czerwieńszy a. bardziej czerwony △ Czerwony jak rak, jak burak, jak piwonia, jak upiór «o kimś silnie zaczerwienionym, zarumienionym» △ W nazwach dużą literą: Czerwony Krzyż, Armia Czerwona, Morze Czerwone.

czesać *ndk IX,* czesze, czesał, czesaliśmy (p. akcent § 1a i 2) — uczesać *dk:* Czesać w loki, w kok, w koński ogon. Czesać na jeża.

czeski: Język czeski (*ale*: Masyw Czeski, Czeski Las).

Czeskie Budziejowice, Czeskie odm. przym., Budziejowice *blp, D.* Budziejowic «miasto» — czesko budziejowicki.

czesko-słowacki «czeski i słowacki, zachodzący między Czechami i Słowakami, Czechami i Słowacją»: Rozmowy czesko-słowackie. *Por.* czechosłowacki.

Czesław *m IV, lm M.* Czesławowie — Czesio (*nie*: Czesiu) *m I, lm M.* Czesiowie — Czesiek *m III, D.* Cześka, *lm M.* Cześkowie — Czesławostwo *n III, DB.* Czesławostwa, *Ms.* Czesławostwu (*nie*: Czesławostwie), *blm*; a. Czesławowie *blp, D.* Czesławów — Czesiowie, Cześkowie *blp, D.* Czesiów (Cześków) — Czesława *ż IV* — Czesia *ż I, W.* Czesiu.

czeszczyzna *ż IV, CMs.* czeszczyźnie.

Czeszko *m odm. jak ż III, lm M.* Czeszkowie, *DB.* Czeszków: Powieści Bohdana Czeszki. Czeszko *ż ndm* — Czeszkowa *ż odm. jak przym.* — Czeszkówna *ż IV, D.* Czeszkówny, *CMs.* Czeszkównie (*nie*: Czeszkównej), *lm D.* Czeszkówien.

cześć *ż V, DCMs.* czci, *blm* **1.** w zn. «szacunek, poważanie»: Otaczać kogoś czcią. Okazywać komuś cześć. □ C. dla kogo, czego: Żywić, mieć dla kogoś cześć. □ C. komu, czemu (tylko w zn. wezwania: niech będzie ktoś (u)czczony, niech będzie coś (u)czczone): Cześć bohaterom walki o wolność. Cześć jego pamięci. △ Na czyjąś cześć a. ku czyjejś czci: Urządzono przyjęcie ku czci jubilata. Napisał wiersz na ich cześć. **2.** w zn. «czczenie, kult (religijny)» □ C. kogo, czego: Religia Prusów polegała na czci wielu bogów.

cześnik *m III, lm M.* cześnicy.

Częstochowa *ż IV, D.* Częstochowy (*nie*: Częstochowej), *CMs.* Częstochowie (*nie*: Częstochowej) «miasto» — częstochowianin *m V, D.* częstochowianina, *lm M.* częstochowianie, *D.* częstochowian — częstochowianka *ż III, lm D.* częstochowianek — częstochowski (p.).

częstochowski: Powiat częstochowski. Rymy częstochowskie (*ale*: Jura Krakowsko-Częstochowska).

Częstochowskie *n odm. jak przym., NMs.* Częstochowskiem: Mieszkać w Częstochowskiem.

częstokół *m IV, D.* częstokołu; *in.* palisada, ostrokół.

częstość *ż V* **1.** «częste występowanie, powtarzanie się jakiejś czynności, zjawiska itp.»: Częstość (*nie*: częstotliwość) odwiedzin. **2.** *częściej:* częstotliwość (w zn. 1).

częstotliwość *ż V* **1.** «liczba zjawisk powtarzających się w jednostce czasu; *rzad.* częstość»: Częstotliwość drgań. **2.** «częste występowanie, powtarzanie się jakiegoś zjawiska, jakiejś czynności (wyraz. używany w terminologii naukowej, książkowo, nie w mowie potocznej)»: Częstotliwość występowania deszczów na danym obszarze.

częsty *m-os.* części, *st. w.* częstszy: Miewał coraz częstsze bóle głowy. To nasi części goście.

*części mowy p.: czasownik, liczebniki, partykuła, przyimek, przymiotnik, przysłówek, rzeczownik, spójnik, zaimek.

część *ż V, lm M.* części: Podzielić coś na części. Część rolników będzie zmuszona (*nie*: będzie zmuszonych) siać później.
po części, w części «do pewnego stopnia, częściowo»: Masz po części rację. △ *wych. z użycia* Po większej części «przeważnie»

człeczysko *m* a. *n odm. jak n II, M.* to a. ten człeczysko, *lm M.* te człeczyska, *D.* człeczysków, *rzad.* człeczysk, *B.* te człeczyska a. tych człeczysków.

człek *m III, C.* człekowi a. człeku, *W.* człecze, forma szerząca się: człeku, *blm.*

członek *m III, D.* członka **1.** *lm M.* członkowie «człowiek (rzadziej jednostka prawna) należący do jakiejś organizacji politycznej, społecznej, naukowej itp.»: Członek korespondent Akademii Nauk. Polska jest członkiem ONZ. Jej koleżanki były członkami partii. Zapisać, przyjąć na członka. **2.** *lm M.* członki *książk.* «część ciała, zwłaszcza kończyna»: Wyprostował obolałe członki.

członkini (*nie*: członkinia) *ż I, W.* członkini (*nie*: członkinio), *lm M.* członkinie, *D.* członkiń «członek (o kobiecie)»: Była członkinią Ligi Kobiet.

człowieczek *m III, D.* człowieczka, *lm M.* te człowieczki.

człowieczy *książk.* «ludzki»: Los człowieczy. Dola człowiecza.

człowieczysko *m* a. *n odm. jak n II, M.* to a. ten człowieczysko, *lm M.* te człowieczyska (*częściej:* ludziska), *D.* człowieczysków, *rzad.* człowieczysk, *B.* te człowieczyska a. tych człowieczysków.

człowiek *m III, W.* człowieku a. (zwykle *podn.*) człowiecze, *lm M.* ludzie, *DB.* ludzi, *C.* ludziom, *N.* ludźmi, *Ms.* ludziach: Człowiek pierwotny. Człowiek starej, *rzad.* dawnej daty. Wyrosnąć, wyjść na ludzi a. na człowieka. △ *pot.* Będą z kogoś ludzie. △ *pot. wych. z użycia* Zacności, poczciwości (*rzad.* dobroci) człowiek. △ Człowiek gołębiego serca a. o gołębim sercu. △ Zrobić kogoś człowiekiem a. zrobić z kogoś człowieka «zrobić z kogoś wartościową jednostkę ludzką»

Człuchów *m IV, D.* Człuchowa, *C.* Człuchowowi (*ale*: ku Człuchowowi a. ku Człuchowu) «miasto» — człuchowski.

czochać, *rzad.* **cochać** *ndk I,* czochałby, cochałby (p. akcent § 4c) «o zwierzętach: drapać, trzeć o coś twardego»: Świnia czochała łeb o drzewo.

czochrać *ndk I, rzad. IX,* czochra, *rzad.* czochrze, czochraliśmy (p. akcent § 1a i 2): Czochrać włosy palcami.

czołg *m III, D.* czołgu (*nie*: czołga).

czołgista *m odm. jak ż IV, lm M.* czołgiści, *DB.* czołgistów.

czoło *n III, Ms.* czole, *lm D.* czół **1.** «górna część twarzy powyżej oczu»: Miał na czole znamię. △ *podn.* Chylić, pochylić przed kimś a. przed czymś czoło «uznawać czyjąś wyższość» △ Stawić (*nie*: stawiać) komuś a. czemuś czoło «odważnie się przeciwstawić» 2. «przód, front»: Czoło pochodu, oddziału, kolumny, lodowca, *rzad.* budynku. Czoło zatrzymało się, żeby tylne szeregi mogły dołączyć. △ Wysuwać się, *rzad.* wybijać się na czoło: W tym okresie na czoło wysunęły się zadania organizacyjne. △ Na czele «na pierwszym, naczelnym miejscu, z przodu, z początku»: Na czele pochodu. Delegacja z prezesem na czele (*nie:* na czele z prezesem).

czop *m IV, D.* czopu a. czopa.

Czorsztyn *m IV* «miasto» — czorsztynianin *m V, D.* czorsztynianina, *lm M.* czorsztynianie, *D.* czorsztynian — czorsztynianka *ż III, lm D.* czorsztynianek — czorsztyński.

czort *m IV, lm M.* te czorty *pot.* «diabeł, szatan; przenośnie o człowieku złośliwym, złym» △ Używane w utartych zwrotach jako przekleństwa: Idź do czorta, co u czorta, czort (go) wie, sam czort nie trafi, nie dojdzie itp. *Por.* czart.

czosnek (*nie:* czosnyk, czostek) *m III, D.* czosnku, *blm.*

Czou En-laj (*wym.* Czou En-laj) *m I, D.* Czou En-laja (odmienia się tylko ostatni człon): Konferencja z Czou En-lajem.

czółno *n III, lm D.* czółen.

czterdziesto- «pierwszy człon wyrazów złożonych (przymiotników, rzeczowników) wskazujący na to, że to, co jest wymienione w drugiej części złożenia, występuje czterdzieści razy, składa się z czterdziestu jednostek itp., pisany łącznie», np.: czterdziestodniowy, czterdziestogodzinny, czterdziestolecie.

czterdziestolecie *n I, lm D.* czterdziestoleci (dopuszczalna pisownia: 40-lecie): Czterdziestolecie małżeństwa, ślubu (*nie:* czterdziestolecie rocznicy ślubu).

czterdziestoletni: Czterdziestoletni człowiek, okres (dopuszczalna pisownia: 40-letni).

czterdziestu p. czterdzieści.

czterdziesty odm. jak przym. (pisane całym wyrazem a. cyframi bez końcówek — arabskimi z kropką, rzymskimi bez kropki): Czterdziesty rozdział powieści a. 40., XL rozdział powieści. 40. rocznica a. czterdziesta rocznica (*nie:* 40-a rocznica, czterdziestoletnia rocznica).

czterdzieści *m-nieos., n* i *ż, DCMs.* czterdziestu, także: *m-os.* w funkcji mianownika — podmiotu (np. Czterdziestu chłopców, mężczyzn), *B. m-nieos., n* i *ż* = *M., B. m-os.* = *D., N.* czterdziestoma a. czterdziestu: Uczył się z czterdziestoma a. czterdziestu kolegami.
△ Liczebnik *czterdzieści* łączy się z rzeczownikiem (podmiotem) w dopełniaczu i orzeczeniem w *lp,* a w czasie przeszłym w rodzaju nijakim: Czterdziestu chłopców idzie, szło (*nie:* idą, szli). Czterdzieści książek leży, leżało (*nie:* leżą, leżały) na półce.
△ Czterdzieści jeden (odmienia się tylko pierwszy wyraz), *DCMs.* czterdziestu jeden, *N.* czterdziestoma jeden: Czterdzieści jeden książek leżało (*nie:* czterdzieści jedna książka leżała a. leżały) na półce. Szłam z czterdziestu jeden, *rzad.* z czterdziestoma jeden kolegami (*nie:* z czterdziestu, czterdziestoma jednym kolegą).

czterdzieścioro *D.* czterdzieściorga, *CMs.* czterdzieściorgu, *N.* czterdzieściorgiem «liczebnik zbiorowy odpowiadający liczbie 40, odnoszący się do osób różnej płci, do istot młodych, niedorosłych (których nazwy są zakończone w *lm* na -*ęta*) oraz do przedmiotów, których nazwy występują tylko w *lm*» △ W liczebnikach wielowyrazowych używany tylko jako człon ostatni: Czterdzieścioro dzieci. Sto czterdzieścioro dzieci (*ale:* czterdzieści troje dzieci). Opowiadał bajkę czterdzieściorgu dzieciom (*ale:* czterdziestu trojgu dzieciom). Stado klaczy z czterdzieściorgiem źrebiąt (*nie:* źrebiętami).
△ Liczebnik *czterdzieścioro* łączy się z orzeczeniem w *lp,* a w czasie przeszłym w rodzaju nijakim: Czterdzieścioro sań sunie, sunęło (*nie:* suną, sunęły) po śniegu. // D Kult. I, 243.

czterech p. cztery.

czterechsetlecie (*nie:* czterystolecie, czterystulecie) *n I, lm D.* czterechsetleci (dopuszczalna pisownia: 400-lecie): Czterechsetlecie zwycięstwa (*nie:* czterdziestolecie rocznicy zwycięstwa). Czterechsetlecie założenia miasta.

czterechsetny odm. jak przym. (pisane całym wyrazem a. cyframi bez końcówek — arabskimi z kropką, rzymskimi bez kropki): Czterechsetny a. 400. egzemplarz książki. Czterechsetna rocznica a. 400. rocznica (*nie:* 400-a, 400-setna, czterechsetletnia rocznica).
△ W liczebnikach wielowyrazowych używany tylko jako człon ostatni: Tysiąc czterechsetny (*ale:* czterysta trzydziesty).

czterej p. cztery.

czternasto- «pierwszy człon wyrazów złożonych (przymiotników, rzeczowników) wskazujący na to, że to, co jest wymienione w drugiej części złożenia, występuje czternaście razy, składa się z czternastu jednostek itp., pisany łącznie», np.: czternastozgłoskowiec, czternastoletni, czternastodniowy.

czternastolatek *m III, D.* czternastolatka, *lm M.* te czternastolatki.

czternastoletni: Czternastoletni chłopiec. Czternastoletnia przerwa (dopuszczalna także pisownia: 14-letni).

czternastu p. czternaście.

czternasty odm. jak przym. (pisane całym wyrazem a. cyframi bez końcówek — arabskimi z kropką, rzymskimi bez kropki; wyjątki od tej zasady dotyczą godzin i dni miesiąca): Koniec czternastego wieku a. 14. wieku, XIV wieku. 14. rocznica a. czternasta rocznica (*nie:* 14-ta rocznica a. czternastoletnia rocznica). Czternasty maja a. czternastego maja (*nie:* czternasty maj) — pisane zwykle: 14 maja a. 14.V. (*nie:* 14-ego maja).
czternasta — w użyciu rzeczownikowym «godzina czternasta (używane zwykle w języku urzędowym)»: Pociąg odjeżdża o czternastej (*pot.* o drugiej).

czternaście *m-nieos., n* i *ż, DCMs.* czternastu, także: *m-os.* w funkcji mianownika — podmiotu (np. Czternastu chłopców, mężczyzn), *B. m-nieos., n* i *ż* = *M., B. m-os.* = *D., N.* czternastoma a. czternastu: Bawił się z czternastoma a. czternastu kolegami.

△ Liczebnik *czternaście* łączy się z rzeczownikiem (podmiotem) w dopełniaczu i z orzeczeniem w *lp*, a w czasie przeszłym w rodzaju nijakim: Czternastu chłopców idzie, szło (*nie*: idą, szli). Czternaście książek leży, leżało (*nie*: leżą, leżały) na półce. *Por.* czternaścioro.

czternaścioro *D.* czternaściorga, *CMs.* czternaściorgu, *N.* czternaściorgiem «liczebnik zbiorowy odpowiadający liczbie 14, odnoszący się do osób różnej płci, do istot młodych, niedorosłych (których nazwy są zakończone w *lm* na *-ęta*) oraz do przedmiotów, których nazwy występują tylko w liczbie mnogiej»: Czternaścioro dzieci, cieląt. Sto czternaścioro dzieci. Opowiadał bajkę czternaściorgu dzieciom. Kwoka z czternaściorgiem kurcząt (*nie*: kurczętami). △ Liczebnik *czternaścioro* łączy się z orzeczeniem w *lp*, a w czasie przeszłym w rodzaju nijakim: Czternaścioro dzieci idzie, szło (*nie*: idą, szły).

cztero- «pierwszy człon wyrazów złożonych (przymiotników, rzeczowników, przysłówków) wskazujący na to, że to, co jest wymienione w drugiej części złożenia, występuje cztery razy, składa się z czterech jednostek itp., pisany łącznie», np.: czterobarwny, czterobarwnie, czteroaktówka, czterowiersz; czteropiętrowy, czterogodzinny.

czteroletni (dopuszczalna także pisownia: 4-letni): Czteroletnie dziecko. Czteroletni kurs. △ W nazwach dużą literą: Sejm Czteroletni.

czteronogi a. **czteronożny** (zwykle o przedmiotach). *Por.* czworonogi.

czterowiersz *m II, lm D.* czterowierszy, *rzad.* czterowierszów.

cztery *m-nieos., n i ż,* **czterej** *m-os., D.* czterech, także: *m-os.* w funkcji mianownika — podmiotu, wtedy orzeczenie w *lp*, a w czasie przeszłym — w rodzaju nijakim (np. Czterech mężczyzn idzie, szło — *nie*: idą, szli; *ale*: Czterej mężczyźni idą, szli), *C.* czterem, *B. m-nieos., n i ż = M., B. m-os. = D., N.* czterema, *Ms.* czterech: Widzę cztery kobiety, cztery konie, cztery auta.

△ Liczebnik *cztery*, jak również liczebniki wielowyrazowe, w których ostatnim członem jest liczebnik *cztery*, łączą się z rzeczownikiem (podmiotem) w mianowniku i orzeczeniem w *lm*: Cztery, dwadzieścia cztery, sto dwadzieścia cztery jabłka leżą na stole. ‖ *D Kult. I,* 249. *Por.* czworo.

czterykroć (*wym.* czterykroć, *nie*: czterykroć) *przestarz.* «cztery razy, czterokrotnie» △ Czterykroć sto tysięcy «czterysta tysięcy»

czterysta (*wym.* czterysta, *nie* czterysta) *m-nieos. n i ż, D.* czterystu, *rzad.* czterechset, także: *m-os.* w funkcji mianownika — podmiotu, wtedy orzeczenie w *lp*, a w czasie przeszłym — w rodzaju nijakim (np. czterysta mężczyzn), *CMs.* czterystu, *B. m-nieos., n i ż = M., B. m-os. = D., N.* czterystoma a. czterystu (zwłaszcza w liczebnikach wielowyrazowych), np.: Pojechał z czterystoma złotymi w kieszeni. Pojechał z czterystu pięćdziesięcioma złotymi w kieszeni.

△ Liczebnik *czterysta* łączy się z rzeczownikiem (podmiotem) w dopełniaczu i orzeczeniem w *lp*, a w czasie przeszłym w rodzaju nijakim: Czterystu

mężczyzn idzie, szło (*nie*: idą, szli). Czterysta kobiet idzie, szło (*nie*: idą, szły).

△ Liczebnik *czterysta* nie występuje jako ostatni człon liczebników porządkowych wielowyrazowych, np. W roku tysiąc czterechsetnym (*nie*: w roku tysiąc czterysta). *Ale*: w roku tysiąc czterysta czterdziestym (w takich użyciach — *ndm*).

czterystu p. czterysta.

czterystumetrowiec (*nie*: czterystometrowiec) *m II, D.* czterystumetrowca, *lm M.* czterystumetrowcy.

czubaty 1. «mający czub na głowie (tylko o ptakach)»: Czubate kury, dudki. 2. «napełniony ponad miarę, z naddatkiem, czubem»: Czubata łyżka mąki. Czubaty talerz kaszy.

czubiasty «mający sterczący czub; ostro zakończony»: Czubiasty bukiet; czubiaste pantofle.

czucha p. cucha.

czuć *ndk Xa,* czuliśmy (p. akcent § 1a i 2) 1. «doznawać wrażeń zmysłowych, odczuwać» □ *C.* bez dop.: Przestała słyszeć i czuć — straciła przytomność. □ *C.* co, c. że...: Czuć wilgoć, zapach. Czuć głód. Czuć odrazę, nienawiść. Czuła, że serce jej bije mocno. Czuje zbliżające się niebezpieczeństwo. Czuł, że jest inaczej traktowany niż inni. 2. *nieos.* «zwykle o nieprzyjemnych zapachach: cuchnie» □ *C.* bez dop.: To mięso już czuć. □ *C.* (kogo, co) czym: Czuć go tytoniem. Mąkę czuć stęchlizną. □ *C.* (gdzie, od kogo, od czego) co a. czym: Czuć w pokoju swąd, śledzie. Czuć od niego wódkę. W mieszkaniu czuć wilgocią. Czuć od niej cebulę. **czuć się** «być w pewnym stanie fizycznym, psychicznym, mieć świadomość tego stanu» □ *C.* się jak, jakim, kim, czym, jak kto: Czuć się dobrze. Czuć się źle, dobrze. Czuć się szczęśliwym. Czuć się rozbitkiem. □ Czuć się jak młody bóg. △ Czuć się w obowiązku, w prawie (*nie*: być w prawie) + bezokol. «mieć świadomość, że jest się do czegoś obowiązanym, uprawnionym» △ Nie czuć się na siłach «zdawać sobie sprawę, że się czemuś nie podoła»

czujność *ż V, blm*: Obudzić, uśpić, zmylić czyjąś czujność. □ *C.* wobec kogo, czego, *przestarz.* na kogo, na co: Czujność wobec wroga, wobec zamysłów wroga.

czujny *m-os.* czujni, *st. w.* czujniejszy a. bardziej czujny: Być czujnym. Czujny pies. □ *C.* na co: Czujny na każdy szelest, szmer.

czulić się *ndk VIa,* czuliliśmy się (p. akcent § 1a i 2) □ *C.* się do kogo: Czuli się do mnie, a ja myślę o innym. □ *C.* się z kim: Czuliła się z matką.

czuły *m-os.* czuli, *st. w.* czulszy a. bardziej czuły 1. «odnoszący się z miłością do kogoś, tkliwy; wyrażający tkliwość»: Czuła matka. Czułe spojrzenie, uściski. △ Czuła para «zakochani, para zakochanych» □ *C.* dla kogo: Był dla nas najczulszym ojcem. 2. «wrażliwy; uczulony; reagujący na coś»: Czułe ucho, czuły mikrofon, termometr, czuła waga. □ *C.* na co: Był czuły na wdzięki pań. Czuły na łzy, na niedolę. Klisza czuła na działanie światła. △ Czuły na jakimś punkcie (np. na punkcie elegancji, higieny).

czupiradło (*nie*: ciupiradło) *n III, lm D.* czupiradeł.

czuwać *ndk I*, czuwaliśmy p. (akcent § 1a i 2) **1.** «strzec, pilnować, opiekować się» □ C. **nad kim, nad czym**: Nad tobą czuwa matka. Nad realizacją planów czuwa komisja. **2.** «nie spać w określonym celu (zwykle w celu pilnowania kogoś, czegoś)» □ C. **bez dop.**: Musieli czuwać, choć sen ich morzył. □ C. **przy kim, przy czym**: Czuwała przy chorym całą noc.

Czuwaszja *ż I, DCMs.* Czuwaszji «autonomiczna republika w ZSRR» — Czuwasz *m II, lm M.* Czuwasze — Czuwaszka *ż III, lm D.* Czuwaszek — czuwaski.

czwartak *m III* **1.** *pot.* a) «czwarte piętro» b) *lm M.* te czwartaki *uczn.* «uczeń czwartej klasy» **2.** częściej w *lm M.* ci czwartacy a. te czwartaki «żołnierz czwartego pułku»

czwartek *m III, D.* czwartku: Zebranie odbędzie się w czwartek a. we czwartek. △ Wielki Czwartek.

czwarto- «pierwszy człon rzeczowników, przymiotników i przysłówków złożonych, pisany łącznie, wskazujący na czwarte miejsce pod względem znaczenia, wartości lub w kolejności tego, do czego się odnosi człon drugi», np.: czwartoklasista, czwartorzęd, czwartorzędny.

czwarty *m-os.* czwarci, odm. jak przym. (pisane całym wyrazem a. cyframi bez końcówek — arabską z kropką, rzymskimi bez kropki; wyjątki od tej zasady dotyczą godzin, miesięcy i dni miesiąca): Koniec czwartego wieku a. 4. wieku, IV wieku. 4. rocznica a. czwarta rocznica (*nie*: 4-a rocznica, czteroletnia rocznica). Dziś czwarty a. czwartego maja (*nie*: czwarty maj) — pisane zwykle: 4 maja a. 4.V. (*nie*: 4-ego maja).
czwarta w użyciu rzeczownikowym «godzina czwarta» △ Czwarta po południu (w języku urzędowym: szesnasta): Spotkamy się o czwartej po południu.

czworak (*nie*: czworniak) *m III*, zwykle w *lm* w zn. «w dawnych dużych gospodarstwach rolnych budynek (pierwotnie o czterech mieszkaniach) przeznaczony dla służby folwarcznej»: Mieszkać, urodzić się w czworakach.

czworaki odm. przym. «występujący w czterech odmianach, gatunkach»: Czworakie rozwiązanie zadania.

czworo *D.* czworga, *CMS.* czworgu, *N.* czworgiem «liczebnik zbiorowy odpowiadający liczbie 4, odnoszący się do osób różnej płci, do istot młodych, niedorosłych (których nazwy są zakończone w *lm* na -*ęta*), do niektórych rzeczowników zdrobniałych oraz do przedmiotów, których nazwy występują tylko w *lm*»: Czworo dzieci. Opowiadał bajkę czworgu dzieciom. Kwoka z czworgiem kurcząt (*nie*: kurczętami). △ W liczebnikach wielowyrazowych używany tylko jako człon ostatni: Trzydzieści czworo dzieci.
△ Liczebnik *czworo* łączy się z orzeczeniem w *lp*, a w czasie przeszłym w rodzaju nijakim: Czworo dzieci idzie, szło (*nie*: idą, szły).

czworonogi a. **czworonożny** (zwykle o zwierzętach). *Por.* czteronogi.

czwórbój *m I, D.* czwórboju, *lm D.* czwórbojów.

czwórka *ż III, lm D.* czwórek **1.** w zn. «środek lokomocji, pokój, budynek itp. oznaczony numerem cztery» △ (Mieszkać) pod czwórką «w pokoju a. budynku oznaczonym numerem cztery» **2.** w zn. «grupa czterech osób, czasem także zwierząt pociągowych»: Pracować w czwórkę a. (całą) czwórką. **3.** w zn. «szereg złożony z czterech osób, samolotów itp.»: Iść czwórkami. Ustawić się w czwórki a. czwórkami. **4.** w zn. «format broszury, książki»: Broszura, książka w czwórce.

czwórmecz *m II, D.* czwórmeczu, *lm D.* czwórmeczów, *rzad.* czwórmeczy.

czwórnasób tylko w wyrażeniu *książk.* W czwórnasób «poczwórnie, czterokrotnie»: Powiększyć coś w czwórnasób.

czy 1. «partykuła rozpoczynająca zdanie pytajne»: Czy mnie kochasz? Czy list dojdzie na czas? (W tym użyciu łączy się często z końcówkami osobowymi czasownika, np. Czyście oszalały? Czyś skończył pracę?)
2. «spójnik zdań podrzędnych o charakterze pytajnym»: Nigdy się nie zastanawiała, czy kocha swe dzieci. Nie wiem, czy przyjdę. △ W konstrukcji z podwójnym *czy* nie należy zamieniać jednego z *czy* na inne spójniki, takie jak: *lub, bądź*, np. Chciał wiedzieć, czy żona go kocha czy nie (*nie*: ...czy żona go kocha lub nie). △ *pot.* (z odcieniem gwarowym) Czy... aby czy tylko, czy jednak, czy naprawdę»: Z trudem uśpiła dziecko i nadsłuchiwała, czy się aby nie obudzi. △ Połączenie spójnika *czy* z cząstką składową form trybu warunkowego *by* (często wraz z końcówkami osobowymi czasownika) pisze się łącznie, np.: Nie wiem, czyby to się udało (*obok*: czy to by się udało). Zapytywał, czybyście (*wym.* czybyś-cie) chcieli wziąć udział w wycieczce.
3. «spójnik łączący zdania równorzędne lub ich części, wyrażający wymienność lub wyłączanie się członów; w tej funkcji może być zastąpiony (poza utartymi wyrażeniami) przez: *lub, albo*»: Drzemał czy udawał, że drzemie (*obok*: drzemał lub udawał, że...). Był smutny czy też znudzony. *Ale*: Prędzej czy później (*nie*: prędzej lub później). Tak czy inaczej (*nie*: tak lub inaczej). △ Nie należy zastępować połączenia: *czy też* wyrazem *względnie*, np.: Była jego krewną czy też powinowatą (*nie*: krewną względnie powinowatą). Zrobię to jutro czy też pojutrze (*nie*: Zrobię to jutro względnie pojutrze).

-czy p. **-y**

czyhać *ndk I*, czyhaliśmy (p. akcent § 1a i 2) □ C. **na kogo, na co**: Rozglądali się, czy kto na nich nie czyha. Wilk czyha na zdobycz. Czyhać na sposobność.

czyj *m*, **czyja** *ż*, **czyje** *n, D. m* i *n* czyjego, *ż* czyjej, *C. m* i *n* czyjemu, *ż* czyjej, *B. m* (żywotny) czyjego, (nieżywotny) czyj, *ż* czyją (*nie*: czyję), *n* czyje, *N. m* i *n* czyim, *ż* czyją, *Ms. m* i *n* czyim, *ż* czyjej, *lm M. m-os.* czyi, *ż-rzecz.* czyje, *D.* czyich, *C.* czyim, *B. m-os.* czyich, *ż-rzecz.* czyje, *N.* czyimi, *Ms.* czyich «zaimek zawierający treść dzierżawczą, używany w pytaniach lub w zdaniach podrzędnych w funkcji zaimka względnego»: Czyj to ołówek? Nie wiedział, czyje to zdanie. △ Błędem jest zastępowanie zaimka *czyj* zaimkiem osobowym *kogo*, np. Czyja (*nie*: kogo) to własność? △ Nie należy również zastępować zaimka *czyj* w konstrukcjach typu: ten... *czyj* zaimkiem względnym *który*, np. Ten wygrywa, czyja (*nie*: którego) sprawa słuszniejsza. △ Konstrukcje z zaimkiem *czyj* są naturalniejsze i od dawna używane w języku polskim. △ Połączenia zaimka *czyj* z cząstką składową form trybu przypuszczającego *by* pisze się oddzielnie, np. Nie wiadomo, czyj by to mógł być pomysł. △ Połączeń zaimka *czyj* z cząstką wzmacniającą *-ż* (*e*) używa się tylko w zdaniach pytajnych, np. Czyjaż to córka? Czyjże to dom?

czyjkolwiek (*nie*: kogokolwiek) D. czyjegokolwiek (odmienia się tylko pierwsza część wyrazu) «zaimek nieokreślony»: Nie wierzył, aby czyjakolwiek pomoc była tu przydatna.

-czyk (formant rozszerzony: **-ijczyk**) **1.** przyrostek używany do tworzenia nazw mieszkańców miast lub krajów, np.: *londyńczyk, sofijczyk, wiedeńczyk, Chilijczyk, Chińczyk, Kongijczyk*.
2. przyrostek występujący w nazwach zwolenników pewnych idei, kierunków politycznych lub społecznych itp., a także w nazwach osób należących do grup powstałych w określonych miejscowościach, np.: *hallerczyk* «żołnierz dywizji Hallera», *woldenberczyk* «człowiek, który przebywał w obozie jenieckim w Woldenbergu w czasie II wojny światowej» △ Przyrostek *-czyk* jest dzisiaj w tej funkcji rzadko używany, ustępuje miejsca przyrostkom *-owiec* i *-ista* tworzącym rzeczowniki o analogicznym znaczeniu od nazwisk lub nazw miejscowości.

czym «forma narzędnika i miejscownika zaimka *co* (p.)» △ *Niepoprawne* w połączeniu: Czym... tym (*zamiast*: im... tym), np. Czym więcej, tym lepiej (*zamiast*: Im więcej, tym lepiej). △ Po czym, p. po. △ Czym prędzej, p. co.

czyn *m IV*, D. czynu *książk.* «postępek, uczynek»: Czyn bohaterski, karygodny. Ludzie czynu. Dokonać czynu (tylko w znaczeniu dodatnim, np. wielkiego, pożytecznego). Popełnić czyn, dopuścić się czynu (tylko w znaczeniu ujemnym, np. naganny, haniebny, dopuścić się czynu zbrodniczego). △ Wcielać, wprowadzić w czyn «urzeczywistniać, realizować» △ Wykonać coś w czynie pierwszomajowym, zjazdowym, społecznym itp. a. w ramach czynu pierwszomajowego, zjazdowego itp. (*nie*: czynem pierwszomajowym, zjazdowym).

czynel *m I*, D. czynelu, *lm* D. czyneli, *rzad.* czynelów, zwykle w *lm*.

Czyngis-chan a. **Dżyngis-chan** (nie *wym.* D-żyngischan) *m IV* (pierwsza część złożeń: Czyngis, Dżyngis — *ndm*), D. Czyngis-chana (Dżyngis-chana): Imperium mongolskie Czyngis-chana (Dżyngis-chana).

czynić *ndk VI a*, czyniliśmy (p. akcent § 1a i 2) — **uczynić** *dk książk.* «robić, wykonywać; postępować»: Czynić starania, zabiegi o coś, w jakiejś sprawie. Czynić wrażenie. △ Czynić jakimś, kimś, czymś «powodować, że ktoś staje się jakimś, kimś lub

czymś»: Mandat poselski czyni posła nietykalnym. Żywe usposobienie czyniło go sympatycznym. △ Czynić zadość czemuś «odpowiadać jakimś wymaganiom, postępować zgodnie z nimi»: Czynił zadość wymaganiom pracowników.

czynienie *n I, blm książk.* «robienie, wykonywanie; postępowanie» △ *fraz.* (bez zabarwienia książkowego) Mieć z kimś, z czymś do czynienia «mieć kontakty, stykać się»: Pracując w szkole ciągle miał do czynienia z młodzieżą.

*czynna strona p. czasownik (punkt IV).

czynnik *m III* «jeden ze składników warunkujących coś, rozstrzygających o czymś»: Istotny, decydujący, ważny, zasadniczy czynnik (*nie*: ogromny, duży, mały czynnik). △ Czynnik społeczny, partyjny itp. a. czynniki społeczne, partyjne itp. «grupa ludzi (*nie*: poszczególny człowiek) pełniących pewne funkcje w życiu społecznym»: W tych sprawach decyduje czynnik partyjny a. decydują czynniki partyjne. △ Ale *niepoprawne*: W naradzie wziął udział tow. Kowalski jako czynnik partyjny (*zamiast*: jako przedstawiciel partii).

czynność *ż V* «działanie, praca; funkcjonowanie»: Czynności administracyjne, przygotowawcze. Czynność mózgu, serca. Czynności sądu, urzędu. △ Zawiesić kogoś w czynnościach «pozbawić kogoś prawa wykonywania obowiązków zawodowych, społecznych»

czynny *m-os.* czynni, *st. w.* czynniejszy a. bardziej czynny: Czynna służba wojskowa. Brać w czymś czynny udział. Był jednym z najbardziej czynnych członków organizacji. Czynny wulkan.

czyrak (*nie*: czerak) *m III*.

czystość *ż V, blm*: Wzorowa czystość. Czystość obyczajów, zamiarów. Czystość tonu, rysunku. Czystość w ubraniu. Utrzymywać czystość (w mieszkaniu) a. w czystości (mieszkanie). Lśnić czystością (o naczyniach, pomieszczeniach).

czysty *m-os.* czyści, *st. w.* czystszy a. czyściejszy. **do czysta** «tak, że nie ma po czymś śladu, zupełnie całkowicie»: Zjadł kaszę do czysta. Ogolony do czysta.

czytelnia *ż I, lm* D. czytelni, *rzad.* czytelń: Czytelnia publiczna, dziecięca. Czytać dzienniki w czytelni. Wypożyczać książki z czytelni.

czytelny *st. w.* czytelniejszy «łatwy do odczytania; wyraźny»: Czytelne pismo. Czytelny podpis.

czyż «wzmocniona partykuła pytajna *czy* (używana zwykle w języku książkowym)»: Czyż sam tego nie rozumiesz? △ Połączenie *czyż* z cząstką składową form trybu przypuszczającego pisze się łącznie, np. Czyżby to już był ranek? (*nie*: czyż to już byłby ranek?). *Por.* czy (w zn. 1).

czyżyk *m III, rzad.* **czyż** *m II, lm* D. czyży a. czyżów.

— ćmielowianin *m V, D.* ćmielowianina, *lm M.* ćmielowianie, *D.* ćmielowian — ćmielowianka *ż III, lm D.* ćmielowianek — ćmielowski.

! ćmokać p. cmokać.

ćwiartka *ż III, lm D.* ćwiartek w zn. *pot.* **a)** a. ćwierć «połowa tylnej lub przedniej części zabitego zwierzęcia» **b)** «czwarta część korca, litra»: Ćwiartka kartofli; ćwiartka wódki.

ćwiczebny 1. «wykonywany dla nabrania wprawy»: Ćwiczebny rejs. Ćwiczebne skoki spadochronowe. **2.** p. ćwiczeniowy.

ćwiczenie *n I*: Ćwiczenie szkolne (gramatyczne, matematyczne a. z gramatyki, matematyki). Robić, odrabiać ćwiczenie. Być, zostać powołanym na ćwiczenia (wojskowe).

ćwiczeniowy a. **ćwiczebny** «służący, używany do ćwiczeń»: Mapka ćwiczeniowa. Kostium, oszczep ćwiczeniowy (ćwiczebny). Tereny ćwiczebne (ćwiczeniowe).

ćwiczyć *ndk VIb,* ćwiczyliśmy (p. akcent § 1a i 2) **1.** — **wyćwiczyć** *dk* «sposobić, zaprawiać» □ Ć. co: Ćwiczyć gamy, biegi, rzuty, skoki, wolę. □ Ć. kogo, co w czym: Ćwiczył go w sztuce strzelania. **2.** «gimnastykować się, trenować» □ Ć. bez dop.: Na sali ćwiczył zespół skoczków. **3.** — **oćwiczyć** *dk książk.* «bić, chłostać»: Ćwiczył bez miłosierdzia psa. **ćwiczyć się** □ Ć. się w czym: Ćwiczył się w strzelaniu. // D Kult. I, 41.

ćwiek *m III △ pot. (tu: B. = D.)* Zabić, wbić komuś ćwieka (w głowę) «sprawić komuś kłopot, zmuszając do uporczywego myślenia o pewnej określonej rzeczy; zabić klina»

ćwierć *ż V, lm M.* ćwierci *(nie:* ćwiercie) **1.** «czwarta część całości»: Ćwierć kilo (cukru, mąki). Ćwierć morgi, mili. **2.** «czwarta część korca, ćwiartka»: Ćwierć żyta, kartofli.

ćwierć- «pierwsza część wyrazów złożonych, oznaczająca czwartą część tego, o czym mówi druga część złożenia, pisana łącznie», np.: ćwierćarkuszowy, ćwierćfinał, ćwierćwiecze.

ćwierkać *(nie:* ćwirkać) *ndk I,* ćwierkałby (p. akcent § 4c) — **ćwierknąć** *dk Va,* ćwierknął *(wym.* ćwierknoł), ćwierknęła *(wym.* ćwierknęła; *nie:* ćwierkła), ćwierknąłby *(wym.* ćwierknołby).

ćwikła *ż IV* **1.** *blm* «przyprawa do mięsa z gotowanych czerwonych buraków zmieszanych z tartym chrzanem» **2.** *lm M.* ćwikły, *D.* ćwikieł *reg.* «burak ćwikłowy»

ćma *ż IV* **1.** *lm D.* ciem «motyl nocny» **2.** zwykle w *lp, wych.* z użycia «bardzo duża liczba»: Nieprzebrana ćma ludzi. **3.** zwykle *blm, przestarz., poet.* «ciemność, mrok»: Ćma nocna. // D Kult. I, 655.

Ćmielów *m IV, D.* Ćmielowa, *C.* Ćmielowowi *(ale:* ku Ćmielowowi a. ku Ćmielowu) «miejscowość»

dach *m III, D.* dachu «górne nakrycie budynku»: Płaski, stromy dach. Dach hełmowy, kopułowy. Podciągnąć, wyprowadzić budynek pod dach. Pokryć budynek dachem. Pokryć, poszyć dach (blachą, dachówką, słomą). △ *przen.* «dom, mieszkanie»: Mieć dach nad głową. Mieszkać pod swoim, pod własnym dachem. Żyć z kimś pod jednym dachem. Nie mieć dachu nad głową.

dacharz *m II, lm D.* dacharzy; *częściej:* **dekarz** *m II, lm D.* dekarzy.

dachówka *ż III, lm D.* dachówek: Kryć dom dachówką, *rzad.* dachówkami.

dać *dk I,* dadzą, daj, dajmy (*nie:* dej, dejmy), daliśmy (p. akcent § 1a i 2) — **dawać** *ndk IX,* daje, dają (*nie:* dawają), dawaj, dawaliśmy □ D. co, *rzad.* kogo: Dać książkę. Dała mu córkę za żonę. Przedsiębiorstwo dawało duże zyski. △ Dać radę «udzielić rady» △ Dać (sobie) rady a. radę «podołać, sprostać czemuś» △ Dać możność, możliwość (*lepiej:* umożliwić). △ Dać strzał (*nie:* oddać strzał, *lepiej:* strzelić). △ Dać ognia, salwę, serię itp. △ *książk.* Dać wyraz czemuś (*nie:* czegoś): Dała wyraz swojemu żalowi. △ Dać za wygraną (*nie:* za wygrane). △ Dane (*nie:* danym) jest coś komuś. □ D. czego (zwykle z dopełniaczem cząstkowym w zn. «użyczyć, pożyczyć» lub w niektórych *fraz.*): Dać papierosa, ognia, dać cukru, kawy, chleba «dać trochę cukru, filiżankę kawy, kawałek chleba» △ Daj mi tego ołówka «pożycz mi go na chwilę» △ Dać nura, drapaka, susa «uciec, skoczyć» △ Dać kosza, odkosza «odmówić konkurentowi, *żart.* także częstującemu, zapraszającemu itp.» □ D. + bezokol. «polecić wykonanie czegoś przez kogoś»: Dać uszyć sukienkę, załatać buty. △ Dać komuś znać «zawiadomić kogoś» △ Dać coś (komuś) zrobić «pozwolić coś komu zrobić»: Los dał mi doczekać końca wojny. Nie dała mi zjeść obiadu. △ *wych. z użycia* Dać czemuś ucha (*nie:* ucho) «chętnie czegoś słuchać»: Dał ucha pogłoskom, plotkom. △ *niepoprawne* w zn. «położyć, schować, wsadzić», np. Gdzie ja to dałem?
dać się — dawać się zwykle z przeczeniem «pozwolić się pokonać»: Bądźcie dzielni, nie dajcie się. △ Dać się widzieć, słyszeć, czuć: Dał się słyszeć warkot samolotu. || D Kult. I, 750, 761; U Pol. (1), 318.

Dadaj *m I, D.* Dadaja a. (w połączeniu z wyrazem: jezioro) *ndm* «jezioro»: Pływać po Dadaju (po jeziorze Dadaj).

dag «skrót wyrazu: *dekagram* (obowiązujący poprzednio skrót: dkg), pisany bez kropki, stawiany zwykle po wymienionej liczbie, czytany jako cały, odmieniany wyraz»: 5 dag (*czyt.* dekagramów).

Dagestan (*wym.* Dagestan a. Dagiestan, *nie:* Dagestan, Dagiestan) *m IV, D.* Dagestanu «autonomiczna republika w ZSRR» — Dagestańczyk *m III, lm M.* Dagestańczycy — Dagestanka *ż III, lm D.* Dagestanek — dagestański (p.).

dagestański (*wym.* dagestański a. dagiestański): Języki dagestańskie (*ale:* Dagestańska Autonomiczna Socjalistyczna Republika Radziecka).

Dahomej *m I* 1. *D.* Dahomeju «państwo w Afryce» 2. *D.* Dahomeja, *lm M.* Dahomeje; a. **Dahomejczyk** *m III, lm M.* Dahomejczycy «mieszkaniec tego pań-

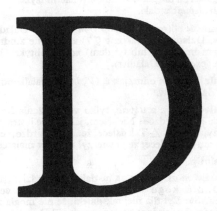

stwa» — Dahomejka *ż III, lm D.* Dahomejek — dahomejski.

I Dakota *ż IV* a. (w połączeniu z wyrazami: stan, rzeka) *ndm* 1. Dakota Południowa, Północna «stany w USA»: Mieszkać w Dakocie (Południowej, Północnej) a. mieszkać w stanie Dakota (Południowa, Północna). 2. «rzeka»
3. dakota «typ samolotu»

II Dakota *m* odm. jak *ż IV, lm M.* Dakotowie, *DB.* Dakotów «członek jednego z plemion indiańskich Ameryki Północnej» △ Indianie Dakota, plemiona Dakota (w takich wyrażeniach Dakota *ndm*): Dawniej Indianie Dakota żyli w preriach. Walczyć z plemionami Dakota. — Dakotyjka *ż III, lm D.* Dakotyjek.

daktyl *m I, lm D.* daktyli, *rzad.* daktylów 1. *B.* daktyla a. daktyl «owoc palmy daktylowej»: Zjeść daktyla (daktyl). 2. «rodzaj stopy wierszowej»

daktyliczny «odnoszący się do daktyla — stopy wierszowej»: Daktyliczny układ sylab. Stopa daktyliczna.

daktylowy «odnoszący się do daktyla — owocu»: Palma daktylowa.

dal *ż V*: W sinawej dali rysowały się kontury gór. **w dal** w użyciu przysłówkowym «w przestrzeń niczym nie ograniczoną»: Spojrzeć w dal. **w dali** w użyciu przysłówkowym «w oddali, w oddaleniu, daleko» **z dala** w użyciu przysłówkowym 1. «daleko, w dużej odległości od czegoś» □ Z dala od kogo, czego: Z dala od ojczyzny, od rodziny. Z dala od gwaru. △ Trzymać się, stać z dala od kogoś, czegoś «nie mieć, nie chcieć mieć, unikać kontaktu z kimś, czymś»: Trzymał się z dala od rówieśników. 2. «ze znacznej odległości; z daleka»: Z dala słychać muzykę. **z dali**, *lepiej*: z dala.

Daladier (*wym.* Daladie) *m IV*, *D.* Daladiera (*wym.* Daladiera, p. akcent § 7) a. (zwykle z odmienianym imieniem lub tytułem) *ndm*: Polityka Daladiera (premiera Daladier).

dalajlama *m* odm. jak *ż IV*, *lm M.* dalajlamowie, *DB.* dalajlamów.

dalece *wych. z użycia*, tylko w wyrażeniach: Jak dalece «jak bardzo»: Nie wiem, jak dalece jesteś z nią zaprzyjaźniona. △ Tak dalece, że... «tak bardzo, że...»: Ufał mu tak dalece, że powierzył mu cały majątek.

dalej p. daleko.

daleki *m-os.* dalecy, *st. w.* dalszy a. bardziej daleki □ D. dla kogo, komu, *rzad.* od kogo «obcy duchowo»: Był dla niej tak daleki, że nie mogła zrozumieć pobudek jego postępowania. □ D. od czego **a)** «nie dorównujący czemuś, nie osiągający czegoś»: Daleki od doskonałości. **b)** a. (z odcieniem *książk.*) Coś jest komuś dalekie «nie dążący do czegoś, nie mający jakiegoś zamiaru»: Daleki jestem od tego, by wdzierać się w twoje tajemnice. Chęć zemsty była mu daleka. △ Na daleką a. dalszą metę «na dłuższy okres, na przyszłość» △ tylko w *st. w.* **a)** w zn. «przedłużający się w przyszłość, następujący po poprzednim; nowy, przyszły»: Dalsza rozmowa jest bezcelowa. △ **b)** w zn. «następny» nadużywane: Ten sam czas uzyskało dalszych (*lepiej*: następnych) pięciu kolarzy.

Daleki Wschód, Daleki odm. przym., Wschód *m IV*, *D.* Wschodu — dalekowschodni.

daleko *st. w.* dalej 1. «w dużej odległości, na dużą odległość»: Gdzieś bardzo daleko. Nie widział dalej niż na odległość kilku metrów. □ D. od czego: Mieszkał daleko od miasta. □ D. do czego: Czy daleko stąd do dworca? △ Daleko komuś, czemuś do kogoś, do czegoś «dużo brakuje do osiągnięcia czegoś, do dorównania komuś, czemuś»: Daleko jej było do piękności. 2. «przysłówek oznaczający oddalenie w czasie — w przyszłości a. w przeszłości»: Sięgał pamięcią bardzo daleko. Imieniny jeszcze daleko. □ D. do czego «tylko w przyszłości»: Daleko jeszcze do świąt. 3. «o wiele, znacznie» tylko z przymiotnikiem a. przysłówkiem w *st. w.*: Czuła się daleko lepiej. Stałaś się daleko piękniejsza. *Ale*: To znacznie (*nie*: daleko) przekraczało jego możliwości. Całkiem (*nie*: daleko) niewystarczający. Zupełnie, wcale (*nie*: daleko) nie tak. 4. tylko w *st. w.* **a)** «w dalszym ciągu, następnie»: Co zamierzasz dalej zrobić? △ I tak, *rzad. pot.* i tam dalej (skrót: itd.) «na końcu wyliczenia wskazuje, że nie wszystko zostało wyliczone»

b) «oznacza rozpoczęcie, zwykle nagłe, jakiejś czynności, a jako wykrzyknik — zachętę do wykonania czegoś»: Dalej płakać i krzyczeć. Dalej w drogę! 5. tylko w *st. najw.*: najdalej «najpóźniej»: Najdalej za godzinę muszę wyjść.

daleko- «pierwsza część wyrazów złożonych, pisana łącznie, oznaczająca: na dużą odległość, w dużej odległości», np.: dalekobieżny, dalekonośny, dalekosiężny, dalekowidz. △ Wyrażenia, których pierwszym członem jest przysłówek, a drugim imiesłów, pisze się rozdzielnie, np. daleko mieszkający.

dalekomierz a. **dalmierz, dalomierz** *m II*, *lm D.* dalekomierzy (dalmierzy, dalomierzy), *rzad.* dalekomierzów (dalmierzów, dalomierzów); in. odległościomierz.

dalekowidz *m II*, *lm M.* dalekowidze, *D.* dalekowidzów.

d'Alembert (*wym.* Dalãber) *m IV*, d'Alemberta (*wym.* Dalãberta, p. akcent § 7) a. (zwykle z odmienianym imieniem) *ndm*: System klasyfikacji nauk d'Alemberta a. Jeana (*wym.* Żana) d'Alembert.

Daleszyce *blp*, *D.* Daleszyc «miejscowość» — daleszycki (p.).

daleszycki: Kościół daleszycki. Jarmarki daleszyckie (*ale*: Pasmo Daleszyckie).

dalia *ż I*, *DCMs.* i *lm D.* dalii; in. georginia.

dalibóg (*nie*: da li Bóg) *wych. z użycia* «wykrzyknik mający potwierdzić prawdziwość tego, co się mówi; jak Boga kocham, doprawdy, słowo daję»

Dalmacja *ż I*, *DCMs.* Dalmacji «kraina w Jugosławii» — Dalmatyńczyk (p.), *przestarz.* Dalmata *m* odm. jak *ż IV*, *lm M.* Dalmaci, *DB.* Dalmatów; a. Dalmatyniec *m II*, *D.* Dalmatyńca, *lm M.* Dalmatyńcy — Dalmatynka, *przestarz.* Dalmatka *ż III*, *lm D.* Dalmatynek (Dalmatek) — dalmatyński, *przestarz.* dalmacki.

Dalmatyńczyk *m III* 1. *lm M.* Dalmatyńczycy «mieszkaniec Dalmacji» 2. dalmatyńczyk *lm M.* dalmatyńczyki «pies rasy dalmatyńskiej»

dalmierz, dalomierz p. dalekomierz.

dalszy p. daleki.

daltonizm *m IV*, *D.* daltonizmu, *Ms.* daltonizmie (*wym.* ~izmie a. ~iźmie), zwykle *blm*.

dam «skrót wyrazu: *dekametr* (obowiązujący poprzednio skrót: dkm), pisany bez kropki, stawiany zwykle po wymienionej liczbie, czytany jako cały, odmieniany wyraz»: 5 dam (*czyt.* dekametrów).

dama *ż IV* «dawniej: kobieta należąca do wyższego stanu; dziś z odcieniem staroświeckiej uprzejmości, *żart.* lub *iron.* o kobiecie wytwornej» △ w zn. «pionek w warcabach» *częściej*: damka. △ w zn. «figura szachowa» in. hetman, królowa.

damascenka *ż III*, *lm D.* damascenek 1. «mieszkanka Damaszku» 2. «szabla ze stali damasceńskiej»

damasceński «odnoszący się do Damaszku» △ Stal damasceńska «gatunek stali specjalnie hartowanej» △ Nóż damasceński, szabla damasceńska itp. «nóż, szabla itp. z tej stali»

Damaszek *m III, D.* Damaszku «stolica Syrii» — damasceńczyk *m III, lm M.* damasceńczycy — damascenka (p.) — damasceński (p.).

Damokles (*nie*: Demokles) *m IV* △ Miecz Damoklesa «stale grożące niebezpieczeństwo»

Damoklesowy (*nie*: Demoklesowy) △ Miecz Damoklesowy, *częściej*: miecz Damoklesa.

damula *ż I* a. **damulka** *ż III, lm D.* damulek *iron., lekcew., pogard.* «dama, kobieta»

Danaidy (*wym.* Dana-idy) *ż,* zwykle w *lm, D.* Danaid △ Beczka Danaid «symbol żmudnej i daremnej pracy»

! **dancing** p. dansing.

dandys *m IV, lm M.* ci dandysi a. (z silniejszym zabarwieniem ekspresywnym) te dandysy; *przestarz.* **dandy** *m ndm* a. odm. jak przym.: Wyfraczone dandysy.

dane p. dany.

Danek *m III, D.* Danka (*nie*: Daneka), *lm M.* Dankowie.
Danek *ż ndm* — Dankowa *ż* odm. jak przym. — Dankówna *ż IV, D.* Dankówny, *CMs.* Dankównie (*nie*: Dankównej), *lm D.* Dankówien.

d'Angers (*wym.* Dǎže) *m ndm*: Medaliony Davida d'Angers.

Dania (*wym.* Dańja) *ż I, DCMs.* Danii — Duńczyk *m III, lm M.* Duńczycy — Dunka *ż III, lm D.* Dunek — duński.

danie *n I* 1. *blm* forma rzeczownikowa czas. dać △ *posp.* Bez dania (*nie*: bez zdania) racji «bez (podania) powodu» 2. «potrawa podawana na stół»: Pierwsze, drugie danie.

Daniel *m I, lm M.* Danielowie, *D.* Danielów. — Danielostwo *n III, DB.* Danielostwa, *Ms.* Danielostwu (*nie*: Danielostwie), *blm*; a. Danielowie *blp, D.* Danielów.

daniel *m I, lm M.* daniele, *D.* danieli «zwierzę»

Daniel-Rops, Daniel *m I,* Rops *m IV*: Utwory Daniela-Ropsa.

danina *ż IV*: Składać, płacić daninę. Nakładać na kogoś, ściągać z kogoś daninę. □ D. czego (zwykle w *przen.*): Danina krwi, życia. □ D. w czym: Danina w naturze, w pieniądzach, w zbożu. □ D. z czego: Danina z ziemi.

d'Annunzio (*wym.* Dannuncjo) *m I, D.* d'Annunzia, *C.* d'Annunziowi, *Ms.* d'Annunziu: Dzieła, wiersze d'Annunzia. Odczyt o d'Annunziu.

danser (*wym.* dǎser a. danser) *m IV, lm M.* danserzy.

dansing (*wym.* dǎs-iŋg a. dans-iŋg, *nie*: danc-ing) *m III, D.* dansingu.

dansingowy (*wym.* dǎs-iŋgowy a. dans-iŋgowy, *nie*: danc-ingowy).

Dante *m* odm. jak przym., *NMs.* Dantem (*nie*: Dantym).

dantejski przym. od Dante △ zwykle we *fraz.* Piekło dantejskie «budzący grozę obraz piekła w „Boskiej Komedii" Dantego (używane także *przen.*)» △ Dantejskie sceny «sceny wstrząsające, budzące grozę»

Danton (*wym.* Danton a. Dãtą) *m IV, D.* Dantona (*wym.* Dantona a. Dãtona, p. akcent § 7): Szkic historyczny o Dantonie.

dany imiesł. bierny czas. dać.

dany w użyciu przymiotnikowym «ten, o którym mowa, przytoczony»: W danej chwili. W danym wypadku, *rzad.* w danym razie. △ W tym znaczeniu nadużywane, np. Jeśli dany osobnik (*lepiej*: Jeżeli ten osobnik) podda się kuracji, może być wyleczony.

dane *blp* w użyciu rzeczownikowym 1. «informacje, wiadomości, *rzad.* przesłanki, motywy» Dane personalne. Dane liczbowe (*nie*: cyfrowe). □ D. o czym: Dane o pracy. □ D. do czego: Zebrać dane do projektu. △ *rzad.* Nie miał żadnych danych do traktowania tej sprawy poważnie. 2. «szanse, możliwości»: Mieć dane, żeby... Mieć dane na to, *rzad.* po temu, żeby... □ D. na co: Były pewne dane na zwycięstwo.

dań *ż V przestarz., książk.* a) «danina»: Dań w naturze. Dań pieniężna. △ *przen.* Dań krwi.
b) «dar, podarunek»: Przynosić, składać coś komuś w dani.

dar *m IV, D.* daru 1. *książk.* «upominek, prezent, ofiara»: Szczodry dar. Dary w naturze, w pieniądzach. Brać, otrzymać, składać itp. coś w darze. □ D. dla kogo a. na kogo, na co: Dar dla matki. Dar na ubogich. Dar na odbudowę Warszawy. 2. «zdolność, umiejętność» □ D. do czego «o wrodzonych zdolnościach do jakiejś sztuki, rzemiosła, zawodu»: Miał szczególny dar do rysunków. Po matce pianistce odziedziczył dar do muzyki. □ D. czego «o wrodzonej umiejętności robienia czegoś»: Dar zjednywania sobie ludzi. Dar opowiadania. △ Dar słowa a) «zdolność, talent pięknego mówienia i pisania» b) *przestarz.* «zdolność posługiwania się językiem jako cecha odróżniająca człowieka od innych istot»

Dardanele *blp, D.* Dardaneli «cieśnina w Turcji» — dardanelski (p.).

dardanelski △ zwykle we *fraz.*: Osioł dardanelski.

daremnie, *przestarz.* **daremno.**

I Dariusz *m II, lm M.* Dariuszowie a. Dariusze, *D.* Dariuszów «imię starożytnych królów perskich»

II Dariusz *m II, lm M.* Dariuszowie — Darek, *m III, D.* Darka, *lm M.* Darkowie — Dariuszostwo *n III, DB.* Dariuszostwa, *Ms.* Dariuszostwu (*nie*: Dariuszostwie), *blm*; a. Dariuszowie *blp, D.* Dariuszów — Darkowie *blp, D.* Darków.

darmo 1. a. **za darmo** «bezpłatnie»: Dostać coś darmo (za darmo). △ Pół darmo, na pół darmo a. za pół darmo «bardzo tanio, za bezcen»: Kupić coś pół (na pół, za pół) darmo.
2. a. **na darmo** «na próżno, daremnie»: Darmo (na darmo) tracić czas. △ Nie darmo «nie bez przyczyny, nie bez powodu» 3. *przestarz.* «trudno, nie ma rady, nic nie pomoże» żywe we *fraz.*: Trudno i darmo.

darmowy (*nie*: darmy) *pot.* «bezpłatny»: Darmowe bilety.

darmozjad (*wym.* darmozjad) *m IV, lm M.* te darmozjady.

darń *ż V* a. **darnina** *ż IV.*

darować *dk* a. *ndk IV,* darowaliśmy (p. akcent § 1a i 2) — **darowywać** *ndk VIIIa,* darowuję (*nie:* darowywuję, darowywam), darowywaliśmy 1. «przebaczyć, odpuścić»: Darować urazę. △ Daruje pan (pani), daruj, darujcie «formy grzecznościowe» 2. «zrezygnować z odebrania czegoś»: Darować skazańcowi życie. △ *pot.* Darować coś sobie «zrezygnować z czegoś»: Daruj sobie dziś ten spacer. 3. dziś *częściej:* podarować, ofiarować «dać na własność»: Darować książkę.

Darwin *m IV:* Teoria ewolucji Darwina.

Darwin *m IV, D.* Darwina «miasto w Australii»: Port lotniczy w Darwinie.

darwinistyczny «odnoszący się do darwinisty a. darwinizmu»: Kierunek darwinistyczny.

darwinizm *m IV, D.* darwinizmu, *Ms.* darwinizmie (*wym.* ~izmie a. ~iźmie), *blm.*

Darwinowski 1. «należący do Darwina, związany z jego osobą»: Darwinowskie dzieło o pochodzeniu gatunków. 2. **darwinowski** «odnoszący się do teorii Darwina»: Poglądy darwinowskie biologów.

darzyć *ndk VIb,* darzyliśmy (p. akcent § 1a i 2), dziś tylko we *fraz. książk.*: Darzyć (kogoś, coś) uczuciem, łaskami, względami, zaufaniem itp. «lubić, kochać, mieć względy, zaufanie itp.»
darzyć się *książk.* «szczęścić, wieść się, udawać się» ☐ Darzy się komu: Nie darzyło mu się jakoś w tym roku.

daszek *m III, D.* daszka, *rzad.* daszku.

data *ż IV:* Położyć, wpisać, postawić datę. Zapisać coś pod pewną datą. △ Ktoś, coś starej, dawnej daty «ktoś staroświecki, niewspółczesny; coś staroświeckiego, dawnego»: Człowiek, ubiór starej daty. △ Ktoś, coś nowej, świeżej daty «ktoś postępowy, o nowoczesnych poglądach; coś nowoczesnego, współczesnego»: Polak nowej daty. Budynek nowej, świeżej daty. △ Być pod dobrą datą «być podchmielonym, pijanym»

datować *ndk IV,* datowaliśmy (p. akcent § 1a i 2) 1. «opatrywać datą, oznaczać czas i miejsce» ☐ D. co: Datować list. △ Pismo, list itp. datowane skądś: List datowany z Wrocławia. 2. «określać, ustalać datę jakiegoś faktu, czas powstania, istnienia itp. czegoś» ☐ D. co — od czego, od kogo: Początek państwa polskiego datowano od chwili przyjęcia chrześcijaństwa. Oryginalną literaturę polską datowano od Reja.
datować się 1. «powstawać, rozpoczynać się od jakiegoś czasu, od danej daty» ☐ Coś datuje się od czego: Od tego wieczoru datuje się nasza znajomość. 2. «pochodzić z jakiegoś czasu» ☐ Coś datuje się z... (jakiegoś okresu, z jakiejś epoki itp.): Jego przygody datują się z czasów wojny.

*daty W datach nazwę dnia i roku piszemy cyframi arabskimi, rzadko — słowami (jedynie w tekstach literackich i prawniczych), nazwę miesiąca zaś cyframi arabskimi, rzymskimi lub słowami, np. datę: *dwunasty lipca tysiąc dziewięćset sześćdziesiątego roku*

można zapisać: 12.7.1960 r. a. 12.VII.1960 r. a. 12 VII 1960 r. a. 12 lipca (*nie:* lipiec) 1960 r. △ W ten sam sposób wyrażamy datę cyframi, jeśli występuje w tekście w przypadku zależnym np.: Powstanie wybuchło 1.VIII.1944 r. (*nie:* 1-ego VIII.1944 r.) (*czyt.:* ...pierwszego sierpnia...). Nie wyjedziemy przed 5.VI.1960 (*czyt.* przed piątym czerwca, *nie:* czerwcem). △ Uwaga. Nazwę miesiąca stawiamy (i odczytujemy w datach zapisanych cyframi) zawsze w dopełniaczu; nazwę dnia — w dopełniaczu, z przyimkami *przed, po* — w narzędniku (gdy odpowiada na pytanie: kiedy?), bądź też w mianowniku (gdy odpowiada na pytanie: jaki jest dzień?), np.: Przyjechał dwunastego grudnia. Dziś jest drugi września (*nie:* drugi wrzesień). Wyjechaliśmy po trzecim września (*nie:* po trzecim wrześniu). *Por.* cyfrowy zapis liczebników i nazwy poszczególnych miesięcy.

Daudet (*wym.* Dode) *m IV, D.* Daudeta (*wym.* Dodeta, p. akcent § 7), *Ms.* Daudecie a. (zwykle z odmienianym imieniem) *ndm:* Romaniści wiele się zajmowali Daudetem (Alfonsem Daudet).

Davis (*wym.* Dewis) *m IV, lm M.* Davisowie, *D.* Davisów: Poglądy prezydenta Davisa. Odkrycia geograficzne Johna i Williama Davisów. △ Cieśnina Davisa. Morze Davisa. △ Puchar Davisa.

Davout (*wym.* Dawu) *m IV, D.* Davouta (*wym.* Dawuta, p. akcent § 7) a. (zwykle z odmienianym imieniem lub tytułem) *ndm:* Wielkie nadzieje pokładano w Davoucie (w marszałku Davout).

dawać p. dać.

dawczyni (*nie:* dawczynia) *ż I, B.* dawczynię (*nie:* dawczynią), *W.* dawczyni (*nie:* dawczynio), *lm D.* dawczyń *rzad.* «kobieta-dawca»: Zespół dawczyń krwi.

dawno *st. w.* dawniej 1. «w odległych czasach, kiedyś» (w tym zn. używane także: *dawniej; dawno* zaś zwykle w wyrażeniach: dawno temu; bardzo dawno temu): Ze znanych książek Łozińskiego dowiadujemy się, jak żyli dawniej Polacy. 2. «od pewnego, dłuższego czasu; od dawna»: Dawno cię nie widziałem. △ Jak dawno «od jakiego czasu»: Jak dawno tu mieszkasz? 3. tylko w *st. w.* dawniej «poprzednio, przedtem»: Prosił, żeby do niego mówić jak dawniej po imieniu. Zastanawiał się teraz nad tym, co dawniej nie zwracało jego uwagi. // D Kult. II, 208.

dawny *m-os.* dawni, *st. w.* dawniejszy 1. «pochodzący z odległych lat; starożytny, staroświecki»: W dawnych czasach. Od najdawniejszych czasów. Dawna nazwa. 2. *st. w.* (dawniejszy) jest używany w tym samym zn. co: dawny (były): Dawny a. dawniejszy oficer napoleoński. 3. «poprzedni, dotychczasowy»: Wrócił na dawne miejsce. 4. «długo trwający, stary, zastarzały»: Dawna przyjaźń. Nie mogę się wyzbyć dawnych przyzwyczajeń.
od dawna, *przestarz.* **z dawna** «od dłuższego czasu»
od dawien dawna, *rzad.* **z dawien dawna** «od bardzo długiego czasu»
po dawnemu «jak kiedyś, jak przedtem, jak poprzednio, jak dawniej»: Wszystko zostało po dawnemu.

dąb *m IV, D.* dębu (we *fraz. DB.* dęba) △ Malować, robić co nà dąb «malować, naśladować drewno dębowe»: Szafa zrobiona na dąb. △ Stanąć, wspiąć się dęba, *rzad.* dębem a) «o koniu: stanąć na tylne nogi» b) «o człowieku: stanąć na rękach lub na głowie, *przen.* zbuntować się, stawić opór» c) «o włosach: podnieść się, najeżyć się» d) «o przedmiotach: przybrać pozycję pionową» △ *pot.* Dać dęba «uciec»

Dąbie *n I* a. (w połączeniu z wyrazem: jezioro) *ndm* «miasto i jezioro» — dąbski (p.).

Dąbki *blp, D.* Dąbków «miejscowość»

Dąbrowa (Białostocka, Górnicza, Tarnowska), Dąbrowa *ż IV, D.* Dąbrowy (*nie*: Dąbrowej), Białostocka, Górnicza, Tarnowska odm. przym. — dąbrowianin *m V, D.* dąbrowianina, *lm M.* dąbrowianie, *D.* dąbrowian — dąbrowianka *ż III, lm D.* dąbrowianek — dąbrowski (p.).

dąbrowski: Powiat dąbrowski (*ale*: Zagłębie Dąbrowskie).

dąbrowszczak *m III, lm M.* ci dąbrowszczacy a. (z silniejszym zabarwieniem ekspresywnym) te dąbrowszczaki *pot.* «członek brygady im. Jarosława Dąbrowskiego»

Dąbrówka *ż III* a. **Dobrawa** *ż IV* «żona Mieszka I»

dąbski przym. od Dąbie △ Jezioro Dąbskie.

dąć *ndk Xc,* dmę (*nie*: dmię), dmie, dmą (*nie*: dmią), dmij, dąłem (*wym.* dołem, *nie*: dełem), dęliśmy (*wym.* deliśmy, p. akcent § 1a i 2) **1.** «dmuchać, wiać»: Wiatr dął od zachodu. □ *D.* czym: Zawierucha dęła śniegiem. □ *przestarz., rzad.* D. co: Wiatr dmie tumany piasku. **2.** «grać na instrumencie dętym» □ *D.* w co: Dąć w trąby. △ *pot.* Dąć w czyjąś dudkę «dostosować się do czyichś poleceń, opinii»

dąć się *pot.* «stawać się zarozumiałym, pysznić się, zadzierać nosa»: Był nielubiany, bo wiecznie się dął. Czego się tak dmiesz? □ *D.* się wobec kogo, przed kim: Dął się przed dawnymi kolegami. || *KJP 276, 281, 291.*

dąsać się *ndk I,* dąsaliśmy się (p. akcent § 1a i 2): Trudno z nim wytrzymać, albo się dąsa, albo go nic nie obchodzi. □ *D.* się na kogo (o co, za co): Dąsał się na przyjaciela o błahostkę. Dąsał się za niedotrzymanie obietnicy.

dąsy *blp, D.* dąsów.

dążność *ż V:* Dążności społeczeństwa w jakimś okresie. □ *D.* do czego, *rzad.* ku czemu: Dążność do ograniczenia władzy magnatów.

dążyć *ndk VIb,* dążymy, dąż, dążyliśmy (p. akcent § 1a i 2) *książk.* a) «iść, zmierzać dokądś» □ *D.* do czego, do kogo: Dążyć do kraju, do domu. b) «mieć wytknięty cel i chcieć go osiągnąć» □ *D.* do czego, *rzad.* ku czemu: Dążyć do wykonania planu. Dążyć ku zmianom.

dbać *ndk I,* dbaliśmy (p. akcent § 1a i 2) □ *D.* o kogo, o co (*nie*: na kogo, na co): Nie dbał o wygody.

dbały *m-os.* dbali, *st. w.* bardziej dbały □ *D.* o co, *rzad.* o kogo: Dbały o czystość.

dca a. **d-ca** *m* odm. jak *ż II, DCMs.* dcy (d-cy), *B.* dcę (d-cę), *N.* dcą (d-cą), *lm M.* dcy (d-cy), *DB.* dców (d-ców) «skrót wyrazu: *dowódca,* stawiany zwykle przed nazwą danej jednostki wojskowej, czytany jako cały wyraz»: Dca (d-ca) plutonu, kompanii. Mianować kogoś dcą (d-cą) kompanii. D-cy (dcy) plutonów obowiązani są...

dcg p. dg

dcl p. dl

dcm p. dm

dcn. «skrót wyrazów: *dalszy ciąg nastąpi,* pisany z kropką, czytany jako całe wyrażenie» *Por.* ciąg.

de- «przedrostek występujący w wyrazach utworzonych od wyrazów obcego pochodzenia, pisany łącznie; jego odpowiednikami polskimi są przedrostki: od-, wy-, roz-; oznacza»: a) «pochodzenie od czegoś», np. dewerbalny. b) «zaprzeczenie, przeciwieństwo; pozbawienie, redukcję czegoś», np.: delegalizacja, decentralizować, demontować. *Por.* dez-

debata *ż IV,* częściej w *lm* «narada, dyskusja, zwykle publiczna»: Debaty sejmowe. □ Debaty nad czym: Toczono długie debaty nad nowym projektem.

debatować *ndk IV,* debatowaliśmy (p. akcent § 1a i 2) □ *D.* nad czym, *rzad.* o czym: Debatować nad jakimś zagadnieniem.

debet *m IV, D.* debetu: Zapisać na debet, na debecie, w debecie.

debil *m I, lm D.* debilów.

debiutować *ndk* a. *dk IV,* debiutowaliśmy (p. akcent § 1a i 2) — **zadebiutować** *dk* □ *D.* bez dop.: Debiutowała przed laty w „Lilli Wenedzie". □ *D.* czym: Debiutował niezłym tomikiem poezji.

Debré (*wym.* Debre) *m* odm. jak przym., *D.* Debrégo (p. akcent § 7), *NMs.* Debrém a. (zwykle z odmienianym imieniem lub tytułem) *ndm*: Z Debrém (z Janem Debré) spotkałem się przed laty w Paryżu.

Debreczyn *m IV, D.* Debreczyna «miasto na Węgrzech» — debreczyński.

Debussy (*wym.* Debüs-i) *m* odm. jak przym., *D.* Debussy'ego (p. akcent § 7) a. (zwykle z odmienianym imieniem) *ndm*: Szkice krytyczne o Debussym a. o Claudzie (*wym.* Klodzie) Debussy.

dech *m III, D.* tchu (*nie*: dechu), *C.* tchu a. tchowi, *B.* dech, *N.* tchem, *Ms.* tchu △ Co tchu, ile tchu «jak najszybciej»: Pędzić co tchu. △ Póki tchu, do ostatniego tchu (w piersiach) «dopóki życia»: Walczyć o coś, póki tchu w piersiach. △ Tchu komuś brakuje, dech komuś zapiera, dech zamiera komuś a. w kimś «ktoś przestaje oddychać, komuś brak powietrza» △ Nabrać tchu «głęboko odetchnąć» || *KJP 137.*

decorum p. dekorum.

decrescendo (*wym.* dekreszendo, *nie*: dekreszczendo, dekreszczendo).

decy- «pierwszy człon wyrazów złożonych, pisany łącznie, oznaczający dziesiątą część podstawowej jednostki miary», np.: decymetr (= 0,1 metra), decylitr, decybel.

decybel *m I, D.* decybela, *lm D.* decybeli a. decybelów.

decydować *ndk IV*, decydowaliśmy (p. akcent § 1a i 2) — **zdecydować** *dk*: Rodzice decydowali w sprawach dotyczących wychowania dzieci. Sam decydował, jak ma postępować. Od razu decydowała, co ładne, co brzydkie. □ D. o czym: Decydować o czyichś losach. □ *rzad*. D. co: Sam decydował sprawę wyjazdu.
decydować się □ D. się na co: Decydować się na zmianę pracy. □ D. się + bezokol.: Decydowała się wyjechać (a. na wyjazd) w najbliższym czasie.

decygram *m IV*, D. decygrama (skrót: dg; do 1966 r. obowiązywał skrót: dcg).

decylitr *m IV*, D. decylitra (skrót: dl; do 1966 r. obowiązywał skrót: dcl).

decymalny, *częściej*: dziesiętny, np. Decymalny podział metra. System decymalny.

decymetr *m IV*, D. decymetra (skrót: dm; do 1966 r. obowiązywał skrót: dcm).

decyzja *ż I, DCMs*. i *lm* D. decyzji: Stanowcza decyzja. Powziąć (*ale nie*: powzinąć, pobierać), podjąć (*nie*: przyjąć), podejmować decyzję. Decyzja zapadła. □ D. czego: Na zebraniu zapadła decyzja budowy nowej fabryki (tj. postanowiono wybudować tę fabrykę). □ D. co do czego a. o czym: Powzięto decyzję o wyjeździe (co do wyjazdu).

!dedektyw p. detektyw.

dederon *m IV*, D. dederonu **1.** *blm* «syntetyczne włókno» **2.** *pot*. tylko w *lm* «pończochy z tego włókna»

dedukować *ndk IV*, dedukowaliśmy (p. akcent § 1a i 2) — **wydedukować** *dk* □ D. co — z czego: Dedukować szczegółowe wnioski z ogólnych przesłanek. □ D. że...: Na podstawie teorii dedukował, że doświadczenie powinno się udać.

dedykować *ndk a. dk IV*, dedykowaliśmy (p. akcent § 1a i 2) «umieszczać dedykację, ofiarowywać, poświęcać komuś dzieło artystyczne lub naukowe»: Chopin dedykował swoje Etiudy Lisztowi. Wielu sławnych pisarzy dedykowało mu swoje utwory. △ *niepoprawne* Dedykować (*zamiast*: kierować) pretensje pod czyimś adresem. // KP Pras.

defekt *m IV*, D. defektu, *lm* M. defekty (*nie*: defekta) «uszkodzenie, usterka, wada»: Defekt wymowy. Defekt silnika.

defektologia *ż I, DCMs*. defektologii, *blm* «nauka o kształceniu i wychowywaniu dzieci upośledzonych; *lepiej*: pedagogika specjalna» // D Kult. I, 269.

defektywny, *rzad*. **defektowy, defektowny** «mający defekty, uszkodzony»: Egzemplarz defektywny. // D Kult. I, 269.

defensor (*wym*. defensor a. defenzor) *m IV, lm* M. defensorzy «obrońca» △ Nadużywane w języku sportowym (*zamiast*: obrońca).

defensywa (nie *wym*. defenzywa) *ż IV* «zwykle w terminologii wojskowej: akcja obronna, obrona»: Być, znajdować się w defensywie. △ Nadużywane w języku sportowym (*zamiast*: obrona). // KP Pras.

defetyzm *m IV*, D. defetyzmu, *Ms*. defetyzmie (*wym*. ~yzmie a. ~yźmie), *blm*.

deficyt *m IV*, D. deficytu; in. niedobór: Pokryć deficyt. □ D. czego (*nie*: w czym): Deficyt złota (*nie*: w złocie).

defilować *ndk IV*, defilowaliśmy (p. akcent § 1a i 2) — **przedefilować** *dk* □ D. przed kim, przed czym: Defilować przed wodzem naczelnym. Defilować przed trybuną.

definicja *ż I, DCMs*. i *lm* D. definicji: Ścisła definicja. Dać definicję czegoś. △ Podpadać pod daną definicję «być objętym daną definicją, być określonym»: Ten fakt nie podpada pod prawną definicję przestępstwa.

Defoe (*wym*. Difou) *m ndm*: „Robinson Cruzoe" Daniela Defoe.

defraudacja (*wym*. defrau-dacja, *nie*: defra-u-dacja) *ż I, DCMs*. i *lm* D. defraudacji; in. sprzeniewierzenie.

defraudant (*wym*. defrau-dant, *nie*: defra-u-dant) *m IV, lm* M. defraudanci.

defraudować (*wym*. defrau-dować, *nie*: defra-u-dować) *ndk IV*, defraudowaliśmy (p. akcent § 1a i 2) — **zdefraudować** *dk*, in. sprzeniewierzać: Kasjer banku zdefraudował kilkadziesiąt tysięcy złotych.

Degas (*wym*. Dega) *m IV*, D. Degasa (*wym*. Degasa, p. akcent § 7) a. (zwykle z odmienianym imieniem) *ndm*: Obrazy Degasa (Edgara Degas).

de Gaulle p. Gaulle.

degenerować *ndk IV*, degenerowałby (p. akcent § 4c) — **zdegenerować** *dk* **1.** «powodować degenerację»: Wieloletnie próżniactwo degenerowało ich z pokolenia na pokolenie. **2.** *częściej*: degenerować się «ulegać degeneracji»
degenerować się — **zdegenerować się** «wyradzać się, wyrodnieć; ulegać degeneracji»: Na skutek nieumiejętnej opieki zwierzyna łowna degeneruje się.

degrengolada *ż IV, blm, wych. z użycia, lepiej*: upadek (moralny, materialny).

degustować *ndk IV*, degustowaliśmy (p. akcent § 1a i 2) «określać jakość produktów spożywczych na podstawie ich smaku»: Degustować wino, herbatę, czekoladę.

deizm *m IV*, D. deizmu, *Ms*. deizmie (*wym*. ~izmie a. ~iźmie), *blm*.

Dejguny *blp*, D. Dejgun (*nie*: Dejgunów) a. (w połączeniu z wyrazem: jezioro) *ndm* «jezioro»: Pływać po Dejgunach (po jeziorze Dejguny).

deka- «pierwsza część wyrazów złożonych, pisana łącznie, oznaczająca: dziesięć», np.: dekagram, dekalitr.

deka (*nie*: deko) *n ndm pot*. «forma skrócona wyrazu: *dekagram*»: Jedno deka, dwa deka, pięć deka.

dekadencja *ż I, DCMs*. dekadencji, *blm* «schyłek, upadek, rozkład jakichś wartości kulturalnych, społecznych itp.»: Dekadencja teatru.

dekadentyzm *m IV*, D. dekadentyzmu, *Ms*. dekadentyzmie (*wym*. ~yzmie a. ~yźmie), *blm* «schyłkowy kierunek w sztuce na przełomie XIX i XX w.»: Hołdować dekadentyzmowi.

dekagram *m IV, D.* dekagrama '(skrót: dag; do 1966 r. obowiązywał skrót: dkg). *Por.* deka.

dekametr *m IV, D.* dekametra (skrót: dam; do 1966 r. obowiązywał skrót: dkm).

dekanat *m IV, D.* dekanatu «jednostka administracyjna w kościele katolickim; urząd dziekana w kościele katolickim» *Por.* dziekanat.

Dekert (*wym. pot.* Dekiert) *m IV, lm M.* Dekertowie: Jan Dekert, prezydent dawnej Warszawy.

dekiel *m I, D.* dekla, *lm D.* deklów a. dekli; *lepiej*: przykrywa, pokrywka; blat (fortepianu); czapka korporancka.

deklamować *ndk IV,* deklamowaliśmy (p. akcent § 1a i 2): Deklamować wiersze. △ W zn. «mówić frazesy» zwykle: □ D. o czym: Deklamować o moralności.

deklaracja *ż I, DCMs.* i *lm D.* deklaracji 1. «podanie czegoś do wiadomości ogółu, publiczne ogłoszenie czegoś»: Deklaracja programowa. Uchwalić, ogłosić deklarację. □ D. czego, o czym, w sprawie czego: Deklaracja praw człowieka. Deklaracja o objęciu władzy. Deklaracja w sprawie pokoju. 2. «oświadczenie, przyrzeczenie, zobowiązanie»: Deklaracja celna, podatkowa. Składać deklarację. 3. «blankiet, formularz do podpisywania oświadczeń, zobowiązań»: Wypełnić, podpisać deklarację.

deklarować *ndk IV,* deklarowaliśmy (p. akcent § 1a i 2) «oświadczać kategorycznie, ogłaszać oficjalnie; wyrażać gotowość, przyrzekać coś» □ D. co (*nie*: o czym): Deklarowali swoją gotowość obrony kraju. Deklarować sto złotych na powodzian. △ Nadużywane w zn. «zgłaszać», np. Deklarować (*lepiej*: zgłaszać) swój udział w wycieczce.
deklarować się «opowiadać się» □ D. się za kim, za czym a. przeciw komu, czemu: Deklarować się za pokojem. Deklarować się przeciw represjom. □ D. się co do czego: Deklarować się co do swych poglądów. // *KP Pras.*

*****deklinacja**, czyli odmiana wyrazów przez przypadki i liczby, obejmuje cztery kategorie wyrazów zwane imionami: rzeczowniki, przymiotniki, liczebniki i zaimki. W poszczególnych przypadkach występują odpowiednie końcówki. W odmianie rzeczowników jest ich często kilka dla jednego przypadka, w zależności od rodzaju, zakończenia tematu, czasem również zależnie od znaczenia czy budowy słowotwórczej wyrazu.
1. Deklinacje rzeczowników dzielimy zwykle na 4 grupy: męską, żeńską, nijaką i mieszaną (co do właściwości poszczególnych deklinacji, podziału na grupy w zależności od charakteru słownej spółgłoski tematu oraz wymian wewnątrztematowych p. tabele we wstępie). Końcówki przypadków wyrażają także liczbę pojedynczą lub mnogą. (Omówienie końcówek przypadkowych rzeczowników p. poszczególne przypadki).
2. Deklinacyjne formy przymiotnikowe wyrażają zgodę danego przymiotnika pod względem przypadka, liczby i rodzaju z określanym przez niego rzeczownikiem, np.: Krótki dzień, krótkiego dnia, krótkim

dniem. △ Osobliwości deklinacji przymiotnika zostały omówione pod hasłem: przymiotnik.
3. Cechą charakterystyczną deklinacji liczebników jest to, że tworzą one 4 grupy o różnej odmianie (p. liczebnik).
4. Zaimki należą do 2 grup: zaimków rodzajowych (odmienianych jak przymiotniki) i zaimków osobowych, mających odmianę sobie właściwą (p. zaimki)

! deko p. deka.

dekolt *m IV, D.* dekoltu (nie *wym.*: dekoldu).

dekonspirować *ndk IV,* dekonspirowaliśmy (p. akcent § 1a i 2) — **zdekonspirować** *dk*: Dekonspirować tajną organizację przed nieprzyjacielem a. wobec nieprzyjaciela.
dekonspirować się — **zdekonspirować się** □ D. się bez dop. △ *niepoprawne* Zdekonspirował się z przynależnością do tajnej organizacji (pleonazm).

dekoratornia *ż I, lm D.* dekoratorni, *rzad.* dekoratorń.

dekoratywny, *częściej*: dekoracyjny.

dekorum *n ndm,* tylko w *książk.* zwrocie: Zachować dekorum «zachować pozory czegoś»

dekret *m IV, D.* dekretu, *lm M.* dekrety (nie: dekreta) □ D. o czym a. w sprawie czego.

dekretalia *blp, D.* dekretaliów (nie: dekretalii).

! dektura p. tektura.

Delacroix (*wym.* Delakrua) *m ndm*: Obrazy historyczne Delacroix.

Delawar (*wym.* Delawar) *m IV, lm M.* Delawarowie 1. «członek plemienia Indian» — Delawarka *ż III, lm D.* Delawarek.
2. p. Delaware (w zn. 4).

Delaware (*wym.* Delaware a. Delau-er) *ż ndm* 1. «rzeka» 2. «zatoka» 3. *m ndm* «półwysep» 4. a. Delawar *n ndm* «plemię Indian»: Indianie Delaware (Delawar).

delegacja *ż I, DCMs.* i *lm D.* delegacji 1. «grupa delegatów» □ D. czego (*nie*: od czego): Delegacja szkół. 2. *pot.* «wyjazd w sprawach służbowych; pismo polecające taki wyjazd»: Być, pojechać w delegacji (*nie*: Być na delegacji, pojechać na delegację, w delegację). Otrzymać, dostać delegację.

Delfy *blp, D.* Delf (*nie*: Delfów) «miasto w starożytnej Grecji» — delficki.

Delhi (*wym.* Deli) *n ndm* «terytorium administracyjne Indii» △ Nowe Delhi «stolica Indii» — delhijski.

deliberować *ndk IV,* deliberowaliśmy (p. akcent § 1a i 2) *wych. z użycia* (dziś zwykle *żart.*) «rozważać, rozprawiać, debatować» □ D. o czym a. nad czym: Deliberować o programie pracy. Dwie godziny deliberował nad tą sprawą.

delikates *m IV, D.* delikatesu 1. zwykle w *lm* «wyszukane artykuły spożywcze; przysmaki, smakołyki, specjały» 2. tylko w *lm* «sklep handlujący tymi towarami»

delikwent (*nie*: delinkwent) *m IV, lm M.* delikwenci «o winowajcy — zwykle z odcieniem pobłażliwości» // *D Kult. II, 308.*

delirium

delirium *n VI*, zwykle *blm*: Pijak w delirium.

dell'arte (*wym.* dellarte) tylko w wyrażeniu: komedia dell'arte.

demagog *m III*, *lm M.* demagodzy a. demagogowie.

démarche (*wym.* demarsz) *n*, *rzad.* *ż ndm* «w dyplomacji: oświadczenie, wystąpienie w jakiejś sprawie»

dementi *n ndm* «w języku prawniczym: oficjalne zaprzeczenie, sprostowanie, odwołanie»

dementować *ndk IV*, dementowaliśmy (p. akcent 1a i 2) — **zdementować** *dk* «w sposób oficjalny odwoływać coś, zaprzeczać czemuś»

deminutiwum *n VI*, *lm M.* deminutiwa a. deminutiwy; in. zdrobnienie.

deminutywny «mający charakter zdrobnienia; zdrabniający»

demobil *m I*, *D.* demobilu.

demokracja *ż I*, *DCMs.* i *lm D.* demokracji: Demokracja ludowa. || *D Kult I, 270.*

demokratyzm *m IV*, *D.* demokratyzmu, *Ms.* demokratyzmie (*wym.* ~yzmie a. ~yźmie), *blm.*

demon *m IV*, *lm M.* te demony.

demonstrant *m IV*, *lm M.* demonstranci «uczestnik demonstracji; manifestant»: Demonstranci szli ze sztandarami.

demonstrator *m IV*, *lm M.* demonstratorzy «ten, kto coś demonstruje, pokazuje»: Demonstrator pokazywał studentom wychowania fizycznego trudne ćwiczenia na trapezie. Demonstrator na wykładzie fizyki. Demonstrator pokazywał klientom sposób obsługi maszynki.

demonstrować *ndk IV*, demonstrowaliśmy (p. akcent § 1a i 2) — **zademonstrować** *dk* 1. tylko *ndk* «urządzać demonstrację, manifestację»: Bezrobotni demonstrowali na rynku. 2. «urządzać pokaz, pokazywać»: Demonstrować nowe modele sukien.

demontaż *m II*, *D.* demontażu, *lm D.* demontaży a. demontażów.

Demostenes (*nie*: Demosten) *m IV*.

denacyfikacja (*nie*: denacificakcja) *ż I*, *DCMs.* denacyfikacji, *blm.* || *D Kult. I, 403; U Pol. (1), 468.*

denat *m IV*, *lm M.* denaci «osoba zmarła śmiercią gwałtowną, samobójca lub zamordowany» || *D Kult. I, 404.*

denaturat (*nie*: ta denatura) *m IV*, *D.* denaturatu.

denaturowany, in. skażony: Spirytus denaturowany.

denazyfikacja p. denacyfikacja.

denerwować się (*nie*: nerwować się) *ndk IV*, denerwowaliśmy się (p. akcent § 1a i 2) — **zdenerwować się** *dk.*

dentystyka (*wym.* dentystyka, *nie*: dentystyka, p. akcent § 1c) *ż III*, *blm.*

denuncjator *m IV*, *lm M.* denuncjatorzy; a. **denuncjant** *m IV*, *lm M.* denuncjanci *książk.*, in. donosiciel.

denuncjować *ndk IV*, denuncjowaliśmy (p. akcent § 1a i 2) — **zadenuncjować** *dk* «potajemnie, w sposób nikczemny oskarżać kogoś przed władzą, zwierzchnikiem itp.» □ *D.* kogo (przed kim, gdzie): Denuncjować kolegę przed nauczycielem. Denuncjować członków organizacji podziemnej w gestapo.

departament *m IV*, *D.* departamentu □ *D.* czego (*nie*: dla czego): Departament Zdrowia. Departament Szkół Wyższych.

depesza *ż II*, in. telegram. || *D Kult. I, 171.*

depeszować *ndk IV*, depeszowaliśmy (p. akcent § 1a i 2) — **zadepeszować** *dk*, in. telegrafować: Depeszował, że przyjedzie rano. Depeszować o terminie egzaminu. □ *rzad. D.* co: Depeszować ważną nowinę.

deponent *m IV*, *lm M.* deponenci; a. **depozytor** *m IV*, *lm M.* depozytorzy «ten, kto oddaje coś w depozyt»

deponować *ndk IV*, deponowaliśmy (p. akcent § 1a i 2) — **zdeponować** *dk* □ *D.* co — w czym a. u kogo: Deponować pieniądze w banku. Deponować dokumenty u rejenta.

depozyt *m IV*, *D.* depozytu: Rozporządzenie depozytem (*nie*: realizacja depozytu). △ Oddać coś do depozytu, złożyć coś w depozycie a. jako depozyt «oddać coś na przechowanie»

deptać *ndk IX*, depcze, *przestarz.* depce (*nie*: depta); depcz (*nie*: depc); deptaliśmy (p. akcent § 1a i 2) □ *D.* co a. po czym: Depczesz mi kwiaty a. po kwiatach. Deptać komuś po odciskach. △ Deptać komuś po piętach, na pięty «iść tuż za kimś; tropić, ścigać kogoś»

deputat *m IV* 1. *D.* deputatu «świadczenie w naturze» 2. *D.* deputata, *lm M.* deputaci *przestarz.* «poseł»

deputatowy «dotyczący deputatu — świadczenia w naturze»

deputowany *m odm.* jak przym. «członek niższej izby parlamentu; poseł» || *D Kult. II, 39.*

deratyzacja *ż I*, *DCMs.* i *lm D.* deratyzacji; in. odszczurzanie.

derby (*nie*: te derby) *n ndm* «rodzaj wyścigów konnych; zawody, głównie piłkarskie, drużyn z tej samej miejscowości»: Zwycięzca wielkiego derby wiedeńskiego. Na derby Legii z Polonią przybyły tłumy publiczności.

dereń *m I*, *D.* derenia a. dereniu.

deresz *m II*, *lm D.* dereszy a. dereszów.

derkacz *m II*, *lm D.* derkaczy a. derkaczów.

dermatoid (*wym.* dermato-id) *m IV*, *D.* dermatoidu (*wym.* dermato-idu): Teczka z dermatoidu.

dermatolog *m III*, *lm M.* dermatolodzy a. dermatologowie.

dermatolog (*nie*: dermatoložka) — o kobiecie, p. nazwy i tytuły zawodowe kobiet.

derwisz *m II, lm M.* derwisze, *D.* derwiszów a. derwiszy.

*****derywacja** «tworzenie wyrazów pochodnych od wyrazu podstawowego», np.: *pisarz, pisanie, pisanka, pisanina* to wyrazy derywowane, czyli utworzone, pochodne od czasownika *pisać*; p. słowotwórstwo. △ *Derywacja wsteczna* «tworzenie nowych wyrazów od innych przez odrzucenie ich zakończeń (przyrostków)», np.: *czołg* od: czołgać (się), *dźwig* od: dźwigać; p. słowotwórstwo.

*****derywat wsteczny** a. **postwerbalny** «wyraz powstały od czasownika po odrzuceniu właściwego mu przyrostka», np.: *czołg, dźwig*. Derywaty wsteczne stanowią we współczesnym języku polskim typ bardzo produktywny, przede wszystkim ze względu na swą (formalną) skrótowość — będąc nazwami rzeczownikowymi czynności odpowiadają znaczeniowo formacjom na *-anie, -enie, -cie*, lecz są od nich krótsze co do liczby sylab; szerzą się nie tylko w języku mówionym, lecz także w terminologii środowisk technicznych i sportowych, np.: *przerób, wytop, przestój, udźwig, odkop, wymach, zwis*. Sam typ derywatów wstecznych jest znany od dawna polszczyźnie i jej dialektom i nie ma powodu uważać go za niepoprawny. Ujemnej oceny wymagają jedynie przerosty w posługiwaniu się derywatami wstecznymi, wynikające z mody, np. ,,oprysk wysypu" (por. *JP 1953, 121*). △ Podobnie jak rzeczownikowe nazwy czynności derywaty wsteczne mogą nabierać znaczenia biernego podmiotu czynności, a nie oznaczać samej czynności, np. *odłów* to nie tylko synonim *odławiania*, lecz także «to, co zostało odłowione». Nie zasługuje jednak na polecenie używanie wyrazów tego typu w znaczeniach innych niż tradycyjnie utrwalone.

desant *m IV, D.* desantu 1. «operacja wojskowa, wysadzenie wojska z okrętów lub samolotów na terytorium nieprzyjaciela»: Zorganizować desant. 2. «oddział wojska będący przedmiotem takiej operacji»: Wysadzić desant.

Descartes (*wym.* Dekart) *m IV, D.* Descartes'a (*wym.* Dekarta, p. akcent § 7), *Ms.* Descarcie; jako nazwisko francuskiego filozofa także: Kartezjusz *m II*: ,,Rozprawa o metodzie" Descartes'a (Kartezjusza).

desenator *niepoprawne* zamiast: projektant deseni, deseniarz.

desenik *m III, D.* desenika a. deseniku.

deseń *m I* (*nie*: ta deseń), *D.* deseniu, *rzad.* desenia, *lm D.* deseni a. deseniów. // *D Kult. I, 665; KJP 161.*

deser *m IV, D.* deseru: Na deser był kompot.

De Sica p. Sica.

désintéressement (*wym.* dezęteresmã) *n ndm* «brak zainteresowania»: Zgłosić désintéressement w jakiejś sprawie.

deska *ż III, lm D.* desek △ *niepoprawne* Deska szachowa (*zamiast*: szachownica).

Desna *ż IV, CMs.* Deśnie «rzeka w ZSRR»: Kąpać się w Deśnie.

desperować *ndk IV,* desperowaliśmy (p. akcent § 1a i 2) *przestarz.* «rozpaczać» □ D. z powodu cze-

go (*nie*: o co), po kim, po czym: Desperował po stracie córki.

despota *m* odm. jak *ż IV, lm M.* despoci, *DB.* despotów.

despotyczny *m-os.* despotyczni, *st. w.* despotyczniejszy a. bardziej despotyczny.

despotyzm *m IV, D.* despotyzmu, *Ms.* despotyzmie (*wym.* ~yzmie a. ~yźmie), zwykle *blm*.

dessous (*wym.* desu) *n ndm* «spód noszony pod sukienką, halka; dawniej także: bielizna damska»: Kupiłam różowe dessous.

destrukcja *ż I, DCMs.* i *lm D.* destrukcji *książk.* «dezorganizacja, rozkład»: Destrukcja społeczeństwa, armii carskiej.

destrukcyjny a. **destruktywny** *książk.* «powodujący rozkład, dezorganizację; rozkładowy»: Destruktywny (destrukcyjny) wpływ narkotyków na psychikę. Destrukcyjna działalność anarchistów. // *Kl. Aleź 30; KP Pras.*

destylacja (*nie*: dystylacja) *ż I, DCMs.* destylacji, zwykle *blm*. // *U Pol. (1), 112.*

destylarnia (*nie*: dystylarnia) *ż I, lm D.* destylarni, *rzad.* destylarń.

destylować (*nie*: dystylować) *ndk IV,* destylowaliśmy (p. akcent § 1a i 2): Woda destylowana. // *U Pol. (1), 112.*

desygnować (*nie*: dezygnować) *ndk IV,* desygnowaliśmy (p. akcent § 1a i 2), *lepiej*: wyznaczać, wysuwać (zwykle jako kandydata). □ D. kogo — na kogo (gdy wymienia się stanowisko, urząd): Został desygnowany na prezesa. □ D. kogo — do czego (gdy wymienia się zadanie do wypełnienia): Desygnować zawodników do biegu maratońskiego. // *Kl. Aleź 30; KP Pras.*

deszcz (*nie*: dyszcz) *m II, D.* deszczu (*daw.* dżdżu), *lm D.* deszczów a. deszczy: Ulewny deszcz. Nie chodź po deszczu, nie wychodź w taki deszcz. Deszcz leje, kropi, siąpi, mży. Deszcz lunął, zacina. △ Deszcz pada (*nie*: idzie). △ Wpaść, dostać się, trafić z deszczu pod rynnę. Rosnąć, mnożyć się jak grzyby po deszczu. Czekać, pragnąć, wyglądać czegoś jak kania dżdżu (*rzad.* deszczu). // *D Kult. II, 448.*

deszczowy *przym.* od deszcz: Chmura, woda deszczowa (*nie*: dżdżysta). Opady deszczowe (*nie*: dżdżyste). Dzień, czas deszczowy a. dżdżysty. △ Pora deszczowa a. dżdżysta «w strefie międzyzwrotnikowej: pora roku, kiedy padają deszcze» *Por.* dżdżysty.

deszczyk *m III, D.* deszczyku (*nie*: deszczyka): Deszczyk kropi, mży, rosi.

detal *m I, D.* detalu, *lm D.* detali a. detalów 1. «niewielki element, drobna część składowa czegoś; poza tekstami specjalnymi, *lepiej*: szczegół»: Elewacja odznaczała się pięknymi detalami. △ *pot.* Opowiedzieć coś z detalami. Opowiadał ogólnikowo, nie wchodząc w detale. 2. *pot.* «handel detaliczny, sprzedaż detaliczna jako przeciwstawienie hurtu»: Pracowała w detalu. // *D Kult. II, 73; KP Pras.*

detalicznie «w handlu detalicznym»: Towar sprzedawano hurtowo i detalicznie. △ *niepoprawne* w zn. «szczegółowo, drobiazgowo, dokładnie», np.: Opowiedział detalicznie (*zamiast*: szczegółowo) prze-

detaliczny

bieg wydarzeń. Lekarz detalicznie (*zamiast*: dokładnie) zbadał chorego.

detaliczny «dotyczący sprzedaży towaru w małych ilościach, w przeciwieństwie do sprzedaży hurtowej»: Handel, sklep detaliczny. △ *niepoprawne* w zn. «szczegółowy, drobiazgowy, dokładny», np.: Detaliczna (*zamiast*: szczegółowa) analiza utworu. Detaliczny (*zamiast*: drobiazgowy) opis wydarzeń.

detektor (*nie*: dedektor) *m IV, D.* detektora (*nie*: detektoru): Detektor kryształowy a. kryształkowy. // *D Kult. I, 761.*

detektyw (*nie*: dedektyw) *m IV, lm M.* detektywi. // *D Kult. I, 761.*

detektywistyczny, *rzad.* **detektywny**: Literatura detektywistyczna. Film detektywistyczny.

detergent *m IV, D.* detergentu «syntetyczny środek piorący»

determinizm *m IV, D.* determinizmu, *Ms.* determinizmie (*wym.* ~izmie a. ~iźmie), zwykle *blm.*

determinować *ndk IV,* determinowaliśmy (p. akcent § 1a i 2) *książk.* «określać, wyznaczać»: Czynniki determinujące kierunek rozwoju.

detonować *ndk IV,* detonowaliśmy (p. akcent § 1a i 2) **1.** «wybuchać, eksplodować» □ *D. bez dop.*: Lonty detonujące.
2. — **zdetonować** *dk,* często używane w formie imiesłowu: zdetonowany «onieśmielać, peszyć» □ *D. kogo — czym*: Ironicznym uśmiechem detonował swego rozmówcę. Referent był zdetonowany nieżyczliwym zachowaniem się słuchaczy.

Detroit (*wym.* Ditrojt) *n ndm* «miasto w USA»

detronizacja *ż I, DCMs.* detronizacji, zwykle *blm*: Detronizacja króla, cesarza. // *KP Pras.*

de Vega p. Lope de Vega.

dewaluacja (*wym.* dewalu-acja) *ż I, DCMs.* i *lm D.* dewaluacji: Dewaluacja dolara.

dewaluować (*wym.* dewalu-ować) *ndk IV,* dewaluowaliśmy (p. akcent § 1a i 2) — **zdewaluować** *dk*: Dewaluować pieniądze, papiery wartościowe.

dewastacja *ż I, DCMs.* i *lm D.* dewastacji *książk.* «zniszczenie, spustoszenie, zrujnowanie»: Ulec dewastacji (*lepiej*: zostać zdewastowanym, zniszczonym, spustoszonym). // *KP Pras.*

dewetyna a. **dywetyna** *ż IV*: Kurtka z dewetyny.

Dewey (*wym.* Djuuej) *m I, D.* Deweya (p. akcent § 7): Teoria poznania Deweya.

dewiza (*nie*: dywiza) *ż IV*: Takt i opanowanie — to jego dewiza życiowa. △ W zn. «zagraniczne środki płatnicze» *blp, D.* dewiz.

dewizka (*nie*: dywizka) *ż III, lm D.* dewizek: Dewizka do zegarka, u zegarka, przy zegarku.

dewocja (*nie*: dewotyzm) *ż I, DCMs.* dewocji, zwykle *blm.*

dewocjonalia *blp, D.* dewocjonaliów (*nie*: dewocjonalii).

dewot *m IV, lm M.* dewoci *rzad.* «bigot» // *D Kult. I, 495.*

! **dewotyzm** p. dewocja.

dez- «przedrostek w wyrazach pochodzenia obcego, pisany łącznie, występujący przed samogłoską, oznaczający przeciwieństwo, odwrotność», np.: dezaprobata, dezorientować, dezaktualizować, dezorganizacja.

dezabil *m I, D.* dezabilu, *lm D.* dezabili a. dezabilów *przestarz., żart.* «negliż, strój negliżowy»

dezawuować (*wym.* dezawu-ować) *ndk IV,* dezawuowaliśmy (p. akcent § 1a i 2) — **zdezawuować** *dk książk.* «oświadczać, że osoba powołująca się w swym działaniu na czyjeś zaufanie lub upoważnienie, już do tego zaufania lub upoważnienia nie ma prawa; cofać uznanie, oceniać ujemnie, dezaprobować»: Jan powoływał się na świadectwo Piotra, ale ten go zdezawuował mówiąc, że o niczym nie wie. Większość delegatów zdezawuowała (*lepiej*: ujemnie oceniła) politykę zarządu. // *KP Pras.*

dezelować *ndk IV,* dezelowaliśmy (p. akcent § 1a i 2) — **zdezelować** *dk* (używane zwykle w formie imiesł. biernego) «zużyć, zniszczyć»: Zdezelowany samochód.

dezercja *ż I, DCMs.* i *lm D.* dezercji: Dezercja z wojska, z frontu. Dezercja zaczęła przerzedzać szeregi.

dezerter *m IV, lm M.* dezerterzy: Dezerter z wojska, z frontu.

dezerterować *ndk IV,* dezerterowaliśmy (p. akcent § 1a i 2) — **zdezerterować** *dk*: Zdezerterować z wojska, z frontu.

dezinformacja (*wym.* dez-informacja) *ż I, DCMs.* i *lm D.* dezinformacji *książk.* «informowanie, poinformowanie wprowadzające w błąd»

dezintegracja (*wym.* dez-integracja) *ż I, DCMs.* i *lm D.* dezintegracji *książk.* «rozpad, rozkład»

dezintegrować, *rzad.* **dezyntegrować** p. zdezintegrować.

dezyderat *m IV, D.* dezyderatu *książk.* «wyraźnie sformułowane życzenie, żądanie»: Wysunąć dezyderat. Przedstawić, złożyć dezyderaty. Przyjęto dezyderaty załogi w sprawie poprawy warunków bhp.

Dezyderiusz *m II, lm M.* Dezyderiuszowie a. **Dezydery** *m* odm. jak przym., *lm M.* Dezyderowie, *D.* Dezyderych.

dezynfekcja (*nie*: dyzynfekcja) *ż I, DCMs.* dezynfekcji, zwykle *blm* «odkażanie, odkażenie»: Dezynfekcja pomieszczeń, ran. Zrobić dezynfekcję.

Dęba *ż IV, CMs.* Dębie (*nie*: Dębej) «miejscowość»: Jechać do Dęby. Mieszkać w Dębie. — dębski.

dębczak, *rzad.* **dąbczak** *m III*: Przy drodze rosły młode dębczaki.

Dębe *n* odm. jak przym., *D.* Dębego, *NMs.* Dębem (*nie*: Dębym) «miejscowość»: Zapora w Dębem. — dębski.

Dębica *ż II* «miasto» — dębiczanin *m V, D.* dębiczanina, *lm M.* dębiczanie, *D.* dębiczan — dębiczanka *ż III, lm D.* dębiczanek — dębicki.

dębina *ż IV* **1.** «las dębowy; dąbrowa»: Poszli przez dębinę na przestrzał. **2.** «drewno dębowe, świeże gałęzie dębowe»: Meble z dębiny. Wieniec, girlanda z dębiny.

Dęblin *m IV* «miasto» — dęblinianin *m V, D.* dęblinianina, *lm M.* dęblinianie, *D.* dęblinian — dęblinianka *ż III, lm D.* dęblinianek — dębliński.

Dębno *n III* «miasto i wieś» — dębnianin *m V, D.* dębnianina, *lm M.* dębnianie, *D.* dębnian — dębnianka *ż III, lm D.* dębnianek — dębniański.

dg «skrót wyrazu: *decygram* (obowiązujący poprzednio skrót: dcg), pisany bez kropki, stawiany zwykle po wymienionej liczbie, czytany jako cały, odmieniany wyraz»: 10 dg (*czyt.* decygramów).

dh «skrót wyrazu: *druh*, pisany w mianowniku *lp* bez kropki, w przypadkach zależnych z kropką albo z końcówkami deklinacji męskiej (*m III*), czytany jako cały, odmieniany wyraz, stawiany zwykle przed nazwiskiem, przed imieniem lub przed imieniem i nazwiskiem — w odniesieniu do harcerzy»: Dh Kotowski, dh Józef Kotowski. Meldunek dla dha a. dh. (*czyt.* druha) Jacka.

dia- «początkowa część wielu wyrazów pochodzenia greckiego», np.: dialekt, diaspora, diatermia, diametralny, dialog.

diabeł *m IV, DB.* diabła, *C.* diabłu (*nie:* diabłowi), *lm M.* te diabły, w utartych wyrażeniach i zwrotach: ci diabli. △ *pot.*: Iść, pójść, rzucić kogoś, coś do diabła a. w diabły. △ Na diabła, po diabła, po kiego diabła «po co, na co, niepotrzebnie» △ Zimno jak diabli. △ Diabli kogoś biorą «ktoś się złości» △ Pal diabli «niech tam, wszystko jedno» △ Ki diabeł? «co za jeden?»

diabli *wych. z użycia* «diabelski, diabelny»: Diabli spryt. Diable szczęście.

diablo *wych. z użycia* «diabelnie»: Diablo ładna kobieta. Jestem diablo głodny.

diaboliczny *książk.* «nacechowany diabelską siłą, przebiegłością; diabelski»: Diaboliczny śmiech. Diaboliczne spojrzenie.

diadem (*nie:* ta diadema) *m IV, D.* diademu: Diadem z brylantów, z pereł.

Diagilew (*wym.* Diagilew) *m IV, D.* Diagilewa (*nie:* Diagilewa, p. akcent § 7): Zespół baletowy Diagilewa.

diagnosta *m odm. jak ż IV, lm M.* diagności, *DB.* diagnostów; *rzad.* **diagnostyk** *m III, D.* diagnostyka (p. akcent § 1d): Był świetnym diagnostą (diagnostykiem).

diagnostyka (*wym.* diagnostyka, *nie:* diagnostyka, p. akcent § 1c) *ż III*, zwykle *blm*: Diagnostyka lekarska.

diagnoza *ż IV* «rozpoznanie choroby»: Trafna, mylna diagnoza. Postawić diagnozę. △ *przen.* Raport zawierał diagnozę sytuacji. || *U Pol. (1), 443.*

diagonal *m I, D.* diagonalu *środ.* w zn. «chodnik w kopalni węgla prowadzony po przekątnej»

diagram (*nie:* ta diagrama) *m IV, D.* diagramu: Diagram pracy fabryki, wykonania planu. || *U Pol. (1), 200, 443.*

diak *m III, lm M.* diacy.

diakon *m IV, D.* diakona, *lm M.* diakoni.

dialekt *m IV, D.* dialektu. || *U Pol. (1), 443.*

dialektalny, *lepiej*: dialektyczny (w zn. 2).

dialektolog *m III, lm M.* dialektolodzy a. dialektologowie.

***dialekty** są to odmiany terytorialne języka narodowego, którymi dziś w Polsce mówi przede wszystkim ludność wiejska starszego pokolenia. Dialekty odróżniają się od języka literackiego pewnymi cechami leksykalnymi, fonetycznymi, morfologicznymi i składniowymi. W obrębie dialektów wyróżnia się często podrzędne w stosunku do nich odmiany językowe, nazywane zwykle gwarami (niektórzy językoznawcy terminy *dialekt* i *gwara* uważają za jednoznaczne), np. dialekt małopolski obejmuje m.in. gwary: krakowską, podhalańską, chrzanowską i in. △ Elementy dialektów przenikają niekiedy do języka literackiego, wzbogacając go, zwłaszcza w zakresie słownictwa (tak np. upowszechniły się w ciągu wieków w języku literackim wyrazy: *świetlica, krynica, zdrój* pochodzące z dialektów). Dialektyzmy występują często w literaturze pięknej jako środki stylizacji utworów, służące zwykle do stworzenia swoistego kolorytu lokalnego. Wprowadzenie cech gwarowych do mówionych czy pisanych tekstów języka literackiego bez zamiaru stylizacyjnego jest rażące. Za dopuszczalne można uznać tu jedynie wyrazy gwarowe, będące zwykle nazwami realiów wiejskich, nie mające odpowiedników w języku literackim (np. nazwy części pługa, wozu, nazwy z zakresu budownictwa wiejskiego itp.). *Por.* dialektyzmy.

dialektyczny 1. przym. od dialektyka: Materializm dialektyczny. **2.** *rzad.* **dialektowy** przym. od dialekt: Zmiany, oboczności dialektyczne (dialektowe).

dialektyk *m III, D.* dialektyka (p. akcent § 1d), *lm M.* dialektycy.

dialektyka (*wym.* dialektyka, *nie:* dialektyka; p. akcent § 1c) *ż III*, zwykle *blm*.

dialektyzm (*nie:* gwaryzm) *m IV, D.* dialektyzmu, *Ms.* dialektyzmie (*wym.* ~zmie a. ~yźmie).

***dialektyzmy** to wyrazy, formy lub zwroty właściwe dialektowi, zwłaszcza użyte w tekstach języka literackiego. Wśród dialektyzmów można wyróżnić: **1.** dialektyzmy *leksykalne*, czyli wyrazy nie występujące w języku ogólnym, np. jeno «tylko», *podhalańskie*: kondek «kawałek», watra «ognisko» **2.** *semantyczne*, czyli wyrazy istniejące w języku ogólnym, ale w odmiennym znaczeniu, np. *podhalańskie*: świerk «modrzew», *śląskie*: jabłka «kartofle», starać się «martwić się» **3.** *fonetyczne*, np.: ziara «wiara», mniasto «miasto», copka «czapka», chlib «chleb» **4.** *fleksyjne*, np. chłopakoju = chłopakowi; wujewi = wujowi; rówba = róbmy **5.** *słowotwórcze*, np.: *wielkopolskie* chłopyszek «chłopczyk», słonyszko «słoneczko» **6.** *frazeologiczne*, np. na nogak «piechotą» **7.** *składniowe*, np. owies przed konie «owies dla koni». △ Od dialektyzmów należy odróżnić regionalizmy, czyli odrębności występujące w mowie ludzi wykształconych, pochodzących z różnych miast i dzielnic Polski. *Por.* regionalizmy.

dialog *m III, D.* dialogu. △ Nadużywane w przenośnym wyrażeniu: Dialog między kimś a kimś, czymś a czymś, np. między Polską a Niemcami (w zn. «wymiana poglądów»).

diamencik *m III, D.* diamenciku a. diamencika.

diament *m IV, D.* diamentu: Pierścionek z diamentem. || *U Pol. (1), 443.*

diametralny «o różnicy, przeciwieństwie: biegunowy, krańcowy»: Diametralna rozbieżność poglądów.

diariusz *(wym.* di-ariusz) *m II, lm D.* diariuszy, *rzad.* diariuszów *przestarz.* «dziennik»

diasek *m III, D.* diaska, *lm M.* diaski «diabeł» zwykle w wyrażeniach *pot.*: Do diaska, co u diaska.

diatermia *ż I, DCMs.* i *lm D.* diatermii: Brać, stosować diatermię a. diatermie. Aparat do diatermii.

Dickens *(wym.* Dikens) *m IV, D.* Dickensa (p. akcent § 7): Twórczość powieściowa Dickensa. || *GPK Por. 80.*

didaskalia *blp, D.* didaskaliów *(nie:* didaskalii).

Diderot *(wym.* Didero) *m IV, D.* Diderota (p. akcent § 7), *Ms.* Diderocie: Praca Diderota nad wydaniem Wielkiej Encyklopedii Francuskiej. || *D Kult. II, 507.*

diecezja *(wym.* djecezja a. di-ecezja, *nie:* dy-jecezja) *ż I, DCMs.* i *lm D.* diecezji.

Diesel *(wym.* Dizel) *m I, D.* Diesla 1. *lm M.* Dieslowie «nazwisko» △ Silnik Diesla.
2. **diesel**, *lm M.* diesle «silnik spalinowy pewnego typu; silnik Diesla»

dieslowski *(wym.* dizlowski) *przym.* od nazwiska Diesel: Lokomotywy dieslowskie.

dieslowy *(wym.* dizlowy) *przym.* od diesel (silnik): Olej dieslowy.

dieta *(wym.* djeta a. di-eta; *nie:* dyjeta) *ż IV* 1. «odżywianie ograniczone do pewnych pokarmów»: Dieta bezmięsna. Ścisła dieta. Być na diecie. Przestrzegać diety. 2. zwykle w *lm* «pieniądze przeznaczone na utrzymanie pracownika w podróży służbowej»: Wypłacać, obliczać diety.

dietetyka *(wym.* dietetyka, *nie:* dietetyka, p. akcent § 1c) *ż III,* zwykle *blm.*

Dilthey *(wym.* Diltej) *m I, D.* Diltheya (p. akcent § 7): Metodologia Diltheya.

dinar *(nie:* dynar) *m IV, DB.* dinara: Zapłacić dwa dinary. To kosztuje tylko dinara.

dingo *m, ndm,* zwykle w wyrażeniu: Pies dingo.

dinozaur *(wym.* dinoza-ur, *nie:* dinosaur) *m IV, D.* dinozaura *(wym.* dinozau-ra, *nie:* dinoza-ura), zwykle w *lm*: Wykopaliska szczątków dinozaurów.

Dionizje *blp, D.* Dionizjów a. Dionizji.

Dionizy *m* odm. jak przym., *lm M.* Dionizowie, *D.* Dionizych.

dioptria *ż I, DCMs.* i *lm D.* dioptrii; *rzad.* **dioptra** *ż IV, lm D.* dioptr.

Disney *(wym.* Diznej a. Disnej) *m I, D.* Disneya (p. akcent § 7): Filmy rysunkowe Disneya.

Disraeli *(wym.* Dizraeli) *m* odm. jak przym., *D.* Disraelego (p. akcent § 7): Przyjaźń królowej Wiktorii z premierem Disraelim.

diuk *(wym.* djuk) *m III, lm M.* diucy a. diukowie.

diuna *(wym.* djuna) *ż IV, częściej*: wydma.

dkg p. dag

dkm p. dam

dl «skrót wyrazu: *decylitr* (obowiązujący poprzednio skrót: dcl), pisany bez kropki, stawiany zwykle po wymienionej liczbie, czytany jako cały, odmieniany wyraz»: 5 dl *(czyt.* decylitrów).

dla «przyimek łączący się z dopełniaczem» 1. «wyrażenia złożone z *dla* i nazwy istoty żywej oznaczają, że użytkownikiem danej rzeczy ma być ta istota lub że ze względu na jej korzyść coś się dzieje»: Film tylko dla dorosłych. Szpital dla dzieci. Wagon dla bydła, *ale*: Wagon do *(nie:* dla) węgla. Zrobił to dla ojca. Przyniósł lekarstwo dla dziecka. △ *Dla* z dopełniaczem (po czasowniku) jest w tym użyciu czasem wymienne z tzw. celownikiem pożytku, np. Kupić coś dla kogoś a. Kupić coś komuś. △ Przy czasownikach oznaczających dawanie, przekazywanie itp. nazwa bezpośredniego odbiorcy powinna mieć postać celownika, np.: Lekarz dał lekarstwo pacjentowi *(nie:* dla pacjenta), *ale*: Lekarz dał pielęgniarce lekarstwo dla pacjenta. Daj mi to *(nie:* Daj to dla mnie).
2. «w połączeniu z nazwami uczuć (głównie uczuć dodatnich) używany jest wymiennie z przyimkiem *do*»: Sympatia, miłość, szacunek itp. dla kogo a. do kogo *(ale* tylko: pogarda dla kogo). △ W połączeniu z przymiotnikami oznaczającymi ogólnie pożytek konstrukcje z celownikiem są równoznaczne z konstrukcjami przyimkowymi, ale niekiedy przestarzałe, np.: Przyjazny dla ludzi *(przestarz.* ludziom). Miły dla oka *(przestarz.* oku), *ale* tylko: miły sercu. Dogodny dla kogo *(przestarz.* komu); konieczny dla kogo *(przestarz.* komu); pożyteczny dla kogo *(przestarz.* komu). Przydatny dla kogo a. komu. Niezbędny dla kogo a. komu.
3. «tworzy wyrażenia oznaczające cel (często w połączeniu z rzeczownikami odsłownymi)»: Dla podkreślenia powagi sytuacji. Pojechał tam dla przyjemności. △ *Niepoprawne* jest używanie przyimka *dla* po czasownikach *wystąpić, poświęcić,* ...np.: Wykorzystał pobyt w Paryżu dla pracy naukowej *(zamiast*: na pracę naukową). Przemysł ten nie jest przystosowany dla sprostania *(zamiast*: do sprostania) naszym potrzebom. Poświęcił się dla kariery artystycznej *(zamiast*: ...karierze artystycznej). — Czasownik *poświęcić się* jest tu użyty w zn. «zająć się czymś wyłącznie»; w zn. «złożyć siebie w ofierze, wyrzec się czegoś» łączy się on właśnie z przyimkiem *dla,* np. Poświęcił się dla ojczyzny.
△ Przydawki wyrażające przeznaczenie przedmiotu do jakiejś czynności powinny zawierać przyimek *do,* np.: Materiały do badań... *(nie:* dla badań). Warunki do uprawiania *(nie:* dla uprawiania) sportu. △ Jeżeli przydawka jest częścią nazwy instytucji, należy używać dopełniacza bez przyimka, np. Wydział Kształcenia *(nie:* dla Kształcenia) Nauczycieli. △ To samo dotyczy dopełnień przymiotników o znaczeniu potrzeby, np. Konieczny do życia *(nie:* dla życia).

4. Przyimek *dla* w funkcji przyczynowej jest dziś przestarzały, np. Dla ważnych przyczyn (*lepiej*: z ważnych przyczyn) odłożył wyjazd. || *D Kult. I, 42, 113; KJP 356, 360, 422.*

dlaboga (*nie*: dla Boga) *wych. z użycia* «wykrzyknik wyrażający zdziwienie, grozę itp.: o Boże!»

dlań *książk.* «dla niego (*nie*: dla niej, dla nich)» || *U Pol. (1), 408.*

dlatego △ Dlatego, że (*nie*: dlatego, bo, *ani*: dlatego, ponieważ): Nie pracował dlatego, że (*nie*: dlatego, bo) był chory.

dł. «skrót wyrazu: *długość*, pisany z kropką, czytany jako cały, odmieniany wyraz»: Dł. działki = 150 m. △ Dł. geogr. «długość geograficzna»: Podali swoje położenie: 150 stopni dł. geogr. wsch. (*czyt.* długości geograficznej wschodniej).

dławić *ndk VIa,* dław, dławiliśmy (p. akcent § 1a i 2) □ D, bez dop.: Dym dławi. Łzy dławią. □ *wych. z użycia* D. kogo, co: Dławił go rękami za gardło. △ *przen.* Dławiła w sobie rozpacz.
dławić się: Jadł łapczywie, aż się dławił. □ D. się od czego: Dławić się od płaczu, od krzyku. □ D. się czym: Dławić się kością.

dławiduda *m odm. jak ż IV, lm M.* dławidudy, *DB.* dławidudów *rub., żart.* «organista»

dławiec *m II, D.* dławca, zwykle *blm środ.* (*med.*) «krup»

-dło (formanty rozszerzone: **-adło, -idło**) **1.** przyrostek tworzący rzeczowniki o charakterze zgrubiałym i ujemnym zabarwieniu uczuciowym od podstaw rzeczownikowych, np.: *piśmidło, sztuczydło, wierszydło,* wyjątkowo od podstaw czasownikowych, np. *żart.*: *czytadło* «książka stanowiąca lekturę rozrywkową» **2.** przyrostek używany niekiedy w terminologii technicznej do tworzenia nazw narzędzi prostych lub będących częściami większych urządzeń, np.: *łapadło* «urządzenie przy wialniach», *wleczydło* «rodzaj zakrzywionych wideł do ściągania nawozu, siana itp.» Podstawą tych rzeczowników są zawsze czasowniki. △ Przyrostek -(a)dło, -(i)dło traci stopniowo swą produktywność w funkcji tworzenia nazw narzędzi na rzecz innych wyspecjalizowanych przyrostków, jak *-ak, -aczka*.

dłoń *ż V, lm M.* dłonie, *N.* dłońmi a. dłoniami △ Widać jak na dłoni «widać bardzo wyraźnie»: Ze wzgórza widać całe miasto jak na dłoni. △ (Jasno) jak na dłoni «w sposób oczywisty»: Wykazać coś, dowieść czegoś jasno jak na dłoni. △ *niepoprawne* To leży na dłoni (*zamiast*: to jest oczywiste).

dłubać *ndk IX,* dłubię (*nie*: dłubę), dłubaliśmy (p. akcent § 1a i 2) □ D. czym — w czym: Dłubać patykiem w ziemi. □ D. co: Dłubać łódkę z pnia drzewa. □ D. przy czym (zwykle w *pot. przen.*): Stale dłubał przy motorach.

dług *m III, D.* długu: Zaciągnąć dług u kogoś. Robić długi. Spłacać długi. Być, tkwić w długach (po uszy).

długi *m-os.* dłudzy, *st. w.* dłuższy □ Długi na ileś..., *rzad.* ileś...: Rów długi na dwa kilometry a. rów dwa kilometry długi. △ Dłuższy czas, dłuższa chwila itp. «dość długi czas, dość długa chwila»: Mil-

czał dłuższą chwilę. Od dłuższego czasu choruje. △ *pot.* Jak dzień, rok długi «przez cały dzień, rok»

długo *st. w.* dłużej △ Jak długo... (tak długo), *lepiej*: dopóki... (dopóty). △ *Niepoprawne* są połączenia: Tak długo... dopóki..., jak długo... dopóty (*zamiast*: dopóki... dopóki, dopóki... dopóty) △ Jak długo?: Jak długo mieszkałeś w Warszawie? Jak długo tu pozostaniesz?

długo- «pierwsza część wyrazów złożonych, pisana łącznie», np.: długodystansowy, długodystansowiec, długoterminowy, długotrwały, długowieczność, długonogi, długobrody, długoskrzydły. △ Wyrażenia, których pierwszym członem jest przysłówek *długo* a drugim imiesłów, pisze się rozdzielnie, np. długo trwający, długo oczekiwany.

długodystansowiec *m II, D.* długodystansowca, *lm M.* długodystansowcy.

długofalowy 1. «składający się z długich fal»: Promieniowanie długofalowe. **2.** «obliczony na długo, trwający długi czas»: Zobowiązania, planowanie długofalowe. || *D Kult. I, 43.*

długoletni (*nie*: długoletny) *m-os.* długoletni: Długoletni pracownik. Długoletnia przyjaźń.

długoszyi, *D.* długoszyjego, *lm M. m-os.* długoszyi, *ż-rzecz.* długoszyje, *D.* długoszyich: Łabędź długoszyi.

długościowy *środ.* przym. od długość △ Nota długościowa «w skokach: nota obliczona stosownie do długości skoku»

długość *ż V, lm M.* długości (skrót: dł.): Długość ulicy, sukienki. Długość dnia. △ Coś ma ileś metrów, kilometrów itp. długości, *rzad.* coś ma długość iluś metrów, kilometrów itp.: Pokój miał sześć metrów długości. △ Coś długości iluś metrów, centymetrów itp. (*nie*: coś o długości...): Szosa długości stu kilometrów. △ Na długość czegoś «na odległość równą długości czegoś»: Poustawiał sobie wszystko przy łóżku na długość ręki. △ Na całą długość «tak, jak ktoś (coś) jest długi(e)»: Wyprostować się na całą długość. △ Na całej długości «wzdłuż czego od początku do końca»: Ulica na całej długości zabudowana była parterowymi domkami. △ O długość, o kilka długości itp. «w zawodach wioślarskich, wyścigach konnych itp.: o tyle, ile wynosi długość (kilka długości) łodzi, konia itp.»: Zwyciężyć, wyprzedzić kogoś, coś o długość, o pół długości. △ *geogr.* Długość geograficzna (wschodnia, zachodnia), skrót: dł. geogr.

długouchy (*wym.* długo-uchy): Długouchy osioł.

długowieczny *m-os.* długowieczni, *st. w.* długowieczniejszy a. bardziej długowieczny «długo żyjący»: Długowieczny człowiek. Długowieczne drzewa, zwierzęta.

długowiekowy «trwający wiele wieków; wielowiekowy»: Długowiekowa tradycja. Długowiekowy rozwój.

długowłosy *m-os.* długowłosi: Długowłosi młodzieńcy. Długowłose futro.

dłutarka *ż III, lm D.* dłutarek; *rzad.* **dłutownica** *ż II.*

dłuto *n III* △ Dzieło czyjegoś dłuta: Pomnik Kopernika dłuta Godebskiego.

dłużny *m-os.* dłużni, tylko w funkcji orzecznikowej «taki, który ma do spłacenia dług; winien; zobowiązany do odwzajemnienia się»: Był mu dłużny tysiące. △ Nie pozostać dłużnym «odwzajemnić się (często z odcieniem ironicznym)»: Zwymyślał ją. Nie pozostała mu dłużna **2.** «dotyczący długu, stanowiący dług»: Skrypt dłużny. Sumy dłużne.

dm «skrót wyrazu: *decymetr* (obowiązujący poprzednio skrót: dcm), pisany bez kropki, stawiany zwykle po wymienionej liczbie, czytany jako cały, odmieniany wyraz»: 10 dm (*czyt.* decymetrów).

dmuchać *ndk I*, dmuchaliśmy (p. akcent § 1a i 2) — **dmuchnąć** *dk Va*, dmuchnąłem (*wym.* dmuchnołem; *nie*: dmuchnełem), dmuchnął (*wym.* dmuchnoł), dmuchnęła (*wym.* dmuchneła; *nie*: dmuchła), dmuchnęliśmy (*wym.* dmuchneliśmy; *nie*: dmuchliśmy) **1.** *pot.* «wypychać powietrze ustami» □ D. na co, *rzad.* w co: Dmuchać na gorącą łyżkę. △ *pot.* Nie w kij dmuchał, *rzad.* dmuchać «nie byle co, nie byle jaki»: Taki majątek — to nie w kij dmuchał (dmuchać)! **2.** *pot.* tylko *dk* a) «uciec»: Dmuchnął ze szkoły na wagary. b) «ukraść»: Ktoś mi dmuchnął portfel.

dmuchawiec *m II, D.* dmuchawca, *lm M.* dmuchawce; *in.* mniszek.

dn. «skrót wyrazu: *dnia*, pisany z kropką, używany zwykle w urzędowych sprawozdaniach, protokołach itp., oraz w listach; stawiany przed datą, czytany jako cały odmieniany wyraz»: Zebranie odbyło się dn. (*czyt.* dnia) 5 maja. Warszawa, dn. 1.X.1969. *Por.* dzień.

d.n. p. dok. nast.

dna *ż IV, D.* dny, zwykle *blm środ.* (*med.*) «artretyzm»

Dniepr *m IV, D.* Dniepru «rzeka w ZSRR» — dnieprzański, *poet.* dnieprowy.

Dniepropietrowsk (*wym.* Dniepropietrowsk) *m III* «miasto w ZSRR»: Uniwersytet w Dniepropietrowsku. — dniepropietrowski.

Dniestr *m IV, D.* Dniestru «rzeka w ZSRR» — dniestrzański, *poet.* dniestrowy.

dniować *ndk IV*, dniowaliśmy (p. akcent § 1a i 2) *przestarz.* «przebywać w ciągu dnia» △ dziś żywe w *pot.* wyrażeniu: Dniuje i nocuje (gdzieś). // D Kult. I, 495.

dniówkarz *m II, lm D.* dniówkarzy *pot.* «robotnik pracujący na dniówkę»

dno *n III, C.* dnu, *lm D.* den △ Do dna a. do dna (w wyrażeniu: Wypić do dna). △ Na dno a. na dno (w wyrażeniach: Pójść na dno. Stoczyć się na dno).

do przyimek łączący się z dopełniaczem **1.** «w połączeniu z rzeczownikami, zwykle nieżywotnymi, tworzy przydawki o znaczeniu przeznaczenia»: Beczka do wina. Klucz do drzwi. Boisko do gier sportowych. △ Zastępowanie *do* przez *dla* w połączeniach tego typu jest błędem, np. Boisko dla (*zamiast:* do) gier. △ Przyimek *do* wyrażający przeznaczenie bywa wymienny z przyimkiem *na* (zwłaszcza w połączeniu z nazwami pojemników), np.: Beczka do wina a. na wino. Skrzynka do listów a. na listy. Garnek do mleka a. na mleko. △ Wyrażenia z przyimkiem *do* mają odcień przeznaczenia stałego i używane są zwłaszcza przy nazwach pojemników, które jednocześnie służą do jakiejś innej czynności prócz przechowywania, np. kieliszki do wina, filiżanki do kawy, prodiż do ciasta, kocioł do bielizny, *ale*: skrzynia na pościel, szafa na książki. △ Tylko przyimek *do* używany jest przed nazwą czynności, np.: proszek do prania, szczotka do szorowania, maszyna do szycia, deska do prasowania. △ W pewnych wyrażeniach o znaczeniu przeznaczenia możliwa jest wymienność *do* i *od*, np.: ścierka do kurzu a. ścierka od kurzu, szczotka do butów a. szczotka od butów. △ Konstrukcja z przyimkiem *od* może być użyta zasadniczo wtedy, gdy przedmiot był już używany, dlatego nie można powiedzieć (np. w sklepie): Proszę szczotkę od (*zamiast:* do) ubrania. △ Przyimek *od* nie łączy się w tym znaczeniu z nazwami części ciała, a więc *niepoprawne* są wyrażenia: szczotka od zębów, szminka od ust, krem od rąk itp. (*zamiast:* szczotka do zębów, szminka do ust, krem do rąk itp.). △ W nazwach instytucji ich przeznaczenie wyraża się raczej samym dopełniaczem, nie zaś połączeniem przyimkowym, np. Zakład Badania Wytrzymałości Materiałów (*nie*: Zakład do Badań...; *ale*: Aparatura do badania wytrzymałości materiałów). **2.** «tworzy wyrażenia będące określeniami osób i oznaczające: (ktoś) do opieki nad kimś, do obsługi kogoś, do zajmowania się czymś»: Chłopak do koni. Podsekretarz stanu do (*nie*: od) spraw politycznych. Dziewczyna do dzieci. Gosposia do bezdzietnego małżeństwa. **3.** «wyraża ruch w kierunku jakiegoś miejsca, zwłaszcza ruch zmierzający do wnętrza czegoś», np.: Wsiąść do samochodu, do tramwaju (*nie*: w samochód, w tramwaj). Robotnicy idą do fabryki (*nie*: na fabrykę). Wkładać list do szuflady. △ W wyrażeniach takich przyimka *do* używa się wtedy, gdy miejsce, gdzie się znajduje przedmiot, oznaczylibyśmy przyimkiem *w* z miejscownikiem, np. do szkoły (*bo*: w szkole), *ale*: na uniwersytet (*bo*: na uniwersytecie). *Por.* na. △ W połączeniu z pewnymi rzeczownikami przyimek *do* może być zastąpiony przez *w* (rzeczownik występuje wtedy w bierniku). Należą tu nazwy pojemników (np. wlać mleko do garnka, *rzad.* w garnek), nazwy płynów (np. włożyć rękę do wody, *rzad.* w wodę). △ W połączeniu z nazwami pasm górskich, nazwami regionów zakończonych na -*skie*, zbiorów przedmiotów (zwłaszcza roślin), używany jest zwykle przyimek *w*, nie zaś *do*, np.: Pojechać w Tatry (*nie*: do Tatr). Wejść w zarośla. Wmieszać się w tłum. Wybrać się w Rzeszowskie. **4.** «określenia czasu z przyimkiem *do* oznaczają końcowy moment czynności», np. Studiował do wybuchu wojny. Jeżeli chcemy poinformować tylko o tym, że czynność poprzedził jakiś fakt, używamy przyimka *przed*, np. Studiował przed wojną (nie wiadomo, czy do samej wojny). Używanie w takich wypadkach przyimka *do* jest *niepoprawne*. △ *niepoprawne*: Do teraz (*zamiast:* dotychczas, dotąd, do tej pory). Do dziś dzień (*zamiast:* do dziś dnia, po dziś dzień). Do pięciu dni (*zamiast:* w ciągu pięciu dni, przez pięć dni). **5.** «przyimek *do* stanowi część składową konstrukcji wyrażających uczucia, stany psychiczne»: Pasja do lektury. Miłość do matki (*obok:* dla matki). △ W tej funkcji przyimek *do* może być używany wymiennie z przyimkiem *dla*, zwłaszcza w odniesieniu do uczuć dodatnich, np.: Sympatia do koleżanki a. dla koleżanki. Szacunek do ojca a. dla ojca. *Ale* tylko: Wstręt do wody (*nie*: dla wody). Tęsknota do kogoś (*nie*: dla kogoś). Niechęć do życia (*nie*: dla życia). || *D Kult. I, 42; KJP 358—363.*

do- «przedrostek tworzący wyrazy pochodne, (głównie czasowniki)»: **a)** «tworzy czasowniki, które oznaczają doprowadzenie jakiejś czynności do końca», np.: dopić, dogotować, doczytać. △ Czasowniki te łączą się z dopełniaczem albo (dziś częściej) z biernikiem, np.: Dopić mleko, *rzad.* mleka. Doczytać książkę, *rzad.* książki. *Por.* dopełniacz (punkt 5c). **b)** «tworzy czasowniki oznaczające wykonanie czynności dodatkowej, uzupełniającej», np.: dokupić, dobudować, dolać, dosypać. △ Czasowniki te łączą się głównie z biernikiem, czasem — z dopełniaczem cząstkowym, np.: Dobudował oficynę. Dolał wody do wina. Dokupił drugi folwark, *ale*: Dokupił gruntu. Dosypał do pieca wiadro koksu, *ale*: Dosypał cukru do herbaty. **c)** «tworzy czasowniki oznaczające osiągnięcie kresu przestrzennego lub czasowego», np.: dobiec, dojść, dosiedzieć, dożyć. △ Te czasowniki łączą się zwykle z konstrukcją przyimkową „do kogo, do czego" lub z samym dopełniaczem. Wybór konstrukcji zależy od znaczenia czasownika, np. Dojść do celu, *ale*: Dojść prawdy. Dobiec do mety, *ale*: Dobiec kresu (przenośnie). **d)** «tworzy czasowniki wyrażające przystosowanie, uczynienie odpowiednim do czegoś», np.: dobrać, dopasować, dostroić. Łączą się one z biernikiem, czasem — z dopełniaczem, np.: Dobrać odpowiednie obuwie. Dopasować suknię, *ale*: Dobierał kunsztownych słów, *rzad.* kunsztowne słowa. **e)** «występuje jako jeden z formantów (przedrostek) przymiotników i przysłówków typu: · *domięśniowy, docelowy, dożylnie, dogłębnie.*

doba *ż IV, lm D.* dób.

doberman (*wym.* doberman) *m IV, D.* dobermana (p. akcent § 7): Jego pies jest rasowym dobermanem.

dobić *dk Xa,* dobije, dobij, dobiliśmy (p. akcent § 1a i 2) — **dobijać** *ndk I,* dobijaliśmy □ D. kogo, co «zabić osobnika bliskiego śmierci, na pół martwego»: Dobić rannego. Dobić zwierzę. △ *przen.* Dobijały go zmartwienia, dobiła go śmierć syna. △ Dobić do brzegu «o statku, łodzi itp.: dopłynąć, przybić do brzegu» △ Dobić targu «zakończyć targ o coś» **dobić się — dobijać się** △ (tylko *ndk*) D. się do kogo, do czego «stukać mocno, chcąc się gdzieś dostać»: Dobijać się do drzwi, do sąsiadów. □ (tylko *ndk*) D. się o co «dążyć do zdobycia czegoś, zabiegać o coś»: Ludzie dobijali się o bilety na koncert. □ (tylko *dk*) *rzad.* D. się czego «osiągnąć, zdobyć coś»: Dobić się majątku, stanowiska.

dobiec, *rzad.* **dobiegnąć** *dk Vc,* dobiegnę,. dobiegnij, dobiegł, dobiegliśmy (p. akcent § 1a i 2) — **dobiegać** *ndk I,* dobiegaliśmy □ D. do czego a. do kogo «biegnąc osiągnąć jakiś cel przestrzenny; dotrzeć do kogoś a. do czegoś»: Dobiec do mety, do lasu, do swoich. □ D. bez dop. **a)** «o czasie: nastać, nadejść»: Dobiegła północ. **b)** «o głosie, dźwiękach: dać się słyszeć, dotrzeć z odległości»: Z daleka dobiegała muzyka. △ (zwykle *ndk*) D. końca, kresu itp.: Żniwa dobiegały końca. Dobiegał pięćdziesiątki (*nie*: do pięćdziesiątki).

dobierać *ndk I,* dobieraliśmy (p. akcent § 1a i 2) — **dobrać** *dk IX,* dobiorę (*nie*: dobierę), dobierze, dobierz, dobraliśmy □ D. czego (z dopełniaczem cząstkowym) a. co «brać dodatkowo, brać więcej; dodawać, dokładać»: Dobierać materiału, zupy. Dobierz sobie jeszcze jedno ciastko. □ D. kogo, co — do czego «wybierać to, co pasuje, szukać czegoś odpowiedniego, dopasowywać jedno do drugiego»: Dobierać przybranie, pasek do sukienki. Dobrać partnera do tańca. **dobierać się — dobrać się** □ D. się do czego «dostawać się do czegoś»: Muchy dobrały się do miodu. Lisy dobierały się do kurników. △ Dobierać się do kogoś **a)** «zalecać się obcesowo»: «starać się zbliżyć do kogoś w złych zamiarach, np. dla okradzenia, zabicia go» △ (częściej *dk*) «odpowiadać sobie, zgadzać się, dopasować się»: Małżonkowie świetnie się dobrali.

dobijać p. dobić.

dobitek △ tylko we *fraz.* Na dobitek (p. dobitka).

dobitka *ż III, lm D.* dobitek *sport.* «końcowe uderzenie» △ W zn. ogólnym tylko we *fraz.* Na dobitkę a. na dobitek «na domiar złego, do tego wszystkiego, na dodatek»: Stracił posadę, a na dobitkę zachorował.

dobosz *m II, lm M.* dobosze, *D.* doboszów a. doboszy: Dobosze wybijali rytm.

dobra *posp.* «dobrze, doskonale, zgoda!»: Idziemy razem, dobra? △ Dobra jest «wzmocnione: dobra»: Co ty na to? — Dobra jest! △ Dobra nasza! «doskonale się składa; wiwat!»: Dobra nasza, wygraliśmy!

dobrać p. dobierać.

dobranoc (*wym.* dobranoc) *ndm* △ Powiedzieć, mówić dobranoc (*ale*: Życzyć dobrej nocy). △ Na dobranoc «przed nocą, przed rozstaniem się na noc»: Ucałować kogoś na dobranoc.

Dobrawa p. Dąbrówka.

dobrawola tylko w *przestarz.* wyrażeniu: Z dobrawoli, po dobrawoli «z własnej woli, dobrowolnie»

dobrnąć *dk Va,* dobrnąłem (*wym.* dobrnołem, *nie*: dobrnełem), dobrnął (*wym.* dobrnoł), dobrnęła (*wym.* dobrneła), dobrnęliśmy (*wym.* dobrneliśmy; p. akcent § 1a i 2) □ D. do kogo, do czego: Późną nocą dobrnęliśmy do schroniska.

dobro *n III, Ms.* dobru, *rzad.* dobrze, *lm D.* dóbr **1.** *blm* «korzyść, pożytek»: Dobro ogółu. Myśleć o własnym dobru. **2.** częściej w *lm* «wartości»: Dobra kulturalne, ekonomiczne. **3.** tylko w *lm* «posiadłość ziemska»: Dziedziczne dobra. || *U Pol. (1), 337.*

dobroczyńca *m odm. jak ż II, lm M.* dobroczyńcy, *DB.* dobroczyńców: Dobroczyńca ludzkości.

dobrodziej *m I, lm D.* dobrodziejów, *rzad.* dobrodziei *przestarz., żart.* «tytuł grzecznościowy»: Witam pana dobrodzieja.

dobrodziejstwo *n III*: Doświadczyć, doznać dobrodziejstwa. Wyświadczyć (*nie*: wyrządzić, okazać) komuś dobrodziejstwo. △ *wych. z użycia* Świadczyć komuś dobrodziejstwa.

Dobrolubow (*wym.* Dobrolubow) *m IV, D.* Dobrolubowa (*nie*: Dobrolubowa, p. akcent § 7): Prace poświęcone Dobrolubowowi.

dobrosąsiedzki △ Stosunki dobrosąsiedzkie (między narodami, państwami), *lepiej*: dobre stosunki sąsiedzkie (np. między Polską a Czechosłowacją). △ *niepoprawne* Pomoc dobrosąsiedzka (*zamiast*: pomoc sąsiedzka a. pomoc dobrych sąsiadów, dobrego sąsiada).

dobrosąsiedztwo *niepoprawne* zamiast: dobre stosunki sąsiedzkie.

Dobrovsky (*wym*. Dobrowski) *m* odm. jak przym., *D*. Dobrovskiego (p. akcent § 7): Konferencja poświęcona Dobrovskiemu.

Dobrudża (nie *wym*.: Dobrud-ża) *ż II* «kraina w Bułgarii i Rumunii» — dobrudzki.

dobry 1. *m-os.* dobrzy, *st. w.* lepszy «taki, jaki powinien być, jak trzeba; należyty; odpowiedni, właściwy» □ **D. dla kogo a)** «życzliwy, serdeczny, przyjazny»: Nauczyciel dobry dla uczniów. **b)** «odpowiedni, nadający się»: To dobre dla młodej dziewczyny, nie dla starszej pani. □ **D. na co, do czego** «przydatny, stosowny do czegoś»: Strój dobry do pracy. Lek dobry na kaszel. Drewno dobre na podpałkę. □ **D. na kogo** «pasujący na kogoś»: Te buty są na mnie dobre. △ *przestarz.* Z dobrej woli, po dobrej woli «z własnej woli, bez przymusu, dobrowolnie»: Nikt go nie zmuszał do pracy, pracował z dobrej woli. △ Życzyć komuś dobrej nocy (*ale*: Powiedzieć, mówić komuś dobranoc). △ Dobry, dobra sobie; dobre sobie; a to dobre! «jest(eś) paradny(a)! a to paradne!»: Dobra sobie — ja mam ci szukać męża?! Ani myślę tam iść — dobre sobie! **2.** «odmierzony obficie, liczony z nadwyżką; znaczny, duży»: Mieli jeszcze dobry kawał drogi. Czekali dobre (*nie*: dobrych) pięć godzin. To działo się dobre (*nie*: dobrych) sto lat temu.
dobre *n* w użyciu rzeczownikowym, *NMs.* dobrem, *blm*: Doznać wiele dobrego. Skłaniać się do dobrego a. ku dobremu. Płacić złem za dobre a. dobrem za złe. Zmienić się na dobre. Coś wyjdzie komuś na dobre.

dobrze 1. *st. w.* lepiej «tak jak trzeba, należycie, odpowiednio, właściwie; dodatnio, pozytywnie» □ Z kimś jest d. «ktoś się dobrze czuje, jest zdrów (zwykle po chorobie)»: Przeszedłem ciężką operację, ale teraz jest już ze mną dobrze. **2.** bez *st. w.* «w wysokim stopniu, w pełni; mocno, znacznie, bardzo»: Włosy mu już dobrze posiwiały. Było już dobrze po północy. **3.** bez *st. w.* «zgadzam się; zgoda»: Zaraz wychodzimy? — Dobrze.

dobrzeć p. wydobrzeć.

Dobrzyń *m I* «miasto» — dobrzyński (p.).

dobrzyński: Miejskie władze dobrzyńskie (*ale*: Ziemia Dobrzyńska).

dobudzić *dk VIa*, dobudzę, dobudź, dobudzimy, dobudziliśmy (p. akcent § 1a i 2) rzad. «zbudzić (zwłaszcza: z trudem)» □ **D. kogo, co:** Nie spała przez trzy noce — któż ją teraz dobudzi!
dobudzić się «zbudzić po usilnych staraniach, zabiegach» □ **D. się kogo, czego:** Zasnął tak, że dobudzić się go nie mogli.

dobyć *dk* dobędę, dobędzie, dobądź, dobył, dobyliśmy (p. akcent § 1a i 2), dobycie, dobyty — **dobywać** *ndk I*, dobywaliśmy **1.** «dotrwać do pewnego czasu»: Dobył do końca wykładu. **2.** *przestarz.*, *książk.* (żywe we *fraz.*) «wydobyć, wydostać,

wyjąć, wyciągnąć skądś» □ **D. co**, *rzad*. czego: Dobyć portfel z kieszeni. Dobyć nóż (noża) z pochwy. △ Dobyć miecza, szabli itp. «wystąpić z bronią przeciw komuś» △ Dobyć głosu «odezwać się, wydać głos» △ Dobyć ostatka (resztek) sił «wytężyć siły» □ (częściej *ndk*) D. co «kopać, wydostawać coś (węgiel, rudę itp.) z ziemi»

doc. «skrót wyrazu: *docent*; pisany z kropką, stawiany zwykle przed nazwiskiem lub przed imieniem i nazwiskiem, czytany jako cały, odmieniany wyraz»: Doc. Skulski, doc. Jerzy Skulski. Wykład doc. (*czyt*. docenta) Skulskiego. △ w *lm*.: Doc. Skulski i doc. Adamczyk a. doc. doc. Skulski i Adamczyk.
doc. — o kobiecie (czytane jako cały, ale nieodmienny wyraz): Doc. Wiśniewska, z doc. (*czyt*. docent) Wiśniewską.

docencki przym. od docent: Stopień docencki.

docent *m IV*, *lm M*. docenci: Docent biologii, matematyki.
docent — o kobiecie, p. nazwy i tytuły zawodowe kobiet. *Por*. doc.

docentka *ż III*, *lm D*. docentek, *pot*., *lepiej*: docent (o kobiecie).

dochodzenie *n I* «śledztwo»: Dochodzenie sądowe. Prowadzić dochodzenie. Rozpocząć (*nie*: otworzyć) dochodzenie.

dochodzeniowy przym. od dochodzenie: Wydział dochodzeniowy (*lepiej*: Wydział dochodzeń). Oficer dochodzeniowy.

dochodzić *ndk VIa*, dochodzę, dochodź (*nie*: dochódź), dochodziliśmy (p. akcent § 1a i 2) — **dojść** *dk* dojdę, dojdzie, dojdź, doszedł, doszedłem (*nie*: doszłem), doszła, doszli (*nie*: dośli), doszliśmy (*nie*: dośliśmy) **1.** «idąc, posuwając się osiągnąć jakiś kres, cel» □ **D. do kogo, do czego**, *rzad*. kogo, czego: Dochodzić do domu. Poczta tu nie dochodzi. Dochodzi (do) mnie czyjś głos. Dojść (do) dwudziestu lat. Straty dochodzą do tysięcy złotych (*nie*: idą w tysiące złotych). □ **D. czego** «upominać się o coś; poszukiwać czegoś»: Dochodzić swych praw. Trudno było dojść prawdy. □ *nieos.* Dochodzi do czego «coś się staje, zachodzi»: Doszło do wojny. □ *niepoprawne* D. kogo (*zamiast*: doganiać, dopędzać): Na prostej zawodniczka doszła (*zamiast*: dopędziła) swą rywalkę. □ **D. do kogo, do czego** (*zamiast*: zbliżać się, podchodzić): Po zebraniu doszedł (*zamiast*: podszedł) do niej, żeby się przywitać. Dojść (*zamiast*: podejść) do telefonu. **2.** dochodzić *dk* «chodząc dokąd dotrwać do końca»: Dochodził na wykłady do końca semestru.

dochować *dk I*, dochowaliśmy (p. akcent § 1a i 2) — **dochowywać** *ndk VIIIa*, dochowuję (*nie*: dochowywuję, dochowywam), dochowywaliśmy □ **D. co:** Dochować ziarno do siewu. □ **D. czego:** Dochować tajemnicy, przyrzeczenia.
dochować się — **dochowywać się** □ **D. się kogo, czego:** Dochowali się trzech córek. Dochowali się pięknego stada owiec.

dochód *m IV*, *D*. dochodu: Dochód brutto, netto. Stałe dochody. Dochód państwowy, społeczny, narodowy. Źródło dochodu. □ **D. z czego:** Mieć, ciągnąć, czerpać z czegoś dochód, dochody.

dochrapać się *dk IX*, dochrapię się (*nie*: dochrapę się), dochrap się, dochrapaliśmy się (p. akcent § 1a i 2) — **dochrapywać się** *ndk VIIIa*, dochrapuję się (*nie*: dochrapywuję się, dochrapywam się), dochrapywaliśmy się *pot.* «osiągnąć coś po długich staraniach, zabiegach» □ D. się czego (*nie*: do czego): Dochrapali się wreszcie własnego mieszkania.

! dochtor, dochtór p. doktor.

dociąć *dk Xc*, dotnę, dotnie, dotnij, dociąłem (*wym.* dociołem; *nie*: dociełem), dociął (*wym.* docioł), docięła (*wym.* dociela), docięliśmy (*wym.* docieliśmy, p. akcent § 1a i 2) — **docinać** *ndk I*, docinaliśmy □ D. co a. czego «skończyć ciąć»: Żniwiarze docinali łan (łanu) żyta. □ D. co «obcinając dopasować»: Dociąć deskę do stołu. □ D. komu «powiedzieć komuś jakąś złośliwość, przymówić, dogryźć»: Docinał mu ciągle.

dociągać *ndk I*, dociągaliśmy (p. akcent § 1a i 2) — **dociągnąć** *dk Va*, dociągnij (*nie*: dociąg), dociągnąłem (*wym.* dociągnołem; *nie*: dociągnełem, dociągłem), dociągnęła (*wym.* dociągneła; *nie*: dociągła), dociągnęliśmy (*wym.* dociągneliśmy; *nie*: dociągliśmy) □ D. co — do czego «ciągnąc zbliżać coś do czegoś»: Dociągnąć wóz do szopy. □ D. do czego «osiągać jakiś wiek, czas, ilość, miejsce, liczbę itp.»: Chory nie dociągnie do jutra. Tyle wydając nie dociągniesz do pierwszego. Wieczorem dociągnęli do schroniska.

dociec *dk·Vc*, dociekłę, dociekłnij, dociekł, *rzad.* XI, docieknę, docieknie, dociekł, dociekliśmy (p. akcent § 1a i 2) — **dociekać** *ndk I*, dociekaliśmy: Uczony bada, docieka, rozumuje. □ D. czego (*nie*: co): Dociec przyczyny zjawiska.

docierać *ndk I*, docieraliśmy (p. akcent § 1a i 2) — **dotrzeć** *dk XI*, dotrę (*nie*: dotrzę), dotrze, dotrzyj, dotarł, dotarliśmy, dotarty: Samochód, silnik nie dotarty. □ D. co «kończyć tarcie, ucieranie czegoś»: Docierać resztę kartofli na tarce. □ D. czego «trzeć, ucierać dodatkową ilość czegoś»: Dotrzyj jeszcze chrzanu, bo zabraknie □ (w zn. nieprzech.). D. do czego «dostawać się dokądś z trudem»: Po długiej wspinaczce dotarli na szczyt.

docinać p. dociąć.

docinek *m III*, D. docinka, zwykle w *lm* «przytyk, przymówka» *Por.* przycinek.

dociskać *ndk I*, dociskaliśmy (p. akcent § 1a i 2) — **docisnąć** *dk Va*, docisnę, dociśnie, dociśnij, docisnąłem (*wym.* docisnołem, *nie*: docisnełem, docisłem), docisnął (*wym.* docisnoł), docisnęła (*wym.* docisneła; *nie*: docisła), docisnęliśmy (*wym.* docisneliśmy) 1. «cisnąc zbliżać coś do czegoś»: Docisnąć wieko skrzynki. □ D. co — do czego: Szczęki hamulców dociskane są do kół pojazdu. 2. «męczyć, dręczyć, gnębić»: Bieda go docisnęła.

docisnąć się □ D. się do czego «z trudem przedostać się dokądś; dopchać się»: Docisnąć się do lady w zatłoczonym sklepie.

do cna (*wym.* do cna) nieco *książk.* «całkowicie, doszczętnie (zwykle w odniesieniu do zjawisk niepożądanych)»: Dom spłonął do cna. Przemoknąć do cna.

doczekać *dk I*, doczekaliśmy (p. akcent § 1a i 2) — *rzad.* **doczekiwać** *ndk VIIIb*, doczekuję (*nie*: doczekiwuję, doczekiwam), doczekiwaliśmy □ D. czego a. do czego «czekając dotrwać do pewnego kresu»: Doczekać końca. Doczekać do rana. □ D. kogo, czego «dożyć»: Doczekać starości. Doczekać wnuków.

doczekać się — *rzad.* **doczekiwać się** forma wzmocniona czas. doczekać — doczekiwać □ D. się czego: Doczekać się pociechy z dzieci. *Por.* czekać.

doczesny (*nie*: docześny): Sprawy doczesne.

do czysta p. czysty.

doczytać *dk I*, doczytaliśmy (p. akcent § 1a i 2) — *rzad.* **doczytywać** *ndk VIIIa*, doczytuję (*nie*: doczytywuję, doczytywam), doczytywaliśmy «przeczytać do końca a. do pewnego miejsca» □ D. co, *rzad.* czego: Doczytać gazetę, *rzad.* gazety.

doczytać się — **doczytywać się** «czytając dowiedzieć się; wyczytać» □ D. się czego: Czegoś się doczytał w tej książce?

dodać *dk I*, dodadzą, dodaliśmy (p. akcent § 1a i 2) — **dodawać** *ndk IX*, dodaję, dodawaj, dodawaliśmy 1. «dać dodatkowo; dołączyć» □ D. kogo, co (kiedy chodzi o osobę lub cały przedmiot): Oskarżonemu dodano obrońcę z urzędu. Premia dodana do pensji. □ D. czego (dopełniacz cząstkowy): Dodać wody do mleka. △ W dopełniaczu występują też nazwy uczuć, doznań: Dodawać odwagi. Wygrana dodała mu nadziei. 2. «powiedzieć coś jeszcze; nadmienić»: Skończywszy wykład dodał, że wkrótce opuści uczelnię. 3. «zsumować wielkości (matematyczne)» □ D. co (do czego) a. d. bez dop.: Dodawać kolumny cyfr. Dodaj pięć do dwóch. Liczył, dodawał, odejmował. 4. *uczn.* tylko w bezokol. «plus»: Dwa dodać dwa jest cztery.

dodatek *m III*, D. dodatku: Dodatek rodzinny. Dodatek do pensji. Dodatek na dziecko.
na dodatek, w dodatku «ponadto, oprócz tego, poza tym»: Była brzydka, w dodatku chorowita. Wyjechał po kryjomu, a na dodatek nie spłacił długu.

dodatkowy: Praca dodatkowa (*nie*: nadliczbowa). Godziny (pracy) dodatkowe a. nadliczbowe.

dodatni (*nie*: dodatny, *ale*: podatny): Dodatnia opinia. Liczby dodatnie. △ *Niepoprawne* jako określenie osoby, np. Dodatnie (*zamiast*: pozytywne) postaci powieści.

dodawać p. dodać.

do dna p. dno.

do dnia p. dzień.

dogadać się *dk I*, dogadaliśmy się (p. akcent § 1a i 2) — **dogadywać się** *ndk VIIIa*, dogaduję się (*nie*: dogadywuję się, dogadywam się), dogadywaliśmy się *pot.* **a)** «porozumieć się» □ D. się z kim: Łatwo dogadywał się z cudzoziemcami, bo znał języki. □ D. się co do czego: Szybko dogadali się co do tego interesu. **b)** «znaleźć wspólny temat» □ D. się kogo, czego: Dogadać się wspólnych znajomych, wspólnych przeżyć.

dogadzać *ndk I*, dogadzaliśmy (p. akcent § 1a i 2) — **dogodzić** *dk VIa*, dogodzę, dogódź, dogodziliśmy □ D. komu, czemu (czym, w czym) **a)** «zaspokajać czyjeś życzenia, zachcenia»: Dogadzał we wszystkim swej jedynaczce. Dogadzali jego

doganiać

zachciankom. Była tak wybredna, że trudno jej było w czymkolwiek dogodzić. **b)** tylko *ndk* «być dogodnym dla kogoś, odpowiadać komuś»: Nie dogadzała jej ta praca. To stanowisko dogadza jego ambicji.

doganiać *ndk I*, doganialiśmy (p. akcent § 1a i 2) — **dogonić** *dk VIa*, dogonię, dogoń, dogonimy, dogoniliśmy; *rzad.* **dognać** *dk I*, dognaliśmy «dopędzać, dościgać»: Dogonić (*rzad.* dognać) kogoś na rowerze. △ *przen.* Dogonił kolegów w nauce. Musimy dogonić inne kraje przodujące w tej dziedzinie.

dogasać *ndk I*, dogasałby (p. akcent § 4c) — **dogasnąć** *dk Vc*, dogasł a. dogasnął (*wym.* dogasnoł), dogasła (*nie:* dogasnęła), dogasłby (używane zwykle w 3. os. *lp* i *lm*, w bezokol.).

doglądać *ndk I*, doglądaliśmy (p. akcent § 1a i 2) — **dojrzeć** *dk VIIb*, dojrzę, dojrzymy, dojrzyj, dojrzeliśmy; *reg.* **doglądnąć** *dk Va*, doglądnęliśmy (*wym.* doglądneliśmy) □ (zwykle *ndk*) D. kogo, czego (*nie:* kogo, co) «opiekować się kimś, czymś, pilnować kogoś, czegoś»: Doglądać dziecka, gospodarstwa. Doglądać kogoś w chorobie.

dogmat *m IV*, D. dogmatu, *lm M.* dogmaty (*nie:* dogmata) □ D. czego, o czym: Dogmat nieomylności (o nieomylności) papieża.

dogmatyka (wym. dogmatyka, *nie:* dogmatyka, p. akcent § 1c) *ż III, blm.*

dogmatyzm *m IV*, D. dogmatyzmu, *Ms.* dogmatyzmie (*wym.* ~yzmie a. ~yźmie), zwykle *blm.*

dognać p. doganiać.

dogodny *st. w.* dogodniejszy a. bardziej dogodny **1.** «nadający się do czegoś; odpowiedni, stosowny»: Znaleźli dogodne miejsce. □ D. do czego: Przejście dogodne do ucieczki. **2.** «korzystny»: Dogodne warunki kupna. □ D. dla kogo, *przestarz.* komu: To posada bardzo dla niego dogodna.

dogodzić p. dogadzać.

dogonić p. doganiać.

dogotować *dk IV*, dogotowaliśmy (p. akcent § 1a i 2) — **dogotowywać** *ndk VIIIa*, dogotowuję (*nie:* dogotowywuję, dogotowywam), dogotowywaliśmy □ D. co «dokończyć gotowanie»: Dogotuj kartofle, bo jeszcze twarde. □ D. czego «ugotować dodatkowo pewną ilość»: Dogotowała zupy dla trzech spóźnialskich.

dograć *dk I*, dograliśmy (p. akcent § 1a i 2) — **dogrywać** *ndk I*, dogrywaliśmy □ D. co, *rzad.* czego «zagrać do końca»: Dograć partię (partii) brydża.

dogryzać *ndk I*, dogryzaliśmy (p. akcent § 1a i 2) — **dogryźć** *dk XI*, dogryzę, dogryzie, dogryź, dogryźliśmy **1.** «kończyć gryźć; dojadać» □ D. co, *rzad.* czego: Dogryźć resztę bułki. Pies dogryzał kość (kości). **2.** *pot.* «dogadywać, przymawiać, dokuczać» □ D. komu (czym): Dogryzali sobie wzajemnie złośliwymi aluzjami.

dogrzać *dk Xb*, dogrzaliśmy, *reg.* dogrzeliśmy (p. akcent § 1a i 2) — **dogrzewać** *ndk I*, dogrzewaliśmy: Słońce dogrzewa. □ D. co «ogrzać należycie»: Zimą

trudno dogrzać to mieszkanie. □ D. czego «ogrzać dodatkową ilość»: Dogrzać więcej wody na kąpiel.

dogrzebać się *dk IX*, dogrzebię się, dogrzeb się, dogrzebaliśmy się (p. akcent § 1a i 2) — **dogrzebywać się** *ndk VIIIa*, dogrzebuję się (*nie:* dogrzebywuję się, dogrzebywam się), dogrzebywaliśmy się □ D. się do czego: Psy dogrzebały się do mysiej nory.

doić *ndk VIa*, doję, doimy, dój, doiliśmy (p. akcent § 1a i 2): Doić krowę. □ *posp.* D. kogo, co «wyzyskiwać kogoś, ciągnąć z niego zyski»

doigrać się *dk I*, doigraliśmy się (p. akcent § 1a i 2) □ D. bez dop.: Nie szalej, bo się doigrasz! □ D. się czego (*nie:* do czego): Doigracie się zapalenia płuc przy tej pogodzie.

dojadać *ndk I*, dojadaliśmy (p. akcent § 1a i 2) — **dojeść** *dk*, dojem, dojesz, doje, dojedzą, dojedz, dojadł, dojedliśmy, dojedzony □ D. co, *rzad.* czego: Dojadał jabłko (jabłka). □ D. bez dop.: Całymi tygodniami nie dojadała. Dojadali między posiłkami. Nie doje, nie dośpi, a pracuje ciężko. □ *pot.* D. komu (czym) «dawać się we znaki; dokuczać»: Bieda im dojadła. Nienawidzili go i ciągle mu dojadali.

dojarka *ż III*, *lm D.* dojarek **1.** in. dójka. **2.** «maszyna do dojenia krów»

dojazd *m IV*, D. dojazdu, *Ms.* dojeździe: Dobry dojazd do miasta. Codzienne dojazdy zabierały dużo czasu.

dojechać *dk*, dojadę, dojedzie (*nie:* dojadzie), dojedź (*nie:* dojadź), dojechał, dojechaliśmy (p. akcent § 1a i 2) — **dojeżdżać** *ndk I*, dojeżdżaliśmy: Dojeżdżam codziennie do pracy. □ *pot.* (tylko *dk*) D. komu **a)** «uderzyć»: Dojechał mu szablą. **b)** «dokuczyć, dociąć»: Dojechał im do żywego tą uwagą.

dojeść p. dojadać.

dojeżdżać p. dojechać.

dojmujący «(zwykle o przykrych doznaniach fizycznych i psychicznych) przenikający, przenikliwy, ostry, mocny»: Dojmujący głód, ból, mróz.

dojrzały *m-os.* dojrzali, *st. w.* dojrzalszy a. bardziej dojrzały: Dojrzałe zboże. Dojrzały człowiek. Dojrzały umysł, talent. □ Dojrzały do czego: Dziewczyna dojrzała do małżeństwa.

I dojrzeć (*nie:* dojrzyć) *dk VIIb*, dojrzę, dojrzyj, dojrzymy, dojrzeliśmy (p. akcent § 1a i 2) «zobaczyć, dostrzec»: Nie mógł nic dojrzeć w ciemnościach.

II dojrzeć *dk III*, dojrzeję, dojrzejemy, dojrzeliśmy (p. akcent § 1a i 2) — **dojrzewać** *ndk I*, dojrzewaliśmy «osiągnąć pełny rozwój»: Pomidory dojrzewają w słońcu. △ *przen.* W nim pewien zamiar. □ D. do czego «stać się gotowym do określonych zadań»: Nie dojrzeli jeszcze do kierowania własnym życiem (*ale:* Tylko dojrzali ludzie mają doświadczenie).

dojść p. dochodzić.

dokańczać p. dokończyć.

dokazać *dk IX*, dokaże, dokazaliśmy (p. akcent § 1a i 2) — **dokazywać** *ndk VIIIa*, dokazuję (*nie:* dokazywuję, dokazywam), dokazywaliśmy **1.** «osiągnąć zamierzony cel, dokonać czegoś» △ Zwykle w wyrażeniach: Dokazać, dokazywać (cudu) cudów (zręczności); Dokazać tego, że...: Dokazał tego, że przydzielono mu mieszkanie. **2.** tylko *ndk* «bawić się, figlować»: Dzieci dokazują wesoło.

dokąd 1. «zaimek zastępujący wyrażenie oznaczające cel przestrzenny»: **a)** «w zdaniach mających formę pytania»: Dokąd idziesz? (a. Gdzie idziesz?) **b)** «w zdaniach podrzędnych będących rozwiniętym określeniem miejsca»: Pójdziesz tam, dokąd ci każę. **c)** «w zdaniach rozwijających wyrazy zastępujące oznaczenie miejsca»: Wszędzie, dokąd poszedłem, odmawiano mej prośbie. **d)** «w zdaniach podrzędnych związanych z wyrazami oznaczającymi pytanie, zainteresowanie, powiadomienie itp.»: Nie wiem, dokąd mnie prowadzisz.
2. «zaimek zastępujący określenie momentu końcowego czynności; jak długo; dopóki»: **a)** «w zdaniach mających formę pytania»: Pośpiesz się! Dokąd będziemy czekać na ciebie? **b)** «w zdaniach rozwijających określenie czasu»: Pozostaniesz tam, dokąd sama zechcesz. *|| D Kult. I, 53; GPK Por. 250.*

doker (*nie*: dokier) *m IV, lm M.* dokerzy.

dokładać *ndk I,* dokładaliśmy (p. akcent § 1a i 2) — **dołożyć** *dk VIb,* dołóż, dołożymy, dołożyliśmy □ D. co (jeśli chodzi o przedmiot a. przedmioty w całości): Dołożyli mu jeszcze jedną gruszkę. □ D. czego (dopełniacz cząstkowy): Dokładać węgla do pieca. △ Dołożyć starań, trudu. △ *niepoprawne* Nie dokładać (*zamiast*: nie przykładać) do czegoś ręki, rąk. □ (częściej *dk*) *pot.* D. komu «obić kogoś»: Dołożył mu kijem po grzbiecie.
dokładać się — dołożyć się □ D. się do czego: Rodzina dołożyła się do prezentu.

dokładność *ż V, blm* △ Z dokładnością do ... «określenie stopnia dokładności»: Chronometr z dokładnością do 1/100 sekundy.

dok. nast. «skrót wyrazów: *dokończenie nastąpi,* pisany z kropkami, czytany jako całe wyrażenie»

dokonać *dk I,* dokonaliśmy (p. akcent § 1a i 2) — **dokonywać** *ndk VIIIa, rzad. I,* dokonuję, *rzad.* dokonywam (*nie*: dokonywuję), dokonywaliśmy □ D. czego (*nie*: co) «zrobić, urzeczywistnić, spełnić coś»: Dokonać czynu, dzieła. Dokonać zbrodni. △ Nie należy nadużywać zwrotów opisowych z tym czasownikiem, tzn. takich, które odpowiadają znaczeniowo poszczególnym czasownikom, np. Dokonać remontu czegoś (*lepiej*: wyremontować coś). △ *książk. podn.* Dokonać żywota «umrzeć»

***dokonane czasowniki** p. czasownik (punkt VI).

dokonanie *n I* **1.** forma rzeczownikowa czas. dokonać (p.). **2.** w zn. «to, czego się dokonało, *lepiej*: osiągnięcie, dzieło»: Wielkie dokonania (*lepiej*: osiągnięcia, dzieła) myśli ludzkiej.

dokończyć *dk VIb,* dokończymy, dokończ, dokończyliśmy (p. akcent § 1a i 2) — **dokończać**, *rzad.* **dokańczać** *ndk I,* dokończaliśmy, dokańczaliśmy «doprowadzić do końca» □ D. co, czego (jeżeli dopełnienie jest nazwą czynności, to można użyć tylko dopełniacza, jeżeli rzeczownik będący dopełnieniem ma inne znaczenie niż nazwa czynności, poprawny jest zarówno biernik jak i dopełniacz: Dokończyć czytania, pisania. Dokończyć list, *rzad.* listu.

DOKP (*wym.* deokape, p. akcent § 6) *n a. ż ndm* «Dyrekcja Okręgowa Kolei Państwowych»: DOKP wydało (wydała) zarządzenie o zmianie rozkładu jazdy pociągów. Pracował w DOKP.

dokrajać *dk IX a. I,* dokraję a. dokrajam, dokraj (*nie*: dokrajaj), dokrajaliśmy (p. akcent § 1a i 2) a. **dokroić** *dk VIa,* dokroję, dokrój, dokroiliśmy — *rzad.* **dokrawać** *ndk I,* dokrawaliśmy □ D. czego «ukrajać dodatkowo»: Dokrajać więcej chleba. □ D. co «ukroić, pokroić do pewnego miejsca albo do końca»: Dokroiła resztę chleba i zaczęła smarować kromki.

doktor (*nie*: dochtor, dochtór; w języku mówionym używana także forma: doktór — zwłaszcza w zn. 2) *m IV* (skrót: dr) **1.** *lm M.* doktorzy a. doktorowie «stopień naukowy; osoba mająca ten stopień»: Doktor filozofii. Tytuł doktora. **2.** *lm M.* doktorzy *pot.* «lekarz»: Wezwać doktora do chorego.
doktor — o kobiecie, p. nazwy i tytuły zawodowe kobiet: Pani doktor przyszła. Poproś doktor Kowalską! *|| D Kult. I, 791; U Pol. (1), 4, 448.*

doktorat *m IV, D.* doktoratu: Uzyskać, *pot.* zrobić doktorat. Zdawać doktorat.

doktorka (*nie*: doktórka, dochtorka, dochtórka) *ż III, lm D.* doktorek *pot. wych. z użycia* «lekarka, kobieta-lekarz», *lepiej*: doktor (o kobiecie). *|| D Kult. I, 609; U Pol. (2), 528, 530, 533.*

doktorostwo *n III, DB.* doktorostwa, *Ms.* doktorostwu (*nie*: doktorostwie), *blm*: Doktorostwo Kowalscy byli u nas wczoraj.

doktorowa *ż odm. jak przym., W.* doktorowo «żona doktora (zwłaszcza lekarza)» △ *niepoprawne* w zn. «kobieta lekarz» *|| U Pol. (1), 389.*

doktoryzować się *ndk IV,* doktoryzowaliśmy się (p. akcent § 1a i 2) «uzyskiwać stopień naukowy doktora» □ D. się z czego: Doktoryzować się z filozofii.

doktorzyna *m a. ż odm. jak ż IV, M.* ten, *rzad.* ta doktorzyna, *lm M.* te doktorzyny, *D.* doktorzynów, *rzad.* doktorzyn, *B.* tych doktorzynów, *rzad.* te doktorzyny *lekcew.* «doktor, lekarz»: Leczyła się u jakiegoś doktorzyny.

doktór p. doktor.

dokuczać *ndk I,* dokuczaliśmy (p. akcent § 1a i 2) — **dokuczyć** *dk VIb,* dokuczę, dokucz, dokuczymy, dokuczyliśmy □ D. komu (czym) «wyrządzać przykrość»: Dokucza sąsiadom hałasami. □ (tylko w 3. os.) Coś komuś dokucza «coś komuś dolega, boli kogoś»: Dokuczają mi nerki i wątroba. □ *nieos.* Dokuczyło komu (w połączeniu z rzecz. odsłownym w mianowniku nie z bezokolicznikiem) «mam czegoś dosyć, obrzydło mi coś»: Dokuczyło nam jadanie w stołówkach. Dokuczyło mi mieszkanie z wami. □ (tylko *ndk*) *przestarz.* D. komu — o co «naprzykrzać się, molestować kogo o co»: Dokuczają mi o zwrot długu.

dokument *m IV, D.* dokumentu, *lm M.* dokumenty (*nie*: dokumenta) **1.** «pismo urzędowe, akt urzędowy» **2.** *środ.* «film dokumentarny»

dokumentacja *ż I, DCMs.* i *lm D.* dokumentacji: Dokumentacja naukowa. Dokumentacja techniczna.

□ D. czego (*nie*: dla czego) — dla kogo, czego: Dokumentacja stalowni dla Huty im. Lenina.

dokumentalista a. **dokumentarzysta** *m* odm. jak *ż IV, lm M.* dokumentaliści (dokumentarzyści), *DB.* dokumentalistów (dokumentarzystów).

dokumentarny a. **dokumentalny**: Film dokumentarny (dokumentalny). Przedstawić coś z dokumentalną ścisłością. // *D Kult. I, 496; KP Pras; U Pol. (1), 116.*

dokumentnie *pot.* «dokładnie, starannie; zupełnie, całkowicie»: Trzeba tę sprawę dokumentnie zbadać.

dokupić *dk VIa*, dokupię (*nie*: dokupę), dokup, dokupimy, dokupiliśmy (p. akcent § 1a i 2) — **dokupować** *ndk IV*, dokupuję (*nie*: dokupowuję), dokupowaliśmy; **dokupywać** (*nie*: dokupowywać) *ndk VIIIa*, dokupuję (*nie*: dokupywuję), dokupywaliśmy □ D. co (jeśli chodzi o przedmiot a. przedmioty w całości): Dokupić nowy mebel. □ D. czego (dopełniacz cząstkowy): Dokupić gruntu.

dola *ż I, lm D.* doli, zwykle w *lp*: Zła, dobra dola.

dolać *dk Xb*, doleję, dolej, dolejemy, dolaliśmy, *reg.* doleliśmy (p. akcent § 1a i 2) — **dolewać** *ndk I*, dolewaliśmy □ D. czego (dopełniacz cząstkowy): Dolać gościom wina. △ Dolać oliwy do ognia «podsycić czyjś gniew, czyjeś oburzenie» □ D. co (określoną ilość płynu): Dolać beczkę wody do basenu. Dolej tę śmietanę do zupy.

dolar *m IV, DB.* dolara: Dać, dostać, zgubić dolara.

dolecieć *dk VIIa*, dolecę, doleć, dolecimy, dolecieliśmy (p. akcent § 1a i 2) — **dolatywać** *ndk VIIIa*, dolatuję (*nie*: dolatywuję, dolatywam), dolatywaliśmy; *przestarz., poet.* **dolatać** *ndk I*, dolataliśmy □ D. do kogo, do czego (dokąd) «lecąc, jadąc, biegnąc — osiągnąć cel, kres»: Samolot dolatuje do bazy. □ D. kogo, *rzad.* do kogo, do czego a. D. bez dop. «być przez kogoś słyszanym, odczuwanym itp.»: Doleciał go cichy płacz. Z kuchni do pokoju dolatywały smakowite zapachy. Z dali dolatuje głos jakiegoś ptaka.

dolegać *ndk I*, dolegałby (p. akcent § 4c), (tylko w 3. os., w imiesł. współczesnym i bezokol.) «sprawiać ból, dokuczać» □ D. komu: Serce mu dolega. Dolegały mu bóle krzyża.

dolewać p. dolać.

doliczyć *dk VIb*, doliczę, dolicz, doliczymy, doliczyliśmy (p. akcent § 1a i 2) — **doliczać** *ndk I*, doliczaliśmy □ D. co — do czego: Doliczyć procent do rachunku. □ tylko *dk* D. do iluś: Doliczyć do stu.
doliczyć się □ D. się czego: Nie mógł się doliczyć dziesięciu złotych.

dolinny a. **dolinowy** *rzad.* przym. od dolina: Kraina dolinna, dolinowa. Zbocza dolinne, dolinowe.

Dolnołużyczanin *m V, D.* Dolnołużyczanina, *lm M.* Dolnołużyczanie, *D.* Dolnołużyczan «mieszkaniec Dolnych Łużyc» — **Dolnołużyczanka** *ż III, lm D.* Dolnołużyczanek — dolnołużycki.

dolnośląski przym. od Dolny Śląsk: Tereny, kopalnie dolnośląskie (*ale*: Bory Dolnośląskie).

dolny (*nie*: dolni, dólny): Włóż to do dolnej szuflady. Leczył dolne zęby. Płyniemy dolną Wartą. Mieszka na dolnym Mokotowie. △ W nazwach geograficznych pisane dużą literą: Łużyce Dolne, Dolny Śląsk.

Dolny Śląsk, Dolny odm. przym., Śląsk *m III*: Mieszkać na Dolnym Śląsku. Pojechać na Dolny Śląsk. — Dolnoślązak *m III, lm M.* Dolnoślązacy — Dolnoślązaczka *ż III, lm D.* Dolnoślązaczek — dolnośląski (p.).

dołączyć *dk VIb*, dołączę, dołącz, dołączymy, dołączyliśmy (p. akcent § 1a i 2) — **dołączać** (*nie*: dołanczać) *ndk I*, dołączaliśmy □ D. kogo, co — do czego: Dołączyć dokument do akt. Dołączyć ucznia do reszty klasy. □ D. do kogo, do czego a. bez dop.: Dołączcie do szeregu!
dołączyć się — dołączać się □ D. się do kogo, do czego: Dołączyć się do pochodu. Dołączyć się do składki.

Dołęga-Mostowicz, Dołęga *m*, w *lp* odm. jak *ż III*, w *lm ndm*, Mostowicz *m II, lm M.* Mostowiczowie, *DB.* Mostowiczów: Powieści Tadeusza Dołęgi-Mostowicza. Rodzina Dołęga-Mostowiczów.
Dołęga-Mostowicz *ż ndm* — Dołęga-Mostowiczowa, Dołęga *ż ndm*, Mostowiczowa *ż* odm. jak przym. — Dołęga-Mostowiczówna, Dołęga *ż ndm*, Mostowiczówna *ż IV, D.* Dołęga-Mostowiczówny, *CMs.* Dołęga-Mostowiczównie (*nie*: -Mostowiczównej), *lm D.* Dołęga-Mostowiczówien.

dołowy *środ.* a) «położony, znajdujący się, przechowywany w dole, jamie ziemnej itp.»: Kartofle dołowe. b) «związany z miejscem, terenem położonym nisko»: Roboty dołowe (w kopalni). c) «odnoszący się do dołów — mas ludowych»: Dołowe organizacje partyjne.

dołożyć p. dokładać.

dom *m IV, D.* domu, *W.* domu, *Ms.* domu (*nie*: domie): Ten dom stoi tuż przy ulicy. Zapraszać do domu (*daw.* też: w dom; konstrukcja żywa dziś tylko w przysłowiu: Gość w dom, Bóg w dom). △ Po domu «w mieszkaniu, u siebie»: Te pantofle noszę już tylko po domu. △ *pot.* Coś na po domu «coś do użytku domowego, na co dzień»: To sukienka na po domu. △ Ktoś z domu... «zwykle o kobiecie: z rodziny, z której pochodzi; *także*: formułka przy podawaniu nazwiska»: Była zamożna z domu. Maria Wójcikowa, z domu Kowalska. // *U Pol. (1), 387, 404.*

domalować *dk IV*, domalowaliśmy (p. akcent § 1a i 2) — **domalowywać** *ndk VIIIa*, domalowuję (*nie*: domalowywuję, domalowywam), domalowywaliśmy □ D. co, *rzad.* czego «dokończyć malowania»: Domaluj te drzwi do końca. □ D. co «namalować dodatkowo»: Domalował na obrazie jeszcze jedno drzewo.

domawiać *ndk I*, domawialiśmy (p. akcent § 1a i 2) — **domówić** *dk VIa*, domówię, domów, domówimy, domówiliśmy □ D. czego «kończyć mówić»: Domówić ostatnich słów.
domawiać się — domówić się □ D. się o co «dopominać się; *częściej*: przymawiać się»: Domówił się (*częściej*: przymówił się) o prezent.

Domejko *m* odm. jak *ż III, lm M.* Domejkowie, *DB.* Domejków.

Domejko *ż ndm* — Domejkowa *ż* odm. jak przym. — Domejkówna *ż IV, D.* Domejkówny, *CMs.* Domejkównie (*nie:* Domejkównej), *lm D.* Domejkówien.

domena *ż IV* «dziedzina czyjejś, zwykle wyłącznej, swobodnej działalności»: W starożytności nauka była domeną Greków.

domiar *m IV, D.* domiaru: Wymierzyć domiar. Dostać, zapłacić domiar. □ Na d. czego «w dodatku, oprócz tego (zwykle w zn. ujemnym)»: Na domiar złego. Na domiar nieszczęścia.

domierzyć *dk VIb,* domierz, domierzymy, domierzyliśmy (p. akcent § 1a i 2) — **domierzać** *ndk I,* domierzaliśmy: Oszukiwał klientów, nie domierzał należycie. □ D. co, *rzad.* czego «ukończyć mierzenie»: Domierzyć pole (pola) krokami. □ D. co «mierząc dodać»: Za mało tego ziarna — domierz jeszcze worek.

domieszać (*nie:* domięszać) *dk I,* domieszaliśmy (p. akcent § 1a i 2) □ D. czego — do czego: Domieszać otrąb do mąki.

dominacja *ż I, DCMs.* dominacji, *blm książk., lepiej:* panowanie, przewaga, górowanie. □ D. kogo, czego — nad kim, nad czym: Dominacja silnego państwa nad słabszym.

Dominikana *ż IV* — Dominikańczyk *m III, lm M.* Dominikańczycy — Dominikanka (p.) — dominikański (p.).

dominikanin *m V, D.* dominikanina, *lm M.* dominikanie, *D.* dominikanów «członek zakonu św. Dominika; w *lm:* zakon; kościół, klasztor tego zakonu»: Poszła na mszę do dominikanów. ‖ *U Pol. (1), 398.*

Dominikanka *ż III, lm D.* Dominikanek 1. «obywatelka Dominikany»
2. dominikanka «członkini zakonu św. Dominika; w *lm:* kościół, klasztor, zakon św. Dominika»: Wstąpiła do dominikanek.

dominikański 1. przym. od Dominikana. 2. przym. od dominikanin.

dominium *n VI, lm M.* dominia, *D.* dominiów: Zarząd dominium. Administracja dominiów.

domino (*wym.* domino, *nie:* domino) *n III* 1. «strój maskaradowy»: Na balu wystąpiła w czarnym dominie. 2. «rodzaj gry»: Lubił grać w domino. Partia domina.

dominować *ndk IV,* dominowaliśmy (p. akcent § 1a i 2), wyraz często nadużywany, *lepiej:* górować, mieć przewagę, przeważać, np. W tej okolicy dominuje (*lepiej:* przeważa) ludność utrzymująca się z rolnictwa. □ D. nad kim, nad czym: Głos jej dominował (*lepiej:* górował) nad całą orkiestrą. ‖ *Kl. Aleź 28; KP Pras.*

domknąć *dk Va,* domknąłem (*wym.* domknołem; *nie:* domknełem, domkłem), domknął (*wym.* domknoł), domknęła (*wym.* domknęła; *nie:* domkła), domknęliśmy (*wym.* domknęliśmy; *nie:* domkliśmy; p. akcent § 1a i 2) — **domykać** *ndk I,* domykaliśmy: Domknąć drzwi, okno. Nie mógł domknąć walizki. Śledził ją ukradkiem przez nie domknięte powieki.

domniemanie *n I książk.* «przypuszczenie, domysł»

domniemany *książk.* «przypuszczalny, rzekomy»: Domniemany przestępca.

domokrąstwo (*nie:* domokrążstwo) *n III, blm* «zajęcie domokrążcy»

domokrążca *m odm. jak ż II, lm M.* domokrążcy, *DB.* domokrążców «wędrowny handlarz, rzemieślnik»

domokrążny (*nie:* domokrążczy): Handel domokrążny.

domówić p. domawiać.

domykać p. domknąć.

domysł *m IV, D.* domysłu, częściej w *lm:* Snuć domysły. Gubić się w domysłach.

domyślać *ndk I,* domyślaliśmy (p. akcent § 1a i 2) — **domyśleć** *dk VIIa,* domyślę, domyślimy, domyśleliśmy; a. **domyślić** *dk VIa,* domyślę, domyślimy, domyśliliśmy «myśleć o czymś do końca, wyczerpująco»

domyślać się *ndk I,* domyślaliśmy się (p. akcent § 1a i 2) — **domyślić się** (*nie:* domyśleć się) *dk VIa,* domyśliliśmy się □ D. się czego: Domyślać się prawdy.

domyślny (*wym. pot.* domyśny; *nie:* domylśny) *m-os.* domyślni, *st. w.* domyślniejszy a. bardziej domyślny.

Don *m IV, D.* Donu «rzeka w ZSRR» — doński.

do naga p. nagi.

donająć *dk Xc,* donajmę (*nie:* donajmię), donajmie, donajmij, donajmiemy, donajęliśmy (*wym.* donajeliśmy; p. akcent § 1a i 2) — **donajmować** (*nie:* donajmywać) *ndk IV,* donajmowaliśmy: Donajęli jeszcze jeden pokój.

Donatello *m I*: Rzeźby Donatella. Odczyt o Donatellu.

do niczego p. nic.

Doniec *m II, D.* Dońca «rzeka w ZSRR» — doniecki (p.).

doniecki: Statek doniecki (*ale:* Zagłębie Donieckie).

do niedawna p. niedawny.

do niepoznania, *pot.* **do niepoznaki** «tak, że trudno poznać: nie do poznania»: Był zmieniony do niepoznania (do niepoznaki).

donieść *dk XI,* doniosę (*nie:* doniesę), doniesie, donieś, doniósł, doniosła (*nie:* doniesła), donieśli, donieśliśmy (p. akcent § 1a i 2) — **donosić** *ndk VIa,* donoszę, donosi, donosimy, donoś, donosiliśmy 1. «dostarczyć do określonego miejsca» □ D. co: Donosili wodę kubłami. 2. zwykle *dk* «przynieść dodatkowo, później» □ D. czego (pewną ilość) a. co (jeżeli chodzi o przedmioty w całości): Donieśli jeszcze gałęzi na ognisko. Zapomniałem przynieść ci ostatni tom tej pracy, ale jutro ci go doniosę. 3. *książk.* «zakomunikować, zawiadomić o czymś» □ D. komu — co albo o czym: Donieść ważne wiadomości. Prasa doniosła o katastrofie kolejowej. 4. «oskarżyć, zadenuncjować kogoś» □ D. komu — co a. o czym, *pot.* także: na kogo: Kiedy się dowiedział, że kolega pali papierosy, zagroził mu, że doniesie na niego nauczycielowi. **5.** tylko *ndk* «o pociskach, dźwiękach: dolatywać, dosięgać»: Pociski donosiły aż pod las.

donikąd «do żadnego wytkniętego celu, nigdzie»: Ta droga (nie) prowadzi donikąd.

Don Juan (*wym.* Don Żuan), Don *ndm,* Juan *m IV,* *.D.* Don Juana «imię bohatera legend hiszpańskich, zuchwałego uwodziciela» || *U Pol. (2), 575. Por.* donżuan.

Donkiszot *m IV, D.* Donkiszota, *Ms.* Donkiszocie **1.** «imię błędnego rycerza, bohatera powieści Cervantesa» **2.** donkiszot *lm M.* ci donkiszoci a. (z silniejszym zabarwieniem ekspresywnym) te donkiszoty «szlachetny idealista nie liczący się z rzeczywistością; marzyciel, fantasta»

donkiszoteria *ż I, DCMs.* donkiszoterii, zwykle *blm; rzad.* **donkiszotyzm** *m IV, D.* donkiszotyzmu, *Ms.* donkiszotyzmie (*wym.* ~yzmie a. ~yźmie), *blm.*

donos *m IV, D.* donosu: Złożyć donos na kogoś.

donosić p. donieść.

donżuan *m IV, D.* donżuana, *lm M.* donżuani «uwodziciel, flirciarz, kobieciarz» *Por.* Don Juan.

donżuański, *rzad.* donżuanowski *przym.* od donżuan.

doń *książk., lepiej*: «do niego (rodzaj męski)» △ *niepoprawne* w zn. «do niej, do niego (rodzaj nijaki), do nich»

dookoła a. **dokoła**: Dookoła (dokoła) klombu posadzono bukszpany.

do ostatka p. ostatek.

dopasować *dk IV,* dopasowaliśmy (p. akcent § 1a i 2) — **dopasowywać** *ndk VIIIa,* dopasowuję (*nie:* dopasowywuję, dopasowywam), dopasowywaliśmy □ D. co — do czego: Dopasować drzwiczki do szafki. Sukienka dopasowana (do figury). || *D Kult. I, 404.*

dopaść *dk XI,* dopadnę, dopadnie, dopadnij, dopadliśmy (p. akcent § 1a i 2) — **dopadać** *ndk I,* dopadaliśmy □ D. kogo, czego a. do kogo, do czego «szybkim pędem, biegiem osiągnąć jakiś cel»: Jednocześnie dopadli drzwi (do drzwi). □ D. kogo «schwytać, złapać»: Wreszcie dopadli chuligana i zaprowadzili na posterunek. || *KJP 433.*

dopatrzyć (*nie:* dopatrzeć) *dk VIb,* dopatrzę, dopatrz, dopatrzymy, dopatrzyliśmy (p. akcent § 1a i 2) — *rzad.* **dopatrywać** *ndk VIIIa,* dopatruję (*nie:* dopatrywuję, dopatrywam), dopatrywaliśmy □ D. czego «dopilnować, dojrzeć»: Z braku czasu nie dopatrzył tej sprawy.

dopatrzyć się — dopatrywać się □ D. się czego — w kim, w czym «zauważyć, spostrzec coś, doszukać się czegoś w kimś»: Dopatrzyli się w nim podobieństwa do ojca.

dopchać *dk I,* dopchaliśmy (p. akcent § 1a i 2) a. **dopchnąć** *dk Va,* dopchnąłem (*nie:* dopchnęłem, dopchłem), dopchnął (*wym.* dopchnoł), dopchnęła (*wym.* dopchnęła; *nie:* dopchła), dopchnęliśmy (*wym.* dopchnęliśmy; *nie:* dopchliśmy) — **dopychać** *ndk I,* dopychaliśmy «pchając doprowadzić coś do

określonego miejsca»: Z trudem dopchał ciężki wózek do bramy domu.

do pełna p. pełny.

***dopełniacz** drugi przypadek deklinacji. **1.** Dopełniacz *lp* rzeczowników męskich spółgłoskowych przybiera końcówki *-a* albo *-u.* Brak jest regularności w występowaniu jednej czy drugiej z tych końcówek; często występują one obocznie.

△ Końcówka *-u,* rzadsza niż *-a,* pojawia się dość regularnie w następujących grupach rzeczowników nieżywotnych: **a)** w rzeczownikach pochodzenia obcego, np.: teatru, pudru, kształtu, dachu; **b)** w wielu rzeczownikach abstrakcyjnych, np.: bólu, strachu, śmiechu, zapału, oraz w rzeczownikach zbiorowych i materialnych, np.: lasu, piasku, cukru, miodu; **c)** końcówkę *-u* przybierają przeważnie skrótowce (pisane dużymi literami), np. IBL-u, MON-u; **d)** często końcówka *-u* czy *-a* jest związana z różnicami znaczeniowymi, np.: alt, altu (w zn. głosu), *ale*: alta (w zn. śpiewaka); bal, balu (w zn. zabawy), *ale*: bala (w zn. drzewa); bałwan, bałwanu (w zn. fali), *ale*: bałwana (ze śniegu).

△ Końcówkę *-a* w dopełniaczu *lp* mają przede wszystkim: **a)** wszystkie rzeczowniki żywotne, np.: brata, pana, kota, psa (z wyjątkiem: wołu, bawołu); **b)** nazwy narzędzi, naczyń, miar, wag, liczb i nazwy miesięcy, np.: młota, topora, garnka, centymetra, dolara, miliona, maja, grudnia; **c)** nazwy tańców, gier, owoców, grzybów, marki fabryczne, np.: walca, pioniera, chevroleta, wawela. **2.** Dopełniacz *lp* rzeczowników żeńskich ma zawsze końcówkę *-i* albo *-y* (zależnie od zakończenia tematu), np.: cioci, maści, manii, kompanii; żony, nocy, myszy.

3. Dopełniacz *lm* rzeczowników męskich i nijakich: **a)** rzeczowniki męskie spółgłoskowe (twarde) oraz większość rzeczowników męskich na *-a* przybierają końcówkę *-ów,* np.: ptaków, panów, gadułów, woźniców (*ale*: mężczyzn). **b)** rzeczowniki męskie spółgłoskowe miękkotematowe mają zwykle końcówkę *-i,* np.: gości, koni, dni, gołębi (*ale*: bólów, *rzad.* bóli), nauczycieli, wichrzycieli (*ale*: przyjaciół, nieprzyjaciół). △ Wyjątek stanowi tu grupa rzeczowników na *-j,* w których zawsze poprawna jest końcówka *-ów,* czasem obok rzadszej *-i,* np.: gajów, krajów (*nie*: krai), *ale*: napojów, *rzad.* napoi, pokojów a. pokoi, złodziejów a. złodziei; **c)** dopełniacz *lm* rzeczowników męskich zakończonych na spółgłoskę funkcjonalnie miękką przybiera końcówkę *-y,* rzadziej *-ów* (przy czym oboczność ta występuje najczęściej w grupie rzeczowników żywotnych, rzeczowniki nieżywotne mają zwykle końcówkę *-y*), np.: palaczy, *rzad.* palaczów; listonoszy, *rzad.* listonoszów; talerzy, egzemplarzy, groszy. △ Grupa rzeczowników na *-ec* ma jednak z reguły końcówkę *-ów,* np.: palec — palców (*nie*: palcy), topielec — topielców (*nie*: topielcy), piec — pieców (*nie*: piecy), widelec — widelców (*nie*: widelcy); **d)** rzeczowniki męskie zakończone na *-anin* mają w dopełniaczu *lm* na ogół formy bezkońcówkowe, np.: chrześcijan, mieszczan, dworzan (*ale*: dominikanów, franciszkanów, republikanów); paryżan, Egipcjan, Rosjan, Słowian (*ale*: Amerykanów, Afrykanów, Meksykanów); **e)** rzeczowniki rodzaju nijakiego mają w dopełniaczu *lm* obok przeważających form bezkońcówkowych również końcówki *-i* a. *-y* oraz *-ów* (rzeczowniki na

-um), np.: biodro, bioder; płótno, płócien; *ale*: bezprawi, narzędzi, podnóży, przymierzy, plenów, gimnazjów, muzeów.

4. Dopełniacz *lm* rzeczowników żeńskich: **a)** rzeczowniki na *-a* mają zwykle dopełniacz bezkońcówkowy, np.: matka — matek, żona — żon; rózga — rózg a. rózeg; willa — will a. willi; szyja — szyj (*nie*: szyi), *ale*: dziewoja — dziewoi (*nie*: dziewoj), zbroja — zbroi (*nie*: zbrój);
b) rzeczowniki zakończone na *-nia, -ania, -alnia, -ernia, -elnia* mają końcówkę *-i*, rzadziej formę bezkońcówkową (często obie formy występują obocznie), np.: tych kopalń, *rzad.* kopalni; tych piekarni, *rzad.* piekarń; tych kuźni, tych kuchni a. kuchen (*nie*: kucheń), tych sukni a. sukien (*nie*: sukień). *Por.* -nia.
c) rzeczowniki na *-eja, -ea* mają w dopełniaczu *lm* końcówkę *-i*, np.: aleja, tych alei (*pot.* także: alej), kamea, tych kamei (*nie*: kamej);
d) rzeczowniki na *-ia, -ja* po spółgłosce mają w dopełniaczu *lm* końcówki *-ii* a. *-ji* (obok *-ij, -yj*, których używa się tylko w razie konieczności zaznaczenia, że chodzi o liczbę mnogą, np. Nie będzie lekcyj — nie tylko jednej lekcji).
5. Dopełniacz jest używany regularnie w związkach rządu z wieloma czasownikami oraz w wielu utartych konstrukcjach frazeologicznych, np.: Żądać, wymagać czego; wyglądać kogo, czego; zaprzestać czego; mieć nosa, stracha, bzika; dać drapaka; proszę pani (*nie*: panią). *Por.* biernik. △ Wiele czasowników o rządzie dopełniaczowym rządzi również biernikiem, przy czym: **a)** nie wiąże się to ze zmianą znaczenia, np.: Pytać siostry, *częściej*: siostrę. Dozorować czego a. co.
b) zmiana rządu występuje łącznie ze zmianą znaczenia, np.: zaniedbać czego «nie wykonać», *ale*: zaniedbywać kogo, co «nie zajmować się kimś, czymś»; nabyć czego (np. wiedzy, doświadczenia) «przyswoić sobie», *ale*: nabyć co «kupić (np. kamienicę, posiadłość)»; dotknąć kogo, czego (w zn. fizycznym), *ale*: dotknąć kogo «obrazić»; przestrzegać czego (np. przepisów), *ale*: przestrzegać kogo (np. przed niebezpieczeństwem) — *por.* biernik; dopiąć celu (*ale*: dopiąć suknię); dobić targu (*ale*: dobić ranne zwierzę); dotrzymać słowa, obietnicy (*ale*: dotrzymać świeże owoce do wiosny).
6. Dopełniacz jest regularną formą dopełnienia w konstrukcjach o znaczeniu cząstkowym (partytywnym), np.: Skosztować wina (*nie*: wino), przysporzyć kłopotów, zaczerpnąć wody (*nie*: wodę), kupić chleba. △ W niektórych z tych konstrukcji dopełniacz bywa zastępowany przez biernik: **a)** po czasownikach oznaczających: dawanie, branie — przypadek (dopełniacz albo biernik) jest wykładnikiem różnicy znaczeniowej, np.: Dać wina (trochę) *obok*: Dać wino (całe). *Por.* biernik;
b) przy niektórych czasownikach z przedrostkami: *do-, na-, u-, przy-*, np.: Ugiąć kolan a. kolana, uchylić czapki a. czapkę, nagromadzić skarbów a. skarby, dodać cukru a. cukier (*ale*: nazbierać czego, narąbać czego, narobić czego — tylko z dopełniaczem);
c) po czasownikach z przedrostkiem *do-* oznaczającym doprowadzenie czynności do końca — dopełniacz coraz częściej ustępuje biernikowi, np.: Dopić mleko, *rzad.* mleka, doczytać książkę, *rzad.* książki, dośpiewać piosenkę, *rzad.* piosenki.
7. Dopełniacz jest regularną formą dopełnienia bliższego w zdaniu zaprzeczonym, np.: Piszę list — Nie

piszę listu. Kocham córkę — nie kocham córki. △ Po czasownikach zaprzeczonych oznaczających dolegliwości fizyczne dopełnienie występuje także w bierniku, np.: Noga już ją a. jej nie swędzi.
8. Dopełniacz jest formą przydawki przy rzeczowniku utworzonym od czasownika o rządzie biernikowym lub dopełniaczowym, np.: Oceniać sytuację — ocena sytuacji.
9. Częsta jest poprawna wymienność dopełniacza przyrzeczownikowego z konstrukcjami przyimkowymi, np.: Okazja poznania pisarza a. do poznania pisarza; biegłość czytania a. w czytaniu; podstawa badań a. do badań. || *D Kult.* I, 45; *KJP* 158—172; 200—203, 206—207, 214—220, 304—319.

dopełniać *ndk* I, dopełnialiśmy (p. akcent § 1a i 2) — **dopełnić** *dk* VIa, dopełnię, dopełnij, *rzad.* dopełń, dopełnimy, dopełniliśmy ☐ D. co a. czego «przez dodawanie, dolewanie czegoś sprawiać, żeby jakieś naczynie było pełne»: Dopełnić szklankę a. szklanki. ☐ D. czego **a)** «uzupełniać, kompletować»: Wyplatane krzesła dopełniały umeblowania pokoju. **b)** «wypełniać, dokonywać»: Dopełnił formalności meldunkowych. || *KP Pras.*

*dopełnienie to część zdania, która może być określeniem czasownika, przymiotnika lub przysłówka. Pozostaje zawsze w związku rządu z wyrazem, do którego się odnosi. △ Dopełnienie bywa wyrażane za pomocą rzeczowników (i zaimków rzeczownych) oraz bezokolicznika, np.: Czytam książkę. Lubił ją. Chcemy pić.
△ Relacje między dopełnieniami a rządzącymi nimi czasownikami są bardzo różnorodne: **1.** Dopełnienie *bliższe* bezprzyimkowe występuje na ogół w bierniku, np.: Czytać gazetę. Hodować kury. Kupić chleb. △ Obejmuje wtedy całość przedmiotu, o który chodzi. W wypadku, gdy chodzi o jego część, dopełnienie bliższe stoi zwykle w dopełniaczu, np.: Kupić chleba (trochę). Nalać mleka. △ Dopełniacz w funkcji dopełnienia bliższego występuje również w konstrukcjach zaprzeczonych i przy wielu czasownikach rządzących wyłącznie dopełniaczem, np.: Nie czytam gazety. Szukać książek. Pragnąć spokoju. (p. dopełniacz). △ Po niektórych czasownikach używa się dopełnienia bliższego w narzędniku, np. Rządzić, kierować czym. Gardzić, poniewierać czym. Ruszać, rzucać, kręcić, sypać co a. czym (tu — wymiennie z biernikiem; p. narzędnik).
2. Dopełnienie *dalsze* występuje we wszystkich przypadkach (z przyimkiem lub bez przyimka), np.: Siadać na konia. Pomagać kolegom. Walczyć o pokój. △ Dopełnienie bezokolicznika i imiesłowu stoi zwykle w tym samym przypadku, co dopełnienie odpowiadających im czasowników, np.: Pomagam ludziom, pomagać ludziom, pomagający ludziom.
3. Dopełnieniem *czasowników modalnych* (np.: móc, musieć, chcieć) i *fazowych* (np.: zaczynać, kończyć, przestać) może być bezokolicznik, np.: Pragnę wyjechać. Lubię czytać. Zamierzam wrócić. Skończył jeść.
△ Niekiedy bezokolicznik występuje wymiennie z rzeczownikiem odsłownym (z przyimkiem lub bez), np.: Zdecydował się powiedzieć prawdę — Zdecydował się na powiedzenie prawdy. Kończy pisać książkę — Kończy pisanie książki. Zapomnieć zamknąć drzwi — Zapomnieć o zamknięciu drzwi. △ Czasowniki: *musieć, móc, śmieć, usiłować, nie omieszkać, zdążyć, postanowić, przestać, jąć, kazać* itp. łączą się

123

tylko z bezokolicznikiem, natomiast czasowniki: *kontynuować, zmuszać, umożliwiać* wymagają rzeczownika, np.: Kontynuować pracę. Zmuszać kogoś do wyjazdu.

Wybór konstrukcji może zależeć: **a)** od przedrostka czasownika, np.: Przestać czytać czasopisma, *ale*: Zaprzestać czytania czasopism. Zacząć pisać książkę, *ale*: Rozpocząć pisanie książki. Lekarz polecił brać lekarstwa — Lekarz zalecił branie lekarstw. Rodzice pozwolili mi wyjechać — Rodzice zezwolili mi na wyjazd.
b) od kontekstu, np.: Zaczynam pisać a. Zaczynam pisanie, *ale* tylko: Zaczynam tracić nadzieję. Dziecko zaczyna chodzić. △ Czasownik *prosić* łączy się tylko z rzeczownikiem odsłownym, np. Prosił o zwrócenie książek. △ Połączenie formy *proszę* z bezokolicznikiem, np. *Proszę siadać* jest grzecznościowym równoważnikiem trybu rozkazującego. Błędne są więc konstrukcje typu: Prosił przyjąć drobny upominek (*zamiast*: Prosił o przyjęcie drobnego upominku).
c) Dopełnienie *przymiotnika* występuje we wszystkich przypadkach zależnych, z przyimkami lub bez przyimków. Może być także wyrażone bezokolicznikiem, np.: Pełna ufności. Czerwony ze złości. Gotów spełnić rozkaz. △ Po niektórych czasownikach o ogólnym znaczeniu «ogłosić, mianować, obrać, czynić, nazywać (kimś, czymś, jakimś)» występuje dopełnienie orzekające wyrażone rzeczownikiem lub przymiotnikiem w narzędniku, np.: Ogłoszono go królem. Nazywano go skąpcem. Uczyniono pożytecznym to, co leżało bezużytecznie (*nie*: Uczyniono pożyteczne to, co...). △ Niekiedy narzędnik bywa tu zastępowany konstrukcjami: jako co albo: za co, na co + biernik, np.: Traktować coś jako upominek. Wybrać kogo prezydentem a. na prezydenta. Ogłosić kogo zdrajcą a. za zdrajcę (*ale* tylko: Mianować, obrać kogo czym). △ Niektóre czasowniki wymagają dopełnienia orzekającego wyłącznie w konstrukcji przyimkowej z biernikiem, np.: Służyć za przykład (*nie*: służyć przykładem). Podać kogo za wzór (*nie*: podać wzorem). Uznać kogo za mędrca, za głupiego (*nie*: uznać kogo mędrcem, głupim). Uważać kogo za zdrajcę (*nie*: uważać kogo zdrajcą).
△ Dopełnienie w zdaniu polskim nie ma ściśle określonego miejsca. W wypadkach, gdy odróżnienie podmiotu od dopełnienia mogłoby sprawiać trudności, należy przestrzegać zasady, że na pierwszym miejscu stoi podmiot, a po nim dopełnienie, np. Wyniki (podmiot) najnowszych badań uzupełniają dawno zebrane materiały (dopełnienie).
△ Błędne są skróty składniowe, w których jedno dopełnienie łączy się z kilkoma czasownikami rządzącymi różnymi przypadkami, np.: Trzeba było szukać i wyzyskiwać rezerwy produkcyjne (*poprawnie*: Trzeba było szukać rezerw produkcyjnych i wyzyskiwać je). Chcieli pochwalić i podziękować usłużnemu kierowcy (*poprawnie*: Chcieli pochwalić usłużnego kierowcę i podziękować mu). // *KJP 304—325. Por.* biernik, miejscownik.

dopiąć *dk Xc*, dopnę, dopnie, dopnij, dopniemy, dopięliśmy (*wym.* dopieliśmy; p. akcent § 1a i 2) — **dopinać** *ndk I*, dopinaliśmy □ D. co (*nie*: czego) «zapiąć coś do końca, dokładnie»: Dopiąć pas, sukienkę. □ (tylko *dk*) D. czego «osiągnąć, doprowadzić coś do skutku»: Dopiąć celu.

dopić *dk Xa*, dopiję, dopij, dopiliśmy (p. akcent § 1a i 2) — **dopijać** *ndk I*, dopijaliśmy □ D. co a. czego: Dopić herbatę (herbaty). // *KJP 310, 315.*

dopiec *dk XI*, dopiekę, dopiecze, dopiecz, dopiekł, dopiekliśmy (p. akcent § 1a i 2) — **dopiekać** *ndk I*, dopiekaliśmy □ D. co (*nie*: czego) «dokończyć pieczenia»: Dopiec szarlotkę. □ D. czego «upiec dodatkowo»: Dopiec rogalików. □ (zwykle *ndk*) D. bez dop. (tylko w 3. os. *lp*, bezokol.): Słońce dopiekało nieznośnie. □ *pot.* D. komu «dokuczyć»: Dopiekł koledze do żywego.

dopiero (*nie*: dopiro, dopieru): Synek ma dopiero pięć lat. △ Dopiero co (*nie*: co dopiero) «przed chwilą»: Pociąg dopiero co odszedł.

dopilnować *dk IV*, dopilnowaliśmy (p. akcent § 1a i 2) — **dopilnowywać** *ndk VIIIa*, dopilnowuję (*nie*: dopilnowywuję, dopilnowywam), dopilnowywaliśmy □ D. kogo, czego: Dopilnować obiadu, dziecka.

dopinać p. dopiąć.

dopingować (*wym.* dopiŋgować) *ndk IV*, dopingowaliśmy (p. akcent § 1a i 2) — **zdopingować** *dk* □ D. kogo, co — czym, do czego: Swym przykładem zdopingował ją do lepszej pracy. Publiczność okrzykami dopingowała zawodników.

dopisać *dk IX*, dopiszę, dopisz, dopisaliśmy (p. akcent § 1a i 2) — **dopisywać** *ndk VIIIa*, dopisuję (*nie*: dopisywuję, dopisywam), dopisywaliśmy □ D. bez dop.: Goście, słuchacze dopisali. △ Coś dopisuje (komuś): Zdrowie, pogoda dopisuje.

dopisek (*nie*: dopiska) *m III*, D. dopisku, *lm* D. dopisków (*nie*: dopisek).

dopokąd *przestarz.* p. dopóki.

dopomagać *ndk I*, dopomagaliśmy (p. akcent § 1a i 2) — **dopomóc** *dk XI*, dopomogę, dopomoże, dopomóż, dopomógł, dopomogła, dopomogliśmy □ D. komu, czemu (w czym a. do czego): Dopomagał jej w pracach domowych.

dopominać się *ndk I*, dopominaliśmy się (p. akcent § 1a i 2) — **dopomnieć się** *dk VIIa*, dopomnę się, dopomnij się, dopomnieliśmy się □ D. się o co, *rzad.* czego: Dopominać się o swoje prawa. Dopominał się o podwyżkę. Dopominać się o obiad (obiadu).

dopóki 1. «do końca czasu, w którym coś trwa»: Dopóki ojciec żył, dzieci nie zaznały biedy. △ Dopóki — dopóty a. dopóki — póty (*nie*: tak długo — dopóty; dopóki — tak długo): Dopóki będziecie hałasowali, dopóty nie zaczniemy lekcji. **2.** zwykle z przeczeniem «do czasu aż»: Spali pod mostem, dopóki nie chwyciła ich milicja. // *KJP 377.*

dopóty «do czasu, dotąd»: Dopóty prosił, aż zgodzono się. △ Dopóty — dopóki a. dopóty — póki: Opalali się dopóty, dopóki słońce grzało.

do późna p. późny.

dopraszać *ndk I*, dopraszaliśmy (p. akcent § 1a i 2) — **doprosić** *dk VIa*, doproszę, doproś, doprosimy, doprosiliśmy. □ D. kogo, co «zapraszać kogoś dodatkowo».

dopraszać się — doprosić się □ D. się czego «usilnie, natarczywie prosić o coś»: Dopraszać się łaski.

doprawiać *ndk I*, doprawialiśmy (p. akcent § 1a i 2) — **doprawić** *dk VIa*, doprawię, dopraw, doprawimy, doprawiliśmy 1. «zaprawiać, przyprawiać» □ D. co — czym: Doprawiać zupę śmietaną. 2. *rzad.* «dorabiać, wprawiać, przyprawiać» □ D. co — do czego: Doprawić nogę do krzesła. 3. *środ.* «należycie przygotowywać do użytku » □ D. co (czym): Doprawić rolę.

doprowadzać *ndk I*, doprowadzaliśmy (p. akcent § 1a i 2) — **doprowadzić** *dk VIa*, doprowadzę, doprowadzimy, doprowadź, doprowadziliśmy □ D. kogo, co — do czego: Doprowadzić więźnia do sądu. Doprowadzili ich do lasu i zawrócili. △ *przen.* Doprowadzić kogoś do ruiny. △ Doprowadzić do tego, by, że... itd. (*nie*: doprowadzić, by, że...): Doprowadzisz do tego, że cię znienawidzą.

doprząc *dk XI*, doprzęgę, doprzęże, doprzążą, doprzągł, doprzęgli, doprzęgliśmy (p. akcent § 1a i 2) a. **doprzęgnąć** (*nie*: doprzągnąć) *dk Va*, doprzęgnę, doprzęgnij, doprzęgniemy, doprzęgnąłem (*wym.* doprzęgnołem, *nie*: doprzęgnełem), doprzęgnął (*wym.* doprzęgnoł), doprzęgnęliśmy (*wym.* doprzęgneliśmy) — **doprzęgać** *ndk I*, doprzęgaliśmy: Doprzężono dwa konie do bryczki.

dopuszczać *ndk I*, dopuszczaliśmy (p. akcent § 1a i 2) — **dopuścić** *dk VIa*, dopuszczę, dopuści, dopuść, dopuścimy, dopuściliśmy □ D. kogo, co — do kogo, czego «pozwalać zbliżyć się, dawać przystęp do kogoś, czegoś»: Dopuścić kogoś przed czyjeś oblicze. □ D. kogo — do czego «pozwalać komuś na wykonanie czegoś, na udział w czymś»: Dopuścić ucznia do matury, studenta do egzaminu, zawodnika do zawodów. □ D. do czego, (z przeczeniem) nie d. do czego, *rzad.* czego «pozwalać, zezwalać na coś»: Nie dopuszczał do rozmów na swój temat. Był człowiekiem nieprzystępnym, nie dopuszczał do żadnych poufałości a. nie dopuszczał żadnych poufałości. □ D. co «uznawać coś za możliwe, za istniejące»: Gramatyka polska dopuszcza tę formę.

dopuszczać się — **dopuścić się** □ D. się czego «robić (coś złego), popełniać coś»: Dopuszczać się (dopuścić się) zbrodni, przestępstwa, kłamstwa itp.

dopychać p. dopchać.

dopytać się *dk I*, dopytaliśmy się (p. akcent § 1a i 2) — **dopytywać się** *ndk VIIIa*, dopytuję się (*nie*: dopytywuję się, dopytywam się), dopytywaliśmy się □ D. się o co, *przestarz.* czego: Z trudem dopytał się o adres. △ Dopytać się biedy, złego, kłótni itp. «ściągnąć na siebie biedę, coś złego itp.»

dorabiać p. dorobić.

dorachować *dk IV*, dorachowaliśmy (p. akcent § 1a i 2) — **dorachowywać** *ndk VIIIa*, dorachowuję (*nie*: dorachowywuję, dorachowywam), dorachowywaliśmy *wych. z użycia* «doliczyć» □ D. co — do czego «dodać do czegoś zliczonego»: Dorachował do dziesięciu jeszcze trzy. □ D. do czego «doprowadzić rachunek do pewnego punktu»: Powoli rachując dorachował do dziesięciu.

dorachować się □ D. się czego «doliczyć się»: Nie mogła dorachować się kacząt.

dorastać *ndk I*, dorastaliśmy (p. akcent § 1a i 2) — **dorosnąć**, *rzad.* **doróść** *dk Vc*, dorosnę, dorośnie, dorośnij, dorósł, dorosła, dorośliśmy □ D. bez dop. «osiągać stan dojrzałości»: Syn dorastał.

□ D. do czego «głównie o roślinach: osiągać pewną wysokość»: Krzewy dorastały już do balustrady tarasu. □ D. do kogo (*przestarz.* kogo), do czego (zwykle z przeczeniem) «dorównywać komuś a. czemuś (pod jakimś względem)»: Nie dorastał do jego poziomu intelektualnego. Jako specjalista nie dorastał do swego kolegi. △ *pot.* Nie dorastać komu do pięt.

doręczyciel *m I*, *lm D.* doręczycieli «ten, kto coś doręcza (urzędowa nazwa listonosza)»

dorobić *dk VIa*, dorobię, dorobimy, doróbd, dorobiliśmy (p. akcent § 1a i 2) — **dorabiać** *ndk I*, dorabialiśmy □ D. co (do czego): Trzeba dorobić nowy kołnierzyk do tej bluzki. Do każdej jego wypowiedzi dorabiano złośliwą interpretację. □ D. (co) czym: Dorabiał (trochę pieniędzy) pracami zleconymi.

dorobić się — **dorabiać się** □ D. się na czym: Dorobił się na handlu. □ D. się czego: Dorobić się fortuny.

dorobkiewicz *m II*, *lm M.* dorobkiewicze, *D.* dorobkiewiczów: Ci dorobkiewicze usiłują nam imponować swym majątkiem.

dorosnąć p. dorastać.

do rozpuku △ tylko w *pot. fraz.* Śmiać się do rozpuku «śmiać się z całych sił; zaśmiewać się»

dorozumieć się *dk II*, dorozumiej się a. dorozum się, dorozumieliśmy się (p. akcent § 1a i 2) — **dorozumiewać się** *ndk I*, dorozumiewaliśmy się.

dorożka *ż III*, *lm D.* dorożek: Jednokonna dorożka. Wziąć dorożkę.

dorożkarz *m II*, *lm D.* dorożkarzy.

doróść p. dorastać.

dorównać *dk I*, dorównaliśmy (p. akcent § 1a i 2) — **dorównywać** *ndk VIIIa*, dorównuję, *rzad. I*, dorównywam (*nie*: dorównywuję), dorównywaliśmy □ D. komu — w czym (zwykle z przeczeniem): Nikt nie dorównał mu w tańcu. Siostra nie dorównuje jej urodą.

dorsz *m II*, *lm D.* dorszy, *rzad.* dorszów.

Dortmund *m IV*, *D.* Dortmundu, *Ms.* Dortmundzie «miasto w NRF»: Port w Dortmundzie. — dortmundczyk *m III*, *lm M.* dortmundczycy — dortmundka *ż III*, *lm D.* dortmundek — dortmundzki.

dorwać *dk IX*, dorwę (*nie*: dorwię), dorwie, dorwij, dorwaliśmy (p. akcent § 1a i 2) □ D. czego: Dorwać róż.

dorwać się □ *pot.* D. się do czego: Dorwać się do władzy.

dorzecze *n I*, *lm D.* dorzeczy.

dorznąć a. **dorżnąć** *dk Va*, dorznął a. dorżnął (*wym.* dorznoł a. dorżnoł), dorznęła a. dorżnęła (*wym.* dorznęła a. dorżnęła), dorznęliśmy a. dorżnęliśmy (*wym.* dorznęliśmy a. dorżnęliśmy, p. akcent § 1a i 2) — **dorzynać** *ndk I*, dorzynaliśmy □ D. co: Dorznąć (dorżnąć) kurę. □ D. czego: Dorznąć (dorżnąć) żyta, sieczki.

dorzucać *ndk I*, dorzucaliśmy (p. akcent § 1a i 2) — **dorzucić** *dk VIa*, dorzucę, dorzuć, dorzucimy, dorzuciliśmy □ D. czego: Dorzucić drew do ognia. □ D. co (określoną ilość, liczbę czego): Dorzucić

doschnąć

te gałęzie do ognia. □ D. co lub czym: Z tej odległości trudno dorzucić piłkę a. piłką do siatki. □ D. bez dop.: „Nie znam też łaciny" — dorzucił. □ D. co (np. uwagę, słowo, zdanie).

doschnąć *dk Va* a. *Vc*, doschnął (*wym.* doschnoł), *rzad.* dosechł, doschła a. doschnęła (*wym.* doschneła), doschliśmy a. doschnęliśmy (*wym.* doschneliśmy, p. akcent § 1a i 2) — **dosychać** *ndk I*, dosychaliśmy: Zboże dosycha w snopkach.

dosiadać *ndk I*, dosiadaliśmy (p. akcent § 1a i 2) — **dosiąść** *dk XI*, dosiądę, *przestarz.* dosięde; dosiądzie, dosiądź, dosiadł, dosiedli, dosiedliśmy □ D. czego (*nie*: co): Dosiadać rumaka. Dosiadać klaczy (*nie*: klacz).
dosiadać się □ D. się do kogo a. do czego: Dosiadł się do towarzystwa.

dosiadywać *ndk VIIIa*, dosiaduję (*nie*: dosiadywuję, dosiadywam), dosiadywaliśmy (p. akcent § 1a i 2) — **dosiedzieć** *dk VIIa*, dosiedzę, dosiedź, dosiedzimy, dosiedzieliśmy □ D. do czego: Dosiedział do rana nie zmrużywszy oka. □ (zwykle *ndk*) D. czego (zwykle w utartych związkach frazeologicznych): Dosiadywać kary.

do siego, tylko w wyrażeniu: Do siego roku (używanym jako życzenie szczęśliwego nowego roku).

dosięgać *ndk I*, dosięgaliśmy (p. akcent § 1a i 2) — **dosięgnąć** *dk Va*, *rzad. Vc*, dosięgnął (*wym.* dosięgnoł), *rzad.* dosiągł; dosięgła, *rzad.* dosięgnęła (*wym.* dosięgnęła); dosięgnęliśmy (*wym.* dosięgneliśmy) w zn. «sięgając dotykać» □ D. czego a. do czego: Podaj mi tę książkę, nie mogę do niej a. jej dosięgnąć.

doskonale *st. w.* (*rzad.*) doskonalej: Znać doskonale (*nie*: perfekt) język obcy.

doskwierać (*nie*: doskwirać) *ndk I*, doskwierałby (p. akcent § 4c) □ D. komu (zwykle w 3. os., bezokol.) *pot.* «dawać się we znaki, dokuczać»: Głód, upał doskwierały więźniom.

dosłyszeć *dk VIIb*, dosłyszę, dosłysz, dosłyszymy, dosłyszał, dosłyszeliśmy (p. akcent § 1a i 2) «zdołać usłyszeć mimo trudności»: Dosłyszał kilka zdań, które go zastanowiły. △ Nie dosłyszeć «mieć słaby słuch (pisane zawsze rozłącznie)»: Od kilku lat nie dosłyszał.

dospać *dk* dośpię, dośpi, dospij, dospał, dospaliśmy (p. akcent § 1a i 2) — **dosypiać** *ndk I*, dosypialiśmy □ D. bez dop. (zwykle z przeczeniem): Nie doje, nie dośpi, ale zdąży na termin. □ (zwykle *dk*) D. do czego (do pewnego czasu): Chory dospał spokojnie do rana.

I dostać *dk* dostanę, dostanie, dostaną, dostań, dostał, dostaliśmy (p. akcent § 1a i 2) — **dostawać** *ndk IX*, dostaję, dostawaj, dostawaliśmy □ D. co: Dostać kwiaty, nagrodę, prezent. □ D. czego (*nie*: co) **a)** (z dopełnieniem cząstkowym) «otrzymać część czegoś»: Dostać chleba, soli, wody. **b)** «nabawić się czegoś»: Dostać kataru, gorączki, grypy (*nie*: katar, gorączkę, grypę). □ D. do czego, *rzad.* czego «dosięgnąć»: Pokój jest tak niski, że można ręką dostać do sufitu. △ Coś dostało się komuś «coś przypadło komuś w udziale, stało się czyjąś własnością»: Z podziału gospodarstwa dostało mu się kilka morgów.

II dostać *dk*, dostoję, dostoi, dostój, dostał, dostaliśmy (p. akcent § 1a i 2) «dotrwać stojąc» □ D. do czego: Nogi ją bolały, nie mogła dostać do końca imprezy.

dostarczać *ndk I*, dostarczaliśmy (p. akcent § 1a i 2) — **dostarczyć** *dk VIb*, dostarczyliśmy □ D. czego (z dopełniaczem cząstkowym): Dostarczyć amunicji, towarów. □ (tylko *dk*) D. co (całość lub poszczególny przedmiot): Dostarczyć węgiel, książkę, zawiadomienie. ‖ D Kult. I, 45; KJP 316; KP Pras.

dostateczny □ D. dla kogo: Wykształcenie dostateczne dla kelnera, hotelarza. □ D. do czego (*nie*: dla czego, na co) — z rzeczownikiem odsłownym; *częściej*: wystarczający do czego, na co: Miał spryt dostateczny do robienia kariery. Fundusz dostateczny do wybudowania (*nie*: na wybudowanie) domu wczasowego.

dostatek *m III*, D. dostatku w zn. «mienie, dobytek; obfitość czegoś» — *przestarz.*, żywe we *fraz.* Opływać w dostatki «być zamożnym, bogatym» △ Mieć czegoś pod dostatkiem «mieć dosyć, w bród»

dostąpić *dk VIa*, dostąpię, dostąpimy, dostąp, dostąpiliśmy (p. akcent § 1a i 2) — **dostępować** (*nie*: dostępywać) *ndk IV*, dostępowaliśmy □ D. czego: Dostąpić zaszczytu, łaski, szczęścia.

dostęp *m IV*, D. dostępu □ D. do czego: Dostęp do morza.

dostępny *m-os.* dostępni, *st. w.* dostępniejszy a. bardziej dostępny: Trudno dostępne szczyty. □ D. dla kogo: Sport jest dostępny dla całej młodzieży. □ D. komu a. czemu (zwykle we *fraz.*): Dostępny perswazji.

dostojeństwo *n III* **1.** *blm książk.* «powaga, majestat»: Siwe włosy dodawały jej dostojeństwa. **2.** *wych.* z *użycia* «zaszczytny urząd, godność»: Piastować dostojeństwa.

dostosować *dk IV*, dostosowaliśmy (p. akcent § 1a i 2) — **dostosowywać** *ndk VIIIa*, dostosowuję (*nie*: dostosowywuję, dostosowywam), dostosowywaliśmy □ D. co — do czego: Należy dostosować nawozy do gatunku gleby.

dostroić *dk VIa*, dostroję, dostrój, dostroimy, dostroiliśmy (p. akcent § 1a i 2) — **dostrajać** *ndk I*, dostrajaliśmy □ D. co: Dostroić gitarę. □ D. co — do czego: Dostroił swój nastrój do nastroju otoczenia.

dostrzec *dk XI*, dostrzegę, dostrzeże, dostrzeż, dostrzeżemy, dostrzegł, dostrzegliśmy (p. akcent § 1a i 2) — **dostrzegać** *ndk I*, dostrzegaliśmy *książk.* «zobaczyć, zauważyć» □ D. co — u kogo: Dostrzegł już u niej zmarszczki. □ D. co — w kim, w czym: Dostrzegł w tym dziele nieprzeciętne walory. △ *niepoprawne* Dostrzec (*zamiast*: dopilnować) czegoś, np. Dostrzegł (*zamiast*: dopilnował) należytego wychowania syna.

do sucha p. suchy.

dosyć a. **dość**: Znał angielski dość dobrze. Pieniędzy mieli dosyć. △ Dość na tym, że... «krótko mówiąc, jednym słowem»: Nie będę wszystkiego opowiadał szczegółowo. Dość na tym, że sprawa skończyła się dobrze. △ Nie dość a. nie dosyć, że...

jeszcze, ale jeszcze, to jeszcze...: Nie dosyć, że nie miał racji, to jeszcze się obraził. // *D Kult. I, 405.*

dosypać *dk IX,* dosypię (*nie:* dosypę), dosypaliśmy (p. akcent § 1a i 2) — **dosypywać** *ndk VIIIa,* dosypuję (*nie:* dosypywuję, dosypywam), dosypywaliśmy □ D. czego (*nie:* co): Dosypać soli, cukru.

do syta p. syty.

doszczętnie, *rzad.* **do szczętu** «całkowicie, zupełnie (tylko z czas. o znaczeniu negatywnym)»: Wieś została doszczętnie spalona. Był zrujnowany doszczętnie przez wojnę.

doszlusować *dk IV,* doszlusowaliśmy (p. akcent § 1a i 2) — **doszlusowywać** *ndk VIIIa,* doszlusowuję (*nie:* doszlusowywuję, doszlusowywam), doszlusowywaliśmy; *lepiej:* dołączyć, przyłączyć się □ D. do kogo, do czego. // *D Kult. I, 18.*

doścignąć *dk Va,* doścignąłem (*wym.* doścignołem; *nie:* doścignełem), *reg.* dościgłem; doścignął (*wym.* doścignoł), *reg.* dościgł; doścignęła (*wym.* doścignęła), *reg.* dościgła; doścignęliśmy (*wym.* dościgneliśmy; p. akcent § 1a i 2), *reg.* dościgliśmy — **dościgać** *ndk I,* dościgaliśmy □ D. kogo, co: Pies doścignął sarnę.

dość p. dosyć.

doświadczać *ndk I,* doświadczaliśmy (p. akcent § 1a i 2) — **doświadczyć** *dk VIb,* doświadczę, doświadcz, doświadczymy, doświadczyliśmy □ D. czego: Doświadczyć bólu, radości, smutku. □ D. kogo, co: Los go ciężko doświadczył.

doświadczenie *n I,* w zn. «eksperyment, próba» zwykle w *lm:* Przeprowadzać doświadczenia. □ D. z czym «próby wykonywane z użyciem czegoś»: Doświadczenia z chlorem. □ D. nad czym (nad jakimś procesem): Doświadczenia nad działaniem hormonów. □ D. na czym (na żywych organizmach): Przed zastosowaniem nowego leku konieczne były doświadczenia na zwierzętach.

doświadczony *m-os.* doświadczeni, *st. w.* bardziej doświadczony, *wych. z użycia* doświadczeńszy □ D. w czym: Był doświadczony w pracy wychowawczej.

dotacja *ż I, DCMs.* i *lm D.* dotacji □ D. na co: Dotacja na budowę teatru.

dotąd 1. «do tego miejsca»: Masz zadane dotąd. **2.** «do tego czasu, do tej chwili»: Nikt tak się jej dotąd nie podobał.

dotknąć p. dotykać.

dotować *ndk IV,* dotowaliśmy (p. akcent § 1a i 2), *in.* subsydiować: Dotować nowe przedsiębiorstwa przemysłowe.

dotrzeć p. docierać.

dotrzymać *dk I,* dotrzymaliśmy (p. akcent § 1a i 2) — **dotrzymywać** *ndk VIIIa,* dotrzymuję (*nie:* dotrzymywuję, dotrzymywam), dotrzymywaliśmy □ D. co (kogo) «przechować do jakiegoś czasu»: Udało się dotrzymać owoce do zimy. □ D. czego «spełnić to, co się przyrzekło»: Należy dotrzymać obietnicy. Przysiągł i dotrzymał przysięgi. Dotrzymać umowy, dotrzymywać słowa. △ Dotrzymać komuś kroku «idąc z kimś iść z tą samą szybkością» △ *przen.* W tej dziedzinie dotrzymujemy kroku krajom najbardziej

uprzemysłowionym. △ Dotrzymać komuś towarzystwa «przebywać z kimś przez pewien czas» // *D Kult. I, 46.*

dotychczas (*nie:* do teraz): Dotychczas dobrze mu się powodziło. Dotychczas nic o tym nie słyszałem.

dotyczący □ D. czego (*nie:* bez dop.): Złożył w sądzie dokumenty dotyczące nabycia własności. *Ale* nie: Złożył w sądzie dotyczące dokumenty.

dotyczyć (*nie:* dotyczeć) *ndk VIb,* dotyczyłby (p. akcent § 4c), używane tylko w 3. os., bezokol. i imiesł. przymiotnikowym czynnym □ D. kogo, czego (*nie:* kogo, co; do kogo, do czego) «odnosić się do kogoś, czegoś, mieć związek z czymś»: Interesował się tylko tym, co dotyczyło jego osoby. To dotyczy wszystkich kobiet (*nie:* wszystkie kobiety). // *D Kult. II, 41.*

dotykać *ndk I,* dotykaliśmy (p. akcent § 1a i 2) — **dotknąć** *dk Va,* dotknąłem (*wym.* dotknołem; *nie:* dotknełem), dotknęła (*wym.* dotknęła; *nie:* dotkła), dotknęliśmy (*wym.* dotkneliśmy; *nie:* dotkliśmy) □ D. kogo, czego (*nie:* kogo, co) — czym «w zn. fizycznym: zbliżać coś do kogoś, czegoś aż do zetknięcia, lekko trącać»: Dotknęła ściany ręką. Gałęzie drzew dotykały głów przechodniów. □ D czego (*nie:* co) «wspominać o czymś w rozmowie, w piśmie, w myślach, poruszać coś»: Bał się dotknąć tego drażliwego tematu. □ (tylko *ndk*) D. czego (*nie:* do czego, *ale:* przytykać do czego) «sięgać aż do czegoś, stykać się, graniczyć z czymś»: Stary rynek dotykał portu. □ D. kogo (biernik) «sprawiać komuś przykrość, urażać, obrażać kogoś»: Każde jego ostre słowo głęboko ją dotykało. △ (tylko *dk*) Coś (złego) kogoś dotknęło «spotkało kogoś coś (złego)»: Dotknęła go ciężka choroba płuc. Miasto zostało dotknięte pożarem.

dotykać się — dotknąć się □ *rzad.* D. się kogo, czego (*nie:* do kogo, czego) «to samo, co dotknąć (w zn. fizycznym)»: Niechcący dotknął się gorącego pieca i syknął z bólu. □ D. się czego (*nie:* do czego) «brać się do czegoś (do jakiejś pracy)»: Czego się dotknął, wszystko mu się udawało. // *D Kult. I, 46; KP Pras.*

do upadłego p. upadły.

Dover (*wym.* Dower) *m IV, D.* Dovru, *Ms.* Dovrze a. *n ndm* «miasto portowe w Wielkiej Brytanii»: Port w Dovrze (w Dover). Dover stał się (stało się) ważną bazą morską.

doważać *ndk I,* doważaliśmy (p. akcent § 1a i 2) — **doważyć** *dk VIb,* doważę, doważ, doważymy, doważyliśmy □ D. co «kończyć ważenie czegoś»: Doważał towar przywieziony wczoraj do sklepu. □ D. czego «ważyć dodatkową ilość czegoś»: Trzeba było kilkakrotnie doważać kartofli. △ Nie doważać «ważyć niedokładnie, oszukiwać przy ważeniu»

dowcipas *m IV, D.* dowcipasa *pot.* «żart niesmaczny, wymuszony dowcip»

dowcipniś *m I, lm D.* dowcipnisiów (*nie:* dowcipnisi); *in.* żartowniś.

dowiadywać się *ndk VIIIa,* dowiaduję się (*nie:* dowiadywuję się, dowiadywam się), dowiadywaliśmy się (p. akcent § 1a i 2) — **dowiedzieć się** *dk,* dowiem się, dowiesz się, dowie się, dowiemy się, dowiecie się, dowiedz się, dowiedział się, dowiedzieli się, dowiedzieliśmy się «zdobywać wiadomości, być informowanym» □ D. się czego (od kogo, z czego): Od żony dowiadywał się najnowszych plotek o znajomych. Dowiedzieć się czegoś nowego. △ Co się dowiedziałeś?, *lepiej*: Czego się dowiedziałeś? □ D. się o czym (od kogo, z czego): Z gazet dowiedział się o całej sprawie. □ (tylko *ndk*) D. się o kogo, o co «zasięgać informacji o kimś, o czymś»: Dowiadywał się o postępy syna w nauce. // *KP Pras.; U Pol (2), 333.*

do widzenia p. widzenie.

dowierzać *ndk I*, dowierzaliśmy (p. akcent § 1a i 2) △ (zwykle z przeczeniem) Nie dowierzać komuś, czemuś «nie mieć zaufania do kogoś, czegoś, wątpić w coś»: Nie dowierzała nawet przyjaciołom. Nie bardzo dowierzał jego tłumaczeniom.

dowieść p. dowodzić.

dowieźć *dk XI*, dowiozę (*nie*: dowiezę), dowiezie, dowieź, dowiózł, dowiozła (*nie*: dowiezła), dowieźli, dowieźliśmy (p. akcent § 1a i 2) — **dowozić** *ndk VIa*, dowożę, dowozimy, dowoziliśmy, dowożony: Taksówka dowiozła go na miejsce. Dowieźć towar do sklepu.

dowlec *dk XI*, dowlokę, *rzad.* dowlekę; dowlecze, dowlecz, dowlókł, dowlokła, *rzad.* dowlekła; dowlekli, dowlekliśmy (p. akcent § 1a i 2) — *rzad.* **dowlekać** *ndk I*, dowlekaliśmy: Z trudem dowlokła zmęczone dziecko do domu.

dowodzić *ndk VIa*, dowodzę, dowódź, dowodzimy, dowodziliśmy (p. akcent § 1a i 2) — **dowieść** *dk XI*, dowiodę, dowiedzie, dowiedź, dowiódł, dowiodła, dowiedli, dowiedliśmy, dowiedziony □ D. czego (*nie*: o czym) komu a. d. komu, że... «wykazywać prawdziwość czegoś, udowadniać, uzasadniać coś»: Dowodził, że nie mam racji. Nie potrafił dowieść swojej niewinności. □ (tylko *ndk*) Coś dowodzi czego «coś jest oznaką, dowodem, objawem czegoś, coś świadczy o czymś»: Jej dobry apetyt dowodził zdrowia. □ *rzad., wych. z użycia* D. kogo, co — do czego «prowadzić do jakiegoś miejsca (w przestrzeni lub czasie); dziś raczej: doprowadzać»: Dowiódł oddział do mostu i zorganizował przeprawę. □ (tylko *ndk*) D. kim, czym «stać na czele czegoś, kierować kimś, czymś, przewodzić komuś»: Dowodził pułkiem piechoty. // *D Kult. I, 45.*

! dowojenny p. przedwojenny.

do woli p. wola.

dowozić p. dowieźć.

dowód *m IV*, D. dowodu □ D. czego: Dowód zaufania, przyjaźni, życzliwości. Niezbity dowód niewinności. △ W dowód uznania. *Ale*: Na dowód (*nie*: w dowód) prawdziwości swoich słów pokazał pokwitowanie. □ D. na co: Brak mu było dowodów na poparcie swej tezy. △ Stanowić dowód, służyć za dowód (*nie*: dowodem).

dowódca *m* odm. jak *ż II, lm M.* dowódcy, *DB.* dowódców (skrót: dca, d-ca) □ D. czego (*nie*: nad czym): Dowódca plutonu.

dowództwo *n III*, zwykle *blm* □ D. czego, *rzad.* nad czym: Objął dowództwo armii, *rzad.* nad armią.

Sprawował dowództwo kompanii. △ Pod czyimś dowództwem: Służył pod dowództwem Kościuszki.

doza *ż IV, lm* D. doz a. dóz.

dozbrajać *ndk I*, dozbrajaliśmy (p. akcent § 1a i 2) — **dozbroić** *dk VIa*, dozbroję, dozbrój, dozbroimy, dozbroiliśmy: Dozbroić armię.

doznać *dk I*, doznaliśmy (p. akcent § 1a i 2) — **doznawać** *ndk IX*, doznaję, doznawaj, doznają (*nie*: doznawają), doznawaliśmy □ D. czego (*nie*: co) — tylko w odniesieniu do przeżywanych wrażeń fizycznych lub psychicznych: Doznawał uczucia rozkoszy na widok piękna. Doznać zawodu, bólu, cierpienia. Doznać kontuzji, *lepiej*: zostać kontuzjowanym. △ Użycie *niepoprawne* (zwłaszcza w połączeniach z rzeczownikami odczasownikowymi): Doznać uszkodzenia (*zamiast*: zostać uszkodzonym). Doznać zniszczeń (*zamiast*: zostać zniszczonym).

dozorcostwo, *rzad.* **dozorstwo** *n III, blm.*

dozorczyni (*nie*: dozorczynia) *ż I, B.* dozorczynię (*nie*: dozorczynią), *W.* dozorczyni (*nie*: dozorczynio), *lm* D. dozorczyń.

dozorować *ndk IV*, dozorowaliśmy (p. akcent § 1a i 2) □ D. kogo, czego a. kogo, co: Dozorował robót (roboty) przy budowie drogi. Dozorować robotnice (robotnic). // *KJP 305.*

dozór *m IV*, D. dozoru: Zostawić kogoś bez dozoru. Pozostać gdzieś bez dozoru. □ D. nad kim, nad czym (*nie*: czego, kogo): Przejął dozór nad pracą w polu. Do chłopca należał dozór nad rodzeństwem. △ Pod czyimś dozorem: Młodzież bawiła się pod dozorem wychowawców.

dozwalać *ndk I*, dozwalaliśmy (p. akcent § 1a i 2) — **dozwolić** *dk VIa*, dozwolę, dozwól, dozwolimy, dozwoliliśmy *przestarz.* (zwykle z przeczeniem) «pozwalać, zezwalać» □ D. komu (z bezokolicznikiem): Słaby wzrok nie dozwalał jej dostrzec szczegółów. Nie dozwolili mu pozostać w mieście.

doża *m* odm. jak *ż II, lm M.* dożowie, *DB.* dożów.

dożąć *dk Xc*, dożnę, dożnij, dożąłem (*wym.* dożołem; *nie*: dożnełem), dożął (*wym.* dożoł), dożęła (*wym.* dożeła), dożęliśmy (*wym.* dożeliśmy, p. akcent § 1a i 2) — **dożynać** *ndk I*, dożynaliśmy □ D. co a. czego: Dożąć zboże (zboża).

dożyć *dk Xa*, dożyję, dożyj, dożyjemy, dożyliśmy (p. akcent § 1a i 2) — **dożywać** *ndk I*, dożywaliśmy □ D. czego: Dożywał swoich lat w zaciszu domowym. Nie dożył tej pociechy. Dożyć jutra.

dożynki *blp*, D. dożynek, *rzad.* dożynków.

do żywego p. żywy.

dożywać p. dożyć.

dożywotni, *rzad.* **dożywotny** *m-os.* dożywotni.

dójka *ż III, lm* D. dójek; in. dojarka w zn. «kobieta dojąca krowy»

dół *m IV*, D. dołu 1. «niższa część czegoś; teren, miejsce niżej położone» △ Dołem, na dole, u dołu, w dole «nisko, niżej»: Szli wzgórzem; dołem płynęła rzeka. Suknia szersza w dole, u dołu. △ Mieszkać na dole «mieszkać na parterze» △ W dół, na dół, ku do-

łowi «w kierunku od góry ku powierzchni ziemi»: Spojrzeć w dół, na dół. Lecieć z góry na dół. △ W dół rzeki «w kierunku ujścia rzeki» △ Od góry do dołu «na całej przestrzeni w kierunku pionowym, od początku do końca»: Przeczytała afisz od góry do dołu. △ Z dołu, od dołu «w kierunku od ziemi — w górę»: Wychylił się z okna; z dołu dochodziły okrzyki. △ Iść w dół a) «o termometrze lub barometrze: wskazywać spadek temperatury albo ciśnienia» b) «o towarach, pieniądzach, cenach itp.: tracić na wartości» c) «o ludziach: tracić pozycję towarzyską, społeczną, materialną» △ Płacić, otrzymywać itp. pieniądze, pensję z dołu «płacić, otrzymywać itp. pieniądze po otrzymaniu towaru lub po wykonaniu pracy» △ Równać w dół: Wojna równała ludzi w dół.
2. tylko w *lm* w zn. «klasy upośledzone społecznie i politycznie»: Pochodził z dołów. Doły społeczne doszły wreszcie do głosu.

DPT (*wym.* depete, p. akcent § 6) *n* a. *m ndm* «Dom Pracy Twórczej»: DPT otrzymało (otrzymał) nową elewację. W województwie zbudowano kilka nowych DPT.

dr «skrót wyrazu: *doktor*, pisany w mianowniku *lp* bez kropki, w przypadkach zależnych z kropką albo z końcówkami deklinacji męskiej (*m IV*), stawiany zwykle przed nazwiskiem lub przed imieniem i nazwiskiem, czytany jako cały, odmieniany wyraz»: Dr Kowalski, dr Jan Kowalski. Rozmawiał z drem Kowalskim a. z dr. (*czyt.* doktorem) Kowalskim. O drze a. dr. (*czyt.* doktorze) Kowalskim. △ Dr Kowalski i dr Piotrowski a. dr dr Kowalski i Piotrowski. △ Przy wyliczaniu używane także formy z końcówkami: Na zjazd przybyli drowie: Kowalski, Piotrowski, Wiśniewski. Zagadnienie opracowane przez drów: Kowalskiego, Piotrowskiego, Wiśniewskiego. △ dr hab. «doktor habilitowany»: Artykuł dr. a. dra hab. Józefa Drogosza.
dr *ndm* (zawsze bez kropki) o kobiecie: Dr Kowalska, z dr Kowalską. // U Pol. (1), 477.

drab *m IV, lm M.* te draby.

Drabek *m III, D.* Drabka, *lm M.* Drabkowie. Drabek *ż ndm* — Drabkowa *ż* odm. jak przym. — Drabkówna *ż IV, D.* Drabkówny, *CMs.* Drabkównie (*nie:* Drabkównej), *lm D.* Drabkówien. // D Kult. I, 666.

drabinowy «dotyczący drabiny, złożony z drabin, wykonywany przy użyciu drabin» △ Ćwiczenia drabinowe, *lepiej:* Ćwiczenia na drabinkach (gimnastycznych).

drabisko *n II, lm D.* drabisków zgr. od drab.

draga *ż III, CMs.* dradze 1. «rodzaj włoka do połowów z dna morskiego»: Łowić krewetki dragą. 2. in. pogłębiarka.

dragoman (*nie:* drogoman) *m IV, lm M.* dragomani.

dramat *m IV, D.* dramatu, *lm M.* dramaty (*nie:* dramata) // U Pol. (1), 199, 201.

dramaturg *m III, lm M.* dramaturdzy a. dramaturgowie; *rzad.* **dramatopisarz** *m II, lm D.* dramatopisarzy.

dramaturgia *ż I, DCMs.* dramaturgii, zwykle *blm.*

dramatyczność *ż V, blm* a. **dramatyzm** *m IV, D.* dramatyzmu, *Ms.* dramatyzmie (*wym.* ~yzmie a. ~yźmie), *blm.*

drań (*nie:* ta drań) *m I, lm D.* drani a. draniów.

drapacz *m II, lm D.* drapaczy. △ *wych. z użycia* Drapacz chmur «bardzo wysoki wieżowiec»

drapać *ndk IX,* drapię (*nie:* drapę), drap, drapiemy, drapaliśmy (p. akcent § 1a i 2) — **drapnąć** *dk Va,* drapnąłem (*wym.* drapnołem; *nie:* drapnełem, drapłem), drapnął (*wym.* drapnoł), drapnęła (*wym.* drapneła; *nie:* drapła), drapnęliśmy (*wym.* drapneliśmy) □ D. co, w co — czym: W zdenerwowaniu drapał ręce do krwi. Kot drapnął pazurem w drzwi. □ (tylko *ndk*) Coś drapie kogo (w co a. w czym) «coś drażni skórę, wywołuje swędzenie»: Kurz drapie w gardle. Sztywny kołnierz drapał go w szyję. □ (tylko *dk*) *pot. żart.* D. bez dop. «uciec»: Złodziej drapnął przez okno.
drapać się — **drapnąć się** □ D. się w co, po czym: Nieustannie drapał się po głowie. Mocno drapnął się w nogę. □ (tylko *ndk*) D. się bez dop. «iść z trudem w górę, przedzierać się przez coś»: Drapała się pod górę. Ktoś drapie się przez gęste zarośla.

draperia *ż I, DCMs.* i *lm D.* draperii; *rzad.* **drapowanie** *n I* «udrapowana tkanina»

drapichrust *m IV, Ms.* drapichruście, *lm M.* te drapichrusty *pot.* «hultaj, łobuziak»: Jakieś drapichrusty pokradły mi warzywa z ogrodu.

drapieżca (*nie:* drapiezca) *m odm. jak ż II, lm M.* drapieżcy, *DB.* drapieżców *przestarz.* «drapieżnik; łupieżca» (w odniesieniu do zwierząt i ludzi): Głodny drapieżca szczerzył kły. Kraj uległ przemocy drapieżcy.

drapieżczy *st. w.* bardziej drapieżczy *rzad.* «właściwy drapieżcy»: Drapieżcze skłonności. Drapieżcze metody postępowania. *Por.* drapieżny.

drapieżnik *m III* «zwierzę drapieżne»: Myszołów to pożyteczny drapieżnik.

drapieżny 1. bez *st. w.* «o zwierzętach: żywiący się mięsem innych zwierząt»: Szczupak to ryba drapieżna. 2. *m-os.* drapieżni, *st. w.* drapieżniejszy a. bardziej drapieżny «okrutny, krwiożerczy, wyrażający okrucieństwo»: Drapieżny uśmiech, drapieżny wyraz twarzy. *Por.* drapieżczy.

drapnąć p. drapać.

drapować *ndk IV,* drapowaliśmy (p. akcent § 1a i 2): Suknia suto drapowana. Drapowała na sobie piękny szal.
drapować się □ D. się w co: Drapowała się w błyszczącą tkaninę. △ *przen.* Lubił się drapować w szatę filantropa.

drapowanie p. draperia.

drasnąć *dk Va,* drasnąłem (*wym.* drasnołem; *nie:* drasnełem, drasłem), drasnęła (*wym.* drasneła; *nie:* drasła), drasnęliśmy (*wym.* drasneliśmy; *nie:* draśliśmy; p. akcent § 1a i 2).

drastyczny *st. w.* drastyczniejszy a. bardziej drastyczny: Drastyczne dowcipy. Drastyczna sytuacja.

dratwa (*nie:* dratew) *ż IV, lm D.* dratw a. dratew.

Drawa *ż IV* «rzeka» — drawski (p.).

Drawida *m* odm. jak *ż IV, lm M*. Drawidowie, *DB*. Drawidów «przedstawiciel ludów zamieszkujących część Indii» — Drawidyjka *ż III, lm D*. Drawidyjek — drawidyjski.

drawski 1. przym. od Drawa (rzeka) a. Drawsko (jezioro) △ Pojezierze Drawskie, Puszcza Drawska. 2. przym. od Drawsko (miasta): Powiat drawski, drawski rynek.

Drawsko *n II* «jezioro» — drawski (p.).

Drawsko Pomorskie, Drawsko *n II*, Pomorskie odm. przym., *D*. Drawska Pomorskiego «miasto» — drawski (p.).

drażliwy (*nie*: draźliwy) *m-os*. draźliwi, *st. w*. draźliwszy a. bardziej draźliwy: Draźliwa sprawa. Draźliwy temat. Był draźliwy na punkcie swojej urody.

draźnić (*nie*: draźnić) *ndk VIa*, draźnij, *rzad*. draźń; draźnimy, draźniliśmy (p. akcent § 1a i 2): Ostry zapach draźnił zmysły. Draźnił wszystkich swoją bezgraniczną głupotą.
draźnić się □ *D*. się z kim «droczyć się, przekomarzać się» || *U Pol. (1), 472*.

Dreiser (*wym*. Drajser) *m IV*: Dyskutowano o Teodorze Dreiserze.

! drelować p. drylować.

dren *m IV, D*. drenu 1. «rura odprowadzająca wodę w celu odwodnienia zbyt wilgotnego gruntu»: Osuszyć grunt za pomocą drenów. 2. in. sączek: Do rany założono dren.

drenarski «zajmujący się układaniem drenów, używany przy drenowaniu»: Spółka drenarska, przedsiębiorstwo drenarskie. Narzędzia drenarskie.

drenażowy «dotyczący drenażu»: Roboty drenażowe.

dreptać (*nie*: dryptać) *ndk IX*, drepcze, *przestarz*. drepce; drepcz; dreptaliśmy (p. akcent § 1a i 2) || *D Myśli 98*.

dres *m IV, D*. dresu, *Ms*. dresie △ Używane często w *lm* w zn. *lp*: Chodzić w dresie a. w dresach. Bluza od dresów.

dreszcz *m II, lm D*. dreszczy, *rzad*. dreszczów: Dreszcz zgrozy, przerażenia. Mieć dreszcze, dostać dreszczy (dreszczów). Dreszcz przenika, przechodzi kogoś; coś przejmuje kogoś dreszczem, przyprawia kogoś o dreszcz (dreszcze).

drewniany (*nie*: drewnianny, drzewniany, drzewiany) «zrobiony z drewna»: Drewniany stół, drewniana szafa. Opakowania drewniane (*nie*: drzewne). || *D Kult. I, 284; PJ 1968, 424. Por*. drzewny.

drewnik *m III, D*. drewnika *reg*. «drwalnia»

drewno *n III, lm D*. drewien △ Mieć ręce, nogi, język jak z drewna a. jak drewno. △ w zn. «substancja, materiał» tylko *blm* || *D Kult. I, 284; II 210*.

drewutnia *ż I, lm D*. drewutni *reg*. «drwalnia»

drezdeński (*nie*: drezneński, dreźnieński, dreździeński) || *PJ 1969, 289*.

Drezno *n III, Ms*. Dreźnie «miasto w NRD» — drezdeńczyk *m III, lm M*. drezdeńczycy — drezden-

ka *ż III, lm D*. drezdenek — drezdeński (p.). || *D Kult. I, 713*.

drętwieć (*nie*: trętwieć) *ndk III*, drętwieję, drętwiej, drętwiejemy, drętwieliśmy (p. akcent § 1a i 2) — zdrętwieć *dk*, zdrętwiały.

drętwy *m-os*. drętwi «pozbawiony czucia; bezwładny»: Drętwa noga. △ *pot*. Drętwa mowa «mowa pełna sloganów, komunałów»

dr hab. p. dr

dr h.c. «skrót wyrazów: *doktor honoris causa*, stawiany zwykle po imieniu i nazwisku, a przed nazwą uczelni, która ten doktorat nadała, czytany jako całe wyrażenie; *dr* — pisane i odmieniane jak w haśle: dr; *h.c.* — pisane z kropkami, *ndm*»: Prof. Wacław Sierpiński, dr h.c. uniwersytetów w Paryżu, Moskwie, Pradze i in. Otrzymał tytuł dr. h.c. (dra h.c.) Uniwersytetu Warszawskiego. *Por*. dr

driakiew *ż V, D*. driakwi: Na zboczach rosło mnóstwo żółtych driakwi.

dribler p. drybler.

dribling p. drybling.

Drin *m IV, D*. Drinu «rzeka w Albanii» — driński (p.).

Drina *ż IV* «rzeka w Jugosławii» — driński (p.).

driński przym. od Drin i Drina △ Zatoka Drińska.

dr med. «skrót wyrazów: *doktor medycyny*, stawiany zwykle przed imieniem i nazwiskiem; *dr* — pisane i odmieniane jak w haśle: dr; *med.* — pisane z kropką, *ndm*; czytane jako cały wyraz»: Dr med. Jan Kowalski. Godziny przyjęć dr med. a. dra med. (*czyt*. doktora medycyny) Jana Kowalskiego. *Por*. dr

DRN (*wym*. deeren, p. akcent § 6) *m IV, D*. DRN-u, *Ms*. DRN-ie a. *ż ndm* «Dzielnicowa Rada Narodowa»: Otrzymać pismo z DRN-u (z DRN). DRN nie załatwił (nie załatwiła) sprawy. Pracować w DRN-ie (w DRN).

drobiazg *m III, D*. drobiazgu, w zn. «zbiorowo o istotach niedorosłych, o czymś nie wyrośniętym, małym» — tylko w *lp*: Szła kobieta, a za nią pięcioro drobiazgu. Węgorz żywi się drobiazgiem zwierzęcym.

drobić *ndk VIa*, drobię, drób, drobimy, drobiliśmy (p. akcent § 1a i 2) 1. «kruszyć»: Drobił chleb dla ptaków. 2. zwykle bez dop. «dreptać»: Dziecko szybko drobiło po ścieżce.

drobiowy *środ*. «dotyczący drobiu, zrobiony z drobiu, przeznaczony dla drobiu»: Konserwy drobiowe, *lepiej*: z drobiu. Żer drobiowy, karma drobiowa, *lepiej*: dla drobiu.

drobno- «pierwszy człon wyrazów złożonych, których podstawą jest połączenie przymiotnika *drobny* z rzeczownikiem; pisany łącznie», np.: drobnolistny, drobnomieszczański, drobnoziarnisty, drobnoustrój. △ Wyrażenia, których pierwszym członem jest przysłówek a drugim imiesłów, pisze się rozdzielnie, np.: drobno pokrojony, drobno cętkowany.

drobnomieszczański, *rzad*. **małomieszczański**: Drobnomieszczańskie poglądy.

droga *ż III, lm D*. dróg 1. w zn. «szlak komunikacyjny»: Droga leśna, polna a. droga w lesie, w polu, przez las, przez pole. △ Polska droga «droga polna» △ Droga wolna «można przejść, przejechać» △ Wolna droga «rób jak chcesz» □ D. do czego «szlak komunikacyjny prowadzący do jakiejś miejscowości, do jakiegoś celu»: Odnalazł na mapie drogę do miasta. △ *przen.* Droga do sławy, do majątku. □ D. na co «droga (trasa) prowadząca przez jakąś miejscowość»: Jechał do Warszawy drogą na Kutno. △ Przez drogę «po drugiej stronie drogi»: Mieszkać przez drogę. △ Z drogi «w bok od czegoś» 2. w zn. «podróż, wędrówka»: Ruszyć, puścić się, udać się (*nie:* odprawić się) w drogę. △ Po drodze «w czasie podróży, wędrówki; przy okazji»: Wstąpię po drodze. △ Być w drodze «być w podróży» 3. w zn. «sposób postępowania» △ W drodze łaski. △ W drodze wyjątku «wyjątkowo» △ Na drodze, w drodze czegoś (*lepiej:* przez coś, za pomocą czegoś): Na drodze dedukcji (*lepiej:* przez dedukcję, stosując dedukcję). W drodze rozumowania (*lepiej:* przez rozumowanie). △ *niepoprawne* Drogą czegoś (*zamiast:* przez coś), np. Projekt rezolucji przyjęto drogą głosowania (*zamiast:* przez głosowanie). // KP Pras.

drogeria (*nie wym.*: drogieria, drogueria) *ż I, DCMs.* i *lm D.* drogerii «sklep z kosmetykami, materiałami aptecznymi i lekami sprzedawanymi bez recept» △ *reg.* w zn. «skład apteczny» // D Kult. II, 311.

drogeryjny (*nie wym.*: drogieryjny, drogueryjny): Artykuły drogeryjne. // D Kult. II, 312.

drogerzysta (*nie wym.*: drogierzysta, droguerzysta), *rzad.* **drogista** *m* odm. jak *ż IV, lm M.* drogerzyści (drogiści), *DB.* drogerzystów (drogistów). // U Pol. (1), 118.

drogi *m-os.* drodzy, *st. w.* droższy, w zn. «bliski uczuciowo, cenny dla kogoś» □ D. komu, *rzad.* dla kogo: Stracił wszystko, co mu było drogie. **drogi, droga** tylko w *st. najw.* w użyciu rzeczownikowym, w zn. «ukochany»: Najdroższy ją porzucił.

drogistowski *rzad.* przym. od drogista, *lepiej:* drogeryjny. // D Kult. II, 311.

drogistyczny, *rzad.* **drogistowski** przym. od drogista: Szkoła drogistyczna. // D Kult. II, 311.

drogowskaz (*nie:* drogoskaz) *m IV, D.* drogowskazu △ Służyć za drogowskaz (*nie:* drogowskazem). Być drogowskazem.

drogowy «dotyczący drogi, szlaku komunikacyjnego»: Nasyp drogowy. Sieć drogowa. Znaki drogowe. *Por.* drożny.

Drohiczyn *m IV, D.* Drohiczyna «miasto» — drohiczyński.

drop *m I, D.* dropia (*nie:* dropa), *lm D.* dropi a. dropiów: Stado dropi a. dropiów. // D Kult. II, 449.

drops *m IV, DB.* dropsa, zwykle w *lm*: Dropsy miętowe, owocowe. Zjeść dropsa.

drożdże (*nie:* dróżdże) *blp, D.* drożdży.

drożdżownia a. **drożdżarnia** *ż I, lm D.* drożdżowni (drożdżarni), *rzad.* drożdżowń (drożdżarń).

drożny 1. «nie zatkany»: Drożny przewód pokarmowy. Drożne kanały żółciowe. 2. *rzad.* p. drogowy: Sieć drożna, *lepiej:* drogowa.

drożyć się *ndk VIb*, droż się a. dróż się, drożymy się, drożyliśmy się (p. akcent § 1a i 2), w zn. «niełatwo godzić się na coś, ociągać się, cenić się» □ D. się z czym a. (*częściej*) bez dop.: Proszono go bardzo, ale wciąż się drożył. Drożyła się z wyrażeniem zgody na jego propozycję.

drożyzna *ż IV, CMs.* drożyźnie, *blm*: Drożyzna artykułów żywnościowych (*nie:* na artykuły żywnościowe).

drób *m I, D.* drobiu, *blm.*

dróżka (*nie:* drożka) *ż III, lm D.* dróżek.

dróżnik (*nie:* drożnik) *m III, lm M.* dróżnicy: Dróżnik sprawdzał tory.

druciany (*nie:* drucianny): Druciana kolczuga. Druciana siatka. Okulary w drucianej oprawie.

druczek *m III, D.* druczku a. druczka.

drugi *m-os.* drudzy, odm. jak przym. 1. «liczebnik porządkowy, pisany całym wyrazem a. cyframi bez końcówek — arabską z kropką, rzymską bez kropki (wyjątki od tej zasady dotyczą godzin i dni miesiąca)»: W końcu drugiego wieku a. 2. wieku, II wieku. Druga rocznica a. 2. rocznica (*nie:* 2-ga rocznica, dwuletnia rocznica). Drugi kwietnia a. drugiego kwietnia (*nie:* drugi kwiecień) — pisane zwykle: 2 kwietnia a. 2.IV (*nie:* 2-go kwietnia). △ Jeden po drugim; jeden za drugim «kolejno»: Wchodzili jeden po (a. za) drugim. △ Jeden przez drugiego «na wyścigi»: Zgłaszali się do pracy jeden przez drugiego. △ Jeden w drugiego (o istotach żywych), jeden w drugi (o przedmiotach) «o istotach lub przedmiotach podobnych do siebie, zwykle — okazałych»: Chłopy jak dęby — jeden w drugiego. △ *pot.* Jeden z drugim «lekceważąco o kimś z pewnej liczby osób»: Zapamiętaj sobie jeden z drugim... 2. «inny; zwykle występuje w zestawieniu: jedni... drudzy»: Jedni leżeli, drudzy stali. △ (Za) drugim razem (*nie:* drugą razą): Na tych niewygodnych schodach zwichnęła nogę, a drugim razem potłukła się dotkliwie. △ *niepoprawne* To druga rzecz, druga sprawa (*zamiast:* to inna rzecz, inna sprawa).

druga w użyciu rzeczownikowym «godzina oznaczana na tarczy zegarowej cyfrą 2»: Zegar wybił drugą. Była druga w nocy. △ Druga po południu (w języku urzędowym: czternasta): Umówił się na drugą po południu.

drugie w użyciu rzeczownikowym 1. *blm, lepiej:* co innego: On mówi jedno, a ja drugie. 2. «składnik posiłku, danie następujące po zupie»: Zamówili tylko drugie i deser. // U Pol. (1), 390.

drugo- «pierwszy człon rzeczowników, przymiotników lub przysłówków złożonych, pisany łącznie», np.: drugorzędny, drugoplanowy, drugostronnie, drugoklasista, drugoroczność.

drugoklasista *m* odm. jak *ż IV, lm M.* drugoklasiści, *DB.* drugoklasistów.

drugoroczność (*nie:* dwuroczność) *ż V, blm* «pozostanie ucznia w tej samej klasie na drugi rok» // D Kult. II, 361.

drugorzędny *m-os.* drugorzędni «należący do niższej kategorii, podrzędny, mniej ważny»: To sprawa drugorzędna. Grał zawsze drugorzędne role. // D Kult. I, 551.

drugorzędowy «związany z drugą fazą, z drugim stadium, z drugim okresem geologicznym»: Formacja drugorzędowa. // *D Kult. I, 551.*

druh (*nie*: druch) *m III, lm M.* ci druhowie a. (z zabarwieniem ekspresywnym) te druhy (skrót: dh).

druhna (*nie*: druchna) *ż IV, lm D.* druhen.

druid *m IV, lm M.* druidzi a. druidowie.

druk *m III, D.* druku, w zn. «drukowanie; tekst drukowany»: Ogłosić, wydać drukiem. △ Ukazać się drukiem a. w druku. Wyjść drukiem, *rzad.* z druku «zostać wydrukowanym»: Jego ostatnia powieść ukazała się drukiem w ubiegłym roku. // *KP Pras.*

drukarnia *ż I, lm D.* drukarni, *rzad.* drukarń.

! druszlak p. durszlak.

drut *m IV, D.* drutu a. druta **1.** *D.* drutu w zn. «cienki pręt z metalu, przewód elektryczny, telefoniczny, telegraficzny»: Zwoje drutu. △ Pójść, dostać się za druty, siedzieć za drutami «znaleźć się, być w obozie koncentracyjnym jako więzień» **2.** *D.* druta a. drutu w zn. «iglica do robót dzianych»: Robić na drutach. Oczko spadło z druta.

drutowy przeważnie w zn. «taki, w którym jednym z elementów jest drut; *rzad.* zrobiony z drutu»: Opornik drutowy. △ *rzad.* Drutowy (*częściej:* druciany) ochraniacz na żarówkę. *Por.* druciany.

Druz *m IV, lm M.* Druzowie «członek jednej z narodowości w Libanie i w Syrii»: Religia Druzów. — Druzyjka *ż III, lm D.* Druzyjek — druzyjski (*nie*: druzydyjski).

druzgotać *ndk IX,* druzgoce, *przestarz.* druzgoce; druzgotaliśmy (p. akcent § 1a i 2) — **zdruzgotać** *dk*: Kamień zdruzgotał mu nogę. △ *przen.* w imiesł. przymiotnikowym czynnym (zwykle w postaci: druzgocący): Druzgocąca klęska, krytyka.

drużynowa *ż* odm. jak przym. «komendantka drużyny»: Druhno drużynowa! (*nie*: Druhno drużynowo!). // *U Pol. (1), 388.*

DRW (*wym.* deerwu, p. akcent § 6) *n* a. *ż ndm* «Demokratyczna Republika Wietnamu»: DRW nie ustawało (nie ustawała) w walce z agresorem.

drwa *blp, D.* drew *wych. z użycia* (*częściej:* drzewo): Drwa na opał.

drwalka *ż III, lm D.* drwalek «drwalnia (zwłaszcza: mała)»: Rąbać drzewo w drwalce.

drwalnia *ż I, lm D.* drwalni.

drwalnik *m III, D.* drwalnika **1.** «gatunek chrząszcza» **2.** *reg.* «drwalnia»

Drwęca *ż II* «rzeka» — drwęcki.

drwęcki: Dopływy drwęckie (*ale*: Jezioro Drwęckie).

drwić *ndk VIa,* drwię, drwij, drwimy, drwiliśmy (p. akcent § 1a i 2) □ *D.* z kogo, z czego: Drwiono z zarozumialca. Drwić z czyjejś naiwności. Drwić z niebezpieczeństwa.

dryblas *m IV, lm M.* te dryblasy: Rozbawione dryblasy wpadły jak huragan.

drybler a. **dribler** *m IV, lm M.* dryblerzy (driblerzy).

drybling a. **dribling** *m III, D.* dryblingu (driblingu).

drylować (*nie*: drelować) *ndk IV,* drylowaliśmy (p. akcent § 1a i 2): Drylować wiśnie.

! dryptać p. dreptać.

drzazga (*wym.* d-żazga a. dż-żazga; *nie*: dżazga) *ż III, lm D.* drzazg, *rzad.* drzazeg △ Pójść w drzazgi «stłuc się na drobne kawałeczki»: Szyba z okna poszła w drzazgi. △ Strzaskać, rozbić itp. w drzazgi a. na drzazgi «strzaskać, rozbić całkowicie, zupełnie»

drzeć (*nie*: drzyć; *wym.* d-żeć a. dż-żeć, *nie*: dżeć) *ndk XI,* drę (*nie*: drzę), drzesz, drą (*nie*: drza), drzyj, darliśmy (*nie*: derliśmy; p. akcent § 1a i 2), darty (*nie*: derty) □ *D.* co «niszczyć»: Drzeć buty, ubranie. □ *D.* kogo — za co «targać, szarpać, ciągnąć»: Darła go za włosy. △ *fraz. pot.* Drzeć (*częściej:* obdzierać) kogoś ze skóry «wyzyskiwać, wykorzystywać kogoś» △ Drzeć nos (*częściej:* zadzierać nosa) «pysznić się» △ Drzeć z kimś koty «żyć w stałej niezgodzie z kimś» △Kogoś drze ręka, noga; kogoś drze w kościach, w nogach itp. «ktoś ma bóle reumatyczne w rękach, nogach itp.»

drzeć się *pot.* **a)** «krzyczeć, głośno płakać»: Drzeć się wniebogłosy. **b)** «kłócić się» □ *D.* się z kim. **c)** «wdrapywać się, wspinać się» □ *rzad. D.* się dokąd, na co: Drzeć się na szczyt.

drzemać (*nie*: drzymać; *wym.* d-żemać a. dż-żemać, *nie*: dżemać) *ndk IX,* drzemię, drzem, drzemaliśmy (p. akcent § 1a i 2).

drzewce (*wym.* d-żewce a. dż-żewce, *nie*: dżewce) *n I, lm M.* drzewca, *D.* drzewc.

! drzewiany p. drewniany.

drzewiarz (*wym.* d-żewiarz a. dż-żewiarz, *nie*: dżewiarz) *m II, lm D.* drzewiarzy *środ.* «specjalista w zakresie technologii drewna»: Tartak zatrudnia kilku drzewiarzy.

drzewiasty (*wym.* d-żewiasty a. dż-żewiasty, *nie*: dżewiasty): Rośliny drzewiaste.

drzewko (*wym.* d-żewko a. dż-żewko, *nie*: dżewko) *n II, lm D.* drzewek **1.** zdr. od drzewo. **2.** *reg.* «choinka»

drzewny (*wym.* d-żewny a. dż-żewny, *nie*: dżewny) **1.** «dotyczący drzewa jako rośliny; *zwykle:* będący częścią drzewa»: Pień drzewny. Kora drzewna. Słoje drzewne. **2.** «dotyczący przerobu drzewa (drewna); przerobiony, wytworzony z drzewa (drewna)»: Przemysł drzewny. Gospodarka drzewna. Węgiel, popiół drzewny. // *D Kult. I, 284; PJ 1968, 424. Por.* drewniany.

drzewo (*wym.* d-żewo a. dż-żewo, *nie*: dżewo) *n III* **1.** «roślina o wykształconym pniu»: Drzewo iglaste, *rzad.* szpilkowe. Drzewo liściaste. **2.** *blm* «materiał z pnia ściętego drzewa; drewno»: Drzewo na opał, na budulec. Stół z dębowego drzewa. // *D Kult. II, 210.*

drzewoznawca (*wym.* d-żewoznawca a. dż-żewoznawca, *nie*: dżewoznawca) *m* odm. jak *ż II, lm M.* drzewoznawcy, *DB.* drzewoznawców; in. dendrolog.

drzewoznawstwo (*wym.* d-żewoznawstwo a. dż-żewoznawstwo, *nie*: dżewoznawstwo) *n III, blm*; in. dendrologia.

drzwi (*wym.* dżwi, *nie*: dźwi, d-żwi) *blp*, *D.* drzwi: Odejść od drzwi, *rzad.* ode drzwi. Stanąć w drzwiach a. we drzwiach. Wchodzić drzwiami a. przez drzwi. Trzaskać drzwiami (*nie*: drzwi). △ Dwoje, troje, kilkoro (*nie*: dwa, trzy, kilka) drzwi wychodzi, prowadzi dokąd (*nie*: wychodzą, prowadzą dokąd). *Ale*: Jedne, drugie, te drzwi wychodzą, prowadzą dokąd. □ *D.* do czego, *rzad.* od czego «o drzwiach prowadzących do zamkniętego pomieszczenia»: Drzwi do kuchni, do pokoju. Drzwi od garażu. □ *D.* na co «o drzwiach prowadzących na zewnątrz domu, mieszkania»: Drzwi na podwórze, na balkon, na schody. || *D Kult.* II, 734.

drzwiczki (*wym.* dżwiczki, *nie*: dźwiczki, d-żwiczki) *blp*, *D.* drzwiczek.

drżeć (*nie*: drżyć) *ndk* VIIb, drżę, drżymy, drżyj, drżeliśmy (p. akcent § 1a i 2) □ *D.* z czego (zwykle na oznaczenie stanu fizycznego lub psychicznego jako przyczyny drżenia): Drżeć z zimna, ze strachu. □ *D.* od czego (zwykle na oznaczenie zewnętrznej przyczyny drżenia): Dom drżał od huku armat. Ziemia drżała od tętentu kopyt. □ *D.* o kogo, o co «bać się o kogoś, o coś»: Matka drżała o syna. Drżeć o czyjeś życie, zdrowie. □ *rzad. pot. D.* do czego «wyrywać się do czegoś, usilnie czegoś pragnąć» zwykle w wyrażeniu: Ktoś aż drży do czegoś: Aż drżał do tej podróży.

ds. a. **d/s** «skrót wyrazów: *do spraw*, pisany małą literą, umieszczany w środku kilkuwyrazowej nazwy jakiejś instytucji lub pracownika jakiejś instytucji, czytany jako całe wyrażenie»: Komitet ds. (d/s) Radia i Telewizji. Komisja Lekarska ds. Inwalidztwa i Zatrudnienia. Starszy referent d/s ubezpieczeń społecznych.

DS (*wym.* dees, p. akcent § 6) *m IV*, *D.* DS-u, *rzad. ndm* «Dom Studencki»: Mieszkać w DS (w DS-ie). Remont DS-ów. DS przyjął stu studentów.

dualizm *m IV*, *D.* dualizmu, *Ms.* dualizmie (*wym.* ~izmie a. ~iźmie), *blm.*

dubbing (*wym.* dabing a. dubing) *m III*, *D.* dubbingu.

dubbingować (*wym.* dabingować a. dubingować) *ndk IV*, dubbingowaliśmy (p. akcent § 1a i 2): Film dubbingowany.

dubelt *posp.* «dubeltowo, podwójnie»: Dubelt a. w dubelt zyskać, stracić.

dubeltowy *przestarz.* «podwójny» △ Dubeltowe piwo «piwo mocniejsze niż zwykłe»

dubeltówka *ż III*, *lm D.* dubeltówek △ Całować się z dubeltówki «całować się nawzajem głośno w oba policzki»

Dubiel *m I*, *D.* Dubiela, *lm M.* Dubielowie, *D.* Dubielów.
Dubiel *ż ndm* — Dubielowa *ż odm. jak przym.* — Dubielówna *ż IV*, *D.* Dubielówny, *CMs.* Dubielównie (*nie*: Dubielównej), *lm D.* Dubielówien.

Dublin (*wym.* Dublin) *m IV*, *D.* Dublinu, *rzad.* Dublina «stolica Irlandii» — dublińczyk *m III*, *lm M.* dublińczycy — dublinianka *ż III*, *lm D.* dublinianek — dubliński.

Dubna *ż odm. jak przym.*, *DCMs.* Dubnej «miasto w ZSRR»

Dubno *n III*, *Ms.* Dubnie «miasto w ZSRR»

Dubois (*wym.* Dübu-a) *m ndm*: Działalność polityczna Stanisława Dubois.

Dubrownik *m III*, *D.* Dubrownika «miasto w Jugosławii» — dubrownicki.

duby *blp*, *D.* dubów △ tylko w *pot. fraz.* Duby smalone «głupstwa, brednie»: Pleść, *rzad.* prawić duby smalone. || *D Kult.* I, 46.

duch *m III*, *DB.* ducha, *lm M.* duchy △ Dodać komuś ducha. Podnieść, podtrzymać kogoś na duchu, *rzad.* podnieść w kimś ducha (*nie*: duch) «dodać komuś odwagi, pokrzepić kogoś moralnie» △ W duchu czegoś a. jakimś «w myśl czegoś, zgodnie z czymś»: Ujmować coś w duchu demokracji a. w duchu demokratycznym. △ *wych.* z użycia Co duchu a. duchem «prędko, co tchu»: Biegnij tam co duchu. △ W duchu, w głębi ducha «w myśli, skrycie»: W głębi ducha cieszyła się z tego. △ Ktoś jest młody, stary itp. duchem a. na duchu «ktoś czuje się młodo, staro itp.» △ Tracić ducha, upadać na duchu «załamywać się psychicznie; tracić odwagę»

duchowny «dotyczący kleru (duchowieństwa)»: Seminarium duchowne. Stan duchowny. △ Osoba duchowna «ksiądz» △ Suknia a. szata duchowna «sutanna, habit»
duchowny w użyciu rzeczownikowym «osoba należąca do duchowieństwa»

duchowy «dotyczący ducha; moralny, intelektualny, uczuciowy»: Kultura duchowa. Dobra, potrzeby duchowe. Spójnia, więź duchowa.

duchówka *ż III*, *lm D.* duchówek *reg.* «piecyk do pieczenia; piekarnik»

Duclos (*wym.* Düklo) *m IV*, *D.* Duclosa (*wym.* Düklosa, p. akcent § 7) a. (zwykle z odmienianym imieniem lub tytułem) *ndm*: Wywiad z Duclosem (z towarzyszem Duclos).

duda *ż IV*, *lm D.* dud, w zn. «instrument muzyczny» — zwykle w *lm.*

dudarz p. dudziarz.

Dudek *m III*, *D.* Dudka (*nie*: Dudeka), *lm M.* Dudkowie.
Dudek *ż ndm* — Dudkowa *ż odm. jak przym.* — Dudkówna *ż IV*, *D.* Dudkówny, *CMs.* Dudkównie (*nie*: Dudkównej), *lm D.* Dudkówien. || *D Kult.* I, 670; II, 493.

dudka (*nie*: dutka) *ż III*, *lm D.* dudek **1.** *rzad.* «fujarka, piszczałka» **2.** tylko w *lm* «płuca bydlęce używane jako potrawa; płucka»: Barszcz z dudkami a. na dudkach.

dudnić *ndk VIa*, dudnij, dudnił, dudniłby (p. akcent § 4c), *rzad.* **dudnieć** *ndk VIIa*, dudnij, dudniał, dudniałby — **zadudnić**, *rzad.* **zadudnieć** *dk.*

dudziarz, *przestarz.* **dudarz** *m II*, *lm D.* dudziarzy (dudarzy).

dufny *m-os.* dufni, *st. w.* dufniejszy a. bardziej dufny *książk.* zwykle w zwrocie: Dufny w siebie a. w sobie «zarozumiały, pyszny» □ *D.* w co, *rzad.* w czym «przesadnie ufający czemuś»: Dufny w swoje siły.

Duhamel (*wym.* Düamel) *m I*, *D.* Duhamela (p. akcent § 7): Twórczość Duhamela.

dukat *m IV, DB.* dukata: Mieć, wydać, zapłacić dukata.

dukielski: Zabytki dukielskie (*ale*: Przełęcz Dukielska).

Dukla *ż I* «miasto» — dukielski.

dukt (*nie*: ta dukta) *m IV, D.* duktu.

Dulcynea (*nie*: Dulcyneja) *ż I, DCMs.* Dulcynei, *W.* Dulcyneo, *N.* Dulcyneą, *lm M.* Dulcynee, *D.* Dulcynei «imię ukochanej Donkiszota» △ *przestarz. przen. iron.* dulcynea «ukochana, dama serca»

dulczeć (*nie*: dulczyć) *ndk VIIb*, dulczał, dulczeliśmy (p. akcent § 1a i 2) *pot.* «trudzić się, biedzić się; przebywać gdzieś z konieczności»: Wszyscy wyjechali, a ja muszę dulczeć w pustym mieszkaniu. □ D. nad czym *rzad.* przy czym: Dulczeć nad książką, nad trudnym tekstem, przy korekcie.

Dulles (*wym.* Dalles) *m IV, Ms.* Dullesie: Działalność polityczna Dullesa.

duma *ż IV* 1. *blm* «poczucie osobistej godności, mogące się wyradzać w zarozumiałość, pychę»: Duma narodowa. Wbić, wbijać a. wzbijać kogoś w dumę «podsycać w kimś ambicję, pychę» □ D. z kogo, z czego: Duma ze zwycięstwa. Duma z syna. 2. «utwór epicki; rodzaj elegii»: Duma o Stefanie Czarnieckim. Śpiewać dumy. 3. *przestarz.* «rozmyślanie, dumanie» □ D. o czym: Duma o sławie, o przeszłości.

dumać *ndk I*, dumaliśmy (p. akcent § 1a i 2) *przestarz., książk.* «rozmyślać, zastanawiać się» □ D. nad kim, nad czym, o kim, o czym: Dumać nad swym losem. Dumać o przeszłości.

Dumas (*wym.* Düma) *m IV, D.* Dumasa (*wym.* Dümasa, p. akcent § 7), *lm M.* Dumasowie a. (zwykle z odmienianym imieniem) *ndm*: Zachwycali się Dumasem (Aleksandrem Dumas). Obaj Dumasowie (Dumas), ojciec i syn, zyskali sławę.

dum-dum *ndm*: Kula dum-dum.

dumny *m-os.* dumni, *st. w.* dumniejszy a. bardziej dumny, w zn. «szczycący się kimś, czymś» □ D. z kogo, z czego (*nie*: na kogo, na co): Dumny z siebie, z dzieci, ze swego dzieła. || D Kult. II, 159.

dumping (*wym.* dumpiŋg) *m III, D.* dumpingu.

Dunaj *m I, D.* Dunaju «rzeka w Europie» — dunajski — naddunajski.

Dunajec *m II, D.* Dunajca «rzeka» — dunajecki.

dunderować (*nie*: donderować, dądrować) *ndk IV*, dunderowaliśmy (p. akcent § 1a i 2) *rub.* «łajać, gromić, zrzędzić» □ D. na kogo.

Dunin *m IV, Ms.* Duninie, *lm M.* Duninowie. Dunin *ż ndm* — Duninowa *ż odm. jak przym.* — Duninówna *ż IV, D.* Duninówny, *CMs.* Duninównie (*nie*: Duninównej), *lm D.* Duninówien.
△ W nazwiskach dwuczęściowych (np. *Dunin-Marcinkiewicz, Dunin-Wąsowicz*) pierwszą część tego nazwiska można odmieniać według *m IV*, można też pozostawić ją nieodmienną (jeżeli jest przydomkiem); druga część nazwiska jest zawsze odmienna, np.: Poematy Dunina-Marcinkiewicza a. Dunin-Marcinkiewicza. Artykuł o Duninie-Wąsowiczu a. Dunin-Wąsowiczu. △ W nazwiskach żeńskich — pierwsza część

jest zawsze nieodmienna, np.: Rozmowa z p. Dunin--Borkowską, o p. Dunin-Wąsowiczównie. || U Pol. (2), 521.

Dunkierka *ż III* «miasto we Francji»: Walki w rejonie Dunkierki. — dunkierski.

duński *przym. od* Dania: Literatura duńska (*ale*: Cieśnina Duńska, Duński Fiord).

duplikat (*nie*: dublikat) *m IV, D.* duplikatu.

I dur *m IV, D.* duru *środ. med.* «tyfus»: Dur brzuszny. Dur plamisty. || D Kult. II, 132.

II dur *ndm* «termin muzyczny»: Trójdźwięk dur i moll. Gama C-dur. Polonez As-dur.

dureń *m I, D.* durnia, *lm M.* durnie, *D.* durniów a. durni △ Robić z kogoś durnia, wystawiać kogoś na durnia «ośmieszać kogoś»

Dürrenmatt (*wym.* Dürenmat) *m IV, Ms.* Dürenmatcie (*wym.* Dürenmacie, p. akcent § 7): Sztuki Dürenmatta.

durszlak (*nie*: druszlak) *m III, lepiej*: cedzak.

durzyć *ndk IVb*, durzę, durz, durzymy, durzyliśmy (p. akcent § 1a i 2) «zwodzić, bałamucić, oszałamiać»: Durzyć komuś głowę.
durzyć się «podkochiwać się, kochać się» □ D. się w kimś.

duser *m IV, D.* duseru, zwykle w *lm przestarz.* «komplementy, czułe słówka»: Prawić dusery.

dusić *ndk VIa*, duszę, duś, dusimy, dusiliśmy (p. akcent § 1a i 2).
dusić się □ D. się czym a. od czego: Dusić się dymem, łzami a. od dymu, od łez. □ D. się z czego, *rzad.* od czego: Dusić się ze śmiechu (od śmiechu).

Düsseldorf (*wym.* Düseldorf) *m IV, D.* Düsseldorfu (p. akcent § 7) «miasto w NRF» — düsseldorfczyk *m III, lm M.* düsseldorfczycy — düsseldorfka *ż III, lm M.* düsseldorfek — düsseldorfski.

dusza *ż II, lm D.* dusz △ Dusze zmarłych (*nie*: dusze zmarłe). △ Ktoś małej, wielkiej itp. duszy «ktoś o małej, dużej itp. wartości moralnej» △ W (głębi) duszy «skrycie; w głębi ducha, w duchu» △ Z duszy, z całej duszy, z głębi duszy, z duszy serca, całą duszą «z całych sił, bardzo»: Z całej duszy rada bym ci pomóc. △ Duszą i ciałem, z duszą i ciałem «całkowicie»: Był mu oddany (z) duszą i ciałem. △ *pot. żart.* Dusza siedzi komuś w piętach a. poszła komuś w pięty «ktoś się boi»

Duszniki (Zdrój), Duszniki *blp, D.* Dusznik, Zdrój *m I, D.* Zdroju — dusznicki.

duszyczka (*nie*: duszeczka) *ż III, lm D.* duszyczek.

*duże litery (pisownia) p. litery duże.

dużo *st. w.* więcej (łączy się z podmiotem w dopełniaczu i z orzeczeniem w *lp*, a w czasie przeszłym w rodzaju nijakim): Dużo ludzi idzie, szło (*nie*: idą, szli). Dużo spraw było jeszcze nie załatwionych (*nie*: były jeszcze nie załatwione). □ D. czego (tylko w funkcji podmiotu albo jako dopełnienie czasowników rządzących biernikiem): Jest dużo spraw do załatwienia, mam dużo spraw do załatwienia. *Ale*: Poświęcam się wielu (*nie*: dużo) sprawom.

△ *niepoprawne* w zn. «o wiele, znacznie» z przymiotnikami i przysłówkami w *st. w.*, np.: Dużo zdrowszy, dużo zdrowiej (*zamiast*: o wiele a. znacznie zdrowszy, o wiele a. znacznie zdrowiej).

duży *m-os.* duzi, *st. w.* większy: Duże (*nie*: wysokie) koszty produkcji. Duży (*nie*: poważny) krok naprzód. △ Dziś nadużywane w wyrażeniach: Duża rzecz, duża okazja *zamiast*: wielka, wspaniała rzecz; doskonała okazja. △ Pisać coś dużą literą (*nie*: z dużej litery). // *D Kult. II, 473.*

dwa *m-nieos.* i *n*, **dwaj** *m-os.*, **dwie** *ż*, *D.* dwóch (*nie*: dwoch, dwuch), *rzad.* dwu, także: *m-os.* w funkcji mianownika — podmiotu; wtedy orzeczenie w *lp*, a w czasie przeszłym w rodzaju nijakim, np.: Dwóch mężczyzn idzie, szło (*nie*: idą, szli, *ale*: Dwaj mężczyźni idą, szli), *C.* dwom a. dwu, *rzad.* dwóm, *B. m-os.* = *D.*, *N m* i *n* dwoma a. dwu, *N ż* dwiema a. dwoma, *Ms.* dwóch a. dwu. △ Liczebnik *dwa*, jak również liczebniki wielowyrazowe, w których ostatnim członem jest liczebnik *dwa*, łączą się z rzeczownikiem (podmiotem) w mianowniku i z orzeczeniem w *lm*: Dwa jabłka, dwadzieścia dwa jabłka, sto dwadzieścia dwa jabłka leżą na stole. △ Dwa kroki (skąd), o dwa kroki, na dwa kroki «niedaleko»: Idziemy do kina, dwa kroki stąd! △ Coś jest pewne, oczywiste itp. jak dwa a dwa cztery a. jak dwa razy dwa cztery. △ Zrobić coś raz, dwa a. raz, dwa, trzy «zrobić coś szybko, natychmiast» // *D Kult. I, 243, 792, II, 181, 183; Kl Aleź 54, 57. Por.* dwoje.

dwadzieścia (*nie*: dwadzieście) *m-nieos.*, *n* i *ż*, *DCMs.* dwudziestu, także: *m-os.* w funkcji mianownika — podmiotu (np.: dwudziestu chłopców, mężczyzn szło), *B. m-os.* = *D.*, *N.* dwudziestoma a. dwudziestu: Uczył się z dwudziestoma a. z dwudziestu kolegami.
△ Liczebnik *dwadzieścia* łączy się z podmiotem w dopełniaczu i z orzeczeniem w *lp*, a w czasie przeszłym w rodzaju nijakim: Dwudziestu chłopców idzie, szło (*nie*: idą, szli). Dwadzieścia książek leży, leżało (*nie*: leżą, leżały) na półce. △ Dwadzieścia jeden (odmienia się tylko pierwszy wyraz), *DCMs.* dwudziestu jeden, *N.* dwudziestu jeden, *rzad.* dwudziestoma jeden: Dwadzieścia jeden książek leżało (*nie*: dwadzieścia jedna książka leżała a. leżały) na półce. Szłam z dwudziestu jeden, *rzad.* z dwudziestoma jeden kolegami (*nie*: z dwudziestu, dwudziestoma jednym kolegą). // *D Kult. I, 248; II, 183; U Pol. (1), 96, 341; (2), 344—358.*

dwadzieścioro *D.* dwadzieściorga, *CMs.* dwadzieściorgu, *N.* dwadzieściorgiem «liczebnik zbiorowy odpowiadający liczbie 20, odnoszący się do osób różnej płci, do istot młodych, niedorosłych (których nazwy są zakończone w *lm* na -*ęta*), do niektórych rzeczowników zdrobniałych oraz do przedmiotów, których nazwy występują tylko w *lm* (w liczebnikach wielowyrazowych używany tylko jako człon ostatni)»: Dwadzieścioro dzieci. Sto dwadzieścioro dzieci (*ale*: dwadzieścia troje dzieci). Opowiadał bajkę dwadzieściorgu dzieciom (*ale*: dwudziestu trojgu dzieciom). Kwoka z dwadzieściorgiem kurcząt (*nie*: kurczętami).
△ Liczebnik *dwadzieścioro* łączy się z orzeczeniem w *lp*, a w czasie przeszłym w rodzaju nijakim: Dwadzieścioro dzieci idzie, szło (*nie*: idą, szły). // *D Kult. I, 243.*

dwaj p. dwa.

dwakroć (*nie*: dwakroć razy) *przestarz.* «dwa razy, dwukrotnie» △ Dwakroć sto tysięcy «dwieście tysięcy»

dwanaście *m-nieos.*, *n* i *ż*, *DCMs.* dwunastu, także: *m-os.* w funkcji mianownika — podmiotu (np. dwunastu chłopców, mężczyzn pisze), *B. m-os.* = *D.*, *N.* dwunastoma a. dwunastu: Uczył się z dwunastoma a. dwunastu kolegami.
△ Liczebnik *dwanaście* łączy się z rzeczownikiem (podmiotem) w dopełniaczu i z orzeczeniem w *lp*, a w czasie przeszłym w rodzaju nijakim: Dwunastu chłopców idzie, szło (*nie*: idą, szli). Dwanaście książek leży, leżało (*nie*: leżą, leżały) na półce.

dwanaścioro *D.* dwanaściorga, *CMs.* dwanaściorgu, *N.* dwanaściorgiem «liczebnik zbiorowy odpowiadający liczbie 12, odnoszący się do osób różnej płci, do istot młodych, niedorosłych (których nazwy są zakończone w *lm* na -*ęta*), do niektórych rzeczowników zdrobniałych oraz do przedmiotów, których nazwy występują tylko w *lm*»: Dwanaścioro dzieci, kurcząt, drzwi, sań. Opowiadał bajkę dwanaściorgu dzieciom. Kwoka z dwanaściorgiem kurcząt (*nie*: kurczętami).
△ Liczebnik *dwanaścioro* łączy się z orzeczeniem w *lp*, a w czasie przeszłym w rodzaju nijakim: Dwanaścioro dzieci idzie, szło (*nie*: idą, szły).

dwie p. dwa.

dwieście *m-nieos.*, *n* i *ż*, *D.* dwustu (*nie*: dwiestu), *rzad.* dwóchset, także: *m-os.* w funkcji mianownika — podmiotu (np. Dwustu mężczyzn), *CMs.* dwustu, *B. m-os.* = *D.*, *N.* dwustoma a. dwustu (zwłaszcza w liczebnikach wielowyrazowych), np.: Pojechał z dwustoma złotymi w kieszeni. Pojechał z dwustu pięćdziesięcioma złotymi w kieszeni. △ Liczebnik *dwieście* łączy się z rzeczownikiem (podmiotem) w dopełniaczu i orzeczeniem w *lp*, a w czasie przeszłym w rodzaju nijakim: Dwustu mężczyzn idzie, szło (*nie*: idą, szli).
△ Liczebnik *dwieście* nie występuje jako ostatni człon liczebników porządkowych wielowyrazowych, np.: W roku tysiąc dwusetnym (*nie*: w roku tysiąc dwieście). *Ale*: w roku tysiąc dwieście czterdziestym (w takich użyciach — *ndm*).

Dwikozy *blp*, *D.* Dwikozów «miejscowość»: Przetwórnia w Dwikozach. — dwikoski.

Dwina *ż IV* «rzeka w płn. części ZSRR»: Archangielsk leży nad Dwiną. — dwiński (p.).

dwiński: Porty dwińskie (*ale*: Zatoka Dwińska, Kanał Dwiński).

dwoić *dk VIa*, dwoję, dwój, dwoiliśmy (p. akcent § 1a i 2) *przestarz.*, *rzad.* **a)** «podwajać» **b)** «rozdwajać, przepoławiać»
dwoić się dziś żywe w zn. *przen.*: Robotnicy dwoili się i troili, aby wykonać plan przed terminem. △ Komuś się dwoi w oczach «ktoś widzi podwójnie»

dwoisty *rzad.* «podwójny, dwojaki»: Dwoista natura.

dwojaczki *blp*, *D.* dwojaczków **1.** p. dwojaki. **2.** *częściej*: bliźnięta.

dwojaki

dwojaki *blp, D.* dwojaków «całość złożona z dwóch identycznych części, najczęściej: podwójne naczynie gliniane»

dwoje *D.* dwojga, *CMs.* dwojgu, *N.* dwojgiem «liczebnik zbiorowy odpowiadający liczbie 2, odnoszący się do osób różnej płci, do istot młodych, niedorosłych (których nazwy są zakończone w *lm* na *-ęta*), do niektórych rzeczowników zdrobniałych oraz do przedmiotów, których nazwy występują tylko w *lm*»: Dwoje ludzi, dzieci, kurcząt, ocząt, drzwi, sań. Matka z dwojgiem dzieci (*nie*: dziećmi). Wsiadano do dwojga sań. △ Liczebnik *dwoje* łączy się z orzeczeniem w *lp*, a w czasie przeszłym w rodzaju nijakim: Dwoje ludzi się kochało (*nie*: kochali). Dwoje dzieci idzie, szło (*nie*: idą, szły). △ Na dwoje **a)** «na dwie osoby różnej płci, na dwa przedmioty rodzaju nijakiego itp.»: Pieniędzy starczy na nas dwoje. **b)** «na dwie części, na pół»: Przeciąć coś na dwoje. **c)** «i tak i owak; dwojako»: Słowa jego można było na dwoje tłumaczyć. △ We dwoje **a)** «na pół»: Złożyć papier we dwoje. Zgiąć się we dwoje. **b)** «we dwie osoby różnej płci itp.»: Szli we dwoje. || *D Kult. I, 243; U Pol. (1), 353, 355.*

dworek *m III, D.* dworku: Dworek myśliwski, wiejski, szlachecki.

dworka, *rzad.* **dwórka** *ż III, lm D.* dworek (dwórek).

dworny *m-os.* dworni, *st. w.* dworniejszy a. bardziej dworny *przestarz., książk.* «wytworny, wykwintny, wyszukany»: Dworny ukłon, gest.

dworować *ndk IV*, dworowaliśmy (p. akcent § 1a i 2) *przestarz.* «drwić, kpić» □ *D.* (sobie) z kogo, z czego.

dworski *m-os.* dworscy **1.** «związany z dworem — majątkiem ziemskim»: Budynki dworskie, służba dworska. **2.** «związany z dworem królewskim lub książęcym»: Panowie dworscy, świta dworska. **3.** *przestarz.* «wytworny, elegancki, wyszukany»: Dworska ogłada. Ukłon dworski.

dworzanin *m V, D.* dworzanina, *lm M.* dworzanie, *D.* dworzan. || *U Pol. (1), 398.*

dworzec *m II, D.* dworca, *lm M.* dworce, *D.* dworców (*nie*: dworcy): Dworzec autobusowy, kolejowy, lotniczy, morski. △ W nazwach dworców dużą literą: Dworzec Główny, Dworzec Śródmieście.

dwóch p. dwa.

dwóchsetlecie, *rzad.* **dwusetlecie** (*nie*: dwustulecie, dwieścielecie) *n I, lm D.* dwóchsetleci, dwusetleci (dopuszczalna pisownia: 200-lecie): Dwóchsetlecie (dwusetlecie) zwycięstwa (*nie*: dwóchsetlecie rocznicy zwycięstwa). || *D Kult. II, 361.*

dwóchsetny p. dwusetny.

! dwóchtysięczny p. dwutysięczny.

dwója *ż I, DCMs.* dwói, *lm M.* dwóje, *D.* dwój *pot. zgr.* od dwójka w zn. «stopień szkolny»: Miał na świadectwie pięć dwój.

dwójka *ż III, lm D.* dwójek, w zn. «stopień szkolny: niedostateczny; *reg., przestarz.* dobry»

dwójkarz *m II, lm D.* dwójkarzy **1.** *pot.* «pracownik tzw. dwójki — polskiego wywiadu w okresie międzywojennym» **2.** *rzad. żart.* p. dwójkowicz.

dwójkowicz *m II, lm D.* dwójkowiczów (*nie*: dwójkowiczy) *pot.* «uczeń mający dwójki; dwójkarz»

dwójnasób dziś tylko w *książk.* wyrażeniu: W dwójnasób «dwukrotnie, podwójnie»: Powiększyć, zyskać w dwójnasób.

dwór *m IV, D.* dworu, *daw.* też: dwora (dziś tylko we *fraz.*) **1.** «dom mieszkalny w majątku ziemskim; majątek ziemski»: Pani, panienka ze dworu. Przysłano z dworu a. ze dworu bryczkę. Mieszkać, pracować we dworze. △ Fora ze dwora «precz, wynoś się». **2.** «siedziba panującego a. magnata; panujący i jego otoczenie, rząd państwa z panującym na czele»: Marszałek, radca dworu. Dama dworu. Przebywać na dworze królewskim. **3.** «przestrzeń otaczająca dom; podwórze, miejsce pod gołym niebem» Zziębnięty przybiegł z dworu. △ Na dworze, po dworze (*nie*: na dworzu, po dworzu). || *D Kult. II, 68; U Pol. (1), 118.*

dwórka p. dworka.

dwu p. dwa.

dwu- «pierwszy człon wyrazów złożonych (przymiotników, rzeczowników, przysłówków), wskazujący na to, że to, co jest wymienione w drugiej części złożenia, występuje dwa razy, składa się z dwóch jednostek itp., pisany łącznie», np.: dwubarwny, dwubarwnie, dwubarwność, dwuczęściowy, dwudrzwiowy, dwugodzinny, dwuizbowy, dwugłos, dwukropek, dwumian, dwupłatowiec, dwururka.

*dwuczłonowe nazwiska p. nazwiska polskie.

dwudniowy (*nie*: dwudzienny): Dwudniowy termin. Dwudniowe pisklę.

dwudziestolatek *m III, D.* dwudziestolatka, *lm M.* te dwudziestolatki: Dwudziestolatki wybrały się na wycieczkę.

dwudziestolecie *n I, lm D.* dwudziestoleci (dopuszczalna pisownia: 20-lecie) **1.** «okres dwudziestu lat»: Dwudziestolecie międzywojenne. **2.** «dwudziesta rocznica»: Dwudziestolecie małżeństwa.

dwudziestowieczny «istniejący w dwudziestym wieku, pochodzący z dwudziestego wieku»

dwudziestowiekowy *rzad.* «trwający, liczący dwadzieścia wieków»

dwudziestu p. dwadzieścia.

dwudziesty odm. jak przym. (pisane całym wyrazem a. cyframi bez końcówek — arabskimi z kropką, rzymskimi bez kropki; wyjątki od tej zasady dotyczą godzin i dni miesiąca): Koniec dwudziestego wieku a. 20. wieku, XX wieku. 20. rocznica a. dwudziesta rocznica (*nie*: 20-a rocznica a. dwudziestoletnia rocznica). Dwudziesty pierwszy a. dwudziestego pierwszego maja (*nie*: dwudziesty pierwszy maj) — pisane zwykle: 21 maja a. 21.V. (*nie*: 21-ego maja) △ Lata dwudzieste jakiegoś wieku (od 20 do 29 roku), *lepiej*: trzeci dziesiątek lat jakiegoś wieku, trzecie dziesięciolecie. .

dwudziesta w użyciu rzeczownikowym «godzina dwudziesta (używane zwykle w jęz. urzędowym)»: Odjazd pociągu: dwudziesta piętnaście.

dwugodzinny, *rzad.* **dwugodzinowy**: Dwugodzinna przerwa, jazda. Dwugodzinny (dwugodzinowy) odpoczynek.

dwukolny *przestarz.* «dwukołowy»

dwukondygnacyjny a. **dwukondygnacjowy**: Budynek dwukondygnacyjny (dwukondygnacjowy).

*****dwukropek 1.** Dwukropka używa się przed przytoczeniem cudzych słów lub myśli, np.: Pytanie: „Co to jest?" zamiera na ustach. Rzekł uprzejmie: „Witam panią".
2. Dwukropek stosuje się przed wyliczeniem przedmiotów nazwanych uprzednio w formie ogólnej, np. Dostał wiele zabawek: piłkę, samochód i loteryjkę. △ Pominięcie dwukropka w takim wypadku utrudnia zrozumienie tekstu. Jeżeli uprzednio nie ma wyrazu ogólnie określającego to, co się wylicza, dwukropek nie jest konieczny, np. Polska eksportuje węgiel, wyroby metalowe i włókiennicze.
3. Czasem stawia się dwukropek przed wymienieniem tytułów, terminów i zwrotów (jeżeli nie są inaczej wyodrębnione), np. Książka Rudnickiego: Stare i nowe.
4. Dwukropek wprowadza również zdania współrzędne lub wyrażenia zawierające wynik, uzasadnienie lub wyjaśnienie zdania poprzedniego, np.: Satyra prawdę mówi, chociaż się wyrzeka: wielbi urząd, czci króla, lecz sądzi człowieka. Miała wiele rozsądku: umiała wybrać to, co korzystne, a odrzucić wszystko, co niewygodne.

dwukrotnie «dwa razy, podwójnie»: Dwukrotnie pojechać dokądś, odwiedzić kogoś. Coś podrożało dwukrotnie. △ *niepoprawne* w zn. «dwa razy tyle, dwa razy więcej», np. To jest warte dwukrotnie (*zamiast*: dwa razy więcej, dwa razy tyle).

dwulatek *m III, D.* dwulatka, *lm M.* te dwulatki: Chłopiec dwulatek, koń dwulatek. Dwulatki bawiły się w piaskownicy.

dwulecie *n I, lm D.* dwuleci: Dwulecie małżeństwa, ślubu (*nie*: dwulecie rocznicy ślubu).

dwuletni (*nie*: dwuletny), *rzad.* **dwuroczny** (*nie*: dwuroczni): Dwuletnie dziecko. Roślina dwuletnia. Dwuletni termin. || *D Kult. II, 361.*

dwulicowy «mający dwa oblicza moralne, fałszywy, obłudny» △ Wyraz używany tylko w odniesieniu do osób i w niewielu wyrażeniach dotyczących czyjegoś postępowania (nie poszczególnych czynów): Dwulicowy człowiek. Dwulicowe postępowanie, zachowanie (*nie*: Dwulicowy postępek. Dwulicowa propozycja, odpowiedź).

dwumęstwo *n III, blm*; in. biandria.

dwunastu p. dwanaście.

dwunasty (*nie*: dwonasty) odm. jak przym. (pisany całym wyrazem a. cyframi bez końcówek — arabskimi z kropką, rzymskimi bez kropki; wyjątki od tej zasady dotyczą godzin i dni miesiąca): Dwunasty dzień urlopu. Dwunasty grudnia a. dwunastego grudnia (*nie*: dwunasty grudzień), pisane zwykle: 12 grudnia, 12.XII. (*nie*: 12-ego grudnia).

dwunasta w użyciu rzeczownikowym «dwunasta godzina»: Wybiła dwunasta. O dwunastej z minutami. Pięć po dwunastej. △ Dwunasta w nocy (w języku urzędowym: dwudziesta czwarta): Przyszedł do domu o dwunastej w nocy.

dwunożny a. **dwunogi 1.** *m-os.* dwunożni (dwunodzy) «mający dwie nogi»: Istota dwunożna (dwunoga). **2.** tylko: dwunożny «wykonywany dwiema nogami»: Chodzenie dwunożne.

dwuręczny a. **dwuręki 1.** *m-os.* dwuręczni (dwuręcy) «mający dwie ręce»: Istota dwuręczna (dwuręka). **2.** tylko: dwuręczny «wykonywany dwiema rękami, przystosowany do trzymania, podnoszenia dwiema rękami»: Młot, miecz dwuręczny. Ćwiczenia dwuręczne.

! dwuroczność p. drugoroczność.

dwuroczny p. dwuletni.

dwurożny, *rzad.* **dwurogi**: Dwurożny (dwurogi) księżyc.

dwurzędowy, *przestarz.* **dwurzędny**: Dwurzędowa marynarka.

dwusetlecie p. dwóchsetlecie.

dwusetny, *rzad.* **dwóchsetny** odm. jak przym. (pisane całym wyrazem a. cyframi bez końcówek — arabskimi z kropką, rzymskimi bez kropki): Dwusetny numer pisma a. 200. numer pisma. Dwusetna rocznica a. 200. rocznica (*nie*: 200-a, 200-setna, dwusetletnia rocznica). △ W liczebnikach wielowyrazowych używany tylko jako człon ostatni: Tysiąc dwusetny (*ale*: dwieście trzydziesty, *nie*: dwusetny trzydziesty). || *U Pol. (1), 482.*

dwuskrzydłowy (o budynku, drzwiach, samolocie itp., *nie*: o ptakach, owadach) «mający dwa skrzydła»

dwuskrzydły (o ptakach, owadach): Kolekcja dwuskrzydłych owadów.

dwuspalny *niepoprawne* zamiast: dwuosobowy, np. Tapczan dwuspalny (*zamiast*: dwuosobowy).

dwustu p. dwieście.

dwusylabowiec a. **dwuzgłoskowiec** *m II, D.* dwusylabowca (dwuzgłoskowca).

dwuślad *m IV, D.* dwuśladu *środ.* «pojazd dwuśladowy»

dwutysiączny, *lepiej*: dwutysięczny.

dwutysięczny (*nie*: dwóchtysięczny).

dwuuchy «mający dwa ucha»: Dwuuche dzbany.

dwuuszny 1. «dotyczący dwojga uszu»: Słyszenie dwuuszne. **2.** *rzad.* p. dwuuchy: Dwuuszne wazony.

dwuzgłoskowiec p. dwusylabowiec.

dwużeństwo *n III, częściej*: bigamia.

dybać *ndk IX*, dybię, dybie, dyb, dybaliśmy (p. akcent § 1a i 2) □ *D.* na kogo, na co «czyhać, godzić na kogoś, na coś»: Dybali na jego życie. □ *przestarz. D.* za kim, za czym «skradać się za kimś, za czymś»: Dybał za nią po drugiej stronie ulicy.

dyby *blp, D.* dybów a. dyb: Zakuć w dyby.

dychawica *ż II*; *środ.* (*med.*) «astma»

dychawiczny, *częściej*: astmatyczny: Dychawiczny kaszel.

! **dychta** p. dykta.

Dyck, van (*wym.* wan Dajk) *m III, D.* van Dycka, *C.* van Dyckowi: Oglądał obrazy Antona van Dycka.

dydaktyk *m III, D.* dydaktyka (p. akcent § 1d), *lm M.* dydaktycy.

dydaktyka (*wym.* dydaktyka, *nie:* dydaktyka, p. akcent § 1c) *ż III,* zwykle *blm:* Dydaktyka matematyki.

dydaktyzm *m IV, D.* dydaktyzmu, *Ms.* dydaktyzmie (*wym.* ~yzmie a. ~yźmie), *blm.*

dyferencjacja *ż I, DCMs.* dyferencjacji, zwykle *blm* 1. *książk.* «podział, rozpadanie się jakiejś całości na różniące się składniki; różnicowanie się» 2. *mat.* «różniczkowanie»

dyferencjalny 1. *książk.* «wykazujący jakąś różnicę, określający różnice»: Dyferencjalne opracowanie gramatyki angielskiej i polskiej. 2. *mat. lepiej:* różniczkowy.

dyfteria *ż I, DCMs.* dyfterii, *blm; lepiej:* dyfteryt.

dyfteryt *m IV, D.* dyfterytu, *blm.*

dyftong *m III, D.* dyftongu; in. dwugłoska.

dygać *ndk I,* dygaliśmy (p. akcent § 1a i 2) — **dygnąć** *dk Va,* dygnąłem (*wym.* dygnołem; *nie:* dygnełem, dygłem), dygnął (*wym.* dygnoł), dygnęła (*wym.* dygneła; *nie:* dygła), dygnęliśmy (*wym.* dygneliśmy; *nie:* dygliśmy) □ *D.* przed kim, czym, *przestarz. D.* komu, czemu: Dygnęła przed nauczycielem (nauczycielowi).

dygnitarz *m II, lm D.* dygnitarzy.

dygotać *ndk IX,* dygocze, *przestarz.* dygoce (*nie:* dygota); dygocz, dygotaliśmy (p. akcent § 1a i 2) □ *D.* bez dop.: Szyby dygotały. □ *D.* z czego: Dziecko dygotało z zimna, ze strachu.

dykcja *ż I, DCMs.* dykcji, zwykle *blm:* Podziwiała dobrą dykcję aktorów.

dykta (*nie:* dychta) *ż IV;* in. sklejka.

dyktando *n III:* Pisać pod dyktando. // *D Kult. I, 406.*

dyktat *m IV, D.* dyktatu 1. *przestarz., reg.* «dyktando, dyktowanie» 2. «nakaz, rozkaz»: Dyktat wielkiego mocarstwa. // *D Kult. I, 406.*

dyktator *m IV, lm M.* dyktatorzy, *rzad.* dyktatorowie.

dyl *m I, lm D.* dyli a. dylów (*częściej:* bal): Dyle tratwy.

dylemat *m IV, D.* dylematu *książk.* «problem, alternatywa»: Stanął przed dylematem, jaki obrać kierunek studiów. // *U Pol. (1), 202.*

dyletantyzm *m IV, D.* dyletantyzmu, *Ms.* dyletantyzmie (*wym.* ~yzmie a. ~yźmie), *blm; rzad.* **dyletanctwo** *n III, blm.*

dyliżans *m IV, D.* dyliżansu, *lm M.* dyliżanse a. dyliżansy.

dymek *ż III, D.* dymku.

dymić *ndk VIa,* dymiłby (p. akcent § 4c): Dymiła gorąca zupa. Piec dymił. Dymią kominy. □ *rzad. D.* czym: Łąki dymiły oparami.

dymić się □ (zwykle *nieos.*) *D.* się z czego: Dymi się z pogorzeliska, z pieca, z kuchni.

dymisja *ż I, DCMs.* i *lm D.* dymisji: Dać komu dymisję. Dostać, otrzymać, przyjąć dymisję. △ Podać się do dymisji (*nie:* podać dymisję).

dymisjonować *dk* i *ndk IV,* dymisjonowaliśmy (p. akcent § 1a i 2) — **zdymisjonować** *dk przestarz.,* dziś żywe w imiesł. biernym: Dymisjonowany pułkownik.

Dymitrow (*wym.* Dymitrow) *m IV, D.* Dymitrowa (*nie:* Dymitrowa, p. akcent § 7): Polityczna działalność Dymitrowa.

dymny 1. «będący dymem, powstały z dymu»: Zasłona dymna. 2. «dymiący, zadymiony»: Świece dymne.

dymorfizm *m IV, D.* dymorfizmu, *Ms.* dymorfizmie (*wym.* ~izmie a. ~iźmie), *blm;* in. dwupostaciowość.

dymowy *rzad.* p. dymny (w zn. 1): Dymowe kłęby, *częściej:* kłęby dymu.

dynamiczność *ż V, blm* p. dynamika (w zn. 1): Obrazy te cechuje znaczna dynamiczność.

dynamika (*wym.* dynamika, *nie:* dynamika, p. akcent § 1c) *ż III, blm* 1. «siła, zdolność oddziaływania, działania, ruch, żywość, żywiołowość, energia; dynamizm, dynamiczność»: Dynamika słowa. Taniec porywał dynamiką. 2. «dział mechaniki o ruchu ciał i siłach ten ruch wywołujących»

dynamizm *m IV, D.* dynamizmu, *Ms.* dynamizmie (*wym.* ~izmie a. ~iźmie), *blm* p. dynamika (w zn. 1): Dynamizm kompozycji. Dynamizm przemian kulturalnych.

dynamo *n III, rzad. ndm* «forma skrócona wyrazu: *dynamomaszyna*»; in. prądnica.

dynamomaszyna *ż IV, częściej:* dynamo, prądnica. // *U Pol. (1), 119.*

! **dynar** p. dinar.

dynastia *ż I, DCMs.* i *lm D.* dynastii: Założyciel dynastii. Ze śmiercią Kazimierza Wielkiego wygasła dynastia Piastów.

dyndać *ndk I,* dyndaliśmy (p. akcent § 1a i 2) *pot.* a) także: dyndać się «kołysać się, chwiać się wisząc»: Kolczyki dyndały (się) przy każdym ruchu. b) «kiwać, machać» □ *D.* czym: Chłopak dyndał nogami.

dyngus *m IV, D.* dyngusa a. dyngusu, często w wyrażeniu: Śmigus-dyngus: Urządzili jej śmigus-dyngus. △ Chodzić po dyngusie «chodzić grupą od domu do domu i śpiewać pieśni wielkanocne»

dynia *ż I, lm D.* dyń (*nie:* dyni).

dyniasty a. **dyniowaty** «przypominający kształtem dynię»

dyon *m IV, D.* dyonu *rzad.* «forma skrócona wyrazu: *dywizjon*»

dypl. «skrót wyrazu: *dyplomowany* (*dyplomowana*), pisany z kropką, stawiany przed wyrazem a. po wyrazie oznaczającym czyjeś stanowisko, zawód, stopień, rangę itp., czytany jako cały, odmieniany wyraz»: Dypl. płk (*czyt.* dyplomowany pułkownik) Jan

Olszewski. Dypl. felczer St. Kowalski. Pielęgniarkę dypl. (a. dypl. pielęgniarkę) zatrudnimy natychmiast.

dyplom *m IV, D.* dyplomu: Uzyskać, zdobyć, *pot.* zrobić dyplom. Dyplom lekarza, inżyniera a. dyplom lekarski, inżynierski. Dyplom uznania. Dyplom honorowy.

dyplomatyczny 1. «odnoszący się do dyplomacji lub dyplomatów» △ W połączeniach używanych w tym zn. przymiotnik *dyplomatyczny* stoi zwykle po rzeczowniku określanym, np.: Służba dyplomatyczna. Kariera dyplomatyczna. Placówka dyplomatyczna. Stosunki dyplomatyczne. Kurier dyplomatyczny. △ Ciało dyplomatyczne a. korpus dyplomatyczny «ogół przedstawicieli dyplomatycznych obcych państw, akredytowanych przy rządzie danego państwa» **2.** «zręczny, wymijający; układny, taktowny» △ W połączeniach używanych w tym znaczeniu przymiotnik *dyplomatyczny* stoi zwykle przed rzeczownikiem określanym, np.: Dyplomatyczne milczenie. Dyplomatyczny manewr. Dyplomatyczne posunięcie. △ Dyplomatyczna choroba «udawanie choroby dla uchylenia się od czegoś»

dyplomowany (skrót: dypl.) «legitymujący się dyplomem ukończenia jakiejś szkoły, uczelni itp.»: Dyplomowana pielęgniarka. Dyplomowany artysta grafik.

dyr. «skrót wyrazów: *dyrektor, dyrekcja,* pisany z kropką, stawiany zwykle (w odniesieniu do dyrektora) przed nazwiskiem . lub przed imieniem i nazwiskiem lub przed nazwą instytucji czytany jako cały, odmieniany wyraz»: Dyr. Kowalski, dyr. Adam Kowalski. Konferowali z dyr. (*czyt.* dyrektorem) Kowalskim. Załatwić coś w dyr. (*czyt.* dyrekcji) kopalni. Dyr. Okręgu Kolei.

dyrdymałka *ż III,* zwykle w *lm, D.* dyrdymałek (*nie*: dyrdymałków) *lekcew., pot.* «rzeczy nieważne, głupstwa (zwłaszcza o czymś mówionym lub pisanym)»: Mówić, pleść dyrdymałki. Zajmować się dyrdymałkami.

dyrekcja *ż I, DCMs.* i *lm D.* dyrekcji **1.** «kierownictwo, zarząd instytucji, na której czele stoi dyrektor; zarząd okręgu administracyjnego, podległego ministerstwu»: Zarządzenie dyrekcji. Dyrekcja Polskich Kolei Państwowych. **2.** *blm przestarz.* «kierowanie, zarządzanie» △ dziś żywe we *fraz.* Pod dyrekcją «pod batutą»: Orkiestra pod dyrekcją kapelmistrza wykonała uwerturę. // *D Kult. I, 554.*

dyrektor (*nie*: dyrektór, derektor) *m IV, lm M.* dyrektorzy a. dyrektorowie (skrót: dyr.): Był dyrektorem gimnazjum.

dyrektor — o kobiecie, p. nazwy i tytuły zawodowe kobiet: Pani dyrektor przyszła. // *D Kult. I, 609.*

dyrektorka (*nie*: dyrektórka) *ż III, lm D.* dyrektorek. △ Tego tytułu używa się dziś zwykle w odniesieniu do kierowniczki szkoły.

dyrektorostwo (*nie*: dyrektorowstwo) *n .III, B.* dyrektorostwa, *Ms.* dyrektorostwu (*nie*: dyrektorostwie), *blm* «dyrektor z żoną» *Por.* dyrektorstwo.

dyrektorowa *ż* odm. jak przym., *W.* dyrektorowo «żona dyrektora» // *U Pol. (1), 389.*

dyrektorstwo *n III* **1.** «urząd, stanowisko dyrektora»: Objął dyrektorstwo opery. **2.** *częściej:* dyrektorostwo (p.).

dyskredytować

dyrektywa *ż IV,* częściej w *lm* «wskazówki, zalecenia, wytyczne»: Działał zgodnie z dyrektywami. Otrzymał dyrektywy postępowania. □ D. do czego (*nie*: dla czego): Dyrektywy rządu do rokowań (*nie*: dla rokowań) w sprawie rozbrojenia. // *KP Pras.*

dyrektywny *lepiej*: zalecany, obowiązujący.

dyrygent *m IV, lm M.* dyrygenci.
dyrygent — o kobiecie, p. nazwy i tytuły zawodowe kobiet: Wzbudzała podziw jako dyrygent.

dyrygentka *ż III, lm D.* dyrygentek: Orkiestra pod batutą znanej dyrygentki.

dyrygować *ndk IV,* dyrygowaliśmy (p. akcent § 1a i 2) □ D. bez dop.: Dyrygował z niezwykłą werwą. □ D. kim, czym: Dyrygował orkiestrą. △ *przen.* Dyrygował swoimi kolegami.

dys- «pierwszy człon wyrazów złożonych, pisany łącznie; oznacza»: **a)** «przeczenie lub brak czegoś», w tym zn. odpowiada rodzimemu *nie-,* np. dysharmonijny = nieharmonijny; **b)** «rozdzielenie, oddzielenie», w tym zn. odpowiada rodzimemu *roz-,* np. dyslokacja = rozlokowanie.

dyscyplina *ż IV* **1.** *blm* «karność, rygor»: Dyscyplina nauki, pracy. Dyscyplina wojskowa, szkolna. Utrzymywać, łamać dyscyplinę. Przestrzegać dyscypliny. Podlegać dyscyplinie. **2.** «dziedzina wiedzy lub umiejętności»: Dyscypliny sportowe. Dyscyplina plastyki. Dyscypliny ścisłe i humanistyczne.

dysertacja *ż I, DCMs.* i *lm D.* dysertacji *książk.* «rozprawa naukowa» □ D. o kim, o czym a. na temat czego: Napisał dysertację o chorobach układu krążenia. Dysertacja na temat raka.

dysharmoniczny 1. «nie oparty na zasadach harmonii muzycznej; nieharmoniczny»: Kompozycja dysharmoniczna. **2.** *rzad.* p. dysharmonijny: Osobowość dysharmoniczna.

dysharmonijny «pozbawiony harmonii; nieharmonijny: Dysharmonijne barwy, kształty.

dyshonor *m IV, D.* dyshonoru, *blm książk.* «ujma dla honoru» △ Uważać coś sobie za dyshonor.

dysk *m III, D.* dysku **1.** «krążek używany w sporcie»: Rzut dyskiem. **2.** *środ.* «rzut dyskiem jako konkurencja sportowa»: Ogłoszono wyniki dysku a. w dysku.

dyskobol *m I, lm D.* dyskoboli a. dyskobolów.

dyskontować *ndk IV,* dyskontowaliśmy (p. akcent § 1a i 2) — zdyskontować *dk* «potrącać z góry procent od przyznanego kredytu»: Bank dyskontuje weksle. △ *przen.* «wyzyskiwać»: Swój autorytet naukowy dyskontował w dziedzinie polityki.

dyskrecjonalny 1. *lepiej*: poufny: Dyskrecjonalna rozmowa. **2.** *książk.* «nie określony, nie ograniczony przez żadne przepisy»: Dyskrecjonalna władza. Dyskrecjonalne prawo.

dyskredytować *ndk IV,* dyskredytowaliśmy (p. akcent § 1a i 2) — zdyskredytować *dk* «pomniejszać, podważać czyjś autorytet, wartość czegoś; kompromitować»: Dyskredytował swoich zwierzchników. Dyskredytował utwory znanego pisarza.

dyskretka *ż III, lm D.* dyskretek, *rzad.* w zn. «fìraneczka zasłaniająca zwykle dolną połowę szyby w oknie lub drzwiach; zazdrostka»

dyskurs *m IV, D.* dyskursu *przestarz., książk.* «rozmowa, dyskusja»: Wszcząć, prowadzić dyskurs.

dyskusja *ż I, DCMs.* i *lm D.* dyskusji: Poddać coś pod dyskusję, *rzad.* poddać coś dyskusji. □ D. nad czym: Otwieram dyskusję nad referatem. □ D. o czym a. na temat czego: Prowadzili dyskusję o sztuce współczesnej. Toczy się dyskusja na temat przeszczepiania serca.

dyskutować *ndk IV,* dyskutowaliśmy (p. akcent § 1a i 2) □ D. bez dop.: Nie chcę dłużej dyskutować. □ D. co (zwykle: sprawę, zagadnienie, problem itp.): Dyskutowali sprawę do późna w nocy. □ D. nad czym: Dyskutują nad projektem pomnika. □ D. o czym a. na temat czego: Dyskutowaliśmy o literaturze i na temat sztuki współczesnej.

dyskwalifikować *ndk IV,* dyskwalifikowaliśmy (p. akcent § 1a i 2) — **zdyskwalifikować** *dk* «stwierdzać brak wymaganych kwalifikacji, nieprzydatność, bezwartościowość, zmniejszoną wartość czegoś»: Dyrektor zdyskwalifikował nauczycielkę. Recenzent zdyskwalifikował rozprawę doktoranta. □ Coś dyskwalifikuje kogo (jako kogo) «coś świadczy o czyjejś niezdatności, bezwartościowości itp.»: Praca tak nieudolnie wykonana dyskwalifikowała go jako fachowca.

dyslokacja *ż I, DCMs.* dyslokacji, *blm* «rozmieszczenie, rozlokowanie (zwłaszcza w terminologii wojskowej)»: Dyslokacja wojsk.

dysonans *m IV, D.* dysonansu 1. *lm M.* dysonanse «współbrzmienie dźwięków dające wrażenie niezgodności» 2. *lm M.* dysonansy a. dysonanse «rozdźwięk, nieporozumienie»: Żaden dysonans nie zakłócił tej przyjacielskiej rozmowy. Powstał między nimi dysonans.

! dyspeczer p. dyspozytor.

dyspensa (*nie*: dyspenza) *ż IV*: Udzielić dyspensy. Dać dyspensę. △ Za dyspensą: Ożenił się za dyspensą. □ D. od czego: Uzyskał dyspensę od postu.

dysponować *ndk IV,* dysponowaliśmy (p. akcent § 1a i 2) 1. «mieć do dyspozycji, rozporządzać» □ D. kim, czym: Instytut nie dysponuje obecnie specjalistami w tej dziedzinie. Dysponować dużym majątkiem, większą sumą pieniędzy. Nie dysponował czasem. Dysponował autem. △ Wyraz w tym zn. nadużywany, np. Dysponował świetnymi warunkami fizycznymi, dobrym głosem itp. (*zamiast*: Miał świetne warunki fizyczne, dobry głos itp.). 2. — **zadysponować** *dk* «wydać polecenia dotyczące czegoś, zamawiać»: Dysponować zakąski, obiad, śniadanie. △ *kult.* Dysponować kogoś (na śmierć) «przygotowywać kogoś (na śmierć) udzielając ostatnich sakramentów» || *KP Pras.*

dysponowany *książk.* △ Ktoś jest (nie jest) dysponowany «ktoś jest (nie jest) w dobrym stanie fizycznym lub psychicznym; ktoś czuje się (nie czuje się) dobrze»: Zawodnik był wyjątkowo dysponowany. Odczyt się nie udał, prelegent wyraźnie nie był dysponowany.

dyspozycja *ż I, DCMs.* i *lm D.* dyspozycji 1. zwykle w *lm* «zarządzenie, polecenie, wskazówka» □ D. co do czego a. dotycząca czego: Wydała dyspo-

zycję co do obiadu. △ Mieć coś do dyspozycji «mieć możność posługiwania się, rozporządzania czymś w danej chwili»: Mieli do dyspozycji sporą sumę pieniędzy. 2. «układ, plan, rozkład» □ D. czego: Dyspozycja książki, wykładu, referatu. 3. «skłonność (do pewnych schorzeń, do pewnych typów przeżyć)» □ D. do czego: Miał dyspozycje do kleptomanii. △ *niepoprawne* Wykazać się najlepszą dyspozycją (*zamiast*: Być wyjątkowo dysponowanym). || *KP Pras.*

dyspozytor (*nie*: dyspeczer) *m IV, lm M.* dyspozytorzy: Dyspozytor ruchu. || *D Kult. I, 272.*

dysproporcja *ż I, lm D.* dysproporcji □ D. czego: Dysproporcja wymiarów. Ubiór maskuje dysproporcje figury. □ D. między czym a. czym: Zachodzi rażąca dysproporcja między jego słowami a czynami.

dysputa *ż IV książk., wych.* z użycia «dyskusja, polemika (zwykle naukowa)» □ D. nad czym, o czym a. na temat czego: Wdał się w dysputę nad współczesną obyczajowością. △ Dysputa wywiązuje się, toczy się.

dysputować *dk IV,* dysputowaliśmy (p. akcent 1a i 2) *książk.* «dyskutować, rozprawiać» □ D. o czym a. na temat czego: Dysputowali o współczesnej poezji.

dystans (*wym.* dystans a. dystãs) *m IV, D.* dystansu, *lm M.* dystansy a. dystanse: Dziś patrzył już na te sprawy z dystansu. △ Zachować dystans, trzymać kogoś a. trzymać się na dystans «nie pozwalać komuś a. sobie na poufałość» □ D. w stosunku do czego (*nie*: d. do czego): W stosunku do tej skomplikowanej sprawy musisz zdobyć się na dystans. □ D. między kim a. kim, czym a. czym (*nie*: do kogo): Zmniejszał się dystans między pierwszym a drugim jeźdźcem. △ *przen.* Rósł dystans między planami a ich realizacją.

dystansować (*wym.* dystansować a. dystãsować) *ndk IV,* dystansowaliśmy (p. akcent § 1a i 2) — **zdystansować** *dk* «prześcigać, wyprzedzać»: Na wyścigach zdystansował wszystkich biegaczy. Dystansował kolegów w nauce. || *KP Pras.*

dystrybucja *ż I, DCMs.* dystrybucji, *blm* □ D. czego (*nie*: czym): Dystrybucja żywności.

dystrybutor *m IV* 1. *lm M.* dystrybutorzy «osoba lub instytucja zajmująca się rozdzielaniem, rozprowadzaniem towarów» 2. *lm M.* dystrybutory «zbiornik na stacji benzynowej»

dystych *m III, D.* dystychu; in. dwuwiersz.

dystylacja *przestarz.* p. destylacja.

dystylarnia *przestarz.* p. destylarnia.

dystylować *przestarz.* p. destylować.

dystynkcja (*wym.* dystyŋkcja) *ż I, DCMs.* i *lm D.* dystynkcji 1. *blm* «elegancja, wytworność»: Miała wrodzoną dystynkcję. 2. tylko w *lm* «odznaki wskazujące na godność, rangę itp. ich posiadacza»: Dystynkcje oficerskie.

dysydent *m IV, lm M.* dysydenci; in. różnowierca, innowierca.

dysza *ż II, lm D.* dysz a. dyszy.

dyszeć (*nie*: dyszyć) *ndk VIIb*, dyszę, dyszy, dysz, dyszymy, dyszał, dyszeliśmy (p. akcent § 1a i 2) «oddychać głośno, z trudem»: Dyszał głośno. □ *D*, z czego: Dyszeć z wysiłku, ze zmęczenia. □ *D*. czym (zwykle w użyciu *przen.*): Dyszeć gniewem, zemstą.

dyszel *m I, D.* dyszla, *lm D.* dyszli a. dyszlów.

dyszkant *m IV, D.* dyszkantu.

dywagacja *ż I, DCMs.* i *lm D.* dywagacji, zwykle w *lm książk.* «mówienie lub pisanie bezładne, rozwlekłe, odbiegające od tematu» □ D. o czym a. na temat czego: Dywagacje referenta na temat jego osobistych przeżyć znużyły słuchaczy.

dywan *m IV, D.* dywanu (*nie*: dywana).

dywersja *ż I, DCMs.* dywersji, *blm* □ D. przeciw komu: Dywersja przeciw okupantom.

dywetyna p. dewetyna.

dywiz p. łącznik.

dywizjon *m IV, D.* dywizjonu: Dywizjon artylerii. Dywizjon lotniczy. *Por.* dyon.

dyzenteria (*nie*: dezenteria, dezynteria, dyzynteria) *ż I, DCMs.* dyzenterii, *blm*; in. czerwonka.

dz p. dzielenie wyrazów.

dzban (*nie*: zban) *m IV, D.* dzbana □ D. czego «dzban zawierający coś; ilość czegoś mieszcząca się w dzbanie»: Dzban mleka, malin. □ D. na co «dzban do przechowywania czegoś»: Dzban na jagody. □ D. do czego «dzban do stałego noszenia, przechowywania czegoś»: Dzban do noszenia wody. □ D. od czego «dzban o określonym, stałym przeznaczeniu, opróżniony z czegoś»: Dzban od mleka. □ D. po czym, rzad. z czego «dzban, w którym coś było»: Dzban po soku. □ D. z czym «dzban wraz z zawartością»: Dzban z mlekiem, z malinami.

dziabać *ndk IX*, dziabię (*nie*: dziabę), dziabie, dziab, dziabaliśmy (p. akcent § 1a i 2) — **dziabnąć** *dk Va*, dziabnąłem (*wym.* dziabnołem; *nie*: dziabnełem), dziabnęła (*wym.* dziabnęła; *nie*: dziabła), dziabnął (*wym.* dziabnoł), dziabnęliśmy (*wym.* dziabneliśmy; *nie*: dziabliśmy) *reg.* «uderzać ostrym narzędziem; łupać, rąbać»: Dziabał drzewo siekierą.

dziać (co innego: wiązać) *ndk Xb*, dzieje, dzieją, dzialiśmy, *reg.* dzieliśmy (p. akcent § 1a i 2) używane zwykle w imiesłowie biernym: Tkaniny dziane (*nie*: wiązane). □ *przestarz.*, *książk.* D. czym «haftować, naszywać, przetykać»: Szal dziany srebrem.

dziać się *ndk Xb*, działoby się (p. akcent § 4c) «odbywać się, stawać się, zdarzać się, zachodzić» Czasownik używany dziś przede wszystkim w zdaniach bezpodmiotowych oraz w zdaniach o mniej lub bardziej nieokreślonym podmiocie wyrażonym najczęściej zaimkami: co, to, nic: Źle się tu dzieje. Działo się to wiosną. Nic się u nas nie dzieje. □ Dzieje się co — z kim «ktoś coś przeżywa, odczuwa»: Kiedy spojrzał na jej zmienioną twarz, zrozumiał, że się z nią dzieje coś niedobrego. □ Coś się komu dzieje «coś spotyka kogoś, przytrafia się komuś»: Dzieje się nam krzywda. □ Komuś się jakoś dzieje «komuś się jakoś wiedzie, powodzi»: Dobrze nam się wówczas działo. // *KP Pras.*

dziad *m IV* 1. *lm M.* dziadowie *podn.* «przodek; przestarz. ojciec ojca lub matki»: Tu się rodzili nasi dziadowie. 2. *W.* dziadzie, *pot.* dziadu, *lm M.* te dziady, zwykle *lekcew.* a) «stary człowiek, starzec, żebrak, zwłaszcza stary»: Kto by chciał wyjść za takiego dziada. Dziad spod kościoła. b) *rub.*, *pot.* «mężczyzna, niezależnie od wieku»: Ten dziad ciągle mi dokucza. 3. tylko w *lm* dziady «dawna uroczystość ludowa na Litwie i Białorusi, poświęcona pamięci zmarłych»

dziadek *m III, D.* dziadka 1. *lm M.* ci dziadkowie a) «ojciec ojca lub matki»: Wnuk był podobny do dziadka. b) a. dziad «staruszek; człowiek ubogi, żebrak»: Dała dziadkowi jałmużnę. Dziadek siwobrody. c) *lm M.* te dziadki «przyrząd do łupania orzechów» 2. tylko w *lm* dziadkowie «rodzice ojca lub matki; dziadek i babka»: Dziadkowie wychowywali wnuczkę.

dziadostwo (*nie*: dziadowstwo) *n III, blm*.

dziadunio (*nie*: dziaduniu) *m I, lm M.* dziaduniowie, *D.* dziaduniów.

dziaduś a. **dziadziuś** *m I, lm M.* dziadusiowie (dziadziusiowie), *D.* dziadusiów (dziadziusiów).

dziadyga *m odm. jak ż III, lm M.* te dziadygi, *D.* dziadygów, *B.* tych dziadygów a. te dziadygi.

dziadzio (*nie*: dziadziu) *m I, D.* dziadzia, *lm M.* dziadziowie, *D.* dziadziów. // *PJ 1958, 424.*

dziadzisko *n a. m odm. jak n II, M.* ten a. to dziadzisko, *lm M.* te dziadziska, *D.* dziadzisków, *B.* tych dziadzisków a. te dziadziska.

dział *m IV, D.* działu, *Ms.* dziale △ Dział wodny a. dział wód «wzniesienie terenu będące granicą między dorzeczami lub zlewiskami rzek» △ Wziąć coś w dziale, *rzad.* działem «otrzymać coś przy podziale majątku»: Wzięli w dziale (działem) spory szmat ziemi.

działacz *m II, lm D.* działaczy, *rzad.* działaczów.

działać *ndk I*, działaliśmy (p. akcent § 1a i 2) □ D. bez dop. a) «być czynnym, pracować»: Zachęcał mnie, żebyśmy działali wspólnie. Działał w dobrej wierze. b) «o mechanizmach: funkcjonować»: Dzwonek, telefon działa. Hamulec zaczął działać (*nie*: zadziałał). □ D. na kogo, na co «wywierać wpływ, oddziaływać»: Głos jej działał kojąco na nerwy. △ Działać komuś na nerwy «denerwować kogoś» □ D. czym — na co «dodawać coś do czegoś w celu wywołania reakcji chemicznej»: Działać kwasem na cynk. □ *rzad.* D. co «sprawiać coś, dokonywać czegoś»: Działać cuda, dziwy.

działalność *ż V, blm*: Działalność artystyczna, literacka, kulturalno-oświatowa. Działalność konspiracyjna, polityczna. Intensywna, ożywiona (*nie*: operatywna — pleonazm) działalność. △ Działalność w dziedzinie w zakresie czegoś (*nie*: w czymś): Działalność w dziedzinie sportu (*nie*: w sporcie). △ Działalność w celu uzyskania czegoś (*nie*: w kierunku czegoś): Działalność w celu zwiększenia wydajności pracy (*nie*: w kierunku zwiększenia wydajności pracy). // *KP Pras.*

działanie *n I*: Zakres, metody działania. □ D. czego — na co «oddziaływanie, wpływ czegoś na coś»: Działanie nikotyny na system nerwowy jest szkodliwe. □ D. na czym «operacja na obiektach matematycznych»: Działanie na liczbach, na funk-cjach. △ Działania wojenne «walki zbrojne, ruchy wojsk, wszelkie akcje, operacje prowadzone w czasie wojny»

Działdowo *n III* «miasto» — działdowianin *m V*, *D.* działdowianina, *lm M.* działdowianie, *D.* dział-dowian — działdowianka *ż III*, *lm D.* działdowia-nek — działdowski.

działkowicz *m II*, *lm D.* działkowiczów (*nie*: dział-kowiczy); a. **działkowiec** *m II*, *D.* działkowca, *lm M.* działkowcy; *rzad.* **działkarz** *m II*, *lm D.* działkarzy.

działo *n III*, *Ms.* dziale (*nie*: dziele).

dziatki *blp*, *D.* dziatek *żart.* «dzieci»

dziczek *m III*, *D.* dziczka **1.** zdr. od dzik. **2.** p. dziczka: Zaszczepić dziczek.

dziczka *ż III*, *lm D.* dziczek «dzikie drzewo owo-cowe; dziki pęd, dziczek»: Zaszczepić dziczkę.

dzidziuś *m I*, *lm M.* dzidziusie, *D.* dzidziusiów.

dzieciak *m III*, *lm M.* te dzieciaki «z odcieniem rubaszności, lekceważenia lub pieszczotliwości o dziecku lub o kimś bardzo młodym»: Miły dzie-ciak. To jeszcze dzieciak, nie mężczyzna.

dzieciaty *m-os.* dzieciaci *pot.* «dzietny» || *D Kult.* *I, 273.*

dziecię *n IV*, *lm M.* dziecięta, *D.* dzieciąt (formy *lm*, zwłaszcza *C.* i *N.*, używane rzadko) *książk.*, *podn.* «dziecko» □ *przen. D.* czego «wychowanek czegoś; reprezentant czegoś»: Dziecię wsi, miasta, natury. Dziecię wieku, epoki. △ Dziecię fortuny «człowiek mający powodzenie w życiu»

dziecięctwo *n III*, *blm* (wyraz używany w litera-turze psychologicznej) «wiek dziecięcy» || *D Kult.* *I, 498.* *Por.* dzieciństwo.

dziecięcy **1.** «przeznaczony dla dzieci, dotyczący dzieci»: Dziecięca zabawa. Literatura dziecięca (*le-piej*: dla dzieci). Szpital dziecięcy. Klinika chorób dziecięcych. Dziecięce, *rzad.* dziecinne obuwie, ubra-nie. △ Dziecięcy wiek, dziecięce lata. **2.** *rzad.* «wła-ciwy dziecku»: Dziecięcy uśmiech, głos. Dziecięce figle. || *D Kult.* *I, 496; II, 558. Por.* dziecinny.

dziecinada (*nie*: dziecinnada) *ż IV*, *częściej w lp.*

dzieciniec *m II*, *D.* dziecińca, *lm M.* dziecińce, *D.* dziecińców (*nie*: dziecińcy): Zostawić dzieci w dziecińcu.

dziecinny *st. w.* bardziej dziecinny. **1.** *m-os.* dzie-cinni «właściwy dziecku»: Dziecinna twarzyczka. Dziecinny głos. Dziecinna pustota. Dziecinny figiel. △ Dziecinny wiek, dziecinne lata (*częściej*: dziecięcy wiek, dziecięce lata). △ *przen.* «beztroski, nieroz-sądny, naiwny»: Dziecinne pomysły, wykręty, oba-wy. Dziecinny optymizm. Być dziecinnym. **2.** *rzad.* «przeznaczony dla dziecka», zwykle w wyrażeniach: Wózek, pokój dziecinny. △ Dziecinna (*nie*: dziecię-ca) zabawa, igraszka «rzecz błaha, łatwa» △ *żart.* Dziecinna godzina «niezbyt późna godzina wieczor-na» || *D Kult.* *I, 496. Por.* dziecięcy.

dzieciństwo *n III* **1.** *blm* «początkowy okres w ży-ciu człowieka»: Spędzić dzieciństwo na wsi. Kraj mego dzieciństwa. **2.** częściej w *lm*: dzieciństwa «spra-wy niepoważne, głupstwa»: Wybij sobie z głowy

dzieciństwa i zabierz się do pracy. || *D Kult.* *I, 498. Por.* dziecięctwo.

dzieciobójca *m* odm. jak *ż II*, *lm M.* dzieciobójcy, *DB.* dzieciobójców.

dzieciska *blp*, *D.* dziecisków *pot.* «z politowaniem, wzruszeniem, pieszczotliwie o dzieciach»

dziecko *n II*, *lm MDB.* dzieci, *N.* dziećmi (*nie*: dzieciami): Drobne, nieletnie, dorosłe dzieci. Dwoje, troje dzieci bawi się, bawiło się (*nie*: bawią się, bawiły się) na podwórzu. Dać coś dwojgu, trojgu dzieciom. Iść z dwojgiem, trojgiem dzieci (*nie*: dziećmi). △ Od dziecka «od dzieciństwa» △ *książk.* Dzieckiem znać, ukochać itp. coś «w okresie dzieciństwa znać, uko-chać coś» □ *przen. D.* czego «wychowanek, miłośnik a. reprezentant czegoś»: Dziecko ulicy, przyrody, gór, epoki. △ Dom dziecka **a)** «zakład wychowawczy dla dzieci» **b)** «duży magazyn, dom towarowy z artyku-łami dla dzieci» || *D Kult.* *II, 467.*

dziedzictwo *n III* **1.** «to, co się dziedziczy, spa-dek» □ *D.* po kim: Dostać dziedzictwo po rodzi-cach. △ *rzad.* Objąć, dostać coś dziedzictwem a. w dziedzictwie «objąć, dostać jako spadek» △ *przen.* Dziedzictwo kulturalne, literackie itp. **2.** *rzad.* in. dziedziczność: Dziedzictwo tronu. Prawo dziedzic-twa.

dziedziczyć *ndk VIb*, dziedziczę, dziedzicz, dzie-dziczymy, dziedziczyliśmy (p. akcent § 1a i 2 — **odziedziczyć** *dk*: Dziedziczyć prawo do czegoś. □ *D.* co — po kim: Dziedziczyć zawód po ojcu. Dziedziczyć cechy (fizyczne, psychiczne) po przod-kach.

dziedzina *ż IV*: Dziedzina gospodarcza, sporto-wa itp. (*lepiej*: dziedzina gospodarki, sportu itp.). □ W dziedzinie czego (*nie*: na terenie czego): W dziedzinie (*nie*: na terenie) polityki, finansów, ży-cia gospodarczego. △ Wyraz nadużywany, zwłasz-cza w prasie, używany często zbędnie lub zamiast wy-razu: zakres, np.: Zagadnienie z dziedziny współpra-cy (*zamiast*: zagadnienie współpracy). Świadczenia w dziedzinie (*zamiast*: w zakresie) usług. || *D Kult.* *I, 406; Kl. Aleź 16.*

dziegieć *m I*, *D.* dziegciu, *blm.*

dzieje *blp*, *D.* dziejów (*nie*: dziei): Dzieje narodu, ludzkości. Dzieje ojczyste, starożytne. Dzieje czyjegoś życia.

dziejopis *m IV*, *lm M.* dziejopisowie; *rzad.* **dzie-jopisarz** *m II*, *lm D.* dziejopisarzy *książk.* «historyk, kronikarz»

dziekan *m IV*, *lm M.* dziekani (*nie*: dziekanowie).

dziekanat *m IV*, *D.* dziekanatu (w nazwach ins-tytucji dużą literą): Dziekanat Wydziału Matema-tycznego.

*dzielenie wyrazów W piśmie, przy przenoszeniu wyrazy dzieli się według podziału na sylaby (zgłoski). Wyrazów jednozgłoskowych (np. *wstręt*, *zgiełk*) nie dzieli się. W każdej zgłosce musi być jedna samo-głoska, np.: *za-do-wo-lo-ny*, *mia-sto*, *mie-dzia-ny*. Przy dzieleniu wyrazów na sylaby zachowuje się po-dział na wyraźnie zaznaczone cząstki słowotwór-cze, np.: *bez-względny*, *naj-więk-szy*, *długo-włosy*, *noc-leg*.

Samogłoski jednakowe i różne, występujące obok siebie w wyrazie, rozdziela się, np.: *bo-a-ze-ria, mu-ze-um, na-u-ka, na-o-po-wia-dać, to-a-le-to-wy, za-an-ga-żo-wać.* Dwugłosek *au, eu* wymawianych jednosylabowo nie dzieli się, np.: *au-tor, pau-za, Eu-ge-niusz, feu-da-lizm.* Dwugłoski *ia, ie, io, iu* w zgłoskach niekońcowych wyrazów obcych można dzielić lub można ich nie dzielić, np.: *bi-o-lo-gia* lub *bio-lo-gia, di-e-ta* lub *die-ta, pi-e-tyzm* lub *pie-tyzm.* Jednakowe **spółgłoski** występujące obok siebie w wyrazie rozdziela się, np.: *za-chlan-ny, las-so, lek-ko-myśl-ny, ter-ror.* Grupę spółgłosek dzieli się dowolnie, można więc podzielić: *pa-rsknąć, par-sknąć, pars-knąć* a. *parsk-nąć ; i-skra, is-kra, isk-ra.* Połączeń liter oznaczających jedną spółgłoskę, a więc *ch, cz, sz, dz, dź, dż, rz* nie dzieli się, np.: *cho-dzić, czo-lo, szy-ba, dźwię-czeć, mo-rze.* Dzieli się *dz, dż, rz* wtedy, kiedy te połączenia literowe są wymawiane jako dwie głoski, np.: *od-zy-wać się, mar-znąć, od-żywiać.* Wyrazy obce dzieli się według tych samych zasad co rodzime. △ Uwaga. Wyrazy złożone pisane z łącznikiem (np. czerwono-złoty), podzielone w miejscu łącznika, przenosi się zaznaczając łącznik na początku następnego wiersza: *czerwono- -złoty.*

dzielić *ndk VIa,* dzielę, dziel, dzielimy, dzieliliśmy (p. akcent § 1a i 2) □ D. co — na co: Dzielić porcję na pół, na części. Miesiąc dzielimy na cztery tygodnie. □ D. co — po ile: Dzielić jabłka po dwa na każdego. □ D. co — między kogo: Dzielić majątek między córki. △ Dzielić czas, życie itp. między kogoś, coś «zajmować się równolegle kilkoma osobami, rzeczami»: Dzielił życie między żonę i kochankę. △ Coś kogoś dzieli «coś różni, oddala od siebie dwie osoby»: Dzieliła ich różnica poglądów. □ Coś dzieli kogo, co — od czego «coś przedziela, oddziela»: Od wyjazdu dzieli nas tylko tydzień. □ D. co — z kim «korzystać z czegoś wspólnie»: Dzielić pokój z koleżanką. □ D. co — przez co (*nie*: na co — przy wymienianiu liczby): Dzielić sześć przez dwa (6:2; *nie*: na dwa), *ale*: Dzielić włos na czworo «analizować coś zbyt drobiazgowo»

dzielić się □ D. się na co: Kompania dzieliła się na cztery plutony. Dzielić się na kategorie, na działy itp. □ D. się czym (z kim): Dzielili się z nim każdą zdobyczą. △ Dzieliliśmy się jajkiem z rodzicami. △ *przen.* Dzielić się z kimś doświadczeniem, uwagami. *|| U Pol. (1), 75.*

dzielnicowy (w nazwach instytucji dużą literą): Dzielnicowa Rada Narodowa. △ Rozbicie dzielnicowe «podział Polski na dzielnice w XII w.»
dzielnicowy w użyciu rzeczownikowym «milicjant wyznaczony do czuwania nad porządkiem, bezpieczeństwem w danej dzielnicy»

dzieło *n III*: Dzieło malarskie, muzyczne, literackie, naukowe itp. △ Dzieła prozą, wierszem. △ Dzieło sztuki «dzieło plastyczne, architektoniczne, literackie itp. o dużej wartości artystycznej» △ Dzieło czyichś rąk «coś wykonanego przez kogoś»: Ogrodzenie jest dziełem rąk mojego brata. △ Dokonać dzieła. △ Brać się, wziąć się, zabrać się, przystąpić do dzieła. △ Dzieło np. wojny, przypadku, wychowania «wynik, rezultat czegoś»

dziennik *m III*: Dziennik wieczorny, poranny, radiowy. Łamy dzienników. △ W nazwach dużą literą: Dziennik Ludowy, Dziennik Ustaw PRL (skrót:

DzU a. DzU PRL). △ Pisać dziennik «robić codzienne notatki o charakterze osobistym»

dziennikarka *ż III, lm D.* dziennikarek *pot.* a) *blm* «zawód dziennikarza, studia dziennikarskie; dziennikarstwo»: Parać się, zajmować się dziennikarką. △ Chodzić na dziennikarkę. b) «o kobiecie: dziennikarz»

dziennikarz *m II, lm D.* dziennikarzy.
dziennikarz — o kobiecie, p. nazwy i tytuły zawodowe kobiet.

dzień *m I, D.* dnia, *Ms.* dniu (*daw.* także: we dnie; dziś tylko w wyrażeniu: we dnie i w nocy), *lm M.* dnie a. dni (przy liczebnikach tylko: dni): Dwa, trzy dni. △ „Noce i dnie" (tytuł powieści M. Dąbrowskiej). △ Dnia (skrót: dn.), stawiane przed datą w listach oraz pismach urzędowych, sprawozdaniach itp.: Warszawa, dnia 5 maja 1950 r. △ Dzień dobry panu, pani (*nie*: dla pana, dla pani). △ Dzień dzisiejszy, wczorajszy, jutrzejszy «dzisiaj, wczoraj, jutro»: Wczorajszy dzień był ładny (a. Wczoraj było ładnie). △ *urz., książk.* W dniu jutrzejszym (*lepiej*: jutro): W dniu jutrzejszym (*lepiej*: jutro) odbędzie się zebranie. △ Co dzień, *rzad.* co dnia «codziennie» △ Dzień w dzień, dzień po dniu «stale, systematycznie» △ W tych dniach (*nie*: na dniach, w te dni) «w najbliższym czasie» △ Dzień Lasu, Dzień Kobiet, Dni Oświaty, Książki i Prasy itp. △ Sądny Dzień «święto żydowskie»; w zn. *przen.* «popłoch, zamieszanie, rozgardiasz» pisze się małą literą. △ Do sądnego dnia «w nieskończoność» △ Dzień i noc, dniem i nocą, dniami i nocami «w ciągu całej doby; stale, wciąż, bez przerw»: Pracował dzień i noc. △ Do dzisiejszego dnia, do dziś dnia, po dziś dzień «do chwili obecnej» △ Przy dniu, po dniu, za dnia «w ciągu dnia, gdy jest widno»: Znajdziemy to przy dniu, za dnia. △ Z dnia na dzień a) «stopniowo; dzień po dniu»: Odkładać coś z dnia na dzień (*wym.* z dnia na dzień), b) «nagle, po upływie doby»: Stan chorego zmienił się z dnia na dzień (*wym.* z dnia na dzień).

do dnia (*wym.* do dnia, *nie*: do dnia, p. akcent § 4f) w użyciu przysłówkowym «o świcie»: Na grzyby trzeba wyjść do dnia.

nade dniem (*wym.* nade dniem, *nie*: nade dniem, p. akcent § 4f) w użyciu przysłówkowym «przed świtem»: Nade dniem wybuchł groźny pożar. *|| D Kult. I, 728; U Pol. (1), 195; KP Pras.; GPK Por. 163.*

dziergać (*nie*: dzirgać), *rzad.* **dzierzgać** *ndk I,* dziergaliśmy, dzierzgaliśmy (p. akcent § 1a i 2).

dzierlatka *ż III, lm D.* dzierlatek.

dzierzgać p. dziergać.

dzierżawa *ż IV*: Wziąć, brać coś w dzierżawę. Mieć coś w dzierżawie. △ Dzierżawa wieczysta «dzierżawa na 99 lat» △ Oddać, puścić coś komuś w dzierżawę. *|| GPK Por. 65.*

dzierżawca *m* odm. jak *ż II, lm M.* dzierżawcy, *DB.* dzierżawców.

dzierżawczyni (*nie*: dzierżawczynia) *ż I, B.* dzierżawczynię (*nie*: dzierżawczynią), *W.* dzierżawczyni (*nie*: dzierżawczynio), *lm D.* dzierżawczyń.

dzierżawić *ndk VIa,* dzierżawię, dzierżaw, dzierżawimy, dzierżawiliśmy (p. akcent § 1a i 2) □ D. co (od kogo): Dzierżawił łąkę od sąsiada.

Dzierżoniów *m IV, D.* Dzierżoniowa, *C.* Dzierżoniowowi (*ale:* ku Dzierżoniowowi a. ku Dzierżoniowu) «miasto» — dzierżoniowski.

dzierżyć (*nie*: dzierżeć, dzierzyć) *ndk VIb*, dzierżę, dzierż, dzierżcie, dzierżymy, dzierżył (*nie*: dzierżał), dzierżyliśmy (p. akcent § 1a i 2) *książk.* «trzymać» △ Dzierżyć prym (*nie*: prymat) △ Dzierżyć władzę, rządy «sprawować władzę, rządy»

dzierżymorda *m* odm. jak *ż IV, lm M.* te dzierżymordy, *DB.* dzierżymordów *posp.* «człowiek tyranizujący podwładnych»

-dziesiąt «końcowa cząstka niektórych liczebników głównych, pisana łącznie», np.: pięćdziesiąt, kilkadziesiąt.

dziesiątek *m III, D.* dziesiątka 1. (*nie*: dziesiątka) «dziesięć sztuk, jednostek czegoś»: Siódmy dziesiątek lat naszego wieku. Od wielu dziesiątków (*nie*: dziesiątek) lat. 2. *rzad.* «grupa dziesięciu osób, *częściej*: dziesiątka» || *D Kult. I, 498; U Pol. (1), 24.*

dziesiątka *ż III, lm D.* dziesiątek 1. «dziesięć jedności; liczba 10»: Ile w liczbie 25 jest dziesiątek (*nie*: dziesiątków), a ile jedności? 2. «to, co oznaczone jest numerem 10, np. pokój, tramwaj itp.»: Mieszkać pod dziesiątką. Jechać dziesiątką. 3. «karta do gry o dziesięciu oczkach»: Dziesiątka karowa, pikowa. Wyjść w dziesiątkę. Dać dziesiątkę. 4. «grupa dziesięciu osób; *rzad.* dziesiątek»: Pierwsza dziesiątka kolarzy ruszyła naprzód. Ustawić się dziesiątkami. 5. «moneta dziesięciozłotowa lub dziesięciogroszowa»: Daj mi dziesiątkę, a ja ci dam dwie piątki. || *D Kult. I, 498; U Pol. (1), 24.*

dziesiąty odm. jak przym. (pisane całym wyrazem a. cyframi bez końcówek — arabskimi z kropką, rzymskimi bez kropki; wyjątki od tej zasady dotyczą godzin i dni miesiąca): Koniec dziesiątego wieku a. 10. wieku, X wieku. Dziesiąta rocznica a. 10. rocznica (*nie*: 10-a rocznica a. dziesięcioletnia rocznica). Dziś dziesiąty a. dziesiątego czerwca (*nie*: dziesiąty czerwiec) — pisane zwykle: 10 czerwca a. 10.VI. (*nie*: 10-tego czerwca). △ Lata dziesiąte jakiegoś wieku (od 10 do 19 roku), *lepiej*: drugi dziesiątek lat, drugie dziesięciolecie któregoś wieku.
dziesiąta w użyciu rzeczownikowym «godzina dziesiąta»: Zbiórka młodzieży o dziesiątej. △ Dziesiąta wieczorem, *pot.* wieczór (w języku urzędowym: dwudziesta druga): Wyjeżdżam o dziesiątej wieczorem. || *D Kult. I, 186; U Pol. (1), 482.*

dziesięcio- «pierwszy człon wyrazów złożonych (rzeczowników i przymiotników), pisany łącznie, wskazujący na to, że to, co jest wymienione w drugiej części złożenia, występuje dziesięć razy, składa się z dziesięciu jednostek itp.», np.: dziesięciolatek, dziesięciodniowy, dziesięciokilowy.

dziesięcioboista *m* odm. jak *ż IV, lm M.* dziesięcioboiści, *DB.* dziesięcioboistów; *rzad.* **dziesięciobojowiec** *m II, D.* dziesięciobojowca, *lm M.* dziesięciobojowcy.

dziesięciobój *m I, D.* dziesięcioboju, *lm D.* dziesięciobojów, *rzad.* dziesięcioboi.

! dziesięciokroć p. dziesięćkroć.

dziesięciokrotny (*nie*: dziesięćkrotny).

dziesięciolatek *m III, D.* dziesięciolatka, *lm M.* te dziesięciolatki: Chłopiec dziesięciolatek. Dziesięciolatki były niesforne.

dziesięciolatka *ż III, D.* dziesięciolatki, *lm D.* dziesięciolatek 1. «dziewczynka dziesięcioletnia» 2. *pot.* «dziesięcioletnia szkoła»: Skończyć dziesięciolatkę.

dziesięciolecie *n I, lm D.* dziesięcioleci (dopuszczalna pisownia: 10-lecie): Dziesięciolecie a. 10-lecie małżeństwa. (*nie*: Dziesięcioletnia rocznica małżeństwa — pleonazm).

dziesięcioro *D.* dziesięciorga, *CMs.* dziesięciorgu, *N.* dziesięciorgiem «liczebnik zbiorowy odpowiadający liczbie 10, odnoszący się do osób różnej płci, do istot młodych, niedorosłych (których nazwy są zakończone w *lm* na -ęta), do niektórych rzeczowników zdrobniałych oraz do przedmiotów, których nazwy występują tylko w *lm*»: Dziesięcioro dzieci. Sto dziesięcioro dzieci. Dziesięciorgu dzieciom rozdał już zeszyty. Poszedł do lasu z dziesięciorgiem dzieci (*nie*: dziećmi). △ *daw.* Dziesięcioro przykazań, in. dekalog. △ Liczebnik *dziesięcioro* łączy się z orzeczeniem w *lp*, a w czasie przeszłym w rodzaju nijakim: Dziesięcioro dzieci idzie, szło, bawiło się (*nie*: idą, szły, bawiły się). Dziesięcioro kurcząt zdechło (*nie*: zdechły). || *D Kult. I, 243, 247.*

dziesięciotysięczny, *rzad.* **dziesięciotysiączny** odm. jak przym.

dziesięciu p. dziesięć.

dziesięć *m-nieos., n i ż, DCMs.* dziesięciu, także: *m-os.* w funkcji mianownika — podmiotu (np. dziesięciu chłopców, mężczyzn stoi), *B. m-os.* = *D.*; *N.* dziesięcioma a. dziesięciu (np. Pojechał na wycieczkę z dziesięcioma a. z dziesięciu chłopcami). △ Liczebnik *dziesięć* łączy się z podmiotem w dopełniaczu i z orzeczeniem w *lp*, a w czasie przeszłym w rodzaju nijakim: Dziesięciu chłopców idzie, szło (*nie*: idą, szli). Dziesięć dni upływa, przeszło (*nie*: upływają, przeszły). || *D Kult. I, 250. Por.* dziesięcioro.

dziesięćkroć (*wym.* dziesięćkroć, *rzad.* dziesięćkroć; *nie*: dziesięciokroć) *przestarz.* «dziesięciokrotnie»

! dziesięćkrotny p. dziesięciokrotny.

dziesiętny «mający za podstawę swego układu lub konstrukcji liczbę 10»: Ułamki dziesiętne. △ Miary dziesiętne.

dzietny «mający dzieci (używane zwykle w języku urzędowym); *pot.* dzieciaty»

dziewanna (*nie*: dziewana) *ż IV, CMs.* dziewannie, *lm D.* dziewann.

dziewczę *n IV,* zwykle w *lm* (w *lp* przeważnie *podn., żart.,* czasem *iron.*): Dwoje dziewcząt (*nie*: dwa, dwie dziewczęta). *Ale*: Troje, czworo dziewcząt a. trzy, cztery dziewczęta. Zawołać jedną z dziewcząt, *rzad.* jedno z dziewcząt. || *D Kult. I, 54, 202.*

dziewczęcy a. **dziewczyński** (ta forma ma zabarwienie ludowo-poetyckie).

dziewczyna *ż IV,* w *lm* częściej używana forma *dziewczęta* (od rzadko używanego: dziewczę); forma *dziewczyny* bywa dziś odczuwana jako *pot.*

dziewczyński p. dziewczęcy.

dziewiarz *m II, lm D.* dziewiarzy.

dziewiątka *ż III, lm D.* dziewiątek **1.** «cyfra albo liczba dziewięć (9); dziewięć sztuk czegoś» **2.** «to, co jest oznaczone numerem 9, np. pokój, tramwaj itp.»: Mieszkać pod dziewiątką. Jechać dziewiątką. **3.** «karta do gry o dziewięciu oczkach»: Dziewiątka treflowa. Wyjść w dziewiątkę. Bić dziewiątką.

dziewiąty odm. jak przym. (pisane całym wyrazem a. cyframi bez końcówek — arabską z kropką, rzymskimi bez kropki; wyjątki od tej zasady dotyczą godzin i dni miesiąca): Koniec dziewiątego wieku a. 9. wieku, IX wieku. Dziewiąta rocznica a. 9. rocznica (*nie*: 9-ta rocznica a. dziewięcioletnia rocznica). Dziś dziewiąty a. dziewiątego maja (*nie*: dziewiąty maj) — pisane zwykle: 9 maja, 9.V. a. 9 V (*nie*: 9-ego maja).
dziewiąta w użyciu rzeczownikowym «godzina dziewiąta»: Pracuję od dziewiątej. △ Dziewiąta wieczorem, *pot.* wieczór (w języku urzędowym: dwudziesta pierwsza): Przyjdziemy do was o dziewiątej wieczorem.

dziewięcioro *D.* dziewięciorga, *CMs.* dziewięciorgu, *N.* dziewięciorgiem «liczebnik zbiorowy odpowiadający liczbie 9, odnoszący się do osób różnej płci, do istot młodych, niedorosłych (których nazwy są zakończone w *lm* na *-ęta*), do niektórych rzeczowników zdrobniałych oraz do przedmiotów, których nazwy występują tylko w liczbie mnogiej»: Dziewięcioro kurcząt. Sto dziewięcioro kurcząt. Kwoka z dziewięciorgiem kurcząt (*nie*: kurczętami). △ Liczebnik *dziewięcioro* łączy się z orzeczeniem w *lp*, a w czasie przeszłym w rodzaju nijakim: Dziewięcioro dzieci idzie, szło (*nie*: idą, szły).

! dziewięciosił p. dziewięćsił.

dziewięć *m-nieos., n i ż, DCMs.* dziewięciu, także: *m-os.* w funkcji mianownika — podmiotu (np.: dziewięciu kolegów przybyło), *B. m-os. = D.*; *N.* dziewięcioma a. dziewięciu (np. Uczył się z dziewięcioma a. z dziewięciu kolegami). △ Liczebnik *dziewięć* łączy się z podmiotem w dopełniaczu i z orzeczeniem w *lp*, a w czasie przeszłym w rodzaju nijakim: Dziewięciu chłopców idzie, szło (*nie*: idą, szli). Dziewięć książek leży, leżało (*nie*: leżą, leżały) na półce. // *KP Pras.*

dziewięćdziesiąt (*wym.* dziewieńdziesiąt) *m-nieos., n i ż, DCMs.* dziewięćdziesięciu, także: *m-os.* w funkcji mianownika — podmiotu (np. zginęło dziewięćdziesięciu żołnierzy), *B. m-os. = D.*; *N.* dziewięćdziesięcioma a. dziewięćdziesięciu (np. Był na wycieczce z dziewięćdziesięcioma a. z dziewięćdziesięciu uczniami). △ Liczebnik *dziewięćdziesiąt* łączy się z podmiotem w dopełniaczu i z orzeczeniem w *lp*, a w czasie przeszłym w rodzaju nijakim: Dziewięćdziesięciu chłopców idzie, szło (*nie*: idą, szli). Dziewięćdziesiąt beczek stoi, stało (*nie*: stoją, stały) w piwnicy. △ Dziewięćdziesiąt jeden (odmienia się tylko pierwszy wyraz), *DCMs.* dziewięćdziesięciu jeden: Dziewięćdziesiąt jeden beczek stało (*nie*: dziewięćdziesiąt jedna beczka stała a. stały) w piwnicy. Uczył się z dziewięćdziesięciu jeden kolegami (*nie*: z dziewięćdziesięciu jednym kolegą). // *D Kult. II, 570.*

dziewięćdziesiątka (*wym.* dziewieńdziesiątka) *ż III, lm D.* dziewięćdziesiątek. // *D Kult. II, 570.*

dziewięćdziesiąty (*wym.* dziewieńdziesiąty) odm. jak przym. (pisane całym wyrazem a. cyframi bez końcówek — arabskimi z kropką, rzymskimi bez kropki): Wydano już dziewięćdziesiąty tom a. 90. tom, XC tom jakiegoś dzieła. Dziewięćdziesiąta rocznica a. 90. rocznica (*nie*: 90-a rocznica a. dziewięćdziesięcioletnia rocznica).

dziewięćkroć (*wym.* dziewięćkroć, *rzad.* dziewięćkroć; *nie*: dziewięciokroć) *przestarz.* «dziewięciokrotnie»

dziewięćset (*wym.* dziewięćset, *nie*: dziewięćset) *m-nieos., n i ż, D.* dziewięciuset, także: *m-os.* w funkcji mianownika — podmiotu (np. Dziewięciuset żołnierzy poległo), *CNMs.* dziewięciuset, *B. m-os. = D.*: Nie wiedzieli, co zrobić z dziewięciuset złotymi. △ Liczebnik *dziewięćset* łączy się z rzeczownikiem (podmiotem) w dopełniaczu i z orzeczeniem w *lp*, a w czasie przeszłym w rodzaju nijakim: Dziewięciuset żołnierzy maszeruje, maszerowało (*nie*: maszerują, maszerowali). Dziewięćset kobiet idzie, szło (*nie*: idą, szły). △ Liczebnik *dziewięćset* nie występuje jako ostatni człon liczebników porządkowych wielowyrazowych, np. W roku tysiąc dziewięćsetnym (*nie*: w roku tysiąc dziewięćset). *Ale*: W roku tysiąc dziewięćset czterdziestym (w takich użyciach — *ndm*). // *D Kult. II, 564.*

dziewięćsetny odm. jak przym. (pisane całym wyrazem a. cyframi bez końcówek — arabskimi z kropką, rzymskimi bez kropki): Dziewięćsetny numer pokoju. Dziewięćsetna rocznica a. 900. rocznica (*nie*: 900-a, 900-setna a. dziewięćsetletnia rocznica). △ W liczebnikach wielowyrazowych używany tylko jako człon ostatni: Tysiąc dziewięćsetny (*ale*: tysiąc dziewięćset siedemdziesiąty, *nie*: tysiąc dziewięćsetny siedemdziesiąty).

dziewięćsił (*nie*: dziewięciosił; *wym.* dziewięćsił, *nie*: dziewięćsił) *m IV, D.* dziewięćsiła a. dziewięćsiłu.

dziewiętnastka (*wym.* dziewietnastka) *ż III, lm D.* dziewiętnastek.

dziewiętnasty (*wym.* dziewietnasty) odm. jak przym. (pisane całym wyrazem a. cyframi bez końcówek — arabskimi z kropką, rzymskimi bez kropki; wyjątki od tej zasady dotyczą godzin i dni miesiąca): Koniec dziewiętnastego wieku (a. 19 wieku, XIX wieku). Dziewiętnasta rocznica a. 19. rocznica (*nie*: 19-a rocznica, a. dziewiętnastoletnia rocznica). Dziewiętnasty a. dziewiętnastego maja (*nie*: dziewiętnasty maj) — pisane zwykle: 19 maja, 19.V. a. 19 V (*nie*: 19-ego maja).
dziewiętnasta w użyciu rzeczownikowym «godzina dziewiętnasta (używane zwykle w języku urzędowym»: Początek przedstawienia o dziewiętnastej.

dziewiętnaście (*wym.* dziewietnaście) *m-nieos., n i ż, DCMs.* dziewiętnastu, także: *m-os.* w funkcji mianownika — podmiotu (np. dziewiętnastu chłopców uczy się), *B. m-os. = D.*; *N.* dziewiętnastoma a. dziewiętnastu (np. Bawił się z dziewiętnastoma a. z dziewiętnastu chłopcami). △ Liczebnik *dziewiętnaście* łączy się z rzeczownikiem (podmiotem) w dopełniaczu i z orzeczeniem w *lp*, a w czasie przeszłym w rodzaju nijakim: Dziewiętnastu chłopców bawi się, bawiło się (*nie*: þawią się, bawili się) w piłkę. Dziewiętnaście książek leży, leżało (*nie*: leżą, leżały) na półce. // *D Kult*. I, 769.

dziewiętnaścioro (*wym.* dziewietnaścioro) *D.* dziewiętnaściorga, *CMs.* dziewiętnaściorgu, *N.* dziewiętnaściorgiem «liczebnik zbiorowy odpowiadający liczbie 19, odnoszący się do osób różnej płci, do istot młodych, niedorosłych (których nazwy są zakończone w *lm* na -*ęta*), do niektórych rzeczowników zdrobniałych oraz do przedmiotów, których nazwy występują tylko w *lm*»: Dziewiętnaścioro kurcząt. Sto dziewiętnaścioro kurcząt. Dać jeść dziewiętnaściorgu kurczętom. Kwoka z dziewiętnaściorgiem kurcząt (*nie*: kurczętami).
△ Liczebnik *dziewiętnaścioro* łączy się z orzeczeniem w *lp*, a w czasie przeszłym w rodzaju nijakim: Dziewiętnaścioro dzieci idzie, szło (*nie*: idą, szły). // *D Kult*. I, 243.

dziewoja *ż* I, *DCMs.* dziewoi, *lm* M. dziewoje, *D.* dziewoi (*nie*: dziewoj) *przestarz.*, *żart.* «dziewczyna»: Wiejska dziewoja.

dzieworództwo *n* III, *blm*; in. partenogeneza.

dzieża (*nie*: dziża) *ż* II, *lm D.* dzież.

dzieżka (*nie*: dziżka) *ż* III, *lm D.* dzieżek.

dzięcielina *ż* IV *reg.* «gatunek koniczyny»

dzięgiel *m* I, *D.* dzięgla a. dzięgielu, *lm D.* dzięgli a. dzięglów, dzięgieli a. dzięgielów.

dzięki *blp* (używane wyłącznie w mianowniku i bierniku) *podn.* «podziękowania»: Serdeczne, szczere dzięki. Niezasłużone dzięki. □ *D.* (komu) za co: Dzięki ci (składam) za pomoc, za pamięć.
dzięki w użyciu przyimkowym (łączy się z celownikiem tworząc wyrażenia oznaczające dodatnią przyczynę czegoś) □ *D.* komu, czemu (*nie*: zawdzięcjąc komu, czemu): Dzięki przyjaciołom powrócił do zdrowia. Dzięki pomocy państwa skończył studia.
△ *niepoprawne* w wyrażeniach oznaczających przyczynę niekorzystną, np. Dzięki chorobie, omyłce, wypadkowi (*zamiast*: wskutek choroby, omyłki, wypadku). // *D Kult.* I, 226; *U Pol.* (1), 9, 51, 94; *KP Pras.*; *GPK Por.* 171; *Kl. Aleź* 70.

dziękować (*wym.* dzięnkować, *nie*: dzienkować) *ndk* IV, dziękowaliśmy (p. akcent § 1a i 2) □ *D.* komu — za co: Dziękuję ci za szczerość, za pomoc.

dziko *st. w.* bardziej dziko. △ Żyć, rosnąć dziko (*nie*: w dzikim stanie): Tury żyły w Polsce dziko. Dziko rosnące krzewy, drzewa. △ *środ.* Na dziko «o potrawach mięsnych przyrządzonych podobnie jak dziczyzna»: Pieczeń barania na dziko. // *D Kult.* I, 806.

dziobać, *reg.* **dzióbać** *ndk* IX, dziobie, dziob, *reg.* dziób; dziobaliśmy (p. akcent § 1a i 2) — **dziobnąć**, *reg.* **dzióbnąć** *dk* Va, dziobnąłem (*wym.* dziobnołem; *nie*: dziobnełem, dziobłem), dziobnęła (*wym.* dziobneła; *nie*: dziobła), dziobnęliśmy (*wym.* dziobneliśmy; *nie*: dziobliśmy) □ *D.* bez dop.: Ostrożnie, indor dziobie. □ *D.* co: Kury dziobały ziarno. Dziobał widelcem kluski na talerzu.

dziobaty, *reg.* **dzióbaty** *m-os.* dziobaci, *reg.* dzióbaci: Dziobata twarz. Dziobaci chłopcy.

dziobek, *reg.* **dzióbek** *m* III, *D.* dziobka, *reg.* dzióbka.

dziobnąć p. dziobać.

dziób *m* IV, *D.* dzioba, *reg.* dzióba: Ostry, zakrzywiony dziób. Dziób orła, sępa. △ Dziób statku, okrętu, łodzi. △ Dziób kilofa. Dzioby nart. △ zwykle w *lm* dzioby, *reg.* dzióby «blizny po ospie» // *D Kult.* I, 788.

dzióbać, dzióbnąć p. dziobać.

dzióbaty p. dziobaty.

dziryt *m* IV, *D.* dzirytu: Rzucać dzirytem.

dzisiaj (*nie*: dzisiej) a. **dziś** 1. «w dniu dzisiejszym»: Dzisiaj, dziś rano; dziś, dzisiaj wieczór a. wieczorem. Którego dziś mamy? 2. «teraz, obecnie»: Kto by go dzisiaj poznał. Dziś wszystko się zmieniło. △ Dziś (dzisiaj) tu — jutro tam. Dziś mnie — jutro tobie. △ W przysłowiach i zwrotach (zwykle: dziś): Po dziś dzień, do dziś dnia (*nie*: do dziś dzień) «do chwili obecnej». △ Dziś, jutro «w najbliższym czasie» △ Dziś... jutro... «tym razem... innym razem» △ Nie dziś, to jutro «jeśli nie teraz, to w najbliższym czasie»
dzisiaj a. **dziś** *n ndm* w użyciu rzeczownikowym «dzień, okres bieżący; teraźniejszość»: Wczoraj było gorsze — dzisiaj (dziś) lepsze. Pracą tworzymy lepsze dzisiaj (dziś). □ Do d.: Do dzisiaj (dziś) było wszystko w porządku. □ Na d.: Na dzisiaj (dziś) dosyć pracy. □ Od d.: Od dzisiaj (dziś) zaczynamy lekcje. // *D Kult.* I, 47; II, 46, 547; *U Pol.* (1), 340.

dzisiejszy *m-os.* dzisiejsi: Dzisiejszy ranek był pogodny. Dzisiejsi chłopcy interesują się kosmosem. △ *urz.* Dzień dzisiejszy, w dniu dzisiejszym: Rozkład zajęć na dzień dzisiejszy. Prosimy o przybycie w dniu dziejszym.

po dzisiejszemu *pot.* «tak jak obecnie; współcześnie» // *D Kult.* I, 47.

dziupla (*nie*: dziupło) *ż* I, *lm D.* dziupli.

dziura *ż* IV □ *D.* w czym: Dziura w płocie, w kieszeni, w sukni. △ Dziury w płucach. □ *D.* na czym: Dziura na łokciu (rękawa).

dziurka *ż* III, *lm D.* dziurek □ *D.* w czym: Zrobić, wyżłobić dziurkę w drewnie świdrem. Dziergać, obszywać dziurki w poszewce, w ubraniu itp. △ Dziurki w nosie. △ *pot.* Mieć czego po dziurki w nosie. □ *D.* w czym, *rzad.* czego: Dziurka w klapie marynarki. W dziurce klapy marynarki tkwił goździk. □ *D.* od czego: Dziurka od klucza.

dziurkacz *m* II, *lm D.* dziurkaczy, *rzad.* dziurkaczów.

dziw *m* IV, *D.* dziwu, *lm M.* dziwy (*nie*: dziwa) 1. zwykle w *lm* «coś dziwnego, niezwykłego»: Dziwy i strachy. Opowiadać dziwy. △ Dziw nad dziwy, *rzad.* dziwy nad dziwami «rzecz niezwykła» △ Nie dziw, że... «nic dziwnego, że...» 2. (tylko w *lp*) *przestarz.* «podziw» dziś tylko w wyrażeniu: Dziw (a. aż dziw) bierze. △ Dziw (aż dziw) że... «dziwna rzecz, że...»: Aż dziw, że się nie przewrócił, tak silnie pochylił się do przodu.

dziwaczeć *ndk* III, dziwaczeje, dziwaczej, dziwaczeliśmy (p. akcent § 1a i 2) — **zdziwaczeć** *dk* «stawać się dziwakiem»: Żyjąc samotnie dziwaczał z dnia na dzień. *Por.* dziwaczyć.

dziwaczny *m-os.* dziwaczni, *st. w.* dziwaczniejszy «cudaczny, osobliwy»: Konary drzew w ciemności przybierały dziwaczne kształty. Gorączka wywoływała dziwaczne urojenia i myśli. *Por.* dziwny.

dziwaczyć *ndk VIb*, dziwaczę, dziwacz, dziwaczymy, dziwaczyliśmy (p. akcent § 1a i 2) «postępować jak dziwak»: Ciągle dziwaczy, nie wiadomo czego chce. *Por.* dziwaczeć.

dziwak *m III*, *lm M.* ci dziwacy a. (z silniejszym zabarwieniem ekspresywnym) te dziwaki.

dziwić *ndk VIa*, dziwię, dziw, dziwimy, dziwiliśmy (p. akcent § 1a i 2): Dziwił ją swoim wyglądem. Wszystko ją dziwiło. *Ale*: Nic jej (*nie*: ją) nie dziwiło. **dziwić się** □ D. się komu, czemu: Dziwię ci się, że tak sądzisz. Nie ma się czemu dziwić.

dziwnie *st. w.* dziwniej: Patrzeć dziwnie. Dziwnie mi jakoś. △ Dziwnie, że... (*nie*: dziwnym jest, że...), *częściej*: Dziwne, że..., dziwna rzecz, że...

dziwno *st. w.* dziwniej *przestarz.* «dziwnie» dziś tylko w wyrażeniu: Dziwno mi «dziwię się»: Aż mi dziwno, że już wróciłem do domu.

dziwny *st. w.* dziwniejszy «zwracający uwagę czymś osobliwym; niezwykły, niezrozumiały»: Drzewa o dziwnych nazwach. Dziwni są ci ludzie. Jaka to dziwna budowla. △ Dziwna rzecz. △ Nic dziwnego. △ Dziwny zbieg okoliczności, dziwny traf (*nie*: dziwaczny zbieg okoliczności, traf). △ Dziwny człowiek. *Por.* dziwaczny.

dziwo *n III*, *lm M.* dziwa, *D.* dziwów *przestarz.* p. dziw (w zn. 1): Słyszeć dziwa o czymś. △ *fraz.* (dziś żywa) O dziwo «wykrzyknik»: O dziwo, zostałem przyjęty entuzjastycznie.

dziwoląg *m III* 1. *B.* dziwoląga «istota dziwaczna, osobliwa»: Widziałem ptaka — dziwoląga. 2. *B.* dziwoląg «rzecz dziwaczna, dziwactwo»: W tekście znalazłem niejeden dziwoląg językowy.

dziwota *ż IV* tylko w wyrażeniu *pot.* (o zabarwieniu ludowym): Nie dziwota «nic dziwnego»

dziwotwór *m IV*, *D.* dziwotworu a. dziwotwora, *Ms.* dziwotworze.

dziwować się *ndk IV*, dziwowaliśmy się (p. akcent § 1a i 2) *pot.* (o zabarwieniu ludowym) «dziwić się» □ D. bez dop.: Dlaczego się tak dziwujesz, przecież to rzecz zwykła.

DzU a. **DzUPRL** «skrót nazwy: *Dziennik Ustaw Polskiej Rzeczypospolitej Ludowej*, pisany bez kropek, czytany jako całe wyrazy»

dzwon *m IV*, *D.* dzwonu: Bić w dzwony. Uderzyć w dzwon. Dzwon alarmowy, okrętowy. Serce dzwonu.

dzwonić *ndk VIa*, dzwonię, dzwoń, dzwonimy, dzwoniliśmy (p. akcent § 1a i 2) — **zadzwonić** *dk* □ D. bez dop. «telefonować»: Dzwonił dwa razy, ale telefon był zajęty. □ D. na co: Dzwonić na trwogę, na alarm, na pauzę. □ D. na kogo: Dzwonić na portiera. □ D. czym: Dzwonić naczyniami, kluczami, ostrogami. □ D. w co «uderzać czymś w coś

w celu wydobycia dźwięku»: Dzwonić łyżeczką w szklankę. △ Komuś dzwoni w uszach «komuś wydaje się, że słyszy dźwięk (w rzeczywistości nie istniejący)» □ D. do kogo «naciskać dzwonek do czyjegoś mieszkania; telefonować do kogoś»

dzwonko *n II*, *lm D.* dzwonek, zwykle w wyrażeniu: Dzwonko śledzia.

dzwonnica (*nie*: dzwonica) *ż II*. // U Pol. (1), 469.

dzwonnik (*nie*: dzwonik) *m III*, *lm M.* dzwonnicy. // U Pol. (1), 470.

dzwono *n III*, *D.* dzwona (*nie*: dzwonu), *lm D.* dzwon (*nie*: dzwonów): Dzwono koła (u wozu).

dźgać *ndk I*, dźgaliśmy (p. akcent § 1a i 2) — **dźgnąć** *dk Va*, dźgnąłem (*wym.* dźgnołem; *nie*: dźgłem, dźgnęłem), dźgnęła (*wym.* dźgnęła; *nie*: dźgła), dźgnięty, dźgnęliśmy (*wym.* dźgnęliśmy; *nie*: dźgliśmy): Dźgnąć kogoś nożem (w serce, w bok).

dźwięczeć (*nie*: dźwięczyć) *ndk VIIb*, dźwięczałby (p. akcent § 4c) — *rzad.* **dźwięknąć** *dk Va*, dźwięknął (*wym.* dźwięknoł), dźwięknęła (*wym.* dźwięknęła; *nie*: dźwiękła), dźwięknąłby (*wym.* dźwięknołby): Dźwięczą dzwonki owiec. △ *przen.* Jego słowa dźwięczały fałszywą nutą. W jej głosie dźwięczał wyrzut.

dźwięk *m III*, *D.* dźwięku: Dźwięk się rozlega, rozchodzi, rozbrzmiewa (*nie*: rozdaje się). Wydawać dźwięki.

dźwiękonaśladowczość *ż V*, *blm*, *rzad.* **dźwiękonaśladownictwo** *n III*, *blm*; *in.* onomatopeja.

dźwiękonaśladowczy *in.* onomatopeiczny.

dźwig *m III*, *D.* dźwigu: Dźwig hydrauliczny, budowlany, linowy, szybkobieżny itp. △ Dźwig chwytakowy «czerpak»

dźwigać *ndk I*, dźwigaliśmy (p. akcent § 1a i 2) — **dźwignąć** *dk Va*, dźwignij, dźwignąłem (*wym.* dźwignołem; *nie*: dźwignęłem, dźwigłem), dźwignęła (*wym.* dźwignęła; *nie*: dźwigła), dźwignięty (*nie*: dźwigniony), dźwignęliśmy (*wym.* dźwignęliśmy). 1. częściej *dk* «podnosić z wysiłkiem w górę» □ D. kogo, co: Dźwignąć dziecko. Dźwigać ciężary. △ *przen.* Dźwignąć szkolnictwo na wyższy poziom. □ D. kogo — z czego: Dźwigać kogoś z biedy, z nieszczęścia. △ *przen.* Dźwignęliśmy Warszawę z ruin. 2. tylko *ndk* «nieść, przenosić coś ciężkiego»: Żołnierz dźwiga na sobie ekwipunek. Dźwigać toboły na plecach. Dźwigać walizki.
dźwigać się — **dźwignąć się** «podnosić się, unosić się, wstawać» □ D. się z czego: Dźwignąć się z fotela, z klęczek. △ *przen.* Dźwigać się z poniżenia. □ D. się na co, na czym: Dźwigać się na nogi. Dźwignąć się na łokciu. △ *przen.* Dźwigać się na duchu. // U Pol. (1), 209; 415.

dźwigar *m IV*, *D.* dźwigara, *rzad.* dźwigaru.

dźwigarka *ż III*, *lm D.* dźwigarek; *in.* lewar.

dźwignia *ż I*, *lm D.* tych dźwigni (*nie*: dźwigien).

Dźwina *ż IV* «rzeka w zachodniej części ZSRR (na Łotwie)»: Elektrownia Wodna na Dźwinie. — dźwiński.

dż p. dzielenie wyrazów.

dżaul p. dżul.

dżdża ż *II*, *lm* D. dżdży *śrcd.* (*meteor.*) «drobny deszcz»

dżdżownica (nie *wym.* ddżownica, dżownica) ż *II*, *lm* D. dżdżownic.

dżdżu p. deszcz.

dżdżysto (nie *wym.* ddżysto, dżysto), *rzad.* dżdżyście (nie *wym.* ddżyście) *st. w.* dżdżyściej.

dżdżysty (nie *wym.* ddżysty, dżysty) *st. w.* bardziej dżdżysty: Dżdżysty a. deszczowy dzień, ranek. Dżdżysta jesień, *ale*: Woda deszczowa (*nie*: dżdżysta). *Por.* deszczowy.

dżem (nie *wym.* d-żem) *m IV*, D. dżemu. || *U Pol.* (1), 120.

dżemper (nie *wym.* d-żemper) *m IV*, D. dżempera a. dżempra.

dżentelmen (*nie*: gentleman; *wym.* dżentelmen, *nie*: dżentelmen, d-żentelmen) *m IV*, *lm M.* dżentelmeni.

dżentelmeneria ż *I*, *DCMs.* dżentelmenerii, *blm.*

dżentelmeński *m-os.* dżentelmeńscy, *st. w.* bardziej dżentelmeński: Dżentelmeński sposób bycia.

dżersej (nie *wym.* d-żersej) *m I*, *lm* D. dżersejów 1. D. dżerseju «dzianina wełniana, bawełniana itp.; odzież z takiej tkaniny»: Sukienka z dżerseju. Nosić dżerseje. 2. zwykle w *lm* «rasa bydła domowego pochodzącego z Anglii»: Hodować dżerseje.

dżersejowy (nie *wym.* d-żersejowy) przym. od dżersej: Sukienka dżersejowa.

dżet (nie *wym.* d-żet) *m IV*, D. dżetu, zwykle w *lm*: Czarne dżety lśniły na sukni.

dżetowy (nie *wym.* d-żetowy): Dżetowa suknia. Wyroby, ozdoby dżetowe.

dżez (nie *wym.* d-żez) *m IV*, D. dżezu, *blm.*

dżezbend *m IV*, D. dżezbendu, *Ms.* dżezbendzie.

dżezmen *m IV*, *lm M.* dżezmeni 1. «członek zespołu dżezowego» 2. «zwolennik muzyki dżezowej»

dżezowy (*nie*: jazzowy): Muzyka dżezowa.

dżin (nie *wym.* d-żin) *m IV*, D. dżinu «rodzaj wódki»: Kieliszek dżinu.

dżinsy (nie *wym.* d-żinsy) *blp*, D. dżinsów.

dżiu-dżitsu (*nie wym.*: d-żiu-d-żitsu) *n ndm.*

dżokej (nie *wym.* d-żokej, dżokiej, żokiej) *m I*, *lm* D. dżokejów, *rzad.* dżokei. || *U Pol.* (1), 451.

dżokejka (nie *wym.* d-żokejka, dżokiejka) ż *III*, *lm* D. dżokejek: Aksamitna dżokejka.

dżonka (nie *wym.* d-żonka) ż *III*, *lm* D. dżonek.

dżudo (nie *wym.* d-żudo) *n ndm*: Uprawiać dżudo.

dżudowiec (nie *wym.* d-żudowiec) *m II*, D. dżudowca, *lm M.* dżudowcy.

dżudystka (nie *wym.* d-żudystka) ż *III*, *lm* D. dżudystek.

dżul a. dżaul (nie *wym.* d-żul, d-żaul) *m I*, *lm* D. dżuli a. dżulów (dżauli a. dżaulów). || *U Pol.* (1), 457; (2), 467—470.

dżuma (nie *wym.* d-żuma) ż *IV*, zwykle *blm.*

dżungla (nie *wym.* d-żungla) ż *I*, *lm* D. dżungli. || *GPK Por.* 39.

dżygit (nie *wym.* d-żygit) *m IV*, *lm M.* dżygici.

Dżyngis-chan p. Czyngis-chan.

-e element występujący łącznie z formantem przedrostkowym i wspólnie z nim urabiający rzeczowniki pochodne od wyrażeń przyimkowych, np.: przy progu — *przyproże*, za burtą — *zaburcie*, za sceną — *zascenie*.

-ea, -eja w języku polskim zakończenie *-eja* mają zarówno wyrazy rodzime, jak i niektóre wyrazy zapożyczone. Do pierwszych należą np.: *knieja, nadzieja, zawieja*; do drugich: *aleja, reja, epopeja, onomatopeja, Pompeja* (i niektóre inne obce nazwy własne). Wszystkie te wyrazy wymawiane są zgodnie z pisownią i odmieniają się według I deklinacji rzeczowników rodzaju żeńskiego: *DCMs.* ∼ei, *B.* ∼eję, *W.* ∼ejo, *N.* ∼eją, *lm MBW.* ∼eje, *D.* ∼ei (*nie:* ∼ej), *C.* ∼ejom, *N.* ∼ejami, *Ms.* ∼ejach, np.: Jechać do Pompei. Stosować onomatopeję. Zachwycać się epopeją. Nie mieć żadnych nadziei. △ Wyjątki: *D. lm* wyrazów: aleja, knieja, reja — tych alej, kniej (*obok*: alei, kniei), tych rej. △ Oprócz wyrazów zakończonych na *-eja* istnieje w języku polskim niewielka liczba wyrazów zapożyczonych z końcową cząstką *-ea*. Są to wyrazy: *idea, gwinea, kamea, orchidea, farmakopea, teodycea* — oraz niektóre obce nazwy własne, np.: *Korea, Gwinea, Cheronea*. △ Wyrazy te odmieniają się również według I deklinacji rzeczowników rodzaju żeńskiego, różnią się jednak formami przypadków zależnych od poprzedniej grupy wyrazów: *DCMs.* ∼ei, *B.* ∼eę, *W.* ∼eo, *N.* ∼eą, *lm MBW.* ∼ee, *D.* ∼ei (*nie:* ∼ej), *C.* ∼eom, *N.* ∼eami, *Ms.* ∼each. Wymowa tych końcówek jest dwojaka: najczęściej zgodna z pisownią, czasem jednak w niektórych wyrazach — równa wymowie końcówek wyrazów poprzedniej grupy, tzn. z jotą. Piszemy więc: Zapłacić dwie gwinee (*wym.* gwinee a. gwineje); Szerzyć jakieś idee (*wym.* idee a. ideje); Bitwa pod Cheroneą (*wym.* Cheroneą a. Cheroneją). △ Bez joty wymawiamy zawsze: *Korea, kamea* (podobnie w przypadkach zależnych):

Ebro *n ndm* «rzeka w Hiszpanii»: Kąpać się w Ebro. Płynąć po rzece Ebro.

-ec (formant rozszerzony: **-owiec**) **1.** przyrostek tworzący rzeczowniki osobowe od przymiotników lub rzeczowników, także od skrótów, o następujących znaczeniach: **a)** nazwy wykonawców zawodów lub specjalistów w określonych dziedzinach, np.: *metalowiec* «pracownik przemysłu metalowego», *stoczniowiec* «pracownik stoczni», *behapowiec* «specjalista w dziedzinie bezpieczeństwa i higieny pracy (skrót: bhp)»; **b)** nazwy charakteryzujące osoby ze względu na ich przynależność do partii politycznej, związku, stowarzyszenia, np.: *pezetpeerowiec, ludowiec, azetesowiec*; ze względu na określony kierunek umysłowy lub polityczny, którego są zwolennikami, np.: *leninowiec, miczurinowiec*; są to rzeczowniki pochodne zazwyczaj od skrótów lub nazwisk; **c)** nazwy charakteryzujące osoby według jakiejś uderzającej cechy wewnętrznej lub zewnętrznej, często przypadkowej, np.: *nadgorliwiec; odwykowiec* «człowiek przechodzący kurację odwykową»; **2.** przyrostek używany do tworzenia rzeczowników nieosobowych od przymiotników lub innych rzeczowników o następujących znaczeniach: **a)** nazwy statków, np.: *drobnicowiec, tankowiec.*
b) nazwy samolotów, np.: *odrzutowiec, śmigłowiec*;
c) nazwy domów, np.: *galeriowiec, punktowiec, wysokościowiec*;

d) nazwy przedstawicieli grup w obrębie gatunków (w botanice i zoologii), np. *lasecznikowiec.*
△ Wiele nazw utworzonych za pomocą formantu *-ec* (*-owiec*) jest rezultatem zastąpienia nazwy dwuwyrazowej, składającej się z połączenia rzeczownika i przymiotnika — formą jednowyrazową, a więc krótszą, ekonomiczniejszą, np.: samolot odrzutowy — *odrzutowiec*, dom wysokościowy — *wysokościowiec*. Ponieważ podstawą tych nazw są najczęściej przymiotniki na *-owy*, będące również strukturami skrótowymi w tworzeniu i używaniu rzeczowników na *-ec* (*-owiec*) zdarza się nieraz wykolejenia, np. skrótowość wyrazu *kadłubowiec* jest posunięta tak daleko, że przestaje on być zrozumiały. Odbiorcy trudno się domyślić, że chodzi o pracownika działu kadłubowego (budującego kadłuby statków) w stoczni. Wskazana jest zatem pewna ostrożność w posługiwaniu się tym tak produktywnym dziś typem słowotwórczym. △ Rzeczowniki osobowe na *-ec* mają w *M. lm* końcówkę *-y*, nieosobowe *-e*, np.: radiowiec — radiowcy, wysokościowiec — wysokościowce. Zob. też: *wołacz.*

echo *n II*: Echo rozchodzi się, rozlega się (*nie:* rozdaje się). △ *przen.* Uchwały odbiły się w kraju głośnym echem (*nie*: wywołały w kraju głośne echa). Coś znalazło echo, rozeszło się echem.

-eczek p. -ek.

-eczka p. -ka.

-eczko p. -ko.

-eć przyrostek stosowany do tworzenia od podstaw rzeczownikowych lub przymiotnikowych — czasowników oznaczających stawanie się tym (lub czymś podobnym do tego), co oznacza temat formacji podstawowej, np.: *gąbczeć* «stawać się takim jak gąbka»; *korkowacieć* «stawać się korkowatym»; *idiocieć* «stawać się idiotą»; część spośród tych czasowników należy do terminologii specjalnej, część zaś do języka mówionego; ta druga grupa ma zwykle wartość ekspresywną.

Edmund *m IV, lm M.* Edmundowie — Mundek *m III, D.* Mundka, *lm M.* Mundkowie — Mundzio (*nie*: Mundziu) *m I, lm M.* Mundziowie, *D.* Mundziów — Edmundostwo *n III, DB.* Edmundostwa, *Ms.* Edmundostwu (*nie*: Edmundostwie); a. Edmundowie *blp, D.* Edmundów — Mundkowie *blp, D.* Mundków.

edukacja *ż I, DCMs.* edukacji, *blm książk.* «kształcenie, wykształcenie»: Otrzymać staranną edukację.

Edward *m IV, lm M.* Edwardowie — Edek *m III, D.* Edka, *lm M.* Edkowie — Edzio (*nie*: Edziu) *m I, lm M.* Edziowie, *D.* Edziów — Edwardostwo *n III, DB.* Edwardostwa, *Ms.* Edwardostwu (*nie*: Edwardostwie); a. Edwardowie *blp, D.* Edwardów — Edkowie *blp, D.* Edków.

edycja *ż I, DCMs.* i *lm D.* edycji *książk.* «wydanie»: Pięć edycji dzieła.

Edynburg (*wym.* Edynburg) *m III, D.* Edynburga (p. akcent § 7) «miasto w Wielkiej Brytanii» — edynburski.

edytor *m IV, lm M.* edytorzy, *rzad.* edytorowie.

efeb *m IV, lm M.* efebowie.

efekt *m IV, D.* efektu, *lm M.* efekty (*nie*: efekta): Wywołać efekt. // *KP Pras.*

efektować *niepoprawne* zamiast: skutkować, dawać wyniki.

efektowny *m-os.* efektowni, *st. w.* efektowniejszy a. bardziej efektowny «zwracający na siebie uwagę oryginalnością, pięknością, wywołujący efekt»: Efektowna kobieta. Efektowny deseń na materiale. // *KP Pras. Por.* efektywny.

efektywnie 1. *st. w.* efektywniej a. bardziej efektywnie; *lepiej*: skutecznie, wydajnie, np. Efektywnie (*lepiej*: wydajnie) pracować. **2.** *lepiej*: istotnie, w rzeczywistości, np. Mieć pięć godzin zajęć, a efektywnie (*lepiej*: w rzeczywistości) pracować cztery godziny.

efektywność *ż V, blm; lepiej*: wydajność, np. Zwiększać efektywność (*lepiej*: wydajność) pracy.

efektywny 1. *st. w.* efektywniejszy a. bardziej efektywny; *lepiej*: skuteczny, wydajny, np. Efektywna (*lepiej*: skuteczna) działalność. **2.** *lepiej*: istotny, rzeczywisty, np. Wykaz efektywnych (*lepiej*: rzeczywistych) godzin pracy nauczyciela. // *KP Pras.*

efemeryda (*nie*: ten efemeryd) *ż IV, D.* efemeryd.

efendi *m* odm. jak przym., *lm M.* efendiowie.

efesowiec, efesowski p. FSO.

Efez *m IV, D.* Efezu «starożytna kolonia jońska w Azji Mniejszej» — efeski.

efor *m IV, lm M.* eforowie.

EFTA (*wym.* efta) *ż IV, D.* EFT-y, *CMs.* Efcie a. *ż* lub *n ndm* «skrót angielskiej nazwy Europejskiego Stowarzyszenia Wolnego Handlu»: Członkowie EFTA (a. EFT-y). EFTA odmówiła (odmówiło) przyjęcia nowych członków.

efwupowski p. FWP.

Egea (*nie*: Egeja) *ż I, DCMs.* Egei «w starożytności: wybrzeża i wyspy Morza Egejskiego» — egejski.

egejski (*nie*: ajgajski): Kultura egejska (*ale*: Morze Egejskie).

egida tylko w *książk.* wyrażeniu: Pod egidą (czyją) «pod opieką, protektoratem, przewodnictwem»

Egipt *m IV, D.* Egiptu: Egipt Dolny, Górny. — Egipcjanin *m V, D.* Egipcjanina, *lm M.* Egipcjanie, *D.* Egipcjan — Egipcjanka *ż III, lm D.* Egipcjanek — egipski (*nie*: egipcki).

egiptolog *m III, lm M.* egiptolodzy a. egiptologowie.

egiptologia *ż I, DCMs.* egiptologii, *blm.*

egoista *m* odm. jak *ż IV, lm M.* egoiści, *DB.* egoistów.

egoizm *m IV, D.* egoizmu, *Ms.* egoizmie (*wym.* ~izmie a. ~iźmie), *blm.*

egz. «skrót wyrazu: *egzemplarz*, pisany z kropką, stawiany zwykle po wymienionej liczbie, czytany jako cały, odmieniany wyraz»

egzamin *m IV, D.* egzaminu (*nie*: egzaminu), *lm M.* egzaminy (*nie*: egzamina): Zdawać, składać, odbywać egzamin. Przeprowadzać egzamin (*lepiej*: egzaminować). △ Przystąpić do egzaminu. Stawić się na egzamin. Zgłosić się do egzaminu, na egzamin. Dopuścić kogoś do egzaminu. △ Egzamin do szkoły średniej, do klasy I, do liceum. *Ale*: Egzamin na wyższą uczelnię, na uniwersytet, na politechnikę, na wydział matematyczny. ☐ E. z czego: Egzamin z matematyki. ☐ E. na kogo: Egzamin na nauczyciela. △ *pot.* Obciąć się, oblać się, przepaść na egzaminie; oblać egzamin.

egzaminator *m IV, lm M.* egzaminatorzy, *rzad.* egzaminatorowie ☐ E. z czego: Egzaminator z matematyki, z (języka) francuskiego.

egzaminować *ndk IV,* egzaminowaliśmy (p. akcent § 1a i 2) — **przeegzaminować** *dk.*

egzegeta *m* odm. jak *ż IV, lm M.* egzegeci, *DB.* egzegetów.

egzekutor *m IV, lm M.* egzekutorzy, *rzad.* egzekutorowie.

egzekwie *blp, D.* egzekwii.

egzekwować *ndk IV*, egzekwowaliśmy (p. akcent § 1a i 2) — **wyegzekwować** *dk* □ E. co od kogo: Egzekwować pieniądze od dłużnika.

egzemplarz *m II, lm D.* egzemplarzy (skrót: egz.).

egzo- «pierwszy człon wyrazów złożonych obcego pochodzenia, znaczący: zewnętrzny, znajdujący się poza czymś, działający na zewnątrz», np. egzotermiczny. Złożenia te można czasem zastąpić złożonymi wyrazami rodzimymi o pierwszym członie: zewnątrz-, np. egzogeniczny a. zewnątrzpochodny.

egzogeniczny (lepiej *niż*: **egzogenny**) «zewnątrzpochodny, działający na organizm z zewnątrz»

egzorcyzm *m IV, D.* egzorcyzmu, *Ms.* egzorcyzmie (*wym.* ~yzmie a. ~yźmie), częściej w *lm.*

egzotyk *m III*; **1.** *D.* egzotyku (*nie*: egzotyku: p. akcent § 1d), *lm M.* egzotyki «to, co jest egzotyczne» **2.** *D.* egzotyka, *lm M.* egzotycy «człowiek odznaczający się zamiłowaniem do rzeczy egzotycznych»

egzotyka (*wym.* egzotyka, *nie*: egzotyka, p. akcent § 1c) *ż III, blm.*

egzotyzm *m IV, D.* egzotyzmu, *Ms.* egzotyzmie (*wym.* ~yzmie a. ~yźmie), *blm.*

egzystencja *ż I, DCMs.* i *lm D.* egzystencji; *lepiej*: istnienie, byt: Warunki egzystencji. Zapewnić komuś egzystencję.

egzystencjalizm (*nie*: egzystencjonalizm) *m IV, D.* egzystencjalizmu, *Ms.* egzystencjalizmie (*wym.* ~izmie a. ~iźmie), zwykle *blm.* || D Kult. II, 312.

egzystować *ndk IV*, egzystowaliśmy (p. akcent § 1a i 2); *lepiej*: istnieć, żyć, np. Firma egzystuje (*lepiej*: istnieje) od 1860 r.

Eichlerówna (*wym.* Ajchlerówna) *ż IV, D.* Eichlerówny, *CMs.* Eichlerównie (*nie*: Eichlerównej): Role Ireny Eichlerówny.

Eiffel (*wym.* Efel) *m I, D.* Eiffela (*wym.* Efela, p. akcent § 7): Prace architektoniczne Gustawa Eiffela. *Ale*: Wieża Eiffla (*wym.* Ajfla).

Einstein (*wym.* Ajnsztajn) *m IV, D.* Einsteina (p. akcent § 7) **1.** *lm M.* Einsteinowie: Równanie Einsteina. **2.** einstein **a)** *D.* einsteinu, *blm* «sztucznie otrzymywany promieniotwórczy pierwiastek chemiczny» **b)** *D.* einsteina, *lm M.* einsteiny «jednostka energii świetlnej używana w fotochemii»

Eisenhower (*wym.* Ajzenhau-er) *m IV, D.* Eisenhowera (*wym.* Ajzenhauera, p. akcent § 7): Wojska pod dowództwem Dwighta (*wym.* Duajta) Eisenhowera (*nie*: Dwight Eisenhowera).

Eisenstein (*wym.* Ajzensztajn) *m IV, D.* Eisensteina (p. akcent § 7): Filmy Eisensteina.

-eja p. -ea.

-ek (formanty rozszerzone: **-eczek, -iczek, -yczek**). **1.** przyrostek produktywny w funkcji tworzenia rzeczowników zdrobniałych i konkurujący w tym zakresie z przyrostkiem *-ik*; tworzy wyrazy przede wszystkim od rzeczowników: **a)** zakończonych na *-k, -g, -ch, -r*, np.: krzak — *krzaczek*, brzeg — *brzeżek*, brzuch — *brzuszek*, telewizor — *telewizorek*;

b) mających w temacie *e* ruchome (z wyjątkiem rzeczowników na *-ec*), np.: pantofel (pantofla) — *pantofelek*, wróbel (wróbla) — *wróbelek*; *ale*: chłopiec (chłopca) — *chłopczyk*;
c) mających w temacie *-y-* lub *-i-*, np.: motyl — *motylek*, karabin — *karabinek*;
d) będących rzeczownikami osobowymi, np.: grubas — *grubasek*, chytrus — *chytrusek*. △ Rzeczowniki osobowe tej grupy nie przybierają w *M. lm* form męskoosobowych (np. grubasek — grubaski). △ Wśród zdrobnień na *-ek* możemy spotkać sporo odstępstw od wymienionych zasad tworzenia wyrazów za pomocą tego przyrostka.
2. przyrostek występujący w niewielu nazwach rezultatów czynności lub jej biernych podmiotów, np.: *obrywek* «to, co zostało oberwane», *obstrużek* «to, co zostało obstrugane».

-eczek przyrostek wyodrębniający się w zdrobnieniach drugiego stopnia, tzn. w wyrazach pochodnych od rzeczowników zdrobniałych utworzonych za pomocą przyrostka *-ek*, np.: domek — *domeczek*, kotek — *koteczek*, mostek — *mosteczek*; podstawą tego typu zdrobnień nie bywają wyrazy zdrobniałe na *-ek* pochodne od rzeczowników zakończonych na *k*, np.: krzak — krzaczek (ale *nie*: krzaczeczek), znak — znaczek (ale *nie*: znaczeczek); są one możliwe w języku familijnym, ale powstają tylko doraźnie i są używane żartobliwie;
-iczek (-yczek) przyrostek wyodrębniający się w zdrobnieniach drugiego stopnia pochodnych od rzeczowników zdrobniałych na *-ik*, np.: flakonik — *flakoniczek*, kołnierzyk — *kołnierzyczek*, pokoik — *pokoiczek*.

EKD (*wym.* ekade) *n* a. *ż ndm* «Elektryczna Kolej Dojazdowa»: EKD przewiozła (przewiozło) tysiące pasażerów.

EKG (*wym.* ekagie) *n ndm* «elektrokardiogram»

ekierka (*nie*: ekerka) *ż III, lm D.* ekierek.

ekipa (*wym.* ekipa, *nie*: ekipa) *ż IV* «zespół, drużyna» || D Kult. I, 274.

eklektyzm *m IV, D.* eklektyzmu, *Ms.* eklektyzmie (*wym.* ~yzmie a. ~yźmie) *blm.*

ekler *m IV, D.* eklera a. ekleru.

ekliptyka (*wym.* ekliptyka, *nie*: ekliptyka, p. akcent § 1c) *ż III.*

ekolog *m III, lm M.* ekolodzy a. ekologowie.

ekonomiczny 1. «odnoszący się do ekonomii»: Uczęszczać na Wydział Ekonomiczny. Nauki ekonomiczno-społeczne. **2.** *st. w.* ekonomiczniejszy a. bardziej ekonomiczny «oszczędny»

ekonomika (*wym.* ekonomika, *nie*: ekonomika, p. akcent § 1c) *ż III, blm.*

eks- «przedrostek pisany oddzielnie, z łącznikiem, występujący zwykle w wyrazach oznaczających tytuł, zawód itp., znaczący: były, dawny», np.: eks-dyrektor, eks-minister, eks-mąż.

ekscelencja (*nie*: ekselencja) *m odm. jak ż I, DCMs.* i *lm D.* ekscelencji «tytuł używany w stosunku do wysokich urzędników państwowych i biskupów; osoba nosząca ten tytuł», zwykle w wyrażeniu: Jego Ekscelencja (skrót: JE), w bezpośrednim zwracaniu się: Wasza Ekscelencja. △ Łączy się z orzeczeniem w rodzaju męskim — w czasie przeszłym, z orzecznikiem przymiotnikowym — w rodzaju męskim: Przyjechał (*nie*: przyjechała) Jego Ekscelencja ksiądz biskup. Czy Wasza Ekscelencja jest gotów (*nie*: jest gotowa) do odjazdu? || *D Kult*. I, 53.

ekscentryk *m* III, *D*. ekscentryka (*wym*. ekscentryka, *rzad*. ekscentryka).

ekscentryzm *m* IV, *D*. ekscentryzmu, *Ms*. ekscentryzmie (*wym*. ~yzmie a. ~yźmie), *blm*.

eksces *m* IV, *D*. ekscesu, *lm M*. ekscesy (*nie*: ekscesa) *książk*. «wybryk»

ekscytować *ndk* IV, ekscytowaliśmy (p. akcent § 1a i 2) «podniecać»: Ekscytował go ten projekt.

ekshibicjonizm *m* IV, *D*. ekshibicjonizmu, *Ms*. ekshibicjonizmie (*wym*. ~izmie a. ~iźmie), *blm*.

ekskluzywność *ż* V, *blm*; *rzad*. **eksluzywizm** *m* IV, *D*. ekskluzywizmu, *Ms*. ekskluzywizmie (*wym*. ~izmie a. ~iźmie), *blm*.

ekskomunika (*wym*. ekskomunika, *nie*: ekskomunika, p. akcent § 1c) *ż* III, in. klątwa: Nałożyć na kogoś ekskomunikę. Nakazać coś pod ekskomuniką.

ekskrementy (*nie*: ekskrementa) *blp*, *D*. ekskrementów «odchody»

ekslibris *m* IV, *D*. ekslibrisu «ozdobna kartka z nazwiskiem lub godłem właściciela księgozbioru, naklejana na jego książkach» △ *Ale*: Ex libris (=z książek; napis na takiej kartce)

eksmitować *ndk* IV, eksmitowaliśmy (p. akcent § 1a i 2) — **wyeksmitować** *dk* □ E. kogo, co (z czego).

ekspansja (*nie*: ekspanzja) *ż* I, *DCMs*. i *lm D*. ekspansji.

ekspansjonizm (*nie*: ekspanzjonizm) *m* IV, *D*. ekspansjonizmu, *Ms*. ekspansjonizmie (*wym*. ~izmie a. ~iźmie), *blm*.·

ekspansywny (*nie*: ekspanzywny).

ekspedient *m* IV, *Ms*. ekspediencie, *lm M*. ekspedienci *wych*. *z użycia* «sprzedawca (w sklepie)»

ekspedientka *ż* III, *lm D*. ekspedientek; *częściej*: sprzedawczyni (w sklepie).

ekspediować *ndk* IV, ekspediowaliśmy (p. akcent § 1a i 2) — **wyekspediować** *dk* «wysyłać, wyprawiać» □ E. kogo, co: Ekspediować dzieci na kolonie. Ekspediować paczkę.

ekspedytor *m* IV, *Ms*. ekspedytorze, *lm M*. ekspedytorzy «osoba zajmująca się wysyłaniem towarów, zwłaszcza na stacjach kolejowych i w instytucjach handlowych (co innego: spedytor)»

ekspertyza *ż* IV: Ekspertyza lekarska, chemiczna. Dokonać ekspertyzy.

eksperyment *m* IV, *D*. eksperymentu □ E. z czego (w połączeniu z nazwami dyscyplin naukowych): Eksperyment z fizyki. □ E. na kim, na czym: Dokonywać eksperymentów na sobie, na zwierzętach.

eksperymentować *ndk* IV, eksperymentowaliśmy (p. akcent § 1a i 2): Eksperymentować w dziedzinie pedagogiki, w zakresie wodolecznictwa. □ E. na

kim, na czym: Eksperymentować na królikach doświadczalnych.

ekspiacja (*wym*. ekspijacja) *ż* I, *DCMs*. ekspiacji, zwykle *blm* □ E. za co: Ekspiacja za grzechy.

eksplikacja *ż* I, *DCMs*. i *lm D*. eksplikacji *książk*. «wyjaśnianie, wyjaśnienie, sformułowanie wyraźne, nie pozostawiające niczego domysłowi»

eksploatacja *ż* I, *DCMs*. eksploatacji, *blm* 1. in. wyzyskiwanie: Eksploatacja robotników sezonowych. 2. in. użytkowanie: Eksploatacja maszyn, taboru kolejowego.

eksploatować *ndk* IV, eksploatowaliśmy (p. akcent § 1a i 2) — **wyeksploatować** *dk* IV, *lepiej*: 1. «użytkować coś, korzystać z czegoś» 2. «ciągnąć z czegoś zysk»

eksplodować *ndk* i *dk* IV, eksplodowałby (p. akcent § 4c); *lepiej*: wybuchać: W kopalni eksplodował gaz ziemny.

eksploracja *ż* I, *DCMs*. i *lm D*. eksploracji; *lepiej*: badanie, poszukiwanie, odkrywanie czegoś, np. Eksploracja (*lepiej*: badanie) dziewiczych obszarów Afryki.

eksplorator *m* IV, *lm M*. eksploratorzy; *lepiej*: badacz, poszukiwacz.

eksplorować *ndk* IV, eksplorowaliśmy (p. akcent § 1a i 2) — **wyeksplorować** *dk książk*. «przemierzać jakiś teren w celach badawczych»: Eksplorować dziewiczą puszczę.

eksplozja *ż* I, *DCMs*. i *lm D*. eksplozji; *lepiej*: wybuch.

eksplozyjny «odnoszący się do eksplozji; powodujący eksplozję»: Mieszanka eksplozyjna.

eksplozywny «mający cechy eksplozji»: Eksplozywne ruchy lawy.

eksponent *m* IV, *lm M*. eksponenci; *lepiej*: wystawca.

eksponować *ndk* IV, eksponowaliśmy (p. akcent § 1a i 2) 1. *lepiej*: wystawiać, np. Eksponować (*lepiej*: wystawiać) tkaniny na targach. 2. zwykle w imiesł. biernym «wysuwać na miejsce niebezpieczne, odpowiedzialne; narażać»: Być na eksponowanym stanowisku. △ Eksponowane miejsce, eksponowana droga, ściana «w taternictwie: miejsce, droga ponad ostrym spadkiem terenu» 3. *lepiej*: naświetlać, np. Eksponować (*lepiej*: naświetlać) błonę fotograficzną.

eksport *m* IV, *D*. eksportu, *blm* «wywóz za granicę»: Eksport węgla (*nie*: Eksport węgla za granicę — pleonazm).

ekspozycja *ż* I, *DCMs*. i *lm D*. ekspozycji △ W zn. «wystawienie na pokaz; rzeczy wystawione na pokaz» — *lepiej*: wystawa, pokaz.

ekspres *m* IV, *D*. ekspresu 1. «pośpieszna przesyłka pocztowa (na takich przesyłkach poprawny także napis: exprès)»: Wysłać ekspres. Wysłać, otrzymać coś ekspresem. 2. «pociąg pośpieszny; maszynka do szybkiego parzenia kawy» || *D Kult*. I, 793. *Por*. Express.

ekspresjonizm *m* IV, *D*. ekspresjonizmu, *Ms*. ekspresjonizmie (*wym*. ~izmie a. ~iźmie).

ekspresyjny p. ekspresywny.

ekspresywny 1. *rzad.* **ekspresyjny** *st. w.* bardziej ekspresywny (ekspresyjny) «wyrazisty, sugestywny» **2.** «wyrażający uczucia, postawę psychiczną mówiącego, piszącego»

ekstensywny (*nie*: ekstenzywny)

ekstern *m IV, lm M.* eksterni; a. **eksternista** *m* odm. jak *ż IV, lm M.* eksterniści, *DB.* eksternistów.

ekstra- «pierwszy człon wyrazów złożonych, pisany łącznie, znaczący: bardzo, niezwykle; najlepszy», *np.*: ekstranowocześnie, ekstrapilny, ekstraklasa.

ekstrakt *m IV, D.* ekstraktu; *lepiej*: wyciąg, wywar □ E. czego a. z czego: Ekstrakt świeżego dziurawca a. ze świeżego dziurawca.

ekstrem *m IV, D.* ekstremu; *lepiej*: krańcowość, skrajność, *np.* Złoty środek między dwoma ekstremami (*lepiej*: skrajnościami).

ekstremizm *m IV, D.* ekstremizmu, *Ms.* ekstremizmie (*wym.* ~izmie a. ~iźmie) *blm*; *lepiej*: krańcowość, skrajność, *np.* Ekstremizm (*lepiej*: skrajność) czyichś poglądów.

Ekwador *m IV, D.* Ekwadoru — Ekwadorczyk *m III, lm M.* Ekwadorczycy — Ekwadorka *ż III, lm D.* Ekwadorek — ekwadorski.

ekwilibrystyka (*wym.* ekwilibrystyka, *nie*: ekwilibrystyka, p. akcent § 1c) *ż III, blm*.

ekwipaż (*nie*: ekipaż) *m II, D.* ekwipażu, *lm D.* ekwipaży a. ekwipażów.

ekwipować *ndk IV*, ekwipowaliśmy (p. akcent § 1a i 2) — **wyekwipować** *dk IV*.

ekwiwalent *m IV, D.* ekwiwalentu: Dać komuś za deputat węgla ekwiwalent w gotówce.

elaborat *m IV, D.* elaboratu (zwykle *iron.*) «zagadnienie, temat opracowane i przedstawione na piśmie»

elastil a. **elastyl** *m I, D.* elastilu (elastylu).

elastilowy a. **elastylowy**.

elastyki (*wym.* elastyki) *blp, D.* elastyków *pot.* «spodnie elastyczne»

I Elba *ż IV*, p. Łaba.

II Elba *ż IV* «wyspa włoska»: Pobyt Napoleona na Elbie.

Elbląg *m III, D.* Elbląga «miasto» — elblążanin *m V, D.* elblążanina, *lm M.* elblążanie, *D.* elblążan — elblążanka *ż III, lm D.* elblążanek — elbląski.

elbląski (*nie*: elblągski): Powiat elbląski (*ale*: Kanał Elbląski).

Elbrus *m IV, D.* Elbrusu «szczyt górski w ZSRR»

Eldorado *n III, blm, rzad. ndm* **1.** «legendarna kraina skarbów (poszukiwana przez konkwistadorów hiszpańskich i portugalskich w XVI w.)» **2.** eldorado «kraj opływający w bogactwa, kraina szczęścia, raj»: To miasto jest eldoradem ludzi pragnących używać życia.

elegancik *m III, lm M.* te eleganciki.

elegant *m IV, lm M.* eleganci.

elegia *ż I, DCMs.* i *lm D.* elegii.

elektor *m IV, lm M.* elektorzy a. elektorowie.

elektro- «pierwszy człon wyrazów złożonych, pisany łącznie, wskazujący na związek znaczeniowy z elektrycznością», *np.*: elektroliza, elektromagnetyczny.

elektrokardiograf *m IV, D.* elektrokardiografu «przyrząd do badania pracy serca»

elektrokardiogram *m IV, D.* elektrokardiogramu «wykres uzyskany podczas badania pracy serca elektrokardiografem; skrót: ekg»

elektroluks *m IV, D.* elektroluksu; *in.* odkurzacz.

elektronik *m III, D.* elektronika (p. akcent § 1d).

elektronika (*wym.* elektronika, *nie*: elektronika, p. akcent § 1c), *ż III, blm*.

elektryk *m III, D.* elektryka (p. akcent § 1d).

elektryka *ż III, blm posp.* «prąd elektryczny; elektryczność»

elektryzować *ndk IV*, elektryzowaliśmy (p. akcent § 1a i 2) — **naelektryzować** *dk*: Elektryzować druty. △ w zn. *przen.* — **zelektryzować** *dk* □ E. kogo — czym: Wiadomość ta zelektryzowała nas wszystkich.

element *m IV, D.* elementu, *lm M.* elementy (*nie*: elementa).

elementarz *m II, lm D.* elementarzy || *GPK Por.* 126.

elew *m IV, lm M.* elewi a. elewowie *przestarz., książk.* «uczeń, wychowanek»: Elewowie szkoły oficerskiej.

elewator *m IV* **1.** «urządzenie mechaniczne do przeładowywania materiałów sypkich; podnośnik» **2.** *in.* spichlerz.

elf *m IV, DB.* elfa, *lm M.* elfy.

el Greco p. Greco.

Elida *ż IV, CMs.* Elidzie «kraina historyczna w Grecji» — elijski.

Eligiusz *m II, lm M.* Eligiuszowie — Eligiuszostwo *n III, DB.* Eligiuszostwa, *Ms.* Eligiuszostwu (*nie*: Eligiuszostwie), *blm*; a. Eligiuszowie *blp, D.* Eligiuszów.

eliksir (*wym.* eliks-ir) *m IV, D.* eliksiru.

eliminacja *ż I, DCMs.* i *lm D.* eliminacji **1.** «wyłączenie pewnych elementów spośród innych»: Dokonać eliminacji (*np.* błędów), *lepiej*: wyeliminować, usunąć (*np.* błędy). Dojść do czegoś przez eliminację. **2.** zwykle w *lm* «początkowy etap konkursu (*np.* śpiewaczego); wstępne rozgrywki w zawodach sportowych»: Eliminacje powiatowe. Stanąć do eliminacji. Przeprowadzać (*nie*: rozgrywać) eliminacje. □ E. do czego: Eliminacje do slalomu.

eliminować *ndk IV*, eliminowaliśmy (p. akcent § 1a i 2) — **wyeliminować** *dk* □ E. co, kogo — z czego, spośród kogo: Technika eliminuje z przemysłu pracę ręczną.

Eliot *m IV*: Poematy Eliota. Rozprawa o Eliocie.

elipsoida

elipsoida (*wym.* elipsoida) *ż IV*, *D.* elipsoidy.

elipsoidalny (*wym.* elipso-idalny) przym. od elipsoida: Kartografia elipsoidalna.

elipsowaty «mający kształt elipsy, przypominający elipsę, owalny»: Elipsowate listki.

eliptyczny przym. od elipsa: Eliptyczna orbita. Eliptyczne całki, funkcje. Zdanie eliptyczne.

elizejski: Cienie elizejskie (*ale:* Pola Elizejskie).

Elizjum *n VI*, *blm*; *częściej:* Pola Elizejskie «w mitologii greckiej: miejsce pobytu dusz zmarłych bohaterów, ludzi prawych»

elkaesowiec, elkaesowski p. LKS.

elki *blp*, *D.* elków: Ubrać się w elki. Chodzić w elkach.

elokwencja *ż I*, *DCMs.* elokwencji, *blm* często *iron.* «wymowność, krasomówstwo»: Słynąć z elokwencji.

Elsynoe *ż ndm* «imię bohaterki „Irydiona" Krasińskiego»

Eluard (*wym.* Elüar) *m IV*, *D.* Eluarda (*wym.* Elüarda, p. akcent § 7): Odczyt o Eluardzie.

elzetesowiec, elzetesowski p. LZS.

Elżbieta *ż IV* — Elżbietka *ż III*, *lm D.* Elżbietek — Elżunia *ż I*, *W.* Elżuniu — Ela *ż I*, *W.* Elu.

ełcki: Powiat ełcki (*ale:* Pojezierze Ełckie).

Ełk *m III*, *D.* Ełku «miasto» — ełczanin *m V*, *D.* ełczanina, *lm M.* ełczanie, *D.* ełczan — ełczanka *ż III*, *lm D.* ełczanek — ełcki (p.).

ełkaesowiec, ełkaesowski p. ŁKS.

em. «skrót wyrazu: *emerytowany* (*emerytowana*), pisany z kropką, stawiany zwykle przed stopniem wojskowym, tytułem naukowym lub zawodowym; czytany jako cały, odmieniany wyraz»: Em. prof. (*czyt.* emerytowany profesor) fizyki. Em. (*czyt.* emerytowana) nauczycielka, p. Wiśniewska. Przyznano odznaczenie em. gen. (*czyt.* emerytowanemu generałowi) Piotrowi Zielińskiemu.

em: zob. m, n

-(e)m, -(e)ś, -(e)śmy, -(e)ście 1. końcówki czasu przeszłego wszystkich czasowników są ruchome; łączy się je z czasownikiem lub z innymi wyrazami, np.: Gdzie byliście wczoraj? a. Gdzieście byli wczoraj? Wyszłam, nim przyszliście a. Wyszłam, nimeście przyszli.
2. końcówki *lp* czasu teraźniejszego czasownika *być* (-em, -eś) są w polszczyźnie regionalnej także ruchome, np.: Lubię cię, boś jest szczery a. Lubię cię, bo jesteś szczery. Myślisz, żem jest młody a. Myślisz, że jes:em młody. △ Natomiast końcówki *lm* można łączyć tylko z czasownikiem, np. Uczcie się, gdy jesteście młodzi (*nie:* Uczcie się, gdyście są młodzi). △ Końcówki czasu teraźniejszego czasownika *być* mogą zastępować także całe formy tego czasownika. Łączy się je z wyrazem poprzedzającym, np.: Gotowiśmy do drogi (*obok:* Jesteśmy gotowi do drogi). Ciekawam, kiedy wrócisz (*obok:* Ciekawa jestem, kiedy wrócisz). △ Ruchomość omawianych końcówek ma za sobą tradycję językową. Konstrukcjom typu: Coś tam widział? Chociażeś zdrów... — można dać pierwszeństwo przed konstrukcjami: Co tam widziałeś? Chociaż jesteś zdrów... △ Końcówki ruchome mogą być stosowane jednorazowo nawet do kilku form czasownikowych, bez powtarzania, np. Wszystkośmy to widzieli, słyszeli i zapamiętali. △ W wyjątkowych wypadkach, gdyby pisownia łączna mogła utrudnić zrozumienie sensu wypowiedzi, wolno użyć łącznika między wyrazem poprzedzającym a końcówką ruchomą, np. To-m już widział (= To już widziałem). △ Uwaga. *Niepoprawne* są ruchome końcówki czasownikowe oraz krótkie formy czasownika *być* z elementem -ż(e)-, np.: Wczoraj żem zjadł (*zamiast:* Wczorajem zjadł. Wczoraj zjadłem). Bardzo żeście weseli (*zamiast:* Bardzoście weseli a. Bardzo jesteście weseli). Natomiast poprawne są połączenia spójnika *że* z ruchomymi końcówkami czasownikowymi, np.: Pamiętam, żeśmy tu już byli (= Pamiętam, że tu już byliśmy). Cieszę się, żeście zadowoleni (= Cieszę się, że jesteście zadowoleni). △ Ruchome końcówki czasownikowe są enklitykami, a więc nie mają samodzielnego akcentu i przy wymawianiu łączą się pod względem akcentowym z wyrazem poprzedzającym, np.: Tu mieszkaliśmy (*nie:* Tu mieszkaliśmy). Z Warszawyście przyjechali (*nie:* Z Warszawyście przyjechali). Gotowiście nas zdradzić (*nie:* Gotowiście nas zdradzić). *Por.* akcent, czasownik, enklityki.

emancypacja *ż I*, *DCMs.* emancypacji, *blm* «uniezależnienie, usamodzielnienie»: Emancypacja kobiet. Społeczna emancypacja wsi.

emanować *ndk IV*, emanowałby (p. akcent § 4c) *książk.* «wydzielać z siebie, promieniować» □ E. co, *rzad.* czym: Piec emanował ciepło. □ E. z czego: Z jego słów emanowała szczerość.

Emanuel (*wym.* Emanuel, *nie:* Emanuel) *m I*, *lm M.* Emanuelowie, *D.* Emanuelów.

embargo *n II*, zwykle w *lp*.

emblemat *m IV*, *D.* emblematu, *lm M.* emblematy (*nie:* emblemata).

embrion *m IV*, *D.* embriona a. embrionu.

ementaler *m IV*, *D.* ementalera, *blm*; in. ser ementalski.

emeryt (*nie:* emeryta) *m IV*, *lm M.* emeryci.

emerytura *ż IV*, *CMs.* emeryturze: Być na emeryturze. Dostać, wysłużyć emeryturę. Podać się do emerytury. Pójść, przejść (*nie:* wyjść) na emeryturę. Dać, przyznać, wypłacić emeryturę. Przenieść kogoś na emeryturę.

emhadowiec, emhadowski p. MHD.

emigrować *ndk IV*, emigrowaliśmy (p. akcent § 1a i 2) — **wyemigrować** *dk*: Wielu bezrolnych emigrowało do Ameryki.

Emil *m I*, *lm M.* Emilowie — Emilostwo *n III*, *DB.* Emilostwa, *Ms.* Emilostwu (*nie:* Emilostwie), *blm*; a. Emilowie *blp*, *D.* Emilów — Emilia *ż I*, *DCMs.* i *lm D.* Emilii — Emilka *ż III*, *lm D.* Emilek.

eminencja *m odm. jak ż I*, *DCMs.* i *lm D.* eminencji «tytuł wysokich dostojników kościelnych, głównie kardynałów; dostojnik kościelny, kardynał» zwykle używane w wyrażeniu: Jego Eminencja; w bezpośrednim zwracaniu się: Wasza Eminencja.

△ Łączy się z orzeczeniem w rodzaju męskim — w czasie przeszłym, z orzecznikiem przymiotnikowym — w rodzaju męskim: Przyjechał (*nie*: Przyjechała) Jego Eminencja ksiądz kardynał. Czy Wasza Eminencja jest zmęczony (*nie*: zmęczona)? △ Szara (*nie*: szary) eminencja «człowiek kierujący z ukrycia jakimiś sprawami». // *D Kult. I, 53.*

eminentny *książk.*, *lepiej*: wybitny, przodujący.

Eminescu (*wym.* Eminesku) *m ndm*: Krytycy uznają Eminescu za największego poetę rumuńskiego.

emir *m IV, Ms.* emirze, *lm M.* emirowie.

emisariusz *m II, lm D.* emisariuszy, *rzad.* emisariuszów.

emitować *ndk* a. *dk IV*, emitowaliśmy (p. akcent § 1a i 2): Bank emitował nowe banknoty.

emocjonalizm *m IV, D.* emocjonalizmu, *Ms.* emocjonalizmie (*wym.* ~izmie a. ~iźmie), *blm.*

emocjonalny *st. w.* bardziej emocjonalny «uczuciowy, wywołujący wzruszenie»: Czynniki emocjonalne. Przeżycia emocjonalne. △ *niepoprawne* w zn. «ciekawy, emocjonujący», np. Emocjonalny (*zamiast*: emocjonujący) film.

emocjonować (*nie*: emocjować) *ndk IV*, emocjonowaliśmy (p. akcent § 1a i 2): Emocjonowały ich przygody. △ Często w imiesł. przymiotnikowym czynnym: Emocjonujące spotkanie, emocjonujący film.
emocjonować się: Emocjonuje się bardzo łatwo. □ E. się czym: Emocjonował się boksem. // *D Kult. I, 499.*

emocyjny *rzad.* «emocjonalny»: Reakcje emocyjne.

empi (*wym.* empi, *nie*: empi) *n ndm* «pistolet maszynowy»

empire (*wym.* ãpir) *m ndm* a. *m IV, D.* empiru (p. akcent § 7) **1.** *blm* «styl, który rozwinął się we Francji za Napoleona I w architekturze i rzemiośle artystycznym» **2.** tylko w *lm M.* empiry «meble w stylu empire»

empiria *ż I, DCMs.* empirii, *blm książk.* «poznanie świata (i to, co jest poznawane) za pośrednictwem zmysłów; doświadczenie»

empirowy (*wym.* ãpirowy) przym. od empire: Styl empirowy. Meble empirowe.

empiryzm *m IV, D.* empiryzmu, *Ms.* empiryzmie (*wym.* ~yzmie a. ~yźmie), *blm.*

emploi (*wym.* ãplua) *n ndm, wych. z użycia (środ.)*: Role komiczne nie są właściwym emploi tego aktora.

emu *n a. m ndm*: Brunatne (brunatny) emu.

en p.: m, n

encyklika (*wym.* encyklika, *nie*: encyklika, p. akcent § 1c), *ż III.*

endecja *ż I, DCMs.* endecji, *blm* «Narodowa Demokracja (skrót: ND)»

endek *m III, D.* endeka, *lm M.* endecy *pot.* «członek Narodowej Demokracji»

endo- «pierwszy człon wyrazów złożonych, zwykle terminów naukowych, których drugi człon jest też obcego pochodzenia, pisany łącznie, znaczący: wewnątrz, wewnętrzny», np.: endogeniczny, endoderma. △ Złożenia te można czasem zastąpić złożonymi wyrazami rodzimymi o pierwszym członie: wewnątrz-, np. endogeniczny, in. wewnątrzpochodny.

endogeniczny a. **endogenny**, in. wewnątrzpochodny.

Eneida (*wym.* Enejda) *ż IV.*

enema *ż IV*; *częściej*: lewatywa.

enerdowski p. NRD.

energetyk *m III, D.* energetyka (p. akcent § 1d), *lm M.* energetycy.

energetyka (*wym.* energetyka, *nie*: energetyka, p. akcent § 1c) *ż III, blm.*

energochłonny, *rzad.* **energiochłonny** *środ.* «pochłaniający energię»

en face (*wym.* ã fas) «(widziany) z przodu (zwykle w odniesieniu do twarzy lub postaci)»: Sfotografować się en face. Widzieć kogo en face (*nie*: z en face).

engagement (*wym.* ãgażmã; *nie*: angaż) *n ndm*: Korzystne engagement do teatru, opery.

Engels (*wym.* Eŋgels, *nie*: Engiels) *m IV, lm M.* Engelsowie.

-enie przyrostek tworzący rzeczownikowe nazwy czynności od wszystkich w zasadzie czasowników na -eć, -ić(-yć), np.: myśleć — *myślenie*, mówić — *mówienie*, kończyć — *kończenie*; brak takich form od czasowników: musieć i woleć. Niektóre z rzeczowników na -enie mogą nabrać wtórnego znaczenia przedmiotowego, np. *zakończenie* to nie tylko «końcowy etap czynności», lecz także «część końcowa czegoś (utworu literackiego, filmu itp.)». Sygnałem utrwalenia się rzeczownika w znaczeniu przedmiotowym jest możliwość utworzenia od niego form liczby mnogiej, np.: zawiadomienie — zawiadomienia, zawiadomień; obwieszczenie — obwieszczenia, obwieszczeń. △ Rzeczowniki będące tylko nazwami czynności form liczby mnogiej nie mają.

enigmatyczny *książk.* «zagadkowy, tajemniczy»: Enigmatyczny uśmiech. Enigmatyczna rozmowa.

enkawudzista, enkawudowski p. NKWD.

*enklityki wyrazy, zwykle jednozgłoskowe, nie mające samodzielnego akcentu, łączące się pod względem akcentowym z wyrazem poprzedzającym. Należą do nich: **1.** Krótkie formy przypadków zależnych zaimków osobowych, np.: *mi, ci, go, mię, cię*, zaimek wskazujący *to* w niektórych połączeniach, zaimek zwrotny *się*, np.: Powiem ci, daj mi spokój, idź do nich, uspokój się, cóż to za bałagan. △ Form tych nie używamy nigdy samodzielnie, ani na początku zdania.
2. Ruchome końcówki czasownikowe -(e)m, -(e)ś, -(e)śmy, -(e)ście, np.: Chociażem był...; wczorajśmy zjedli; gotowiście nas zdradzić.
3. Cząstki *by, -byś, -bym, -byśmy, -byście*, np.: Dobrze by było, można by było sądzić, poszedłbyś sam. △ Uwaga. Enklityki grupy 1, 2 i 3 umieszcza się najczęściej po pierwszym wyrazie w zdaniu, np.:

ensemble

Czyście widzieli? Długo się nie pokazywał. Jeśliby nie chciał, zostaw go.
4. Partykuły *no, że, to, ci* (pisane zarówno łącznie, jak rozdzielnie), np.: Idź no, chodźże, który to z was, a to ci heca!
5. Jednozgłoskowe rzeczowniki w niektórych, utartych połączeniach z przyimkami, np.: na dnie, na głos, na dół, na wierzch, za mąż, (pojechać) na wieś. // *Kl. Ależ 87; U Pol. (2), 429.*

ensemble (*wym.* äsäbl) *m I, lm D.* ensambli a. ensemblów (*wym.* äsäbli a. äsäblów) zwykle w *lm.*

ententa (*wym.* antanta a. ätäta) *ż IV, blm.*

entomolog (*nie:* entymolog) *m III, lm M.* entomolodzy a. entomologowie «specjalista w zakresie owadoznawstwa (co innego: etymolog)» // *D Kult. I, 409.*

entomologia (*nie:* entymologia) *ż I, DCMs.* entomologii, *blm*; in. owadoznawstwo. // *D Kult. I, 409.*

entuzjazm *m IV, D.* entuzjazmu, *Ms.* entuzjazmie (*wym.* ~azmie a. ~aźmie), *blm* □ E. dla kogo, dla czego a. do czego: Entuzjazm dla zwycięzców. Entuzjazm dla pracy (cudzej) a. do pracy (własnej).

entuzjazmować się *ndk IV*, entuzjazmowaliśmy się (p. akcent § 1a i 2) □ E. się czym, *rzad.* kim (*nie:* do czego, do kogo): Bardzo się entuzjazmują tym przedstawieniem. Entuzjazmował się swym nowym nauczycielem.

enuncjacja *ż I, DCMs.* i *lm D.* enuncjacji *książk., lepiej:* wypowiedź, oświadczenie.

enzym *m IV, D.* enzymu *chem.,* in. ferment.

-eński p. -ski.

Eol *m I* **1.** *lm M.* Eolowie, *D.* Eolów «członek starożytnego plemienia greckiego» — Eolka *ż III, lm D.* Eolek — eolski.
2. *blm* «mityczny król wiatrów»

epatować *ndk IV*, epatowaliśmy (p. akcent § 1a i 2) *przestarz., książk.* «wywoływać a. chcieć wywoływać wielkie, imponujące wrażenie»

epicki a. **epiczny** *przym.* od epika: Poezja epicka. Utwór epiczny. // *D Kult. I, 409.*

epidemiczny «mający charakter epidemii, dotyczący epidemii»: Choroby epidemiczne.

epidemiologiczny «związany z epidemiologią, dotyczący walki z chorobami epidemicznymi»: Studia epidemiologiczne. Stacja sanitarno-epidemiologiczna.

epigon *m IV, lm M.* epigoni, *rzad.* epigonowie.

epigonizm *m IV, D.* epigonizmu, *Ms.* epigonizmie (*wym.* ~izmie a. ~iźmie), *blm.*

epigraf *m IV, D.* epigrafu, w zn. «aforyzm umieszczany na początku dzieła, zwykle literackiego lub jego części» *częściej:* motto.

epigramat *m IV, D.* epigramatu, *lm M.* epigramaty (*nie:* epigramata); a. **epigram** (*nie:* ta epigrama) *m IV, D.* epigramu.

epik *m III, D.* epika (p. akcent § 1d), *lm M.* epicy.

epika (*wym.* epika, *nie:* epika, p. akcent § 1c) *ż III, blm.*

Epikur (*wym.* Epikur, *nie:* Epikur) *m IV.*

epikureizm *m IV, D.* epikureizmu, *Ms.* epikureizmie (*wym.* ~izmie a. ~iźmie), *blm.*

epilepsja *ż I, DCMs.* epilepsji, zwykle *blm*; in. padaczka.

epileptyk *m III, D.* epileptyka (p. akcent § 1d), *lm M.* epileptycy.

epistemologia *ż I, DCMs.* epistemologii, zwykle *blm*; in. teoria poznania.

epistemologiczny in. teoriopoznawczy.

epistolograf *m IV, lm M.* epistolografowie.

epistoła *ż IV, lm D.* epistoł (*nie:* epistół).

epoka (*wym.* epoka, *nie:* epoka) *ż III*: Epoka pozytywizmu, oświecenia. △ Epoka brązu, żelaza itp. a. epoka brązowa, żelazna itp. △ Epoka lodowa a. lodowcowa. △ Człowiek jakiejś epoki a. z jakiejś epoki: Człowiek (z) epoki renesansu. □ E. w czym: Epoka w historii kultury ludzkiej. △ Stanowić epokę (w czymś).

epolet *m IV, D.* epoletu, zwykle w *lm.*

epopeja (*wym.* epopeja, *nie:* epopeja, epopea) *ż I, DCMs.* i *lm D.* epopei; *rzad., książk.* **epos** *m IV, D.* eposu: Epos historyczny Słowackiego. Epopeja Mickiewicza.

epruwetka *ż III, lm D.* epruwetek *przestarz.* «probówka»

era *ż IV, CMs.* erze: Nowa era w dziejach ludzkości. △ Era chrześcijańska a. nasza era (skrót: n.e.): Empedokles żył w V w. przed naszą erą (skrót: p.n.e.).

Erewan (*wym.* Erewan) *m IV, D.* Erewanu, *pot.* także: **Erywań** (*wym.* Erywań) *m I, D.* Erywania «miasto w ZSRR (stolica Armenii)»: Konserwatorium w Erewanie (Erywaniu).

Erfurt *m IV, D.* Erfurtu «miasto w NRD» — erfurtczyk *m III, lm M.* erfurtczycy — erfurcki.

I erg *m III, D.* erga «jednostka pracy w układzie centymetr-gram-sekunda»

II erg *m III, D.* ergu «piaszczysty obszar Sahary»

ergonomia *ż I, DCMs.* ergonomii, *blm*; a. **ergonomika** (*wym.* ergonomika, *nie:* ergonomika, p. akcent § 1c) *ż III, blm.*

erkaem (*wym.* erkaem a. erkaem, p. akcent § 6) *m IV, D.* erkaemu «ręczny karabin maszynowy (skrót: rkm)»

Ermitaż (*nie:* Ermitraż; *wym.* Ermitaż, *nie:* Ermitaż) *m II, D.* Ermitażu «muzeum w Leningradzie»

erotyk *m III, D.* erotyku (*nie:* erotyku, p. akcent § 1d).

erotyka (*wym.* erotyka, *nie:* erotyka, p. akcent § 1c) *ż III, blm.*

erotyzm *m IV, D.* erotyzmu, *Ms.* erotyzmie (*wym.* ~yzmie a. ~yźmie), *blm.*

errata 1. *ż IV* «spis i sprostowanie omyłek w wydrukowanym tekście; arkusz poprawek»: Errata zawiera kilkanaście pozycji. **2.** *blp, D.* -ów «błędy drukarskie»: Liczne errata w druku. Rejestr erratów nie jest kompletny. // *D Kult. I, 736; Kl. Pog. 69.*

*e ruchome pojawia się w odmianie wielu wyrazów rodzimych i — przez analogię — niektórych wyrazów przyswojonych. Wymiana e ruchomego z tzw. zerem morfologicznym (czyli z brakiem samogłoski) w tematach wyrazów rodzimych jest wynikiem zmian historycznych w języku polskim.

1. W deklinacji rzeczowników rodzaju męskiego e ruchome występuje w tematach mianownika *lp*, zanika zaś w tematach innych przypadków, np.: sen — snu, pies — psów, dzień — dnia, mech — mchem; podobnie w niektórych wyrazach obcego pochodzenia (np.: ganek — ganku, mebel — meble, kufer — kufrem, figiel — figla, sweter — swetrze) i w rzeczownikach pochodnych utworzonych za pomocą przyrostków *-ec, -ek, -eniec, -eń, -owiec* i in. (np.: skoczek — skoczka, jeździec — jeźdźca, młodzieniec — młodzieńcy, uczeń — uczniów, lewicowiec — lewicowca, guziczek — guziczki).
Błędem jest pomijanie e ruchomego w temacie mianownika *lp* przez analogię do postaci tematu w przypadkach zależnych, np.: plastr, swetr, fiakr (*zamiast*: plaster, sweter, fiakier). *Niepoprawne* jest także wprowadzanie e ruchomego do tematów wyrazów nie zawierających tej samogłoski, np.: liter, meter, wiater (*zamiast*: litr, metr, wiatr). *Por.* mianownik. △ Wymiana e z zerem morfologicznym zachodzi także w odmianie polskich nazwisk wielosylabowych, np.: Dudek — Dudka (*nie*: Dudeka), Kwiecień — Kwietnia (*nie*: Kwiecienia, *ale*: Krzemień — Krzemienia, zgodnie z odmianą rzeczownika pospolitego) oraz w odmianie znanych od dawna nazwisk obcych, np.: Luter — Lutra, Wedel — Wedla, Hegel — Hegla, Szuster — Szustra. Natomiast polskie nazwiska jednosylabowe oraz nazwiska obce mniej znane zachowują e w całej odmianie, np.: Mech — Mecha, Dech — Decha; Claudel — Claudela, Faber — Fabera, Romer — Romera. Dotyczy to także imion obcych, np.: Fidel — Fidela.
2. W deklinacji rzeczowników rodzaju żeńskiego e ruchome występuje zazwyczaj w dopełniaczu *lm*, jeśli na końcu wyrazu powstałby zbieg dwóch lub więcej spółgłosek (np.: łza — łez, ćma — ciem, mgła — mgieł, suknia — sukien, kropla — kropel). Zjawisko to zachodzi zawsze w rzeczownikach pochodnych utworzonych za pomocą przyrostków *-ka, -aczka, -anka, -arka* (np.: matka — matek, kopaczka — kopaczek, warszawianka — warszawianek, pogłębiarka — pogłębiarek). △ W *D. lm* nie mają ruchomego e (mimo zbiegu spółgłosek) liczne wyjątki, np.: łask, trosk, klęsk, sióstr, warg, wierzb, gwiazd, izb.
3. W deklinacji rzeczowników rodzaju nijakiego e ruchome występuje w dopełniaczu *lm*, jeśli temat deklinacyjny kończy się zbiegiem dwóch lub więcej spółgłosek (np.: dno — den, **wiosło** — wioseł, okno — okien, piekło — piekieł, płótno — płócien); wymiana ta zachodzi zawsze w rzeczownikach pochodnych utworzonych za pomocą przyrostków *-ko, -czko* (np.: jabłko — jabłek, pólko — pólek, ramiączko — ramiączek). △ Wyjątki: rzeczowniki w *D. lm*: widm, pism, rzemiosł, ziarn (*obok*: ziaren), pasm (*obok*: pasem).
4. W deklinacji liczebników e ruchome występuje dziś w mianowniku *lp* liczebników: jeden, siedem, osiem (*nie*: siedm, ośm), które w pozostałych przypadkach tracą e: jednego, siedmiu, ośmioma itd.
5. Ruchome e pojawia się także w przyimkach *w* i *z*, w pozycji przed zbitkami niektórych spółgłosek, np.: w domu — *ale*: we Wrocławiu, we dnie; z sali — *ale*:

ze strachu, ze Lwowa. △ Niekiedy możliwe są formy oboczne, np.: kluski z serem, *reg.* ze serem; z sokiem, *reg.* ze sokiem; w wodzie, *reg.* we wodzie.
△ Inne przyimki występują w postaci z e ruchomym tylko przed formami przypadkowymi zaimka *ja*, np.: pode mną, przede mną, nade mną, ode mnie, beze mnie. △ Przyimki z e ruchomym używane są też w wyrażeniach: przede wszystkim, nade wszystko (*ale*: Gospodarz czuwał nad wszystkim. Janek przybiegł przed wszystkimi).

erudyta (*nie*: erudyt) *m* odm. jak *ż IV, lm M.* erudyci, *DB.* erudytów. // *D Kryt.* 58.

Erytrea a. **Erytreja** *ż I, DCMs.* Erytrei «kraina w Etiopii»

erytrocyt *m IV, D.* erytrocytu, *Ms.* erytrocycie, zwykle w *lm*; in. krwinka czerwona a. czerwone ciałko krwi.

Erywań p. Erewan.

esauł (*wym.* esa-uł) *m IV, lm M.* esaułowie.

Eschyl p. Ajschylos.

escudo (*wym.* eskudo) *m IV* a. *ndm*: Dwa escudy a. dwa escudo.

esdecki *m-os.* esdeccy przym. od esdek: Działacz esdecki.

esdek *m III, lm M.* esdecy «członek SD»

eseistyka (*wym.* eseistyka, *nie*: eseistyka, p. akcent § 1c) *ż III, blm.*

esej (*nie*: essay) *m I, D.* eseju, *lm D.* esejów.

eselowiec, eselowski p. SL.

esencja (*nie*: asencja) *ż I, DCMs.* i *lm D.* esencji.

eserowiec *m II, D.* eserowca, *lm M.* eserowcy; *pot.* **eser** *m IV, lm M.* eserzy «członek rosyjskiej partii socjalrewolucyjnej (SR)»

esesman, *rzad.* **esman** *m IV, lm M.* esesmani (esmani); a. **esesowiec** *m II, D.* esesowca, *lm M.* esesowcy «członek organizacji hitlerowskiej (SS)»

esesowski p. SS

eshaelka *ż III, lm D.* eshaelek *pot.* «motocykl a. pralka elektryczna marki SHL»: Jechać eshaelką. Prać w eshaelce.

eskalacja *ż I, DCMs.* eskalacji, *blm*; tylko w wyrażeniach: Eskalacja wojny, działań wojennych itp. «wzmaganie nasilenia agresywnych działań wojennych» △ *niepoprawne* Eskalacja wpływów, uczuć. Eskalacja (*zamiast*: zwielokrotnienie) celów. // *D Kult.* II, 211.

Eskimos *m IV, lm M.* Eskimosi — Eskimoska *ż III, lm D.* Eskimosek — eskimoski.

eskorta (*nie*: ekskorta) *ż IV.*

eskorter *m IV, lm M.* eskorterzy; a. **eskortowiec** *m II, D.* eskortowca, *lm M.* eskortowcy «statek eskortujący»

eskulap *m IV, lm M.* eskulapowie, *rzad.* eskulapi *przestarz., żart.* «lekarz»

esman p. esesman.

esperanto *n ndm* a. *n III, blm*: Tłumaczyć z polskiego na esperanto. Zwolennik esperanto a. esperanta. Być biegłym w esperanto a. w esperancie.

! **essay** p. esej.

Essen *n ndm* «miasto w NRF»: Mieszkać w Essen. — esseńczyk *m III, lm M.* esseńczycy — essenka *ż III, lm D.* essenek — esseński. || *Kl. Ależ 45.*

ester (*nie*: estr) *m IV, D.* estru, *Ms.* estrze: Estry są cieczami lub ciałami stałymi.

esteta *m* odm. jak *ż IV, CMs.* estecie, *lm M.* esteci, *DB.* estetów «człowiek wrażliwy na piękno»: Subtelny esteta.

estetyk *m III, D.* estetyka (p. akcent § 1d) «teoretyk sztuki»

estetyka (*wym.* estetyka, *nie*: estetyka, p. akcent § 1c) *ż III, blm.*

estetyzacja *ż I, DCMs.* estetyzacji, *blm rzad.* «robienie czegoś estetycznym; upiększanie» || *KP Pras.*

estetyzować *ndk IV*, estetyzowaliśmy (p. akcent § 1a i 2) □ E. bez dop. «dążyć jednostronnie do osiągnięcia efektów estetycznych, kierować się (czasem z odcieniem afektacji) pobudkami estetycznymi w ocenie czegoś»: Poeci Młodej Polski estetyzowali. Estetyzujący krytyk literacki.

Estonia (*wym.* Estońja) *ż I, DCMs.* Estonii «republika związkowa w ZSRR» — Estończyk *m III, lm M.* Estończycy — Estonka *ż III, lm D.* Estonek — estoński.

Estremadura *ż IV, CMs.* Estremadurze «kraina historyczna w Hiszpanii i Portugalii» — Estremadurczyk *m III, lm M.* Estremadurczycy — Estremadurka *ż III, lm D.* Estremadurek — estremadurski.

estyma *ż IV, blm przestarz., książk.* a. *żart.* «cześć, poważanie»: Mieć kogoś w estymie. □ E. dla kogo: Estyma dla starszych.

esy *blp, D.* esów, zwykle w wyrażeniu: Esy-floresy; p. floresy.

-(e)ś, -(e)śmy, -(e)ście p. -(e)m.

etap *m IV, D.* etapu □ E. czego (*nie*: w czym): Rozpocząć nowy etap pracy (*nie*: w pracy), *ale*: Rozpocząć w pracy nowy etap. △ *pot.* (nadużywane) Na etapie czego (*lepiej*: w czasie, w okresie), np. Państwo na etapie (*lepiej*: Państwo w czasie a. w okresie, w trakcie) odbudowy. △ *środ.* Rozegrać etap (wyścigu) «rozegrać walkę ze współzawodnikami na trasie danego etapu» || *KP Pras.*

etat *m IV, D.* etatu, *Ms.* etacie: Stały etat. Etat urzędnika a. urzędniczy. △ Być na etacie, dostać etat, dostać się na etat. △ Wziąć, zaangażować, przyjąć kogoś na etat. △ Pracować na pół etatu (*nie*: na pół etacie).

etatyzacja *ż I, DCMs.* etatyzacji, *blm* 1. *lepiej*: upaństwowienie, np. Etatyzacja (*lepiej*: upaństwowienie) handlu. 2. «ustalenie liczby etatów w jakiejś instytucji; przejście (pracownika kontraktowego) na etat»

etc. «skrót wyrażenia: *et cetera*, pisany z kropką, czytany jako całe wyrażenie»

et cetera (*wym.* et cetera a. et cetera) *ndm* (skrót: etc.) «i tak dalej»: Znacie jego pasje: zabawy, polowanie et cetera.

eteryczny 1. «właściwy eterowi, mający cechy eteru»: Eteryczny zapach. Olejek eteryczny. 2. «delikatny, powiewny, lekki»: Eteryczna postać.

Etiopia *ż I, DCMs.* Etiopii; in. Abisynia — Etiop *m IV*, częściej w *lm M.* Etiopowie, a. Etiopczyk *m III, lm M.* Etiopczycy — Etiopka *ż III, lm D.* Etiopek — etiopski. || *PJ 1963, 134.*

etiuda *ż IV*: Grał etiudy Chopina. *Ale* (w tytule utworu dużą literą): Etiuda As-dur. || *U Pol. (2), 494.*

etnograf *m IV, lm M.* etnografowie.
etnograf — o kobiecie, p. nazwy i tytuły zawodowe kobiet.

etnografia *ż I, DCMs.* etnografii, zwykle *blm.*

etnolog *m III, lm M.* etnolodzy a. etnologowie.
etnolog — o kobiecie, p. nazwy i tytuły zawodowe kobiet.

etola *ż I, lm D.* etoli.

Etruria *ż I, DCMs.* Etrurii «kraina w starożytnej Italii (obecnie: Toskania)» — Etrusk *m III, lm M.* Etruskowie — Etruska *ż III, lm D.* Etrusek — etruski.

etui (*wym.* etüi a. etui, *nie*: etui) *n ndm; częściej*: futerał. || *D Kryt. 39.*

etyk *m III, D.* etyka (p. akcent § 1d) *rzad.* «znawca etyki»

etyka (*wym.* etyka, *nie:* etyka, p. akcent § 1c) *ż III, blm.*

etykieta *ż IV* 1. *blm* «formy towarzyskie; ceremoniał»: Etykieta dworska. 2. *częściej*: etykietka «kartka, tekturka a. deseczka z nazwą, często też z opisem przedmiotu, do którego się odnosi»: Etykieta na butelce.

etymolog *m III, lm M.* etymolodzy a. etymologowie.

etymologia *ż I, DCMs.* i *lm D.* etymologii 1. «pochodzenie wyrazu» 2. *blm* «dział językoznawstwa zajmujący się pochodzeniem wyrazów»

Eubea a. **Eubeja** (*wym.* Eu-bea a. Eu-beja, *nie*: E-ubea a. E-ubeja) *ż I, DCMs.* Eubei «wyspa grecka»

eucharystia (*wym.* eu-charystja, *nie*: e-ucharystja) *ż I, DCMs.* eucharystii, *blm.*

eufemiczny (*wym.* eu-femiczny, *nie*: e-ufemiczny), *rzad.* **eufemistyczny.**

eufemizm (*wym.* eu-femizm, *nie*: e-ufemizm) *m IV, D.* eufemizmu, *Ms.* eufemizmie (*wym.* ~izmie a. ~iźmie).

*eufemizmy wyrazy lub wyrażenia zastępcze o charakterze mniej drastycznym niż określenia właściwe. Używa się ich najczęściej zamiast wyrazów nieprzyzwoitych, związanych z życiem seksualnym, trywialnych, rubasznych, np.: cztery litery; dziewczynka (*zamiast*: prostytutka); spać z kimś (*zamiast*: spółkować, mieć z kimś stosunek). △ Wyrazami albo wyrażeniami eufemicznymi posługujemy się także nie chcąc używać określeń zbyt dosadnych czy po prostu nazywających rzecz po imieniu, np.: to nie odpowiada rzeczywistości (*zamiast*: to nieprawda); on się mija z prawdą (*zamiast*: kłamie); prochu nie wymyśli (*zamiast*: jest głupi).

eufonia (*wym.* eu-fońja, *nie*: e-ufonia) *ż I, DCMs.* eufonii, *blm.*

euforia (*wym.* eu-forja, *nie*: e-uforia) *ż I, DCMs.* euforii, *blm.*

Eufrat (*wym.* Eu-frat, *nie*: E-ufrat) *m IV, D.* Eufratu (p. akcent § 7) «rzeka w południowo-zachodniej Azji»

Eugeniusz (*wym.* Eu-geńjusz a. Eu-gieńjusz, *nie*: E-ugeniusz) *m II, lm M.* Eugeniuszowie — Genio *m I, lm M.* Geniowie — Eugeniuszostwo *n III, DB.* Eugeniuszostwa, *Ms.* Eugeniuszostwu (*nie*: Eugeniuszostwie), *blm*; a. Eugeniuszowie *blp, D.* Eugeniuszów — Geniowie *blp, D.* Geniów — Eugenia *ż I, DCMs.* i *lm D.* Eugenii — Genia *ż I, W.* Geniu.

eukaliptus (*wym.* eu-kaliptus, *nie*: e-ukaliptus) *m IV, D.* eukaliptusa.

eunuch (*wym.* eu-nuch, *nie*: e-unuch) *m III, lm M.* ci eunuchowie a. (z silniejszym zabarwieniem ekspresywnym) te eunuchy.

Eurazja (*wym.* Eu-razja, *nie*: E-urazja) *ż I, DCMs.* Eurazji «kontynent europejsko-azjatycki» — eurazjatycki (p.).

eurazjatycki (*nie*: eurazyjski; *wym.* eu-razjatycki, *nie*: e-urazjatycki): Ląd eurazjatycki.

Europa (*wym.* Eu-ropa, *nie*: E-uropa) *ż IV*: Europa Południowa, Europa Północna itp. (*ale*: południowa, północna Europa). — Europejczyk *m III, lm M.* Europejczycy — Europejka *ż III, lm D.* Europejek — europejski.

Eurydyka (*wym.* Eu-rydyka, *nie*: E-urydyka) *ż III, D.* Eurydyki (p. akcent § 7).

Eurypides (*wym.* Eu-rypides, *nie*: E-urypides) *m IV, D.* Eurypidesa (p. akcent § 7): Wystawić „Elektrę" Eurypidesa.

Eustachy (*wym.* Eu-stachy, *nie*: E-ustachy) *m* odm. jak przym., *lm M.* Eustachowie — Eustachostwo *n III, DB.* Eustachostwa, *Ms.* Eustachostwu (*nie*: Eustachostwie), *blm*; a. Eustachowie *blp, D.* Eustachych, *C.* Eustachym.

eutanazja (*wym.* eu-tanazja, *nie*: e-utanazja) *ż I, DCMs.* eutanazji, *blm.*

Euzebiusz (*wym.* Eu-zebjusz, *nie*: E-uzebiusz) *m II, lm M.* Euzebiuszowie — Euzebiuszostwo *n III, DB.* Euzebiuszostwa, *Ms.* Euzebiuszostwu (*nie*: Euzebiuszostwie), *blm*; a. Euzebiuszowie *blp, D.* Euzebiuszów.

Everest (*wym.* Ewerest) *m IV, D.* Everestu (p. akcent § 7), *Ms.* Evereście «szczyt w Himalajach»: Zdobywcy Everestu. Sylwetka Mount Everestu (w tej nazwie: Mount — *wym.* Mont a. Maunt — jest *ndm*).

ew. «skrót wyrazu: *ewentualnie*, pisany z kropką, czytany jako cały wyraz»: Prosimy zgłosić się osobiście, ew. zatelefonować.

ewakuacja (*wym.* ewaku-acja *ż I, DCMs.* i *lm D.* ewakuacji.

ewakuować (*wym.* ewaku-ować) *ndk* a. *dk IV*, ewakuowaliśmy (p. akcent § 1a i 2) — **wyewakuować**

dk: Ewakuować miasto. Ze względu na niebezpieczeństwo bombardowania ewakuowano wszystkich rannych ze szpitala.

ewangelia (*wym.* ewangielia a. ewangelia) *ż I, DCMs.* i *lm D.* ewangelii 1. «opis życia i nauki Chrystusa spisane przez Mateusza, Marka, Łukasza i Jana»: Tekst ewangelii św. Jana (a. według św. Jana). 2. Ewangelia *blm* «księga zawierająca ten tekst»: Wziął do ręki Ewangelię. Przysiągł na Ewangelię. || GPK Por. 37.

ewangelicki (*wym.* ewangielicki a. ewangelicki) *m-os.* ewangeliccy: Wyznania ewangelickie. Kościoły ewangelickie.

ewangeliczny (*wym.* ewangieliczny a. ewangeliczny), *rzad.* **ewangelijny**: Tekst ewangeliczny.

ewangelik (*wym.* ewangielik a. ewangelik) *m III, D.* ewangelika (p. akcent § 1d), *lm M.* ewangelicy.

ewenement *m IV, D.* ewenementu, *lm M.* ewenementy (*nie*: ewenementa) *książk.* «niezwykłe zdarzenie»

Ewenk *m III, lm M.* Ewenkowie; in. Tunguz: Ewenkowie należą do typu mongoloidalnego. — Ewenka *ż III, lm D.* Ewenek — ewenkijski (p.).

ewenkijski: Język ewenkijski (*ale*: Ewenkijski Okręg Narodowy).

ewentualny (*wym.* ewentu-alny) *m-os.* ewentualni, wyraz nadużywany w języku *pot.*; *lepiej*: możliwy, przypuszczalny.

EWG (*wym.* ewugie, *nie*: ewuge) *n* a. *ż ndm* «Europejska Wspólnota Gospodarcza»: EWG zostało utworzone (została utworzona) w 1957 roku w Rzymie.

ewidencjować a. **ewidencjonować** *ndk IV*, ewidencjowaliśmy, ewidencjonowaliśmy (p. akcent § 1a i 2) — **zewidencjować** a. **zewidencjonować** *dk*: Ewidencjonować towar w sklepie. Ewidencjonować mieszkańców miasta. || D Kult. I, 499.

ewidentny *książk.*, *lepiej*: oczywisty, np. Ewidentne (*lepiej*: oczywiste) głupstwo. || D Kult. II, 326; Kl. Aleź 31.

ewoluować (*wym.* ewolu-ować) *ndk IV*, ewoluowaliśmy (p. akcent § 1a i 2) *książk.*, *lepiej*: rozwijać się, np. Język ewoluuje (*lepiej*: rozwija się).

ex p. cząstki wyrazów.

ex libris p. ekslibris.

exposé (*wym.* ekspoze) *n ndm*: Wygłosić exposé. Exposé premiera, ministra.

exprès p. ekspres.

Express (*wym.* ekspres) *m IV, D.* Expressu «tytuł dziennika»: Czytać Express. *Por.* ekspres.

Eyck, van (*wym.* wan Ejk) *m III, lm M.* van Eyckowie: Twórczość malarska braci van Eycków.

Ezop *m IV* — ezopowy (p.).

Ezopowy 1. «należący do Ezopa, napisany przez Ezopa»: Ezopowe bajki. 2. ezopowy «taki, jak u Ezopa»: Morał ezopowy.

ę p. ą

159

f p. spółgłoski miękkie.

Faber *m IV, D.* Fabera, *lm M.* Faberowie.
Faber *ż ndm* — Faberowa *ż* odm. jak przym. — Faberówna *ż IV, D.* Faberówny, *CMs.* Faberównie
(*nie:* Faberównej), *lm D.* Faberówien. || *D Kult. I,*
667.

Fabian *m IV, lm M.* Fabianowie — Fabianostwo
n III, DB. Fabianostwa, *M.* Fabianostwu (*nie:* Fabianostwie), *blm;* a. Fabianowie *blp, D.* Fabianów.

fabryka (*wym.* fabryka, *nie:* fabryka, p. akcent
§ 1c) *ż III* (skrót: f-ka): Fabryka tworzyw sztucznych.
Fabryka zabawek. Pracować w fabryce (*nie:* na
fabryce). *pot.* Dyrektor jest w tej chwili na fabryce
(*lepiej:* na terenie fabryki). || *U Pol. (2), 276—280.*

fabrykant (*wym.* fabrykant, *nie:* fabrykant) *m IV,*
lm M. fabrykanci. □ F. czego: Fabrykant broni,
mebli.

fabrykować *ndk IV,* fabrykowaliśmy (p. akcent
§ 1a i 2); *częściej:* produkować, wytwarzać. △ Dziś
zwykle w zn. *iron., żart.* «wytwarzać, klecić coś mało
wartościowego»

fabuła (*wym.* fabuła, *nie:* fabuła, p. akcent § 7),
ż IV.

fach *m III, D.* fachu «zwykle w odniesieniu do zawodów rzemieślniczych, technicznych; *lepiej:* zawód,
specjalność»: Zamiłowany w swoim fachu. △ *pot.*
Kolega po fachu.

fachman *m IV pot., lepiej:* fachowiec.

fachowiec *m II, D.* fachowca, *W.* fachowcze,
forma szerząca się: fachowcu, *lm M.* fachowcy.

facsimile p. faksymile.

Fadiejew (*wym.* Fadiejew) *m IV, D.* Fadiejewa
(p. akcent § 7): Spotkanie czytelników z Fadiejewem.

fading (*wym.* fejding a. fading) *m III, D.* fadingu,
blm.

fagas *m IV, lm M.* ci fagasi a. (z silniejszym zabarwieniem ekspresywnym) te fagasy.

fagot *m IV, D.* fagotu.

Fahrenheit (*wym.* Farenhajt) *m IV, D.* Farenheita
(*wym.* Farenhajta, p. akcent § 7): Skala Farenheita.

fair (*wym.* fer) *ndm* △ zwykle w zwrotach: Coś
jest (nie)fair «coś jest (nie)uczciwe, (nie)honorowe»
△ Postąpić, zachować się (nie)fair «postąpić, zachować się (nie)lojalnie, (nie)honorowo»

fajans *m IV, D.* fajansu, *lm M.* fajanse (*nie:* fajansy), *D.* fajansów (*nie:* fajansy).

fajczany p. fajkowy.

fajerant (*wym.* fajerant), *rzad.* **fajrant** *m IV, D.*
fajerantu, fajrantu (p. akcent § 7) *środ.* «koniec dnia
roboczego; przerwa na odpoczynek w pracy»

fajerwerk (*wym.* fajerwerk) *m III, D.* fajerwerku
(p. akcent § 7): Zapalić, puszczać fajerwerki.

fajf *m IV, D.* fajfu.

fajkowy, *rzad.* **fajczany**: Tytoń fajkowy. Dym
fajkowy (fajczany).

fajrant p. fajerant.

fajtać *ndk I,* fajtaliśmy (p. akcent § 1a i 2) — **fajtnąć** *dk Va,* fajtnął (*wym.* fajtnoł), fajtnęła (*wym.*
fajtneła; *nie:* fajtła), fajtnęliśmy (*wym.* fajtneliśmy)
pot. a) «machać, kiwać» □ F. czym: Fajtać nogami.
b) zwykle *dk* «przewrócić się»: Fajtnął na ziemię.

fajtłapa *m* a. *ż* odm. jak *ż IV, M.* ten a. ta fajtłapa
(także o mężczyznach), *lm M.* te fajtłapy, *D.* fajtłapów (tylko o mężczyznach) a. fajtłap. *B.* tych fajtłapów (tylko o mężczyznach) a. te fajtłapy.

fakir *m IV, lm M.* fakirzy a. fakirowie.

faksymile *n,* w *lp ndm, lm M.* faksymilia, *D.*
faksymiliów (*nie:* faksymilii) «reprodukcja, kopia
dokumentu, podpisu, rysunku itp.»

fakt *m IV, D.* faktu, *lm M.* fakty (*nie:* fakta): Fakt
historyczny. Suche fakty. Coś jest faktem dokonanym. △ Nadużywane w wyrażeniach typu: Fakt istnienia czegoś. Fakt zabicia człowieka (*lepiej:* Istnienie
czegoś. Zabicie człowieka). Na poparcie tej tezy można
przytoczyć fakt, że... (*lepiej:* ...można przytoczyć to,
że...). △ Fakty miały miejsce (*nie:* fakty zdarzyły się).
△ Fakt faktem; to fakt «istotnie, rzeczywiście»: Fakt
faktem (a. to fakt) — zegarek przepadł! △ Przez sam

fakt (*nie*: wskutek samego faktu). △ Stać się faktem. Trzymać się faktów. Ustalić fakt. Uznać fakt dokonany.

faktor *m IV, Ms.* faktorze 1. *lm M.* faktory *wych. z użycia, lepiej*: czynnik. 2. *lm M.* faktorzy a. faktorowie *przestarz.* «pośrednik»

faktycznie «zgodnie z faktami; rzeczywiście, istotnie, naprawdę (często nadużywane, zwłaszcza w mowie potocznej)»: Faktycznie (*lepiej*: rzeczywiście) jest świetnym kierowcą.

fala *ż I* △ Płynąć na fali, po fali «płynąć na powierzchni wody» △ Płynąć z falą a. przeciw fali **a)** «płynąć z prądem wody lub przeciw prądowi» **b)** *przen.* «postępować zgodnie z ogólną opinią lub wbrew tej opinii» △ (Iść, płynąć itp.) falą «tłumnie, hurmem» △ *niepoprawne* Rozpętać falę krwawego terroru (*zamiast*: Rozpętać krwawy terror).

falanga *ż III* 1. «zwarty tłum, szereg»: Iść falangą. 2. Falanga, *blm* «faszystowskie ugrupowanie polityczne w Hiszpanii; przed 1939 r. — także polska organizacja faszystowska»

falc *m II, D.* falcu *środ.* **a)** «pasek płótna łączący okładkę książki z wyklejką» **b)** p. felc (w zn. a).

falcować *ndk IV*, falcowaliśmy (p. akcent § 1a i 2) *środ.* **a)** «składać wydrukowane arkusze książki» **b)** «łączyć arkusze blachy, spajane części drewna, kamienia itp.» **c)** «zrzynać skórę dla nadania jej odpowiedniej grubości»

falisto a. **faliście** *st. w.* faliściej a. bardziej faliście.

falisty *st. w.* bardziej falisty «mający kształt fal przypominający fale»: Blacha falista. Teren falisty. Ornament falisty. *Por.* falowy.

Falkland *m IV, D.* Falklandu 1. «jedna z dwu największych wysp archipelagu Falklandy»: Falkland Wschodni; Falkland Zachodni. 2. (tylko w *lm*) Falklandy, *D.* Falklandów «archipelag na Atlantyku; Wyspy Falklandzkie» — falklandzki (p.).

falklandzki: Klimat falklandzki (*ale*: Prąd Falklandzki, Wyspy Falklandzkie).

Fallada (*wym.* Falada) *m odm. jak ż IV, D.* Fallady (p. akcent § 7), *CMs.* Falladzie: Powieści Hansa Fallady.

falowy «odnoszący się do fali; *rzad.* mający kształt fal»: Falowy ruch wody. Ornament falowy. *Por.* falisty.

falsyfikat (*wym.* falsyfikat, *nie*: falsyfikat) *m IV, D.* falsyfikatu.

falsyfikować *ndk IV*, falsyfikowaliśmy (p. akcent § 1a i 2) **1.** *częściej*: fałszować, podrabiać. **2.** *środ.* «wykazywać fałszywość czegoś»

fałd *m IV, D.* fałdu, *lm D.* fałdów; a. **fałda** *ż IV, lm D.* fałd. △ Formy *falda* używa się częściej w zn. «zakładka, zmarszczka w tkaninie», formy *fałd* — w terminologii naukowej, np. w geologii — fałd skalny, w anatomii — fałd skórny. △ *pot.* Przysiąść fałdów «pilnie pracować» || *KJP* 149; *U Pol.* (2), 113.

fałdka *ż III, lm D.* fałdek; *rzad.* **fałdzik** *m III, D.* fałdzika (fałdziku); *rzad.* **fałdek** *m III, D.* fałdka.

fałdowy *przym. od* fałda a. fałd: Góry fałdowe. *Por.* fałdzisty.

fałdzik p. fałdka.

fałdzisty «mający fałdy, układający się w fałdy»: Fałdzista peleryna, spódnica. *Por.* fałdowy.

fałdziście a. **fałdzisto** *st. w.* fałdziściej a. bardziej fałdziście.

fałsz *m II, D.* fałszu, *lm D.* fałszów (*nie*: fałszy).

fałszerz *m II, lm D.* fałszerzy, *rzad.* fałszerzów.

fałszować *ndk IV*, fałszowaliśmy (p. akcent § 1a i 2) — **sfałszować** *dk* **1.** «podrabiać» □ F. co: Fałszować pieniądze, czyjś podpis. **2.** «grać, śpiewać nieczysto» □ F. bez dop.: Śpiewak fałszował niemiłosiernie. □ F. co: Fałszować melodię, piosenkę.

fałszywie (*nie*: fałszywo): Grać fałszywie.

fałszywiec *m II, D.* fałszywca, *W.* fałszywcze a. fałszywcu (forma szerząca się), *lm M.* fałszywcy.

fałszywie (*nie*: fałszywo): Grać fałszywie.

fałszywy *m-os.* fałszywi, *st. w.* bardziej fałszywy, *st. najw.* najfałszywszy a. najbardziej fałszywy. || *D Kult.* I, 278.

familia *ż I, DCMs.* i *lm D.* familii *przestarz.*, dziś czasem *żart.* «rodzina, ród»

fanaberia *ż I, DCMs.* i *lm D.* fanaberii, zwykle w *lm.*

fanatyk *m III, D.* fanatyka (p. akcent § 1d).

fanatyzm *m IV, D.* fanatyzmu, *Ms.* fanatyzmie (*wym.* ~yzmie a. ~yźmie), *blm.*

Fanfani *m odm. jak przym.*: Wywiad z Fanfanim.

fanfaron *m IV, Ms.* fanfaronie, *lm M.* ci fanfaronowie a. (z silniejszym zabarwieniem ekspresywnym) te fanfarony *przestarz.* «pyszałek»

fant *m IV, D.* fantu, *Ms.* fancie: Dać fant a. dać coś jako fant (w zabawie).

fantasmagoria *ż I, DCMs.* i *lm D.* fantasmagorii *książk.* «złudzenie optyczne; przywidzenie, urojenie»

fantastyczny *st. w.* fantastyczniejszy a. bardziej fantastyczny **1.** «należący do dziedziny fantazji; urojony, zmyślony; dziwny, dziwaczny»: Opowiadanie fantastyczne. **2.** *m-os.* fantastyczni *pot.* «nadzwyczajny, wyjątkowy, niepospolity (w tym zn. nadużywane)»: Fantastyczne osiągnięcie. Fantastyczna dziewczyna. *Por.* fantazyjny.

fantazja *ż I, DCMs.* i *lm D.* fantazji **1.** «wyobraźnia»: Wybujała fantazja. Wytwór fantazji. **2.** «wesołość, humor, werwa»: Chłopak z fantazją; chłopak wielkiej fantazji. △ Tracić fantazję a. na fantazji. **3.** *częściej w lm* «kaprysy, zachcianki»: Miewać (swoje) fantazje. Znosić czyjeś fantazje. **4.** «rodzaj utworu muzycznego»: Fantazja na temat „Don Juana".

fantazjować *ndk IV*, fantazjowaliśmy (p. akcent § 1a i 2): Opowiadając o swych przygodach, często fantazjował. Fantazjować na temat czegoś.

fantazyjny *st. w.* fantazyjniejszy a. bardziej fantazyjny **1.** «wymyślny; niezwykły w rysunku, w kształcie»: Fantazyjny deseń. Fantazyjny kapelusz. **2.** *rzad.* (*częściej*: fantastyczny) «odnoszący się do fantazji, wytworzony przez fantazję»: Wyobrażenia fantazyjne. *Por.* fantastyczny.

fantom *m IV, D.* fantomu.

FAO (*wym.* fao) *ż* a. *n ndm* «Organizacja do Spraw Wyżywienia i Rolnictwa (skrót angielski)»: FAO zwołała (zwołało) naradę na temat głodu w Indiach.

fara *ż IV*: Kanonik u fary (*nie*: przy farze). Nabożeństwo w farze (u fary).

Faraday (*wym.* Faradaj) *m I, D.* Faradaya (p. akcent § 7): Prawa Faradaya.

faraon *m IV, lm M.* faraonowie, *rzad.* faraoni.

faraonowy a. **faraoński** przym. od faraon.

farbiarnia (*nie*: farbiernia) *ż I, lm D.* farbiarni, *rzad.* farbiarń.

farbiarski (*nie*: farbierski).

farbiarstwo (*nie*: farbierstwo) *n III,* zwykle *blm.*

farbiarz (*nie*: farbierz) *m II, lm D.* farbiarzy.

farma a. **ferma** *ż IV, lm D.* farm (ferm): Farma (ferma) hodowlana.

farmaceuta (*wym.* farmaceu-ta, *nie*: farmace-uta) *m odm.* jak *ż IV, lm M.* farmaceuci, *DB.* farmaceutów.

farmacja *ż I, DCMs.* farmacji, zwykle *blm; rzad.* **farmaceutyka** (*wym.* farmaceu-tyka, *nie*: farmace-utyka, p. akcent § lc) *ż III,* zwykle *blm.*

farmakolog *m III, lm M.* farmakolodzy a. farmakologowie.

farmakopea (*nie*: farmakopeja) *ż I, DCMs.* farmakopei, *B.* farmakopeę, *N.* farmakopeą, *blm.*

farmer a. **fermer** *m IV, lm M.* farmerzy (fermerzy).

farmerka a. **fermerka** *ż III, lm D.* farmerek (fermerek) **1.** «właścicielka farmy; żona farmera» **2.** (tylko w *lm*) farmerki, *D.* farmerek; in. dżinsy, teksasy.

farmerski a. **fermerski** *m-os.* farmerscy, fermerscy.

farmerstwo a. **fermerstwo** *n III,* zwykle *blm.*

farsz *m II, D.* farszu, *lm D.* farszów, *rzad.* farszy

farwater *m IV, D.* farwateru, *Ms.* farwaterze «w żeglarstwie: tor wodny»

farys *m IV, lm M.* ci farysowie a. farysi a. (z zabarwieniem ekspresywnym) te farysy.

faryzeizm *m IV, D.* faryzeizmu, *Ms.* faryzeizmie (*wym.* ~izmie a. ~iźmie), *blm.*

faryzeusz *m II, lm M.* faryzeusze, *rzad.* faryzeuszowie, *D.* faryzeuszy a. faryzeuszów.

faryzeuszowski, *rzad.* **faryzejski** *m-os.* faryzeuszowscy (faryzejscy).

faryzeuszostwo, *rzad.* **faryzejstwo** *n III,* zwykle *blm.*

fascynacja *ż I, DCMs.* fascynacji, zwykle *blm* □ F. kim, czym: Fascynacja czyjąś osobowością.

fascynować *ndk IV,* fascynowaliśmy (p. akcent § la i 2) — **zafascynować** *dk* △ często w imiesł. przymiotnikowym czynnym: Fascynujące zjawisko. □ F. kogo — czym: Fascynowała go swoją urodą.

fasola *ż I, lm D.* fasoli (*nie*: fasol), zwykle w *lp.*

fason *m IV, D.* fasonu **1.** «tylko w odniesieniu do ubiorów: krój, forma, kształt, wzór, model»: Fason czapki, sukni. **2.** *pot.* «swobodny, śmiały sposób bycia; animusz, fantazja, brawura»: Robić coś z fasonem. △ Trzymać fason «być pewnym siebie, nadrabiać miną»

fasować *ndk IV,* fasowaliśmy (p. akcent § la i 2) *środ.* **a)** «otrzymywać, pobierać z magazynu wojskowego żywność, ubranie, broń»: Saperzy fasowali z magazynu odzież ochronną. **b)** «wydawać z magazynu wojskowego żywność, ubranie, broń»: Fasowano żołnierzom nowe mundury.

faszyzm *m IV, D.* faszyzmu, *Ms.* faszyzmie (*wym.* ~yzmie a. ~yźmie), *blm.*

faszyzować *ndk IV,* faszyzowaliśmy (p. akcent § la i 2) □ F. bez dop. «skłaniać się ku faszyzmowi, być zwolennikiem faszyzmu»: W młodości faszyzował. □ F. kogo, co «poddawać wpływom faszyzmu, czynić faszystowskim»: Faszyzować kraj.

fatalizm *m IV, D.* fatalizmu, *Ms.* fatalizmie (*wym.* ~izmie a. ~iźmie), zwykle *blm.*

fatamorgana (*nie*: fata morgana) *n ndm* a. *ż IV, CMs.* fatamorganie: Zjawisko fatamorgana a. zjawisko fatamorgany. Zwodnicza fatamorgana.

fatum *n VI, lm M.* fata, częściej w *lp.*

fatygować *ndk IV,* fatygowaliśmy (p. akcent § la i 2): Przepraszam, że pana niepotrzebnie fatygowałem (używane zwykle w zwrotach grzecznościowych).

faul (*wym.* fau-l) *m I, lm D.* fauli a. faulów.

Faulkner (*wym.* Fokner) *m IV, D.* Faulknera (p. akcent § 7): Powieść Faulknera.

faun (*wym.* fau-n) *m IV, B. = D., lm M.* te fauny (*wym.* fau-ny, *nie*: fa-uny).

fauna (*wym.* fau-na, *nie*: fa-una) *ż IV,* zwykle *blm.*

Fauré (*wym.* Fore) *m odm.* jak przym. a. (zwykle z odmiennym imieniem) *ndm*: Utwory orkiestrowe Faurégo (Gabriela Fauré).

fawor *m IV, D.* faworu *wych. z użycia,* często *żart.* «łaska, życzliwość, poparcie, protekcja»: Zjednać sobie czyjś fawor.

faworek *m III, D.* faworka, zwykle w *lm*; in. chrust «rodzaj ciastek»

faworyt *m IV* **1.** *lm M.* faworyci «ulubieniec, wybraniec; zawodnik typowany na zwycięzcę» **2·** (zwykle w *lm*) *M.* faworyty «baki, bokobrody» **3.** *lm M.* faworyty «w wyścigach: koń, pies itp., typowany na zwycięzcę»

faza *ż IV* △ *przen.* Faza (*nie*: runda) rozmów (np. dyplomatycznych), rokowań itp.

fąfel *m I, D.* fąfla, *lm D.* fąfli, *rzad.* fąflów *pot., żart.* «dzieciak, smarkacz, berbeć»

FBS (*wym.* efbees, p. akcent § 6) *m ndm* a. *m IV*, *D.* FBS-u, *Ms.* FBS-ie «Fundusz Budowy Szkół»: FBS umożliwił rozbudowę szkolnictwa zawodowego. Słuchali pogadanki radiowej o FBS (FBS-ie).

FDJ (*wym.* efdejot, p. akcent § 6) *ż ndm* a. *m IV*, *D.* FDJ-tu, *Ms.* FDJ-cie «skrót niemieckiej nazwy organizacji młodzieżowej w NRD»: Członkowie demokratycznej FDJ (demokratycznego FDJ-tu). FDJ skupiła (skupił) postępową młodzież niemiecką.

FDP (*wym.* efdepe, p. akcent § 6) *ż* a. *n ndm* «skrót niemieckiej nazwy Wolnej Partii Demokratycznej w NRF»: FDP powstała (powstało) z połączenia kilku partii.

febra *ż IV*, zwykle *blm pot. przestarz.* «malaria, gorączka z dreszczami» △ żywe we *fraz.* Trząść się, dygotać jak w febrze.

fechtmistrz *m II*, *lm D.* fechtmistrzów (*nie*: fechtmistrzy); *częściej*: szermierz.

fechtować się *ndk IV*, fechtowaliśmy się (p. akcent § 1a i 2): Uczył go strzelać i fechtować się. □ F. się na co: Fechtował się na szpady.

fechtunek *m III*, *D.* fechtunku, zwykle *blm*; częściej: szermierka □ F. na co: Fechtunek na szable.

feeria (*wym.* fe-eria) *ż I*, *DCMs.* i *lm D.* feerii.

feeryczny, *rzad.* **feeryjny**: Widowisko feeryczne (feeryjne).

fekalia *blp*, *D.* fekaliów (*nie*: fekalii).

felc *m II*, *D.* felcu *środ.* **a)** «połączenie arkuszy blach; zacięcie w kancie deski, kamienia itp. służące do spojenia dwóch części; rowek, żłobek, wpust; *rzad.* falc» **b)** *p.* falc (w zn. a).

felcować *ndk IV*, felcowaliśmy (p. akcent § 1a i 2) *środ.* p. falcować.

feldfebel *m I*, *D.* feldfebla, *lm M.* feldfeble.

feler *m IV*, *D.* feleru *pot.* «defekt, wada»

felerny *posp.* «mający defekt, skazę, usterkę; wadliwy»

Felicja *ż I*, *DCMs.* i *lm D.* Felicji — Fela *ż I*, *W.* Felu.

Felicjan *m IV*, *lm M.* Felicjanowie — Felek *m III*, *D.* Felka, *lm M.* Felkowie — Felicjanostwo *n III*, *DB.* Felicjanostwa, *Ms.* Felicjanostwu (*nie* Felicjanostwie), *blm*; a. Felicjanowie *blp*, *D.* Felicjanów — Felkowie *blp*, *D.* Felków. *Por.* Feliks.

felieton (*nie*: fejleton) *m IV*, *D.* felietonu.

felietonista (*nie*: fejletonista) *m odm. jak ż IV*, *lm M.* felietoniści, *DB.* felietonistów.

felietonowy (*nie*: fejletonowy, felietonistyczny).

Feliks *m IV*, *lm M.* Feliksowie — Felek *m III*, *D.* Felka, *lm M.* Felkowie — Feliksostwo *n III*, *DB.* Feliksostwa, *Ms.* Feliksostwu (*nie*: Feliksostwie), *blm*; a. Feliksowie *blp*, *D.* Feliksów — Felkowie *blp*, *D.* Felków. *Por.* Felicjan.

fellach *m III*, *lm M.* fellachowie.

Fellini *m odm. jak przym.*: Filmy Felliniego.

feminizm *m IV*, *D.* feminizmu, *Ms.* feminizmie (*wym.* ~izmie a. ~iźmie), *blm*.

fen *m IV*, *D.* fenu a. fena, *Ms.* fenie «silny wiatr alpejski»

Fenicja *ż I*, *DCMs.* Fenicji «państwo starożytne» — Fenicjanin *m V*, *D.* Fenicjanina, *lm M.* Fenicjanie, *D.* Fenicjan — Fenicjanka *ż III*, *lm D.* Fenicjanek — fenicki.

fenol *m I*, *D.* fenolu, *lm D.* fenolów a. fenoli.

fenomen *m IV*, *lm M.* fenomeny (*nie*: fenomena) **1.** *D.* fenomenu «coś niezwykłego, osobliwość» **2.** *D.* fenomena «ktoś niezwykły, wyjątkowy, zadziwiający»

fenomenalny (*nie*: fenomenowy) *m-os.* fenomenalni, *st. w.* bardziej fenomenalny.

! feodalizm p. feudalizm.

Ferdynand *m IV*, *lm M.* Ferdynandowie — Ferdynandostwo *n III*, *DB.* Ferdynandostwa, *Ms.* Ferdynandostwu (*nie*: Ferdynandostwie), *blm*; a. Ferdynandowie *blp*, *D.* Ferdynandów.

Fergana (*nie*: Fergan) *ż IV* «miasto w ZSRR» — fergański(p.).

fergański: Obwód fergański (*ale*: Kotlina Fergańska, Kanał Fergański).

ferie *blp*, *D.* ferii; *in.* wakacje (zwłaszcza o wakacjach zimowych i wiosennych): Z utęsknieniem czekał ferii zimowych. Rozjechać się, wyjechać, wybrać się gdzieś na ferie.

ferma p. farma.

ferment *m IV*, *D.* fermentu, *lm M.* fermenty (*nie*: fermenta).

fermer p. farmer.

fermerka p. farmerka.

fermerski p. farmerski.

fermerstwo p. farmerstwo.

Fermi 1. *m odm. jak przym.* «nazwisko włoskiego fizyka»: Gaz Fermiego.
2. fermi *m ndm* «jednostka długości stosowana w fizyce jądrowej»

ferować *ndk IV*, ferowaliśmy (p. akcent § 1a i 2) *przestarz.* «wydawać, zatwierdzać, orzekać» △ dziś żywe tylko w *książk.* zwrocie: Ferować wyroki.

ferro- «pierwszy człon wyrazów złożonych oznaczający: żelazny, zawierający żelazo; pisany łącznie», np.: ferromangan, ferrowolfram, ferrostop, ferrostopowy.

festiwal (*wym.* festiwal a. festiwal, p. akcent § 5 i 7) *m I*, *D.* festiwalu: Festiwal filmu, filmów a. filmowy. Festiwal muzyki a. muzyczny. Światowy festiwal młodzieży.

fetor (*nie*: fetór) *m IV*, *D.* fetoru.

fetować *ndk IV*, fetowaliśmy (p. akcent § 1a i 2) — ufetować *dk* «wystawnie kogoś przyjmować, ugaszczać»: Fetowano nas wspaniałym obiadem. △ *niepoprawne* w zn.: **a)** «obdarowywać», np. Fetować kwiatami. **b)** «święcić, obchodzić», np. Fetować zwycięstwo. // KP Pras.

fetysz *m II, lm D.* fetyszów (*nie*: fetyszy).

fetyszyzm *m IV, D.* fetyszyzmu, *Ms.* fetyszyzmie (*wym.* ~yzmie a. ~yźmie), *blm.*

Feuchtwanger (*wym.* Fojchtwanger) *m IV, D.* Feuchtwangera (p. akcent § 7): Powieści Feuchtwangera.

feudalizm (*wym.* fe-udalizm; *nie*: feodalizm) *m IV, D.* feudalizmu, *Ms.* feudalizmie (*wym.* ~izmie a. ~iźmie), *blm.* || *D Kult. I, 411.*

feudał (*wym.* fe-udał; *nie*: feodał) *m IV, lm M.* feudałowie.

fiakier (*nie*: fiakr, fiaker) *m IV, D.* fiakra *reg.* **a)** «dorożka»: Jechać fiakrem. **b)** *lm M.* ci fiakrzy, *pot.* te fiakry «dorożkarz»

fiasko (*wym.* fjasko) *n II,* zwykle w *lp; lm D.* fiask (*nie*: fiasek): Zakończyć się fiaskiem. △ *wych. z użycia* Zrobić fiasko. □ F. czego (*nie*: czyje): Fiasko przedsięwzięcia (*nie*: Fiasko aktora, zawodnika). || *KP Pras.*

Fiat (*wym.* Fjat, *nie*: Fi-jat) *m IV, DB.* Fiata **1.** *blm* «koncern włoski produkujący głównie samochody» **2.** *ndm* «marka samochodu» **3.** fiat, *lm M.* fiaty «samochód marki Fiat»

fibra (*nie*: ten fibr) *ż IV, lm D.* fiber **1.** zwykle w *lm pot.* «system nerwowy»: Chłonął muzykę wszystkimi fibrami. **2.** *blm* «tworzywo sztuczne, imitacja skóry»: Walizka z fibry.

fideizm *m IV, D.* fideizmu, *Ms.* fideizmie (*wym.* ~izmie a. ~iźmie).

Fidiasz (*nie*: Fidias) *m II.*

Fidiaszowski, *rzad.* **Fidiaszowy 1.** «będący dziełem Fidiasza»: Fidiaszowska rzeźba. **2.** fidiaszowski, fidiaszowy «taki jak (u) Fidiasza, jak w dziełach Fidiasza»: Ten rzeźbiarz ma talent fidiaszowski.

Fidżi *n ndm* «grupa wysp na Oceanie Spokojnym» — Fidżyjczyk *m III, lm M.* Fidżyjczycy — Fidżyjka *ż III, lm D.* Fidżyjek — fidżyjski.

Fiedin (*wym.* Fiedin) *m IV, D.* Fiedina (p. akcent § 7): Dyskusja literacka o Fiedinie.

Fielding (*wym.* Filding) *m III, D.* Fieldinga (p. akcent § 7): Wykład o Fieldingu.

fifka *ż III, lm D.* fifek *pot.* «cygarniczka»

Figaro 1. (*wym.* Figaro a. Figaro) *m IV, D.* Figara (*wym.* Figara a. Figara), *Ms.* Figarze «imię bohatera komedii Beaumarchais'go»: Grać rolę Figara. **2.** (*wym.* Figaro) *n III, Ms.* Figarze (p. akcent § 7) a. *ndm* «nazwa francuskiego dziennika»: Ostatni numer Figara.

figiel *m I, D.* figla, *lm D.* figlów, *rzad.* figli. △ zwykle w zwrotach: Płatać figle, spłatać komuś figla (tu *B. = D.*).

figlarz *m II, lm D.* figlarzy.

figura *ż IV:* Figura gipsowa a. z gipsu. △ *reg.* Suknia, ubranie itp. do figury «suknia, ubranie itp. ściśle dopasowane» △ Chodzić do figury «chodzić bez płaszcza»

figuralny 1. «w plastyce: mający za temat figury — postacie, będący figurą; figurowy»: Malarstwo figuralne. Rzeźba figuralna. **2.** «o muzyce i śpiewie kościelnym: wielogłosowy»

figuratywny «w plastyce: przedstawiający przedmioty w ich realnych kształtach (przeciwieństwo do abstrakcyjnego)»: Malarstwo figuratywne. Sztuka figuratywna. Artysta figuratywny. *Por.* figuralny, figurowy.

figurka, *przestarz.* **figurynka** *ż III, lm D.* figurek (figurynek).

figurowy «dotyczący figury tanecznej, akrobatycznej, sportowej»: Taniec figurowy. Jazda figurowa na lodzie.

figus p. fikus.

fikać *ndk I,* fikaliśmy (p. akcent § la i 2) — **fiknąć** *dk Va,* fiknął (*wym.* fiknoł), fiknęła (*wym.* fiknęła; *nie*: fikła), fiknęliśmy (*wym.* fiknęliśmy) **1.** «machać, wywijać» △ tylko w zwrotach: Fikać nogami (tylko *ndk*) «machać nogami»; *żart.* także: tańczyć» △ Fikać kozły, koziołki; fiknąć kozła, koziołka «wywracać kozły, koziołki; wywrócić kozła, koziołka» **2.** (tylko *ndk*) *żart.* «tańczyć» **3.** (tylko *dk*) *pot.* «przewrócić się; spaść (z czego)»: Trzymaj się mocno, bo fikniesz. Fiknął z konia na ziemię.

fiksować *ndk IV,* fiksowaliśmy (p. akcent § la i 2) **1.** *pot.* «wariować, szaleć»: Fiksować z radości. **2.** *środ.* **a)** *lepiej:* ustalać, zatwierdzać: Fiksować (*lepiej*: ustalać) plan działania. **b)** *lepiej:* utrwalać: Środek do fiksowania (*lepiej*: utrwalania) w fotografice.

fikus, *rzad.* **figus** *m IV* «roślina doniczkowa»

Filadelfia *ż I, DCMs.* Filadelfii «miasto w USA» — filadelfijczyk *m III, lm M* filadelfijczycy — filadelfijka *ż III, lm D.* filadelfijek — filadelfijski.

filar *m IV, D.* filara a. filaru. △ *przen.* o człowieku (*D.* tylko: filara).

filareta *m odm. jak ż IV, lm M.* filareci, *DB.* filaretów.

filatelistyka (*wym.* filatelistyka, *nie*: filatelistyka, p. akcent § lc) *ż III, blm.*

filet *m IV, D.* filetu a. fileta.

filharmonia (*wym.* filharmońja) *ż I, DCMs.* i *lm D.* filharmonii. || *D Kult. II, 314.*

filharmoniczny, *rzad.* **filharmonijny**: Koncert, chór filharmoniczny (filharmonijny).

filharmonik *m III, D.* filharmonika (p. akcent § ld), *lm M.* filharmonicy *rzad.* «członek orkiestry filharmonicznej»

filia *ż I, DCMs.* i *lm D.* filii.

Filip *m IV, lm M.* Filipowie **1.** «imię» — Filipostwo *n III, DB.* Filipostwa, *Ms.* Filipostwu (*nie*: Filipostwie), *blm*; a. Filipowie *blp, D.* Filipów — Filipina *ż IV* — Filipinka *ż III, lm D.* Filipinek. **2.** filip *daw., gw.* «zając» △ dziś żywe we *fraz.* Wyrwał się jak filip z konopi «odezwał się nie w porę, powiedział coś niewłaściwego»

filipika (*wym.* filipika, *nie*: filipika) *ż III, lm D.* filipik.

Filipiny *blp*, *D.* Filipin «wyspy i państwo w Azji» — Filipińczyk *m III*, *lm M.* Filipińczycy — Filipinka *ż III*, *lm D.* Filipinek — filipiński.

filister *m IV*, *D.* filistra, *lm M.* filistrzy, *rzad.* filistrowie.

filmodruk a. **filmdruk** *m III*, *D.* filmodruku (filmdruku).

filmologia *ż I*, *DCMs.* filmologii, *blm*, *rzad.* filmoznawstwo *n III*, *blm.*

filodendron *m IV*, *D.* filodendronu, *rzad.* filodendrona.

filolog *m III*, *lm M.* filolodzy a. filologowie. **filolog** (*nie*: filologini, filoložka) — o kobiecie, p. nazwy i tytuły zawodowe kobiet. // *D Kult. II, 438.*

filologia *ż I*, *DCMs.* filologii, zwykle *blm*: Filologia klasyczna, polska.

! filologini, filoložka p. filolog.

filomata *m* odm. jak *ż IV*, *lm M.* filomaci, *DB.* filomatów.

! filong p. filung.

filować *ndk IV*, filowałby (p. akcent § 4c «o lampie, świecy itp.: kopcić»

filozof *m IV*, *lm M.* filozofowie (*nie*: filozofi). **filozof** — o kobiecie, p. nazwy i tytuły zawodowe kobiet.

filozofia *ż I*, *DCMs.* i *lm D.* filozofii: Filozofia idealistyczna, materialistyczna, marksistowska.

filozofka *ż III*, *lm D.* filozofek, forma żeńska od filozof △ dziś zwykle *iron.* w zn. «kobieta mądra, przemądrzała» *Por.* filozof.

filtr *m IV*, *D.* filtru a. filtra: Papieros bez filtru (bez filtra). △ Filtr oleju a. do oleju (*nie*: olejowy). Filtr powietrza a. do powietrza. // *D Kult. I, 49.*

filung (*nie*: filong) *m III*, *D.* filunga a. filungu; a. **filunek** *m III*, *D.* filunku; in. płycina, ramiak: Drzwi z filungiem (*lepiej*: z płyciną).

filut *m IV*, *lm M.* te filuty, *rzad.* ci filuci.

Fiłatow (*wym.* Fiłatow) *m IV*, *D.* Fiłatowa (*nie*: Fiłatowa, p. akcent § 7): Słynne operacje profesora Fiłatowa.

Fin *m IV*, *lm M.* Finowie «mężczyzna narodowości fińskiej» // *D Kult. I, 501, 572.*

finalizować *ndk IV*, finalizowaliśmy (p. akcent § 1a i 2) — **sfinalizować** *dk praw.* «doprowadzać do końca, ostatecznie załatwić»: Sfinalizować umowę, sprawę. △ *niepoprawne* Finalizować (*zamiast*: kończyć pracę, rozmowę. // *D Kult. II, 261.*

finalny *daw.* «ostateczny, końcowy»: Egzamin finalny. △ dziś czasem używane *niepoprawnie* w zn. «gotowy, wykończony», np. Wyroby finalne (*zamiast*: gotowe). // *D Kult. II, 153.*

finanse (*nie*: finansy) *blp*, *D.* finansów.

finansista *m* odm. jak *ż IV*, *lm M.* finansiści, *DB.* finansistów 1. «posiadacz kapitałów; bankier, kapitalista» 2. «znawca spraw finansowych; finansowiec»

finansowiec *m II*, *D.* finansowca, *lm M.* finansowcy 1. «pracownik wydziału finansowego» 2. p. finansista (w zn. 2).

fin de siècle (*wym.* fę de sjekl) odm. jako jeden wyraz, *m I*, *D.* fin de siècle'u (*wym.* fę de sjeklu; w przypadkach zależnych akcent na przedostatniej sylabie), *blm.*

fingować (*wym.* fiŋgować) *ndk IV*, fingowaliśmy (p. akcent § 1a i 2) — **sfingować** *dk; lepiej*: podrabiać, fałszować, zmyślać.

finisz *m II*, *D.* finiszu, *lm D.* finiszów, *rzad.* finiszy.

Finka *ż III*, *lm D.* Finek 1. «kobieta narodowości fińskiej»
2. finka «nóż fiński»

Finlandczyk *m III*, *lm M.* Finlandczycy «obywatel Finlandii» // *D Kult. I, 501.*

Finlandia *ż I*, *DCMs.* Finlandii — Fin (p.) — Finlandczyk (p.) — Finka (p.) — fiński (p.) — finlandzki (p.).

finlandzki *rzad.* przym. od Finlandia «dotyczący przynależności państwowej (*nie*: narodowości)»: Obywatelstwo finlandzkie. Obywatel finlandzki. // *D Kult. I, 572. Por.* fiński.

fiński przym. od Fin «dotyczący narodowości, czasem też przynależności państwowej»: Naród, język fiński (*nie*: finlandzki). Obywatelstwo fińskie a. finlandzkie. // *D Kult. I, 572. Por.* finlandzki.

fiok (*wym.* fjok) *m III*, *D.* fioka a. fioku, zwykle w *lm* dziś z odcieniem *żart.* «loki, pukle; stroje, fatałaszki»

fiolet (*wym.* fjolet) *m IV*, *D.* fioletu 1. «kolor fioletowy» 2. zwykle w *lm* «fioletowy strój (biskupi)»

fioł (*wym.* fijoł) *m IV*, *D.* fioła (*wym.* fijoła a. fjoła) zwykle w *pot.* zwrocie: Mieć, dostać fioła.

fiołek (*wym.* fjołek a. fijołek) *m III*, *D.* fiołka.

fiord (*wym.* fjord) *m IV*, *D.* fiordu.

FIR (*wym.* fir) *m IV*, *D.* FIR-u, *Ms.* FIR-ze a. *ż ndm* «skrót francuskiej nazwy Międzynarodowej Federacji Bojowników Ruchu Oporu»: Należeć do FIR (do FIR-u). FIR skupił (skupiła) kilkadziesiąt związków i stowarzyszeń z wielu krajów.

firana *ż IV reg.* «firanka»

firanka *ż III*, *lm D.* firanek: Firanki okienne a. do okien. W oknach wiszą firanki.

fircyk *m III*, *lm M.* te fircyki.

firma *ż IV* 1. «przedsiębiorstwo»: Firma istnieje (*lepiej* niż: egzystuje) od roku. 2. «urzędowa nazwa przedsiębiorstwa»: Cukierki firmy „22 Lipca". △ Prowadził sklep pod firmą Kowalski i Ska. △ Robić coś pod czyjąś firmą (z rzeczownikiem w dopełniaczu) «robić coś w czyimś imieniu, podszywając się pod czyjeś nazwisko» △ *niepoprawne* w zn. «udawać kogoś», np. Szpiegował pod firmą turysty (*zamiast*: Szpiegował udając turystę). // *D Kult. I, 273.*

firmament (*nie*: firnament) *m IV*, *D.* firmamentu, *Ms.* firmamencie, zwykle *blm książk.* «sklepienie niebieskie»

firn *m IV*, *D.* firnu, *Ms.* firnie: Narciarze ćwiczyli na firnie.

FIS (*wym.* fis) *ż ndm* a. *m IV*, *D.* FIS-u, *Ms.* FIS-ie «skrót francuskiej nazwy Międzynarodowej Federacji Narciarskiej»: FIS zorganizowała (zorganizował) międzynarodowe zawody narciarskie. Należeć do FIS (do FIS-u).

fiszbin *m IV* 1. *D.* fiszbinu, częściej w *lm* «utwór rogowy na podniebieniu wielorybów bezzębnych» 2. *D.*-fiszbina «usztywniający pręt z fiszbinu (lub imitacji), np. w gorsecie»

fito- (*nie*: fyto) «pierwszy człon wyrazów złożonych, pisany łącznie, oznaczający: roślinny, dotyczący roślin», np.: fitogeografia, fitoplankton, fitoterapia.

fitoterapia (*nie*: fytoterapia) *ż I*, *DCMs.* fitoterapii, *blm*; *częściej*: ziołolecznictwo.

fizjo- «pierwszy człon wyrazów złożonych, pisany łącznie, oznaczający, że coś dotyczy natury, przyrody, organizmu», np.: fizjogeografia, fizjoterapia.

fizjolog *m III*, *lm M.* fizjologowie, *rzad.* fizjolodzy.

fizjonomia (*przestarz.* fizjognomia) *ż I*, *DCMs.* i *lm D.* fizjonomii. || *D Kult. I, 502*.

fizjoterapeuta (*wym.* fizjoterapeu-ta, *nie*: fizjoterape-uta) *m odm. jak ż IV*, *lm M.* fizjoterapeuci, *DB.* fizjoterapeutów.

fizjoterapia a. **fizykoterapia** *ż I*, *DCMs.* fizjoterapii, fizykoterapii, *blm*; *in.* przyrodolecznictwo.

fizyczno-chemiczny «dotyczący fizyki i chemii»: Właściwości, zjawiska fizyczno-chemiczne. *Por.* fizykochemiczny.

fizyczno-matematyczny «dotyczący fizyki i matematyki»: Liceum fizyczno-matematyczne. Wydział fizyczno-matematyczny.

fizyczny, *rzad.* **fizykalny** w zn. «dotyczący zjawisk, którymi zajmuje się fizyka»: Ciało fizyczne. Chemia fizyczna. Gabinet fizyczny. Właściwości fizyczne a. fizykalne. Jednostka fizyczna a. fizykalna (mocy, siły, pracy). △ w innych zn. tylko: fizyczny, np.: Praca, sprawność fizyczna. Geografia, mapa fizyczna. Pociąg fizyczny do kogoś. || *D Kult. I, 503*.

fizyk *m III*, *D.* fizyka (p. akcent § 1d).
fizyk — o kobiecie, p. nazwy i tytuły zawodowe kobiet.

fizyka (*wym.* fizyka, *nie*: fizyka, p. akcent § 1c) *ż III*, zwykle *blm*.

fizykalny p. fizyczny.

fizykochemia *ż I*, *DCMs.* fizykochemii, *blm* «chemia fizyczna»

fizykochemiczny «dotyczący fizykochemii (chemii fizycznej); czasem też *zamiast*: fizyczno-chemiczny»: Pracownia fizykochemiczna. Właściwości fizykochemiczne a. fizyczno-chemiczne. *Por.* fizyczno-chemiczny.

fizykoterapia p. fizjoterapia.

fizylier *m IV*, *lm M.* ci fizylierzy, *przestarz.* te fizyliery.

fizys *ż ndm przestarz.*, *żart.* «twarz, fizjonomia»: Straszna, zakazana fizys.

FJN (*wym.* efjoten, p. akcent § 6) *m ndm* a. *m IV*, *D.* FJN-u, *Ms.* FJN-ie «Front Jedności Narodu»: Współpraca FJN (FJN-u) z radami narodowymi. FJN wystawił listę kandydatów na posłów do sejmu. Działać w FJN (w FJN-ie).

f-ka, F-ka «skrót wyrazu: *fabryka*, pisany z łącznikiem, używany zwykle w dłuższych nazwach fabryk, czytany jako cały, odmieniany wyraz»: F-ka (*czyt.* fabryka) odlewów metalowych. Detale do produkcji zamówiliśmy w Krośnieńskiej F-ce (*czyt.* fabryce) im. Janka Krasickiego.

flakon *m IV*, *D.* flakonu 1. «ozdobna buteleczka, zwłaszcza na perfumy» 2. «wazon (szklany lub kryształowy) na kwiaty»

Flamand *m IV* 1. *lm M.* Flamandowie; a. **Flamandczyk** *m III*, *lm M.* Flamandczycy «mężczyzna narodowości flamandzkiej» — Flamandka *ż III*, *lm D.* Flamandek — flamandzki. 2. flamand, *DB.* flamanda, *lm M.* flamandy *środ.* «obraz szkoły flamandzkiej»

flanc *m II*, *D.* flanca, *lm D.* flanców (*nie*: flancy) a. **flanca** *ż II*, *lm D.* flanc; *lepiej*: sadzonka (zbiorowo: rozsada).

flancować *ndk IV*, flancowaliśmy (p. akcent § 1a i 2a) *ogr.*, *lepiej*: sadzić, rozsadzać (flance, siewki): Flancować kapustę, kalafiory.

Flandria *ż I*, *DCMs.* Flandrii «kraina na pograniczu Belgii i Francji» — Flandryjczyk *m III*, *lm M.* Flandryjczycy — Flandryjka *ż III*, *lm D.* Flandryjek — flandryjski.

flanela (*nie*: franela) *ż I*, *lm D.* flaneli.

flank *m III*, *D.* flanku, *lm D.* flanków; a. **flanka** *ż III*, *lm D.* flank a. flanek.

flasza *ż II*, *lm D.* flasz *wych.* *z użycia* «duża flaszka, zwłaszcza z napojem alkoholowym»

flaszka *ż III*, *lm D.* flaszek *reg.* «butelka» (związki składniowe takie jak wyrazu: butelka).

Flaubert (*wym.* Flober) *m IV*, *D.* Flauberta (*wym.* Floberta, p. akcent § 7): Dzieła Gustawa Flauberta.

flausz (*wym.* jednosylabowa: flau-sz) *m II*, *D.* flauszu, *lm D.* flauszów.

flądra *ż IV*, *lm D.* flądr.

flegmatyk *m III*, *D.* flegmatyka (p. akcent § 1d), *lm M.* flegmatycy.

*fleksja p. deklinacja, koniugacja.

flesz *m II*, *D.* flesza a. fleszu, *lm D.* fleszów, *rzad.* fleszy.

flirciarz *m II*, *lm D.* flirciarzy.

flis *m IV*, *lm M.* te flisy a. ci flisowie *przestarz.* «flisak»

flisacki, *rzad.*, *książk.* **flisaczy**: Tratwa flisacka. Praca flisacka. Piosenka flisacka (flisacza).

fliza *ż IV* a. **fliz** *m IV*, *D.* flizu; *lepiej*: płyta (okładzinowa).

floks *m IV*, *D.* floksu a. floksa.

floren *m IV, DB.* florena, *Ms.* florenie: Dał jej złotego florena.

Florencja *ż I* «miasto we Włoszech» — florentczyk a. florentyńczyk *m III, lm M.* florentcycy (florentyńczycy) — florentynka *ż III, lm D.* florentynek — florencki, *rzad.* florentyński.

floresy dziś zwykle *blp, D.* floresów: Gzyms wyrzeźbiony w grube floresy. △ Esy-floresy «zawiły deseń; zygzaki»: Tkanina w esy-floresy. *Por.* esy.

floret *m IV, D.* floretu «broń szermiercza; *środ.* walka na tę broń jako konkurencja sportowa»: Walczyć na florety. Rozgrywka w florecie mężczyzn.

Florian (*nie:* Floryjan) *m IV, lm M.* Florianowie — Florek *m III, D.* Florka, *lm M.* Florkowie — Florianostwo *n III, DB* Florianostwa, *Ms.* Florianostwu (*nie:* Florianostwie), *blm;* a. Florianowie *blp, D.* Florianów.

floriański przym. od Florian (tylko w nazwach): Cenny zabytek — Psałterz floriański. △ Szedł ulicą Floriańską. Widok na Bramę Floriańską.

Floryda *ż IV* a. (w połączeniu z wyrazami: stan, półwysep) *ndm* «półwysep i jeden ze stanów USA»: Jechać na Florydę. Mieszkać na Florydzie, w stanie Floryda. — florydzki (p.).

florydzki: Plaże florydzkie (*ale*: Cieśnina Florydzka).

flotylla (*nie:* flotyla) *ż I, lm D.* flotylli, *rzad.* flotyll: Flotylla rybacka, rzeczna.

flower (*nie:* flobert) *m IV, D.* floweru.

fluid (*wym.* flu-id) *m IV, D.* fluidu.

fluktuacja (*wym.* fluktu-acja) *ż I, DCMs.* i *lm D.* fluktuacji *książk.* «zmiana, wahanie»: Fluktuacja kursów pieniądza. Fluktuacja gęstości.

fobia *ż I, DCMs.* i *lm D.* fobii: Uporczywe lęki nazywamy fobiami. Dostać fobii.

fochy *blp, D.* fochów *pot.* «grymasy, kaprysy»: Stroić, pokazywać fochy.

foczy przym. od foka: Skóra focza a. skóra foki (*ale*: futro fokowe).

fokowy przym. od foka: Futro fokowe.

Foksal (*nie:* Fok-zal) *m I, D.* Foksalu a. (w połączeniu z wyrazem: ulica) *ndm* «ulica w Warszawie»: Mieszkać na Foksalu (na ulicy Foksal, *pot.* na Foksal).

foksterier (*wym.* foksterier, *nie:* foksterier) *m IV, Ms.* foksterierze.

fokstrot *m IV, DB.* fokstrota: Tańczyć, grać fokstrota.

folder *m IV, D.* folderu a. foldera.

folga *ż III,* zwykle *blm przestarz.* «ulga, pobłażanie» △ dziś żywe we *fraz.* Dać folgę sobie, czemuś «dać upust czemuś, pozwolić sobie na coś»: Dać folgę łzom, żalowi.

folgować *ndk IV,* folgowaliśmy (p. akcent § 1 i 2) □ *wych. z użycia* F. komu, sobie — w czym «dawać ulgę, pobłażać, pozwalać na coś»: Folgował swoim podwładnym w podatkach. Lubił sobie folgować. □ *wych. z użycia* F. czemu «dawać upust»: Folgować upodobaniom, kaprysom.

foliał, *rzad.* **foliant** *m IV, D.* foliału, foliantu: Średniowieczny foliał (foliant). Wertować foliały (folianty).

folio *n ndm* △ In folio «mający format arkusza»: Tom in folio.

foliować *ndk IV,* foliowaliśmy (p. akcent § 1a i 2) w zn. «numerować kolejne stronice książki» in. paginować.

folklorystyka (*wym.* folklorystyka, *nie:* folklorystyka, p. akcent § 1c) *ż III,* zwykle *blm.*

folksdojcz *m III, lm D.* folksdojczów.

folksdojczka *ż III, lm D.* folksdojczek.

folować a. **foluszować** *ndk IV,* folowaliśmy, foluszowaliśmy (p. akcent § 1a i 2) «uściślać tkaniny przez gniecenie, wałkowanie itp.»: Folować (foluszować) sukno, samodział.
folować się *reg.* «filcować się»

folusz *m II, D.* foluszu a. folusza, *lm D.* foluszów a. foluszy.

foluszować p. folować.

folwarczny: Dziedziniec folwarczny. Zabudowania folwarczne. Szlachta folwarczna a. folwarkowa.
folwarczny w użyciu rzeczownikowym «pracownik folwarku»

folwarkowy *rzad.,* p. folwarczny.

fonetyk *m III, D.* fonetyka (p. akcent § 1d), *lm M.* fonetycy.

fonetyka (*wym.* fonetyka, *nie:* fonetyka, p. akcent § 1c) *ż III*: Fonetyka opisowa, eksperymentalna. Fonetyka polska. || D Kult. I, 755—789.

fonia (*wym.* fońja) *ż I, DCMs.* fonii, zwykle w *lp*: Kanał, tor fonii. Obwód fonii. Sygnał fonii. Wzmacniacz fonii. Włączyć a. wyłączyć obwód fonii.

foniatra *m odm. jak ż IV, lm M.* foniatrzy, *DB.* foniatrów.

fontanna (*nie:* fontana) *ż IV, lm D.* fontann: Fontanna bije, tryska. △ *przen.* Fontanny błota, łez. || GPK Por. 72.

fontaź *m I, D.* fontazia, *lm D.* fontaziów a. fontazi «fantazyjny węzeł, rodzaj krawata; kokarda»: Fontaź z fularu.

football p. futbol.

Ford *m IV* 1. *lm M.* Fordowie «nazwisko» 2. *DB.* Forda, zwykle *blm* «koncern produkujący samochody» 3. *ndm* «marka samochodu» 4. ford, *DB.* forda, *lm M.* fordy «samochód tej marki» || D Kult. II, 593.

forhend *m IV, D.* forhendu, *Ms.* forhendzie «uderzenie piłki w tenisie»: Strzelać z forhendu.

forma *ż IV* 1. «kształt, struktura, sposób»: Coś ma jakąś formę. Ująć coś w formę czegoś. Przybierać (*nie:* przyjmować) formę. □ F. czego: Forma gospodarki, postępowania. △ W formie czego: **a)** «w kształcie»: Budowla w formie barbakanu. **b)** «za pomocą czegoś, stosując coś»: Uznać coś w formie aktu prawnego. **c)** «jako coś»: Wziąć pieniądze w formie pożyczki. △ *niepoprawne* Po formie (*zamiast*: prawidłowo, jak należy). **2.** «naczynie nadające zawartości odpowiedni kształt» □ F. do czego: Forma do babek, do leguminy. **3.** «model, szablon, wykrój» □ F. czego a. na co: Forma płaszcza, kołnierza. Forma na sukienkę. **4.** zwykle w *lm* «sposób bycia, postępowania, zachowania się»: Formy towarzyskie, światowe. △ Dla formy «dla zachowania pozorów» △ Pro forma «dla pozoru» **5.** «stan sprawności fizycznej lub psychicznej; w terminologii sportowej: sprawność fizyczna osiągnięta przez trening; kondycja»: Osiągnąć formę. Utrzymać się w formie. Dobra, zła (*nie*: wielka, wysoka, niska) forma. Poprawić (*nie*: podwyższyć) formę. Forma zawodnika poprawia się (*nie*: zwyżkuje). Stracić (*nie*: zgubić) formę. Być w świetnej formie (*nie*: Wykazywać wielką formę; zademonstrować najwyższą formę). △ Być w dobrej (*nie*: w dużej, wysokiej) formie. △ Być w formie «czuć się dobrze, zdrowo». // D Kult. I, 278; KP Pras.

*formacja słowotwórcza «wyraz mający określony typ budowy słowotwórczej» p. słowotwórstwo.

formalistyka (*wym.* formalistyka, *nie*: formalistyka, p. akcent § 1c) *ż III*, zwykle *blm* «przesadne przestrzeganie form, przepisów»: Formalistyka urzędowa.

formalizm *m IV*, *D.* formalizmu, *Ms.* formalizmie (*wym.* ~izmie a. ~iźmie) **1.** p. formalistyka: Bezduszny formalizm. **2.** «kierunek w twórczości artystycznej odrywający formę od treści i uznający jej wyższość nad treścią»: Formalizm w literaturze, w sztuce.

formalizować *ndk IV*, formalizowaliśmy (p. akcent § 1a i 2) □ F. bez dop. «przestrzegać form zewnętrznych, ściśle trzymać się przepisów»: Zawsze za dużo formalizował. □ F. co «czynić formalnym»: Formalizować umowę.

*formant element słowotwórczy formujący wyraz pochodny od podstawowego. W języku polskim formantami mogą być przyrostki, np.: bad-*acz*, śpiew-*ak*, aktor-*ka*; przedrostki, np.: *prze*-miły, *do*-rzucić, *wy*-kręcić; w wyrazach złożonych formantem jest zwykle element -*o*- łączący dwa człony złożenia, np.: rzecz-*o*-znawca, czas-*o*-pismo. △ Nowy wyraz może powstać także inaczej, nie przez dodanie do tematu wyrazu podstawowego nowego elementu słowotwórczego, lecz przez odrzucenie pewnych składników występujących w wyrazie — podstawie, np. rzeczowniki *czołg*, *dźwig* zostały utworzone przez odrzucenie przyrostków czasownikowych w: *czołgać się*, *dźwigać*. Taką różnicę między wyrazem pochodnym i podstawowym nazywamy *formantem zerowym*. △ Formanty mogą być wykładnikami określonych znaczeń. Posłużenie się np. formantem -*acz* w połączeniu z tematem czasownika da w rezultacie rzeczownik o znaczeniu wykonawcy jakiejś czynności (np.: *badacz*, *biegacz*, *spawacz*). Funkcja znaczeniowa jest właściwa wielu formantom (np. -*arka* tworzy nazwy maszyn, -*nia* — nazwy pomieszczeń) ale nie wszystkim. Niektóre z nich pełnią wyłącznie funkcję tworzenia nowych jednostek słownych, np. -*ak* lub -*ka* tworzące jednowyrazowe odpowiedniki połączeń dwuwyrazowych: szkoła podstawowa — *podstawówka*, autobus pośpieszny — *pośpieszniak*. Najczęściej jednak formanty pełnią kilka funkcji i w zależności od rodzaju tematu, z którym zostaną połą-

czone, tworzą wyrazy o określonych znaczeniach lub takie, których na podstawie formantu do żadnej klasy znaczeniowej nie możemy zaliczyć. Formant -*ka* oprócz wspomnianej funkcji, która nie jest funkcją znaczeniową, może urabiać wyrazy dające się umieścić w określonej klasie nazw: w połączeniu z tematem rzeczownika męskiego osobowego stanowi nazwy kobiet (jak np.: aktor-*ka*, badacz-*ka*, kierownicz-*ka*), w połączeniu zaś z tematami rzeczowników żeńskich — nazwy zdrobniałe (np.: gór-*ka*, ulicz-*ka*). Niektórym formantom jest właściwa funkcja tworzenia wyrazów ekspresywnych, zdrobniałych lub zgrubiałych, wyrażających albo dodatni, albo ujemny stosunek mówiących do przedmiotu wypowiedzi (np. formanty: -*ek*, -*ik*, -*ka* urabiają zdrobnienia, jak: *chłopaczek*, *szalik*, *bużka*; -*isko* i -*idło* — zgrubienia, np.: *nosisko*, *piśmidło*). △ Podobnie jak jeden formant może urabiać różne typy nazw, tak ten sam typ nazw bywa tworzony za pomocą różnych formantów; np. nazwy wykonawców czynności możemy utworzyć za pomocą: -*ak* (*śpiewak*), -*acz* (*badacz*), -*iciel* (*stroiciel*), nazwy miejsc — za pomocą: -*isko* (*wczasowisko*, *wrzosowisko*, *lądowisko*), -*nia* (*przychodnia*, *przymierzalnia*, *zamrażalnia*).

△ Formanty będące przyrostkami informują jednocześnie o przynależności nowego wyrazu do określonej części mowy, a w wypadku rzeczowników także o przynależności rodzajowej. Funkcja formantów przedrostkowych polega jedynie na modyfikacji znaczenia wyrazu. Wśród formantów można wyróżnić takie, które dziś są podstawowe i takie, które są rozszerzeniami formantów podstawowych, np. formant podstawowy -*ik* tworzył rzeczowniki od przymiotników: grzeszny — *grzesznik*, łączny — *łącznik*, pełnomocny — *pełnomocnik* itd.; w wyrazach tych -*n*- należy do tematu przymiotnika; ponieważ jednak połączenie *n+ik* powtarzało się w dużej serii rzeczowników, został z nich wyodrębniony formant -*nik*, za pomocą którego zaczęto tworzyć nowe wyrazy od czasowników, np.: kierować — *kierownik*, dozować — *dozownik*; w wielu nazwach pochodnych od czasowników na -*ować*, w których -*ow*- należy do tematu słowotwórczego, zaczął się wyodrębniać element -*ownik* i z czasem nabrał charakteru samodzielnego formantu; za jego pomocą utworzono wyrazy takie, jak *krążownik* (od: krążyć) lub *wielkopiecownik* «robotnik zatrudniony przy wielkich piecach w hucie» △ Formanty rozszerzone mogą pełnić te same funkcje co formanty podstawowe (np. -*ek* i jego rozszerzenie -*eczek* tworzą we współczesnym języku polskim wyrazy zdrobniałe), ale może nastąpić również rozdzielenie się ich funkcji, np. -*ik* urabia dzisiaj przede wszystkim zdrobnienia, a jego rozszerzenie -*nik* tworzy nazwy wykonawców czynności lub zawodów.

△ W różnych epokach rozwoju języka jego elementy słowotwórcze mogą być w różny sposób wyzyskiwane. Te, które w danej epoce służą do tworzenia wielu jednostek wyrazowych, nazywamy produktywnymi. We współczesnej polszczyźnie bardzo produktywne są formanty: -*acz*, -*arz*, -*arka*, -*nia* i jego rozszerzenia: -*alnia*, -*arnia*, -*ownia*, ponieważ służą do urabiania nazw wykonawców czynności i zawodów (-*acz*, -*arz*), nazw maszyn (-*arka*) i miejsc odbywania się określonych procesów produkcyjnych; w związku z rozwojem przemysłu zapotrzebowanie na nazwy tego typu jest bardzo duże, a to wpływa na wzrost produktywności odpowiednich elementów słowotwórczych. △ W hasłach szczegółowych wszystkie rozszerzenia danego formantu zgrupowane są pod jego postacią podstawową.

*forma zwrotna p. czasownik (punkt IV).

formierczy p. formierski.

formierka, *rzad.* **formiarka** *ż III, lm D.* formierek (formiarek). || *U Pol. (2), 126.*

formiernia, *rzad.* **formiarnia** *ż I, DCMs.* i *lm D.* formierni (formiarni), *rzad.* formierń (formiarń). || *U Pol. (2), 126.*

formierski, *rzad.* **formierczy**: Maszyna formierska (formiercza). Piasek formierski. || *U Pol. (2), 126.*

formierz, *rzad.* **formiarz** *m II, lm D.* formierzy (formiarzy). || *U Pol. (2), 126.*

formować *ndk IV,* formowaliśmy (p. akcent § 1a i 2) — **sformować** *dk* □ F. co — z czego «nadawać czemuś określoną formę; kształtować, sporządzać»: Formować ozdoby z kremu, rogaliki z ciasta. □ F. co — z czego «organizować, powoływać do życia»: Formować oddziały z ochotników. Formować legiony.

formularz *m II, lm D.* formularzy: Wypełniać formularz. □ F. czego, do czego, na co: Formularz zgłoszenia, zamówienia. Formularz do otwarcia konta czekowego. Formularz na zgłoszenie aparatu radiowego.

formuła (*wym.* formuła, *nie:* formula) *ż IV*: Formuła chemiczna, matematyczna. □ F. czego: Formuła tlenku węgla. Formuła zagajenia obrad. Formuła powitania. □ F. na co: Formuła na mieszankę wybuchową.

formułować *ndk IV,* formułowaliśmy (p. akcent § 1a i 2) — **sformułować** *dk* «ujmować coś w odpowiednią formę słowną, wyrażać dokładnie jakąś myśl (co innego: formować)»: Formułować wnioski, poglądy, zasady (*ale:* Formować charakter. Formować oddział, pochód). Sformułować jasno i precyzyjnie definicje pojęć filozoficznych.

*formy enklityczne zaimków osobowych p.: enklityki, ja, ty, on.

*formy grzecznościowe 1. Liczba mnoga grzecznościowa w zastosowaniu do pojedynczej osoby, np.: Kolego, czy byliście obecni? Obywatelu, czy to wasz samochód? Macie rację, koleżanko. Sprawa, z którą przyszliście (*nie:* przyszłyście), towarzyszko, jest prosta.
2. Formy *pan, pani*+3. os. *lp* i *panie, panowie, państwo*+3. lub 2. os. *lm,* np.: Państwo pozwolą tędy. Czyście panie widziały ten film? Proszę, niech pan siada. Kiedy ma pani wolny czas? △ Nieuprzejme jest łączenie form *pan, pani* z 2. os. *lp,* np.: Kiedy pan wyjeżdżasz? (*zamiast:* Kiedy pan wyjeżdża?). Podejdź pan bliżej (*zamiast:* Niech pan podejdzie bliżej). △ Nie jest grzeczne także łączenie form *pan, pani* z nazwiskiem, np.: panie Nowak, pani Zalewska. Formy *pan, pani* łączymy natomiast z tytułami naukowymi, zawodowymi i imionami, np.: panie profesorze, pani doktor, panie Adamie. △ Jeżeli zwracamy się do kogoś, nie wymieniając jego tytułu ani imienia, łączymy dopełniaczową formę *pan, pani* z wyrazem *proszę,* np.: proszę pana, proszę pani (konwencjonalny zwrot, a nie prośba o coś). △ Połączenia wyrazu *proszę* z dopełniaczem rzeczowników oznaczających stopnie pokrewieństwa (np.: proszę mamy, proszę cioci) wychodzą z użycia.
3. Grzecznościowa forma zwracania się do krewnych starszego pokolenia nie w drugiej, lecz w trzeciej os. *lp,* np.: Czy mama była? Niech ojciec siada. Kiedy babcia przyjechała? || *D Kult. II, 46, 148.*

*formy nieosobowe czasownika p. bezokolicznik, imiesłów.

*formy opisowe stopniowania p. stopniowanie.

fornir (*nie:* fornier) *m IV, D.* forniru; in. okleina.

fornirować (*nie:* fornierować) *ndk IV,* fornirowaliśmy (p. akcent § 1a i 2): Fornirować meble. Stół fornirowany.

forsować *ndk IV,* forsowaliśmy (p. akcent § 1a i 2) □ F. co «dążyć do realizacji czegoś, popierać coś (nieraz nawet wbrew obiektywnej racji)»: Forsować projekt, pomysł. △ Forsować kogo (na jakieś stanowisko) «wysuwać, protegować kogoś usilnie na jakieś stanowisko»: Forsować swego kandydata na przewodniczącego, na (stanowisko) dyrektora. □ F. co «pokonywać przeszkody terenowe, zdobywać je w walce»: Forsować rzekę, most. Forsować szczyt górski. □ F. kogo, co — czym «męczyć, przeciążać»: Forsować ludzi zbyt ciężką pracą. Forsować ręce, nogi.

forsowny *st. w.* forsowniejszy a. bardziej forsowny: Forsowny marsz, bieg. Forsowna praca.

forszlak *m III, D.* forszlaku *reg.; lepiej:* nerkówka.

forsztowanie *n I; lepiej:* przepierzenie.

fort *m IV, D.* fortu: Za miastem są stare forty. △ W nazwach dużą literą: Mieszkać na Forcie Bema.

forteca *ż II, lm D.* fortec (*nie:* fortecy): Zdobywać fortecę.

fortel *m I, D.* fortelu, *lm D.* forteli a. fortelów *wych. z użycia* «wybieg, podstęp»: Użyć fortelu.

fortepian *m IV, D.* fortepianu: Grać na fortepianie. Utwór na fortepian. Usiąść do fortepianu a. przy fortepianie (żeby zagrać).

fortissimo (*wym.* fortiss-imo; *nie:* fortissime) **1.** w funkcji przysłówka «w muzyce: bardzo głośno, mocno»: Grać utwór fortissimo. **2.** *n ndm* a. *n III, Ms.* fortissimie «partia, fragment utworu muzycznego, wykonywane bardzo głośno»: W końcowym fortissimo (fortissimie) zabrzmiały głosy całego chóru.

fortuna *ż IV wych. z użycia* **a)** «bogactwo, znaczny majątek»: Posiadać fortunę. Dojść do fortuny. Zrobić fortunę. Roztrwonić, stracić fortunę. Dorobić się fortuny. **b)** «los, zwłaszcza pomyślny; szczęście»: Fortuna sprzyja komuś, dopisuje, uśmiecha się do kogoś.

fortunny *st. w.* fortunniejszy a. bardziej fortunny *książk.* (używane zwykle z przeczeniem): Nie był to fortunny pomysł.

forum *n VI, blm*: Lud gromadził się na forum. Forum było pełne gwaru. △ *przen.* Forum międzynarodowe, publiczne. Forum organizacji, związku. △ Roztrząsać coś na forum publicznym.

fory *blp, D.* forów; zwykle w zwrotach: Mieć u kogoś fory. Dawać komuś fory.

forytować *ndk IV,* forytowaliśmy (p. akcent § 1a i 2) *przestarz., książk.* «popierać, wyróżniać, faworyzować»

fosfor, *reg.* **fosfór** *m IV, D.* fosforu, zwykle *blm.*

fosforowy «dotyczący fosforu, zawierający fosfor, wyprodukowany z fosforu: *rzad.* fosforyczny»: Związki, nawozy, sole fosforowe. Kwas fosforowy. Zapałki fosforowe (a. fosforyczne).

fosforyczny 1. p. fosforowy: Ciała fosforyczne (a. fosforowe). **2.** «wywołany zjawiskiem fosforescencji; świecący bladozielonkawo»: Fosforyczny blask. Fosforyczne światło.

fotel *m I, D.* fotela a. fotelu, *lm D.* foteli a. fotelów: Siedzieć w fotelu, na fotelu.

foto- «pierwszy człon wyrazów złożonych, pisany łącznie, wskazujący na ich związek znaczeniowy ze światłem a. z fotografią», np.: fotochemia, fotokomórka, fotoreporter, fotomontaż.

fotograf *m IV, lm M.* fotografowie (*nie:* fotografi). || *U Pol. (1), 122.*

fotografia *ż I, DCMs.* i *lm D.* fotografii **1.** «zdjęcie fotograficzne»: Fotografia amatorska, ślubna. **2.** zwykle *blm* «fotografowanie»: Uczyć się fotografii. || *D Kult. I, 280; U Pol. (1), 122.*

fotografik *m III, D.* fotografika (*nie:* fotografika, p. akcent § 1d) «fotograf artysta» || *U Pol. (1), 122.*

fotografika (*wym.* fotografika, *nie:* fotografika, p. akcent § 1c) *ż III,* zwykle *blm* «fotografowanie jako sztuka» || *D Kult. I, 280; U Pol. (1), 122.*

fotogram *m IV, D.* fotogramu *środ.* «fotografia artystyczna» || *D Kult. I, 282.*

fotomontaż *m II, D.* fotomontażu, *lm D.* fotomontaży a. fotomontażów.

fotoplastykon (*nie:* fotoplastikon) *m IV, D.* fotoplastykonu.

fotoreportaż *m II, D.* fotoreportażu, *lm D.* fotoreportaży, *rzad.* fotoreportażów: Fotoreportaż z uroczystości dożynkowych.

fotos *m IV, D.* fotosu.

fototypia *ż I, DCMs.* i *lm D.* fototypii; in. światłodruk: Tekst wykonany w fototypii.

fototypiczny a. **fototypowy** przym. od fototypia: Wydanie fototypiczne (fototypowe).

Fourier (*wym.* Furie) *m IV, D.* Fouriera (*wym.* Furiera, p. akcent § 7), *lm M.* Fourierowie: Utopijne koncepcje Ch. Fouriera. Fizyka matematyczna poczyniła wielkie postępy dzięki J. Fourierowi.

foyer (*wym.* fu-aje) *n ndm:* Wyjść do foyer. Spacerować w foyer.

FPK (*wym.* efpeka, p. akcent § 6) *ż ndm* «Francuska Partia Komunistyczna»: FPK wysunęła hasło walki z faszyzmem.

Fra Angelico p. Angelico.

Fraget (*wym.* Fraże) *m IV, D.* Frageta (*wym.* Frażeta, p. akcent § 7), *Ms.* Fragecie: Wytwórnia platerów Frageta.

fragment *m IV, D.* fragmentu, *lm M.* fragmenty (*nie:* fragmenta): Fragment rozmowy, budowy. □ *rzad.* F. z czego (dotyczy tylko tekstów): Recytował fragment z „Pana Tadeusza".

fragmentacja *ż I, DCMs.* i *lm D.* fragmentacji; *lepiej:* rozdrobnienie: Fragmentacja (*lepiej:* rozdrobnienie) gospodarstw.

frajer *m IV, lm M.* ci frajerzy a. (z silniejszym zabarwieniem ekspresywnym) te frajery *posp.* «człowiek niedoświadczony, naiwny»: Szukać, znaleźć frajera. Trafić na frajera.

France (*wym.* Frãs) *m IV, D.* France'a (*wym.* Frãsa), *C.* France'owi, *N.* Francem, *Ms.* Fransie: Powieści Anatola France'a.

Franciszek *m III, D.* Franciszka, *lm M.* Franciszkowie — **Franek** *m III, D.* Franka, *lm M.* Frankowie — **Franio** (*nie:* Franiu) *m I, lm M.* Franiowie — Franciszkostwo *n III, DB.* Franciszkostwa, *Ms.* Franciszkostwu (*nie:* Franciszkostwie), *blm;* a. Franciszkowie *blp, D.* Franciszków — Frankowie, Franiowie *blp, D.* Franków, Franiów.

franciszkanin (*nie:* franciszkan) *m V, D.* franciszkanina, *lm M.* franciszkanie (*nie:* franciszkani), *D.* franciszkanów.

Francja *ż I* — Francuz (p.) — Francuzka *ż III, lm D.* Francuzek — francuski (p.).

Franco (*wym.* Franko) *m ndm:* Dyktatura generała Franco.

francuski: Naród, język francuski. Moda francuska. Przyjaźń francusko-polska.
francuski, *reg.* **francuski** w użyciu rzeczownikowym «język francuski»: Uczyć się francuskiego. Powtarzać francuski. || *D Kult. I, 58, 577.*

Francuz *m IV* **1.** *lm M.* Francuzi «człowiek narodowości francuskiej»
2. francuz *lm M.* francuzy; in. prusak (w zn. «owad»).

frank (*wym.* frąk) *m III, DB.* franka: Kupić coś za (jednego) franka. Dać komuś franka.

Frankfurt *m IV, D.* Frankfurtu «miasta w NRD i w NRF»: Frankfurt nad Odrą. Frankfurt nad Menem. — frankfurtczyk *m III, lm M.* frankfurtczycy — frankfurtka *ż III, lm D.* frankfurtek — frankfurcki.

frankista *m odm. jak ż IV, lm M.* frankiści, *DB.* frankistów **1.** «członek sekty żydowskiej (w XVIII w.)»
2. «zwolennik gen. Franco»

franko «opłacając z góry koszt przesyłki»: Wysyłać towar franko. △ Cena franko stacja, wagon itp. «cena obejmująca koszty transportu do stacji, wagonu itp., ponoszone przez dostawcę»

Franko *m odm. jak ż III:* Utwory Franki. Korespondencja Orzeszkowej z Iwanem Franką.

frankofil *m I, lm D.* frankofilów (*nie:* frankofili).

frankofob *m IV, lm M.* ci frankofobi a. (z silniejszym zabarwieniem ekspresywnym) te frankofoby.

Frankonia (*wym.* Frańkońja) *ż I, DCMs.* Frankonii «kraina w NRF» — Frankończyk *m III, lm M.* Frankończycy — Frankonka *ż III, lm D.* Frankonek — frankoński.

Frankowie *blp, D.* Franków: Państwo Franków. — frankijski.

frapować *ndk IV,* frapowaliśmy (p. akcent § 1a i 2) — **zafrapować** *dk* «zaciekawiać; robić wrażenie» △ *niepoprawne* w zn. «wstrząsać, szokować», np. Frapująca (*zamiast:* wstrząsająca) zbrodnia. || *Kl. Pog.* 71.

frasobliwy *m-os.* frasobliwi, *st. w.* frasobliwszy a. bardziej frasobliwy *wych. z użycia* «zmartwiony, zatroskany»: Frasobliwy wyraz twarzy. Frasobliwa mina, twarz.

frasować *ndk IV,* frasowaliśmy (p. akcent § 1a i 2) *przestarz.* «martwić, niepokoić»: Choroba córki bardzo frasowała matkę.

frasować się □ F. się kim, czym, o kogo, o co.

frasunek *m III, D.* frasunku *przestarz.* «zmartwienie»

frazeologia *ż I* 1. «w językoznawstwie»: **a)** «zasób ustabilizowanych wyrażeń i zwrotów właściwych danemu językowi»: Frazeologia polska, francuska. Frazeologia potoczna. **b)** «dział językoznawstwa, nauka o ustabilizowanych związkach wyrazowych» **c)** *lepiej:* frazeologizm (p.). 2. zwykle *blm* «frazesy, komunały»: Czcza, błyskotliwa frazeologia.

frazeologizm *m IV, D.* frazeologizmu, *M.* frazeologizmie (*wym.* ~izmie a. ~iźmie) «ustabilizowany w danym języku związek wyrazowy»: Frazeologizmy języka polskiego.

***frazeologizmy** p. związki frazeologiczne.

***frazy** p. związki frazeologiczne.

frażetowski a. **frażetowy** «o sztućcach itp.: platerowany (od nazwiska przemysłowca: Fraget)»: Frażetowskie (frażetowe) łyżeczki.

Fredro *m* odm. jak *ż IV, lm M.* Fredrowie, *DB.* Fredrów: Komedie Aleksandra Fredry. Fredro *ż ndm* — Fredrowa *ż* odm. jak przym. — Fredrówna *ż IV, D.* Fredrówny, *CMs.* Fredrównie (*nie:* Fredrównej), *lm D.* Fredrówien.

Freetown (*wym.* Fritau-n) *n ndm* «stolica Sierra Leone»: Brytyjska baza morska we Freetown.

frekwencja *ż I,* zwykle *blm:* Frekwencja wzrasta, spada, zmniejsza się. △ *niepoprawne* Wysoka, niska (*zamiast:* duża, mała) frekwencja.

frencz *m II, D.* frencza, *lm D.* frenczów a. frenczy.

frenetyczny *przestarz.* (dziś zwykle o oklaskach) «entuzjastyczny, burzliwy»

Frenkiel *m I, D.* Frenkla, *lm M.* Frenklowie: Kreacje sceniczne Mieczysława Frenkla. Frenkiel *ż ndm* — Frenklowa *ż* odm. jak przym. — Frenklówna *ż IV, D.* Frenklówny, *CMs.* Frenklównie (*nie:* Frenklównej), *lm D.* Frenklówien.

fresk *m III, D.* fresku, częściej w *lm:* Freski w kaplicy Sykstyńskiej.

Freud (*wym.* Frojd) *m IV:* Psychologiczna teoria Freuda. Prace o Freudzie.

freudysta (*wym.* frojdysta) *m* odm. jak *ż IV, lm M.* freudyści, *DB.* freudystów.

freudyzm (*wym.* frojdyzm) *m IV, D.* freudyzmu, *Ms.* freudyzmie (*wym.* ~yzmie a. ~yźmie), zwykle *blm.*

frędzla *ż I, rzad.* **frędzel** *m I, D.* frędzla; częściej w *lm M.* frędzle, *D.* frędzli.

frędzlisty a. **frędzlasty:** Szal, dywan frędzlisty (frędzlasty). △ *przen.* Frędzliste (frędzlaste) liście, rzęsy.

Frombork *m III, D.* Fromborka «miasto» — fromborski.

front *m IV, D.* frontu △ Od frontu «od strony ulicy»: Mieszkanie od frontu. △ Frontem do czegoś «przednią stroną, przodem, twarzą w jakimś kierunku»: Dom stał frontem do ulicy. Stanęła frontem do lustra. △ Z frontu «od przodu, od czoła»: Atakować z frontu. △ Działać na dwa fronty a. na dwóch frontach «działać w dwóch kierunkach» △ Nadużywane w zwrotach: Frontem do czegoś, do kogoś, np. Frontem do wsi, do przemysłu, do klienta itp. Na froncie (*zamiast:* w zakresie, w dziedzinie) czegoś, np. Na froncie (*zamiast:* w dziedzinie) upowszechniania książki. △ *przen.* «wspólna działalność społeczna, państwowa itp.»: Front kulturalny. △ W nazwach dużą literą: Front Jedności Narodu.

frontalny, *częściej:* frontowy: Atak frontalny a. frontowy. △ *ale:* Pokój, budynek frontowy (*nie:* frontalny). Służba frontowa. *Por.* frontowy.

frontowiec *m II, D.* frontowca, *W.* frontowcze, forma szerząca się: frontowcu, *lm. M.* frontowcy.

frontowy, *rzad.* frontalny: Atak frontowy a. frontalny. Pokój, budynek frontowy (*nie:* frontalny). Służba frontowa. *Por.* frontalny.

frotté (*wym.* frote) *n ndm:* Płaszcze kąpielowe frotté, z frotté (a. frotowe).

frunąć *dk Vb,* frunąłem (*wym.* frunołem, *nie* frunełem), frunął (*wym.* frunoł), frunęła (*wym.* frunęła), frunęliśmy (*wym.* frunęliśmy, p. akcent § 1a i 2) — **fruwać** *ndk I,* fruwaliśmy: Fruwać nad ziemią, nisko, wysoko. △ *przen.* Frunąć w świat. Fruwać po świecie.

I Frunze *m* odm. w *lp* jak przym., *D.* Frunzego, *NMs.* Frunzem: Szkoła im. Frunzego.

II Frunze *n ndm* «miasto w ZSRR (stolica Kirgizji)»: Jechać do Frunze. Mieszkać we Frunze. — frunzeński.

fruwać p. frunąć.

Fryburg *m III, D.* Fryburga «miasto w Szwajcarii» — fryburczyk *m III, lm M.* fryburczycy — fryburżanka *ż III, lm D.* fryburżanek — fryburski.

Fryderyk (*wym.* Fryderyk a. Fryderyk) *m III, lm M.* Fryderykowie — Fredzio (*nie:* Fredziu) *m I, lm M.* Fredziowie, *D.* Fredziów — Fryderykostwo *n III, DB.* Fryderykostwa, *Ms.* Fryderykostwu (*nie:* Fryderykostwie), *blm;* a. Fryderykowie *blm, D.* Fryderyków — Fredziostwo *blp, D.* Fredziów.

frygać *ndk I,* frygaliśmy (p. akcent § 1a i 2) — **frygnąć** *dk Va,* frygnąłem (*wym.* frygnołem, *nie:* frygnełem, frygłem), frygnął (*wym.* frygnoł), frygnęła (*wym.* frygnela; *nie*: frygła), frygnęliśmy (*wym.* frygneliśmy; *nie*: frygliśmy) **1.** *pot.* **a)** «rzucać» □ F. czym, *rzad.* co: Frygnął kamieniem (kamień). **b)** «biegać» □ F. bez dop.: Frygnęła do bramy. **2.** frygać — **sfrygać** *dk reg., posp.* «jeść, pochłaniać z apetytem»: Frygała szybko zupę.

Frygia *ż I, DCMs.* Frygii «starożytny kraj w Azji Mniejszej» — Frygijczyk *m III, lm M.* Frygijczycy — Frygijka (p.) — frygijski.

Frygijka *ż III, lm D.* Frygijek **1.** «mieszkanka Frygii» **2.** frygijka «czapka noszona przez rewolucjonistów francuskich podczas Wielkiej Rewolucji; czapka frygijska»

frygnąć p. frygać.

frytki *blp, D.* frytek a. frytków.

fryz *m IV, D.* fryzu «w architekturze: część belkowania zdobiona ornamentem; poziomy pas dekoracyjny»

Fryz *m IV* **1.** *lm M.* Fryzowie «mieszkaniec Fryzji» **2.** fryz *lm M.* fryzy «ciężki, duży koń z rasy pochodzącej z Fryzji»

Fryzja *ż I, DCMs.* Fryzji «historyczna kraina w Europie (obecnie w Holandii i NRF)» — Fryz (p.) — Fryzyjka *ż III, lm D.* Fryzyjek — fryzyjski (p.).

fryzjer *m IV*: Fryzjer damski i męski (*nie*: damsko-męski).

fryzyjski: Język fryzyjski. Owce fryzyjskie (*ale*: Wyspy Fryzyjskie).

FSO (*wym.* efeso) *n a. ż ndm* «Fabryka Samochodów Osobowych»: FSO wyprodukowało (wyprodukowała) nowy model auta. — FSO-wiec a. efesowiec *m II, D.* FSO-wca (efesowca), *lm M.* FSO-wcy (efesowcy) — FSO-wski a. efesowski.

f.szt. «skrót terminu: *funt szterling*, pisany z kropkami, stawiany zwykle po wymienionej liczbie, czytany jako cały, odmieniany termin»: 5 f.szt. (*czyt.* funtów szterlingów). Ofiarował mu 2 f.szt. (*czyt.* funty szterlingi).

ftyzjatra (*nie*: ftizjatra) *m odm. jak ż IV, lm M.* ftyzjatrzy, *DB.* ftyzjatrów.

ftyzjatria (*nie*: ftizjatria) *ż I, DCMs.* ftyzjatrii, zwykle *blm.*

Fučik (*wym.* Fuczik) *m III*: Międzynarodową Nagrodę Pokoju przyznano w 1952 r. pośmiertnie Juliuszowi Fučikowi.

fujara *ż IV* **1.** *rzad.* «duża fujarka» **2.** *m a. ż odm. jak ż IV, M.* ta fujara (także o mężczyznach), *rzad.* ten fujara, *lm M.* te fujary, *D.* fujar, *rzad.* fujarów (tylko o mężczyznach), *B.* te fujary (także o mężczyznach), *rzad.* tych fujarów (tylko o mężczyznach) «człowiek niezaradny, gapiowaty»

fukać *ndk I*, fukaliśmy (p. akcent § 1a i 2) — **fuknąć** *dk Va*, fuknąłem (*wym.* fuknołem; *nie*: fuknełem; fuknął (*wym.* fuknoł), fuknęła (*wym.* fuknęła; *nie*: fukła), fuknęliśmy (*wym.* fuknęliśmy; *nie*: fukliśmy) □ *pot.* F. na kogo, na co «krzyczeć na kogoś, na

coś; łajać, strofować kogoś, coś»: Fuknął gniewnie na płaczące dziecko.

fuks *m IV* **1.** *lm M.* te fuksy *pot.* **a)** «ktoś początkujący w jakimś zawodzie, w szkole itp.; nowicjusz» **b)** «szczęśliwy przypadek, traf (często w użyciu przysłówkowym)»: Fuksem mi się to dostało.

fumy *blp, D.* fum a. fumów.

fundament *m IV, D.* fundamentu, *lm M.* fundamenty (*nie*: fundamenta) □ F. czego (*nie*: dla czego) △ *przen.* Fundament nowej (*nie*: dla nowej) pracy. || D Kult. I, 656.

fundamentalny «podstawowy, zasadniczy»: Fundamentalne tezy jakiejś teorii.

fundamentowy przym. od fundament: Doły fundamentowe.

fundator *m IV, lm M.* fundatorzy, *rzad.* fundatorowie.

fundować (*nie*: fondować) *ndk IV*, fundowaliśmy (p. akcent § 1a i 2) **1.** — **zafundować** *dk; posp.* **fundnąć** *dk Va*, fundnąłem (*wym.* fundnołem; *nie*: fundnełem, fundłem), fundnął (*wym.* fundnoł), fundnęła (*wym.* fundnęła; *nie*: fundła), fundnęliśmy (*wym.* fundnęliśmy; *nie*: fundliśmy) «potocznie: płacić za poczęstunek, rozrywkę, kupować coś komuś w prezencie»: Fundował nam kino. **2.** fundować — **ufundować** *dk* «zakładać coś swoim kosztem, czynić zapis»: Fundować stypendium.

fundusz *m II, lm D.* funduszów, *rzad.* funduszy: Fundusz socjalny. Fundusz płac. Fundusz na stypendia. Dysponować funduszem (funduszami). Fundusz wyczerpał się (fundusze wyczerpały się).

funkcja *ż I, DCMs.* i *lm D.* funkcji **1.** «funkcjonowanie, działanie; rola» □ F. czego: Funkcja wyrazu w zdaniu. Funkcja (*lepiej*: czynność) serca, wątroby. **2.** «praca, obowiązki, stanowisko»: Pełnić, sprawować jakąś funkcję. Zwolnić (*nie*: zdjąć) kogoś z (pełnienia) funkcji. □ F. czyja (z rzeczownikiem w dopełniaczu): Funkcja kierownika, nauczyciela.

funkcjonalny **1.** «dotyczący funkcji — działania, funkcjonowania, roli czegoś»: Równowaga funkcjonalna procesów biologicznych. **2.** *st. w.* bardziej funkcjonalny «dobrze spełniający swoją rolę, odpowiadający potrzebom»: Funkcjonalne mieszkanie. *Por.* funkcyjny.

funkcjonariusz *m II, lm D.* funkcjonariuszy, *rzad.* funkcjonariuszów.

funkcyjny «dotyczący funkcji, obowiązków, stanowiska»: Dodatek funkcyjny (do pensji).
funkcyjny w użyciu rzeczownikowym «człowiek pełniący jakąś funkcję o charakterze porządkowym, np. w wojsku, w obozie»

funt (*nie*: font) *m IV* **1.** *B.* funta «jednostka monetarna różnych państw»: Kupić coś za funta. △ Funt szterling a. funt sterling (*nie*: funt szterlingów) «jednostka monetarna Wielkiej Brytanii; skrót: f.szt.» **2.** *B.* funt «jednostka wagi»: Kupić funt masła.

fura *ż IV, CMs.* furze «wóz konny; furmanka»: Fura węgla (z węglem). Powozić furą. △ *przen. pot.* «wielka ilość, mnóstwo; kupa»: Zjadł furę chleba na śniadanie. Miała furę argumentów.

furczeć (*nie*: furczyć) *ndk VIIb*, furczałby (p. akcent § 4c), *rzad*. **furkotać** *ndk IX*, furkocze, *przestarz*. furkoce a. *ndk I*, furkota, furkotałby — **furkać** *ndk I*, furkałby — **furknąć** *dk Va*, furknął (*wym*. furknoł), furknęła (*wym*. furknęła; *nie*: furkła), furknąłby (*wym*. furknołby): Furczały proporczyki. Strzała furknęła nad głową. Pracowali, aż furczało.

furia *ż I, DCMs*. i *lm D*. furii **1.** zwykle *blm* «wściekłość, szał»: Dzika furia. Wpaść w furię. Dostać ataku, napadu furii. Robić coś z furią.
2. (zwykle w *lm*) Furie «w mitologii rzymskiej: boginie zemsty»

furman *m IV* nieco *przestarz.; lepiej*: woźnica. || *D Kult. I, 379*.

furmanka *ż III, lm D*. furmanek **1.** «wóz konny; fura»: Szosa zapchana furmankami. **2.** *blm rzad*. «zawód furmana; furmaństwo»: Trudnił się furmanką.

Furmanow (*wym*. Furmanow) *m IV, D*. Furmanowa (p. akcent § 7): Cykl artykułów poświęconych Furmanowowi.

furora *ż IV, blm* △ żywe tylko we *fraz*. Robić (*nie*: wywoływać, budzić) furorę «mieć powodzenie, budzić zachwyt»: Zrobiła furorę swoją toaletą.

fusy *blp, D*. fusów.

fuszer *m IV, lm M*. fuszerzy a. fuszery; *lepiej*: partacz: W każdym zawodzie był tylko fuszerem. || *U Pol. (2), 167*.

fuszerować *ndk IV*, fuszerowaliśmy (p. akcent § 1a i 2) — **sfuszerować** *dk, lepiej*: knocić, partaczyć.

futbol *m I, D*. futbolu, zwykle *blm, lepiej*: piłka nożna.

futbolista *m* odm. jak *ż IV, lm M*. futboliści, *DB*. futbolistów; *lepiej*: piłkarz.

futor p. chutor.

futrzany «zrobiony z futra; *rzad*. wyrabiający futra, dostarczający futer»: Futrzany kołnierz. Futrzana czapka. Przemysł futrzany.

futrzarski «związany z produkcją i obróbką futer»: Przemysł futrzarski. Fabryka futrzarska.

futuryzm *m IV, D*. futuryzmu, *Ms*. futuryzmie (*wym*. ~yzmie a. ~yźmie), *blm*.

fuzel *m I, D*. fuzlu, *lm M*. fuzle, *D*. fuzli; in. niedogon: Przykry zapach fuzlu.

I fuzja *ż I, DCMs*. i *lm D*. fuzji: Strzelać, wypalić z fuzji. Lufa fuzji.

II fuzja *ż I, DCMs*. fuzji, *blm, lepiej*: połączenie: Dokonano fuzji trzech pokrewnych instytucji.

FWP (*wym*. efwupe, p. akcent § 6) *n* a. *m ndm* «Fundusz Wczasów Pracowniczych»: FWP zorganizowało (zorganizował) wczasy dla robotników rolnych. Domy wypoczynkowe FWP. — FWP-owski a. efwupowski.

I g «spółgłoska tylnojęzykowa zwarta, dźwięczna; litera oznaczająca tę spółgłoskę» W pozycji przed *e* w wyrazach rodzimych i w niektórych wyrazach zapożyczonych spółgłoskę *g* wymawiamy miękko i oddajemy w piśmie przez *gie*, np.: *ogień, bagienko, magiel, szwagier, pręgierz, giełda, Giewont, higiena, Jagiełło.* △ *Niepoprawna* jest twarda wymowa połączenia literowego *gie* jako *ge* (np.: *ogeń, gełda, Gewont* itd.). △ Natomiast połączenie literowe *ge*, występujące w większości wyrazów zapożyczonych, wymawiamy dziś na ogół twardo, np.: *algebra, inteligencja, legenda, ewangelia, Ganges, Genewa, geografia, geneza.* △ Wymowa miękka (np.: *algiebra, inteligiencja, gieografia* itd.) daje się słyszeć w mowie potocznej, ale jest raczej przestarzała. △ W pozycji przed *ę* spółgłoskę *g* wymawiamy prawie zawsze twardo, np.: *gęś, gęsty, mogę, nogę.* △ *Niepoprawna* jest miękka wymowa połączenia literowego *gę* jako *gię* (np.: *gięś, mogię*). △ Jedyne wyjątki, w których *g* przed *ę* wymawiamy miękko i oddajemy w piśmie jako *gię* — to wyrazy pochodne od czasownika *giąć*, np.: *gięty, giętki, zgięcie.*

II g «skrót wyrazu: *gram*, pisany bez kropki, stawiany zwykle po wymienionej liczbie, czytany jako cały, odmieniany wyraz», np.: 2 g (*czyt.* dwa gramy). 5 g (*czyt.* pięć gramów).

g. «skrót wyrazu: *godzina*, pisany z kropką, stawiany zwykle przed wymienioną liczbą, czytany jako cały, odmieniany wyraz»: Wykład odbędzie się we wtorek o g. 16 (*czyt.* o godzinie szesnastej).

gabardyna (*nie*: gabardina) *ż IV, lm D.* gabardyn.

! gabilotka p. gablotka.

Gabin (*wym.* Gabę) *m IV, D.* Gabina (*wym.* Gabena, p. akcent § 7): Role filmowe Gabina.

Gable (*wym.* Gebl) *m I, D.* Gable'a (*wym.* Gebla) a. (z odmienianym imieniem) *ndm*: Grał w filmie razem z Gable'em (z Clarkiem Gable).

gablotka (*nie*: gabilotka) *ż III, lm D.* gablotek.

Gabon *m IV, D.* Gabonu «państwo i rzeka w Afryce» — Gabończyk *m III, lm M.* Gabończycy — Gabonka *ż III, lm D.* Gabonek — gaboński.

Gabriel *m I, lm M.* Gabrielowie — Gabryś *m I, lm M.* Gabrysiowie — Gabrielostwo *n III, DB.* Gabrielostwa, *Ms.* Gabrielostwu (*nie*: Gabrielostwie), *blm*; a. Gabrielowie *blp, D.* Gabrielów — Gabrysiowie *blp, D.* Gabrysiów — Gabriela *ż I, lm D.* Gabrieli a. Gabriel — Gabrysia *ż I, W.* Gabrysiu.

gacek *m III, D.* gacka *reg.* «nietoperz»

gach *m III, lm M.* ci gachowie a. (z silniejszym zabarwieniem ekspresywnym) te gachy.

gadać *ndk I*, gadaliśmy (p. akcent § 1a i 2) w zn. *pot.* «mówić»: Nie gadaj głupstw. △ Gadać od rzeczy «mówić bez sensu; mówić głupstwa» △ Austriackie gadanie «gadanie głupstw» □ G. o czym: Gadali o tym i owym. □ G. bez dop.: Lubił dużo gadać. □ *posp.* G. (*częściej*: wygadywać) na kogo (*rzad.* na co): Ludzie gadali na nowe porządki. Gadała na męża, ale go kochała.

gadu, gadu a. **gadu-gadu** *ndm pot.*: My tu gadu, gadu, a czas ucieka.

gadulski *pot.* «lubiący dużo mówić (wyraz używany tylko jako orzecznik, nie występujący w funkcji przydawki)»: Była wścibska i gadulska, usta się jej nie zamykały.

gadulski, gadulska w użyciu rzeczownikowym: W salonie królował niepoprawny gadulski, mąż pani domu.

gaduła *ż* a. *m.* odm. jak *ż IV, M.* ten a. ta gaduła (także o mężczyznach), *lm M.* te gaduły, *D.* gadułów (tylko o mężczyznach) a. gaduł, *B.* tych gadułów (tylko o mężczyznach) a. te gaduły.

gafa (*nie*: gaffa) *ż IV, lm D.* gaf: Popełnić gafę.

gag *m III, D.* gagu: Farsowy gag. Gagi sceniczne.

Gagarin *m IV, D.* Gagarina (*nie*: Gagarina, p. akcent § 7): Pierwszy lot kosmiczny Jurija Gagarina.

gagatek *m III, lm M.* te gagatki.

gaj *m I, D.* gaju, *lm D.* gajów (*nie*: gai).

Gajcy *m* odm. jak przym., *lm M.* Gajcowie: Poezje Gajcego. Wspomnienia o Tadeuszu Gajcym.

Gal (*nie*: Gall), zwykle: **Gal Anonim**, Gal *m I, D.* Gala, Anonim *m IV, D.* Anonima «kronikarz z XI— XII w.»: Kronika Gala Anonima, *rzad.* Marcina Gala.

gala *ż I, blm*: Gala w pałacu, instytucji. Gala flagowa na statku. △ Być, wystąpić itp. w (pełnej) gali «być, wystąpić w odświętnym, wytwornym stroju»

Galaktyka (*wym.* Galaktyka, *nie*: Galaktyka, p. akcent § 1c) *ż III* **1.** *blm* «układ gwiazd, do którego należy Słońce»
2. galaktyka «układ gwiazd i materii międzygwiezdnej, w którego skład wchodzi Galaktyka»

galanteria *ż I, DCMs.* galanterii, zwykle *blm*
1. nieco *żart.* «wyszukana grzeczność»: Ukłonił się z galanterią. **2.** «drobne wyroby o charakterze zdobniczo-użytkowym»: Sklep z galanterią damską. △ *niepoprawne* w zn. «drobne wyroby o charakterze użytkowym, konsumpcyjnym (np. piekarnicze)», np.: Galanteria pszenna, czekoladowa. || *D Kult. II, 214.*

galar *m IV, D.* galara, *Ms.* galarze: Ładowność galara.

Galatea (*nie*: Galateja) *ż I, DCMs.* Galatei. || *U Pol. (2), 476.*

Galia *ż I, DCMs.* Galii «rzymska nazwa kraju Galów (dzisiejszej Francji)» — Gal *m I, lm M.* Galowie — Galijka *ż III, lm D.* Galijek — galijski, *rzad.* galicki.

Galicia (*wym.* Galisja) *ż I, DCMs.* Galicii «kraina w Hiszpanii» — Galisyjczyk *m III, lm M.* Galisyjczycy — Galisyjka *ż III, lm D.* Galisyjek — galisyjski.

Galicja *ż I, DCMs.* Galicji «dawna nazwa ziem polskich zaboru austriackiego» — Galicjanin *m V, D.* Galicjanina, *lm M.* Galicjanie, *D.* Galicjan — Galicjanka *ż III, lm D.* Galicjanek — galicyjski.

galicyzm *m IV, D.* galicyzmu, *Ms.* galicyzmie (*wym.* ~yzmie a. ~yźmie).

***galicyzmy** (zapożyczenia francuskie) są to wyrazy, ich formy lub znaczenia oraz zwroty i konstrukcje składniowe przejęte z języka francuskiego albo wzorowane na nim. △ Najliczniejsze galicyzmy w języku polskim to *galicyzmy leksykalne* — zwłaszcza poszczególne wyrazy przejmowane z języka francuskiego. Większość z nich, np.: *flakon, biuro, depesza, fryzjer, ambaras, demoralizować, żenować* — weszła na stałe do polskiego zasobu językowego i tylko niektóre rażą dziś trochę swą przestarzałością (np. *kajet* «zeszyt») czy pretensjonalnością (np.: *deranżować* «przeszkadzać», *dekoncertować* «mieszać, zawstydzać»).
△ Pewne wyrazy lub wyrażenia francuskie stały się na gruncie polskim podstawą *replik (kalk)* wyrazowych, np. *półświatek* (*fr.* demi-monde) lub frazeologicznych, np. *Robić dobrą minę do złej gry (fr.* Faire bonne mine à mauvais jeu). △ *Niepoprawnym* galicyzmem jest następujący zwrot: Znajdować kogoś, coś jakimś (*fr.* trouver quelqu'un...) — *zamiast*: Sądzić coś o kimś, o czymś (np. Jak pani znajduje tę powieść? — *zamiast*: Co pani sądzi o tej powieści?). *Por.* zapożyczenia.

Galilea *ż I, DCMs.* Galilei, *B.* Galileę (*nie*: Galileję) «kraina w Palestynie» — Galilejczyk *m III, lm M.* Galilejczycy — Galilejka *ż III, D.* Galilejek — galilejski.

Galileusz *m II* a. (zwykle z imieniem) **Galileo Galilei** *m ndm* «nazwisko włoskiego uczonego»: Teorie Galileusza (teorie Galileo Galilei).

! Gall p. Gal.

Gallux (*wym.* Galluks) *m IV, D.* Galluxu, *Ms.* Galluksie «nazwa przedsiębiorstwa handlowego, będąca skrótem wyrazów: *galanteria luksusowa*»: Kupować w Galluksie.

galonik *m III, D.* galonika; *rzad.* **galonek** *m III, D.* galonka.

galop *m IV* **1.** *D.* galopu «szybki bieg konia, wielbłąda itp. sadzącego skokami (czasem o człowieku)»: Pędzić galopem. Nie wytrzymywał takiego galopu. **2.** *DB.* galopa «dawny szybki taniec»: Tańczyli galopa.

galopem *pot.* «bardzo prędko»: Puścić się, lecieć galopem. Załatwić coś galopem.

Galsworthy (*wym.* Golsuors-i) *m odm.* jak przym., *D.* Galsworthy'ego (*wym.* Golsuors-iego, p. akcent § 7): Odczyt poświęcony Galsworthy'emu. Monografia o Galsworthym.

galwanometr *m IV, D.* galwanometru a. galwanometra, *Ms.* galwanometrze.

gałąź (*nie*: gałęź) *ż V, D.* gałęzi, *lm N.* gałęziami, *rzad.* gałęźmi. || *KP Pras.*

gałęziowy przym. od gałąź (zwłaszcza w zn. «dział gospodarki»).

gałęzisty, *rzad.* **gałęziasty** «mający dużo gałęzi; krzaczasty, rozgałęziony; mający kształt gałęzi»: Gałęziste (gałęziaste) drzewa. Gałęziste (gałęziaste) rogi jelenia.

gałgan *m IV* **1.** *lm M.* te gałgany «łachman, szmata»: Zawinąć coś w gałgany. **2.** *lm M.* te gałgany a. ci gałgani *pot.* «nicpoń, łobuz»: Miała syna gałgana.

Gama (Vasco da) p. Vasco.

gamajda *ż* a. *m odm.* jak *ż IV, M.* ten a. ta gamajda (także o mężczyznach), *lm M.* te gamajdy, *D.* gamajdów (tylko o mężczyznach) a. gamajd, *B.* tych gamajdów (tylko o mężczyznach) a. te gamajdy *pogard.* «niedołęga»

Gambetta *m odm.* jak *ż IV, D.* Gambetty, *CMs.* Gambetcie (*wym.* Gambecie): Działalność polityczna Gambetty.

Gambia *ż I, DCMs.* Gambii **1.** «rzeka w Afryce» **2.** «kraj w Afryce» — Gambijczyk *m III, lm M.* Gambijczycy — Gambijka *ż III, lm D.* Gambijek — gambijski.

Gamelin (*wym.* Gamlę) *m IV, D.* Gamelina (*wym.* Gamlena, p. akcent § 7) a. (zwykle z odmienianym imieniem lub tytułem) *ndm*: Rozkaz Gamelina (generała Gamelin).

gamma globulina, gamma *ż ndm*, globulina *ż IV, D.* globuliny, *blm*: Wstrzyknąć dawkę gamma globuliny.

Gandawa *ż IV* «miasto w Belgii (*fr.* Gand, *flamandzkie*: Gent)» — gandawski (p.).

gandawski: Uniwersytet gandawski (*ale*: Kanał Gandawski).

Gandhi (*wym.* Gandi) *m* odm. jak przym., *D.* Gandhiego: Idee etyczne Mahatmy Gandhiego. Monografia o Gandhim.
Gandhi *ż ndm*: Przemówienie Indiry Gandhi.

ganek *m III, D.* ganku *reg.* w zn. «ścieżka, przejście»: Cieniste ganki ogrodu.

gang *m III, D.* gangu «banda, szajka uprawiająca działalność przestępczą»: Należeć do gangu.

Ganges *m IV, D.* Gangesu «rzeka w Indiach»

gangrena (*nie*: gangryna) *ż IV*, in. zgorzel △ w *przen.* tylko: gangrena (np. moralna).

ganiać *ndk I*, ganialiśmy (p. akcent § 1a i 2) ☐ G. kogo, co: Kogut ganiał kury po podwórku. ☐ *pot.* G. kogo — do czego «zmuszać do czegoś; przynaglać, popędzać»: Ganiała dzieci do nauki. ☐ *pot.* G. bez dop. «biegać, pędzić, uganiać się»: Cały dzień ganiają po ulicach. ☐ *pot.* G. za czym «ubiegać się o coś»: Bezskutecznie gania za pracą.

ganić *ndk VIa*, ganiliśmy (p. akcent § 1a i 2) — **zganić** *dk książk.* «potępiać, krytykować» ☐ G. co: Ganić czyjeś postępowanie. ☐ G. kogo — za co: Ganiono go za złe zachowanie.

gap *m I, D.* gapia, *lm D.* gapiów (*nie*: gapi): Na miejscu wypadku zebrał się tłum gapiów.

gapa *ż* a. *m* odm. jak *ż IV, M.* ten a. ta gapa (także o mężczyznach), *lm M.* te gapy, *D.* gap *pot.* «człowiek nierozgarnięty, nieuważny»: Był ostatnim gapą. Ta gapa coś pomyliła. △ *pot.* Na gapę «bez biletu»: Pasażer na gapę. Jechać, wejść gdzieś na gapę.

gapiowaty, *rzad.* **gapowaty** *m-os.* gapiowaci (gapowaci) «nierozgarnięty, głupawy»: Gapiowata (gapowata) mina. Gapiowaty (gapowaty) uśmiech. Gapiowaty (gapowaty) uczeń.

gapiowski *rzad.* «złożony z gapiów»: Gapiowski tłum turystów.

garaż *m II, D.* garażu, *lm D.* garaży a. garażów.

garbarnia *ż I, lm D.* garbarni, *rzad.* garbarń.

garbarz *m II, lm D.* garbarzy.

garbus *m IV, lm M.* te garbusy a. ci garbusi.

garbusek *m III, D.* garbuska, *lm M.* te garbuski, *rzad.* ci garbuskowie.

Garcia Lorca (*wym.* Garsja Lorka), Garcia *m* odm. jak *ż I, D.* Garcii (*wym.* Garsji), Lorca *m* odm. jak *ż III, D.* Lorki: Tragedie Garcii Lorki.

! garcowy p. garncowy.

! garczek p. garnczek.

Garda *ż IV* a. (w połączeniu z wyrazem: jezioro) *ndm* «jezioro we Włoszech»: Kąpał się w Gardzie (w jeziorze Garda).

gardełko *n II, lm D.* gardełek, *częściej*: gardziołek (p.).

garderoba *ż IV, lm D.* garderób.

garderobiana *ż* odm. jak przym., *D.* garderobianej (*nie*: garderobiany), *W.* garderobiano.

gardlany przym. od gardło (dziś zwykle w odniesieniu do dolegliwości związanych z gardłem): Miał jakieś komplikacje gardlane. *Por.* gardłowy.

gardłacz a. **garłacz** *m II lm D.* gardłaczy (garłaczy) a. gardłaczów (garłaczów) 1. «odmiana gołębia» 2. «rodzaj dawnej broni palnej»

gardło (*wym. pot.* garło) *n III, Ms.* gardle, *lm D.* gardeł: Kogoś boli gardło. Komuś zaschło w gardle. Chwycić kogoś za gardło. Skoczyć komuś do gardła. △ *przen.* Wzruszenie, strach chwyta kogoś za gardło. △ *przen.* Mieć nóż na gardle «być w sytuacji bardzo trudnej, bez wyjścia» △ Gardło cieśniny, jaru itp. «wąskie ujście, wylot cieśniny, jaru» △ Wąskie gardło «dział pracy, produkcji, hamujący tempo pracy całego zakładu». △ Na całe gardło (wołać, śmiać się itp.) «bardzo głośno» △ Coś komuś nie chce przejść przez gardło a. coś komuś więźnie w gardle **a)** «coś komuś nie smakuje» **b)** «ktoś nie może wydobyć głosu, powiedzieć czegoś» △ *pot.* Coś komuś wychodzi gardłem «coś komuś zbrzydło» △ *pot.* Zdzierać gardło «mówić, śpiewać itp. dużo, aż do zachrypnięcia» △ *pot.* Jak psu z gardła wyciągnięty «bardzo pognieciony, zmięty»

gardłować *ndk IV*, gardłowaliśmy (p. akcent § 1a i 2) «głośno mówić, przemawiać, rozprawiać» ☐ G. bez dop.: Wolał gardłować niż pracować. ☐ G. za kim, za czym: Na sejmiku gardłował za równością szlachty.

gardłowy 1. «będący gardłem a. częścią gardła»: Jama gardłowa. **2.** «o głosie, dźwiękach wydawanych przez człowieka: niski i chrapliwy»: Mówił dziwnym, gardłowym głosem. Gardłowy śmiech, krzyk. *Por.* gardlany.

Gardno *n III* a. (w połączeniu z wyrazem: jezioro) *ndm* «jezioro»: Spędził wczasy nad Gardnem (jeziorem Gardno).

gardzić *ndk VIa*, gardziliśmy (p. akcent § 1a i 2) ☐ G. kim, czym: Gardzić kłamcami. Nie gardziła żadną pracą.

gardziel (*nie*: ten gardziel) *ż V, DCMs.* i *lm D.* gardzieli «gardło, szczególnie gardło zwierząt; w odniesieniu do ludzi — zgrubiale, rubasznie»: Donośny krzyk wydarł się z wielu gardzieli. Wilk skoczył psu do gardzieli.

gardziołek *m III, D.* gardziołka; a. **gardziołko** *n II, lm D.* gardziołek zdr. od gardło: Gardziołek (gardziołko) ptaszka.

Gargantua *m* odm. jak *ż I, D.* Gargantui *CMs.* Gargantui (*nie*: Gargantule), *B.* Gargantuę (*nie*: Gargantuję), *N.* Gargantuą (*nie*: Gargantułą).

Garibaldi *m* odm. jak przym., *D.* Garibaldiego: Włoska pieśń patriotyczna o Garibaldim.

garkotłuk (*nie*: garnkotłuk) *m III, lm M.* te garkotłuki.

garkuchnia (*nie*: garnkuchnia) *ż I, lm D.* garkuchni *przestr.* «jadłodajnia»: Stołować się w taniej garkuchni.

garłacz p. gardłacz.

Garłuch *m III*, *D.* Garłucha; a. **Gierlach** (*nie:* Gerlach) *m III*, *D.* Gierlachu «szczyt w Tatrach»

garmaż *m II*, *D.* garmażu, *lm D.* garmaży a. garmażów, *środ.; lepiej:* wyroby garmażeryjne. || *KP Pras.; JP 1965, 241; 1963, 171.*

garmażer *m IV*, *lm M.* garmażerzy *środ.* «specjalista w zakresie produkcji wyrobów garmażeryjnych» || *JP 1965, 243.*

garmażerka *ż III środ.* **a)** *blm* «przyrządzanie wyrobów garmażeryjnych» **b)** «kobieta zajmująca się przyrządzaniem wyrobów garmażeryjnych» || *JP 1965, 245.*

garmażernia a. **garmażeria** *ż I*, *DCMs.* i *lm D.* garmażerni (garmażerii); *lm D. rzad.* garmażerń. || *D Kult. I, 412; JP 1965, 241.*

garmażeryjny: Sklep, dział garmażeryjny (*nie:* garmażerski): Wyroby garmażeryjne. || *JP 1965, 242; D Kult. I, 412.*

garmond (*nie:* garmont) *m IV*, *D.* garmondu.

garnąć się *ndk Va*, garnąłem się (*wym.* garnołem się, *nie:* garnełem się), garnął się (*wym.* garnoł się), garnęła się (*wym.* garnęła się), garnęliśmy się (*wym.* garneliśmy się, p. akcent § 1a i 2) □ G. się do kogo «przytulać się do kogoś; ubiegać się o czyjeś towarzystwo, względy»: Dziecko garnęło się do matki. Młodzież garnęła się do nauczyciela. □ G. się do czego «chętnie coś robić, brać w czymś chętnie udział»: Garnęła się do nauki.

garncarz (*nie:* garcarz, garnczarz) *m II*, *lm D.* garncarzy *reg.* w zn. «zdun»

garncowy (*wym. pot.* garcowy).

garnczek (*wym. pot.* garczek) *m III*, *D.* garnczka.

garnek *m III*, *D.* garnka (*wym. pot.* garka) □ G. czego «ilość czegoś równa pojemności garnka»: Garnek kaszy. □ G. do czego, *rzad.* na co (*nie:* dla czego) «garnek o określonym przeznaczeniu»: Garnki do mleka (na mleko). □ G. od czego «garnek o określonym przeznaczeniu, opróżniony z czegoś»: Garnek od miodu. □ G. po czym «garnek, z którego usunięto jego zawartość»: Garnek po mleku. □ G. z czym «garnek wypełniony czym»: Garnek z rosołem.

garniec *m II*, *D.* garnca (*wym. pot.* garca), *lm D.* garnców, *rzad.* garncy «dawna miara objętości»

garnitur *m IV*, *D.* garnituru **1.** «ubranie męskie»: Elegancki garnitur z ciemnej wełny. **2.** *częściej:* komplet □ G. czego: Kupiła piękny garnitur mebli. △ *niepoprawne* w zn. «zespół, grupa (ludzi)», np. Garnitur zawodników, sportowców. || *KP Pras.*

Garonna *ż IV* «rzeka we Francji» — garoński.

garść *ż V*, *lm M.* garście a. garści (w połączeniach z liczebnikami używa się częściej formy: garści, np. dwie garści).

Garwolin *m IV* «miasto» — garwolinianin *ż V*, *D.* garwolinianina, *lm M.* garwolinianie, *D.* garwolinian — garwolinianka *ż III*, *lm D.* garwolinianek — garwoliński.

garybaldczyk (*nie:* garibaldczyk) *m III*, *lm M.* garybaldczycy.

Gaskonia (*wym.* Gaskońja) *ż I*, *DCMs.* Gaskonii «kraina we Francji» — Gaskończyk *m III*, *lm M.* Gaskończycy — Gaskonka *ż III*, *lm D.* Gaskonek — gaskoński.

gasnąć *ndk Vc*, gasł, *rzad.* gasnął (*wym.* gasnoł); gasła, gasłaby (p. akcent § 4c) — **zgasnąć** *dk*: Gasną latarnie. Ogień gaśnie. △ *przen.* Gasł w oczach. Życie w kimś gaśnie. □ G. przy kim, przy czym a. wobec kogo, wobec czego «tracić na wartości; blednąć w porównaniu z kimś, z czymś»: Uroda Anny gasła przy (wobec) piękności Zofii.

gastrolog *m III*, *lm M.* gastrolodzy a. gastrologowie.

gastrologia *ż I*, *DCMs.* gastrologii, *blm* **1.** «dział medycyny zajmujący się chorobami żołądka» **2.** *rzad.* p. gastronomia.

gastronom *m IV*, *lm M.* gastronomowie *przestarz.* «znawca potraw, smakosz» △ *niepoprawne* w zn. «restauracja, zakład gastronomiczny» || *KP Pras.*

gastronomia *ż I*, *DCMs.* gastronomii, *blm* «sztuka kulinarna; działalność obejmująca prowadzenie zakładów zbiorowego żywienia»

gastryczny (wyraz używany tylko w odniesieniu do chorób żołądka, dolegliwości z nim związanych) «żołądkowy»: Cierpiał na zaburzenia gastryczne.

gat. «skrót wyrazu: *gatunek*, pisany z kropką, czytany jako cały, odmieniany wyraz»

gatunek (*nie:* gatonek) *m III*, *D.* gatunku (skrót: gat.).

gauczo (*wym.* gau-czo) *m II*, *lm M.* gauczowie.

Gauguin (*wym.* Gogę) *m IV*, *D.* Gauguina (*wym.* Gogena, p. akcent § 7): Twórczość Gauguina.

Gaulle, de (*wym.* de Gol) *m I*, *D.* de Gaulle'a (*wym.* de Gola, p. akcent § 7): Przyjazd de Gaulle'a do Polski.

gaullista (*wym.* golista) *m odm. jak ż IV*, *lm M.* gaulliści, *DB.* gaullistów «zwolennik generała de Gaulle'a»

gaullistowski (*wym.* golistowski) *przym.* od gaullista.

gaullizm (*wym.* golizm) *m IV*, *D.* gaullizmu, *Ms.* gaullizmie (*wym.* ~izmie a. ~iźmie), *blm.*

Gautier (*wym.* Gotje) *m IV*, *D.* Gautiera (*wym.* Gotjera, p. akcent § 7) a. (zwykle z odmienianym imieniem) *ndm*: Powieści Gautiera (Teofila Gautier).

gawędowy «mający charakter gawędy (zwykle w tekstach literaturoznawczych, czasem wymiennie z wyrazem: gawędziarski)»: Utwór w stylu gawędowym.

gawędziarski *st. w.* bardziej gawędziarski «mający charakter, cechy gawędy; gawędowy; charakterystyczny dla gawędziarza»: Miał gawędziarskie skłonności. Gawędziarski styl, ton.

Gay-Lussac (*wym.* Ge-Lüsak), Gay *m ndm*, Lussac *m III*, *D.* Lussaca (p. akcent § 7), *N.* Lussakiem: Praca o Gay-Lussacu.

gaz *m IV, D.* gazu △ *pot.* Dać, dodać gazu «zwiększyć szybkość pojazdu»: Szofer dał (dodał) gazu. △ *pot.* Gnać, jechać pełnym gazem, na pełnym gazie a. na pełny gaz «jechać z największą szybkością»

gazda *m* odm. jak *ż IV, lm M.* gazdowie, *DB.* gazdów «gospodarz na Podhalu»

gazeciarski «z odcieniem lekceważenia: dotyczący gazeciarza-dziennikarza; czasem również: dotyczący gazety; gazetowy»: Gazeciarskie nawyki. Gazeciarska (gazetowa) plotka. *Por.* gazetowy.

gazela (*nie*: gazella) *ż I, lm D.* gazeli: Płocha jak gazela.

gazetowy przym. od gazeta: Reklama gazetowa. Papier gazetowy. *Por.* gazeciarski.

gazometr *m IV, D.* gazometru a. gazometra «naczynie do przetrzymywania gazu (np. w laboratoriach)»

gazomierz *m II, lm D.* gazomierzy, *rzad.* gazomierzów «przyrząd do pomiaru objętości przepływającego przez niego gazu»

gazon *m IV, D.* gazonu *wych. z użycia* «trawnik, zwłaszcza ozdobny» || *D Kult. I, 323.*

gazowany «o napojach: nasycony dwutlenkiem węgla»: Napoje gazowane.

gazowy: Napoje gazowe (*lepiej*: gazowane).

gaża *ż II, lm D.* gaż a. gaży «pensja, zwłaszcza pensja aktora, wojskowego»

gąbczasty, *rzad.* **gąbkowaty** «przypominający gąbkę; miękki, porowaty»: Gąbczasty (gąbkowaty) grunt.

Gąbin *m IV, Ms.* Gąbinie «miasto» — gąbiński.

gąsienica (*nie*: gąsiennica) *ż II.*

gąsior, *rzad.* **gęsior** (*nie*: gięsior) *m IV, DB.* gąsiora (gęsiora) **1.** «samiec gęsi»: Znaleźć gąsiora w stadzie. **2.** (tylko: gąsior) *B. = M.* «duża, pękata butla»: Wypili gąsior wina. **3.** (tylko: gąsior) *B. = M.* «dachówka do krycia styków połaci dachowych»: Umieszczał ostatni gąsior na szczycie dachu.

gąszcz (*nie*: ta gąszcz, to gąszcze) *m II, D.* gąszczu, *lm D.* gąszczów a. gąszczy.

gbur *m IV* **1.** *lm M.* te gbury *obelż.* «grubianin, prostak» **2.** *lm M.* gburzy *reg.* «bogaty chłop»

gdakać *ndk IX, rzad. I,* gdacze (gdaka), gdakałaby (p. akcent § 4c), gdacząc (gdakając) — **gdaknąć** *dk Va,* gdaknął (*wym.* gdaknoł), gdaknęła (*wym.* gdaknęła), gdaknęłaby (*wym.* gdaknęłaby): Kury gdaczą (gdakają).

Gdańsk *m III* «miasto» — gdańszczanin *m V, D.* gdańszczanina, *lm M.* gdańszczanie, *D.* gdańszczan — gdańszczanka *ż III, lm D.* gdańszczanek — gdański (p.).

gdański: Meble gdańskie (*ale*: Zatoka Gdańska). **Gdańskie** *n* odm. jak przym., *NMs.* Gdańskiem «województwo gdańskie»

gdera *m* a. *ż* odm. jak *ż IV, M.* ten a. ta gdera (także o mężczyznach), *CMs.* gderze, *lm M.* te gdery, *D.* gderów (tylko o mężczyznach) a. gder, *B.* tych

gderów (tylko o mężczyznach) a. te gdery *pot.* «człowiek lubiący gderać, narzekać; *częściej*: zrzęda»

gderać (*nie*: gdyrać) *ndk I,* gderam, gdera, *rzad. ndk IX,* gderzę, gderze, gderaliśmy (p. akcent § 1a i 2) □ G. na kogo: Gderała wiecznie na dzieci. □ G. na co, o co: Gderał na jej spóźnianie się. Gderali o byle co.

gdy «spójnik, używany zwłaszcza w języku pisanym»: **a)** «rozpoczynający zdanie podrzędne określające czas odbywania się czynności, o której mowa w zdaniu nadrzędnym; czasem zastępuje zaimki względne w zdaniach rozwijających oznaczenie czasu, pory czegoś (np. lata, gdy... = lata, w których...); kiedy»: Spała już, gdy wróciłem do domu. Bywały dni, gdy w ogóle nie wstawał z łóżka. Podczas gdy rozmawiali, nakryto do stołu.
b) «rozpoczynający zdanie podrzędne, w którym czas czynności jest określony przez zdanie nadrzędne»: Uszli parę kroków, gdy ich nagle odwołano. Kończyli właśnie obiad, gdy zjawił się Łukasz.
△ *Niepoprawne* jest używane spójnika *gdy* w znaczeniu przeciwstawnym, np. Gdy jeden jej syn był pracowity, drugi myślał tylko o zabawie (*zamiast*: Jeden jej syn był pracowity, a drugi myślał tylko o zabawie). △ Niekiedy znaczenie czasowe spójnika *gdy* łączy się ze znaczeniem warunkowym, np. Gdy będzie pogoda, pojedziemy na wycieczkę. △ *Niepoprawne* jest jednak użycie spójnika *gdy* w znaczeniu czysto warunkowym, np. Gdy jutro będzie pogoda, pojedziemy na wycieczkę (*zamiast*: Jeżeli jutro będzie pogoda, pojedziemy na wycieczkę).

gdyby «spójnik rozpoczynający zdania lub ich równoważniki oznaczające»: **a)** «możliwość lub nie spełniony warunek realizacji tego, o czym mowa w drugim zdaniu»: Gdyby mógł, uciekłby stąd co prędzej. Gdyby nie ona, przyszłabym wcześniej. Gdybyś chciał, potrafiłbyś to zrobić.
b) «gorące pragnienie czegoś, życzenie, nadzieję»: Gdyby pan zechciał nam pomóc... Gdyby tak mieć dość pieniędzy na wyjazd w góry!
△ Po spójniku *gdyby* czasownik może mieć formę bezokolicznika lub czasu przeszłego. Końcówki tego czasu łączą się ze spójnikiem. W połączeniach z ruchomymi końcówkami czasu przeszłego akcent pada na trzecią sylabę od końca, np. gdybyście (*nie*: gdybyście) poszli...

gdybyż «wzmocniony spójnik *gdyby* (w zn. b)»: O, gdybyż ta noc już przeszła!

Gdynia *ż I, D.* Gdyni «miasto» — gdynianin *m V, D.* gdynianina, *lm M.* gdynianie, *D.* gdynian — gdynianka *ż III, lm D.* gdynianek — gdyński.

gdynka *ż III, lm D.* gdynek, zwykle w *lm* «rodzaj lekkiego obuwia damskiego»

gdyż «spójnik, używany raczej w języku pisanym, rozpoczynający zdania podrzędne lub ich równoważniki, podające przyczynę tego, o czym mowa w zdaniu nadrzędnym; ponieważ, albowiem, bowiem, bo»: Jedli z apetytem, gdyż byli wygłodzeni. △ *Niepoprawne* jest używanie *gdyż* zamiast *że* (w zdaniu podrzędnym) po *dlatego* (w zdaniu nadrzędnym), np. Pojechał tylko dlatego, gdyż (*zamiast*: dlatego, że) tak sobie życzyła matka.

gdzie 1. «zaimek zastępujący człon zdania oznaczający miejsce jako środowisko odbywania się czegoś (rzadziej także: cel przestrzenny, kierunek lub drogę, trasę)»: **a)** «w zdaniach pytajnych lub w zdaniach podrzędnych wyrażających pytanie, interesowanie się czymś, powiadamiających o czymś itp.»: Gdzie byłeś wczoraj? Gdzie by to schować? Nie wiedziałem, gdzie jesteś. Powiedz mi, gdzie was szukać. △ W niektórych utartych zwrotach orzeczenie w zdaniu rozpoczynającym się od *gdzie* bywa używane w bezokoliczniku, np. Gdzie rzucić okiem — mgła. **b)** «w zdaniach podrzędnych będących rozwiniętym określeniem miejsca»: Kryli się, gdzie kto mógł. Idź, gdzie chcesz. Wszędzie dobrze, gdzie nas nie ma. △ *niepoprawne*: Gdzie by nie był (*zamiast*: gdziekolwiek by był a. gdzie tylko był). Gdzie nie spojrzeć (*zamiast*: gdziekolwiek spojrzeć a. gdzie tylko spojrzeć). Gdzie nie pójdę (*zamiast*: gdziekolwiek pójdę, gdzie tylko pójdę). **2.** «zaimek równoważny połączeniom z zaimkiem *który*, rozpoczynającym zdanie podrzędne określające jakieś miejsce»: Weszli do przedziału, gdzie było jeszcze miejsce. Był w pokoju, gdzie wisiała duża lampa. △ Jeżeli miejsce określone jest nazwą czynności, imprezy itp., która się tam odbywa, należy użyć zaimka *który*, np. Odbyło się zebranie, na którym mówiono (*nie*: gdzie mówiono) o sprawach bytowych. △ *Niepoprawne* jest używanie zaimka *gdzie*, jeśli zdanie podrzędne w ogóle nie odnosi się do miejsca, np. Nieprzyjemna była rozmowa, gdzieśmy się (*zamiast*: z którejśmy się) dowiedzieli... **3.** *pot.* «wyraz oznaczający miejsce dowolne lub bliżej nie określone; gdzieś, gdziekolwiek»: Czy nie znajdzie się gdzie miejsce dla nas? △ Niekiedy wyrazowi *gdzie* towarzyszą przysłówki lub partykuły ograniczające, np. Mało gdzie spotkasz jeszcze takich ludzi. △ Byle gdzie, gdzie bądź «gdziekolwiek; obojętne gdzie, w dowolnym miejscu» △ Gdzie indziej «w innym miejscu a. w inne miejsce; nie tutaj»: Słuchał mnie, ale myślami był gdzie indziej. △ Jest, nie ma gdzie + bezokol. «jest miejsce, nie ma miejsca (na co)»: Siadajcie — jest przecież gdzie usiąść. Nie ma gdzie się bawić. **4.** *pot.* «partykuła wzmacniająca, uwydatniająca kontrast, nierealność lub niemożliwość czegoś»: Byłem tam z pięć, gdzie — z dziesięć razy! Gdzie tu myśleć o wyjeździe! □ G . komu + bezokol. «wyrażenie niemożności, niemożliwości czegoś»: Gdzie im mierzyć się z tobą. □ G. komu — do kogo, czego «wyrażenie niestosowności, nieprzydatności do czegoś, niemożności porównania z kimś, z czymś»: Gdzie tam mnie do tańca! Gdzie mnie do takiej panny. △ Gdzie tam! «nic z tego, nic podobnego; ale skąd!»: Czy to nowa suknia? — Gdzie tam! stara jak świat. || *D Kult. I, 52; KJP 371—373, 437; KP Pras.*

gdziekolwiek (*nie*: gdziekolwiek bądź) «wyraz oznaczający miejsce dowolne, bliżej nie określone; gdzieś, gdzie bądź, byle gdzie»: Gdziekolwiek się ruszył, pies szedł za nim. △ Gdziekolwiek indziej «w jakimś innym miejscu, wszystko jedno gdzie»: Skoro tu nie ma miejsca, połóż to gdziekolwiek indziej.

gdzieniegdzie «w niektórych miejscach; tu i ówdzie, miejscami»: Gdzieniegdzie w oknach błyszczały już światła.

gdzieś 1. «wyraz dodawany do określeń miejsca, kierunku, *pot.* także czasu, nadający im znaczenie niedokładności, przybliżenia»: Zdarzyło się to gdzieś w górach. Gdzieś z daleka błysnęło światło. △ *pot.*

Było to gdzieś we wrześniu. **2.** «wyraz oznaczający miejsce bliżej nie określone»: Pragnęła gdzieś iść, sama nie wiedziała, gdzie.

gdzież 1. «wzmocniony zaimek *gdzie* (w zn. 1a)»: Gdzież ty byłeś? a. Gdzieżeś ty był? Gdzież podział się ten zeszyt? Gdzież by to mogło leżeć? **2.** *pot.* «wzmocniona partykuła *gdzie*»: Gdzież tu mówić o zdrowiu... Gdzież nam do was! Lubisz go? — Gdzież tam!

gdzieżby «wzmocniona partykuła *gdzież*»: Gdzieżby on umiał to zrobić! (*ale* w zn. zaimka: Gdzież by to mogło leżeć?).

ge p. I g

Gebethner (*wym.* Gebetner) *m IV, D.* Gebethnera, *lm M.* Gebethnerowie.
Gebethner *ż ndm* — Gebethnerowa *ż* odm. jak przym. — Gebethnerówna *ż IV, D.* Gebethnerówny, *CMs.* Gebethnerównie (*nie*: Gebethnerównej), *lm D.* Gebethnerówien (*nie*: Gebethnerównych).

geesowski p. GS.

gejsza (*nie*: giejsza) *ż II, lm D.* gejsz: Taniec gejszy.

gejzer (*nie*: gajzer) *m IV, D.* gejzeru.

gemma (*nie*: giemma) *ż IV, CMs.* gemmie, *lm D.* gemm.

gen. «skrót wyrazu: *generał*, pisany z kropką, stawiany zwykle przed nazwiskiem lub imieniem i nazwiskiem (wchodzi też w skład skrótów — nazw stopni generalskich), czytany jako cały, odmieniany wyraz»: Gen. Andrzej Stępień. Odprawa u gen. (*czyt.* generała) Stępnia. △ Gen. bryg. «generał brygady» △ Gen. dyw. «generał dywizji». △ Gen. broni «generał broni»

gencjana (*nie*: gencjanna) *ż IV, lm D.* gencjan.

genealogia (*wym. przestarz.* gienealogia) *ż I, DCMs.* i *lm D.* genealogii **1.** in. rodowód. **2.** *blm* «pochodzenie, początek czego»: Genealogia powieści historycznej. **3.** *blm* «nauka pomocnicza historii, zajmująca się badaniem pochodzenia i dziejów rodzin»

genealogiczny (*wym. przestarz.* gienealogiczny) «dotyczący genealogii, rodowodu»: Drzewo genealogiczne. Tablica genealogiczna. △ *niepoprawne* w zn. «dotyczący genezy; genetyczny», np. Genealogiczna (*zamiast*: genetyczna) strona zjawiska. || *KP Pras. Por.* genetyczny.

generacja (*wym. przestarz.* gieneracja) *ż I, DCMs.* i *lm D.* generacji «pokolenie»: Starsza generacja.

generalia (*wym. przestarz.* gieneralja) *blp, lm D.* generaliów (*nie*: generalii).

generalicja (*wym. przestarz.* gieneralicja) *ż I, DCMs.* generalicji, *blm* «korpus generalski»

generalissimus (*wym.* generaliss-imus, *wym. przestarz.* gieneralissimus) *m IV, lm M.* generalissimusowie.

generalizacja (*wym. przestarz.* gieneralizacja) *ż I, DCMs.* generalizacji, *blm*; a. **generalizowanie** (*wym. przestarz.* gieneralizowanie) *n I, blm; lepiej*: uogólnianie. || *KP Pras.*

generalizować (*wym. przestarz.* gieneralizować) *ndk IV*, generalizowaliśmy (p. akcent § 1a i 2); *lepiej*: uogólniać. || *KP Pras.*

generalnie (*wym. przestarz.* gieneralnie), *st. w.* bardziej generalnie, *rzad.* generalniej; *lepiej*: ogólnie, powszechnie, całkowicie, np: Określić, rozstrzygnąć coś generalnie (*lepiej*: ogólnie). Coś jest generalnie (*lepiej*: całkowicie) sprzeczne z czymś. || *KP Pras.*

generalny (*wym. przestarz.* gieneralny): Dyrektor generalny. Prokurator generalny. △ Próba generalna. △ w zn. «dotyczący ogółu, obejmujący ogół ludzi a. zjawisk, faktów» *lepiej*: ogólny, zasadniczy, np.: Generalna (*lepiej*: ogólna) zasada, linia. Generalny (*lepiej*: ogólny) przegląd. || *KP Pras.*

generał (*wym. przestarz.* gienerał) *m IV, lm M.* generałowie (skrót: gen.).

generał-gubernator (*wym.* generał gubernator), generał *m IV* (*nie: ndm*), gubernator *m IV*: Zarządzenie generała-gubernatora (*nie*: generał-gubernatora).

generałowa (*wym. przestarz.* gienerałowa) *ż odm.* jak przym., *D.* generałowej, *W.* generałowo.

Genesis (*wym.* Genez-is) *ż ndm*: Komentarze do Genesis. Studiować Genesis.

genetyczny (*wym. przestarz.* gienetyczny) **1.** «związany z początkiem, pochodzeniem, genezą czegoś»: Związek genetyczny. **2.** «dotyczący dziedziczenia a. dziedziczności»: Cechy genetyczne. || *KP Pras. Por.* genealogiczny.

genetyka (*wym.* genetyka, *nie*: genetyka, p. akcent § 1c) *ż III, blm.*

Genewa (*wym. przestarz.* Gienewa) *ż IV* «miasto w Szwajcarii» — genewski (p.).

genewski (*wym. przestarz.* gienewski): Konferencje genewskie (*ale*: Jezioro Genewskie).

geneza (*wym. przestarz.* gieneza) *ż IV* «zespół warunków i przyczyn, które się złożyły na powstanie, pojawienie się czegoś; sposób powstania, rozwoju czegoś»: Trudno odtworzyć genezę niektórych tekstów średniowiecznych. △ W języku potocznym *lepiej*: źródło, pochodzenie, przyczyny, np.: Geneza (*lepiej*: historyczne przyczyny) obecnego stanu rzeczy. || *KP Pras.*

Genezaret (*wym. przestarz.* Gienezaret) *m IV, D.* Genezaretu (p. akcent § 7) a. (w połączeniu z wyrazem: jezioro) *ndm* «jezioro na pograniczu Syrii i Izraela»

Genia (*wym.* Gienia) *ż I, W.* Geniu zdr. od Eugenia a. Genowefa.

genitalia *blp, lm D.* genitaliów (*nie*: genitalii).

geniusz (*wym.* geńjusz, *wym. przestarz.* gieńjusz) *m II* **1.** *DB.* geniusza, *lm M.* geniusze, *D.* geniuszów a. geniuszy «człowiek genialny; w mitologii rzymskiej: bóstwo opiekuńcze»: Szopena już we wczesnej młodości uznano za geniusza. Rzymianie wierzyli, że każdy człowiek ma swego geniusza. **2.** *D.* geniuszu, *B.* geniusz, *blm* «niezwykły talent»: Nie mogli doszukać się w nim geniuszu muzycznego.

genre (*wym.* żãr) *m IV, D.* genre'u, *Ms.* genrze (*wym.* żãrze) *książk.* «rodzaj, gatunek, styl»

! gentleman p. dżentelmen.

Genua (*wym.* Genua) *ż I, DCMs.* Genui (*wym.* Genui, p. akcent § 7), *B.* Genuę, *W.* Genuo, *N.* Genuą «miasto we Włoszech» — genueńczyk *m III, lm M.* genueńczycy — genuenka *ż III, lm D.* genuenek — genueński (p.).

genueński: Zabytki genueńskie (*ale*: Zatoka Genueńska).

geo- (*wym. przestarz.* gieo-) «pierwszy człon wyrazów złożonych wskazujący na ich związek znaczeniowy z ziemią, kulą ziemską, skorupą ziemską», np.: geocentryzm, geodezja, geologia, geografia.

geocentryzm (*wym. przestarz.* gieocentryzm) *m IV, D.* geocentryzmu, *Ms.* geocentryzmie (*wym.* ~yzmie a. ~yźmie), *blm.*

geodeta (*wym. przestarz.* gieodeta) *m odm.* jak *ż IV, lm M.* geodeci, *DB.* geodetów.

geodezyjny (*wym. przestarz.* gieodezyjny), *rzad.* **geodetyczny:** Pomiary geodezyjne. Przyrządy geodezyjne (geodetyczne).

geogr. «skrót wyrazu: *geograficzny*, pisany z kropką, czytany jako cały, odmieniany wyraz» △ Szer. geogr.; dł. geogr. «szerokość geograficzna; długość geograficzna»

geograf (*wym. przestarz.* gieograf) *m IV, lm M.* geografowie (*nie*: geografi).

geograf — o kobiecie, p. nazwy i tytuły zawodowe kobiet.

geografia (*wym. przestarz.* gieografia) *ż I, DCMs.* geografii, zwykle *blm.*

***geograficzne nazwy** p. nazwy miejscowe.

geolog (*wym. przestarz.* gieolog) *m III, lm M.* geolodzy a. geologowie.

geolog — o kobiecie, p. nazwy i tytuły zawodowe kobiet.

geologia (*wym. przestarz.* gieologja) *ż I, DCMs.* geologii, zwykle *blm.*

geometra (*wym. przestarz.* gieometra) *m odm.* jak *ż IV, lm M.* geometrzy, *DB.* geometrów.

geometria (*wym. przestarz.* gieometrja) *ż I, DCMs.* geometrii, zwykle *blm.*

Georgia (*wym.* Georgja a. Dżordżja) *ż I, DCMs.* Georgii a. (w połączeniu z wyrazem: stan) *ndm* «stan w USA»: Mieszkać w Georgii (w stanie Georgia).

georgika (*wym.* georgika, *nie*: georgika, p. akcent § 1c) *ż III*, zwykle w *lm*: Georgiki Wergiliusza.

georginia (*wym.* georgińja) *ż I, DCMs.* i *lm D.* georginii; in. dalia.

Gera *ż IV, Ms.* Gerze a. *ndm* «miasto w NRD»

geranium (*wym.* gerańjum) *n VI, blm; rzad.* **gerania** (*wym.* gerańja) *ż I, DCMs.* i *lm D.* geranii; in. bodziszek.

geriatra *m odm.* jak *ż IV, lm M.* geriatrzy, *DB.* geriatrów.

geriatria *ż I, DCMs.* geriatrii, *blm.*

! I Gerlach p. Garłuch.

II Gerlach *m III*, *D*. Gerlacha, *lm M*. Gerlachowie «nazwisko»

Germania (*wym. przestarz.* Giermańja) *ż I*, *DCMs*. Germanii «starożytna nazwa Niemiec; dziś *podn.* a. *iron.* o państwie niemieckim» — Germanin *m V*, *D*. Germanina, *lm M*. Germanie, *D*. Germanów (*nie*: German) — Germanka *ż III*, *lm D*. Germanek — germański.

germanistyka (*wym.* germanistyka, *nie*: germanistyka, p. akcent § 1c) *ż III*, zwykle *blm*.

germanizm *m IV*, *D* . germanizmu, *Ms*. germanizmie (*wym.* ∼izmie a. ∼iźmie).

*****germanizmy** (zapożyczenia niemieckie) są to wyrazy, związki wyrazowe i konstrukcje składniowe przejęte z języka niemieckiego lub na nim wzorowane. Pochodzenie takich wyrazów i konstrukcji nie przesądza o ich poprawności lub niepoprawności. △ *Germanizmy leksykalne* to: **1.** Wyrazy przejęte z języka niemieckiego, np.: handel, hebel, gwint, gzyms, szturm, szlafrok, (!)abzac (*zamiast*: paragraf, akapit), (!)sznytka (*zamiast*: kromka) — albo stanowiące przekłady złożonych wyrazów niemieckich (tzw. repliki, kalki), np.: światopogląd (*niem.* Weltanschauung), światoczuły (*niem.* lichtempfindlich), (!) czasokres (*niem.* Zeitraum; *zamiast*: okres). **2.** Wyrażenia i zwroty przetłumaczone dosłownie z języka niemieckiego. Wśród nich szczególnie wiele jest takich, które rażą polskie poczucie językowe, są *niepoprawne*, np.: Być w posiadaniu (*niem.* im Besitze sein; *zamiast*: mieć, posiadać). Od wypadku do wypadku (*niem.* von Fall zu Fall; *zamiast*: od czasu do czasu, przygodnie). Tu leży pies pogrzebany (*niem.* da liegt der Hund begraben; *zamiast*: w tym jest sedno sprawy). △ *Niepoprawne* są m.in. następujące germanizmy składniowe: **a)** niepoprawne użycie wyrazów polskich w następujących związkach składniowych, właściwych językowi niemieckiemu: Szukać za czymś (*niem.* nach etwas suchen; *zamiast*: szukać czegoś). Rozumieć pod czymś (*niem.* unter etwas verstehen; *zamiast*: rozumieć przez coś). **b)** niewłaściwy układ wyrazów w zdaniu pod wpływem składni zdania niemieckiego, np.: Na mniej więcej dziesiątym (*zamiast*: Mniej więcej na dziesiątym) kilometrze nastąpiło zderzenie. W akcji letniej weźmie udział o prawie (*zamiast*: prawie o) 20 000 młodzieży więcej. Odbędą się 4 wielkie, organizowane wspólnie z ZMW imprezy (*zamiast*: Odbędą się 4 wielkie imprezy, organizowane wspólnie z ZMW). △ Do *niepoprawnych* germanizmów zaliczamy też konstrukcje zdań, w których występuje bez potrzeby strona bierna — jeśli jej użycia nie usprawiedliwia chęć skierowania uwagi czytelnika na przedmiot czynności, a nie na jej wykonawcę, np.: Urzędnikom zostało polecone, by... (*zamiast*: Urzędnikom polecono, by...). Palić jest zabronione (*zamiast*: Zabrania się palić. Nie wolno palić. Nie palić). △ *Niepoprawne* jest też zbyt częste używanie zaimków dzierżawczych pod wpływem konstrukcji właściwych językowi niemieckiemu, np. Wyborcy oddali swoje głosy (*zamiast*: Wyborcy oddali głosy) na kandydatów socjalistycznych. △ Poprawna jest natomiast konstrukcja: Co za (człowiek itp.) — w zn. «jaki (człowiek)!» wzorowana na *niem.* Was für (ein Mensch). // *U Pol. (2)*, 26—45. *Por.* zapożyczenia.

germanizować p. zgermanizować.

germanofil *m I*, *lm D*. germanofilów (*nie*: germanofili).

Gero (*nie*: Giero) *m IV*, *D*. Gerona: Podboje margrabiego Gerona.

gerontolog *m III*, *lm M*. gerontolodzy a. gerontologowie.

Gershwin (*wym.* Gerszwin) *m IV*, *D*. Gershwina (p. akcent § 7): Muzyka Gershwina.

Gerwazy *m* odm. jak przym., *lm M*. Gerwazowie.

gerylas *m IV*, *lm M*. gerylasi: Walki hiszpańskich gerylasów z najeźdźcą.

gest (*wym. pot.* giest) *m IV*, *D*. gestu, *lm M*. gesty (*nie*: gesta) △ Mieć (*nie*: posiadać) gest «być hojnym, wspaniałomyślnym»

gestapo *n ndm*: Był przesłuchiwany w gestapo.

gestia *ż I*, *DCMs*. gestii, *blm urz.* «zarząd, administracja»: Sprawy te są w gestii ministerstwa.

geszefciarz (*wym. przestarz.* gieszefciarz) *m II*, *lm D*. geszefciarzy *pogard.* «spekulant, aferzysta»

geszeft (*wym. przestarz.* gieszeft) *m IV*, *D*. geszeftu *pogard.* «interes, zwłaszcza nieuczciwy; spekulacja»

getry (*wym. przestarz.* gietry) *blp*, *D*. getrów (*nie*: getr).

getto (*wym.* getto a. geto, *wym. pot.* gietto, gieto) *n III*, *Ms*. getcie (*wym.* gecie).

Getynga *ż III* «miasto w NRF» — getyński.

gęba (*nie*: gięba) *ż IV*, *lm D*. gąb, *rzad.* gęb *pot.*, *rub.* «usta; twarz» △ bez odcienia *rub.* we *fraz.* Pan całą gębą «człowiek możny, bogaty» △ Śmiać się całą gębą, *rzad.* na całą gębę «śmiać się głośno, szczerze»

gęgać *ndk I*, gęgałby (p. akcent § 4c); *rzad.* **gęgotać** *ndk IX*, gęgocze, *przestarz.* gęgoce; *rzad. także ndk I*, gęgota, gęgotałby.

gęgot *m IV*, *D*. gęgotu; *rzad.* **gęg** *m III*, *D*. gęgu.

gęsiarek (*nie*: gięsiarek, gąsiarek) *m III*, *D*. gęsiarka, *lm M*. ci gęsiarkowie a. te gęsiarki.

gęsior p. gąsior (w zn. 1).

gęstnąć *ndk Vc*, gęstnął (*wym.* gęstnoł) a. gęstł, gęstła, gęstnąłby (*wym.* gęstnołby) a. gęstłby (p. akcent § 4c) — **zgęstnąć** *dk przestarz.* «gęstnieć»

gęstnieć *ndk III*, gęstniałby, gęstniałaby (p. akcent § 4c) — **zgęstnieć** *dk*: Masa kremowa już zgęstniała. Mrok gęstniał.

gęsto (*nie*: gięsto) *st. w.* gęściej (określa przede wszystkim stosunki w przestrzeni, a nie w czasie): Papier był gęsto zapisany. Kraj gęsto zaludniony. *ale*: Uczeń był często (*nie*: gęsto) pytany. △ *pot.* Często gęsto «nierzadko, nieraz»

gęstościomierz *m II*, *lm D*. gęstościomierzy, *rzad.* gęstościomierzów; *in.* areometr, densymetr.

gęstwina a. **gęstwa** (*nie*: gięstwina, gięstwa) *ż IV*, *blm* **1.** *częściej*: gęstwina «gęste skupienie roślin; *przen.* gąszcz włosów» **2.** *częściej*: gęstwa «tłum»

gęsty (*nie*: gięsty) *st. w.* gęstszy, *rzad.* gęściejszy: Las stawał się gęstszy (gęściejszy).

gęś (*nie*: gięś) *ż V, lm M.* gęsi, *N.* gęsiami a. gęśmi.

gęśl (*nie*: gęśla) *ż V, DCMs.* gęśli, *lm M.* gęśle, zwykle w *lm.*

Ghana (*wym.* Gana) *ż IV* «państwo» — Ghańczyk *m III, lm M.* Ghańczycy; a. Ghanin *m V, D.* Ghanina, *lm M.* Ghanie, *D.* Ghanów — Ghanka a. Ghanijka *ż III, lm D.* Ghanek (Ghanijek) — ghański.

Gheorghiu-Dej (*wym.* Giorgiu-Deż), Gheorghiu *m ndm,* Dej *m II*: Wywiad z Gheorghiu-Dejem.

giąć (*nie*: gnąć) *ndk Xc,* gnę, gnie, gnij, giąłem (*wym.* giołem; *nie*: giełem), giął (*wym.* gioł; *nie*: gnoł), gięła (*wym.* gieła), gięliśmy (*wym.* gieliśmy; *nie*: gneliśmy, p. akcent § 1a i 2).

gibelin *m IV, lm M.* gibelinowie, zwykle w *lm.*

gibki *m-os.* gibcy, *st. w.* bardziej gibki: Gibkie ruchy. Byli to młodzieńcy dorodni, gibcy, zręczni.

gibko *st. w.* bardziej gibko: Iść, poruszać się gibko.

Gibraltar *m IV, D.* Gibraltaru «miasto i twierdza na Półwyspie Pirenejskim; cieśnina między Morzem Śródziemnym a Atlantyckim»: Mieszkać w Gibraltarze. Prąd głębinowy w Gibraltarze. — gibraltarski (*p.*).

gibraltarski: Port gibraltarski (*ale*: Cieśnina Gibraltarska, Skała Gibraltarska).

gid *m IV książk.* (*lepiej*: przewodnik) **a)** *lm M.* gidowie «osoba oprowadzająca turystów» **b)** *lm M.* gidy «książka — informator dla turystów»

Gide (*wym.* Żid) *m IV, D.* Gide'a (*wym.* Żida), *Ms.* Gidzie: Powieści Gide'a.

gie p. I g

Giedymin (*nie*: Gedymin) *m IV*: Walki Giedymina z Krzyżakami.

giełdziarz *m II, lm D.* giełdziarzy.

giemza (*nie*: gemza, gimza) *ż IV*; w zn. *zool. częściej*: kozica.

giemzowy (*nie*: gemzowy, gimzowy).

Gierasimow (*wym.* Gieras-imow) *m IV, D.* Gierasimowa (p. akcent § 7), *lm M.* Gierasimowowie: Twórczość Gierasimowów.

Gierlach p. Garłuch.

giermek *m III, D.* giermka, *lm M.* ci giermkowie, *rzad.* te giermki.

Gietrzwałd *m IV, D.* Gietrzwałdu «miejscowość» — gietrzwałdowski.

Giewont (*nie*: Gewont) **1.** *D.* Giewontu «szczyt w Tatrach»: Z Giewontu roztaczał się wspaniały widok. **2.** giewont, *DB.* giewonta, częściej w *lm* «gatunek papierosów»

giez *m IV, DB.* gza: Tępcie gza bydlęcego (*nie*: giez bydlęcy). || D Kult. I, 657.

giętki *m-os.* giętcy, *st. w.* bardziej giętki, *rzad.* giętszy.

giętko *st. w.* bardziej giętko (*nie*: gięcej).

gięty (*nie*: gnięty) imiesł. bierny od czas. giąć.

gigant *m IV* **1.** *lm M.* ci giganci, *rzad.* te giganty «mitologiczny olbrzym, wielkolud»: Walka gigantów. **2.** *lm M.* te giganty «o czymś olbrzymim»: Zainstalowano nowy dźwig gigant. △ Slalom gigant.

Gigli (*wym.* Dżili) *m ndm*: Występy gościnne Beniamina Gigli.

gigolo (*wym.* żigolo) *m I,* zwykle w *lp.*

gil *m I, lm D.* gilów a. gili.

gildia *ż I, DCMs. i lm D.* gildii; *przestarz.* **gilda** *ż IV, lm D.* gild.

Gilson (*wym.* Żilsą) *m IV, D.* Gilsona (*wym.* Żilsona, p. akcent § 7): Współpracował z Gilsonem.

Gil Wielki, Gil *m I, D.* Gilu, Wielki odm. przym. «jezioro»

gilza *ż IV* **1.** in. zwijka (do papierosów). **2.** in. łuska (naboju).

gimnastyk *m III, D.* gimnastyka (p. akcent § 1d), *lm M.* gimnastycy.

gimnastyka (*wym.* gimnastyka, *nie*: gimnastyka, p. akcent § 1c) *ż III, blm.*

gimnazista *m odm. jak ż IV, lm M.* gimnaziści, *DB.* gimnazistów; *lepiej*: **gimnazjalista** *m odm. jak ż IV, lm M.* gimnazjaliści, *DB.* gimnazjalistów.

gimnazjasta *m odm. jak ż IV, lm M.* gimnazjaści, *DB.* gimnazjastów *przestarz.* «gimnazjalista»

gimnazjum *n VI, Ms.* gimnazjum (*nie*: gimnazji), *lm D.* gimnazjów (*nie*: gimnazji): Profesor gimnazjum (*nie*: przy gimnazjum).

ginąć *ndk Vb,* ginąłem (*wym.* ginołem, *nie*: ginełem), ginął (*wym.* ginoł), ginęła (*wym.* gineła), ginęliśmy (*wym.* gineliśmy, p. akcent § 1a i 2) — **zginąć** *dk* **1.** «tracić życie, umierać (szczególnie śmiercią gwałtowną)» □ G. z czego, od czego: Zginął od kuli. Ginęła z głodu i wyczerpania. △ *przen.* Ginąć z tęsknoty, z miłości. □ G. za kim, za czym «przepadać za kimś, za czymś; kochać kogoś zapamiętale»: Kobiety za nim ginęły. **2.** «stawać się niewidocznym; niknąć dla oka, dla ucha»: Jej głos ginął we wrzawie. Sylwetki ginęły w mroku. **3.** «zapodziewać się, przepadać»: Z magazynu giną rzeczy. Ciągle coś ginie spod ręki.

ginekolog *m III, lm M.* ginekolodzy a. ginekologowie.
ginekolog — o kobiecie, p. nazwy i tytuły zawodowe kobiet.

Gioconda (*wym.* Dżiokonda) *ż IV*: Przyglądać się Giocondzie.

GIOP (*wym.* giop) *m IV, D.* GIOP-u, *Ms.* GIOP-ie a. *ndm* «Główny Inspektorat Ochrony Pracy»: GIOP wydał nowe zarządzenie. Biura GIOP (GIOP-u). Pracować w GIOP (w GIOP-ie).

Giotto di Bondone (*wym.* Dżiotto di Bondone), Giotto *m IV, Ms.* Giotcie (*wym.* Dżiocie), di Bondone *ndm*: Freski Giotta (di Bondone). Dyskusja o Giotcie di Bondone.

Girard (*wym.* Żirar) *m IV, D.* Girarda (*wym.* Żirarda, p. akcent § 7) a. (z odmienianym imieniem) *ndm*: Żyrardów zawdzięcza swą nazwę Girardowi (Filipowi Girard).

Giraudoux (*wym*. Żirodu) *m ndm*: Utwory dramatyczne Giraudoux.

girlanda (*nie*: gierlanda) *ż IV*, *lm D*. girland.

girlsa (*wym*. gerlsa) *ż IV*, *lm D*. girls.

giroskop p. żyroskop.

giser *m IV*; *lepiej*: formierz.

gisernia *ż I*, *lm D*. giserni, *rzad*. giserń; *lepiej*: odlewnia.

Giza *ż IV* «miasto w Egipcie»: Słynna nekropola w Gizie.

Giżycko *n II* «miasto» — giżycki.

GKKF (*wym*. giekakaef, p. akcent § 6) *m IV*, *D*. GKKF-u, *Ms*. GKKF-ie a. *ndm* «Główny Komitet Kultury Fizycznej»: Zgłosić się do GKKF-u (do GKKF). GKKF otoczył opieką młodych sportowców. Pracować w GKKF-ie (w GKKF).

GKKFiT (*wym*. giekakaef-i-te, p. akcent § 6) *n a. m, ndm* «Główny Komitet Kultury Fizycznej i Turystyki»: GKKFiT zorganizował (zorganizowało) treningi dla kolarzy. Pracować w GKKFiT.

GKS (*wym*. giekaes, p. akcent § 6) *m IV*, *D*. GKS-u, *Ms*. GKS-ie a. *ndm* «Górniczy Klub Sportowy»: Należeć do GKS-u (do GKS). Sportowcy zrzeszeni w GKS-ie (w GKS). — GKS-owski.

. **GL** (*wym*. gieel, p. akcent § 6) *m a. ż ndm* a. *m I*, *D*. GL-u «Gwardia Ludowa»: GL weszła (wszedł) w skład Armii Ludowej. — GL-owiec *m II*, *D*. GL-owca, *lm M*. GL-owcy — GL-owski.

gladiator *m IV*, *lm M*. gladiatorzy a. gladiatorowie.

gladiolus *m IV*; *reg*. **gladiola** *ż I*, *lm D*. gladioli; in. mieczyk.

glans *m IV*, *D*. glansu; a. **glanc** *m II*, *D*. glancu, *blm pot*. «połysk» △ Na glans, do glansu (glancu) «do połysku, z połyskiem»: Czyścić buty do glansu (glancu). Rondle wyszorowane na glans (glanc). △ Na glanc «doskonale, świetnie»: Spisał się na glanc.

glansować (*nie*: glancować) *ndk IV*, glansowaliśmy (p. akcent § 1a i 2) — **wyglansować** *dk*.

Glasgow (*wym*. Glesgou) *n ndm* «miasto w Wielkiej Brytanii»: Zabytki Glasgow. Mieszkać w Glasgow. Glasgow otrzymało prawa miejskie ok. 1178 r.

! **glaspapier** p. szklak, papier szklany a. ścierny (pod: papier).

glaukoma (*wym*. glau-koma) *ż IV śrdd*. (*med*.) «jaskra»

gleboznawstwo (*nie*: gleboznastwo) *n III*, *blm*.

glejt *m IV*, *D*. glejtu *rzad*. «dokument, zaświadczenie, przepustka, zapewniające bezpieczeństwo osobiste»

glikoza p. glukoza.

glin *m IV*, *D*. glinu, *blm*, in. aluminium.

gliniany (*nie*: glinianny) «zrobiony z gliny»: Gliniany garnek.

glinowy przym. od glin: Ruda glinowa.

glista (*nie*: glizda) *ż IV*, *CMs*. gliście 1. «robak z gromady nicieni»: Dziecko miało glisty. 2. *pot*. «dżdżownica»: Rybacy wykopywali glisty.

Gliwice *blp*, *D*. Gliwic «miasto» — gliwiczanin *m V*, *D*. gliwiczanina, *lm M*. gliwiczanie, *D*. gliwiczan — gliwiczanka *ż III*, *lm D*. gliwiczanek — gliwicki (p.).

gliwicki: Powiat gliwicki (*ale*: Kanał Gliwicki).

! **glizda** p. glista.

globalny «ogólny, łączny, całkowity»: Dochód globalny. Globalna liczba, suma. △ Wyraz bywa nadużywany: Globalny (*lepiej*: ogólny) wzrost spożycia. Globalna (*lepiej*: całkowita) wartość produkcji. △ *niepoprawne* w zn. «ziemski, globowy», np. Rakieta globalna (*zamiast*: globowa). || *U Pol*. (2), 128.

globowy przym. od glob *rzad*. «światowy, ziemski; międzykontynentalny»: Problem o skali globowej. Rakieta globowa (*nie*: globalna). || *U Pol*. (2),128.

globtroter (*nie*: globtrotter) *m IV*, *lm M*. globtroterzy «ten, kto dużo podróżuje; obieżyświat»

globus *m IV*, *D*. globusa, *rzad*. globusu.

Gloger (*wym*. Gloger a. Glogier) *m IV*, *D*. Glogera: Encyklopedia staropolska Glogera.

I glon *m IV*, *D*. glonu, zwykle w *lm*; in. alga.

II glon *m IV*, *D*. glona *reg*. «duża kromka; pajda»: Glon chleba.

glosa (*nie*: glossa) *ż IV*, *lm D*. glos.

Gloucester (*wym*. Gloster) *m IV*, *D*. Gloucesteru (*wym*. Glosteru, p. akcent § 7), *Ms*. Gloucesterze «miasto w Wielkiej Brytanii»: Zabytki romańskie Gloucesteru. Gloucester był znany już w okresie rzymskim.

Gluck (*wym*. Gluk) *m III*, *D*. Glucka, *N*. Gluckiem: Opery Glucka.

glukoza, *rzad*. **glikoza** *ż IV*, *blm*: Zastrzyki glukozy.

gładki *m-os*. gładcy, *st. w*. gładszy.

gładko *st. w*. gładziej (*nie*: gładzej) przysłów. od gładki: Gładko ostrugany kij. △ *przen*. Umiał się gładko wysławiać.

gładziutki (*nie*: głaciutki).

gładzizna *ż IV*; *poet*., *techn*. **gładź** *ż V*, *DCMs*. gładzi: Śnieżna gładzizna szosy. Gładź jeziora. Gładź robocza (narzędzia).

głaskać *ndk IX*, głaszcze, *rzad*. *I*, głaska, głaskaliśmy (p. akcent § 1a i 2) — **pogłaskać** *dk*.

głaz *m IV*, *D*. głazu.

I głąb *m IV*, *D*. głąba, *lm M*. głąby 1. *lp B*. głąb «łodyga roślin kapustnych»: Głąb kalafiora. 2. *B*. głąba, *lm M*. te głąby *pot*. «głupiec, tępak (także o kobiecie)»: Cóż za głąb z tej dziewczyny! Wyrósł na strasznego głąba.

II głąb *ż V*, *D*. głębi; a. **głębia** *ż I*, *lm D*. głębi 1. «głębokie miejsce; głębina»: Głąb (głębia) morza. △ *przen*. Głębia uczuć. △ Do głębi «bardzo, mocno, głęboko»: Wzruszyć się do głębi. 2. «wnętrze czegoś» △ W głąb czego, w głębi czego, z głębi czego: Wróg wdarł się w głąb kraju. Czuć coś w głębi duszy.

głęboki

Z głębi parku dobiegł krzyk. △ W głąb, w głębi, z głębi (bez przydawki dopełniaczowej) «do wewnątrz; wewnątrz, daleko; z daleka» Oczy mu w głąb zapadły. W głębi otworzyły się drzwi. Usłyszeli z głębi wołanie o pomoc.

głęboki *st. w.* głębszy «intensywny, mocny; dokładny, gruntowny»: Głęboki sen. Głęboka wiara. Głęboka cisza. Głębokie ciemności. △ Głęboka (*lepiej*: gruntowna) znajomość środowiska. △ Głęboka (*lepiej*: należyta) specjalizacja. △ Głęboka (*lepiej*: istotna, ważna) przyczyna. △ Głębokie (*lepiej*: gruntowne, zasadnicze) zmiany. △ Głębokie (*lepiej*: zasadnicze, podstawowe, gruntowne) reformy społeczne.

głęboko *st. w.* głębiej □ G. na ile: Wkopano słup na pół metra głęboko.

głodno *st. w.* głodniej: Chłodno i głodno, i do domu daleko (wyrażenie przysłowiowe). △ *pot.* Na głodno (a. głodnego) «będąc głodnym, nie jedząc; bez jedzenia, na czczo»: Wyszła rano z domu na głodno.

głodny *st. w.* głodniejszy 1. «odczuwający głód»: Głodny jak wilk. □ G. czego (w *przen.*): Głodny miłości, czułości. 2. «wyrażający głód»: Głodny wzrok. △ *pot.* Opowiadać, zalewać głodne kawałki «zmyślać, kłamać» 3. «będący okresem głodu»: Głodne lata.

na głodnego *pot.* «nie jedząc, bez jedzenia, na czczo; na głodno»: Szedł do pracy na głodnego.

głodowy (jako przydawka występuje częściej po rzeczowniku) 1. «spowodowany głodem»: Tyfus głodowy. Śmierć głodowa. 2. «powodujący głód; skąpy w żywność, nie sycący»: Głodowe zarobki. Głodowe porcje. 3. «trwający w okresie głodu»: Dni głodowe (*ale*: głodne dni). △ Strajk głodowy «dobrowolna głodówka demonstracyjna»

głodzić *ndk VIa*, głódź a. głodź, głodziliśmy (p. akcent § 1a i 2) — **zagłodzić** *dk.*

Głogów *m IV*, D. Głogowa, C. Głogowowi (*ale*: ku Głogowowi a. ku Głogowu) «miasto» — głogowianin *m V*, D. głogowianina, *lm M.* głogowianie, D. głogowian — głogowianka *ż III*, *lm D.* głogowianek — głogowski.

głos *m IV*, D. głosu: Na głos (*wym.* na głos), *rzad.* w głos «głośno»: Powtarzać coś na głos. Rozpłakała w głos. □ Na cały głos «bardzo głośno»: Wykrzykiwać coś na cały głos. △ Mieć głos (*nie*: dysponować głosem) «móc pięknie śpiewać»

głosić *ndk VIa*, głosiliśmy (p. akcent § 1a i 2) □ G. co «rozpowszechniać, propagować»: Głosić jakieś zasady. □ G. o czym; g., że... «informować, powiadamiać»: Napis głosi o zwycięstwie. Wieść głosiła, że wojsko nadciąga.

***głoskowce** p. skrótowce.

głosować *ndk IV*, głosowaliśmy (p. akcent § 1a i 2): Głosować przez podniesienie ręki (*nie*: za podniesieniem ręki). △ Poddawać coś, dawać coś pod głosowanie. □ G. za kim, za czym a. przeciw komu, czemu «popierać a. zwalczać kogoś, coś w głosowaniu» □ G. na kogo: Głosować na posłów do Sejmu. □ Głosowanie nad czym: Głosowanie nad sprawą budżetu. △ Wybrać w głosowaniu, przez głosowanie (*nie*: drogą głosowania).

głośny *st. w.* głośniejszy □ G. z czego, z powodu czego, wskutek czego, przez co (*nie*: dla czego): Stał się głośny przez to zajście (z powodu, wskutek tego zajścia).

głowa *ż IV*, *lm D.* głów 1. w zn. «część ciała» △ Od stóp do głów (*nie*: do głowy) «o ludzkiej postaci, od dołu do góry»: Był wystrojony od stóp do głów. △ W głowach «o posłaniu: w miejscu, gdzie leżąc, ma się głowę»: Usiadła w głowach łóżka. △ *przen.* Nadstawiać głowę a. głowy «ryzykować życie» △ *przen.* Stawać na głowie a. na głowach` **a)** «zbytkować»: Zostawszy same, dzieci stawały na głowach (na głowie). **b)** «robić wszystko, co możliwe»: Stawali na głowach (na głowie), żeby zdążyć na czas. △ *przen.* Postawić (rzecz, sprawę itp.) na głowie «przedstawić (rzecz, sprawę itp.) zupełnie fałszywie, opacznie» 2. w zn. «siedlisko myśli» △ zwroty *pot.*: Mieć głowę do czegoś a. na coś; mieć głowę coś robić **a)** «móc wykonywać daną czynność» **b)** «móc zebrać myśli» △ Kłaść coś komuś do głowy a. w głowę «wyjaśniać, tłumaczyć; przekonywać» △ Coś komuś w głowie nie postało (*nie*: nie powstało) «ktoś ani myślał o czymś» △ Mącić komuś głowę a. w głowie «wprowadzać zamęt w czyjeś myśli» △ Z głowy «z pamięci»: Mówić, rysować, grać z głowy. △ Mieć coś z głowy «pozbyć się czegoś, nie musieć się o coś martwić» △ Kogoś (*nie*: komuś) o coś głowa nie boli a. zaboli «ktoś się o coś nie (za)troszczy»: O pieniądze niech ją głowa nie boli.

głowica *ż II* 1. in. głowa, główka «górna (zwykle kulista, zaokrąglona) część jakiegoś przedmiotu; wieńczący element maszyny, przyrządu, narzędzia»: Głowica palnika. 2. in. kapitel «górna część kolumny» 3. in. głownia «rękojeść broni ręcznej»: Głowica miecza.

głowić się *ndk VIa*, głów się, głowiliśmy się (p. akcent § 1a i 2) □ G. się nad czym: Głowili się nad rozwiązaniem zadania.

głownia (*nie*: głównia) *ż I*, *lm D.* głowni; in. głowica, w zn. «rękojeść broni ręcznej, zwłaszcza siecznej»: Głownica miecza, pistoletu.

Głowno *n III* «miasto» — głowieński.

głowowy przym. od głowa (tylko w zn. «część ciała») używany w terminologii specjalnej, np. Wesz głowowa.

głód *m IV*, D. głodu: Przymierać głodem. Mrzeć z głodu. O głodzie i chłodzie. □ G. czego (*nie*: na co) «pragnienie, żądza czegoś»: Głód ziemi. Głód wiedzy.

głównodowodzący *m* odm. jak przym., *lm M.* głównodowodzący; *lepiej*: wódz naczelny. □ G. czego a. czym: Głównodowodzący polskich sił zbrojnych (polskimi siłami zbrojnymi).

Głubczyce *blp*, D. Głubczyc «miasto» — głubczycki.

głuchnąć *ndk Vc*, głuchł, głuchła, głuchliśmy (p. akcent § 1a i 2), *rzad.* Va, głuchnąłem (*wym.* głuchnołem, *nie*: głuchnełem), głuchnął (*wym.* głuchnoł), głuchnęliśmy (*wym.* głuchneliśmy) — **ogłuchnąć** *dk.*

głucho *st. w.* bardziej głucho, *rzad.* głuszej △ Głucho (jest) o czymś «nic nie wiadomo o czymś»: Głucho było dotąd o ofensywie. △ Zamknięty na głucho «zamknięty dobrze, dokładnie, mocno»: Dom był opustoszały i zamknięty na głucho.

głuchołaski: Uzdrowisko głuchołaskie (*ale* rzeka: Biała Głuchołaska).

Głuchołazy *blp, D.* Głuchołazów, *rzad.* Głuchołaz «miasto» — głuchołaski (p.).

głuchy *m-os.* głusi, *st. w.* głuchszy a. bardziej głuchy □ *G.* na co «nie reagujący, obojętny»: Głuchy na czyjeś słowa, prośby. △ *pot.* Głuchy jak pień.

głupek *m III, D.* głupka, *lm M.* te głupki.

głupiec *m II, D.* głupca, *W.* głupcze, forma szerząca się: głupcu, *lm M.* ci głupcy.

głupieć *ndk III,* głupieliśmy (p. akcent § 1a i 2) — **zgłupieć** *dk* □ *G.* z czego: Głupieć z miłości. □ *G.* od czego: Głupieje od tej bezmyślnej pracy.

głupkowaty, *rzad.* **głupowaty** *m-os.* głupkowaci (głupowaci): Głupkowaty (głupowaty) chłopak. Głupkowaty (głupowaty) uśmiech.

głupota *ż IV* 1. *blm* «brak rozumu»: Walczył z głupotą i zacofaniem. 2. (zwykle w *lm*) *reg.* «dowcip; głupstwo, bzdura»: Opowiadać głupoty.

głupstwo *n III* «coś głupiego lub nieważnego»: Zrobić głupstwo. Kłócić się o byle głupstwo. △ *pot.* Palnąć, wypalić, strzelić głupstwo.

głuptak *m III, lm M.* te głuptaki, *rzad.* ci głuptacy.

głuptas *m IV, lm M.* te głuptasy; *reg.* **głuptaś** *m I, lm M.* głuptasie, *D.* głuptasiów (*nie*: głuptasi).

gmerać (*nie*: gmyrać) *ndk I,* gmera a. *IX,* gmerze, gmeraliśmy (p. akcent § 1a i 2).

gmerk *m III, D.* gmerku: Gmerki mieszczan. Gmerki na pieczęciach, na wyrobach rękodzielniczych.

gniady «jasnobrunatny (tylko jako określenie maści konia)»: Gniada klacz.

gniazdo *n III, Ms.* gnieździe (*nie*: gniaździe).

gniecenie (*nie*: gniecienie) *n I* rzecz. od czas. gnieść: Gniecenie ciasta.

gnieść *ndk XI,* gniotę (*nie*: gnietę), gniecie, gniotą (*nie*: gnietą), gnieć, gniotąc (*nie*: gnietąc), gniotłem (*nie*: gnietłem), gniótł, gniotła (*nie*: gnietła), gnietliśmy (p. akcent § 1a i 2), gnietli, gniotły (*nie*: gnietły), gnieciony, gnieceni (*nie*: gniecieni) 1. «miażdżyć, ugniatać; miąć»: Gnieść ciasto. Gnieść ubranie. Gnieść czapkę w rękach. 2. «cisnąć, uciskać, uwierać; przytłaczać»: Buty mnie gniotą. △ *przen.* Nędza gniotła ludzi. △ *pot.* Gniecie kogoś w dołku «ktoś czuje ucisk w\żołądku»

gniew *m IV, D.* gniewu □ *G.* na kogo, na co: Gniew na nieporządki administracyjne. □ *G.* o co: Gniew o zmarnowaną okazję. □ *G.* za co, z powodu czego: Gniew za wyrządzoną szkodę. Gniew z byle powodu. △ Wyładować gniew na kimś, na czymś (*nie*: na kogoś, na coś).

Gniew *m IV, D.* Gniewa, *rzad.* Gniewu «miasto» — gniewianin *m V, D.* gniewianina, *lm M.* gniewianie, *D.* gniewian — gniewianka *ż III, lm D.* gniewianek — gniewski.

gniewać się *ndk I,* gniewaliśmy się (p. akcent § 1a i 2) □ *G.* się na kogo, na co. □ *G.* się o co, za co. □ *G.* się z kim «żyć z kimś w niezgodzie; mieć urazę do kogoś»

gniewnie *st. w.* gniewniej a. bardziej gniewnie.

gniewny *m-os.* gniewni, *st. w.* gniewniejszy a. bardziej gniewny: Gniewny tłum huczał. Gniewne spojrzenie. □ Składnia jak: gniew, gniewać się. || *PJ* 1966, 291.

Gniezno *n III, Ms.* Gnieźnie «miasto» — gnieźnianin *m V, D.* gnieźnianina, *lm M.* gnieźnianie, *D.* gnieźnian; a. gnieźnieńczyk *m III, lm M.* gnieźnieńczycy — gnieźnianka a. gnieźnienka *ż III, lm D.* gnieźnianek (gnieźnienek) — gnieźnieński (p.).

gnieździć się *ndk VIa,* gnieżdżę się, gnieździliśmy się (p. akcent § 1a i 2), gnieżdżenie się (*nie*: gnieździenie się) — **zagnieździć się** *dk.*

gnieźnieński: Katedra gnieźnieńska (*ale*: Pojezierze Gnieźnieńskie).

gnilec *m II, D.* gnilca, *blm*; in. szkorbut.

gnój *m I, D.* gnoju.

gnu *ż* a. *n ndm* «antylopa afrykańska» △ zwykle używane jako przydawka: Antylopa gnu.

go «forma nie akcentowana *D.* i *B.* zaimka *on* (p.) oraz *D.* zaimka *ono* (p.)»: Widziałem go (*nie*: jego) w teatrze. Zebrania jeszcze nie było, spodziewamy się go wkrótce. △ *Niepoprawne* jest natomiast używanie zaimka *go* w *B.* rodz. *n,* np. To masło jest już nieświeże, trzeba go (*zamiast*: je) wyrzucić.

Goa *ż I, DCMs.* Goi, *B.* Goę (*nie*: Goję), *N.* Goą «terytorium związkowe Indii»: Mieszkańcy Goi. Goa została podbita przez Portugalczyków w XVI w.

gobelin *m IV, D.* gobelinu. || *U Pol.* (1), 169.

gocki przym. od Got: Język gocki (*nie*: gotycki).

Godek *m III, D.* Godka, *lm M.* Godkowie «nazwisko»
Godek *ż ndm* — Godkowa *ż* odm. jak przym. — Godkówna *ż IV, D.* Godkówny (*nie*: Godkównej), *CMs.* Godkównie (*nie*: Godkównej), *lm M.* Godkówny, *D.* Godkówien.

godło *n III, lm D.* godeł || *D Kult.* I, 366.

godny a. **godzien** (druga forma dziś tylko w funkcji orzecznika a. przydawki okolicznikowej) *m-os.* godni, *st. w.* godniejszy a. bardziej godny 1. «wart czegoś, zasługujący na coś; odpowiedni, właściwy»: Uważać kogoś za godnego kogoś, czegoś. □ *G.* czego: Osoba godna zaufania. Los godny zazdrości. □ *G.* kogo «właściwy komuś; dorównujący komuś»: Syn godny ojca. Dzieło godne mistrza. □ *G.* + bezokol.: Godzien jest żyć jak król. 2. tylko: godny «wzbudzający szacunek, mający autorytet, poważany; szanowny»: Godna postawa. Godny zawód. To stary, godny człowiek. || *D Kult.* I, 37; II, 85.

gody *blp, D.* godów.

godz. «skrót wyrazu: *godzina*, pisany z kropką, stawiany przed wymienioną liczbą (kiedy określa się dokładnie porę odbywania się czegoś) lub po liczbie (kiedy oznacza się liczbę godzin, w czasie których coś się odbywa), czytany jako cały, odmieniany wyraz»: Lekcje zaczynają się o godz. 8^{15} (*czyt*. o godzinie ósmej piętnaście). Stracili 5 godz. (*czyt*. godzin) na szukanie zbiega.

godzić *ndk VIa*, gódź, godziliśmy (p. akcent § 1a i 2) **1.** «doprowadzać do porozumienia; jednać»: Godził powaśnione rodziny. △ *przen*. Ten fakt godził ją z życiem. **2.** «łączyć harmonijnie» □ G. co z czym: Godzić pracę zawodową z wychowaniem dzieci. **3.** *pot.* «umawiać się z kimś o pracę (fizyczną); najmować» □ G. kogo — do kogo, do czego, na co: Godzić niańkę do dziecka, chłopca na pastucha. Godzono ludzi do wykopków. **4.** «celować, mierzyć; trafiać, uderzać» □ G. w kogo, w co — czym: Godzić w kogoś nożem. Strzały godziły w zwierzynę. □ *przen*. G. w co «uwłaczać czemuś»: To godzi w mój honor. □ *książk*. G. na kogo, na co «nastawać, napadać na kogoś, na coś»: Godzili na jego życie.
godzić się 1. «wyrażać zgodę, przystawać na coś» □ G. się na co: Godzić się na postawione warunki. □ G. się + bezokol.: Godził się grać tę rolę. **2.** «poddawać się czemuś, przyjmować coś bez oporu» □ G. się z czym: Godzić się z losem. **3.** *wych. z użycia* «umawiać się (o pracę fizyczną, co do ceny)»
godzi się *nieos.* (zwykle z przeczeniem) *książk*., *przestarz.* «przystoi, należy, wypada; można, trzeba»: Nie godzi się tak mówić o przyjacielu. □ Godzi się komu + bezokol.: Czy godziło mu się tak postąpić?

godzien p. godny.

godzina *ż IV* (skróty: g., godz.) **1.** «jednostka czasu»: Czekaliśmy godzinę (*nie*: godzinę czasu). Przerwa nie trwała godziny (*nie*: godzinę). △ Co godzinę, *lepiej*: co godzina (*nie*: co godziny) «w odstępach czasu równych 1 godzinie»: Brać lekarstwo co godzina. △ Lada godzina «wkrótce»: Przyjadą lada godzina. △ Na godzinę «na czas 1 godziny»: Wychodzę na godzinę. Szybkość 100 km na godzinę. △ Na godzinę pierwszą, drugą itp. (gdy się oznacza termin czegoś, co ma się odbyć): Przyjdźcie na godzinę ósmą. △ O godzinie pierwszej, drugiej itp. (gdy się określa czas, w którym się zwykle coś odbywa): Lekcje zaczynają się o godzinie ósmej. △ W godzinę **a)** «w ciągu jednej godziny»: Zrobimy to w godzinę (*nie*: za godzinę). **b)** «po upływie jednej godziny»: W godzinę po deszczu zabłysło słońce. △ Za godzinę «po upływie jednej godziny»: Wrócę za godzinę. △ Z godzinę «około 60 minut»: To potrwa jeszcze z godzinę. △ Z godziny na godzinę «coraz bardziej, silniej wraz z upływem czasu»: Stan jej pogarszał się z godziny na godzinę. △ Jakieś pięć godzin, około pięciu godzin temu (*nie*: jakichś pięć godzin temu; dobrych pięć godzin temu). **2.** *książk*., *podn.* «pewien okres; pora, termin»: Nadeszła godzina rozstania. W godzinę a. w godzinie śmierci. △ Powiedzieć, zrobić coś w złą, dobrą godzinę, *rzad*. w złej, dobrej godzinie «powiedzeniem, zrobieniem czegoś — rzekomo spowodować coś złego, dobrego» || *KL Aleź 90; KP Pras.*

godzinny «trwający godzinę»: Godzinny spacer. Godzinna przerwa.

godzinowy «pozostający w jakimś związku z godziną — jednostką czasu»: Stawka godzinowa. Podziałka godzinowa. Wskazówka godzinowa (zegara).

Goetel (*wym*. Getel) *m I*, D. Goetla, *lm M.* Goetlowie.
Goetel *ż ndm* — Goetlowa *ż* odm. jak przym. — Goetlówna *ż IV*, D. Goetlówny, *CMs.* Goetlównie (*nie*: Goetlównej), *lm* D. Goetlówien (*nie*: Goetlównych).

Goethe (*wym*. Göte) *m* odm. jak przym., *NMs.* Goethem: Wizyta Mickiewicza u Goethego.

Gogh, van (*wym*. wan Gog) *m III*, D. van Gogha, *Ms.* van Goghu: Tego malarza porównywano z van Goghiem.

Gogol (*wym*. Gogol) *m I*, D. Gogola (p. akcent § 7): Komedie Gogola.

goguś *m I*, *lm M.* gogusie, D. gogusiów (*nie*: gogusi).

goić *ndk VIa*, goję, gój, goiliśmy (p. akcent § 1a i 2).

gokart *m IV*, D. gokarta (*nie*: gokartu): Wyścigi gokartów.

gol *m I*, *DB*. gola, *lm D.* goli a. golów: Strzelić, zdobyć gola. Zdobyli pięć goli (golów).

golas *m IV*, *lm M.* te golasy *pot.* «człowiek nagi» △ Na golasa «nago»: Kąpali się na golasa.

golec *m II*, D. golca, *W.* golcze, forma szerząca się: golcu, *lm M.* ci golcy, *rzad*. te golce.

Goleniów *m IV*, D. Goleniowa, *C.* Goleniowowi (*ale*: ku Goleniowowi a. ku Goleniowu) «miasto» — goleniowski.

goleń *ż V*, *DCMs.* i *lm D.* goleni; *reg.* ten goleń *m I*, D. golenia: Złamanie goleni. Rana na goleni.

golf *m IV* **1.** *DB*. golfa «gra sportowa»: Grać w golfa. **2.** D. golfa a. golfu «rodzaj kołnierza u swetra; sweter z takim kołnierzem»: Ubrał się w wełniany golf. **3.** tylko w *lm* «spodnie sportowe» **4.** D. golfa, częściej w *lm* «ozdobne półbuty»

Golfsztrom (*nie*: Golfstrom) *m IV*, D. Golfsztromu, *blm* «prąd zatokowy»

Golgota *ż IV*, *blm* **1.** «wzgórze pod Jerozolimą, miejsce ukrzyżowania Chrystusa»
2. golgota *podn.* «męka, cierpienie»: Przeszła istną golgotę.

Goliat *m IV* **1.** *blm* «imię biblijne»
2. goliat **a)** *lm M.* ci goliaci a. (z silniejszym zabarwieniem ekspresywnym) te goliaty «człowiek silny; olbrzym» **b)** *lm M.* goliaty «mały, bezzałogowy czołg, załadowany materiałem wybuchowym, zdalnie kierowany»

golibroda *m* odm. jak *ż IV*, *lm M.* te golibrody, *DB*. golibrodów *lekcew.*, *żart.* «fryzjer męski»

golić *ndk VIa*, gol (*reg.* gól), goliliśmy (p. akcent § 1a i 2): Golić brodę, wąsy, zarost. Szlachta goliła sobie głowy. Fryzjer golił klienta.

Golub-Dobrzyń (oba człony odm.) Golub *m I*, D. Golubia, Dobrzyń *m I*, D. Dobrzynia «miasto (powstałe z połączenia Golubia i Dobrzynia)» — golubsko-dobrzyński.

golubski przym. od Golub: Zamek golubski (*ale*: Jezioro Golubskie).

gołąb m I, D. gołębia.

Gołąb m IV, D. Gołąba, lm M. Gołąbowie; rzad. m I, D. Gołębia, lm M. Gołębiowie «nazwisko» Gołąb ż ndm — Gołąbowa, rzad. Gołębiowa ż odm. jak przym. — Gołąbówna, rzad. Gołębiówna ż IV, D. Gołąbówny, Gołębiówny (nie: Gołąbównej, Gołębiównej), CMs. Gołąbównie, Gołębiównie (nie: Gołąbównej, Gołębiównej), lm M. Gołąbówny, Gołębiówny, D. Gołąbówien, Gołębiówien. // D Kult. I, 670; II, 493, 519; Kl. Ależ 40; U Pol. (2), 449, 526.

gołąbek m III, DB. gołąbka 1. zdr. od gołąb «ptak» △ Siwy jak gołąbek. 2. często w lm «potrawa, rodzaj faszerowanej kapusty»: Gołąbki z ryżem. Zjeść gołąbka. 3. in. surojadka «grzyb jadalny»: Znalazł trzy rydze i jednego gołąbka.

Gołąbki blp, D. Gołąbek «miejscowość» — gołąbkowski.

Gołdap (nie: ten Gołdap) ż V, DCMs. Gołdapi «miasto»: Jechać do Gołdapi. Mieszkać w Gołdapi. — gołdapski.

gołębi przym. od gołąb: Skrzydła gołębie. △ Kolor gołębi (reg. gołębiowy, gołąbkowy) «kolor popielaty z odcieniem niebieskim» △ przen. Człowiek o gołębim sercu.

gołębiarz m II, D. gołębiarzy.

gołka p. gółka.

gołoborze n I, lm D. gołoborzy.

goły pot. a) «nagi»: Gołe ramiona. b) «biedny, ubogi» △ Goły jak święty turecki.

Gomora ż IV, blm 1. «miasto biblijne» 2. gomora, tylko w wyrażeniu: sodoma i gomora «orgia, rozpusta; także: wielkie zamieszanie, zamęt»

GON (wym. gon) m IV, D. GON-u, Ms. GON-ie, rzad. ndm «Górska Odznaka Narciarska»: Myślał o zdobyciu GON-u (GON).

gonciany p. gontowy.

Goncourt (wym. Gąkur) m IV, D. Goncourta (wym. Gąkurta, p. akcent § 7), Ms. Goncourcie, lm M. Goncourtowie, rzad. (zwykle z odmienianym imieniem) ndm: Bracia Goncourt. Akademia Goncourtów. Prace Goncourta (Edmunda Goncourt). Artykuł Boya o Goncourcie.

Gonczarow (wym. Gonczarow) m IV, D. Gonczarowa (nie: Gonczarowa, p. akcent § 7): Powieści Gonczarowa.

gondola ż I, lm D. gondoli (nie: gondol).

Goniądz m II, D. Goniądza «miasto» — goniądzki.

gonić ndk VIa, goniliśmy (p. akcent § 1a i 2) 1. «pędzić, biec, mknąć»: Gonić co sił do domu. △ przen. Gonić resztkami a. ostatkiem sił «być krańcowo wyczerpanym, zmęczonym» 2. «ścigać, usiłować dopędzić kogoś, coś» □ G. kogo, co a. za kim, za czym: Gonić zbiega. Gonić za piłką. □ przen. G. czym — za kim, za czym: Gonił wzrokiem za pociągiem. Goniła za nim myślą. □ G. za czym «ubiegać się o coś»: Gonić za sławą. △ pot. Gonić w piętkę «tracić sprawność umysłową; mylnie, nielogicznie, błędnie rozumować a. postępować» 3. «poganiać, popędzać, naglić»: Ekonom gonił żniwiarzy do roboty.

goniec m II, D. gońca, W. gończe (używany zwykle w zn. przen.) 1. «pracownik załatwiający drobne posyłki w instytucji» 2. «żołnierz — łącznik» 3. in. giermek, laufer «figura szachowa» **goniec** — o kobiecie, p. nazwy i tytuły zawodowe kobiet. // D Kult. II, 385, 493.

goniometr m IV, D. goniometru a. goniometra, Ms. goniometrze.

gonorea ż I, DCMs. gonorei, B. gonoreę (nie: gonoreję), N. gonoreą (nie: gonoreją) środ. (med.) «rzeżączka»

gont m IV, D. gontu, zwykle w lm (także w lp w zn. lm): Dom kryty gontami (gontem). △ Dom, budynek pod gontami a. pod gontem «dom z dachem ułożonym z gontów»

gontowy, rzad. **gonciany** «pokryty gontami; wykonany z gontów»: Dach gontowy (gonciany).

Gonzaga m a. ż odm. jak ż III, CMs. Gonzadze, lm M. Gonzagowie, DB. Gonzagów a. (zwykle z odmienianym imieniem lub tytułem) ndm: Federigo Gonzaga — książę Mantui. Portret Gonzagi (a. Marii Ludwiki Gonzaga).

GOP (wym. gop) m IV, D. GOP-u, Ms. GOP-ie, rzad. ndm «Górnośląski Okręg Przemysłowy»: Kopalnie GOP-u (GOP). Inwestycje w GOP-ie (w GOP). Cały GOP pokrywa gęsta sieć komunikacyjna.

Gopło n III «jezioro» — goplański — nadgoplański.

GOPR (wym. gopr) m IV, D. GOPR-u, C. GOPR-owi, Ms. GOPR-ze a. n ndm «Górskie Ochotnicze Pogotowie Ratunkowe»: Pracował w GOPR-ze. — GOPR-owiec a. goprowiec m II, D. GOPR-owca (goprowca) — GOPR-owski a. goprowski.

Goraj m I, lm M. Gorajowie, D. Gorajów. Goraj ż ndm — Gorajowa ż odm. jak przym. — Gorajówna ż IV, D. Gorajówny (nie: Gorajównej), CMs. Gorajównie (nie: Gorajównej), lm M. Gorajówny, D. Gorajówien.

I gorąco (nie: gorąc) n I, blm «upał, skwar»: W lipcu kilka razy dokuczało gorąco (nie: dokuczał gorąc, dokuczały gorąca). Roztapiać się z gorąca, od gorąca.

II gorąco st. w. goręcej (nie: goręciej) «bardzo ciepło, upalnie»: Komuś jest gorąco. △ Na gorąco: a) «w stanie gorącym; przy ogrzaniu do pewnej temperatury»: Kiełbasa na gorąco. Wulkanizacja opon na gorąco. b) przen. «natychmiast, od razu, bezpośrednio»: Spisywać wrażenia na gorąco.

gorący st. w. gorętszy (nie: gorąciejszy, goręciejszy).

gorączka ż III, zwykle w lp 1. «podwyższona temperatura ciała»: Mieć gorączkę. Dostać gorączki. □ przen. G. czego «namiętność, żądza»: Gorączka ciekawości. Gorączka złota. △ niepoprawne w zn. «upał, skwar», np. Ale dziś gorączka (zamiast: upał, skwar) na dworze. 2. m a. ż odm. jak ż III przen. wych. z użycia «człowiek porywczy, niecierpliwy»: Straszny z niego gorączka.

gorączkować ndk IV, gorączkowaliśmy (p. akcent § 1a i 2) «mieć gorączkę»: Chory gorączkuje. **gorączkować się** «denerwować się, niecierpliwić się» □ G. się bez dop.: Nie gorączkujcie się, jeszcze zdążymy na czas.

Gorbatow (*wym.* Gorbatow) *m IV, D.* Gorbatowa (*nie:* Gorbatowa, p. akcent § 7): Wspomnienia o Gorbatowie.

Gorce *blp, D.* Gorców **1.** «góry»
2. «miasto» — gorczański.

gorczyca *ż II*, in. ognicha.

gorczycowy a. **gorczyczny** przym. od gorczyca: Olej gorczycowy (gorczyczny).

Gordon Bennett (*wym.* Gordon Benet), Gordon *m IV*; Bennett *m IV, D.* Benneta (*wym.* Beneta), *Ms.* Bennetcie (*wym.* Benecie) △ Gordon *ndm* — w wyrażeniu: Zawody Gordon Bennetta «międzynarodowe zawody balonowe»: Polska zdobyła nagrodę w zawodach Gordon Bennetta.

goreć p. gorzeć.

Gorgany *blp, D.* Gorganów «część Beskidów Wschodnich»

Gorki (*nie:* Gorkij) *m* odm. jak przym. **1.** *DB.* Gorkiego «pseudonim pisarza rosyjskiego»: Twórczość Gorkiego (*nie:* Gorkija).
2. *n B.* Gorki «miasto w ZSRR»: Urodził się w Gorkim. Wycieczka zwiedziła Moskwę i Gorki. // *D Kult. I, 707.*

Gorlice *blp, D.* Gorlic «miasto» — gorlicki.

gorliwiec *m II, D.* gorliwca, *W.* gorliwcze, forma szerząca się: gorliwcu.

gorliwy *st. w.* gorliwszy a. bardziej gorliwy: Gorliwy uczeń. □ G. w czym: Gorliwy w pracy i w nauce.

gorsecik *m III, D.* gorsecika, *rzad.* gorseciku.

gorset *m IV, D.* gorsetu.

gorszy *m-os.* gorsi, *st. w.* od zły: Ten chleb jest gorszy niż tamten. Był gorszym kolegą od innych. △ Co gorsza (*nie:* co gorsze) «na domiar złego; co gorzej»: Ściemniło się, a co gorsza — zaczęło padać. △ Wymyślać, wyzywać, lżyć kogoś od najgorszych «lżyć ordynarnymi wyrazami»
gorsze w użyciu rzeczownikowym △ zwykle w wyrażeniach: Zmiana na gorsze. Wszystko szło ku gorszemu.

goryczka *ż III, lm D.* goryczek **1.** «lekka gorycz (w zn. dosłownym)» **2.** in. gencjana.

goryl *m I, lm D.* goryli, *rzad.* gorylów.

gorzeć a. **goreć** *ndk III*, gorzeje a. goreje (*przestarz.* gore), gorzeją a. goreją (*przestrz.* gorą), gorzejący a. gorejący, gorzał, gorzeliśmy (p. akcent § 1a i 2) — **zgorzeć** *dk książk.* «palić się, płonąć; *przen.* jaśnieć, świecić się, błyszczeć»: Dom gorzeje (goreje) od świateł. □ G. czym: Gorzeć miłością. Twarz gorejąca radością. △ *przestarz.* Gore! «pali się! pożar!»

gorzej *st. w.* od źle: Czuję się dziś gorzej niż wczoraj. Był traktowany gorzej od zwierzęcia (*nie:* gorzej zwierzęcia) a. gorzej niż zwierzę.

gorzelnia *ż I, lm D.* gorzelni, *rzad.* gorzelń.

gorzelniany, *rzad.* **gorzelniczy**: Przemysł gorzelniany (gorzelniczy).

gorzki (*wym.* goszki, *nie:* gorszki) *st. w.* bardziej gorzki. △ Sól gorzka, in. sól angielska. △ Angielska gorzka. // *D Kult. I, 763; U Pol. (2), 452.*

gorzknieć (*wym.* goszknieć, *nie:* gorszknieć) *ndk III*, gorzknieliśmy (p. akcent § 1a i 2) — **zgorzknieć** *dk* // *GPK Por. 64.*

gorzko (*wym.* goszko, *nie:* gorszko) *st. w.* bardziej gorzko: Gorzko mi w ustach. □ *przen.* Gorzko płakać. Gorzko czegoś żałować.

gorzko- «pierwszy człon przymiotników złożonych, pisany łącznie, wskazujący na domieszkę goryczy w tym, o czym mówi druga część złożenia», np.: gorzkokwaśny, gorzkosłony.
△ Wyrażenia, których pierwszym członem jest przysłówek gorzko, a drugim imiesłów, pisze się rozdzielnie, np.: Gorzko płaczące dziecko. Gorzko pachnące ziele.

gorzowski: Powiat gorzowski (*ale:* Kotlina Gorzowska).

Gorzów (Śląski, Wielkopolski), Gorzów *m IV, D.* Gorzowa (*nie:* Gorzowia), *C.* Gorzowowi (*ale:* ku Gorzowowi a. ku Gorzowu); Śląski, Wielkopolski odm. przym. «miasta» — gorzowianin *m V, D.* gorzowianina, *lm M.* gorzowianie, *D.* gorzowian — gorzowianka *ż III, lm D.* gorzowianek — gorzowski (p.).

Gorzupia *ż I, D.* Gorzupi (*nie:* Gorzupii) «miejscowość» — gorzupski.

gospoda *ż IV, lm D.* gospód.

gospodarczy 1. «odnoszący się do organizacji produkcji, przemysłu, handlu; ekonomiczny»: Plan, potencjał gospodarczy kraju. Polityka gospodarcza. Rozwój gospodarczy. △ Mapa gospodarcza «mapa ilustrująca gospodarkę państwową na danym terenie» △ Prace gospodarcze «prace porządkowo-administracyjne» △ Wykonać coś sposobem, systemem gospodarczym (*rzad.* gospodarskim) «wykonać coś własnymi środkami, bez zlecenia pracy przedsiębiorstwu wyspecjalizowanemu w danej dziedzinie usług» **2.** p. gospodarski: Budynki, zabudowania gospodarcze.

gospodarować *ndk IV*, gospodarowaliśmy (p. akcent § 1a i 2) a. **gospodarzyć** *ndk VIb*, gospodarzyliśmy (p. akcent § 1a i 2) □ G. bez dop.: Gospodarować (gospodarzyć) zespołowo, oszczędnie, rozrzutnie, z zapałem. □ G. czym: Gospodarować (*rzad.* gospodarzyć) funduszami, surowcem, swoimi pieniędzmi itp. □ G. na czym: Gospodarować (gospodarzyć) na ojcowskiej ziemi.

gospodarski «dotyczący gospodarstwa wiejskiego lub gospodarza — rolnika»: Gospodarski syn. Gospodarska córka. Budynki, zabudowania gospodarskie. Sprzęt gospodarski. △ Wykonać coś sposobem gospodarskim (*częściej:* gospodarczym), p. gospodarczy (w zn. 1). △ Po gospodarsku «jak gospodarz»

gospodarz *m II, lm D.* gospodarzy, *rzad.* gospodarzów □ G. czego: Gospodarz miasta, województwa, fabryki itp. Gospodarz balu, zabawy. □ G. na czym: Gospodarz na 40 morgach.

gospodarzyć p. gospodarować.

gospodyni (*nie:* gospodynia) *ż I, B.* gospodynię (*nie:* gospodynią), *W.* gospodyni (*nie:* gospodynio), *lm D.* gospodyń △ Gospodyni domu «pani domu» △ Gospodyni domowa «gosposia»

gosposia *ż I, lm D.* gosposi a. gospoś.

Gostynin *m IV, Ms.* Gostyninie «miasto» — gostyniński.

Gostyń *m I, Ms.* Gostyniu «miasto» — gostyński.

gościć *ndk VIa,* goszczę, gościliśmy (p. akcent § 1a i 2) *książk.* **a) — ugościć** *dk* «przyjmować kogoś u siebie»: Gościć rodzinę, przyjaciół. Gościmy u siebie delegację z Węgier. □ G. (*częściej*: ugościć) kogo — czym: Gościć kogoś obiadem, winem, słodyczami. **b)** «być gościem; przebywać gdzieś» □ G. u kogo: Gościłem kilka dni u przyjaciół. □ G. gdzie: Rzadko gościł w domu.

gościec *m II, D.* gośćca, *blm środ.* (*med.*) «reumatyzm (stawowy)» || *D Kult. II, 347.*

gościna *ż IV*: Ofiarować komuś gościnę. Udzielić komuś gościny. Zaprosić kogoś w gościnę (*nie*: na gościnę). Być, bawić u kogoś w gościnie. Przybyć (przyjechać, przyjść) do kogoś w gościnę.

gościniec (*nie*: gościeniec) *m II, D.* gościńca w zn. «droga wiejska; trakt»: Gościniec bity, brukowany.

gościnny *m-os.* gościnni, *st. w.* gościnniejszy a. bardziej gościnny.

gość *m I, lm D.* gości (*nie*: gościów), *N.* gośćmi (*nie*: gościami) w zn. «osoba przybyła w gościnę, z wizytą; uczestnik przyjęcia, balu itp.»: Być czyimś gościem. △ Zwroty *pot.* (*wych. z użycia*) Przyjechać, przyjść do kogoś w gości, *rzad.* w goście «przyjechać, przyjść do kogoś z wizytą» △ Zaprosić kogoś w gości «zaprosić kogoś w gościnę, na przyjęcie» △ Bawić u kogoś w gościach «być u kogoś w gościnie» || *D Kult. I, 481.*

Got *m IV, lm M.* Goci a. Gotowie — gocki (p.).

GOT (*wym.* got) *m IV, D.* GOT-u, *Ms.* Gocie, *rzad. ndm* «Górska Odznaka Turystyczna»: Zdobywać złoty GOT. Zależało mu na Gocie (GOT).

Gota *ż IV, Ms.* Gocie a. *n ndm* «miasto w NRD»: Mieszkańcy Goty (Gota): Przebywać w Gocie (w Gota). — gotajski.

Göteborg (*wym.* Geteborg) *m III, D.* Göteborgu (p. akcent § 7) «miasto w Szwecji» — göteborski.

Gotlandia *ż I, DCMs.* Gotlandii «wyspa na Bałtyku» — gotlandzki (p.).

gotlandzki: Lasy gotlandzkie (*ale*: Głębia Gotlandzka).

gotować *ndk IV,* gotowaliśmy (p. akcent § 1a i 2) **1. — ugotować** *dk* «przyrządzać gorące posiłki»: Gotować zupę, obiad. Gotować na gazie, na wolnym ogniu. □ G. bez dop.: Świetnie, smacznie, doskonale gotować. □ G. co (na co): Gotować wodę na herbatę. **2. — przygotować** *dk rzad.* «przygotowywać, mieć w pogotowiu (*nie*: gotowić)»: Gotują światu nową wojnę. △ Gotuj broń! «komenda»
gotować się 1. «wrzeć; być gotowanym»: W garnku gotowała się zupa. △ *pot.* Gotuje się w kimś krew, żółć; *nieos.* gotuje się w kimś «ktoś jest wzburzony, podniecony, narasta w nim gniew, oburzenie» **2.** *rzad.* «przygotowywać się (*nie*: gotowić się)» □ G. się do czego: Gotować się do podróży, do skoku. □ G. się na co: Gotuj się na burę, na wymówki. || *KP Pras.*

gotowość *ż V, blm* □ G. czego a. do czego (*nie*: dla czego): Gotowość poprawy, pomocy. Gotowość do obrony, do boju, do usług. □ G. na co: Gotowość na śmierć.

gotowy, *rzad.* **gotów** (druga forma dziś tylko w funkcji orzecznika a. przydawki okolicznikowej), *m-os.* gotowi **1.** «całkowicie wykonany; przygotowany»: Wyroby gotowe. Ubranie gotowe. Śniadanie już gotowe. Lada drobiazg i bunt gotów. □ G. do czego: Pociąg gotowy (gotów) do odjazdu. Wszystko gotowe do podróży. □ G. na co: Pokój gotowy (gotów) na przyjęcie gościa. △ *wych. z użycia* Gotowy grosz «gotówka» **2.** «zdecydowany na coś, skłonny do czegoś»: Gotów (gotowy) był prosić o inne stanowisko. Tak się zdenerwował, że gotów zrobić jakieś głupstwo. □ G. do czego: Gotowy (gotów) do wyjścia. Była gotowa do największych ofiar. □ G. na co: Człowiek śmiały, odważny, gotowy na wszystko. △ *przen.* nieco *rub.* Po wypiciu kieliszka wódki był już gotowy (gotów). Dostał cios w głowę i gotowy (gotów).
gotowe w użyciu rzeczownikowym △ zwykle w wyrażeniach: Przyjść na gotowe a. do gotowego «dostać coś bez trudu, bez pracy» || *D Kult. I, 37; II, 85, 86.*

gotówka *ż III, blm*: Płacić gotówką.

gotyk *m III, D.* gotyku.

Gounod (*wym.* Guno) *m IV, D.* Gounoda (*wym.* Gunoda, p. akcent § 7): Opera Gounoda. Wzorował się na Gounodzie.

Goya (*wym.* Goja) *m odm. jak ż I, DCMs.* Goi; *B.* Goyę, *N.* Goyą: Malarstwo Goi.

goździk a. **gwoździk** *m III* **1.** «roślina» **2.** zwykle w *lm* «przyprawa korzenna»

gółka, *rzad.* **gołka** *ż III, lm D.* gółek (gołek) w zn. «odmiana pszenicy»

góra *ż IV* **1.** «wzniesienie (w nazwach dużą literą)»: Babia Góra, Góra Kościuszki, Góry Świętokrzyskie; *ale*: góra Etna, góry Hindukusz. □ G. czego: Góra śmieci, kamieni, błota. △ Góry i doły «wyboje» **2.** «wyższa część czegoś; górna warstwa atmosfery» △ U góry: Suknia miała u góry piękne wykończenie. △ W górze: Wysoko w górze dzwoniły skowronki. △ Do góry, ku górze, w górę «wyżej, w kierunku pionowym» △ Pod górę (iść, jechać) «coraz wyżej w kierunku pochyłym» △ Na górze «na wyższych piętrach»: Na górze były ładniejsze mieszkania. △ Z góry «z wyższej kondygnacji»: Lokatorzy z góry. △ W górę rzeki «w kierunku źródła rzeki» △ Iść (*nie*: podnosić się) w górę **a)** *pot.* «o ludziach: robić karierę» **b)** «o towarach: drożeć; o cenach, zarobkach: powiększać się; o pieniądzach: zwiększać swoją wartość nabywczą» **c)** «o barometrze: wskazywać wzrost ciśnienia; o termometrze: wskazywać podnoszenie się temperatury» △ Patrzeć na kogoś z góry, traktować kogoś z góry «traktować kogoś lekceważąco» △ Wziąć górę, być górą nad kimś «osiągnąć przewagę nad kimś» **3.** *pot.* «wysokie stanowisko, władza; ludzie na wysokich stanowiskach»: Góra wydała takie zarządzenie. △ Być u góry «należeć do zwierzchnictwa; być w lepszym położeniu od innych»: Taki zdolny zawsze będzie u góry. **4.** *posp.* w użyciu przysłówkowym «najwyżej, maksimum»: Dam za to tysiąc złotych, góra — dwa tysiące.

górą w użyciu przysłówkowym «wysoko, wyżej»: Górą, nad dachami leciały samoloty. △ Górą nasi! «okrzyk»

z górą w użyciu przysłówkowym «z nadwyżką»: Dwa miesiące z górą

z góry w użyciu przysłówkowym «zawczasu»: O zebraniu był z góry uprzedzony. Płacić z góry. Otrzymywać zapłatę z góry.

I Góra *ż IV* «miasto» — górowski. // *GPK Por. 96.*

II Góra *m* odm. jak *ż IV, lm M.* Górowie, *DB.* Górów «nazwisko»

Góra *ż IV,* rzad. *ndm* — Górzyna *ż IV, D.* Górzyny, *CMs.* Górzynie (*nie:* Górzynej); a. Górowa *ż* odm. jak przym. — Górzanka *ż III, lm D.* Górzanek; a. Górówna *ż IV, D.* Górówny, *CMs.* Górównie (*nie:* Górównej), *lm D.* Górówien. // *U Pol. (2), 280.*

Góra Kalwaria, Góra *ż IV,* Kalwaria *ż I, DCMs.* Kalwarii «miasto»: Mieszkać w Górze Kalwarii. Pojechać do Góry Kalwarii. — kalwaryjski.

góral *m I, DB.* górala 1. «mieszkaniec gór» 2. *pot.* «w okresie okupacji hitlerowskiej: banknot pięćsetzłotowy z podobizną górala»: Pożycz mi górala.

I Górka *ż III* «miejscowość» — górecki.

II Górka *m* odm. jak *ż III, lm M.* Górkowie, *DB.* Górków «nazwisko»

Górka *ż IV,* rzad. *ndm* — Górczyna *ż IV, D.* Górczyny, *CMs.* Górczynie (*nie:* Górczynej); a. Górkowa *ż* odm. jak przym. — Górczanka *ż III, lm D.* Górczanek; a. Górkówna *ż IV, D.* Górkówny *CMs.* Górkównie (*nie:* Górkównej), *lm M.* Górkówien.

Górki *blp, D.* Górek «miejscowość» — górecki.

górniczy: Inżynier górniczy (*częściej:* inżynier górnik). Strój górniczy. Lampa górnicza. Szkoła górnicza. △ Akademia Górniczo-Hutnicza.

górnie (*nie:* górno) *książk.* «górnolotnie»: Mówić górnie.

Górnołużyczanin *m V, D.* Górnołużyczanina, *lm M.* Górnołużyczanie, *D.* Górnołużyczan «mieszkaniec Górnych Łużyc» — Górnołużyczanka *ż III, lm D.* Górnołużyczanek — górnołużycki.

górny (*nie:* górni) 1. «leżący bliżej gór, bliżej źródła rzek (w nazwach geograficznych — dużą literą)»: Górny Egipt, Górny Śląsk, Górne Łużyce. △ Górny bieg, odcinek rzeki «bieg, odcinek rzeki bliższy źródła» 2. «znajdujący się w górze; wysoki, wyższy» △ Górna granica «największy dopuszczalny poziom czegoś, najdalej sięgająca możliwość» △ *przen. książk.* Górne ambicje, zamierzenia, plany życiowe.

Górny Śląsk, Górny odm. przym., Śląsk *m III* «region» — Górnoślązak *m III, lm M.* Górnoślązacy — Górnoślązaczka *ż III, lm D.* Górnoślązaczek — górnośląski.

górować *ndk IV,* górowaliśmy (p. akcent § 1a i 2) □ G. nad czym: Wieża górowała nad miastem. □ G. czym — nad kim: Górował inteligencją i zdolnościami nad całą klasą.

górski «właściwy górom, bytujący w górach»: Górski łańcuch. Górskie zbocze. Górskie potoki, strumienie, zwierzęta, kwiaty. Klimat górski.

górzysty, *reg.* górzyty «pokryty górami»: Górzysty teren, kraj. Górzysta okolica.

gr «skrót wyrazu: *grosz,* pisany bez kropki, stawiany zwykle po wymienionej liczbie, czytany jako cały, odmieniany wyraz»: 5 gr (*czyt.* groszy).

gra *ż IV, lm D.* gier □ G. w co: Gra w karty, w siatkówkę, w berka, w ciuciubabkę itp. △ Gra w ciemno «gra w karty bez odkrywania kart» □ G. na czym: Gra na fortepianie, na skrzypcach, na gitarze, na trąbce itp. □ G. o co a. na co: Gra o pieniądze (na pieniądze).

grab *m IV, D.* grabu, *rzad.* graba.

grabarz *m II, lm D.* grabarzy.

grabić (*nie:* grabać) *ndk VIa,* grabiliśmy (p. akcent § 1a i 2) 1. «zgarniać grabiami; zgrabiać» □ G. bez dop.: Umiał kosić i grabić. □ G. co: Grabić siano, grządkę. 2. «rabować» □ G. kogo: Grabić ludzi po drogach. □ G. co: Grabili cały nasz dobytek.

grabie (*nie:* grable) *blp, D.* grabi: Dwoje, czworo grabi jest (*nie:* są) w stodole. Te grabie dobrze zgarniają liście.

grabieżca (*nie:* grabiezca) *m* odm. jak *ż II, lm M.* grabieżcy, *DB.* grabieżców.

grabki *blp, D.* grabek «małe grabie»

graciarnia *ż I, lm D.* graciarni, *rzad.* graciarń.

Gracja *ż I, DCMs.* i *lm D.* Gracji 1. «w mitologii rzymskiej: jedna z trzech bogiń piękności» △ *przen. żart.* (małą literą) «piękna kobieta»: Spotkał dwie gracje w uroczych kapeluszach. 2. gracja *blm* «wdzięk»: Zachować się, ukłonić się z gracją. Ruchy pełne gracji.

gracz *m II, lm D.* graczy, *rzad.* graczów.

grać *ndk I,* graliśmy (p. akcent § 1a i 2) 1. «brać udział w grach towarzyskich, sportowych, hazardowych»: Grać o dużą sumę, stawkę. □ G. w co: Grać w piłkę, w klasy, w karty, w bilard. Grać w berka, w brydża. □ G. co a. w co (w grze w karty): Grać piki a. w piki. △ *niepoprawne* Grać mecz (*zamiast:* rozgrywać mecz). □ G. na czym «brać udział w grze liczbowej, hazardowej»: Grać na loterii, na wyścigach. 2. «wykonywać utwory muzyczne»: Grać sonatę, serenadę. Grać tango, krakowiaka. □ G. na czym: Grać na skrzypcach, na fortepianie, na organach, na fujarce. □ G. kogo «wykonywać czyjś utwór muzyczny»: Grać Bacha, Chopina. △ *pot.* Coś (wszystko) gra (nie gra) «coś działa, idzie dobrze (źle)»: Dobry mechanik — wszystko u niego gra. △ *pot.* W to mi (komuś) graj «bardzo dobrze! to mi (komuś) odpowiada»: Dzieciom w to graj! 3. «odtwarzać na scenie utwór dramatyczny»: Grać komedię, tragedię, farsę. □ G. bez dop.: Zespół grał świetnie. □ G. kogo a) «wystawiać czyjś utwór na scenie»: Grać Szekspira, Słowackiego. b) «odtwarzać jakąś postać na scenie»: Grać Cześnika w „Zemście”. // *D Kult. I, 54; KP Pras; U Pol. (2), 321.*

gradacja *ż I, DCMs.* i *lm D.* gradacji «stopniowanie»: Gradacja odcieni, efektów.

graduał (*wym.* gradu-ał) *m IV, D.* graduału (*wym.* gradu-ału, p. akcent § 7), *Ms.* graduale: Melodie graduału. Rękopiśmienne graduały.

gradus *m IV, D.* gradusa, *rzad.* gradusu △ *reg., przestarz.* w zn. «podwyższenie, podium»: Gradus dla nauczyciela. △ *niepoprawne* w zn. «stopień», np. Było 30 gradusów (*zamiast*: stopni) w cieniu.

graf *m IV, lm M.* grafowie; *częściej*: hrabia.

grafik *m III, D.* grafika (p. akcent § 1d) **1.** «artysta, technik pracujący w dziedzinie grafiki» **2.** *D.* grafiku, a. grafiku; *lepiej*: wykres. || *D Kult.* I, 285.

grafika (*wym.* grafika, p. akcent § 1c) *ż III*: Grafika plakatowa, artystyczna. Wystawa grafiki.

grafion *m IV, D.* grafionu.

grafolog *m III, lm M.* grafolodzy a. grafologowie. **grafolog** — o kobiecie, p. nazwy i tytuły zawodowe kobiet.

grafologia *ż I, DCMs.* grafologii, *blm.*

grafomania (*wym.* grafomańja) *ż I, DCMs.* grafomanii, *blm*; a. **grafomaństwo** *n III, blm.*

Graham (*wym.* Grejem a. Graham) *m IV* **1.** «nazwisko a. imię»: Chleb Grahama. Powieści Grahama Greene'a.
2. graham (*wym.* graham) *pot.* «chleb dietetyczny»

grahamka *ż III, lm D.* grahamek «bułka z pszennej razowej mąki»

grajcarek *m III, D.* grajcarka *reg., przestarz.* «korkociąg»

grajdołek *m III, D.* grajdołka.

grajek *m III, D.* grajka, *lm M.* ci grajkowie a. (z silniejszym zabarwieniem ekspresywnym) te grajki.

Grajewo *n III* «miasto» — grajewski.

Grakchus *m IV, D.* Grakchusa a. Grakcha, *lm M.* Grakchowie.

gram (skrót: g) *m IV, lm D.* gramów (*nie*: gram): 10, 20 gramów.

gramatyk (*wym.* gramatyk) *m III, D.* gramatyka, *C.* gramatykowi (p. akcent § 1d). || *DW Zas.*

gramatyka (*wym.* gramatyka, *nie*: gramatyka, p. akcent § 1c) *ż III.*

gramocząsteczka *ż III, lm D.* gramocząsteczek; a. **gramodrobina** *ż IV chem., fiz.* «liczba gramów substancji równa jej ciężarowi cząsteczkowemu; mol»

gramolić się *ndk VIa,* gramoliliśmy się (p. akcent § 1a i 2) — **wygramolić się** *dk* **1.** «niezgrabnie, powoli wchodzić na coś, wydostawać się z czegoś» □ G. się na co, do czego: Gramolić się na schody, na wóz, do tramwaju. □ G. się z czego: Gramolić się z wozu. **2.** *reg.* «guzdrać się»

Gramsci (*wym.* Gramszi) *m odm.* jak przym.: Rewolucyjna działalność Gramsciego.

I granat *m IV, D.* granatu «pocisk»: Granat ręczny. Rzucać, ciskać granatami.

II granat *m IV, D.* granatu **1.** «drzewo i owoc» **2.** «kolor granatowy»: Przechodzić, wpadać w granat.

granatowo- «pierwszy człon przymiotników złożonych»: **a)** «wskazujący na granatowy odcień innego koloru, oznaczanego przez drugą część wyrazu; pisany łącznie», np.: granatowoczarny, granatowoszary.

b) «wskazujący na zestawienie koloru granatowego z kolorem oznaczanym przez drugą część wyrazu; pisany z dywizem», np.: granatowo-czarny, granatowo-szary. Chorągiew granatowo-biała.
△ Wyrażenia, których pierwszym członem jest przysłówek a drugim imiesłów, pisze się rozdzielnie, np. granatowo nakrapiany.

granatowoczarny «czarny z odcieniem granatowym»: Granatowoczarny aksamit, jedwab.

grand *m IV, lm M.* grandowie.

grandilokwencja *ż I, DCMs.* i *lm D.* grandilokwencji, zwykle *blm rzad.* «pompatyczność, górnolotność (mowy)»

granica (*wym.* granica, *nie*: granica) *ż II*: Jechać za granicę. Mieszkać za granicą (*ale*: zagranica «kraje poza Polską», np. Wrócił z zagranicy). □ G. czego: Granica kraju, powiatu. □ G. między czym a. czym: Granica między wsią a miastem. || *D Kult.* II, 606.

graniczyć *ndk VIb,* graniczyliśmy (p. akcent § 1a i 2) **1.** «mieć wspólną granicę»: Ogród graniczył z podwórzem. Pole graniczące z lasem, z rzeką. Graniczyć z kimś o miedzę. **2.** często w imiesł. przymiotnikowym czynnym «być zbliżonym do czegoś, upodabniać się do czegoś»: Niedostatek graniczył (graniczący) z nędzą. Stan chorego graniczący z obłędem.

grań *ż V, lm M.* granie, *D.* grani: Granie Tatr. Iść granią.

grape-fruit p. grejpfrut.

grapefruitowy p. grejpfrutowy.

Grappin (*wym.* Grapę) *m IV, D.* Grappina (*wym.* Grapena, p. akcent § 7), *rzad.* (z odmienianym imieniem lub tytułem) *ndm*: Językoznawstwo polskie wiele zawdzięcza Grappinowi (profesorowi Grappin).

grasować *ndk IV,* grasowaliśmy (p. akcent § 1a i 2): Banda łobuzów grasuje po mieście, po okolicy a. w mieście, w okolicy. Na morzu grasowały okręty korsarzy. Na granicy grasowały bandy. △ *przen.* W obozie grasowały różne choroby.

grat *m IV, D.* grata, *B.* grat a. grata «rzecz stara, zniszczona, o małej wartości»: Chciał sprzedać wszystkie stare graty i kupić nowe meble.

gratis «bezpłatnie, darmo»: Przejazd miałem gratis. Bilety na koncert dostałem gratis.
gratis w użyciu rzeczownikowym *m IV, D.* gratisu *środ.* «przedmiot dany lub otrzymany bezpłatnie»: Wydawnictwo przesłało gratisy autorom.

gratisowy *przym.* od gratis: Bilety gratisowe. Gratisowy egzemplarz książki.

gratulacja *ż I, DCMs.* i *lm D.* gratulacji, zwykle w *lm*: Szczere, serdeczne gratulacje. Składać, przesyłać (*nie*: wyrażać) komuś gratulacje (*nie*: powinszowania) z okazji awansu, odznaczenia, osiągnięć w pracy. || *KP Pras.*

gratulować *ndk IV,* gratulowaliśmy (p. akcent § 1a i 2) — **pogratulować** *dk* □ G. bez dop.: Serdecznie gratuluję. Gratuluję z całego serca. □ G. komu czego: Gratuluję ci awansu, odznaczenia.

191

gratyfikacja *ż I, DCMs.* i *lm D.* gratyfikacji: Dostać, otrzymać gratyfikację. Wypłacić komuś gratyfikację.

grawerować *ndk IV,* grawerowaliśmy (p. akcent § 1a i 2) — **wygrawerować** *dk:* Grawerować litery, cyfry na tabliczkach, wzory, rysunki na szkatułkach.

grawitować *ndk IV,* grawitowaliśmy (p. akcent § 1a i 2) □ G. ku czemu, *rzad.* do czego: *przen.* Grawitować ku socjalizmowi. Wielkopolska grawitowała do Śląska.

Grecja *ż I, DCMs.* Grecji — Grek (p.) — Greczynka *ż III, lm D.* Greczynek — grecki.

greckokatolicki (*nie:* grekokatolicki), in. unicki: Wyznanie greckokatolickie. Kościół greckokatolicki.

Greco, el (*wym.* el Greko) *m III, D.* el Greca, *N.* el Grekiem, *Ms.* el Grecu: Wystawa obrazów el Greca.

grecysta *m odm. jak ż IV, lm M.* grecyści, *DB.* grecystów.

grecyzm *m IV, D.* grecyzmu, *Ms.* grecyzmie (*wym.* ~yzmie a. ~yźmie).

greczyzna (*nie:* grecczyzna) *ż IV, blm rzad.* «język grecki, greka»

Green (*wym.* Grin) *m IV, D.* Greena: Twierdzenie Greena.

Greene (*wym.* Grin) *m IV, D.* Greene'a (*wym.* Grina), *N.* Greene'em, *Ms.* Greenie: Powieści Grahama Greene'a.

Greenwich (*wym.* Grinicz) *n ndm* «miejscowość; obserwatorium astronomiczne w Anglii» — grynicki. || *D Kult. II, 552.*

grejpfrut *m IV, D.* grejpfruta, *Ms.* grejpfrucie.

grejpfrutowy: Sok grejpfrutowy.

Grek *m III, lm M.* Grecy «człowiek narodowości greckiej» △ *pot.* Udawać Greka «udawać, że się czegoś nie wie, nie rozumie»

gremium *n VI, lm M.* gremia, *D.* gremiów: Gremium związkowe, nauczycielskie. Uchwała gremium. Gremium uchwaliło...

Grenada *ż IV* «miasto i kraina w Hiszpanii (hiszpańska nazwa: Granada)»

Grenlandia *ż I, DCMs.* Grenlandii «wyspa na Oceanie Atlantyckim» — Grenlandczyk *m III, lm M.* Grenlandczycy — Grenlandka *ż III, lm D.* Grenlandek — grenlandzki (p.).

grenlandzki: Fiordy grenlandzkie (*ale:* Morze Grenlandzkie, Grenlandzko-Islandzki Próg).

Grenoble (*wym.* Grenobl) *n ndm. rzad;* **Grenobla** *ż I* «miasto we Francji»

grępel *m I, D.* grępla.

Gribojedow (*wym.* Gribojedow) *m IV, D.* Gribojedowa (*nie:* Gribojedowa, p. akcent § 7), *lm M.* Gribojedowowie: Związki dekabrystów z Gribojedowem.

Grieg (*wym.* Grig) *m III:* Kompozycje Griega.

GRN (*wym.* gieeren, p. akcent § 6) *ż ndm* a. *m IV, D.* GRN-u «Gromadzka Rada Narodowa»: GRN wy-

dała (wydał) zarządzenie. Pracować w GRN (w GRN-ie). || *Kl. Ależ 47, 48.*

grobek, *reg.* **gróbek** *m III, D.* grobka (gróbka).

grobelny a. **groblowy** *rzad.* przym. od grobla.

grobla *ż I, lm D.* grobli a. grobel.

groch *m III, D.* grochu: Groch szablasty, tyczkowy. △ *pot.* Rzucać groch a. grochem o ścianę «bezskutecznie upominać, pouczać kogoś»

grochowianka *ż III, lm D.* grochowianek *reg.* «zupa z grochu; grochówka (w zn. 1)»

Grochów *m IV, D.* Grochowa, *Ms.* Grochowie «dzielnica Warszawy»: Mieszkać na Grochowie. Jechać na Grochów. — grochowski.

grochówka *ż III, lm D.* grochówek **1.** «zupa z grochu»: Grochówka na boczku. **2.** «jabłko z gatunku grochówek»: Smaczna grochówka. **3.** tylko w *lm* «gatunek jabłek»: Z jabłek najbardziej lubię grochówki (*nie:* grochówkę). Sprowadzić, sprzedawać grochówki (*nie:* grochówkę).

Grodków *m IV, D.* Grodkowa, *C.* Grodkowowi (*ale:* ku Grodkowowi a. ku Grodkowu) «miasto» — grodkowski.

Grodno *n III* «miasto w ZSRR» — grodnianin *m V, D.* grodnianina, *lm M.* grodnianie, *D.* grodnian — grodnianka *ż III, lm D.* grodnianek — grodzieński.

grodza *ż II, lm D.* grodzy a. gródź **1.** zwykle w *lm* «zabezpieczenie (np. w postaci wału, ścianki) miejsca budowy od wody gruntowej» **2.** *reg.* «zagródka, kojec»

grodzić *ndk VIa,* grodzę a. gródzę, grodziliśmy (p. akcent § 1a i 2) «stawiać ogrodzenie»: Grodzić plac. Grodzić podwórze, ogród płotem, siatką. △ Grodzić płot «stawiać płot»

Grodziec *m II, D.* Grodźca «miasto» — grodziecki.

Grodzisk Mazowiecki, Grodzisk *m III,* Mazowiecki odm. przym. «miasto» — grodziskomazowiecki.

grodzisko *n II; rzad.* **grodziszcze** *n I:* Grodzisko (grodziszcze) w Biskupinie.

grog *m III, D.* grogu.

gromić *ndk VIa,* gromiliśmy (p. akcent § 1a i 2) **1.** — **zgromić** *dk* «ostro upominać; karcić»: Gromił surowo dzieci za hałasy. Gromić kogoś wzrokiem, spojrzeniem. **2.** — **rozgromić** *dk książk.* «zadawać porażkę, klęskę; zwyciężać»: Gromić wroga, oddziały nieprzyjacielskie.

gromki *st. w.* bardziej gromki «donośny, hałaśliwy»: Gromkie oklaski, śmiechy, okrzyki. Gromki głos.

Gromyko *m odm. jak ż III:* Przemówienie ministra Gromyki.

grono *n III* **1.** «zespół, grupa»: Niewielkie, szczupłe, ścisłe, wąskie, ciasne grono. Grono kolegów, przyjaciół, specjalistów. Grono nauczycielskie. Grono kolejarzy, pocztowców (*nie:* kolejowe, pocztowe).

△ Grono rodzinne «rodzina» 2. «kiść»: Grono jarzębiny. Winne grono.

gronostaj *m I, lm D.* gronostai a. gronostajów.

groń *m I, lm D.* groni a. groniów *pot., żart.* «grosz» △ zwykle w zwrocie: Nie mieć, nie dać ani gronia.

groom p. grum.

I gros *m IV* «dwanaście tuzinów»: Gros ołówków.

II gros (*wym.* gro) *ndm* «większość, większa część»: Gros (*lepiej*: większość) wystawionych eksponatów. Gros (*lepiej*: większa część) miejscowej ludności. || *Kl. Aleź 33; KP Pras.*

grosz *m II, lm D.* groszy (skrót: gr) 1. «moneta»: Cukierki po groszu. Dać komuś grosz. △ Kupić, sprzedać coś po 20, 50 groszy za sztukę. △ Kupić, sprzedać coś za 10, 50 groszy. △ *fraz. pot.*: Nie mieć, nie wydać (złamanego) grosza. △ Za grosz, za trzy grosze «mało, trochę; z czasownikiem zaprzeczonym: wcale, nic»: Za grosz nie ma gustu. △ Wtrącać, wścibiać, wsadzać, wtykać (swoje) trzy grosze «wypowiadać swoje zdanie, nie będąc pytanym, niepotrzebnie» △ Znać kogoś jak zły a. stary grosz «znać kogoś bardzo dobrze» 2. *pot.* «zbiorowo: pewna suma pieniędzy, fundusz»: Uciułać sobie trochę grosza.

groszoród *m IV, D.* groszoroba, *lm M.* te groszoroby.

grot *m IV, D.* grotu.

grotesk (*nie*: groteska) *m III, D.* grotesku, *blm* «rodzaj czcionki drukarskiej»

groteska *ż III, lm D.* grotesek 1. «utwór literacki, muzyczny lub plastyczny o elementach karykaturalnych» 2. «rodzaj ornamentu»

grotołaz *m IV, lm M.* ci grotołazi a. te grotołazy.

Grottger (*wym.* Grotger a. Grotgier) *m IV, lm M.* Grottgerowie.
Grottger *ż ndm* — Grottgerowa *ż* odm. jak przym. — Grottgerówna *ż IV, D.* Grottgerówny, *CMs.* Grottgerównie (*nie*: Grottgerównej), *lm D.* Grottgerówien.

Grottgerowski (*wym.* Grotgerowski a. Grotgierowski) 1. «należący do Grottgera»: Wystawa obrazów Grottgerowskich.
2. grottgerowski «mający cechy, charakter malarstwa Grottgera»: Malował swoje obrazy na sposób grottgerowski.

grozić *ndk VIa,* grożę, groź, *rzad.* gróź, groziliśmy (p. akcent § 1a i 2) 1. «straszyć zapowiedzią czegoś (złego)» □ G. (komu) czym (za co): Groził synowi srogą karą za wagary. △ Grozić komuś palcem, pięścią. Grozić komuś rewolwerem, nożem. 2. «zagrażać» □ Coś grozi (komu) za co: Za dezercję groził mu sąd wojenny. Za kradzież grozi więzienie. □ Coś grozi czemu: Miastu grozi powódź. □ Coś grozi czym: Chwila nieuwagi groziła runięciem w przepaść.

groźba *ż IV, lm D.* gróźb: Zawisła nad nią groźba operacji. Znowu straszą groźbą nowej wojny.

groźnie (*nie*: groźno) *st. w.* groźniej, *rzad.* bardziej groźnie.

groźny *m-os.* groźni, *st. w.* groźniejszy, *rzad.* bardziej groźny: Groźne zapowiedzi. Groźny pożar. □ G. dla kogo, dla czego: Uniknęła groźnej dla siebie choroby.

grób *m IV, D.* grobu: Krypta z grobami królewskimi. △ W nazwach dużą literą: Uroczystość przy Grobie Nieznanego Żołnierza.

gróbek p. grobek.

Gródek (Pomorski, Jagielloński), Gródek *m III, D.* Gródka; Pomorski, Jagielloński odm. przym. «miejscowość — gródecki.

Grójec *m II, D.* Grójca «miasto» — grójczanin *m V, D.* grójczanina, *lm M.* grójczanie, *D.* grójczan — grójczanka *ż III, lm D.* grójczanek — grójecki.

grubas *m IV, lm M.* te grubasy.

grubianin (*wym.* grubjanin, *nie*: grubi-janin) *m V, D.* grubianina, *lm M.* grubianie, *D.* grubianów *wych. z użycia* «gbur, prostak, cham»

gruboskórny *m-os.* gruboskórni, *st. w.* bardziej gruboskórny «niedelikatny, ordynarny»: To gruboskórny typ! || *D Kult. I, 504.*

gruboskóry «mający grubą skórę»: Gruboskóry słoń. || *D Kult. I, 504.*

gruby *st. w.* grubszy □ G. na ileś (centymetrów, cali itp.): Ściana gruba na 30 cm.
z grubsza *pot.* «niedokładnie, powierzchownie»: Uprzątnął pokój z grubsza.

gruchnąć *dk Va,* gruchnąłem (*wym.* gruchnołem; *nie*: gruchnęłem), gruchnął (*wym.* gruchnoł), gruchnęła (*wym.* gruchnęła; *nie*: gruchła), gruchnęliśmy (*wym.* gruchnęliśmy, p. akcent § 1a i 2) 1. «huknąć, strzelić» □ G. bez dop.: Gruchnął strzał. △ *przen.* Gruchnęła wieść o wybuchu powstania. □ G. z czego (do kogo, do czego): Gruchnął z fuzji do niedźwiedzia. 2. *pot.* a) «uderzyć, grzmotnąć» □ G. czym (o co): Gruchnąć głową o ścianę. □ G. kogo, *rzad.* w kogo (czym): Gruchnął go rękojeścią. b) «runąć, upaść»: Gruchnął jak długi na podłogę.

gruchot *m IV* 1. *D.* gruchotu «huk, odgłos uderzenia»: Ściany waliły się z gruchotem. 2. *D.* gruchota «rzecz stara, zużyta; także (ordynarnie) o człowieku starym, niedołężnym»: Z auta zrobił się już gruchot.

gruchotać *ndk IX,* gruchocze, *przestarz.* gruchoce — zgruchotać *dk*: Rozległ się trzask gruchotanych kości.

gruczoł *m IV, D.* gruczołu: Gruczoły potowe, łojowe. Gruczoły dokrewne a. wewnętrznego wydzielania.

Grudziądz *m II* «miasto» — grudziądzanin *m V, D.* grudziądzanina, *lm M.* grudziądzanie, *D.* grudziądzan — grudziądzanka *ż III, lm D.* grudziądzanek — grudziądzki.

grudzień *m I, D.* grudnia «dwunasty miesiąc roku; w datach pisany słowami, cyframi arabskimi z kropką lub rzymskimi»: 10 grudnia 1969 r.; 10.12 1969 r., 10.XII.1969 r. a. 10 XII 1969 r. △ Na pytanie: kiedy? — nazwa miesiąca zawsze w dopełniaczu, nazwa dnia — w dopełniaczu a. (z przyimkami *przed, po*) w narzędniku, np. Rok kończy się trzydziestego pierwszego grudnia. △ Na pytanie:

który jest (lub był) dzień? — liczba porządkowa dnia w mianowniku a. w dopełniaczu, nazwa miesiąca w dopełniaczu: Pierwszy grudnia (*nie*: pierwszy grudzień) wypadał w niedzielę. Dziś jest piąty grudnia (*nie*: piąty grudzień).

Grudzień *m I, D.* Grudnia (*nie*: Grudzienia), *lm M.* Grudniowie, *D.* Grudniów «nazwisko» Grudzień *ż ndm* — Grudniowa *ż* odm. jak przym. — Grudniówna *ż IV, D.* Grudniówny, *CMs.* Grudniównie (*nie*: Grudniównej), *lm D.* Grudniówien. // *D Myśli 81.*

grum *m IV, lm M.* te grumy «chłopiec stajenny opiekujący się końmi»

grunt *m IV, D.* gruntu, *lm M.* grunty, *przestarz.* grunta △ Do gruntu «całkowicie, zupełnie»: Poznał go do gruntu. △ Z gruntu «zasadniczo, od podstaw»: Musisz to z gruntu przerobić. △ W gruncie rzeczy, «w istocie, naprawdę, zasadniczo»: W gruncie rzeczy to dobry człowiek. △ *pot.* Grunt; to grunt; grunt to... «(to jest) najważniejsze»: Grunt to zdrowie. Praca i odpoczynek, to grunt. Grunt się nie przejmować.

Grunwald *m IV, D.* Grunwaldu 1. «miejscowość»: Bitwa pod Grunwaldem. — grunwaldzki. 2. grunwald, *DB.* grunwalda «gatunek papierosów»: Zapalił grunwalda.

*grupowce p. skrótowce.

gruszka *ż III, lm D.* gruszek △ *pot.* Nie zasypiać (*nie*: nie zasypywać) gruszek w popiele «nie zaniedbywać spraw nie cierpiących zwłoki»

Gruzja *ż I, DCMs.* Gruzji «republika związkowa w ZSRR» — Gruzin *m IV, lm M.* Gruzini — Gruzinka *ż III, lm D.* Gruzinek — gruziński.

gruźlica (*nie*: grużlica) *ż II, blm*: Gruźlica otwarta. Gruźlica płuc, kości.

I gryf *m IV, D.* gryfa «mitologiczny lew z głową orła» || *D Kult. II, 450.*

II gryf *m IV, D.* gryfu «część skrzypiec i niektórych innych instrumentów strunowych» || *D Kult. II, 450.*

Gryfice *blp, D.* Gryfic «miasto» — gryficki.

Gryfino *n III* «miasto» — gryfiński.

Gryfów Śląski, Gryfów *m IV, C.* Gryfowowi (*ale*: ku Gryfowowi a. ku Gryfowu), Śląski odm. przym. «miasto» — gryfowski.

grynicki przym. od Greenwich (p.).

grynszpan *m IV, D.* grynszpanu △ Grynszpan szlachetny, in. patyna, śniedź.

grysik *m III, D.* grysiku *reg.* «manna»

grywać *ndk I*, grywaliśmy (p. akcent § 1a i 2) □ Składnia jak: grać (p.).

gryzipiórek *m III, D.* gryzipiórka, *lm M.* te gryzipiórki, *rzad.* ci gryzipiórkowie *pogard.* «literat a. urzędnik»

gryzmoła *ż IV, lm D.* gryzmołów *pot.*, *pogard.*, *żart.* a) zwykle w *lm* «niekaligraficzne, nieudolne pismo lub rysunek» b) *m* a. *ż M.* ten a. ta gryzmoła (także o mężczyznach), *lm M.* te gryzmoły, *D.* gryzmołów (tylko o mężczyznach) a. gryzmoł, *B.* tych gryzmołów (tylko o mężczyznach) a. te gryzmoły «człowiek brzydko piszący; urzędnik lub literat»

gryźć *ndk XI*, gryzę, gryzie, gryźliśmy (p. akcent § 1a i 2) «ciąć, rozrywać, miażdżyć zębami» □ G. bez dop.: Ten pies gryzie. □ G. kogo, co: Koń gryzie wędzidło. Gryźć orzechy. △ *przen.* Sumienie kogo gryzie. Dym gryzie w oczy. **gryźć się** 1. «kąsać się wzajemnie»: Psy się gryzą. 2. *pot.* a) «kłócić się» □ G. się ze sobą, między sobą (*rzad.* z kim): To okropne małżeństwo, stale się ze sobą (między sobą) gryzą. △ Kolory się gryzą «nie harmonizują ze sobą» b) «martwić się» □ G. się czym (kim): Gryzła się dziećmi od rana do nocy.

grz p. cząstki wyrazów.

grzać *ndk Xb*, grzali, *reg.* grzeli, grzaliśmy, *reg.* grzeliśmy (p. akcent § 1a i 2) 1. «wydzielać ciepło, czynić coś ciepłym» □ G. bez dop.: Słońce grzeje. □ G. co: Grzać wodę. 2. *pot.* a) «bić, grzmocić» □ G. kogo: Ekonom grzał go kijem. b) «strzelać» □ G. do kogo: Partyzanci grzali (*reg.* grzeli) do nich zza drzew.

grzać się: Grzać się w słońcu (*reg.* do słońca).

grządziel *ż V, D.* grządzieli a. *m I, D.* grządziela.

grząski (*nie*: grzęski)] *st. w.* bardziej grząski: Grząskie błoto.

grząźć p. grzęznąć.

grzebać *ndk IX*, grzebię (*nie*: grzebę), grzebie, grzebaliśmy (p. akcent § 1a i 2) — *rzad.* **grzebnąć** *dk Va*, grzebnąłem (*wym.* grzebnołem; *nie*: grzebnełem, grzebłem), grzebnął (*wym.* grzebnoł), grzebnęła (*wym.* grzebneła; *nie*: grzebła), grzebnęliśmy (*wym.* grzebneliśmy) □ G. w czym (czym) «rozgarniać coś, szukać czegoś»: Kury grzebały w ziemi. △ *przen.* Grzebać w archiwach, w rękopisach. □ (tylko *ndk*) G. kogo a. co «zakopywać, chować»: W tej części cmentarza grzebano samobójców.

grzechotać *ndk IX*, grzechocze, *przestarz.* grzechoce; grzechotaliśmy (p. akcent § 1a i 2) — **zagrzechotać** *dk*: Grad grzechocze o szyby. □ G. czym: Grzechotać grzechotką.

*grzecznościowe formy p. formy grzecznościowe.

grzeczność *ż V* 1. *blm* «uprzejmość, delikatność»: Wyszukana, uprzedzająca grzeczność. Grzeczność dla kogoś a. w stosunku do kogoś. △ (Zrobić coś) przez grzeczność a. z grzeczności. 2. «przysługa»: Wyświadczyć komuś grzeczność. 3. tylko w *lm* «pochlebne, uprzejme słowa; komplementy»: Prawić komuś grzeczności.

Grzegorz *m II, lm M.* Grzegorzowie — Grzesio (*nie*: Grzesiu) a. Grześ *m I, lm M.* Grzesiowie — Grzesiek *m III, lm M.* Grześkowie — Grzegorzostwo *n III, DB.* Grzegorzostwa, *Ms.* Grzegorzostwu (*nie*: Grzegorzostwie), *blm*; a. Grzegorzowie *blp, D.* Grzegorzów — Grzesiowie a. Grześkowie *blp, D.* Grzesiów, Grześków.

grzejny: Urządzenie grzejne, instalacja grzejna (*rzad.* urządzenie grzejące, instalacja grzejąca).

grzeszyć *ndk VIb*, grzeszyliśmy (p. akcent § 1a i 2) — **zgrzeszyć** *dk* □ G. czym: Grzeszyć myślą, mową. □ G. przeciwko komu, czemu: Grzeszyć przeciw miłości bliźniego. △ *iron., żart.* Nie grzeszyć uprzejmością, pięknością, dobrym gustem itp. «nie odznaczać się uprzejmością, pięknością, dobrym gustem itp.»

grzęznąć (*nie*: grząznąć), *rzad.* **grząźć** *ndk Vc*, grzęznę, grzęźnie, grzęźnij, grzązł, grzęzła, grzęźli, grzęźliśmy (p. akcent § 1a i 2) — **ugrzęznąć** *dk.*

grzmieć *ndk VIIa*, grzmij, grzmieliśmy (p. akcent § 1a i 2) — **zagrzmieć** *dk* □ *przen.* G. na kogo, co: Nauczyciel grzmiał na młodocianych palaczy. Grzmiał na nieżyciowe przepisy. △ *nieos.* Grzmi, grzmiało: Grzmiało bez przerwy.

grzmocić *ndk VIa*, grzmocę, grzmoci, grzmocą, grzmociliśmy (p. akcent § 1a i 2) — **grzmotnąć** *dk Va*, grzmotnąłem (*wym.* grzmotnołem; *nie*: grzmotnełem, grzmotłem), grzmotnął (*wym.* grzmotnoł), grzmotnęła (*wym.* grzmotneła; *nie*: grzmotła), grzmotnęliśmy (*wym.* grzmotneliśmy, *nie*: grzmotliśmy) *pot.* a) «uderzyć mocno» □ G. kogo — czym: Grzmocił go kijem. b) tylko *dk* «rzucić coś z siłą» □ G. czym w co, o co: Grzmotnął piłką w okno. Grzmotnąć butem o podłogę. c) tylko *dk* «upaść, runąć»: Grzmotnął na podłogę jak długi. **grzmocić się** — **grzmotnąć się** *pot.* a) tylko *ndk* «bić się wzajemnie»: Grzmocili się wzajemnie pięściami. b) tylko *dk* «uderzyć się o coś»: Grzmotnął się łokciem o róg stołu. c) (tylko *dk*) *rzad.* «upaść»: Grzmotnął się z rozmachem na łóżko.

grzyb *m IV* 1. «roślina plechowata» a) *B.* grzyb a. grzyba «rosnąca w ziemi»: Znaleźć grzyba (grzyb). We mchu zobaczył grzyb (grzyba). Iść na grzyby. △ *pot.* Dwa grzyby w barszcz (*nie*: dwa grzyby w barszczu; dwa grzyby po obiedzie) «niepotrzebnie dwa razy to samo, dwie rzeczy na raz» b) *B.* grzyb «pasożytująca w drewnie»: Podłoga toczona przez grzyb. 2. *B.* grzyba *pot., pogard.* «stary, niedołężny człowiek»: Nie lubiła tego starego grzyba, bo jej stale dokuczał.

Grzybno *n III* «miejscowość» — grzybieński.

grzybny «obfitujący w grzyby»: Zagajnik, las grzybny.

grzybowy 1. «zrobiony z grzybów»: Zupa grzybowa. 2. «obfitujący w grzyby»: Las grzybowy.

Grzymała *m* odm. jak *ż IV*, *lm M.* Grzymałowie, *DB.* Grzymałów.
Grzymała *ż IV*, *rzad. ndm* — Grzymałowa *ż* odm. jak przym. — Grzymałówna *ż IV*, *D.* Grzymałówny, *CMs.* Grzymałównie (*nie*: Grzymałównej), *lm D.* Grzymałówien.
Grzymała-Siedlecki, Grzymała *m* w *lp* odm. jak *ż IV*, w *lm ndm*; Siedlecki odm. jak przym.: Działalność literacka Adama Grzymały-Siedleckiego. // *D Myśli 85.*
Grzymała-Siedlecka, Grzymała *ż ndm*, Siedlecka *ż* odm. jak przym.

grzywna *ż IV*, *lm D.* grzywien (*nie*: grzywn): Kara grzywny.

GS (*wym.* gie-es, p. akcent § 6) *m II*, *D.* GS-u, *Ms.* GS-ie a. *ż ndm* «Gminna Spółdzielnia»: Sklepy GS-u. — GS-owski a. geesowski (*wym.* gieesowski).

gubernator *m IV*, *lm M.* gubernatorzy a. gubernatorowie.

gubernia *ż I*, *lm D.* guberni, *rzad.* guberń.

Gubin *m IV*, *D.* Gubina «miasto» — gubinianin *m V*, *D.* gubinianina, *lm M.* gubinianie, *D.* gubinian — gubinianka *ż III*, *lm D.* gubinianek — gubiński.

GUC (*wym.* guc) *m II*, *D.* GUC-u a. *ndm* «Główny Urząd Cel»: Władze GUC (GUC-u). Załatwić coś w GUC (w GUC-u).

Gucio p. August, Gustaw.

Guernica (*wym.* Gernika) *ż II*, *D.* Guerniki, *CMs.* Guernice (*wym.* Gernice) «miasto w Hiszpanii»

GUGiK (*wym.* gugik) *m III*, *DMs.* GUGiK-u a. *ndm* «Główny Urząd Geodezji i Kartografii»: Pracować w GUGiK (w GUGiK-u). Porozumieć się z GUGiK (z GUGiK-iem).

Guitry (*wym.* Gitri) *m* odm. jak przym., *D.* Guitry'ego, a. (z odmienianym imieniem) *ndm*: Filmy Guitry'ego a. Sachy (*wym.* Saszy) Guitry.

Gujana *ż IV* «kraj w Ameryce Południowej» — Gujańczyk *m III*, *lm M.* Gujańczycy — Gujanka *ż III*, *lm D.* Gujanek — gujański (p.).

gujański: Ludność gujańska (*ale*: Wyżyna Gujańska).

gulasz *m II*, *D.* gulaszu (*nie*: gularzu), *lm D.* gulaszów, *rzad.* gulaszy: Proszę o dwie porcje gulaszu (*pot.* o dwa gulasze). // *D Kult. II, 340.*

gulden *m IV*, *DB.* guldena: Zapłacić, dać guldena.

GUM (*wym.* gum) *m IV*, *D.* GUM-u, *Ms.* GUM-ie a. *ndm* 1. «Główny Urząd Miar»: GUM zarządził kontrolę miar w sklepach. Pracować w GUM (w GUM-ie). Udać się do GUM (do GUM-u). 2. «Gdański Urząd Morski»: GUM zabronił stawiać namioty nad brzegiem morza. 3. «Główny Urząd Morski».

gumiak *m III*, *rzad.* **gumowiec** *m II*, *D.* gumowca, zwykle w *lm, pot.* «buty gumowe»

gumno *n III*, *lm D.* gumien.

gumowiec p. gumiak.

gumowy (*nie*: gumiany).

GUS (*wym.* gus) *m IV*, *D.* GUS-u, *Ms.* GUS-ie a. *ndm* «Główny Urząd Statystyczny»: Raporty GUS (GUS-u). GUS zorganizował spis ludności. Szukać danych liczbowych w GUS (w GUS-ie).

gusła *blp*, *D.* guseł.

gust *m IV*, *D.* gustu, *lm M.* gusty, *wych.* z użycia gusta 1. «poczucie piękna, harmonii; smak»: Ubrać się z gustem, bez gustu. 2. «upodobanie, pociąg»: Są gusta i guściki. Przypadać (*rzad.* trafiać) komuś do gustu. Być w czyimś guście. □ G. do czego: Gust do podróży. 3. «styl, rodzaj, moda»: Ceramika w guście secesyjnym.

Gustaw *m IV*, *lm M.* Gustawowie — Gucio (*nie*: Guciu) *m I*, *lm M.* Guciowie — *reg.* Gustlik *m III*, *lm M.* Gustlikowie — Gustawostwo *n III DB.* Gustawostwa, *Ms.* Gustawostwu (*nie*: Gustawostwie), *blm*; a. Gustawowie *blp*, *D.* Gustawów — Guciowie *blp*, *D.* Guciów.

gustować *ndk IV*, gustowaliśmy (p. akcent § 1a i 2) □ G. w kim, w czym: Nie gustuję w jego towarzystwie.

guślarz *m II*, *lm D.* guślarzy.

Gutenberg (*wym.* Gutenberg, *nie*: Gutenberg) *m III, D.* Gutenberga (p. akcent § 7).

guwerner *m IV*, *lm M.* guwernerzy, *rzad.* guwernerowie.

Guynemer (*wym.* Ginmer) *m IV, D.* Guynemera (p. akcent § 7), *Ms.* Guynemerze: Loty bojowe Guynemera.

guz *m IV, B.* = *D.* w takich zwrotach, jak: Nabić, oberwać guza.

guzdrać się *ndk I*, guzdra się a. *IX*, guzdrze się, guzdraliśmy się (p. akcent § 1a i 2) □ G. się z czym: Guzdrać się z robotą.

guzdrała *m a. ż.* odm. jak *ż IV, M.* ten a. ta guzdrała (także o mężczyznach), *lm M.* te guzdrały, *D.* guzdrałów (tylko o mężczyznach) a. guzdrał, *B.* tych guzdrałów (tylko o mężczyznach) a. te guzdrały: Przynaglać guzdrały (guzdrałów) do pośpiechu.

Gwadalkiwir (*nie*: Gwadalkwiwir) *m IV, D.* Gwadalkiwiru a. (w połączeniu z wyrazem: rzeka) *ndm* «rzeka w Hiszpanii»

Gwadelupa *ż IV* «wyspa na Morzu Karaibskim»

gwałcić *ndk VIa*, gwałciliśmy (p. akcent § 1a i 2) **1.** — **pogwałcić** *dk*: Gwałcić prawo. **2.** — **zgwałcić** *dk*: Gwałcić kobietę.

gwałt *m IV, D.* gwałtu **1.** «przemoc, bezprawie» △ Zadać (komuś, sobie) gwałt «zmusić (kogoś, siebie) do czegoś»: Musiał sobie zadać gwałt, żeby się zwierzyć ze spraw tak intymnych. □ G. na kim: Oskarżono go o dokonanie gwałtu na kobiecie. **2.** zwykle *blm pot.* «bezładny pośpiech; zamieszanie, hałas»: Podnieść gwałt. Narobić gwałtu.

gwałtem *pot.* «przemocą, siłą»: Gwałtem mnie zatrzymali, choć było późno.

gwałtem a. **na gwałt** *pot.* «natychmiast; koniecznie i szybko»: Ściany już są brudne, pokój trzeba gwałtem odnowić: Gwałtem (na gwałt) trzeba to zrobić, bo późno.

gwałtować *ndk IV*, gwałtowaliśmy (p. akcent 1a i 2) □ G. o co: Gwałtować o pieniądze.

gwałtowny *m-os.* gwałtowni, *st. w.* gwałtowniejszy a. bardziej gwałtowny: Gwałtowny charakter. Gwałtowna ulewa. Gwałtowna zmiana.

*gwara 1. Termin *gwara* bywa używany wymiennie z terminem *dialekt* albo oznacza odmianę językową terytorialnie mniejszą niż dialekt, wyróżniającą się swoistymi cechami w obrębie danego dialektu, traktowanego wówczas jako jednostka nadrzędna. Ten typ gwary — właściwie mowy wsi — nazywamy *gwarą ludową* lub *terytorialną*, dla odróżnienia od innych gwar, wyodrębnianych pod wspólną nazwą gwar społecznych. *Por.* dialekt, dialektyzm.
2. *Gwary społeczne* wyodrębnia się nie na podstawie kryterium terytorialnego, ale według kryteriów społecznych, tzn. według tego, kto jest użytkownikiem danej odmiany języka: **a)** *Gwarami miejskimi* posługują się warstwy niewykształcone w miastach, a więc chłopi osiadli w mieście oraz ich potomkowie, którzy nie weszli do warstwy inteligencji. Gwary miejskie wykazują wiele cech okolicznych dialektów, reprezentują więc jakby pogranicze języka ogólnego i dialektów. Najbardziej charakterystyczną cechą gwar miejskich jest bogactwo słownictwa i frazeologii ekspresywnej, np.: ochlapus «pijak», zgrywus «wesołek», ochlaj a. ubaw «zabawa z pijatyką», glina «policjant a. milicjant», drewniana jesionka «trumna», magistracki ksiądz «urzędnik Urzędu Stanu Cywilnego», być na bańce a. na fleku «być pijanym». △ Warszawską gwarę miejską nazywa się zwykle *wiechem* — od pseudonimu jej popularyzatora, Stefana Wiecheckiego. Termin *wiech* bywa rozszerzany na gwarę miejską w ogóle. △ Gwara miejska, ze względu na wartości ekspresywne (żywość, dosadność) wywiera duży wpływ na słownictwo i frazeologię mówionej polszczyzny, na język potoczny. Dokonuje się to zazwyczaj za pośrednictwem środowisk młodzieżowych. Używanie wyrażeń gwary miejskiej w języku ogólnym jest rażące, chyba że wypowiedź ma charakter żartobliwy lub umyślnie rubaszny.
b) *gwary środowiskowo-zawodowe* (zwane czasami *żargonami*) — są to odmiany języka narodowego, używane przez dane środowisko lub grupę zawodową, np.: pracowników radia i telewizji, lekarzy, marynarzy, górników, rzemieślników, uczniów, studentów, myśliwych, brydżystów, złodziei. Gwary środowiskowo-zawodowe wiele czerpią z gwar miejskich (zwłaszcza gwary robotnicze, ale także — uczniowska, sportowa itp.). Charakterystyczna dla gwar środowiskowo-zawodowych jest tendencja do odświeżenia, upotocznienia oficjalnej terminologii fachowej, nadania jej zabarwienia ekspresywnego, np.: ropniak «samochód z silnikiem Diesla», kółko «kierownica» — gwara kierowców; przodek a. przedróbca «projekt — szablon» — gwara inżynierów budowlanych; tarczówka «tokarka tarczowa», korytko «ceownik» — gwara ślusarzy; gary «perkusja», świniówka a. knurówka «akordeon», konewka «saksofon» — gwara muzyków dżezowych; trója na szynach «ocena dostateczna z dwoma minusami», państwowy «stopień dostateczny», rusałka «nauczycielka a. lektorka języka rosyjskiego» — gwara uczniowska i studencka. || *D Kult.* I, 14, 21; *KJP* 46; *U Pol.* (2), 26—43.

gwarancja *ż I, DCMs.* i *lm D.* gwarancji: Gwarancja utrzymania pokoju. Gwarancja jakości wyrobów. Rower z gwarancją.

gwarantować *ndk IV*, gwarantowaliśmy (p. akcent § 1a i 2) — **zagwarantować** *dk* △ wyraz nadużywany w zn. «ręczyć, zapewniać» □ G. (komu) co: Przyznano mu zasiłek gwarantujący (*lepiej*: zapewniający) skromne utrzymanie.

gwardia *ż I, DCMs.* i *lm D.* gwardii △ Gwardia Ludowa. △ *przen.* Stara gwardia.

gwardzista *m* odm. jak *ż IV*, *lm M.* gwardziści, *DB.* gwardzistów.

I gwarek *m III, D.* gwarku, *blm*: Słychać było miły gwarek dziecięcych głosów.

II gwarek *m III, D.* gwarka, *lm M.* gwarkowie *hist.* «górnik mający pozwolenie na kopanie kruszcu; członek gwarectwa»: Praca gwarków.

gwarno a. **gwarnie** *st. w.* gwarniej a. bardziej gwarno (gwarnie).

gwarny *st. w.* gwarniejszy a. bardziej gwarny; *rzad.* **gwarliwy** *st. w.* gwarliwszy a. bardziej gwarliwy.

gwaroznawca *m* odm. jak *ż II*, *lm M.* gwaroznaw-cy, *DB.* gwaroznawców; *częściej*: dialektolog.

gwaroznawstwo *n III*, zwykle *blm; częściej*: dialektologia.

! gwaryzm p. dialektyzm.

gwarzyć *ndk VIb*, gwarzyliśmy (p. akcent § 1a i 2) □ G. bez dop.: Wieczorami gwarzyli przy kominku. Starzec gwarzył, a ja słuchałem z zapartym tchem. □ G. o czym: Gwarzyć o polityce. Lubił gwarzyć o tym, co robił za młodu.

gwasz *m II*, *D.* gwaszu, *lm D.* gwaszy a. gwaszów.

Gwatemala *ż I* **1.** «kraj w Ameryce Środkowej» — Gwatemalczyk (p.) — Gwatemalka (p.) — gwatemalski. **2.** «stolica Gwatemali»

Gwatemalczyk *m III*, *lm M.* Gwatemalczycy **1.** «obywatel Gwatemali — państwa» **2.** gwatemalczyk «mieszkaniec Gwatemali — miasta»

Gwatemalka *ż III*, *lm D.* Gwatemalek **1.** «obywatelka Gwatemali — państwa» **2.** gwatemalka «mieszkanka Gwatemali — miasta»

gwelf *m IV*, *lm M.* gwelfowie, zwykle w *lm*.

gwiazda *ż IV*, *CMs.* gwieździe (*nie*: gwiaździe): Gwiazda poranna, wieczorna. Gwiazda spadająca. Niebo usiane gwiazdami. △ W nazwach dużą literą: Gwiazda Polarna. △ *pot.* Łotr, łajdak itp. spod ciemnej gwiazdy. Urodzić się pod dobrą (złą) gwiazdą.

gwiazdowy (przymiotnik używany w terminologii naukowej) «odnoszący się do gwiazdy»: Czas gwiazdowy. Doba gwiazdowa. *Por.* gwiezdny.

gwiazdozbiór *m IV*, *D.* gwiazdozbioru; in. konstelacja.

gwiaździsty, *rzad.* **gwieździsty 1.** «pełen gwiazd, usiany gwiazdami»: Gwiaździste (gwieździste) niebo. **2.** «promienny, świetlisty»: Gwiaździste (gwieździste) oczy. **3.** «mający kształt gwiazdy»: Gwiaździsty (gwieździsty) rozjazd na skrzyżowaniu ulic. *Por.* gwiezdny.

gwicht *m IV*, *D.* gwichtu *przestarz.; lepiej*: odważnik, ciężarek.

Gwido a. **Gwidon** *m IV*, *D.* Gwidona (*nie*: Gwida), *lm M.* Gwidonowie.

gwiezdny 1. «należący do gwiazdy, złożony z gwiazd (w terminologii naukowej bywa zastępowane przez *gwiazdowy*)»: Światło gwiezdne. Konstelacje gwiezdne. **2.** *poet.* «pełen gwiazd, usiany gwiazdami; gwiaździsty»: Gwiezdne niebo. *Por.* gwiaździsty.

gwieździsty p. gwiaździsty.

gwinea (*wym.* gwinea a. gwineja) *ż I*, *DCMs.* gwinei, *B.* gwineę, *N.* gwineą, *lm M.* gwinee (*wym.* gwinee a. gwineje), *D.* gwinei (*nie*: gwinej) «angielska jednostka obrachunkowa równa 21 szylingom» || U Pol. (2), 476.

Gwinea (*wym.* Gwinea a. Gwineja) *ż I*, *DCMs.* Gwinei, *B.* Gwineę, *W.* Gwineo, *N.* Gwineą «republika i rejon geograficzny w Afryce» △ Gwinea Dolna, Gwinea Górna. Gwinea Równikowa. Gwinea Portugalska. — Gwinejczyk *m III*, *lm M.* Gwinejczy-cy — Gwinejka *ż III*, *lm D.* Gwinejek — gwinejski (p.). || GPK 57, 96.

gwinejski: Krajobraz gwinejski (*ale*: Zatoka Gwinejska, Basen Gwinejski, Prąd Gwinejski, Próg Gwinejski).

gwint *m IV*, *D.* gwintu, *Ms.* gwincie.

gwizdać *ndk IX*, gwiżdżę (*nie*: gwizdam), gwiżdże, gwizdaliśmy (p. akcent § 1a i 2) — **gwizdnąć** *dk Va*, gwizdnąłem (*wym.* gwizdnolem; *nie*: gwizdnełem), gwizdnął (*wym.* gwizdnoł), gwizdnęła (*wym.* gwizdnę-ła; *nie*: gwizdła), gwizdnęliśmy (*wym.* gwizdneliśmy) **1.** «wydawać gwizd» □ G. bez dop.: Gwizdać na palcach. W oddali gwizdnęła lokomotywa. □ (tylko *ndk*) G. co: Gwizdać piosenkę. □ G. na kogo, na co: Gwizdnął na psa. **2.** *pot.* a) «lekceważyć kogoś, coś; nie liczyć się z kimś, z czymś» □ G. na kogo, na co: Gwizdać na cały świat. b) tylko *dk* «ukraść» □ G. co (komu): Gwizdnął mu zegarek. **3.** (tylko *dk*) *posp.* «uderzyć» □ G. kogo: Gwizdnął go w ucho.

gwizdawka *ż III*, *lm D.* gwizdawek; p. gwizdek (w zn. 1).

gwizdek *m III*, *D.* gwizdka **1.** *reg.* **gwizdka** *ż III*, *lm D.* gwizdek «przyrząd do gwizdania» **2.** «głos gwizdka, gwizd»

gwoli *przestarz., żart.* «ze względu na coś, z powodu czegoś, w celu czegoś» □ G. czemu a. czego: Zjechali się w Krakowie gwoli zawarcia przymierza.

gwoździk *m III* **1.** «mały gwóźdź» **2.** p. goździk.

gwóźdź *m I*, *D.* gwoździa, *lm N.* gwoździami a. gwoźdźmi.

gymkhana *ż IV* «rodzaj zawodów sportowych (konnych, kolarskich, samochodowych, motocyklowych)»

gzygzak *m III; częściej*: zygzak.

gzyms (*nie*: gems) *m IV*, *D.* gzymsu.

gż p. cząstki wyrazów.

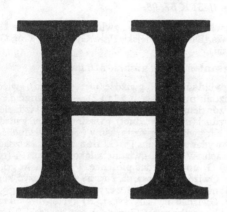

h «litera alfabetu, której w wymowie ogólnopolskiej odpowiada spółgłoska tylnojęzykowa, szczelinowa, bezdźwięczna (zapisywana w innych wyrazach dwuznakiem *ch*); w wymowie zaś regionalnej Polaków pochodzących z Białorusi, Ukrainy oraz części pogranicza czeskiego — spółgłoska krtaniowa dźwięczna» // *D Kult. I, 763. Por.* ch.

ha «skrót wyrazu: *hektar*, pisany bez kropki, stawiany zwykle po wymienionej liczbie, czytany jako cały, odmieniany wyraz»: 5 ha (*czyt.* hektarów), 2 ha ⌊*czyt.* hektary).

habilitować *ndk IV,* habilitowaliśmy (p. akcent § 1a i 2): Doktor habilitowany.
habilitować się □ H. się z czego (*reg.* do czego): Habilitować się z pediatrii, z historii. // *D Kult. I, 345; KP Pras.*

Habsburg *m III, lm M.* Habsburgowie — *rzad.* Habsburżanka *ż III, lm D.* Habsburżanek — habsburski (*nie:* habsburgski).

haczek *m III, D.* haczka *reg.* «haczyk»

haczyk *m III reg.* w zn. «pogrzebacz; konik (do zapinania na haftkę)»

Hades *m IV* **1.** *D.* Hadesa «grecki bóg świata zmarłych» **2.** *D.* Hadesu «w mitologii greckiej: podziemne państwo zmarłych»

Haendel (*wym.* Hendel) *m I, D.* Haendla: Sławne są oratoria Haendla.

Hafiz *m IV, Ms.* Hafizie: Twórczość Hafiza.

haftować *ndk IV,* haftowaliśmy (p. akcent § 1a i 2) — **wyhaftować** *dk:* Haftować serwetkę w kwiaty. Haftować włóczką. Haftować wzory na kanwie.

Haga *ż III* «miasto w Holandii» — haski (*nie:* hagski).

Haidarabad (*wym.* Hajdarabad) *m IV, D.* Haidarabadu «miasta (w Indii i w Pakistanie)» — haidarabadzki.

Haiti *ndm* **1.** *ż* «wyspa na Morzu Karaibskim» **2.** *n* «państwo na tej wyspie» — Haitańczyk *m III, lm M.* Haitańczycy — Haitanka *ż III, lm D.* Haitanek — haitański.

hajdać *ndk I,* hajdaliśmy (p. akcent § 1a i 2) *reg.* «huśtać»

hajdamaczyzna *ż IV, CMs.* hajdamaczyźnie, *blm.*

hajdamaka *m* odm. jak *ż III; rzad.* **hajdamak** *m III, lm M.* ci hajdamacy a. (z silniejszym zabarwieniem ekspresywnym) te hajdamaki, *DB.* hajdamaków.

hajdawery *blp, D.* hajdawerów *przestarz.* «bufiaste spodnie, szarawary; dziś *żart.*: spodnie»

hajduczek *m III, D.* hajduczka, *lm M.* te hajduczki, *rzad.* ci hajduczkowie.

hajduk *m III, lm M.* ci hajducy a. te hajduki.

Hajfa (*nie:* Haifa) *ż IV* «miasto w Izraelu»

Hajle Sellasje *m ndm* a. Hajle *ndm,* Sellasje odm. jak przym., *NMs.* Hajle Sellasjem: Rządy Hajle Sellasje (Hajle Sellasjego).

Hajnówka *ż III* — hajnowski.

hak *m III, D.* haka: Powiesić coś na haku. △ *pot.* Z hakiem «z dodatkiem, z kawałkiem»: Mamy jeszcze do przejścia pięć kilometrów — i to z hakiem!

halabardnik *m III, lm M.* halabardnicy; *rzad.* **halabardzista** *m* odm. jak *ż IV, lm M.* halabardziści, *DB.* halabardzistów.

Haleb *m IV. D.* Halebu «miasto w Syrii»

halerz *m II, DB.* halerza, *lm D.* halerzy.

halicki: Księstwo halickie (*ale:* Ruś Halicka).

Halicz *m II* **1.** «miasto w ZSRR» — haliczanin *m V, D.* haliczanina, *lm M.* haliczanie, *D.* haliczan — haliczanka *ż III, lm D.* haliczanek — halicki (p.). **2.** «szczyt w Bieszczadach»

halifaksy *blp, D.* halifaksów: Łyżwiarze lubią jeździć na halifaksach.

I Halifax (*wym.* Halifaks) *m IV, D.* Halifaxu (p. akcent § 7), *Ms.* Halifaksie a. *ndm* «miasta w Anglii i w Kanadzie»: Wyjechać do Halifaxu (do Halifax). Osiedlić się w Halifaksie (w Halifax).

II **Halifax** (*wym.* Halifaks) *m IV, D.* Halifaxa, *Ms.* Halifaksie: Wywiad z ministrem Halifaxem.

Halina *ż IV* — Hala *ż I, W.* Halu.

hall p. II hol.

! **hallo** p. halo.

halniak *m III środ.* «wiatr halny», *lepiej*: halny. // *D Kult. I,* 505.

halny «odnoszący się do hal górskich»: Halne świerki. △ Wiatr halny.
halny w użyciu rzeczownikowym «wiatr halny»: Halny stopił śnieg w dolinach.

halo (*nie*: hallo; *wym.* halo a. halo): Halo, kto mówi? Halo, jak się macie? △ Halo! halo! (powtarzane; zawsze z akcentem na drugiej sylabie, używane w radiu) tu sprawozdawca Polskiego Radia...
halo *n ndm,* tylko we *fraz. pot.* Wielkie halo (z akcentem na drugiej sylabie) *lekcew., iron.* «o rozgłosie nadawanym przez kogoś rzeczy nie zasługującej na to»

halowy «odnoszący się do hali — pomieszczenia»: Budowla halowa. Układ, system halowy (w budownictwie).

hals *m IV, D.* halsu 1. «lina obciągająca ku dołowi róg (rogi) żagla» 2. «kurs statku w stosunku do wiatru» △ Iść, płynąć prawym, lewym halsem «o statku, jachcie itp.: mieć wiatr z prawej, lewej strony»

halucynacja *ż I, DCMs.* i *lm D.* halucynacji, częściej w *lm*: Halucynacje wzrokowe, słuchowe. Mieć halucynacje. Doznawać halucynacji. Ulegać halucynacjom.

hałaburda a. **haraburda** *przestarz.* **a)** *m* odm. jak *ż IV, CMs.* hałaburdzie (haraburdzie), *lm M.* te hałaburdy (haraburdy), *DB.* hałaburdów (haraburdów) **a)** «awanturnik, zabijaka» **b)** *ż IV, CMs.* hałaburdzie (haraburdzie) «awantura; bijatyka»

hałastra (*nie*: halastra) *ż IV, CMs.* hałastrze, *blm.*

hamak *m III, D.* hamaka.

Hamburg *m III* «miasto w NRF» — hamburczyk *m III, lm M.* hamburczycy — hamburka (p.) — hamburski (*nie*: hamburgski).

hamburka *ż III, lm D.* hamburek 1. «mieszkanka Hamburga» 2. «rodzaj łodzi sportowej»

Hamlet *m IV* 1. «bohater tragedii Szekspira» 2. hamlet, *lm M.* hamleci «człowiek niezdecydowany, pełen wątpliwości»

Hammarskjöld (*wym.* Hamarszöld) *m IV, D.* Hammarskjölda (*wym.* Hamarszölda, p. akcent § 7), *Ms.* Hammarskjöldzie: Działalność Daga Hammarskjölda w ONZ.

Hammurabi *m* odm. jak przym.: Kodeks Hammurabiego.

hamować *ndk IV,* hamowaliśmy (p. akcent § 1a i 2) 1. «zatrzymywać, powstrzymywać»: Hamować konia. △ *przen.* Hamować łzy. 2. «zmniejszać prędkość, zwalniać»: Auto hamuje. □ H. czym: Hamować obiema nartami.

hamulcowy, *środ.* **hamulczy**: Drążek hamulcowy. Płyn hamulcowy (w samochodzie). Szybiki hamulcze.

hamulec *m II, D.* hamulca, *lm D.* hamulców (*nie*: hamulcy) □ H. czego (*nie*: dla czego): Hamulec bezpieczeństwa. △ *przen.* Hamulec rozwoju produkcji.

handel *m I, D.* handlu 1. *blm* «kupno i sprzedaż towarów» □ H. jaki a. czym (*nie*: czego): Handel zbożowy a. handel zbożem. △ Miejski Handel Mięsem. 2. *lm D.* handlów *przestarz.* **a)** «sklep, magazyn, winiarnia»: Piją wino w handlu u Fukiera. □ H. jaki a. czego: Handel kolonialny, korzenny. Handel win i delikatesów. **b)** *pot. żart. D.* handla «uliczny handlarz starzyzną»: Handel kupował stare szmaty.

handicap (*wym.* hendikep) *m IV, D.* handicapu (*wym.* hendikepu, p. akcent § 7).

handlarz *m II, lm D.* handlarzy □ H. czego a. czym: Handlarz złotem i walutami. Handlarz zboża.

handlowiec *m II, D.* handlowca 1. *W.* handlowcze a. handlowcu (forma szerząca się), *lm M.* handlowcy «specjalista w dziedzinie handlu; kupiec» 2. *lm M.* handlowce «statek handlowy»

handlowy: Spółka handlowa. △ *niepoprawne* Przedsiębiorstwo handlowe (*zamiast*: przedsiębiorstwo handlu) artykułami spożywczymi. // *D Kult. II,* 99.

hangar *m IV, D.* hangaru.

Hanke *m,* w *lp* odm. jak przym., *NMs.* Hankem, w *lm* jak rzecz., *M.* Hankowie, *D.* Hanków.

Hanna *ż IV* — Hanka *ż III, lm D.* Hanek — Hania *ż I, W.* Haniu — Hanusia *ż I, W.* Hanusiu. // *D Kult. I,* 697.

Hannibal (*wym.* Hannibal) *m I, D.* Hannibala (p. akcent § 7).

Hanoi (*wym.* Hano-i) *n ndm* «stolica Demokratycznej Republiki Wietnamu»

Hanower (*wym.* Hanower, *nie*: Hanower, Hannower) *m IV, D.* Hanoweru «miasto w NRF» — hanowerczyk *m III, lm M.* hanowerczycy — hanowerka *ż III, lm D.* hanowerek — hanowerski.

hantle *blp, D.* hantli; in. ciążki.

Hanza *ż IV* 1. *blm* «związek kupiecki miast średniowiecznych»
2. hanza «dom, faktoria tego związku»

hanzeatycki (*nie*: hanzatycki): Miasta hanzeatyckie. Związek hanzeatycki.

hańba *ż IV,* zwykle *blm*: Na wieczną hańbę. □ H. komu, czemu: Hańba ciemiężycielom!

I **Hańcza** *ż II* a. (w połączeniu z wyrazem: jezioro) *ndm* «jezioro» △ Czarna Hańcza.

II **Hańcza** *m* odm. jak *ż II, lm M.* Hańczowie, *DB.* Hańczów «nazwisko»
Hańcza *ż II, rzad. ndm* — Hańczyna *ż IV, D.* Hańczyny, *CMs.* Hańczynie (*nie*: Hańczynej), *rzad.* Hańczowa *ż* odm. jak przym. — Hańczówna *ż IV, D.* Hańczówny, *CMs.* Hańczównie (*nie*: Hańczównej), *lm D.* Hańczówien.

happy end (*wym.* hepi end), happy *ndm* end *m IV, D.* endu: Film, powieść z happy endem.

haraburda p. hałaburda.

haracz *m II, D.* haraczu, *lm D.* haraczów a. haraczy.

harakiri *n ndm*: Popełnić harakiri.

haratać *ndk I*, harata, *rzad. IX*, haracze, harataliśmy (p. akcent § 1a i 2) — **poharatać** *dk posp.* «bić, tłuc; kaleczyć»

Harbin *m IV, D.* Harbinu a. Harbina «miasto w Chinach» — harbiński.

harbuz *przestarz.* p. arbuz.

harc *m II, D.* harcu, zwykle w *lm* **1.** «zabawy, igraszki; popisy zręczności»: Wyprawiać dzikie harce. **2.** *hist.* «pojedynek rycerzy — ochotników przed bitwą»: Wychodzić na harc a. na harce.

Harc *m II, D.* Harcu «góry w NRD i NRF» zwykle w zwrocie: Góry Harcu. — harceński.

harcerz *m II, lm D.* harcerzy.

harcmistrz *m II, lm M.* harcmistrze a. harcmistrzowie, *D.* harcmistrzów (*nie*: harcmistrzy).

Hardy (*wym.* Hardi) *m odm. jak przym., D.* Hardy'ego, *rzad.* (z odmienianym imieniem) *ndm*: Powieści Hardy'ego a. Thomasa (*czyt.* Tomasa) Hardy.

harfa *ż IV* **1.** «instrument strunowy» **2.** *rzad.* p. arfa (w zn. 1).

harfiarka a. **harfistka** (zwykle jako nazwa zawodowa) *ż III, lm D.* harfiarek (harfistek).

harfiarz *m II, lm D.* harfiarzy; a. **harfista** (zwykle jako nazwa zawodowa) *m odm. jak ż IV, lm M.* harfiści, *DB.* harfistów.

harfowy, *książk.* **harfiany**: Struny harfowe (harfiane).

harhara *ż* a. *m odm. jak ż IV, M.* ta harhara (także o istotach rodz. *m*) a. ten harhara, *lm M.* te harhary, *D.* harhar a. harharów (tylko o istotach rodz. *m*), *B.* te harhary a. tych harharów (tylko o istotach rodz. *m*) *reg.* «coś dużego, ciężkiego, niezgrabnego (czasem także o człowieku, zwierzęciu)»: Kupili konia starego — harharę. Wielki pokój, harhara o czterech oknach.

harmider *m IV, D.* harmideru a. harmidru, *Ms.* harmiderze a. harmidrze, *blm pot.* «zgiełk, hałas, zamieszanie»

harmonia (*wym.* harmońja) *ż I, DCMs.* i *lm D.* harmonii **1.** *blm* «zharmonizowany układ elementów; ład» □ H. czego: Harmonia barw, linii, plam barwnych. **2.** *blm* «zgoda»: Żyć, być z kimś w harmonii. W ich domu panuje harmonia. □ H. między kim a kim, i kim: Harmonia między mężem a żoną. **3.** «instrument muzyczny»: Grać na harmonii.

harmoniczny *st. w.* bardziej harmoniczny «oparty na zasadach harmonii muzycznej»: Dźwięki, tony harmoniczne. Konstrukcja harmoniczna.

harmonijka *ż III, lm D.* harmonijek «instrument muzyczny»

harmonijny *st. w.* bardziej harmonijny «tworzący estetyczną całość, oparty na właściwych proporcjach»: Harmonijne połączenie. Ruchy harmonijne. Harmonijna prostota.

harmonika (*wym.* harmonika, *nie*: harmonika, p. akcent § 1c) *ż III, blm* **1.** «harmonia muzyczna»: Harmonika mazurków Chopina. **2.** *reg.* p. harmonijka.

harmonizować *ndk IV*, harmonizowaliśmy (p. akcent § 1a i 2) — **zharmonizować** *dk* □ H. z czym «być w harmonii z czymś, dobrze pasować do czegoś»: Forma harmonizowała z treścią. □ H. co — z czym «zestrajać w estetyczną całość, dostosowywać wzajemnie, koordynować»: Kierownik harmonizował pracę swego działu z pracą pozostałych działów fabryki.

harmonogram *m IV, D.* harmonogramu: Opracować, ustalić harmonogram (prac, robót). Realizować coś według harmonogramu (*nie*: realizować harmonogram).

harnaś *m I, lm D.* harnasi a. harnasiów *reg.* «herszt zbójników tatrzańskich»

harować *ndk IV*, harowaliśmy (p. akcent § 1a i 2) *pot.* «ciężko pracować» □ H. bez dop.: Było mu ciężko, harował. △ Harować w pocie czoła, *pot.* harować jak wół. □ H. na kogo, na co: Matka ciężko harowała na niego. Harował na codzienny kawałek chleba.

Harpagon *m IV* **1.** «imię bohatera komedii Moliera „Skąpiec"» **2.** harpagon *lm M.* ci harpagoni a. (z silniejszym zabarwieniem ekspresywnym) te harpagony «skąpiec, sknera»

harpun *m IV, D.* harpuna: Rzucać harpunem.

hartowacz *m II, lm D.* hartowaczy, *rzad.* hartowaczów; a. **hartownik** *m III, lm M.* hartownicy.

hartować *ndk IV*, hartowaliśmy (p. akcent § 1a i 2) — **zahartować** *dk* w zn. «czynić bardziej wytrzymałym, odpornym»: Hartować dzieci. Hartować wolę. Hartowały go nieszczęścia. Kąpiele hartują organizm. Zahartowany na niewygody, na niedostatek.

Harvard *m IV, D.* Harvardu «potoczna nazwa *Harvard University* — uniwersytetu w Cambridge w USA»: Student, wychowanek Harvardu. Ukończyć Harvard — harvardzki (harwardzki).

Hašek (*wym.* Haszek) a. **Haszek** *m III, D.* Haška, (Haszka): Film o Hašku (Haszku), twórcy postaci Szwejka.

hasło *n III, lm D.* haseł **1.** w zn. «myśl, idea przewodnia»: Propagować, wysuwać jakieś hasła. Głosić hasło a. hasła czegoś, □ H. czego: Hasła wolności, równości, braterstwa. Połączyli się pod hasłem walki z najeźdźcą. **2.** w zn. «sygnał do działania, rozpoczęcia czegoś»: Wykonać coś na dane hasło. Na dane hasło ruszyli do boju. □ H. do czego, *rzad.* czego: Hasło do pracy. Hasło do wspólnego działania. Hasło do odmarszu (hasło odmarszu). Hasło do odwrotu (hasło odwrotu). Dać hasło do rozejścia się.

hatha-joga (*wym.* hata joga) *ż III* (pierwsza część *ndm*) *D.* hatha-jogi, *blm*: Uprawiać hatha-jogę.

haubica (*wym.* hau-bica, *nie*: ha-ubica) *ż II, in.* granatnik.

Hausa (*wym.* Hau-sa) **1.** *m odm. jak ż IV, lm M.* Hausowie, *DB.* Hausów «człowiek należący do jednego z ludów afrykańskich» — Hausyjka *ż III, lm* D. Hausyjek.

2. *m-os. blp* «jeden z ludów afrykańskich»: Hausa posługiwali się dawniej alfabetem arabskim.

3. hausa *m ndm*, zwykle w wyrażeniu: Język hausa «język tego ludu»

haust (*wym.* jednosylabowo: haust, *nie*: ha-ust) *m IV*, *D.* haustu: Pić wino małymi haustami. Wypił kieliszek wódki jednym haustem. Pociągnął kilka haustów piwa.

Havlíček a. **Hawliczek** (*wym.* Hawliczek) *m III*, *D.* Havlíčka, Hawliczka (p. akcent § 7).

Hawai a. **Hawaii** *n ndm* «jedna z Wysp Hawajskich»

Hawaje *blp, D.* Hawajów «grupa wysp na Oceanie Spokojnym» — Hawajczyk *m III, lm M.* Hawajczycy — Hawajka *ż III, lm D.* Hawajek — hawajski (p.).

hawajski przym. od Hawaje i Hawai: Stroje hawajskie (*ale*: Wyspy Hawajskie).

Hawana *ż IV* **1.** «stolica Kuby» — hawańczyk *m III, lm M.* hawańczycy — hawanka *ż III, lm D.* hawanek — hawański.
2. hawana «gatunek cygara»

Hawr *m IV, D.* Hawru «miasto we Francji»

hazardowy, *przestarz.* **hazardowny**: Hazardowe spekulacje. Hazardowy gracz.

h.c. «skrót wyrażenia: *honoris causa*; (dosłownie: dla uczczenia, dla zaszczytu), pisany z kropkami, czytany jako całe wyrażenie, stawiany zwykle po nazwie nadanej godności, a przed nazwą uczelni, instytucji, która ją nadała»: Doktor h.c. Uniwersytetu Warszawskiego.

Hebbel *m I, D.* Hebbla: Dramaty Hebbla.

hebel *m I, D.* hebla, *lm D.* hebli, *rzad.* heblów; *lepiej*: strug.

heblarka *ż III, lm D.* heblarek; *lepiej*: strugarka.

heblować *ndk IV*, heblowaliśmy (p. akcent § 1a i 2); *lepiej*: strugać.

Hebrajczyk (*nie*: Hebrejczyk) *m III, lm M.* Hebrajczycy — Hebrajka (*nie*: Hebrejka) *ż III, lm D.* Hebrajek — hebrajski (*nie*: hebrejski).

Hebron *m IV, D.* Hebronu «miasto w Jordanii» — hebroński.

Hebrydy *blp, D.* Hebrydów a. (w połączeniu z wyrazem: archipelag) *ndm* «archipelag na Oceanie Atlantyckim» — hebrydzki (p.).

hebrydzki: Rybołówstwo hebrydzkie (*ale*: Morze Hebrydzkie).

Hefajstos, *rzad.* **Hefajst** *m IV, Ms.* Hefajstosie (Hefajście).

Hegel *m I, D.* Hegla: System filozoficzny Hegla.

hegemonia (*wym. przestarz.* hegiemońja) *ż I, DCMs.* hegemonii, *blm* «przywództwo, kierownictwo, panowanie, przewaga (termin używany w dziedzinie historii, ekonomii, polityki)»: Hegemonia proletariatu. Sparta zdobyła hegemonię nad innymi państwami w Grecji. Znajdować się pod czyjąś hege-

monią. △ *niepoprawnie* W biegach uzyskał hegemonię (*zamiast*: uzyskał przewagę) zawodnik AZS-u.

Heidelberg (*wym.* Hajdelberg, *nie*: Hajdelberg) *m III*, *D.* Heidelbergu (p. akcent § 7) «miasto w NRF» — heidelberczyk *m III, lm M.* heidelberczycy — heidelberka *ż III, lm D.* heidelberek — heidelberski.

Heine (*wym.* Hajne) *m* odm. jak przym., *NMs.* Heinem: Poezja Heinego.

Heinego-Medina (*wym.* Hajnego-Medina) tylko w nazwie: Choroba Heinego-Medina; *pot.* **heinemedina** (*wym.* hajnemedina) *ż IV, D.* heinemediny, *CMS.* heinemedinie, *blm*: Szczepienia ochronne przeciw chorobie Heinego-Medina, *pot.* ... przeciw heinemedinie. Zachorować na heinemedinę. Kuleje po heinemedinie. *Por.* polio.

hejnał *m IV, D.* hejnału.

heksametryczny a. **heksametrowy** «pisany heksametrem, mający cechy heksametru»: Heksametryczny (heksametrowy) przekład Homera. Rytmika heksametryczna (heksametrowa).

heksenszus (*wym.* heksenszus, *nie*: heksenszus) *m IV, D.* heksenszusu (p. akcent § 7) *przestarz. pot.* «lumbago»: Dostać heksenszusu. Mieć heksenszus.

hektar (*nie*: haktar) *lm IV, D.* hektara (skrót: ha).

hektogram *m IV, D.* hektograma (skrót: hg).

hektolitr *m IV, D.* hektolitra (skrót: hl).

hektometr *m IV, D.* hektometra (skrót: hm).

Hel *m I, D.* Helu **1.** «półwysep»: Jadę na Hel. Byłem na Helu. **2.** «miejscowość»: Jadę do Helu. Byłem w Helu. — helski (p.).

helanko a. **helanco** (*wym.* helanko) *ndm*: Przędza, pończochy, skarpety helanko (helanco).

Helena *ż IV* — Hela *ż I, W.* Helu.

Helgoland (*wym.* Helgoland a. Helgoland) *m IV, D.* Helgolandu (p. akcent § 7) «wyspa na Morzu Północnym» — helgolandzki (p.).

helgolandzki: Rybacy helgolandzcy (*ale*: Zatoka Helgolandzka).

helikopter *m IV, D.* helikoptera (*nie*: helikopteru); in. śmigłowiec.

helio- «pierwszy człon wyrazów złożonych, pisany łącznie, określający związek ze słońcem, promieniami słonecznymi tego, co oznacza drugi człon złożenia», np.: heliocentryczny, heliotropizm.

Heliopolis (*wym.* Heliopolis) *n ndm* «grecka nazwa kilku miast starożytnych, m.in. w Egipcie i Syrii»: Egipskie Heliopolis było ośrodkiem kultu słońca.

Hellada *ż IV* — Hellen *m IV, lm M.* Helleni a. Hellenowie — Hellenka *ż III, lm D.* Hellenek — helleński.

hellenista *m* odm. jak *ż IV, lm M.* helleniści, *DB.* hellenistów; in. grecysta.

Hellespont (*wym.* Hellespont) *m IV, D.* Hellespontu (p. akcent § 7) «starożytna nazwa Dardaneli»

Heloiza (*wym.* Helo-iza) *ż IV.*

Helsinki (*wym*. Hels-inki) *blp*, *D*. Helsinek «stolica Finlandii» || *U Pol. (2)*, 581.

helski: Rybacy helscy (*ale*: Półwysep Helski, Mierzeja Helska).

Helwecja *ż I*, *DCMs*. Helwecji «historyczna nazwa części Szwajcarii» — Helweta *m* odm. jak *ż IV*, *lm M*. Helweci a. Helwetowie, *D*. Helwetów — helwecki.

Hemingway (*wym*. Hemin**gu**ej) *m I*, *D*. Hemingwaya (*wym*. Hemin**gu**eja, p. akcent § 7): Styl prozy Hemingwaya. Artykuł o Hemingwayu.

hemoroidy (*wym*. hemorojdy) *blp*, *D*. hemoroidów: Cierpieć na hemoroidy.

hemoterapia *ż I*, *DCMs*. hemoterapii, *blm* «leczenie krwią (co innego: chemoterapia)»: Stosować hemoterapię.

Hempel *m I*, *D*. Hempla, *lm M*. Hemplowie Hempel *ż ndm* — Hemplowa *ż* odm. jak przym. — Hemplówna *ż IV*, *D*. Hemplówny, *CMs*. Hemplównie (*nie*: Hemplównej), *lm D*. Hemplówien.

Henryk *m III*, *lm M*. Henrykowie — Henio (*nie*: Heniu) *m I*, *lm M*. Heniowie — Heniek *m III*, *lm M*. Heńkowie — Henrykostwo *n III*, *DB*. Henrykostwa, *Ms*. Henrykostwu (*nie*: Henrykostwie), *blm*; a. Henrykowie *blp*, *D*. Henryków — Heniowie *blp*, *D*. Heniów — Henryka *ż III* — Henia *ż I*, *W*. Heniu.

Herakles p. Herkules (w zn. 1).

heraldyka (*wym*. heraldyka, *nie*: heraldyka, p. akcent § 1c) *ż III*.

herb *m IV*, *D*. herbu △ Mieć coś w herbie. Pieczętować się jakimś herbem. □ Być jakiegoś herbu: Pan Zaklika był herbu Topór.

herbaciany: Krzew herbaciany. △ *przestarz*. Serwis herbaciany (dziś *częściej*: do herbaty). △ O kolorze — tylko w odniesieniu do róży.

herbarz *m II*, *lm D*. herbarzy.

herbata (*nie*: harbata) *ż IV*, zwykle *blm* (*lm* w zn. «porcja napoju z liści herbacianych», np. Proszę dwie herbaty). △ Nalewać, parzyć, zaparzać herbatę. Podać herbatę na stół.

herbatka *ż III*, *lm D*. herbatek 1. zwykle w *lp* zdr. od herbata. 2. «skromne przyjęcie z herbatą — napojem»: Bywał u niej często na herbatkach. △ *wych. z użycia* Tańcująca herbatka «skromne przyjęcie połączone z zabawą taneczną, z tańcami» △ zwroty jak pod: herbata (p.).

herbatnik *m III* 1. zwykle w *lm* «drobne kruche ciasteczka» 2. *reg*. «czajnik, imbryk do zaparzania herbaty»

Hercegowina *ż IV* «kraina w Jugosławii» — hercegowiński.

heretyk *m III*, *D*. heretyka (*wym*. heretyka a. heretyka, p. akcent § 1d).

Herkules a. **Herakles** *m IV* 1. *blm* «mityczny bohater grecki»
2. herkules *lm M*. te herkulesy «siłacz»: Najmocniejszych herkulesów w cyrku obalał na ziemię.

Hermafrodyta *m* odm. jak *ż IV* 1. *blm* «dwupłciowe bóstwo w mitologii greckiej»
2. hermafrodyta (*nie*: hermafrodyt) *lm M*. ci hermafrodyci, te hermafrodyty (w odniesieniu do zwierząt), *D*. hermafrodytów, *B*. hermafrodytów a. hermafrodyty (w odniesieniu do zwierząt).

Herod (*nie*: Heród) *m IV* 1. *lm M*. Herodowie «imię starożytne, m.in. historycznego władcy Judei» △ *pot*. herod-baba (p. baba).
2. herody (tylko w *lm*) «widowisko ludowe, szopka, jasełka»

heroiczny 1. *m-os*. heroiczni, *st. w*. bardziej heroiczny «bohaterski»: Heroiczny czyn, bój. Heroiczna postać. 2. «opiewający, opisujący czyny bohaterskie»: Poemat heroiczny.

herold *m IV*, *lm M*. heroldowie, *rzad*. heroldzi.

heros *m IV*, *lm M*. herosowie a. herosi.

Herriot (*wym*. Erio) *m IV*, *D*. Herriota (*wym*. Eriota, p. akcent § 7), *Ms*. Herriocie a. (z odm. imieniem) *ndm*: Głosy prasy o Herriocie (o Edwardzie Herriot).

herszt *m IV*, *lm M*. ci hersztowie a. te herszty.

Hesja *ż I*, *DCMs*. Hesji «kraj w NRF» — heski.

hetera *ż IV książk*. «kurtyzana; nierządnica (*nie*: kłótnica, jędza)»

hetero- «pierwszy człon wyrazów złożonych, pisany łącznie, odpowiadający znaczeniowo rodzimym: *inno-*, *różno-*», np.: heterogameta, heterosylabiczny.

hetman *m IV*, *lm M*. hetmani, *rzad*. hetmanowie △ *hist*. Hetman wielki, polny (koronny, litewski).

Hetyta *m* odm. jak *ż IV*, zwykle w *lm M*. Hetyci, *DB*. Hetytów — hetycki.

hg «skrót wyrazu: *hektogram*, pisany bez kropki, stawiany zwykle po wymienionej liczbie, czytany jako cały, odmieniany wyraz»: 2 hg (*czyt*. hektogramy).

hiacynt (*nie*: hiacent) *m IV*, *D*. hiacynta a. hiacyntu.

hidalgo *m III*, *lm M*. hidalgowie: Pochodził z rodziny hidalgów.

hiena (*wym*. hjena a. hi-jena) *ż IV* «zwierzę; *przen*. także o człowieku»: Była to hiena ludzka. Małe i wielkie hieny okradały Indian z tego, co im się należało od państwa.

hierarchia *ż I*, *DCMs*. hierarchii, zwykle w *lp*: Stać nad kimś wyżej w jakiejś hierarchii.

hierarchizować *ndk IV*, hierarchizowaliśmy (p. akcent § 1a i 2) — **zhierarchizować** *dk*: Hierarchizować sprawy.

hieroglif *m IV*, *D*. hieroglifu: Odczytywać hieroglify.

hieroglificzny, *rzad*. **hieroglifowy**: Pismo hieroglificzne (hieroglifowe). Znak, napis hieroglificzny (hieroglifowy).

Hieronim *m IV*, *lm M*. Hieronimowie — Hieronimostwo *n III*, *DB*. Hieronimostwa, *Ms*. Hieronimostwu (*nie*: Hieronimostwie), *blm*; a. Hieronimowie *blp*, *D*. Hieronimów.

higiena (*nie*: hygiena) *ż IV*, *blm*: Higiena żywienia. Higiena sanitarna. Higiena pracy. Coś odpowiada wymaganiom higieny. Higiena psychiczna. || *D Kult. I*, 145.

higieniczny (*nie*: hygieniczny) *st. w.* higieniczniejszy a. bardziej higieniczny: Urządzenia, warunki higieniczne. Higieniczny stan czegoś. || *D Kult. I*, *145*.

higienista (*nie*: hygienista) *m* odm. jak *ż IV, lm M.* higieniści, *DB.* higienistów.

higro- «pierwszy człon wyrazów złożonych pochodzenia obcego, pisany łącznie, wskazujący na związek z wilgocią tego, co oznacza drugi człon złożenia», np. higrometr. *Por.* hydro-.

Hilary *m* odm. jak przym., *lm M.* Hilarowie — Hilarostwo *n III, DB.* Hilarostwa, *Ms.* Hilarostwu (*nie*: Hilarostwie), *blm*; a. Hilarowie *blp, D.* Hilarych.

Himalaje *blp, D.* Himalajów — himalajski.

hindi *n ndm*: Hindi zostało uznane za oficjalny język Republiki Indyjskiej.

hinduista *m* odm. jak *ż IV, lm M.* hinduiści, *DB.* hinduistów «wyznawca hinduizmu»

Hindukusz *m II, D.* Hindukuszu, *blm* a. (w połączeniu z wyrazem: góry) *ndm* «góry w Afganistanie»

Hindus *m IV, lm M.* Hindusi **1.** «mieszkaniec Indii»
2. hindus p. hinduista.

Hinduska *ż III, lm D.* Hindusek **1.** «mieszkanka Indii»
2. hinduska «wyznawczyni hinduizmu»

hinduski przym. od Hindus a. hindus. *Por.* indyjski.

Hiob (*wym.* Hjob a. Hi-job) *m IV*.

hiobowy △ zwykle w wyrażeniu: Hiobowa wieść, wiadomość «wiadomość o nieszczęściu»

hiper- «pierwszy człon wyrazów złożonych, pisany łącznie, wskazujący na nadmiar, nadwyżkę tego, co oznacza drugi człon złożenia», np.: hiperkrytyczny, hiperpoprawność.

hiperbola (*wym.* hiperbola, *przestarz.* hiperbola) *ż I, lm D.* hiperbol a. hiperboli.

hiperprodukcja *ż I, DCMs.* hiperprodukcji, *blm*; *lepiej*: nadprodukcja.

hipiczny a. **hippiczny**: Konkurs hipiczny. Wyścigi hipiczne (hippiczne).

hipika a. **hippika** (*wym.* hipika, hippika, *nie*: hipika, hippika, p. akcent § 1c) *ż III, blm*.

hipnopedia *ż I, DCMs.* hipnopedii, *blm*: Lekcje języka angielskiego prowadzone metodą hipnopedii.

hipnotyzer (*nie*: hypnotyzer) *m IV, lm M.* hipnotyzerzy.

hipnoza (*nie*: hypnoza, hybnoza) *ż IV, blm*: Poddać się hipnozie.

hipochondria *ż I, DCMs.* hipochondrii, *blm*: Kogoś opanowała hipochondria. Nie poddawać się hipochondrii.

hipochondryk (*nie*: hipokondryk) *m III, D.* hipochondryka (*wym.* hipochondryka a. hipochondryka), *lm M.* hipochondrycy.

Hipokrates *m IV*: Zasady medycyny Hipokratesa.

Hipolit *m IV, lm M.* Hipolitowie — Hipolitostwo *n III, DB.* Hipolitostwa, *Ms.* Hipolitostwu (*nie*: Hipolitostwie), *blm*; a. Hipolitowie *blp, D.* Hipolitów.

hipoteka (*wym.* hipoteka, *nie*: hipoteka) *ż III* w zn. «lokata kapitału zabezpieczona na nieruchomości; księga hipoteczna»: Wpisać na hipotekę. Obciążyć hipotekę (długami, sumą). Mieć długi na hipotece nieruchomości. △ *środ.* Wejść na hipotekę «zabezpieczyć swoją należność na czyjejś nieruchomości» △ *środ.* Spaść z hipoteki «nie uzyskać zapłaty długu, zabezpieczonego na licytowanej nieruchomości» △ *pot.* Mieć czystą hipotekę «mieć dobrą opinię» △ Mieć zaszarganą hipotekę «mieć złą opinię»

hipoteza (*wym.* hipoteza) *ż IV*: Stawiać, postawić hipotezę.

hippika p. hipika.

Hirohito *m IV, D.* Hirohita, *Ms.* Hirohicie a. *ndm*: Polityka cesarza Hirohita (cesarza Hirohito).

Hirosima (*wym.* Hiroszima a. Hirośima) *ż IV* «miasto w Japonii (zburzone wybuchem bomby atomowej w r. 1945)»

histeria *ż I, DCMs.* histerii, zwykle w *lp*: Zbiorowa histeria. Cierpieć na histerię. Wpaść w histerię. △ *przen.* Histeria wojenna.

historia *ż I, DCMs.* i *lm D.* historii **1.** w zn. «rozwój życia społecznego (jego dziedziny), przyrody» □ H. czego: Historia Polski. Historia Ziemi. Historia nauki, sztuki, języka. **2.** w zn. «opowiadanie» □ H. o czym: Historia, historie o upiorach.

historycznoliteracki «odnoszący się do historii literatury»: Opracowania historycznoliterackie.

historyczno-literacki «dotyczący historii i literatury»: Fakt historyczno-literacki.

Hiszpania (*wym.* Hiszpańja) *ż I, DCMs.* Hiszpanii — Hiszpan *m IV, lm M.* Hiszpanie, *D.* Hiszpanów — Hiszpanka (p.) — hiszpański. || *D Kult. II*, *539; U Pol. (2), 405*.

Hiszpanka *ż III, lm D.* Hiszpanek **1.** «kobieta narodowości hiszpańskiej»
2. hiszpanka **a)** «odmiana grypy»: Epidemia hiszpanki szerzyła się w latach 1917—1918 w całej Europie. **b)** «bródka przystrzyżona w szpic»

Hitchcock (*wym.* Hiczkok) *m III, Ms.* Hitchcockiem: Filmy Hitchcocka.

hitleryzm *m IV, Ms.* hitleryzmie (*wym.* ~yzmie a. ~yźmie), *blm*.

hizop (*nie*: hyzop) *m IV, D.* hizopu: Hizop lekarski. Pokropić hizopem.

Hjelmslev (*wym.* Jelmslew) *m IV*: Teoria językoznawcza Hjelmsleva.

hl «skrót wyrazu: *hektolitr*, pisany bez kropki, stawiany zwykle po wymienionej liczbie, czytany jako cały, odmieniany wyraz»: 1 hl (*czyt.* hektolitr), 2 hl (*czyt.* hektolitry).

hm «skrót wyrazu: *hektometr*, pisany bez kropki, stawiany zwykle po wymienionej liczbie, czytany jako cały, odmieniany wyraz»: 3 hm (*czyt.* hektometry).

Hobbes (*wym.* Hobs) *m IV, D.* Hobbesa (*wym.* Hobsa): Filozofia Hobbesa.

hobbista (*nie*: hobbysta) *m* odm. jak *ż IV, lm M.* hobbiści, *DB.* hobbistów.

hobbistyczny (*nie*: hobbystyczny), *rzad.* **hobbistowski**: Hobbistyczne upodobania.

hobby (*wym.* hobbi) *n ndm* «ulubione zajęcie; konik»: Mieć jakieś hobby. Majsterkowanie jest jego hobby.

hochsztapler *m IV, lm M.* hochsztaplerzy.

Hoene-Wroński (*wym.* Höne-Wroński), Hoene *m ndm*, Wroński *m* odm. jak przym.: Doktryna Hoene- -Wrońskiego.

Hoesick (*wym.* Hez-ik) *m III, lm M.* Hoesickowie Hoesick *ż ndm* — Hoesickowa *ż* odm. jak przym. — Hoesickówna *ż IV, D.* Hoesickówny, *CMs.* Hoesic- kównie (*nie*: Hoesickównej), *lm D.* Hoesickówien.

Hohenstauf (*wym.* Hoensztau-f) *m IV, D.* Ho- henstaufa (p. akcent § 7), *lm M.* Hohenstaufowie, zwykle w *lm*.

Hohenzollern (*wym.* Hoencolern) *m IV, D.* Hohenzollerna (p. akcent § 7), *lm M.* Hohenzoller- nowie: Rządy Hohenzollernów.

hojny *m-os.* hojni, *st. w.* hojniejszy: Hojny czło- wiek. Hojny dar. □ H. dla kogo, czego: Hojny dla przyjaciół. △ Hojną ręką (dawać, rozdawać coś, wspomagać kogoś) «szczodrze (wspomagać kogoś, rozdawać coś)»

hokeista *m* odm. jak *ż IV, lm M.* hokeiści, *DB.* hokeistów.

hokej (*nie*: hokiej) *m I, D.* hokeja, *B.* hokeja a. hokej, zwykle w *lp*: Hokej na lodzie. Hokej na trawie. Grać w hokeja. Oglądać dobry hokej (dobrego ho- keja).

hokejka a. **hokejówka** *ż III, lm D.* hokejek (ho- kejówek), zwykle w *lm*.

I hol *m I, D.* holu, *lm D.* holów «lina służąca do holowania»: Wziąć na hol (np. samochód).

II hol *m I, D.* holu, *lm D.* holów a. holi: Czekam na ciebie w holu.

Holandia *ż I, DCMs.* Holandii — Holender (p.) — Holenderka (p.) — holenderski.

Holender *m IV, D.* Holendra, *lm M.* Holendrzy **1.** «człowiek narodowości holenderskiej» **2.** holender *lm M.* holendry; w zn. «maszyna pa- piernicza; figura w jeździe na łyżwach» — częściej w *lm*.

Holenderka *ż III, lm D.* Holenderek **1.** «kobieta narodowości holenderskiej» **2.** holenderka **a)** «krowa rasy holenderskiej« **b)** zwyk- le w *lm* «rodzaj łyżew» **c)** «rodzaj dachówki»

Hollywood (*wym.* Holiuud a. Holiwud) *n ndm* a. *m IV, D.* Hollywoodu (*wym.* Holiuudu a. Holi- wudu, p. akcent § 7), *Ms.* Hollywoodzie (*częściej*: Hollywood) «miasto w USA oraz dzielnica — ośrodek filmowy w Los Angeles w USA»: Gwiazdy Holly- wood a. Hollywoodu. Wytwórnia filmowa w Holly- wood. — hollywoodzki (*wym.* holiuudzki a. holi- wudzki).

Holmes p. Sherlock Holmes.

Holoubek (*wym.* Holou-bek, *nie*: Holubek) *m III, D.* Holoubka, *lm M.* Holoubkowie: Kreacje aktor- skie Gustawa Holoubka.

holować *ndk IV,* holowaliśmy (p. akcent § 1a i 2) — **przyholować** *dk*: Holować barkę, kajak. Ho- lować pojazd mechaniczny, szybowiec, kajak (na lince). Holować barkę do portu. Holować wieloryba do lądu.

Holsztyn p. Szlezwik-Holsztyn.

hołdować *ndk IV,* hołdowaliśmy (p. akcent § 1a i 2) **1.** w zn. «być zwolennikiem, wyznawcą czegoś» □ H. czemu: Hołdować ideałom, jakiejś zasadzie. Hołdować modzie, zwyczajom. **2.** w zn. *hist.* «być czyimś hołdownikiem, poddanym» □ H. komu, czemu: Liczne księstwa hołdowały Witoldowi.

hołobla *ż I, lm D.* hołobli, częściej w *lm reg.* «dysz- le poboczne»: Koń w hołoblach.

hołubiec (*nie*: hołupiec) *m II, DB.* hołubca, zwy- kle w *lm*: Krzesać, wycinać hołubce.

Homerowski a. **Homerowy 1.** «odnoszący się do Homera; właściwy Homerowi»: Czasy Homerowskie (Homerowe). **2.** homerowski a. homerowy «taki jak u Homera, jak w czasach Homera»: Bohaterowie na modłę home- rowską (homerową).

homerycki, *wych. z użycia* **homeryczny** «taki, jak w Iliadzie lub Odysei Homera, epicki»: Heksa- metr homerycki. △ Homeryckie boje «długie, za- ciekłe spory, dyskusje, walki»: Toczyli homeryckie boje o wartość abstrakcyjnego malarstwa. △ Ho- meryczny śmiech «śmiech gwałtowny, głośny, nie- powstrzymany»

homo- «pierwszy człon wyrazów złożonych, pisa- ny łącznie, pochodzenia obcego, oznaczający: taki sam, jednakowy, podobny, tego samego gatunku, ana- logicznej budowy», np. homogeniczny, homoseksual- ny, homogenizować. △ W rodzimych wyrazach złożo- nych członowi temu może odpowiadać człon: jedno-, np. homogeniczny (= jednorodny).

homoseksualizm *m IV, D.* homoseksualizmu, *Ms.* homoseksualizmie (*wym.* ~izmie a. ~iźmie), *blm.*

hon. «skrót wyrazu: *honorowy* (w zn. tytularny, nominalny), pisany z kropką, stawiany przed wyra- zem lub po wyrazie oznaczającym godność, do której się odnosi, czytany jako cały, odmieniany wyraz»: Pan Kowalski członek hon. (*czyt.* honorowy) Towa- rzystwa Szerzenia Oświaty. Został zaszczycony hon. (*czyt.* honorowym) obywatelstwem miasta Warszawy.

Honduras *m IV, D.* Hondurasu «państwo w Ame- ryce Środkowej» — Honduranin *m V, D.* Hondura- nina, *lm M.* Honduranie, *D.* Honduran — Hondu- ranka *ż III, lm D.* Honduranek — honduraski (p.).

honduraski: Przemysł honduraski (*ale*: Zatoka Honduraska).

honor *m IV, D.* honoru **1.** *blm* «godność, cześć osobista» △ Człowiek honoru a. z honorem. Pod słowem honoru (*nie*: Jak słowo honoru). Uważać so- bie coś za punkt honoru. Wyjść, wycofać się z czegoś z honorem. 2. zwykle *blm książk.* «zaszczyt»: Zrobić komuś honor. 3. tylko w *lm* «dostojeństwa, godności, oznaki czci»: Oddawać komuś honory wojskowe. △ zwykle *żart.* Czynić, robić (*nie:* pełnić) honory domu «pełnić wobec gości obowiązki gospodarza, gospodyni»

honorarium *n VI, lm M.* honoraria, *D.* honorariów: Honoraria autorskie. Honorarium lekarza, pisarza.

Honorata *ż IV* — Honoratka *ż III, lm D.* Honoratek — Honorka *ż III, lm D.* Honorek.

honoris causa (*wym.* honoris kau-za) *ndm* (skrót: h.c.) «dla uczczenia, dla zaszczytu, wyrażenie oznaczające, że następujący po nim tytuł naukowy został nadany dla uczczenia czyjejś działalności z pominięciem wszelkich względów formalnych»: Prof. T. Kotarbiński jest doktorem honoris causa wielu uniwersytetów europejskich.

Honoriusz *m II, lm M.* Honoriuszowie — Honoriuszostwo *n III, DB.* Honoriuszostwa, *Ms.* Honoriuszostwu (*nie:* Honoriuszostwie), *blm;* a. Honoriuszowie *blp, D.* Honoriuszów.

Honsiu (*wym.* Honsiu) *n a. ż ndm* «największa wyspa Japonii»: Górzyste (górzysta) Honsiu.

Horacjusz *m II,* a. **Horacy** *m* odm. jak przym.

Horacjuszowski a. **Horacjański 1.** «odnoszący się do Horacjusza»: Poezja Horacjuszowska (Horacjańska).
2. horacjuszowski a. horacjański «taki jak u Horacjusza, jak w jego utworach»: Metryka horacjuszowska (horacjańska).

horda *ż IV* 1. p. orda. 2. «dzika tłuszcza, zgraja»: Hordy faszystowskie.

hormonalny «związany z działalnością hormonów; wchodzący w skład hormonów»: Zaburzenia hormonalne. Substancje hormonalne.

hormonowy «zawierający hormony»: Preparat, krem hormonowy.

Horn *m IV, D.* Hornu a. (zwykle z wyrazami: przylądek, wyspa) *ndm* «przylądek w Chile, Islandii; wyspa Nowej Kaledonii»: Przybili do Hornu (do przylądka Horn).

horodelski: Unia horodelska.

Horodło *n III* «miejscowość» — horodelski (p.).

horoskop *m IV, D.* horoskopu: Stawiać horoskop. △ *przen.* Chodzi o postawienie (*nie:* wytknięcie, wytyczenie) pewnych horoskopów dla gospodarki.

horrendalny (*wym.* horrendalny a. horendalny): Horrendalne ceny, głupstwa.

Hortensja (*wym.* hortęsja a. hortensja, *nie:* hortenzja) *ż I, DCMs.* i *lm D.* Hortensji 1. «imię żeńskie»
2. hortensja «roślina»

Horthy (*wym.* Horti) *m* odm. jak przym., *D.* Horthyego (*wym.* Hortiego), *NMs.* Horthym (*wym.* Hortim): Współpraca Horthyego z faszystami.

horyzont *m IV, D.* horyzontu: Słońce skryło się za horyzontem. △ *przen.* Był niezwykłą postacią na horyzoncie stołecznym. Miał rozległe horyzonty umy-

słowe. Otwierać przed kimś niezwykłe horyzonty. Horyzonty lepszego życia.

hospitacja *ż I, DCMs.* i *lm D.* hospitacji «wizytowanie lekcji szkolnych dla zapoznania się z pracą nauczyciela»

hospitalizacja *ż I, DCMs.* hospitalizacji, *blm środ.* «umieszczenie, pobyt pacjenta w szpitalu»; Obowiązkowa hispitalizacja chorych na choroby zakaźne.

hospodar *m IV, lm M.* hospodarowie

hossa (*nie:* hosa) *ż IV*: Grać na hossę.

Ho Szi Min *m IV, D.* Ho Szi Mina, *Ms.* Ho Szi Minie: Zasługi prezydenta Ho Szi Mina dla Wietnamu.

hotel *m I, D.* hotelu, *lm D.* hoteli, *rzad.* hotelów.

Hotentot (*wym.* Hotentot, *nie:* Hotentot) *m IV, D.* Hotentota, *lm M.* Hotentoci — Hotentotka *ż III, lm D.* Hotentotek — hotentocki.

hoży *m-os.* hoży (*nie:* hozi), *st. w.* bardziej hoży: Hoży młodzieńcy. || *D Kult. II, 473.*

hr. «skrót wyrazu: *hrabia,* pisany z kropką, stawiany zwykle przed nazwiskiem lub przed imieniem i nazwiskiem, czytany jako cały, odmieniany wyraz»: Hr. (*czyt.* hrabia) Stanisław Tarnowski. Pałac hr. (*czyt.* hrabiego) Tarnowskiego.

hrabia *m, D.* hrabiego, *przestarz.* hrabi, *C.* hrabiemu, *przestarz.* hrabi, *B.* hrabiego, *W.* hrabio, *N.* hrabią, *Ms.* hrabi, *lm M.* hrabiowie, *DB.* hrabiów, *C.* hrabiom, *N.* hrabiami, *Ms.* hrabiach (skrót: hr.).

hrabiostwo *n III* 1. «tytuł, godność hrabiego»: Usiłował imponować swoim hrabiostwem. 2. *DB.* hrabiostwa, *Ms.* hrabiostwu (*nie:* hrabiostwie), *blm* «hrabia z żoną»: Pałac hrabiostwa Nastawów. Witam hrabiostwa! Hrabiostwo Tarnowscy pojechali (*nie:* pojechało) za granicę. Rozmowa o hrabiostwu (*nie:* hrabiostwie). *Por.* hrabstwo.

hrabiowski, *rzad.* **hrabski**: Tytuł hrabiowski.

hrabstwo *n III* 1. «okręg zarządzany dawniej przez hrabiego; majątek, dobra hrabiego» 2. *rzad.* p. hrabiostwo (w zn. 1).

Hradczany *blp, D.* Hradczan «dzielnica Pragi czeskiej wraz ze wzgórzem zamkowym i zespołem zabytkowych budowli»: Zamek na Hradczanach. — hradczański.

Hradec Králové (*wym.* Hradec Kralowe), Hradec *m II, D.* Hradca, Králové *ndm* «miasto w Czechosłowacji»: Muzeum w Hradcu Králové.

hreczany *reg.* «gryczany»: Kasza hreczana.

hreczka *ż III reg.* «gryka»

hreczkosiej *m I, lm D.* hreczkosiejów *przestarz. iron.* «gospodarz zasiedziały na roli»

Hrubieszów *m IV, D.* Hrubieszowa, *C.* Hrubieszowowi (ale: ku Hrubieszowowi a. ku Hrubieszowu) «miasto» — hrubieszowianin *m V, D.* hrubieszowianina, *lm M.* hrubieszowianie, *D.* hrubieszowian — hrubieszowianka *ż III, lm D.* hrubieszowianek — hrubieszowski.

Huculszczyzna *ż IV, CMs.* Huculszczyźnie, *blm*
1. «teren obejmujący północne zbocza wschodnich
Karpat»: Urodzić się, mieszkać na Huculszczyźnie.
Jechać na Huculszczyznę.
2. huculszczyzna «wszystko, co dotyczy Huculów»:
Znawca huculszczyzny.

Hucuł *m IV* 1. *lm M.* Huculi «ukraiński góral zamieszkujący Karpaty Wschodnie» — Hucułka *ż III,
lm D.* Hucułek — huculski.
2. hucuł *lm M.* hucuły «koń hodowany na Huculszczyźnie»

huczeć (*nie:* huczyć) *ndk VIIb,* huczałby (p.
akcent § 4c): Organy huczą. □ H. czym a. od czego: Sala huczała oklaskami (od oklasków).

hucznie (*nie:* huczno): Bawiono się hucznie.

Huczwa *ż IV* «rzeka» — huczwiański — nad-
huczwiański.

I Hudson *m IV, D.* Hudsona: Żeglarskie wyprawy Hudsona. △ Cieśnina Hudsona. Zatoka Hudsona.

II Hudson *m IV, D.* Hudsonu a. (w połączeniu
z wyrazem: rzeka) *ndm* «rzeka w USA»: Dorzecze
Hudsonu. — hudsoński.

hufcowa *ż odm. jak przym.* «komendantka hufca
harcerskiego»: Druhno hufcowa! (*nie:* Druhno huf-
cowo!).

hufnal (*nie:* ufnal) *m I, D.* hufnala, *lm D.* hufnali;
in. podkowiak.

hugenot(*nie:* hugenota) *m IV, lm M.* hugenoci. || *D
Kult. I,414.*

Hugo (*wym.* Ügo) *m ndm:* Twórczość Wiktora
Hugo.

Hugo *m IV, D.* Hugona (*nie:* Huga), *lm M.* Hugonowie; *rzad.* Hugon *m IV, lm M.* Hugonowie: Szkoła im. Hugona (*nie:* Hugo) Kołłątaja.

hugonot *m IV, lm M.* hugonoci; *lepiej:* hugenot
(p.).

hukać *ndk I,* hukaliśmy (p. akcent § 1a i 2) —
huknąć *dk Va,* huknąłem (*wym.* huknołem; *nie:*
huknełem, hukłem), huknął (*wym.* huknoł), huknęła
(*wym.* huknęła; *nie:* hukła), huknęliśmy (*wym.* hu-
kneliśmy; *nie:* hukliśmy) □ H. na kogo, na co
«łajać, krzyczeć»: Huknął na służbę. □ (tylko *dk*)
H. kogo, co — czym — w co «uderzyć mocno;
palnąć»: Huknąć pięścią w stół. Huknął go w kark.

hulaka (tylko o mężczyznach) *m odm. jak ż III,
M.* ten a. ta hulaka, *lm M.* te hulaki, *D.* hulaków, *B.*
tych hulaków a. te hulaki.

hulaszczy: Hulaszczy tryb życia.

hultaj *m I, lm D.* hultajów, *rzad.* hultai.

humanistyczny «dotyczący humanizmu a. hu-
manistyki»: Nauki humanistyczne.

humanistyka (*wym.* humanistyka, *nie:* humanistyka, p. akcent § 1c) *ż III, blm.*

humanitarny *st. w.* bardziej humanitarny «res-
pektujący godność i potrzeby człowieka, mający na
względzie jego dobro; ludzki»: Humanitarny czyn.
Humanitarne traktowanie jeńców.

humanitaryzm *m IV, D.* humanitaryzmu, *Ms.*
humanitaryzmie (*wym.* ~yzmie a. ~yźmie), *blm.*
|| *D Kult. I, 285.*

humanizm *m IV, D.* humanizmu, *Ms.* humaniz-
mie (*wym.* ~izmie a. ~iźmie), *blm.* || *D Kult. I, 285.*

Humań *m I, D.* Humania «miasto na Ukrainie» —
humański.

I Humboldt (*wym.* Humbolt) *m IV, D.* Humboldta, *lm M.* Humboldtowie: Koncepcje ogólnoję-
zykoznawcze Wilhelma Humboldta. Bracia Aleksander i Wilhelm Humboldtowie. △ Góry Humboldta.

II Humboldt (*wym.* Humbolt) *m IV, D.* Hum-
boldtu a. (w połączeniu z wyrazem: rzeka) *ndm* «rzeka w USA»: Tama na Humboldcie.

humbug *m III, D.* humbugu *książk.* «oszukań-
czo rozreklamowana sprawa, blaga»

Hume (*wym.* Hjum) *m IV, D.* Hume'a (*wym.*
Hjuma), *Ms.* Humie: Filozofia Hume'a.

humor *m IV, D.* humoru 1. *blm* «wesołość, pogoda w ustosunkowaniu do świata»: Zmysł humoru.
Stracić humor (*nie:* na humorze). Utwór pełen humoru. 2. «chwilowy nastrój»: Dobry, zły humor.
3. w *lm* «dąsy, kaprysy»: Miewać humory.

Humowski (*wym.* Hjumowski) 1. «odnoszący się
do Hume'a»: Studiowali Humowską teorię poznania.
2. humowski «taki, jak u Hume'a»: To pogląd zupełnie humowski.

Hun *m IV, lm M.* Hunowie (*nie:* Huni, Hunno-
wie): Najazd Hunów.

huncwot (*nie:* huncfot) *m IV, lm M.* te huncwoty
pot. «łobuz, szelma, nicpoń»

hungarystyka (*wym.* hungarystyka, *nie:* hungarystyka, p. akcent § 1c) *ż III, blm:* Studiować hun-
garystykę.

hunwejbin (*wym.* hunwejbin) *m IV, D.* hunwej-
bina (p. akcent § 7), *lm M.* hunwejbini, *rzad.* hunwej-
binowie «członek chińskiej „Czerwonej Gwardii"»

Hunyadi (*wym.* Huńjadi) *m odm. jak przym., D.*
Hunyadiego (p. akcent § 7): Zwycięstwo Hunyadiego
nad Turkami.

hurkot, *rzad.* hurgot *m IV, D.* hurkotu (hurgotu):
Ulicą przetaczały się z hurkotem czołgi.

hurkotać, *rzad.* **hurgotać** *ndk IX,* hurkocze
(hurgocze), *przestarz.* hurkoce (hurgoce), hurkotałby
(p. akcent § 4c) — zahurkotać, *rzad.* zahurgotać
dk: Młyn hurkocze (hurgocze).

hurma *ż IV rzad.* «tłum, gromada, chmara»
hurmą, *częściej:* hurmem w użyciu przysłówkowym: «gromadnie, tłumnie»: Dzieci hurmem wy-
biegły z klasy. Hurmą natarli na drzwi.

hurt *m IV, D.* hurtu, *blm:* Sprzedawać coś w hurcie
albo w detalu.
hurtem w użyciu przysłówkowym *pot.* «w całości, w
dużej ilości lub liczbie, wszystko razem»: Pozbył
się hurtem zbędnych rzeczy.

hurtownia *ż I, lm D.* hurtowni (*nie:* hurtowń).

hurtowy, *rzad.* **hurtowny:** Handel hurtowy (hurtowny).

hurysa *ż IV, lm D.* hurys; a. **huryska** *ż III, lm D.* hurysek.

husarz *m II, lm D.* husarzy.

husyta *m odm.* jak *ż IV, CMs.* husycie, *lm M.* husyci, *DB.* husytów, zwykle w *lm*; in. bracia czescy.

husytyzm *m IV, D.* husytyzmu, *Ms.* husytyzmie (*wym.* ~yzmie a. ~yźmie), *blm.*

huśtać (*nie*: huźdać) *ndk I,* huśtaliśmy (p. akcent § 1a i 2).

huśtawka (*nie*: huźdawka) *ż III, lm D.* huśtawek.

huta *ż IV, CMs.* hucie: Huta szkła, żelaza, stali. Pracować w hucie (*nie*: na hucie). △ W nazwach dużą literą: Huta Batory, Huta Kościuszko, Huta Pokój.

Huxley (*wym.* Hakslej) *m I, D.* Huxleya (p. akcent § 7): Powieści Huxleya.

huzar *m IV, lm M.* ci huzarzy a. (z zabarwieniem ekspresywnym) te huzary.

hybryda *ż IV;* o mieszańcu — roślinie, także: **hybryd** *m IV, Ms.* hybrydzie. || *D Kult. II, 217.*

hybrydowy a. **hybrydyczny** *przym.* od hybryda (hybryd): Hybrydowy (hybrydyczny) gatunek literacki.

hycel *m I, D.* hycla, *lm D.* hycli a. hyclów *pogard.,* in. rakarz.

Hyde-Park (*wym.* Hajd-Park), Hyde *ndm,* Park *m III, D.* Parku.

hydraulik (*wym.* hydrau-lik, *nie*: hydra-ulik) *m III, D.* hydraulika (p. akcent § 1d), *lm M.* hydraulicy.

hydraulika (*wym.* hydrau-lika, *nie*: hydra-ulika, hydraulika, p. akcent § 1c) *ż III,* zwykle *blm.*

hydro- «pierwszy człon wyrazów złożonych pochodzenia obcego, pisany łącznie, oznaczający: wodny, związany z wodą», np.: hydrologia, hydrostatyczny, hydrogenizować. △ W rodzimych wyrazach złożonych członowi temu mogą odpowiadać człony: wodno- a. wodo-, np.: hydroplan (= wodnopłatowiec), hydroterapia (= wodolecznictwo). *Por.* higro-

hydrofobia *ż I, DCMs.* hydrofobii, *blm;* in. wodowstręt.

hydrofor *m IV, D.* hydroforu.

hydrograf *m IV* **1.** *lm M.* hydrografowie «specjalista w zakresie hydrografii» **2.** *D.* hydrografu, *lm M.* hydrografy «mechanizm zapisujący poziom wody w rzece itp.»

hydrolog *m III, lm M.* hydrologowie a. hydrolodzy.

hydropatia a. **hydroterapia** *ż I, DCMs.* hydropatii (hydroterapii), *blm;* in. wodolecznictwo.

hydroplan *m IV, D.* hydroplanu; in. wodnopłat, wodnopłatowiec.

hymn *m IV, D.* hymnu □ H. do kogo, czego, na cześć kogo, czego: Hymn do Apollina. Hymn na cześć wschodzącego słońca. □ H. o kim, o czym: Hymn Kochanowskiego o dobrodziejstwach Boga. □ H. czego: Hymn uwielbienia.

hyś, *rzad.* **hyź** *m I pot.* zwykle w wyrażeniu: Mieć hysia (hyzia) «być niespełna rozumu; mieć bzika, mieć fioła»

I i 1. «litera alfabetu łacińskiego odpowiadająca samogłosce *i* lub oznaczająca tylko miękkość poprzedzającej spółgłoski (np. w wyrazie: miasto), albo też samogłoskę *i* i miękkość spółgłoski poprzedzającej (np. w wyrazie: bić)»
2. «samogłoska przednia wymawiana przy płaskim układzie warg a wysokim położeniu języka» △ Wymowa rozpoczynającego wyraz *i* jako *ji* jest wymową regionalną, np. igła (*wym. reg.* jigła).

II i 1. «spójnik łączący zdania lub ich części, których treści uzupełniają się wzajemnie lub są powiązane przyczynowo, rzadziej — przeciwstawiają się sobie»: Śpiewali i tańczyli. Uczy łaciny i greki. Walka na śmierć i życie. △ Zasadniczo przed *i*, gdy łączy zdania współrzędne, nie stawiamy przecinka, z wyjątkiem wypadków, gdy chcemy zamknąć wstawkę poprzedzoną przecinkiem lub gdy *i* rozpoczyna wyrażenie dopowiadające albo wtrącone, np. Myślę, i nie bez przyczyny, że to dobry człowiek. Obiad, i tak już spóźniony, odwlekał się. △ Czasami — powtórzony dla uwypuklenia treści (poszczególne człony połączone spójnikiem *i* rozdzielamy wtedy prze-

cinkiem): Zostawiono mi i dawne stanowisko, i pensję, i gabinet. △ Załatwiał to i dobrze, i szybko.
2. «wyraz wyróżniający człon, któremu towarzyszy»
a) «także, też, również»: Jest chleb, będzie i coś do chleba.
b) «nawet»: Na mnie i patrzeć nie chciał. △ A i «a także, a nawet»: Nie pójdę tam, a i tobie nie radzę. Szeregowi, oficerowie, a i sam dowódca, łamali głowy nad tą zagadką.
c) «między wyrazami powtórzonymi — wzmacnia ich treść»: Nie śpią, nie jedzą, tylko płaczą i płaczą...
d) «w połączeniach wyrazowych — uwydatnia wynikanie z czegoś, potwierdzenie czegoś, wzmocnienie treści zdania itp.» △ *pot.* I już, i kwita «wzmocnienie wypowiedzi»: Właśnie, że pojadę i już. △ I owszem «przyznanie racji; potwierdzenie»: Jedź, i owszem, dobrze zrobisz. △ I tak «w taki sposób»: Rozmawiali, żartowali, dowcipkowali — i tak doczekali rana. △ *Niepoprawne* jest natomiast używanie *i tak* zamiast: *a więc, a mianowicie*, np. Kupiła mu cały strój, i tak (*zamiast*: a mianowicie): buty, garnitur, kapelusz. △ I to «wzmocnienie, uzupełnienie czegoś; ponadto, w dodatku»: Spadł śnieg, i to nie byle jaki.

ia p. dzielenie wyrazów.

ib., ibid. «skrót wyrazu: *ibidem*, pisany z kropką, czytany jako cały wyraz»

ibeelowiec, ibeelowski p. IBL.

Iberia *ż I, DCMs.* Iberii **1.** «starożytna nazwa wschodniej Gruzji»
2. «starożytna nazwa Hiszpanii i Portugalii» — Iber *m IV, D.* Ibera, *lm M.* Iberowie — Iberyjka *ż III, lm D.* Iberyjek — iberyjski (p.).

iberyjski «dotyczący Półwyspu Pirenejskiego albo jego mieszkańców» △ Półwysep Iberyjski, in. Pirenejski. Góry Iberyjskie.

ibidem (*wym.* ibidem) «w tym samym miejscu (w tym samym dziele, na tej stronicy; tamże), używane w przypisach i bibliografiach, dla uniknięcia powtarzania opisu dzieła, cytowanego poprzednio (skrót: ib., ibid.)»

IBJ (*wym.* ibejot, p. akcent § 6) *m IV, D.* IBJ-tu, *Ms.* IBJ-cie a. *ndm* «Instytut Badań Jądrowych»: Badania prowadzone w IBJ (w IBJ-cie). Pracownicy IBJ (IBJ-tu).

IBL (*wym.* ibl a. ibeel, p. akcent § 6) *m I, D.* IBL-u (*wym.* iblu a. ibeelu), *rzad. ndm* «Instytut Badań Literackich»: Pracować w IBL-u (w IBL). IBL wydał wiele cennych prac. — IBL-owiec, iblowiec a. ibeelowiec *m II, D.* IBL-owca (iblowca, ibeelowca) — IBL-owski, iblowski a. ibeelowski.

IBM (*wym.* ibeem, p. akcent § 6) *m IV, D.* IBM-u, *Ms.* IBM-ie a. *ndm* «Instytut Budownictwa Mieszkaniowego»: IBM ogłosił konkurs architektoniczny. Pracować w IBM (w IBM-ie).

-ica (-yca) 1. przyrostek tworzący nazwy samic od rzeczowników rodzaju męskiego, np.: wilk — *wilczyca*, lew — *lwica*, tygrys — *tygrysica*.
2. przyrostek urabiający od rzeczowników męskich osobowych ekspresywne formy żeńskie o odcieniu żartobliwym lub ujemnym, np.: mecenas — *mecenasica*, szef — *szefica*; mogą to być albo nazwy żon, albo nazwy wykonawczyń zawodów.

3. formant często stosowany w nazwach chorób, np. *krzemica, nerczyca*; podstawą tych nazw są zwykle rzeczowniki, np. pył — *pylica*, lub przymiotniki, np. drętwy — *drętwica*, znacznie rzadziej czasowniki, np. znieczulać — *znieczulica* «brak wrażliwości moralnej na cierpienia, potrzeby ludzi» — wyraz utworzony na wzór nazwy choroby.

ich p. on.

ichmość m a. *ż ndm*, **ichmoście** (tylko w *lm*), *D.* ichmości; a. **ichmościowie** (tylko w *lm* o mężczyznach), *D.* ichmościów «*daw. lm* od jegomość a. jejmość» Odprowadźcie ichmość (ichmości, ichmościów) oficerów na kwaterę. Prosił ichmość (ichmoście) panie do domu.

ichtiolog m *III, lm M.* ichtiolodzy a. ichtiologowie.

-iciel (-yciel) przyrostek nazw osobowych wykonawców czynności pochodnych od czasowników niedokonanych na *-ić (-yć)*, np.: dręczyć — *dręczyciel*, dusić — *dusiciel*, nauczyć — *nauczyciel*; produktywność przyrostka *-iciel* stopniowo słabnie. △ Odmianę rzeczowników tej grupy charakteryzuje końcówka *-e* w mianowniku *lm* oraz końcówka *-i* w dopełniaczu *lm*.

-iczek p. -ek.

-iczny (formant rozszerzony: **-istyczny**) przyrostek służący do tworzenia przymiotników od rzeczowników pochodzenia obcego lub do przyswajania przymiotników obcych, np.: stereofonia — *stereofoniczny*, muzeologia — *muzeologiczny*. Występuje on regularnie w przymiotnikach pozostających w związku z wyrazami zapożyczonymi na *-izm* i *-ista*, np. *konwencjonalistyczny* «związany z kierunkiem filozoficznym — konwencjonalizmem, właściwy temu kierunkowi lub jego przedstawicielom — konwencjonalistom», i zaczyna się z nich wyodrębniać w postaci rozszerzonej przyrostek *-istyczny*.
-istyczny, ta postać formantu może służyć tylko do tworzenia przymiotników pochodnych od wyrazów na *-izm*, niepoprawne zaś jest łączenie jej z podstawami o innej budowie, od których poprawne formy przymiotnikowe tworzy przyrostek *-iczny*. △ *niepoprawne*: Ustrój monarchistyczny (*zamiast*: monarchiczny) — ponieważ chodzi o ustrój, w którym rządzi monarcha, a nie monarchiści. Plany perspektywistyczne (*zamiast*: perspektywiczne).

-iczy p. -y.

-ić (-yć), **-ać** przyrostki urabiające w połączeniu z przedrostkami czasowniki pochodne od rzeczowników lub przymiotników (*-ić* występuje w formach dokonanych, *-ać* w niedokonanych), np.: drzewo — *dodrzewić* obok: dodrzewiać; las — *zalesić* || *zalesiać*; atrakcyjny — *uatrakcyjnić* || *uatrakcyjniać*; banalny — *odbanalnić* || *odbanalniać*. Czasowniki utworzone od przymiotników mają ogólne znaczenie «czynić jakimś», np.: *uatrakcyjnić* «uczynić atrakcyjnym», *odbanalnić* «uczynić niebanalnym» △ Czasowniki utworzone od rzeczowników reprezentują różne typy znaczeń, o których decyduje przede wszystkim przedrostek (*por.* podane wyżej przykłady oraz: *odwapnić, odszczurzyć*, pot. *zagrypić się* itd.).

id. «skrót wyrazu: *idem*, pisany z kropką, czytany jako cały wyraz»

Idaho (*wym.* Ajdehou) *n ndm* «stan w USA»

idea (*wym.* idea, idea, ideja, ideja) *ż I, D.* idei, *lm M.* idee (*wym.* idee a. ideje), *D.* idei (*nie*: idej).

idealizm *m IV, D.* idealizmu, *Ms.* idealizmie (*wym.* ~izmie a. ~iźmie), *blm.*

ideał (*wym.* ideał, *nie*: ideał) *m IV, D.* ideału, *lm M.* ideały **1.** «wzór doskonałości»: Całe życie dążył do ideału. **2.** *D.* ideału a. ideała, *lm M.* te ideały *żart.* «osoba ukochana»

idem «to samo, zwłaszcza: ta sama pozycja bibliograficzna, co poprzednio; używane głównie w przypisach i bibliografiach (skrót: id.)»

identycznie: Dwa identycznie brzmiące ogłoszenia. △ *niepoprawne*: Identycznie taki sam (pleonazm), *zamiast*: identyczny.

identyczny: Obie fotografie są identyczne. □ I. z czym (*nie*: jak): Ten płaszcz jest identyczny z tamtym (*nie*: jak tamten). || D Kult. I, 55.

identyfikacja *ż I, DCMs.* identyfikacji, *blm* «utożsamienie, utożsamianie» □ I. czego (z czym): Identyfikacja dawnych nazw geograficznych ze współczesnymi.

identyfikować *ndk IV*, identyfikowaliśmy (p. akcent § 1a i 2) — **zidentyfikować** *dk* «utożsamiać» □ I. co — z czym: Nie można jego poglądów identyfikować z poglądami jego otoczenia.

ideolog *m III, lm M.* ideolodzy a. ideologowie.

ideologia *ż I, DCMs.* i *lm D.* ideologii.

ideowiec *m II, D.* ideowca, *W.* ideowcze, forma szerząca się: ideowcu, *lm M.* ideowcy.

idiom *m IV, D.* idiomu; *lepiej*: **idiomatyzm** *m IV, D.* idiomatyzmu, *Ms.* idiomatyzmie (*wym.* ~yzmie a. ~yźmie).

*idiomatyzmy (zwane niekiedy: idiomami) są to utarte zwroty i wyrażenia właściwe tylko danemu językowi, nie dające się przetłumaczyć dosłownie na inne języki. Znaczenie idiomatyzmu nie jest sumą znaczeń jego części składowych, np.: Spiec raka «zaczerwienić się», nie zasypiać gruszek w popiele «nie zaniedbywać pilnych spraw», mieć duszę na ramieniu «być wystraszonym». Dosłowne tłumaczenie tych zwrotów na język obcy dałoby połączenia niezrozumiałe, bezsensowne. △ W sytuacjach odwrotnych, kiedy mamy do czynienia z idiomatyzmami obcymi — ich dosłowne tłumaczenie na język polski powoduje potknięcia stylistyczne lub wręcz rażące błędy językowe, np. idiomatyzmy niemieckie: „Da ist (a. liegt) der Hund begraben" — tłumaczy się często jako: „Tu jest (a. leży) pies pogrzebany" (*zamiast*: w tym jest sedno sprawy); „Etwas auf's Tapet bringen" — jako: „Mieć coś na tapecie" (*zamiast*: mówić, dyskutować o czymś). △ Aby uniknąć podobnych błędów, należy spotykane w obcych tekstach idiomatyzmy tłumaczyć bądź omownie, bądź używając związków frazeologicznych polskich o podobnym znaczeniu, np. idiomatyzm niemiecki „von Fall zu Fall" tłumaczymy jako: doraźnie, nieregularnie, niesystematycznie (a nie w sposób dosłownie: „od przypadku do przypadku"), idiomatyzm rosyjski „kto w les, kto po drowa" oddajemy w tłumaczeniu podobnym idiomatyzmem polskim:

Jeden do Sasa, drugi do lasa (a *nie* dosłownym: „ten do lasu, a ten po drzewo"). *Por.* zapożyczenia, związki frazeologiczne.

idiosynkrazja *ż I, DCMs.* i *lm D.* idiosynkrazji *książk.* «nadwrażliwość, uczulenie» □ I. do kogo, do czego «wstręt, antypatia»: Miał wrodzoną idiosynkrazję do teatru.

idiota *m* odm. jak *ż IV, M.* ten a. (z silniejszym zabarwieniem ekspresywnym) ta idiota, *lm M.* ci idioci a. (z silniejszym zabarwieniem ekspresywnym) te idioty, *D.* idiotów, *B.* tych idiotów a. te idioty.

-idło p. -dło.

idy *blp, D.* id «w kalendarzu starorzymskim — 13. (czasem: 15.) dzień miesiąca» △ Idy marcowe (w tym dniu w 44 r. p.n.e. został zamordowany Cezar).

idylla *ż I, lm D.* idyll a. idylli; in. sielanka.

Idzi *m* odm. jak przym., *lm M.* Idziowie, *D.* Idzich.

ie p. dzielenie wyrazów.

Ifigenia (*wym.* Ifigieńja a. Ifigeńja) *ż I, DCMs.* Ifigenii.

igelit (*wym.* igelit a. igielit) *m IV, D.* igelitu: Skocznia z igelitu.

igielny *rzad.* przym. od igła, zwykle w zwrocie: Łatwiej przejść przez ucho igielne «o niemożliwości dostania się gdzieś»

IGiK (*wym.* igik) *m III, D.* IGiK-u a. *ndm* «Instytut Geodezji i Kartografii»: Mapy opracowane w IGiK (w IGiK-u). Współpraca z IGiK-iem.

iglasty: Drzewa iglaste.
iglaste w użyciu rzeczownikowym, *lepiej* niż: szpilkowe «klasa drzew i krzewów»

igloo (*wym.* igloo a. iglu) *n ndm.*

igła *ż IV, lm D.* igieł.

Ignacy (*nie* Ignac) *m* odm. jak przym., *lm M.* Ignacowie — Ignaś *m I, lm M.* Ignasiowie — Ignacostwo *n III, DB.* Ignacostwa, *Ms.* Ignacostwu (*nie*: Ignacostwie; *blm*; a. Ignacowie *blp, D.* Ignacych — Ignasiowie *blp, D.* Ignasiów.

ignorować p. zignorować.

Igołomia *ż I, D.* Igołomi «miejscowość» — igołomski.

igrać *ndk I,* igraliśmy (p. akcent § 1a i 2) □ I. bez dop.: Nie igraj, bo się doigrasz. □ I. z czym: Igrać ze śmiercią, z ogniem. Igrać z czyimś sercem.

igrek *n ndm* a. *m III, lm M.* igreki 1. «nazwa litery *y* (używana przede wszystkim w byłej Kongresówce)» 2. «potocznie o kimś lub o czymś bliżej nie określonym (zwykle w połączeniu z wyrazem *iks*, użytym w tym samym znaczeniu)»: Przyszli z wizytą pan X i pan Y. || U Pol. (1), 37. Por. ipsylon.

igrzysko *n II,* zwykle w *lm*: Igrzyska Olimpijskie.

igumen a. **ihumen** *m IV, Ms.* igumenie (ihumenie), *lm M.* igumeni (ihumeni) a. igumenowie (ihumenowie).

i in. «skrót wyrazów: *i inni, i inne*, pisany z kropką, stawiany zwykle na końcu zdania zawierającego jakieś wyliczenie, czytany jako cały, odmieniany wyraz»: Pociąg pełen był zagranicznych turystów: Włochów, Rosjan, Węgrów i in. (*czyt.* i innych).

-ijczyk p. -czyk.

-ijski p. -ski.

-ik (rozszerzenia formantu: -nik, -alnik, -ownik). *-ik* to współcześnie najbardziej produktywny przyrostek tworzący rzeczowniki zdrobniałe, np.: aparat — *aparacik*, notes — *notesik*; zespolony z *sz*, będącym końcową spółgłoską tematu wyrazu podstawowego, nie zawsze powoduje jego przejście w *ś*, np.: arkusz — *arkusik*, grosz — *grosik* (*ale*: kosz — *koszyk*). W tworzeniu zdrobnień konkuruje z formantem *-ek* o identycznej funkcji i w konkurencji tej zdobywa przewagę; *-ek* zachowuje produktywność tylko w zakresie niektórych typów podstaw słowotwórczych (p. -ek).
-nik, -alnik, -ownik 1. przyrostek używany wraz ze swymi rozszerzeniami do tworzenia: a) nazw narzędzi i urządzeń od czasowników lub przymiotników, rzadziej od rzeczowników, np.: ciągnąć — *ciągnik*, rzucać — *rzutnik*, bezpieczny — *bezpiecznik*, powiększać — *powiększalnik;* b) nazw wykonawców zawodów urabianych od podstaw rzeczownikowych lub przymiotnikowych, rzadziej — czasownikowych, np.: stalownia — *stalownik*, personalny — *personalnik*, litera — *liternik*; ogrzewać — *ogrzewnik!* △ Rzeczowniki osobowe tej grupy w mianowniku *lm* przybierają końcówki właściwe formom męskoosobowym, np.: stalownicy, ogrzewnicy.
2. przyrostek *-ik* może wystąpić w formacjach słowotwórczych innego typu, na przykład mających znaczenie biernego podmiotu czynności, por. brodzić — *brodzik* «to, po czym się brodzi; płytki basen przeznaczony do brodzenia»
-nik to postać formantu występującego w rzeczownikach pochodnych od wyrażeń przyimkowych, np.: na uszy — *nausznik*, na kolano — *nakolannik*.
-alnik to postać formantu występująca m. in. w nazwach substancji o określonym działaniu, np.: *rozcieńczalnik, rozpuszczalnik, odkażalnik*. Inny charakter ma element *-ik* w wyrazach typu: *elektronik, technik* (*por.* rzeczowniki rodz. *ż*: *elektronika, technika*).

Ikeda *m* odm. jak *ż IV*: Przemówienie Ikedy.

ikonostas *m IV, D.* ikonostasu, *Ms.* ikonostasie.

ikra *ż IV, blm*: Śledzie składają ikrę (*nie*: ikry).

iks *n ndm* a. *m IV* 1. «nazwa litery *x*» △ *pot.* Nogi w iks. 2. *pot.* «ktoś a. coś, kogo, czego bliżej się nie określa» Por. igrek.

ile 1. *m-nieos., n* i *ż, DCMs.* ilu, także: *m-os.* w funkcji mianownika — podmiotu (np. Ilu chłopców szło?), *B. m-nieos., n* i *ż* = *M., B. m-os.* = *D., N.* ilu. iloma «zaimek zastępujący liczebniki główne (albo nawiązujący do ich połączenia z rzeczownikami»: Nie pamiętam, ile lat upłynęło... Ile stron liczy ta książka? Zjedz, ile możesz. Przychodził, ile razy zechciał. △ Przestarzała jest forma *ile* przy rzeczownikach *m-os.*, np. Ile inżynierów (*dziś raczej*: Ilu inżynierów) pracuje w produkcji? *Ale* forma *ile* jest możliwa w znaczeniu ekspresywnym «jak dużo, bardzo dużo», np. Ile tu żołnierzy! a. Ilu tu żołnierzy! △ Używana jest też tradycyjnie w połączeniu z rzeczownikiem: ludzie, np. Ile (a. ilu) ludzi przyszło? — oraz po zaimkach odnoszących się do osób różnej płci (np. Wszyscy, ile ich było, wstali). △ Ile (ilu) by było... a. ilekolwiek by było (*nie*: ile by nie było): Ilu by było gości, dla każdego znajdzie się miejsce. Ile by miał pieniędzy, wszystko roztrwoni. △ Po ile... (*nie*: na ile) «ile kosztuje, jaka jest cena»: Po ile te jabłka?

2. *ndm* «zaimek zastępujący określenie oznaczające stopień nasilenia, wyczerpanie lub ograniczenie tego, co wyraża człon określający»: Unika, ile się da, hałaśliwego towarzystwa. △ Ile możności (*nie*: o ile możności) «w takim stopniu, w jakim to jest możliwe»: Ile możności nie dawałem się biedzie. △ *niepoprawne* Na ile (*zamiast*: w jakim stopniu, jak dalece), np. Nie wiem, na ile (*zamiast*: jak dalece) można mu ufać. △ O ile (*zamiast*: jeśli, jeżeli), np. O ile (*zamiast*: jeżeli) spełnią się moje przewidywania, pojedziemy. △ Natomiast poprawne są konstrukcje typu: *o ile* (w zn. «w takim stopniu, zakresie, w jakim...»), kiedy rozpoczynają wyrażenie osłabiające lub ograniczające wypowiedź, np. O ile dobrze pamiętam, ojciec jej nie żyje. △ *przestarz.* Ile że... «jako że; ponieważ, bo»: Zerwali się wcześnie, ile że rano odjeżdżali.

3. *ndm* «zaimek łączący z zaimkiem *tyle* zdanie będące jego rozwinięciem»: Ile głów, tyle zdań. △ O ile... o tyle (lub: o tyle... o ile) a) «o taką ilość, liczbę mniej lub więcej»: O ile więcej pracy włożycie, o tyle wynik będzie lepszy. b) «w takim stopniu, zakresie, w jakim...»: O tyle ją to obchodzi, o ile dotyczy jej rodziny. △ *pot.* O tyle o ile «w pewnym zakresie, stopniu; trochę»: Lubisz go? — O tyle o ile. △ Nie tyle... ile... (*nie*: Nie tyle... co) «wyrażenie przeciwstawiające dwa człony zdania; w mniejszym zakresie, niż...»: Jest nie tyle mądry, ile sprytny i obrotny. // *D Kult. I, 190; KP Pras.; Pȳ 1958, 46; U Pol. (1), 304.*

ilekolwiek odm. tylko pierwsza część (ile-): Ilekolwiek mu dał pieniędzy, zawsze było za mało.

ilekroć (*wym.* ilekroć, *wych. z użycia*: ilekroć) *książk.* «ile razy, za każdym razem, kiedy...» △ Ilekroć..., tylekroć: Ilekroć przychodził, tylekroć zastawał ją we łzach. △ Ilekroć..., zawsze: Ilekroć pomyślała o synu, zawsze się wzruszała. △ *niepoprawne* Ilekroć razy (*zamiast*: ilekroć a. ile razy).

ileś (odm. p. ile) «zaimek zastępujący bliżej nieokreśloną lub dowolną liczbę, ilość czegoś, kogoś»: Działo się to ileś lat temu.

ileż (odm. p. ile) «wzmocnione *ile*»: Ileż w tym czasie zaszło zmian! Iluż znajomych spotkał!

Iliria *ż I, DCMs.* Ilirii «starożytna kraina, której obszar odpowiada w przybliżeniu dzisiejszej Jugosławii» — Ilirowie *blp, D.* Ilirów — iliryjski.

Illinois (*wym.* Ilinoj) *ndm* 1. *n* «stan w USA» 2. *ż* «rzeka»

Ilmen *m IV, D.* Ilmenu «jezioro w ZSRR»

ilometrowy a. **ilumetrowy.**

iloprocentowy a. **iluprocentowy.**

ilostan *m IV, D.* ilostanu (wyraz używany czasem w języku urzędowym), *lepiej*: Stan liczbowy a. liczebny. // *D Kult. II, 420; Kl. Aleź. 26.*

ilostopniowy a. **ilustopniowy.**

ilość *ż V* «miara, wielkość tego, co może być mierzone lub ważone (*nie*: liczone)»: Ilość wody, mąki, cukru. Ważna jest jakość nie ilość. △ *niepoprawne* w zn. «liczba», np. Ilość (*zamiast*: liczba) mieszkańców osiedla rośnie z roku na rok. // *D Kult. II, 75, 218; Kl. Aleź 17; KP Pras.*

ilustracja *ż I, DCMs* i *lm D.* ilustracji □ I. do czego: Ilustracja muzyczna do filmu. □ I. w czym: Kolorowa ilustracja w książce. □ *przen.* I. czego: Bajka jest ilustracją jakiejś prawdy.

ilustrować p. zilustrować.

iluzja *ż I, DCMs.* i *lm D.* iluzji *książk.* «złudzenie, urojenie, złuda» // *KP Pras.*

iluzyjny a. **iluzoryczny** *książk.* «oparty na iluzji, złudny, zwodniczy»

Iława *ż IV* «miasto» — iławski.

Iławka *ż III* «miejscowość» — iławecki.

iławski: Powiat iławski (*ale*: Pojezierze Iławskie).

Iłowa *ż IV* «miasto» — iłowski.

Iłowo *n III* «miejscowość» — iłowski.

Iłża *ż II* «miasto» — iłżanin *m V, D.* iłżanina, *lm M.* iłżanie, *D.* iłżan — iłżanka *ż III, lm D.* iłżanek — iłżecki.

I im p. on.

II im, tylko w wyrażeniu: Im... tym (zwykle w połączeniu ze stopniem wyższym przymiotnika): Im dalej wchodził w las, tym większy strach go ogarniał.

im. «skrót formy *imienia* (*nie*: imieniem), pisany z kropką, stawiany przed imieniem i nazwiskiem lub inną nazwą własną, którą nadano czemuś dla uczczenia kogoś lub czegoś; czytany jako cały wyraz»: Teatr im. (*czyt.* imienia) Juliusza Słowackiego.

imać się *ndk I*, imaliśmy się (p. akcent § 1a i 2) — **jąć się** *dk* (odmiana p. jąć) *książk.* (często *podn.*) «zaczynać się zajmować jakąś działalnością» □ I. się czego: Imać się pługa, oręża, pióra. Jąć się handlu.

imaginacja *ż I, DCMs.* i *lm D.* imaginacji *książk.* «wyobraźnia, fantazja»

imaginizm, imażinizm a. **imagizm** *m IV, D.* imaginizmu (imażinizmu, imagizmu), *Ms.* imaginizmie, imażinizmie, imagizmie (*wym.* ~izmie a. ~iźmie), *blm*: Zwolennicy angielskiego imaginizmu (imażinizmu, imagizmu).

imam *m IV, Ms.* imamie, *lm M.* imamowie.

imażinizm p. imaginizm.

imbecyl *m I, lm D.* imbecylów a. imbecyli.

imbecylizm *m IV, D.* imbecylizmu, *Ms.* imbecylizmie (*wym.* ~izmie a. ~iźmie), *blm.*

imbryk *m III,* in. czajnik. // *U Pol. (1), 110.*

IMER (*wym.* imer) *m IV, D.* IMER-u, *Ms.* IMER-ze (*wym.* imerze), *rzad. ndm* «Instytut Mechanizacji i Elektryfikacji Rolnictwa»: Gmach IMER-u (IMER). Pracować w IMER (w IMER-ze).

IMiD (*wym.* imid) *m IV, D.* IMiD-u, *Ms.* IMiD--zie (*wym.* imidzie), *rzad. ndm* «Instytut Matki i Dziecka»: Prace badawcze IMiD-u (IMiD). IMiD zapoczątkował nowe formy opieki nad matką i dzieckiem.

imieniny *blp, D.* imienin: W tym miesiącu mamy w rodzinie aż dwoje imienin (*nie*: dwa imieniny).

*__imiesłowowy równoważnik zdania__ p. równoważniki zdań.

*__imiesłów 1.__ Imiesłów *przysłówkowy* nieodmienny oznacza czynność podmiotu zdania: **a)** Imiesłów przysłówkowy współczesny, wyrażający czynność jednoczesną z czynnością podmiotu zdania, tworzy się od tematu czasu teraźniejszego czasowników niedokonanych przez dodanie przyrostka *-ąc*. Nie należy zastępować nim zdania o innym podmiocie, np.: Gdy obserwowałem przebieg (*nie*: Obserwując przebieg) meczu, nasunęły mi się refleksje. Kiedy szedł (*nie*: Idąc) ulicą, przejechał go tramwaj. △ Imiesłowu współczesnego nie można także użyć w wypadku czynności nierównoczesnej z czynnością wyrażaną przez orzeczenie, np.: Wraca do kraju i bierze (*nie*: ...biorąc) czynny udział w walce. Oderwała się skała i spadła (*nie*: ...skała spadając) na ścieżkę. Młodzież uczy się, aby zasilić (*nie*: zasilając) szeregi inteligencji.
b) Imiesłów przysłówkowy uprzedni tworzymy przez dodanie do tematu czasu przeszłego czasowników dokonanych przyrostka *-wszy* a. *-łszy* (ten drugi przyrostek właściwy jest tylko tematom spółgłoskowym); wyraża coś dziejącego się wcześniej niż to, co oznacza orzeczenie, np. Skończywszy pracę poszedł na spacer. △ Nie może być zastępowany przez imiesłów współczesny, np.: Samolot wylądował na brzegu przeleciawszy (*nie*: przelatując) przez ocean. Powrócili z wyprawy nie poniósłszy (*nie*: ...nie ponosząc) ani jednej porażki. △ Imiesłów uprzedni odnosi się tylko do tego samego podmiotu, do którego odnosi się orzeczenie zdania. *Błędne* są więc konstrukcje typu: Wszedłszy (*zamiast*: Kiedy wszedł) do pokoju spadła mu z głowy czapka. △ Imiesłowu uprzedniego używa się zazwyczaj w języku pisanym.
2. Imiesłów *przymiotnikowy*, odmieniany jak przymiotnik (przez przypadki, liczby, rodzaje) **a)** Imiesłów przymiotnikowy współczesny czynny tworzymy od tematu czasu teraźniejszego czasowników niedokonanych przez dodanie przyrostka *-ący*. W połączeniu z partykułą przeczącą *nie* pisze się oddzielnie, np.: Człowiek nie rozumiejący zagadnienia. Pies nie szczekający głośno. △ Wyjątek stanowią te imiesłowy, które mają funkcję przymiotnika i oznaczają cechę czegoś, np.: Nie palący (w danej chwili), *ale*: Człowiek niepalący «nie będący palaczem papierosów» Osoby nie pijące kawy odeszły od stołu, *ale*: Ludzie niepijący «nie używający alkoholu»
△ W języku potocznym dopuszczalne jest użycie imiesłowu przymiotnikowego czynnego dla oznaczenia czynności wcześniejszej od czynności wyrażanej przez orzeczenie zdania, np. Oni są lepsi od zawodników startujących (*staranniej*: ...od zawodników, którzy startowali) w ostatnim wyścigu.
b) Imiesłów bierny tworzony od tematu czasu przeszłego za pomocą przyrostków: *-ny, -ony, -ty* jest najczęściej składnikiem form strony biernej, np.:

Był lubiany przez wszystkich. Został wybrany na posła. △ Oprócz tego używa się go jako określenia rzeczownika, np. Pamiętał treść wszystkich przeczytanych książek. △ Formy męskoosobowe liczby mnogiej imiesłowu biernego o temacie na *-d-, -t-* mają zakończenie *-dzeni, -ceni* (*nie*: -dzieni, -cieni), np.: wiedziony, *lm* wiedzione, *ale*: wiedzeni (*nie*: wiedzieni); gnieciony, *lm* gniecione, *ale*: gnieceni (*nie*: gniecieni). △ Formy przysłówkowe imiesłowu biernego na *-ano, -ono, -to* służą za bezosobowe orzeczenie czynne w czasie przeszłym (tworzone również od czasowników nieprzechodnich), np.: Zrobiono to dobrze. Otwarto drzwi. Długo moknięto na deszczu. △ Imiesłów bierny w połączeniu z partykułą przeczącą *nie* pisze się zasadniczo oddzielnie, np.: Nie zamknięte okna. Nie wykonana praca. △ Wyjątek stanowią tu imiesłowy, które stały się przymiotnikami oznaczającymi niemożliwość wykonania czynności, np.: Towar nie oceniony należycie przez ekspertów, *ale*: nieoceniony powiernik «taki, którego nie można ocenić, niezwykle cenny» Przedmioty nie przeliczone przy odbiorze, *ale*: Nieprzeliczone gwiazdy «takie, których nie można przeliczyć»
c) Imiesłów przeszły, tworzymy przez dodanie przyrostka *-ły* (*-ła, -ło*) do tematu czasu przeszłego czasowników dokonanych (zwykle oznaczających zmianę jakościową), np. zwiędnąć — zwiędły), a więc podobnie jak formę 3. osoby czasu przeszłego: czytał, czytała, czytało. Imiesłów przeszły jest odmieniany jak przymiotnik, np.: pożółkłe liście, zsiniałymi ustami, o posiwiałych włosach. △ Formy imiesłowu nie mają niektórych właściwych danym czasownikom wymian tematycznych, np.: zsiniał — zsiniała — zsinieli, *ale*: zsiniali z zimna rozbitkowie. Oniemiał — oniemiała — oniemieli, *ale*: oniemiali z podziwu widzowie.

imię *n V, C.* imieniu (*nie*: imieniowi): Dwa, trzy, cztery imiona, *przestarz.* dwoje, troje imion. Mieć na imię Helena, *książk.* nosić imię Helena (*nie*: mieć, nosić imię Heleny). Na imię mi Jan a. na imię mam Jan. △ Robić coś w imieniu kogoś a. w czyimś imieniu: Przemówił w imieniu zebranych. △ W imię czegoś: Zrobił to w imię miłości bliźniego. △ Coś imienia (*nie*: imieniem) kogoś, czegoś (skrót: im.): Szkoła imienia (*nie*: imieniem) M. Konopnickiej. Zakłady imienia Rewolucji Październikowej. *Ale książk.* Ktoś imieniem... (+ imię w mianowniku): Człowiek imieniem Jan. △ Mówić do kogoś po imieniu. △ Nazywać coś po imieniu «mówić o czymś po prostu, bez ogródek» △ Wymienić, wspomnieć kogoś z imienia (i nazwiska).

*__imię i nazwisko__ (kolejność). Wymieniając czyjeś imię i nazwisko stawiamy imię na pierwszym miejscu, a więc: Adam Mickiewicz (*nie*: Mickiewicz Adam), pani Janina Kowalska (*nie*: pani Kowalska Janina), dr Adam Łoś (*nie*: dr Łoś Adam), ulica Juliana Tuwima (*nie*: ulica Tuwima Juliana). △ Uwaga: Imiona umieszczane są po nazwiskach w urzędowych spisach, wykazach, odpowiednich rubrykach dokumentu itp. We wszystkich innych wypadkach umieszczanie imienia po nazwisku razi. // *D Kult. I, 664.*

imigracja (*nie*: immigracja) *ż I, DCMs.* i *lm D.* imigracji.

imigrować (*nie*: immigrować) *ndk* i *dk IV*, imigrowaliśmy (p. akcent § 1a i 2).

*__imiona I.__ *Imiona osób narodowości polskiej* należy pisać zgodnie z obowiązującymi zasadami ortografii, np. jedynie poprawne są formy: *Maria, Gabriel* (*nie*: Marya, Maryja, Gabryel); pisownia *Maryja* jest dopuszczalna w odniesieniu do Matki Boskiej. △ Imiona odmieniają się według odpowiednich wzorców deklinacyjnych: 1) żeńskie, według deklinacji żeńskiej samogłoskowej (np.: *Danuta, Jadwiga, Stefcia*). 2) męskie — według deklinacji męskiej (np.: *Henryk, Staś, Kazio*), żeńskiej samogłoskowej (np.: *Bonawentura, Barnaba*) oraz przymiotnikowej (np. *Ambroży, Jerzy, Bazyli, Szczęsny*).

△ Wahania w zakresie odmiany dotyczą zwłaszcza wołacza. A więc: **a)** Imiona żeńskie niezdrobniałe mają końcówkę *-o*, np.: *Bożeno, Adelo, Elżbieto, Stanisławo, Mario, Teklo, Władysławo*. △ To samo dotyczy imion męskich na *-a*, np.: *Barnabo, Bonawenturo*. W tematach na *-l-* dopuszczalna jest końcówka *-u*, np.: *Adelu, Anielu* (*ale* tylko: Urszulo).

b) Imiona żeńskie zdrobniałe twardotematowe mają końcówkę *-o*, np.: *Janeczko, Helenko, Władko*; miękkotematowe oraz zakończone na *-l-* mają końcówkę *-u*, np.: *Joasiu, Krysiu, Zosiu, Helu, Marylu*, wych. z użycia: *Marylo*.

c) Imiona męskie mają końcówkę *-u* lub *-e*, np.: *Marku, Tomaszu, Kaziu, Władku, Edwardzie, Piotrze, Wiesławie*. Imiona przymiotnikowe (tzn. zakończone w mianowniku na *-y*, *-i*) mają w wołaczu końcówkę mianownika (*W. = M.*), np.: *Jerzy, Konstanty, Walery*. △ Niektóre imiona ostatniego typu bywają błędnie odmieniane rzeczownikowo, np.: Alojz, Alojza (*zamiast*: Alojzy, Alojzego); Aleks, Aleksowi (*zamiast*: Aleksy, Aleksemu); Ksawer, z Ksawerem (*zamiast*: Ksawery, z Ksawerym).

d) W mowie potocznej dopuszczalne jest użycie form mianownika w funkcji wołacza (*M. = W.*), przy czym dotyczy to częściej imion męskich, np.: *Jurek, chodź tu!, Nie złość się, Andrzej. Agnieszka, nie płacz*. △ Nie należy natomiast używać form mianownika w funkcji wołacza w połączeniach imion z przydawkami rzeczownymi i przymiotnymi. Poprawne są jedynie formy: *panie Henryku, kolego Zbyszku, kochany Jurku* (*nie*: panie Henryk, kolego Zbyszek, kochany Jurek). Także użycie form wołacza w funkcji mianownika (np. Jasiu przyszedł, Kaziu zakochał się) jest *niepoprawne*.

II. *Imiona obce* sprawiają tłumaczom wiele kłopotów, które sprowadzają się do dwóch problemów: 1) kiedy podawać imiona w wersji polskiej, a kiedy pozostawiać je w postaci oryginalnej. 2) które imiona odmieniać, a których nie? W tym zakresie tłumacz ma zwykle sporo swobody, można jednak sformułować kilka ogólnych reguł.

a) Jeśli imię obce ma polski odpowiednik, można je zastąpić imieniem polskim, np.: Jerzy (*zamiast*: George, Juryj, Jiři), Jan (*zamiast*: John, Johann, Jean), Elżbieta (*zamiast*: Elisabeth), Andrzej (*zamiast*: Andrew, André, Andriej). △ Postępujemy tak zwłaszcza wtedy, gdy imię towarzyszy nazwisku znanej osoby, np.: Jerzy Filip Telemann, Józef Haydn, Franciszek Liszt, Wawrzyniec Stern, Tomasz Mann, Włodzimierz Lenin, Piotr Curie, Fryderyk Engels, lub gdy nazwisko występuje w wersji spolszczonej, np.: Jerzy Waszyngton, Jan Jakub Russo.

b) Jeśli imię jest charakterystyczne dla członków określonych narodów, wówczas albo pozostawiamy je bez zmiany (np.: *Wasilij, Dmitrij, Amadeus, Rodrigo, Gottlieb*), albo też nadajemy im przekazaną przez tradycję postać fonetyczną polską (np. *Wasyl, Dymitr, Amadeusz, Rodryg*).

c) Tradycyjnie podajemy w postaci spolszczonej imiona świętych (św.św.: Franciszek, Szymon, Krzysztof; Łucja, Małgorzata, Joanna), imiona biblijne (np. Judasz, Mojżesz, Izaak), a także imiona panujących (np. *Ludwik XIV, Katarzyna II*) i papieży (np.: *Jan XXIII, Paweł VI*).

d) Nie należy podawać w wersji polskiej imion obcych zdrobniałych. Pozostawimy zatem bez zmiany takie formy jak: *Johnny, Joe, Bess, Pierino, Colette, Wania, Pietia, Nadia, Tonda, Olda* itp.

e) Imiona obce w postaci spolszczonej odmieniają się według tych samych reguł, które stosujemy do imion rodzimych. Należy więc je odmieniać według odpowiednich wzorców deklinacyjnych. Imiona obce używane w formie oryginalnej należy zawsze odmieniać (jeżeli tylko ich postać fonetyczna umożliwia zaliczenie ich do odpowiedniego typu deklinacyjnego). Będziemy zatem odmieniać np. imiona: Wasilij, Heinz, John, Benito, Miguel itp. Nieodmienne natomiast są imiona żeńskie zakończone spółgłoską (np. *Karin, Ruth, Joan, Elisabeth, Doris, Françoise, Alice* itp.) lub samogłoską inną niż *-a* (*Fanny, Nelly, Katty* itp.), imiona męskie zakończone na samogłoskę inną niż *-a, -o, -y* (np.: *Lope, Radu, Andrew*), a także akcentowane na ostatniej sylabie (np.: *René, Louis, André*). Imiona męskie pierwszego typu zdecydowanie nie odmieniają się, co do typu drugiego, to w mowie pozostawiamy je w postaci nieodmiennej, w piśmie zaś dopuszczalne są formy: Renego, Renemu; Louisa, Louisowi, Andrego, z Andrem.

III. *Imiona par małżeńskich* tworzy się dwojako: **a)** przez użycie w *lm* imienia męża (niezdrobniałego lub zdrobniałego), np.: *Janowie, Jankowie, Jasiowie*; **b)** przez utworzenie od podstawowego (niezdrobniałego) imienia męża rzeczownika z przyrostkiem *-stwo*, np. *Janostwo*. W tym wypadku fleksja takich wyrazów różni się od normalnego wzorca III deklinacji rzeczowników rodzaju nijakiego na *-o* — w bierniku i w miejscowniku, przybierając odpowiednio końcówki *-stwa* (*nie*: -stwo) i *-stwu* (*nie*: -stwie); np.: Czekamy na Janostwa (*nie*: Janostwo). Słyszałem o Janostwu (*nie*: Janostwie). △ Składnia imion par małżeńskich wymaga postawienia orzeczenia i przydawki w formie liczby mnogiej, np.: Janowie a. Janostwo przyjechali. Słyszałem wiele o kochanych Janach a. o kochanych Janostwu. △ Imiona par małżeńskich na *-stwo* są dziś używane rzadko.

IV. *Imiona zwierząt* odmieniają się również zgodnie z odpowiednimi wzorcami deklinacyjnymi, z tą jednak różnicą, że osobną formę wołacza mają tylko imiona zdrobniałe (*Reksiu, Mruczusiu, Puszeczku*), wołacz zaś imion niezdrobniałych jest równy mianownikowi (W. = M.), np. Chodź, Reks!, Aza, bierz go! // D Kult. I, 675, 688, 699; II, 512; U Pol. (2), 503, 550.

immanentny (*nie*: imanentny).

immatrykulacja (*nie*: imatrykulacja) *ż I, DCMs.* immatrykulacji, zwykle *blm*: Dokonać immatrykulacji studentów.

immatrykulować (*nie*: imatrykulować) *dk a. ndk IV*, immatrykulowaliśmy (p. akcent § 1a i 2): W tym roku akademickim immatrykulowano na uniwersytecie 2 tysiące studentów.

immunitet (*nie*: imunitet) *m IV, D.* immunitetu.

immunolog (*nie*: imunolog) *m III, lm M.* immunologowie a. immunolodzy.

impas

impas *m IV, D.* impasu: Wyjść z impasu. Znaleźć się w impasie.

imperator *m IV, lm M.* imperatoŗzy a. imperatorowie.

imperatyw *m IV, D.* imperatywu *książk.* «nakaz wewnętrzny»

imperializm *m IV, D.* imperializmu, *Ms.* imperializmie (*wym.* ~izmie a. ~iźmie), *blm.*

imperium *n VI, lm M.* imperia, *D.* imperiów (*nie:* imperii).

implikować *ndk IV,* implikowaliśmy (p. akcent § 1a i 2) □ I. co «zawierać, mieścić w sobie, pociągać za sobą»: Negacja zdania ogólnego twierdzącego nie implikuje zdania ogólnego przeczącego.

imponderabilia *blp, D.* imponderabiliów (*nie:* imponderabilii).

imponować *ndk IV,* imponowaliśmy (p. akcent § 1a i 2) — **zaimponować** *dk* □ I. komu — czym: Imponował jej swoją erudycją.

import *m IV, D.* importu 1. *blm* «przywóz towarów z zagranicy»: Import bawełny. Towary z importu. 2. *pot.* «przedmioty przywiezione z zagranicy»: Te pantofle to import z Węgier.

impregnat *m IV, D.* impregnatu; a. **impregnator** *m IV, D.* impregnatora.

impresario *m I, DB.* impresaria, *lm M.* impresaria, *D.* impresariów.

impresjonizm *m IV, D.* impresjonizmu, *Ms.* impresjonizmie (*wym.* ~izmie a. ~iźmie), *blm.*

impreza *ż IV*: Zorganizować imprezę. Wziąć udział w imprezie. Odbywają się (*nie:* rozgrywane są) imprezy sportowe. || U Pol. (1), 124.

impromptu (*wym.* ępraptü) *n ndm.*

impuls *m IV, D.* impulsu, *lm M.* impulsy.

imputować *ndk IV,* imputowaliśmy (p. akcent § 1a i 2) «przypisywać coś komuś (zwykle coś ujemnego), dopatrywać się pewnych intencji w czyichś wypowiedziach, w czyimś zachowaniu się»: Imputował koledze nieżyczliwość. || Kl. Ależ 30; KP Pras.

in. «skrót wyrazu: *inaczej,* pisany z kropką, czytany jako cały wyraz»: Hebel, in. (*czyt.* inaczej) strug.

-ina (-yna) 1. przyrostek występujący w nazwach lub nazwiskach żon tworzonych od rzeczowników pospolitych lub nazwisk męskich (zwykle na -a), np.: starosta — *starościna,* Zaręba — *Zarębina;* we współczesnym języku polskim ten typ słowotwórczy jest mało produktywny: nazwiska żeńskie na -*ina* utrzymują się tradycyjnie w niektórych rodzinach. Form pochodnych od nazw wykonawców zawodów na ogół się nie tworzy.
2. przyrostek tworzący nazwy ekspresywne, przede wszystkim od rzeczowników rodzaju męskiego i żeńskiego, o różnym zabarwieniu uczuciowym: pieszczotliwym, np. *dziecina;* żartobliwym, np. *dwójczyna;* wyrażającym współczucie lub politowanie, np.: *chłopina, sukienczyna;* lekceważącym czy pogardliwym, np.: *urzędniczyna, pijaczyna, aktorzyna, dziennika-*

rzyna. △ Rzeczowniki tej grupy mają (z obocznymi formami męskimi w niektórych przypadkach — jeżeli oznaczają mężczyzn) odmianę właściwą deklinacji żeńskiej. △ Z rzeczownikami na -*ina,* -*yna* odnoszącymi się do mężczyzn, łączy się formy wyrazów określających (przydawki i orzeczenia) w rodzaju męskim, np. Biedny malarzyna cierpiał nędzę.
3. przyrostek spotykany w nazwach biernych podmiotów czynności, np.: *dzianina* «materiał dziany», *okleina.*

inaczej (skrót: in.) △ Inaczej niż (*nie:* inaczej jak): Wszystko zrozumieli inaczej niż (*nie:* jak) trzeba.

inaugurować (*wym.* inau-gurować) *ndk* a. *dk IV,* inaugurowaliśmy (p. akcent § 1a i 2) — **zainaugurować** *dk.*

-inąd p. cząstki wyrazów.

in blanco (*wym.* in blanko): Czek in blanco.

incognito (*wym.* inkognito, *nie:* inkognito): Królowa podróżowała incognito. △ W użyciu rzeczownikowym: Zachować incognito «nie ujawniać kim się jest»

Ind *m IV, D.* Indu a. (w połączeniu z wyrazem: rzeka) *ndm rzad.,* p. Indus (w zn. 1): Dolina Indu.

indagacja *ż I, DCMs.* i *lm D.* indagacji «wypytywanie, dopytywanie się»: Ciągłe indagacje zazdrosnej żony zaczęły go denerwować.

indagować *ndk IV,* indagowaliśmy (p. akcent § 1a i 2) «wypytywać, dopytywać się» □ I. kogo — o co: Indagowano go o szczegóły.

India *ż I, DCMs.* Indii, *blm* «państwo w Azji»: Cała India ma klimat zwrotnikowy. — Hindus (p.) — Hinduska (p.) — indyjski (p.), hinduski (p.). || D Kult. II, 540; PJ 1963, 164; 1967, 302; 1968, 55, 135 i 156; 1969, 173; U Pol. (2), 566. Por. Indie.

Indiana *ż IV* a. (w połączeniu z wyrazem: stan) *ndm* «stan w USA»: Mieszkać w Indianie (w stanie Indiana).

Indianin *m V, D.* Indianina, *lm M.* Indianie, *D.* Indian «czerwonoskóry mieszkaniec Ameryki» — Indianka *ż III, lm D.* Indianek — indiański. || D Kult. I, 572.

indianistyka (*wym.* indianistyka, *nie:* indianisty-ka, p. akcent § 1c) *ż III, blm* «nauka o kulturze i językach Indii»

Indianopolis *n ndm* «miasto w USA»

Indie *blp, D.* Indii 1. «obszar Półwyspu Indyjskiego i jego nasady; obejmuje państwa: Indię, Pakistan, Bangla Desz, Sri Lanka (Cejlon) i Nepal»△ Indie Wschodnie, Zachodnie, Indie Portugalskie.
2. «potoczna nazwa państwa: India» || D. Kult II, 540; PJ 1968, 55, 135; 1969, 173. Por. India.

indo- «pierwszy człon wyrazów złożonych, oznaczający związek z Indiami», np.: indologia, Indochiny, indoeuropejski.

Indochiny *blp, D.* Indochin «wspólna nazwa państw Półwyspu Indochińskiego» — indochiński (p.).

indochiński: Państwa indochińskie (*ale*: Półwysep Indochiński).

indolencja *ż I, DCMs.* indolencji, *blm książk.* «niedołęstwo, niezaradność; bierność»: Indolencja umysłowa.

indologia *ż III, DCMs.* indologii, *blm; częściej:* indianistyka.

Indonezja *ż I, DCMs.* Indonezji «państwo na Archipelagu Malajskim i Nowej Gwinei» Indonezyjczyk *m III, lm M.* Indonezyjczycy — Indonezyjka *ż III, lm D.* Indonezyjek — indonezyjski.

indor (*nie*: jendor) *m IV,* in. indyk (samiec).

indult *m IV, D.* indultu: Ślub za indultem.

Indus *m IV 1. D.* Indusu a. (w połączeniu z wyrazem: rzeka) *ndm* «rzeka w południowej Azji» 2. *D.* Indusa *przestarz.* p. Hindus.

industrializacja *ż I, DCMs.* industrializacji, *blm, lepiej:* uprzemysłowienie. || *D Kult. I, 369.*

indyferentyzm *m IV, D.* indyferentyzmu, *Ms.* indyferentyzmie (*wym.* ~yzmie a. ~yźmie), *blm.*

indygo *n II, D.* indyga, *blm, rzad. n ndm*: Do barwienia tkanin używano indyga. Plantacje indyga (indygo).

indyjski *przym.* od India i Indie: Guma indyjska (*ale*: Ocean Indyjski). || *D Kult. I, 572. Por.* hinduski.

indyk (*nie*: jendyk) *m III.*

indywidualizm *m IV, D.* indywidualizmu, *Ms.* indywidualizmie (*wym.* ~izmie a. ~iźmie), zwykle *blm.*

indywidualny «osobisty, jednostkowy, swoisty»: Indywidualny język pisarza. Indywidualne wrażenia. △ *niepoprawne* Chłop indywidualny (*zamiast*: chłop gospodarujący indywidualnie).

indywiduum (*wym.* indywidu-um, *nie*: indywidium) *n VI, lm M.* indywidua, *D.* indywiduów *lekcew., pogard.* «osobnik, jednostka»: Podejrzane indywiduum.

indziej tylko w połączeniach: Gdzie indziej, kiedy indziej, nigdzie indziej, *rzad.* wszędzie indziej.

ineksprymable *blp, D.* ineksprymabli *żart.* «kalesony, spodnie»

inercja *ż I, DCMs.* i *lm D.* inercji *książk.* «bezwład, bierność»

infantylizm *m IV, D.* infantylizmu, *Ms.* infantylizmie (*wym.* ~izmie a. ~iźmie), *blm.*

infantylny *m-os.* infantylni, *st. w.* bardziej infantylny.

infekcja *ż I, DCMs.* i *lm D.* infekcji; in. zakażenie.

infekować *ndk IV,* infekowaliśmy (p. akcent § 1a i 2) — **zainfekować** *dk, częściej*: zakażać.

infiltracja *ż I, DCMs.* i *lm D.* infiltracji; in. przesiąkanie, przenikanie. △ *przen.* Infiltracja obcej kultury. || *D Kult. I, 759.*

inflancki: Szlachta inflancka (*ale*: Pojezierze Inflanckie).

Inflanty *blp, D.* Inflant (*nie*: Inflantów) «historyczna kraina na terenie dzisiejszej Łotwy i Estonii» — Inflantczyk *m III, lm M.* Inflantczycy — Inflantka *ż III, lm D.* Inflantek — inflancki (p.).

influenca (*nie*: influenza) *ż II, blm przestarz.* «grypa»

informacja *ż I, DCMs.* i *lm D.* informacji: Bliższe, dalsze informacje. Dawać informacje. Udzielać informacji. Zasięgać informacji. Służyć informacjami. Uzyskać, otrzymać informacje (*nie*: dowiedzieć się informacji). □ I. o czym, *rzad.* co do czego: Zbierał informacje o przebiegu pracy (co do przebiegu pracy).

informator *m IV 1. lm M.* informatorzy, *rzad.* informatorowie «osoba udzielająca informacji» 2. *lm M.* informatory «książka, broszura zawierająca informacje z pewnego zakresu»

informować *ndk IV,* informowaliśmy (p. akcent § 1a i 2) — **poinformować** *dk* □ I. o czym, *rzad.* co do czego.

Ingarden *m IV, Ms.* Ingardenie, *lm M.* Ingardenowie: Fenomenologia Ingardena.
Ingarden *ż ndm* — Ingardenowa *ż odm. jak przym.* — Ingardenówna *ż IV, D.* Ingardenówny, *CMs.* Ingardenównie (*nie*: Ingardenównej), *lm D.* Ingardenówien.

ingerencja (*wym. przestarz.* ingierencja) *ż I, DCMs.* i *lm D.* ingerencji □ I. w co, *rzad.* do czego (*nie*: w czym, na co): Ingerencja w sprawy obcego państwa. Ingerencja do czyjegoś prywatnego życia.

ingerować (*wym. przestarz.* ingierować) *ndk IV,* ingerowaliśmy (p. akcent § 1a i 2) □ I. w co, *rzad.* do czego (*nie*: w czym): Ingerować w czyjeś sprawy. || *D Kult. I, 56.*

ingrediencja *ż I, DCMs.* i *lm D.* ingrediencji *wych. z użycia* «składnik mieszaniny, domieszka, przyprawa»

Ingres (*wym.* Egr) *m IV, D.* Ingres'a (*wym.* Egra), *Ms.* Ingrze (*wym.* Egrze): Portrety Ingres'a.

inicjalny *lepiej*: początkowy: Litery inicjalne.

inicjał *m IV, D.* inicjału 1. w *lm* «pierwsze litery czyjegoś imienia i nazwiska»: Podpisać się inicjałami. 2. «pierwsza, ozdobna litera tekstu pisanego lub drukowanego»: Inicjały w starym psałterzu.

inicjatywa *ż IV, blm* «impuls do działania, pomysł, projekt do realizacji»: Inicjatywa społeczna. Ktoś pełen inicjatywy. Podjąć, wykazać (*nie*: wykonać, okazać) inicjatywę. Przejmować (*nie*: obejmować) inicjatywę. Wystąpić z inicjatywą. Inicjatywa wychodzi skądś, od kogoś. To stało się z jego inicjatywy «za jego sprawą, na jego wniosek» □ I. czego (*nie*: do czego, w czym): Inicjatywa spisku. Inicjatywa budowy osiedla. || *KP. Pras.*

iniekcja (*wym.* injekcja) *ż I, DCMs.* i *lm D.* iniekcji *środ.* (*med.*) i *książk.* «wstrzyknięcie; zastrzyk»

Inka *m odm. jak ż III, lm M.* Inkowie, *DB.* Inków; a. **Inkas** *m IV, lm M.* Inkasi «człowiek należący do ludu, który zamieszkiwał obszar środkowoandyjski

inkaso

(teren obecnego Peru)» — Inkaska *ż III, lm D.* Inkasek — inkaski.

inkaso *n III* (*nie*: ndm), *blm*: Należności regulowali za pomocą inkasa.

inkasować *ndk IV*, inkasowaliśmy (p. akcent § 1a i 2) — **zainkasować** *dk* 1. «pobierać (opłaty)» 2. *środ. sport., lepiej*: otrzymywać (ciosy w boksie): W trzeciej rundzie zawodnik zainkasował, *lepiej*: otrzymał wiele ciosów.

inklinacja *ż I, DCMs. i lm D.* inklinacji «skłonność, upodobanie, sympatia» □ I. do czego, *rzad.* do kogo: Nie zdradzał inklinacji do czytania poważnej literatury.

inkorporacja *ż I, DCMs. i lm D.* inkorporacji *książk.* «wcielenie, włączenie» □ I. czego — do czego: Inkorporacja jakichś terenów do danego państwa.

inkrustacja *ż I, DCMs. i lm D.* inkrustacji □ I. z czego: Inkrustacja z masy perłowej.

inkrustować *ndk IV*, inkrustowaliśmy (p. akcent § 1a i 2) □ I. co czym: Inkrustować biurko metalem i marmurem.

inkryminować *ndk IV*, · inkryminowaliśmy (p. akcent § 1a i 2) *książk.* «oskarżać, obwiniać o coś; zarzucać coś» □ I. co komu: Inkryminowano mu zbrodnię. △ inkryminowany «będący przedmiotem zarzutu, oskarżenia», *niepoprawne* w zn. «wyżej wymieniony»

inkunabuł *m IV, D.* inkunabułu (akcent pada zawsze na samogłoskę *a*), często w *lm*: Biblioteka szczyci się posiadaniem rzadkich inkunabułów.

Inn *m IV, D.* Innu a. (w połączeniu z wyrazem: rzeka) *ndm* «rzeka w Szwajcarii, Austrii i Niemczech»

i nn. «skrót wyrazów: *i następne*, pisany z kropką, stawiany zwykle po numerze cytowanej strony druku, czytany jako cały, odmieniany wyraz»: Czytelnik znajdzie omówienie tej sprawy w I tomie, na str. 7 i nn. (*czyt.* i następnych).

inno- «pierwszy człon wyrazów (rzeczowników i przymiotników) złożonych, oznaczający odmienność tego, o czym mówi druga część złożenia», np.: innowierca, innojęzyczny.

Innocenty (*wym.* Innocenty a. Inocenty) *m* odm. jak przym., *lm M.* Innocentowie, *D.* Innocentych.

innowacja (*wym.* innowacja a. inowacja) *ż I, DCMs. i lm D.* innowacji.

***innowacje językowe** p.: błędy językowe, neologizmy, norma językowa.

innowierca (*nie*: inowierca) *m* odm. jak *ż II, lm M.* innowiercy, *DB.* innowierców.

Innsbruck (*wym.* Insbruk) *m III, D.* Insbrucku (*nie*: Innsbrucka) «miasto w Austrii» — insbrucki. // *D Kult. II, 541.*

inny «nie ten, odmienny»: Oprócz niego miałem jeszcze kilku innych przyjaciół (*ale* — w przeciwstawieniu do *jednego* — *drugi*, np. Nie ma drugiej (*nie*: innej) tak ładnej ulicy). □ I. niż (*nie*: inny jak): To człowiek inny niż (*nie*: jak) wszyscy. Mieli co innego do roboty, niż (*nie*: jak) grać w karty (*ale* po przecze-

niu: Nie mieli nic innego do roboty jak grać w karty). Co innego (*nie*: co inne): Wyjeżdża? Wczoraj mówił mi co innego (*nie*: co inne). △ Innym razem (*nie*: inną razą). △ *niepoprawne* w zn. «różny», np. Rozejść się w inne (*zamiast*: w różne) strony. // *D Kult. I, 56, 657, 817; U Pol. (2), 371.*

inochodziec *m II, D.* inochodźca; in. jednochodziec, człapak.

Inowrocław *m I, D.* Inowrocławia — inowrocławianin *m V, D.* inowrocławianina, *lm M.* inowrocławianie, *D.* inowrocławian — inowrocławianka *ż III, lm D.* inowrocławianek — inowrocławski.

Inoziemcew (*wym.* Inoziemcew) *m IV, D.* Inoziemcewa, *Ms.* Inoziemcewie: Prace Inoziemcewa. △ *Ale*: Krople Inoziemcowa.

inscenizacja *ż I, DCMs. i lm D.* inscenizacji: Inscenizacja dzieła literackiego. △ Grać sztukę w jakiejś a. czyjejś inscenizacji (*nie*: grać inscenizację sztuki).

insekt *m IV, D.* insektu 1. zwykle w *lm* «owady pasożytujące na człowieku; robactwo»: Tępić insekty. 2. *przestarz.* «owad» // *D Kult. I, 410.*

inserat (*nie*: inzerat) *m IV, D.* inseratu *wych. z użycia* «ogłoszenie w czasopiśmie»

inskrypcja *ż I, DCMs. i lm D.* inskrypcji *książk.* «stary napis wyryty na trwałym materiale»: Zbiór nagrobkowych inskrypcji łacińskich.

in spe «określenie (czasem żartobliwe) kogoś, kto w przyszłości ma otrzymać jakąś godność, zostać kimś, lub czegoś, co jest spodziewane»: Lekarz in spe. Gwiazda filmowa in spe.

inspekt *m IV, D.* inspektu, *lm M.* inspekty, *przestarz.* inspekta, zwykle w *lm*.

inspektor *m IV, lm M.* inspektorzy a. inspektorowie.
inspektor — o kobiecie, p. nazwy i tytuły zawodowe kobiet.

inspektorka *ż III, lm D.* inspektorek *pot.* «kobieta inspektor»

inspiracja *ż I, DCMs. i lm D.* inspiracji □ Z czyjejś inspiracji (*nie*: pod czyjąś inspiracją) «na skutek czyjejś namowy»: Wstąpił na scenę z inspiracji ojca.

inspirować *ndk IV*, inspirowaliśmy (p. akcent § 1a i 2) *książk.* «pobudzać» □ I. kogo w czym, *rzad.* do czego: Inspirować twórcę w pracy (do pracy) nad nowym dziełem. □ I. co: Inspirowała wszystkie jego poczynania.

instancja *ż I, DCMs. i lm D.* instancji: Zwrócić się do wyższych, zwierzchnich itp. instancji.

instrukcja *ż I, DCMs. i lm D.* instrukcji: Działać, postępować zgodnie z instrukcją, wbrew instrukcji, w myśl, według instrukcji. Dać, wydać odpowiednie instrukcje. □ I. o czym, do czego a. co do czego: Instrukcja do posługiwania się gaśnicą. Instrukcja o realizowaniu programu szkolenia.

instrukcyjny «dotyczący instrukcji»: Ćwiczenia instrukcyjne. Załącznik instrukcyjny (*lepiej*: załącznik do instrukcji). *Por.* instruktywny.

instruktarz *m II*, *D.* instruktarza, *lm D.* instruktarzy *przestarz.* «zbiór instrukcji» || *D Kult. I, 793; U Pol. (2), 129.*

instruktaż *m II*, *D.* instruktażu, *blm* «udzielanie instrukcji; instruowanie» || *D Kult. I, 793; U Pol. (2), 129.*

instruktor *m IV*, *lm M.* instruktorzy □ I. czego (*nie*: od czego): Instruktor pływania. || *D Kult. I, 730.*

instruktywny *lepiej*: pouczający, kształcący: Instruktywne rysunki w podręczniku. *Por.* instruktcyjny.

instrument *m IV*, *D.* instrumentu, *lm M.* instrumenty (*nie*: instrumenta).

instrumentariuszka, *rzad.* **instrumentatorka** *ż III*, *lm D.* instrumentariuszek (instrumentatorek) «pielęgniarka podająca narzędzia operującemu chirurgowi»

instruować *ndk IV*, instruowaliśmy (p. akcent § 1a i 2) — **poinstruować** *dk* □ I. kogo o czym a. co do czego: Nowo przyjętych robotników trzeba poinstruować co do obsługi maszyn.

instynkt *m IV*, *D.* instynktu, *lm M.* instynkty (*nie*: instynkta).

instynktowny a. **instynktowy:** Instynktowny (instyktowy) strach.

instytut *m IV*, *D.* instytutu □ I. czego (*nie*: dla czego): Instytut badań jądrowych.

instytutowy, *rzad.* **instytucki** przym. od instytut: Pracownicy instytutowi.

insurekcja *ż I*, *DCMs.* i *lm D.* insurekcji *daw.* «powstanie» dziś żywe tylko w wyrażeniu: Insurekcja kościuszkowska.

insygnium *n VI*, *lm M.* insygnia, *D.* insygniów (*nie*: insygnii), zwykle w *lm*: Insygnia władzy.

insynuacja *ż I*, *DCMs.* i *lm D.* insynuacji □ I. o czym: Szerzono insynuacje o szkodliwej działalności tej organizacji.

insynuować *ndk IV*, insynuowaliśmy (p. akcent § 1a i 2) □ I. komu co: Wrogowie insynuowali mu obłudę i wyrachowanie.

integracja *ż I*, *DCMs.* integracji, *blm książk.* «scalanie, scalenie się»: Integracja narodowościowa.

integralny *książk.* «nierozerwalnie związany z całością, stanowiący całość; nienaruszalny, całkowity»: Integralny składnik czyjejś osobowości. Integralna część czegoś.

integrować *ndk IV*, integrowaliśmy (p. akcent § 1a i 2) — **zintegrować** (*wym.* z-integrować) *dk książk.* «scalać»: Niebezpieczeństwo utraty niezawisłości zintegrowało naród.

intelekt (*nie*: intellekt) *m IV*, *D.* intelektu *książk.* «umysł, rozum»

inteligencja (*wym.* inteligencja a. inteligiencja) *ż I*, *DCMs.* inteligencji: Miała dużo wrodzonej inteligencji. △ Inteligencja pracująca, zawodowa, techniczna, twórcza. || *D Kult. I, 286*

inteligentny (*wym.* inteligentny a. inteligientny) *m-os.* inteligentni, *st. w.* inteligentniejszy a. bardziej

inteligentny: Inteligentny człowiek. Inteligentna rozmowa. || *D Kult. I, 286; U Pol. (2), 131.*

intencja *ż I*, *DCMs.* i *lm D.* intencji: Mieć dobre intencje. Coś leży w czyichś intencjach. △ Zrobić coś w dobrej intencji. △ zwykle w wyrażeniach *kult.*: Msza, modlitwa na czyjąś intencję a. w czyjejś intencji. △ Na intencję czegoś (a. jakąś), w intencji czegoś (a. jakiejś) «aby się coś urzeczywistniło, udało»: Uczynić ślub na intencję wyzdrowienia, w intencji wyzdrowienia.

intensyfikować (*nie*: intenzyfikować) *ndk IV*, intensyfikowaliśmy (p. akcent § 1a i 2) — **zintensyfikować** *dk książk.* «wzmagać, wzmacniać, natężać»: Intensyfikować produkcję.

intensywny (*nie*: intenzywny) *st. w.* intensywniejszy a. bardziej intensywny: Intensywna praca, gospodarka. Intensywny kolor. Intensywne poszukiwania, zabiegi.

interes *m IV*, *D.* interesu, *lm M.* interesy (*nie*: interesa): Mieć interes do kogoś. △ W interesie czyimś a. czegoś «dla czyjegoś dobra, zysku, dla powodzenia jakiejś sprawy» △ Chodzić, jeździć itp. za interesami. △ Mieć interes (w czymś) «być w czymś osobiście zainteresowanym» △ *pot.* Mieć interes do kogoś «mieć jakąś sprawę do załatwienia z kimś» △ Zrobić interes (na kimś, na czymś) «mieć zysk z czegoś, wykorzystać kogoś, coś, zarobić na kimś, na czymś» △ Robić coś dla interesu, nie robić czegoś bez interesu «robić coś z wyrachowania, z chęci zysku» △ Kierować się czyimś interesem (*nie*: czyimiś interesami),

interesant (*nie*: interesent) *m IV*, *Ms.* interesancie, *lm M.* interesanci: Załatwiać interesantów.

interesowany *przestarz.* «zainteresowany» dziś żywe tylko w terminologii prawniczej: Osoba interesowana «osoba zainteresowana materialnie w procesie, w którym nie występuje jako strona» || *D Kult. I, 288.*

interlokutor *m IV*, *lm M.* interlokutorzy *książk.* «rozmówca»

intermezzo (*wym.* intermecco a. intermedzdzo) *n I*, *lm D.* intermezzów a. *n ndm*: Zabrzmiało intermezzo smyczkowe.

internacjonalizm *m IV*, *D.* internacjonalizmu, *Ms.* internacjonalizmie (*wym.* ~izmie a. ~iźmie), *blm.*

***internacjonalizmy** p. zapożyczenia.

internacjonalny *rzad., lepiej*: międzynarodowy.

internat *m IV*, *D.* internatu, *Ms.* internacie: Być w internacie (*nie*: na internacie).

interpelacja *ż I*, *DCMs.* i *lm D.* interpelacji: Składać, zgłaszać, wnieść interpelację. Wystąpić z interpelacją.

interpelować *ndk IV*, interpelowaliśmy (p. akcent § 1a i 2) — **zainterpelować** *dk* □ I. kogo — o co, co do czego, w sprawie czego □ I. gdzie: Posłowie interpelowali w sejmie w sprawie zmian w kodeksie karnym.

interpretować p. zinterpretować.

interpunkcja *ż I, DCMs.* interpunkcji, *blm*, in. przestankowanie.

***interpunkcyjne znaki** p. znaki przestankowe.

interregnum (*nie*: interegnum) *n VI*, in. bezkrólewie.

interreks (*wym.* interreks, *nie*: interreks) *m IV*, *Ms.* interreksie, *lm M.* interreksowie: W dawnej Polsce interreksem był z urzędu prymas.

interwał *m IV*, *D.* interwału, *lm D.* interwałów; a. **interwal** *m I*, *D.* interwalu, *lm D.* interwali. // *D Kult. I, 414; U Pol. (2), 131.*

interwenient (*nie*: interwent) *m IV* «osoba interweniująca w jakiejś sprawie»: Interwenienci polityczni. // *D Kult. II, 220.*

interweniować *ndk IV*, interweniowaliśmy (p. akcent § 1a i 2) — **zainterweniować** *dk*: W sprawie naszych pracowników będziemy interweniować w ministerstwie. // *D Kult. I, 56.*

interwiew *m IV*, *D.* interwiewu a. *n ndm* (wówczas wymawiane: interwju), *lepiej*: wywiad (prasowy) □ I. z kim: Uzyskał interwiew ze znanym aktorem.

intratny *st.w.* intratniejszy a. bardziej intratny «zyskowny, dochodowy, popłatny»: Intratna posada.

introligator *m IV*, *lm M.* introligatorzy.

introligatornia *ż I*, *lm D.* introligatorni, *rzad.* introligatorń.

introspekcyjny, *rzad.* **introspektywny** przym. od introspekcja: Introspekcyjna (introspektywna) psychologia poznania.

intruz *m IV*, *lm M.* ci intruzi a. (z silniejszym zabarwieniem ekspresywnym) te intruzy.

intrygować *ndk IV*, intrygowaliśmy (p. akcent § 1a i 2) **1.** «robić intrygi» □ I. bez dop.: Lubiła plotkować, węszyć, intrygować. □ I. przeciw komu, czemu: Intryguje przeciw nam, szkodzi jak może. **2.** «zaciekawiać, interesować» □ I. kogo, co: Intrygował ją ten człowiek.

intymny *st. w.* intymniejszy a. bardziej intymny **1.** «ściśle osobisty»: Intymne zwierzenia. **2.** *wych. z użycia* «zażyły, bliski» «często używane eufemicznie w odniesieniu do spraw seksualnych).

inwalida (*nie*: inwalid) *m odm. jak ż IV*, *lm M.* inwalidzi, *DB.* inwalidów.

inwazja *ż I*, *DCMs.* i *lm D.* inwazji «najazd, napad» □ I. kogo, czego — na co: Inwazja wrogich wojsk. Inwazja kolonizatorów na tereny Indian.

inwektywa *ż IV przestarz. książk.* «zniewaga, obelga»: Rzucać na kogoś inwektywy.

inwentaryzować p. zinwentaryzować.

inwentarz *m II*, *lm D.* inwentarzy.

inwestorski «dotyczący inwestora»: Prawa inwestorskie do budowy osiedla. // *Pʒ 1968, 459.* Por. inwestycyjny.

inwestować *ndk IV*, inwestowaliśmy (p. akcent § 1a i 2) — **zainwestować** *dk* □ I. co — w co a. w czym: Inwestować kapitał w przedsiębiorstwo (w przedsiębiorstwie). Inwestować pieniądze w ziemi (w ziemię).

inwestycyjny «odnoszący się do inwestycji»: Kredyt i plany inwestycyjne. // *Pʒ 1968, 459.* Por. inwestorski.

inż. «skrót wyrazu: *inżynier*, pisany z kropką, stawiany zwykle przed nazwiskiem lub przed imieniem i nazwiskiem, czytany jako cały, odmieniany wyraz»: Inż. Wasilewski, inż. Jan Wasilewski. Był u inż. (*czyt.* inżyniera) Wasilewskiego. △ W *lm*: Inż. Wasilewski i inż. Barański (a. inż. inż. Wasilewski i Barański). △ Inż. agr., inż. chem. itp. «inżynier agronomii, inżynier chemii» △ Inż.gór., inż.leśn. itp. «inżynier górnik, inżynier leśnik»
inż. *ndm* o kobiecie: Inż. Janowska, z inż. (*czyt.* inżynier) Janowską.

inżynier (*nie*: inżenier) *m IV*, *lm M.* inżynierowie, *rzad.* inżynierzy (skrót: inż.): Inżynier geodeta.
inżynier — o kobiecie, p. nazwy i tytuły zawodowe kobiet: Była inżynierem na budowie. Kosztorys robót przygotowany przez inżynier Kowalską. // *D Kult. I, 590; II, 51.*

inżynieria *ż I*, *DCMs.* inżynierii, zwykle *blm* «nauka wykonywania prac inżynierskich»: Wydział inżynierii atomowej.

inżynierostwo *n III*, *DB.* inżynierostwa, *Ms.* inżynierostwu (*nie*: inżynierostwie), *blm* «inżynier z żoną»

inżynierowa *ż odm. jak przym.*, *W.* inżynierowo «żona inżyniera» △ *niepoprawne* w zn. «kobieta inżynier» // *U Pol. (2), 396.*

inżynierski a. **inżynieryjny**: Roboty inżynieryjne (inżynierskie). Szkoła inżynieryjna, *lepiej*: inżynierska. // *D Kult. II, 368.*

inżynierstwo *n III wych. z użycia* **a)** zwykle *blm*, p. inżynieria: Zajmować się inżynierstwem. **b)** *B.* inżynierstwa, *Ms.* inżynierstwu, p. inżynierostwo.

inżynieryjny p. inżynierski.

-iński p. -ski.

Ińsko *n II* a. (w połączeniu z wyrazem: jezioro) *ndm* «jezioro i miasto» — iński.

io p. dzielenie wyrazów.

Ionesco (*wym.* Jonesko) *m ndm*: Utwory Ionesco.

Iowa (*wym.* Ajoua) *ż ndm*, *rzad. ż IV* «wówczas wymawiane: Ajowa)1. a. *m ndm* «stan w USA»: Osiedlił się w (stanie) Iowa (w Iowie) **2.** «rzeka w tym stanie»: W swym dolnym biegu Iowa jest żeglowna.

IPM (*wym.* ipeem, p. akcent § 6) *m IV*, *D.* IPM-u, *Ms.* IPM-ie a. *ndm* **1.** «Instytut Prawa Międzynarodowego» **2.** «Instytut Przemysłu Mięsnego» **3.** «Instytut Przemysłu Mleczarskiego»: Pracować w IPM (w IPM-ie). Absolwent IPM (IPM-u).

ipsylon (*wym.* ipsylon a. ypsylon) *n ndm* a. *m IV*, *D.* ipsylonu «nazwa litery y (używana przede wszystkim w byłej Galicji)» // *U Pol. (2), 39.* Por. igrek.

ir- «pierwszy człon wyrazów złożonych pochodzenia obcego, oznaczający: zaprzeczenie; odpowiednik polskiego: nie-», np.: irracjonalizm, irrealny (= nierzeczywisty).

Irak *m III*, *D.* Iraku «państwo w południowo-zachodniej Azji» — Irakijczyk *m III*, *lm M.* Irakijczycy — Irakijka *ż III*, *lm D.* Irakijek — iracki.

Iran *m IV, D.* Iranu «państwo w południowo-zachodniej Azji (dawna nazwa: Persja)» — Irańczyk *m III, lm M.* Irańczycy — Iranka *ż III, lm D.* Iranek — irański (p.).

iranista *m* odm. jak *ż IV, lm M.* iraniści, *DB.* iranistów.

iranistyka (*wym.* iranistyka, *nie*: iranistyka, p. akcent § 1c) *ż III, blm.*

irański: Języki irańskie (*ale*: Wyżyna Irańska).

ircha *ż III, CMs.* irsze, *blm*: Rękawiczki z irchy. Wytrzeć szkło irchą.

Irkuck *m III, D.* Irkucka «miasto w ZSRR» — irkucki.

Irlandia *ż I, DCMs.* Irlandii, *lm D.* Irlandii 1. «wyspa w północno-zachodniej Europie»: Na Irlandii rosły kiedyś olbrzymie lasy.
2. «państwo zajmujące część tej wyspy» △ Irlandia Północna «część Zjednoczonego Królestwa Wielkiej Brytanii i F.n. Irlandii, zajmująca niewielki obszar wyspy Irlandii» — Irlandczyk *m III, lm M.* Irlandczycy — Irlandka *ż III, lm D.* Irlandek — irlandzki (p.), *rzad.* iryjski.

irlandzki: Rząd irlandzki (*ale*: Morze Irlandzkie).

Irokez *m IV, lm M.* Irokezi «Indianin ze związku plemion w Ameryce Płn.» — Irokezka *ż III, lm D.* Irokezek — irokeski.

irracjonalizm *m IV, D.* irracjonalizmu, *Ms.* irracjonalizmie (*wym.* ~izmie a. ~iźmie), *blm.*

irredenta *ż IV, CMS.* irredencie: Irredenta włoska w XIX w.

Irtysz *m II, D.* Irtysza (*nie*: Irtyszu) a. (w połączeniu z wyrazem: rzeka) *ndm* «rzeka w Chinach i w ZSRR»

Irving (*wym.* Irwiŋg) *m III, lm M.* Irvingowie: Opowiadania Irvinga.

irys *m IV, D.* irysa, *Ms.* irysie 1. in. kosaciec: Zerwać irys. Bukiet irysów. 2. *B. = D.* «gatunek cukierka»: Ssać irysa.

irytować p. zirytować.

ischias (*wym.* ischjas, *nie*: iszjas, isjasz) *m IV, D.* ischiasu, *blm* || D Kult. I, 773.

iskać (*nie*: wiskać) *ndk I*, iskaliśmy (p. akcent § 1a i 2) — **wyiskać** *dk posp.* «oczyszczać z robactwa sierść, włosy, odzież»

-isko (-ysko) (formant rozszerzony: **-owisko**). Przyrostek *-isko* tworzy wyrazy zgrubiałe i formy ekspresywne od rzeczowników wszystkich rodzajów: zgrubienia na *-isko* oznaczają nie tylko osoby i przedmioty, których cechą charakterystyczną jest wielkość, np.: *chłopisko, niedźwiedzisko, zamczysko,* lecz mają różne odcienie znaczeniowe, zwykle ujemne: charakteryzują przedmiot jako coś, co budzi strach lub grozę, wywołuje niechęć lub wstręt, lekceważenie lub pogardę, niekiedy współczucie lub litość, np.: *ptaszysko, gmaszysko, dziadzisko, artykulisko, pannisko, kapeluszysko, matczysko, człeczysko.* Rzeczowniki żywotne na *-isko* mogą nabierać innego pozytywnego zabarwienia uczuciowego w zależności od kontekstu, w którym zostaną użyte, np.: głupie chłopczysko, zdziczałe

psisko, *ale*: poczciwe chłopczysko, wierne psisko. △ Rzeczowniki na *-isko* mają zgodnie ze swym zakończeniem rodzaj gramatyczny nijaki, odmieniają się więc według wzoru deklinacji nijakiej, co sygnalizują m.in. formy dopełniacza bezkońcówkowego w *lm*, np.: *nożysko* — tych nożysk, *zamczysko* — tych zamczysk. △ Niekiedy jednak może się pojawić w tym przypadku końcówka *-ów*; jeśli zgrubienie na *-isko* ma za podstawę rzeczownik rodzaju męskiego żywotny, np. tych chłopczysków, kocisków, *-ów* występuje regularnie; jeśli podstawą jest rzeczownik nieżywotny formy z *-ów* używa się obocznie z postacią bezkońcówkową dopełniacza, np. tych papierzysk a. papierzysków (formy na *-ów* są bardziej ekspresywne). Zgrubienia na *-isko* odnoszące się do mężczyzn mogą występować także w rodzaju męskim, np. Przyszło jakieś wielkie chłopisko a. przyszedł jakiś wielki chłopisko.
-owisko tworzy nazwy miejsc otwartych, zajętych przez coś lub przeznaczonych na coś, np.: *jagodowisko* «miejsce pokryte krzakami jagód», *lądowisko* «miejsce przeznaczone do lądowania samolotów», *wczasowisko* «miejscowość wczasowa» △ Podstawami rzeczowników tej grupy mogą być rzeczowniki, przymiotniki lub czasowniki. Wyjątkowo tylko spotykamy przyrostek *-isko* w nazwie pomieszczenia zamkniętego, np. *schronisko.* △ Nazwy miejsc na *-isko* mają odmianę zgodną z wzorem deklinacji nijakiej i w dopełniaczu *lm* przybierają zawsze postać bezkońcówkową, np. wczasowisko — *wczasowisk.*

iskra *ż IV, lm D.* iskier.

iskrzyć (się) *ndk VIb*, iskrzyłby (się) p. akcent § 4c — **zaiskrzyć (się)** *dk.*

islam *m IV, D.* islamu, *Ms.* islamie, *blm*; in. mahometanizm: Sztuka islamu. Prawo islamu.

Islandia *ż I, DCMs.* Islandii 1. «wyspa w północnej części Atlantyku»: Na Islandii czynnych jest 30 wulkanów.
2. «państwo zajmujące teren tej wyspy»: W Islandii panuje ustrój republikański. — Islandczyk *m III, lm M.* Islandczycy — Islandka *ż III, lm D.* Islandek — islandzki.

Ismailia a. **Ismailija** *ż I, DCMs.* Ismailii (Ismailiji) «miasto w Egipcie» — ismailijski (*nie*: ismailski) (p.).

ismailijski: Port ismailijski (*ale*: Kanał Ismailijski).

-ista (-ysta) przyrostek wyodrębniony z wyrazów obcego pochodzenia i używany także do tworzenia rzeczowników na gruncie rodzimym; występuje w nazwach osobowych oznaczających: a) wykonawców zawodów lub specjalistów w różnych dziedzinach, np.: *flecista, gitarzysta, rowerzysta;*
b) zwolenników określonych kierunków umysłowych, społecznych lub politycznych, np.: *darwinista, gaullista;*
c) osoby grające w pewne gry, np.: *szachista, tenisista.* △ Podstawami wyrazów na *-ista* są zwykle obce rzeczowniki pospolite lub nazwiska obce, od podstaw rodzimych nazwy o analogicznych znaczeniach tworzy się za pomocą przyrostków *-owiec, -arz, -owicz.* △ Rzeczowniki na *-ista* charakteryzuje odmiana według wzoru deklinacji żeńskiej w *lp*, według męskiej zaś w *lm.*

Istanbul p. Stambuł.

Istebna *ż* odm. jak przym., *D.* Istebnej (*nie*: Istebny), *CMs.* Istebnej (*nie*: Istebnie) «miejscowość»: Mieszkał w Istebnej. — istebniański.

Istm *m IV, D.* Istmu a. (w połączeniu z wyrazem: przesmyk) *ndm* «przesmyk łączący Grecję z Peloponezem» — istmijski.

istnieć *ndk III*, istnieliśmy (p. akcent § 1a i 2) «być, trwać, żyć (zwykle w powiązaniu z pojęciami oderwanymi)»: Nie istniały między nami żadne różnice. Czy ten dom jeszcze istnieje? △ W wypowiedziach potocznych *niepoprawne zamiast*: znajdować się, być, np. We wsi istnieją (*zamiast*: znajdują się) dwa sklepy. △ *niepoprawne* Nie istnieje, *zamiast*: nie zdarza się, np. Nie istnieje (*zamiast*: nie zdarza się), żeby się spóźnił. || *D Myśli 107; KP Pras.*

istota *ż IV* △ Istota rzeczy «właściwa treść, właściwy charakter czegoś; sedno sprawy»: Nie rozumiesz istoty rzeczy. △ *książk.* W istocie «istotnie, rzeczywiście, w rzeczywistości»: Czy on w istocie jest tym, za kogo się podaje?

istotny *st. w.* bardziej istotny, *st.najw.* najistotniejszy.

Istria *ż I, DCMs.* Istrii a. (w połączeniu z wyrazem: półwysep) *ndm* «półwysep na Bałkanach» — istryjski.

-istyczny p. -iczny.

! iszjas p. ischias.

iść *ndk*, idę, idzie, idziemy (*nie*: idziem), szedłem (*nie*: szłem), szła, szliśmy (*nie*: śliśmy), szli (*nie*: śli), szlibyśmy (p. akcent § 2), idący «posuwać się stawiając kroki»: Szedł ulicą. Uczniowie idą do szkoły. △ Iść kłusa a. kłusem, iść stępa a. stępem. △ Iść o lasce, o kiju, o kulach «iść podpierając się laską, kijem, posługując się kulami» △ Iść z laską, z kijem «iść trzymając laskę, kij» □ *pot.* I. do czego, na co (z nazwami szkół, kierunków studiów itp.) «zamierzać uczyć się, studiować gdzieś»: Iść do szkoły oficerskiej (*nie*: na szkołę oficerską). Iść do konserwatorium, do technikum. Iść na historię, prawo, matematykę. Iść na politechnikę, na uniwersytet, na SGPiS (*por.* do, na, w). □ I. na kogo «nacierać, atakować»: Szli na wroga. □ I. na co **a)** «być wydatkowanym, przeznaczanym na coś»: Zarobki szły na utrzymanie domu. Mięso idzie na przetwory. **b)** *pot.* «mieścić się w czymś, składać się na coś»: 10 jabłek idzie a. wchodzi na 1 kg. **c)** *pot.* «zgadzać się na coś; dążyć do czegoś»: Iść na kompromis, na ustępstwa. *Ale*: Iść (*lepiej*: godzić się) na współpracę z kimś. □ I. po kogo, po co (*nie*: za kim, za czym) «udawać się w poszukiwaniu kogoś, czegoś»: Iść po mięso (*nie*: za mięsem). Iść po doktora. △ *niepoprawne* Iść w co... (*zamiast*: sięgać jakiejś liczby, dochodzić do jakiegoś poziomu), np. Straty idą w miliony złotych (*zamiast*: ...sięgają milionów złotych). □ I. za kim, za czym **a)** «posuwać się, zmierzać za kimś, za czymś»: Pies szedł za panem. **b)** «naśladować kogoś, coś»: Uczniowie szli ślepo za nauczycielem. □ *nieos.* Idzie, *częściej*: chodzi (*nie*: rozchodzi się) o kogo, o co «sprawa dotyczy kogoś, czegoś»: Zupełnie nie wiesz, o co idzie. □ *nieos.* Idzie k o m u o kogo, o co «komuś zależy na kimś, na czymś»: Idzie jej tylko o pieniądze. □ *pot.* Idzie (k o m u — jak, z czym) + okolicznik

sposobu (*lepiej*: komuś się jakoś powodzi, układa): Jak ci idzie? (*lepiej*: Jak ci się powodzi?) △ *pot.* Coś idzie jak po maśle, jak z płatka «coś rozwija się pomyślnie, dobrze się udaje, odbywa się bez przeszkód» △ *pot.* Coś idzie jak z kamienia, jak po grudzie «coś napotyka duże trudności» □ *niepoprawne* Nie idzie + bezokol. (*zamiast*: nie można, nie uchodzi), np. Nie idzie (*zamiast*: Nie należy, nie wypada) się śmiać. △ *pot.* Iść na udry a. iść udry na udry «kłócić się z kimś, gwałtownie się komuś przeciwstawiać» △ Iść przebojem a. na przebój «dążyć do czegoś bezwzględnie, pokonując przeszkody» △ Iść spać, iść do łóżka, *książk.* na spoczynek. Iść za kimś w trop, w tropy, trop w trop «iść tuż za kimś» △ *pot.* Idzie komuś któryś rok; *nieos.* idzie komuś na któryś rok «ktoś rozpoczął dany rok życia» △ *pot.* (zwrot nadużywany) Iść po jakiejś linii, po linii czegoś — *lepiej*: Kierować się czymś w swoim postępowaniu. △ Iść po linii najmniejszego oporu (*nie*: po najmniejszej linii oporu). △ Daleko idący (zwrot nadużywany, poprawny tylko w niektórych wyrażeniach, np. Daleko idące zmiany, wnioski, wątpliwości, *lepiej*: duży, wielki, znaczny, np. Grecja miała daleko idący (*lepiej*: znaczny) wpływ na kulturę rzymską. || *D Kult. I, 143; II, 50; KP Pras.; U Pol. (2), 111, 425, 486.*

Italia *ż I, DCMs.* Italii «starożytna nazwa dzisiejszych Włoch; *podniośle* o Włoszech» — italski (p.). || *D Kult. I, 472.*

I italika (*wym.* italika) *ż III*, zwykle w *lm*; *in.* kursywa: Tekst drukowany italikami.

II italika (*wym.* italika, *nie*: italika, p. akcent § 1c) *blp, D.* italików «książki dotyczące Włoch»: W swej bibliotece miał wiele italików.

italski, *rzad.* **italijski** «odnoszący się do starożytnej Italii» △ w zn. «odnoszący się do Włoch» używane niekiedy z zabarwieniem podniosłym; *częściej* i *lepiej*: włoski. || *D Kult. I, 472.*

ITB (*wym.* itebe, p. akcent § 6) *m* a. *n ndm* «Instytut Techniki Budowlanej»: ITB skupił (skupiło) wokół siebie grono młodych naukowców.

itd. «skrót wyrażenia: *i tak dalej*, pisany z kropką po ostatniej literze, czytany jako całe wyrażenie (*pot.* także: itede)»

itp. «skrót wyrażenia: *i tym podobne*, pisany z kropką po ostatniej literze, czytany jako całe wyrażenie (*pot.* także: itepe)»

iu p. dzielenie wyrazów.

IUNG (*wym.* jung) *m III, D.* IUNG-u «Instytut Uprawy, Nawożenia i Gleboznawstwa»: Współpracować z IUNG-iem.

Iwanow (*wym.* Iwanow) *m IV, D.* Iwanowa (p. akcent § 7), *lm M.* Iwanowowie: Utwory Iwanowa.

Iwiczna *ż* odm. jak przym., *D.* Iwicznej (*nie*: Iwiczny) «miejscowość»: Przyjechać do Iwicznej. Mieszkać w Iwicznej.

-iwo przyrostek używany głównie w terminologii technicznej do tworzenia nazw materiałów (substancji) o określonym przeznaczeniu lub działaniu; podstawą rzeczowników tego typu są zwykle czasowniki, np.: chłodzić — *chłodziwo* «substancja chłodząca», kruszyć — *kruszywo* «rozdrobniony materiał używany do zapraw lub betonów» △ Wyrazy na *-iwo* występują tylko w *lp*.

Iwonicz (Zdrój) oba człony odm., Iwonicz *m II, D.* Iwonicza; Zdrój *m I, D.* Zdroju: Jechać do Iwonicza Zdroju (*pot.* do Iwonicza). Mieszkać w Iwoniczu (Zdroju). — iwonicki.

IWP (*wym.* iwupe, p. akcent § 6) *n* a. *m ndm* «Instytut Wzornictwa Przemysłowego»: IWP szkoliło (szkolił) swych pracowników.

Izabela (*nie*: Izabella) *ż I, lm D.* Izabel.

Izajasz *m II*: Księga Izajasza.

izdebka, *rzad.* **izbeczka** *ż III, lm D.* izdebek (izbeczek) *zdr.* od izba.

-izm element wyodrębniony z wyrazów obcego pochodzenia, mających zwykle zasięg międzynarodowy i będących nazwami różnego rodzaju kierunków i postaw umysłowych (naukowych, artystycznych), np.: *heglizm, symbolizm,* społecznych lub politycznych, np.: *marksizm, socjalizm,* formacji ustrojowych, np.: *feudalizm, kapitalizm,* a także zjawisk z zakresu medycyny, psychologii itp., np.: *alkoholizm, debilizm, daltonizm.* △ Wyrazy na *-izm* opierają się często na podstawie greckiej lub łacińskiej, mogą być także tworzone od nazwisk twórców poszczególnych kierunków lub odkrywców określonych zjawisk, np. Marks — *marksizm,* Dalton (uczony angielski, który rozpoznał i opisał ślepotę barwną) — *daltonizm.* Urabianie rzeczowników za pomocą przyrostka *-izm* jest możliwe również na gruncie polskim, ale podstawą ich mogą być tylko imiona własne, np.: Towiański — *towianizm,* Wallenrod — *walenrodyzm.* △ Rzeczownikom na *-izm* odpowiadają najczęściej przymiotniki na *-iczny (-istyczny),* np.: psychologizm — *psychologistyczny,* socjalizm — *socjalistyczny* albo — gdy są one pochodne od nazw własnych — przymiotniki na *-owski,* np. heglizm — *heglowski.* △ Formy miejscownika *lp* rzeczowników na *-izm* piszemy zawsze z *z* twardym, chociaż w wymowie może w nich zachodzić upodobnienie polegające na zmiękczeniu *z* pod wpływem następnej spółgłoski miękkiej, np. socjalizmie (*wym.* ~izmie a. ~iźmie).

-izna (-yzna) 1. przyrostek występujący w rzeczownikach pochodnych od przymiotników (np.: ogrodowy — *ogrodowizna,* ojcowy — *ojcowizna*); częstym typem są tu rzeczowniki utworzone od przymiotników odpowiadających nazwom krajów, np.: angielski — *angielszczyzna,* francuski — *francuszczyzna,* niemiecki — *niemczyzna*; formacje te mają dwa znaczenia: **a)** są synonimami połączeń wyrazowych: język angielski, język francuski, język niemiecki itp.; **b)** oznaczają zespół cech właściwych danemu krajowi lub jego przedstawicielom, np. wszystko, co jest angielskie, francuskie, niemieckie itp., nie tylko język, lecz modę, obyczaje, sposób bycia (często z odcieniem ujemnym).
2. przyrostek urabiający nazwy kierunków umysłowych lub politycznych od nazwisk ich twórców, np.: Piłsudski — *piłsudczyzna,* Towiański — *towiańszczyz-*

na; nazwy te mają zwykle zabarwienie emocjonalne ujemne — pogardliwe lub ironiczne, w odróżnieniu od rzeczowników na *-izm* o tym samym znaczeniu, które zachowują charakter neutralny.
△ Wyrazy na *-izna (-yzna)* mają w celowniku i miejscowniku *lp* końcówkę *-yźnie* (*nie*: -yznie), np.: niemczyźnie, ogrodowiźnie.

izo- «pierwszy człon wyrazów złożonych pochodzenia obcego, oznaczający: równy, jednakowy, jednorodny», np. izotermiczny.

izobar *m IV, D.* izobaru, *lm D.* izobarów, zwykle w *lm* «jądra izotopów różnych pierwiastków chemicznych, mające taką samą liczbę nukleonów»

izobara *ż IV, lm D.* izobar, zwykle w *lm* «linie na mapie łączące punkty o jednakowym ciśnieniu atmosferycznym»

izolować *ndk* a. *dk IV,* izolowaliśmy (p. akcent § 1a i 2) □ I. kogo, co (od kogo, czego): Janka boli gardło, więc trzeba go izolować od innych dzieci.

izomorfizm *m IV, D.* izomorfizmu, *Ms.* izomorfizmie (*wym.* ~izmie a. ~iźmie), *blm,* in. jednopostaciowość, równopostaciowość, równokształtność.

Izrael (*wym.* Izrael, *nie*: Izrael) *m I, B.* Izrael, *blm* a. (z wyrazem: państwo) *ndm* 1. «państwo na Bliskim Wschodzie»: Mieszkać w Izraelu a. w państwie Izrael. — Izraelczyk (p.) — Izraelita (p.) — izraelski.
2. *DB.* Izraela *podn.* «ogół wyznawców judaizmu»

Izraelczyk *m III, lm M.* Izraelczycy «obywatel państwa Izrael» — Izraelka *ż III, lm D.* Izraelek.

izraelicki *przym.* od izraelita «odnoszący się do wyznawców judaizmu»: Gmina izraelicka. *Por.* izraelski.

Izraelita *m odm. jak ż IV, lm M.* Izraelici, *DB.* Izraelitów 1. «członek narodu żydowskiego w epoce Starego Testamentu»
2. izraelita *wych. z użycia* «wyznawca judaizmu; żyd» — izraelicki.

Izraelitka *ż III, lm D.* Izraelitek 1. «kobieta należąca do narodu żydowskiego w epoce Starego Testamentu»
2. izraelitka *przestarz.* «wyznawczyni judaizmu; żydówka»

iż *książk.* «spójnik łączący ze zdaniem nadrzędnym zdanie podrzędne, rozwijające treść składników zdania nadrzędnego; że»: Stwierdzono, iż termin zwrotu długu już upłynął. || *D Kult. II, 168.*

iżby *przestarz.* «spójnik łączący zdania podrzędne ze zdaniem nadrzędnym; żeby, aby»: Przewodniczący wezwał obecnych, iżby poparli jego wniosek. Ale: Zawiadamiamy prenumeratorów, iż by otrzymywać regularnie nasze pismo, należy przesyłać prenumeratę w terminie do... (pisownia rozdzielna, ponieważ występują tu dwa różne spójniki).

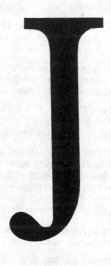

△ Użycie celownikowej formy enklitycznej *mi* może wyrażać stosunek uczuciowy mówiącego do treści zdania: **a)** w rozkazach, poleceniach (podkreślenie czyjejś woli): A idźże mi stąd! Żebyś mi zaraz wrócił!
b) w wykrzyknieniach wyrażających czyjąś ocenę kogoś a. czegoś: To mi zabawa! Ładny mi przyjaciel!
c) w zdaniach wyrażających czyjeś zainteresowanie, troskę o kogoś: Coś mi pani źle wygląda. Jeszcze mi się zaziębisz. △ Jak mi (*nie*: mnie) Bóg miły «formuła wyrażająca potwierdzenie wypowiadanych słów; daję słowo, zaręczam»

ja *n ndm* w użyciu rzecz. «własna osoba; jaźń» △ Występuje zawsze z zaimkiem dzierżawczym lub przymiotnikiem *własny*, np. Obchodzi go tylko własne ja. || *D Kult. I, 71; D Myśli 80; GPK Por. 188, 234; KJP 267; PJ 1967, 104; U Pol. (2), 31, 33, 36.*

jabłeczny a. **jabłkowy** (*wym. pot.* japkowy), *rzad.* **jabłczany** (*wym. pot.* japczany) **1.** «zrobiony z jabłek»: Zupa jabłeczna a. jabłkowa. **2.** tylko: jabłkowy *rzad.* «jabłkowity»

jabłko (*wym.* japłko, *pot.* japko; *nie*: jabułko) *n II*, *D.* jabłka, *lm D.* jabłek.

jabłkowity (*wym.* japłkowity, *pot.* japkowity) «o koniu maści siwej, rzadziej bułanej i gniadej, z ciemniejszymi plamami, *rzad.* jabłkowy»

jabłonkowski: Zabudowania jabłonkowskie (*ale*: Przełęcz Jabłonkowska).

Jabłonków *m IV*, *D.* Jabłonkowa, *C.* Jabłonkowi (*ale*: ku Jabłonkowowi a. ku Jabłonkowu) «miasto» — jabłonkowski (p.).

Jabłonna *ż IV*, *D.* Jabłonny, *CMs.* Jabłonnie (*nie*: Jabłonnej) «miejscowość» — jabłoński.

Jacek *m III*, *D.* Jacka, *lm M.* Jackowie «imię i zdrobnienie od imienia Jacenty» — Jackostwo *n III*, *DB.* Jackostwa, *Ms.* Jackostwu (*nie*: Jackostwie), *blm*; a. Jackowie *blp*, *D.* Jacków.

Jacenty odm. jak przym., *lm M.* Jacentowie — Jacek *m III*, *D.* Jacka, *lm M.* Jackowie — Jacentostwo *n III*, *DB.* Jacentostwa, *Ms.* Jacentostwu (*nie*: Jacentostwie), *blm*; a. Jacentowie *blp*, *D.* Jacentych — Jackowie *blp*, *D.* Jacków.

jacht *m IV*, *D.* jachtu: Płynąć jachtem, na jachcie.

Jaćwież *ż VI*, *blm* «nazwa plemienia Jaćwingów i obszaru przez nich zamieszkanego; Jaćwingowie a. Jadźwingowie» — jaćwieski. || *D Kult. II, 541.*

Jaćwing a. **Jadźwing** *m III*, *lm M.* Jaćwingowie (Jadźwingowie). || *D Kult. II, 541.*

jadalnia *ż I*, *lm D.* jadalni, *rzad.* jadalń; in. pokój jadalny, sala jadalna.

jadalny 1. «zdatny do jedzenia»: Grzyby jadalne. **2.** «przeznaczony na miejsce posiłków»: Pokój jadalny.
jadalny w użyciu rzeczownikowym «pokój jadalny»: Goście przeszli do jadalnego.

jadło *n III*, zwykle *blm wych. z użycia* «pokarm, żywność, jedzenie»

jadłodajnia *ż I*, *lm D.* jadłodajni, *rzad.* jadłodajń.

jadłospis *m IV*, *D.* jadłospisu; lepiej *niż*: menu, np. Jadłospis dietetyczny. Układać jadłospis.

ja *DMs.* mnie, *C.* mnie (*nie*: mie) a. mi, *B.* mnie a. mię, *N.* mną «zaimek osobowy, którym osoba mówiąca oznacza siebie»: Poszliśmy wszyscy: ojciec, matka i ja. Chodź ze mną. △ Formy akcentowanej *mnie* (w *C.* i *B.*) używa się na początku i na końcu zdania (w *B.* — także i w środku zdania), w połączeniach z przyimkami oraz wtedy, gdy na nią właśnie pada akcent logiczny; form *mi*, *mię* nie akcentowanych nie używa się nigdy na początku zdania ani w połączeniach z przyimkami: Mnie tam nie było. Spojrzał na mnie. Komu on to dał? — Mnie! Daj mi to — *ale*: Daj to mnie (zaakcentowane: mnie, a nie komu innemu). Uderzyłeś mię a. mnie, *ale* tylko: Mnie uderzyłeś! (zaakcentowane: właśnie mnie). △ Forma *mię* jest rzadka i poprawna tylko w bierniku: Widziałeś mię (a. mnie) wczoraj. △ *podn.* Jam... «forma skrócona: *ja jestem* lub połączenie *ja* z końcówką czasu przeszłego»: Nie płacz, jam zawsze z tobą. Tak, jam to uczynił. △ *Niepoprawne* jest używanie *ja* w czasie przeszłym zamiast końcówek osobowych *-em, -am* oraz łączenie *ja* z elementem *żem*, np.: ja był, ja pisał, jażem był, jażem pisał (*zamiast*: byłem, pisałem).

Jadwiga *ż III* — Jadzia *ż I, W.* Jadziu — Jadźka *ż III, lm D.* Jadziek.

Jadźwing p. Jaćwing.

Jafa (*nie*: Jaffa) *ż IV* «jednostka administracyjna w Adenie» △ Tel-Awiw-Jafa «miasto w Izraelu» — jafski.

jaga *ż III*, tylko w wyrażeniu: baba-jaga, p. baba.

Jagiellon *m IV, lm M.* Jagiellonowie «członek polskiej dynastii królewskiej» — Jagiellończyk *m III* — Jagiellonka *ż III, lm D.* Jagiellonek — jagielloński (p.).

jagielloński: Polityka jagiellońska (*ale*: Uniwersytet Jagielloński). || *D Kult. I, 506.*

I Jagiełło *m* odm. jak *ż IV, CMs.* Jagielle «poprzednie imię króla Władysława, założyciela dynastii Jagiellonów» || *D Kult. I, 506.*

II Jagiełło *m* odm. jak *ż IV, CMs.* Jagielle, *lm M.* Jagiełłowie, *DB.* Jagiełłów «nazwisko» Jagiełło *ż ndm* — Jagiełłowa *ż* odm. jak przym. — Jagiełłówna *ż IV, D.* Jagiełłówny, *CMs.* Jagiełłównie (*nie*: Jagiełłównej), *lm D.* Jagiełłówien.

jagły *blp, D.* jagieł; *częściej*: kasza jaglana.

jagoda *ż IV, lm D.* jagód △ Czarna jagoda, *skrótowo*: jagoda; w terminologii *bot.*: czernica a. borówka czernica.

jagodny △ tylko w nazwie: Jezioro Jagodne, np. Biwak nad Jeziorem Jagodnym.

jaguar (*wym.* jaguar, *nie*: jaguar) *m IV, Ms.* jaguarze.

Jagusia p. Agnieszka.

Jahwe p. Jehowa.

jaje p. jajko.

jajeczkowanie *n I, blm,* in. owulacja.

jajko *n III, lm D.* jajek; a. **jajo**, *rzad.* **jaje** *n I* (we *fraz.* zwykle: jajko): Jajka (jaja) na miękko, na twardo. Skorupka jajka a. od jajka. □ Jajko Kolumba «proste rozwiązanie pozornie trudnego zagadnienia» △ Obchodzić się z kimś, czymś jak z jajkiem. Wmawiać, wpierać coś, jak w chorego jajko. Nosić się z czymś jak kura z jajkiem.

jak 1. «zaimek zastępujący przysłówki a. równoważne z nimi części zdania, lub nawiązujący do nich»: Jak się masz? Jak zdrowie matki? Słuchał, jak deszcz pada. △ Jak by tu się wymknąć? Jak by on się wtedy zachował? (*ale*: jakby «jak gdyby, niby, jak» — pisane łącznie). △ *niepoprawne*: Jak by ten robił (*zamiast*: jakkolwiek (by) zrobił). Jak by nie było (*zamiast*: jakkolwiek by było; w każdym razie, bądź co bądź). Jak nie zrobisz, będzie dobrze (*zamiast*: jakkolwiek zrobisz, będzie dobrze). △ Tak jak «wyrażenie przyłączające porównanie lub jego składnik»: Wszystko jest tak jak dawniej. Jadł tak jak zwykle jedzą łakomi. △ Tak... jak..., zarówno... jak... «wyrażenia łączące równorzędne części zdania»: Traktował jednakowo tak ludzi zdrowych, jak i chorych. △ Jak... tak... **a)** «wyrażenie łączące dwa człony porównawcze»: Jak brat siostrą, tak on się nią opiekował. **b)** «wyrażenie łączące równorzędne części zdania»: Jak na wsi, tak

w mieście — wszędzie pracować trzeba. Jak poszedł, tak nie wrócił. Jak go nie było, tak nie ma. △ *Niepoprawne* jest używanie wyrażenia: Jak... i... — bez poprzedzającego je członu tak lub zarówno, np. Trzeba to robić rano jak i wieczorem (*zamiast*: ... zarówno rano jak i wieczorem *albo*: ... tak rano jak i wieczorem, *albo*: rano i wieczorem). △ *niepoprawne* również: Pracowali tam zarówno dorośli i dzieci (*zamiast*: ... zarówno dorośli jak i dzieci). △ Jak bądź (*nie*: jak nie bądź), *staranniej*: jakkolwiek. **2.** *pot.* «wyraz zastępujący spójniki zdań określających czas, warunek: kiedy, gdy, dokąd, jeżeli, skoro»: Jak tylko słońce przygrzało, śnieg zaraz stopniał. 5 lat minęło, jak ojciec nie żyje. Pójdę, jak to skończę. Jak będzie pogoda, wyjedziemy. △ Również potoczne: Jak długo (*lepiej*: dopóki): Jak długo (*lepiej*: dopóki) tu jesteś, musisz mnie słuchać.

3. «zaimek łączący wyraz nadrzędny z wyrazem, wyrażeniem lub zdaniem podrzędnym, tworzący porównanie, w którym obie części są równorzędne»: Czysty jak łza. Płakał jak dziecko. Dziewczyna jak łania. △ Utarte wyrażenia porównawcze będące połączeniami *jak* z przymiotnikami, rzeczownikami lub czasownikami w 3. os. a. w bezokoliczniku: Jak Polska długa i szeroka... Chłopiec jak malowanie. Pusto tu jak wymiótł. Cicho jak makiem siał (zasiał). △ *niepoprawne* Jak słowo daję; jak słowo honoru (*zamiast*: słowo daję; słowo honoru, pod słowem honoru). △ *Jak* może rozdzielać wyrazy powtórzone: **a)** «dla oznaczenia typowości, przeciętności czegoś»: Koń jak koń, nic szczególnego (konstrukcja ta ma charakter potoczny).
b) «dla podania czegoś w wątpliwość, zakwestionowania czegoś»: To wspaniała dziewczyna! — Wspaniała jak wspaniała, ale dość miła. △ *Niepoprawne* jest porównawcze użycie *jak* (*zamiast*: niż) po: **a)** nie zaprzeczonych przymiotnikach i przysłówkach w stopniu wyższym, np. On zrobi to lepiej jak ty (*zamiast*:... niż ty) **b)** nie zaprzeczonych wyrazach: inny, różny, woleć, np. Mam inny kapelusz jak ty (*zamiast*:... niż ty). To dom całkiem różny jak twój (*zamiast*:... różny od twojego). Wolę tę drogę jak tamtą (*zamiast*:... niż tamtą a. od tamtej). △ Poprawne jest natomiast używanie *jak* (równorzędnie z *niż*) po zaprzeczonych przymiotnikach i przysłówkach w stopniu wyższym, np. Nie znam nic lepszego jak (a. niż) spacer w taką pogodę. Nie bywał tam częściej jak (a. niż) raz w tygodniu. △ *niepoprawne* Jak raz (*zamiast*: właśnie, ściśle, dokładniej; w sam raz), np. Było to jak raz (*zamiast*:... właśnie) w czasie tej burzy.
4. «partykuła wzmacniająca»: **a)** «towarzysząca przymiotnikom lub przysłówkom w stopniu najwyższym (pisana rozdzielnie)»: Wracaj jak najprędzej. △ *pot.* Jak najbardziej «kategoryczna forma twierdzącej odpowiedzi»: Lubisz ją? — Jak najbardziej. — Wyrażenie używane *niepoprawnie* wówczas, gdy nie można go zastąpić przysłówkiem *bardzo*, np.: Czy jest chleb? — Jak najbardziej (*zamiast*: Jest, oczywiście). Pójdziemy? — Jak najbardziej (*zamiast*: Tak, naturalnie).
b) *pot.* «niekiedy z przeczeniem — uwydatniająca żywość dziania się czegoś»: Jak podskoczy, jak wytnie go w ucho! Naraz jak nie huknęło!
jak gdyby 1. «połączenie *jak* w funkcji zaimka ze spójnikiem *gdyby*»: Przepraszał nas, jak gdyby to on był temu winien. **2.** «osłabione *jak* w funkcjach porównawczych; jakby»: Świat jak gdyby zamarł w bezruchu.

jak to 1. «wzmocnione *jak* w zdaniach pytajnych i wykrzyknikowych»: Nie wiecie, jak to z nią będzie? Patrz, jak to sobie śpi smacznie! **2.** «wyrażenie o charakterze ekspresywnym, używane w pytaniach, oznaczające zaciekawienie, zdziwienie, zaskoczenie»: Jak to?! Więc ciebie tam nie było? **3.** «wyrażenie (często rozdzielające wyrazy powtórzone) uwydatniające zwyczajność lub typowość czegoś»: U nas, jak to u nas — wszystko po staremu. Chłopcy, jak to oni zwykle, dokazywali. *|| D Kult. I, 56, 115, 191, 194; II, 53, 54, 595; GPK Por. 242; Kl. Ależ 57, 72; KP Pras.; U Pol. (2), 54, 119, 370.*

jakby 1. «osłabione *jak* w funkcjach porównawczych; jak gdyby, jakoby, niby»: Wygląda jakby spał. Twarz miała jakby z wosku. **2.** «partykuła osłabiająca znaczenie wyrazu, któremu towarzyszy; o czymś podobnym do czegoś, przypominającym coś»: Był jakby zakłopotany. **3.** *pot.* «jeśliby, gdyby»: Jakbyś miał czas, to przyjdź. △ *niepoprawne* Jakby (właściwie: jak by) nie było (*zamiast*: Jakkolwiek by było a. jakkolwiek było; p. jak). *|| D Kult. II, 595; KP Pras.; U Pol. (2), 54.*

jaki, jaka, jakie odm. jak przym., *lm M. m-os.* jacy, *ż-rzecz.* jakie **1.** «zaimek zastępujący przymiotniki»: **a)** «używany w pytaniach lub zdaniach mających funkcję pytań»: Jaka dziś pogoda? Pytał, jakimi środkami rozporządzam.
△ Zaimka *jaki* (wskazującego na jakość przedmiotu, a nie na sam przedmiot) używamy na początku zdań podrzędnych, jeśli w poprzedzającym zdaniu nadrzędnym występuje (lub mógłby wystąpić) zaimek *taki*, np.: Oglądałem tam takie zwierzęta, jakich nigdy przedtem nie widziałem. Pełno tu dziewcząt, jakich u nas w kraju nie spotkasz. △ Jeśli natomiast w poprzedzającym zdaniu występuje (albo mógłby wystąpić) zaimek *ten*, w zdaniu podrzędnym należy raczej użyć zaimka *który* (wskazującego na sam przedmiot, a nie na jego jakość), np.: Pytanie jakieś (*lepiej*: któreś) mi zadał, było trudne. Opisano tragiczny finał zabawy, jaka (*lepiej*: która) odbyła się poprzedniego dnia.
b) «bliżej nieokreślony; jakikolwiek, jakiś»: Szukam jakiego zajęcia. Czy podpisałeś jakie zobowiązanie? △ Byle jaki, lada jaki **a)** «lichy, bez wartości» **b)** «obojętnie jaki, jakikolwiek» △ Jaki bądź «jakikolwiek» △ Jaki taki (*nie*: jako taki) «przeciętny, dawniej także: ten i ów» △ *niepoprawne* Jaki by nie był (*zamiast*: jakikolwiek by był): Jego warunki trzeba przyjąć, jakie by nie były (*zamiast*:... jakiekolwiek będą, jakiekolwiek by były).
2. «wyraz osłabiający lub wzmacniający»: **a)** «używany przed wyrażeniami oznaczającymi ilość lub liczbę; około, prawie, blisko»: Ten dąb liczy pewno jakie (*nie*: jakich) 300 lat. Za jakie (*nie*: jakich) pięć godzin będziemy na miejscu.
b) «używany dla uwydatnienia dużego nasilenia czegoś»: Jaka ona biedna! Jacy szczęśliwi byli wówczas...
po jakiemu *pot.* «w jaki sposób, jak» △ Po jakiemu on mówi? «jakim językiem?» *|| D Kult. II, 59; KP Pras.; Kl. Ależ 72.*

jakikolwiek odmienna tylko pierwsza część wyrazu (jaki-); *m-os.* jacykolwiek «zaimek zastępujący przymiotniki bez bliższego precyzowania ich treści; dowolny, wszelki, wszystko jedno jaki, jaki bądź»: Potrzebny mi jakikolwiek pretekst, żeby tam nie pójść.

Zrób to w jakikolwiek sposób, byleś zrobił. △ Jakikolwiek by był (*nie*: jakikolwiek by nie był, jaki by nie był). △ *niepoprawne* Jakikolwiek bądź (*zamiast*: jakikolwiek).

jakiś *m-os.* jacyś **1.** zaimek nieokreślony zastępujący przymiotniki bez bliższego precyzowania ich treści; pewien, nieokreślony, niejaki»: Jakiś czas było cicho. Przyniosła jakieś książki. △ Wyraz ten jest często nadużywany, np. W twórczości tego poety można stwierdzić jakieś bardzo (*zamiast*:... stwierdzić bardzo) ciekawe zjawiska. △ Nadużywany jest także zwrot: w jakiś sposób, np. On jest w jakiś sposób artystą (*zamiast*: On jest pod pewnym względem a. w pewnym stopniu artystą). △ *Niepoprawne* jest używanie zaimka *jakiś* zamiast zaimka przeczącego, np. Nigdy nie ma czasu na jakieś rozrywki (*zamiast*: ...na żadne rozrywki *albo* krócej: ...na rozrywki). △ Zaimka *jakiś* używa się też ekspresywnie z zabarwieniem ujemnym: A to osioł jakiś! △ Jakiś tam «z niechęcią, pogardą o czym, o kim»: Włóczy się z jakąś tam (domyślne: dziewczyną).
2. «wyraz osłabiający znaczenie wyrazu, którego jest określeniem»: **a)** «używany przed wyrażeniami oznaczającymi ilość lub liczbę; około, mniej więcej»: Mieszka o jakieś (*nie*: jakichś) dwadzieścia kilometrów od was.
b) «używany przed przymiotnikami dla zaznaczenia nieokreśloności, niesprecyzowania»: Był jakiś tajemniczy i milczący. Na ustach miał jakiś dziwny uśmiech. △ *pot.* Taki jakiś «nieokreślony (zwykle z odcieniem ujemnym)»: Dzieci nie lubiły go — był taki jakiś niemiły. *|| D Kult. II, 52.*

jakiż, jakaż, jakież odm. jak przym., *m* i *n*. *D.* jakiegoż, *NMs.* jakimże, *ż DCMs.* jakiejże; *lm m-os. M.* jacyż, *D.* jakichże, *ż-rzecz. MB.* jakież, *D.* jakichże, *C.* jakimże, *N.* jakimiż, *Ms.* jakichże «wzmocniony zaimek *jaki*»: Jakichże słów mam użyć, by cię przekonać? Ach, jakiż piękny dzień!

jakkolwiek 1. «zaimek zastępujący wyrażenia: jakoś, w jakiś sposób; byle jak»: Ubierz się jakkolwiek i chodź prędzej. △ Jakkolwiek by było (*nie*: jakkolwiek by nie było, jak by nie było). △ Jakkolwiek zrobisz, będzie dobrze... (*nie*: Jakkolwiek bądź zrobisz, jak nie zrobisz, tak będzie dobrze). **2.** *książk.* «wyraz zastępujący spójniki: chociaż, mimo że»: Lubił ją, jakkolwiek drażniła go czasami.

jako 1. «wyraz wiążący z wyrazem nadrzędnym rzeczowniki (rzadziej — przymiotniki lub imiesłowy w funkcji rzeczowników), uwydatniające funkcję, charakter czegoś, zajęcie, stanowisko, rolę pełnioną w stosunku do czegoś»: Byłem tam jeszcze jako dziecko. Spalono ją na stosie jako czarownicę. △ *niepoprawne* Uznawać, uważać, brać itp. kogoś, coś jako kogoś, coś (*zamiast*: za kogo, za co), np. Uważano go jako (*zamiast*: za) mistrza w tej dziedzinie. △ Zbędne jest używanie *jako* w funkcji wskazywania na kolejność omawianego zjawiska, np. Jako pierwszy przybył do mety zawodnik Kruk (*zamiast*: Pierwszy przybył...). **2.** *wych. z użycia*, dziś zwykle *urz.* «zamiast wyrazu *jak* (zwykle we *fraz.*)» △ Jako też «a również, a także»: Należy przedstawić dowód osobisty i metrykę urodzenia, jako też odpis dyplomu. △ Jako taki (wyrażenie nadużywane) «występujący, traktowany we właściwym sobie charakterze, zakresie, funkcji itp.»: Nie interesował się rolnictwem jako takim (*lepiej*: ...samym rolnictwem), obchodził go jedynie jego związek z przemysłem. △ *pot.* Jako tako «znośnie, możliwie, nieźle»: Powodziło im się jako tako. △ *książk.* Jako że «*ponieważ*» △ *przestarz.* Jako to «wyrażenie rozpoczynające wyliczenie lub przyłączające człony wyjaśniające» || *U Pol. (2), 57, 308.*

jakoby 1. «wyraz łączący z członem nadrzędnym zdanie, będące jego rozwinięciem, wyrażający zastrzeżenia co do prawdziwości treści tego zdania (zwykle przytaczanej relacji)»: Twierdzi, jakoby tam był. Krążą pogłoski, jakoby nasze miasto miało dostać fundusze na budowę nowego stadionu.
△ *Jakoby* łączy się zawsze z formami czasu przeszłego, dlatego *niepoprawne* są konstrukcje typu: Świadek utrzymuje, jakoby nie ma nic wspólnego z tą sprawą (*zamiast*: ...jakoby nie miał nic wspólnego z tą sprawą). △ *Niepoprawne* są też użycia *jakoby* po spójniku *że*, np. Twierdzi, że jakoby był wtedy poza miastem (*zamiast*: Twierdzi, jakoby był wtedy poza miastem).
2. «partykuła wyrażająca powątpiewanie o prawdziwości przytoczonej relacji»: W naszym dziale kadr mają jakoby nastąpić duże zmiany.
3. *przestarz.* «osłabione *jak* w funkcjach porównawczych; tak jak, jakby, niby»: Uciekał jakoby go ktoś gonił.

jakościowy «odnoszący się do jakości»: Zmiany jakościowe. △ *Niepoprawne* w wyrażeniach typu: Podniesienie jakościowe czegoś (*zamiast*: jakości czegoś).

jakość *ż V, blm*: Niska (*lepiej*: zła) jakość. Towar wysokiej (*lepiej*: dobrej) jakości. Podnieść jakość produkcji.

Jakowlew (*wym.* Jakowlew) *m IV, D.* Jakowlewa (p. akcent § 7): Artykuł poświęcony Jakowlewowi.

Jakub *m IV, lm M.* Jakubowie — Kuba *m odm.* jak *ż IV, lm M.* Kubowie, *DB.* Kubów — Kubuś *m I, lm M.* Kubusiowie, *DB.* Kubusiów — Jakubostwo *n III, DB.* Jakubostwa, *Ms.* Jakubostwie (*nie*: Jakubostwie), *blm*; a. Jakubowie *blp, D.* Jakubów — Kubowie, Kubusiowie *blp, D.* Kubów, Kubusiów. || *D Kult. I, 794; U Pol. (2), 503.*

Jakucja *ż I* «republika autonomiczna w ZSRR» — Jakut *m IV, lm M.* Jakuci (*nie*: Jakutowie) — Jakutka *ż III, lm D.* Jakutek — jakucki (p.).

Jakuck *m III* «miasto w ZSRR» — jakucki (p.).

jakucki przym. od Jakuck a. Jakucja: Język jakucki (*ale*: Jakucka ASRR).

jałowica p. jałówka.

jałowiec *m II, D.* jałowca a. jałowcu, *lm D.* jałowców (*nie*: jałowcy).

jałówka *ż III, lm D.* jałówek; a. **jałowica** *ż II.*

Jałta *ż IV* «miasto w ZSRR» — jałtański (p.).

jałtański (*nie*: jałcki, jałtajski): Konferencja jałtańska.

! jam p. dżem.

jamajski: Plantacje jamajskie (*ale*: Kanał Jamajcki).

Jamajka *ż III* **1.** «wyspa na Morzu Karaibskim i republika na tej wyspie»

2. *lm D.* Jamajek «obywatelka republiki, mieszkanka wyspy» — Jamajczyk *m III, lm M.* Jamajczycy — jamajcki (p.).
3. jamajka, *lm D.* jamajek «nazwa gatunku rumu», zwykle w wyrażeniu: Rum jamajka.

jamboree (*wym.* dżembori) *n ndm.*

I James (*wym.* Dżems) *m IV, D.* Jamesa, *lm M.* Jamesowie a. (w połączeniu z wyrazem: pan itp.) *ndm*: Powieści Henryka Jamesa. Sylwetki braci Jamesów (a. braci James).

II James (*wym.* Dżems) *m IV, D.* Jamesu. *Ms.* Jamesie a. (zwłaszcza z wyrazem: rzeka) *ż ndm* «rzeka w USA»: James płynął (płynęła). Fale Jamesu (rzeki James).

jamieński: Brzeg jamieński. Zabytki jamieńskie (*ale*: Jamieński Nurt).

Jamno *n III* **1.** a. (w połączeniu z wyrazem: jezioro) *ndm* «jezioro»
2. «miejscowość» — jamieński (p.).

jam session (*wym.* dżem seszn) *n ndm*: Interesujące jam session odbyło się w ognisku muzycznym.

Jan *m IV, lm M.* Janowie — Janek *m III, D.* Janka, *lm M.* Jankowie — Jaś a. Jasio (*nie*: Jasiu) *m I, lm M.* Jasiowie, *DB.* Jasiów — Jasiek *m III, D.* Jaśka, *lm M.* Jaśkowie — Janostwo *n III, DB.* Janostwa, *Ms.* Janostwu (*nie*: Janostwie), *blm*; a. Janowie *blp, D.* Janów — Jankowie, Jasiowie, Jaśkowie *blp, D.* Janków, Jasiów, Jaśków — Janina *ż IV* — Janka *ż III, lm D.* Janek — Jasia *ż I, W.* Jasiu.

janczar (*nie*: jańczar) *m IV, lm M.* janczarzy a. janczarowie.

Jangcy *ż ndm*, a. **Jangcy-ciang** (*wym.* Jaŋgcy-ciaŋg) *m III, D.* Jangcy-ciangu «rzeka w Chinach»: Na blisko połowie swej długości Jangcy jest żeglowna. Miasta nad Jangcy-ciangiem.

Jankes (*nie*: Jankies) *m IV, lm M.* Jankesi — Jankeska *ż III, lm D.* Jankesek — jankeski.

Jankiel *m I, D.* Jankiela, *lm M.* Jankielowie, *DB.* Jankielów.

Janów (Lubelski), Janów *m IV, C.* Janowowi (*ale*: ku Janowowi a. ku Janowu), Lubelski odm. przym. — janowski.

Janusz *m IV, lm M.* Januszowie — Januszek *m III, D.* Januszka — Januszostwo *n III, DB.* Januszostwa, *Ms.* Januszostwu (*nie*: Januszostwie), *blm*; a. Januszowie *blp, D.* Januszów — Januszkowie *blp, D.* Januszków.

Japonia (*wym.* Japońja) *ż I, DCMs.* Japonii — Japończyk *m III, lm M.* Japończycy — Japonka (p.) — japoński.

japonistyka (*wym.* japonistyka, *nie*: japonistyka, p. akcent § 1c) *ż III, blm.*

Japonka *ż III, lm D.* Japonek **1.** «kobieta narodowości japońskiej»
2. japonka «wózek do przewożenia betonu, piasku itp.»

jar *m IV, D.* jaru; in. wąwóz, parów.

jard *m IV, D.* jarda, *rzad.* jardu.

jarmuż

jarmuż *m II, D.* jarmużu (*nie*: jarmuszu), zwykle *blm.*

Jarocin *m IV* «miasto» — jarocinianin *m V, D.* jarocinianina, *lm M.* jarocinianie, *D.* jarocinian — jarocinianka *ż III, lm D.* jarocinianek — jarociński.

I Jarosław *m IV, lm M.* Jarosławowie — Jarek *m III, D.* Jarka, *lm M.* Jarkowie — Jarosławowstwo *n III, DB.* Jarosławowstwa, *Ms.* Jarosławowstwu (*nie*: Jarosławowstwie), *blm;* a. Jarosławowie *blp, D.* Jarosławów — Jarkowie *blp, D.* Jarków.

II Jarosław *m I, D.* Jarosławia, *Ms.* Jarosławiu «miasto» — jarosławianin *m V, D.* jarosłowianina, *lm M.* jarosławianie, *D.* jarosławian — jarosławianka *ż III, lm D.* jarosławianek — jarosławski.

Jarossy (*wym.* Jaroszi) *m odm.* jak przym., *D.* Jarossyego: Znakomita konferansjerka Jarossyego.

jarosz *m II, lm D.* jaroszów a. jaroszy; *rzad.* wegetarianin.

jarować *ndk IV,* jarowaliśmy (p. akcent § 1a i 2) **1.** «poddawać nasiona siewne działaniu niskiej temperatury i wilgoci w celu skrócenia okresu wegetacji roślin» **2.** «trenować konia» // *D Kult. II, 369.*

jarowizacja, *rzad.* **jaryzacja** *ż I,* zwykle w *lp,* n. wernalizacja. // *D Kult. II, 369.*

jarowizować *ndk IV,* jarowizowaliśmy (p. akcent § 1a i 2) p. jarować (w zn. 1). // *D Kult. II, 369.*

jarząb *m IV* **1.** *D.* jarzębu a. jarzęba; a. *m I, D.* jarzębia «drzewo» **2.** *D.* jarzęba «ptak»

jarzębaty a. **jarzębiaty** «o ptakach (zwykle o kurach): nakrapiany jednym kolorem (czarnym lub brązowym)»

jarzębiak *m III, D.* jarzębiaku.

jarzmo *n III, lm D.* jarzm a. jarzem. △ *przen.* Wyzwolić z jarzma, spod jarzma.

jarzyć się *ndk VIb,* jarzyłby się (p. akcent § 4c): Światła się jarzą. □ J. się czym: Lampa jarzyła się czerwonym światłem. □ J. się od czego: Sala jarzyła się od świateł.

jarzyna *ż IV* **1.** częściej w *lm* «roślina jadalna, warzywo» **2.** częściej w *lp* «potrawa z tej rośliny»: Przyrządzić marchew na jarzynę. Na jarzynę była kapusta. **3.** *przestarz.* «zboże jare, roślina jara» // *D Kult. I, 372, 507.*

jasełka *blp, D.* jasełek.

jasiek *m III, D.* jaśka **1.** «mała poduszka»: Poprawił jasiek pod głową. **2.** «odmiana fasoli»: Do barszczu podano jasiek.

jasion *m IV, D.* jasionu, *Ms.* jasionie; a. **jasień** *m I, D.* jasienia *reg.* «jesion»

jaskier *m IV, D.* jaskra, *rzad.* jaskru.

jaskiniowiec *m II, D.* jaskiniowca, *W.* jaskiniowcze, forma szerząca się: jaskiniowcu, *lm M.* jaskiniowcy; in. człowiek jaskiniowy.

jaskinioznawstwo *n III,* zwykle *blm; częściej:* speleologia.

jaskółka *ż III, lm D.* jaskółek △ Pierwsza jaskółka «pierwsza zapowiedź, pierwszy zwiastun czegoś»

△ Nadużywane w języku prasy (*zamiast*: objaw, przejaw), np. Pierwsze jaskółki (*zamiast*: objawy, przejawy) zmian.

jaskrawo- «pierwszy człon przymiotników złożonych wskazujący na dużą intensywność barwy wyrażonej przez drugi człon złożenia, pisany łącznie», np.: jaskrawoczerwony, jaskrawozielony. △ Wyrażenia, których pierwszym członem jest przysłówek a drugim imiesłów, pisze się rozdzielnie, np.: Jaskrawo ubrana dziewczyna.

Jasło *n III* «miasto» — jaślanin *m V, D.* jaślanina, *lm M.* jaślanie, *D.* jaślan — jaślanka *ż III, lm D.* jaślanek — jasielski.

Jasna Góra, Jasna *odm.* przym., Góra *ż IV* «wzgórze z klasztorem i kościołem w Częstochowie» — jasnogórski.

jasno *st. w.* jaśniej a. bardziej jasno: Jaśniej niż słońce, jaśniej niż gwiazdy (*nie*: jaśniej słońca, gwiazd). || *U Pol. (1), 94.*

jasno- «pierwszy człon przymiotników złożonych, pisany łącznie»: **a)** «wskazujący na jasny odcień lub małą intensywność barwy wyrażanej w drugim członie złożenia», np.: jasnoczerwony, jasnoniebieski. **b)** «człon przymiotnika złożonego o charakterze dzierżawczym, wskazujący na jasność barwy tego co nazywa druga, rzeczownikowa część złożenia», np.: jasnooki, jasnowłosy.

△ Wyrażenia, których pierwszym członem jest przysłówek a drugim imiesłów, pisze się rozdzielnie, np.: Jasno oświetlony pokój.

jasnoblond *ndm*: Włosy jasnoblond. Miał jasnoblond czuprynę.

jasność *ż V,* zwykle *blm* **1.** «światło, blask; bladość; dźwięczność, czystość (np. głosu)»: Jasność słońca, skóry, głosu. **2.** «zrozumiałość, wyrazistość; bystrość, rzeczowość»: Jasność stylu, myśli.

jasnowidz *m II, lm M.* jasnowidze; a. **jasnowidzący** (w użyciu rzeczownikowym).

jasnowidzący *m-os.* jasnowidzący: Jasnowidzący wizjoner.
jasnowidzący w użyciu rzeczownikowym, in. jasnowidz: Jasnowidzący przepowiadał przyszłość. || *D Kult. I, 806.*

jasny *m-os.* jaśniejsi, *st. w.* jaśniejszy
jasne *pot.* w użyciu przysłówkowym, *lepiej*: oczywiście, naturalnie. △ *pot.* Jasne, że... (*lepiej*: oczywiście, rozumie się, że...), rzecz jasna, że... △ Jasne? (*lepiej*: Zrozumiałeś? Zrozumiano? itp.).

Jassy *blp, D.* Jass «miasto w Rumunii» — jaski.

Jastarnia *ż I* «miejscowość» — jastarninin *m V, D.* jastarninina, *lm M.* jastarninie, *D.* jastarnian — jastarnianka *ż III, lm D.* jastarnianek — jastarniański.

Jastrowie *n I* «miasto» — jastrowianin *m V, D.* jastrowianina, *lm M.* jastrowianie, *D.* jastrowian — jastrowianka *ż III, lm D.* jastrowianek — jastrowski.

jastrząb *m I, D.* jastrzębia, *Ms.* jastrzębiu.

Jastrzębie (Zdrój), Jastrzębie *n I,* Zdrój *m I, D.* Zdroju «miasto»: Mieszkać w Jastrzębiu Zdroju. — jastrzębski.

jasyr (*nie*: jassyr) *m IV, D.* jasyru, *blm: hist.* Wziąć, zabrać, uprowadzić kogoś w jasyr.

jaszcz *m II, lm D.* jaszczy a. jaszczów.

jaszczur *m IV* 1. *D.* jaszczuru «rodzaj skóry; pochwa z tej skóry» 2. *D.* jaszczura; *in.* salamandra «płaz ziemno-wodny» 3. *D.* jaszczura «gad wymarły»

jaśnie «pierwsza część dawnych tytułów i zwrotów grzecznościowych»: Jaśnie pan. Jaśnie wielmożni państwo. Jaśnie oświecony. *Por.* jaśniepan.

jaśnieć *ndk III*, jaśnieliśmy (p. akcent § 1a i 2): Słońce jaśniało na niebie. □ J. czym: Okna jaśnieją światłem. △ *przen.* Jaśnieć urodą, szczęściem. □ J. od czego: Pokój jaśniał od słońca.

jaśniepan (*wym.* jaśniepan a. jaśniepan) *m IV, lm M.* jaśniepanowie *rzad. iron.* «arystokrata» *ale*: jaśnie pan — w dawnych tytułach i zwrotach grzecznościowych.

jatagan *m IV, D.* jataganu a. jatagana, *Ms.* jataganie.

Jaurès (*wym.* Żores) *m IV, D.* Jaurèsa (p. akcent § 7), *Ms.* Jaurèsie: Poglądy społeczne Jaurèsa.

jaw *m IV, D.* jawu *przestarz.* «stan świadomości, czuwania, przytomności; jawa» △ dziś tylko w zwrotach: Wydobyć, wyciągnąć itp. coś na jaw, wyjść na jaw (*wym.* na jaw) «uczynić widocznym, znanym; stać się widocznym, wiadomym, znanym»: Tajemnica wyszła na jaw.

jawa *ż IV, blm*: Śnić na jawie. Widzieć coś jak na jawie.

I Jawa *ż IV* «wyspa w Archipelagu Malajskim»: Jawa Środkowa, Wschodnia, Zachodnia. — Jawajczyk a. Jawańczyk *m III, lm M.* Jawajczycy (Jawańczycy) — Jawajka (p.) a. Jawanka *ż III, lm D.* Jawanek — jawajski (p.).

II Jawa *ż IV* 1. *blm* «marka motocykla» 2. jawa «motocykl tej marki»: Jechać jawą. Na wystawie stało kilkanaście jaw.

Jawajka *ż III, lm D.* Jawajek 1. «mieszkanka Jawy» 2. jawajka «lalka z teatru kukiełkowego»

jawajski: Klimat jawajski (*ale*: Morze Jawajskie, Rów Jawajski).

jawić się *ndk* a. *dk VIa*, jawiliśmy się (p. akcent § 1a i 2) *książk.* «stawać się widocznym, ukazywać się, pojawiać się»: W świetle błyskawic jawiły się mury zamku.

jawor, *reg.* **jawór** *m IV, D.* jaworu «drzewo»

Jawor *m IV, D.* Jawora «miasto» — jaworzanin *m V, D.* jaworzanina, *lm M.* jaworzanie, *D.* jaworzan — jaworzanka *ż III, lm D.* jaworzanek — jaworski.

jaworowy: Drewno jaworowe (*ale*: Jaworowa Dolina, Jaworowe Szczyty).

Jaworów *m IV, C.* Jaworowowi (*ale*: ku Jaworowowi a. ku Jaworowu) «miasto» — jaworowski.

Jaworze *n I* «miejscowość» — jaworzański.

Jaworzno *n III* «miasto» — jaworznianin *m V, D.* jaworznianina, *lm M.* jaworznianie, *D.* jaworznian —

jaworznianka *ż III, lm D.* jaworznianek — jaworzniański.

Jaworzyna *ż IV* «szczyt w Tatrach» △ Pasmo Jaworzyny «pasmo górskie w Tatrach» — jaworzyński.

Jaworzyna (Śląska), Jaworzyna *ż IV*, Śląska odm. przym. «miasto» — jaworzyński.

jazda *ż IV, CMs.* jeździe (*nie*: jaździe): Konna jazda a. jazda na koniu. △ Coś oddalonego o 2, 3 itp. godziny jazdy (pociągiem, samochodem).

jazgarz *m II, lm D.* jazgarzy.

jazgotać *ndk IX*, jazgocze, *przestarz.* jazgoce; jazgocz, jazgotaliśmy (p. akcent § 1a i 2): Przekupki jazgotały na rynku. Telefon jazgocze.

jazz p. dżez.

jazz-band p. dżezbend.

jazzman p. dżezmen.

! jazzowy p. dżezowy.

ją p. on.

jąć *dk Xc* (używane tylko w czasie przeszłym i bezokoliczniku), jął (*wym.* joł), jęła (*wym.* jeła), jęli (*wym.* jeli), jęliśmy (*wym.* jeliśmy; p. akcent § 1a i 2) *książk.* (często *podn.*) «zacząć, począć» □ J. + bezokol.: Jęło dąć śniegiem. Samolot jął zniżać się nad torem. **jąć się** «zabrać się, wziąć się do czegoś» □ J. się czego: Jąć się handlu, pracy.

jąkała *m* a. *ż* odm. jak *ż IV, M.* ten a. ta jąkała (także o mężczyznach), *lm M.* te jąkały, *D.* jąkałów (tylko o mężczyznach) a. jąkał, *B.* tych jąkałów (tylko o mężczyznach) a. te jąkały.

JCM *DCMs.* JCMci, *N.* JCMcią «skrót tytułu: *Jego* (a. *Jej*) *Cesarska Mość*; pisany bez kropki, stawiany zwykle przed imieniem cesarza lub cesarzowej, czytany jako całe, odmieniane wyrażenie»: Audiencja u JCMci (*czyt.* jego cesarskiej mości) Napoleona III. JCM (*czyt.* jej cesarska mość) Eugenia.

je p. on.

JE «skrót tytułu: *Jego* (*Jej*) *Ekscelencja*, pisany bez kropek, stawiany zwykle przed tytułem lub tytułem i nazwiskiem danej osoby, czytany jako całe, odmieniane wyrażenie»: JE (*czyt.* jego ekscelencja) ambasador, biskup.

jechać (*nie*: jachać) *ndk* jadę, jedzie (*nie*: jadzie), jedź (*nie*: jadź), jechał, jechaliśmy (p. akcent § 1a i 2) 1. «przenosić się z miejsca na miejsce, odbywać podróż» □ J. czym, *rzad.* w czym (zwykle w części pojazdu): Jechać tramwajem, pociągiem, rowerem. W przedziale jechały trzy osoby. □ J. na czym: Jechać na sankach, na rowerze, na koniu, na ośle, na wielbłądzie itp. △ *przen. pot.* Nie uczył się, ale miał dobre stopnie, bo jechał na opinii. □ J. po kogo, co (*nie*: za czym) «jechać w celu przyniesienia, kupienia czegoś lub przywiezienia, przyprowadzenia kogoś»: Jechać po towar do magazynu, po chleb do sklepu, po syna do szkoły (*nie*: za towarem, za chlebem, za synem). □ J. za kim, za czym «jechać w ślad za kimś, za czymś»: Jechać za zbiegiem, za samochodem. △ Jechać oklep a. na oklep «jechać konno bez siodła» △ *posp.* Coś jedzie od kogoś, jedzie od kogoś czymś «ktoś cuchnie czymś»

2. «o środkach lokomocji: być w ruchu»: Autobus jechał drogą. Wagon jedzie po szynach. // *D Kult. I, 288.*

jeden, jedna, jedno (*nie*: jedne) odm. jak przym., *lm M. m-os.* jedni, *ż-rzecz.* jedne.
1. «liczebnik główny, odpowiadający liczbie i cyfrze 1»: Jeden dzień. Jedna sztuka. Jedna druga, jedna trzecia itp. △ W liczebnikach złożonych nie odmienia się liczebnika *jeden* będącego ich ostatnim członem, np.: Dwadzieścia jeden kobiet, koni, godzin, krzeseł. Dwudziestu jeden mężczyzn pracuje w naszym zakładzie. W pracy brak było dwudziestu jeden kobiet. Biblioteka zakupiła dwadzieścia jeden książek. Minęła godzina siódma minut czterdzieści jeden (*ale*: Minęła godzina siódma i jedna minuta). △ Sklep z tysiącem jeden drobiazgów (*nie*: Sklep z tysiącem jeden drobiazgami, *ani*: Sklep z tysiąc jednym drobiazgiem, sklep z tysiąc i jednym drobiazgiem). △ Wyjątkowo: „Tysiąc i jedna noc" (*nie*: Tysiąc jeden nocy) — o zbiorze bajek. △ Jeden tysiąc złotych (tak na czekach, przekazach pieniężnych itp.). △ Jedno z was (gdy mowa o kobietach i mężczyznach). △ Jednym z najlepszych jest Kowalski (*nie*: Do jednego z najlepszych należy Kowalski). Jednym z najszybszych samochodów świata jest... (*nie*: Jednym z najszybszych samochodem świata jest...). △ Jeden i ten sam «wzmocnione: ten sam» △ *pot.* Za jedne (*nie*: za jednych) dwadzieścia złotych «już za 20 zł»
2. «bliżej nieokreślony»: Powiedział mi to jeden pan. Jednego (*lepiej*: pewnego) razu, dnia itp. // *D Kult. I, 57, 248, 802; II, 185, 189; U Pol. (2), 344.*

jedenasty (*nie*: jedynasty) odm. jak przym. (pisane całym wyrazem a. cyframi bez końcówek — arabskimi z kropką, rzymskimi bez kropki; wyjątki od tej zasady dotyczą godzin i dni miesiąca): Koniec jedenastego wieku a. 11. wieku, XI wieku. 11. rocznica a. jedenasta rocznica (*nie*: 11-a rocznica, jedenastoletnia rocznica). Jedenasty maja a. jedenastego maja (*nie*: jedenasty maj) — pisane zwykle: 11 maja, 11.V a. 11 V (*nie*: 11-ego maja).

jedenasta w użyciu rzeczownikowym «godzina jedenasta» △ Jedenasta wieczorem (w języku urzędowym: dwudziesta trzecia): Pożegnali się o jedenastej wieczorem. // *D Kult. II, 186.*

jedenaście (*nie*: jedynaście) *m-nieos., n i ż, DCMs.* jedenastu, także: *m-os.* w funkcji mianownika — podmiotu (np. jedenastu chłopców, mężczyzn), *B. m-nieos., n i ż = M., B. m-os. = D.; N.* jedenastoma a. jedenastu: Uczył się z jedenastoma a. jedenastu kolegami.
△ Liczebnik *jedenaście* łączy się z rzeczownikiem (podmiotem) w dopełniaczu i z orzeczeniem w *lp,* a w czasie przeszłym w rodzaju nijakim: Jedenastu chłopców idzie, szło (*nie*: idą, szli). Jedenaście książek leży, leżało (*nie*: leżą, leżały) na półce.

jedenaścioro (*nie*: jedynaścioro), *D.* jedenaściorga, *CMs.* jedenaściorgu, *N.* jedenaściorgiem «liczebnik zbiorowy odpowiadający liczbie 11, odnoszący się do osób różnej płci, do istot młodych, niedorosłych (których nazwy są zakończone w *lm* na *-ęta*), do niektórych rzeczowników zdrobniałych oraz do przedmiotów, których nazwy występują tylko w *lm*» Jedenaścioro dzieci. Sto jedenaścioro dzieci. Opowiadał bajkę jedenaściorgu dzieciom. Kwoka z jedenaściorgiem kurcząt (*nie*: kurczętami).

△ Liczebnik *jedenaścioro* łączy się z orzeczeniem w *lp,* a w czasie przeszłym w rodzaju nijakim: Jedenaścioro dzieci idzie, szło (*nie*: idą, szły) do szkoły.

jednać *ndk I,* jednaliśmy (p. akcent § 1a i 2) *książk.*
a) «ujmować, zjednywać kogoś, coś» □ J. komu kogo, co: Jednał sobie zwolenników. Pogodne usposobienie jednało mu sympatię otoczenia.
b) «godzić» □ J. kogo (z kim): Jednać przeciwników. Jednać ojca z synem.

jednak «wyraz towarzyszący zdaniu (lub jego części) wyróżnianemu ze względu na przeciwieństwo, kontrast, odmienne ujęcie treści (umieszczany najczęściej na drugim miejscu w zdaniu, rzadziej na pierwszym)»: Była dość młoda, twarz jednak miała zniszczoną. Kocham swą córkę, nie chcę jednak zbytnio jej rozpieszczać. △ Choć... jednak...: Choć nie mam czasu, jednak muszę jej pomóc.

jednaki *m-os.* jednacy *przestarz., reg. a. książk.* «jednakowy»

jednakowoż (*nie*: jednakowóż) *przestarz.* «jednak, jednakże»

jednakże «wzmocnione *jednak*»: Nie lubił spacerów, jednakże towarzyszył nam chętnie.

jedno- «pierwszy człon wyrazów złożonych»:
a) «wskazujący na jednostkowość elementu wymienionego w drugiej części złożenia», np.: jednoaktówka, jednoarkuszowy, jednodaniowy.
b) «określający jednolity charakter elementu wyrażonego przez drugi człon lub tożsamość elementu drugiego z jakimś innym», np.: jednogłośny, jednomyślny.

jednobrzmiący lepiej *niż*: równobrzmiący, np. Jednobrzmiące formy wyrazowe.

jednoczesny «odbywający się, zachodzący w jednym czasie, o tej samej porze»: Jednoczesny odjazd dwóch pociągów. Jednoczesne działanie.

jednocześnie: Wszyscy wyszli jednocześnie. Był jednocześnie zaczepny i tchórzliwy. // *D Kult. I, 415.*

jednoczyć *ndk VI,* jednoczyliśmy (p. akcent § 1a i 2), jednoczony — **zjednoczyć** *dk* □ *książk.*, nieco *przestarz.* J. kogo, co — z kim, z czym: Jednoczyć organizację z innymi organizacjami. △ *przen.* Jednoczyć rozsądek z zapałem.
jednoczyć się: Jednoczyć się do wspólnej walki.

jednogłośnie: Wybrać, być wybranym jednogłośnie. Uchwalić, przyjąć coś jednogłośnie.

jednogodzinny, *rzad.* **jednogodzinowy**: Jednogodzinny wykład. Jednogodzinna podróż.

***jednokrotność czasowników** p. czasownik (punkt VII).

jednolicie *st. w.* jednoliciej, a. bardziej jednolicie: Zabarwić jednolicie.

jednomyślnie: Zebrani jednomyślnie wyrazili zgodę. *Por.* jednogłośnie.

jednomyślny *m-os.* jednomyślni: Jednomyślna uchwała, decyzja. □ J. z kim — w czym, co do czego: Był z nim jednomyślny w poglądzie na tę sprawę (co do tej sprawy).

jednonogi *m-os.* jednonodzy «mający jedną nogę, *rzad.* jednonożny»: Jednonogi człowiek. Jednonogi stół.

jednonożny *m-os.* jednonożni 1. *pot.* «o graczu w piłkę nożną: umiejący posługiwać się w grze tylko jedną nogą»: Gracz obunożny jest wart dwóch graczy jednonożnych. 2. *rzad.* p. jednonogi.

jednooczny 1. «dotyczący jednego oka (używane zwłaszcza w terminologii naukowej)»: Jednooczny opatrunek. Widzenie jednooczne. 2. *m-os.* jednooczni p. jednooki.

jednooki *m-os.* jednoocy «mający jedno oko, widzący jednym okiem, *rzad.* jednooczny»: Jednooki człowiek, koń.

jednopalcowy a. **jednopalczasty**: Jednopalcowe (jednopalczaste) zakończenie kończyn u koniowatych. Rękawiczki jednopalcowe, *rzad.* jednopalczaste.

jednoplanowy a. **jednopłaszczyznowy** «znajdujący się na jednej płaszczyźnie, nie uwzględniający perspektywy, głębi»: Kompozycja jednoplanowa (jednopłaszczyznowa). Jednoplanowy układ.

jednopłat *m IV, D.* jednopłata; a. **jednopłatowiec** *m II, D.* jednopłatowca.

jednoręczny *m-os.* jednoręczni 1. «posługujący się jedną ręką; przystosowany do obsługi jedną ręką»: Jednoręczny krajacz. Jednoręczny młotek. 2. p. jednoręki.

jednoręki *m-os.* jednoręcy «mający jedną rękę, *rzad.* jednoręczny»: Jednoręki człowiek, kaleka.

jednostajny (*nie*: jednostalny) *st. w.* jednostajniejszy a. bardziej jednostajny «jednakowy, nie urozmaicony, monotonny»: Jednostajny tryb życia. Jednostajne dni, życie. Mówić, opowiadać, czytać coś jednostajnym głosem. Iść, maszerować jednostajnym krokiem.

jednostka *ż III, lm D.* jednostek: Nieliczne jednostki (*lepiej*: niewielu, mało kto). △ w zn. *mat.* także: «jedność»: W rachunkach należy pisać jednostki pod jednostkami (a. jedności pod jednościami).

jednostronny *st. w.* jednostronniejszy a. bardziej jednostronny: *mat.* Kąty jednostronne. *techn.* Dźwignia jednostronna. △ *przen.* «ograniczony, wyspecjalizowany»: Jednostronne zainteresowania. Jednostronna produkcja.

jednosylabowy in. jednozgłoskowy: Wyraz jednosylabowy.

jedność *ż V* 1. zwykle *blm* «zespolenie w jednolitą całość, nierozdzielność; jednomyślność, zgodność»: Państwo jest jednością. Jedność prasłowiańska. □ J. czego a. w czym: Jedność opinii, poglądów (w opiniach, w poglądach). △ *niepoprawne* Jedność przeciw czemuś — w zn. «jednoczenie sił przeciw czemuś», np. Konieczność jedności sił (*zamiast*: jednoczenia sił) demokratycznych przeciwko imperializmowi. 2. *lm M.* jedności, p. jednostka (w zn. *mat.*).

jednoślad *m IV, D.* jednośladu; a. **jednośladowiec** *m II, D.* jednośladowca «pojazd jednośladowy»

jednowładca p. jedynowładca.

jednozębny a. **jednozęby** «mający jeden ząb»: Jednozębny haczyk.

jednozgłoskowy in. jednosylabowy: Wyraz jednozgłoskowy.

jednoznacznik *m III* 1. «wyraz lub wyrażenie znaczące to samo, co inny wyraz lub wyrażenie; zupełny, całkowity synonim» 2. «wyraz lub wyrażenie mające tylko jedno znaczenie»

jednożeństwo *n III, blm,* in. monogamia.

jedwab *m I, D.* jedwabiu, *lm D.* jedwabi a. jedwabiów.

jedynie *książk.* «wyłącznie, tylko» używane w bezpośrednim sąsiedztwie z wyrazem lub wyrażeniem przyimkowym, którego treść uwydatnia, np. Jego wady wynikały jedynie z lekkomyślności a. z lekkomyślności jedynie (*nie*: ...jedynie wynikały z lekkomyślności).

jedynowładca, *rzad.* **jednowładca** *m odm.* jak *ż II, lm M.* jedynowładcy (jednowładcy), *DB.* jedynowładców (jednowładców).

jedyny *m-os.* jedyni: Jedyny egzemplarz książki. Jedyny sposób. Jedyna rada. □ *pot.* J. do czego «szczególnie się nadający, skłonny do czegoś»: Jedyny do roboty, do rady, do figlów.
jedyne w użyciu rzeczownikowym: Jedyne (*nie*: jedno) co może pomóc choremu, to wyjazd do sanatorium.

jeep (*wym.* dżip) *m IV, D.* jeepa.

Jefferson (*wym.* Dżeferson) *m IV, D.* Jeffersona (p. akcent § 7): Polityka zagraniczna Jeffersona.

jegier *m IV, D.* jegra, *lm M.* ci jegrzy, *daw.* także: te jegry «w dawnym wojsku: żołnierz specjalnej formacji strzelców»

jegiery *blp, D.* jegierów *pot.* «kalesony jegierowskie»

jego *DB.* zaimka on (p.) i *D.* zaimka ono (częściej używana krótsza forma go). △ *Niepoprawne* jest użycie pełnej formy zaimka bez nacisku, np. Posłał jego (*zamiast*: go) do szkoły, *ale*: Jego wysłał do szkoły, a sam poszedł do miasta. △ Forma *jego* bywa dołączana do tytułów takich, jak: dostojność, eminencja, magnificencja, królewska a. cesarska mość itp., np.: Jego Magnificencja pan rektor przybył na posiedzenie. Jego Królewska Mość wydał rozkazy.

jegomość *m I, D.* jegomościa, *lm M.* jegomościowie a. jegomoście, *D.* jegomościów, *rzad.* jegomości 1. *wych. z użycia, pot.* «nieznajomy mężczyzna, facet, gość»: Podszedł do nas jakiś starszy jegomość. Sprytny jegomość. 2. dawniej też odm. jak *ż V, D.* jegomości, *lm M.* jegomościowie a. jegomoście, *D.* jegomościów a. jegomości *przestarz.* «tytuł grzecznościowy używany zwłaszcza w odniesieniu do księdza»

Jehowa *m odm.* jak *ż IV, CMs.* Jehowie; a. **Jahwe** *m ndm* «w religii żydowskiej: Bóg»: Rozmowa Jehowy (Jahwe) z Mojżeszem.

jej «dopełniacz zaimka ona (p. on)» △ Forma ta bywa dołączana do tytułów kobiet, takich jak: królewska mość, książęca wysokość itp., np. Jej Królewska Mość Bona.

Jelcz *m II* **1.** «miejscowość»: Fabryka samochodów w Jelczu. **2.** *ndm* «marka samochodu» — jelczański. **3.** jelcz, *B.* jelcza «samochód ciężarowy lub autobus marki Jelcz»: Remontować jelcza. Jeździć jelczami.

Jelenia Góra, Jelenia odm. przym., Góra *ż IV*: Jechać do Jeleniej Góry. Mieszkać w Jeleniej Górze. — jeleniogórski (p.).

jeleniogórski: Powiat jeleniogórski (*ale:* Kotlina Jeleniogórska).

jeleń *m I, lm D.* jeleni (*nie:* jeleniów): Jeleń górski, równinny (nizinny).

jełop, jołop (*nie:* jałop) *m IV, lm M.* te jełopy (jołopy); *rzad.* **jełopa, jołopa** *m a. ż.* odm. jak *ż IV, M.* ten a. ta jełopa, jołopa (także o mężczyznach), *lm M.* te jełopy (jołopy), *D.* jełop, jołop a. jełopów, jołopów (tylko o mężczyznach), *B.* te jełopy (jołopy) a. tych jełopów, jołopów (tylko o mężczyznach) *pogard.* «człowiek nierozgarnięty, tępy; dureń, głupiec»: Był strasznym jełopem (jołopem) w matematyce.

Jemen *m IV, D.* Jemenu — Jemeńczyk *m III, lm M.* Jemeńczycy — Jemenka *ż III, lm D.* Jemenek — jemeński.

jemu «celownik zaimka *on* i *ono* (p. on)» △ *Niepoprawne* jest użycie pełnej formy zaimka po czasowniku, np. Oddaj jemu (*zamiast:* mu) tę książkę; *ale:* Jemu daj zabawkę, a sobie zostaw książkę.

jen *m IV, DB.* jena, *Ms.* jenie: Wydał jena. Zapłacić 5 jenów.

Jena *ż IV* **1.** «miasto w NRD» — jenajczyk *m III, lm M.* jenajczycy — jenajka *ż III, lm D.* jenajek — jenajski. **2.** jena «w terminologii technicznej skrótowo: szkło jenajskie»

jenerał *m IV, lm M.* jenerałowie (skrót: jen.) *przestarz.* «generał»

jeniec *m II, D.* jeńca, *lm M.* jeńcy, *D.* jeńców.

Jenisej *m I, D.* Jeniseju «rzeka w ZSRR» — jenisejski.

jenisejski: Żegluga jenisejska (*ale:* Zatoka Jenisejska).

Jeremi (*nie:* Jaremi) *m* odm. jak przym., *lm M.* Jeremiowie.

Jerozolima (*wym.* Jerozolima a. Jerozolima) *ż IV; podn.* **Jeruzalem** (*wym.* Jeruzalem a. Jeruzalem) *n a. ż ndm* «miasto na pograniczu Izraela i Jordanii» — jerozolimczyk *m III, lm M.* jerozolimczycy — jerozolimka *ż III, lm D.* jerozolimek — jerozolimski. || *U Pol.* (2), 586.

Jersey (*wym.* Dżersej) *ż ndm* **1.** «wyspa» częściej w wyrażeniu: Wyspa Jersey, np. Przebywać na Jersey (na wyspie Jersey). — jerseyski. **2.** jersey *m I, D.* jerseyu, *lm D.* jerseyów, p. dżersej.

! **jerseyowy** p. dżersejowy.

Jerycho *n II* «miasto w Jordanii» — jerychoński (p.).

jerychoński: Mury jerychońskie a. mury Jerycha. △ Róża jerychońska. △ Trąby jerychońskie «według Biblii: trąby, przy których silnym dźwięku zburzone zostały mury Jerycha» △ *posp.* Trąba jerychońska «wyzwisko»

Jerzy *m* odm. jak przym., *lm M.* Jerzowie — Jurek *m III, lm M.* Jurkowie — Jerzostwo *n III, DB.* Jerzostwa, *Ms.* Jerzostwu (*nie:* Jerzostwie), *blm*; a. Jerzowie *blp, D.* Jerzych — Jurkowie *blp, D.* Jurków.

Jerzyk *m III* **1.** *lm M.* Jerzykowie *rzad. zdr.* od Jerzy. **2.** jerzyk, *lm M.* jerzyki «gatunek ptaka»

Jesienin (*wym.* Jes-ienin) *m IV, D.* Jesienina (*nie:* Jesienina, p. akcent § 7), *Ms.* Jesieninie: Poezje Jesienina.

jesień *ż V, lm M.* jesienie, *D.* jesieni: Idzie, zbliża się, nadchodzi jesień. Robić zapasy na jesień. △ W jesieni, jesienią, na jesieni «w porze jesiennej» △ Pod jesień, *rzad.* ku jesieni «w okresie zbliżającej się jesieni» || *D Kult.* II, 70, 172.

jesion *m IV, D.* jesionu, *Ms.* jesionie: Liście jesionu. Meble z jesionu.

jest p. być.

jeszcze △ wyraz ten powinien się znajdować w sąsiedztwie wyrazu lub wyrażenia przyimkowego, którego treść uwydatnia, np. Opału należy dostarczyć jeszcze przed przymrozkami. △ *pot.* Jeszcze jak, jeszcze jaki: Ubawiliście się? — Jeszcze jak!

jeść *ndk* jem, je, jedzą, jedz, jadł, jadła, jedliśmy (p. akcent § 1a i 2), jedzony: Jeść mało, dobrze, tłusto. Jeść śniadanie. Jeść chleb, mięso. Jeść palcami, łyżką. △ Dać, przynieść itp. komuś jeść «dać, przynieść jedzenie, coś do jedzenia»

jeśli (*nie:* jeźli) a. **jeżeli** «spójnik rozpoczynający zdania warunkowe, uzasadniające coś»: Wpadnę do was, jeśli a. jeżeli (*nie:* o ile) zdążę. △ Jeśli, jeżeli (*nie:* o ile; w swobodnej rozmowie można użyć również: *jak*) będzie pogoda, wybierzemy się na wycieczkę. △ Spójnik jeśli (*jeżeli*) oznacza zwykły warunek, wyrażenie zaś: *o ile* — warunek ilościowy. △ Jeśli... to (*nie:* jeśli..., wówczas, wtedy): Jeśli (jeżeli) nie spełnisz mojej prośby, to (*nie:* wówczas, wtedy) się pogniewamy.
△ Do spójnika jeśli (*jeżeli*) mogą być dodawane ruchome końcówki osobowe czasu przeszłego lub zakończenia trybu warunkowego (z cząstką -*by*): jeślim, jeśliśmy, jeśliście; jeżelim, jeżeliśmy, jeżeliście; jeśliby, jeślibym, jeślibyśmy, jeślibyście; jeżeliby, jeżelibym, jeżelibyśmy, jeżelibyście (p. akcent § 4b i c), np. Jeślim mówili... (= jeśliśmy mówili). Jeślibyśmy słyszeli... (*nie:* jeśli słyszelibyśmy). || *D Kult.* I, 93, 197, 339.

Jewtuszenko (*wym.* Jewtuszenko) *m* odm. jak *ż III, D.* Jewtuszenki: Liryka Jewtuszenki.

Jeziorna *ż IV, D.* Jeziorny, *B.* Jeziornę (*nie:* odm. jak przym.): Mieszkać w Jeziornie (*nie:* Jeziornej). || *D Kult.* I, 127, 710.

jeziorny a. **jeziorowy:** Roślinność jeziorna (jeziorowa). Tarasy, wody jeziorne (jeziorowe). Rybołówstwo jeziorne (jeziorowe).

jezioro *n III, Ms.* jeziorze (*nie:* jezierze), *lm D.* jezior (*nie:* jeziór): Mieszkać nad jeziorem. △ W nazwach dużą literą: Jezioro Genewskie, Jezioro Białe (*ale*: jezioro Śniardwy, jezioro Sajno — małą literą, gdy drugi człon może stanowić samodzielną nazwę).

jeziorowy p. jeziorny.

Jezus *m IV, W.* Jezu, *rzad.* Jezusie «imię Chrystusa»

jeździć *ndk VIa,* jeżdżę, jeźdź (*nie*: jeżdzij), jeździliśmy (p. akcent § 1a i 2), jeżdżony: Jeździć samochodem, pociągiem, tramwajem. Jeździć na łyżwach, na nartach, na koniu. Jeździć po świecie, po polach. Jeździć po zakupy, po towar. Jeździć na wycieczki, na bale. □ J. czym — po czym «przesuwać, wodzić»: Jeździć ołówkiem po papierze. *Por.* jechać.

jeździec *m II, D.* jeźdźca, *W.* jeźdźcze, forma szerząca się: jeźdźcu, *lm M.* jeźdźcy.

jeż *m II, lm D.* jeżów a. jeży △ Ostrzyc się na jeża. Młody chłopak z włosami na jeża.

jeżeli p. jeśli.

jęczeć (*nie*: jęczyć) *ndk VIIb,* jęczeliśmy (p. akcent § 1a i 2) — **jęknąć** *dk Va,* jęknął (*wym.* jęknoł), jęknęła (*wym.* jęknęła; *nie*: jękła), jęknęliśmy (*wym.* jęknęliśmy) □ J. z czego (*nie*: od czego): Jęczeć z bólu. □ J. bez dop., *rzad.* nad czym «narzekać, ubolewać, skarżyć się, płakać»: Wszystko przepadło — jęczał. Jęczeć nad swą dolą.

jęczmień *m I, D.* jęczmienia (*nie*: jęczmieniu) **1.** *lm M.* jęczmienie, *przestarz.* jęczmiony a. jęczmiona; *D.* jęczmieni, *przestarz.* jęczmion a. jęczmionów «zboże»
2. *lm M.* jęczmienie, *D.* jęczmieni «ropne zapalenie powieki» || U Pol. (2), 403.

jędrnie *st. w.* jędrniej.

jędrny *st. w.* jędrniejszy: Jędrne ciało. Jędrny miąższ. △ *przen.* Jędrny styl. || D Kult. II, 221.

Jędrzej *m I, lm M.* Jędrzejowie, *D.* Jędrzejów «oboczna forma imienia *Andrzej*» — Jędrek *m III, D.* Jędrka, *lm M.* Jędrkowie — Jędruś *m I, lm M.* Jędrusiowie — Jędrzejostwo *n III, DB.* Jędrzejostwa, *Ms.* Jędrzejostwu (*nie*: Jędrzejostwie), *blm*; a. Jędrzejowie *blp, D.* Jędrzejów.

Jędrzejów *m IV, D.* Jędrzejowa, *C.* Jędrzejowowi (*ale*: ku Jędrzejowowi a. ku Jędrzejowu) «miasto» — jędrzejowianin *m V, D.* jędrzejowianina, *lm M.* jędrzejowianie, *D.* jędrzejowian — jędrzejowianka *ż III, lm D.* jędrzejowianek — jędrzejowski.

jędza *ż II* △ Baba-jędza, p. baba.

jęknąć p. jęczeć.

jęzor (*nie*: język) *m IV* **1.** *zgr. pogard.* «język»
2. «język zwierzęcy, ozór»

język *m III* △ Dostać się na języki. △ Mieć coś na końcu języka (*nie*: Coś wisi na końcu języka). △ Język polski, francuski itd., *skrótowo*: polski, francuski, *reg.* polskie, francuskie (jako przedmiot nauczania). △ Tłumaczyć na język polski, na polski, *reg.* na polskie. || U Pol. (2), 88—89, 179.

*język i jego odmiany. Język polski przeciwstawia się na przykład czeskiemu, angielskiemu, węgierskiemu jako odrębny *język narodowy*. W obrębie każ-

dego języka narodowego można wyróżnić dwie zasadnicze odmiany: język ogólny i odmianę gwarową.
△ *Językiem ogólnym* posługują się członkowie środowisk inteligenckich, a także ci chłopi, robotnicy, rzemieślnicy, którzy nauczyli się go w szkole, bądź w kontaktach z inteligencją, bądź też za pośrednictwem środków masowego przekazu. Język ogólny jest najbardziej uniwersalnym narzędziem porozumiewania się, służy bowiem zaspokajaniu najróżnorodniejszych potrzeb komunikacyjnych. Jest językiem państwowym, językiem piśmiennictwa oraz językiem warstw wykształconych.
△ *Odmiana gwarowa* to ogół dialektów, jakimi posługują się mieszkańcy wsi. Jest ona bardzo zróżnicowana terytorialnie, zarówno w zakresie wymowy jak poszczególnych właściwości gramatycznych. Odmiana gwarowa służy zazwyczaj wyłącznie codziennemu porozumiewaniu się, stąd w słownictwie gwarowym niewiele jest wyrazów abstrakcyjnych, przy równoczesnym bogactwie wyrazów konkretnych związanych z życiem wiejskim, pracą na roli, hodowlą, obyczajami wsi itp. Ogniwem pośrednim między językiem ogólnym a gwarami są *gwary miejskie* (p. gwara).
△ Język ogólny zapożycza niejednokrotnie elementy gwarowe. Dotyczy to niemal wyłącznie słownictwa (*por.* istnieją ce dziś w języku ogólnym dialektyzmy *podhalańskie*: perć, piargi, siklawa, turnia). Z drugiej jednak strony wprowadzanie do języka ogólnego cech gwarowych, zwłaszcza w zakresie wymowy, jest wykroczeniem przeciwko normie językowej; *por.* niepoprawną wymowę warszawską, spotykaną także wśród inteligencji, typu: gięś (*zamiast*: gęś), chięć (*zamiast*: chęć), lypa (*zamiast*: lipa). △ Inaczej rzecz się ma z tzw. *regionalizmami*, a więc odrębnościami leksykalnymi i gramatycznymi mowy warstw wykształconych różnych regionów Polski, np. *krakowskie*: ta magiel, litra, krawatka, rączka (w zn. «obsadka»), brusznica (w zn. «borówka»); *poznańskie*: modrak «chaber», sklep «piwnica», skopowina «baranina», młodzie «drożdże», węborek «wiadro»; *krakowskie*: sekować «szykanować» nie stanowią wykroczeń przeciwko poprawności językowej.
△ W ramach języka ogólnego wyodrębniamy język *mówiony* (*potoczny*) oraz język *pisany* (literacki). Podział ten wynika z odmienności środków wyrazu stosowanych w mowie i piśmie uwarunkowanej różnicą celów i zakresów treściowych wypowiedzi mówionych i tekstów pisanych. △ *Język mówiony* (*potoczny*) służy przekazywaniu doraźnych informacji. Wypowiedzi są zwykle formułowane pośpiesznie, bez troski o poprawność. Nie ma więc mowy o precyzji wyrażania myśli, mniej przemyślany jest dobór wyrazów, często stosowane są wyrazy potoczne, okazjonalne, ekspresywne. Więcej tu też tzw. „wyrazów modnych". Zdania mówione są zwykle pojedyncze lub złożone współrzędnie; często zdarzają się wykolejenia. Mówiący rozporządza ponadto całym arsenałem środków „pozajęzykowych", których brak w języku pisanym, a mianowicie intonacją, mimiką, gestem, akcentem, związkiem wypowiedzi z sytuacją itp., co zwalnia go z obowiązku precyzyjnego i wyczerpującego wyrażania myśli. W języku potocznym spotykamy szczególnie dużo błędów i wykolejeń, zwłaszcza składniowych. Trzeba jednak pamiętać, że przestrzeganie surowych rygorów w mowie codziennej jest nie tylko bardzo uciążliwe, ale często niewykonalne.
△ *Język pisany* (literacki) służy komunikowaniu

231

treści nie związanych bezpośrednio z życiem codziennym, a także komunikowaniu o sprawach codziennych w sposób niepotoczny (np. w publicystyce, pismach urzędowych itp.). Wypowiedzi pisane muszą być pełniejsze treściowo od mówionych (brak kontekstu sytuacyjnego). Dzięki możności lepszego przemyślenia wypowiedzi pisanych właściwe jest im bardziej ekonomiczne (zwięzłość) i precyzyjne (jasność) wykorzystanie środków językowych. Charakterystyczną cechą tej odmiany języka ogólnego jest rozmaitość składni i duży udział zdań złożonych podrzędnie. Język pisany dysponuje większym zasobem słownictwa (także spoza sfery codzienności), mniejszy jest w nim natomiast udział słownictwa ekspresywnego, wyrazów profesjonalnych, a także regionalizmów. △ Obie omówione wyżej odmiany języka ogólnego obejmują poszczególne style, używane w różnych dziedzinach działalności członków danego społeczeństwa (tzw. style funkcjonalne). W odmianie mówionej wyodrębniamy styl monologowy i konwersacyjny, w odmianie pisanej zaś — styl naukowy, artystyczny, urzędowy i publicystyczny. △ *Styl naukowy* odznacza się precyzją w formułowaniu wypowiedzi. Wiąże się to ściśle z jego funkcją, jaką jest „wypowiadanie zdań prawdziwych o rzeczywistości, wiodących umysł odbiorcy ku prawdziwemu poznaniu" (*Kl. Aleź* 8). Postulatem stylu naukowego jest więc jasność i dokładność przedstawiania rzeczywistości. W wypowiedziach naukowych przeważają wyrazy jednoznaczne, abstrakcyjne, brak natomiast wyrazów zabarwionych emocjonalnie oraz rozbudowanej synonimiki, mogącej zaciemnić sens wypowiedzi, utrudnić jej zrozumienie. Wiele jest terminów, często definiowanych w toku wypowiedzi; duży udział terminologii to podstawowa właściwość stylu naukowego. Brak w nim archaizmów i dialektyzmów, natomiast z natury rzeczy wiele tu neologizmów, związanych z nazywaniem nowych rzeczy i zjawisk, oraz wyrazów obcych i zapożyczonych, koniecznych w związku z międzynarodowym charakterem nauki. Składnia odznacza się dużym stopniem zintelektualizowania, dominują zdania złożone podrzędnie, i to wielokrotnie. Liczne są w tekstach naukowych tzw. wskaźniki nawiązania: w związku z tym...; wynika z tego, że...; po pierwsze,... po drugie...; jak zostało powiedziane... itp. Nawiązania takie zwiększają spoistość wypowiedzi.
△ *Styl artystyczny* to ogół środków językowych właściwych literaturze pięknej. Nie sposób podać pobieżnej nawet charakterystyki tej odmiany, właściwie bowiem tyle jest tu stylów, ilu pisarzy. Od innych odmian różni się styl artystyczny szczególnym bogactwem słownictwa (pisarze dla celów artystycznych wyzyskują m.in. dialektyzmy, wyrazy środowiskowo-zawodowe, archaizmy), rozbudową synonimiki oraz — w związku z pełnieniem przez teksty literackie przede wszystkim funkcji estetycznej — różnorodnością tzw. środków obrazowania. Odmiana poetycka obejmuje ponadto repertuar środków dźwiękowych (wersyfikacyjnych).
△ *Styl publicystyczny*, styl *urzędowy* oraz styl *przemówień* składają się razem na odmianę *dydaktyczno-normatywną* języka pisanego. Mieści się w niej zarówno język środków masowego przekazu — prasy, radia i telewizji (nazywany często językiem dziennikarsko-publicystycznym lub, w skrócie, językiem prasy) — jak też język urzędowo-kancelaryjny, język wszelkiego rodzaju przemówień, a wreszcie — język

podręczników i popularnych poradników ze wszelkich dziedzin. Język dydaktyczno-normatywny stoi często na pograniczu języka pisanego i mówionego, wiele bowiem przemówień i pogadanek nie jest improwizowanych, lecz wygłaszanych po uprzednim przygotowaniu, a więc po dokonaniu pewnej pracy nad formą wypowiedzi.
△ Charakterystyczne dla *stylu publicystyczno-dziennikarskiego* jest współistnienie środków językowych „literackich" z licznymi zwrotami i wyrażeniami potocznymi, a nawet dosadnymi, o silnym zabarwieniu emocjonalnym. W składni przeważają zdania krótkie o nieskomplikowanej budowie. Wyraźna jest tendencja do skrótowości wypowiedzi. Konieczność szybkiego przekazywania informacji wpływa niestety często na niestaranność, a nawet niepoprawność języka dziennikarskiego. Do najczęstszych błędów i uchybień należy tu naduźywanie wyrazów obcych, wyrazów „modnych" i szablonów frazeologicznych oraz niestaranna konstrukcja zdań, braki polegające na użyciu wyrazów niewłaściwych pod względem znaczeniowym i stylistycznym (p. błędy językowe).
△ *Styl urzędowy* cechuje obfitość formuł przydatnych tu, ale nie zawsze poprawnych, często kalkowanych z wzorów obcych (zwłaszcza niemieckich). Charakterystyczne jest posługiwanie się formami strony biernej (np. rachunek winien być uiszczony..., obywatel obowiązany jest...) oraz konstrukcjami nieosobowymi (np. nie palić, zabrania się...). Dużo jest frazeologii zapożyczonej z różnych dziedzin, zwłaszcza z dziedziny administracji, handlu, ekonomii i prawa. △ W języku potocznym trzeba wystrzegać się ulegania bardzo silnie dziś oddziałującym wzorcom stylu urzędowego. || D Kult. I, 14—17; II, 15; KJP 46—54; Kl. Aleź 1—9; U Pol. (2), 25—43. Por. styl.

językoznawca *m odm.* jak *ż II, lm M.* językoznawcy, *DB.* językoznawców; *in.* lingwista. || *D Kult.* I, 518.

językoznawstwo (*wym. pot.* językoznastwo) *n III,* zwykle *blm, in.* lingwistyka.

-ji p. cząstki wyrazów.

Jičín (*wym.* Jiczin) *m IV, D.* Jičina «miasto w Czechosłowacji»

jidysz *m II, D.* jidyszu, *blm,* czasem *ndm.*

Jiménez (*wym.* Chimenes) *m IV, D.* Jimenéza (*wym.* Chimeneza a. Chimenesa, p. akcent § 7): W 1956 r. nagrodę Nobla przyznano Jimenézowi.

Jirásek (*wym.* Jirasek) *m III, D.* Jiráska (p. akcent § 7): Utwory Jiráska.

JKM *DCMs.* JKMci, JKMości, *N.* JKMcią, JKMością «skrót tytułu: *Jego (Jej) Królewska Mość,* pisany bez kropki, stawiany zwykle przed imieniem panującego króla lub królowej, czytany jako całe, odmieniane wyrażenie»: JKM (*czyt.* jej królewska mość) Bona. Rokowania z JKMcią a. JKMością (*czyt.* jego królewską mością) Władysławem IV.

JKW *DCMs.* JKWci, *N.* JKWcią «skrót tytułu: *Jego (Jej) Królewska Wysokość,* pisany bez kropek, stawiany zwykle przed imieniem członka rodziny panującej, czytany jako całe, odmieniane wyrażenie» Polityka JKWci (*czyt.* jego królewskiej wysokości).

JM «skrót tytułu: *Jego Magnificencja* a. *Jej Magnificencja* (o kobiecie) pisany bez kropki, stawiany zwykle przed tytułem *rektor,* lub przed tym tytułem i nazwiskiem danej osoby; czytany jako całe, odmieniane wyrażenie»: JM (*czyt.* jego magnificencja) rektor Brudziński wygłosił przemówienie. Cały senat wraz z JM (*czyt.* jego magnificencją) rektorem zajął miejsca w sali.

JO, J.O. «skrót dawnego tytułu: *Jaśnie Oświecony* (*Oświecona*), pisany bez kropek lub z kropkami, stawiany przed innym tytułem (arystokratycznym) danej osoby, czytany jako całe, odmieniane wyrażenie»: Służył u J.O. a. JO (*czyt.* jaśnie oświeconego) księcia Wiśniowieckiego.

Joachim *m IV, lm M.* Joachimowie, *D.* Joachimów — Joachimostwo *n III, DB.* Joachimostwa, *Ms.* Joachimostwu (*nie:* Joachimostwie), *blm*; a. Joachimowie *blp, D.* Joachimów.

Joanna (*nie:* Joana) *ż IV* — Joasia *ż I, W.* Joasiu. || *GPK Por.* 72.

Job p. Hiob.

! **jockey** p. dżokej.

Jodko-Narkiewicz, Jodko *m ndm,* Narkiewicz *m II*: Działalność polityczna Jodko-Narkiewicza. Jodko-Narkiewicz *ż ndm* — Jodko-Narkiewiczowa, Jodko *ż ndm,* Narkiewiczowa *ż* odm. jak przym. — Jodko-Narkiewiczówna, Jodko *ż ndm,* Narkiewiczówna *ż IV, D.* Jodko-Narkiewiczówny, *CMs.* Jodko-Narkiewiczównie (*nie:* Narkiewiczównej), *lm D.* Jodko-Narkiewiczówien. || *U Pol. (2), 272, 548.*

jodlować a. **jodłować** *ndk IV,* jodlowaliśmy, jodłowaliśmy (p. akcent § la i 2).

jodła *ż IV, lm D.* jodeł (nazwa czasem używana mylnie również na określenie *świerka*). || *U Pol. (2), 72.*

Jodłowa *ż* odm. jak przym., *B.* Jodłową, *Ms.* Jodłowej «miejscowość» — jodłowski.

jodłować p. jodlować.

jodłowy przym. od jodła: Las jodłowy. Gałęzie jodłowe. △ W nazwach dużą literą: Puszcza Jodłowa.

Joffre (*wym.* Żofr) *m IV, D.* Joffre'a (*wym.* Żofra), *Ms.* Joffrze a. (zwykle w połączeniu z odmienianym tytułem lub imieniem) *ndm*: Porozumieć się z Joffre'em (z marszałkiem Joffre).

jog *m III,* a. **joga** *m* odm. jak *ż III, lm M.* jogowie, *DB.* jogów.

jogurt *m IV, D.* jogurtu, zwykle *blm.*

Johannesburg (*wym.* Johanesburg) *m III, D.* Johannesburga (p. akcent § 7) «miasto w Związku Południowej Afryki» — johannesburski (*nie:* johannesburgski).

Johnson (*wym.* Dżonson) *m IV, D.* Johnsona (p. akcent § 7), *lm M.* Johnsonowie: Polityka L. Johnsona. Wśród prezydentów USA było dwóch Johnsonów.

Jókai (*wym.* Jóka-i) *m I, D.* Jókaia (*wym.* Jokaja, p. akcent § 7) a. odm. jak przym., *D.* Jókaiego, *NMs.* Jókaim: Utwory Maurycego Jókaia (Jókaiego). || *PJ 1969, 513.*

Jokohama *ż IV* «miasto w Japonii» — jokohamski.

jola *ż I,* a. **jolka** *ż III, lm D.* jolek «rodzaj łodzi żaglowej (mieczowej)»

Jolanta *ż IV* — Jola *ż I, W.* Jolu, *lm D.* Jol — Jolka *ż III, W.* Jolko, *lm D.* Jolek.

Joliot-Curie (*wym.* Żolio-Küri) Joliot *m IV,* Curie *ndm, D.* Joliota-Curie (*wym.* Żoliota-Küri), *Ms.* Joliocie-Curie a. (zwykle w połączeniu z odmienianym tytułem lub imieniem) *ndm*: Prace Joliota-Curie a. profesora Joliot-Curie. Przyznanie nagrody Nobla małżonkom Joliot-Curie. Joliot-Curie *ż ndm*: Wielokrotnie gościliśmy w Polsce Irenę Joliot-Curie.

jołop p. jełop.

jon *m IV, D.* jonu, *Ms.* jonie.

jonatan (*nie:* junatan) *m IV, D.* jonatana, zwykle w *lm* «gatunek jabłek» || *D Kult. II, 544.*

Jonia (*wym.* Jońja) *ż I, DCMs.* Jonii «kraina w starożytnej Grecji» — Jończyk *m III, lm M.* Jończycy; a. Jonowie *blp., D.* Jonów — joński (p.).

joński: Styl joński (*ale:* Morze Jońskie, Wyspy Jońskie).

I Jordan *m IV, D.* Jordanu a. (w połączeniu z wyrazem: rzeka) *ndm* «rzeka w Izraelu i Jordanii» — jordański.

II Jordan *m IV, D.* Jordana, *lm M.* Jordanowie «nazwisko» Jordan *ż ndm* — Jordanowa *ż* odm. jak przym. — Jordanówna *ż IV, D.* Jordanówny, *CMs.* Jordanównie (*nie:* Jordanównej), *lm D.* Jordanówien.

Jordania (*wym.* Jordańja) *ż I, DCMs.* Jordanii — Jordańczyk *m III, lm M.* Jordańczycy — Jordanka *ż III, lm D.* Jordanek — jordański (p.).

jordanowski przym. od II Jordan i Jordanów: Zabytki jordanowskie. △ Ogród a. ogródek jordanowski «ogród przeznaczony do gier, zabaw ruchowych i ćwiczeń fizycznych dla dzieci i młodzieży (od nazwiska lekarza H. Jordana)»

Jordanów *m IV, D.* Jordanowa, *C.* Jordanowowi (*ale:* ku Jordanowowi a. ku Jordanowu) «miasto» — jordanowski (p.).

jordański przym. od I Jordan i Jordania: Państwo jordańskie.

Jork *m III, D.* Jorku a. (w połączeniu z wyrazem: półwysep) *ndm* «półwysep w Australii» △ Nowy Jork «stan i miasto w USA»

Joruba 1. *ż IV* «kraina w Nigerii» **2.** *m* odm. jak *ż IV, lm M.* Jorubowie, *DB.* Jorubów «plemię murzyńskie; członek tego plemienia» — Jorubijka *ż III, lm D.* Jorubijek — jorubijski.

jota *ż IV* a. **jot** *n ndm* «nazwa litery *j*»: Po spółgłoskach szczelinowych piszemy jotę (a. jot). △ Na jotę, ani na jotę (*nie:* na jot) «ani trochę, wcale»: (Ani) na jotę nie zmienię postanowienia. △ Do joty, co do joty (*nie:* do jot) «do najdrobniejszego szczegółu»: Powtórzył wszystko (co) do joty. △ Jota w jotę «zupełnie tak samo»

Joule (*wym.* Dżul) *m I, D.* Joule'a (*wym.* Dżula), *N.* Joule'em: Odkrycia fizyczne Joule'a.

Jouvet (*wym.* Żuwe) *m IV, D.* Jouveta (*wym.* Żuweta, p. akcent § 7), *Ms.* Jouvecie: Zespół Jouveta. Wypowiedzi krytyków teatralnych o Jouvecie.

jowiszowy: Miał jowiszowe spojrzenie.

Joyce (*wym.* Dżojs) *m IV, D.* Joyce'a (*wym.* Dżojsa), *Ms.* Joysie: Zachwycali się Joyce'em.

Jozafat (*nie*: Jozefat, Józefat) *m IV, D.* Jozafata: Dolina Jozafata.

Józef *m IV, lm M.* Józefowie — Józio (*nie*: Józiu) *m I, W.* Józiu!, *lm M.* Józiowie — Józek, Józiek *m III, D.* Józka, Jóźka, *lm M.* Józkowie, Jóźkowie — Józik *m III, D.* Józika, *lm M.* Józikowie — Józefostwo *n III, DB.* Józefostwa, *Ms.* Józefostwu (*nie*: Józefostwie), *blm*; a. Józefowie *blp, D.* Józefów — Józefa *ż IV* — Józia *ż I, W.* Józiu — Józka *ż III, lm D.* Józek. || *D Kult. I, 507.*

Józefów *m IV, D.* Józefowa, *C.* Józefowowi (*ale*: ku Józefowowi a. ku Józefowu) — józefowski.

ju p. cząstki wyrazów.

juan *m IV, DB.* juana, *Ms.* juanie: Zapłacić juana.

Juárez (*wym.* Chuáres) *m IV, D.* Juáreza (*wym.* Chuareza a. Chuaresa): Rządy prezydenta Juáreza.

jubel *m I, D.* jublu a. jubla *pot.* «zabawa, uroczystość»: Urządzić wielki jubel.

jubileusz *m II, D.* jubileuszu, *lm D.* jubileuszy a. jubileuszów: Urządzić komuś jubileusz. Obchodzić czyjś, swój jubileusz.

jubka *ż III, lm D.* jubek.

jucha *ż III, CMs.* jusze **1.** «krew zwierzęca, *pogard.* także ludzka»: Broczyć, zalać się juchą. **2.** *posp. ż* a. *m* odm. jak *ż III, M.* ten a. ta jucha (także o mężczyznach), *lm M.* te juchy, *D.* juchów (tylko o mężczyznach) a. juch, *B.* tych juchów (tylko o mężczyznach) a. te juchy «rodzaj wyzwiska» △ Psiajucha «rodzaj przekleństwa; psiakrew»

judaica (*wym.* juda-ika) *blp, D.* judaików «dokumenty, rękopisy, druki dotyczące Żydów»

judaizm *m IV, D.* judaizmu, *Ms.* judaizmie (*wym.* ∼izmie a. ∼iźmie).

Judasz *m II* **1.** «jeden z apostołów» **2.** *pot., lm M.* judasze, *D.* judaszy a. judaszów **a)** «zdrajca» **b)** «mały otwór w drzwiach, przez który można widzieć, co się dzieje za drzwiami»

judaszowski a. **judaszowy** «fałszywy, zdradziecki»: Judaszowski (judaszowy) pocałunek, uśmiech. △ Judaszowy grosz, judaszowskie, judaszowe pieniądze, srebrniki «zapłata za zdradę»

Judea (*wym.* Judea, *nie*: Judeja) *ż I, DCMs.* Judei «kraina historyczna w Palestynie» — Judejczyk *m III, lm M.* Judejczycy — Judejka *ż III, lm D.* Judejek — judejski (p.).

judejski: Ludność judejska (*ale*: Wyżyna Judejska).

judo p. dżudo.

Judyta *ż IV* — Judytka *ż III, lm D.* Judytek. || *U Pol. (2), 546.*

judzić *ndk VIa,* judzę, judziliśmy (p. akcent § 1a i 2), judzony □ J. kogo — przeciw komu a. na kogo: Judził młodych przeciw staremu a. na starego.

Jugosławia *ż I, DCMs.* Jugosławii: Jechać do Jugosławii. Mieszkać w Jugosławii. — Jugosłowianin *m V, D.* Jugosłowianina, *lm M.* Jugosłowianie, *D.* Jugosłowian — Jugosłowianka *ż III, lm D.* Jugosłowianek — jugosłowiański (p.).

jugosłowiański (*nie*: jugosławiański): Wino jugosłowiańskie. △ Połączenie wyrazowe *Język jugosłowiański* zawiera błąd rzeczowy, ponieważ Jugosłowianie posługują się kilkoma językami słowiańskimi.

juhas *m IV, D.* juhasa, *lm M.* juhasi: Najmować się na juhasa.

juhasić *ndk VIa,* juhaszę, juhasiliśmy (p. akcent § 1a i 2), a. **juhasować** *ndk IV,* juhasowaliśmy *reg.* «paść owce w górach»

juk *m III, D.* juku, częściej w *lm przestarz., książk.* «skórzany worek podróżny, zwykle przewożony na grzbiecie zwierzęcia»: Wielbłąd noszący juki.

Jukatan *m IV, D.* Jukatanu a. (w połączeniu z wyrazem: półwysep, stan) *ndm* «półwysep; stan w Meksyku» — jukatański (p.).

jukatański: Klimat jukatański (*ale*: Cieśnina Jukatańska, Półwysep Jukatański).

Jukon *m IV, D.* Jukonu a. (w połączeniu z wyrazem: rzeka) *ndm* «rzeka; terytorium autonomiczne w Kanadzie» — jukoński.

Julia *ż I, DCMs.* i *lm D.* Julii — Julcia *ż I, D.* Julci, *W.* Julciu, *lm M.* Julcie, *D.* Julć — Jula *ż I, W.* Julu, *lm D.* Jul — Julka *ż III, lm D.* Julek.

Julian *m IV, lm M.* Julianowie — Julek *m III, D.* Julka, *lm M.* Julkowie — Juluś *m I, lm M.* Julusiowie — Julianostwo *n III, DB.* Julianostwa, *Ms.* Julianostwu (*nie*: Julianostwie), *blm*; a. Julianowie *blp, D.* Julianów.

Julianna (*nie*: Juliana) *ż IV.*

juliański przym. od Julian △ Kalendarz juliański «kalendarz wprowadzony przez Juliusza Cezara»

Juliusz *m II, lm M.* Juliuszowie — Julek *m III, D.* Julka, *lm M.* Julkowie — Juluś *m I, lm M.* Julusiowie — Juliuszostwo *n III, DB.* Juliuszostwa *Ms.* Juliuszostwu (*nie*: Juliuszostwie), *blm*; a. Juliuszowie *blp, D.* Juliuszów.

! **jumper** p. dżemper.

jumping (*wym.* dżamping) *m III, D.* jumpingu.

jun. «skrót wyrazu: *junior* (w zn.: młodszy wiekiem członek rodziny), pisany z kropką, stawiany zwykle po nazwisku lub po imieniu i nazwisku, czytany jako cały wyraz, odmieniany wyraz»: W imieniu rodziny Kowalskich przemówił Adam Kowalski jun. (*czyt.* junior).

junak *m III, lm M.* ci junacy a. (z silniejszym zabarwieniem ekspresywnym) te junaki: Nieustraszony junak.

jung *m III, lm M.* jungowie; a. **junga** *m* odm. jak *ż III, lm M.* jungowie, *DB.* jungów *wych. z użycia* «chłopiec okrętowy»

Jungingen (*wym.* Jungingen) *m IV, D.* Jungingena (p akcent § 7) a. (z „von" i odmienianym imieniem) *ndm:* Śmierć mistrza krzyżackiego Jungingena (*ale:* Śmierć Ulricha von Jungingen) w bitwie pod Grunwaldem.

Junkers *m IV, Ms.* Junkersie 1. *lm M.* Junkersowie «nazwisko»: Samoloty Junkersa. 2. junkers, *lm M.* junkersy «typ samolotu»: Latać junkersami a. na junkersach.

junkier (*nie:* junker) *m IV, D.* junkra 1. *lm M.* junkrzy «pruski szlachcic» 2. *lm M.* junkrowie «wychowanek carskiej szkoły oficerskiej»

Junona *ż IV, rzad.* **Juno** *ż ndm.*

Junosza *m* odm. jak *ż II, lm M.* Junoszowie, *DB.* Junoszów. △ Używane jako przydomek również w formie odmiennej, np. Junosza-Stępowski, *D.* Junoszy-Stępowskiego itd. Junosza *ż II, rzad. ndm* — Junoszyna *ż IV, D.* Junoszyny, *CMs.* Junoszynie (*nie:* Junoszynej); a. Junoszowa *ż* odm. jak przym. — Junoszanka *ż III, lm D.* Junoszanek; a. Junoszówna *ż IV, D.* Junoszówny, *CMs.* Junoszównie (*nie:* Junoszównej), *B.* Junoszównę (*nie:* Junoszówną), *lm M.* Junoszówny (*nie:* Junoszówne), *D.* Junoszówien (*nie:* Junoszównych).

junta (*wym.* chunta) *ż IV:* Junta wojskowa.

Jupiter *m IV, Ms.* Jupiterze 1. *blm* in. Jowisz. 2. jupiter «rodzaj reflektora filmowego»: Oślepiający blask jupiterów.

! jupka p. jubka.

Jurgów *m IV, D.* Jurgowa, *C.* Jurgowowi (*ale:* ku Jurgowowi a. ku Jurgowu) «miejscowość» — jurgowski.

juror (*wym.* juror, *nie:* żuror) *m IV, lm M.* jurorzy.

jury (*wym.* żüri) *n ndm* «sąd konkursowy»: Jury przyznało nagrody.

jurysdykcja *ż I, DCMs.* i *lm M.* jurysdykcji: Sprawować, wykonywać nad kimś jurysdykcję.

jurysta (*nie:* jurzysta) *m* odm. jak *ż IV, lm M.* juryści, *DB.* jurystów *przestarz.* «prawnik»

Justyn *m IV, lm M.* Justynowie — Justyś *m I, W.* Justysiu, *lm M.* Justysiowie — Justynostwo *n III, DB.* Justynostwa, *Ms.* Justynostwu (*nie:* Justynostwie), *blm;* a. Justynowie *blp, D.* Justynów — Justyna *ż IV.*

Jutlandia *ż I, DCMs.* Jutlandii «półwysep w północnej Europie»: Mieszkać na Jutlandii. Jechać na Jutlandię — jutlandzki (p.).

jutlandzki: Wybrzeże jutlandzkie (*ale:* Półwysep Jutlandzki, in. Jutlandia).

I jutro *n III, D.* jutra, zwykle *blm* «dzień następujący po dzisiejszym»: Od jutra zaczyna urlop. △ Odłożyć coś do jutra a. na jutro. △ *przen.* «przyszłość»: Dążyć do lepszego jutra. Żyć jutrem. Myśleć o jutrze.

II jutro w funkcji przysłówka «nazajutrz»: Jutro będzie piękna pogoda. Jutro niedziela. // *D Kult. I, 415.*

Juwenalis *m IV, Ms.* Juwenalisie; *rzad.* **Juwenal** *m I:* Satyry Juvenalisa (Juvenala).

juwenalia *blp, D.* juwenaliów «tradycyjne obchody dni żakowskich»

juwenilia *blp, D.* juweniliów «młodzieńcze dzieła twórcy»

już: Już koniec, po wszystkim. Już czas. Już dziś wyjeżdżam. Uciekaj, ale już! △ Już nie..., ale, tylko (*nie:* a): Wrócimy już nie dziś, ale (*nie:* a) jutro. △ Do wyrazu *już* mogą być dodawane ruchome końcówki osobowe czasu przyszłego lub zakończenia trybu warunkowego (z cząstką *-by*) pisane łącznie: jużem, jużeśmy, jużeście, jużbym, jużbyśmy, jużbyście (p. akcent § 4b i c), np.: Już słyszałem — jużem słyszał; już słyszeliśmy — jużeśmy słyszeli; już wróciliście — jużeście wrócili; już dałbym — jużbym dał; już poszlibyśmy — jużbyśmy poszli. // *U Pol. (2), 432.*

jużci *przestarz.* «wyraz wzmacniający twierdzenie; oczywiście, a jakże»: No, jużci milej mi jechać z tobą, niż samemu.

jw. «skrót wyrazów: *jak wyżej,* pisany z kropką, czytany jako całe wyrażenie»

JW «skrót dawnego tytułu: *Jaśnie Wielmożny* (*Wielmożna*) pisany bez kropek, stawiany przed innym tytułem danej osoby»

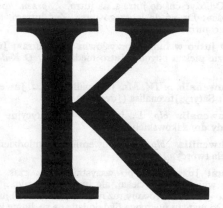

K

k «spółgłoska bezdźwięczna tylnojęzykowa, zwarta; litera oznaczająca tę spółgłoskę»
△ W pozycji przed *e* w wyrazach rodzimych i w większości wyrazów przyswojonych spółgłoskę *k* wymawiamy miękko i połączenie to oddajemy w piśmie przez *kie*, np.: *kiedy, kiełbasa, kierunek, kieszeń, bankiet, bukiet, lakier, mankiet, pukiel, cukier, rakieta, łokieć*; wymowa twarda (typu: *kedy, kerunek, laker* itd.) jest *niepoprawna.* △ Wyjątek od tej zasady stanowią zapożyczone terminy naukowo-techniczne oraz następujące wyrazy, wymawiane twardo i pisane przez *ke*, np.: *kefir, keks, kelner, kepi, keson, kemping, dżokej, hokej, jankes, poker, spiker, doker* — i pochodne. △ W pozycji przed *ę* spółgłoskę *k* wymawiamy zawsze twardo i piszemy jako *k*, np.: *kędy, kępa, kędzierzawy, kęs, matkę, rękę, tłukę, rzekę* (nie: *kiępa, matkię* itd.).

k. «skrót wyrazu: koło (w zn.: pod, w pobliżu), stosowany przy pisaniu adresów», np.: Świder k. Warszawy (*nie:* Świder k/Warszawy).

-ka (rozszerzenia formantu: **-aczka, -ałka, -anka, -arka, -eczka, -ówka)**
1. przyrostek będący we współczesnym języku polskim niemal wyłącznym wykładnikiem żeńskości; za jego pomocą urabia się formy żeńskie od różnego typu rzeczowników męskich, jak nazwy wykonawców zawodów, nosicieli cech, mieszkańców krajów, miast itp., np.: kreślarz — *kreślarka*, idealista — *idealistka*, naczelnik — *naczelniczka*, spawacz — *spawaczka*, grubas — *grubaska*, Arab — *Arabka*; przyrostek ten występuje też w nazwach żeńskich stanowiących odpowiedniki nazw męskich na *-anin* lub *-czyk*, np.: Rosjanin — *Rosjanka*, krakowianin — *krakowianka*, Japończyk — *Japonka*, Kongijczyk — *Kongijka*;
2. przyrostek tworzący zdrobnienia pierwszego lub drugiego stopnia od rzeczowników rodzaju żeńskiego, np.: góra — *górka*, lampa — *lampka*, trawa — *trawka*, drożyna — *drożynka*, kobiecina — *kobiecinka*;
3. przyrostek wyzyskiwany do urabiania nazw biernych podmiotów czynności pochodnych od form czasownikowych, np.: wsiewać — *wsiewka*, zszywać — *zszywka*, kiszony — *kiszonka*, mrożony — *mrożonka*;
4. przyrostek urabiający rzeczownikowe nazwy czynności od czasowników, np.: przeprać — *przepierka*, zagrywać — *zagrywka*, podorywać — *podorywka*; rzeczowniki tego typu właściwe są językowi mówionemu, a także spotykane w terminologii technicznej;
5. przyrostek tworzący nazwy zajęć, zawodów, rzemiosł itp. od rzeczowników, np.: *dziennikarka, grawerka, konferansjerka*» «zawód dziennikarza, grawera, konferansjera» Niekiedy formacje tego typu nabierają znaczenia nazw czynności, np. *kolporterka* to nie tylko «bycie kolporterem», lecz także synonim rzeczownika *kolportowanie*; nazwy zawodów lub czynności na *-ka* należą do słownictwa języka potocznego, ich odpowiednikami neutralnymi co do zabarwienia stylistycznego są rzeczowniki na *-stwo*, np. dziennikarka — *dziennikarstwo*, lub na *-anie*, *-enie*, np. kolporterka — *kolportowanie.* △ Rzeczowniki z przyrostkiem *-ka* mają w dopełniaczu *lm* formę z „e" ruchomym, np. słuchaczka — *słuchaczek*, przedszkolanka — *przedszkolanek*;
-aczka **1.** przyrostek tworzący nazwy nieos. wykonawców czynności (nazwy narzędzi) od czasowników niedokonanych na *-ać*, np. *korowaczka* «przyrząd do korowania drewna», *okrawaczka* «przyrząd introligatorski» — nazwy utworzone od czasowników: korować, okrawać; w tej funkcji przyrostek *-aczka* staje się coraz mniej produktywny, wypiera go bowiem przyrostek *-arka.* △ Niekiedy rzeczowniki z wyodrębniającym się elementem *-aczka* mogą mieć podwójne znaczenie — osobowe i nieosobowe, np.: *kopaczka, pakowaczka* to jednocześnie nazwy kobiet zajmujących się kopaniem, pakowaniem i nazwy maszyn do kopania, pakowania;
2. przyrostek występujący w wyspecjalizowanej funkcji urabiania nazw chorób od podstaw przymiotnikowych, np. biały — *białaczka*, żółty — *żółtaczka*, lub czasownikowych, np. padać — *padaczka*. W zasobie słownikowym polszczyzny ten typ nazw jest bardzo ograniczony liczbowo;
-ałka przyrostek pojawiający się w nazwach narzędzi tworzonych od czasowników i służący do ściślejszego różnicowania znaczeń terminów technicznych lub nazw osobowych i nieosobowych, np. *ostrzałka* jest nazwą narzędzia prostego w odróżnieniu od *ostrzarki*, która oznacza maszynę, *obierałka* to nazwa narzędzia, *obieraczka* zaś — nazwa kobiety. △ Raczej

niesłusznie uważa się rzeczowniki na -ałka za bezpośrednie zapożyczenia z języka rosyjskiego, ponieważ w starszym zasobie słownym polszczyzny nie brak wyrazów utworzonych za pomocą przyrostka -ałka, np. piszczeć — *piszczałka*;
-anka 1. przyrostek tworzący nazwy żeńskie o znaczeniu wykonawczyń zawodów od rzeczowników nieosobowych, np.: przedszkole — *przedszkolanka*, świetlica — *świetliczanka*;
2. przyrostek używany do tworzenia nazwisk córek od nazwisk męskich na -a (a. niekiedy o innym zakończeniu), np.: Zaręba — *Zarębianka*, Kukułka — *Kukułczanka*, Skarga — *Skarżanka*; dzisiaj coraz mniej produktywny w tej funkcji w związku z szerzeniem się tendencji do zachowywania męskiej postaci nazwisk w odniesieniu do ich nosicielek rodzaju żeńskiego. Używanie nazwisk omawianego typu jest obecnie związane tylko z tradycją utrzymującą się w pewnych rodzinach.
-arka przyrostek tworzący nazwy nieosobowych wykonawców czynności (nazwy narzędzi, przede wszystkim maszyn) od podstaw czasownikowych, rzadziej od rzeczownikowych, np.: kruszyć — *kruszarka*, odlewać — *odlewarka*, sprężać — *sprężarka*; drut — *druciarka*, pakuły — *pakularka*, pustak — *pustaczarka*. Jest to formant bardzo produktywny, wypierający z użycia inne formanty o tej samej funkcji. || D Kult. I, 601.
-eczka przyrostek wyodrębniający się w zdrobnieniach drugiego stopnia pochodnych od rzeczowników zdrobniałych na -ka, np.: główka — *główeczka*, górka — *góreczka*, lampka — *lampeczka*, lub tworzący wyrazy zdrobniałe od rzeczowników na -ka, które w odczuciu współczesnych użytkowników języka polskiego nie mają wartości zdrobnień, np.: bluzka — *bluzeczka*, książka — *książeczka*, parasolka — *parasoleczka*; formacje takie odznaczają się zwykle dodatnim zabarwieniem uczuciowym;
-ówka przyrostek tworzący rzeczowniki od innych rzeczowników, np.: *agronomówka* «dom agronoma», *pluszówka* «fabryka pluszu». △ Nazwy na -ówka mają charakter środowiskowy, powstają w języku codziennym środowisk zawodowych, z których z czasem przedostają się do potocznego języka ogólnego.

Kaaba *ż IV* a. (w połączeniu z wyrazem: świątynia) *ndm* «świątynia mahometańska w Mekce»: Pielgrzymka muzułmanów do Kaaby.

kabalistyka (*wym.* kabalistyka, *nie:* kabalistyka, p. akcent § 1c) *ż III, blm.*

kabała *ż IV*: Kłaść, stawiać kabałę. △ *pot.* Wpaść, wplątać się, wpakować się (a. kogoś) w kabałę «przysporzyć sobie a. komuś kłopotów»

kabat *m IV, D.* kabata.

kabe (*wym.* kabe, p. akcent § 6) *n* a. *m ndm środ.* «karabin bojowy; karabin (skrót: kb)»: Żołnierz uzbrojony w kabe. Czyścił swoje (swój) kabe.

kabek *m III, D.* kabeku a. kabeka *środ.* «karabinek (skrót: kbk)»: Strzelać z kabeku (kabeka).

kabekaes (*wym.* kabekaes, p. akcent § 6) *m IV, D.* kabekaesu *środ.* «karabinek sportowy (skrót: kbks)»: Urwał mu się zamek w kabekaesie.

kabinowiec *m II, D.* kabinowca, *lm M.* kabinowcy *środ.* «tłumacz pracujący w specjalnej kabinie, z której przekazuje tłumaczenie bezpośrednio na salę konferencyjną»

kablować *ndk IV*, kablowaliśmy (p. akcent § 1a i 2) «telegrafować za pomocą podmorskiego kabla telegraficznego»: Redaktor Kowalski kabluje z Nowego Jorku, że... △ w zn. «przekazywać telegraficznie» nie należy czasownikiem *kablować* zastępować utrwalonej w języku formy *telegrafować*.

kabłąkowaty, *rzad.* **kabłączasty.**

kabotynizm *m IV, D.* kabotynizmu, *Ms.* kabotynizmie (*wym.* ~izmie a. ~iźmie), *blm*; a. **kabotyństwo** *n III, blm.*

kabriolet (*wym.* kabrjolet, *nie:* kabryjolet) *m IV, D.* kabrioletu.

Kabul *m I, D.* Kabulu 1. «stolica Afganistanu» — kabulczyk *m III, lm M.* kabulczycy — kabulka *ż III, lm D.* kabulek — kabulski.
2. **kabul** «ostry sos do mięsa»

Kabylia *ż I, DCMs.* Kabylii «kraina w Algierii» — Kabyl *m I, lm M.* Kabyle a. Kabylowie, D. Kabylów — Kabylka *ż III, lm D.* Kabylek — kabylski.

kabzel a. **kabzla** p. kapsel.

kabzułka p. kapsułka.

kac *m II, DB.* kaca; *rzad.* (i mniej *pot.*) **kacenjamer** a. **katzenjamer** (*wym.* kacenjamer) *m IV, D.* kacenjameru (katzenjameru) *pot.* «złe samopoczucie po wypiciu dużej ilości alkoholu»: Mieć kaca (kacenjamer a. katzenjamer).

kacet (*wym.* kacet a. kacet) *m IV, D.* kacetu *pot.* «hitlerowski obóz koncentracyjny»

kacetowiec *m II, D.* kacetowca, *lm M.* kacetowcy *środ.* «więzień kacetu»

Kacper *przestarz., gw.,* p. Kasper.

kacyk *m III, lm M.* te kacyki a. ci kacykowie.

kaczeniec, *rzad.* **kaczyniec** *m II, D.* kaczeńca (kaczyńca).

kadi *m odm. jak przym., lm M.* kadiowie «sędzia mahometański»

kadłub *m IV, D.* kadłuba.

kadm *m IV, D.* kadmu «pierwiastek chemiczny»

kadm. «skrót wyrazu: *kontradmirał*, pisany z kropką, stawiany zwykle przed nazwiskiem lub przed imieniem i nazwiskiem, czytany jako cały, odmieniany wyraz»: Kadm. Zieliński. Kadm. Adam Zieliński. Rozkaz kadm. (*czyt.* kontradmirała) Zielińskiego.

kadr (*nie:* kadra) *m IV, D.* kadru (jako termin filmowy i telewizyjny).

kadra *ż IV* 1. «podstawowy zespół pracowników, członków organizacji partyjnej itp., czołowi sportowcy itp.»: Kadra instruktorska, oficerska. Kadra pracowników naukowych. 2. *pot.* tylko w *lm* «biuro personalne instytucji; biuro kadr»: Załatwić coś w kadrach.

kadrowicz *m II, lm M.* kadrowicze (*nie:* kadrowiczowie) *środ.,* często *żart.* «zawodnik należący do kadry reprezentacyjnej; *rzad.* kadrowiec» || *KP Pras.*

kadrowiec

kadrowiec *m II, D.* kadrowca, *lm M.* kadrowcy
1. *pot.* «urzędnik pracujący w biurze kadr» 2. *rzad.*
p. kadrowicz.

kadryl *m I, DB.* kadryla, *lm D.* kadryli a. kadrylów; in. kontredans: Tańczyć kadryla.

kaduceusz *m II, lm D.* kaduceuszy a. kaduceuszów.

Kadyks *m IV, D.* Kadyksu «miasto w Hiszpanii»

kadzidlany a. kadzidłowy.

Kadzidło *n III, Ms.* Kadzidle «miejscowość na Kurpiach» — kadzidlanin *m V, D.* kadzidlanina, *lm M.* kadzidlanie, *D.* kadzidlan — kadzidlanka *ż III, lm D.* kadzidlanek — kadzidlański.

kadź (*nie*: kadzia) *ż V, D.* kadzi, *lm M.* kadzie, *D.* kadzi.

kaem (*wym.* kaem a. kaem) *m IV, D.* kaemu *środ.* «karabin maszynowy (skrót: km)»: Rozbić gniazdo kaemów. Przydzielono plutonowi nowy kaem.

kafelek (*nie*: ta kafelka) *m III, D.* kafelka, *lm D.* kafelków (*nie*: kafelek).

kaflarnia *ż I, lm D.* kaflarni, *rzad.* kaflarń.

kaflarz *m II, lm D.* kaflarzy 1. «robotnik wyrabiający kafle» 2. *reg.* «zdun»

kaflowy, *rzad.* kaflany: Piec kaflowy.

kaganiec *m II, lm D.* kagańców (*nie*: kagańcy).

Kain (*wym.* Ka-in) *m IV.*

Kainowy 1. «dotyczący Kaina»: Zbrodnia Kainowa.
2. kainowy «właściwy Kainowi; bratobójczy»: Piętno kainowe.

Kair (*wym.* Ka-ir) *m IV, D.* Kairu «stolica Egiptu» — kairczyk *m III, lm M.* kairczycy — kairka *ż III, lm D.* kairek — kairski.

Kaja *m* odm. jak *ż I, DCMs.* Kai, *lm M.* Kajowie, *DB.* Kajów.
Kaja *ż I, rzad. ndm* — Kajowa *ż* odm. jak przym. — Kajówna *ż IV, D.* Kajówny, *CMs.* Kajównie (*nie*: Kajównej), *lm D.* Kajówien.

kajać się *ndk I,* kajają się, kajaj się, kajający się, kajał się, kajaliśmy się (p. akcent § 1a i 2) — pokajać się *dk* □ K. się przed kim (*nie*: komu) — za co (*nie*: z czego): Kajał się przed matką za swoje winy.

kajakarz *m II, lm D.* kajakarzy; *rzad.* kajakowiec *m II, lm M.* kajakowcy, *D.* kajakowców «zawodnik uprawiający sport kajakowy»

kajakowicz *m II, lm D.* kajakowiczów *pot.* «ten, kto odbywa wycieczki kajakiem»

kajdanki *blp, D.* kajdanek a. kajdanków: Założyć więźniowi kajdanki.

kajdany *blp, D.* kajdan (*nie*: kajdanów): Zakuć w kajdany.

kajet *m IV, D.* kajetu, *lm M.* kajety *przestarz.* «zeszyt»

Kajka *m* odm. jak *ż III, lm M.* Kajkowie, *DB.* Kajków.

Kajka *ż III, rzad. ndm* — Kajkowa *ż* odm. jak przym. — Kajkówna *ż IV, D.* Kajkówny, *CMs.* Kajkównie (*nie*: Kajkównej), *lm D.* Kajkówien.

kakadu (*wym.* kakadu, *nie*: kakadu) *ż ndm*: Papuga kakadu.

kakao (*nie*: kakało) *n ndm*: Filiżanka kakao (*nie*: kakaa, kakała). Cukier w kakao (*nie*: w kakale).

kakaowy (*nie*: kakałowy).

kakofonia (*wym.* kakofońja; *nie*: kakafonia) *ż I, DCMs.* i *lm D.* kakofonii.

Kalabria *ż I, DCMs.* Kalabrii «kraina we Włoszech» — Kalabryjczyk *m III, lm M.* Kalabryjczycy — Kalabryjka *ż III, lm D.* Kalabryjek — kalabryjski (p.).

kalabryjski: Krajobraz kalabryjski (*ale*: Półwysep Kalabryjski).

kalafonia (*wym.* kalafońja), *rzad.* kalofonia *ż I, DCMs.* kalafonii (kalofonii), *blm.*

kalander *m IV, D.* kalandra: Papier wygładzano w kalandrach.

Kaledonia (*wym.* Kaledońja) *ż I, DCMs.* Kaledonii *daw., książk.* «Szkocja» — Kaledończyk *m III, lm M.* Kaledończycy — kaledoński (p.).

Kaledonowie *blp, D.* Kaledonów «nazwa starożytnego plemienia w dzisiejszej Szkocji»

kaledoński: Ziemie kaledońskie (*ale*: Kanał Kaledoński, Góry Kaledońskie).

kalefaktor a. kalifaktor *m IV, lm M.* kalefaktorzy (kalifaktorzy).

kaleka *m* a. *ż* odm. jak *ż III, M.* ten a. ta kaleka (także o mężczyznach), *lm M.* te kaleki a. (o mężczyznach) ci kalecy, *D.* tych kalek (*nie*: kaleków).

kaleki *m-os.* kalecy: Kaleki człowiek, kalekie dziecko (*częściej*: kaleka). Kalekie nogi, ręce.

kalendarz *m II, lm D.* kalendarzy.

kalesony *blp, D.* kalesonów (*nie*: kaleson): Dwie pary kalesonów (*nie*: dwa, dwie kalesony).

kaletański przym. od Calais: Port kaletański (*ale*: Cieśnina Kaletańska).

kalia *ż I, DCMs.* i *lm D.* kalii.

kalif *m IV, lm M.* kalifowie.

kalifaktor p. kalefaktor.

Kalifornia (*wym.* Kaliforńja) *ż I, DCMs.* Kalifornii «stan w USA» — Kalifornijczyk *m III, lm M.* Kalifornijczycy — Kalifornijka *ż III, lm D.* Kalifornijek — kalifornijski (p.).

kalifornijski: Klimat kalifornijski (*ale*: Zatoka Kalifornijska).

kaligrafia *ż I, DCMs.* kaligrafii, *blm.*

Kaligula (*wym.* Kaligula, *nie*: Kaligula) *m* odm. jak *ż I*: Rządy Kaliguli.

kalikować, *wych. z użycia* kalkować *ndk IV,* kalikowaliśmy, kalkowaliśmy (p. akcent § 1a i 2) w zn. «pompować powietrze do miechów organowych»

Kalikst *m IV, Ms.* Kalikście, *lm M.* Kalikstowie.

I Kalinin (*wym.* Kalinin) m *IV*, *D.* Kalinina (p. akcent § 7), *lm M.* Kalininowie «nazwisko»

II Kalinin (*wym.* Kalinin) *m IV, D.* Kalinina (p. akcent § 7) «miasto w ZSRR» — kaliniński.

Kaliningrad (*wym.* Kaliningrad, *nie:* Kaliningrad) *m IV, D.* Kaliningradu (p. akcent § 7) «miasto w ZSRR» — kaliningradczyk *m III, lm M.* kaliningradczycy — kaliningradka *ż III, lm D.* kaliningradek — kaliningradzki.

Kalinka *m* odm. jak *ż III, lm M.* Kalinkowie, *DB.* Kalinków.
Kalinka *ż III*, rzad. *ndm* — Kalinkowa *ż* odm. jak przym. — Kalinkówna *ż IV, D.* Kalinkówny, *CMs.* Kalinkównie (*nie:* Kalinkównej), *lm D.* Kalinkówien.

Kalipso *ż ndm*: Nimfa Kalipso.

Kalisz *m II* «miasto» — kaliszanin *m V, D.* kaliszanina, *lm M.* kaliszanie, *D.* kaliszan — kaliszanka *ż III, lm D.* kaliszanek — kaliski.

kalka *ż III, lm D.* kalk (*nie:* kalek) // *D Kult. I, 658.*

***kalki językowe** p. zapożyczenia.

kalkomania (*wym.* kalkomańja) *ż I, DCMs.* i *lm D.* kalkomanii.

kalkować *wych. z* użycia w zn. «kalikować» (p.).

kalkulator *m IV* 1. *lm M.* kalkulatorzy «pracownik, który wykonuje kalkulację» 2. *lm M.* kalkulatory «w szybownictwie: urządzenie do obliczania kursu»

kalkulować (*nie:* karkulować) *ndk IV,* kalkulowaliśmy (p. akcent § 1a i 2) «robić kalkulację, obliczać» □ K. bez dop.: Liczył, kalkulował, ale zysków nie widział. □ K. co: Kalkulować cenę czegoś.
kalkulować się tylko w 3. os. i bezokol. **a)** «być wynikiem kalkulacji»: Nakład jest niewielki, więc książka kalkuluje się drogo. **b)** *pot.* «opłacać się, przynosić zysk (zwykle z przeczeniem)»: To mi się nie kalkuluje. // *D Kult. I, 764.*

Kalkuta (*nie:* Kalkutta) *ż IV* «miasto w Indii» — kalkucki.

Kallenbach (*wym.* Kalenbach) *m III, D.* Kallenbacha (p. akcent § 7).
Kallenbach *ż ndm* — Kallenbachowa *ż* odm. jak przym. — Kallenbachówna *ż IV, D.* Kallenbachówny, *CMs.* Kallenbachównie (*nie:* Kallenbachównej), *lm D.* Kallenbachówien.

Kallimach (*wym.* Kallimach) *m III, D.* Kallimacha (p. akcent § 7), *lm M.* Kallimachowie: Działalność Kallimacha jako doradcy królewskiego.

Kalliope *ż ndm,* rzad. **Kaliopa** *ż IV.*

kalofonia p. kalafonia.

kaloria *ż I, DCMs.* i *lm D.* kalorii (skrót: cal.).

kaloryfer *m IV, D.* kaloryfera.

kalumnia (*wym.* kalumńja) *ż I, DCMs.* i *lm D.* kalumnii; *lepiej:* oszczerstwo, potwarz: Rzucać na kogoś kalumnie.

Kalwaria *ż I, DCMs.* Kalwarii 1. «wzgórze w Jerozolimie; także nazwa kilku miejscowości w Polsce»
2. kalwaria «miejsce poświęcone kultowi męki Chrystusa» — kalwaryjski.

Kalwaria Zebrzydowska, Kalwaria *ż I, DCMs.* Kalwarii, Zebrzydowska odm. przym. «miasto» — kalwaryjski.

Kalwin *m IV* 1. «twórca wyznania ewangelicko-reformowanego»
2. kalwin, *lm M.* kalwini «wyznawca nauki Kalwina»

kalwinista *m* odm. jak *ż IV, lm M.* kalwiniści, *DB.* kalwinistów *rzad.* p. Kalwin (w zn. 2).

kałamarz *m II, D*ₑ kałamarza, *lm D.* kałamarzy.

Kałmucja *ż I, DCMs.* Kałmucji «autonomiczna republika w ZSRR» — Kałmuk (*nie:* Kałmyk) *m III, lm M.* Kałmucy — Kałmuczka *ż III, lm D.* Kałmuczek — kałmucki.

Kaługa *ż III* «miasto w ZSRR» — kałuski.

Kałuszyn *m IV, D.* Kałuszyna «miasto» — kałuszynianin *m V, D.* kałuszynianina, *lm M.* kałuszynianie, *D.* kałuszynian — kałuszynianka *ż III, lm D.* kałuszynianek — kałuszyński.

kamamber (*wym.* kamamber a. kamäber) *m IV, D.* kamamberu.

kamaryla (*nie:* kamarylla) *ż I.*

kamasz *m II, lm D.* kamaszy, *rzad.* kamaszów.

Kambodża (nie *wym.* Kambod-ża, Kambodż-ża) *ż II* «państwo w Azji» — Kambodżanin *m V, D.* Kambodżanina, *lm M.* Kambodżanie, *D.* Kambodżan — Kambodżanka *ż III, lm D.* Kambodżanek — kambodżański.

kambuz *m IV, D.* kambuza.

kamczacki: Obwód kamczacki (*ale:* Góry Kamczackie. Przylądek Kamczacki. Zatoka Kamczacka).

Kamczatka *ż III* «półwysep i obwód w ZSRR»: Mieszkać na Kamczatce. Wyjechać na Kamczatkę — Kamczadal (*nie:* Kamczadał) *m I* — Kamczadalka *ż III, lm D.* Kamczadalek — kamczacki.

kamea (*wym.* kamea, *nie:* kameja) *ż I, DCMs.* kamei, *lm M.* kamee (*wym.* kamee, *nie:* kameje), *D.* kamei (*nie:* kamej).

kameduła *m* odm. jak *ż IV, lm M.* kameduli, *DB.* kamedułów.

kamelia *ż I, DCMs.* i *lm D.* kamelii.

kamerton *m IV, D.* kamertonu; in. widełki stroikowe.

Kamerun (*wym.* Kamerun, *nie:* Kamerun) *m IV, D.* Kamerunu «kraj, zatoka, szczyt w Afryce» — Kameruńczyk *m III, lm M.* Kameruńczycy — Kamerunka *ż III, lm D.* Kamerunek — kameruński.

kamfora (*wym.* käfora a. kamfora) *ż IV, blm.*

kamgarn (*nie:* kangarn, kangar) *m IV, D.* kamgarnu, *blm.*

Kamieniec Ząbkowicki, Kamieniec *m II, D.* Kamieńca, Ząbkowicki odm. przym. «miasto» — kamieniecki.

kamieniodruk *m III, D.* kamieniodruku; *częściej:* litografia.

kamieniołom *m IV, D.* kamieniołomu, zwykle w *lm.*

kamienisty *st. w.* bardziej kamienisty.

Kamienna *ż* odm. jak przym. «rzeka»: Starachowice nad Kamienną.

Kamienna Góra, Kamienna odm. przym., Góra *ż IV* «miasto»: Zamek w Kamiennej Górze. — kamiennogórski.

kamienować (*nie*: kamionować, kamieniować) *ndk IV,* kamienowaliśmy (p. akcent § 1a i 2) — **ukamienować** *dk.*

kamień *m I*: Twardy jak kamień. △ Kamień węgielny **a)** «kamień narożny, na którym opiera się węgieł budynku» **b)** «pierwsza cegła w nowym budynku» **c)** *przen.* «podstawa, początek czegoś»: Położyć kamień węgielny pod jakąś teorię, naukę, pod potęgę państwa. △ Ciążyć komuś, uciskać itp. kogo kamieniem a. jak kamień «bardzo komuś ciążyć»: Głowa ciążyła mu jak kamień. Smutek kamieniem uciskał mu duszę. △ Zaklinać się w żywy kamień, *rzad.* w żywe kamienie «zaklinać się z pasją, namiętnie» △ Nie zostawić kamienia na kamieniu; nie zostanie kamień na kamieniu «zburzyć doszczętnie (miasto, budowle itp.); wszystko zostanie doszczętnie zburzone» △ Zniknąć, przepaść itp. jak kamień w wodę (*nie*: w wodzie) «zniknąć bez śladu» △ Rzucić kamieniem (*nie*: kamień) na kogoś, na coś, w kogoś «potępić kogoś, coś» △ Spać jak kamień, *rzad.* kamieniem «spać bardzo mocno» || *D Kult. II, 111.*

Kamień Pomorski, Kamień *m I,* Pomorski odm. przym. «miasto» — kamieński.

kamikaze *m ndm.*

Kamil *m I, lm M.* Kamilowie — Kamilek *m III, lm M.* Kamilkowie — Kamilostwo *n III, DB.* Kamilostwa, *Ms.* Kamilostwu (*nie*: Kamilostwie), *blm*; a. Kamilowie *blp, D.* Kamilów — Kamilkowie, *blp, D.* Kamilków — Kamila *ż I, W.* Kamilu — Kamilka *ż III, lm D.* Kamilek — Kama *ż IV.*

kampania (*wym.* kampańja) *ż I, DCMs* i *lm D.* kampanii **1.** «zespół działań wojennych toczących się w pewnym okresie»: Kampania wrześniowa. Zwycięska kampania. **2.** «zorganizowane działanie zmierzające do określonego celu» □ K. o co (*nie*: za czym): Kampania o zniszczenie broni nuklearnej. △ Kampania na rzecz pokoju, *lepiej*: kampania o pokój.

Kampania (*wym.* Kampańja) *ż I, DCMs.* Kampanii «kraina we Włoszech» — kampański.

Kampinos *m IV, D.* Kampinosu «wieś» — kampinoski (p.).

kampinoski (*nie*: kampinowski): Rezerwat kampinoski (*ale*: Puszcza Kampinoska).

kamrat *m IV, lm M.* ci kamraci a. (z silniejszym zabarwieniem emocjonalnym) te kamraty.

kan. «skrót wyrazu: *kanonik,* pisany z kropką, stawiany zwykle przed nazwiskiem lub przed imieniem i nazwiskiem (często poprzedzany skrótem: ks. = ksiądz), czytany jako cały, odmieniany wyraz»: Ks. kan. Adamski. Kan. Zenon Adamski. Przyjęcie u ks. kan. (*czyt.* księdza kanonika) Adamskiego.

Kanaan *m IV, D.* Kanáanu a. (w połączeniu z wyrazami: kraj, kraina) *ndm* «starożytna kraina na Bliskim Wschodzie»: Lud zamieszkujący krainę Kanaan. — Kananejczyk *m III, lm M.* Kananejczycy — Kananejka *ż III, lm D.* Kananejek — kanaański a. kananejski.

Kanada *ż IV* — Kanadyjczyk *m III, lm M.* Kanadyjczycy — Kanadyjka (p.) — kanadyjski.

Kanadyjka *ż III, lm D.* Kanadyjek **1.** «obywatelka Kanady» **2.** kanadyjka **a)** «kurtka sięgająca do pasa, wszyta w pasek» **b)** «lekka łódź sportowa»

kanalia *ż* a. *m* odm. jak *ż I, M.* ta kanalia (także o mężczyznach), *rzad.* ten kanalia, *DCMs.* i *lm D.* kanalii.

kanał *m IV, D.* kanału: Kanał ściekowy; kanał La Manche (*ale*: Kanał Augustowski, Kanał Bydgoski, Kanał Panamski).

kanapa-tapczan (*nie*: kanapotapczan) kanapa *ż IV,* tapczan *m IV, D.* tapczanu. || *D Kult. II, 409.*

kanapka *ż III, lm D.* kanapek △ Kanapka z czymś (*nie*: obłożona czymś): Kanapka z szynką.

Kanara *ż IV* «kraina w Indii» — Kanar *m IV, lm M.* Kanarowie — Kanaryjka *ż III, lm D.* Kanaryjek.

kanaryjski: Sosna kanaryjska (*ale*: Wyspy Kanaryjskie, Prąd Kanaryjski).

kancelaria *ż I, DCMs.* i *lm D.* kancelarii.

kancelista *m* odm. jak *ż IV, lm M.* kanceliści, *DB.* kancelistów. || *U Pol. (1), 118.*

kanciasty *m-os.* kanciaści; *reg.* **kanciaty** *m-os.* kanciaci.

kancona (*nie*: kanzona) *ż IV, lm D.* kancon.

Kandahar *m IV, D.* Kandaharu **1.** «prowincja i miasto w Afganistanie» — kandaharski. **2.** kandahar, *D.* kandaharu a. kandahara, zwykle w *lm* «metalowe wiązania przy nartach przymocowujące je do buta»

kandelabr (*nie*: kandelaber) *m IV, D.* kandelabru a. kandelabra.

kand.n. «skrót wyrazów: *kandydat nauk,* pisany z kropkami, stawiany zwykle przed imieniem i nazwiskiem, czytany jako całe wyrażenie»: Kand.n. Piotr Wasiliew. Rozprawa kand.n. (*czyt.* kandydata nauk) P. Wasiliewa.

kandydatura *ż IV, lm D.* kandydatur □ K. na kogo, na co, do czego: Kandydatura na ministra. Kandydatura na stanowisko ministra. Kandydatura do tronu, do zarządu. △ Postawić, wysunąć, zgłosić czyjąś kandydaturę. Przyjąć, cofnąć kandydaturę.

kania *ż I, lm D.* kań, w zn. «ptak drapieżny» △ Czekać, wyglądać, pragnąć czegoś jak kania dżdżu, *rzad.* deszczu «oczekiwać czegoś niecierpliwie; bardzo pragnąć»

kanibal (*nie*: kannibal) *m I, lm D.* kanibali; *lepiej*: ludożerca.

kanibalizm *m IV, D.* kanibalizmu, *Ms.* kanibalizmie (*wym.* ~izmie a. ~iźmie), *blm*; *lepiej*: ludożerstwo (w odniesieniu do ludzi).

kanikuła (*wym.* kanikuła, *nie*: kanikuła) *ż IV*, zwykle *blm przestarz.* «okres największych upałów; upały»

kanion (*wym.* kańjon, *nie*: keńjon) *m IV, D.* kanionu.

Kaniów *m IV, D.* Kaniowa, *C.* Kaniowowi (*ale*: ku Kaniowowi a. ku Kaniowu) «miejscowość w Polsce i miasto w ZSRR» — kaniowski.

kanister (*nie*: karnister) *m IV, D.* kanistra. || *D Kult. II, 567.*

kanka *ż III, lm D.* kanek «rurka szklana, ebonitowa itp. stanowiąca zakończenie gumowej rurki irygatora»

kankan *m IV, DB.* kankana, *blm*: Tańczyć kankana.

Kanny *blp, D.* Kannów «starożytne miasto w Italii»: Zwycięstwo Hannibala pod Kannami. — kanejski.

! kanoe p. canoe.

Kansas (*wym.* Kanzas) 1. *n* a. *m ndm* «stan w USA»: Kansas brało (brał) udział w wojnie secesyjnej po stronie Unii. 2. *ż ndm* «rzeka w USA»: Kansas powstała z połączenia dwu rzek.
Kansas City (*wym.* Kanzas S-ity) *n ndm* «dwa miasta w USA»: Kansas City w stanie Kansas połączone jest mostami z miastem o tej samej nazwie w stanie Missouri.

kant *m IV, D.* kantu.

Kant *m IV, D.* Kanta: Poglądy filozoficzne Kanta.

kanton *m IV, D.* kantonu «jednostka administracyjno-terytorialna w Szwajcarii, Belgii i Francji»

Kanton *m IV, D.* Kantonu «miasto w Chinach» — kantoński.

kantonalny przym. od kanton.

I kantor *m IV, D.* kantoru, *lm M.* kantory «biuro przedsiębiorstwa, kancelaria»

II kantor *m IV, D.* kantora, *lm M.* kantorowie a. kantorzy «śpiewak kościelny; dawny urząd kościelny»

Kantowski 1. «należący do Kanta, będący własnością Kanta»: Dzieła Kantowskie.
2. kantowski «taki jak u Kanta»: Poglądy kantowskie późniejszych filozofów niemieckich.

! kanzona p. kancona.

kańczug *m III, D.* kańczuga.

kaowiec p. k.o.-owiec.

kapać *ndk IX*, kapię (*nie*: kapę), kapie, kapaliśmy (p. akcent § 1a i 2) — kapnąć *dk Va*, kapnął (*wym.* kapnoł), kapnęła (*wym.* kapneła; *nie*: kapła), kapnęliśmy (*wym.* kapneliśmy, *nie*: kapliśmy) □ K. czym «strząsać krople; ściekać kroplami»: Kapać wodą, stearyną. Woda kapie z kranu. □ *przen.* K. (zwykle w imiesł.) od czego a. czym «być przybranym dużą ilością czegoś»: Płaszcz kapiący od pereł. Kapać złotem. □ *pot.* (tylko *dk*) Komuś kapnęło a. coś komuś kapnęło «ktoś otrzymał jednorazowo niewielką sumę pieniędzy; ktoś coś zyskał»: Kapnęło mu za artykuł. Kapnie mu parę groszy.

kapcan *m IV, lm M.* te kapcany.

kapec *m II, D.* kapca, *lm D.* kapców (*nie*: kapcy), zwykle w *lm* «obuwie filcowe»

kapeć *m I, D.* kapcia, *lm D.* kapci, zwykle w *lm pot.* «pantofle domowe»

kapela *ż I, lm D.* kapeli (*nie*: kapel).

kapelan *m IV, lm M.* kapelani, *rzad.* kapelanowie (*nie*: kapelanie).

kapelmistrz *m II, lm M.* kapelmistrzowie a. kapelmistrze, *D.* kapelmistrzów (*nie*: kapelmistrzy).

kapelusik (*nie*: kapeluszyk) *m III.*

kapelusz *m II, lm D.* kapeluszy: Być, chodzić w kapeluszu.

kapepowiec, kapepowski p. KPP.

kaper *m IV, D.* kapra *hist.* a) *lm M.* kaprzy a. kaprowie «korsarz» b) *lm M.* kapry «uzbrojony statek prywatnego przedsiębiorcy mającego upoważnienie rządu do łupienia statków i okrętów nieprzyjacielskich»

kaperownictwo *n III*, a. kaperunek *m III, D.* kaperunku *pot.* «przeciąganie zawodnika sportowego z jednego zrzeszenia do drugiego»

kaperstwo *n III hist.* «ściganie pod dowództwem kaprów obcych statków przemytniczych»

Kapetyng *m III*, zwykle w *lm M.* Kapetyngowie, *D.* Kapetyngów: Karol IV był ostatnim z Kapetyngów we Francji.

kapilarny in. włoskowaty.

kapiszon *m IV, D.* kapiszonu a. kapiszona.

kapitalizm *m IV, D.* kapitalizmu, *Ms.* kapitalizmie (*wym.* ~izmie a. ~iźmie), *blm.* || *D Kult. II, 223.*

kapitalny 1. «znakomity»: Kapitalny pomysł. 2. (*lepiej*: główny): Dobre odżywianie to kapitalny warunek zdrowia. || *D Kult. II, 223.*

kapitał (*wym.* kapitał, *nie*: kapitał) *m IV, D.* kapitału. || *D Kult. II, 223.*

kapitan (*wym.* kapitan, nie: kapitan) *m IV, lm M.* kapitanowie (*nie*: kapitani); skrót: kpt. || *D Kult. I, 755.*

kapitanostwo *n III, DB.* kapitanostwa, *Ms.* kapitanostwu (*nie*: kapitanostwie), *blm* «kapitan z żoną»

kapitanowa *ż* odm. jak przym., *W.* kapitanowo.

kapitaństwo *n III, blm* 1. «stopień kapitana» 2. *B.* kapitaństwa, *Ms.* kapitaństwu *pot.* p. kapitanostwo.

kapitel (*wym.* kapitel, *nie*: kapitel) *m I, D.* kapitelu a. kapitela, *lm D.* kapiteli a. kapitelów.

Kapitol *m I, D.* Kapitolu 1. «wzgórze w Rzymie» 2. «siedziba kongresu USA»

kapitoliński przym. od Kapitol (w zn. 1).

kapitulować *ndk IV*, kapitulowaliśmy (p. akcent § 1a i 2) — skapitulować *dk* □ K. przed kim, czym «zaprzestawać walki, poddawać się nieprzyjacielowi»: Kapitulować przed wojskiem nieprzyjaciela. □ K. bez dop. «rezygnować z czegoś»: Kiedy nie mógł nic wskórać, skapitulował.

kaplin *m IV*, *D*. kaplina: Robiła piękne kapelusze z filcowych kaplinów.

kapłan *m IV*, *lm M*. kapłani (*nie*: kapłanie).

kapnąć p. kapać.

kapo *m ndm, rzad. m IV, DB*. kapa, *C*. kapowi, *Ms*. kapie, *lm M*. kapy a. kapowie, *D*. kapów, *rzad*. odm. jak *ż IV, D*. kapy, *C*. kapie, *B*. kapę, *lm M*. kapy, *D*. kap.
kapo *ż ndm* a. *ż IV*. || *U Pol. (2), 384*.

kapować *ndk IV*, kapowaliśmy (p. akcent § 1a i 2) *pot*. **a)** *żart*. «rozumieć» **b)** «śledzić kogoś»
kapować się *pot*. «rozumieć co, orientować się w czymś» □ K. się na czym: Kapować się na wszystkim. □ K. się w czym: Kapować się w jakiejś sprawie.

Kaprea p. Capri.

kapron *m IV* **1.** *D*. kapronu «włókno syntetyczne» **2.** *D*. kaprona, zwykle w *lm* «pończochy z tego włókna»

kapsel, *przestarz*. **kabzel** *m I, D*. kapsla (kabzla); a. **kapsla**, *przestarz*. **kabzla** *ż I, lm D*. kapsli (kabzli).

kapsułka (*nie*: kapsulka), *przestarz*. **kabzułka** *ż III, lm D*. kapsułek (kabzułek).

Kapsztad *m IV, D*. Kapsztadu «miasto w Południowej Afryce» — kapsztadzki.

Kapua (*wym*. Kapu-a, *nie*: Kapua) *ż I, D*. Kapui (p. akcent § 7), *CMs*. Kapui (*nie*: Kapule) «miasto we Włoszech» — kapuańczyk *m III, lm M*. kapuańczycy — kapuanka *ż III, lm D*. kapuanek — kapuański.

kapuś *m I, lm D*. kapusiów (*nie*: kapusi) *posp*. «donosiciel, szpicel»

kapuśniak *m III, D*. kapuśniaku.

kaput (*wym*. kaput) w użyciu przysłówkowym lub wykrzyknikowym *posp*. «przepadło»

kara *ż IV*: Wymierzyć komuś karę. Skazać kogoś na karę, np. więzienia. Ponieść karę. Podlegać karze. Odbyć, odsiedzieć karę. Płacić karę. Ujść, uniknąć kary. Zwolnić od kary. △ Robić coś za karę: Za karę stała w kącie. □ Pod karą czego: Pod karą wydalenia. □ K. za co: Kara za grzechy, za przewinę. □ K. czego (gdy się wymienia rodzaj kary): Kara pozbawienia wolności.

karabela *ż I, lm D*. karabel a. karabeli.

karabin *m IV, D*. karabinu a. karabina: Karabin maszynowy.

Karaczi *n ndm* «miasto w Pakistanie»

karać *ndk IX*, karze (*nie*: kara), karz, karaliśmy (p. akcent § 1a i 2) □ K. kogo, co (za co, czym): Karać grzywną za przekroczenie przepisów drogowych. △ *niepoprawne* Karać mocniej (*zamiast*: surowiej).

Karadžić (*wym*. Karadžić) *m I, D*. Karadžicia (p. akcent § 7): Zasługi Wuka Karadžicia dla kultury serbskiej.

Karadziordziewicz (*wym*. Karadziordziewicz) *m II*, zwykle w *lm*, *M*. Karadziordziewicze, *D*. Karadziordziewiczów: Serbska dynastia Karadziordziewiczów.

karafka *ż III, lm D*. karafek (*nie*: karawek): Podać do stołu wodę w karafce.

Karaib *m IV, lm M*. Karaibowie «członek plemienia Indian» — Karaibka *ż III, lm D*. Karaibek — karaibski (p.).

karaibski: Zwyczaje karaibskie (*ale*: Morze Karaibskie, Prąd Karaibski).

Karaim *m IV, lm M*. Karaimi, *rzad*. Karaimowie «członek grupy etnicznej pochodzenia tureckiego» — Karaimka *ż III, lm D*. Karaimek — karaimski.

karaita *m* odm. jak *ż IV, lm M*. karaici, *DB*. karaitów «członek mozaistycznej grupy wyznaniowej»

Karakałpacja *ż I, DCMs*. Karakałpacji «republika autonomiczna w ZSRR» — Karakałpak *m III, lm M*. Karakałpacy — Karakałpaczka *ż III, lm D*. Karakałpaczek — karakałpacki.

karakon p. karaluch.

karakuł *m IV, lm D*. karakułów, w zn. «futro» zwykle w *lm*.

Kara-kum (*wym*. Kara-kum, *nie*: Kara-kum) *ndm* a. *m IV* (pierwsza część złożenia *ndm*), *D*. Kara-kumu, *Ms*. Kara-kumie «pustynia w ZSRR»

karaluch *m III*, a. **karakon** *m IV*.

karambol *m I, D*. karambolu a. karambola «zderzenie się kul w grze bilardowej» △ *przen*. «niespodziewane zderzenie się» △ *niepoprawne* w zn. «zamieszanie, kłopoty»

Karamzin (*wym*. Karamzin, *nie*: Karamzin) *m IV, D*. Karamzina (p. akcent § 7): Twórczość Karamzina.

kararyjski przym. od Carrara: Marmur kararyjski.

karat *m IV, D*. karata: Brylant ważył 5 karatów.

karawela *ż I, lm D*. karawel.

karb *m IV, D*. karbu △ Kłaść, policzyć (*nie*: liczyć, zwalać) coś na karb czegoś «przypisywać coś, zwykle coś złego»: Jego nieuprzejmość trzeba kłaść na karb jego nerwowości. △ Wziąć, ująć w karby «poddać dyscyplinie, rygorom» △ Utrzymać w karbach «utrzymać w posłuszeństwie, w określonych granicach, ramach»

karbid (*nie*: karbit) *m IV, D*. karbidu, *blm*.

karbowy *m* odm. jak przym.

karburator *m IV, lm M*. karburatory *przestarz*. «gaźnik»

karcer *m IV, D*. karceru; *rzad*. (*środ*.) **karc** *m II, D*. karcu «cela bez pryczy»

karciarz *m II, lm D*. karciarzy.

Karczew *m IV, D*. Karczewa (*nie*: Karczewia), *C*. Karczewowi (*ale*: ku Karczewowi a. ku Karczewu), *Ms*. Karczewie (*nie*: Karczewiu) «miasto» — karczewski.

karczma *ż IV, lm D*. karczem.

karczmarz *m II, lm D*. karczmarzy.

Karczów *m IV, C*. Karczowowi (*ale*: ku Karczowowi a. ku Karczowu) «miejscowość» — karczowski.

Karczówka *ż III* «miejscowość; wzgórze w Górach Świętokrzyskich» — karczówkowski.

kard. «skrót wyrazu: *kardynał*, pisany z kropką, stawiany zwykle przed nazwiskiem lub przed imieniem i nazwiskiem (często poprzedzany skrótem: ks. = ksiądz), czytany jako cały, odmieniany wyraz»: Ks. kard. Kakowski. Audiencja u kard. (*czyt.* kardynała) Kakowskiego.

kardynalny «główny, podstawowy, zasadniczy»: Kardynalny błąd.

kardynał *m IV, lm M.* kardynałowie (skrót: kard.).

I Karel *m I, lm M.* Karelowie, *D.* Karelów «stały mieszkaniec, obywatel Karelii»

II Karel *m I, D.* Karla (*nie*: Karela) «imię czeskie: Karol»

Karelia *ż I, DCMs.* Karelii «autonomiczna republika w ZSRR» — Karel (p.) — Karelka *ż III, lm D.* Karelek — karelski (p.).

karelski: Brzoza karelska (*ale*: Wybrzeże Karelskie, Karelska ASRR).

kares *m IV, D.* karesu, zwykle w *lm przestarz.* «czułości, umizgi» dziś żywe w przysłowiu: Nie ma karesu bez interesu.

kareta (*nie*: karyta) *ż IV*: Jechać karetą a. w karecie. Wsiąść do karety (*nie*: w karetę). Siedzieć w karecie.

kargo p. cargo.

Kargowa *ż* odm. jak przym., *D.* Kargowej «miasto» — kargowianin *m V, D.* kargowianina, *lm M.* kargowianie, *D.* kargowian — kargowianka *ż III, lm D.* kargowianek — kargowski (p.).

kargowski: Ratusz kargowski (*ale*: Kotlina Kargowska).

karibu *m a. n ndm* «renifer amerykański»

kariera *ż IV*: Robić karierę.

kark *m III, D.* karku △ *pot.* zwroty: Nadstawiać za kogoś, za coś karku «narażać się dla kogoś, dla jakiejś sprawy» △ Dać komuś, uderzyć kogoś w kark a. po karku; dostać w kark a. po karku «uderzyć kogoś; być uderzonym» △ Siedzieć komuś a. u kogoś na karku «naprzykrzać się komuś swym towarzystwem, obecnością» △ Ugiąć przed kimś karku «upokorzyć się»

Karkonosze *blp, D.* Karkonoszy «pasmo górskie» — karkonoski.

Karl-Marx-Stadt (*wym.* Karl-Marks-Sztat) *n ndm a. m IV* (Karl-Marx — *ndm*), *D.* Karl-Marx-Stadtu, *Ms.* Karl-Marx-Stadcie (*wym.* Sztacie) «miasto w NRD»: Pojechać do Karl-Marx-Stadt (do Karl-Marx-Stadtu). Karl-Marx-Stadt otrzymał (otrzymało) swą nazwę w r. 1953.

karlowarski: Uzdrowisko karlowarskie (*ale*: Wyżyna Karlowarska).

Karlowe Wary (*nie*: Karlove Vary; używana także czeska forma: **Karlovy Vary**), Karlowe odm. przym., Wary *blp, D.* Warów: Leczyć się w Karlowych Warach (w Karlovych Varach) — karlowarski (p.). || *D Kult. II, 542.*

Karlsbad *m IV, D.* Karlsbadu «dawna niem. nazwa Karlowych Warów» — karlsbadzki.

karłowaty, w zn. *bot. rzad.*: **karłowy**: Rośliny karłowate (karłowe).

karm *m IV, D.* karmu; a. **karma** *ż IV, D.* karmy: Karm (karma) dla drobiu.

karmazyn *m IV* 1. *D.* karmazynu «kolor intensywnie czerwony; wyrabiana dawniej tkanina tego koloru» 2. *D.* karmazyna, *lm M.* karmazyni «w dawnej Polsce: szlachcic pochodzący ze starego rodu» 3. *D.* karmazyna, *lm M.* karmazyny a) «ryba morska» b) zwykle w *lm* «rasa kur»

karmelicki a. **karmelitański** «odnoszący się do karmelitów lub karmelitanek»: Zakon karmelicki (karmelitański). Klasztor karmelicki (karmelitański). △ *pot., wych. z użycia* Wielki, gruby jak karmelicka (*nie*: karmelitańska) bania. Głowa jak karmelicka bania.

karmić *ndk VIa*, karmię, karmimy, karm (*nie*: karmij), karmiliśmy (p. akcent § la i 2) 1. «żywić potomstwo własnym mlekiem»: Jest zbyt wątła, aby karmić. Karmić dziecko piersią. 2. «dawać jeść, dostarczać pożywienia»: Karmić wróble okruszynami. △ *niepoprawne* w zn. «zapewniać środki do życia; utrzymywać», np. Ojciec karmi (*zamiast*: utrzymuje) całą rodzinę.

karmnik, *rzad.* **karmik** *m III* w zn. «wieprz tuczony» || *D Kult. I, 508; II, 371.*

karmny «tuczony na zabicie»: Karmny wieprz.

karmowy przym. od karm a. karma (zwykle w terminologii zootechnicznej): Wartość karmowa traw.

! karnister p. kanister.

karnisz *m II, D.* karnisza a. karniszu, *lm D.* karniszy a. karniszów.

karo 1. *n ndm* «jeden z czterech kolorów w kartach»: Walet karo. 2. *n III* «karta tego koloru»: Mam trzy kara i dwa piki. 3. *n ndm* a. *n III* «kwadratowy dekolt w stroju damskim»: Niedobrze mi w karo. Od kara wolę dekolt owalny.

Karol *m I, lm M.* Karolowie — Karolek *m III, lm M.* Karolkowie — Karolostwo *n III, DB.* Karolostwa, *Ms.* Karolostwu (*nie*: Karolostwie), *blm*; a. Karolowie *blp, D.* Karolów — Karolkowie *blp, D.* Karolków — Karola *ż I, W.* Karolu — Karolina (p.) — Karolka *ż III, lm D.* Karolek — Karolcia *ż I, W.* Karolciu.

Karolina *ż IV* 1. «imię żeńskie» — Karolinka *ż III, lm D.* Karolinek.
2. (w połączeniu z wyrazem: stan) *ndm* «stan w USA»: Mieszkać w Karolinie (w stanie Karolina).

Karoling *m III*, zwykle w *lm, M.* Karolingowie, *D.* Karolingów: Dynastia Karolingów we Francji i Niemczech. — karoliński.

Karoliny *blp, D.* Karolinów a. (w połączeniu z wyrazem: archipelag) *ndm* «archipelag wysp na Oceanie Spokojnym; Wyspy Karolińskie» — karoliński (p.).

karoliński 1. przym. od Karolin: Pałac karoliński jest siedzibą „Mazowsza". 2. przym. od Karolina (w zn. 2): Bawełna karolińska. **3.** przym. od Karoliny: Klimat karoliński (*ale*: Wyspy Karolińskie, Basen Karoliński, Grzbiet Karoliński).

karp *m I, D.* karpia (*nie*: karpa), *lm D.* karpi.

karpacki: Roślinność karpacka (*ale*: Pogórze Karpackie).

Karpacz *m II, D.* Karpacza «miasto» — karpacki.

Karpaty *blp, D.* Karpat (*nie*: Karpatów) «góry»: Karpaty Bukowińskie, Wschodnie. — karpacki (p.)

karpina a. **karpowina** *ż IV,* zwykle *blm.*

karta *ż IV*: Karta pracy, karta choroby. Karta wstępu. Karta uczestnictwa w wycieczce. △ W nazwach dokumentów dużą literą: Karta górnika, Karta nauczyciela. △ Grać w odkryte a. w otwarte karty «stawiać rzecz otwarcie, nic nie ukrywając» △ Stawiać, postawić, rzucić coś na jedną kartę «(za)ryzykować» △ *podn.* Mieć chlubną kartę (*nie*: mieć zapisaną chlubną kartę) w historii.

kartacz *m II, lm D.* kartaczy a. kartaczów.

Kartagina (*wym.* Kartagina, *nie*: Kartagina) *ż IV* «starożytne miasto-państwo» — Kartagińczyk *m III, lm M.* Kartagińczycy — Kartaginka *ż III, lm D.* Kartaginek — kartagiński.

kartel *m I, D.* kartelu, *lm D.* karteli.

kartezjanizm *m IV, D.* kartezjanizmu, *Ms.* kartezjanizmie (*wym.* ~izmie a. ~iźmie), *blm.*

Kartezjusz p. Descartes.

kartofel (*nie*: ta kartofla) *m I, D.* kartofla, *lm D* kartofli; in. ziemniak: Sadzić, kopać kartofle. △ Kartofle w mundurach a. w mundurkach «kartofle ugotowane w łupinach» || *D Kult. II, 319.*

kartoflany, *reg.* **kartoflowy**: Pole kartoflane. Nać, zupa, mąka kartoflana. Kluski, placki kartoflane.

kartograf *m IV, lm M.* kartografowie (*nie*: kartografi).

kartuz *m IV, lm M.* kartuzi, *rzad.* kartuzowie «członek zakonu kontemplacyjnego»: Klasztor kartuzów. Ojcowie kartuzi.

Kartuzy *blp, D.* Kartuz «miasto»: Pojechał do Kartuz. — kartuski.

karuzela (*nie*: ten karuzel) *ż I, lm D.* karuzel a. karuzeli: Jeździć na karuzeli.

karygodny (*nie*: karogodny) *st. w.* bardziej karygodny: Karygodny czyn, postępek. Karygodne nieporządki.

karykatura (*nie*: karygatura) *ż IV, lm D.* karykatur.

Karyntia *ż I, DCMs.* Karyntii «kraj w Austrii» — Karyntyjczyk *m III, lm M.* Karyntyjczycy — Karyntyjka *ż III, lm D.* Karyntyjek — karyncki (*nie*: karyntyjski). || *GPK Por. 96.*

karzeł *m IV, DB.* karła, *lm M.* te karły.

kasa *ż IV*: Kasa kolejowa, biletowa, bagażowa; kasa teatralna, kinowa. Podnieść, wypłacać pieniądze z kasy. Wnieść, wpłacić określoną sumę do kasy.

△ W nazwach instytucji dużą literą: Powszechna Kasa Oszczędności. Polska Kasa Opieki. △ *pot.* Robić, zrobić kasę «o sztuce, filmie, widowisku: przynosić, przynieść dochód»

kasacja *ż I, DCMs.* i *lm D.* kasacji **1.** «zniesienie, skasowanie; kasata»: Kasacja zakonu jezuitów. **2.** «uchylenie wyroku sądu niższej instancji»

Kasandra (*nie*: Kassandra) *ż IV.*

kasata *ż IV,* p. kasacja (w zn. 1): Kasata zakonu.

Kasjopeja (*nie*: Kasjopea) *ż I, DCMs,* Kasjopei, *B.* Kasjopeję: Gwiazdy Kasjopei.

kaskader, *rzad.* **kaskadier** *m IV, lm M.* kaskaderzy (kaskadierzy).

! kasko p. casco.

kasłać p. kaszlać.

kasować *ndk IV,* kasowaliśmy (p. akcent § 1a i 2) — **skasować** *dk*: Kasować instytucję. Kasować bilet (*nie*: opłatę).

Kasper *m IV, D.* Kaspra, *lm M.* Kasprowie.

kaspijski: Ryby kaspijskie (*ale*: Morze Kaspijskie).

Kasprowy Wierch, Kasprowy odm. przym. Wierch *m III, D.* Wierchu «szczyt górski»

Kassel *n ndm* «miasto w NRF»: Park w Kassel. Pojechać do Kassel.

kastaniety *blp, D.* kastanietów.

kastrat *m IV* **1.** *lm M.* ci kastraci, *pogard.* te kastraty «wykastrowany mężczyzna; eunuch» **2.** *lm M.* kastraty «kastrowany samiec zwierząt»

kastrować *ndk IV,* kastrowaliśmy (p. akcent § 1a i 2) — **wykastrować** *dk,* in. trzebić.

Kastylia *ż I, DCMs.* Kastylii «kraina w Hiszpanii» — Kastylijczyk *m III, lm M.* Kastylijczycy — Kastylijka *ż III, lm D.* Kastylijek — kastylijski, kastylski (p.).

kastylijski, *rzad.* **kastylski**: Lud kastylijski (*ale*: Wyżyna Kastylijska, Góry Kastylijskie).

kasza *ż II* △ Kasza manna, *D.* kaszy manny (*nie*: mannej kaszy). Kasza krakowska, *reg.* częstochowska. △ *pot.* Nie dać sobie w kaszę dmuchać (*rzad.* pluć), nie dać się zjeść w kaszy «nie pozwolić się wykorzystać, okpić, lekceważyć, nie dać komuś przewodzić nad sobą»

kaszarnia *ż I, lm D.* kaszarni, *rzad.* kaszarń.

kaszel *m I, D.* kaszlu, *lm D.* kaszli a. kaszlów (w *lm rzad.*): Zanieść się, zakrztusić się kaszlem.

kaszkiet *m IV, D.* kaszkietu a. kaszkieta.

kaszlać a. **kaszleć,** *rzad.* **kasłać** *ndk IX,* kaszlę (*nie*: kaszlam), kaszlesz, kaszle, *rzad.* kaszla, kasła; kaszlemy, *rzad.* kaszlamy; kaszlecie, *rzad.* kaszlacie; kaszlą, *rzad.* kaszlają; kaszl, *rzad.* kaszlaj, kasłaj; kaszlał, *rzad.* kasłał; kaszlaliśmy a. kaszleliśmy, *rzad.* kasłaliśmy (p. akcent § 1a i 2) — **kaszlnąć** *dk Va,* kaszlnąłem (*wym.* kaszlnołem; *nie*: kaszlnełem), kaszlnął (*wym.* kaszlnoł), kaszlnęła (*wym.* kaszlnęła), kaszlnęliśmy (*wym.* kaszlnęliśmy). || *U Pol. (2), 419.*

Kaszmir *m IV, D.* Kaszmiru 1. «kraina w Indiach» — Kaszmirczyk *m III, lm M.* Kaszmirczycy — Kaszmirka *ż III, lm D.* Kaszmirek — kaszmirski (p.). 2. kaszmir «rodzaj tkaniny»

kaszmirowy przym. od kaszmir: Szal kaszmirowy.

kaszmirski: Koza kaszmirska (*ale*: Kotlina Kaszmirska).

kasztan *m IV* 1. *D.* kasztana, *rzad.* kasztanu «drzewo» 2. *D.* kasztana «owoc tego drzewa» △ Wyciągać, wyjmować kasztany z ognia cudzymi rękami «posługiwać się kimś dla wykonania jakiejś czynności, pracy, z której samemu się ma korzyść» △ Wyciągać, wyjmować dla kogoś kasztany z ognia «wykonywać pracę, z której odniesie korzyść kto inny» 3. *DB.* kasztana «koń jasnobrązowej maści» 4. *D.* kasztanu «kolor rudawobrązowy»: Wśród tych farb do włosów nie ma ładnego kasztanu.

kasztanowaty 1. «o włosach: mający barwę rudawobrązową, *rzad.* kasztanowy»: Kasztanowate włosy. Kasztanowata broda. 2. «o koniu: mający maść czerwonobrunatną; cisawy»

kasztanowy: Drzewa kasztanowe. Aleja kasztanowa. Mąka kasztanowa. Kasztanowe (*częściej*: kasztanowate) włosy.

kasztel (*nie*: kastel) *m I, D.* kasztelu, *lm D.* kaszteli a. kasztelów.

kasztelan *m IV, lm M.* kasztelani a. kasztelanowie. || *U Pol. (2), 134.*

kaszubski: Lud kaszubski. Ziemia kaszubska (*ale*: Pojezierze Kaszubskie, Pobrzeże Kaszubskie).

Kaszuby *blp, D.* Kaszub «kraina»: Mieszkać na Kaszubach. Pojechać na Kaszuby. — Kaszub *m IV* a. Kaszuba *m,* w *lp* odm. jak *ż IV, lm M.* Kaszubi, *DB.* Kaszubów — Kaszubka *ż III, lm D.* Kaszubek — kaszubski.

kat *m IV, C.* katowi a. katu, *lm M.* ci kaci a. (z silniejszym zabarwieniem ekspresywnym) te katy △ *pot.* Stać jak kat nad dobrą duszą «nie odstępować kogoś chcąc coś wymusić, uzyskać» △ *pot.* Kat na kogoś «ktoś znęcający się nad kimś»

katafalk (*nie*: katafalek) *m III, D.* katafalku.

Katajew (*wym.* Katajew) *m IV, D.* Katajewa (p. akcent § 7), *lm M.* Katajewowie: Znał dobrze utwory obu Katajewów.

kataklizm *m IV, D.* kataklizmu, *Ms.* kataklizmie (*wym.* ~izmie a. ~iźmie).

katakumby (*nie*: katakomby) *blp, D.* katakumb (*nie*: katakumbów).

katalog *m III, D.* katalogu 1. «wykaz, spis przedmiotów»: Katalog wydawniczy, fabryczny. 2. *reg.* «spis osób (np. spis uczniów), dziennik klasowy»

Katalonia (*wym.* Katalońja) *ż I, DCMs,* Katalonii «kraina historyczna w Hiszpanii» — Katalończyk *m III, lm M.* Katalończycy — Katalonka *ż III, lm D.* Katalonek — kataloński (p.).

kataloński: Język kataloński (*ale*: Góry Katalońskie).

katamaran *m IV, D.* katamarana a. katamaranu «łódź dwukadłubowa»

Katanga *ż III* «prowincja Konga» — Katangijczyk *m III, lm M.* Katangijczycy — Katangijka *ż III, lm D.* Katangijek — katangijski.

Katania (*wym.* Katańja) *ż I, DCMs.* Katanii «miasto i prowincja we Włoszech» — katański (p.).

katański: Uniwersytet katański (*ale*: Nizina Katańska).

katar *m IV, D.* kataru: Mieć katar. Dostać, nabawić się kataru.

kataralny, *rzad.* **katarowy:** Schorzenia kataralne. Gorączka kataralna. Objawy katarowe (kataralne).

Katarzyna *ż IV* — Katarzynka (p.) — Kasia *ż I, W.* Kasiu — Kaśka *ż III, lm D.* Kasiek. || *U Pol. (2), 550.*

Katarzynka *ż III, lm D.* Katarzynek 1. zdr. od Katarzyna. 2. katarzynka a) «odmiana gruszy» b) «zakonnica zgromadzenia św. Katarzyny» c) zwykle w *lm* «rodzaj pierników»

kataster *m IV, D.* katastru: Kataster gruntowy. Kataster wyborczy.

katastrofalny «mający cechy katastrofy; fatalny, tragiczny, opłakany»: Katastrofalny stan czegoś. Katastrofalna sytuacja.

katastroficzny «nacechowany katastrofizmem»: Katastroficzna wizja czegoś. Katastroficzny pogląd na świat.

katecheta (*nie*: katacheta) *m odm.* jak *ż IV, lm M.* katecheci, *DB.* katechetów.

katechizm *m IV, D.* katechizmu, *Ms.* katechizmie (*wym.* ~izmie a. ~iźmie).

katedra (*wym.* katedra, *nie*: katedra, *ż IV,* w zn. «jednostka organizacyjna na wyższej uczelni»: Katedra historii, literatury francuskiej, języka polskiego. Otrzymać, objąć katedrę. Asystent katedry (*nie*: przy katedrze) prawa międzynarodowego.

kategoria *ż I, DCMs.* i *lm D.* kategorii: Kategoria ludzi, wieku, zawodu (*nie*: kategoria ludzka, wiekowa, zawodowa). *KP Pras.*

kategoryczny «stanowczy, zdecydowany»: Kategoryczne żądania. Kategoryczny rozkaz. Kategoryczna wypowiedź. △ *niepoprawne* w zn. «bezwzględny, twardy», np. kategoryczny obowiązek.

kateter *m IV, D.* kateteru; in. cewnik.

katgut (*wym.* ketgut) *m IV, D.* katgutu: Do operacji użyto katgutu.

katiusza (*nie*: kaciusza) *ż II, lm D.* katiusz: Radzieckie katiusze zniszczyły gniazda cekaemów.

Katmandu (*wym.* Katmandu) *n ndm* «stolica Nepalu»

katolicyzm (*wym.* katolicyzm, *nie*: katolicyzm) *m IV, D.* katolicyzmu, *Ms.* katolicyzmie (*wym.* ~yzmie a. ~yźmie), *blm.*

katolik *m III, DB.* katolika a. katolika (p. akcent § 5).

Katon a. **Kato** *m IV, D.* Katona, *lm M.* Katonowie: Katon (Kato) Starszy, Młodszy.
△ *przen.* katon, *lm M.* ci katoni a. (z silniejszym zabarwieniem ekspresywnym) te katony «człowiek surowych zasad»

Katowice *blp, D.* Katowic «miasto» — katowiczanin *m V, D.* katowiczanina, *lm M.* katowiczanie, *D.* katowiczan — katowiczanka *ż III, lm D.* katowiczanek — katowicki (p.).

katowicki: Mieszkać w województwie katowickim. **Katowickie** *n* odm. jak przym., *NMs.* Katowickiem (*nie:* Katowickim) «województwo katowickie, region katowicki»: Mieszka w Katowickiem.

Kattegat (*wym.* Kattegat) *m IV, D.* Kattegatu (p. akcent § 7) a. (w połączeniu z wyrazem: cieśnina) *ndm* «cieśnina na drodze z Morza Bałtyckiego do Morza Północnego»: Płynęli Kattegatem (cieśniną Kattegat).

katusza *ż II, lm D.* katuszy, zwykle w *lm:* Cierpieć, znosić katusze.

katzenjamer p. kac.

kaucja (*wym.* kau-cja, *nie:* ka-ucja) *ż I, lm D.* kaucji: Złożyć, wycofać kaucję. Uwolnić kogoś za kaucją.

kauczuk (*wym.* kau-czuk, *nie:* ka-uczuk) *m III, D.* kauczuku, *blm.*

Kaukaz (*wym.* Kau-kaz, *nie:* Ka-ukaz) *m IV, D.* Kaukazu «obszar górski między Morzem Czarnym a Kaspijskim»: Pojechać na Kaukaz. Mieszkać na Kaukazie. — kaukaski.

Kautsky (*wym.* Kau-cki) *m* odm. jak przym., *D.* Kautskiego: Kontakty Marksa z Kautskim.

kauzyperda (*wym.* kau-zyperda) *m* odm. jak *ż IV, lm M.* ci kauzyperdzi a. (z silniejszym zabarwieniem ekspresywnym) te kauzyperdy, *DB.* kauzyperdów «pogardliwie o adwokacie, prawniku»

kawalątek *m III, D.* kawalątka, *lm D.* kawalątków; a. **kawalątko** *n II, lm D.* kawalątek.

Kawalec *m II, D.* Kawalca, *lm D.* Kawalcowie Kawalec *ż ndm* — Kawalcowa *ż* odm. jak przym. — Kawalcówna *ż IV, D.* Kawalcówny, *CMs.* Kawalcównie (*nie:* Kawalcównej), *lm D.* Kawalcówien.

kawaler *m IV, lm M.* kawalerowie a. kawalerzy **1.** «mężczyzna nieżonaty» **2.** *lm M.* kawalerowie «osoba odznaczona orderem»: Kawaler Orderu Virtuti Militari, kawaler Orderu Odrodzenia Polski.

kawaleria *ż I, DCMs.* i *lm D.* kawalerii: Służyć w kawalerii. △ Ciężka kawaleria a) «jazda ciężkozbrojna» b) *żart.* «ktoś ociężały; ktoś powoli myślący»

kawalkada, *rzad.* **kawalkata** *ż IV* «pierwotnie: grupa jeźdźców konnych; dziś także: grupa motocyklistów lub samochodów w ruchu»: Kawalkada samochodów. △ *niepoprawne* w zn. «grupa ludzi idących pieszo», np. Kawalkada pieszych. // *D Kult. II, 224.*

kawał *m IV* **1.** *D.* kawała «część czegoś»: Kawał chleba, kiełbasy. △ *pot.* Kawał chłopa, drania, łobuza itp. «duży mężczyzna; wielki drań, łobuz itp.» **2.** *D.* kawału *pot.* «dowcip; żart»: Opowiadać ka-

wały. Sypać kawałami. Zrobić komuś kawał. Robić coś dla kawału. △ Brać, wziąć kogoś na kawał. Puszczać się na kawały.

kawałek *m III, D.* kawałka: Kawałek jabłka, czekolady, chleba. Kawałek ziemi. △ Krajać coś na kawałki. Rozbić się na kawałki a. w kawałki. Robić coś z jednego kawałka. △ *przen.* Pracował ciężko na kawałek chleba. △ *niepoprawne* Kawałek mydła leżało (*zamiast:* leżał). // *KJP 346.*

kawęczeć *ndk VIIb,* kawęczymy, kawęczeliśmy (p. akcent § 1a i 2), *rzad.* **kawęczyć** *ndk VIb,* kawęczyliśmy *pot.* «narzekać, stękać; niedomagać»: Niby nic jej nie jest, a stale kawęczy.

kawiarenka (*nie:* kawiareńka) *ż III, lm D.* kawiarenek.

kawiarnia *ż I, lm D.* kawiarni, *rzad.* kawiarń: Bywalec kawiarni (*częściej:* bywalec kawiarniany). // *GPK Por. 129.*

kawiarz *m II, lm D.* kawiarzy.

kawon *m IV, D.* kawonu a. kawona, *B.* kawon a. kawona; *in.* arbuz: Zjeść kawona (kawon). // *D Kult. II, 304.*

kazachski: Język kazachski (*ale:* Pogórze Kazachskie).

Kazachstan (*wym.* Kazachstan) *m IV, D.* Kazachstanu (p. akcent § 7) «republika związkowa w ZSRR» — Kazach *m III, lm M.* Kazachowie — Kazaszka *ż III, lm D.* Kazaszek — kazachski (p.) — kazachstański.

kazać *ndk* a. *dk IX,* kazaliśmy (p. akcent § 1a i 2): Zrób, co ci każę. Kazać na siebie długo czekać.

kazamaty *blp, D.* kazamat: Kazamaty fortecy.

kazanie *n I:* Kazanie o zepsuciu moralnym. △ *pot.* Siedzieć jak na tureckim (niemieckim) kazaniu «przysłuchiwać się czemuś nic nie rozumiejąc» △ *przen.* Prawić komuś kazania. Palnąć komuś kazanie.

kazanłycki: Lotnisko kazanłyckie (*ale:* Kotlina Kazanłycka).

Kazanłyk (*wym.* Kazanłyk) *m III, D.* Kazanłyku «miasto w Bułgarii»: Zakłady włókiennicze w Kazanłyku. — kazanłycki (p.).

Kazań *m I* «miasto w ZSRR»: Jechać do Kazania. Mieszkać w Kazaniu. — kazański.

kazetempowiec, kazetempowski p. KZMP.

Kazimierowski tylko w nazwie: Pałac Kazimierowski (a. Kazimierzowski) w Warszawie.

kazimierski przym. od Kazimierz (Dolny) i Kazimierza (Wielka).

I Kazimierz (*przestarz.* i *reg.* Kaźmierz) *m II, lm M.* Kazimierzowie «imię» — Kazio (*nie:* Kaziu) *m I, lm M.* Kaziowie — Kazik, *reg.* Kazek, Kaziuk *m III, lm M.* Kazikowie, Kazkowie, Kaziukowie — Kazimierzostwo *n III, DB.* Kazimierzostwa, *Ms.* Kazimierzostwu (*nie:* Kazimierzostwie), *blm;* a. Kazimierzowie *blp, DB.* Kazimierzów — Kaziowie, Kazikowie *blp, DB.* Kaziów, Kazików — Kazimiera *ż IV* — Kazia *ż I, W.* Kaziu.

II **Kazimierz** *m II* 1. «miejscowość»: Jechać do Kazimierza. Mieszkać w Kazimierzu. △ Kazimierz Dolny «miasto»
2. «dzielnica Krakowa»: Mieszkać na Kazimierzu. — kazimierzanin *m V, D.* kazimierzanina, *lm M.* kazimierzanie, *D.* kazimierzan — kazimierzanka *ż III, lm D.* kazimierzanek — kazimierski (p.).

Kazimierza Wielka, Kazimierza *ż II,* Wielka odm. przym. «miasto»: Mieszkać w Kazimierzy Wielkiej. — kazimierski.

Kazimierzowski «dotyczący Kazimierza (jednego z królów polskich o tym imieniu)»: Epoka Kazimierzowska. Pałac Kazimierzowski (a. Kazimierowski) w Warszawie.

kaznodzieja *m* odm. jak *ż I, DCMs.* kaznodziei, *lm DB.* kaznodziejów.

kaźń *ż V, lm M.* kaźnie **książk.** a) «ciężkie więzienie» b) *blm* «cierpienia fizyczne, męczarnie; kara śmierci, stracenie»: Skazańca prowadzono na miejsce kaźni.

każdy (*nie:* każden), **każda, każde** odm. jak przym., *blm* «zaimek nieokreślony używany do wyodrębnienia jakiejś jednostki z grupy jednorodnych przedmiotów i zjawisk; wszelki bez wyjątku»: Każdy rok przynosił zmiany. Każde dziecko. Każdy człowiek. Każda minuta. Liczyć się z każdym słowem. Każdego dnia, *lepiej:* codziennie △ *niepoprawne* Za każdą (*zamiast:* za wszelką) cenę. Każdego czasu (*zamiast:* o każdej porze, zawsze). Na każdy sposób (*zamiast:* wszelkimi sposobami). Na każdy wypadek (*zamiast:* na wszelki wypadek). W każdym bądź razie (*zamiast:* w każdym razie). Każdy jeden (*zamiast:* każdy). △ W zdaniu zaprzeczonym zaimek *każdy* zastępowany jest przez *żaden,* np. Znam tu każdy dom — nie znam tu żadnego domu. △ Uwaga: Zaimka *każdy* nie używa się nigdy w liczbie mnogiej, np. *niepoprawne* Każde (*zamiast:* wszelkie) nowe zjawiska. Niewłaściwe jest również użycie zaimka *każdy* przy rzeczownikach abstrakcyjnych, które mogą wystąpić jedynie w liczbie pojedynczej, np. Każdy wolny czas (*zamiast:* każda wolna chwila). △ Zaimek *każdy* w połączeniu z cząstką składową form trybu przypuszczającego *by* pisze się oddzielnie, np. Każdy by to zrobił.
każdy w użyciu rzeczownikowym «wszelka istota ludzka (nie używane w *lm*)»: Miły dla każdego. Każda chce być piękna. Każdemu z osobna. △ W zdaniu zaprzeczonym *każdy* zastępowany jest przez *nikt,* np. Każdy o tym wie — nikt o tym nie wie.

kądziel *ż V, lm M.* kądziele △ *przestarz.* Krewny po kądzieli «krewny po matce, ze strony matki»

kąkol *m I, D.* kąkolu, *lm D.* kąkoli a. kąkolów.

kąpać *ndk IX,* kąpię (*nie:* kąpę), kąp, kąpaliśmy (p. akcent § 1a i 2). || *D Kult. I, 750.*

kąpiel *ż V, lm M.* kąpiele, *D.* kąpieli (*nie:* kąpiel) «kąpanie (się), woda do kąpania»: Brać kąpiel. Zażywać kąpieli. Kąpiel w morzu, w rzece, w jeziorze, w wannie.

kąpielisko *n II*: Kąpielisko morskie. Wyjechać do kąpieliska. Kąpielisko miejskie.

kąsać *ndk I,* kąsam (*nie:* kąszę), kąsa (*nie:* kąsze), kąsaj, kąsaliśmy (p. akcent § 1a i 2).

kąsek a. **kęsek** *m III, D.* kąska (kęska): Smaczny, łakomy, ponętny kąsek (kęsek). || *KJP 158.*

kąt *m IV*: Kąt prosty, wewnętrzny. △ Kąt widzenia «stanowisko, z jakiego się ocenia rzeczy, sprawy»: Patrzyli na tę sprawę pod różnym kątem widzenia, co utrudniało im porozumienie. △ Pod kątem czegoś (*nie:* kogoś) «ze szczególnym położeniem nacisku na coś, ze szczególnym uwzględnieniem czegoś»: Przegląd literatury pod kątem jej roli społecznej.

kątomierz *m II, lm D.* kątomierzy, *rzad.* kątomierzów.

kątownik (*lepiej* niż: winkiel) *m III || D Kult. I, 471.*

Kąty *blp, D.* Kątów «miejscowość»

kb (*wym.* kabe, p. akcent § 6) «skrót nazwy: *karabin bojowy,* pisany bez kropki, czytany także jako cała, odmieniana nazwa»: Żołnierz uzbrojony w kb (*czyt.* kabe a. karabin bojowy).

kbk (*wym.* kabeka, p. akcent § 6) «skrót nazwy: *karabinek,* pisany bez kropki, czytany także jako cała, odmieniana nazwa»: Strzelał z kbk (*czyt.* z kabeka a. z karabinka).

kbks (*wym.* kabekaes, p. akcent § 6) «skrót nazwy: *karabinek sportowy,* pisany bez kropki, czytany także jako cała, odmieniana nazwa»: Urwał mu się zamek w kbks (*czyt.* w kabekaesie a. w karabinku sportowym).

KBW (*wym.* kabewu, p. akcent § 6) *n ndm* «Korpus Bezpieczeństwa Wewnętrznego»

KC (*wym.* kace, p. akcent § 6) *n* a. *m ndm* «Komitet Centralny (PZPR)»: KC wysunęło (wysunął) wniosek zwołania plenum.

Kcynia *ż I, DCMs.* Kcyni «miasto» — kcyński.

KD (*wym.* kade, p. akcent § 6) *n* a. *m ndm* «Komitet Dzielnicowy (PZPR)»: Wybrano nowe (nowy) KD partii.

ke p. k

Keats (*wym.* Kits) *m IV*: Poezja Keatsa.

keczup *m IV, D.* keczupu.

I **kedyw** *m IV, D.* kedywa, *lm M.* kedywowie «dawny oficjalny tytuł wicekróla Egiptu»

II **kedyw** *m IV, D.* kedywu, *blm* «skrócona nazwa Kierownictwa Dywersji (komórki Armii Krajowej)»

kefir (*nie:* kiefir) *m IV, D.* kefiru.

keja *ż I, DCMs.* i *lm D.* kei.

Kekkonen (*wym.* Kekkonen) *m IV, D.* Kekkonena (p. akcent § 7): Polityka prezydenta Kekkonena.

keks (*nie:* kieks) *m IV, D.* keksu a. keksa «rodzaj ciasta biszkoptowego»

Kelles-Krauz (*wym.* Kelles-Krau-z) *m IV* (pierwsza część złożenia: Kelles — *ndm*), *D.* Kelles-Krauza: Prace socjologiczne Kelles-Krauza.

kelner (*nie:* kielner) *m IV, lm M.* kelnerzy.

kemping (*nie:* kamping) *m III, D.* kempingu.

kempingować *ndk IV,* kempingowaliśmy (p. akcent § 1a i 2) *rzad.* «obozować na kempingu»

kempingowy (*nie*: kampingowy).

Kenia (*wym.* Keńja) *ż I, DCMs.* Kenii «państwo i masyw wulkaniczny w Afryce» — Kenijczyk *m III, lm M.* Kenijczycy — Kenijka *ż III, lm D.* Kenijek — kenijski.

Kennedy (*wym.* Kenedi) *m* odm. jak przym., *D.* Kennedy'ego (p. akcent § 7), *NMs.* Kennedym, *rzad.* (z odmienianym imieniem lub tytułem) *ndm*: Zabójstwo Kennedy'ego (prezydenta Kennedy).

Kent *n ndm* a. *m IV, D.* Kentu (odmienne tylko w dopełniaczu, używane często z wyrazem: hrabstwo) «hrabstwo w Wielkiej Brytanii»: Książę Kentu. Mieszkać w (hrabstwie) Kent. Kent jest na ogół nizinne (nizinny).

Kentucky (*wym.* Kentaki) **1.** *n ndm* «stan w USA»: Kentucky przystąpiło do Unii w 1792 r.
2. *ż ndm* «rzeka w USA»: Kentucky powstała z połączenia trzech rzek.

Kenyatta (*wym.* Keńjatta) *m* odm. jak *ż IV, CMs.* Kenyatcie (*wym.* Keniacie): Działalność polityczna Kenyatty.

kepi (*nie*: kiepi) *n ndm.*

Kercz *m II, D.* Kerczu a. (w połączeniu z wyrazem: półwysep) *ndm* «miasto w ZSRR i półwysep na morzu Czarnym»: Mieszkać w Kerczu. Przybić do Kerczu (do półwyspu Kercz). — kerczeński (p.).

kerczeński: Port kerczeński (*ale*: Cieśnina Kerczeńska, Półwysep Kerczeński (a. Kercz).

KERM (*wym.* kerm) *m IV, D.* KERM-u, *Ms.* KERM-ie a. *m ndm* «Komitet Ekonomiczny Rady Ministrów»: KERM ustalił wytyczne gospodarki krajowej.

keson *m IV, D.* kesonu: Prace w kesonie.

ketchup p. keczup.

kędzierzawy (*nie*: kiędzierzawy).

Kędzierzyn *m IV* «miasto» — kędzierzynianin *m V, D.* kędzierzynianina, *lm M.* kędzierzynianie, *D.* kędzierzynian — kędzierzynianka *ż III, lm D.* kędzierzynianek — kędzierzyński.

kędzior (*nie*: kiędzior) *m IV, D.* kędziora (*nie*: kędzioru).

kępa (*nie*: kiępa) *ż IV*: Zbliżał się do kępy drzew. Kępy sitowia. △ Saska Kępa «dzielnica Warszawy»: Mieszka na Saskiej Kępie.

kępiasty, *rzad.* kępowaty.

Kępno *n III* «miasto» — kępnianin *m V, D.* kępnianina, *lm M.* kępnianie, *D.* kępnian — kępnianka *ż III, lm D.* kępnianek — kępiński.

kęs (*nie*: kięs, kąs; *ale*: kąsek a. kęsek) *m IV*.

kęsek p. kąsek.

Kętrzyn *m IV* «miasto» — kętrzynianin *m V, D.* kętrzynianina, *lm M.* kętrzynianie, *D.* kętrzynian — kętrzynianka *ż III, lm D.* kętrzynianek — kętrzyński.

Kęty *blp, D.* Kęt «miasto» — kęcki.

kg «skrót wyrazu *kilogram*, pisany bez kropki, stawiany zwykle po wymienionej liczbie, czytany jako cały, odmieniany wyraz»: Kupił 2 kg (*czyt.* kilogramy) cukru. Szła z trudem z dziesięcioma kg (*czyt.* kilogramami) ziemniaków.

KG (*wym.* kagie, p. akcent § 6) *ż a. n ndm* «Komenda Główna»: KG Milicji Obywatelskiej ujęła (ujęło) przestępców.

khaki (*wym.* kaki a. khaki) *ndm*: Kolor khaki. Mundur khaki a. koloru khaki.

Khmer (*wym.* Kmer) *m IV* **1.** *D.* Khmeru «dawna nazwa Kambodży»
2. *D.* Khmera, *lm M.* Khmerowie «członek jednej z narodowości Kambodży i Wietnamu» — Khmerka *ż III, lm D.* Khmerek — khmerski.

ki *D.* kiego «jaki» △ zaimek używany tylko w *pot.* wyrażeniach: Ki diabeł, ki czort; kiego a. po kiego diabła, czorta, licha «kto; co za diabeł; po co, na co»: (Po) kiego licha tak się spieszysz? Ki diabeł tu się kręci?!

kibić *ż V, lm M.* kibicie a. kibici *książk., wych.* z *użycia* «talia, stan (zwykle w odniesieniu do kobiet)»

kibuc *m II, D.* kibucu.

kichać *ndk I*, kichaliśmy (p. akcent § 1a i 2) — **kichnąć** *dk Va*, kichnąłem (*wym.* kichnołem; *nie*: kichnełem), kichnął (*wym.* kichnoł), kichnęła (*wym.* kichneła; *nie*: kichła), kichnęliśmy (*wym.* kichnęliśmy): Zażył tabaki i kichnął. △ *posp.* Kichać na coś «lekceważyć sobie coś, mieć za nic»

! Kichot p. Donkiszot.

Kiczua *m*, w *lp* — *ndm*, w *lm* — *ndm* a. *M.* Kiczuowie, *D.* Kiczuów; *rzad.* **Kiczuanin** *m V, D.* Kiczuanina, *lm M.* Kiczuanie, *D.* Kiczuan «członek plemienia indiańskiego» Kiczua (Kiczuowie) stanowili podstawową ludność państwa Inków. Współczesny Kiczua jest przeważnie rolnikiem. Pochodzić z plemienia Kiczua (Kiczuów). Kultura Kiczuan. — Kiczuanka *ż III, lm D.* Kiczuanek — kiczuański.

kidnaperstwo *n III, Ms.* kidnaperstwie, *blm.*

kie p. k

kiedy (*nie*: kedy) «zaimek zastępujący określenia czasu (lub nawiązujący do nich) używany w zdaniach samodzielnych lub rozpoczynający zdanie podrzędne»: Kiedy przyjedziesz? Nie dostrzegł, kiedy wyszedłem. △ Kiedy bądź «kiedykolwiek» △ Kiedy indziej «innym razem» △ Kiedy niekiedy «od czasu do czasu» △ Mało kiedy, rzadko kiedy itp. «z rzadka» △ *niepoprawne* Kiedy by nie był (*zamiast*: kiedykolwiek by był, kiedy tylko był).
2. «spójnik rozpoczynający zdanie podrzędne oznaczające przyczynę, warunek czegoś; skoro, ponieważ, jeżeli»: Kiedy jesteś taki mądry, to radź sobie sam.
3. «spójnik łączący zdania o treści przeciwstawnej, kontrastującej»: Jeszcze nie dorosła, kiedy musiała iść do pracy. Mógłby się uczyć, cóż, kiedy nie chce.

kiedykolwiek «w czasie bliżej nie określonym»: Uczył się teraz lepiej niż kiedykolwiek. Gdybyś kiedykolwiek był w Warszawie, wstąp do nas.

Kiejdany *blp, D.* Kiejdan «miasto w ZSRR» — kiejdański.

Kiejstut *m IV, lm M.* Kiejstutowie.

Kielce *blp, D.* Kielc «miasto» — kielczanin *m V, D.* kielczanina, *lm M.* kielczanie, *D.* kielczan — kielczanka *ż III, lm D.* kielczanek — kielecki.

Kielecczyzna *ż IV, Ms.* Kielecczyźnie: Mieszkać na Kielecczyźnie.

kielecki: Powiat kielecki. Mieszkać w województwie kieleckim (*ale:* Wyżyna Kielecko-Sandomierska). **Kieleckie** *n* odm. jak przym., *NMs.* Kieleckiem (*nie:* Kieleckim) «województwo kieleckie, region kielecki»: Przebywać w Kieleckiem.

kieł *m IV, D.* kła, *C.* kłowi, *Ms.* kle △ Wziąć na kieł «uprzeć się, zawziąć się»

kiełb *m I, D.* kiełbia, *Ms.* kiełbiu, *lm M.* kiełbie, *D.* kiełbi (*nie:* kiełbiów).

kiełkować *ndk IV,* kiełkowałby (p. akcent § 4c): Rzodkiewka już kiełkuje. △ *przen.* Zamiar ten kiełkował w nim od dawna. Podejrzenie kiełkowało w jego sercu.

kiełznać, *przestarz.* kiełzać *ndk I,* kiełznaliśmy, kiełzaliśmy (p. akcent § 1a i 2) — **okiełznać** (*nie:* okiełznąć), *przestarz.* **okiełzać** *dk:* Kiełz(n)ać konie. △ *przen.* Kiełz(n)ać czyjeś wybryki. || *D Kult I, 542; II, 451.*

kiełż *m II, lm D.* kiełżów a. kiełży.

kiep *m IV, D.* kpa, *lm M.* te kpy *przestarz.* «głupiec, dureń»: Kiep tego nie zrozumie.

kier 1. *n ndm* «jeden z czterech kolorów w kartach»: Dama, as kier a. dama kierowa, as kierowy. **2.** *m IV, D.* kiera (*nie:* kieru), *lm D.* kierów a. kier «karta tego koloru»: Mam pięć kierów a. kier. Wyjść w kiery.

kierat *m IV, D.* kieratu.

kierdel *ż I, D.* kierdela a. kierdelu *reg.* «stado owiec»

Kierkegaard (*wym.* Kirkegard) *m IV, Ms.* Kierkegaardzie (p. akcent § 7): Filozofia Kierkegaarda.

kierkut p. kirkut.

kiermasz *m II, D.* kiermaszu, *lm D.* kiermaszów.

Kiernik *m III, D.* Kiernika, *lm M.* Kiernikowie. Kiernik *ż ndm* — Kiernikowa *ż* odm. jak przym. — Kiernikówna *ż IV, D.* Kiernikówny, *CMs.* Kiernikównie (*nie:* Kiernikównej), *lm D.* Kiernikówien.

kierować *ndk IV,* kierowaliśmy (p. akcent § 1a i 2) **1.** «nadawać kierunek (w zn. fizycznym i umysłowym)» □ K. kogo, co — do czego, ku czemu, na co «prowadzić, zwracać kogoś, coś do czegoś, ku czemuś, na coś»: Kierować pacjenta na badania. Kierowała dziecko ku wyjściu. Kieruje lornetkę na scenę. Kieruje sprawę do sądu. □ *wych. z użycia* K. kogo — na kogo «kształcić na kogoś, przygotowywać do zawodu» □ K. czym «regulować ruch czegoś za pomocą specjalnego urządzenia, obracać kierownicą, sterem»: Chłopczyk kierował rowerem dosyć dobrze. **2.** «zarządzać kimś, czymś, wskazywać komuś sposób postępowania» □ K. kim, czym: Kierować instytucją, przedsiębiorstwem. □ Coś kieruje kim, czym «coś jest przyczyną działania»: Kierowała nim ambicja. Uczynkami jej kierowała litość. **kierować się** □ K. się dokąd «udawać się w określonym kierunku»: Kierujemy się ku domowi. Kie-

rował się nad rzekę. □ K. się czym «powodować się czymś, postępować według czegoś»: Kierować się uczuciem, rozumem.

kierowca *m* odm. jak *ż II, lm M.* kierowcy, *DB.* kierowców.

kierowca (*nie:* kierowczyni) — o kobiecie, p. nazwy i tytuły zawodowe kobiet. || *D Kult. I, 509.*

kierownictwo *n III* **1.** *blm* «kierowanie, zarządzanie» □ K. czego, *rzad.* czym: Objął kierownictwo redakcji. **2.** «zarząd, dyrekcja»: Narada kierownictwa instytucji z pracownikami.

kierowniczka *ż III, lm D.* kierowniczek «kobieta kierownik»: Kierowniczka szkoły, sklepu.

kierownik *m III, lm M.* kierownicy. **kierownik** — o kobiecie, p. nazwy i tytuły zawodowe kobiet.

kierpec *m II, D.* kierpca, zwykle w *lm M.* kierpce, *D.* kierpców.

kierunek (*nie:* kerunek) *m III, D.* kierunku **1.** w zn. «strona, ku której zwraca się jakiś ruch lub zwrócony jest jakiś przedmiot»: Kierunek marszu, wiatru. Wiatr o kierunku północnym, południowym. △ Wiatry o kierunkach zmiennych (*nie:* z kierunków zmiennych). △ *przen.* «orientacja, dążenie, droga»: Kierunek polityczny. Kierunek postępowania. Kierunek myśli. □ W kierunku czego «ku czemu, w stronę czego»: Szedł w kierunku domu. △ *niepoprawne* w zn. **a)** «w celu», np.: Podjęto wysiłki w kierunku (*zamiast:* w celu) osiągnięcia porozumienia. Rozpoczął konsultacje w kierunku (*zamiast:* w celu) utworzenia rządu. **b)** «pod względem czegoś, co do czegoś», np. Podjęto inicjatywę w kierunku (*zamiast:* co do) budowy szkoły. **2.** w zn. «kierowanie; zarząd (zwykle w wyrażeniu: pod kierunkiem)»: Pisał pracę pod kierunkiem profesora. || *KP Pras.*

kierz *m II, D.* krza, *lm M.* krze, *D.* krzów *przestarz., reg.* «krzak» || *D Kult. I, 512.*

kierzanka *ż III, lm D.* kierzanek *reg.* «maślnica»

kieszeniowiec *m II, D.* kieszeniowca, *lepiej:* kieszeniówka *środ.* «tania książka małego formatu»

kieszeń *ż V* (*nie:* kieszenia), *lm D.* kieszeni (*nie:* kieszeń): Kłaść, wsuwać coś do kieszeni (*rzad.* w kieszeń). || *KP Pras.*

kieszonkowiec *m II, D.* kieszonkowca, *lm M.* kieszonkowcy *pot.* «złodziej kieszonkowy»

Kietrz *m II, D.* Kietrza «miasto» — kietrzański.

Kiezmark *m III, D.* Kiezmarka «miejscowość w Gdańskiem»: Most w Kiezmarku. — kiezmarski.

Kieżmark *m III, D.* Kieżmarku «miasto w Czechosłowacji» — kieżmarski.

kieżmarski: Rzemieślnicy kieżmarscy (*ale:* Kieżmarski Szczyt).

kij *m I, lm D.* kijów (*nie:* kii) △ Chodzić itp. o kiju «chodzić podpierając się kijem»

Kijów *m IV, D.* Kijowa, *C.* Kijowowi (*ale:* ku Kijowowi a. ku Kijowu) «miasto w ZSRR (stolica Ukrainy)» — kijowianin *m V, D.* kijowianina, *lm M.*

kijowianie, *D.* kijowian — kijowianka *ż III, lm D.*
kijowianek — kijowski.

kil *m I, D.* kilu a. kila, *lm D.* kilów.

kilim *m IV, D.* kilimu.

Kilimandżaro *m* a. *n ndm* «masyw wulkanicz-ny i szczyt w Afryce»: W górnych swych partiach Kilimandżaro pokryte (pokryty) jest wiecznymi śnie-gami.

I kilka *m-nieos., n* i *ż, DCMs.* kilku, także *m-os.*
w funkcji mianownika — podmiotu (np. kilku chłop-ców, mężczyzn), *B. m-nieos., n* i *ż* = *M.* (np. Kupi-łem kilka koni, siodeł), *B. m-os.* = *D.* (np. Lubiła kilku chłopców), *N.* kilkoma, *rzad.* kilku (np. Uczył się z kilkoma a. kilku kolegami) «nie określona do-kładniej liczba czegoś od trzech do dziewięciu»
△ Liczebnik *kilka* łączy się z rzeczownikiem (pod-miotem) w dopełniaczu i orzeczeniem w *lp*, a w cza-sie przeszłym w rodzaju nijakim: Kilku chłopców idzie, szło (*nie*: idą, szli), kilka kobiet idzie, szło (*nie*: idą, szły), kilka książek leży, leżało (*nie*: leżą, leżały) na półce. Kilku (*nie*: kilka) ludzi rozmawiało.

II kilka *ż III, lm D.*; kilek; in. szprot.

kilkadziesiąt *m-nieos., n* i *ż, DCMs.* kilkudziesię-ciu, także *m-os.* w funkcji mianownika — podmiotu (np. kilkudziesięciu chłopców, mężczyzn), *B. m-nieos., n* i *ż* = *M.; B. m-os* = *D.* (np. Miałem kilkudzie-sięciu, *nie*: kilkadziesiąt, kolegów), *N.* kilkudziesię-cioma, *rzad.* kilkudziesięciu (np. Uczył się z kilku-dziesięcioma a. z kilkudziesięciu kolegami) «kilka dziesiątków (nie określona dokładniej liczba od 20 do 90)»
△ Liczebnik *kilkadziesiąt* łączy się z podmiotem w dopełniaczu i z orzeczeniem w *lp*, a w czasie prze-szłym w rodzaju nijakim, np. Kilkudziesięciu chłop-ców idzie, szło (*nie*: idą, szli). Kilkadziesiąt książek leży, leżało (*nie*: leżą, leżały) na półce. || *GPK Por.*
184, 240.

kilkakrotnie, *przestarz., książk.* **kilkakroć** (*wym.*
kilkakroć a. kilkakroć) «kilka razy»

kilkanaście *m-nieos., n* i *ż, DCMs.* kilkunastu, także *m-os.* w funkcji mianownika — podmiotu (np. kilkunastu chłopców, mężczyzn), *B. m-nieos., n* i *ż* = *M.; B. m-os.* = *D.* (np. Uczył kilkunastu chłopców i kilkanaście dziewcząt), *N.* kilkunastoma, *rzad.* kilkunastu (np. Uczył się z kilkunastoma a. z kilkunastu kolegami) «nieokreślona liczba czego od jedenastu do dziewiętnastu»
△ Liczebnik *kilkanaście* łączy się z rzeczownikiem (podmiotem) w dopełniaczu i z orzeczeniem w *lp*, a w czasie przeszłym w rodzaju nijakim: Kilkunastu chłopców idzie, szło (*nie*: idą, szli). Kilkanaście ksią-żek leży, leżało (*nie*: leżą, leżały) na półce. || *D Kult.*
I, 744; GPK Por. 184. Por. kilkanaścioro.

kilkanaścioro *D.* kilkanaściorga (*nie*: kilkunaś-ciorga), *CMs.* kilkanaściorgu, *N.* kilkanaściorgiem «liczebnik zbiorowy obejmujący liczby od jedenastu do dziewiętnastu, odnoszący się do osób różnej płci, do istot młodych, niedorosłych (których nazwy są za-kończone w *lm* na -*ęta*) oraz do przedmiotów, których nazwy występują tylko w *lm*»: Kilkanaścioro dzieci, kurcząt, drzwi, sań. Opowiadał bajkę kilkanaściorgu dzieciom. Kwoka z kilkanaściorgiem kurcząt (*nie*: kurczętami).

△ Liczebnik *kilkanaścioro* łączy się z orzeczeniem w *lp*, a w czasie przeszłym w rodzaju nijakim: Kilka-naścioro dzieci idzie, szło (*nie*: idą, szły).

kilkaset (*wym.* kilkaset, *nie*: kilkaset) *m-nieos., n* i *ż, DCMs.* kilkuset, także *m-os.* w funkcji mianow-nika — podmiotu (*np.* kilkuset mężczyzn idzie), *B. m-nieos., n* i *ż* = *M.* (np.: Kupił kilkaset papierosów. Zatrudnili kilkaset kobiet), *B. m-os.* = *D.* (np.: Kil-kuset, *nie*: kilkaset, wydawców), *N.* kilkuset (np. Po-jechała z kilkuset złotymi) «kilka setek (nie określona liczba od 200 do 900)»
△ Liczebnik *kilkaset* łączy się z rzeczownikiem (pod-miotem) w dopełniaczu i orzeczeniem w *lp*, a w czasie przeszłym w rodzaju nijakim: Kilkaset mężczyzn idzie, szło (*nie*: idą, szli). Kilkaset kobiet idzie, szło (*nie*: idą, szły). || *GKP Por. 184, 240.*

kilko- p. kilku-

kilkoro *D.* kilkorga, *CMs.* kilkorgu, *B.* kilkoro, *N.* kilkorgiem «liczebnik zbiorowy obejmujący liczby od trzech do dziewięciu, odnoszący się do osób różnej płci, do istot młodych, niedorosłych (których nazwy są zakończone w *lm* na -*ęta*) oraz do przedmiotów, których nazwy występują tylko w *lm*»: Kilkoro ludzi, dzieci, kurcząt, drzwi, sań. Matka z kilkorgiem dzieci (*nie*: dziećmi). Wsiadano do kilkorga sań.
△ Liczebnik *kilkoro* łączy się z orzeczeniem w *lp*, a w czasie przeszłym w rodzaju nijakim: Kilkoro ludzi musiało (*nie*: musieli) to zrobić. Kilkoro dzieci idzie, szło (*nie*: idą, szły). || *GPK Por. 184.*

kilku-, *rzad.* **kilko-** «pierwszy człon złożonych przymiotników, rzeczowników, wskazujący na to, że to, co jest wymienione w drugiej części złożenia, wy-stępuje kilka razy, składa się z kilku jednostek; pisany łącznie», np.: kilkudniowy, kilkupiętrowy, kilku-godzinny, kilkumetrowy, kilkumiesięczny, kilkumor-gowy, kilkuminutowy.

kilkudziesięcio- «pierwszy człon wyrazów zło-żonych (przymiotników, rzeczowników), wskazujący na to, że to, co jest wymienione w drugiej części zło-żenia, występuje kilkadziesiąt razy, składa się z kilku-dziesięciu jednostek; pisany łącznie», np.: kilkudzie-sięciometrowy, kilkudziesięciolecie itp.

kilkuletni, *rzad.* **kilkoletni** (*nie*: kilkuletny, kil-koletny).

kilkunasto- (*nie*: kilkonasto-) «pierwszy człon wy-razów złożonych (przymiotników, rzeczowników), wskazujący na to, że to, co jest wymienione w drugiej części złożenia, występuje kilkanaście razy, składa się z kilkunastu jednostek; pisany łącznie», np.: Kilku-nastodniowy, kilkunastoarkuszowy, kilkunastopiętro-wy itp.

kilkusetny (*nie*: kilkosetny, kilkasetny).

kilo *n ndm pot.* «forma skrócona wyrazu: kilo-gram»: Dwa kilo cukru. Pół kilo (*nie*: kila) soli. Z dwoma kilo (*nie*: kilami) cukru.

kilo- «pierwszy człon wyrazów złożonych — nazw jednostek miar (i wyrazów pochodnych); stosowany w systemie metrycznym, oznaczający: tysiąc; pisany łącznie», np.: kilogram, kilometr, kilowat.

kilof *m IV, D.* kilofa, *rzad.* kilofu.

kilogram *m IV, D.* kilograma (skrót: kg): Trzy kilogramy mąki. Pół kilograma masła.

kilometr (*nie*: kilometer) *m IV, D.* kilometra (skrót: km): Przebył 20 kilometrów (*nie*: kilometry). Kolarze przebyli trasę długości (*nie*: o długości) dwóch tysięcy kilometrów.

Kilonia (*wym.* Kilońja) *ż I, DCMs.* Kilonii «miasto w NRF» — kiloński (p.).

kiloński: Port kiloński (*ale*: Kanał Kiloński).

kilowat *m IV, D.* kilowata (skrót: kW).

Kim Ir Sen (*wym*: Kim Ir Sen) *m IV* (odm. tylko ostatni człon), *D.* Kim Ir Sena (p. akcent § 7).

kimono 1. *n III* «szata japońska»: Aktorka wystąpiła w kimonie. **2.** *ndm* «krój rękawów; odzież o takim kroju rękawów»: Suknia, bluzka kimono. Wyglądała zgrabnie w sukni kimono.

kindżał (nie *wym.* kind-żał) *m IV, D.* kindżału (*nie*: kindżała).

kinematograficzny *rzad.* «filmowy»: Twórczość kinematograficzna.

kinofikacja *niepoprawne* zamiast: rozbudowa sieci kin (niefortunny i nie upowszechniony neologizm). || *D Kult. I, 491.*

kiosk (*wym.* kjosk, *nie*: ki-josk, ki-osk, kiosek) *m III, D.* kiosku.

Kioto (*wym.* Kjoto) *n ndm* «miasto w Japonii»: Pałac cesarski w Kioto.

kiper *m IV, D.* kipera, *rzad.* kipra, *lm M.* kiperzy, *rzad.* kiprowie, kiperowie.

Kircholm *m IV, D.* Kircholmu «miejscowość na Łotwie; miejsce historycznej bitwy między wojskami polskimi a szwedzkimi w XVIII w.»: Bitwa pod Kircholmem. — kircholmski.

kirgiski: Język kirgiski (*ale*: Góry Kirgiskie). △ Kirgiska Socjalistyczna Republika Radziecka «Kirgizja»

Kirgizja *ż I* «republika związkowa w ZSRR» — Kirgiz *m IV, lm M.* Kirgizi — Kirgizka *ż III, lm D.* Kirgizek — kirgiski (p.).

kirkut, *rzad.* **kierkut** *m IV, D.* kirkutu (kierkutu).

kisić p. kwasić.

kisiel *m I, D.* kisielu (*nie*: kiślu), *lm D.* kisieli, *rzad.* kisielów.

kisnąć *ndk Vc* a. *Va* kiśnie, kisł a. kisnął (*wym.* kisnoł), kisnęliśmy (*wym.* kisneliśmy) a. kiśliśmy (p. akcent § 1a i 2): Kapusta kisła w beczkach. △ *przen.* Kisnęliśmy (kiśliśmy) w prowincjonalnym miasteczku.

kiszka *ż III, lm D.* kiszek *pot.* (w zn.) **a)** «jelito»: Skręt kiszek. Ślepa kiszka «jelito ślepe, kątnica» △ Zapalenie ślepej kiszki «zapalenie wyrostka robaczkowego» **b)** «dętka rowerowa, samochodowa»

kiszonka a. **kwaszonka** *ż III, lm D.* kiszonek (kwaszonek).

! Kiszot p. Donkiszot.

Kiszyniów (*nie*: Kiszyniew) *m IV, D.* Kiszyniowa, *C.* Kiszyniowowi (*ale*: ku Kiszyniowowi a. ku Kiszyniowu) «miasto w ZSRR» — kiszyniowski.

kiść *ż V, lm M.* kiście (*nie*: kiści), *N.* kiściami: Kiście czeremchy. △ *książk.* Kiść ręki. || *KJP 213.*

kiur (*wym.* kjur) *m IV, D.* kiuru, *blm.*

Kiusiu (*wym.* dwusylabowo: Kjusiu) *ż, rzad. n ndm* **1.** «wyspa w Japonii»: Kiusiu oddzielona (oddzielone) jest od Korei Cieśniną Koreańską. **2.** *n ndm,* także *blp* «góry na tej wyspie»: Kiusiu zbudowane są (jest) z łupków krystalicznych, wapieni i piaskowców.

kiwać *ndk I,* kiwaliśmy (p. akcent § 1a i 2) — **kiwnąć** *dk Va,* kiwnąłem (*wym.* kiwnołem; *nie*: kiwnełem), kiwnął (*wym.* kiwnoł), kiwnęła (*wym.* kiwneła; *nie*: kiwła), kiwnęliśmy (*wym.* kiwneliśmy): Dzieci kiwały nogami. Kiwać palcem. □ K. na kogo «dawać znać komuś (ręką, palcem, głową) zwykle w celu przywołania do siebie»: Kiwnął na kelnera.

kiwi *m ndm,* in. nielot «ptak»: Kiwi objęty jest ochroną. Kiwi żyją w lasach Nowej Zelandii.

kk p.: dzielenie wyrazów, podwojone głoski.

KKF (*wym.* kakaef, p. akcent § 6) *m IV, D.* KKF-u, *Ms.* KKF-ie a. *m ndm* «Komitet Kultury Fizycznej»: KKF wyasygnował duże sumy na budowę stadionu i kąpieliska.

kl. «skrót wyrazu: *klasa,* pisany z kropką, stawiany zwykle po wymienionej liczbie (liczebniku porządkowym) oznaczającej daną grupę przedmiotów, oddział w szkole itp., czytany jako cały, odmieniany wyraz»: Order Sztandaru Pracy II kl. (*czyt.* drugiej klasy). Tytoń I, II, III kl. Tabliczki na osobowych wagonach kolejowych: I kl., II kl. Mieć zajęcia fakultatywne z IV kl. (*czyt.* czwartą klasą) szkoły ogólnokształcącej.

klacz (*nie*: klacza) *ż VI, DCMs.* i *lm D.* klaczy.

Klaczko *m* odm. jak *ż III, lm M.* Klaczkowie, *DB.* Klaczków.
Klaczko *ż ndm* — Klaczkowa *ż* odm. jak przym. — Klaczkówna *ż IV, D.* Klaczkówny, *CMs.* Klaczkównie (*nie*: Klaczkównej), *lm D.* Klaczkówien.

klajster *m IV, D.* klajstru.

klakson *m IV, D.* klaksonu: Zabrzmiały klaksony aut.

klamra *ż IV, lm D.* klamer (*nie*: klamr): Klamra u paska, u butów. Spiąć coś klamrą a. na klamrę.

klapać *ndk IX,* klapię (*nie*: klapę), klapie, klapaliśmy (p. akcent § 1a i 2) — **klapnąć** *dk Va,* klapnąłem (*wym.* klapnołem; *nie*: klapnełem, klapłem) klapnął (*wym.* klapnoł), klapnęła (*wym.* klapneła; *nie*: klapła), klapnęliśmy (*wym.* klapneliśmy; *nie*: klapliśmy) △ w zn. «szczękać (zębami, dziobem)», częściej: klapać. △ tylko *dk* w zn. *pot.* «upaść ciężko, bezwładnie»

klaps *m IV, DB.* klapsa **1.** «uderzenie dłonią na płask»: Dostał porządnego klapsa. **2.** częściej w *lm* «odmiana gruszek; klapsa»: Proszę kilo klapsów.

klapsa *ż IV, lm D.* klapsów **1.** tylko w *lm* «odmiana gruszek»: Sprzedawać klapsy (*nie*: klapsę). **2.** «gruszka tej odmiany»: Jadł soczystą klapsę. Kupić kilo klapsów.

klasa *ż IV środ.* w zn. «jakość (zwykle dobra, doskonała)»: Klasa zawodnika ujawniła się na dystansie 200 m. △ Przedział, wagon, kajuta pierwszej, drugiej, trzeciej klasy (skrót: kl.) △ Ktoś, coś jest jakiejś klasy: Zawodnik wysokiej klasy. △ *pot.* Ktoś, coś jest (pierwsza) klasa «o kimś lub o czymś doskonałym, pierwszorzędnym»: Wino — (pierwsza) klasa! || *KP Pras.*

klaskać *ndk IX,* klaszcze, klaszcz, *rzad. ndk I,* klaska, klaskaliśmy (p. akcent § 1a i 2) — **klasnąć** *dk Va,* klasnąłem (*wym.* klasnołem), klasnął (*wym.* klasnoł), klasnęła (*wym.* klasnęła, *nie:* klasła), klasnęliśmy (*wym.* klasneliśmy): Klaskać w dłonie, w ręce.

klasopracownia *niepoprawne* zamiast: klasa-pracownia. || *D Kult. II,* 374.

klasowy *niepoprawne* w zn. «doskonały, pierwszorzędny», np. klasowy zawodnik. || *KP Pras.*

klasycysta *m* odm. jak *ż IV, lm M.* klasycyści, *DB.* klasycystów «zwolennik klasycyzmu (w XVIII w.)» *Por.* klasyk (w zn. 2).

klasycyzm (*wym.* klasycyzm, *nie:* klasycyzm) *m IV, D.* klasycyzmu, *Ms.* klasycyzmie (*wym.* ~yzmie a. ~yźmie), *blm.*

klasyfikator *m IV* 1. *lm M.* klasyfikatorzy «osoba zajmująca się klasyfikacją czegoś» 2. *lm M.* klasyfikatory «urządzenie klasyfikujące»

klasyk *m III, D.* klasyka (p. akcent § 1d) 1. «pisarz, artysta zaliczany do wzorowych, uznanych» 2. «zwolennik klasycyzmu; klasycysta» 3. *pot.* «filolog klasyczny»

klasztor (*nie:* klasztór) *m IV, D.* klasztoru (klasztora — tylko w przysłowiu: Dłużej klasztora niż aniźli przeora).

Klaudiusz (*wym.* Klau-diusz) *m II, lm M.* Klaudiuszowie, *D.* Klaudiuszów (*nie:* Klaudiuszy).

klaun (*wym.* klau-n) a. **klown** *m IV, lm M.* ci klauni (klowni) a. (z silniejszym zabarwieniem ekspresywnym) te klauny (klowny).

klaunowski p. klownowski.

klauzula *ż I* (*wym.* klau-zula) «zastrzeżenie lub warunek w umowie, układzie itp.»

klauzura (*wym.* klau-zura) *ż IV* «ogół przepisów ograniczających kontakt osób zakonnych ze świeckimi; część klasztoru zamknięta dla osób świeckich»

klawesyn *m IV, D.* klawesynu.

klawikord *m IV, D.* klawikordu.

klawisz *m II, lm D.* klawiszy a. klawiszów.

kląć (*nie:* klnąć) *ndk Xc,* klnę, kląłem (*wym.* kłołem; *nie:* kłełem), klnij, kęliśmy (*wym.* kleliśmy, p. akcent § 1a i 2) □ K. kogo, co a. na kogo, na co: Klął to a. klął na to siarczyście. Klęli pogodę na czym świat stoi. □ K. bez dop.: Klął od rana do nocy.
kląć się: Kląć się na wszystkie świętości. Kląć się słowem honoru.

klątwa *ż IV, lm D.* klątw (*nie:* klątew): Rzucić na kogoś klątwę.

klecha *m* odm. jak *ż III, lm DB.* klechów, *rzad.* klech *pogard.* «ksiądz»

klej *m I, D.* kleju, *lm D.* klejów (*nie:* klei).

klekot *m IV* 1. *D.* klekotu «klekotanie; stukot, gruchot»: Klekot bociana. Klekot drewniaków. 2. *D.* klekota, *rzad.* klekotu *pot.* «gruchot, grat»

klekotać *ndk IX,* klekocze, *przestar.* klekoce; klekocz, klekotaliśmy (p. akcent § 1a i 2) — **zaklekotać** *dk:* Bocian głośno klekotał. Klekotała maszyna do pisania. △ *posp.* Klekotał coś bez sensu.

kleks *m IV, D.* kleksa, *B.* kleksa a. kleks: Zrobić kleksa (kleks).

Klemens *m IV, lm M.* Klemensowie — Klemensostwo *n III, DB.* Klemensostwa, *Ms.* Klemensostwu (*nie:* Klemensostwie), *blm;* a. Klemensowie *blp, DB.* Klemensów — Klementyna *ż IV* — Klementynka *ż III, lm D.* Klementynek.

klepać *ndk IX,* klepię (*nie:* klepę), klepaliśmy (p. akcent § 1a i 2) — **klepnąć** *dk Va,* klepnąłem (*wym.* klepnołem; *nie:* klepnełem, klepłem), klepnął (*wym.* klepnoł), klepnęła (*wym.* klepneła; *nie:* klepła), klepnęliśmy (*wym.* klepneliśmy; *nie:* klepliśmy) 1. «lekko uderzać dłonią» □ K. kogo, co — po czym: Klepnął mnie po ramieniu. Klepał klacz po szyi. 2. *ndk* a) *pot.* «pleść, paplać» b) «kuć»

Kleparz *m II, D.* Kleparza «dzielnica Krakowa»: Mieszkać na Kleparzu. — kleparski.

klepsydra (*nie:* klapsydra) *ż IV, lm D.* klepsydr.

klerk *m III, lm M.* klerkowie: Zdrada klerków.

kleryk *m III, D.* kleryka (p. akcent § 1d)

klerykalizm *m IV, D.* klerykalizmu, *Ms.* klerykalizmie (*wym.* ~izmie a. ~iźmie), *blm.*

klerykał *m IV, lm M.* ci klerykałowie a. (z silniejszym zabarwieniem ekspresywnym) te klerykały.

kleszcz *m II, lm D.* kleszczy, *rzad.* kleszczów 1. «pajęczak pasożyt»: Kleszcz wpił się w nogę. 2. tylko w *lm* «rozdwojone człony odnóży u raka, kraba itp.» 3. tylko w *lm* «cęgi, szczypce»

kletka p. klitka.

klęczki *blp, D.* klęczek △ tylko w wyrażeniach: Na klęczkach, na klęczki, z klęczek, np.: Na klęczkach błagał o przebaczenie. Upadł przed nią na klęczki. Z trudem wstała z klęczek.

klęk *m III, D.* klęku, *blm* (wyraz używany w terminologii sportowej), *lepiej:* klęknięcie. || *D Kult. II,* 375.

klękać *ndk I,* klękaliśmy (p. akcent § 1a i 2) — **klęknąć** *dk Va, rzad. Vc,* klęknąłem (*wym.* klęknołem; *nie:* klęknełem), *rzad.* klękłem; klęknął (*wym.* klęknoł) *rzad.* kłąkł; klękła, *rzad.* klękła (*wym.* klęknęła); klęknęliśmy (*wym.* klękneliśmy) a. klękliśmy — **uklęknąć** *dk.*

klęska *ż III:* Klęska żywiołowa. Klęska głodu, bezrobocia, powodzi, pożaru. Doznać klęski. Ponieść (*nie:* odnieść) klęskę. Zadać klęskę.

klęsnąć *ndk Vc,* klęsnął (*wym.* klęsnoł) a. klęsł, klęsła (*nie:* klęsnęła), klęsnąłby (*wym.* klęsnołby, p. akcent § 4c): Grunt klęsnął pod nogami. Opuchnięta noga zaczęła klęsnąć.

klient (*wym.* klijent; *nie:* klejent) *m IV, lm M.* klienci.

klientela (*wym.* klijentela) *ż I, rzad.* w *lm D.* klienteli.

klientowski (*wym.* klijentowski), *rzad.* **kliencki** (*wym.* klijencki): Weksel klientowski, kliencki (częściej jest tu używany *D. lp*: klienta).

Klikuszowa *ż* odm. jak przym. «miejscowość»: Mieszkać w Klikuszowej. — klikuszowski.

klimakterium *n VI,* in. przekwitanie.

klimakteryczny przym. od klimakterium.

klimat *m IV, D.* klimatu △ Wyraz nadużywany w związkach metaforycznych (np. Nieodpowiedni klimat dla książki — kiedy chodzi o warunki nie sprzyjające rozpowszechnianiu czytelnictwa), czasem używany niewłaściwie zamiast wyrazu *atmosfera,* np. W ich domu panował ciężki klimat, *lepiej*: panowała ciężka atmosfera. || *D Kult. I, 62; KP Pras.*

klimatolog *m III, lm M.* klimatolodzy a. klimatologowie.

Klimczok *m III, D.* Klimczoka «szczyt w Beskidzie Śląskim»

klin *m IV, D.* klina △ Zabić komuś klina (*nie*: klin) w głowę.

klinika (*wym.* klinika, *nie*: klinika, p. akcent § 1c) *ż III, Ms.* klinice: Leżeć w klinice (*nie*: na klinice).

klinkier (*nie*: klinker) *m IV, D.* klinkieru (*nie*: klinkiera): Nawierzchnia z klinkieru.

Klio (*wym.* Kli-jo a. Kli-o) *ż ndm* «jedna z muz»

kliper *m IV, D.* klipra.

klips *m IV, D.* klipsa (*nie*: klipsu).

kliring *m III, D.* kliringu, *blm.*

Klitemnestra *ż IV*: Zabójstwo Klitemnestry.

klitka, *przestarz.* **kletka** *ż III, lm D.* klitek (kletek): Mieszkać w ciasnej klitce.

kloaczny a. **kloakowy**: Nawóz kloaczny (kloakowy), *ale* tylko: Dół kloaczny.

klocek (*nie*: ta klocka) *m III, D.* klocka: Dzieci budowały domki z klocków.

klomb (*nie*: ta klomba) *m IV, D.* klombu.

Klondike (*wym.* Klondajk) 1. *m* a. *n ndm* «region Kanady»: W XIX w. Klondike przyciągał (przyciągało) poszukiwaczy złota. 2. *m* a. *ż ndm* «rzeka w Kanadzie»

klops *m IV, D.* klopsu a. klopsa 1. «pieczeń rzymska» 2. «fiasko, klapa» używane zwykle w *pot.* wyrażeniach o charakterze wykrzyknikowym: I co z tego wyszło? — Klops.

klosz *m II, lm D.* klosze, *rzad.* kloszów 1. *D.* klosza «abażur; *wych. z użycia* patera» 2. *D.* kloszu «rodzaj kroju»: Spódnica w klosz (a. kloszowa).

klown p. klaun.

klownowski a. **klaunowski** *rzad.* przym. od klown, klaun.

klozet *m IV, D.* klozetu; *reg.* **klozetka** *ż III, lm D.* klozetek; in. ubikacja, ustęp.

klub *m IV, D.* klubu: Należeć do klubu żeglarskiego. △ W nazwach dużą literą: Klub Międzynarodowej Prasy i Książki.

kluba *ż IV* △ tylko we *fraz.* Ująć, wziąć kogoś lub coś w kluby «poskromić, zmusić do posłuszeństwa»

klub-kawiarnia (*nie*: klubokawiarnia) odmieniają się oba człony: klub *m IV, D.* klubu, kawiarnia *ż I, lm D.* kawiarni a. kawiarń: Spotkać się w klubie-kawiarni. || *D Kult. II, 376.*

kluch *m III, D.* kluchów; a. **klucha** *ż III, lm D.* kluch.

klucz *m II, lm D.* klucze 1. w zn. «narzędzie do otwierania i zamykania zamków» □ K. od czego (zwykle chodzi o konkretny, określony klucz): Zgubił klucz od biurka. □ K. do czego: Na stole leżały jakieś klucze do drzwi. △ Zamknąć na klucz (*wym.* na klucz, *rzad.* na klucz) a. kluczem: Skrytka zamknięta na klucz. △ Otworzyć kluczem. △ Otworzyć coś (szufladę, drzwi itp.) z klucza «otworzyć kluczem zamek w szufladzie, w drzwiach» 2. w zn. «szyk, w jakim latają niektóre ptaki a. w jakim lecą samoloty» □ K. czego: Klucz żurawi.

Kluczbork (*nie*: Kluczborek) *m III, D.* Kluczborka «miasto» — kluczborski. || *D Kult. I, 704.*

kluczowy, *lepiej*: podstawowy, główny, np.: Przemysł kluczowy (*lepiej*: podstawowy). Problemy kluczowe (*lepiej*: podstawowe, główne. || *U Pol. (2), 135*

klusek *m III, D.* kluska, *lm D.* klusków; a. **kluska** *ż III, D.* kluski, *lm D.* klusek. || *D Kult. I, 659.*

Kluż *m II, D.* Klużu «miasto w Rumunii (Cluj)»

Kłajpeda *ż IV* «miasto w ZSRR» — kłajpedzki.

kłak *m III, D.* kłaka △ *pot.* Funta kłaków nie warte «nic nie warte»

kłam *m IV, D.* kłamu, *blm przestarz.* żywe tylko we *fraz.* Zadać kłam komuś a. czemuś «wystąpić z zarzutem, że ktoś kłamie, że coś jest nieprawdziwe»

kłamać *ndk IX,* kłamię (*nie*: kłamę), kłamaliśmy p. akcent § 1a i 2), kłam (*nie*: kłamaj).

kłamca *m* odm. jak *ż II, lm M.* kłamcy, *DB.* kłamców (także o kobiecie).

kłamczuch *m III, lm M.* te kłamczuchy, *B.* te kłamczuchy a. tych kłamczuchów (także o kobiecie): Był (była) niepoprawnym kłamczuchem.

kłaniać się *ndk I,* kłanialiśmy się (p. akcent § 1a i 2) □ K. się komu, czemu a) «składać ukłon» b) «zabiegać o względy» □ K. się o coś «prosić usilnie o coś»

kłapać *ndk IX,* kłapię (*nie*: kłapę), kłap (*nie*: kłapaj), kłapałby (p. akcent § 4c) — **kłapnąć** *dk Va,* kłapnął (*wym.* kłapnoł), kłapnęła (*wym.* kłapnęła; *nie*: kłapła), kłapnąłby: Pies kłapnął zębami.

kłapciasty a. **kłapciaty, kłapczasty** *żart.* «obwisły (zwykle o uszach)»: Pies z kłapciastymi uszami.

kłaść *ndk XI,* kładzie, kładą (*nie*: kładną), kładź, kładł, kładliśmy (p. akcent § 1a i 2), kładziony (*nie*: kładzony) □ K. co — na co a. na czym: Kłaść coś na szafę, na szafie. △ *przen.* Samotność ciężarem się

kładła na serce. □ K. co — do czego (zwykle do jakiegoś pojemnika), k. — w co (zwykle w jakąś substancję): Kłaść łyżkę w zupę. Kłaść rękę do kieszeni. Kłaść coś do torebki, do kredensu, do kasy. △ Kłaść pasjans a. pasjansa. △ *pot.* Kłaść komuś coś w głowę a. do głowy «przekonywać kogoś o czymś, tłumaczyć coś przystępnie»
kłaść się: Kłaść się na trawie a. na trawę. Kłaść się na tapczan, na łóżko. Kłaść się do łóżka (będąc rozebranym, chorym). Kłaść się w trawę. W upały kładł się w cieniu drzewa.

kłąb (*nie*: kłęb, *ale*: kłębek) *m IV, D.* kłębu. || *KJP 157.*

kłącze *n I, lm M.* kłącza (*nie*: kłącze), *lm D.* kłączy (*nie*: kłącz): Kłącza tataraku.

kłębek *m III, D.* kłębka.

Kłobuck *m III, D.* Kłobucka «miasto» — kłobucczanin *m V, D.* kłobucczanina, *lm M.* kłobucczanie, *D.* kłobucczan — kłobucczanka *ż III, lm D.* kłobucczanek — kłobucki.

kłoda *ż IV, lm D.* kłód (*nie*: kłod).

kłodzki: Powiat kłodzki, ziemia kłodzka (*ale*: Kotlina Kłodzka, Nysa Kłodzka, Bystrzyca Kłodzka).

Kłodzko *n II* «miasto» — kłodzczanin *m V, D.* kłodzczanina, *lm M.* kłodzczanie, *D.* kłodzczan — kłodzczanka *ż III, lm D.* kłodzczanek — kłodzki.

kłopot *m IV, D.* kłopotu, *lm M.* kłopoty (*nie*: kłopota): Mieć kłopot a. kłopoty z kimś, z czymś. Wpaść, popaść w kłopoty. Sprawić komuś kłopot. || *KP Pras.*

kłopotać *ndk IX,* kłopoczę, *przestarz.* kłopocę; kłopocze, *przestarz.* kłopoce; kłopoczą, *przestarz.* kłopocą; kłopocz (*nie*: kłopotaj), kłopotaliśmy (p. akcent § 1a i 2) □ K. kogo czym: Kłopotał go swymi sprawami.
kłopotać się □ K. się czym «martwić, trapić się czymś» □ K. się o co «troszczyć się o coś»: O pieniądze się nie kłopocz. || *Dor. Myśli 98.*

kłosić się *ndk VIa,* kłoszą się, kłosiłby się (p. akcent § 4c), *rzad.* **kłosować, kłosować się** *ndk IV,* kłosowałby się: Kłosiły się już zboża.

kłosie *n I, blm rzad.* (zwykle w zn. zbiorowym) «kłosy»: Ustawiać zboże kłosiem do góry.

kłódka (*nie*: kłodka, kłotka) *ż III, lm D.* kłódek (*nie*: kłodek, kłotek): Klucz od kłódki. Zamknąć coś na kłódkę.

kłuć *ndk Xa,* kłuje a. kole, kłuliśmy (p. akcent § 1a i 2), kłujący a. kolący.

kłus *m IV* △ Jechać, biec itp. kłusa (tu: *B. = D.*) a. kłusem, *rzad.* w kłus.

kłykieć *m I, D.* kłykcia, *lm D.* kłykci **1.** «w anatomii: wyniosłość kostna» **2.** *przestarz.* p. knykieć.

I km «skrót wyrazu: *kilometr,* pisany bez kropki, stawiany zwykle po wymienionej liczbie, czytany jako cały, odmieniany wyraz»: 5 km (*czyt.* kilometrów).

II km (*wym.* kaem a. kaem, p. akcent § 6) «skrót nazwy: *karabin maszynowy,* pisany bez kropki, czytany także jako cała, odmieniana nazwa»: Przydzielić plutonowi nowy km (*czyt.* kaem a. karabin maszyno-

wy). Rozbić gniazdo km (*czyt.* kaemów a. karabinów maszynowych).

I KM «skrót wyrażenia: *koń mechaniczny,* pisany dużymi literami, bez kropek, stawiany zwykle po wymienionej liczbie, czytany jako całe, odmieniane wyrażenie»: Silnik o mocy 40 KM (*czyt.* czterdziestu koni mechanicznych).

II KM (*wym.* kaem, p. akcent § 6) *m IV, D.* KM-u, *Ms.* KM-ie a. *m ndm* «Komitet Miejski (PZPR)»: Był członkiem KM (KM-u) od dwóch lat. Pracować w KM (w KM-ie). KM wydał odezwę.

kmdr «skrót wyrazu: *komandor,* pisany w mianowniku *lp* bez kropki, w przypadkach zależnych z kropką albo z końcówkami deklinacji męskiej (*m IV*), stawiany zwykle przed nazwiskiem lub przed imieniem i nazwiskiem, czytany jako cały, odmieniany wyraz»: Opinia o kmdrze a. o kmdr. (*czyt.* komandorze) Jaskólskim.

kmdt «skrót wyrazu: *komendant,* pisany w mianowniku *lp* bez kropki, w przypadkach zależnych z kropką albo z końcówkami deklinacji męskiej (*m IV*), stawiany zwykle przed nazwiskiem lub przed imieniem i nazwiskiem, czytany jako cały, odmieniany wyraz»: Rozmowa o kmdt. a. o kmdcie (*czyt.* o komendancie) Kowalskim.

knajpiany a. **knajpowy** przym. od knajpa: Knajpiana (knajpowa) atmosfera.

knajpiarski przym. odnoszący się do knajpy a. knajpiarza: Knajpiarskie nawyki.

knajpiarz *m II, lm D.* knajpiarzy.

knecht *m IV, lm M.* ci knechci a. (z silniejszym zabarwieniem ekspresywnym) te knechty.

knedel *m I, D.* knedla, *lm D.* knedli.

kniaź *m I, lm M.* kniazie a. kniaziowie, *D.* kniaziów (*nie*: kniazi).

knieja *ż I, DCMs.* kniei, *lm D.* kniej, *rzad.* kniei. || *KJP 217.*

KNiT (*wym.* knit) *m IV, D.* KNiT-u, *Ms.* Knicie a. *m ndm* «Komitet Nauki i Techniki»: KNiT powstał w 1963 r. Pracować w KNiT (w Knicie).

knock-out p. nokaut.

knuć *ndk Xa,* knuje, knuliśmy (p. akcent § 1a i 2), *książk.* **knować** *ndk I,* knowaliśmy: Knuć zdradę. □ K. co przeciw komu, czemu (*nie*: na kogo, na co): Knuli spisek przeciw carowi.

knykieć *m I, D.* knykcia, *lm D.* knykci «człon palca, zwłaszcza pierwszy; kłykieć»

Knyszyn *m IV, D.* Knyszyna «miasto» — knyszyński (p.).

knyszyński: Zabudowania knyszyńskie (*ale*: Puszcza Knyszyńska).

ko- «pierwszy człon wyrazów złożonych wskazujący na wspólne z kimś występowanie w jakimś charakterze, na wspólne działanie; współ-», np.: kooperator, koprodukcja.

-ko (rozszerzenia formantu: -ątko, -eczko, -uszko) -ko przyrostek produktywny w tworzeniu zdrobnień od rzeczowników rodzaju nijakiego, np.:

czoło — *czółko*, piwo — *piwko*, siano — *sianko*; w połączeniu z tematami wyrazów o znaczeniu abstrakcyjnym (zwykle z przyrostkiem *-anie*) urabia formacje o zabarwieniu uczuciowym, najczęściej żartobliwym lub ironicznym, np.: zebranie — *zebranko*, wyjaśnienie — *wyjaśnionko*, spotkanie — *spotkanko*.
-*ątko* przyrostek tworzący zdrobniałe nazwy istot młodych od rzeczowników rodzaju nijakiego na *-ę*, np.: cielę — *cielątko*, jagnię — *jagniątko*, kurczę — *kurczątko*, lub od rzeczowników męskich, np.: lew — *lwiątko*, słoń — *słoniątko*, tygrys — *tygrysiątko*;
-*eczko* przyrostek występujący w zdrobnieniach drugiego stopnia pochodnych od rzeczowników na *-ko*, np.: kółko — *kółeczko*, pudełko — *pudełeczko*, ciastko — *ciasteczko*;
-*uszko* przyrostek spotykany w zdrobnieniach rzeczowników rodzaju nijakiego, np.: jabłko — *jabłuszko*, serce — *serduszko*.

k.o. (*wym.* kao, p. akcent § 6) *środ.* «skrót wyrażenia: *kulturalno-oświatowy*, pisany z kropkami, czytany także jako całe, odmieniane wyrażenie»: Instruktor k.o., praca k.o. *Por.* k.o.-wiec.

koafiura *ż IV przestarz.*, *żart.* «fryzura»

kobieciarz *m II, lm D.* kobieciarzy.

Kobierzyn *m IV, D.* Kobierzyna «miejscowość» — kobierzyński.

*** kobiet nazwiska** p.: nazwiska obce, nazwiska polskie.

Koblencja *ż I* «miasto w NRF» — koblencki.

kobra *ż IV, lm D.* kobr; *in.* okularnik.

kobyła *ż IV, lm D.* kobył *pot.* «klacz»

koc *m II, lm D.* koców (*nie*: kocy).

kochanieńki a. **kochaneńki** *reg.* «pieszczotliwie: kochany»

kochaś *m I, lm M.* ci a. te kochasie, *D.* kochasiów, *rzad.*, *żart.* zwykle w wołaczu (wtedy w odniesieniu do osób obu płci) «osoba droga, kochana»: Twoje zdrowie, kochasiu! Gdzieś była, kochasiu?

Kochinchina *ż IV* «kraina w Wietnamie; *in.* Nam Bo» — kochinchiński.

kociak *m III* 1. a. **kocię** *n IV*, zwykle w *lm* «młody kot» 2. *pot.* «o młodej kobiecie modnie ubranej, o wyzywającym wyglądzie»

Kociewie *n I* «kraina» — Kociewiak *m III, lm M.* Kociewiacy — Kociewiaczka *ż III, lm D.* Kociewiaczek — kociewski.

kocię p. kociak.

kociokwik *m III, D.* kociokwiku, *rzad.* p. kac, katzenjamer.

kocioł (*nie*: kocieł) *m IV, D.* kotła □ K. czego: «kocioł zawierający coś; ilość czegoś mieszcząca się w kotle»: Kocioł wrzącej wody. □ K. do czego «kocioł do gotowania, topienia tłuszczu itp.»: Kocioł do bielizny. □ K. od czego «kocioł o określonym, stałym przeznaczeniu, opróżniony z czego» W kotłach od gotowania (posiłków) nosili wodę. □ K. po czym, *reg.* z czego «kocioł, w którym coś było» □ K. z czym «kocioł wraz z zawartością»: Kocioł z powidłami.

Kocioł *m IV, D.* Kocioła, *lm M.* Kociołowie, *D.* Kociołów «nazwisko»
Kocioł *ż ndm* — Kociołowa *ż odm.* jak przym. — Kociołówna *ż IV, D.* Kociołówny, *CMs.* Kociołównie (*nie*: Kociołównej), *lm D.* Kociołówien.

kocisko *n, rzad. m* odm. jak *n II, lm D.* kocisków: Wielkie, bure, *rzad.* wielki, bury kocisko. Kocisko przeraźliwie miauczało (*rzad.* miauczał).

Kock *m III* «miasto» — kocczanin *m V, D.* kocczanina, *lm M.* kocczanie, *D.* kocczan — kocczanka *ż III, lm D.* kocczanek — kocki.

kocmołuch (*nie*: kocmoluch, koczmołuch) *m III, lm M.* te kocmołuchy *pot.* «brudas, flejtuch (zwykle o kobiecie)»

kocur, *rzad.* **koczur** *m IV.*

koda *ż IV, lm D.* kod (*nie*: kód): Koda muzyczna, wierszowa.

Kodaly (*wym.* Kodaj) *m I, D.* Kodaly'a (*wym.* Kodaja, p. akcent § 7; *nie*: Kodalyego): Pieśni i opery Kodaly'a.

Kodeń *m I, D.* Kodnia «miejscowość» — kodeński.

kodycyl *m I, D.* kodycylu, *lm D.* kodycyli a. kodycylów: Sporządzić kodycyl do testamentu.

kodyfikator *m IV, lm M.* kodyfikatorzy, *rzad.* kodyfikatorowie.

koegzystencja *ż I blm, lepiej*: współistnienie. np. Możliwość koegzystencji (*lepiej*: współistnienia) państw o różnych ustrojach społecznych.

koegzystować *ndk IV*, koegzystowałby (p. akcent § 4c), *lepiej*: współistnieć.

kogel-mogel (*wym.* kogel-mogel a. kogiel-mogiel) *m ndm* a. *I, D.* kogla-mogla: *pot.* Ukręcić kogel-mogel.

kogo «forma dopełniacza i biernika zaimka osobowego *kto* (p.)»: Na kogo czekamy? Kogo nie ma? △ *niepoprawne* w zn. «czyj», np. Kogo (*zamiast*: czyja) ta książka?. *Por.* czyj.

kogoż a. **kogóż** p. któż.

kogucik a. **kogutek** *m III, D.* kogucika (kogutka).

koić *ndk VIa*, koję, kój, koiliśmy (p. akcent § 1a i 2) — **ukoić** *dk*: Koić ból, cierpienie.

koincydencja *ż I, lm D.* koincydencji *książk.* «zbieżność»

koja *ż I, DCMs.* koi, *lm D.* koi.

kojarzyć *ndk VIb*, kojarzyliśmy (p. akcent § 1a i 2) — **skojarzyć** *dk*: Skojarzyć małżeństwo. □ K. kogo, co a. kogo z co: Kojarzyć pary a. kojarzyć kogoś w pary. □ K. kogo, co — z czym: Nie kojarzę z tym nazwiskiem nikogo znajomego. △ *niepoprawne* w zn. «pamiętać, przypominać sobie», np. Widzieliśmy się ostatnio w Zakopanem. Czy pan kojarzy? (*zamiast*: pamięta?).

kokaina (*wym.* kokaina) *ż IV, blm*: Używać kokainy do znieczuleń miejscowych. Narkotyzować się kokainą.

kokila *ż I, lm D.* kokil a. kokili; *in.* wlewnica.

koklusz *m II, D.* kokluszu; *środ.* (*med.*) krztusiec.

kokon

kokon *m IV, D* kokonu.

kokos *m IV, D.* kokosu 1. w zn. «roślina» *częściej*: palma kokosowa, kokosowiec: Zasadził rząd kokosów. 2. tylko w *lm*, zwykle w *pot.* zwrocie: Robić kokosy «robić wyjątkowo korzystne interesy»

kokosić się *ndk VIa*, kokoszę się, kokosiliśmy się (p. akcent § 1a i 2) *pot.* «wiercić się, niespokojnie kręcić się; *rzad.* denerwować się, złościć się»

kokosowiec *m II, D.* kokosowca; in. palma kokosowa.

koks *m IV, D.* koksu, zwykle *blm* «produkt suchej destylacji węgla kamiennego»

koksa *ż IV, lm D.* koksów 1. tylko w *lm* «odmiana jabłek»: Sprzedawać koksy (*nie*: koksę). 2. «jabłko tej odmiany»: Jadł koksę. Kupić kilo koksów.

koksownia, *rzad.* **koksiarnia** *ż I, lm D.* koksowni (koksiarni a. koksiarń).

koktajl (*nie*: koktejl) *m I, D.* koktajlu: Robić, pić koktajl. // *D Kult. II,* 205.

kol. «skrót wyrazów: *kolega, koleżanka*, pisany z kropką, stawiany zwykle przed nazwiskiem lub przed imieniem i nazwiskiem, czytany jako cały, odmieniany wyraz»: Kol. Waśkowski. Kol. Janina Żnińska. Rozmawiał z kol. Kowalskim i z kol. Piotrowską.

Kola *m ndm* «półwysep między Morzem Białym a. Morzem Barentsa» *częściej* w połączeniu: Półwysep Kola (a. Półwysep Kolski): Mieszkać na Półwyspie Kola. — kolski (p.).

kolaboracjonista *m odm. jak ż IV, lm M.* kolaboracjoniści, *DB.* kolaboracjonistów; a. **kolaborant** *m IV, lm M.* kolaboranci.

kolacja *ż I, lm D.* kolacji: Jeść, przygotowywać kolację. Iść na kolację. Siadać do kolacji. // *U Pol. (2),* 245.

kolacyjny, *rzad.* **kolacjowy**: Danie kolacyjne (kolacjowe). Przerwa, pora kolacyjna (*częściej*: przerwa na kolację, pora kolacji).

kolarski «dotyczący kolarza lub wyczynowego sportu rowerowego»: Wyścig kolarski. Kolarskie umiejętności, talent kolarski. Sprzęt kolarski (*ale* nie: części kolarskie).

kolarz *m II, lm D.* kolarzy «człowiek uprawiający jazdę na rowerze jako sport wyczynowy»: Polski kolarz zajął pierwsze miejsce w wyścigu. *Por.* rowerzysta. // *D Kult. II,* 259.

Kolbe *m odm. jak przym., NMs.* Kolbem a. *ndm*: Beatyfikacja ojca Maksymiliana Kolbego (Kolbe).

Kolbuszowa *ż odm. jak przym., D.* Kolbuszowej (*nie*: Kolbuszowy), *CMs.* Kolbuszowej (*nie*: Kolbuszowie) «miasto» — kolbuszowianin *m V, D.* kolbuszowianina, *lm M.* kolbuszowianie, *D.* kolbuszowian — kolbuszowianka *ż III, D.* kolbuszowianek — kolbuszowski.

Kolchida *ż IV* «kraina w ZSRR» — kolchidzki.

kolchidzki: Ludność kolchidzka, kolchidzka roślinność (*ale*: Nizina Kolchidzka).

kolcówka a. **kolczatka** *ż III, lm D.* kolcówek (kolczatek) *środ.* zwykle w *lm*, in. kolce «pantofle z kolcami, używane do biegów sportowych»

kolczyk (*nie*: kólczyk) *m III*: Kolczyki z brylantami. Nosić kolczyki.

koleba, *reg.* **koliba** *ż IV* «szałas pasterski»

kolebka *ż III, lm M.* kolebki, *D.* kolebek w zn. dosłownym *częściej*: kołyska (p.) △ *przen.* «miejsce, gdzie coś powstało, zawiązek, początek, pierwotna siedziba czyjaś, czegoś»: U kolebki życia społecznego. Wędrował w poszukiwaniu kolebki (*nie*: kołyski) swego rodu. □ Coś jest kolebką czego (*nie*: kolebką, gdzie...): Ta dzielnica była kolebką języka literackiego (*nie*: ... kolebką, gdzie powstał język literacki).

kolec (*nie*: kolc) *m II, D.* kolca, *lm D.* kolców (*nie*: kolcy) w zn. «pantofle sportowe» in. kolcówki, kolczatki.

kolega *m odm. jak ż III, lm M.* koledzy, *DB.* kolegów (skrót: kol.).

kolegialny: Władze kolegialne. Kolegialna decyzja. △ Kolegialna (*lepiej*: zbiorowa) akcja.

kolegium *n VI, lm M.* kolegia (*nie*: kolegiumy), *D.* kolegiów: Kolegium sędziów, kardynałów a. kolegium sędziowskie, kardynalskie.

kolej *ż V, DCMs.* i *lm D.* kolei 1. «przedsiębiorstwo komunikacyjne; pociąg»: Kolej przewozi mnóstwo towarów. Pracować na kolei. △ *wych. z użycia*: Jechać koleją. Odprowadzić kogoś na kolej. Spóźnić się na kolej. Nie mieć pieniędzy na kolej (dziś w takich zwrotach używa się częściej wyrazu: pociąg). 2. «następstwo, kolejność»: Czekał na swą kolej. Przyszła kolej na uporządkowanie sprawy. Teraz kolej na ciebie. △ Po kolei «jeden po drugim, za drugim, kolejno»: Odpowiadali po kolei na pytania. △ Z kolei a) «następnie»: Przemawiał dyrektor, a z kolei zabierali głos inni mówcy. b) «z rzędu»: Był to drugi z kolei taki wypadek. 3. zwykle w *lm* «bieg wypadków, losy»: Opisał koleje swego życia. Książka przechodziła różne koleje. Życie potoczyło się zwykłą koleją.

kolejarz *m II, lm D.* kolejarzy.

kolejka *ż III, lm D.* kolejek *pot.* a) w zn. «następstwo, kolejność, miejsce kolejne»: Czekać na swoją kolejkę. Przyjęto go poza kolejką. Zamówić sobie, komuś kolejkę. b) w zn. «rząd ludzi czekających na coś»: Stanąć, stać w kolejce. □ K. do czego, po co (*nie*: za czym): Utworzyły się kolejki do kas kina. Czekała w kolejce po bilety (*nie*: za biletami).

kolejność *ż V, blm*: Ustalić (*nie*: ustanowić) kolejność czegoś. Zachować kolejność czegoś. △ W kolejności «zachowując ustalony porządek, jeden po drugim, po kolei»: Realizowano dostawy w kolejności zgłoszeń. // *KP Pras.*

kolektywny: Gospodarka kolektywna. △ Kolektywna (*lepiej*: zespołowa, zbiorowa) praca. Kolektywne (*lepiej*: zespołowe, zbiorowe) działanie.

kolender *m IV, D.* kolendru; a. **kolendra** *ż IV*, zwykle w *lp*.

koleżeństwo (*nie*: koleżaństwo) *n III, blm*, w zn. «ogół koleżanek i kolegów» *lepiej*: koleżanki i koledzy: Szanowne koleżeństwo (*lepiej*:. Szanowne koleżanki, szanowni koledzy). Koleżeństwo zebrało się tłumnie (*lepiej*: koleżanki i koledzy zebrali się tłumnie). △ Proszę koleżeństwa! — zwrot dopuszczalny w wypowiedziach na zebraniach pracowników instytucji, członków organizacji itp. || *D Kult. I, 292.*

koleżka *m* odm. jak *ż III, lm* ci koleżkowie, *rzad.* (z silniejszym zabarwieniem ekspresywnym) te koleżki, *DB.* koleżków «potocznie, poufale o koledze»: Grono koleżków. Dobrzy koleżkowie bawili się wesoło (dobre koleżki bawiły się wesoło).

koliba p. koleba.

koliber, *rzad.* **kolibr** *m IV, D.* kolibra.

kolidować *ndk IV,* kolidowałby (p. akcent § 4c) «być w sprzeczności z czymś»: Czyn ten kolidował z obowiązującymi przepisami.

koligacja *ż I, lm D.* koligacji, zwykle w *lm książk.* «pokrewieństwo, powinowactwo, zwłaszcza z kimś wysoko postawionym społecznie, wpływowym»: Szczycił się swymi koligacjami ze znanymi osobami w mieście. Wejść z kimś w koligacje.

kolizja *ż I, DCMs.* i *lm D.* kolizji: Był w stałej kolizji z prawem. Wejść, popaść w kolizję z czym: Często wchodził w kolizję z zasadami dobrego wychowania. □ K. czego z czym, czego i czego, między czym a. czym: Kolizja obowiązku i miłości.

kolneński: Powiat kolneński (*ale*: Wysoczyzna Kolneńska).

Kolno *n III* «miasto» — kolnianin *m V, D.* kolnianina, *lm M.* kolnianie, *D.* kolnian — kolnianka *ż III, lm D.* kolnianek — kolneński (p.).

koloidalny (*wym.* kolo-idalny) a. **koloidowy** (*wym.* kolo-idowy): Substancja koloidalna (koloidowa). Układ koloidalny (koloidowy).

kolokwium (*nie*: kollokwium) *n VI, lm D.* kolokwiów: Zdać kolokwium.

kolonia (*wym.* kolońja) *ż I, DCMs.* i *lm D.* kolonii 1. w zn. «terytorium należące do jakiegoś państwa poza granicami metropolii»: Zakładano kolonie na zdobytych terytoriach zamorskich. △ W koloniach, *rzad.* w kolonii: Przebywał stale za granicą w koloniach. 2. w zn. «osiedle oddalone od centrum wsi, *rzad.* miasta»: Kolonia domków jednorodzinnych. Zbudował sobie willę na kolonii. Mieszkał na kolonii Janów. 3. (tylko w *lm*) «zorganizowany pobyt dzieci w miejscu przeznaczonym na odpoczynek»: Organizowano kolonie dla dzieci. Wysłać dzieci na kolonie. Pobyt na koloniach letnich.

Kolonia (*wym.* Kolońja) *ż I, DCMs.* Kolonii «miasto w NRF (Köln)» — koloński.

kolonializm (*wym.* kolońjalizm) *m IV, D.* kolonializmu, *Ms.* kolonializmie (*wym.* ~izmie a. ~iźmie), *blm.*

kolonialny (*wym.* kolońjalny) przym. od kolonia (tylko w zn. 1): Kraje kolonialne. Wojsko kolonialne. *wych. z użycia* Towary kolonialne.

koloniały *niepoprawne* zamiast: towary kolonialne. || *D Kult. II, 376; U Pol. (2), 223.*

kolonijny przym. od kolonia (tylko w zn. 2 i 3): Miejscowość typowo kolonijna.

kolonista *m* odm. jak *ż IV, lm M.* koloniści, *DB.* kolonistów «osadnik»: Na puste tereny przybyli koloniści. Zaludnić kraj kolonistami.

kolonizator *m IV, lm M.* kolonizatorowie a. kolonizatorzy «ten, kte podbija, kolonizuje obce tereny»: Wyzysk kolonizatorów.

kolor *m IV, D.* koloru 1. w zn. «barwa»: Materiał ma ładny kolor. Firanki straciły kolor pod wpływem słońca. △ W kolorze czego: Kupić tapetę w kolorze mebli. △ Coś pod kolor czegoś «coś umyślnie dobranego do czegoś w podobnym kolorze»: Krawat pod kolor koszuli. 2. (tylko w *lm*) w zn. «różowe zabarwienie policzków, rumieńce»: Na twarz wystąpiły kolory. Dostać kolorów. Stracić kolory. 3. *pot.* (tylko w *lm*) w zn. «barwna odzież, bielizna»: Prać kolory.

Kolorado *n, rzqd. ż ndm* 1. «rzeka w USA»: Kolorado przecina cały kraj. Spienione (spieniona) Kolorado płynęło (płynęła) wśród skał. 2. «wyżyna w Ameryce Północnej»: Przewędrował całe Kolorado. Rzeka płynie przez wyżynę Kolorado. 3. «stan w USA»

koloryt *m IV, D.* kolorytu «zespół barw w obrazie; barwy dominujące, nadające ogólny ton całości»: Jasny koloryt pejzażu.

kolos *m IV, lm M.* te kolosy 1. *D.* kolosa a. kolosu, *B.* kolos a. kolosa «duży przedmiot»: Czy należało na tak małym placyku budować taki kolos? 2. *DB.* kolosa «olbrzym (o istocie żywej)»: Przez te kilka lat chłopiec wyrósł na istnego kolosa.

kolosalnie: Był kolosalnie bogaty i zarozumiały. Kolosalnie (*lepiej*: bardzo) wypiękniała.

kolosalny «bardzo duży, ogromny, olbrzymi»: Posąg kolosalnych rozmiarów. Kolosalny (*lepiej*: ogromny, olbrzymi) gmach. To kolosalny (*lepiej*: ogromny) talent.

Koloseum (*wym.* Koloseum, *nie*: Koloseum) *n ndm*: Ruiny rzymskiego Koloseum.

kolportaż *m II, D.* kolportażu, *blm*; a. **kolportowanie** *n I, blm; rzad.* **kolporterstwo** *n III, blm*: Zajmował się kolportażem (kolportowaniem, kolporterstwem) gazet.

kolski: Tundra kolska, *ale*: Półwysep Kolski (a. Półwysep Kola), p. Kola.

kolubryna (*nie*: kolumbryna) *ż IV, lm D.* kolubryn.

Kolumb *m IV, lm M.* Kolumbowie △ Jajko Kolumba «proste rozwiązanie pozornie trudnego zagadnienia»

Kolumbia *ż I, DCMs.* i *lm D.* Kolumbii 1. «rzeka w Ameryce Północnej» 2. «wyżyna w USA» 3. «republika w Ameryce Południowej» 4. Kolumbia Brytyjska «prowincja w Kanadzie» — Kolumbijczyk *m III, lm M.* Kolumbijczycy — Kolumbijka *ż·III, lm D.* Kolumbijek — kolumbijski (p.).

kolumbijski: Ludność kolumbijska, kolumbijska roślinność (*ale*: Basen Kolumbijski).

kolumna *ż IV, lm D.* kolumn (*nie*: kolumien).

Koluszki *blp, D.* Koluszek «miasto» — koluszkowski.

-kolwiek p. cząstki wyrazów.

kołacz *m II, lm D.* kołaczy: Kołacz dożynkowy. △ Bez pracy nie ma kołaczy (przysłowie).

kołatać *ndk IX,* kołaczę, kołacze, *przestarz.* kołace, kołacz, kołataliśmy (p. akcent § 1a i 2), czasem *ndk I,* kołataj — **zakołatać** *dk* □ K. do czego, w co: Kołatać do bramy, do drzwi (żeby je otworzono). Kołatać w okno. □ *przen.* K. do kogo, czego — o co «usilnie prosić, zabiegać o coś»: Od tygodnia kołacze do nas o pożyczkę. □ K. bez dop.: Puls kołatał w skroniach. // *GPK Por.* 202, 212.

kołchozowy, *rzad.* **kołchoźniany** (*nie:* kołchoźny).

kołczan *m IV, D.* kołczana a. kołczanu.

Kołłątaj *m I, lm M.* Kołłątajowie, *D.* Kołłątajów. Kołłątaj *ż ndm* — Kołłątajowa *ż odm. jak przym.* — Kołłątajówna *ż IV, D.* Kołłątajówny, *CMs.* Kołłątajównie (*nie:* Kołłątajównej), *lm M.* Kołłątajówny, *D.* Kołłątajówien.

Kołmogorow (*wym.* Kołmogorow) *m IV, D.* Kołmogorowa (*nie:* Kołmogorowa, p. akcent § 7): Kontakty matematyków polskich z A. Kołmogorowem.

kołnierz *m II, lm D.* kołnierzy □ K. czego a. od czego: Postawić kołnierz palta (od palta).

I koło *n III, lm D.* kół 1. w zn. «środowisko, sfera», zwykle w *lm*: Obracał się w kołach artystycznych. Odgrywał dużą rolę w kołach emigracyjnych. 2. w zn. «związek, zrzeszenie, stowarzyszenie»: Zebranie naszego koła. Koło śpiewacze, artystyczne. △ W nazwach dużą literą: Koło Prawników, Koło Polonistów. △ *niepoprawne* Na kole (*zamiast:* w kole), np. Sytuacja w naszym kole naukowym (*nie:* na naszym kole) jest niepomyślna. // *U Pol.* (1), 300.

II koło «przyimek łączący się z dopełniaczem rzeczowników, mający znaczenie»: 1. «tuż, obok, w pobliżu»: Dom stoi koło lasu. Siądź koło mnie (w połączeniu z jednosylabowymi zaimkami osobowymi — zwykle z akcentem na drugiej sylabie). △ Jabłonna koło Warszawy (*lepiej:* pod Warszawą). 2. *przestarz.* «wokół czego, przy czym»: Suknia zwija się koło nóg (dziś *raczej:* wokół nóg). Majstrować coś koło zegara (dziś *raczej:* przy zegarze). // *D Kult. I, 113.*

Koło *n III* 1. «miasto»: Mieszkać w Kole. Pojechać do Koła. — kolski. 2. «dzielnica Warszawy»: Mieszkać na Kole. Pojechać na Koło.

kołobrulion *m IV, D.* kołobrulionu *środ.* «gruby zeszyt z kartkami ruchomymi przymocowanymi do okładki za pomocą zamykających się pierścieni»

Kołobrzeg *m III, D.* Kołobrzegu «miasto» — kołobrzeżanin *m V, D.* kołobrzeżanina, *lm M.* kołobrzeżanie, *D.* kołobrzeżan — kołobrzeżanka *ż III, lm D.* kołobrzeżanek — kołobrzeski.

kołomąt a. **kołomęt** *m IV, D.* kołomątu (kołomętu) *reg.* «zamęt, zamieszanie»

Kołomyja *ż I, D.* Kołomyi «miasto w ZSRR» — kołomyjski.

kołonotes *m IV, D.* kołonotesu *środ.* «notes z kartkami ruchomymi przymocowanymi do okładki za pomocą zamykających się pierścieni»

kołować *ndk IV,* kołowaliśmy (p. akcent § 1a i 2) □ K. bez dop. «zataczać koła; krążyć, objeżdżać, błądzić; toczyć się na kołach (o samolocie)»: Ptaki kołują nad lasem. Kołował bocznymi ulicami, żeby ujść pogoni. Samolot kołował na pasie startowym. □ *pot.* K. kogo «zwodzić kogoś, bałamucić»: Kołował ludzi tak długo, aż stracił ich zaufanie.

kołowrót (*nie:* kołowrot) *m IV, D.* kołowrotu, *rzad.* kołowrota.

kołysać *ndk IX,* kołysze (*nie:* kołysa), kołysaliśmy (p. akcent § 1a i 2) □ K. czym, *rzad.* co: Kołysał głową (*nie:* głowę) w takt walca. Kołysać biodrami. Wiatr kołysze gałęziami (gałęzie). □ K. kogo: Kołysać dziecko.

kołyska *ż III, lm D.* kołysek: Dziecko spało w kołysce. △ w zn. *przen.* tylko: kolebka (p.).

kom- p. m

koma *ndm* △ Używane tylko przy odczytywaniu liczb dziesiętnych, np. 3,14 — można przeczytać: trzy koma czternaście, *lepiej:* trzy, czternaście setnych a. trzy, przecinek czternaście.

Komancz *m II, lm M.* Komancze, *D.* Komanczów (*nie:* Komanczy) «członek plemienia Indian»

komarzy: Komarze skrzydełka.

komasacja *ż I, DCMs.* i *lm D.* komasacji «scalanie, scalenie»: Komasacja gruntów.

komasować *ndk IV,* komasowaliśmy (p. akcent § 1a i 2) — **skomasować** *dk* «scalać»

kombajn *m IV, D.* kombajnu.

kombajner *m IV, D.* kombajnera, *lm M.* kombajnerzy; *lepiej:* **kombajnista** *m odm. jak ż IV, lm M.* kombajniści, *DB.* kombajnistów. // *D Kult. I, 418.*

kombajnowy *przym. od* kombajn: Operator kombajnowy. Zestaw kombajnowy. △ Ściana kombajnowa «ściana w kopalni, z której wydobywa się węgiel za pomocą kombajnu» // *KJP 87.*

kombi *n ndm* «auto z tylną częścią przedłużoną, mogącą służyć jako bagażnik» — wyraz używany najczęściej w połączeniu z nazwą marki samochodu: Warszawa kombi. Wartburg kombi.

kombinacja (*nie:* kompinacja) *ż I, DCMs.* i *lm D.* kombinacji 1. «całość powstała z połączenia jakichś elementów» □ K. czego z czym: Kombinacja czerwonego z zielonym. 2. zwykle w *lm pot.* «sprytny manewr; interes (często nieuczciwy)» □ K. z czym (*nie:* na czym): Kelner robił kombinacje z kawą (*nie:* na kawie). // *KP Pras.*

kombinować (*nie:* kompinować) *ndk IV,* kombinowaliśmy (p. akcent § 1a i 2) □ K. bez dop. *pot.* «szukać rozwiązania; zastanawiać się; przeprowadzać (z kim) interesy, zwykle nieuczciwe»: Kombinował, jak rozwiązać zadanie. □ K. co z czym «łączyć»: Szyjąc sukienkę krawcowa kombinowała jedwab z wełną.

komedia dell'arte p. dell'arte.

komenda *ż IV* 1. *blm* w zn. «dowodzenie, komenderowanie» □ K. nad kim, nad czym: Objąć komendę nad pułkiem. 2. w zn. «urząd, na którego czele stoi komendant»△ Brać kogoś, coś pod komendę. Mieć kogoś, coś pod swoją komendą. Być pod czyjąś komendą. △ Jak na komendę «jednocześnie, od razu»: Wszyscy zerwali się jak na komendę. □ K. czego: Komenda miasta, garnizonu.

komenderować *ndk IV*, komenderowaliśmy (p. akcent § 1a i 2) (w odniesieniu do wojska zwykle: dowodzić) □ *przen*. K. k i m, c z y m (*nie*: kogo, co): Nie lubię, jak mną kto komenderuje. // D Kult. I, 419.

Komenský (*wym*. Komenski), częściej w formie spolszczonej: **Komeński** *m odm*. jak przym.: Poglądy pedagogiczne Jana Amosa Komeńskiego.

komentarz *m II, lm D*. komentarzy □ K. do czego: Komentarz do Biblii.

komeraż *m II, lm D*. komeraży, *rzad*. komerażów, zwykle w *lm wych. z użycia* «złośliwe plotki»

komercyjny, *rzad*. **komercjalny**.

komes *m IV, lm M*. komesowie a. komesi: Piastował urząd komesa.

kometka *ż III*, zwykle *blm*; in. badminton.

komfort (*wym*. kąfort a. komfort) *m IV, D*. komfortu: Komfort mieszkania. Żyć w komforcie.

Komi *n ndm* «republika autonomiczna w ZSRR»— Komiak *m III, lm M*. Komiacy — Komiaczka *ż III, lm D*. Komiaczek — komiacki.

komika p. komizm.

komin *m IV, D*. komina △ *reg*. w zn. «piec kuchenny; kuchnia»: Postawić garnek na kominie.

kominek *m III, D*. kominka △ *pot*. Chodzić po kominkach, na kominki «chodzić na wizyty, na pogawędki»

kominiarz *m II, lm D*. kominiarzy.

Komintern (*wym*. Komintern a. Komintern) *m IV, D*. Kominternu (p. akcent § 7), *blm* «skrócona forma rosyjskiej nazwy: III Międzynarodówka Komunistyczna»

komis *m IV, D*. komisu: Kupić coś w komisie. △ Brać coś w komis (*nie*: na komis).

komisariat *m IV, D*. komisariatu: Iść do komisariatu (*nie*: na komisariat). Być w komisariacie (*nie*: na komisariacie).

komisarski *rzad*. przym. od komisarz: Dekret komisarski.

komisaryczny «nie pochodzący z wyboru, lecz ustanowiony przez władzę wyższą»: Zarząd komisaryczny.

komisarz *m II, lm D*. komisarzy.

komisja *ż I, DCMs*. i *lm D*. komisji: Komisja lekarska, rozjemcza, nadzorcza, rewizyjna. Na zebraniu, na posiedzeniu komisji (*pot*. na komisji). □ K. czego a. do czego (*nie*: dla czego) △ W nazwach dużą literą: Komisja Planowania, Komisja Edukacji Narodowej, Komisja do Spraw Młodzieży.

komitet (*wym*. komitet a. komitet) *m IV, D*. komitetu: Komitet rodzicielski, opiekuńczy; komitet redakcyjny. □ K. czego, do czego (*nie*: dla czego)

△ W nazwach dużą literą: Komitet Frontu Jedności Narodu, Komitet Zwalczania Alkoholizmu, Komitet do Spraw Turystyki.

komitywa *ż IV*: Wejść z kim w komitywę. Być z kimś w komitywie.

komiwojażer *m IV, lm M*. komiwojażerowie, *rzad*. komiwojażerzy.

komizm *m IV, D*. komizmu, *Ms*. komizmie (*wym*. ~izmie a. ~iźmie), *blm*; *rzad*. **komika** (*wym*. komika, *nie*: komika, p. akcent § 1c) *ż III, blm*.

Komnenowie zwykle *blp, D*. Komnenów: Dynastia Komnenów.

Komor *m IV, D*. Komoru a. (z wyrazami: wyspa, archipelag) *ndm* **1.** tylko w wyrażeniu: Wielki Komor «jedna z wysp archipelagu Komory»: Był na Wielkim Komorze (na wyspie Wielki Komor). **2.** tylko w *lm* Komory, *D*. Komorów «archipelag wysp na Oceanie Indyjskim»: Przebywał na Komorach (na archipelagu Komory).

komorne *n odm*. jak przym., *NMs*. komornym (*nie*: komornem): Zalegać z komornym.

kompan *m IV, lm M*. kompani (*nie*: kompanowie).

kompas *m IV, D*. kompasu.

kompendium (*nie*: kompedium) *n VI, lm M*. kompendia, *D*. kompendiów (*nie*: kompendii).

kompensacja (*nie*: kompenzacja) *ż I, lm DCMs*. kompensacji, *blm*; a. **kompensata** *ż IV, blm* (*nie*: kompenzata) □ K. za co a. czego: Kompensacja strat temperatury. Kompensata (*częściej*: rekompensata) za nieprzyjemności.

kompetencja *ż I, DCMs*. i *lm D*. kompetencji: Czyjeś kompetencje rozciągają się na kogoś. Podlegać czyjejś kompetencji (*nie*: pod czyjąś kompetencję). Coś przechodzi, przekracza czyjeś kompetencje.

kompetencyjny «dotyczący kompetencji, związany z kompetencją»: Spór kompetencyjny.

kompetentny *m-os*. kompetentni, *st w*. bardziej kompetentny, *rzad*. kompetentniejszy «uprawniony do wydawania decyzji; mający kwalifikacje do wydawania sądów» □ K. do czego a. w czym: Urząd kompetentny do ustalania cen rynkowych. Osoba kompetentna w dziedzinie sztuki. △ *niepoprawne* Kompetentne (*zamiast*: należyte) rozpatrywanie podań.

kompilacyjny a. **kompilatorski**: Praca kompilacyjna (kompilatorska).

kompleks *m IV, D*. kompleksu: Pozbyć się kompleksu niższości.

kompleksowy «ogarniający kilka rozmaitych dziedzin; tworzący kompleks, całość»: Kompleksowe badania. Kompleksowe budownictwo.

komplemencista *m odm*. jak *ż IV, lm M*. komplemenciści, *DB*. komplemencistów; *pot*. **komplemenciarz** *m II, lm D*. komplemenciarzy (zwykle o człowieku skłonnym do prawienia komplementów).

komplement (*nie*: kompliment) *m IV, D*. komplementu, *lm M*. komplementy (*nie*: komplementa). // D Kult. I, 419.

komplet *m IV, D.* kompletu: Na widowni był komplet (*nie*: pełny komplet — pleonazm).

komponent *m IV, D.* komponentu *książk., lepiej*: składnik.

kompot (*nie*: kompót) *m IV, D.* kompotu.

*kompozycja (słowotwórcza) «sposób tworzenia wyrazów za pomocą łączenia w jedną całość dwu tematów wyrazowych, np.: listonosz, Białystok» p.: słowotwórstwo, złożenie, zrost.

kompres *m IV, D.* kompresu, *lm M.* kompresy (*nie*: kompresa): Kłaść, przyłożyć kompres. □ K. z czego: Kompres z wody Burowa, z rumianku.

kompresor *m IV,* in. sprężarka.

kompromis *m IV, D.* kompromisu: Zdobyć się na kompromis. Wejść z kimś w kompromis. Pójść z kimś na kompromis. □ K. między kim a kim, czym a czym.

komputer (*wym.* komputer, *nie*: kompjuter) *m IV, D.* komputera.

Komsomoł (*wym.* Komsomoł a. Komsomoł) *m IV, D.* Komsomołu (p. akcent § 7).

komtur *m IV, lm M.* komturowie.

komunard *m IV, lm M.* komunardzi.

komunikacja *ż I, blm*: Utrzymywać (*nie*: podtrzymywać) komunikację. □ K. z czym, między czym a czym «ruch polegający na utrzymywaniu łączności między odległymi od siebie miejscami» □ K. kogo z kim, między kim a kim «porozumiewanie się, przekazywanie wiadomości»: Język jest narzędziem komunikacji.

komunikacyjny «odnoszący się do komunikacji, utrzymywania łączności za pomocą środków lokomocji»: Rozbudowana sieć komunikacyjna sprzyja turystyce. Rzeki służą jako drogi komunikacyjne.

komunikatywny, *st. w.* bardziej komunikatywny, *rzad.* komunikatywniejszy **1.** «odnoszący się do przekazywania myśli, porozumiewania się»: Komunikatywna funkcja tekstu. **2.** «zrozumiały (o tekście, dziele sztuki itp.)»: Pisał stylem prostym, komunikatywnym. // *U Pol. (2), 138.*

komunikować *ndk IV,* komunikowaliśmy (p. akcent § 1a i 2) — **zakomunikować** *dk* w zn. «podawać do wiadomości» □ K. komu co a. o czym: Komunikować o zebraniu. Komunikować komuś swoje stanowisko w jakiejś sprawie.

komunikowalny *rzad., książk.* «dający się zakomunikować; przekazywalny» // *U Pol. (2), 137.*

komunizm *m IV, D.* komunizmu, *Ms.* komunizmie (*wym.* ~izmie a. ~iźmie), *blm*.

komysz (*nie*: ta komysz) *m II, D.* komyszu, *lm D.* komyszy *reg.* zwykle w *lm* «krzaki, zarośla, zwłaszcza na miejscach podmokłych»

komża *ż II, lm D.* komży, *rzad.* komeż.

kon- p. n

konać p. skonać.

Konakri a. **Konakry** *n ndm* «stolica Gwinei»

konar *m IV, D.* konara, *rzad.* konaru.

koncentrować *ndk IV,* koncentrowaliśmy (p. akcent § 1a i 2) — **skoncentrować** *dk*: Koncentrować wojsko wokół stolicy. □ K. co na kim, na czym (*nie*: na kogo, na co): Wszyscy koncentrowali uwagę na prelegencie. // *KP Pras.*

koncept *m IV, D.* konceptu, *lm M.* koncepty (*nie*: koncepta) **1.** «pomysł» **2.** zwykle *iron.* «dowcip» **3.** *przestarz.* «projekt (pisma urzędowego); brulion»

koncert *m IV, D.* koncertu, *lm M.* koncerty (*nie*: koncerta) □ K. czego: Koncert śpiewu. Koncert muzyki poważnej. □ K. na co: Koncert na fortepian, na orkiestrę.

koncesja *ż I, DCMs* i *lm D.* koncesji □ K. na co «zezwolenie władz na prowadzenie przedsiębiorstwa, placówki handlowej itp.»: Koncesja na wyszynk alkoholu. □ K. na rzecz kogo, czego «ustępstwo»: Zgoda na zmianę mieszkania była koncesją męża na rzecz żony.

koncha *ż III, Ms.* konsze: Koncha ślimaka a. ślimacza. Koncha ucha a. uszna.

koncypować *ndk IV,* koncypowaliśmy (p. akcent § 1a i 2) — **wykoncypować** *dk*, zwykle *żart.* «obmyślać, układać»: Sprytną wymówkę sobie wykoncypowałeś.

kondensacja (*nie*: kondenzacja) *ż I, DCMs.* i *lm D.* kondensacji.

Kondeusz *m II, lm M.* Kondeuszowie (jako nazwa rodu: Kondeusze), *D.* Kondeuszów; a. **Condé** (*wym.* Konde) *m ndm*.

kondolencja *ż I, DCMs.* i *lm D.* kondolencji, zwykle w *lm*: Składać komuś kondolencje. Wyrażać kondolencję.

kondominium (*wym.* kondomińjum) *n VI, lm M.* kondominia, *D.* kondominiów.

konduita (*wym.* kondu-ita) *ż IV, blm przestarz., żart.* «zachowanie, prowadzenie się»: Ktoś podejrzanej konduity.

konduktor *m IV, lm M.* konduktorzy (*nie*: konduktorowie).

kondycja *ż I* w zn. «sprawność fizyczna» — *blm*: Być w dobrej, złej kondycji. Mieć złą kondycję (*nie*: cierpieć na brak kondycji). Odznaczać się dobrą kondycją (*nie*: dysponować kondycją).

kondygnacja *ż I, DCMs.* i *lm D.* kondygnacji.

kondygnacyjny, *rzad.* **kondygnacyjowy**.

konecki *przym.* od Końskie: Odlewnie koneckie, powiat konecki (*ale*: Wzgórza Koneckie).

koneksja *ż I, DCMs.* i *lm D.* koneksji, zwykle w *lm wych.* z użycia «stosunki, znajomości»

koneser *m IV, lm M.* koneserzy *wych.* z użycia «dobry znawca (zwłaszcza sztuki, gastronomii)»

konew (*nie*: konwia) *ż V, DCMs.* i *lm D.* konwi.

konewka *ż III, lm D.* konewek.

konfederacja *ż I, DCMs.* i *lm D.* konfederacji: *hist.* Zawiązać konfederację. Związać się w konfederację.

konfederacki przym. od konfederat: Związek konfederacki (a. konfederacyjny). Partia konfederacka. Laska konfederacka.

konfederacyjny przym. od konfederacja: Sejm konfederacyjny.

konfederat (*nie*: konfederata) *m IV, lm M*. konfederaci, *D*. konfederatów.

konfederować się *ndk IV*, konfederowaliśmy się (p. akcent § 1a i 2) — **skonfederować się** *dk* □ K. się z kim «zawiązywać z kimś konfederację» □ K. się przeciw komu, czemu «zawiązywać konfederację w celu zwalczania kogoś, czegoś»

konferansjerka (*wym*. konferãsjerka) *ż III, lm D*. konferansjerek **1**. *blm* «zapowiadanie programu (koncertu, rewii itp.)» **2**. *rzad*. «kobieta konferansjer» || *D Kult. I, 293*.

konferencja *ż I, DCMs*. i *lm D*. konferencji: Być na konferencji. Brać udział w konferencji. Konferencja w sprawie czegoś (*nie*: na rzecz czegoś), np. zakazu broni nuklearnej. || *KP Pras*.

konfetti *n ndm*: Obrzucano się kolorowym(i) konfetti.

konfiguracja *ż I, DCMs*. i *lm D*. konfiguracji «układ, ukształtowanie, zwłaszcza terenu»: Lawiny kamienne zmieniły konfigurację doliny. △ *przen*. Konfiguracja polityczna.

konfitura *ż IV*, zwykle w *lm* (w *lp* rzadko i mniej poprawnie). || *D Kult. I, 63*.

konflikt *m IV, D*. konfliktu, *Ms*. konflikcie: Konflikt zbrojny, międzynarodowy. □ K. między kim a kim: Konflikt między ojcem a synem. □ K. kogo, czego: Konflikt dwóch pokoleń. □ K. z kim, z czym: Popaść w konflikt z prawem, z rodzicami.

konformizm *m IV, D*. konformizmu, *Ms*. konformizmie (*wym*. ~izmie a. ~iźmie), *blm*.

konfrater *m IV, D*. konfratra, *lm M*. ci konfratrzy, *rzad*. konfratrowie a. (z silniejszym zabarwieniem ekspresywnym) te konfratry *przestarz*., *żart*. «współtowarzysz; członek tego samego bractwa, zespołu itp.»

konfrontacja *n I, DCMs*. i *lm D*. konfrontacji «jednoczesne stawienie przed sądem osób, których zeznania są sprzeczne; także: zestawienie, porównanie»: Konfrontacja opinii, poglądów. □ K. kogo, czego — z kim, z czym (*nie*: między kim a kim, czym a. czym): Konfrontacja świadków z oskarżonym (*nie*: między świadkami a oskarżonym). Konfrontacja utworu dramatycznego z życiem (*nie*: między utworem dramatycznym a życiem). △ *niepoprawne* w zn. «konflikt zbrojny (*zamiast*: starcie zbrojne)», np. Konfrontacja (*zamiast*: starcie zbrojne) między oddziałami izraelskimi a arabskimi.

konfrontować *ndk IV*, konfrontowaliśmy (p. akcent § 1a i 2) — **skonfrontować** *dk* «zestawiać, porównywać» □ K. kogo z kim, co z czym: Konfrontować marzenia z rzeczywistością.

konfundować (*nie*: konfudować) *ndk IV*, konfundowaliśmy (p. akcent § 1a i 2) — **skonfundować** *dk wych. z użycia* «zawstydzać, wprawiać w zakłopotanie»

kongenialny (*wym. przestarz*. kongieńjalny) □ K. komu: W Witwickim widzą niektórzy artystę kongenialnego Platonowi.

konglomerat *m IV, D*. konglomeratu **1**. *książk*. «zbiór, skupisko, zlepek»: W tym dziele nie znajduje odbicia jednolity pogląd na świat, jest ono konglomeratem poglądów. Konglomerat budynków. **2**. w terminologii specjalnej (*chem., petr., techn*.) — *lepiej*: zlepieniec: Grzbiet Karpat Marmaroskich zbudowany jest z konglomeratów (*lepiej*: ze zlepieńców).

Kongo *n II* **1**. «państwo w Afryce»: Jechać do Konga. — Kongijczyk (*nie*: Kongolańczyk) *m III, lm M*. Kongijczycy — Kongijka *ż III, lm D*. Kongijek — kongijski (*nie*: kongolański, kongolski) **2**. a. *ż* (w połączeniu z wyrazem: rzeka) *ndm* «rzeka»: Kongo płynęło (płynęła) spokojnie. Mieszkać nad Kongiem. Most na rzece Kongo. || *D Kult. II, 553; U Pol. (2), 589*.

kongres *m IV, D*. kongresu **1**. «zjazd naukowców a. polityków» **2**. Kongres «parlament w Stanach Zjednoczonych Ameryki Płn. i w niektórych państwach Ameryki Płd.» || *D Kult. I, 764*.

kongresista *m odm. jak ż IV, lm M*. kongresiści, *DB*. kongresistów; *pot*. **kongresowicz** *m II, lm D*. kongresowiczów, *rzad*. «uczestnik kongresu — zjazdu»

kongresman (*wym*. kongresmen a. kongresman) *m IV, D*. kongresmana «członek Kongresu»

Kongresowiak *m III, lm M*. Kongresowiacy *pot., przestarz*. «mieszkaniec Królestwa Kongresowego (częściej: Królewiak)»

kongresowy przym. od kongres a. Kongres: Obrady, uchwały kongresowe (*ale*: Królestwo Kongresowe).

Kongresówka *ż III pot*. «Królestwo Kongresowe»

koniak *m III, D*. koniaku.

koniczynisko a. **koniczysko** *n II, lm D*. koniczynisk (koniczysk) «pole po koniczynie»

koniec *m II, D*. końca △ Na koniec, w końcu, koniec końców, *rzad*. koniec końcem «ostatecznie, wreszcie»: Na koniec wicher się uspokoił. Wplątał się w interesy, które go w końcu zrujnowały.

konieczny *st. w*. konieczniejszy a. bardziej konieczny: Konieczne potrzeby. □ K. dla kogo, *przestarz*. komu: Intensywne odżywianie konieczne dla chorego. □ K. do czego (*nie*: dla czego): Książka konieczna do nauki. || *KJP 357; KP Pras*.

Konieczny *m odm. jak przym., lm M*. Konieczni. Konieczna *ż odm. jak przym*. — *rzad*. Koniecznowa *ż odm. jak przym*. — Koniecznówna *ż IV, D*. Koniecznówny, *CMs*. Koniecznównie (*nie*: Koniecznównej), *lm D*. Koniecznówien. || *D Kult. 501; U Pol. (2), 527*.

Koniew (*wym*. Koniew) *m IV, D*. Koniewa (p. akcent § 7): Rozkaz marszałka Koniewa.

konik *m III, DB*. konika **1**. w zn. «ulubione zajęcie, ulubiony temat itp.»: Ma swego konika — gromadzi starą broń. **2**. *lm M*. te koniki (*nie*: ci konikowie) *pot*. w zn. «pokątny sprzedawca biletów na różne imprezy»

konikowy przym. od konik (zwykle używany w terminologii szachowej): Ruch konikowy. Zadanie konikowe.

Konin *m IV* «miasto» — koniński.

konina *ż IV* **1.** *blm* «końskie mięso» **2.** *ż* a. *m* odm. jak *ż IV, lm D.* konin, *rzad.* koninów «lichy koń»

koniogodzina *niepoprawne* zamiast: godzina pracy konia. // *Kl. Aleź 26.*

koniokrad *m IV, lm M.* te koniokrady. // *D Kult. II, 433.*

koniuch *m III, lm M.* te koniuchy.

koniugacja *ż I, DC Ms.* koniugacji, *lm D.* koniugacji «odmiana czasowników przez osoby; szerzej: cały zasób form czasownika (formy słowotwórcze, formy strony, rodzaju czynności, trybu, czasu i liczby» p. czasownik.

koniunktura (*wym.* końjunktura) *ż IV*: Koniunktura polityczna, gospodarcza. Pomyślna koniunktura. Koniunktura w przemyśle. // *D Kult. I, 768.*

koniunkturowy, *lepiej*: **koniunkturalny** np. Kryzysy koniunkturalne. // *KJP 89.*

koniuszy *m* odm. jak przym., *lm M.* koniuszowie, *D.* koniuszych. // *D Kult. I, 428; II, 330; GPK Por. 123, 137; U Pol. (1), 394.*

konklawe *n ndm*: Konklawe wybrało papieża.

konkludować *ndk IV*, konkludowaliśmy (p. akcent § 1a i 2) — **zakonkludować** *dk książk.* «formułować (ostateczny) wniosek»

konkluzja *ż I, DCMs.* i *lm D.* konkluzji, nieco *książk.* «wynik rozumowania; wniosek»: Dojść (*nie*: przyjść) do jakiejś konkluzji. Sformułować jakąś konkluzję.

konkordat *m IV, D.* konkordatu: Zawrzeć konkordat.

konkretnie *st. w.* konkretniej a. bardziej konkretnie «realnie»: Jego plany zarysowują się konkretnie. △ *niepoprawne* w zn. «rzeczowo», np. Konkretnie (*zamiast*: rzeczowo) dyskutować. // *KP Pras.*

konkretny *st. w.* konkretniejszy a. bardziej konkretny «rzeczywisty, realny»: Konkretny fakt. Konkretne zarzuty. Konkretne pytanie. △ *niepoprawne* w zn. «rzeczowy, ściśle określony», np.: Konkretny (*zamiast*: określony) klimat. Konkretna (*zamiast*: ściśle określona) opinia.

konkretyzować *ndk IV*, konkretyzowaliśmy (p. akcent § 1a i 2) — **skonkretyzować** *dk*: Konkretyzować myśli, pytania.

konkurent *m IV, lm M.* konkurenci *wych. z użycia* w zn. «mężczyzna starający się o rękę kobiety»: Konkurent naszej córki. Konkurent do ręki wdowy (*nie*: konkurent do wdowy).

konkurować *ndk IV*, konkurowaliśmy (p. akcent § 1a i 2) **1.** «rywalizować, współzawodniczyć» □ K. z kim, z czym: Zwycięsko konkurował z najlepszymi wytwórcami. **2.** *wych. z użycia* «starać się o rękę kobiety»: Długo konkurował, zanim uzyskał zgodę panny. □ K. o kogo: Konkurował o córkę przyjaciół. □ K. do czyjej ręki (*nie*: do kogo): Konkurowali do ręki pięknej dziewczyny (*nie*: do dziewczyny).

konkurs *m IV, D.* konkursu: Konkurs matur, skoków. □ K. na co: Konkurs na powieść. // *D Kult. II, 59.*

konkursista *m* odm. jak *ż IV, lm M.* konkursiści, *DB.* konkursistów; *pot., żart.* **konkursowicz** *m II, lm M.* konkursowicze, *D.* konkursowiczów (*nie*: konkursowiczy) «uczestnik konkursu» // *KP Pras.*

konkury *blp, D.* konkurów *wych. z użycia* «staranie się o rękę kobiety» △ *pot.* Chodzić, uderzać do kogoś w konkury (np. do wdowy).

konkwistador *m IV, lm M.* konkwistadorzy.

konopiany p. konopny (w zn. 1).

konopiasty p. konopny (w zn. 2).

konopie *blp, D.* konopi △ *pot.* Wyrwać się, wyskoczyć (z czymś) jak Filip z konopi «powiedzieć coś niestosownego»

konopny 1. «zrobiony z konopi, dotyczący konopi; konopiany»: Postronek konopny. Pole konopne (konopiane). **2.** «płowy, jasnoblond; konopiasty»: Konopna (konopiasta) czupryna.

Konrad *m IV, lm M.* Konradowie — Konradostwo *n III, DB.* Konradostwa, *Ms.* Konradostwu (*nie*: Konradostwie), *blm*; a. Konradowie *blp, D.* Konradów.

konsekwencja (*wym.* konsekwencja — staranniej a. kąsekwencja) *ż I* **1.** «logiczna ciągłość w działaniu, zgodność z przyjętymi zasadami»: Z żelazną konsekwencją dążył do celu. □ K. w czym: Konsekwencja w rozumowaniu. Brak konsekwencji w tym, co mówisz. **2.** «następstwo, wynik, rezultat, skutek czegoś» (w tym znaczeniu nadużywane), np.: Wziął na siebie zobowiązanie, musi się liczyć z konsekwencjami (*lepiej*: z następstwami). Wyprawa nasza była brzemienna w konsekwencje (*lepiej*: w skutki). △ Ponieść konsekwencje czegoś (*nie*: za coś): Ponieść konsekwencje swoich czynów (*nie*: za swoje czyny). △ Wyciągnąć konsekwencje z czegoś (ocenianego negatywnie), w stosunku do kogoś «odpowiednio (zwykle karą, represjami) zareagować na czyjeś (negatywnie oceniane) postępowanie» △ W konsekwencji (czegoś) «w następstwie, w rezultacie, w wyniku (czegoś)»: Dużo chorował i w konsekwencji nie zaliczył wszystkich egzaminów. // *D Kult. II, 567; Kl. Aleź 32, 61; KP Pras.*

konserwa (*wym.* konserwa — staranniej a. kąserwa; *nie*: konzerwa, kązerwa) *ż IV* **1.** zwykle w *lm*: Konserwy rybne (a. z ryb.) Konserwy mięsne (a. z mięsa). **2.** *blm pot.* «konserwatyści» // *D Kult. I, 63; GPK Por. 69.*

konserwacja (*nie*: konzerwacja) *ż I, blm* «utrzymywanie czegoś w dobrym stanie (nie należy używać w odniesieniu do istot żywych i roślin)»: Konserwacja zabytków (*ale* nie: konserwacja zieleni). // *KP Pras.*

konserwacyjny przym. od konserwacja: Czynności, środki konserwacyjne. *Por.* konserwatorski.

konserwatornia, *rzad.* **konserwarnia** *ż I, DCMs.* i *lm D.* konserwatorni (konserwarni); *rzad. lm D.* konserwatorń «pomieszczenie zabezpieczające urządzenia, sprzęt przed zniszczeniem; placówka zajmująca się konserwacją czegoś»: Konserwatornia sprzętu mechanicznego. Konserwatornia sieci rybackich.

konserwatorski przym. od konserwator: Pracownia konserwatorska. Prace, czynności konserwatorskie (= dotyczące przedmiotów sztuki).

konserwatyzm *m IV, D.* konserwatyzmu, *Ms.* konserwatyzmie (*wym.* ~yzmie a. ~yźmie), *blm*: Konserwatyzm naukowy. Konserwatyzm poglądów. Konserwatyzm społeczeństwa.

konsola (*wym.* kąsola a. konsola, *nie*: konzola, kązola) *ż I* || *GPK Por. 31, 69.*

konsolidować (*wym.* konsolidować — staranniej a. kąsolidować) *ndk IV,* konsolidowaliśmy (p. akcent § 1a i 2) — **skonsolidować** *dk książk.* «jednoczyć, zespalać»: Konsolidować państwo, społeczeństwo.

konsonans *m IV, D.* konsonansu, *lm M.* konsonanse.

konspekt (*wym.* konspekt — staranniej a. kąspekt) *m IV, D.* konspektu, *lm M.* konspekty (*nie*: konspekta) «streszczenie, plan, szkic»: Konspekt wykładu, referatu. || *U Pol. (2), 26.*

konspirator, *rzad.* **konspirant** *m IV, lm M.* konspiratorzy (konspiranci).

konspirować *ndk IV,* konspirowaliśmy (p. akcent § 1a i 2) **1.** tylko *ndk* «spiskować»: Konspirowaliśmy w czasie okupacji niemieckiej. Konspirować przeciw najeźdźcy. **2.** — **zakonspirować** *dk* «taić, ukrywać»: Konspirować prawdziwe nazwisko.
konspirować się — **zakonspirować się** «otaczać się tajemnicą»: Konspirował się umiejętnie, nikt nie orientował się w jego życiu.

konstabl *m I, lm M.* konstable, *rzad.* konstablowie, *D.* konstabli, *rzad.* konstablów «funkcjonariusz policji (w W. Brytanii i USA)»

Konstanca *ż II* «miasto w Rumunii»

Konstancja *ż I* **1.** «miasto w NRF» — konstancjański (p.).
2. «imię» p. Konstanty.

konstancjański: Obywatel konstancjański (*ale*: Sobór Konstancjański).

Konstanty (*wym.* Konstanty — staranniej a. Kąstanty) *m odm. jak przym., lm M.* Konstantowie, *DB.* Konstantych — Kostek *m III, D.* Kostka, *lm M.* Kostkowie — Kostuś *m I, lm M.* Kostusiowie — Konstantostwo (*nie*: Konstantynostwo) *n III, DB.* Konstantostwa, *Ms.* Konstantostwu (*nie*: Konstantostwie), *blm*; a. Konstantostwo *blp, D.* Konstantych — Kostkowie, Kostusiowie *blp, D.* Kostków, Kostusiów — Konstancja *ż I* — Kostusia *ż I, W.* Kostusiu.

Konstantynopol *m I* «dawna nazwa Stambułu» — konstantynopolitański (*nie*: konstantynopolski).

Konstantynów *m IV, D.* Konstantynowa, *C.* Konstantynowowi (*ale*: ku Konstantynowowi a. ku Konstantynowu) «miasto» — konstantynowski.

konstatacja (*nie*: konstantacja) *ż I, DCMs.* i *lm D.* konstatacji *książk.* «stwierdzenie, ustalenie»: Konstatacja faktu.

konstatować (*nie*: konstantować) *ndk IV,* konstatowaliśmy (p. akcent § 1a i 2) — **skonstatować** *dk książk.* «stwierdzać, ustalać»: Konstatować błąd w obliczeniu. Konstatujemy, że wysiłek nie poszedł na marne. || *Kl. Ależ 32.*

konsternacja *ż I, blm książk.* «zmieszanie, zaskoczenie»: Oświadczenie prezesa wywołało konsternację (wśród) zebranych. || *KP Pras.*

konsternować p. skonsternować.

konstruktywny *st. w.* bardziej konstruktywny, *rzad.* konstruktywniejszy: *książk.* Umysł konstruktywny (*lepiej*: twórczy). Konstruktywna (*lepiej*: owocna) dyskusja. Konstruktywne (*lepiej*: skuteczne) obrady. || *KP Pras.*

konstruować *ndk IV,* konstruowaliśmy (p. akcent § 1a i 2) — **skonstruować** *dk*: Konstruować nowy model maszyny. Poprawnie konstruować zdania.

konstytucja *ż I, DCMs.* i *lm D.* konstytucji: Uchwalić konstytucję (*ale*: Konstytucja 3 maja, Konstytucja Polskiej Rzeczypospolitej Ludowej).

konstytuować *ndk IV,* konstytuowaliśmy (p. akcent § 1a i 2) — **ukonstytuować** *dk* «termin prawniczy — organizować, ustanawiać, tworzyć»: Konstytuować komisję rewizyjną. Ukonstytuować rząd.

konstytutywny *książk.* «podstawowy, zasadniczy, główny»: Konstytutywny (*lepiej*: główny) motyw utworu muzycznego.

konsul (*wym.* konsul — staranniej a. kąsul; *nie*: konzul, kązul) *m I, D.* konsula (*nie*: konsula), *lm M.* konsulowie, *D.* konsulów (*nie*: konsuli). || *D Kult. I, 774; U Pol. (2), 425.*

konsularny (*nie*: konzularny, kązularny): Służba, placówka konsularna.

konsulostwo (*nie*: konzulostwo, kązulostwo) *n III, blm* **1.** *DB.* konsulostwa, *Ms.* konsulostwu (*nie*: konsulostwie) «konsul z żoną» **2.** *Ms.* konsulostwie (*nie*: konsulostwu) «okres sprawowania urzędu konsula»

konsulowa (*nie*: konzulowa, kązulowa) *ż odm. jak przym., W.* konsulowo.

konsultacja *ż I, DCMs.* i *lm D.* konsultacji «porada, narada»: Udzielić konsultacji. Zgłosić się na konsultację. △ *niepoprawne* Przeprowadzać z kimś konsultację czego (*zamiast*: w sprawie czegoś), np. Przeprowadzono z nim konsultację wniosków (*zamiast*: w sprawie wniosków), *lepiej*: przekonsultowano z nim wnioski. Prowadzić wzajemne konsultacje (*zamiast*: wzajemnie się konsultować).

konsultacyjny, *rzad.* **konsultatywny** «doradczy»: Punkt konsultacyjny (konsultatywny) dla rolników.

konsultować *ndk IV,* konsultowaliśmy (p. akcent § 1a i 2) — **skonsultować** a. **przekonsultować** *dk* □ K. co z kim «omawiać, dyskutować coś z kimś»: Dyrektor wydawnictwa konsultuje ze specjalistami poszczególne pozycje planu wydawniczego.
konsultować się 1. «naradzać się»: Wzajemnie się konsultować (*nie*: prowadzić wzajemne konsultacje). **2.** — **skonsultować się** *dk* «zasięgać porady, zwłaszcza specjalisty» □ K. się z kim: Konsultował się z naczelnym lekarzem.

konsum (*wym.* konsum — staranniej, a. kąsum; *nie*: konzum) *m IV, D.* konsumu; *lepiej*: spółdzielnia spożywców. || *D Kryt. 60; GKP Por. 69.*

konsument (*nie*: konzument, kązument) *m IV* «spożywca, użytkownik»: Konsument energii elektrycznej. Konsument wyrobów przemysłowych (*nie*: konsument przemysłu). Konsument dóbr kulturalnych. // *D Kult. I, 63; II, 100.*

konsumować (*nie*: konzumować, kąsumować) *ndk IV*, konsumowaliśmy (p. akcent § 1a i 2) — **skonsumować** *dk książk.*, w mowie potocznej afektowane — w zn. «jeść» △ *niepoprawne* w zn. «zużywać, przyswajać», np.: Miasto konsumuje (*zamiast*: zużywa) dużo wody. Konsumować (*zamiast*: przyswajać) dobra kulturalne. // *D Kult. I, 790.*

konsumpcja (*nie*: konzumcja, kązumcja, konzumpcja, kązumpcja) *ż I, blm* (wyraz nadużywany) «jedzenie; spożycie»: Przy stole panowała cisza, wszyscy byli pochłonięci konsumpcją (*lepiej*: jedzeniem). Konsumpcja masła wzrosła (*lepiej*: spożycie masła wzrosło). Stolik do konsumpcji (*lepiej*: Stolik tylko dla spożywających posiłki). // *D Kult. I, 63, 790; II, 323, GPK Por. 44; U Pol. (2), 29.*

konsyliarz (*wym.* konsyliarz — staranniej a. kąsyliarz; *nie*: konzyliarz, kązyliarz) *m II, lm D.* konsyliarzy *przestarz.*, *żart.* «lekarz»

konsylium (*nie*: konzylium, kązylium) *n VI, lm* *M.* konsylia, *D.* konsyliów (*nie*: konsylii).

konsystorski (*wym.* konsystorski — staranniej a. kąsystorski, *nie*: konzystorski, kązystorski).

konsystorz (*nie*: konzystorz, kązystorz) *m II, lm D.* konsystorzy.

konszachty (*wym.* konszachty — staranniej a. kąszachty) *blp, D.* konszachtów. △ Mieć (*nie*: prowadzić) z kimś konszachty. Wchodzić z kimś w konszachty.

kontaktować p. skontaktować.

*kontaminacja to skrzyżowanie elementów dwóch form, dwóch wyrazów lub dwóch połączeń wyrazowych; także — wyraz lub związek wyrazowy powstały w wyniku takiego skrzyżowania. △ Wśród kontaminacji można wyróżnić: 1. *Kontaminacje wyrazowe*, czyli połączenia pewnych elementów składowych dwu istniejących form wyrazowych lub wyrazów bliskich sobie pod względem znaczeniowym i fonetycznym. Tak np. *niepoprawna* forma: *przekonywujący* — to kontaminacja dwu form poprawnych: bardziej tradycyjnej — *przekonywający* i nowszej — *przekonujący*. Skrzyżowanie elementów wyrazów *chudy* i *cherlawy* — odnajdujemy w wyrazie *chuderlawy*, od dawna powszechnie używanym, a więc poprawnym.
2. *Kontaminacje frazeologiczne i składniowe*, czyli zwroty i konstrukcje składniowe powstałe w wyniku skrzyżowania elementów stałych połączeń wyrazowych. Są to zwykle konstrukcje *niepoprawne*. Przykładami błędów frazeologicznych powstałych wskutek kontaminacji są zwroty: „Dla spełnienia tego celu postanowiono"... (kontaminacja połączeń: *spełnić zadanie* i *osiągnąć cel*); „Uczniowie pobierali praktykę w sklepach" (skrzyżowanie: *pobierać naukę* i *odbywać praktykę*). △ Kontaminacje składniowe: „Wszystko wskazuje za tym, że..." (kontaminacja konstrukcji: *wskazywać na co* i *przemawiać za czym*); „Jednym z najlepszych zakładów to fabryka..." (skrzyżowanie: *jednym z najlepszych zakładów jest fabryka* i *jeden*

z najlepszych zakładów to fabryka). △ Inne przykłady kontaminacji frazeologicznych i składniowych podano w hasłach: błędy językowe, związki frazeologiczne (p.).

kontekst *m IV, D.* kontekstu: Zdanie wyrwane z kontekstu. Kontekst zdaniowy. △ *niepoprawne* W kontekście czegoś (*zamiast*: w związku z czymś), np. W kontekście tej sprawy (*zamiast*: w związku z tą sprawą) powstała wątpliwość. // *KP Pras.*

kontemplacja *ż I, DCMs.* kontemplacji, *blm* □ K. czego (*nie*: o czym, nad czym): Kontemplacja przyrody. // *D Kult. II, 60.*

kontemplacyjny, *rzad.* **kontemplatywny:** Życie kontemplacyjne. Kontemplacyjne (kontemplatywne) usposobienie.

kontenans (*wym.* kontenąs a. kontenans) *m IV, D.* kontenansu, *blm książk.*, *wych. z użycia* «pewność siebie, rezon»: Nagle zapytany stracił kontenans. Odzyskać kontenans. Nabrać kontenansu. △ *przestarz.* Zbić z kontenansu «zbić z tropu»

kontener (*nie*: kontejner) *m IV*, in. pojemnik.

kontent *m-os.* kontenci, *st. w.* bardziej kontent (używane wyłącznie jako orzecznik) *wych. z użycia* (dziś *częściej*: zadowolony, rad): Był kontent (*nie*: kontenty) z siebie. Z czego jesteś taka kontenta?

kontentować się *ndk IV*, kontentowaliśmy się (p. akcent § 1a i 2) — *rzad.* **ukontentować się** *dk* *wych. z użycia* (dziś *częściej*: zadowalać się czymś, poprzestawać na czymś) □ K. się czym: Kontentować się małym. // *KP Pras.*

konto *n III, lm M.* konta, *D.* kont: Mam u was na koncie sporą sumę. △ Na czyjeś konto «na czyjś rachunek; *przen.* na czyjąś odpowiedzialność»: Wpłacono 1000 zł na konto autora. △ *przen.* Sam robił awantury, a wszystko szło na konto jego kolegów. △ Wyraz bywa nadużywany, np.: Zawodnik zapisał na swoje konto a. na swoim koncie zwycięstwo nad przeciwnikiem (*lepiej*: Zawodnik odniósł zwycięstwo nad przeciwnikiem). // *KP Pras.*

kontr- «pierwszy człon wyrazów złożonych, nadający całemu wyrazowi znaczenie przeciwstawne znaczeniu drugiej części wyrazu, pisany łącznie; przeciw» np.: kontrargument, kontrpartia, kontrrewolucja.

kontra- *rzad.* (tylko przed spółgłoską rozpoczynającą drugą część złożenia) np. kontrafałda.

kontrabanda *ż IV*, in. przemyt.

kontrabandzista *m odm. jak ż IV, lm M.* kontrabandziści, *DB.* kontrabandzistów; in. przemytnik.

kontradmirał (*wym.* kontr-admirał) *m IV, lm M.* kontradmirałowie (skrót: kadm.).

kontrafałda (*nie*: ten kontrafałd) *ż IV, lm D.* kontrafałd (*nie*: kontrafałdów).

kontragitacja (*wym.* kontr-agitacja) *ż I, DCMs.* i *lm D.* kontragitacji.

I kontrakcja (*wym.* kontr-akcja) *ż I, DCMs* i *lm D.* kontrakcji; *lepiej*: przeciwdziałanie.

II kontrakcja *ż I, DCMs.* i *lm D.* kontrakcji «ściągnięcie, skurczenie» — wyraz używany w terminologii chem., fiz., geol. i jęz.

kontrakt *m IV, D.* kontraktu, *lm M.* kontrakty (*nie*: kontrakta): Zawrzeć, zerwać kontrakt. Wypowiedzieć komuś kontrakt. Kontrakt wygasa.

kontraktacja *ż I, DCMs.* i *lm D.* kontraktacji: Sporządzić plan kontraktacji zbóż.

kontraktować *ndk IV*, kontraktowaliśmy (p. akcent § 1a i 2) — **zakontraktować** *dk*: Kontraktować zboże. Kontraktować dostawę towaru.

kontralt (*wym.* kontr-alt) *m IV* **1.** *D.* kontraltu «niższy alt»: Kontralt kobiecy. **2.** *D.* kontralta «osoba śpiewająca kontraltem»: Aria kontralta.

kontrast *m IV, D.* kontrastu: Kontrast bieli i czerni. Kontrast między bogactwem i nędzą (a. między bogactwem a nędzą). Przepych domu stanowił kontrast z zaniedbaniem ogrodu.

kontratak (*wym.* kontr-atak) *m III, D.* kontrataku.

kontredans (*wym.* kontredãs) *m IV, D.* kontredansa, zwykle *B.=D.*, *lm M.* kontredanse: Prosić do kontredansa. Zagrać, zatańczyć kontredansa.

kontrnatarcie (*wym.* kontr-natarcie) *n I, lepiej*: przeciwnatarcie.

kontrofensywa (*wym.* kontr-ofensywa) *ż IV* «przeciwnatarcie»

kontrola (*nie*: ta kontrol) *ż I, lm D.* kontroli (*nie*: kontrol) **1.** «kontrolowanie»: Prowadzić, przeprowadzać (*nie*: sprawować) kontrolę. △ Być, znajdować się pod kontrolą. □ K. czego: Kontrola pracy. Kontrola biletów. □ K. nad kim, czym (*nie*: w stosunku do kogoś): Kontrola nad pracownikami. **2.** *pot.* «kontroler, kontrolerzy»: Kontrola sprawdza książki rachunkowe. // *D Kult. I, 661.*

kontroler (*nie*: kontrolor) *m IV* **1.** *lm M.* kontrolerzy «osoba kontrolująca» **2.** *lm M.* kontrolery «urządzenie kontrolujące»

kontrolować *ndk IV*, kontrolowaliśmy (p. akcent § 1a i 2) — **skontrolować** *dk* «sprawdzać posiadanie czegoś, prawidłowość działania»: Kontrolować pracowników, kontrolować rachunki. △ *niepoprawne* w zn. «panować nad czymś», np. Kontrolować ocean (*zamiast*: panować nad oceanem). // *D Kult. I, 158.*

kontrowersja *ż I, DCMs.* i *lm D.* kontrowersji *książk.* «rozbieżność sądu, spór, dyskusja (*nie*: kłótnia)»: Kontrowersja między uczonymi dotyczyła genezy utworu. // *KP Pras.*

kontrowersyjny *książk.* «sporny, dyskusyjny»: Kontrowersyjny wniosek. // *Kl. Ależ 30; KP Pras.*

kontrpartner *m IV, lm M.* kontrpartnerzy *rzad.* «przeciwnik, rywal»: Kontrpartner (*lepiej*: przeciwnik) przy brydżu.

kontrtorpedowiec *m II, D.* kontrtorpedowca *wych. z użycia* «niszczyciel»

kontruderzenie (*wym.* kontr-uderzenie) *n I, lepiej*: przeciwuderzenie.

kontrybucja *ż I, DCMs.* i *lm D.* kontrybucji: Nakładać, płacić kontrybucję. □ K. w czym: Kontrybucja w gotówce, w produktach.

kontuar (*wym.* kontuar, *nie*: kontuar) *m IV, D.* kontuaru *wych. z użycia*; *częściej*: lada.

kontusz *m II, lm D.* kontuszy, *rzad.* kontuszów.

kontuzja *ż I, DCMs.* i *lm D.* kontuzji: Doznać kontuzji. Wyzdrowieć po kontuzji. Wyleczyć się z kontuzji (*nie*: wyleczyć kontuzję).

kontuzjować *dk a. rzad. ndk IV*, kontuzjowałby (p. akcent § 4c), zwykle w imiesł. biernym: Kontuzjowany w katastrofie lotniczej. Wybuch miny kontuzjował żołnierza.

kontynent *m IV, D.* kontynentu «ląd stały; masyw lądu Europy (bez Anglii)»: Kontynent afrykański. Kontynenty i oceany.

kontynentalny «charakterystyczny dla kontynentu, związany z kontynentem; lądowy»: Miasta kontynentalne. △ Klimat kontynentalny.

kontyngent (*wym. przestarz.* kontyngient; *nie*: kontygent, kontygient) *m IV, D.* kontyngentu: Dostarczyć kontyngent. Oddać kontyngent a. oddać coś na kontyngent. △ *niepoprawne* Spełnić kontyngent (*zamiast*: spełnić obowiązek dostarczenia kontyngentu). // *D Kult. I, 510.*

kontynuacja (*wym.* kontynu-acja) *ż I, DCMs.* i *lm D.* kontynuacji (należy używać tylko w odniesieniu do czyjejś czynności, działalności, nie zaś w odniesieniu do tego, co w dalszym ciągu trwa, ale nie jako czyjaś czynność): Kontynuacja pracy, budowy. △ *niepoprawne* Kontynuacja wydarzeń (*zamiast*: dalszy ciąg wydarzeń). // *KP Pras.*

kontynuator (*wym.* kontynu-ator) *m IV, lm M* kontynuatorzy, *rzad.* kontynuatorowie.

kontynuować *ndk IV*, kontynuowaliśmy (p. akcent § 1a i 2) «świadomie przedłużać jakąś czynność, rozwijać coś dalej»: Kontynuować (*nie*: kontynuować dalej, w dalszym ciągu — pleonazm) pracę, studia, budowę. △ *niepoprawne* w zn. «doznawać czegoś, przeżywać coś w dalszym ciągu», np. Kontynuować niepowodzenia, przygody (*zamiast*: W dalszym ciągu doznawać niepowodzeń, przeżywać przygody). // *KP Pras.*

konurbacja *niepoprawne zamiast*: zespół miejski // *D Kult. II, 377.*

konwenans (*wym.* konwenãs a. konwenans) *m IV, D.* konwenansu, *lm M.* konwenanse (*nie*: konwenansy), *D.* konwenansów. // *KJP 194.*

konwencja *ż I, DCMs.* i *lm D.* konwencji: Konwencja turystyczna, handlowa. □ K. dotycząca czego a. k. o czym: Konwencja o karaniu (dotycząca karania) zbrodni ludobójstwa. Konwencja dotycząca współpracy (o współpracy) gospodarczej państw.

konwencjonalny 1. oparty na konwencji, umowie, dotyczący konwencji, umowny; *rzad.* konwencyjny»: Broń konwencjonalna. Znaki konwencjonalne. Kara konwencjonalna (a. konwencyjna). △ *niepoprawne* w zn. «ogólnie stosowany, znany», np. Budynek z konwencjonalnym (*zamiast*: ogólnie stosowanym) ogrzewaniem. **2.** «zgodny z konwenansem»: Konwencjonalny uśmiech.

konwencyjny p. konwencjonalny (w zn. 1).

konweniować (*wym.* konweńjować) *ndk IV*, konweniowałby (p. akcent § 4c) *wych. z użycia* (pretensjonalne), *lepiej*: przypadać do gustu, dogadzać, odpowiadać, np. Coś komuś konweniuje (*lepiej*: odpowiada).

konwentykiel *m I, D.* konwentyklu, *lm D.* konwentykli a. konwentyklów, *częściej* w *lm przestarz.*, *żart.,* *iron.* «zebranie organizacji, stowarzyszenia itp.»

konwersacja (nie *wym.* konwer-zacja) *ż I, DCMs.* i *lm D.* konwersacji.

konwertyta *m* odm. jak *ż IV, lm M.* konwertyci, *DB.* konwertytów «ten, kto zmienił wyznanie»

konwikt *m IV, D.* konwiktu *przestarz., reg.* «szkoła z internatem; internat przy szkole»

konwojować *ndk IV,* konwojowaliśmy (p. akcent § 1a i 2), in. eskortować.

konwój *m I, D.* konwoju, *lm D.* konwojów; in. eskorta.

koń *m I, C.* koniowi (*nie*: koniu), *lm N.* końmi (*nie*: koniami): Rasowy, bułany, szybki koń. △ W nazwach ras przymiotnik po rzeczowniku: Koń arabski, mongolski. Koń Przewalskiego. △ Dosiąść konia. Siąść na konia (w komendzie wojskowej: na koń!). Jechać końmi, szóstką (a. w szóstkę) koni. △ Konia z rzędem (dać, stawiać, *nie*: kupić) temu, kto... «wysoka nagroda należy się komuś, kto...»: Konia z rzędem temu, kto zgadnie, czego się dowiedziałem.

*końcowe cząstki wyrazów p. cząstki wyrazów.

końcówka *ż III, lm D.* końcówek w zn. *pot.* «końcowa część czegoś, resztka, pozostałość; w środowisku sportowym: koniec biegu, meczu itp.»

*końcówki czasownikowe (ruchome) p. -(e)m

kończyć (*nie*: konczyć) *ndk VIb,* kończyliśmy (p. akcent § 1a i 2) □ K. co; k. + bezokol. «doprowadzać do końca; stanowić zakończenie»: Kończyć lekcje, pracę, szkołę. Kończyć szyć, uczyć się. Przemówienie kończyły oklaski. □ K. bez dop. **a)** «mówić na zakończenie»: Dziękuję ci za tę przysługę — kończył z uśmiechem. **b)** «umierać»: Niejeden kończył z kulą w mózgu. □ K. z czym «zaprzestawać czegoś, zrywać z czymś»: Kończył z dotychczasowym życiem, z kartami. □ K. z kim «zrywać z kimś; powodować czyjąś śmierć»
kończyć się 1. «dobiegać końca, kresu; dochodzić do pewnej granicy; być zakończonym»: Żniwa już się kończyły. Domy się kończyły i zaczynały pola. □ Coś się kończy czym: Ulica kończy się placem, skwerkiem. Kłótnie kończą się często bijatyką. □ Coś się kończy na kim, na czym: Na Rafaelu kończy się malarstwo mistyczne. Na tobie, na twoich zmartwieniach — świat się nie kończy. Kończy się (wszystko) na obietnicach, na łzach, na niczym. **2.** «zużywać się, wyczerpywać się»: Cukier, mąka już się kończy.

Końskie *n* odm. jak przym., *blp, D.* Końskich «miasto» — konecki.

kooperacja *ż I, DCMs.* i *lm D.* kooperacji; *lepiej*: współpraca, współdziałanie. □ K. między kim, czym; k. z kim, z czym: Kooperacja między różnymi zakładami pracy. Kooperacja z różnymi zakładami pracy.

kooperatysta *m* odm. jak *ż IV, lm M.* kooperatyści, *DB.* kooperatystów *wych.* z użycia «działacz spółdzielczy»

kooperatywa *ż IV wych.* z użycia «spółdzielnia»

! kooprodukcja p. koprodukcja.

koordynować p. skoordynować.

KOP (*wym.* kop) *m IV, D.* KOP-u, *Ms.* KOP-ie **1.** a. *ż ndm* «Komisja Ochrony Pracy»: KOP urzędował (urzędowała) w nowym gmachu. **2.** a. *m ndm* «Koniński Okręg Przemysłowy; Krakowski Okręg Przemysłowy»: Zakłady KOP (KOP-u) **3.** tylko *m IV* «Korpus Ochrony Pogranicza (do r. 1939)»

kopa *ż IV, lm D.* kop a. kóp: Kopa siana. Kopa jaj.

kopacz *m II, lm D.* kopaczy, *rzad.* kopaczów.

kopaczka *ż III, lm D.* kopaczek **1.** «kobieta kopiąca kartofle» **2.** «rodzaj motyki» **3.** «maszyna do kopania ziemniaków, buraków (*por.* koparka)» // D Kult. I, 600; II, 389, 403.

kopać *ndk IX,* kopię (*nie*: kopę), kopie, kopaliśmy (p. akcent § 1a i 2) — **kopnąć** *dk Va,* kopnąłem (*wym.* kopnołem; *nie*: kopnełem, kopłem), kopnął (*wym.* kopnoł), kopnęła (*wym.* kopneła; *nie*: kopła), kopnęliśmy (*wym.* kopneliśmy, p. akcent § 1a i 2) **1.** tylko *ndk* «ryć, grzebać; wydobywać minerały lub płody z ziemi»: Kopać doły, rowy. Kopać kartofle. △ Kto pod kim dołki kopie, sam w nie wpada (przysłowie). **2.** «uderzać nogą»: Kopać piłkę. Kopać kogoś (nogami).

kopalnia *ż I, lm D.* kopalni, *rzad.* kopalń: Pracować w kopalni (*nie*: na kopalni). // U Pol. (2), 276.

kopanisko *n II reg.* «kartoflisko»

Kopań *m I* a. (w połączeniu z wyrazem: jezioro) *ndm* «jezioro»: Piaszczysty brzeg Kopania (jeziora Kopań).

koparka *ż III, lm D.* koparek «maszyna do kopania, zwłaszcza do robienia wykopów (maszyna do kopania ziemniaków, buraków *częściej*: kopaczka)» // D Kult. I, 600; II, 389, 403.

kopeć *m I, D.* kopcia a. kopciu.

Kopenhaga *ż III* «stolica Danii» — kopenhaski.

koperczaki *blp, D.* koperczaków △ zwykle w *pot.* zwrotach: Stroić, sadzić koperczaki; uderzać, puszczać się w koperczaki (do kogoś).

Kopernik *m III*: Teoria heliocentryczna Kopernika.

kopernikana, *rzad.* **kopernikiana** *blp, D.* kopernikanów (kopernikianów).

kopernikański p. kopernikowski (w zn. 2).

Kopernikowski 1. «należący do Kopernika»: Dom Kopernikowski.
2. kopernikowski «wiążący się z Kopernikiem, z jego działalnością»: Teoria kopernikowska.

kopersztych (*wym.* kopersztych a. kopersztych) *m III, D.* kopersztychu *przestarz.* «miedzioryt»

I kopia *ż I, DCMs.* i *lm D.* kopii: Kopia obrazu, rzeźby. Kopia listu.

II kopia *ż I, DCMs.* i *lm D.* kopii «rodzaj dawnej broni kłującej» △ Kruszyć kopie (*nie*: kopię) o kogoś, o coś «występować w czyjejś obronie, w obronie czegoś»

kopiarka *ż III, lm D.* kopiarek **1.** «przyrząd do otrzymywania pozytywów fotograficznych wielkości negatywu; kopiorama» **2.** «maszyna do wykonywania przedmiotów wg wzornika»

kopiasty a. **kopiaty:** Kopiasta (kopiata) łyżka kaszy.

kopiec *m II, D.* kopca, *lm D.* kopców (*nie*: kopcy).

kopiorama *ż IV, lm D.* kopioram; p. kopiarka (w zn. 1).

Kopitar *m IV*: Gramatyka języka słoweńskiego Kopitara.

kopnąć p. kopać.

koprodukcja (*nie*: kooprodukcja) *ż I, DCMs.* i *lm D.* koprodukcji: Film koprodukcji włosko-francuskiej.

Kopt *m IV, lm M.* Koptowie — Koptyjka *ż III, lm D.* Koptyjek — koptyjski.

kopulacja *ż I, DCMs.* i *lm D.* kopulacji **1.** in. spółkowanie. **2.** *ogr., częściej:* kopulizacja.

kopulasty 1. «zakończony kopułą»: Kopulaste wieżyczki. **2.** «mający kształt kopuły; kopułowaty»: Kopulaste drzewa, wzgórza.

kopulizacja *ż I, DCMs.* i *lm D.* kopulizacji «szczepienie drzew zrazem na podkładce; *rzad.* kopulacja»

kopuła (*wym.* kopuła, *nie*: kopuła) *ż IV, lm D.* kopuł.

kopułowaty «mający kształt kopuły; kopulasty»: Kopułowate drzewa, góry.

kopułowy *przym.* od kopuła (zwykle w terminologii *archeol.*): Grób kopułowy. *Por.* kopulasty, kopułowaty.

kopyść *ż V, lm M.* kopyście a. kopyści *reg.* «drewniana łyżka o długim trzonku»

kopyto *n III* △ w *pot.* zwrotach: Ktoś mógłby zjeść konia z kopytami «ktoś jest bardzo głodny, ma wilczy apetyt» △ Z kopyta «od razu, natychmiast» △ Przerobić na swoje kopyto «zmienić wg własnych upodobań, zasad» △ Robić wszystko na jedno kopyto «robić wszystko wg jednego szablonu, jednakowo» △ *posp.* Wyciągnąć kopyta «umrzeć»

Kopyto *m* odm. jak *ż IV, D.* Kopyty, *C.* Kopycie, *B.* Kopytę, *N.* Kopytą, *Ms.* Kopycie, *lm M.* Kopytowie, *DB.* Kopytów.
Kopyto *ż ndm* — Kopytowa *ż* odm. jak przym. — Kopytówna *ż IV, D.* Kopytówny, *CMs.* Kopytównie (*nie*: Kopytównej), *lm D.* Kopytówien.

kora *ż IV, lm D.* kor (*nie*: kór).

koral *m I* **1.** *D.* korala, *lm D.* korali, *rzad.* koralów, zwykle w *lm* «gromada zwierząt należących do jamochłonów; koralowce»: Osiedla korali. **2.** *D.* koralu, *rzad.* korala, *blm* «szkielet tych zwierząt służący do wyrobu różnych ozdób; koralowina»: Broszka z koralu. **3.** *D.* korala, *lm D.* korali «paciorki służące jako ozdoba; narośl na głowie lub szyi niektórych ptaków»: Sznurek korali. Kogut z pięknymi koralami.

koralowiec *m II, D.* koralowca, zwykle w *lm,* p. koral (w zn. 1).

korbal *m I reg.* «dynia»

Korbel *m I, D.* Korbela, *lm M.* Korbelowie, *D.* Korbelów.
Korbel *ż ndm* — Korbelowa *ż* odm. jak przym. — Korbelówna *ż IV, D.* Korbelówny, *CMs.* Korbelównie (*nie*: Korbelównej), *lm D.* Korbelówien.

Kordoba p. Kordowa.

kordonek *m III, D.* kordonku «rodzaj nici»

kordonik *m III, D.* kordoniku a. kordonika *zdr.* od kordon.

Kordowa (*daw.* Kordoba) *ż IV* «miasto w Hiszpanii» — kordowański (*daw.* kordobański).

kordupel p. kurdupel.

Kordyliera *ż IV* **1.** «w odniesieniu do części Andów (w Ameryce Południowej)»: Kordyliera Środkowa, Wschodnia, Zachodnia. Kordyliera Patagońska.
2. (tylko w *lm*) Kordyliery, *D.* Kordylierów «system górski w Ameryce Północnej»

Korea (*nie*: Koreja) *ż I, DCMs.* Korei, *B.* Koreę, *N.* Koreą — Koreańczyk *m III, lm M.* Koreańczycy — Koreanka *ż III, lm D.* Koreanek — koreański (p.).

koreański: Pieśni koreańskie, język koreański, pismo koreańskie (*ale*: Półwysep Koreański, Koreańska Republika Ludowo-Demokratyczna).

korek *m III, D.* korka **1.** «wyrób z masy korkowej»: Korek do butelki a. od butelki. Korki od butów. Pantofle na korku a. na korkach. **2.** *pot.* «bezpiecznik instalacji elektrycznej»: Wymienić korki. Spaliły się korki.

korekta *ż IV, lm D.* korekt **1.** «poprawianie w tekście błędów, zwłaszcza drukarskich; odbitka korektorska» **2.** «poprawianie, usuwanie usterek; korektura»

korektura *ż IV, lm D.* korektur; p. korekta (w zn. 2).

korelacja *ż I, DCMs.* i *lm D.* korelacji □ *K.* czego z czym a. między czym a. czym: Korelacja praktyki z teorią a. między praktyką a teorią. // *KP Pras.*

korelat *m IV, D.* korelatu *książk. rzad.; lepiej:* odpowiednik.

korespondencja *ż I, DCMs.* i *lm D.* korespondencji □ *K.* z kim, między kim a kim: Korespondencja między nami się urwała. Korespondencja z nią trwała całe życie.

korespondentka *ż III, lm D.* korespondentek *przestarz., reg.* w zn. «kartka pocztowa; pocztówka»

korespondować *ndk IV,* korespondowaliśmy (p. akcent § 1a i 2) △ nadużywane w zn. *książk.* «odpowiadać czemuś, być odpowiednim, stosownym do czegoś», np. Makata koresponduje z kolorem ścian (*lepiej*: Makata jest odpowiednia do koloru ścian). // *KP Pras.*

korkociąg *m III, D.* korkociągu.

Kornel *m I, D.* Kornela, *lm M.* Kornelowie; a. **Korneli** odm. jak przym., *D.* Kornelego, *lm M.*

Kornelowie — Kornelostwo *n III*, *DB*. Kornelostwa, *Ms*. Kornelostwu (*nie*: Kornelostwie), *blm*; a. Kornelowie *blp*, *DB*. Kornelów (Kornelich).

Kornwalia *ż I*, *DCMs*. Kornwalii «hrabstwo w W. Brytanii» — Kornwalijczyk *m III*, *lm M*. Kornwalijczycy — Kornwalijka *ż III*, *lm D*. Kornwalijek — kornwalijski (p.).

kornwalijski: Kąpieliska kornwalijskie (*ale*: Półwysep Kornwalijski, Wyżyna Kornwalijska).

Korolewicz *m II*, *lm M*. Korolewiczowie. Korolewicz *ż ndm* — Korolewiczowa *ż odm*. jak przym. — Korolewiczówna *ż IV*, *D*. Korolewiczówny, *CMs*. Korolewiczównie (*nie*: Korolewiczównej), *lm D*. Korolewiczówien.
Korolewicz-Waydowa, Korolewicz *ż ndm*, Waydowa *ż odm*. jak przym.: Występy operowe Janiny Korolewicz-Waydowej.

koromysło *n III*, *lm D*. koromyseł *reg*. «nosidła (do wody)»

korona *ż IV* 1. «rodzaj ozdoby wkładanej na głowę (oznaka władzy królewskiej); przedmiot lub jego część przypominająca tę ozdobę; jednostka monetarna w niektórych państwach»: Korona wysadzana drogimi kamieniami. Korona książęca, hrabiowska. Korona drzewa. Sto koron (np. duńskich). △ *żart.*, *iron*. Korona komuś nie spadnie z głowy «nie stanie się nic, co by mogło przynieść ujmę czyjejś godności»: Korona ci z głowy nie spadnie, jak pozmywasz po obiedzie.
2. Korona *blm* «królestwo polskie — w przeciwstawieniu do Wielkiego Księstwa Litewskiego w okresie unii polsko-litewskiej»

koronczarka a. **koronkarka** *ż III*, *lm D*. koronczarek (koronkarek).

koroniarz *m II*, *lm D*. koroniarzy *przestarz*. «mieszkaniec Korony»

koronować *ndk IV*, koronowaliśmy (p. akcent § 1a i 2) □ K. kogo na kogo «wkładać koronę na głowę nowo obranego monarchy (papieża)»: Władysława Jagiellończyka koronowano na króla czeskiego. □ *wych. z użycia* Coś koronuje co «coś stanowi zakończenie czegoś»: Budowę koronuje strzelista wieża.

korowaj *m I*, *D*. korowaju, *lm D*. korowajów *reg*. «placek weselny; kołacz»

korowód *m IV*, *D*. korowodu: Korowód taneczny. Korowód par (tancerzy). △ (tylko w *lm*) w zn. *pot*. «uciążliwe starania, zabiegi» □ K. z czym: Było dużo korowodów z załatwieniem formalności.

korpus *m IV*, *D*. korpusu 1. w zn. «ciało ludzkie lub zwierzęce prócz głowy i kończyn» — *lepiej*: tułów. 2. w zn. «główna część jakiegoś przedmiotu» — *lepiej*: kadłub, np. Korpus (*lepiej*: kadłub) okrętu.

korso *n ndm* a. *n III*: Spacerować po korso (po korsie). Tego lata nie zorganizowano korso (korsa) kwiatowego.

Korsyka (*wym*. Korsyka, *nie*: Korsyka, p. akcent § 1c) *ż III* «wyspa na Morzu Śródziemnym» — Korsykanin *m V*, *D*. Korsykanina, *lm M*. Korsykanie, *D*. Korsykanów — Korsykanka *ż III*, *lm D*. Korsykanek — korsykański.

kortezy *blp*. *D*. kortezów: Posiedzenie kortezów.

korumpować (*ale*: korupcja) *ndk IV*, korumpowaliśmy (p. akcent § 1a i 2) — **skorumpować** *dk*.

korupcja *ż I*, *DCMs*. i *lm D*. korupcji.

koryfeusz (*wym*. koryfe-usz) *m II*, *lm D*. koryfeuszy, *rzad*. koryfeuszów.

korygować *ndk IV*, korygowaliśmy (p. akcent § 1a i 2) — **skorygować** *dk*, *lepiej*: poprawiać. // *KP Pras*.

koryncki przym. od Korynt i Koryntia: Styl koryncki, koryncka wojna; rodzynki korynckie (*ale*: Zatoka Koryncka, Kanał Koryncki).

Korynt *m IV*, *D*. Koryntu 1. «miasto w Grecji» 2. «greckie państwo starożytne; Koryntia» — koryntczyk a. koryntyjczyk (p.) — koryncki (p.).

koryntczyk a. **koryntyjczyk** *m III*, *lm M*. koryntczycy (koryntyjczycy) 1. «mieszkaniec miasta Koryntu» 2. Koryntczyk a. Koryntyjczyk «obywatel państwa Koryntu; Koryntianin»

Koryntia *ż I*, *DCMs*. Koryntii «jednostka administracyjna Grecji; greckie państwo starożytne» — Koryntianin *m V*, *D*. Koryntianina, *lm M*. Koryntianie, *D*. Koryntian — Koryntianka *ż III*, *lm D*. Koryntianek — koryncki (p.).

korytarz (*nie*: kurytarz) *m II*, *lm D*. korytarzy.

korzec *m II*, *lm D*. korców (*nie*: korcy) △ Chować, kryć coś pod korcem a. pod korzec; trzymać coś pod korcem «nie chwalić się czymś godnym pochwały (używane często z przeczeniem)» // *D Kult. II, 458*; *KJP 200*.

Korzec *m II*, *D*. Korca «miejscowość» — korecki.

korzeniowy 1. «dotyczący korzenia»: Warzywa korzeniowe. Przewód korzeniowy (zęba). 2. p. korzenny.

korzenny «odnoszący się do korzeni — przypraw»: Korzenne przyprawy.

Korzon (*wym*. Kor-zon) *m IV*, *lm M*. Korzonowie. Korzon *ż ndm* — Korzonowa *ż odm*. jak przym. — Korzonówna *ż IV*, *D*. Korzonówny, *CMs*. Korzonównie (*nie*: Korzonównej), *lm D*. Korzonówien.

korzyć się *ndk VIb*, korzyliśmy się (p. akcent § 1a i 2) — **ukorzyć się** *dk* □ K. się przed kim, przed czym: Korzyć się przed królem, przed potęgą, przed wiedzą.

korzystać *ndk I*, korzystaliśmy (p. akcent § 1a i 2) □ K. z czego «posługiwać się czymś, mieć coś do użytku; odnosić korzyść»: Korzystać z pomocy, z cudzych doświadczeń, z przywilejów. Korzystać z czyjegoś mieszkania. Korzystać ze stypendiów, z zasiłków. Korzystać z zamieszania.

korzyść *ż V*, *lm M*. korzyści: Korzyści materialne, finansowe, moralne. Czerpie duże korzyści z tej plantacji. Nie miał z niego żadnej korzyści. □ K. dla kogo, dla czego, *rzad*. czyja (z rzeczownikiem w dopełniaczu): Korzyść dla ogółu (*rzad*. korzyść ogółu). Pracować z korzyścią dla spraw społecznych. // *KP Pras*.

kosa *ż IV*, *lm D*. kos (*nie*: kós).

kosaciec *m II, D.* kosaćca *środ.* (*bot.*) «irys»

kosiarz *m II, lm D.* kosiarzy.

kosmek *m III, D.* kosmka, zwykle w *lm* «w terminologii *biol.*, *anat.*: włosowate wyrostki błony śluzowej jelita cienkiego»

kosmetyk *m III, D.* kosmetyku (p. akcent § 1d).

kosmetyka (*wym.* kosmetyka, *nie:* kosmetyka, p. akcent § 1c) *ż III*, zwykle *blm*.

kosmo- «pierwsza część wyrazów złożonych, pisana łącznie, wskazująca na związek ze światem, z kosmosem, z badaniem kosmosu, z lotami w kosmos itp.», np.: kosmofizyka, kosmonautyka, kosmonauta.

kosmonauta (*wym.* kosmonau-ta, *nie:* kosmona-uta) *m odm.* jak *ż IV, lm M.* kosmonauci, *DB.* kosmonautów.

kosmonautyka (*wym.* kosmonau-tyka, *nie:* kosmona-utyka; p. akcent § 1c) *ż III*, zwykle *blm; rzad.* astronautyka.

kosmopolityzm *m IV, D.* kosmopolityzmu, *Ms.* kosmopolityzmie (*wym.* ~yzmie a. ~yźmie), *blm*.

kosmyk *m III, D.* kosmyka: Kosmyk włosów.

kosodrzewina *ż IV*, zwykle *blm; a.* **kosodrzew** *m IV, D.* kosodrzewu, lub *m I, D.* kosodrzewia, zwykle *blm; a.* **kosówka** *ż III*, zwykle *blm*.

kosooki *m-os.* kosoocy «mający skośne oczy; także: zezowaty»: Kosooki Chińczyk.

Kosowo-Metohija *ż I* (pierwszy człon *ndm*), *DCMs.* Kosowo-Metohii (*wym.* Metohiji) «autonomiczny obwód w Jugosławii»

kosówka p. kosodrzewina.

Kossak *m III, lm M.* Kossakowie.
Kossak *ż ndm* — Kossakowa *ż odm.* jak przym. — Kossakówna *ż IV, D.* Kossakówny, *CMs.* Kossakównie (*nie* Kossakównej), *lm D.* Kossakówien.
Kossak-Szczucka, Kossak *ż ndm*, Szczucka *ż odm.* jak przym.: Powieść Zofii Kossak-Szczuckiej.

Kossuth (*wym.* Koszut) *m IV, Ms.* Kossucie (*wym.* Koszucie): Uroczystości ku czci Kossutha.

Kostaryka *ż III* «republika w Ameryce Środkowej» — Kostarykanin *m V, D.* Kostarykanina, *lm M.* Kostarykanie, *D.* Kostarykanów — Kostarykanka *ż, III lm D.* Kostarykanek — kostarykański.

Kostka *m odm.* jak *ż III, lm M.* Kostkowie, *DB.* Kostków.
Kostka *ż III, rzad. ndm* — Kostczyna *ż IV, D.* Kostczyny, *CMs.* Kostczynie (*nie:* Kostczynej); *a.* Kostkowa *ż odm.* jak przym. — Kostczanka *ż III, lm D.* Kostczanek; *a.* Kostkówna *ż IV, D.* Kostkówny, *CMs.* Kostkównie (*nie:* Kostkównej), *lm D.* Kostkówien.

Kostrzyn *m IV* «miasto» — kostrzynianin *m V, D.* kostrzynianina, *lm M.* kostrzynianie, *D.* kostrzynian — kostrzynianka *ż III, lm D.* kostrzynianek — kostrzyński.

kostur (*nie:* kosztur) *m IV*.

Kosygin *m IV, D.* Kosygina: Wywiad z Kosyginem.

kosynier *m IV, lm M.* ci kosynierzy a. (z zabarwieniem ekspresywnym) te kosyniery.

kosz *m II, lm D.* koszy a. koszów △ w zn. «pojemnik» □ K. czego «kosz zawierający coś; ilość czegoś mieszcząca się w koszu»: Kosz jabłek. Na scenę wniesiono kosz kwiatów. □ K. na co «kosz przeznaczony do przechowywania czegoś»: Kosz na odpadki, na brudną bieliznę. □ K. do czego «kosz służący jako pojemnik do (przechowywania, przenoszenia, przewożenia itp.) czegoś»: Kosz do węgla, do kartofli. Kosz do przewożenia pieczywa. □ K. od czego «kosz o określonym, stałym przeznaczeniu, opróżniony z czegoś»: Stary kosz od bielizny przeznaczono na legowisko dla psa. □ K. po czym «kosz opróżniony z czegoś»: Kosz po kwiatach wyrzucono na śmietnik. □ K. z czym «kosz wraz z zawartością»: Kosz z zakupami.
△ W niektórych zwrotach *B.* = *D.*: *pot.* Dać, dostać kosza «odmówić komuś czegoś; spotkać się z odmową, zwłaszcza przy oświadczynach» △ *środ.* Wbijać, rzucać, strzelać kosza «w grze sportowej: wrzucać piłkę do kosza»

Koszalin *m IV* «miasto» — koszalinianin *m V, D.* koszalinianina, *lm M.* koszalinianie, *D.* koszalinian; *a. pot.* koszaliniak *m III, lm M.* koszaliniacy — koszalinianka *ż III, lm D.* koszalinianek — koszaliński (p.).

koszaliński: Mieszkać w województwie koszalińskim.
Koszalińskie *n odm.* jak przym., *NMs.* Koszalińskiem (*nie:* Koszalińskim): Mieszkać w Koszalińskiem.

koszałka *ż III, lm D.* koszałek △ dziś zwykle w wyrażeniu: koszałki-opałki «głupstwa; rzeczy zmyślone»: Pleść koszałki-opałki.

koszar *m IV, D.* koszaru a. koszara, *lm D.* koszarów; *rzad.* **koszara** *ż IV, D.* koszary, *lm D.* koszar «ogrodzenie lub szałas dla owiec, bydła»

koszary *blp, D.* koszar «budynek stanowiący pomieszczenie dla wojska»

! **koszlawić** p. koślawić.

! **koszlawiec** p. koślawiec.

! **koszlawy** p. koślawy.

koszt *m IV, D.* kosztu, *lm M.* koszty, *przestarz.* koszta: Ponieść, pokryć koszt a. koszty czegoś. △ Robić coś na czyjś koszt. △ Brać kogoś, coś na swój koszt. △ wziąć koszty czegoś na siebie. △ Zwiększać, podnosić koszty (*nie:* podrażać koszty). △ Koszt produkcji tych samych przetworów bywa różny (*nie:* Te same przetwory produkowane są po różnych kosztach). △ Kosztem czegoś a. kogoś «za cenę czegoś; z czyimś uszczerbkiem, z krzywdą, z ujmą»: Chodził do teatru kosztem swoich obiadów (*nie:* Nie jadał obiadów kosztem chodzenia do teatru). // *KJP* 195; *KP Pras.*

kosztela (*nie:* ten kosztel) *ż I, lm D.* koszteli (*nie:* kosztel) **1.** tylko w *lm* «odmiana jabłek»: Sprzedawać kosztele (*nie:* kosztelę). **2.** «jabłko tej odmiany»: Jadł smaczną kosztelę.

kosztorys *m IV, D.* kosztorysu □ K. czego (*nie:* na co): Kosztorys robót (*nie:* na roboty).

kosztorysowiec (*nie*: kosztorysant) *m II, D.* kosztorysowca, *lm M.* kosztorysowcy; *pot.* **kosztorysiarz** *m II, lm D.* kosztorysiarzy. || *KP Pras.*

kosztować *ndk IV*, kosztowaliśmy (p. akcent § 1a i 2) **1.** «stanowić wartość pieniężną; pociągać za sobą koszty, wymagać nakładu pieniężnego; *przen.* być przyczyną, wynikiem wysiłku, ofiary itp.» □ Coś kosztuje i l e ś: Książka kosztuje 10 złotych. Coś kosztuje drogo, tanio, dużo, mało itp. △ Ile kosztuje (*nie*: Na ile jest) ta kiełbasa? □ Kto, co kosztuje k o g o (*nie*: komu) i l e ś: Nowe ubranie kosztowało go aż trzy tysiące złotych. Nie będę cię nic kosztował. △ *przen.* Kosztowałem ją niemało łez. Uszycie sukni kosztowało ją jedną noc. **2.** — **skosztować** *dk przestarz.* (dziś *częściej*: próbować) «jeść, pić trochę dla zbadania smaku; *przen.* doznawać, doświadczać» □ K. czego, *rzad.* co: Kosztował wina (wino). △ *przen.* Kosztował już w życiu wszystkiego. || *U Pol. (2), 298, 322.*

kosztowność *ż V* **1.** tylko w *lm* «drogie rzeczy, wyroby»: W czasie wojny straciła wszystkie kosztowności. **2.** *blm* «duża cena, wartość»: Kosztowność sukni.

! kosztur p. kostur.

Koszyce *blp, D.* Koszyc «miasto w Czechosłowacji (Słowacja)» — koszyczanin *m V, D.* koszyczanina, *lm M.* koszyczanie, *D.* koszyczan — koszyczanka *ż III, lm D.* koszyczanek — koszycki.

koszykarz *m II, lm D.* koszykarzy.

kośbiarz *m II, lm D.* kośbiarzy *reg.* «kosiarz»

Kościan *m IV, D.* Kościana «miasto» — kościański (p.).

kościany (*nie*: kościanny): Kościany grzebień.

kościański: Powiat kościański (*ale*: Kanał Kościański).

kościec *m II, D.* kośćca «układ kostny; *częściej*: szkielet» △ *przen.* «trzon, istota»: Kościec utworu, zagadnienia.

kościeliski: Domy kościeliskie (*ale*: Dolina Kościeliska).

Kościelisko *n II* «miejscowość» — kościeliski (p.).

kościelny: Wieża kościelna. Święto kościelne. **kościelny** w użyciu rzeczownikowym, in. zakrystian.

Kościerzyna *ż IV* «miasto» — kościerzynianin *m V, D.* kościerzynianina, *lm M.* kościerzynianie, *D.* kościerzynian — kościerzynianka *ż III, lm D.* kościerzynianek — kościerski.

kościołek a. **kościółek** *m III, D.* kościołka (kościółka).

kościół *m IV, D.* kościoła, *Ms.* kościele **1.** «świątynia (zwykle chrześcijańska, katolicka)»: Msza w kościele Dominikanów. Architektura kościoła Na Skałce. **2.** Kościół a. kościół «ogół wyznawców każdej z religii chrześcijańskich; organizacja obejmująca całość władz kościelnych»: Hierarchia Kościoła (kościoła) katolickiego, ewangelickiego.

Kościuszko *m* odm. jak *ż III, lm D.* Kościuszkowie, *DB.* Kościuszków.
Kościuszko *ż ndm* — Kościuszkowa *ż* odm. jak przym. — Kościuszkówna *ż IV, D.* Kościuszkówny, *CMs.* Kościuszkównie (*nie*: Kościuszkównej), *lm D.* Kościuszkówien.

Kościuszkowski 1. «należący do Kościuszki»: Szabla Kościuszkowska. **2.** kościuszkowski «taki jak (u) Kościuszki; związany z Kościuszką lub jego działalnością»: Hasła kościuszkowskie. Powstanie kościuszkowskie.

kość *ż V, lm M.* kości (*nie*: koście), *N.* kośćmi (*nie*: kościami; ta forma jest poprawna tylko w wyrażeniu: poczciwy, dobry z kościami) △ tylko w *lm* w zn. **a)** «zwłoki»: Pogrzebano ich kości na wiejskim cmentarzu. **b)** «sześcianki do gry; sama gra»: Grać w kości. △ Kości zostały rzucone «dokonano czegoś nieodwracalnego»

koślawić (*nie*: koszlawić) *ndk VIa*, koślawiliśmy (p. akcent § 1a i 2); *częściej*: wykoślawiać.

koślawiec (*nie*: koszlawiec) *m II, D.* koślawca **1.** *W.* koślawcze, forma szerząca się: koślawcu, *lm M.* koślawcy «człowiek koślawy, mający krzywe nogi» **2.** (zwykle w *lm*) *M.* koślawce «niekształtne litery»

koślawy (*nie*: koszlawy) *m-os.* koślawi, *st. w.* bardziej koślawy.

kot *m IV, C.* kotu (*nie*: kotowi): Dać mleka kotu.

Kot *m IV, C.* Kotowi (*nie*: Kotu), *lm M.* Kotowie. Kot *ż ndm* — Kotowa *ż* odm. jak przym. — Kotówna *ż IV, D.* Kotówny, *CMs.* Kotównie (*nie*: Kotównej), *lm D.* Kotówien.

kotew *ż V, DCMs.* kotwi, *lm M.* kotwie, *lm D.* kotwi; a. **kotwa** *ż IV, lm M.* kotwy, *D.* kotew.

kotka *ż III, lm D.* kotek △ zwykle w *lm* w zn. «kwiatostan; in. bazie»: Gałązka z kotkami.

kotlet *m IV, D.* kotleta, *B.* kotlet (*nie*: kotleta) «kawałek smażonego mięsa bitego lub siekanego (w niektórych regionach — tylko o mięsie bitym, w innych — tylko o siekanym); także: siekana ryba, jarzyny uformowane owalnie i smażone»: Usmażyć, zamówić, zjeść kotlet. *Por.* sznycel.

Kotsis (*wym.* Kots-is) *m IV, lm M.* Kotsisowie. Kotsis *ż ndm* — Kotsisowa *ż* odm. jak przym. — Kotsisówna *ż IV, D.* Kotsisówny, *CMs.* Kotsisównie (*nie*: Kotsisównej), *lm D.* Kotsisówien.

koturn (*nie*: koturna) *m IV, D.* koturnu, *rzad.* koturna, zwykle w *lm* «rodzaj obuwia, rodzaj podeszew»: Pantofle na koturnach. Nosić koturny. △ *przen.* (*rzad.* w *lp*): Ten aktor jest nienaturalny — gra na koturnach.

kotwa p. kotew.

kotwica *ż II*: Rzucić (*lepiej* niż: zarzucić) kotwicę.

kotwiczny, *rzad.* **kotwicowy**: Winda kotwiczna (kotwicowa). Światła kotwiczne.

kotylion (*wym.* kotyljon) *m IV* **1.** *B. = D.* «rodzaj tańca»: Tańczyć kotyliona. **2.** *B. = M.* «ozdoba przypinana tańczącym ten taniec»: Przypiąć kotylion.

Kotzebue (*wym.* Kocebu a. Kocebue) *m*, w *lp* odm. jak przym., *D.* Kotzebuego (*wym.* Kocebuego, p. akcent § 7), *lm M.* Kotzebue'owie (*wym.* Kocebuowie), *D.* Kotzebue'ow (*wym.* Kocebuów): Odkrycia geograficzne Ottona Kotzebuego. Komedie Augusta Kotzebuego. Rodzina Kotzebue'ów.

kowal *m I, lm D.* kowali (*nie*: kowalów).

Kowal *m I, lm M.* Kowalowie, *D.* Kowalów. Kowal *ż ndm* — Kowalowa *ż* odm. jak przym. — Kowalówna *ż IV, D.* Kowalówny, *CMs.* Kowalównie (*nie*: Kowalównej), *lm D.* Kowalówien.

Kowale (Księże, Oleckie, Pańskie), Kowale *blp, D.* Kowali; Księże, Oleckie, Pańskie — odm. przym. «miejscowości»

Kowalewo (Pomorskie), Kowalewo *n III,* Pomorskie odm. przym. «miasto» — kowalewski.

kowarski: Fabryki kowarskie (*ale*: Przełęcz Kowarska).

Kowary *blp, D.* Kowar — kowarski (p.).

kowboj *m I, lm D.* kowbojów. || *D Kult. II, 585.*

kowbojski: Ekwipunek, strój kowbojski.

k.o.-wiec (*wym.* kaowiec) a. **kaowiec** *m II, D.* k.o.-wca (kaowca), *lm M.* k.o.-wcy (kaowcy) *pot.* «instruktor kulturalno-oświatowy» *Por.* k.o.

Kowno *n III* «miasto w ZSRR (Kaunas)» — kownianin *m V, D.* kownianina, *lm M.* kownianie, *D.* kownian — kownianka *ż III, lm D.* kownianek — kowieński.

kozactwo *n III, blm* «kozacy; wojsko kozackie»

Kozaczyzna *ż IV, blm* 1. «*dawniej*: kraj zamieszkały przez Kozaków»: Żyć na Kozaczyźnie. 2. kozaczyzna p. kozactwo.

Kozak *m III* 1. *W.* Kozaku, *daw.* Kozacze, *lm M.* Kozacy «członek dawnej wspólnoty wojskowo--rolniczej na terenach Ukrainy i płd.-wsch. Rosji; potomek tej ludności» — Kozaczka *ż III, lm D.* Kozaczek — kozacki. 2. kozak *lm M.* ci kozacy «żołnierz określonych formacji wojskowych; sługa na dworze wielkopańskim» 3. kozak *DB.* kozaka, *lm M.* te kozaki «ukraiński taniec ludowy» 4. kozak *DB.* kozaka, *lm M.* te kozaki «grzyb», *lepiej*: koźlarz.

kozera *ż IV* △ tylko w *wych. z użycia* wyrażeniu: Nie bez kozery «nie bez powodu, nie bez przyczyny»: Nie bez kozery przychodzi tu tak często.

Kozieł *m IV, D.* Kozła a. Kozieła, *lm M.* Kozłowie a. Koziełowie. Kozieł *ż ndm* — Kozłowa a. Koziełowa *ż* odm. jak przym. — Kozłówna a. Koziełówna *ż IV, D.* Kozłówny, Koziełówny, *CMs.* Kozłównie, Kozielównie (*nie*: Kozłównej, Kozielównej), *lm D.* Kozłówien, Kozielówien.

Kozienice *blp, D.* Kozienic «miasto» — kozieniczanin *m V, D.* kozieniczanina, *lm M.* kozieniczanie, *D.* kozieniczan — kozieniczanka *ż III, lm D.* kozieniczanek — kozienicki (p.).

kozienicki: Powiat kozienicki (*ale*: Puszcza Kozienicka).

kozioł (*nie*: kozieł) *m IV, D.* kozła 1. *B. = D.* w zn. «zwierzę»: Zastrzelić kozła. 2. *B. = M.* w zn. «siedzenie dla woźnicy w pojeździe konnym; *sport.* urządzenie gimnastyczne»: Wskoczyć, wdrapać się na kozioł (*nie*: na kozła) dorożki. △ *sport.* Skakać przez kozioł (*nie*: przez kozła). || *KJP 176.*

Kozioł *m IV, D.* Kozła a. Kozioła, *lm M.* Kozłowie a. Koziołowie. Kozioł *ż ndm* — Kozłowa a. Koziołowa *ż* odm. jak przym. — Kozłówna a. Koziołówna *ż IV, D.* Kozłówny, Koziołówny, *CMs.* Kozłównie, Koziołównie (*nie*: Kozłównej, Koziołównej), *lm D.* Kozłówien, Koziołówien.

koziołek (*nie*: kozielek) *m III, D.* koziołka.

koziorożec *m II, D.* koziorożca 1. «kozioł skalny» 2. Koziorożec, *blm* «gwiazdozbiór; znak zodiaku»

koźlak *m III, B. = D.* w zn. «grzyb» *lepiej*: koźlarz.

koźlarz *m II, B. = D., lm D.* koźlarzy «rodzaj grzyba; kozak, koźlak»: Znaleźć koźlarza.

Koźle *n I, D.* Koźla «miasto» — koźlanin *m V, D.* koźlanina, *lm M.* koźlanie, *D.* koźlan — koźlanka *ż III, lm D.* koźlanek — kozielski.

Koźmin *m IV, D.* Koźmina «miasto» — koźminianin *m V, D.* koźminianina, *lm M.* koźminianie, *D.* koźminian — koźminianka *ż III, lm D.* koźminianek — koźmiński.

Kożuchów *m IV, D.* Kożuchowa, *C.* Kożuchowowi (*ale*: ku Kożuchowowi a. ku Kożuchowu) «miasto» — kożuchowianin *m V, D.* kożuchowianina, *lm M.* kożuchowianie, *D.* kożuchowian — kożuchowianka *ż III, lm D.* kożuchowianek — kożuchowski.

kożuszkarz *m II, lm D.* kożuszkarzy; a. **kożusznik** *m III* «rzemieślnik wyrabiający kożuchy»

! kólczyk p. kolczyk.

kół *m IV, D.* koła: Podeprzeć wrota kołem. △ *wych. z użycia* Stać, utkwić itp. jak kołem, kół «stać, utkwić itp. nieruchomo, bezczynnie» △ *pot.* Język komuś staje kołem (*częściej*: kołkiem) «ktoś nie może mówić»

kółkowicz *m II, lm D.* kółkowiczów (*nie*: kółkowiczy); a. **kółkowiec** *m II, D.* kółkowca, *lm M.* kółkowcy *pot.* «członek kółka» || *KP Pras.*

kórnicki: Zamek kórnicki (*ale*: Jezioro Kórnickie, Biblioteka Kórnicka).

Kórnik *m III* «miasto» — kórniczanin *m V, D.* kórniczanina, *lm M.* kórniczanie, *D.* kórniczan — kórniczanka *ż III, lm D.* kórniczanek — kórnicki (p.)

KP (*wym.* kape, p. akcent § 6) *ndm* 1. *m* a. *n* «Komitet Powiatowy (PZPR)»: KP zwołał (zwołało) zebranie członków. 2. *ż* a. *n* «Komenda Powiatowa (MO)»: Chuligana odstawiono do aresztu przy miejscowej (miejscowym) KP.

KP (zwykle w połączeniu z początkową literą nazwy państwa) «oznacza skrót nazwy partii komunistycznej działającej w tym państwie; np.: KPCh (= Komunistyczna Partia Chin), KPCz (= Komunistyczna Partia Czechosłowacji); są one rodzaju *ż* lub *n* (wówczas *ndm*), czasem *m* (wówczas odmienia lub *ndm*)»: KPCz (*wym.* kapecze) przeprowadziła (przeprowadziło) weryfikację członków. Delegacja KPJ a. KPJ-u (*wym.* kapejotu; = Komunistycznej Partii Japonii). KPF (*wym.* kapeef; = Komunistyczna Partia Finlandii, Francji) powiększyła (powiększył) swoje szeregi.

kpiarz *m II, lm D.* kpiarzy.

kpić *ndk VIa*, kpij, kpiliśmy (p. akcent § 1a i 2) □ K. bez dop.: Nie kpij, bo to poważna sprawa. □ K. z kogo, z czego: Nie dbał o nic, kpił z wszystkich i z wszystkiego.

KPP (*wym.* kapepe, p. akcent § 6) *ż* a. *n ndm* «Komunistyczna Partia Polski»: KPP powstała (powstało) w 1918 r. — KPP-owiec a. kapepowiec *m II, D.* KPP-owca (kapepowca), *lm M.* KPP-owcy (kapepowcy) — KPP-owski a. kapepowski.

kpr. «skrót wyrazu: *kapral*, pisany z kropką, stawiany zwykle przed nazwiskiem lub przed imieniem i nazwiskiem, czytany jako cały, odmieniany wyraz»: Kpr. Jan Mularczyk. Raport kpr. (*czyt.* kaprala) Mularczyka.

kpt. «skrót wyrazu: *kapitan*, pisany z kropką, stawiany zwykle przed nazwiskiem lub imieniem i nazwiskiem, czytany jako cały, odmieniany wyraz»: Kpt. Jerzy Kowalski. Rozmawiał z kpt. (*czyt.* kapitanem) Kowalskim.

KPZR (*wym.* kapezeter, p. akcent § 6) *ż ndm* a. *m IV, D.* KPZR-u, *Ms.* KPZR-ze «Komunistyczna Partia Związku Radzieckiego»: KPZR przewodziła (przewodził) trzem rewolucjom rosyjskim. Członek KPZR (KPZR-u).

kra *ż IV, lm D.* kier, zwykle zbiorowo «kawałki pokrywy lodowej pływające po rzece, jeziorze»: Kra już spłynęła a. kry już spłynęły.

kradzież *ż VI*: Popełnić kradzież. Dokonać, dopuścić się kradzieży. Kradzież towaru w sklepie, ze sklepu, z magazynu, z wagonu. □ K. czego — u kogo, także: na czyją szkodę (gdy poszkodowana jest instytucja): Kradzież na szkodę państwa.

kraina *ż IV*: *podn.* Kraina polska, rodzinna; obca kraina. Kraina przemysłowa. △ Kraina kosodrzewiny, wiecznych śniegów. △ W nazwach geograficznych dużą literą, np. Kraina Wielkich Jezior.

Kraina (*wym.* Kra-ina) *ż IV* «część Słowenii» — kraiński. // *GPK 58, 96.*

kraj *m I, D.* kraju, *lm M.* kraje, *D.* krajów (*nie*: krai) **1.** «terytorium wyodrębniające się, stanowiące samodzielną całość»: Ojczysty, obcy kraj. Kraje socjalistyczne, kapitalistyczne, sojusznicze. Górzysty, nizinny kraj. Ciepłe kraje. △ W nazwach geograficznych dużą literą, np. Krasnodarski, Krasnojarski Kraj. **2.** *reg.* «brzeg, skraj, krawędź» △ Ogólnopolskie w wyrażeniu: Iść, jechać itp. na kraj świata. // *D Kult. II, 226.*

krajacz *m II, lm D.* krajaczy «robotnik zatrudniony krajaniem papieru w drukarni» *Por.* krojczy. // *D Kult. I, 296.*

krajać *ndk IX*, kraję, krajemy, krają, kraj (*nie*: krajam, krajają, krajaj), krajaliśmy (p. akcent § 1a i 2), krający, krajany «ciąć na sztuki, na kawałki»: Krajać chleb nożem, blachę, papier nożycami. △ Krawiec kraje (tj. przecina) materiał, *ale*: krawiec kroi (tj. tnie) materiał nadając mu formę ubrania. △ W przysłowiu: Tak krawiec kraje, jak (mu) materii staje — zachowała się forma *kraje* w zn. «kroi» *Por.* kroić. // *D Kult. I, 295.*

krajalnia *ż I, lm D.* krajalni, *rzad.* krajalń: Krajalnia blachy, papieru, prętów metalowych, drzewa. // *D Kult. I, 336.*

krajan *m IV, lm M.* krajanie, *D.* krajanów *reg.* «człowiek pochodzący z tej samej okolicy, miejscowości»

krajczy *m* odm. jak przym. *lm M.* krajczowie «urzędnik dworski i tytuł honorowy w dawnej Polsce (co innego: krojczy)»

krajeński: Ludność krajeńska (*ale*: Pojezierze Krajeńskie, Sępólno Krajeńskie).

Krajna *ż IV* «region nad Notecią» — krajeński (p.).

krajobraz *m IV, D.* krajobrazu: Krajobraz górski, pustynny, lesisty. Malować krajobrazy. △ *niepoprawne* Krajobraz Żoliborza (*zamiast*: widok a. wygląd Żoliborza). // *D Kult. I, 494; II, 326.*

Krajowa *ż IV* «miasto w Rumunii»: Jechać do Krajowy. Mieszkać w Krajowie. — krajowski.

krajowiec *m II, D.* krajowca, *W.* krajowcze, forma szerząca się: krajowcu, *lm M.* krajowcy «tubylec, autochton (dawniej zwłaszcza w odniesieniu do mieszkańców krajów kolonialnych)»

Krak *m III, rzad.* **Krakus** *m IV* «legendarny założyciel Krakowa»

krakać *ndk IX*, kraczę, kracz (*nie*: krakam, krakaj), krakaliśmy (p. akcent § 1a i 2).

Krakowiak *m III* **1.** *DB.* Krakowiaka, *lm M.* Krakowiacy «mieszkaniec Krakowskiego» **2.** *pot.* krakowiak, *lm M.* krakowiacy «mieszkaniec Krakowa, krakowianin» **3.** krakowiak, *DB.* krakowiaka, *lm M.* krakowiaki «taniec»: Grać, tańczyć krakowiaka. // *U Pol. (2), 552.*

krakowianin *m V, D.* krakowianina, *lm M.* krakowianie, *D.* krakowian; p. krakowiak (w zn. 2).

Krakowianka *ż III, lm D.* Krakowianek **1.** «mieszkanka Krakowskiego» **2.** krakowianka «mieszkanka Krakowa»

krakowski: Województwo krakowskie, rynek krakowski (*ale*: Wyżyna Krakowsko-Wieluńska, Krakowskie Przedmieście).
Krakowskie *n* odm. jak przym., *NMs.* Krakowskiem (*nie*: Krakowskim) «województwo krakowskie, region krakowski»: Spędzić urlop w Krakowskiem. // *D Kult. I, 799.*

Kraków *m IV, D.* Krakowa, *C.* Krakowowi (*ale*: ku Krakowowi a. ku Krakowu) — krakowianin (p.) — Krakowiak (p.) — Krakowianka (p.) — krakowski (p.).

Krakus *m IV* **1.** *lm M.* Krakusi *żart.* «mieszkaniec Krakowskiego» **2.** p. Krak. **3.** krakus, *lm M.* ci krakusi a. te krakusy **a)** *żart.* «mieszkaniec Krakowa» **b)** «żołnierz lekkiej jazdy polskiej Księstwa Warszawskiego»

kram *m IV, D.* kramu **1.** (*częściej*: stragan): Kramy z nabiałem. Kramy sukiennice. △ *przen.* (*wych. z użycia*) «gromada porozrzucanych rzeczy; manatki, rupiecie»: Sprzątnij (zabierz) stąd ten cały kram. △ Jaki pan, taki kram (przysłowie). **2.** «kłopot, zamęt»: Mieć (jest) z kimś, z czymś sporo (wiele) kramu. Narobić kramu z wyjazdem, z gośćmi.

kramarz *m II, lm D.* kramarzy.

kran *m IV, D.* kranu **1.** «urządzenie do otwierania i zamykania dopływu cieczy; kurek»: Otworzyć, zamknąć, zakręcić kran. Myć się pod kranem. **2.** in. żuraw, dźwig.

kraniec *m II, D.* krańca, *lm M.* krańce, *D.* krańców (*nie*: krańcy): Kraniec świata. Z krańca w kraniec a. od krańca do krańca. □ Do krańca a. po kraniec czegoś: Aż do krańca (po kraniec) horyzontu nic nie było widać.

kranik *m III, D.* kranika a. kraniku.

krańcowość *ż V* «skrajność, ostateczność»: Wpadać z jednej krańcowości (*częściej*: ostateczności) w drugą.

krańcowy 1. «skrajny»: Krańcowy optymista, sceptyk. Miał naturę krańcową. **2.** (*częściej*: końcowy, ostatni): Krańcowa stacja.

Krapkowice *blp, D.* Krapkowic «miasto» — krapkowicki (p.).

krapkowicki: Powiat krapkowicki (*ale*: Brama Krapkowicka «dolina»).

Krasiniec *m II, D.* Krasińca «miejscowość» — krasiniecki.

krasnal p. krasnoludek.

Krasne *n* odm. jak przym., *NMs.* Krasnem «miejscowość»: Jechać do Krasnego. Mieszkać w Krasnem. — krasieński.

Krasnodar *m IV, D.* Krasnodaru «miasto w ZSRR» — krasnodarski.

krasnodarski: Przemysł krasnodarski (*ale*: Kraj Krasnodarski).

Krasnojarsk *m III, D.* Krasnojarska «miasto w ZSRR» — krasnojarski.

krasnojarski: Kopalnie krasnojarskie (*ale*: Kraj Krasnojarski).

krasnoludek *m III, D.* krasnoludka, *lm M.* krasnoludki; *rzad.* **krasnal** *m I, D.* krasnala, *lm D.* krasnali a. krasnalów: Widzieć krasnoludki (*nie*: krasnoludków). *KJP 204.*

Krasnowodsk *m III, D.* Krasnowodska «miasto w ZSRR» — krasnowodzki (p.).

krasnowodzki: Przemysł krasnowodzki (*ale*: Półwysep Krasnowodzki, Zatoka Krasnowodzka).

krasny (*przestarz.* kraśny) *m-os.* kraśni, *poetyckie* «jaskrawoczerwony, barwny; piękny, urodziwy»: Krasne jabłuszko, malwy. Krasne dziewczyny.

Krasnystaw (*wym.* Krasnystaw; *nie*: Krasnostaw) odm. oba człony: Krasny odm. przym., ~staw *m IV, D.* Krasnegostawu, *C.* Krasnemustawowi, *N.* Krasnymstawem, *Ms.* Krasnymstawie «miasto» — krasnostawianin *m V, D.* krasnostawianina, *lm M.* krasnostawianie, *D.* krasnostawian — krasnostawianka *ż III, lm D.* krasnostawianek — krasnostawski.

krasomówca, *reg.* **krasomowca** *m* odm. jak *ż II, lm M.* krasomówcy (krasomowcy), *DB.* krasomówców (krasomowców).

krasomówczy, *reg.* **krasomowczy**.

krasomówstwo, *reg.* **krasomowstwo** *n III*, zwykle *blm*.

kraszanka *ż III, lm D.* kraszanek *reg.* «pisanka pomalowana na jeden kolor»: Robić, malować kraszanki.

kraść *ndk Vc*, kradnę, kradnie (*nie*: kradę, kradzie), kradnij, kradł (*nie*: kradnął), kradliśmy (p. akcent § 1a i 2), kradziony (*nie*: kradzony, kradnięty): Kraść pieniądze, towary, kosztowności. □ K. komu, *rzad.* od kogo: Kradł ojcu pieniądze. // *U Pol. (2), 421.*

Kraśnik *m III, D.* Kraśnika «miasto» — kraśniczanin *m V, D.* kraśniczanina, *lm M.* kraśniczanie, *D.* kraśniczan — kraśniczanka *ż III, lm D.* kraśniczanek — kraśnicki.

kraśny p. krasny.

kraul *m I, D.* kraula: Pływać kraulem.

kraulista *m* odm. jak *ż IV, lm M.* krauliści, *DB.* kraulistów «pływak pływający kraulem»

Krause (*wym.* Krau-ze) *m*, w *lp* odm. jak przym., *NMs.* Krausem, w *lm* jak rzecz. *M.* Krausowie, *DB.* Krausów.
Krause *ż ndm* — Krausowa *ż* odm. jak przym. — Kraussówna *ż IV, D.* Krausówny, *CMs.* Krausównie (*nie*: Krausównej), *lm D.* Krausówien. // *U Pol. (1), 445.*

Krauss (*wym.* Krau-s) *m IV, D.* Kraussa, *Ms.* Kraussie (*wym.* Krau-sie), *lm M.* Kraussowie, *D.* Kraussów.
Krauss *ż ndm* — Kraussowa *ż* odm. jak przym. — Kraussówna *ż IV, D.* Kraussówny, *CMs.* Kraussównie (*nie*: Kraussównej), *lm D.* Kraussówien. // *U Pol. (2), 452.*

krawat *m IV, D.* krawata, *rzad.* krawatu: Wiązać krawat. Chodzić w krawacie (*nie*: przy krawacie, pod krawatem), bez krawata.

krawatka *ż III, lm D.* krawatek *reg.* «krawat»

krawcowa *ż* odm. jak przym., *W.* krawcowo **1.** «kobieta zajmująca się zawodowo szyciem» **2.** «żona krawca» // *D Kult. I, 510; U Pol. (2), 396.*

krawczyni *ż I, W.* krawczyni (*nie*: krawczynio) *reg.* p. krawcowa (w zn. 1).

krawędź (*nie*: ten krawędź) *ż V, lm M.* krawędzie: Na krawędzi (*nie*: na krawędziu) przepaści.

krawiec *m II, D.* krawca, *W.* krawcze, forma szerząca się: krawcu, *lm M.* krawcy: Krawiec damski i męski (*nie*: damsko-męski).

krawiectwo *n III, blm; rzad.* **krawieczyzna** (*nie*: krawiecczyzna) *ż IV, CMs.* krawieczyźnie, *blm*: Krawiectwo męskie, damskie. Krawiectwo miarowe, na miarę. Mieć zdolności do krawiectwa (do krawieczyzny).

krąg *m III, D.* kręgu: Krąg taneczny. Krąg światła. Narysować, nakreślić krąg. Zataczać kręgi. **w krąg** «dookoła, naokoło, w koło» **a)** w użyciu przysłówkowym: Zasiąść, biegać, tańczyć w krąg. **b)** *rzad.* w funkcji przymiotnika: W krąg stołu.

kręgiem w użyciu przysłówkowym «dookoła, kołem, w koło»: Stanęli kręgiem przy stole. // *D Kult. I, 296; Por.* kręg.

krągły *wych. z użycia* «okrągły»: Krągłe ramiona.

kredens *m IV, D.* kredensu, *lm M.* kredensy.

kredo *n ndm*: Kredo polityczne, artystyczne. △ *pot.* Jak Piłat w kredo «niepotrzebnie, nie w porę, niewłaściwie»

kredyt *m IV, D.* kredytu, *lm M.* kredyty: Kredyt długoterminowy bezprocentowy. Brać, dawać, kupować na kredyt. Otwierać, zamykać komuś kredyt. Udzielić, odmówić kredytu. Przenosić kredyty. Preliminować kredyty. Kredyty na budownictwo. △ Mieć, stracić kredyt u kogoś «mieć, stracić czyjeś zaufanie»: Miał kredyt u ludzi.

kredytować *ndk IV*, kredytowaliśmy (p. akcent § 1a i 2), kredytowany — **skredytować** *dk* «dawać na kredyt; *rzad.* brać na kredyt»: Jest człowiekiem solidnym, więc chętnie mu kredytują.

Kreisler (*wym.* Krajzler) *m IV, lm M.* Kreislerowie: Utwory skrzypcowe Kreislera.

Kreja *m odm. jak ż I, DCMs.* Krei, *lm M.* Krejowie, *DB.* Krejów.
Kreja *ż I, rzad. ndm* — Krejowa *ż odm. jak przym.* — Krejówna *ż IV, D.* Krejówny, *CMs.* Krejównie (*nie*: Krejównej), *lm D.* Krejówien — Krejanka *ż III, lm D.* Krejanek.

Krejči (*wym.* Krejczy, poprawna także pisownia zgodna z wymową) *m odm. jak przym., D.* Krejczego, *lm M.* Krejczowie, *DB.* Krejczych: Prace polonistyczne profesora Karla Krejczego.

kreml *m I, D.* kremla **1.** «gród warowny w dawnej Rusi»
2. Kreml «dawniej rezydencja carów, obecnie siedziba rządu ZSRR w Moskwie» — kremlowski.

kremówka *ż III, lm D.* kremówek *reg.* w zn. «rodzaj ciastka z kremem; napoleonka»

Krempna *ż IV* «miejscowość»: Jechać do Krempny. Mieszkać w Krempnie. — krempnianin *m V, D.* krempnianina, *lm M.* krempnianie, *D.* krempnian — krempnianka *ż III, lm D.* krempnianek — krempski.

Kreol *m I, lm M.* Kreole, *DB.* Kreolów — Kreolka *ż III, lm D.* Kreolek — kreolski.

kreować *ndk IV*, kreuje, kreuj, kreowaliśmy (p. akcent § 1a i 2) **1.** *książk.* «grać (rolę) w teatrze lub w filmie»: Kreować role komiczne, tragiczne. **2.** *wych. z użycia* «mianować, obierać» □ K. kogo — na kogo a. kim: Nowo kreowani dostojnicy. Kreować na cesarza (cesarzem).

krepdeszyn (*nie*: krepdeszyna) *m IV, D.* krepdeszynu: Suknia z krepdeszynu.

kres *m IV, D.* kresu **1.** zwykle *blm*; nieco *książk.* «granica, koniec; kraniec»: Być bez kresu. Nie mieć kresu. Wszystko ma swój kres. Kres wędrówki, cierpliwości, możliwości. △ Położyć (*nie*: zrobić) czemuś kres «zakończyć, ukrócić coś» △ Dobiegać (*nie*: dochodzić) kresu «kończyć się»: Noc letnia dobiegała kresu. **2.** tylko w *lm* «część kraju leżąca blisko granicy; pogranicze, zwłaszcza dawne polskie pogranicze wschodnie»: Kresy wschodnie, zachodnie. Pochodzi z kresów. Mieszkać na kresach.

kreska (*nie*: kryska — tak tylko w wyrażeniu: Przyszła kryska na Matyska) *ż III, lm D.* kresek.

kresowiak *m III, lm M.* kresowiacy *pot.* «kresowiec, kresowianin»

kresowiec *m II, D.* kresowca, *W.* kresowcze, forma szerząca się: kresowcu, *lm M.* kresowcy; *rzad.*
kresowianin *m V, D.* kresowianina, *lm M.* kresowianie, *D.* kresowian «mieszkaniec kresów, zwłaszcza dawnych polskich kresów wschodnich»

kreślarnia *ż I, lm D.* kreślarni, *rzad.* kreślarń.

kreślarz *m II, lm D.* kreślarzy.

kreślić (*nie*: kryślić) *ndk VIa*, kreśliliśmy (p. akcent § 1a i 2) □ K. bez dop.: W technikum trzeba umieć kreślić. Coś pisał i ciągle kreślił. □ K. co: Kreślić plany. Kreślić koła patykiem na piasku.

Kreta *ż IV* «wyspa na Morzu Śródziemnym»: Jechać na Kretę. Mieszkać na Krecie. — Kreteńczyk *m III, lm M.* Kreteńczycy — Kretenka *ż III, lm D.* Kretenek — kreteński (p.).

kreteński: Klimat kreteński, roślinność kreteńska (*ale*: Morze Kreteńskie).

kretes, tylko w wyrażeniu: Z kretesem «doszczętnie, całkowicie, zupełnie (tylko w sensie ujemnym)»: Z kretesem przegrali sprawę. Przepadł z kretesem. Stracił cały kapitał z kretesem.

kretowisko *n II, rzad.* **kretowina** *ż IV*: Nieużytki były pełne kretowisk (kretowin).

kretyn *m IV, lm M.* ci kretyni a. (z silnym zabarwieniem ekspresywnym) te kretyny; *in.* matołek.

kretynizm *m IV, D.* kretynizmu, *Ms.* kretynizmie (*wym.* ~izmie a. ~iźmie), zwykle *blm*; *in.* matołectwo.

kretyństwo *n III* **1.** zwykle w *lp*, p. kretynizm. **2.** zwykle w *lm* «głupstwa, brednie»: Mówić, wypisywać różne kretyństwa.

krew *ż V, DCMs.* krwi, *W.* krwi, zwykle *blm*: Krew tętnicza, żylna. Krew ludzka, zwierzęca. Przetaczać, puszczać krew. Broczyć krwią. Tamować krew, wstrzymywać upływ krwi (*nie*: tamować upływ krwi). Mieć coś we krwi (*wym.* we krwi a. we krwi; *nie*: w krwi) «mieć coś w naturze» △ Białe, czerwone ciałka krwi. △ Z krwi i kości a. ze krwi i kości «prawdziwy, w całym znaczeniu tego słowa»: Polak z krwi i kości. △ Przelewać (*rzad.* poświęcać) krew dla kogoś, dla czegoś «narażać, poświęcać życie dla kogoś, dla czegoś»
do krwi (*wym.* do krwi, *rzad.* do krwi) w użyciu przysłówkowym «do ukazania się krwi, do zranienia»: Ugryźć, skaleczyć do krwi.

krewetka *ż III, lm D.* krewetek; *rzad.* **kreweta** *ż IV, lm D.* krewet.

krewniak *m III, lm M.* ci krewniacy a. (z zabarwieniem ekspresywnym) te krewniaki «pozostający z kimś w związkach pokrewieństwa; krewny; zwykle *pot.* o ludziach, czasem także o zwierzętach i roślinach»: Zapewnił krewniakowi opiekę. Bliskim krewniakiem konia jest osioł.

krewny, krewna *odm. przym.*: Bliski krewny. Przyjechali do nas krewni. To krewny mojego stryja, przyjaciela.

kreza a. **kryza** *ż IV*: Kryza u sukni. Suknia z krezą (kryzą). Kreza z koronki. △ w zn. *techn.* tylko: kryza, np. Kryzy (*nie*: krezy) założone na rurę.

Krezus *m IV, D.* Krezusa **1.** «imię słynnego z bogactw starożytnego króla Lidii»
2. krezus *lm M.* te krezusy «bogacz, milioner»

kręcić *ndk VIa,* kręcę, kręć, kręciliśmy (p. akcent § 1a i 2) **1.** «obracać w koło, nadawać czemuś ruch obrotowy» □ K. czym, *rzad.* co: Kręcić korbą (korbę) patefonu. Kręcić gałkami (gałki) odbiornika. □ K. czym (jeśli dopełnieniem jest część ciała człowieka lub zwierzęcia): Pies kręcił ogonem. Ptaszek kręcił łebkiem. Ćwiczyli kręcąc nogami. △ Kręcić głową **a)** «ruchem głowy wyrażać przeczenie, dezaprobatę, podziw itp.» **b)** *pot.* «szukać sposobów zaradzenia czemuś; głowić się» △ *pot.* Kręcić nosem «okazywać niezadowolenie, grymasić» □ K. co «ucierać, obracając robić coś»: Kręcić krem, masę, lody. Kręcić piruety. △ *środ.* Kręcić film «realizować film» △ *przen. pot.* «kierować, zarządzać czymś; komenderować kimś»: Kręciła nim jak chciała. Kręcił całym biurem. **2.** «skręcać, zwijać coś» □ K. co (z czego): Kręcić loki. Kręcić powrósła ze słomy. Kręcić papierosy. △ *pot.* Kręcić na siebie bat, bicz, powróz «przyczyniać się do własnej zguby, działać na własną szkodę» △ Kręcić bicz (bicze) z piasku «wykonywać pracę bezowocną» **3.** *pot.* «kłamać, oszukiwać»: Kręcił, żeby nie wydać kolegów. **4.** *środ. sport.* «jechać na rowerze, pedałować»: Kolarze kręcą, ile sił w nogach.

kręcić się 1. «obracać się w koło; krążyć, wirować»: Kręci się karuzela, koło. Kręcić się szybko w tańcu. △ Coś kręci się wokół, dookoła czegoś «coś jest głównym tematem czegoś, koncentruje się wokół czegoś»: Cała sztuka kręci się dookoła spraw miłości. △ *nieos.* Kręci się w głowie «odczuwa się zawrót głowy»: Kręci się w głowie od barw i zapachów. △ Łzy się kręcą w oczach a. *żart.* łza się w oku kręci «łzy stają w oczach, zbiera się na płacz» **2.** «poruszać się w różnych kierunkach; być w ciągłym ruchu, uwijać się»: Obcokrajowcy kręcili się po całym mieście. Kręcić się po mieszkaniu. △ Kręcić się jak (mucha) w ukropie, jak fryga «poruszać się szybko i zręcznie» **3.** «zmieniać często pozycję, wiercić się»: Kręcić się na szpilkach, jak na rozżarzonych węglach. **4.** *pot.* «robić o coś starania, zabiegać o coś, o czyjeś względy, zajmować się czymś»: Umieć się kręcić koło swoich interesów (*nie*: za swoimi interesami). Kręcić się koło bogatej wdowy.

kręciek *m III, DB.* kręćka *pot.* «kołowacizna» △ zwykle w zwrotach: Mieć, dostać kręćka.

kręg *m III, D.* kręgu: Kręg szyjny, piersiowy. Kręg studzienny, betonowy. // D Kult. I, 296. Por. krąg.

kręgiel *m I, D.* kręgla, *lm M.* kręgle, *D.* kręgli (*nie*: kręglów).

kręgielnia *ż I, lm D.* kręgielni, *rzad.* kręgielń.

krępacja *niepoprawne* zamiast: krępowanie się, robienie ceremonii, skrępowanie. // D Kult. II, 378.

Krępna *ż IV* «miejscowość»: Jechać do Krępny. Mieszkać w Krępnie. — krępnianin *m V, D.* krępnianina, *lm M.* krępnianie, *D.* krępnian — krępnianka *ż III, lm D.* krępnianek — krępieński.

Krępno *n III, D.* Krępna «miejscowość»: Jechać do Krępna. Mieszkać w Krępnie. — krępnianin *m V, D.* krępnianina, *lm M.* krępnianie, *D.* krępnian — krępnianka *ż III, lm D.* krępnianek — krępieński.

krępować się *ndk IV,* krępowaliśmy się (p. akcent § 1a i 2) **1.** «wstydzić się, być zażenowanym» □ K. się kogo, czego: Krępować się ludzi. Krępować się ubóstwa. □ K. się + bezokol.: Krępować się jeść, rozmawiać, odpowiadać. **2.** «odczuwać przymus, ograniczać siebie w czymś» □ K. się czym: Krępować się czyjąś obecnością, sytuacją. □ K. się w czym: Krępować się w zamiarach, w wydatkach.

krio- (*wym.* kri-o- a. krijo-) «pierwsza część wyrazów złożonych, oznacza: zimno-, zimny; zamarzający, krzepnący; dotyczący lodu», np.: kriofizyka, kriogenika.

kristiania a. **krystiania** (*wym.* krystjańja) *ż I, DCMs.* i *lm D.* kristianii (krystianii).

KRLD a. **KRL-D** (*wym.* kaerelde, p. akcent § 6) *ż* a. *n ndm* «Koreańska Republika Ludowo-Demokratyczna»

KRN (*wym.* kaeren, p. akcent § 6) *m IV, D.* KRN-u, *Ms.* KRN-ie a. *ż ndm* «Krajowa Rada Narodowa»: KRN był (była) tymczasowym parlamentem PRL.

Kroacja *niepoprawne* zamiast: Chorwacja.

kroacki *niepoprawne* zamiast: chorwacki.

krochmal *m I, D.* krochmalu, zwykle *blm* **1.** in. skrobia. **2.** in. sztywnik.

krochmalnia *ż I, lm D.* krochmalni, *rzad.* krochmalń **1.** «fabryka krochmalu» **2.** a. **krochmalarnia** *ż I, lm D.* krochmalarni, *rzad.* krochmalarń «w fabryce włókienniczej: dział krochmalenia tkanin»

krocie *blp, D.* kroci *książk., wych. z użycia* «wielka liczba czegoś, najczęściej pieniędzy»: Przegrał krocie. Utrzymanie kosztuje go krocie. Ogień bucha krociami iskier.

kroczek *m III, D.* kroczka a. kroczku.

-kroć (pisane łącznie z poprzedzającym liczebnikiem lub zaimkiem tworzy wyrazy oznaczające liczbę powtórzeń czegoś; ... razy; ma charakter trochę książkowy), np.: trzykroć, stokroć, wielekroć (*nie*: trzykroć, stokroć, wielekroć razy — pleonazm).

krogulec *m II, D.* krogulca, *lm M.* krogulce, *D.* krogulców (*nie*: krogulcy).

kroić *ndk IVa,* kroję, krój, kroiliśmy (p. akcent § 1a i 2) «ciąć coś tak, aby powstał jakiś określony kształt, jakaś forma czegoś, zarys jakiegoś przedmiotu»: Kroić kiełbasę w cienkie plasterki. Kroić ubranie, koszulę, palto. △ Krawiec kroi «tnie materiał nadając mu formę ubrania» (*ale*: Krawiec kraje «przecina» materiał). // D Kult. I, 295; U Pol. (2), 239. Por. krajać.

krojczy (co innego: krajczy) *m odm. jak przym., lm M.* krojczowie, *DB.* krojczych «pracownik krawiecki zajmujący się krojem» // D Kult. I, 295. Por. krajacz.

krok *m III, D.* kroku **1.** «stąpnięcie»: Szybki, wolny, drobny, lekki krok. Zrobić kilka, parę kroków. Przyspieszyć, zwolnić kroku. Dotrzymywać kroku. **2.** «czyn, działanie, postępowanie; starania, zabiegi» (nadużywane w stylu urzędowym, prasowym): Stanowczy, lekkomyślny, ryzykowny krok. Zdecydować się, zdobyć się na jakiś krok. △ Poczynić (*nie*: powziąć, podjąć) kroki. Zrobić, uczynić krok naprzód

krokiet

(*nie*: osiągnąć krok naprzód, dokonać kroku naprzód). △ Coś zrobiło wielki krok naprzód (*nie*: do przodu).

krokiet *m IV, DB.* krokieta: Grać w krokieta.

krokiew (*nie*: krokwia, krokwa) *ż V, DCMs.* krokwi, *lm M.* krokwie, *D.* krokwi.

krokodyl *m I, lm D.* krokodyli, *rzad.* krokodylów.

krokodylowy 1. a. **krokodyli** *przym.* od krokodyl: Skóra krokodylowa (krokodyla). △ Łzy krokodyle (*nie*: krokodylowe). **2.** «zrobiony ze skóry krokodyla»: Krokodylowa torebka, krokodylowe pantofle.

kroksztyn *m IV, D.* kroksztynu; in. konsola, wspornik.

Kromwel a. **Cromwell** (*wym.* Kromwel a. Kromuel) *m I, D.* Kromwela (Cromwella): Rządy Kromwela.

kronika (*wym.* kronika, *nie*: kronika, p. akcent § 1c) *ż III*.

kronikarz (*wym.* kronikarz, *nie*: kronikarz) *m II, lm D.* kronikarzy.

Kronsztad *m IV, D.* Kronsztadu «miasto w ZSRR» — kronsztadzki.

kropić *ndk VIa,* kropiliśmy (p. akcent § 1a i 2) — **kropnąć** *dk Va,* kropnąłem (*wym.* kropnołem; *nie*: kropnełem), kropnoł (*wym.* kropnoł), kropnęła (*wym.* kropnęła; *nie*: kropła), kropnęliśmy (*wym.* kropnęliśmy, *nie*: kropliśmy).

kropka *ż III, lm D.* kropek △ Postawić, *rzad.* położyć kropkę nad i «sformułować wypowiedź tak, żeby to, co było aluzją, stało się jasne» △ Znaleźć się w kropce **a)** «znaleźć się w trudnej, kłopotliwej sytuacji» **b)** *rzad.* «zręcznie wybrnąć z kłopotów, zachować się właściwie» || D Kult. I, 218.

*kropka «znak interpunkcyjny, którym zamyka się zdania pojedyncze i złożone oraz ich równoważniki», np.: Wstał. Podszedł do okna. Dziedziniec, oświetlony jedną tylko lampą, tonął w mroku. Wtem — wybuch. Jeden, drugi, trzeci. Podwórze pełne ludzi. △ Po tytułach książek, czasopism itp. na ogół nie stawia się kropki, np. Pan Tadeusz △ Po tytułach rozdziałów, złożonych czcionkami jednego kroju (bez wyróżnienia dużych i małych liter) nie stawia się kropki; natomiast, gdy początek tytułu rozdziału pisany jest dużą literą, można zamknąć go kropką. △ Po żywej paginie nie umieszcza się kropki. Jeśli żywa pagina zawiera więcej niż jeden tytuł — oddzielamy je od siebie pauzą, np. Okres zlodowacenia w Europie — Posuwanie się lodowca △ Podobnie nie stawia się kropki po wyrazach, oznajmieniach, nazwach, nazwiskach, tytułach itp. na szyldach, pieczęciach, biletach wizytowych, reklamach, ogłoszeniach, afiszach itd. △ Jeśli zdanie kończy się jakimś skrótem, opatrzonym kropką, nie umieszcza się już po nim drugiej kropki, np. Na półce stały książki z zakresu mechaniki, fizyki, elektroniki itp. (*nie*: itp..). △ Kropkę stawia się zawsze po inicjałach, np.: J. Kowalski. Pod artykułem widniał podpis: S.J. △ Pisownia kropki po cyfrach, skrótach, skrótowcach i w datach omówiona jest pod: cyfrowy zapis liczebników, daty, skróty, skrótowce (p.).

kropla *ż I, lm D.* kropli a. kropel: Spadło już parę kropli (kropel) deszczu. △ w zn. «lekarstwo» tylko w *lm, D.* kropli: Nie zażywaj zbyt wiele tych kropli. □ K. na co «krople stosowane przy leczeniu czegoś (gdy wymienia się narząd)»: Krople na serce (a. nasercowe). Krople na nerwy. □ K. od czego, *rzad.* na co (*nie*: do czego) «krople powodujące usunięcie dolegliwości»: Krople od kaszlu, na kaszel. □ K. przeciw czemu «krople zapobiegające chorobie, leczące chorobę»: Krople przeciw nadciśnieniu.

kroplomierz *m II, lm D.* kroplomierzy, *rzad.* kroplomierzów.

kropnąć p. kropić.

krosno *n III, lm D.* krosien, zwykle w *lm*: Tkać na krosnach.

Krosno *n III* «miasto» — krośnianin *m V, D.* krośnianina, *lm M.* krośnianie, *D.* krośnian — krośnianka *ż III, lm D.* krośnianek — krośnieński.

krosta (*nie*: chrosta) *ż IV, lm D.* krost (*nie*: króst).

Krościenko *n II* «miejscowość» — krościeński.

Krotoszyn *m IV, D.* Krotoszyna «miasto» — krotoszyński.

krój *m I, D.* kroju, *lm D.* krojów: Krój sukni. Krój czcionek.

król *m I* **1.** *lm M.* królowie, *D.* królów (w nazwie święta — *D.* króli) «władca»: Panowanie królów (*ale*: Święto Trzech Króli). **2.** *lm MB.* króle, *D.* króli **a)** «karta» **b)** *rzad.* «królik» || D Kult. I, 177.

królestwo (*nie*: królewstwo) *n III* **1.** *Ms.* królestwie «kraj rządzony przez króla» **2.** *DB.* królestwa, *Ms.* królestwu, *blm* «król z żoną»: Królestwo zasiedli (*nie*: zasiadło) na tronie.

Królestwo (Kongresowe, Polskie) a. skrótowo: Królestwo; Królestwo *n III*; Kongresowe, Polskie odm. przym.

Królewiak *m III, lm M.* Królewiacy «mieszkaniec Królestwa Kongresowego»

Królewiec *m II, D.* Królewca «dawna nazwa Kaliningradu, miasta w ZSRR» — królewiecki.

królewna *ż IV, D.* królewny, *CMs.* królewnie (*nie*: królewnej), *lm D.* królewien (*nie*: królewnych).

królewski: Insygnia królewskie. △ Jego Królewska Mość «zwrot grzecznościowy używany w odniesieniu do króla»: Jego Królewska Mość przybył (*nie*: przybyła). *Por.* mość.

królikarnia, *rzad.* **króliczarnia** *ż I, lm D.* królikarni, króliczarni, *rzad.* królikarń, króliczarń.

królobójca *m odm. jak ż II, lm M.* królobójcy, *DB.* królobójców.

królowa *ż odm. jak przym., D.* królowej, *B.* królową (*nie*: królowę), *W.* królowo.

królować *ndk IV,* królowaliśmy (p. akcent § 1a i 2) □ K. bez dop.: Dynastia Jagiellonów długo królowała (*częściej*: panowała) w Polsce. △ *przen.* Pękata butelka królowała na środku stołu. □ *przen.* K. nad czym: Samotna wieża królowała nad miastem.

krótko *st. w.* krócej (*nie*: króciej, kródzej, kródziej) przysłów. od krótki: Ubierać się krótko. △ Krótko mówiąc «zwięźle streszczając» △ (Na) krótko przedtem: Ojciec ich zmarł; (na) krótko przedtem sprzedał majątek. △ *niepoprawne* w zn. «zaraz, wkrótce», np. Krótko (*zamiast*: wkrótce) potem.

krótko- «pierwsza część wyrazów złożonych pisana łącznie» **a)** «wskazująca na jakość lub czas trwania (krótkość) tego, co nazywa druga część złożenia», np.: krótkodystansowy, krótkometrażowy. **b)** «w przymiotnikach o charakterze dzierżawczym: określająca jakość (krótkość) tego, co nazywa druga, rzeczownikowa część złożenia», np.: krótkowłosy, krótkonogi. △ Wyrażenia, których pierwszym członem jest przysłówek a drugim imiesłów pisze się rozdzielnie, np. krótko obcięty.

krótkodystansowiec *m II, D.* krótkodystansowca, *lm M.* krótkodystansowcy; in. sprinter.

krótkofalarstwo *n III, blm.*

krótkofalowiec *m II, D.* krótkofalowca, *lm M.* krótkofalowcy.

krótkowidz *m II, lm M.* krótkowidze (*nie*: krótkowidzowie), *D.* krótkowidzów (*nie*: krótkowidzy).

kruchy *m-os. rzad.* krusi, *st. w.* kruchszy a. bardziej kruchy.

kruczeć (*nie*: kruczyć) *ndk VIIb*, tylko *nieos.*: Komuś kruczy w brzuchu.

krup *m IV, D.* krupu.

krupa *ż IV*, zwykle w *lm reg.* w zn. «kasza jęczmienna»: Krupy perłowe.

krupiasty, *rzad.* krupczasty: Krupiasty śnieg.

krupon *m IV, D.* kruponu: Mocne zelówki z kruponu.

kruszec *m II, D.* kruszcu.

Kruszwica *ż II* «miasto» — kruszwicki.

kruszyć *ndk VIb*, kruszyliśmy (p. akcent § 1a i 2): Kruszyć coś na kawałki lub w kawałki.

krużganek *m III, D.* krużganku a. krużganka.

krwawiączka *ż III, blm środ.* (*med.*) «hemofilia»

krwinka *ż III, lm D.* krwinek, zwykle w *lm* △ Krwinki białe, in. leukocyty. △ Krwinki czerwone, in. erytrocyty.

krwiobieg (*nie*: krwioobieg) *m IV, D.* krwiobiegu, *blm*; *lepiej*: krążenie krwi.

krwotoczny, *rzad.* krwiotoczny: Skaza krwotoczna (krwiotoczna).

krwotok (*nie*: krwiotok) *m III, D.* krwotoku.

kryg *m III, D.* krygu, *lm D.* krygów (*nie*: kryg), zwykle w *lm*.

krykiet (*nie*: kriket) *m IV, DB.* krykieta, *blm.*

Krym *m IV, D.* Krymu «półwysep na Morzu Czarnym» — krymski (p.).

kryminalista *m odm. jak ż IV, lm M.* kryminaliści, *DB.* kryminalistów «przestępca, zbrodniarz»: Posadzili go wraz z kryminalistami. △ *niepoprawne*

w zn. «prawnik specjalizujący się w dziedzinie kryminologii; kryminolog»

kryminalistyka (*wym.* kryminalistyka, *nie*: kryminalistyka, p. akcent § 1c) *ż III, blm* «nauka o środkach i sposobach wykrywania przestępstw, ich sprawców»

kryminolog *m III, lm M.* kryminolodzy a. kryminologowie.

krymski: Konferencja krymska (*ale*: Półwysep Krymski).

Krynica *ż II* «miejscowość» — kryniczanin *m V, D.* kryniczanina, *lm M.* kryniczanie, *D.* kryniczan — kryniczanka (p.) — krynicki.

Krynica Morska, Krynica *ż II*, Morska odm. przym. «miejscowość» — krynicki.

kryniczanka *ż III, lm D.* kryniczanek **1.** «mieszkanka Krynicy; woda mineralna» **2.** Kryniczanka «rzeczka, nad którą leży Krynica»

kryska p. kreska.

krystalizować się (*lepiej niż*: krystalizować) *ndk IV*, krystalizowałby się (p. akcent § 4c): Kwarc krystalizuje się w szczelinach skalnych. || *D Kult. I*, 65.

krystiania p. kristiania.

Krystyna *ż IV* — Krysia a. Krzysia *ż I, W.* Krysiu, Krzysiu.

kryształek *m III, D.* kryształka; *rzad.* kryształik *m III, D.* kryształika.

*kryteria poprawności językowej p.: Wstęp (punkt I), norma językowa.

kryterium *n VI, lm M.* kryteria, *D.* kryteriów **1.** «sprawdzian, probierz»: Kryterium oceny. Oceniać coś na podstawie jakiegoś kryterium. △ *niepoprawne* w zn. «zasada» **2.** *środ. sport.* «zawody eliminacyjne» || *KP Pras.*

krytycyzm (*wym.* krytycyzm, *nie*: krytycyzm) *m IV, D.* krytycyzmu, *Ms.* krytycyzmie (*wym.* ~yzmie a. ~yźmie), *blm.*

krytyk *m III, D.* krytyka (*nie*: krytyka, p. akcent § 1d).

krytyka (*wym.* krytyka, *nie*: krytyka, p. akcent § 1c) *ż III.*

Krywań *m I, D.* Krywania «szczyt w Tatrach» — krywański.

kryza *ż IV* **1.** p. kreza. **2.** «wkładka do rur zmniejszająca ich przekrój»

krz p. cząstki wyrazów.

krzak *m III, D.* krzaka, *rzad.* krzaku.

krzątać się *ndk I*, krzątaliśmy się (p. akcent 1a i 2) □ K. się koło czego a. przy czym: Matka krzątała się koło gospodarstwa (przy gospodarstwie).

Krzemieniec *m II, D.* Krzemieńca «miasto w ZSRR» — krzemieniecki.

krzepić *ndk VIa*, krzepię, krzepiliśmy (p. akcent § 1a i 2) □ K. bez dop.: Cukier krzepi. □ *rzad.*

K. kogo, co (czym): Krzepiła żołnierzy mocną kawą.

krzepki *m-os.* krzepcy, *st. w.* bardziej krzepki (*nie*: krzepciejszy).

krzepko *st. w.* bardziej krzepko (*nie*: krzepciej).

krzepnąć *ndk Vc*, krzepł, *rzad.* krzepnął (*wym.* krzepnoł), krzepła (*nie*: krzepnęła), krzepli, krzepnąłby (*wym.* krzepnołby, p. akcent § 4c).

krzepnięcie a. **krzepnienie** *n I*: Krzepnienie (krzepnięcie) krwi.

krzesać *ndk IX*, krzesze (*nie*: krzesa), krzesaliśmy (p. akcent § 1a i 2): Krzesać ogień. △ Krzesać hołubca a. hołubce «uderzać w tańcu obcasami»

krzesanica *ż II reg.* «urwisko»

Krzesanica *ż II* «szczyt w Tatrach»

krzesło *n III, lm D.* krzeseł △ Usiąść na krześle (*nie*: w krześle).

Krzeszowice *blp, D.* Krzeszowic «miasto» — krzeszowiczanin *m V, D.* krzeszowiczanina, *lm M.* krzeszowiczanie, *D.* krzeszowiczan — krzeszowiczanka *ż III, lm D.* krzeszowiczanek — krzeszowicki.

Krzeszów *m IV, D.* Krzeszowa, *C.* Krzeszowowi (*ale*: ku Krzeszowowi a. ku Krzeszowu) «miejscowość» — krzeszowianin *m V, D.* krzeszowianina, *lm M.* krzeszowianie, *D.* krzeszowian — krzeszowianka *ż III, lm D.* krzeszowianek — krzeszowski.

krzewiasty, *rzad.* **krzewisty** «przypominający krzew»: Zarośla krzewiaste (krzewiste).

krzewny «w botanice: rosnący w kształcie krzewu»: Bawełna jest rośliną krzewną.

krzewostan *m IV, D.* krzewostanu (wyraz utworzony na wzór rzeczownika: drzewostan). // *KJP 104.*

Krzna *ż IV, D.* Krzny «rzeka» — krzniański.

krzta a. **krztyna** *ż IV przestarz.* «odrobina, mała ilość czegoś» △ dziś zwykle w wyrażeniu: Ani krzty, krztyny, np. Nie miał w sobie ani krzty (krztyny) zarozumiałości.

krztusić *ndk VIa*, krztusiłby (p. akcent § 4c), tylko w 3 os.: Dym, kurz krztusi w gardle.
krztusić się, krztusiliśmy się (p. akcent § 1a i 2) □ K. się czym a. od czego: Krztusić się dymem (od dymu).

krztusiec *m II, D.* krztuśca, *blm środ.* (*med.*) «koklusz»

krzyczący imiesł. przym. od czas krzyczeć.
krzyczący w użyciu przymiotnikowym **1.** «o kolorach: rzucający się w oczy, nieprzyjemnie jaskrawy» **2.** «o zachowaniu, postępowaniu: wymagający protestu, przeciwdziałania»: Krzycząca niesprawiedliwość.

krzyczeć (*nie*: krzyczyć) *ndk VIIb*, krzyczeliśmy (p. akcent § 1a i 2) — **krzyknąć** *dk Va*, krzyknąłem (*wym.* krzyknołem; *nie*: krzyknęłem, krzykłem), krzyknął (*wym.* krzyknoł), krzyknęła (*wym.* krzyknęła; *nie*: krzykła), krzyknęliśmy (*wym.* krzyknęliśmy, *nie*: krzykliśmy) □ K. na kogo **a)** (zwykle *ndk*) «strofować, łajać»: Matka krzyczała na dziecko. **b)** «wołać

na kogoś, przywoływać go»: Krzyczeli na przewoźnika, żeby podpłynął. □ K. o czym: *przen.* Gazety krzyczały o zwycięstwie.

krzykacz *m II, lm D.* krzykaczy, *rzad.* krzykaczów.

krzykała *ż a. m odm.* jak *ż IV, M.* ten a. ta krzykała (także o mężczyznach), *lm M.* te krzykały, *D.* krzykałów (tylko o mężczyznach) a. krzykał, *B.* tych krzykałów (tylko o mężczyznach) a. te krzykały.

krzykliwy *m-os.* krzykliwi **1.** «wrzaskliwy, hałaśliwy»: Krzykliwy głos. Krzykliwa rozmowa. **2.** p. krzyczący (w zn. 1).

Krzysztof *m IV, lm M.* Krzysztofowie — Krzysio a. Krzyś (*nie*: Krzysiu) *m I, lm M.* Krzysiowie — Krzysiek *m III, D.* Krzyśka, *lm M.* Krzyśkowie — Krzysztofostwo *n III, DB.* Krzysztofostwa, *Ms.* Krzysztofostwu (*nie*: Krzysztofostwie), *blm*; a. Krzysztofowie *blp, D.* Krzysztofów — Krzysiowie, Krzyśkowie *blp, D.* Krzysiów, Krzyśków.

krzywda *ż IV*: Wyrządzić, zrobić komuś krzywdę. Krzywda się komuś dzieje. Doznać krzywdy (*nie*: ponieść krzywdę). Cierpieć krzywdę. Zagarnął cały spadek z krzywdą swoich braci.

krzywdować *ndk IV*, krzywdowaliśmy (p. akcent § 1a i 2) △ tylko w *pot.* zwrocie: Krzywdować sobie «uważać się za pokrzywdzonego»

krzywdzić *ndk VIa*, krzywdzę, krzywdziliśmy (p. akcent § 1a i 2): Krzywdzisz go niesłusznym podejrzeniem.

krzywica *ż II, blm*; in. (*wych. z użycia*) angielska choroba.

krzywiczy, *rzad.* **krzywiczny**, **krzywicowy**: Zmiany krzywicze (krzywiczne, krzywicowe). Dziecko krzywicze a. krzywiczne (*nie*: krzywicowe).

krzywić *ndk VIa*, krzyw, krzywiliśmy (p. akcent § 1a i 2): Krzywić twarz, usta.
krzywić się «robić grymasy» □ K. się na kogo, na co «okazywać niechęć, niezadowolenie»: Krzywił się trochę na nową pracę. Nikt się na niego nie krzywił, przeciwnie, wszyscy go bardzo lubili.

krzywolinijny, *rzad.* **krzywoliniowy**: Tor, ruch krzywolinijny.

krzywoprzysięgać *ndk I*, krzywoprzysięgaliśmy (p. akcent § 1a i 2) — *rzad.* **krzywoprzysiąc** *dk Vc*, krzywoprzysięgnie, krzywoprzysiągł, krzywoprzysięgła, krzywoprzysięgliśmy.

krzywoprzysięski, *książk. podn.* **krzywoprzysiężny**: Krzywoprzysięskie oskarżenie, zeznanie.

krzywoprzysięzca (*nie*: krzywoprzysięza) *m odm.* jak *ż II, lm M.* krzywoprzysięzcy, *DB.* krzywoprzysięzców. // *D Kult. I, 490.*

krzyż *m II, lm D.* krzyży, *rzad.* krzyżów: Po drodze minęli kilka drewnianych krzyży. △ Plac Trzech Krzyży (*nie*: Krzyżów). △ *przen.* Zniosła już w życiu wiele krzyży. △ W nazwach odznaczeń dużą literą: Złoty, Srebrny, Brązowy Krzyż Zasługi, Krzyż Walecznych (*ale*: krzyż harcerski). △ w zn. «część kręgosłupa»: Ból w krzyżu, *pot.* w krzyżach. △ Na krzyż (*wym.* na krzyż) **a)** «krzyżując co»: Założyć nogi na krzyż. Zawiązać paczkę na krzyż. **b)** «na cztery części»: Przekroić bochenek na krzyż.

Krzyż *m II, D.* Krzyża «miasto» — krzyski.

krzyżak *m III, lm M.* krzyżaki **1.** «przedmiot składający się z krzyżujących się elementów»: Stół na krzyżakach. **2.** «pająk z krzyżem na grzbiecie» **3.** Krzyżak, *lm M.* Krzyżacy «członek niemieckiego zakonu rycerskiego, w *lm* także: zakon krzyżacki a. krzyżowy»

Krzyżne *n* odm. jak przym., *NMs.* Krzyżnem «przełęcz w Tatrach»

krzyżować *ndk IV,* krzyżowaliśmy (p. akcent § 1a i 2) □ K. kogo «przybijać na krzyżu» □ K. co «układać na krzyż» □ K. co komu «psuć, udaremniać komuś plany, zamiary itp.» □ K. co z czym «łączyć organizmy należące do tych samych lub różnych odmian, ras itp.»
krzyżować się □ K. się między sobą, ze sobą «łączyć się tworząc odmiany, rasy, gatunki» □ K. się z czym «przecinać się w kształcie krzyża»

krzyżowy: Zakon krzyżowy; in. Krzyżacy.

krzyżyk *m III △ pot.* Zacząć, przekroczyć czwarty, piąty itd. krzyżyk «zacząć, przekroczyć czwarty, piąty dziesiątek lat» *△ pot.* Postawić, położyć na czymś (*nie:* na coś) krzyżyk «zrezygnować z czegoś ostatecznie»

ks. «skrót wyrazów: *ksiądz, książę* pisany z kropką, stawiany zwykle przed nazwiskiem lub przed imieniem i nazwiskiem, czytany jako cały, odmieniany wyraz»: Ks. (*czyt.* ksiądz) Kowalski. Ks. (*czyt.* książę) Adam Czartoryski.

KS (*wym.* kaes, p. akcent § 6) *m IV, D.* KS-u, *Ms.* KS-ie a. *ndm* «Klub Sportowy»: Działacze miejscowego KS-u (KS). KS zorganizował zawody piłkarskie.

Ksantypa *ż IV* «imię żony Sokratesa» — w zn. *przen.* małą literą «kobieta kłótliwa, jędza»: Trudno wytrzymać z tą ksantypą.

Ksawery (*nie:* Ksawer) *m* odm. jak przym., *lm M.* Ksawerowie — Ksawerostwo *n III, DB.* Ksawerostwa, *Ms.* Ksawerostwu (*nie:* Ksawerostwie), *blm;* a. Ksawerowie *blp, DB.* Ksawerych.

kserofit *m IV, D.* kserofitu, zwykle w *lm;* in. suchorost.

ksiądz (skrót: ks.) *m II, D.* księdza, *C.* księdzu (*nie:* księdzowi), *W.* księże, *lm M.* księża, *DB.* księży (*nie:* księdzów), *C.* księżom (*nie:* księdzom), *N.* księżmi (*nie:* księdzami, księżami). || *D Kult. II, 324.*

książątewko, *rzad.* **księstewko** *n II, lm D.* książstewek (księstewek).

Książ *m II* «miejscowość» — książanin *m V, D.* książanina, *lm M.* książanie, *D.* książan — książanka *ż III, lm D.* książanek — książski.

książę *m DB.* księcia, *C.* księciu, *W.* książę, *N.* księciem, *Ms.* księciu, *lm* odm. jak *n IV, M.* książęta, *D.* książąt (skrót: ks.).

książęcy *△* Wasza Książęca Mość, Jego Książęca Mość «zwroty grzecznościowe używane w odniesieniu do księcia»: Jego Książęca Mość mówił (*nie:* mówiła). *△* Jej Książęca Mość, Wasza Książęca Mość «zwroty grzecznościowe używane w odniesieniu do księżnej lub księżniczki» *Por.* mość.

książka *ż III, lm D.* książek: Książka protokołów, pokwitowań, zażaleń. Książka dla (*nie:* do) pierwszej klasy. Książka do nabożeństwa (*nie:* od nabożeństwa). Książka dla młodzieży. Książka o Jarosławie Dąbrowskim. Książka o podróżach, o miłości, o okropnościach wojny. Wydać książkę. Książka wychodzi, wyszła (z druku), ukazała się drukiem (w druku).

ksieni (*nie:* ksienia) *ż I, lm D.* ksieni.

księga *ż III, lm D.* ksiąg: Księga hotelowa, pamiątkowa. Księga przychodu, rozchodu *△* zwykle w *lm:* Księgi archiwalne, metryczne, hipoteczne, gruntowe, ziemskie. *△* Czytać w kimś jak w (otwartej) księdze «odgadywać, co ktoś przeżywa, myśli, czuje»

księgarnia *ż I, lm D.* księgarni a. księgarń: Zaopatrzenie księgarń w katalogi.

księgarz *m II, lm D.* księgarzy.

księgowy: Zapis, dokument, dziennik księgowy.
księgowy, księgowa w użyciu rzeczownikowym: Główny księgowy. Główna księgowa. Pracować jako księgowy (księgowa). Być księgowym (księgową) w jakiejś instytucji.

księstewko p. książątewko.

księstwo *n III, lm D.* księstw (*nie:* książtw) **1.** *Ms.* księstwie «państwo, część państwa podległa księciu»: Księstwo udzielne. *△* W nazwach dużą literą: Księstwo Warszawskie, Mazowieckie. Księstwo Monaco. **2.** *DB.* księstwa, *Ms.* księstwu, *blm* «książę z żoną»: Na koncercie byli obecni księstwo Radziwiłłowie. Mówiono o księstwu Czartoryskich.

Księżak *m III, lm M.* Księżacy «mieszkaniec powiatu łowickiego i skierniewickiego (byłego Księstwa Łowickiego)» — Księżanka *ż III, lm D.* Księżanek — księżacki.

księżna *ż* odm. jak przym., *rzad.* jak *ż IV, D.* księżnej (księżny), *CMs.* księżnej (księżnie), *B.* księżnę (księżną), *W.* księżno, *N.* księżną, *lm MBW.* księżne, *D.* księżnych, *C.* księżnym (księżnom), *N.* księżnymi, *Ms.* księżnych.

księżowski a. **księży:** Księżowska (księża) gospodyni. *△* we *fraz.* tylko: księży, np. *pot. rub.* Patrzy, ogląda się na księżą oborę «jest bliski śmierci»

księżyc (jako termin astronomiczny pisze się dużą literą) *m II, lm D.* księżyców: Sierp księżyca (*ale:* wiek Księżyca, orbita Księżyca). Księżyc wschodzi, zachodzi. Księżyc wypływa na niebo, wygląda zza chmur. *△* Przy księżycu «przy świetle księżyca»: Spacerować przy księżycu.

ksylografia *ż I, DCMs.* ksylografii, *blm;* in. drzeworytnictwo.

ksz p. cząstki wyrazów.

kształcić *ndk VIa,* kształcę, kształciliśmy (p. akcent § 1a i 2) — **wykształcić** *dk* □ K. kogo (na kogo): Kształcił syna na lekarza. □ *wych. z użycia* K. kogo (w czym): Kształcić kogoś w języku francuskim. □ K. co (w kim): Kształcić umysł, wolę.

kształt *m IV, D.* kształtu: Popielniczka w kształcie liścia. *△* Mieć, przybrać, nadać czemuś jakiś kształt a. kształt czegoś: Kopuła ma kształt kuli a. kulisty.

△ *książk.* Na kształt czegoś «w rodzaju czegoś; jak, jakby»: Czuł coś na kształt zażenowania. △ w zn. «części postaci ludzkiej; figura» w *lm*, np. Bujne, obfite, posągowe, smukłe kształty.

kształtować *ndk IV*, kształtowaliśmy (p. akcent § 1a i 2): Kształtować glinę. Kształtować czyjś charakter, czyjąś osobowość. Kształtować opinię.

kto *DB.* kogo, *C.* komu, *NMs.* kim, *blm* 1. «zaimek pytajny (w pytaniach niezależnych i zależnych), odnoszący się do osób i zwierząt, niezależnie od rodzaju i liczby»: Kto przyszedł? Mama. Z kim rozmawiałeś? Z siostrami. △ Uwaga. W konstrukcjach typu: Kto z mężczyzn, który ze słuchaczy, która z kobiet — można w rodzaju męskim użyć zaimka *kto* lub *który*, w rodzaju żeńskim tylko *która* (np. *nie:* kto z kobiet). △ Zaimka *kto* można używać w stosunku do zwierząt, gdy pytamy o wykonawcę czynności możliwe także dla człowieka lub o istotę podlegającą stanowi możliwemu również dla człowieka, np.: Komu (*nie:* czemu) dałeś jeść? Psu i kotu. Kto rozlał (*nie:* co rozlało) mleko? △ W wypadku czynności lub stanów mogących się odnosić tylko do zwierząt używamy zaimka *co*, np.: Co (*nie:* kto) się pasie na łące? Co (*nie:* kogo) upolował myśliwy? △ Zaimka *co* używamy również, gdy się spodziewamy w odpowiedzi raczej nazwy zwierzęcia, np. Kto chodzi po dachu? Kominiarz. *Ale:* Co chodzi po dachu? Kot. △ W pytaniach dotyczących czyjegoś stanowiska, zawodu używamy zaimków *kto* lub *co*, np. Kim on jest a. czym on jest? Dyrektorem, nauczycielem. △ W wypowiedziach dotyczących roli odgrywanej przez kogoś używamy wyłącznie zaimka *co*, np. Nie masz pojęcia, czym on jest dla mnie. △ W pytaniach z czasownikiem *być* można użyć dwóch form: Kim on jest? a. kto on jest? Jednak pytania z formą *kim* dotyczą wyłącznie stanowiska lub zawodu, nigdy zaś — w odróżnieniu od *kto* — tożsamości. △ Nie należy używać zaimka pytajnego *kto* w funkcji zaimka *czyj*, np. Czyja (*nie:* kogo) to wina. *Por.* czyj.
2. «zaimek względny zaczynający zdania podrzędne dopełnieniowe lub podmiotowe»: Kto pyta, nie błądzi. △ Zaimek względny *kto* może być niekiedy zastępowany przez *co*, np. Ten, kto zdobył nagrodę a. ten, co zdobył nagrodę. △ Zaimek względny *kto* nie ma form liczby mnogiej. Mówimy więc: Ten, kto pracuje, *ale*: Ci, którzy pracują (w *lm* można również użyć formy: Ci, co pracują). △ Zaimek względny *kto* w zdaniu powinien się odnosić do rzeczownika najbliższego mu pozycją. △ *niepoprawne* są połączenia: Kto by nie był, kogo by nie zapytał itp. (*zamiast*: ktokolwiek by był, kogokolwiek by zapytał itp.). △ Połączenie zaimka *kto* z cząstką składową form trybu przypuszczającego *by* pisze się oddzielnie, np.: Kto by mógł pomóc? Nie wiem, kto by to umiał.
3. «zaimek nieokreślony oznaczający osobę jedną z wielu, nieznaną (w tej funkcji dziś zwykle używamy zaimka nieokreślonego *ktoś*, z wyjątkiem niektórych utartych tradycyjnie zwrotów)»: Czy widział cię kto a. ktoś? Zmieszała się, jakby ją kto a. ktoś skarcił. Wzięto ją za kogo (a. za kogoś) innego. Usiedli, gdzie kto chciał. Kto jak kto, ale ty musisz to zrozumieć. Mało kto. Byle kto (*nie:* mało ktoś, byle ktoś). △ Nie ma komu a. nie ma kto (oba zwroty poprawne): Nie ma komu iść do pracy a. nie ma kto iść do pracy. △ Kto bądź (*nie:* kto bądź) pisze się zawsze oddzielnie. // D Kult. I, 57, 61.

ktokolwiek *DB.* kogokolwiek, *blm* (odmienia się tylko pierwsza część wyrazu zgodnie z odmianą zaimka *kto*, cząstka *-kolwiek* pozostaje nieodmienna) «zaimek nieokreślony oznaczający dowolną osobę, jedną z wielu»: Nie lubił dzielić się tajemnicą z kimkolwiek. Może ktokolwiek to zrobi.
△ W połączeniu z czasownikiem *być* możliwe jest użycie albo formy narzędnika, albo mianownika zaimka *ktokolwiek*, np. Ktokolwiek jesteś, zbliż się a. kimkolwiek jesteś, zbliż się. △ *niepoprawne* Ktokolwiek bądź (*zamiast*: ktokolwiek a. kto bądź), np.: Ktokolwiek (*nie:* ktokolwiek bądź) przyjdzie, weźmie udział w zabawie. Ktokolwiek by to zrobił (*nie:* kto by tego nie zrobił). △ Połączenie zaimka *ktokolwiek* z cząstką składową form trybu przypuszczającego *by* pisze się oddzielnie, np. Ktokolwiek by zawinił, poniesie karę.

ktoś (*nie:* ktoś) *DB.* kogoś (*nie:* kogóś), *C.* komuś, *NMs.* kimś, *blm* «zaimek nieokreślony oznaczający osobę nie znaną mówiącemu, zastępowany czasami przez zaimek *kto*»: Ktoś wszedł. Widział kogoś na ulicy. Weź kogoś (a. kogo) innego. △ Być kimś, stać się, zostać itp. kimś «być, stać się itp. ważną, znaczącą osobą»
ktoś *żart.* w użyciu rzeczownikowym, *DB.* ktosia, *C.* ktosiowi, *N.* ktosiem, *Ms.* ktosiu (zwykle w połączeniu z zaimkiem wskazującym): Znał tego ktosia. Ktoś przyszedł do niej i z tym ktosiem wyszła z domu. △ Zaimek *ktoś* w połączeniu z cząstką składową form trybu przypuszczającego *by* pisze się oddzielnie, np. Może ktoś by to zrobił. *Por.* kto.

którędy «zaimek pytajny (w pytaniach niezależnych i zależnych) dotyczący określenia drogi, kierunku ruchu itp., używany także w funkcji względnej»: Którędy pójdziemy? Nie wiem, którędy uciekł. Myślę, którędy by iść. Pójdziemy tędy, którędy jest najbliżej. Wymknij się którędy bądź.

którędykolwiek «obojętnie, którą drogą, w którym kierunku»: Pójdźmy którędykolwiek, byle stąd wyjść. Którędykolwiek by pojechał, dogonię go i tak.

który (*nie:* któren, chtóry), **która, które** odm. przym., *lm M. m-os.* którzy, *ż-rzecz.* które 1. «zaimek używany w pytaniach niezależnych i zależnych»: Który to dzień? Nie mógł ustalić, która relacja jest prawdziwa. Którego mamy dzisiaj? (o kolejnym dniu miesiąca). Która to? Już ósma (o godzinie). 2. «zaimek względny używany w zdaniach podrzędnych przydawkowych oraz podmiotowych i dopełnieniowych (w tych funkcjach wymienny z zaimkiem *kto*) oraz w zdaniach podrzędnych rozwijających treść zdania nadrzędnego»: Mieszkał w domu, w którym się urodził. Lubił tych, którzy jego lubili. Spotkałem koleżankę, z którą poszliśmy potem na kawę. △ Uwaga. Szyk zaimka względnego *który* jest ściśle ustalony: stoi na pierwszym miejscu w zdaniu zależnym. Może być poprzedzony jedynie przyimkiem lub wyrażeniem przyimkowym typu: *za pomocą, na podstawie, na mocy, w braku, w razie* (traktowanym w całości jak przyimek). Wskazuje zawsze na ostatni rzeczownik w zdaniu nadrzędnym, ewentualnie rzeczownik, na który pada akcent zdaniowy. Inny szyk jest wynikiem wpływu języków obcych i czasem powoduje niejasność wypowiedzi, np. Pracownicy, z których winy (*nie:* Pracownicy, z winy których) nie wykonano planu. △ W wypadku wyrażeń przyimkowych występują pewne wahania, zależne od stopnia

scalenia danego wyrażenia przyimkowego. Możliwe są wtedy dwie konstrukcje, np.: Przyrządy, za pomocą których, *rzad.* przyrządy, za których pomocą... Dom, w pobliżu którego stoimy a. dom, w którego pobliżu stoimy. △ Kilkakrotne powtarzanie zaimka *który* w zdaniach podrzędnych dopuszczalne jest ze względów stylistycznych jedynie wtedy, gdy zaimek zaczyna zdania współrzędne wobec siebie i odnosi się do jednego rzeczownika, np. Dom, który kupił, a który już się walił... △ Powtórzenie zaimka *który* w zdaniach podrzędnych drugiego stopnia (gdy *który* odnosi się za każdym razem do innego rzeczownika) jest błędem, np. Dom, który kupił od osoby, która chciała się go pozbyć... △ W mowie potocznej częsta jest wymienność zaimka *który* i *jaki*. Należy przestrzegać rozróżniania obu zaimków, kierując się zasadą, że *który* pełni funkcję wyodrębniającą (w zdaniu nadrzędnym można tu użyć zaimka wskazującego *ten*), *jaki* ma funkcję uogólniającą (w zdaniu nadrzędnym użyje się zaimka wskazującego *taki*), np.: Szukam (tej) książki, którą wczoraj czytałem, *ale*: Szukam (takiej) książki, jaka by mnie zaciekawiła. Spotkałem ludzi, których (*nie*: jakich) wczoraj poznałem, *ale*: Spotkałem ludzi, jakich jeszcze nigdy nie widziałem. △ *Niepoprawne* jest zastępowanie zaimka *który* zaimkiem *gdzie*, bardzo dziś nadużywanym, np.: Rozmawiałem z kolegą, gdzie on mi powiedział... (*zamiast*: Rozmawiałem z kolegą, który wtedy mi powiedział...). Zabawa, gdzie (*zamiast*: w której) brał udział... △ Wymienność zaimka *który* i *co* właściwa jest mowie potocznej oraz stylowi podniosłemu, np.: Ten, co to zrobił a. ten, który to zrobił. Panno święta, co Jasnej bronisz Częstochowy...
3. *pot.* «zaimek nieokreślony (zastępowany w starannej mowie przez: któryś, jakiś, ktoś, ktokolwiek)»: Kiedy który z chłopców upadł... Jak złapał którego łobuza, to bił. △ W utartych wyrażeniach utrzymuje się w tej funkcji wyłącznie *który*, np.: Co który przyjdzie, to... Mało który, rzadko który (np. przyszedł na czas), po raz nie wiem który. △ Uwaga. Połączenia zaimka *który* z cząstką składową form trybu przypuszczającego *by*, z cząstką nieokreśloną *bądź* i partykułą *to* pisze się oddzielnie, np.: Nie wiem, który to mógł wykonać. Niech tu przyjdzie który bądź. Który to z was?

którykolwiek, którakolwiek, którekolwiek *lm* M. *m-os.* którzykolwiek, *ż-rzecz.* którekolwiek (odmienia się tylko pierwsza część wyrazu; cząstka nieokreślona *-kolwiek* pozostaje nieodmienna) «zaimek nieokreślony, *częściej*: któryś, jakiś»: Weź którąkolwiek (*częściej*: jakąś) książkę. △ Którykolwiek z... (+ *lm*): Którykolwiek z zebranych zabrał głos, przerywano mu. △ Połączenia *którykolwiek* z cząstką *by* — pisze się oddzielnie.

któryś, któraś, któreś (odm. jak: który) *blm* «zaimek nieokreślony: jeden z wielu»: Któregoś dnia. Któraś noc z rzędu. △ Któryś z ... (+ *lm*): Któryś z chłopców. Nie ma którejś z pracowniczek.

któryż, któraż, któreż *lm* M. *m-os.* którzyż, *ż-rzecz.* któreż (odm. jak: który) *rzad.* «wzmocniony zaimek *który* (tylko w funkcji zaimka pytajnego w pytaniu niezależnym)»: Któraż to godzina? Któregoż wybrałaś? △ Uwaga. W niektórych przypadkach zależnych, a mianowicie: w narzędniku i miejscowniku *lp* rodzaju męskiego i nijakiego, w dopełniaczu, ce-

lowniku i miejscowniku *lp* rodzaju żeńskiego oraz w dopełniaczu, celowniku i miejscowniku *lm* cząstka nieokreślna *-ż* występuje w postaci *-że*, np.: O którejże godzinie? W którymże domu? △ Zaimek *któryż* właściwy jest językowi książkowemu, w przypadkach zależnych bywa używany bardzo rzadko.

któż (*nie*: ktoż) *DB.* kogóż a. kogoż, *C.* komuż, *NMs.* kimże, *blm* «wzmocniony zaimek pytajny *kto* (tylko w pytaniu niezależnym)»: Któż ci to powiedział? Któż to przyszedł? Z kimże tak długo rozmawiasz? △ Zaimek *któż* łączy się czasem z ruchomymi końcówkami osobowymi czasownika, np.: Kogóżeś to spotkał? a. Kogóż to spotkałeś?
△ W połączeniu z cząstką składową form trybu przypuszczającego *by, bym*... pisze się oddzielnie, np. Któż by to pojął?

k. tyt. «skrót wyrażenia: *karta tytułowa*, pisany z kropkami, czytany jako całe wyrażenie, stosowany w katalogowaniu bibliotecznym i w księgarstwie»

ku *książk.* «przyimek (łączy się zawsze z celownikiem)»: **a)** «tworzy wyrażenia oznaczające kierunek lub bliskość czegoś (w przestrzeni lub w czasie)»: Droga prowadzi ku wiosce. Słońce chyliło się ku zachodowi. Miało się ku wieczorowi. Szybko zbliżaliśmy się ku Krakowowi a. ku Krakowu.
b) «z nazwami czynności lub stanu tworzy wyrażenia oznaczające cel lub następstwo»: Pomnik ku czci poległych. Powiedzieć coś ku przestrodze.
c) «w połączeniu z wyrazami oznaczającymi emocje tworzy równoważniki zdań, oznaczające reakcję na coś»: Zmarła ku rozpaczy całej rodziny. Spadł śnieg ku uciesze dzieciarni. △ Uwaga. Przyimek *ku* zastępowany dziś bywa innymi przyimkami, zwłaszcza *do, dla, na* — z wyjątkiem utartych zwrotów, np. Ku pamięci. // *D Kult. II, 62.*

KU (*wym.* kau, p. akcent § 6) *m* a. *n ndm* «Komitet Uczelniany»: KU zwołał (zwołało) zebranie studentów.

Kuala Lumpur *m* a. *n ndm* «stolica Malezji»: Mieszkać w Kuala Lumpur.

I Kuba *ż IV* «wyspa na Morzu Karaibskim; państwo na tej wyspie»: Mieszkać na Kubie. Wyjechać na Kubę. — Kubańczyk *m III, lm* M. Kubańczycy — Kubanka *ż III, lm* D. Kubanek — kubański (p.) // *D Kult. I, 574; II, 554.*

II Kuba *m* odm. jak *ż IV, lm* M. Kubowie, *DB.* Kubów «zdrobnienie od: Jakub»

III Kuba *m* odm. jak *ż IV, lm* M. Kubowie, *DB.* Kubów «człowiek należący do jednego z ludów zamieszkujących Kongo» — Kubijka *ż III, lm* D. Kubijek.

Kubań *m I* **1.** «rzeka w ZSRR» **2.** *pot.* «kraina w ZSRR; Nizina Kubańska» — kubański (p.).

kubański 1. przym. I Kuba: Rząd kubański. **2.** przym. od Kubań: Kozacy kubańscy (*ale*: Nizina Kubańska).

kubek *m III,* D. kubka △ *pot.* Kubek w kubek «zupełnie (taki sam), zupełnie (to samo)»: Powiedział mi kubek w kubek to samo, co ty.

kubeł (*nie*: kubło) *m IV,* D. kubła «wiadro» □ Składnia jak: garnek. △ *pot.* Wylać kubeł pomyj na czyjąś głowę, na kogoś «oczernić, oszkalować kogoś» // *D Kult. I, 661.*

kubiczny, *lepiej*: sześcienny, np.: Metr, decymetr, centymetr kubiczny (*lepiej*: sześcienny).

kubryk *m III*, *D*. kubryku: Zejść do kubryku.

kucać *ndk I*, kucaliśmy (p. akcent § 1a i 2) — **kucnąć** *dk Va*, kucnąłem (*wym*. kucnołem; *nie*: kucnełem, kucłem), kucnął (*wym*. kucnoł), kucnęła (*wym*. kucnęła; *nie*: kucła), kucnęliśmy (*wym*. kucneliśmy; *nie*: kucliśmy).

kuch *m III*, *D*. kucha a. kuchu; *lepiej*: makuch. // *D Kult. I*, 422.

kucharz *m II*, *lm D*. kucharzy.

kuchcik *m III*, *lm M*. ci kuchcikowie a. (z zabarwieniem ekspresywnym) te kuchciki.

kuchnia *ż I*, *lm D*. kuchni a. kuchen (*nie*: kucheń) △ Krzątać się przy kuchni «krzątać się przy piecu kuchennym, przy sporządzaniu posiłków» △ Krzątać się w kuchni «krzątać się w izbie kuchennej» △ *przen*. Znać coś (wiedzieć, słyszeć o czymś) od kuchni «znać (wiedzieć, słyszeć) od strony nieoficjalnej, zakulisowej, z plotek»

kucja p. kutia.

kucki *blp*, *D*. kucek; *reg*. **kuczki** *blp*, *D*. kuczek △ zwykle w zwrotach: Usiąść, siadać, siedzieć w kucki (*nie*: w kuckach). Wstać z kucek.

Kuczki (*nie*: Kucki) *blp*, *D*. Kuczek «żydowskie święto szałasów»

kuć *ndk Xa*, kuliśmy (p. akcent § 1a i 2): Kuć żelazo póki gorące. Kuć posąg w kamieniu, drogę w skale. Naszyjnik kuty w srebrze. Dzięcioł kuje w drzewo. □ *pot.* K. co a. bez dop. «uczyć się intensywnie, z dużym wysiłkiem»: Kuć historię. Kuł od świtu do nocy.

kudełki *blp*, *D*. kudełków a. kudełek *pot. zdr.* od kudły.

kudły *blp*, *D*. kudłów a. kudeł *pot.* «rozczochrane, potargane włosy; gęsta, długa sierść»

Kudowa (Zdrój), Kudowa *ż IV*, *D*. Kudowy, Zdrój *m I*, *D*. Zdroju «miasto»: Do Kudowy Zdroju, *pot.* do Kudowy. — kudowski.

kudu *ż* a. *n ndm* «antylopa afrykańska» △ zwykle używane jako przydawka: Antylopa kudu.

kufel *m I*, *D*. kufla, *lm D*. kufli a. kuflów: Kufel piwa. Kufel do piwa.

kuglarz *m II*, *lm D*. kuglarzy.

kuguar (*wym*. kugu-ar) *m IV*, in. puma.

Kujawiak *m III*, *DB*. Kujawiaka 1. *lm M*. Kujawiacy «mieszkaniec Kujaw»
2. **kujawiak** *lm M*. kujawiaki «taniec»: Tańczyć, grać kujawiaka.

kujawski: Taniec, strój kujawski (*ale*: Pojezierze Kujawskie).

Kujawy *blp*, *D*. Kujaw «dzielnica Polski»: Mieszkać na Kujawach (*nie*: w Kujawach). Pojechać na Kujawy (*nie*: do Kujaw). — Kujawiak (p.), *rzad.* Kujawianin *m V*, *D*. Kujawianina, *lm M*. Kujawianie, *D*. Kujawian — Kujawianka *ż III*, *lm D*. Kujawianek — kujawski (p.)

Kujbyszew *m IV*, *D*. Kujbyszewa «miasto w ZSRR» — kujbyszewski.

kujon *m IV*, *lm M*. te kujony «bardzo pilny uczeń, *rzad.* uczennica»

Kukiel *m I*, *D*. Kukiela, *lm M*. Kukielowie, *D*. Kukielów.
Kukiel *ż ndm* — Kukielowa *ż* odm. jak przym. — Kukielówna *ż IV*, *D*. Kukielówny, *CMs*. Kukielównie (*nie*: Kukielównej), *lm D*. Kukielówien.

Ku-Klux-Klan *m IV* (odm. tylko ostatni człon), *D*. Ku-Klux-Klanu, *blm*.

kukła *ż IV*, *lm D*. kukieł (*nie*: kukł) «lalka, marionetka» △ *przen.* «ktoś, kto jest narzędziem w czyichś rękach (także o mężczyźnie)»: Zrobić z kogo kukłę. Być kukłą.

kuksaniec *m II*, *DB*. kuksańca: Dać komuś, dostać kuksańca. Poczęstować kogoś kuksańcem.

kukurydza (*nie*: kukuruza, kukurudza) *ż II*.

kukurydzany, *rzad.* **kukurydziany, kukurydzowy** // *D Kult. II*, 378.

KUL (*wym*. kul) *m I*, *D*. KUL-u «Katolicki Uniwersytet Lubelski»: Studiować na KUL-u. KUL ogłosił zapisy. — KUL-owiec a. kulowiec *m II*, *D*. KUL-owca (kulowca), *lm M*. KUL-owcy (kulowcy) — KUL-owski a. kulowski.

kula *ż I* 1. «rodzaj bryły, kulisty przedmiot»: Kula u nogi «przeszkoda, ciężar, zawada» 2. «pocisk»: Ugodzić kogoś kulą w serce. △ *pot.* Trafić jak kulą w płot, *rzad.* trafić kulą w płot «trafić, wybrać źle; powiedzieć coś zupełnie nietrafnie» 3. «podpórka ułatwiająca ułomnym chodzenie»: Chodzić o kuli.

kulas *m IV*, *lm M*. te kulasy *pot.* a) «noga» b) «krzywa, niezgrabna litera» c) *rub.* p. kulawiec.

kulawiec *m II*, *D*. kulawca, *W*. kulawcze, forma szerząca się: kulawcu, *lm M*. kulawcy *pot.* «człowiek kulawy»

kulbaczyć *ndk VIb*, kulbaczyliśmy (p. akcent § 1a i 2) — **okulbaczyć** *dk*: Kulbaczyć konia, wierzchowca.

kuleć (*nie*: kulać) *ndk III*, kuleję, kuleliśmy (p. akcent § 1a i 2): Szedł kulejąc z lekka. Kuleć na jedną nogę.

kulig (*nie*: kulik) *m III*, *D*. kuligu: Jechać, jeździć kuligiem.

kulik *m III*, *D*. kulika «ptak»

kulis *m IV*, *lm M*. kulisi, *D*. kulisów «w południowo-wschodniej Azji: tragarz, robotnik najgorzej płatny; człowiek najniższej kasty indyjskiej»

kulisa *m IV*, *lm D*. kulis (*nie*: kulisów), zwykle w *lm* «część dekoracji scenicznej» △ *przen*. «nieznane ogółowi okoliczności, szczegóły czegoś»: Poznać całą sprawę od kulis. Ujawnić kulisy jakiejś sprawy. Za kulisami (*nie*: w kulisach) jakiejś sprawy. // *D Kult. II*, 455.

kulowiec, kulowski p. KUL.

kult *m IV*, *D*. kultu □ K. kogo, czego (*nie*: dla kogo, dla czego): Kult bożków, świętych, słońca. Kult żywego słowa. Kult jednostki.

kultura *ż IV* **1.** zwykle *blm* «całokształt materialnego i duchowego dorobku ludzkości; ogłada, obycie»: Kultura narodowa, materialna, duchowa. Kultura grecka, rzymska. △ Kultura ceramiki wstęgowej, kultura grobów skrzynkowych «typy kultur' epok przedhistorycznych» △ Dom kultury. Krzewić, upowszechniać kulturę. Człowiek o dużej kulturze. **2.** «sztuczna hodowla drobnoustrojów»: Kultura bakterii a. bakteryjna. **3.** częściej w *lm* «uprawiana roślina; obszar uprawy tej rośliny»: Kultury wodne, przemysłowe.

kulturalno-społeczny: Sprawy, zagadnienia kulturalno-społeczne.

kulturalny 1. «odnoszący się do kultury, związany z kulturą»: Rozwój kulturalny społeczeństwa. Zdobycze, dobra kulturalne; dorobek kulturalny (kraju, społeczeństwa). Działacz kulturalny. Ośrodek kulturalny. Centrum kulturalne. Wspólnota kulturalna (a. kulturowa). Epoka kulturalna (a. kulturowa). **2.** *st. w.* kulturalniejszy a. bardziej kulturalny «odznaczający się kulturą»: Kulturalny człowiek. Kulturalny sposób bycia. || *D Kult. I, 514; U Pol. (1), 135.*

kulturowy «odnoszący się do pewnej określonej kultury, zwłaszcza materialnej; wyraz używany głównie w archeologii, etnologii itp.»: Warstwa kulturowa (a. kulturalna). Wspólnota kulturowa (a. kulturalna). || *D Kult. I, 514; II, 373; U Pol. (2), 137.*

kulturysta *m* odm. jak *ż IV, lm M.* kulturyści, *DB.* kulturystów. || *D Kult. II, 325.*

kulturystyka (*wym.* kulturystyka, *nie:* kulturystyka, p. akcent § 1c) *ż III, blm.* || *D Kult. II, 325.*

kuluar (*wym.* ku-luar) *m IV, D.* kuluaru (p. akcent § 7), zwykle w *lm*: Kuluary teatru. W kuluarach kongresu komentuje się wystąpienia delegatów.

I kułak *m III, lm M.* kułaki «pięść»: Zacisnąć, zwinąć rękę w kułak.

II kułak *m III, lm M.* kułacy *środ.* «bogaty chłop, wyzyskujący najemną siłę roboczą»

kum *m IV, lm M.* ci kumowie, *pot.* te kumy (*lm* także w zn. «kum i kuma») △ *pot.* Prosić kogoś w kumy «prosić kogoś na ojca chrzestnego lub na matkę chrzestną»

kumostwo *n III, blm* **1.** *Ms.* kumostwie «powinowactwo między kumami» **2.** *DB.* kumostwa, *Ms.* kumostwu (*nie:* kumostwie) «kum z kumą»: Odwiedzili nas oboje kumostwo.

kumoter *m IV, D.* kumotra, *lm M.* ci kumotrzy (kumotrowie) a. (z silniejszym zabarwieniem ekspresywnym) te kumotry.

kumpel *m I, D.* kumpla, *lm M.* ci kumple, *D.* kumpli a. kumplów *pot.* «kolega»

kumulacja (*nie:* komulacja) *ż I, DCMs.* i *lm D.* kumulacji □ K. czego, *rzad.* K. czego z czym: Kumulacja stanowisk, urzędów. Kumulacja stanowiska wicepremiera ze stanowiskiem ministra resortowego.

kumulacyjny «dotyczący kumulacji»: Właściwości kumulacyjne. Podatek kumulacyjny.

kumulatywny «łatwo się kumulujący; dający się łączyć, skupiać»

kumulować *ndk IV*, kumulowaliśmy (p. akcent § 1a i 2) — **skumulować** *dk*: Kumulować posady, urzędy. Kumulować karę.

kundel *m I, D.* kundla, *lm D.* kundli a. kundlów, *rzad.* **kundys** *m IV.*

Kunegunda *ż IV* — Kundzia *ż I, W.* Kundziu.

kuni (*nie:* kunowy) przym. od kuna: Kuni ogon. Skórki kunie. Błam kuni.

kunszt *m IV D.* kunsztu, *lm M.* kunszty (*nie:* kunszta) «artyzm, mistrzostwo, doskonałość, sztuka, umiejętność»: Kunszt językowy. Kunszt pisania wierszy. Rozwinął cały swój kunszt oratorski, aby go przekonać o swojej racji. Kunszt bokserski (*lepiej:* sztuka bokserska). || *KP Pras.*

Kuo Mo-żo (*wym.* Kuo Mo-żo) *m ndm*: Działalność naukowa Kuo Mo-żo.

kupcowa *ż* odm. jak przym., *W.* kupcowo *wych.* z użycia a) «kobieta zajmująca się handlem» b) «żona kupca» || *U Pol. (2), 449.*

kupić *dk VIa*, kupię, kupiliśmy (p. akcent § 1a i 2) — **kupować** (*nie:* kupywać) *ndk IV*, kupowaliśmy □ K. co a. czego (dopełniacz cząstkowy) — od kogo, u kogo, za co «nabyć za pewną sumę»: Kupiła te jabłka w sklepie. Kupił jabłek za 5 zł. Kupić majątek, dom. Kupić chleba, mleka. □ *przen.* K. sobie kogo (czym) «zyskać, zjednać»: Kupił go sobie pochlebstwami.

Kupidyn a. **Kupido** *m IV, D.* Kupidyna (Kupida) **1.** «w mitologii rzymskiej bożek miłości; Amor» **2.** kupidyn a. kupido «obraz, posąg Kupidyna»

kupiec *m II, D.* kupca, *C.* kupcowi (*nie:* kupcu), *W.* kupcze, forma szerząca się: kupcu, *lm M.* kupcy.

kupny (*nie:* kupczy) w zn. «nabyty przez kupno; kupowany» || *D Kult. II, 380.*

kupon *m IV, D.* kuponu **1.** «odmierzony odcinek materiału na jedno ubranie, suknię itp.»: Kupon wełny. Kupon ubraniowy (*lepiej:* kupon na ubranie). **2.** «odcinek biletu do teatru, kina itp. odrywany przez kontrolera przy wejściu»: Oderwać kupon. **3.** *ekon.* «odcinek papieru wartościowego uprawniający właściciela do odbioru należnego mu procentu lub dywidendy» || *D Kult. I, 365. Por.* talon.

kupować p. kupić.

! kupywać p. kupić.

kur *m IV książk., reg.* w zn. «kogut»

kur. «skrót wyrazu: *kurator*, pisany z kropką, stawiany zwykle przed nazwiskiem lub przed imieniem i nazwiskiem, czytany jako cały, odmieniany wyraz»: Kur. Wiślicki. Kur. Adam Wiślicki. Rozmowa z kur. (*czyt.* kuratorem) Wiślickim.

kuracja *ż I, DCMs.* i *lm D.* kuracji «leczenie»: Być na kuracji. Jechać na kurację. □ K. czego (czym): Kuracja złamanej ręki trwała długo. Kuracja ziołami dała dobre rezultaty. □ K. na co: Lekarz przepisał kurację na podrażnienie wątroby.

kurak w zn. «młode (pisklę) kury» p. kurczak.

kuratela *ż I*, zwykle *blm* △ Wziąć kogoś pod kuratelę a. w kuratelę. Być pod kuratelą.

kurator *m IV, lm M.* kuratorzy a. kuratorowie (skrót: kur.).

kuraż *m II, D.* kurażu, *blm, wych. z użycia,* dziś tylko w wyrażeniu: Dla kurażu «dla dodania sobie odwagi, fantazji»: Wypił kieliszek dla kurażu.

kurcz *m II, D.* kurczu, *lm D.* kurczy a. kurczów.

kurczak *m III, lm M.* kurczaki; a. **kurczę** *n IV, D.* kurczęcia, *lm M.* kurczęta, *D.* kurcząt; *reg.* **kurak** *m III, lm M.* kuraki: Dwoje kurcząt; *ale*: dwa kurczaki. || *U Pol. (1), 28.*

kurdupel a. **kordupel** *m I, D.* kurdupla (kordupla), *lm D.* kurdupli (kordupli) a. kurduplów (korduplów) *pogard., rub.* «człowiek niski, niepokaźny»

Kurdystan *m IV, D.* Kurdystanu «kraina w Azji Zach.» — Kurd *m IV, lm M.* Kurdowie — Kurdyjka *ż III, lm D.* Kurdyjek — kurdyjski.

kurek *m III, lm D.* kurków: Nacisnąć, odwodzić kurek pistoletu. □ *K. od czego*: Odkręcił kurek od gazu. □ *K. do czego*: Kupił kurek do instalacji.

kurenda (*nie:* kurrenda) *ż IV; lepiej*: okólnik w zn. «zawiadomienie przesyłane obiegiem»: Puścić coś kurendą (*lepiej*: obiegiem).

kureń a. **kurzeń** *m I, D.* kurenia (kurzenia) *hist., in.* stanica — w zn. «obóz kozacki, osada kozacka»

kurhan *m IV, D.* kurhanu.

kuria *ż I, DCMs. i lm D.* kurii.

kurialny (*nie:* kuryjny) *przym.* od kuria (papieska, biskupia): Urzędnicy kurialni.

kurier *m IV* 1. czasem *B. = D., lm M.* kuriery «gazeta codzienna, szczególnie mająca ten wyraz w tytule»: Znalazł ogłoszenie w kurierze. Czytać kurier a. kuriera. △ W nazwach dużą literą, np. Kurier Polski. 2. *DB.* kuriera, *lm M.* kurierzy «osoba wysłana z pilną wiadomością; goniec, posłaniec» 3. *B.* kurier, *lm M.* kuriery *przestarz.* «pociąg pośpieszny»

kurierowy *rzad.* «odnoszący się do kuriera — dziennika»: Kurierowe nowinki.

kurierski 1. «dotyczący kuriera-posłańca»: Misja, funkcja kurierska. 2. *przestarz.* «pośpieszny, ekspresowy»: Pociąg kurierski.

kuriozum *n VI, lm M.* kurioza, *D.* kuriozów «osobliwość, ciekawostka»: Jej mieszkanie to istne kuriozum.

kurka *ż III, lm D.* kurek *reg.* w zn. «rodzaj grzyba; pieprznik jadalny»

Kurlandia *ż I, DCMs.* Kurlandii «część dawnych Inflant (obecnie część Łotwy)» — Kurlandczyk *m III, lm M.* Kurlandczycy — Kurlandka *ż III, lm D.* Kurlandek — kurlandzki (p.).

kurlandzki: Krajobraz kurlandzki (*ale*: Półwysep Kurlandzki).

kurniawa *ż IV, rzad.* **kurniawica** *ż II reg.* «zamieć śnieżna»

kuropatwa *ż IV, lm D.* kuropatw (*nie:* kuropatew).

! kurort p. uzdrowisko.

kuroślep *m IV, D.* kuroślepu, *blm; częściej*: kurza ślepota.

kurować *ndk IV*, kurowaliśmy (p. akcent § 1a i 2) — **wykurować** *dk wych. z użycia* «leczyć» □ *K. kogo (czym)*: Kurowała go ziołami. □ *K. co*: Kurował złamaną nogę. □ *K. kogo na co*: Kurowali ją na nerki. □ *K. kogo z czego*: Aspiryną szybko wykurował go z przeziębienia.

Kurp *m I, D.* Kurpia, *lm M.* Kurpie, *D.* Kurpiów, *rzad.* Kurpi 1. «członek grupy etnicznej zamieszkującej tereny puszczańskie w dorzeczu dolnej Narwi» — Kurpianka *ż III, lm D.* Kurpianek — kurpiowski (p.). 2. tylko w *lm* «obszar zamieszkały przez Kurpiów»: Mieszkać na Kurpiach. Jechać na Kurpie. 3. kurp (zwykle w *lm*) «łapcie, chodaki, zwykle z łyka»

kurpiowski: Strój kurpiowski. Wycinanki kurpiowskie (*ale*: Puszcza Kurpiowska).

kurs *m IV, D.* kursu, *lm M.* kursy (*nie*: kursa) 1. w zn. «szkolenie w zakresie pewnej specjalności»: Kursy nauczycielskie, krawieckie. Kurs instruktorów (*nie*: na instruktorów). 2. w zn. «obieg, krążenie» zwykle w wyrażeniach: Być w kursie, wyjść z kursu, puścić w kurs. △ *niepoprawne* Być w kursie (*zamiast*: być poinformowanym). 3. w zn. «cena obiegowa walut, papierów wartościowych»: Kurs banknotów. Marki po kursie oficjalnym. 4. *przen.* «kierunek (zwłaszcza w polityce)» □ *K. wobec kogo, względem kogo, w stosunku do kogo*: Ludwik XV zmienił kurs względem Austrii. □ *pot. K. na co*: Daje się zauważyć kurs na rzemiosło. || *KP Pras.*

kursant *m IV, lm M.* kursanci; a. **kursista** *m odm.* jak *ż IV, lm M.* kursiści, *DB.* kursistów; *pot. rzad.* **kursowicz** *m II, lm D.* kursowiczów (*nie*: kursowiczy).

kursokonferencja *ż I, DCMs. i lm D.* kursokonferencji; *lepiej*: Konferencja szkoleniowa, narada doszkalająca. || *D Kult. II, 381; KP Pras.*

kursowy *przym.* od kurs: Wykład kursowy. △ Często lepiej użyć rzeczownika w dopełniaczu, np.: Ośrodek kursowy (*lepiej*: Ośrodek kursów). Wahanie kursowe (*lepiej*: Wahanie kursu).

kursywa (nie *wym.* kur-zywa) *ż IV*: Drukować kursywą.

kurulny *hist.* «dotyczący kurii — miejsca posiedzeń senatu lub sądu w starożytnym Rzymie»: Krzesło kurulne.

! kuryjny p. kurialny.

Kuryle *blp, D.* Kurylów «wyspy na Oceanie Spokojnym; Wyspy Kurylskie» — kurylski (p.).

kurylski: Roślinność kurylska (*ale*: Wyspy Kurylskie, Rów Kurylski).

Kurytyba *ż IV* «miasto w Brazylii»

kurz *m II, D.* kurzu, *lm D.* kurzów: Warstwa kurzu. Oczyścić, wytrzepać coś z kurzu. Ścierać, wycierać kurz, kurze. Ścierka do kurzu.

kurzajka (co innego: kurzawka) *ż III, lm D.* kurzajek: Usunąć z rąk kurzajki.

kurzawka *ż III, lm D.* kurzawek «piaszczyste warstwy gruntu przesycone wodą»

kurzeń p. kureń.

kurzowiec *m II, D.* kurzowca *rzad., częściej*: prochowiec «lekki płaszcz, chroniący od kurzu»

kurzy: Kurze jajka. Kurza ferma. △ Kurza ślepota.

kurzyć *ndk VIb,* kurzyliśmy (p. akcent § 1a i 2) **1.** «wzniecać kurzawę, prószyć czymś sypkim» □ K. bez dop.: Auto kurzyło jadąc piaszczystą polną drogą. **2.** *pot.* «palić fajkę, papierosa» □ K. bez dop.: Kurzyli po kryjomu. □ K. co: Kurzył fajkę. **kurzyć się** w zn. «wydzielać dym, dymić się» □ tylko *nieos.*: Kurzy się z czego: Kurzy się z komina, z pieca (*nie*: komin, piec kurzy). △ *pot., wych. z użycia* Komuś się kurzy z czupryny, ze łba itp. «ktoś jest pijany, podpity»

kusić *ndk VIa,* kuszę, kusiliśmy (p. akcent § 1a i 2) □ K. kogo (czym) «zachęcać, wabić»: Umiała kusić mężczyzn (uśmiechami). □ *wych. z użycia* K. kogo do czego «namawiać»: Kusili go do kradzieży.

kusić się *książk.* (częściej w formie *dk*: pokusić się) □K. się o co lub z bezokol. «usiłować, próbować coś osiągnąć»: Kusił się opisać swoje przeżycia. Kusiła się o odzyskanie autorytetu.

kustosz *m II, lm D.* kustoszy a. kustoszów.

kusztykać a. **kuśtykać** *ndk I,* kusztykaliśmy, kuśtykaliśmy (p. akcent § 1a i 2) *pot.* «utykać na nogę, chodzić niezdarnie, potykając się; kuleć»

kuśnierz *m II, lm D.* kuśnierzy.

kuternoga *m* a. *ż* odm. jak *ż III, M.* ten a. ta kuternoga (także o mężczyznach), *lm M.* te kuternogi, *D.* kuternogów (tylko o mężczyznach) a. kuternóg, *B.* tych kuternogów (tylko o mężczyznach) a. te kuternogi *posp.* «człowiek kulawy»

kutia (*wym.* kutja a. kut'a) *ż I, DCMs.* i *lm D.* kutii; *rzad.* **kucja** *ż I, DCMs.* i *lm D.* kucji, *blm reg.* «potrawa wigilijna (zwłaszcza na Litwie i Ukrainie)»

kutner *m IV, D.* kutnera a. kutneru: Roślina pokryta kutnerem. Tkanina z kutnerem.

Kutno *n III* «miasto» — kutnianin *m V, D.* kutnianina, *lm M.* kutnianie, *D.* kutnian — kutnianka *ż III, lm D.* kutnianek — kutnowski.

Kutuzow (*wym.* Kutuzow) *m IV, D.* Kutuzowa (p. akcent § 7): Strategia generała Kutuzowa.

kutwa *m* a. *ż* odm. jak *ż IV, M.* ten a. ta kutwa (także o mężczyznach), *lm M.* te kutwy, *D.* kutwów (tylko o mężczyznach) a. kutw, *B.* tych kutwów (tylko o mężczyznach) a. te kutwy.

Kuwasy *blp, D.* Kuwasów «torfowisko w Białostockiem» — kuwaski.

Kuwejt *m IV, D.* Kuwejtu «państwo i miasto na Półwyspie Arabskim»

kuzyn *m IV, lm M.* kuzynowie a. kuzyni.

kuzynostwo *n III, blm* **1.** *Ms.* kuzynostwie «pokrewieństwo, powinowactwo»: Nie wiedzieliśmy o naszym kuzynostwie. **2.** *DB.* kuzynostwa, *Ms.* kuzynostwu (*nie*: kuzynostwie) «kuzyn z żoną»: Kuzynostwo nasi spędzili u nas wakacje.

kuźnia *ż I, lm D.* kuźni.

Kuźnica *ż II* «miejscowość na Mierzei Helskiej» — kuźnicki (p.).

Kuźnice *blp, D.* Kuźnic «dzielnica Zakopanego»: Mieszkać w Kuźnicach — kuźnicki (p.).

kuźnicki przym. od Kuźnica i Kuźnice.

kw p. cząstki wyrazów.

kw. «skrót wyrazu: *kwadratowy*, pisany z kropką, stawiany po wyrazach (lub ich skrótach) oznaczających jednostki miary powierzchni; czytany jako cały, odmieniany wyraz»: Metr kw. 5 centymetrów kw. (*czyt.* kwadratowych). 2 km kw. (*czyt.* 2 kilometry kwadratowe).

kW «skrót wyrazu: *kilowat*, pisany bez kropki, stawiany zwykle po wymienionej liczbie, czytany jako cały, odmieniany wyraz»: 100 kW (*czyt.* sto kilowatów).

KW (*wym.* kawu, p. akcent § 6) **1.** *ż* a. *n ndm* «Komenda Wojewódzka (MO)»: KW ogłosiła (ogłosiło) stan alarmowy w całym województwie. **2.** *m* a. *n ndm* «Komitet Warszawski (PZPR); Komitet Wojewódzki (PZPR); Komitet Wykonawczy»: KW rozpatrzył (rozpatrzyło) projekt władz terenowych.

kwacz *m II, lm D.* kwaczy a. kwaczów.

kwadrans (*nie*: kwandrans) *m IV, D.* kwadransa, *lm M.* kwadranse (*nie*: kwadransy), *D.* kwadransów (*nie*: kwadransy) △ Zrobić coś w kwadrans (*nie*: za kwadrans) «w ciągu kwadransa (gdy się oznacza czas trwania jakichś czynności dokonanych)»: W kwadrans (*nie*: za kwadrans) ukręcam włosy. W kwadrans (*nie*: za kwadrans) napisała list. △ Za kwadrans «po upływie kwadransa»: Przyjdę do domu za kwadrans. Za kwadrans któraś godzina (wyrażenie *ndm*): Za kwadrans dziesiąta. △ *reg.* Kwadrans na (którąś godzinę): Jest kwadrans na dziewiątą (tzn. kwadrans po ósmej).

kwakać *ndk IX,* kwacze (*nie*: kwaka), kwakałyby (p. akcent § 4c) — **kwaknąć** *dk Vc,* kwaknął (*wym.* kwaknoł), kwaknęła (*wym.* kwaknęła; *nie*: kwakła), kwaknęłyby (*wym.* kwaknęłyby).

kwakier (*nie*: kwaker) *m IV, D.* kwakra, *lm M.* kwakrowie a. kwakrzy.

kwalifikacja *ż I, DCMs.* i *lm D.* kwalifikacji **1.** dziś zwykle w *lm* «wykształcenie, przygotowanie potrzebne do wykonania zawodu, jakichś czynności itp.»: Mieć odpowiednie, wysokie kwalifikacje. □ K. do czego «kwalifikacja do wykonania określonej czynności»: Do prowadzenia przedszkola były jej potrzebne kwalifikacje. □ *pot.* K. na co «kwalifikacje na określoną funkcję, na jakieś stanowisko»: Nie miał kwalifikacji na dyrektora. **2.** *blm* «określenie jakości, ocena czegoś»: Kwalifikacja ziarna siewnego.

kwalifikować *ndk IV,* kwalifikowaliśmy (p. akcent § 1a i 2) — **zakwalifikować** *dk* □ K. kogo, co do czego «zaliczać do pewnych kategorii»: Komisja kwalifikowała dzieci do przedszkola. □ K. kogo, co jako co «określać, oceniać, oznaczać jakość czegoś»: Sąd kwalifikował te czyny jako karalne.
kwalifikować się □ K. się do czego: Sprawa kwalifikowała się do sądu. □ K. się na kogo, na co: Zupełnie nie kwalifikuje się na wychowawcę klasy.

kwalifikowany

kwalifikowany imiesł. bierny od czas. kwalifikować (p.).

kwalifikowany w użyciu przymiotnikowym; *lepiej*: wykwalifikowany (w zn. «mający odpowiednie kwalifikacje»): Kwalifikowany (*lepiej*: wykwalifikowany) robotnik. || *U Pol. (2), 142.*

kwantum *n VI, lm M.* kwanta, *D.* kwantów *książk.* «pewna ilość czegoś»: Kwantum energii, czasu.

kwantytatywny *książk.* «ilościowy»

kwapić się *ndk VIa*, kwapiliśmy się (p. akcent § 1a i 2) — **pokwapić się** *dk*: Niepotrzebnie się kwapiłeś z tym zakupem. □ (forma *ndk* używana zwykle z·przeczeniem) Nie kwapić się do czego: Nie kwapiła się do pracy. □ Nie kwapić się z czym: Nie kwapił się z pomocą.

kwarto *ndm; częściej*: in quarto: Książka kwarto (in quarto).

kwas *m IV, D.* kwasu △ Kwas borny a. borowy. △ Kwas (*pot. częściej*: kwasek) cytrynowy. △ Kwas mlekowy (*nie*: kwas mleczny). △ Kwas pruski «cyjanowodór» || *D Kult. I, 526.*

kwasek *m III, D.* kwasku **1.** *zdr.* od kwas △ *pot.* Kwasek (*rzad.* kwas) cytrynowy. **2.** *reg.* «szczaw»

kwasić a. **kisić** *ndk VIa*, kwaszę a. kiszę, kwasiliśmy a. kisiliśmy (p. akcent § 1a i 2), kwaszony a. kiszony. || *D Kult. I, 291; U Pol. (2), 37.*

kwaskowaty, *rzad.* **kwaskowy**.

kwasoryt *m IV, D.* kwasorytu; *częściej*: akwaforta.

kwaszenie (*nie*: kwasienie) *n I, blm.*

kwaszonka p. kiszonka.

kwatera *ż IV* «mieszkanie, pomieszczenie zajęte czasowo, zwłaszcza przez wojskowych» △ Stać na kwaterze (*przestarz.* kwaterą) u kogoś «zajmować kwaterę; kwaterować» △ Kwatery prywatne «pokoje wynajmowane w mieście poza hotelami a. pokoje na wczasach wynajmowane poza domami wczasowymi»

kwatermistrz *m II, lm M.* kwatermistrzowie, *D.* kwatermistrzów (*nie*: kwatermistrzy).

kwaterować *ndk IV*, kwaterowaliśmy (p. akcent § 1a i 2) □ K. bez dop. (z okolicznikiem miejsca) «zajmować kwaterę»: Wojsko kwaterowało we wsi. □ *rzad.* K. kogo «dawać komuś kwaterę»: Kwaterował u siebie pułkownika.

kwef *m IV, D.* kwefu.

kwesta *ż IV, CMs.* kweście: Chodzić, jeździć po kweście «kwestować» △ *pot.* Chodzić z gębą po kweście «chodzić tam, gdzie jest możliwość otrzymania poczęstunku»

kwestarz *m II, lm D.* kwestarzy.

kwestia *ż I, DCMs.* i *lm D.* kwestii (*częściej*: sprawa, zagadnienie): Podjąć, podnieść, postawić kwestię. Powstaje, nasuwa się kwestia. △ Nie ulega kwestii (*lepiej*: nie ulega wątpliwości): Rozpoznanie choroby nie ulega kwestii (*lepiej*: wątpliwości). || *KP Pras.*

kwestionować *ndk IV*, kwestionowaliśmy (p. akcent § 1a i 2) — **zakwestionować** *dk*: Kwestionował autentyczność pisma.

kwękać *ndk I*, kwękaliśmy (p. akcent § 1a i 2), *rzad.* **kwęczeć** *ndk VIIb*, kwęczeliśmy.

kWh «skrót wyrazu: *kilowatogodzina*, pisany bez kropki, stawiany zwykle po wymienionej liczbie, czytany jako cały, odmieniany wyraz»: 200 kWh (*czyt.* kilowatogodzin).

kwiaciarka a. **kwieciarka** *ż III, lm D.* kwiaciarek (kwieciarek).

kwiaciarnia a. **kwieciarnia** *ż I, DCMs.* i *lm D.* kwiaciarni (kwieciarni), *rzad.* kwiaciarń (kwieciarń). || *D Kult. II, 569.*

kwiaciarstwo a. **kwieciarstwo** *n III, blm* «hodowla roślin ozdobnych lub wyrabianie sztucznych» △ *niepoprawne* w zn. «kwiaciarnia»

kwiaciasty p. kwiecisty.

kwiat *m IV, D.* kwiatu, *B.* kwiat, *Ms.* kwiecie. △ W kwiecie wieku «w młodym wieku»

Kwidzyn (*nie*: Kwidzyń) *m IV, D.* Kwidzyna, *Ms.* Kwidzynie (*nie*: Kwidzyniu) «miasto» — kwidzynianin *m V, D.* kwidzynianina, *lm M.* kwidzynianie, *D.* kwidzynian — kwidzynianka *ż III, lm D.* kwidzynianek — kwidzyński.

kwiecie *n I, blm książk.* «kwiaty»

kwiecień *m I, D.* kwietnia, *lm M.* kwietnie «czwarty miesiąc roku, w datach pisany słowami, cyframi arabskimi (z kropką) lub rzymskimi»: 15 kwietnia 1969 r., 15.4.1969 r., 15.IV.1969 r. a. 15 IV 1969 r. △ Na pytanie: kiedy? — nazwa miesiąca zawsze w dopełniaczu, nazwa dnia — w dopełniaczu. (z przyimkami *przed, po*) — w narzędniku, np.: Przyjechał piątego kwietnia. Przed piątym kwietnia (*nie*: przed piątym kwietniem). △ Na pytanie: jaki jest (lub był) dzień — liczba porządkowa dnia w mianowniku a. w dopełniaczu, nazwa miesiąca w dopełniaczu: Piąty kwietnia (*nie*: piąty kwiecień) był dniem powszednim. Dziś jest piąty kwietnia a. piątego kwietnia (*nie*: piąty kwiecień).

Kwiecień *m I, D.* Kwietnia (*nie*: Kwiecienia), *lm M.* Kwietniowie.
Kwiecień *ż ndm* — Kwietniowa *ż* odm. jak przym. — Kwietniówna *ż IV, D.* Kwietniówny, *CMs.* Kwietniównie (*nie*: Kwietniównej), *lm D.* Kwietniówien. || *D Kult. I, 674.*

kwiecisto a. **kwieciście** *st. w.* kwieciściej.

kwiecisty a. **kwiaciasty** **1.** tylko: kwiecisty «pokryty rosnącymi kwiatami, ukwiecony»: Kwieciste łąki. **2.** «ozdobiony deseniem w kwiaty»: Kwiecista (kwiaciasta) spódnica. △ *przen.* (tylko: kwiecisty) *st. w.* kwiecistszy «o wymowie, stylu: ozdobny, napuszony»

kwietnik (*nie*: kwiatnik) *m III*.

kwietysta (*wym.* kwjetysta a. kwi-jetysta) *m* odm. jak *ż IV, lm M.* kwietyści, *DB.* kwietystów.

kwietyzm (*wym.* kwjetyzm a. kwi-jetyzm) *m IV, D.* kwietyzmu, *Ms.* kwietyzmie (*wym.* ~yzmie a. ~yźmie), *blm.*

kwintal *m I* (skrót: q) «jednostka masy równa stu kilogramom»: 15 kwintali żyta. *Por.* cetnar.

kwintylion *m IV, D.* kwintyliona a. kwintylionu.

Kwirynał *m IV, D.* Kwirynału **1.** «jedno z siedmiu wzgórz starożytnego Rzymu»: Budowle na Kwirynale. **2.** «pałac prezydenta republiki w Rzymie, dawniej rezydencja papieży»: Rezydować w Kwirynale.

kwiryta *m* odm. jak *ż IV, lm M.* kwiryci, *DB.* kwirytów.

kwit *m IV, D.* kwitu △ Wystawić, wydać kwit. □ K. na co «zaświadczenie upoważniające do odbioru czego»: Kwit na odbiór bagaży, *pot.* kwit na bagaż. □ K. za co «dowód opłaty za co»: Kwit za opłacenie gazu, *pot.* kwit za gaz.

kwita *ndm pot.* «koniec, basta, już, już dość; nic, nic z tego» □ K. z kim, z czym (*przestarz.* z c czego): Jestem z tobą kwita. Kwita z układów.

kwitariusz *m II, lm D.* kwitariuszy.

kwitnąć *ndk Vc,* rzad. *Va,* kwitł a. kwitnął (*wym.* kwitnoł); kwitła, *rzad.* kwitnęła; kwitnęliśmy (*wym.* kwitneliśmy), *rzad.* kwitliśmy (*wym.* kwitliśmy, p. akcent § 1a i 2): Kwitły już drzewa. △ *przen.* Kwitnąć zdrowiem.

kwitować *ndk IV,* kwitowaliśmy (p. akcent § 1a i 2) □ K. co (na czym) «potwierdzać odbiór czego»: Kwitować zarobek na liście płacy, odbiór listu. □ K. kogo z czego «zwalniać, uwalniać kogoś od czegoś»: Kwituję mojego wspólnika z zobowiązań.

□ K. co czym △ *przen.* (często nadużywane) «reagować, odpowiadać na coś»: Ukłonem kwitować oklaski.

kwiz *m IV, D.* kwizu.

kworum *n VI, blm* «niezbędna dla prawomocności uchwał liczba członków jakiegoś zgromadzenia»: Nie podjęto uchwały wskutek braku kworum.

kwota *ż IV książk.* «suma (pieniędzy)»: Wpłacić pewną kwotę. △ W kwocie (tylu a. tylu złotych, franków itp.): Dostał nagrodę w kwocie tysiąca złotych.

kynolog *m III, lm M.* kynolodzy a. kynologowie.

Kyrenia (*wym.* Kyreńja) *ż I, DCMs.* Kyrenii «miasto na Cyprze» — kyreński.

KZ (*wym.* kazet, p. akcent § 6) *m IV, D.* KZ-tu, *Ms.* KZ-cie a. *ndm* «Komitet Zakładowy (PZPR, ZMS)»: Był działaczem KZ (KZ-tu) w ZMS. Załatwić coś w KZ (w KZ-cie).

KZMP (*wym.* kazetempe, p. akcent § 6) *n a. m ndm* «Komunistyczny Związek Młodzieży Polski»: Działacz KZMP. KZMP przerwał (przerwało) działalność. Być w KZMP. — KZMP-owiec a. kazetempowiec *m II, D.* KZMP-owca (kazetempowca), *lm M.* KZMP-owcy (kazetempowcy) — KZMP-owski a. kazetempowski.

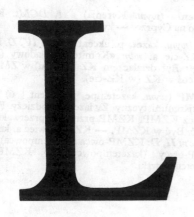

I 1 «spółgłoska dźwięczna, przedniojęzykowo-dziąsłowa; litera oznaczająca tę spółgłoskę» △ W pozycji przed *i* spółgłoskę *l* wymawiamy ze zmiękczeniem (natomiast przed innymi samogłoskami *l* wymawia się twardo), przy czym to *i* musi brzmieć wyraźnie jak samogłoska *i* (*nie*: y), np.: lina, lipa, list (*nie*: lyna, lypa, lyst).

II 1 «skrót wyrazu: *litr*, pisany bez kropki, stawiany zwykle po wymienionej liczbie, czytany jako cały, odmieniany wyraz»: Brakowało 5 l (*czyt*: litrów) mleka.

1. «skrót wyrazu: *liczba* (np. w wyrażeniach: liczba porządkowa, liczba dziennika, liczba atomowa), pisany z kropką, czytany jako cały, odmieniany wyraz» △ L.p. «liczba porządkowa»: L.p. pierwiastka. Napisać l.p. (*czyt*. liczbę porządkową) w wykazie. △ L.dz. «liczba dziennika»: Powołać się na l.dz., *lepiej*: na numer (nr) pisma.

Labiche (*wym*. Labisz) *m II, D.* Labiche'a (*wym*. Labisza, p. akcent § 7): Komedia Labiche'a.

labiedzić a. (z silniejszym zabarwieniem ekspresywnym) **labidzić** *ndk VIa*, labiedzę, labidzę; labiedziliśmy, labidziliśmy (p. akcent § 1a i 2) *pot.* «narzekać, utyskiwać, biadać»

laboratorium *n VI, lm D.* laboratoriów (*nie*: laboratorii): Laboratorium chemiczne, kosmetyczne.

Labour Party (*wym*. lejber party) *ż ndm*.

Labrador *m IV, D.* Labradoru **1.** (w połączeniu z wyrazem: półwysep — *ndm*) «półwysep Ameryki Północnej»: Mieszkać na Labradorze (a. na półwyspie Labrador). — labradorski (p.).
2. labrador *blm* «minerał»

labradorski: Klimat labradorski (*ale*: Prąd Labradorski).

Labuda *m odm. jak ż IV, lm M.* Labudowie, *DB.* Labudów.
Labuda *ż IV, rzad.* (zwykle z odmienianym imieniem lub tytułem) *ndm* — Labudzina *ż IV, D.* Labudziny, *CMs.* Labudzinie (*nie*: Labudzinej); *rzad.* Labudowa *ż odm. jak przym.* — Labudzianka *ż III, lm D.* Labudzianek; *rzad.* Labudówna *ż IV, D.* Labudówny, *CMs.* Labudównie (*nie*: Labudównej), *lm D.* Labudówien.

laburzysta *m odm. jak ż IV, lm M.* laburzyści, *DB.* laburzystów.

laburzystowski *m-os.* laburzystowscy: Działalność laburzystowska. Deputowani laburzystowscy.

Lacedemon *m IV, D.* Lacedemonu «starożytna nazwa Sparty» — Lacedemończyk *m III, lm M.* Lacedemończycy — Lacedemonka *ż III, lm D.* Lacedemonek — lacedemoński.

Lach *m III, lm M.* ci Lachowie a. (z zabarwieniem ekspresywnym) te Lachy «nazwa nadawana dawniej na Litwie i Rusi Polakom» dziś żywe we *fraz*.: Strachy na Lachy «próżno kogo straszyć, nie ma się czego bać» — Laszka *ż III, lm D.* Laszek — lacki.

Lacjum *n VI* «kraina we Włoszech, w starożytności zamieszkana przez Latynów» — Latyńczyk *m III, lm M.* Latyńczycy, *D.* Latyńczyków; a. Latynowie, *D.* Latynów — latyński.

lać *ndk Xb*, leję, laliśmy, *reg.* leliśmy (p. akcent § 1a i 2) **1.** «powodować cieknięcie płynu» □ L. co — do czego a. w co: Lać wodę do kubka. Lać wino w puchary. △ *pot.* Lać w siebie, w kogoś jak w beczkę, jak w studnię itp. «pić dużo (alkoholu), upijać kogoś» **2.** «wyrabiać różne przedmioty z roztopionego materiału» □ L. co — z czego: Dzwony lano z miedzi. **3.** tylko w 3. os. *lp* w połączeniu z wyrazem *deszcz* lub nieosobowo «padać obficie»: Ale leje! Deszcz lał od rana. **4.** *rub.* «bić, walić» □ L. kogo: Ale go leje!

I lada *ż IV*: Stać za ladą.

II lada *ndm* **1.** «wyraz o charakterze ekspresywnym, oznaczający małą wartość, nieprzywiązywanie wagi do wyboru; mało wart, mało znaczący, jeden z wielu; byle» **a)** w połączeniu z rzeczownikiem: Lada podmuch zrywał jej chustkę z głowy. Schody trzeszczały za lada krokiem. **b)** z zaimkiem: Lada kto nie będzie mi rozkazywał. △ Lada co (*ale*: ladaco p.) «byle co»: Lada co ją gniewało. Obywał się lada czym.

2. «wyraz tworzący z nazwami jednostek czasu (zwykle w mianowniku) połączenia oznaczające, że coś się stanie w najbliższym czasie»: Lada chwila (*nie*: lada chwilę); lada moment.
3. zwykle z przeczeniem: nie lada «wyrażenie o charakterze ekspresywnym oznaczające wyróżniający się, wybitny charakter czegoś, oznaczające, że coś jest warte podziwu, zwrócenia uwagi»: Nie lada sztuki dokonał. Zuch nie lada! Był to nie lada wyczyn.

ladaco (*wym.* ladaco, *nie*: lada co) *ndm*, ten ladaco (tylko o mężczyźnie) a. to ladaco (o mężczyźnie lub kobiecie).

lady (*wym.* ledi) *ż ndm*: Aktorka w roli lady Makbet.

Lafargue (*wym.* Lafarg) *m II*, *D*. Lafargue'a (*wym.* Lafarga, p. akcent § 7), *C*. Lafargue'owi, *N*. Lafargiem, *Ms*. Lafargue'u: Praca Lafargue'a poświęcona materializmowi historycznemu.

La Fayette (*wym.* La Fajet) a. **Lafayette** *m IV*, *DB*. La Fayette'a (*wym.* La Fajeta, p. akcent § 7), *C*. La Fayette'owi, *N*. La Fayette'em, *Ms*. La Fayetcie (*wym.* La Fajecie): Udział La Fayette'a w walce o niepodległość Stanów Zjednoczonych.

La Fontaine (*wym.* La Fąten) a. **Lafontaine** *m IV*, *DB*. La Fontaine'a (*wym.* La Fątena, p. akcent § 7), *C*. La Fontaine'owi, *N*. La Fontaine'em, *Ms*. La Fontainie: Bajki wzorowane na La Fontainie.

Lagerlöf (*wym.* Lagerlöf) *m IV*, *D*. Lagerlöfa (*wym.* Lagerlöfa, p. akcent § 7), *Ms*. Lagerlöfie. Lagerlöf *ż ndm*: Powieści Selmy Lagerlöf.

lagier *m IV*, *D*. lagru *pot.* w zn. «obóz koncentracyjny»

Lagos *m IV*, *D*. Lagosu a. *n ndm* «stolica Nigerii»

laicki «świecki, nieduchowny»: Laicki pogląd na świat.

laicyzm *m IV*, *D*. laicyzmu, *Ms*. laicyzmie (*wym.* ~yzmie a. ~yźmie).

laik (*wym.* laik) *m III*, *D*. laika (p. akcent § 1d)
1. «człowiek niekompetentny w danej dziedzinie»
2. *przestarz.* «człowiek świecki, nieduchowny» // *D Kult. I, 300.*

lajka p. lejka.

lajkonik *m III*; in. konik zwierzyniecki.

lakierek *m III*, *D*. lakierka, zwykle w *lm*, *M*. lakierki, *D*. lakierków «rodzaj pantofli»

lakiernia a. **lakierownia** *ż I*, *DCMs.* i *lm D*. lakierni, *rzad.* lakierń (lakierowni).

Lakkadiwy *blp*, *D*. Lakkadiwów «archipelag indyjskich wysp na Morzu Arabskim» — lakkadiwski.

lakmus *m IV*, *D*. lakmusu.

Lakonia (*wym.* Lakońja) *ż I*, *DCMs.* Lakonii «kraina w Grecji» — Lakończyk *m III*, *lm M*. Lakończycy — Lakonka *ż III*, *lm D*. Lakonek — lakoński (p.).

lakoniczny *st. w.* lakoniczniejszy a. bardziej lakoniczny «krótki, zwięzły, lapidarny»

lakoński: Ludność lakońska (*ale*: Nizina Lakońska).

laluś *m I*, *lm M.* ci a. (z silniejszym zabarwieniem ekspresywnym) te lalusie, *D*. lalusiów (*nie*: lalusi).

lama *m* odm. jak *ż IV*, *lm M*. lamowie, *DB*. lamów, w zn. «kapłan buddyjski w Tybecie»

La Manche (*wym.* La Mäsz) *ndm*: Kanał La Manche, *rzad*. Kanał Angielski «cieśnina między zachodnim wybrzeżem Europy a Wielką Brytanią»

Lamarck (*wym.* Lamark) *m III*, *DB*. Lamarcka (p. akcent § 7), *N*. Lamarckiem, *Ms*. Lamarcku: Teoria ewolucyjna Lamarcka.

lamarkizm *m IV*, *D*. lamarkizmu, *Ms*. lamarkizmie (*wym.* ~izmie a. ~iźmie).

Lamartine (*wym.* Lamartin) *m IV*, *DB*. Lamartine'a (*wym.* Lamartina, p. akcent § 7), *C*. Lamartine'owi, *N*. Lamartine'em, *Ms*. Lamartinie: Zbiór liryków Lamartine'a.

lambrekin *m IV*, *D*. lambrekinu a. lambrekina: Firanki z lambrekinem.

lament *m IV*, *D*. lamentu, *lm M*. lamenty (*nie*: lamenta): Wszcząć, podnieść lament o coś.

lamentować *ndk IV*, lamentowaliśmy (p. akcent § 1a i 2) □ L. bez dop.: Martwi się i lamentuje bez powodu. □ L. nad kim, nad czym: Nie lamentuj tak nade mną. △ *niepoprawne* L. na co, np. Lamentowali na swe nieszczęście (*zamiast*: nad swym nieszczęściem).

lampart *m IV* **1.** in. pantera. **2.** *przestarz.* «hulaka»

Lampe *m*, w *lp* odm. jak przym., *NMs*. Lampem, w *lm* jak rzecz., *M*. Lampowie, *D*. Lampów, a. (z odmienianym imieniem lub tytułem) *ndm*: Praca z historii chemii Lampego (Wiktora Lampe). Działalność rewolucyjna Lampego (Alfreda Lampe). Lampe *ż ndm* — Lampowa *ż* odm. jak przym. — Lampówna *ż IV*, *D*. Lampówny, *CMs*. Lampównie (*nie*: Lampównej), *lm D*. Lampówien.

lampiarnia, *rzad.* **lampownia** *ż I*, *DCMs.* i *lm D*. lampiarni (lampowni).

Lancelot (*wym.* Lancelot, *nie*: Lancelot) *m IV*, *D*. Lancelota (p. akcent § 7), *Ms*. Lancelocie: Przygody Lancelota.

lancet *m IV*, *D*. lancetu, *Ms*. lancecie.

lancknecht *m IV*, *lm M.* lancknechci, zwykle w *lm*.

Landau (*wym.* Landau) *m IV*, *D*. Landaua (*wym.* Landau-a, p. akcent § 7), *Ms*. Landau (*nie*: Landale), *lm M*. Landauowie, *D*. Landauów: Fizykowi radzieckiemu Landauowi przyznano nagrodę Nobla. Landau *ż ndm* — Landauowa (*wym.* Landau-owa) *ż* odm. jak przym. — Landauówna (*wym.* Landau-ówna) *ż IV*, *D*. Landauówny, *CMs*. Landauównie (*nie*: Landauównej), *lm D*. Landauówien. // *U Pol. (1), 385.*

landrynka *ż III*, *lm D*. landrynek; *rzad.* **landryna** *ż IV*, *lm D*. landryn; *reg.* **landrynek** *m III*, *D*. landrynka, *lm D*. landrynków.

landszaft *m IV*, *D*. landszaftu, *lm M*. landszafty (*nie*: landszafta) *iron.* «obraz, zwłaszcza pejzaż, bez wartości artystycznej; kicz» △ *niepoprawne* w zn. «krajobraz» // *D Kult. II, 326.*

Landtag *m III, D.* Landtagu «parlament krajowy w Austrii i NRF»: Wybory do Landtagu.

Landy *blp, D.* Landów «nizina we Francji»

Lange *m* w *lp* odm. jak przym., *NMs.* Langem, w *lm* jak rzecz., *M.* Langowie, *D.* Langów, a. (z odmienianym imieniem lub tytułem) *ndm*: Książka Oskara Langego (Oskara Lange). Lange *ż ndm* — Langowa *ż* odm. jak przym. — Lanżanka *ż III, lm D.* Lanżanek.

Langevin (*wym.* Lãżwę) *m IV, D.* Langevina (*wym.* Lãżwena, p. akcent § 7): Komisja Langevina—Wallona.

Langwedocja *ż I* «kraina historyczna we Francji» — langwedocki.

lansady *blp, D.* lansad, zwykle w zwrotach: Wybiec, powitać, przyjąć kogoś w lansadach «wybiec naprzeciw kogoś, powitać kogoś wyrażając gestami, ruchami pochlebczą uniżoność»

lansjer *m IV* 1. *lm M.* lansjerzy «ułan uzbrojony w lancę» 2. *B.* = *D., lm M.* lansjery «rodzaj dawnego tańca»: Tańczyć lansjera.

Laokoon (*wym.* Laoko-on a. Laokoon) *m IV, D.* Laokoona (p. akcent § 7): Rzeźba Laokoona.

Laos *m IV, D.* Laosu «państwo w Azji» — Laosyjczyk a. Laotańczyk *m III, lm M.* Laosyjczycy, Laotańczycy — Laosyjka a. Laotanka *ż III, lm D.* Laosyjek, Laotanek — laoski a. laotański.

La Paz *ndm* 1. *ż* «rzeka w Salwadorze»: La Paz płynęła spokojnie. 2. *n* «miasta w Boliwii, Hondurasie, Meksyku i Salwadorze»: La Paz było widoczne z daleka.

lapis-lazuli *n ndm; częściej*: lazuryt.

Laplace (*wym.* Laplas) *m IV, D.* Laplace'a (*wym.* Laplasa, p. akcent § 7), *C.* Laplace'owi, *N.* Laplace'em, *Ms.* Laplasie: Działalność naukowa Laplace'a.

La Plata *ż IV* a. (w połączeniu z wyrazami: rzeka, zatoka) *ndm* «miasto w Argentynie, rzeka i zatoka w Ameryce Płd.»: Fale La Platy (a. rzeki La Plata). Nizina La Platy.

Laponia (*wym.* Lapońja) *ż I, DCMs.* Laponii «kraina w Europie Północnej» — Lapończyk *m III, lm M.* Lapończycy — Laponka *ż III, lm D.* Laponek — lapoński.

lapsus *m IV, D.* lapsusu «błąd, zwłaszcza popełniony przez roztargnienie; przejęzyczenie się» △ Lapsus linguae (*wym.* lingwe) «przejęzyczenie się»

largo *n II* a. *ndm*: Koncert z largo a. z largiem.

La Rochefoucauld (*wym.* La Roszfuko) *m ndm*: Aforyzmy La Rochefoucauld.

Larousse (*wym.* Larus) *m IV, D.* Larousse'a (*wym.* Larusa, p. akcent § 7), *C.* Larousse'owi, *N.* Larousse'em, *Ms.* Larussie (*wym.* Larusie): Słowniki Larousse'a.

larum *n ndm wych. z użycia* «alarm»: Grać larum. Podnieść, wszcząć larum (*nie*: bić na larum).

lary *blp, D.* larów, tylko w *żart. fraz.* Lary i penaty «ognisko domowe; sprzęty domowe»

laryngolog *m III, lm M.* laryngolodzy a. laryngologowie.

laryngolog — o kobiecie, p. nazwy i tytuły zawodowe kobiet.

las *m IV, D.* lasu (*lasa* — tylko w przysłowiu: Jeden do Sasa, drugi do lasa), *Ms.* lesie: Las iglasty, liściasty, mieszany. △ *przen.* Las transparentów, rąk. △ Ktoś, coś (jest) w lesie «o kimś, kto nieprędko będzie gotów, o czymś, co nieprędko nastąpi»: Wypracowanie jeszcze w lesie. △ W nazwach dużą literą, np. Las Bakoński «góry na Węgrzech».

lasa *ż IV, lm D.* las (*nie*: lasów), zwykle w *lm* «pręty równoległe, rzadziej krata o różnorodnym zastosowaniu, np. do przesiewania żwiru, wapna itp.»

La Scala (*wym.* La Skala) *ż I* «nazwa opery w Mediolanie»: Śpiewacy z La Scali.

lasecznik *m III; rzad.* **lasecznikowiec** *m II, D.* lasecznikowca.

laska *ż III, lm D.* lasek: Laska bambusowa a. z bambusu. Laska z gałką. Laska czarnoksiężnika, czarodziejska. △ Chodzić o lasce «chodzić podpierając się laską» △ Podać, złożyć projekt do laski (marszałkowskiej) «przedstawić projekt marszałkowi sejmu»

Laski *blp, D.* Lasek «wieś podwarszawska»

lasostep (*wym.* lasostep) *m IV, D.* lasostepu, *Ms.* lasostepie «step przechodzący w las» || *KJP 102, 103.*

Lasowiak *m III, lm M.* Lasowiacy «mieszkaniec terenów leśnych między Wisłą a Sanem» — Lasowiaczka *ż III, lm D.* Lasowiaczek — lasowski (np. gwara lasowska).

lasowy *rzad., przestarz.; lepiej*: leśny. || *D Kult. I, 516.*

Lasowy *m* odm. jak przym., *lm M.* Lasowi. Lasowa (*nie*: Lasowowa, Lasowina) *ż* odm. jak przym.; *rzad.* Lasowy *ż ndm.* || *D Kult. I, 674.*

Lassalle (*wym.* Lassal) *m I, D.* Lassalle'a (*wym.* Lassala, p. akcent § 7), *C.* Lassalle'owi, *N.* Lassalle'em, *Ms.* Lassalle'u: Poglądy, działalność Lassalle'a.

lasso *n III, Ms.* lassie.

lastrico p. lastryko.

lastrykarz *m II, lm D.* lastrykarzy.

lastryko *n ndm* a. *n II*: Posadzka z lastryko (a. z lastryka).

l.at. «skrót wyrażenia: *liczba atomowa*, pisany z kropkami, czytany jako całe wyrażenie»

lata p. lato, rok.

latać *ndk I,* lataliśmy (p. akcent § 1a i 2) 1. «unosić się w powietrzu, fruwać»: Ptaki latają. Samoloty latały nisko. △ Latać samolotem «odbywać podróże samolotem» △ Latać na samolocie (jako pilot, członek załogi). 2. *pot.* a) «biegać; włóczyć się»: Ciągle latał po kawiarniach. Ciągle latają po schodach. □ L. za kim «zalecać się do kogoś» □ L. za czymś «gorączkowo czegoś szukać, załatwiać coś» b) «drżeć, być w ciągłym ruchu»: Przy pierwszym występie aż mu broda latała z tremy. Oczy latały mu niespokojnie.

Latakija a. **Latakia** *ż I, DCMs.* Latakiji (Latakii) «kraina i miasto w Syrii» — Latakijczyk (p.) — Latakijka (p.).

Latakijczyk *m III, lm M.* Latakijczycy **1.** «mieszkaniec Latakiji — krainy»
2. latakijczyk «mieszkaniec Latakiji — miasta»

Latakijka *ż III, lm D.* Latakijek **1.** «mieszkanka Latakiji — krainy»
2. latakijka «mieszkanka Latakiji — miasta»

latarnia *ż I, lm D.* latarni, *rzad.* latarń.

latarniany a. **latarniowy:** Słup latarniany (latarniowy).

latawiec *m II, DB.* latawca, *lm D.* latawców (*nie:* latawcy) **1.** *W.* latawcu, *lm M.* latawce «zabawka»: Puszczać latawce. **2.** *W.* latawcze, forma szerząca się: latawcu, *lm M.* latawcy *pot.* «człowiek lubiący przebywać poza domem, wałęsać się»

Lateran *m IV, D.* Lateranu «pałac papieski w Rzymie» — laterański.

lato *n III, Ms.* lecie, *lm M.* lata **1.** «najcieplejsza pora roku»: Upalne, chłodne lato. Latem a. w lecie (*nie:* w lato). **2.** tylko w *lm, N.* latami, *daw.* laty (dziś tylko w utartych wyrażeniach) «forma *lm* od rzecz.: rok»: Dawne, zamierzchłe lata. Lata płyną, mijają, przechodzą. △ Dawnymi laty, przed laty. Przed wielu, kilku, dwoma itp. laty (a. wiele, kilka lat, dwa itp. lata temu). △ Od wielu, kilku, dwu itp. lat. △ Sprzed lat (*nie:* sprzed laty). △ W ciągu lat (*nie:* na przestrzeni lat). △ Lata dwudzieste, pięćdziesiąte (*lepiej:* trzeci dziesiątek, szósty dziesiątek lat) któregoś wieku. △ Z biegiem lat a. z latami «w miarę upływu lat» **3.** tylko w *lm* «czas przeżyty przez kogoś; wiek»: Podeszłe, dojrzałe, młode lata. △ Podeszły w latach a. w lata «stary»

latopis (*nie:* letopis) *m IV* **1.** *D.* latopisa, *lm M.* latopisowie «średniowieczny kronikarz, szczególnie na Rusi» **2.** *D.* latopisu, *lm M.* latopisy «kronika, szczególnie ruska»

latorośl *ż V, lm M.* latorośle, *D.* latorośli.

latowy *reg.* «letni»: Latowa sierść zwierząt. // *D Kult. I, 518.*

latynizm *m IV, D.* latynizmu, *Ms.* latynizmie (*wym.* ~izmie a. ~iźmie).

latynoamerykański «dotyczący Ameryki Południowej, czyli Łacińskiej»

Latynos *m IV, lm M.* Latynosi «obywatel któregoś z państw Ameryki Łacińskiej» — latynoski.

laubzega *ż III; lepiej:* włośnica.

laufer (*wym.* lau-fer) *m IV, D.* laufra **1.** *lm M.* te laufry *wych. z użycia* a) *B.* laufra «figura szachowa, goniec» b) *B.* laufer «podłużna, wąska serweta» c) *pot.* «człowiek lubiący się wałęsać; latawiec» **2.** *lm M.* ci laufrzy, te laufry a. ci laufrowie *hist.* «sługa biegnący przed pojazdem»

laur (*wym.* lau-r, *nie:* la-ur) *m IV, D.* lauru (*wym.* lau-ru, *nie:* la-uru); in. wawrzyn.

Laura (*wym.* Lau-ra, *nie:* La-ura) *ż IV.*

laureat (*wym.* lau-reat, *nie:* la-ureat) *m IV:* Laureat nagrody Nobla. Laureat konkursu. Laureat pierwszej nagrody (ale *nie:* pierwszego miejsca).

laurka (*wym.* la-urka, *nie:* lau-rka) *ż III, lm D.* laurek.

Lavoisier (*wym.* Lawuazje) *m IV, D.* Lavoisiera (*wym.* Lawuazjera, p. akcent § 7), *Ms.* Lavoisierze: Prawo zachowania masy odkryte przez Lavoisiera.

Lawrence (*wym.* Lorens) *m IV, D.* Lawrence'a (*wym.* Lorensa, p. akcent § 7), *C.* Lawrence'owi, *N.* Lawrence'em, *Ms.* Lawrensie: Powieści Lawrence'a.

Laxness (*wym.* Laksnes) *m IV, Ms.* Laxnessie (*wym.* Laksnesie, p. akcent § 7): Powieściopisarz wzorujący się na Laxnessie.

lazaret *m IV, D.* lazaretu *przestarz.* «szpital polowy»

lazur *m IV, D.* lazuru *poet.* «błękit»

lazurowy: *poet.* Lazurowe niebo, lazurowe oczy. △ W nazwie dużą literą: Lazurowe Wybrzeże.

ląc się p. lęgnąć się.

Lądek (Zdrój), Lądek *m III, D.* Lądka, Zdrój *m I, D.* Zdroju «miasto» — lądczanin *m V, D.* lądczanina, *lm M.* lądczanie, *D.* lądczan — lądczanka *ż III, lm D.* lądczanek — lądecki.

ląg a. **lęg** *m III, D.* lęgu.

l.c. «skrót wyrażenia: *loco citato* (*wym.* loko c-itato) = w miejscu cytowanym (uprzednio); pisany z kropkami, czytany jako całe wyrażenie, stosowany w odnośnikach i notkach bibliograficznych»

l.dz. p. l.

leader p. lider.

lec a. **legnąć** *dk Vc,* legnę, legnie, legł, legliśmy (p. akcent § 1a i 2) *przestarz., książk.* «położyć się, wyciągnąć się na czymś»: Lec pokotem, krzyżem; lec jak kłoda. □ *L.* na czym: Lec na ławie. △ *podn.* Lec w grobie «umrzeć» △ *przen.* «zginąć, paść»: Lec na polu chwały.

Lech *m III, lm M.* Lechowie — Leszek *m III, lm M.* Leszkowie — Lechostwo *n III, DB.* Lechostwa, *Ms.* Lechostwu (*nie:* Lechostwie), *blm;* a. Lechowie *blp, D.* Lechów.

lechicki △ Języki lechickie «północna grupa języków zachodniosłowiańskich»

Lechita *m odm. jak ż IV, lm M.* Lechici, *DB.* Lechitów «dawna nazwa Polaka (jako potomka Lecha)» — Lechitka *ż III, lm D.* Lechitek — lechicki (p.).

-lecie «końcowy człon rzeczowników złożonych (odmienianych wg grupy *n I*), których pierwszą częścią jest liczebnik (np.: pięciolecie, stulecie), oznaczający» **a)** «okres obejmujący pewną liczbę lat»: Ósme dziesięciolecie XIX w. przyniosło wielki rozwój przemysłu w Polsce. Proces ten trwał dwa dziesięciolecia.
b) «którąś kolejną rocznicę czegoś»: W tym roku wypada dwudziestolecie ich ślubu.

lecieć (*nie:* lecić) *ndk VIIa,* lecę, leć, lecieliśmy (p. akcent § 1a i 2) **1.** «zmierzać dokądś drogą powietrzną za pomocą skrzydeł lub specjalnego mechanizmu»: Ptaki lecą na południe. Samolot leciał z dużą szybkością. Chmury, pociski, iskry lecą. □ L. czym: Lecieć samolotem, balonem. 2. *pot.* a) «opadać, spadać»: Głowa leciała mu w dół. □ L. z czego: Liście lecą z drzew. △ Komuś leci ślinka na coś «ktoś ma na coś ochotę» △ Lecieć przez ręce «być bezwładnym» b) «biec, spieszyć się»: Lecieć po bułki, do kina. △ (Brać) jak leci «(brać) kolejno, bez wybierania» △ Jak (ci) leci? «jak ci się powodzi?» △ *posp.* Lecieć na kogoś, na coś «bardzo kogoś, czegoś chcieć, pożądać» c) «wypływać, płynąć»: Woda leci z kranu. Krew leci z rany. d) «jechać»: Samochód, pociąg leci (*lepiej:* jedzie).

leciuchny a. **leciutki** *m-os.* leciuchni (leciutcy).

Le Corbusier (*wym.* Le Korbüzje) *m IV, D.* Le Corbusiera (*wym.* Le Korbüzjera, p. akcent § 7): Bloki projektowane przez Le Corbusiera.

lecz *książk.* «spójnik wyrażający przeciwieństwo, kontrast lub odmienne ujęcie treści łączonych zdań współrzędnych lub ich równorzędnych części; ale»: Był niski, lecz dość zgrabny. △ Nie tylko ... lecz: Kochała nie tylko rodzone siostry, lecz także przyrodnie. △ W zdaniach przeciwstawnych, których pierwsza część jest zaprzeczona: To nie moja, lecz (ale) twoja sprawa (*nie:* to nie moja, a twoja sprawa). // *D Kult. I, 27, 68; GPK Por. 252; U Pol. (1), 92, 97, 99.*

lecznictwo *n III, blm*: Lecznictwo szpitalne, sanatoryjne.

leczniczy «mający właściwości lecznicze»: Zioła, źródła lecznicze. // *D Kult. II, 298.*

leczyć *ndk VIb*, leczyliśmy (p. akcent § 1a i 2) □ L. bez dop.: Słońce leczy. □ L. kogo, co — czym: Leczyć chorych ziołami. □ L. co «zwalczać środkami leczniczymi jakąś chorobę» □ L. na co: Leczono go na tyfus. □ L. z czego (zwykle w użyciu *przen.*): Leczyć kogoś z tęsknoty, ze złudzeń.

ledwie a. **ledwo**: Ledwie (ledwo) odrósł od ziemi, a mądrzy się. Ledwie (ledwo) wróciłem, kiedyście weszli. Ledwie (ledwo) się posiliwszy, zaraz (natychmiast) poszedł spać. △ Ledwie, ledwie (a. ledwo, ledwo), ledwie że... a. ledwo że...: Niebo ledwie, ledwie (ledwo, ledwo) szarzało. Ledwie (ledwo) że się uśmiechnęła.

ledwość używane tylko w *niepoprawnym* wyrażeniu: Z ledwością (*zamiast:* ledwo, ledwie; z trudnością, z trudem), np. Z ledwością (*zamiast:* z trudem) się poruszał. // *D Kult. II, 443.*

ledziuchny a. **ledziutki** *reg.* «leciuchny, leciutki»

legalizować *ndk IV*, legalizowaliśmy (p. akcent § 1a i 2) — **zalegalizować** *dk*; in. uprawomocniać.

legalny *st. w.* legalniejszy a. bardziej legalny: Legalne małżeństwo.

I legat *m IV, D.* legata, *lm M.* legaci «poseł, wysłannik» △ używane zwykle w wyrażeniu: Legat papieski.

II legat *m IV, D.* legatu, *lm M.* legaty «zapis testamentowy» □ L. dla kogoś, dla czegoś a. na rzecz kogoś, czegoś.

legato: Zagrać frazę muzyczną legato.

legenda (*wym. przestarz.* legienda) *ż IV.* // *Klem. Pog. 69.*

legendarny, *rzad.* **legendowy** (*wym. przestarz.* legiendarny, legiendowy): Legendarna postać.

leghorn *m IV*, zwykle w *lm* «rasa kur»

legia *ż I, DCMs.* i *lm D.* legii; p. legion (w zn. 1) △ Legia cudzoziemska «ochotnicze oddziały francuskich wojsk kolonialnych składające się z żołnierzy różnych narodowości» △ Legia honorowa «najwyższe odznaczenie francuskie»: Dostać, otrzymać legię honorową. Odznaczyć legią honorową. // *D Kult. II, 383.*

legion *m IV, D.* legionu 1. a. legia «jednostka wojskowa w dawnym Rzymie; oddział wojska» 2. «gromada, rzesza, masa, tłum»: Po rynku zabytkowego miasteczka snuły się całe legiony turystów. 3. Legion, zwykle w *lm* «ochotnicze oddziały polskie w okresie wojen napoleońskich i podczas I wojny światowej»: Waleczne Legiony Dąbrowskiego. Służył w Legionach. // *D Kult. II, 383.*

legionista *m odm. jak ż IV, lm M.* legioniści, *DB.* legionistów 1. «żołnierz legionu, legii, Legionów» 2. *środ.* «członek drużyny sportowej „Legia"» // *D Kult. II, 383.*

legitymacja (*nie:* letygimacja) *ż I, DCMs.* i *lm D.* legitymacji: Wpuszczać za okazaniem legitymacji, *pot.* za legitymacjami.

legitymować *ndk IV*, legitymowaliśmy (p. akcent § 1a i 2) — **wylegitymować** *dk* □ L. kogo «sprawdzać czyjąś tożsamość»: Patrol legitymował przechodniów. □ (zwykle *ndk*) *rzad.* L. co — czym «uzasadniać, motywować»: Legitymować czymś swoje postępowanie.□ (zwykle *ndk*) *środ.* L. do czego «uprawniać»: Legitymowany do procesu jest ten, kto...
legitymować się □ L. się komu — czym: Legitymować się fałszywymi dokumentami. Byle komu nie będę się legitymował! △ (zwykle *ndk*) *przen.* Legitymować się cennymi publikacjami.

legnąć p. lec.

Legnica (*nie:* Lignica) *ż II* «miasto» — legniczanin *m V, D.* legniczanina, *lm M.* legniczanie, *D.* legniczan — legniczanka *ż III, lm D.* legniczanek — legnicki (p.).

legnicki: Powiat legnicki (*ale:* Legnickie Pole).

legumina (*nie:* legomina) *ż IV* 1. «rodzaj deseru»: Legumina ze śmietaną. △ *reg.* Na leguminę «na deser» 2. «rodzaj białka roślinnego» // *D Kult. I, 373; Kl. Pog. 69.*

Lehr-Spławiński (*wym.* Ler-Spławiński), Lehr *m IV*, Spławiński odm. przym.: Podręcznik Lehra-Spławińskiego.

Leibniz (*wym.* Lajbnic) *m II, D.* Leibniza (p. akcent § 7): Filozofia Leibniza.

I Leicester (*wym.* Lester) *m IV, D.* Leicesteru (*wym.* Lesteru, p. akcent § 7), *Ms.* Leicesterze «miasto w Wielkiej Brytanii»

II Leicester (*wym.* Lester) *m IV, D.* Leicestera (*wym.* Lestera, p. akcent § 7), *Ms.* Leicesterze: Polityka Leicestera.

leitmotiv (*wym.* lajtmotiw) *m IV, D.* leitmotivu (p. akcent § 7); *lepiej*: motyw przewodni.

I lej *m I, lm D.* lejów: Lej od bomby.

II lej *m I, lm D.* lei a. lejów; a. **leja** *ż I, DCMs.* i *lm D.* lei «rumuńska jednostka monetarna»

Leja *m odm.* jak *ż I, DCMs.* Lei, *lm M.* Lejowie, *DB.* Lejów «nazwisko»
Leja *ż I, rzad. ndm* — Lejowa *ż odm.* jak przym. — Lejówna *ż IV, D.* Lejówny, *CMs.* Lejównie (*nie*: Lejównej), *lm D.* Lejówien. // *U Pol. (1), 447.*

lejc *m II, lm D.* lejców (*nie*: lejc, lejcy), zwykle w *lm*: Ściągnąć lejce a. ściągnąć konie lejcami. Zaprzęg w lejc.

Lejda *ż IV* «miasto w Holandii» — lejdejski.

lejka *ż III, lm D.* lejek «małoobrazkowy aparat fotograficzny»

lejtnant (*nie*: lejtenant) *m IV* «w armiach wielu krajów: porucznik»

lek *m III, D.* leku *książk.* (używane głównie w środowisku farmaceutów i lekarzy) «lekarstwo». □ Składnia jak: lekarstwo.

lek. «skrót wyrazu: *lekarz*, pisany z kropką, stawiany zwykle przed nazwiskiem lub przed imieniem i nazwiskiem, czytany jako cały, odmieniany wyraz»: Lek. Jan Stachurski. Diagnoza lek. (*czyt.* lekarza) Stachurskiego.

lekarka *ż III, lm D.* lekarek *pot.* «lekarz (o kobiecie)»: Była znaną lekarką dziecięcą.

lekarski 1. «odnoszący się do lekarza»: Praktyka lekarska. **2.** p. leczniczy: Pijawki lekarskie. // *D Kult. II, 298.*

lekarstwo *n III* □ L. na co «środek leczący coś (gdy się wymienia narząd lub chorobę)»: Lekarstwo na żołądek, na tyfus, na grypę. □ L. od czego a. na co «lekarstwo powodujące usunięcie dolegliwości»: Lekarstwo od kaszlu, na kaszel. □ L. przeciw czemu «środek zapobiegający chorobie, leczący coś»: Lekarstwo przeciw sklerozie. △ *pot.* Ani na lekarstwo «wcale, ani trochę»: Mleka nie ma w domu ani na lekarstwo.

lekarz *m II, lm D.* lekarzy (skrót: lek.): Lekarz chorób skórnych. Lekarz dentysta. Lekarz chorób dziecięcych a. lekarz pediatra, *pot.* lekarz dziecięcy. Lekarz weterynarii. Lekarz pogotowia, ubezpieczalni.
lekarz — o kobiecie, p. nazwy i tytuły zawodowe kobiet: Była znanym lekarzem pediatrą. // *D Kult. I, 423; II, 349.*

lekceważenie *n I* □ L. kogo, czego (*nie*: dla kogo, dla czego): Lekceważenie rodziców, starszych. Lekceważenie przepisów ruchu drogowego.

lekceważyć *ndk VIb*, lekceważyliśmy (p. akcent § 1a i 2) — **zlekceważyć** *dk*: Lekceważył (sobie) niebezpieczeństwo.

lekcja *ż I, DCMs.* i *lm D.* lekcji: Brać lekcje. Dawać lekcje. Udzielać lekcji. // *D Kult. II, 456, 515.*

lekki (*wym.* lekki, *nie*: leki, letki; *ale*: letkiewicz) *m-os.* lekcy (*nie*: leccy), *st. w.* lżejszy (*nie*: lekszy). **1.** w zn. «mało ważący, nieciężki»: Lekki jak piórko, jak puch. Lekkie ubranie, obuwie. △ Lekka gleba,

ziemia. Metale lekkie. Oleje lekkie. Przemysł lekki. △ Lekka atletyka a. lekkoatletyka (*ale* tylko: lekkoatletka, lekkoatletyczny). △ Broń (armata, działo, karabin itp.) lekkiego kalibru a. lekka «broń używana do strzelania niezbyt dużymi pociskami» **2.** w zn. «łatwy, nie męczący»: Lekka praca. Lekki chleb. Lekka śmierć. Lekki styl. △ Muzyka lekka «muzyka rozrywkowa» △ *pot.* Mieć lekką rękę (do czegoś) **a)** «robić coś z pomyślnym skutkiem; mieć szczęście do czegoś»: Miał lekką rękę do handlu. **b)** *rzad.* «być rozrzutnym; wydawać pieniądze bez zastanowienia»: Miał lekką rękę, pieniądze szły jak woda. △ Lekką ręką dawać, rozdawać coś (zwłaszcza pieniądze), lekką ręką wydawać, *rzad.* zarabiać (pieniądze) «dawać coś komuś bez żalu, hojnie; wydawać pieniądze bez zastanowienia, lekkomyślnie; *rzad.* zarabiać bez trudu»: Lekką ręką dał siostrzeńcowi kilka tysięcy. Lekką ręką wydał całą pensję. Zarobił lekką ręką kilkaset złotych.
z lekka *wych. z użycia* «nieznacznie, ledwo dostrzegalnie, trochę, odrobinę»: Utykał z lekka. Napomknął z lekka o wyjeździe. // *U Pol. (1), 407.*

lekko (*nie*: letko), *st. w.* lżej (*nie*: lekcej).

lekkoatletyka (*wym.* lekkoatletyka, *nie*: lekkoatletyka, p. akcent § 1c) *ż III, blm*; in. lekka atletyka.

lekkoduch *m III, lm M.* te lekkoduchy.

lekkuchny a. lekuchny.

leksyka (*wym.* leksyka, *nie*: leksyka, p. akcent § 1c) *ż III*, zwykle *blm*; in. słownictwo.

leksykalny «wyrazowy, dotyczący słownictwa»: Zapożyczenie leksykalne w języku. Badania leksykalne.

leksykograf *m IV, lm M.* leksykografowie; in. słownikarz.

leksykolog *m III, lm M.* leksykolodzy a. leksykologowie.

leksykon (*wym.* leksykon, *nie*: leksykon) *m IV, D.* leksykonu (p. akcent § 7).

lektor *m IV* **1.** *lm M.* lektorzy «osoba czytająca, wygłaszająca coś; osoba prowadząca lektorat języka obcego»: Lektor i sekretarz wybitnego pisarza. Lektor języka włoskiego. **2.** *lm M.* lektory; in. czytnik «aparat do odczytywania tekstów reprodukowanych»

lektura *ż IV* **1.** *blm* «czytanie»: Zajmował się lekturą. Pogrążony w ciekawej lekturze. **2.** «książki do przeczytania; pozycja do czytania»: Lektura dla ósmej klasy. Wybór lektury. Spis lektur szkolnych a. spis lektury szkolnej.

lektyka (*wym.* lektyka, *nie*: lektyka, p. akcent § 1c) *ż III.*

lekuchny p. lekkuchny.

Lelewel (*wym.* Lelewel, *nie*: Lelewel) *m I, D.* Lelewela, *lm M.* Lelewelowie, *DB.* Lelewelów.
Lelewel *ż ndm* — Lelewelowa odm. jak przym. — Lelewelówna *ż IV, D.* Lelewelówny, *CMs.* Lelewelównie (*nie*: Lelewelównej), *lm D.* Lelewelówien.

lemiesz *m II, lm D.* lemieszy.

lemoniada (*nie*: limoniada, limonada) *ż IV.*

len *m IV, D.* lnu.

I lenić się

I lenić się *ndk VIa*, leniliśmy się (p. akcent § 1a i 2) «nie chcieć się czymś zająć»: Nic nie robił, lenił się. □ L. się + bezokol.: Leniła się sprzątnąć po sobie. □ L. się do czego, *rzad.* w czym: Leni się do nauki, *rzad.* w nauce. □ L. się z czym «ociągać się»: Leniła się z pomocą matce.

II lenić się p. lenieć.

lenieć a. **linieć** *ndk III*, *reg.* **lenić się** *ndk VIa*, leniałby, liniałby, leniłby się (p. akcent § 4c) — **wylenieć** a. **wylinieć**, *reg.* **wylenić się** *dk*: Zając lenieje (linieje, leni się) na wiosnę.

Lenin *m IV*, D. Lenina (*nie*: Lenina, p. akcent § 7). ‖ D Kult. I, 686.

Leningrad (*wym.* Leningrad a. Leningrad) *m IV*, D. Leningradu (p. akcent § 7) — **leningradczyk** *m III*, *lm M.* leningradczycy — **leningradka** *ż III*, *m D.* leningradek — **leningradzki**.

leninizm (*wym.* leninizm, *nie*: leninizm) *m IV*, D. leninizmu, *Ms.* leninizmie (*wym.* ~izmie a. ~iźmie), *blm*.

Lenino (*wym.* Lenino) *n ndm*: Bitwa pod Lenino. ‖ U Pol. (1), 379.

leninowiec *m II*, D. leninowca, *W.* leninowcu, *lm M.* leninowcy.

Leninowski 1. «odnoszący się bezpośrednio do osoby Lenina»: Mauzoleum Leninowskie (*częściej*: mauzoleum Lenina). **2.** leninowski «związany z działalnością Lenina lub z leninizmem»: Partia leninowska. Zasady leninowskie.

leniuch *m III* (także o kobiecie), *lm M.* te leniuchy; a. **leń** *m I* (także o kobiecie), *lm D.* leniów a. leni: Straszny z niej leń. △ *pot.* Mieć lenia «być leniwym»: Ma lenia, nie uczy się, nie pracuje.

leniwie, *rzad.* **leniwo**, *st. w.* leniwiej.

leniwiec *m II*, D. leniwca **1.** *W.* leniwcze, forma szerząca się: leniwcu, *lm M.* ci leniwcy a. (z silniejszym zabarwieniem ekspresywnym) te leniwce «człowiek leniwy; leniuch» **2.** *W.* leniwcu, *lm M.* te leniwce «zwierzę; fotel»

leniwy *st. w.* bardziej leniwy: Uczeń leniwy do nauki.

lenniczy przym. od lennik, lennictwo: Stosunek lenniczy. *Por.* lenny, wasalski.

lennik *m III*, *lm M.* lennicy; in. wasal.

lenny przym. od lenno: Państwo lenne. Prawo lenne. *Por.* lenniczy, wasalski.

lento 1. *ndm* w użyciu przysłówkowym «w muzyce: powolnie»: Grać lento jakiś utwór. **2.** *n III* a. *ndm* «utwór muzyczny lub jego część, wykonywana w tempie powolnym»: W sonatach tych najlepiej grał lenta.

leń p. leniuch.

Leo *m II*, DB. Lea, C. Leowi, N. Leem, Ms. Leu, *lm M.* Leowie, DB. Leów a. (z imieniem lub tytułem) *ndm*: Mieszkał na ulicy Lea (a. Juliusza Leo).

Leodium *n VI* «dawna, dziś prawie nie używana, łacińska nazwa miasta Liège (w Belgii)»

I Leon *m IV*, *lm M.* Leonowie — Leonek *m III*, D. Leonka, *lm M.* Leonkowie — Leoś *m I*, *lm M.* Leosiowie — Leonostwo *n III*, DB. Leonostwa, *Ms.* Leonostwu (*nie*: Leonostwie), *blm*; a. Leonowie *blp*, D. Leonów — Leonkowie, Leosiowie *blp*, D. Leonków, Leosiów — Leonia (*wym.* Leońja) *ż I*, DCMs. i *lm D.* Leonii — Leosia *ż I*, *W.* Leosiu.

II Leon (*wym.* Leon) *m IV*, D. Leonu «kraina w Hiszpanii; miasta: w Hiszpanii, Meksyku i Nikaragui»

Leonardo da Vinci (*wym.* Leonardo da Winczi), Leonardo *m IV*, da Vinci *ndm*: Malarstwo Leonarda da Vinci. Rozprawa o Leonardzie da Vinci.

lep *m IV*, D. lepu: Lep na muchy. △ Pójść na lep czegoś «dać się czymś skusić»: Poszli na lep obietnic.

lepić *ndk VIa*, lepiliśmy (p. akcent § 1a i 2) **1.** «kształtować, formować» □ L. co — z czego: Lepić garnki z gliny. **2.** «kleić, sklejać» □ L. co — czym: Lepił cementem stłuczony talerz.

lepić się □ L. się do czego «przylegać, przylepiać się»: Błoto lepiło się do butów. □ L. się od czego «być lepkim»: Ręce lepiły mu się od smaru.

lepiej (nie *wym.* lepij) *st. w.* od: dobrze □ L. niż...: Lepiej ci będzie u nas niż w domu. △ Być z kim jak najlepiej, nie najlepiej «być z kimś w dobrych stosunkach; być z kimś poróżnionym, nie lubić się wzajemnie» △ Komuś jest (zrobiło się) lepiej «ktoś powraca do zdrowia, czuje się zdrowszy»

lepki *m-os.* lepcy, *st. w.* bardziej lepki.

leprozorium *n VI*, *lm D.* leprozoriów.

lepszy *m-os.* lepsi; *st. w.* od: dobry □ L. od kogo, czego a. niż kto, co: Mróz był lepszy od tej słoty. Lepszy rydz niż nic. △ Nie lepszy jak..., nic lepszego jak...: Nie lepszy jak (a. niż) jego ojciec. Nie miał nic lepszego do zrobienia, jak (a. niż) mu to powiedzieć. △ W najlepszym razie, wypadku «w razie, wypadku pomyślniejszym od wszystkich możliwych w danej sytuacji» △ *pot.* Pierwszy lepszy «ktoś lub coś wszystko jedno który (jaki); byle który (byle jaki)»

lepsze *blm* w użyciu rzeczownikowym «to, co jest lepsze, bardziej wartościowe; dobro»: Obrócić się na lepsze. △ *książk.* Iść, walczyć itp. z kimś (z czymś) o lepsze «ubiegać się o pierwszeństwo, współzawodniczyć»

w najlepsze «w pełni, jak najlepiej»: Bawiono się w najlepsze. ‖ U Pol. (1), 371.

Lepszy *m* odm. jak przym., *lm M.* Lepsi, *rzad.* Lepszowie «nazwisko» Lepsza *ż* odm. jak przym.; *rzad.* Lepszy *ż ndm* (zwykle z odmienianym imieniem lub tytułem) — Lepszowa (*nie*: Lepszyna) *ż* odm. jak przym. — Lepszówna *ż IV*, D. Lepszówny, CMs. Lepszównie (*nie*: Lepszównej), *lm D.* Lepszówien.

Lermontow (*wym.* Lermontow) *m IV*, D. Lermontowa (*nie*: Lermontowa, p. akcent § 7): Poematy Lermontowa.

Lesbijka *ż III*, *lm D.* Lesbijek **1.** «mieszkanka wyspy Lesbos» **2.** lesbijka «kobieta mająca stosunki miłosne z inną kobietą»

lesbijski: Klimat lesbijski (*ale*: Cieśnina Lesbijska). △ Miłość lesbijska.

Lesbos *n ndm* «wyspa grecka»: Mieszkańcy Lesbos. — Lesbijczyk *m III*, *lm M*. Lesbijczycy — Lesbijka (p.) — lesbijski (p.).

Lesko (*nie*: Lisko) *n II* «miasto» — leski.

Leskow (*wym*. Leskow) *m IV*, *D*. Leskowa (*nie*: Leskowa, p. akcent § 7): Styl Leskowa.

less a. **loess** (*wym*. less) *m IV*, *D*. lessu (loessu).

lessowy a. **loessowy** (*wym*. lessowy): Gleby lessowe, loessowe (*ale*: Płaskowyż Lessowy).

leszcz *m II*, *lm D*. leszczy a. leszczów.

leszczyński przym. od Leszno: Powiat leszczyński (*ale*: Pojezierze Leszczyńskie, Równina Leszczyńska). || *D Kult. II, 554*.

Leszno *n III* «miasto» — leszczyński (p.).

leśniczostwo *n III*, *blm* 1. *Ms*. leśniczostwie «zajęcie, urząd leśniczego» 2. *DB*. leśniczostwa, *Ms*. leśniczostwu (*nie*: leśniczostwie) «leśniczy z żoną»: Widziałem państwa leśniczostwa. Leśniczostwo szli na spacer.

leśniczy «odnoszący się do leśnika lub leśnictwa»: Urząd leśniczy. Szkoła leśnicza.
leśniczy *m* odm. jak przym., *lm M*. leśniczowie: Leśniczy wyszedł na obchód lasu. || *D Kult. I, 516; II, 316, 456; U Pol. (1), 391. Por.* leśny.

leśniczyna *ż IV*, *D*. leśniczyny, *CMs*. leśniczynie (*nie*: leśniczynej); *rzad*. **leśniczowa** *ż* odm. jak przym., *W*. leśniczowo «żona leśniczego»

leśnik *m III* 1. «specjalista w zakresie leśnictwa»: Inżynier leśnik. 2. *przestarz*. «leśniczy»

leśny przym. od las: Zwierzęta leśne. Przemysł leśny. Robotnik leśny.
leśny w użyciu rzeczownikowym 1. zwykle w *lm pot*. «partyzant z oddziałów leśnych»: Przystał do leśnych. 2. *reg*. «leśniczy a. gajowy»: Leśny dokarmiał zwierzynę. || *D Kult. I, 516; D Kryt. 774. Por.* leśniczy.

letkiewicz (*nie*: lekkiewicz) *m II*, *lm D*. letkiewiczów *pot.*, *wych. z użycia* «lekkoduch»

letni (*nie*: letny) 1. przym. od lato: Letni płaszcz. Letnia pogoda. 2. «ciepławy»: Letnia woda. || *D Kult. I, 518*.

letniaki *blp*, *D*. letniaków *pot.*, *reg*. «letnisko», używane zwykle w zwrotach: Być, mieszkać itp. na letniakach.

letnik *m III*, *lm M*. letnicy «mieszkaniec miasta przebywający na letnisku»: Dom w lecie pełen był letników.

leukemia (*wym*. leu-kemia) *ż I*, *DCMs*. leukemii, *blm*; *częściej*: białaczka.

leukocyt (*wym*. leu-kocyt) *m IV*, *D*. leukocytu, zwykle w *lm*; *in*. krwinki białe.

leukoplast (*wym*. leu-koplast) *m IV*, *D*. leukoplastu; *in*. przylepiec.

Lévi-Strauss (*wym*. Lévi Stros), Lévi *ndm*, Strauss *m IV*: Prace antropologiczne Levi-Straussa.

I lew *m IV*, *D*. lwa, *C*. lwu 1. «zwierzę» 2. Lew «gwiazdozbiór; znak zodiaku»

II lew (*nie*: ta lewa) *m IV*, *D*. lewa, *lm D*. lewów «bułgarska jednostka monetarna»: Zapłacił 10 lewów (*nie*: 10 lewa).

lewa *ż IV*, *CMs*. lewie: Wziąć dwie lewy (*nie*: lewe) — w grze w karty. || *D Kult. I, 622*.

Lewant *m IV*, *D*. Lewantu *książk*. «kraje położone na wsch. wybrzeżach Morza Śródziemnego» — Lewantyńczyk *m III*, *lm M*. Lewantyńczycy — Lewantynka *ż III*, *lm D*. Lewantynek — lewantyński.

lewar *m IV*, *D*. lewara; *in*. podnośnik.

Lewis (*wym*. Luis) *m IV*, *D*. Lewisa (*wym*. Luisa): Działalność związkowa Lewisa.

lewkonia (*wym*. lewkońja) *ż I*, *DCMs*. i *lm D*. lewkonii.

lewo zwykle w wyrażeniach: Na lewo (*nie*: po lewo), w lewo: Drzwi na lewo. Skręcić w lewo. W lewo zwrot! △ Na prawo i (na) lewo, *rzad*. w prawo i (w) lewo «wszędzie dookoła; tu i tam»: Plotkowała na prawo i lewo. △ *pot*. Sprzedać, kupić coś na lewo «sprzedać, kupić coś nielegalnie»

lewo- «pierwsza część wyrazów złożonych (pisana łącznie)» **a)** «których podstawą jest połączenie przymiotnika *lewy* z określonym rzeczownikiem», np.: lewostronny, leworęczny; **b)** «których część druga jest przymiotnikiem a. przysłówkiem odczasownikowym — lub rzeczownikową nazwą czynności», np.: lewoskrętny, lewoskrętnie, lewoskręt.

leworęczny, *rzad*. **leworęki** *m-os*. leworęczni (leworęcy): Leworęczny (leworęki) malarz.

lewy 1. «znajdujący się po tej stronie ciała, co serce»: Lewa ręka, noga. Lewy but. △ Po lewej ręce «po lewej stronie» △ *żart*. Wstać lewą nogą — *pot*. zwrot wyjaśniający przyczynę czyjegoś złego humoru. △ *pot*. Lewe nazwisko, papiery «nielegalne, fałszywe nazwisko, dokumenty» △ Kupić, nabyć coś z lewej ręki «kupić, nabyć coś nielegalnie» 2. *pot*. «lewicowy»
lewa w użyciu rzeczownikowym «lewa ręka, noga»: Trzymał w prawej laskę, a w lewej chustkę.
z lewa «z lewej strony»: Szli polną drogą, z lewa ciągnęły się łąki.

leźć (*nie*: liźć) *ndk XI*, lezę (*nie*: lizę), *przestarz*. lazę; lazł, leźliśmy (p. akcent § 1a i 2) △ *pot*. Coś lezie samo do rąk a. w ręce, w garście «coś przychodzi bez trudu, bez kłopotu» △ Leźć w długi, w błędy «robić dużo długów, błędów»

leża p. leże.

Leżajsk *m III* «miasto» — leżajszczanin *m V*, *D*. leżajszczanina, *lm M*. leżajszczanie, *D*. leżajszczan — leżajszczanka *ż III*, *lm D*. leżajszczanek — leżajski.

leże *n I*, *lm M*. leża, *D*. leży; *rzad*. leża *ż II*, *lm M*. leże: Zimowe leże wojsk. W puszczy napotykał leża niedźwiedzi.

leżeć (*nie*: leżyć) *ndk VIIb*, leżeliśmy (p. akcent § 1a i 2) □ L. na czym a. w czym: Leżeć na stole. Leżeć na łóżku (zwykle: w ubraniu). Leżeć w łóżku (będąc rozebranym, chorym). △ Coś leży komuś na sercu «komuś pewna rzecz jest szczególnie bliska, szczególnie zależy mu na niej» △ Ubranie leży na kimś dobrze, źle «ubranie dobrze (źle) się na kimś układa, jest dobrze (źle) dopasowane» □ *pot.* L. na co «chorować na coś»: Leży już drugi tydzień na grypę. △ *niepoprawne* Coś leży komuś (*zamiast*: coś komuś odpowiada, dogadza, pasuje), np. Nie leżał (*zamiast*: nie odpowiadał) mu ten wyjazd.

Lębork *m III*, D. Lęborka «miasto» — lęborski.

Lędziny *blp*, D. Lędzin «miasto» — lędziński.

lędźwie (*nie*: lędźwia) *blp*, D. lędźwi.

lęg p. ląg.

lęgnąć się a. **ląc się** *ndk Vc*, lęgnie się, lęgnął się (*wym.* lęgnoł się), lągł się a. lęgł się; lęgła się, lęgnąłby się (*wym.* lęgnołby się; p. akcent § 4c) — **wylęgnąć się** a. **wyląc się** *dk*: Z jaja wylęgło się kurczę. || *U Pol.* (1), 421.

lęk *m III*, D. lęku: Lęk kogoś ogarnia. Coś przejmuje, *książk.* napawa kogoś lękiem. □ L. przed kim, przed czym: Lęk przed śmiercią. Lęk przed gniewem rodziców. □ L. o kogo, o co: Dręczył ją lęk o syna. △ Lęk przestrzeni «chorobliwa obawa przed przestrzenią; agorafobia»

lękać się *ndk I*, lękaliśmy się (p. akcent § 1a i 2) 1. «bać się, trwożyć się» □ L. się kogo, czego (*nie*: przed kim, czym): Lękać się zbójców, samotności. □ L. się+bezokol.: Lękała się wracać sama. 2. «niepokoić się, obawiać się» □ L. się o kogo, o co: Lękam się o twoją przyszłość.

lękliwy *st. w.* lękliwszy a. bardziej lękliwy: Lękliwe dziecko.

lękowy *przym.* od lęk: Stany lękowe.

lgnąć *ndk Va*, lgnąłem (*wym.* lgnołem; *nie*: lgnełem), lgnęła (*wym.* lgneła), lgnęliśmy (*wym.* lgneliśmy; p. akcent § 1a i 2) □ L. w czym «grzęznąć»: Lgnąć w błocie. □ L. do czego «przylepiać się»: Koszula lgnęła do pleców. □ L. do kogo, do czego «garnąć się do kogoś, czegoś, czuć sympatię do kogoś»: Lgną do siebie od dziecka. Lgnął całym sercem do nauki.

I li p. I l

II li *przestarz., książk.* «jedynie, tylko; dziś najczęściej w połączeniu: li tylko»: Nie cierpieli go, li tylko dlatego, że był od nich mądrzejszy.

-li (pisane łącznie z wyrazem poprzedzającym) *daw.*, dziś *książk., podn.* «czy»: Znaszli ten kraj? || *U Pol.* (1), 39.

liana (*wym.* ljana; *nie*: ten lian) *ż IV*, zwykle w *lm*.

Liban *m IV*, D. Libanu «państwo na Bliskim Wschodzie» — Libańczyk *m III*, *lm M.* Libańczycy — Libanka *ż III*, *lm D.* Libanek — libański.

libella (*nie*: libela) *ż I*, *lm D.* libell; *in.* poziomica.

liberalizm *m IV*, D. liberalizmu, *Ms.* liberalizmie (*wym.* ~izmie a. ~iźmie), *blm*.

liberalny, *rzad.* **liberalistyczny**: Partia liberalna. Liberalne (liberalistyczne) dążenia.

liberał *m IV*, *lm M.* liberałowie (*nie*: liberali).

liberia *ż I, DCMs.* i *lm D.* liberii «mundur dla służby»

Liberia *ż I, DCMs.* Liberii «państwo w Afryce; miasto w Kostaryce» — Liberyjczyk (p.) — Liberyjka (p.) — liberyjski.

liberum veto (*wym.* liberum weto, *nie*: liberum weto) *n ndm*.

Liberyjczyk *m III*, *lm M.* Liberyjczycy 1. «obywatel Liberii — państwa»
2. liberyjczyk «mieszkaniec Liberii — miasta»

Liberyjka *ż III*, *lm D.* Liberyjek 1. «obywatelka Liberii — państwa»
2. liberyjka «mieszkanka Liberii — miasta»

Libia *ż I, DCMs.* Libii «państwo w Afryce» — Libijczyk *m III*, *lm M.* Libijczycy — Libijka *ż III*, *lm D.* Libijek — libijski (p.).

libijski: Funt libijski (*ale*: Pustynia, Wyżyna Libijska).

libra *ż IV*, *lm D.* libr (*nie*: liber): Libra papieru.

librecista *m odm. jak ż IV*, *lm M.* libreciści, *DB.* librecistów.

libretto *n III*, *Ms.* libretcie (*wym.* librecie).

lice a. **lico** *n I*, *lm M.* lica, D. lic, *rzad.* liców 1. *wych. z użycia*, *książk.* «twarz, policzek» 2. *częściej*: lico «zewnętrzna powierzchnia różnych przedmiotów, zewnętrzna powierzchnia ściany lub bryły budynku»

licealista *m odm. jak ż IV*, *lm M.* licealiści, *DB.* licealistów.

licencjat *m IV* 1. D. licencjatu, *lm M.* licencjaty «stopień naukowy w niektórych krajach (zwłaszcza romańskich)» 2. D. licencjata, *lm M.* licencjaci «posiadacz tego stopnia naukowego»

liceum (*wym.* lice-um, *nie*: liceum) *n VI*, *lm M.* licea, *D.* liceów.

Lichnowy *blp*, D. Lichnów, *Ms.* Lichnowach «miejscowość» — lichnowianin *m V*, D. lichnowianina, *lm M.* lichnowianie, D. lichnowian — lichnowianka *ż III*, *lm D.* lichnowianek — lichnowski. || *D Kult.* I, 700.

lichtarz *m II*, *lm D.* lichtarzy.

lichwiarz *m II*, *lm D.* lichwiarzy.

lichy *m-os.* (rzadko używane) lisi, *st. w.* lichszy a. bardziej lichy. △ *pot.* Za lichy grosz a. za liche pieniądze (dostawać coś, pracować itp.) «za bardzo niską cenę lub opłatę (dostawać coś, pracować itp.)»

lico p. lice.

licować *ndk IV*, licowaliśmy (p. akcent § 1a i 2) 1. tylko w 3. os. i imiesł. współczesnym przymiotnikowym «(zwykle z przeczeniem) harmonizować z czymś, pasować do czegoś» □ Coś (nie) licuje z czym: Takie postępowanie nie licuje z twoim stanowiskiem. Postępowanie nie licujące z czyimś stanowiskiem. 2. *środ.* «wykładać płytami zewnętrzną powierzchnię budowli» □ L. co — czym: Licować ściany kamieniem.

licytować *ndk IV*, licytowaliśmy (p. akcent § 1a i 2) 1. — **zlicytować** *dk* «dokonywać licytacji» □ L.

co: Komornik licytuje meble. □ L. kogo: Licytować dłużnika. 2. «w kartach: zapowiadać kolejno grę, np. w danym kolorze» □ L. bez dop.: Kto teraz licytuje? □ L. co: Licytować piki.
licytować się «prześcigać się w czymś» □ L. się w czym: Licytowali się w przechwałkach.

liczba ż IV 1. «pojęcie, którego treścią jest wynik liczenia wyrażony zwykle cyframi (skrót: 1. — tylko w wyrażeniach: liczba porządkowa i liczba dzienni-ka)»: Te liczby (*nie*: cyfry) świadczą o wzroście produkcji. Ludzie przesądni uważają liczbę (*nie*: cyfrę) 13 za feralną. △ Liczba dzienna, *lepiej*: numer dzienni-ka. 2. «stan liczebny»: Liczba (*nie*: ilość) pracowni-ków, książek, wypadków (*ale*: ilość mąki). 3. *pot.* «grono, grupa, kategoria»: Znaleźć się w liczbie wy-branych. || D Kult. I, 173, 268; II, 208, 218, 226. *Por.* cyfra, ilość.

*liczba gramatyczna Kategoria liczby jest wspól-na wszystkim odmiennym częściom mowy, a więc rzeczownikom, przymiotnikom, zaimkom, liczebni-kom i czasownikom. Formy liczby pojedynczej i licz-by mnogiej wskazują na to, czy desygnat rzeczownika (do którego może się odnosić np. określający przy-miotnik lub czasownik) jest jeden, czy, że tych de-sygnatów jest więcej (nieco inny charakter ma zaimek osobowy w pierwszej osobie *lm*: forma *my* nie oznacza wielości podmiotów oznaczanych przez zaimek *ja*, ale: *ja* + inne osoby). Kategoria liczby pociąga za sobą odpowiednie zróżnicowanie członu określającego rzeczownik (*wóz stoi — wozy stoją; chłopiec idzie — chłopcy idą; dobry ojciec — dobrzy ojcowie*). △ *Liczba pojedyncza (lp)* oznacza przedmiot ujmo-wany jednostkowo, bez względu na to, czy jest to rzeczywiście jednostka (np. pilny uczeń pisze), czy gatunek (np. kura znosi jajka), czy też zbiorowość (np. armia walczy). △ *Liczba mnoga (lm)* oznacza wielość przedmiotów (np. pilni uczniowie piszą). △ Wśród form *lp* i *lm* istnieją jeszcze w języku polskim szczątkowe formy *liczby podwójnej* utrzymujące się w nazwach przedmiotów tworzących naturalne pary. Formy takie, np.: *ręce, uszy, oczy* funkcjonują już jako normalna liczba mnoga. Obok tych form używa-nych w odniesieniu do istot żywych występują formy *oka, ucha* w znaczeniach historycznie przenośnych, np.: oka sieci, ucha garnka. △ W funkcji liczby mnogiej używa się obocznych postaci narzędnika *oczyma, rękoma*, które dawniej były formami liczby podwójnej. Natomiast forma *w ręku* o tym samym pochodzeniu, pojawiająca się dziś obocznie do *w ręce*, ma znaczenie liczby pojedynczej.
△ Szczegóły normatywne związane z zagadnieniem liczby odnotowaliśmy pod poszczególnymi hasłami wyrazowymi i w artykułach problemowych dotyczą-cych odmiennych części mowy (np. rzeczownik, przy-miotnik, zaimek, liczebnik i in.). Tu wymienimy tylko kilka ważniejszych spraw ogólnych: **a)** Tylko w *lp* występują najczęściej rzeczowniki oznaczające po-jęcia abstrakcyjne, np.: *życie, piękno, uroda, brater-stwo*. Nadawanie im form *lm* jest niewłaściwe.
b) Rzeczowniki używane tylko w *lm*, np.: *nożyce, sa-nie, usta, urodziny, chrzciny* — mają orzeczenie w *lm*, a określające je liczebniki — to tylko liczebniki zbio-rowe, np.: *dwoje imienin, troje drzwi, czworo sań* itp. (*nie*: dwa imieniny, trzy drzwi, cztery sanie).
c) Niektóre rzeczowniki mają formy *lp* i *lm* nie spo-krewnione etymologicznie, np.: *człowiek — ludzie; rok — lata*.

d) W odmianie przymiotników charakterystyczne jest zróżnicowanie w *lm* form męskoosobowych (*dobrzy chłopcy*) i żeńsko-rzeczowych (*dobre dziew-czynki, ławki, stoły, jabłka*).
e) Z liczebnikami głównymi formy *lp* i *lm* wiążą się składnią rządu i składnią zgody (np.: *jeden chło-piec idzie — dwaj, trzej, czterej chłopcy idą* a. *dwóch, trzech, czterech chłopców idzie — pięciu, sześciu, dwu-dziestu* itd. *chłopców idzie*).
f) Wśród form *lm* zwraca uwagę tzw. *lm grzecznościo-wa*, czyli forma drugiej osoby *lm* rodzaju męskoosobo-wego, skierowana do jednej osoby — dla wyrażenia szacunku, np.: Obywatelko, czy złożyliście podanie? Dawno państwo przyjechali? (p. formy grzecznościo-we).
g) W języku dziennikarsko-publicystycznym zdarza się dziś często nadużywanie form *lm* — w odniesieniu do rzeczowników, których tradycyjnie zwykło się używać tylko w *lp*, np.: Podjąć szereg cennych inicja-tyw (*zamiast*: Wysunąć szereg cennych pomysłów). Pięć przemysłów włączyło się do akcji (*zamiast*: Pięć rodzajów przemysłu...). *Niepoprawne* są również formy takie, jak: piękne pogody, wysokie temperatury, tło-ki w tramwajach itp. *Por.* także: związki rządu, zgody i przynależności.

liczbowy «odnoszący się do liczb, wyrażony licz-bami (w niektórych wyrażeniach *częściej*: liczebny)»: Dane liczbowe. Loteria liczbowa. Stan liczbowy a. liczebny.

*liczebniki są to wyrazy określające liczbę przed-miotów (ilość czegoś) albo pozycję (położenie) przed-miotu w określonym szeregu przedmiotów. △ Li-czebniki wskazujące na liczbę przedmiotów (ilość czegoś) zwane są ilościowymi i obejmują grupy liczeb-ników: głównych, ułamkowych, zbiorowych, mnoż-nych i wielorakich. △ Liczebniki wskazujące na pozycję (położenie) przedmiotu w określonym sze-regu przedmiotów to liczebniki porządkowe.
Liczebniki główne można pod względem grama-tycznym podzielić na cztery typy: 1) od 1 do 4; 2) od 5 do 19 oraz okrągłe dziesiątki i setki od 20 do 900; 3) *tysiąc, milion, miliard* i wyższe potęgi miliona; 4) liczebniki wielowyrazowe nie zakończone na okrągłe dziesiątki.
1. Liczebniki od 1 do 4. Odmiana. Liczebnik *jeden* odmienia się według deklinacji przymiotnikowej. △ Liczebniki 2, 3, 4 mają w mianowniku formy oboczne: *m-os.* dwaj, dwóch a. dwu; trzej a. trzech; czterej a. czterech; *m-nieos.* i *n*: dwa, trzy, cztery; *ż* dwie, trzy, cztery. △ W dopełniaczu i miejscowni-ku liczebnika *dwa* mamy formy: dwóch a. dwu, w ce-lowniku: dwu a. dwom (*rzad.* dwóm) — dla wszyst-kich rodzajów. Bez rzeczownika używa się tylko for-my celownika dwom (dwóm), np. Dał pieniądze dwom (*nie*: dwu). W narzędniku rodzaju żeńskiego obok formy: dwoma — występuje forma: dwiema.
Składnia: a) Związek z rzeczownikiem. Liczebniki *jeden; dwaj, dwa, dwie; trzej, trzy; czterej, cztery* — łączą się z rzeczownikiem związkiem zgody, np.: je-den koń, dwóch stołów, trzem oknom, czterech chłop-ców. △ Liczebniki: *dwóch, trzech, czterech* łączą się z rzeczownikiem związkiem rządu (rząd dopełnia-czowy) w mianowniku, związkiem zgody zaś w pozo-stałych przypadkach, np.: Dwóch chłopców (przy-szło). Czterech drwali (pracowało); *ale*: dwom chłop-com; z czterema drwalami... △ Uwaga. Związek rządu może też wystąpić przy liczebnikach *dwa*,

trzy, cztery, gdy rzeczownik stoi w zdaniu przed liczebnikiem, np.: Jest godzina siódma minut dwie. Przebyliśmy dziś kilometrów trzy. △ Form takich można jednak używać tylko w zestawieniach finansowych, rozkładach jazdy itp.

b) Związek grupy podmiotu zawierającej liczebnik z orzeczeniem. Liczebnik *jeden* wymaga orzeczenia w liczbie pojedynczej. Wszystkie pozostałe liczebniki, z wyjątkiem form męskoosobowych: *dwóch, trzech, czterech* — wymagają orzeczenia w *lm,* np.: Dwaj mężczyźni przyszli. Trzy szkoły zostaną wyremontowane. Spadły cztery jabłka. △ Liczebniki *dwóch, trzech, czterech* wymagają orzeczenia w *lp,* w czasie przeszłym zaś i trybie warunkowym — w rodzaju nijakim, np.: Idzie dwóch chłopców. Czterech drwali wycinało przesiekę. Czy znalazłoby się trzech odważnych? △ Uwaga. Jeśli liczebnik określa liczbę jednostek miary, dopuszczalna jest składnia z orzeczeniem w *lp,* np.: Ubyły (a. ubyło) cztery centymetry wody. Zostały (a. zostało) nam dwie godziny. △ *niepoprawne*: Trzy szkoły zostało zamknięte a. zamkniętych. Zostało zamknięte trzy szkoły. Dwóch chłopców szli. Czterech drwali wycinali przesiekę.

2. Liczebniki od 5 do 19 oraz 20 do 900 (okrągłe dziesiątki i setki). O d m i a n a. Liczebniki od 5 do 90 mogą przybierać w narzędniku dwie formy: (z) pięciu, dwunastu, dwudziestu, osiemdziesięciu *albo*: (z) pięcioma, dwunastoma, dwudziestoma, osiemdziesięcioma. △ Przy użyciu bez rzeczownika stosuje się tylko tę drugą formę, np. Dał sobie radę z pięciu (a. pięcioma) przeciwnikami, *ale*: Dał sobie radę z pięcioma. △ W liczebniku *dwieście* odmieniają się obie części, np. D. dwustu (*nie*: dwiestu). W liczebnikach *trzysta, czterysta* odmienia się druga część, np. D. trzystu, czterystu. Formy *trzechset, czterechset* wychodzą z użycia, ale są poprawne. W liczebnikach 500—900 odmienia się pierwsza część, np. D. pięciuset. Męskoosobowa forma mianownika omawianych liczebników jest jednobrzmiąca z formą dopełniacza (i biernika).

S k ł a d n i a. **a)** Omawiane liczebniki łączą się z rzeczownikiem związkiem rządu (rząd dopełniaczowy), jeśli liczebnik stoi w mianowniku i bierniku, związkiem zgody zaś w pozostałych przypadkach, np.: pięciu chłopców, trzynaście fajek, czterdzieści stołów, sto okien. *Ale*: pięciu chłopcom, trzynastu a. trzynastoma fajkami, czterdziestu stołom, o stu oknach.

b) Liczebniki te wymagają orzeczenia w *lp,* a w czasie przeszłym i trybie warunkowym w rodzaju nijakim, np.: Pięć wozów jedzie. Dwadzieścia kaczek pływa po stawie. Grało stu muzyków. △ *niepoprawne*: Tych a. te pięć wypadków zdarzyły się wiosną. Grali sto muzyków. △ Jeśli orzeczenie jest imienne z orzecznikiem rzeczownikowym, orzecznik ten stawia się w narzędniku liczby mnogiej, np. Trzech jego synów było rolnikami (*nie*: rolników). △ Jeśli orzeczenie zawiera orzecznik przymiotnikowy lub jest w stronie biernej, to imiesłów bierny występuje w dopełniaczu *lm,* np.: Pięć listów zostało już wysłanych. Dwunastu żołnierzy zostało rannych. Tylko dziesięć samochodów jest dobrych. Przy rzeczownikach męskoosobowych jest to jedyna dopuszczalna składnia. W pozostałych wypadkach orzecznik lub imiesłów bierny może stać w mianowniku, np.: Wysłane zostało pięć listów. Dobre jest tylko dziesięć samochodów. Formy takie są dopuszczalne tylko wtedy, gdy orzeczenie znajduje się przed liczebnikiem. △ Jeśli grupa

liczebnik—rzeczownik zawiera ponadto określenie odmieniane przymiotnikowo, powinna ona stać w dopełniaczu *lm,* np.: Tych pięć listów zostało już wysłanych. Dwunastu moich kolegów zostało pobitych. Tylko dziesięć tych odnowionych samochodów jest dobrych. △ Gdy określenie to jednak występuje przed liczebnikiem, można je postawić w mianowniku. △ Należy zwrócić uwagę na to, aby między określeniem przymiotnikowym grupy liczebnik—rzeczownik a orzecznikiem lub imiesłowem biernym zachodziła zgodność przypadka i liczby. Należy unikać takich form, jak: Tych pięć listów zostało wysłane. Te pięć listów zostało wysłanych. △ Nie dotyczy to wypadków, gdy przymiotnik jest określeniem samego liczebnika. Można więc powiedzieć np. Dobre pięć kilometrów linii kolejowej zostało zelektryfikowanych.

3. Liczebniki *tysiąc, milion, miliard* i wyższe potęgi miliona (*bilion* itd.) odmieniają się jak rzeczowniki i łączą z rzeczownikami w dopełniaczu, np.: Tysiąc żołnierzy, milion obywateli, milion złotych, miliard gwiazd. Liczebniki te występują również w formach *lm,* np.: Tysiące żołnierzy, o milionach obywateli, miliardów gwiazd. △ Użyte w formie *lp* wymagają orzeczenia w liczbie pojedynczej, a w czasie przeszłym oraz trybie warunkowym — w rodzaju nijakim, np.: Tysiąc żołnierzy walczyło na froncie północnym. Miliard gwiazd znajduje się w tej części Galaktyki. △ Jednak gdy orzeczenie występuje przed liczebnikiem lub gdy liczebnik oznacza liczbę jednostek miary, dopuszczalna jest zgoda w liczbie i rodzaju z liczebnikiem, np.: Zginął tysiąc żołnierzy. Mieszka tu milion ludzi. Znów milion ton (węgla) został wydobyty. △ Liczebniki omawianej grupy w *lm* dopuszczają zawsze obie konstrukcje, np.: Tysiące żołnierzy zginęło (a. zginęły). Miliony bakterii znajduje (a. znajdują) się w milimetrze sześciennym wody. △ W zakresie związku z orzecznikiem, formą strony biernej oraz z określeniem przymiotnikowym obowiązują te same zasady, które dotyczą liczebników od 5 do 900 (p. wyżej punkt 2b). Poprawna jest tu jednak i trzecia konstrukcja, polegająca na zgodzie co do przypadka i liczby z liczebnikiem. Możliwe są zatem wszystkie następujące konstrukcje: Tych tysiąc listów zostało już wysłanych. Te tysiąc listów zostało już wysłane. Ten tysiąc listów został już wysłany. Całe tysiące żołnierzy zostało wziętych do niewoli. Te tysiące żołnierzy zostały wzięte do niewoli. △ *niepoprawne*: Te tysiąc listów zostały już wysłane. Całe tysiące żołnierzy zostało wzięte do niewoli.

4. *Liczebniki wielowyrazowe.* Odmieniane są one dwojako: odmienia się wszystkie człony albo tylko dziesiątki i jednostki, np.: Było tysiąc pięciuset dwudziestu pięciu żołnierzy. Z tysiącem pięciuset dwudziestu pięciu (a. dwudziestu pięcioma) żołnierzami. *Albo*: Było tysiąc pięćset dwudziestu pięciu żołnierzy. Z tysiąc pięćset dwudziestu pięciu (a. dwudziestu pięcioma) żołnierzami. △ Wyjątek od tej zasady stanowią liczebniki zakończone na *jeden,* którego nie odmienia się ani przez przypadki, ani przez rodzaje, np.: Dwadzieścia jeden kobiet (*nie*: dwadzieścia jedna kobieta). Z pięćdziesięciu (a. z pięćdziesięcioma) jeden końmi (*nie*: z pięćdziesięciu jednym, *ani*: z pięćdziesięciu i jednym koniem). O tysiącu jeden drobiazgów (*nie*: o tysiącu jednym drobiazgu). △ W liczebnikach wielowyrazowych przed jednostkami nie stawia się spójnika *i,* np. dwadzieścia jeden (*nie*: dwadzieścia i jeden). Wyjątek stanowi utarte wyrażenie: *z tysiąca i jednej nocy*.

Składnia liczebników wielowyrazowych jest identyczna ze składnią ostatniego ich członu, np.: Było dwadzieścia pięć domów (*jak*: pięć domów). Stały trzydzieści dwie chaty (*jak*: dwie chaty). Minęło sto dwadzieścia jeden dni (tu typ związku wyznacza liczebnik *dwadzieścia*, bo *jeden* jest nieodmienny). △ Liczebniki wielowyrazowe w formie męskoosobowej z liczebnikiem od 2 do 4 na końcu, mają wyłącznie formy: Dwudziestu dwóch chłopców biegało (*nie*: Dwadzieścia dwaj chłopcy biegali). Osiemdziesięciu czterech robotników pracuje. W liczebnikach wielowyrazowych z członem: *tysiąc, milion, miliard, bilion* itd. człon ten zachowuje się jak rzeczownik, np.: dwom milionom (*jak*: dwom stołom), pięć tysięcy (*jak*: pięć miesięcy). Dwa tysiące żołnierzy zginęły (*jak*: dwa pułki zginęły). W tej części Galaktyki znajduje się pięć milionów gwiazd. △ W wypadku liczebników z przedostatnim członem od 2 do 4 możliwa jest dodatkowo składnia z orzeczeniem w *lp*, a w czasie przeszłym i trybie warunkowym ponadto w rodzaju nijakim, np. Dwa tysiące żołnierzy zginęło. Jest to jedyna składnia liczebników z przedostatnim członem powyżej 5, np. Dziesięć milionów kilometrów dzieliło kometę od Słońca. △ *niepoprawne*: Trzydzieści dwie chat. Dwadzieścia dwaj chłopcy.

Liczebniki zbiorowe odmieniają się według deklinacji rzeczownikowej nijakiej, przy czym w odmianie występują dwa tematy: dwoj-e, troj-e *obok*: dwojg-a, trojg-a (p. poszczególne liczebniki). △ Liczebniki zbiorowe (takie jak: *dwoje, troje, czworo, dwadzieścioro* itd.) odnoszą się: **a)** do istot różnej płci, np.: Oboje rodzice, troje rodzeństwa, pięcioro studentów. **b)** do niektórych rzeczowników używanych tylko w liczbie mnogiej, np.: Dwoje drzwi. Troje nożyczek (choć częściej: trzy pary nożyczek). Dwoje imienin. **c)** do rzeczowników zakończonych w *lp* na -*ę*, w *lm* zaś na -*ęta*, np.: Dwoje kurcząt. Troje dziewcząt. Kilkoro zwierząt. **d)** do nazw niektórych przedmiotów występujących w parach oraz tradycyjnie do niektórych innych rzeczowników, np.: Dwoje oczu, uszu. Troje dzieci. △ Ponadto liczebniki zbiorowe występują w niektórych tradycyjnych połączeniach, np.: Królestwo Obojga Sycylii. Dziesięcioro przykazań. Doktor obojga praw. △ W liczebnikach zbiorowych wielowyrazowych najczęściej tylko ostatni człon ma postać liczebnika zbiorowego, pozostałe człony to liczebniki główne, np.: Sto dwadzieścioro dzieci, stu dwadzieściorga dzieci, o stu dwadzieściorgu dzieciach. Dwadzieścia ośmioro dzieci, dwudziestu ośmiorgu dzieciom, o dwudziestu ośmiorgu dzieciach.

Składnia. a) Liczebniki zbiorowe łączą się z rzeczownikiem związkiem rządu (rząd dopełniacza) we wszystkich przypadkach z wyjątkiem celownika i miejscownika, w których zachodzi związek zgody, np.: Czworo dzieci, bez czworga dzieci, z czworgiem dzieci, *ale*: dwojgu źrebiętom, o dwojgu źrebiętach, *rzad.* o dwojgu źrebiąt. △ Uwaga. Liczebnik *oboje* ma składnię zgody, gdy się odnosi do par małżeńskich, np. Oboje rodzice (*ale*: oboje podróżnych). **b)** Liczebniki zbiorowe łączą się z orzeczeniem w *lp*, a w czasie przeszłym i trybie warunkowym w rodzaju nijakim, np.: Troje przyjechało. Dwoje sań stoi przed domem. △ Jeśli rzeczownik jest w składni zgody z liczebnikiem, orzeczenie występuje w *lm*, np. Oboje rodzice wyrazili zgodę. △ W wypadku orze-

czenia imiennego lub biernego orzecznik lub imiesłów bierny występuje w *lp* (rodzaju nijakiego) albo w dopełniaczu *lm*, np. Dwoje źrebiąt jest uwiązane u płotu a. Dwoje źrebiąt jest uwiązanych u płotu. △ Liczebnik zbiorowy użyty z zaimkiem rzeczownym może wystąpić w dwu konstrukcjach: My dwoje, ci troje (związek zgody) a. Nas dwoje, ich troje (związek rządu). W pierwszym wypadku orzeczenie ma formę *lm* (np. My dwoje poszliśmy), w drugim — *lp*, np. Nas dwoje rozmawiało.

Liczebniki ułamkowe określają liczbę przedmiotów (ilość czegoś) w liczbach niecałkowitych. Należy tu liczebnik *pół* i wszystkie złożenia z tym wyrazem, a więc *półtora, półtrzecia, półczwarta* itp. (dziś używa się dwóch ostatnich bardzo rzadko), oraz liczebniki typu: *trzy czwarte, dwie trzecie* itp., złożone z liczebnika głównego i porządkowego. △ Odmiana. Liczebniki ułamkowe pierwszego rodzaju są nieodmienne: Pół godziny, za pół godziny. Półtora roku, przed półtora rokiem. Liczebniki typu: *trzy czwarte, dwie trzecie* odmieniają się zgodnie z zasadami odmiany liczebników głównych i porządkowych, z których się składają. △ Liczebniki: *półtora, półtrzecia* (i dalsze) mają formy rodzajów: końcówka -*a* występuje w połączeniu z rzeczownikiem męskim a. nijakim; -*ej* — przy rzeczownikach żeńskich, np.: Półtora roku, półtorej godziny (*nie*: półtora godzin). Półtrzeciej (*nie*: półtrzecia) mili.

Składnia. Liczebniki ułamkowe łączą się z rzeczownikiem określanym w dopełniaczu *lp*, np.: Mija pół godziny. Zostało półtorej mili. Zrobiliśmy trzy czwarte drogi. △ W wyrażeniach przyimkowych liczebnik *półtora* łączy się często z rzeczownikiem w przypadku narzuconym mu przez przyimek, np.: Przed półtora rokiem (*nie*: przed półtora roku); po półtora roku; *ale*: przed półtorej godziny (*nie*: przed półtorej godziną). △ Przydawki mają zawsze formę *lp* rodzaju nijakiego, orzeczenie zaś występuje zwykle w *lp*, w czasie przeszłym i trybie warunkowym w rodzaju nijakim, np. Zniszczyło się dobre pół tony surowca. △ Liczebniki ułamkowe typu: *dwie trzecie, trzy czwarte* itp. (w których skład wchodzą liczebniki główne 2, 3, 4) mogą łączyć się z orzeczeniem w *lp* albo w *lm*, np.: Trzy piąte sumy przypada a. przypadają wygrywającemu. Dwie dziesiąte metra wody ubyło a. ubyły.

Liczebniki ułamkowe wielowyrazowe składają się z liczebnika głównego i ułamkowego, np.: Dwa i pół punkta. Sześć i dwie dziesiąte metra. Łączą się one z podmiotem w dopełniaczu *lp.*, np.: Dwa i pół miesiąca (*nie*: miesięcy). Trzy i pół roku (*nie*: lat). Pięć i pół godziny (*nie*: pięć i pół godzin). Cztery i trzy czwarte kilograma.

Liczebniki nieokreślone oznaczają liczbę przedmiotów (ilość czegoś) w sposób przybliżony. Należą tu takie liczebniki, jak: *kilka, trochę, parę, wiele, mało, dużo, kilkanaście, kilkaset, moc, tysiące, setki.* △ Odmiana. Liczebniki nieokreślone są w zasadzie nieodmienne, jak przysłówki. Niektóre z nich, np. *wiele, kilka, kilkanaście* itp., mają odmianę liczebnikową (właściwą liczebnikom głównym od 5 wzwyż), np. Kilka domów, *D.* kilku domów, *C.* kilku domom itd. (p. poszczególne liczebniki). △ Liczebniki nieokreślone: *kilka, wiele, parę, kilkanaście, kilkadziesiąt, kilkaset* w połączeniu z rzeczownikami przybierają w mianowniku i bierniku formy: *kilku, kilkunastu, wielu, paru* itp., np.: Wielu robotników. Kilku uczniów (*nie*: kilka uczniów). Zatrudnił paru rzemieślni-

ków (*nie*: parę rzemieślników). △ Nieodmienianie tych liczebników lub używanie ich wyłącznie w formach niemęskoosobowych jest błędne, np.: Nie dostał wiele listów (*zamiast*: nie dostał wielu listów). Kilka mężczyzn (*zamiast*: kilku mężczyzn). △ Uwaga. W połączeniu z niektórymi rzeczownikami męskoosobowymi liczebniki nieokreślone wykazują wahania, występują dwie formy: wiele//wielu, kilka//kilku, np. Wiele, tyle (a. wielu, tylu) ludzi, *ale*: kilku ludzi (*nie*: kilka ludzi). △ Niektóre z liczebników nieokreślonych, takie jak: *dużo, mało, trochę* — występują tylko w mianowniku i bierniku *lp*; w innych przypadkach trzeba je zastąpić innymi liczebnikami nieokreślonymi lub wyrażeniami określającymi liczbę, np. Dużo koni (*MB*), *ale*: wielu koniom (*nie*: dużo koniom). Mało spraw (*MB*), *ale*: o niewielu sprawach (*nie*: o mało sprawach). Trochę obowiązków (*MB*), *ale*: Sprostać niewielu obowiązkom a. małej liczbie obowiązków.
Składnia. Liczebniki nieokreślone w mianowniku łączą się z podmiotem w dopełniaczu, w przypadkach zależnych pozostają z rzeczownikiem w związku zgody, np.: Wielu chłopców. Wiele kobiet. Kilka słów. Z wieloma chłopcami, kobietami. W kilku słowach. △ Liczebniki nieokreślone wymagają orzeczenia w *lp*, w czasie przeszłym zaś i trybie warunkowym — w rodzaju nijakim, np.: Dużo ludzi przychodzi. Kilka kobiet mówiło naraz. Wielu mężczyzn pracowało. △ Orzeczenie imienne i przydawki łączące się z podmiotem określanym liczebnikiem nieokreślonym występują albo w rodzaju nijakim *lp*, albo w dopełniaczu *lm*, np.: Te kilka przedmiotów a. tych kilka przedmiotów. Wiele rzeczy zostało zrobione a. wiele rzeczy zostało zrobionych.
Inne typy liczebników, jak *liczebniki mnożne* (np. podwójny, stokrotny) i *wielorakie* (np. dwojaki, czworaki) nie stwarzają większych problemów poprawnościowych. Odmieniają się według deklinacji przymiotnikowej i również jak przymiotniki tworzą związki składniowe.
Liczebniki porządkowe odmieniają się jak przymiotniki, np. pierwszy, pierwszego, pierwszemu, trzeci, trzeciego itp. (p. poszczególne liczebniki). Z wyjątkiem pierwszych czterech nie są używane w formie męskoosobowej w *lm*. Powie się więc: pierwsi, drudzy, czwarci, *ale* nie: piąci, szóści itd. Poprawne są natomiast formy niemęskoosobowe, np. W naszej szkole są trzy klasy ósme. △ W liczebnikach porządkowych wieloczłonowych odmieniają się tylko człony, oznaczające jednostki i dziesiątki, pozostałe części są nieodmienne i mają postać liczebników głównych, np. W roku tysiąc dziewięćset piątym. △ Formy typu: w roku tysiąc dziewięćsetnym piątym — wychodzą z użycia. △ Błędne jest oznaczanie roku liczebnikiem głównym, np. Trzeciego sierpnia tysiąc dziewięćset czterdzieści pięć (*zamiast*: Trzeciego sierpnia tysiąc dziewięćset czterdziestego piątego roku). △ Liczebniki porządkowe oznacza się w piśmie cyframi rzymskimi lub arabskimi bez końcówek. Po cyfrach arabskich stawiamy kropkę (która jak gdyby zastępuje końcówkę fleksyjną); cyfry rzymskie piszemy bez kropki, np.: V wiek przed naszą erą, *rzad*. 5. wiek przed naszą erą (*nie*: V-ty, ani: 5-ty wiek). Aleja I Armii Wojska Polskiego (*nie*: Aleja I. Armii, *ani*: Aleja I-ej Armii). △ Wyjątek stanowią tu cyfry oznaczające godziny i dni miesiąca, pisane: godzina 15; 20 czerwca (bez kropki); p. cyfrowy zapis liczebników. Jeśli piszemy zamiast

nazwy numer miesiąca, oddzielamy arabskie cyfry dni od miesięcy kropką, np. 20.6. (*ale*: 20.VI. a. 20 VI). △ To samo dotyczy godzin i minut, np. 20.45. △ Nie stawiamy kropki po numerze stronicy w notach bibliograficznych, np. t. I, str. 476 i nn.

liczebność *ż V, blm* «stan liczebny»: Podnieść liczebność armii. Duża, wielka liczebność czegoś.

liczebny 1. «odnoszący się do liczby, dający się wyrazić liczbami; *rzad*. liczbowy»: Przewaga liczebna. Stan liczebny a. liczbowy. 2. *rzad*. p. liczny.

liczman *m IV, D*. liczmanu a. liczmana *przestarz*., dziś żywe w *książk. przen*. «rzecz bezwartościowa, namiastka czegoś, pusty frazes»: Liczman sławy.

liczny *st. w*. liczniejszy, *m-os*. liczni «liczący wiele osób, składający się z wielu jednostek; często się zdarzający»: Liczne towarzystwo. Kraj zniszczony licznymi wojnami.

liczyć *ndk VIb*, liczyliśmy (p. akcent § 1a i 2) 1. «wykonywać działania arytmetyczne; wymieniać liczby w kolejności» □ L. bez dop.: Liczył w myślach. Liczył głośno: raz, dwa, trzy. □ L. do iluś: Liczyć do stu. 2. «obliczać, sumować»: Liczyć uczniów. Liczyć pieniądze. 3. «brać pod uwagę przy liczeniu, wliczać»: Ile osób liczymy do składki? △ Nie licząc kogoś, czegoś; licząc w to (*rzad*. w tym) kogoś, coś; licząc z kimś, z czymś: W oborze stało 15 krów, nie licząc cieląt. W biurze było dziesięciu pracowników, licząc w to woźne. Licząc z dziećmi było tam 10 osób. 4. «składać się z pewnej liczby, mieć pewną liczbę czegoś» □ Coś liczy ileś czego: Miasto liczy (*nie*: liczy sobie) 15 tys. mieszkańców (*ale*: Liczyć sobie ileś lat, miesięcy — o istotach żywych). 5. «oceniać, szacować» □ L. kogo, co — na ile: Liczą go na sto tysięcy. □ *rzad*. L. komu, czemu ile: Liczono jej 70 lat. 6. «wyznaczać cenę, brać zapłatę» □ L. (komu) ile — za co: Liczyć 50 zł za kilogram mięsa. □ L. (komu) co — po ile: Liczył jej kilogram jabłek po 10 zł. 7. «spodziewać się, przypuszczać» □ L., że...: Liczył, że poczęstują go obiadem. □ L. na co: Liczył na jego powrót. □ L. na kogo, na co «polegać na kimś, na czymś, wiązać z kimś, z czymś nadzieję»: Liczył tylko na siebie i swoje siły. □ *niepoprawne* Liczyć kogo, co — za kogo, za co, jako co, czym (*zamiast*: uważać kogo, co za kogo, za co).
liczyć się 1. «być liczonym»: Lata przestępne inaczej się liczą w kalendarzu starego i nowego typu. 2. «być ważnym, mieć znaczenie»: Jeszcze się liczę, jeszcze o mnie nie zapomniano. 3. «nie lekceważyć kogoś, czegoś» □ L. się z kim, z czym: Nikt się nie liczył z nim ani z jego zdaniem. 4. *przestarz*. «zaliczać się» □ L. się do kogo, do czego: Ten pisarz liczy się już do klasyków.

liczydło *n III, lm D*. liczydeł, w zn. «przyrząd do rachowania» — w *lm* (*reg*. w *lp*): Liczył bardzo wprawnie na liczydłach.

liczykrupa *ż a. m odm. jak ż IV, M*. ten a. ta liczykrupa (także o mężczyznach), *lm M*. te liczykrupy, *D*. liczykrupów (tylko o mężczyznach) a. liczykrup, *B*. tych liczykrupów (tylko o mężczyznach) a. te liczykrupy.

Lida *ż IV* «miasto w ZSRR» — lidzianin *m V, D*. lidzianina, *lm M*. lidzianie, *D*. lidzian — lidzianka *ż III, lm D*. lidzianek — lidzki.

lider *m IV, D.* lidera, *lm M.* liderzy **1.** «przywódca polityczny» **2.** «przodownik wyścigu»

I Lidia *ż I, DCMs.* Lidii «starożytna kraina w Azji Mniejszej» — Lidyjczyk *m III, lm M.* Lidyjczycy — Lidyjka *ż III, lm D.* Lidyjek — lidyjski.

II Lidia *ż I, DCMs.* i *lm D.* Lidii «imię» — Lidka *ż III, lm D.* Lidek — Lidzia *ż I, W.* Lidziu.

Lidzbark (Warmiński), Lidzbark *m III, D.* Lidzbarku, Warmiński odm. przym. «miasto» — lidzbarski.

Liebknecht (*wym.* Libknecht) *m IV*: Studiować rozprawę o Liebknechcie.

Liechtenstein (*wym.* Lichtensztajn) *m IV, D.* Liechtensteinu (*wym.* Lichtensztajnu, p. akcent § 7) a. (z wyrazem: księstwo) *ndm* «państwo w Europie»: Mieszkać w Liechtensteinie (a. w księstwie Liechtenstein).

Liège (*wym.* Ljeż) *n ndm* «miasto w Belgii» *Por.* Leodium.

liga *ż III, lm D.* lig: Liga sportowa. Utworzyć, zawiązać ligę. △ W nazwach dużą literą: Liga Kobiet. Liga Obrony Kraju.

ligowiec *m II, D.* ligowca, *lm M.* ligowcy *środ., sport.* «zawodnik należący do drużyny wchodzącej w skład ligi»

Liguria *ż I, DCMs.* Ligurii «kraina we Włoszech» — liguryjski (p.).

liguryjski: Miasta liguryjskie (*ale:* Morze Liguryjskie).

likier (*nie:* liker) *m IV, D.* likieru.

likwidacja *ż I,* zwykle *blm* **1.** «zniesienie, rozwiązanie, usunięcie, zwinięcie» — w tym zn. nadużywane, np.: Likwidacja (*lepiej:* rozwiązanie) organizacji. Likwidacja (*lepiej:* zamknięcie) barów. **2.** «pozbawienie życia, zgładzenie, uśmiercenie» — wyraz, używany w okresie II wojny światowej, ma w tym znaczeniu odcień pewnej brutalności. **3.** «obliczanie i spłacanie należności»

likwidować *ndk IV,* likwidowaliśmy (p. akcent § 1a i 2) — **zlikwidować** *dk* **1.** «rozwiązywać, znosić coś, kończyć z czymś» — w tym zn. nadużywane, np.: Likwidować (*lepiej:* zwijać) obóz. Likwidować (*lepiej:* usuwać) dysproporcje. Likwidować (*lepiej:* tłumić) ruchy rewolucyjne. Likwidować (*lepiej:* gasić) pożar. **2.** «uśmiercać, usuwać zadając śmierć» — wyraz, używany w okresie II wojny światowej, ma w tym znaczeniu odcień pewnej brutalności. **3.** «obliczać i spłacać należności» || KP Pras.

lila p. liliowy.

Liliowe *n* odm. jak przym., *NMs.* Liliowem a. (z wyrazem: przełęcz) *ndm* «przełęcz w Tatrach»: Odpoczynek taterników na Liliowem (a. na przełęczy Liliowe).

liliowy (*nie:* lilowy) *st. w.* bardziej liliowy; a. **lila** *ndm* «jasnofioletowy»: Liliowe astry a. astry lila.

liliput *m IV* **1.** *lm M.* ci lilipuci a. liliputy «karzełek (także w zn. *przen.*)» **2.** *lm M.* te liliputy «mały przedmiot, małe zwierzę»

Lille (*wym.* Lil) *n ndm* «miasto we Francji»: Mieszkać w Lille.

Limanowa *ż* odm. jak przym., *D.* Limanowej (*nie:* Limanowy), *CMs.* Limanowej (*nie:* Limanowie) «miasto»: Mieszkać w Limanowej. — limanowianin *m V, D.* limanowianina, *lm M.* limanowianie, *D.* limanowian — limanowianka *ż III, lm D.* limanowianek — limanowski.

! limoniada p. lemoniada.

Limpopo (*wym.* Limpopo) *ż ndm* «rzeka w Afryce»: Limpopo wylała.

I Lincoln (*wym.* Linkoln) *m IV, D.* Lincolna (p. akcent § 7) «nazwisko»: Program prezydenta Lincolna.

II Lincoln (*wym.* Linkoln) *m IV, D.* Lincolnu a. (w połączeniu z wyrazem: hrabstwo) *ndm* «miasto w USA; miasto i hrabstwo w Wielkiej Brytanii»: Pojechać do Lincolnu (a. do hrabstwa Lincoln). Katedra w Lincolnie.

lincz *m II, D.* linczu.

Linde *m,* w *lp* odm. jak przym., *NMs.* Lindem, w *lm* jak rzecz., *M.* Lindowie, *D.* Lindów: Słownik Lindego.

lineał p. liniał.

linearny a. **linijny** «odnoszący się do linii, wyrażony liniami (zwykle w dziedzinie sztuki)»: Kompozycja linearna. Ornament linearny. Pismo linearne. Malarstwo linijne. Rysunek linijny.

lingwista (*nie:* lingwinista) *m* odm. jak *ż IV, lm M.* lingwiści, *DB.* lingwistów; in. językoznawca.

lingwistyczny (*nie:* lingwinistyczny); in. językoznawczy.

lingwistyka (*nie:* lingwinistyka; *wym.* lingwistyka, *nie:* lingwistyka, p. akcent § 1c) *ż III,* zwykle *blm;* in. językoznawstwo.

linia *ż I, DCMs.* i *lm D.* linii, nadużywane w zn. «kierunek, dążność»: Linia polityczna, linia postępowania (*lepiej:* kierunek polityczny, kierunek postępowania). △ Iść po linii czegoś (*lepiej:* kierować się czymś). △ *środ.* Po linii partyjnej, związkowej itp. (*lepiej:* przez partię, związek, za pośrednictwem, z polecenia partii, związku). △ Iść po linii najmniejszego (*nie:* iść po najmniejszej linii) oporu «wybierać najłatwiejszy sposób postępowania» △ *niepoprawne* W pierwszej linii (*zamiast:* przede wszystkim, najpierw, głównie).

liniał (*wym.* lińjał), *rzad.* **lineał** *m IV, D.* liniału (lineału) *reg., przestarz.* «linia, linijka — listwa z podziałką»

linieć p. lenieć.

linienie *n I* «okresowe zmienianie sierści, piór, skóry; linka»

linijny p. linearny.

liniowiec *m II, D.* liniowca **1.** *lm M.* liniowce «okręt liniowy (wojenny)» **2.** *W.* liniowcze, forma szerząca się: liniowcu, *lm M.* liniowcy «żołnierz liniowy; frontowiec»

liniowy «odnoszący się do linii (zwykle w terminologii specjalnej)»: Podziałka liniowa. Równanie liniowe. Okręt liniowy. Oficer liniowy.

linka *ż III, lm D.* linek *rzad.* w zn. «linienie»

linoskoczek *m III*, D. linoskoczka, *lm M.* te linoskoczki a. ci linoskoczkowie.

linotypista *m* odm. jak *ż IV*, *lm M.* linotypiści, *DB.* linotypistów; *rzad.* maszynkarz.

linter (*nie*: linters) *m IV*, D. linteru, *lm M.* lintery. || *D Kult. II, 327; PJ 1966, 5.*

Linz (*wym.* Linc) *m II*, D. Linzu «miasto w Austrii»

lioński przym. od Lyon: Targi liońskie (*ale*: Zatoka Liońska).

Lipawa *ż IV* «miasto w ZSRR» — lipawski (p.).

lipawski: Szkoły lipawskie (*ale*: Jezioro Lipawskie).

Lipe *n* odm. jak przym., *NMs.* Lipem «miejscowość»

Lipia Góra, Lipia odm. przym., Góra *ż IV* «miejscowość» — lipiogórski.

lipiec *m II* **1.** D. lipca «siódmy miesiąc roku, w datach pisany słowami, cyframi arabskimi (z kropką) lub rzymskimi: 15 lipca 1969 r., 15.7.1969 r., 15.VII.1969 r. a. 15 VII 1969 r. △ Na pytanie: kiedy? — nazwa miesiąca zawsze w dopełniaczu, nazwa dnia — w dopełniaczu a. (z przyimkami *przed, po*) — w narzędniku, np.: Przyjechał piątego lipca. Przed piątym lipca (*nie*: przed piątym lipcem). △ Na pytanie: jaki jest (lub był) dzień? — liczba porządkowa dnia w mianowniku a. w dopełniaczu, nazwa miesiąca w dopełniaczu: Piąty lipca (*nie*: piąty lipiec) był dniem powszednim. Dziś jest piąty lipca a. piątego lipca (*nie*: piąty lipiec). **2.** D. lipcu a. lipca «miód z kwiatu lipowego»

Lipiec *m II*, D. Lipca (*nie*: Lipieca), *lm M.* Lipcowie «nazwisko»
Lipiec *ż ndm* — Lipcowa *ż* odm. jak przym. — Lipcówna *ż IV*, D. Lipcówny, *CMs.* Lipcównie (*nie*: Lipcównej), *lm D.* Lipcówien.

Lipiny *blp*, D. Lipin «dzielnica Świętochłowic; wieś»: Mieszkać w Lipinach (wsi). Mieszkać na Lipinach (dzielnicy). — lipiński.

Lipno *n III* «miasto» — lipnianin *m V*, D. lipnianina, *lm M.* lipnianie, D. lipnian — lipnianka *ż III*, *lm D.* lipnianek — lipnowski.

Lipsk *m III* «miasto w NRD» — lipski (p.).

lipski przym. od Lipsk, Lipsko.

Lipsko *n II* «miasto» — lipski (p.).

lir (co innego: ta lira) *m IV*, *DB.* lira, *lm D.* lirów «włoska jednostka monetarna» || *KJP 144.*

lira *ż IV*, *lm D.* lir «instrument muzyczny (obecnie nie używany)»: Brząkać na lirze.

liryk *m III* **1.** D. liryka (*wym.* liryka, *nie*: liryka, p. akcent § 1d), *lm M.* ci lirycy «poeta piszący utwory liryczne» **2.** D. liryku, *lm M.* te liryki «utwór liryczny»

liryka (*wym.* liryka, *nie*: liryka, p. akcent § 1c) *ż III*, *blm.*

list *m IV*, D. listu: List anonimowy, polecony, polecający. List otwarty (*nie*: odkryty). Listy uwierzytelniające, *przestarz.* wierzytelne. Napisać, wysłać list do kogoś (*nie*: dla kogoś).

lista *ż IV*: Lista lokatorów. Lista obecności. Lista płacy (*nie*: płatnicza). Ułożyć, sporządzić (*nie*: zestawić) listę. Zapisać się na listę. Wypisać się, skreślić kogoś z listy. Wypłacać pieniądze, wymieniać kogoś itp. według listy (*nie*: po liście).

listonosz (*nie*: listonasz) *m II*, *lm D.* listonoszy, *rzad.* listonoszów. || *D Kult. I, 519. Por.* doręczyciel.

listopad *m IV* «jedenasty miesiąc roku, w datach pisany słowami, cyframi arabskimi (z kropką) lub rzymskimi: 15 listopada 1969 r., 15.11.1969 r., 15.XI.1969 r. a. 15 XI 1969 r. △ Na pytanie: kiedy? — nazwa miesiąca zawsze w dopełniaczu, nazwa dnia — w dopełniaczu a. (z przyimkami *przed, po*) — w narzędniku, np.: Przyjechał piątego listopada. Przed piątym listopada (*nie*: przed piątym listopadem). △ Na pytanie: jaki jest (lub był) dzień? — liczba porządkowa dnia w mianowniku a. w dopełniaczu, nazwa miesiąca w dopełniaczu: Piąty listopada (*nie*: piąty listopad) był dniem powszednim. Dziś jest piąty listopada a. piątego listopada (*nie*: piąty listopad).

listowny «załatwiany, odbywający się za pośrednictwem listu»: Odpowiedź listowna. Polecenie, zawiadomienie listowne. || *D Kult. I, 519. Por.* listowy.

listowy przym. od list △ zwykle w wyrażeniach: Papier listowy. Waga listowa.
listowy w użyciu rzeczownikowym *reg.* «listonosz» || *D Kult. I, 519. Por.* listowny.

listwa (*nie*: listew) *ż IV*, *lm D.* listew (*nie*: listw).

liszaj *m I*, D. liszaja, *lm D.* liszajów a. liszai.

Liszt (*wym.* List, *nie*: Liszt) *m IV*, *Ms.* Liszcie (*wym.* Liscie): Rapsodie węgierskie Franciszka Liszta. || *D Kult. I, 693.*

liść *m I*, *lm N.* liśćmi (*nie*: liśćiami).

litera *ż IV*: Pisać wyraz dużą (wielką) literą a. od dużej (*nie*: z dużej) litery. || *KP Pras.*

*literacki język p. język i jego odmiany.

literatura (*wym.* literatura, *nie*: literatura) *ż IV.*

*literowce p. skrótowce.

*litery duże (wielkie) i małe Pisownia wyrazów dużą literą uwarunkowana jest czterema względami: składniowym, znaczeniowym, uczuciowo-grzecznościowym i graficznym.
I. *Duża litera uwydatnia składniową rolę grupy wyrazów,* kiedy zaczynamy zdanie po kropce, pytajniku i wykrzykniku, np.: Pojechaliśmy do stryja. Nie byłem u niego od dawna. △ Co masz w tej torbie? — Prowiant na drogę. △ To ja! Otwórz wreszcie. △ Dużą literą zaczynamy także pierwszy wyraz po dwukropku, ale tylko w wypadkach: **a)** Kiedy przytaczamy cudze zdanie lub cytat, np.: Powiedział mi: Nigdy ci tego nie zapomnę. △ Znacie to zdanie: „Być albo nie być..." **b)** Kiedy podajemy jakiś opis lub wyliczenie ujęte w dłuższym wypowiedzeniu, np.: Sprawa przedstawia się następująco: Obaj oskarżeni tego pamiętnego dnia znajdowali się... △ Mamy tu do czynienia z kilkoma wariantami ubezpieczenia: a) Ubezpieczenie od nieszczęśliwych wypadków; b) Ubezpieczenie od odpowiedzialności cywilnej.

II. *Duża litera związana ze znaczeniem wyrazu.*
Dużą literą piszemy: **1.** Wszystkie nazwy własne, a więc przede wszystkim imiona, nazwiska, przydomki, przezwiska, herby, pseudonimy ludzi oraz nazwy jednostkowych istot będących przedmiotem wierzeń religijnych, nazwy postaci, zwierząt, drzew mitologicznych, fantastycznych itp., np.: *Adam, Krasiński, Łokietek, Warneńczyk, Poraj, Prus, Bóg, Jowisz, Charon, Pegaz, Ondyna, Dewajtis, Azor, Mruczek.* △ Dużymi literami pisze się również takie nazwy dwuwyrazowe lub wielowyrazowe, jak np.: *Aleksander Macedoński, Dziewica Orleańska, Panie Kochanku, Lwie Serce, Rączy Jeleń.* △ W przydomkach lub przezwiskach, w których skład wchodzi przyimek, tylko ten przyimek pisze się małą literą, np.: *Jan bez Ziemi, Jędrzej znad Rzeki, Jan z Dukli.* △ Również dużą literą pisze się nazwiska twórców, użyte w znaczeniu przenośnym (w zn. «dzieło, utwór tego autora»), np.: Rozczytywać się w Prusie. Muzeum zakupiło kilka Rubensów. Poszukaj tego wyrazu w Lindem (tj. w słowniku Lindego).
2. Nazwy dynastyczne, np.: *Jagiellonowie, Piastowie, Habsburgowie.*
3. Przymiotniki dzierżawcze utworzone od imion własnych (odpowiadające na pytanie: czyj?), np.: *dramat Szekspirowski, talent Mickiewiczowski, pałac Radziwiłłowski, Zosina siostra, Sabałowa gawęda, Psałterz Dawidów* (p. też cz. III, pkt 5).
4. Nazwy świąt, okresów i dni świątecznych, zarówno jednowyrazowe, jak i wielowyrazowe, np.: *Zaduszki, Wielkanoc, Boże Narodzenie, Wielki Piątek, Wielki Tydzień, Dzień Kobiet, 1 Maja, Święto Odrodzenia Polski.*
5. Nazwy planet, gwiazd, konstelacji (jednowyrazowe i wielowyrazowe), np.: *Wenus, Saturn, Wielka Niedźwiedzica, Gwiazda Polarna, Droga Mleczna, Krzyż Południa.* △ Także: *Słońce, Księżyc i Ziemia* — ale tylko jako terminy astronomiczne.
6. Nazwy orderów i odznaczeń, np.: *Krzyż Walecznych, Order Sztandaru Pracy, Virtuti Militari, Krzyż Komandorski Orderu Odrodzenia Polski, Legia Honorowa, Order Podwiązki.*
7. Nazwy części świata, państw, dzielnic, miast, gór, jezior, mórz, rzek, oceanów, większych terytoriów itp., np.: *Azja, Polska, Paryż, Wielkopolska, Naddnieprze, Powiśle, Mokotów, Śniardwy, Bałtyk, Dunaj, Pacyfik.* △ Również dużą literą pisze się takie nazwy więcej niż jednowyrazowe, np.: *Azja Mniejsza, Wielka Brytania, Stany Zjednoczone Ameryki Północnej, Polska Rzeczpospolita Ludowa, Jelenia Góra, Ziemia Lubuska, Kasprowy Wierch, Morskie Oko, Bory Tucholskie, Zagłębie Śląsko-Dąbrowskie, Wyżyna Małopolska, Pojezierze Mazurskie, Morze Bałtyckie, Półwysep Bałkański, Kanał Elbląsko-Ostródzki, Ocean Atlantycki.* △ Piszemy tu dużą literą wszystkie wyrazy, jeśli wchodzą one ściśle w skład nazwy własnej, jeśli po opuszczeniu wyrazu określanego (np. góra, jezioro) wyraz określający straciłby znaczenie zrozumiałej nazwy własnej. W przeciwnym wypadku wyrazy określane piszemy małą literą. A więc: *Morze Bałtyckie* — ale: *morze Marmara; Jezioro Otmuchowskie* — ale: *jezioro Wigry; Kanał Sueski* — ale: *kanał La Manche; Wyspy Wielkanocne* — ale: *wyspa Rodos; Góra Kościuszki* — ale: *góra Trzy Korony.*
△ Dużą literą pisze się również przymiotniki związane z położeniem geograficznym: wschodni, zachodni, północny, południowy, dolny, górny itp. — jeśli wchodzą one w skład nazwy własnej obszarów geograficznych, państw i innych jednostek terytorialno-administracyjnych, np.: *Ameryka Południowa, Morze Północne, Ziemia Północna, Prusy Wschodnie, Górny Śląsk, Mszana Dolna, Raba Wyżna, Raba Niżna.* △ Jeśli natomiast taki przymiotnik jest tylko określeniem części danego terenu (terytorium) — pisze się go małą literą, np.: *Lasy północnej Polski; w zachodniej Małopolsce.*
8. Nazwy mieszkańców części świata, krajów, krain historycznych, prowincji, dzielnic kraju oraz nazwy ludzi należących do rasy, narodu, szczepu lub innej większej społeczności, np.: *Europejczyk, Francuz, Egipcjanka, Sas, Mazur, Kaszub, Ślązaczka, Murzyn, Kreol, Semita, Kreteńczyk, Słowianin, Kozak* «członek dawnej społeczności na Ukrainie», *Żyd* «członek narodu żydowskiego», *Ateńczyk, Rzymianin* «obywatele starożytnych państw: Aten i Rzymu», *Krakowiak, Poznaniak* «mieszkańcy Krakowskiego, Poznańskiego» (p. też cz. III, pkt 9).
9. Nazwy ulic, placów, ogrodów, budowli itp., np.: *Podwale, Planty, Sukiennice, Łazienki, Wawel, Barbakan, Wersal.* △ Podobnie nazwy kilkuwyrazowe: *Stare Miasto, Ostra Brama, Wały Hetmańskie, Pałac Namiestnikowski, Ogród Saski, Pałac Kultury i Nauki, Dom Słowa Polskiego, Krakowskie Przedmieście.* △ Jeśli jednak w takiej nazwie wyraz określany (np. ulica, aleja, pałac, park, dom) stoi na pierwszym miejscu i uważa się go za rzeczownik pospolity, natomiast właściwa nazwa zawiera się w drugim członie (lub w dalszych członach) — to ten wyraz pospolity pisze się małą literą, np.: *ulica 1 Maja, plac Unii Lubelskiej, aleja Róż, kopiec Kościuszki, kościół św. Krzyża, most Grunwaldzki, dom Związku Nauczycielstwa Polskiego.* △ Uwaga. Wyjątkowo wyraz *aleja*, kiedy użyty jest w *lm*, pisze się dużą literą, np.: *aleja Słowackiego* — ale: *Aleje Jerozolimskie*, mieszkać w Alejach.
10. Tytuły czasopism, wydawnictw periodycznych, zarówno jednowyrazowe, jak i wielowyrazowe (tylko spójniki i przyimki pisze się w nich zawsze małą literą), np.: *Współczesność, Przegląd Kulturalny, Sztandar Młodych, Trybuna Ludu, Kobieta w Świecie i w Domu.* △ Wyjątek stanowią tytuły, które nie podlegają odmianie gramatycznej; tu tylko pierwszy wyraz pisze się dużą literą, np.: *Dookoła świata, O trwały pokój i demokrację ludową, Chrońmy przyrodę ojczystą.*
11. W tytułach utworów literackich (książek, artykułów, pieśni i in.), dzieł sztuki i nauki, odezw, deklaracji, ustaw itp. pisze się dużą literą tylko pierwszy wyraz, np.: *Ogniem i mieczem, Oda do młodości, Straszny dwór, Sen nocy letniej, Konstytucja 3 maja, Uniwersał połaniecki, Manifest komunistyczny, Kodeks pracy, Edykt nantejski, Słownik języka polskiego, IX symfonia Beethovena, Niedokończona symfonia Schuberta.* △ Wyjątki: *Stary Testament, Nowy Testament, Magna Charta Libertatum.*
12. Nazwy lokali, przedsiębiorstw, zakładów, spółdzielni itp., zarówno jednowyrazowe, jak i kilkuwyrazowe, np.: *Orbis, Ruch, Lot, Uroda, Społem, Lechia, Delikatesy, Nasza Księgarnia, Drukarnia Narodowa, Kawiarnia Literacka, Powszechny Dom Towarowy, Fabryka Samochodów Osobowych, Hotel Francuski, Zakłady Radiowe im. M. Kasprzaka.* △ Jeżeli jednak wyraz określany (np. hotel, kawiarnia, księgarnia, kino, fabryka) stoi na pierwszym miejscu i uważa się go za rzeczownik pospolity, a nie za składową część

nazwy własnej, to ten wyraz pisze się małą literą, np.: *hotel pod Różą; kawiarnia Nowy Świat; kawiarnia Jama Michalikowa; winiarnia Pod Okrętem; bar U Flisa; kino Młoda Gwardia.*

13. Nazwy firmowe, marki, odmiany i typy różnych wyrobów przemysłowych, np.: *papierosy Wawel, zegarek Omega, aparat Exacta, samochód marki Warszawa, motocykl Jawa, skuter Osa, telewizor Wisła.* △ Uwaga. Jeśli jednak wyrazy te nie oznaczają nazw firmowych, lecz są nazwami poszczególnych jednostkowych przedmiotów, traktuje się je jako rzeczowniki pospolite i pisze wówczas małą literą, np.: *Jechać warszawą, syreną; palić grunwaldy; fotografować zorką, zeissem; reperować silnik nysy, stara, forda, eshaelki; nakręcić doxę, omegę* (p. też cz. III, pkt 19).

14. Oficjalne, indywidualne nazwy urzędów, władz, instytucji, szkół, organizacji, towarzystw itp., zarówno jednowyrazowe, jak i wielowyrazowe, np.: *Sokół, Pionier, Rada Państwa, Ministerstwo Rolnictwa, Sąd Powiatowy, Uniwersytet Jagielloński, Szkoła Ogólnokształcąca im. J. Słowackiego, Państwowy Bank Rolny, Związek Samopomocy Chłopskiej, Związek Bojowników o Wolność i Demokrację, Urząd Stanu Cywilnego, Dyrekcja Spółdzielni Mieszkaniowej, Towarzystwo Miłośników Języka Polskiego, Towarzystwo Kultury Języka, Dzielnicowa Rada Narodowa, Akademia Górniczo-Hutnicza, Rada Zakładowa Państwowego Wydawnictwa Naukowego.* △ Uwaga. a) Jeśli nazwy te występują jako rzeczowniki pospolite, odnoszące się nie do poszczególnego urzędu, instytucji itp., ale do ich rodzaju, zespołu — wówczas pisze się je małą literą, np.: Sprawy te załatwiają terenowe rady narodowe. Nauczyciele kształcą się w wyższych szkołach pedagogicznych. To należy do zakresu działania ministerstw: przemysłu i handlu oraz rolnictwa. b) Nazwy godności, związanych z powyższymi urzędami, instytucjami itp., pisze się małą literą, np.: Jest profesorem uniwersytetu. To pan X, profesor Uniwersytetu Warszawskiego. Na zebranie przybył minister spraw zagranicznych. Przemawiał prezes Rady Ministrów.

15. Specjalne nazwy rządów i ciał parlamentarnych, np.: *Duma, Konwent, Skupsztyna, Kongres (USA), Konwencja Narodowa, Izba Gmin, Rada Najwyższa ZSRR, Sejm PRL.* △ Jednakże, kiedy nazwy te użyte są w znaczeniu ogólnym, nie jednostkowym, pisze się je małą literą, np.: Obie izby (parlamentu) zostały rozwiązane. Zwoływano okresowe sesje senatu i sejmu. Ustawa uchwalona przez parlament.

16. Skrótowce, np.: *AZS, MON, PTTK, ZBoWiD, Pafawag, CPLiA* (a. *Cepelia*); por. skrótowce.

17. Można również — w zależności od intencji piszącego i od kontekstu sytuacyjno-stylistycznego — pisać dużą literą: a) Imiona pospolite w zastępstwie imion własnych postaci utworów literackich, np.: *Wojski, Sędzia* (w „Panu Tadeuszu”), *Rejent, Cześnik* (w „Zemście”). b) Nazwy uosobionych pojęć oderwanych, np.: W ślad za cesarzem biegły Zwycięstwo i Sława. c) Nazwy całości geograficzno-kulturalnych oraz okresów, epok, prądów kulturalnych itp. (w zasadzie pisane małą literą — por. cz. II, pkt 4, 8), np.: *Północ, Południe, Bliski Wschód, Dziki Zachód, Renesans, Romantyzm, Oświecenie.*

III. *Użycie małych liter.* Oprócz nazw będących rzeczownikami pospolitymi i oprócz tych wypadków pisania małą literą, o których była mowa w części II — małą literą pisane są następujące wyrazy: 1. Nazwy

zwykłych dni, miesięcy, okresów kalendarzowych, np.: *wtorek, maj, adwent, wielki post.*

2. Nazwy nabożeństw, modlitw itp., np.: *msza, nieszpory, gorzkie żale.* △ Wyjątek: *Anioł Pański.*

3. Nazwy wypadków lub aktów dziejowych, np.: *bitwa grunwaldzka, wojna siedmioletnia, konferencja genewska, I wojna światowa, rewolucja październikowa* (p. też cz. IV).

4. Nazwy okresów, epok i prądów kulturalnych, np.: *starożytność, odrodzenie, renesans, humanizm, barok* (p. też cz. II, pkt 17).

5. Przymiotniki jakościowe (odpowiadające na pytania: jaki? który?) utworzone od imion własnych, np.: *teatr stanisławowski, rymy szekspirowskie, epoka zygmuntowska, syzyfowa praca, wiek balzakowski, jezusowe lata, koncert chopinowski* (p. też cz. II, pkt 3).

6. Przymiotniki utworzone od nazw krajów i miejscowości, a nie wchodzące w skład jednostkowych nazw geograficznych, np.: *język polski, pomarańcze kubańskie, pejzaże włoskie, porter angielski, piwo czeskie, marmur chęciński, ser szwajcarski, wzgórze wawelskie, kopalnie katowickie.*

7. Przymiotniki w nazwach jednostek administracyjnych (współczesnych i historycznych), np.: *powiat sejneński, województwo białostockie, diecezja łomżyńska, parafia czerwińska, ziemia dobrzyńska.*

8. Nazwy stron świata, np.: *wschód, północ, południowy zachód.*

9. Nazwy mieszkańców miast, wsi, osad, osiedli i dzielnic miejskich, np.: *warszawiak, krakowianin, leningradczyk, berlińczyk, ateńczyk «mieszkaniec Aten — miasta», żoliborzanin, krowodrzanin* (p. też cz. II, pkt 8).

10. Rzeczowniki utworzone od imion własnych używane jako nazwy pospolite, np.: *garybaldczyk, piłsudczyk, hitlerowiec, kościuszkowiec, dąbrowszczak, stachanowiec, mazowszanka «członkini zespołu „Mazowsze”», towiańczyk.*

11. Nazwy członków stronnictw politycznych, związków i stowarzyszeń świeckich i zakonnych, ugrupowań artystycznych i in., np.: *komunista, socjalista, pezetpeerowiec, dekabrysta, filomata, bonapartysta, akowiec, endek, jezuita, dominikanin, kawaler maltański.*

12. Nazwy członków społeczeństw wyznaniowych, np.: *ewangelik, katolik, baptysta, arianin, chrześcijanin, muzułmanin, żyd* «wyznawca religii mojżeszowej» (p. też cz. II, pkt 8).

13. Nazwy własne ludzi i istot mitologicznych używane przenośnie w znaczeniu rzeczowników pospolitych, np.: *krezus «bogacz», nestor, harpagon, donkiszot, łazarz, kozak, szwajcar «odźwierny».*

14. Nazwy (niejednostkowe) istot mitologicznych i będących przedmiotem wierzeń religijnych, np.: *bogowie, cyklopi, faunowie, satyrowie, lary i penaty, driady, nimfy, skrzaty, muzy* (p. też cz. II, pkt 1).

15. Nazwy tytułów i godności; także tytuły naukowe i zawodowe, np.: *król, cesarz, prezydent, papież, biskup, książę, ekscelencja, marszałek, generał, prezes, dyrektor, kierownik, naczelnik; doktor, magister, profesor, docent, inżynier* (p. też cz. IV).

16. Nazwy tańców, np.: *krakowiak, polonez, kujawiak.*

17. Nazwy obrzędów, zwyczajów, gier, zabaw itp., np.: *sobótka, turoń, mikołajki, andrzejki, dożynki, śmigus.*

18. Nazwy napojów (także pochodzące od nazw włas-

nych), np.: *szampan, tokaj, burgund, koniak, węgrzyn, kryniczanka, nałęczowianka*.

19. Nazwy wytworów przemysłowych (używane jako rzeczowniki pospolite), np.: *dekawka, skoda, mazur* «aparat radiowy», *eshaelka* (p. też cz. II, pkt 13).

20. Nazwy jednostek monetarnych (także utworzone od imion władców), np.: *dolar, złoty, rubel; ludwik, napoleon*.

21. Nazwy owoców, warzyw itp. pochodzące od imion własnych, np.: *węgierki* (śliwki), *jonatany, kronselki* (ale: *jabłoń Kronselska*), *janki, amerykany* (kartofle).

IV. *Duże litery* stosuje się niekiedy również *ze względów uczuciowych i grzecznościowych*, dla wyrażenia postawy uczuciowej piszącego, np. jego szacunku, miłości, podziwu itp. — wobec tego, do kogo albo o kim pisze. Można więc przez uszanowanie pisać dużą literą właściwie wszelkie wyrazy (nazwy), a zwłaszcza takie, jak: *Ojciec, Matka, Ojczyzna, Naród, Państwo, Rząd, Sejm, Orzeł Biały, Wiosna Ludów, Rewolucja Październikowa*; podobnie nazwy niektórych godności i tytułów, np.: *Prezydent, Arcybiskup, Radca, Ekscelencja, Cesarz*. △ Utarł się też zwyczaj pisania dużą literą nazw osób, do których się zwracamy w piśmie oraz osób bliskich adresatowi wypowiedzi albo piszącemu (jeśli chcemy wyrazić się o nich z szacunkiem). To samo odnosi się do przymiotników i zaimków dotyczących tych osób, np.: Kochana Matko, list Twój otrzymałem. Szanowny Panie,... proszę pozdrowić Czcigodną Małżonkę i kłaniać się Jej od nas. Wkrótce odwiedzę Waszych Rodziców i przekażę Im wiadomości od Was. △ Ogólnie biorąc — używanie dużych liter, podyktowane względami uczuciowymi jest sprawą indywidualną i dowolną.

V. *W poezji* — *ze względów graficznych* — dopuszczalne jest (dawniej nawet — obowiązujące) zaczynanie każdego wiersza od nowej linii i dużą literą, np.: „Jedzą, piją, lulki palą,
Tańce, hulanka swawola,
Ledwie karczmy nie rozwalą,
Cha, cha, chi, chi, hejże, hola!" // *D Kult. II, 593*.

litewski: Sztuka litewska. Chłodnik litewski (*ale*: Pojezierze Litewskie, Litewska Socjalistyczna Republika Radziecka).

litosny (*nie*: litośny) *przestarz., książk.* «litościwy»

litość *ż V, blm* □ L. dla kogo, dla czego: Litość dla sierot. □ L. nad kim, nad czym (zwykle w zwrocie: Mieć litość nad kimś): Nie masz litości nade mną. △ Robić coś z litości, *rzad.* przez litość: Pomógł jej z litości (przez litość). △ Bez litości «bezwzględnie, okrutnie»: Mścił się bez litości. △ Na litość (boską), *przestarz.* przez litość «wyrażenie wykrzyknikowe będące wyrazem żywszych uczuć, np. przestrachu, zgrozy»: Na litość boską, nie ruszaj tego!

litować się *ndk IV*, litowaliśmy się (p. akcent § 1a i 2) □ L. się nad kim, nad czym: Litować się nad biedakami. Litować się nad czyimś nieszczęściem.

litr (*nie*: liter) *m IV* (skrót: 1); *reg.* **litra** *ż IV* // *D Kryt. 55*.

Littré (*wym.* Litre) *m odm. jak przym., D.* Littrégo (p. akcent § 7), *NMs.* Littrém a. (z odmienianym imieniem lub tytułem) *ndm*: Słownik francuski Littrégo (a. Emila Littré).

lituanista (*wym.* litu-anista) *m odm. jak ż IV, lm M.* lituaniści, *DB.* lituanistów.

lituanistyka (*wym.* lituanistyka, *nie*: lituanistyka, p. akcent § 1c) *ż III, blm*.

Litwa *ż IV* «republika związkowa w ZSRR»: Mieszkać na Litwie a. w Litwie. Wyjechać na Litwę a. do Litwy. — Litwin *m IV, lm M.* Litwini — Litwinka *ż III, lm D.* Litwinek — litewski (p.).

li tylko p. II li.

Liverpool (*wym.* Liwerpul) *m I, D.* Liverpoolu (*wym.* Liwerpulu, *nie*: Liwerpulu, p. akcent § 7) «miasto w Wielkiej Brytanii» — liverpoolski (p.).

liverpoolski (*wym.* liwerpulski): Przemysł liverpoolski (*ale*: Zatoka Liverpoolska).

Liwiec *m II, D.* Liwca «rzeka» — liwiecki.

lizać *ndk IX*, liże, lizaliśmy (p. akcent § 1a i 2) — **liznąć** *dk Va*, liźnie, liznął (*wym.* liznoł), liznąłem (*wym.* liznołem; *nie*: liznełem), liznęła (*wym.* liznęła), liznęliśmy (*wym.* liznęliśmy).
lizać się — **1. wylizać się** *dk pot.* «leczyć się (z choroby, ran)» 2. (tylko *ndk*) *posp.* «przypochlebiać, podlizywać się komuś»: Lizać się przełożonym.

Lizbona *ż IV* «stolica Portugalii» — lizbończyk *m III, lm M.* lizbończycy — lizbonka *ż III, lm D.* lizbonek — lizboński.

liznąć p. lizać.

lizus *m IV* (także o kobiecie), *lm M.* te lizusy, *B.* tych lizusów, *rzad.* te lizusy.

lkm (*wym.* elkaem a. elkaem, p. akcent § 6) *m IV, D.* lkm-u «lekki karabin maszynowy»: Oddział uzbrojony w lkm-y.

LKS (*wym.* elkaes, p. akcent § 6) *m IV, D.* LKS-u a. *ndm* «Ludowy Klub Sportowy»: Młodzież wiejska skupiona w LKS-ie (a. w LKS). — LKS-owiec a. elkaesowiec *m II, D.* LKS-owca (elkaesowca), *lm M.* LKS-owcy (elkaesowcy) — LKS-owski a. elkaesowski.

ll p. podwojone głoski, litery.

Lloyd George (*wym.* Lojd Dżordż) Lloyd *m IV, D.* Lloyda, George *m II, D.* George'a (*wym.* Dżordża), *C.* George'owi, *N.* George'em, *Ms.* George'u: Reformy społeczne Lloyda George'a.

lniany (*nie*: lnianny).

Loara *ż IV* «rzeka we Francji»: Kanał Loary.

Locarno (*wym.* Lokarno) *n ndm* «miasto w Szwajcarii»: Umowa w Locarno. — lokarneński, *rzad.* lokareński (p.).

Locke (*wym.* Lok) *m III, D.* Locke'a (*wym.* Loka), *C.* Locke'owi, *N.* Lockiem, *Ms.* Locke'u: Poglądy filozoficzne Locke'a.

loco (*wym.* loko) *n ndm* «w handlu: miejsce dostarczenia i odbioru towaru»: Dostawa towaru loco magazyn.

locum p. lokum.

Lodge (*wym.* Lodż) *m II, DB.* Lodge'a (*wym.* Lodża), *C.* Lodge'owi, *N.* Lodge'em, *Ms.* Lodge'u: Przemówienie Lodge'a w ONZ.

lodołamacz

lodołamacz *m II, lm D.* lodołamaczy, *rzad.* lodołamaczów; *lepiej*: łamacz lodów. // *D Kult. II, 385*.

Lodomeria *ż I, DCMs.* Lodomerii «zlatynizowana nazwa Księstwa Włodzimierskiego, używana w nazwie zaboru austriackiego: Galicja i Lodomeria»

lodowaty: Lodowaty wiatr. Lodowate milczenie. △ W nazwach dużą literą: Ocean Lodowaty Północny.

lodżia p. loggia.

loess p. less.

loessowy p. lessowy.

Lofoty *blp, D.* Lofotów «wyspy u wybrzeży Norwegii»: Żyć na Lofotach. — lofocki·

loftka *ż III, lm D.* loftek; in. lotka, zwykle w *lm* w zn. «śrut»

I log *m III, D.* logu «przyrząd do mierzenia względnej szybkości statku»

II log «skrót wyrazu: *logarytm*, pisany bez kropki, czytany jako cały, odmieniany wyraz»

Loga-Sowiński, Loga *m* odm. jak *ż III*, Sowiński odm. jak przym.: Przedstawić sprawę towarzyszowi Lodze-Sowińskiemu.

loggia a. **lodżia** (*wym.* lodżja) *ż I, DCMs.* i *lm D.* loggii (lodżii).

logiczny 1. bez *st. w.* «dotyczący logiki — nauki»: Twierdzenie logiczne. **2.** *st. w.* logiczniejszy a. bardziej logiczny «poprawnie myślący; zgodny z logiką»: Logiczne rozumowanie. Logiczny człowiek. // *D Kult. I, 302*.

logika (*wym.* logika, *nie*: logika, p. akcent § 1c) *ż III, blm.*

logorea *ż I, DCMs.* logorei, *blm;* in. słowotok.

LOK (*wym.* lok) *ż ndm* a. *m IV, D.* LOK-u «Liga Obrony Kraju»: Należeć do LOK (a. do LOK-u). Działać w LOK (a. w LOK-u). LOK zorganizowała (zorganizował) kurs szybowcowy. — LOK-owski.

lokaj *m I, lm D.* lokajów a. lokai.

lokalizacja *ż I, DCMs.* i *lm D.* lokalizacji — w zn. «określenie, wyznaczenie miejsca czegoś (zwykle: obiektów budowlanych)» *lepiej*: umiejscowienie, rozmieszczenie, np.: Zła lokalizacja (*lepiej*: złe umiejscowienie a. umieszczenie) budynku. Planowa lokalizacja (*lepiej*: planowe rozmieszczenie) zakładów przemysłowych. // *D Kult. II, 229; KP Pras.*

lokalizować *ndk IV*, lokalizowaliśmy (p. akcent § 1a i 2) — **zlokalizować** *dk* w zn. «określać, wyznaczać miejsce czegoś» *lepiej*: umiejscawiać, umieszczać, rozmieszczać, np.: Budynki lokalizowano (*lepiej*: budowano, umiejscawiano) przy głównych ulicach.

lokalny (poza ustalonymi terminami) *lepiej*: miejscowy, np.: Cierpi na lokalne (*lepiej*: miejscowe) odmrożenia. Władze lokalne (*lepiej*: miejscowe). △ Wizja lokalna.

lokarneński, *rzad.* **lokareński** przym. od Locarno. △ Traktaty Lokarneńskie.

lokata *ż IV, lm D.* lokat **1.** «umieszczenie kapitału» □ L. czego (*rzad.* dla czego): Lokata kapitału w budownictwie. Nie znajdował lokaty dla sum uzyskanych ze sprzedaży gruntów. **2.** «miejsce w klasyfikacji»: Zdał egzamin z pierwszą lokatą. Mieć dobrą, pierwszą itp. lokatę. Zdobyć (*nie*: zająć) dobrą lokatę (*lepiej*: dobre miejsce).

lokator *m IV, lm M.* lokatorzy, *rzad.* lokatorowie.

lokaut (*wym.* lokau-t) *m IV, D.* lokautu (*wym.* lokau-tu).

loko p. loco.

lokować *ndk IV*, lokowaliśmy (p. akcent § 1a i 2) — **ulokować** *dk*: Z wysiłkiem ulokował swe wielkie ciało w fotelu. Lokować kapitał, gotówkę w akcjach.

lokum *n VI, blm; lepiej*: pomieszczenie, miejsce: Znaleźć dla kogoś odpowiednie lokum.

Lombardia *ż I, DCMs.* Lombardii «kraina we Włoszech» — Lombardczyk *m III, lm M.* Lombardczycy — Lombardka *ż III, lm D.* Lombardek — lombardzki (p.).

lombardzki: Kraj, region lombardzki (*ale*: Nizina Lombardzka).

Lompa *m* odm. jak *ż IV, lm M.* Lompowie, *DB.* Lompów.
Lompa *ż IV, rzad. ndm* — Lompina *ż IV, D.* Lompiny, *CMs.* Lompinie (*nie*: Lompinej); *rzad.* Lompowa *ż* odm. jak przym. — Lompianka *ż III, lm D.* Lompianek; a. Lompówna *ż IV, D.* Lompówny, *CMs.* Lompównie (*nie*: Lompównej), *lm D.* Lompówien. // *D Kult. I, 674*.

Londyn *m IV, D.* Londynu — londyńczyk *m III, lm M.* londyńczycy — londynka *ż III, lm D.* londynek — londyński.

longplay (*wym.* loŋgplej) *m I, D.* longplaya, *B.* longplay a. longplaya, *lm D.* longplayów; *lepiej*: płyta długogrająca: Artysta nagrał swój pierwszy longplay (swego pierwszego longplaya). Kupić interesujący longplay (interesującego longplaya).

looping (*wym.* lupiŋg) *m III, D.* loopingu *lotn., sport.; lepiej*: pętla.

Lope de Vega (*wym.* Lope de Wega) *m*, Lope odm. jak przym., *NMs.* Lopem; de Vega odm. jak *ż III, D.* de Vegi a. *ndm*: Monografia o Lopem de Vedze (a. o Lopem de Vega). // *D Kult. I, 693*.

Lorca p. Garcia Lorca.

lord *m IV, lm M.* lordowie △ W nazwie dużą literą: Izba Lordów.

Loreto *n ndm* «miasto we Włoszech» — loretańczyk *m III, lm M.* loretańczycy — loretanka *ż III, lm D.* loretanek — loretański.

los *m IV, D.* losu **1.** «koleje życia, dola, przeznaczenie, traf»: Dzielić z kimś los. Jakiś los spotyka kogoś, przypada komuś w udziale. Czyjeś losy się ważą. Zrządzenie losu. Pozostawić kogoś, coś swojemu losowi. Zdawać się na łaskę losu. △ Los chciał, zdarzył, zrządził, że... «zdarzyło się, że...»: Los chciał, że spotkała ją po kilku latach. △ Na los szczęścia «licząc na szczęście; na chybił trafił» △ *pot.* Masz ci los «a to pech!» **2.** «kartka, gałka itp., której wyciągnięcie rozstrzyga o wygranej lub przegranej»: Los loteryjny a. los na loterię. △ Wygrać (nie: zrobić) los, wielki los «zrobić karierę»

Lot m IV, D. Lotu, Ms. Locie «Polskię Linie Lotnicze „Lot"»: Pracownicy Lotu. Pracować w Locie.

Lotaryngia (wym. Lotaryngja) ż I, DCMs. Lotaryngii «kraina we Francji»: Mieszkać w Lotaryngii. Pojechać do Lotaryngii. — Lotaryńczyk m III, lm M. Lotaryńczycy — Lotarynka ż III, lm D. Lotarynek — lotaryński.

lotaryński: Zamki, zabytki lotaryńskie (ale: Wyżyna Lotaryńska).

loteria ż I, DCMs. i lm D. loterii: Grać na loterii.

lotka ż III, lm D. lotek, zwykle w lm w zn. «śrut» Por. loftka.

lotos m IV, D. lotosu: Kwiat lotosu.

lowelas m IV, lm M. ci lowelasi a. (z silniejszym zabarwieniem ekspresywnym) te lowelasy: Młodzi lowelasi bałamucili kobiety.

Lozanna ż IV «miasto w Szwajcarii» — lozańczyk m III, lm M. lozańczycy — lozanka ż III, lm D. lozanek — lozański.

loża ż II, lm D. lóż.

lód m IV, D. lodu **1.** częściej w lp «zamarznięta woda»: Pokryć się lodem. Hokej na lodzie. Piwo z lodu. Ale: Lody ruszyły. Kraj wiecznych lodów. △ Przełamać (pierwsze) lody «pokonać pierwsze trudności w nawiązaniu z kimś kontaktu» △ Zostać, zostawić kogoś na lodzie «zostać pominiętym, pozostawionym samemu sobie w trudnej sytuacji; pozostawić kogoś samemu sobie w trudnej sytuacji» △ pot. Pieniędzy jak lodu «bardzo dużo pieniędzy» **2.** w zn. «przysmak w postaci słodkiej, zamrożonej masy» — tylko w lm: Jeść lody. Kupić lody. Sprzedawca lodów. Porcja lodów. △ Dopuszczalne użycie pot. w lp, w zwrotach: Kupić, zjeść loda (tu B. = D.) — gdy mowa o porcji lodów w specjalnym opakowaniu.

l.p. zob. l.

LPA (wym. elpea, p. akcent § 6) ż ndm «Liga Państw Arabskich»: LPA powstała pod koniec II wojny światowej.

LPŻ (wym. elpeżet, p. akcent § 6) m IV, D. LPŻ-tu, Ms. LPŻ-cie a. ż ndm «Liga Przyjaciół Żołnierza»: Należał do LPŻ (do LPŻ-tu). Działał w LPŻ (w LPŻ-cie). LPŻ zorganizował (zorganizowała) pokaz dawnej broni. — LPŻ-owski.

lśnić a. **lśnić się** ndk VIa, lśniliśmy (się), (p. akcent § 1a i 2) □ L. (się) czym a. od czego: Wspaniały orszak lśnił (się) od drogich kamieni a. drogimi kamieniami. Lśnić się od potu.

Luang Prabang (wym. Lu-ang Prabang) n ndm «miasto w Laosie»

lub książ. «spójnik łączący zdania lub ich człony i wyrażający możliwą wymienność albo wzajemne wyłączanie się zdań równorzędnych albo części zdania; albo»: Można go spotkać w domu lub w szkole. Chciała to kupić lub wypożyczyć. △ niepoprawne

Nie wiedział, czy to jest dobre lub złe (zamiast: czy to jest dobre, czy złe). // KP Pras.

Lubaczów m IV, D. Lubaczowa, C. Lubaczowowi (ale: ku Lubaczowowi a. ku Lubaczowu) «miasto» — lubaczowianin m V, D. lubaczowianina, lm M. lubaczowianie, D. lubaczowian — lubaczowianka ż III, lm D. lubaczowianek — lubaczowski.

I Lubań m I «szczyt górski w Beskidzie Wysokim»

II Lubań m I «miasto» — lubanianin m V, D. lubanianina, lm M. lubanianie, D. lubanian — lubanianka ż III, lm D. lubanianek — lubański.

lubartowski: Powiat lubartowski (ale: Równina Lubartowska).

Lubartów m IV, D. Lubartowa, C. Lubartowowi (ale: ku Lubartowowi a. ku Lubartowu) «miasto» — lubartowianin m V, D. lubartowianina, lm M. lubartowianie, D. lubartowian — lubartowianka ż III, lm D. lubartowianek — lubartowski (p.).

Lubawa ż IV «miasto» — lubawianin m V, D. lubawianina, lm M. lubawianie, D. lubawian — lubawianka ż III, lm D. lubawianek — lubawski (p.).

Lubawka ż III «miasto» — lubawczanin m V, D. lubawczanina, lm M. lubawczanie, D. lubawczan — lubawczanka ż III, lm D. lubawczanek — lubawecki.

lubawski: Szkoły lubawskie (ale: Nowe Miasto Lubawskie).

lubecki: Ratusz lubecki (ale: Zatoka Lubecka).

Lubeka ż III «miasto w NRF» — lubecki (p.).

lubelski: Powiat lubelski. Województwo lubelskie. Ziemia lubelska (ale: Wyżyna Lubelska).
Lubelskie n odm. jak przym., NMs. Lubelskiem «ziemia lubelska, województwo lubelskie; Lubelszczyzna»

Lubelszczyzna ż IV, CMs. Lubelszczyźnie «ziemia lubelska, województwo lubelskie; Lubelskie»: Mieszkać na Lubelszczyźnie. Pojechać na Lubelszczynę. // D Kult. II, 532.

Lubicz-Zaleski m, Lubicz ndm, Zaleski odm. przym.
Lubicz-Zaleska ż, Lubicz ndm, Zaleska odm. jak przym.

lubić (nie: lubieć) ndk VIa, lubię, lubią (nie: lubieją), lub, lubił (nie: lubiał), lubili (nie: lubieli), lubiliśmy (p. akcent § 1a i 2), lubiany, lubiani, rzad. lubieni — **polubić** dk «czuć do kogoś sympatię; mieć w czymś upodobanie»: Lubiła śmiałych mężczyzn. Dzieci lubią się bawić. □ (tylko ndk) pot. Ktoś (rzad. coś) lubi + bezokol. «ktoś ma jakiś zwyczaj, komuś się coś często zdarza»: On lubi się spóźniać. △ Niekiedy z podmiotem nieosobowym, np. Los lubi płatać figle.

Lubie n I, Ms. Lubiu a. (z wyrazem: jezioro) — ndm «jezioro»: Nad Lubiem (a. nad jeziorem Lubie).

Lubień Kujawski, Lubień m I, Kujawski odm. przym. «miasto» — lubieński.

Lubin m IV «miasto i wieś» — lubinianin m V, D. lubinianina, lm M. lubinianie, D. lubinian — lubinianka ż III, lm D. lubinianek — lubiński (p.).

lubiński: Powiat lubiński (*ale*: Lubińsko-Głogowskie Zagłębie Miedziowe).

Lübke *m* odm. jak przym., *D.* Lübkego, *NMs.* Lübkem a. (z odmienianym imieniem lub tytułem) *ndm*: Zarządzenia Lübkego a. Heinricha (*wym.* Hajnricha) Lübke.

Lublana *ż IV* «miasto w Jugosławii» — lublańczyk *m III*, *lm M.* lublańczycy — lublanka *ż III*, *lm D.* lublanek — lublański.

Lublin *m IV* 1. «miasto» — lublinianin, *pot.* lubliniak (p.) — lublinianka (p.) — lubelski (p.). 2. «marka samochodu ciężarowego» 3. lublin, *DB* lublina «samochód marki Lublin»: Pojechał nowym lublinem po towar.

lublinianin *m V*, *D.* lublinianina, *lm M.* lublinianie, *D.* lublinian; *pot.* **lubliniak** *m III*, *lm M.* lubliniacy 1. «mieszkaniec Lublina» 2. Lublinianin, *pot.* Lubliniak «mieszkaniec Lubelskiego»

lublinianka *ż III*, *lm D.* lublinianek 1. «mieszkanka Lublina» 2. Lublinianka «mieszkanka Lubelskiego»

Lubliniec *m II*, *D.* Lublińca «miasto» — lublińczanin *m V*, *D.* lublińczanina, *lm M.* lublińczanie, *D.* lublińczan — lublińczanka *ż III*, *lm D.* lublińczanek — lubliniecki.

lubować się *ndk IV*, lubowaliśmy się (p. akcent § 1a i 2) *wych. z użycia* □ L. się w czym «lubić coś szczególnie»: Lubował się w zbytku. □ *rzad.* L. się czym «rozkoszować się, zachwycać się»: Lubowała się pięknym widokiem.

Lubsko *n II* «miasto» — lubszczanin *m V*, *D.* lubszczanina, *lm M.* lubszczanie, *D.* lubszczan — lubszczanka *ż III*, *lm D.* lubszczanek — lubski.

lubuski: Gród lubuski (*ale*: Pojezierze Lubuskie, Ziemia Lubuska).

Lucerna *ż IV* «miasto i kanton w Szwajcarii»

Lucjan, *przestarz.* **Łucjan** *m IV*, *lm M.* Lucjanowie, Łucjanowie — Lucio (*nie*: Luciu) *m I*, *lm M.* Luciowie, *DB.* Luciów — Lucjanostwo *n III*, *DB.* Lucjanostwa, *Ms.* Lucjanostwu (*nie*: Lucjanostwie), *blm*; a. Lucjanowie *blp*, *DB.* Lucjanów.

Lucyfer, *pot.* **Lucyper** *m IV*, *D.* Lucyfera (Lucypera) 1. *blm* «w wierzeniach chrześcijańskich: władca piekła» 2. lucyper, *lm M.* te lucypery «diabeł, czart»: Istny lucyper z tego chłopaka!

lud *m IV*, *D.* ludu, *W.* ludu, *rzad.* ludzie, *lm M.* ludy 1. *blm* «pracujące warstwy społeczeństwa, głównie robotnicy i chłopi»: Lud pracujący miast i wsi. Wywodził się z ludu. 2. *D.* ludu, *pot.*, *żart.* luda, *blm* «zbiorowisko ludzkie, tłum, ludzie»: Na placu czerniało morze ludu. Przyszła kupa luda. 3. «grupa etniczna, plemię»: Lud koczowniczy, pasterski, pierwotny. Wędrówka ludów.

ludek *m III* 1. *D.* ludku, zwykle *blm*, *zdr.* od lud (często *iron.*, *lekcew.*): Prosty, biedny ludek. Miejski ludek się bawi. 2. *D.* ludka, *lm M.* te ludki a. ci ludkowie, *B.* ludki a. ludków, częściej w *lm* «poufale lub w języku dzieci o ludziach lub figurkach wyobrażających ludzi»: W ogródkach krzątali się pracowici ludkowie. Kasztanowy ludek.

Ludka *zdr.* od Ludmiła, Ludwika (p.).

Ludmiła *ż IV*, *D.* Ludmiły, *CMs.* Ludmile (*nie*: Ludmiłej) — Ludka *ż III*, *lm D.* Ludek.

ludno, *rzad.* **ludnie** *st. w.* ludniej: Było ludno i gwarno.

ludowładny a. **ludowładczy**.

ludowodemokratyczny: Ustrój ludowodemokratyczny (*ale*: Koreańska Republika Ludowo-Demokratyczna).

ludowy: Władza ludowa. Demokracja ludowa. Strój ludowy, sztuka ludowa. △ W nazwach dużą literą: Armia Ludowa. Gwardia Ludowa. Polska Rzeczpospolita Ludowa (skrótowo: Polska Ludowa).

ludoznawca *m* odm. jak *ż II*, *lm M.* ludoznawcy, *DB.* ludoznawców; *częściej*: etnograf.

ludoznawstwo *n III*, *blm*; *częściej*: etnografia.

Ludwik *m III* 1. *lm M.* Ludwikowie «imię męskie» — Ludek *m III*, *D.* Ludka, *lm M.* Ludkowie — Ludwikostwo *n III*, *DB.* Ludwikostwa, *Ms.* Ludwikostwu (*nie*: Ludwikostwie), *blm*; a. Ludwikowie *blp*, *D.* Ludwików — Ludkowie *blp*, *D.* Ludków — Ludwika *ż III* — Ludwinia *ż I*, *W.* Ludwiniu — Ludwisia *ż I*, *W.* Ludwisiu — Ludka *ż III*, *lm D.* Ludek. 2. ludwik «mebel» (a. Ludwik — jeżeli się poda liczbę oznaczającą, za którego króla Ludwika został on wykonany), *B. = D.*: Siedzieli na złoconych ludwikach. Kupiła w antykwariacie pięknego Ludwika XVI. 3. ludwik, *B. = D.*, in. luidor «moneta»: Wydał ostatniego ludwika. Dziesięć ludwików.

ludzie *blp*, *D.* ludzi, *N.* ludźmi: Tłum ludzi. Wielcy, prości ludzie. △ Dwoje, troje itp. ludzi (jeżeli mowa o mężczyznach i kobietach). △ Dwóch, trzech ludzi (*nie*: dwaj, trzej ludzie) — jeżeli mowa o samych mężczyznach. △ Ile, tyle, wiele (a. ilu, tylu, wielu) ludzi (formy używane poprawnie nawet w wypadkach, gdy się nie ma na myśli samych mężczyzn. Lepsza jednak jest wówczas forma *ile, tyle, wiele osób*, nie wywołująca żadnych wątpliwości). △ Ludzie radzieccy «obywatele ZSRR» || *PJ* 1965, 245—252, *D. Kult.* I, 190, 246.

ludziska *blp*, *D.* ludzisków *pot.* «ludzie»: Ludziska zaśmiewali się do łez. Biedni (*nie*: biedne) ludziska.

ludzki *m-os.* ludzcy 1. «dotyczący człowieka lub ludzi»: Ludzkie głosy. Osiedla ludzkie. △ Ród ludzki «ludzkość» 2. «odznaczający się przychylnością, wyrozumiałością; dobry, życzliwy»: Ludzkie traktowanie. Ludzkie serce. □ L. dla kogo, względem kogo: Był ludzki dla podwładnych (względem podwładnych). 3. «odpowiedni dla ludzi, taki jak należy»: Ludzkie warunki pracy. Ludzkie mieszkanie, ubranie.

po ludzku 1. «w sposób właściwy człowiekowi; łagodnie»: Obejść się z kimś po ludzku. 2. «jak należy; porządnie, przyzwoicie»: Chciał mieszkać i ubierać się po ludzku. Zachowuj się po ludzku.

lugier *m IV*, *D*. lugra.

lugrotrawler (*wym*. lugrotrau-ler) *m IV*, *D*. lugrotrawlera.

luidor *m IV*, *DB*. luidora; p. ludwik (w zn. 3).

Luizjana *ż IV* a. (z wyrazem: stan) *ndm* «stan w USA»: Mieszkać w Luizjanie (a. w stanie Luizjana).

luk *m III*, *D*. luku; *rzad*. **luka** *ż III* «otwór w pokładzie statku»

I luka *ż III* □ L. czego lub w czym: Wypełniał luki wykształcenia (luki w wykształceniu).

II luka p. luk.

Lukács (*wym*. Lukacz) *m II*: Teoria powieści Lukácsa.

lukier (*nie*: luker) *m IV*, *D*. lukru.

lukratywny *st. w*. lukratywniejszy a. bardziej lukratywny; *lepiej*: zyskowny, dochodowy, np.: Lukratywna (*lepiej*: zyskowna) transakcja. Lukratywne (*lepiej*: dochodowe) stanowisko.

luks- p. cząstki wyrazów.

Luksemburczyk *m III*, *lm M*. Luksemburczycy 1. «obywatel Luksemburga — państwa» 2. a. Luksemburg «przedstawiciel dynastii Luksemburgów» 3. luksemburczyk «mieszkaniec miasta Luksemburga»

I Luksemburg (*wym*. Luksemburg, *nie*: Luksemburg) *m III*, *D*. Luksemburga (p. akcent § 7) 1. «państwo w Europie» 2. «miasto; prowincja w Belgii» — Luksemburczyk (p.) — Luksemburka (p.) — luksemburski.

II Luksemburg (*wym*. Luksemburg, *nie*: Luksemburg) *m III*, *D*. Luksemburga (p. akcent § 7), *lm M*. Luksemburgowie «nazwisko»: Dynastia Luksemburgów.
Luksemburg *ż ndm*: Fabryka im. Róży Luksemburg.

Luksemburka *ż III*, *lm D*. Luksemburek 1. «obywatelka Luksemburga — państwa» 2. luksemburka «mieszkanka Luksemburga — miasta»

luksus *m IV*, *D*. luksusu «zbytek, przepych; w *lm*: rzeczy luksusowe»: Pozwolił sobie na luksus mieszkania w hotelu. Nie kupuję luksusów, a ciągle mi brak pieniędzy.

Lukullus (*nie*: Lukulus) *m IV*: Uczta Lukullusa.

lumbago *n ndm*: Cierpiał na dokuczliwe lumbago.

lumen *m IV*, *D*. lumenu «jednostka strumienia świetlnego»

Lumière (*wym*. Lümjer) *m IV*, *D*. Lumière'a (*wym*. Lumjera, p. akcent § 7), *C*. Lumière'owi, *N*. Lumière'em, *Ms*. Lumièrze a. (z odmienianym imieniem, tytułem itp.) *ndm*: Kinematograf Lumière'ów a. braci Lumière.

luminarz *m II*, *lm D*. luminarzy.

lump *m IV*, *lm M*. te lumpy *pot*. **a)** «włóczęga, pijak, obdartus (również wyzwisko)»: Ten lump całe noce włóczy się po knajpach. **b)** «lumpenproletariusz»

lumpować a. **lumpować się** *ndk IV*, lumpowaliśmy, lumpowaliśmy się (p. akcent § 1a i 2) *pot*., *wych*. *z użycia* «włóczyć się po knajpach»

lunapark *m III*, *D*. lunaparku; dziś *częściej*: wesołe miasteczko.

lunąć *dk Vb*, lunąłem (*wym*. lunołem; *nie*: lunełem), lunęła (*wym*. luneła), lunęliśmy (*wym*. luneliśmy, p. akcent § 1a i 2) 1. tylko w 3. os. «polać się strumieniem»: Lunął rzęsisty deszcz. 2. *posp*. «mocno kogoś uderzyć»

lunch (*wym*. lancz, *nie*: lencz) *m II*, *D*. lunchu.

lunonauta (*wym*. lunonau-ta) *m odm. jak ż IV*, *lm M*. lunonauci, *DB*. lunonautów (zbyteczny i niefortunny neologizm). *Por*. selenonauta.

lustr *m IV*, *D*. lustru 1. zwykle w *lm* «farby ceramiczne dające po wypaleniu metaliczne odblaski; wyroby ceramiczne szkliwione, o połysku metalicznym» 2. *blm*, *przestarz*., *książk*. «blask, połysk»: Lustr wspaniałych mebli.

Luter *m IV*, *D*. Lutra: Reforma religijna Marcina Lutra.

luteranin *m V*, *D*. luteranina, *lm M*. luteranie (*nie*: luterani), *D*. luteranów (*nie*: luteran).

luteranizm *m IV*, *D*. luteranizmu, *Ms*. luteranizmie (wym. ~izmie a. ~iźmie), *blm*.

luterański, *przestarz*. **luterski**: Wiara luterańska. Pieśni luterańskie. Kościół luterański.

lutnia *ż l*, *lm D*. lutni: Grać na lutni.

lutnik *m III*, *lm M*. lutnicy «wytwórca muzycznych instrumentów strunowych»

lutnista *m odm. jak ż IV*, *lm M*. lutniści, *DB*. lutnistów «muzyk grający na lutni»

luty *m odm. jak przym*. «drugi miesiąc roku, w datach pisany słowami, cyframi arabskimi (z kropką) lub rzymskimi»: 10 lutego 1967 r., 10.2.1967 r., 10.II. 1967 r. a. 10 II 1967 r. △ Na pytanie: kiedy? — nazwa miesiąca zawsze w dopełniaczu, nazwa dnia — w dopełniaczu a. (z przyimkami *przed, po*) — w narzędniku, np.: Zachorował drugiego lutego. Przed drugim lutego (*nie*: przed drugim lutym). △ Na pytanie: jaki jest (lub był) dzień? — liczba porządkowa dnia w mianowniku a. w dopełniaczu, nazwa miesiąca w dopełniaczu: Drugi lutego (*nie*: drugi luty) przypada w tym roku w niedzielę. Dziś jest drugi lutego a. drugiego lutego (*nie*: drugi luty).

Luwr *m IV*, *D*. Luwru «kompleks budowli pałacowych w Paryżu, mieszczący obecnie muzea» △ Muzeum Luwru (skrótowo: Luwr): Cenne obrazy z Muzeum Luwru (a. z Luwru). Spotkali się w Muzeum Luwru (a. w Luwrze).

luźno, *rzad*. **luźnie**, *st. w*. luźniej: Luźno zabudowana wieś. Luźno zwinięte włosy.

Lwów *m IV*, *C*. Lwowowi (*ale*: ku Lwowowi a. ku Lwowu) «miasto w ZSRR»: Mieszkać we Lwowie (*nie*: w Lwowie). Wracać ze Lwowa (*nie*: z Lwowa). — lwowianin *m V*, *D*. lwowianina, *lm M*. lwowianie, *D*. lwowian — lwowianka *ż III*, *lm D*. lwowianek — lwowski.

Lwówek Śląski

Lwówek Śląski, Lwówek *m III, D.* Lwówka, Śląski *odm. przym.* «miasto» — lwówczanin *m V, D.* lwówczanina, *lm M.* lwówczanie, *D.* lwówczan — lwówczanka *ż III, lm D.* lwówczanek — lwówecki.

Lyon (*wym.* Lją *a.* Ljon) *m IV, D.* Lyonu (*wym.* Ljonu) «miasto we Francji» — liończyk *m III, lm M.* liończycy — lionka *ż III, lm D.* lionek — lioński (p.).

LZS (*wym.* elzetes, p. akcent § 6) *m ndm* (*lp a.* tylko *lm*) *a. m IV, D.* LZS-u, *Ms.* LZS-ie «Ludowe Zespoły Sportowe (*pot.* także o pojedynczym takim zespole)»: Należeć do LZS (do LZS-u). Trenować w LZS (w LZS-ie). LZS wychował (wychowały) wielu dobrych sportowców. — LZS-owiec *a.* elzetesowiec *m II, D.* LZS-owca (elzetesowca), *lm M.* LZS-owcy (elzetesowcy) — LZS-owski *a.* elzetesowski.

lżej p. lekko.

lżejszy p. lekki.

lżyć *ndk VIb,* lżyj, lżyliśmy (p. akcent § 1a i 2) — **zelżyć** *dk* □ L. kogo, co (*nie:* komu, czemu): Lżył go w naszej obecności.

ł litera alfabetu, której w wymowie regionalnej Polaków pochodzących z dawnych polskich kresów wschodnich, z terenów sąsiadujących z gwarami ukraińskimi, białoruskimi i czeskimi oraz z niektórych innych regionów (np. z Sandomierszczyzny) — odpowiada spółgłoska dźwięczna przednio-językowo-zębowa. Takie *ł* obowiązuje w wymowie scenicznej. W wymowie ogólnopolskiej przeważa dziś *ł* zredukowane, tj. pozbawione zwarcia w jamie ustnej i brzmiące jak niesylabiczne *u.* // *D Kult. I,* 764.

Łaba *ż IV* «rzeka» — łabski (p.) — połabski (p.).

Łabędy *blp,* D. Łabęd «miasto» — łabędzki.

łabędzi, *rzad.* **łabędziowy:** Łabędzi (łabędziowy) puch. △ *książk.* Łabędzi śpiew «ostatnie dzieło autora»

łabędź (*nie:* łabądź) *m I, lm* D. łabędzi.

łabski: Wododział łabski (*ale:* Łabski szczyt).

łach *m III,* D. łacha.

łachman *m IV,* D. łachmana, *rzad.* łachmanu.

łachmaniarz *m II, lm* D. łachmaniarzy.

łachmyta *m* a. *ż* odm. jak *ż IV,* M. ten a. ta łachmyta (także o mężczyznach), *lm* M. te łachmyty, D. łachmytów (tylko o mężczyznach) a. łachmyt, B. łachmytów (tylko o mężczyznach) a. łachmyty *pogard.* «człowiek w łachmanach, obdarty, nędzny»

łachotać *ndk IX,* łachocze, łachocz, łachotaliśmy (p. akcent § 1a i 2) *reg.* «łaskotać»

łachotki *blp,* D. łachotek *reg.* «łaskotki»

łachudra *m* a. *ż* odm. jak *ż IV,* M. ten a. ta łachudra (także o mężczyznach), *lm* M. te łachudry, D. łachudrów (tylko o mężczyznach) a. łachuder, B. łachudrów (tylko o mężczyznach) a. łachudry. // *D Kult. II,* 321.

łaciaty, *rzad.* **łaciasty.**

łacińsko-polski (pisane z łącznikiem): Słownik łacińsko-polski.

ład *m IV,* D. ładu △ Bez ładu i składu «bezładnie, nieporządnie, byle jak»: Mówić bez ładu i składu. Dojść, trafić z kimś, z czymś do ładu «dojść z kimś do porozumienia, zgody; uporządkować coś» △ *rzad.* Na jakiś ład (*nie:* jakimś ładem) «w jakiś sposób»: Przerabiać cudzą melodię na swój ład.

Ładoga *ż III, CMs.* Ładodze a. (z wyrazem: jezioro) *ndm* «jezioro w ZSRR»: Z Ładogi (z jeziora Ładoga) wypływa Newa. — ładoski.

ładować *ndk IV,* ładowaliśmy (p. akcent § 1a i 2) □ Ł. na co a. na powierzchnię przedmiotu: Ładować na bryczkę, na wóz. □ Ł. do czego a. w co — do wnętrza przedmiotu: Ładować do karety, do kufra, do skrzynki a. w skrzynkę. □ Ł. co czym: Ładować wóz sianem.

ładownia *ż I, lm* D. ładowni. // *D Kult. I,* 521.

Łagiewniki *blp,* D. Łagiewnik «miejscowość» — łagiewnicki.

łagodzić *ndk VIa,* łagodzę, łagodź a. łagódź, łagodziliśmy (p. akcent § 1a i 2).

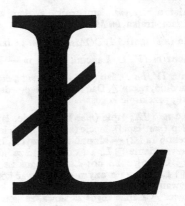

Łagów *m IV,* D. Łagowa, C. Łagowowi (*ale:* ku Łagowowi a. ku Łagowu) «miejscowość» — łagowski.

łajdak *m III, lm* M. ci łajdacy a. (z silniejszym zabarwieniem ekspresywnym) te łajdaki.

łaknąć (*nie:* łaknieć) *ndk Va,* łaknąłem (*wym.* łaknołem; *nie:* łaknęłem), łaknął (*wym.* łaknoł), łaknęła (*wym.* łaknęła), łaknęliśmy (*wym.* łaknęliśmy, p. akcent § 1a i 2) □ Ł. czego: Chory łaknął świeżych owoców. Łaknąć odpoczynku.

łakocie *blp,* D. łakoci *wych. z użycia* «słodycze»

łakomy *st. w.* bardziej łakomy 1. *m-os.* łakomi «chciwy jedzenia, lubiący (dobrze) zjeść» □ Ł. na co: Łakomy na ciastka. 2. «budzący chciwość, pożądany»: Łakomy kąsek.

łam *m IV,* D. łamu, *lm.* D. łamów (*nie:* łam), częściej w *lm:* Wypowiadać się na łamach dzienników.

łamacz *m II, lm* D. łamaczy: Łamacz lodów.

łamać *ndk IX,* łamię (*nie:* łamę) łamią (*nie:* łamą) łam, łamaliśmy (p. akcent § 1a i 2): Łamać w kawałki, w drzazgi a. na kawałki, na drzazgi (*nie:* w drobiazgi).

□ Łamie kogo w czym; *rzad.* co «ktoś odczuwa ból w czymś»: Łamie mnie w nogach. Łamie mnie w kościach a. łamią mnie kości. △ Łamać sobie głowę (nad czymś) «myśleć o czymś bardzo intensywnie»: Łamałem sobie głowę nad rozwiązaniem zagadki. △ Łamać sobie język «z trudem wymawiać obce wyrazy»

łamaga *ż* a. *m odm. jak ż III, M.* ten a. ta łamaga (także o mężczyznach), *lm M.* te łamagi, *D.* łamagów (tylko o mężczyznach) a. łamag, *B.* tych łamagów (tylko o mężczyznach) a. te łamagi *pot.* «niedołęga, niezdara»

łamaniec *m II, D.* łamańca, *lm D.* łamańców (*nie:* łamańcy).

łamistrajk (*wym.* łamistrajk a. łamistrajk) *m III, D.* łamistrajka, *lm M.* te łamistrajki.

łania (*nie:* łani) *ż I, DCMs.* łani, *lm D.* łani a. łań.

Łańcut *m IV, D.* Łańcuta «miasto» — łańcucki.

łapa *ż IV, lm D.* łap (*nie:* łapów) *rub., żart.* w zn. «ludzka dłoń, ręka» △ Dać komuś w łapę «dać komuś łapówkę; przekupić kogoś»

łapać *ndk IX,* łapię (*nie:* łapę), łapie, łapią (*nie:* łapą), łap (*nie:* łapaj), łapcie (*nie:* łapajcie), łapaliśmy (p. akcent § 1a i 2) — **złapać** *dk* «chwytać, brać ręką albo przyrządem» □ Ł. za co: Łapać za nóż, za łopatę. □ Ł. kogo za co: Łapać kogoś za rękę, za szyję. □ Ł. kogo na czym «zaskakiwać kogoś przy wykonywaniu jakiejś czynności»: Łapać kogoś na kłamstwie. △ Łapać kogoś za słowa, za słówka «czepiać się słów» △ Kurcz łapie (w nodze, ręce itp.) «doznaje się bolesnego kurczenia i drgania mięśni (w nodze, ręce itp.)»
łapać się □ *pot.* Ł. się za co «brać się do czegoś, podejmować jakąś pracę»: Łapie się za sprzątanie.

łapigrosz (*wym.* łapigrosz, *nie:* łapigrosz) *m II, lm D.* łapigroszów a. łapigroszy *pogard.* «człowiek chciwy zysku, goniący za zyskiem»

łapownictwo, *rzad.* **łapówkarstwo** *n III, blm.*

łapownik *m III; rzad.* **łapówkarz** *m II, lm D.* łapówkarzy.

Łapy *blp, D.* Łap «miasto» — łapski.

łasić się *ndk VIa,* łaszę się, łasiliśmy się (p. akcent § 1a i 2): Pies łasi się do pana.

Łask *m III, D.* Łaska «miasto»: Przyjechał do Łaska. — łaski.

I łaska *ż III, lm D.* łask 1. «łaskawość, dobrodziejstwo, faworyzowanie kogoś» □ Ł. u kogo (zwykle w *lm*) «względy», szczególnie w zwrotach: Mieć łaski, być w łaskach u kogoś. △ Cieszyć się czyjąś łaską a. łaską u kogoś (czyimiś łaskami a. łaskami u kogoś). △ Żyć z czyjejś łaski a. na łasce u kogoś. △ Jak z łaski (robić coś) «niedbale, od niechcenia» △ Z łaski swojej, jeśli łaska «zwrot grzecznościowy stosowany przy proszeniu o coś; bądź łaskaw»: Podaj mi to z łaski swojej. △ Zdać się, być zdanym na czyjąś łaskę (i niełaskę) «podporządkować się czyjejś woli, uzależnić się, być uzależnionym od kogoś» 2. «darowanie lub zmniejszenie kary»: Prosić o łaskę dla skazańców.

II łaska *ż III, lm D.* łasek «gatunek łasicy»: Łasica łaska.

łaskawy *m-os.* łaskawi, *st. w.* łaskawszy; **łaskaw** *m,* tylko w *M. lp* (w funkcji orzecznika a. przydawki okolicznikowej): Bądź łaskawy (łaskaw) pamiętać o mojej prośbie. □ Ł. dla kogo: Łaskawy dla poddanych. □ Ł. na kogo (dziś zwykle z przeczeniem, lekko ironicznie): Nie jesteś ostatnio na mnie łaskawy.

łaskotać *ndk IX,* łaskocze, *przestarz.* łaskoce (*nie:* łaskota), łaskocz (*nie:* łaskotaj), łaskotaliśmy (p. akcent § 1a i 2) □ Ł. co, kogo — w co, po czym: Piasek łaskocze pięty. Łaskotać kogoś w podeszwy. Kłosy łaskoczą nas po policzkach.

łaskotki *blp, D.* łaskotek.

łasy *st. w.* bardziej łasy, *m-os.* łasi □ Ł. na co: Być łasym na pochlebstwa.

łaszczyć się *ndk VIb,* łaszczyliśmy się (p. akcent § 1a i 2) — **połaszczyć się** *dk* □ Ł. się na co: Łaszczył się na cudze mienie.

łatwy *m-os.* łatwi, *st. w.* łatwiejszy: Łatwe zadanie. Łatwa praca. Nie był łatwy w pożyciu. □ Ł. do czego: Łatwy do kłótni. △ Coś (jest) łatwe dla kogo: Zadanie łatwe dla specjalistów.

ława *ż IV:* Zasiąść na ławie oskarżonych. △ nieco *książk.* Kolega ze szkolnej, z uniwersyteckiej ławy. △ *pot.* Kawę a. kawa na ławę «(powiedzieć wszystko) otwarcie, bez ogródek»
ławą «zwartym szeregiem, zwartą gromadą; nie w rozproszeniu»: Ludzie szli ławą. △ *przen.* «razem, wspólnie, solidarnie»: Stanąć ławą.

łazanka *ż III, lm D.* łazanek; *rzad.* **łazanek** *m III, D.* łazanka, *lm D.* łazanków, zwykle w *lm.*

Łazarz *m II* 1. *lm D.* Łazarzów «imię»
2. łazarz, *lm D.* łazarzy «człowiek schorowany, opuszczony, biedny»

łazęga *ż* a. *m odm. jak ż III, M.* ten a. ta łazęga (także o mężczyznach), *lm M.* te łazęgi, *D.* łazęgów (tylko o mężczyznach) a. łazęg, *B.* tych łazęgów (tylko o mężczyznach) a. te łazęgi *pogard.* «włóczęga, włóczykij»

łazić *ndk VIa,* łażę, łazimy, łaziliśmy (p. akcent § 1a i 2) *pot.* «chodzić» □ Ł. po co (*nie:* za czym) — na oznaczenie celu, jeśli celem jest przedmiot, który się ma dostać w jednym jakimś określonym miejscu: Znudziło mi się codziennie łazić po pieczywo, może ty raz pójdziesz? □ Ł. za czym (na oznaczenie celu, jeżeli są nim przedmioty, które ma się znaleźć w różnych miejscach): Łaził za butami po wszystkich sklepach, ale tak dużego numeru nie było.

Łazienki *blp, D.* Łazienek «park w Warszawie» — łazienkowski (p.).

łazienkowski: Zieleń łazienkowska. △ W nazwach dużą literą: Park, Pałac Łazienkowski.

łazik *m III, lm M.* te łaziki.

Łazy *blp, D.* Łazów «miejscowość» — łazowski.

łaźnia *ż I, lm D.* łaźni (*nie:* łazien).

Łąck *m III* «miejscowość» — łącki (p.).

łącki: Stadnina łącka (*ale:* Jezioro Łąckie).

***łączna pisownia** p. pisownia łączna i rozdzielna.

***łącznik** Użycie łącznika uzależnione jest od stosunku logiczno-składniowego między wyrazami. Na ogół łącznik stosuje się między wyrazami, które są równorzędnymi członami złożenia. Człony odczuwane jako nierównorzędne (w których jeden wyraz jest podporządkowany drugiemu, np. jest określeniem drugiego) pisze się bez łącznika, bądź jako jeden wyraz zestrojony, bądź jako dwa oddzielne wyrazy.

I. *Z łącznikiem* pisze się: **1.** Przymiotniki złożone z dwu lub więcej członów równorzędnych znaczeniowo (we wszystkich takich połączeniach możliwe jest zastąpienie łącznika — spójnikiem *i*), np.: *flaga biało-czerwona* (= biała i czerwona), *wojna rosyjsko-japońska* (= wojna Rosji i Japonii), *wydział historyczno-literacki* (= wydział historii i literatury), *sojusz robotniczo-chłopski* (= sojusz robotników i chłopów); *słownik polsko-francusko-niemiecki; język staro-cerkiewno-słowiański; wiatr północno-wschodni; Akademia Górniczo-Hutnicza; Towarzystwo Przyjaźni Polsko-Radzieckiej.* △ Tu należą też terminy anatomiczne, typu: *płucno-sercowy*, a nawet: *krzyżo-biodrowy, osierdzio-przeponowy;* wyjątek: *głuchoniemy.* △ Uwaga. Jeśli przymiotnik pochodzi od wyrażenia, którego jeden człon jest przymiotnikiem, a drugi rzeczownikiem złożonym, pisany łącznie (np. północna Małopolska, językoznawstwo ogólne, późne średniowiecze), wówczas pisze się go łącznie, np.: *północnomałopolski, ogólnojęzykoznawczy, późnośredniowieczny* (p. też cz. II, pkt 1).
2. Dwuczłonowe nazwy rzeczownikowe (o członach równorzędnych znaczeniowo), np.: *książę-biskup, kupno-sprzedaż, klub-kawiarnia, chłop-robotnik, spódnica-spodnie.* △ Uwaga. Wyjątkowo stosuje się łącznik w zestawieniach rzeczownikowych o członach nierównorzędnych, jeśli te człony są przestawione, tzn. jeśli zamiast zwykłej kolejności wyrazów (człon określający — po określanym), np.: *spódniczka mini, baba herod, dziewczyna cud* — napiszemy: *mini-spódniczka, herod-baba, cud-dziewczyna* (p. też cz. II, pkt 3 i cz. III, pkt 1).
3. Dwuczłonowe rzeczownikowe nazwy miejscowe, oznaczające wspólnie jednostkę administracyjną, np.: *Warszawa-Powiśle, Golub-Dobrzyń, Skarżysko-Kamienna, Bielsko-Biała, Kobyle-Gródek.* △ Tak też piszemy dawną nazwę państwa: *Austro-Węgry.*
4. Dwuczłonowe nazwiska, np.: *Kossak-Szczucka, Grzymała-Siedlecki, Rymwid-Mickiewicz, Drucki-Lubecki, Dołęga-Mostowicz, Czerny-Stefańska, Hesse-Bukowska.*
5. Tradycyjne terminy geograficzne: *południo-wschód, południo-zachód, północo-wschód, północo-zachód* (*p.*).
6. Niektóre stałe połączenia wyrazowe typu: *esy-floresy, koszałki-opałki, hokus-pokus, łapu-capu, pif-paf, tuż-tuż,* (ani) *mru-mru.*
7. Wyrażenia złożone z liczebnikiem jako pierwszym członem, np.: 40-*stopniowy mróz;* banknot 20-*złotowy;* 100-*kilometrowa trasa;* 10-*lecie klubu.*
8. Połączenia z wyrazami: *nie, pół* — kiedy drugi człon jest nazwą własną, pisaną dużą literą, np.: To jakiś obcy: nie-Polak i nie-Francuz. Rodzina zebrała się razem; wszyscy nie-Wańkowiczowie wyszli. Pochodził z Meksyku, był pół-Indianinem (p. też cz. II, pkt 4).
9. Połączenia z wyrazami: *niby, eks, quasi,* np.: *niby-poeta, niby-polski, eks-król, eks-wojskowy, quasi-opiekun* (p. też cz. II, pkt 5).
10. Połączenia z członami: *pseudo-, anty-, arcy-* itp. — jeśli człony te występują przed nazwą własną, pisaną dużą literą, np.: *pseudo-Polak,* żart. *pseudo-Szekspir, arcy-Lucyfer* (p. też cz. II, pkt 6).

△ Można stawiać łącznik przed ruchomymi końcówkami czasownikowymi (zwłaszcza kiedy zachodzi obawa nieporozumienia), np.: To-m już czytał. Kogo-ś spotkała? Tam-em nigdy nie był. Roku-ś jeszcze nie miał. Dźwigu-ście nie widzieli?!

II. *Bez łącznika, w postaci jednowyrazowej*, pisze się: **1.** Przymiotniki złożone z członów przymiotnikowych nierównorzędnych znaczeniowo (w których człon pierwszy określa bliżej człon drugi, podstawowy), np.: *jasnoróżowy* (= różowy w jasnym odcieniu), *czerwonozłoty* (= złoty z odcieniem czerwonym), *słonogorzki* (= gorzki ze słonym posmakiem), *rzymskokatolicki* (= katolicki w obrządku rzymskim); *popularnonaukowy* (= naukowy w ujęciu popularnym). △ Tak samo traktuje się przymiotniki złożone utworzone od rzeczowników z przydawką przymiotnikową, np.: *małowartościowy* (= o małej wartości); *bliskowschodni* (od: Bliski Wschód), *zimnowojenny* (od: zimna wojna), *gorącokrwisty* (od: gorąca krew), *dolnośląski* (od: Dolny Śląsk); *dalekomorski, pierwszoplanowy, męskoosobowy, różnokierunkowy, środkowoeuropejski, południowoamerykański, wczesnojesienny, późnośredniowieczny* (p. też cz. I, pkt 1). △ Bez łącznika pisze się też inne przymiotniki, utworzone od wszelkich konstrukcji nierównorzędnych (np. od rzeczowników i czasowników lub liczebników), np.: *narodowowyzwoleńczy* (od: wyzwolenie narodu), *szybkostrzelny* (od: szybko strzelać), *pracochłonny, osiemnastoletni.*
2. Przymiotniki utworzone od dwuwyrazowych nazw miejscowych, w których człon określający stoi przed członem określanym, np.: *tarnogórski* (od: Tarnowskie Góry), *kamiennogórski* (od: Kamienna Góra), *nowohucki* (od: Nowa Huta). △ Uwaga. Jeśli w takiej nazwie człon określany stoi przed członem określającym, to na ogół przymiotniki (będące nazwami powiatów) tworzy się tylko od wyrazu podstawowego, tzn. od członu określanego, np.: *miński* (od: Mińsk Mazowiecki), *bialski* (od: Biała Podlaska). Jedynie od nazw: Grodzisk Mazowiecki, Wysokie Mazowieckie — można wyjątkowo tworzyć nazwy powiatów w postaci przymiotników złożonych: grodziskomazowiecki, wysokomazowiecki — bez łącznika; od: Opole Lubelskie, Nowy Dwór Gdański: opolsko-lubelski, nowodworsko-gdański — z łącznikiem.
3. Rzeczowniki złożone (zarówno z członami równorzędnymi, jak i nierównorzędnymi), połączone formantem *-o*, np.: *Anglosasi, komedioopera, żelazobeton, lugrotrawler, kilowatogodzina, lasostep, stropodach* (p. też cz. I, pkt 2).
4. Połączenia z wyrazami: *nie, pół,* np.: Zwierzęta — niezwierzęta. To nieczłowiek! Są ludzie i nieludzie. *Półpłótno, półsierota* (p. też cz. I, pkt 8).
5. Połączenia z wyrazem *niby-* w terminach przyrodniczych, np.: *nibyjagoda, nibykłos, nibyliść, nibynóżki* (p. też cz. I, pkt 9).
6. Wyrazy złożone z przedrostkami obcymi, np.: *anty-, -arcy-, archi-, infra-, kontr-, pseudo-, ultra-, wice-,* np.: antypapież, antyrewolucyjny, arcyzabawny, archidiecezja, infraczerwony, kontrreformacja, pseudoklasyczny, pseudowiedza, ultrafioletowy, wiceprezes, wiceprzewodniczący (p. też cz. I, pkt 10).

III. *Bez łącznika, w postaci oddzielnych wyrazów,* pisze się: **1.** Zestawienia rzeczowników nierównorzędnych znaczeniowo. W takich zestawieniach człon drugi jest bliższym określeniem członu pierwszego, określa on człon pierwszy przez podanie jego gatunku, rodzaju, przeznaczenia, cech charakterystycznych itp., np.: *artysta malarz, inżynier elektryk, bielinek kapustnik, zając bielak, wagon cysterna, walcownia zgniatacz, statek przetwórnia, pies przewodnik, pociąg widmo, kobieta wampir, baba herod* (p. też cz. I, pkt 2). 2. Wyrażenia będące połączeniami przymiotników lub imiesłowów przymiotnikowych z przysłówkami, np.: *lekko zapalny, łatwo strawny, czysto polski, rdzennie niemiecki, dziko rosnący, świeżo malowany, nowo nawrócony, szybko schnący.* || *D Kult.* II, 595—597. *Por.* pisownia łączna i rozdzielna.

łącznościowiec *m II, D.* łącznościowca, *W.* łącznościowcu, *lm M.* łącznościowcy.

łączny 1. «tworzący sumę, powstały z połączenia czegoś z czymś»: Łączna suma wydatków. 2. «łączący, spajający»: Spójnik łączny. Tkanka łączna.

łączyć *ndk VIb,* łączyliśmy (p. akcent § 1a i 2) □ Ł. co z czym (*nie*: co i co): Łączyć przyjemne z pożytecznym. △ Łączę wyrazy szacunku, ukłony, pozdrowienia «zwroty używane w listach»

łąg p. łęg.

Łąkie *n* odm. jak przym., *NMs.* Łąkiem, a. (z wyrazem: jezioro) *ndm* «jezioro»: Spędzać urlop nad Łąkiem (nad jeziorem Łąkie).

łąkowy przym. od łąka: Kwiaty łąkowe.

łeb *m IV, D.* łba «głowa zwierzęcia; potocznie z różnymi odcieniami ekspresywnymi o głowie ludzkiej»: Pies podniósł łeb. Dać, dostać po łbie. Nadstawić łba. △ Kula w łeb «kara śmierci» △ Biec, przybiec łeb w łeb «zwykle o koniach wyścigowych: biec równo, nie prześcigając jeden drugiego; przybiec jednocześnie» △ Na łeb, na szyję **a)** «bardzo szybko, co tchu; w wielkim pośpiechu»: Biec, uciekać, pędzić (z góry) na łeb, na szyję. Robić coś, przygotowywać się do czegoś (np. do egzaminu) na łeb, na szyję. **b)** «zupełnie, doszczętnie, całkowicie»: Pobić, pokonać kogoś na łeb, na szyję. △ Wypędzić, wyrzucić kogoś na zbity łeb «wypędzić, wyrzucić kogoś brutalnie, gwałtownie» △ Brać się, wodzić się za łby «bić się, urządzać bójkę» Coś wzięło w łeb «coś się nie udało, nie doszło do skutku»: Wyjazd wziął w łeb.

Łeba *ż IV* «miasto, rzeka» — łebski (p.).

łebek, *pot.* **łepek** *m III, D.* łebka (łepka) △ *pot.* Robić coś po łebkach «robić coś pobieżnie, powierzchownie, niedokładnie» △ *pot.* Jechać, wieźć kogoś na łebka (tu *B. = D.*) «nielegalnie jechać (wieźć kogoś) samochodem za pieniądze»

I łebski a. łepski *pot.* «mądry, sprytny»: Łebski (łepski) chłopak.

II łebski przym. od Łeba, Łebsko.

Łebsko *n II* a. (z wyrazem: jezioro) *ndm* «jezioro»: Nad Łebskiem (a. nad jeziorem Łebsko). — łebski (p.).

łechtać *ndk IX,* łechcze, *przestarz.* łechce, *rzad. I,* łechta, łechtaliśmy (p. akcent § 1a i 2).

Łekno *n III* «wieś» — łekieński.

łepek p. łebek.

łepski p. I łebski.

łęcina a. **łętowina** *ż IV;* a. **łęt** *m IV, D.* łętu zwykle w *lm* «nać kartoflana»

Łęczyca *ż II* «miasto» — łęczycanin (*nie*: łęczczanin) *m V, D.* łęczycanina, *lm M.* łęczycanie, *D.* łęczycan — łęczycanka *ż III, lm D.* łęczycanek — łęczycki.

łęg, rzad. łąg *m III, D.* łęgu.

łęk *m III, D.* łęku.

łęt, łętowina p. łęcina.

łgać (*nie*: łżeć) *ndk IX,* łżę (*nie*: łgę, łgam), łżesz (*nie*: łgasz), łżą (*nie*: łgą, łgają), łżyj (*nie*: łgaj), łżący (*nie*: łgający), łgał, łgaliśmy (p. akcent § 1a i 2) — **zełgać** *dk pot.* (z odcieniem ekspresywnym) «kłamać»

łgarz *m II, lm D.* łgarzy.

ŁKS (*wym.* ełkaes, p. akcent § 6) *m IV, D.* ŁKS-u a. *ndm* «Łódzki Klub Sportowy»: Należeć do ŁKS (do ŁKS-u). Trenować w ŁKS (w ŁKS-ie). — ŁKS-owiec a. ełkaesowiec *m II, D.* ŁKS-owca (ełkaesowca), *lm M.* ŁKS-owcy (ełkaesowcy) — ŁKS-owski a. ełkaesowski.

łł p. podwojone głoski.

Łobez *m IV, D.* Łobza «miasto» — łobeski.

łobuz *m IV, lm M.* ci łobuzi a. (z silniejszym zabarwieniem ekspresywnym) te łobuzy «urwis, urwipołeć; chuligan, łotr»: Jaki z tego Jasia miły łobuz. Napadli go jacyś łobuzi a. napadły go jakieś łobuzy. || *U Pol. (1),* 341.

łobuzeria *ż I, DCMs.* łobuzerii, *blm* 1. «grupa łobuzów» 2. *rzad.* p. łobuzerstwo. || *D Kult.* I, 302.

łobuzerstwo *n III,* a. **łobuzerka** *ż III, lm D.* łobuzerek; *rzad.* **łobuzostwo** *n III* «zachowanie się typowe dla łobuza, łobuzowanie się» || *D Kult.* I, 302.

łobuziak *m III, lm M.* te łobuziaki *pot.* «urwis, ulicznik, młody łobuz»

łobuzostwo p. łobuzerstwo.

Łobzów *m IV, D.* Łobzowa, *C.* Łobzowowi (*ale:* ku Łobzowowi a. ku Łobzowu) «dzielnica Krakowa; miejscowości» — łobzowianin *m V, D.* łobzowianina, *lm M.* łobzowianie, *D.* łobzowian — łobzowianka *ż III, lm D.* łobzowianek — łobzowski.

łodzianin *m V, D.* łodzianina, *lm M.* łodzianie, *D.* łodzian 1. «mieszkaniec Łodzi» 2. Łodzianin «mieszkaniec województwa łódzkiego»

łodzianka *ż III, lm D.* łodzianek 1. «mieszkanka Łodzi» 2. Łodzianka «mieszkanka województwa łódzkiego»

łoić *ndk VIa,* łoję, łoimy, łój, łoiliśmy (p. akcent § 1a i 2) △ Łoić komuś skórę «bić, sprawiać lanie» △ *reg.* w zn. «smarować łojem»: Łojone buty.

łokieć *m I, D.* łokcia, *lm D.* łokci (*nie*: łokciów) △ *pot.* Urabiać sobie ręce po łokcie «zapracowywać się»

Łomnica *ż II* «miejscowość, rzeka, szczyt górski» — łomnicki (p.).

łomnicki: Zabudowania łomnickie (*ale:* Łomnicki Szczyt, *częściej:* Łomnica; Łomnicki Staw).

Łomonosow (*wym.* Łomonosow) *m IV*, *D.* Łomonosowa (p. akcent § 7): Gramatyka Łomonosowa.

łomotać *ndk IX*, łomocze, *rzad.* łomoce (*nie*: łomota), łomotaliśmy (p. akcent § 1a i 2) — *rzad.*
łomotnąć *dk Va*, łomotnąłem (*wym.* łomotnołem; *nie*: łomotnełem), łomotnął (*wym.* łomotnoł), łomotnęła (*wym.* łomotnela), łomotnęliśmy ´*wym.* łomotneliśmy).

Łomża *ż II* «miasto» — łomżyniak *m III*, *lm M.* łomżyniacy; a. (bardziej oficjalnie) łomżanin *m V*, *D.* łomżanina, *lm M.* łomżanie, *D.* łomżan — łomżynianka, *rzad.* łomżanka *ż III*, *lm D.* łomżynianek (łomżanek) — łomżyński.

łopatka *ż III*, *lm D.* łopatek △ *pot.* Położyć, powalić, leżeć na obie łopatki (*nie*: na obu łopatkach) «zwyciężyć kogoś zdecydowanie; być zwyciężonym»

łopian *m IV*, *D.* łopianu; a. **łopuch** *m III*, *D.* łopuchu.

łopotać *ndk IX*, łopocze, *przestarz.* łopoce (*nie*: łopota), łopotałby (p. akcent § 4c).

łopuch p. łopian.

Łosice *blp*, *D.* Łosic «miasto» — łosicki.

łosiowy, *rzad.* łosi: Łosiowe spodnie.

łoskotać *ndk IX*, łoskocze, *przestarz.* łoskoce (*nie*: łoskota), łoskotałby (p. akcent § 4c).

łosoś *m I*, *lm D.* łososi.

łoszę *n IV*, a. **łoszak** *m III*, *reg.* «źrebię»

łoś *m I*, *lm D.* łosi.

łotr *m IV*, *lm M.* te łotry, *rzad.* ci łotrzy.

łotrzyk *m III*, *lm M.* te łotrzyki, *rzad.* ci łotrzykowie.

Łotwa *ż IV* «republika związkowa w ZSRR»: Jechać na Łotwę a. do Łotwy. Mieszkać na Łotwie a. w Łotwie. — **Łotysz** *m II*, *lm M.* Łotysze, *D.* Łotyszy a. Łotyszów — **Łotyszka** *ż III*, *lm D.* Łotyszek — łotewski, *rzad.* łotyski.

łowca *m odm. jak ż II*, *lm M.* łowcy, *DB.* łowców △ *przen.* Łowca posagowy «mężczyzna szukający kandydatki na żonę wśród posażnych panien»

łowczy *m odm. jak przym.*, *lm M.* łowczowie.

łowczyni (*nie*: łowczynia) *ż I*, *W.* łowczyni *przestarz.*, dziś żywe w *przen.*: Łowczyni serc.

łowicki: Powiat, rynek łowicki. Wełniak łowicki (*ale*: Księstwo Łowickie).
Łowickie *n odm. jak przym.*, *NMs.* Łowickiem (*nie*: Łowickim) «region łowicki»: Mieszkać w Łowickiem.

Łowicz *m II* «miasto» — łowiczanin (p.) — łowiczanka (p.) — łowicki (p.).

łowiczanin *m V*, *D.* łowiczanina, *lm M.* łowiczanie, *D.* łowiczan **1.** «mieszkaniec Łowicza»
2. Łowiczanin «mieszkaniec Łowickiego»

łowiczanka *ż III*, *lm D.* łowiczanek **1.** «mieszkanka Łowicza»
2. Łowiczanka «mieszkanka Łowickiego»

łowić *ndk VIa*, łowię, łowimy, łów, łowiliśmy (p. akcent § 1a i 2) □ Ł. co (*nie*: przeprowadzać ło-

wienie czegoś): Śledzie łowi się włokiem. Łowić ryby na wędkę. Łowić motyle w siatkę a. siatką. Łowić zwierzynę w sidła. △ *przen.* Łowiła oczyma każde jego spojrzenie. △ W mętnej wodzie ryby łowić «wyzyskiwać zamieszanie dla osobistych korzyści» △ Łowić ryby przed niewodem «cieszyć się przedwcześnie»

łowiec *m II*, *D.* łowca *przestarz.* «łowca» △ dziś tylko w nazwie pisma: Łowiec Polski.

łowiecki: Gospodarka, sztuka łowiecka. Język łowiecki. Poletka, pólka łowieckie. Prawo łowieckie, *rzad.* myśliwskie. Sprzęt łowiecki a. myśliwski. Wyprawa łowiecka a. myśliwska. || D Kult. II, 40.

łowiectwo *n III*, *blm*; *częściej*: myślistwo: Zajmować się, trudnić się łowiectwem (myślistwem).

łowy p. łów.

łoza *ż IV*, *lm D.* łóz; a. **łozina** *ż IV* «krzew wierzbowy, witka wierzbowa; zbiorowo: zarośla wierzbowe»: Na brzegu rosły łozy (łoziny). Brzegi obrosły łozą (łoziną). Upleść coś z łozy (z łoziny).

łoże *n I*, *lm D.* łóż (*nie*: łoży) *wych. z użycia* «duże, wspaniałe łóżko» △ W terminologii *praw.*: Dziecko (z) nieprawego łoża. Separacja od stołu i łoża. △ Madejowe łoże «w bajkach: łóżko nabite ostrymi kolcami przygotowane w piekle dla rozbójnika Madeja; *żart.* niewygodne łóżko»: Nie mógł zasnąć na tym Madejowym łożu. △ *książk.* Łoże boleści, śmierci: Przykuty do łoża boleści. Wyznać coś na łożu śmierci.

łożyć *ndk VIb*, łożymy, łóż, łożyliśmy (p. akcent § 1a i 2) □ *książk.* Ł. na co, na kogo: Łożyć na czyjeś utrzymanie, na koszty leczenia. Łożyć na adwokatów, na lekarzy.

łódzki *m-os.* łódzcy: Województwo łódzkie (*ale*: Wyżyna Łódzka).
Łódzkie *n odm. jak przym.*, *NMs.* Łódzkiem (*nie*: Łódzkim) «województwo łódzkie»

łódź *ż V*, *D.* łodzi: Płynąć łodzią (*nie*: na łodzi). Zepchnąć, spuszczać łódź na wodę. Wsiąść do łodzi a. na łódź (*nie*: w łódź).

Łódź *ż V*, *D.* Łodzi «miasto»: Pochodzić z Łodzi. — łodzianin (p.) — łodzianka (p.) — łódzki (p.).

łój *m I*, *D.* łoju, *blm*.

łów *m IV*, *D.* łowu, *lm D.* łowów, zwykle w *lm książk.*, *przestarz.* «polowanie, zwłaszcza na grubego zwierza»: Chodzić, wybrać się, wyruszyć na łowy. □ Ł. na co: Łowy na niedźwiedzia, na dziki.

łóżko *n II*, *lm D.* łóżek: Paść, rzucić się na łóżko. Wstać, wyskoczyć, zerwać się, zwlec się z łóżka. △ W głowach łóżka «w tej części łóżka, gdzie się znajduje głowa leżącego» △ W nogach łóżka «w tej części łóżka, gdzie się znajdują nogi leżącego» △ Położyć się na łóżko (*nie*: na łóżko) «położyć się na nie posłanym łóżku» △ Iść, pójść, położyć się, kłaść się do łóżka (*nie*: w łóżko) «położyć się, kłaść się do posłanego łóżka» △ Leżeć, spać w łóżku (zwykle: będąc rozebranym). △ Leżeć, spać na łóżku (zwykle: w ubraniu). △ Posłać (*reg.* pościelić), rozebrać łóżko «przygotować łóżko do spania» △ Posłać (*reg.* zaścielić) a. zasłać (*reg.* zaścielić) łóżko «uporządkować pościel na łóżku po spaniu; przygotować łóżko do spania» △ *pot.* Pakować, wpakować, zapakować kogoś (np. chorego) do łóżka.

-lszy p. cząstki wyrazów.

łubek *m III*, *D.* łubka, zwykle w *lm*: Noga, ręka w łubkach.

Łubna *ż* odm. jak przym. «miejscowość»: Mieszkać w Łubnej (*nie*: w Łubnie). Pojechać do Łubnej (*nie*: do Łubny).

Łucjan p. Lucjan.

Łuck *m III*, *D.* Łucka «miasto w ZSRR» — łucki.

łudzić *ndk VIa*, łudzimy, łudziliśmy (p. akcent § 1a i 2) □ Ł. kogo czym: Łudzić kogoś obietnicami.
łudzić się □ Ł. się czym: Łudzić się nadzieją. □ Ł. się co do czego, co do kogo: Łudzono się co do jego dobrych chęci. Nie łudź się co do niego.

Łuknajno *n III* a. (z wyrazem jezioro) *ndm* «jezioro»: Nad Łuknajnem (nad jeziorem Łuknajno).

Łuków *m IV*, *D.* Łukowa, *C.* Łukowowi (*ale*: ku Łukowowi a. ku Łukowu) «miasto» — łukowianin *m V*, *D.* łukowianina, *lm M.* łukowianie, *D.* łukowian — łukowianka *ż III*, *lm D.* łukowianek — łukowski.

łup *m IV*, *D.* łupu: Zdobyć bogate łupy. Chciwy łupu. △ Wydać (*nie*: oddać) kogoś, coś na łup. △ Paść czyimś łupem «zostać przez kogoś zagrabionym; stać się czyjąś zdobyczą»: Zbiory te padły łupem grabieżców. △ *przen.* Dom padł łupem płomieni.

łupać *ndk IX*, łupię (*nie*: łupę), łupie, łup (*nie*: łupaj), łupaliśmy (p. akcent § 1a i 2) — **łupnąć** *dk Va*, łupnąłem (*wym.* łupnołem; *nie*: łupnełem, łupłem), łupnął (*wym.* łupnoł), łupnęła (*wym.* łupnęła, *nie*: łupła), łupnęliśmy (*wym.* łupnęliśmy) **1.** tylko *ndk* «rozbijać na kawałki» □ Ł. co — czym: Łupać orzechy. Większe bryły węgla łupał młotem. □ Ł. na co: Szczapy łupano na polana. **2.** *pot.* **a)** tylko *dk* «mocno uderzyć» □ Ł. kogo, co (czym) — w co **a.** po czym: Łupnąć kogoś pięścią w głowę. Łupnął go kijem po grzbiecie. **b)** tylko *dk* «strzelić, palnąć» □ Ł. do kogo, do czego — z czego: Łupnął do nich z karabinu. **c)** tylko *dk* «nałożyć na kogoś (grzywnę, karę, podatek itp.)» □ Ł. komu co: Łupnąć komu podatek, domiar (podatkowy). **d)** tylko w 3. os., zwykle *ndk* «dawać się odczuwać jako pulsujący ból» □ Coś kogo łupie: Kości kogoś łupią. Ząb kogoś łupie. □ *nieos.* Łupie kogo w czym «ktoś odczuwa gdzieś gwałtowny ból»: Łupie mnie w kościach, w krzyżu.

łupek *m III*, *D.* łupku: Łupek krzemionkowy, mikowy. Łupki ilaste, krystaliczne.

łupić *ndk VIa*, łupię (*nie*: łupę), łupimy, łup, łupiliśmy (p. akcent § 1a i 2) — **złupić** *dk* **1.** «rabować; uprawiać zdzierstwo»: Kupiec łupił swoich klientów. Zdobyte miasta łupiono. **2.** *pot.* «uderzać, bić, tłuc» □ Ł. w co: Dzięcioł łupił w drzewo. □ Ł. kogo: Nasi łupią wroga.

łupień *m I*, *DB.* łupnia, tylko w *pot.* zwrotach: Dać komuś łupnia, dostać od kogoś łupnia «dotkliwie kogoś pobić, zadać komuś klęskę; zostać przez kogoś pobitym, zwyciężonym»: Dali mu takiego łupnia, że

nie mógł się podnieść o własnych siłach. Dostali tęgiego łupnia i musieli się wycofać.

łupieski p. łupieżczy.

łupiestwo (*nie*: łupieżstwo) *n III wych. z użycia* «grabież, rabunek»: Żyć z łupiestwa. Bandy dopuszczały się łupiestw.

I łupież *m II* (*nie*: ta łupież, łupieża), *D.* łupieżu, *blm* «rodzaj choroby skóry głowy»

II łupież *ż VI*, *lm D.* łupieży *przestarz.* «rabunek, grabież»

łupieżca *m* odm. jak *ż II*, *lm M.* łupieżcy, *DB.* łupieżców *wych. z użycia* «grabieżca, rabuś»

łupieżczy *m-os.* łupieżczy; a. **łupieski** *m-os.* łupiescy *wych. z użycia* «grabieżczy; rabunkowy»: Łupieżczy (łupieski) najazd. Łupieżcze (łupieskie) wyprawy. Łupieżczy (łupiescy) korsarze.

łupina *ż IV*, częściej w *lm* □ Ł. czego (zwykle gdy jest razem z czymś, nie oddzielona): Łupina orzecha jest twarda. □ Ł. z czego a. od czego (gdy jest odcięta, oddzielona od czegoś): Łupiny z kartofli gotuje się dla trzody chlewnej. Papierki, łupiny od owoców zaśmiecały las.

łupka *ż III*, *lm D.* łupek *reg.* **a)** «łupina, skórka» **b)** «szczapka drewna»

łupkowski: Zabudowania łupkowskie (*ale*: Przełęcz Łupkowska).

Łupków *m IV*, *D.* Łupkowa, *C.* Łupkowowi (*ale*: ku Łupkowowi a. ku Łupkowu) «miejscowość» — łupkowski (p.).

łupnąć p. łupać.

łuska *ż III*, *lm D.* łusek: Łuski rybie. Łuska pocisku, naboju.

łuskać *ndk I*, łuska (*nie*: łuszcze), łuskaj, łuskaliśmy (p. akcent § 1a i 2) «obierać, wydobywać z łuski; *rzad.* łuszczyć»: Łuskać groch, fasolę, orzechy.

łuszczarnia *ż I*, *lm D.* łuszczarni, *rzad.* łuszczarń: Łuszczarnia ryżu.

łuszczyć *ndk VIb*, łuszczyliśmy (p. akcent § 1a i 2) **1.** p. łuskać. **2.** «dzielić, skrawać na cienkie płaty»: Łuszczyć pędy rogożyny.
łuszczyć się «odpadać cienkimi płatkami, łuskami»: Skóra się łuszczy.

łut *m IV*, *D.* łuta (*nie*: łutu), dziś tylko w wyrażeniu *przen.*: Łut szczęścia.

Łużyce *blp*, *D.* Łużyc «kraina zachodniej Słowiańszczyzny (w NRD)»: Łużyce Górne, Łużyce Dolne. Jechać na Łużyce. Mieszkać na Łużycach. — Łużyczanin *m V*, *D.* Łużyczanina, *lm M.* Łużyczanie, *D.* Łużyczan — Łużyczanka *ż III*, *lm D.* Łużyczanek — łużycki (p.).

łużycki: Języki łużyckie (*ale*: Góry Łużyckie).

I łyk *m III*, *D.* łyku «przełknięcie, łyknięcie, haust»: Popijać coś małymi łykami. Pociągnąć łyk czegoś.

II łyk *m III*, *D.* łyka, *lm M.* te łyki *wych. z użycia*, *pogard.* «mieszczanin, mieszczuch»

łykać *ndk I*, łykaliśmy (p. akcent § 1a i 2) — **łyknąć** *dk Va*, łyknąłem (*wym.* łyknołem; *nie*: łyknełem, łykłem), łyknął (*wym.* łyknoł), łyknęła (*wym.* łykneła; *nie:* łykła), łyknęliśmy (*wym.* łyknęliśmy): Łykać jedzenie, proszki. △ (tylko *ndk*) Łykać ślinę, ślinkę «mieć na coś apetyt» △ *pot.* Łyknąć sobie «napić się trunku, wypić sobie»: Lubił sobie łyknąć. Za wiele sobie łyknął.

łypać *ndk IX,* łypię (*nie:* łypę), łyp, łypaliśmy (p. akcent § 1a i 2) — **łypnąć** *dk Va,* łypnąłem (*wym.* łypnołem; *nie:* łypnęłem, łypłem), łypnął (*wym.* łypnoł), łypnęła (*wym.* łypneła; *nie:* łypła), łypnęliśmy (*wym.* łypnęliśmy) □ Ł. czym (ograniczone do wyrazu *oko* i jego synonimów): Łypnąć okiem, oczami, białkami, ślepiami.

Łysa Góra, Łysa odm. przym., Góra ż *IV, lm D.* Gór «nazwa wielu wzgórz i szczytów nie porośniętych lasem» — łysogórski (p.).

Łysenko *m* odm. jak ż *III, CMs.* Łysence, *lm M.* Łysenkowie, *DB.* Łysenków: Teoria Trofima Łysenki (*nie:* Trofima Łysenko).

Łysica ż *II* «szczyt górski»

łysogórski 1. przym. od Łysa Góra: Szczyt łysogórski. 2. przym. od Łysogóry: Krajobraz łysogórski (*ale:* Pasmo Łysogórskie).

Łysogóry *blp, D.* Łysogór «pasmo górskie» — łysogórski (p.).

łysy *m-os.* łysi, *st. w.* bardziej łysy (*nie:* łysszy) △ *posp.* Jeździć na kimś jak na łysej kobyle «pomiatać

kimś» △ *pot.* Znają się jak łyse konie «znają się bardzo dobrze» || *KJP 255.*

łyżka ż *III, lm D.* łyżek: Łyżka stołowa, wazowa. Srebrna, drewniana łyżka. □ Ł. do czego «łyżka do nabierania czegoś»: Łyżka do zupy, do sosu, do herbaty. △ Łyżka do butów «przedmiot w kształcie łyżki, ułatwiający wkładanie obuwia» □ Ł. czego «ilość czegoś mieszcząca się w łyżce; zawartość łyżki»: Łyżka zupy, mąki, masła. △ *pot.* Ktoś utopiłby, rad by utopić kogoś w łyżce wody «ktoś nienawidzi kogoś, czyha na jego zgubę»

łyżwa (*nie:* ta łyżew) ż *IV, lm D.* łyżew, *rzad.* łyżw: Jeździć, ślizgać się na łyżwach.

łyżwiarz *m II, lm D.* łyżwiarzy.

łza ż *IV, lm D.* łez △ Mieć łzy w oczach. Mówić, śmiać się przez łzy. Rozpływać się, tonąć we łzach, *rzad.* w łzach. Łza kręci się komuś w oku (łzy kręcą się komuś w oku a. w oczach). Ze łzami (*nie:* z łzami) w oczach. △ Śmiać się, zaśmiewać się do łez «śmiać się serdecznie» △ Łzy krokodyle, *rzad.* krokodylowe «obłudny płacz, nieszczere ubolewanie»

łzawy «przepojony łzami, pełen łez, wywołujący łzy»: Łzawy wzrok. Łzawe oko, spojrzenie. Mówić łzawym głosem. Łzawy poemat.

łzowy (tylko w terminach *anat.*): Narząd łzowy. Gruczoły, woreczki łzowe.

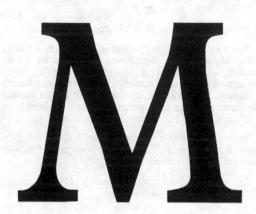

I m «spółgłoska dwuwargowa, nosowa, twarda: litera alfabetu oznaczająca tę spółgłoskę» △ Odpowiednikiem miękkim spółgłoski *m* jest *m'* (pisane jako *mi*), np.: miasto, miotać, mięso, ramiona. △ *Niepoprawna* jest wymowa *m'* jako *mń*, np.: mniał, mniasto, mniód, ziemnia (*zamiast*: miał, miasto, miód, ziemia).
△ Połączenia złożone z liter oznaczających samogłoskę oraz spółgłoskę *m* są wymawiane następująco:
1. Przed spółgłoskami zwartymi i zwartoszczelinowymi (np. przed *p, b, t, cz*) wymawiamy je zgodnie z pisownią, np. kampania, kompot, temperatura, membrana, kemping, szympans, komtur, tamten, Kamczatka.
2. Przed spółgłoskami szczelinowymi *f, w* wymawiamy połączenia *om, am* jako *ą, ã* (lub staranniej — zgodnie z pisownią), np. komfort, kamfora, tramwaj — *wym.* kąfort, kãfora, trãwaj, staranniej: komfort, kamfora, tramwaj. Przed pozostałymi spółgłoskami szczelinowymi (np. przed *s, z, sz, ż, ch*) wymowa połączeń samogłoski ze spółgłoską *m* jest zgodna z ich pisownią, np. Samson, giemza, Dymsza, rumsztyk, Łomża. *Por.* spółgłoski miękkie.

II m «skrót wyrazu: *metr*, pisany bez kropki, stawiany zwykle po wymienionej liczbie, czytany jako cały, odmieniany wyraz»: Kupić 5 m (*czyt.* metrów) materiału.

m. «skrót wyrazu: *miasto*, pisany z kropką, czytany jako cały, odmieniany wyraz, stosowany zwykle w tekstach encyklopedycznych, informacyjnych, na mapach itp.»: Świętochłowice, m. w woj. katowickim...

ma *DCMs.* mej, *BN.* mą, *lm MB.* me, *DMs.* mych, *C.* mym, *N.* mymi «forma ściągnięta zaimka dzierżawczego *moja* (p. mój), mająca charakter książkowy»

Mably (*wym.* Mabli) *m* odm. jak przym., *D.* Mably'ego (*wym.* Mablego), *NMs.* Mablym (*wym.* Mablim, p. akcent § 7) a. (z odmienianym imieniem) *ndm*: Utopijne koncepcje społeczne Mably'ego (a. Gabriela Mably).

Mac Donald (*wym.* Mak Donald, *nie*: Mak Donald, Mek Donald) *m IV, lm M.* Mac Donaldowie: Wystąpienie premiera Mac Donalda.

Macedonia (*wym.* Macedońja) *ż I, DCMs.* Macedonii «kraina na Półwyspie Bałkańskim; republika związkowa w Jugosławii» — Macedończyk *m III, lm M.* Macedończycy — Macedonka *ż III, lm D.* Macedonek — macedoński (p.).

macedoński: Język macedoński (*ale*: Aleksander Macedoński).

machabejski (*nie*: makabejski) △ Księgi Machabejskie (w Biblii).

Machabeusz (*nie*: Makabeusz) *m II; rzad.* **Machabejczyk** *m III, lm M.* Machabejczycy «członek starożytnej dynastii żydowskiej»

machać *ndk I*, machaliśmy (p. akcent § 1a i 2) — **machnąć** *dk Va*, machnąłem (*wym.* machnołem; *nie*: machnełem, machłem), machnął (*wym.* machnoł), machnęła (*wym.* machneła; *nie*: machła), machnęliśmy (*wym.* machnęliśmy; *nie*: machliśmy) □ M. czym «wykonywać szybkie ruchy»: Machać chusteczką. □ (zwykle *dk*) *pot.* M. co «szybko zrobić»: Machnąłem dziś kawał roboty.
machnąć się □ *pot.* M. się za kogo «wyjść za mąż»: Niejedna by się za niego machnęła. □ *pot.* M. się dokąd, do kogo, do czego «udać się»: W niedzielę machnę się na plażę.

Machiavelli (*wym.* Makiawelli) *m* odm. jak przym., *D.* Machiavellego, *lm M.* Machiavellowie; *rzad.* **Makiawel** *m I* (używane zwykle w zn. *przen.*): Doktryna polityczna Machiavellego.

! machiawelizm p. makiawelizm.

machina *ż IV przestarz.* «maszyna» — dziś żywe w zn. *przen.*: Machina państwowa.

machnąć p. machać.

Maciej *m I, lm M.* Maciejowie — Maciek *m III, D.* Maćka, *lm M.* Maćkowie — Maciuś *m I, lm M.* Maciusiowie — Maciejostwo *n III, DB.* Maciejostwa, *Ms.* Maciejostwu (*nie*: Maciejostwie), *blm;* a. Maciejowie *blp, D.* Maciejów — Maćkowie *blp, D.* Maćków — Maciusiowie *blp, D.* Maciusiów.

macierz *ż VI książk., podn.* zwykle w zn. *przen.* «ojczyzna»: Wróciły do macierzy utracone ziemie.

macierzyński «właściwy matce; matczyny»: Pogładzić kogoś macierzyńskim ruchem.

macierzysty «taki, z którym ktoś jest związany urodzeniem, pochodzeniem, przynależnością organizacyjną itp.»: Załoga wróciła do macierzystego portu. △ *niepoprawne* Język macierzysty (*zamiast*: ojczysty).

macka *ż III, lm D.* macek (*nie*: macków).

I Mackenzie (*wym.* Makenz-i) *m* odm. jak przym., *D.* Mackenziego (*wym.* Makenz-iego, p. akcent § 7) a. (z odmienianym imieniem) *ndm*: Podróże Mackenziego (Aleksandra Mackenzie).

II Mackenzie (*wym.* Makenz-i) *ż ndm* «rzeka w Kanadzie i w Australii»: Kanadyjska Mackenzie jest żeglowna.

Mac-Mahon (*wym.* Mak-Maą), Mac *ndm*, Mahon *m IV, D.* Mahona (*wym.* Maona, p. akcent § 7): Konserwatyzm Mac-Mahona.

macocha *ż III* △ *pot.* Nie jestem, nie jesteśmy itp. od maçochy (*nie*: nie jestem dzieckiem od maçochy) «nie ma powodu traktować mnie (nas) gorzej niż innych»

maczać *ndk I*, maczaliśmy (p. akcent § 1a i 2): Maczać rękę w wodzie. △ Maczać w czymś palce (*nie*: ręce) «brać udział w sprawie niezupełnie godziwej»

Madagaskar *m IV, D.* Madagaskaru «wyspa na Oceanie Indyjskim» — Madagaskarczyk *m III, lm M.* Madagaskarczycy — Madagaskarka *ż III, lm D.* Madagaskarek — madagaskarski (p.).

madagaskarski: Roślinność madagaskarska (*ale*: Uniwersytet Madagaskarski). *Por.* malgaski.

madapolam *m IV, D.* madapolamu «biała tkanina bawełniana używana na bieliznę»

Madera *ż IV* 1. «wyspa na Oceanie Atlantyckim»: Pojechać na Maderę.
2. madera «rodzaj wina»: Butelka madery.

Madison (*wym.* Medison) *m IV* 1. *D.* Madisonu (p. akcent § 7) «miasto w USA»
2. madison, *DB.* madisona «rodzaj tańca»: Tańczyć madisona.

Madonna (*nie*: Madona) *ż IV.*

Madras *m IV, D.* Madrasu «miasto i stan w Indii» — madraski.

Madryt *m IV, D.* Madrytu «stolica Hiszpanii» — madrycki.

Madziar *m IV, lm M.* Madziarzy, *rzad.* Madziarowie «z zabarwieniem ekspresywnym: Węgier»: Wspaniale tańczył czardasza ten ognisty Madziar. — Madziarka *ż III, lm D.* Madziarek — madziarski.

madziaryzm *m IV, D.* madziaryzmu, *Ms.* madziaryzmie (*wym.* ~zyzmie a. ~zyźmie) «wyraz, zwrot, konstrukcja przejęte z języka węgierskiego, wzorowane na nim»

maestria (*wym.* ma-estria) *ż I, DCMs.* maestrii, *blm książk.* «mistrzostwo»

maestro (*wym.* ma-estro) *m IV, lm M.* maestrowie *książk.* «mistrz»

Maeterlinck (*wym.* Materlink) *m III, D.* Maeterlincka (p. akcent § 7): Utwory Maeterlincka.

mafia *ż I, DCMs.* i *lm D.* mafii.

mag *m III, lm M.* magowie.

magazyn *m IV, D.* magazynu: Towar złożony w magazynie (*nie*: na magazynie).

magazynować *ndk IV*, magazynowaliśmy (p. akcent § 1a i 2) — **zmagazynować** *dk* «przechowywać, gromadzić w zamkniętym pomieszczeniu» △ *niepoprawne* w zn. «trzymać, przechowywać (gdziekolwiek)», np. Magazynować towar na podwórzu. // *D Kult. I, 303.*

Magdalena *ż IV* «imię» — Magdalenka (p.) — Magdusia *ż I, W.* Magdusiu — Madzia *ż I, W.* Madziu.

Magdalenka *ż III, lm D.* Magdalenek 1. zdr. od Magdalena.
2. magdalenka «członkini zakonu św. Magdaleny, zajmującego się opieką nad kobietami złego prowadzenia; wychowanka tego zakonu»

Magdeburg (*wym.* Magdeburg) *m III, D.* Magdeburga (p. akcent § 7) «miasto w NRD» — magdeburczyk *m III, lm M.* magdeburczycy — magdeburka *ż III, lm D.* magdeburek — magdeburski.

Maghreb (*wym.* Magreb) *m IV, D.* Maghrebu «nazwa grupy krajów afrykańskich: Maroka, Algierii i Tunezji (czasem zalicza się tu także Libię)»: Państwa Maghrebu. — maghrebski.

magiel *m I, D.* magla, *lm D.* magli; *reg. ż V, D.* magli: Zanieść bieliznę do magla.

Maginot (*wym.* Mażino) *m IV, D.* Maginota (*wym.* Mażinota, p. akcent § 7): Linia Maginota.

magister (skrót: mgr) *m IV, D.* magistra, *lm M.* magistrzy a. magistrowie.
magister — o kobiecie, p. nazwy i tytuły zawodowe kobiet.

magistrala *ż I, lm D.* magistrali *rzad.* magistral.

maglarnia *ż I, lm D.* maglarni, *rzad.* maglarń; a. **maglownia** *ż I, lm D.* maglowni 1. «dział fabryki włókienniczej, gdzie się apreturuje tkaniny» 2. *rzad.* «magiel»

magnes *m IV, D.* magnesu △ Coś przyciąga, pociąga kogoś jak magnes.

magnesowy *rzad.* przym. od magnes: Igła magnesowa (a. magnetyczna).

magnetyczny przym. od magnes, magnetyzm: Biegun magnetyczny. Burza magnetyczna. Igła magnetyczna (a. magnesowa). △ *przen.* Ktoś, coś ma magnetyczny wpływ (na kogoś).

magnetyzer *m IV, lm M.* magnetyzerzy.

magnetyzm *m IV, D.* magnetyzmu, *Ms.* magnetyzmie (wym. ~zyzmie a. ~zyźmie)

magnez *m IV, D.* magnezu.

magnificencja *m* odm. jak *ż I, DCMs.* magnificencji, *lm D.* magnificencji «tytuł rektora wyższej uczelni; posiadacz tego tytułu» △ Używane w wyrażeniu: Jego Magnificencja — łączy się z orzeczeniem w rodzaju męskim w czasie przeszłym i z orzecznikiem przymiotnikowym w rodzaju męskim, np.: Jego Magnificencja pan rektor. Przyjechał (*nie*: przyjechała) Jego Magnificencja rektor Uniwersytetu Warszawskiego.

Magnitogorsk (*wym.* Magnitogorsk) *m III, D.* Magnitogorska (p. akcent § 7) «miasto w ZSRR» — magnitogorski.

Magura *ż IV* «nazwa wielu szczytów i pasm górskich w Karpatach» || *D Kult. II, 521; U Pol. (2), 605.*

maharadża (nie *wym.*: maharad-ża, maharadż-ża) *m* odm. jak *ż II, lm M.* maharadżowie, *DB.* maharadżów.

Mahatma *m* odm. jak *ż IV* «tytuł nadawany Gandhiemu»: Walka Mahatmy Gandhiego o niezawisłość Indii.

Mahdi *m* odm. jak przym.: Powstanie Mahdiego.

mahometanin *m V, D.* mahometanina, *lm M.* mahometanie, *D.* mahometan.

mahometanizm *m IV, D.* mahometanizmu, *Ms.* mahometanizmie (*wym.* ∼izmie a. ∼iźmie), *blm*; in. islam:ᵃWyznawać mahometanizm.

mahoń *m I, D.* mahoniu 1. «drewno drzewa o tej samej nazwie»: Stół z mahoniu (a. mahoniowy). 2. zwykle w *lm* «meble z tego drewna»: Salon pełen starych mahoni.

maj *m I, lm D.* majów 1. *D.* maja «piąty miesiąc roku, w datach pisany słowami, cyframi arabskimi (z kropką) lub rzymskimi»: 15 maja 1969 r., 15.5. 1969 r., 15.V.1969 r. a. 15 V 1969 r. △ Na pytanie: kiedy? — nazwa miesiąca zawsze w dopełniaczu, nazwa dnia — w dopełniaczu a. (z przyimkami *przed, po*) — w narzędniku, np.: Przyjechał piątego maja. Przed piątym maja (*nie*: przed piątym majem). △ Na pytanie: jaki jest (lub był) dzień? — liczba porządkowa dnia w mianowniku a. w dopełniaczu, nazwa miesiąca w dopełniaczu: Piąty maja (*nie*: piąty maj) jest dniem powszednim. Dziś jest piąty maja a. piątego maja (*nie*: piąty maj). △ Liczba porządkowa dnia i miesiąca w mianowniku dopuszczalna jako nazwa święta: Niech się święci Pierwszy Maj! Wiwat Trzeci Maj!
2. *D.* maju a. maja *reg.* «zielone gałązki; zieleń»

I Maja *m* odm. jak *ż I, DCMs.* Mai, *lm M.* Majowie, *DB.* Majów, zwykle w *lm* «członek indiańskiej grupy etnicznej, mieszkającej głównie w Gwatemali»

II Maja *ż I, DCMs.* Mai «wyspa w Indonezji i rzeka w ZSRR»

majaczyć *ndk VIb,* majaczymy; *rzad.* **majaczeć** *ndk III*; majaczyliśmy, majaczeliśmy (p. akcent § 1a i 2) 1. «ukazywać się niewyraźnie, mgliście»: We mgle majaczą (majaczeją) szczyty gór. 2. tylko: majaczyć «bredzić w gorączce». || *D Kult. I, 303.*

majdać p. majtać.

majdan *m IV* 1. *D.* majdanu *przestarz.* «plac we wsi, w warowni, w obozie wojskowym» 2. *D.* majdanu, *rzad.* majdana *pot.* «czyjeś rzeczy, czyjś bagaż»: Rozłożyć się z całym majdanem. Zwinąć swój majdan.

Majdanek *m III, D.* Majdanka «dzielnica Lublina; hitlerowski obóz koncentracyjny w latach 1941—1944»: Muzeum na Majdanku. Obóz na Majdanku, *rzad.* w Majdanku.

Majer *m IV, lm M.* Majerowie.
Majer *ż ndm* — Majerowa *ż* odm. jak przym. — Majerówna *ż IV, D.* Majerówny, *CMs.* Majerównie (*nie*: Majerównej), *lm D.* Majerówien.

majestat *m IV, D.* majestatu: Majestat gór, śmierci. △ Nie używane w tytułach monarchów, np. Jej Królewska Mość (*nie*: Jej Majestat) królowa Anglii.

majolika (*wym.* majolika, *nie*: majolika, p. akcent § 1c) *ż III.*

major *m IV, lm M.* majorzy a. majorowie (skrót: mjr)

majorat *m IV* 1. *D.* majoratu «majątek dziedziczony w całości przez najstarszego syna lub krewnego; taki sposób dziedziczenia»: Spadkobierca objął majorat. Majątek odziedziczony prawem majoratu. 2. *D.* majorata, *lm M.* majoraci «spadkobierca takiego majątku»

majordom a. **majordomus** *m IV, lm M.* majordomowie (majordomusowie).

Majorka *ż III* «wyspa na Morzu Śródziemnym»: Spędzić urlop na Majorce.

majorowa *ż* odm. jak przym., *W.* majorowo «żona majora»

majster *m IV, D.* majstra, *lm* majstrowie, *rzad.* majstrzy: Majster murarski, zmianowy. □ M. w czym: Być majstrem w swoim rzemiośle. □ M. od czego, do czego a. w czym, zwykle *przen., iron.* a. *żart.*: Majster do wszystkiego. Majster od zawracania głów. Majster do robienia pieniędzy. Majster w oszukiwaniu nauczycieli.

majsterkować *ndk IV,* majsterkowaliśmy (p. akcent § 1a i 2) «najczęściej o młodzieży: wykonywać (z zamiłowaniem) jakąś robotę ręczną lub konstruować coś za pomocą prostych narzędzi»: Majsterkowanie to jego ulubione zajęcie.

majsterstwo *n III, blm; lepiej*: mistrzostwo.

majstersztyk (*wym.* majstersztyk, *nie*: majstersztyk) *m III, D.* majstersztyku (p. akcent § 7).

majsterzenger a. **meistersinger** (*wym.* majster-zenger a. majster-z-inger) *m IV, D.* majsterzengera, meistersingera: Poezja liryczna majsterzengerów.

majstrostwo *n III, DB.* majstrostwa, *Ms.* majstrostwu (*nie*: majstrostwie), *blm* «majster z żoną»

majstrowa *ż* odm. jak przym., *W.* majstrowo.

majstrować *ndk IV,* majstrowaliśmy (p. akcent § 1a i 2) «wykonywać jakąś robotę ręczną domowym sposobem, nie jako fachowiec; manipulować przy czymś»: Majstrował dla dzieci okręciki z kory. △ M. przy czym a. koło czego: Majstrować coś przy maszynie a. koło maszyny.

majtać, *rzad.* **majdać**, *ndk I,* majtaliśmy, majdaliśmy (p. akcent § 1a i 2) — *rzad.* **majtnąć** *dk Va,* majtnąłem (*wym.* majtnołem; *nie*: majtnełem), majtnął (*wym.* majtnoł), majtnęła (*wym.* majtneła; *nie*: majtła), majtnęliśmy (*wym.* majtneliśmy) *pot.* «machać, wywijać, kiwać» △ zwykle w zwrotach: Majtać (majdać) nogami, ogonem.

majtek *m III*, *D.* majtka, *lm M.* majtkowie *wych. z użycia* «członek załogi statku, wykonujący proste roboty; marynarz»

mak *m III*, *D.* maku: Czerwień maku. Najeść się maku. △ Cicho, cisza jak makiem siał, *rzad.* zasiał. Rozbić w drobny, *rzad.* na drobny mak.

makagiga *ż III*, zwykle w *lm*, *D.* makagig: Jeść słodkie makagigi.

Makarenko *m* odm. jak *ż III*: Idee pedagogiczne Makarenki.

makaron (*nie*: makaran) *m IV*, *D.* makaronu.

makaronizm *m IV*, *D.* makaronizmu, *Ms.* makaronizmie (*wym.* ~izmie a. ~iźmie) **1.** zwykle w *lm* «rażące swą obcością wyrazy i wyrażenia zapożyczone (w polskim: zwłaszcza łacińskie) wplecione w tekst w języku rodzimym»: W dialogach „Trylogii" Sienkiewicz użył dla charakterystyki postaci utworu wielu makaronizmów. **2.** «zwyczaj nieumiarkowanego posługiwania się takimi wyrazami i wyrażeniami; makaronizowanie»: Makaronizm był rozpowszechniony w Polsce zwłaszcza w w. XVII. // *D Kult. I, 304.*

Makiawel p. Machiavelli.

makiawelizm (*nie*: machiawelizm) *m IV*, *D.* makiawelizmu, *Ms.* makiawelizmie (*wym.* ~izmie a. ~iźmie), *blm.*

makijaż *m I*, *D.* makijażu, *lm D.* makijaży a. makijażów.

makler *m IV*, *lm M.* maklerzy, *rzad.* maklerowie.

makolągwa *ż IV*, *lm D.* makolągw (*nie*: makolągiew).

Makoszowy *blp*, *D.* Makoszów (*nie*: Makoszowów, Makoszowych), *Ms.* Makoszowach (*nie*: Makoszowych) «osada»

makowiec *m II*, *D.* makowca; *rzad.* **makownik** *m III* w zn. «placek z makiem»

Maków (**Mazowiecki, Podhalański**), Maków *m IV*, *D.* Makowa, *C.* Makowowi (*ale*: ku Makowowi a. ku Makowu), Mazowiecki, Podhalański odm. przym. «miasto» — makowianin *m V*, *D.* makowianina, *lm M.* makowianie, *D.* makowian — makowianka *ż III*, *lm D.* makowianek — makowski.

makrela (*nie*: makrel) *ż I*, *lm D.* makreli a. makrel: Beczki solonych makreli a. makrel (*nie*: solonej makreli). // *D Kult. II, 329.*

makro- «pierwszy człon wyrazów złożonych (pisany łącznie) oznaczający: wielki, duży», np.: makrofauna, makrokosmos.

makroskopijny a. **makroskopowy**: Analiza makroskopowa a. makroskopijna.

maksimum (*wym.* maks-imum, *nie*: maksymum) *n VI*, *lm D.* maksimów: Burza doszła do maksimum. Okazać maksimum dobrej woli.

maksimum *ndm* w użyciu przysłówkowym «najwyżej, najwięcej»: Jest maksimum pięć stopni ciepła.

maksyma (*wym.* maksyma, *nie*: maksyma) *ż IV*: Wygłaszać mądre maksymy. Wziąć coś sobie za maksymę.

maksymalny (*nie*: maksimalny).

Maksymilian *m IV*, *lm M.* Maksymilianowie — Maksymilianostwo *n III*, *DB.* Maksymilianostwa, *Ms.* Maksymilianostwu (*nie*: Maksymilianostwie), *blm*; a. Maksymilianowie *blp*, *D.* Maksymilianów.

makuch *m III*, *D.* makucha a. makuchu.

makutra *ż IV*: Trzeć mak w makutrze.

Malaga *ż III* **1.** «miasto w Hiszpanii»: Port w Maladze. **2.** malaga «gatunek wina»: Kieliszek malagi.

Malaj *m I*, *lm M.* Malaje a. Malajowie, *D.* Malajów «tubylczy mieszkaniec Półwyspu a. Archipelagu Malajskiego»

Malajczyk *m III*, *lm M.* Malajczycy «obywatel Malajów»

Malaje *blp*, *D.* Malajów «państwo na Półwyspie Malajskim (Federacja Malajska)» — Malaj (p.) — Malajczyk (p.) — Malajka *ż III*, *lm D.* Malajek — malajski.

malajski: Języki malajskie (*ale*: Półwysep Malajski).

Malajzja p. Malezja.

Malakka (*nie*: Malaka) *ż III*, *Ms.* Malakce a. (w połączeniu z wyrazami: cieśnina, rzeka) *ndm* «cieśnina między Półwyspem Malajskim a Sumatrą; miasto i rzeka w Malezji»

Malaparte *m*, w *lp* odm. jak przym., *D.* Malapartego, *C.* Malapartemu, *NMs.* Malapartem (*nie*: Malapartym), w *lm* — jak rzecz., *M.* Malapartowie, *DB.* Malapartów: Reportaże Malapartego.

malaria *ż I*, *DCMs.* malarii, *blm*; *środ.* (*med*). zimnica.

malarz *m II*, *lm D.* malarzy.

Malawi *n ndm* «państwo w Afryce»: Malawi pokryte jest lasami i sawannami. — Malawijczyk *m III*, *lm M.* Malawijczycy — Malawijka *ż III*, *lm D.* Malawijek — malawijski.

Malbork (*nie*: Malborg) *m III*, *D.* Malborka «miasto» — malborczyk *m III*, *lm M.* malborczycy — malborka *ż III*, *lm D.* malborek — malborski.

malec *m II*, *D.* malca, *W.* malcze, forma szerząca się: malcu, *lm M.* malcy, *D.* malców (*nie*: malcy).

Malediwy *blp*, *D.* Malediwów a. (w połączeniu z wyrazem: archipelag) *ndm* «archipelag wysp koralowych na Oceanie Indyjskim; niepodległy sułtanat» — malediwski.

Malezja *ż I* «państwo na Półwyspie Malajskim i części wyspy Borneo (dawniej: Malajzja)» — malezyjski.

malgaski: Język malgaski (*ale*: Uniwersytet Malgaski; Republika Malgaska «państwo na Madagaskarze»). *Por.* madagaskarski.

Malgasz *m II*, *lm M.* Malgasze a. Malgaszowie, *D.* Malgaszów «człowiek z grupy etnicznej zamieszkującej Madagaskar» — Malgaszka *ż III*, *lm D.* Malgaszek — malgaski (p.).

Mali *n ndm* «republika w zachodniej Afryce» — Malijczyk *m III*, *lm M.* Malijczycy — Malijka *ż III*, *lm D.* Malijek — malijski.

maliniak

maliniak *m III* **1.** *D.* maliniaka «zarośla malinowe» **2.** *D.* maliniaku «pitny miód na malinach» **3.** *D.* maliniaka, zwykle w *lm* «wielki głaz (w Tatrach)»

malkontent *m IV, lm M.* malkontenci.

malować *ndk IV*, malowaliśmy (p. akcent § 1a i 2) □ M. co (czym): Malować pokój, obraz, paznokcie. Malować usta pomadką. □ M. kogo «portretować» □ M. co (w co): Malować ściany we wzór, w deseń, w kwiatki. □ M. na czym: Malować na szkle, na płótnie. □ M. z czego «malować według jakiegoś wzoru»: Malować z natury, z modelu. △ Malować olejno (*nie*: na olejno): Malowali olejno drzwi i okna. Woli malować olejno niż pastelami. △ Ktoś jak malowany «ktoś bardzo ładny» △ Stać, siedzieć jak malowany «stać, siedzieć bez ruchu, nic nie mówiąc»

Malraux (*wym.* Malro) *m ndm*: Powieści André Malraux.

Malta *ż IV* «państwo i wyspa na Morzu Śródziemnym»: Mieszkać na Malcie (na wyspie). Mieszkać w Malcie (w państwie). — Maltańczyk (p.) — Maltanka *ż III, lm D.* Maltanek — maltański.

Maltańczyk *m III* **1.** *lm D.* Maltańczycy «mieszkaniec Malty» **2.** maltańczyk, *lm D.* maltańczycy «członek zakonu maltańskiego» **3.** maltańczyk, *lm M.* maltańczyki «pies pokojowy»

maltański: Język maltański, *ale*: Cieśnina Maltańska (na Morzu Śródziemnym), Jezioro Maltańskie (pod Poznaniem).

Malthus (*wym.* Maltus) *m IV, D.* Malthusa (p. akcent § 7): Teoria ekonomiczna Malthusa.

maluch *m III, lm M.* te maluchy.

malwersacja (*nie*: malwer-zacja) *ż I, lm D.* malwersacji; in. sprzeniewierzenie.

! Mała Azja p. Azja.

Mała Panew, Mała odm. przym., Panew *ż V, D.* Panwi «rzeka»

*****małe litery** p. litery duże (wielkie) i małe.

Małgorzata *ż IV* — Małgorzatka (p.) — Małgosia *ż I, W.* Małgosiu, *lm D.* Małgoś a. Małgosi.

Małgorzatka *ż III, lm D.* Małgorzatek **1.** zdr. od Małgorzata. **2.** małgorzatka: **a)** «gruszka pewnej odmiany» **b)** «bułka z makiem»

Małkinia *ż I, D.* Małkini «miejscowość» — małkinianin *m V, D.* małkinianina, *lm M.* małkinianie, *D.* małkinian — małkinianka *ż III, lm M.* małkinianek — małkiński.

mało *st. w.* mniej (łączy się z podmiotem w dopełniaczu i z orzeczeniem w *lp*, a w czasie przeszłym w rodzaju nijakim): Mało ludzi idzie, szło (*nie*: idą, szli). Mało spraw było załatwionych (*nie*: było załatwione). □ M. czego (tylko w funkcji podmiotu a. jako dopełnienie czasowników rządzących biernikiem): Mieć mało spraw do załatwienia, *ale*: Mówić o niewielu (*nie*: o mało) sprawach. △ Mało tego (*nie*: mało z tego, mało z tym, mało na tym) «nie dość tego» △ Połączenia przysłówka *mało* z imiesłowami i przy-

miotnikami pisze się rozłącznie, np.: mało wartościowy, mało ważny, mało znany, mało znaczący. **o mało** używane w wyrażeniach: O mało nie..., o mało co (nie)... (w zdaniach z przeczeniem a. z trybem warunkowym): Z wrażenia o mało nie upuścił tacy. O mało co byłby się przewrócił.

mało- «pisana łącznie pierwsza część wyrazów złożonych»: **a)** «których podstawą jest połączenie przymiotnika *mały* z rzeczownikiem», np.: małoduszny (od: mała dusza), małomiasteczkowy (od: małe miasteczko) **b)** «których podstawą jest połączenie wyrazu *mało* z rzeczownikiem», np.: małoletni (od: mało lat), małorolny (od: mało roli).

Małogoszcz *m II, D.* Małogoszcza «miejscowość» — małogoski.

małokaloryczny (*lepiej* niż: niskokaloryczny): Potrawy małokaloryczne.

małolatek *m III, D.* małolatka, *lm M.* małolatki.

Małolepszy *m* odm. jak przym., *lm M.* Małolepsi, *rzad.* Małolepszowie.

Małolepsza *ż* odm. jak przym., *rzad.* Małolepszy *ż ndm*: Ożenił się z Zofią Małolepszą (*rzad.* z Zofią Małolepszy). — Małolepszowa *ż* odm. jak przym., *D.* Małolepszowej — Małolepszówna *ż IV, D.* Małolepszówny, *CMs.* Małolepszównie (*nie*: Małolepszównej), *lm D.* Małolepszówien; *rzad.* Małolepszanka *ż III, lm D.* Małolepszanek.

małoletni (*nie*: małoletny) *m-os.* małoletni; in. nieletni: Małoletni przestępca.
małoletni w użyciu rzeczownikowym: Sąd dla małoletnich.

małomieszczański p. drobnomieszczański.

małomówny (*nie*: małomowny; *ale*: mowny, rozmowny, wymowny) *m-os.* małomówni: Był z natury małomówny.

Małopolska *ż III* «dzielnica» — Małopolanin *m V, D.* Małopolanina, *lm M.* Małopolanie, *D.* Małopolan — Małopolanka *ż III, lm D.* Małopolanek — małopolski.

małopolski: Gwary małopolskie (*ale*: Wyżyna Małopolska).

małoruski *przestarz.* «ukraiński» — zachowane w niektórych wyrażeniach, np. Barszcz małoruski (a. ukraiński).

mały *m-os.* mali, *st. w.* mniejszy △ Pisać coś małą literą (*nie*: z małej litery). △ *pot.* O mały włos «o mało co, o włos»: O mały włos nie wpadł w wodę. △ *książk.* Człowiek małego serca, ducha «człowiek niezdolny do szlachetnych porywów, bojaźliwy, tracący łatwo otuchę» △ *książk.* Człowiek małej wiary «człowiek nie mający dostatecznej wiary, ufności w Boga» △ *pot. reg.* Mała mila, mały kwadrans, mała godzina «mniej niż mila, kwadrans, godzina»
mały, mała, małe w użyciu rzeczownikowym: Od małego (*nie*: od małego dziecka, chłopca, od małej dziewczynki). △ Poprzestać, poprzestawać na małym «żyć skromnie»
bez mała «prawie, nieomal»: Bez mała całe życie spędził na wsi. *Por.* mniejszy.

Mały *m* odm. jak przym., *lm M.* Mali, *rzad.* Małowie «nazwisko»

Mała *ż* odm. jak przym., *rzad.* Mały *ż ndm*: Spotkał się z Marią Małą (*rzad.* z Marią Mały). — Małowa (*nie*: Malina) *ż* odm. jak przym. — Małówna *ż IV*, *D.* Małówny, *CMs.* Małównie (*nie*: Małównej), *lm D.* Małówien.

małż (*nie*: małża) *m II, lm D.* małży a. małżów.

*małżeńskich par nazwy p.: imiona (punkt III), nazwy par małżeńskich.

małżeństwo *n III* 1. «związek prawny kobiety i mężczyzny»: Zawrzeć małżeństwo. Unieważnić małżeństwo. 2. «mąż i żona»: Małżeństwo żyło zgodnie.

małżonek *m III, D.* małżonka, *lm M.* małżonkowie 1. «mąż (zwykle w zwrotach konwencjonalnie uprzejmych)»: W bankiecie wzięła udział znana aktorka pani X. wraz z małżonkiem. Jak się czuje pani małżonek? △ W odniesieniu do własnego męża wyrazu *małżonek* używa się tylko żartobliwie lub ironicznie. 2. tylko w *lm* «para małżeńska (używane zwykle w tekstach prawniczych)»: Jedno z małżonków objęło prawną opiekę nad dziećmi. || *D Kult.* II, 63.

małżonka *ż III, lm D.* małżonek «żona»: Do Warszawy przybył premier Włoch wraz z małżonką. △ Co do zakresu użycia p. małżonek.

Mamaia (*wym.* Mamaja) *ż I, D.* Mamai «kąpielisko morskie w Rumunii»: Plaża w Mamai.

mameluk *m III, lm M.* mamelucy, *rzad.* mamelukowie a. mameluki.

mamić (*nie*: manić) *ndk VIa*, mamię, mam (*nie*: mamij), mamiliśmy (p. akcent § 1a i 2): Mamił go obietnicami.

mamin, maminy *rzad.* (dziś w tym zn. używa się zwykle *D. lp*: mamy): Mamin pokój. Mamine rękawiczki.

Mamin-Sibiriak (*wym.* Mamin-S-ibirjak), Mamin *m IV, D.* Mamina (*nie*: Mamina, p. akcent § 7), Sibiriak *m III, D.* Sibiriaka: Twórczość Mamina-Sibiriaka.

maminsynek *m III, D.* maminsynka, *lm M.* te maminsynki, *rzad.* ci maminsynkowie: Był delikatny, płaczliwy — typowy maminsynek.

mamlać a. mamleć *ndk IX*, mamlę, mamlaj, mamlaliśmy (p. akcent § 1a i 2).

mamotrept, *rzad.* mamotrekt *m IV, D.* mamotreptu (mamotrektu).

mamrotać *ndk IX*, mamroczę, *przestarz.* mamrocę; mamrotaliśmy (p. akcent § 1a i 2).

Mamry *blp, D.* Mamr «jezioro na Mazurach» — nadmamrzański.

mamuci a. mamutowy przym. od mamut: Drzewo mamutowe (mamucie), in. mamutowiec.

manager p.: menażer, menedżer.

manatki *blp, D.* manatków *pot.* «drobiazgi osobiste, pakunki, bagaż podręczny»

Manchester (*wym.* Menczester) *m IV, D.* Manchesteru (*wym.* Menczesteru, p. akcent § 7) «miasto w Wielkiej Brytanii» — manchesterski.

manchesterski (*wym.* menczesterski): Przemysł manchesterski (*ale*: Kanał Manchesterski).

manczester (*wym.* manczester) *m IV, D.* manczestru a. manczesteru (p. akcent § 7) «rodzaj welwetu»

manczestrowy: Kurtka manczestrowa.

mandaryn *m IV, lm M.* mandaryni (*nie*: mandarynowie).

mandat *m IV, D.* mandatu 1. w zn. «pełnomocnictwo do pełnienia jakiegoś urzędu obywatelskiego; miejsce poselskie w parlamencie»: Mandat poselski. Udzielić mandatu. Odebrać mandat. Partia republikańska zdobyła wiele mandatów. 2. w zn. «nakaz zapłacenia grzywny»: Mandat karny. Ukarać kogoś mandatem. Nałożyć na kogoś mandat.

mandatariusz *m II, lm D.* mandatariuszy, *rzad.* mandatariuszów.

mandryl *m I, lm D.* mandryli, *rzad.* mandrylów.

Mandżuria (nie *wym.* Mand-żuria) *ż I, DCMs.* Mandżurii «kraina historyczna (część Chin)» — Mandżur *m IV, lm M.* Mandżurowie — Mandżurka *ż III, lm D.* Mandżurek — mandżurski.

mandżurski: Język mandżurski (*ale*: Nizina Mandżurska).

manele *blp, D.* maneli *pot.* «rzeczy, drobiazgi osobiste, pakunki; manatki»

Manet (*wym.* Mane) *m IV, D.* Maneta (*wym.* Maneta, p. akcent § 7), *Ms.* Manecie a. (z odmienianym imieniem) *ndm*: Odczyt o Manecie. Malarstwo Maneta (Edwarda Manet).

manewr *m IV, D.* manewru, *lm M.* manewry (*nie*: manewra), *D.* manewrów (*nie*: manewr) 1. «zręczne posunięcie, ruch, zwrot» □ M. czym a. z czym: Manewr karabinem (z karabinem). 2. tylko w *lm* «ćwiczenia wojskowe w terenie»: Manewry jesienne.

manewrować *ndk IV*, manewrowaliśmy (p. akcent § 1a i 2) □ M. czym «wykonywać manewry, ruchy, zwroty»: Manewrować łodzią, lokomotywą. □ M. koło czego a. przy czym «poruszać, manipulować czymś»: Manewrował coś przy radiu.

maneż *m II, D.* maneżu a. maneża, *lm M.* maneże, *D.* maneży 1. *lepiej*: ujeżdżalnia. 2. *przestarz.* «kierat»

mango *n ndm* 1. in. drzewo mangowe, mangowiec: Mango uprawiane jest w Indii. 2. «owoc tego drzewa»: Sok z mango.

mangowiec *m II, D.* mangowca; in. mango, drzewo mangowe.

mangowy △ Drzewo mangowe, in. mango, mangowiec.

mangrowe *blp ndm*, in. namorzyny.

Manhattan (*wym.* Manhatan) *m IV, D.* Manhattanu (p. akcent § 7) a. (z wyrazem: dzielnica) *ndm* «dzielnica Nowego Jorku»: Mieszkać na Manhattanie (w dzielnicy Manhattan).

mania (*wym.* mańja) *ż I, DCMs.* i *lm D.* manii: Mania prześladowcza. Mania zbierania znaczków.

Mania *ż I, D.* Mani, *W.* Maniu, *lm M.* Manie zdr. od Maria.

maniacki

maniacki (*wym.* mańjacki) «właściwy maniakowi, dotyczący maniaka»: Upór maniacki.

maniakalny (*wym.* mańjakalny) «właściwy manii, dotyczący manii, mający charakter manii»: Psychoza maniakalna.

manicure p. manikiur.

manierysta a. **manierzysta** *m* odm. jak *ż IV*, *lm M.* manieryści (manierzyści), *DB.* manierystów (manierzystów).

manifest *m IV*, *D.* manifestu: Wydać manifest. △ W nazwach dużą literą: Manifest PKWN a. Manifest lipcowy; Manifest komunistyczny.

manifestować *ndk IV*, manifestowaliśmy (p. akcent § 1a i 2) **1.** «wyrażać swoje przekonania i uczucia publicznie, w formie manifestacji»: Ludność katolicka Irlandii Północnej manifestowała na ulicach miasta. □ M. za czym: Tłumy mieszkańców stolicy manifestowały za pokojem. □ M. przeciw czemu: Manifestować przeciw wojnie. **2.** — **zamanifestować** *dk* «okazywać, wyrażać» □ M. co: Manifestować swoją niechęć, sympatię do kogoś, pogardę dla kogoś.

manikiur (*wym.* manikiur a. manikiur) *m IV*, *D.* manikiuru (p. akcent § 7): Zrobić sobie manikiur.

manikiurzystka *ż III*, *lm D.* manikiurzystek: Pracowała jako manikiurzystka.

Manila (*nie:* Manilia, Manilla) *ż I* **1.** «miasto na Wyspach Filipińskich» **2.** manila «włókno z liści banana» — manilski.

manilowy «dotyczący manili; manilski»: Włókno, konopie, liny manilowe.

manilski 1. przym. od Manila: Banan manilski (*ale:* Zatoka Manilska) **2.** p. manilowy.

maniok (*wym.* mańjok) *m III*, *D.* manioku.

manipulować *ndk IV*, manipulowaliśmy (p. akcent § 1a i 2) □ M. czym «posługiwać się czymś; wykonywać za pomocą rąk jakąś czynność»: Manipulować jakimś narzędziem, kluczykiem. □ M. przy czym, koło czego: Manipulować przy samochodzie, koło samochodu.

mankament *m IV*, *D.* mankamentu, *częściej* w *lm*, *M.* mankamenty (*nie:* mankamenta); *lepiej:* niedociągnięcia, braki.

mankiet *m IV*, *D.* mankietu, *lm M.* mankiety (*nie:* mankieta).

manko *n II*, *lm D.* mank.

Mann (*wym.* Man) *m IV*, *D.* Manna (*wym.* Mana), *lm M.* Mannowie: Powieści obydwu Mannów są tłumaczone na polski. || D Kult. I, 697.

manna *ż IV* (*nie:* odm. jak przym.), *D.* manny, *CMs.* mannie (*nie:* mannej): Kilo manny a. kaszy manny (*nie:* kaszy mannej).

I Mannheim (*wym.* Manhajm) *m IV*, *D.* Mannheima (*wym.* Manhajma, p. akcent § 7): Koncepcje socjologiczne Mannheima.

II Mannheim (*wym.* Manhajm) *m IV*, *D.* Mannheimu (*wym.* Manhajmu, p. akcent § 7) «miasto w NRF»: Pałac w Mannheimie. — mannheimczyk (*wym.* manhajmczyk) *m III*, *lm M.* mannheimczycy — mannheimka (*wym.* manhajmka) *ż III*, *lm D.* mannheimek — mannheimski (*wym.* manhajmski).

manometr *m IV*, *D.* manometru a. manometra.

manowiec *m II*, *D.* manowca, *lm D.* manowców (*nie:* manowcy), zwykle w *lm*: Błądzili po manowcach.

manszet *m IV*, *D.* manszetu *reg.* «mankiet»

Manteuffel (*wym.* Mantojfel) *m I*, *D.* Manteuffla, *lm M.* Manteufflowie, *D.* Manteufflów: Odwiedził rodzinę Manteufflów. Manteuffel *ż ndm* — Manteufflowa *ż* odm. jak przym. — Manteufflówna *ż IV*, *D.* Manteufflówny, *CMs.* Manteufflównie (*nie:* Manteufflównej), *lm D.* Manteufflówien.

manto *n III* △ używane tylko w *posp.* zwrotach: Sprawić, spuścić komuś manto «zbić kogo, sprawić lanie»: Dawno nie sprawili mu takiego manta.

Mantua (*wym.* Mantu-a, *nie:* Mantua) *ż I*, *DCMs.* Mantui «miasto we Włoszech» — mantuańczyk *m III*, *lm M.* mantuańczycy — mantuanka *ż III*, *lm D.* mantuanek — mantuański.

mantyka *ż* a. *m* odm. jak *ż III*, *M.* ten a. ta mantyka (także o mężczyznach), *lm M.* te mantyki, *D.* mantyków (tylko o mężczyznach) a. mantyk, *B.* tych mantyków (tylko o mężczyznach) a. te mantyki.

manuskrypt *m IV*, *D.* manuskryptu, *lm M.* manuskrypty (*nie:* manuskrypta) *książk.*, *wych. z użycia* «rękopis»

mańka *ż III*, *lm D.* maniek *przestarz.* «lewa ręka» — dziś tylko w *wych. z użycia* wyrażeniu: Zażyć kogoś z mańki «podejść, oszukać»

mańkut *m IV*, *lm M.* ci mańkuci a. (z zabarwieniem ujemnym) te mańkuty.

maoizm *m IV*, *D.* maoizmu, *Ms.* maoizmie (*wym.* ~izmie a. ~iźmie), *blm.*

Maorys *m IV*, *lm M.* Maorysi; a. **Maori** *m ndm* «mieszkaniec Nowej Zelandii» — Maoryska *ż III*, *lm D.* Maorysek — maoryski.

Mao Tse-tung (*wym.* Mao Tse-tung) *m III* (odm. tylko ostatni człon), *D.* Mao Tse-tunga (p. akcent § 7).

mar. «skrót wyrazu: *marynarz*, pisany z kropką, stawiany zwykle przed nazwiskiem lub przed imieniem i nazwiskiem, czytany jako cały, odmieniany wyraz»: Mar. Stasiak; st. mar. (*czyt.* starszy marynarz) Jan Stasiak.

Marat (*wym.* Mara) *m IV*, *D.* Marata (*wym.* Marata, p. akcent § 7), *Ms.* Maracie: Śmierć Marata na obrazie Dawida.

Maraton *m IV*, *D.* Maratonu **1.** «w starożytności — miejscowość w Attyce» **2.** maraton a) «najdłuższy bieg lekkoatletyczny na dystansie 42,195 km; bieg maratoński» b) «najdłuższy dystans w danej dyscyplinie sportu, np. w szybownictwie» — maratoński.

maratoński: Pole maratońskie. △ Bieg maratoński p. maraton (w zn. 2a).

Marburg *m III*, *D.* Marburga «miasto w NRF»: Muzeum w Marburgu. — marburczyk *m III*, *lm M.*

marburczycy — marburka *ż III*, *lm D*. marburek — marburski (*nie*: marburgski).

Marceli (*nie*: Marcel) *m odm. jak przym.*, *lm M*. Marcelowie — Marcelek *m III*, *D*. Marcelka, *lm M*. Marcelkowie — Marcelostwo *n III*, *DB*. Marcelostwa, *Ms*. Marcelostwu (*nie*:· Marcelostwie), *blm*; a. Marcelowie *blp*, *D*. Marcelich — Marcelina *ż IV*, Marcelinka *ż III*, *lm D*. Marcelinek.

marcepan *m IV*, *D*. marcepana △ Obejdzie się (cygańskie, psie wesele) bez marcepanów «i bez tego się obejdzie; bez łaski»

marchia *ż I*, *DCMs*. i *lm D*. marchii; in. margrabstwo.

Marchołt *m IV*, *lm M*. Marchołty «postać z literatury średniowiecznej»

Marcin *m IV*, *lm M*. Marcinowie — Marcinek (p.) — Marcinostwo *n III*, *DB*. Marcinostwa, *Ms*. Marcinostwu (*nie*: Marcinostwie), *blm*; a. Marcinowie *blp*, *D*. Marcinów.

Marcinek *m III*, *D*. Marcinka 1. *lm M*. Marcinkowie, zdr. od Marcin.
2. marcinek, *lm M*. marcinki, zwykle w *lm* «gatunek astrów»

Marconi (*wym*. Markoni) *m odm. jak przym.*, *lm M*. Marconiowie, *D*. Marconich: Wynalazek Marconiego. Utalentowana rodzina Marconich.

marcypan *m IV przestarz*. «marcepan»

Marek *m III*, *D*. Marka, *lm M*. Markowie △ Nocny Marek, *lm M*. nocne Marki «człowiek, który chodzi późno spać» △ Tłuc się jak Marek po piekle «hałasować po nocy; chodzić bez celu pod wpływem podniecenia» — Mareczek *m III*, *D*. Mareczka, *lm M*. Mareczkowie — Markostwo *n III*, *DB*. Markostwa, *Ms*. Markostwu (*nie*: Markostwie), *blm*; a. Markowie *blp*, *D*. Marków.

Marengo *n ndm* 1. «przedmieście Aleksandrii (Włochy)»
2. marengo «kolor czarny tkaniny, przerabianej białą nitką»: Nosił ubranie marengo.

margerytka (*wym. przestarz*. margierytka; *nie*: margarytka) *ż III*, *lm D*. margerytek; in. złocień.

margiel *m I*, *D*. marglu, *lm D*. margli.

marginalia *blp*, *D*. marginaliów (*nie*: marginalii).

marginesowy 1. *rzad*. marginalny «umieszczony na marginesie»: Marginesowa zapiska. 2. a. marginalny «uboczny, mniej istotny»: Zjawisko marginesowe (marginalne).

marglisty a. **marglowy**: Gleby margliste (marglowe).

margr. «skrót wyrazu: *margrabia*, pisany z kropką, stawiany zwykle przed nazwiskiem lub przed imieniem i nazwiskiem, czytany jako cały, odmieniany wyraz»: Margr. Stanisław Laskowski. Dobra margr. (*czyt*. margrabiego) Laskowskiego.

margrabia *m odm. w lp jak przym.*, *rzad*. jak *ż I*, *D*. margrabiego, *rzad*. margrabiemu, *C*. margrabiemu, *rzad*. margrabi, *B*. margrabiego, *rzad*. margrabię, *W*. margrabio, *N*. margrabią, *Ms*. margrabi, *rzad*. margrabim, *lm MW*. margrabiowie, *DB*. margrabiów, *C*. margrabiom, *N*. margrabiami, *Ms*. margrabiach (skrót: margr.).

Maria *ż I*, *DCMs*. Marii — Maryla *ż I*, *W*. Marylu, *wych. z użycia* Marylo — Marysia *ż I*, *W*. Marysiu — Marysieńka *ż III*, *lm D*. Marysieniek — Mania *ż I*, *W*. Maniu — Mańka *ż III*, *lm D*. Maniek. // U Pol. (2), 596.

mariacki «dotyczący kościoła Najświętszej Marii Panny: Wieża mariacka, ołtarz mariacki (*ale*: Kościół Mariacki).

Marian *m IV*, *lm M*. Marianowie — Marianek *m III*, *D*. Marianka, *lm M*. Mariankowie — Maryś *m I*, *lm M*. Marysiowie — Marianostwo *n III*, *DB*. Marianostwa, *Ms*. Marianostwu (*nie*: Marianostwie), *blm*; a. Marianowie *blp*, *D*. Marianów.

Marianna *ż IV*, *lm D*. Mariann.

Mariany *blp*, *D*. Marianów «wyspy na Pacyfiku; Wyspy Mariańskie» — mariański (p.).

mariański 1. przym. od Mariany: Roślinność mariańska (*ale*: Rów Mariański, Wyspy Mariańskie). 2. «dotyczący kultu Matki Boskiej»: Sodalis mariański. △ W nazwach dużą literą: Sodalicja Mariańska.

mariasz *m II*, *D*. mariasza, *lm D*. mariaszy a. mariaszów 1. «król i dama tego samego koloru w ręku jednego z partnerów» 2. *B*. mariasza «dawna gra w karty»: Grać w mariasza.

mariaż *m II*, *D*. mariażu, *lm D*. mariaży a. mariażów *przestarz*., dziś *żart*. lub *iron*. «poślubienie kogoś, małżeństwo»

Marica (*nie*: Marika) *ż II* «rzeka na Półwyspie Bałkańskim»

mariensztacki: Przekupki mariensztackie (*ale*: Rynek Mariensztacki).

Mariensztat (*wym*. Mariensztat) *m IV*, *D*. Mariensztatu (p. akcent § 7) «osiedle w Warszawie»: Mieszkać na Mariensztacie. — mariensztacki (p.).

marihuana (*wym*. marihu-ana) *ż IV*, *blm* «rodzaj narkotyku»

Maritain (*wym*. Maritę) *m IV*, *D*. Maritaina (*wym*. Maritena, p. akcent § 7) a. (z odmienianym imieniem) *ndm*: Idee personalizmu Maritaina (Jakuba Maritain).

Marivaux (*wym*. Mariwo) *m ndm*: Komedie Marivaux.

Marki *blp*, *D*. Marek «miejscowość podwarszawska»

markiz *m IV*, *lm M*. markizowie (*nie*: markizi).

Markizy *blp*, *D*. Markizów a. (w połączeniu z wyrazem: archipelag) *ndm* «archipelag w Polinezji Francuskiej»: Markizy zostały odkryte w XVI w. Przebywać na Markizach (na archipelagu Markizy).

markotnie a. **markotno** *wych. z użycia* «smutno»: Zrobiło mu się markotnie (markotno).

Marks *m IV*, *D*. Marksa, *lm M*. Marksowie: Dzieła Karola Marksa.

marksista *m odm. jak ż IV*, *lm M*. marksiści, *DB*. marksistów.

marksistowski *m-os.* marksistowscy «dotyczący marksizmu, zgodny z jego założeniami»: Filozofia, teoria marksistowska. Poglądy marksistowskie. Szkolenie marksistowskie. △ marksistowsko-leninowski «zgodny z założeniami marksizmu-leninizmu» // *D Kult.* I, 522. *Por.* marksowski.

marksizm *m IV, D.* marksizmu, *Ms.* marksizmie (*wym.* ~izmie a. ~iźmie), *blm.*

marksizm-leninizm (odmieniają się oba człony złożenia) *m IV, D.* marksizmu-leninizmu, *Ms.* marksizmie-leninizmie (*wym.* ~izmie a. ~iźmie).

marksowski przym. od Marks «dotyczący poglądów Marksa»: Marksowska nauka o prawach społecznego rozwoju. *Por.* marksistowski.

Marlowe (*wym.* Mar-lou) *m IV, D.* Marlowe'a (*wym.* Marloua, p. akcent § 7), *Ms.* Marlowe a. (z odmienianym imieniem) *ndm*: Dramaty Marlowe'a. Mieć odczyt o Marlowe (o Krzysztofie Marlowe).

Marmara *ndm* «wyspa i archipelag w północno--wschodniej części Morza Śródziemnego (używane zwykle w połączeniach z wyrazami: wyspa, wyspy, morze)»: Wyspy Marmara leżą na Morzu Śródziemnym. △ Morze Marmara «część Morza Śródziemnego między Półwyspem Bałkańskim a Azją Mniejszą»

marmolada (*nie*: marmelada) *ż IV*: Marmolada z jabłek, ze śliwek a. jabłeczna, śliwkowa. // *D Kult.* I, 776, *D Kult.* II, 330.

Marna *ż IV, D.* Marny «rzeka we Francji»: Bitwa nad Marną. △ Kanał Marny a. Kanał Marna-Saona.

marnotrawca *m* odm. jak *ż II, lm M.* marnotrawcy, *DB.* marnotrawców: Był lekkomyślnym marnotrawcą.

marnotrawić *ndk VIa,* marnotrawiliśmy (p. akcent § 1a i 2) — **zmarnotrawić** *dk, książk.* «marnować, trwonić» — używane zwykle w zwrotach: Marnotrawić czas, pieniądze.

marny *m-os.* marni, *st. w.* marniejszy «lichy, nędzny, mało wart»: Marny dom, las. Marna gospodarka, gospodyni. Marni ludzie. Marne życie, zdrowie, jedzenie. △ *pot.* Nie powiedzieć marnego słowa «nie robić wymówek, nie mówić przykrych słów» △ *pot.* Marny czyj widok «źle z kimś, grozi komuś coś złego» △ Iść na marne «marnować się, przepadać»: Cały trud pójdzie, poszedł na marne.

Maroko (*nie*: Marokko) *n II* «kraj w północno-zachodniej Afryce» — Marokańczyk *m III, lm M.* Marokańczycy — Marokanka *ż III, lm D.* Marokanek — marokański.

Marrakesz *m II, D.* Marrakeszu «miasto w Maroku» — marrakeszanin *m V, D.* marrakeszanina, *lm M.* marrakeszanie, *D.* marrakeszan — marrakeszanka *ż III, lm D.* marrakeszanek — marrakeszański a. marrakeszeński.

Mars *m IV, DB.* Marsa 1. «rzymski bóg wojny» 2. «planeta»: Podróż na Marsa.
3. **mars** «ściągnięte brwi jako wyraz niezadowolenia, zasępienia; groźny, ponury wyraz twarzy»: Chodził z marsem na czole. Mieć marsa na czole. Zrobić marsa.

Marshall (*wym.* Marszal) *m I, D.* Marshalla (*wym.* Marszala, p. akcent § 7), *lm M.* Marshallowie: Plan Marshalla. △ Wyspy Marshalla «archipelag na Pacyfiku»

Marsjanin *m V, D.* Marsjanina, *lm M.* Marsjanie, *D.* Marsjan (*nie*: Marsjanów) «domniemany mieszkaniec Marsa» — Marsjanka *ż III, lm D.* Marsjanek — marsjański.

marsjański przym. od Mars — planeta: Krajobraz marsjański.

marsowy 1. przym. od Mars — bóg △ Pole Marsowe. 2. przym. od mars: Marsowa mina.

Marsylia *ż I, DCMs.* Marsylii «miasto we Francji» — marsylczyk *m III, lm M.* marsylczycy — marsylka *ż III, lm D.* marsylek a. marsylianka (p.) — marsylski.

marsylianka *ż III, lm D.* marsylianek 1. «mieszkanka Marsylii»
2. Marsylianka «francuski hymn narodowy, pierwotnie pieśń Wielkiej Rewolucji Francuskiej»

marsz *m II, lm D.* marszów (*reg.* marszy) 1. *D.* marszu «równomierny krok, chód, maszerowanie»: Forsowny, długi marsz. Szli równym marszem. △ Naprzód marsz! Biegiem marsz! (komendy).
2. *DB.* marsza «utwór muzyczny w takcie parzystym, utrzymujący rytm kroku»: Marsz pogrzebowy, żałobny. Grać marsza.

marsz. «skrót wyrazu: *marszałek*, pisany z kropką, stawiany zwykle przed nazwiskiem lub przed imieniem i nazwiskiem, czytany jako cały, odmieniany wyraz»: Rozkaz marsz. (*czyt.* marszałka) Koniewa.

marszałek *m III, D.* marszałka (skrót: marsz.): Marszałek Polski, marszałek Związku Radzieckiego, marszałek sejmu. △ *hist.* Marszałek dworu. Marszałek wielki koronny, polny, litewski. Marszałek konfederacji, marszałek trybunału. // *D Kult.* I, 427.

marszałkostwo (*nie*: marszałkowstwo) *n III* 1. *Ms.* marszałkostwie «urząd, stanowisko marszałka»: Piastować marszałkostwo. 2. *DB.* marszałkostwa, *Ms.* marszałkostwu (*nie*: marszałkostwie), *blm* «marszałek z żoną»

marszałkowa *ż* odm. jak przym., *W.* marszałkowo.

marszobieg *m IV, D.* marszobiegu «ćwiczenie będące połączeniem marszu i biegu» // *KJP 102.*

marten (*nie*: martyn) *m IV, D.* martena; a. **marteniak** (*nie*: martyniak) *m III pot. środ.* «piec martenowski» // *U Pol. (1), 456.*

martenowski (*nie*: martynowski, martinowski): Piec martenowski. Stal martenowska. // *U Pol. (1), 455.*

Martin (*wym.* Martę) *ndm* a. *m IV, D.* Martina (*wym.* Martena, p. akcent § 7): Sposób otrzymywania stali opracowany przez Martina.

Martin du Gard (*wym.* Martę dü Gar), Martin *ndm,* du Gard *m IV, D.* du Garda (*wym.* dü Garda) a. (z odmienianym imieniem) *ndm*: Powieści Martin du Garda a. Rogera (*wym.* Rożera) Martin du Gard.

martwica *ż II,* w zn. *med.* zwykle *blm*: Martwica kości, skóry, wątroby itp.

martwiczy a. **martwicowy** przym. od martwica: Ogniska martwicze (martwicowe). Zmiany martwicze (martwicowe). || *KJP 89.*

martwić *ndk VIa,* martwimy, martw (*nie:* martwij), martwiliśmy (p. akcent § 1a i 2) — **zmartwić** *dk:* Martwił wszystkich swoim uporem.

martwić się □ M. się czym (*nie:* z czego) «smucić się czymś (tym, co jest lub tym, co się stało)»: Martwiła się chorobą brata. □ M. się o kogo, o co (*nie:* na co) «niepokoić się o kogoś, o coś (o to, co nastąpi lub może nastąpić)»: Martwić się o przyszłość, o zbliżające się wakacje. Martwili się o starego ojca. a. △ Nie martwić się o coś «nie troszczyć się» || *D Kult. I, 358.*

martwieć *ndk III,* martwieje, martwiej, martwiał, martwieli, martwieliśmy (p. akcent § 1a i 2) — **zmartwieć** *dk rzad.* «obumierać, drętwieć»: Palce, kończyny martwieją. Martwieć z zimna, z mrozu.

martwota *ż IV, blm* «brak objawów życia»: Martwota śmierci. Dookoła martwota i cisza.

Martynika *ż III* «wyspa na Morzu Karaibskim»: Mieszkać na Martynice. Jechać na Martynikę. — Martynikanin *m V, D.* Martynikanina, *lm M.* Martynikanie, *D.* Martynikan — Martynikanka *ż III, lm D.* Martynikanek — martynikański.

martyrologia *ż I, DCMs* i *lm D.* martyrologii: Martyrologia więźniów w obozach koncentracyjnych. Dzieje martyrologii narodowej, powstańczej, więziennej. || *D Kult. I, 442.*

maruda *ż* a. *m* odm. jak *ż IV, M.* ten a. ta maruda (także o mężczyznach), *lm M.* te marudy, *D.* tych marudów (tylko o mężczyznach) a. marud, *B.* tych marudów (tylko o mężczyznach) a. te marudy.

maruder (*nie:* maroder) *m IV, lm M.* ci maruderzy a. te marudery, *rzad.* ci maruderowie.

marudzić *ndk VIa,* marudzę, marudzimy, marudziliśmy (p. akcent § 1a i 2) □ *pot.* M. bez dop. a. z czym «zwlekać; guzdrać się»: Byliśmy gotowi do drogi i tylko czekaliśmy na marudzącego Jacka. Marudzić z wyjściem. □ *pot.* M. bez dop. a. o co «kaprysić, grymasić, nudzić»: Była chora i marudziła.

mary *blp, D.* mar *książk.* «nosze pogrzebowe; katafalk»: W kaplicy stało dwoje mar (*nie:* dwie mary). Leżeć na marach.

Maryja *ż I, DCMs.* Maryi «dawna forma imienia: Maria; dziś tylko o Matce Boskiej»

Maryjczyk *m III, lm M.* Maryjczycy (*daw.* Czeremis) — Maryjka *ż III, lm D.* Maryjek — maryjski (p.).

maryjny «poświęcony Marii — matce Chrystusa, wiążący się z jej kultem»: Pieśni maryjne.

maryjski △ Maryjska ASRR «republika autonomiczna w ZSRR»

marymoncki: Sklepy marymonckie. △ *wych. z użycia* Delikacik, paniczyk z marymonckiej mąki «pieszczoch, maminsynek»

Marymont *m IV, D.* Marymontu «dzielnica Warszawy»: Jechać na Marymont. Mieszkać na Marymoncie. — marymoncki (p.).

marynarka *ż III* 1. *lm D.* marynarek «część męskiego garnituru»: Marynarka sportowa, wizytowa. Chodzić w marynarce, bez marynarki. **2.** zwykle *blm* «flota»: Marynarka handlowa, wojenna. Służyć w marynarce. Wstąpić do marynarki.

marynarski «odnoszący się do marynarza a. marynarki — floty»: Służba marynarska. Ubranie marynarskie. Kołnierz marynarski.

marynarz *m II, lm D.* marynarzy (skrót: mar.).

marynować *ndk IV,* marynowaliśmy (p. akcent § 1a i 2), często w imiesł. biernym: marynowany (także w zn. *dk*) — **zamarynować** *dk:* Marynować grzyby, jarzyny, ryby. Śledź marynowany. Rydze marynowane.

marzec *m II, D.* marca «trzeci miesiąc roku, w datach pisany słowami, cyframi arabskimi (z kropką) lub rzymskimi»: 15 marca 1969 r., 15.3.1969 r., 15.III.1969 r. a. 15 III 1969 r. △ Na pytanie: kiedy? — nazwa miesiąca zawsze w dopełniaczu, nazwa dnia — w dopełniaczu a. (z przyimkami *przed, po*) — w narzędniku, np.: Przyjechał ósmego marca. Przed ósmym marca (*nie:* przed ósmym marcem). △ Na pytanie: który jest (lub był) dzień? — liczba porządkowa dnia w mianowniku a. w dopełniaczu, nazwa miesiąca w dopełniaczu: Ósmy marca (*nie:* ósmy marzec) był dniem uroczystym. Dziś jest ósmy marca a. ósmego marca (*nie:* ósmy marzec).

Marzec *m II, D.* Marca (*nie:* Marzeca), *lm M.* Marcowie.
Marzec *ż ndm* — Marcowa (*nie:* Marzecowa) *ż* odm. jak przym. — Marcówna *ż IV, D.* Marcówny, *CMs.* Marcównie (*nie:* Marcównej), *lm D.* Marcówien. || *D Kult. I, 674.*

Marzena (*nie:* Marzenna) *ż IV* — Marzenka *ż III, lm D.* Marzenek.

marzenie *n I:* Zatopić się, pogrążyć się w marzeniach, *rzad.* w marzenia. □ M. o kim, o czym: Marzenia o wyższych studiach, o szczęściu, o sławie.

marzłość (*wym.* mar-złość) *ż V:* Wieczna marzłość, *in.* zmarzlina.

marznąć (*wym.* mar-znąć) *ndk Vc,* marznie (*wym.* mar-znie a. mar-źnie), marzł (*wym.* mar-zł), *rzad.* marznął (*wym.* mar-znoł); marzła, marzliśmy (*wym.* mar-zliśmy, p. akcent § 1a i 2): Błoto marznie. Ręce marzną. Pada marznący deszcz. □ M. z czego: Marznąć z niewyspania. *Ale:* Marznąć od mrozu (*nie:* z mrozu).

marzyć *ndk VIb,* marzyliśmy (p. akcent § 1a i 2) □ M. bez dop.: Lubił marzyć. □ M. o kim, o czym: Marzyć o studiach, o podróżach, o swojej dziewczynie. □ M. ..., że..., żeby...: Marzył, że wyjedzie za granicę. Marzył, żeby się usamodzielnić.

masa *ż IV,* w zn. «mnóstwo, (wielka) ilość»: Miał masę pieniędzy. Widziałem masę ludzi. Tu mieszka masa ludzi. Na ulicach była masa ludzi (*nie:* było masę ludzi). △ *środ.* Masa połowu «ilość złowionych ryb; połów» △ *pot.* Masę (jako określenie czasownika) «wiele, bardzo wiele»: Ostatnio masę podróżował, masę zwiedził. △ Masami «w wielkich ilościach»: Jadała owoce masami. || *D Kult. II, 250.*

Masaj *m I, D.* Masaja, *lm M.* Masajowie «członek plemienia pasterskiego w Kenii i Tanganice» — Masajka *ż III, lm D.* Masajek — masajski.

masakra *ż IV, lm D.* masakr: Krwawa masakra. Masakra jeńców, strajkujących robotników. Urządzić masakrę. Dokonać masakry.

masakrować *ndk IV,* masakrowaliśmy (p. akcent § 1a i 2) — **zmasakrować** *dk:* Masakrować ludzi. Twarze pomordowanych były zmasakrowane.

masarnia *ż I, lm D.* masarni, *rzad.* masarń *reg., wych. z użycia* «wędliniarnia»

masarz *m II, lm D.* masarzy *reg., wych. z użycia* «wędliniarz»

masaż *m II, D.* masażu, *lm D.* masaży, *rzad.* masażów: Masaż leczniczy, kosmetyczny, sportowy. Brać, stosować masaże. Robić masaż. △ Poddawać masażowi, *lepiej*: masować.

Mascagni (*wym.* Maskani) *m odm. jak przym., D.* Mascagniego (p. akcent § 7): Opery Mascagniego.

maselnica, *rzad.* **masielnica, maślnica** *ż II* 1. p. maselniczka. 2. «naczynie lub przyrząd do wyrobu masła»

maselniczka, *rzad.* **masielniczka** *ż III, lm D.* maselniczek (masielniczek) «naczynie stołowe na masło»

maskarada (*nie:* maszkarada) *ż IV:* Urządzać maskaradę. Iść na maskaradę.

maskotka *ż III, lm D.* maskotek; *rzad.* **maskota** *ż IV:* Ofiarować komuś maskotkę (maskotę). Nosić maskotkę.

masło *n III, Ms.* maśle, *zwykle blm:* Świeże, deserowe, osełkowe masło. Smarować masłem. Smażyć na maśle. Papier od masła a. po maśle, *reg.* z masła. △ Idzie jak po maśle (*nie:* jak z masła).

masłowy *przym. od* masło (*zwykle w terminach specjalnych):* Kwas masłowy. Fermentacja masłowa. *Por.* maślany.

mason *m IV, lm M.* masoni; *in.* wolnomularz.

masoneria *ż I, DCMs.* masonerii, *zwykle blm; in.* wolnomularstwo.

masowy 1. «dotyczący wielu, przeznaczony dla mas; powszechny»: Wiec masowy. Masowe pochody, manifestacje. Masowa produkcja. Broń masowej zagłady. △ *niepoprawne w zn.* «jeden z wielu, biorący w czymś udział z wieloma innymi», np. masowy turysta, sportowiec. 2. «zrobiony z masy»: Masowe guziki, pudełka, szkła (do zegarków).

Massachusetts (*wym.* Masaczusets) *n ndm* «stan w USA»: Mieszkać w Massachusetts.

Massenet (*wym.* Masne) *m IV, D.* Masseneta (*wym.* Masneta, p. akcent § 7) a. (z odmienianym imieniem) *ndm:* Dzieło o Massenecie (o Juliuszu Massenet).

maszkara (*nie:* maskara) *ż IV, lm D.* maszkar.

masztalerz (*nie:* mastalerz, maszatalerz) *m II, lm D.* masztalerzy. || D Kult. II, 330.

maszyna (*wym.* maszyna, *nie:* maszyna) *ż IV* 1. «urządzenie mechaniczne»: Maszyna parowa, elektryczna. Maszyna drukarska, dziewiarska, rolnicza itp. □ M. do czego (*nie:* dla czego): Maszyna do szycia, do pisania, do liczenia. Maszyna

do pustaków (*nie:* od pustaków). △ Pracować za pomocą maszyny, obsługiwać maszynę (*nie:* pracować na maszynie). *Ale:* Pisać, liczyć itp. na maszynie. △ *przen.* częściej: machina: Maszyna (machina) państwowa, społeczna, administracyjna. 2. *pot. środ.* «pojazd mechaniczny, *lepiej:* samochód, samolot itp.»

maszynista *m odm. jak ż IV, lm M.* maszyniści, *DB.* maszynistów: Maszynista kolejowy. Maszynista w drukarni, w fabryce.

maszynka *ż III, lm D.* maszynek 1. w zn. «przyrząd mechanizujący wykonanie czynności» □ M. do czego (*nie:* dla czego): Maszynka do golenia. Maszynka do mięsa, do kawy (*nie:* od mięsa, od kawy) a. do mielenia mięsa, do mielenia, do parzenia kawy. 2. *środ.* w zn. «karabin maszynowy»

maszynownia *ż I, lm D.* maszynowni «hala fabryczna, w której pracują maszyny» △ *niepoprawne w zn.* «pokój biurowy, w którym się pisze na maszynach» || D Kult. II, 386.

maścić *ndk VIa,* maszczę, maszczą, maść, maściliśmy (p. akcent § 1a i 2), maszczony 1. *przestarz. rzad.* «namaszczać» □ M. kogo, co: Maścić ciało wonnymi olejami. 2. *reg.* «zaprawiać potrawy tłuszczem»: Maścić kaszę skwarkami.

maść *ż V, lm M.* maści (*nie:* maście) 1. «środek leczniczy lub kosmetyczny»: Maść ichtiolowa, penicylinowa, różana. □ M. do czego (*nie:* dla czego) — gdy się wymienia przedmiot, część ciała lub czynność: Maść do wcierania, do nosa. □ M. na co (gdy się wymienia schorzenie): Maść na oparzenia, na wypryski, na katar. 2. «barwa sierści zwierząt»: Koń maści bułanej, gniadej, karej itp.

I maślacz *m II, D.* maślacza, *rzad.* maślaczu, *B.* maślacz a. maślacza, *lm D.* maślaczy «gatunek wina węgierskiego»: Pić maślacz a. maślacza.

II maślacz *m II, DB.* maślacza, *lm D.* maślaczy, *rzad.* maślaczów; *częściej:* **maślak** *m III, DB.* maślaka «grzyb»: Znaleźć, zjeść maślaka.

maślany «zawierający masło, zrobiony na maśle lub z masła»: Bułka maślana. Rogalik maślany. Krem maślany. △ Maślane oczy, spojrzenie «spojrzenie, oczy zamglone, bez wyrazu» *Por.* masłowy.

maślnica p. maselnica (w zn. 2).

I mat *m IV, D.* matu «brak połysku, matowość»: Mat skóry, pończoch. △ *środ.* Meble na mat «meble bez politury, bez połysku, matowe»

II mat *m IV, DB.* mata «pozycja w szachach kończąca partię»: Szach królowi i mat. Dać, dostać mata.

III mat *m IV, lm M.* maci «najniższy stopień podoficerski w marynarce wojennej; podoficer tego stopnia»

matczyn, matczyny *rzad.* (dziś w tym zn. używa się zwykle *D. lp:* matki): Matczyn pokój. Matczyne przestrogi.

matczysko *n II, lm D.* matczysków, *rzad.* matczysk. || KJP 136.

Matejko *m odm. jak ż III, lm* Matejkowie, *DB.* Matejków: Obrazy Jana Matejki (*nie:* Jana Matejko). Matejko *ż ndm* — Matejkowa *ż odm. jak przym.* —

Matejkówna *ż IV, D.* Matejkówny, *CMs.* Matejkównie (*nie*: Matejkównej), *lm D.* Matejkówien.

matematyczno-fizyczny: Matematyczno-fizyczny kierunek nauczania. Liceum matematyczno-fizyczne.

matematyczno-przyrodniczy: Wydział matematyczno-przyrodniczy. Przedmioty matematyczno-przyrodnicze.

matematyczny 1. «dotyczący matematyki, stosowany w matematyce»: Wzór matematyczny. Formuła matematyczna. Zadanie, równanie matematyczne. **2.** «taki jak w matematyce; umiejący ściśle rozumować»: Matematyczny umysł. Robić coś z matematyczną ścisłością, dokładnością.

matematyk *m III, D.* matematyka (p. akcent § 1d).

matematyka (*wym.* matematyka, *nie*: matematyka, p. akcent § 1c) *ż III, blm.*

materac *m II, lm D.* materaców (*nie*: materacy).

materacyk (*nie*: matracyk) *m III, D.* materacyka.

materia *ż I, DCMs.* materii, zwykle *blm* **1.** «substancja, z której jest zbudowany wszechświat» **2.** *pot. wych. z użycia* «ropa»: Z rany sączy się materia. **3.** *przestar.* **a)** «sprawa» △ dziś używane zwykle w książkowych wyrażeniach: W tej materii; delikatna materia. **b)** *lm D.* materii «tkanina, materiał»: Na półkach leżały wzorzyste materie. // *KP Pras.*

materializm *m IV, D.* materializmu, *Ms.* materializmie (*wym.* ~izmie a. ~iźmie), *blm.* // *U Pol.* (1), 142.

materialny «odnoszący się do materii — substancji fizycznej»: Świat materialny. Ciała materialne. Dobra materialne. Kultura materialna. Warunki materialne. △ Środki materialne «środki pieniężne, fundusze»

materiał *m IV, D.* materiału: Materiał budowlany, opałowy, pędny, wybuchowy. Materiały piśmienne, fotograficzne. □ M. na co «materiał, z którego ma być coś zrobione»: Materiał na dom, na garnitur. △ *przen.* Materiał na żonę, na męża. □ M. do czego (*nie*: dla czego) «materiał tworzący podstawę czego»: Materiał do badań, do pamiętnika. □ M. czego «materiał będący treścią czegoś, zawarty w czymś»: Materiał tego słownika jest bardzo bogaty. Przerobić (*nie*: przejść) materiał zadany z języka polskiego. // *U Pol.* (1), 141.

materiałowy «odnoszący się do materiału, dotyczący materiału»: Gospodarka materiałowa. △ Środki, zasoby materiałowe

Mateusz *m II, lm M.* Mateuszowie — Mateuszostwo *n III, DB.* Mateuszostwa, *Ms.* Mateuszostwu (*nie*: Mateuszostwie), *blm*; a. Mateuszowie *blp, D.* Mateuszów.

Matisse (*wym.* Matis) *m IV, D.* Matisse'a (*wym.* Matisa), *Ms.* Matissie (*wym.* Matisie, p. akcent § 7) a. (z odmienianym imieniem) *ndm*: Zachwycać się Matisse'em (Henrykiem Matisse).

matka *ż III, lm D.* matek △ Jako drugi człon zestawień wyrazowych (pisanych bez łącznika) określa przedmiot główny pod pewnym względem, nadrzędny, macierzysty w stosunku do innych przedmiotów

tego typu, np. Komisja matka. Statek matka. Samolot matka.

matnia *ż I, lm D.* matni: Wpaść w matnię, *rzad.* do matni. Wydobyć się, wydostać się, wyjść z matni.

matołectwo *n III,* zwykle *blm*; in. kretynizm.

matołek *m III, D.* matołka, *lm M.* te matołki (także o kobiecie); in. kretyn.

matołkowaty, *rzad.* **matołowaty:** Matołkowata (matołowata) twarz. To dziecko jest matołkowate.

matriarchat (*wym.* matryjarchat) *m IV, D.* matriarchatu, *blm.*

matrymonialny: Projekty, zamiary matrymonialne. Biuro matrymonialne.

matura *ż IV* △ Składać, złożyć (*nie*: ukończyć) maturę. Zdawać maturę (*nie*: na maturę). // *D Kult. II, 139.*

maturalny, *reg.* **maturyczny:** Egzamin maturalny. Świadectwo maturalne. Tematy maturalne. Przystąpić do egzaminu maturalnego. // *D Kult. I, 523.*

Matuzal *m I,* a. **Matuzalem** *m IV* **1.** «imię patriarchy biblijnego, który żył jakoby najdłużej ze wszystkich ludzi» **2.** matuzal a. matuzalem, *lm M.* matuzale (matuzalemowie) *przestar.* «człowiek bardzo stary»

matuzalowy a. **matuzalemowy:** Wiek matuzalowy (matuzalemowy). Lata matuzalowe (matuzalemowe).

Maugham (*wym.* Moom a. Moam) *m IV, D.* Maughama (*wym.* Mooma, Moama, p. akcent § 7): Powieści Maughama.

Maupassant (*wym.* Mopasã) *m IV, D.* Maupassanta (*wym.* Mopasanta), *Ms.* Maupassancie (p. akcent § 7): Przekład nowel Maupassanta.

Maur (*wym.* Mau-r) *m IV, lm M.* Maurowie «mieszkaniec starożytnej Mauretanii; muzułmanin w średniowiecznej Hiszpanii»

Mauretania (*wym.* Mau-retãnja, *nie*: Maurytania) *ż I, DCMs.* Mauretanii «państwo w Afryce» — Mauretańczyk *m III, lm M.* Mauretańczycy — Mauretanka *ż III, lm D.* Mauretanek — mauretański.

mauretański (*nie*: maurytański) «dotyczący Mauretanii, Mauretańczyków, Maurów»: Stepy mauretańskie. Styl mauretański w architekturze.

Mauriac (*wym.* Moriak) *m III, D.* Mauriaca (*wym.* Moriaka, p. akcent § 7), *N.* Mauriakiem: Zagadnienia moralne w twórczości Mauriaca.

Mauritius (*wym.* Mau-ricjus a. Mau-rycjus) *m IV* a. (w połączeniu z wyrazem: wyspa) *ndm* «wyspa na Oceanie Indyjskim»: Mieszkać na Mauritiusie (na wyspie Mauritius).

Maurois (*wym.* Morua) *m ndm*: Twórczość Maurois. Wykład o Maurois.

Maurycy (*wym.* Mau-rycy) *m odm. jak przym., lm M.* Maurycowie — Maurycostwo *n III, DB.* Maurycostwa, *Ms.* Maurycostwu (*nie*: Maurycostwie), *blm*; a. Maurycowie *blp, D.* Maurycych.

! Maurytania p. Mauretania.

Mauthausen (*wym.* Mau-thau-zen) *n ndm* «miasto w Austrii»: Hitlerowski obóz koncentracyjny w Mauthausen.

mauzer (*wym.* mau-zer) *m IV, D.* mauzera (p. akcent § 7), *Ms.* mauzerze: Strzelać z mauzera. Mieć mauzera (*rzad.*: mauzer). || *KJP 174.*

mauzoleum (*wym.* mau-zole-um, *nie*: mauzoleum) *n VI, lm M.* mauzolea, *D.* mauzoleów. || *D Kult. I, 767.*

Maxwell (*wym.* Maksuel) *m I, D.* Maxwella (*wym.* Maksuela, p. akcent § 7): Teoria pola elektromagnetycznego Jamesa (*wym.* Dżemsa) Maxwella.

mazać *ndk IX*, mażę, maż, mazaliśmy (p. akcent § 1a i 2), mażący 1. «smarować, powlekać; brudzić, walać»: Mazać ściany farbą, ręce błotem. 2. «pisać, kreślić niedbale, bazgrać»: Mazać kreski, cyfry w notesie, po papierze, na piasku. 3. «zmazywać, ścierać» □ *M. bez dop.*: Pisał na tablicy i zaraz mazał. △ *przen. książk.* «naprawiać, zacierać»: Mazać grzechy, winy.
mazać się 1. «brudzić się, smarować się»: Mazać się błotem, smarem. 2. *pot.* «płakać, mazgaić się»: Przestań się mazać. Jesteś beksa, o byle głupstwo się mażesz.

mazaja *ż I, DCMs.* mazai, *lm M.* mazaje, *D.* mazai *pot.* «deseń niewyraźny z wielobarwnych plam; tkanina o takim deseniu»

Mazarin (*wym.* Mazarę) *m IV, D.* Mazarina (*wym.* Mazarena, p. akcent § 7): Polityka Mazarina.

mazdaizm a. **mazdeizm** *m IV, D.* mazdaizmu (mazdeizmu), *Ms.* mazdaizmie, mazdeizmie (*wym.* ~izmie a. ~iźmie).

Mazepa 1. *m odm. jak ż IV, D.* Mazepy «nazwisko»
2. mazepa *ż* a. *m odm. jak ż IV, M.* ten mazepa a. ta mazepa (także o mężczyznach), *lm M.* te mazepy, *D.* mazepów (tylko o mężczyznach) a. mazep, *B.* tych mazepów (tylko o mężczyznach) a. te mazepy *pot.* a) «płaczliwe dziecko, człowiek skłonny do płaczu»: Nie becz, ty mazepo. b) *rzad.* «człowiek brzydki, brudny»

mazgaj *m I, lm M.* mazgaje, *D.* mazgajów (tylko o mężczyznach) a. mazgai «beksa; niedołęga, ślamazara (także o kobietach)»: Od dziecka był (była) mazgajem.

mazowiecki: Krajobraz mazowiecki. Gwara mazowiecka (*ale*: Nizina Mazowiecka).

mazowizm *m IV, D.* mazowizmu, *Ms.* mazowizmie (*wym.* ~izmie a. ~iźmie) «charakterystyczna właściwość (np. fonetyczna, leksykalna) dialektu mazowieckiego»

Mazowszanin *m V, D.* Mazowszanina, *lm M.* Mazowszanie, *D.* Mazowszan 1. «mieszkaniec Mazowsza; *rzad.* Mazur»
2. mazowszanin «członek zespołu pieśni i tańca „Mazowsze"» — mazowszański.

Mazowszanka *ż III, lm D.* Mazowszanek 1. «mieszkanka Mazowsza»
2. mazowszanka «członkini zespołu „Mazowsze"»

Mazowsze *n I* 1. «dzielnica Polski»: Mieszkać na Mazowszu. Jechać na Mazowsze. — Mazowszanin (p.) — Mazowszanka (p.) — mazowiecki (p.).

2. „Mazowsze" a) «polski zespół pieśni i tańca»: Wstąpić do „Mazowsza". Występować w „Mazowszu". b) «polski statek»: Płynąć „Mazowszem".

Mazur *m IV, lm M.* Mazurzy 1. p. Mazowszanin (w zn. 1). 2. «mieszkaniec Mazur»
3. mazur, *DB.* mazura, *lm M.* mazury «taniec oraz muzyka do tego tańca»: Grać, tańczyć mazura.

mazurek *m III* 1. *DB.* mazurka «utwór muzyczny i taniec»: Grać, tańczyć mazurka, *ale*: Skomponować mazurek a. mazurka. 2. *B.* mazurek «rodzaj placka wielkanocnego»: Piec, lukrować mazurek.

Mazurka *ż III, lm D.* Mazurek 1. «mieszkanka Mazur; *rzad.* mieszkanka Mazowsza»
2. mazurka, w zn. «taniec» tylko w wyrażeniu: polka mazurka.

mazurowy (tylko w odniesieniu do tańca): Rytm mazurowy. Figura mazurowa.

mazurski: Krajobraz mazurski. Jeziora mazurskie. Strój mazurski (*ale*: Kanał Mazurski, Pojezierze Mazurskie).

Mazury *blp, D.* Mazur (*nie*: Mazurów) «dzielnica Polski; Pojezierze Mazurskie»: Jechać na Mazury. Mieszkać na Mazurach. Wrócić z Mazur. — Mazur (p.) — Mazurka (p.) — mazurski (p.).

Mazzini (*wym.* Macc-ini) *m odm. jak przym., D.* Mazziniego (p. akcent § 7): Działalność polityczna Mazziniego.

maź (*nie*: mazia) *ż V, lm M.* mazie, *D.* mazi.

mącić (*nie*: męcić) *ndk VIa*, mącę, mącą, mącony, mąciliśmy (p. akcent § 1a i 2) «robić mętnym; burzyć, bełtać»: Mącić płyn. Mącić wodę patykiem. △ *przen.* «wprowadzać zamieszanie, niepokój; zakłócać»: Mącić ciszę. Mącić spokój rodzinny. △ Mącić komuś w głowie, *rzad.* głowę «wprowadzać zamęt do czyichś myśli»
mącić się △ Wzrok się mąci «słabnie ostrość widzenia» △ *nieos.* Mąci się komu w głowie «ktoś traci jasność umysłu, jest oszołomiony»

mąciwoda *ż* a. *m odm. jak ż IV, M.* ten a. ta mąciwoda (także o mężczyznach), *lm M.* te mąciwody, *D.* mąciwodów (tylko o mężczyznach), *rzad.* mąciwód, *B.* tych mąciwodów (tylko o mężczyznach) a. te mąciwody *pot.* «warchoł, wichrzyciel»

mączasty p. mączysty.

mączka *ż III, lm D.* mączek *reg.* a) «krochmal» b) «cukier kryształ»

mączny «zrobiony z mąki»: Klej mączny. Potrawy mączne.

mączysty, *rzad.* **mączasty** «podobny do mąki, sypki jak mąka»: Mączyste (mączaste) jabłka, kartofle.

mądrala (*nie*: ten mądral) *ż* a. *m odm. jak ż I, M.* ten a. ta mądrala (także o mężczyznach), *lm M.* te mądrale, *D.* mądralów (tylko o mężczyznach) a. mądrali, *B.* tych mądralów (tylko o mężczyznach) a. mądrali a. te mądrale.

mądrość *ż V, lm M.* mądrości (*nie*: mądrości) 1. *blm* «rozum, bycie mądrym»: Bez ciekawości nie ma mądrości (przysłowie). Nabierać mądrości. 2. zwykle w *lm, pot.*, często *iron.* «mądre poglądy, wypowiedzi»: Uczyć się różnych mądrości. // *D Kult. I,* *155, 349.*

mądry *m-os.* mądrzy, *st. w.* mądrzejszy, *rzad.,* *książk.* mędrszy: Mądry człowiek. Mądry sąd. Mądre uwagi, księgi. △ *niepoprawne* Nie jestem z tego, w tym itp. mądry (*zamiast*: nie rozumiem tego).

mądrze *st. w.* mądrzej (*nie*: mędrzej).

mąka *ż III,* (*rzad.* w *lm*) *D.* mąk: Mąka pszenna, żytnia, razowa, pytlowa. Dodać, dosypać mąki.

mątwa *ż IV, lm D.* mątw, *rzad.* mątew.

Mątwy *blp, D.* Mątew «miejscowość» — mątewski.

mąż *m II, D.* męża, *lm M.* mężowie, *D.* mężów (*nie*: męży) △ Wyjść, wydać za mąż (*nie*: za męża). △ Dawać komuś kogoś za męża a. na męża. △ Brać kogoś za męża. △ *pot.* Polować na męża, łapać męża, łapać kogoś na męża (*nie*: za męża). △ Nazywać się po mężu a. z męża: Z męża (po mężu) nazywa się Kowalska. △ Mąż stanu «polityk, dyplomata» △ Mąż zaufania «przedstawiciel grupy pracowników w radzie zakładowej (także o kobiecie)»: Była mężem zaufania grupy związkowej.

m.b. «skrót wyrażenia: *metr bieżący,* pisany z kropkami, stawiany zwykle po wymienionej liczbie, czytany jako całe, odmieniane wyrażenie»: 10 m.b. (*czyt.* metrów bieżących) taśmy.

mbar «skrót wyrazu: *milibar,* pisany bez kropki, stawiany zwykle po wymienionej liczbie, czytany jako cały, odmieniany wyraz»: Ciśnienie wynosiło 1000 mbar (*czyt.* milibarów).

MBP (*wym.* embepe, p. akcent § 6) *n* a. *ż ndm* «Miejska Biblioteka Publiczna»: MBP zakupiło (zakupiła) wiele nowych książek.

MChAT (*wym.* mchat) *m ndm* a. *m IV, D.* MChAT-u, *Ms.* Mchacie «skrót rosyjskiej nazwy: Moskiewski Artystyczny Teatr Akademicki»: Pojechać na zaproszenie MChAT (MChAT-u). MChAT wystawił nową sztukę. Występować w MChAT (w Mchacie).

MCK (*wym.* emceka, p. akcent § 6) *n* a. *m ndm* «Międzynarodowy Czerwony Krzyż»: MCK urządziło (urządził) wystawę sprzętu medycznego.

MDK (wym. emdeka, p. akcent § 6) *m* a. *n ndm* 1. «Młodzieżowy Dom Kultury»: MDK zorganizował (zorganizowało) teatr amatorski. 2. «Miejski Dom Kultury»

mdleć (*nie*: mgleć) *ndk III,* mdleliśmy (p. akcent § 1a i 2) — **zemdleć** *dk* □ M. z czego (*nie*: od czego): Zemdleć z głodu. Mdleć z wrażenia.

mdlić (*nie*: mglić) *ndk VIa,* mdliłoby (p. akcent § 4c), zwykle *nieos., rzad.* w 3. os., bezokol.: Mdli mnie z głodu. Jedzenie go mdli.

mdłość (*nie*: mgłość) *ż V,* tylko w *lm* «stan poprzedzający wymioty; nudności»: Dostać mdłości.

mdły (*nie*: mgły) *st. w.* bardziej mdły: Mdłe jedzenie. Mdły zapach.

MDM (*wym.* emdeem, p. akcent § 6) 1. *ż ndm* a. *m IV, D.* MDM-u «Marszałkowska Dzielnica Mieszkaniowa»: Mieszkać na MDM-ie (na MDM). MDM został zbudowany (została zbudowana) na gruzach ulicy Marszałkowskiej. 2. *m IV, DB.*

MDM-a «gatunek papierosa»: Kupić MDM-y. Zapalić MDM-a.

me forma ściągnięta *M.* i *B.* zaimka dzierżawczego *moje* (p. mój), mająca charakter książkowy.

meander *m IV, D.* meandra: Motyw meandra na tkaninie. Rzeka tworzy liczne meandry.

meandrowy a. **meandryczny**: Ornament meandrowy (meandryczny). Linia meandrowa (meandryczna.).

meblarski «związany z produkcją mebli, dotyczący meblarstwa lub meblarza»: Fach meblarski. Przemysł meblarski (a. meblowy). Warsztat, zakład meblarski.

meblościanka *ż III, lm D.* meblościanek «zespół szaf, półek, regałów tworzący przegrodę (ściankę), dzielącą wnętrze»: Zainstalować meblościanki. // *KJP* *102.*

meblowy «dotyczący mebli, przeznaczony na meble, będący meblem»: Tkanina meblowa. Wóz meblowy. Przemysł meblowy (a. meblarski). Tapczan meblowy «tapczan, którego wierzch jest obity tkaniną dekoracyjną»

mecenas *m IV, lm M.* mecenasi a. mecenasowie **mecenas** — o kobiecie; p. nazwy i tytuły zawodowe kobiet.

mecenaska *ż III, lm D.* mecenasek; *lepiej*: mecenas (o kobiecie) △ *rzad. przen.* «protektorka artystów»

mecenasowa *ż odm. jak przym., W.* mecenasowo *przestarz.* «żona mecenasa» △ *niepoprawne* w zn. «kobieta mecenas»

mecenat *m IV, D.* mecenatu □ M. nad kim, nad czym: Objąć mecenat nad artystami, nad dziełem.

mech *m III, D.* mchu, *C.* mchowi.

Mech *m III, D.* Mecha (*nie*: Mchu), *lm M.* Mechowie «nazwisko» Mech *ż ndm* — Mechowa *ż odm. jak przym.* — Mechówna *ż IV, D.* Mechówny, *CMs.* Mechównie (*nie*: Mechównej), *lm D.* Mechówien.

mechanik *m III, D.* mechanika (p. akcent § 1d).

mechanika (*wym.* mechanika, *nie*: mechanika, p. akcent § 1c) *ż III, blm.*

mecz *m II, D.* meczu, *lm D.* meczów (*nie*: meczy) □ M. czego: Mecz piłki nożnej. □ M. o co: Mecz o mistrzostwo świata. △ Rozgrywać, rozegrać (*nie*: grać, zagrać, stoczyć) mecz. // *D Kult. I, 663.*

med. p. dr med.

medal *m I, D.* medalu, *lm D.* medali (*nie*: medalów): Złoty, srebrny, brązowy medal. Medal jubileuszowy. □ M. czego: Medal 10-lecia Polski Ludowej. □ M. za co: Medal za ratowanie tonących. △ W nazwach dużą literą, np. Medal Zwycięstwa i Wolności.

medalion (*nie*: medaljon) *m IV, D.* medalionu.

Medea *ż I, DCMs.* Medei, *B.* Medeę, *W.* Medeo, *N.* Medeą: Zbrodnie Medei.

mediacja *ż I, lm D.* mediacji, częściej w *lm, książk.* «pośrednictwo w sporze»: Podjąć się mediacji.

mediator *m IV, lm M.* mediatorzy a. mediatorowie *książk.* «pośrednik w sporze; rozjemca»

Medici (*wym.* Mediczi) *m ndm, rzad.* odm. jak przym. (zwłaszcza w *lm*), *D.* Medicich (p. akcent § 7); jako nazwisko członka arystokratycznego rodu włoskiego — częściej używana forma *Medyceusz*: Biblioteka Medici (Medicich). △ O kobiecie tylko: Medici *ndm.*

mediewistyka (*wym.* mediewistyka, *nie:* mediewistyka, p. akcent § 1c) *ż III, blm.*

Mediolan *m IV, D.* Mediolanu «miasto we Włoszech» — mediolańczyk *m III, lm M.* mediolańczycy — mediolanka *ż III, lm D.* mediolanek — mediolański.

medium *n VI, lm M.* media (*nie:* mediumy), *D.* mediów (*nie:* mediumów).

mediumiczny a. **mediumistyczny:** Zdolności mediumiczne (mediumistyczne). Zjawisko mediumiczne (mediumistyczne).

Meduza *ż IV* 1. «postać mityczna» 2. meduza «zwierzę morskie»

Medyceusz (*wym.* Medyceusz) *m II, lm M.* Medyceusze, *DB.* Medyceuszów a. Medyceuszy. *Por.* Medici.

medycyna *ż IV,* zwykle *blm* (skrót: med.): Doktor medycyny.

medyk *m III, D.* medyka (p. akcent § 1d).

medykament *m IV, D.* medykamentu, *lm M.* medykamenty (*nie:* medykamenta), zwykle w *lm książk.* «lekarstwo, lek»

Medyna *ż IV* «miasto w Arabii Saudyjskiej»: Mieszkać w Medynie. — medyński.

medytacja *ż I, lm D.* medytacji, zwykle w *lm, książk.* a. *żart.* «rozmyślanie, rozważanie, rozpamiętywanie» □ M. **nad czym:** Pogrążył się w medytacjach nad swoim losem.

medytować *ndk IV,* medytowaliśmy (p. akcent § 1a i 2) *iron., żart.* «rozważać, rozmyślać, zastanawiać się» □ M. **nad czym:** Medytował nad sposobem wybrnięcia z sytuacji.

Mefisto *m IV, D.* Mefista; a. **Mefistofeles** (*wym.* Mefistofeles a. Mefistofeles) *m IV, D.* Mefistofelesa (p. akcent § 7).

mega- «pierwszy człon wyrazów złożonych, pisany łącznie, oznaczający: duży, wielki; w złożeniach z nazwami jednostek miar oznacza jednostkę milion razy większą od podstawowej», np.: megaherc, megawat.

Megiera, *rzad.* **Megera** *ż IV* 1. «w mitologii greckiej jedna z trzech furii piekielnych» 2. tylko: megiera *pot.* «kobieta kłótliwa, zła; piekielnica»

Mehoffer (*wym.* Mehofer) *m IV, D.* Mehoffera (p. akcent § 7): Malarstwo Mehoffera.

Meillet (*wym.* Meje) *m IV, D.* Meilleta (*wym.* Mejeta), *Ms.* Meillecie (*wym.* Mejecie, p. akcent § 7)

a. (w połączeniu z odmienianym imieniem) *ndm*: Gramatyka porównawcza Antoniego Meilleta (Antoniego Meillet).

Meissner (*wym.* Majsner) *m IV, lm M.* Meissnerowie.
Meissner *ż ndm* — Meissnerowa *ż* odm. jak przym. — Meissnerówna *ż IV, D.* Meissnerówny, *CMs.* Meissnerównie (*nie:* Meissnerównej), *lm D.* Meissnerówien.

meistersinger p. majsterzenger.

Mekka *ż III, CMs.* Mekce «miasto w Arabii Saudyjskiej, miejsce urodzenia Mahometa»: Pielgrzymka mahometan do Mekki. — mekkańczyk *m III, lm M.* mekkańczycy — mekkanka *ż III, lm D.* mekkanek — mekkański.

meklemburg (*wym.* meklemburg) *m III, D.* meklemburga (p. akcent § 7) «koń meklemburski»

Meklemburgia *ż I, DCMs.* Meklemburgii «kraina w NRD» — Meklemburczyk *m III, lm M.* Meklemburczycy — Meklemburka *ż III, lm D.* Meklemburek — meklemburski.

meklemburski (*nie:* meklemburgski): Koń meklemburski (*ale:* Pojezierze Meklemburskie, Zatoka Meklemburska).

Meksyk *m III, D.* Meksyku (p. akcent § 1d) «państwo i miasto w Ameryce Północnej» — Meksykanin (p.) — Meksykanka (p.) — meksykański (p.).

Meksykanin (*nie:* Meksykańczyk) *m V, D.* Meksykanina, *lm M.* Meksykanie, *D.* Meksykanów (*nie:* Meksykan) 1. «obywatel Meksyku — państwa» 2. meksykanin «mieszkaniec Meksyku — miasta»

Meksykanka *ż III, lm D.* Meksykanek 1. «obywatelka Meksyku — państwa» 2. meksykanka «mieszkanka Meksyku — miasta»

meksykański: Klimat meksykański (*ale:* Wyżyna Meksykańska, Zatoka Meksykańska).

melancholia *ż I, DCMs.* melancholii, *blm.*

melancholijny, *przestarz.* **melancholiczny.**

melancholik (*wym.* melancholik) *m III, D.* melancholika (*nie:* melancholika, p. akcent § 1d), *lm M.* melancholicy.

Melanezja *ż I* «grupa wysp w Oceanii» — Melanezyjczyk *m III, lm M.* Melanezyjczycy — Melanezyjka *ż III, lm D.* Melanezyjek — melanezyjski.

Melania (*wym.* Melańja) *ż I, DCMs.* i *lm D.* Melanii — Mela *ż I, W.* Melu.

melanż *m II, D.* melanżu, zwykle w *lp.*

melasa *ż IV, blm; środ.* **melas** *m IV, D.* melasu *blm.* || *D Kult. I, 428.*

Melbourne (*wym.* Melbern) *n ndm* «miasto w Australii»: Olimpiada w Melbourne.

Melchior *m IV, lm* Melchiorowie — Melchiorostwo *n III, DB.* Melchiorostwa, *Ms.* Melchiorostwu (*nie:* Melchiorostwie), *blm;* a. Melchiorowie *blp, D.* Melchiorów.

meldować *ndk IV,* meldowaliśmy (p. akcent § 1a i 2) 1. «składać meldunek, raport» □ M. (komu) o czym a. co: Meldować dowódcy o wykonaniu rozkazu a. wykonanie rozkazu. □ M. (komu), że...: Meldować dowódcy, że rozkaz został wykonany. **2.** «oznajmiać przybycie, anonsować» □ M. kogo (komu): Woźny meldował interesantów (dyrektorowi). **3.** «wciągać do ewidencji» □ M. kogo (gdzie, u kogo): Meldować kogoś w biurze meldunkowym a. u prowadzącego meldunki.

meldować się □ M. się komu a. u kogo: Meldować się dowódcy a. u dowódcy. □ M. się gdzie: Meldować się w urzędzie.

melioracja (*nie*: meloracja) *ż I, DCMs.* i *lm D.* melioracji: Melioracje rolne, leśne.

meliorant, *rzad.* **meliorator** *m IV, lm M.* melioranci (melioratorzy).

melodyczny «odnoszący się do melodyki, melodii, sposobu jej rozwijania i tworzenia»: Linia melodyczna frazy muzycznej. Element melodyczny w kompozycji muzycznej.

melodyjny *st. w.* bardziej melodyjny **1.** «mający przyjemną melodię»: Melodyjny walc. Melodyjny głos, śpiew. **2.** «odnoszący się do melodii; melodyczny»: Utwór odznaczał się bogactwem inwencji melodyjnej.

melodyka (*wym.* melodyka, *nie*: melodyka, p. akcent § 1c) *ż III*, zwykle *blm.*

melomania (*wym.* melomańja) *ż I, DCMs.* melomanii, *blm; rzad.* **melomaństwo** *n III, blm.*

melon *m IV, lm M.* te melony **1.** «roślina»: Zasądzić melon. **2.** *B.* melon a. melona «owoc tej rośliny»: Zjeść melona (melon). Przekroić melon (melona).

Melpomena *ż IV, rzad.* **Melpomene** *ż ndm.*

memento *n ndm, blm*: Groźne memento.

Memfis *m IV, D.* Memfisu a. *n ndm* «starożytne miasto egipskie»: Memfis został założony (zostało założone) przez Menesa. Ruiny w Memfis (w Memfisie).

memorandum *n VI, lm M.* memoranda, *lm D.* memorandów.

memoriał *m IV, D.* memoriału **1.** «rodzaj pisma skierowanego do władz»: Złożyć memoriał. Opracować, napisać memoriał. □ M. o czym a. w sprawie czego: Memoriał o reformach a. w sprawie reform. □ M. do kogo: Memoriał do władz. **2.** *środ. sport.* «zawody urządzane dla uczczenia czyjejś pamięci»: Brał udział w memoriale Kusocińskiego. △ w tym zn. także: Zawody o (czyjś) memoriał, np. Zawody o memoriał Janusza Kusocińskiego.

MEN *m IV, D.* MEN-u, *Ms.* MEN-ie a. *ndm;* a. **MENA** *ż IV, D.* MEN-y, *Ms.* MEN-ie a. *ndm* «skrót ang.nazwy Środkowowschodniej Agencji Informacyjnej»: Wczoraj MENA (a. agencja MEN) donosiła z Kairu... Korespondent agencji MEN a. korespondent MEN-u donosi...

Menander (*wym.* Menander) *m IV, D.* Menandra: Komedie poety ateńskiego Menandra.

menażer *m IV, lm M.* menażerowie «organizator występów artysty lub sportowca» *Por.* menedżer.

menażka (*nie*: manażka) *ż III, lm D.* menażek: Zanieść komuś obiad w menażkach.

mendel *m I, D.* mendla, *lm D.* mendli: Pięć mendli jaj.

Mendel *m I, D.* Mendla: Prawo Mendla.

Mendelejew (*wym.* Mendelejew) *m IV, D.* Mendelejewa (p. akcent § 7): Układ okresowy pierwiastków chemicznych Mendelejewa.

Mendelssohn-Bartholdy (*wym.* Mendelson-Bartoldi), Mendelssohn *m IV, D.* Mendelssohna (p. akcent § 7), Bartholdy *m odm.* jak przym., *D.* Bartholdy'ego (*wym.* Bartoldiego, p. akcent § 7), *Ms.* Bartholdym: Utwory muzyczne Mendelssohna-Bartholdy'ego.

Mendog *m III, lm M.* Mendogowie; p. Mindowe.

menedżer *m IV, lm M.* menedżerowie «kierownik wielkiego przedsiębiorstwa kapitalistycznego» *Por.* menażer.

menedżeryzm *m IV, D.* menedżeryzmu, *Ms.* menedżeryzmie (*wym.* ~yzmie a. ~yźmie), *blm.*

Menelaos (*wym.* Menela-os) a. **Menelaus** (*wym.* Menela-us) *m IV, D.* Menelaosa, Menelausa (*wym.* Menela-osa, Menelau-sa, *nie*: Menela-usa, p. akcent § 7); *rzad.* **Menelaj** *m I.*

mennica (*nie*: menica) *ż II.*

mentalność *ż V, blm; lepiej*: umysłowość.

mentor *m IV* **1.** *lm M.* mentorzy a. mentorowie *książk. iron.* «nauczyciel, doradca» **2.** *lm M.* mentory «roślina, na której się zaszczepia młody pęd»

menu (*wym.* menü) *n ndm*, w zn. «karta ze spisem potraw w restauracji» *lepiej*: jadłospis.

menuet (*wym.* menuet) *m IV, DB.* menueta (p. akcent § 7): Tańczyć, grać menueta.

mer *m IV, lm M.* merowie.

I Mercedes *n ndm* «miasto w Urugwaju i w Argentynie»: Wylądować w Mercedes.

II Mercedes 1. zwykle *ndm* «potocznie używana nazwa marki samochodów produkowanych przez firmę Daimler-Benz»: Samochód marki Mercedes. **2.** mercedes *m IV, DB.* mercedesa «samochód tej marki»: Wsiąść do mercedesa.

Mérimée (*wym.* Merime) *m odm.* jak przym., *D.* Mériméego (*wym.* Merimego, p. akcent § 7), *NMs.* Mériméem (*wym.* Merimem); a. (z odmienianym imieniem) *ndm*: Dzieła Prospera Mériméego (Prospera Mérimée).

meritum (*wym.* meritum, *nie*: meritum) *n VI*, zwykle *blm*: Meritum sprawy.

Merowing *m III*, zwykle w *lm* Merowingowie, *D.* Merowingów «nazwa dynastii frankońskiej»

merowiński (*nie*: merowingski) «odnoszący się do Merowingów»: Sztuka merowińska.

mesa (*nie*: messa) *ż IV*: Marynarze zebrali się w mesie.

Mesalina (*nie*: Messalina) *ż IV.*

Mesenia (*wym.* Meseńja) *ż I, DCMs.* Mesenii «kraina w Grecji» — **Meseńczyk** *m III, lm M.* Meseńczycy — **Mesenka** *ż III, lm D.* Mesenek — meseński.

meseński: Wojny meseńskie (*ale*: Zatoka Meseńska).

mesjanistyczny, *rzad.* **mesjaniczny**.

mesjanizm *m IV, D.* mesjanizmu, *Ms.* mesjanizmie (*wym.* ~izmie a. ~iźmie), blm.

Mesjasz *m II* **1.** *blm* «zbawiciel przepowiadany Żydom przez proroków»
2. mesjasz, *lm D.* mesjaszów «zbawca, wybawiciel»: W „Dziadach" Polska jest przedstawiona jako mesjasz narodów.

! **messa** p. mesa.

Meštrović (*wym.* Mesztrowić) *m I, D.* Meštrovicia (p. akcent § 7): Rzeźby Meštrovicia.

Mesyna a. **Messyna** *ż IV* «miasto we Włoszech» — mesyńczyk a. messyńczyk *m III, lm M.* mesyńczycy (messyńczycy) — mesynka a. messynka *ż III, lm D.* mesynek (messynek) — mesyński (p.).

mesyński a. **messyński**: Zabytki mesyńskie a. messyńskie (*ale*: Cieśnina Mesyńska a. Messyńska).

meta *ż IV*: Dojść, dobiec do mety. Wbiec na metę. Stanąć u mety. △ Na bliską, daleką, krótką, długą itp. metę «na bliską, daleką przyszłość»: Układał plany na daleką metę.

metafizyk *m III, D.* metafizyka (p. akcent § 1d).

metafizyka (*wym.* metafizyka, *nie*: metafizyka, p. akcent § 1c) *ż III*, zwykle *blm.*

metafora (*wym.* metafora, *nie*: metafora) *ż IV*; in. przenośnia (p.).

metal *m I, D.* metalu, *lm D.* metali: Drążek, odlew, pieniądz z metalu a. metalowy.

metaliczny «przypominający metal, mający właściwości metalu, będący metalem, zawierający metal»: Farby metaliczne. Metaliczny połysk, dźwięk. Metaliczny wapń. *Por.* metalowy.

metaloid (*wym.* metalo-id) *m IV, D.* metaloidu (*wym.* metalo-idu).

metaloplastyka (*wym.* metaloplastyka, *nie*: metaloplastyka, p. akcent § 1c) *ż III*, zwykle *blm.*

metalowiec *m II, D.* metalowca, *lm M.* metalowcy «ten, kto pracuje przy obróbce metali» *Por.* metalurg.

metalowy «odnoszący się do metalu, zrobiony z metalu»: Walec metalowy. Metalowe okucia. *Por.* metaliczny.

metalurg *m III, lm M.* metalurgowie a. metalurdzy «specjalista w dziedzinie metalurgii» *Por.* metalowiec.

metalurgia *ż I, DCMs.* metalurgii, *blm.*

metalurgiczny «odnoszący się do metalurgii»: Kombinat metalurgiczny. Zakłady metalurgiczne. Przemysł metalurgiczny.

meteo *ndm, środ.* «skrót przymiotnika: *meteorologiczny*»: Komunikat meteo.

meteorolog *m III, lm M.* meteorologowie a. meteorolodzy.

metoda *ż IV* «sposób postępowania, sposób badania naukowego»: Metoda (*nie*: metodologia) rozumowania. Metody (*nie*: metodologie) wychowawcze. Zastosować nową metodę (*nie*: metodologię) pracy. *Por.* metodologia, metodyka.

metodologia *ż I, DCMs.* i *lm D.* metodologii «nauka o metodach badań naukowych i wykładu naukowego»: Metodologia nauk empirycznych. *Por.* metoda, metodyka.

metodologiczny «odnoszący się do metodologii»: Zagadnienia metodologiczne. || *D Kult. II, 64.*

metodyczny «odnoszący się do metody; zwłaszcza: postępujący wg pewnej metody; systematyczny, planowy, odnoszący się do metodyki»: Ośrodek metodyczny dla nauczycieli. Metodyczna praca. Metodyczny umysł. || *D Kult. II, 64.*

metodyka (*wym.* metodyka, *nie*: metodyka, p. akcent § 1c) *ż III* «zespół zasad, metod; wykład, dzieło omawiające metody pracy, badań naukowych itp.»: Lelewel napisał pierwszą u nas metodykę historii. *Por.* metoda, metodologia.

metodysta *m odm. jak ż IV, lm M.* metodyści, *DB.* metodystów «członek wyznania protestanckiego»

metodystyczny *przym.* od metodysta: Kościół metodystyczny.

I metr (*nie*: meter) *m IV* (skrót: m) «miara długości»: Kij długi na metr. Sprzedawać materiał na metry, *pot.* z metra.

II metr p. metrum.

III metr *m IV, lm M.* ci metrowie *przestarz.* «nauczyciel, zwłaszcza tańca, muzyki, języków»

metrampaż *m II, lm D.* metrampaży, *rzad.* metrampażów.

metraż *m II, D.* metrażu, *lm D.* metraży, *rzad.* metrażów.

metro *n III*, zwykle w *lp, rzad. ndm*: Jechać metrem. Zejście do metra. Spotkałem go w paryskim metrze (metro).

metronom *m IV, D.* metronomu; in. taktomierz.

metropolita (*wym.* metropolita, *nie*: metropolita) *m odm. jak ż IV, lm M.* metropolici, *DB.* metropolitów.

metropolitalny *przym.* od metropolia, metropolita: Kościół metropolitalny.

metrum *n VI, rzad.* **metr** *m IV, D.* metru «miara wiersza» || *D Kult. I, 305.*

metryczny «odnoszący się do metra — miary długości, do metru i metrum — miary wiersza i do metryki — nauki o miarach wiersza»: System metryczny. Budowa metryczna wiersza. △ *niepoprawne* w zn. «dotyczący metryki, metrykalny», np. Wyciąg metryczny (*zamiast*: metrykalny).

metryka (*wym.* metryka, *nie*: metryka, p. akcent § 1c) *ż III*.

metrykalny «odnoszący się do metryki — księgi zawierającej akta stanu cywilnego a. wyciągu z tej księgi»: Dokumenty, księgi metrykalne.

Metternich (*wym.* Meternich) *m III, D.* Metternicha (p. akcent § 7): Rządy kanclerza Metternicha.

Metys *m IV, lm M.* Metysi — Metyska *ż III, lm*
D. Metysek.

Metz (*wym.* Mec) *m II, D.* Metzu «miasto we
Francji»

mezalians *m I V, D.* mezaliansu, *lm M.* mezalian-
se, *przestarz.* mezaliansy: Popełnić mezalians.

Mezopotamia *ż I, DCMs.* Mezopotamii «historyczna kraina na Bliskim Wschodzie» — mezopo-
tamski.

mezzosopran (*wym.* mecosopran) *m IV, D.*
mezzosopranu.

mezzotinta (*wym.* mecotinta) *ż IV.*

męczarnia *ż I, lm D.* męczarni, *rzad.* męczarń:
Przeżywać, znosić męczarnie. Zadawać komuś męczarnie. Umrzeć w męczarniach. Coś sprawia komuś
męczarnię.

męczennica (*nie*: męczenica) *ż II.*

męczennik (*nie*: męczenik) *m III, lm M.* męczen-
nicy.

męczyć *ndk VIb,* męczyliśmy (p. akcent § 1a i 2)
□ M. kogo, co (czym): Męczyła matkę prośbami.
Męczyć wzrok czytaniem.
męczyć się □ M. się bez dop.: Męczył się, bo
nie wiedział jak postąpić. Był tęgi i łatwo się męczył.
□ M. się czym: Męczyć się pracą. □ M. się z kim,
z czym, *rzad.* nad czym, nad kim: Męczyć się
z tępym uczniem. Męczyć się nad lekcjami.

męczydusza *ż a. m odm.* jak *ż II, M.* ten a. ta
męczydusza (także o mężczyznach), *lm M.* te męczydusze, *D.* męczyduszów (tylko o mężczyznach) a.
męczydusz, *B.* tych męczyduszów (tylko o mężczyznach) a. te męczydusze *pot. żart.* «nudziarz»

mędrek *m III, D.* mędrka, *lm M.* ci mędrkowie
a. (z silniejszym zabarwieniem ekspresywnym) te
mędrki *pot.* «człowiek przemądrzały; mądrala»

mędrzec *m II, D.* mędrca, *W.* mędrcze (*nie*:
mędrcu), *lm M.* mędrcy.

męka *ż IV, lm D.* mąk (*nie*: męk): Przechodzić,
znosić męki. Coś jest dla kogoś męką.

męski *m-os.* męscy, *st. w.* bardziej męski, w zn.
«właściwy mężczyźnie, godny mężczyzny» △ *niepo-*
prawne Fryzjer, krawiec męsko-damski (*zamiast*:
fryzjer, krawiec męski i damski). || D Kult. I, 811;
U Pol. (1), 227.

*męski rodzaj p. rodzaj gramatyczny.

męstwo *n III, blm*: Okazać męstwo. Znosić coś
z męstwem.

mężczyzna (*wym.* męszczyzna, *nie*: meszczyzna)
m odm. jak *ż IV, lm M.* mężczyźni, *DB.* mężczyzn.

*mężczyzn nazwiska p.: nazwiska polskie, nazwiska obce.

mg «skrót wyrazu: *miligram*, pisany bez kropki,
stawiany zwykle po wymienionej liczbie, czytany
jako cały, odmieniany wyraz»: 1 mg, 5 mg (*czyt.* mili-
gramów).

MGK (*wym.* emgieka, p. akcent § 6) *n ndm* «Ministerstwo Gospodarki Komunalnej»: Załatwić coś
w MGK. MGK wydało komunikat.

mglisto *st. w.* bardziej mglisto, *rzad.* mgliściej
przysłów. od mglisty: Na dworze jest mglisto.
△ w *przen.* częściej: mgliście.

mgliście *st. w.* bardziej mgliście, *rzad.* mgliściej
«niezbyt zrozumiale, w sposób nie sprecyzowany»:
Tłumaczył się mgliście. △ w zn. dosłownym *częściej*:
mglisto.

mgła *ż IV, lm D.* mgieł: Nieprzenikniona, gęsta
mgła. Tonąć we mgle. Pamiętać, przypominać sobie,
widzieć, słyszeć jak we mgle, jak przez mgłę, jak za
mgłą. □ *przen. M.* czego: Mgła dymu. Mgła nie-
pamięci, smutku, marzeń.

mgnienie *n I,* w zn. «bardzo szybki ruch (powiek,
światła)» △ W mgnieniu oka (*nie*: oczu).

mgr «skrót wyrazu: *magister*, pisany w mianowniku *lp* bez kropki, w przypadkach zależnych z kropką
albo z końcówkami deklinacji męskiej (*m IV*), stawiany zwykle przed nazwiskiem lub przed imieniem
i nazwiskiem, czytany jako cały wyraz»: Mgr Kowalski, Mgr Jan Kowalski. Rozmawiał z mgrem a.
z mgr. (*czyt.* magistrem) Kowalskim. O mgrze a. mgr.
(*czyt.* magistrze) Kowalskim. △ w *lm*: Mgr Kowalski
i mgr Piotrowski a. mgr mgr Kowalski i Piotrowski.
△ Przy wyliczaniu lepiej używać w *lm* form odmiennych: Na zjazd przybyli mgrowie: Kowalski,
Piotrowski, Wiśniewski. Zagadnienie opracowane
przez mgrów: Kowalskiego, Piotrowskiego i Wiśniewskiego.

mgr *ndm* (zawsze bez kropki) o kobiecie: Mgr (Anna)
Kowalska, z mgr (*czyt.* magister) Kowalską.

MHD (*wym.* emhade, p. akcent § 6) *n a. m ndm*
«Miejski Handel Detaliczny»: MHD rozprowadziło
(rozprowadził) już 800 ton pomarańcz. — MHD-
-owiec a. emhadowiec *m II, D.* MHD-owca, *lm M.*
MHD-owcy — MHD-owski a. emhadowski.

MHM (*wym.* emhaem, p. akcent § 6) *m IV, D.*
MHM-u, *Ms.* MHM-ie «Miejski Handel Mięsny»:
MHM wprowadził do sprzedaży nowy gatunek węd-
lin.

MHW (*wym.* emhawu, p. akcent § 6) *n ndm* «Ministerstwo Handlu Wewnętrznego»: MHW skierowało
pismo do wszystkich placówek handlowych.

MHZ (*wym.* emhazet, p. akcent § 6) *n ndm* a. *m IV,*
D. MHZ-tu, *Ms.* MHZ-cie «Ministerstwo Handlu
Zagranicznego»: MHZ wysłało (wysłał) swoich przedstawicieli na Targi Lipskie. Pracować w MHZ
(w MHZ-cie).

mi p. ja.

miałki *st. w.* bardziej miałki **1.** «drobno roztarty,
drobno zmielony, drobny, sypki»: Miałki pieprz,
piasek. **2.** *reg.* w zn. «płytki»: Miałkie miejsce w jeziorze. *Ale* ogólnopolskie *książk. przen.* Miałki umysł
«umysł ograniczony, powierzchowny»

Miami (*wym.* Majami a. Majemi) *n ndm* «miasto
w USA (Floryda)»: Mieszkać w Miami.

mianować *ndk IV,* mianowaliśmy (p. akcent § 1a
i 2) □ M. kogo kim (*nie*: na kogo): Mianować
kogoś dyrektorem (*ale*: Mianować na stanowisko
dyrektora).

*mianownik jest przypadkiem niezależnym, w zdaniu występuje w funkcji podmiotu lub orzecznika.
1. Ogół rzeczowników męskich cechuje w mianowni-

ku *lp* końcówka zerowa, z wyjątkiem rzeczowników zakończonych na -*a* i zdrobniałych na -*o* (np.: dom, pies, pan; wojewoda, zbójca; dziadzio, Józio). △ *Błędne* jest wyrównywanie formy mianownika do formy innych przypadków, np.: „swetr, kolc, plastr, fiakr" (*zamiast*: sweter, kolec, plaster, fiakier). △ *niepoprawne*: „liter, kiosek, tomahawek" (*zamiast*: litr, kiosk, tomahawk); „kłęb, swęd, widnokręg, wyręb, zręb" (*zamiast*: kłąb, swąd, widnokrąg, wyrąb, zrąb); „barłog, kołowrot, mol, morg, ozor, sobol, ugor" (*zamiast*: barłóg, kołowrót, mól, mórg, ozór, soból, ugór). W postaciach obocznych mogą występować m.in. wyrazy: koliber//*rzad.* kolibr; zaprzęg// zaprząg; muchomór//muchomor; fosfor//*reg.* fosfór; kąsek//kęsek (*ale* tylko: kęs). △ Niekiedy oboczne postacie mianownika wyrazów historycznie tożsamych mają znaczenia zupełnie różne, np.: krąg (= koło) — kręg (= kość), okrąg (= obwód koła) — okręg (= rejon), pąk (kwiatu) — pęk (= wiązka), walc (= taniec) — walec (= bryła geometryczna).
2. Mianownik *lp* rzeczowników żeńskich ma najczęściej końcówkę -*a* (np.: kawa, manna, koza) — obok rzadszej końcówki -*i* (w takich wyrazach jak: pani, gospodyni). W rzeczownikach miękkotematowych (np.: łódź, noc, mysz, sieć) występuje mianownik w postaci samego tematu (z tzw. końcówką zerową). △ *Błędne* jest zmienianie form z końcówkami samogłoskowymi na formy bezkońcówkowe, np.: „kontrol, brzytew, podeszew, dratew, tratew, topól, pomarańcz" (*zamiast*: kontrola, brzytwa, podeszwa, dratwa, tratwa, topola, pomarańcza). △ *Błędne* są także formy: „krokwia, kadzia, wsza" (*zamiast*: krokiew, kadź, wesz). △ Jedynie kilka rzeczowników ma tu formy oboczne, np.: głębia // głąb, bezdeń // bezdnia.
3. Rzeczowniki rodzaju nijakiego zakończone są w mianowniku *lp* na -*o* (przy temacie twardym), na -*e* lub *ę* (przy temacie zakończonym spółgłoską miękką fonetycznie lub funkcjonalnie), np.: okno, koło, pole, życie, zbocze, pisklę, imię. △ Wyjątek stanowią tu niektóre rzeczowniki miękkotematowe o końcówce -*o*, takie jak: gorąco, radio, studio.
4. W mowie potocznej forma mianownika *lp* szerzy się w funkcji wołacza, zwłaszcza w zakresie imion własnych, głównie zdrobniałych, np.: Chodź tu, Jurek! Cicho bądź, Michał! Słuchaj, Zosia! △ Wyłączna jest w nazwiskach: Panie Nowak! (*nie*: Panie Nowaku). Obywatelu Buchman (*nie*: obywatelu Buchmanie). △ *Błędne* są formy wołacza używane w mianowniku (w imionach męskich i rzeczownikach pospolitych zdrobniałych), np.: Edziu (*zamiast*: Edzio) przyjechał; Kaziu (*zamiast*: Kazio) pracuje. Przyszedł wujciu (*zamiast*: wujcio).
5. W mianowniku *lm* o doborze końcówek decydują kryteria rodzajowe, fonetyczne i stylistyczne: **a)** rzeczowniki męskie nieosobowe oraz żeńskie samogłoskowe mają końcówkę -*e* (tematy zakończone spółgłoską miękką fonetycznie lub funkcjonalnie obok -*i* (po *k*, *g*) oraz -*y* (rzeczowniki twardotematowe), np.: widelce, ciocie, kotki, nogi, żony, narcyzy (*nie*: narcyze). **b)** rzeczowniki męskie osobowe mają w mianowniku *lm* końcówkę -*e* (miękkotematowe), -*y* (jeżeli temat kończy się na *k*, *g*, *r*) oraz -*i* (gdy końcowa spółgłoska tematu jest twarda), np.: rycerze, kowale, górnicy, rektorzy, sąsiedzi.
△ Wyjątki stanowią rzeczowniki: na -*ec*, które wbrew regule mają w mianowniku *lm* końcówkę -*y*, np.: chłopcy, jeźdźcy;

na -*anin*, które w mianowniku *lm* tracą przyrostek -*in* i przybierają końcówkę -*e* (właściwą tematom miękkim), np.: mieszczanin — mieszczanie (*nie*: mieszczani), dominikanin — dominikanie (*nie*: dominikani);
na -*ans* (obcego pochodzenia), które w mianowniku *lm* mają końcówkę -*e* (zamiast regularnego -*y*), np.: alianse, finanse, konwenanse, kwadranse, pasjanse (*nie*: aliansy, finansy, konwenansy, kwadransy, pasjansy). *Ale*: ambulanse a. ambulansy, awanse a. awansy, bilanse a. bilansy, dyliżanse a. dyliżansy, dysonanse a. dysonansy, dystanse a. dystansy, romanse a. romansy, seanse a. seansy. △ Oboczności te dopuszczalne są w języku potocznym, w polszczyźnie pisanej lepsza jest końcówka -*e*. △ Rzeczowniki żywotne na -*ans* mają zawsze końcówkę -*y*, np. szympansy.
△ Wiele rzeczowników męskich osobowych ma końcówkę -*owie* (zwłaszcza rzeczowniki oznaczające godność, stanowisko, narodowość, stopień pokrewieństwa), np.: wodzowie, profesorowie, Arabowie, Belgowie, ojcowie. △ Występuje ona nierzadko równolegle z końcówkami -*e* // -*y*, np.: geolodzy a. geologowie, profesorzy, *częściej*: profesorowie; bohaterzy a. bohaterowie (*ale nie*: nauczycielowie, filozofi). △ Końcówki rzeczowe używane zamiast męskoosobowych nadają rzeczownikowi odcień ujemny (np.: stare, pijane chłopy), dodatni (np. dzielne chłopy) lub podniosły (np. mężne wojowniki, dostojne posły). Tylko końcówki nieosobowe mogą przybierać pewne nazwy osób o znaczeniu pejoratywnym, np.: nieroby, darmozjady, gagatki. △ Uwaga. Końcówka -*a* w mianowniku *lm* rzeczowników męskich nieżywotnych obcego pochodzenia jest dziś końcówką przestarzałą, wypartą przez regularną końcówkę -*y*, np.: grunty, gusty, inspekty, koszty, pakty (*przestarz.*: grunta, gusta, inspekta, koszta, pakta). △ Wyłącznie końcówkę -*y* mają rzeczowniki: dogmaty, dramaty, egzaminy, apartamenty, argumenty, bilety, komplementy, koncerty, kontrakty, numery, obiekty, poematy, prezenty, projekty, interesy, monumenty, ornamenty, procenty, punkty, talenty. △ Niekiedy oboczność końcówek -*a* // -*y* różnicuje znaczenie wyrazu, np. *akt* w zn. «część utworu dramatycznego» lub «forma plastyczna» ma końcówkę -*y*, w zn. «dokument» końcówkę -*a*, np. akta sprawy. △ Podobnie rzeczownik *organ* w zn. «instytucja» ma, obok końcówki -*y* — *wych. z użycia* końcówkę -*a*, np. organa sprawiedliwości; w zn. «narząd, periodyk» — tylko końcówkę -*y*. **c)** mianownik *lm* rzeczowników żeńskich spółgłoskowych przybiera końcówki -*i* // -*e* (po spółgłosce fonetycznie miękkiej) oraz -*y*//-*e* (po funkcjonalnie miękkiej), np.: sieć—sieci; dłoń—dłonie; kość—kości; rozkosz—rozkosze; rzecz—rzeczy; noc—noce; mysz—myszy. △ Końcówki -*i*//-*e* podlegają ciągłym wahaniom, czasem występują obocznie, np.: przepaście a. przepaści; wieś—wsie, *rzad.* wsi; postać — postacie, *rzad.* postaci; *ale* tylko: kości (*nie*: koście), ości (*nie*: oście). **d)** rzeczowniki nijakie mają w mianowniku *lm* końcówkę -*a*, np.: sito—sita, pole—pola, skrzydło—skrzydła, życie—życia (swoista jest odmiana rzeczowników: oko, ucho, dziecko, p. poszczególne rzeczowniki).
6. Wszystkie końcówki mianownika *lm* niezależnie od rodzaju rzeczownika, właściwe są również wołaczowi *lm* (p. wołacz).
7. Mianownik obok funkcji podmiotu pełni w zdaniu również rolę orzecznika; zastępuje wówczas narzęd-

nik w następujących wypadkach: **a)** jeżeli przy łączniku (albo zamiast niego) występuje zaimek *to*, np. Zając (jest) to zwierzę. **b)** jeżeli orzecznikiem jest nazwisko albo imię, np.: Jestem Wiśniewski. Jestem Maria. △ Inne użycia mają charakter potoczny lub odznaczają się specjalnym zabarwieniem ekspresywnym, np.: On jest inżynier. On jest Polak. Jesteś łajdak, łobuz! (*Por.* narzędnik). △ Uwaga. W wypadku orzecznika przymiotnego obowiązuje postać mianownikowa orzecznika, np.: On jest młody (*nie*: młodym). Ona chciała być dobra (*nie*: być dobrą); ale w połączeniu z bezokolicznikiem i w zdaniach bezpodmiotowych występuje narzędnik, np.: Być dobrym to trudna rzecz. Gdy się jest młodym... *Por.* narzędnik, orzeczenie.

miara *ż IV, CMs.* mierze (*nie*: miarze) **1.** «wielkość przyjęta za jednostkę porównawczą» □ M. czego: Miara długości, powierzchni. Miara czasu, siły. **2.** «to, czym się mierzy, *częściej*: miarka» **3.** «rozmiar czegoś; mierzenie»: Miara palta, sukni. △ Mieć miarę «mieć wymaganą, odpowiednią wielkość» △ *przen.* **a)** «umiar, granica» □ M. w czym: Brak miary w jedzeniu. **b)** «wartość, stopień czegoś»: Uczony dużej miary. □ W dużej (*nie*: poważnej, wysokiej) mierze: W dużej mierze tobie to zawdzięczam. △ W miarę jak... a. w miarę czego «jednocześnie z czymś» △ *książk.* W tej mierze «pod tym względem»: Nikt nie miał instrukcji w tej mierze. **4.** in. metrum.

miarkować *ndk IV*, miarkowaliśmy (p. akcent § 1a i 2) **1.** *środ.* «ściśle odmierzać»: Miarkować lekarstwo. **2.** *wych. z użycia* **a)** — **pomiarkować** *dk* «ograniczać coś, trzymać na wodzy»: Miarkować swoje kaprysy. **b)** — **zmiarkować** *dk* «domyślać się» □ M. z czego, po czym, że...: Z jego twarzy zmiarkował, że coś się stało.
miarkować się *wych. z użycia* **a)** «ograniczać się, powściągać» □ M. się w czym: Umiał się miarkować w gniewie. **b)** «orientować się» □ M. się w czym, po czym: Miarkowali się po gwiazdach.

miarodajny (wyraz nadużywany w prasie i w mowie potocznej w wyrażeniach typu: czynniki, koła, władze miarodajne itp.) — *lepiej*: właściwy, decydujący.

miarowy 1. *st. w.* bardziej miarowy «równomierny, rytmiczny»: Miarowy szum fal. Miarowy krok. **2.** «wiążący się z mierzeniem, przymierzaniem»: Krawiectwo miarowe. Odzież miarowa (*lepiej*: na miarę).

Miastko *n II* «miasto» — miastkowianin *m V, D.* miastkowianina, *lm M.* miastkowianie, *D.* miastkowian — miastkowianka *ż III, lm D.* miastkowianek — miastecki.

miasto *n III, Ms.* mieście (skrót: m.): Miasto stołeczne, wojewódzkie. Miasto stołeczne Warszawa. Miasto fabryczne, portowe. Miasto ogród. △ W mieście «w obrębie miasta»: Mieszkać, urodzić się w mieście. △ Na mieście «poza domem (położonym w tym mieście)»: Załatwiać coś na mieście. △ Wyjść na miasto «wyjść na ulice miasta»

! miastowy p. miejski.

miauczeć (*wym.* miau-czeć; *nie*: miauczyć) *ndk VIIb*, miauczałby (p. akcent § 4c) — **miauknąć** (*wym.* miau-knąć) *dk Va*, miauknął (*wym.* miauknoł),

miauknęła (*wym.* miauknęła; *nie*: miaukła), miauknąłby (*wym.* miauknołby).

miażdżyca *ż II, blm; środ.* (*med.*) «skleroza»

miąć (*nie*: mnąć, mniąć) *ndk Xc*, mnę, mnie, mnij, miął (*wym.* mioł), miąłem (*wym.* miołem; *nie*: mnąłem, mnełem), mięła (*wym.* mieła), mięliśmy (*wym.* mieliśmy, p. akcent § 1a i 2), mięty — **zmiąć** *dk*.

miąższ (*nie*: ta miąższ) *m II, D.* miąższu, zwykle w *lp*.

Michajłow *m IV, D.* Michajłowa, *lm M.* Michajłowowie: Rodzina Michajłowów.

Michajłowskoje (*wym.* Michajłowskoje) *n* odm. jak przym., *D.* Michajłowskiego (*nie*: Michajłowskiego, p. akcent § 7), *Ms.* Michajłowskiem a. (w połączeniu z odmienianym wyrazem: wieś) *ndm* «wieś w ZSRR»: Pobyt Puszkina w Michajłowskiem (a. we wsi Michajłowskoje). || *KJP 251.*

Michał *m IV, lm M.* Michałowie — Michałek (p.) — Michaś *m I, lm M.* Michasiowie — Michałostwo *n III, DB.* Michałostwa, *Ms.* Michałostwu (*nie*: Michałostwie), *blm*; a. Michałowie *blp, DB.* Michałów — Michasiowie *blp, DB.* Michasiów — Michałkowie *blp, DB.* Michałków — Michalina *ż IV* — Michasia *ż I, W.* Michasiu.

Michał Anioł *m IV, D.* Michała Anioła, *Ms.* Michale Aniele: Słynne rzeźby Michała Anioła.

Michałek *m III, D.* Michałka **1.** *lm M.* Michałkowie «zdr. od Michał»
2. michałek, *lm M.* michałki, zwykle w *lm, pot. żart.* «drobnostki, błahostki; odmiana gruszek; drobne astry»

Michejda *m* odm. jak *ż IV, lm M.* Michejdowie, *DB.* Michejdów: Artykuł poświęcony Franciszkowi Michejdzie.
Michejda *ż IV, rzad. ndm* — Michejdzina *ż IV, D.* Michejdziny, *CMs.* Michejdzinie (*nie*: Michejdzinej); *rzad.* Michejdowa *ż* odm. jak przym. — Michejdzianka *ż III, lm D.* Michejdzianek; *rzad.* Michejdówna *ż IV, D.* Michejdówny, *CMs.* Michejdównie (*nie*: Michejdównej), *lm D.* Michejdówien.

Michelet (*wym.* Miszle) *m IV, D.* Micheleta (*wym.* Miszleta, p. akcent § 7), *Ms.* Michelecie, *lm M.* Micheletowie: Historiografia Micheleta.

Michigan (*wym.* Miczigen) *m ndm* «stan i jezioro w USA» — używane zwykle z wyrazami: stan, jezioro: Stan Michigan, jezioro Michigan.

Mickiewicz *m II, lm M.* Mickiewiczowie.
Mickiewicz *ż ndm* — Mickiewiczowa *ż* odm. jak przym. — Mickiewiczówna *ż IV, D.* Mickiewiczówny, *CMs.* Mickiewiczównie (*nie*: Mickiewiczównej), *lm D.* Mickiewiczówien.

mickiewicziana *blp, D.* mickiewiczianów.

mickiewiczolog *m III, lm M.* mickiewiczolodzy a. mickiewiczologowie.

Mickiewiczowski 1. «należący do Mickiewicza»: Poemat Mickiewiczowski.
2. mickiewiczowski «właściwy Mickiewiczowi»: Pisać w stylu mickiewiczowskim.

Miczurin (*wym.* Miczurin) *m IV, D.* Miczurina (p. akcent § 7): Odmiany drzew wyhodowane przez Miczurina.

miczurinowiec *m II*, *D.* miczurinowca, *lm M.* miczurinowcy; *rzad.* **miczurinista** *m* odm. jak *ż IV*, *lm M.* miczuriniści, *DB.* miczurinistów. || *D Kult. I, 524.*

Miechowita *m* odm. jak *ż IV* 1. «przydomek Macieja z Miechowa»
2. miechowita, *lm M.* miechowici, *DB.* miechowitów «członek zakonu bożogrobców (w dawnej Polsce)»

Miechów *m IV*, *D.* Miechowa, *C.* Miechowowi (*ale*: ku Miechowowi a. ku Miechowu) «miasto» — miechowianin *m V*, *D.* miechowianina, *lm M.* miechowianie, *D.* miechowian — miechowianka *ż III*, *lm D.* miechowianek — miechowski.

miecz *m II*, *lm D.* mieczów a. mieczy. || *D Kult. I, 663.*

miecznik *m III* 1. *lm M.* miecznikowie a. miecznicy «w średniowieczu: urzędnik dworski, noszący miecz przed panującymi; tytularny urząd ziemski w dawnej Polsce» 2. *lm M.* miecznicy «rzemieślnik wyrabiający miecze» 3. *lm M.* mieczniki a) «ryba; włócznik» b) «ssak morski; orka»

Miecznikow (*wym.* Miecznikow) *m IV*, *D.* Miecznikowa (p. akcent § 7): Prace naukowe Miecznikowa.

miecznikowa *ż* odm. jak przym. *D.* miecznikowej, *W.* miecznikowo.

mieczyk *m III*, *lm D.* mieczyka; in. gladiolus.

Mieczysław *m IV*, *lm M.* Mieczysławowie — Miecio (*nie*: Mieciu) *m I*, *lmi M.* Mieciowie — Mietek *m III*, *D.* Mietka, *lm M.* Mietkowie — Mieczysławostwo *n III*, *DB.* Mieczysławostwa, *Ms.* Mieczysławostwie (*nie*: Mieczysławowstwie), *blm*; a. Mieczysławowie *blp*, *D.* Mieczysławów — Mieciowie, Mietkowie *blp*, *D.* Mieciów, Mietków — Mieczysława *ż IV* — Miecia *ż I*, *W.* Mieciu.

mieć *ndk*, mam, masz, ma, mają, miej, miał, mieliśmy (p. akcent § 1a i 2) «być właścicielem, użytkownikiem czegoś; składać się z czegoś; być podmiotem tego, co wyraża rzeczownik»: Mieć (*nie*: posiadać) scyzoryk, książkę, bilet. Mieć (*nie*: posiadać) 60 lat. Mieć zmartwienie. Mieć rodziców, przyjaciół. Mieć grypę. Cierpliwość ma granice. Mieć znane nazwisko. Coś ma (*lepiej* niż: nosi) jakiś charakter. Mieć (*nie*: odgrywać) znaczenie. Mieć zrozumienie dla czegoś, *lepiej*: rozumieć coś. Mieć polecenie, rozkaz (*nie*: mieć polecone, rozkazane). Mieć zdolność (*nie*: zmysł) do czegoś. △ Mieć miejsce, *lepiej*: dziać się, odbywać się, zdarzać się, np. Miał miejsce (*lepiej*: zdarzył się) wypadek. △ Mieć z kimś dziecko, dzieci: Miała ze swoim pierwszym mężem dwoje dzieci. Mąż miał z nią (*przestarz.* z niej) dwoje dzieci. △ *pot.* Mieć nos, nosa, mieć dobrego nosa «mieć dobrą orientację, trafnie przewidywać», *ale*: Mieć długi nos (*nie*: długiego nosa). △ Mieć chęć, p. chęć. △ Mieć ochotę, p. ochota. △ Mieć prawo, p. prawo. △ Połączenie: *nie ma*, p. nie ma.

Miedwie *n I* a. (w połączeniu z wyrazem: jezioro) *ndm* «jezioro»: Na jeziorze Miedwie (a. na Miedwiu).

Miedzeszyn (*nie*: Międzeszyn, Miedzyszyn) *m IV* «osiedle» — miedzeszyński.

Miedziane *n* odm. jak przym., *NMs.* Miedzianem «szczyt górski w Tatrach»

miedziano- 1. «pierwszy człon wyrazów złożonych» a) «wskazujący na miedziany odcień danego koloru (pisany łącznie)», np.: miedzianoczerwony, miedzianozłoty.
b) «będący częścią przymiotników złożonych o charakterze dzierżawczym, określający kolor tego, co nazywa druga, rzeczownikowa część złożenia, pisany łącznie», np.: miedzianoskóry, miedzianobrody.
2. «część przymiotników złożonych z członów znaczeniowo równorzędnych (pisana z łącznikiem); zrobiony z miedzi i innego metalu», np. miedziano-cynowy. △ Wyrażenia, których pierwszym członem jest przysłówek a drugim imiesłów, pisze się rozdzielnie, np. miedziano połyskujący.

miedziany (*nie*: miedzianny).

miejsce *n I*: Miejsce wolne, zajęte. Miejsce ustronne. □ M. na co «miejsce na jakiś przedmiot, *rzad.* na czynność»: Miejsce na książki. Miejsce na zabawę. □ M. do czego «miejsce, na którym może się odbywać jakaś czynność»: Miejsce do zabawy, do spaceru. □ M. czego «miejsce, gdzie się coś odbyło lub odbywa»: Miejsce narad, zbrodni. △ Nie móc usiedzieć na miejscu a. w miejscu «być podenerwowanym, podnieconym» △ Stać, dreptać w miejscu, *rzad.* na miejscu «nie posuwać się naprzód w rozmowaniu, w pracy, w jakiejś działalności» △ Chodzić z miejsca na miejsce (*nie*: w miejsce). △ Na miejsce a. w miejsce czegoś (*lepiej*: zamiast). △ Mieć miejsce (*lepiej*: dziać się, odbywać się, zdarzać się). △ *pot.* Z miejsca (*lepiej*: od razu).

***miejscowe nazwy** p. nazwy miejscowe.

***miejscownik** to przypadek wyrażający niektóre okoliczniki miejsca (*np.*: w Krakowie, na polu, przy stole), okoliczniki czasu (np.: o godzinie piątej, na pół minuty) oraz dopełnienie dalsze (np.: mówić o kimś, znać się na czymś, przestrzegać przed czymś). Formy miejscownika występują zawsze z przyimkiem.
1. Rzeczowniki rodzaju męskiego i nijakiego przybierają w miejscowniku *lp* końcówkę *-u* po tematach zakończonych na spółgłoskę miękką oraz na *c, dz, dż, sz, rz* lub *k, g, ch*, natomiast końcówkę *-e* we wszystkich innych wypadkach, np.: o koniu, kocie, szczęściu, księdzu, mężu; w morzu, w obłoku, w stawie, w mieście; na oknie, na piecu, przy uchu.
△ Niektóre rzeczowniki mają w miejscowniku końcówkę odbiegającą od powyższych zasad, np.: dom — w domu (*nie*: w domie), pan — o panu, syn — przy synu (*nie*: przy synie), dzień — w dniu, *ale*: we dnie (np. w wyrażeniu: we dnie i w nocy). △ W wielu rzeczownikach zachodzą w miejscowniku wymiany samogłosek tematowych, np.: gniazdo — w gnieździe, wiatr — na wietrze, świat — na świecie, anioł — o aniele.
2. Rzeczowniki rodzaju żeńskiego przybierają końcówkę *-i* po tematach zakończonych na spółgłoskę miękką, *-y* po tematach zakończonych na spółgłoskę: *c, dz, dż, sz, rz*, końcówkę *-e* zaś we wszystkich innych wypadkach, np.: o kości, gospodyni; w nocy, o nędzy, myszy, młodzieży; w szkole, przy kobiecie, na górze. △ Uwaga. Rzeczownik *ręka* w miejscowniku obok regularnej postaci *w ręce* ma również wyjątkową (i poprawną) postać *w ręku*.
3. Miejscownik liczby mnogiej ma we wszystkich typach deklinacji ujednoliconą końcówkę *-ach*, np.: (o) dębach, koniach, liściach, polach, zbożach, żo-

nach. △ Uwaga. Niektóre rzeczowniki męskie będące nazwami krajów zachowały tradycyjną końcówkę -ech, np.: We Włoszech (ale: we Włochach — dzielnica Warszawy), na Węgrzech, w Niemczech (ale: o Węgrach, Niemcach — gdy mowa o mieszkańcach tych krajów).

miejscowy m-os. miejscowi. Por. lokalny.

miejski (nie: miastowy) m-os. miejscy.

Mielec m II, D. Mielca «miasto» — mielczanin m V, D. mielczanina, lm M. mielczanie, D. mielczan — mielczanka ż III, lm D. mielczanek — mielecki.

mieliwo p. mlewo.

Mielno n III «miejscowość» — mielnianin m V, D. mielnianina, lm M. mielnianie, D. mielnian — mielnianka ż III, lm D. mielnianek — mieleński.

mienić ndk VIa, mieniliśmy (p. akcent § 1a i 2) przestarz., książk. (częściej w formie zwrotnej).
mienić się □ książk. M. się kim, czym: Mienił się moim przyjacielem.

mienić się ndk VIa, mieniliśmy się (p. akcent § 1a i 2): Rzeka mieni się w słońcu. △ Mienić się na twarzy, rzad. twarz, policzki się komuś mienią «rumienić się i blednąć na przemian» △ nieos. Mieni się komuś w oczach «ktoś ma wrażenie barwnego migotania» □ M. się czym a. od czego: Łąka mieniła się kwiatami a. od kwiatów.

mienszewik m III, lm M. mienszewicy: Mienszewicy po rewolucji październikowej zwalczali władzę radziecką.

mierniczy: Przyrządy miernicze.
mierniczy w użyciu rzeczownikowym, lm M. mierniczowie, D. mierniczych; in. geometra.

mierzchnąć ndk Vc, mierzchł (nie: mierzchnął), mierzchłoby (p. akcent § 4c) — **zmierzchnąć** dk, zwykle w 3. os., bezokol., imiesł. i formie nieos.: Gwiazdy mierzchną. Mierzchnie już w lesie.

mierzeja ż I, DCMs. i lm D. mierzei.

mierzić (wym. mier-zić) ndk VIa, mierżę, mierź, mierziliśmy (p. akcent § 1a i 2) — **zmierzić** dk □ Coś (ktoś) mierzi kogo: Mierżą mnie nocne lokale, libacje. □ (tylko dk) Z. co — komu: Zmierzili mi tu życie.

mierznąć (wym. mier-znąć) ndk Vc, mierznie (wym. mier-znie a. mier-źnie), mierzliśmy (wym. mier-zliśmy, mier-źliśmy, p. akcent § 1a i 2) — **zmierznąć** dk □ M. komu: Zmierzła mi ta ciągła niepogoda.

mierzwa (nie: mierżwa) ż IV, blm.

mierzyć ndk VIb, mierzyliśmy (p. akcent § 1a i 2) 1. «określać wielkość czegoś; sprawdzać przystosowanie czegoś do własnej figury»: Mierzyć mieszkanie, papier, temperaturę. Mierzyć obuwie, suknie. △ niepoprawne w zn. «mieć określone wymiary (długość, szerokość)», np. Uliczka mierzyła (zamiast: miała) 50 m długości. 2. «celować, godzić w kogoś» □ M. do kogo, czego a. w kogo, co: Mierzyli do siebie z pistoletów. △ Mierzyć wysoko «mieć wielkie aspiracje»
mierzyć się □ M. się z kim, z czym «dorównywać

komuś lub czemuś, równać się»: Nikt nie mógł mierzyć się z nim pod względem siły.

mierzynek m III, D. mierzynka; rzad. **mierzyn** m IV, lm M. mierzyny.

mies. «skrót wyrazu: miesiąc, pisany z kropką, stawiany zwykle po wymienionej liczbie, czytany jako cały, odmieniany wyraz, także w przypadkach zależnych»: 5 mies. (czyt. miesięcy).

miesiąc m II 1. lm M. miesięcy (skrót: mies.) «dwunasta część roku» △ Z miesiąca na miesiąc lepiej mu się powodzi. △ Za miesiąc «po upływie miesiąca od chwili, w której się to mówi»: Za miesiąc wyjeżdżam w góry. △ niepoprawne Za miesiąc, w zn. «w ciągu miesiąca», np. Sławny aktor dostaje za miesiąc (zamiast: w ciągu miesiąca) setki listów. △ Na przeciąg jednego miesiąca (lepiej: na miesiąc). △ Co miesiąc, rzad. co miesiąca. △ niepoprawne W miesiącu np. grudniu (zamiast: w grudniu). 2. lm D. miesiąców a. miesięcy poet. «księżyc»

miesić (nie: mięsić) ndk VIa, mieszę, mieś, miesiliśmy (p. akcent § 1a i 2): Miesić ciasto, glinę.

! miesienie p. mieszenie.

mieszacz (nie: mięszacz) m II, lm D. mieszaczy, rzad. mieszaczów 1. «robotnik zatrudniony przy mieszaniu» 2. lepiej: mieszarka. || D Kult. II, 389.

mieszaczka ż III, lm D. mieszaczek 1. «robotnica zatrudniona przy mieszaniu» 2. lepiej: mieszarka. || D Kult. II, 389.

mieszać (nie: mięszać) ndk I, mieszaliśmy (p. akcent § 1a i 2): Mieszać zaprawę murarską. Mieszać zupę, herbatę łyżką. Mieszać w garnku. □ M. co — z czym «łączyć z sobą»: Mieszać mąkę z proszkiem do pieczenia. □ przen. M. co — z czym, kogo z kim «niesłusznie utożsamiać, mylić»: Mieszać z sobą różne pojęcia. Mieszał córkę z matką. □ (tylko przen.) M. co — do czego «dodawać»: Mieszać cierpkie uwagi do pochwał, obce wyrazy do języka rodzimego. □ M. kogo — do czego, w co «wplątywać, wciągać»: Nie mieszaj mnie do tych spraw a. w te sprawy. □ M. kogo (czym) «wprawiać w zakłopotanie»: Mieszał ją swoimi żartami.

mieszadło n III, lm D. mieszadeł «część mieszająca maszyny, urządzenia»

mieszalnik m III «zbiornik do mieszania różnych substancji»

mieszaniec m II, D. mieszańca 1. lm M. mieszańcy «człowiek pochodzący ze zmieszania odrębnych ras» 2. lm M. mieszańce «zwierzę lub roślina powstałe ze skrzyżowania różnych odmian, gatunków»

mieszarka ż III, lm D. mieszarek «maszyna, urządzenie do mieszania różnych substancji»

mieszczanin m V, D. mieszczanina, lm M. mieszczanie, D. mieszczan (nie: mieszczanów).

mieszczuch m III, lm M. te mieszczuchy pogard. «mieszkaniec miasta»

mieszenie (nie: miesienie, mięsienie) n I 1. forma rzeczownikowa czas. miesić. 2. środ., lepiej: masaż.

mieszkać (nie: mięszkać) ndk I, mieszkaliśmy (p. akcent § 1a i 2): Mieszkać w zamku a. na zamku. Mieszkać w internacie (ale: mieszkać na stancji).

mieszkanie

Mieszkać na ulicy Wilczej a. na Wilczej, *rzad.* (w języku urzędowym) przy ulicy Wilczej, przy Wilczej, pod numerem piątym. Mieszkać na placu Powstańców, *rzad.* (w języku urzędowym) przy placu Powstańców, *ale*: Mieszkać na rynku a. w rynku (*nie*: przy rynku). // *D Kult. I, 84.*

mieszkanie (*nie*: mięszkanie) *n I* «pomieszczenie, w którym się mieszka» △ *niepoprawne* w zn. «pokój, izba»

mieszkaniec *m II, D.* mieszkańca, *lm M.* mieszkańcy.

*mieszkańców nazwy p. nazwy mieszkańców.

Mieszko *m III, DB.* Mieszka, *C.* Mieszkowi, *WMs.* Mieszku, *N.* Mieszkiem, *lm M.* Mieszkowie.

mieść *ndk XI,* miecie, miotą (*nie*: mietą, miecą), miótł, miotła (*nie*: mietła), miotły, miotłoby (p. akcent § 4c): Wiatr miecie śniegiem.

mię p. ja.

mięciuchny a. **mięciutki** (*nie*: mlędziuchny, miedziutki) — podobnie w innych formach zdrobniałych o odcieniu intensywnym pochodnych od przym.: miękki.

! Międzeszyn p. Miedzeszyn.

między «przyimek rządzący narzędnikiem lub biernikiem, może łączyć się» **a)** z dwoma (trzema itd.) rzeczownikami w *lp* (np. między domem a szkołą). **b)** z rzeczownikiem w *lm* (np. między drzewami). **c)** z rzeczownikiem w *lp* oznaczającym zbiór (np. między tłum, między rodzeństwem).

△ Przyimek *między* łączy się z narzędnikiem, gdy wyrażenie przyimkowe, w którym stoi, lokalizuje jakąś czynność przestrzennie lub czasowo (odpowiada na pytania: gdzie? kiedy?), np.: Między łąką i lasem. Między kobietami. Między dwunastą a pierwszą. △ Jeśli dane wyrażenie przyimkowe określa punkt dojścia, skutek jakiejś czynności (pytanie: dokąd? w jakim miejscu? do którego miejsca? jak?), wówczas przyimek *między* łączy się z biernikiem, np.: Włożyć list między kartki. Wrócić między ludzi. Rozdzielić majątek między spadkobierców. △ Jeśli przyimek *między* łączy się z dwoma (trzema itd.) rzeczownikami w *lp*, pomiędzy tymi rzeczownikami można postawić spójnik *i* we wszystkich wypadkach, w których stosowany jest spójnik *a*, np.: Między niebem i ziemią a. między niebem a ziemią. Musisz wybrać między Markiem i Andrzejem a. między Markiem a Andrzejem. △ Istnieją jednak wypadki, gdy zastąpienie spójnika *i* spójnikiem *a* jest niemożliwe. Gdy wyrażenie przyimkowe lokalizuje czynność wśród jakichś przedmiotów (w otoczeniu przedmiotów), można użyć wyłącznie spójnika *i*, np.: Szedł między gruzami i minami (= wśród gruzów i min). Wszedł między domy i sklepy (= znalazł się wśród domów i sklepów).

między- «część składowa wyrazów (głównie przymiotników, rzadziej rzeczowników i przysłówków) utworzonych z połączenia przyimka *między* z rzeczownikiem w narzędniku; znaczeniowo odpowiada funkcjom tego przyimka», np.: międzyklubowy, międzymiastowy, międzynarodowy, międzymorze, międzyrzecze, międzywojnie.

Międzybórz *m II, D.* Międzyborza «miasto» — międzyborzanin *m V, D.* międzyborzanina, *lm M.*

międzyborzanie, *D.* międzyborzan — międzyborzanka *ż III, lm D.* międzyborzanek — międzyborski.

Międzychód *m IV, D.* Międzychodu «miasto» — międzychodzianin *m V, D.* międzychodzianina, *lm M.* międzychodzianie, *D.* międzychodzian — międzychodzianka *ż III, lm D.* międzychodzianek — międzychodzki.

międzyczas *m IV, D.* międzyczasu, wyraz używany w terminologii sportowej «czas zawodnika uzyskany na pewnym odcinku trasy» △ *niepoprawne* W międzyczasie (*zamiast*: przez ten czas, tymczasem, w tym czasie), np. Zagotuj wodę, a ja w międzyczasie (*zamiast*: tymczasem) zmielę kawę. // *D Kult. I, 613; II, 435.*

międzygwiazdowy a. **międzygwiezdny.**

międzymorze *n I, lm D.* międzymorzy (*nie*: międzymórz).

międzynarodowy: Międzynarodowy trybunał, komitet, fundusz; międzynarodowe zjazdy, umowy, rokowania. Stosunki międzynarodowe.

międzynarodówka *ż III, lm D.* międzynarodówek **1.** «międzynarodowy związek organizacji socjalistycznych»: Socjalistyczna międzynarodówka. △ W nazwach dużą literą: Pierwsza Międzynarodówka, Druga Międzynarodówka, Międzynarodówka Komunistyczna.
2. Międzynarodówka «międzynarodowy hymn proletariatu i partii komunistycznych»

międzyplon (*wym.* międzyplon, *nie*: między plon) *m IV, D.* międzyplonu.

międzypokład *m IV, D.* międzypokładu; *lepiej*: **międzypokładzie** *n I, lm D.* międzypokładzi.

międzyrząd (*wym.* międzyrząd, *nie*: między rząd) *m IV, D.* międzyrządu; a. **międzyrzędzie** *n I, lm D.* międzyrzędzi.

międzyrzecki przym. od Międzyrzec Podlaski a. Międzyrzecz.

Międzyrzec Podlaski, Międzyrzec *m II,* Podlaski odm. przym. «miasto» — międzyrzeczanin *m V, D.* międzyrzeczanina, *lm M.* międzyrzeczanie, *D.* międzyrzeczan — międzyrzeczanka *ż III, lm D.* międzyrzeczanek — międzyrzecki (p.).

Międzyrzecz *m II* «miasto» — międzyrzeczanin *m V, D.* międzyrzeczanina, *lm M.* międzyrzeczanie, *D.* międzyrzeczan — międzyrzeczanka *ż III, lm D.* międzyrzeczanek — międzyrzecki (p.).

międzyrzecze *n I, lm D.* międzyrzeczy △ W nazwach dużą literą: Międzyrzecze Łomżyńskie.

Międzyzdroje *blp, D.* Międzyzdrojów (*nie*: Międzyzdroi) «miasto»: Mieszkać w Międzyzdrojach (*nie*: w Międzyzdroju) — międzyzdrojski. // *D Kult. II, 523.*

Mięguszowiecki: Mięguszowieckie Szczyty, Mięguszowiecka Przełęcz Pod Chłopkiem, Dolina Mięguszowiecka, Dolina Żabich Stawów Mięguszowieckich, Potok Mięguszowiecki.

miękczyć *ndk VIb,* miękczyliśmy (p. akcent § 1 i 2) — **zmiękczyć** *dk,* w zn. *jęz.* in. palatalizować.

miękki (*wym.* mięki, *nie*: miękki, miętki) *st. w.* miększy a. bardziej miękki (*nie*: miękciejszy, miętszy), w zn. *jęz.* in. palatalny.

miękko (*wym.* mięko) *st. w.* miękcej, *rzad.* mięcej (*nie*: miękciej). || *U Pol. (1)*, 442.

mięknąć *ndk Vc*, mięknął (*wym.* mięknol) a. miękł, miękła (*nie*: mięknęła), mięknijmy (p. akcent § 1a i 2) — **zmięknąć** *dk*: Asfalt mięknie od upałów. △ *przen.* Zmiękł na widok jej łez.

mięsień *m I*, *D.* mięśnia, *lm D.* mięśni: Mięśnie gładkie, prążkowane. Skurcz mięśni. Napinać mięśnie.

mięso *n III*, *lm D.* mięs, *przestarz.* miąs △ Sztuka mięsa (*nie*: sztuka mięs), *D.* sztuki mięsa: Na obiad mieli sztukę mięsa z kartoflami. *Por.* sztukamięs.

! mięszenie, mięsienie p. mieszenie.

! mięszkać p. mieszkać.

! miętki p. miękki.

mig *m III*, *D.* migu, dziś zwykle w *lm*: Porozumiewać się na migi. △ W mig, *rzad.* migiem «bardzo szybko, natychmiast»

migać *ndk I*, migaliśmy (p. akcent § 1a i 2) — **mignąć** *dk Va*, mignąłem (*wym.* mignołem; *nie*: mignełem, migłem), mignął (*wym.* mignoł), mignęła (*wym.* mignęła; *nie*: migła), mignęliśmy (*wym.* mignęliśmy) **1.** «ukazywać się na chwilę w ruchu, przemykać; błyskać»: W dali migała latarnia morska. Mignął jakiś cień. **2.** «poruszać szybko (zwykle przedmiotami błyszczącymi)» □ *M.* czym: Migała igłą, drutami. Migał szablą. **3.** (tylko *ndk*) *środ.* «porozumiewać się za pomocą migów» □ *M.* co: Migała teraz słowo: matka.
migać się 1. (zwykle *ndk*) *pot.* «uchylać się, wykręcać się od czegoś»: Migać się od pracy. **2.** *rzad.* forma wzmocniona czas. migać (w zn. 1).

migdał *m IV*, *D.* migdała, *rzad.* migdału △ w zn. «jadalne nasienie rośliny» w niektórych zwrotach — *B.* migdał a. migdała: Zjadł gorzki migdał a. gorzkiego migdała.

migotać *ndk IX*, migocze, *przestarz.* migoce, migocz, migotaliśmy (p. akcent § 1a i 2) — **zamigotać** *dk* **1.** «świecić przerywanym blaskiem; przesuwać się szybko, migać»: Migoczą płomyki świec. Igła migotała w jej ręku. Jezioro migocze w blasku słońca. **2.** *rzad.* «poruszać szybko czymś błyszczącym» □ *M.* czym: Migotać pałaszem.
migotać się *rzad.* forma wzmocniona czas. migotać (w zn. 1).

mijać *ndk I*, mijaliśmy (p. akcent § 1a i 2) — **minąć** *dk Vb*, minąłem (*wym.* minołem; *nie*: minełem), minął (*wym.* minoł), minęła (*wym.* minęła), minęliśmy (*wym.* minęliśmy): Młodość, czas mija. Mijać dom, przechodniów. △ (tylko *dk*) Coś kogoś nie minie «ktoś nie uniknie czegoś, na pewno coś otrzyma»: Nie minie go kara. Nagroda go nie minie.

mikado *m IV*, *D.* mikada, *C.* mikadowi, *lm M.* mikadowie.

mikita a. **mykita** *m odm. jak ż IV*, *lm D.* mikitów (mykitów) *reg. i łow.* «lis»

Miklosich (*wym.* Mikloszicz) *m II*, *D.* Miklosicha (*wym.* Mikloszicza): Gramatyka Miklosicha.

mikologia (*nie*: mykologia) *ż I*, *DCMs.* mikologii, *blm*; in. grzyboznawstwo. || *D Kult. I*, 811.

Mikołaj *m I*, *lm M.* Mikołajowie — Mikołajek (p.) — Mikołajostwo *n III*, *DB.* Mikołajostwa, *Ms.* Mikołajostwu (*nie*: Mikołajostwie), *blm*; a. Mikołajowie *blp*, *D.* Mikołajów.

Mikołajek *m III*, *D.* Mikołajka **1.** *lm M.* Mikołajkowie, *D.* Mikołajków, *zdr.* od Mikołaj. **2.** mikołajek, *lm M.* mikołajki, *D.* mikołajków a) «figura wyobrażająca św. Mikołaja; roślina» b) tylko w *lm* «zwyczaj dawania podarunków w dzień św. Mikołaja»

Mikołajki *blp*, *D.* Mikołajek, *reg.* Mikołajk «miasto» — mikołajski.

Mikołów *m IV*, *D.* Mikołowa, *C.* Mikołowowi (*ale*: ku Mikołowowi a. ku Mikołowu) «miasto» — mikołowianin *m V*, *D.* mikołowianina, *lm M.* mikołowianie, *D.* mikołowian — mikołowianka *ż III*, *lm D.* mikołowianek — mikołowski.

mikro- «pierwszy człon wyrazów złożonych, pisany łącznie» a) «oznaczający: drobny, drobno, mały, mało», np.: mikroanaliza, mikrobiologia. b) «oznaczający miarę mniejszą milion razy od jednostki podstawowej», np. mikroamper.

mikrob *m IV*, zwykle w *lm* (w zn. dosłownym *wych. z użycia*) «bakterie, drobnoustroje» △ *przen.* Mikroby zepsucia, rozpusty.

mikrobiolog *m III*, *lm M.* mikrobiolodzy a. mikrobiologowie.

mikrometr *m IV* **1.** *D.* mikrometru «przyrząd do mierzenia małych długości; w astronomii: do oznaczania położenia ciał niebieskich na niebie; mikrometr» **2.** *D.* mikrometra «jednostka miary równa jednej milionowej metra»

mikromierz *m II*, *lm D.* mikromierzy, *rzad.* mikromierzów, p. mikrometr (w zn. 1).

mikron *m IV*, *D.* mikrona (*nie*: mikronu).

Mikronezja *ż I*, *DCMs.* Mikronezji «grupa wysp na Oceanie Spokojnym» — Mikronezyjczyk *m III*, *lm M.* Mikronezyjczycy — Mikronezyjka *ż III*, *lm D.* Mikronezyjek — mikronezyjski.

mikroorganizm *m IV*, *D.* mikroorganizmu, *Ms.* mikroorganizmie (*wym.* ~izmie a. ~iźmie), zwykle w *lm*; in. drobnoustroje.

mikroskopijny «dający się dojrzeć jedynie przez mikroskop; ogólniej: bardzo mały»: Mikroskopijne komórki, żyjątka. Mikroskopijne mieszkanko.

mikroskopowy 1. «dotyczący mikroskopu, wykonany, uzyskany za pomocą mikroskopu»: Mikroskopowe zdjęcia tkanek. **2.** *rzad.* p. mikroskopijny.

mikrus *m IV*, *lm M.* te mikrusy **1.** *pot.* «żartobliwie o małym chłopcu lub o niskim człowieku» **2.** *DB.* mikrusa «typ polskiego samochodu małolitrażowego»: Przed dom zajechał mikrus. Kupił mikrusa.

Milanówek *m III*, *D.* Milanówka «miasto» — milanowski.

Milcjades *m IV*, *D.* Milcjadesa: Zwycięstwo Milcjadesa nad Persami.

milczeć (*nie*: milczyć) *ndk VIIb*, milczeliśmy (p. akcent § 1a i 2).

milczek

milczek *m III*, D. milczka, *lm M*. te milczki.
milczkiem «nic nie mówiąc, cichaczem»: Wysunął się milczkiem z domu.

mile a. miło *st. w.* milej w zn. «życzliwie, uprzejmie, z serdecznością»: Wspominać kogoś, coś mile (miło). △ tylko: mile — w wyrażeniu: Mile widziany, np.: Twoja znajoma będzie u nas mile (*nie*: miło) widziana. Stroje wieczorowe mile (*nie*: miło) widziane.

milenijny a. milenialny (*nie*: millennijny).

milenium a. millennium (*wym*. mileńjum; *nie*: millenium, milennium) *n VI, lm M*. milenia (millennia), *D*. mileniów (millenniów): Milenium a. millennium (*nie*: tysiączne milenium — pleonazm) Państwa Polskiego. || *D Kult. II, 138, 587*.

Milhaud (*wym*. Mijo) *m IV*, *D*. Milhauda (*wym*. Mijoda, p. akcent § 7), *Ms*. Milhaudzie a. (z odmienianym imieniem) *ndm*: Współpraca Cocteau (*wym*. Kokto) z Milhaudem (z Dariuszem Milhaud).

mili- «pierwszy człon wyrazów złożonych, pisany łącznie, oznaczający tysiączną część jednostki miary podanej w drugim członie wyrazu», np. miligram, milimetr.

miliard *m IV* (skrót: mld) 1. «liczebnik główny oznaczający liczbę: tysiąc milionów»: Wydatki na budowę szkół wyniosły miliard złotych. 2. zwykle w *lm* «mnóstwo, wiele, ogromna liczba» □ Co do związków składniowych wyrazu *miliard* p. milion. || *D Kult. I, 252; II, 193; GPK Por. 241*.

milicja *ż I, DCMs*. i *lm D*. milicji △ Doprowadzić, przyprowadzić kogoś na posterunek milicji, *pot*. na milicję (*nie*: do milicji).

milicki: Powiat milicki (*ale*: Kotlina Milicka).

Milicz *m II* «miasto» — miliczanin *m V, D*. miliczanina, *lm M*. miliczanie, *D*. miliczan — miliczanka *ż III, lm D*. miliczanek — milicki (p.).

miligram *m IV* (skrót: mg).

milimetr (*nie*: milimeter) *m IV* (skrót: mm).

milion *m IV* (skrót: mln) 1. «liczebnik główny oznaczający liczbę: tysiąc tysięcy»: Stracił milion złotych. W kasie brak miliona złotych. △ Liczebnik *milion* łączy się z podmiotem w dopełniaczu i z orzeczeniem w *lp*, a w czasie przeszłym w rodzaju nijakim lub męskim (męskim zwłaszcza wtedy, kiedy wyrazowi *milion* towarzyszy przydawka): Cały milion złotych utonął w morzu potrzeb. Milion ludzi zamieszkało (*nie*: zamieszkali) już w tym mieście. △ W *M. lm* (miliony) łączy się z orzeczeniem w *lm*: Dwa miliony złotych rozeszły się szybko. 2. zwykle w *lm* «mnóstwo, wiele; ogromna liczba» △ W tym zn. z formą *miliony* łączy się orzeczenie w *lp* a. w *lm*, np.: Miliony ludzi ginie (giną) w czasie wojny. Miliony ognisk płonie (płoną). Poległo (poległy) miliony żołnierzy.

militaria *blp, D*. militariów (*nie*: militarii).

militaryzm *m IV, D*. militaryzmu, *Ms*. militaryzmie (*wym*. ~yzmie a. ~yźmie), *blm*.

milknąć *ndk Vc*, milkłem, milkł, *rzad*. milknął (*wym*. milknoł), milkła, milkliśmy, *rzad*. milknęliśmy (*wym*. milknełiśmy, p. akcent § 1a i 2): Muzyka gra coraz ciszej, wreszcie milknie (*nie*: umilka).

! millennijny p. milenijny.

millennium p. milenium.

milord *m IV, lm M*. milordowie (*nie*: milordzi).

Milos a. Milo *n ndm* «wyspa grecka na Morzu Egejskim»: Mieszkańcy Milos a. Milo (*ale* tylko: Wenus z Milo).

miło *st. w.* milej 1. «przyjemnie»: Po pracy miło wypoczywać. 2. a. mile «życzliwie, uprzejmie, z serdecznością»: Miło (mile) się do nas uśmiechnął. *Ale* tylko: mile (*nie*: miło) widziany.

miłorząb *m IV, D*. miłorzębu.

miłosierdzie *n I, blm* □ M. dla kogo: Prosił o miłosierdzie dla skazańca. △ Mieć, okazać nad kimś miłosierdzie: Miała miłosierdzie nad sierotami.

Miłosna *ż IV, D*. Miłosny, *CMs*. Miłośnie «miejscowość»

miłosny (*nie*: miłośny; *ale*: miłośnie).

miłościwy a. miłościw (forma orzecznikowa, nie używana jako przydawka przy rzeczowniku — dziś zachowana tylko w tekstach modlitewnych) *przestarz*., *książk*. «litościwy, łaskawy» □ M. dla kogo (w tekstach modlitewnych także: komu): Była miłościwa dla ubogich. Boże, bądź miłościw mnie grzesznemu.

miłość *ż V* 1. *blm* «przywiązanie lub namiętne uczucie do kogoś, czegoś; umiłowanie kogoś, czegoś» □ M. czego lub do czego: Miłość ojczyzny. Miłość do rodzinnego miasta. □ M. do kogo, *rzad*. dla kogo: Wyznał swą miłość do niej. Miłość dla niej (do niej) przesłaniała mu świat. 2. «osoba ukochana»: Ta kobieta to jego miłość.

miłośnie (*nie*: miłosnie) *st. w.* miłośniej.

miły *m-os*. mili, *st. w.* milszy, *st. najw.* najmilszy 1. *st. w. przestarz*., dziś z zabarwieniem gwarowym, także: najmilejszy «kochany, bliski» □ M. komu, czemu: Dziewczyna miła jego sercu. 2. «przyjemny, sprawiający przyjemność»: Przyniósł najmilszą dla mnie wiadomość. || *D Kult. I, 530*.

mim *m IV* 1. *D*. mimu, *lm M*. mimy «w starożytności: utwór sceniczny w typie farsy» 2. *D*. mima, *lm M*. mimowie «aktor występujący w mimie»

mimika (*wym*. mimika, *nie*: mimika, p. akcent § 1c) *ż III, blm*.

mimo «przyimek rządzący dopełniaczem (występuje dziś tylko w znaczeniu przyzwalającym)», np.: Zawody odbyły się mimo deszczu. Zrobił to mimo moich zakazów. △ W znaczeniu przestrzennym (tzn. «obok») *niepoprawne* zarówno jako przyimek jak i przysłówek, np.: Przejechałem obok (*nie*: mimo) twojego domu. Kula przeszła obok (*nie*: mimo). △ Konstrukcje z biernikiem są *niepoprawne*, np.: Mimo chorobę (*zamiast*: mimo choroby). △ Z drugiej strony w pewnych wyrażeniach występuje wyłącznie biernik, np. Mimo wszystko, mimo to (*nie*: mimo tego).

mimo że «spójnik przyzwalający, równoznaczny z *chociaż*», np. Nie kupiłem tej płyty, mimo że miałem na nią ochotę. △ *niepoprawne* Nie patrząc na co...; nie patrząc na to, że... (rosyjskie wyrażenie przyimkowe) — *zamiast* rodzimego: Mimo (że), pomimo (że). || *D Kult. I, 69; GPK Por. 250*.

mimo woli p. wola.

m.in. «skrót wyrażenia: *między innymi*, pisany z kropkami, czytany jako całe wyrażenie»: Podróżowali po Szwajcarii, byli m.in. w Lozannie.

min «skrót wyrazu: *minuta*, pisany bez kropki, stawiany zwykle po wymienionej liczbie, czytany jako cały, odmieniany wyraz»: 2 min (*czyt.* minuty). 5 godz. 15 min przebywali w jaskini.

min. «skrót wyrazu: *minister*, pisany z kropką, stawiany zwykle przed nazwiskiem lub przed imieniem i nazwiskiem, czytany jako cały, odmieniany wyraz»: Min. Stefan Jędrychowski. Podróż min. (*czyt.* ministra) Stefana Jędrychowskiego.

Min. «skrót wyrazu: *Ministerstwo* (w nazwach poszczególnych ministerstw), pisany z kropką, czytany jako cały, odmieniany wyraz»: Min. (*czyt.* Ministerstwo) Zdrowia. Pracownicy Min. Spraw Zagranicznych.

minąć p. mijać.

Mindowe *m ndm*, w *NMs.* bywa używana forma: Mindowem «imię litewskiego władcy; Mendog»

miner a. **minier** *m IV*, *lm M.* minerzy (minierzy).

mineralog *m III*, *lm M.* mineralodzy a. mineralogowie.

minerski a. **minierski.**

minezenger *m IV*, *lm M.* minezengerzy a. minezengerowie.

mini «skrót wyrazów: *minimalny*, *minimalnie*, używany w funkcji przymiotnikowej lub przysłówkowej: bardzo krótki, mały, bardzo krótko, mało (zwykle w odniesieniu do strojów, *żart.* także do innych rzeczy)» △ W złożeniach z rzeczownikami pisze się z łącznikiem, np.: mini-spódniczka, mini-sukienka.

minia (*wym.* mińja) *ż I*, *DCMs.* minii, *blm.*

miniatura (*wym.* mińjatura) *ż IV* △ W miniaturze «w dużym zmniejszeniu»: Dostał zabawkę, samochód w miniaturze.

miniaturzysta (*wym.* mińjaturzysta) *m* odm. jak *ż IV*, *lm M.* miniaturzyści, *DB.* miniaturzystów.

minier p. miner.

minierski p. minerski.

minimum (*wym.* minimum, *nie*: minimum) *n VI*: Minimum egzystencji. Minimum wykształcenia. △ Do minimum: Należy ograniczyć wydatki do minimum.
minimum w użyciu przysłówkowym: Spóźniał się minimum trzy razy w tygodniu. // *KP Pras.*

minister (skrót: min.) *m IV*, *D.* ministra, *lm M.* ministrowie (*nie*: ministrzy): Minister spraw zagranicznych (*nie*: dla spraw zagranicznych). △ Rada Ministrów.
minister — o kobiecie, p. nazwy i tytuły zawodowe kobiet.

ministerialny *m-os.* ministerialni: Urzędnik ministerialny. Gmach ministerialny. △ *przen.* Ministerialna mina. △ *iron.* Ministerialny podpis «podpis w formie nieczytelnego zawijasa»

ministerium *n VI*, *lm M.* ministeria, *D.* ministeriów *przestarz.* «ministerstwo» // *D Kult. I, 525.*

ministerski tylko w wyrażeniu: Sznycel ministerski.

ministerstwo *n III*: Załatwiać sprawę w ministerstwie. △ W nazwach dużą literą (skrót: Min.): Ministerstwo Finansów. Ministerstwo Spraw Zagranicznych (*nie*: dla Spraw Zagranicznych). // *D Kult. I, 525.*

ministrostwo (*nie*: ministrowstwo) *n III*, *DB.* ministrostwa, *Ms.* ministrostwu (*nie*: ministrostwie), *blm, rzad.* «minister z żoną»: Ministrostwo przybyli na uroczystość.

ministrowa *ż* odm. jak przym., *D.* ministrowej, *W.* ministrowo «żona ministra»

Minneapolis (*wym.* Mineapolis) *n ndm* «miasto w USA»: Mieszkać w Minneapolis.

Minnesota (*wym.* Minesota) *ż IV* a. (w połączeniu z wyrazem stan) *ndm* «stan w USA»: Mieszkać w Minnesocie (w stanie Minnesota).

minojski △ Pismo minojskie.

minorowy w zn. muz. *częściej*: molowy △ *przen.* «smętny, pełen przygnębienia»: Minorowy nastrój.

minóg *m III*, *D.* minoga; *reg.* **minoga** *ż IV*, zwykle w *lm.*

minstrel *m I*, *lm D.* minstreli a. minstrelów.

minuta *ż IV* (skrót: min) △ Co minutę, *lepiej*: co minuta (*nie*: co minuty) «po upływie każdej minuty»: Co minuta (minutę) patrzyła na zegarek. △ Za minutę (*nie*: w minucie) — gdy się oznacza czas, po którego upływie mają nastąpić jakieś czynności lub stany: Samolot wyląduje za minutę. △ W minutę (*nie*: w minucie, za minutę) «w ciągu minuty» — gdy się oznacza czas, po którego upływie dokonały się jakieś czynności lub stany, np.: W minutę rozwiązał szaradę. △ Lada minuta (*lepiej*: lada chwila, za chwilę). △ Jakieś kilka minut (*nie*: jakichś kilka minut): Będę u niej jakieś kilka minut.

Mińsk *m III* «miasto w ZSRR» — mińszczanin *m V*, *D.* mińszczanina, *lm M.* mińszczanie, *D.* mińszczan — mińszczanka *ż III*, *lm D.* mińszczanek — miński.

Mińsk Mazowiecki, Mińsk *m III*, Mazowiecki odm. przym. — mińszczanin *m V*, *D.* mińszczanina, *lm M.* mińszczanie, *D.* mińszczan — mińszczanka *ż III*, *lm D.* mińszczanek — miński.

miododajny a. **miodonośny**: Rośliny miododajne (miodonośne).

miotacz *m II*, *lm D.* miotaczy, *rzad.* miotaczów.

miotać *ndk I*, miotaliśmy (p. akcent § 1a i 2) □ M. co (*częściej przen.*) «rzucać»: Miotać obelgi. △ *przen.* Oczy jej miotały błyskawice □ M. kim, czym «rzucać silnie to w jedną, to w drugą stronę»: Wiatr miotał liśćmi. △ *przen.* Miotały nim sprzeczne uczucia.

miotła (*nie*: mietła) *ż IV*, *lm D.* mioteł.

mir *m IV*, *D.* miru *książk.* «poważanie ogółu; posłuch»: Mieć mir. Cieszyć się u kogoś mirem.

mira a. **mirra** (*nie*: myrra) *ż IV, CMs.* mirze a. mirrze (*wym.* mirze).

Mirabeau (*wym.* Mirabo) *m ndm*: Przemówienia Mirabeau.

miraż *m II, D.* mirażu, *lm D.* miraży, *rzad.* mirażów △ *niepoprawne* Złudne miraże (pleonazm). || *KP Pras.*

Mirny *m* odm. jak przym. «nazwa radzieckiej stacji naukowo-badawczej na Antarktydzie»: Załoga zimuje w Mirnym.

mirt (*nie*: myrt) *m IV, D.* mirtu; *reg.* **mirta** *ż IV.*

mirza (*wym.* mir-za) *m* odm. jak *ż IV, lm M.* mirzowie, *DB.* mirzów «orientalny tytuł książęcy (używany po imieniu), u Tatarów także: *murza*»

miscellanea *blp, D.* miscellaneów.

misio (*nie*: misiu) *m I, lm D.* misiów.

misja *ż I, DCMs.* i *lm D.* misji **1.** w zn. «ważne zadanie, zlecenie do spełnienia, wykonania; polecenie, posłannictwo»: Pełnić, przyjąć, sprawować misję. Podjąć się misji. Udać się z misją. **2.** zwykle w *lm* w zn. «rodzaj uroczystości kościelnej połączonej ze specjalnymi nabożeństwami»

misjonarz *m II, lm D.* misjonarzy, *rzad.* misjonarzów.

miss *ż ndm*, tylko w wyrażeniach: Miss Universum, miss Polonia (*nie*: Poloniae) — z drugim członem odmiennym: Wybrano miss Polonię. || *D Kult.* II, 233.

Missisipi (*wym.* Mis-is-ipi) *ndm* **1.** *ż* «rzeka w USA» **2.** *n* «stan w USA» — zwykle używane z wyrazem *stan*: W stanie Missisipi są wielkie plantacje bawełny.

Missouri (*wym.* Misuri) *ndm* **1.** *ż* «rzeka w USA» **2.** *n* «stan w USA» — zwykle używane z wyrazem *stan*: W stanie Missouri kukurydza stanowi 50% zasiewów.

mister *m ndm* «pan (używane w połączeniu z nazwiskami anglosaskimi)» △ Mister Warszawy (o najlepszym domu zbudowanym w Warszawie w danym roku) — określenie pozbawione sensu, niepoprawne.

misterium *n VI, lm M.* misteria (*nie*: misterie), *D.* misteriów, zwykle w *lm.*

misterny *st. w.* misterniejszy a. bardziej misterny *wych. z użycia* «wykonany precyzyjnie, artystycznie; kunsztowny»: Misterna robota. Misterne biureczko.

mistral *m I, D.* mistralu.

mistrz *m II, lm M.* mistrzowie, *daw. MB.* mistrze (dziś tylko w wyrażeniu: mistrz nad mistrze), *D.* mistrzów (*nie*: mistrzy) □ M. czego, w czym: Mistrz prozy. Był mistrzem w strzelaniu.

mistrzostwo (*nie*: mistrzowstwo) *n III.*

mistrzyni (*nie*: mistrzynia) *ż I, B.* mistrzynię (*nie*: mistrzynią), *W.* mistrzyni (*nie*: mistrzynio), *lm D.* mistrzyń □ Składnia jak: mistrz.

mistycyzm (*wym.* mistycyzm; *nie*: mistycyzm) *m IV, D.* mistycyzmu, *Ms.* mistycyzmie (*wym.*

~yzmie a. ~yźmie), *blm; rzad.* **mistyka** (*wym.* mistyka, *nie*: mistyka, p. akcent § 1c) *ż III, blm.*

mistyk *m III, D.* mistyka (p. akcent § 1d).

miszmasz *m* a. *n ndm pot.* «nieład, zamęt»

Miśnia *ż I, DCMs.* Miśni «miasto w NRD (Meissen)» — miśnieński.

mit *m IV, D.* mitu □ M. o kim, o czym: Mit o Perseuszu. △ *przen.* Rósł mit o jego bogactwie.

Mitchell (*wym.* Miczel) *m I, D.* Mitchella (*wym.* Miczela; p. akcent § 7): Badania ekonomiczne Mitchella.
Mitchel *ż ndm*: Powieść Margaret (*wym.* Margaret) Mitchell „Przeminęło z wiatrem".

mitel *m I, D.* mitlu *poligr., lepiej*: średnian.

mitrężyć *ndk VIb*, mitrężyliśmy (p. akcent § 1a i 2) — **zmitrężyć** *dk pot., wych. z użycia* □ M. bez dop. «marudzić»: Mitrężył na budowie, nic nie robił. □ M. co (zwykle z wyrazem *czas* a. nazwą jednostki czasu) «marnować»: Mitrężyć czas. Zmitrężyć cały dzień.

mityczny (*nie*: mytyczny) a. **mitologiczny** *m-os.* mityczni (mitologiczni) «związany z mitem, mitologią; bajeczny, legendarny»: Postacie mityczne (mitologiczne). Obraz o tematyce mitologicznej, *rzad.* mitycznej.

mitygować *ndk IV*, mitygowaliśmy (p. akcent § 1a i 2) — **zmitygować** *dk* □ M. kogo — czym: Mitygowała go łagodnymi słowami.

mityng *m III, D.* mitingu **1.** *wych. z użycia* «wiec, masówka»: Zwołano mityng. **2.** *środ. sport., lepiej*: zawody.

mitynka *ż III, lm D.* mitynek, zwykle w *lm.*

mizantrop *m IV, lm M.* mizantropi.

mizdrzyć się (*wym.* mizd-żyć się a. mizdż-żyć się; *nie*: miżdżyć się) *ndk VIb*, mizdrzyliśmy (p. akcent § 1a i 2) *iron.* «stroić zalotne miny; umizgać się»: Mizdrzyła się przed lustrem. □ M. się do kogo, do czego: Mizdrzyła się do chłopców.

mizerak *m III, lm M.* te mizeraki.

mizerny *m-os.* mizerni, *st. w.* mizerniejszy a. bardziej mizerny.

mizerota *ż* a. *m* odm. jak *ż IV, M.* ten a. ta mizerota (także o mężczyznach), *lm M.* te mizeroty, *D.* mizerotów (tylko o mężczyznach) a. mizerot, *B.* tych mizerotów (tylko o mężczyznach) a. te mizeroty **1.** *pot.* «mizerak, chudzina» **2.** *ż IV, rzad.* «lichota, nędza; marna rzecz»: To jego gospodarstwo to straszna mizerota.

mjr «skrót wyrazu: *major*, pisany w mianowniku *lp* bez kropki, w przypadkach zależnych z kropką albo z końcówkami deklinacji męskiej (*m IV*), stawiany zwykle przed nazwiskiem lub przed imieniem i nazwiskiem, czytany jako cały wyraz»: Mjr Stępniewski, mjr Adam Stępniewski. Zameldować się mjrowi a. mjr. (*czyt.* majorowi) Stępniewskiemu.

MKOl (*wym.* emkol, p. akcent § 6) *m IV, D.* MKOl-u «Międzynarodowy Komitet Olimpijski»:

MKOl ustanowił nowe przepisy dla zawodników. Prace MKOl-u przy organizacji igrzysk olimpijskich.

m kw. «skrót ˙wyrażenia: *metr kwadratowy*; *m* pisane bez kropki, *kw*. — z kropką (pisane również jako: m²); stawiany zwykle po wymienionej liczbie, czytany jako całe, odmieniane wyrażenie»: Ogród miał około 500 m kw. (*czyt*. metrów kwadratowych).

ml «skrót wyrazu: *mililitr*, pisany bez kropki, stawiany zwykle po wymienionej liczbie, czytany jako cały, odmieniany wyraz»: Oddać 200 ml (*czyt*. mililitrów) krwi.

mlaskać *ndk I*, mlaska, a. *IX*, mlaszcze, mlaskaliśmy (p. akcent § 1a i 2) — **mlasnąć** *dk Va*, mlaśnie, mlasnąłem (*wym*. mlasnołem; *nie*: mlasnełem, mlasłem), mlasnął (*wym*. mlasnoł), mlasnęła (*wym*. mlasneła; *nie*: mlasła), mlasnęli (*wym*. mlasneli; *nie*: mlaśli), mlasnęliśmy (*wym*. mlasneliśmy) □ M. czym a. bez dop.: Jadł głośno mlaskając. Mlasnął wargami.

mld «skrót wyrazu: *miliard*, pisany bez kropki, stawiany zwykle po wymienionej liczbie, czytany jako cały, odmieniany wyraz»: 1 mld (*czyt*. miliard) złotych.

mlecz *m II, D*. mleczu, *lm D*. mleczy a. mleczów.

mleczarnia *ż I, lm D*. mleczarni, *rzad*. mleczarń. || *D Kult. II, 157*.

mleczarski: Zakład mleczarski; *lepiej*: mleczarnia. || *D Kult. II, 157*.

mleczarz *m II, lm D*. mleczarzy.

mleczny 1. «odnoszący się do mleka, zrobiony z mleka»: Potrawa mleczna. Bar mleczny. Przemysł mleczny. Cukier mleczny (*częściej*: mlekowy). △ Akcja mleczna (wyrażenie nieco pretensjonalne), *lepiej*: Sprzedaż mleka z dostawą do mieszkań **2.** *st. w*. bardziej mleczny «zawierający mleko, podobny kolorem do mleka»: Mleczna kawa, herbata. Szkło mleczne. Mleczna cera. || *D Kult. I, 27. Por*. mlekowy.

mleć (*nie*: mielić, mlić) *ndk XI*, mielę, mielesz (*nie*: mielisz), miele (*nie*: mieli), mełł (*nie*: mleł, miołł, mielił, mlił), mełliśmy (*nie*: mieliliśmy, mielliśmy, p. akcent § 1a i 2), mielony, *rzad*. mełty (*nie*: melony, mlety) — **zemleć** (*nie*: zmleć, zmielić, zmlić) *dk*, zmiele, zmełł, zmielony, *rzad*. zmełty: Mełł zboże na mąkę. Mielona papryka. △ *przen*. Mleć jedzenie w ustach. △ *pot*. Mleć językiem, jęzorem «mówić dużo, szybko i byle co»

mlekowy «odnoszący się do mleka — wyraz używany wyłącznie w terminologii specjalnej»: Cukier mlekowy (*rzad*. mleczny). Kwas, kwasek mlekowy. Fermentacja mlekowa (*rzad*. mleczna). *Por*. mleczny.

mlewo, *rzad*. mieliwo (*nie*: mliwo) *n III, blm*: Młynarz waży mlewo (mieliwo).

mln «skrót wyrazu: *milion*, pisany bez kropki, stawiany zwykle po wymienionej liczbie, czytany jako cały, odmieniany wyraz»: 5 mln (*czyt*. milionów) mieszkańców.

ml. «skrót wyrazu: *młodszy*, pisany z kropką, czytany jako cały, odmieniany wyraz» △ W nazwach własnych dużą literą: Zbiór listów Pliniusza Ml. (*czyt*. Młodszego).

Mława *ż IV* «miasto»: Mieszkać w Mławie. — mławianin *m V, D*. mławianina, *lm M*. mławianie, *D*. mławian — mławianka *ż III, lm D*. mławianek — mławski.

młocarnia a. **młockarnia** *ż I, lm D*. młocarni (młockarni), *rzad*. młocarń (młockarń); *rzad*. **młocarka** *ż III, lm D*. młocarek.

młocarz *m II, lm D*. młocarzy; a. **młocek** *m III, D*. młocka, *lm M*. te młocki «człowiek młócący zboże»

młociarz *m II, lm D*. młociarzy *sport*. «zawodnik rzucający młotem»

Młociny *blp, D*. Młocin «dzielnica Warszawy»: Mieszkać w Młocinach, *rzad*. na Młocinach. Jechać do Młocin, *rzad*. na Młociny. — młociński.

młocka a. **młócka** *ż III, blm*.

młockarnia p. młocarnia.

Młoda Polska, Młoda odm. przym., Polska *ż III, blm* «okres neoromantyzmu w literaturze i sztuce polskiej na przełomie XIX i XX w.»

młodniak a. **młodnik** *m III, D*. młodniaka (młodnika), *rzad*. młodniaku (młodniku).

młodopolski: Poezja młodopolska.

Młodożeniec *m II, D*. Młodożeńca, *lm M*. Młodożeńcowie.
Młodożeniec *ż ndm* — Młodożeńcowa *ż odm. jak* przym. — Młodożeńcówna *ż IV, D*. Młodożeńcówny, *CMs*. Młodożeńcównie (*nie*: Młodożeńcównej), *lm D*. Młodożeńcówien.

młody *m-os*. młodzi, *st. w*. młodszy: Młody człowiek, młoda para, młode lata. Młode wino, kartofle. △ W nazwach (organizacji, instytucji itp.) dużą literą: Młoda Polska. Młoda Europa.
młode w użyciu rzeczownikowym «niedorosłe zwierzę»: Mieć młode. Karmić młode (*nie*: karmić młode pisklęta — pleonazm). || *D Kult. II, 67*.

młodziak p. młodzik.

młodziczka *ż III, lm D*. młodziczek **1.** *reg*. «młoda dziewczyna» **2.** *środ. sport*. «zawodniczka młodsza od juniorki» || *D Kult. II, 330*.

młodzie *blp, D*. młodzi *reg*. «drożdże»

młodzieniaszek *m III, D*. młodzieniaszka, *lm M*. ci młodzieniaszkowie, *rzad*. te młodzieniaszki *przestarz., żart*. «dorastający kilkunastoletni chłopiec; młodzik»

młodzieniec *m II, D*. młodzieńca, *W*. młodzieńcze, *lm M*. młodzieńcy; *przestarz., żart*. **młodzian** *m IV, lm M*. młodzianie (*nie*: młodziani).

młodzież *ż VI, blm*: Młodzież akademicka, szkolna. Młodzież szła na wycieczkę. Tłumy młodzieży. Pięć tysięcy młodzieży (*ale nie*: sto młodzieży, sześciu młodzieży) — wyrażenia tego typu możliwe dziś tylko z liczebnikami oznaczającymi bardzo duże liczby. || *D Kult. II, 190*.

młodzieżowiec *m II, D*. młodzieżowca, *lm M*. młodzieżowcy *środ*. «działacz młodzieżowy»

młodzieżowy: Działacz młodzieżowy. Organizacja młodzieżowa. Pismo, przedstawienie młodzieżowe (*lepiej*: Pismo, przedstawienie dla młodzieży).

młodzik, *reg.* **młodziak** *m III, lm M.* te młodziki (młodziaki), w zn. *sport.* tylko: młodzik.

młokos *m IV, lm M.* te młokosy.

młot *m IV, D.* młota, *C.* młotowi (*nie*: młotu)
1. «narzędzie ręczne lub mechaniczne (do rozbijania, kucia metali, wiercenia otworów w skałach itp.)»: Młot elektryczny, sprężynowy, pneumatyczny. Bić, uderzać młotem. △ Być, znaleźć się (po)między młotem a kowadłem «znaleźć się w sytuacji, która z każdej strony grozi niebezpieczeństwem, trudnościami» △ Serce, tętno bije, wali młotem a. jak młotem «serce, tętno bije mocno, gwałtownie» **2.** *sport.*
a) «metalowa głowica z uchwytem do rzutów»: Rzut młotem. **b)** «rzucanie młotem jako konkurencja lekkoatletyczna»: Ogłoszono wyniki młota a. w młocie.
c) *częściej*: młotek «drewniany przyrząd z trzonem do gry w krokieta»: Młot do krokieta a. krokietowy.

młócka p. młocka.

młynarski «dotyczący młynarza lub młynarstwa»: Przemysł młynarski. Pracownik młynarski. △ *niepoprawne* w zn. «dotyczący młyna» // *D Kult. I, 527. Por.* młyński.

młynarz *m II, lm D.* młynarzy.

młynarzówna *ż IV, D.* młynarzówny, *CMs.* młynarzównie (*nie*: młynarzównej), *lm D.* młynarzówien.

młyński «dotyczący młyna (*nie*: młynarza lub młynarstwa)»: Koło młyńskie. Kamień młyński. (ale *nie*: pracownik młyński, przemysł młyński). // *D Kult. I, 527. Por.* młynarski.

I mm «skrót wyrazu: *milimetr*, pisany bez kropki, stawiany zwykle po wymienianej liczbie, czytany jako cały, odmieniany wyraz»: Blacha grubości 5 mm (*czyt.* milimetrów).

II mm p. podwojone głoski.

! mnąć, mniać p. miąć.

mnich *m III, lm M.* mnisi *wych. z użycia* «zakonnik»

mnie «forma dopełniacza, biernika i miejscownika *lp* zaimka *ja*»: On mnie (*nie*: mię) nie kocha. Opowiadano ci o mnie. Widziano mnie (*rzad.* mię) wczoraj w kinie. △ W celowniku błędem jest używanie formy *mnie* po czasowniku; należy tu użyć formy ściągniętej *mi*, np. Daj mi (*nie*: mnie) tę książkę, *ale*: Mnie daj tę książkę (akcent pada tu na zaimek). *Por.* ja.

mniej (*nie*: miej) «forma stopnia wyższego przysłówka *mało*» □ M.... od, m.... niż: Zrobił mniej błędów niż ty a. zrobił od ciebie mniej błędów.
mniej więcej (*nie*: gdzieś): Mniej więcej (*nie*: gdzieś) w połowie stycznia.

mniejszy (*nie*: mieiszy) «forma stopnia wyższego przymiotnika *mały*» □ M. niż, od ...: Plamka mniejsza od ziarnka grochu. Mniejszy niż ty. △ Mniejsza o to, *rzad.* mniejsza z tym. // *D Kult. I, 72.*

mniemać *ndk I,* mniemaliśmy (p. akcent § 1a i 2) *książk., wych. z użycia* «uważać, sądzić, przypuszczać»

mniemanie *n I książk.* «sąd, opinia, przekonanie» □ M. o kim, o czym: Miał złe mniemanie o kobietach. △ W czyimś mniemaniu «według

czyjegoś zdania»: W jej mniemaniu nie zasługiwał na to. △ W mniemaniu, że... «będąc zdania, przypuszczając, że...»

mnisi a. **mniszy** *przym.* od mnich: Mnisia (mnisza) cela.

Mniszech *m III, D.* Mniszcha, *lm M.* Mniszchowie: Rodzina Mniszchów.
Mniszech *ż ndm* — Mniszchowa *ż odm.* jak *przym.* — Mniszchówna *ż IV, D.* Mniszchówny, *CMs.* Mniszchównie (*nie*: Mniszchównej), *lm D.* Mniszchówien.

Mniszkówna *ż IV, D.* Mniszkówny, *CMs.* Mniszkównie (*nie*: Mniszkównej), *lm D.* Mniszkówien: Powieści Mniszkówny.

mnogi *przestarz.*, dziś tylko w terminologii specjalnej: Liczba mnoga. Ciąża mnoga.

mnóstwo *n III, blm*: Było mnóstwo ludzi. Mnóstwo ptaków przyleciało już z ciepłych krajów. Wielkie (*nie*: całe) mnóstwo czegoś.

m n.p.m. zob. n.p.m.

MO (*wym.* em-o, p. akcent § 6) *n* a. *ż ndm* «Milicja Obywatelska»: Funkcjonariusze MO. Na miejsce wypadku przyjechało (przyjechała) MO.

mobilizować p. zmobilizować.

moc *ż VI, lm M.* moce **1.** w zn. «uprawnienie, prawo do czegoś, władza» □ Na mocy, *rzad.* z mocy czego: Na mocy ustawy. **2.** w zn. «dużo, mnóstwo» △ Jeżeli jako grupa podmiotu występuje *moc* w połączeniu z rzeczownikiem w dopełniaczu, orzeczenie w czasie przeszłym ma formę rodzaju nijakiego: Zjechało moc ludzi. Z góry spadało moc kamieni. Zostało mu moc pracy.

mocen (używane wyłącznie jako orzecznik a. przydawka okolicznikowa) dziś żywe tylko w języku prawniczym w zn. «uprawniony do czegoś, władny»: Sąd jest mocen zastosować sankcje karne.

mocznica *ż II, blm środ. med.* «uremia»

moczyć *ndk VIb,* moczyliśmy (p. akcent § 1a i 2) w zn. «trzymać coś w płynie»: Moczyć (*nie*: zamaczać) bieliznę. Proszek do moczenia (*nie*: do zamaczania) bielizny.

moczymorda a. **moczygęba** *m odm.* jak *ż IV, lm M.* moczymordy (moczygęby), *D.* moczymordów (moczygębów), *rzad.* moczymord (moczygęb), *B.* tych moczymordów (moczygębów) a. te moczymordy (moczygęby) *rub.* «pijak»

moda *ż IV, lm D.* mód □ M. na coś, *rzad.* czego: Dziś jest moda na długie sukienki (długich sukienek). Przyjęła się moda na spodnie u pań (moda spodni u pań).

***moda w języku** p. szablon językowy.

model *m I, lm M.* modele, *D.* modeli, *rzad.* modelów **1.** *D.* modelu «wzór, wzorzec»: Wykonywał swe prace według jednego modelu. Służyć za model. **2.** *DB.* modela «osoba pozująca plastykowi»: Długo ustawiał modela, zanim zaczynał rysować. Służyć za modela.

modelować *ndk IV,* modelowaliśmy (p. akcent § 1a i 2) □ M. w czym a. z czego: Pierwsze swe prace modelował w glinie. Modelować ozdoby ze srebrnej blachy. // *D Kult. I, 73.*

Modena *ż IV* «miasto we Włoszech» — modeńczyk *m III, lm M.* modeńczycy — modenka *ż III, lm D.* modenek — modeński.

moderato w zn. «część utworu muzycznego grana w tempie umiarkowanym» *n ndm* a. *n III:* W jego moderato zabrzmiał fałszywy ton. Orkiestra nie zagrała moderata tak, jak należało.

modern (*wym.* modern) △ Jako przym. i przysłówek o zn. «nowoczesny, nowocześnie» — pretensjonalne.

modernizacja *ż I, DCMs.* modernizacji, *blm,* czasem *lepiej:* unowocześnienie, unowocześnianie, np. Modernizacja (*lepiej:* unowocześnienie) komunikacji.

modernizm *m IV, D.* modernizmu, *Ms.* modernizmie (*wym.* ~izma a. ~iźmie), *blm.*

modernizować *ndk IV,* modernizowaliśmy (p. akcent § 1a i 2), czasem *lepiej:* unowocześniać, np. Modernizowano (*lepiej:* unowocześniano) stare fabryki.

Modigliani (*wym.* Modiljani) *m odm. jak przym., D.* Modiglianiego (p. akcent § 7): Malarstwo Modiglianiego.

modlić się *ndk VIa,* módl się, modliliśmy się (p. akcent § 1a i 2) — **pomodlić się** *dk* □ M. się za kogo, za co, o co: Modlili się o deszcz. Modli się za rodziców. □ *przestarz.* M. się za kim (zachowane w zwrotach modlitewnych a. żartobliwych): Matko Boska, módl się za nami. *pot.* Klituś-bajduś módl się za nami.

Modlin *m IV* «miasto» — modlinianin *m V, D.* modlinianina, *lm M.* modlinianie, *D.* modlinian — modlinianka *ż III, lm D.* modlinianek — modliński.

modlitwa *ż IV, lm D.* modlitw (*nie:* modlitew) □ M. za kogo, o co: Modlitwa o urodzaje. Modlitwy za zmarłych.

modła *ż IV, lm D.* modeł *przestarz.* «wzór, model; sposób» — dziś żywe w wyrażeniach: Na modłę czegoś, na jakąś, na czyjąś modłę, np.: Zbudował dom na modłę dawnych pałaców. Urobił syna na swoją modłę.

modły *blp, D.* modłów *książk. podn.* «modlitwy»: Odprawili uroczyste modły do bogów o zwycięstwo w walce. Zanosić, słać modły do Boga.

modniarka p. modystka.

modnie *st. w.* modniej: Ubierać się modnie (*nie:* po modnemu).

modrak *m III, D.* modraka *reg.* «chaber, bławatek»

modry *poet.* «ciemnoniebieski»: Miała modre oczy. Modre fale Bałtyku.
modre w użyciu rzeczownikowym *reg.* «farbka do bielizny»

modrzew *m I, D.* modrzewia, *Ms.* modrzewiu.

modystka a. **modniarka** *ż III, lm D.* modystek (modniarek) «kobieta trudniąca się szyciem i sprzedażą kapeluszy damskich»

modzel *m I, D.* modzelu, *lm D.* modzeli «stwardnienie i zgrubienie naskórka; odcisk, nagniotek»

Mogielnica *ż II* «miasto» — mogielniczanin *m V, D.* mogielniczanina, *lm M.* mogielniczanie, *D.* mogielniczan — mogielniczanka *ż III, lm D.* mogielniczanek — mogielnicki.

Mogilnica *ż II* «miejscowość» — mogilnicki.

Mogilno *n III* «miasto» — mogilnianin *m V, D.* mogilnianina, *lm M.* mogilnianie, *D.* mogilnian — mogilnianka *ż III, lm D.* mogilnianek — mogileński.

mogiła *ż IV książk., podn.* «grób»: Spocząć w mogile. △ Stać nad mogiłą «być bliskim śmierci, starym, schorowanym»

mogoł *m IV, D.* mogoła △ Wielki Mogoł «tytuł władców dynastii pochodzenia mongolskiego, panującej w Indiach (XVI—XIX w.)»

Moguncja *ż I, DCMs.* Moguncji «miasto w NRF (Mainz)» — moguncjanin *m V, D.* moguncjanina, *lm M.* moguncjanie, *D.* moguncjan — moguncjanka *ż III, lm D.* moguncjanek — moguncki.

moher *m IV, D.* moheru.

Mohikanin *m V, D.* Mohikanina, *lm M.* Mohikanie (*nie:* Mohikani), *D.* Mohikanów «przedstawiciel jednego z wymarłych plemion Indian Ameryki Płn.» △ Ostatni Mohikanin «osoba będąca ostatnim przedstawicielem jakiejś grupy, rodu itp.»

Mohylew *m IV, C.* Mohylewowi (*ale:* ku Mohylewowi a. ku Mohylewu) «miasto w ZSRR (na Białorusi)» — mohylewski.

Mohylów *m IV, C.* Mohylowowi (*ale:* ku Mohylowowi a. ku Mohylowu) «miasto w ZSRR (na Ukrainie)» — mohylowski.

Mojra *ż IV* 1. zwykle w *lm* «w mitologii greckiej: boginie losu»
2. mojra *blm przestarz., książk.* «przeznaczenie, los, fatum»

Mojżeszowy 1. «należący do Mojżesza»: Potomkowie Mojżeszowi (*częściej:* potomkowie Mojżesza). 2. mojżeszowy «właściwy Mojżeszowi, wprowadzony przez Mojżesza»: Wyznanie mojżeszowe.

mokasyn *m IV, D.* mokasyna a. mokasynu, *lm D.* mokasynów (*nie:* mokasyn), zwykle w *lm.*

mokka (*nie:* moka) *ż III, CMs.* mokce.

moknąć *ndk Vc,* mokłem, moknął (*wym.* moknoł) a. mókł, mokła (*nie:* moknęła), mokli, mokły (*nie:* moknęli, moknęły), mokliśmy (p. akcent § 1a i 2) — zmoknąć *dk.*

I mol *m I chem., fiz.*; in. gramocząsteczka, gramodrobina.

II ! mol p. mól.

molekularny *chem., fiz.,* in. cząsteczkowy, drobinowy.

molekuła (*wym.* molekuła, *nie:* molekuła) *ż IV, lm D.* molekuł *chem., fiz.,* in. cząsteczka, drobina.

Molier *m IV, D.* Moliera; a. **Molière** (*wym.* Molier) *m IV, D.* Molière'a (*wym.* Moliera, p. akcent § 7), *C.* Molière'owi, *Ms.* Molierze.

Molierowski

Molierowski 1. «należący do Moliera, napisany przez Moliera»: Komedia Molierowska (*częściej*: Moliera) „Świętoszek".
2. molierowski «charakterystyczny dla twórczości Moliera»: Typy molierowskie. Humor molierowski.

moll *ndm* a. **molowy** (*rzad.* minorowy): Koncert f-moll Chopina. Tonacja a-moll ` (w takich połączeniach nie można użyć wyrazu: molowy). Tonacja molowa. Skala moll, *częściej*: molowa. Tryb moll, *częściej*: molowy.

Mollet (*wym.* Mole) *m IV, D.* Molleta (*wym.* Moleta, p. akcent § 7), *Ms.* Mollecie: Polityka Molleta.

molo *n III, Ms.* molu, *lm D.* mol (w *lp* często *ndm*): Spacerować po molo (po molu). Nie widać już było sopockiego mola (molo).

Moloch *m III* **1.** *blm* «semicki bóg ognia»
2. moloch, *lm M.* te molochy «coś, co pochłania wiele ofiar»: Służył molochowi pieniądza.

molowy 1. p. moll. **2.** przym. od mol, molo, mól.

Moltke *m* w *lp* odm. jak przym., *NMs.* Moltkem, w *lm* jak rzecz., *M.* Moltkowie, *D.* Moltków a. (z odmienianym imieniem, tytułem) *ndm*: Dowództwo Moltkego. Hrabiowie Moltke.

molucki: Języki moluckie (*ale*: Morze Moluckie).

Moluki *blp, D.* Moluków «grupa wysp Archipelagu Malajskiego» — molucki (p.).

Mołdawia *ż I, DCMs.* Mołdawii «republika w ZSRR; kraina historyczna na terenie dzisiejszej Rumunii i ZSRR»: W Mołdawii (*nie*: na Mołdawii). Do Mołdawii (*nie*: na Mołdawię). — Mołdawianin *m V, D.* Mołdawianina, *lm M.* Mołdawianie, *D.* Mołdawian — Mołdawianka *ż III, lm D.* Mołdawianek — mołdawski (p.).

mołdawski: Język mołdawski (*ale*: Wyżyna Mołdawska, Mołdawska Socjalistyczna Republika Radziecka).

moment *m IV, D.* momentu, *lm M.* momenty (*nie*: momenta): Wpaść gdzieś na moment. △ *przen.* Przełomowy moment w czyimś życiu.

momentalnie «natychmiast, od razu, w jednej chwili»: Usłyszawszy dobijanie się do drzwi, momentalnie pobiegł otworzyć.

momentalny *rzad.* «natychmiastowy, błyskawiczny»: Momentalnym ruchem schylił głowę.

MON (*wym.* mon) *m IV, D.* MON-u, *Ms.* MON-ie, *rzad. n* «Ministerstwo Obrony Narodowej»: Publikacje MON-u. Pracować w MON-ie. MON opracował (opracowało) plan działania. — MON-owski a. monowski.

Monachium *n ndm* «miasto w NRF (München)» — monachijczyk *m III, lm M.* monachijczycy — monachijka *ż III, lm D.* monachijek — monachijski.

Monakijczyk *m III, lm M.* Monakijczycy **1.** «obywatel księstwa Monako»
2. monakijczyk «mieszkaniec miasta Monako»

Monakijka *ż III, lm D.* Monakijek **1.** «obywatelka księstwa Monako»
2. monakijka «mieszkanka miasta Monako»

Monako, *rzad.* **Monaco** (*wym.* Monako) *n ndm* «księstwo i miasto w Europie» — Monakijczyk (p.) — Monakijka (p.) — monakijski.

Mona Lisa (*wym.* Mona Liza), Mona *ż IV,* Lisa *ż IV*; in. Gioconda: Portret Mony Lisy.

monarcha *m* odm. jak *ż III, lm M.* monarchowie, *DB.* monarchów *książk.* «władca, król, cesarz»

monarchiczny «dotyczący monarchii albo monarchy»: Władza monarchiczna. Ustrój monarchiczny (*nie*: monarchistyczny).

monarchini (*nie*: monarchinia) *ż I, W.* monarchini (*nie*: monarchinio) *książk.* «władczyni, królowa, cesarzowa»

monarchistyczny «dotyczący monarchizmu a. monarchisty»: Monarchistyczne przekonania, poglądy (*nie*: monarchistyczny ustrój).

monarchizm *m IV, D.* monarchizmu, *Ms.* monarchizmie (*wym.* ~izmie a. ~iźmie), *blm.*

monarszy *m-os.* monarszy (*nie*: monarsi) *książk.* «należący do monarchy; właściwy monarsze; królewski, cesarski»: Monarszy przepych. Władza monarsza. Synowie monarszy (*częściej*: monarchy, monarchów).

monaster, *przestarz. reg.* **monastyr** *m IV, D.* monasteru (monastyru).

Monet (*wym.* Mone) *m IV, D.* Moneta (*wym.* Moneta, p. akcent § 7): Obrazy impresjonistyczne Moneta.

monetarny: Jednostka monetarna. System monetarny.

Mongolia *ż I, DCMs.* Mongolii «państwo w Azji» △ Mongolia Wewnętrzna «autonomiczny obszar w Chinach» — Mongoł *m IV, lm M.* Mongołowie — Mongołka *ż III, lm D.* Mongołek — mongolski (p.).

mongolski: Stepy mongolskie (*ale*: Wyżyna Mongolska). △ Mongolska Republika Ludowa «Mongolia»

monitor *m IV, D.* monitora **1.** «okręt pancerny o małym zanurzeniu» **2.** «aparat kontrolny (radiowy, telewizyjny, telefoniczny)» **3.** *przestarz.* «dziennik, zwłaszcza urzędowy» △ W nazwie (dziś używanej) dużą literą: Monitor Polski.

monitować *ndk IV,* monitowaliśmy (p. akcent § 1a i 2) *urz.* «ponaglać, pisemnie lub słownie» □ M. w jakiejś sprawie, *rzad.* o co: Księgowość monituje w sprawie brakującego rachunku (o brakujący rachunek).

Moniuszko *m* odm. jak *ż III, lm M.* Moniuszkowie, *DB.* Moniuszków.
Moniuszko *ż* odm. — Moniuszkowa *ż* odm. jak przym. — Moniuszkówna *ż IV, D.* Moniuszkówny, *CMs.* Moniuszkównie (*nie*: Moniuszkównej), *lm D.* Moniuszkówien.

Moniuszkowski 1. «stworzony, napisany przez Moniuszkę, będący własnością Moniuszki»: Słyszałem Moniuszkowską „Halkę". Dworek Moniuszkowski.
2. moniuszkowski «taki jak u Moniuszki, wzorowany na Moniuszce»: Pieśni tego kompozytora odznaczają się moniuszkowską śpiewnością.

monodram *m IV, D.* monodramu; *rzad.* **monodramat** *m IV, D.* monodramatu, *Ms.* monodramacie.

monogamia *ż I, DCMs.* monogamii, *blm*; in. jednożeństwo.

monografia *ż I, DCMs.* i *lm D.* monografii: Monografia historyczna. Monografia o Słowackim.

monografista *m odm.* jak *ż IV, lm M.* monografiści, *DB.* monografistów: Był znanym historykiem sztuki, monografistą Wilanowa. Monografista Fredry.

monokl *m I, D.* monokla (*nie:* monoklu): Nosić monokl. Założyć na oko monokl.

monologować (*nie:* monologizować) *ndk IV*, monologowaliśmy (p. akcent § 1a i 2): Monologował nie zwracając uwagi na obecnych.

monopol *m I, D.* monopolu, *lm D.* monopoli, *rzad.* monopolów: Monopol spirytusowy. □ M. na co (*nie:* czego): Monopol na wyroby tytoniowe.

monotonia (*wym.* monotońja) *ż I, DCMs.* monotonii, *blm*; in. jednostajność: Monotonia równiny. Monotonia cykania zegarka.

monotonny, in. jednostajny: Monotonny głos. Monotonny krajobraz.

monowski p. MON.

I Monroe (*wym.* Monr-ou) *n ndm* «miasto w USA (w stanie Luizjana)»

II Monroe (*wym.* Monr-ou) *m odm.* jak przym., *D.* Monroego (p. akcent § 7) a. (z odmienianym imieniem) *ndm*: Doktryna Monroego a. Jamesa (*wym.* Dżemsa) Monroe.
Monroe *ż ndm*: Kreacja aktorska Marylin (*wym.* Merylin) Monroe.

Monrovia (*wym.* Monrowja) *ż I, DCMs.* Monrovii «stolica Liberii»

monstrancja (*nie:* mostrancja) *ż I, DCMs.* i *lm D.* monstrancji.

monstrum *n VI, lm M.* monstra, *D.* monstrów.

monsun *m IV, D.* monsunu; *rzad.* **muson** *m IV, D.* musonu: Wiał lekki monsun (muson).

monsunowy: Wiatr monsunowy (*ale*: Prąd Monsunowy).

Montaigne (*wym.* Mąteń) *m I, DB.* Montaigne'a (*wym.* Mątenia, p. akcent § 7): Rozprawa o Montaigne'u.

Montand (*wym.* Mątā) *m IV, D.* Montanda (*wym.* Mątāda, p. akcent § 7): Występ śpiewaczy Montanda.

montaż *m II, D.* montażu, *lm D.* montaży, *rzad.* montażów: Montaż aparatu radiowego. Montaż filmu.

montażowiec *m II, D.* montażowca, *lm M.* montażowcy «specjalista w zakresie montażu maszyn, urządzeń, budowli» *Por.* montażysta.

montażownia *ż I, lm D.* montażowni: Praca w montażowni (*nie:* na montażowni) fabryki.

montażysta *m odm.* jak *ż IV, lm M.* montażyści, *DB.* montażystów «specjalista w zakresie montażu

filmowego, scenicznego, radiowego» *Por.* montażowiec.

Mont Blanc (*wym.* Mą Blā) *m ndm* «masyw górski w Alpach»: Trudno dostępny Mont Blanc.

Monte Carlo (*wym.* Monte Karlo) *n ndm* «miasto w księstwie Monako»: Kasyno w Monte Carlo. Piękne Monte Carlo.

Monte Cassino (*wym.* Monte Kas-ino) *n ndm* «wzgórze w Apeninach»: Bitwa o Monte Cassino.

Monteskiusz *m II*, a. **Montesquieu** (*wym.* Mąteskje) *m ndm, rzad.* odm. jak przym., *DB.* Montesquieugo (*wym.* Mąteskjego, p. akcent § 7), *C.* Montesquieumu, *NMs.* Montesquieum (*wym.* Mąteskjem): Dzieła Monteskiusza a. Montesquieu (Montesquieugo).

Montevideo (*wym.* Montewideo, *nie:* Montewideo) *n ndm* «stolica Urugwaju»: Uniwersytet w Montevideo.

Montgolfier (*wym.* Mągolfje) *m IV, D.* Montgolfiera (*wym.* Mągolfiera, p. akcent § 7), *Ms.* Montgolfierze a. (z odmienianym imieniem, tytułem itp.) *ndm*: Wynalazek Montgolfiera a. Josepha (*wym.* Żozefa) Montgolfier. Lot balonem braci Montgolfierów (Montgolfier).

I Montgomery (*wym.* Montgomery) *m odm.* jak przym., *D.* Montgomery'ego (*wym.* Montgomerego, p. akcent § 7), *NMs.* Montgomerym a. (z odmienianym imieniem lub tytułem) *ndm*: Dowództwo 8 armii w Egipcie powierzono Montgomery'emu (marszałkowi Montgomery).
Montgomery *ż ndm*: Powieści dla młodzieży Lucy Montgomery.

II Montgomery (*wym.* Montgomery) *n ndm* «miasto w USA»: Montgomery powstało w 1814 r.

Montmartre (*wym.* Mąmartr) *m ndm* a. *m IV, D.* Montmartre'u (*wym.* Mąmartru, p. akcent § 7), *Ms.* Montmartrze «dzielnica Paryża»: Byłem na Montmartre (na Monmartrze).

montować *ndk IV*, montowaliśmy (p. akcent § 1a i 2) — **zmontować** *dk*: Montować dźwig.

Montparnasse (*wym.* Mąparnas) *m ndm* a. *m IV, D.* Montparnasse'u (*wym.* Mąparnasu, p. akcent § 7), *Ms.* Montparnassie «dzielnica Paryża»: Spotkać się na Montparnassie (na Montparnasse).

Montreal (*wym.* Mąreal a. Montrial) *m I, D.* Montrealu (*wym.* Mąrealu, Montrialu, p. akcent § 7) «miasto w Kanadzie» — montrealski.

monument *m IV, D.* monumentu, *lm M.* monumenty (*nie:* monumenta) *książk. podn.* «pomnik»

Mońki *blp, D.* Moniek «miasto» — moniecki.

Moore (*wym.* Mur) *m IV, D.* Moore'a (*wym.* Mura), *Ms.* Moorze (*wym.* Murze), *rzad. ndm*: Poezje liryczne Tomasza Moore'a (Tomasza Moore).

MOP (*wym.* mop) *m IV, D.* MOP-u a. *ż ndm* «Międzynarodowa Organizacja Pracy»: Siedzibą MOP (MOP-u) jest Genewa. MOP powstał (powstała) w 1919 r.

MOPR (*wym.* mopr) *m IV, D.* MOPR-u, *C.* MOPR-owi, *Ms.* MOPR-ze, a. *ż ndm* «Międzynarodowa Organizacja Pomocy Rewolucjonistom»: Działacz MOPR (MOPR-u). Praca w MOPR (MOPR-ze). MOPR opracował (opracowała) plan działania. — MOPR-owski a. moprowski.

morale *n ndm książk.*, lepsze są wyrażenia rodzime: duch (bojowy), poziom moralny. // *KP Pras.*

moralizatorstwo *n III, blm,* a. **moralizowanie** *n I, blm; rzad.* **moralistyka** (*wym.* moralistyka, *nie:* moralistyka, p. akcent § 1c) *ż III, blm.*

Moravia (*wym.* Morawja) *m odm.* jak *ż I, DCMs.* Moravii: Twórczość literacka Moravii.

Morawa *ż IV* «rzeka w Czechosłowacji i w Jugosławii»: Morawa Południowa, Morawa Zachodnia.

morawski: Miasta morawskie (*ale:* Brama Morawska «obniżenie między Sudetami i Karpatami»).

Morawy *blp, D.* Moraw «kraina w Czechosłowacji»: Na Morawach (*nie:* w Morawach). Na Morawy (*nie:* do Moraw). — Morawianin *m V, D.* Morawianina, *lm M.* Morawianie, *D.* Morawian — Morawianka *ż III, lm D.* Morawianek — morawski (p.).

Morąg *m IV, D.* Morąga «miasto» — morąski.

mord p. morderstwo.

morda *ż IV, lm D.* mord (*nie:* mórd).

morderczyni (*nie:* morderczynia) *ż I, B.* morderczynię (*nie:* morderczynią), *W.* morderczyni (*nie:* morderczynio), *lm D.* morderczyń.

morderstwo *n III, rzad.* **mord** *m IV, D.* mordu: Morderstwo kobiety, dziecka (*nie:* na kobiecie, na dziecku). Dokonać, dopuścić się morderstwa (mordu). Popełnić morderstwo (mord).

mordować *ndk IV,* mordowaliśmy (p. akcent § 1a i 2) **1.** «zabijać»: Mordować ludzi, zwierzęta. **2.** «męczyć» □ M. kogo czym: Mordować uczniów częstymi ćwiczeniami.
mordować się w zn. «męczyć się»: Mordowaliśmy się, pracując do późnej nocy. □ M. się z kim, z czym: Mordować się ze źle funkcjonującym odkurzaczem.

Mordwin *m IV, lm M.* Mordwini «obywatel jednej z autonomicznych republik radzieckich» — Mordwinka *ż III, lm D.* Mordwinek — mordwiński (p.).

mordwiński: Język mordwiński (*ale:* Mordwińska Autonomiczna Socjalistyczna Republika Radziecka).

Mordy *blp, D.* Mord «miasto» — mordecki.

More (*wym.* Mor) *m IV, D.* More'a (*wym.* Mora), *Ms.* Morze a. (z odmienianym imieniem) *ndm*; a. **Morus** *m IV*: Tomasza More'a (More, Morusa) uważa się za prekursora socjalizmu.

morela (*nie:* ten morel) *ż I, lm D.* moreli, *rzad.* morel. // *D Kult. II, 457.*

morfologia *ż I, DCMs.* i *lm D.* morfologii **1.** *blm* w zn. «nauka o formach» **2.** *pot.* w zn. «skład morfologiczny krwi»: Miał dobrą morfologię. △ Robić morfologię «badać skład krwi»

morga *ż III, lm D.* mórg; a. **mórg** (*nie:* morg) *m III, lm D.* morgów: Mieć kilka mórg (morgów)

ziemi. Kłótnia o ojcowe morgi. // *D Kult. I, 663; U Pol. (2), 411.*

mormorando p. murmurando.

Morse (*wym.* Mors) *m IV, D.* Morse'a (*wym.* Morsa; *nie:* Morsego): Alfabet Morse'a.

morski: Prądy morskie; sól morska (*ale:* Morskie Oko «jezioro w Tatrach»).

Morus p. More.

morze *n I, lm D.* mórz: Wzburzone morze. Jechać nad morze. Statki płyną po morzu. W morzu pływać łatwiej niż w basenie. △ Za (siedmioma) morzami, za (siódmym) morzem «bardzo daleko (wyrażenie z bajek)» △ Pełne morze «morze z dala od brzegów» △ Otwarte morze «morze o wolnej przestrzeni wodnej bez wysp i półwyspów» △ Morze otwarte «typ morza połączonego na rozległej przestrzeni z oceanem» △ *przen.* Morze piasku, zieleni. △ W nazwach dużą literą: Morze Białe, Czarne, Egejskie. *Ale:* morze Marmara — wyraz *morze* nie wchodzi tu bowiem w skład nazwy własnej.

morzyć p. zmorzyć.

mosiężny, *rzad.* **mosiądzowy:** Mosiężna klamka.

moskiewski: Ulice moskiewskie; konferencje moskiewskie (*ale:* Wielkie Księstwo Moskiewskie).

moskitiera *ż IV, lm D.* moskitier: Łóżko z moskitierą.

Moskwa *ż IV* «stolica ZSRR i rzeka w ZSRR» — moskwiczanin, *rzad.* moskwianin *m V, D.* moskwiczanina (moskwianina), *lm M.* moskwiczanie (moskwianie), *D.* moskwiczan (moskwian) — moskwiczanka, *rzad.* moskwianka *ż III, lm D.* moskwiczanek (moskwianek) — moskiewski (p.).

moskwicz *m II, DB.* moskwicza, *lm D.* moskwiczów (*nie:* moskwiczy) «typ samochodu osobowego produkcji radzieckiej»: Zajechał nowym moskwiczem. Kupić moskwicza. Oglądałem dwa moskwicze.

most *m IV, D.* mostu, *Ms.* moście △ Most na rzece a. przez rzekę. △ Iść przez most (zwykle na drugi brzeg). △ Iść mostem a. po moście (niekoniecznie w celu dostania się na drugi brzeg). △ Przechadzać się po moście Poniatowskiego, po moście Śląsko-Dąbrowskim. // *D Kult. I, 73.*

MOSTiW (*wym.* mostiw, p. akcent § 6) *m IV, D.* MOSTiW-u a. *m ndm* «Miejski Ośrodek Sportu, Turystyki i Wypoczynku»: MOSTiW zainicjował nowe formy turystyki niedzielnej. Pracować w MOSTiW (w MOSTiW-ie).

moszcz *m II, D.* moszczu, *blm:* Moszcz z czarnych porzeczek. △ Moszcz winny.

mość *ż V, lm M.* moście «dawny tytuł grzecznościowy» — zwykle używany w wyrażeniach: (dla rodz. *m*) jego mość, np. jego mość podkomorzy; (dla rodz. *ż*) jej mość, np. jej mość wojewodzina; (dla *lm*) ich moście, np. ich moście starostowie; w bezpośrednim zwracaniu się: (dla rodz. *m* i *ż*) wasza mość, np. wasza cesarska mość.
△ W orzeczeniu złożonym — orzecznik, w orzeczeniu w czasie przeszłym — czasownik zgadza się w rodzaju i liczbie z rodzajem i liczbą tego, do kogo

tytuł jest stosowany: Jego mość jest dla mnie łaskaw (*nie*: łaskawa). Jej mość wojewodzina będzie uroczyście witana. Jego mość podkomorzy raczył (*nie*: raczyła) przybyć. Ich mościе pozostali na zamku.

motocykl *m I*, *D*. motocykla, *lm D*. motocykli, *rzad*. motocyklów: Jechać motocyklem a. na motocyklu.

motor *m IV*, *D*. motoru **1.** *częściej*: silnik. □ *przen*. M. (*lepiej*: pobudka, bodziec) czego (*nie*: do czego), np.: Motor (*lepiej*: bodziec) napisania wspomnień (*nie*: do napisania wspomnień). Motor (*lepiej*: pobudka) działania (*nie*: do działania). **2.** *pot*. «motocykl»: Jechać na motorze a. motorem.

motorniczy *m* odm. jak przym., *lm M*. motorniczowie; a. **motorowy** *m* odm. jak przym.: Obaj motorniczowie (motorowi) zahamowali jednocześnie. Umundurowanie motorniczych (motorowych). || *D Kult*. I, 527.

motorowiec *m II*, *D*. motorowca **1.** *lm M*. motorowce «statek motorowy» **2.** *lm M*. motorowcy *środ*. «zawodnik motocyklowy»

motorowodny: Regaty motorowodne. △ Sport motorowodny «dziedzina sportu obejmująca pływanie na łodziach i jachtach motorowych»

motorowy przym. od motor: Łódź motorowa (a. silnikowa).
motorowy w użyciu rzeczownikowym p. motorniczy.

motowóz *m IV*, *D*. motowozu; *lepiej*: wóz motorowy.

motto *n III*, *Ms*. motcie, *lm D*. mott: Motto komedii. Powieść zaczyna się mottem z Szekspira.

motykować, motyczkować *ndk IV*, a. **motyczyć** *ndk VIb*, motykowaliśmy, motyczkowaliśmy, motyczyliśmy (p. akcent § 1a i 2) — **zmotykować, zmotyczkować** a. **zmotyczyć** *dk* □ M. bez dop.: Należy motykować, gdy ziemia jest wilgotna. □ M. co: Motykować buraki, zagony.

motyl *m I*, *B*. = *D*., *lm D*. motyli, *rzad*. motylów «owad; żagiel»

motylek *m III* **1.** *B*. = *D*. «owad; styl pływacki; rodzaj nakrętki»: Na łące ujrzał motylka. Obserwował doskonałego motylka zawodnika. **2.** *B*. = *D*., *rzad*. = *M*. reg. «rodzaj krawata»: Ma krzywo zawiązanego motylka (krzywo zawiązany motylek).

motyli, *rzad*. (w terminologii *bot*.) **motylowy**: Skrzydła motyle. △ Kwiat motylowy «kwiat zapylany przez motyle»

motywować *ndk IV*, motywowaliśmy (p. akcent § 1a i 2) — **umotywować** *dk* nieco *książk*. «uzasadniać»: Motywować wniosek. Swoje postępowanie motywował sytuacją. || *D Kult*. II, 234.

Mounier (*wym*. Munie) *m IV*, *D*. Mouniera (*wym*. Muniera, p. akcent § 7), *Ms*. Mounierze a. (z odmienianym imieniem) *ndm*: Spuścizna pisarska Mouniera (Emanuela Mounier).

Mount Everest (*wym*. Mont a. Maunt Ewerest), Mount *m ndm*, Everest *m IV*, *D*. Everestu (*wym*. Ewerestu p. akcent § 7): Sylwetka Mount Everestu.

mowa *ż IV*, *lm D*. mów **1.** *blm* «mówienie, sposób, zdolność mówienia»: Znać język w mowie i piśmie. Odzyskać mowę. Naśladować czyjąś mowę. **2.** «przemowa»: Wygłaszać, mieć (*nie*: trzymać) mowę.

mowca p. mówca.

mownica p. mównica.

mowny (*nie*: mówny) **1.** *st. w.* mowniejszy a. bardziej mowny *wych. z użycia* «wymowny wygadany»: Był mowny, słowa płynęły mu gładko. **2.** *jęz.*, *psych.* «związany z mówieniem, mową»: Narządy mowne (*częściej*: narządy mowy).

mozaika (*wym*. moza-ika, *pot*. mozajka, *nie*: mozaika, p. akcent § 1c) *ż III*, *lm D*. mozaik (*nie*: mozajek).

mozaikowy (*wym*. moza-ikowy, *pot*. mozajkowy).

mozambicki: Ludność mozambicka (*ale*: Kanał Mozambicki, Prąd Mozambicki).

Mozambik *m III* «kolonia portugalska w Afryce» — Mozambijczyk *m III*, *lm M*. Mozambijczycy — Mozambijka *ż III*, *lm D*. Mozambijek — mozambicki (p.).

Mozart (*wym*. Mocart) *m IV*: Światowa sława Mozarta.

mozolić się *ndk VIa*, mozól się, *rzad*. mozol się, mozoliliśmy się (p. akcent § 1a i 2) *książk*. «trudzić się, wysilać się, męczyć się»: Praca szła im ciężko: mozolili się długo. □ M. się nad czym, *rzad*. z czym: Mozolić się nad zadaniem (z zadaniem).

mozół (*nie*: mozoł) *m IV*, *D*. mozołu *książk*. «trud, wysiłek»: Ta praca wymaga wiele mozołu.

moździerz *m II*, *lm D*. moździerzy.

moździerzowiec *m II*, *D*. moździerzowca, *lm M*. moździerzowcy; a. **moździerzysta** *m* odm. jak *ż IV*, *lm M*. moździerzyści, *DB*. moździerzystów *wojsk*. «żołnierz z obsługi moździerza»

może: Może wyjadę za granicę. △ Z partykułą *by* pisane rozdzielnie: Może byś skończył czytać. Może by pan zechciał do nas przyjść.

możebny *przestarz.*, *wiech*. «możliwy»

możliwie 1. «w miarę możności»: Starał się pracować możliwie najwydajniej. **2.** *st. w.* możliwiej *pot*. «dość dobrze, jako tako»: Uczy się możliwie. Wyglądał możliwiej niż zwykle.

możliwość *ż V* «fakt, że coś jest możliwe, że może nastąpić; zwykle w *lm*: widoki na coś, szanse; zdolności, siły (od których zależą szanse)» □ M. czego (*nie*: do czego, dla czego, na co): Możliwość nauki (*nie*: do nauki). Możliwość uzyskania (*nie*: na uzyskanie) dyplomu. △ W miarę możliwości «w tym stopniu, w jakim to będzie możliwe, jeżeli zdarzy się okazja, sposobność (w języku potocznym w tym samym zn. używa się także: w miarę możności)» △ *niepoprawne* Potencjalna możliwość (pleonazm). || *D Kult*. I, 305; II, 235. *Por*. możność.

możliwy *st. w.* możliwszy a. bardziej możliwy.

można: Można się było z nim dogadać. Na tobie można polegać. Czy można wejść? △ Z partykułą *by* pisane rozdzielnie: Można by było pomyśleć, że się ciebie boją. || *D Kult*. I, 74.

możność ż V, blm «moc, zdolność» □ M. czego: Możność rozporządzania (nie: rozporządzać) czasem. △ W miarę możności «jeżeli będę (będziesz, będzie itd.) mógł (w języku potocznym w tym samym zn. używa się także: w miarę możliwości)» △ niepoprawne Być w możności (zamiast: móc), np. Był w możności dostarczenia dowodów (zamiast: mógł dostarczyć dowodów). // D Kult. I, 41, 305; II, 235. Por. możliwość.

możny st. w. możniejszy a. bardziej możny książk. «wiele znaczący; potężny»: Miał możnego opiekuna.

móc ndk XI, mogę, może, możemy, mógł, mogła, mogliśmy (p. akcent § 1a i 2); tryb rozkazujący nie używany: Mogę to zrobić. Możemy zostać w domu. Możesz tam nie iść (nie: nie potrzebujesz tam iść). △ niepoprawne Ja za to nie mogę (zamiast: nie jestem temu winien). Nie mogę go cierpieć (zamiast: nie cierpię go). Ale pot.: Nie mogę go ścierpieć «nie znoszę go»

mój m, **moja** a. **ma** ż, **moje** a. **me** n, D. m n mojego a. mego, ż mojej a. mej; C. m n mojemu a. memu, ż mojej a. mej; B. m = D. a. M., n = M., ż moją (nie: moję) a. mą; N. m n moim a. mym, ż moją a. mą; Ms. m n moim a. mym, ż mojej a. mej; lm M. m-os. moi, ż-rzecz. moje a. me; D. moich a. mych; C. moim a. mym; B. m-os. = D., ż-rzecz. = M.; N. moimi a. mymi; Ms. moich a. mych (formy ściągnięte mają charakter książkowy): Oddaj mi moje pióro. Włożyła moje palto. Weszliśmy do mojego pokoju. Ale (przy podmiocie w 1. os. lp): Oddałam ci swoje (nie: moje) pióro. Włożyłam swoją (nie: moją) sukienkę. Weszłam do swego (nie: mego) pokoju. △ niepoprawne Po mojemu (zamiast: według mnie, według mego zdania). // D Kult. I, 159; II, 93; U Pol (2), 223.

mól (nie: mol) m I, D. mola, lm D. moli, rzad. molów.

mór m IV, D. moru, blm.

mórg p. morga.

mówca, reg. **mowca** m odm. jak ż II, lm M. mówcy (mowcy), DB. mówców (mowców).

mówić ndk VIa, mów, mówiliśmy (p. akcent § 1a i 2) □ M. co: Mówić prawdę. Mówić wiersz. Mówić koledze wszystkie swoje tajemnice. □ M. o czym: Mówić o ostatnich wydarzeniach. □ M. (jak) na kogo: Mówić na chłopca: synek. // D Kult. I, 75; II, 76.

*mówiony język p. język i jego odmiany.

mównica, reg. **mownica** ż II.

! mówny p. mowny.

mózg m III, D. mózgu △ Wstrząs (nie: wstrząśnienie) mózgu.

mózgoczaszka ż III, lm D. mózgoczaszek «mózgowa, tj. zawierająca mózg, część czaszki» — termin anatomiczny o rażącej budowie słowotwórczej. // U Pol. (2), 146.

MPA (wym. empea, p. akcent § 6) n ndm «Miejskie Przedsiębiorstwo Autobusowe»: MPA zakupiło 100 nowych wozów.

MPIA (wym. empe-i-a, p. akcent § 6) n ndm «Miejskie Przedsiębiorstwo Imprez Artystycznych»: MPIA zawarło umowy z pieśniarzami.

MPK (wym. empeka, p. akcent § 6) n ndm «Miejskie Przedsiębiorstwo Komunikacyjne»: MPK wprowadziło nowy system opłat.

MPO (wym. empeo, p. akcent § 6) n ndm «Miejskie Przedsiębiorstwo Oczyszczania»: MPO zaopatrzyło pracowników w nowy sprzęt.

m p.p.m. zob. p.p.m.

MPT (wym. empete, p. akcent § 6) n ndm «Miejskie Przedsiębiorstwo Taksówkowe»: MPT zakupiło nowoczesne wozy.

Mrągowo n III «miasto» — mrągowianin m V, D. mrągowianina, lm M. mrągowianie, D. mrągowian — mrągowianka ż III, lm D. mrągowianek — mrągowski (p.).

mrągowski: Powiat mrągowski (ale: Pojezierze Mrągowskie).

MRL (wym. emerel, p. akcent § 6) ż ndm «Mongolska Republika Ludowa»: MRL została proklamowana w 1924 r.

MRN (wym. emeren, p. akcent § 6) ż ndm a. m IV, D. MRN-u «Miejska Rada Narodowa»: Został wybrany do MRN (do MRN-u).

Mrongowiusz m II: Działalność leksykograficzna Krzysztofa Mrongowiusza.

mrowić się ndk VIa, mrowiliśmy się (p. akcent § 1a i 2) □ M. się od kogo, czego, rzad. kim, czym: Targ mrowił się od ludzi i wozów, rzad. ludźmi, wozami.

mrowie n I, blm 1. «mnóstwo»: Mrowie ludzi. Mrowie gwiazd. 2. p. ciarki: Przeszło mnie mrowie.

mrowisko n II, w zn. przen. częściej: mrowie, np. Mrowisko (częściej: mrowie) ludzi, koni.

mrozić ndk VIa, mrożę, mroziliśmy (p. akcent § 1a i 2), w zn. «poddawać działaniu niskiej temperatury» zwykle w imiesł. biernym (w innych formach częściej: zamrażać): Mrożone ryby. Mrożona kawa. Mrozili (częściej: zamrażali) owoce.

mrozoodporność ż V, blm; lepiej: odporność na mróz.

mroźno, rzad. **mroźnie** st. w. mroźniej a. bardziej mroźnie.

mrożonka ż III, lm D. mrożonek, zwykle w lm «mrożone owoce i warzywa, podroby mrożone» // D Kult. II, 390.

mrówczany przym. od mrówka, tylko w wyrażeniu: Spirytus mrówczany.

mrówczy «należący do mrówki, właściwy mrówkom»: Gniazdo mrówcze. Mrówcze jaja. △ przen. Mrówcza pracowitość.

mrówkowy przym. od mrówka (zwykle w terminologii specjalnej): Kwas mrówkowy.

mróz m IV, D. mrozu: Siarczysty, trzaskający mróz. Fala mrozów. Mróz bierze, trzyma. Mróz zelżał. Skostnieć od mrozu.

mruczando p. murmurando.

mruczeć (nie: mruczyć) ndk VIIb, mruczymy, mruczeliśmy (p. akcent § 1a i 2) — **mruknąć** dk Va, mruknąłem (*wym.* mruknołem; *nie*: mruknełem, mrukłem), mruknął (*wym.* mruknoł; *nie*: mrukł; mruknęła (*wym.* mruknęła; *nie*: mrukła), mruknęliśmy (*wym.* mruknęliśmy; *nie*: mrukliśmy) △ Mruczeć pod nosem «mówić niewyraźnie, mamrotać» □ *przestarz.* (zwykle *ndk*) M. na co «szemrać, narzekać»

mrugać (*nie*: mrygać) *ndk I*, mrugaliśmy (p. akcent § 1a i 2) — mrugnąć (*nie*: mrygnąć) *dk Va*, mrugnąłem (*wym.* mrugnołem; *nie*: mrugnełem, mrugłem), mrugnął (*wym.* mrugnoł; *nie*: mrugł; mrugnęła (*wym.* mrugnęła; *nie*: mrugła), mrugnęliśmy (*wym.* mrugnęliśmy; *nie*: mrugliśmy) □ M. na kogo: Mrugnął znacząco na kolegę. △ Mrugać do siebie «dawać sobie wzajemnie znaki oczami»

mrzeć (*nie*: mrzyć) *ndk XI*, mrę, mrze, mrzyj, marł, marli, marliśmy (p. akcent § 1a i 2) □ M. na co: W obozach ludzie marli na tyfus. □ M. z czego: Mrzeć z nędzy, z braku wody. △ Mrzeć głodem, z głodu «cierpieć głód, przymierać głodem»

M/S a. m/s (*wym.* emes) «skrót wyrażenia angielskiego: *Motor Ship* = statek motorowy»: M/S a. m/s Batory.

m. st. «skrót wyrażenia: *miasto stołeczne*, pisany z kropkami, stawiany zwykle przed nazwą miasta, czytany jako całe, odmieniane wyrażenie»: Zarządzenie obowiązuje w m. st. (*czyt.* mieście stołecznym) Warszawie.

MSW (*wym.* emeswu, p. akcent § 6) *n ndm* «Ministerstwo Spraw Wewnętrznych»: Urzędnik MSW. Pracować w MSW.

MSZ (*wym.* emes-zet, p. akcent § 6) *n ndm* a. *m IV*, *D*. MSZ-tu, *Ms.* MSZ-cie «Ministerstwo Spraw Zagranicznych»: MSZ wydał (wydało) nowe przepisy. Pracować w MSZ (w MSZ-cie).

msza *ż II*, *lm D*. mszy □ M. na czyją intencję, za kogo, za czyją duszę (*nie*: dla czyjejś pamięci). △ Ksiądz wyszedł ze mszą.

mszysty *książk.* «porosły mchem; kosmaty, puszysty»

mścić *ndk VIa*, mszczę, mścij, mściliśmy (p. akcent § 1a i 2) *przestarz.*, *książk.* □ M. kogo, co: Mścić śmierć ojca.
mścić się □ M. się za kogo, za co: Mścił się za poległych kolegów. Mścić się za doznane krzywdy, za zbrodnie. □ M. się na kim, na czym «wywierać zemstę»: Nie mścij się na nim. △ *przen.* Alkoholizm rodziców mści się na dzieciach.

MTI (*wym.* emtei, p. akcent § 6) *ż* a. *n ndm* «skrót nazwy Węgierskiej Agencji Prasowej»: MTI podała (podało) ostatnie wiadomości.

mu «forma ściągnięta *C.* zaimka *on* i *ono*, używana po czasowniku»: Podaj mu (*nie*: jemu) tę książkę. Wyrządzili mu (*nie*: jemu) krzywdę. *Ale*: Tylko jemu na tym zależy (kiedy akcent logiczny pada na zaimek). *Por.* jemu.

mucha *ż III*, *D*. muchy (*nie*: muchi), *CMs.* musze, *lm M*. muchy (*nie*: muchi).

Muchawiec *m II*, *D*. Muchawca «rzeka»

Muchina (*wym.* Muchina) *ż IV*, *D*. Muchiny (*nie*: Muchiny, p. akcent § 7; *nie*: Muchinej): Rzeźbiarstwo Wiery Muchiny.

muchołapka, *rzad.* muchołówka *ż III*, *lm D*. muchołapek (muchołówek).

muchomor a. muchomór *m IV*, *B*. muchomor (muchomór) a. muchomora: Znalazłem piękny muchomor (muchomór) a. piękny muchomora.

muezin (*wym.* muez-in) *m IV*, *lm M*. muezini.

mufa *ż IV*, in. złączka.

mufty *m* odm. jak przym., *D*. muftego, *lm M*. muftowie.

mularski p. murarski.

mularz p. murarz.

mulasty p. mulisty.

Mulat *m IV*, *lm M*. Mulaci — Mulatka *ż III*, *lm D*. Mulatek.

muli, *rzad.* mułowy przym. od I muł.

mulisty, *rzad.* mulasty «szlamowaty, błotnisty»: Muliste dno rzeki. Muliste gleby. *Por.* mułowy.

Multanka *ż III*, *lm D*. Multanek 1. «mieszkanka Multan»
2. multanka, częściej w *lm* «dawny instrument muzyczny»: Grać na multankach (na multance).

Multany *blp*, *D*. Multan «kraina historyczna w południowej Rumunii» — Multańczyk *m III*, *lm M*. Multańczycy — Multanka (p.) — multański.

multi- «pierwszy człon wyrazów złożonych, pisany łącznie, wskazujący na dużą ilość, wielość, wielokrotność tego, co wyraża drugi człon złożenia; odpowiada rdzennie polskiemu: wielo-», np.: multimilioner, multiwitamina.

multum *wych. z użycia* «mnóstwo, dużo»: Wina multum, szampana szklankami spijano.

I muł *m IV*, *D*. muła «zwierzę»: Jechać, wieźć coś na mule.

II muł *m IV*, *D*. mułu «grząski osad; szlam»: Muł głębinowy. Ugrzęznąć w mule.

mułła (*nie*: muła) *m* odm. jak *ż IV*, *CMs.* mulle, *lm M*. mułłowie, *DB*. mułłów.

mułowy *rzad.* a) przym. od I muł. b) przym. od II muł: Kąpiele mułowe.

Mundek, Mundzio p. Edmund.

mundur (*nie*: mondur) *m IV*, *D*. munduru.

municypalny (*nie*: municypialny) *książk.* «mający związek z samorządem miejskim; miejski»: Władza municypalna. Rada municypalna.

munsztuk *m III*, *D*. munsztuka 1. «rodzaj kiełzna» 2. «ustnik»: Papieros z munsztukiem (*lepiej*: z ustnikiem). △ Trąbić przez munsztuk «trąbić tak cicho, żeby nieprzyjaciel nie usłyszał»

mur *m IV*, *D*. muru: Otoczyć, opasać (*nie*: okrążyć) coś murem. △ (tylko w *lm*) Mury miasta, uczelni, szkoły (w użyciu przenośnym nieco *książk.*): Pięciuset absolwentów opuszcza co roku mury uczelni. △ Stać jak mur, stać, stanąć murem (za kimś, za czymś) «opowiadać się, opowiedzieć się (po czyjejś stronie) w sposób zdecydowany, bronić kogoś, czegoś nieustępliwie»

murarczyk *m III, lm M.* te murarczyki.

murarski, *przestarz.* **mularski**.

murarstwo, *przestarz.* **mularstwo** *n III, blm.*

murarz, *przestarz.* **mularz** *m II, lm D.* murarzy (mularzy).

Murat (*wym.* Müra) *m IV, D.* Murata (*wym.* Mürata, p. akcent § 7), *Ms.* Muracie: Pod dowództwem Murata.

Murawjow (*wym.* Murawjow) *m IV, D.* Murawjowa (p. akcent § 7): Represje Murawjowa przeciw powstańcom na Litwie.

murek *m III, D.* murka a. murku.

Murillo (*wym.* Murillo) *m I, D.* Murilla, *C.* Murillowi: Malarstwo Murilla.

murłat *m IV, D.* murłatu; *rzad.* **murłata** *ż IV;* in. marmurnica.

Murmańsk *m III* «miasto w ZSRR» — murmański (p.).

murmański: Port murmański (*ale*: Wybrzeże Murmańskie).

murmurando a. **mormorando** a. (*zwykle żart.*) **mruczando** *ndm* «mrucząc, nucąc melodię bez słów»: Intonować piosenkę murmurando (mormorando, mruczando).

Murphy (*wym.* Marfy) *m odm. jak przym., DB.* Murphy'ego (*wym.* Marfego, p. akcent § 7), *NMs.* Murphym.

murza p. mirza.

Murzasichle (*wym.* Mur-zasichle, *nie*: Mur-zas-ichle) *n I* «wieś»: Jechać do Murzasichla. Mieszkać w Murzasichlu.

Murzyn *m IV* «człowiek należący do odmiany czarnej» — w zn. *przen.* małą literą. △ Biały murzyn «ktoś ciężko pracujący, wyzyskiwany» △ *pot.* Opalić się na murzyna. — Murzynek (p.) — Murzynka (p.) — murzyński.

Murzynek *m III, D.* Murzynka, *lm M.* te Murzynki **1.** «mały chłopiec Murzyn»
2. murzynek «koń maści czarnej»

Murzynka *ż III, lm D.* Murzynek **1.** «kobieta należąca do odmiany czarnej»
2. murzynka, zwykle w *lm* «odmiana truskawek»

mus *m IV, D.* musu, *blm przestarz.* «konieczność, przymus» △ dziś żywe w wyrażeniach: Z musu «wbrew woli, z konieczności» △ Jak mus, to mus.

musical (*wym.* muz-ikal) *m I, D.* musicalu (p. akcent § 7) «typ komedii muzycznej»

musicalowy (*wym.* muz-ikalowy): Przebój musicalowy.

music-hall (*wym.* mjuz-ik-hol) *m I, D.* music-hallu «rodzaj teatru rewiowego»

musieć *ndk VIIa,* muszę, musimy, musieliśmy (p. akcent § 1a i 2), zawsze z bezokol. (tryb rozkazu-

jący nie używany) **1.** «podlegać przymusowi, być zobowiązanym»: Muszę zarobić na życie. △ Nie musisz (*nie*: nie potrzebujesz) tam iść. **2.** bez przeczenia «nadaje bezokolicznikowi, z którym się wiąże cechę prawdopodobieństwa: zapewne, chyba»: Musiał nie mieć pieniędzy przy sobie. Musiał nie dostać listu, skoro nie odpisuje.

muskać *ndk I,* muskaliśmy (p. akcent § 1a i 2) — **musnąć** *dk Va,* muśnij, musnąłem (*wym.* musnołem; *nie*: musnełem, musłem), musnął (*wym.* musnoł; *nie*: musł), musnęła (*wym.* musneła; *nie*: musła), musnęliśmy (*wym.* musneliśmy) □ M. kogo, co — czym po czym: Wietrzyk przyjemnie muskał twarz (po twarzy). Muskał go trawką po nogach.

muskuł (*nie*: muszkuł) *m IV, D.* muskułu; *częściej*: mięsień.

muson p. monsun.

Musorgski (*wym.* Musorgski) *m odm. jak przym., D.* Musorgskiego: Twórczość muzyczna Musorgskiego.

Musset (*wym.* Müse) *m IV, D.* Musseta (*wym.* Müseta, p. akcent § 7), *Ms.* Mussecie a. (z odmienianym imieniem) *ndm*: Komedie Musseta (Alfreda Musset).

mustrować (*nie*: musztrować) *ndk IV,* mustrowaliśmy (p. akcent § 1a i 2) *środ.* «angażować członków załogi okrętowej» □ M. kogo na co: Mustrować marynarzy na statek.

muszkat *m IV, D.* muszkatu; a. **muszkatel** *m I, D.* muszkatelu **1.** «roślina doniczkowa» **2.** *rzad.* «gałka muszkatołowa» **3.** *tylko*: muszkatel (*nie*: muszkatela) «gatunek wina»

muszkatelowy △ Wino muszkatelowe a. muszkatołowe «muszkatel»

muszkatołowy (*nie*: muszkatułowy): Gałka muszkatołowa. △ Wino muszkatołowe «muszkatel»

muszkiet *m IV, D.* muszkietu, *Ms.* muszkiecie: Strzelić z muszkietu.

muszkieter *m IV, lm M.* muszkieterowie a. muszkieterzy.

muszla (*nie*: ta muszel) *ż I, lm D.* muszli, *rzad.* muszel.

musztra (*nie*: mustra) *ż IV,* zwykle *blm*: Plac musztry.

musztrować *ndk IV,* musztrowaliśmy (p. akcent § 1a i 2) «uczyć musztry»: Musztrować żołnierzy, pułk itp.

Muszyna *ż IV* «miejscowość» — muszyński.

muślin (*nie*: muszlin) *m IV, D.* muślinu.

mutra *ż IV, lm D.* muter, *rzad.* mutr; *lepiej*: nakrętka.

muzealnictwo *n III, blm* «organizacja i utrzymywanie muzeów; konserwacja zbiorów» *Por.* muzeologia.

muzealnik *m III, lm M.* muzealnicy *środ.* «specjalista w dziedzinie muzealnictwa»

muzeolog *m III, lm M.* muzeolodzy a. muzeologowie «specjalista w zakresie muzeologii»

muzeologia *ż I, DCMs.* muzeologii, *blm* «nauka, zajmująca się zagadnieniami związanymi z muzeami oraz konserwacją zbiorów» *Por.* muzealnictwo.

muzeum *(wym.* muze-um) *n VI, lm M.* muzea, *D.* muzeów, *N.* muzeami: Zwiedzić muzeum, pójść do muzeum. Muzeum historyczne, geologiczne, morskie, miejskie. □ M. czego *(nie:* dla czego): Muzeum sztuki, przemysłu, techniki, wojska. △ W nazwach dużą literą: Muzeum Narodowe, Muzeum Wojska Polskiego.

muzułman *m IV, lm M.* ci muzułmani a. te muzułmany *gw. obozowa* «więzień hitlerowskiego obozu koncentracyjnego krańcowo wyczerpany fizycznie i psychicznie; *rzad.* muzułmanin» || *D Kult. I,* 306.

muzułmanin *m V, D.* muzułmanina, *lm M.* muzułmanie, *D.* muzułmanów *(nie:* muzułman) **1.** «wyznawca religii mahometańskiej; mahometanin» **2.** *rzad.* p. muzułman.

muzyczno-baletowy: Widowisko muzyczno-baletowe.

muzyczno-wokalny: Wieczór muzyczno-wokalny.

muzyczny «dotyczący muzyki (w zn. 1)»: Instrumenty muzyczne. Komedia muzyczna. Poranek, zespół muzyczny. Wykształcenie muzyczne *(nie:* muzykalne). *Por.* muzykalny.

muzyk *m III, D.* muzyka (p. akcent § 1d).

muzyka *ż III* **1.** *(wym.* muzyka, p. akcent § 1c), *blm* «sztuka muzyczna, utwory muzyczne; melodia»: Muzyka symfoniczna, kameralna, poważna, rozrywkowa. Lekcja muzyki. Muzyka do opery. **2.** *(wym.* muzyka) *pot.* «orkiestra, kapela»: Muzyka górnicza. Na czele szła dziarska muzyka.

muzykalia *(nie:* muzykalie) *blp, D.* muzykaliów *(nie:* muzykalii).

muzykalny *st. w.* muzykalniejszy a. bardziej muzykalny «uzdolniony do muzyki» △ *pot.* w zn. «umiejący grać, grywający na jakimś instrumencie» *Por.* muzyczny.

muzykolog *m III, lm M.* muzykolodzy a. muzykologowie.

muzykus *m IV, lm M.* te muzykusy, *rzad.* ci muzykusi *lekcew.* a. *żart.* «muzykant, grajek»

MWG *(wym.* emwugie, p. akcent § 6) *n a. ż ndm* «Międzynarodowa Współpraca Geofizyczna»: MWG wysunęło (wysunęła) projekt nowych badań polarnych.

m. woj. «skrót wyrażenia: *miasto wojewódzkie,* pisany z kropkami, czytany jako całe, odmieniane wyrażenie»: W Olsztynie, m. woj. *(czyt.* mieście wojewódzkim) na Pojezierzu Mazurskim...

my *DBMs.* nas, *C.* nam, *N.* nami △ Zaimek *my* przed orzeczeniem stosowany jest dla podkreślenia podmiotu, czasem z odcieniem przeciwstawienia: Dlaczego *my* mamy to robić? (a nie kto inny). To my chcemy tego. *Ale:* Mamy ochotę pójść do kina. Idziemy do lasu. △ Z ruchomą końcówką czasownika: myśmy przyszli, myśmy mówili *(nie:* myżeśmy przyszli, myżeśmy mówili).

-my «końcówka 1. os. *lm* czasowników *(nie:* -m)»: Niesiemy, widzimy *(nie:* niesiem, widzim); czytaliśmy, chodziliśmy *(nie:* czytalim, chodzilim). △ Formy z końcówką *-m* bywają zachowane w stylu podniosłym, np. Nie rzucim ziemi, skąd nasz ród.

myć *ndk Xa,* myję, myliśmy (p. akcent § 1a i 2).
myć się: Myć się gąbką. Myć się w miednicy, w balii. Myć się pod prysznicem, pod pompą.

mydlany *(nie:* mydlanny) «zawierający mydło»: Płatki mydlane.

mydlarnia *ż I, lm D.* mydlarni, *rzad.* mydlarń *reg.* w zn. «drogeria»

mydlarski «dotyczący mydlarza lub mydlarstwa»: Przemysł mydlarski *(nie:* mydlany). *Por.* mydlany.

mydliny *(nie:* ta mydlina) *blp, D.* mydlin.

mydło *n III, lm D.* mydeł: Mydło do prania, do golenia.

myjak *m III* a. **mytka** *ż III, lm D.* mytek *reg.* «zmywak»

myjka *ż III, lm D.* myjek «kawałek szorstkiej tkaniny a. gąbka do mycia się, *reg.* także: zmywak do naczyń»

Mykeny *blp, D.* Myken «w starożytnej Grecji: gród w Argolidzie (na Peloponezie)» — mykeński.

mykita p. mikita.

! mykologia p. mikologia.

mylić *ndk VIa,* myliliśmy (p. akcent § 1a i 2) □ M. co (w czym): Mylić krok w marszu, rytm w tańcu. □ M. kogo z kim. □ Coś kogo myli: Czy mnie oczy mylą? Słuch mnie nie myli, to istotnie głos Jana.
mylić się □ M. się w czym: Ciągle mylił się w rachunku. □ M. się co do czego: Mylił się co do jej uczuć.

myłka *ż III, lm D.* myłek *wych. z użycia, lepiej:* omyłka.

! myrra p. mira.

mysi *(nie:* myszy): Mysia nora.

Mysłowice *blp, D.* Mysłowic «miasto» — mysłowiczanin *m V, D.* mysłowiczanina, *lm M.* mysłowiczanie, *D.* mysłowiczan — mysłowiczanka *ż III, lm D.* mysłowiczanek — mysłowicki.

mysz *(nie:* mysza) *ż VI, lm D.* myszy *(nie:* mysz, myszów). || *D Kult. II,* 458.

myszkować *ndk IV,* myszkowaliśmy (p. akcent § 1a i 2) □ M. po czym: Myszkować po szufladach, po ogrodzie. □ *rzad.* M. wśród czego: Pies myszkował wśród krzewów.

Myszków *m IV, D.* Myszkowa, *C.* Myszkowowi *(ale:* ku Myszkowowi a. ku Myszkowu) «miasto» — myszkowianin *m V, D.* myszkowianina, *lm M.* myszkowianie, *D.* myszkowian — myszkowianka *ż III, lm D.* myszkowianek — myszkowski.

Myszyniec *m II, D.* Myszyńca «miejscowość» — myszyniecki (p.).

myszyniecki: Jarmark myszyniecki *(ale:* Puszcza Myszyniecka).

myśl *ż V, lm M.* myśli: Komuś przychodzi, *pot.* strzela do głowy jakaś myśl. Poddać, podsunąć komuś myśl. Naprowadzić kogoś na myśl. Skupić, snuć myśli. □ W myśli (*nie*: po myśli) czego: W myśl umowy, decyzji, ustawy, paragrafu. *Ale*: Coś idzie, coś jest po czyjejś myśli, *wych. z użycia* coś jest komuś po myśli «coś jest zgodne z czyimś pragnieniem, zamiarem»: Wszystko idzie po twojej myśli. Czy mój projekt będzie im po myśli? △ Ani (coś komuś) nie postało (*nie*: powstało) w myśli «ktoś nawet o czymś nie pomyślał» △ Wpaść (*nie*: popaść) na myśl «wpaść na pomysł» △ Rzucić myśl «rzucić, podsunąć projekt»

myśleć (*nie*: myślić, *ale*: domyślić się, obmyślić, wymyślić) *ndk VIIa*, myśl, myślmy, myślał (*nie*: myślił), myśleliśmy (p. akcent § 1a i 2): Tak mówię, jak myślę. Myślałem, że już poszedł. □ M. o czym, o kim: Ciągle myślał o przeszłości, o swojej sprawie. Co myślisz o nim? □ M. nad czym: Myślał nieraz nad jego położeniem. □ M. + bezokol. (zwykle z przeczeniem) «nie mieć zamiaru, nie zamierzać czegoś»: Nie myślał czekać do końca balu. Dokoła było pełno śmieci, których nikt nie myślał sprzątać.

Myślenice *blp, D.* Myślenic «miasto» — myśleniczanin *m V, D.* myśleniczanina, *lm M.* myśleniczanie, *D.* myśleniczan — myśleniczanka *ż III, lm D.* myśleniczanek — myślenicki (p.).

myślenicki: Powiat myślenicki (*ale*: Myślenickie Turnie).

myśliborski: Powiat myśliborski (*ale*: Pojezierze Myśliborskie, Jezioro Myśliborskie).

Myślibórz *m II, D.* Myśliborza «miasto» — myśliborzanin *m V, D.* myśliborzanina, *lm M.* myśliborzanie, *D.* myśliborzan — myśliborzanka *ż III, lm D.* myśliborzanek — myśliborski (p.).

myślistwo (*nie*: myśliwstwo) *n III, blm* || *D Kult. I, 812.*

myśliwiec *m II, D.* myśliwca, *W.* myśliwcu **1.** *lm M.* myśliwce «samolot myśliwski»: Walka powietrzna myśliwców. **2.** *lm M.* myśliwcy «pilot samolotu myśliwskiego»: Myśliwcy polscy brali udział w bitwie o Anglię. **3.** *lm M.* myśliwcy *przestarz.* «myśliwy»

myśliwski «dotyczący myśliwego, myśliwca a. myślistwa»: Wyprawa myśliwska. Trofea myśliwskie. △ Prawo myśliwskie, *częściej*: Prawo łowieckie. △ *lotn.* Samolot myśliwski «szybki i zwrotny samolot przystosowany do walk powietrznych; myśliwiec» △ Dywizjon myśliwski.

myśliwy *m* odm. jak przym., *lm M.* myśliwi.

*myślnik (pauza) — znak interpunkcyjny, którego używa się: **1.** Zamiast domyślnego członu zdania, np.: Dom był zwrócony frontem do drogi, szczytem — ku łąkom. **2.** Zamiast domyślnego: jest, są przed zaimkiem *to* wprowadzającym orzecznik; także w działaniach arytmetycznych (zamiast: jest, równa się), np.:

Nauka — to kuźnia postępu. Trzy razy pięć — piętnaście. **3.** Przed wyrażeniem uogólniającym to, co zostało poprzednio wyszczególnione, np. Zniszczony dom, zmurszały płot, zarosły chwastami ogród — tyle pozostało z dawnego majątku. **4.** Po rozbudowanych, bardziej rozwiniętych członach zdania — w celu nawiązania do podmiotu zasadniczego lub do pierwotnego toku zdania, np.: Wszystkie wysiłki: wytężona praca, nie przespane noce, dodatkowe zajęcia, przepracowane urlopy — zmierzały ku temu jednemu celowi. Nie chciał się uczyć ani pracować, nie wychodził z domu, nie przyjmował odwiedzin — nie wiadomo czemu. **5.** Przed wyrazami niespodziewanymi dla czytelnika, w celu zaznaczenia niezwykłości sytuacji, spotęgowania nastroju, wywołania zdziwienia itp., np. Archeologowie dotarli wreszcie do głównej komory piramidy i znaleźli w niej — pustkę. **6.** Między dwoma wyrazami, które chcemy odgraniczyć dla uniknięcia dwuznaczności i niezrozumienia, np. Na myśl o tym dniu beztroskim — jak dziecko się cieszy. **7.** Między wyrazami (zwykle: liczebnikami) oznaczającymi bliskie, a dokładnie nie sprecyzowane wartości, np.: Lek podajemy przez 5—6 dni. Wrócę do kraju po dwóch — trzech latach. **8.** Dla wyodrębnienia członów wtrąconych, zwłaszcza dłuższych (ujmujemy je wtedy w dwa myślniki), np. Tego dnia — było to zaraz po egzaminach — wyjechał do rodziny. **9.** Dla wyodrębnienia wyrazów, należących do opowiadania autora (np.: rzekł, powiedział, oznajmił... itp.), wplecionych w mowę przytoczoną, np.: Co to za dziewczyna? — zapytał ojciec. — Spotkałem ją znów dzisiaj. △ Uwaga. W razie spotkania się myślnika z przecinkiem, kropką, pytajnikiem lub wykrzyknikiem — przecinek się opuszcza; pozostałe znaki zostają. **10.** Na początku wypowiedzeń przytoczonych, zaczynanych od nowego wiersza, np.
— Mamy nową koleżankę.
— Co za koleżankę?
— O tę, mieszka obok nas.
Por.: cudzysłów, nawias, przecinek, wielokropek.

MZBM (*wym.* emzetbeem, p. akcent § 6) *m IV, D.* MZBM-u, *Ms.* MZBM-ie a. *ndm* «Miejski Zarząd Budynków Mieszkalnych»: MZBM wprowadził nowy system opłat. Zarządzenie MZBM (MZBM-u).

MZK (*wym.* emzetka, p. akcent § 6) *blp* a. *n ndm* «Miejskie Zakłady Komunikacyjne»: MZK unowocześniły (unowocześniło) tabor komunikacyjny.

MZS (*wym.* emzetes, p. akcent § 6) *m IV, D.* MZS-u a. *ndm* «Międzynarodowy Związek Studentów»: Należeć do MZS (do MZS-u). MZS powołał nowe władze związkowe.

mżyć (*nie*: mżeć) *ndk VIb*, tylko w 3. os. a. *nieos.*: Deszcz mży, mżył. Mżyło już od rana. □ *przen.* M. czym: Lampa mży nikłym światłem (tj. drga, migocze).

n «spółgłoska przedniojęzykowo-zębowa, nosowa; litera alfabetu odpowiadająca tej spółgłosce»

△ Połączenia złożone z liter oznaczających samogłoskę oraz spółgłoskę *n* są wymawiane następująco: **1.** przed spółgłoskami szczelinowymi *s, z, sz, ż* jako odpowiednie samogłoski nosowe, np.: inżynier, winszować, rynsztunek, rynsztok, awansować, konstytucja, kunszt, pensja, cenzura, benzyna — z nosowymi samogłoskami: *i, y, u, a, o, e* — albo zgodnie z pisownią (np.: awãsować a. awansować, kãsola a. konsola, pęsja a. pensja). Wymowę zgodną z pisownią w wielu wyrazach trzeba uznać za staranniejszą (np. kãstytucja, *staranniej*: konstytucja; cęzura, *staranniej*: cenzura).

△ Uwaga: *en, an* w pozycji przed *s* na końcu wyrazu należy wymawiać jako ę, ã, np. kredens, Klemens, sens, ordynans, awans, seans (*wym.* kredęs, Klemęs, sęs, ordynãs, awãs, seãs).

2. przed spółgłoskami zwartymi i zwartoszczelinowymi *t, d, c, dz, cz, dż* wymowa omawianych połączeń jest zgodna z pisownią, np. konto, kondycja, koncert, Pendżab, poncz, kanclerz, ranczo, frencz.

ŋ «znak graficzny spółgłoski tylnojęzykowej (na ogół nie uświadamianej przez mówiących), występującej tylko przed następnym *k* lub *g* (w obrębie tej samej cząstki znaczeniowej wyrazu) np. baŋk, Koŋgo»

△ Spółgłoska ta jest wymawiana przed *k, g* w wyrazach, w których pisze się ę lub ą, np. ręka, urągać (*wym.* reŋka, uroŋgać) oraz w wyrazach pochodzenia obcego, w których pisze się *nk, ng*, np.: bank, punkt, ring, ryngraf (*wym.* baŋk, puŋkt, riŋg, ryŋgraf). W innych wyrazach i pozycjach wymawia się *n* przedniojęzykowe. Wymawianie przedniojęzykowo-zębowego *n* w wyrazach obcych, więc np.: punkt, bank (*zamiast*: puŋkt, baŋk) jest rażące. W niektórych okolicach kraju, np. w Krakowskiem wymawia się ŋ przed każdym *k, g*, niezależnie od tego, czy wyraz jest obcy, czy rodzimy; a więc zarówno: bunkier, Anglia (*wym.* buŋkier, Aŋglia), jak: panienka, okienko, koronka (*wym.* panieŋka, okieŋko, koroŋka). *Por.* ą.

na przyimek łączący się z rzeczownikiem w miejscowniku lub bierniku, rzadziej — z przysłówkami i niektórymi formami nieodmiennymi. **1.** «oznacza miejsce dziania się czegoś (wtedy łączy się z miejscownikiem i odpowiada na pytanie: gdzie?) lub miejsce, ku któremu kieruje się czynność (wtedy łączy się z biernikiem i odpowiada na pytanie: dokąd?)»: Pływać na rzece. Pracować na polu. Wyjść na podwórze. Skierować się na północ. Wejść na dach.

△ Uwaga. Przyimek *na* w funkcji przestrzennej bywa wymienny z *do*: **a)** *na* występuje przy nazwach części składowych terytoriów oraz przy nazwach wysp i półwyspów, np.: Na Mazurach. Jechać na Mazury. Na Podhalu. Na Mokotowie. Jechać na Mokotów. Na Cejlonie. Jechać na Cejlon. *Ale*: Jechać do Wielkopolski, do Małopolski. △ Przy nazwach państw, części świata, miejscowości, jednostek administracyjnych i topograficznych pojmowanych jako samodzielne całości *na* jest zastępowane przez przyimek *do*. △ Wyjątki: Na Węgry (*nie*: do Węgier), na Litwę a. do Litwy, na Łotwę a. do Łotwy, na Słowację a. do Słowacji, na Ukrainę (*nie*: do Ukrainy). **b)** *na* oznacza przestrzeń bardziej ogólnikowo, niż *do*, np.: Iść na miasto (jeżeli już jesteśmy w mieście) *obok*: iść do miasta. Wyjść na ogród, *obok*: wyjść do ogrodu. Iść na wieś (= poza miasto) *obok*: iść do wsi, *ale* tylko: iść do wioski (*nie*: na wioskę). △ Poza tym

tradycyjnie używa się obu przyimków z różnymi rzeczownikami, zwykle bez zróżnicowania znaczeniowego, np.: Iść do kina, *ale*: iść na pocztę, na dworzec. Skierować kogoś na uniwersytet, *ale*: skierować kogoś do szkoły (*nie*: na szkołę). **c)** w znaczeniu przestrzenno-kierunkowym *na* oznacza kierunek, nie cel czynności, np. Jadę na Kraków (gdy Kraków nie jest celem podróży), *ale*: Jadę do Krakowa (jako celu podróży).

△ Uwaga. Przyimek *na* w funkcji przestrzennej bywa również wymienny z przyimkiem *w*, np. Na sali go nie ma (po zajrzeniu przez kogoś do sali) *obok*: w sali go nie ma. △ Często oboczności te są tradycyjne, np.: Mieszkać na stancji, *ale*: mieszkać w internacie. Być na uniwersytecie, *ale*: być w szkole. Być na studiach, na farmacji, na medycynie itp. (w połączeniach z rzeczownikami abstrakcyjnymi).

△ Uwaga. Przyimek *na* szerzy się, wypierając tradycyjne *w*, zwłaszcza w połączeniach z nazwami miejsca pracy. Jest to dopuszczalne jedynie wtedy, gdy ma się na myśli obszerny teren zakładu, nie zaś poszczególny budynek czy poszczególne pomieszczenie. Dopuszczalne są więc, zwłaszcza w języku środowiskowym, wyrażenia: Na zakładzie, na fabryce (= na terenie zakładu, fabryki), choć *lepiej* powiedzieć:

w zakładzie, w fabryce, w kopalni. △ Wyrażenia: Na poczekalni, na sklepie, na szkole, na bramie itp. są *niepoprawne*.

△ Niektóre błędy i wahania: Działo się to na naszych oczach, *lepiej*: w naszych oczach. Na ulicy, *obok*: przy ulicy. Na placu, *obok*: przy placu (te ostatnie formy bardziej urzędowe, oficjalne). Na rynku, *obok*: w rynku. △ *niepoprawne* Być na chorobie (*zamiast*: mieć zwolnienie lekarskie z powodu choroby). △ Opierać się na czym (*nie*: opierać się o co — w zn. *przen.*), np.: Projekt opiera się na zasadzie (*nie*: o zasadę). Film oparty na noweli (*nie*: o nowelę).

2. «tworzy wyrażenia oznaczające trwanie czegoś, okres, porę dziania się czegoś (z biernikiem, rzadziej — z miejscownikiem)»: Przyjechał na miejsce. Wyjechał na niedzielę. Na Wielkanoc spadł śnieg. Czas upłynął mu na czytaniu. △ Na dwa dni wcześniej (*lepiej*: dwa dni wcześniej). Na wiosnę, wiosną, *ale*: na jesieni a. jesienią. △ *reg.* Kwadrans na piątą «piętnaście minut po czwartej» △ *niepoprawne* Na dniach (*zamiast*: w tych, w najbliższych dniach).
3. «tworzy wyrażenia oznaczające miarę, ocenę wielkości przestrzennych oraz zakres ich stosowania»: Na odległość kilku metrów. Na wysokość piętra. Gruby na palec. Ani na cal. 10 km na godzinę. Odstąpić na dwa kroki. Liczyć co na kopy. △ Być na tyle mądrym, że..., *lepiej*: być tak mądrym, że... △ *niepoprawne* Na ile? (chodzi o cenę), *zamiast*: po ile?, *przestarz.* po czemu? *Ale*: Na ile osób ma być ten obiad? △ Dłuższy na łokieć (*zamiast*: dłuższy o łokieć), *ale*: długi na łokieć, na dwa metry.
4. «w połączeniu z nazwami czynności tworzy wyrażenia określające ich cel, skutek, zakres stosowania itp.»: Iść na spacer, na tańce, na zebranie, naradę, na grzyby. Podrzeć co na kawałki. Uderzyć na wroga. Oszczędzać na jedzeniu. △ Zyskać, stracić na czym, np. Stracił na tej transakcji. △ Cieszyć się na co (*lepiej*: cieszyć się, że...), np. Cieszył się na wyjazd za granicę (*lepiej*: cieszył się, że wyjedzie za granicę). Mieć szansę na co (*lepiej*: Mieć szansę czego). △ *niepoprawne* Pisać na adres (*zamiast*: pisać pod adresem). Napotykać na co (*zamiast*: napotykać co). △ Brakuje komu na czym (*zamiast*: czego), np. Brakowało mu na śmiałości (*zamiast*: brakowało mu śmiałości).
5. «oznacza cel, przeznaczenie jakichś przyborów, pomieszczeń, środków itp. (w tym znaczeniu często wymienny z przyimkami *do* i *od*)»: Skrzynka na listy, *obok*: do listów. Szopa na siano, *obok*: do siana. △ Dla wyrażenia stosunku między surowcem a wytworem zawsze używa się przyimka *na* (*nie*: *do*), np.: Skóra na buty. Mięso na rosół. △ Lekarstwo na co (gdy się wymienia chory narząd), np.: Krople na serce. Maść na rany. △ Lekarstwo od czego (*rzad.* na co — gdy chodzi o zmniejszenie dolegliwości), np.: Krople od kaszlu, *rzad.* na kaszel. Tabletki od bólu głowy, *rzad.* na ból głowy.
6. «łączy z nadrzędnymi rzeczownikami, przymiotnikami (rzadziej przysłów.) wyrazy stanowiące ich uzupełnienie»: Zupa na kościach. Powóz na gumach. Być głuchym, odpornym na coś.
7. «w połączeniu z przysłówkami i niektórymi składnikami nieodmiennymi tworzy wyrażenia precyzujące kolory, czas i okoliczności dziania się czegoś oraz tworzy wiele wyrażeń utartych»: Ściany pomalowane na biało. Być na czczo. Przyjechać na krótko, na długo, na stałe. Otworzyć drzwi na oścież, na przestrzał.

△ *pot.* Na przyboś «w butach włożonych na bose nogi» △ *niepoprawne* Na wypłat (*zamiast*: na raty, na spłaty).
△ Przyimek *na* jest nie akcentowany, a więc mówimy: na dworze, na ulicy, na długo (p. przyimki).
△ Wyjątki: jedziemy na wieś (*nie*: na wieś), raz na dzień, rok (*nie*: na dzień, rok) oraz połączenia z zaimkami jednozgłoskowymi, np.: na mnie, na nią, na nich.

na- 1. «przedrostek tworzący czasowniki pochodne od czasowników podstawowych, czasem od przymiotników i rzeczowników»: a) «tworzy czasowniki oznaczające wzmożenie intensywności jakiejś czynności (zwykle odnoszącej się do wielu przedmiotów)»: Narwać gałęzi. Nakraść jabłek z ogrodu (*nie*: nakraść jabłka). Naprodukować bubli (*nie*: naprodukować buble). △ Czasownik z przedrostkiem *na-* rządzi dopełniaczem, odpowiadający mu czasownik bez tego przedrostka — rządzi biernikiem, np.: Kraść co, *ale*: nakraść (wiele) czego. Rwać co, *ale*: narwać czego. b) «tworzy czasowniki oznaczające realizację tego, co oznacza czasownik podstawowy, początkową fazę czynności lub, w połączeniu z wyrazem *się* — sygnalizujące wzmożenie intensywności danej czynności z odcieniem przesytu, znużenia», np.: Pisać (list) — napisać (list). Malować (obraz) — namalować (obraz). Elektryzować — naelektryzować. Nacinać papier. Nacieszyć się wolnością. Mocno się napracować. Nabiegać się po mieście.
2. «przedrostek tworzący czasowniki pochodne od przymiotników i rzeczowników», np.: nawodnić (glebę), naświetlać (ranę), nawarstwiać.
3. «część składowa rzeczowników, przymiotników i przysłówków mających za podstawę słowotwórczą połączenie przyimka *na* z rzeczownikiem», np.: nadrzewny, napowietrzny, nabrzeże, naocznie.
4. «część składowa niektórych wyrazów powstałych z połączeń przyimka *na* z innymi wyrazami», np.: naprzód, nadal, naraz, natenczas, nareszcie.

nabab *m IV, D.* nababa, *lm M.* nababowie «książę indyjski» △ *przen.* «bogacz, krezus, potentat»

nabajać *dk IX*, nabaję, nabaje, nabajaliśmy (p. akcent § 1a i 2) □ N. (komu) czego (o kim, o czym): Nabajali ci głupstw. Nabajała plotek o wszystkich znajomych.

nabawić *dk VIa*, nabawiliśmy (p. akcent § 1a i 2) — **nabawiać** *ndk I*, nabawialiśmy □ *książk.* (z dopełniaczem niektórych rzecz. o zn. negatywnym) N. kogo, co — czego «przyprawić kogoś o coś, przyczynić komuś czegoś»: Nabawić kogoś wstydu, kłopotu. Przeciąg nabawił ją chrypki.
nabawić się — nabawiać się 1. «doprowadzić się do czegoś» □ N. się czego: Nabawić się kataru. 2. tylko *dk* «użyć zabawy»: Dzieci nabawiły się i poszły spać. □ N. się czym (kim): Nabawiłeś się tą piłką, oddaj ją teraz.

nabazgrać *dk IX*, nabazgrze, nabazgrz a. nabazgraj, nabazgraliśmy (p. akcent § 1a i 2) □ N. co — czym: Z trudem nabazgrał ołówkiem parę słów.

nabić *dk Xa*, nabiliśmy (p. akcent § 1a i 2) — **nabijać** *ndk I*, nabijaliśmy 1. «zadać wiele razów»: □ N. kogo, co a) «zbić, wybić wielokrotnie lub zbić wiele osób»: Ileż to ją nabito w ciągu tych lat! b) *pot.* «obić, wytłuc kogoś»: Jak cię złapię, to cię

tak nabiję, że popamiętasz. 2. «zabić wiele zwierząt» □ N. czego: Myśliwi nabili moc kuropatw.
3. «wypełnić, naładować coś czymś, wtłoczyć coś do czegoś»: Nabić broń. Nabić długopis. □ N. co — czym: Nabić fajkę tytoniem, siennik słomą. □ N. co — w co a. do czego: Nabić słomy w siennik (do siennika). △ przen. (zwykle dk w imiesł. biernym użytym przymiotnikowo): Nabita sala, widownia. 4. często w imiesł. biernym «przybić coś na czymś» □ N. co — czym: Podeszwy nabijane gwoździami. 5. «nadziać, nasadzić coś przez pobijanie» □ N. co na co: Nabić obręcz na koło, na beczkę.
nabić się — nabijać się 1. «nadziać się» □ N. się na co: Nabić się na włócznię. **2.** «wtłoczyć się, wcisnąć się» □ N. się w co: W kilim nabił się kurz. **3.** (tylko ndk) pot. «wyśmiewać się, kpić z kogo» □ N. się z kogo: Nabijali się ze mnie.

nabiec a. **nabiegnąć** dk Vc, nabiegłby (p. akcent § 4c), nabiegły a. nabiegnięty — **nabiegać** ndk I, nabiegałby (zwykle w 3. os.) □ N. (komu) do czego: Łzy nabiegły jej do oczu. □ N. (komu) czym: Policzki nabiegłe purpurą. Oczy nabiegły mu krwią.

nabiedzić się dk VIa, nabiedzę się, nabiedziliśmy się (p. akcent § 1a i 2) «namęczyć się, natrudzić się» □ N. się z kim, z czym a. nad kim, nad czym: Nabiedził się nad uczniem (z uczniem). Nabiedził się nad zgraniem całego zespołu.

nabierać p. nabrać.

nabijać p. nabić.

nablagować dk IV, nablagowaliśmy (p. akcent § 1a i 2) □ N. (komu) czego (o kim, o czym): Nablagował jej niestworzonych rzeczy.

nabolały, lepiej: (od dawna) dolegający, wymagający zaradzenia, palący.

na bosaka p. I bosak.

nabożeństwo n III **1.** «ceremonia religijna odprawiana według określonego rytuału liturgicznego»: Nabożeństwo za zmarłych. Odprawiać nabożeństwo. Słuchać nabożeństwa. □ N. do kogo, do czego: Nabożeństwo do Matki Boskiej. **2.** «szczególna cześć dla wybranej osoby a. dla wybranego przedmiotu kultu religijnego» □ N. do kogo, czego a. dla kogo, czego: Miał szczególne nabożeństwo do (a. dla) św. Antoniego. △ przen. Nie mam nabożeństwa do (a. dla) poetów.

nabożny, częściej: pobożny **1.** «przeżywający uczucia religijne, wykonujący odpowiednie praktyki» **2.** wych. z użycia «przeznaczony do nabożeństwa, modlitwy»: Książki, pieśni nabożne. △ przen. «religijny»: Słuchać czegoś w nabożnym skupieniu.

nabój m I, D. naboju, lm D. naboi a. nabojów.

nabór m IV, D. naboru; lepiej: rekrutacja, zaciąg, pobór, np.: Nabór (lepiej: rekrutacja) na wyższe uczelnie. Nabór (lepiej: zaciąg, pobór) rekrutów.

nabrać dk IX, nabiorę (nie: nabierę), nabierze, nabierz, nabraliśmy (p. akcent § 1a i 2) — **nabierać** ndk I, nabieraliśmy □ N. czego, rzad. co (czym, na co itp.) «zagarnąć, zaczerpnąć»: Nabrać wody, piwa. Nabrać zupy łyżką, na łyżkę. Nabierać widłami buraki. Nabierać na widelec ziemniaki i jadł. □ N. czego **a)** «wciągnąć w siebie, wchłonąć»: Statek się

kładł, aż nabierał burtami wody. Nabrać powietrza w płuca. **b)** «przyswoić sobie coś, stać się jakimś, zyskać»: Nabrać sił, odwagi, pewności, przekonania. Nabrać barwy. Nabrać znaczenia. **c)** pot. «kupić, nabyć dużo czego»: Nabrał towarów za dużą sumę. □ (tylko dk) N. kogo, czego «wziąć, zdobyć w dużej ilości lub liczbie»: Nabrali jeńców i łupów. □ N. czym a. bez dop. «wypełnić się czymś (zwykle: wodą, ropą, krwią); nabrzmieć»: Pęcherze nabierają wodą. Rana nabrała i bolała. □ pot. N. kogo (z biernikiem) «oszukać»: Nabrał naiwną, wykorzystał i uciekł. □ N. kogo na co «wyłudzić coś»: Nabrał rodziców na dużą sumę.
nabrać się — nabierać się pot. w zn. «być oszukanym»: Raz tylko dałem się nabrać! □ N. się na co «dać się czymś zwieść»: Nabiera się na takie bajki!

nabrechać, nabrechtać p. brechać.

nabroić dk VIa, nabroję, nabrój, nabroiliśmy (p. akcent § 1a i 2): Nabroił i nie wie, jak się do tego przyznać. Niemało nabroił w życiu. Coś ty nabroił?

nabrzeże n I, lm D. nabrzeży «ocembrowany brzeg rzeki, ściana basenu portowego»

nabrzęknąć dk Vc, nabrzęknął (wym. nabrzęknoł) a. nabrzękł; nabrzękła, nabrzękłby (p. akcent § 4c), nabrzęknięty a. nabrzękły — rzad. **nabrzękać** ndk I, nabrzękałby «o tkankach żywych: powiększyć objętość; częściej: nabrzmieć»: Twarz miała nabrzękłą (nabrzękniętą).

nabrzmiały wyraz nadużywany w zn. «bardzo pilny, nie cierpiący zwłoki, palący»: Nabrzmiały (lepiej: palący) problem; nabrzmiała (lepiej: pilna) sprawa; nabrzmiała (lepiej: bezwzględna, paląca) konieczność. || KP Pras.

nabrzmieć dk III, nabrzmiałby (p. akcent § 4c) — **nabrzmiewać** ndk I, nabrzmiewałby, nabrzmiewałoby (p. akcent § 4c) «o tkankach: powiększyć objętość z powodu napływu wody, soków itp.; napuchnąć»: Żyły nabrzmiały mu na czole. □ N. czym: Twarz nabrzmiewała mu krwią. Pąki nabrzmiały sokami. □ N. od czego: Oczy nabrzmiałe od płaczu. || KP Pras.

nabyć dk, nabędę, nabędzie, nabądź, nabył, nabyliśmy (p. akcent § 1a i 2) — **nabywać** ndk I, nabywaliśmy **1.** książk. «kupić» □ N. co: Nabyć majątek ziemski. **2.** «zyskać coś, dojść do czegoś» □ N. czego (nie: co): Nabyć pewności siebie, rozumu, doświadczenia. || KP Pras.

nabytek m III, D. nabytku: Biblioteka powiększała swe nabytki.

nacechować dk IV, nacechowaliśmy (p. akcent § 1a i 2), zwykle w imiesł. biernym □ Nacechowany czym «mający określony rys, charakter»: Postępek nacechowany szlachetnością. □ N. co «opatrzyć cechą, znakiem itp.; ostemplować»: Nacechować drzewo w lesie. △ niepoprawne Nacechowane (zamiast: ocechowane) wagi, miary.

nacelować niepoprawne zamiast: wycelować, np. Nacelował działo na budynek (zamiast: wycelował działo w budynek). KP Pras.

nachalność ż V, blm; a. **nachalstwo** n III, blm; lepiej: natręctwo, natarczywość.

nachalny, lepiej: natrętny, natarczywy.

Nachimow (*wym.* Nachimow) *m IV, D.* Nachimowa (p. akcent § 7): Zwycięstwo floty Nachimowa pod Synopą.

nachkastlik *niepoprawne* zamiast: szafka, szafeczka nocna.

nachodzić *ndk VIa*, nachodzę, nachodź (*nie*: nachódź), nachodziliśmy (p. akcent § 1a i 2) — **najść** *dk* najdę, najdzie, naszedłem (*nie*: naszłem), naszedł, naszła, naszliśmy □ (zwykle *ndk*) N. kogo «odwiedzać kogoś wbrew jego życzeniu»: Proszę mnie nie nachodzić, nie przeszkadzać. □ *wych. z użycia, książk.* N. kogo, co «napastować, atakować»: Wróg naszedł ojczyznę. □ *przen.* N. kogo (z podmiotem abstrakcyjnym) «ogarniać, opanowywać kogo»: Naszła kogoś chęć, myśl. Nachodzi mnie chandra. □ (zwykle *dk*) Coś najdzie a. *nieos.* Najdzie czego «napłynie, wypełni się czymś»: Zamknij drzwi, bo najdzie zimna (*rzad.* najdzie zimno). Naszło tam dużo ludzi.
nachodzić się *dk* «zmęczyć się chodzeniem, przejściem długiej drogi»: Niemało się nachodziła, nim to załatwiła.

na chybił trafił, *rzad.* **na chybi trafi** p. chybić.

nachylić *dk VIa*, nachyliliśmy (p. akcent § 1a i 2) — **nachylać** *ndk I*, nachylaliśmy □ N. co (do kogo, czego, ku komu, czemu, nad kim, czym): Nachylił głowę nad książką. Wiatr nachylał ku nam gałęzie drzew. □ *rzad.* N. czego: Nachyl dzbanka, chcę się napić.
nachylić się — nachylać się □ N. się bez dop.: Był zmęczony, więc trudno mu było się nachylać. □ N. się nad kim, czym: Nachylił się nad dzieckiem i ucałował je. □ N. się do kogo, czego a. ku komu, czemu: Nachylił się do niej i coś szepnął na ucho.

naciąć *dk Xc*, natnę, natnie, natnij, naciąłem (*wym.* naciołem: *nie*: naciełem), naciął (*wym.* nacioł), nacięła (*wym.* nacieła), nacięliśmy (*wym.* nacieliśmy, p. akcent § 1a i 2) — **nacinać** *ndk I*, nacinaliśmy □ (tylko *dk*) N. czego «ściąć dużo»: Naciąć trzciny, trawy. □ N. co «przeciąć powierzchnię czego»: Naciąć korę drzewa. □ *posp.* N. kogo (biernik) — na czym, na co «oszukać»
naciąć się □ N. się czego «zmęczyć się cięciem» □ *posp.* N. się na co, na czym; N. się bez dop. «dać się oszukać, nabrać»: Naciął się na tej „okazji".

naciągnąć *dk Va*, naciągnij (*nie*: naciąg), naciągnąłem (*wym.* naciągnołem; *nie*: naciągnełem, naciągłem), naciągnął (*wym.* naciągnoł), naciągnęła (*wym.* naciągnęła; *nie*: naciągła), naciągnęliśmy (*wym.* naciągnęliśmy; *nie*: naciągliśmy, p. akcent § 1a i 2) — **naciągać** *ndk I*, naciągaj, naciągałem, naciągaliśmy □ N. co «ciągnąc napiąć, naprężyć, nastawić»: Naciągnąć strunę, sznur. □ N. czego (skąd, od czego) «ciągnąc naczerpać, nabrać»: Naciągnąć wody ze studni. □ N. co (na co) «ciągnąc nasunąć, włożyć na coś, ubrać się w coś»: Naciągnąć rękawiczki. Naciągała pończochy na nogi. Naciągnął kołdrę na głowę. □ *przen.* N. co do czego «ująć jakąś kwestię w sposób nierzetelny, zniekształcając fakty»: Naciągali sformułowania, żeby sprawozdanie dobrze wypadło. □ *pot.* N. kogo «oszukać»: Nie daj się mu naciągnąć. □ N. kogo na co «wyłudzić coś od kogo»: Naciąga go na pożyczkę. □ N. bez dop. (tylko w stronie czynnej) «o pły-

nach: nabrać smaku, zapachu od zalanych ziół, korzeni, owoców itp.»: Herbata niech dobrze naciągnie.
naciągnąć się — naciągać się (oba *dk*) *rzad.* «zmęczyć się ciągnięciem, ciąganiem czegoś»: Naciągać się drzewa, gałęzi.

naciec a. **naciéknąć** *dk Vc*, naciéknie, *rzad.* naciecze; naciekł, naciekłby (p. akcent § 4c) — **naciekać** *ndk I*, naciekałby (często w formie nieosobowej): Zamknij okno, bo naciéknie deszczu (*nie*: deszcz) do pokoju.

nacierać *ndk I*, nacieraliśmy (p. akcent § 1a i 2) — **natrzeć** *dk XI*, natrę, natrze, natrzyj, natarł, natarliśmy □ N. kogo, co (czym) «trąc smarować, masować»: Nacierać skronie octem. Nacierać całe ciało szorstką rękawicą. △ *pot.* (tylko *dk*) Natrzeć komuś uszu «skarcić kogo» □ N. bez dop. (a. na kogo, na co) «zbrojnie uderzać; atakować»: Nacierać na wroga. □ N. na kogo — o co (lub ze zdaniem podrzędnie złożonym, zwykle ze spójnikiem *żeby*) «domagać się czegoś kategorycznie; nalegać»: Natarł na nas o dotrzymanie umowy. Nacierali na nią, żeby oddała dług.

nacieszyć *dk VIb*, nacieszyliśmy (p. akcent § 1a i 2), tylko w zwrotach: Nacieszyć oczy, wzrok kimś, czymś «napatrzeć się na kogoś, na coś»
nacieszyć się □ N. się kim, czym: Nacieszyć się rodziną, zabawkami. □ N. się z czego (tylko wtedy, gdy dopełnieniem jest rzecz. abstrakcyjny — nazwa czynności): Chłopczyk nie mógł się nacieszyć z posiadania zegarka.

nacinać p. naciąć.

nacisk *m III, D.* nacisku, zwykle *blm* △ Kłaść, położyć (*nie*: pokładać) nacisk na coś (*nie*: na czymś) «uznawać coś za szczególnie godne uwagi»: Ucząc języka, kładł nacisk na wymowę. △ Wywierać nacisk na kogoś, na coś «działać z siłą na coś; *przen.* wywierać presję na kogoś, na coś»: Robić coś pod czyimś, jakimś naciskiem. || *KP Pras.*

naciskać *ndk I*, naciskaliśmy (p. akcent § 1a i 2) — **nacisnąć** *dk Va*, naciśnie, naciśnij, nacisnąłem, (*wym.* nacisnołem; *nie*: nacisnełem, nacisłem), nacisnął (*wym.* nacisnoł), nacisnęła (*wym.* nacisnęła; *nie*: nacisła), nacisnęliśmy (*wym.* nacisnęliśmy; *nie*: naciśliśmy) □ N. co «działać na coś z pewną siłą»: Nacisnęła lekko klamkę i wsunęła się do pokoju. Nacisnąć (*nie*: nadusić) guziczek dzwonka. □ *pot.* N. kogo (o co), *rzad.* na kogo (zwłaszcza w połączeniu ze zdaniem podrzędnym i spójnikiem *żeby*) «wywierać presję na kogoś, zmuszać, przynaglać»: Zaczęto mnie naciskać, żebym się zgodził. Naciskać kogoś o dług. □ N. na kogo «napierać, atakować»: Ze wszystkich stron naciskały na statek ławice kry. Naciskany przez powstańców nieprzyjaciel musiał się wycofać. □ *rzad.* (tylko *dk*: naciskać) N. czego «ciskając nagromadzić»: Naciskali pełno kamieni do ogrodu.

nacja *ż I, DCMs.* i *lm D.* nacji *wych. z użycia* «naród, narodowość»

nacjonalizm *m IV, D.* nacjonalizmu, *Ms.* nacjonalizmie (*wym.* ~izmie a. ~iźmie), *blm.*

nacjonalizować *ndk IV*, nacjonalizowaliśmy (p. akcent § 1a i 2) — **znacjonalizować** *dk*; in. upaństwawiać, unaradawiać.

nacjonalny *przestarz.* «narodowy»

na co dzień: Ubiera się na co dzień skromnie, ale gustownie. *Por.* co.

na cóż (*nie*: na coż): Na cóż ci tyle pieniędzy?

nacysta *m* odm. jak *ż IV*, *lm M.* nacyści, *DB.* nacystów.

nacystowski *m-os.* nacystowscy.

nacyzm *m IV*, *D.* nacyzmu, *Ms.* nacyzmie (*wym.* ~yzmie a. ~yźmie), *blm.*

naczekać się *dk I*, naczekaliśmy się (p. akcent § 1a i 2) □ *N.* się na kogo, na co, *rzad.* kogo, czego.

na czele p. czoło.

naczelniczka *ż III*, *lm D.* naczelniczek; *częściej*: naczelnik (o kobiecie).

naczelnik *m III*, *lm M.* naczelnicy.
naczelnik — o kobiecie, p. nazwy i tytuły zawodowe kobiet.

naczerpać *dk IX*, naczerpię (*nie*: naczerpę), naczerpaliśmy (p. akcent § 1a i 2) □ *N.* czego: Naczerpać wiadrem wody.

naczesać *dk IX*, naczesze, naczesaliśmy (p. akcent § 1a i 2) — **naczesywać** *ndk VIIIa*, naczesuję (*nie*: naczesywuję, naczesywam), naczesywaliśmy □ *N.* co (na co) «czesząc nasunąć, nagarnąć»: Naczesać włosy na czoło. □ *N.* czego «czesząc, dużo zgromadzić»: Naczesać paździerzy z lnu.

na czoło p. czoło.

naczynie *n I* w zn. «przedmiot, w którym się przechowuje, przyrządza różne pokarmy, substancje» □ *N.* na co «naczynie przeznaczone do przechowywania czegoś»: Naczynie na mleko. □ *N.* do czego (*nie*: dla czego) «naczynie służące do przechowywania czegoś»: Naczynie do mleka. □ *N.* od czego «naczynie o określonym, stałym przeznaczeniu, opróżnione z czegoś»: Naczynie od wody. □ *N.* z czym «naczynie wraz z zawartością»: Naczynie z kapustą. □ *N.* po czym, *reg.* z czego «naczynie opróżnione z czegoś»: Naczynie po smarze. □ *N.* z czego «naczynie zrobione z czegoś»: Naczynie z plastyku, ze szkła. △ Naczynie kuchenne. Zmywać, myć naczynia. △ *niepoprawne* w zn. «narzędzia (rzemieślnicze)», np. Naczynia (*zamiast*: narzędzia) kowalskie, zduńskie.

naczytać się *dk I*, naczytaliśmy się (p. akcent § 1a i 2) □ *N.* się czego (o kim, o czym): Naczytała się romansów. Wiele się naczytał o krajach podbiegunowych.

nad przyimek łączący się z rzeczownikami (lub wyrazami o funkcji rzeczownikowej) w narzędniku lub bierniku. 1. z narzędnikiem oznacza a) «lokalizację czegoś powyżej jakiegoś przedmiotu (lub też koło niego) i odpowiada na pytanie: gdzie?»: Lampa wisi nad stołem. Lecieć nad miastem. Mieszkać nad rzeką. Bitwa nad Wisłą. Warszawa leży nad Wisłą. b) «z nazwami pór dnia oznacza bliskość czasową czegoś» △ tylko w utartych wyrażeniach: Nad ranem. Nad wieczorem.
2. «z biernikiem przyimek *nad* oznacza cel przestrzenny i odpowiada na pytanie: dokąd?»: Samolot wzleciał nad miasto. Pojechał nad rzekę.
3. Konstrukcja *nad* z rzecz. w narzędniku występuje w związkach z czasownikami i rzeczownikami odczasownikowymi, oznaczającymi: a) «sprawowanie władzy, nadzoru, opieki, np.: Objął komendę nad batalionem. Czuwał nad gospodarstwem. Sprawował opiekę nad dziećmi.
b) niektóre stany uczuciowe, zwłaszcza politowanie, np.: Wszyscy ubolewali nad jej losem. Litował się nad życiem sieroty. c) proces myślowy, np. Rozmyślał nad ludzkim losem.
4. «przyimek *nad* występuje w wielu wyrażeniach o charakterze przestarzałym, używanych dziś tylko w stylu książkowym lub podniosłym» a) «w porównaniach, ze stopniem wyższym, rzadziej najwyższym — dziś częściej zastępowany przez przyimki *niż, od*»: Nie znam nic milszego nad muzykę (*częściej*: ... milszego niż muzyka, od muzyki), Nie znał lepszej rozrywki nad grę w karty (*częściej*: ...niż gra w karty a. od gry w karty). b) «w połączeniu z czasownikami oznaczającymi wartościowanie, wybór — dziś częściej: niż, od)»: Wolał prawdę nad niepewność (*częściej*: Wolał prawdę niż niepewność a. prawdę od niepewności). △ Uwaga. Przyimek *nad* nie jest akcentowany, z wyjątkiem połączeń z jednozgłoskowym zaimkiem, np. Nad rzeką, *ale*: nad nią, nad nim.

nad- 1. «przedrostek tworzący czasowniki pochodne (i inne wyrazy odczasownikowe)»: a) «nadaje znaczenie zmniejszenia (*rzad.*: zwiększenia) zasobu czegoś», np.: nadpić, naddać, nadłożyć, nadsypać.
b) «oznacza fazę początkową czynności», np.: nadgryźć, nadgnić.
c) «wskazuje na zbliżenie się czegoś w przestrzeni lub czasie», np.: nadbiec, nadjechać, nadchodzić. △ Niekiedy przedrostek *nad-* odpowiada znaczeniowo przedrostkowi *na-*, np. nadsłuchiwać — nasłuchiwać.
2. «część składowa wyrazów mających za podstawę słowotwórczą połączenie przyimka *nad* z rzeczownikiem w bierniku lub narzędniku», np.: nadgraniczny, nadgarstek, nadwozie.
3. «przedrostek tworzący rzeczowniki»: a) «uwydatnia wyższy stopień w hierarchii zawodowej w stosunku do osób oznaczonych rzeczownikiem podstawowym», np.: nadkomisarz, nadkonduktor, nadleśniczy.
b) «oznacza wykraczanie poza normę, poza zwykły stan tego, co wyraża rzeczownik podstawowy», np.: nadciśnienie, nadprodukcja, nadwaga. △ Uwaga. Przy zbiegu kilku spółgłosek przedrostek *nad* przybiera postać *nade-*, np.: nadeżreć, *choć*: nadżerać, naderwać, *choć*: nadrywać (*Por.* nade-).

nadać *dk I*, nadadzą, nadaliśmy (p. akcent § 1a i 2) — **nadawać** *ndk IX*, nadaje, nadawaj, nadawaliśmy 1. «ofiarować, przyznać» □ *N.* komu co: Nadać ziemię na własność. Nadać prawa. Nadać nazwę, imię, tytuł. 2. nadawać (tylko *dk*) w zn. «dać czegoś dużo» □ *N.* czego: Nadawali jej cukierków, książek i innych prezentów. 3. «sprawić, żeby ktoś (coś) nabrał (nabrało) określonych właściwości, cech» □ *N.* komu, czemu co (*nie*: czego): Nadać czemuś ton, kształt, wygląd, znaczenie, wartość. 4. «wysłać pocztą, koleją itp.»: Nadać paczkę.
5. «przekazać (przez radio)» □ *N.* co: Nadano komunikat o sytuacji na froncie.

nadal

nadać się — nadawać się «być odpowiednim, stosownym» □ N. się do czego: Nadawał się do cięższych robót. □ N. się dla kogo: Ta robota nie nadaje się dla nas. □ N. się na kogo, na co: Nadawać się na przyjaciela. Ten materiał nadaje się na sukienkę.

nadal «nic nie zmieniając w stosunku do sytuacji poprzedniej» — odnosi się do przyszłości, łączy się z czasem przyszłym: Tak postępowałem i tak nadal będę postępował (*nie*: postępuję). *Ale*: Tak postępowałem i w dalszym ciągu tak postępuję. || *D Kult. I, 269.*

nadaremnie *książk.* «na próżno, na darmo»

na darmo p. darmo (w zn. 2).

nadarzać *ndk I*, nadarzałby (p. akcent § 4c) — **nadarzyć** *dk VIb*, nadarzyłby □ *przestarz., książk.* N. komu co (zwykle z podmiotem: los, Bóg): Los mu nadarzył dobrą żonę.
nadarzać się — nadarzyć się (dziś żywe): Skorzystać z nadarzającej się okazji.

nadawać p. nadać.

nadąć *dk Xc*, nadmę, nadmie, nadmij, nadąłem (*wym.* nadołem; *nie*: nadełem), nadął (*wym.* nadoł), nadęła (*wym.* nadeła), nadęliśmy (*wym.* nadeliśmy, p. akcent § 1a i 2) — **nadymać** *ndk I*, nadymaliśmy □ N. co (czym): Nadąć materac. Nadąć policzki. Kamizelka nadymana powietrzem.
nadąć się — nadymać się «wciągnąć powietrze; wypełnić się powietrzem»: Nadął się z wysiłku. △ *przen. pot.* «okazać niezadowolenie; nadąsać się, obrazić się; napuszyć się»: Nadął się i nie chciał rozmawiać. □ *rzad.* N. się na kogo (za co, o co): Nadął się na żonę o jakąś drobnostkę.

nadążać *ndk I*, nadążaliśmy (p. akcent § 1a i 2) — **nadążyć** *dk VIb*, nadążyliśmy □ N. za kim, za czym «nie zostawać w tyle; dotrzymywać komuś kroku»: Szedł tak szybko, że nie mogłam za nim nadążyć. □ N. z czym, *rzad.* czemu «wykonywać coś na czas»: Ledwie mógł nadążyć z obstalunkami, z robotą (obstalunkom, robocie).

nadbierać *ndk I*, nadbieraliśmy (p. akcent § 1a i 2) — **nadebrać** *dk IX*, nadbiorę (*nie*: nadbierę), nadbierze, nadebrał (*nie*: nadbrał), nadebraliśmy □ N. czego: Nadebrali miodu z ula.

nadbrzeże *n I, lm D.* nadbrzeży **1.** p. nabrzeże. **2.** *przestarz.* «obszar nad brzegiem wód; pobrzeże, wybrzeże»

nadbudować *dk IV*, nadbudowaliśmy (p. akcent § 1a i 2) — **nadbudowywać** *ndk VIIIa*, nadbudowuję (*nie*: nadbudowywuję), nadbudowywaliśmy.

nadchodzić *ndk VIa*, nadchodzę, nadchodź, nadchodziliśmy (p. akcent § 1a i 2) — **nadejść** *dk* nadejdę, nadejdzie, nadszedłem (*nie*: nadeszłem), nadszedł, nadeszła, nadeszliśmy.

nadciąć *dk Xc*, nadetnę, nadetnie, nadetnij, nadciąłem (*nie*: nadciełem), nadciął (*wym.* nadcioł), nadcięła (*wym.* nadcieła), nadcięliśmy (*wym.* nadcieliśmy; p. akcent § 1a i 2) — **nadcinać** *ndk I*, nadcinaliśmy.

nadciągać *ndk I*, nadciągaliśmy (p. akcent § 1a i 2) — **nadciągnąć** *dk Va*, nadciągnij (*nie*: nadciąg),

nadciągnijcie (*nie*: nadciągcie), nadciągnąłem (*wym.* nadciągnołem; *nie*: nadciągnełem, nadciągłem), nadciągnął (*wym.* nadciągnoł), nadciągnęła (*wym.* nadciągnela; *nie*: nadciągła), nadciągnęliśmy (*wym.* nadciągneliśmy; *nie*: nadciągliśmy): Wojsko nadciąga. Burza nadciąga. □ N. co «przyciągać trochę, podciągać»: Nadciągnij firankę, bo się źle układa.

naddać *dk I*, naddadzą, naddaliśmy (p. akcent § 1a i 2) — **naddawać** *ndk IX*, naddaje, naddawaj, naddawaliśmy **1.** «dopasować do siebie brzegi dwóch kawałków tkanin: dłuższego i krótszego; dodać szyjąc» □ N. co a. bez dop.: Krawcowa naddała trochę w talii. **2.** «dać więcej niż trzeba; dodać, dołożyć» □ N. co, *rzad.* czego: Dał, ile się należało i jeszcze trochę naddał.

naddnieprzański: Tereny naddnieprzańskie (*ale*: Wyżyna Naddnieprzańska).

Naddnieprze *n I* «obszar nad Dnieprem» — naddnieprzański (p.).

naddzierać *ndk I*, naddzieraliśmy (p. akcent § 1a i 2) — **nadedrzeć** *dk XI*, nadedrę, nadedrze, nadedrzyj, naddarł, naddarliśmy.

nade «przyimek odpowiadający znaczeniowo przyimkowi *nad-*, używany tylko w niewielu tradycyjnych połączeniach wyrazowych», np.: nade dniem, nade mną, nade mnie, nade wszystko (*ale*: nad wszystkim). △ Przyimek nade pisany jest oddzielnie; jest nie akcentowany (np. nade wszystko) lub ma akcent, gdy łączy się z zaimkami jednosylabowymi (np. nade mną, nade mnie). *Por.* nad.

nade- «przedrostek odpowiadający znaczeniowo przedrostkowi *nad-*, używany tylko w pewnych wyrazach (w których wystąpiłyby niewygodne w wymowie zbiegi spółgłosek)», np.: nadesłać (*nie*: nadsłać), *ale*: nadsyłać; nadedrzeć (*nie*: naddrzeć), *ale*: naddarł; nadebrać (*nie*: nadbrać), *ale*: nadbierze; naderwać (*nie*: nadrwać), *ale*: nadrywać. *Por.* nad-

nadebrać p. nadbierać.

nade dniem p dzień.

nadedrzeć p. naddzierać.

nadejść p. nadchodzić.

nadeń *książk., wych. z użycia* «przyimek *nad(e)* w połączeniu ze skróconą formą zaimka *on* w bierniku *lp*; dopuszczalny tylko w rodzaju męskim; ma charakter książkowy; nad niego»: Każdy go poważał, nikt się nigdy nadeń (= nad niego) nie wywyższał. *Por.* nad, on.

nadepnąć *dk Va*, nadepnąłem (*wym.* nadepnołem; *nie*: nadepłem), nadepnęła (*wym.* nadepneła; *nie*: nadepła), nadepnęliśmy (*wym.* nadepneliśmy; *nie*: nadepliśmy; p. akcent § 1a i 2), *rzad.* **nadeptać** *dk IX*, nadepcze, nadepce, *przestarz.* nadeptaliśmy — **nadeptywać** *ndk VIIIa*, nadeptuje (*nie*: nadeptywuje), nadeptywaliśmy □ N. na co, *rzad.* co; n. komu na co: Nadeptać robaka. Nadepnął mu na odcisk.

nader *książk.* (zwykle z przysłówkiem, przymiotnikiem, *rzad.* z czasownikiem; stoi zawsze przed wyrazem określanym) «ogromnie, bardzo»: Sukienka była nader skromna. Nader często bywał w złym humorze. || *KP Pras.*

naderwać *dk IX*, naderwę (*nie*: naderwię), naderwie, naderwą (*nie*: naderwią), naderwij, naderwaliśmy (p. akcent § 1a i 2) — **nadrywać** *ndk I*, nadrywaliśmy: Naderwać kieszeń, ścięgno.

naderżnąć a. **naderznąć** (*wym.* nadeżnąć) *dk Va*, naderżnąłem, naderznąłem (*nie*: naderżnełem, naderznełem), naderżnął, naderznął (*wym.* naderżnoł, nadeżnoł), naderżnęła, naderznęła (*wym.* naderżneła, nadeżneła), naderżnęliśmy, naderznęliśmy (*wym.* naderżneliśmy, nadeżneliśmy) — **nadrzynać** *ndk I*, nadrzynaliśmy: Naderżnąć (naderznąć) deskę.

nadesłać *dk IX*, nadeśle (*nie*: nadeszle), nadeślij (*nie*: nadeszlij), nadesłaliśmy (p. akcent § 1a i 2) — **nadsyłać** (*nie*: nadsełać) *ndk I*, nadsyłaliśmy: Nadesłać list, wiadomość, posiłki.

nade wszystko 1. «wyróżniając coś w szczególny sposób; bardziej, więcej niż cokolwiek innego»: Lubił wieś nade wszystko. **2.** *przestarz., książk.* «przede wszystkim»: Zwiedził podczas swych podróży Paryż, Londyn, a nade wszystko Rzym.

nadfioletowy a. **nadfiołkowy** in. ultrafioletowy.

nadgiąć (*nie*: nadgnąć) *dk Xc*, nadegnę, nadegnie, nadegnij, nadgiął (*wym.* nadgioł), nadgięła (*wym.* nadgieła), nadgięliśmy (*wym.* nadgieliśmy, p. akcent § 1a i 2) — **nadginać** *ndk I*, nadginaliśmy: Nadgiąć gałąź.

nadgnić *dk Xa*, nadgnije, nadgniłoby (p. akcent § 4c), nadgniły (*nie*: nadgnity) — *rzad.* **nadgniwać** *ndk I*.

nadgodzina *ż IV, lepiej*: godzina nadliczbowa.

nadkaspijski: Klimat nadkaspijski (*ale*: Nizina Nadkaspijska).

nadkładać *ndk I*, nadkładaliśmy (p. akcent § 1a i 2) — **nadłożyć** *dk VIb*, nadłóż, nadłożyliśmy (p. akcent § 1a i 2) □ N. co: Nadłożyliśmy cztery kilometry. □ N. czego — tylko w zwrocie: Nadłożyć drogi.

nadkroić *dk VIa*, nadkroję, nadkrój, nadkroiliśmy (p. akcent § 1a i 2), *rzad.* **nadkrajać** *dk IX*, nadkraje, nadkraj (*nie*: nadkrajaj), nadkrajaliśmy — *rzad.* **nadkrawać** *ndk I*, nadkrawaliśmy: Nadkroić chleb, placek.

nadleśniczy *m* odm. jak przym., *lm M.* nadleśniczowie.

nadliczbowy zwykle w wyrażeniu: Godzina nadliczbowa «godzina pracy poza obowiązującym wymiarem czasu pracy»

nadliczbówka *ż III, lm D.* nadliczbówek *pot.* «godzina nadliczbowa»

nadłożyć p. nadkładać.

nadmarzać (*wym.* nadmar-zać) *ndk I*, nadmarzałby, nadmarzałaby (p. akcent § 4c) — **nadmarznąć** (*wym.* nadmar-znąć) *dk Vc*, nadmarzł a. nadmarznął; nadmarzła, nadmarzłby, nadmarzły a. nadmarznięty △ Używane zwykle z podmiotami nieżywotnymi, np. Buraki, kartofle nadmarzły.

nadmetraż *m II, D.* nadmetrażu, zwykle *blm*: Płacić za nadmetraż.

nadmiarowy 1. *rzad.* «będący w nadmiarze; zbywający, zbyteczny»: Magazynować nadmiarowy gaz w zbiornikach. **2.** «w okulistyce: dalekowzroczny»: Oko nadmiarowe.

nadmierny «przekraczający właściwą miarę, zbyt wielki; ogromny»: Nadmierny wzrost. Nadmierna praca. Jednostki miały zyski nadmierne, ogół żył w nędzy.

nadmuchać *dk I*, nadmuchaliśmy (p. akcent § 1a i 2) — **nadmuchiwać** *ndk VIIIb*, nadmuchiwaliśmy □ N. co «dmuchając napełnić powietrzem»: Nadmuchać materac. □ (tylko *dk*) N. czego «dmuchając nawiać, nasypać»: Wiatr nadmuchał piasku.

! na dniach p. dzień.

nadnotecki: Łąki, bagna nadnoteckie (*ale*: Puszcza Nadnotecka).

na dobitkę, na dobitek p. dobitka.

nadobny *przestarz.* «ładny, dorodny» — dziś tylko w *iron.* zwrocie: Oddawać, odpłacać, płacić pięknym za nadobne «odwzajemniać się czymś tak samo złym»: Robił jej nieustannie przykrości, a ona mu odpłacała pięknym za nadobne.

na dodatek p. dodatek.

Nadodrze *n I* «tereny położone nad Odrą» — nadodrzański.

nadojeść *niepoprawne* zamiast: dokuczyć, obrzydnąć, dopiec, np. Nadojadło (*zamiast*: obrzydło) mi to wszystko.

na domiar p. domiar.

nadpić *dk Xa*, nadpiliśmy (p. akcent § 1a i 2) — **nadpijać** *ndk I*, nadpijaliśmy □ N. czego: Nadpić wina z kieliszka.

nadprogram *m IV, D.* nadprogramu: W kinie jako nadprogram dawano dokumentarną krótkometrażówkę.

nad program «dodatkowo, nadprogramowo (pisane rozdzielnie)»: Zrobić coś nad program.

nadrabiać *ndk I*, nadrabialiśmy (p. akcent § 1a i 2) — **nadrobić** *dk VIa*, nadrób, nadrobiliśmy □ N. co (czym) «dorabiać, uzupełniać»: Nadrabiać stracony czas, opuszczone tygodnie. Wysiłkiem nadrabiał brak talentu. △ (tylko *ndk*) Nadrabiać miną, *rzad.* humorem «maskować prawdziwy swój nastrój wyrazem twarzy»

nadrealizm *m IV, D.* nadrealizmu, *Ms.* nadrealizmie (*wym.* ~izmie a. ~iźmie), zwykle *blm*; in. surrealizm.

Nadrenia (*wym.* Nadreńja) *ż I, DCMs.* Nadrenii «kraina w NRF» — nadreński.

I nadrobić p. nadrabiać.

II nadrobić *dk VIa*, nadrób, nadrobiliśmy (p. akcent § 1a i 2) □ N. czego «drobiąc nakruszyć»: Nadrobiła ptakom chleba.

nadrukować *dk IV*, nadrukowaliśmy (p. akcent § 1a i 2) — **nadrukowywać** *ndk VIIIa*, nadruko-

nadrywać

wuję (*nie*: nadrukowywuję), nadrukowywaliśmy □ (tylko *dk*) N. czego «wydać drukiem, wydrukować większą liczbę czegoś»: Nadrukować książek. △ *niepoprawne* w zn. «wydrukować, opublikować», np. Tę książkę nadrukowano (*zamiast*: wydrukowano) w Krakowie. □ N. co «pokryć drukowanym deseniem; nałożyć jeden druk, deseń, wzór na drugi»

nadrywać p. naderwać.

nadrzynać p. naderżnąć.

nadskakiwać *ndk VIIIb*, nadskakuję, nadskakiwaliśmy (p. akcent § 1a i 2) □ N. komu: Nadskakiwać paniom, zwierzchnikom.

nadsłuchiwać, *rzad.* **nasłuchiwać** *ndk VIIIb*, nadsłuchuję, nasłuchuję; nadsłuchiwaliśmy, nasłuchiwaliśmy (p. akcent § 1a i 2) □ N. bez dop. a. n. czego: Zatrzymał się i zaczął nadsłuchiwać. Nadsłuchiwał dalekich odgłosów.

nadstawiać *ndk I*, nadstawialiśmy (p. akcent § 1a i 2) — **nadstawić** *dk VI a*, nadstawiliśmy □ N. co, *rzad.* czego (w zn. dosłownym zwykle: Nadstawiać co, a we *fraz.* częściej: N. czego): Nadstawiać czapkę, *rzad.* czapki na datki. △ Nadstawiać ucha, uszu «wytężyć słuch, przysłuchiwać się» △ Nadstawić głowy (*pot.* łba, karku) «narazić się na niebezpieczeństwo»

nadsyłać p. nadesłać.

nadszarpnąć *dk Va*, nadszarpnąłem (*wym.* nadszarpnołem; *nie*: nadszarpnełem, nadszarpłem), nadszarpnął (*wym.* nadszarpnoł), nadszarpnęła (*wym.* nadszarpnela; *nie*: nadszarpła), nadszarpnęliśmy (*wym.* nadszarpneliśmy, p. akcent § 1a i 2) — **nadszarpać** *dk IX*, nadszarpię (*nie*: nadszarpę), nadszarpaliśmy — **nadszarpywać** *ndk VIIIa*, nadszarpywaliśmy □ N. co, *rzad.* czego: Nadszarpnąć zdrowie, fortunę (*rzad.* zdrowia, fortuny).

nadsztukować *dk IV*, nadsztukowaliśmy (p. akcent § 1a i 2) — **nadsztukowywać** *ndk VIIIa*, nadsztukowuje (*nie*: nadsztukowywuje), nadsztukowywaliśmy □ N. co (czym): Nadsztukować sukienkę plisą.

nadtłuc *dk XI*, nadtłukę, nadtłucze, nadtłucz, nadtłuczony, nadtłukł, nadtłukliśmy (p. akcent § 1a i 2) — **nadtłukiwać** *ndk VIIIb*, nadtłukuję (*nie*: nadtłukiwuję), nadtłukiwaliśmy: Nadtłuc szklankę.

nadto 1. *książk.* «poza tym, prócz tego» **2.** *przestarz.* «zbyt, bardzo, nadmiernie» — dziś żywe w połączeniu: Aż nadto (*nie*: aż nadto wiele) «aż za wiele»: Okazji do wycieczek było aż nadto. △ Przyimek *nad* z zaimkiem *to* pisze się rozdzielnie: Nic milszego nad to spotkanie.

nadużyć *dk Xa*, nadużyje, nadużyliśmy (p. akcent § 1a i 2) — **nadużywać** *ndk I*, nadużywaliśmy □ N. czego (*nie*: co): Nadużywać zaufania, siły, swobody.

nadwątlić *dk VIa*, nadwątliliśmy (p. akcent § 1a i 2) — **nadwątlać** *ndk I*, nadwątlaliśmy □ N. kogo, co (czym) *wych. z użycia* «osłabić, uszczuplić» △ zwykle w zwrocie: Nadwątlić czyjeś siły, np. Choroba nadwątliła jego siły.

nadwerężać (*nie*: nadwyrężać) *ndk I*, nadwerężaliśmy (p. akcent § 1a i 2) — **nadwerężyć** (*nie*: nadwyrężyć) *dk VIb*, nadwerężyliśmy △ Używane zwykle w zwrotach: Nadwerężyć zdrowie, siły, wzrok itp.

nadwiędnąć *dk Vc*, nadwiądł, *rzad.* nadwiędnął (*wym.* nadwiędnoł), nadwiędła (*nie*: nadwiędnęła), nadwiądłby (p. akcent § 4c), nadwiędły, *rzad.* nadwiędnięty: Nadwiędłe kwiaty stały w wazonie. △ *przen.* Nadwiędła (nadwiędnięta) cera, twarz.

nadwołżański: Stepy nadwołżańskie (*ale*: Wyżyna Nadwołżańska).

na dworze p. dwór.

nadwozie *n I*, *lm* D. nadwozi «część pojazdu umieszczona na podwoziu; karoseria»: Nadwozie ciężarowe.

! nadwyrężać, nadwyrężyć p. nadwerężać.

nadwyżka *ż III*, *lm* D. nadwyżek: Plan wykonano z nadwyżką. Nadwyżka bilansowa, produkcyjna. □ N. czego (*nie*: w czym): Nadwyżka akumulacji (*nie*: w akumulacji). □ N. czego — nad czym: Nadwyżka wywozu towarów nad przywozem.

nadwzroczność *ż V*, zwykle *blm* *środ.* (*med.*) «dalekowzroczność»

nadymać p. nadąć.

nadziać *dk Xb*, nadzieję, nadziej, nadzialiśmy, *reg.* nadzieliśmy (p. akcent § 1a i 2) — **nadziewać** *ndk I*, nadziewaliśmy □ N. co — czym «wypełnić nadzieniem»: Nadziać pierogi kapustą. □ N. co, *rzad.* kogo — na co «wbić, nasadzić»: Nadziać przeciwnika na szpadę. Nadziać kurczaka, słoninę na rożen. △ *niepoprawne* w zn. «włożyć coś, ubrać się w coś», np. Nadziać (*zamiast*: włożyć) płaszcz na siebie, czapkę na głowę.

nadziać się — nadziewać się □ N. się na co «wbić się na coś ostrego»: Ramię nadziało się na ostrze. □ *żart. przen.* N. się na kogo, na co: W korytarzu nadziałem się na belfra. □ *pot.* N. się czym «najeść się»: Żarłocznie nadziewali się mięsem.

nadzianie (co innego: nadzienie) *n I*, forma rzeczownikowa czas. nadziać: Nadzianie dwudziestu pierożków trwało pół godziny. *Por.* nadzienie.

nadzieja *ż I*, *DCMs.* nadziei, *W.* nadziejo, *lm* D. nadziei (*nie*: nadziej): Słaba, złudna nadzieja. △ Rokować nadzieje. Spełnić, zawieść nadzieje (*ale*: Żywić, mieć nadzieję, że... Robić komuś nadzieję, że...). Młode kadry są naszą nadzieją. △ *przestarz.*, *książk.* Być przy nadziei «spodziewać się dziecka, być w ciąży» □ N. czego a. na co: Nadzieja zwycięstwa (na zwycięstwo); nadzieja na lepsze jutro. □ N. w kim, w czym: Cała moja nadzieja w tobie.

nadziemny (*wym.* nad-ziemny) «znajdujący się nad ziemią, na powierzchni ziemi»: Mur nadziemny. Część nadziemna rośliny.

nadziemski (*wym.* nad-ziemski) «nadprzyrodzony, niezwykły»: Istoty nadziemskie. Moc nadziemska.

nadzienie *n I*, *reg.* **nadziewka** *ż III*, *lm* D. nadziewek: Indyk z nadzieniem. Nadzienie do pasztecików. Cukierek z owocowym nadzieniem. *Por.* nadzianie.

nadziewać p. nadziać.

nadziewka p. nadzienie.

nadziwić się _dk VIa_, nadziwiliśmy się (p. akcent § 1a i 2) □ N. się komu, czemu (zwykle w zwrocie: Nie móc się nadziwić komuś, czemuś): Nie mógł się nadziwić jego pracowitości.

nadzorca (_wym._ nad-zorca) _m_ odm. jak _ż II_, _lm_ M. nadzorcy, DB. nadzorców □ N. czego: Nadzorca lasów. □ N. nad kim, nad czym: Nadzorca nad robotnikami, nad robotami.

nadzorować (_wym._ nad-zorować) _ndk IV_, nadzorowaliśmy (p. akcent § 1a i 2) □ N. kogo, co (_nie_: nad kim, czym, _ani_: kim, czym): Nadzorować pracę robotników (_nie_: nad pracą, nad robotnikami, _ani_: pracą, robotnikami). // D Kult. I, 79.

nadzór (_wym._ nad-zór) _m IV_, D. nadzoru, zwykle _blm_ 1. «dozorowanie, kontrolowanie kogoś, czegoś» □ N. czyj (z rzeczownikiem w dopełniaczu): Wymknęli się spod nadzoru opiekunów. Oddano ich pod nadzór policji. □ N. nad kim, nad czym: Nadzór nad jakością produkcji. Nadzór nad uczniami. △ Sprawować nadzór nad kimś, nad czymś a. mieć coś pod nadzorem. 2. «zespół ludzi kontrolujący, dozorujący kogoś lub coś»: Nadzór techniczny fabryki.

nadzwyczaj (_wym._ nad-zwyczaj) a. **nadzwyczajnie** (_wym._ nad-zwyczajnie): Szedł nadzwyczaj (nadzwyczajnie) wolno. △ Jako określenie czasownika zwykle: nadzwyczajnie, np. Zmienił się nadzwyczajnie po tym przeżyciu.

nadzwyczajny (_wym._ nad-zwyczajny): Dodatek nadzwyczajny. △ Profesor nadzwyczajny «tytuł naukowy samodzielnego pracownika naukowego, niższy od profesora zwyczajnego; pracownik naukowy noszący ten tytuł»

naelektryzować p. elektryzować.

nafciany _przestarz._, p. naftowy.

nafciarski _rzad._ przym. odpowiadający rzecz. nafciarz: Ubiór ochronny nafciarski (_nie_: naftowy). _Por._ naftowy.

nafciarz _m II_, _lm_ D. nafciarzy, _rzad._ nafciarzów; a. **naftowiec** _m II_, D. naftowca, _lm_ M. naftowcy, D. naftowców «specjalista w dziedzinie nafciarstwa, wykwalifikowany robotnik pracujący przy wydobywaniu ropy naftowej; nafciarz dawniej także: właściciel szybów naftowych»

naftodajny a. **naftonośny**: Tereny naftodajne (naftonośne).

naftowiec p. nafciarz.

naftowy przym. od nafta: Lampa naftowa. Ropa naftowa. Szyb naftowy (_nie_: nafciarski). Kopalnictwo naftowe. Tereny naftowe. _Por._ nafciarski.

nagabywać _ndk VIIIa_, nagabuje (_nie_: nagabywuje), nagabuj, nagabywaliśmy (p. akcent § 1a i 2) — **nagabnąć** _dk Va_, nagabnąłem (_wym._ nagabnołem; _nie_: nagabnełem), nagabnął (_wym._ nagabnoł), nagabnęła (_wym._ nagabneła; _nie_: nagabła), nagabnęliśmy (_wym._ nagabneliśmy) □ _wych. z użycia_ N. kogo — o co «zaczepiać kogoś pytając, prosząc o coś»: Nagabywał ją o jej zamiary. Nagabywać o dług.

nagadać _dk I_, nagadaliśmy (p. akcent § 1a i 2) □ N. czego: Nagadać głupstw. Nagadała mu impertynencji. Tyle jej nagadał różności o bracie. □ N. na kogo (przed kim, do kogo) «obmówić kogoś»: Nagadała na nią do koleżanek.
nagadać się □ N. się o kim, o czym: W ciągu długiego wieczoru nagadali się o wszystkim i wszystkich.

nagan _m IV_, D. nagana _pot._ «rewolwer bębenkowy»: Strzelać z nagana.

nagana _ż IV_: Dostać, otrzymać naganę. Udzielić nagany (_nie_: naganę).

naganiać _ndk I_, naganialiśmy (p. akcent § 1a i 2) — **nagonić** _dk VIa_, nagoniliśmy — **nagnać** _dk I_, nagnaliśmy □ N. co, _rzad._ czego «goniąc gromadzić, napędzać, spędzać w jedno miejsce»: Naganiać zwierzynę. Naganiać bydło do okólnika. Nagnać, nagonić bydło, gęsi. Burza nagnała liści. □ N. kogo — do czego «zmuszać»: Naganiać dzieci do nauki. Naganiać ludzi do roboty.

naganka a. **nagonka** _ż III_, _lm_ D. naganek (nagonek) _łow._ zwykle: naganka, np.: Polowanie z naganką. Ukazały się dziki pędzone przez nagankę. △ _przen._ zwykle: nagonka «prześladowanie, szczucie»: Nagonka na bezbronną kobietę. Nagonka polityczna. // D Kult. I, 529; II, 391; D Myśli 80.

nagannie _rzad._ «w sposób zasługujący na naganę, wyrażający naganę (najczęściej z przeczeniem: nienagannie)»: Zachowywać się nagannie. △ _niepoprawne_ Oceniać coś nagannie (_zamiast_: ujemnie). // KP Pras.

naganny _rzad._ «zasługujący na naganę; wyrażający naganę (najczęściej z przeczeniem: nienaganny)»: Naganny czyn. △ _niepoprawne_ Naganna (_zamiast_: ujemna) ocena. // KP Pras.

nagarnąć _dk Va_, nagarnąłem (_wym._ nagarnołem; _nie_: nagarnełem), nagarnął (_wym._ nagarnoł), nagarnęła (_wym._ nagarneła), nagarnęliśmy (_wym._ nagarneliśmy, p. akcent § 1a i 2) — **nagarniać** _ndk I_, nagarnialiśmy; _rzad._ **nagartywać** _ndk VIIIa_, nagartywaliśmy □ N. co (na co, do czego) «zsunąć, nałożyć do czegoś, nasunąć na coś»: Nagarnął włosy na czoło. Nagarniał kartofle szuflą do piwnicy. □ N. czego «zgromadzić w jednym miejscu»: Nagarnęła siana i posadziła na nim dziecko.

Nagasaki _n ndm_ «miasto w Japonii»: Nagasaki było zniszczone bombą atomową.

nagi _m-os._ nadzy: Nagi człowiek. Nagie ramiona, stopy. △ _przen._ «występujący bez osłonek, bez upiększeń»: Naga (_nie_: goła) prawda, naga dusza.
do naga «do gołej skóry, nie zostawiając żadnego ubrania»

nagiąć _dk Xc_, nagnę, nagnij, nagiąłem (_wym._ nagiołem; _nie_: nagiełem), nagiął (_wym._ nagioł), nagięła (_wym._ nagieła), nagięliśmy (_wym._ nagieliśmy, p. akcent § 1a i 2), nagięty — **naginać** _ndk I_, naginaliśmy «gnąc pochylić; przygiąć, zgiąć» □ N. co — do czego a. ku czemu: Nagiąć gałąź do ziemi a. ku ziemi. □ _przen._ N. kogo, co — do kogo, do czego «spowodować przystosowanie do czegoś, zmusić do czegoś»: Nagiąć ludzi do swej woli. Naginać swoje przyzwyczajenia do warunków życia.
nagiąć się — **naginać się** □ N. się do czego

«stać się uległym, dostosować się do czegoś»: Nagiąć się do czyjejś woli, do warunków.

nagietek a. **nogietek** *m III, D.* nagietka (nogietka); *przestarz.* **nagietka** *ż III, lm D.* nagietek.

naginać p. nagiąć.

naglić *ndk VIa,* naglij, nagliliśmy (p. akcent § 1a i 2); *częściej:* przynaglać (p.) □ N. kogo — do czego, o co: Naglić zebranych do pośpiechu. Naglić o wyjazd, o decyzję. □ N., żeby...: Nagliliśmy, żeby już wychodzić.

na głodnego p. głodny.

nagłowić się *dk VIa,* nagłów się, nagłowiliśmy się (p. akcent § 1a i 2) □ N. się nad czym: Nagłowił się nad trudnym zadaniem.

nagłówek (*nie:* nadgłówek) *m III, D.* nagłówka.

nagnać p. naganiać.

nagnieść *dk XI,* nagniotę (*nie:* nagnietę), nagniecie, nagnieć, nagniótł, nagniotła (*nie:* nagnietła), nagnietliśmy (p. akcent § 1a i 2), nagnieciony (*nie:* nagniecony) — **nagniatać** *ndk I,* nagniataliśmy □ N. co «lekko nacisnąć, przycisnąć, ucisnąć»: Nagnieść guz, ropiejącą ranę. □ N. czego «zgnieść wiele czegoś»: Nagnieść jagód, orzechów.

nagniotek (*nie:* nadgniotek, nagniotka) *m III, D.* nagniotka; in. odcisk: Nagniotek na palcu. Nagniotki na dłoniach, na stopach. △ *pot.* Stanąć, nadepnąć komuś na nagniotek «dokuczyć komuś, urazić go»

nagolennik (*nie:* nagolenik) *m III:* Hokeiści grają w nagolennikach.

nagonić p. naganiać.

nagonka p. naganka.

nagrać *dk I,* nagraliśmy (p. akcent § 1a i 2) — **nagrywać** *ndk I,* nagrywaliśmy □ N. co — na co (*nie:* na czym): Nagrać przemówienie, wykład na taśmę magnetofonową. Nagrać melodię na płytę. **nagrać się** □ N. się w co, czego, na czym «nasycić się graniem, spędzić wiele czasu na grze»: Nagrać się w piłkę, w klasy. Nagrać się na fortepianie. Nagrać się mazurków, walców.

nagradzać p. nagrodzić.

nagrobek (*nie:* nadgrobek) *m III, D.* nagrobka «pomnik, płyta, tablica umieszczone na czyimś grobie»: Wystawić, wznieść nagrobek.

nagrobkowy (*nie:* nadgrobkowy) «przym. od nagrobek»: Napis, znicz nagrobkowy (a. nagrobny). Płyta, tablica nagrobkowa (a. nagrobna).

nagrobny (*nie:* nadgrobny) «umieszczany na grobie»: Pomnik, wieniec nagrobny. Płyta, tablica nagrobna (a. nagrobkowa).

nagroda (*nie:* nadgroda) *ż IV, lm D.* nagród □ N. za co: Nagroda za trudy. W nagrodę za pilność dostał piękną książkę. △ Przyznać komuś nagrodę. Przedstawić kogoś do nagrody. Wyznaczyć nagrodę za czyjąś głowę (*nie:* na czyjąś głowę). || D Kult. I, 631.

nagrodzić (*nie:* nadgrodzić) *dk VIa,* nagrodzę, nagródź, *rzad.* nagrodź, nagrodzą, nagrodziliśmy (p. akcent § 1a i 2) — **nagradzać** (*nie:* nadgradzać)

ndk I, nagradzaliśmy □ N. kogo, co (czym) «wyróżnić nagrodą»: Nagrodzić wynalazcę premią. Nagrodzili recytację oklaskami. □ N. komu — co «zrekompensować, wyrównać»: Nagrodzić komuś krzywdę, stratę.

nagromadzać *ndk I,* nagromadzaliśmy (p. akcent § 1a i 2) — **nagromadzić** *dk VIa,* nagromadzę, nagromadziliśmy □ N. co; n. czego (zwykle kiedy mowa o dużej ilości czegoś): Nagromadzić zapasy a. zapasów. Nagromadzili żywności na całą zimę. Nagromadzić olbrzymie skarby.

nagrywać p. nagrać.

nagrzać *dk Xb,* nagrzaliśmy, *reg.* nagrzeliśmy (p. akcent § 1a i 2) — **nagrzewać** *ndk I,* nagrzewaliśmy □ N. co «ogrzać coś do pewnej temperatury»: Słońce nagrzewa pokój. □ N. czego «przygotować pewną ilość czegoś grzanego»: Nagrzać wody do kąpieli.

nahaj *m I, lm D.* nahajów; a. **nahajka** *ż III, lm D.* nahajek: Uderzyć konia nahajem (nahajką).

naigrawać się (*nie:* naigrywać się) *ndk I,* naigrawaliśmy się (p. akcent § 1a i 2) □ N. się z kogo, z czego: Naigrawać się z ludzi, z czyjejś nieporadności.

na ile *niepoprawne* w zn. **a)** «w jakim stopniu, jak dalece», np. Nie wiemy, na ile (*zamiast:* w jakim stopniu) ta opinia jest uzasadniona. **b)** «po ile», np.: Na dwa złote, na dwadzieścia złotych (*zamiast:* Po dwa złote, po dwadzieścia złotych). Na ile (*zamiast:* po ile) te jabłka? Na dwa (*zamiast:* po dwa) złote kilo. || D Kult. I, 35; Kl. Ależ 71.

Nairobi (*wym.* Najrobi) *n ndm* «stolica Kenii»: Jechać do Nairobi. Mieszkać w Nairobi.

naj- «przedrostek tworzący stopień najwyższy przymiotników i przysłówków od ich form stopnia wyższego», np.: największy, najwięcej.

najadać się p. najeść się.

najazd *m IV, D.* najazdu, *Ms.* najeździe «napaść zbrojna»: Najazd Tatarów na Rzeczpospolitą. △ *środ.* W zawodach konnych: najazd na przeszkodę, mieć dobry a. zły najazd.

nająć *dk Xc,* najmę (*nie:* najmię), najmie, najmą (*nie:* najmią), najmij, najął (*wym.* najoł), najęła (*wym.* najeła), najęliśmy (*wym.* najeliśmy, p. akcent § 1a i 2) — **najmować** (*nie:* najmywać, najmać) *ndk IV,* najmowaliśmy □ N. kogo, co (do czego): Nająć ludzi do żniw. Nająć mieszkanie.

najbardziej *st. najw.* przysłówka *bardzo:* Najbardziej pragnął spokoju. △ Formy tej używa się również jako stopnia najwyższego w opisowym stopniowaniu przymiotników i przysłówków, np.: najbardziej niebezpieczny, najbardziej niebezpiecznie. △ Jak najbardziej — *pot.* wyrażenie potwierdzające, aprobujące (*niepoprawne* wówczas, gdy nie można go zastąpić przysłówkiem *bardzo*), np.: Czy poszedłbyś dziś do teatru? — Jak najbardziej (*zamiast:* chętnie, z przyjemnością, oczywiście. Czy wiesz, dokąd się wybieramy w niedzielę? — Jak najbardziej (*zamiast:* oczywiście). *Por.* stopniowanie, bardzo, jak.

najechać *dk,* najadę, najedzie (*nie:* najadzie), najadą, najedź (*nie:* najadź), najechał, najechaliśmy

(p. akcent § 1a i 2) — **najeżdżać** *ndk I*, najeżdżaliśmy □ N. na kogo, na co «jadąc wpaść na kogoś lub na coś»: Samochód najechał na furmankę, na przechodnia. W szybkim biegu sanie najeżdżają jedne na drugie. □ N. kogo, co «napaść na kogoś, na coś»: Wróg najechał nasz kraj. Bandyci najeżdżali bezbronne miasta.

najechać się □ *nieos.* Najechało się (z dopełniaczem) «przybyło tłumnie»: Najechało się (*nie*: najechało) ludzi ze wszystkich stron.

najem *m IV*, D. najmu, zwykle *blm urz.* «wynajmowanie, wynajęcie, wydzierżawienie»: Wypuszczać w najem. Umowa, biuro najmu.

najeść się *dk*, najem się, naje się, najedzą się, najedz się, najedliśmy się (p. akcent § 1a i 2) — **najadać się** *ndk I*, najadaliśmy się □ N. się czego «zjeść dużo czegoś»: Najeść się placków. △ *przen.* Najeść się strachu, wstydu, biedy. □ N. się czym «pożywić się, nasycić się czymś»: Najeść się kaszą.

najeźdźca *m odm. jak ż II*, lm M. najeźdźcy, DB. najeźdźców; *przestarz.* **najezdnik** *m III*, lm M. najezdnicy.

najeżdżać p. najechać.

najeżyć *dk VIb*, najeżyliśmy (p. akcent § 1a i 2): Najeżyć sierść, pióra, włosy. △ *przen.* Najeżyć bagnety, kopie. □ N. co — czym (dziś zwykle w imiesł. biernym) «pokryć czymś ostro zakończonym, sterczącym»: Kołczan najeżony strzałami. Palisada najeżona kolcami. △ *przen.* Wyprawa była najeżona trudnościami.

najeżyć się: Pies najeżył się i warczał. Sierść zwierza najeżyła się groźnie. □ N. się czym «zostać pokrytym czymś ostrym, spiczastym»: Mury najeżyły się armatami.

najmniej 1. *st. najw.* przysłówka: mało. 2. «nie mniej niż, przynajmniej, co najmniej»: Zebranie potrwa najmniej trzy godziny. Miał najmniej sześćdziesiąt lat, a wyglądał na pięćdziesiąt.

najmować p. nająć.

najpierw (*nie*: najwpierw) «w pierwszej kolejności»: W muzeum oglądaliśmy najpierw malarstwo polskie.

najpierwej (*nie*: najpierwiej) *przestarz.* «najpierw»

najprzód p. naprzód (w zn. 3).

najsampierw *przestarz.* «wzmocnione: najpierw»

! **najsamprzód** p. nasamprzód.

najść p. nachodzić.

najtyczanka a. **nejtyczanka** *ż III*, lm D. najtyczanek (nejtyczanek).

najwięcej *st. najw.* od przysłów.: wiele, dużo △ *niepoprawne* w zn. «najbardziej, w największym stopniu, najwyżej», np.: Najwięcej (*zamiast*: najbardziej) interesuje go architektura. Miał najwięcej (*zamiast*: najwyżej) dziesięć lat.

! **najwpierw** p. najpierw.

najwyżej *st. najw.* od przysłówka *wysoko*: Pierwszy zawodnik skoczył najwyżej. Chłopczyk miał najwyżej (*nie*: najwięcej) pięć lat. *Por.* najwięcej.

najwyższy *st. najw.* od przym. wysoki: Najwyższy dom. Najwyższa wieża. Najwyższy, *rzad.* wielki (*nie*: największy) czas. || *U Pol· (2)*, 83.

*****najwyższy stopień** p. stopniowanie.

nakapać *dk IX*, nakapię (*nie*: nakapę), nakapie, nakap, nakapaliśmy (p. akcent § 1a i 2) □ N. czego (na co, do czego): Nakapać kropli do kieliszka. Nakapać atramentu na papier.

nakaz *m IV*, D. nakazu: Dostać, otrzymać nakaz. □ N. czego: Nakaz pracy, wyjazdu. Nakaz aresztowania. △ *pot.* Nakaz na mieszkanie (*lepiej*: przydział mieszkania).

nakazać *dk IX*, nakażę, nakaż, nakazaliśmy (p. akcent § 1a i 2) — **nakazywać** *ndk VIIIa*, nakazuję, nakazuj, nakazywaliśmy □ N. komu, czemu — co (także z bezokol.) «zarządzić, polecić»: Nakazać choremu dietę. Władze nakazały nam opuścić mieszkanie. △ *przen.* Nakazać sercu milczenie. □ N. co (także z bezokol.) «stanowić konieczną rację czegoś»: Powaga chwili nakazywała opanowanie. Poczucie obowiązku nakazywało wykonać rozkaz.

nakierować *dk IV*, nakierowaliśmy (p. akcent § 1a i 2) — **nakierowywać** *ndk VIIIa*, nakierowuję (*nie*: nakierowywuję), nakierowywaliśmy □ N. co — na co, *rzad.* do czego, ku czemu: Nakierować konia na przeszkodę. Nakierować armaty na pozycje nieprzyjacielskie.

nakleić *dk VIa*, nakleję, naklej, nakleiliśmy (p. akcent § 1a i 2) — **naklejać** *ndk I*, naklejaliśmy □ N. co — na co a. na czym (*nie*: do czego) «przylepić na wierzchu»: Nakleić znaczek na kopertę a. na kopercie. Nakleić znaczki na list. □ (tylko *dk*) N. czego «klejąc wytworzyć pewną ilość, liczbę czegoś»: Nakleić pudełek, torebek.

naklejka a. **nalepka** *ż III*, lm D. naklejek (nalepek). □ N. na co, do czego (*nie*: dla czego): Naklejka na przesyłkę, do zeszytu.

nakład *m IV*, D. nakładu 1. «suma pieniędzy, praca itp. włożone w jakieś przedsięwzięcie»: Nakłady inwestycyjne. Dzieło wydane nakładem autora. △ *niepoprawne* w zn. «fundusz, koszt», np.: Ponosić nakłady (*zamiast*: koszty) czegoś. Przyznać nakłady (*zamiast*: fundusze na coś). 2. «liczba egzemplarzy jednego wydania książki, czasopisma, gazety»: Książka ukazała się w nakładzie 20 000 egzemplarzy. Wysokość (*nie*: rozmiar) nakładu.

nakładać *ndk I*, nakładaliśmy (p. akcent § 1a i 2) — **nałożyć** *dk VIb*, nałóż, nałożyliśmy 1. «umieszczać, kłaść coś na czymś» □ N. co (z dopełniaczem cząstkowym: czego) — na co: Nałożyć wieczko na puszkę. Nakładać obręcz na koło. Nakładać masło a. masła na chleb. Nakładać zboże na furę. 2. «wciągać, wkładać coś na siebie, na kogoś, ubierać się w coś, ubierać kogoś w coś (*nie*: zakładać)» □ N. co (komu — na co): Nakładać rękawiczki, buty. Nakładać koniowi chomąto na kark. Nakładać psu kaganiec. 3. «obciążać kogoś czymś» □ N. co — na kogo: Nakładać na kogoś podatki. Nakładać na kogoś obowiązki. △ Nakładać (*częściej*: nadkładać) drogi «iść drogą dłuższą niż ta, która prowadzi wprost do celu» △ *przestarz.* Nakładać głową, życiem, karkiem, szyją «przypłacać życiem, poświęcać życie»

nakłaniać *ndk I*, nakłanialiśmy (p. akcent § 1a i 2) — **nakłonić** *dk VIa*, nakłoniliśmy 1. «namawiać, przekonywać» □ N. kogo — do czego (*nie*: na co): Nakłaniał kolegę do udziału w wycieczce. 2. *rzad.* «przyginać» □ N. co — do czego a. ku czemu: Wierzba nakłaniała gałęzie do ziemi a. ku ziemi. △ *przestarz.* Nakłaniać czemuś ucha «dawać posłuch; dawać się przekonywać, namawiać»

nakłaść *dk XI*, nakładę, nakładzie (*nie*: nakładnę, nakładnie), nakładź, nakładł, nakładliśmy (p. akcent § 1a i 2), nakładziony (*nie*: nakładzony); a. **nałożyć** *dk VIb*, nałożyliśmy □ N. czego — na co, w co, do czego: Nakłaść gałęzi na ognisko, siana na furę, jabłek do kosza, kartofli w garnek.

Nakło *n III* «miasto» — nakielski.

nakłonić p. nakłaniać.

nakłucie *n I*, *środ.* (*med.*) w zn. «punkcja»

nakłuć *dk Xa*, nakłuliśmy (p. akcent § 1a i 2) — **nakłuwać** *ndk I*, nakłuwaliśmy 1. «przekłuć, ukłuć, kłując podziurkować»: Nakłuć wątrobę celem zbadania tkanki. □ N. co — na czym «wytatuować»: Na ręce więźnia nakłuwano numer. 2. «umocować coś przez przekłucie» □ N. co — na co: Śmieciarka nakłuwała papiery na drut. 3. «nazabijać kłując» □ (tylko *dk*) N. kogo — czego: Nastrzelali, nakłuli zwierzyny co niemiara.

nakrajać *dk IX*, nakraję, nakraj, nakrajał, nakrajaliśmy (p. akcent § 1a i 2); a. **nakroić** *dk VIa*, nakroję, nakroi, nakrój, nakroiliśmy □ N. czego: Nakrajać ciasta, chleba, mięsa, pasków papieru.

nakreślić *dk VIa*, nakreślę, nakreśl, nakreśliliśmy (p. akcent § 1a i 2) — *rzad.* **nakreślać** *ndk I*, nakreślaliśmy «narysować, napisać»: Nakreślić znak, szkic. Nakreślić koło kredą na tablicy. Nakreślić kilka słów na papierze. △ *przen.* «opisać, sformułować, wytyczyć»: Pisarz nakreślił obraz przeszłości. Nakreślić plan działania.

nakręcić *dk VIa*, nakręcę, nakręć, nakręciliśmy (p. akcent § 1a i 2) — **nakręcać** *ndk I*, nakręcaliśmy 1. «kręcąc wprawić coś w ruch»: Nakręcić zegar, zabawkę. △ Nakręcić film «zrealizować film» 2. «okręcić dookoła czegoś; nawinąć» □ N. co na co: Nakręcić sznur na wałek. Nakręcić loki na papiloty. 3. (tylko *dk*) *pot.* «naoszukiwać, naplątać, nagmatwać» □ N. bez dop. a. w zwrocie: Nakręcić coś, np. To on coś nakręcił i teraz są kłopoty.

nakręcić się *pot.* «nakrzątać się, zmęczyć się krzątaniną»: Tyle przed świętami musiała się nakręcić. □ N. się koło kogo, czego: Nakręcić się koło chorego, koło gospodarstwa.

nakroić p. nakrajać.

nakrycie *n I*, *blm* 1. rzecz. od czas. nakryć: Nakrycie do stołu zajęło godzinę. 2. «rzecz, która coś okrywa, osłania» □ N. na co, *rzad.* czego: Nakrycie na tapczan, na łóżko. △ *książk.*, *urz.* Nakrycie głowy «czapka, kapelusz itp.» 3. «zastawa stołowa; komplet zastawy stołowej na jedną osobę»: Podano trzy nakrycia. Nakrycie dla trzech osób a. na trzy osoby.

nakryć *dk Xa*, nakryję, nakryj, nakryliśmy (p. akcent § 1a i 2) — **nakrywać** *ndk I*, nakrywaliśmy 1. «osłonić, przykryć, okryć» □ N. kogo, co (czym): Nakryć tapczan narzutą. Nakryć dziecko kocem. Na-

kryć stół obrusem. △ Nakryć stół, do stołu, do kolacji, do obiadu itp. «przygotować stół do posiłku» 2. *pot.* «złapać, przyłapać kogoś; wykryć, ujawnić coś» □ N. kogo — na czym: Nakryli magazyniera na kradzieży. □ *rzad.* N. co: Nakryć nadużycia, oszustwa.

nakrzątać się *dk I*, nakrzątaliśmy się (p. akcent § 1a i 2) □ N. się koło kogo, czego: Nakrzątać się koło chorego, koło gospodarstwa.

nalać *dk Xb*, naleję, nalej, nalaliśmy, *reg.* naleliśmy (p. akcent § 1a i 2), nalali, *reg.* naleli — **nalewać** *ndk I*, nalewaliśmy □ N. co a. czego (do czego, na co, w co) «lejąc umieścić płyn w jakimś naczyniu»: Nalać wody do miski. Nalać wina a. wino w kieliszki, do kieliszków. Nalać zupy na talerz. Nalać beczkę wody, szklankę herbaty. □ N. co — czym a) «napełnić jakieś naczynie płynem»: Nalać beczkę wodą. b) «zalać coś płynem, żeby naciągnęło»: Nalać wiśnie spirytusem. □ Nalany czym «nabrzmiały, napęczniały»: Oczy nalane krwią. // *U Pol.* (2), 428.

nalegać *ndk I*, nalegaliśmy (p. akcent § 1a i 2) «natarczywie chcieć czegoś od kogoś; nastawać, domagać się» △ N. na co, *wych. z użycia* o co: Nalegać na polubowne załatwienie sprawy. □ N. (na kogo), żeby, aby...: Nalegano na niego, żeby zagrał. Wszyscy nalegali, żeby już wyruszyć.

nalepić *dk VIa*, nalep, nalepiliśmy (p. akcent § 1a i 2) — **nalepiać** *ndk I*, nalepialiśmy □ N. co — na co a. na czym (*nie*: do czego) «przylepić coś z wierzchu»: Nalepić znaczek na kopertę a. na kopercie. Nalepić znaczki na list. Nalepić tapetę na ścianę a. na ścianie. □ (tylko *dk*) N. czego «lepiąc wykonać dużo czegoś»: Nalepić garnków.

nalepka p. naklejka.

nalewać p. nalać.

nalewka *ż III*, *lm D.* nalewek □ N. na czym a. z czego: Nalewka na wiśniach, na pączkach brzozowych (a. nalewka z wiśni, z pączków brzozowych).

na lewo p. lewo.

należeć (*nie*: należyć) *ndk VIIb*, należymy, należeliśmy (p. akcent § 1a i 2) □ N. do kogo a) «być czyjąś własnością»: Majątek należał do pana X. b) «być czyimś mężem lub kochankiem (żoną lub kochanką)»: Maria należy do mnie, twoja już nie będzie. c) «stanowić czyjś przywilej, prawo lub obowiązek»: Ta czynność należy do dozorcy. Władza należy do ludu. □ N. do czego «być czyjąś własnością, być częścią, elementem, członkiem, uczestnikiem czegoś»: Ziemia należała do gminy. Należeć do organizacji, do rodziny. Należeć do spisku, do drużyny. △ Należeć do najlepszych, najczęstszych itp. (*nie*: do jednej, do jednych z najlepszych, najczęstszych): Nasz zespół należy do najlepszych (a. jest jednym z najlepszych).

należeć się □ N. się komu (w 3. os.) «przysługiwać; stanowić należność»: Starszym należy się szacunek. Należała się im zapłata. △ Komuś należy się kara, nagana itp. «ktoś powinien być ukarany, zganiony itp.»

należy, należałoby *nieos.* z bezokol. «trzeba, wypada, powinno się»: Należy zachować spokój. Należałoby przyjść wcześniej. // *D Kult.* I, 188, 214; II, 71; *U Pol.* (2), 58, 60, 330.

należność (*nie*: należytość) *ż V*: Zwrot należności. Zapłacić, zwrócić należność. Poszukiwać, dochodzić na kimś należności. □ N. za co: Należność za pracę. △ *niepoprawne*: Kwota, suma należności (*zamiast*: należna kwota, suma). || *D Kryt. 7; U Pol. (2), 35, 38.*

należny «taki, który się komuś należy, przysługujący komuś» □ N. komu: Otrzymał należną mu zapłatę. Należna kwota, suma (*nie*: kwota, suma należności). || *D Kult. I, 90; D Kryt. 7. Por.* należyty.

należy p. należeć.

! należytość p. należność.

należyty «taki, jak należy, właściwy, odpowiedni»: Wysłuchał wyjaśnienia z należytą uwagą. || *D Kryt. 7; KP Pras. Por.* należny.

naładować *dk IV*, naładowaliśmy (p. akcent § 1a i 2) — **naładowywać** *ndk VIIIa*, naładowuję (*nie*: naładowywuję), naładowywaliśmy □ N. co — kim, czym «ładując wypełnić coś»: Naładować furę ludźmi, zbożem, tobołami. □ N. czego (do czego, na co) «ładując nakłaść czegoś»: Naładować skrzyń, kamieni do wagonu, na wóz.

nałamać *dk IX*, nałamię (*nie*: nałamę), nałamią, nałamaliśmy (p. akcent § 1a i 2) — **nałamywać** *ndk VIIIa*, nałamuję (*nie*: nałamywuję), nałamywaliśmy □ (zwykle *dk*) N. czego «połamać wiele czegoś, zniszczyć łamiąc»: Burza nałamała drzew. △ Nałamać sobie głowy (nad czymś) «nabiedzić się, nagłowić się»
nałamać się — nałamywać się □ *rzad.* N. się do czego «z trudem przyzwyczaić się, przystosować się» Nałamać się do rygoru, do zwyczajów, do wymagań.

Nałęczów *m IV*, *D.* Nałęczowa, *C.* Nałęczowowi (*ale*: ku Nałęczowowi a. ku Nałęczowu) «miejscowość» — nałęczowianin *m V*, *D.* nałęczowianina, *lm M.* nałęczowianie, *D.* nałęczowian — nałęczowianka *ż III*, *lm D.* nałęczowianek — nałęczowski.

nałożyć p. nakładać, nakłaść.

nałóg *m III*, *D.* nałogu: Nałogi starokawalerskie. Coś stało się nałogiem, weszło komuś w nałóg. Wpadać w nałóg. Ulegać nałogowi. □ N. czego (*nie*: do czego): Nałóg palenia, pijaństwa.

! namaczać p. moczyć.

namakać p. namoknąć.

namawiać *ndk I*, namawialiśmy (p. akcent § 1a i 2) — **namówić** *dk VIa*, namówiliśmy □ N. kogo — do czego a. na co «nakłaniać, zachęcać»: Namawiać kogoś do przejażdżki a. na przejażdżkę. *Ale*: Namawiać kogoś do grzechu (*nie*: na grzech). □ *środ.* N. co «mówić do aparatu rejestrującego dźwięki, nagrywać»: Namawiać tekst, wiersz, recytację.

namiernik *m III*; in. pelengator.

namierzyć *dk VIb*, namierzyliśmy (p. akcent § 1a i 2) — **namierzać** *ndk I*, namierzaliśmy □ N. czego «mierząc uzyskać jakąś ilość»: Namierzył mi owsa do worka. □ *środ.* N. co «ustalić pomiarami położenie czegoś»: Obsługa dział namierza stanowisko baterii ogniowej.

namiestniczy a. **namiestnikowski**: Władza namiestnicza (namiestnikowska).

namiestnikostwo (*nie*: namiestnikowstwo) *n III* 1. a. namiestnictwo «urząd, godność namiestnika» 2. *DB.* namiestnikostwa, *Ms.* namiestnikostwu (*nie*: namiestnikostwie) «namiestnik z żoną»

namiękać *ndk I*, namiękaliśmy (p. akcent § 1a i 2) — **namięknąć** *dk Vc*, namiękłem a. namięknąłem (*wym.* namięknołem; *nie*: namięknełem), namiękł a. namięknął (*wym.* namięknoł), namiękła (*nie*: namięknęła), namiękliśmy (*nie*: namięknęliśmy), namiękły, *rzad.* namięknięty.

namiętność *ż V*, w zn. «pasja, nałóg» □ N. czego (z rzecz. odsłownym oznaczającym ulubioną czynność): Namiętność czytania, dyskutowania, palenia. □ N. do kogo, czego (z rzecz. oznaczającym osoby, rzeczy): Namiętność do kobiet, do książek, do papierosów.

namiot *m IV*, *D.* namiotu, *Ms.* namiocie: Spać w namiocie a. pod namiotem. Rozbić, zwinąć namiot. △ *żart.* Rozbić gdzieś swój namiot a. swoje namioty «zatrzymać się gdzieś na dłużej, zamieszkać»

namleć (*nie*: namielić, namlić) *dk XI*, namiele (*nie*: namieli), namielą, namełł (*nie*: namlełł, namielił, namiołł, namlił), namełliśmy (*nie*: namieliliśmy, namielliśmy — p. akcent § 1a i 2), namielony, *rzad.* namełty (*nie*: namelony, namlety) □ N. czego: Namleć mąki, kawy.

namoczyć *dk VIb*, namoczyliśmy (p. akcent § 1a i 2): Namoczyć bieliznę.

namoknąć *dk Vc*, namókł a. namoknął (*wym.* namoknoł), namokliśmy (p. akcent § 1a i 2), namokły a. namoknięty — **namakać** *ndk I*, namakaliśmy.

namolny *st. w.* namolniejszy a. bardziej namolny *wych. z użycia*, *posp.* «natrętny, natarczywy, uprzykrzony»

namorzyny *blp*, *D.* namorzyhów «wiecznie zielone lasy międzyzwrotnikowe rosnące na bagnistych wybrzeżach morskich; mangrowe»: Bagna zarośnięte namorzynami.

namowa *ż IV*, *lm D.* namów: Zrobić coś za czyjąś namową, z czyjejś namowy, na skutek, pod wpływem czyjejś namowy.

namówić p. namawiać.

Namysłów *m IV*, *C.* Namysłowowi (*ale*: ku Namysłowowi a. ku Namysłowu) «miasto» — namysłowianin *m V*, *D.* namysłowianina, *lm M.* namysłowianie, *D.* namysłowian — namysłowianka *ż III*, *lm D.* namysłowianek — namysłowski.

namyślać się *ndk I*, namyślaliśmy się (p. akcent § 1a i 2) — **namyślić się** (*nie*: namyśleć się) *dk VIa*, namyśl się (*nie*: namyślij się), namyśliliśmy się □ N. się nad czym: Namyślał się długo nad odpowiedzią.

Nancy (*wym.* Nãs-i) *n ndm* «miasto we Francji»: Nancy było rezydencją Stanisława Leszczyńskiego.

na nic p. nic.

na nice p. nice.

nanieść *dk XI*, naniosę (*nie*: naniesę), naniesie, naniósł, naniosła (*nie*: naniesła), nanieśliśmy (p. akcent § 1a i 2) — **nanosić** *ndk* a. *dk VIa*, nanosiliśmy □ N. czego (obydwa czasowniki *dk*) **a)** «nosząc zgromadzić pewną ilość, liczbę czegoś»: Nanosić drew, wody. **b)** «osadzić coś na czymś, przenieść z jednego miejsca na drugie»: Nanosili śniegu na podłogę. Woda naniosła mułu. □ *środ.* N. co (na co) «zaznaczyć coś w tekście, na mapie, przenieść z jednego tekstu na drugi»: Nanoszę poprawki na maszynopis (*lepiej*: przenoszę poprawki na maszynopis a. wpisuję poprawki na maszynopisie).

Nankin *m IV*, *D.* Nankinu **1.** «miasto w Chinach» — nankińczyk *m III*, *lm M.* nankińczycy — nankinka *ż III*, *lm D.* nankinek — nankiński. **2.** nankin «tkanina»

nanosić p. nanieść.

na nowo p. nowy.

Nansen (*wym.* Nansen) *m IV*: Wyprawa Nansena do Bieguna Płn. △ Góra Nansena.

Nansenowski 1. «należący do Nansena, dokonany przez Nansena»: Odkrycie Nansenowskie. **2.** nansenowski «związany z Nansenem, zgodny z jego przekonaniami» △ Paszport nansenowski «potoczna nazwa dowodu tożsamości wydawanego bezpaństwowcom przez państwo, w którym przebywają»

nansuk (*wym.* nãsuk) *m III*, *D.* nansuku: Powłoczka z nansuku.

nantejski: Stocznie nantejskie. △ Edykt nantejski.

Nantes (*wym.* Nãt) *n ndm* «miasto we Francji» — nantejski (p.).

nań (przyimek *na* w połączeniu ze skróconą formą zaimka *on* w bierniku *lp*; dopuszczalne tylko w rodzaju męskim) *książk.* «na niego»: Wyjął zegarek i popatrzył nań uważnie.

naocznie: Przekonać się, stwierdzić co naocznie (*nie*: zobaczyć naocznie — pleonazm).

na odchodne, na odchodnym p. odchodne.

na odczepne, na odczepnego p. odczepne.

na odjezdne, na odjezdnym p. odjezdne.

na odwrocie, na odwrót p. odwrót.

na ogół p. ogół.

na okoliczność p. okoliczność.

naokoło (*nie*: naobkoło) *rzad.*; *książk.* **naokół:** Obejrzeć się naokoło. Mury obiegają miasto naokoło. □ N. kogo, czego: Chodzić naokoło stołu.

na ostatek, na ostatku p. ostatek.

na oścież p. oścież.

naówczas *książk.* «w owym czasie, wówczas, wtedy»

napad *m IV*, *D.* napadu **1.** «napaść» □ N. kogo, czego — na kogo, na co: Napad bandytów na przechodnia. Napad armii wroga na kraj. **2.** «gwałtowny objaw chorobowy, przejaw jakiegoś stanu; atak»: Napad dreszczy, płaczu.

napadać p. II napaść.

napakować *dk IV*, napakowaliśmy (p. akcent § 1a i 2) □ N. co (czym) «wypełnić coś dużą ilością cze-

goś»: Napakować torbę zapasami. □ N. czego (do czego, w co) «włożyć gdzieś dużo czegoś»: Napakować zapasów do torby, w torbę.

napalić *dk VIa*, napaliliśmy (p. akcent § 1a i 2) □ N. w czym, pod czym: Napalić w piecu w pokojach. Napalić pod blachą. □ *rzad.* N. czego «spalić dużo czegoś»: Napalić papierosów, świec. **napalić się** □ N. się czego: Napalić się papierosów.

napaplać *dk I* a. *IX*, napaplam a. napaplę, napaplaliśmy (p. akcent § 1a i 2) □ N. czego: Napaplać głupstw.

naparzyć *dk VIb*, naparzyliśmy (p. akcent § 1a i 2) — **naparzać** *ndk I*, naparzaliśmy □ N. czego: Naparzyć herbaty.

napasać p. III napaść.

napastliwy *m-os.* napastliwi, *st. w.* napastliwszy a. bardziej napastliwy «skłonny do zaczepki; zaczepny, agresywny»: Stał się kłótliwy i napastliwy. Napastliwy ton.

napastniczy «odnoszący się do napaści, dokonujący napaści»: Wojna napastnicza. Wojska napastnicze.

napastnik *m III*, *lm M.* napastnicy.

napastować *ndk IV*, napastowaliśmy (p. akcent § 1a i 2) □ N. kogo, co «występować przeciw komuś, zwalczać, prześladować kogoś»: Napastowali go w prasie. □ N. kogo czym (o co) «narzucać, naprzykrzać się, molestować o coś»: Napastować kogoś swoimi listami o pieniądze.

I napaść *ż V*, *lm M.* napaści (*nie*: napaście) □ N. kogo, czego (na kogo, na co): Napaść bandyty na starca. △ *przen.* «gwałtowne wystąpienie przeciw komuś, czemuś»: Napaść dziennikarzy w prasie. Ostra napaść krytyków na pisarza.

II napaść *dk Vc*, napadnę, napadnie, napadł, napadliśmy (p. akcent § 1a i 2) — **napadać** *ndk I*, napadaliśmy **1.** «zaatakować kogoś, coś, wystąpić przeciw komuś» □ N. na kogo, na co, *rzad.* kogo, co: Nieprzyjaciel napadł na kraj, *rzad.* napadł kraj. Napadli kogoś bandyci. △ *przen.* Napadał na swoich przeciwników w publicznych wystąpieniach. **2.** «o stanach psychicznych lub fizjologicznych: opanować, ogarnąć kogoś»: Napadła go senność. **3.** tylko *dk*: napadać «często o śniegu, gradzie itp.: padając nagromadzić się» □ N. bez dop. (a. z podmiotem w dopełniaczu): Śnieg napadał. Śniegu napadało na dwa metry.

III napaść *dk XI*, napasę, napasie, napasł, napaśliśmy (p. akcent § 1a i 2), napasiony — *rzad.* **napasać** *ndk I*, napasaliśmy: Napaść bydło, kury.

napatoczyć się *dk VIb*, napatoczyliśmy się (p. akcent § 1a i 2) **1.** *pot.* «natknąć się na kogoś, na coś niespodzianie»: Nie chciałem go spotkać, a napatoczyłem się na niego zaraz po wyjściu z domu. **2.** *rzad.* «znaleźć się niespodzianie, przypadkowo»: Skoro się napatoczył, niech zostanie.

napatrzyć się *dk VIb*, napatrzyliśmy się (p. akcent § 1a i 2); a. **napatrzeć się** *dk VIIb*, napatrzeliśmy się △ *Czas.* napatrzeć się używany zwykle w bezokol.; formy czasu przeszłego używane są rzadko. □ N. się komu, czemu, a. na kogo, na co: Napatrzył się do syta pięknym widokom. Nie mógł się na nią dość napatrzyć (napatrzeć).

napawać *ndk I*, napawaliśmy (p. akcent § 1a i 2) *książk.* «powodować doznawanie przez kogoś jakichś uczuć; przejmować» □ N. kogo — czym: Napawać kogoś dumą, lękiem, spokojem, szczęściem itp.

napchać *dk I*, napchaliśmy (p. akcent § 1a i 2) — **napychać** *ndk* □ N. co a. czego — do czego, w co «wepchnąć»: Napchać tytoń a. tytoniu do fajki. Napchał jabłek w torbę. □ N. co czym «wypełnić»: Napchać siennik słomą.

napchać się — napychać się □ zwykle *nieos*. N. się do czego «wtłoczyć się»: Napchało się ich mnóstwo do pokoju. □ *pot*. N. się czym «najeść się»: Napychali się słodyczami.

napełnić *dk VIa*, napełnij a. napełń, napełniliśmy (p. akcent § 1a i 2) — **napełniać** *ndk I*, napełnialiśmy **1.** «uczynić pełnym» □ N. co czym: Napełnić dzban wodą. △ *przen*. Napełnić kogoś radością, dumą, lękiem. **2.** tylko *ndk* «znajdować się gdzieś w dużej ilości, liczbie; wypełniać coś»: Tłum napełniał salę. Zapach czeremchy napełniał ogród.

napędzić *dk VIa*, napędziliśmy (p. akcent § 1a i 2) — **napędzać** *ndk I*, napędzaliśmy **1.** «wpędzić, wegnać» □ N. co, czego: Wiatr napędził chmur. Ogary napędziły zwierzynę do lasu. △ *przen*. «przysporzyć» □ N. (komu) czego: Napędzić komuś zysków. Napędzić komuś strachu a. stracha. **2.** «przynaglić» □ N. kogo (do czego), n. kogo, żeby...: Napędzał go do roboty. Napędziłem go, żeby się zabrał do roboty. Nie napędzaj go, niech pracuje powoli. **3.** zwykle *ndk* (używane najczęściej w stronie biernej, w formie imiesł. biernego) «wprawiać w ruch» □ N. co czym a. jak: Statek napędzany silnikiem ropnym. Auto napędzane elektrycznie. Przekładnia napędza koła. **4.** *reg*. «wypędzić»: Napędził go z domu.

napiąć *dk Xc*, napnę, napnie, napnij, napiął (*wym*. napioł), napięła (*wym*. napieła), napięliśmy (*wym*. napieliśmy; p. akcent § 1a i 2) — **napinać** *ndk I*, napinaliśmy **1.** «naprężyć»: Napinać tkaninę. Napiąć mięśnie. **2.** zwykle *dk* (w imiesł. biernym) «doprowadzić coś do stadium bliskiego realizacji»: Sfinalizować napięte transakcje.

napić się *dk Xa*, napiliśmy się (p. akcent § 1a i 2) □ N. się czego: Napić się kawy. △ *niepoprawne* Napić się (*zamiast*: wypić) szklankę wody, kieliszek wódki.

napierać p. naprzeć.

napięstek *m III*, D. napięstka; *częściej*: nadgarstek.

napiętek *m III*, D. napiętka **1.** «tylna część buta osłaniająca piętę; napiętnik» **2.** *rzad*. «obcas»

napiętnik *m III* **1.** p. napiętek (w zn. 1). **2.** «podnóżek w łodzi wyścigowej, służący wioślarzowi do oparcia pięt»

napiętnować *dk IV*, napiętnowaliśmy (p. akcent § 1a i 2) □ N. kogo, co (czym) «naznaczyć piętnem» △ *przen*. Twarz napiętnowana smutkiem. □ N. kogo, co (jako co) «potępić»: Napiętnowano go jako zakałę społeczeństwa.

napinać p. napiąć.

napisać *dk IX*, napisze, napisaliśmy (p. akcent § 1a i 2): Napisać artykuł, książkę. □ N. do czego, do kogo (*rzad*. komu); n., że... «porozumieć się listownie»: Napisała wczoraj do matki, do domu. Muszę napisać o tym matce. Napisał mu, że przyjeżdża.

napitek *m III*, D. napitku, nieco *przestarz*. «napój, trunek»

napiwek *m III*, D. napiwku: Dać napiwek.

napluć *dk Xa*, napluliśmy (p. akcent § 1a i 2): Napluć na podłogę. Napluć komuś w twarz.

napłakać *dk IX*, napłacze, napłakaliśmy (p. akcent § 1a i 2) △ zwykle w *pot*. wyrażeniu: Tyle co kot napłakał «prawie nic»

napłakać się: Napłakałam się już dość w życiu.

na płask (*wym*. na płask): Kłaść coś na płask.

napłynąć *dk Vb*, napłynął (*wym*. napłynoł), napłynęła (*wym*. napłynęła), napłynąłby (*wym*. napłynołby, p. akcent § 4c) — **napływać** *ndk I*, napływałby □ N. do czego «wlać się»: Woda napłynęła do naczynia. Krew napłynęła do mózgu. □ N. czym «napełnić się»: Oczy napłynęły łzami.

napocząć *dk Xc*, napocznę, napoczęliśmy (*wym*. napoczęliśmy, p. akcent § 1a i 2) — **napoczynać** *ndk I*, napoczynaliśmy □ N. co, *rzad*. czego: Napocząć chleb (*rzad*. chleba).

napoić *dk VIa*, napoję, napoją, napój, napoiliśmy (p. akcent § 1a i 2).

Napoleon (*wym*. Napoleon a. Napoleon) *m IV*, D. Napoleona (p. akcent § 5 i 7) **1.** *lm M*. Napoleonowie «imię»: Wyprawa Napoleona na Moskwę. **2.** napoleon (*wym*. napoleon), *lm M*. napoleony; a. **napoleondor** *m IV*, *lm M*. napoleondory «dawna moneta»

Napoleonida *m odm. jak ż IV*, *lm M*. Napoleonidzi, DB. Napoleonidów «członek rodu Napoleona I, cesarza Francuzów»

napoleonista *m odm. jak ż IV*, CMs. napoleoniście, *lm M*. napoleoniści, DB. napoleonistów «zwolennik Napoleona I, Napoleonidów»: Pan Rzecki z „Lalki" był zagorzałym napoleonistą.

napoleonka *ż III*, *lm D*. napoleonek «rodzaj ciastka z kremem»

na poły p. pół.

napominać p. napomnieć.

napomknąć *dk Va*, napomknąłem (*wym*. napomknołem; *nie*: napomknęłem), napomknął (*wym*. napomknoł), napomknęła (*wym*. napomknęła; *nie* napomkła), napomknęliśmy (*wym*. napomknęliśmy; *nie*: napomkliśmy; p. akcent § 1a i 2) — **napomykać** *ndk I*, napomykaliśmy □ N. (komu) o kim, o czym, n., że ...: Napomknął mi o nich wczoraj. Napomykałem już ci o swoich przeżyciach. Napomknął, że musi wcześniej wyjść.

napomnieć (*nie*: napomnąć) *dk VIIa*, napomni (*nie*: napomnie), napomną (*nie*: napomnią), napomnieliśmy (p. akcent § 1a i 2) — **napominać** *ndk I*, napominaliśmy *książk*., *częściej*: upomnieć.

na poprzek p. poprzek.

na potęgę p. potęga.

napotkać *dk I*, napotkaliśmy (p. akcent § 1a i 2) — **napotykać** *ndk* □ N. kogo, co (*nie*: na kogo, na co): Napotykać trudności, przeszkody (*nie*: na trudności, na przeszkody). Napotykał wielu (*nie*: na wielu) przyjaciół. // *D Kult. I, 81*.

napowietrzny «znajdujący się w powietrzu, nad ziemią»: Linia napowietrzna. Napowietrzna kolejka linowa.

na powrót p. powrót.

napój *m I, D.* napoju, *lm D.* napojów, *rzad.* napoi.

na pół p. pół.

napór *m IV, D.* naporu, zwykle *blm*: Napór tłumu. Napór wiatru, lodu, fal. Ustępować, chylić się, pęknąć pod naporem czegoś.

napraszać się *ndk I*, napraszaliśmy się (p. akcent § 1a i 2) □ N. się (komu) z czym, do kogo, do czego, n. się, żeby...: Napraszali się nam ze swoimi przysługami. Naprasza się do nas do domu. Napraszał się, żeby nas podwieźć.

naprawa *ż IV*: Naprawa butów. Dać coś do naprawy. Mieć coś w naprawie.

naprawdę: Postąpiłeś naprawdę rozsądnie. Już naprawdę mógłbyś spoważnieć. Naprawdę nie umiem tego zrobić.

na prawo p. II prawo.

naprędce «na poczekaniu, w pośpiechu»: Zrobić coś naprędce. Naprędce napisany list.

naprosić *dk VIa*, naprosiliśmy (p. akcent § 1a i 2); a. **naspraszać** *dk I*, naspraszaliśmy □ N. kogo (z dopełniaczem *lm*): Naspraszać (naprosić) gości, przyjaciół.

na prost p. wprost.

naprowadzić *dk VIa*, naprowadziliśmy (p. akcent § 1a i 2) — **naprowadzać** *ndk I*, naprowadzaliśmy □ N. kogo, co — na kogo, na co: Naprowadził policjantów na ślad zbiega.

naprzeciw a. **naprzeciwko** 1. «kierując się ku komuś, ku czemuś» □ N. kogo, czego a. komu, czemu: Wyszliśmy naprzeciw ojca a. ojcu (*ale*: wyjść ojcu naprzeciw — tylko celownik). △ *niepoprawne* Wyjść komuś, czemuś na przeciw — w zn. «okazać komuś życzliwość, poprzeć kogoś, coś», np. Wyjść czyjejś inicjatywie naprzeciw (*zamiast*: poprzeć czyjąś inicjatywę, przychylić się do niej). 2. «po przeciwnej stronie»: Mieszkać naprzeciw (naprzeciwko) kogoś, czegoś. Dom naprzeciw (naprzeciwko) szkoły. △ *niepoprawne* Naprzeciw kogoś — w zn. «wobec kogoś, w porównaniu z kimś»: Cóż znaczę naprzeciw pana (*zamiast*: w porównaniu z panem). // *D Kult. I, 83.*

naprzeć *dk XI*, naprę, naprzyj, naparł, naparła, naparliśmy (p. akcent § 1a i 2) — **napierać** *ndk I*, napieraliśmy □ N. na kogo, na co «przeć silnie na kogoś, na coś, kto (co) stawia opór»: Napierać na wroga. Tłum napierał na bramę.

naprzeć się — napierać się □ N. się dokąd, n. się, żeby... a. n. się + bezokol.: Dzieci napierały się do domu. Napierał się, żeby puścić go na wyciecz-

kę. Naparł się jechać. □ N. się o co a. czego: Napierał się o jedzenie a. napierał się jedzenia.

na przedzie p. przód.

na przekór □ Na p. komu, czemu: Wyszedł z domu na przekór matce. Postanowił dopiąć swego na przekór trudnościom (*nie*: trudności).

na przełaj p. przełaj.

na przemian, na przemiany p. przemiana.

na przodzie p. przód.

naprzód 1. «do przodu, na czoło»: Krok naprzód. Pobiec naprzód. Naprzód marsz. △ *Ale*: na przód «na przednią część czegoś (pisane rozdzielnie)»: Pobiegł na przód statku. 2. «przed czasem, wcześniej»: Na trzy miesiące naprzód. 3. «przede wszystkim, po pierwsze»: Naprzód powiedz, co najważniejsze. Nie wyjdziesz na dwór, bo naprzód jest brzydka pogoda, a po wtóre jesteś zaziębiony.

na przykład (skrót: np.): W sklepie sprzedawano wiele towarów — na przykład meble. Powiedz, co umiesz na pamięć, na przykład jakiś wiersz.

naprzykrzać się *ndk I*, naprzykrzaliśmy się (p. akcent § 1a i 2) — **naprzykrzyć się** *dk VIb*, naprzykrzyliśmy się 1. tylko *ndk* «nachodzić, niepokoić kogoś» □ N. się komu: Naprzykrzał się jej od wielu tygodni. 2. tylko *dk* «zbrzydnąć, znudzić się komuś» □ N. się komu — czym: Naprzykrzył mi się już swą gadatliwością. 3. tylko *ndk* «natrętnie domagać się czegoś» □ N. się (komu) o co: Dziecko naprzykrzało się o zabawkę.

naprzykrzony *m-os.* naprzykrzeni; *częściej*: uprzykrzony.

napsuć *dk Xa*, napsuliśmy (p. akcent § 1a i 2) □ N. czego: Napsuć zabawek. △ *przen.* Napsuć krwi, zdrowia.

napuchnąć *dk Vc*, napuchliśmy (p. akcent § 1a i 2), napuchły a. napuchnięty.

napuszony imiesł. bierny od czas. napuszyć: Włosy miała napuszone.

napuszony *st. w.* bardziej napuszony «pełen przesady, nienaturalny; nadęty»: Napuszona mina. Napuszony styl.

napuścić *dk VIa*, napuszczę, napuściliśmy (p. akcent § 1a i 2) — **napuszczać** *ndk* a. *dk I*, napuszczaliśmy 1. tylko *dk*: napuszczać «puścić wiele czegoś a. puścić coś wiele razy» □ N. czego: Napuszczać latawców. 2. «sprawić przedostanie się czegoś do czegoś» □ N. czego — do czego: Napuścić wody do kotła. 3. «nasycić, przepoić» □ N. co czym: Napuścić drzewo pokostem. 4. *posp.* «podburzyć przeciw komuś» □ N. kogo — na kogo: Napuścił ich na własnego ojca.

napychać p. napchać.

napytać *dk I*, napytaliśmy (p. akcent § 1a i 2), zwykle w utartym potocznym zwrocie: Napytać sobie biedy.

narada *ż IV*: Narada produkcyjna, wojenna. Odbyć naradę. Prowadzić naradę. Podczas narady omówiono (*nie*: Narada omówiła) najważniejsze zagadnienia. Narada się toczy. □ N. z kim (nad czym): Narada nad usprawnieniem pracy. Przed bitwą odbył naradę z oficerami. // *KP Pras.*

naradzić się *dk VIa*, naradziliśmy się (p. akcent § 1a i 2) — **naradzać się** *ndk I*, naradzaliśmy się ☐ N. się z kim: Muszę się naradzić z adwokatem. ☐ N. się nad czym: Naradzali się nad sposobem spędzenia urlopu.

naraić *dk VIa*, naraję, narają, naraj, naraliśmy (p. akcent § 1a i 2) *pot.* «polecić; nastręczyć» ☐ N. kogo, co — komu: Naraił (*lepiej*: polecił) szefowi swego następcę.

narastać p. narosnąć.

naraz (*wym.* naraz, *nie*: naraz) «nagle, nieoczekiwanie; jednocześnie, razem»: Naraz otworzyły się drzwi. Przeskakiwał po dwa stopnie naraz. △ *Ale*: Na raz (*wym.* na raz) «na jeden raz»: To lekarstwo masz na raz.

narazić *dk VIa*, naraziliśmy (p. akcent § 1a i 2) — **narażać** *ndk I*, narażaliśmy ☐ N. kogo, co (na co, dla kogo) «wystawić na niebezpieczeństwo»: Narażać zdrowie, życie. Narazić kogoś na zgubę, na śmierć. Narażać swoje życie dla ojczyzny. ☐ N. sobie kogo (czym) «wzbudzić do siebie niechęć, zrazić kogoś»: Naraziłeś sobie wszystkich przyjaciół tym postępkiem. **narazić się — narażać się** ☐ N. się na co: Naraził się na przykrość. ☐ N. się (czym) komu: Naraził się sąsiadom.

na razie p. raz.

Narbutt *m IV, Ms.* Narbucie, *lm M.* Narbuttowie. Narbutt *ż ndm* — Narbuttowa *ż odm* jak przym. — Narbuttówna *ż IV, D.* Narbuttówny, *CMs.* Narbuttównie (*nie*: Narbuttównej), *lm D.* Narbuttówien.

narciarz *m II, lm D.* narciarzy.

narcyz *m IV* 1. *lm M.* narcyzy (*nie*: narcyze), *D.* narcyzów (*nie*: narcyzy) «kwiat» 2. Narcyz «postać mitologiczna»

nareszcie (*nie*: nareście) 1. «wreszcie, w końcu (gdy mówimy o spełnieniu się oczekiwań)»: Nareszcie przyjechałem do domu. Doczekali się nareszcie jego przyjścia. Kiedy się nareszcie zdecydujesz? 2. *przestarz.* «na koniec, wreszcie (przy ostatnim członie wyliczenia)»: Do sklepu weszła starsza pani, potem młody pan, nareszcie trzy panny. // D Kult. I, 310.

Narew *ż V, DCMs.* Narwi «rzeka» — narwiański — nadnarwiański.

narewski przym. od Narwa: Żegluga narewska (*ale*: Zatoka Narewska).

naręcze *n I, lm D.* naręczy; *rzad.* naręcz *ż VI*: Niosła wielkie naręcze (wielką naręcz) kwiatów.

nargile *blp, D.* nargilów a. nargili: Palić nargile.

narkomania (*wym.* narkomańja) *ż I, DCMs.* narkomanii, *lm D.* narkomanii.

narobić *dk VIa*, narób, narobiliśmy (p. akcent § 1a i 2) ☐ N. czego «dużo czegoś zrobić»: Narobić głupstw, zamieszania. ☐ *posp.* N. bez dop. «wydalić kał»: Pies narobił na schodach.

narodowodemokratyczny «odnoszący się do Narodowej Demokracji»: Bojówki narodowodemokratyczne.
narodowo-demokratyczny «narodowy i demokratyczny (oba człony równorzędne)»: Poglądy, tenden-

cje narodowo-demokratyczne (tj. narodowe i zarazem demokratyczne).

narodzić *dk VIa*, narodzę, narodź, narodziliśmy (p. akcent § 1a i 2) 1. *rzad.* «urodzić wiele (dzieci, szczeniąt itp.)» ☐ N. kogo, czego: Suka narodziła szczeniąt chyba z pół tuzina. 2. *przestarz.* «urodzić» — dziś żywe w imiesł. biernym i formie rzeczownikowej jako nazwie święta: Boże Narodzenie. △ Czuć się jak nowo narodzony «mieć (znowu) dobre samopoczucie»
narodzić się *przestarz.* «urodzić się» — dziś żywe we *fraz.* i *przen.*: Ich miłość narodziła się we Włoszech. △ Jakby się na nowo (na świat) narodził «odzyskał dobre samopoczucie»

narodziny *blp, D.* narodzin *przestarz.*, dziś żywe w *przen.*, *podn.* «urodzenie się, urodziny»: Narodziny księcia były wielkim wydarzeniem. △ *przen.* Narodziny epoki. Narodziny idei.

narosnąć, *rzad.* **narość** *dk Vc*, narośnie, narósł (*nie*: narosł, narosnął), narosła, narósłby (p. akcent § 4c) — **narastać** *ndk I*, narastałby: Ileż tu trawy narosło. △ *przen.* Trudności narastały w miarę posuwania się pracy.

na roścież, na rozcież p. oścież.

narośl *ż V* (*nie*: ten narośl), *lm M.* narośle (*nie*: narośla); *rzad.* narost *m IV, D.* narostu.

narożnik *m III, rzad.* naroże *n I, lm D.* naroży — w zn. «narożna część czegoś; róg»

narożny (*nie*: narożni): Narożny dom.

naród *m IV, D.* narodu: Wolny naród polski. Prawo, zasada samostanowienia narodów. △ W nazwach organizacji politycznych dużą literą: Liga Narodów. Organizacja Narodów Zjednoczonych. △ *pot.* (z odcieniem gwarowym) w zn. «tłum, ludzie»: Nazbierało się narodu co niemiara.

Naróg *m III, D.* Naroga, *lm M.* Narogowie. Naróg *ż ndm* — Narożyna *ż IV* — Narożanka *ż III, lm D.* Narożanek.

narość p. narosnąć.

narów *m IV, D.* narowu, zwykle w *lm rzad.* «przywara, zły nawyk»

na równi p. równia.

Narvik (*wym.* Narwik) *m III, D.* Narviku «miasto w Norwegii»: Walka pod Narvikiem.

Narwa *ż IV* «miasto i rzeka w Estonii» — narewski (p.).

narwać *dk IX*, narwę (*nie*: narwię), narwie, narwij, narwaliśmy (p. akcent § 1a i 2) ☐ N. czego «nazrywać»: Dzieci narwą na łące kwiatów. Narwał koszyk wiśni.

narwaniec *m II, D.* narwańca, *W.* narwańcze, forma szerząca się: narwańcu, *lm M.* narwańcy *pot.* «człowiek niezrównoważony»

nary *blp, D.* nar (*nie*: narów); *lepiej*: prycza.

narywać *ndk I rzad.* «wzbierać ropą, obierać (się)»: Rany narywały.

narząd *m IV, D.* narządu, *Ms.* narządzie «część organizmu ludzkiego, zwierzęcego lub roślinnego pełniąca określone funkcje; organ»: Narząd słuchu, smaku (a. słuchowy, smakowy). Narządy mowy, równowagi, ruchu. Narządy oddechowe, wydalnicze, płciowe.

narządzać *ndk I*, narządzaliśmy (p. akcent § 1a i 2) — **narządzić** *dk VIa*, narządziliśmy **1.** *wych. z użycia* «sporządzać, naprawiać» **2.** *środ.* «układać i zaklinowywać kolumny drukarskie; przygotowywać stereotypy na maszynie rotacyjnej»

na rzecz p. rzecz.

narzecze *n I, lm D.* narzeczy.

narzeczona *ż* odm. jak przym.: Poznałem jego narzeczoną (*nie*: narzeczonę). || *D Kult. II,* 174.

narzeczony *m* odm. jak przym., *lm M.* narzeczeni **1.** «mężczyzna zaręczony»: Narzeczeni sióstr czekali w ogrodzie. **2.** tylko w *lm* «para narzeczonych»: Narzeczeni stanowili piękną parę.

narzekać *ndk I,* narzekaliśmy (p. akcent § 1a i 2) □ N. na kogo, na co: Narzekać na niewygody. Narzekała na syna. □ N., że...: Narzekał, że nie ma czasu.

*narzędnik I. Odmiana 1. Wszystkie rzeczowniki męskie i nijakie mają w narzędniku *lp* końcówkę *-em*, np.: chłopem, mężem, koniem, zbożem, polem, mieniem. **2.** Rzeczowniki żeńskie mają w narzędniku *lp* końcówkę *-ą*, np.: głową, ziemią, gospodynią, nocą. **3.** Narzędnik liczby mnogiej ma we wszystkich deklinacjach końcówkę *-ami*, np.: panami, dębami, królami, skrzydłami, żonami, gospodyniami. △ W niektórych rzeczownikach miękkotematowych (głównie męskich i żeńskich) występuje w narzędniku końcówka *-mi*: **a)** wyłącznie, np.: liśćmi, końmi, ludźmi, gośćmi, dziećmi; **b)** obocznie do *-ami*, np.: sańmi a. saniami, dłońmi a. dłoniami. △ W wyrażeniach: dawnymi czasy, przed laty — utrzymała się dawna końcówka *-y*. △ Narzędnik liczebników, przymiotników — p. liczebniki, przymiotniki
II. Składnia. Narzędnik występuje w zdaniu w funkcji dopełnienia bliższego, dalszego, jako orzecznik oraz okolicznik. **1.** Narzędnik jest regularną formą orzecznika rzeczownikowego, np.: Był profesorem. Został królem. Jest dobrą żoną. △ Niekiedy możliwe jest tu użycie rzeczownika w mianowniku, ale takie konstrukcje mają zazwyczaj charakter potoczny, np.: Ojciec jest Węgier, a matka Polka. △ Powszechnie stosowany jest orzecznik w formie mianownika przy wyrazach obelżywych, np. On jest łobuz (*Por.* mianownik). △ Uwaga. Orzecznik wyrażony przymiotnikiem (lub imiesłowem przymiotnikowym) przybiera prawie bez wyjątku formę mianownika, np.: On jest młody (*nie*: on jest młodym). Więzień był sądzony wczoraj (*nie*: był sądzony wczoraj). △ Co do niektórych odstępstw od tej zasady, p. przymiotnik, orzecznik. *Błędem* jest użycie w orzeczniku narzędnika przymiotnikowego w liczbie mnogiej, np. byli jeszcze młodymi (*zamiast*: byli jeszcze młodzi). **2.** Narzędnik występuje w funkcji dopełnienia bliższego po niektórych czasownikach o ogólnym znaczeniu «rządzić, władać czymś», np.: Administrował majątkiem. Rządził państwem. Kierował produkcją. **3.** Narzędnik jest formą dopełnienia po czasownikach zwrotnych, oznaczających stany emocjonalne, np.: Martwił się chorobą ojca. Brzydzi się kłamstwem.

Chełpi się wyczynami bohaterskimi. Zachwyca się jej urodą.
4. Narzędnik występuje często w funkcji okolicznika na oznaczenie narzędzi lub substancji służących do wykonywania czynności, np.: pisać ołówkiem, czesać się grzebieniem, rąbać siekierą, orać końmi, oddychać płucami, poić wodą. △ Pojawia się także w określeniach miejsca, czasu i sposobu wykonania czynności, np.: Miejscami leżał śnieg. Iść drogą. Biec lasem. Trwać miesiącami. Zrobić coś podstępem. △ *Błędne* są użycia konstrukcji przyimkowych zamiast poprawnych form narzędnika, np.: Dopiąć czegoś przez wytrwałość (*zamiast*: wytrwałością). Wyrazić coś przez słowa (*zamiast*: słowami). **5.** Narzędnik w konstrukcjach z przyimkiem występuje w funkcji okolicznika: **a)** miejsca, np.: pod stołem, przed domem, nad drzewami, za oknem, między torami. **b)** czasu, np. przed nocą; **c)** sposobu, np. z trzaskiem; **d)** towarzysza, np.: rozmawiać z kolegą, tańczyć z siostrą, walczyć z wrogiem. **6.** Zamiast narzędnika są używane czasem konstrukcje przyimkowe, np.: Wybrać kogo kim (dziś *częściej*: wybrać na kogo). Znać kogo czym, jakim (*częściej*: Znać kogo jako kogo, co, jako jakiego). Uznać, uważać kogo za kogo, co (*nie*: uznać, uważać kogo kim, czym). Cieszyć się czym a. z czego. Przewyższać kogo czym a. w czym. △ *Błędem* jest używanie narzędnika zamiast wyrażenia przyimkowego w następujących konstrukcjach: służyć przykładem (*zamiast*: służyć za przykład). Opływać, obfitować czymś (*zamiast*: obfitować w coś). **7.** Narzędnik łączący się z przymiotnikiem wychodzi stopniowo z użycia, zachował się jedynie w niektórych związkach frazeologicznych, np.: wielki duchem, *rzad.* mały wzrostem. *Ale* już: szczęśliwy z czego (*nie*: szczęśliwy czym), słynna z piękności (*nie*: słynna pięknością). **8.** Po rzeczownikach odsłownych utworzonych od czasowników rządzących narzędnikiem dopełnienie występuje również w narzędniku, np.: Władać bronią — władanie bronią. Bić kijem — bicie kijem.

narzędziarnia *ż I, lm D.* narzędziarni, *rzad.* narzędziarń «skład narzędzi» *Por.* narzędziownia.

narzędzie *n I, lm D.* narzędzi □ N. do czego (*nie*: dla czego): Narzędzie do szlifowania. □ N. czego (tylko w niektórych wyrażeniach), np. Narzędzie tortur.

narzędziownia *ż I, lm D.* narzędziowni «dział fabryki, w którym się wytwarza i naprawia narzędzia pomocnicze» *Por.* narzędziarnia.

narznąć (*wym.* nażnąć) a. **narżnąć** *dk Va,* narznąłem, narżnąłem (*wym.* nażnołem, narżnołem, *nie*: nażnełem, narżnełem), narznął, narżnął (*wym.* nażnoł, narżnoł), narznęła, narżnęła (*wym.* nażnęła, narżnęła), narznęliśmy, narżnęliśmy (*wym.* nażnęliśmy, narżnęliśmy, p. akcent § 1a i 2) — **narzynać** *ndk I,* narzynaliśmy **1.** «naznaczyć nacięciem; naciąć, nadciąć» □ N. co (na czym): Narznął (narżnął) znaki na drzewach. Narzynał pnie drzew. **2.** *dk* «rznąc przygotować (np. sieczkę, krajankę); nakrajać» □ N. czego: Musi narznąć (narżnąć) sieczki. **3.** *dk* «zabić nożem, bronią sieczną większą liczbę ludzi, zwierząt»

narzucać *ndk I,* narzucaliśmy (p. akcent § 1a i 2) — **narzucić** *dk VIa,* narzuciliśmy □ Narzucać czego (w funkcji *dk*) «rzucić czegoś wiele»: Narzucali na scenę kwiatów. □ N. co — na co (na wierzch czegoś): Narzucić płaszcz na ramiona. □ N. co komu «zmuszać kogoś do poddania się czemuś, do przyjęcia czegoś»: Narzucał jej swoje zdanie.

narzucać się — narzucić się 1. częściej *ndk* «zmuszać kogoś do przebywania w swoim towarzystwie; natrętnie ofiarowywać się z czymś» □ N. się komu (z czym): Nie zrażony jej obojętnością narzucał się ciągle. Narzucił się jej z pomocą. □ *nieos.* Coś się (komuś) narzuca «coś przychodzi (komuś) na myśl» **2.** tylko: narzucać się (w funkcji *dk*) «wielokrotnie rzucać» □ N. się czego a. czym: Narzucał się piłki a. piłką. □ *pot.* N. się bez dop. «nazłościć się»: Narzucał się i wyzłościł ile wlezie.

narzynać, narżnąć p. narznąć.

nasadka *ż III, lm D.* nasadek **1.** «przedmiot, przyrząd nasadzony, nakładany na coś» □ N. na co: Nasadki na ołówki, na rury. **2.** a. nasiadka «samica ptaka wysiadująca jaja»

nasadzić *dk VIa,* nasadziliśmy (p. akcent § 1a i 2) — **nasadzać** *ndk I,* nasadzaliśmy □ (tylko *dk*) N. czego **a)** «posadzić wiele roślin»: Nasadzić kwiatów. **b)** «skupić, zgromadzić, przeładować czymś»: *pot.* Nasadził błędów. □ N. co — na co «wsadzić, osadzić»: Nasadzić na nos okulary. Nasadzić ostrze na trzonek.

nasamprzód *(nie:* najsamprzód) *wych. z użycia* «najpierw, wpierw»: Nasamprzód skosił łąkę. △ *Ale:* na sam przód (pisane rozdzielnie) «na przednią część czegoś»: Poszedł na sam przód statku.

nasączyć *ndk VIb,* nasączyliśmy (p. akcent § 1a i 2) — **nasączać** *ndk I,* nasączaliśmy □ N. co a. czego (w co, do czego) «napełnić płynem po kropli, wolno»: Nasączył w kieliszki wino a. wina.

nasiąkać *ndk I,* nasiąkaliśmy (p. akcent § 1a i 2) — **nasiąknąć** *dk Va* lub *Vc,* nasiąknę, nasiąknie, nasiąknąłem *(wym.* nasiąknołem; *nie:* nasiąknełem) a. nasiąkłem *(wym.* nasiąknął *(wym.* nasiąknoł) a. nasiąkł; nasiąknęła *(wym.* nasiąknęła) a. nasiąkła; nasiąknęliśmy *(wym.* nasiąknęliśmy) a. nasiąkliśmy (p. akcent § 1a i 2), nasiąknięty a. nasiąkły □ N. czym: Suknia nasiąkła wodą. △ *przen.* Słowa nasiąkłe goryczą.

nasienie *n I, lm M.* nasiona, *D.* nasion; *rzad.* **nasiono** *n III* **1.** zwykle w *lm* «organy rozmnażania roślin nasiennych» **2.** nasienie (tylko w *lp*) «sperma»

nasilenie *n I:* Wielkie nasilenie ruchu. // *KP Pras.*

naskoczyć *dk VIb,* naskoczyliśmy (p. akcent § 1a i 2) — **naskakiwać** *ndk VIIIb,* naskakuję, naskakiwaliśmy □ *pot.* N. na kogo «zaatakować kogoś słownie, zwykle bez powodu» □ N. bez dop. «o zwichniętej kości: wejść na powrót w swoje miejsce»

na skos p. skos.

naskórny: Leki naskórne.

naskrobać *dk IX,* naskrobię *(nie:* naskrobę), naskrobie, naskrob *(nie:* naskrób), naskrobaliśmy (p. akcent § 1a i 2) □ N. czego «oskrobać pewną ilość czegoś»: Za mało naskrobał kartofli, marchwi. □ *żart.* N. co «napisać coś, zwykle byle jak, niestarannie»: Naskrobałam wreszcie list do niego.

naskrobać się □ N. się czego «zmęczyć się długim skrobaniem»

na skutek p. skutek.

I nasłać *dk IX,* naśle *(nie:* naszle), naślij *(nie:* naszlij), nasłaliśmy (p. akcent § 1a i 2) — **nasyłać** *(nie:* nasełać) *ndk I,* nasyłaliśmy □ N. kogo (komu) «przysłać kogoś niechętnie widzianego»: Nasłali (mu) dziennikarzy. □ N. kogo na kogo «wysłać kogoś przeciw komuś dla wyrządzenia mu krzywdy itp.»: Nasłał na niego szpicla.

II nasłać *dk IX,* naściele, naściel, nasłaliśmy (p. akcent § 1a i 2) — **naścielać,** *reg.* **naścielać** *ndk I,* naścielaliśmy, naścielaliśmy «ścieląc nakłaść dużo czegoś, rozesłać czegoś dużo» □ N. czego: Nasłać słomy, chrustu.

nasłuchiwać p. nadsłuchiwać.

naspraszać p. naprosić.

nastarczyć *dk VIb,* nastarczyliśmy (p. akcent § 1ai 2) — **nastarczać** *ndk I,* nastarczaliśmy (p. akcent § 1a i 2) □ N. czego komu (częściej z przeczeniem) «nadążyć z dostarczaniem»: Czy to im kiedy nastarczysz jedzenia? Chleba jej nigdy nie mogła nastarczyć. □ N. z czym a. n. + bezokol. (zwykle z przeczeniem) «podołać, sprostać czemuś»: Dzieci brudziły się tak, że nie nastarczała prać a. z praniem.

nastawać *ndk IX,* nastaje, nastawaj, nastawaliśmy (p. akcent § 1a i 2) — **nastać** *dk,* nastanę, nastanie, nastał, nastaliśmy **1.** «rozpoczynać się, nadchodzić»: Nastała zimna wiosna. Nastawały chłody. **2.** tylko *ndk* «zagrażać komuś, czemuś, godzić w coś» □ N. na kogo, na co: Nastawali na niego, na jego życie. **3.** tylko *ndk* «domagać się czegoś, nalegać, naciskać» □ N. na co: Nastawała na jej wyjazd. Nastawał na ukaranie syna. □ N. na kogo, żeby...: Nastają na niego, żeby się zgodził. Nastawali, żeby wyjechał. **4.** *przestarz., pot.* (z odcieniem gwarowym), *częściej dk* «zacząć gdzieś służyć, pracować»: Nastał nowy rządca. □ N. do czego: Nastała do państwa na służbę. Nastał do magistratu.

nastawczy «służący do nastawiania jakiegoś urządzenia, aparatu»: Mechanizm nastawczy. Urządzenia nastawcze parowozu. *Por.* nastawny.

nastawialny p. nastawny.

nastawić *dk VIa,* nastawię, nastaw, nastawiliśmy (p. akcent § 1a i 2) — **nastawiać** *ndk I,* nastawialiśmy **1.** «wysunąć, zwrócić coś w jakim kierunku» □ N. — w zn. dosłownym zwykle: co, we *fraz.* częściej: czego: Nastawiła twarz do pocałunku. Nastawić dzidę, lancę. △ Nastawić ucha, uszu, *przestarz.* ucho, uszy «natężyć słuch, wysłuchać uważnie» △ Nastawić uszy «o zwierzętach: postawić uszy na sztorc» △ Nastawić pierś a. piersi, głowy, *pot.* karku, łba, «narazić się na niebezpieczeństwo, na utratę zdrowia lub życia» **2.** «postawić coś do gotowania, fermentacji itp.» □ N. co: Nastawić obiad, samowar, nalewkę. **3.** «wyregulować, ustawić jakiś aparat, urządzenie tak, aby funkcjonowało w określony sposób»: Nastawić radio, budzik, lornetkę. □ N. co — na co: Nastaw radio na muzykę. Nastawić aparat fotograficzny na ostrość. △ *przen. pot.* «ukształtować, zorganizować, przysposobić do pewnego celu»: Nastawić fabrykę na wyroby eksportowe. **4.** *lepiej:* «usposobić, nastroić w pewien sposób; przygotować do czegoś» □ N. kogo jak (do kogo, czego): Nastawili go wrogo do nauczyciela. □ N. kogo na co: Byli nastawieni na trudne warunki pracy.

nastawić się — nastawiać się □ *pot.* N. się (*lepiej*: przygotować się) na co: Nastawiła się na nieprzyjemną rozmowę.

nastawienie *n I* □ *pot.* N. do kogo, czego, wobec kogo, czego, w stosunku do kogo, czego: Jej nastawienie do niego było życzliwe (*lepiej*: Jej stosunek do niego był życzliwy).

nastawniczy *m* odm. jak przym. «pracownik kolejowy odpowiedzialny za prawidłowe nastawienie zwrotnic»

nastawny a. **nastawialny** «taki, który można nastawić»: Kątomierze nastawne (nastawialne). *Por.* nastawczy.

nastąpić *dk VIa*, nastąpiliśmy (p. akcent § 1a i 2) — **następować** (*nie*: następywać) *ndk IV*, następowaliśmy 1. «nadepnąć» □ N. (komu) na co: Nastąpić komuś na nogę. 2. «pojawić się, zdarzyć się, wydarzyć się»: Nastąpiło zderzenie. Nastąpił pokój. Nastąpiło ochłodzenie (*lepiej*: ochłodziło się). □ N. po kim, po czym «pojawić się, wydarzyć się po czymś»: Po odczycie nastąpi część rozrywkowa. Wypadki szybko następowały po sobie. // KP Pras.

następczyni (*nie*: następczynia) *ż I, B.* następczynię (*nie*: następczynią), *W.* następczyni (*nie*: następczynio), *lm D.* następczyń. // GPK Por. 149.

następnie (*nie*: w następstwie) «potem, z kolei»: Najpierw pracował w drukarni, następnie (*nie*: w następstwie) w wydawnictwie. *Por.* następstwo.

następować p. nastąpić.

następstwo *n III*: Ta sprawa pociągnie za sobą przykre następstwa. □ N. czego (*nie*: po czym): Bał się następstw zapalenia opon mózgowych (*nie*: po zapaleniu opon mózgowych). △ W następstwie (czegoś) «w konsekwencji, wskutek czegoś»: W następstwie wypadku został inwalidą △ *niepoprawne* w zn. «następnie (p.)»

na stojaka p. stojak.

nastolatek *m III, D.* nastolatka, *lm M.* te nastolatki, *lm D.* nastolatków 1. *lm B.* tych nastolatków a. (o dziewczętach) te nastolatki «chłopiec mający kilkanaście lat; czasem także o dziewczynie» 2. w *lm* «młodzież w wieku kilkunastu lat» // D Kult. II, 331.

nastolatka *ż III, lm D.* nastolatek «dziewczyna mająca kilkanaście lat»

nastręczyć *dk VIb*, nastręczyliśmy (p. akcent § 1a i 2) — **nastręczać** *ndk I*, nastręczaliśmy 1. *wych. z użycia* «polecić, zarekomendować; naraić» □ N. kogo, co — komu: Pośrednik nastręczył jej lokatorów. 2. zwykle *ndk* «nasunąć, dostarczyć», zwykle w zwrocie: Nastręczać trudności.
nastręczyć się — nastręczać się «nasunąć się, zdarzyć się»: Nastręcza się okazja, sposobność. □ *przestarz.* N. się komu z czym «narzucić się»: Nastręczał się jej ze swoją przyjaźnią.

nastroić *dk VIa*, nastroję, nastrój, nastroiliśmy (p. akcent § 1a i 2) — **nastrajać** *ndk I*, nastrajaliśmy 1. zwykle *dk* «nadać właściwy ton instrumentowi muzycznemu»: Nastroić fortepian, skrzypce. 2. «usposobić kogoś w pewien sposób; wprowadzić w pewien nastrój» □ N. kogo jak (do kogo, czego): Piękny ranek nastroił ją pogodnie. Zazdrość na-

strajała go do niej podejrzliwie. Nowiny nie nastrajały do radości.

nastroszyć *dk VIb*, nastroszyliśmy (p. akcent § 1a i 2) 1. «najeżyć, nastawić (najczęściej o włosach, sierści, piórach, uszach zwierzęcych)»: Wróble nastroszyły pióra. Nastroszył wąsy. 2. «pokryć czymś sterczącym» — zwykle w imiesł. biernym: Głowa nastroszona papilotami.

nastrój *m I, D.* nastroju, *lm D.* nastrojów □ N. czego: Ogarnął go nastrój smutku i zwątpienia. □ N. do czego: Nie miała nastroju do żartów.

nasunąć *dk Vb*, nasunąłem (*wym.* nasunołem), nasunął (*wym.* nasunoł), nasunęła (*wym.* nasuneła), nasunęliśmy (*wym.* nasuneliśmy, p. akcent § 1a i 2) — **nasuwać** *ndk I*, nasuwaliśmy 1. «naciągnąć coś dla przykrycia czegoś, wsunąć, włożyć na coś» □ N. co — na co: Nasunął kapelusz na czoło. 2. «poddać, wywołać, wzbudzić»: Ten pomysł nasuwa wątpliwości. □ N. co komu: Nasunął jej dobrą myśl. **nasunąć się — nasuwać się** 1. «sunąc pokryć jakąś powierzchnię»: Nasunęły się chmury. □ N. się na co: Na plażę nasuwał się cień. △ Nasunąć się komuś na (przed) oczy «dać się komuś widzieć» 2. «o projekcie, propozycji itp.: powstać w świadomości, przyjść do głowy» □ N. się komu: Nasunął mu się temat pracy doktorskiej.

nasycić *dk VIa*, nasyciliśmy (p. akcent § 1a i 2) — **nasycać** *ndk I*, nasycaliśmy 1. zwykle *dk* «uczynić sytym, nakarmić» □ N. kogo: Mały kawałek mięsa nie mógł go nasycić. □ N. co «zaspokoić»: Nasycić głód. Nasycić ciekawość, próżność, chciwość. 2. «doprowadzić do wchłonięcia przez ciało stałe, płynne lub lotne określonej substancji» □ N. co czym: Nasycić drewno substancjami przeciwgnilnymi.
nasycić się — nasycać się □ N. się czym: Nasycił się obiadem. △ *przen.* Nasycał się pięknem krajobrazu.

nasyłać p. I nasłać.

nasypać *dk IX*, nasypię (*nie*: nasypę), nasypie, nasypaliśmy (p. akcent § 1a i 2) — **nasypywać** *ndk VIIIa*, nasypuje, nasypywaliśmy 1. «sypiąc nagromadzić pewną ilość czegoś; napełnić czymś sypkim; wsypać» □ N. co: Nasypać garść soli, szklankę mąki. □ N. czego (do czego a. w co): Nasypać cukru do herbaty. Nasypał obroku do żłobu. Wiatr nasypał piasku w oczy. 2. «sypiąc pokryć coś czymś, naprószyć» □ N. co a. co — na co: Nasypał popiołu na głowę. Nasypał mu na rękę garść tytoniu.
nasypać się — nasypywać się «sypiąc się napełnić coś» □ N. się do czego: Piasek nasypywał się do pantofli.

nasz, nasza, nasze odm. jak przym., *lm M. m-os.* nasi (*nie*: naszy), *ż-rzecz.* nasze «zaimek dzierżawczy odpowiadający zaimkowi osobowemu *my*; oznacza, że to, co jest wyrażone przez rzeczownik, do którego się odnosi, jest posiadane, używane przez zespół osób, odnosi się do zespołu osób, z których jedną jest mówiący»: Musimy myśleć o naszych dzieciach. Nasze książki są oprawione. Nasz organizm wymaga odpoczynku. Przyłączyć się do naszej grupy. Nasz sąsiad jest bardzo miły.
△ Zaimek *nasz* jest używany **a)** jeśli sprawcą czynności wyrażonej w zdaniu (przez bezokolicznik, rzeczownik odsłowny, imiesłów odmienny) nie jest pod-

miot zdania, np.: Rozmawialiśmy z ogrodnikiem uprawiającym nasz ogród (sprawcą czynności uprawiania ogrodu jest ogrodnik, nie *my* — podmiot zdania). Kazaliśmy mu przynieść nasze płaszcze. Z powodu przyjazdu naszego ojca zostaliśmy w Warszawie. **b)** jeśli zaimek *nasz* obejmuje większą liczbę właścicieli niż jest osób zawartych w pojęciu podmiotu (wyrażonego formą 1. os. *lm*) lub też jeśli wskazuje na przynależność czegoś do nieokreślonego bliżej ogółu (społeczeństwa, narodu, państwa itp.), np.: Szliśmy z siostrą naszą ulicą. Wróciliśmy z bratem do naszego domu (tj. do domu będącego własnością całej naszej rodziny). Przechadzaliśmy się (np. ja z rodziną) nad naszą piękną Wisłą.
c) *daw.* Zaimek *nasz* używany jest również w wypowiedziach osób (zwykle wysoko postawionych), używających w stosunku do siebie form *lm*, np.: Dla okazania naszej łaskawości my, król Polski... △ Zaimek *nasz* jest zbyteczny, gdy się rozumie samo przez się, do kogo dana rzecz, sprawa należy, odnosi się, np.: Padliśmy na kolana (*nie*: na nasze kolana). Wzięliśmy kapelusze (*nie*: nasze kapelusze) i wyszliśmy. △ *Niepoprawne* jest używanie zaimka *nasz* w zdaniu wtedy, kiedy sprawcą czynności wyrażonej w zdaniu jest podmiot zdania; w takim wypadku zaimek *nasz* jest zastępowany przez zaimek ogólnodzierżawczy *swój* (*por.* swój), np.: Uporządkowaliśmy swoje (*nie*: nasze) książki. Spełniliśmy swój (*nie*: nasz) obowiązek. △ Dopuszczalne jest używanie w takim wypadku zaimka *nasz*, jeśli chcemy wyraźnie podkreślić przynależność, odnoszenie się danej rzeczy do podmiotu zdania, np.: Uporządkowaliśmy już swoje (a. nasze) książki, a twoje zostawiliśmy w paczce. My spełniliśmy już swój (a. nasz) obowiązek, a teraz wy spełnijcie swój (a. wasz).
nasz w użyciu rzeczownikowym, zwykle w *lm*: nasi «zespół osób wchodzących w skład tej samej grupy co my, związanych z nami»: Z naszych żaden się nie załamie. Nasi wracają! W zawodach nasi odnieśli zwycięstwo.
nasze, nasza w użyciu rzeczownikowym «coś, co dotyczy nas» — tylko we *fraz*. Tyle naszego, że (co)... «jedyną korzyścią, przyjemnością itp. dla nas jest to, że...» △ Nasze na wierzchu «mamy rację» △ Po naszemu «zgodnie z naszymi zwyczajami; w naszym języku»: Zaśpiewajmy po naszemu. △ *niepoprawne* w zn. «według nas, według naszego zdania» △ *pot.* Dobra nasza «wyrażenie ekspresywne uwydatniające zadowolenie z czegoś» || D Kult. I, 159; U Pol. (2), 224—228; GPK Por. 238. Por. swój.

na szczeblu p. szczebel.

na szczęście p. szczęście.

na szczęt *przestarz.* «do szczętu»

na szkodę p. szkoda.

naszyć *dk Xa*, naszyję, naszyliśmy (p. akcent § 1a i 2) — **naszywać** *ndk I*, naszywaliśmy □ N. co — na co «przyszyć na wierzch czegoś»: Naszyła tarczę na rękaw bluzy. □ N. co — czym «przez naszycie przyozdobić coś czymś»: Sukienka naszyta dżetami. □ (tylko *dk*) N. czego «uszyć wiele»: Naszyć garniturów, sukien.

–naście p. cząstki wyrazów.

naścielać, naściełać p. II nasłać.

naścielić *dk VIa*, naścieli, naścieliliśmy (p. akcent § 1a i 2) *reg.*, p. II nasłać.

na ścieżaj a. **na ścieżaj** *przestarz.* «na oścież, na rozcież»

na ślepo p. ślepo.

naśmiać się *dk Xb*, naśmieje się, naśmiali się, *reg.* naśmieli się, naśmialiśmy się, *reg.* naśmieliśmy się (p. akcent § 1a i 2) — **naśmiewać się** *ndk I*, naśmiewaliśmy się **1.** częściej *ndk* «szydzić, drwić, kpić z kogoś, wyśmiewać kogoś» □ N. się z kogo, z czego (*nie*: nad kim, nad czym): Naśmiewała się z jego słabostek. Naśmiał się z biedaka. **2.** tylko *dk* «śmiać się długo, do woli»: Naśmiawszy się na filmie, zapomniała o kłopotach.

naświetlić *dk VIa*, naświetl (*nie*: naświetlij), naświetliliśmy (p. akcent § 1a i 2) — **naświetlać** *ndk I*, naświetlaliśmy **1.** «poddać działaniu promieni słonecznych lub sztucznych» □ N. kogo, co — czym: Naświetlić twarz lampą kwarcową. **2.** «przedstawić co z pewnego stanowiska, w pewien sposób» □ N. co (jak): Naświetlił (*nie*: oświetlił) sprawę obiektywnie. Naświetlali (*nie*: oświetlali) zagadnienia wszechstronnie.

Natalia *ż I, DCMs.* Natalii, *lm D.* Natalii — Natalka *ż III, lm D.* Natalek — Nacia *ż I, W.* Naciu — Natka *ż III, lm D.* Natek.

Natanson (*wym.* Natanson, *nie*: Natanson) *m IV, D.* Natansona (p. akcent § 7), *lm M.* Natansonowie: Szkice i recenzje Wojciecha Natansona. Metody otrzymywania mocznika opracowane przez Jakuba Natansona.

natchnąć *dk Va*, natchnąłem (*wym.* natchnołem; *nie*: natchnełem), natchnął (*wym.* natchnoł), natchnęła (*wym.* natchneła), natchnęliśmy (*wym.* natchneliśmy, p. akcent § 1a i 2), natchniony (*nie*: natchnięty) — brak odpowiednika w formie *ndk* □ N. kogo czym «wzniecić, wzbudzić w kimś jakieś uczucie, wywołać jakiś nastrój»: Natchnąć kogoś męstwem, optymizmem, wiarą itp. □ N. kogo — do czego «stać się impulsem działania, czynu, aktu twórczego itp.»: Miłość natchnęła go do pracy twórczej.

natchnienie *n I*, zwykle *blm*: Grać z natchnieniem. Tworzyć pod wpływem natchnienia a. w natchnieniu. □ N. do czego: Natchnienie do obrazów czerpał z przyrody.

natchniony *m-os.* natchnieni, imiesł. przymiotnikowy bierny od czas. natchnąć.
natchniony w użyciu przymiotnikowym: Natchniony poeta, skrzypek. Natchniona twarz.

natenczas *przestarz.* «w tym czasie, wtedy, wtenczas» △ *Ale*: na ten czas «na ten okres, termin»: Wyjeżdżał na pół roku za granicę. Na ten czas odnajął mieszkanie.

na terenie p. teren.

natężenie *n I* **1.** «nasilenie, intensywność»: Natężenie barw, świateł. **2.** «koncentracja uwagi; napięcie nerwów»: Słuchał z natężeniem.

natężyć *dk VIb*, natężyliśmy (p. akcent § 1a i 2) — **natężać** *ndk I*, natężaliśmy: Natężyć wzrok, słuch, uwagę. Natężyć siły. △ Natężyć uszy, oczy, *przestarz.* uszu, oczu «słuchać, patrzeć ze zdwojoną uwagą»

natknąć się *dk Va*, natknąłem się (*wym.* natknołem się, *nie*: natknełem się), natknął się (*wym.* natknoł się), natknęła się (*wym.* natknela się), natknęliśmy się (*wym.* natkneliśmy się; p. akcent § 1a i 2) — *rzad.* **natykać się** *ndk I*, natykaliśmy się □ N. się na kogo, na co: W tłumie natknęła się na koleżankę. Natknął się na źródło.

natłuc *dk XI*, natłukę, natłucze, natłucz, natłukł, natłukliśmy (p. akcent § 1a i 2), natłuczony □ N. czego: Natłukła dzieciom orzechów. Natłuczono szklanek i talerzy.

NATO (*wym.* nato) *ż a. n ndm* «skrót angielskiej nazwy Organizacji Paktu Północnego Atlantyku»: NATO zapoczątkowała (zapoczątkowało) system bloków militarnych państw kapitalistycznych. — natowski.

natomiast *książk.* «za to, przeciwnie zaś»: Córka była udana, natomiast syn sprawiał im same kłopoty. △ *Niepoprawne* w funkcji spójnika łącznego, np. O godz. 9 rozpoczną się wykłady, natomiast w południe (*zamiast*: a w południe) słuchacze będą zwiedzać muzeum. ‖ *KP Pras.*

natrafić *dk VIa*, natrafię, natraf, natrafiliśmy (p. akcent § 1a i 2) — **natrafiać** *ndk I*, natrafialiśmy □ N. na kogo, na co: Na wczasach natrafili na miłe towarzystwo. Natrafiła na ślad zaginionego syna.

natrysk *m III*, D. natrysku **1.** zwykle w *lm* w zn. «zlewanie ciała strumieniem wody, często w celach leczniczych»: Zimne natryski. Brać natryski. **2.** *częściej*: prysznic w zn. «urządzenie służące do wykonywania tego zabiegu»: Wanna z natryskiem.

natrząsać się *ndk I*, natrząsaliśmy się (p. akcent § 1a i 2) □ N. się z kogo, czego, *rzad.* nad kim, nad czym «wyśmiewać się, drwić, kpić z kogoś, z czegoś»: Natrząsali się z jego nieśmiałości. Natrząsał się z kolegi (nad kolegą).

natrząść *dk XI*, natrzęsę, natrzęsie, natrzęś (*nie*: natrząś), natrząsłem (*nie*: natrzęsłem), natrząsł (*nie*: natrzęsł), natrzęsła, natrzęśli, natrzęśliśmy (p. akcent § 1a i 2) □ N. czego: Natrząść jabłek, orzechów.

natrzeć p. nacierać.

natura *ż IV* **1.** w zn. «właściwości wrodzone, charakter, usposobienie; człowiek o określonym charakterze, usposobieniu»: Gwałtowna, namiętna natura. Cóż to za wrażliwe natury. Coś leży w czyjejś naturze. Mieć coś w swojej naturze. △ Z natury: Z natury był małomówny. **2.** *blm* w zn. «istota, główne rysy charakterystyczne; rodzaj, charakter» △ *książk.* Coś (jest) jakiejś natury «coś (jest) jakiegoś rodzaju, ma jakiś charakter, dotyczy jakiejś dziedziny»: Trudności natury prawnej. Były to zagadnienia natury metodologicznej. △ Często nadużywane, np. Kłopoty natury zaopatrzeniowej (*lepiej*: kłopoty z zaopatrzeniem). **3.** *blm* w zn. «produkty, towary, przedmioty użytkowe (dziś tylko w wyrażeniu: w naturze)»: Otrzymała zapłatę w naturze.

naturalia *blp*, D. naturaliów (*nie*: naturalii): Deputaty, dochody w naturaliach.

naturalizm *m IV*, D. naturalizmu, Ms. naturalizmie (*wym.* ~izmie a. ~iźmie), *blm*.

natykać się p. natknąć się.

na tyle p. tyle.

nauczać *ndk I*, nauczaliśmy (p. akcent § 1a i 2) *przestarz., podn.* (dziś żywe w formie rzeczownika odsłownego: nauczanie) «uczyć, przekazywać wiedzę» △ N. kogo, co — czego, o czym: Nauczał go prawd życiowych.

nauczanie *n I książk.* «uczenie»: Wyniki, metody nauczania. Nauczanie fizyki, gramatyki. Podczas okupacji brał udział w tajnym nauczaniu. △ *niepoprawne* w zn. «uczenie się, nauka», np. Kierowniczka życzy dzieciom dobrych wyników w nauczaniu (*zamiast*: w nauce).

nauczyciel *m I*, *lm* M. nauczyciele (*nie*: nauczycielowie), D. nauczycieli (*nie*: nauczycielów): Nauczyciel muzyki, tańca.

nauczycielstwo *n III*, *blm*, w zn. zbiorowym «ogół nauczycieli»: Nauczycielstwo polskie zawsze odznaczało się ofiarnością. △ W nazwach dużą literą: Związek Nauczycielstwa Polskiego. △ *niepoprawne* w zn. «grupa nauczycieli, zespół nauczycieli jednej szkoły», np. Nauczycielstwo poszło (*zamiast*: nauczyciele poszli) na konferencję.

nauczyć *dk VIb*, nauczyliśmy (p. akcent § 1a i 2) □ N. kogo — czego: Chłopca nauczono rzemiosła. Nauczyć moresu, rozumu. Nauczony doświadczeniem. Nauczył go grać na skrzypcach.

nauka (*wym.* na-uka, *nie*: nau-ka) *ż III* **1.** *blm* w zn. «uczenie się, kształcenie się lub uczenie, kształcenie kogoś» □ N. kogo: Nauka dzieci zajmowała mu dużo czasu. □ N. czego: Nauka pisania i czytania nie sprawiała dziecku trudności. **2.** w zn. «ogół uporządkowanej wiedzy ludzkiej; dyscyplina badawcza»: Nauki przyrodnicze, humanistyczne (w wyrażeniach tego typu — zwykle w *lm*). □ N. o czym «teoria, doktryna dotycząca czegoś»: Nauka o dziedziczności. □ N. czyja (z rzecz. w dopełniaczu) «zespół głoszonych przez kogoś poglądów, zwykle religijnych»: Nauka Chrystusa, Lutra (*ale*: nauka Marksa, *lepiej*: teoria Marksa).

na ukos p. ukos.

*naukowe tytuły kobiet p. nazwy i tytuły zawodowe kobiet.

naukowiec *m II*, D. naukowca, W. naukowcze, forma szerząca się: naukowcu «człowiek pracujący naukowo; pracownik naukowy» ‖ *U Pol. (2), 151. Por.* uczony.

naukowo-badawczy: Wyprawa naukowo-badawcza.

na umór tylko w *pot.* zwrocie: Pić na umór «pić do utraty przytomności»

naumyślnie (*wym.* na-umyślnie, *pot.* naumyślnie): To nie przypadek, on to zrobił naumyślnie.

naurągać (*wym.* na-urągać) *dk I*, naurągaliśmy (p. akcent § 1a i 2) *pot.* □ N. komu: Naurągał gosposi. □ *rzad.* N. na kogo: Naurągała na nią ile wlezie.

Nauzykaa *ż I*, DCMs. Nauzykai, B. Nauzykaę, N. Nauzykaą; *rzad.* **Nauzyka** *ż III*, CMs. Nauzyce.

nawadniać, *rzad.* **nawodniać** *ndk I*, nawadnialiśmy, nawodnialiśmy (p. akcent § 1a i 2) — **nawod-**

nić *dk VIa*, nawodnij, nawodniliśmy: Nawadniać (nawodniać) łąki, pola.

nawalanka *ż III, lm D.* nawalanek, *blm posp.* «niewywiązanie się albo niewywiązywanie się z czegoś, niedbała praca» || *KL. Ależ 14.*

nawalić *dk VIa*, nawaliliśmy (p. akcent § 1a i 2) — **nawalać** *ndk I*, nawalaliśmy 1. zwykle *dk, pot.* «zrzucić wiele czegoś w jedno miejsce» □ N. czego: Nawalił w magazynie papierów. 2. *posp.* «nie dopisać, zawieść; zepsuć się»: Janek nawalił, nie przyszedł na umówione miejsce. Nawalił mi motor.

nawalny *wych. z użycia* «gwałtowny (o opadach atmosferycznych)»: Nawalny (*częściej*: ulewny) deszcz.

nawał *m IV, D.* nawału «przytłaczające mnóstwo, natłok, *rzad.* nawała» — używane zwłaszcza w wyrażeniach: Nawał zajęć, spraw, myśli.

nawała *ż IV* 1. *podn.* «armia napastnicza, wojsko nacierające; napad, natarcie, najazd»: Ulec nawale barbarzyńców. Bronić się przed nawałą turecką. 2. *rzad.* p. nawał.

nawałnica *ż II*: Rozpętała się nawałnica. △ *przen.* Nawałnica tatarska.

Nawarra *ż IV, CMs.* Nawarze «kraina w Hiszpanii»

nawiać *dk Xb*, nawiali, *reg.* nawieli, nawialiśmy, *reg.* nawieliśmy (p. akcent § 1a i 2) — **nawiewać** *ndk I*, nawiewaliśmy □ N. czego «wiejąc nanieść, napędzić»: Wiatr nawiał liści. □ N. co (na co) «wiejąc skierować na coś»: Podmuch nawiewa jej włosy na policzki. □ N. bez dop. (często *nieos.*) «wiejąc dojść do czegoś, przeniknąć coś»: Ziąb nawiewał od wody. Nawiało mi w uszy. □ *posp.* N. bez dop. (z podmiotem osobowym) «uciec»: Rzucił żonę i nawiał, gdzie pieprz rośnie.

nawias *m IV, D.* nawiasu: Umieścić, napisać coś w nawiasie. Wziąć w nawias, objąć nawiasem. Otworzyć, zamknąć nawias. △ Nawiasem mówiąc «mówiąc mimochodem, przy okazji» △ Być, czuć się, znajdować się poza nawiasem czegoś «czuć się zbędnym, nie brać w czymś udziału» △ Usunąć kogoś poza nawias (czegoś) «uznać kogoś za niepotrzebnego, wyłączyć go z jakiejś wspólnoty»

*nawias znak interpunkcyjny, obejmujący w wypowiedzi wszelkiego rodzaju wyjaśnienia uboczne i szczegóły drugoplanowe (nawiązujące jednak treściowo do danej wypowiedzi); takie wstawki nawiasowe rozpoczyna się na ogół małą literą, np.: Wyjechał na wieś, gdzie miał (tak przynajmniej twierdził) własny majątek. Ożenił się z niebrzydką, bogatą (nb. nie pierwszej młodości) wdową po przyjacielu. △ Jeśli taka wstawka nawiasowa sąsiaduje z przecinkiem, średnikiem, pauzą lub kropką, znaki te umieszcza się po nawiasie zamykającym tę wstawkę, np.: Kupował wszystko, co mu wpadło w ręce: materiały, drzewo, metale (przeważnie szlachetne), walutę. Mięso tniemy na plastry (w poprzek włókien); następnie smażymy na patelni. Geografia, historia, języki obce (europejskie) — wszystkiego uczyła się z zapałem. Przyjedzie do nas za miesiąc (teraz zdaje egzaminy). △ Jeśli natomiast wstawka nawiasowa sąsiaduje z pytajnikiem, wykrzyknikiem lub wielokropkiem, znaki takie umieszcza się przed nawiasem otwierającym tę wstawkę (po nawiasie zamykającym stawia się wówczas kropkę), np.: Może posłać mu paczkę? (na pewno żywią go tam marnie). Dużo tam ona wie o życiu! (taka jeszcze smarkata). Z żalem myślę o wyjeździe... (ale po co się martwić zawczasu). △ Niekiedy wstawka w nawiasie jest zdaniem do tego stopnia samodzielnym i odrębnym, że rozpoczyna się ją dużą literą, a poprzedzające zdanie zamyka się normalnie przed nawiasem (po nawiasie stawia się wówczas także kropkę), np. Nie wynaleziono jeszcze absolutnie pewnego sposobu przeszczepiania żywych organów. (Wynalezienie takiego sposobu zrewolucjonizowałoby chirurgię). △ Jeśli w obrębie wstawki nawiasowej konieczne jest umieszczenie drugiej, dodatkowej wstawki (zdarza się to często np. w tekstach matematycznych) — należy wówczas nawiasy zróżnicować graficznie (przy czym nawiasy okrągłe umieszcza się zawsze w obrębie nawiasów kwadratowych), np. Zastosowano kilka antybiotyków [m.in. penicylinę, terramycynę, chloromycetynę (tę ostatnią w niewielkich dawkach)], ale bez powodzenia. *Por.* myślnik, przecinek.

nawiązać *dk IX*, nawiążę nawiązaliśmy (p. akcent § 1a i 2) — **nawiązywać** *ndk VIIIa*, nawiązuję (*nie*: nawiązywuję), nawiązywaliśmy □ N. co — na co a. na czym «przywiązać, przyczepić coś do czegoś lub na czymś, zawiązać coś na czymś»: Nawiązać haczyki na sznurek. □ (tylko *dk*) N. czego «związać, zawiązać czegoś wiele»: Nawiązać sieci, snopów. Nawiązać supełków na sznurze. □ N. do czego «oprzeć się na czymś, uczynić coś punktem wyjścia rozważań, rozmowy, wypowiedzi»: Nawiązałem do jego poprzedniej wypowiedzi. W dyskusji nawiązał do wystąpienia przedmówcy. Nawiązując (*nie*: w nawiązaniu) do poprzedniego listu... a. w związku z poprzednim listem... △ Nawiązać (z kimś) kontakt, łączność, stosunki, korespondencję, rozmowę itp. «porozumieć się, rozpocząć lub wznowić rozmowy, wymianę listów itp.»

nawiązać się — nawiązywać się: Nawiązuje się przyjaźń, nić sympatii, porozumienia między kimś a kimś. || *D Kult. I, 84.*

nawiązka *ż III, lm D.* nawiązek, zwykle w zwrotach: Oddać komuś coś z nawiązką (*nie*: z nawiązkiem), odpłacić (się) komuś z nawiązką, przynosić dochód, zysk z nawiązką «oddać, odpłacić (się) z naddatkiem, z nadwyżką, więcej (bardziej) niż należało, przynosić dochód, zysk większy od przewidywanego»

nawiedzać *ndk I*, nawiedzaliśmy (p. akcent § 1a i 2) — **nawiedzić** *dk VIa*, nawiedzą, nawiedziony, nawiedziliśmy, nawiedzony □ N. kogo, co «o kataklizmach, klęskach, chorobach, nieszczęściach: trapić, nękać, dotykać»: Okolicę nawiedziła powódź. Kraj nawiedziła klęska głodu. Kogoś nawiedzają nieszczęścia, choroby (*nie*: kłopoty).

nawieźć *dk XI*, nawiozę (*nie*: nawiezę), nawiezie, nawiózł, nawiozła (*nie*: nawiezła), nawieźliśmy (p. akcent § 1a i 2) — **nawozić** *ndk VIa*, nawoż a. nawóż, nawoziliśmy □ (zwykle *dk*) N. czego «wiele czegoś zwieźć, przywieźć»: Nawieźć towarów, prezentów. □ N. co (czym) «wprowadzić nawóz do gleby»: Nawieźć ziemię, glebę (np. obornikiem).

nawijać *ndk I*, nawijaliśmy (p. akcent § 1a i 2) — **nawinąć** *dk Vb*, nawinąłem (*wym.* nawinołem; *nie*: nawinęłem), nawinął (*wym.* nawinoł), nawinęła (*wym.* nawineła), nawinęliśmy (*wym.* nawineliśmy) □ N. co: Nawinąć nici na szpulkę.

nawilgnąć

nawijać się — nawinąć się: Komuś nawinęła się okazja, sposobność. △ Nawinąć się komuś na oczy, pod rękę «znaleźć się przypadkiem obok kogoś»

nawilgnąć *dk Vc*, nawilgł a. nawilgnął (*wym.* nawilgnoł), nawilgła (*nie:* nawilgnęła), nawilgłby a. nawilgnąłby (*wym.* nawilgnołby; p. akcent § 4c), nawilgły, *rzad.* nawilgnięty — *rzad.* **nawilgać** *ndk I*, nawilgałby «nasiąknąć wilgocią»

nawinąć p. nawijać.

nawlec *dk XI*, nawlokę, *rzad.* nawlekę; nawlecze, nawloką, *rzad.* nawleką; nawlokłem, *rzad.* nawlekłem; nawlókł, *rzad.* nawlekł; nawlokła, *rzad.* nawlekła; nawlekliśmy (p. akcent § 1a i 2) — **nawlekać** *ndk I*, nawlekaliśmy □ N. co — na co «nanizać, naciągnąć»: Nawlec poszewkę na poduszkę. Nawlec korale (na sznurek). □ N. co (czym) «przeciągnąć coś przez otwór w czymś» używane zwykle w zwrocie: Nawlec igłę (jedwabiem). □ (tylko *dk*) N. czego «wlokąc nagromadzić dużo czegoś»: Nawlec gałęzi z lasu.

nawłóczyć *dk* a. *ndk VIb*, nawłóczyliśmy (p. akcent § 1a i 2) *rzad.* **a)** *dk* «pooprowadzać kogoś po wielu miejscach» □ N. kogo po czym: Nawłóczył mnie tego wieczoru po różnych lokalach. **b)** *ndk* «nawlekać»: Nawłóczyć korale na nitkę.

nawłóczyć się *dk* «nachodzić się po różnych miejscach, krajach; nawędrować się, nawałęsać się»: Co też to człowiek się nawłóczył!

nawodnić p. nawadniać.

nawoływać *ndk VIIIa*, nawołuję (*nie:* nawoływuję), nawoływaliśmy (p. akcent § 1a i 2) □ N. kogo, co «przywoływać, wzywać wołaniem»: Nawoływać w lesie towarzyszy wycieczki. □ N. kogo — do czego «zachęcać, nakłaniać»: Nawoływać do pracy, do walki, do zgody.

nawozić p. nawieźć.

na wpół p. wpół.

na wprost p. wprost.

nawracać *ndk I*, nawracaliśmy (p. akcent § 1a i 2) — **nawrócić** *dk VIa*, nawrócimy, nawróciliśmy **1.** «kierować, udawać się na poprzednie miejsce; wracać, zawracać»: Nawracali w to samo miejsce po kilka razy. □ *przen.* N. do czego: W rozmowie kilkakrotnie nawracał do tego samego tematu. **2.** «kierować na poprzednie miejsce» — zwykle w zwrotach: Nawracać konia, krowę, bydło, owce itp. **3.** «nakłaniać do przyjęcia jakiejś religii» □ N. kogo — na co: Nawracać kogoś na katolicyzm.

nawrót *m IV*, D. nawrotu □ N. czego: Nawrót choroby. Z nawrotem zimy poczuł się znowu gorzej. □ N. do czego: Nawrót do przeszłości. △ Za drugim, trzecim, którymś nawrotem «za drugim, trzecim, którymś razem»: Wystawiał tę sztukę kilkanaście razy, za każdym nawrotem czynił to inaczej.

na wskroś, na wskróś p. wskroś.

na wspak p. wspak.

na wściąż *przestarz.* «na oścież»

nawyczka *ż III, lm D.* nawyczek *pot.* «ironicznie, z niechęcią: nawyk, przyzwyczajenie, zwykle złe, szkodliwe»: Mieć niemiłe nawyczki. Pozbyć się, wyzbyć się nawyczek.

nawyk *m III, D.* nawyku: Zły nawyk. Mieć jakiś nawyk. Coś weszło komuś w nawyk. Siłą nawyku skierował się w stronę domu.

nawykły *wych. z użycia* **a)** «przyzwyczajony, przywykły» □ N. do czego (*nie:* n. czego): Nawykły do posłuszeństwa, do wygód. **b)** *rzad.* «taki, który wszedł w nawyk; nawykowy»: Nawykłym ruchem zdjął okulary.

nawyknąć *dk Vc*, nawykłem (*nie:* nawyknąłem), nawykł a. nawyknął (*wym.* nawyknoł), nawykła (*nie:* nawyknęła), nawykliśmy (p. akcent § 1a i 2), nawykły — **nawykać** *ndk I*, nawykaliśmy □ N. do czego: Nawykła do wygód. // *PJ 1968, 225.*

nawykowy używane zwykle w terminologii *med.* «będący wynikiem nawyku; wielokrotnie się powtarzający» △ Ronienie nawykowe «stała niemożność donoszenia płodu»

na wylot p. wylot.

nawymyślać *dk I*, nawymyślaliśmy (p. akcent § 1a i 2) **1.** «zwymyślać, zbesztać» □ N. komu (od kogo, od czego): Nawymyślał mu od ostatnich, od durniów. **2.** «wymyślić, zmyślić wiele rzeczy» □ N. czego: Nawymyślał różnych zabawnych powiedzonek.

na wynos *pot.* «do zabrania ze sobą, bez konsumpcji na miejscu»: Sprzedaż piwa na wynos (*lepiej:* poza lokal). Ciastka na wynos. // *D Kult. I, 85.*

na wypłat *posp.* «na raty, na spłatę»

na wywrót p. wywrót.

nawzajem 1. a. **wzajemnie** «jeden drugiego, jeden drugiemu»: Nie lubili się nawzajem (a. wzajemnie). **2.** «(ja) również (odwzajemniając się); *rzad.* także: wzajemnie»: Życzę pomyślności. — Dziękuję, nawzajem.

na wznak (*wym.* na wznak): Leżeć, spać na wznak. Upaść, przewrócić się na wznak.

na zabój p. zabój.

nazad *niepoprawne zamiast:* z powrotem, wstecz, w tył, np. Jeździć tam i nazad (*zamiast:* tam i z powrotem). △ Rok temu nazad (*zamiast:* rok temu, przed rokiem).

nazajutrz nieco *książk.* «na drugi dzień, następnego dnia» — zwykle w odniesieniu do przeszłości, rzadziej przyszłości: Nazajutrz wstałem wcześnie, gdyż wybieraliśmy się na wycieczkę. Pierwszego będzie święto, więc nazajutrz, drugiego należy przystąpić do tej pracy.

Nazarejczyk *m III* «w Biblii: o Jezusie Chrystusie»

Nazaret *m IV*, D. Nazaretu «miasto w Izraelu» — nazaretańczyk *m III, lm M.* nazaretańczycy — nazaretanka *ż III, lm D.* nazaretanek — nazaretański.

na zawsze p. zawsze.

nazewnictwo *n III*; in. onomastyka. // *D Kult. I, 432.*

nazewniczy in. onomastyczny. // *D Kult. I, 432.*

nazista, nazistowski, nazizm p. nacysta, nacystowski, nacyzm.

najeżdżać się tylko *nieos.* najeżdżało się «przybyło tłumnie, najechało się»: Najeżdżało się dużo ludzi ze wszystkich stron.

na zmianę p. zmiana.

naznaczyć *dk VIb*, naznaczymy, naznaczyliśmy (p. akcent § 1a i 2) — **naznaczać** *ndk I*, naznaczaliśmy □ N. co — czym: «opatrzyć znakiem; oznaczyć»: Naznaczyć bieliznę krzyżykiem. Naznaczyć beczkę kredą. □ N. co «określić, ustalić»: Naznaczyć (*częściej*: wyznaczyć) cenę, termin, spotkanie. □ N. kogo (na kogo): Kierownik naznaczył (*lepiej*: wyznaczył) go na swego następcę (*nie*: swoim następcą). △ *niepoprawne* w zn. «zalecić (w sposób stanowczy), przepisać», np. Doktor naznaczył (*zamiast*: przepisał) choremu dietę.

nazwa *ż IV*: Nadać (czemuś) nazwę. Mieć, nosić, przybrać, przyjąć jakąś nazwę. Znać coś tylko z nazwy. Coś jest znane pod nazwą... Nazwa utarła się, wzięła początek, wywodzi się skądś.

nazwać *dk IX*, nazwę (*nie*: nazwię), nazwie, nazwij, nazwaliśmy (p. akcent § 1a i 2) — **nazywać** *ndk I*, nazywaliśmy □ N. kogo, co — kim, czym: Nazywać kogoś głupcem, próżniakiem, niedorajdą. Dom ten szumnie nazywano willą (*ale*: Córkę nazwano Zofia, *rzad.* Zofią). △ (*częściej ndk*) Nazywać kogoś po imieniu, po nazwisku «mówiąc, zwracając się do kogoś określać go imieniem, nazwiskiem» △ Nazywać rzecz a. rzeczy po imieniu «określać coś właściwą nazwą, wypowiadać się o czymś wprost»: Nic nie upiększał, nazywał rzeczy po imieniu.
nazwać się — nazywać się 1. «nadać sobie jakieś imię, miano, określenie»: Sam nazwał się wieszczem. 2. tylko *ndk* «mieć, nosić jakieś imię, jakąś nazwę»: Nazywam się Kowalski. Jak się nazywa ta ulica? Sowa nazywa się (*nie*: znaczy) po niemiecku *Eule* (*ale*: *Eule* znaczy po niemiecku: sowa). Ta wieś nazywa się Michałów (*nie*: Michałowem). △ *pot.* To się nazywa a) «z podziwem, zachwytem: to dopiero»: Jechaliśmy z szybkością stu dwudziestu kilometrów na godzinę, to się nazywa jazda! b) «pytająco, z niedowierzaniem, przekąsem: to ma być...?»: To się nazywa sprzątanie? △ *przestarz.* Co się nazywa «naprawdę, prawdziwie; co się zowie» ‖ D Kult. II, 164.

*nazwiska obce niesłowiańskie I. P i s o w n i a. Nazwiska obce pisze się w zasadzie według pisowni oryginalnej, np.: *Montaigne, Joliot, Shaw, Schiller, Cooper.* Wyjątkowo można podawać w tradycyjnej już, spolszczonej pisowni nieliczne nazwiska, szczególnie znane w historii kultury, takie, jak: *Szekspir, Russo, Wolter, Balzak, Waszyngton, Szopen, Molier* (obok pisowni oryginalnej: *Shakespeare, Rousseau, Voltaire, Balzac, Washington, Chopin, Molière*).
II. W y m o w a nazwisk obcych, w których zachowana została pisownia oryginalna, zasadniczo powinna być (zwłaszcza w ich podstawowej, tj. mianownikowej formie) zgodna z ich oryginalną, obcą wymową. Ale od tej zasady istnieją liczne odstępstwa, utrwalone w polskim zwyczaju językowym, zwłaszcza w wypadkach, kiedy nazwisko obce zawiera głoski nie objęte polskim zasobem fonetycznym. Tak więc za poprawną wymowę polską nazwiska *Thackeray* trzeba uznać: *Tekerej* a. *Sekerej*, ponieważ nie ma w polszczyźnie spółgłoski odpowiadającej brzmieniem angielskiemu *th*. △ W tym słowniku pod odpowiednimi hasłami szczegółowymi podajemy tylko wskazówki dotyczące

dopuszczalnej polonizacji fonetycznej nazwisk obcych, nie zaś wymowy nazwisk, zgodnej ze zwyczajami fonetycznymi społeczeństw, do których należą nosiciele tych nazwisk. Oryginalnej, obcej wymowy nazwisk cudzoziemskich w tekście polskim nie można oczywiście uznawać za błąd, ale musi to być istotnie wymowa autentyczna (wskazówki dotyczące takiej wymowy podają wydawnictwa encyklopedyczne).

△ Nazwiska obce typu *Gabin, Daudet, Maupassant, Renard, Vercors* wymawiane są w *M. lp* zgodnie (w przybliżeniu) z ich wymową oryginalną (zwykle — bez końcowej spółgłoski), w przypadkach zależnych zaś są wymawiane tak, jakby końcowe litery odpowiadały w wymowie spółgłoskom, np. *Gabin* (*wym.* Gabę) — *ale*: D. Gabina (*wym.* Gabena); *Daudet* (*wym.* Dode) — *ale*: Daudeta (*wym.* Dodeta); *Maupassant* (*wym.* Mopas̃a) — *ale*: Maupassanta (*wym.* Mopasanta); *Renard* (*wym.* Renar) — *ale*: Renarda (*wym.* Renarda); *Vercors* (*wym.* Werkor) — *ale*: Vercorsa (*wym.* Werkorsa). △ Akcentowanie nazwisk obcych omówione jest w haśle: akcent (p.).

III. O d m i a n a. Kwestie odmiany związane są ściśle z kwestiami ortograficznymi i fonetycznymi. Wszystkie nazwiska obce, które na podstawie ich zakończeń można przyporządkować polskim wzorcom deklinacyjnym, należy odmieniać. △ Nazwiska obce niesłowiańskie zakończone (w mowie i w piśmie) na spółgłoskę lub na samogłoskę *-o* (z wyjątkiem nazwisk francuskich) — odmieniają się jak rzeczowniki; nazwiska zaś o różnej pisowni, ale w wymowie zakończone na *-e, -y, -i* — odmieniają się jak przymiotniki. △ Nazwiska obce o odmianie rzeczownikowej są zaliczane do polskich wzorców deklinacyjnych na podstawie ich zakończeń (w postaci fonetycznej) — tak jak odpowiednie polskie rzeczowniki pospolite, a więc: **a)** nazwiska miękkotematowe — do I grupy deklinacyjnej rzeczowników rodzaju męskiego (np. Carey, de Gaulle); **b)** nazwiska twardotematowe — do IV grupy deklinacyjnej (np. Washington, Molière); **c)** nazwiska zakończone (w wymowie) na *-k* — do III grupy deklinacyjnej (np. Condillac, Mauriac). △ Podobnie zaszeregowuje się do odpowiednich wzorców deklinacyjnych nazwiska obce w postaci spolszczonej (np. Russo, Wolter, Szopen).

Przepisy szczegółowe: **1.** Nazwiska zakończone w mianowniku na *e* nieme (nie wymawiane) odmieniają się według odpowiednich wzorców deklinacji rzeczowników polskich, przy czym końcówki poprzedza się apostrofem, np.: *de Gaulle* — de Gaulle'a — z de Gaulle'em; *Lodge* — Lodge'owi, o Lodge'u. △ **Uwaga.** We wszystkich nazwiskach obcych, w przypadkach, w których końcowa spółgłoska lub grupa spółgłosek przed końcówką wymawiana jest odmiennie niż w mianowniku — spółgłoskę tę (lub grupę spółgłosek) pisze się zgodnie z pisownią polską, przy czym *e* nieme i apostrof znikają, np.: *Mauriac* (*wym.* Moriak) — z Mauriakiem (*nie*: Mauriaciem); *Clarke* (*wym.* Klark) — Clarkiem (*wym.* Klark) — Clarkiem; *Joyce* (*wym.* Dżojs) — o Joysie; *Taine* (*wym.* Ten) — o Tainie; *Robespierre* (*wym.* Robespier) — o Robespierze; *Wilde* (*wym.* Uajld) — o Wildzie; *Lafargue* (*wym.* Lafarg) — z Lafargiem; *Proust* (*wym.* Prust) — o Prouście. △ *Ale* wyjątkowo: *Descartes* (*wym.* Dekart), D. Descartes'a (*wym.* Dekarta; *nie*: Descartesa).

2. Nazwiska zakończone w piśmie na spółgłoskę (bez względu na to, czy się ją wymawia, czy też nie) oraz nazwiska zakończone na *-y* po samogłosce, a także nazwiska niemieckie zakończone na *-au* odmieniają się według odpowiednich wzorów rzeczownikowych, lecz pisane są bez apostrofu, np.: *Wilson* — Wilsona — o Wilsonie; *Macaulay* — Macaulaya (*nie*: Macaulay'a); *Landau* — Landaua, z Landauem, o Landau.

△ Nazwiska obce na *-er* (typu: *Krüger, Fischer*) są odmieniane z zachowaniem samogłoski *e*, a więc np. Krügera, Fischera, Webera, Müllera, Dreisera, Wagnera itp. W niektórych tylko, zwłaszcza od dawna przyswojonych, to *e* jest traktowane jako ruchome, np. *Luter* — Lutra, *Schneider* (*wym.* Sznajder) — Schneidra (*wym.* Sznajdra), *Szuster* — Szustra. Nazwiska obce na *-el* (z *e* nie akcentowanym) zazwyczaj tracą *e* w przypadkach zależnych, np. *Haendel* — Haendla, *Hegel* — Hegla, *Schlegel* — Schlegla, *Hummel* — Hummla (*ale*: *Claudel* — Claudela).

3. Nazwiska zakończone na *-o* (nie akcentowane) odmieniają się według odpowiednich deklinacji rzeczowników rodzaju męskiego — z odpowiednimi wymianami spółgłoskowymi, uwidocznianymi w pisowni, np.: *Picasso* — Picassa — o Picassie; *El Greco* — El Greca — z El Grekiem; *Canaletto* — Canalettowi — o Canaletcie.

4. Nazwiska zakończone na *-a* (nie akcentowane) odmieniają się tak, jak podobnie zakończone rzeczowniki rodzaju żeńskiego; np.: *Zola* — Zoli — Zolę; *Gambetta* — Gambettę — o Gambetcie; *Ikeda* — Ikedy — Ikedzie.

5. Nazwiska, które w wymowie kończą się na *e* (pisane przez *-é, -ée, -ai, -eu* — także z pisanymi po nich, a nie wymawianymi spółgłoskami *s* lub *x*) — odmieniają się w *lp* jak przymiotniki, w *lm* natomiast pozostają zwykle nieodmienne (używane są wówczas z dodatkiem imion, nazw lub tytułów: państwo, panowie itp.). △ W pisowni tych nazwisk w przypadkach zależnych apostrof stosuje się tylko po spółgłoskach, np.: *Mérimée* — Mériméego; *Goethe* — Goethemu; *Montesquieu* — o Montesquieum; *ale*: *Rabelais* — Rabelais'go — Rabelais' mu. △ W *lm*: państwo Debré, bracia Lübke.

6. Nazwiska, które w wymowie kończą się na *-y* lub *-i* po spółgłosce (pisane przez *-y, -i, -ie*) odmieniają się jak przymiotniki. Nazwiska na *-y* w przypadkach zależnych pisze się z apostrofem, nazwiska na *-i, -ie* bez apostrofu, np.: *Kennedy* — Kennedy'ego; *Galsworthy* — Galsworthy'emu; *ale*: *Paganini* — Paganiniego; *Christie* (*wym.* Christi) — Christiego; podobnie bez apostrofu piszemy takież nazwiska węgierskie, np. *Horthy* — Horthyego. Apostrof znika we wszystkich nazwiskach tego typu w narzędniku i miejscowniku (kiedy wymawia się samogłoskę *y*), np. (o) Galsworthym, (z) Kennedym. △ W pisowni nazwisk zakończonych na *-i* po spółgłosce *l* — to końcowe *i* wypada w przypadkach zależnych, np.: *Bacciarelli* — Bacciarellego; *Botticelli* — Botticellemu. △ Wyjątek: Zwingli — Zwingliego, Zwingliemu itd. △ Nazwiska (pochodzenia słowiańskiego) Węgrów z końcówkami *-szky, -czky* (wymawiane: *-ski, -cki*) — w przypadkach zależnych tracą *sz, cz* i są pisane zgodnie z ortografią polską: *Kovalovszky* — Kovalovskiego; *Medveczky* — Medveckiemu. △ W węgierskich nazwiskach spolszczonych znika w odmianie końcowe *-y*, np.: *Batory, Rakoczy* — Batorego, Rakoczego. △ Nazwiska węgierskie zakończone w piśmie na *-gy, -ly, -ny* (wymawiane *-d', -j, -ń*) należy odmieniać według deklinacji męskiej miękkotematowej, a więc: *Nagy* — Nagya, (o) Nagyu; *Kodaly* — Kodalya — (o) Koda-

382

lyu; *Barany* — Baranya — (o) Baranyu. Nazwisko *Jókai* Polacy tradycyjnie wymawiają jako *Jokaj* i odmieniają rzeczownikowo (a więc: Jókaia — o Jókaiu). Za równie poprawną uznaje się jednak (zgodną z przytoczonymi zasadami) odmianę przymiotnikową (*D.* Jókaiego itd.).

7. W kilkuczłonowych nazwiskach wschodnich, zwłaszcza chińskich, wietnamskich, koreańskich — odmienia się tylko ostatni człon, np.: *Mao Tse-tung* — Mao Tse-tunga; *Kim Ir Sen* — (o) Kim Ir Senie; *Ho Chi Minh* (*wym.* Ho Szi Min) — Ho Chi Minha — (o) Ho Chi Minie; *Czou En-laj* — (z) Czou-En-lajem. △ Jeżeli ostatni człon takich nazwisk kończy się samogłoską, to są one nieodmienne, np. *Kuo Mo-żo*, *Li Ta-Czao.*

8. Nieodmienne pozostają nazwiska francuskie zakończone na *-o, -oi, -au, -ou* (z ewentualnymi nie wymawianymi, ale pisanymi po nich spółgłoskami *s* lub *x*), a także nazwiska zakończone na *-u* oraz inne nazwiska obce odbiegające od poprzednio omówionych typów, np.: *Hugo, Dubois, Cocteau, Renou, Sadoveanu, Dumitrescu, Nehru, Mobutu.* △ Nieodmienne pozostają również wszystkie obce nazwiska kobiet; używa się ich zwykle z imieniem lub tytułem, np.: pani (Indira) *Gandhi* — z panią (Indirą) Gandhi; sława Marii *Callas*; film o Isadorze *Duncan*. △ Nieodmienianie innych, omówionych poprzednio nazwisk obcych dopuszczalne jest jedynie wówczas, kiedy towarzyszą im odmieniane imiona, tytuły, nazwy zawodowe itp., np.: wywiad z Fidelem *Castro*, podboje Napoleona *Bonaparte* (obok: Napoleona Bonapartego) podróże Marca *Polo*; dyktatura generała *Franco*; polityka premiera *Ramadier*. △ *Niepoprawne* jest natomiast nieodmienianie w takich połączeniach imion obcych, jeśli da się je przyporządkować któremuś z polskich wzorców deklinacyjnych, np.: piosenki Paul Anki (*zamiast*: Paula Anki); obrazy Pablo Picasso (*zamiast*: Pabla Picassa); oświadczenie premiera Souvanna Phouma (*zamiast*: Souvanny Phoumy).

9. W europejskich nazwiskach obcych dwuczłonowych (pisanych z łącznikiem) odmieniamy oba człony (jeśli poddają się odmianie); np. *Daniel-Rops*: (dzieła) Daniela-Ropsa, *Mendelssohn-Bartholdy*: (kompozycje) Mendelssohna-Bartholdy'ego; *Rimski-Korsakow*: (opera) Rimskiego-Korsakowa. △ Nie odmieniamy także pierwszych członów nazwisk, jeśli są one elementami szczególnie często występującymi w nazwiskach ludzi danej narodowości, np.: *von, van, de, Ibn, Ben, Saint-* (a więc: *von Bismarck* — von Bismarcka, *van Gogh* — van Gogha, *de Saussure* — de Saussure'a, *Ibn Saud* — Ibn Sauda, *Ben Gurion* — Ben Guriona, *Saint-Exupery* — Saint-Exupery'ego).

10. Niektóre bardzo znane nazwiska obce, zwłaszcza dawne, mają oprócz postaci oryginalnej także oboczną postać zlatynizowaną, np. Montesquieu — Monteskiusz, Descartes — Kartezjusz, Zwingli — Zwingliusz. △ Te zlatynizowane nazwiska odmieniają się według wzorca II deklinacji rzeczowników rodzaju męskiego. // *D Kult. I, 675—682; II, 508—518; Kl. Ależ 41—45; U Pol. (2), 499—502, 526, 569—570, 602—603.*

*nazwiska obce słowiańskie. I. Pisownia. **1.** Nazwiska słowiańskie zapisywane w tekstach oryginalnych grażdanką (rosyjskie, białoruskie, ukraińskie, macedońskie, bułgarskie, serbskie) podlegają w tekście polskim transliteracji lub są pisane fonetycznie. Transliterację (oddawanie litery grażdanki odpowiednią literą alfabetu łacińskiego) stosuje się w zasadzie tylko w tekstach naukowych. W praktyce bibliotecznej stosuje się transkrypcję — oddawanie brzmienia obcego wyrazu za pomocą polskiego systemu ortograficznego. W praktyce wydawniczej i dziennikarskiej stosuje się transkrypcję uproszczoną. Zgodnie z nią: **a)** nazwiska rosyjskie i ukraińskie zakończone na *-ckij, -skij, -ij, -yj* — zapisuje się w formie z *-cki, -ski, -i, -y*, np.: Bieły, Gorki, Dobrowolski (*nie*: Biełyj, Gorkij, Dobrowolskij).

b) nazwiska żeńskie rosyjskie, ukraińskie i białoruskie zakończone na *-ckaja, -skaja* oddaje się w polszczyźnie z zakończeniem *-cka, -ska*, np. Sadowska (*nie*: Sadowskaja).

c) nazwiska męskie rosyjskie i ukraińskie zakończone na *-nskij, -nskyj* oddaje się w postaci *-nski*, np. Bielinski, Ziłynski (*nie*: Bielinskij, Ziłynskyj).

d) nazwiska, w których transkrypcji ścisłej powinno się pisać literę *j* po literach innych niż *c, s, z* (Jurjew, Sołowjow, Sewastjanow), można zapisywać zgodnie z ortografią polską, a więc stosując literę *i* (np.: Juriew, Sołowiow, Sewastianow).

2. Nazwiska Słowian piszących alfabetem łacińskim w zasadzie powinno się podawać zgodnie z pisownią oryginalną. W tekstach nienaukowych można znaki *š, č, ž, ř* zastąpić znakami *sz, cz, ž, rz*; *ě* — znakiem *-ie-*; dopuszczalne jest także pomijanie znaku długości nad czeskimi i słowackimi samogłoskami długimi. Należy natomiast zachować literę *v*. W nazwiskach serbskochorwackich zakończonych na *-ić* nie powinno się zmieniać tego zakończenia na *-icz*, np. Gundulić (*nie*: Gundulicz).

II. Odmiana. 1. Nazwiska rosyjskie: **a)** zakończone na *-cki, -ski, -i, -y*, a także *-ckoj, -skoj* należy odmieniać jak polskie nazwiska zakończone na *-cki, -ski*, np.: *Bagricki, DB.* Bagrickiego, *C.* Bagrickiemu, *NMs.* Bagrickim; *Gorki* — Gorkiego — Gorkiemu — Gorkim; *Trubieckoj* — Trubieckiego — Trubieckiemu — Trubieckim; *Szczerbatskoj* — Szczerbatskiego — Szczerbatskiemu — Szczerbatskim.

b) zakończone na *-oj* odmienia się jak rzeczowniki. *Niepoprawna* jest, wzorowana na rosyjskiej, odmiana przymiotnikowa, np. *Tołstoj* — Tołstego, Tołstemu, Tołstym, o Tołstym (*zamiast*: *DB.* Tołstoja, *C.* Tołstojowi, *N.* Tołstojem, *Ms.* o Tołstoju).

c) zakończone na *-in, -ow, -ew* — odmienia się również jak rzeczowniki. Forma narzędnika brzmi więc: Gagarinem, Titowem, Korolewem (*nie*: Gagarinym, Titowym, Korolewym).

d) nazwiska rosyjskie nie zakończone na *-cki, -ski, -i, -y, -ckoj, -skoj* mają w liczbie mnogiej odmianę rzeczownikową: Gagarinowie, Gagarinów, Gagarinom, Gagarinami, o Gagarinach; Zwiegincewowie, Zwiegincewów itd. △ *Niepoprawna* jest odmiana przymiotnikowa, np.: rodzina Uljanowych, małżeństwo Protopopowych (*zamiast*: rodzina Uljanowów, małżeństwo Protopopowów).

Nazwiska kobiet — tworzone są w zasadzie od nazwisk mężczyzn przyrostkami: **a)** Nazwiska (zarówno mężatek jak i panien) urobione od męskich zakończonych na *-in, -ow, -ew* otrzymują zakończenie *-a* (*nie*: *-owa, -ówna*), np.: Szczedrin — *Szczedrina* (*nie*: Szczedrinowa, Szczedrinówna); Bogolubow — *Bogolubowa* (*nie*: Bogolubowowa, Bogolubowówna); Pacajew — *Pacajewa* (*nie*: Pacajewowa, Pacajewówna).

b) Żeńskie nazwiska rosyjskie na *-aja*, takie jak: *Jarowaja, Gołubaja, Biełaja* zachowują w *M. lp* postać oryginalną, natomiast w przypadkach zależnych należy je odmieniać według odmiany przymiotników polskich na *-a*, a więc: *DCMs.* Jarowej, Gołubej, *BN.* Jarową, Gołubą. △ W niektórych wypadkach można tu stosować męską nieodmienną formę nazwiska, np. *Zofia Tołstoj.*

c) Od nazwisk męskich zakończonych na *-cki, -ski, -skoj, -ckoj* tworzy się nazwiska kobiet z zakończeniem *-ska, -cka* i odmienia się je tak jak nazwiska polskie.

d) Od pozostałych typów nazwisk rosyjskich tworzy się nazwiska kobiet przyrostkami *-owa, -ówna*. Można też, jeśli są poprzedzone pełnym imieniem, pozostawić je w formie męskiej.

2. Nazwiska ukraińskie i białoruskie odmieniają się według zasad podanych dla nazwisk rosyjskich. Nie należy jednak polonizować nazwisk ukraińskich, np.: Szaszkewicz (*nie*: Szaszkiewicz), Łewycki (*nie*: Lewicki).

3. Nazwiska ukraińskie i inne słowiańskie zakończone na *-o* odmieniają się tak, jak nazwiska polskie na *-o* (tj. w *lp* według deklinacji żeńskiej), np.: *Szewczenko, D.* Szewczenki, *CMs.* Szewczence, *B.* Szewczenkę, *N.* Szewczenką.

4. Pozostałe nazwiska słowiańskie zalicza się, zgodnie z ich zakończeniami, do odpowiednich polskich wzorców odmiany i zgodnie z nimi deklinuje, np.: czeskie *Havránek* — Havránka — Havránkowi; serbskochorwackie *Gundulić* — Gundulicia — Gunduliciowi; bułgarskie *Botew* — Botewa — Botewowi. △ Przy nazwiskach czeskich zakończonych na *-y* nie stawia się apostrofu w przypadkach zależnych, np. *Novotny* — Novotnego — Novotnemu.

△ *Akcentowanie* nazwisk obcych — także słowiańskich — omówione jest w haśle: akcent (p.). || *D Kult. I, 683—691; II, 509—511; Kl. Ależ 39—46.*

*nazwiska polskie. I. Pisownia. W pisowni polskich nazwisk oprócz zasad ortograficznych należy wziąć pod uwagę zwyczaj panujący wśród nosicieli danego nazwiska. Dlatego też tradycyjna nieortograficzna pisownia niektórych nazwisk (np. Sapierzyński, Żóraw, Hojnacki) jest dopuszczalna i takie formy nazwisk nie są traktowane jako niepoprawne. Nazwiska znanych postaci historycznych żyjących przed wiekiem XIX pisze się zgodnie z ortografią dzisiejszą, np.: Mikołaj Rej (*nie*: Rey) z Nagłowic, Jan Zamojski (*nie*: Zamoyski). Nazwiska osób żyjących w XIX i XX wieku pisze się zgodnie z ich oryginalną pisownią, np.: Ignacy Domeyko (*nie*: Domejko), Władysław Stanisław Reymont (*nie*: Rejmont).

II. Odmiana. A Nazwiska mężczyzn. *Liczba pojedyncza.* **1.** Nazwiska zakończone na *-a* (także z poprzedzającą głoską twardą lub miękką) odmieniają się tak, jak rzeczowniki pospolite zakończone na *-a* (*-'a*), np.: *Szyszka* — *D.* Szyszki, *CMs.* Szyszce, *B.* Szyszkę, *N.* Szyszką, *W.* Szyszka!; *Kobiela* — *DCMs.* Kobieli, *B.* Kobielę, *N.* Kobielą, *W.* Kobiela! △ Dopełniacz i celownik nazwisk zakończonych na *-ja* otrzymuje końcówkę *-i*, np.: *Ziaja* — Ziai (*nie*: Ziaji); *Nadzieja* — Nadziei (*nie*: Nadzieji). △ *Niepoprawne* jest nieodmienianie nazwisk męskich zakończonych na *-a* (*-'a*).

2. Nazwiska zakończone na *-o* odmienia się tak, jak nazwiska zakończone na *-a*, np. *Szarejko* — *D.* Szarejki, *CMs.* Szarejce, *B.* Szarejkę, *N.* Szarejką, *W.* Szarejko.

3. Nazwiska zakończone na *-o* z poprzedzającą spółgłoską miękką należy odmieniać według deklinacji męskiej, np. *Puzio — DB.* Puzia, *C.* Puziowi, *N.* Puziem, *Ms.* Puziu, *W.* Puzio!

4. Nazwiska o postaci rzeczowników pospolitych z wymianami głoskowymi w temacie w przypadkach zależnych zachowują te wymiany, zwłaszcza jeśli chodzi o tzw. *e* ruchome, np. *Kupiec — DB.* Kupca *(nie:* Kupieca), *C.* Kupcowi *(nie:* Kupiecowi), *N.* Kupcem *(nie:* Kupiecem), *Ms.* Kupcu *(nie:* Kupiecu), *W.* Kupiec! △ Pozostawianie *e* ruchomego w przypadkach zależnych jest *niepoprawne.* Jedynie kilka nazwisk o postaci rzeczowników pospolitych tradycyjnie odmienia się alternatywnie — bądź jak rzeczowniki pospolite, bądź z pozostawieniem samogłoski tematycznej; są to nazwiska typu: Kocioł, Kozioł, Gołąb, np.: *Kozioł — DB.* Kozła a. Kozioła, *C.* Kozłowi a. Koziołowi, *N.* Kozłem a. Koziołem, *Ms.* o Koźle a. Koziole; *Gołąb — DB.* Gołąba a. Gołębia, *C.* Gołąbowi a. Gołębiowi, *N.* Gołąbem a. Gołębiem, *Ms.* o Gołąbie a. Gołębiu. △ Podobnie alternatywnie odmieniają się nazwiska jednosylabowe, np. *Dąb — D.* Dęba a. Dąba itd. △ Nieodmienianie nazwisk męskich o postaci rzeczowników pospolitych jest *niepoprawne.*

5. Nazwiska nie mające odpowiedników wśród rzeczowników pospolitych, ale z wymianą głoskową w temacie, w zasadzie zachowują tę wymianę, zwłaszcza jeśli zakończone są na *-ek, -ec, -eń,* a wymiana dotyczy *e* ruchomego, np.: *Kosek* — Koska — Koskowi itd.; *Borowiec* — Borowca — Borowcowi itd.; *Stępień* — Stępnia — Stępniowi.

6. Nazwiska zakończone na *-ów* należy odmieniać z uwzględnieniem wymiany *ó:o,* np. *Łesiów, DB.* Łesiowa, *C.* Łesiowowi, *N.* Łesiowem, *Ms.* o Łesiowie.

7. W nazwiskach dwuczłonowych odmienia się zasadniczo oba człony: *Boy-Żeleński* — Boya-Żeleńskiego, *Podhorski-Okołów* — Podhorskiego-Okołowa, *Lehr-Spławiński* — Lehra-Spławińskiego. △ Jeśli pierwszy człon złożenia jest dawnym herbem lub przydomkiem, pozostaje tradycyjnie nieodmienny, np. *Pobóg-Malinowski* — Pobóg-Malinowskiego; *Ostoja-Staszewski* — Ostoja-Staszewskiego. △ Nieodmienny jest również taki człon w nazwiskach kobiet, np. (pani) *Lubicz-Zaleska, D.* pani Lubicz-Zaleskiej; *Zofia Rymwid-Mickiewiczowa, D.* Zofii Rymwid-Mickiewiczowej.

Liczba mnoga. **1.** Nazwiska mężczyzn oraz grup, w których jedną z osób jest mężczyzna, otrzymują w mianowniku liczby mnogiej końcówkę *-owie* (jeśli są to nazwiska o odmianie rzeczownikowej), np.: Szyszkowie, Kobielowie, Szarejkowie, Puziowie, Kupcowie, Skowronkowie, Koziołowie, Borowcowie itd. Stosowanie innych końcówek, spotykane zwłaszcza w nazwiskach o postaci rzeczowników pospolitych (np. Kupce, Skowronki, Kobiele, Borowce) jest *niepoprawne.* W przypadkach zależnych nazwiska te mają formy zgodne z tymi paradygmatami rzeczownikowymi, do których należą ze względu na zakończenie.

2. Nazwiska o postaci przymiotników pospolitych (np.: Biały, Borowy, Nieużyty) otrzymują w zasadzie w mianowniku *lm* regularną męskoosobową końcówkę *-i* (*-y*), np. państwo Biali, Borowi, Nieużyci. Można tu też obocznie stosować końcówkę *-owie,* np.:

Białowie, Nieużytowie. △ Końcówki *-owie* nie można jednak stosować do nazwisk kończących się na *-owy,* np. Borowi (*nie:* Borowowie).

B Nazwiska kobiet. *Liczba pojedyncza.* Nazwiska kobiet mogą przybierać dwie postaci: męską lub żeńską — tworzoną za pomocą odpowiednich przyrostków od nazwiska mężczyzny. **1.** Nazwisk żeńskich w postaci męskiej można używać wyłącznie wtedy, gdy w najbliższym kontekście występują dostatecznie jasne określniki płci osoby, o której mowa (np. pełne imię lub tytuł). Forma: mgr A. Kowal — nie informuje jednoznacznie o płci tej osoby. Aby uniknąć niejasności lepiej napisać: mgr Anna Kowal — mgr Adam Kowal. △ Nie poleca się stosowania nazwisk żeńskich w postaci męskiej, nieodmiennej bez towarzyszących im określeń — w przypadkach zależnych, np.: Przekazano sprawę Bąk (*zamiast:* Bąkowej, Bąkównie, pani Bąk, obywatelce Bąk itp.); Nowak pisze do Kowal (*zamiast:* koleżanka Nowak pisze do pani Kowal, do Anny Kowal itp.). △ Nazwiska kobiety w formie bezprzyrostkowej nie odmienia się w przypadkach zależnych; odmienne jest natomiast imię przy nim stojące (o odmienności tytułów kobiet p. nazwy i tytuły zawodowe kobiet). Wyjątek stanowią nazwiska zakończone na *-a,* które użyte także w stosunku do kobiety mają odmianę, np.: Jadwiga *Zaręba* — *D.* Jadwigi Zaręby, *C.* Jadwidze Zarębie, *B.* Jadwigę Zarębę, *N.* Jadwigą Zarębą, *Ms.* o Jadwidze Zarębie, *W.* Jadwigo Zaręba! Formy nieodmienne typu: z panią Zaręba — są dopuszczalne przy odmienianym imieniu lub tytule. △ Formę męską mogą zachować wszystkie typy rzeczownikowych nazwisk kobiet. Używanie jej jest przyjęte przede wszystkim w stosunkach oficjalnych.

2. Nazwiska kobiet można tworzyć zasadniczo od wszystkich typów nazwisk męskich. Obowiązują wówczas następujące zasady: **a)** od nazwisk męskich zakończonych na spółgłoskę (z wyjątkiem *-g*) oraz zakończonych na *-e, -o* (nie poprzedzonych spółgłoską *-g-*) tworzy się nazwiska kobiet zamężnych sufiksem *-owa,* panien — przyrostkiem *-ówna;* obowiązują przy tym takie same wymiany tematyczne, jak w nazwiskach męskich, np.: Dudek — *Dudkowa* (*nie:* Dudekowa); Grudzień — *Grudniówna* (*nie:* Grudzieniówna); Horeszko — *Horeszkowa* — *Horeszkówna;* Wende — *Wendowa, Wendówna;* a także: Kozioł (*D.* Kozła a. Kozioła) — *Kozłowa* a. *Koziołowa, Kozłówna* a. *Koziołówna.*

b) od nazwisk zakończonych na *-a, -g, -ga* tworzy się nazwiska mężatek sufiksem *-ina* (*-yna*), panien przyrostkiem *-anka* (z odpowiednimi wymianami tematycznymi), np.: Puzyna — *Puzynina, Puzynianka;* Sikora — *Sikorzyna, Sikorzanka;* Pług — *Płużyna, Płużanka;* Skarga — *Skarżyna, Skarżanka.*

c) od nazwisk zakończonych na *-ge, -go* tworzy się nazwiska mężatek przyrostkiem *-owa,* panien przyrostkiem *-anka* (z odpowiednimi wymianami spółgłoski tematycznej), np.: Lange — *Langowa, Lanżanka;* Wilgo — *Wilgowa, Wilżanka.* △ Współcześnie również od nazwisk zakończonych na *-a* można tworzyć nazwiska kobiet przyrostkami *-owa, -ówna* (np.: Okrasa — *Okrasowa, Okrasówna*).

3. Nazwiska przymiotnikowe nie odmieniane na *-cki, -ski* w zastosowaniu do kobiet przybierają formę trojaką: **a)** mogą mieć postać męską, np.: Alina Ciepły, panna Chromy; **b)** mogą mieć postać przymiotnikową żeńską, np.: Alina Ciepła, panna Chroma; **c)** mogą być zakończone przyrostkiem *-owa, -ówna,* np.: Alina

Ciepłowa, Zofia Ciepłówna, panna Chromówna. △ Nie dotyczy to nazwisk kończących się na *-owy*, np.: pani Borowy a. Borowa (*nie*: Borowowa).
4. W dwuczłonowych nazwiskach kobiet zamężnych na pierwszym miejscu stawia się nazwisko rodowe, np.: Zofia Kossak-Szczucka, Krystyna Szostek-Radkowa, Maria Kowalska-Dąbek. △ Jeśli taki pierwszy człon ma postać rzeczownikową — pozostaje nieodmienny, np.: Książka Zofii Kossak-Szczuckiej.

△ Nazwiska kobiet zakończone na *-owa* mają odmianę przymiotnikową; zakończone na *-ówna*, *-ina*, *-anka* — odmianę rzeczownikową. *Niepoprawna* jest odm. przymiotnikowa nazwisk na *-ówna*, *-ina*, np.: *Mazurówna*, D. Mazurównej (*zamiast*: Mazurówny), *CMs.* Mazurównej (*zamiast*: Mazurównie); *Kunina* — D. Kuninej (*zamiast*: Kuniny), *CMs.* Kuninej (*zamiast*: Kuninie).

Liczba mnoga. Nazwiska kobiet w liczbie mnogiej mogą pozostać w postaci męskiej, mogą też przybierać odpowiednie przyrostki. **1.** W wypadku pozostawienia nazwiska w formie męskiej obowiązuje poprzedzenie nazwiska określeniem wskazującym jednoznacznie na płeć nosicieli, np.: pannie Malewicz, panie Piórko, Jadwiga i Zofia Wróbel. Nazwisko jest wówczas nieodmienne, np.: dla Zofii i Heleny Posmysz, o Marii i Barbarze Struś. **2.** Nazwiska typu *Wesoła, Borowa, Zjawna* mają w liczbie mnogiej odmianę przymiotnikową, a więc: Wesołe, Borowe, Zjawne; D. Wesołych, Borowych, Zjawnych itd.

△ Nazwiska panien zakończone na *-ówna* mają odmianę rzeczownikową, np.: *MB.* Oczkówny, D. Oczkówien, C. Oczkównom, N. Oczkównami, *Ms.* o Oczkównach. △ Odmiana przymiotnikowa (Oczkówne, Oczkównych, Oczkównym itd.) jest *niepoprawna*. || *D Kult.* I, 665—675; II, 492—507; *D Myśli* 81—86; *Kl. Ależ* 38—40, 46; *PJ* 1966, 331—338; 1967, 233—234, 276—289; 1968, 105, 173, 420; *U Pol.* (2), 520—521, 525—550.

nazwisko *n II*: Nazwisko panieńskie, mężowskie (a. po mężu, z męża). Nosić czyjeś nazwisko. Występować pod cudzym, fałszywym, przybranym nazwiskiem. Znać kogoś z nazwiska. Podszyć się pod czyjeś nazwisko. Wymienić z nazwiska, *rzad.* po nazwisku. Podpisać się całym (*nie*: pełnym) nazwiskiem. Podpisać się imieniem i nazwiskiem (*nie*: podpisać swoje imię i nazwisko).

*nazwy instytucji, przedsiębiorstw, szkół, hoteli, pensjonatów itp. pisane są zwykle dużą literą (szczegółowe przepisy — p. litery duże i małe). Nazwy takie, używane potocznie bez rzeczownika określanego, odmieniamy; w połączeniu z rzeczownikiem pozostają w postaci nieodmiennej, np.: Mieszkać w *Jagience* — *ale*: w willi *Jagienka*; pracować w *Batorym* — *ale*: w hucie *Batory*; umówić się w *Alhambrze* — *ale*: w kawiarni *Alhambra*. △ Odmieniamy zawsze imiona własne i inne rzeczowniki występujące w mianowniku jako tytuły, np.: Czytać *Związkowca* (*nie*: czytać *Związkowiec*); iść na *Hamleta* (*nie*: iść na *Hamlet*). Pod względem składniowym obowiązuje tu normalna składnia zgody, np.: *Krzyżacy* w reżyserii Forda podobali się publiczności. *Potop* został znów wydany w dużym nakładzie.
△ Wyrazy obce w funkcji nazw traktuje się dwojako. Jeżeli są dostatecznie znane i przyswojone, ich odmia-

na i składnia nie odbiega od odmiany i składni podobnie zakończonych wyrazów rodzimych, np. *Times* doniósł...; wiadomości *Timesa*. Nazw mniej znanych, zupełnie nie przyswojonych, używa się w związkach składniowych zgodnych z liczbą i rodzajem odpowiednich wyrazów w językach, do których należą, np. *Berliner Nachrichten* donoszą... || *KJP* 335—336; *U Pol.* (2), 560. Por. rzeczownik, skrótowce.

*nazwy i tytuły zawodowe kobiet. Tradycyjnymi wykładnikami żeńskich nazw i tytułów zawodowych są przyrostki *-ka*, *rzad. -yni*, *-ini* lub *-owa* — dodawane do odpowiednich nazw męskich np.: nauczyciel — nauczycielka, mistrz — mistrzyni, krawiec — krawcowa (*reg.* krawczyni), król — królowa (w zn. «władczyni»). Obecnie jednak coraz powszechniej występuje zjawisko pomijania tych wykładników rodzaju żeńskiego i pozostawiania takich wyrazów w formie męskiej nieodmiennej. △ Ze względów fonetycznych nie ma zwyczaju dodawania przyrostka *-ka* do rzeczowników kończących się na *-kt*, nie używa się więc nazw typu: „architektka" (od: architekt), „adiunktka" (od: adiunkt). △ Od niektórych nazw męskich w ogóle nie tworzymy form żeńskich. Formy takie, jak: „filolożka, psycholożka" lub „filologini, psychologini" odczuwane są jako śmieszne; można ich użyć jedynie żartobliwie.
△ Formy żeńskie urobione od męskich są używane zwykle w odniesieniu do zawodów bardziej tradycyjnych, od dawna przez kobiety wykonywanych lub do stanowisk zajmowanych przez nie już w przeszłości (np.: *nauczycielka, aktorka, ekspedientka, kasjerka, tkaczka, kucharka, gospodyni, królowa*). Często tytuł zawodowy lub nazwa zawodu kobiety występuje w formie żeńskiej lub męskiej nieodmiennej zależnie od społecznej oceny danej pracy lub danego stanowiska, np.: pani X, *profesorka* gimnazjum; *ale*: pani X, *profesor* uniwersytetu; *dyrektorka* szkoły; *ale*: *dyrektor* departamentu; *kierowniczka* przedszkola; *ale*: Dr Zaleska, *kierownik* przychodni. △ Kiedy indziej form żeńskich używa się tylko potocznie, w swobodnej mowie i w sytuacjach mniej oficjalnych; np.: *Asystentka* prowadzi ćwiczenia; *ale*: P. Barska jest *asystentem* uniwersytetu. *Redaktorka* przeoczyła błąd; *ale*: *Redaktor* X otrzymała odznaczenie państwowe. △ W nazwach i tytułach zawodowych należących do rzeczowników wspólnorodzajowych, czyli odnoszących się do osób obu płci, zróżnicowanie rodzaju wyraża się doborem wyrazów określających w zdaniu i formami orzeczenia. Do takich wyrazów należą np.: *doktor, inżynier, magister, minister*, a także wszystkie rzeczowniki z zakończeniem *-log* (np.: *socjolog, biolog* i in.). △ W odmianie i składni tych wyrazów stosowane są dwie różne zasady: **1.** zasada nieodmienności (stosowana częściej), np.: Rozmawiać z mecenas Zawadzką. Oddać pracę redaktor Stawskiej. **2.** zasada odmieniania tych wyrazów według deklinacji męskiej (stosowana rzadziej), np.: Rozmawiać z mecenasem Zawadzką. Oddać pracę redaktorowi Stawskiej. △ Nieodmienność występuje zazwyczaj wtedy, kiedy bezpośrednio przed danym tytułem lub nazwą stoją wyrazy: pani, obywatelka itp.; np.: Wywiad z premierem Indii, panią Indirą Gandhi, *ale*: Wywiad z panią premier Indirą Gandhi. Rozmowa z redaktorem Marią Strączkową, *ale*: Rozmowa z panią redaktor Marią Strączkową. △ Tytuł *doktor*, jeśli odnosi się do kobiety, jest zawsze w języku ogólnopolskim nieodmienny, np.:

Wizyta u doktor (*nie*: doktora) Kowalskiej. Wizyta u pani doktor Kowalskiej (forma *doktorka* ma zabarwienie ludowe). △ Zasadę nieodmienności stosujemy również wtedy, kiedy nazwisko, stojące obok tytułu lub nazwy jego nosicielki, nie ma wyraźnych znamion rodzaju żeńskiego, np. To jest gabinet dyrektor Nowak. △ Przydawki przymiotne przy nazwach i tytułach żeńskich nieodmiennych mają najczęściej rodzaj żeński, zwłaszcza wtedy, kiedy występują łącznie z nazwiskiem (np. Sławna profesor Majewska opublikowała...). △ Orzeczenie jest w rodzaju żeńskim, np. Nasza dyrektor zabrała głos na naradzie. △ *Niepoprawne* jest tworzenie nazw i tytułów zawodowych żeńskich przyrostkiem *-owa* (np. doktorowa, mecenasowa w zn. «kobieta doktor, kobieta mecenas»), ponieważ wyrazy z tym przyrostkiem mają inne znaczenie: «żona doktora, mecenasa». △ Nie należy zastępować istniejących od dawna form żeńskich — formami męskimi (tam, gdzie nie chodzi o stanowisko uznawane za wyższe w hierarchii społecznej), np.: Obywatelka Nowak, kierownik (*zamiast*: kierowniczka) sklepu mięsnego; Helena Walczak, przodujący dojarz (*zamiast*: przodująca dojarka) w PGR.

△ Nazwy i tytuły kobiet pochodzące od nazw i tytułów męskich (mężów lub ojców), dziś rzadko używane, tworzy się za pomocą przyrostków *-owa* (dla żon), *-ówna*, *-anka* (dla córek), np.: aptekarz — *aptekarzowa, aptekarzówna*; burmistrz — *burmistrzowa, burmistrzówna* a. *burmistrzanka*; profesor — *profesorowa, rzad. profesorówna.* △ Nazwy żon na *-owa* odmieniają się jak przymiotniki, np. profesorowa, *D.* profesorowej, *B.* profesorową. △ Nazwy córek na *-ówna, -anka* mają odmianę rzeczownikową, np. aptekarzówna, *D.* aptekarzówny (*nie*: aptekarzównej), *CMs.* aptekarzównie (*nie*: aptekarzównej), *B.* aptekarzównę (*nie*: aptekarzówną), *lm M.* aptekarzówny (*nie*: aptekarzówne), *D.* aptekarzówien (*nie*: aptekarzównych), *C.* aptekarzównom (*nie*: aptekarzównym). || *D Kult. I, 511, 666; KJP 107—111, 133—134, 336—337. Por.* -owa, -ówna.

***nazwy języków** używane w potocznej mowie to urzeczownikowione przymiotniki w rodzaju męskim: *polski, francuski, rosyjski* (= język polski, francuski, rosyjski); np.: Przejść w rozmowie na angielski; mamy dziś trzy lekcje: polski, matematykę i biologię. △ Regionalnie używane są też w tej funkcji formy urzeczownikowionego przymiotnika w rodzaju nijakim: *polskie, francuskie, rosyjskie*, np. Uczeń odrobił polskie. Formy te jednak są już dziś nieco przestarzałe.

***nazwy miejscowe (geograficzne)** to wyrazy oznaczające miejscowości, góry, rzeki, kraje, wyodrębnione tereny, ulice i in., np.: *Tarnów, Giewont, Wisła, Polska, Puszcza Jodłowa, Mazury, Aleje Jerozolimskie*; pisane są zwykle dużą literą — p. litery duże (wielkie) i małe.
1. *Nazwy polskie.* Kwestie rodzaju gramatycznego, odmiany i składni tych nazw regulowane są przede wszystkim zwyczajowo, często rozstrzyga tu tradycja lokalna; np. Ostrów Mazowiecka — *ale*: Ostrów Wielkopolski; ta (*nie*: ten) Gołdap; te w *lm* (*nie*: to — w *lp*) Międzyzdroje (mimo że *to Międzyzdroje* byłoby pod względem budowy słowotwórczej bardziej zgodne z normą ogólną; *por. to Międzylesie*). □ Wszystkie rodzime nazwy miejscowe należy odmieniać. △ *Niepoprawne* jest więc pozostawianie w formie nieodmiennej takich nazw jak: *Bardo Śląskie* czy *Dębe*

Wielkie, np.: Sanatorium w Bardo (*zamiast*: w Bardzie); zapora w Dębe (*zamiast*: w Dębem). Nie odmienia się nazw miejscowych jedynie wtedy, kiedy występują one w połączeniu z określanymi rzeczownikami pospolitymi, np. Mieszkańcy wsi Wólka Kaniowska (*ale*: mieszkańcy Wólki Kaniowskiej); nad rzeką San (*ale*: nad Sanem); na jeziorze Wigry (*ale*: na Wigrach); obóz na wyspie Wolin (*ale*: obóz w Wolinie). △ Tradycyjnie odmieniają się w takich połączeniach tylko niektóre nazwy miejscowe, np. w rzece Wiśle, w mieście Łodzi. △ Podobnie przedstawia się sprawa z nazwami dzielnic miejskich i ulic, np.: mieszkać w dzielnicy Mokotów (*ale*: mieszkać na Mokotowie); iść ulicą Nowy Świat (*ale*: iść Nowym Światem); dom przy ulicy Podwale (*ale*: dom na Podwalu). △ W formie nieodmiennej używane są dziś rzeczownikowe nazwy niektórych ulic (dawniej — odmieniane), np.: mieszkać przy Widok; sklep na Przeskok (*pot.* na Przeskoku); spotkać się na Foksal, na Zgoda (*ale*: na Bagateli, na Lesznie). △ Uwaga. Nazwiska wchodzące w skład nazw ulic występują w dopełniaczu, np. Mieszkać na (ulicy) Malczewskiego; róg (ulicy) Prusa i (ulicy) Konopnickiej; podobnie: na Oczki (*nie*: na Oczkach), przy Nowotki (*nie*: przy Nowotkach), osiedle na Wazów (*nie*: na Wazach) — ponieważ nazwy te również pochodzą od nazwisk: Oczko, Nowotko, Wazowie. (Niepoprawna składnia takich nazw występuje tu na skutek analogii do nazw rzeczownikowych typu: Nowolipki, Stawki — na Nowolipkach, na Stawkach).

△ Nieodmienne pozostają rzeczownikowe nazwy powiatów i województw, kiedy są poprzedzone rzeczownikiem określanym: powiat, województwo, np.: powiat Łódź, powiat Końskie — w powiecie Łódź, w powiecie Końskie; województwo Białystok — w województwie Białystok. △ Rzeczownikowych form nazw powiatów i województw używać należy przede wszystkim wtedy, kiedy jest możliwość nieporozumienia co do nazwy podstawowej, np. nazwa *powiat brzeski* — może odnosić się do różnych miejscowości: Brzeg, Brzesko i Brześć; formy rzeczownikowe: *powiat Brzeg, powiat Brzesko, powiat Brześć* są jednoznaczne.

Szczegółowe kwestie odmiany. Nazwy miejscowe mające budowę przymiotnikową z końcówkami: *-a, -na, -owa* — mają niekiedy odmianę rzeczownikową, np.: Częstochowa — Częstochowy; *Jabłonna* — do Jabłonny; *Jeziorna* — w Jeziornie. △ Częściej jednak występuje tu odmiana przymiotnikowa, np.: *Limanowa* — z Limanowej; *Jodłowa* — do Jodłowej, *Kamienna* — w Kamiennej; *Sucha* — Suchej; *Włoszczowa* — Włoszczowej. △ Nazwy z końcówką *-owy* występują w *lm* rodzaju męskiego i mają odmianę rzeczownikową, np.: *Makoszowy, Charzykowy* — w Makoszowach, Charzykowach (*nie*: w Makoszowych, Charzykowych). Forma dopełniacza jest bezkońcówkowa: tych Charzyków, Makoszów. △ Nazwy rodzaju męskiego zakończone na *-ów* mają w celowniku *lp* końcówkę *-owi*, np. *Kraków* — Krakowowi. △ Tylko w połączeniu z przyimkiem *ku* może występować obocznie: *-owi* a. *-u*, np. ku Piotrkowowi a. ku Piotrkowu. △ Nazwy rodzaju nijakiego zakończone na *-e*, pochodne od przymiotników, mają w narzędniku i miejscowniku końcówkę *-em* (*nie*: -ym), np.: w Zakopanem, w Wysokiem Mazowieckiem. Zasada ta dotyczy także odprzymiotnikowych nazw dzielnic, województw lub powiatów, występujących samodzielnie w formie urzeczownikowionej; np.: W Lubelskiem (*ale*: w województwie lubelskim), w Przasnyskiem (*ale*: w powiecie przasnyskim). △ Niektóre nazwy odprzymiotnikowe, mające postać *M. lm* rodzaju męskiego, bywają utożsamiane błędnie z *M. lp* rodzaju nijakiego i są odmieniane *niepoprawnie*, np.: *Końskie, Danowskie* — do (tego) Końskiego, Danowskiego (*zamiast*: do tych Końskich, Danowskich). △ Szczególnie wiele wątpliwości nasuwa dopełniacz nazw miejscowych, zwłaszcza rodzaju męskiego. Na ogół w większości nazw rodzimych występuje tu końcówka *-a*, np.: Krakowa, Lęborka, Poznania, Terespola, Brześcia. △ Końcówka *-u* jest właściwa przede wszystkim nazwom obcym lub pochodzącym od nazw obcych, np.: Sztumu, Lidzbarku. Końcówkę *-u* przybierają też nazwy będące rzeczownikami o budowie złożonej, w których drugi człon ma (jako rzeczownik pospolity) w dopełniaczu końcówkę *-u*, np.: Kołobrzegu, Nowogrodu. △ Nazwy z końcową spółgłoską wargową (*m* lub *w*) budzą też niekiedy wątpliwości fleksyjne. Niektóre z nich są z pochodzenia rzeczownikami miękkotematowymi i te odmieniają się według deklinacji rzeczowników miękkotematowych, np.: *Jarosław* — Jarosławia, w Jarosławiu; *Oświęcim* — Oświęcimia, w Oświęcimiu; *Radom* — Radomia, w Radomiu. △ Inne, zwłaszcza z przyrostkiem *-ew* i *-ów*, odmieniają się jak rzeczowniki twardotematowe, np.: *Sochaczew* — Sochaczewa, w Sochaczewie; *Tczew* — Tczewa, w Tczewie; *Ostrów* — Ostrowa, w Ostrowie; także: *Kwidzyn* — Kwidzyna, w Kwidzynie. Czynnikiem decydującym o takiej lub innej odmianie jest tu zwyczaj miejscowy. △ Dużo trudności sprawia również dopełniacz nazw występujących tylko w liczbie mnogiej. Postacią najczęstszą jest tu forma bezkońcówkowa, np.: *Kozienice* — Kozienic, *Karpaty* — Karpat, *Gołąbki* — Gołąbek, *Suwałki* — Suwałk, *Żary* — Żar. △ O wiele rzadsze są formy z końcówką *-ów*, np.: *Sudety* — Sudetów. △ Często zdarzają się formy oboczne, np.: *Głuchołazy* — Głuchołaz // Głuchołazów; *Tychy* — Tych a. Tychów; *Bieszczady* — Bieszczad // Bieszczadów; *Białobrzegi* — Białobrzegów // *reg*. Białobrzeg. △ Wątpliwości nasuwa niekiedy tzw. *e* ruchome; pojawia się ono w dopełniaczu większości nazw miejscowych typu: *Strzelce* — do Strzelec (*nie*: do Strzelc); *Laski* — do Lasek; *Marki* — do Marek; czasem jednak poprawne są jedynie formy bez *e*, np. *Suwałki* — do Suwałk. △ W nazwach dwuwyrazowych (zestawieniach i zrostach) odmieniają się oba człony według zasad, obowiązujących w zakresie danych części mowy, np.: *Biała Podlaska* — w Białej Podlaskiej; *Wysokie Mazowieckie* — w Wysokiem Mazowieckiem (oba człony przymiotnikowe); *Białystok* — Białegostoku; *Krasnystaw* — w Krasnymstawie; *Czarny Dunajec* — Czarnego Dunajca; *Nowa Huta* — w Nowej Hucie (jeden człon przymiotnikowy, drugi — rzeczownikowy). △ Podobnie odmieniają się nazwy dwuwyrazowe, których człony nie określają się wzajemnie, lecz są tylko luźnym zestawieniem, np.: *Bielsko-Biała* — Bielska-Białej; *Chorzów Batory* — Chorzowa Batorego; *Kobyle-Gródek* — w Kobylem-Gródku; *Skarżysko-Kamienna* — Skarżyska-Kamiennej. △ Uwaga. Łącznik między takimi członami stawia się tylko wtedy, gdy początkowo były one nazwami dwóch odrębnych miejscowości, np. *Golub-Dobrzyń*. *Por*. łącznik. △ Wątpliwości budzi niekiedy kwestia odpowiedniego przyimka, związanego z daną nazwą miejscową występującą w funkcji okolicznika miejsca.

Jeśli nazwa dotyczy odrębnej miejscowości, używamy tu przyimków *w* i *do*, np.: Mieszkać w Otwocku, jechać do Otwocka. △ Jeśli zaś nazwa odnosi się do dzielnicy miasta lub do mniejszej, nie wyodrębnionej (np. administracyjnie) części miejscowości, używamy przyimka *na* w obu konstrukcjach, np. Mieszkać na Mokotowie, jechać na Mokotów. △ W połączeniu z nazwami wsi używamy zwykle przyimków *w* i *do* (chyba że w tradycji miejscowej utrwalił się przyimek *na*), np.: Urodzić się w Wólce (*nie*: na Wólce), jechać do Wólki (*nie*: na Wólkę).

2. *Nazwy obce*. Zasada odmienności obowiązuje w odniesieniu do wszystkich nazw obcych, zwłaszcza przyswojonych, pisanych w formie spolszczonej (np.: *Paryż, Tuluza, Londyn*) oraz wszystkich innych, których postać zbliżona jest do postaci nazw polskich lub przyswojonych (np.: *Lyon, Portland, Katanga, Kongo, Maroko*). Nieodmienianie takich nazw jest zazwyczaj *niepoprawne*; np.: Jechać do Kongo (*zamiast*: do Konga); Zakłady przemysłowe w Kladno (*zamiast*: w Kladnie). △ Odmieniać należy również słowiańskie nazwy odprzymiotnikowe, np. *Gorki, Michajłowskoje* — tak, jak odpowiednie przymiotnikowe nazwy polskie, a więc: do Gorkiego, w Gorkim; do Michajłowskiego, w Michajłowskiem (ewentualnie można ich używać w postaci nieodmiennej z rzeczownikiem określanym, np.: w mieście Gorki, we wsi Michajłowskoje).

△ Odmiana przyswojonych nazw obcych może nastręczać trudności przede wszystkim w dopełniaczu rzeczowników rodzaju męskiego. Podstawową końcówką jest tu *-u* (np.: *Londyn* — Londynu; *Belgrad* — Belgradu; *Madryt* — Madrytu; *Tobruk* — Tobruku); jednakże często występuje także końcówka *-a*, zwłaszcza w odmianie nazw dawno przyswojonych, odnoszących się do miejscowości, które od wieków były związane z Polską politycznie lub kulturalnie, np.: *Berlin* — Berlina; *Paryż* — Paryża; *Wiedeń* — Wiednia; *Konstantynopol* — Konstantynopola; *Magdeburg* — Magdeburga. △ Nazwy występujące tylko w *lm* mają zwykle w dopełniaczu postać bezkońcówkową, np.: *Teby* — Teb; *Saloniki* — Salonik; *Helsinki* — Helsinek; *Ateny* — Aten; podobnie nazwy państw: *Węgry* — Węgier; *Włochy* — Włoch; *Niemcy* — Niemiec. △ Nazwy łańcuchów górskich mają w dopełniaczu końcówkę *-ów* lub postać bezkońcówkową: *Alpy* — Alp, *Apeniny* — Apenin; *ale*: *Andy* — Andów; *Bałkany* — Bałkanów; *Kordyliery* — Kordylierów.

△ Liczba i rodzaj gramatyczny nazw obcych nie zawsze zależą od ich rodzaju i liczby w danym języku obcym; często rozstrzyga tu podobieństwo do polskich wzorców deklinacyjnych, np.: *Helsinki, Saloniki*, odmieniane po polsku tylko w *lm*, chociaż w języku rodzimym mają postać *lp*. Tradycyjnie wielu nazw obcych nie odmieniamy, np.: *Baku, Bordeaux, Chicago, Capri, Haiti, Westerplatte*. Nieodmienne są często nawet takie nazwy, które ze względu na ich zakończenie można by zaliczyć do odpowiednich polskich wzorców deklinacyjnych, np.: *Tokio, Borneo, Essen, Bonn, Lido, Caracas*. Jechać do Bonn. Spędzać urlop na Lido. △ Nazwy nieodmienne traktuje się zazwyczaj jako rzeczowniki rodzaju nijakiego, np.: Soczi położone jest nad morzem. Wielomilionowe Tokio. // *D Kult*. I, 531, 700—718, 824; II, 518—534, 542—562; *Kl. Ależ* 45—46; *KJP* 173, 239—251, 340; *PJ* 1965, 120—124; *PJ* 1968, 167; *U Pol.* (2), 561—613. *Por.* rzeczownik.

*nazwy mieszkańców (miast, wsi, dzielnic, części świata) oraz nazwy obywateli państw i członków narodowości, społeczeństw tworzy się od nazw miejscowych głównie za pomocą przyrostków: **a)** *-anin*, np.: kielczanin, częstochowianin, paryżanin, żoliborzanin, Małopolanin, Afrykanin, Egipcjanin, Amerykanin; **b)** *-ak*, np.: warszawiak, Krakowiak, Polak, Ślązak; **c)** *-czyk*, np.: fryburczyk (z Fryburga), londyńczyk, zakopiańczyk, Irlandczyk, Kubańczyk, Duńczyk, Sycylijczyk; **d)** *-in*, np.: Litwin, Gruzin; **e)** *-ec*, np.: Niemiec, Ukrainiec, Słoweniec; **f)** rzadziej — za pomocą innych przyrostków: *-ik*, np. Anglik; *-uk*, np. Poleszuk; **g)** bezprzyrostkowo, np.: Arab, Mazur, Kaszub, Czech, Belg, Norweg, Szwajcar, Hiszpan.

△ Najbardziej produktywne w zakresie nazw rodzimych są przyrostki *-anin* i *-ak*. Pierwszy z nich jest nie nacechowany stylistycznie, używany we wszystkich odmianach języka. Przyrostek *-ak* w zastosowaniu do nazw mieszkańców miast i dzielnic miejskich ma zabarwienie potoczne; w nazwach mieszkańców regionów kraju — nie ma tego zabarwienia: *Krakowiak, Poznaniak* — to jedyne formy nazw mieszkańców tych regionów.

△ W nazwach mieszkańców miast obcych możliwe są tylko przyrostki *-anin* i *-czyk*, przy czym zwykle mamy tu do czynienia z jedną tylko nazwą, bez możliwości wyboru przyrostków, np. tylko: *rzymianin, paryżanin* — i tylko: *berlińczyk, wiedeńczyk*. Od wielu obcych nazw miejscowych w ogóle nie tworzy się nazw mieszkańców; określamy ich wówczas opisowo, np.: mieszkaniec Oslo, mieszkaniec Nagasaki, mieszkaniec Honolulu.

△ Odmiana nazw mieszkańców jest na ogół zgodna z odmianą odpowiednich rzeczowników pospolitych — a więc nazwy z przyrostkiem *-ak* odmieniają się jak rzeczownik *strażak*; nazwy z przyrostkiem *-czyk* — jak rzeczownik *kupczyk* (ale w M. *lm*: *-ycy*); nazwy z przyrostkiem *-ec* — jak rzeczownik *chłopiec* itd. Nazwy z przyrostkiem *-anin* odmieniają się jak rzeczownik *mieszczanin*: w dopełniaczu *lm* — mają bądź końcówkę zerową zgodnie z wzorcem deklinacyjnym *m V* (np.: Rosjan, Słowian, rzymian, Indian, Wielkopolan, zakopian), bądź końcówkę *-ów* (np.: Amerykanów, Afrykanów, Meksykanów). △ Podobną do tej grupy wyrazów odmianę w *lm* mają nazwy: Hiszpan i Cygan — w M. *lm*: Hiszpanie, Cyganie (*nie*: Hiszpani, Cygani).

△ Nazwy o budowie bezprzyrostkowej odmieniają się zgodnie z wzorcem deklinacyjnym odpowiednich rzeczowników pospolitych. W mianowniku *lm* występuje tu bądź końcówka *i* (*y*) wraz z odpowiednimi wymianami spółgłoskowymi (np.: Włoch — Włosi; Francuz — Francuzi; Szwajcar — Szwajcarzy, Rusin — Rusini), bądź końcówka *-owie* (np.: Belg — Belgowie; *Mongoł* — Mongołowie), rzadko (w nielicznych nazwach miękkotematowych) — końcówka *-e* (np. Łotysz — Łotysze).
Nazwy żeńskie tworzy się za pomocą przyrostków: **a)** *-anka*, np.: krakowianka, Wielkopolanka, Egipcjanka, zakopianka; **b)** *-ka*, np.: Polka, Mazurka, Hiszpanka, Angielka, Ukrainka; **c)** *-ijka*, np.: Sycylijka, Warmijka, Kongijka.

Nazwy te tworzone są zarówno od nazw męskich, często ze spółgłoskowymi wymianami (np.: Włoch — Włoszka; Norweg — *Norweżka*; Ślązak — *Ślązacz-*

ka), jak też bezpośrednio od danych nazw miejscowych (np. Ukraina — *Ukrainka*), lub wreszcie — od przymiotników utworzonych od nazw miejscowych (np. angielski — *Angielka*).

△ Pisanie nazw mieszkańców dużą czy małą literą zostało omówione w haśle: litery duże (wielkie) i małe (p.). || *KJP 193, 202—203. Por.* rzeczownik.

*nazwy organizacji, zrzeszeń, związków, towarzystw itp. p. organizacje.

*nazwy par małżeńskich tworzone są od nazw zawodów i od tytułów mężów przez dodanie do nich przyrostka *-ostwo*, np.: *doktorostwo, profesorostwo, baronostwo*. Ich odmiana i składnia jest taka, jak w nazwach par małżeńskich tworzonych od imion męskich, np.: Przyszli młodzi (*nie*: przyszło młode) doktorostwo Kowalscy. Mówiono o sławnych profesorostwu (*nie*: o sławnym profesorostwie) Baryczach. *Por.* imiona.

*nazwy własne jako rzeczowniki pospolite. Istnieje wiele nazw własnych (imion, nazwisk, nazw miejscowych, nazw firmowych, nazw wyrobów przemysłowych i in.), używanych także jako rzeczowniki pospolite. Odbija się to na ich pisowni, odmianie i składni. W zakresie ortografii chodzi tu przede wszystkim o pisanie tych wyrazów dużą czy małą literą; omówiono to szczegółowo w haśle: litery duże (wielkie) i małe (p.). Zasadą ogólną jest pisanie nazw własnych, które się stały rzeczownikami pospolitymi — małą literą (bez cudzysłowu); dotyczy to przede wszystkim nazw wyrobów przemysłowych, leków, jednostek monetarnych, tańców, osób będących uosobieniem pewnych cech — i in., np.: Krezus «władca mitologiczny», *ale*: krezus «bogacz»; Ludwik «imię własne», *ale*: ludwik «jednostka monetarna»; Wawel «wzgórze zamkowe w Krakowie», *ale*: wawel «gatunek papierosów». △ Wyjątek stanowią nazwy dzieł, pochodzące od nazwisk ich twórców, pisane dużą literą, mimo że są rzeczownikami pospolitymi, np. Widział w muzeum wiele Rubensów (= obrazów Rubensa). △ Odmiana tych rzeczowników nasuwa niekiedy wątpliwości, zwłaszcza w zakresie biernika *lp* i mianownika *lm*. W zasadzie biernik nieżywotnych rzeczowników pospolitych rodzaju męskiego, wtórnych w stosunku do nazw własnych, równa się mianownikowi; np.: *podstawić pulman; zrobić rentgen*. △ Coraz częściej jednak, zwłaszcza w mowie potocznej oraz w wyrazach nowszych, używa się tu biernika w formie dopełniaczowej; np. *jeść jasia* (w zn. «fasola»). △ Biernik równy dopełniaczowi jest niemal powszechny (i poprawny) przede wszystkim w nazwach wyrobów przemysłowych, i innych pochodnych od nazw firmowych: użytkować *jaguara, forda, trabanta*; czyścić *druha* (w zn. «aparat fotograficzny»); palić *giewonta, sporta*; kupić używanego *remingtona*. △ Formy te są zresztą zgodne z utrwalonymi od dawna w języku dopełniaczowymi formami biernika rzeczowników rodzaju męskiego, będących m.in. nazwami tańców, jednostek monetarnych, a jednocześnie nazwami osobowymi, np.: tańczyć *mazura, kujawiaka*, zapłacić *napoleona, ludwika*, pot. *górala*.

W mianowniku *lm* osobowych rzeczowników pospolitych pochodzących od nazw własnych używa się dwóch końcówek: **a)** końcówek zgodnych z wzorcem deklinacyjnym rzeczowników osobowych rodzaju męskiego (np.: ci *nestorzy, szwajcarzy, kozacy, don-*

kiszoci a. *donkiszotowie*); **b)** końcówek właściwych odmianie żeńsko-rzeczowej — wówczas, kiedy wyrazy te używane są z ujemnym (pogardliwym, niechętnym) zabarwieniem emocjonalnym, np.: te *krezusy* (w zn. «bogacze»), *harpagony, cygany* (w zn. «kłamcy, oszuści»), *marki nocne.* Wtedy także wyrazy określające i orzeczenie stosuje się w formach zgodnych z rodzajem żeńsko-rzeczowym, np.: Te cygany nas nabrały. Straszne z was harpagony! // *D Kult. II, 593; KJP 174—178; PJ 1967, 462; PJ 1969, 42. Por.* imiona, nazwiska, rzeczownik.

nazywać p. nazwać.

nażąć (*nie*: nażnąć) *dk Xc*, nażnę, nażnie, nażnij, nażąłem (*wym.* nażołem; *nie*: nażełem), nażął (*wym.* nażoł; *nie*: nażnął), nażęła (*wym.* nażeła; *nie*: nażnęła), nażęliśmy (*wym.* nażeliśmy; *nie*: nażnęliśmy; p. akcent § 1a i 2) □ N. czego «zżąć wiele czegoś, np. zboża»: Nażąć żyta, pszenicy.

nażreć się *dk XI*, nażrę się, nażre się, nażryj się, nażarł się, nażarła się, nażarliśmy się (p. akcent § 1a i 2) «o zwierzętach: najeść się; w odniesieniu do ludzi — ordynarne» □ N. się czego: Krowa nażarła się koniczyny. Nażarł się kiełbasy.

nb. «skrót wyrażenia: *notabene*, pisany z kropką, czytany jako całe wyrażenie»: Wynalazca, nb. Polak, zyskał wielką sławę.

NBP (*wym.* enbepe, p. akcent § 6) *m a. n ndm* «Narodowy Bank Polski»: Poszedłem do NBP. Pracuję w NBP. NBP wycofał (wycofało) z obiegu monety jednogroszowe i dwugroszowe.

ND (*wym.* ende, p. akcent § 6) *ż a. n ndm* «Narodowa Demokracja»: ND przeszła (przeszło) na pozycje skrajnego nacjonalizmu. *Por.* endecja.

n.e. «skrót wyrażenia: *naszej (nowej) ery*, pisany z kropkami, czytany jako całe wyrażenie, używany przy datach historycznych»: Zabytek z roku 250 n.e. (*czyt.* naszej a. nowej ery).

Neapol *m I, D.* Neapolu «miasto we Włoszech» — neapolitańczyk *m III, lm M.* neapolitańczycy — neapolitanka *ż III, lm D.* neapolitanek — neapolitański.

neapolitański (*nie*: neapolski): Piosenki neapolitańskie. Koloryt neapolitański (*ale*: Zatoka Neapolitańska).

Nebraska *ż III* a. (z wyrazem: stan) *ndm* «stan w USA»: Przejeżdżać przez Nebraskę (przez stan Nebraska). Mieszkać w Nebrasce (w stanie Nebraska).

Neferetiti, *rzad.* **Nefretete** *ż ndm*: Sławna rzeźba głowy Neferetiti (Nefretete).

negacja *ż I, DCMs.* i *lm D.* negacji *książk.* «zaprzeczenie»: Negacja oczywistych prawd.

negatywny *książk.* **a)** «wyrażający negację, przeczący, odmowny»: Negatywna odpowiedź. Negatywna postawa wobec czegoś. Negatywny stosunek względem czegoś. **b)** «ujemny, niekorzystny»: Zjawisko negatywne. Negatywny wynik egzaminu.

negliż *m II, D.* negliżu, *lm D.* negliży a. negliżów: Być w negliżu.

negliżować *ndk IV*, negliżowaliśmy (p. akcent § 1a i 2) pretensjonalne, *lepiej*: lekceważyć, pomijać,

np. Negliżowali (*lepiej*: lekceważyli a. pomijali) te argumenty, które były dla nich niewygodne.

negocjacja *ż I, DCMs.* i *lm D.* negocjacji *książk.* częściej w *lm* «rokowania, pertraktacje»: Prowadzić negocjacje.

negować *ndk IV*, negowaliśmy (p. akcent § 1a i 2) *książk.* «zaprzeczać czemuś, nie uznawać czegoś» □ N. co (*nie*: czego): Negować potrzebę dyskusji. Nikt tych oczywistych prawd nie neguje.

Negr *m IV, lm M.* Negrzy *rzad.*, *pogard.* «Murzyn»

Negryto *m IV, C.* Negrytowi, *lm M.* Negryci «przedstawiciel ludu zamieszkującego płd.-wsch. Azję oraz Melanezję» — Negrytka *ż III, lm D.* Negrytek — negrycki.

negus *m IV, lm M.* negusowie a. negusi «tytuł cesarza Etiopii»

Nehring (*wym.* Nering) *m III, lm M.* Nehringowie.
Nehring *ż ndm* — Nehringowa *ż odm. jak przym.* — Nehrinżanka *ż III, lm D.* Nehrinżanek; *częściej*: pani, panna Nehring.

Nehru (*wym.* Neru) *m ndm*: Polityka premiera Nehru.

Nejedlý (*wym.* Nejedli) *m odm. jak przym., DB.* Nejedlego (p. akcent § 7), *C.* Nejedlemu, *NMs.* Nejedlim: Artykuł o Zdenku Nejedlim.

nejtyczanka p. najtyczanka.

nekrolog *m III, D.* nekrologu «zawiadomienie o czyjejś śmierci a. wspomnienie pośmiertne ogłoszone w prasie»: Napisać, ogłosić nekrolog (w gazecie).

nekropola *ż I, lm D.* nekropoli; a. **nekropolia** *ż I, DCMs.* i *lm D.* nekropolii.

Nelson *m IV* **1.** *lm M.* Nelsonowie «nazwisko»: Zwycięstwo admirała Nelsona nad flotą hiszpańską. **2.** nelson, *lm M.* nelsony «chwyt w walce zapaśniczej»

Němcová (*wym.* Niemcowa) *ż odm. jak przym., D.* Němcovej (p. akcent § 7): Powieści Boženy Němcovej.

Nemezys a. **Nemezis** (*wym.* Nemez-is) *ż ndm* **1.** «bogini grecka» **2.** nemezys, nemezis «nieubłagana, karząca sprawiedliwość»

Nemrod *m IV* **1.** «postać biblijna» **2.** nemrod, *lm M.* ci nemrodzi a. nemrodowie *żart.* «zapalony myśliwy»: Nasi nemrodowie wybrali się na polowanie.

nenufar *m IV, D.* nenufara a. nenufaru; in. lilia wodna.

neo- «pierwszy człon wyrazów złożonych, pisany łącznie, odpowiednik polskiego: nowo-», np.: neofilologia, neokantysta, neofaszysta, neokolonializm.

neofilolog *m III, lm M.* neofilolodzy a. neofilologowie.

neofita *m odm. jak ż IV, lm M.* neofici, *DB.* neofitów: Robić coś z gorliwością neofity.

neoheglizm a. **neohegelianizm** *m IV, D.* neoheglizmu, neohegelianizmu, *Ms.* neoheglizmie, neohegelianizmie (*wym.* ~izmie a. ~iźmie), *blm.*

neoheglowski, *rzad.* **neoheglistowski.**

neolit *m IV, D.* neolitu, *Ms.* neolicie, *blm*; in. epoka kamienia gładzonego: W neolicie (a. w epoce neolitu) pojawiła się umiejętność gładzenia narzędzi i wiercenia otworów w kamieniu.

neologizm *m IV, D.* neologizmu, *Ms.* neologizmie (*wym.* ~izmie a. ~iźmie).

*neologizmy a. **nowotwory** to wyrazy, ich znaczenia i formy oraz wyrażenia i zwroty dopiero od niedawna istniejące w danym języku. Pojęcie neologizmu jest względne czasowo: nowe wyrazy, formy, znaczenia, wyrażenia przestają być neologizmami, gdy upowszechniwszy się wejdą na stałe do języka ogólnego. Granica czasowa, od której począwszy nowo powstałe słownictwo zalicza się do neologizmów jest ustalana na ogół umownie, choć zazwyczaj wiąże się z ważnymi zmianami w życiu społeczeństwa. Za taką granicę dla polszczyzny współczesnej uważa się koniec II wojny światowej. Bodźcem do tworzenia neologizmów są określone potrzeby nazewnicze (konieczność nazwania nowych przedmiotów, czynności, instytucji itp.) lub ekspresywne (tendencja do odświeżania słownictwa emocjonalnego, np. w gwarze młodzieżowej, w stylu artystycznym). Wraz z rozwojem lotnictwa na przykład pojawiły się swego czasu jako neologizmy wyrazy: *lotniskowiec, płatowiec, wodować;* — z nastaniem radia: *rozgłośnia, słuchowisko, uziemienie*; epoka podboju kosmosu przyniosła *kosmodrom, orbitowanie* (niezbyt udany neologizm, będący plonem konkursu). Przykładem neologizmów ekspresywnych mogą być nazwy rodziców w gwarze szkolnej, takie jak: *jareccy* (nawiązanie do: starzy, ale jarzy), *wapniaki*.

Oceniając poprawność neologizmu trzeba przede wszystkim stwierdzić, czy jest on potrzebny. „Jeżeli się ukazuje neologizm w miejscu, w którym było zero, w którym była pustka, którą trzeba zapełnić, to przeciwko neologizmowi oczywiście protestować nie można, to nie miałoby żadnego sensu" (*Dor. PJ 1970, 206*).

Użyteczny neologizm można uznać w języku tylko wówczas, kiedy spełnia kilka podstawowych warunków. Powinien więc: **a)** być zbudowanym zgodnie z polskimi zasadami słowotwórczymi; **b)** nawiązywać do istotnej cechy nazywanego przedmiotu czy pojęcia; **c)** być harmonijnym dźwiękowo i morfologicznie (rażą np. fonetycznie takie wyrazy jak *darczyńczyni*, wyrazy zbyt długie lub tzw. hybrydy językowe, zbudowane z elementów rodzimych i obcych, np. *ciepłofikacja*).

W wyniku spontanicznej twórczości językowej powstaje wiele neologizmów nieudanych, obcych językowi polskiemu jak np. konstrukcja składająca się z dwóch rzeczowników treściowo współrzędnych, połączonych elementem *-o-*; rażące są takie wyrazy, jak *chłoporobotnik, klubokawiarnia*. Czasem, co prawda, czynniki pozajęzykowe wpływają tak silnie na utrwalenie się takich formacji, że sprzeciwy językoznawców nie powstrzymują tego procesu. W języku specjalistów utrwaliły się niektóre wyrazy tego typu, np.: *lasostep, stropodach.*

Wśród neologizmów wyróżniamy: **1.** *Neologizmy słowotwórcze*, tworzone od wyrazów już w języku istniejących przez dodawanie przyrostków i przedrostków (np. *galeriowiec* «budynek z zewnętrznymi galeriami, z których wchodzi się do mieszkań»; *uspółdzielczyć*), przez odrzucenie przyrostka wyrazu podstawowego (np. *odsiew* studentów, *udźwig* ciągnika itp.), przez zestawianie dwu podstaw słowotwórczych (np. *prasoznawca, pracochłonny, ludobójstwo*) lub początkowych elementów skrótów (np. *PAN, SHL, PKO, Pafawag, cedet*). Skrótowce stanowią przykład dążności współczesnego języka do tworzenia wyrazów umożliwiających krótkie, zwarte wypowiedzi. Przejawia się ona także w wielu innych typach neologizmów. Objawem tej tendencji jest m.in. masowe zastępowanie w mowie potocznej wyrażeń dwuwyrazowych lub wielowyrazowych wyrazami niezłożonymi, np. *stoczniowiec* «pracownik stoczni», *zaopatrzeniowiec* «pracownik działu zaopatrzenia», *żużlowiec* «motocyklista wyspecjalizowany w wyścigach na żużlu». Ta sama tendencja powoduje masowe tworzenie przymiotników odrzeczownikowych — za pomocą przyrostka *-owy*. Przyrostek ten nie nadaje przymiotnikom żadnego ściśle określonego znaczenia, sygnalizuje tylko jakiś związek między rzeczownikiem a utworzonym od niego przymiotnikiem, np.: urządzenie *wyładunkowe* — to «urządzenie służące do wyładunku», cegły *rozbiórkowe* — to «cegły pochodzące z rozbiórki», przemysł *obrabiarkowy* — to «przemysł produkujący obrabiarki». Przyrostek *-owy* jako modne dziś narzędzie słowotwórcze bywa wręcz nadużywany, stosowany nawet tam, gdzie lepiej by było zamiast przymiotnika użyć odpowiedniego rzeczownika z przyimkiem, np. „biegi przełajowe" — *zamiast*: biegi na przełaj, „ubezpieczenie rabunkowe" (wyrażenie komicznie dwuznaczne) — *zamiast*: ubezpieczenie od rabunku. Tendencja do formacji skrótowych (np. w postaci rzeczownika z przymiotnikiem, zamiast bardziej precyzyjnych połączeń: dwóch rzeczowników z przyimkiem) — jest powodem tworzenia takich dziwacznie brzmiących neologizmów, jak „kiosk *lodziarski*" — *zamiast*: kiosk z lodami, „łyżki *herbatowe*" — *zamiast*: łyżki do herbaty.

2. *Neologizmy semantyczne* czyli *neosemantyzmy* a. *nowoznaczniki* to wyrazy od dawna istniejące we współczesnym zasobie leksykalnym, ale o nowym znaczeniu zaczerpniętym często z języka obcego. Tak np. czasownik *zabezpieczać* używany tradycyjnie w zn. «czynić bezpiecznym, chronić» ukazuje się dziś często, zwłaszcza w prasie, w nowym, niepoprawnym zn. «zapewniać», przeniesionym z jego rosyjskiego odpowiednika, np. Zabezpieczać (*zamiast*: zapewniać) środki finansowe na jakąś inwestycję.

3. *Neologizmy frazeologiczne* polegają na wiązaniu już istniejących wyrazów w nowe połączenia frazeologiczne, np.: *przodownik pracy, warta produkcyjna.*

Zjawiskiem na ogół pożądanym jest zastępowanie rodzimymi neologizmami słowotwórczymi zapożyczeń w dziedzinie słownictwa technicznego i rzemieślniczego, szczególnie nasyconego wyrazami obcymi (np. *okleina* na miejsce obcego *forniru, ościeżnica* — zamiast starej *futryny, tarnik* — zamiast niemieckiej *raszpli*).

W neologizmy obfituje również styl naukowy. Dążność do przekładania lub zastępowania wyrazami rdzennie polskimi obcych terminów naukowych budzi często zastrzeżenia. Spolszczanie tych terminów utrudnia międzynarodową wymianę myśli naukowej. Typowych na to przykładów dostarcza m.in. terminologia medyczna, w której zastąpienie np. ogólnie znanej *szkarlatyny* polskim wyrazem: *płonica*, a *dyfterytu* — *błonicą* nie wydaje się celowe. Neologizmy stylu artystycznego podlegają innym kryteriom oceny niż te, o których tu była mowa. Ocenia się je przede wszystkim ze względu na funkcję, jaką pełnią w danym utworze literackim. || *Kl. Pog. 63— 67; PJ 1962, 235—243; 1967, 149. Por.* błędy językowe, skrótowce, szablon językowy, zapożyczenia.

neon *m IV, D.* neonu.

neoplatonik *m III, D.* neoplatonika (p. akcent § 1d), *lm M.* neoplatonicy; *rzad.* **neoplatończyk** *m III, lm M.* neoplatończycy.

neoplatonizm *m IV, D.* neoplatonizmu, *Ms.* neoplatonizmie (*wym.* ~izmie a. ~iźmie), *blm.*

***neosemantyzmy** p. neologizmy.

NEP (*wym.* nep) *m IV, D.* NEP-u, *Ms.* NEP-ie «skrót rosyjskiej nazwy „nowej polityki ekonomicznej" wprowadzonej w ZSRR w 1921 r.»: Wytyczne NEP-u. NEP wykorzystywał wszystkie rezerwy gospodarcze kraju.

Nepal *m I, D.* Nepalu «państwo w Azji» — Nepalczyk *m III, lm M.* Nepalczycy — Nepalka *ż III, lm D.* Nepalek — nepalski.

nepotyzm *m IV, D.* nepotyzmu, *Ms.* nepotyzmie (*wym.* ~yzmie a. ~yźmie), *blm książk.* «faworyzowanie krewnych, ulubieńców»

Neptun *m IV, blm* **1.** «mitologiczny bóg morza; nazwa planety»
2. neptun, *D.* neptunu «radioaktywny pierwiastek chemiczny»

Ner *m IV, D.* Neru «rzeka»

nereida (*wym.* nerei-da) *ż IV, CMs.* nereidzie «w mitologii greckiej: nimfa wodna, córka Nereusza»: Jedna z nereid nazywała się Galatea.

Nero a. **Neron** *m IV, D.* Nerona.

Neruda *m* odm. jak *ż IV*: Twórczość Nerudy. Artykuł poświęcony Nerudzie.

nerw *m IV, D.* nerwu, *lm D.* nerwów (*nie*: nerw): Nerw błędny, trójdzielny. Nerwy ruchowe, czuciowe. Chorować na nerwy. △ Napisać (artykuł, książkę), zagrać (rolę) z nerwem. △ *niepoprawne* Wykazać nerw (pisarski, aktorski). △ *pot.* Wszystko z nerwów (*nie*: z nerw) «wszystko ze zdenerwowania» △ Działać komuś na nerwy, *pot.* grać komuś na nerwach «bardzo kogoś denerwować» △ *pot.* Żyć nerwami «ciągle się denerwować» △ *pot.* Kłębek (*nie*: zwitek) nerwów «o kimś bardzo nerwowym» △ *niepoprawne* Wyjść z nerw (*zamiast*: zdenerwować się).

nerwoból *m I, D.* nerwobólu, *lm D.* nerwobólów a. nerwobóli, zwykle w *lm.*

! nerwować się p. denerwować się.

nerwowiec *m II, D.* nerwowca, *W.* nerwowcze, forma szerząca się: nerwowcu, *lm M.* nerwowcy.

nerwus *m IV, lm M.* te nerwusy *pot.* «człowiek nerwowy»: Straszny z niego (z niej) nerwus.

Nesebyr (forma poprawniejsza od formy rozpowszechnionej: Neseber) *m IV, D.* Nesebyru a. *ndm* «miasto w Bułgarii»: Zabytki w Nesebyrze (w Nesebyr).

Nestor *m IV* **1.** «imię bohatera Iliady i ruskiego kronikarza»
2. nestor, *lm M.* nestorzy *książk.* «najstarszy, zasłużony przedstawiciel pewnej grupy»: Nestor polskich językoznawców a. polskiego językoznawstwa.

netto (*nie*: neto) *ndm*: Cena, zysk, waga netto.

neurastenia (*wym.* neu-rasteńja) *ż I, DCMs.* neurastenii, zwykle *blm.*

neuro- (*wym.* neu-ro) «pierwszy człon wyrazów złożonych, pisany łącznie, oznaczający ich związek z nerwami (występuje w rzeczownikach, przymiotnikach, przysłówkach)», np.: neurochirurg, neurochirurgiczny, neurochirurgicznie.

neurogenny, *lepiej*: **neurogeniczny**: Objawy, schorzenia neurogeniczne.

neurolog *m III, lm M.* neurolodzy a. neurologowie.

neuron (*wym.* neu-ron) *m IV, D.* neuronu: Neurony czuciowe.

neuroza (*wym.* neu-roza) *ż VI; częściej*: nerwica.

neutralistyczny (*wym.* neu-tralistyczny) *rzad.* «odnoszący się do neutralizmu a. neutralisty»: Nurt neutralistyczny. Poglądy neutralistyczne. Ale: Państwo neutralne (*nie*: neutralistyczne). || *KP Pras. Por.* neutralny.

neutralizm (*wym.* neu-tralizm) *m IV, D.* neutralizmu, *Ms.* neutralizmie (*wym.* ~izmie a. ~iźmie), *blm.*

neutralny (*wym.* neu-tralny): Sędzia powinien być neutralny (*częściej*: bezstronny). Państwo neutralne (*nie*: neutralistyczne). Strefa neutralna. Spotkać się na neutralnym gruncie. *Por.* neutralistyczny.

neutrał (*wym.* neu-trał) *m IV, D.* neutrała (p. akcent § 7), *lm M.* neutrałowie *środ.* «członek stronnictwa neutralnego; zwolennik neutralizmu» △ *niepoprawne* w zn. «państwo neutralne» || *U Pol. (2), 223.*

neutron (*wym.* neu-tron) *m IV, D.* neutronu (p. akcent § 7).

Nevada (*wym.* Newada) *ż IV, CMs.* Nevadzie a. (w połączeniu z wyrazem stan) *ndm* «stan w USA»: Mieszkać w Nevadzie (w stanie Nevada). Jechać do Nevady (do stanu Nevada).

Newa *ż IV* «rzeka w ZSRR» — newski.

Newerly (*wym.* Newerli) *m* odm. jak przym., *D.* Newerlego (p. akcent § 7): Książki Igora Newerlego.

newralgia (*nie*: neuralgia) *ż I, DCMs.* i *lm D.* newralgii.

Newton (*wym.* Niuton) *m IV*: Prawo Newtona.

Newtonowski (*wym.* Niutonowski): Newtonowskie zasady dynamiki (*częściej*: Zasady dynamiki Newtona).

New York p. Nowy Jork.

Ney (*wym.* Ne) *m I, D.* Neya (*wym.* Neja): Powieść biograficzna o marszałku Neyu.

Nezval (*wym.* Nezwal) *m I, D.* Nezvala (p. akcent § 7): Poemat „Pieśń pokoju" Nezvala.

nędzarz *m II, lm D.* nędzarzy, *rzad.* nędzarzów.

ni «spójnik łączący zaprzeczone równorzędne części zdania lub zdania współrzędne; często może być zastąpiony spójnikiem *ani*»: Nie miał spokoju ni w dzień, ni w nocy (*częściej*: ani w dzień, ani w nocy). Nie chciał ni jeść, ni pić (*częściej*: ani jeść, ani pić). △ Nie można zastąpić spójnika *ni* spójnikiem *ani* w szeregach, w których powtórzony spójnik *ni* użyty jest dla oznaczenia czegoś pośredniego między członami szeregu, czegoś nie dającego się bliżej określić, np.: Czuła się źle — ni to zdrowa, ni to chora. Znajdował się w stanie ni to snu, ni jawy. △ Ni stąd, ni zowąd; ni z tego, ni z owego «z nieznanych przyczyn, powodów; nieoczekiwanie» △ Ni mniej, ni więcej (jak tylko) «wyrażenie o funkcji ekspresywnej, poprzedzające informację nieoczekiwaną, zaskakującą»: Zamierzał zostać, ni mniej, ni więcej, tylko... ministrem. △ *pot.* Ni to, ni owo; ni to, ni sio, ni ryba, ni mięso; ni pies, ni wydra; ni (to) z pierza, ni (to) z mięsa «coś nie dającego się bliżej określić; lekceważąco o kimś bez indywidualności, nijakim»

-nia (rozszerzenia formantu: **-alnia, -arnia, -ownia**) *-nia* przyrostek tworzący nazwy miejsc od podstaw czasownikowych, przymiotnikowych i rzeczownikowych, np.: remontować — *remontownia*, turbina — *turbinownia*; wyzyskiwany najczęściej w terminologii technicznej do urabiania nazw pomieszczeń w zakładach przemysłowych, w których się odbywają różne czynności związane z procesem produkcji lub gdzie się znajdują różne typy urządzeń; nie rozszerzony formant *-nia* występuje dzisiaj stosunkowo rzadko, częściej spotykamy jego rozszerzenia (*-alnia, -arnia, -ownia*).
-alnia tworzy nazwy miejsc od podstaw czasownikowych na *-ać*, np.: spawać — *spawalnia*, zamrażać — *zamrażalnia*, przymierzać — *przymierzalnia*.
-arnia urabia nazwy miejsc od podstaw rzeczownikowych, np.: bekon — *bekoniarnia* «wytwórnia bekonów», mebel — *meblarnia* «fabryka mebli» lub «zakład meblarski», terpentyna — *terpentyniarnia* «wytwórnia terpentyny»; niekiedy tę postać formantu spotykamy w nazwach pochodnych od czasowników, gdzie zasadniczo powinien wystąpić przyrostek *-alnia*, np.: kreślić — *kreślarnia*, powielać — *powielarnia*, wyświetlać — *wyświetlarnia*; wymiana postaci przyrostków wynika tutaj z przyczyn fonetycznych, a mianowicie z dążenia do uniknięcia powtórzeń spółgłoski *l* zawartej w temacie wyrazu podstawowego;
-ownia tworzy również nazwy pochodne od rzeczowników, np.: *celulozownia, ciepłownia, siłownia*.
△ W dopełniaczu *lm* rzeczowniki z przyrostkami *-nia, -ownia* przybierają formę z końcówką *-i*, np.: *bieżnia* — bieżni; *szatnia* — szatni; *ciepłownia* — ciepłowni. Rzeczowniki z formantem rozszerzonym *-alnia* lub *-arnia* mogą występować w dwóch postaciach obocznych, jednakowo poprawnych, np.: *jadalnia* — jadalni a. jadalń; *kopalnia* — kopalni a. kopalń; *kawiarnia* — kawiarni a. kawiarń; *księgarnia* —

księgarni a. księgarń. Formy na ∼alń, ∼arń są we współczesnym języku rzadsze.

Niagara (*wym.* Ńjagara) *ż IV, CMs.* Niagarze «wodospad w Ameryce Płn.»

niania *ż I, DCMs.* niani, *W.* nianiu, *lm D.* niań.

Niasa (*wym.* Ńjasa) *ż IV* «jezioro w Afryce»

niby «partykuła używana jako»: **1.** «wyraz łączący z członem nadrzędnym człon porównawczy, oznaczający wzorzec, tło porównania lub charakter, funkcję, rolę względem czegoś; jak, jakby, jako»: Przebiegł cichuteńko niby myszka. Traktowano nas niby swoich. △ Rzeczownik występujący po wyrazie *niby* w wyrażeniach porównawczych, zależnych od czasownika, przybiera zwykle taką formę przypadkową, jaka by została użyta w odpowiadającym temu wyrażeniu zdaniu porównawczym, np.: Słońce odbijało się w wodzie, niby w zwierciadle (= ... tak jakby się odbijało w zwierciadle).
2. «wyraz osłabiający dosłowność znaczenia członu, któremu towarzyszy, nadający mu odcień nierzeczywistości, nieprawdziwości, czegoś pozornego itp.»: Poruszał ustami, niby jedząc, a w istocie nie połknął nic. Tak nas niby lubi, a szkodzi, gdzie może. △ Coś niby... «wyrażenie wskazujące na skojarzenie z czymś, używane przy niedokładnym porównywaniu»: Zapach był piękny, coś niby fiołki. △ Na niby «pozornie, udając»: Dzieci biły się na niby, bawiąc się w wojnę.
3. *pot.* «wyraz przyłączający człon objaśniający, przykładowy, precyzujący; mianowicie»: Julek szedł z nami, niby ten kolega...

niby- «pierwszy człon wyrazów złożonych (zwykle: rzeczowników i przymiotników), osłabiający dosłowność ich znaczenia, nadający im odcień złudności, nieprawdziwości, pozorności, udawania itp.; pseudo-»: **a)** «w przeważającej liczbie wyrazów — pisany z łącznikiem», np.: niby-poeta, niby-gotyk, niby-uczony, niby-Polak, niby-francuski.
b) «w terminach przyrodniczych — pisany łącznie», np.: nibynóżki, nibyjagoda, nibykwiat, nibyliść.

nic *D.* niczego a. nic, *C.* niczemu, *B.* nic, *NMs.* niczym (*nie:* niczem) **1.** «zaimek przeczący» **a)** «żadna rzecz»: Nigdy się niczemu nie dziwił. Nie chcę słyszeć o niczym. Nic ich nie łączy. Nic się nie zmieni. Nic nie ma, nie było, nie będzie. △ Przy czasownikach przechodnich zaprzeczonych, które, jeśli nie są zaprzeczone, łączą się z biernikiem, używamy formy *nic* a. (mniej tradycyjnie) *niczego*: Nie dostał nic, niczego do jedzenia. Nic, niczego nie rozumiem. △ Przy czasownikach mających znaczenie ujemne lub przeczące używamy wyłącznie formy *niczego*, np.: Niczego nie zabraniam. Niczego nie odmawiam. △ Być do niczego «nie mieć wartości; nie nadawać się, być niezdolnym do czegokolwiek» △ Przy czasownikach zaprzeczonych łączących się, nawet jeśli nie są zaprzeczone, z dopełniaczem, używamy obocznie *nic* i *niczego*, np.: Niczego (a. nic) nie zapomniałem. Niczego (a. nic) się nie dowiedziałem. △ W połączeniu z przymiotnikiem stosujemy w *M.* i *B.* związek rządu, w pozostałych przypadkach — związek zgody, np. Nic nowego — *ale*: niczego nowego, niczemu nowemu, (o) niczym nowym.
b) «coś nie pociąga za sobą żadnego następstwa»: Mówiłam, prosiłam — a on nic. Szukaliśmy cały

dzień — i nic! △ Komuś nic (nie jest, nie było itp.) «nic złego kogoś nie spotyka, nie spotkało»: Bomby waliły naokoło — a jemu nic! △ To nic, *przestarz.*, *książk.* nic to a) «jakaś rzecz jest zbyt błaha, by się nią przejmować»: Zgubiłaś paczkę? — To nic, nie przejmuj się! b) «ktoś nie reaguje na coś, oczekując rzeczy ważniejszych»: Spotykamy jeden wóz, drugi, trzeci — ale to nic, idziemy dalej. 2. *ndm* «wyraz o charakterze przysłówkowym, wzmacniający zaprzeczony sens orzeczenia; wcale nie, zupełnie nie»: Tu łzy nic nie pomogą. Ostrożność nic nie zaszkodzi. △ Wzmocnienia lub osłabienia wyrazu *nic*: Nic a nic; dosłownie nic; literalnie nic; nic absolutnie; prawie nic. △ *pot.* Jak nic a) «bez wysiłku»: Przeleciał tę drogę jak nic. b) «prawie na pewno»: Gotów się wygadać jak nic! △ Za nic! (*wym.* za nic a. za nic) «pod żadnym warunkiem» △ Mieć za nic (*wym.* mieć za nic) «traktować jako rzecz mało wartą; nie mieć szacunku dla kogoś» △ Na nic (*wym.* na nic) «o czymś nieprzydatnym, nie nadającym się, złym»

nic *n* w użyciu rzeczownikowym «coś lichego, mało wartego; ktoś bez znaczenia, mało wart»: Takie nic będzie mnie tu pouczać! // D Kult. I, 85; D Myśli 87; GPK Por. 196; U Pol. (2), 153, 374.

nica *ż II daw.* «lewa strona czegoś, zwłaszcza tkaniny, ubrania» dziś żywe w zwrocie: Wywrócić coś na nice a) «przewrócić na lewą stronę» b) «zmienić radykalnie, zupełnie»: Cały porządek domowy wywrócił na nice.

Nicea (*wym.* Nicea) *ż I, DCMs.* Nicei, *B.* Niceę, *N.* Niceą «miasto we Francji» — nicejski.

nicować *ndk IV*, nicowaliśmy (p. akcent § 1a 2), nicowany (p.): Nicować stare palto. Spódnica była już raz nicowana.

nicowany 1. *ndk* p. nicować. 2. *dk* «odnowiony przez nicowanie»: Nicowana sukienka wyglądała jak nowa.

nicpoń *m I, lm D.* nicponi a. nicponiów.

nicpotem *m* a. *n ndm przestar.* «nicpoń»: Wielki a. wielkie z niego nicpotem.

niczego p. nic.

niczego w funkcji przymiotnika a. przysłówka, w mowie potocznej, niestarannej «niezły, nieźle, niebrzydki, niebrzydko»: Spałem niczego. Buzia wcale niczego. △ Kobieta niczego «kobieta dość ładna»

niczegowaty *pot.* zwykle *żart.* «dość ładny, niebrzydki, niezły»: Niczegowata panna. Niczegowate miasteczko.

niczyj, niczyja, niczyje odm. jak przym., *lm M. m-os.* niczyi 1. «nikogo nie dotyczący, nie pochodzący od nikogo (używane tylko w zdaniach zaprzeczonych)»: Nie potrzebował niczyjej łaski. Nie ma w tym niczyjej winy. 2. «nie należący do nikogo (tu bez przeczenia)»: Ta ziemia była niczyja.

nić *ż V, lm N.* nićmi (*nie*: niciami).

Nida *ż IV* 1. «rzeka» — nidziański (p.) — nadnidziański. 2. «miejscowość» — nidzki (p.).

Niderlandy *blp, D.* Niderlandów «historyczna nazwa obszaru dzisiejszej Holandii, Belgii i części

Francji»: W Niderlandach. Do Niderlandów (*nie*: do Niderland). — niderlandzki.

nidziański: Dorzecze nidziańskie (*ale*: Niecka Nidziańska).

Nidzica *ż II* 1. «miasto w województwie olsztyńskim» 2. «rzeka w Małopolsce» — nidzicki. *Por.* Niedzica.

nidzki: Fabryka nidzka (*ale*: Jezioro Nidzkie — w pobliżu Rucianego).

nie «partykuła przecząca łącząca się z różnymi częściami mowy, pisana łącznie lub rozdzielnie» (*nie* pisane łącznie omówiono pod: nie-).
I. *Pisownia*. Partykułę *nie* — jako wyraz zaprzeczenia — pisze się rozdzielnie: 1. z czasownikiem (jego formami osobowymi), z bezokolicznikiem i imiesłowem przysłówkowym nieodmiennym, np.: *Nie dam, nie wiedział, nie przyjedzie, nie spadłbym, nie śpij, nie chcieć, nie czekając, nie zrobiwszy; nie ma* (np. on nie ma czasu; dziś nie ma mrozu; p. nie ma).
△ O wyjątkowej pisowni łącznej *nie* + bezokol. p. nie-;
2. z zaimkami, np.: *Nie my, nie każdy, nie ten, nie mój;* △ Wyjątki: niejaki, niejako, niektóry, poniektórzy, nieco, niecoś, nieswój (w zn. «niezdrów»);
3. z liczebnikami, np.: *Nie dwa, nie trzy, nie pierwszy.* △ Wyjątki: niejeden (w zn. «ten i ów»), niewiele, niewielu;
4. z przyimkami, np.: *nie do nas, nie na czas, nie od razu;*
5. z partykułami, np.: *nie lada, nie byle;*
6. z przymiotnikami i przysłówkami w stopniu wyższym i najwyższym, np.: *nie gorszy, nie najlepszy, nie dawniej, nie najszybciej, nie najłatwiej, nie najłatwiejszy;*
7. z wyrazami (zwykle przysłówkami i rzeczownikami) o znaczeniu czasownikowym lub użytymi w funkcji orzecznika, np.: *nie można, nie wolno, nie warto, nie wiadomo, nie brak, nie wstyd, nie żal, nie sposób, nie trzeba;*
8. z przysłówkami nie pochodzącymi od przymiotników, np.: *nie bardzo, nie zawsze, nie tylko, nie dziś.* △ Wyjątki: niezbyt, nieraz, niebawem;
9. z imiesłowami przymiotnikowymi czynnymi (na -ący, -ąca, -ące) i biernymi (na -ny, -na, -ne; -ony, -ona, -one; -ty, -ta, -te) — jeżeli imiesłów taki użyty jest wyraźnie w znaczeniu czasownikowym na oznaczenie jakiejś zaprzeczonej czynności lub stanu (a nie w zn. przymiotnikowym; p. nie-), np.: *nie umiejący* (np. pisać), *nie znający* (np. terenu), *nie zapłacony* (np. rachunek), *nie umyte* (np. dziecko).
△ Uwaga. Zdarza się, że w zależności od treści wypowiedzi ten sam wyraz może być pisany łącznie z partykułą *nie* lub rozdzielnie, np. *Nie pijący* kawy dostali herbatę, ale: *niepijący* «abstynent»; Ludzie *nie żyjący* w epoce sputników nie znali Księżyca, ale: *nieżyjący* «nieboszczyk»; Deski *nie zbite* gwoździami, ale: *niezbity* dowód (= nie do zbicia); Pożar, *nie gaszony* natychmiast, strawił cały dom, ale: wapno *niegaszone* (*por.* imiesłów). △ Rozdzielnie pisze się także partykułę *nie* z rzeczownikami, przymiotnikami i przysłówkami, kiedy stanowią one nie samo zaprzeczenie, lecz: a) wyraźne lub domyślne przeciwstawienie, np.: Przyjechał nie ojciec, ale stryj. To nie dobre, ale wprost świetne wyniki. Nie mądrze, lecz właśnie głupio postąpił; b) występują w funkcji orzeczników, np.: To nie matka,

nie-

to córka; To mi nie nowina. Nie sztuka zwyciężyć słabszego. Jej ojciec jeszcze nie stary.

II. *Frazeologia i składnia* partykuły *nie* omówiona jest pod poszczególnymi hasłami rozpoczynającymi się od *nie* lub *nie-* (np. nie dostawać — niedostawać; nie śmieć, nie ma; nie dokonany — niedokonany; nie chcący; nierad, niedawno, niezgorzej; nie dziw, nie-Polak, niechcenie; nieswój — nie swój; niektórzy itd.).

△ Ogólne wskazówki dotyczące używania partykuły *nie*: **1.** Po czasownikach z partykułą *nie* dopełnienie bliższe stawiamy zwykle w dopełniaczu, np.: Piszę list — nie piszę listu; Kochał żonę — nie kochał żony. △ W niektórych wypadkach możliwe jest zastąpienie dopełniacza biernikiem (p. dopełniacz, dopełnienie).

2. Partykuła *nie* w połączeniu ze stopniem wyższym przymiotników i przysłówków łączy się z wyrazami: *jak, niż, aż, od*, np.: Nie gorszy od ciebie; Nie lepiej niż (jak) ja; nie dawniej jak wczoraj; nie wcześniej aż jutro (p. jak). □ Nie do + rzecz. odsłowny «coś jest niemożliwe do wykonania»: To nie do darowania. Droga nie do przebycia.

3. Po zaimkach *gdzie, jak, jaki, który, kto* — *niepoprawne* jest używanie partykuły *nie* w takich zdaniach, jak: Gdzie się nie ruszyć — tłumy. Obojętne, kto by nie był... △ Poprawne w takich wypadkach są konstrukcje z członem uogólniającym *-kolwiek*, np.: Jakkolwiek (*nie*: Jak nie) zrobisz, będzie dobrze; Gdziekolwiek byłem (*nie*: Gdzie bym nie był), tęskniłem do kraju. △ *Niepoprawne* użycia: Nie bacząc na coś (*zamiast*: pomimo czegoś), np. Nie bacząc na protesty (*zamiast*: pomimo protestów) weszła do pokoju. △ Nie to (*zamiast*: inaczej), np. Nie to (*zamiast*: inaczej) było za dawnych czasów.

III. *Akcentowanie.* Akcent pada na *nie*, jeżeli po tej partykule następuje wyraz jednosylabowy, np.: nie krzycz, nie dam, nie ty, nie twój (z wyjątkiem tych wypadków, kiedy na tym wyrazie spoczywa nacisk znaczeniowy, np.: Nie ty, lecz ja; Nie twój, ale mój). △ W innych związkach wyrazowych — *nie* jest proklityką, tzn. dołącza się pod względem akcentowym do wyrazu następującego po nim, np.: Nie zapominaj; Nie mamy żalu. // *D Kult. II, 597, 600; U Pol. (2), 34, 53, 93, 89, 372, 490.*

nie- «pierwszy człon wyrazów złożonych, pisany łącznie (wyjątkowo — z łącznikiem)» tworzy m.in.: **1.** Przymiotniki — pochodne od przymiotników: **a)** będące ich zaprzeczeniem, np.: *nieczytelny, niepełnoletni, nieżonaty, nierad*; **b)** oznaczające znaczny stopień nasilenia cechy przeciwstawnej temu, co oznacza przymiotnik podstawowy, np.: *niedobry, niemiłosierny, niepospolity, niezwykły*; **c)** oznaczające mały stopień nasilenia cechy, którą nazywa przymiotnik podstawowy, np.: *niesłodki, niesłony* (= mało słodki, mało słony). **2.** Przymiotniki pochodne od czasowników, oznaczające niemożliwość realizacji tego, co oznacza podstawowy czasownik, np.: *nietykalny, niezaprzeczalny, niezniszczalny*. **3.** Imiesłowy przymiotnikowe, występujące w funkcji przymiotników lub rzeczowników, tj. odnoszące się do jakiejś stałej cechy, właściwości, lub nazywające jej nosicieli, np.: *nietlukący* (nietłukące naczynia), *niepalący, niepijący* (Towarzystwo złożone z niepalą-

cych i niepijących); *nienasycony* «żarłok», *nieobyty* «prostak», *niepocieszony* (po stracie); *nieograniczony* («nie mający granic, ograniczeń»); *niestrudzony* (np. pracownik); *nieulękły* («nie znający lęku»). **4.** Rzeczowniki: **a)** pochodne od rzeczowników, oznaczające brak lub przeciwstawność, np.: *nieład, nietakt, niedyskrecja, niezgoda, nieszczęście*; tu należą także rzeczowniki osobowe typu: *niesportowiec, niechrześcijanin*; jeżeli drugi człon takiego połączenia jest pisany dużą literą, *nie-* oddziela się łącznikiem, np.: *nie-Polak, nie-Kaszub*; **b)** pochodne od tematów czasownikowych, będące nazwami wykonawców czynności lub nosicieli cech, np.: *nieróba, nieuk, niewypał, niemowa*; **c)** odsłowne na *-nie, -cie*, np.: *nielubienie, niezrobienie, nieposzanowanie, nieprzybycie* (błędy polegające na rozłącznej pisowni tych wyrazów są szczególnie częste). **5.** Przysłówki: **a)** utworzone od zaprzeczonych przymiotników, np.: *niedobrze, nietrudno, niepodobna*; **b)** utworzone od imiesłowów czynnych, np.: *nieinteresująco, niedowierzająco, niewystarczająco*; **c)** utworzone od imiesłowów biernych, np.: *nieskończenie, niewyszukanie*. **6.** Czasowniki (nieliczne) pochodne od podstaw dziś nie używanych lub rzadkich, np.: *niedomagać, nienawidzić, niedowidzieć* (*ale*: nie doceniać, nie dojadać, nie domykać, nie dosłyszeć, nie doświadczyć, nie dowierzać).

nieagresja *ż I, blm* tylko w wyrażeniu: Pakt o nieagresji a. pakt nieagresji.

niebagatelny, *lepiej*: nie byle jaki, niebłahy, ważny.

niebawem *książk.* «wkrótce (tylko w odniesieniu do przyszłości)»: Niebawem wzejdzie słońce. △ *niepoprawne* Wrócił późno do domu; niebawem (*zamiast*: wkrótce potem) odwiedził go przyjaciel. // *D Kult. II, 236.*

niebezpieczeństwo *n III* □ N. czego: Niebezpieczeństwo utraty życia. □ N. dla kogo, czego: Niebezpieczeństwo dla kraju. Niebezpieczeństwo dla zdrowia. △ Być, znaleźć się w niebezpieczeństwie. Coś grozi niebezpieczeństwem. Komuś grozi, zagraża niebezpieczeństwo.

niebezpieczny *st. w.* niebezpieczniejszy a. bardziej niebezpieczny: Niebezpieczny człowick. Niebezpieczna rana. □ N. dla kogo, czego: Człowiek niebezpieczny dla otoczenia. Rana niebezpieczna dla chorego. Palenie jest niebezpieczne dla zdrowia.

niebiański «właściwy niebu rozumianemu jako miejsce pobytu Boga, bogów, istot nadprzyrodzonych; zachwycający, cudowny; *rzad.* niebieski»: Niebiańska istota. Niebiańskie zjawisko. Niebiańskie (*częściej*: niebieskie) chóry, zastępy. *Por.* niebieski.

niebieski w zn. «dotyczący nieba rozumianego jako miejsce pobytu Boga, bogów, istot nadprzyrodzonych» — w niektórych utartych wyrażeniach używany wymiennie z wyrazem *niebiański*: Muzyka niebieskich (a. niebiańskich) sfer. Zastępy niebieskie. *rzad.* niebiańskie (*ale* tylko: Królestwo niebieskie).

niebieszczeć, niebieścieć *ndk· III*, niebieszczał-by, niebieściałby; niebieszczałaby, niebieściałaby (p. akcent § 4c); a. **niebieszczyć się** *ndk VIb*, niebieszczyłby się; **niebieścić się** *ndk VIa*, niebieściłby się «być lub stawać się niebieskim»: Len niebieszczał, niebieściał (niebieszczył się a. niebieścił się) na zagonie. Przed zachodem słońca powietrze zaczęło niebieszczeć, niebieścieć (niebieszczyć się a. niebieścić się).

niebieszczyć *ndk VIb*, niebieszczyliśmy (p. akcent § 1a i 2), a. **niebieścić** *ndk VIa*, niebieściliśmy «czynić coś niebieskim»: Zmrok niebieszczył (niebieścił) szyby okien.

niebiosa (*nie*: niebiosy, z wyjątkiem przysłowia: psie głosy nie idą w niebiosy) *blp*, D. niebios, *Ms.* niebiosach (tradycyjnie, zwykle w modlitwach, jest używana forma: w niebiesiech) *podn.* «niebo»: Ciemna kopuła niebios. Wyroki niebios. Boże, któryś jest w niebiesiech... △ *pot.* Wynosić kogoś pod niebiosa.

niebo *n III* △ W przypadkach zależnych liczby mnogiej używane są formy od: niebiosa; *M. lm* nieba — występuje zwykle w wyrażeniach nacechowanych uczuciowo: Wielkie nieba! O nieba! △ Pod niebo «wysoki; wysoko»: Chłopak pod niebo, rosły i barczysty. Fura wyładowana jest pod niebo. △ Pod gołym niebem «na dworze, nie pod dachem»: Spędziliśmy całą noc pod gołym niebem. △ Ktoś jest lepszy, coś jest lepsze od kogoś, czegoś o (całe) niebo; przewyższać, przerastać itp. kogoś, coś o (całe) niebo «ktoś, coś znacznie góruje nad kimś, nad czymś, przewyższa kogoś w znacznym stopniu» △ Być (jak) w niebie «czuć się zadowolonym, szczęśliwym» △ Poruszyć niebo i ziemię «użyć wszelkich możliwych środków dla osiągnięcia czegoś» △ (Chcieć) komuś nieba przychylić «być bardzo życzliwym dla kogoś, życzyć komuś szczęścia»: Kochał ją tak, że nieba by jej przychylił. △ (Coś jest jak) niebo i ziemia; to niebo i ziemia «o ludziach i rzeczach kontrastowo się różniących»: Warszawa dzisiejsza i przedwojenna to niebo i ziemia. △ Różnić się o całe niebo, jak niebo i ziemia «zupełnie, całkowicie się różnić» △ Spadać (jak) z nieba a) «zjawiać się nieoczekiwanie w samą porę»: Świetnie, żeś przyjechał — z nieba nam spadłeś! b) «nie wiedzieć, o co chodzi»: Z nieba spadłeś — nie wiesz nic?! △ Wynosić, wychwalać kogoś, coś pod niebo a. pod niebiosa «bardzo chwalić» △ Niebo otwiera się przed kimś «komuś ukazuje się perspektywa wielkiego szczęścia» △ *pot., żart.* Niebo w ustach, *częściej*: w gębie «o czymś bardzo smacznym»: Jak ci to smakuje? — Niebo w gębie!

nieboga *ż III, lm D.* niebóg (*nie*: niebog) *przestarz., książk.* «osoba budząca współczucie, nieszczęśliwa, biedna; biedactwo» △ W przysłowiu: Nie ma złej drogi do swej niebogi — *nieboga* «ukochana kobieta»

nieborak (*nie*: ten nieboraka) *m III, lm M.* ci nieboracy a. te nieboraki: Nic nie wiedzieli,· nieboracy, o śmierci ojca.

niebosiężny p. niebotyczny.

nieboski △ tylko w wyrażeniu: Jak nieboskie stworzenie «bardzo, okropnie, strasznie, jak nie człowiek»: Spić się, ubrudzić się jak nieboskie

stworzenie. △ *Ale*: „Nie-boska komedia" Krasińskiego. || *D Kult. II, 597.*

nieboszczka *ż III, lm D.* nieboszczek *wych. z użycia*, używane zwykle w funkcji przydawki rzeczownikowej: Jego nieboszczka matka. Pokój nieboszczki żony. Chodzi na grób nieboszczki.

nieboszczyk *m III, DB.* nieboszczyka, *lm M.* ci nieboszczycy, *rzad.* te nieboszczyki, *DB.* nieboszczyków: Nieboszczycy leżeli już w trumnach. Opłakiwano nieboszczyków. || *D Kult. II, 274.*

niebotyczny, *rzad.* **niebosiężny** *książk.*, *podn.* «bardzo wysoki»: Niebotyczne (niebosiężne) góry, drzewa, kominy.

niebyły tylko w zwrotach: Uważać, uznać coś za niebyłe: Uznał tę rozmowę za niebyłą. △ Wyraz nie używany jako przydawka, np. *niepoprawne*: Opowiadał o niebyłych wydarzeniach (*zamiast*: ...o wydarzeniach, których nie było a. które nie zaszły).

niebytność p. nieobecność.

niebywały: Niebywały sukces. Zdarzyła się rzecz niebywała.

niech «partykuła będąca częścią składową form opisowych trybu rozkazującego w 3. osobie *lp* i *lm* oraz (rzadziej) w 1. osobie *lp*); drugim członem tych form jest odpowiednia forma 3. (lub 1.) osoby czasu teraźniejszego (lub przyszłego prostego); całość ma najczęściej znaczenie rozkazu lub życzenia»: Proszę, niech pan wejdzie. Niech państwo pozwolą. Niech chłopcy włożą czapki. Ucałuj ją i niech już będzie zgoda. △ Niech żyje! «formuła uznania, powitania; okrzyk wznoszony przy uroczystych toastach, podczas manifestacji, itp.»: Niech żyje pokój! △ *podn.* Niech mi wolno (będzie) + bezokol. «zwrot uprzejmościowy»: Niech mi wolno będzie powitać... △ *pot.* Niech będzie «zgadzam(y) się, nie sprzeciwiam(y) się»: Nie dam więcej, niż pięć złotych. — Niech będzie. △ Niech (ci, mu, im itp.) będzie «zwrot przyznający rację (często z ukrywanym zastrzeżeniem)»: Wszyscy go chwalą, że taki dobry; niech im będzie! △ W połączeniu z cząstką *by* pisane łącznie: Niechby wrócił i niechby już tak było jak przedtem.

niechaj *przestarz., książk.* «niech»

niechcący (*nie*: niechcąco): Niechcący potrącił przechodnia.

niechcenie *n I, blm* △ tylko w wyrażeniu: (Jakby) od niechcenia «niedbale, bez wysiłku»: Przeczytał tę trudną książkę jakby od niechcenia, a mimo to doskonale ją zrozumiał.

niechęć *ż V* □ N. do kogo, czego (*nie*: wobec kogo, czego, *ani*: w stosunku do kogo, czego): Czuł niechęć do pracy. Niechęć do brata przeszła u niego w nienawiść.

niechętny (używane zwykle w funkcji przydawki): Niechętne spojrzenie. Niechętny stosunek do kogoś. □ N. komu, czemu: Szlachta była niechętna reformom społecznym.

niechluj *m I, lm M.* ci niechluje a. (z silniejszym zabarwieniem ekspresywnym) te niechluje, *DB.* niechlujów *pot., pogard.* «człowiek niechlujny, brudas»

niecić

niecić *ndk VIa*, niecę, niecilíśmy (p. akcent
§ 1a i 2) *książk*. «rozpalać, zapalać»: Niecić ogień.
Iskry nieciły pożary.

nie cierpieć p. cierpieć.

niecka *ż III, CMs*. niecce, *lm D*. niecek.

niecnota *m* a. *ż* odm. jak *ż IV, M*. ten a. ta niecnota (także o mężczyznach), *lm M*. te niecnoty, *D*.
niecnotów (tylko o mężczyznach) a. niecnot, *B*. tych
niecnotów (tylko o mężczyznach) a. te niecnoty
△ zwykle w funkcji przydawki rzeczownikowej:
Pies niecnota porwał kiełbasę. Dozorca przepędził
chłopców niecnotów niszczących ogrodzenie. Jego
córka niecnota uciekła z rodzicielskiego domu.

nieco *książk*. «trochę»: Miał nieco złośliwą minę.
Zdobył nieco grosza.

nieczasowy *niepoprawne zamiast*: nie mający
czasu, mający zbyt mało czasu.

nieczuły *st. w*. bardziej nieczuły △ N. na co:
Był nieczuły na łzy i prośby. Ludzie nieczuli na
zimno i mróz.

nie dalej (pisane rozdzielnie) 1. przy oznaczaniu
odległości (przestrzeni): Mieszkał nie dalej niż
(a. nie dalej jak) kilometr stąd. Pójdę jeszcze parę
kilometrów, ale nie dalej. 2. na oznaczenie czasu
«nie wcześniej a. nie później niż...»: Widział ją nie
dalej niż (a. nie dalej jak) wczoraj. Załatwię sprawę
nie dalej niż jutro.

niedaleki: Z niedalekiego ogrodu dochodził zapach macierki. □ N. od czego: Był niedaleki od
urzeczywistnienia swych planów. Jego przypuszcze-
nia były niedalekie od prawdy.

niedaleko (w *st. w*. pisane rozdzielnie) □ N.
czego a. od czego (od kogo) «kiedy mowa o odległości od czegoś, od kogoś»: Dom stał niedaleko
kościoła. Dzieci bawią się niedaleko domu. Mieszkał
niedaleko od miasta. Siedzieliśmy w teatrze niedaleko od was. □ N. do czego (kogo) a) kiedy
dany obiekt ujmuje się jako cel, ku któremu kieruje
się ruch: Dzieci z tej wsi mają niedaleko do szkoły.
Stąd jest niedaleko do miasta. b) w zn. czasowym,
tylko w odniesieniu do przyszłości: Już niedaleko
do świąt. □ N. od czego (kiedy dany obiekt jest
punktem wyjścia ruchu): Odeszliśmy od domu
niedaleko, zaledwie kilka metrów. // *D Kult. I, 32*.

niedawno «w niedalekiej przeszłości»: Niedawno
temu. Jeszcze niedawno. To było tak niedawno, bardzo niedawno.
nie dawniej: Widziałem go nie dawniej niż (a. nie
dawniej jak) wczoraj.

niedawny: Niedawne wydarzenia wytrąciły mnie
z równowagi. △ Do niedawna «jeszcze niedawno,
w niedalekiej przeszłości»: Do niedawna nie było tu
ulicy. △ Od niedawna «od krótkiego czasu»: Był
posłem od niedawna.

niedbalstwo *n III, blm* «niestaranność, zaniedby-
wanie czegoś»: Zarzucano mu niedbalstwo w pracy.

niedbały *st. w*. bardziej niedbały: Niedbały pracownik. Niedbała poza.

Niederle (*wym*. Niderle) *m* odm. jak przym.,
D. Niederlego (p. akcent § 7): „Starożytności słowiańskie" Niederlego.

niedługo w zn. «po niedługim czasie (tylko w odniesieniu do przyszłości)» lepiej i wyraziściej: wkrótce, niezadługo, np.: Niedługo (*lepiej*: wkrótce) się
rozstaniemy. Niedługo (*lepiej*: wkrótce) tam będę.
// *D Kult. I, 312*.

niedobitek *m III, D*. niedobitka, *lm M*. te niedobitki (*nie*: ci niedobitkowie), *B*. tych niedobitków,
używane zwykle w *lm*: Drogą ciągnęły niedobitki
armii. // *D Kult. I, 737; II, 467*.

niedobór *m IV, D*. niedoboru 1. «niedostateczna
ilość czegoś»: Niedobór witamin w organizmie. Niedobór azotu w glebie. 2. «nadwyżka rozchodu nad
dochodem; deficyt» △ Niedobór gotówkowy, towarowy «brak pieniędzy w kasie, towarów w sklepie
itp.; manko»

niedobrany *m-os*. niedobrani «nieodpowiedni,
niestosowny, niezgodny»: Niedobrana para. Niedobrane meble.
nie dobrany «taki, którego nie dobrano»: Zabrakło
towaru nie dobranego w porę z magazynu. Zwróć te
pantofle, są nie dobrane do pary.

niedojda *ż* a. *m* odm. jak *ż IV, M*. ten a. ta
niedojda (także o mężczyznach), *lm M*. te niedojdy,
D. niedojdów (tylko o mężczyznach) a. niedojd, *B*.
tych niedojdów (tylko o mężczyznach) a. te niedojdy
pot. «z pogardą o kimś niewydarzonym, niezaradnym»

*niedokonane czasowniki p. czasownik (punkt
VI).

niedokonany tylko w zn. *jęz*. «oznaczający czynność nie ukończoną»: Czasownik niedokonany. Rodzaj (czasownika) niedokonany.
nie dokonany «taki, którego nie ukończono»: Dzieło nie dokonane w przeszłości znalazło dziś swego
kontynuatora.

nie dokończony — pisane rozłącznie z wyjątkiem
nazwy utworu Schuberta: Niedokończona Symfonia.

niedokrwistość *ż V, blm, środ*. (*med*.) «anemia»

niedołęga *m* a. *ż* odm. jak *ż III, M*. ten a. ta
niedołęga (także o mężczyznach), *lm M*. te niedołęgi,
D. niedołęgów (tylko o mężczyznach) a. niedołęg,
B. tych niedołęgów (tylko o mężczyznach) a. te
niedołęgi *lekcew*. «człowiek zniedołężniały, niesprawny fizycznie, niezaradny»: Był kompletnym niedołęgą. Te niedołęgi wszystko popsuły.

niedomagać *ndk I*, niedomagaliśmy (p. akcent
§ 1a i 2): Zaczął niedomagać. □ N. na co: Od pewnego czasu niedomaga na serce.

niedomaganie *n I* 1. częściej w *lm* «choroba
(niezbyt poważna)»: Cierpiała na niedomagania
żołądka. 2. p. niedomoga (w zn. 2).

niedomoga *ż III* 1. *lm D*. niedomóg *med*.
«osłabienie, niedowład»: Niedomoga krążenia, mięśnia sercowego. 2. zwykle w *lm, D*. niedomogów
«wady, braki, bolączki»: Znoszenie niedomogów
codziennego życia.

niedorajda *m* a. *ż* odm. jak *ż IV, M*. ten a. ta
niedorajda (także o mężczyznach), *lm M*. te niedorajdy, *D*. niedorajdów (tylko o mężczyznach) a.
niedorajd, *B*. tych niedorajdów (tylko o mężczyznach)
a. te niedorajdy *pot., lekcew*. «człowiek niezręczny,

niesprawny fizycznie, niezaradny»: Ta niedorajda znowu coś potłukła. Wszystkie niedorajdy zostały w tyle.

niedorozwój *m I, D.* niedorozwoju, *blm* «niedostateczny rozwój fizyczny lub psychiczny; niezupełne ukształtowanie się czegoś, niedokształcenie (w odniesieniu do ludzi, organizmów zwierzęcych i roślinnych oraz ich części): Niedorozwój dziecka. Niedorozwój duchowy. Niedorozwój roślin, tarczycy. || *KP Pras.*

niedorzeczny *st. w.* bardziej niedorzeczny, *rzad.* niedorzeczniejszy: Niedorzeczny pomysł, zwyczaj.

niedosięgły, *rzad.* **niedosiężny** *książk.* (z odcieniem literackości) «taki, którego nie można dosięgnąć»: Niedosięgłe wyżyny.

nie dosłyszeć p. dosłyszeć.

niedostatek *m III, D.* niedostatku 1. w zn. «bieda, niezamożność» tylko w *lp*: Cierpieć niedostatek. Narzekać na niedostatek. Żyć w niedostatku. 2. w zn. «brak czegoś»: □ *N. czego:* Nadrabiał niedostatki wykształcenia. Niedostatek pieniędzy, żywności.

niedostępny *m-os.* niedostępni, *st. w.* bardziej niedostępny, *st. najw.* najbardziej niedostępny, *rzad.* najniedostępniejszy: Niedostępne skały, knieje. Niedostępna kobieta. □ *N. dla kogo, czego (rzad. komu, czemu)* «taki, do którego nie ma wstępu; nieosiągalny»: Park niedostępny dla publiczności. Radość życia była dla niej a. jej niedostępna. △ Niedostępny oku a. dla oka, niedostępny obserwacji, niedostępny dla słuchu «niemożliwy do zobaczenia, obserwacji, usłyszenia»

niedosyt *m IV, D.* niedosytu, *blm* «odczuwanie braku czegoś; niezaspokojenie»: Odczuwać niedosyt. Niedosyt miłości, wiedzy. △ *niepoprawne* w zn. «niedostateczna ilość; brak, niedostatek, niedobór», np. Niedosyt (*zamiast:* niedostatek) towarów na rynku. Niedosyt (*zamiast:* brak) wody pitnej.

niedoszły *m-os.* niedoszli «taki, który nie został zrealizowany; taki, który nie osiągnął celu, np. stanowiska, tytułu»: Niedoszłe małżeństwo. Niedoszły naukowiec, inżynier.

niedościgły a. **niedościgniony** *m-os.* niedościgli (niedoścignieni) 1. «doskonały, niezrównany; nieosiągalny»: Niedościgły (niedościgniony) wzór, mistrz. 2. «nie dający się doścignąć, dogonić (w tym zn. częstsza forma: niedościgniony)»: Niedościgniona łódź. Ptak niedościgły w locie. Niedościgniony zawodnik.

nie dość p. dosyć.

niedoświadczony *m-os.* niedoświadczeni, *st. w.* bardziej niedoświadczony «nie mający doświadczenia»: Niedoświadczony człowiek. Niedoświadczony umysł.

nie doświadczony «taki, którego nie wystawiono na próbę, nie doświadczono»: Człowiek nie doświadczony przez los. || *D Kult. II, 600.*

nie dotarty zaprzeczony imiesłów bierny czas. dotrzeć: Silnik nie dotarty.

niedowaga *ż III, blm* □ *N. czego:* Niedowaga kilku kilogramów towaru. || *D Kult. II, 394.*

niedowarzony *m-os.* niedowarzeni «niedojrzały umysłowo»: Niedowarzony chłystek. Niedowarzona młodzież. || *D Kult. II, 600.*

nie doważony zaprzeczony imiesłów bierny czas. doważyć: Ten towar został nie doważony. || *D Kult. II, 600.*

niedowiarek *m III, D.* niedowiarka, *lm M.* te niedowiarki, *rzad.* ci niedowiarkowie.

niedowidzieć *ndk VIIa,* niedowidzę, niedowidzimy, niedowidzieliśmy (p. akcent § 1a i 2): Chodził z laską, bo niedowidział na jedno oko.

niedowierzanie *n I, blm,* forma rzeczownikowa czas. zaprzeczonego: nie dowierzać, używana zwykle w wyrażeniu: Z niedowierzaniem «nieufnie, z powątpiewaniem»: Słuchał tych słów z pewnym niedowierzaniem.

niedozwolony: Niedozwolona lektura. Niedozwolona działalność. □ *N. dla kogo:* Film niedozwolony dla młodzieży.

niedysponowany «trochę niezdrowy, w niezbyt dobrym stanie fizycznym»: Zastąpiła na scenie niedysponowaną aktorkę. Był niedysponowany, leżał w łóżku. □ *niepoprawne N. czym,* np. Zawodnik był niedysponowany kondycją (*zamiast:* był niedysponowany).

Niedzica *ż II* «miejscowość w powiecie nowotarskim» — niedzicki. *Por.* Nidzica.

niedziela *ż I, lm D.* niedziel (*nie:* niedzieli): W niedzielę odpoczywał. Spał całą niedzielę. △ Co niedzielę, co niedzieli, *lepiej:* co niedziela «w każdą niedzielę»: Co niedziela wyjeżdżał za miasto. *Por.* co.

nie dziw p. dziw.

nie dziwota p. dziwota.

niedźwiedzi *przym.* od niedźwiedź: Skóra, siła niedźwiedzia (*ale:* Wyspy Niedźwiedzie). △ Niedźwiedzia przysługa «przysługa przynosząca szkodę temu, komu chciano się przysłużyć»

niedźwiedzica *ż II* «samica niedźwiedzia» △ Wielka Niedźwiedzica, Mała Niedźwiedzica «gwiazdozbiory»

niegaszony tylko w wyrażeniu: Niegaszone wapno «wapno nie wymieszane z wodą»
nie gaszony «taki, którego nikt nie gasi»: Pożar, nie gaszony, rozprzestrzeniał się szybko.

niegdyś «w przeszłości (zwykle odległej), dawniej»: W tym miejscu niegdyś szumiała puszcza. Znów czuli się sobie bliscy, jak niegdyś w dzieciństwie.

Niegocin *m IV* a. (w połączeniu z wyrazem: jezioro) *ndm* «jezioro»: Nad Niegocinem (nad jeziorem Niegocin). — niegociński.

niegodny *m-os.* niegodni, *st. w.* bardziej niegodny, *st. najw.* najbardziej niegodny a. najniegodniejszy; *rzad.* **niegodzien** (forma używana w funkcji orzecznika) 1. «nie zasługujący na coś, nie wart czegoś; uwłaczający komuś» □ *N. czego:* Jest niegodny (niegodzien) współczucia, miłości, szacunku. □ *N. kogo:* Czyn niegodny uczciwego człowieka. 2. w funkcji przydawki tylko: niegodny, *książk.* «podły, hańbiący»: Niegodny czyn, postępek.

niegodziwiec *m II, D.* niegodziwca, *W.* niegodziwcze, forma szerząca się: niegodziwcu, *lm M.* niegodziwcy.

niegodziwy *m-os.* niegodziwi, *st. w.* bardziej niegodziwy, *st. najw.* najniegodziwszy a. najbardziej niegodziwy «podły, zły»: Niegodziwy postępek. Niegodziwy człowiek.

niegotowy, *rzad.* **niegotów** (druga forma używana tylko w orzeczniku): Meble były jeszcze niegotowe (*częściej*: nie były gotowe). Wstąpił po przyjaciela, ale ten był niegotów a. niegotowy do wyjścia (*częściej*: nie był gotowy do wyjścia).

niehumor *m IV, D.* niehumoru *wych. z użycia* «brak humoru, zły humor»: Być w niehumorze (*częściej*: nie być w humorze). Wprawiać kogoś w niehumor (*częściej*: w niedobry, zły humor).

nie inaczej △ Nie inaczej niż a. nie inaczej jak... *Por.* inaczej.

nieinterwencja *ż I, DCMs.* nieinterwencji, *blm*: Polityka nieinterwencji.

niejaki *wych. z użycia, książk.* «pewien, jakiś»: Mówił z niejaką trudnością. △ W odniesieniu do osób używane tylko przy nazwiskach: Wyszła za niejakiego Kowalskiego, inżyniera z Nowej Huty. △ *niepoprawne* Był to niejaki inżynier. Wyszła za niejakiego urzędnika ministerstwa.

niejeden, niejedna, niejedno odm. jak przym. (tylko w połączeniu z rzeczownikiem w *lp*): Niejeden człowiek to przeżył. Zdarzyła się im niejedna przygoda. △ *niepoprawne* Niejedni ludzie, niejedne przygody. △ To samo dotyczy użycia rzeczownikowego: Znał niejedną, która by za niego wyszła. Niejeden by się na to zgodził (*nie*: niejedni by się na to zgodzili).

niekiedy *książk.* «czasem»: Chodzili niekiedy na spacer.

niekłamany *książk.* «szczery, prawdziwy» — tylko w połączeniu z nazwami uczuć ocenianych dodatnio: Niekłamany zapał. Niekłamana radość, sympatia.

niekompetentny □ N. w czym: Był niekompetentny w sprawach polityki.

niekonformista p. nonkonformista.

niekorzyść *ż V, blm*, tylko w wyrażeniu: Na czyjąś niekorzyść «z czyjąś szkodą, stratą, na czyjąś szkodę, niekorzystnie dla kogoś»: Dowody świadczyły na niekorzyść posądzonego.

Niekrasow (*wym.* Niekrasow) *m IV, D.* Niekrasowa (p. akcent § 7), *lm M.* Niekrasowowie: Studium o Niekrasowie.

niekrępujący *st. w.* bardziej niekrępujący «taki, który nie ogranicza czyjejś swobody (zwykle o mieszkaniu, pokoju mających oddzielne wejście)»: Niekrępujący pokój. Niekrępujące wejście.

nie krępujący «taki, który nie krępuje nikogo (niczego), taki, który nie uciska»: Włożył kołnierzyk nie krępujący szyi.

niektórzy, niektóre odm. jak przym., tylko w *lm* «nie wszyscy, nie wszystkie»: Niektórzy ludzie a. niektórzy z ludzi (*nie*: niektóry człowiek). Niektóre artykuły a. niektóre z artykułów (*nie*: niektóry artykuł).

niektórzy, niektóre w użyciu rzeczownikowym, tylko w *lm*: Niektórzy nie oglądali tego filmu.

nie lada p. II lada.

nieletni (*nie*: nieletny): Nieletni przestępca.
nieletni, nieletnia w funkcji rzeczownikowej (zwykle w języku prawniczym): Sąd dla nieletnich.

niełaska *ż III, blm*: Zdani byli na łaskę i niełaskę losu. Popaść w niełaskę u kogoś.

niełaskawy, *rzad.* **niełaskaw** (druga forma używana tylko w orzeczniku) □ N. dla kogo (*wych. z użycia*: n. na kogo): Dziś jesteś dla mnie (na mnie) niełaskawa.

nie ma w zn. «forma zaprzeczona czasownika *być*, w czasie teraźniejszym» łączy się zawsze z dopełniaczem △ *pot.* Cudów nie ma «nie można liczyć na jakąś nadzwyczajną okoliczność»: Nikt za mnie tego nie zrobi. Cudów nie ma. △ Nie ma komu (z bezokol.) «nie ma nikogo, kto by mógł wykonać daną czynność»: Nie ma komu pracować. △ *pot.* Nie ma głupich (z bezokol.) «nikt nie jest na tyle głupi, żeby to zrobić»: Nie ma głupich, żeby wierzyć w takie brednie. △ Nie ma gdzie (z bezokol.) «nie dysponuje się miejscem odpowiednim do czegoś»: Ciasnota, nie ma gdzie się ruszyć. △ Nie ma co, czego itp. (z bezokol.) «nie istnieje, nie wchodzi w rachubę»: Nie ma co czekać, nie przyjdzie. Nie ma czym się denerwować. △ Nie ma co «wyrażenie o charakterze ekspresywnym, niekiedy ironicznym»: Nieźle się bawisz, nie ma co.
△ W ekspresywnych porównaniach, zwykle z formą stopnia wyższego przymiotników: Nie ma milszej dziewczyny niż ty. Nie ma ładniejszego miejsca jak ta polana, od tej polany. △ Nie ma, jak... «najlepiej, najlepsze jest...»: Nie ma, jak wczesne wstawanie.

niemal a. nieomal (*nie*: oniemal): Był niemal (nieomal) pewien, że już go kiedyś widział.

Niemcy *blp, D.* Niemiec, *Ms.* Niemczech «kraj obejmujący NRD i NRF»: Pojechać do Niemiec. Był przez pięć lat w Niemczech. — niemiecki (p.).

niemczyć *ndk VIb,* niemczyliśmy (p. akcent § 1a i 2); *częściej*: germanizować.

niemczyzna *ż IV, CMs.* niemczyźnie, *blm*: Wpływy niemczyzny (*częściej*: języka niemieckiego) na język polski. Mieszkając wiele lat w Saksonii zżył się z niemczyzną.

Niemen *m IV, D.* Niemna «rzeka w ZSRR» — niemeński — nadniemeński.

niemianowany: *mat.* Liczba niemianowana «liczba oderwana»
nie mianowany «taki, którego nie mianowano (lecz np. wybrano)»: Poseł, delegat nie mianowany.

niemiara *ż IV, blm,* tylko w wyrażeniu: Co niemiara «bardzo dużo, bez ograniczeń»: Owoców było w sadzie co niemiara.

niemiarowość *ż V, blm środ.* (*med.*) «arytmia»

Niemiec *m II, D.* Niemca, *książk. W.* Niemcze, forma szerząca się: Niemcu, *lm M.* Niemcy, *D.* Niemców, *Ms.* Niemcach «człowiek narodowości niemieckiej» — Niemka *ż III, lm D.* Niemek — niemiecki (p.). || D Kult. II, 544; KJP 185.

niemiecki: Język niemiecki (skrótowo: niemiecki, *reg.* niemieckie): Tłumaczenie na niemiecki (na język niemiecki). △ *pot.* Siedzieć jak na niemieckim kazaniu «słuchać czegoś nic nie rozumiejąc» △ Nizina Niemiecka.

niemieć *ndk III*, niemieją, niemiej, niemieliśmy (p. akcent § 1a i 2) — **oniemieć** *dk*, oniemieli: Na ten widok oniemiał z zachwytu.

niemile a. **niemiło**: Być niemile zaskoczonym, dotkniętym. Niemiło jest wspominać te przykre sprawy. Nie czyń drugiemu, co tobie niemiło (przysłowie).

niemiły *m-os.* niemili □ N. komu «nie lubiany przez kogoś»: Był wszystkim niemiły. □ N. dla kogo «zachowujący się niesympatycznie względem kogoś»: Jest dla nas zawsze taki niemiły i nieprzystępny.

niemniej «mimo to»: Sytuacja nie była jeszcze jasna, niemniej należało coś postanowić. Niemniej jednak, *książk.* niemniej przeto (*nie*: tym niemniej), *lepiej*: a jednak, a przecież: Zabraniasz mi, niemniej jednak (*lepiej*: a jednak) zrobię to. **nie mniej** «nie mniejsza ilość (niż czegoś innego)»: Jabłek było nie mniej niż gruszek. || D Kult. II, 598; Kl. Aleź 33.

Niemodlin *m IV* «miasto» — niemodlinianin *m V*, D. niemodlinianina, *lm* M. niemodlinianie, D. niemodlinian — niemodlinianka *ż III*, *lm* D. niemodlinianek — niemodliński.

niemowa *m* a. *ż* odm. jak *ż IV*, *M.* ten a. ta niemowa (także o mężczyznach), *lm* M. te niemowy, D. niemowów (tylko o mężczyznach) a. niemów, *B.* tych niemowów (tylko o mężczyznach) a. te niemowy.

niemowlę *n IV*, D. niemowlęcia, *lm* M. niemowlęta, D. niemowląt; *pot., reg.* **niemowlak** *m III*, *lm* M. te niemowlaki.

niemożebny *przestarz., wiech.* «niemożliwy»

niemożliwość *ż V, blm* «fakt, że coś nie jest możliwe, wykonalne»: Niemożliwością jest wyjść w taki deszcz. △ Do niemożliwości «do ostatecznych granic, nie do wytrzymania»: Było ciasno i duszno do niemożliwości.

niemożliwy w zn. «nie dający się urzeczywistnić, osiągnąć» □ N. do czego (z rzecz. odsłownym): Niemożliwy do zniesienia.

niemożność *ż V, blm* «brak możności»: Niemożność rozwiązania zagadki.

niemy: Był niemy od urodzenia. △ *przen.* Stał niemy ze szczęścia. △ W nazwie dużą literą: Sejm Niemy.
niemy, niema w użyciu rzeczownikowym «niemowa»

nienaruszony «nietknięty, cały»: Przekazał mu cały, nienaruszony spadek po ojcu.
nie naruszony «taki, którego nie ruszono, nie uszkodzony»: Paczka została nie naruszona.

nienasycony *m-os.* nienasyceni «nie dający się nasycić, stale głodny; chciwy»: Żarłok nienasycony. Nienasycony kolekcjoner.
nie nasycony «taki, który nie jest nasycony (płynem) lub nie jest nakarmiony»: Gąbka nie nasycona wodą.

nienawidzić (*nie*: nienawidzieć) *ndk VIa*, nienawidzę, nienawidź, nienawidził (*nie*: nienawidział),

nienawidziliśmy (p. akcent § 1a i 2) — **znienawidzić** *dk* □ N. kogo, czego (*nie*: kogo, co), *ale*: znienawidzić kogo, co: Instynktownie nienawidził tej kobiety (*nie*: tę kobietę). Znienawidził tę kobietę. || D Kult. I, 533.

nienawistny □ N. dla kogo, *rzad.* komu «będący przedmiotem nienawiści»: Jego towarzystwo stało się dla mnie nienawistne (*rzad.* ...stało mi się nienawistne). □ N. bez dop. «nienawidzący, nieprzyjazny»: Nienawistny wzrok.

nienawiść *ż V*, *rzad. lm M.* nienawiści: Pałać, ziać nienawiścią. Budzić w kimś nienawiść. □ N. do kogo, do czego (*nie*: dla kogo, czego): Czuła do niego głęboką nienawiść. Nienawiść do obłudy, kłamstwa. || KJP 213.

nienawykły «nie przyzwyczajony; nieprzywykły» □ N. do kogo, do czego (*nie*: kogo): Nienawykły do ciężkiej pracy. □ N. + bezokol.: Nienawykły znosić upokorzenia buntował się. □ N., żeby...: Nienawykły, żeby ustępować komukolwiek.

nienażarty *m-os.* nienażarci *posp.* «żarłoczny»
nie nażarty «taki, który się nie nażarł»

nieobcy □ N. komu, *rzad.* dla kogo: Ta myśl była im nieobca.

nieobecność, *przestarz.* **niebytność** *ż V, blm* △ *wych. z użycia* Pod czyjąś nieobecność, dziś *częściej*: podczas, w czasie czyjejś nieobecności: Goście przyszli pod nieobecność (w czasie, podczas nieobecności) gospodarzy.

nieobjęty *poet.* «nie dający się objąć wzrokiem; niezmierzony»: Przed nim rozciągał się nieobjęty step.
nie objęty «taki, którego czymś nie objęto»: Wydatek nie objęty planem.

nieobyty *m-os.* nieobyci «nie mający obycia towarzyskiego»: Był nieobyty, nie wiedział, jak ma się zachować.
nie obyty «nie przyzwyczajony do czegoś» □ Nie o. z czym: Nie obyty z taką pracą męczył się szybko.

nieoceniony *m-os.* nieocenieni «bezcenny, zasługujący na najwyższą ocenę»: Był nieocenionym pracownikiem.
nie oceniony «nie oszacowany»: Towary nie ocenione.

nieoczekiwany *m-os.* nieoczekiwani «niespodziewany»: Nieoczekiwany spadek. Nieoczekiwani goście.
nie oczekiwany «taki, którego nikt nie oczekiwał»: Wracał samotnie, nie oczekiwany przez nikogo.

nieodgadniony «niemożliwy do odgadnięcia; tajemniczy»: Nieodgadniony uśmiech Giocondy.

nieodparty «nie dający się odeprzeć, odparować»: Nieodparte pchnięcie szpadą. △ *przen.* Nieodparty urok. Moc nieodparta.
nie odparty «taki, którego nie odparto»: Linia frontu została przerwana wskutek nie odpartego przez naszą dywizję ataku nieprzyjaciela.

nieodpłatny, *lepiej*: bezpłatny, np. Leki, świadczenia nieodpłatne (*lepiej*: bezpłatne).

nieodzowny (*wym.* nieod-zowny): Odpoczynek był nieodzowny.

nieogładzony *m-os.* nieogładzeni «nieobyty towarzysko»

nie ogładzony «taki, którego nie ogładzono»: Nie ogładzony kamień.

nieograniczony «nie mający żadnych ograniczeń; zupełny; absolutny»: Nieograniczona wolność. Monarchia nieograniczona.

nie ograniczony «taki, którego nie ograniczono»: Był nie ograniczony żadnymi przepisami.

nieokiełzany a. **nieokiełznany** «nie dający się powściągnąć, nieujarzmiony»: Nieokiełzany (nieokiełznany) temperament.

nie okiełzany a. **nie okiełznany** «taki, którego nie okiełzano»: Konie nie okiełzane przez woźnicę. || D Kult. I, 542.

nieokreślony «nie dający się określić; niewyraźny»: Nieokreślony kolor oczu. Nieokreślony smutek.

nie określony «taki, który nie został określony»: Temat wypracowania nie określony przez nauczyciela.

nieokrzesany «nie mający ogłady, obycia towarzyskiego»: Był chłopcem sympatycznym, choć dość nieokrzesanym.

nie okrzesany, *częściej*: nie ociosany «taki, którego nie okrzesano, nie ociosano»: Drzewo nie okrzesane z gałęzi.

nieomal p. niemal.

nie omieszkać p. omieszkać.

nieopanowany *m-os.* nieopanowani «gwałtowny, niepowściągliwy»: Nieopanowany gniew, śmiech.

nie opanowany «taki, którego ktoś nie opanował»: Część zamku była jeszcze nie opanowana przez Szwedów (*częściej*: ...nie była jeszcze opanowana...).

nieopisany «nie do opisania, nadzwyczajny, niezmierny»: Nieopisany hałas, urok. Ogarnęła ją nieopisana radość.

nie opisany «taki, którego nikt nie opisał»: Ciekawe przygody żeglarza są jeszcze nie opisane.

nie opodal p. opodal.

nieorganik *m III,* D. nieorganika (p. akcent § 1d), *lm M.* nieorganicy: Chemik nieorganik.

*nieosobowe formy czasownika p.: bezokolicznik, imiesłów.

nieostrożność *ż V, blm* △ Popełnić, zrobić coś przez nieostrożność (*nie*: z nieostrożności): Wzniecił pożar przez nieostrożność.

nieoswojony «o zwierzętach: dziki»: Nieoswojona wiewiórka.

nie oswojony «taki, który nie przyzwyczaił się do czegoś» □ Nie o. z czymś: Był nie oswojony z morzem. Wzrok nie oswojony z ciemnością.

nieoszacowany «taki, którego nie da się ocenić, bezcenny»: Nieoszacowany skarb.

nie oszacowany «taki, który nie został oszacowany, wyceniony»: Meble były jeszcze nie oszacowane.

niepalący «nie mający zwyczaju palenia tytoniu»: W wagonie siedziało kilka osób niepalących. △ Często w użyciu rzeczownikowym: Wagon, przedział dla niepalących.

nie palący «taki, który nie pali w danej chwili»

niepamięć *ż V, blm* «brak pamięci (o kimś lub o czymś); w terminologii *med.*: zaburzenie pamięci, amnezja» △ Pójść w niepamięć «zostać zapomnianym» △ Puścić coś w niepamięć «zapomnieć (o doznanej przykrości, krzywdzie); wybaczyć coś»

niepamiętny *przestarz.* □ N. czego a. na co «nie pamiętający czegoś, niepomny»: Niepamiętny uraz a. na urazy. △ dziś żywe we *fraz.* Od niepamiętnych czasów, *rzad.* lat «od bardzo dawna»

niepełnoletni (*nie*: niepełnoletny) *m-os.* niepełnoletni.

niepełnoletność (*nie*: niepełnoletniość) *ż V, blm*: Skazano go na karę więzienia mimo niepełnoletności.

niepewny 1. «taki, na którym nie można polegać» □ N. bez dop.: Niepewny człowiek. 2. «nie mający pewności, niespokojny» □ N. czego (*nie*: o co): Był niepewny jutra. △ Być niepewnym dnia ani godziny «być w każdej chwili narażonym na niebezpieczeństwo»

nie pierwszy (pisane zawsze rozłącznie): Był na liście, niestety, nie pierwszy, lecz dopiero piąty. △ Nie pierwszej młodości, świeżości itd. «niezbyt młody, niezbyt świeży itp.»

niepijący «taki, który nie pija alkoholu» △ Często w użyciu rzeczownikowym: W towarzystwie było kilku niepijących.

nie pijący «taki, który nie pije czegoś w danej chwili»: Dla nie pijących herbaty przyniesiono napój owocowy.

niepocieszony *m-os.* niepocieszeni «nie mogący znaleźć pociechy, pocieszenia»: Niepocieszona wdowa.

nie pocieszony «taki, którego nikt nie pocieszył»: Płakała długo, nie pocieszona przez otaczających ją ludzi.

niepodległy *m-os.* niepodlegli: Niepodległy kraj. □ *książk.* N. czemu, *rzad.* komu: Niepodległy zwątpieniu, rozpaczy.

niepodobna (*nie*: niepodobne, jest niepodobnym) *książk.* «nie można, nie sposób» □ N. robić co a. czego: Niepodobna czytać książkę a. książki przy tym świetle. Niepodobna tego słuchać.

niepodobny *m-os.* niepodobni, *st. w.* bardziej niepodobny □ N. do kogo, czego: Oni są zupełnie do siebie niepodobni.

niepogoda *ż IV, blm*: Cały listopad była niepogoda (*nie*: były niepogody).

niepohamowany *m-os.* niepohamowani «gwałtowny, niepowstrzymany»: Niepohamowany człowiek. Niepohamowana namiętność. □ N. w czym: Niepohamowany w ambicjach, w żądzy władzy.

nie pohamowany «taki, którego nie pohamowano»: Nie pohamowany przez obecnych wypadł z pokoju jak burza.

niepojęty *rzad. m-os.* niepojęci, *st. w.* bardziej niepojęty «nie dający się pojąć, niezrozumiały; nieodgadniony, tajemniczy»: Niepojęty urok. Niepojęta moc. Był niepojęty w swoich reakcjach. Ludzie są niepojęci.

nie pojęty «taki, który nie został zrozumiany»: Wypowiedź nie pojęta jako usprawiedliwienie (*częściej*:

pojęta nie jako usprawiedliwienie), ale jako wyjaśnienie.

niepokalany *książk.* «nieskazitelny, dziewiczy»: Niepokalana biel śniegu. △ W nazwie dużą literą: Niepokalane Poczęcie.

niepokoić *ndk VIa*, niepokoję, niepokoi, niepokój, niepokoiliśmy (p. akcent § 1a i 2): Nie niepokój chorej niepotrzebnie.

niepokonany *m-os.* niepokonani «taki, którego nie można pokonać; niezwyciężony»: Niepokonany strach. Niepokonany przeciwnik.
nie pokonany «taki, którego nie pokonano»: Nie pokonana dotąd armia uległa przeważającym siłom nieprzyjaciela.

niepokój *m I, D.* niepokoju, *lm D.* niepokojów, *rzad.* niepokoi: Żyła w nieustannym niepokoju. □ N. o kogo, o co: Niepokój o dziecko, o wynik egzaminu.

nie-Polak *m III*: Dwa razy wyszła za mąż za nie-Polaka: raz za Rosjanina, drugi raz za Węgra. (*Ale*: niepolski).

Niepołomice *blp, D.* Niepołomic «miasto» — niepołomicki (p.).

niepołomicki: Zamek niepołomicki (*ale*: Puszcza Niepołomicka).

niepomny *m-os.* niepomni *przestarz., książk., podn.* «taki, który czegoś nie pamięta» □ N. na co a. n. czego: Niepomny na przestrogi a. przestróg. Niepomny przysiąg a. na przysięgi. □ N. (na to a. tego), że...: Odmówił jego prośbom, niepomny, że dał mu obietnicę.

nieporównany *książk.* «nie mający sobie równego, niezrównany»: Cechowała ją nieporównana dobroć.
nie porównany «taki, którego z czymś nie porównano» □ Nie p. z czym: Trójkąt nie porównany z drugim trójkątem.

nieporuszony *m-os.* nieporuszeni «pozostający w bezruchu, nieruchomy»: Tłum stał nieporuszony.
nie poruszony «taki, który nie został przez kogoś poruszony»: Sprawa przez nikogo nie poruszona.

nieposkromiony *m-os.* nieposkromieni «nie dający się poskromić, pohamować; niepohamowany»: Nieposkromiony apetyt. Nieposkromiona ciekawość.
nie poskromiony «taki, którego nie zdołano poskromić»: Tygrys nie poskromiony przez pogromcę szalał w klatce.

niepostrzeżenie a. **niespostrzeżenie**: Godziny mijały niepostrzeżenie (niespostrzeżenie). Wyszedł z przyjęcia niepostrzeżenie (niespostrzeżenie).

nie postrzeżony a. **nie spostrzeżony**.

niepotrzebny *m-os.* niepotrzebni, *st. w.* bardziej niepotrzebny; *rzad.* niepotrzebniejszy: Czuła się w tym towarzystwie niepotrzebna. □ N. komu, czemu (*nie*: dla kogo, czego): Matce to zupełnie niepotrzebne.

nie powinien, nie powinna, nie powinno (odmiana p. powinien): Nikt o tym nie powinien wiedzieć. Nie powinna wyjechać bez pozwolenia. □ Nie p. + bezokol. (*nieos.* nie powinno się + bezokol.): Nasz zespół nie powinien przekraczać liczby dwu-

dziestu osób. Na ten teren nie powinno się wchodzić. △ W sposób bardziej kategoryczny wyrażają zakaz konstrukcje z wyrazami: *nie może, nie należy, nie wolno*, np.: Zespół nie może przekraczać liczby dwudziestu osób. Na ten teren wchodzić nie wolno. || *D Kult. II, 75.*

niepowołany *m-os.* niepowołani «nieodpowiedni, niewłaściwy, niekompetentny»: Tajne dokumenty dostały się w niepowołane ręce.
nie powołany «taki, którego nie powołano w danej sytuacji»: Rezerwiści nie powołani w tym roku na ćwiczenia wojskowe, będą powołani w roku przyszłym.

niepowstrzymany «nie dający się powstrzymać, niepohamowany, gwałtowny»: Niepowstrzymane łzy radości.
nie powstrzymany «taki, którego nie powstrzymano (w danej sytuacji)»: Rozhukany koń, nie powstrzymany przez nikogo, popędził w step.

niepoznaka *ż III*, dziś tylko w *pot.* wyrażeniach: △ Dla niepoznaki «po to, żeby nie można było poznać, dla zatarcia śladów, dla odwrócenia uwagi»: Dla niepoznaki przyprawił sobie brodę. △ *rzad.* Do niepoznaki «nie do poznania»: Zmienić się do niepoznaki.

niepoznanie *n I, blm* △ Do niepoznania, *częściej*: Nie do poznania «w sposób uniemożliwiający poznanie»: Po kuracji odchudzającej zmieniła się do niepoznania.

niepożyty «nie dający się pokonać, niepokonany»: Miał niepożytą energię w walce z przeciwnościami. *Por.* niespożyty.

nieprodukcyjny «nie związany z produkcją, mało (a. nic nie) wytwarzający»: Zakład nieprodukcyjny.

nieproduktywny «niewydajny, nieowocny; nie przynoszący korzyści, zbędny»: Nie mógł się zdobyć na żadną koncepcję, jego praca stała się nieproduktywna. Na wiosnę wycinamy nieproduktywne pędy porzeczek.

nieproliferacja *ż I blm* «nierozpowszechnianie, nierozprzestrzenianie» — wyraz używany w języku dziennikarskim w odniesieniu do nierozpowszechniania broni nuklearnej.

nieproporcjonalny □ N. do czego: Miał głowę nieproporcjonalną do tułowia.

nieproszony *m-os.* nieproszeni «niechętnie widziany, niepożądany»: Nie mógł się pozbyć nieproszonych gości.
nie proszony «taki, którego nie proszono, nie zaproszono»: Nie proszony przez nią na imieniny nie złożył jej życzeń.

nieprzebrany «nie dający się policzyć, wyczerpać»: Nieprzebrany zasób wiedzy. Nieprzebrane tłumy.
nie przebrany «taki, którego nie przebrano; taki, który się nie przebrał»: Sprzedawano nie przebrane borówki. Na balu kostiumowym tylko parę osób było nie przebranych.

nieprzebyty «niemożliwy do przebycia»: Dotarli na skraj nieprzebytej puszczy.
nie przebyty «taki, którego nie przebyto»: Pozostało sto kilometrów drogi jeszcze nie przebytej.

nieprzejednany *m-os.* nieprzejednani «nieustępliwy, zawzięty»: Był surowy i nieprzejednany.
nie przejednany *rzad.* «taki, którego nie przejednano»: Nie przejednany przez brata zerwał z nim stosunki.

nieprzejrzany *książk.* **a)** «taki, którego nie można ogarnąć wzrokiem»: Nieprzejrzane okiem równiny. **b)** «nieprzenikniony»: Panował nieprzejrzany mrok.
nie przejrzany «taki, którego nie przejrzano»: Pożyczam ci książkę jeszcze nie przejrzaną.

nieprzekonująco a. **nieprzekonywająco** (*nie*: nieprzekonywująco): To brzmi nieprzekonująco (nieprzekonywająco).

nieprzekonujący a. **nieprzekonywający** (*nie*: nieprzekonywujący): Jego nieprzekonujące (nieprzekonywające) oskarżenie budziło wątpliwości.

nieprzekraczalny «taki, którego nie należy, nie można przekraczać» — używane zwykle w wyrażeniach: Nieprzekraczalny termin. Nieprzekraczalna granica.

nie przekroczony «taki, którego nie przekroczono»: Warunkiem przyjęcia na kursy jest nie przekroczony wiek lat trzydziestu.

nieprzeliczony *książk.* «nie dający się przeliczyć; niezliczony»: Na niebie jaśniały nieprzeliczone gwiazdy.
nie przeliczony «taki, którego nie przeliczono»: Przyjęła nie przeliczoną resztę.

nieprzerwany «nieustanny, ciągły, jednolity»: Samochody jechały nieprzerwanym ciągiem. Jego życie było nieprzerwanym pasmem cierpień.
nie przerwany «nie rozerwany»: Nie przerwany sznurek.

nieprzewidziany «nie dający się przewidzieć, niespodziewany»: Pieniądze na nieprzewidziane wydatki.
nie przewidziany «taki, którego nie przewidziano»: Nie przewidziana na ten dzień zła pogoda pokrzyżowała plany wycieczkowe.

nieprzezroczysty, *rzad.* **nieprzeźroczysty**: Nieprzezroczysty (nieprzeźroczysty) materiał.

nieprzezwyciężony «nie dający się przezwyciężyć; nieprzeparty»: Ogarniała go nieprzezwyciężona senność.
nie przezwyciężony «taki, którego nie przezwyciężono»: Złe skłonności nie przezwyciężone w dzieciństwie wypaczają charakter.

nieprzychylny *m-os.* nieprzychylni □ N. dla kogo a. komu: To osobnik bardzo dla nas a. nam nieprzychylny.

nieprzydatny *m-os.* nieprzydatni □ N. komu, *częściej*: dla kogo: Dla mnie to zupełnie nieprzydatne. □ N. do czego a. na co (*nie*: dla czego): Pies nieprzydatny do polowania. Drzewo nieprzydatne na opał.

nieprzyjaciel *m I, lm M.* nieprzyjaciele, *D.* nieprzyjaciół (*nie*: nieprzyjacieli), *C.* nieprzyjaciołom (*nie*: nieprzyjacielom), *N.* nieprzyjaciółmi (*nie*: nieprzyjacielami), *Ms.* o nieprzyjaciołach (*nie*: o nieprzyjacielach) **1.** «człowiek mający wobec kogoś, czegoś wrogą postawę»: Byli zaciętymi nieprzyjaciół-

mi. **2.** *blm* «wroga armia»: Nieprzyjaciel uciekał w popłochu.

nieprzystępny *st. w.* nieprzystępniejszy a. bardziej nieprzystępny **1.** *częściej*: niedostępny «taki, do którego trudno się dostać» □ N. dla kogo, dla czego: Szczyt wydawał się nieprzystępny (niedostępny) nawet dla wytrawnych alpinistów. **2.** *m-os.* nieprzystępni «unikający bliższych stosunków z ludźmi, zamknięty w sobie, wyniosły»: Był surowy i nieprzystępny. □ N. dla kogo: Była nieprzystępna dla wielu ludzi. □ *rzad., przen.* N. czemu: Nieprzystępny perswazjom «nie reagujący na perswazje»

niepyszny *m-os.* niepyszni, zwykle w wyrażeniu: Jak niepyszny «zmieszany, upokorzony»: Jego projekty koledzy wyszydzili, więc wyszedł z zebrania jak niepyszny.

nierad *m-os.* nieradzi (używane tylko w mianowniku *wych. z użycia* **a)** «niezadowolony (w funkcji orzecznika albo jako skrót zdania zależnego)»: Nierad, że go obserwują, zasłonił się pismem, które przeglądał. □ N. komu: Nierad był takim gościom. **b)** «niechętnie (w funkcji przydawki okolicznikowej)»: Nierad wyjeżdżał z domu. Z jego zachowania wynikało, że nierad by się mieszał do tej sprawy.

nieraz (*wym.* nieraz, *nie*: nieraz) «parokrotnie, często»: Bywał nieraz w stolicy. Nieraz zapewniał o swojej lojalności. Kiedy przyjeżdżał do Krakowa, nieraz ją odwiedzał.
nie raz (*wym.* nie raz) — w przeciwstawieniach: Nie raz, ale kilka razy prosiła ją o to.

nieroba *m* a. *ż odm. jak ż IV, M.* ten a. ta nieroba (także o mężczyznach), *lm M.* te nieroby, *lm D.* nierobów (tylko o mężczyznach) a. nierób, *B.* tych nierobów (tylko o mężczyznach) a. te nieroby; *reg.* «nierób»

nie rozegrany «taki, którego nie rozegrano»: Nie rozegraną tego wieczora partię szachów odłożono do następnego dnia.

nierozegrana *ż odm. jak przym.; in.* remis.

nierozgarnięty *m-os.* nierozgarnięci «głupkowaty, niemądry»: Wyglądał na nierozgarniętego ucznia.
nie rozgarnięty «taki, którego nie rozgarnięto, nie rozsunięto»: Nie rozgarnięte liście pokrywały całą alejkę.

nierozwinięty *m-os.* nierozwinięci «taki, który się nie rozwinął; opóźniony w rozwoju fizycznym lub umysłowym»: Nierozwinięte pąki. Dzieci nierozwinięte umysłowo.
nie rozwinięty «taki, którego nie rozwinięto»: Nie rozwinięte arkusze papieru.

nierób *m IV, D.* nieroba, *lm M.* te nieroby *pogard.* «próżniak, leń (także o kobiecie)»

nierównie *książk.* «bez porównania, znacznie, o wiele»: To zagadnienie jest nierównie prostsze od spraw poruszonych poprzednio.

nierówno *st. w.* bardziej nierówno, *rzad.* nierówniej «krzywo; niejednakowo»: Pisała nierówno. Podzielił majątek nierówno.

nieruchliwy *m-os.* nieruchliwi; *pot.* **nieruchawy** *m-os.* nieruchawi «nie lubiący się poruszać; ociężały, flegmatyczny»: Był tęgi i nieruchliwy. Nieruchawy niedźwiedź.

nieruchomo, *przestarz.* **nieruchomie:** Siedział dłuższy czas nieruchomo.

nieruchomy *m-os.* nieruchomi «nie poruszający się, będący w bezruchu»: Siedział długi czas nieruchomy jak posąg. Nieruchoma powierzchnia jeziora.

nierychliwy *przestarz.* «nie spieszący się, nieskory do czegoś» żywe w przysłowiu: Pan Bóg nierychliwy, ale sprawiedliwy.

nierychło *przestarz., książk.* «nieprędko, nie zaraz»

nierychły *przestarz.* «mający nastąpić nieprędko»: Przepowiadali nierychłą wiosnę.

nierząd *m IV, D.* nierządu, *blm* (używane zwykle w tekstach urzędowych, prawniczych) «rozpusta; prostytucja»: Uprawiać nierząd. □ N. z kim: Odsiadywał karę za nierząd z nieletnimi.

niesamowity *m-os.* niesamowici **1.** «budzący lęk»: Oglądała niesamowity film. **2.** *pot.* «wyjątkowy, nadzwyczajny (wyraz w tym zn. często nadużywany)»: Panował niesamowity upał.

nieskalany *przestarz., książk.* **a)** «idealnie czysty; nieskazitelny»: Nieskalana biel śniegu. **b)** *m-os.* nieskalani, *częściej:* nieskazitelny, nieposzlakowany: Nieskalana natura. Nieskalany charakter.

nie skalany *przestarz.* «niczym nie zanieczyszczony, nie zbrukany»: Biel śniegu nie skalana niczyimi śladami. △ *przen. podn.* «taki, który się niczym nie skalał, nie splamił»: Usta nie skalane kłamstwem.

nieskażony *książk.* «czysty, nieskazitelny»: Mówił nieskażoną polszczyzną.

nie skażony «taki, którego nie skażono»: Ludność wysiedlano na tereny nie skażone ciałami promieniotwórczymi.

nieskończoność *ż V, blm* △ W nieskończoność, *rzad.* do nieskończoności (zwykle w odniesieniu do czasu, rzadziej do przestrzeni) «bardzo długo, bez przerwy, ciągle; bez końca»: Iść, mówić w nieskończoność. Minuty wlokły się w nieskończoność. Powtarzał wzory w nieskończoność. Ulice ciągnęły się w nieskończoność.

nieskończony *książk.* **a)** «nie mający końca, kresu; bezkresny»: Mijali nieskończone lasy. **b)** «trwający długo; nieustający»: Grzmiały nieskończone oklaski.

nie skończony «taki, którego nie skończono»: Zabrała się do pracy nie skończonej wczoraj.

*niesłowiańskie nazwiska obce p. nazwiska obce niesłowiańskie.

niesłowny *m-os.* niesłowni, *st. w.* bardziej niesłowny, *rzad.* niesłowniejszy.

niesmak *m III, D.* niesmaku, *blm* w zn. «odraza, obrzydzenie, wstręt»: Odczuwać, czuć, budzić niesmak. □ N. do kogo, czego: Niesmak do siebie, do wszystkiego.

niesnaski *blp, D.* niesnasek (*nie:* niesnasków).

niespecjalista *m odm. jak ż IV, lm M.* niespecjaliści, *DB.* niespecjalistów.

niespełna «nie całkiem (ileś), niezupełnie; prawie»: Miał niespełna czterdzieści lat. Wieś odległa o niespełna kilometr. W niespełna miesiąc powrócił do sił.

Pracowało tu niespełna stu ludzi. △ *pot.* Niespełna rozumu «niezupełnie normalny; głupi»

niespiesznie, nie spieszno, niespieszny p. nieśpiesznie, nie śpieszno, nieśpieszny.

niespodziewanie a. **niespodzianie** *st. w.* bardziej niespodziewanie (niespodzianie), *st. najw.* najniespodziewaniej (najniespodzianiej): Przyjechała zupełnie niespodziewanie (niespodzianie).

niespodziewany *m-os.* niespodziewani; a. **niespodziany** *m-os.* niespodziani «nieprzewidziany, zaskakujący»: Przyjechał niespodziewany (niespodziany) gość.

niespokojny *m-os.* niespokojni, *st. w.* bardziej niespokojny, *rzad.* niespokojniejszy □ N. o kogo, o co «przejęty niepokojem»: Był niespokojny o nas.

nie sposób p. sposób.

niespostrzeżenie p. niepostrzeżenie.

nie spostrzeżony p. nie postrzeżony.

niespożyty, *lepiej:* **niepożyty** «trwały, niewyczerpany» zwykle w *książk.* wyrażeniach: Nie(s)pożyta energia, nie(s)pożyte siły.

nie spożyty «taki, którego nie spożyto, nie zjedzony»: Potrawy nie spożyte przechowywano w lodówce.

niesprawiedliwość *ż V*: Popełnić, wyrządzić niesprawiedliwość. Dopuścić się niesprawiedliwości. Panuje, dzieje się, stała się niesprawiedliwość. Krzycząca, czarna niesprawiedliwość «czyn, postępek krzywdzący kogoś w wysokim stopniu»

niestałość *ż V, blm* □ N. w czym, *rzad.* czego: Niestałość w uczuciach, zamiarach (uczuć, zamiarów).

niestworzony △ tylko w *pot.* wyrażeniach: Niestworzone rzeczy, historie, bajki «opowieści, historie zmyślone, nieprawdopodobne»

nie stworzony «taki, którego nie stworzono»: Zespół powstał samoistnie, nie stworzony przez nikogo.

nieswojo △ zwykle w zwrotach: Czuć się nieswojo; jest, zrobiło się komuś nieswojo «ktoś czuje się, poczuł się nie tak jak zwykle, obco, dziwnie, niewyraźnie»

nieswój *m-os.* nieswoi «czujący się nieswojo, zaniepokojony, zmieszany, niezupełnie zdrów»: Był jakiś nieswój, nie mógł sobie znaleźć miejsca. Czuł się w tym towarzystwie nieswój.

nie swój «cudzy»: Zabrał niechcący nie swój kapelusz.

niesymetryczność p. asymetria.

niesymetryczny a. **asymetryczny.**

niesyty *m-os.* niesyci «taki, który nie zaspokoił głodu; głodny»: Odszedł od stołu niesyty. △ Częściej w *przen.* «nie mający czegoś dość; nienasycony» □ N. czego: Był niesyty zaszczytów, pochwał.

Nieszawa *ż IV* «miasto» — nieszawianin *m V, D.* nieszawianina, *lm M.* nieszawianie, *D.* nieszawian — nieszawianka *ż III, lm D.* nieszawianek — nieszawski.

nieszczęsny *m-os.* nieszczęśni *książk., poet.* «nieszczęśliwy» △ *przen.* «z politowaniem o czymś niefortunnym, nieudanym»: Wyglądała fatalnie z tą nieszczęsną grzywką. Wydał ten nieszczęsny utwór dzięki protekcji.

nieszczęście *n I*: Brzemię, ogrom nieszczęść. Na kogoś walą się, spadają nieszczęścia. Opuścić kogoś w nieszczęściu. △ Na nieszczęście, trzeba nieszczęścia, że..., nieszczęście chciało, że..., *przestarz.*, *książk.*: nieszczęściem «niepomyślnym zbiegiem okoliczności; na domiar złego» △ Mieć nieszczęście robić coś, być gdzieś itp. «znajdować się w przykrym położeniu wskutek nie sprzyjających okoliczności»: Miałam nieszczęście być świadkiem tej sceny. △ *pot.* Jak nieszczęście, jak półtora nieszczęścia, jak siedem nieszczęść «używane w ekspresywnych, często żartobliwych porównaniach»: Brzydki jak nieszczęście, jak półtora nieszczęścia. Skrzywił się jak siedem nieszczęść.

nieszpory (*nie*: ten nieszpór) *blp, D.* nieszporów (*nie*: nieszpór): Pójść na nieszpory (*nie*: na nieszpór).

nieść *ndk XI*, niosę (*nie*: niesę), niesie, niósł (*nie*: niesł), niosła (*nie*: niesła), nieśli, nieśliśmy (p. akcent § 1a i 2), niesiony **1.** w zn. «o broni palnej: mieć siłę nadawania lotu pociskowi; bić, strzelać» □ N. bez dop. (z okolicznikiem miary): Strzelba niesie daleko. **2.** (zwykle w 3. os. lub *nieos.*) w zn. «zwracać w jakimś kierunku; gnać, pędzić (o jakimś impulsie, przymusie wewnętrznym)»: Niosło go coś przez ulice. Niosła ją tu radość i nadzieja. △ *nieos.* Niesie, niosło skądś czymś (wonią, wilgocią, zapachem itp.) «czuć (było) swąd, zapach, wilgoć, woń itp.»

nieśmiało, *przestarz.*, *poet.* **nieśmiele** *st. w.* nieśmielej a. bardziej nieśmiało.

nie śmieć p. II śmieć.

nieśpiesznie a. **niespiesznie** «nie śpiesząc się, powoli»: Nieśpiesznie wstał na jego powitanie.

nie śpieszno a. **nie spieszno** *przestarz.* dziś tylko orzeczeniowo w zwrocie: Komuś jest nie śpieszno «komuś się nie śpieszy»

nieśpieszny a. **niespieszny**: Potoczyła się nieśpieszna (niespieszna) rozmowa.

nieświadomy a. **nieświadom** (druga forma tylko w funkcji orzecznika lub przydawki okolicznikowej) **1.** *m-os.* nieświadomi «nie zdający sobie z czegoś sprawy» □ N. czego: Nieświadomy (nieświadom) niebezpieczeństwa. **2.** tylko: nieświadomy «powstały bez udziału świadomości, bezwiedny, mimowolny, nie uświadamiany, podświadomy»: Ruchy nieświadome.

Nieśwież *m II* (*nie*: ta Nieśwież), *D.* Nieświeża «miasto w ZSRR»: Mieszkać w Nieświeżu. — nieświeski.

nietknięty «zachowany w stanie nienaruszonym, cały; taki, którego badaniem nie zaczęto się jeszcze zajmować»: To nietknięta dziedzina nauki.

nie tknięty «taki, którego nie tknięto»: Jedzenie nie tknięte przez więźnia zabierano.

nietoperz (*nie*: nietopyrz) *m II, lm D.* nietoperzy, *rzad.* nietoperzów.

nie tylko p. tylko.

Nietzsche (*wym.* Nicze) *m* odm. jak przym., *D.* Nietzschego, *NMs.* Nietzschem: Filozofia Nietzschego.

nietzscheanizm (*wym.* niczeanizm) *m IV, D.* nietzscheanizmu, *Ms.* nietzscheanizmie (*wym.* ~izmie a. ~iźmie), *blm.*

nietzscheański (*wym.* niczeański) «taki jak u Nietzschego; zgodny z zasadami nietzscheanizmu»

nieubłagany *m-os.* nieubłagani, *st. w.* bardziej nieubłagany «nie dający się ubłagać; bezwzględny, bezlitosny»: Wierzyciel nieubłagany dla dłużników. △ *przen.* Nieubłagany los, czas.

nieuczony *m-os.* nieuczeni *wych. z użycia* «niewykształcony; niewymyślny, niewyszukany, prosty»: Byli to ludzie nieuczeni, ale znający życie. Głos miał nieuczony, ale piękny.

nie uczony «taki, którego nie uczono»: Mimo że przez nikogo nie uczona, potrafiła wszystko uszyć.

nieudany *m-os.* nieudani; *lepiej* niż: **nieudały** *m-os.* nieudali «taki, który się nie udał; chybiony, niefortunny»: Nieudana wycieczka popsuła nastrój.

nie udany «taki, który nie jest udawany; szczery, prawdziwy»: Przyjęli go z nie udaną radością. Nie udane zdziwienie.

nieufność *ż V, blm*: Budzić, wzbudzać w kimś nieufność. □ N. do kogo, czego (*nie*: dla kogo, czego): Jej nieufność do niego oddalała ich coraz bardziej. Nabrała nieufności do tej sprawy.

nieufny *m-os.* nieufni, *st. w.* bardziej nieufny: Trudno czuć się dobrze z ludźmi podejrzliwymi i nieufnymi. □ N. względem kogo, czego, wobec kogo (*nie*: komu, czemu, dla kogo, czego): Nieufny wobec nieznajomych. Nieufny względem własnych sił.

nieugaszony *książk.* «nie dający się ugasić; żywiołowy, niepowstrzymany»: Nieugaszone pragnienie. △ *przen.* Nieugaszony ogień namiętności.

nie ugaszony «taki, którego nie ugaszono»: Nie ugaszony pożar.

nieugięty *m-os.* nieugięci, *st. w.* bardziej nieugięty «niezłomny, nieustępliwy»: Nieugięty bojownik. Nieugięty charakter. Nieugięta wola.

nie ugięty «taki, którego nie ugięto»: Narciarz zjeżdżając miał nogi nie ugięte w kolanach.

nieuk *m III, lm M.* te nieuki *pogard.* «człowiek nie mający wiadomości potrzebnych w danej dziedzinie, nie chcący się uczyć; ignorant (także o kobiecie)»

nieunikniony «nie dający się uniknąć; niechybny, nieuchronny»: Zbliżała się nieunikniona katastrofa.

nieuprawniony *m-os.* nieuprawnieni «nie mający uprawnień»: Architekci nieuprawnieni nie mogą podpisywać projektów.

nie uprawniony «taki, którego do czegoś nie uprawniono»: Zawarł umowę nie uprawniony przez dyrektora.

nieuprzedzony *m-os.* nieuprzedzeni «bezstronny, obiektywny»: Nowy nieuprzedzony nauczyciel właściwie ocenił ucznia.

nie uprzedzony «taki, którego nie uprzedzono»: Nie uprzedzona o przyjściu gości nie miała ich czym poczęstować.

nieusłuchany *m-os.* nieusłuchani *pot.* «nieposłuszny, krnąbrny»

nie uspołeczniony 1. «mający bierny stosunek do środowiska społecznego, nieprzydatny społeczeństwu»: Jest człowiekiem nie uspołecznionym, myśli tylko o sobie. **2.** «nie będący własnością społeczną, państwową lub spółdzielczą, pozostający w rękach prywatnych»: Handel nie uspołeczniony.

nieustający «trwający ciągle; ustawiczny, ciągły, nieustanny»: Słychać było nieustający warkot samolotów. △ Rada Nieustająca.

nie ustający «taki, który nie ustaje od jakiegoś czasu»: Deszcz nie ustający od dwóch dni przestał wreszcie padać.

nieuwaga *ż III, blm* △ (Zrobić coś) przez nieuwagę: Przez nieuwagę nasypała soli do herbaty.

nieuzasadniony «niesłuszny, bezpodstawny»: Żywił do nas różne nieuzasadnione pretensje.

nie uzasadniony «taki, którego nie uzasadniono»: Podania nie uzasadnione przez petentów nie będą rozpatrywane.

nieużyteczny *książk.* «nie do użytku; nieprzydatny, bezużyteczny»: Nieużyteczne ofiary, wysiłki. Radio było zepsute, więc nieużyteczne. □ *N.* dla kogo, *rzad., przestarz.* n. — komu: Podręcznik za trudny i przez to nieużyteczny dla studentów. □ *N.* do czego: Metoda nieużyteczna do rozwiązywania jakichś problemów. || *U Pol. (2), 154.*

nieużytek *m III, lm M.* te nieużytki **1.** *D.* nieużytku, częściej w *lm* «ziemia leżąca odłogiem»: Zalesianie nieużytków. **2.** *D.* nieużytku «przedmiot nieużyteczny»: Skład nieużytków. **3.** *pot. D.* nieużytka «człowiek nieuczynny»: Straszny z niego nieużytek.

nieużytkowy *rzad.* «odnoszący się do nieużytków; nie uprawiany, leżący odłogiem»: Grunty nieużytkowe (*lepiej:* nieużytki). || *U Pol. (1), 154.*

nieużyty *m-os.* nieużyci «nieuczynny, nieżyczliwy»: W stosunku do otoczenia był nieużyty.

nie użyty «taki, którego nie użyto»: Sprzęt nie użyty w akcji należy zwrócić.

niewart *m-os.* niewarci (używane tylko w orzeczniku): Ten człowiek niewart ciebie. *Ale:* *pot.* Gra nie warta świeczki «o wysiłku nieproporcjonalnym do wyniku; szkoda zachodu»

nie warto: Nie warto ci się tak męczyć. Czy nie warto by pojechać na wieś?

niewąski *wiech.* «duży, niezwykły, nie byle jaki, nadzwyczajny» || *KP Pras.*

niewczesny «niewłaściwy, niestosowny, nie na miejscu, nie w porę»: Niewczesny żart, żal.

niewiadomy *m-os.* niewiadomi «taki, o którym się nic nie wie; nieznany» △ W odniesieniu do ludzi — *rzad.* (*częściej:* nieznany): Niewiadomy (*częściej:* nieznany) sprawca. Udał się w niewiadomym kierunku.

niewiadoma *ż odm. jak przym.:* Równanie z dwiema niewiadomymi. △ *przen.* Przyszłość była wielką niewiadomą.

niewiara *ż IV, CMs.* niewierze, *blm.*

niewiarogodny a. **niewiarygodny:** Niewiarogodna (niewiarygodna) szybkość. △ Niewiarogodne! «trudne do uwierzenia, nieprawdopodobne»

niewiasta *ż IV, CMs.* niewieście *przestarz.,* dziś *żart.* «kobieta»

niewidoczny *m-os.* niewidoczni «nie dający się dostrzec»: W gęstej mgle byli zupełnie niewidoczni. Ten szczyt jest z tego miejsca niewidoczny.

niewidomy *m-os.* niewidomi «tylko o ludziach: taki, który nie widzi (często w użyciu rzeczownikowym)»: Człowiek niewidomy. Prace wykonane przez niewidomych. || *D Kult. I, 189, 362. Por.* ociemniały.

niewidzialny *m-os.* niewidzialni «taki, którego (w ogóle, nigdy) nie można zobaczyć; niewidoczny»: Zdawało im się, że krążą wokół nich jakieś niewidzialne duchy.

niewiele 1. *m-nieos., n* i *ż, DCMs.* niewielu, *B.* = *M.;* *N.* niewieloma a. niewielu; *m-os.* w funkcji mianownika (podmiotu) — niewielu, np. Niewielu (*nie:* niewiele) kolegów go odwiedziło; *B.* = *D.* «liczebnik nieokreślony oznaczający niewielką ilość, liczbę czegoś, wielkość, stopień nasilenia czegoś» Liczebnik *niewiele* (*m-nieos., n* i *ż*) lub *niewielu* (*m-os.*) + rzecz. w dopełniaczu w funkcji podmiotu łączy się z orzeczeniem w formie 3. os. *lp.* rodzaju nijakiego (zgodnie ze schematem połączeń: rzecz. z liczebnikami powyżej pięciu + orzeczenie): Niewiele osób o tym słyszało. Niewielu żołnierzy mogło sobie na to pozwolić. △ W połączeniu z przyimkami rządzącymi biernikiem poprawna jest forma *'niewiele* + rzecz. w dopełniaczu; w połączeniu z przyimkami rządzącymi narzędnikiem — forma *niewielu* a. *niewieloma* + rzecz. w narzędniku; po innych przyimkach — forma *niewielu* + rzecz. w takim przypadku *lm,* jakiego wymaga dany przyimek, np.: Ten zapas starczy ci na niewiele lat. Od dawna spotyka się z niewielu (z niewieloma) osobami. W niewielu sprawach decydował się tak szybko.
2. *ndm* «przysłówek» W połączeniu z czasownikami, przymiotnikami, przysłówkami (lub wyrażeniami z przyimkiem o charakterze okolicznika) — oznacza niewielki stopień nasilenia lub zakres zastosowania czegoś, np.: Niewiele się zmienił przez te lata. Choć niewiele od niego starszy, był znacznie poważniejszy.

niewierzący «nie wyznający żadnej religii»: Światopogląd ludzi niewierzących. △ Często w użyciu rzeczownikowym: Dyskusja między niewierzącymi a wierzącymi.

nie wierzący «nie dający wiary (czemuś, komuś)»: Człowiek nie wierzący w przyjaźń.

nie winien p. winien.

niewinny *m-os.* niewinni, *st. w.* bardziej niewinny **1.** «taki, który nie zawinił»: Zgubisz niewinnego człowieka. Ależ on jest niewinny! □ *rzad. N.* czemu: Niewinna była temu nieszczęściu (*częściej:* nie była winna temu nieszczęściu). **2.** «nieświadomy złego; naiwny»: Niewinna minka. **3.** «nieszkodliwy, niegroźny, błahy»: Niewinne skaleczenie.

niewłaściwy *m-os.* niewłaściwi, *st. w.* bardziej niewłaściwy, *rzad.* niewłaściwszy «nieodpowiedni»: Niewłaściwe zachowanie. □ *N.* komu, czemu «sprzeczny z czyimś charakterem»: Było to zupełnie niewłaściwe jej naturze.

niewola *ż I, blm* △ Wziąć kogoś do niewoli. Dostać się do niewoli, powrócić z niewoli. △ *przen.*

Wziąć kogoś w niewolę. Tatry wzięły jego duszę w niewolę.

niewolić *ndk VIa*, niewól, niewoliliśmy (p. akcent § 1a i 2) — **zniewolić** *dk przestarz., książk.* □ N. kogo, co — do czego «zmuszać, przymuszać»: Zniewolono ją do małżeństwa. □ N. kogo, co — czym «zjednywać, zdobywać»: Wszystkich zniewoliła swoją dobrocią.

niewód *m IV, D.* niewodu: Zapuścić, zarzucić niewód. △ Łowić ryby przed niewodem «cieszyć się przedwcześnie ze spodziewanych korzyści»

niewspółmierny □ N. do czego a. z czym: Zyski niewspółmierne do strat. Stopa życiowa niewspółmierna do zarobków (z zarobkami).

niewyczerpany *m-os.* niewyczerpani «nie dający się wyczerpać; obfity, nieprzebrany»: Niewyczerpane zasoby, bogactwa. □ N. w czym: Ktoś niewyczerpany w pomysłach.
nie wyczerpany 1. «taki, którego nie wyczerpano»: Drugi nakład książki jest jeszcze nie wyczerpany. 2. «nie zmęczony»: Nie wyczerpany podróżą.

niewygoda *ż IV, lm D.* niewygód, częściej w *lm*: Niewygody podróży.

niewygodny *st. w.* niewygodniejszy, *częściej*: bardziej niewygodny 1. «nie zapewniający wygody; niedogodny»: Niewygodne buty. □ N. dla kogo (*nie*: n. komu): Taki obrót sprawy był dla niego (*nie*: mu) bardzo niewygodny. 2. *m-os.* niewygodni «stojący komuś na zawadzie»: Pozbyć się niewygodnych rywali.

niewykluczony «prawdopodobny, możliwy»: Nasz wyjazd jest niewykluczony.
nie wykluczony «taki, którego skądś nie wykluczono»: Dotąd nie wykluczony z klubu, odwiedzał go nadal.

niewykształcony *m-os.* niewykształceni «nie mający wykształcenia»: Był człowiekiem prostym, niewykształconym.
nie wykształcony «taki, który się jeszcze nie wykształcił; nie uformowany, nie ukształtowany»: Nie wykształcony dostatecznie w swoim fachu. Zrywał gałązki z owocami jeszcze nie wykształconymi.

niewymagający «nie mający dużych wymagań, skromny; pobłażliwy»: Niewymagający nauczyciel.
nie wymagający «nie dopominający się o coś»: Pracował doskonale, zawsze chętny, nigdy nie wymagający większej zapłaty.

niewymowny *książk.* «ogromny, niezmierny»: Niewymowne cierpienie. Niewymowna radość.

niewymuszony «naturalny, swobodny, niesztuczny»: Niewymuszony styl. Niewymuszona wesołość.
nie wymuszony «uzyskany dobrowolnie, nie pod przymusem»: Ważne są tylko zeznania nie wymuszone.

niewypał *m IV, D.* niewypału: Saperzy zbierali niewypały z okresu wojny. △ *przen. pot.* Sztuka okazała się niewypałem.

niewyparzony tylko w *posp.* wyrażeniach: Niewyparzony język, pysk; niewyparzona gęba itp. **a)** «o ordynarnym sposobie mówienia» **b)** «o człowieku mówiącym ordynarnie»

nie wyparzony «taki, którego nie wyparzono gorącą wodą»: Ubijali kapustę w beczkach nie wyparzonych należycie.

niewypowiedziany *książk.* «nie dający się wyrazić; nadzwyczajny, ogromny»: Niewypowiedziany zapał. Niewypowiedziana tęsknota.
nie wypowiedziany «taki, którego nie wypowiedziano»: Kontrakt nie wypowiedziany w terminie przedłuża się na rok następny.

niewysłowiony *książk.* «nie dający się wyrazić słowami; nadzwyczajny, niezmierny»: Niewysłowiona cisza, błogość. Niewysłowiony czar.

niewystarczająco: Opracował temat niewystarczająco.

niewystarczający «nie odpowiadający wymaganiom; niezadowalający, niedostateczny»: Niewystarczający dowód winy.
nie wystarczający «taki, którego na coś nie wystarcza»: Ilość złota nie wystarczająca na pierścionek.

niewyszukany «prosty, zwykły»: Niewyszukane potrawy.
nie wyszukany «taki, którego nie wyszukano»: Zbierała w pośpiechu nie wyszukane na czas książki.

niewytłumaczony «nie dający się wytłumaczyć; dziwny, zagadkowy»: Niewytłumaczona niechęć do kogoś.
nie wytłumaczony «taki, którego nie wytłumaczono»: Zadanie nie wytłumaczone przez nauczycielkę.

niewzruszony *m-os.* niewzruszeni «nie dający się wzruszyć, naruszyć; nieugięty, niezachwiany»: Niewzruszony spokój. Stał zimny i niewzruszony jak posąg.
nie wzruszony «taki, którego nikt nie wzruszył»: Nie wzruszony jej łzami, odszedł.

niezabudka *ż III, lm D.* niezabudek *reg.* «niezapominajka»

niezachwiany «nie dający się zachwiać, podważyć; stały»: Niezachwiana pewność. Niezachwiany sąd o czymś.
nie zachwiany «taki, który nie został zachwiany»: Sosny stały, nie zachwiane najmniejszym powiewem wiatru.

niezadługo *wych. z użycia* «po upływie krótkiego czasu; wkrótce, niebawem»: Dał znać listem, że niezadługo sam przybędzie.
nie za długo «niezbyt długo; nie dłużej niż trzeba»: Siedźcie tam nie za długo! (*częściej*: nie siedźcie tam za długo!). || D Kult. I, 312.

niezadowolenie (*nie*: niezadowolnienie) *n I*, zwykle *blm*: Okazać, budzić niezadowolenie.

niezadowolony (*nie*: niezadowolniony) *m-os.* niezadowoleni □ N. z kogo, z czego: Była niezadowolona z tej wizyty.
nie zadowolony *rzad.* «taki, którego nie zadowolono, nie zaspokojono»: Próżność jego, nie zadowolona przez otoczenie, cierpiała. □ Nie z. czym: Był nie zadowolony takim upominkiem, żądał jeszcze kosztowniejszych.

niezakłócony «nie dający się zakłócić; spokojny»: Panowała niezakłócona zgoda.

nie zakłócony «taki, którego nie zakłócono»: Niczym nie zakłócona cisza działała na nich kojąco.

niezależny *st. w.* bardziej niezależny, *m-os.* niezależni: Niezależny człowiek, umysł. Niezależne państwo. □ N. od kogo, czego: Trudno kogoś winić za to, co jest od niego niezależne.

niezamącony p. niezmącony.

niezamężna (*nie*: nieżonata) *ż* odm. jak przym., *D.* niezamężnej (*nie*: niezamężny): Woleli przyjmować do pracy kobiety niezamężne.

niezamieszkały 1. *lepiej*: nie zamieszkany «taki, w którym a. na którym nikt nie mieszka»: Niezamieszkały (*lepiej*: nie zamieszkany) dom. Niezamieszkałe (*lepiej*: nie zamieszkane) obszary. **2.** «nie mieszkający gdzieś»: Obywatele niezamieszkali w naszym mieście nie mają tych obowiązków.

nie zamieszkany «taki, w którym a. na którym nikt nie mieszka»: Nie zamieszkana wyspa. Nie zamieszkany dom.

niezapomniany *m-os.* niezapomniani «nie dający się zapomnieć; pamiętny»: Niezapomniane przeżycia.

nie zapomniany «taki, którego nie zapomniano»: Z trudem mówił po francusku, szukając w pamięci jeszcze nie zapomnianych słów.

niezaprzeczony a. **niezaprzeczalny** «nie dający się zaprzeczyć; bezsporny, oczywisty»: Niezaprzeczony (niezaprzeczalny) fakt. Mieć do czegoś niezaprzeczone prawo.

nie zaprzeczony «taki, który nie został zaprzeczony»: Twierdzenie nie zaprzeczone przez naukowców.

niezatarty «nie dający się zatrzeć; trwały»: Niezatarte wspomnienia.

nie zatarty «taki, którego nie zatarto»: Nie zatarte dobrze ślady na piasku mogły nas zdradzić.

niezawisły *m-os.* niezawiśli, *st. w.* bardziej niezawisły *książk.* «od nikogo, od niczego niezależny; niepodległy»: Sędziowie są niezawiśli. □ N. od czego: Prawa niezawisłe od naszej woli. Kraj niezawisły od obcych mocarstw.

niezbadany «nie dający się zbadać, tajemniczy»: Niezbadana przyszłość. Niezbadane losy.

nie zbadany «taki, którego nie zbadano»: Pozostało jeszcze trzech pacjentów nie zbadanych przez lekarza.

niezbędny *m-os.* niezbędni, *st. w.* niezbędniejszy a. bardziej niezbędny: Zabrać najniezbędniejsze rzeczy. □ N. dla kogo a. komu: To jest mi (a. dla mnie) niezbędne do życia. □ N. do czego a. dla czego: Nauka była niezbędna dla (a. do) osiągnięcia tego celu. *Por.* nieodzowny.

niezbity «taki, którego nie można zbić, obalić; pewny»: Niezbity argument, dowód, fakt, pewnik.

nie zbity «taki, którego nie zbito»: Deski nie zbite gwoździami. Pozostała tylko jedna nie zbita filiżanka.

niezborność *ż V, blm*; in. astygmatyzm.

niezdara *ż* a. *m* odm. jak *ż IV, M.* ten niezdara a. ta niezdara (także o mężczyznach), *lm M.* te niezdary, *D.* niezdarów (tylko o mężczyznach) a. niezdar, *B.* tych niezdarów (tylko o mężczyznach) a. te niezdary.

niezdarny *m-os.* niezdarni, *st. w.* bardziej niezdarny: Niezdarni chłopcy. Niezdarna dziewczyna. Niezdarne ruchy.

niezdarzony *m-os.* niezdarzeni *pot., częściej*: niewydarzony: To dziecko jest jakieś niezdarzone.

niezdatny *m-os.* niezdatni □ N. do czego (*nie*: dla czego): Ktoś niezdatny do pracy. Woda niezdatna do picia. □ N. na co: Skóra niezdatna na buty.

niezdobyty «niemożliwy do zdobycia; niezwyciężony, niepokonany»: Niezdobyta twierdza.

nie zdobyty «taki, którego nie zdobyto»: Nieprzyjaciel odstąpił od miasta, nie zdobytego mimo wielokrotnych ataków. // D Kult. I, 804.

niezdolny *m-os.* niezdolni: Niezdolny uczeń. □ N. do czego: Niezdolny do służby wojskowej. □ N. + bezokol. + rzecz. w dopełniaczu: Stał, niezdolny zrobić kroku. Milczał, niezdolny wykrztusić słowa.

niezdrowy *m-os.* niezdrowi; a. **niezdrów** (druga forma używana tylko w funkcji orzecznika): Od dwóch dni jest niezdrów. Niezdrowa cera. Niezdrowy klimat.

niezgoda *ż IV*, zwykle *blm*: Być w niezgodzie z kimś, czymś. □ N. między kim (a kim): Niezgoda między sąsiadami, między rodzicami a dziećmi.

niezgodny *m-os.* niezgodni: Niezgodne małżeństwo. □ N. z czym «nie odpowiadający czemuś, sprzeczny z czymś»: Czyn niezgodny ze słowami.

niezgorej (*nie*: niezgorzy) *pot.* «dość dobrze; nienajgorzej»: Mimo podeszłego wieku czuł się niezgorej.

niezgrabiasz *m II, lm D.* niezgrabiaszy, *rzad.* niezgrabiaszów.

niezgrabny *m-os.* niezgrabni, *st. w.* niezgrabniejszy a. bardziej niezgrabny: Niezgrabne nogi. □ N. w czym (kiedy się wymienia czynność): Dziewczyna niezgrabna w tańcu. □ *wych. z użycia* N. do czego: (kiedy się wymienia narzędzie czynności): Niezgrabny do szabli, do igły.

nieziszczalny (*wym.* niez-iszczalny) *książk.*: Nieziszczalne obietnice, marzenia.

niezliczony «bardzo liczny»: Niezliczone tłumy.

nie zliczony «taki, którego nie zliczono, nie policzono»: Nie zliczone (*częściej*: nie policzone) dokładnie pieniądze wsunęła do szuflady.

niezłożony «nieskomplikowany, prosty»: Niezłożony problem.

nie złożony «taki, którego nie złożono»: Pieniądze nie złożone w banku, przepadły.

niezmącony, *rzad.* **niezamącony** «spokojny, nienaruszony»: Niezmącona cisza. Niezmącony spokój.

nie zamącony a. **nie zmącony** «taki, którego nie zmącono (nie zamącono)»: Źródło było przejrzyste, nie zmącone przez nikogo.

niezmierzony, *częściej*: **niezmierny** *książk.* «wielki»: Niezmierzona tęsknota. Niezmierny ból.

nie zmierzony «taki, którego nie zmierzono»: Jezioro, nie zmierzone dokładnie, wydawało się bardzo głębokie.

niezmyty

niezmyty «nie dający się zmyć, usunąć»: Wieczna, niezmyta hańba.

nie zmyty «taki, którego nie zmyto»: Nie zmyta podłoga upstrzona była plamami.

nieznajomy *m-os.* nieznajomi (tylko w odniesieniu do osób; często w użyciu rzeczownikowym): Nieznajomy przybysz. Nieznajoma twarz (tj. twarz nieznajomego). □ *wych. z użycia* N. komu: To człowiek zupełnie mi nieznajomy (dziś *raczej*: nieznany). □ *niepoprawne* N. z czym w zn. «nie znający czego», np. Nieznajomy z tą pracą (*zamiast*: Nie znający tej pracy). || *KJP 425.*

nieznany *m-os.* nieznani «nie widziany, nie spotykany, obcy; nie wiadomo który, niewiadomy»: Nieznany osobnik. Nieznane miasto. Nieznany gatunek brzozy. △ Grób Nieznanego Żołnierza.
nie znany «taki, którego ktoś nie zna» □ N. komu: To osoba nie znana ani mnie, ani tobie.

niezrażony *m-os.* niezrażeni «nie dający się zrazić; wytrwały»: Pracował pilnie, niezrażony, cierpliwy, aż osiągnął swój cel.
nie zrażony «taki, którego nie zrażono»: Nie zrażony jej miną, mówił dalej.

niezręczny *m-os.* niezręczni, *st. w.* bardziej niezręczny a. niezręczniejszy: Niezręczne ruchy. □ N. do czego: Niezręczny do precyzyjnych robót. △ *wych. z użycia*: Niezręczny do szabli, do igły. □ N. w czym: Była niezręczna w tańcu.

niezrozumiały: Niezrozumiały język. □ N. dla kogo: Wykład był dla mnie zupełnie niezrozumiały.

niezrównany *m-os.* niezrównani «doskonały, nadzwyczajny»: Niezrównany talent. Niezrównany zawodnik.
nie zrównany «taki, którego nie zrównano»: Grządki nie zrównane grabiami.

niezrównoważony *m-os.* niezrównoważeni «lekkomyślny, chwiejny, zmienny»: Niezrównoważony młodzieniec. Niezrównoważony umysł.
nie zrównoważony «taki, którego nie zrównoważono»: Straty nie zrównoważone zyskami obciążyły nasz budżet.

niezwalczony «nie dający się zwalczyć; niezwyciężony, nieprzeparty»: Niezwalczona chęć snu. Niezwalczone przeszkody.
nie zwalczony *rzad.* «taki, którego nie zwalczono»: Zarazki, nie zwalczone przez leki, pokonały chory organizm.

niezwłoczny: Prosimy o niezwłoczną (a. bezzwłoczną) odpowiedź.

niezwyciężony *m-os.* niezwyciężeni «nie dający się zwyciężyć; niepokonany»: Niezwyciężony rycerz. Niezwyciężona armia.
nie zwyciężony «taki, którego nie zwyciężono»: Wróg, nie zwyciężony dotychczas, wreszcie skapitulował.

nigdy (używane tylko z czasownikami zaprzeczonymi): Nigdy nie był za granicą. △ *nigdy* — jako równoważnik zdań, np. Inni bawią się, odpoczywają — a my nigdy. △ Jak nigdy «bardziej niż kiedykolwiek (wyrażenie ekspresywne)»: Był smutny jak nigdy.

nigdzie (używane tylko z czasownikami zaprzeczonymi): Nigdzie nie bywam. Nigdzie mi się nie spieszy. △ W użyciu orzeczeniowym z rzecz. w dopełniaczu, np. Schodził całe miasto — nigdzie pracy, nigdzie żadnego zajęcia.

Niger *m IV,* D. Nigru 1. «państwo w Afryce» — Nigerczyk *m III, lm M.* Nigerczycy — Nigerka *ż III, lm D.* Nigerek.
2. (w połączeniu z wyrazem: rzeka — także *ndm*) «rzeka w Afryce»: Płynąć po Nigrze (po rzece Niger). — nigerski.

Nigeria (*wym. przestarz.* Nigieria) *ż I, DCMs.* Nigerii «państwo w Afryce» — Nigeryjczyk *m III, lm M.* Nigeryjczycy — Nigeryjka *ż III, lm D.* Nigeryjek — nigeryjski.

nihilizm *m IV,* D. nihilizmu, *Ms.* nihilizmie (*wym.* ~izmie a. ~iźmie), *blm.*

nijak (w połączeniach z zaprzeczonym czasownikiem *móc*) *posp., lepiej*: w żaden sposób: Nijak (*lepiej*: w żaden sposób) nie mogę sobie z nim poradzić. || *D Kult. II, 238.*

***nijaki rodzaj** p. rodzaj gramatyczny.

-nik p. -ik

NIK (*wym.* nik) *m III,* D. NIK-u, *Ms.* NIK-iem, *rzad. ż ndm* «Najwyższa Izba Kontroli»: NIK przeprowadził (przeprowadziła) kontrolę w przedsiębiorstwie. Pracować w NIK-u (w NIK). Porozumieć się z NIK-iem (z NIK).

Nikaragua (*wym.* Nikaragu-a) *ż I, DCMs.* Nikaragui, *B.* Nikaraguę, *W.* Nikaraguo, *N.* Nikaraguą 1. «państwo w Ameryce» — Nikaraguańczyk *m III, lm M.* Nikaraguańczycy — Nikaraguanka *ż III, lm D.* Nikaraguanek.
2. (w połączeniu z wyrazem: jezioro — także *ndm*) «jezioro w Ameryce»: Wody Nikaragui (*częściej*: jeziora Nikaragua). — nikaraguański.

nikiel (*nie*: nikel) *m I,* D. niklu, *blm.*

niknąć *ndk Va* a. *Vc,* niknął (*wym.* niknoł) a. nikł; nikła a. nikła; niknęła (*wym.* niknęła) a. nikła; nikliśmy a. niknęliśmy (*wym.* nikliśmy, niknęliśmy, p. akcent § 1a i 2) — **zniknąć** *dk*: Mgła nikła. Oddalał się szybko i wkrótce znikł nam z oczu.

Nikobar *m IV,* D. Nikobaru, częściej w *lm* Nikobary (a. Wyspy Nikobarskie) «wyspy na Oceanie Indyjskim»: Statek zbliżał się do Nikobarów. Wielki Nikobar, Mały Nikobar. — Nikobarczyk *m III, lm M.* Nikobarczycy — Nikobarka *ż III, lm D.* Nikobarek — nikobarski (p.).

nikobarski: Ludność nikobarska (*ale*: Wyspy Nikobarskie).

Nikozja *ż I* 1. «kraj na Cyprze» 2. «stolica Cypru» — Nikozyjczyk (p.) — Nikozyjka (p.) — nikozyjski.

Nikozyjczyk *m III, lm M.* Nikozyjczycy 1. «mieszkaniec Nikozji — kraju na Cyprze»
2. nikozyjczyk «mieszkaniec Nikozji — stolicy Cypru»

Nikozyjka *ż III, lm D.* Nikozyjek 1. «mieszkanka Nikozji — kraju na Cyprze»
2. nikozyjka «mieszkanka Nikozji — stolicy Cypru»

nikt *DB.* nikogo, *C.* nikomu, *NMs.* nikim; *pot. ekspresywne: DB.* nikogutko, nikoguteńko, nikogusieńko «żadna osoba; zaimek przeczący, zastępuje rzeczowniki rodzaju męskiego, żeńskiego, nijakiego i zaimki rzeczowne, łączy się z przymiotnikiem w rodzaju męskim; jest używany tylko z czasownikami zaprzeczonymi»: Nikt inny tego nie zrobi. Nikt się o ciebie nie pytał. Zna te okolice, jak nikt. Nikt z obecnych go nie widział. Nikt z mężczyzn (a. żaden z mężczyzn); *ale* tylko: żadna z kobiet, żadne z dzieci (*nie*: nikt z kobiet, nikt z dzieci). △ Nikt (inny) ... (jak) tylko...: Nikt (inny) tego nie zrobił (jak) tylko on.

Nil *m I, D.* Nilu **1.** «rzeka» △ Nil Biały. Nil Błękitny. — nilowy.
2. nil, *lm D.* nilów «rodzaj kroju czcionek drukarskich»

I nim p. on.

II nim nieco *książk.* p. zanim.

nimb *m IV, D.* nimbu; in. aureola: Nimb świętości. △ *przen.* Nimb sławy. Chodzić w nimbie bohaterstwa.

niniejszy *książk., urz.* «ten właśnie»: Niniejszy artykuł stanowi streszczenie obszerniejszej pracy pod tym samym tytułem.
niniejszym *urz.* «w tej oto chwili, tym aktem, wystąpieniem»: Przedstawiwszy potrzebny dokument niniejszym przystępuję do spółki. Zaświadczam niniejszym, że...

Niobe *ż ndm*: Posąg Niobe.

niski *m-os.* niscy, *st. w.* niższy △ Niskie (*nie*: tanie) ceny. △ Nadużywane w zn. «zajmujący podrzędne miejsce w jakiejś hierarchii, mający małą wartość», np. Niska (*lepiej*: mała) wytrzymałość materiałów; niska (*lepiej*: mała) wydajność pracy.

nisko *st. w.* niżej: Nisko zawieszona lampa. Pochylić się nisko. △ *przen.* Nisko kogoś cenić.

nisko- «pierwszy człon przymiotników złożonych, pisany łącznie» **a)** «wskazujący na niewielką wysokość tego, co określa druga część złożenia», np. niskopienny (niskopienne drzewa).
b) «wskazujący na małą zawartość czegoś lub słabe natężenie cechy tego, co określa druga część złożenia», np.: niskokaloryczny, niskoprocentowy. △ Wyrażenia, których pierwszym członem jest przysłówek a drugim imiesłów, pisze się rozdzielnie, np.: nisko położony, nisko zawieszony.

Nisko *n II* «miasto» — niżanin *m V, D.* niżanina, *lm M.* niżanie, *D.* niżan — niżanka *ż III, lm D.* niżanek — niżański.

niskokaloryczny, *lepiej*: małokaloryczny.

ni stąd, ni zowąd p. ni.

Nisz *m II, D.* Niszu «miasto w Jugosławii» — niszanin *m V, D.* niszanina, *lm M.* niszanie, *D.* niszan — niszanka *ż III, lm D.* niszanek — niszański.

niszczeć *ndk III,* niszczałby (p. akcent § 4c) «ulegać działaniu czasu; marnieć, psuć się; niszczyć się»: Budynki bez gospodarzy niszczały.

niszczyć *ndk VIb,* niszczyliśmy (p. akcent § 1a i 2) — **zniszczyć** *dk* «powodować psucie się, marnie-

nie czegoś; unicestwiać, niweczyć coś»: Niszczyć ubranie, lasy. Wróg niszczył kraj.
niszczyć się — zniszczyć się: Pantofle szybko mi się zniszczyły.

nit *m IV, D.* nitu: Spoić coś nitami.

nitka *ż III, lm D.* nitek: Kolorowa, biała nitka. △ Używane w wielu *pot.* zwrotach, np. Zmoknąć do nitki (*nie*: do suchej nitki) «bardzo zmoknąć, przemoczyć ubranie» △ Nie zostawić na kimś suchej nitki «obmówić kogoś nie uznając w nim żadnej cechy dodatniej» △ Zgrać się, obedrzeć kogoś itp. do (ostatniej) nitki «zgrać się całkowicie, sprzedać coś komuś bardzo drogo, wyciągnąć od kogoś dużą sumę pieniędzy» △ Dojść po nitce do kłębka «dojść do czegoś kierując się śladami, wskazówkami»

nitro- «pierwszy człon wyrazów złożonych wskazujący na zawartość azotu w tym, co określa druga część złożenia (pisane łącznie)», np.: nitrogliceryna, nitrobakterie.

Nitsch (*wym.* Nicz) *m III, D.* Nitscha, *lm M.* Nitschowie: Prace dialektologiczne Kazimierza Nitscha.
Nitsch *ż ndm* — Nitschowa *ż odm. jak przym.* — Nitschówna *ż IV, D.* Nitschówny, *CMs.* Nitschównie (*nie*: Nitschównej), *lm D.* Nitschówien.

niuans *m IV, D.* niuansu, *lm M.* niuanse, zwykle w *lm*: Niuanse dźwiękowe. Niuanse barw.

niuton *m IV, D.* niutona (skrót: N): Siła jednego niutona, pięciu niutonów.

niwa *ż IV przestarz.* (dziś z odcieniem literackości) «pole, łan»: Złote niwy dojrzałej pszenicy. △ *przen. wych. z użycia, podn.* «dziedzina działalności»: Pracować na niwie społecznej, pedagogicznej.

niwelator *m IV* **1.** *lm M.* niwelatorzy «człowiek zajmujący się niwelacją terenu» **2.** *lm M.* niwelatory «przyrząd geodezyjny»

niwelować *ndk IV,* niwelowaliśmy (p. akcent § 1a i 2) — **zniwelować** *dk* «doprowadzać do jednego poziomu, wyrównywać»: Niwelować teren. △ *przen.* Niwelować różnice. △ *niepoprawne* w zn. «usuwać», np. Niwelować (*zamiast*: usuwać) braki.

nizina *ż IV*: Miasto leżało na nizinie. Przenieść się z miejscowości górskich na niziny. △ W nazwach dużą literą: Nizina Polska, Nizina Sandomierska, Wielkopolska itd.

nizinny, *rzad.* (w terminologii specjalnej) **nizinowy**: Nizinna okolica. Nizinne łąki. Nizinne bydło. Drzewa nizinowe.

ni z tego, ni z owego p. ni.

niźli *przestarz.* p. II niż.

I niż *m II, D.* niżu, *lm D.* niżów **1.** «rozległy obszar nizinny; nizina»: Roślinność występująca na niżu. △ W nazwach dużą literą: Niż Syberyjski, Europejski. **2.** «obszar niskiego ciśnienia barometrycznego»: Nad Polską zalega głęboki niż.

II niż «spójnik oznaczający różnicę stopnia nasilenia porównywanych ze sobą określeń, cech, stanów, czynności; używany w związkach z przymiotnikami i przysłówkami w stopniu wyższym oraz z innymi wyrazami oznaczającymi porównywanie, wybór»: Jest lepszy, niż myślałem. Zachowywał się inaczej niż zwykle. Wolę pić niż jeść. △ Przy porównaniach używamy po stopniu wyższym spójnika *niż*, a po stopniu równym spójnika *jak*, np. Dobry jak ty, *ale*: lepszy niż (*nie*: jak) ty. △ Natomiast po wyrażeniach z przeczeniem używamy zarówno spójnika *niż*, jak i spójnika *jak*: Czuł się nie gorzej niż (jak) dawniej. △ Spójnika *niż* wymaga zawsze schemat składniowy przymiotnika *inny* niezależnie od tego, w jakim stopniu jest użyty, np. Miała inne życie niż (*nie*: jak) ja. △ *Niż* jest koniecznym składnikiem schematu rządu czasownika *woleć*, np. Wolę reportaże niż (*nie*: jak) powieści. △ *Niż* poprzedza się przecinkiem tylko wtedy, gdy rozpoczyna nowe zdanie, np. Przyniósł więcej, niż obiecywał. △ *Niż* poprzedzające tylko człon zdania nie wymaga przecinka; np. Wolał kino niż teatr. △ Bardziej... niż... «w większym stopniu... niż...»: Była bardziej przyjaciółką niż opiekunką córki. △ Więcej... niż... **a)** «o większej liczbie, ilości czegoś w porównaniu z czymś innym»: Wydawało się, że jest ich więcej, niż było w istocie. **b)** «dodane do jakiegoś określenia — wzmacnia je»: Była dla mnie więcej niż miła. △ Nie więcej niż... «w przybliżeniu (przy czym podaje się górną granicę»: Zostało nam nie więcej niż kilka minut. △ Raczej... niż... «po wyrazach oznaczających wybór, decyzję itp.» — oznacza opowiedzenie się za pierwszym z członów alternatywy»: Postanowili raczej zginąć niż się poddać. ‖ GPK Por. 242; KJP 374; U Pol. (2), 371; Por. jak.

niżej *st. w.* od: nisko ☐ N. niż (*nie*: jak) kto, co a. n. od kogo, czego: Stoi niżej niż (*nie*: jak) ja (a. niżej ode mnie). △ Ludzie niżej (a. nisko) postawieni. △ *urz.* Niżej podpisany, wymieniony «podpisany pod tekstem, wymieniony w dalszej części tekstu»

niżeli *przestarz.* p. II niż.

Niżowiec *m II*, D. Niżowca, *lm M.* Niżowcy «Kozak zamieszkały na Niżu Dnieprowym»

niższy *st. w.* od niski ☐ N. niż (*nie*: jak) kto, co a. n. od kogo, czego: To drzewo jest niższe od tamtego a. niższe niż (*nie*: jak) tamto. △ Izba niższa «w parlamencie dwuizbowym: izba posłów, w przeciwieństwie do senatu, izby lordów» △ (Naj)niższe posługi «prace służebne (zwykle w gospodarstwie domowym, przy chorym itp.) wymagające dużego wysiłku fizycznego, upokarzające»

NKWD (*wym.* enkawude, p. akcent § 6) *n ndm* «skrót rosyjskiej nazwy Ludowego Komisariatu Spraw Wewnętrznych»: NKWD przekształciło się w ministerstwo spraw wewnętrznych ZSRR. — *pot.* NKWD-zista a. enkawudzista *m odm. jak ż IV, lm M.* NKWD-ziści (enkawudziści), D. NKWD-zistów (enkawudzistów) — NKWD-owski a. enkawudowski.

nn p.: dzielenie wyrazów, podwojone głoski.

N.N. (*wym.* enen) «skrót łacińskiego wyrażenia: *nomen nescio* (*wym.* nesc-jo; = imienia nie znam), pisany z kropkami, używany dla oznaczenia kogoś nieznanego, zwykle na nagrobkach osób poległych o nieznanym nazwisku, dawniej także w metrykach dzieci nieznanego ojca; (ktoś) nieznany»

no «partykuła o charakterze ekspresywnym i potocznym, pisana rozdzielnie, nie mająca samodziel-

nego akcentu (przyłączająca się pod względem akcentu do wyrazu poprzedzającego)»: **1.** «używana jako wzmocnienie trybu rozkazującego (lub jego równoważników znaczeniowych), niekiedy z odcieniem nalegania, perswazji; umieszczana po formach trybu rozkazującego lub przed nimi»: Stój no. Cicho no! No, idź! No, chłopcy, dalej! △ Po *no* użytym przed wołaczem i wykrzyknieniem stawia się przecinek. △ *No* wzmacniające tryb rozkazujący może wyrażać warunek, możliwość, przypuszczenie, powiązanie przyczynowe, niekiedy z odcieniem pogróżki, np.: Czekaj, niech no ojciec przyjdzie, to zobaczysz! Popatrz no, patrzcie no itp. «zwroty wyrażające zdziwienie, zaskoczenie, niespodziankę»
2. «używana dla nadania charakteru ekspresywnego zdaniom lub ich częściom nie zawierającym form trybu rozkazującego, często wiążąca zdanie lub jego człon ze zdaniem poprzedzającym (po *no* tak użytym stawiamy zawsze przecinek)»: Idziecie już? No, to do widzenia. Nie wiedziałem, co odpowiedzieć; no, ale jakoś wybrnąłem. No, dość tego gadania! △ No nie **a)** «(z intonacją twierdzącą) żywe zaprzeczenie»: Nie masz samochodu? — No nie, za co miałem go kupić? **b)** *pot.* «(z intonacją pytajną) zachęta do potwierdzenia treści wypowiedzi przez rozmówcę»: To fajny chłopak, no nie? △ No, no **a)** «wzmocnione *no* podkreślające podziw, uznanie lub zdziwienie»: Aleś wyrosła, no, no! **b)** «wzmocnione *no* będące pogróżką lub sprzeciwem»: Wynoś się! — No, no, tylko nie tym tonem! △ A no **a)** «wzmocnione *no*, często wyrażające determinację»: Zrobisz tak? — A no, spróbuję! **b)** *pot.* i *gw.* «(żywe potwierdzenie) tak jest»: Byłeś tam? — A no! (w tej funkcji jest używane także samo *no*: To twoja piłka? — No.)
3. «równoważnik pytania, połączony z żywym oczekiwaniem na odpowiedź»: Coś ci chcę powiedzieć... — No?
4. *pot.* «partykuła wyrażająca twierdzącą odpowiedź na pytanie»: Idziesz z nami? — No.

Nobel *m I*, D. Nobla **1.** «nazwisko»: Nagroda Nobla.
2. nobel *blm* «pierwiastek chemiczny»

nobilitować *dk* a. *ndk IV*, nobilitowaliśmy (p. akcent § 1a i 2) «nadać szlachectwo, uszlachcić; uszlachcać»: Nobilitowany Polak włoskiego pochodzenia. Sejm miał nobilitować trzydziestu mieszczan.

noc *ż VI*: Ciemna, pogodna, księżycowa noc. Białe noce. Noc polarna, podbiegunowa. Noc świętojańska. Noc Bożego Narodzenia. △ *przen.* Noc okupacyjna a. okupacji. △ Na noc (*wym.* na noc, *nie*: na noc, p. akcent § 4f) △ Co noc, noc w noc «każdej nocy» △ O dwunastej, pierwszej w nocy (*nie*: w noc). △ W nocy, nocą, po nocach: Przyszedł do nas w nocy. Nie sypiał po nocach. △ W noc czegoś a. w jakąś noc: W noc Bożego Narodzenia, w noc świętojańską; w letnie noce lubiliśmy spacerować. △ Do późna w noc: Pracowaliśmy do późna w noc. △ Po nocy «po ciemku»: Nie lubię chodzić po nocy.

noclegownia *ż I*, DCMs. i *lm* D. noclegowni, *rzad.; lepiej*: dom noclegowy.

nocować *ndk IV*, nocowaliśmy (p. akcent § 1a i 2) ☐ N. kogo «przyjmować kogoś na nocleg» △ *pot.* Gdzieś, u kogoś dniować i nocować «spędzać dni i noce»

Noe *m* odm. jak przym., *NMs.* Noem «imię biblijne»: Arka Noego.

noga *ż III, lm D.* nóg **1.** «kończyna (dolna) ludzi, zwierząt»: Zgrabne, szczupłe nogi. Przednie, tylne nogi (u zwierząt). △ Czyjaś noga nie postanie, nie postała (*nie*: nie powstanie, nie powstała, nie postoi) gdzieś «ktoś nie będzie, nie był nigdy w jakimś miejscu» △ *pot., żart.* Traktować kogoś, coś przez nogę a. per noga(m) «traktować lekceważąco, pogardliwie» △ W nogi! «okrzyk wzywający do ucieczki» △ Ziemia usuwa się komuś spod nóg. Usuwać komuś przeszkody sprzed (*nie*: spod) nóg. **2.** *pot.* «człowiek ślamazarny; niedołęga»: Jaka z niego, z niej noga! **3.** «część sprzętu stanowiąca jego podporę, podstawę»: Stół o jednej nodze, o czterech nogach, o kręconych nogach a. na jednej nodze, na czterech nogach, na kręconych nogach. □ N. czego a. od czego: Noga stołu, łóżka a. od stołu, od łóżka. △ *pot.* Głupi jak stołowe nogi.

Nogaj *m I, lm M.* Nogajowie zwykle w *lm* «lud turecko-tatarski na Kaukazie» — Nogajka *ż III, lm D.* Nogajek — nogajski (p.).

nogajski: Siedziby nogajskie (*ale*: Stepy Nogajskie).

Nogat *m IV, D.* Nogatu «prawe, ujściowe ramię Wisły»

nogawka *ż III, lm D.* nogawek; *rzad.* **nogawica** *ż II.*

nogietek p. nagietek.

nokaut (*wym.* nokaut) *m IV, D.* nokautu: Zadać przeciwnikowi nokaut. Przegrać walkę wskutek nokautu.

nokturn *m IV, D.* nokturnu: Nokturny Chopina. Grać nokturn.

nomada *m* odm. jak *ż IV, lm M.* nomadzi a. nomadowie, *DB.* nomadów.

nomenklatura *ż IV; rzad.* mianownictwo.

nominacja *ż I, DCMs.* i *lm D.* nominacji □ N. na kogo, na co: Nominacja na redaktora, dyrektora, na stanowisko kierownika.

nominować *ndk* i *dk IV*, nominowaliśmy (p. akcent § 1a i 2) *przestarz., lepiej:* mianować.

non-iron (*wym.* nonajron) a. **nonajron** *m IV, D.* non-ironu (nonajronu), zwykle *blm* «rodzaj tkaniny nie wymagającej prasowania»: Koszula, bluzka z non-ironu (nonajronu).
non-iron *ndm* w użyciu przymiotnikowym «wykonany z non-ironu»: Koszule non-iron.

non-ironowy (*wym.* nonajronowy) a. **nonajronowy**: Non-ironowa (nonajronowa) bluzka.

noniusz (*wym.* nońjusz) *m II, lm D.* noniuszy a. noniuszów.

nonkonformista, *rzad.* **niekonformista** *m* odm. jak *ż IV, lm M.* nonkonformiści (niekonformiści), *DB.* nonkonformistów (niekonformistów).

nonkonformizm (*nie*: niekonformizm) *m IV, D.* nonkonformizmu, *Ms.* nonkonformizmie (*wym.* ~izmie a. ~iźmie), *blm.*

nonparel (*nie*: nomparel) *m I, D.* nonparelu.

nonsens (*wym.* nąsęs a. nonsęs) *m IV, D.* nonsensu, *lm M.* nonsensy (*nie*: nonsensa): Mówić nonsensy. Stek nonsensów.

nonsensowny (*wym.* nąsęsowny a. nonsęsowny; *nie*: nonsensowy): Nonsensowne argumenty.

non stop *ndm* (w funkcji przysłówka i przymiotnika): Kino, muzyka non stop. Filmy wyświetlane non stop.

nora *ż IV, lm D.* nor (*nie*: nór).

Norbert *m IV, lm M.* Norbertowie — Norbertostwo *n III, DB.* Norbertostwa, *Ms.* Norbertostwu (*nie*: Norbertostwie), *blm*; a. Norbertowie *blp, D.* Norbertów.

norbertanin *m V, D.* norbertanina, *lm M.* norbertanie (*nie*: norbertani), *D.* norbertanów (*nie*: norbertan).

Norblin *m IV, lm M.* Norblinowie: Malarstwo Jana Norblina.

nordyczny a. **nordycki**, *rzad.* **nordyjski.**

Norfolk (*wym.* Norfolk) *m III, D.* Norfolka (p. akcent § 7): Spisek Norfolka przeciw Elżbiecie I, królowej angielskiej.

norma *ż IV*: Norma językowa. Normy techniczne. Osiągnął w pracy 100% normy. Zgodnie z normą, według normy, ponad normę. Wykonać, *pot.* wyrobić normę.

*norma językowa Aby posługiwać się językiem — polskim, angielskim, francuskim, chińskim itp., trzeba znać jego słownik i gramatykę. Słownik to inwentarz wszystkich morfemów: **a)** leksykalnych, np.: *dom-* w wyrazach: *dom, domek, domy; czerwon-* w wyrazach: *czerwony, czerwonych; pis-* w: *pisać, pisarz;* **b)** słowotwórczych, np.: *-k-* w wyrazie: *studentka; -ciel* w: *nauczyciel; naj-* w: *najwyższy;* **c)** składniowych (syntaktycznych), np.: *-a* (końcówka mianownika *lp* rzeczowników żeńskich) w wyrazach: *szkoła, dziewczyna; -ów* (końcówka dopełniacza *lm* rzeczowników męskich) w: *panów, samochodów; -ę* (końcówka 1. os. *lp* czasu teraźniejszego lub przyszłego dokonanego czasowników) w: *piszę, widzę.* △ Morfemy, czyli najmniejsze cząstki znaczące, stanowią budulec, z którego — poprzez odpowiednie łączenie — można tworzyć wszelkie konstrukcje językowe, a więc tematy fleksyjne, wyrazy, grupy składniowe, zdania itd. Ogół takich sposobów łączenia elementów językowych w konstrukcje wyższego rzędu (ogół modeli konstrukcyjnych) stanowi gramatykę. Inwentarz morfemów (słownik) oraz zbiór wszystkich modeli konstrukcyjnych (gramatyka) danego języka to jego system. Modele pozwalają budować z morfemów sensowne (zrozumiałe) konstrukcje. Znając model konstrukcji: temat przymiotnika + *-ość* = temat rzeczownika będącego nazwą cechy komunikowanej przez przymiotnik — możemy utworzyć rzeczowniki takie, jak: *białość, dzielność, zaradność, groźność, zdrowość.* Znając model konstrukcji: temat rzeczownika męsko-osobowego + *-k-* = temat rzeczownika żeńsko-osobowego — możemy utworzyć tematy następujących wyrazów: *studentka, kasjerka, sprzątaczka, arbiterka, ministerka.* Znając model konstrukcji: temat czasownika + *-ciel* = temat rzeczownika oznaczającego wykonawcę czynności wyrażonej przez czasownik — możemy utworzyć wyrazy: *na-*

normalizować

uczyciel, dręczyciel, odkupiciel, męczyciel, walczyciel. Wszystkie powyższe konstrukcje są zrozumiałe, tzn. słysząc je, wiemy, co znaczą, ale nie wszystkie występują w tekstach polskich. Żaden użytkownik języka polskiego nie użyje wyrazów: *groźność, zdrowość; arbiterka, ministerka; męczyciel, walczyciel*. A zatem nie wszystkie możliwości łączenia, które zawiera system, są istotnie realizowane. Przyjęte przez warstwy wykształcone społeczeństwa polskiego reguły ograniczające te możliwości — oraz zbiór używanych przez te warstwy jednostek słownikowych — to norma języka ogólnopolskiego. Znajomość normy jest konieczna dla tworzenia poprawnych tekstów polskich. ‖ *KJP 11—22.*

normalizować *ndk IV*, normalizowaliśmy (p. akcent § 1a i 2) — **znormalizować** *dk* 1. zwykle *dk* w imiesł. biernym «wprowadzać obowiązujące, jednolite normy (zwłaszcza w przemyśle); ujednolicać, standaryzować»: Papier znormalizowany. Znormalizowane wymiary (czegoś). 2. tylko *ndk* (częściej w formie zwrotnej) p. normować (w zn. 2).
normalizować się p. normować.

Norman *m IV, lm M.* Normanowie, zwykle w *lm* «mieszkaniec Skandynawii we wczesnym średniowieczu» — normański.

Normandia *ż I, DCMs.* Normandii «kraina we Francji» — Normandczyk *m III, lm M.* Normandczycy — Normandka *ż III, lm D.* Normandek — normandzki (p.).

normandzki: Bydło normandzkie (*ale*: Wyspy Normandzkie, Wzgórza Normandzkie).

normować *ndk IV*, normowaliśmy (p. akcent § 1a i 2) — **unormować** *dk* 1. zwykle *ndk* «ustalać normy»: Normować pracę. Pracę dniówkową stosuje się tylko przy czynnościach, których nie można normować. 2. «regulować coś, porządkować zgodnie z przepisami, z normami»: Przepisy normują sprawy związane z dziedziczeniem. Normować temperaturę w pokoju. Kongres unormował sprawę mniejszości narodowych.
normować się — unormować się «wracać do odpowiedniego, normalnego stanu; normalizować się»: Życie u nas się unormowało. Pogoda się unormowała.

Norwegia *ż I, DCMs.* Norwegii «państwo» — Norweg *m III, lm M.* Norwegowie a. Norwedzy — Norweżka *ż III, lm D.* Norweżek — norweski (p.).

norweski: Brzeg norweski. Fiordy norweskie (*ale*: Morze Norweskie).

norwidolog *m III, lm M.* norwidolodzy a. norwidologowie; *rzad.* **norwidysta** *m odm. jak ż IV, lm M.* norwidyści, *DB.* norwidystów.

Norwidowski 1. «należący do Norwida, stworzony przez Norwida»: Wiersz Norwidowski.
2. norwidowski «taki, jak u Norwida»: Pisać w stylu norwidowskim.

Norymberga *ż III* «miasto w NRF (Nürnberg)»— norymberczyk *m III, lm M.* norymberczycy — norymberka *ż III, lm D.* norymberek — norymberski (*nie*: norymbergski).

nos *m IV, B. = D.* w *pot.* zwrotach: Mieć nosa (*rzad.* nos) «trafnie coś przewidywać» △ Zadzierać nosa «być zarozumiałym» △ Utrzeć komuś nosa «dać nauczkę» △ Kręcić nosem na coś, *rzad.* nad czymś «okazywać niezadowolenie» △ Mieć czegoś (kogoś) po dziurki w nosie a. od nosa «mieć czegoś, kogoś dość, przesycić się czymś»

nosić *ndk VIa*, noszę, nosiliśmy (p. akcent § 1a i 2): Nosić ciężary. Nosić pieniądze przy sobie. △ Nosić ubranie, zarost. Nosić jakieś nazwisko. △ Nosić (*lepiej*: mieć) jakiś charakter.
nosić się *wych. z użycia* «ubierać się»: Nosić się z cudzoziemska, po dawnemu.

nosorożec *m II, D.* nosorożca, *lm D.* nosorożców (*nie*: nosorożcy).

nostalgia *ż I, DCMs.* nostalgii, zwykle *blm*: Cierpieć, chorować na nostalgię. Odczuwać nostalgię. Ogarnia kogoś nostalgia. △ *niepoprawne* w konstrukcjach: nostalgia czego a. za czym.

nosze *blp, D.* noszy (*nie*: nosz).

NOT (*wym.* not) *m IV, D.* NOT-u, *Ms.* Nocie, a. *ż ndm* «Naczelna Organizacja Techniczna»: Pracować w Nocie (w NOT) — NOT-owski a. notowski.

nota *ż IV; lepiej*: ocena (w zn. «stopień szkolny»).

notabene «w tekście używane dla podkreślenia jakiejś części zdania; w dodatku, nawiasem mówiąc (skrót: nb.)»: Zamieszkała przy rodzinie, notabene bardzo miłej.

notable *blp, D.* notablów, *rzad.* notabli *książk.* «znakomitsi obywatele»

notariusz *m II, lm M.* notariusze, *rzad.* notariuszowie, *D.* notariuszy a. notariuszów.

notatka *ż III, lm D.* notatek 1. «krótki tekst zapisany w celu zapamiętania czegoś, poinformowania o czymś»: Notatka prasowa. Notatka w gazecie, w zeszycie, na marginesie. 2. zwykle w *lm* «treść czegoś zapisana w skrócie» □ N. z czego: Notatki z wykładu. Notatki z biologii, z literatury. 3. *reg.* «notatnik»

notecki: Brzegi noteckie (*ale*: Kanał Notecki).

Noteć *ż V* «rzeka» — notecki (p.) — nadnotecki (p.).

notoryczny *m-os.* notoryczni; w języku prawniczym także: **notoryjny** «powszechnie znany, nie budzący wątpliwości co do swego ujemnego charakteru; także: ciągle się powtarzający, stale postępujący w pewien (niewłaściwy) sposób»: Notoryczny (notoryjny) złodziej, przestępca. Notoryczny leń.

notować *ndk IV*, notowaliśmy (p. akcent § 1a i 2): Notować wykład, czyjeś wypowiedzi. Notować kurs dolara, franka itp. □ N. kogo (zwykle w imiesł. biernym) «zapisywać czyjeś nazwisko, wymieniać kogoś, zwykle w kartotekach»: Był wielokrotnie notowany. Notowano go w urzędzie śledczym. △ Być dobrze, źle notowanym «być ocenionym dobrze, źle»: Jako fachowiec był doskonale notowany w swoim środowisku zawodowym.

notowski p. NOT.

Nottingham (*wym.* Notingam) *m IV, D.* Nottinghamu (p. akcent § 7) a. *n ndm* «miasto w Anglii»: Uniwersytet w Nottinghamie (w Nottingham). Nottingham słynął (słynęło) zawsze z wyrobu koronek.

novum (*wym.* nowum) *n VI, blm książk.* «rzecz nowa, nie mająca precedensu; nowość»: Im był starszy, tym trudniej mu było zgodzić się na jakiekolwiek novum.

Nowa Dęba, Nowa odm. przym., Dęba *ż IV, D.* Dęby, *CMs.* Dębie, *B.* Dębę «osada fabryczna»

Nowa Fundlandia, Nowa odm. przym., Fundlandia *ż I, DCMs.* Fundlandii «prowincja w Kanadzie i wyspa» — Nowofundlandczyk (p.) — Nowofundlandka *ż III, lm D.* Nowofundlandek — nowofundlandzki (p.).

Nowa Gwinea (*wym.* Nowa Gwinea, *nie:* Gwinea, Gwineja), Nowa odm. przym., Gwinea *ż I, DCMs.* Gwinei, *B.* Gwineę, *N.* Gwineą «wyspa na płn. od Australii» — Nowogwinejczyk *m III, lm M.* Nowogwinejczycy — Nowogwinejka *ż III, lm D.* Nowogwinejek — nowogwinejski (p.).

Nowa Huta, Nowa odm. przym., Huta *ż IV* «dzielnica Krakowa» — nowohucianin *m V, D.* nowohucianina, *lm M.* nowohucianie, *D.* nowohucian — nowohucianka *ż III, lm D.* nowohucianek — nowohucki. // *D Kult. I,* 574.

Nowak *m III, lm M.* Nowakowie. Nowak *ż ndm* — Nowakowa *ż odm. jak przym.* — Nowakówna *ż IV, D.* Nowakówny, *CMs.* Nowakównie (*nie:* Nowakównej), *lm D.* Nowakówien.

Nowa Kaledonia, Nowa odm. przym., Kaledonia (*wym.* Kaledońja) *ż I, DCMs.* Kaledonii «wyspa na Oceanie Spokojnym» — nowokaledoński (p.).

nowalia *ż I, DCMs.* i *lm D.* nowalii; *częściej:* **nowalijka** *ż III, lm D.* nowalijek.

Nowa Ruda, Nowa odm. przym., Ruda *ż IV* «miasto» — noworudzianin *m V, D.* noworudzianina, *lm M.* noworudzianie, *D.* noworudzian — noworudzianka *ż III, lm D.* noworudzianek — noworudzki.

Nowa Sól, Nowa odm. przym., Sól *ż V, D.* Soli «miasto» — nowosolanin *m V, D.* nowosolanina, *lm M.* nowosolanie, *D.* nowosolan — nowosolanka *ż III lm D.* nowosolanek — nowosolski.

Nowa Wieś (*nie wym.* Nowawieś), Nowa odm. przym., Wieś *ż V, DCMs.* Wsi «miejscowość» △ Nowa Wieś Spiska «miasto w Czechosłowacji»

Nowa Zelandia, Nowa odm. przym., Zelandia *ż I, DCMs.* Zelandii «państwo i wyspa na Oceanie Spokojnym» — Nowozelandczyk *m III, lm M.* Nowozelandczycy — Nowozelandka *ż III, lm D.* Nowozelandek — nowozelandzki (p.).

Nowa Ziemia, Nowa odm. przym., Ziemia *ż I* **1.** «wyspa na Morzu Arktycznym» **2.** «dawna nazwa Nowej Fundlandii»

Nowe Hebrydy (*nie:* Nowe Hybrydy), Nowe odm. przym., Hebrydy *blp, D.* Hebryd «archipelag wysp na Oceanie Spokojnym» — nowohebrydzki (p.).

nowela *ż I, lm D.* nowel (*nie:* noweli) **1.** «krótki utwór beletrystyczny»: Konopnicka napisała wiele wspaniałych nowel. **2.** «ustawa lub dekret wprowadzające zmiany do obowiązującej ustawy lub dekretu» □ N. do czego: Projekt noweli do ustawy.

nowelistyczny, *rzad.* **nowelowy:** Literatura, twórczość nowelistyczna (nowelowa). Talent nowelistyczny.

nowelistyka (*wym.* nowelistyka, *nie:* nowelistyka, p. akcent § 1c) *ż III, blm.*

Nowe Miasto, Nowe odm. przym., Miasto *n III, Ms.* Mieście △ Nowe Miasto Lubawskie, Nowe Miasto nad Pilicą. — nowomiejski.

Nowe Tychy, Nowe odm. przym., Tychy *blp, D.* Tych «dzielnica Tych» — nowotyski.

nowicjusz *m II, lm D.* nowicjuszy, *rzad.* nowicjuszów.

nowina *ż IV, lm D.* nowin; a. **nowizna** *ż IV, DCMs.* nowiźnie, *lm D.* nowizn, w zn. «ziemia uprawiana po raz pierwszy»: Orać nowinę (nowiznę).

nowo «niedawno, dopiero co (zwykle w połączeniach z imiesł.)»: Nowo zbudowany. Nowo mianowany. Nowo powstający. Nowo narodzony.

nowo- «pierwszy człon przymiotników i rzeczowników złożonych» **a)** «powstałych z połączenia *nowy* z rzeczownikiem», np. noworoczny (od: Nowy Rok). **b)** «wskazujący na niedawność tego, do czego się odnosi drugi człon», np. nowonabywca. **c)** «wskazujący na nową odmianę tego, co oznacza drugi człon; neo-», np.: nowogrecki, nowohumanizm. △ Wyrażenia, których pierwszym członem jest przysłówek a drugim imiesłów, pisze się rozdzielnie, np. nowo narodzony.

Nowofundlandczyk *m III* **1.** *lm M.* Nowofundlandczycy «mieszkaniec Nowej Fundlandii» **2.** nowofundlandczyk, *lm M.* nowofundlandczyki; a. **nowofundland** *m IV, lm M.* nowofundlandy «pies z rasy wodołazów»

nowofundlandzki: Fauna nowofundlandzka (*ale:* Ławica Nowofundlandzka, Nowofundlandzki Próg). △ Pies nowofundlandzki «nowofundlandczyk»

Nowogard *m IV, D.* Nowogardu «miasto» — nowogardzianin *m V, D.* nowogardzianina, *lm M.* nowogardzianie, *D.* nowogardzian — nowogardzianka *ż III, lm D.* nowogardzianek — nowogardzki.

Nowogród *m IV, D.* Nowogrodu «miasto» △ Nowogród Wielki, Nowogród Siewierski «miasta w ZSRR» — nowogrodzianin *m V, D.* nowogrodzianina, *lm M.* nowogrodzianie, *D.* nowogrodzian — nowogrodzianka *ż III, lm D.* nowogrodzianek — nonogrodzki.

Nowogródek *m III, D.* Nowogródka «miasto w ZSRR» — nowogródczanin *m V, D.* nowogródczanina, *lm M.* nowogródczanie, *D.* nowogródczan — nowogródczanka *ż III, lm D.* nowogródczanek — nowogródzki.

nowogwinejski: Klimat nowogwinejski (*ale:* Morze Nowogwinejskie).

nowohebrydzki: Krajobraz nowohebrydzki, wulkany nowohebrydzkie (*ale:* Basen Nowohebrydzki).

nowokaledoński: Flora nowokaledońska (*ale:* Basen Nowokaledoński).

Nowolipki *blp, D.* Nowolipek «ulica w Warszawie»: Iść na Nowolipki. Mieszkać na Nowolipkach.

Nowosilcow (*wym.* Nowos-ilcow) *m IV, D.* Nowosilcowa (p. akcent § 7): Polityka Nowosilcowa.

Nowotko *m* odm. jak *ż III, lm M.* Nowotkowie, *DB.* Nowotków △ Zakłady im. Marcelego Nowotki. Mieszkać na ulicy Nowotki (*nie:* na Nowotkach). Nowotko *ż ndm* — Nowotkowa *ż* odm. jak przym. — Nowotkówna *ż IV, D.* Nowotkówny, *CMs.* Nowotkównie (*nie:* Nowotkównej), *lm D.* Nowotkówien.

*nowotwory p. neologizmy.

nowotwór *m IV, D.* nowotworu; w zn. *jęz. lepiej:* neologizm.

nowozelandzki: Plemiona nowozelandzkie (*ale:* Płaskowyż Nowozelandzki).

*nowoznaczniki p. neologizmy.

nowy *m-os.* nowi, *st. w.* nowszy: Nowy właściciel. Nowe porządki, formy. Nowy kapelusz. Nowe wydanie. △ Nowy Rok: Życzyć pomyślnego Nowego Roku. Życzyć pomyślności w Nowym Roku (*nie:* z Nowym Rokiem).
od nowa a. **na nowo** «od początku, znowu, powtórnie»: Zacząć od nowa (na nowo).
po nowemu «w nowy sposób»: Robić coś po nowemu.

Nowy Bytom, Nowy odm. przym., Bytom *m I, D.* Bytomia (*nie:* Bytoma), *Ms.* Bytomiu (*nie:* Bytomie) «miasto» — nowobytomianin *m V, D.* nowobytomianina, *lm M.* nowobytomianie, *D.* nowobytomian — nowobytomianka *ż III, lm D.* nowobytomianek — nowobytomski.

Nowy Dwór Gdański, Nowy odm. przym., Dwór *m IV, D.* Dworu, Gdański odm. przym. «miasto» — nowodworzanin *m V, D.* nowodworzanina, *lm M.* nowodworzanie, *D.* nowodworzan — nowodworzanka *ż III, lm D.* nowodworzanek — nowodworsko-gdański.

Nowy Dwór Mazowiecki, Nowy odm. przym., Dwór *m IV, D.* Dworu, Mazowiecki odm. przym. «miasto» — nowodworzanin *m V, D.* nowodworzanina, *lm M.* nowodworzanie, *D.* nowodworzan — nowodworzanka *ż III, lm D.* nowodworzanek — nowodworski.

Nowy Jork, Nowy odm. przym., Jork *m III, D.* Jorku; a. **New York** (*wym.* Niu Jork), New *ndm*, York *m III, D.* Yorku (w połączeniu z wyrazem: stan — *ndm*) «stan i miasto w USA»: Mieszkać w Nowym Jorku (New Yorku) = w mieście i stanie. Mieszkać w stanie Nowy Jork (New York). — nowojorczyk *m III, lm M.* nowojorczycy — *rzad.* nowojorczanka *ż III, lm D.* nowojorczanek — nowojorski.

Nowy Sad, Nowy odm. przym., Sad *m IV, D.* Sadu «miasto w Jugosławii; stolica Wojwodiny»

Nowy Sącz, Nowy odm. przym., Sącz *m II* «miasto» — nowosądeczanin *m V, D.* nowosądeczanina, *lm M.* nowosądeczanie, *D.* nowosądeczan — nowosądeczanka *ż III, lm D.* nowosądeczanek — nowosądecki.

Nowy Świat, Nowy odm. przym., Świat *m IV, Ms.* Świecie **1.** *przestarz. D.* Świata, *C.* Światu «Ameryka, Australia»: Mieszkać w Nowym Świecie. **2.** *D.* Światu, *C.* Światowi «ulica w Warszawie»:

Spotkali się na rogu Nowego Światu. Mieszkać na Nowym Świecie. || *D Kult. I, 705.*

Nowy Targ, Nowy odm. przym., Targ *m III, D.* Targu «miasto» — nowotarżanin *m V, D.* nowotarżanina, *lm M.* nowotarżanie, *D.* nowotarżan — nowotarżanka *ż III, lm D.* nowotarżanek — nowotarski.

Nowy Tomyśl, Nowy odm. przym., Tomyśl *m I* «miasto» — nowotomyślanin *m V, D.* nowotomyślanina, *lm M.* nowotomyślanie, *D.* nowotomyślan — nowotomyślanka *ż III, lm D.* nowotomyślanek — nowotomyski.

nozdrze (*wym.* nozd-że a. nożdż-że, *nie:* nożdże) *n I, lm M.* nozdrza, *D.* nozdrzy, zwykle w *lm.*

nożęta a. **nóżęta** *blp, D.* nożąt (nóżąt) *pieszcz.* «nogi»: Dwoje zgrabnych nożąt (nóżąt).

nożownik *m III, lm M.* nożownicy; *rzad.* **nożowiec** *m II, D.* nożowca, *lm M.* nożowcy *pot.* «bandyta używający noża w bójkach i napadach»

nożyce *blp, D.* nożyc: Dwoje, troje, czworo, pięcioro itp. nożyc (a. dwie, trzy, cztery pary nożyc, pięć sześć itp. par nożyc). Nożyce leżały na stole. Dwoje, troje, czworo, pięcioro itp. nożyc leżało na stole. Dwie, trzy, cztery pary nożyc leżały, pięć, sześć itp. par nożyc leżało na stole.

nożyczki *blp, D.* nożyczek □ Składnia jak: nożyce.

nożyk *m III* **1.** «mały nóż» **2.** *pot.* «ostrze wkładane do maszynki do golenia; żyletka»

nów *m I, D.* nowiu, *blm:* Księżyc na (a. w) nowiu.

nóż *m II, D.* noża, *lm D.* noży, *rzad.* nożów △ *B.* = *D.* w *pot.* zwrocie: Dać, pożyczyć noża (na chwilę).

nóżęta p. nożęta.

nóżka *ż III, lm D.* nóżek △ Padam, upadam do nóżek «przestarzały, uniżony zwrot powitalny lub pożegnalny»

np. «skrót wyrażenia: *na przykład,* pisany z kropką, czytany jako całe wyrażenie»: Nazwy mieszkańców krajów piszemy wielką literą, np.: Polak, Rosjanin, Węgier.

NPD (*wym.* enpede) *n* a. *ż ndm* «skrót niemieckiej nazwy Narodowo-Demokratycznej Partii Niemiec — w NRF»: Przywódcy zachodnioniemieckiej NPD. NPD wydało (wydała) odezwę do ludności NRF. — NPD-owski.

n.p.m. «skrót wyrażenia: *nad poziomem morza,* pisany z kropkami, czytany jako całe wyrażenie, używany przy określaniu wysokości geograficznej»: Szczyt Giewontu jest na wysokości 1909 m n.p.m.

nr «skrót wyrazu: *numer,* pisany bez kropki, czytany jako cały wyraz» w *lp ndm* a. *m IV, D.* nru, *C.* nrowi, *N.* nrem, *Ms.* nrze: Dom nr 15. Mieszkał w pokoju oznaczonym nrem dziesiątym.

NRD (*wym.* enerde, p. akcent § 6) *n* a. *ż ndm* «Niemiecka Republika Demokratyczna»: Przemysł NRD. NRD powstało (powstała) 7 X 1949 r. — NRD-owski a. enerdowski.

NRF (*wym.* eneref, p. akcent § 6) *ż ndm* a. *m IV, D.* NRF-u, *Ms.* NRF-ie «Niemiecka Republika Federalna»: Ustrój NRF (NRF-u). Mieszkać w NRF (w NRF-ie). NRF przystąpiła (przystąpił) do Unii Zachodnioeuropejskiej. — NRF-owski.

NSDAP (*wym.* enesdeape) *ż* a. *n ndm* «skrót niemieckiej nazwy Narodowosocjalistycznej Niemieckiej Partii Robotniczej»: Faszystowska (faszystowskie) NSDAP. NSDAP była (było) narzędziem władzy Hitlera. — NSDAP-owiec *m II, D.* NSDAP-owca, *lm M.* NSDAP-owcy — NSDAP-owski.

NSZ (*wym.* enes-zet p. akcent § 6) *m IV, D.* NSZ-tu, *Ms.* NSZ-cie a. *blp ndm* «Narodowe Siły Zbrojne»: W czasie okupacji działał w NSZ (w NSZ-cie). NSZ zwalczał (zwalczały) lewicę społeczną. — NSZ-owiec *m II, D.* NSZ-owca, *lm M.* NSZ-owcy — NSZ-owski.

Nubia *ż I, DCMs.* Nubii «kraina w Afryce» — Nubijczyk *m III, lm M.* Nubijczycy — Nubijka *ż III, lm D.* Nubijek — nubijski (p.).

nubijski: Plemiona nubijskie (*ale*: Pustynia Nubijska).

nuda *ż IV, lm D.* nudów: Umierać z nudów. Zabić, zabijać nudę a. nudy.

nudno, *rzad.* **nudnie** *st. w.* nudniej: Dni mijały nudno (nudnie). △ Nudno (*nie*: nudnie) komuś jest, było itp.; nudno (*nie*: nudnie) komuś + bezokol.: Nudno jej dziś i smutno. Nudno mu siedzieć ciągle w domu.

nudziarz *m II, lm D.* nudziarzy.

nudzić *ndk VIa*, nudzę, nudziliśmy (p. akcent § 1a i 2): Nudzi go ta rozmowa. □ N. kogo o co «natrętnie się upominać»: Dziecko nudziło matkę o zabawki. △ *pot. nieos.* Nudzi kogoś «ktoś odczuwa mdłości»

nugat *m IV, D.* nugatu: Jeść nugat.

numer (skrót: nr) *m IV, D.* numeru, *lm M.* numery (*nie*: numera): Numer dziennika. Telefonować pod numer jakiś, czyjś. Skontaktować się telefonicznie z numerem jakimś, czyimś.

numerowy przym. od numer.
numerowy *m-os.* numerowi, w użyciu rzeczownikowym; *rzad.* bagażowy; in. tragarz.

numeryk (*wym.* numeryk) *m III, D.* numeryka (p. akcent § 1d), *lm M.* numerycy *środ.*; in. obliczeniowiec.

Numidia *ż I, DCMs.* Numidii «starożytna kraina w Afryce» — Numidyjczyk *m III, lm M.* Numidyjczycy; a. Numida *m* odm. jak *ż IV, lm M.* Numidzi, *DB.* Numidów — Numidyjka *ż III, lm D.* Numidyjek — numidyjski (p.).

numidyjski: Plemiona numidyjskie (*ale*: Wyżyna Numidyjska).

numizmatyka (*wym.* numizmatyka, *nie*: numizmatyka, p. akcent § 1c) *ż III, blm.*

nuncjusz *m II, lm D.* nuncjuszy, *rzad.* nuncjuszów.

nur *m IV*, używane zwykle w *pot.* zwrocie: Dać nura (tu *B. = D.*).

nurek *m III, D.* nurka **1.** *lm M.* nurkowie «człowiek uprawiający nurkowanie» **2.** *lm M.* nurki «skok w wodę» △ (*B. = D.*) zwykle w zwrocie: Dać nurka. **3.** *lm M.* nurki «ptak»

Nurmi *m* odm. jak przym.: Olimpijskie rekordy Nurmiego.

nurt *m IV, D.* nurtu **1.** «prąd w rzece»: Bystry, wartki, rwący, spokojny nurt rzeki. △ Częste w *przen.* Włączyć się w nurt pracy. Pogrążyć się w nurcie życia. Poza nurtem wydarzeń. **2.** zwykle w *lm książk.* «wody, fale rzeki»: Rzeka toczy swe nurty. Zginąć w nurtach Wisły.

nurtować *ndk IV*, nurtowałby (p. akcent § 4c) tylko w 3. os., imiesł. przymiotnikowym czynnym oraz w bezokol.: Nurtujący ból. □ N. kogo: Nurtowała go choroba. Nurtują nas wątpliwości. □ N. w kim, czym: Myśl ta dawno nurtowała w jego umyśle.

Nurzec *m II, D.* Nurca «rzeka» — nurzecki

nuta *ż IV* **1.** «znak graficzny oznaczający dźwięk; w *lm*: tekst utworu muzycznego pisany tymi znakami»: Cała nuta. Grać, śpiewać z nut. △ Kłamać jak z nut «kłamać wprawnie» **2.** «składowa część dźwięku; ton»: Brał wysokie nuty. △ *przen.* Mowa nastrojona na wysoką nutę. □ N. czego: Nuta żalu, groźby (w głosie). **3.** *pot.* «melodia»: Grali na swojską nutę.

nutria *ż I, DCMs.* i *lm D.* nutrii; *rzad.* bóbr błotny.

nuworysz *m II, lm M.* nuworysze, *D.* nuworyszów *wych. z użycia, książk.* «dorobkiewicz, nowobogacki»

nuż a. **nuże** «wyraz o charakterze ekspresywnym»
a) «w połączeniu z bezokolicznikiem oznacza nagłe, gwałtowne, intensywne rozpoczęcie czynności»: Nuż (nuże) wrzeszczeć. I nuż (i nuże) skakać.
b) *częściej*: nuże «w połączeniu z trybem rozkazującym (niekiedy z bezokol.) lub zamiast niego: okrzyk ponaglający»: Nuże, wstawaj! Nuże, chłopcze, dalej, śmiało! A nuż (a. nuże), pospiesz się!
c) tylko: nuż, a nuż «nadaje wypowiedzi odcień obawy, *rzad.* nadziei»: Nuż go kto zobaczy. Nuż mi się uda. A nuż go wypędzą.

-ny (rozszerzenia formantu: **-any, -yjny**) *-ny* przyrostek tworzący przymiotniki: **a)** od czasowników, np.: odśnieżać — odśnieżny, podnosić — podnośny, dostawiać — dostawny; przymiotniki tego typu mają znaczenie ogólne czynne i odpowiadają znaczeniowo imiesłowom czynnym: odśnieżny to «taki, który odśnieża, odśnieżający», np. pług odśnieżny, albo bierne: dostawny to «taki, który może być dostawiony», np. krzesło dostawne;
b) od rzeczowników, np.: pole — polny, kotlina — kotlinny, gwar — gwarny; w połączeniu z podstawami rzeczownikowymi przyrostek -ny może występować w postaci rozszerzonej (-any, -yjny);
-any przyrostek występujący zwłaszcza w powiązaniu z tematami rzeczowników na -nia, np.: koksownia — koksowniany, pochylnia — pochylniany, uczelnia — uczelniany;
-yjny przyrostek występujący wtedy, gdy podstawami słowotwórczymi są rzeczowniki pochodzenia obcego na -ia, -acja, np.: awaria — awaryjny, polonia — poloniny, dokumentacja — dokumentacyjny,

normalizacja — *normalizacyjny*. △ Przymiotniki odrzeczownikowe na *-ny* mogą mieć różne znaczenia ogólne. *Por.* -owy.

nygus *m IV, lm M.* te nygusy *pot.* «leń, próżniak (także o kobiecie)»

nylon (*wym.* nylon) *m IV, D.* nylonu; w zn. «pończochy» tylko w *lm*: Włożyć nylony.

Nysa (*nie*: Nisa) *ż IV* 1. «miasto» — nyski.

2. *ndm* «marka samochodu»: Samochód marki Nysa. **3.** nysa «samochód tej marki»: Przed dom zajechała nysa. **4.** nysa «gatunek papierosów»: Palił nysy. // *D Kult. I, 575; II, 593*.

Nysa (Kłodzka, Łużycka) (*nie*: Nisa), Nysa *ż IV*; Kłodzka, Łużycka odm. przym. «rzeki» — nyski.

nyża *ż II przestarz., reg.; lepiej*: nisza.

ń- p. I on.

o «przyimek łączący się z rzeczownikami (lub innymi wyrazami pełniącymi ich funkcje) w bierniku lub miejscowniku»: Opowiadać o dzieciach. Wiele o kimś wiedzieć. Wypytywać o nowiny. △ Przyimek *o* w połączeniu z biernikiem tworzy m.in. wyrażenia oznaczające różnice ilościowe: Był o rok (*nie*: na rok) starszy od niej, *pot.* także: Był od niej rok starszy. Spóźnić się o (*nie*: na) godzinę, *pot.* także: Spóźnić się godzinę. Wyższy od niego o (*nie*: na) głowę. Wieś leży o kilka (*nie*: na kilka) kilometrów od Gdyni, *pot.* także: Wieś leży kilka kilometrów od Gdyni. Wyprzedził go o (*nie*: na) dwa kroki. △ Wyrażenia złożone z przyimka *o* z rzeczownikiem w miejscowniku określające charakterystyczne cechy kogoś lub czegoś są bardziej książkowe w porównaniu z odpowiednimi wyrażeniami z przyimkiem *z*, np.: Pokój o czterech oknach. Dziewczyna o jasnych włosach. Tkanina o srebrnym połysku. (*pot. częściej*: Pokój z czterema oknami. Dziewczyna z jasnymi włosami. Tkanina ze srebrnym połyskiem).

o-, ob(e)- **1.** «przedrostek tworzący od czasowników czasowniki pochodne o następujących odcieniach znaczeniowych, uzupełniających znaczenie czasownika podstawowego»: **a)** «ogarniać coś z różnych, z wielu, ze wszystkich stron», np.: o(b)kopać, obgotować, o(b)smażyć, opiec, obwąchać, o(b)wiązać, ogrodzić, o(b)kleić, opakować, o(b)winąć;
b) «skierować (się) w dół», np.: o(b)sunąć, o(b)śliznąć się, o(b)trząsnąć;
c) «skoncentrować czynność na wielu przedmiotach», np.: obdzielić, obreperować, oprać, oznakować;
d) «oddzielić od czego; przez odłączenie czegoś uszkodzić coś z wierzchu, częściowo», np.: obciąć, oberwać, obłamać, obrąbać, o(b)tłuc;
e) «w połączeniu z *się* — doprowadzić daną czynność do kresu możliwości, do nadmiaru itp. (zwykle w stosunku do jej podmiotu)», np.: obłowić się, opić się.
△ Uwaga. Czasowniki z przedrostkiem *o-* rzadko łączą się z przyimkiem *o*, np. otrzeć, oprzeć o coś.
2. «przedrostek tworzący od przymiotników i rzeczowników (niekiedy od ich połączeń z przyimkami) — czasowniki pochodne o następujących odcieniach znaczeniowych, związanych ze znaczeniem wyrazu podstawowego»: **a)** «uczynić czymś, jakimś, zaopatrzyć w coś», np.: obezwładnić, obłaskawić, obnażyć, ocienić, ocieplić, onieśmielić, osierocić, osłabić, oszronić, oślepić;
b) «stać się jakimś, czymś», np.: osiwieć, oprzytomnieć, owdowieć;
c) «otoczyć, objąć, okryć czymś», np.: obłocić, obrzeżyć, okolić, opancerzyć, oskrzydlić.
3. «przedrostek występujący (zwykle w postaci *o-*) w rzeczownikowych i przymiotnikowych formacjach odimiennych, mających często charakter terminów przyrodniczych i anatomicznych: obielmo, okwiat, okostna, opłucna, otrzewna, osierdzie, oskrzele.
△ Uwaga. Przedrostek *ob(e)-* występuje w tych samych funkcjach, co przedrostek *o-*, lecz rzadziej (czasem obydwa pojawiają się obocznie). △ Obocznik *ob-* występuje z reguły przed samogłoskami (np.: oborać, obumrzeć, obostrzyć), przeważa przed spółgłoskami *m, n, r, l, ł* (np.: obmarznąć, obnażyć, oblec, obłupać, obrastać), rzadszy jest przed spółgłoskami przedniojęzykowymi i środkowojęzykowymi (np.: obsadzić, obciągnąć, obdzielić), rzadki — przed tylnojęzykowymi (np.: obgotować, obkroić, obchodzić); przed *p, b* — nie występuje wcale.

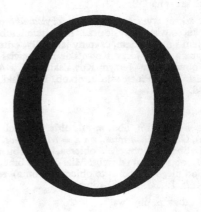

△ Chwiejność *o-* || *ob-* jest częsta przed spółgłoskami szczelinowymi i zwartoszczelinowymi (np.: obwiązać || owiązać; obsypać || osypać). △ Obocznik *obe-* występuje przed niektórymi zbiegami spółgłosek, np.: obełgać (*nie*: obłgać), obeschnąć (*nie*: obschnąć), *ale*: obsychać; obetkać (*nie*: obtkać), *ale*: obtykać. △ Oboczność przedrostków *o-* || *ob(e)-* wiąże się niekiedy ze zróżnicowaniem stylistycznym lub z częstością występowania wyrazów, np.: odrzeć || obedrzeć; ogryzać || obgryzać; osunąć || obsunąć; oszczekać || obszczekać; otrzeć || obetrzeć; owiać || obwiać. △ Czasem oboczność ta świadczy o zróżnicowaniu chronologicznym; przestarzałe lub dawne mogą być w pewnych wypadkach warianty z *o-*, np.: ociąć, ołupić, omyć, osiać, oszyć, oszarpać; w innych — warianty z *ob(e) -*, np.: obkalać, obsaczyć. △ Niekiedy z obocznością *o-* || *ob(e)-* łączą się też różnice znaczeniowe, np.: omawiać — obmawiać, osadzić — obsadzić, osiadać — obsiadać, oszukać — obszukać, otaczać — obtaczać.

o. «skrót wyrazu: *ojciec*, tytułu używanego w zakonach, pisany z kropką, stawiany zwykle przed imieniem, czytany jako cały, odmieniany wyraz»: O. Michał. △ w *lm*: o. Michał i o. Jerzy (*nie*: o.o. Michał i Jerzy), *ale*: oo. (*czyt*. ojcowie) bernardyni.

OAS (*wym*. oas) *ż* a. *n ndm* «skrót francuskiej nazwy prawicowej organizacji wojskowej»: OAS organizowało (organizowała) zamachy. Należeć do OAS. — OAS-owiec a. oasowiec *m II, D.* OAS-owca (oasowca), *lm M.* OAS-owcy (oasowcy) — OAS-owski a. oasowski.

Ob *m IV, D.* Obu, *rzad. ż V, D.* Obi «rzeka w ZSRR»: Wody, brzegi Obu (Obi). — obski (p.).

OB (*wym*. obe) *n ndm* «odczyn Biernackiego»: Pobrać krew na OB.

ob. «skrót wyrazów: *obywatel, obywatelka*, pisany z kropką, stawiany zwykle przed nazwiskiem lub przed imieniem i nazwiskiem, czytany jako cały, odmieniany wyraz»: Ob. Jerzy Kowalski. Rozmawiał z ob. (*czyt*. obywatelem) Jerzym Kowalskim. △ w *lm*: ob. Kowalski i ob. Piotrowski a. ob.ob. Kowalski i Piotrowski.

ob- p. o-

oba *m-nieos.* i *n*, **obaj** *m-os.*, **obie** *ż, D.* obu (*nie*: obóch), *C.* obu, *B. m-nieos., n* i *ż* = *M, B m-os.* = *D.; N. m* i *n* oboma a. obu, *N. ż* obiema, *rzad.* obu a. oboma, *Ms.* obu «jeden i drugi»: Miał dwóch braci, obaj starsi od niego. Trzymaj to obiema (oboma) rękami. || *D Kult. I, 536. Por.* obydwa.

! obadwa p. obydwa.

obaj p. oba.

obalić *dk VIa*, obaliliśmy (p. akcent § 1a i 2) — **obalać** *ndk I*, obalaliśmy «przewrócić, wywrócić, powalić»: Wichura obaliła wiele starych drzew. △ *przen.* «znieść, unieważnić; wykazać błędność, bezzasadność czegoś»: Obalić rządy, władzę. Obalać zasadę, poglądy. Obalić testament, wyrok.

obarczać *ndk I*, obarczaliśmy (p. akcent § 1a i 2) — **obarczyć** *dk VIb*, obarczyliśmy □ O. kogo czym: Obarczyli go brzemieniem nad siły. Obarczać kogoś jakąś funkcją, pracą. Obarczyć kogoś winą. △ Obarczony dziećmi, liczną rodziną «mający na utrzymaniu dzieci, liczną rodzinę»

obarzanek a. **obwarzanek** *m III, D.* obarzanka (obwarzanka).

obawa *ż IV* nieco *książk.* «niepokój»: Mieć, żywić obawy. Obawa kogoś dręczy. Żyć w obawie (*nie*: pod obawą) czegoś.

obawiać się *ndk I*, obawialiśmy się (p. akcent § 1a i 2) nieco *książk.* «bać się, lękać się, niepokoić się» □ O. się kogo, czego: Obawiał się nauczyciela. Obawiać się choroby. □ O. się o kogo, o co: Obawiała się o syna. Obawiano się o jej życie. □ O. się+ bezokol.: Obawiał się głośno mówić. △ Obawiam się, że... (używane zwykle w rozmowie dla wyrażenia, w uprzejmy sposób, sądu odmiennego od sądu rozmówcy): Obawiam się, że nie masz racji.

obcążki *blp, D.* obcążków (*nie*: obcążek); in. cążki: Dwoje, troje, czworo obcążków leżało (*nie*: dwa, trzy, cztery obcążki leżały) na stole.

*obce imiona p. imiona (punkt II).

*obce nazwy miejscowe (geograficzne) p. nazwy miejscowe.

*obce (niesłowiańskie) nazwiska p. nazwiska obce niesłowiańskie.

*obce (słowiańskie) nazwiska p. nazwiska obce słowiańskie.

obcesowo *st. w.* bardziej obcesowo; *przestarz.* **obcesem**: Postępować, poczynać sobie obcesowo.

*obce wyrazy p. zapożyczenia.

obcęgi *blp, D.* obcęgów (*nie*: obcęg); *rzad.* **cęgi** *blp, D.* cęgów: Dwoje, troje, czworo obcęgów (cęgów) leżało (*nie*: dwa, trzy, cztery obcęgi, cęgi leżały) na stole.

obchodzić *ndk VIa*, obchodzę, obchodź (*nie*: obchódź), obchodziliśmy (p. akcent § 1a i 2) — **obejść** *dk*, obszedłem (*nie*: obeszłem), obeszła, obeszliśmy 1. «chodząc bywać w wielu miejscach, robić obchód, okrążać» □ O. kogo, co: Obchodzić teren, gospodarstwo. Obeszli dom naokoło. Obejść błoto. 2. «interesować kogoś, nie być komuś obojętnym» □ Ktoś, coś obchodzi kogo: Wiadomość ta bardzo go obeszła. On mnie nic nie obchodzi. 3. tylko *ndk* «święcić, świętować» □ O. co: Obchodzić imieniny.
obchodzić się — obejść się □ O. się z kim, czym (w jakiś sposób) «postępować z kimś, z czymś, traktować kogoś, coś (w jakiś sposób); posługiwać się czymś»: Obchodzili się z nim jak z dzieckiem. Nie umiał się obchodzić z bronią. □ O. się bez kogo, czego «obywać się»: Żadna zabawa nie mogła się bez niego obejść. Obchodził się bez okularów. △ Nie obeszło, nie obejdzie się bez czegoś «coś musiało, musi nastąpić; nie obyło się, nie obędzie się bez czegoś»: Nie obejdzie się (nie obędzie się) bez nowych wydatków. □ *wych. z użycia* O. się czym «zadowalać się czymś, poprzestawać na czymś, obywać się czymś»: Potrafili obejść się byle czym. △ *fraz.* (dziś żywa): Obejść się (*nie*: obyć się) smakiem.

obciąć *dk Xc*, obetnę, obetnie, obetną, obetnij, obciąłem (*wym*. obciołem; *nie*: obciełem), obciął (*wym*. obcioł), obcięła (*wym*. obcieła), obcięliśmy (*wym*. obcieliśmy, p. akcent § 1a i 2) — **obcinać** *ndk I*, obcinaliśmy: Obcinać gałęzie. Obciąć włosy. □ *pot.* O. kogo «dać komuś ocenę niedostateczną (na egzaminie)»: Profesor obciął połowę zdających.

obciągać *ndk I*, obciągaliśmy (p. akcent § 1a i 2) — **obciągnąć** *dk Va*, obciągnij (*nie*: obciąg), obciągnąłem (*wym*. obciągnołem; *nie*: obciągnełem, obciągłem), obciągnął (*wym*. obciągnoł; *nie*: obciągł), obciągnęła (*wym*. obciągneła; *nie*: obciągła), obciągnęliśmy (*wym*. obciągneliśmy; *nie*: obciągliśmy) □ O. co — czym, *rzad.* w co «powlekać, pokrywać»: Obciągać krzesła materiałem. Album obciągnięty skórą (w skórę). □ O. co «wygładzać, poprawiać»: Obciągnąć suknię.

obciążyć *dk VIa*, obciążyliśmy (p. akcent § 1a i 2) — **obciążać** *ndk I*, obciążaliśmy □ O. kogo, co — czym: Drzewa obciążone owocami. Obciążyć kogoś odpowiedzialnością, winą.

obcierać p. obetrzeć.

obcinać p. obciąć.

obciosać *dk I*, obciosa, *rzad. IX*, obciosze; obciosaj, obciosaliśmy (p. akcent § 1a i 2)· — **obciosywać** *ndk VIIIa*, obciosuję (*nie*: obciosywuję, obciosywam), obciosywaliśmy: Obciosać pnie, belki.

obciskać p. obcisnąć.

obcisło a. **obciśle**: Ubrany obciśle (obcisło).

obcisły *st. w.* bardziej obcisły, *rzad.* obciślejszy,

obcisnąć *dk Va*, obcisnąłem (*wym.* obcisnołem; *nie*: obcisnełem, obcisłem), obcisnął (*wym.* obcisnoł), obcisnęła (*wym.* obcisneła; *nie*: obcisła), obcisnęliśmy (*wym.* obcisneliśmy; *nie*: obciśliśmy; p. akcent § 1a i 2) — **obciskać** *ndk I*, obciskaliśmy 1. «zacisnąć wokół czegoś»: Obciskał na sobie kurtkę. 2. tylko *ndk* «opinać»: Skórzany pasek obciskał ją w talii. Suknia obciskała ramiona.

obciśle p. obcisło.

obco *st. w.* bardziej obco: Czuł się obco w tym towarzystwie.

obco- «pierwsza część rzeczowników lub przymiotników złożonych (pisana łącznie) oznaczająca obcość lub odrębność tego, z czym się wiąże druga część złożenia», np.: obcokrajowiec, obcogatunkowy. △ Wyrażenia, których pierwszym członem jest przysłówek, a drugim imiesłów, pisze się rozdzielnie, np.: Nowy uczeń obco czujący się w klasie.

obcojęzyczny, *rzad.* **obcojęzykowy**: Tekst obcojęzyczny.

obcokrajowiec *m II*, *D.* obcokrajowca, *W.* obcokrajowcze, forma szerząca się: obcokrajowcu, *lm M.* obcokrajowcy; *częściej*: cudzoziemiec.

obcować *ndk IV*, obcowaliśmy (p. akcent § 1a i 2) □ O. z kim, czym: Obcować z ludźmi. Obcować z naturą, z przyrodą.

obcy *m-os.* obcy (*nie*: obci): Obce środowisko, miasto. Wyrazy obce. □ O. komu «niewłaściwy komuś, nie objęty czyimś zainteresowaniem; budzący uczucie obcości»: Interesowność była mu obca. Własny syn stał się jej obcy. To, czym żyło jego środowisko, było mu obce. □ O. dla kogo: «nie związany z kimś związkami pokrewieństwa, koleżeństwa itp.; nieznajomy»: Zeznawali wyłącznie świadkowie obcy dla oskarżonego.
obcy w użyciu rzeczownikowym «człowiek obcy»: Obcym wstęp wzbroniony.
z obca *wych.* z użycia «obco, na wzór obcy»: Jego mowa brzmi z obca. // *D Kult. I, 718; II, 254.*

obczyzna *ż IV*, *blm*: Żyć na obczyźnie. Emigrować na obczyznę. Tułać się po obczyźnie.

obdarować *dk IV*, obdarowaliśmy (p. akcent § 1a i 2) — **obdarowywać** *ndk VIIIa*, obdarowuję (*nie*: obdarowywuję), obdarowywaliśmy □ O. kogo, co — czym: Każdego obdarowano upominkiem.

obdartus *m IV*, *lm M.* te obdartusy, *rzad.* ci obdartusi.

obdarzyć *dk VIb*, obdarzyliśmy (p. akcent § 1a i 2) — **obdarzać** *ndk I*, obdarzaliśmy, nieco *podn.* «obdarować» □ O. kogo, co — czym: Król obdarzył go majątkiem. △ *przen.* Los obdarzył go wieloma zaletami. Obdarzać uczuciem, sympatią, łaskami,

względami itp. Obdarzyć spojrzeniem, uśmiechem, ukłonem. Obdarzony dobrą pamięcią, dowcipem itp.

obdzielać *ndk I*, obdzielaliśmy (p. akcent § 1a i 2) — **obdzielić** *dk VIa*, obdzieliliśmy □ O. kogo, co — czym: Obdzielić dzieci słodyczami.

obdzierać p. obedrzeć.

obe- p. o-

obecnie nieco *książk.* «teraz, w tej chwili»: Miasto zniszczone podczas wojny zostało obecnie odbudowane. Przystępujemy obecnie do nowej pracy. // *D Kult. II, 239.*

obecność *ż V*, zwykle *blm*: Obecność wszystkich członków organizacji na zebraniu jest obowiązkowa. Obecność alkoholu we krwi. △ W czyjejś obecności: Nie śmiał się odezwać w obecności zwierzchnika.

obecny *m-os.* obecni □ O. przy czym, podczas czego, na czym: Byłem obecny przy tym spotkaniu, podczas tej rozmowy. Obecny na zebraniu.

obedrzeć (*wym.* obed-żeć a. obedż-żeć; *nie*: obedżeć, obedzyć) *dk XI*, obedrę (*nie*: obedrzę), obedrze, obedrą (*nie*: obedrzą), obedrzyj, obdarł, obdarliśmy (p. akcent § 1a i 2) — **obdzierać** *ndk I*, obdzieraliśmy □ O. kogo, co — z czego «ogołocić kogoś, coś z czegoś, pozbawić czegoś»: Obedrzeć drzewa z kory. △ *przen.* Obedrzeć kogoś ze złudzeń. □ *pot.* O. kogo «wziąć od kogoś dużo pieniędzy za rzecz małej wartości; *częściej*: zedrzeć z kogoś»: Nieuczciwy kupiec obdziera klientów.

obejmować p. objąć.

obejrzeć (*nie*: obejrzyć) *dk VIIb*, obejrzyj, obejrzeliśmy (p. akcent § 1a i 2) — **oglądać** *ndk I*, oglądaliśmy: Obejrzeć mieszkanie. Obejrzał go od stóp do głów. Oglądać sztukę na scenie, fotografie w albumie.
obejrzeć się — **oglądać się** □ O. się za kim, za czym **a)** *rzad.* także: O. się na kogo, na co «obracając głowę rzucić spojrzenie»: Nieznajomy obejrzał się za nim. Wyjeżdżając obejrzał się na miasto. **b)** «poszukać kogoś, czegoś; rozejrzeć się»: Obejrzeć się za posadą. Oglądać się za pomocnikiem. □ tylko *ndk* O. się na kogo, na co «liczyć na kogoś, na coś»: Polegaj na sobie i na nikogo się nie oglądaj. // *D Kult. I, 542; D Kryt. 65.*

obejść p. obchodzić.

obełgać *dk IX*, obełżę (*nie*: obełgę, obełgam), obełże, obełżyj (*nie*: obełgaj), obełgaliśmy (p. akcent § 1a i 2) — **obełgiwać** *ndk VIIIb*, obełguję (*nie*: obełgiwuję), obełgiwaliśmy *pot.*, *wych. z użycia* «okłamać»

oberek *m III*, *DB.* oberka: Tańczyć, grać, skomponować oberka.

oberluft (*wym.* oberluft) *m IV*, *D.* oberluftu, *wych. z użycia*, *lepiej*: wywietrznik.

oberwać *dk IX*, oberwę (*nie*: oberwię), oberwie, oberwą (*nie*: oberwią), oberwij, oberwaliśmy (p. akcent § 1a i 2) — **obrywać** *ndk I*, obrywaliśmy: Oberwać owoce z drzewa. △ *pot.* Oberwać pałę «dostać zły stopień w szkole» △ Oberwać klapsa, kuksańca, burę. □ O. czym — po czym, przez co: Oberwać kijem po plecach, po grzbiecie. △ *posp.* Oberwać pięścią przez łeb. □ O. od kogo — za co: Oberwał od ojca za spóźnienie.

oberwaniec *m II, D.* oberwańca, *W.* oberwańcze, forma szerząca się: oberwańcu, *lm M.* ci oberwańcy a. (z silniejszym zabarwieniem ekspresywnym) te oberwańce, *D.* oberwańców (*nie:* oberwańcy).

oberznąć (*wym.* obeżnąć, *nie:* ober-znąć) a. **oberżnąć** *dk Va,* oberznąłem, oberżnąłem (*wym.* obeżnołem, oberżnołem), oberznął, oberżnął (*wym.* obeżnoł, oberżnoł), oberznęła, oberżnęła (*wym.* obeżnęła, oberżnęła), oberznęliśmy, oberżnęliśmy (*wym.* obeżnęliśmy, oberżnęliśmy, p. akcent § 1a i 2) — **obrzynać** *ndk I,* obrzynaliśmy: Oberznąć (oberżnąć) gałęzie.

oberża *ż II, lm D.* oberży, *rzad.* oberż.

obeschnąć *dk Vc,* obeschłem, *rzad.* obeschnąłem (*wym.* obeschnołem; *nie:* obsechnełem), obeschnął (*wym.* obeschnoł; *nie:* obsechnął), *rzad.* obeschł; obeschła (*nie:* obsechła, obeschnęła), obeschnęliśmy (*wym.* obeschnęliśmy), *rzad.* obeschliśmy (*nie:* obsechliśmy; p. akcent § 1a i 2), obeschły a. obeschnięty — **obsychać** *ndk I,* obsychaliśmy: Ziemia obeschła. Chodnik obeschnął (obeschł). Obeschłe (obeschnięte) drogi.

obesłać *dk IX,* obeśle, obeślij, obesłaliśmy (p. akcent § 1a i 2) — **obsyłać** *ndk I,* obsyłaliśmy *środ.* zwykle w zwrotach: Obesłać konkurs, wystawę, zawody itp. «o pewnej liczbie uczestników czegoś: wziąć udział w konkursie, zawodach itp. posyłając swoich przedstawicieli, okazy na wystawę (używane często w imiesł. biernym)»: Ten konkurs był wyjątkowo dobrze obesłany.

obetrzeć *dk XI,* obetrę, obetrze, obetrzyj, obtarł, obtarliśmy (p. akcent § 1a i 2) — **obcierać** *ndk I,* obcieraliśmy 1. «osuszyć, oczyścić starłszy coś z czegoś» □ O. co — czym: Obcierać twarz ręcznikiem. □ O. co — z czego: Obetrzeć ręce z kurzu. 2. «ocierając skaleczyć»: Obetrzeć sobie nogę w bucie. But obtarł mi nogę. *Por.* otrzeć.

obeznany *m-os.* obeznani, w użyciu przymiotnikowym «zapoznany, zaznajomiony z czymś»: Obeznany z tematem.

obezwładnić *dk VIa,* obezwładnij, obezwładniliśmy (p. akcent § 1a i 2) — **obezwładniać** *ndk I,* obezwładnialiśmy: Obezwładnić napastnika. Paraliż go obezwładnił.

obeżreć *dk XI,* obeżrę, obeżre, obeżryj, obżarł, obżarliśmy (p. akcent § 1a i 2), obżarty — **obżerać** *ndk I,* obżeraliśmy: Szarańcza obżarła plantację oliwek.
obeżreć się — obżerać się *posp.* «o ludziach: objeść się»

obficie (*nie:* obfito) *st. w.* obficiej a. bardziej obficie.

obfitować *ndk IV,* obfitowałby, obfitowałoby (p. akcent § 4c) □ O. w co (*nie:* czym), *rzad.* w kogo: Lasy obfitowały w jagody. Wiek XVIII obfitował w poetów.

obfity *st. w.* obfitszy a. bardziej obfity: Obfity posiłek, połów. □ O. w co: Dzień obfity we wrażenia. Zima obfita w opady.

obgadać *dk I,* obgadaliśmy (p. akcent § 1a i 2) — **obgadywać** *ndk VIIIa,* obgaduję (*nie:* obgadywuję, obgadywam), obgadywaliśmy *pot.* **a)** «obmówić,

oczernić» □ O. kogo — przed kim: Obgaduje rodzinę przed sąsiadami. **b)** «omówić»: Obgadać sprawę.

obiad *m IV, D.* obiadu, *Ms.* obiedzie: Prosić na obiad.

obibok (*wym.* obibok, *nie:* obibok) *m III, lm M.* te obiboki (także o kobiecie).

obić *dk Xa,* obiję, obiliśmy (p. akcent § 1a i 2) — **obijać** *ndk I,* obijaliśmy 1. «obtłuc» □ O. co (z czego): Obijać jabłka z drzewa. Obić tynk ze ściany. 2. «pokryć, powlec» □ O. co — czym: Obijać ściany materiałem. Obić stół ceratą. 3. tylko *dk* «zbić»: Obić psa.
obić się — obijać się 1. «obtłuc się»: Uważaj, żeby jabłka się nie obiły. 2. (tylko *ndk*) *pot.* «próżnować»: Obijał się cały dzień.

Obidowa *ż* odm. jak przym., *CMs.* Obidowej (*nie:* Obidowie) «miejscowość i szczyt w Gorcach»: Mieszkać w Obidowej. Wejść na Obidową. — obidowski.

obie p. oba.

obiec a. **obiegnąć** *dk Vc,* obiegnie, obiegł, obiegliśmy (p. akcent § 1a i 2) — **obiegać** *ndk I,* obiegaliśmy: Obiec plac. △ Księżyc obiega Ziemię.

obiecać *dk I,* obiecaliśmy (p. akcent § 1a i 2) — **obiecywać** *ndk VIIIa,* obiecuję (*nie:* obiecywuję, obiecywam), obiecywaliśmy: Obiecywać poprawę. Obiecać nagrodę znalazcy. □ O. (komu), że... «dać obietnicę, przyrzec»: Obiecał matce, że będzie się dobrze uczył. □ O. sobie, że... «postanowić, przyrzec sobie»: Obiecał sobie, że pojedzie nad morze. △ (zwykle *ndk*) Obiecywać sobie coś (po kimś, po czymś) «oczekiwać, spodziewać się czegoś»: Obiecuję sobie wiele po nowym pracowniku.
obiecać się — obiecywać się *wych. z użycia* «dać obietnicę przyjścia, przyjazdu; *częściej:* zapowiedzieć się»: Obiecał się nam na obiad.

obieg *m III, D.* obiegu, zwykle *blm:* Obieg Ziemi dookoła Słońca. Obieg (*lepiej:* krążenie) krwi. △ Puścić, wprowadzić itp. coś w obieg «przeznaczyć do powszechnego użytku; podać do wiadomości»: Puścić pieniądze w obieg. Puścić w obieg jakąś pogłoskę. △ Puścić, posłać coś obiegiem «posłać coś kolejno do członków określonej grupy»: Posłano listę obiegiem do członków rady.

obiegać, obiegnąć p. obiec.

obiekcja *ż I, DCMs.* i *lm D.* obiekcji, zwykle w *lm, wych. z użycia, książk.* «zastrzeżenia, wątpliwości»: Mieć obiekcje.

obiekt *m IV, D.* obiektu, *lm M.* obiekty (*nie:* obiekta) w zn. «budynek, budowla»: Obiekt wojskowy. Projektować obiekty szpitalne. // PJ 1967, 381.

obiektywistyczny «dotyczący obiektywizmu, jego zwolenników»: Obiektywistyczne pojęcie prawdy. *Por.* obiektywny.

obiektywizm *m IV, D.* obiektywizmu, *Ms.* obiektywizmie (*wym.* ~izmie a. ~iźmie), *blm.*

obiektywny 1. *m-os.* obiektywni «wolny od uprzedzeń, bezstronny»: Obiektywny sędzia. 2. «istniejący niezależnie od czyjejkolwiek świadomości i czyichkolwiek postrzeżeń»: Obiektywna rzeczywistość.

obierać p. obrać.

obierka *ż III*, *lm D.* obierek; a. **obierzyna** *ż IV*; *rzad.* **obierek** (*nie*: obiórek) *m III*, *D.* obierka, *lm D.* obierków, zwykle w *lm*.

obieżyświat (*wym.* obieżyświat) *m IV*, *D.* obieżyświata, *Ms.* obieżyświacie, *lm M.* te obieżyświaty *pot.* «człowiek wiele podróżujący, włóczący się po świecie; włóczęga»

obijać p. obić.

obiór (*nie*: obór; *ale*: wybór) *m IV*, *D.* obioru *wych. z użycia* «wybór; elekcja»: Obiór króla a. obiór kogoś na króla.

obj. «skrót wyrazu: *objętość*, pisany z kropką, czytany jako cały, odmieniany wyraz»: 1 obj. tlenu+2 obj. wodoru.

objadać *ndk I*, objadaliśmy (p. akcent § 1a i 2) — **objeść** *dk*, objem, obje, objedzą, objadł, objedliśmy, objedzony 1. «jedząc ogryzać, zjadać doszczętnie» □ O. co — z czego: Gąsienice objadły liście z drzewa a. drzewo z liści. 2. «jedząc u kogoś narażać go na straty» □ O. kogo, co — z czego: Objadać rodzinę z chleba.
objadać się — **objeść się** «jeść dużo, ponad miarę»: □ (*ndk*) O. się czym (np. słodyczami). □ (*dk*) O. się czym a. czego: Objeść się smakołykami (smakołyków).

objaśniać *ndk I*, objaśnialiśmy (p. akcent § 1a i 2) — **objaśnić** *dk VIa*, objaśnij, objaśniliśmy: Objaśniać tekst. □ O. kogo — co do czego a. o czym, *rzad.* w czym: Objaśnić kogoś co do celu swego przybycia. Objaśniać kogoś o jakiejś sprawie (w jakiejś sprawie).

objawiać *ndk I*, objawialiśmy (p. akcent § 1a i 2) — **objawić** *dk VIa*, objawię, objaw, objawiliśmy «przejawiać, wykazywać; oznajmiać»: Objawiać zaniepokojenie. □ O. komu, czemu — co (*nie*: komu, czemu — o czym, komu, czemu, że...): Objawiać komuś smutną prawdę. △ *niepoprawne* w zn. a) «ogłaszać», np. objawiać manifest. b) «zgłaszać (chęć czegoś)», np. objawiać gotowość.

objazd *m IV*, *D.* objazdu, *Ms.* objeździe (*nie*: objaździe): Most był zerwany; strzałki wskazywały objazd. Objazd prowadził wyboistą drogą. Wyruszać na objazd (*nie*: w objazd) terenu.

objąć *dk Xc*, obejmę (*nie*: obejmię), obejmie, obejmij, objęliśmy (*wym.* objeliśmy, p. akcent § 1a i 2) — **obejmować** (*nie*: obejmywać) *ndk IV*, obejmowaliśmy: Objęła go za szyję.

objechać *dk* objadę, objedzie (*nie*: objadzie), objedź (*nie*: objadź), objechał, objechaliśmy (p. akcent § 1a i 2) — **objeżdżać** *ndk I*, objeżdżaliśmy □ O. co (*rzad.* kogo) «jadąc okrążyć; ominąć coś»: Objechać przeszkodę. Objeżdżać dom dokoła. □ O. kogo, co «podróżując odwiedzić kolejno wiele osób, zwiedzić lub zlustrować wiele miejsc»: Objeżdżali sąsiadów kuligiem. Objechał wszystkie duże miasta Francji. Objeżdżać stanowiska, posterunki wojskowe. □ *posp.* O. kogo «zwymyślać kogoś»

objeść p. objadać.

objeżdzić *dk VIa*, objeżdżę, objeżdź (*nie*: objeżdzij), objeżdziliśmy (p. akcent § 1a i 2) — **objeżdżać**

ndk I, objeżdżaliśmy □ O. kogo, co «podróżując odwiedzić kolejno wiele osób, zwiedzić, zlustrować wiele miejsc; objechać»: Objeżdził cały powiat w poszukiwaniu terenów łowieckich. □ O. co a) «wprawić, przyzwyczaić zwierzę (zwykle konia) do jazdy; ujeżdzić»: Objeżdziłem kasztankę pod siodło. b) «jeżdżąc wypróbować, sprawdzić (nowy pojazd)»: Objeżdżał nowe typy samochodów. △ *niepoprawne* w imiesł. biernym (objeżdżony) w funkcji nieprzechodniej, w zn. «wytrenowany, mający wprawę», np. Objeżdżeni narciarze (*zamiast*: Narciarze wytrenowani a. po długim treningu, po wielu jazdach itp.).

objęcie *n I*, zwykle w *lm* △ Brać, chwycić, porwać, wziąć kogoś w objęcia; trzymać, tulić kogoś w objęciach. △ Paść, pójść, rzucić się w czyjeś objęcia.

obkładać *ndk I*, obkładaliśmy (p. akcent § 1a i 2); *częściej*: okładać.

oblać *dk Xb*, oblej ę, oblaliśmy, *reg.* obleliśmy (p. akcent § 1a i 2) — **oblewać** *ndk I*, oblewaliśmy.

oblatać *dk I*, oblataliśmy (p. akcent § 1a i 2) — **oblatywać** *ndk VIIIa*, oblatuję, oblatywaliśmy «latając nowym samolotem lub szybowcem wypróbować jego sprawność»: Oblatywać prototyp samolotu. △ *niepoprawne*: oblatać w funkcji *ndk* (*zamiast*: oblatywać), np.: Liście oblatają (*zamiast*: oblatują) z drzew. Tchórz kogoś oblata (*zamiast*: oblatuje). *Por.* oblecieć.

oblatany imiesł. bierny od czas. oblatać.
oblatany *m-os.* oblatani, w użyciu przymiotnikowym *pot.* «dobrze z czymś obeznany; bywały»: Oblatany po świecie. □ O. w czym: Oblatany w sprawach handlowych.

oblatywacz *m II*, *lm D.* oblatywaczy, *rzad.* oblatywaczów.

oblatywać p. oblatać, oblecieć.

I oblec a. **oblegnąć** *dk Vc*, oblegnę, oblegnie, obległ, oblegliśmy (p. akcent § 1a i 2), oblężony — **oblegać** *ndk I*, oblegaliśmy: Oblec (oblegnąć, oblegać) zamek, miasto. Tłum oblegał wejście.

II oblec *dk XI*, oblokę, *rzad.* oblekę; oblecze, oblókł (oblekł), oblokła (oblekła), oblekli, oblekliśmy (p. akcent § 1a i 2), obleczony — **oblekać** *ndk I*, oblekaliśmy *przestarz.* □ O. kogo, co — w co: Oblec kogoś w koszulę. □ O. co — na kogo, na co: Oblec na siebie piękną szatę. △ *książk.* Oblec w jakąś formę, postać w jakiś kształt: Myśl obleczona w słowa. △ *książk.* Oblec w ciało «urzeczywistnić»: Trudno będzie tę ideę oblec w ciało.

oblecieć (*nie*: oblecić) *dk VIIa*, oblecę, obleć, oblecieliśmy (p. akcent § 1a i 2) — **oblatywać** *ndk VIIIa*, oblatuję, oblatywaliśmy 1. «lecąc okrążyć coś»: Jaskółka obleciała dzwonnicę. 2. «oderwawszy się od czegoś — spaść»: Tynk oblatuje (*nie*: oblata) ze ściany. △ *przen.* «o ubraniu, obuwiu: zedrzeć się»: Trzeba mu kupić buty, stare z niego oblatują (*nie*: oblatają). 3. «o uczuciach, myślach: owładnąć kimś, przeniknąć kogoś»: Obleciały go smutne myśli. Strach kogoś obleciał. 4. *pot.* a) «obiec, objechać dokoła czegoś»: Samochód w kilkanaście sekund obleciał tor wyścigowy. b) «chodząc, biegając, jeżdżąc odwiedzić kolejno wiele osób, być w wielu miejscach»: Obleciała z nowiną wszystkie przyjaciółki.

oblegać, oblegnąć p. I oblec.

oblekać p. II oblec.

oblewać p. oblać.

obleźć (*nie*: obliźć) *dk XI*, oblezę (*nie*: oblizę), *przestarz.* oblazę; oblazł, obleźliśmy (p. akcent § 1a i 2) — **obłazić** *ndk VIa*, obłażę, obłaziliśmy **1.** «o owadach, robakach: wpełznąć w dużej liczbie na kogoś, na coś»: Mrówki go oblazły. **2.** «zdzierając się z czegoś, odpaść; stracić wierzchnią warstwę»: Ściany są źle pomalowane, farba obłazi w wielu miejscach. □ O. z czegoś: Opalał się tak intensywnie, że cały oblazł ze skóry. Zwierzę oblazło z sierści.

obliczać *ndk I*, obliczaliśmy (p. akcent § 1a i 2) — **obliczyć** *dk VIb*, obliczyliśmy □ O. co: Tego się nie da obliczyć w pieniądzach. Obliczyć swoje oszczędności. □ O. co — na co (na jakiś czas, na jakąś liczbę, ilość) «planować dla czegoś jakiś termin, jakąś liczbę, ilość czegoś»: Obliczać wycieczkę na dwa tygodnie. Posiłek obliczony na dwadzieścia osób. Sala obliczona na tysiąc miejsc. △ Coś jest obliczone na kogoś, na coś (np. na poklask, na zbyt, na czyjś gust) «coś jest robione z myślą o kimś, o czymś, z nadzieją osiągnięcia czegoś»: Obrazy obliczone na niewybrednego nabywcę. Zachowanie się obliczone na efekt.

oblicze *n I, lm D.* obliczy △ z odcieniem podniosłości: W obliczu kogoś «w czyjejś obecności, wobec kogoś»: Nie stchórzył w obliczu nieprzyjaciela. △ W obliczu czegoś «wobec czegoś, np. groźby, niebezpieczeństwa»: W obliczu śmierci pojednał się z rodziną.

obliczyć p. obliczać.

obligatoryjny, *lepiej*: obowiązujący.

oblizać *dk IX*, oblizę, oblizaliśmy (p. akcent § 1a i 2) — **oblizywać** *ndk VIIIa*, oblizuję, oblizywaliśmy △ Palce oblizywać (*częściej*: lizać) «zwrot wyrażający apetyt na coś, zachwyt nad czymś»

oblubieniec *m II, D.* oblubieńca, *W.* oblubieńcze, forma szerząca się: oblubieńcu, *lm M.* oblubieńcy *książk., poet.* a. *żart.* «mężczyzna wstępujący w związki małżeńskie; pan młody»

obłamać *dk IX*, obłamię (*nie*: obłamę), obłamią (*nie*: obłamą), obłam, obłamaliśmy (p. akcent § 1a i 2) — **obłamywać** *ndk VIIIa*, obłamuję (*nie*: obłamywam, obłamywuję), obłamywaliśmy.

obłaskawiać *ndk I*, obłaskawialiśmy (p. akcent § 1a i 2) — **obłaskawić** *dk VIa*, obłaskawię, obłaskaw, obłaskawiliśmy □ O. kogo, co — czym: Obłaskawić psa kiełbasą.

obława *ż IV* □ O. na kogo, na co (*nie*: za kim, za czym): Obława na złodziei. Obława na wilki.

obłazić p. obleźć.

obłąkanie *n I*: Popaść w obłąkanie. △ *niepoprawne* Obłąkanie (*zamiast*: pomieszanie) zmysłów.

obłąkaniec *m II, D.* obłąkańca, *W.* obłąkańcze, forma szerząca się: obłąkańcu, *lm M.* obłąkańcy.

obłożyć p. okładać.

obłupać *dk IX*, obłupię (*nie*: obłupę), obłupie, obłup (*nie*: obłupaj), obłupaliśmy (p. akcent § 1a

2) — **obłupywać** *ndk VIIIa*, obłupuję (*nie*: obłupywam, obłupywuję), obłupywaliśmy «obrać ze skorupy; ściągnąć zewnętrzną powłokę z czegoś» □ O. co — z czego: Obłupać kartofel z łupiny. Obłupywać skórkę z pomarańczy. Obłupać korę z drzewa.

obłupić *dk VIa*, obłupię (*nie*: obłupę), obłupimy, obłup, obłupiliśmy (p. akcent § 1a i 2) — **obłupywać** *ndk VIIIa*, obłupuję (*nie*: obłupywam, obłupywuję), obłupywaliśmy **1.** p. obłupać: Obłupił pieczone kartofle ze skórki. **2.** tylko *dk przestarz.* «obrabować»: Obłupić kogoś z ostatniego grosza.

obmarzać (*wym.* obmar-zać) *ndk I*, obmarzałby (p. akcent § 4c) — **obmarznąć** (*wym.* obmar-znąć) *dk Vc*, obmarznął (*wym.* obmarznoł) a. obmarzł; obmarzła, obmarzłby: Liście na drzewach obmarzły.

obmawiać p. obmówić.

obmierzić (*wym.* obmier-zić) *dk VIa*, obmierzę, obmierziliśmy (p. akcent § 1a i 2) □ O. komu — kogo, co: Zrzędzeniem obmierził mi życie.

obmierzły (*wym.* obmier-zły) *m-os.* obmierźli, *st. w.* bardziej obmierzły, *rzad.* obmierźlejszy «budzący wstręt, obrzydliwy, wstrętny»: Obmierzły pijak. Obmierzła, zzieleniała szynka.

obmierznąć (*wym.* obmier-znąć) *dk Vc*, obmierzliśmy (p. akcent § 1a i 2) — **obmierzać** (*wym.* obmier-zać) *ndk I*, obmierzaliśmy: Obmierzło mu środowisko, w którym przebywał.

obmówić *dk VIa*, obmówimy, obmów, obmówiliśmy (p. akcent § 1a i 2) — **obmawiać** *ndk I*, obmawialiśmy □ O. kogo, co (przed kim) «oczernić»: Obmówić rywalkę przed narzeczonym.

obmurować *ndk IV*, obmurowaliśmy (p. akcent § 1a i 2) — **obmurowywać** *ndk VIIIa*, obmurowuję (*nie*: obmurowywam, obmurowywuję), obmurowywaliśmy: Obmurować brzegi rzeki.

obmyć, *rzad.* **omyć** *dk Xa*, obmyliśmy, omyliśmy (p. akcent § 1a i 2) — **obmywać**, *rzad.* **omywać** *ndk I*, obmywaliśmy, omywaliśmy: Obmyć twarz, ręce z resztek mydła.

obmyślić (*nie*: obmyśleć) *dk VIa*, obmyśliliśmy (*nie*: obmyśleliśmy; p. akcent § 1a i 2), obmyślony — **obmyślać** *ndk I*, obmyślaliśmy, obmyślany: Obmyślić plan, sposób postępowania, zasadzkę.

obnaszać, obnieść p. obnosić.

obniżać *ndk I*, obniżaliśmy (p. akcent § 1a i 2) — **obniżyć** *dk VIb*, obniżymy, obniżyliśmy: Obniżać ceny, koszty, zarobki. Obniżyć poziom, wartość, znaczenie czegoś.

obnosić *ndk VIa*, obnoszę, obnosiliśmy (p. akcent § 1a i 2), *rzad.* **obnaszać** *ndk I*, obnaszaliśmy — **obnieść** *dk XI*, obniosę (*nie*: obniesę), obniesie, obniósł (*nie*: obniesł) obniosła (*nie*: obniesła), obneśliśmy **1.** «nosić z miejsca na miejsce, zwykle dla dostarczenia, podania czegoś, pokazania wokół» △ (tylko *ndk*) *przen. pot.* «pokazywać coś wielu osobom; afiszować się, *częściej*: obnosić się z czymś»: Obnosił swoją powagę. **2.** tylko: obnosić (*dk*, zwykle w imiesł. biernym) «wielokrotnie włożyć na siebie jakieś ubranie aż do znudzenia, aż do opatrzenia się»: Obnoszona sukienka.

obnosić się □ O. się z czym: Obnosić się ze swoimi sukcesami.

*oboczność w języku polega na współistnieniu wymieniających się elementów fonetycznych i morfologicznych w tych samych wyrazach, na istnieniu wymiennych form fleksyjnych i postaci słowotwórczych wyrazów oraz wymiennych konstrukcji składniowych o tych samych funkcjach w zdaniu. Formy oboczne mogą występować bądź w języku ogólnopolskim, na całym obszarze kraju, niezależnie od uwarunkowań społeczno-środowiskowych i od zamierzeń stylistycznych (te formy nazwiemy obocznikami grupy **A**), bądź też mogą być nacechowane terytorialnie (regionalizmy), środowiskowo (profesjonalizmy), chronologicznie (formy przestarzałe i dawne) lub stylistycznie (te wszystkie formy nazwiemy obocznikami grupy **B**).

W całej morfologii polskiej, zarówno we fleksji, jak i w słowotwórstwie, występują liczne oboczności form. Oboczne formy wyrazów różnią się między sobą swoim składem głoskowym, tworząc tzw.:
1. *Oboczniki fonetyczno-morfologiczne.* W grupie **A** są to najczęściej wymiany tematów wyrazowych w różnych formach przypadków, np. (tematy oboczne rzeczowników): *pies* || *ps-* (*psa*) || *pś-* (*psie*); *dąb* || *dęb-* (*dębu*) || *dęb'-* (*dębie*); *anioł* || *aniel-* (*aniele*); *sen* || *sn-* (*snu*). △ Często wymieniają się z innymi spółgłoski tylnojęzykowe: *k* || *cz* || *c*; *g* || *ż* || *dz*; *h* || *ż* || *sz*, np.: *bajka* || *bajeczka* || *bajce, droga* || *dróżka* || *drodze, Sapieha* || *Sapieżyna* || *Sapiesze.* △ Równie częste są wymiany głosek twardych i miękkich (np. *łapa* || *łapie*), samogłosek i tzw. zera morfologicznego (np. *mech* || *mchu*) oraz *o* i *ó* (np. *Bóg* || *Boga, ból* || *bolesny*).

Jeden i ten sam wyraz może niekiedy występować w dwu różnych i poprawnych postaciach fonetycznych, np.: *zaprzęg* || *zaprzą, muchomor* || *muchomór, posłodz* || *posłódz* (herbatę). Względem ubocznym przemawiającym za którąś z tych form może być czasem wzgląd na pisownię: w wymowie równouprawnione są oboczne formy miejscownika wyrazów rodzaju męskiego zakończonych na *-izm* (*-izmie* || *-iźmie*) np.: *romantyzmie* || *romantyźmie, nacjonalizmie* || *nacjonaliźmie,* w pisowni natomiast za poprawne uważane są tylko formy z zakończeniem ~*izmie.*

W grupie **B** wyróżniamy przede wszystkim fonetyczne oboczniki regionalne. Często m.in. np. występuje regionalnie oboczność *o* || *ó*; np. warszawskiemu: *probówka, dziobek, mol, stokrotka* — odpowiadają krakowskie: *próbówka, dźiobek, mól, stokrótka.* Charakterystyczne też dla wymowy małopolskiej jest tzw. *n* tylnojęzykowe (ŋ), występujące w wielu formach obocznych w stosunku do ogólnopolskich z *n* przedniojęzykowym; np. w Krakowie: *panieŋka, koroŋka, słoŋko, Fraŋka* — a np. w Warszawie: *panienka, koronka, słonko, Franka* (co do szczegółów zob. n).

Oboczne formy fonetyczne są często jedną z przyczyn występowania: **2.** *Oboczności pisowniowych.* Tak się ma sprawa z formami obocznymi: *pośpieszny* || *pospieszny, rżnąć* || *rznąć, kutia* || *kucja, triumf* || *tryumf, żłobek* || *żłóbek* i innymi, należącymi do grupy **A.** Oboczność pisowniowa może być też spowodowana np. zaawansowanym procesem polonizacji wyrazów obcych; obok początkowej pisowni zgodnej z oryginalną pisownią wyrazu zapożyczonego pojawia się, upowszechnia i utrwala równouprawniona pisownia spolszczona, np. w wyrazach *hall* || *hol, coctail* || *koktajl, hippika* || *hipika, cowboy* || *kowboj, camping* || *kemping.*

Oboczności pisowniowe grupy **A** mogą mieć związek ze zróżnicowaniem semantycznym wyrazów; tym się np. tłumaczy pisownia rozdzielna lub łączna takich wyrazów jak: *nie ugięty* «nie zgięty przez kogoś» || *nieugięty* «niezłomny»; *na ten czas* (np. czekał od dawna na ten czas, gdy...) || *natenczas* (*przestarz.*) «wówczas»; *historycznoliteracki* «odnoszący się do historii literatury» || *historyczno-literacki* «historyczny i literacki zarazem», np. fakty historyczno-literackie; pisanie dużą lub małą literą przymiotników utworzonych od nazwisk, np. *Mickiewiczowski* (= czyj?) || *mickiewiczowski* (= jaki?) itd.
3. Do *oboczników fleksyjnych* grupy **A** zaliczymy np. oboczne formy czasownikowe: *przekonuję* || *przekonywam* (*nie*: przekonywuję), *wybuchł* || *wybuchnął* i in.; także formy rzeczowników: w mianowniku *lm: profesorowie* || *profesorzy*, w dopełniaczu *lm: szczypiec* || *szczypców, szufli* || *szufel, kniei* || *kniej*; formy stopnia wyższego przymiotników: *tłustszy* || *tłuściejszy, charakterystyczniejszy* || *bardziej charakterystyczny*; formy narzędnika liczebników: *z wielu* || *z wieloma; ze stu* || *ze stoma* itd. △ W grupie **B** oboczniki fleksyjne mogą się wiązać ze zróżnicowaniem semantycznym, np. *D. lp marsza* «melodii» || *marszu* «szybkiego chodu», albo ze zróżnicowaniem ekspresywnym, np. *ci chłopi, ci sztubacy* (formy bez zabarwienia emocjonalnego) || *te chłopy, te sztubaki* (formy z zabarwieniem ujemnym). △ Do oboczności fleksyjnych dochodzi też w wyniku starzenia się pewnych form i powstawania nowych, np. *w niebiosach* || (*daw.*) *w niebiesiech; grunty* || (*przestarz.*) *grunta.*

△ Często wreszcie wchodzą tu w grę różnice terytorialne m.in. warszawsko-krakowskie, np. w dopełniaczu *lm* wyrazów rodzaju męskiego o tematach miękkich: w Warszawie raczej: *tych marszów, wieńców,* w Krakowie częściej: *marszy, wieńcy.*
4. *Oboczniki słowotwórcze* grupy **A** to np. znane ogólnie: *kilkudniowy* || *kilkodniowy, wiarogodny* || *wiarygodny, kukurydziany, kukurydzany* || *kukurydzowy.* Przykładami oboczników słowotwórczych zróżnicowanych regionalnie są m.in. postacie rodzaju rzeczowników, np. krakowskie: *ta rodzynka, ta krawatka, ta magiel* || warszawskie: *ten rodzynek, ten krawat, ten magiel.*
5. Przykłady *oboczności składniowych* grupy **A** to: *opędzać się od czego* || *przed czym; być jakimś — względem* || *wobec kogo* itp. Oboczne bywają używane przyimki *do* || *na* || *od,* np.: *skrzynka do listów* || *na listy; ścierka do* || *od kurzu; lekarstwo na kaszel* || *od kaszlu* (*nie*: do kaszlu). Inne oboczne wyrażenia tej grupy: *sympatia dla* || *do kogo; obwieścić co* || *o czym; objeść się czego* || *czym; doczytać list* || *listu; unieść zasłonę* || *zasłony; wycieńczony głodem* || *z głodu.*

Wiele oboczności składniowych należy jednakże do grupy **B.** Niektóre są uwarunkowane różnicami semantycznymi; np. *zaniedbać co* «nie interesować się czymś» || *zaniedbać czego* «przez niedbalstwo nie wykonać czegoś»; *oszczędzać co* «ochraniać» (np. oszczędzać wzrok) || *oszczędzać czego* «sprawiać, żeby czegoś nie było» (np. oszczędzać komu trosk); *przestrzegać kogo, co* «udzielać przestrogi» || *przestrzegać czego* «honorować, stosować się» (np. przestrzegać przepisów); *pociąg do Krakowa* (stacja końcowa, docelowa) || *pociąg na Kraków* (stacja pośrednia); *śpiewające ptaki* (= te, które śpiewają w tej chwili) || *ptaki* *śpiewające* «gatunek ptaków»; *włoski strajk* (= odbywający się we Włoszech) || *strajk włoski* «typ strajku okupacyjnego» Dwa ostatnie wyrażenia są przykładami zróżnicowania znaczeniowego, wiążącego się z przedrzeczownikowym lub porzeczownikowym szykiem określeń.

Swoistym rodzajem oboczności są odpowiedniki leksykalne (p. odpowiedniki). *Por.*: archaizmy, dialektyzmy, gwara, regionalizmy, zapożyczenia.

Obodryta *m* odm. jak *ż IV*, zwykle w *lm M*. Obodryci, *DB*. Obodrytów △ W *lm* używana także forma: Obodrzyce (*DB*. Obodrzyców) «grupa plemion zachodniosłowiańskich osiadła na wschód od dolnej Łaby» — obodrycki a. obodrzycki.

oboje a. **obydwoje** *D*. obojga, obydwojga, *CMs*. obojgu, obydwojgu, *N*. obojgiem, obydwojgiem «liczebnik zbiorowy, odpowiadający liczbie dwa; jest używany»: **a)** na określenie dwu osób różnej płci (on i ona), np. oboje rodzice, oboje podróżnych; **b)** na określenie dwu istot niedorosłych (których nazwy są zakończone na *-ę* || *-ęta*), np. oboje kociąt; **c)** w połączeniu z niektórymi rzeczownikami występującymi tylko w liczbie mnogiej, np. oboje drzwi. △ Liczebnik *oboje, obydwoje* łączy się z rzeczownikiem w formie dopełniacza liczby mnogiej (np.: oboje ludzi, oboje podróżnych, oboje rodzeństwa, obojga włóczęgów, obojgiem kociąt). Wyjątek stanowią formy celownika i miejscownika, które łączą się z rzeczownikami w tych samych przypadkach, np.: Przyglądałem się obojgu ludziom. Myślałem o obojgu rodzicach. △ Rzeczowniki zbiorowe będące nazwami (lub mające znaczenie) pary małżeńskiej — z liczebnikiem *oboje, obydwoje* w mianowniku mają najczęściej również postać mianownika, np.: oboje państwo, obydwoje dyrektorostwo, oboje stryjostwo, oboje rodzice. △ Liczebnik *oboje, obydwoje* łączy się z nazwiskami na zasadzie związku zgody co do formy przypadkowej. Wyjątek stanowią formy narzędnika: liczebnik *oboje, obydwoje* w narzędniku łączy się z nazwiskami w dopełniaczu, np. Rozmawiałem z obojgiem Kowalskich (*nie*: z obojgiem Kowalskimi). △ Jeśli rzeczownik w funkcji podmiotu jest określony przez liczebnik zbiorowy *oboje* a. *obydwoje*, to orzeczenie występuje zawsze w formie liczby mnogiej, np.: Przyszli (*nie*: przyszło) oboje (obydwoje) państwo Kowalscy. Przyjechali oboje rodzice. Odwiedzili nas oboje (obydwoje) państwo Nowakowie. || *D Kult. II, 191.*

obojętnieć *ndk III*, obojętnieję, obojętnieliśmy (p. akcent § 1a i 2) — **zobojętnieć** *dk* □ O. na co a. wobec czego: Obojętnieć na ból. Zobojętnieć wobec ludzkiej niedoli. □ O. względem kogo, dla kogo «stawać się względem kogoś obojętnym»: Zobojętnieć względem cierpiących. Mąż zobojętniał dla żony, zupełnie przestał ją kochać. □ O. komu «stawać się komuś obojętnym»: Ulubione dawniej rozrywki coraz bardziej mu obojętniały.

obojętność *ż V, blm* □ O. dla kogo, względem kogo a. wobec kogo: Czuć obojętność dla ojca (względem a. wobec ojca). Okazywać obojętność dla przyjaciół (względem a. wobec przyjaciół). □ O. na co, względem czego, wobec czego a. dla czego: Okazywał zupełną obojętność na to, co o nim plotkowano. Obojętność na niesprawiedliwe zarzuty (a. wobec, względem niesprawiedliwych zarzutów).

obojętny □ O. względem kogo a. wobec kogo «nie zainteresowany kimś»: Obojętny względem (a. wobec) starej matki. Obojętna względem (a. wobec) zalecającego się szefa. △ Ktoś jest komuś obojętny «ktoś nie wywołuje w kimś żadnych uczuć»: Dawniej ją lubiłem, dziś jest mi obojętna. □ O. na co, względem czego a. wobec czego «nie zainteresowany czymś, nie zwracający uwagi na coś»: Obojętny na przeciwności życiowe (względem a. wobec przeciwności życiowych). △ Coś jest komuś (*rzad*. dla kogoś) obojętne «coś nie budzi w kimś zainteresowania, nie jest dla niego ważne»: Obojętny był mu a. dla niego rodzaj pracy, do której go skierują. Dla mnie a. mnie ta sprawa jest obojętna.

obojnacki, obojnaczy a. **obojnaki** in. hermafrodytyczny, obupłciowy.

obojnactwo *n III, blm*; in. hermafrodytyzm, obupłciowość.

obojnak (*nie*: obojniak) *m III*, in. hermafrodyta.

obok «przyimek oznaczający znajdowanie się lub dzianie się czegoś w bezpośredniej bliskości tego, co oznacza rzeczownik»: Obok okna stała szafa. Stał w szeregu obok brata. △ Przyimek *obok* pojawia się dziś często niepotrzebnie zamiast bardziej tradycyjnych i wyspecjalizowanych znaczeniowo: (*o*)*prócz* (czego), *poza* (czym); *razem, wraz* (z kim, czym), np.: Obok (*lepiej*: oprócz, prócz) matematyki uczył się jeszcze chemii. || *KP Pras. 177.*

obol *m I, lm D*. oboli a. obolów.

obopólny: Zapisu dokonano za obopólną zgodą małżonków.

obora *ż IV, lm D*. obór.

obornik *m III, D*. obornika (*nie*: oborniku).

Oborniki (Śląskie), Oborniki *blp, D*. Obornik, Śląskie odm. przym. «miasto i osada» — oborniczanin *m V, D*. oborniczanina, *lm M*. oborniczanie, *D*. oborniczan — oborniczanka *ż III, lm D*. oborniczanek — obornicki.

obosieczny, *rzad*. **obusieczny**: Miecz obosieczny (obusieczny).

obowiązany □ O. (*częściej*: zobowiązany) komu (co): Po tym, co pan dla mnie uczynił, jestem panu bardzo obowiązany. Być obowiązanym komuś wdzięczność. □ O. komu — za co «wdzięczny komuś za coś»: Jest mu obowiązany za dobrą posadę. □ O. do czego: Obowiązany do posłuszeństwa. □ O. + bezokol.: Być obowiązanym płacić alimenty.

obowiązek *m III, D*. obowiązku 1. «powinność»: Wypełnić, spełnić obowiązek. Obowiązek spoczywa, ciąży na kimś. Przyjąć na siebie obowiązek. Uchylać się od obowiązku. Poczuwać się do obowiązku. △ Święty obowiązek «powinność, od której nie wolno się uchylać»: Opieka nad dziećmi to święty obowiązek rodziców. □ O. czego (*nie*: do czego): Obowiązek wdzięczności. Obowiązek opieki nad dzieckiem. Ściganie przestępców jest obowiązkiem milicji. □ O. względem, wobec kogo, czego a. w stosunku do kogo, do czego: Obowiązek względem (wobec) rodziców a. w stosunku do rodziców. 2. tylko w *lm* «stanowisko, czynności wynikające z pełnienia jakiejś funkcji»: Objąć, pełnić obowiązki dyrektora. 3. *blm* *przestarz.* «praca w charakterze pomocy domowej»: Pójść do obowiązku. Być u kogoś w obowiązku. // *KP Pras.*

obowiązkowy 1. «będący czyimś obowiązkiem; obowiązujący»: Obowiązkowe wykłady. Obowiązkowa lektura. **2.** *m-os.* obowiązkowi «sumiennie spełniający obowiązki»: Obowiązkowy uczeń. // *D Kult. I, 313.*

obowiązujący 1. «będący czyimś obowiązkiem; obowiązkowy»: Ćwiczenia, wykłady obowiązujące studentów; obowiązująca lektura. **2.** «mający moc prawną, ważny»: Rozkład jazdy obowiązujący w lecie. // *D Kult. I, 313.*

obowiązywać *ndk VIIIa,* obowiązuje (*nie*: obowiązywa, obowiązywuje), obowiązywałby (p. akcent § 4c) «być czyimś obowiązkiem» □ O. kogo, co: U nas obowiązuje cię ranne wstawanie. □ O. w stosunku do kogo, do czego (*nie*: dla kogo, dla czego): Te przepisy obowiązują w stosunku do uczniów.

obożna *ż* odm. jak przym.: Druhno obożna! (*nie*: druhno obożno!).

obój (*nie*: oboj) *m I, D.* oboju (*nie*: oboja), *lm D.* obojów: Zadąć w obój.

obóz *m IV, D.* obozu **1.** «zespół namiotów pod gołym niebem, przeznaczonych na dłuższy postój a. odpoczynek»: Założyć, rozłożyć obóz. Rozłożyć się, stanąć obozem. Zwinąć obóz. △ W obozie «na terenie obozu»: Ile namiotów jest w tym obozie? **2.** «forma zbiorowego wypoczynku, szkolenia itp. poza miastem»: Obóz kondycyjny, szkoleniowy, harcerski. Być na obozie. Wyjechać na obóz. **3.** «miejsce przymusowej izolacji jeńców wojennych, uchodźców, więźniów»: Obóz koncentracyjny. Obóz pracy. Wywieźć do obozu. Skazany na rok obozu. Być w obozie.

Obra *ż IV* «rzeka» — obrzański (p.).

obrabiać *ndk I,* obrabialiśmy (p. akcent § 1a i 2) — **obrobić** *dk VIa,* obrobię, obrób, obrobiliśmy: Obrabiać bursztyn. Obrabiać brzegi chusteczki szydełkiem. △ Obrabiać (*lepiej*: uprawiać) rolę, ziemię.

obracać *ndk I,* obracaliśmy (p. akcent § 1a i 2) — **obrócić** *dk VIa,* obrócę, obróciliśmy □ O. co a. czym: Obracać klucz w zamku. Wiatraki obracają skrzydłami. □ O. co — na co **a)** «zużytkowywać, przeznaczać na coś»: Obrócić pieniądze na rozrywki. **b)** «czynić coś z czegoś, zmieniać coś na coś»: Obrócić nieużytki na pastwiska. □ (tylko *ndk*) Obracać kapitałem, pieniędzmi, funduszem «dokonywać operacji finansowych»

obrachować *dk IV,* obrachowaliśmy (p. akcent § 1a i 2) — **obrachowywać** *ndk VIIIa,* obrachowuję (*nie*: obrachowywuję, obrachowywam), obrachowywaliśmy: Obrachować wszystkie swoje wydatki.

obrać *dk IX,* obiorę (*nie*: obierę), obierze, obraliśmy (p. akcent § 1a i 2) — **obierać** *ndk I,* obieraliśmy □ O. co (z czego): **a)** «usunąć z czegoś wierzchnią warstwę»: Obrać jabłko, gruszkę ze skórki a. obrać skórkę z jabłka, gruszki. **b)** «oczyścić z czegoś; zdjąć, zebrać coś z czegoś»: Obierać drzewo z liszek a. obierać liszki z drzewa. **c)** «obrabować»: Obrać kogoś z pieniędzy. □ O. kogo — na kogo: Obrać kogoś królem. Obierać kogoś na przewodniczącego. □ O. kogo, co — za co a. na

kogo, na co: Obrać kogoś za (na) przyjaciela. Obierać pieczarę za (na) schronienie. △ (tylko *ndk*) Coś (*zwykle*: palec, pięta) obiera (a. obiera się) «w czymś zbiera się ropa» // *D Kult. II, 83.*

obradlić p. obredlić.

obramować *dk IV,* obramuj (*nie*: obram), obramowaliśmy (p. akcent § 1a i 2); *rzad.* **obramić** *dk VIa,* obramię, obram, obramiliśmy (używane często w imiesł. biernym: obramowany, obramiony) — **obramowywać** *ndk VIIIa,* obramowuję (*nie*: obramowywuję, obramowywam), obramowywaliśmy; *rzad.* **obramiać** *ndk I,* obramialiśmy: Twarz obramowana czarnymi włosami. Dziedziniec obramiony zabudowaniami.

obrastać p. obrosnąć.

obraza *ż IV*: Obraza czynna, słowna. Śmiertelna obraza. Darować komuś obrazę. Ścierpieć obrazę, nie ścierpieć obrazy. Obraza honoru (*nie*: na honorze).

Obrazcow (*wym.* Obrazcow) *m IV, D.* Obrazcowa (p. akcent § 7): Teatr Obrazcowa. Rozmowa o Obrazcowie.

obrazić *dk VIa,* obrażę, obraź, obraziliśmy (p. akcent § 1a i 2) — **obrażać** *ndk I,* obrażaliśmy: Obrazić kogoś śmiertelnie, do żywego.
obrazić się — **obrażać się** □ O. się na kogo, na co (gdy się wymienia osobę lub rzecz, do której zwraca się obraza): Obrazić się na nielojalnego przyjaciela. *żart.* Obrazić się na cały świat. □ O. się za kogo a. o kogo (gdy się wymienia osobę, z powodu której ktoś się obraża): Obrazić się za siostrę, której ktoś ubliżył. □ O. się za co a. o co (gdy się wymienia rzecz, z powodu której ktoś się obraża): Obrażał się za zwróconą uwagę.

obrąb p. obręb.

obrąbek p. obrębek.

obredlić, *rzad.* **obradlić** *dk VIa,* obredlij a. obredl (obradlij a. obradl), obredliliśmy, obradliliśmy (p. akcent § 1a i 2) — **obredlać,** *rzad.* **obradlać** *ndk I,* obredlaliśmy (obradlaliśmy): Obredlić zagon ziemniaków.

obreperować, *przestarz.* **obreparować** *ndk IV,* obreperowaliśmy, obreparowaliśmy (p. akcent § 1a i 2).

obręb *m IV, D.* obrębu **1.** *rzad.* **obrąb,** *D.* obrębu «teren, zasięg, granica; zakres»: Mieszkać w obrębie miasta, poza obrębem miasta. Przenieść się poza obręb miasta. Usunąć kogoś poza obręb środowiska. **2.** «zagięty i przyszyty brzeg tkaniny»: Odpruć obręb u sukienki.

obrębek, *rzad.* **obrąbek** *m III, D.* obrębka (obrąbka).

obrębiać (*nie*: obrębywać) *ndk I,* obrębialiśmy (p. akcent § 1a i 2) — **obrębić** *dk VIa,* obrębię, obręb (*nie*: obrębij), obrębiliśmy: Obrębiać pieluszki.

obrobić p. obrabiać.

obrona *ż IV* **1.** zwykle *blm* «bronienie, ochrona, osłona» □ O. kogo, czego: Obrona kraju. Obrona oskarżonego. □ O. przed kim, czym, od kogo, czego, przeciw komu, czemu: Obrona przed nie-

przyjacielem. Obrona przeciw napaści. Ten płyn to
skuteczna obrona od komarów. △ Robić coś dla czyjejś obrony: Wszystko zrobię dla twojej obrony. △
Umrzeć, zginąć, walczyć w czyjejś obronie, w obronie
czegoś. Oddać życie w obronie ojczyzny. Powiedzieć
coś na swoją obronę. Wziąć kogoś w obronę, występować w czyjejś obronie. Mieć w kimś, w czymś
obronę, mieć z kogoś, z czegoś obronę, mieć kogoś,
coś do obrony (na obronę). Uciekać się pod czyjąś
obronę. 2. *sport.* «gracze broniący bramki swej drużyny»: Obrona Legii nie dopuściła przeciwników do
strzału. 3. *praw.* «adwokat broniący oskarżonego,
także: mowa obrońcy na rozprawie sądowej»: Obrona
podważyła wartość zeznań świadka. Obrony mecenasa X były wydane drukiem.

obronić *dk VIa,* obroniliśmy (p. akcent § 1a i 2)
□ O. kogo, co (*ale*: Bronić kogo, czego). □ O.
przed czym, od czego: Obronić kraj przed na-
paścią, od napaści.

obronny 1. *rzad. st. w.* obronniejszy a. bardziej
obronny «stanowiący a. mogący stanowić obronę;
warowny, ufortyfikowany»: Mury obronne. Pozycja
obronna. Zamek ten uważano za najbardziej obronny
w całym kraju. △ Wyjść z czegoś obronną ręką
«wyjść z trudnej sytuacji cało, bez wielkiej szkody» —
poprawne tylko z podmiotami osobowymi: Był wielkim szczęściarzem, z najgorszych tarapatów wychodził obronną ręką (ale *niepoprawne*: Ziemniaki wyszły
z fali mrozów obronną ręką). 2. bez *st. w.* «broniący»:
Wojna obronna. Mowa obronna (*częściej*: obrończa)
adwokata.

obrończy dziś tylko w zn. «dotyczący obrony sądowej»: Mowa obrończa.

obrosnąć, *rzad.* **obróść,** *dk Vc,* obrośnie, obrósł,
obrosła, obrośli, obrośliśmy (p. akcent § 1a i 2),
obrośnięty a. obrosły — **obrastać** *ndk I,* obrastali-
my □ O. czym: Kamienie obrastały mchem.
□ *przen.* O. w co: Obrastać w dostatki. △ Obrastać
w piórka, w pierze «osiągać dobrobyt, znaczenie»
△ Obrastać w sadło, w tłuszcz «bogacić się (używane
zwykle z odcieniem niechęci)» □ tylko w 3. os.: O.
c o: Dzikie wino obrosło werandę.

obroża (*nie*: obróż) *ż II,* lm D. obroży (*nie*:
obróż).

obróbczy a. **obróbkowy:** Automaty obróbcze.
Technika obróbcza (obróbkowa).

obróbka *ż III,* lm D. obróbek: Plastyczna obróbka
metalu. Obróbka drewna. // *D Kult. II, 240.*

obrócić p. obracać.

obróść p. obrosnąć.

obrót *m IV,* D. obrotu: Obrót Ziemi dokoła osi.
△ (W handlu): Duże (*nie*: wysokie) obroty. △ (W odniesieniu do silników i maszyn poruszanych silnika-
mi): Wysokie, niskie, wolne, szybkie obroty. △ Pracować na wolnych, niskich a. na szybkich, pełnych,
wysokich obrotach (o silnikach, maszynach) «działać
przy małej a. dużej liczbie obrotów w stosunku do
możliwości danego urządzenia» △ *przen.* (także
o zakładach przemysłowych, o ludziach) «pracować
mało — lub mało intensywnie» □ O. czego: Obrót
pieniędzy. □ O. czym: Obrót pieniędzmi (o czyichś
operacjach pieniężnych).

! **obróż** p. obroża.

obrus *m IV,* D. obrusa, *rzad.* obrusu: Nakryć,
zasłać stół obrusem. // *D Kult. I, 313.*

obruszać *ndk I,* obruszaliśmy (p. akcent § 1a
i 2) — **obruszyć** *dk VIb,* obruszyliśmy: Obruszyć
gwóźdź w ścianie.
obruszać się — obruszyć się 1. «obluzowywać
się»: W murze obruszyło się kilka cegieł. 2. *częściej
dk* «oburzyć się, wyrazić niezadowolenie, sprzeciw»
□ O. się na kogo, na co: Obruszył się na jej zarzuty.

obrypać *dk IX,* obrypię (*nie*: obrypę), obrypie,
obrypaliśmy (p. akcent § 1a i 2) *reg., posp.; lepiej*:
obłupać, obdrapać: Obrypane (*lepiej*: obłupane, ob-
drapane) tynki.

obrywać p. oberwać.

obrywek *m III,* D. obrywka, lm D. obrywków
rzad. «oberwany kawałek czegoś, strzęp»: Obrywek
gazety. *Por.* obrywka.

! **obrywisty** p. urwisty.

obrywka *ż III,* lm D. obrywek (*nie*: obrywków),
zwykle w *lm, pot.* «uboczne, dorywcze dochody»: Żył
z napiwków i obrywek. *Por.* obrywek.

obryzgać *dk I,* obryzgaliśmy (p. akcent § 1a i 2),
rzad. **obryznąć, obryzgnąć** *dk Va,* obryz(g)nąłem
(*wym.* obryz(g)nołem; *nie*: obryz(g)nełem, obryz(g)-
łem); obryz(g)nął (*wym.* obryz(g)noł); obryz(g)nęła
(*wym.* obryz(g)neła; *nie*: obryz(g)ła); obryz(g)nęliśmy
(*wym.* obryz(g)neliśmy) — **obryzgiwać** *ndk VIIIb,*
obryzguję (*nie*: obryzgiwuję, obryzgiwam), obryzgi-
waliśmy: Obryzgać kogoś błotem.

obrzański: Łęgi obrzańskie (*ale*: Kanał Obrzański).

obrządzać *ndk I,* obrządzaliśmy (p. akcent § 1a
i 2) — **obrządzić** *dk VIa,* obrządziliśmy: Obrządzać
krowy, inwentarz.

obrzezać *dk I,* obrzezaliśmy (p. akcent § 1a i 2)
— **obrzezywać** *ndk VIIIa,* obrzezywaliśmy.

obrzęd (*nie*: obrząd) *m IV,* D. obrzędu, lm M.
obrzędy (*nie*: obrzęda): Obrzęd zaślubin. Obrzędy
religijne.

obrzękły «napuchnięty, obrzmiały, obrzęknięty»:
Ledwo stał na obrzękłych nogach.

obrzęknąć *dk Vc,* obrzękłem, obrzękł, *rzad.* obrzę-
knął (*wym.* obrzeknoł); obrzękła (*nie*: obrzęknęła),
obrzękliśmy (p. akcent § 1a i 2); obrzęknięty a. obrzękły — *rzad.* **obrzękać** *ndk I,* obrzękaliśmy □ O.
od czego, z czego: Obrzękła z głodu. Twarz jej
obrzękła od płaczu (z płaczu).

obrzmieć *dk III,* obrzmieje, obrzmieliśmy (p.
akcent § 1a i 2), używane często w formie imiesłowu:
obrzmiały — **obrzmiewać** *ndk I,* obrzmiewaliśmy
□ O. od czego, z czego: Ręka obrzmiała od
ukąszenia żmii.

obrzydliwie *st. w.* obrzydliwiej; *rzad.* **obrzydle:**
Obrzydliwie cuchnące bajoro.

obrzydliwiec *m II,* D. obrzydliwca, W. obrzyd-
liwcze, forma szerząca się: obrzydliwcu, lm M.
obrzydliwcy.

obrzydliwy *m-os.* obrzydliwi, *st. w.* obrzydliwszy; *pot.* **obrzydły** *m-os.* obrzydli «odrażający»: Obrzydliwy smak, fetor. Obrzydła wiedźma. △ *niepoprawne* w zn. «łatwo brzydzący się czymś», np. Jestem obrzydliwy, nie cierpię karaluchów (*zamiast*: Brzydzę się karaluchów).

obrzydnąć *dk Vc*, obrzydł, *rzad.* obrzydnął (*wym.* obrzydnoł); obrzydła, obrzydliśmy (p. akcent § 1a i 2): Życie mu obrzydło.

obrzydzić *dk VIa*, obrzydziliśmy (p. akcent § 1a i 2) — **obrzydzać** *ndk I*, obrzydzaliśmy □ O. komu — kogo, co (czym): Obrzydzali mu życie ciągłymi szykanami.

obrzynać p. oberżnąć.

obrzynek (*nie*: ta obrzynka) *m III*, D. obrzynka, *lm* D. obrzynków (*nie*: obrzynek): Warsztat stolarski pełen obrzynków drewna.

obsadka *ż III*, *lm* D. obsadek: Stalówka w drewnianej obsadce. || *D Kult. I, 314; U Pol. (1), 26.*

obsadzić *dk VIa*, obsadziliśmy (p. akcent § 1a i 2) — **obsadzać** *ndk I*, obsadzaliśmy 1. «zasadzić coś dookoła lub wzdłuż czegoś» □ O. co — czym: Obsadzić drogę drzewami. 2. «umocować, osadzić» □ O. co — w czym a. na czym: Obsadzić nóż w trzonku. Obsadzić kosę na drzewcu. 3. «wyznaczyć kogoś do jakiejś roli, na jakieś stanowisko itp.» □ O. co (kim): Obsadzić sztukę, film, urząd. Obsadzono stanowiska kierownicze zdolnymi ludźmi.

obserwacja *ż I*, *DCMs.* i *lm* D. obserwacji: Obserwacje meteorologiczne. □ O. kogo, czego, *rzad.* nad kim, czym: Obserwacja wroga. Obserwacja gwiazd. Obserwacje nad życiem. △ Być pod obserwacją. Wziąć kogoś pod obserwację. △ *pot.* Być na obserwacji «być w szpitalu w celu poddania się badaniom umożliwiającym rozpoznanie choroby»

obserwator *m IV*, *lm* M. obserwatorzy, *rzad.* obserwatorowie.

obserwować *ndk IV*, obserwowaliśmy (p. akcent § 1a i 2) — **zaobserwować** *dk*: Obserwować zjawiska astronomiczne. △ Wyraz nadużywany zamiast: widzieć, zauważać, spostrzegać, np. Zaobserwowano (*lepiej*: zauważono) wzrost wypadków. || *KP Pras.*

obsiać *dk Xb*, obsiali, *reg.* obsieli; obsialiśmy, *reg.* obsieliśmy (p. akcent § 1a i 2) — **obsiewać** *ndk I*, obsiewaliśmy: Obsiać pole pszenicą.

obsiadać *ndk I*, obsiadaliśmy (p. akcent § 1a i 2) — **obsiąść** *dk XI*, obsiądzie (*nie*: obsiędzie), obsiądź, obsiadł, obsiedliśmy (tylko z rzecz. w zn. *lm*): Harcerze obsiedli ognisko.

obski: Dorzecze obskie (*ale*: Zatoka Obska).

obskrobać, obskrobywać p. oskrobać.

obskubać, obskubywać p. oskubać.

obskurant (*nie*: obskurantysta) *m IV*, *lm* M. obskuranci.

obskurantyzm *m IV*, D. obskurantyzmu, Ms. obskurantyzmie (*wym.* ~yzmie a. ~yźmie), *blm*.

obsłonka *ż III*, *lm* D. obsłonek, *częściej*: osłonka, w zn. «to, co zakrywa, osłania»: Przejrzysta obsłonka (*częściej*: osłonka) pąka kwiatowego. △ Bez obsłonek (*nie*: osłonek) «bez ukrywania, bez udawania»: Pisarz ukazał bez obsłonek drobnomieszczaństwo opisywanego środowiska.

obsłuchać, obsłuchiwać p. osłuchać.

obsmażać, obsmażyć p. osmażać.

obstać *dk*, obstoję, obstoi, obstój, obstał, obstaliśmy (p. akcent § 1a i 2) *pot.*, *wych. z użycia* «wystarczyć za kogoś, za coś»: Ten pies obstoi za trzech stróżów!

obstalować *dk IV*, obstalowaliśmy (p. akcent § 1a i 2) — **obstalowywać** (*środ.* stalować) *ndk VIIIa*, obstalowywaliśmy; *lepiej*: zamówić (u rzemieślnika). || *D Kult. I, 436; KP Pras.*

obstalunek (*środ.* stalunek) *m III*, D. obstalunku; *lepiej*: zamówienie (u rzemieślnika): Buty na obstalunek (*lepiej*: na zamówienie). || *D Kult. I, 436.*

obstawać *ndk IX*, obstaję, obstawaj (*nie*: obstaj), obstawaliśmy (p. akcent § 1a i 2) □ O. przy czym «upierać się przy czymś»: Obstawać przy swoim zdaniu. □ *nieco przestarz.* O. za kim «ujmować się za kimś, trzymać czyjąś stronę»: Nie obstawaj za nim, bo jest winien.

obstąpić *dk VIa*, obstąpię, obstąp, obstąpiliśmy (p. akcent § 1a i 2) — **obstępować** (*nie*: obstępywać) *ndk IV*, obstępowaliśmy: Obstąpili go kołem.

obstrukcja *ż I*, *DCMs.* i *lm* D. obstrukcji 1. *książk.* «rodzaj taktyki parlamentarnej, mającej na celu niedopuszczenie do uchwały; *rzad.* hamowanie, utrudnianie czegoś»: Ustawę uchwalono wbrew obstrukcji pewnej grupy posłów. Robić komuś ciągłe obstrukcje. 2. «zaparcie stolca, zatwardzenie»: Cierpieć na obstrukcję. || *D Kult. I, 88.*

obstrzał *m IV*, D. obstrzału, *blm*; *lepiej*: ostrzał.

obstrzelać *dk I*, obstrzelaliśmy (p. akcent § 1a i 2) — **obstrzeliwać** *ndk VIIIb*, obstrzeliwuję (*nie*: obstrzeluję), obstrzeliwaliśmy 1. p. ostrzelać (w zn. 1a). 2. «w górnictwie: spowodować rozpad skały przez wywołanie eksplozji materiału wybuchowego» || *Pj 1967, 355.*

obstrzyc, obstrzygać p. ostrzyc.

obsuwisko a. **osuwisko** *n II*: Obsuwisko (osuwisko) skalne.

obsychać p. obeschnąć.

obsyłać p. obesłać.

obsypać, *rzad.* **osypać** *dk IX*, obsypię, osypię (*nie*: obsypę, osypę), obsypaliśmy, osypaliśmy (p. akcent § 1a i 2) — **obsypywać**, *rzad.* **osypywać** *ndk VIIIa*, obsypuje, osypuje (*nie*: obsypywa, osypywa, obsypywuje, osypywuje), obsypywaliśmy, osypywaliśmy □ O. kogo, co — czym: Rozentuzjazmowani widzowie obsypali aktorkę kwiatami. Twarz obsypana krostami.

obszarpać *dk IX*, obszarpię (*nie*: obszarpę), obszarpaliśmy (p. akcent § 1a i 2) — **obszarpywać** *ndk VIIIa*, obszarpuje (*nie*: obszarpywa, obszarpywuje), obszarpywaliśmy: Pies obszarpał mu płaszcz.

obszarpaniec *m II*, D. obszarpańca, W. obszarpańcze, forma szerząca się: obszarpańcu, *lm* M. obszarpańcy; *częściej*: oberwaniec, obdartus.

obszerny *st. w.* obszerniejszy.

obszycie *n I*, a. **obszywka** *ż III*, *lm D.* obszywek; in. lamówka.

obszyć *dk Xa*, obszyliśmy (p. akcent § 1a i 2) — **obszywać** *ndk I*, obszywaliśmy □ O. co — czym «przyszyć coś dokoła lub wzdłuż czegoś»: Suknia obszyta koronką. □ O. co — w co «zaszyć w coś»: Obszyć paczkę w płótno. □ *pot.* O. kogo, co «uszyć, szyjąc ponaprawiać komuś wiele rzeczy»: Obszywała całą rodzinę.

obślizgły a. **obślizły** p. oślizgły.

obślizgnąć a. **obśliznąć** p. oślizgnąć.

obtłuc *dk XI*, obtłukę, obtłucze, obtłucz, obtłukł, obtłukliśmy (p. akcent § 1a i 2) — **obtłukiwać** (*nie*: obtłukać) *ndk VIIIb*, obtłukuję (*nie*: obtłukiwuję), obtłukiwaliśmy □ O. co — czym, o co: Obtłukiwali kijem owoce z drzewa. Obtłukiwał szyjkę butelki o kant stołu. Posąg z obtłuczonym nosem.

! obtoknąć p. opłukać.

obuć *dk Xa*, obuliśmy (p. akcent § 1a i 2) — **obuwać** *ndk I*, obuwaliśmy *wych. z użycia* «włożyć (buty, pantofle itp.)» □ O. co (na co): Obuwać buty na nogi. □ O. kogo, *rzad.* co (w co): Obuła dziecko. **obuć się — obuwać się**: Szła boso, obuła się dopiero przed samym miastem.

obudowa *ż IV*, *lm D.* obudów **1.** «osłona»: Obudowa głośnika. **2.** *blm* «obudowywanie czego»: Obudowa szybu przeciągała się nadmiernie.

obudzić a. **zbudzić** *dk VIa*, obudziliśmy, zbudziliśmy (p. akcent § 1a i 2) — *rzad.* **obudzać** a. **zbudzać** *ndk I*, obudzaliśmy, zbudzaliśmy: Obudzić (zbudzić) kogoś ze snu. □ O. co — w kim: Obudziła w nim dawne wspomnienia.

obumierać *ndk I*, obumierałby (p. akcent § 4c) — **obumrzeć** *dk XI*, obumrze, obumarł, obumarłby: Wskutek tej choroby obumierają tkanki.

obunóż «w języku sportowców: obiema nogami»: Skok obunóż. || *D Kult. I, 535.*

obupłciowość *ż V*, *blm*; in. dwupłciowość, obojnactwo, hermafrodytyzm.

oburącz (*nie*: oburęcz) «obiema rękami»: Trzymać coś oburącz.

oburzać *ndk I*, oburzaliśmy (p. akcent § 1a i 2) — **oburzyć** *dk VIb*, oburzyliśmy □ O. kogo, co — czym: Oburzył ją tym postępkiem. **oburzać się — oburzyć się** □ O. się na kogo, na co (*nie*: przeciw komu, czemu): Oburzył się na samą myśl o tym.

oburzenie *n I*: Mówić coś (o czymś) z oburzeniem. □ O. na kogo, na co: Ogarnęło go oburzenie na samowolę syna. □ O. czym, z powodu czego: Oburzenie jego zachowaniem było powszechne.

obusieczny p. obosieczny.

obustronny 1. «dotyczący obu stron; dwustronny»: Obustronne zapalenie płuc. **2.** «dotyczący dwóch stron, grup; dokonywany przez obie strony; obopólny»: Obustronna zgoda.

obuwać p. obuć.

obuwie (*nie*: obuw) *n I*, *blm*: Obuwie skórzane, gumowe, zimowe, letnie. Fabryka obuwia.

obuwniczy, *rzad.* **obuwiany**, **obuwiowy**: Przemysł obuwniczy. Skóry obuwnicze (obuwiane, obuwiowe). || *U Pol. (1), 60, 64.*

obuwnik *m III*, *lm M.* obuwnicy «robotnik zatrudniony przy wyrobie obuwia (w przemyśle); *reg.* szewc» || *D Kult. 2, 396; U Pol. (1), 61, 65.*

obwarować *dk IV*, obwarowaliśmy (p. akcent § 1a i 2) — **obwarowywać** *ndk VIIIa* a. *I*, obwarowuję a. obwarowywam (*nie*: obwarowywuję), obwarowywaliśmy □ O. co — czym: Miasto obwarowane murem. △ *przen.* Twierdzenie swoje obwarował argumentami nie do odparcia.

obwarzanek p. obarzanek.

obwąchać *dk I*, obwąchaliśmy (p. akcent § 1a i 2) — **obwąchiwać** (*nie*: obwęchiwać) *ndk VIIIb*, obwąchiwaliśmy.

obwiązać, *rzad.* **owiązać** *dk IX*, obwiążę, owiążę, obwiązaliśmy, owiązaliśmy (p. akcent § 1a i 2) — **obwiązywać**, *rzad.* **owiązywać** *ndk VIIIa*, obwiązywaliśmy, owiązywaliśmy: Obwiązać głowę chustką. Paczka obwiązana sznurkiem.

obwiesić *dk VIa*, obwiesiliśmy (p. akcent § 1a i 2) — **obwieszać** *ndk I*, obwieszaliśmy □ O. kogo, co — czym: Obwiesić pokój obrazami. Oficer obwieszony orderami.

obwieszczać p. obwieścić.

obwieś *m I*, *lm D.* obwiesi a. obwiesiów «nicpoń, hultaj»

obwieścić *dk VIa*, obwieszczę, obwieść, obwieściliśmy (p. akcent § 1a i 2) — **obwieszczać** *ndk I*, obwieszczaliśmy *książk.* (zwykle *podn.*) «ogłosić, zawiadomić, zakomunikować» □ O. co a. o czym — komu: Huk dział obwieścił poddanym o wstąpieniu na tron nowego władcy.

obwieść *dk XI*, obwiodę (*nie*: obwiedę), obwiedzie, obwiódł, obwiodła (*nie*: obwiedła), obwiedliśmy (p. akcent § 1a i 2), obwiedziony — **obwodzić** *ndk VIa*, obwódź, obwodziliśmy, obwodzony □ O. co — czym: Obwieść ogród żywopłotem. Rysunek obwiedziony tuszem.

obwieźć *dk XI*, obwiozę (*nie*: obwiezę), obwiezie, obwiózł, obwiozła (*nie*: obwiezła), obwieźliśmy (p. akcent § 1a i 2), obwieziony, obwiezieni — **obwozić** *ndk VIa*, obwożę, obwoź a. obwóź, obwoziliśmy, obwożony: Swego gościa obwiózł po wszystkich znajomych.

obwijać, obwinąć p. owijać.

obwinić *dk VIa*, obwiniliśmy (p. akcent § 1a i 2) — **obwiniać** *ndk I*, obwinialiśmy □ O. kogo — o co (*nie*: za co, w czym): Obwiniono go o zbrodnię.

obwisnąć *dk Vc*, obwisł a. obwisnął (*wym.* obwisnoł), obwisła, obwisłby (p. akcent § 4c), obwisły, *rzad.* obwiśnięty — **obwisać** *ndk I*, obwisałby: Obwisłe gałązki ośnieżonych drzew.

obwodzić p. obwieść.

obwołać *dk I*, obwołaliśmy (p. akcent § 1a i 2) — **obwoływać** *ndk VIIIa*, obwołuję (*nie*: obwoływuję), obwoływaliśmy □ O. kogo — kim «mianować kimś, ogłosić wybór kogoś (na kogoś)»: Obwołać kogoś królem. △ *przen.* «nazwać kimś publicznie (zwykle w zn. ujemnym)»: Obwołano go zdrajcą. □ *przestarz.* O. co «wołając oznajmić; ogłosić»: Obwołano pospolite ruszenie.

obwołać się — obwoływać się 1. «ogłosić siebie kimś»: Samozwaniec obwołał się carem. **2.** *częściej ndk* «nawoływać się»: W zamku obwoływały się straże.

obwozić p. obwieźć.

oby *książk.* «partykuła nadająca zdaniu charakter życzenia (wiążą się z nią zakończenia osobowe czasownika); bodaj, bodajby»: Obyś żył jak najdłużej! Oby wasze życie było szczęśliwe.

obycie *n I, blm:* Obycie towarzyskie. Nie mieć obycia. □ O. z kim, z czym: Jego obycie z ludźmi ułatwiało mu kierowanie przedsiębiorstwem. Rekruci nabrali z czasem obycia z bronią. □ O. w czym: Obycie w sprawach urzędowych.

obyczaj *m I, D.* obyczaju, *lm D.* obyczajów *(nie:* obyczai):* Wprowadzić (nowe), zarzucić (stare) obyczaje.

obyć się *dk* obędę się, obędzie się, obądź się, obył się, obyliśmy się (p. akcent § 1a i 2) — **obywać się** *ndk I,* obywaliśmy się □ O. się b e z k o g o, c z e g o «poradzić sobie bez kogoś, bez czegoś»: Łatwo się obywał bez przyjaciół. Jest ciepło, obędę się bez płaszcza. △ Nie obyło się, nie obędzie się *(częściej:* nie obeszło się, nie obejdzie się) bez czegoś «coś musiało, musi nastąpić»: Nie obyło się bez awantury. □ O. się c z y m «poprzestać na czymś»: Obywała się kawałkiem chleba. △ *niepoprawne* Obyć się *(zamiast:* obejść się) smakiem. □ *(tylko dk)* O. się z k i m, czym «przyzwyczaić się do kogoś, do czegoś, oswoić się z czymś»: Obył się już z niebezpieczeństwem.

obydwa *(nie:* obadwa) *m-nieos.* i *n*, **obydwaj** *(nie:* obadwaj) *m-os.*, **obydwie** *(nie:* obiedwie) *ż, D.* obydwu a. obydwóch *(nie:* obydwoch, obudwóch), *C.* obydwu a. obydwom, *B. m-nieos.* i *ż* = *M; B. m-os.* = *D.; N.* m i n obydwu a. obydwoma, *N. ż* obydwiema a. obydwoma, *Ms.* obydwu a. obydwóch «jeden i drugi, oba»: Ucałował go w obydwa policzki. Trzymała wazon obydwiema (obydwoma) rękami. // *D Kult. I, 536.*

obydwoje p. oboje.

obyty *m-os.* obyci **1.** «umiejący się zachować; wyrobiony towarzysko»: Był mało obyty. Obyty w świecie, w towarzystwie. **2.** «obeznany z czymś, przyzwyczajony do czegoś» □ O. z czym: Stary myśliwy obyty z bronią.

obywać się p. obyć się.

obywatel (skrót: ob.) *m I, lm M.* obywatele *(nie:* obywatelowie), *D.* obywateli *(nie:* obywatelów) «członek społeczeństwa (danego państwa, kraju)»: Obywatel państwa, kraju. Obywatel francuski. △ W stylu urzędowym używane jako tytuł (zwykle z orzeczeniem w 2. os. *lm* albo w 3. os. *lp)*: Obywatelu, zatrzymajcie się! Obywatelu majorze, oto wasi żołnierze. Czy obywatel zawiadomił o tym wypadku milicję? // *D Kult. II, 241, 596; U Pol. (1), 400.*

obywatelka (skrót: ob.) *ż III, lm D.* obywatelek «kobieta będąca członkiem społeczeństwa (da-

nego państwa, kraju)»: Obywatelka polska. △ W stylu urzędowym zwykle z orzeczeniem w 2. os. *lm m-os.* albo w 3. os. *lp:* Obywatelko, czy to wasze dziecko? Obywatelko Kowalska, czy byliście *(nie:* byłyście) w pracy? Czy obywatelka była w pracy? // *D Kult. II, 241.*

obywatelski: Wolności, prawa obywatelskie. Komitet, sąd obywatelski. △ Milicja Obywatelska (skrót: MO).

obznajmiać a. **obznajamiać** *ndk I,* obznajmiaj, obznajamiaj, obznajmialiśmy, obznajamialiśmy (p. akcent § 1a i 2) — **obznajmić** a. **obznajomić** *dk VIa,* obznajmię (obznajomię; *nie:* obznajmę), obznajmij (obznajom), obznajmiliśmy (obznajomiliśmy) *wych. z użycia* «zapoznawać, zaznajamiać» □ O. kogo — z czym: Obznajmiano go z częściami i funkcjonowaniem karabinu. Z literaturą byłem dobrze obznajmiony.

obżerać p. obeżreć.

ocalać *ndk I,* ocalaj, ocalaliśmy (p. akcent § 1a i 2) — **ocalić** *dk VIa,* ocalimy, ocal, ocaliliśmy: Ocalić swój honor, reputację. Zdołali ocalić z pożaru resztki swego mienia. □ O. kogo, co — od czego: Ocalić kogoś od katastrofy, od śmierci. Ocalić miasto od zniszczenia, od zagłady.

ocean *(wym.* ocean a. ocean) *m IV, D.* oceanu (p. akcent § 5 i 7): Burzliwy, rozszalały ocean. Przepłynąć ocean a. przez ocean. Wypłynąć na ocean. △ W nazwach dużą literą: Ocean Atlantycki, Ocean Spokojny, Indyjski.

Oceania *(wym.* Oceańja) *ż I, DCMs.* Oceanii «obszar wyspowy na Oceanie Spokojnym»

oceaniczny, *rzad.* **oceanowy:** Okręt, statek oceaniczny. Klimat, prąd oceaniczny. Żegluga oceaniczna (oceanowa).

ocechować *dk IV,* ocechowaliśmy (p. akcent § 1a i 2) «oznaczyć coś cechą, znakiem»: Ocechować drzewa do wycięcia. Ocechowane *(nie:* nacechowane) wagi, miary. // *KP Pras.*

ocembrowanie p. cembrowina.

ocena *ż IV:* Obiektywna, gruntowna, wnikliwa ocena. Ocena ujemna *(nie:* naganna). Poddać coś ocenie. Dać coś do oceny. Dać *(nie:* postawić) ocenę czegoś, np. Komisja dała ocenę projektu. *Ale:* Stawiać, postawić (komuś) dobrą, niedostateczną ocenę «postawić stopień kwalifikujący postępy uczniów, studentów»: Nauczyciel postawił wiele ocen niedostatecznych. // *KP Pras.*

ocenić *dk VIa,* oceń, oceniliśmy (p. akcent § 1a i 2) — **oceniać** *ndk I,* ocenialiśmy □ O. co — na ile: Wartość produkcji oceniano na miliony. □ O. kogo, co: Ocenili go właściwie, według jego talentu. Od razu ocenili grożące im niebezpieczeństwo. □ O. kogo, co — jako kogo, jako co *(nie:* za kogo, za co): Oceniono ich jako ludzi wartościowych. Oceniliśmy obrazy jako *(nie:* za) arcydzieła. // *KP Pras.*

och «wykrzyknik»: Och, co za pogoda. Och, co ja zrobię.

ochy, *D.* ochów, tylko w *lm,* w użyciu rzeczownikowym, *żart.* «westchnienia; zachwyty»: Dokoła słychać było achy i ochy.

ochlapać *dk IX*, ochlapię (*nie*: ochlapę), ochlapie, ochlap, ochlapaliśmy (p. akcent § 1a i 2) — **ochla-pywać** *ndk VIIIa*, ochlapuję, ochlapywaliśmy □ O. kogo, co — czym: Auto ochlapało go błotem. Ochlapał ubranie farbą.

ochładzać *ndk I*, ochładzaliśmy (p. akcent § 1a i 2) — **ochłodzić** *dk VIa*, ochłodzę, ochłódź a. ochłodź; ochłodziliśmy: Ochłodził mnie letni wiatr. Ochłodzić mleko w lodówce.

ochłap *m IV*, *D.* ochłapa a. ochłapu: Ochłap mięsa.

ochłodnąć *dk Vc*, ochłodłem (*nie*: ochłódłem, ochłodnąłem), ochłódł, ochłodła (*nie*: ochłódła), ochłodliśmy (*nie*: ochłódliśmy; p. akcent § 1a i 2) **1.** *lepiej*: ochłonąć. □ O. z czego: Ochłodła już z gniewnego uniesienia. **2.** «stać się chłodnym; *części-ej*: ochłodzić się»: Jesienią woda w rzece ochłodła. □ *przen.* (tylko: ochłodnąć) O. dla kogo: Przy-jaciele ochłodli dla niej. □ O. w czym: Ochłódł w miłości do żony.

ochłodzić p. ochładzać.

ochłonąć *dk Vb*, ochłonąłem (*wym.* ochłonołem; *nie*: ochłonełem), ochłonął (*wym.* ochłonoł), ochło-nęła (*wym.* ochłoneła), ochłonęliśmy (*wym.* ochło-neliśmy; p. akcent § 1a i 2) **1.** «opamiętać się, uspo-koić się» □ O. z czego: Ochłonąć z przestrachu, z gniewu, ze zdumienia. **2.** *rzad.* «ochłodzić się»: Wszedł do wody, żeby trochę ochłonąć. Po szybkim biegu przystanął, żeby ochłonąć.

ochoczy *m-os.* ochoczy *wych. z użycia* w zn. «pełen ochoty, zapału; chętny» □ O. do czego: Ludzie ochoczy do czynu. // *D. Kult. II, 473.*

ochota *ż IV*, *blm* «chęć, pragnienie; skłonność, dążenie» □ O. do czego (*nie*: o. czego) — tylko w odniesieniu do czynności lub stanu: Mieć ochotę do pracy. Nabrać ochoty do życia. □ O. na co (zwykle w odniesieniu do przedmiotu): Ochota na jabłko, na samochód (*ale* także: ochota na wyjazd, na kupno samochodu). △ Mieć ochotę zrobić coś (*nie*: zrobienia czegoś): Mieć ochotę pójść do kina, spłatać figla, wyjść z domu.
2. Ochota (z wyrazami: dzielnica, stacja — *ndm*) «dzielnica Warszawy»: Mieszkać na Ochocie. Poje-chać na Ochotę. Mijali dzielnicę Ochota.

ochotniczy «dobrowolny, samorzutny»: Ochot-niczy zaciąg do armii. Ochotnicze oddziały strażac-kie. Ochotnicza służba wojskowa. △ *niepoprawne* Teatr ochotniczy (*zamiast*: amatorski). △ Ochotni-cza Rezerwa Milicji Obywatelskiej (skrót: ORMO). // *D Kult. I, 170.*

ochotnik *m III*, *lm M.* ochotnicy: Walczyć jako ochotnik. Pójść, zgłosić się na ochotnika. Werbować ochotników. △ *wych. z użycia* w zn. zbiorowym, np. Werbować ochotnika.

ochraniacz *m II*, *lm D.* ochraniaczy, *rzad.* ochra-niaczów. □ O. na co: Ochraniacz na ołówek.

ochraniać *ndk I*, ochranialiśmy (p. akcent § 1a i 2) — **ochronić** *dk VIa*, ochronimy, ochroniliśmy □ O. od czego: Ochronić kogoś od niedostatku, od wszystkiego złego. □ O. przed kim, czym: Ochronić głowę rękami przed uderzeniem.

ochrona *ż IV*, zwykle *blm* w zn. «zabezpieczenie, osłona, opieka» □ O. czego: Ochrona zabytków, mienia społecznego. □ O. przed kim, czym, *rzad.* od czego: Ochrona słabszych przed silniej-szymi. Ochronę przed powodzią stanowił wał ziemny. Dla ochrony od zimna nosił ciepły szalik. △ Być pod ochroną: Górskie rośliny są pod ochroną. △ Pod ochroną czegoś (robić coś): Pod ochroną wzgórza żoł-nierze przemknęli się do lasu.

ochronić p. ochraniać.

Ochryda *ż IV* a. (z wyrazem: jezioro) *ndm* «mia-sto w Jugosławii; jezioro na pograniczu Albanii i Jugosławii»: Mieszkać w Ochrydzie. Spędzić urlop nad Ochrydą (nad jeziorem Ochryda). — ochrydz-ki (p.).

ochrydzki: Zabytki ochrydzkie (*ale*: Jezioro Ochrydzkie).

ochrypły «mający chrapliwe brzmienie»: Ochryp-ły (*rzad.* ochrypnięty) głos. *Ale* tylko: Ochrypłe szczekanie psa.

ochrypnąć *dk Vc*, ochrypł, ochrypła, ochrypliśmy (p. akcent § 1a i 2), ochrypły a. ochrypnięty: Wrócił z podróży ochrypły (ochrypnięty) □ O. od czego, *rzad.* z czego: Ochrypnąć od krzyku, *rzad.* z krzyku (*ale* tylko: Ochrypnąć od zimnej wody, od lodów).

ochrzcić (*nie*: okrzcić, ochścić) *dk VIa*, ochrzczę, ochrzcij, ochrzciliśmy (p. akcent § 1a i 2), ochrzczo-ny □ Składnia jak: chrzcić.

ociekać *ndk I*, ociekaliśmy (p. akcent § 1a i 2) — **ociec,** *rzad.* **ocieknąć** *dk Vc*, ocieknę, ociekł, ociekła, ociekliśmy, *rzad. XI* (tylko: ociec), ociekę, ociecze □ (*częściej ndk*) O. czym: Deszcz ociekał z nich strumieniami. Kawałek mięsa ociekający tłuszczem. □ (tylko *ndk*) Ociekać krwią, potem «obficie krwa-wić, pocić się» □ O. z czego: Sałata już ociekła z wody.

ociemniały *m-os.* ociemniali (*nie*: ociemnieli) «taki, który stracił wzrok»: Pielęgnowała męża ociem-niałego na wojnie.
ociemniały w użyciu rzeczownikowym «człowiek ociemniały; niewidomy»: Prowadzić ociemniałego. Instytut Głuchoniemych i Ociemniałych. // *D Kult. I, 362.*

ocieniać *ndk I*, ocienialiśmy (p. akcent § 1a i 2) — **ocienić** *dk VIa*, ocienię, ocień (*nie*: ocienij), ocie-niliśmy □ O. co — czym: Ocieniając oczy dłonią patrzył w dal. Weranda ocieniona dzikim winem.

ocieplać *ndk I*, ocieplaliśmy (p. akcent § 1a i 2) — **ocieplić** *dk VIa*, ociepl, ociepliliśmy: Wiatry za-chodnie ocieplają powietrze.
ocieplać się — ocieplić się: Pogoda się ociepla (*lepiej nieos.*: Ociepla się). // *D Kult. I, 116.*

ocierać p. otrzeć.

ociężały *m-os.* ociężali (*nie*: ociężeli), *st. w.* ocię-żalszy a. bardziej ociężały: Ociężały krok, gest.

ociosać *dk I* a. *IX*, ociosa a. ociosze, ociosaliśmy (p. akcent § 1a i 2) — **ociosywać** *ndk VIIIa*, ocio-suję (*nie*: ociosywuję), ociosywaliśmy: Ociosać belkę siekierą.

ocknąć się *dk Va*, ocknąłem się (*wym.* ocknołem się; *nie*: ocknełem się), ocknął się (*wym.* ocknoł się), ocknęła się (*wym.* ocknęła się), ocknęliśmy się (*wym.* ockneliśmy się, p. akcent § 1a i 2) — *rzad.* ocykać się *ndk I*, ocykaliśmy się: Ocknął się dopiero, gdy go zawołano. Ocknij się wreszcie. □ O. się z czego: Ocknąć się ze snu, z odrętwienia, z zamyślenia.

ocucić p. cucić.

ocukrzyć p. cukrzyć.

ocynkowywacz *m II, lm D.* ocynkowywaczy a. ocynkowywaczów; *rzad.* cynkowacz (*nie:* ocynkowacz). || *KJP* 99.

oczadzieć *dk III*, oczadzieliśmy (p. akcent § 1a i 2), oczadziały □ O. od czego (*nie:* czym): Oczadzieć od dymu, od swędu.

oczajdusza *m* odm. jak *ż II, lm M.* oczajdusze, *D.* oczajduszów, *rzad.* oczajduszy, *B.* tych oczajduszów a. te oczajdusze *przestarz.* «hultaj, awanturnik, hulaka»

oczekiwać *ndk VIIIb*, oczekuję (*nie:* oczekiwuję), oczekiwaliśmy (p. akcent § 1a i 2) □ O. kogo, czego a. na kogo, na co «czekać, zwykle z niecierpliwością, napięciem»: Oczekiwał matki (*nie:* matkę) na dworcu. Oczekiwano nowych wydarzeń. Wysłał do rodziny telegram i z niecierpliwością oczekiwał na odpowiedź. □ O. czego — od kogo: Oczekiwała od ludzi tylko dobra. Oczekiwał od niego listu. *KP Pras. Por.* czekać.

oczekiwanie *n I* 1. «czekanie czegoś, na coś»: Oczekiwanie na pociąg znużyło nas. △ W oczekiwaniu (*lepiej:* oczekując) odpowiedzi (stosowane w korespondencji, zwykle urzędowej). 2. częściej w *lm* «przypuszczenie, pragnienie, nadzieja»: Nasze oczekiwania sprawdziły się całkowicie. Spełnić czyjeś oczekiwania. Zawieść się w swoich oczekiwaniach. △ Coś przechodzi wszelkie (najśmielsze) oczekiwania, *rzad.* oczekiwanie «coś jest, układa się nadzwyczaj pomyślnie»: Zabawa przeszła wszelkie oczekiwania. □ Składnia jak: oczekiwać.

oczerniać (*nie:* obczerniać) *ndk I*, oczernialiśmy (p. akcent § 1a i 2) — oczernić (*nie:* obczernić) *dk VIa*, oczernię a. oczernij, oczerniliśmy □ O. kogo — przed kim: Oczerniono go przed kolegami. || *KP Pras.*

oczko *n II, lm D.* oczek 1. *lm M.* oczka a. oczki *pieszcz.* «oko»: Wstydliwie spuściła oczki a. oczka. 2. *lm M.* oczka «kropla tłuszczu na płynie; pętelka w robotach dziewiarskich»: W zupie pływają oczka. Poszło mi oczko w pończosze. Podnosić, załapywać oczka w pończosze. △ Gubić, spuszczać oczka «w robocie dziewiarskiej: zmniejszać liczbę oczek» △ Oczka lodowcowe «małe, okrągłe jeziorka» 3. *blm* «gra w karty»: Grać, przegrać w oczko.

Oczko *m* odm. jak *ż III, lm M.* Oczkowie, *DB.* Oczków «nazwisko»: Ulica Oczki. Mieszkać na (ulicy) Oczki (*nie:* na Oczkach).

Oczko *z ndm* — Oczkowa *ż* odm. jak przym. — Oczkówna *ż IV, D.* Oczkówny, *CMs.* Oczkównie (*nie:* Oczkównej), *lm D.* Oczkówien.

oczkować *ndk IV*, oczkowaliśmy (p. akcent § 1a i 2) 1. *żart.* «kokietować spojrzeniem»: Ciągle oczkuje w jego stronę. 2. in. okulizować.

oczy p. oko.

oczyszczalnia *ż I, lm D.* oczyszczalni, *rzad.* oczyszczalń: Oczyszczalnia ścieków.

oczyścić *dk VIa*, oczyszczę, oczyścimy, oczyściliśmy (p. akcent § 1a i 2) — oczyszczać *ndk I*, oczyszczaliśmy 1. «usunąć zanieczyszczenia, doprowadzić do czystości»: Oczyścić teren, plac. Ulewa oczyściła powietrze. □ O. kogo, co — z czego: Oczyścić ubranie z błota, buty z kurzu, ze śniegu. 2. «usprawiedliwić» □ O. kogo — od czego, *rzad.* z czego: Oczyścić kogoś od podejrzeń, od zarzutów; oczyścić z grzechów. *Por.* odczyścić.

oczywista (*nie:* oczewista) *wych. z użycia*, dziś *częściej:* oczywiście. || *D Kult. I*, 314.

oczywisty (*nie:* oczewisty) *st. w.* bardziej oczywisty, *rzad.* oczywistszy: Oczywisty dowód. Oczywiste twierdzenie. Najoczywistsza prawda. To jest oczywiste (*nie:* jawne) nieporozumienie. || *D Kult. I*, 314; *KJP* 328.

oczywiście (*nie:* oczewiście) 1. «naturalnie, rozumie się»: Było to oczywiście wysokie stanowisko. 2. *rzad. st. w.* oczywiściej, zwykle w *st. najw.* najoczywiściej «wyraźnie, jasno»: Wszystko najoczywiściej chyliło się ku ruinie. Najoczywiściej wprowadzono go w błąd. || *D Kult. I*, 314.

oćwiczyć p. ćwiczyć (w zn. 3).

od (ode) «przyimek łączący się z rzeczownikami (rzadziej z innymi wyrazami) w dopełniaczu»: 1. «odnosi się do przedmiotów, z których nazwami oznacza miejsce początku (pierwszej fazy) czynności lub procesu»: Szli od domu w moją stronę. Wiatr od morza. Od łąk pachniało sianem. Ciągnie od podłogi. 2. «odnosi się do jakiejś strony przedmiotu lub jego części albo do przedmiotu, według którego określamy miejsce innego przedmiotu»: Mieszkanie od frontu. Pokój od ulicy. Wejście od tyłu. 3. «odnosi się do wyrazów oznaczających moment początkowy czegoś»: Był od świtu do wieczora na nogach. Od śmierci matki zaczął pić. Od Picassa zaczął się nowy etap w sztuce. Rozwój szkoły datował się od przyjścia nowego dyrektora. △ Czasem wyrażenie z *od* oznacza cały czas trwania jakiejś czynności; np.: Badał od lat to zagadnienie. Sprawa ciągnie się od wieków. △ Chwila początkowa może być również umiejscowiona w przyszłości: Od jutra zaczynam na nowo. Od jesieni pójdę do wojska. △ *fraz.* (odnosząca się do okresu dzieciństwa lub młodości): Od małego, od dziecka, od kolebki — i in. △ *pot.* Od zaraz (*lepiej:* od tej chwili, od dziś, natychmiast): 4. «odnosi się do wyrazów oznaczających przyczynę lub pochodzenie czegoś»: Była czerwona od żaru kuchennego. Twarz rozpalona od gorączki, pobladła od (*częściej:* z) gniewu, strachu. Człon *niedźw-* w wyrazie *niedźwiedź* pochodzi od: *miód*. Owce padały od jakiejś nieznanej choroby. △ Coś roi się, pstrzy się itp. od czegoś «gdzieś jest wielka obfitość czegoś»: Tekst roi się od błędów. 5. «wyznacza relację między przedmiotem (informacją) a nadawcą, źródłem przedmiotu (informacji)»: Dostał list od matki. Nadeszła paczka od Zrzeszenia Kombatantów. Miała wiadomość od męża. Kupił plac od pośrednika. 6. «używany w wyrażeniach oznaczających podstawę wymiaru świadczeń, płac itp.»: Praca płatna od godziny. Płacili nam od występu. Procent od pożyczonej sumy. W redakcji płacono mu od wiersza.

7. «odnosi się do wyrazów oznaczających przedmiot, od którego ktoś, coś się oddziela, odłącza, oddala (często w połączeniu z czasownikami o przedrostku *od-*)»: Żona odeszła od niego przed rokiem. Odsunęli się od siebie. Stronić od ludzi. Wstać od stołu. Cofnąć się od drzwi. Odbić od brzegu. Tynk odpadł od ściany.

8. «tworzy wyrażenia oznaczające przedmioty lub sytuacje, z których ktoś lub coś jest wyłączone, wyodrębnione, uwolnione»: Zwolniono go od opłat. Wyjątek od reguły. Uwolnić kogoś od nadzoru. △ Dziś częściej używany jest w tych funkcjach przyimek *z*: Wyłączono ich z (od) tych przywilejów. △ *Niepoprawne* Oczyścić powietrze od (*zamiast*: z) dwutlenku węgla.

9. «tworzy wyrażenia oznaczające coś, co zagraża, przed czym trzeba się bronić, zabezpieczać»: Ubezpieczyć się od ognia. Oganiać od psów. Zasłona od kurzu. Okulary od słońca. △ Często używany w tych funkcjach jest też przyimek *przed* z narzędnikiem: Ratować kogo przed upadkiem (od upadku). △ Lekarstwo, krople, proszki itp. od kaszlu, od bólu głowy, *rzad.* na kaszel, na ból głowy (*nie*: do kaszlu, do bólu głowy).

10. «tworzy wyrażenia oznaczające to, od czego coś jest zależne, czym jest uwarunkowane»: Jest jeszcze zależny od swoich rodziców. Uzależniam to od zgody kierownictwa.

11. «tworzy określenia osób precyzujące rodzaj lub miejsce ich pracy, przynależność grupową, pochodzenie itp. (często z odcieniem *pot.*)»: Specjalista od (*lepiej*: w dziedzinie) elektryfikacji. Zebrali się koledzy od kieliszka. Chłopak od (*lepiej*: do) krów. To dzieciak od Janiaków (*lepiej*: To dzieciak Janiaków). △ *niepoprawne* Podsekretarz stanu od (*zamiast*: do) spraw politycznych. △ Ktoś nie (jest) od tego... «ktoś nie wykazuje niechęci względem czegoś, ma ochotę na coś»: Chce ją pocałować... a i ona nie od tego.

12. «tworzy określenia przedmiotów przez wymienienie ich przeznaczenia, pochodzenia lub całości, do której należą»: Drzwi od szafy. Dziurka od klucza. Kołnierz od płaszcza. △ Często w tych funkcjach używa się także przyimków *do*, *z* lub konstrukcji dopełniaczowej bez przyimka: Kieliszki do (od) wina. Skórki z (od) pomarańczy. Klapy (od) marynarki. △ Kiedy chodzi o stałe przeznaczenie czegoś, używamy przyimka *od* a. *do*: Butelka od mleka a. do mleka. △ Kiedy chodzi o rzecz opróżnioną z czegoś, używamy przyimka *po* (regionalnie też: *z*): Butelka po piwie, *reg.* butelka z piwa. △ Ktoś, coś jest od czegoś «ktoś, coś służy do czegoś»: Ubranie od święta. Buty od parady. Ojciec jest od tego, żeby wami kierował. Od czego masz głowę na karku?

13. «w połączeniu z formami stopnia wyższego przymiotników i przysłówków lub z wyrazami oznaczającymi porównanie — tworzy wyrażenia oznaczające element odniesienia, tło, wzorzec porównania»: **a)** «ze stopniem wyższym»: Stoi niżej od niego. Gorszy jesteś od dziecka (*nie*: jak dziecko). **b)** «z wyrazami oznaczającymi porównanie, wybór»: Różnili się wyglądem od swych towarzyszy. Wolę ciebie od niej (*nie*: jak ją). Dzień różny od zwyczajnego. Różniła się bardzo od brata. △ Uwaga. Forma przyimka *ode* używana jest we współczesnym języku ogólnopolskim tylko w pewnych utartych połączeniach wyrazowych, w położeniu przed zbiegiem niektórych spółgłosek, np.: Ode mnie (*nie*: od mnie). Zbaw nas ode złego (*nie*: od złego) — w modlitwie, *ale*: Strzeż go od złego towarzystwa. △ Postać tę spotyka się jeszcze w użyciach przestarzałych i regionalnych w niektórych wyrażeniach; np.: Ode drogi, ode drzwi, ode dworu, ode Lwowa, ode wsi, ode żniwa. △ Przyimek *ode* pisany jest zawsze rozdzielnie i akcentowany lub nie, zależnie od tego, czy łączy się z wyrazem jednosylabowym (np. ode mnie), czy wielosylabowym (ode złego).

od... do... «tworzy wyrażenia oznaczające granice zasięgu przestrzennego lub czasowego»: Pracuje od ósmej do trzeciej. Od rozpoczęcia do zakończenia budowy minął rok. Obejrzeć kogo od stóp do głów. Bywać od czasu do czasu. Chodził od domu do domu. Miał urlop od wtorku do soboty. Od słowa do słowa — pokłócili się. △ Od stu do dwustu osób... (*nie*: od sto do dwieście osób) itp. || *D Kult. I, 92; D Myśli 90; Kl. Aleź 64—70; U Pol. (1), 474.*

od-, ode- 1. «przedrostek tworzący od czasowników czasowniki pochodne (i inne wyrazy w stosunku do nich pokrewne), oznaczający»: **a)** «przeciwieństwo wobec tego, co oznacza czasownik podstawowy lub pochodny (najczęściej z przedrostkiem *za-*, *przy-* lub *u-*)», np.: odbarwić (wobec: zabarwić), odbezpieczyć, odemknąć, odkazić, odkryć, odpieczętować, odsłonić, odtlenić, odlepić.
b) «oddzielenie, wyodrębnienie, oddalenie», np.: odciąć, odejść, odegnać, odkroić, odlecieć, odpędzić, odpłynąć, odpruć, odskoczyć, odszczepić.
c) «powtórzenie (w odpowiedzi) czynności wyrażonej przez czasownik podstawowy», np.: oddać, odkłonić się, odmruknąć, odpisać, odpłacić, odszczeknąć.
d) «uintensywnienie tego, co oznacza czasownik podstawowy lub ujęcie czynności, stanu jako skutku czegoś», np.: odcierpieć, odespać, odczekać, odchorować, odnaleźć, odprasować, odratować.
e) «powtórzenie czynności lub powrót do pierwotnego stanu», np.: odbudować, odgrzać, odrastać, odzyskać, odżyć.
f) «wykonanie czegoś według wzoru», np.: odkuć, odlać (model w marmurze, brązie), odrysować, odpisać (z czyjegoś zeszytu).
2. «przedrostek tworzący czasowniki (i inne wyrazy w stosunku do nich pokrewne) od podstaw imiennych, oznaczający»: **a)** «zmniejszenie lub usunięcie tego, co oznacza przymiotnik podstawowy», np.: odcieleśnić, odczulić, odnosowić, odrealnić.
b) «uczynienie jakimś (zwykle ponowne)», np.: odchudzać się, odmłodzić, odnowić, odświeżyć.
c) «usunięcie, zmniejszenie lub oddzielenie tego, co oznacza rzeczownik podstawowy», np.: odszczurzyć, odśnieżyć, odwapnić, odwęglić.
3. «część składowa przymiotników, przysłówków i rzeczowników mających za podstawę słowotwórczą połączenie przyimka *od* z rzeczownikiem w dopełniaczu», np.: odautorski, odbudowany, oddolny, odimienny, odojcowski, odprzymiotnikowy, odręczny, odwiecznie.
△ Uwaga. Przedrostka *ode-* używamy tylko przed niektórymi zbiegami spółgłosek, np.: odesłać, *ale*: odsyłać; odebrać, *ale*: odbierać; odparł, odetkać, *ale*: odtykać. || *Kl. Aleź 19.*

oda *ż IV, lm D.* ód: Oda na cześć króla. Mickiewiczowska „Oda do młodości".

odautorski (*wym.* od-au-torski, *nie*: oda-utorski): Przypisy **odautorskie**.

odąć *dk Xc*, odemę, odmie, odmij, odęliśmy (*wym.* odeliśmy, p. akcent § 1a i 2), odęty — **odymać** *ndk I*, odymaliśmy: Odymać usta, wargi. Odęta twarz. **odąć się** — **odymać się** □ *pot.* O. się na kogo «obrazić się»: Odęła się na koleżankę.

odb. «skrót wyrazu: *odbitka*, pisany z kropką, czytany jako cały, odmieniany wyraz, stosowany m.in. w bibliografii i poligrafii»: 100 egzemplarzy pisma+ 5 odb. (*czyt.* odbitek) autorskich.

odbębniać *ndk I*, odbębnialiśmy (p. akcent § 1a i 2) — **odbębnić** *dk VIa*, odbębnij, odbębniliśmy «grać na bębnie, niedbale wykonywać na fortepianie»: Odbębniać gamy, ćwiczenia (na fortepianie). △ *przen.* Odbębniać codzienne swoje zajęcia.

odbicie *n I* **1.** «odblask, refleks; odbity obraz» □ O. czego — w czym: Odbicie postaci w lustrze. Odbicie chmur w wodzie. △ *przen.* Wiersze są odbiciem uczuć, przeżyć autora. **2.** «kopia, odbitka» □ O. czego — na czym: Odbicie wzoru, deseniu na tkaninie. Odbicie stóp na piasku. // *KP Pras.*

odbić p. odbijać.

odbiec a. **odbiegnąć** *dk Vc*, odbiegnę, odbiegł, odbiegliśmy (p. akcent § 1a i 2) — **odbiegać** *ndk I*, odbiegaliśmy: Odbiegł szybko w stronę domu. □ O. od czego, od kogo; *przestarz.* O. kogo: Odbiegł kilka kroków od domu. Dziecko odbiegło od matki. △ *przestarz.* Odbiec przyjaciela w niedoli. △ *przen.* (tylko *ndk*) «różnić się»: Dzisiejsze zwyczaje bardzo odbiegają od dawniejszych. // *Kl. Aleź 99; KJP 433; KP Pras.*

odbierać *ndk I*, odbieraliśmy (p. akcent § 1a i 2) — **odebrać** *dk IX*, odbiorę (*nie*: odbierę), odbierze, odbiorą (*nie*: odbierą), odebraliśmy: Odebrać od kogoś walizkę, paczkę. □ O. kogo — komu: Odebrać matce dziecko. □ O. (*lepiej*: zabrać) co — komu: Bandyci odebrali (*lepiej*: zabrali) jej wszystkie rzeczy. □ O. kogo, co — skąd: Odebrać syna ze szkoły. Odebrać pieniądze z banku, z kasy. △ *wych. z użycia* Odebrać (dziś *raczej*: otrzymać) staranne wykształcenie.

odbijać *ndk I*, odbijaliśmy (p. akcent § 1a i 2) — **odbić** *dk Xa*, odbiję, odbilíśmy, odbity **1.** «odrywać coś przytwierdzonego; wyłamywać, odłamywać»: Odbijać drzwi, zamek. Odbijać beczkę, pakę. Odbity tynk. □ O. co — od czego: Odbił wieko od skrzyni. **2.** «odciskać coś, drukować» □ O. co — na czym: Odbić stempel, pieczęć na liście, na kwicie. Odbijać wzory, desenie na tkaninie. Ślady odbite na piasku. **3.** częściej *dk* «odebrać; zdobyć powtórnie» □ O. kogo, co (komu): Nasze wojsko odbiło miasto zajęte przez nieprzyjaciela. Odbiła narzeczonego koleżance. □ O. co — na kim, na czym «powetować sobie»: Odbić sobie na kimś krzywdę. Straty odbili na handlu zbożem. **4.** «odpychać się od lądu»: Odbili i popłynęli w dół rzeki. □ O. od czego: Łódź odbiła (*nie*: odbiła się) od brzegu. **odbijać się** — **odbić się** □ O. się od czego: Głos odbija się od skał. Piłka odbiła się od ściany. □ O. się: czym: Głos, dźwięk odbił się echem w lesie. □ *częściej dk*: O. się od kogo, czego: Na wycieczce odbił się od kolegów. Owce odbiły się od stada. □ *nieos.* O. się komu (czym): Odbija się,

odbiło się: Po sutym obiedzie odbija mu się. Odbiło mu się wódką.

odbiorca *m* odm. jak *ż II*, *lm M.* odbiorcy, *DB.* odbiorców: Masowy (*nie*: szeroki) odbiorca. △ Zaopatrywać (*nie*: zaspokajać) odbiorców (*ale*: Zaspokajać potrzeby odbiorców). // *U Pol. (2), 521.*

odbiór *m IV, D.* odbioru: Pokwitować odbiór paczki. // *U Pol. (2), 251.*

odblask *m III, D.* odblasku: Odblask płomienia, ogniska, lampy. // *KP Pras.*

odbudowa *ż IV, blm*: Odbudowa miast i osiedli. △ *przen.* Odbudowa państwa, *rzad.* odbudowa zaufania. △ *niepoprawne* Szybka odbudowa (*zamiast*: szybkie zwiększenie) pogłowia trzody. // *KP Pras.*

odbudować *dk IV*, odbudowaliśmy (p. akcent § 1a i 2) — **odbudowywać** *ndk VIIIa*, odbudowuję (*nie*: odbudowywuję), odbudowywaliśmy.

odbyć *dk*, odbędę, odbędzie, odbądź, odbył, odbyliśmy (p. akcent § 1a i 2), odbyty — **odbywać** *ndk I*, odbywaliśmy: Odbyć defiladę, wartę. Lekarze odbywający praktykę w klinice. △ *urz.* Odbyć naradę, rozmowę. Dyrektor odbył spotkanie z pracownikami (*lepiej*: spotkał się z pracownikami). **odbyć się** — **odbywać się**: Zebrania odbywają się co miesiąc. Wczoraj odbyły się wybory. Odbyła się rozmowa, narada. △ *niepoprawne* Kierowanie pracą odbywać się będzie przez radio (*zamiast*: Pracą będzie się kierować przez radio). // *Kl. Aleź 88, 102; KP Pras.*

odbyt *m IV, D.* odbytu, w zn. *przestarz.* «pokupność» — *lepiej*: zbyt, np. Sklep ma duży odbyt (*lepiej*: zbyt). Odbyt (*lepiej*: pokupność, zbyt) towaru. // *D Kult. II, 397.*

odbytnicowy a. **odbytniczy** przym. od odbytnica.

odbywać p. odbyć.

odchodne *n* odm. jak przym., tylko w wyrażeniu: Na odchodnym, *rzad.* na odchodne «przed samym odejściem»: Na odchodnym uściskali się serdecznie. Na odchodne dał mu trochę pieniędzy.

odchodzić *ndk VIa*, odchodzę, odchodzimy, odchodź (*nie*: odchódź), odchodziliśmy (p. akcent § 1a i 2) — **odejść** *dk*, odejdę, odejdzie, odejdź, odszedłem (*nie*: odeszłem), odszedł, odeszła, odeszliśmy **1.** «oddalać się»: Nie odchodź daleko. Odchodzić polną drogą, szosą. □ O. od kogo, od czego: Odejść od drzwi, od okna. Odejdź ode mnie. △ *pot.* Coś kogoś odchodzi «coś mija, ustępuje»: Odeszła go chęć do pracy, do snu. **2.** «odjeżdżać»: Pociąg do Gdańska odchodzi o godz. ósmej. Autobus odszedł mi sprzed nosa. **3.** częściej *ndk* «odrywać się, odstawać»: Tapety odchodziły płatami. □ O. od czego: Płótno odchodziło od ramy obrazu. **4.** (tylko *ndk*, w 3. os.) *pot.* a) «mieć zbyt»: Pieczywo odchodziło w wielkiej ilości. W gospodzie piwo odchodziło całymi beczkami. b) «odbywać się intensywnie, z rozmachem»: Co sobota odchodzi zabawa. Robota odchodziła, aż miło.

odchrząknąć (*nie*: odkrząknąć) *dk Va*, odchrząknij, odchrząknąłem (*wym.* odchrząknołem; *nie*: odchrząknełem, odchrząkłem), odchrząknęła (*wym.* odchrząknęła; *nie*: odchrząkła), odchrząknęliśmy (*wym.*

odchrząkneliśmy; p. akcent § 1a i 2) — **odchrząkiwać** (*nie*: odchrzękiwać, odkrząkiwać) *ndk VIIIb*, odchrząkuję (*nie*: odchrząkiwuję), odchrząkiwaliśmy; *rzad.* **odchrząkać** (*nie*: odkrząkać) *ndk* a. *dk I*, odchrząkaliśmy □ O. bez dop.: Odchrząknął i mówił dalej. □ O. co: Odchrząkiwać flegmę.

odchylać *ndk I*, odchylaliśmy (p. akcent § 1a i 2) — **odchylić** *dk VIa*, odchyliliśmy: Odchylić głowę do tyłu.

odchylenie *n I* □ O. czego (od czego): Odchylenie (a. zboczenie) kompasu, igły magnesowej. Odchylenie temperatury powietrza od średniej dla danego punktu. Odchylenie od normy. Wskazówka licznika wykazuje odchylenie. △ *niepoprawne* W mniejszych lub większych odchyleniach (*zamiast*: Z mniejszym lub większym odchyleniem).

odciąć (*nie*: odetnąć) *dk Xc*, odetnę, odetnie, odetną, odetnij, odcięliśmy (*wym.* odcieliśmy, p. akcent § 1a i 2), odcięty — **odcinać** *ndk I*, odcinaliśmy 1. «oddzielić coś cięciem» □ O. co (czym, od czego): Odciąć gałęzie siekierą od pnia. Odciąć nożyczkami kawałek papieru. 2. «odgrodzić, zagrodzić» □ O. co: Odciąć odwrót, połączenie. □ *rzad.* O. co — czym: Część izby odcięta przepierzeniem. **odcinać się** — **odciąć się** 1. zwykle *dk* «odseparować się» □ O. się od czego: Odciąć się od świata, od przeszłości. 2. «ostro odpowiadać»: Nie potrafił się odciąć, kiedy mu dokuczali. □ O. się komu: Dobrze mu się odciął.

odciągać *ndk I*, odciągaliśmy (p. akcent § 1a i 2) — **odciągnąć** *dk Va*, odciągnij (*nie*: odciąg), odciągnąłem (*wym.* odciągnołem, *nie*: odciągnęłem, odciągłem), odciągnął (*wym.* odciągnoł; *nie*: odciągł), odciągnęła (*wym.* odciągnęła; *nie*: odciągła), odciągnęliśmy (*wym.* odciągnęliśmy; *nie*: odciągliśmy) 1. «odsuwać coś; odprowadzać kogoś (często wbrew jego woli) na inne miejsce»: Odciągnąć kogoś na bok, na stronę. Odciągnąć skrzynię pod ścianę. □ O. kogo — od czego: Odciągnął dziecko od okna. △ *przen.* Miłostki odciągały go od pracy zawodowej. Wszelkimi sposobami starała się odciągnąć męża od wódki. □ O. kogo — od kogo: Odciągnął przyjaciela od złych kolegów. 2. «oddzielać od czegoś; wydobywać cząstki składowe (z mieszaniny lub związku)»: Wentylator odciąga zużyte powietrze. □ O. co — z czego: Odciągać śmietanę z mleka. Odciągnąć sok z owoców.

odciążać *ndk I*, odciążaliśmy (p. akcent § 1a i 2) — **odciążyć** *dk VIb*, odciąż, odciążyliśmy □ O. co: Trzeba było odciążyć statek, żeby zmniejszyć zanurzenie. □ O. kogo — od czego: Starał się odciążyć matkę od nadmiernej pracy. △ *praw.* Dowód odciążający «dowód osłabiający oskarżenie»

odcień *m I*, D. odcienia, *lm* M. odcienie, D. odcieni (*nie*: odcieniów): Niebo przybrało odcień seledynowy. □ O. czego: Odcień złota, brązu, zieleni. △ Wpadać w jakiś odcień: Krucze włosy wpadające w odcień granatowy. △ *przen.* Odcień znaczeniowy. W jego zachowaniu był odcień lekceważenia.

odcierpieć *dk VIIa*, odcierp, odcierpimy, odcierpiał, odcierpieliśmy (p akcent § 1a i 2) □ O. za co: Odcierpieć za zbrodnie, za grzechy. △ Odcierpieć karę «odbyć karę»

odcinać p. odciąć.

odcinek *m III*, D. odcinka 1. «część większej całości» □ O. czego: Odcinek drogi. Odcinek prostej. △ *przen.* (*lepiej*: dziedzina, zakres): Ważny odcinek (*lepiej*: ważna dziedzina) życia społecznego. Na odcinku budownictwa przemysłowego (*lepiej*: w zakresie budownictwa przemysłowego a. w budownictwie przemysłowym). Na odcinku badań (*lepiej*: w zakresie, w dziedzinie badań a. w badaniach) nad chorobami zawodowymi. 2. «fragment utworu literackiego»: Odcinek powieściowy. Powieść wychodzi w odcinkach.

odcisk *m III*, D. odcisku 1. «ślad» □ O. czego: Odcisk stopy, kół, kopyt końskich. 2. in. nagniotek: Mieć odcisk na palcu. Plaster, maść na odciski.

od czasu do czasu p. czas.

odczekać *dk I*, odczekaliśmy (p. akcent § 1a i 2) — **odczekiwać** *ndk VIIIb*, odczekuję (*nie*: odczekiwuję), odczekiwaliśmy: Zapukał, odczekał chwilę i wszedł. Odczekali do zmroku i poszli dalej. △ *niepoprawne* Odczekać (*zamiast*: przeczekać) burzę. Odczekać decyzji, wyjaśnienia (*zamiast*: poczekać, zaczekać na decyzję, wyjaśnienie).

odczepka *ż III*, *lm* D. odczepek, *rzad.* zwykle w *pot.* zwrotach: Na odczepkę, dla odczepki «w celu pozbycia się kogoś»: Chłopak dokuczał mu ciągłymi pytaniami, więc dla odczepki posłał go po papierosy.

odczepne *n odm.* jak przym., tylko w wyrażeniu: Na odczepne a. na odczepnego «w celu pozbycia się kogoś»: Dać coś komuś na odczepne (na odczepnego).

odczuwać *ndk I*, odczuwaliśmy (p. akcent § 1a i 2) — **odczuć** *dk Xa*, odczuję, odczuliśmy, odczuty: Odczuć smak, zapach czegoś. Odczuwać głód, znużenie. □ O. bez dop.: Odczuł, że powinien odejść. □ O. co — czym: Odczuć dotykiem kształt przedmiotu. Odczuć coś sercem, intuicją. △ (tylko *dk*) Dać komuś coś odczuć «dać do zrozumienia (szczególnie coś przykrego)» || D Kult. II, 437.

odczyścić *dk VIa*, odczyszczę, odczyściliśmy (p. akcent § 1a i 2) — **odczyszczać** *ndk I*, odczyszczaliśmy «odświeżyć coś przez czyszczenie; oczyścić» □ O. co — z czego: Odczyścić ubranie z plam. Odczyścić kanał z mułu. || D Kult. I, 538. Por. oczyścić.

odczyt *m IV*, D. odczytu 1. «wykład, prelekcja»: Mieć odczyt, słuchać odczytu. □ O. o czym: Odczyt o wykopaliskach archeologicznych. 2. «w języku specjalistów: odczytywanie wyniku obliczenia zarejestrowanego za pomocą przyrządu; także: odczytany wynik» || D Kult. II, 397.

odczytać *dk I*, odczytaliśmy (p. akcent § 1a i 2) — **odczytywać** *ndk VIIIa*, odczytuję (*nie*: odczytywam, odczytywuję), odczytywaliśmy.

oddać *dk I*, oddadzą, oddaliśmy (p. akcent § 1a i 2) — **oddawać** *ndk IX*, oddaje, oddawaj, oddawaliśmy 1. «zwrócić, wręczyć, przekazać» □ O. co — komu (wymieniając osobę oraz przedmiot, który się przekazuje bezpośrednio): Oddać komuś pieniądze. Oddać komuś kwiaty, paczkę. Oddać książkę w bibliotece. □ O. co — na co: Oddać honorarium autorskie na budowę szkół. □ O. co — do czego:

Oddać cały swój kapitał do banku, do czyjejś dyspozycji, do czyjegoś rozporządzenia. Oddać co do naprawy, do sprzedania. □ O. co — dla kogo, dla czego (wymieniając kogoś lub coś, dla których pożytku coś się oddaje, poświęca): Dla niego oddała całe swe życie. Oddał wszystkie siły dla dobra sprawy. △ Oddać, wyświadczyć komuś przysługę. △ podn. Oddać komuś ostatnią posługę (nie: przysługę) «wziąć udział w czyimś pogrzebie» △ niepoprawne Oddać strzał (zamiast: wystrzelić, strzelić), np.: sport. Piłkarz oddał trzy strzały (zamiast: trzykrotnie strzelił). Oddać skok, rzut (zamiast: skoczyć, rzucić; wykonać skok, rzut). 2. «umieścić kogoś gdzieś» □ O. kogo — do kogo a. dokąd: Oddał chłopca do krawca na naukę. Oddać kogoś do terminu, do szkoły, do szpitala. □ O. kogo — komu: Oddać dziecko matce. △ Oddać (nie: postawić) kogoś pod nadzór (dozór). 3. wych. z użycia «odwzajemnić, odpłacić coś» □ O. komu — co: Oddać komuś pocałunek, uścisk dłoni. △ Oddać dobrem za złe. △ iron. Oddać pięknym za nadobne «odwzajemnić się czymś równie złym» 4. «ująć, wyrazić»: To sformułowanie nie oddaje istoty sprawy.
oddać się — oddawać się △ Oddać się w ręce władz, milicji. △ Oddać się pod czyjeś rozkazy. □ książk. O. się komu, czemu «poświęcić się»: Oddała się całkowicie dziecku. Oddawać się nauce. △ Oddać się czemuś całym sercem (nie: z całym sercem). // D Kult. I, 122; Kl. Aleź 88; KP Pras.

oddalać ndk I, oddalaliśmy (p. akcent § 1a i 2) — **oddalić** dk VIa, oddaliliśmy 1. «odsuwać, odłączać» □ O. kogo, co — od czego: Pociąg oddalał ich od domu. Fala oddaliła łódkę od brzegu. □ O. kogo — od kogo: przen. Sprzeczka oddaliła mnie od kolegów. 2. (częściej dk) wych. z użycia «odprawić kogoś; wydalić»: Oddalić woźnego. □ O. kogo — skąd: Oddalić kogoś z fabryki, z pracy.
oddalać się — oddalić się: Oddalić się o dwa kroki. □ O. się od kogo, od czego: Nie oddalajcie się zbytnio od schroniska.

oddanie n I 1. «przywiązanie, uległość»: Patrzeć komuś w oczy z oddaniem. 2. «gorliwość, zapał» □ O. czemu a. dla czego: Oddanie sprawie (a. dla sprawy). // Pȷ 1967, 8.

oddawać p. oddać.

oddawca m odm. jak ż II, lm M. oddawcy, DB. oddawców.

oddawczyni (nie: oddawczynia) ż I, B. oddawczynię.

od dawien dawna, od dawna p. dawny.

oddech m III, D. oddechu: Wstrzymać oddech. Zaczerpnąć oddechu.

oddłubać dk IX, oddłubię (nie: oddłubę), oddłubie, oddłub, oddłubaliśmy (p. akcent § 1a i 2) — **oddłubywać** ndk VIIIa, oddłubuję (nie: oddłubywuję, oddłubywam), oddłubywaliśmy □ O. co — z czego, od czego: Wapno oddłubane ze (od) ściany. Oddłubać korę z drzewa.

oddychać (nie: oddechać) ndk I, oddychaliśmy (p. akcent § 1a i 2) — **odetchnąć** dk Va, odetchnij, odetchnąłem (wym. odetchnołem; nie: odetchnełem), odetchnął (wym. odetchnoł), odetchnęła (wym. odetchnęła; nie: odetchła), odetchnęliśmy (wym. odetchnęliśmy; nie: odetchliśmy) 1. «wdychać i wydy-

chać powietrze»: Oddychać lekko, głęboko, z trudem. Oddychać płucami, skrzelami. Oddychać pełną piersią. Odetchnąć świeżym powietrzem. △ (zwykle dk) Odetchnąć inną atmosferą, innym powietrzem «zmienić środowisko» △ (częściej dk) Odetchnąć z ulgą «doznać uczucia ulgi» 2. tylko dk «odpocząć»: Pojadę odetchnąć kilka tygodni. Nie mieć czasu odetchnąć. // D Kryt. 11.

oddział m IV, D. oddziału, Ms. oddziale, przestarz. oddziele «dział fabryki, urzędu, więzienia, szpitala itp.»: Pracować na oddziale mechanicznym. Stan robót na oddziale maszyn. Leżeć na oddziale chirurgicznym, wewnętrznym. Przenieść kogoś na oddział mechaniczny. Wpuścić kogoś na oddział zakaźny. 2. «część jednostki wojskowej»: W oddziale (nie: na oddziale) piechoty. 3. «jedna z równoległych klas w szkole; wych. z użycia: klasa w szkole podstawowej»: Klasa V ma trzy oddziały: a, b i c. Chodził do trzeciego oddziału. // U Pol. (2), 283, 389, 397.

oddziaływać ndk VIIIa, rzad. I, oddziałuję, oddziaływam (nie: oddziaływuję), oddziałując, oddziaływając (nie: oddziaływując), oddziaływaliśmy (p. akcent § 1a i 2) — **oddziałać** dk I, oddziałaliśmy □ O. na kogo, na co: Czynniki psychiczne oddziałują (oddziaływają) na jakość pracy umysłowej. Spokojna atmosfera oddziałała na nią kojąco. // D Kult. I, 539; II, 482; U Pol. (2), 50, 415.

oddziaływanie n I □ O. na kogo, na co: Oddziaływanie polityczne na załogę (nie: wśród załogi) fabryki. // KP Pras.

! oddziedziczyć p. odziedziczyć.

oddzielić dk VIa, oddzielimy, oddzieliliśmy (p. akcent § 1a i 2) — **oddzielać** ndk I, oddzielaliśmy □ O. co — od czego: Oddzielić mięso od kości. Żywopłot oddzielał ogród od podwórza. □ O. kogo — od kogo: Chore dziecko oddzielono od zdrowych.

oddzielnie «nie razem; osobno»: Młodzież szła oddzielnie i dorośli oddzielnie. Napisać listy do każdego oddzielnie (a. z osobna). Nie ma pisze się oddzielnie (lepiej: rozdzielnie, rozłącznie). // D Kult. I, 315; U Pol. (2), 83.

oddzierać p. odedrzeć.

oddźwięk m III, D. oddźwięku, w zn. «reakcja, odzew»: Krzywda dziecka wywołuje żywy oddźwięk w społeczeństwie. Sprawy bieżące znajdowały w nim żywy oddźwięk.

ode p. od.

ode- p. od-

odebrać p. odbierać.

odechcieć się (nie: odniechcieć się) dk, odechce się, odechciałoby się (p. akcent § 4c) — **odechciewać się** (nie: odniechciewać się) ndk I, odechciewałoby się; częściej dk △ zwykle w pot. zwrotach: Odechce się (odechciało się) czegoś komuś «ktoś straci(ł) chęć, ochotę na coś»: Odechciało mi się spać. Odechciało mi się już tej wycieczki.

odedrzeć dk XI, odedrę, odedrze, odedrzyj, oddarł, oddarliśmy (p. akcent § 1a i 2), oddarty — **oddzierać** ndk I, oddzieraliśmy □ O. co — z czego, od czego: Odedrzeć kawałek tapety ze ściany. Odedrzeć opatrunek od rany.

435

odegrać *dk I*, odegraliśmy (p. akcent § 1a i 2) — **odgrywać** (*nie*: odgrywać) *ndk I*, odgrywaliśmy; częściej *dk*: Odegrano hymn narodowy. Odegrać marsza, walca. Odegrać melodię z płyt, z taśmy. △ Odgrywać rolę (*nie*: wpływ, znaczenie) «mieć jakieś znaczenie»: Ustawa odegrała wielką rolę w życiu społeczeństwa.

odegrać się — **odgrywać się**: Dziś przegrał, ale jutro z pewnością się odegra. △ Odegrać się na kimś «powetować sobie coś; zemścić się»: Czekał okazji, żeby się odegrać na tych, którzy go skrzywdzili. || *Kl. Ależ 101; KP Pras.*

odejmować (*nie*: odejmywać) *dk IV*, odejmowaliśmy (p. akcent § 1a i 2) — **odjąć** *dk Xc*, odejmę, odejmie, odejmij (*nie*: odejm), odjął (*wym.* odjoł) odjęła (*wym.* odjeła), odjęliśmy (*wym.* odjeliśmy), odjęty □ O. co — od czego: Odjąć pięć od dziesięciu. Odjąć zakrętkę od kranu. △ (częściej *dk*) Odjąć komuś rękę, nogę itp. «amputować» △ *nieos.* Odjęło komuś mowę, rozum «ktoś zaniemówił, stracił rozum» △ Nic dodać, nic odjąć (a. ująć) «tak jak należy, należało (powiedzieć, sformułować, napisać)»

odejść p. odchodzić.

odemknąć *dk Va*, odemknij, odemknąłem (*wym.* odemknołem; *nie*: odemknełem, odemkłem), odemknął (*wym.* odemknoł), odemknęła (*wym.* odemkneła; *nie*: odemkła), odemknęliśmy (*wym.* odemkneliśmy, p. akcent § 1a i 2), odemknięty (*nie*: odemkniony) — **odmykać** *ndk I*, odmykaliśmy *wych. z użycia* «otworzyć»: W pokoju jest duszno, odemknij okno. □ O. czym (wymieniając narzędzie, którym się otwiera): Odemknąć drzwi, furtkę kluczem. □ O. z czego (wymieniając to, czym a. na co było coś zamknięte): Odemknąć bramę z rygla, ze skobla. Odemknąć drzwi z zatrzasku, z klucza.

odemścić *dk VIa*, odemszczę, odemścij, odemściliśmy (p. akcent § 1a i 2) *przestarz.; lepiej*: pomścić. **odemścić się**, *lepiej*: zemścić się.

odeń *przestarz., książk.* «od niego (tylko w *lp* rodz. *m; nie*: od niej, od nich)» || *U Pol. (2), 413.*

odepchnąć p. odpychać.

odeprzeć *dk XI*, odeprę, odeprze, odeprzyj, odparł, odparliśmy (p. akcent § 1a i 2) — **odpierać** *ndk I*, odpieraliśmy 1. «zmusić siłą do odwrotu, do cofnięcia się, odstąpienia od czegoś; stawić opór; odrzucić, odepchnąć siłą»: Odeprzeć szturm, atak, natarcie nieprzyjaciela. 2. (tylko *dk* w czasie przeszłym) *książk.* «odpowiedzieć; odrzec»: Głupi jesteś — odparła krótko.

oderwać *ndk IX*, oderwę (*nie*: oderwię), oderwie, oderwij, oderwaliśmy (p. akcent § 1a i 2) — **odrywać** *ndk I*, odrywaliśmy □ O. co (czym) — od czego: Oderwać deskę od płotu. Oderwać zębami kawałek chleba. □ O. kogo — od kogo: Z trudem oderwali napastnika od ofiary. △ Oderwać kogoś od pracy, od nauki, od książek itp. «przerwać komuś pracę, naukę itp., absorbując jego uwagę czymś innym» **oderwać się** — **odrywać się** □ O. się od czego: Oderwał mu się guzik od palta. △ Oderwać się od rzeczywistości, od życia, od ziemi «stracić kontakt z realnym światem»

oderznąć a. **oderżnąć** *dk Va*, oderznij, oderżnij; oderznąłem, oderżnąłem (*wym.* odeżnołem, oderżnołem; *nie*: odeżnełem, oderżnełem), oderznął, oderżnął (*wym.* odeżnoł, oderżnoł), oderznęła, oderżnęła (*wym.* odeżneła, oderżneła), oderznęliśmy, oderżnęliśmy (*wym.* odeżneliśmy, oderżneliśmy, p. akcent § 1a i 2) — **odrzynać** *ndk I*, odrzynaliśmy □ O. co — czym (od czego): Oderznąć nożem kawałek mięsa.

odesłać *dk IX*, odeślę (*nie*: odeszlę), odeśle (*nie*: odeszle), odeślij, odesłaliśmy (p. akcent § 1a i 2) — **odsyłać** (*nie*: odsełać) *ndk I*, odsyłaliśmy □ O. kogo, co — do kogo, komu: Odesłać dziecko do matki. Odesłać sprawę do adwokata. Odesłać listy na pocztę. Odesłać komuś pieniądze, paczkę. △ (zwykle *dk*) Odesłać (*częściej*: odprawić) kogoś z kwitkiem «pozbyć się kogoś, nie przyjąć go, nie załatwić jego sprawy»

odespać *dk IX*, odeśpię, odeśpi, odeśpij, odespaliśmy (p. akcent § 1a i 2) — **odsypiać** *ndk I*, odsypialiśmy «śpiąc wypocząć po czymś»: Odespać zmęczenie, trudy podróży, nocny dyżur. **odespać się** «wyspać się po długim niespaniu»: Wreszcie się odespali po trzech przepracowanych nocach. △ Nie móc się odespać «nie mieć dosyć snu»

Odessa (*nie*: Odesa) *ż IV, CMs*. Odessie (*wym.* Odéssie) «miasto w ZSRR» — odeski (*nie*: odesski). || *D Kult. I, 576.*

odetchnąć p. oddychać.

odezwa *ż IV, lm D.* odezw: Odezwa wyborcza. Wydać odezwę. Zwrócić się do kogoś z odezwą.

odezwać się *dk IX*, odezwę się (*nie*: odezwię się), odezwie się, odezwij się, odezwaliśmy się (p. akcent § 1a i 2) — **odzywać się** *ndk I*, odzywaliśmy się «powiedzieć coś do kogoś; przesłać wiadomość, list»: Odezwała się do niego łagodnie, wiedząc, że jest zdenerwowany. Wreszcie odezwali się do nas po miesiącu milczenia. Odzywała się do matki aroganckim tonem. Czuł się tak dotknięty, że nie odezwał się do nikogo ani słowem.

odgadnąć *dk Vc*, odgadł, *rzad.* odgadnął (*wym.* odgadnoł), odgadła, odgadliśmy (p. akcent § 1a i 2), odgadnięty (*nie*: odgadniony) — **odgadywać** *ndk VIIIa*, odgaduję (*nie*: odgadywuję, odgadywam), odgadywaliśmy: Odgadnąć rebus, zagadkę, szaradę. □ O. co — z czego: Odgadywać przyszłość z kart. Odgadł z twarzy jego myśli.

odgałęziacz p. rozgałęziacz.

odgarniać *ndk I*, odgarnialiśmy (p. akcent § 1a i 2) — **odgarnąć** *dk Va*, odgarnij, odgarnąłem (*wym.* odgarnołem; *nie*: odgarnełem), odgarnął (*wym.* odgarnoł), odgarnęła (*wym.* odgarneła), odgarnęliśmy (*wym.* odgarneliśmy) □ O. co — czym: Odgarniać śnieg łopatą.

odgartywać *ndk VIIIa*, odgartuję, odgartywaliśmy (p. akcent § 1a i 2) *reg.* «odgarniać»

odgiąć (*nie*: odegnąć) *dk Xc*, odegnę, odegnie, odgiąłem (*wym.* odgiołem; *nie*: odgiełem), odgiął (*wym.* odgioł; *nie*: odegnął), odgięła (*wym.* odgieła), odgięli, odgięliśmy (*wym.* odgieliśmy, p. akcent § 1a i 2), odgięty (*nie*: odegnięty) — **odginać** *ndk I*, odginaliśmy: Odgiąć gałąź. Odgiąć głowę do tyłu (a. w tył). Odgiąć haczyk, gwóźdź palcami, obcęgami.

odgrażać się *ndk I*, odgrażaliśmy się (p. akcent § 1a i 2) □ O. się komu (*nie*: na kogo): Odgrażać się kolegom, zdrajcom (*nie*: na kolegów, zdrajców).

odgromnik *m III; częściej*: piorunochron.

odgromnikowy przym. od odgromnik △ Lampa odgromnikowa «lampa stosowana do zabezpieczenia anten»

odgromowy, *rzad.* **odgromniczy** przym. od odgromnik: Linki odgromowe (odgromnicze).

odgrywać p. odegrać.

odgrzać (*nie*: odegrzać) *dk Xc*, odgrzej (*nie*: odgrzej), odgrzaliśmy, *reg.* odgrzeliśmy (p. akcent § 1a i 2) — **odgrzewać** *ndk I*, odgrzewaliśmy: Odgrzej mi coś z obiadu na kolację.

odgrzebać *dk IX*, odgrzebię (*nie*: odgrzebę), odgrzebie, odgrzebaliśmy (p. akcent § 1a i 2) — **odgrzebywać** *ndk VIIIa*, odgrzebuję (*nie*: odgrzebywuję, odgrzebywam), odgrzebywaliśmy: Odgrzebać coś spod śniegu, spod gruzu, w rupieciach.

odium *n VI, blm książk.* «niechęć, nienawiść»: Mimo że był najmniej winny, całe odium spadło na niego. Ściągnąć na siebie odium całego środowiska.

odjazd *m IV, D.* odjazdu, *Ms.* odjeździe: Chwila, dzień, termin odjazdu. Przygotowywać się do odjazdu. Dać sygnał, znak do odjazdu (a. odjazdu).

odjąć p. odejmować.

odjechać *dk*, odjadę, odjedzie (*nie*: odjadzie), odjedź (*nie*: odjadź), odjadą, odjechał, odjechaliśmy (p. akcent § 1a i 2) — **odjeżdżać** *ndk I*, odjeżdżaliśmy 1. «jadąc oddalić się skądś lub dokądś; wyjechać» □ O. od kogo, od czego, skąd: Odjechał od rodziny, od domu, z miasta. □ O. do kogo, do czego, dokąd: Odjechał do swoich, do domu, do miasta. □ O. czym, na czym, w czym: Odjechał pociągiem, samochodem, wozem. Odjeżdżać na bryczce, w karecie. 2. «ruszyć z miejsca postoju, odejść (tylko o środkach lokomocji poruszających się po ziemi)»: Pociąg, autobus odjeżdża (*ale*: samolot odlatuje, statek odpływa). Turkot odjeżdżającego pociągu.

odjezdne *n* odm. jak przym., tylko w wyrażeniu: Na odjezdnym, *rzad.* na odjezdne «przed samym odjazdem»: Powiedz mi na odjezdnym coś miłego.

odkarmić *dk VIa*, odkarmię (*nie*: odkarmę), odkarm, odkarmimy, odkarmiliśmy (p. akcent § 1a i 2) — **odkarmiać** *ndk I*, odkarmialiśmy: Dziecko wycieńczone po ciężkiej chorobie trzeba było odkarmić.

odkarmić się — odkarmiać się: Na urlopie odkarmił się i wypoczął. Odkarmić się na wiejskim wikcie.

odkaszlać a. **odkaszleć,** *rzad.* **odkasłać** *dk IX*, odkaszlę (*nie*: odkaszlam), odkaszlesz, odkaszle, *rzad.* odkaszla, odkasła; odkaszlemy, *rzad.* odkaszlamy; odkaszlecie, *rzad.* odkaszlacie; odkaszlą, *rzad.* odkaszlają; odkaszl, *rzad.* odkaszlaj, odkasłaj; odkaszlał, *rzad.* odkasłał; odkaszlaliśmy a. odkaszleliśmy, *rzad.* odkasłaliśmy (p. akcent § 1a i 2); **odkaszlnąć** *dk Va*, odkaszlnąłem (*wym.* odkaszlnołem; *nie*: odkaszlnełem), odkaszlnął (*wym.* odkaszlnoł), odkaszlnęła (*wym.* odkaszlnęła), odkaszlnęliśmy (*wym.* odkaszlnęliśmy) — **odkaszliwać** *ndk VIIIb, rzad.* **odkasływać** *ndk VIIIa*, odkaszluję, odkasłuję (*nie*: odkaszliwam, odkasływam, odkaszliwuję, odkasłuwuję), odkaszliwaliśmy, odkasływaliśmy: Odkaszlać flegmę.

odkazić *dk VIa*, odkażę, odkaź, odkaziliśmy (p. akcent § 1a i 2), odkażony — **odkażać** *ndk I*, odkażaliśmy: Odkazić pomieszczenie, narzędzia, ranę. Środki odkażające. Odkazić ręce lizolem.

odkąd 1. «od czasu gdy...; od kiedy...»: Odkąd wrócił do domu, czuje się dobrze. Odkąd tu siedzę, nikogo nie widziałam. 2. «w formie pytania: od jak dawna?»: Odkąd tu na mnie czekasz? 3. *rzad.* «od jakiego miejsca»: Pokaż, odkąd mamy zacząć bieg. || *Kl. Alež 110.*

odkład *m IV, D.* odkładu; częściej w *lm* «sposób rozmnażania drzew i krzewów, polegający na przeginaniu i przysypywaniu ziemią bocznych pędów»: Stosować, robić odkłady pędów (a. z pędów).

odkładać *ndk I*, odkładaliśmy (p. akcent § 1a i 2) — **odłożyć** *dk VIb*, odłóż, odłożyliśmy «odsuwać; kłaść na bok, na stronę»: Odłożyć książkę na półkę. Odłożyć papiery do szuflady, do biurka.

odkładać się — odłożyć się «o substancjach organicznych: gromadzić się»: Tłuszcze odkładają się w tkankach. Cholesterol odkłada się we krwi.

odkładnia *ż I, lm D.* odkładni; a. **odkładnica** *ż II*: Odkładnia odrzuca na bok równe skiby. □ O. czego a. od czego: Odkładnia, odkładnica pługa (a. od pługa).

odkochać się *dk I*, odkochaliśmy się (p. akcent § 1a i 2) — **odkochiwać się** *ndk VIIIb*, odkochuje się (*nie*: odkochiwuje się, odkochiwa się), odkochiwaliśmy się *pot.* «przestać być zakochanym» □ O. się w kim: Postępowała z narzeczonym tak niegodziwie, że się w niej odkochał.

odkopać *dk IX*, odkopię (*nie*: odkopę), odkopaliśmy (p. akcent § 1a i 2) — **odkopywać** *ndk VIIIa*, odkopuję (*nie*: odkopywuję, odkopywam), odkopywaliśmy: Archeolodzy odkopali starożytną osadę. Odkopano zasypanych ludzi.

odkosz *m II, lm D.* odkoszy a. odkoszów, *przestarz.*, tylko w *pot.* zwrotach: Dać, dostać, otrzymać odkosza (*częściej*: Dać, dostać kosza).

odkrajać *dk IX*, odkraję, odkraj, odkrajaliśmy (p. akcent § 1a i 2), odkrajany; a. **odkroić** *dk VIa*, odkroję, odkroi, odkrój, odkroiliśmy, odkrojony — *rzad.* **odkrawać** (*nie*: odkraiwać) *ndk I*, odkrawaliśmy: Odkroić przylepkę od chleba, z chleba. || *U Pol.* (2), 241.

odkrycie *n I, lm D.* odkryć, w zn. «zdobycie wiedzy o czymś dotychczas nie zbadanym; *żart.* spostrzeżenie, zauważenie czego»: Odkrycie Ameryki. Odkrycia naukowe. Dokonać odkrycia.

odkryć *dk Xa*, odkryję, odkryj, odkryliśmy (p. akcent § 1a i 2) — **odkrywać** *ndk I*, odkrywaliśmy «odsłonić to, co było przykryte, osłonięte; dokonać odkrycia, wynalazku»: Odkryć twarz, plecy. Odkryć nie znaną wyspę. Odkryto nowy pierwiastek chemiczny. △ *przen.* Odkryć karty «ujawnić swoje zamiary; ujawnić to, czym się rozporządza» △ *niepoprawne* w zn. «otworzyć», np. Odkryć (*zamiast*: otworzyć) drzwi, okno. △ Odkryty (*lepiej*: otwarty) powóz. △ Pod gołym (*nie*: pod odkrytym) niebem. △ Otworzyć (*lepiej*: odsłonić, podnieść) przyłbicę. △ Otworzyć (*nie*: odkryć) szkołę, jakiś zakład itp. || *D Kult.* I, 547; *U Pol.* (2), 157.

! odkrytka p. pocztówka.

odkrywca *m* odm. jak *ż II, lm M.* odkrywcy, *DB.* odkrywców «człowiek, który odkrył, zbadał coś nie znanego»: Odkrywca Ameryki, penicyliny, prątków gruźlicy. *Ale*: wynalazca (*nie*: odkrywca) żarówki, radia.

odkupić *dk VIa*, odkupię, odkupimy, odkup, odkupiliśmy (p. akcent § 1a i 2) — **odkupywać** (*nie*: odkupować) *ndk VIIIa*, odkupuję (*nie*: odkupywuję, odkupywam), odkupywaliśmy □ O. co a. czego (dopełniacz cząstkowy) — od kogo: Odkupił szafę od sąsiadów. Odkupić trochę opału, zboża. Wzbogaciwszy się, odkupił zlicytowany mu kiedyś majątek. □ O. co (komu): Sprzątaczka musiała odkupić stłuczony wazon. □ O. co (czym): Odkupić winę, zbrodnię.

odkurzacz *m II, lm D.* odkurzaczy, *rzad.* odkurzaczów; *wych. z użycia* elektroluks. || *D Kult. II, 313.*

odlać *dk Xb*, odleję, odlej (*nie*: odlij), odlaliśmy, *reg.* odleliśmy (p. akcent § 1a i 2), odlali, *reg.* odleli — **odlewać** *ndk I*, odlewaliśmy □ O. co a. czego (dopełniacz cząstkowy) — (czym — z czego — do czego) «wylać, przelać płyn a. część płynu z naczynia do naczynia»: Po ugotowaniu kartofli trzeba odlać wodę. Odlać kubełkiem wody z beczki. Odlać zupy z garnka na talerz. □ O. co — z czego «wykonać odlew»: Odlać figurkę z brązu.

odlatywać (*nie*: odlatać) *ndk VIIIa*, odlatuje, odlatywaliśmy (p. akcent § 1a i 2) — **odlecieć** *dk VIIa*, odlecę, odleć, odleciał, odlecieliśmy: Samolot odlatuje (*nie*: odjeżdża). □ O. od kogo, od czego (z rzeczownikiem w dopełniaczu), skąd, dokąd «lecąc oddalać się»: Ptaki odlatują od nas w jesieni. Odlecieliśmy z lotniska (z Warszawy, z Krakowa). Samolot odlatuje do Moskwy, do Paryża.

odlegiwać p. odleżeć.

odległościomierz *m II, lm D.* odległościomierzy; *in.* dalekomierz.

odległość *ż V* □ O. czego — od czego; o. od czego — do czego: Odległość łódki od brzegu (a. od łódki do brzegu). △ Na odległość czegoś: Zbliżył się na odległość strzału. △ W odległości (*nie*: na odległość) «o położeniu, znajdowaniu się czegoś gdzieś»: Cel znajdował się w odległości (*nie*: na odległość) 20 metrów. △ *przen.* Trzymać kogoś a. trzymać się w (pewnej, określonej, przyzwoitej) odległości «odnosić się do kogoś z rezerwą; zachowywać dystans»: Ludzi zbyt natarczywych umiał trzymać w przyzwoitej odległości od siebie. △ Wykonywać coś na odległość a. z odległości: Samochody milicyjne kierowane na odległość (dziś *częściej*: zdalnie) przez radio.

odległy *st. w.* odleglejszy a. bardziej odległy 1. «daleko położony od jakiegoś punktu; daleki, oddalony»: Odległe kraje, morza, planety. 2. «mający duży zasięg przestrzenny, daleko sięgający»: Odległy (*nie*: oddalony) spacer. Odległe (*nie*: oddalone) podróże. 3. «oddzielony pewną przestrzenią (niekoniecznie dużą)» □ O. na ile: Sztachety odległe od siebie na 10 cm.

odlew *m IV, D.* odlewu: Odlew gipsowy, brązowy (a. z gipsu, z brązu).

odlewać p. odlać.

odlewnia *ż I, lm D.* odlewni.

odlewniczy przym. odpowiadający rzecz. odlewnictwo a. odlewnik: Sztuka odlewnicza. Przemysł odlewniczy. Metal odlewniczy. Forma odlewnicza.

odlewnik *m III, lm M.* odlewnicy.

odlewny «powstały przez odlanie w formie odlewniczej»

odlewowy *rzad.* przym. od odlew: Forma odlewowa.

odleźć (*nie*: odliźć) *dk XI*, odlezę, *przestarz.* odlazę; odlezie, odlazł, odleźliśmy (p. akcent § 1a i 2) — **odłazić** *ndk VIa*, odłażę, odłaź, odłaziliśmy *pot.* a) «odkleić się, odpaść»: Zelówki odlazły od podeszew. b) «oddalić się leząc, wlokąc się» □ O. od czego: Pies odlazł od budy i położył się w trawie.

odleżały «odparzony wskutek długiego leżenia»: Chory miał odleżałe plecy.

odleżany «o niektórych produktach żywnościowych: nadający się już do spożycia»: Odleżane (*nie*: odleżałe) wina, konserwy są dostarczane do sklepów.

odleżeć *dk VIIb*, odleżymy, odleżelśmy (p. akcent § 1a i 2), *rzad.* odleżany — *rzad.* **odlegiwać** *ndk VIIIb*, odleguję (*nie*: odlegiwuję, odlegiwam), odlegiwaliśmy △ *pot.* Odleżeć chorobę, zmęczenie itp. «poleżeć jakiś czas (w łóżku) z powodu choroby, zmęczenia itp.»: Grypę trzeba odleżeć. Nie odleżana (*nie*: nie odleżała) angina jest niebezpieczna. △ Coś sobie odleżeć «wskutek długiego leżenia nabawić się odleżyn na ciele»: Chory odleżał sobie pośladki.

odlokalizować *niepoprawne* zamiast: zapobiec lokalizacji; sprawić, by coś przestało być lokalne, np. Odlokalizować narady (*zamiast*: zorganizować narady poza zakładami pracy). || *Kl. Ależ 19; KP Pras.*

odlot *m IV, D.* odlotu: Odlot (*nie*: odjazd) samolotu do Krakowa. Ptaki przygotowują się do odlotu.

odludek *m III, D.* odludka, *lm M.* te odludki: Być odludkiem. Uważać kogoś za odludka.

odludzie *n I, lm D.* odludzi: Mieszkać na odludziu.

odłam *m IV, D.* odłamu □ O. czego (*nie*: od czego): Odłam lodu, muru, skały. △ *przen.* Należał do lewicowego odłamu stronnictwa. Uzyskał poparcie dużego odłamu społeczeństwa.

odłamać *dk IX*, odłamię (*nie*: odłamę), odłamie, odłam, odłamaliśmy (p. akcent § 1a i 2) — **odłamywać** *ndk VIIIa*, odłamuję (*nie*: odłamywuję, odłamywam), odłamywaliśmy □ O. co z czego, od czego: Odłamać gałązkę z drzewa. Odłamać kawałek ciasta ze (*rzad.* od) swojej porcji. Odłamać rączkę od (*nie*: z) laski.

odłazić p. odleźć.

odłączać (*nie*: odłanczać) *ndk I*, odłączaliśmy (p. akcent § 1a i 2) — **odłączyć** *dk VIb*, odłączyliśmy □ O. kogo, co — od kogo, od czego: Wojna odłączyła ojca od rodziny. Odłączyć wagony od parowozu.

odłożyć p. odkładać.

odłóg *m III, D.* odłogu: Odłogi zarastały chwastami. △ Leżeć odłogiem «o ziemi uprawnej: nie być uprawianą»: Pola leżały odłogiem.

odłupać *dk IX*, odłupię (*nie*: odłupę), odłupie, odłup, odłupaliśmy (p. akcent § 1a i 2) — **odłupywać** (*nie*: odłupować) *ndk VIIIa*, odłupuję (*nie*: odłupywuję, odłupywam), odłupywaliśmy □ O. co — z czego: Odłupać drzazgę od kija. Odłupywać korę ż drzewa.

odma *ż IV, lm D.* odm: Zakładać, dopełniać, zdejmować odmę.

odmachać *dk I*, odmachaliśmy (p. akcent § 1a i 2); a. **odmachnąć** *dk Va*, odmachnąłem (*wym.* odmachnołem; *nie*: odmachnełem), odmachnął (*wym.* odmachnoł), odmachnęła (*wym.* odmachła), odmachnęliśmy (*wym.* odmachneliśmy), odmachnięty — **odmachiwać** *ndk VIIIb*, odmachuję (*nie*: odmachiwuję, odmachiwam), odmachiwaliśmy □ O. komu «odpowiedzieć machaniem»: Odmachuje spotkanym znajomym i pędzi na dworzec. □ (tylko *dk*) *pot.* O. co: **a)** «wykonać, zrobić coś szybko, sprawnie»: Odmachnął robotę (kawał roboty). **b)** «przejść prędko» Odmachał kawał drogi.

odmakać p. odmoknąć.

odmalować *dk IV*, odmalowaliśmy (p. akcent § 1a i 2) — **odmalowywać** *ndk VIIIa*, odmalowuję (*nie*: odmalowywuję), odmalowywaliśmy: Odmalować mieszkanie, meble kuchenne. △ *niepoprawne* Odmalować (*zamiast*: namalować) portret, obraz. △ *przen.* «opisać, wyrazić»: Autor sugestywnie odmalował przeżycia bohaterów utworu. △ Odmalować kogoś, coś w czarnych, ponurych (jasnych) kolorach, barwach a. czarnymi, ponurymi (jasnymi) kolorami, barwami «przedstawić kogoś, coś ujemnie (dodatnio)»

odmarznąć (*wym.* odmar-znąć) *dk Vc*, odmarzł, odmarzła, odmarzłoby (p. akcent § 4c), odmarznięty a. odmarzły — **odmarzać** (*wym.* odmar-zać) *ndk I*, odmarzałoby **1.** «przestać być zmarzniętym; odtajać»: Jeziora, rzeki na wiosnę odmarzły. **2.** *częściej*: odmrozić, odmarzać: Uszy, ręce odmarzły. Nogi odmarzały w dziurawych butach.

odmawiać p. odmówić.

odmęt *m IV, D.* odmętu *poet.* «otchłań, toń»: Odmęty mórz, oceanów. △ *przen.* Odmęt życia. Rzucić się w odmęt walki.

odmiana *ż IV* **1.** «przemiana, zmiana» □ O. czego a. w czym: Czekał na jakąś odmianę losu. Była to w jego życiu odmiana na lepsze. △ Na odmianę a. dla odmiany: Całe lato było suche, a teraz dla odmiany leje bez przerwy. **2.** «odrębna postać, wariant czegoś»: Środowiskowe odmiany języka. **3.** *pot.* «zmiana pogody»: Szło na odmianę. Wiatr zapowiadał odmianę.

*****odmiana nazwisk** p. nazwiska (obce, polskie).

*****odmiana wyrazów** p.: deklinacja, koniugacja.

*****odmiany języka** p. język i jego odmiany.

odmiatać p. odmieść.

odmieniać *ndk I*, odmienialiśmy (p. akcent § 1a i 2) — **odmienić** *dk VIa*, odmień, odmienimy, odmieniliśmy «zmieniać na coś innego; zamieniać» □ O. co — na co: Odmienić za ciasną bluzkę na większą. Chce odmienić życie na lepsze. □ O. kogo «przeobrażać»: Przeżycia odmieniły go całkowicie. Strój odmienia ludzi.

odmieniec *m II, D.* odmieńca, *W.* odmieńcze, forma szerząca się: odmieńcu, *lm M.* ci odmieńcy, *pot.* te odmieńce, *D.* odmieńców (*nie*: odmieńcy).

odmienny: Losy rodzeństwa były zupełnie odmienne. Istota odmiennej płci. □ O. od kogo, od czego: Jej strój był odmienny od innych. △ *przestarz.* Być w odmiennym stanie «być w ciąży»

odmieść *dk XI*, odmiotę (*nie*: odmietę), odmiecie, odmiótł, odmiotła (*nie*: odmietła), odmietliśmy (p. akcent § 1a i 2), odmieciony — **odmiatać** *ndk I*, odmiataliśmy: Odmieść śnieg z chodnika, śmieci od progu (za próg).

odmięknąć *dk Vc*, odmiękł, *rzad.* odmięknął (*wym.* odmięknoł), odmiękła (*nie*: odmięknęła), odmiękłby, odmięknąłby (*wym.* odmięknołby, p. akcent § 4c) — **odmiękać** *ndk I*, odmiękałby: Zgrubiała skóra odmiękła w gorącej wodzie.

odmładzać *ndk I*, odmładzaliśmy (p. akcent § 1a i 2) — **odmłodzić** *dk VIa*, odmłodzę, odmłódź (*nie*: odmłodź), odmłodziliśmy: Uśmiech ją odmłodził. Odmładzające ubranie. △ *środ., urz.* Odmładzać kadry «zastępować starszych pracowników młodymi»

odmłodnieć (*nie*: odmłódnieć) *dk III*, odmłodnieli, odmłodnieliśmy (p. akcent § 1a i 2); odmłodniały (imiesł. przeszły): Czuje się już dobrze, poprawił się i odmłodniał.

odmłodzić p. odmładzać.

odmoknąć *dk Vc*, odmókł, odmokł a. odmoknął (*wym.* odmoknoł), odmokła, odmókłby a. odmoknąłby (*wym.* odmoknołby p. akcent § 4c) — **odmakać** *ndk I*, odmakałby: Przyschnięty opatrunek długo odmakał.

odmotać *dk I*, odmotaliśmy (p. akcent § 1a i 2) — *rzad.* **odmotywać** *ndk VIIIa*, odmotuję (*nie*: odmotywuję, odmotywam), odmotywaliśmy □ O. co — z czego: Odmotać nici z kłębka, z pasma.

odmowa *ż IV, lm D.* odmów: Zdecydowana, kategoryczna, stanowcza odmowa. Nie zrażać się odmową. △ Spotkać się z odmową. Odmowa zeznań, współpracy. △ *urz.* Otrzymać odmowę.

odmówić *dk VIa*, odmówię, odmów, odmówiliśmy (p. akcent § 1a i 2) — **odmawiać** *ndk I*, odmawialiśmy □ O. komu — czego (*nie*: co): **a)** «nie zgodzić się na zrobienie czegoś»: Odmówił mu pomocy w wynajęciu mieszkania. **b)** «nie przyznać komuś czegoś»: Krytycy długo odmawiali talentu temu znanemu dziś pisarzowi. □ O. czego «nie przyjąć; nie udzielić»: Więźniowie na znak protestu odmawiali przyjmowania posiłków. Nigdy nie odmawiał pomocy przyjaciołom. △ Odmówić sobie czegoś «wyrzec się czegoś»: Odmawiał sobie wszelkich przyjemności. □ O. komu «odrzucić czyjąś propozycję małżeńską» □ *pot.* O. kogo — od czego «namową odciągnąć kogoś od wykonania czegoś, od jakiejś decyzji»: Odmówić kogoś od wyjazdu, od rozwodu. □ O. co: **a)** «wypowiedzieć tekst modlitwy itp.»: Odmówić modlitwę, różaniec. **b)** *pot.* «odwołać coś»: Odmówić wizytę.

odmówić się — **odmawiać się** *niepoprawne* zamiast: wymówić się — wymawiać się, np. Od wizyty odmówiła się (*zamiast*: wymówiła się) bólem głowy.

odmrożenie *n I*: Odmrożenie rąk, nóg. △ Odmrożenie kapitału.

odmykać p. odemknąć.

odmyszać *ndk I*, odmyszaliśmy (p. akcent § 1a i 2) — **odmyszyć** *dk VIb*, odmyszyliśmy *środ.* «tępić gdzieś myszy»: Odmyszać pola, magazyny, spichrze. // *D Kult. I, 540.*

odnająć *dk Xc*, odnajmę (*nie*: odnajmię), odnajmie, odnajmij, odnajmałem (*wym.* odnajmołem; *nie*: odnajmełem), odnajął (*wym.* odnajoł), odnajęła (*wym.* odnajeła), odnajęliśmy (*wym.* odnajeliśmy, p. akcent § 1a i 2), odnajęty — **odnajmować** (*nie*: odnajmywać) *ndk IV*, odnajmowaliśmy □ O. co — od kogo, u kogo «wziąć w użytkowanie pomieszczenie, lokal itp. za zapłatą»: Odnająć pokój od właściciela mieszkania. Pokój odnajęty u emeryta. □ O. co — komu «odstąpić na zasadzie najmu»: Odnajęli swój domek letnikom.

odnaleźć (*nie*: odnajść) *dk*, odnajdę, odnajdzie, odnajdź, odnalazł, odnaleźliśmy (p. akcent § 1a i 2), odnaleziony — **odnajdować** *ndk IV*, odnajdowaliśmy, odnajdowany; a. **odnajdywać** *ndk VIIIa*, odnajduję (*nie*: odnajdywuję, odnajdywam), odnajdywaliśmy, odnajdywany: Odnaleźć zgubę. Odnaleźć znajomych. W wielkiej sali kinowej trudno było odnaleźć swoje miejsce.

odnawiać *ndk I*, odnawialiśmy (p. akcent § 1a i 2) — **odnowić** *dk VIa*, odnowię, odnów, odnowiliśmy: Odnowić mieszkanie, meble, ubranie. Umowę o pracę trzeba było odnawiać co trzy lata.

od niechcenia «niedbale; jak gdyby przypadkiem, bez wysiłku»: Robił wszystko od niechcenia.

odniechcieć się *niepoprawne* zamiast: odechcieć się.

od niedawna p. niedawny.

odniesienie *n I, blm*: Punkt odniesienia. △ W odniesieniu do kogoś, do czegoś «w zastosowaniu, w stosunku do kogoś, do czegoś»: Termin trafny w odniesieniu do tego pojęcia.

odnieść *dk XI*, odniosę (*nie*: odniesę), odniesie, odniósł, odniosła (*nie*: odniesła), odnieśliśmy (p. akcent § 1a i 2) — **odnosić** *ndk VIa*, odnoszę, odnosiliśmy, odnoszony: Odnieść sukces, zwycięstwo, triumf (tylko o dodatnim wyniku działania). △ Odnieść rany, obrażenia. △ *środ.* Odnieść na rachunek, na konto, na koszty «zaliczyć, zapisać» △ *niepoprawne*: Odnieść (*zamiast*: ponieść) porażkę, klęskę. Odnieść (*zamiast*: ponieść) śmierć.
odnieść się — odnosić się □ O. się jakoś do kogo, do czego (*nie*: w stosunku do kogo, do czego) «potraktować kogoś a. coś w pewien sposób»: Odnosi się do niego przyjaźnie. Do pomysłu odniosła się krytycznie. □ (tylko *ndk*) Coś się odnosi do czego «coś jest związane z czymś» □ *urz.* O. się do kogo «zwrócić się do kogoś w jakiejś sprawie; odwołać się»: Odnieść się do właściwej władzy, do dyrektora. // *U Pol. (2), 159; KP Pras.*

odnoga *ż III, lm D.* odnóg: Odnoga rzeki, korytarza.

odnosić p. odnieść.

odnośnie □ *urz.* O. do kogo, do czego (*nie*: O. kogo, czego), *lepiej*: W stosunku do kogo, do czego, w sprawie czego, co do czego, w odniesieniu do kogo, do czego, np. Wydać odpowiednie zarządzenia odnośnie do wyjazdu (*nie*: odnośnie wyjazdu; *lepiej*: w sprawie wyjazdu). // *D Kult. I, 90; D Myśli 89; Kl. Ależ 33; KP Pras.*

odnośny (*lepiej*: odpowiedni, właściwy, odnoszący się do czegoś): Powołać się na odnośny (*lepiej*: właściwy, odpowiedni) przepis. Sprawę załatwią odnośne (*lepiej*: właściwe) władze. // *D Kult. I, 90; D Myśli 89.*

od nowa p. nowo.

odnowić p. odnawiać.

odnóże *n I, lm M.* odnóża, *D.* odnóży, *rzad.* odnóż.

Odolanów *m IV, D.* Odolanowa, *C.* Odolanowowi (*ale*: ku Odolanowowi a. ku Odolanowu) «miasto» — odolanowianin *m V, D.* odolanowianina, *lm M.* odolanowianie, *D.* odolanowian — odolanowianka *ż III, lm D.* odolanowianek — odolanowski.

Odolany *blp, D.* Odolan «osiedle» — odolański.

odosabniać a. **odosobniać** *ndk I*, odosabnialiśmy, odosobnialiśmy (p. akcent § 1a i 2) — **odosobnić** *dk VIa*, odosobnij, odosobniliśmy: Odosobnić kogoś od towarzystwa, od ludzi.

odosobnienie *n I, blm*: Przebywać, pozostawać, żyć w odosobnieniu. □ O. od czego: Odosobnienie od towarzystwa, od świata.

odosobniony *imiesł.* bierny od czas. odosobnić: Żył odosobniony od rodziny i przyjaciół.
odosobniony *m-os.* odosobnieni, w użyciu przymiotnikowym: **1.** «leżący na uboczu, odległy, ustronny; żyjący na uboczu, samotny, osamotniony»: Odosobnione miejsce. Prowadził życie odosobnione. **2.** «występujący rzadko, będący czymś wyjątkowym; rzadki, sporadyczny»: Autor zbyt pochopnie uogólnia odosobnione wypadki. // *Kl. Ależ 97.*

odór (*nie*: odor) *m IV, D.* odoru: Ckliwy, drażniący, ostry odór. Nad pogorzeliskiem unosił się odór spalenizny. Wydawać, wydzielać odór. Z rynsztoka bucha ohydny odór. // *U Pol. (2), 455.*

odpad *m IV, D.* odpadu **1.** zwykle w *lm* «resztki surowca pozostające przy produkcji czegoś»: Odpady blachy, drewna. Odpady zwierzęce. **2.** *środ.* «liczba studentów, którzy porzucili studia»: W tym roku akademickim odpad na polonistyce był niewielki. *Por.* odsiew.

odpadać *ndk I*, odpadaliśmy (p. akcent § 1a i 2) — **odpaść** *dk Vc*, odpadnę, odpadnie, odpadnij, odpadł odpadliśmy, odpadły (*nie*: odpadnięty) □ O. od czego, *rzad.* z czego «oddzielać się, odrywać się od miejsca przyczepienia; spadać z czegoś»: Tynk odpadał od ścian, ze ścian. Gonty odpadły z dachu. Ciało odpada od (*nie*: z) kości. △ *pot.* Ręce komuś odpadają «ktoś jest przepracowany, ma bardzo zmęczone ręce» □ O. od kogo, czego «odstępować od kogoś, od czegoś; zrywać z kimś, z czymś; zwykle *dk*: zostać oddzielonym, odłączonym od czegoś (np. o terytoriach)»: Po przegranej wojnie odpadły od Niemiec obszary przygraniczne. △ *przen.* Odpadły od niej wszystkie troski. △ Coś odpada (*lepiej*: nie wchodzi w rachubę, w grę): Jutrzejszy wyjazd na wycieczkę odpada (*lepiej*: nie wchodzi w rachubę). △ *przestarz.* Odpada kogoś chęć, ochota, gust do czegoś.

odpadek *m III*, *D.* odpadka (*nie*: odpadku), zwykle w *lm*: Odpadki młynarskie, kuchenne, fabryczne, przemysłowe, użytkowe.

odpalić *dk VIa*, odpaliliśmy (p. akcent § 1a i 2) — **odpalać** *ndk I*, odpalaliśmy □ O. od czego, *pot.* bez dop. «zapalić (zwykle papierosa) przez przytknięcie do ognia»: Odpalił papierosa od tlącego się węgla. △ *pot.* Daj odpalić. □ *pot.* O. kogo «dać komuś odprawę, dać kosza»: Odpaliła konkurenta. □ *pot.* O. komu a. bez dop. «ostro odpowiedzieć; odciąć się» □ *pot.* O. co — komu «dać»: Odpalił mu sto złotych.

odparować p. II parować.

I odpasać *dk IX*, odpaszę, odpasz, odpasaliśmy (p. akcent § 1a i 2) — **odpasywać** *ndk VIIIa*, odpasuję (*nie*: odpasywuję, odpasywam), odpasywaliśmy: Odpasać fartuch, rzemień, miecz.

II odpasać p. II odpaść.

odpasienie (*nie*: odpaszenie) *n I*, *blm* forma rzeczownikowa czas. II odpaść (p.).

I odpaść p. odpadać.

II odpaść *dk XI*, odpasę, odpasie, odpaś, odpasł, odpaśliśmy (p. akcent § 1a i 2), odpasiony — **odpasać** *ndk I*, odpasaliśmy □ O. kogo, co — czym «utuczyć, odkarmić, odżywić»: Odpaść konie owsem po długiej podróży. Odpaść prosiaka mlekiem. △ *pot.* Odpasła syna po ciężkiej chorobie.
odpaść się — **odpasać się**: Odpaść się po wychudnięciu, po chorobie (o zwierzętach). □ O. się na czym: Odpaść się na treściwej paszy.

odpełznąć *dk Vc*, odpełznie a. odpełźnie; odpełznij a. odpełźnij; odpełznąłem (*wym.* odpełznołem; *nie*: odpełznełem) a. odpełzłem; odpełznął (*wym.* odpełznoł) a. odpełzł; odpełzła (*nie*: odpełznęła), odpełznęliśmy (*wym.* odpełznęliśmy) a. odpełzliśmy, odpełźliśmy (p. akcent § 1a i 2) □ O. bez dop.: Odpełznął w bezpieczne miejsce. □ O. od czego: Odpełzliśmy od ostrzeliwanej drogi. □ O. na czym: Odpełznąć na brzuchu, na czworakach.

odpędzać *ndk I*, odpędzaliśmy (p. akcent § 1a i 2) — **odpędzić** *dk VIa*, odpędzę, odpędź, odpędziliśmy, odpędzony «zmuszać kogoś do usunięcia się skądś; usuwać, odganiać, wypędzać»: Odpędzać gapiów. Odpędzać psa. △ Odpędzić głód «zjeść cokolwiek dla zaspokojenia głodu» □ O. kogo, co — od kogo, od czego: Odpędzać muchy od jedzenia. △ *przen.* Odpędzać od siebie złe myśli. □ O. kogo, co — z czego: Odpędzał komary z twarzy dziecka.

odpiąć *dk Xc*, odepnę, odepnie, odepnij, odpiąłem (*wym.* odpiołem, *nie*: odpiełem), odpiął (*wym.* odpioł), odpięła (*wym.* odpieła), odpięliśmy (*wym.* odpieliśmy, p. akcent § 1a i 2) — **odpinać** *ndk I*, odpinaliśmy: Odpinać kurtkę, pas. Odpiął z guzika kieszeń marynarki. Odpinać bluzkę (guziki bluzki). Odpięła kwiat od sukni.

odpieczętować *dk IV*, odpieczętuję, odpieczętowaliśmy (p. akcent § 1a i 2) — **odpieczętowywać** *ndk VIIIa*, odpieczętowywuję (*nie*: odpieczętowywuję), odpieczętowywaliśmy: Odpieczętować kopertę, list.

odpierać p. odeprzeć.

odpinać p. odpiąć.

odpis *m IV*, *D.* odpisu 1. «kopia oryginału»: Odpis dokumentu, umowy itp. △ Zrobić, sporządzić (*nie*: zdjąć, wykonać) odpis. 2. «w księgowości: odliczenie, spisanie» □ O. na co: Odpis na amortyzację, na straty. 3. *przestarz., reg.* «odpowiedź na piśmie, odpisanie na list»: Prosić o prędki odpis. || D Kult. II, 397.

odplątać *dk IX*, odplączę (*nie*: odplątam), odplącz, odplątaliśmy (p. akcent § 1a i 2) — **odplątywać** *ndk VIIIa*, odplątuję (*nie*: odplątywuję, odplątywam), odplątywaliśmy □ O. co — od czego: Odplątał od płotu zwierzę, zaplątane w sznurek, którym było przywiązane.

odplunąć *dk Vb*, odplunąłem (*wym.* odplunołem; *nie*: odplunełem), odplunął (*wym.* odplunoł), odplunęła (*wym.* odplunęła), odplunęliśmy (*wym.* odplunęliśmy, p. akcent § 1a i 2), odplunięty; *rzad.* **odpluć** *dk Xa*, odpluje, odpluj, odpluł, odpluliśmy, odpluty — **odpluwać** *ndk I*, odpluwaliśmy □ O. co: Odpluwać flegmę, ślinę. □ O. czym: Chory odpluwał krwią.

odpłacić (się) *dk VIa*, odpłacę, odpłacimy, odpłać, odpłaciliśmy (p. akcent § 1a i 2) — **odpłacać (się)** *ndk I*, odpłacaliśmy □ O. (się) komu — czym — za co: Odpłacać (się) komuś dobrocią za doznane krzywdy. Odpłacić dobrem za zło.

odpłatny *lepiej*: płatny, np. Odpłatne (*lepiej*: płatne) świadczenia, usługi.

odpocząć *dk Xc*, odpocznę, odpocznie, odpocznij, odpocząłem (*wym.* odpoczołem; *nie*: odpoczełem), odpoczął (*wym.* odpoczoł), odpoczęła (*wym.* odpoczeła), odpoczęliśmy (*wym.* odpoczeliśmy, p. akcent § 1a i 2) — **odpoczywać** *ndk I*, odpoczywaliśmy: Dopiero jutro skończymy pracę i będziemy mogli odpocząć. Szli wolno i ciągle odpoczywali. □ O. po czym «odpocząć po zrobieniu czegoś»: Odpocząć po żniwach, po długim marszu. □ O. od czego «odpocząć uwolniwszy się od czegoś»: Odpocząć od kucharowania, od obowiązków domowych, od zabaw, od hałasów.

odpoczynek *m III*, *D.* odpoczynku: Udać się na zasłużony odpoczynek. △ Nie dawać (komuś) odpoczynku «zmuszać do czegoś; niepokoić» □ Składnia jak: odpocząć.

odpokutować *dk IV*, odpokutowaliśmy (p. akcent § 1a i 2) □ O. co a. za co (czym): Odpokutować grzechy (a. za grzechy). Rozrzutność odpokutował nędzą. Odpokutować za swoją łatwowierność.

odpornościowy «uodporniający, zabezpieczający przed czymś» △ Ciała odpornościowe «ciała powstające w organizmie po przebyciu choroby zakaźnej, chroniące przed ponownym zachorowaniem»

odporność *ż V*, zwykle *blm*: Osłabić, zmniejszyć odporność organizmu. Odporność wrodzona, nabyta. □ Składnia jak: odporny.

odporny *st. w.* odporniejszy 1. *m-os.* odporni «nie poddający się działaniu czegoś, wytrzymały» □ O. na co: Był odporny na zimno. Odmiana zboża odporna na suszę. 2. *częściej*: obronny, np. Siły odporne (*częściej*: obronne) państwa. △ Przymierze odporne «przymierze między państwami, zapewniające wzajemną pomoc w razie napaści na jedno z nich»

odpowiadać *ndk I*, odpowiadaliśmy (p. akcent § 1a i 2) — **odpowiedzieć** *dk*, odpowiem, odpowie, odpowiedzą, odpowiedz, odpowiedział, odpowiedzieliśmy □ O. co, jak: Odpowiedział zaledwie kilka słów. Odpowiadać krótko, cicho, niegrzecznie. □ O. na co: Odpowiadać na pytania, na zarzuty. Odpowiadać na list (listy). Odpowiadać na pukanie, na ukłon. △ *urz.* Odpowiadając na pismo z dn. ... □ O. czym — na co: Krzykiem odpowiedział na jej nieśmiałą prośbę. □ O. komu: Prelegent obszernie odpowiadał wszystkim pytającym. □ O. z czego «być pytanym na lekcji z jakiegoś przedmiotu»: Uczeń odpowiada z historii, z matematyki, z romantyzmu. □ O. za kogo, za co — przed kim, czym «być odpowiedzialnym, ponosić odpowiedzialność»: Za nadużycia odpowiecie przed prokuratorem, przed sądem. □ (tylko *ndk*) O. komu, czemu «być odpowiednim, stosownym»: Praca w szkole bardzo mu odpowiada. □ (tylko *ndk*) O. czym «ręczyć za coś, płacić czymś»: Odpowiadać życiem, majątkiem. // D Kult. I, 84; U Pol. (2), 307.

odpowiedni *st. w.* odpowiedniejszy a. bardziej odpowiedni □ O. dla kogo (*nie*: komu) «stosowny dla kogo»: Praca odpowiednia dla kobiety. □ O. do czego (*nie*: dla czego) «nadający się do czegoś»: Nosi skórzany pasek, odpowiedni do tej sukni. □ O. na co (na oznaczenie czynności lub stanu, przy których użycie czegoś jest właściwe): Suknia odpowiednia na uroczystą wizytę. // KP Pras.

odpowiednik *m III* □ O. czego (*nie*: czemu): Wiatr halny to odpowiednik alpejskiego fenu.

*odpowiedniki to bądź warianty słowotwórcze, bądź odmienne jednostki leksykalne, będące — w przekroju współczesnym i historycznym — bliskoznacznikami lub równoznacznikami innych wyrazów.
1. *Warianty słowotwórcze* mogą być używane wymiennie — całkowicie, np.: *bezlad* || *nielad*, *bezzwłocznie* || *niezwłocznie*, *zuchwałość* || *zuchwalstwo* — lub częściowo, np.: *dziecięcy* || *dziecinny*, *wieczny* || *wieczysty*, *wieczorny* || *wieczorowy*, *sławny* || *słynny*, *znany* || *znajomy*, *smutny* || *smętny*.
2. *Odpowiedniki zapożyczone* (*równoznaczniki*) wyrazów rodzimych, rdzennie polskich. W zakresie języka ogólnego zaleca się na ogół unikanie ich, nieużywanie bez koniecznej potrzeby. Zwłaszcza w swobodnym języku mówionym rażą odpowiedniki obce, będące zazwyczaj składnikami stylu oficjalnego, książkowego. W określonych sytuacjach lepsze są więc wyrazy rodzime, np. lepiej: *słuchowy* — niż: *audytywny*, i odpowiednio: *wzrokowy* || *wizualny*, *pisownia* || *ortografia*, *ubezpieczenie* || *asekuracja*. Na ogół słuszna jest tendencja do zastępowania odpowiednikami rodzimymi zapożyczeń o długoletniej nawet tradycji, występujących dość jeszcze licznie w naszym słownictwie rzemieślniczym; a więc lepiej: *imadło* — niż: *śrubsztak*; i odpowiednio: *strug* || *hebel*, *ościeżnica* || *futryna*, *pogłębiarka* || *bagier* itp. W terminologii naukowej jednak należy dawać pierwszeństwo międzynarodowym terminom przed ich rdzennie polskimi odpowiednikami. Terminy zapożyczone są zresztą często bardziej znane ogółowi użytkowników języka, niż odpowiednie rodzime. Dotyczy to zwłaszcza terminów medycznych, np. powszechniejszy jest wyraz: *szkarlatyna*, niż jego odpowiednik swojski: *płonica*; i odpowiednio: *malaria* || *zimnica*, *tyfus* || *dur*, *koklusz* || *krztusiec* i in.

3. *Odpowiedniki terytorialne*, tj. *regionalizmy* odpowiadające znaczeniowo wyrazom ogólnopolskim. Przykładami są: ogólnopolski *tłuszcz* || (*reg.*) *tuk*; ogóln. *krzak* || (*reg.*) *kierz*; ogóln. *składka* || (*reg.*) *wkładka*; ogóln. *baranina* || (*reg.*) *skopowina*; ogóln. *torebka* || (*reg.*) *tytka*; *wędliniarnia* || (*reg.*) *masarnia*. Regionalizmów nie należy traktować jako błędów, jeżeli są używane przez ludzi wykształconych danego regionu.
4. *Odpowiedniki środowiskowe* — należą one do wszelkiego rodzaju odmian społeczno-środowiskowych języka, takich jak gwara miejska (wiech), gwary zawodowe, społeczne i in. Przykłady takich odpowiedników to m.in. (gw. miejska) *ochlaj* «pijatyka», *ubaw* «zabawa», *cieć* «dozorca», *ciupa* «areszt», *kapuś* «szpieg, donosiciel», *kimać* «spać».
5. *Odpowiedniki stylowe* wyrazów ogólnych używane są tylko w pewnych stylach, w określonych celach stylizacyjnych. Tak np. zamiast nie nacechowanego stylistycznie wyrazu: *prowadzić* — użyje się w stylu podniosłym, książkowym odpowiednika: *wieść*; zamiast wyrazu: *mąż* — bardziej oficjalnego: *małżonek* itp.
Z odpowiednikami stylowymi wiąże się inny jeszcze typ odpowiedników — mianowicie wyrazy będące *emocjonalnymi odpowiednikami* wyrazów nie nacechowanych uczuciowo. Oczywiście nie można ich używać w każdym stylu. Wiele z nich należy do stylu potocznego i do gwar środowiskowych. Dzięki tym odpowiednikom mówiący lub piszący może wyrazić swój stosunek uczuciowy do tego, o czym mówi czy pisze, np. używając zamiast neutralnego wyrazu: *żołnierz* — odpowiednika emocjonalnego: *żołdak*; podobnie w wyrazach stylu potocznego: *bulić* «płacić»; *bachor* «dziecko»; *kmiotek* «chłop, rolnik».
6. *Odpowiedniki chronologiczne* — czyli wyrazy dawne (archaizmy), przestarzałe i wychodzące z użycia, używane w określonych kontekstach stylistycznych zamiast odpowiadających im wyrazów współczesnych, np.: (*daw.*) *ongi* || (*dziś*) *niegdyś*; *świekra* || *teściowa*, *dziewierz* || *szwagier*; *białogłowa*, *niewiasta* || *kobieta*; *wiktoria* || *zwycięstwo*; *larum* || *alarm*; *opoka* || *skała*.
△ Używanie odpowiedników leksykalnych we właściwych znaczeniach i funkcjach stylistycznych wymaga dobrej znajomości: współczesnej normy ogólnopolskiej, zróżnicowania terytorialnego, środowiskowego i stylistycznego polszczyzny, a w pewnym stopniu także jej historii. *Por.*: archaizmy, bliskoznaczność, dialektyzmy, gwara, oboczność, regionalizmy, style i stylizacja, zapożyczenia.

odpowiednio *st. w.* bardziej odpowiednio, *rzad.* odpowiedniej □ O. do czego (*nie*: czemu): Odpowiednio do okoliczności, do stanowiska.

odpowiedzialność *ż V*, zwykle *blm*: Osobista, zbiorowa odpowiedzialność. Odpowiedzialność materialna, moralna. Poczucie odpowiedzialności. △ Brać, wziąć coś na swoją odpowiedzialność. Brać na siebie odpowiedzialność. Brać, wziąć (*nie*: przyjmować) odpowiedzialność za kogoś, za coś. Ponosić odpowiedzialność. Obarczać kogoś odpowiedzialnością. Odpowiedzialność spada na kogoś. □ O. za kogo, za co: Odpowiedzialność za losy chłopca ponoszą jego opiekunowie. Odpowiedzialność za porządek w klasie. Odpowiedzialność za wady, za braki. △ Odpowiedzialność karna, sądowa «obowiązek odpowiadania przed sądem za czyn przestępczy»: Odpowiedzialność sądowa za zakłócenie porządku.

△ Pod odpowiedzialnością (np. sądową) «pod groźbą kary»: Coś jest zabronione pod odpowiedzialnością sądową. □ O. przed kim, czym a. wobec kogo, czego: Odpowiedzialność przed zwierzchnikiem, społeczeństwem (a. wobec zwierzchnika, społeczeństwa). Odpowiedzialność wobec własnego sumienia. // D Kult. I, 317.

odpowiedzialny m-os. odpowiedzialni, st. w. bardziej odpowiedzialny, rzad. odpowiedzialniejszy 1. «mający poczucie obowiązku, gotowy do ponoszenia konsekwencji za swoje działanie, postępowanie; mający obowiązek pilnowania czegoś, odpowiadający za wykonanie czegoś»: Miał u przełożonych opinię odpowiedzialnego pracownika. Redaktor odpowiedzialny. □ O. za kogo, za co: Kierownik działu odpowiedzialny za cały personel. Odpowiedzialny za wykonanie planu, za bezpieczeństwo pracy. □ O. przed kim, czym a. wobec kogo, czego: Odpowiedzialny przed ludźmi, przed społeczeństwem, przed prawem. Odpowiedzialny wobec rodziny, wobec własnego sumienia. 2. «wymagający kwalifikacji, obarczający odpowiedzialnością; poważny, trudny»: Odpowiedzialne stanowisko, zadanie. △ niepoprawne w zn. «okazały, nie byle jaki; odpowiedni», np. Był odpowiedzialnego (zamiast: okazałego) wzrostu.

odpowiedzieć p. odpowiadać.

odpowiedź ż V, lm M. odpowiedzi: Krótka, lakoniczna, pozytywna, wyczerpująca, wymijająca odpowiedź. Odpowiedź listowna, pisemna, na piśmie. Odpowiedź ucznia, oskarżonego. Odpowiedź (np. listowna) od brata. Odpowiedź na list, na pytanie, na zarzut. Odpowiedzią na represje był strajk. △ urz. Wystosować odpowiedź (np. do ministerstwa). △ urz. W odpowiedzi na pismo (lepiej: Odpowiadając na pismo) donosimy...

odpór m IV, D. odporu, zwykle w książk. wyrażeniu: Dać odpór (komuś, czemuś): Dać zbrojny odpór najeźdźcy. Dać odpór wrogiej propagandzie.

odprawa ż IV 1. «zebranie instrukcyjne, narada»: Odprawa produkcyjna. Zwołać odprawę. □ O. kogo, rzad. dla kogo: Odprawa kierowników, dowódców (rzad. dla kierowników, dla dowódców). 2. «ostra odpowiedź; nauczka»: Dać komuś odprawę. Dostać odprawę. 3. «jednorazowe wynagrodzenie przy opuszczaniu pracy; odszkodowanie, zasiłek»: Odprawa inwalidzka, pośmiertna. △ Odprawa przysługuje, należy się komuś. 4. «załatwienie formalności urzędowych związanych z czyimś wyjazdem lub odjazdem a. z wysłaniem czegoś»: Odprawa celna. □ O. kogo, czego: Odprawa pasażerów przed odlotem samolotu. Odprawa statku, samolotu, pociągu. // D Kult. I, 318.

odprawić dk VIa, odprawię, odpraw, odprawimy, odprawiliśmy (p. akcent § 1a i 2) — **odprawiać** ndk I, odprawialiśmy □ O. kogo: a) «pozbyć się kogoś»: Odprawić interesantów, natrętów. △ Odprawić kogoś z kwitkiem «nic mu nie załatwić» b) (zwykle dk) wych. z użycia «zwolnić z pracy, ze służby»: Odprawić rządcę, gospodynię, służącą. □ przestarz. O. kogo — z kim, z czym — dokąd «posłać, wysłać»: Odprawił posłańca z listem do dworu. Odprawili dzieci z opiekunką na wieś. □ O. co: Odprawić nabożeństwo, modły. // D Kult. I, 318.

odprowadzić dk VIa, odprowadzę, odprowadź, odprowadzimy, odprowadziliśmy (p. akcent § 1a i 2),

odprowadzony — **odprowadzać** ndk I, odprowadzaliśmy «towarzyszyć komuś do jakiegoś miejsca, pozostać z kimś do określonego czasu (np. do odjazdu pociągu)»: Panowie odprowadzili panie. □ O. kogo — do czego (z rzeczownikiem w dopełniaczu), na co, dokąd: Odprowadzić kogoś do domu, na dworzec, do pociągu. △ Odprowadzić kogoś do aresztu, do więzienia. △ niepoprawne w zn. «przekazać, przesłać», np. Towar został odprowadzony (zamiast: przesłany) do magazynu. □ przen. O. kogo — czym: Odprowadzała ukochanego tęsknym spojrzeniem. Pies odprowadzał go zajadłym szczekaniem.

odprysnąć dk Va, odpryśnie, odprysnął (wym. odprysnoł) a. odprysł, odprysnęła (wym. odprysnęła) a. odprysła, odprysnąłby (wym. odprysnołby, p. akcent § 4c) — **odpryskiwać** (nie: odpryskiwać się) ndk VIIIb, odpryskuje (nie: odpryskiwuje, odpryskiwa), odpryskiwałby □ O. od czego: Polewa odprysnęła od garnka.

odprząc dk XI, odprzęgę, odprzęże, odprzągł, odprzęgła, odprzęgliśmy (p. akcent § 1a i 2), odprzężony; a. **odprzęgnąć** (nie: odprzągnąć) dk Va, odprzęgnę, odprzęgnie, odprzęgnij, odprzęgnąłem (wym. odprzęgnołem; nie: odprzęgnęłem) a. odprzęgłem; odprzęgnął (wym. odprzęgnoł), odprzęgliśmy (nie: odprzęgneliśmy) — **odprzęgać** (nie: odprzągać) ndk I, odprzęgaliśmy: Odprząc (odprzęgnąć) konie od wozu.

odprzedać a. **odsprzedać** dk I, odprzedaliśmy, odsprzedaliśmy (p. akcent § 1a i 2) — **odprzedawać** a. **odsprzedawać** ndk IX, odprzedaję, odsprzedaję, odprzedawaj, odsprzedawaj, odprzedawaliśmy, odsprzedawaliśmy □ O. co — komu (za co): Odprzedał (odsprzedał) sąsiadowi stół za sto złotych.

odprzedaż a. **odsprzedaż** ż VI: Odprzedaż (odsprzedaż) rzeczy zakupionych na licytacji. Odprzedaż (odsprzedaż) majątku.

odprzęgać, odprzęgnąć p. odprząc.

odpust m IV, D. odpustu, lm M. odpusty.

odpuszczać ndk I, odpuszczaliśmy (p. akcent § 1a i 2) — **odpuścić** dk VIa, odpuszczę, odpuści, odpuścimy, odpuść, odpuściliśmy, odpuszczony przestarz. w zn. «przebaczać, darować» □ O. komu — co: Odpuścił mu wszystkie winy. △ pot. (Panie) Boże odpuść! «o czymś godnym pożałowania, litości»: Kurtka, Boże odpuść, cała w dziurach. △ niepoprawne w zn. «zwolnić», np. Odpuścić (zamiast: zwolnić) dzieci z lekcji.

odpychać ndk I, odpychaliśmy (p. akcent § 1a i 2) — **odepchnąć** (nie: odepchać) dk Va, odepchnąłem (wym. odepchnołem; nie: odepchnełem, odepchłem), odepchnął (wym. odepchnoł), odepchnęła (wym. odepchneła; nie: odepchła), odepchnęliśmy (wym. odepchnelismy; nie: odepchliśmy) □ O. kogo, co — od kogo, od czego: Odepchnął go od siebie. Odepchnął krzesło od stołu. △ w zn. przen. «powodować niechęć, zrażać» zwykle ndk: Odpycha wszystkich swoim zachowaniem. Odpychało ją od niego.

odpytać dk I, odpytaliśmy (p. akcent § 1a i 2) — **odpytywać** ndk VIIIa, odpytuję (nie: odpytywuję, odpytywam), odpytywaliśmy środ. «pytając sprawdzić wiadomości ucznia; przepytać»: Odpytał już połowę uczniów z literatury polskiej.

odra *ż IV, blm*: Mieć odrę. Zachorować na odrę. △ *pot.* Być po odrze.

Odra *ż IV* «rzeka» — odrzański — nadodrzański.

odrabiać p. odrobić.

odraczać p. odroczyć.

I odradzać p. odrodzić.

II odradzać p. odradzić.

odradzić *dk VIa*, odradzimy, odradziliśmy (p. akcent § 1a i 2) — **odradzać** *ndk I*, odradzaliśmy: Odradzał mu tam dzisiaj jechać. □ O. **komu** — **co**, *przestarz.* **czego**: Odradzał nam tę wycieczkę (tej wycieczki), podróż (podróży).

odrastać p. odrosnąć.

odraza *ż IV*: Mieć, czuć do kogoś, do czegoś odrazę. Budzić w kimś odrazę. Napełnić kogoś odrazą. Robić coś z odrazą.

od razu p. raz.

odrąbać *dk IX*, odrąbię (*nie*: odrąbę), odrąb, odrąbaliśmy (p. akcent § 1a i 2) — **odrąbywać** (*nie*: odrębywać) *ndk VIIIa*, odrąbuję (*nie*: odrąbywuję, odrąbywam), odrąbywaliśmy «rąbiąc oddzielić coś od czegoś, odciąć, odpłatać» □ O. **co** (od czego): Odrąbać gałąź od pnia. Rąbiąc drzewo odrąbał sobie palec.

odrestaurować (*wym.* odrestau-rować) *dk IV*, odrestaurowaliśmy (p. akcent § 1a i 2) — *rzad.* **odrestaurowywać** *ndk VIIIa*, odrestaurowuję (*nie*: odrestaurowywuję, odrestaurowywam), odrestaurowywaliśmy: Odrestaurować pałac, zamek, kościół.

odrębny (raczej o przedmiotach, cechach niż o ludziach): Ostatnia powieść tego pisarza ma odrębny charakter niż pozostałe. □ O. **od czego**: Wysokie góry mają roślinność odrębną od roślinności obszarów nizinnych. △ *Ale*: Uczeni to nie jacyś inni (*nie*: odrębni) ludzie.

! odrębywać p. odrąbać.

od ręki p. ręka.

odrętwieć (*nie*: otrętwieć) *dk III*, odrętwieliśmy (p. akcent § 1a i 2): Odrętwiała pod wpływem nieszczęścia.

odrobić *dk VIa*, odrobię, odrobimy, odrób, odrobiliśmy (p. akcent § 1a i 2) — **odrabiać** *ndk I*, odrabialiśmy: Uczeń nie zdążył odrobić lekcji, zadań. Odrabiać błędy, zaległości. W modelu każdy drobiazg był starannie odrobiony. △ *środ.* (*sport.*) Na dzisiejszym etapie nasz kolarz odrobił do Włocha 14 sekund (*lepiej*: zmniejszył dzielącą go od Włocha różnicę o 14 sekund).

odrobina *ż IV*: Odrobina chleba, mięsa, kartofli. Nie ma w tym odrobiny prawdy. Nie spóźnił się ani odrobiny.

odroczyć *dk VIb*, odroczyliśmy (p. akcent § 1a i 2) — **odraczać** *ndk I*, odraczaliśmy: Odroczyć rozprawę, posiedzenie do następnego dnia.

odrodzenie *n I, blm* **1.** forma rzeczownikowa czas. odrodzić: Odrodzenie umysłowe społeczeństwa. W swych pismach walczył o odrodzenie nauki. **2.** Odrodzenie a. odrodzenie, in. renesans: Epoka, doba Odrodzenia.

odrodzeniowy: Ruch odrodzeniowy. Myśl odrodzeniowa.

odrodzić *dk VIa*, odrodzi, odródź (*nie*: odródź), odrodziliśmy (p. akcent § 1a i 2) — *rzad.* **odradzać** *ndk I*, odradzaliśmy: Obcowanie z przyrodą może człowieka odrodzić psychicznie.

odrodzić się — **odradzać się**: Na wiosnę cała przyroda się odradza. △ *przen.* Odrodzić się wewnętrznie. □ (tylko *dk*) O. się (*nie*: wyrodzić się) **od kogo** «nie mieć cech typowych dla swojej rodziny»: Odrodził się od swojego ojca.

odrosnąć, *rzad.* **odróść** *dk Vc*, odrosnę, odrósł, odrosła, odrośliśmy (p. akcent § 1a i 2), odrośnięty a. odrosły — **odrastać** *ndk I*, odrastaliśmy: Roślina odrasta. Włosy odrastają. Broda mu odrosła. △ *pot.* (tylko *dk*) Jeszcze nie odrósł od ziemi «jeszcze nie przestał być małym dzieckiem» △ Zaledwie odrósł od ziemi «zaledwie przestał być małym dzieckiem»

odrośl *ż V, lm M.* odrośle, *D.* odrośli; *rzad.* **odrośle** *n I, lm M.* odrośla, *D.* odrośli: Wypuszczać, wytwarzać odrośle (odrośla).

odróbka *ż III, lm D.* odróbek; *lepiej*: odrobek.

odróść p. odrosnąć.

odróżnić *dk VIa*, odróżnimy, odróżnij, odróżniliśmy (p. akcent § 1a i 2) — **odróżniać** *ndk I*, odróżnialiśmy □ O. **kogo, co** — **od kogo, czego**: Bliźniacy byli tak podobni, że trudno było ich od siebie odróżnić. Z daleka już odróżniał brązowy kapelusz grzyba od zeschłych liści. Ubiór ten odróżniał go od innych.

odróżnienie *n I*: Odróżnienie odcieni jakiegoś koloru.
w odróżnieniu «w przeciwieństwie, inaczej niż...»: W odróżnieniu od innych zachowywała się wyzywająco.

odryna *ż IV, reg.* «szopa»

odrywać p. oderwać.

odrzec *dk Vc, przestarz. XI*, odrzeknę, odrzeknie, odrzeknij, odrzekł (*przestarz.* odrzekę, odrzecze, odrzecz), odrzekliśmy (p. akcent § 1a i 2) *książk.* «odpowiedzieć»: Nic mi na to nie odrzekł.
odrzec się — **odrzekać się** *ndk I, wych. z użycia* «wyrzec się» □ O. się czego: Wybierasz się tak długo do teatru, że człowiek by się odrzekł tej przyjemności.

odrzeć *dk XI*, odrę, odrze, odrzyj, odarł, odarliśmy (p. akcent § 1a i 2) — **odzierać** *ndk I*, odzieraliśmy; w zn. dosłownym *częściej*: obedrzeć — obdzierać □ O. **kogo, co** — **z czego**: Odzierać meble z obicia. Odrzeć kogoś z ubrania. △ *przen.* Zawistni odarli go ze czci, ze sławy.

odrzucić *dk VIa*, odrzucimy, odrzuciliśmy (p. akcent § 1a i 2) — **odrzucać** *ndk I*, odrzucaliśmy □ O. **co**: Odrzucił głowę w tył. △ Odrzucić dar, ofiarę. Dyrekcja odrzuciła projekt, ofertę, propozycję. △ O. **kogo, co** — **od kogo, czego**: Fala odrzuciła łódź od brzegu. △ *przen.* Odrzucił od siebie tę myśl. △ *pot.* Coś kogoś odrzuca od kogoś, od czegoś a. *nieos.* Odrzuca kogoś od kogoś, od czegoś «ktoś ma wstręt do kogoś lub do czegoś»: Odrzucało ją od męża po tej awanturze.

odrzwia (*nie*: odźwia, odrzwie) *blp, D.* odrzwi «oprawa drzwi, futryna; *rzad. podn.* drzwi»: Gotyckie odrzwia katedry.

odrzynać p. oderznąć.

odsądzić *dk VIa,* odsądzimy, odsądziliśmy (p. akcent § 1a i 2) — **odsądzać** *ndk I,* odsądzaliśmy □ O. kogo — od czego: Nieprzychylni krytycy odsądzali poetę od talentu. △ Odsądzać kogoś od czci i wiary «przypisywać komuś same ujemne cechy»

! **odsełać** p. odesłać.

odsetek *m III, D.* odsetka, *lm D.* odsetków 1. «procent»: W ogólnej liczbie mieszkań znaczny odsetek stanowią mieszkania dwuizbowe. Odsetek białych ciałek krwi wynosi... 2. p. odsetka.

odsetka *ż III, lm D.* odsetek, tylko w *lm* «procent od kapitału, *rzad.* odsetek»: Odsetki od określonej sumy. Wypłacić odsetki. Żądać odsetek.

odsiecz *ż VI* «pomoc wojskowa dla oblężonej twierdzy, okrążonych przez nieprzyjaciela jednostek wojskowych»: Odsiecz Wiednia. △ Iść, pośpieszyć itp. na odsiecz, z odsieczą komuś, czemuś (*nie*: kogoś, czegoś): Iść na odsiecz miastu (*nie*: miasta).

odsiedzieć *dk VIIa,* odsiedzimy, odsiedzieliśmy (p. akcent § 1a i 2) — **odsiadywać** *ndk VIIIa,* odsiaduję (*nie*: odsiadywuję, odsiadywam), odsiadywaliśmy: Odsiadywać wyrok, karę. △ Odsiedzieć swoje godziny w biurze.

odsiew *m IV, D.* odsiewu 1. «odsiewanie, odsianie; zboże odsiane»: Odsiew mąki. △ Pierwszy odsiew jest ziarnem siewnym. 2. «liczba osób, które zostały wyłączone z jakiegoś zespołu, zwykle studentów, uczniów usuniętych z uczelni, ze szkoły»: W tegorocznej sesji egzaminacyjnej odsiew wynosił 10%. *Por.* odpad.

odskocznia *ż I, DCMs.* i *lm D.* odskoczni □ O. do czego «punkt wyjścia, podstawa czegoś»: Sukces ten był dla niej odskocznią do dalszej kariery. △ *pot.* w zn. «odprężenie, wypoczynek»: Działka to dla mnie odskocznia po pracy biurowej.

odsłonić *VIa,* odsłonimy, odsłoniliśmy (p. akcent § 1a i 2) — **odsłaniać** *ndk I,* odsłanialiśmy: Odsłoniła w uśmiechu piękne zęby. Odsłonić firankę, zasłonę w oknie.

odsłonięcie *n I*: Odsłonięcie pomnika, tablicy pamiątkowej. Widzowie z napięciem czekali na odsłonięcie kurtyny.

odsprzedać p. odprzedać.

odsprzedaż p. odprzedaż.

odstać *dk,* odstanie, odstań, odstał, odstaliśmy (p. akcent § 1a i 2) — **odstawać** *ndk IX,* odstaje, odstawaj, odstawaliśmy 1. częściej *ndk* «oddzielić się, odkleić się» □ O. od czego: Fornir odstaje od deski. 2. *przestarz.* «odstąpić, porzucić» □ O. od kogo, *rzad.* od czego: Odstał od swoich, od rodziny. Tradycja nie pozwalała mu odstać od spraw publicznych. △ *niepoprawne* w zn. «zostać w tyle, nie nadążyć w czymś», np.: Odstające (*zamiast*: zacofane) gospodarstwo. Zawodnik odstał (*zamiast*: pozostał w tyle). Odstawać (*zamiast*: nie nadążać, zalegać)

w pracy. 3. (zwykle *dk*) odstoję, odstoi, odstój «przebyć pewien czas stojąc»: Musiał odstać swoje w kolejce.

odstać się 1. odstoi się «o cieczy: oczyścić się przez osadzenie się domieszek, zanieczyszczeń»: Miód się odstał. 2. odstanie się «wrócić do poprzedniego stanu; odmienić się»; często w powiedzeniu: Co się stało, to się nie odstanie. // *D Kult. I,* 92.

odstały «taki, który się odstał; klarowny»: Odstałe wino, piwo.

odstawić *dk VIa,* odstawię, odstaw, odstawimy, odstawiliśmy (p. akcent § 1a i 2) — **odstawiać** *ndk I,* odstawialiśmy 1. «odsunąć na inne, dalsze miejsce»: Odstawić krzesło, talerz; odstawić filiżankę na kredens. Odstawić coś na bok, na swoje miejsce. △ *środ.* Odstawić lek, lekarstwo «przestać stosować, przestać zażywać lekarstwo» 2. «odwieźć, odtransportować; zaprowadzić, doprowadzić dokądś»: Odstawić towar do spółdzielni, zboże do magazynu. Złodzieja odstawili milicjanci do aresztu. 3. *posp.* a) częściej *ndk* «grać (rolę), udawać kogoś»: Odstawiał zwykle czarne charaktery. Odstawiał przy niej dobrego wujaszka. b) «zrobić, wykonać coś»: Odstawili już całą robotę.

odstawić się — **odstawiać się** △ *wulg.* Odstaw się! «odejdź, odczep się»

odstawka *ż III, lm D.* odstawek △ tylko w *posp.* zwrocie: Iść, pójść w odstawkę; posłać, puścić kogoś w odstawkę «zostać zwolnionym z pracy, usuniętym z zajmowanego stanowiska; zwolnić kogoś z pracy, usunąć z zajmowanego stanowiska, usunąć jako niepotrzebnego; zdyskwalifikować»

odstąpić *dk VIa,* odstąpię, odstąpimy, odstąp, odstąpiliśmy (p. akcent § 1a i 2) — **odstępować** (*nie*: odstępywać) *ndk IV,* odstępowaliśmy 1. «odejść, odsunąć się, oddalić się»: Odstąpić w tył. Odstąpić dwa kroki (o dwa kroki, na dwa kroki). □ O. od kogo, czego: Całe przedpołudnie nie odstępował od telefonu. Odstąpiła od siostry na krok i podziwiała jej nową suknię. □ *przen.* O. od czego (*przestarz.* czego) «zaniechać czegoś, zrezygnować, wycofać się z czegoś»: Odstąpić od umowy, od jakiegoś zamiaru, od myśli zrobienia czegoś. □ O. kogo «oddalić się od kogoś, opuścić kogoś»: Odstąpili go wszyscy przyjaciele. Lekarze nie odstępowali chorego. △ *przen.* Szczęście ją odstąpiło. 2. «odprzedać komuś coś; ustąpić, użyczyć komuś czegoś» □ O. komu — co, czego: Odstąpił gościowi swoje łóżko (swego łóżka). Odstąpić komuś bilet do teatru. // *KJP* 438.

odstępca *m odm. jak ż II, lm M.* odstępcy, *DB.* odstępców: Odstępca od wiary. Odstępca własnego narodu.

odstręczać *ndk I,* odstręczaliśmy (p. akcent § 1a i 2) — **odstręczyć** *dk VIb,* odstręczyliśmy □ O. kogo a. od kogo, *rzad.* od czego: Od pracy nie odstręczała go byle przeszkoda. Od kolegów odstręczyła mnie ich obłuda.

odsunąć *dk Vb,* odsunąłem (*wym.* odsunołem; *nie*: odsunełem), odsunął (*wym.* odsunoł), odsunęła (*wym.* odsunela), odsunęliśmy (*wym.* odsuneliśmy, p. akcent § 1a i 2) — **odsuwać** *ndk I,* odsuwaliśmy: Odsunąć krzesło. Odsunąć kogoś z drogi, z przejścia. Odsunął zasłonę. Odsunął drzwi przedziału (w wagonie kolejowym). □ O. kogo, co — od kogo, od czego: Odsunąć szafę od ściany. △ *przen.* Dyrektor odsunął swego zastępcę od udziału w ważnych decyzjach. Odsuwać od siebie przykre myśli. Odsunąć kogoś od władzy.

odsyłacz *m II, lm D.* odsyłaczy «znak graficzny odsyłający do przypisu opatrzonego takim samym znakiem; także przypis»: Dać w tekście odsyłacz do przypisu u dołu strony. Wyjaśnić coś w odsyłaczu.

odsyłać p. odesłać.

odsypiać p. odespać.

odszczekać *dk I,* odszczekaliśmy (p. akcent § 1a i 2); **odszczeknąć** *dk Va,* odszczeknął (*wym.* odszczeknoł), odszczeknęła (*wym.* odszczeknela), odszczeknąłby (*wym.* odszczeknołby, p. akcent § 4c) — **odszczekiwać** *ndk VIIIb,* odszczekiwałby: Zapiały koguty, pies im odszczekał (odszczeknął). △ *przen., posp.* **a)** tylko: odszczekać — odszczekiwać «odwołać (plotkę, oszczerstwo)»: Odszczekaj, coś na mnie naszczekał. **b)** tylko: odszczeknąć — odszczekiwać «niegrzecznie odpowiedzieć»: Odszczeknął coś ojcu i wybiegł.
odszczeknąć się — odszczekiwać się *posp.* «niegrzecznie odpowiedzieć»: Jeszcze się odszczekujesz?

odszczepieniec (*nie*: odczepieniec) *m II, W.* odszczepieńcze, *lm M.* odszczepieńcy: Odszczepieniec od tradycji narodowej.

odszczurzanie *n I, blm*; in. deratyzacja.

odszkodowanie *n I, lm D.* odszkodowań: Odszkodowania wojenne. Otrzymać, wypłacić, zapłacić odszkodowanie. Dochodzić odszkodowania. □ O. za co: Odszkodowanie za straty, za uszkodzony samochód, za doznaną krzywdę.

odszukać *dk I,* odszukaliśmy (p. akcent § 1a i 2) — **odszukiwać** *ndk VIIIb,* odszukuję (*nie*: odszukiwuję, odszukiwam), odszukiwaliśmy □ O. kogo, co (*nie*: kogo, czego): Odszukać zgubę, zagubione papiery. || U Pol. (2), 322.

odśrubować (*nie*: odszrubować) *dk IV,* odśrubowaliśmy (p. akcent § 1a i 2) — **odśrubowywać** (*nie*: odszrubowywać) *ndk VIIIa,* odśrubowuję (*nie*: odśrubowywuję, odśrubowywam), odśrubowywaliśmy □ O. co — od czego: Odśrubował nogę od blatu stołu.

odświeżyć *dk VIb,* odświeżymy, odświeżyliśmy (p. akcent § 1a i 2) — **odświeżać** *ndk I,* odświeżaliśmy: Odświeżyć meble, ubranie, pieczywo. Odświeżył twarz zimną wodą. △ *przen.* Odświeżyć w pamięci wspomnienia.

odtajać (*nie*: odtajeć) *dk IX,* odtaję (*nie*: odtajam), odtajaliśmy (p. akcent § 1a i 2), odtajały: Trudno było iść po odtajałej ziemi. Śnieg odtajał. Odtajały zmarznięte ręce.

odtańczyć *dk VIb,* odtańczymy, odtańczyliśmy (p. akcent § 1a i 2); *przestarz., reg.* **odtańcować** *ndk IV,* odtańcowaliśmy: Odtańczyć walca.

odtąd 1. «od tej chwili»: Poszedłem do nich w święta i odtąd bywałem tam stale. Obiecywał, że odtąd wszystko się zmieni. **2.** «od tego miejsca»: Droga biegła odtąd prosto. Trzeba zmierzyć długość odtąd — dotąd.

odtłuścić *dk VIa,* odtłuszczę, odtłuścimy, odtłuściliśmy (p. akcent § 1a i 2) — **odtłuszczać** *ndk I,* odtłuszczaliśmy: Mleko odtłuszczone. △ Dieta, kuracja odtłuszczająca, *częściej*: dieta, kuracja odchudzająca «dieta, kuracja stosowana w celu schudnięcia»

odtrącić *dk VIa,* odtrącę, odtrącimy, odtrąciliśmy (p. akcent § 1a i 2) — **odtrącać** *ndk I,* odtrącaliśmy □ O. kogo (od kogo, czego) «odepchnąć, odsunąć»: Odtrącił go gwałtownie od siebie. Odtrąciła podaną jej książkę. △ *przen.* Odtrącał od siebie natrętne myśli. □ O. co — komu — z czego «potrącić, odliczyć coś komuś z czegoś»: Odtrącić komuś zaliczkę z pensji. △ w zn. «odtłuc coś od czegoś» — *częściej dk*: Odtrącić ucho od dzbanka.

odtrutka *ż III, lm D.* odtrutek; in. antidotum □ O. przeciw czemu a. na co: Odtrutka przeciw truciźnie (na truciznę). △ *przen.* Taki spacer, to odtrutka na przemęczenie.

odtworzyć *dk VIb,* odtwórz, odtworzyliśmy (p. akcent § 1a i 2) — **odtwarzać** *ndk I,* odtwarzaliśmy: Odtworzyć uszkodzony rękopis, zgubiony projekt. Odtwarzał w myśli tę rozmowę. □ O. co — z czego: Z zachowanych dokumentów odtworzono bieg wypadków.

odtwórca *m odm. jak ż II, lm M.* odtwórcy, *DB.* odtwórców: Odtwórca roli Hamleta.

oduczyć *dk VIb,* oduczymy, oduczyliśmy (p. akcent § 1a i 2) — **oduczać** *ndk I,* oduczaliśmy □ O. kogo — czego a. od czego: Oduczyć kogoś palenia (od palenia). □ O. kogo + bezokol.: Trudno było to dziecko oduczyć kłamać.

odumrzeć *dk XI,* odumrę, odumrze, odumrzyj, odumarł, odumarłby (p. akcent § 4c) — **odumierać** *ndk I,* odumierałby *wych. z użycia* «umarłszy pozostawić (kogoś)» □ O. kogo: Matka ją wcześnie odumarła.

odurzenie *n I,* zwykle *blm*: Robić coś jak w odurzeniu. □ O. czym: Odurzenie winem, narkotykami.

odurzyć *dk VIb,* odurzymy, odurzyliśmy (p. akcent § 1a i 2) — **odurzać** *ndk I,* odurzaliśmy: Środki, leki odurzające. Odurzyło go świeże powietrze. △ *przen.* Odurzony szczęściem.

odwadniać p. odwodnić.

odwaga *ż III,* zwykle *blm*: Mieć odwagę. Odznaczać się odwagą. Uzbroić się w odwagę. Zdobyć się na odwagę. □ O. czego (gdy się wymienia czynności, na które się ktoś odważa): Odwaga mówienia prawdy. □ O. do czego (gdy się wymienia sprawy, rzeczy, których urzeczywistnienie wymaga odwagi): Do przeciwstawiania się silniejszym potrzeba odwagi. *Ale*: Do tego potrzeba odwagi (a. na to potrzeba odwagi) □ *rzad.* O. wobec kogo (gdy się wymienia osoby, w stosunku do których ktoś przejawia odwagę): Zabrakło mu wobec niego odwagi.

odwapniać *ndk I,* odwapniałby (p. akcent § 4c) — **odwapnić** *dk VIa,* odwapniłby, zwykle z podmiotem *nieos.,* najczęściej w imiesł. biernym: Odwapnione kości.

odważyć *dk VIb,* odważyliśmy (p. akcent § 1a i 2) — **odważać** *ndk I,* odważaliśmy: Odważyć mąkę, kilo cukru.

odważyć się — odważać się □ O. + bezokol.: Nie odważył się podejść do nauczyciela i prosić go o wyjaśnienie. □ O. się na co: Odważył się na skok ze spadochronem.

odwet m IV, D. odwetu: Pałać żądzą odwetu. Wziąć, brać na kimś odwet. □ O. za co: Odwet za doznane krzywdy.

odwetowiec m II, D. odwetowca, lm M. odwetowcy, W. odwetowcu «ten, kto dąży do odwetu, bierze udział w akcjach odwetowych.

odwiatrowy p. odwietrzny.

odwidzieć się (nie: odwidzić się) dk VIIa, pot. zwykle w zwrocie: Odwidziało się (komuś) «komuś coś się przestało podobać»: Bardzo jej się podobał ten sweter, ale później jakoś jej się odwidziało.

odwieczerz ż a. m, tylko w M. i B., blm, wych. z użycia, zwykle w wyrażeniu: Na odwieczerz «pod wieczór, przed wieczorem»

odwiedzić dk VIa, odwiedzę, odwiedzimy, odwiedź, odwiedziliśmy (p. akcent § 1a i 2) — **odwiedzać** ndk I, odwiedzaliśmy: Odwiedzić chorego, sąsiadów. Odwiedzić swoje strony rodzinne.

odwiedziny blp, D. odwiedzin △ Być w odwiedzinach u kogoś. Przyjechać, wybrać się w odwiedziny, rzad. z odwiedzinami do kogoś. Zapowiedzieć (swoje) odwiedziny.

odwieść dk XI, odwiodę, odwiedzie, odwiódł, odwiodła, odwiedliśmy (p. akcent § 1a i 2), odwiedziony, odwiedzeni — **odwodzić** ndk VIa, odwodzę, odwódź, odwodziliśmy, odwodzony □ O. kogo — od czego: Próbował ją odwieść od nierozsądnych zamiarów.

odwietrzny, rzad. **odwiatrowy**, lepiej: zawietrzny.

odwieźć dk XI, odwiozę (nie: odwiezę), odwiezie, odwiózł, odwiozła (nie: odwiezła), odwieźliśmy (p. akcent § 1a i 2), odwieziony, odwiezieni — **odwozić** ndk VIa, odwożę, odwoź, odwoziliśmy: Chorego odwieziono do szpitala. Odwiózł jego bagaż na dworzec.

odwlec dk XI, odwlokę, rzad. odwlekę; odwlecze, odwlokła, rzad. odwlekła; odwlekliśmy (p. akcent § 1a i 2), odwleczony — **odwlekać** ndk I, odwlekaliśmy 1. «odciągnąć»: Odwlókł deski na bok. 2. «przesunąć w czasie, opóźnić, odroczyć»: Odwlekać wyjazd, termin ślubu.

odwłok m III, lm D. odwłoków «tylny odcinek ciała stawonogów»

odwłoka ż III, blm, tylko w przestarz. zwrocie: Pójść w odwłokę «odwlec, opóźnić się»

odwodnić dk VIa, odwodnij, odwodniliśmy (p. akcent § 1a i 2) — **odwadniać**, rzad. **odwodniać** ndk I, odwadnialiśmy (odwodnialiśmy): Rowy odwadniające. Odwodnić spirytus. Odwodniony organizm.

odwodzić p. odwieść.

odwołać dk I, odwołaliśmy (p. akcent § 1a i 2) — **odwoływać** ndk VIIIa, odwołuję (nie: odwoływuję), odwoływaliśmy: 1. «wywołać kogoś (z towarzystwa), przywołać»: Odwołać kogoś na bok, na stronę. 2. «usunąć ze stanowiska»: Dyrektora odwołano ze stanowiska. Nasz rząd odwołał swego ambasadora w tym kraju. 3. «unieważnić, ogłosić, że coś jest fałszywe, że coś się nie odbędzie, że coś przestało obowiązywać»: Odwołać alarm. Odwołać wykłady, przedstawienie. Świadek odwołał swoje zeznania.

odwołać się — odwoływać się □ O. się do czego, do kogo: Odwoływać się do czyjejś szlachetności, do czyjegoś rozumu. Odwoływano się do niego jako do powagi naukowej. □ O. się od czego (nie: przeciw czemu): Odwołać się od wyroku sądu (nie: przeciw wyrokowi sądu). □ niepoprawne O. się na co, np. Odwołać się (zamiast: powołać się) na czyjeś zdanie.

odwołanie n I: Wnieść, złożyć, rozpatrzyć odwołanie. Nakazać coś robić aż do odwołania. □ O. od czego (nie: przeciw czemu): Odwołanie od orzeczenia (nie: przeciw orzeczeniu) sądu.

odwozić p. odwieźć.

odwracać p. odwrócić.

odwrotnie «przeciwnie, inaczej; rzad. na wspak»: Stosunek odwrotnie proporcjonalny. Prosiłem go, żeby to zrobił w ten sposób, a on zrobił odwrotnie. △ niepoprawne w zn. «natychmiast po otrzymaniu polecenia, zaraz»: Proszę to odwrotnie (zamiast: natychmiast) załatwić. || D Kult. II, 77.

odwrotny: Odwrotna strona materiału, weksla. Napisać coś na odwrotnej stronie (na odwrocie) kartki. Odwrotny skutek (do zamierzonego). Zjawisko odwrotne (do jakiegoś) △ Odwrotna strona medalu «inna (ujemna) strona jakiejś sprawy»: △ Przesłać odpowiedź, przesyłkę odwrotną pocztą «przesłać odpowiedź, przesyłkę szybko, niezwłocznie»: Odpowiedź proszę przesłać odwrotną pocztą (nie: proszę o odwrotną odpowiedź). || D Kult. II, 77.

odwrócić dk VIa, odwrócimy, odwróciliśmy (p. akcent § 1a i 2) — **odwracać** ndk I, odwracaliśmy: Odwrócić kartkę książki. Odwrócić siano na drugą stronę. Odwrócić coś do góry nogami. □ O. kogo co — od kogo, czego: Odwrócić od niego oczy. △ przen. Nie umiał odwrócić od siebie nieszczęścia. □ O. kogo, co — do kogo, czego: Odwrócił do mnie twarz. △ pot. Odwracać kota ogonem «przedstawiać sprawę w sposób wykrętny»

odwrót m IV, D. odwrotu: Odwrót armii, oddziału. Zmusić kogoś do odwrotu. Trąbić do odwrotu (na odwrót). △ Być w odwrocie «cofać się»: Dywizja od kilku dni była w odwrocie. △ Na odwrocie (nie: na odwrociu) czegoś «na odwrotnej stronie czego»: Na odwrocie koperty nie było nadawcy.
na odwrót «odwrotnie, w odwrotnym kierunku, przeciwnie»: Nie spodziewał się tak chłodnego przyjęcia, na odwrót, sądził, że przyjmą go z otwartymi ramionami. Do tramwaju należy wsiadać tylnym pomostem i wysiadać przednim, a nie na odwrót. || D Kult. II, 392.

odwyknąć dk Vc, odwykł a. odwyknął (wym. odwyknoł), odwykła, odwykliśmy a. odwyknęliśmy (wym. odwykneliśmy, p. akcent § 1a i 2), odwyknąwszy a. odwykłszy — **odwykać** ndk I, odwykaliśmy □ O. od kogo, od czego: Odwykł od ludzi. Odwykli od pracy.

odwzajemnić

odwzajemnić *dk VIa,* odwzajemnij, odwzajemniliśmy (p. akcent § 1a i 2) — **odwzajemniać** *ndk I,* odwzajemnialiśmy: Odwzajemnić uśmiech, serdeczne uściski. Odwzajemnić czyjeś uczucia. Odwzajemniona miłość.

odwzajemnić się — **odwzajemniać się** □ O. się komu — czym — za co: Za tyle życzliwości i dobroci nie mogła się jej niczym odwzajemnić.

odymać p. odąć.

Odyseja (*nie:* Odysseja) *ż I, DCMs.* Odysei, *B.* Odyseję **1.** «poemat starogrecki»: Przekład Odysei. **2.** odyseja, *lm D.* odysei «wędrówka obfitująca w przygody»: Wielka odyseja Polaków podczas ostatniej wojny.

Odyseusz (*nie:* Odysseusz) *m II; rzad.* **Odys** *m IV,* a. **Odysej** *m I.*

odzew (*wym.* od-zew) *m IV, D.* odzewu (*nie:* odezwu): Wymienić, podać hasło i odzew. △ *przen.* Coś budzi odzew. Hasło odbudowy stolicy znalazło odzew w całym kraju.

odziać *dk Xb,* odziej, odziali, *reg.* odzieli; odzialiśmy, *reg.* odzieliśmy (p. akcent § 1a i 2) — **odziewać** *ndk I,* odziewaliśmy *wych. z użycia* «ubrać»: Odziany był po wojskowemu. □ O. kogo w co, *przestarz.* czym: Odziano go w przydługi płaszcz. Odziany był aksamitnym płaszczem.

odziedziczyć (*nie:* oddziedziczyć) *dk VIb,* odziedziczyliśmy (p. akcent § 1a i 2) — *rzad.* **odziedziczać** *ndk I,* odziedziczaliśmy □ O. co po kim, po czym (*nie:* od kogo): Odziedziczyć majątek po rodzicach. △ *przen.* Wzrost i figurę odziedziczyła po matce.

odziemek p. odziomek.

odzienie *n I wych. z użycia* «ubranie, odzież»: Letnie, zimowe, świąteczne, wierzchnie odzienie.

odzierać p. odrzeć.

odziewać p. odziać.

odzież *ż VI, blm* w języku *pot. częściej:* ubranie: Nosić ciepłą odzież. Włożyć na siebie jakąś odzież. Ubierał się w jego odzież (*nie:* ubierał jego odzież). Fabryka, produkcja odzieży.

odziomek (*wym.* od-ziomek), *rzad.* **odziemek** (*wym.* od-ziemek) *m III, D.* odziomka (odziemka) △ w zn. «pień po ściętym drzewie» — także: pniak.

odzipnąć (*wym.* od-zipnąć) *dk Va,* odzipnąłem (*wym.* odzipnołem; *nie:* odzipnełem, odzipłem), odzipnął (*wym.* odzipnoł), odzipnęła (*wym.* odzipnęła; *nie:* odzipła), odzipnęliśmy (*wym.* odzipneliśmy; *nie:* odzipliśmy; p. akcent § 1a i 2) *pot.* «odetchnąć, wytchnąć, odpocząć»

odznaczenie (*wym.* od-znaczenie) *n I:* Wysokie odznaczenie. Odznaczenie wojskowe, państwowe. Dostać, otrzymać, wręczyć odznaczenie. Ukończyć szkołę z odznaczeniem.

odznaczyć (*wym.* od-znaczyć) *dk VIb,* odznaczymy, odznaczyliśmy (p. akcent § 1a i 2) — **odznaczać** (*wym.* od-znaczać) *ndk I,* odznaczaliśmy **1.** «przyznać odznaczenie, order» □ O. kogo, co (za co) czym: Został odznaczony Krzyżem Walecznych. Odznaczyć kogoś za zasługi, za waleczność. **2.** *rzad.* częściej *ndk* «znacząc oddzielić» □ O. co od czego: Miedze odznaczały jedno pole od drugiego.

odznaczyć się — **odznaczać się 1.** częściej *dk* «wyróżnić się, wsławić się, wybić się» □ O. się czym: Odznaczyć się odwagą, męstwem. □ O. się w czym: Odznaczyć się w boju. Odznaczył się w rzucaniu dyskiem. **2.** tylko *ndk* «wykazywać pewne cechy (dodatnie)» □ O. się czym: Odznaczać się urodą, zdolnościami, zaletami charakteru. Wnętrze domu odznaczało się czystością.

odznaka (*wym.* od-znaka) *ż III:* Odznaka harcerska, sportowa. Odznaka Przodownika Pracy. Dostać, otrzymać, zdobyć odznakę. □ O. za co: Odznaka za osiągnięcia (na jakimś polu), za zasługi, za długoletnią, sumienną pracę. Odznaka za wierną służbę (*nie:* odznaka wiernej służby).

odzwierciedlić, *rzad.* **odzwierciadlić** (*wym.* od-zwierciedlić, od-zwierciadlić) *dk VIa,* odzwierciedliliśmy, odzwierciadliliśmy (p. akcent § 1a i 2) — **odzwierciedlać**, *rzad.* **odzwierciadlać** *ndk I,* odzwierciedlaliśmy, odzwierciadlaliśmy *książk.* «odbić, ukazać jak w zwierciadle»: Tafla jeziora odzwierciadlała obłoki. △ *przen.* Utwór odzwierciedlał obyczaje epoki. **odzwierciedlić się**, *rzad.* **odzwierciadlić się** — **odzwierciedlać się**, *rzad.* **odzwierciadlać się** □ O. się w czym: W jeziorze odzwierciedlają (odzwierciadlają) się białe obłoki. △ *przen.* W tej książce odzwierciedla (odzwierciadla) się cała epoka historyczna.

odzwyczaić (*wym.* od-zwyczaić) *dk VIa,* odzwyczaję, odzwyczaimy, odzwyczaj, odzwyczailiśmy (p. akcent § 1a i 2) — **odzwyczajać** (*wym.* od-zwyczajać) *ndk I,* odzwyczajaliśmy □ O. od czego: Odzwyczaić dziecko od smoczka.

odzysk (*wym.* od-zysk) *m III, D.* odzysku; *lepiej:* odzyskanie, odzyskiwanie, np. Odzysk (*lepiej:* odzyskiwanie) cegły z gruzów.

odzyskać (*wym.* od-zyskać) *dk I,* odzyskaliśmy (p. akcent § 1a i 2) — **odzyskiwać** (*wym.* od-zyskiwać) *ndk VIIIb,* odzyskuję (*nie:* odzyskiwam), odzyskiwaliśmy: Odzyskać przytomność. □ O. co od kogo, od czego (*nie:* na kim, na czym): Odzyskać od złodzieja skradzione pieniądze. △ *niepoprawne* (pleonazm): Odzyskać z powrotem (*zamiast:* odzyskać).

odzywać się p. odezwać się.

odźwierny *m odm. jak przym. wych. z użycia, książk.* «portier» Odźwierny pilnował wejścia.

odżałować (*wym.* od-żałować) *dk IV,* odżałowaliśmy (p. akcent § 1a i 2) □ O. kogo, co «przestać żałować; przeboleć»: Odżałować stratę. □ O. że... (często w konstrukcjach zaprzeczonych): Nie mógł odżałować, że nie skorzystał z tej świetnej okazji. □ O. (*nie:* pożałować) czego — na co «zdecydować się na coś mimo wydatku»: Odżałowali pieniędzy na ten cel.

odżałować się *rzad.* (tylko z przeczeniem): Nie mógł się odżałować tego wydatku.

odżegnać się (*wym.* od-żegnać się) *dk I,* odżegnaliśmy się (p. akcent § 1a i 2) — **odżegnywać się** (*wym.* od-żegnywać się) *ndk VIIIa,* odżegnuję się (*nie:* odżegnywuję się), odżegnywaliśmy się □ O. się od kogo, od czego «wyprzeć się związków, z kimś, z czymś, wyrzec się kogoś, czegoś»: Odżegnać się od uczestnictwa w czymś.

odżyć (*wym.* od-żyć) *dk Xa*, odżyliśmy (p. akcent § 1a i 2), odżyły (*nie*: odżyty) — **odżywać** (*wym.* od--żywać) *ndk I*, odżywaliśmy.

odżywiać (*wym.* od-żywiać) *ndk I*, odżywialiśmy (p. akcent § 1a i 2) — **odżywić** (*wym.* od-żywić) *dk VIa*, odżywię, odżyw, odżywiliśmy: Odżywić wygłodzone dziecko. Sztuczne odżywianie.

oenerowiec, oenerowski p. ONR.

oenzetowiec, oenzetowski p. ONZ.

ofensor (*nie*: ofenzor) *m IV*, *lm M.* ofensorzy *sport.*, *lepiej*: napastnik.

ofensywa (*nie*: ofenzywa) *ż IV*: Ruszyła ofensywa armii sprzymierzonych. □ O. na co: Ofensywa na miasto.

oferma *m* a. *ż* odm. jak *ż IV*, *M.* ten a. ta oferma (także o mężczyznach), *lm M.* te ofermy, *D.* ofermów (tylko o mężczyznach) a. oferm, *B.* ofermów (tylko o mężczyznach) a. te ofermy *pot.*, *lekcew.* «niedołęga, niezdara»

oferta *ż IV*: Złożyć ofertę. □ O. na co: Oferta na dostawy dla armii.

Offenbach (*wym.* Offenbach) *m III*, *D.* Offenbacha (p. akcent § 7): Operetki Offenbacha.

offset *m IV*, *D.* offsetu, *blm.*

ofiara *ż IV*, *CMs.* ofierze (*nie*: ofiarze), *lm D.* ofiar 1. «dar»: Składać komuś ofiary. □ O. na kogo, na co: Ofiara na szkoły, na sieroty po poległych. □ O. czego a. z czego: Ofiara czyjegoś życia a. z czyjegoś życia. △ Składać coś na ofiarę a. w ofierze «ofiarowywać» 2. «osoba ulegająca czyjejś przemocy, bezbronna wobec kogoś, czegoś» □ O. kogo, czego: Ofiara wojny. To ofiara tego zbrodniarza. △ Katastrofa spowodowała wiele ofiar w ludziach. △ Paść ofiarą kogoś, czegoś «zginąć, zniszczeć z czyjejś winy a. wskutek czegoś»: Padł ofiarą szantażu.

ofiarność *ż V*, *blm*: Ofiarność społeczeństwa, pracowników stoczni, lekarzy. □ O. na co: Ofiarność na cele pokojowe. □ O. dla kogo, czego: Ofiarność dla kraju.

ofiarodawca *m* odm. jak *ż II*, *lm M.* ofiarodawcy, *DB.* ofiarodawców.

ofiarować *dk*, *rzad. ndk IV*, ofiaruję, ofiarowaliśmy (p. akcent § 1a i 2) — **ofiarowywać** *ndk VIIIa*, ofiarowuję (*nie*: ofiarowywuję, ofiarowywam), ofiarowywaliśmy □ O. co (komu) na co: Ofiarować pieniądze na jakiś cel. Ofiaruję (ofiarowuję) ci to na pamiątkę.
ofiarować się — **ofiarowywać się** □ O. się komu — z czym: Ofiarował mi się z pomocą. // KJP 434.

oficer (*wym.* oficer, *nie*: oficer) *m IV*, *lm M.* oficerowie, *rzad.* oficerzy: Oficer sztabowy.

oficerki *blp*, *D.* oficerek *pot.*, *wych. z użycia* «buty z wysokimi, sztywnymi cholewami»: Nosił zgrabne oficerki.

oficjalista *m* odm. jak *ż IV*, *lm M.* oficjaliści, *DB.* oficjalistów *przestarz.* a) «zarządca w majątku ziemskim» b) «urzędnik» // D Kult. II, 243.

oficjał *m IV*, *lm M.* oficjałowie 1. «w Kościele katolickim: duchowny urzędnik przy biskupie» 2. *hist.* «urzędnik w zaborze austriackim, także w starożytnym Rzymie»

oftalmika (*wym.* oftalmika, *nie*: oftalmika, p. akcent § 1c) *ż III*, *blm*; a. **oftalmologia** *ż I*, *DCMs.* oftalmologii, *blm*; *częściej*: okulistyka.

ogałacać p. ogołocić.

oganiać *ndk I*, oganialiśmy (p. akcent § 1a i 2) — *rzad.* **ognać** *dk I*, ognaliśmy □ O. co — z kogo, z czego: Oganiała gałązką muchy z twarzy śpiącego dziecka. □ O. kogo, co — od czego: Oganiać krowy od much.
oganiać się — *rzad.* **ognać się** □ O. się przed kim, przed czym, od kogo, czego: Włóczęga kijem oganiał się przed psami. Oganiać się od much.

ogarnąć *dk Va*, ogarnij, ogarnąłem (*wym.* ogarnołem; *nie*: ogarnełem), ogarnął (*wym.* ogarnoł), ogarnęła (*wym.* ogarneła), ogarnęliśmy (*wym.* ogarneliśmy, p. akcent § 1a i 2) — **ogarniać** *ndk I*, ogarnialiśmy 1. «objąć, otoczyć» □ O. kogo, co — czym: Ogarnąć kogoś ramionami. Jednym spojrzeniem ogarnęła całe zebrane w pokoju towarzystwo. △ *przen.* Ogarnąć coś myślą, pamięcią. Pożar ogarnął całą wieś. □ Coś ogarnia kogo (*nie*: kim): Ogarnęła go radość. 2. *pot.* (częściej *dk*) «uporządkować»: Zanim wyjdę, muszę jeszcze trochę ogarnąć mój pokój.

ogieniek a. **ogienek** *m III*, *D.* ogieńka (ogienka).

ogień *m I*, *D.* ognia: Ogień płonie, trzaska. Buchać, płonąć, gorzeć ogniem. Krzesać ogień a. skrzesać ognia. △ Dać, podać komuś ogień (ognia) «podsunąć komuś zapaloną zapałkę, zapalniczkę, żeby zapalił papierosa» △ Dać ognia «wystrzelić»: Dano ognia ze wszystkich dział. △ Rozpocząć (*nie*: otworzyć) ogień «zacząć strzelać» △ Kierować (*nie*: prowadzić) ogień przeciw komuś, czemuś «ostrzeliwać kogoś, coś» △ Zaprzestanie (*nie*: zawieszenie) ognia. □ *przen.* O. czego: Ogień wojny, dyskusji.

ogier *m IV*, *D.* ogiera.

oglądacz *m II*, *lm D.* oglądaczy, *rzad.* oglądaczów *środ.* «człowiek uprawniony do badania mięsa przeznaczonego do spożycia» // D Kult. II, 398.

oglądać p. obejrzeć.

oglądnąć *dk Va*, oglądnij, oglądnąłem (*wym.* oglądnołem; *nie*: oglądnełem, oglądłem), oglądnął (*wym.* oglądnoł), oglądnęła (*wym.* oglądneła; *nie*: oglądła), oglądnęliśmy (*wym.* oglądneliśmy, p. akcent § 1a i 2) *reg.* «obejrzeć» // D Kult. I, 542; D Kryt. 65; U Pol. (2), 38.

oględny *st. w.* oględniejszy a. bardziej oględny «liczący się z kimś, z czymś; powściągliwy, umiarkowany»: Powiedzieć o czymś w oględny sposób, w oględnych słowach. □ O. w czym: Był oględny w słowach. □ O. w stosunku do kogo, czego. // KJP 443.

ogłosić *dk VIa*, ogłosiliśmy (p. akcent § 1a i 2) — **ogłaszać** *ndk I*, ogłaszaliśmy □ O. co (*nie*: o czym) «zapowiedzieć, obwieścić»: Ogłosić alarm. Sąd ogłasza wyrok. □ O. kogo, co — kim, czym «obwołać; mianować»: Ogłosić kogoś królem, wodzem, przywódcą. □ O. kogo, co — za kogo, za co «uznać za kogoś, za coś i podać to do publicznej wiadomości»: Ogłoszono go za zmarłego (*nie*: ogłoszono go zmarłym). // *KP Pras*.

ogłoszenie *n I*: Ogłoszenie zaręczyn. Dział ogłoszeń w gazecie. Dać ogłoszenie do gazet o zgubieniu legitymacji.

ogłuchnąć *dk Vc, rzad. Va*, ogłuchłem, ogłuchł, *rzad*. ogłuchnął (*wym*. ogłuchnoł); ogłuchła, ogłuchliśmy (p. akcent § 1a i 2), ogłuchły (*nie*: ogłuchnięty): Ogłuchnąć na jedno ucho. Prawie ogłuchły od przeraźliwego ryku syren.

ogłupiać *ndk I*, ogłupialiśmy (p. akcent § 1a i 2) — **ogłupić** *dk VIa*, ogłupię, ogłupiliśmy: Bezmyślna praca ogłupia. □ *rzad*. O. kogo, co — czym: Nauczyciel ogłupiał dzieci poleceniem uczenia się na pamięć niezrozumiałych dla nich tekstów.

ogłupiały imiesł. przeszły od czas. ogłupieć. **ogłupiały** *m-os.* ogłupiali, w użyciu przymiotnikowym: Ogłupiałe psy biegały w kółko.

ogłupieć *dk III*, ogłupieliśmy (p. akcent § 1a i 2): Ogłupiał ze szczętem. □ O. z czego: Ogłupiały ze zmęczenia, ze zdenerwowania.

ogn. «skrót wyrazu: *ogniomistrz*, pisany z kropką, stawiany zwykle przed nazwiskiem lub przed imieniem i nazwiskiem, czytany jako cały, odmieniany wyraz»: Rozkaz ogn. (*czyt*. ogniomistrza) Tabora. △ St. ogn. «starszy ogniomistrz (tj. szef baterii)»: Meldunek st. ogn. Piotra Jaskólskiego.

ognać p. oganiać.

ognić *dk Xb*, ognije, **ogniłby** (p. akcent § 4c), ogniły (*nie*: ognity) — **ogniwać** *ndk I*, ogniwałby: Mięso po wierzchu ogniło.

ognić się *ndk VIa*, ogniłby się (p. akcent § 4c) — **zaognić się** *dk* «o ranie, wrzodzie itp.: nie goić się, jątrzyć się»: Pod brudnym bandażem rana się zaogniła. Wrzód przestał się ognić.

ogniomistrz (skrót: ogn.) *m II, lm M*. ogniomistrze (*nie*: ogniomistrzowie).

ognioodporny a. **ogniotrwały**: Tkanina ognioodporna. Kasa ogniotrwała. Cegły ognioodporne (ogniotrwałe).

ogniowy «związany z ogniem, z paleniem się»: Sygnalizacja ogniowa. △ Straż ogniowa (a. pożarna).

ognipiór (*nie*: ogniopiór) *m IV, D*. ognipióru, *blm*: Dziecko chore na ognipiór.

ogniskować *ndk IV*, ogniskowaliśmy (p. akcent § 1a i 2) — **zogniskować** *dk* «koncentrować, skupiać, ześrodkowywać»: Ogniskować promienie. □ O. co — w czym, na czym: Ogniskować na sobie uwagę słuchaczy. Zogniskować wysiłki we wspólnej akcji.

ognisto- «pierwszy człon przymiotników złożonych (pisany łącznie)»: **a)** «oznaczający ognisty, czerwony odcień barwy, określanej przez drugą część złożenia», np.: ognistorudy, ognistopomarańczowy. **b)** «oznaczający ognisty, czerwony kolor tego, o czym mówi druga, odrzeczownikowa część złożenia», np. ognistowłosy. **c)** «wskazujący na związek z ogniem lub z wysoką temperaturą tej cechy, którą nazywa druga, przymiotnikowa część złożenia», np. **ognistopłynny** «mający postać rozżarzonej cieczy»

ogniwać p. ognić.

ogolić *dk VIa*, ogól, ogoliliśmy (p. akcent § 1a i 2): Trudno go poznać, odkąd ogolił brodę. Więźniowi ogolono głowę.

ogołocić *dk VIa*, ogołociliśmy (p. akcent § 1a i 2) — **ogołacać** a. **ogałacać** *ndk I*, ogołacaliśmy (ogałacaliśmy) □ O. kogo, co — z czego: Ogołocić kogoś z pieniędzy. Ogołocić dom z zapasów.

ogon *m IV*: Zadrzeć ogon. △ *pot*. Odwracać (wykręcać) kota ogonem «przedstawiać sprawę w sposób wykrętny» △ *rub*. Ruszyć konceptem (*rzad*. rozumem, głową) jak (martwe) cielę ogonem «powiedzieć coś głupiego, niestosownego» △ *rub*. Kulić ogon, brać, chować ogon pod siebie «zachowywać się potulnie, trwożliwie» △ *rub*. Trząść się jak barani ogon «trząść się ze strachu, bardzo się bać» △ *pot*. Chwytać, łapać, trzymać dwie sroki a. kilka srok za ogon «zajmować się dwiema, kilkoma sprawami naraz» △ *pot*. Wlec się w ogonie (czegoś) «nie nadążać za rozwojem jakichś spraw (p. wlec)»

ogonek *m III, D*. ogonka *pot*. «szereg ludzi ustawionych rzędem, czekających na coś; kolejka»: Stać, czekać w ogonku. Ogonek do kasy po bilety (*nie*: za biletami).

ogorzałość *ż V, blm; rzad*. **ogorzelizna** *ż IV, CMs*. ogorzeliźnie, *blm* (*częściej*: opalenizna): Z ogorzałością (ogorzelizną) było mu do twarzy.

ogorzały *st. w*. bardziej ogorzały: Ogorzała cera. □ O. od czego: Ogorzały od słońca i wiatru.

Ogorzały *m* odm. jak przym., *lm M*. Ogorzali, *rzad*. Ogorzałowie.
Ogorzała *ż* odm. jak przym., *rzad*. Ogorzały *ż ndm* — Ogorzałowa (*nie*: Ogorzalina) *ż* odm. jak przym. — Ogorzałówna *ż IV, D*. Ogorzałówny, *CMs*. Ogorzałównie (*nie*: Ogorzałównej), *lm D*. Ogorzałówien.

ogorzelizna p. ogorzałość.

ogólnie *st. w*. ogólniej **1.** «powszechnie»: Był ogólnie znany. **2.** «nieszczegółowo»: Przedstawić sprawę ogólnie, bez zapuszczania się w szczegóły.

ogólno- «pierwszy człon przymiotników złożonych, pisany łącznie, wskazujący na powszechność lub ogólny charakter zjawiska określonego przez drugi człon wyrazu», np. ogólnoeuropejski, ogólnokrajowy, ogólnojęzykoznawczy.

ogólny *st. w*. ogólniejszy a. bardziej ogólny **1.** «dotyczący ogółu (osób); powszechny, publiczny»: Ogólna uwaga, rozmowa. Ogólne zebranie. Dobro ogólne. **2.** «obejmujący całokształt czegoś; całościowy, nieszczegółowy»: Ogólne wrażenie, pojęcie. Ogólny widok. Wykształcenie ogólne. **3.** «całkowity, łączny, zbiorowy, sumaryczny»: Ogólna liczba członków. Ogólna suma długów. △ W tym zn. niepotrzebnie używany bywa wyraz *globalny*, np. globalna (*lepiej*: ogólna) wielkość produkcji.

ogół *m IV, D*. ogółu (*wym*. ogółu a. ogółu), *blm*: Pracować dla dobra ogółu.
ogółem (*wym*. ogółem a. ogółem) «w sumie, w całości, ogólnie»: Ogółem biorąc, uczył się średnio.
na ogół «przeważnie, zazwyczaj»: Na ogół był dla niej dobry.

w ogóle (*wym.* w ogóle a. w ogóle) 1. «ogólnie biorąc, w sumie»: Wszyscy w ogóle, a on w szczególności, kochali to miasto. 2. z przeczeniem «zupełnie, wcale, ani trochę»: Deszcz w ogóle nie padał. || *D Kult. I, 808; D Myśli 63.*

ogórek *m III*, D. ogórka 1. «roślina» Ogórki kiszone (kwaszone). Ogórki konserwowe (*rzad.* konserwowane). 2. (tylko w *lm*) *pot.* «okres zastoju; sezon ogórkowy» || *Pỹ 1968, 344.*

ogórkowy, *rzad.* ogórczany: Zupa ogórkowa. Maseczka ogórkowa (ogórczana). △ Sezon, *rzad.* okres ogórkowy «okres (zwykle letniego) zastoju w pracy, w życiu kulturalnym»: Sztuka nie miała powodzenia, bo ją wystawiono w sezonie ogórkowym.

ograbić *dk VIa*, ograbię, ograb, ograbimy, ograbiliśmy (p. akcent § 1a i 2) — *rzad.* ograbiać *ndk I*, ograbialiśmy 1. «obrabować» □ O. kogo, co — z czego: Ograbiać kogoś z pieniędzy. 2. «zgrabić dokoła»: Starannie ograbili pole wokół sterty.

ograć *dk I*, ograliśmy (p. akcent § 1a i 2) — ogrywać *ndk I*, ogrywaliśmy □ O. kogo — w co — na ile, z czego «grając z kimś (np. w karty) spowodować jego przegraną»: Ogrywał partnerów w pokera. Ograł go na dwieście złotych, ograł go z całego majątku. □ *środ.* O. co «w odniesieniu do instrumentu: grając na nim przez dłuższy czas, udoskonalić go»: Ograne skrzypce. △ Ograne motywy, utwory itp. «motywy, utwory dobrze znane, banalne, takie które już się znudziły»

ogradzać p. ogrodzić.

ograniczenie *n I* 1. «zarządzenie ograniczające swobodę działania; zakaz»: Ograniczenie szybkości w ruchu kołowym. 2. *blm* «brak inteligencji; ograniczoność»: Drażni mnie jego ograniczenie. || *KP Pras.*

ograniczoność *ż V*, *blm* 1. «ograniczony zakres czegoś; szczupłość»: Ograniczoność potrzeb, wymagań. 2. p. ograniczenie (w zn. 2): Ograniczoność umysłowa.

ograniczyć *dk VIb*, ograniczyliśmy (p. akcent § 1a i 2) — ograniczać *ndk I*, ograniczaliśmy □ O. co — czym «otaczać»: Pole ograniczone miedzami. □ O. co — do czego «zredukować»: Ograniczyć potrzeby do minimum. □ O. kogo — w czym «skrępować kogoś w jakimś działaniu»: Ograniczał nas w wydatkach.
ograniczyć się — ograniczać się □ O. się do czego, *przestarz.* na czym (*nie:* czym) «poprzestać na czymś»: Ograniczał się do kilku papierosów dziennie. Twórczość jego nie ograniczyła się do poezji. □ (zwykle *ndk*) O. się w czym (*pot.* też samo: o. się) «oszczędnie zużywać coś»: Ograniczyć się w wydatkach. Węgla na zimę mamy dość, nie musimy się ograniczać.

ogrodnictwo, *rzad.* ogrodownictwo *n III*, *blm*: Zajmować się ogrodnictwem (ogrodownictwem).

ogrodowizna *ż IV*, CMs. ogrodowiźnie 1. «warzywo; roślina ogrodowa»: Uprawa ogrodowizn. 2. *blm* «zbiorowo: warzywa»: Uprawiał ogórki, pomidory i inną ogrodowiznę. Ogród uprawiony pod ogrodowiznę.

ogrodowy w użyciu rzeczownikowym *przestarz.*, *reg.* «ogrodnik»

ogrodzić *dk VIa*, ogrodzę, ogrodzimy, ogrodź a. ogródź, ogrodziliśmy (p. akcent § 1a i 2) — ogradzać *ndk I*, ogradzaliśmy: Ogrodzić podwórze płotem.

ogrojec a. ogrójec *m II*, D. ogrojca (ogrójca) *książk., podn.* «ogród»: Chrystus przed ukrzyżowaniem modlił się w ogrójcu. Ogrojec oliwny.

ogród *m IV*, D. ogrodu: Ogród warzywny, owocowy. Ogród botaniczny, zoologiczny. Iść, wyjść do ogrodu.

ogródka *ż III*, *lm* D. ogródek △ tylko w wyrażeniu: Bez ogródek, *rzad.* bez ogródki «wprost, wręcz»: Wypowiedzieć swój sąd bez ogródek (bez ogródki).

ogrójec p. ogrojec.

ogrywać p. ograć.

ogryzek (*nie:* ta ogryzka) *m III*, D. ogryzka: Ogryzek jabłka a. od jabłka. || *D Kult. II, 399.*

ogrzać *dk Xb*, ogrzali, *reg.* ogrzeli, ogrzaliśmy, *reg.* ogrzeliśmy (p. akcent § 1a i 2) — ogrzewać *ndk I*, ogrzewaliśmy.

ogrzewczy a. ogrzewniczy (*nie:* ogrzewalniczy) «służący do ogrzewania; ogrzewający»: Wagon ogrzewczy. Instalacja ogrzewcza (ogrzewnicza). || *D Kult. II, 399.*

Ohio (*wym.* Ohajo) *n ndm* «rzeka i stan w USA»: Ohio połączone jest kanałami z Wielkimi Jeziorami. Całe Ohio leży w dorzeczu Missisipi. || *D Kryt. 41.*

Ohm (*wym.* Om) *m IV*: Prawo Ohma. *Por.* om.

OHP (*wym.* ohape, p. akcent § 6) *n ndm* (*lp* a. tylko *lm*) «Ochotnicze Hufce Pracy»: OHP skupia (skupiają) dziesiątki tysięcy młodzieży.

ohydny *st. w.* ohydniejszy a. bardziej ohydny: Ohydny zapach, kolor. Ohydna pogoda. Ohydna zbrodnia.

o ile p. ile.

OIRT (*wym.* o-i-er-te, p. akcent § 6) *n* a. *ż ndm* «skrót francuskiej nazwy Międzynarodowej Organizacji Radiofonii i Telewizji»: Należeć do OIRT. Pracować w OIRT. OIRT zwróciła się (zwróciło się) z apelem do swoich członków.

OJA (*wym.* oja) *ż ndm* «Organizacja Jedności Afrykańskiej»: Niepodległe państwa afrykańskie są członkami OJA.

ojciec *m II*, D. ojca, CMs. ojcu, W. ojcze, *lm* M. ojcowie: Rodzony, przybrany ojciec. Ojciec chrzestny. Ojcowie (skrót: oo.) jezuici, karmelici itp. △ *książk., podn.* a. *iron.* Ojcowie miasta «radni miejscy»

ojcostwo (*nie:* ojcowstwo) *n III*, *blm*: Kiedy żona urodziła syna, czuł się dumny ze swojego ojcostwa. || *D Kult. I, 319, 813.*

I ojcowski «odnoszący się do ojca; taki jak u ojca»: Ojcowskie dziedzictwo. Miał ojcowski stosunek do młodszego kolegi.

II ojcowski przym. od Ojców: Skały, wąwozy ojcowskie (*ale:* Ojcowski Park Narodowy).

Ojców *m IV*, *D*. Ojcowa, *C*. Ojcowowi (*ale*: ku Ojcowowi a. ku Ojcowu) «miejscowość» — ojcowianin *m V*, *D*. ojcowianina, *lm M*. ojcowianie, *D*. ojcowian — ojcowianka *ż III*, *D*. ojcowianek — ojcowski (p. II ojcowski).

ojczenasz (*wym*. ojczenasz) *m II pot*. «modlitwa: Ojcze Nasz...»: Zmówić pięć ojczenaszów. △ *Ale ndm*: Zmówić pięć Ojcze Nasz...

ojczym *m IV*, *lm M*. ojczymowie.

ojczysko *m* a. *n* odm. jak *n II*, *M*. to a. ten ojczysko, *lm M*. te ojczyska, *D*. ojczysków *B*. te ojczyska a. tych ojczysków *pouf*. «ojciec»: Ojczysko ratował (ratowało) mnie zawsze z opresji.

ojczyzna *ż IV*, *CMs*. ojczyźnie, zwykle *blm*: Miłość ojczyzny. □ *przen*. O. czego «siedlisko, kolebka czegoś»: Włochy są ojczyzną renesansu. Ojczyzną żubra jest Europa.

ojczyźniany *rzad*. przym. od ojczyzna (mający zazwyczaj zabarwienie ujemne; bez tego zabarwienia w wyrażeniu: Wojna ojczyźniana — o II wojnie światowej na obszarze ZSRR).

ok. «skrót wyrazu: *okolo*, pisany z kropką, czytany jako cały wyraz»: Przedstawienie trwa ok. dwóch godzin.

Oka *ż III* «rzeka w ZSRR»: Miasto nad Oką. Pieśń o Oce.

okalać p. okolić.

okaleczeć *dk III*, okaleczeliśmy (p. akcent § 1a i 2), okaleczały *przestarz*. dziś tylko w imiesł. przeszłym «stać się kaleką, nabawić się kalectwa»: Wrócił z wojny okaleczały. △ *przen*. Okaleczałe pomniki, drzewa.

okaleczyć *dk VIb*, okaleczyliśmy (p. akcent § 1a i 2), okaleczony «być przyczyną czyjegoś kalectwa; zranić»: Pocisk go okaleczył pozbawiając słuchu. △ *przen*. Domy, mury okaleczone pociskami a. przez pociski.

okamgnienie *n I*, *blm*: Milczał tylko przez okamgnienie. △ W okamgnieniu (*ale*: w mgnieniu oka): Zrobiła to w okamgnieniu.

okapi *m ndm*: Okapi objęty jest ochroną.

okaz *m IV*, *D*. okazu (*nie*: okaza): Okazy roślinne. Ten chłopiec to okaz zdrowia.

okazać *dk IX*, okaże, okaż, okazaliśmy (p. akcent § 1a i 2) — **okazywać** *ndk VIIIa*, okazuję (*nie*: okazywuję), okazywaliśmy: Okazać męstwo. Przykro mi, że nie okazałeś mi zaufania. Okazywać wdzięczność. △ *środ*. Okazać pomoc (*lepiej*: pomóc, udzielić pomocy, przyjść z pomocą). △ *niepoprawne*: Okazać (*zamiast*: wyświadczyć) przysługę. Okazać poparcie (*zamiast*: udzielić poparcia, poprzeć).

okazać się — okazywać się □ O. się kim, czym, jakim; okazało się, że ktoś jest... (*nie*: o. się być kim, czym, jakim; o. się jako kto, co): Okazuje się dobrym mężem. Okazało się, że jest jej krewną.

okazały *st. w.* okazalszy a. bardziej okazały **1.** *m-os.* okazali «pokaźny, rosły, dużych rozmiarów, postawny»: Mężczyzna okazałych kształtów. Najokazalszy dąb w puszczy. **2.** «wspaniały, świetny, bogaty; wystawny»: Okazałe przyjęcie. Okazała uroczystość.

△ *niepoprawne* w zn. **a)** «liczny», np. Okazała publiczność; **b)** «bardzo dobry, doskonały», np. Okazały wynik meczu.

okazanie *n I*, *blm* △ Wstęp, wejście itp. za okazaniem biletu, legitymacji itp.

okaziciel *m I*, *lm D*. okazicieli (*nie*: okazicielów): Weksel, kwit itp. na okaziciela.

okazja *ż I*, *DCMs*. i *lm D*. okazji «sposobność»: Okazja zdarza się, nadarza się, trafia się. △ *pot*. Szalona okazja: Kup od sąsiadów telewizor. To szalona okazja, bo sprzedają tanio. □ O. czego, o. + bezokol., o. do czego, o., żeby... (*nie*: dla czego, na co): Rzadko mam okazję posłuchać dobrej muzyki. Nie było okazji, żeby spokojnie porozmawiać. Szukał okazji do spotkania się z nią. Mam dziś okazję pójścia do teatru: koleżanka odstąpiła mi bilet. △ Z okazji czego: Z okazji ślubu dostała piękny prezent. △ Przy okazji: Wstąp do mnie przy okazji. △ Na jakąś okazję: Tę suknię mam na wielkie okazje. △ Przez okazję (wysłać, przysłać coś itp.) «za czyimś pośrednictwem, przy sposobności przez kogoś»: Posłał ten list przez okazję. || *KP Pras; Pȳ 1967, 17*.

okazowy p. pokazowy (w zn. 1): Okazowy przykład niewłaściwego użycia wyrazu. △ Egzemplarz okazowy (książki, czasopisma) «egzemplarz bezpłatny wysyłany przez nakładcę w celach dokumentacyjnych lub propagandowych»

okazywać p. okazać.

okcydentalny *rzad*., *książk*., *lepiej*: zachodni.

Okęcie *n I* «dzielnica Warszawy»: Lotnisko na Okęciu. Jechać na Okęcie. — okęcki.

okiełznać, *przestarz*. **okiełzać** (*nie*: okiełznąć) *dk I*, okiełznaliśmy, okiełzaliśmy (p. akcent § 1a i 2) — **okiełznywać**, *przestarz*. **okiełzywać** *ndk VIIIa*, okiełznuję (okiełzuję), okiełznywaliśmy (okiełzywaliśmy). || *D Kult. I, 542*.

okienko (*nie*: okieńko) *n II*, *lm D*. okienek, *środ*. w zn. «wolna godzina w planie lekcyjnym»

okiść *ż V* (*nie*: ten okiść), *lm M*. okiście, *rzad*. okiści: Drzewa uginały się pod grubą okiścią.

Oklahoma *ż IV* a. (w połączeniu z wyrazem: stan) *ndm* «stan w USA»: Mieszkać w Oklahomie (w stanie Oklahoma).

oklapnąć *dk Va* a. *Vc*, oklapłem a. oklapnąłem (*wym*. oklapnołem; *nie*: oklapnełem); oklapł a. oklapnął (*wym*. oklapnoł); oklapła a. oklapnęła (*wym*. oklapneła); oklapliśmy a. oklapnęliśmy (*wym*. oklapneliśmy, p. akcent § 1a i 2), oklapły a. oklapnięty *pot*. «opaść, zwisnąć» △ *przen*. «zobojętnieć, stracić aktywność, werwę»

oklask *m III*, *D*. oklasku, zwykle w *lm*: Gorące, burzliwe, huczne, rzęsiste oklaski. Bić komuś oklaski. Zerwała się burza oklasków.

oklaskiwać *ndk VIIIb*, oklaskuję (*nie*: oklaskiwam, oklaskiwuję), oklaskiwaliśmy (p. akcent § 1a i 2) — *rzad*. **oklaskać** *dk IX*, *rzad*. *I*, oklaszczę (oklaskam), oklaszcz (oklaskaj), oklaskaliśmy: Widownia gorąco oklaskiwała aktora. Oklaskiwać przemówienie.

okleina *ż IV*, in. fornir.

oklep a. **na oklep** «bez siodła»: Jeździć konno oklep (na oklep).

oklepany *st. w.* bardziej oklepany *pot.* «pospolity, banalny»: Oklepane słowa, frazesy, dowcipy.

okład *m IV, D.* okładu: Położyć okład na chore miejsce. Robić okłady.
z okładem *pot.* «z naddatkiem, więcej niż; przeszło (łączone zwykle z określeniami czasu)»: Dwadzieścia lat z okładem.

okładać *ndk I*, okładaliśmy (p. akcent § 1a i 2) — **obłożyć** *dk VIb*, obłóż, obłożyliśmy □ O. kogo, co — czym: Obłożyć głowę lodem. △ (tylko *ndk*) Okładać kogoś, coś kijem, batem itp. «bić»

okładka *ż III, lm D.* okładek **1.** «oprawa książki, brulionu itp.»: Książki w kolorowych okładkach.
2. p. okładzina.

okładzina *ż IV* **1.** «płyta do okładania (w budownictwie); płyta w kondensatorze; *rzad.* okładka» **2.** «listwa do framug drzwi, okien; obudowa stropu w kopalni»

okłamać *dk IX*, okłamię (*nie*: okłamę), okłamaliśmy (p. akcent § 1a i 2) — **okłamywać** *ndk VIIIa*, okłamuję (*nie*: okłamywuję, okłamywam), okłamywaliśmy.

okno *n III, lm D.* okien: Okno na ulicę, na podwórze a. okno od ulicy, od podwórza. Patrzeć, wyglądać itp. oknem a. przez okno. Wyjrzeć, wychylić się, wypaść oknem, przez okno, z okna, za okno. Zaglądać do okna, w okno, przez okno. Okno wychodzi na coś (np. na ulicę, na podwórze, na ogród).

oko *n II* **1.** *lm M.* oczy, *D.* oczu, *przestarz.* ócz; oczów, *N.* oczami, *rzad.* oczyma «narząd wzroku»: Dwoje, oboje, czworo, sześcioro oczu (*nie*: dwa, oba, cztery oczy, sześć oczu) patrzy, patrzyło (*nie*: patrzą, patrzyły). △ *Ale* w zwrotach: Ślepy na oba oczy. (Mówić itp.) w cztery oczy «we dwie osoby, bez świadków» △ Na czyichś oczach a) *lepiej*: w czyjejś obecności, wobec kogoś»: Działo się to w naszych oczach. **b)** «w sposób jawny, widoczny»: Kłócił się z żoną na oczach sąsiadów. △ W czyichś oczach «według czyjejś opinii»: W jej oczach był to dobry człowiek. △ W oczach «bardzo szybko, z każdą chwilą»: Chory niknął wprost w oczach. △ Za (poza) oczy a. za (poza) oczami (oczyma) «w czyjejś nieobecności; bez czyjejś wiedzy»: Obgadywali go poza oczy. Kpili sobie z nich za oczami. Mówię o tobie zawsze prawdę, w oczy i za oczy. △ *iron.* Dla czyichś pięknych oczu a. na piękne oczy «bezinteresownie; bez pieniędzy»: Czy myślisz, że robi to dla niej na piękne oczy (dla jej pięknych oczu)? △ Stawiać coś komuś przed oczy (*nie*: do oczu) «uświadamiać, uprzytamniać coś komuś»: Stawiał mi ciągle przed oczy swoją trudną sytuację. △ Coś uchodzi czyjegoś oka (*nie*: czyjemuś oku) «ktoś czegoś nie zauważa»: Nic nie ujdzie jego oka. △ *pot.* Coś jest, leży itp. na oczach «coś jest widoczne, jest w zasięgu wzroku» **2.** *lm M.* oka, *D.* ok, *N.* okami «pętla liny; kropla tłuszczu na powierzchni płynu; kamień w pierścionku»: Oka sieci. Nie lubię ok na rosole. || *U Pol. (2)*, 243, 297, 360.

Okocim *m I, D.* Okocimia (*nie*: Okocima), *Ms.* Okocimiu (*nie*: Okocimie) «wieś i osada»: Piwo z Okocimia. — okocimski.

okolica (*wym.* okolica, *lepiej* niż: okolica) *ż II*: Wieś położona w okolicy miasta. Pojechali w okolice Warszawy.

*okoliczniki to części zdania, określenia, oznaczające, w jaki sposób lub w jakich okolicznościach odbywa się jakaś czynność, istnieje jakiś stan lub jakaś właściwość. W związkach zdaniowych, w których okolicznik występuje jako człon podrzędny, członem nadrzędnym bywa najczęściej czasownik, rzadziej przymiotnik, przysłówek, liczebnik lub zaimek (nigdy — rzeczownik).
△ Według znaczenia okoliczniki dzielą się na: **1.** *Okoliczniki miejsca* — odpowiadają one na pytania: gdzie? skąd? dokąd? którędy? Wyraża się je przez: **a)** przysłówki, np.: *Tu i ówdzie* rosła trawa. Szli *tamtędy* przed nami. Był *tam* niedawno.
b) wyrażenia przyimkowe (rzeczownik z przyimkiem), np.: Wyjść *na ulicę*. Dom stał *nad rzeką*.
c) rzeczowniki (w narzędniku) w znaczeniu przysłówkowym, np.: Iść *drogą*. *Miejscami* było błoto.
d) Wyrażenia porównawcze, wypowiedzenia, np.: Głos dochodził niewyraźnie, *jakby zza ściany*. Biało było *jak okiem sięgnąć*. △ Uwaga. Okoliczniki miejsca łączące się z czasownikami: kłaść, stawiać, sadzać, wieszać, umieszczać itp. — wyrażamy rzeczownikiem w miejscowniku (*nie*: w bierniku) z przyimkiem *na*, np.: Postawić świecę na stole (*nie*: na stół).
△ Okolicznik miejsca wskazujący na jakiś teren, miejscowość lub budynek wyrażamy rzeczownikiem w miejscowniku z przyimkiem *w*, np.: we dworze, we wsi, w mieście, w Wilanowie, w Poznaniu; lub *na*, np.: na Mokotowie, na Kleparzu, na Plantach, na wsi, na poczcie, na Mazowszu. Wybór przyimka zależy od różnych czynników, które są omówione pod hasłami: w, na. △ Okolicznik miejsca oznaczający położenie blisko miasta lub góry wyrażamy rzeczownikiem w miejscowniku z przyimkiem *pod*, a położenie blisko rzeki, morza lub jeziora — z przyimkiem *nad*, np.: Otwock pod Warszawą, bitwa pod Monte Cassino, Soczi nad Morzem Czarnym. *Por.* pod, nad.
△ Uwaga. W połączeniu z okolicznikiem miejsca używany jest czasem zaimek *gdzie*, np. Było to w Wilnie, gdzie służyłem w wojsku. △ *Niepoprawne* jest natomiast używanie zaimka *gdzie* zamiast zaimka *który*, np. Rozmowa z profesorem, gdzie (*zamiast*: w której) mi powiedział...
2. *Okoliczniki czasu* — odpowiadają na pytania: kiedy? jak dawno? jak długo? jak często? odkąd? dopóki? Wyraża się je przez: **a)** przysłówki, np.: *Jutro* będzie za późno. *Już* czas spać.
b) wyrażenia przyimkowe, np.: *Od roku* był wdowcem. *W niedzielę* chodzili na spacer. *Przez tyle lat* nie miałem pióra w ręku. Zmarł *w sile wieku*.
c) rzeczowniki (w narzędniku lub dopełniaczu) w znaczeniu przysłówkowym, np.: *Jesienią* dnie są krótkie. Było to *piątego maja*.
d) imiesłowy przysłówkowe, np.: *Skończywszy* lekcje zamknął książki. *Bawiąc się* chwytał piłkę w locie.
e) wypowiedzenia, np.: *Jako dziecko* był bardzo chorowity. *Jak świat światem* nic takiego tu się nie działo.
△ Uwaga. Odpowiadając na pytanie: jak często? — używamy w okoliczniku czasu wyrażenia złożonego z zaimka *co* i rzeczownika w mianowniku, *rzad.* w bierniku (*reg.* i *przestarz.* w dopełniaczu), np.: *Co chwila* wtrącał się do rozmowy. Bywał u nas *co rok (roku)*.
3. *Okoliczniki sposobu* — odpowiadają na pytania:

jak? w jaki sposób? Wśród okoliczników sposobu wy‑
różnia się czasami tzw. *okoliczniki względu*, odpowia‑
dające na pytania: pod jakim względem? ze względu
na co? według czego? na podstawie czego? itp. oraz
tzw. *okoliczniki skutku*, odpowiadające na pytanie:
z jakim skutkiem? Wyraża się je przez: **a)** przysłów‑
ki, np.: Czekać *nadaremnie, bezskutecznie*. Nadepnął
go *niechcący. Organizacyjnie* należycie do nas.
b) wyrażenia przyimkowe, np.: Mówić *przez nos*.
Siedzieć *w milczeniu. Pod względem etycznym* nic mu
nie można zarzucić. *Na podstawie* obliczeń stwier‑
dzono...
c) rzeczowniki (w narzędniku) w znaczeniu przysłów‑
kowym, np.: Mówić *szeptem*. Iść czyimś *śladem*. Pot
lał się z niego *strumieniami*.
d) imiesłowy przysłówkowe, np.: Szedł *kulejąc*. Pa‑
trzył *nie dowierzając* własnym oczom.
e) wyrażenia porównawcze i dopowiadające, np.: Leje
jak z cebra. Biec *niby na skrzydłach*. Fortuna *kołem*
(= jak koło) się toczy. Służył w wojsku *jako oficer
artylerii*. Użył koca *jako okrycia*.
f) (*rzad.*) przymiotniki, zaimki i liczebniki, np.:
Żywy stąd nie wyjdziesz. Został *sam* na świecie.
Wchodzili *jeden po drugim*. △ Uwaga. W zdaniach
dłuższych i złożonych, przysłówkowe okoliczniki spo‑
sobu stawia się zwykle przed wyrazem określanym,
np. Rozważano, jak skutecznie pomóc (*nie*: jak pomóc
skutecznie) pracującym studentom — (nie wiadomo
bowiem wówczas, czy „skutecznie pomóc”, czy „sku‑
tecznie pracującym”).
4. *Okoliczniki stopnia i miary* — odpowiadają na py‑
tania: jak? jak bardzo? ile? o ile? ile razy? w jakim
wymiarze? do jakiego stopnia? Wyraża się je przez:
a) przysłówki, np.: Była *całkiem* miła. *Bardzo* mi się
podobasz. Kup *więcej* chleba. *Stokrotnie* ci to odpłacę.
b) wyrażenia przyimkowe, np.: Dała dzieciom *po
cukierku*. Mieć czegoś *pod dostatkiem*. Zbić coś *na
miazgę*. Tańczyć *do upadłego*. Był wyższy od niej
o głowę (*nie*: na głowę, *ale*: Szeroki *na dwa palce*).
Lepszy *o całe niebo*. Nie odchodź ani *na krok*.
c) rzeczowniki w znaczeniu przysłówkowym, np.:
Bito zwierzęta *setkami*. Ludzie ginęli *masami*.
d) wyrażenia porównawcze, np. Tłumy płynęły *niby*
(a. *jak*) *fala*.
5. *Okoliczniki przyczyny* — odpowiadają na pytania:
dlaczego? z jakiego powodu? z czego? przez co? za
co? Wyraża się je przez: **a)** wyrażenia przyimkowe,
np.: Rozpłakała się *z żalu*. Ceniono go *za talent*. Zro‑
bić coś *przez grzeczność. Wskutek powodzi* zginęły
tysiące ludzi. Zrobiłem to *stosownie do umowy*. Po‑
derwał się *na głos* ojca. Droga była ciężka *z powodu*
zasp. △ Uwaga. Wewnętrzną przyczynę czegoś (np.
uczucie, stan fizjologiczny) wyraża się najczęściej
przyimkiem *z* z dopełniaczem, np.: Schudnąć *ze*
zmartwienia; drżeć *ze strachu, z przejęcia*; śmiać się
z radości; ginąć *z pragnienia, z głodu*. △ Przyczyna
zewnętrzna zaś (np. warunki atmosferyczne, czyn‑
ności, zjawiska występujące w otoczeniu itp.) bywa
zwykle wyrażana przyimkiem *od*, np.: Ogłuchnąć *od*
hałasu; opierzchła *od wiatru*; ochrypnąć *od krzyku*;
było ciemno *od dymu*. △ Przyimek *przez* (wymiennie
z przyimkiem *z*) wiąże się zwykle z nazwami cech,
stanowiących przyczynę jakiejś czynności czy stanu,
np.: Powiedzieć coś *przez grzeczność* (a. z grzecz‑
ności); zrobić coś *przez ciekawość, przez przekorę*
(z ciekawości, z przekory).
6. *Okoliczniki celu* — odpowiadają na pytania: po co?
w jakim celu? Wyraża się je przez: **a)** wyrażenia

przyimkowe, np.: Przyjść *po radę*. Walczyć *dla sławy*.
Oddać dziecko *na wychowanie*. △ Uwaga. Przyimka
po z rzeczownikami w bierniku używamy w funkcji
okolicznika celu wówczas, gdy celem jest przedmiot
pojedynczy lub osiągany w jednym miejscu, np.:
Iść po chleb. Posłać po lekarza (*nie*: za lekarzem).
Stać w kolejce po kawę (*nie*: za kawą). △ Natomiast
przyimka *za* z rzeczownikiem w narzędniku używamy
wówczas, gdy celem są różne przedmioty lub przed‑
miot poszukiwany w różnych miejscach, np.: Chodzić
za sprawunkami, za interesami. Wędrować za chle‑
bem (= w poszukiwaniu zarobku).
b) czasowniki w bezokoliczniku (w połączeniu z for‑
mą osobową czasowników oznaczających chodzenie,
przybywanie itp.), np.: Przyszedłem *podziękować* za
gościnę. Przyjechał *zwiedzić* miasto.
7. *Okoliczniki warunku* — wskazujące na to, od czego
zależą wymienione w zdaniu czynności — odpowia‑
dają na pytanie: pod jakim warunkiem? Wyraża się je
przez wyrażenie przyimkowe, np.: *W razie* deszczu
weź mój parasol. *W wypadku* awarii zawołaj mechani‑
ka. Zrobię to tylko *na wyraźny rozkaz* dowództwa.
Na twoim miejscu nie zrobiłbym tego.
8. *Okoliczniki przyzwolenia* wskazujące na to, co zda‑
niem mówiącego powinno by nie dopuścić do wymie‑
nionej w zdaniu czynności — odpowiadają na pytania:
mimo co? wbrew czemu? Wyraża się je przez:
a) wyrażenia przyimkowe, np.: Wystrzelił (*po*)*mimo
zakazu*. Postąpił *wbrew zwyczajowi*. Zrobiła to *na
przekór matce*. Wycieczka odbędzie się *bez względu
na pogodę*. △ Uwaga. Okolicznik przyzwolenia wyra‑
żany za pomocą przyimka *mimo, pomimo* łączy się
z rzeczownikiem w dopełniaczu, np. Mimo ogrom‑
nych wysiłków nie zdał egzaminu.
b) połączenia spójnika: choć — z jakąś częścią zda‑
nia, np. Była zdolną, *choć młodą* jeszcze, pianistką.
// *D Kult. I* 52, 230—231, 241, 334; *II*, 81, 116, 171,
172, 178, 179; *Kl. Aleź* 84—85. *Por.*: co, dla, do,
gdzie, na, nad, o, po, pod, przy, w, z, zdanie.

okoliczność *ż V*, zwykle w *lm*: Spotkali się
w dziwnych okolicznościach. Był to zbieg okolicz‑
ności. Zachować się stosownie do okoliczności.
△ *środ., praw.* Zeznać, przesłuchać kogoś itp. na
jakąś okoliczność (*lepiej*: co do jakiejś okoliczno‑
ści, co do czegoś, w jakiejś sprawie). // *D Kult.
II*, 72.

okolić *dk VIa*, okol (*nie*: okól), okoliliśmy (p.
akcent § 1a i 2), dziś używane zwykle w imiesł. bier‑
nym — **okalać** *ndk I*, okalaliśmy: Jezioro okolone
wierzbami. Wysokie drzewa okalały dziedziniec.

około (skrót: ok.) «przyimek łączący się zawsze
z dopełniaczem» **1.** «składnik przybliżonych określeń
czasu, miary itp.»: Miał około piętnastu (*nie*: pięt‑
naście) lat. Nauka trwała około sześciu (*nie*: sześć)
miesięcy. Około połowy lipca (*nie*: gdzieś w połowie
lipca) wyjechał na urlop. △ *Niepoprawne* w połącze‑
niu z przyimkami które rządzą innymi przypadkami
niż dopełniacz, np.: Spóźnił się o około (*zamiast*:
prawie) dwie godziny. Przez około (*zamiast*: mniej
więcej przez) dziesięć lat. **2.** *przestarz.* «dookoła,
naokoło, wokół»: Siedzieli około stołu. // *D Kult. I*,
93, *II*, 77.

około- «pierwszy człon przymiotników złożonych,
pisany łącznie, wskazujący na bliskie położenie cze‑
goś w stosunku do tego, co określa drugi człon złoże‑

nia, albo na ruch okrężny dokoła czegoś», np.: około-biegunowy, okołorównikowy, okołoziemski.

okonek a. **okoniek** *m III*, *D.* okonka (okońka).

okop *m IV*, *D.* okopu, *lm D.* okopów, zwykle w *lm*: Kopać, sypać okopy. Schronić się do okopu. // *U Pol. (1)*, *404.*

okopcić *dk VIa*, okopcę, okopć, okopciliśmy (p. akcent § 1a i 2) — *rzad.* **okopcać** (*nie*: okapcać) *ndk I*, okopcaliśmy: Okopcone szkło lampy naftowej. Świeca okopciła sufit.

okostna *ż* odm. jak przym.: Zapalenie okostnej.

okowa *ż IV*, dziś tylko w *lm*, *D.* oków (*nie*: oko-wów) *podn.* «kajdany» △ *przen.* Uciśniony naród jęczał w okowach. Rzeka uwolniła się z oków lodu.

okólnik *m III* 1. «pismo urzędowe posyłane obiegiem»: Zawiadomić pracowników okólnikiem o zebraniu. 2. «ogrodzona część podwórza, wygonu; podwórze otoczone budynkami»: Wyjść na okólnik.

okólny (*nie*: okolny) *wych. z użycia* (dziś raczej: okrężny): Poszedł okólną drogą. △ Pismo okólne (*nie*: okrężne) «okólnik»

OKP (*wym.* okape, p. akcent § 6) *n* a. *m ndm* «Ogólnopolski Komitet Pokoju»: OKP rozwinęło (rozwinął) ożywioną działalność.

okpić *dk VIa*, okpij, okpiliśmy (p. akcent § 1a i 2) — **okpiwać** *ndk I*, okpiwaliśmy □ *O.* kogo — na co, na ileś «oszukać; naciągnąć»: Okpił nas na parę tysięcy.

okradać p. okraść.

okraj *m I*, *D.* okraju, *lm D.* okrai a. okrajów *reg.* «krawędź, brzeg, skraj»

okrajać p. okroić.

okrajek p. okrawek.

okrasa *ż IV*, *blm* «tłuszcz dodawany do potraw (używane w niektórych regionach Polski; w innych: omasta); czasem także: dodatek urozmaicający jedzenie»: Kartofle z sutą okrasą. Jedli suchy chleb bez żadnej okrasy.

okrasić *dk VIa*, okraszę, okrasiliśmy (p. akcent § 1a i 2) — *rzad.* **okraszać** *ndk I*, okraszaliśmy «dodać tłuszczu do jedzenia (używane w niektórych regionach Polski; w innych: omaścić)»: Okrasiła kaszę skwarkami.

okraść *dk Vc*, okradnie, okradnij, okradł, okradła, okradliśmy (p. akcent § 1a i 2), okradziony — **okradać** *ndk I*, okradaliśmy □ *O.* kogo, co (z czego): Złodzieje okradli ją ze wszystkich kosztowności. Wczoraj go okradziono. Okradzeni z pieniędzy musieliśmy prosić przyjaciół o pożyczkę.

okrawać p. okroić.

okrawek, *rzad.* **okrajek** *m III*, *D.* okrawka (okraj-ka): Okrawek (okrajek) materiału. Okrawki kiełbasy.

okrąg a. **okręg** *m III*, *D.* okręgu, w zn. «jednostka administracyjna, rejon, obwód» — dziś tylko: okręg, np.: Okręg przemysłowy. Okręg wyborczy. △ W innych zn. występują wymiennie obie postaci wyrazu z przewagą pierwszej z nich, np.: Okrąg (okręg) koła. Okrąg (*rzad.* okręg) ziemski.

okrągły *st. w.* okrąglejszy: Okrągła twarz. Okrągły stół, talerz. △ Okrągła suma. △ *niepoprawne* Okrągły (*zamiast*: cały) rok, miesiąc, dzień itp. △ Okrągła (*zamiast*: zupełna) sierota. // *KP Pras.*

okrążyć *dk VIb*, okrążyliśmy (p. akcent § 1a i 2) — **okrążać** (*nie*: okranżać) *ndk I*, okrążaliśmy, w zn. «otoczyć, opasać coś czymś (zwykle *ndk*: stanowić okrąg wokół czegoś)»: Kolarze okrążyli stadion. △ *przestarz.*: Dom okrążony (*lepiej*: otoczony) ogrodem. Sznur pereł okrążał (*lepiej*: otaczał) jej szyję. Lasy okrążały (*lepiej*: otaczały) całą wieś. // *D Kult. I, 630.*

okres *m IV*, *D.* okresu, *lm M.* okresy: Okres świąteczny to okres zabaw. Okres wojny, pokoju. Znajdować się w okresie przejściowym. Powieść z okresu okupacji. △ *niepoprawne*: Okres czasu (*zamiast*: okres, czas), np. W tym okresie czasu (*zamiast*: w tym okresie a. w tym czasie) chorował. △ Na okres roku, miesiąca itp.; w okresie roku, miesiąca itp. (*zamiast*: Na rok, na miesiąc; w ciągu roku, w ciągu miesiąca). △ Okresami (*zamiast*: od czasu do czasu, czasem, chwilami), np. Okresami (*zamiast*: chwilami, od czasu do czasu) zapadało milczenie. // *D Kult. I, 492. KP Pras.*

określenie *n I* □ *O.* czego (*nie*: o. na co): Szukał w myśli najtrafniejszego określenia tego uczucia (*nie*: na to uczucie).

okręcić *dk VIa*, okręcę, okręciliśmy (p. akcent § 1a i 2) — **okręcać** *ndk I*, okręcaliśmy □ *O.* (*częściej*: owinąć) kogo, co — czym, w co: Okręciła szyję szalikiem. Okręcił dziecko w gruby koc. □ *O.* (*częściej*: owinąć) co wokół czego: Okręciła chustkę wokół głowy.

okręg p. okrąg.

okręt *m IV*, *D.* okrętu, *lm M.* okręty (*nie*: okręta) «duży statek pełnomorski»: Okręt wojenny. Okręt zawinął do portu. Wsiąść na okręt. Płynąć (*nie*: je-chać) okrętem.

okroić *dk VIa*, okrój, okroiliśmy (p. akcent § 1a i 2); *rzad.* **okrajać** *dk IX*, okraję, okrają (*nie*: okrajaj), okrajaliśmy — **okrawać** (*nie*: okraiwać) *ndk I*, okrawaliśmy (ta forma wyrazu częściej używana w zn. *przen.*): Okroić skórkę z chleba. △ *przen.* Sztukę znacznie okrojono. Dotychczasowe wydania listów tego wielkiego pisarza były zwykle okrawane.

okroić się □ *pot.* Okroi się (*nie*: okraje się) komuś (z czegoś — na coś) «przypadnie komuś w udziale, w zysku, zostanie komuś na coś»: Przy podziale zysków i jemu coś się okroiło. Zapłacili długi i jeszcze się trochę na życie okroiło.

okropieństwo *n III pot.* p. okropność (w zn. 2): Zupełnie nie masz gustu, gdzieś kupił to okropieństwo?

okropność *ż V* 1. zwykle *blm* «cecha tego, co okropne, straszne, brzydkie»: Dostrzegł całą okropność wojny. 2. częściej w *lm* «rzecz okropna, coś złego, brzydkiego»: Opowiadał o różnych okropnościach z czasów okupacji.

okruch (*nie*: ta okrucha) *m III*, *D.* okrucha a. okruchu, *lm D.* okruchów, częściej w *lm*: Okruchy chleba. Nie dostał ani okrucha bułki. Cały kosz okruchów. // *KJP 139, 167.*

okruszek (*nie*: ta okruszka) *m III, D.* okruszka, *lm D.* okruszków (*nie*: okruszek): Zjadł chleb do ostatniego okruszka. Pod stołem leżało mnóstwo okruszków.

okrutnie *st. w.* okrutniej.

okrycie *n I* **1.** *blm* forma rzeczownikowa czas. okryć: Okrycie krzewów na zimę. **2.** «wierzchnie ubranie; płaszcz»: Zimowe, letnie okrycie. Okrycia damskie, męskie. **3.** «to, co służy do okrywania, przykrywania kogoś, czegoś; *częściej*: przykrycie»: Spali bez żadnego okrycia.

okryć *dk Xa,* okryliśmy (p. akcent § 1a i 2) — **okrywać** *ndk I,* okrywaliśmy □ O. kogo, co — czym (*nie*: w co): Okryła dziecko kołderką (*nie*: w kołderkę). Śnieg okrył ziemię białym całunem.

okrytonasienny a. **okrytozalążkowy,** zwykle w *lm*: Rośliny okrytonasienne (okrytozalążkowe).

Okrzeja *m odm. jak ż I, DCMs.* Okrzei, *lm M.* Okrzejowie, *DB.* Okrzejów.
Okrzeja *ż I, rzad. ndm* — Okrzejowa *ż odm. jak* przym. — Okrzejówna *ż IV, D.* Okrzejówny, *CMs.* Okrzejównie (*nie*: Okrzejównej), *lm D.* Okrzejówien.

okrzesać *dk IX,* okrzeszę (*nie*: okrzesam), okrzesaliśmy (p. akcent § 1a i 2) — **okrzesywać** *ndk VIIIa,* okrzesuję (*nie*: okrzesywuję, okrzesywam), okrzesywaliśmy: Okrzesał drzewo siekierą. △ *przen.* (*rzad.*) Chciał trochę okrzesać prostaka. *Por.* nieokrzesany.

okrzyczeć *dk VIIb,* okrzyczeliśmy (p. akcent § 1a i 2), **okrzyknąć** *dk Va,* okrzyknąłem (*wym.* okrzyknołem; *nie*: okrzyknełem, okrzykłem), okrzyknął (*wym.* okrzyknoł; *nie*: okrzykł), okrzyknęła (*wym.* okrzyknęła; *nie*: okrzykła), okrzyknęliśmy (*wym.* okrzyknęliśmy; *nie*: okrzykliśmy) — *rzad.* **okrzykiwać** *ndk VIIIb,* okrzykuję (*nie*: okrzykiwuję, okrzykiwam), okrzykiwaliśmy □ O. kogo (co) — czym a. za kogo (za co) «wyrobić komuś, czemuś jakąś opinię, ogłosić że jest jakiś, jakieś»: Okrzyczano go przemądrzałym pyszałkiem. Krytycy okrzykneli utwór za ósmy cud świata. □ (tylko *dk*) *książk.,* nieco *przestarz.* O. kogo kim «wybrać kogoś na jakieś stanowisko, obwołać, obrać»: Okrzyknięto go królem. □ *przestarz.* O. kogo «zawołać na kogoś»: Kiedy mijał dom, ktoś go okrzyknął z ganku.

Oksford *m IV, D.* Oksfordu «miasto w Wielkiej Brytanii (Oxford)»: Studiować w Oksfordzie. — oksfordczyk *m III, lm M.* oksfordczycy — oksfordzki (p.).

oksfordzki: Uniwersytet oksfordzki (*ale*: Kanał Oksfordzki).

Oksywie *n I* «dzielnica Gdyni»: Mieszkać na Oksywiu. Jechać na Oksywie. — oksywski (p.).

oksywski: Cmentarzysko oksywskie (*ale*: Kępa Oksywska).

okuć *dk Xa,* okuliśmy (p. akcent § 1a i 2) — **okuwać** *ndk I,* okuwaliśmy □ O. co czym: Drzwi okute blachą. □ O. kogo w co: Więźnia okuto w kajdany.

Okudżawa (nie *wym.* Okud-żawa) *m odm. jak ż IV*: Wiersze i piosenki Bułata Okudżawy.

okular *m IV* **1.** *D.* okularu a. okulara «część przyrządu optycznego» **2.** tylko *w lm* «para szkieł wyrów-

nujących wady wzroku»: Nosić, włożyć okulary. Być, chodzić w okularach (*nie*: za okularami). Używać okularów. Spojrzeć zza okularów. Dwoje, troje itd. okularów leży (*nie*: leżą) na stole.

okularnik *m III* **1.** *lm M.* te okularniki; *in.* kobra «jadowity wąż» **2.** *lm M.* ci okularnicy, *rzad.* te okularniki *pot., żart.* «człowiek noszący okulary»

okulbaczyć p. kulbaczyć.

okuleć *dk III,* okuleliśmy (p. akcent § 1a i 2), okulały: Pies szedł z trudem, ciągnąc okulałą łapę. Okulał wskutek wypadku.

okulistyka (*wym.* okulistyka, *nie*: okulistyka, p. akcent § 1c) *ż III, blm.*

okulizować *ndk IV,* okulizowaliśmy (p. akcent § 1a i 2) — **zokulizować** *dk* «w odniesieniu do roślin: w pewien sposób szczepić; oczkować»: Okulizować dziką różę.

okup *m IV, D.* okupu, zwykle *blm*: Nałożyć na kogoś okup. Ściągnąć z kogoś okup. Wymusić na kimś okup. □ O. za kogo, za co: Okup za jeńca.

okupacja *ż I, DCMs.* i *lm D.* okupacji □ O. czego: Okupacja terenów nadmorskich. Okupacja fabryki, kopalni. △ W odniesieniu do okupacji hitlerowskiej używane zwykle bez przydawki określającej, co było okupowane, np.: Powieść z czasów okupacji. Podczas okupacji należał do AL. Przeżył okupację ukrywając się.

okupić *dk VIa,* okupię, okup, okupiliśmy (p. akcent § 1a i 2) — **okupywać** (*nie*: okupować) *ndk VIIIa,* okupuję (*nie*: okupywuję, okupywam), okupywaliśmy □ O. co czym: Zawieszenie broni okupiono wieloma ustępstwami. Spokój okupił rezygnacją z wypowiadania swojej opinii.

okupować *ndk* a. *dk IV,* okupowaliśmy (p. akcent § 1a i 2) «zajmować, opanowywać bezprawnie»: Wróg okupował kraj przez pięć lat. △ *niepoprawne* w zn. «zajmować, mieć», np. Nasi zawodnicy okupowali (*zamiast*: zajmowali) piąte miejsce.

okurzyć *dk VIb,* okurzyliśmy (p. akcent § 1a i 2) — **okurzać** *ndk I,* okurzaliśmy **1.** «pokryć kurzem, pyłem; *częściej*: zakurzyć»: Miał na sobie okurzone ubranie. **2.** «oczyścić z kurzu, pyłu; *częściej*: odkurzyć»: Okurzyć ściany szczotką. □ *rzad.* O. co z czego: Okurzyła podłogę z nagromadzonego pyłu.

okutać *dk I,* okutaliśmy (p. akcent § 1a i 2) *pot.* «owinąć, otulić» □ O. kogo, co w co, *rzad.* czym: Dziecko okutała w długi płaszcz. Głowa okutana w chustkę.

okuwać p. okuć.

okwiat *m IV, D.* okwiatu, *Ms.* okwiecie (*nie*: okwiacie).

okwitnąć *dk Vc,* okwitł a. okwitnął (*wym.* okwitnoł); okwitła, okwitły, okwitłby (p. akcent § 4c) okwitły, *rzad.* okwitnięty — **okwitać** *ndk I,* okwitałby: Bez już okwitł.

Ola, Olek, Oleńka p. Aleksander.

olbrzym *m IV, lm M.* ci olbrzymi (tylko w odniesieniu do istot żywych) a. te olbrzymy: Dwa olbrzymy walczyły ze sobą a. dwaj olbrzymi walczyli ze sobą. Sosny olbrzymy runęły pod ciosem siekiery.

olcha *ż III, CMs.* olsze; a. **olszyna** *ż IV, rzad.*
olsza *ż II*: Szeleściły na wietrze liście czarnej olchy.
W olchach śpiewają ptaki. Zerwał gałązkę olszyny.
|| *KJP 208.*

olchowy a. **olszowy**: Gaj olchowy (olszowy). Kanapa z olchowego (olszowego) drzewa.

oleander (*wym.* ole-ander; *nie*: olejander, olander,
olender) *m IV, D.* oleandra.

Olecko *n II* «miasto» — ołecczanin *m V, D.* olec-
czanina, *lm M.* ołecczanie, *D.* ołecczan — ołecczanka
ż III, lm D. ołecczanek — ołecki.

olej *m I, D.* oleju, *lm D.* olejów, *rzad.* olei: Śledzie
w oleju. Smażyć ryby na oleju. Filtr do oleju a. filtr
oleju.

olejarnia *ż I, lm D.* olejarni, *rzad.* olejarń.

olejny (dziś zwykle w odniesieniu do farb sporzą-
dzanych na olejach i do malarstwa uprawianego przy
użyciu tych farb): Farba olejna. Obraz, portret olejny. Malarstwo olejne. *Por.* olejowy.

olejowy: Kąpiel olejowa. Filtr olejowy (*lepiej*:
filtr do oleju a. filtr oleju). Gaz olejowy. △ W niektórych rzadkich użyciach występuje wymiennie
z przymiotnikiem: olejny, np. Latarnia olejowa (olejna).

oleodruk (*wym.* ole-odruk, *nie*: oleodruk, olejo-
druk) *m III, D.* oleodruku: Na ścianie wisiały marne
oleodruki.

Olesno *n III, Ms.* Olesnie a. Oleśnie «miasto» —
oleski.

Oleśnica *ż II* «miasto» — oleśniczanin *m V, D.*
oleśniczanina, *lm M.* oleśniczanie, *D.* oleśniczan —
oleśniczanka *ż III, lm D.* oleśniczanek — oleśnicki.

Olgierd *m IV, lm M.* Olgierdowie — Olgier-
dostwo *n III, DB.* Olgierdostwa, *Ms.* Olgierdostwu
(*nie*: Olgierdostwie), *blm*; a. Olgierdowie *blp, DB.*
Olgierdów.

oligarcha *m odm. jak ż III, lm M.* oligarchowie,
DB. oligarchów; *in.* możnowładca.

Olimp *m IV, D.* Olimpu «masyw górski w Grecji;
w mitologii greckiej: siedziba bogów»

Olimpia *ż I, DCMs.* Olimpii 1. «starożytne miejsce kultu Zeusa i pierwszych igrzysk sportowych
w Grecji» 2. «imię żeńskie»

olinowanie *n I, blm* «zespół lin służących do pod-
trzymywania omasztowania i manewrowania żaglami;
takielunek»

Olivier (*wym.* Oliwier) *m IV*: Słynne kreacje
Oliviera w dramatach Szekspira.

oliwa *ż IV*, zwykle *blm* «tłuszcz z oliwek; w niektórych użyciach to samo, co olej»: Wytłaczać oliwę
z oliwek. Dolać oliwy do lampki. △ Oliwa zawsze
wypływa (wychodzi) na wierzch (przysłowie) «prawda nie daje się ukryć»

Oliwa *ż IV* «dzielnica Gdańska»: Mieszkać w Oliwie (a. w Gdańsku-Oliwie). Jechać do Oliwy. —
oliwski.

Olkusz *m II, D.* Olkusza «miasto» — olkuszanin
m V, D. olkuszanina, *lm M.* olkuszanie, *D.* olkuszan —
olkuszanka *ż III, lm D.* olkuszanek — olkuski.

olstro *n III, lm D.* olster, *rzad.* olstrów, zwykle
w *lm*: Nosił pistolety w olstrach.

olsza p. olcha.

olszowy p. olchowy.

Olszowy *m odm. jak przym., lm M.* Olszowi —
Olszowa (*nie*: Olszowowa, Olszowina) *ż odm. jak
przym., rzad.* Olszowy *ż ndm* — Olszowianka (*nie*:
Olszowówna) *ż III, lm D.* Olszowianek.

Olsztyn *m IV, D.* Olsztyna (*nie*: Olsztynu) «miasto» — olsztynianin *m V, D.* olsztynianina, *lm M.*
olsztynianie, *D.* olsztynian — *pot.* olsztyniak *m III,
lm M.* olsztyniacy — olsztynianka *ż III, lm D.* olszty-
nianek — olsztyński (p.). || *D Kult. I, 711.*

olsztyński: Zabytki olsztyńskie, zamek olsztyński
(*ale*: Pojezierze Olsztyńskie).
Olsztyńskie *n odm. jak przym., NMs.* Olsztyńskiem
(*nie*: Olsztyńskim) «województwo olsztyńskie»: Osiedlił się kilka lat temu w Olsztyńskiem.

olszyna *ż IV* 1. «las olszowy, zarośla olszowe;
drewno olszowe»: Bagna porastała gęsta olszyna.
Wyrzeźbił figurkę z olszyny. 2. p. olcha.

olśnić *dk VIa*, olśnij, olśniliśmy (p. akcent § 1a
i 2) — **olśniewać** *ndk I*, olśniewaliśmy □ O. kogo,
co a. bez dop.: Śnieg na polach olśniewał. Słońce
olśniło ją z nagła. □ O. kogo, co — czym «oczarować, zachwycić»: Olśnili go przepychem. Olśnił nas
dowcipem.

olśniewający imiesł. współczesny od czas. olśniewać.
olśniewający w użyciu przymiotnikowym «niezwykły, nadzwyczajny, porywający»: Olśniewająca
uroda, inteligencja. Olśniewający widok.

Olza *ż IV* «rzeka — olziański — zaolziański».

** oładka** a. **ołatka** (*nie*: ten ołądek) *ż III, lm D.*
oładek (ołatek) *reg.* «racuszek»

Oława *ż IV* «miasto i rzeka» — oławianin *m V, D.*
oławianina, *lm M.* oławianie, *D.* oławian — oławian-
ka *ż III, lm D.* oławianek — oławski.

Ołomuniec *m II, D.* Ołomuńca «miasto w Czechosłowacji» — ołomuniecki.

ołowiany (*nie*: ołowianny) 1. «odnoszący się do
ołowiu; zawierający ołów; ołowiowy»: Brązy, rudy,
szkło ołowiane (a. ołowiowe). 2. «zrobiony z ołowiu»: Ołowiany drut. Ołowiana blacha. Ołowiani
żołnierze. △ *przen.* «ciężki, przytłaczający»: Ołowiane spojrzenie. Ołowiana atmosfera. 3. «mający kolor
ołowiu; ciemnoszary»: Zbierało się na deszcz, niebo
było ołowiane.

ołowiowy p. ołowiany (w zn. 1).

ołów *m I, D.* ołowiu, *blm* △ Coś ciąży komuś ołowiem a. jak ołów «coś jest odczuwane jako wielki ciężar (fizyczny lub moralny)»: Czuł się źle, głowa ciążyła mu ołowiem (jak ołów). Zbrodnia ciążyła zabójcy
ołowiem (jak ołów) na sumieniu.

ołówek *m III, D.* ołówka: Ołówek automatyczny,
kolorowy. □ O. do czego: Ołówek do brwi. △ *pot.*
Żyć z ołówkiem w ręku «żyć bardzo oszczędnie,
skrupulatnie zapisując wydatki»

ołtarz *m II, lm D.* ołtarzy, *rzad.* ołtarzów: Wielki,
boczny ołtarz.

om *m IV* «jednostka miary oporu elektrycznego»: Opór przewodnika wynosił 500 omów.

om zob. **m**

omackiem a. **po omacku**: Po omacku zapaliła świecę. Omackiem szukali drogi w ciemnościach.

omal «prawie, nieomal» — używane zwykle z czasownikiem zaprzeczonym: Omal że nie upadł, schodząc z zaśnieżonych schodów. Omal nie stracił przytomności.

o mało p. **mało**.

omam *m IV, D.* omamu, częściej w *lm, książk.* «halucynacja, przywidzenie»

omamić (*nie*: omanić) *dk VIa*, omamię, omam, omamiliśmy (p. akcent § 1a i 2) — **omamiać** *ndk I*, omamialiśmy *wych. z użycia* «oszukać, zwieść» □ O. kogo, czym: Nie dał się omamić pięknymi słówkami.

Oman *m IV, D.* Omanu «kraj na Półwyspie Arabskim» — omański (p.).

omański: Porty omańskie (*ale*: Zatoka Omańska).

omarznąć (*wym.* omar-znąć) *dk Vc*, omarznie (*wym.* omar-znie a. omar-źnie), omarzł a. omarznął (*wym.* omar-znoł); omarzła, omarzłby a. omarznąłby (*wym.* omar-znołby, p. akcent § 4c); omarzły a. omarznięty (*wym.* omar-znięty; omarźnięty) — **omarzać** (*wym.* omar-zać) *ndk I*, omarzałby *rzad.* «obmarznąć»: Omarznięte wąsy. □ O. czym: Statek omarzł lodem.

omasta *ż IV, blm* «tłuszcz dodawany do potraw (używane w niektórych regionach Polski, w innych: okrasa); czasem także: dodatek urozmaicający jedzenie»: Kasza z sutą omastą.

omasztowanie *n I* 1. *blm* forma rzeczownikowa czas. omasztować: Omasztowanie jachtu zabrało wiele czasu. 2. «system słupów i belek na statku, służących do rozpinania na nich żagli, ładowania i sygnalizowania»

omaścić *dk VIa*, omaszczę, omaściliśmy (p. akcent § 1a i 2) — **omaszczać** *ndk I*, omaszczaliśmy «zaprawić tłuszczem (używane w niektórych regionach Polski, w innych: okrasić)»: Omaścić kluski skwarkami.

omawiać p. **omówić**.

omdlały imiesł. przeszły od czas. omdleć: Na pół omdlała położyła się.
omdlały w użyciu przymiotnikowym, często *iron.* «o spojrzeniu, ruchach, głosie itp.: pozbawiony żywości, znamionujący fizyczną słabość lub ją pozorujący; omdlewający»: Spojrzeć omdlałym (omdlewającym) wzrokiem.

omdleć (*nie*: omgleć) *ndk III*, omdleliśmy (p. akcent § 1a i 2) — **omdlewać** (*nie*: omglewać) *ndk I*, omdlewaliśmy □ O. z czego, od czego, wskutek czego: Omdlał z bólu, od długiego stania, wskutek utraty krwi.

omdlenie (*nie*: omglenie) *n I*: Popaść, wpaść, zapaść w omdlenie.

omdlewający imiesł. czynny od czas. omdlewać: Ludzie raz po raz omdlewający z upału byli bardzo wyczerpani.

omdlewający w użyciu przymiotnikowym p. omdlały.

omega *ż III* 1. *blm* «ostatnia litera alfabetu greckiego» △ Alfa i omega (czegoś) «początek i koniec; autorytet»: Był alfą i omegą w sprawach wydawniczych. 2. «zegarek firmy o takiej nazwie»: Kupiłam złotą omegę.
3. Omega *blm* «nazwa firmy»: Zegarek (firmy) Omega.

omen *m IV, D.* omenu «znak, wróżba, zapowiedź czegoś» △ zwykle w wyrażeniach: Dobry, szczęśliwy, zły omen, np.: Spotkanie z kominiarzem uchodzi za szczęśliwy omen. Nie trzeba traktować tej smutnej wiadomości jako złego omenu. △ Nomen omen «o nazwie, którą można uważać jednocześnie za charakterystykę»: Miasteczko Brudnowo nie należało do najczyściejszych. Nomen omen.

omglić *dk VIa*, omgliłby (p. akcent § 4c), zwykle w imiesł. biernym, nieco *książk.* «zamglić»: Omglone pola. Omglony księżyc.

omiatać p. **omieść**.

omierzły (*wym.* omier-zły) *rzad.* «obmierzły»

omieszkać *dk I*, omieszkaliśmy (p. akcent § 1a i 2) — *rzad.* **omieszkiwać** *ndk VIIIb*, omieszkiwaliśmy △ w języku ogólnym używane tylko z przeczeniem: nie omieszkać. □ Nie o. + bezokol. + czego (*nie*: co): Nie omieszkał sfotografować wszystkiego (*nie*: wszystko). Nie omieszkam zawiadomić go o tym. △ środ. (*praw.*) — także bez przeczenia: Omieszkać stawiennictwa. || D Kult. I, 804.

omieść *dk XI*, omiotę (*nie*: omietę), omiecie, omiótł (*nie*: omietł), omiotła (*nie*: omietła), omietli, omietliśmy (p. akcent § 1a i 2), omieciony — **omiatać** *ndk I*, omiataliśmy □ O. co «usunąć, zebrać coś (zwykle miotłą, szczotką)»: Omieść kurz, pajęczyny ze ścian. □ O. co (z czego) «oczyścić coś zmiatając»: Omiotła pokój z kurzu. △ przen. Omieść (*rzad.* omiatać) coś wzrokiem, spojrzeniem, oczyma. Reflektor omiótł swym światłem zakręt drogi.

omijać *ndk I*, omijaliśmy (p. akcent § 1a i 2) — **ominąć** *dk Vb*, ominąłem (*wym.* ominołem; *nie*: ominęłem), ominął (*wym.* ominoł), ominęła (*wym.* ominęła), ominęliśmy (*wym.* ominęliśmy) 1. «okrążając mijać kogoś, coś; zostawiać kogoś, coś na uboczu, wymijać»: Szli wytrwale na przełaj omijając tylko bagna i piaski. △ przen. Omijać zakazy, zarządzenia itp. Kogoś ominęła przyjemność. Przestępcy nie ominie kara. 2. zwykle z przeczeniem «nie przepuszczać, nie opuszczać czegoś»: Nie omijali żadnej okazji do zabawy, żadnej przyjemności. 3. tylko *ndk* «unikać kogoś, starać się nie zetknąć z kimś, z czymś»: Omijała ludzi złośliwych. Znajomi omijali ten niesympatyczny dom.

omlet *m IV, D.* omletu: Omlet z pięciu jajek.

omłócić *dk VIa*, omłócę, omłóciliśmy (p. akcent § 1a i 2) — *rzad.* **omłacać** *ndk I*, omłacaliśmy: Omłócić zboże.

omnibus *m IV* 1. *D.* omnibusu «dawny środek komunikacji: duży, kryty pojazd konny» 2. *D.* omnibusa *przen. żart., iron.* «człowiek mający dużo wiadomości, umiejętności z różnych dziedzin»

omotać *dk I*, omotaliśmy (p. akcent § 1a i 2) — *rzad.* **omotywać** *ndk VIIIa*, omotuję (*nie*: omotywuję, omotywam), omotywaliśmy □ O. kogo, co (czym) «opleść dokoła»: Omotał paczkę sznurkiem. △ *przen.* «opanować, usidlić»: Omotała go całkowicie swoją kokieterią. Omotali go siecią intryg. □ O. co wokół czego «owinąć»: Szalik, bandaż, korale omotane wokół szyi. □ O. kogo, co (w co, czym) «okryć, otulić»: Omotała dziecko w chustkę (chustką).

omówić *dk VIa,* omówię, omów, omówiliśmy (p. akcent § 1a i 2) — **omawiać** *ndk I,* omawialiśmy «komentować coś, dyskutować z kimś, nad czymś»: Trzeba omówić tę sprawę na zebraniu. Omawiał z uczniami nowe zagadnienie. △ *niepoprawne* w zn. **a)** «pomówić, posądzić», np. Omówić kogoś o kradzież. **b)** «obmówić», np. Omawiali ją za plecami.

omszały a. **omszony** «pokryty meszkiem, pleśnią»: Omszałe (omszone) butelki. Omszałe (omszone) gałązki.

omszeć *dk III,* omszeje, omszałby (p. akcent § 4c), omszały (używane zwykle w imiesł. przymiotnikowym).

omszyć *dk VIb,* omszyj, omszyłby (p. akcent § 4c), omszony (używane zwykle w imiesł. przymiotnikowym).

OM TUR a. **OMTUR** (*wym.* omtur, p. akcent § 6) *m IV, D.* OM TUR-u (OMTUR-u), *Ms.* OM TUR-ze (OMTUR-ze) a. *ż ndm* «Organizacja Młodzieży Towarzystwa Uniwersytetu Robotniczego»: Działacze OM TUR (OM TUR-u). Praca w OMTUR (OMTUR-ze). OMTUR opracował (opracowała) plan swej rocznej działalności. — OM TUR-owiec a. omturowiec *m II, D.* OM TUR-owca (omturowca), *lm M.* OM TUR-owcy (omturowcy) — OM TUR-owski a. omturowski.

Omulew *ż V* (*nie:* ten Omulew) *D.* Omulwi «rzeka i jezioro»: Kąpać się w Omulwi (*nie:* w Omulwie, Omulewie).

omyć *dk Xa,* omyliśmy (p. akcent § 1a i 2) — **omywać** *ndk I,* omywaliśmy, *częściej:* obmyć. || *D Kult. II, 395—396.*

omyłka (*nie:* myłka, zmyłka) *ż III, lm D.* omyłek: Drobna, niewielka, poważna omyłka. Omyłka w liczeniu. △ Zrobić coś przez omyłkę. Wsiedli przez omyłkę do innego pociągu. Omyłka wkradła się do tekstu. △ Tu zaszła jakaś omyłka «zaszło jakieś nieporozumienie»

I on *m DB.* jego, go, niego, *C.* jemu, mu, niemu, *NMs.* nim; **ona** *ż DC.* jej, niej, *B.* ją, nią, *C.* nią, *Ms.* niej; **ono** (*nie:* one) *n D.* jego, go, niego, *C.* jemu, mu, niemu, *B.* je, nie, *NMs.* nim; *lm m-os. M.* oni, *DB.* ich, nich, *C.* im, nim, *N.* nimi, *Ms.* nich; *ż-rzecz. M.* one, *D.* ich, nich, *C.* im, nim, *B.* je, nie, *N.* nimi, *Ms.* nich «zaimek osobowy odnoszący się do rzeczowników użytych poprzednio w tekście (lub domyślnych); jest używany m.in. dla uniknięcia powtarzania rzeczowników w dalszym toku wypowiedzi»: Rzuciła piłkę i chwyciła ją w locie. To zdolny chłopiec, powinniście go kształcić. Kupiła mięso i upiekła je na ruszcie. Zawołaj psa i daj mu jeść. Czy to wasz syn tam stoi? — Tak, to on. △ Zestawienie form fleksyjnych zaimków *on, ona, ono* wykazuje oboczność form: **a)** pełnych (*jego, jemu, jej, ją, je, ich, im*), **b)** skróconych (*go, mu*) i **c)** rozszerzonych o początkowe ń — (*niego, niemu, niej, nią,*

nie, nich, nim). Oboczności te związane są z funkcjami, w jakich używa się tych form, a mianowicie: formy pełne (i skrócone) używane są w funkcji dopełnienia czasownika, np.: Powiedziałem im wszystko. Oddałem to jej. Widziałem ich wczoraj. Oddałem mu pieniądze. Zobaczyłem go na ulicy. △ Form pełnych akcentowanych: *jego* (*D.* i *B. lp*) oraz *jemu* (*C. lp*) używamy, kiedy chodzi o nacisk na nie w zdaniu lub o wyraźne lub domyślne przeciwstawienie; np.: Jego tam nie było. Dam to tylko jemu, nie wam. △ Z przyimkami mogą łączyć się tylko *formy rozszerzone* zaimka *on, ona*: Do niego, ku niemu, na nie, przy niej, za nią, u nich. △ Form tych używa się także po tzw. przyimkach wtórnych, takich jak: dzięki, według, wbrew, wokół i in.; np. Dzięki niej, wbrew nim, według niego, wokół nich.

Formy skrócone *go* (w *D.* i *B. lp*) oraz *mu* (w *C. lp m* i *n*) są formami enklitycznymi nie akcentowanymi, których używa się wówczas, gdy na zaimek nie kładzie się nacisku w zdaniu; np. Widziałem go (*nie:* jego) wczoraj. Dałem mu (*nie:* jemu) tę książkę. △ Form skróconych nie używamy nigdy na początku zdania. △ Formy skrócone używane są często po rzeczownikach odsłownych, np.: Namówienie go na wyjazd przyszło mi z trudem.

Niepoprawne są konstrukcje z formą *go* (zamiast: *je*) w bierniku *lp* rodzaju nijakiego, np.: Podjęli się zadania i wykonali go (*zamiast:* je). △ Rażąco niepoprawne jest też używanie formy *ich* (zamiast: *je*) w bierniku *lm* rodzaju żeńsko-rzeczowego, np.: Choć to nie moje dzieci, bardzo ich (*zamiast:* je) kocham. Lubię długie suknie i chętnie ich (*zamiast:* je) noszę. Gdzie są te listy, bo chcę ich (*zamiast:* je) przeczytać. △ Formy dopełniaczowe *jego, jej, ich* używane są często z rzeczownikami w funkcji dzierżawczej, np.: To jego książka. Weź oba płaszcze: mój i jej. Podoba mi się ich mieszkanie. △ Uwaga: W funkcjach tych nie występują nigdy formy *go* ani *niego, niej, nich* (nawet po przyimkach); np. Zanieś to do jego pokoju. △ Formy *jego, jej, ich* bywają dołączane do tytułów takich jak: dostojność, ekscelencja, magnificencja, miłość, królewska (cesarska) mość, świątobliwość, wysokość itp. (zwykle pisane dużą literą). Np. Jego (*nie:* Jej) Wysokość Książę Benewentu. Jego (*nie:* Jej) Magnificencja pan rektor przyjmuje w piątki.

△ Zaimek osobowy *on* zastępuje się zaimkiem zwrotnym *się* w odpowiednich przypadkach zależnych, jeżeli oznacza podmiot czynności, o której mowa, tzn. osobę wykonującą tę czynność; np. Ociemniały uczy się odpowiedniego dla siebie (*nie:* dla niego) zawodu (bo *ociemniały* jest tu podmiotem czynności uczenia się). △ Użycie zaimków osobowych w funkcji podmiotu jest w zasadzie zbędne, ponieważ jednoznacznym wykładnikiem kategorii osoby jest w zdaniu polskim końcówka fleksyjna czasownika w funkcji orzeczenia. Wprowadzenie zaimków osobowych na miejsce podmiotu służy jako sygnał akcentu logicznego, koncentruje uwagę odbiorcy tekstu na osobie wykonawcy czynności. Jeśli nie ma żadnego szczególnego powodu do uwydatniania osoby (np. nie chodzi o przeciwstawienie, wyliczenie, podkreślenie, sprostowanie itp.), użycie zaimków osobowych jest rażące; np.: ! Po dwuletniej przerwie on znowu poszedł do szkoły. ! Dokonano zamachu na ministra, gdy on udawał się do parlamentu. ! Nie lubię swych bratanków, bo oni są źle wychowani. || *D Kult. II, 141; Kl. Aleź 58; U Pol. (2), 379.* Por. enklityki, go, jego, jemu, jej, mu.

II on p. n

onanizm *m IV*, *D.* onanizmu, *Ms.* onanizmie (*wym.* ~izmie a. ~iźmie), *blm*; *rzad.* **onania** (*wym.* onańja) *ż I*, *DCMs.* onanii, *blm*; in. samogwałt.

onarzędziowanie *niepoprawne* zamiast: zaopatrzenie (wyposażenie) w narzędzia. || *D Kult. II, 334.*

ondulacja (co innego: undulacja) *ż I*, *DCMs.* i *lm D.* ondulacji: Trwała ondulacja. Zrobić sobie ondulację.

ondulować p. zaondulować.

Onega *ż III* 1. «miasto w ZSRR»: Mieszkać w Onedze. 2. «jezioro i rzeka»: Obóz rozbito nad Onegą (nad jeziorem Onega). — oneski (p.).

onegdaj *wych. z użycia* «przedwczoraj»: Spotkałem go onegdaj.

onegdajszy *wych. z użycia* «przedwczorajszy»: Onegdajsza gazeta.

O'Neill (*wym.* Onil) *m I*, *D.* O'Neilla (*wym.* Onila, p. akcent § 7), *lm M.* O'Neillowie: Dramaty O'Neilla. O'Neillowie byli przywódcami powstań irlandzkich.

oneski przym. od Onega: Port oneski (*ale*: Zatoka Oneska).

ongi a. **ongiś** *książk.* «dawniej, kiedyś»

! oniemal p. nieomal.

oniemiały *m-os.* oniemiali «ten, kto oniemiał, nie może mówić» □ O. z czego: Oniemiali ze zgrozy ludzie stali w milczeniu (*ale*: Ludzie oniemieli na ten widok).

oniemieć p. niemieć.

onomastyka (*wym.* onomastyka, *nie*: onomastyka, p. akcent § 1c) *ż III*.

onomatopeiczny (*wym.* onomatope-iczny), in. dźwiękonaśladowczy.

onomatopeja (*nie*: onomatopea) *ż I*, *DCMs.* i *lm D.* onomatopei: Futuryści stosowali w swej poezji wiele onomatopei.

ONR (*wym.* oener, p. akcent § 6) *m IV*, *D.* ONR-u, *Ms.* ONR-ze a. *m ndm* «Obóz Narodowo-Radykalny»: Program ONR (ONR-u). ONR kontynuował swą działalność nielegalnie. Działać w ONR (w ONR-ze). — ONR-owiec a. oenerowiec *m II*, *D.* ONR-owca (oenerowca), *lm M.* ONR-owcy (oenerowcy) — ONR-owski a. oenerowski.

Ontario (*wym.* Ontarjo) *n ndm* «prowincja w Kanadzie; miasto w USA; jezioro na granicy Kanady i USA»: Mieszkać w Ontario. Biwakowaliśmy nad jeziorem Ontario.

onuca (*nie*: onucza) *ż II*, *lm D.* onuc (*nie*: onuców).

Onufry *m* odm. jak przym., *lm M.* Onufrowie — Onufrostwo *n III*, *DB.* Onufrostwa, *Ms.* Onufrostwu (*nie*: Onufrostwie), *blm*; a. Onufrowie *blp*, *DB.* Onufrych.

onyks *m IV*, *D.* onyksu: Amfora z onyksu.

ONZ (*wym.* oenzet, p. akcent § 6) *m IV*, *D.* ONZ-tu, *Ms.* ONZ-cie, *rzad.* *ż ndm* «Organizacja Narodów Zjednoczonych»: Zgromadzenie Ogólne ONZ (ONZ-tu). ONZ uchwalił (uchwaliła)... Pracować w ONZ (w ONZ-cie). — ONZ-owiec a. oenzetowiec *m II*, *D.* ONZ-owca (oenzetowca), *lm M.* ONZ-owcy (oenzetowcy) — ONZ-owski a. oenzetowski.

oń *książk.* «o niego (*nie*: o nią, o nie)» △ Można używać tej formy tylko w bierniku rodzaju *m lp* || *U Pol. (2), 413.*

oo. zob. o.

op *m IV*, *D.* opu a. *m ndm*, *środ.* «op-art (p.)»: Sztuka op. Materiały w stylu opu (a. op).

op. «skrót wyrazu: *opus*, pisany z kropką, czytany jako cały, odmieniany wyraz; stosowany w odniesieniu do utworów muzycznych»: Nokturn fis-moll op. 10.

OPA (*wym.* opa, p. akcent § 6) *ż* a. *n ndm* «Organizacja Państw Amerykańskich»: Należeć do OPA. OPA zwołała (zwołało) naradę swych członków.

opaczny △ wyraz nadużywany w połączeniu ze swymi synonimami, np. Tłumaczyć coś w opaczny, fałszywy sposób (*lepiej*: ...w sposób opaczny a. ...w sposób fałszywy). || *Kl. Ależ 97.*

opad *ż IV*, *D.* opadu △ w zn. meteorologicznym — częściej w *lm*: Opady atmosferyczne. Opady ciągłe, przelotne.

opadać p. I opaść.

opak △ tylko w wyrażeniu: Na opak «przeciwnie, odwrotnie; inaczej niż trzeba»: Zrozumieć coś na opak.

opakować *dk IV*, opakowaliśmy (p. akcent § 1a i 2) — **opakowywać** *ndk VIIIa*, opakowuję (*nie*: opakowywuję, opakowywam), opakowywaliśmy □ O. co (czym a. w co): Opakować przesyłkę, pudło. Opakował szkło papierem (w papier).

opakowanie *n I* (*nie*: opakunek): Opakowanie papierowe, szklane. Towar w ładnym opakowaniu.

opal *m I*, *D.* opalu (*nie*: opala).

opalać *ndk I*, opalaliśmy (p. akcent § 1a i 2) — **opalić** *dk VIa*, opaliliśmy □ O. co (czym) «paląc ogrzewać; czynić ogorzałym; osmalać nad ogniem»: Opalał mieszkanie co drugi dzień. Piece opalano drzewem. Opalił sobie twarz na brązowo. Po oskubaniu należy drób opalić. □ *pot.* O. kogo «palić czyjeś papierosy, czyjś tytoń»: Opalał kolegów, nie mając własnych papierosów.

opalenizna *ż IV*, *CMs.* opaleniźnie, zwykle *blm*.

Opalone *n* odm. jak przym., *NMs.* Opalonem «grzbiet górski w Tatrach»: Widok z Opalonego.

opałek *m III*, *D.* opałka; *lepiej*: niedopałek, np. Opałek (*lepiej*: niedopałek) drzewa, papierosa.

opałka *ż III*, *lm D.* opałek *reg.* «owalny koszyk z łyka lub wikliny» △ używane potocznie w całej Polsce w wyrażeniu: Koszałki opałki, np. Nikt go nie słuchał, bo plótł koszałki opałki.

opałowy: Materiały opałowe. Skład, deputat opałowy. △ *niepoprawne* Oszczędność opałowa (*zamiast*: oszczędność opału, na opale).

opamiętać *dk I*, opamiętaliśmy (p. akcent § 1a i 2) — **opamiętywać** *ndk VIIIa*, opamiętuję (*nie*: opamiętywuję, opamiętywam), opamiętywaliśmy *wych. z użycia* «przywołać do porządku, uspokoić» □ O. kogo (czym): Opamiętała go krzykiem.

opamiętać się — opamiętywać się: Opamiętaj się i nie rób głupstw. Wpadł w taką pasję, że długo się nie mógł opamiętać.

opamiętanie *n I*: Wzywać kogoś do opamiętania. △ Bez opamiętania «nie zważając na nic; bezmyślnie, nierozważnie»: Hulał bez opamiętania.

opanować *dk IV,* opanowaliśmy (p. akcent § 1a i 2) — **opanowywać** *ndk VIIIa,* opanowuję (*nie:* opanowywuję, opanowywam), opanowywaliśmy □ O. kogo, co «poskromić, stłumić coś, zapanować nad kimś, nad czymś»: Z trudem opanował wybuch zniecierpliwienia. Niedoświadczony nauczyciel nie umiał opanować klasy. □ Coś opanowało kogo: Opanowała go senność. Opanowuje ją niepokój o chore dziecko.

opar *m IV, D.* oparu **1.** częściej w *lm* «para, obłok pary; mgła»: Opary przesłaniały las. **2.** tylko w *lm* «wyziewy»: Opary alkoholu.

oparcie *n I* △ *niepoprawne* W oparciu o coś (*zamiast*: opierając się na czymś a. na podstawie czegoś): Wnioski formułowano w oparciu o doświadczenie (*zamiast*: opierając się na doświadczeniach a. na podstawie doświadczeń). || *D Kult. I, 196; KP Pras.*

Oparin (*wym.* Oparin) *m IV, D.* Oparina (p. akcent § 7): Teorie biogenetyczne Oparina.

op-art a. **opart** *m IV, D.* op-artu (opartu), *blm* «kierunek w sztuce abstrakcyjnej; także: styl w modzie stosujący pewne elementy tego kierunku (skrót ang. *optical art*)»: Motywy charakterystyczne dla op-artu.

opartowski, *rzad.* **opartowy** przym. od op-art: Opartowskie (opartowe) wzory tkanin.

oparzelina a. **oparzelizna** *ż IV, CMs.* oparzelinie (oparzeliźnie) «miejsce oparzone na ciele»: Skóra pełna oparzelin (oparzelizn).

oparzyć *dk VIb,* oparzymy, oparzyliśmy (p. akcent § 1a i 2) □ O. co (czym): Oparzyć rękę ukropem. △ *pot.* Jak oparzony: Zerwał się, skoczył itp. jak oparzony.

opas *m IV* **1.** *D.* opasu, *blm* «tuczenie (zwierzęcia)»: Bydło przeznaczone na opas. **2.** *D.* opasa «zwierzę utuczone»: Gospodarstwo miało kilka opasów na sprzedaż.

I opasać *dk IX,* opaszę, opasz, opasaliśmy (p. akcent § 1a i 2) — **opasywać** *ndk VIIIa,* opasuję (*nie:* opasywuję, opasywam), opasywaliśmy, w zn. «obwiązać, owinąć dokoła» □ O. kogo, co (czym): Opasać włosy wstążką.

II opasać p. II opaść.

opaska (*nie:* ten opasek) *ż III, lm D.* opasek (*nie:* opasków).

opasywać p. I. opasać.

I opaść *dk Vc,* opadnę, opadnie, opadnij, opadł, opadliśmy (p. akcent § 1a i 2), opadły, *rzad.* opadnięty — **opadać** *ndk I,* opadaliśmy **1.** «osunąć się, spaść, zniżyć się, obniżyć się»: Mgła opada. Liście opadają z drzew. Park opada tarasami (*nie:* po tarasach) ku rzece. Woda opadła. Gorączka opadła. △ Opaść z sił (*nie:* na siłach). △ Opadać z ciała

«chudnąć» **2.** «napadając oblec, osaczyć, otoczyć»: Opadli go wierzyciele. Włóczęgę opadła zgraja psów. △ *przen.* Opadły mnie złe przeczucia. **3.** tylko *ndk* «zwisając okrywać coś; zwisać»: Warkocze opadały na ramiona. Szata opadała w fałdach do ziemi. || *D Kult. I, 97.*

II opaść *dk XI,* opasę, opasie, opasł, opaśliśmy (p. akcent § 1a i 2) — **II opasać** *ndk I,* opasaliśmy «utuczyć»: Dobrze opasione świnie.

opat *m IV, lm M.* opaci.

Opatija *ż I, D.* Opatii «miasto w Jugosławii, dawniej: Abbazia»: Festiwal muzyczny w Opatii.

Opatowiec *m II, D.* Opatowca «miasto» — opatowczanin *m V, D.* opatowczanina, *lm M.* opatowczanie, *D.* opatowczan — opatowczanka *ż III, lm D.* opatowczanek — opatowiecki.

Opatów *m IV, D.* Opatowa, *C.* Opatowowi (*ale*: ku Opatowowi a. ku Opatowu) «miasto» — opatowianin *m V, D.* opatowianina, *lm M.* opatowianie, *D.* opatowian — opatowianka *ż III, lm D.* opatowianek — opatowski.

opatrywać p. opatrzyć.

! opatrzeć p. opatrzyć.

opatrzeć się *dk VIIb,* p. opatrzyć się (pod: opatrzyć).

opatrzność *ż V, blm*: Zrządzenie opatrzności. Zdać się na opatrzność. △ Na (boskiej) opatrzności a. na (boską) opatrzność; na łasce a. na łaskę opatrzności «bez opieki, dozoru»: Uciekinierzy zostawiali cały swój dobytek na łasce (a. na łaskę) opatrzności.

opatrzyć (*nie:* opatrzeć) *dk VIb,* opatrzyliśmy (p. akcent § 1a i 2) — **opatrywać** *ndk VIIIa,* opatruję (*nie:* opatrywuję, opatrywam), opatrywaliśmy □ O. kogo, co — czym (*nie:* w co; *ale*: zaopatrzyć w co): Autor opatrzył książkę wstępem. Opatrzyć dokument pieczęcią. Okna na parterze opatrzono kratami. △ Opatrzyć kogoś sakramentami.

opatrzyć się, *rzad.* **opatrywać się 1.** (zwykle *dk*) *pot.* «stracić cechy niezwykłości; spowszednieć»: Sukienka w kratę szybko się opatrzy. **2.** (tylko *dk*) *wych. z użycia* «zorientować się»: Zanim się opatrzono, złodziej zdołał uciec. *Por.* zaopatrywać.

Opawa *ż IV* «miasto i rzeka w Czechosłowacji» — opawski (p.).

opawski: Przemysł opawski (*ale*: Góry Opawskie).

opaźniać *ndk I,* opaźnialiśmy (p. akcent § 1a i 2) *reg.* «opóźniać»

op. cit. «skrót łacińskiego wyrażenia: *opus citatum* (= dzieło cytowane), pisany z kropkami, czytany jako całe wyrażenie, stosowany w odnośnikach i przypisach do tekstów»

Opel *m I, D.* Opla **1.** *blm, rzad.* (zwykle w połączeniu z wyrazem: firma) *ndm* «koncern samochodowy»: Samochód Opla (a. firmy Opel). **2.** opel, *lm M.* ople, *D.* opli a. oplów «samochód marki Opel»: Jechać oplem.

opera (*wym.* opera, *nie:* opera) *ż IV, D.* opery **1.** «sceniczny dramat muzyczny, wykonywany przez śpiewaków, tancerzy i orkiestrę»: Skomponować, stworzyć operę. Aria z opery „Halka". 2. *pot.* **a)** «gmach, w którym odbywają się przedstawienia operowe»: Pójść do opery. Być w operze. **b)** «przedstawienie operowe»: Pójść na operę. Być na operze. **3.** (wym. opera) *posp., żart.* «zabawna sytuacja, komiczne wydarzenie»: Przebrano go za dziewczynę — prawdziwa opera!

operacja *ż I, DCMs.* i *lm D.* operacji **1.** w zn. «zabieg chirurgiczny» □ O. kogo, czego: Operacja serca, ślepej kiszki, woreczka żółciowego. Operacja dziecka powiodła się. Przeprowadzić operację (*lepiej*: dokonać operacji): Jestem wdzięczny lekarzom za pomyślne dokonanie operacji mojej córki. **2.** (zwykle w *lm*) «transakcja»: Operacje finansowe, kredytowe, handlowe. || *KP Pras.*

operacyjny przym. od operacja (w tym zn. *nie*: operatywny): Grupa operacyjna. Dywizja operacyjna. △ Sala operacyjna «sala, w której dokonywa się operacji chirurgicznych»: Rannego przewieziono na salę operacyjną. || *U Pol. (2), 163.*

operator *m IV, lm M.* operatorzy **1.** «ten, kto obsługuje jakąś maszynę, aparat itp.»: Operator filmowy. **2.** «lekarz dokonujący operacji; chirurg»

operatywnie *st. w.* operatywniej a. bardziej operatywnie (nadużywane zwłaszcza w języku urzędów i prasy; *lepiej*: sprawnie, energicznie, skutecznie): Kolegium zaczyna pracować operatywniej (*lepiej*: sprawniej).

operatywność *ż V, blm* (nadużywane, zwłaszcza w języku urzędów i prasy; *lepiej*: sprawność, skuteczność): Wzrost operatywności (*lepiej*: sprawności) organów administracji. Operatywność w działaniu, *lepiej*: sprawność w działaniu, skuteczność działania

operatywny *st. w.* operatywniejszy a. bardziej operatywny (nadużywane, zwłaszcza w języku urzędów i prasy) «sprawnie działający, sprawny, skuteczny, energiczny»: Operatywna (*lepiej*: sprawna) kontrola. Operatywne (*lepiej*: skuteczne) działanie. Członkowie zarządu nie są operatywni (*lepiej*: energiczni).

operować *ndk* a. *dk IV*, operowaliśmy (p. akcent § 1a i 2) — **zoperować** *dk* □ O. kogo «robić komuś operację»: Chorego operował znany chirurg. □ O. co komu «dokonać operacji jakiegoś narządu, usunąć coś chirurgicznie»: Choremu operowano nerkę (*nie*: chorego operowano na nerkę). Ten guz trzeba będzie zoperować. □ O. czym «posługiwać się czymś; obracać»: Ten malarz oryginalnie operuje światłem. Operować pieniędzmi, kapitałem. □ O. bez dop. «działać, być czynnym»: Oddziały partyzanckie operowały zwłaszcza w nocy. △ Słońce operuje.

opędzać *ndk I*, opędzaliśmy (p. akcent § 1a i 2) — **opędzić** *dk VIa*, opędzę, opędź, opędziliśmy □ O. (*częściej*: odpędzać) co (od kogo, od czego): Opędzać muchy od jedzenia. □ O. kogo od czego «odganiając coś — bronić kogoś od czegoś, przed czymś; oganiać kogoś»: Opędzać śpiące dziecko od much. □ *pot.* O. co czym «zaspokajać (potrzeby), opłacać»: Opędzać wydatki. Nie wiem, jak opędzimy cały miesiąc tysiącem złotych.

opędzać się — **opędzić się** □ O. się od kogo, czego, *rzad.* komu, czemu, przed kim, czym

«bronić się przed czyjąś natarczywością; oganiać się»: Opędzać się od psów. Na tych mokradłach trudno się opędzić od komarów. △ *przen.* «uwalniać się, wyzwalać się; dawać sobie radę (dziś zwykle z czasownikiem *móc* z przeczeniem — tylko *dk*)»: Nie mogła się opędzić od wielbicieli. Nie mógł się opędzić złym myślom, przeczuciom.

opętać *dk I*, opętaliśmy (p. akcent § 1a i 2) — *rzad.* **opętywać** *ndk VIIIa*, opętuję (*nie*: opętywuję, opętywam), opętywaliśmy □ O. kogo (czym) «ogarnąć swym wpływem; opanować»: Opętała go swą pięknością. Opętany żądzą władzy, zemsty.

opętaniec *m II, D.* opętańca, *W.* opętańcze, *lm M.* opętańcy, *D.* opętańców.

opić *dk Xa*, opiję, opiliśmy (p. akcent § 1a i 2), opity — **opijać** *ndk I*, opijaliśmy □ O. co «wypić z powodu jakiejś okazji; oblać»: Opić awans, interes, sprawę. □ *rzad.* O. kogo «wypić komuś wszystko, co było do picia»: Opijali go i objadali doszczętnie. **opić się** — **opijać się** □ O. się czego «napić się czegoś do syta, zbyt dużo»: Opić się wody, mleka. (tylko *dk*) Opić się (wódki, wina, koniaku itp., *rzad.* wódką, winem, koniakiem itp.) «upić się (wódką, winem, koniakiem)»

opieka *ż III, blm*: Opieka rodziców, prawa. □ O. nad kim, czym: Opieka nad matką i dzieckiem. △ Rozciągnąć, roztoczyć, sprawować nad kimś opiekę. △ Brać kogoś pod opiekę. Być pod czyjąś opieką. △ *kult.* Niech Bóg ma (kogoś, coś) w swojej opiece.

opiekować się *ndk IV*, opiekowaliśmy się (p. akcent § 1a i 2) — **zaopiekować się** *dk* □ O. się kim, czym (*nie*: nad kim, nad czym): Opiekował się młodszym rodzeństwem. Zaopiekowała się bezdomnym psem.

opiekun *m IV, lm M.* opiekunowie (*nie*: opiekuni).

opielać p. opleć.

opieńka *ż III, D.* opieńki, *lm D.* opieniek; *rzad.* **opieniek** *m III, D.* opieńka, *lm D.* opieńków «grzyb jadalny z rodziny bedłkowatych»

I opierać p. oprzeć.

II opierać p. oprać.

opierzchnąć (*wym.* opierzchnąć, *nie*: opierszchnąć) *dk Vc*, opierzchł a. opierzchnął (*wym.* opierzchnoł); opierzchła (*nie*: opierzchnęła), opierzchnąłby (*wym.* opierzchnołby, p. akcent § 4c), opierzchły a. opierzchnięty: Opierzchłe wargi. Skóra opierzchła od wiatru.

opieszale *st. w.* opieszalej.

opiewać *ndk I*, opiewaliśmy (p. akcent § 1a i 2) **1.** *książk., podn.* «sławić w utworze literackim» □ O. kogo, co: Poeta opiewa w swych utworach piękno przyrody. **2.** *urz.* «o dokumencie: zawierać pewną treść; brzmieć, orzekać, wymieniać» □ O. bez dop.: Wyrok opiewał: rok więzienia. □ O. na co: Czek opiewa na 100 dolarów, na bank handlowy. Rachunek opiewa na 200 złotych.

opięty imiesł. bierny od czas. opiąć: Pergole opięte powojem. Sanie były opięte wilczymi skórami. **opięty** w użyciu przymiotnikowym «ściśle przylegający do czegoś; obcisły»: Opięta suknia. Opięty płaszcz.

opijać p. opić.

opilstwo *n III rzad.* «pijaństwo; upijanie się» △ Stan opilstwa (*częściej*: stan nietrzeźwy, zamroczenie alkoholem): Przestępstwo popełnione w stanie opilstwa.

opiły *m-os.* opili *wych. z użycia* «zamroczony alkoholem; pijany»

opinia (*wym.* opińja) *ż I, DCMs.* i *lm D.* opinii: Wydać, wyrazić opinię o kimś, o czymś. Udzielić opinii. Sąd postanowił zasięgnąć opinii biegłych. Zyskać, stracić w czyjejś opinii. △ Mieć opinię kogoś «uchodzić za kogoś»: Miał opinię kobieciarza. □ O. o kim, o czym: Opinia o uczniu. Opinia o czyjejś pracy.

opiniować (*wym.* opińjować) *ndk IV,* opiniowaliśmy (p. akcent § 1a i 2) — **zaopiniować** (*wym.* zaopińjować) *dk* □ O. co: Opiniować czyjś projekt. □ O. o kim, o czym (*częściej*: wydawać opinię): O pracy urzędników opiniował ich bezpośredni zwierzchnik.

opisać *dk IX,* opiszę, opisz, opisaliśmy (p. akcent § 1a i 2) — **opisywać** *ndk VIIIa,* opisuję (*nie*: opisywuję, opisywam), opisywaliśmy △ w zn. «pisząc przedstawić»: Opisał w liście do żony miejscowość, w której spędzał wczasy. △ Opisywać czyjeś życie, przygody (*ale* nie: opisywać wspomnienia).

***opisowe formy stopniowania** p. stopniowanie.

oplatać p. opleść.

oplątać *dk IX,* oplączę, oplącz, oplątaliśmy (p. akcent § 1a i 2) — **oplątywać** *ndk VIIIa,* oplątuję (*nie*: oplątywuję, oplątywam), oplątywaliśmy □ O. kogo, co (czym) «owinąć, omotać pasmami czego; *przen.* opanować, usidlić»: Pająk oplątuje muchę pajęczyną.

opleć (*nie*: opielić, oplić) *ndk XI,* opielę (*nie*: opiolę), opiele (*nie*: opieli), opełł (*nie*: opleł, opioł, opielił, oplił), opełliśmy (*nie*: opieliliśmy, opielliśmy; p. akcent § 1a i 2), opielony, *rzad.* opełty (*nie*: opelony, oplety) — **opielać** *ndk I,* opielaliśmy: Opełła dwa zagony. Cały ogród jest już opielony.

opleść *dk XI,* oplotę (*nie*: opletę), oplecie, opleć, oplotą (*nie*: opletą), oplótł (*nie*: opletł), oplotła (*nie*: opletła), opletliśmy (p. akcent § 1a i 2), opleciony, opleceni (*nie*: oplecieni) — **oplatać** *ndk I,* oplataliśmy □ O. kogo, co — czym: Oplatać butelkę rafią. Kolumna opleciona bluszczem. △ *przen.* Siadłszy oplotła rękami kolana.

oplewić *dk VIa,* oplewiliśmy (p. akcent § 1a i 2) *reg.* «opleć»

opluć (*nie*: oplunąć) *dk Xa,* opluję (*nie*: oplunę), opluj (*nie*: opluń), opluł (*nie*: oplunął), opluliśmy (p. akcent § 1a i 2) — **opluwać** *ndk I,* opluwaliśmy.

opluskać *dk I,* opluskam (*nie*: opluszczę), opluskaj (*nie*: opluszcz), opluskaliśmy (p. akcent § 1a i 2) — **opluskiwać** *ndk VIIIb,* opluskuję (*nie*: opluskiwuję, opluskiwam), opluskiwaliśmy.

opluwać p. opluć.

oplwać *dk I,* oplwaliśmy (p. akcent § 1a i 2) *książk.* (używane zwykle przenośnie) «znieważyć, zbezcześcić; obrzucić obelgami»

opłacać *ndk I,* opłacaliśmy (p. akcent § 1a i 2) — **opłacić** *dk Va,* opłaciliśmy: Nie mieli z czego opłacać służącej. Opłacić mieszkanie, radio (*nie*: za mieszkanie, za radio). □ *przen.* O. co czym a. o. jak: Tę długą podróż opłacił chorobą. Drogo opłacił tę przyjemność.

opłacać się — **opłacić się** △ Coś się opłaca «coś przynosi zysk»: Ten interes zupełnie się nie opłaca. △ (Nie) opłaci się (+bezokol.) «(nie) warto»: Nie opłaci się chodzić tam dwa razy. Nie opłaci się tego (*nie*: to) robić. □ O. się komu (czym) «okupywać się»: Paskarze opłacali się policji łapówkami.

opłakany *st. w.* opłakańszy, *częściej*: bardziej opłakany: Jego mieszkanie było w opłakanym stanie.

opłata *ż IV*: Opłata drogowa. □ O. za kogo, za co: Opłata za ucznia w internacie. Opłata za przechowanie bagażu. □ O. od kogo, od czego «opłata za każdą osobę, za każdą rzecz»: Opłata od ucznia w internacie, od książki w wypożyczalni wynosi x złotych. △ *urz.* Wnosić, uiszczać (*nie*: ponosić) opłaty (*ale*: ponosić koszty, wydatki).

opłucna *ż* odm. jak przym.: Zapalenie opłucnej (*nie*: opłucny). || D Kult. I, 543.

opłucnowy przym. od opłucna: Jama opłucnowa. Odma opłucnowa.

opłucny «okalający płuca»: Błona opłucna. || D Kult. I, 543.

opłukać (*nie*: otoknąć) *dk IX,* opłuczę, *rzad.* I, opłukam (*nie*: opłukę), opłukaliśmy (p. akcent § 1a i 2), *rzad.* **opłuknąć** *dk Va,* opłuknij, opłuknąłem (*wym.* opłuknołem; *nie*: opłuknełem), opłuknął (*wym.* opłuknoł), opłuknęła (*wym.* opłuknęła), opłuknęliśmy (*wym.* opłuknęliśmy) — **opłukiwać** *ndk VIIIb,* opłukuję (*nie*: opłukiwuję, opłukiwam), opłukiwaliśmy □ O. co (czym a. w czym): Opłukać ręce ciepłą wodą (a. w ciepłej wodzie).

opłynąć *dk Vb,* opłyń, opłynąłem (*wym.* opłynołem; *nie*: opłynełem), opłynął (*wym.* opłynoł), opłynęła (*wym.* opłynęła), opłynęliśmy (*wym.* opłynęliśmy; p. akcent § 1a i 2) — **opływać** *ndk I,* opływaliśmy 1. «płynąc okrążyć, otoczyć, popłynąć dokoła czegoś»: Rzeka opływa miasto. Opłynęli wyspę łodzią (a. w łodzi). Woda opływa kamienie. 2. *wych. z użycia* «spłynąć (po) czymś (zwykle o krwi, pocie, łzach)»: Pot mu opływa czoło. 3. tylko *ndk* «obfitować w coś» □ O. w co (*nie*: w czym a. czym): Opływać w dostatki, w bogactwa (*nie*: w dostatkach, w bogactwach; i *nie*: dostatkami, bogactwami).

Opoczno *n III* «miasto»: Mieszkać w Opocznie, pod Opocznem. — opocznianin *m V, D.* opocznianina, *lm M.* opocznianie, *D.* opocznian — opocznianka *ż III, lm D.* opocznianek — opoczyński.

opodal a. **nie opodal** *książk.* «w pobliżu, niedaleko»: Przyglądał się ludziom przechodzącym opodal. Uliczka była cicha, chociaż opodal było śródmieście. Zatrzymał się opodal postoju taksówek. Samochód stał nie opodal. □ *wych. z użycia* O. od kogo, od czego: Statek zarzucił kotwicę opodal od brzegu. □ Nie opodal czego: Nie opodal dworca, poczty. Nie opodal wsi rozciągały się pastwiska. □ *przestarz.* Nie opodal od czego, od kogo: Nie opodal od dworu był brzozowy gaj.

opodatkować *dk IV*, opodatkowaliśmy (p. akcent § 1a i 2) — **opodatkowywać** *ndk VIIIa*, opodatkowuję (*nie*: opodatkowywuję, opodatkowywam), opodatkowaliśmy: Opodatkować przedsiębiorstwo, obywateli na rzecz czegoś, na jakiś cel.

opoka *ż III* **1.** «skała osadowa»: Opoka lekka. **2.** *przestarz.* «kamień; podłoże skaliste» — dziś żywe w *przen.* (*podn.*) «silna podstawa, podpora; fundament, podwalina»: Być, stać się opoką.

Opole *n I* «miasto» — opolanin *m V*, *D.* opolanina, *lm M.* opolanie, *D.* opolan — opolanka *ż III*, *lm D.* opolanek — opolski (p.).

Opole Lubelskie, Opole *n I*, Lubelskie — odm. przym. «miasto» — opolsko-lubelski.

opolski: Województwo opolskie (*ale*: Strzelce Opolskie, Śląsk Opolski).
Opolskie *n* odm. jak przym., *NMs.* Opolskiem (*nie*: Opolskim) «województwo opolskie»: Mieszkać w Opolskiem.

Opolszczyzna *ż IV* «ziemia opolska; Opolskie»: Pojechać na Opolszczyznę. Mieszkać na Opolszczyźnie.

oponent *m IV*, *lm M.* oponenci «ten, kto oponuje; przeciwnik (zwykle tylko w dyskusji)»: Mój oponent skończył wypowiedź. Oponent referenta (*nie*: w stosunku do referenta).

oponować *ndk IV*, oponowaliśmy (p. akcent § 1a i 2) — **zaoponować** *dk*: W rozmowie ze starszymi nie ośmielił się oponować. □ O. komu, czemu, *częściej*: przeciw czemu: Oponował swemu rozmówcy. Przeciw temu formułowaniu trzeba zaoponować. Oponować przeciw wnioskowi (*rzad.* oponować wnioskowi).

opończa *ż II*, *lm D.* opończy (*nie*: opończ).

oporowy przym. od opór (tylko w terminologii specjalnej): Mur, drut, termometr oporowy. △ *sport.* Krystiania oporowa.

oportunizm *m IV*, *D.* oportunizmu, *Ms.* oportunizmie (*wym.* ~izmie a. ~iźmie), *blm* || D Kult. I, 436.

opowiadać *ndk I*, opowiadaliśmy (p. akcent § 1a i 2) — **opowiedzieć** *dk*, opowiem, opowie, opowiedzą, opowiedz, opowiedział, opowiedzieliśmy □ (tylko *ndk*) O. bez dop.: Jest urodzonym gawędziarzem, świetnie opowiada. □ O. co: Opowiadać bajki, opowiedzieć historię swego życia. Starzy wojskowi opowiadali swoje wspomnienia z wojny (*nie*: o swoich wspomnieniach z wojny). □ O. o kim, o czym: Godzinami opowiadała o swoich dzieciach, o stosunkach w biurze.
opowiadać się — opowiedzieć się «oznajmiać komuś (zwierzchnikom, starszym itp.), dokąd się idzie, co się chce robić»: Idź dokąd chcesz, nie musisz się nikomu opowiadać. □ O. się za kim, za czym; także: o. się przy kim «oświadczać, że jest się zwolennikiem kogoś, czegoś»: Przedstawiciele Polski opowiedzieli się za zawarciem układu. Wojsko opowiedziało się za swoim dowódcą (a. przy swoim dowódcy). || D Kult. II, 79.

opowiadanie *n I* **1.** *blm* forma rzeczownikowa czas. opowiadać □ O. o kim, o czym; o. czego: Opowiadanie o własnych przygodach. Nudził wszyst-

kich opowiadaniem swoich przeżyć. **2.** «opowieść; w literaturze: krótki utwór, zwykle skupiający się wokół jednego wydarzenia» □ O. o kim, o czym: Pisał opowiadania o morzu i żeglarzach. *Por.* opowieść.

opowiedzieć p. opowiadać.

opowieść *ż V*, *DCMs.* i *lm MDB.* opowieści «opowiadanie; w literaturze: utwór o bogatej fabule i gawędziarskim toku narracji»: Opowieść historyczna. Opowieści wschodnie. □ O. o kim, o czym: Opowieść o Janosiku, o przygodach wojennych. □ O. z czego: Opowieść z dawnych dziejów. *Por.* opowiadanie.

opozycja *ż I*, *DCMs.* i *lm D.* opozycji: Budzić, wywoływać opozycję. Tłumić opozycję. △ Być w opozycji do kogoś, czegoś a. w stosunku do kogoś, czegoś: Był stale w opozycji (w stosunku) do swoich zwierzchników. □ O. przeciw komu, czemu: Opozycja przeciw skostniałym zwyczajom.

opój *m I*, *D.* opoja, *lm D.* opojów *wych.* z użycia «pijak»

opór *m IV*, *D.* oporu: Stawiać, napotykać, przełamać opór. Zgodzić się na coś bez oporu. △ Ruch oporu «walka podziemna przeciw okupantom hitlerowskim w II wojnie światowej» □ O. komu, czemu a. względem kogo, czego: Stawiać opór władzom (względem władz). △ częściej w *lm* w zn. «przeszkody, trudności natury psychicznej»: Przezwyciężyć opory (*rzad.* opór). Należało się stanowczo przeciwstawić woli rodziców, ale syn miał co do tego opory. △ (Iść) po linii najmniejszego oporu (*nie*: po najmniejszej linii oporu).

opóźniać *ndk I*, opóźnialiśmy (p. akcent § 1a i 2), *reg.* **opaźniać** *ndk I*, opaźnialiśmy — **opóźnić** *dk VIa*, opóźnij (*nie*: opóźń), opóźniliśmy: Opóźnić wykonanie pracy.
opóźniać się — opóźnić się □ O. się w czym: Opóźniać się w robocie. Pociąg opóźnił się w biegu. □ O. się z czym: Opóźnić się z zapłaceniem komornego.

Oppenheimer (*wym.* Openhajmer) *m IV*, *D.* Openheimera (p. akcent § 7): Dyskusja o Oppenheimerze.

opracować *dk IV*, opracowaliśmy (p. akcent § 1a i 2) — **opracowywać** *ndk VIIIa*, opracowuję (*nie*: opracowywuję, opracowywam), opracowywaliśmy: Opracować (*nie*: rozpracować) plan, program. Opracować plan ponownie (*nie*: przepracować plan). ||D Kult. I, 97; U Pol. (2), 204, 207.

oprać *dk IX*, opiorę (*nie*: opierę), opierze, opraliśmy (p. akcent § 1a i 2) — **opierać** *ndk I*, opieraliśmy «wyprać (komuś) bieliznę, ubranie itp.»: Oprać całą rodzinę — to duża robota. Opierała wszystkich lokatorów tego domu. △ *niepoprawne* w zn. «skończyć czynność prania, uprać», np. Cała bielizna jest oprana (*zamiast*: uprana) i poprasowana.

oprawa *ż IV*, *lm D.* opraw: Oprawa książki. Okulary w rogowej oprawie. △ *przen.* Dramat został wystawiony w pięknej oprawie scenograficznej.

oprawiać *ndk I*, oprawialiśmy (p. akcent § 1a i 2) — **oprawić** *dk VIa*, oprawiliśmy: Oprawić książkę. Oprawić rybę. □ O. co — w co: Oprawić obraz w ramy. Oprawić turkus w srebro.

oprawny, *częściej*: **oprawiony**: W bibliotece jest wiele pięknie oprawionych (oprawnych) książek. Miecz bogato oprawny. □ O. w co: Brylant oprawiony w złoto.

opresja *ż I, DCMs.* i *lm D.* opresji «trudne położenie»: Znaleźć się, być w opresji. Wybawiać kogoś z opresji. Wyjść cało z opresji.

oprowadzać *ndk I,* oprowadzaliśmy (p. akcent § 1a i 2) — **oprowadzić** *dk VIa,* oprowadź, oprowadziliśmy □ O. kogo po czym: Oprowadzać gościa po parku, po domu, po Warszawie.

oprócz, prócz «przyimek łączący się z rzeczownikami i zaimkami w dopełniaczu»: **1.** «tworzy wyrażenia oznaczające to, w stosunku do czegoś coś jest uzupełnieniem, dodatkiem»: Oprócz (prócz) niego byli tam i inni. W pokoju (o)prócz mebli pełno było bagaży. Czekały ją (o)prócz nagrody także duże zaszczyty. △ Oprócz (prócz) tego «nadto» **2.** «tworzy wyrażenia oznaczające, że coś stanowi wyjątek w stosunku do treści reszty zdania»: **a)** «w zdaniach twierdzących»: Wszyscy spali (o)prócz niego (= tylko on nie spał). Zwiedzili cały pałac (o)prócz ostatniego piętra. **b)** «w zdaniach przeczących (z odcieniem wzmacniającym)»: Nikt (o)prócz ojca tego nie wie (= tylko ojciec to wie). Nie kochał żadnego ze swych synów oprócz najmłodszego. (O)prócz kawałka chleba nie miał dziś nic w ustach. △ Uwaga. Przyimek *(o)prócz* wychodzi stopniowo z użycia, wypierany przez przyimek *poza* z narzędnikiem (często nadużywany w tej funkcji), np.: Poza mną (*lepiej*: oprócz mnie) nie było nikogo. Co poza tym (*lepiej*: prócz tego) masz mi do powiedzenia?

opróżniać *ndk I,* opróżnialiśmy (p. akcent § 1a i 2) — **opróżnić** *dk VIa,* opróżnij (*nie*: opróżń), opróżniliśmy □ O. co (z czego): Opróżnij szufladę (z papieru).

oprysk *m III, D.* oprysku *środ., lepiej*: opryskanie, opryskiwanie, np. Oprysk (*lepiej*: opryskanie) drzew, pomidorów. // *KJP 92.*

opryskać *dk I,* opryskaliśmy (p. akcent § 1a i 2) — **opryskiwać** *ndk VIIIb,* opryskuję (*nie*: opryskiwuję, opryskiwam), opryskiwaliśmy □ O. kogo, co — czym: Opryskał sobie twarz wodą. Przejeżdżający samochód opryskał go błotem.

opryskliwy *m-os.* opryskliwi, *st. w.* opryskliwszy, *częściej*: bardziej opryskliwy.

opryszek *m III, D.* opryszka, *lm M.* te opryszki, *rzad.* ci opryszkowie.

oprząść (się) *dk XI,* oprzędę, oprzędzie, oprzędą, oprządź a. oprzędź; oprządł, oprzędła, oprzędliśmy (p. akcent § 1a i 2), oprzędziony (*nie*: oprzędzony).

oprzeć *dk XI,* oprę, oprze, oprą, oprzyj, oparł, oparliśmy (p. akcent § 1a i 2) — **opierać** *ndk I,* opieraliśmy **1.** «postawić kogoś, coś przy kimś, przy czymś aby nie upadł, nie ugrzązł; wesprzeć» □ O. kogo, co — na kim, na czym (na czymś poziomym): Oprzeć nogi na podnóżku. □ O. o kogo, o co (o coś pionowego): Oparła deskę o ścianę. Oparł głowę o oparcie fotela. **2.** «uzasadnić, ugruntować» □ O. co na czym (*nie*: o co): Plan oparty na wytycznych (*nie*: o wytyczne). Oprzeć twierdzenie na faktach (*nie*: o fakty). Film oparty na noweli (*nie*: o nowelę) znanego pisarza.

oprzeć się — opierać się 1. «wesprzeć się» □ O. się na kim, na czym: Oprzeć się na lasce. □ O. się o kogo, o co: Oprzeć się o drzwi. Drzemiąc w pociągu, oparł się o sąsiada. **2.** «wziąć coś za podstawę» □ O. się na czym (*nie*: o co): W swej pracy oparł się na źródłach historycznych. **3.** «zaufać komuś, polegać na kimś; uzyskać czyjeś poparcie» □ O. się na kim: Nie mógł się na nikim oprzeć, nie miał przyjaciół ani znajomych. **4.** «nie dać komuś, czemuś zapanować nad sobą: nie zgodzić się na coś, wystąpić przeciw komuś, czemuś» □ O. się komu, czemu: Nie oparł się drzemce. Trudno było się oprzeć jej prośbom. **5.** *wych. z użycia* «zatrzymać się gdzieś, dotrzeć dokądś» △ tylko w zwrocie: Nie oprzeć się aż...: Uciekali w popłochu i nie oparli się aż na końcu miasta. // *D Kult. I, 196; KP Pras.*

oprzęd (*nie*: oprząd) *m IV, D.* oprzędu.

oprzyrządowanie *n I, blm środ.* «zespół środków technicznych (narzędzia, uchwyty itp.), które stanowią uzupełnienie, wyposażenie maszyny lub urządzenia; w zn. czynności — *lepiej*: zaopatrzenie w przyrządy» △ *niepoprawne* Wyposażyć kogoś w oprzyrządowanie (*zamiast*: w przyrządy). // *D Kult. II, 80.*

oprzytomnić *dk VIa,* oprzytomnij, oprzytomniliśmy (p. akcent § 1a i 2) — *rzad.* **oprzytomniać** *ndk I,* oprzytomnialiśmy «doprowadzić do przytomności, ocucić»: Oprzytomniło ją świeże, zimne powietrze.

oprzytomnieć p. przytomnieć.

opsnąć się *dk Va,* opsnąłem (*wym.* opsnołem; *nie*: opsnełem) się, opsnął (*wym.* opsnoł) się, opsnęła (*wym.* opsneła; *nie*: opsła) się, opsnęliśmy (*wym.* opsneliśmy; *nie*: opsliśmy) się; p. akcent § 1a i 2) *wych. z użycia, pot.* «zsunąć się skądś; obsunąć sie»

optimum (*wym.* optimum, *nie*: optimum) *n VI* (*rzad.* w *lm*): Optima termiczne (*częściej*: temperatury optymalne) dla roślin.

optyczny «dotyczący optyki; odnoszący się do wzroku i zjawisk świetlnych»: Zjawiska optyczne. Przyrządy optyczne. Szkło optyczne. Złudzenia optyczne. △ *niepoprawne* w zn.: **a)** «widoczny», np. Optyczna (*zamiast*: widoczna) przewaga drużyny. **b)** «pozorny», np. Drużyna miała tylko optyczną (*zamiast*: pozorną) przewagę. // *KP Pras.*

optyk *m III, D.* optyka (*nie*: optyka, p. akcent § 1d), *lm M.* optycy.

optyka (*wym.* optyka, *nie*: optyka; p. akcent § 1c) *ż III, blm* «dział fizyki» △ *posp.* Na optykę «na pozór, na oko»

optymalizacja, *lepiej* niż: **optymizacja** *ż I, DCMs.* optymalizacji (optymizacji), zwykle *blm* // *PJ 1969, 414.*

optymalnie (wyraz nadużywany, *lepiej*: najlepiej, w najlepszy sposób), np. Problem został optymalnie (*lepiej*: najlepiej) rozwiązany.

optymalny (wyraz nadużywany; *lepiej*: najlepszy): Optymalne (*lepiej*: najkorzystniejsze) warunki rozwoju. Optymalne (*lepiej*: najlepsze) wyniki.

optymizacja p. optymalizacja.

optymizm *m IV, D.* optymizmu, *Ms.* optymizmie (*wym* ~izmie a. ~iźmie), *blm*: Być pełnym optymizmu. Napawać, napełniać, tchnąć optymizmem.

opuchlizna, *rzad.* **opuchlina** *ż IV, CMs.* opuchliźnie (opuchlinie), zwykle *blm*.

opuchnąć *dk Vc,* opuchł a. opuchnął; opuchliśmy (p. akcent § 1a i 2), opuchły a. opuchnięty: Noga mi opuchła. Opuchła (opuchnięta) twarz. // *KJP 285.*

opuchnięcie *n I, częściej*: opuchlizna — w zn. «obrzęk, miejsce opuchnięte»

opus *n* odm. jak *m IV, D.* opusu (skrót: op.): Opus dziesiąte (*nie*: opus dziesiąty). Wyjątek z opusu dziesiątego. Pomylić się w opusie dziesiątym. Skomponować trzy opusy. // *D Kult. I, 720; II, 459.*

opust *m IV, D.* opustu, w zn. handlowym *częściej*: rabat.

opustoszeć p. pustoszeć.

opustoszyć *dk VIb wych. z użycia* «uczynić pustym, zniszczyć, wyludnić (*częściej*: spustoszyć)»: Epidemia opustoszyła miasto. Opustoszony kraj.

opuszczać *ndk I,* opuszczaliśmy (p. akcent § 1a i 2) — **opuścić** *dk VIa,* opuszczę, opuściliśmy □ O. co: a) «kierować w dół; obniżać»: Opuszczać głowę. Opuścić wzrok, oczy. b) «pomijać, przepuszczać; bywać nieobecnym»: Opuszczać wiersze przepisując tekst na maszynie. Opuszczać lekcje. □ O. co (z czego); a. o. bez dop. «zniżać cenę»: Opuściła dwa złote. Ile z tego opuścisz? Niech pan opuści, to dobijemy targu. □ O. kogo, co «porzucać, zostawiać»: Opuszczać żonę, dzieci. Opuszczać kraj. □ Coś kogo opuszcza «komuś przestaje coś służyć, dopisywać, sprzyjać, towarzyszyć»: Opuszczają kogoś siły. Opuszcza go sen, humor, szczęście.
opuszczać się — **opuścić się** □ O. się w co «osuwać się, opadać»: Opuszcza się w głąb szybu. □ O. się w czym «zaniedbywać się w wykonywaniu czegoś»: Opuszczać się w pracy, w nauce.

opylacz *m II, lm D.* opylaczy, *rzad.* opylaczów.

oracja *ż I, DCMs.* i *lm D.* oracji *przestarz.* «przemówienie wygłaszane przy uroczystych okazjach; dziś *żart.* długa, napuszona mowa»: Oracja powitalna. Prawić, wygłosić orację.

oracz *m II, lm D.* oraczy, *rzad.* oraczów.

orać *ndk IX,* orze, orz (*nie*: órz, oraj), oraliśmy (p. akcent § 1a i 2) 1. «żłobić bruzdy w roli»: Orać ziemię. Orać głęboko, płytko. □ O. czym: Orać pługiem, traktorem. △ Ale: Orać dwoma końmi a. we dwa konie. □ O. pod co: Orać pod żyto. 2. *pot.* «zmuszać do ciężkiej pracy» □ O. kogo, *rzad.* kim: Orał w swego pomocnika (*rzad.* orał swoim pomocnikiem). 3. *pot.* «ciężko pracować»: Orał za wszystkich. △ Orać jak wół.

Oradea (*wym.* Oradea a. Oradja) *ż I, DCMs.* Oradei, *B.* Oradeę, *N.* Oradeą «miasto w Rumunii»

Oran *m IV, D.* Oranu «miasto w Algierii»: Port w Oranie. — orańczyk *m III, lm M.* orańczycy — oranka *ż III, lm D.* oranek — orański.

orangutan (*nie*: orangutang) *m IV, lm D.* orangutanów: Brzydki jak orangutan.

oranż (*wym.* oráż) *m II, D.* oranżu, *blm*.

oranżada (*wym.* oráżada a. oranżada; *nie*: orężada) *ż IV*: Zamówić oranżadę (butelkę oranżady).

oranżeria (*wym.* oráżeria a. oranżeria) *ż I, DCMs.* i *lm D.* oranżerii.

orator *m IV, lm M.* oratorzy, *rzad.* oratorowie *książk.* «mówca, krasomówca»

oratorium *n VI, lm M.* oratoria, *D.* oratoriów.

oratorski «odnoszący się do oratora; krasomówczy»: Talent oratorski. Swada oratorska.

oratoryjny «odnoszący się do oratorium»: Muzyka oratoryjna. Utwór oratoryjny.

Orawa *ż IV* «rzeka i historyczna kraina w Czechosłowacji i Polsce»: Mieszkać na Orawie. Jechać na Orawę. — Orawianin *m V, D.* Orawianina, *lm M.* Orawianie, *D.* Orawian — Orawianka *ż III, lm D.* Orawianek — orawski.

oraz *książk.* «spójnik łączący współrzędne części zdania; a także, i»: Wystąpili soliści zagraniczni oraz artyści scen warszawskich. △ W języku *pot. lepiej*: i, np. Sprzedawała na targu masło oraz (*lepiej*: i) ser. // *D Kult. I, 98.*

orbita *ż IV* △ Wejść na orbitę «o statkach kosmicznych: znaleźć się na torze poruszania się wokół jakiejś planety»: Sputnik wszedł na orbitę okołoziemską. △ *przen.* Wejść w orbitę czegoś «znaleźć się w sferze, w zasięgu działania czegoś»: W X w. Polska weszła w orbitę wpływów kultury zachodniej.

orbitować *ndk IV,* orbitowaliśmy (p. akcent § 1a i 2) «o pojeździe kosmicznym; poruszać się w kosmosie po orbicie» // *D Kult. II, 400.*

orchidea (*nie*: orchideja) *ż I, DCMs.* orchidei, *B.* orchideę, *N.* orchideą, *lm D.* orchidei (*nie*: orchidej).

orda *ż IV* «wojsko tatarskie; dawniej także: siedziba chana»: Ordy chana krymskiego. Tatarska orda. △ W nazwach dużą literą: Złota Orda, Nogajska Orda «państwa tatarskie»

order *m IV, D.* orderu: Odznaczyć, udekorować orderem. Nadać komuś order. Przedstawić kogoś do orderu. Na oficjalnej uroczystości generał zjawił się w orderach (a. przy orderach). △ W nazwach dużą literą: Order Budowniczych Polski Ludowej, Order Odrodzenia Polski, Order Sztandaru Pracy, Order Krzyża Grunwaldu.

Ordonówna *ż IV, D.* Ordonówny, *CMs.* Ordonównie (*nie*: Ordonównej): Recital Ordonówny.

ordynans *m IV, D.* ordynansa, *lm M.* ordynansi.

ordynariusz *m II, lm D.* ordynariuszy a. ordynariuszów.

ordynarnieć p. zordyniarnieć.

ordynator *m IV, lm M.* ordynatorzy, *rzad.* ordynatorowie.

ordynek *m III, D.* ordynku *wych. z użycia* «szyk, układ»: Iść w ordynku. Stanąć w ordynku.

ordynować *ndk IV,* ordynowaliśmy (p. akcent § 1a i 2) — **zaordynować** *dk* 1. «przepisywać lekarstwa, zalecać jakąś kurację» □ O. co komu: Lekarz zaordynował pacjentowi kąpiele. 2. tylko *ndk* «przyjmować pacjentów, leczyć; pełnić obowiązki ordynatora»: W przychodni ordynuje dwóch lekarzy.

ordynus *m IV, lm M.* te ordynusy *pot.* «człowiek ordynarny»

Ordżonikidze (*wym.* Ordżonikidze) **1.** *m* odm. jak przym. a. (zwykle z odmienianym imieniem) *ndm* «nazwisko radzieckiego działacza ruchu robotniczego»: Rewolucyjna działalność Ordżonikidzego (*ale*: Grigorija Ordżonikidzego a. Grigorija Ordżonikidze). **2.** *n ndm* «miasto w ZSRR»: Mieszkać w Ordżonikidze.

Oregon (*wym.* Oregon a. Oregon) *m IV, D.* Oregonu a. (z wyrazem: stan) *ndm* «stan w USA»: Mieszkać w Oregonie (w stanie Oregon). — oregoński.

Orenburg (*wym.* Orenburg, *nie*: Orenburg) *m III D.* Orenburga (p. akcent § 7) «miasto w ZSRR» — orenburski.

Orestes, *rzad.* **Orest** *m IV, Ms.* Orestesie (Oreście).

orędownik *m III, lm M.* orędownicy *książk.* «ten, kto się wstawia za kimś, popiera kogoś, coś»: Znaleźć w kimś orędownika. Być czyimś orędownikiem. Orędownik równouprawnienia kobiet.

orędzie *n I, lm D.* orędzi: Wygłosić, wystosować orędzie. □ O. czyje (z rzeczownikiem w dopełniaczu) — do kogo: Noworoczne orędzie prezydenta do obywateli.

oręż (*nie*: to oręże) *m II,* zwykle *blm książk., podn.* «broń»: Szczęk oręża. Chwycić za oręż. Z orężem w ręku bronić wolności. △ *przen.* Te argumenty były orężem w walce o prawdę.

orężny *podn., książk.* «dokonany za pomocą oręża; związany z użyciem broni, zbrojny»: Rozprawa, walka orężna. Pomoc orężna.

organ *m IV, D.* organu **1.** *lm M.* organy «narząd»: Organy mowy. Organ słuchu. **2.** *lm M.* organy, *wych. z użycia* organa (zachowane zwłaszcza w wyrażeniu: organa władzy) «urząd, instytucja; dziennik, czasopismo wyrażające opinię jakiejś organizacji lub grupy społecznej»: Organ wykonawczy organizacji państwowej. Ta gazeta jest organem Komitetu Wojewódzkiego PZPR. Stronnictwo ma dwa organy: dziennik i tygodnik. **3.** (tylko w *lm*) organy «instrument muzyczny»: W katedrze oliwskiej są słynne organy.

organdyna (*nie*: organdina, organtyna, organtina) *ż IV, CMs.* organdynie.

organik *m III, D.* organika (p. akcent § 1d): Chemik organik.

organista *m* odm. jak *ż IV, D.* organisty, *lm M.* organiści, *DB.* organistów.

organiścina *ż IV, D.* organiściny, *CMs.* organiścinie (*nie*: organiścinej), *lm M.* organiściny, *D.* organiścin (*nie*: organiścinych).

***organizacje** Nazwy organizacji, zrzeszeń, związków, instytucji itp. pisane są zawsze dużą literą (wszystkie człony nazwy, z wyjątkiem przyimków i spójników), zarówno wtedy, kiedy są wyrazami odpowiadającymi rzeczownikom pospolitym — lub innym częściom mowy (np.: *Sokół, Pionier, Samopomoc Chłopska, Towarzystwo Świadomego Macierzyństwa, Związek Bojowników o Wolność i Demokrację,*

Społem, Naprzód), jak i wtedy, kiedy są skrótowcami (np.: *MON, KPP, Arged, Pagart*). △ Odmiana nazw odpowiadających rzeczownikom pospolitym jest taka sama, jak odmiana tych rzeczowników (np.: członkowie *Sokoła,* działacze *Samopomocy Chłopskiej*); natomiast nazwy — odpowiedniki nieodmiennych części mowy — są również nieodmienne (np.: pracownicy *Społem,* działacze *ZHP,* członkowie *ORMO*). △ Odmianę nazw o charakterze skrótowców omówiono pod hasłem: skrótowce.

organizator *m IV, lm M.* organizatorzy, *rzad.* organizatorowie.

organizm *m IV, D.* organizmu, *Ms.* organizmie (*wym.* ~izmie a. ~iźmie).

organizować p. zorganizować.

organki (*nie*: ta organka, ten organek) *blp, D.* organków, in. harmonijka ustna.

! organtina, organtyna p. organdyna.

organy p. organ (w zn. 3).

Orgelbrand (*wym.* Orgelbrand) *m IV, lm M.* Orgelbrandowie (p. akcent § 7): Wydawnictwa Orgelbrandów.
Orgelbrand *ż ndm* — Orgelbrandowa *ż* odm. jak przym. — Orgelbrandówna *ż IV, D.* Orgelbrandówny, *CMs.* Orgelbrandównie (*nie*: Orgelbrandównej), *lm D.* Orgelbrandówien.

! orginalny p. oryginalny.

Orient a. **orient** *m IV, D.* Orientu (orientu) *rzad., książk.* «kraje wschodnie; Wschód»: Karawanowy handel Orientu. — orientalny.

orientacja *ż I, DCMs.* orientacji **1.** zwykle *blm* «rozeznanie w terenie; trafne rozumienie sytuacji»: Stracić orientację. □ O. w czym: Śnieżyca utrudniała narciarzom orientację w terenie. Autor wykazał w swojej monografii doskonałą orientację w prądach umysłowych opracowywanej epoki. **2.** *lm D.* orientacji *wych. z użycia* «skłanianie się ku czemuś (zwykle ku jakimś poglądom politycznym)»: Orientacja lewicowa.

orientalistyka (*wym.* orientalistyka, *nie*: orientalistyka, p. akcent § 1c) «nauka o językach, dziejach i kulturze Wschodu»: Studiować orientalistykę.

orientować *ndk IV,* orientowaliśmy (p. akcent § 1a i 2) — **zorientować** *dk* □ O. w czym a. co do czego (*nie*: o czym): Znaki orientujące w terenie. Komunikat orientujący co do stanu pogody. △ Orientować mapę «układać ją tak, żeby strony świata na mapie zgadzały się ze stronami świata w rzeczywistości»
orientować się — **zorientować się 1.** «rozpoznawać strony świata, teren» □ O. się w czym: Dobrze się orientowali w okolicy. □ O. się według czego: W nocy turyści orientowali się według gwiazd. **2.** «rozumieć, na czym rzecz polega, o co chodzi»: Był bystry i szybko się orientował. □ O. się w czym a. co do czego (*nie*: o czym): Orientować się w jakiejś sprawie. □ O. się, że ...: Zorientował się, że sytuacja jest bez wyjścia. △ w tym zn. nadużywane: Czy pan się nie orientuje (*lepiej*: Czy pan nie wie), która godzina? Proszę nas zorientować (*lepiej*: Proszę nam powiedzieć), co się stało. **3.** *wych. z użycia* «kierować się ku czemuś, skłaniać się ku czemuś» □ O. się na co: Orientować się na wschód.

orka

orka *ż III*: Rozpoczęto już orkę jesienną. △ Szerząca się ostatnio forma *lm*: orki, *D.* orek — nie jest niepoprawna ze stanowiska gramatycznego, ale jest niepotrzebna. // *D Kult. 198.*

Orkady *blp, D.* Orkadów «wyspy koło Szkocji» △ Orkady Południowe «wyspy w południowej części Atlantyku»

orkiestra (*nie*: orgiestra) *ż IV, lm D.* orkiestr.

orkiestralny a. **orkiestrowy** (*nie*: orgiestralny, orgiestrowy): Muzyka orkiestralna (orkiestrowa). Technika orkiestralna (orkiestrowa). Zespół orkiestralny a. orkiestrowy (*ale*: Instrumenty orkiestrowe).

Orlean (*wym.* Orlean, *nie*: Orlean) *m IV, D.* Orleanu (p. akcent § 7) «miasto i kraina we Francji»— orleańczyk (p.) — orleanka (p.) — orleański (p.).

Orleanka *ż III, lm D.* Orleanek **1.** «mieszkanka Orleanu — krainy» **2.** orleanka «mieszkanka Orleanu — miasta»

Orleańczyk *m III, lm M.* Orleańczycy **1.** «mieszkaniec Orleanu — krainy» **2.** orleańczyk «mieszkaniec Orleanu — miasta»

orleański: Dynastia orleańska (*ale*: Kanał Orleański, Dziewica Orleańska).

Ormandy (*wym.* Ormandy a. Ormandi) *m* odm. jak przym., *D.* Ormandyego (*wym.* Ormandiego) a. (w połączeniu z imieniem) *ndm*: Orkiestra pod dyrekcją Ormandyego (Eugeniusza Ormandy).

Ormianin, Ormianka p. Armenia.

ormiański: Język ormiański. Zwyczaje ormiańskie. △ Kościół ormiański «rodzaj wyznania chrześcijańskiego; obrządek w Kościele katolickim»

ORMO (*wym.* ormo) *n ndm* «Ochotnicza Rezerwa Milicji Obywatelskiej»: Członek ORMO. ORMO powstało w 1946 r. — ORMO-wiec a. ormowiec *m II, D.* ORMO-wca (ormowca), *lm M.* ORMO-wcy (ormowcy) — ORMO-wski a. ormowski.

ORN (*wym.* oeren, p. akcent § 6) *m IV, D.* ORN-u, *Ms.* ORN-ie a. *ż ndm* «Osiedlowa Rada Narodowa»: Pracownik ORN-u (ORN). ORN wyasygnował (wyasygnowała) fundusze na budowę szosy.

ornament *m IV, D.* ornamentu, *lm M.* ornamenty (*nie*: ornamenta) □ O. w czym a. na czym: Kuć ornamenty w blasze. Ornamenty na meblach, na fasadzie domu.

ornamentacja *ż I, DCMs.* i *lm D.* ornamentacji **1.** zwykle *blm*; p. ornamentyka (w zn. 1). **2.** p. ornamentyka (w zn. 2).

ornamentacyjny «dotyczący ornamentacji, ornamentyki; mający charakter ornamentu, zdobniczy; *rzad.* ornamentalny»: Styl, motyw ornamentacyjny. Rzeźba ornamentacyjna.

ornamentalny 1. «odnoszący się do ornamentu w muzyce»: Znaki ornamentalne. **2.** p. ornamentacyjny: Inicjał ornamentalny. Kompozycja ornamentalna.

ornamentyka (*wym.* ornamentyka, *nie*: ornamentyka, p. akcent § 1c) *ż III, blm* **1.** «sztuka, sposób stosowania ornamentów, zdobnictwo; *rzad.* ornamentacja» **2.** «zespół ornamentów w dziele sztuki»

ornat *m IV, D.* ornatu, *Ms.* ornacie.

ornitolog *m III, lm M.* ornitolodzy a. ornitologowie.

ornitolog — o kobiecie, p. nazwy i tytuły zawodowe kobiet.

orosić *dk VIa*, oroszę, orosiliśmy (p. akcent § 1a i 2) *rzad.* «zamoczyć rosą»: Oroszona trawa.

ORP (*wym.* oerpe, p. akcent § 6) *m ndm* «Okręt Rzeczypospolitej Polskiej (symbol, którym się oznacza każdy polski okręt wojenny)»: ORP „Burza" wypłynął z portu.

ORS (*wym.* ors) *m IV, D.* ORS-u, *Ms.* ORS-ie «Obsługa Ratalnej Sprzedaży»: Zakup mebli na raty jest możliwy dzięki ORS-owi. Pracować w ORS-ie.

Orsini (*wym.* Ors-ini) *m* odm. jak przym., *lm M.* Orsiniowie.

ORT (*wym.* ort) *m IV, D.* ORT-u, *Ms.* Orcie; a. *ż ndm* «Obsługa Ruchu Turystycznego»: Placówki ORT-u. Pracować w ORT (w Orcie).

ortodoks *m IV, D.* ortodoksa; *rzad.* **ortodoksa** *m* odm. jak *ż IV, lm M.* ortodoksi, *DB.* ortodoksów «człowiek ściśle przestrzegający zasad wyznawanej wiary; prawowierny»

ortodonta *m* odm. jak *ż IV, lm M.* ortodonci a. ortodontowie, *DB.* ortodontów.

ortodonta — o kobiecie, p. nazwy i tytuły zawodowe kobiet.

ortograf (*nie*: ortografista) *m IV, lm M.* ortografowie.

ortografia *ż I, DCMs.* i *lm D.* ortografii; in. pisownia.

ortopeda (*nie*: ortopedyk) *m* odm. jak *ż IV, lm M.* ortopedzi, *DB.* ortopedów.

ortopeda — o kobiecie, p. nazwy i tytuły zawodowe kobiet.

oryginalny (*nie*: orginalny) *m-os.* oryginalni, *st. w.* oryginalniejszy a. bardziej oryginalny: Dokument oryginalny. Pisownia oryginalna. Oryginalny twórca ludowy. Oryginalny sposób zachowania się.

oryginał (*nie*: orginał) *m IV* **1.** *D.* oryginału «pierwowzór» **2.** *D.* oryginała, *lm M.* te oryginały a. ci oryginałowie «dziwak, ekscentryk»

oryl *m I, lm D.* oryli a. orylów *środ.* «flisak»

orzec *dk Vc*, orzeknę, orzeknie, orzeknij, orzekł, orzekliśmy (p. akcent § 1a i 2) — **orzekać** *ndk I*, orzekaliśmy *książk.* (używane zwłaszcza w języku urzędowym) **a)** «wyrazić sąd, opinię»: Komisja orzeknie, kogo zwolnić od egzaminu. △ Orzec, że... Orzec, czy... **b)** «wydać postanowienie, wyrok» □ O. bez dop.: Sąd orzeka w pełnym składzie. □ O. co: Kolegium orzekło grzywnę. Sąd orzekł pozbawienie wolności. □ O. o czym: Sąd orzekł o winie oskarżonego.

orzech *m III* △ Twardy (*nie*: ciężki) orzech do zgryzienia.

*orzeczenie to część zdania (wyraz lub wyrazy), za pomocą której orzeka się o podmiocie zdania; oznacza ona czynność, stan lub właściwość podmiotu w określonym czasie i trybie.
I. Rodzaje orzeczeń: **A.** *Orzeczenie proste (czasownikowe)*, wyrażane za pomocą form osobowych cza-

sowników, łączących się bezpośrednio z podmiotem, np.: Chłopiec wstał. On chciałby wyjechać. Idźcie dalej.

B. *Orzeczenie złożone* (*imienne*), wyrażone za pomocą tzw. imion: rzeczowników, przymiotników, przysłówków, zaimków, liczebników i imiesłowów .przymiotnikowych (rzadziej także za pomocą bezokoliczników), łączących się z podmiotem za pośrednictwem czasowników posiłkowych: *być, bywać* — lub czasowników, pełniących funkcje czasowników posiłkowych: *stać się, stawać się, zostać, zostawić* (*z*)*robić się* (*czym, jakim*), np.: Syn został lekarzem. Jesień bywa słotna. Zrobiło się pochmurno. Jest nas pięciu. Miasto zostało zdobyte. △ Część orzeczenia złożonego wyrażana za pomocą imienia nazywa się *orzecznikiem*. W funkcji orzeczników występują: **1.** Rzeczowniki i zaimki rzeczownikowe, np.: Sowa jest *ptakiem*. Stał się pilnym *uczniem*. Bądź zawsze *sobą*. **2.** Przymiotniki oraz przymiotnikowe zaimki, liczebniki i imiesłowy, np.: Ziemia jest *okrągła*. Ten zeszyt jest *mój*. Byłem *piąty* w kolejce. Okno było zawsze *otwarte*. △ Częste są w tej funkcji rzeczownikowe formy niektórych przymiotników, takie jak: *rad, zdrów, ciekaw, wesół* itp. (np. *Ciekaw* jestem, co u was słychać) — nie używane nigdy w funkcji przydawki. **3.** Przysłówki, np. *Miło* jest wędrować po górach. **4.** Wyrażenia syntaktyczne: **a)** Wyrażenia przyimkowe, np.: Dach był *ze słomy*. To rzecz *nie do wiary*. **b)** Wyrażenia porównawcze, np.: Była *niby dziecko*. Litwo, ojczyzno moja, ty jesteś *jak zdrowie*... **c)** Wyrażenia będące połączeniami łącznika z rzeczownikiem w dopełniaczu i z przydawką przymiotnikową (lub nawet bez przydawki), np.: To dziewczyna *wielkiej urody*. Rzecz jest *wielkiej wagi*. Być *dobrej myśli*. Jestem *zdania*, że to nieprawda. **5.** Bezokoliczniki — jeśli bezokolicznik nabiera charakteru imiennego, a więc jeśli da się zastąpić rzeczownikiem odsłownym (dzieje się tak wówczas, kiedy podmiotem zdania jest bezokolicznik lub zaimek *to*), np.: Chcieć to *móc*. Znaczyłoby to *dolewać* oliwy do ognia. △ Część orzeczenia wyrażana za pomocą formy osobowej czasownika *być* nazywa się *łącznikiem*. Łącznik w orzeczeniu złożonym pełni funkcję pomocniczą, jako znak formalnego związku między orzeczeniem a podmiotem zdania. Ogranicza on treść orzecznika pod względem czasowym. Czasem łącznik się pomija, wyrażając orzeczenie samym orzecznikiem, np.: Śniadanie gotowe. Potrzeba matką wynalazków. △ Niekiedy w funkcji łącznika występują wyrazy: *to, oto*, np.: Słońce to źródło energii. Ubranie, sprzęty, pościel — oto cały jego majątek.
II. Sposoby łączenia orzeczenia z podmiotem. **1.** *Orzeczenie proste* zgadza się z podmiotem w osobie i liczbie, a w formach czasownikowych wyrażających rodzaj — także i w rodzaju, np.: Ja mówię, a ty słuchaj. Minął dzień, zaszło słońce, nadeszła noc. Chłopcy grali w piłkę, dziewczynki śpiewały. △ Przy podmiocie wyrażonym rzeczownikiem zbiorowym orzeczenie występuje w niektórych wypadkach w *lm* (np. moi braterstwo przyszli), w innych zaś w *lp* (np.: rodzeństwo przyszło; kompania śpiewa). **2.** *Orzeczenie złożone* łączy się z podmiotem w ten sposób, że czasownik posiłkowy zgadza się z podmiotem w osobie, liczbie, niekiedy też w rodzaju, a *orzecznik* ma różne formy zgody, zależnie od tego, jaką jest częścią mowy. △ Wyróżniamy: **a)** *Orzeczniki rze-*

czownikowe (wyrażane za pomocą rzeczowników i zaimków rzeczownikowych) występują zazwyczaj w narzędniku, rzadziej w mianowniku. W powiązaniu z łącznikiem czasownikowym występują zawsze w narzędniku, np.: Byłem *nauczycielem*. Wojna jest *nieszczęściem*. Nie jestem *tobą*. △ Bez łącznika lub w powiązaniu z wyrazami: *to, oto* (jest to, był to, są to, byłby to itd. w 3. os. *lp i lm* różnych czasów i trybów,) jako łącznikami — orzecznik rzeczownikowy występuje w mianowniku, np.: Sen *mara*, Bóg *wiara*. On — *brzydal*, ona — *skończona piękność*. Wiedza to *potęga*. Anilana jest to *rodzaj sztucznego włókna*. *Mądrość, talent, inteligencja* — oto jego zalety. W tytułach, np. itp. orzecznik rzeczownikowy bez łącznika bywa używany w narzędniku, np. Każdy uczeń członkiem PTTK. △ Użycie narzędnika po zaimku *to* jest rażącym błędem, np. Pozostawienie małych dzieci bez opieki jest to wielkim błędem rodziców (*zamiast*: ...jest to wielki błąd rodziców). **b)** *Orzeczniki przymiotnikowe* (wyrażane za pomocą przymiotników, zaimków i imiesłowów przymiotnikowych oraz liczebników porządkowych, mnożnych i wielorakich) zgadzają się zwykle z podmiotem w rodzaju, liczbie i przypadku, występując zazwyczaj w mianowniku, np.: Poziom konkursu był wysoki (*nie*: był wysokim). Wskazane (*nie*: wskazanym) jest nie palić przy pracy. △ Używanie narzędnika w orzeczniku przymiotnikowym jest przestarzałe, dziś *niepoprawne*; szczególnie zaś razi przy *lm*, np. Oni byli zadowolonymi (*zamiast*: zadowoleni) z pracy. △ Uwaga. Orzecznik przymiotnikowy ma formę narzędnika w następujących wypadkach: a) jeżeli łącznik ma postać imiesłowu lub rzeczownika odsłownego, np.: Będąc młodym zwiedził wiele krajów. Bycie szczerym to twój obowiązek. b) jeżeli łącznik ma postać bezokolicznika, który pełni funkcję podmiotu, np.: Dobrze jest być młodym. c) w zdaniach bezpodmiotowych, np.: Należy być odważnym. Trudniej znosić porażki, gdy się jest zarozumiałym. △ Jeśli natomiast łącznik ma postać bezokolicznika, który pełni funkcję dopełnienia czasownika modalnego, orzecznik przymiotnikowy ma formę mianownika, np.: Musisz być szlachetny. Możesz być tym zaskoczony. △ Narzędnik w tej funkcji utrzymuje się jeszcze czasem w zdaniach, w których orzecznik stoi przed słowem posiłkowym i podmiotem, i oddzielony jest od nich innymi wyrazami, np.: Przełomowym (a. przełomowy) w stosunkach między nimi był rok następny. △ Nie odnosi się to jednak do orzeczników wyrażonych zaimkiem przymiotnikowym, np. Takie (*nie*: takimi) po latach wojny i zastoju były nowe metody w szkolnictwie. △ Dopuszczalne jest jeszcze użycie narzędnika w orzeczniku przymiotnikowym po czasownikach: *stać się, zostać, robić się, wydawać się*, np.: Kto z kim przestaje, takim się staje. Wydawała się młodszą (a. młodsza), niż była w istocie. **c)** *Orzeczniki przysłówkowe* używane są w zdaniach, w których podmiot wyrażony jest za pomocą bezokolicznika, np. Trudno jest to dogodzić. △ Uwaga. *Niepoprawne* jest używanie w takich funkcjach orzecznika przymiotnikowego w narzędniku, np. Niełatwym (*zamiast*: niełatwo) jest naprawić błąd. || *D Kult. I, 95, 135; II, 232; Kl. Aleź 55—56; U Pol. (2), 362.* **3.** Gdy zdanie ma podmiot rozwinięty (szeregowy), złożony z dwóch lub kilku podmiotów zasadniczych, forma orzeczenia zależy od rodzaju spójnika i szyku wyrazów w zdaniu: **a)** Przy kilku podmiotach połączonych spójnikami łącznymi, np. *i, oraz, z*, orzeczenie ma formę *lm*, np.: Ojciec i matka szli razem. Ojciec oraz matka przychodzili po niego do szkoły. Ojciec z matką wyjechali na wczasy — *ale* także: Ojciec z matką wyjechał na wczasy (wtedy, kiedy desygnat wyrazu użytego w mianowniku jest uważany za ważniejszy).

△ Jeżeli orzeczenie poprzedza podmiot szeregowy, może mieć ono i formę *lp* i formę *lm*, np.: Był sobie dziad i baba. Przy chorym czuwał (a. czuwali) na zmianę lekarz i pielęgniarka (*ale*: nie: Lekarz i pielęgniarka na zmianę czuwał (czuwała) przy chorym). △ Jeśli wśród podmiotów zasadniczych, składających się na podmiot złożony, jest choć jeden rzeczownik męskoosobowy, orzeczenie przybiera formę męskoosobową w *lm*, np.: Minister i towarzyszące mu osoby zwiedzili (*nie*: zwiedziły) fabrykę. Rodzice i młodzież byli zadowoleni. △ W niektórych wypadkach dochodzi nawet do krzyżowania się form językowych, np. w zdaniu: „Zosia z Azorem biegali po ogrodzie" — żeński rodzaj pierwszego rzeczownika krzyżuje się z męskim (choć nieosobowym) rodzajem drugiego, dając w wyniku skrzyżowanie form (konstrukcja: „Zosia z Azorem biegały po ogrodzie" byłaby niewłaściwa). △ Orzeczenie w *lp* jest dopuszczalne, gdy w skład podmiotu wchodzą rzeczowniki nieżywotne, zwłaszcza abstrakcyjne o tym samym rodzaju gramatycznym, np.: Nauka i technika ma (a. mają) wielki wpływ na rozwój naszego kraju. Niechęć i obawa kierowała jego postępowaniem. Lepiej jednak używać tu orzeczenia w *lm*.

b) Przy podmiotach połączonych spójnikami alternatywnymi np.: *albo, lub, czy*, oraz spójnikiem wyłącznym *ani* — *ani* orzeczenie może mieć formę *lp* lub *lm*, np. Kąpiel lub spacer dobrze ci zrobi (a. zrobią). Albo Jan albo Marek wyjedzie (a. wyjadą) za granicę. Ani Andrzej ani Jacek mi się nie podoba (a. nie podobają). △ Jeżeli orzeczenie poprzedza podmiot, używamy tu raczej *lp*, np.: Przy chorym nie czuwa ani lekarz, ani pielęgniarka. Na obiad będzie albo ryba, albo kotlet mielony.

c) Przy podmiotach połączonych przyimkiem *z* orzeczenie także może mieć formę *lp* lub *lm*, np. Ojciec z matką szli do domu a. Ojciec z matką szedł do domu. △ Jeżeli orzeczenie rozdziela człony takiego podmiotu, może mieć ono tylko formę *lp*, np. Ojciec wyjechał z matką na wczasy (*nie*: Ojciec wyjechali z matką na wczasy). △ Jeśli jako podmioty zasadnicze w podmiocie złożonym występują różne zaimki osobowe, to orzeczenie występuje wówczas w *lm*, przy czym osoba pierwsza ma przewagę nad drugą i trzecią, a druga nad trzecią, np.: Zarówno on jak ja byliśmy zmęczeni (*nie*: byłem, był zmęczony). I my i wy nie mamy (*nie*: nie macie) nic do stracenia. I ty i on zawiedliście moje nadzieje.

d) Liczebniki i zaimki liczebnikowe łączą się z orzeczeniem w sposób zależny od tego, czy z towarzyszącymi im rzeczownikami występują w związkach zgody, czy w związkach rządu. Te liczebniki, które występują w związkach zgody z rzeczownikami (a więc zgadzają się z nimi w liczbie, rodzaju i przypadku) mają orzeczenie w *lm*, w odpowiedniej liczbie i rodzaju, np.: Dwa, trzy, cztery koty spały. Dwie, trzy, cztery dziewczynki skakały. Dwaj, trzej, czterej chłopcy biegali. △ Podobne konstrukcje tworzą liczebniki złożone, których ostatnim członem jest *dwa, trzy* lub *cztery*, np. Trzydzieści dwa, sto cztery krzesła były puste (*nie*: było pustych). △ Natomiast wszystkie pozostałe liczebniki główne od *pięciu*

wzwyż, liczebniki zbiorowe i ułamkowe, liczebniki o formach męskoosobowych: *dwóch, trzech, czterech*, oraz zaimki liczebnikowe (np.: ile, tyle, kilka, wiele) łączące się z rzeczownikiem w dopełniaczu na podstawie związku rządu — mają orzeczenie w *lp* rodzaju nijakiego, np.: Pięć kaczek wypłynęło na wodę. Było nas pięcioro. Przyszło dwóch chłopców. Tysiąc złotych leżało w szufladzie. Zepsuło się w magazynie dwa tysiące jaj. Rozsypało się półtora kilo mąki. Wiele kobiet śpiewało. Kilku panów zawiodło. Ile pokoi stoi pustych?

△ Uwaga. Z orzeczeniem w *lp* łączą się też liczebniki główne będące połączeniami liczebników od 20 wzwyż z liczebnikiem *jeden*, np.: Trzydzieści jeden koni było (*nie*: były) w stajni. Sto jeden książek stało na półkach. △ Uwaga. Rzeczownik: *setka* — oraz liczebnik: *tysiąc, milion, miliard* itd. w *lm* (używane samodzielnie, bez liczebników towarzyszących) — mają orzeczenie w *lp* lub w *lm*, zależnie od znaczenia. Z orzeczeniem w *lp* rodzaju nijakiego łączą się wówczas, gdy występują w zn. «bardzo wiele, mnóstwo»; kiedy zaś użyte są w znaczeniu ściśle matematycznym, mają orzeczenie w *lm*, np. Corocznie tysiące osób traci życie w wypadkach drogowych (= mnóstwo osób); *ale*: Dwa tysiące tomów były umieszczone na półkach. △ Podmiot zdania wtrąconego nie wpływa na formę orzeczenia w zdaniu głównym, np. Rewolucja, podobnie jak poprzedzający strajk, była skierowana (*nie*: były skierowane, był skierowany) przeciw burżuazji — orzeczenie dopasowane jest w formie do podmiotu zdania głównego. △ Podobnie nie zmieniają formy orzeczenia przydawki rzeczownikowe, różniące się rodzajem lub liczbą od podmiotu, np.: Statek baza wyruszył (*nie*: wyruszyła) w rejs. Klub sportowy „Tatry" szkoli (*nie*: szkolą) młodych zawodników.

e) Przy podmiocie logicznym i w zdaniach bezpodmiotowych nieosobowych orzeczenie występuje w *lp* w rodzaju nijakim (nawet kiedy podmiot logiczny użyty jest w *lm*), np.: Nie zabraknie nam pieniędzy. Grzybów było wbród. Drogę zawiało śniegiem. Komuś jest słabo. Zachciało mu się swobody. // D Kult. I, 234—239, 250, 252—253; II, 171—172; Kl. Aleś 54—56; U Pol. (2), 337, 340; KP Pras. 25; KJP 331—351. Por. podmiot.

*orzecznik p. orzeczenie.

orzekać p. orzec.

orzeł *m IV*, *D*. orła «ptak drapieżny»: Olbrzymi biały, czarny orzeł. △ *przen.* «człowiek bystry, zdolny»: Jego przyjaciel to nie orzeł. Nie był on orłem w szkole. △ W nazwie dużą literą: Order Orła Białego.

Orzeł *m IV*, *D*. Orła «miasto w ZSRR (nad Oką)» — orłowski.

Orzeszko *m* odm. jak *ż III*, *lm M*. Orzeszkowie, *DB*. Orzeszków.
Orzeszko *ż ndm* — Orzeszkowa *ż* odm. jak przym. — Orzeszkówna *ż IV*, *D*. Orzeszkówny, *CMs*. Orzeszkównie (*nie*: Orzeszkównej), *lm D*. Orzeszkówien.

orzeźwić *dk VIa*, orzeźwij (*nie*: orzeźw), orzeźwiliśmy (p. akcent § 1a i 2) — **orzeźwiać** *ndk I*, orzeźwialiśmy: Zimna woda orzeźwia. Zemdlonego orzeźwiło zimne powietrze. Orzeźwiający napój, chłód, powiew wiatru.
orzeźwić się — **orzeźwiać się**: Orzeźwiliśmy się mocną herbatą.

orznąć p. orżnąć.

Orzyc *m II, D.* Orzyca «dopływ Narwi»

ORZZ (*wym.* oer-zetzet, p. akcent § 6) *m IV, D.* ORZZ-tu, *Ms.* ORZZ-cie a. *ż ndm* «Okręgowa Rada Związków Zawodowych»: Lokal ORZZ (ORZZ-tu). Wybory w ORZZ (w ORZZ-cie). ORZZ wydał (wydała) odezwę do członków związku.

orżnąć a. **orznąć** *dk Va,* orżnąłem, orznąłem (*wym.* orżnołem, orznołem; nie: orżnełem, orznełem); orżnął, orznął (*wym.* orżnoł, orznoł); orżnęła, orznęła (*wym.* orżnęła, orznęła); orżnęliśmy, orznęliśmy (*wym.* orżnęliśmy, orznęliśmy; p. akcent § 1a i 2) — **orzynać** *ndk I,* orzynaliśmy *posp.* **a)** «oszukiwać» □ O. kogo — na czym: Orżnęli mnie na targu na jarzynach. □ O. kogo — na co: Orżnęli go na kilka metrów materiału. Ani na grosz nikogo nie orznął. **b)** «ograć w grze» □ O. kogo — w co: Orżnąć (orznąć) kogoś w pokera, w oczko. Orżnąć (orznąć) kogoś w karty.

os. «skrót wyrazów: *osoba, osada, osiedle,* pisany z kropką, czytany jako cały, odmieniany wyraz»: Czasownik używany tylko w 3. os. (*czyt.* w trzeciej osobie) czasu teraźniejszego. Mieszka w os. (*czyt.* osadzie) Dębowa Góra.

osa *ż IV, lm D.* os (*nie:* ós). || U Pol. (2), 410.

osadnik *m III* **1.** *lm M.* osadnicy «ten, kto się osiedlił lub kogo osiedlono na jakichś terenach» **2.** *lm M.* osadniki «zbiornik, w którym się osadzają nieczystości; basen osadowy»

osadzać *ndk I,* osadzaliśmy (p. akcent § 1a i 2) — **osadzić** *dk VIa,* osadzę, osadziliśmy **1.** «lokować, umieszczać kogoś gdzieś»: Osadzać nowych przybyszów we wsi. Osadzić kogoś na tronie. Osadzać w areszcie. □ *przestarz.* O. co — kim: Rzymianie osadzali zdobyte ziemie chłopami latyńskimi i rzymskimi (*dziś:* ...osadzali na zdobytych ziemiach chłopów...). **2.** «pokrywać (warstwą czegoś)»: Wiatr osadził warstwę kurzu na drzewach. Rzeka osadza żyzny ił na polach. **3.** «umocowywać, przytwierdzać coś do czegoś, w czymś; obsadzać»: Osadzić perłę, młotek, siekierę. Osadzać drzwi i okna. □ O. co — na czym, w czym: Fajka osadzona na długim cybuchu. Kraty osadzone w murze.

osamotnić *dk VIa,* osamotnij, osamotniliśmy (p. akcent § 1a i 2) — *rzad.* **osamotniać** *ndk I,* osamotnialiśmy, często w imiesł. biernym: Czuła się osamotniona wśród obcych ludzi.

osąd *m IV, D.* osądu *książk.* «sąd, opinia»

osądzić *dk VIa,* osądzę, osądź, osądziliśmy (p. akcent § 1a i 2) — **osądzać** *ndk I,* osądzaliśmy **1.** «wydać opinię; ocenić» □ O., że..., o., czy...: Osądźcie sami, czy słusznie postąpił. Osądzono, że za późno już na pomoc. **2.** *przestarz.* «wydać wyrok; skazać, zasądzić» □ O. kogo — na co: Osądzić przestępcę na śmierć, na karę więzienia.

Osborne (*wym.* Ozborn) *m IV, D.* Osborne'a (*wym.* Ozborna, p. akcent § 7), *N.* Osborne'em, *Ms.* Osbornie: Dyskusja krytyków z Osborne'em.

oschły *m-os.* oschli, *st. w.* bardziej oschły a. oschlejszy: Z natury był oschły. Jacyż to są niemili, oschli ludzie.

oschnąć *dk Vc,* oschnąłem (*wym.* oschnołem) a. oschłem; oschnął (*wym.* oschnoł) a. oschł; oschła, oschliśmy (p. akcent § 1a i 2), oschły a. oschnięty — **osychać** *ndk I,* osychaliśmy (*częściej:* obeschnąć, obsychać): Chodnik już oschnął (osechł) po deszczu.

Osetia *ż I, DCMs.* Osetii △ Osetia Północna «autonomiczna republika w ZSRR» △ Osetia Południowa «obwód autonomiczny w ZSRR (Gruzja)» — Osetyjczyk *m III, lm M.* Osetyjczycy — Osetyjka *ż III, lm D.* Osetyjek — osetyjski.

osędzielina a. **osędzielizna** *ż IV, CMs.* osędzielinie (osędzieliźnie), *blm.*

osęk *m III, D.* osęka, *lm D.* osęków; *rzad.* **osęka** *ż III, lm D.* osęk.

osiadać *ndk I,* osiadaliśmy (p. akcent § 1a i 2) — **osiąść** *dk XI,* osiądę, osiądzie (*nie:* osiędę), osiądzie (*nie:* osiędzie), osiadł, osiedliśmy, osiadli, osiadli □ O. bez dop. «zapadać się, obsuwać się»: Dom jest już stary i osiada. □ O. na czym, w czym **a)** «osiedlać się»: Osiadać w mieście, na roli. Nareszcie osiedli (*nie:* osiadli) na swoim (*ale:* osiadli ludzie). **b)** «gromadzić się, osadzać się»: Kurz osiadał na meblach. **c)** *przestarz.* «zajmować miejsce; obsiadać» △ dziś żywe w zwrotach: Osiąść na mieliźnie, np. Okręt, statek osiadł na mieliźnie. △ Osiąść na lodzie «zostać zawiedzionym w swoich planach, nie osiągnąć czegoś»

osiąg *m III, D.* osiągu *środ.* (*lepiej:* osiągnięcie, wyczyn): Osiąg szybowca. || D Kult. II, 402.

osiągać (*nie:* osięgać) *ndk I,* osiągaliśmy (p. akcent § 1a i 2) — **osiągnąć** (*nie:* osiąc) *dk Va,* osiągnąłem (*wym.* osiągnołem; *nie:* osiągnełem), osiągnął (*wym.* osiągnoł; *nie:* osiągł), osiągnęła (*wym.* osiągnęła; *nie:* osiągła), osiągnęliśmy (*wym.* osiągnęliśmy): Osiągać cel, sławę, sukcesy, dobre wyniki, rezultaty. Osiągnąć szczyt górski. Nakład książki osiągnął zaplanowaną liczbę 100 000 egzemplarzy.

osiągnięcie *n I* **1.** forma rzeczownikowa czas. osiągnąć: Osiągnięcie celu. **2.** zwykle w *lm* «dobry wynik uzyskany w czymś»: Osiągnięcia naukowe, artystyczne. Mieli (*nie:* posiadali) duże osiągnięcia. □ O. czego: Osiągnięcia nauki, sztuki, techniki. Nowele Żeromskiego są najwyższym osiągnięciem realizmu w literaturze polskiej. □ O. w czym: Osiągnięcia w pracy, w dziedzinie rolnictwa. △ Osiągnięcia na polu, np. nauki, literatury. △ *niepoprawne* Osiągnięcia (*zamiast:* wydajność, plony uzyskane) z hektara.

osiąść p. osiadać.

osiczyna p. osika.

Osieczna *ż odm. jak przym.* «miasto» — osiecznianin *m V, D.* osiecznianina, *lm M.* osiecznianie, *D.* osiecznian — osiecznianka *ż III, lm D.* osiecznianek — osiecki.

osiedle *n I, lm D.* osiedli (skrót: os.) **1.** «nieduże skupienie siedzib ludzkich» △ W osiedlu, *rzad.* na osiedlu: Mieszkam w nowym osiedlu mieszkaniowym. **2.** *reg.* «zagroda»

osiedleniec *m II, D.* osiedleńca, *W.* osiedleńcze, forma szerząca się: osiedleńcu, *lm M.* osiedleńcy, p. osadnik (w zn. 1).

osiedleńczy a. **osiedleniowy**: Tereny osiedleńcze (osiedleniowe). Akcja osiedleńcza (osiedleniowa).

osiedliny *blp*, *D.* osiedlin.

osiedlowy przym. od osiedle: Budownictwo osiedlowe.

! osieł p. osioł.

osiem (*nie*: ośm) *m-nieos.* i *n*, *DCMs.* ośmiu (*nie*: óśmiu), także: *m-os.* w funkcji mianownika-podmiotu (np. ośmiu mężczyzn, chłopców), *B. m-nieos.*, *n* i *ż* = *M.*, *B. m-os.* = *D.*, *N.* ośmioma a. ośmiu. △ Liczebnik *osiem* jak również liczebniki wielowyrazowe, w których ostatnim członem jest liczebnik *osiem*, łączą się z rzeczownikiem (podmiotem) w dopełniaczu i z orzeczeniem w *lp*, a w czasie przeszłym w rodzaju nijakim: Ośmiu chłopców idzie, szło (*nie*: idą, szli). Osiem książek leży, leżało (*nie*: leżą, leżały) na półce. || *D Kult. I*, 769.

osiemdziesiąt *m-nieos.*, *n* i *ż*, *DCMs.* osiemdziesięciu, także: *m-os.* w funkcji mianownika-podmiotu (np. Osiemdziesięciu chłopców, mężczyzn). *B. m-nieos. n* i *ż* = *M.*, *B. m-os.* = *D.*; *N.* osiemdziesięcioma a. osiemdziesięciu: Statek odpłynął z osiemdziesięcioma a. z osiemdziesięciu pasażerami. △ Liczebnik *osiemdziesiąt* łączy się z podmiotem w dopełniaczu i z orzeczeniem w *lp*, a w czasie przeszłym w rodzaju nijakim: Osiemdziesięciu chłopców idzie, szło (*nie*: idą, szli). Osiemdziesiąt książek leży, leżało (*nie*: leżą, leżały) na półce. △ Osiemdziesiąt jeden (odmienia się tylko pierwszy wyraz), *DCMs.* osiemdziesięciu jeden, *N.* osiemdziesięciu jeden, *rzad.* osiemdziesięcioma jeden: Osiemdziesiąt jeden książek leżało (*nie*: osiemdziesiąt jedna książka leżała a. leżały) na półce. Statek odjechał z osiemdziesięciu jeden (*rzad.* z osiemdziesięcioma jeden) pasażerami (*nie*: z osiemdziesięciu, osiemdziesięcioma jednym pasażerem). *Por.* osiemdziesięcioro.

osiemdziesięcio- «pierwszy człon wyrazów złożonych (rzeczowników, przymiotników), wskazujący na to, że to, co jest wymienione w drugiej części złożenia występuje osiemdziesiąt razy, składa się z osiemdziesięciu jednostek itp.; pisany łącznie», np.: osiemdziesięcioletni, osiemdziesięciokilogramowy.

osiemdziesięcioro *D.* osiemdziesięciorga, *CMs.* osiemdziesięciorgu, *N.* osiemdziesięciorgiem «liczebnik zbiorowy odpowiadający liczbie 80, odnoszący się do osób różnej płci, do istot młodych, niedorosłych (których nazwy są w *lm* zakończone na ~*ęta*) oraz do pewnych przedmiotów, których nazwy występują tylko w *lm*» W liczebnikach wielowyrazowych używany tylko jako człon ostatni: Osiemdziesięcioro dzieci, sto osiemdziesięcioro dzieci (*ale*: osiemdziesiąt troje dzieci). Opowiadała bajkę osiemdziesięciorgu dzieciom (*ale*: osiemdziesięciu trojgu dzieciom). Nauczycielka pojechała na wycieczkę z osiemdziesięciorgiem dzieci (*nie*: dziećmi). △ Liczebnik *osiemdziesięcioro* łączy się z orzeczeniem w *lp*, a w czasie przeszłym w rodzaju nijakim: Osiemdziesięcioro dzieci idzie, szło (*nie*: idą, szły) do szkoły.

osiemkroć (*wym.* osiemkroć) *przestarz.* «osiem razy, ośmiokrotnie» △ Osiemkroć sto tysięcy «osiemset tysięcy»

osiemnasto- «pierwszy człon wyrazów złożonych (rzeczowników, przymiotników), wskazujący na to, że to, co jest wymienione w drugiej części złożenia, występuje osiemnaście razy, składa się z osiemnastu jednostek itp.; pisany łącznie», np.: osiemnastoczęściowy, osiemnastoletni.

osiemnaście *m-nieos.* *n* i *ż*, *DCMs.* osiemnastu, także: *m-os.* w funkcji mianownika-podmiotu (np. osiemnastu chłopców, mężczyzn), *B. m-nieos. n* i *ż* = *M.*, *B. m-os.* = *D.*; *N.* osiemnastoma a. osiemnastu: Uczył się z osiemnastoma a. z osiemnastu kolegami. △ Liczebnik *osiemnaście* łączy się z rzeczownikiem (podmiotem) w dopełniaczu i z orzeczeniem w *lp*, a w czasie przeszłym w rodzaju nijakim: Osiemnastu chłopców idzie, szło (*nie*: idą, szli). Osiemnaście książek leży, leżało (*nie*: leżą, leżały) na półce.

osiemnaścioro *D.* osiemnaściorga, *CMs.* osiemnaściorgu, *N.* osiemnaściorgiem «liczebnik zbiorowy odpowiadający liczbie 18, odnoszący się do osób różnej płci, do istot młodych, niedorosłych (których nazwy są zakończone w *lm* na ~*ęta*) oraz do pewnych przedmiotów, których nazwy występują tylko w *lm*»: Osiemnaścioro dzieci, cieląt. Sto osiemnaścioro kurcząt. Opowiadała bajkę osiemnaściorgu dzieciom. Szedł z osiemnaściorgiem dzieci (*nie*: dziećmi). △ Liczebnik *osiemnaścioro* łączy się z orzeczeniem w *lp*, a w czasie przeszłym w rodzaju nijakim: Osiemnaścioro dzieci idzie, szło (*nie*: idą, szły) do szkoły.

osiemset (*wym.* osiemset) *m-nieos.* *n* i *ż*, *D.* ośmiuset, także: *m-os.* w funkcji mianownika-podmiotu (np. ośmiuset mężczyzn), *CNMs.* ośmiuset, *B. m-nieos. n* i *ż* = *M.*, *B. m-os.* = *D.*: Pojechał z ośmiuset pięćdziesięcioma złotymi. △ Liczebnik *osiemset* łączy się z rzeczownikiem (podmiotem) w dopełniaczu i z orzeczeniem w *lp*, a w czasie przeszłym w rodzaju nijakim: Ośmiuset mężczyzn idzie, szło (*nie*: idą, szli). Osiemset kobiet idzie, szło (*nie*: idą, szły). △ Liczebnik *osiemset* nie występuje jako ostatni człon liczebników porządkowych wielowyrazowych, np. W roku tysiąc osiemsetnym (*nie*: w roku tysiąc osiemset). *Ale*: W roku tysiąc osiemset czterdziestym (w takich użyciach — *ndm*).

osiemsetny odm. jak przym. (pisane całym wyrazem a. cyframi bez końcówek — arabskimi z kropką, rzymskimi bez kropki): Osiemsetny numer a. 800. numer. Osiemsetna rocznica a. 800. rocznica (*nie*: 800-a, 800-setna, osiemsetletnia rocznica). △ W liczebnikach wielowyrazowych używany tylko jako człon ostatni: Tysiąc osiemsetny (*ale*: osiemset trzydziesty).

osierocić *dk VIa*, osierocę, osierociliśmy (p. akcent § 1a i 2), osierocony — *rzad.* **osierocać** *ndk I*, osierocaliśmy *książk.* «umierając zostawić kogoś, uczynić kogoś sierotą»: Osierocił dzieci. Osierocony przez rodziców wychowywał się u krewnych.

osierocieć *dk III*, osierocieję, osierociał, osierocieliśmy (p. akcent § 1a i 2) *książk.* «zostać sierotą»: Wcześnie osierocieli: rodzice pomarli, kiedy byli dziećmi (*ale*: w imiesł. przeszłym: osierociali synowie).

! osięgać p. osiągać.

osika *ż III*, a. **osina**, *rzad.* **osiczyna** *ż IV*.

osikowy a. **osinowy**.

osioł (*nie*: osieł) *m IV, D.* osła, *C.* osłu.

osiwieć *dk III*, osiwieję, osiwiał, osiwieliśmy (p. akcent § 1a i 2): Podczas tego straszliwego bombardowania ludzie osiwieli ze strachu (*ale*: w imiesł. przeszłym: osiwiali starcy).

osk. «skrót wyrazów: *oskarżony, oskarżona*, pisany z kropką, stawiany zwykle przed nazwiskiem lub przed imieniem i nazwiskiem, czytany jako cały odmieniany wyraz; stosowany w sądownictwie»: Zeznania osk. (*czyt.* oskarżonego) Jana Kowalskiego. Osk. (*czyt.* oskarżona) Wiśniewska przyznaje się do winy.

oskarżać *ndk I*, oskarżaliśmy (p. akcent § 1a i 2) — **oskarżyć** *dk VIb*, oskarżyliśmy □ O. kogo — o co, o. kogo, że... Oskarżali ich, że postąpili wbrew prawu. Był oskarżony o usiłowanie zabójstwa. Oskarżono go z artykułu a. na podstawie artykułu X. □ O. kogo przed kim (*nie*: u kogo): Oskarżyła ją przed nauczycielką.

oskarżenie *n I*: Uzasadnione, bezpodstawne oskarżenie. □ O. o co: Oskarżenie o działalność antypaństwową, o kradzież. □ O. przeciw (przeciwko) komu, przeciw czemu: Oskarżenie przeciwko ludobójcom. Wnieść oskarżenie przeciw komuś. Wystąpić z oskarżeniem przeciw komuś. △ Ścigać przestępstwa z oskarżenia prywatnego, publicznego.

oskoma *ż IV wych.* z użycia w zn. «chętka»

oskrobać, *rzad.* **obskrobać** *dk IX*, oskrobię, obskrobię (*nie*: oskrobę, obskrobę); oskrob, obskrob; oskrobaliśmy, obskrobaliśmy (p. akcent § 1a i 2) — **oskrobywać**, *rzad.* **obskrobywać** *ndk VIIIa*, oskrobuję, obskrobuję (*nie*: oskrobywuję, obskrobywuję, oskrobywam, obskrobywam); oskrobywaliśmy, obskrobywaliśmy □ O. co — (z czego): Oskrobać błoto z butów (a. buty z błota). Oskrobać rybę, jarzyny, ścianę.

oskrzele *n I, lm M.* oskrzele a. oskrzela, *D.* oskrzeli, zwykle w *lm*: Zapalenie oskrzeli.

oskubać a. **obskubać** *dk IX*, oskubię, obskubię (*nie*: oskubę, obskubę); oskubie, obskubie; oskub, obskub; oskubaliśmy, obskubaliśmy (p. akcent § 1a i 2) — **oskubywać** a. **obskubywać** *ndk VIIIa*, oskubuję, obskubuję (*nie*: oskubywuję, obskubywuję, oskubywam, obskubywam); oskubywaliśmy, obskubywaliśmy □ O. co — (z czego): Oskubać listki, kwiatki. Oskubać drzewo z liści, kurę z pierza. □ *pot.* O. kogo «podstępnie pozbawić kogoś pieniędzy; obedrzeć»

Oslo *n ndm* «stolica Norwegii»: Jechać do Oslo.

osłabiać *ndk I*, osłabialiśmy (p. akcent § 1a i 2) — **osłabić** *dk VIa*, osłab, osłabimy, osłabiony: Gorączka osłabia serce. Osłabić czyjąś wiarę w coś.

osłabnąć *dk Vc*, osłabł (*nie*: osłabnął), osłabliśmy (p. akcent § 1a i 2), osłabły: Osłabł tak, że ledwie siedział. Burza osłabła.

osładzać p. osłodzić.

osłaniać *ndk I*, osłanialiśmy (p. akcent § 1a i 2) — **osłonić** *dk VIa*, osłoniliśmy «zakrywać; chronić, bronić»: Drzewa osłaniały dom ze wszystkich stron. □ O. co czym: Osłonić lampę abażurem, oczy dłonią. □ O. kogo, co od czego a. przed czym: Osłaniała dziecko od wiatru (przed wiatrem). Lotnictwo osłaniało miasto przed ogniem artylerii.

osławiony *m-os.* osławieni «mający złą opinię, znany z czegoś złego, sławny (w zn. ironicznym); okrzyczany»: Osławiony oszust. Osławione więzienie. Osławiona piękność. *Por.* sławetny, sławny, słynny.

osłoda *ż IV* □ O. czego a. w czym: Była osłodą jego życia (w jego życiu). △ Na osłodę a. dla osłody «na pociechę»

osłodzić *dk VIa*, osłodzę, osłodź a. osłódź, osłodziliśmy (p. akcent § 1a i 2) — **osładzać** (*nie*: osłodzać) *ndk I*, osładzaliśmy △ (częściej w *dk*) Osłodzić komuś gorzką pigułkę «do rzeczy przykrej dodać coś łagodzącego przykrość»

osłona (*nie*: obsłona) *ż IV* □ O. przed czym a. od czego: Szukała osłony przed upałem (od upału). □ O. dla kogo, dla czego: Osłoną dla żołnierzy były okopy.

osłonić p. osłaniać.

osłonka, *rzad.* **obsłonka** *ż III, lm D.* osłonek (obsłonek) △ Bez osłonek a. bez obsłonek «nic nie ukrywając»: Opowiedział mu bez osłonek (obsłonek) o tych przykrych sprawach rodzinnych.

osłuchać, *rzad.* **obsłuchać** *dk I*, osłuchaliśmy, obsłuchaliśmy (p. akcent § 1a i 2) — **osłuchiwać**, *rzad.* **obsłuchiwać** (*nie*: osłuchywać, obsłuchywać) *ndk VIIIb*, osłuchuję, obsłuchuję (*nie*: osłuchiwuję, obsłuchiwuję, osłuchiwam, obsłuchiwam); osłuchiwaliśmy, obsłuchiwaliśmy: Lekarz osłuchał chorego, osłuchał mu serce, płuca.
osłuchać się, *rzad.* **obsłuchać się** — **osłuchiwać się**, *rzad.* **obsłuchiwać się** □ O. się z czym «przez częste słuchanie nabyć powierzchownej znajomości czegoś»: Osłuchał się z muzyką, z francuskim, z angielskim.

osłupiały imiesł. przeszły od czas. osłupieć.
osłupiały *m-os.* osłupiali, w użyciu przymiotnikowym «znieruchomiały z przerażenia, ze zdumienia; nieruchomy»: Patrzył osłupiałymi oczyma.

osłupieć *dk III*, osłupieję, osłupiał, osłupieliśmy (p. akcent § 1a i 2) □ O. z czego (konstrukcja używana zwykle wtedy, kiedy się wymienia wewnętrzną przyczynę osłupienia): Osłupieć ze zdumienia, z przerażenia, z podziwu. □ O. na co (*nie*: od czego) — konstrukcja używana zwykle wtedy, kiedy się wymienia zewnętrzną przyczynę osłupienia: Osłupiał na ten widok. Można było osłupieć na te przerażające wieści.

osmalić *dk VIa*, osmaliliśmy (p. akcent § 1a i 2) — **osmalać** *ndk I*, osmalaliśmy «opalić; zwęglić coś z wierzchu»: Ogień osmalił pobliskie drzewa. △*przen.* Słońce osmaliło mu twarz. *Por.* osmolić.

osmażać a. **obsmażać** *ndk I*, osmażaliśmy, obsmażaliśmy (p. akcent § 1a i 2) — **osmażyć** a. **obsmażyć** *dk VIb*, osmażyliśmy, obsmażyliśmy.

osmolić *dk VIa*, osmól a. osmol, osmoliliśmy (p. akcent § 1a i 2) «pobrudzić czymś czarnym»: Osmolone garnki. // *KJP 246. Por.* osmalić.

osnowa *ż IV, lm D.* osnów.

osnowowy, *rzad.* **osnowny:** Nici, pasma osnowowe (osnowne).

osoba *ż IV, lm D.* osób (skrót: os.) «jednostka ludzka, człowiek (w *lp* częściej o kobiecie)»: Młoda, starsza osoba. Stół na dwanaście osób. △ Osoba fizyczna «wobec prawa: każdy obywatel» △ Osoba prawna «organizacja lub instytucja, która zgodnie z przepisami prawnymi jest podmiotem praw i zobowiązań»

osobistość *ż V* «osoba wybitna, ważna, wysoko postawiona; używane zwykle z przymiotnikami: wybitna, ważna itp. (chociaż to pleonazm)»: W akademii pierwszomajowej brały udział wybitne osobistości.

osobisty 1. «odnoszący się do danej osoby; prywatny»: Osobiste zwierzenia autora. Mieć do kogoś sprawę osobistą. Zabrał ze sobą tylko swoje osobiste rzeczy. △ Dowód osobisty. Wolność osobista. Rewizja osobista. **2.** «dokonany przez daną osobę»: Wykonał tę pracę pod osobistym nadzorem szefa. *Por.* osobowy, osobniczy.

osobiście «we własnej osobie; nie korzystając z niczyjego pośrednictwa»: Zgłosić się, przekazać coś osobiście. △ *niepoprawne* w zn. «osobno, oddzielnie», np. Zapakować coś osobiście (*zamiast:* osobno, oddzielnie).

osobliwie *st. w.* osobliwiej **1.** «w sposób zwracający uwagę; dziwacznie»: Wyglądała osobliwie w jaskrawo zielonej sukience. Był osobliwie ubrany. **2.** *wych. z użycia* «szczególnie, zwłaszcza»: Psychicznie czuł się źle, osobliwie wtedy, kiedy był sam w domu. △ *niepoprawne* w zn. «osobno, oddzielnie», np. Zapakować coś osobliwie (*zamiast:* osobno, oddzielnie).

osobliwy *m-os.* osobliwi, *st. w.* osobliwszy «zwracający uwagę; szczególny, niezwykły»: Tańczył w osobliwy sposób. Nie ma w tym nic osobliwego.

osobniczy «właściwy osobnikowi jako okazowi danego gatunku; indywidualny»: Cechy osobnicze. Rozwój osobniczy. *Por.* osobowy, osobisty.

osobnik *m III* **1.** *lm M.* osobniki «jednostkowy okaz gatunku»: Osobniki z rodziny krzyżowych. **2.** *lm M.* osobnicy «człowiek (często z odcieniem ujemnym); indywiduum»: Na ławce siedział jakiś nieznany osobnik. Widziałem go ostatnio w towarzystwie jakichś podejrzanych osobników.

osobność *ż V, blm przestarz.*, dziś tylko w wyrażeniu: Na osobności «w miejscu odosobnionym; na boku, na stronie, na uboczu»: Chcę ci powiedzieć kilka słów na osobności.

osobodzień (*wym.* osobo dzień, *nie:* osobodzień) *m I, D.* osobodnia, *lm M.* osobodnie a. osobodni *środ.* «termin stosowany jako jednostka obliczeniowa»

osobogodzina *ż IV środ.* «termin stosowany jako jednostka obliczeniowa» || *Kl. Pog. 63.*

osobokilometr *m IV środ.* «termin stosowany jako jednostka obliczeniowa»

osobowy «dotyczący osób, przeznaczony dla ludzi»: Skład osobowy (*nie:* osobisty) a. personalny biura. Pociąg, dworzec osobowy. Winda osobowa. △ *jęz.* Rzeczownik, zaimek osobowy. Forma osobowa czasownika. *Por.* osobisty, osobniczy.

***osoby** p. czasownik (punkt V).

osocze (*nie:* ta osocz) *n I, blm.* || *KJP 148.*

osolić *dk VIa,* osól, osoliliśmy (p. akcent § 1a i 2). || *KJP 296.*

osóbki *blp, D.* osóbek *pot., wych. z użycia* «jedzenie inne niż dla wszystkich, osobno przygotowywane»: W domu dla każdego były osóbki.

OSP (*wym.* oespe, p. akcent § 6) *n a. ż ndm* «Ochotnicza Straż Pożarna»: Kompania OSP. OSP przeprowadziło (przeprowadziła) próby sprawności strażaków.

osprzęt *m IV, D.* osprzętu; *in.* armatura.

ostać się *dk,* ostoję się, ostoi się, ostoją się, ostój się, ostał się, ostaliśmy się (p. akcent § 1a i 2): Ze starego zamku ostały się tylko baszty.

ostateczny 1. «taki, na którym się kończy jakiś cykl; zamykający coś, niemożliwy do zmiany; definitywny»: Ostateczny argument, cios. Egzamin ostateczny. Ostateczna redakcja maszynopisu, tekstu. Sąd, dzień ostateczny. **2.** «krańcowy, szczytowy; *rzad.* ostatni»: Ostateczna nędza, pasja. *Por.* ostatni.

ostatek *m III, D.* ostatka (*nie:* ostatku), *lm D.* ostatków **1.** «to, co zostało; pozostałość, reszta» □ O. czego a. ostatki czego: Podzielił się z kolegami ostatkiem chleba. Szedł ostatkiem sił. Zebrali już ostatek (ostatki) jęczmienia z pola. △ Gonić ostatkami (*częściej:* resztkami) «być bliskim biedy, bliskim wyczerpania sił, zdrowia itp.»: Ratuj, bo gonię ostatkami. **2.** tylko w *lm* «zapusty»
do ostatka «do końca, do ostatniej chwili; zupełnie, całkowicie»: Bronić się, walczyć do ostatka.
na ostatek a. **na ostatku** «na koniec, wreszcie»: Słuchaj, co ci powiem na ostatku.

ostatni (*nie:* ostatny) **1.** «znajdujący się na końcu; taki, po którym nie będzie innego» □ O. z kogo, czego, spośród kogo, czego: Ostatni z Horeszków, z rodu. Ostatni spośród przedstawicieli romantyzmu. △ Ten ostatni (używane zwykle w języku pisanym) «ten, który został wymieniony, o którym się właśnie mówiło»: Odsyłam życiorys doktoranta i maszynopis jego rozprawy; opinię o tej ostatniej załączam na osobnym arkuszu. △ Ostatnimi czasy a. w ostatnich czasach (*nie:* w ostatnim czasie) «od niedawna, niedawno; ostatnio» **2.** «najniższy pod względem wartości, godności; najgorszy»: Nie jest taki ostatni. □ O. w czym, wśród kogo a. między kim: Był ostatni między pracownikami. Ostatni uczeń w klasie. **3.** *częściej:* ostateczny (w zn. 2): Żyli w ostatniej nędzy. Doprowadził nas do ostatniej zguby. *Por.* ostateczny.

ostebnować a. **ostębnować** *dk IV,* ostebnowaliśmy, ostębnowaliśmy (p. akcent § 1a i 2).

Ostenda *ż IV* «miasto w Belgii» — ostendczyk *m III, lm M.* ostendczycy — ostendka *ż III, lm D.* ostendek — ostendzki.

ostoja *ż I, DCMs.* i *lm D.* ostoi, częściej w *lp:* Cała rodzina ma w nim ostoję. □ O. czego (*nie:* dla czego): Język przez długie lata był ostoją polskości na Śląsku. □ O. dla k o g o, *rzad.* k o m u: Wierna i mądra żona była jedyną dla niego ostoją w trudnych chwilach życia.

ostrężnica *ż II* a. **ostrężyna** *ż IV reg.* «jeżyna»

ostro *st. w.* ostrzej: Ostro zatemperowany ołówek.

ostro- «pierwszy człon wyrazów złożonych, pisany łącznie, wskazujący na ostrość tego, do czego się odnosi druga część złożenia», np.: ostrodzioby, ostrowłosy, ostrokąt, ostrokątny, ostrokątnie, ostrołukowy, ostrołukowo. △ Wyrażenia, których pierwszym członem jest przysłówek, a drugim imiesłów, pisze się rozdzielnie, np.: ostro zatemperowany ołówek, ostro zakończona wieża.

ostroga *ż III, lm D.* ostróg △ Dać koniowi ostrogę a. ostrogi «przynaglić konia do biegu ostrogami» △ Dostać, zdobyć itp. ostrogi «zostać pasowanym na rycerza»: *przen.* Marzyło mu się, że zdobędzie złote ostrogi w poezji.

Ostrogot *m IV, lm M.* Ostrogoci, zwykle w *lm* — ostrogocki.

Ostrogski *m odm.* jak *przym.*: Książę Konstanty Ostrogski, hetman wielki litewski.

ostrokół *m IV, D.* ostrokołu; *in.* częstokół, palisada.

Ostrołęka *ż III* «miasto» — ostrołęczanin *m V, D.* ostrołęczanina, *lm M.* ostrołęczanie, *D.* ostrołęczan — ostrołęczanka *ż III, lm D.* ostrołęczanek — ostrołęcki.

Ostroróg *m III, D.* Ostroroga, *lm M.* Ostrorogowie.
Ostroróg *ż ndm* — Ostrorogowa *ż odm.* jak *przym.* — Ostrorożanka *ż III, lm D.* Ostrorożanek.

Ostrowiec Świętokrzyski, Ostrowiec *m II, D.* Ostrowca, Świętokrzyski *odm. przym.* «miasto» — ostrowczanin *m V, D.* ostrowczanina, *lm M.* ostrowczanie, *D.* ostrowczan — ostrowczanka *ż III, lm D.* ostrowczanek — ostrowiecki.

ostrowski «odnoszący się do Ostrowi Mazowieckiej i Ostrowa Wielkopolskiego»

ostrożnie (*nie*: ostróżnie) *st. w.* ostrożniej, *rzad.* bardziej ostrożnie.

ostrożność *ż V,* zwykle *blm* □ O. w czym: Ostrożność w postępowaniu. □ O. w stosunku do k o g o, wobec k o g o, względem k o g o, z kim: Ostrożność w stosunku do niego nie zawadzi. △ Mieć się na ostrożności (*częściej*: na baczności).

ostrożny (*nie*: ostróżny) *m-os.* ostrożni, *st. w.* ostrożniejszy, *rzad.* bardziej ostrożny □ O. w stosunku do k o g o, wobec k o g o, względem k o g o, z kim: To nie jest człowiek godny zaufania, musisz być z nim ostrożny. □ O. w czym: Była ostrożna w zawieraniu znajomości.

Ostróda *ż IV* «miasto» — ostródzianin *m V, D.* ostródzianina, *lm M.* ostródzianie, *D.* ostródzian — ostródzianka *ż III, lm D.* ostródzianek — ostródzki.

Ostróg *m III, D.* Ostroga «miasto» — ostrogski.

ostrów *m IV, D.* ostrowu, *rzad.* ostrowa *przestarz., książk.* «wyspa, kępa porośnięta roślinnością»

Ostrów Mazowiecka, Ostrów *ż V, D.* Ostrowi (*nie*: Ostrowia); Mazowiecka *odm. przym.* «miasto»: Jechać do Ostrowi (Mazowieckiej). Mieszkać w Ostrowi (*nie*: w Ostrowiu). — ostrowianin *m V, D.* ostrowianina, *lm M.* ostrowianie, *D.* ostrowian — ostrowianka *ż III, lm D.* ostrowianek — ostrowski (p.).

Ostrów Wielkopolski, Ostrów *m IV, D.* Ostrowa, *C.* Ostrowowi (*ale*: ku Ostrowowi a. ku Ostrowu), *N.* Ostrowem, *Ms.* Ostrowie; Wielkopolski *odm. przym.* «miasto»: Jechać do Ostrowa (Wielkopolskiego). — ostrowianin *m V, D.* ostrowianina, *lm M.* ostrowianie, *D.* ostrowian — ostrowianka *ż III, lm D.* ostrowianek — ostrowski (p.).

ostrugać *dk I,* ostrugaliśmy (p. akcent § 1a i 2) — *rzad.* **ostrugiwać** *ndk VIIIb,* ostruguję (*nie*: ostrugiwuję, ostrugiwam), ostrugiwaliśmy □ O. co z czego **a)** «zdjąć wierzchnią warstwę z czegoś»: Ostrugać korę z drzewa. **b)** «strugając oczyścić z pokrywającej wierzchniej warstwy»: Ostrugać drzewo z kory.

ostry *st. w.* ostrzejszy: Ostry nóż. Ostre kamienie. Ostra trawa. △ *przen.* **a)** «złośliwy, uszczypliwy»: Ostry język, dowcip. **b)** «bezwzględny, surowy, rygorystyczny»: Ostra krytyka. Ostre represje. Ostry zakaz.

ostrzał *m IV, D.* ostrzału «ostrzeliwanie»: Ostrzał artyleryjski. Być pod ostrzałem. || *PJ 1967, 355.*

ostrze *n I, lm D.* ostrzy.

ostrzec *dk XI,* ostrzegę, ostrzeże, ostrzegł, ostrzegliśmy (p. akcent § 1a i 2) — **ostrzegać** *ndk I,* ostrzegaliśmy □ O. k o g o przed kim, co do k o g o: Ostrzegł mnie przed tą kobietą. Ona go co do Tomasza ostrzegała. □ O. k o g o przed czym: Ostrzec kogoś przed obławą, przed niebezpieczeństwem. □ O. k o g o, że...: Kierowca ciężarówki ostrzegł mnie, że droga w tym miejscu jest niebezpieczna.

ostrzelać (*nie*: ostrzelić) *dk I,* ostrzelaliśmy (p. akcent § 1a i 2) — **ostrzeliwać** *ndk VIIIb, rzad. I,* ostrzeliwuję (ostrzeliwam), ostrzeliwaliśmy **1. a)** «obrzucić pociskami; *pot.* obstrzelać, obstrzeliwać»: Ostrzelać z karabinu. **b)** tylko *dk* «przyzwyczaić do huku wystrzałów, pocisków»: Ogień piechoty płoszył nie ostrzelane konie. **c)** częściej w imiesł. biernym «strzelając doprowadzić broń do stanu całkowitej sprawności»: Ostrzelany rewolwer. **2.** *środ.* (*górn.*) p. obstrzelać (w zn. 2). || *PJ 1967, 355.*

ostrzeszowski: Powiat ostrzeszowski (*ale*: Wzgórza Ostrzeszowskie).

Ostrzeszów *m IV, D.* Ostrzeszowa, *C.* Ostrzeszowowi (*ale*: ku Ostrzeszowowi a. ku Ostrzeszowu) «miasto» — ostrzeszowianin *m V, D.* ostrzeszowianina, *lm M.* ostrzeszowianie, *D.* ostrzeszowian — ostrzeszowianka *ż III, lm D.* ostrzeszowianek — ostrzeszowski (p.).

ostrzyc, *rzad.* **obstrzyc** *dk XI,* ostrzygę, obstrzygę; ostrzyże, obstrzyże; ostrzygł, obstrzygł; ostrzygliśmy, obstrzygliśmy (p. akcent § 1a i 2) — *rzad.* **ostrzygać, obstrzygać** *ndk I,* ostrzygaliśmy, obstrzygaliśmy.

ostrzyć *ndk VIb,* ostrz, ostrzyliśmy (p. akcent § 1a i 2) □ O. co czym, o co, na czym: Ostrzyć ostrzygać

kosę osełką, nóż o kamień (na kamieniu). △ *przen.*
pot. Ostrzyć zęby na kimś «źle o kimś mówić, wyży-
wać się w mówieniu złych rzeczy o kimś» △ *pot.*
Ostrzyć zęby na coś «mieć na coś apetyt»

ostrzygać p. ostrzyc.

-ostwo p. -stwo.

ostygać *ndk I*, ostygaliśmy (p. akcent § 1a i 2) —
ostygnąć *dk Vc*, ostygłem (*nie*: ostygnąłem), ostygł
a. ostygnął (*wym.* ostygnoł); ostygła, ostygliśmy, *rzad.*
ostygnęliśmy (*wym.* ostygneliśmy), ostygły: Na stole
stała ostygła herbata. △ *przen.* Ostygnąć w miłości,
ostygnąć w zapale a. z zapału «przestać kochać; stracić zapał»

osuwisko p. obsuwisko.

oswobodzić *dk VIa*, oswobodzę, oswobódź, oswo-
bodziliśmy (p. akcent § 1a i 2) — **oswobadzać** a.
oswabadzać *ndk I*, oswobadzaliśmy (oswabadzali-
śmy) □ O. kogo, co — z czego: Oswobodził więźniowi ręce z kajdan. □ O. kogo, co — od kogo, czego: Kraj oswobodzono od wroga.

oswoić *dk VIa*, oswoję, oswój, oswoiliśmy (p.
akcent § 1a i 2) — **oswajać** *ndk I*, oswajaliśmy:
Oswoić wiewiórkę, sarnę. □ O. kogo z kim, czym:
Był oswojony z morzem od dziecka.

osychać p. oschnąć.

osypać, osypywać p. obsypać, obsypywać.

oszacować p. szacować.

oszalały imiesł. przeszły od czas. oszaleć.
oszalały *m-os.* oszalali, w użyciu przymiotnikowym
«szalony»: Krzyczeli jak oszalali. △ *przen.* Koń pędził oszalałym galopem.

oszaleć *dk III*, oszaleję, oszalał, oszaleliśmy (p.
akcent § 1a i 2) □ O. z czego, *rzad.* od czego: Oszaleć z radości, ze strachu, z rozpaczy. □ O. dla kogo:
Oszalał dla pięknej modelki.

oszałamiać, *rzad.* **oszołamiać** *ndk I*, oszałamia-
liśmy, oszołamialiśmy (p. akcent § 1a i 2) — **oszołomić** *dk VIa*, oszołomię, oszołom, oszołomiliśmy:
Silny zapach kwiatów oszałamiał ją.

oszczep *m IV, D.* oszczepu (*nie*: oszczepa): Rzut
oszczepem. // KJP 161.

oszczędnościowy: Kasa, książeczka oszczędnościowa (a. oszczędności). Ze względów oszczędnościo-
wych (a. ze względu na oszczędności) wyłączano
światło. Zobowiązania oszczędnościowe spowodowały obniżenie kosztów własnych.

oszczędność *ż V* 1. blm «oszczędzanie; skłonność
do oszczędzania»: Oszczędnością i pracą ludzie się
bogacą (przysłowie). □ O. czego: Oszczędność prądu, gazu, paliwa. □ O. na czym: Oszczędność na
świetle. □ O. w czym: Hemingwaya cechuje oszczędność w środkach wyrazu. 2. zwykle w *lm* «coś za-
oszczędzonego, zwłaszcza zaoszczędzone pieniądze»:
Kupić coś za własne oszczędności. Kasa, książeczka
oszczędności (a. oszczędnościowa). △ Robić oszczędności (na czym). △ W nazwie dużą literą: Powszechna Kasa Oszczędności (skrót: PKO).

oszczędny *m-os.* oszczędni, *st. w.* oszczędniejszy
a. bardziej oszczędny: Oszczędna gospodyni. Oszczę-

dny tryb życia. □ O. w czym «stosujący, używający czegoś mało»: Był oszczędny w pochwałach,
w słowach.

oszczędzać *ndk I*, oszczędzaliśmy (p. akcent
§ 1a i 2) — **oszczędzić** *dk VIa*, oszczędziliśmy 1. «gospodarować czymś oszczędnie» □ O. co, *lepiej*: czego: Oszczędzać prąd, światło, ubranie (*lepiej*: prądu,
światła, ubrania). □ O. na czym: Oszczędzać na
prądzie, na jedzeniu. 2. «nie narażać na przykrość,
zmęczenie itp.» □ O. kogo, co: Oszczędzać kobiety.
Oszczędzał konia przy zwózce zboża. □ O. komu
czego: Wszyscy starali się oszczędzać choremu
wzruszeń i zmartwień. // D Kult. II, 80; KJP 311,
316.

oszczypek *m III, D.* oszczypka, *lm D.* oszczypków
reg. «suszony serek owczy»

oszklić *dk VIa*, oszklij, oszkliliśmy (p. akcent
§ 1a i 2): Oszklić okna, drzwi. Oszklona szafa, gablotka.

oszołamiać, oszołomić p. oszałamiać.

oszronić *dk VIa*, oszroniłby (p. akcent § 4c) —
oszraniać *ndk I*, zwykle w imiesł. biernym «pokryć
szronem»: Oszronione drzewa, płoty.

oszukać *dk I* oszukaliśmy (p. akcent § 1a i 2) —
oszukiwać *ndk VIIIb*, oszukuję (*nie*: oszukiwuję,
oszukiwam), oszukiwaliśmy □ O. kogo (na czym):
Nieuczciwi kupcy oszukiwali kupujących na wadze
i na towarze. □ O. kogo (na co): Oszukał mnie na
dwa złote. △ Oszukać głód, żołądek, pragnienie «osłabić, zmniejszyć w jakiś sposób uczucie głodu, pragnienia itp.»

oszukaniec *m II, D.* oszukańca, *W.* oszukańcze,
forma szerząca się: oszukańcu, *lm M.* oszukańcy,
D. oszukańców.

oszukańczy (*nie*: oszukański): Oszukańcze wykręty.

oszukaństwo *n III pot.* «oszustwo, szachrajstwo»:
Miał na sumieniu różne oszukaństwa. // D Kult. I,
545.

oszukiwać p. oszukać.

oszust *m IV, lm M.* ci oszuści a. (z silniejszym zabarwieniem ekspresywnym) te oszusty.

oszustwo *n III*: Dopuścić się oszustwa. Paść
ofiarą oszustwa.

oś *ż V, lm M.* osie, *rzad.* osi, w zn. «prosta będąca
linią centralną jakiegoś układu elementów przestrzennych»: Oś budynku, miasta, statku. △ Oś
Ziemi a. oś ziemska «prosta przechodząca przez bie-
guny geograficzne» △ *przen.* «ośrodek czegoś,
rdzeń, kościec»: Osią życia politycznego były wówczas strajki robotnicze. Matka była osią całego domu.
Oś, wokół której skupia się akcja utworu.

ościenny «odnoszący się do sąsiedniego państwa,
terytorium; przygraniczny»: Ościenne państwa,
kraje, narody. Ościenne wpływy.

oścież *ż VI* △ tylko w zwrocie: Otworzyć drzwi,
okno na oścież (a. na roścież, na rozcież).

ościeżnica *ż II, częściej*: futryna.

ość *ż V, lm M.* ości (*nie*: oście).

-ość (rozszerzenie formantu: **-alność**) *-ość* przyrostek służący zwykle do tworzenia rzeczowników będących nazwami cech; podstawami słowotwórczymi wyrazów na *-ość* są przymiotniki o różnej budowie, np.: skłonny — *skłonność*, biały — *białość*, pracochłonny — *pracochłonność*, ale mające charakter jakościowy, tzn. oznaczające cechy bezwzględne przedmiotu określanego, niezależne od jego stosunku do innych przedmiotów. △ Ograniczenia w urabianiu nazw na *-ość* od przymiotników dotyczą głównie przymiotników relacyjnych; oznaczają one zwykle cechy względne, przypisywane przedmiotowi ze względu na jego stosunek do innych przedmiotów, nie mają zatem charakteru jakościowego, np.: ojcowski «należący do ojca», wiejski «pochodzący ze wsi», drewniany «zrobiony z drewna». Utworzenie wyrazu na *-ość* od przymiotnika odrzeczownikowego staje się możliwe wtedy, gdy przymiotnika takiego użyjemy w znaczeniu przenośnym, np. *papierowa postać* w sztuce lub powieści to nie postać z papieru, ale taka, jak z papieru, a więc sztuczna, nieprawdziwa, nieciekawa. W takim wypadku można się posłużyć pochodnym rzeczownikiem na *-ość* i powiedzieć, że np. *papierowość* tej postaci zniechęca do niej czytelników. △ Nie zaleca się tworzenia rzeczowników na *-ość* od przymiotników z zakończeniem ∼*ościowy*, np. *całościowość* (ujęcia), *oszczędnościowość* (oświetlenia), ze względu na powtarzanie się w nich elementów. △ Rzeczowniki na *-ość* stanowią we współczesnym języku polskim typ bardzo produktywny.
-alność Rozszerzony przyrostek *-alność* występuje w bardzo nielicznych wyrazach, m.in. w terminie *zachorowalność* (p.), który nawiązuje wprost do wyrazów *zachorować, zachorowanie* (przymiotnik *zachorowalny* nie jest zaświadczony).
△ Rzeczowniki na *-ość* jako nazwy abstrakcyjne nie mają z zasady form liczby mnogiej. Formy te pojawiają się tylko wówczas, gdy wyraz jest używany także w znaczeniu konkretnym, przedmiotowym, np. *słabości* to «słabe strony», *wspaniałości*, to «rzeczy wspaniałe» △ Mianownik liczby mnogiej tych rzeczowników na *-ość*, które takie formy mogą przybierać, ma zawsze końcówkę *-i*. // *D Kult. I, 173.*

oślep tylko w wyrażeniu: Na oślep, np. Biegł na oślep.

oślepiać *ndk I*, oślepialiśmy (p. akcent § 1a i 2) — **oślepić** *dk VIa*, oślepię, oślep, oślepimy, oślepiliśmy: Kierowcę oślepił blask reflektora. △ *przen.* Oślepiła (*częściej*: zaślepiła) go nienawiść.

oślepnąć p. ślepnąć.

oślizgły a. **obślizgły**, *rzad.* **oślizły** a. **obślizły**: Oślizgła kładka. Oślizły kamień w strumieniu.

oślizgnąć a. **obślizgnąć**, *rzad.* **ośliznąć**, **obśliznąć** *dk Vc*, oślizgnie, obślizgnie, ośliźnie, obśliźnie; oślizgnął, obślizgnął, ośliznął, obśliznął (*wym.* oślizgnoł, obślizgnoł, ośliznoł, obśliznoł); oślizgła, obślizgła, oślizła, obślizła; oślizgnąłby, obślizgnąłby, obśliznąłby (*wym.* oślizgnołby, obślizgnołby, ośliznołby, obśliznołby; p. akcent § 4c): Drogi po odwilży oślizgły (oślizły).

! ośm p. osiem.

ośmio- «pierwszy człon wyrazów złożonych (przymiotników, rzeczowników, przysłówków), wskazujący na to, że to, co jest wymienione w drugiej czę-

ści złożenia, występuje osiem razy, składa się z ośmiu jednostek itp., pisany łącznie», np.: ośmiodniowy, ośmiotomowy, ośmiobok, ośmiokątny, ośmiokrotnie.

ośmiobok *m III, D.* ośmioboku; a. **ośmiokąt** *m IV, D.* ośmiokąta.

ośmioklasista a. **ósmoklasista** *m* odm. jak *ż IV, lm M.* ośmioklasiści (ósmoklasiści), *DB.* ośmioklasistów (ósmoklasistów).

ośmioro *D.* ośmiorga, *CMs.* ośmiorgu, *N.* ośmiorgiem «liczebnik zbiorowy odpowiadający liczbie 8, odnoszący się do osób różnej płci, do istot młodych, niedorosłych (których nazwy są zakończone w *lm* na *-ęta*) oraz do niektórych przedmiotów, których nazwy występują tylko w *lm*»: Ośmioro dzieci. Kwoka z ośmiorgiem kurcząt (*nie*: kurczętami). Ośmioro cieląt. Dwadzieścioro ośmioro dzieci, drzwi. △ Liczebnik *ośmioro* łączy się z orzeczeniem w *lp*, a w czasie przeszłym w rodzaju nijakim: Ośmioro dzieci idzie, szło (*nie*: idą, szły).

ośmiu p. osiem.

ośnieżać *ndk I*, ośnieżałby (p. akcent § 4c) — **ośnieżyć** *dk VIb*, zwykle w imiesł. biernym: Ośnieżone lasy, pola, płoty.

ośrodek (*nie*: osirodek, osierodek) *m III, D.* ośrodka: Pracować w ośrodku zdrowia. △ *reg.* w zn. «wewnętrzna część chleba; miękisz»: Wydłubać ośrodek z chleba.

ośródek *m III, D.* ośródka; a. **ośródka** *ż III reg.* p. ośrodek.

oświadczać (*nie*: oświarczać) *ndk I*, oświadczaliśmy (p. akcent § 1a i 2) — **oświadczyć** (*nie*: oświarczyć) *dk VIb*, oświadczyliśmy □ O. komu, że: Oświadczył mi, że czuje się obrażony.
oświadczać się — oświadczyć się «występować z propozycją małżeństwa (o mężczyźnie); prosić o czyjąś rękę» □ O. się komu: Oświadczył się pannie i został przyjęty.

oświadczenie *n I*: Złożył nam uroczyste oświadczenie, że będzie pilnie studiował. Oświadczenie wobec władz o dochodowości gospodarstwa.

oświadczyny *blp, D.* oświadczyn: Przyjąć, odrzucić czyjeś oświadczyny.

oświata *ż IV, CMs.* oświacie, *blm*: Szerzyć, krzewić oświatę. △ W nazwie instytucji dużą literą: Ministerstwo Oświaty i Wychowania.

oświecać *ndk I*, oświecaliśmy (p. akcent § 1a i 2) — **oświecić** *dk VIa*, oświeciliśmy **1.** «czynić coś jasnym, widocznym, *częściej*: oświetlać»: Oświecać drogę, pokój. **2.** *książk.* «szerzyć oświatę, kształcić, uczyć»: Oświecać lud, umysły.

oświecenie *n I, blm* **1.** forma rzeczownikowa czas. oświecić.
2. oświecenie a. Oświecenie «okres w historii kultury»

oświecony *m-os.* oświeceni, *st. w.* bardziej oświecony (*nie*: oświeceńszy) *książk.* «wykształcony, składający się z ludzi wykształconych; światły»: Była to opinia wszystkich oświeconych ludzi w kraju. △ *książk.* Wiek oświecony, *częściej*: Oświecenie. △ Jaśnie Oświecony «dawna forma tytułowania»

oświetlać *ndk I*, oświetlaliśmy (p. akcent § 1a i 2) — **oświetlić** *dk VIa*, oświetl (*nie*: oświetlij), oświetliliśmy «czynić coś jasnym, widocznym» □ O. kogo, co — czym (*nie*: za pomocą czego, przy użyciu czego): Oświetlił latarką twarze przybyłych.

Oświęcim *m I*, D. Oświęcimia (*nie*: Oświęcima), *Ms.* Oświęcimiu (*nie*: Oświęcimie) «miasto»: Hitlerowski obóz koncentracyjny w Oświęcimiu. — oświęcimiak (p.) — oświęcimianin (p.) — oświęcimianka *ż III, lm D.* oświęcimianek — oświęcimski (p.). // D Kult. I, 712; II, 524.

oświęcimiak *ż III, lm M.* oświęcimiacy «więzień obozu koncentracyjnego w Oświęcimiu»: Zjazd oświęcimiaków.

oświęcimianin *m V*, D. oświęcimianina, *lm M.* oświęcimianie, D. oświęcimian «mieszkaniec Oświęcimia»

oświęcimski: Powiat oświęcimski (*ale*: Kotlina Oświęcimska).

otaczać *ndk I*, otaczaliśmy (p. akcent § 1a i 2) — **otoczyć** *dk VIb*, otoczyliśmy 1. «ogradzać, opasywać» □ O. kogo, co — czym: Otoczyć ogród płotem. △ *przen*. Otaczał go powszechny szacunek. △ Otoczyć kogoś opieką «zaopiekować się kimś»: Otoczyła macierzyńską opieką przybrane dziecko. 2. «tocząc oblepiać, obsypywać, *częściej*: obtaczać»: Otaczać kotlety w mące.

otamować *dk IV*, otamowaliśmy (p. akcent § 1a i 2) — **otamowywać** *ndk VIIIa*, otamowuję (*nie*: otamowywuję, otamowywam), otamowywaliśmy 1. «odgrodzić tamą»: Otamować wyrobiska górnicze. 2. «zahamować, opanować»: Otamować swoje uczucia, odruchy.

Otello *m I*, D. Otella, C. Otellowi (*nie*: Otellu), *Ms.* Otellu.

Otmęt *m IV*, D. Otmętu «osiedle» — otmęcki.

otmuchowski: Cukrownia otmuchowska (*ale*: Jezioro Otmuchowskie).

Otmuchów *m IV*, D. Otmuchowa, C. Otmuchowowi (*ale*: ku Otmuchowowi a. ku Otmuchowu) «miasto» — otmuchowianin *m V*, D. otmuchowianina, *lm M.* otmuchowianie, D. otmuchowian — otmuchowianka *ż III, lm D.* otmuchowianek — otmuchowski (p.).

oto 1. «wyraz kierujący uwagę na kogoś, na coś przedstawiający kogoś, coś, wskazujący na kogoś, na coś; to właśnie...»: Spójrzcie — oto nasz ogród. Któraż to pani domu? — Oto ona. 2. «wyraz poprzedzający streszczenie, podsumowanie tego, co przedtem było wyliczane»: Jeść, pić, bawić się — oto cały jego program życiowy! Resztki ogrodu i ta klitka, oto wszystko, co pozostało z ojcowizny. 3. «wyraz wzmacniający któryś element wypowiedzi (często — zaimek wskazujący)»: Został mi tylko ten oto przyjaciel. 4. «wyraz wskazujący na kogoś, na coś jako na wzór, okaz»: Słuchacze, podziwiając go, mawiali: Oto artysta!

otoczka *ż III, lm D.* otoczek 1. «obramowanie, obwódka» 2. «ochronna warstwa komórki zwierzęcej lub roślinnej»

otoczyć p. otaczać.

! **otoknąć** p. opłukać.

otóż «wzmocnione *oto* (często w połączeniu ze spójnikiem *i*)» 1. p. oto (w zn. 1): Otóż i pan prezes — witamy! 2. *rzad.* p. oto (w zn. 2): Praca, dom, dzieci — otóż i treść jej życia. 3. «wyraz nawiązujący do poprzedniej wypowiedzi, sytuacji; tak więc, stąd właśnie»: Otóż dowiedz się, że mam tego dość. Matka jego była Francuzką — otóż i przyczyna jego sympatii do Francji! △ Otóż to «właśnie»: Pora na obiad. — Otóż to! Jestem głodny.

otrąbić *dk VIa*, otrąbię, otrąb, otrąbimy, otrąbiliśmy (p. akcent § 1a i 2) — **otrąbiać** *ndk I*, otrąbialiśmy; *rzad.* **otrębywać** a. **otrąbywać** *VIIIa*, otrębuję (otrąbuję), otrębywaliśmy (otrąbywaliśmy): Otrąbić zwycięstwo. Otrąbiono odwołanie alarmu.

otrębowy, *rzad.* **otrębiany** przym. od otręby.

otręby *blp*, D. otrąb (*nie*: otręb), *rzad.* otrębów: Otręby żytnie, pszenne, jęczmienne. Trzeba zagrzać otrąb dla świń.

otrząchnąć *dk Va*, otrząchnąłem (*wym.* otrząchnołem; *nie*: otrząchnęłem, otrząchłem), otrząchnął (*wym.* otrząchnoł; *nie*: otrząchł), otrząchnęła (*wym.* otrząchnęła; *nie*: otrząchła), otrząchnęliśmy (*wym.* otrząchnęliśmy; *nie*: otrząchliśmy; p. akcent § 1a i 2) *posp.* «otrząsnąć»

otrząsać *ndk I*, otrząsaliśmy (p. akcent § 1a i 2) — **otrząsnąć** *dk Va*, otrząsnąłem (*wym.* otrząsnołem; *nie*: otrząsnęłem, otrząsłem), otrząsnął (*wym.* otrząsnoł; *nie*: otrząsł), otrząsnęła (*wym.* otrząsnęła; *nie*: otrząsła), otrząsnęliśmy (*wym.* otrząsnęliśmy; *nie*: otrząśliśmy), **otrząść** *dk XI*, otrzęsę, otrzęsie, otrząsł, otrzęsła, otrzęśliśmy: Otrząsał starannie popiół do popielniczki. Otrząsnął śnieg z kołnierza.

otrzeć *dk XI*, otrę, otrze, otrzyj, otarł, otarliśmy (p. akcent § 1a i 2) — **ocierać** *ndk I*, ocieraliśmy: Otrzeć z twarzy pot, łzy.
otrzeć się — **ocierać się** □ O. się o kogo, o co a) «przejść bardzo blisko kogoś, czegoś»: Otarł się o niego bokiem. b) *częściej ndk* «trzeć poruszając się»: Świnia ocierała się o płot. □ (*częściej dk*) O. się o co «przelotnie zetknąć się z czymś»; być gdzieś krótko, chwilowo»: Otarł się zaledwie o wyższą uczelnię.

otrzepać *dk IX*, otrzepię (*nie*: otrzepę), otrzepie, otrzepaliśmy (p. akcent § 1a i 2) — **otrzepywać** *ndk VIIIa*, otrzepuję (*nie*: otrzepywuję, otrzepywam), otrzepywaliśmy □ O. co z kogo, czego «trzepiąc usunąć»: Otrzepać kurz z ubrania. □ O. kogo, co z czego «trzepiąc oczyścić»: Otrzepać ubranie z kurzu.

otrzewna *ż* odm. jak przym.: Zapalenie otrzewnej (*nie*: otrzewny). // D Kult. I, 543.

otrzewnowy △ Jama otrzewnowa.

otrzeźwić *dk VIa*, otrzeźwij, otrzeźwiliśmy (p. akcent § 1a i 2) — **otrzeźwiać** *ndk I*, otrzeźwialiśmy: Z trudem go otrzeźwiono.

otrzeźwiały imiesł. przeszły od czas. otrzeźwieć.
otrzeźwiały *m-os.* otrzeźwiali, w użyciu przymiotnikowym «trzeźwy»: Po sutej libacji, niezupełnie otrzeźwiali nie mogli trafić do wyjścia.

otrzeźwieć *dk III*, otrzeźwieję, otrzeźwiał, otrzeźwieliśmy (p. akcent § 1a i 2): Nie otrzeźwieli jeszcze po tym pijaństwie.

otrzymać *dk I*, otrzymaliśmy (p. akcent § 1a i 2) — **otrzymywać** *ndk VIIIa*, otrzymuję (*nie*: otrzymywuję, otrzymywam), otrzymywaliśmy **1.** nieco *książk.* w zn. «dostać» □ O. co — od kogo: Otrzymała od niej w podarunku piękne korale. Otrzymać list od przyjaciela. **2.** «wyprodukować, uzyskać z czegoś» □ O. co — z czego: Z węgla otrzymujemy gaz świetlny i koks.

Ottawa *ż IV* «rzeka i miasto stołeczne w Kanadzie»: Uniwersytet w Ottawie. Stolica Kanady leży na prawym brzegu Ottawy. — ottawianin *m V*, *D.* ottawianina, *lm M.* ottawianie, *D.* ottawian — ottawianka *ż III*, *lm D.* ottawianek — ottawski.

Otto, *rzad.* **Otton** *m IV*, *D.* Ottona (*nie*: Otta), *lm M.* Ottonowie.

otucha *ż III*, *D.* otuchy △ Dodać komuś otuchy, nabrać otuchy. △ *niepoprawne* Mieć w kimś otuchę.

otulać *ndk I*, otulaliśmy (p. akcent § 1a i 2) — **otulić** *dk VIa*, otuliliśmy □ O. kogo, co — czym: Otulić drzewa słomą. Otulała nogi kocem.

I otwarcie *st. w.* bardziej otwarcie: Mówił otwarcie o swoich zastrzeżeniach.

II otwarcie *n I*: Czekać na otwarcie bramy. △ Godziny otwarcia czytelni. Minister dokonał otwarcia (*nie*: otworzenia) wystawy obrazów.

otwarty imiesł. bierny od czas. otworzyć □ O. dla kogo, czego «pozwalający na przedostanie się czegoś, kogoś»: Droga otwarta dla ruchu kołowego. **otwarty** *m-os.* otwarci, w użyciu przymiotnikowym, □ O. z kim a. wobec kogo «szczery»: Musisz być z nami (wobec nas) otwarta. □ O. bez dop. «nie rozstrzygnięty»: Kwestia pozostaje otwarta. △ List otwarty (*nie*: odkryty) «list opublikowany» △ *u* otwarte (*pot. u* zwykłe) «*u* w odróżnieniu od *ó*» △ Otwarte (*częściej*: pełne) morze: Statek wypłynął na otwarte morze.

otwieracz *m II*, *lm D.* otwieraczy, *rzad.* otwieraczów: Otwieracz do puszek.

otwierać *ndk I*, otwieraliśmy (p. akcent § 1a i 2) — **otworzyć** *dk VIb*, otwórz, otworzył, *rzad.* otwarł; otworzyła, *rzad.* otwarła; otworzyliśmy, *rzad.* otworzyliśmy; otworzony (*lepiej*: otwarty): Otwierać okno, drzwi, szufladę itp. Otworzone (*lepiej*: otwarte) drzwi. □ O. co — czym: Otworzyć drzwi kluczem. □ O. co z czego: Otworzyć drzwi z klucza. □ O. co komu a. przed kim: *przen.* Otworzył przed nim serce a. otworzył mu serce. || D Kult. I, 547.

Otwock *m III*, *D.* Otwocka «miasto» — otwocczanin *m V*, *D.* otwocczanina, *lm M.* otwocczanie, *D.* otwocczan — otwocczanka *ż III*, *lm D.* otwocczanek — otwocki.

otworzenie *n I*, *blm*, *lepiej*: otwarcie (p. II otwarcie): Czekał na otworzenie (*lepiej*: otwarcie) bramy.

otworzyć p. otwierać.

otwór *m IV*, *D.* otworu: Otwór drzwiowy, okienny. △ zwykle w *lm* w zn. «drzwi i ramy okien»: Malować otwory. △ Otwór wiertniczy, in. odwiert.

otworem w użyciu przysłówkowym, zwykle w zwrocie: Stać otworem, np. Drzwi stały przed nim otworem. △ *przen.* Droga do kariery stała przed nim otworem.

o tyle «wyrażenie używane zwykle w zestawieniach» △ O tyle..., o ile «w takim stopniu, zakresie, w jakim...; pod tym warunkiem, że...; wtedy, gdy...»: Pomagał im o tyle, o ile to było możliwe. △ O ile..., o tyle... **a)** «o taką ilość, liczbę mniej lub więcej»: O ile teraz włożysz więcej w ten interes, o tyle zyski będą większe. **b)** «wyrażenie silnie przeciwstawiające; w takim stopniu, zakresie, w jakim...»: O ile matka kochała ich wszystkich, o tyle ojciec ich nie znosił. O ile uwielbiał Chopina, o tyle lekceważył Wagnera. △ O tyle..., że... (a. na tyle, że) «w stopniu umożliwiającym coś, wystarczającym na coś...»: Jesteś o tyle dorosły, że musisz odpowiadać za swoje czyny. Poczuła się o tyle zdrowsza, że wstała z łóżka. △ *pot.* O tyle, o ile «w niewielkim stopniu; trochę»: Podoba ci się? — O tyle, o ile.

otyły *m-os.* otyli, *st. w.* bardziej otyły (*nie*: otylszy): Otyli ludzie często chorują na serce.

outsider p. autsajder.

-owa przyrostek tworzący: **a)** nazwy żon od nazw męskich, np.: doktor — *doktorowa*, profesor — *profesorowa*, inżynier — *inżynierowa*; dziś coraz rzadziej używany w tej funkcji. **b)** nazwiska żon od nazwisk męskich zakończonych na spółgłoskę, niekiedy też — na samogłoskę, np.: Walczak — *Walczakowa*, Plater — *Platerowa*, Baryczka — *Baryczkowa*, Kościuszko — *Kościuszkowa*. △ W tej funkcji przyrostek *-owa* jest dziś mniej produktywny niż dawniej. Żony nazywane są często męską formą nazwiska nie odmienianego w przypadkach zależnych (np. pani Walczak, z panią Walczak itd.). *Por.* nazwiska polskie.

-ować przyrostek tworzący czasowniki od podstaw rzeczownikowych. Czasowniki te mają m.in. następujące znaczenia: **a)** «wytwarzać (z czegoś) to, co jest nazwane rzeczownikiem podstawowym», np.: *filmować powieść* «przerabiać ją na film», *mapować* «przedstawiać w postaci mapy», *porcjować* «robić porcje, dzielić coś na porcje»; **b)** «robić coś za pomocą tego, co jest nazwane rzeczownikiem podstawowym», np.: *motyczkować* «kopać za pomocą motyczki», *wiórkować* «czyścić za pomocą wiórków»; **c)** «pokrywać coś czymś», np.: *aluminiować* «pokrywać aluminium», *parafinować* «pokrywać parafiną» △ Poza wymienionymi typami znaczeń czasowniki na *-ować* mają inne, dość różnorodne, np.: *garażować* «trzymać w garażu», *kodować* «ujmować w znaki kodu»

owad *m IV*, *D.* owada: Rój owadów. Schwytać owada.

owadoznawstwo *n III*, *blm*, in. entomologia.

owadzi: Owadzie skrzydła. Owadzi tułów.

owak *pot.* «inaczej» — tylko w zestawieniu z *tak*, np.: Tak czy owak. Tak i owak. Raz tak, raz owak.

owaki *m-os.* owacy *pot.* «inny» — tylko w zestawieniu z *taki*, np. Przychodzili do niego tacy i owacy interesanci.

-owaty przyrostek urabiający przymiotniki od rzeczowników; przymiotniki utworzone tym przyrostkiem są właściwe z jednej strony językowi potocznemu, z drugiej zaś terminologii naukowej, zwłaszcza przyrodniczej; charakteryzują one przedmiot określany przez podobieństwo do przedmiotu, nazwanego przez rzeczownik podstawowy, np.: *pałąkowate* nogi, to «nogi mające kształt pałąka», kształt *beczułkowaty*, to «kształt przypominający beczułkę», człowiek *mazgajowaty* «człowiek będący mazgajem, przypominający mazgaja»; w terminologii przyrodniczej: ruchy *amebowate* «podobne do tych, które wykonuje ameba», rośliny *malwowate* «należące do tej samej rodziny co malwa, podobne do malwy», ptaki *gołębiowate* «z rodziny gołębi, podobne do gołębi» Przymiotniki odprzymiotnikowe z przyrostkiem *-owaty* są utworzone błędnie, np. od głupi — *głupowaty* (*zamiast*: głupawy a. głupkowaty).

owca *ż II, lm* D. owiec △ *pot.* Chodzić jak błędna owca «chodzić bez celu» △ *pot.* Parszywa (*rzad.* czarna) owca «człowiek zły, kompromitujący swoje otoczenie»

owczarnia *ż I, DCMs.* owczarni, *lm* D. owczarni, *rzad.* owczarń.

owczarz *m II, lm* D. owczarzy.

owczy: Ser owczy. Mleko owcze. △ Owczy pęd «bezmyślne naśladowanie innych» △ W nazwie dużą literą: Wyspy Owcze.

owdzie a. **ówdzie** zwykle w zestawieniu z *tu* i *tam*, np. Tu i owdzie (ówdzie), tam i owdzie (ówdzie) «tu i tam, gdzieniegdzie»: Tu i owdzie paliły się już latarnie.

Owen (*wym.* Ouen) *m IV, D.* Owena (p. akcent § 7): Socjalizm utopijny Owena.

Owernia (*wym.* Owerńja) *ż I, DCMs.* Owernii «kraina we Francji (Auvergne)»

owędy zwykle w zestawieniu z *tędy*, np. *pot.* Tędy, owędy; tędy i owędy «różnymi drogami, w różnych kierunkach»: Chodził tędy i owędy.

owiać *dk Xb,* owieje, owiałby (p. akcent § 4c) — **owiewać** *ndk I,* owiewałby: Owiał go przejmujący wiatr.

owiązać, owiązywać p. obwiązać.

-owicz przyrostek tworzący nazwy osobowe od podstaw rzeczownikowych. Wyrazy na *-owicz* reprezentują dwa typy znaczeniowe: **a)** nazwy charakteryzujące osoby ze względu na jakieś ich przesadne zamiłowania lub skłonności, np.: *karierowicz* to «człowiek pragnący za wszelką cenę zrobić karierę», *majsterkowicz* «ten, którego zamiłowaniem jest majsterkowanie»; rzeczowniki te mają zabarwienie ekspresywne, najczęściej żartobliwe lub ironiczne; **b)** nazwy charakteryzujące osoby ze względu na pewną cechę sytuacyjną, nie stałą, lecz doraźną, często nawet przypadkową, np.: *autostopowicz* to «każdy, kto w określonej sytuacji jedzie autostopem», *plażowicz* to «ten, kto znajduje się na plaży», *wczasowicz* zaś to «ktoś, kto w danym okresie korzysta z wczasów»; nazwy tego typu są właściwe językowi mówionemu, w którym tworzy się je z łatwością, i z niego przedostają się do innych odmian języka, zachowując jednak

swój potoczny, a niejednokrotnie żartobliwy charakter. △ W mianowniku *lm* rzeczowniki na *-owicz* przybierają zawsze końcówkę *-e*, np. wczasowicz — wczasowicze.

-owiec p. -ec.

owies *m IV, D.* owsa, *reg.* owsu, *lm M.* owsy (*nie*: owse): Nasypał koniowi owsa.

owiewać p. owiać.

owijacz *m II, lm D.* owijaczy, *rzad.* owijaczów; *rzad.* **owijak** *m III,* zwykle w *lm*.

owijać a. **obwijać** *ndk I,* owijaliśmy, obwijaliśmy (p. akcent § 1a i 2) — **owinąć** a. **obwinąć** *dk Vb,* owinąłem, obwinąłem (*wym.* owinołem, obwinołem; *nie*: owinełem, obwinełem); owinął, obwinął (*wym.* owinoł, obwinoł); owinęła, obwinęła (*wym.* owineła, obwineła); owinęliśmy, obwinęliśmy (*wym.* owineliśmy, obwineliśmy) □ O. kogo co — czym, w co: Owinąć dziecko w koc (kocem). Owinąć palec bandażem. □ O. co około czego △ Owinąć kogoś około a. koło (małego) palca «podporządkować całkowicie swojej woli» △ *pot.* Nie owijać czegoś w bawełnę «mówić o czymś wprost, bez ogródek, nazywając rzeczy po imieniu» △ *pot.* Nie wziąć, nie zostawić czegoś na owinięcie palca «nie wziąć, nie zostawić ani trochę»

owionąć *dk Vb,* owionął (*wym.* owionoł), owionęła (*wym.* owioneła), owionąłby (*wym.* owionołby, p. akcent § 4c) *książk.* «owiać»: Owionęło go świeże powietrze.

-owisko p. -isko.

owlec *dk XI* (odmiana p. powlec) — **owlekać** *ndk I,* owlekaliśmy *reg.* «powlec»: Owlec poduszkę, pościel.

owładnąć *dk Va,* owładnąłem (*wym.* owładnołem; *nie*: owładnełem), owładnął (*wym.* owładnoł), owładnęła (*wym.* owładneła; *nie*: owładła), owładnęliśmy (*wym.* owładneliśmy, p. akcent § 1a i 2), nieco *książk.* «opanować coś, zapanować nad czymś» □ O. czym: Owładnąć krajem, miastem. △ (tylko *dk*) Coś owładnęło kimś: Owładnęła nim żądza zemsty.

owłosienie (*nie*: owłoszenie) *n I*: Bujne owłosienie ciała.

-ownia p. -nia.

-ownik p. -ik.

owoc *m II, D.* owocu, *lm* D. owoców (*nie*: owocy) **1.** częściej w *lm* «w terminologii botanicznej: organ rozmnażania się roślin okrytozalążkowych»: Owoce jagodowe, pestkowe. **2.** zwykle w *lm* «płody drzew oraz krzewów owocowych i leśnych, a także niektórych roślin ogrodowych»: W tym roku mamy piękne owoce w sadzie. **3.** *przestarz.* «zbiorowo: płody drzew i krzewów owocowych»: Drzewa gięły się pod ciężarem owocu. Zbiór owocu.

owocarnia *ż I, DCMs.* owocarni, *lm* D. owocarni, *rzad.* owocarń. || *KJP 216.*

owocny *st. w.* owocniejszy «przynoszący korzyści; skuteczny, korzystny»: Owocna praca, dyskusja.

owocowy 1. «sporządzony z owoców»: Sok owocowy. Galaretka owocowa. **2.** «rodzący owoce»: Drzewa, krzewy owocowe.

owoczesny p. ówczesny.

owsiany (*nie*: owsianny): Płatki owsiane. Kakao owsiane.

Owsiany *m* odm. jak przym., *lm M.* Owsiani. Owsiana *ż* odm. jak przym., *rzad.* Owsiany *ż ndm* — Owsianowa *ż* odm. jak przym. — Owsianówna *ż IV*, *D.* Owsianówny, *CMs.* Owsianównie (*nie*: Owsianównej), *lm D.* Owsianówien. || *D Kult. II, 501.*

-owski p. -ski.

owszem 1. «wyraz wzmacniający lub zastępujący twierdzenie, zgodę na coś (często z odcieniem rezerwy wobec czegoś); oczywiście, naturalnie»: Pan pali? Owszem. Znacie się? Owszem. Przypominam sobie. **2.** «wyraża przeciwieństwo, kontrast; przeciwnie, wręcz przeciwnie»: Nikt mu nie szkodził, owszem szli mu na rękę. Ból nie ustawał, owszem wzmagał się. || *D Kult. I, 319.*

-owy najbardziej produktywny we współczesnym języku polskim przyrostek tworzący przymiotniki od rzeczowników; cechą charakterystyczną tych przymiotników, podobnie jak wszystkich innych pochodnych od podstaw rzeczownikowych, jest skrótowość w sygnalizowaniu treści i bardzo ogólny związek ze znaczeniem rzeczownika podstawowego.
Wśród przymiotników można wyróżnić pewne grupy o znaczeniach bardziej wyspecjalizowanych, np. **a)** «zrobiony z tego, co oznacza rzeczownik podstawowy»: płaszcz *ortalionowy* «z ortalionu», obrus *igelitowy* «z igelitu»;
b) «przeznaczony do czegoś, na coś»: taśma *magnetofonowa* «przeznaczona do magnetofonu», tkanina *krawatowa* «przeznaczona na krawaty»;
c) «wykonany za pomocą czegoś»: roboty *szydełkowe*, wycieczka autokarowa «odbywana autokarem»;
△ Najczęściej jednak przymiotniki na -owy (jak już wspomniano) sygnalizują tylko w sposób najogólniejszy jakiś związek z rzeczownikiem — podstawą, znaczenia ich są więc bardzo różnorodne i często równoważne znaczeniom rozbudowanych wyrażeń, np.: sklep *samoobsługowy* to «sklep oparty na systemie samoobsługi», książeczka *samochodowa* to «książeczka oszczędnościowa, której właściciel może wylosować samochód». Dzięki swojej skrótowości w wyrażaniu treści przymiotniki na -owy są bardzo dogodnym narzędziem językowym, ale skrótowość posunięta zbyt daleko może uczynić wypowiedź niezrozumiałą, np. przymiotnik *kombajnowy* poprawnie użyty w związku: *zespół kombajnowy* «zespół kombajnów», w połączeniu: *ściana kombajnowa* przestaje już być zrozumiały, odbiorcy trudno się domyślić, że chodzi nie o ścianę kombajnu, lecz o ścianę, z której się wydobywa węgiel za pomocą kombajnu.
△ Niesłuszne jest także zastępowanie przymiotnikami na -owy przymiotników o innej budowie, od dawna zadomowionych w języku, np.: kolacjowy *zamiast*: kolacyjny.
△ Przymiotników na -owy nie tworzymy od rzeczowników osobowych, np. na -acz, -arz, -owicz, od rzeczowników na -stwo (wyjątek stanowią wyrazy *państwowy* i *mocarstwowy*) i (na ogół) od rzeczowników na -anie (wyrazy typu *spotkaniowy, nauczaniowy* są czasem rażące). Tworzenie przymiotników na -owy

od rzeczowników na -ość jest możliwe (np. *całościowy*), powinno się jednak unikać urabiania ich od takich wyrazów, które zawierają w temacie element -ow-, np. *osobowościowy*, ponieważ jego powtarzanie się sprawia, że formację odczuwamy jako „źle" brzmiącą.

Oxford p. Oksford.

ozdabiać *ndk I*, ozdabialiśmy (p. akcent § 1a i 2) — **ozdobić** *dk VIa*, ozdobię, ozdób, ozdobiliśmy: Ozdobić ścianę freskami. Wielki wazon ozdabiał stół.

ozdoba *ż IV*, *lm D.* ozdób: Ozdoby architektoniczne, retoryczne, stylistyczne. △ *przen.* Był chlubą i ozdobą szkoły.

ozdrowieniec *m II*, *D.* ozdrowieńca, *W.* ozdrowieńcze, forma szerząca się: ozdrowieńcu, *lm M.* ozdrowieńcy; *częściej*: rekonwalescent.

Ozga-Michalski Ozga *m* w *lp* odm. jak *ż III*, w *lm ndm*, Michalski *m* odm. jak przym.: Spotkanie wyborców z posłem Józefem Ozgą-Michalskim. Ozga-Michalska, Ozga *ż ndm*, Michalska *ż* odm. jak przym.

oziębiać *ndk I*, oziębialiśmy (p. akcent § 1a i 2) — **oziębić** *dk VIa*, oziębię, ozięb, oziębiliśmy: Lubił wino oziębione.
oziębiać się — oziębić się: Klimat się oziębił. Po burzy znacznie się oziębiło. Oziębiało się z dnia na dzień. △ *przen.* Stosunki między nimi ostatnio się oziębiły.

oziębnąć *dk Vc*, oziębliśmy (p. akcent § 1a i 2), oziębły, zwykle w *przen.*: Po kilku latach ich miłość oziębła. Oziębłe uczucia. Oziębły stosunek do kogoś.

ozłocić *dk VIa*, ozłocę, ozłociliśmy (p. akcent § 1a i 2) — **ozłacać** (*nie*: ozłocać) *ndk I*, ozłacaliśmy, zwykle w *przen.*: Jak mi to zrobisz, to cię ozłocę.

OZN (*wym.* ozen) *m IV*, *D.* OZN-u «Obóz Zjednoczenia Narodowego (1936—39)»: OZN miał program zachowawczy. Należeć do OZN-u. Piłsudczycy skupieni w OZN-ie. — OZN-owiec a. ozonowiec *m II*, *D.* OZN-owca (ozonowca), *lm M.* OZN-owcy (ozonowcy) — OZN-owski a. ozonowski.

oznajmiać *ndk I*, oznajmialiśmy (p. akcent § 1a i 2) — **oznajmić** *dk VIa*, oznajmię, oznajmij, *rzad.* oznajm; oznajmiliśmy *książk.*, *urz.* «zawiadamiać o czymś, oświadczać coś»: Oznajmił nam miłą nowinę. Oznajmił, że nie ma czasu. Pismo oznajmiające o wymówieniu pracy. △ Tryb oznajmiający, zdanie oznajmiające, *częściej*: tryb oznajmujący, zdanie oznajmujące.

oznaka *ż III* **1.** «przedmiot będący znakiem, symbolem czegoś; *częściej*: odznaka»: Oznaka władzy, urzędu. **2.** *częściej* w *lm* «objaw świadczący o czymś; symptom»: Apetyt był oznaką powrotu do zdrowia. Oznaki zdenerwowania, zainteresowania, zmęczenia.

ozon *m IV*, *D.* ozonu, *blm* «odmiana tlenu»

Ozon *m IV*, *D.* Ozonu «skrócona forma nazwy: Obóz Zjednoczenia Narodowego (OZN)»: Należeć do Ozonu.

ozonowiec, ozonowski p. OZN.

ozór (*nie*: ozor) *m IV*, *D* ozora (*nie*: ozoru) «język zwierzęcia, *rub.* człowieka; *częściej*: jęzor»: Pies biegł z wywieszonym ozorem. △ *posp.* zwroty: Chlapnąć ozorem «powiedzieć coś bez zastanowienia»

ozwać się

△ Rozpuścić ozór «mówić dużo, niepotrzebnie»
△ Latać z wywieszonym ozorem «chodzić dużo, szybko z oznakami zmęczenia» △ Latać z ozorem (na kogoś) «plotkować; oskarżać kogoś»

ozwać się *dk IX*, ozwę się (*nie*: ozwię się), ozwie się, ozwij się, ozwaliśmy się (p. akcent § 1a i 2) — **ozywać się** *ndk I*, ozywaliśmy się *przestarz., książk.* i *poet.* «zabrać głos, odezwać się»: W ogrodzie ozwały się słowiki.

ożaglowanie a. **ożaglenie** *n I.*

Ożarów *m IV, D.* Ożarowa, *C.* Ożarowi (*ale:* ku Ożarowowi a. ku Ożarowu) «miasto» — ożarowianin *m V, D.* ożarowianina, *lm M.* ożarowianie, *D.* ożarowian — ożarowianka *ż III, lm D.* ożarowianek — ożarowski.

ożenić p. żenić.

ożyna *ż IV, lm D.* ożyn *reg.* «jeżyna»

ó, u «litery, którym odpowiada w wymowie we współczesnym języku ogólnopolskim ta sama głoska *u*» Samogłoska oznaczana dziś przez *ó* (powstała z dawnego *o* długiego) występuje przede wszystkim w tych wyrazach, które w innych swych formach (lub w wyrazach w stosunku do nich pokrewnych) mają odpowiadającą temu *ó* samogłoskę *o*; np.: *róg — rogu, twórczość — tworzyć, pól — pole, dwójka — dwoje, podkówka — podkowa.*

△ Uwaga. Wyrazy: *skuwka, zasuwka, okuwka, odkuwka, podsuwka, zakuwka* — pisze się przez *u*, gdyż należy ono do rdzenia odpowiadających tym wyrazom czasowników podstawowych: *skuć, zasuwać, okuwać* itd.

A. △ Litera *ó* występuje stale w następujących końcówkach: **a)** w dopełniaczu *lm* rzeczowników rodz. męskiego, np.: *domów, chłopców*;

b) w mianowniku *lp* niektórych nazw miejscowych, typu: *Kraków, Piotrków, Sokołów*;

c) w cząstce: *-ówka*, np.: *kryjówka, placówka*;

d) w przyrostku *-ówna*, np.: *generałówna, Matysiakówna.*

△ Na końcu wyrazów *ó* nie występuje nigdy; na początku — tylko w wyrazach: *ósmy, ósemka, ów, ówczesny, ówdzie, ócz* (*obok*: oczu), *ód* (*D. lm* od: oda).

△ Poza tym, mimo braku wymian *ó* z *o* — pisownia *ó* ustalona jest w wielu wyrazach tradycyjnie, np.: *córka, góra, mózg, król, płótno, skóra, żółty.*

B. Litera *u* występuje przede wszystkim: **a)** w wielu przyrostkach zdrabniających lub zgrubiających: *-uchny, -uni, -usi, -utki, -uchna, -ulo, -ulek, -ula, -ulka, -unio, -unia, -uszek, -uszka, -uszko, -uś, -usia, -uch, -ucha, -us*; np.: *bieluchny, tyciuni, ładniusi, calutki, matuchna, tatulo, ojczulek, ciotula, babulka, dziadunio, matunia, dzbanuszek, staruszka, serduszko, tatuś, mamusia, leniuch, starucha, obdartus*;

b) w formantach rzeczownikowych: *-un, -unka, -ulec, -unek*, np.: *zwiastun, opiekunka, budulec, rachunek*;

c) w zakończeniach form czasu teraźniejszego (i innych form pochodnych od tematu czasu teraźniejszego) czasowników zakończonych w bezokoliczniku na *-ować*, np.: *rysuję, kupujesz, maluje, nocujemy, pracujecie, żałują, próbuj, gotujcie, ratując, rysujący.*

W wypadkach wątpliwych o pisowni z *ó* lub *u* rozstrzyga słownik ortograficzny.

ósmoklasista p. ośmioklasista.

! óśmiu p. osiem.

ów (*nie*: owy), **owa, owo** (*nie*: owe) odm. jak przym., *D. m n* owego, *ż* owej, *B. ż* ową (*nie*: owę), *lm M. m-os.* owi, *ż-rzecz.* owe «zaimek wskazujący (mający dziś najczęściej zabarwienie *książk.* lub *podn.*)» **1.** «towarzyszący rzeczownikom **a)** «służący do wyróżnienia, wyodrębnienia kogoś, czegoś spośród istot, przedmiotów podobnych; ten, ten właśnie»: Tak zginął ów bohater, ów rycerz bez skazy. **b)** «będący określeniem tego, o czym była już mowa; ten»: Milczeli, a owo milczenie przygniatało wszystkich. △ W tej funkcji zaimek ów używany jest często w połączeniu z wyrazami oznaczającymi czas, zwłaszcza odległy, np.: Pamiętał wiele z owych lat wojny. Jak na owe czasy była bardzo postępowa. **2.** *rzad.* «występujący samodzielnie, odpowiadający zaimkowi *on*»: Spojrzał na ojca, a ów się uśmiechnął. **3.** «towarzyszący rzeczownikom, występujący w zdaniu nadrzędnym, z którym się wiąże zdanie określające; taki, ten»: Reprezentował ów rodzaj gry, jakim odznaczają się pianiści starej szkoły.

4. «występujący w połączeniu z innymi zaimkami (często — z zaimkiem *ten*), stawiany zwykle na drugim miejscu; inny, tamten»: Zwracali się do niego ustawicznie, raz ten, raz ów. Każdy był czymś zajęty; ten ciął, tamten piłował, ów zbijał deski. △ «o osobach i rzeczach bliżej nie określonych; ten lub inny, niektóry; niejeden»: To i owo. Ten i ów, ten lub ów, ten albo ów, ten czy ów. Ni to, ni owo. To ten, to ów. △ *pot.* Ni z tego, ni z owego «bez widocznych przyczyn; niespodziewanie»: Przecież ni z tego ni z owego nie rzucę pracy!

ówczesny, *przestarz.* **owoczesny:** Ówczesnym zwyczajem nosiła długie suknie.

ówdzie p. owdzie.

-ówka p. -ka.

-ówna przyrostek tworzący: **a)** nazwy córek od nazw ojców, np.: aptekarz — *aptekarzówna*, generał — *generałówna*, cześnik — *cześnikówna*; dziś rzadko używany w tej funkcji.

b) nazwiska córek od nazwisk męskich zakończonych na spółgłoskę, niekiedy też — na samogłoskę, np.: Sołtan — *Sołtanówna*, Tazbir — *Tazbirówna*, Baryczka — *Baryczkówna*, Tołłoczko — *Tołłoczkówna*, Sikora — *Sikorówna* (a. *Sikorzanka*). △ W tej funkcji przyrostek *-ówna* jest dziś mniej produktywny niż dawniej. Córki nazywane są także męską formą nazwiska, nie odmienianego w przypadkach zależnych (np. panna Sołtan, z Marią Sołtan itd.).

△ Wyrazy z przyrostkiem *-ówna* odmieniają się według IV deklinacji rzeczowników rodzaju żeńskiego: *D. -ówny* (*nie*: -ównej), *CMs. -ównie* (*nie*: -ównej), *B. -ównę* (*nie*: -ówną), *lm M. -ówny* (*nie*: -ówne), *D. -ówien* (*nie*: -ównych). *Por.* nazwiska polskie.

p zob. spółgłoski miękkie.

p. 1. «skrót wyrazów: *pan, pani, panna,* pisany z kropką, stawiany zwykle przed nazwiskiem lub przed imieniem i nazwiskiem, czytany jako cały, odmieniany wyraz»: P. Kowalska, p. Zofia Kowalska, p. Józef Wesołowski. Rozmowa z p. (*czyt.* panem) Wesołowskim. List do p. (*czyt.* panny) Świerkówny. △ W *lm*: P. Wesołowski i p. Grębski a. pp. (*nie*: p.p.) Wesołowski i Grębski. △ Uwaga: w *lm* skrót pp. oznacza zarówno: *panowie, panie, panny* — jak i (najczęściej) *państwo.*
2. «skrót wyrazu: *patrz,* pisany z kropką, czytany jako cały wyraz, stosowany w tekstach przy odsyłaniu»

Paasikivi (*wym.* Pas-ikiwi) *m* odm. jak przym., *D.* Paasikiviego a. (zwykle z odmienianym imieniem lub tytułem) *ndm*: Rozmowy dyplomatów radzieckich z prezydentem Paasikivim (prezydentem Paasikivi).

Pabianice *blp, D.* Pabianic «miasto» — pabianicki.

pac *m II reg.* «wielki szczur»

pacha *ż III, CMs.* pasze, *lm M.* pachy (*nie*: pachi): *posp.* Iść z kimś pod pachę, wziąć kogoś pod pachę (*lepiej*: iść z kimś pod rękę, wziąć kogoś pod rękę).

pachnąć *ndk Va,* pachnie, pachnął (*wym.* pachnoł), pachnęła (*wym.* pachneła; *nie*: pachła), pachnęliśmy (*wym.* pachneliśmy, *nie*: pachliśmy; p. akcent § 1a i 2) *częściej*: pachnieć.

pachnieć *ndk,* pachnę, pachnie, pachniał, pachnieliśmy (p. akcent § 1a i 2), pachnący (*nie*: pachniący): Pachnieć żywicą, perfumami. □ Ktoś (coś) pachnie czym a. od kogo czym pachnie: Pachniała dobrymi perfumami a. pachniało od niej dobrymi perfumami. △ Groszek pachnący. // KJP 299.

pacholęctwo *n III, blm przestarz., książk.* «wiek chłopięcy»

pachołek *m III, D.* pachołka **1.** *lm M.* te pachołki a. ci pachołcy «człowiek używany dawniej do posług; służący, sługa, pomocnik; szeregowiec w dawnym wojsku polskim» **2.** *lm M.* pachołki *mors.* «słupek (na nabrzeżu), krótki pal (na pokładzie statku) do przywiązywania lin»

pacierz *m II, lm D.* pacierzy: Szeptać pacierze. Zmówić, odmówić pacierz za kogoś, za coś, na intencję kogoś, czegoś. △ Umieć, znać coś jak pacierz. △ Powtarzać jak za panią matką pacierz «bezmyślnie powtarzać cudze opinie» △ Jak amen w pacierzu «z całą pewnością»: Dziś będzie burza, jak amen w pacierzu.

paciorek (*nie*: ta paciorka) *m III,* w zn. «koralik»: Miała na szyi bursztynowe paciorki.

Pacyfik *m III, D.* Pacyfiku; in. Ocean Spokojny. — pacyficzny.

pacyfizm *m IV, D.* pacyfizmu, *Ms.* pacyfizmie (*wym.* ~izmie a. ~iźmie), *blm.*

pacykarz *m II, lm D.* pacykarzy *pogard.* «zły, kiepski malarz»

pacyna p. pecyna.

paczka *ż III, lm D.* paczek: Paczka żywnościowa a. paczka z żywnością.

Pad *m IV, D.* Padu a. (z wyrazem: rzeka) *ndm* «rzeka we Włoszech»: Pływał po Padzie (po rzece Pad). — padański (p.).

padaczka *ż III, blm;* in. epilepsja.

padać *ndk I,* padaliśmy (p. akcent § 1a i 2) — **paść** *dk Vc,* padnę, padnie, padł, padliśmy: Deszcz pada (*nie*: idzie). Padał (*nie*: szedł) gęsty deszcz. △ Padam do nóg, do nóżek «dawny uniżony zwrot grzecznościowy używany przez mężczyzn» □ P. od czego «ginąć od czegoś (zwykle kiedy się wymienia przyczynę zewnętrzną)»: Paść od kuli. □ P. z czego «ginąć (zwykle z jakiejś przyczyny wewnętrznej)»: Padać z głodu, ze zmęczenia, z wycieńczenia.

padalec *m II, D.* padalca, *lm D.* padalców (*nie*: padalcy).

padański: Dorzecze padańskie (*ale*: Nizina Padańska).

padlina *ż IV, blm*: Padlina końska. Sępy żywią się padliną.

padło *n III, Ms.* padle, *blm przestarz., książk.* «padlina»

padok *m III, D.* padoku: Koń galopował po padoku.

padół *(nie: padoł) m IV, D.* padołu △ zwykle w *podn.* a. *żart.* wyrażeniach: Ziemski padół, padół płaczu, łez «ziemia jako przeciwieństwo nieba, raju»

Padwa *ż IV* «miasto we Włoszech» — padewski.

Pafawag *(wym.* Pafawag, p. akcent § 6) *m III, D.* Pafawagu «Państwowa Fabryka Wagonów»

Paganini *m* odm. jak przym., *D.* Paganiniego, *C.* Paganiniemu, *NMs.* Paganinim: Talent wirtuozowski Paganiniego.

PAGART a. **Pagart** *(wym.* pagart) *m IV, D.* PAGART-u (Pagartu), *Ms.* Pagarcie, *rzad. ż ndm* «Polska Agencja Artystyczna»: Zawrzeć umowę z PAGART-em (Pagartem), *rzad.* z PAGART (Pagart). Pracować w PAGAR-cie (Pagarcie), *rzad.* w PAGART (Pagart). — PAGART-owski a. pagartowski.

PAGED a. **Paged** *(wym.* paged) *m IV, D.* PAGED-u (Pagedu), *Ms.* Pagedzie, *rzad. ż ndm* «Polska Agencja Eksportu Drewna»: Zamówienie PAGED-u (Pagedu), *rzad.* PAGED (Paged).

pagoda *ż IV, lm D.* pagód *(nie:* pagod): Buddyjska pagoda.

Pahlawi 1. *m ndm* a. odm. jak przym., *D.* Pahlawiego «nazwisko dynastii panującej w Iranie»: Dynastia Pahlawi została założona przez Rezę Szacha Pahlawi (a. Pahlawiego).
2. *n ndm* (dawniej: Enzeli) «miasto w północnym Iranie»

Paine *(wym.* Pejn) *m IV, D.* Paine'a *(wym.* Pejna), *C.* Paine'owi, *N.* Paine'em, *Ms.* Painie: Działalność demokratyczna Tomasza Paine'a.

pajac *m II, DB.* pajaca, *lm D.* pajaców *(nie:* pajacy) △ Robić z siebie, z kogoś pajaca.

pajacyk *m III* **1.** *B.* = *D.* «zabawka»: Podarować dziecku skaczącego pajacyka. **2.** «rodzaj ubranka dla dziecka»: Kupić trykotowy pajacyk *(nie:* pajacyka). || *KJP 176.*

Pajęczno *m III* «miejscowość» — pajęczański.

paka *ż III*: Paka drewniana. Paka z desek. □ P. czego «paka zawierająca coś; ilość czegoś mieszczącą się w pace»: Mam całą pakę owoców, żywności. □ P. do czego, na co *(nie:* dla czego) «paka służąca do stałego przechowywania czegoś»: Paka do węgla. □ P. od czego «o określonym, zwykle stałym przeznaczeniu, opróżniona z czegoś»: Paka od kartofli. □ P. po czym, *reg.* z czego «paka opróżniona z czegoś»: Paka po aparaturze precyzyjnej. □ P. z czym «paka wraz z zawartością»: Tu stoją paki z obuwiem.

pakamera *ż IV (nie:* ten pakamer) *reg.* «składzik, rupieciarnia»

pakiet *(nie:* paket) *m IV, D.* pakietu.

Pakistan *m IV, D.* Pakistanu «państwo w Azji» — Pakistańczyk *m III, lm M.* Pakistańczycy — Pakistanka *ż III, lm D.* Pakistanek — pakistański.

pakoski: Len pakoski *(ale:* Jezioro Pakoskie).

Pakość *ż V, D.* Pakości «miasto» — pakoski (p.)

pakt *m IV, D.* paktu, *lm M.* pakty, *przestarz.* pakta: Pakt o nieagresji, *rzad.* pakt nieagresji. △ Pakt koszycki.

pakułowy, *rzad.* **pakulany**: Tkaniny pakułowe (pakulane).

pakuły *blp, D.* pakułów a. pakuł.

pakunek *m III, D.* pakunku *reg.* w zn. «małe ogniwo elektryczne; bateryjka»

PAL *(wym.* pal) *m I, D.* PAL-u a. *ż ndm* **1.** «Polska Armia Ludowa (1943—1944)»: PAL powstał (powstała) w 1943 r. Należeć do PAL-u (do PAL). **2.** «Polska Akademia Literatury (1933—39)»: PAL organizował (organizowała) zebrania literackie. Twórcą idei PAL-u (PAL) był Żeromski. — PAL-owiec a. palowiec *m II, D.* PAL-owca (palowca), *lm M.* PAL-owcy (palowcy) — PAL-owski a. palowski.

Palacký *m* odm. jak przym., *D.* Palackiego: Opracowanie dziejów narodu czeskiego przez Franciszka Palackiego.

palacz *m II, lm D.* palaczy, *rzad.* palaczów.

palarnia *ż I, lm D.* palarni, *rzad.* palarń.

Palatyn *m IV* **1.** *D.* Palatynu **1.** «jedno z siedmiu wzgórz starożytnego Rzymu»
2. palatyn, *D.* palatyna, *lm M.* palatyni *hist.* «urzędnik dworski» — palatyński.

palący imiesł. przymiotnikowy czynny od czas. palić.
palący w użyciu przymiotnikowym **1.** «gorący, parzący; dopiekający żarem»: Palące słońce. △ *przen.* Palące spojrzenie. **2.** «wywołujący uczucie pieczenia lub silnego gorąca»: Palący smak wódki. Palący rumieniec. △ *przen.* Palący wstyd, paląca zazdrość. **3.** «nie cierpiący zwłoki, naglący, pilny»: Palące zagadnienie. Paląca konieczność. **4.** «taki, który pali papierosy»: Osoby palące.
palący *m-os.* palący, w użyciu rzeczownikowym «ten, kto pali papierosy, tytoń; palacz»: Palący otrzymali osobne pokoje. Przedział, wagon dla palących. *Por.* piekący.

palec *m II, D.* palca, *lm D.* palców **1.** «chwytna część dłoni, stopy»: Serdeczny, mały, wielki, wskazujący palec. Palce rąk, nóg (stóp) a. u rąk, u nóg (stóp). △ Coś (jest) szerokie na palec, na dwa itp. palce. Iść na palcach. Stanąć na palcach a. na palce. △ częste w *pot. fraz.* np.: Ktoś sam(otny) jak palec. Mieć coś w palcach (w małym) palcu. Policzyć coś na palcach jednej ręki. (Tyle co) na o(b)winięcie palca. O(b)winąć, okręcić sobie kogoś koło palca. Wyssać coś z palca. Nie ma gdzie (ani gdzie) palca wetknąć, wści(u)bić. Wytykać kogoś palcami. Nie (po)ruszyć palcem (w jakiejś, czyjejś sprawie), nie przyłożyć do czegoś palca. Coś — (że) palce lizać! Nie tknąć (dotknąć) kogoś palcem. **2.** «część rękawiczki okrywająca palec; zwykle w *lm*: część buta, pończochy itp. okrywająca palce stopy»: Rękawiczki z palcami, z jednym palcem. Pantofle za wąskie w palcach. Zrobiła się komuś dziura (w skarpetce) na palcu a. w palcu.

paleo- «pierwszy człon wyrazów złożonych (rzeczowników i przymiotników) oznaczający: dawny, przedhistoryczny; dotyczący prehistorii», np.: paleotyp, paleokulturalny, paleobotanika.

Palermo *n ndm* «miasto we Włoszech»: Mieszkać w Palermo.

Palestrina 1. *m odm.* jak *ż IV*: Dzieła muzyczne Giovanniego (*wym.* Dżiowanniego) Palestriny. **2.** *ż IV* «miasto we Włoszech»: Urodzony w Palestrinie.

Palestyna *ż IV* «kraina historyczna na Bliskim Wschodzie (obecnie w obrębie Izraela, Jordanii i Egiptu)» — Palestyńczyk (p.) — Palestynka *ż III*, *lm D.* Palestynek — palestyński.

Palestyńczyk *m III*, *lm M.* Palestyńczycy «mieszkaniec historycznej Palestyny; obecnie także: Arab pochodzący z Palestyny lub zamieszkujący na jej terenie (w obrębie Izraela, Jordanii i Egiptu)»

paletko *n II*, *lm D.* paletek **1.** «liche, lekkie palto (zwykle stare, wytarte)» **2.** *rzad.* p. paltko.

paliatyw *m IV*, *D.* paliatywu «lek, środek zastępczy, mało skuteczny; półśrodek» △ *przen.* Wydane zarządzenie było tylko paliatywem.

palić *ndk VIa*, paliliśmy (p. akcent § 1a i 2) **1.** w zn. «rozniecać ogień; ogrzewać; oświetlać; piec, parzyć»: Palić węglem, drzewem. Palić (ogień) w piecu, w kuchni a. pod kuchnią, pod blachą, pod kotłami. Palić w pokoju (domyślne: w piecu). Palił światło, lampę całą noc. Słońce pali. Piasek rozgrzany palił nam stopy (a. nas w stopy). △ Rumieniec palił jej twarz; twarz kogoś pali; oczy, uszy palą kogoś. △ *nieos.* Pali kogoś (od czegoś) w żołądku, w piersiach. △ *przen.* Pali kogoś ciekawość (żeby...), wstyd, żądza wybicia się. △ Palić papierosy, fajkę, opium. Palić papierosa, sporta, giewonta itp. (*nie*: papieros, sport, giewont). ☐ P. bez dop. «być palaczem»: Palić nałogowo. Czy pan pali? (*posp.* czy jest pan palący?). **2.** *częściej*: palnąć (w zn. a).
palić się: Drzewo, węgiel, ogień pali się w kuchni, pod kuchnią (na kominie), w piecu. Ognisko paliło się wielkim płomieniem. Pali się dom (od pioruna). △ Piec, kominek się pali a. pali się ogień w piecu, w kominku. △ Robota się pali komuś w rękach. △ Grunt, ziemia się pali komuś pod nogami. ☐ *przen.* P. się z czego: Palić się z ciekawości, ze wstydu. ☐ P. się do czego: Palił się do tańca, do pracy, do czynu.
pali się *nieos.* **a)** «działa oświetlenie»: Czy pali się (w oknach, w mieszkaniu) jeszcze u nich? **b)** «jest pożar»: Widział, jak paliło się na wsi. Pali się! wołano. △ *pot.* Pali się komuś (do czego, z czym).

paliwowy: Mieszanka paliwowa. Pompa paliwowa.

Pallada *ż IV*, *D.* Pallady, *CMs.* Palladzie; a. **Pallas** *ż ndm* tylko w połączeniu: Pallas Atena, np. Oliwka, święte drzewo Pallas Ateny (Pallady).

palma *ż IV*, *lm D.* palm (*nie*: palem).

Palmerston (*wym.* Palmerston) *m IV*, *D.* Palmerstona (p. akcent § 7): Wystąpienie lorda Palmerstona (*nie*: lorda Palmerston). // *KP Pras.*

palmiarnia *ż I*, *DCMs.* i *lm D.* palmiarni, *rzad.* palmiarń.

Palmira *ż IV* **1.** «miasto w Kolumbii» — palmirski.

2. «starożytne miasto na Pustyni Syryjskiej» — palmireński.

Palmiry *blp, D.* Palmir «miejscowość»: Mieszkać w Palmirach. Jechać do Palmir (*ale*: Jechać na Palmiry — na cmentarz Polaków pomordowanych przez hitlerowców pod Palmirami) — palmirski.

palmowy: Liść palmowy. △ W nazwie dużą literą: Palmowa Niedziela a. Niedziela Palmowa.

Palmyra *ż IV* «wyspa na Oceanie Spokojnym» — palmyrski.

palnąć *dk Va*, palnąłem (*wym.* palnołem; *nie*: palnełem), palnęliśmy (*wym.* palneliśmy, p. akcent § 1a i 2) — **palić** *ndk VIa*, paliliśmy *pot.* **a)** «strzelić»: Palnąć z rewolweru. △ (tylko *dk*) Palnąć głupstwo. **b)** tylko *dk* «uderzyć»: Palnąć pięścią w stół. Palnąć kogoś w plecy, w kark, po ramieniu.

palotyn *m IV*, *lm M.* palotyni (*nie*: palotynowie).

palowiec, palowski p. PAL.

paltko *n II*, *lm D.* paltek «palto dziecięce; *rzad.* paletko»

palto *n III*, *przestarz.* dziś czasem *żart.* **paltot** *m IV*: Kłaść, włożyć palto. Ubrać się w palto (*nie*: ubrać palto).

pałac *m II*, *D.* pałacu: Zwiedzać pałac Łazienkowski, pałac Potockich, pałac Wielopolskich, pałac pod Blachą. △ W nazwach dużą literą: Konferencja w Pałacu Staszica; Pałac Kultury i Nauki.

pałać *ndk I*, pałaliśmy (p. akcent § 1a i 2) ☐ *książk.* P. czym: Pałać chęcią poznania czegoś. Pałał nienawiścią do całego swego otoczenia.

pałasz *n II*, *lm D.* pałaszy a. pałaszów.

pałąk (*nie*: pałęk) *m III*: Pałąk kobiałki a. u kobiałki. Pałąk tramwaju. △ Ktoś zgięty w pałąk.

Pałuki *blp, D.* Pałuk «miejscowość» — pałucki.

pamflecista (*wym.* pamflecista a. pãflecista) *m* odm. jak *ż IV*, *lm M.* pamfleciści, *DB.* pamflecistów; *rzad. pot.* **pamfleciarz** *m II*, *lm D.* pamfleciarzy.

pamflet (*wym.* pamflet a. pãflet) *m IV*, *D.* pamfletu: Zjadliwy pamflet. Pamflet polityczny na przywódców stronnictwa.

pamiątka *ż III*, *lm D.* pamiątek: Dać (coś komuś) na pamiątkę. Wpisać (coś) do księgi na wieczną (rzeczy) pamiątkę. ☐ P. czego (kiedy mowa o przedmiocie, który się znajduje, pozostał na miejscu jakiegoś wydarzenia): Grób powstańca to jedyna pamiątka Powstania Styczniowego w tej miejscowości. Pamiątką pobytu Chopina w Dusznikach jest tablica wmurowana w ścianę domu, w którym mieszkał. ☐ P. z czego, skądś (kiedy mowa o przedmiocie skądś zabranym): Te bursztyny to pamiątka z pobytu nad Bałtykiem. Pamiątka z Zakopanego. ☐ P. po kim: Pamiątka po zmarłym synu.

pamięć *ż V* **1.** «zdolność umysłu do utrwalania doznawanych wrażeń, wiadomości»: Mieć dobrą pamięć. Krótka, *pot.* kurza, dziurawa pamięć «słaba, zła pamięć» Uczyć się czegoś (*pot.* kuć coś) na pamięć. Liczyć, dodawać w pamięci. Cytować, deklamować, wyliczać coś z pamięci. Zachować, mieć kogoś w pamięci; ktoś, coś stoi komuś żywo w pamięci (*daw.* na pamięci). Przywodzić, przywoływać kogoś, coś na pamięć. Sięgać, wracać, cofać się itp. pamięcią do... △ Jeżeli mnie pamięć nie myli, nie zawodzi «jeżeli dobrze pamiętam» △ Bez pamięci (kochać) «bez opamiętania, zapominając o wszystkim» □ P. do czego (*nie*: dla czego): Nie mieć pamięci do nazwisk. **2.** «pamiętanie, wspomnienie, pamiątka»: Żyć w czyjejś pamięci. Zostawić po sobie dobrą, złą pamięć. △ Świętej pamięci «określenie używane w odniesieniu do zmarłych chrześcijan» △ Błogosławionej pamięci «określenie używane w odniesieniu do zmarłych wyznania mojżeszowego» △ *pot.* Od świętej pamięci «od dawna» △ Za (świeżej) pamięci «póki się pamięta, na świeżo»: Spisał za (świeżej) pamięci notatki z podróży. △ Za czyjejś pamięci «w czasach, które ktoś pamięta» △ Dla pamięci, *przestarz., podn.* ku pamięci: Zanotować coś dla pamięci. Na zamku turyści wpisali się ku pamięci do księgi. △ Przez pamięć na kogoś, na coś «mając wzgląd, ze względu na kogoś, na coś» □ P. czyja (z rzeczownikiem w dopełniaczu), czego a. o kim, o czym: Uczczono pamięć poległych minutą ciszy. Nie zaginie pamięć o bohaterze. Zatarła się już pamięć tego zdarzenia (o tym zdarzeniu).

pamiętać *ndk I*, pamiętaliśmy (p. akcent § 1a i 2): Pamiętać dawnego kolegę, każde słowo nauczyciela. Pamiętaj zamknąć okno. Pamiętać coś dobrze, lepiej (*nie*: bardzo, bardziej). Pamiętać coś komuś do śmierci. □ P. kogo, co «zachowywać w pamięci»: Pamiętał dokładnie nazwiska swoich kolegów szkolnych. Pamiętam go ze studiów. □ P. o kim, o czym «nie zaniedbywać kogoś, czegoś»: Pamiętał o swoich kolegach, zawsze im pomagał.

pamiętnikarz *m II, lm D.* pamiętnikarzy.

pamiętny: Pamiętny wypadek. Pamiętna chwila, bitwa. □ P. dla kogo, czego: Wydarzenie pamiętne dla obywateli. Miejsce dla mnie pamiętne. □ *książk., podn.* P. czym (*nie*: wskutek czego) «upamiętniony»: Miejsce pamiętne zwycięstwem oręża polskiego. □ *przestarz., książk.* P. czego a. na kogo, na co «mając kogoś, coś w pamięci»: Uczył się pilnie, pamiętny próśb matki.

Pamir *m IV, D.* Pamiru «wyżyna w Azji Środkowej» — pamirski.

pampasy *blp, D.* pampasów.

pan *m IV, C.* panu (*nie*: panowi), *W.* panie, *Ms.* panu (*nie*: panie), *lm M.* panowie, (skrót: p.): Dwaj, trzej, czterej panowie a. dwóch, trzech, czterech panów. Panie doktorze, profesorze, panie majstrze (*familiarnie*: panie majster), panie Adamczyk. △ *uczn.* Pan nauczyciel, pan od historii, od matematyki «nauczyciel; nauczyciel danego przedmiotu» △ *posp.* Panie, panie tego «zbędne zwroty powtarzane w toku mówienia, nie kierowane wprost do rozmówcy»: Ja tu, panie tego, siedzę i czytam a oni, panie tego, proponują mi grę w karty. △ *pot.* Rozumie pan, wie pan, widzi pan «zwroty wtrącane do zdania, podkreślające w sposób poufały jego treść»: Jadę na urlop, wie pan, trzeba odpocząć. || *D Kult. II, 498; U Pol. (2), 45.*

PAN (*wym.* pan) *m IV, D.* PAN-u, *Ms.* PAN-ie, *rzad. ż ndm* «Polska Akademia Nauk»: PAN zorganizował (zorganizowała) sympozjum. Sesja PAN-u (PAN). Pracować w PAN-ie (w PAN). — PAN-owski a. panowski. || *Kl. Ależ. 47, 49.*

pan- «pierwszy człon wyrazów złożonych, mający znaczenie: wszech-, ogólno-», np.: Paneuropa, panamerykański.

panaceum (*wym.* panaceum, *nie*: panaceum) *n VI, blm*: Żadnego leku nie można uważać za panaceum.

Panama *ż IV* **1.** «państwo i miasto w Ameryce Środkowej» — Panamczyk (p.) — Panamka (p.) — panamski (p.).
2. panama «kapelusz pleciony z włókien palmy (w wyrażeniu: kapelusz panama — *ndm*); rodzaj tkaniny, rodzaj splotu tkackiego»: Włożyć na głowę panamę. Pan w kapeluszu panama.

Panamczyk *m III, lm M.* Panamczycy **1.** «obywatel Panamy — państwa»
2. panamczyk «mieszkaniec Panamy — miasta»

Panameryka (*wym.* Panameryka; p. akcent § 1c) *ż III* — panamerykański.

Panamka *ż III, lm D.* Panamek **1.** «obywatelka Panamy — państwa»
2. panamka «mieszkanka Panamy — miasta»

panamski: Obywatel panamski (*ale*: Kanał Panamski, Zatoka Panamska).

pancerz *m II, lm D.* pancerzy: Pancerz stalowy a. ze stali.

panegiryk *m III, D.* panegiryku (p. akcent § 1d): Panegiryk na cześć królowej.

panegirysta, *rzad.* **panegirzysta** *m odm. jak ż IV, lm M.* panegiryści (panegirzyści), *DB.* panegirystów (panegirzystów).

Paneuropa (*wym.* Paneu-ropa) *ż IV* — paneuropejski (*wym.* paneu-ropejski).

panew (*nie*: panwia) *ż V, D.* panwi, *lm M.* panwie, *D.* panwi (*nie*: panew): Z solanki odparowuje się wodę na płytkich, żelaznych panwiach.

panewka *ż III, lm D.* panewek △ Coś spaliło na panewce (*nie*: spaliło się na panewce) «nie udało się, nie powiodło się coś»

Panfiłow (*wym.* Panfiłow) *m IV, D.* Panfiłowa (p. akcent § 7), *C.* Panfiłowowi (*nie*: Panfiłowu), *N.* Panfiłowem (*nie*: Panfiłowym), *Ms.* Panfiłowie: Czyny wojenne Iwana Panfiłowa.

pani *ż I, B.* panią, *W.* pani, *lm N.* paniami; (skrót: p.): Pani Kowalska; pani Nowakowa a. (także o kobiecie niezamężnej) pani Nowak. Proszę panią o szklankę herbaty. △ Proszę pani (*nie*: proszę panią): Proszę pani, co słychać nowego? △ Starsza pani «niemłoda, stara kobieta» △ Pani starsza a. starsza pani «nazwa nadawana przez służącą teściowej pani domu albo jej matce» || *D Kult. II, 506.*

panicz *m II, lm D.* paniczów (*nie*: paniczy).

paniczyk *m III, lm M.* paniczykowie, *rzad.* paniczyki.

panienka (*wym. reg.* panieńka) *ż III, lm D.* panienek.

panika (*wym.* panika, *nie*: panika, p. akcent § 1c) *ż III, blm*: Panika udziela się komuś, ogarnia kogoś.

Szerzyć, siać, *pot.* robić panikę. Wywoływać panikę. Popadać w panikę. Ulegać panice.

panikarka *ż III, lm D.* panikarek; a. (z silniejszym zabarwieniem ekspresywnym) **panikara** *ż IV.*

panikarz *m II, lm D.* panikarzy.

panin a. **paniny** *pot.* przym. od pani (w staranniej mowie używamy w tej funkcji rzeczownika *pani* w dopełniaczu): Czy to panine (*lepiej:* pani) dziecko?

panisko *n* a. *m*, odm. jak *n II, lm M.* te paniska, *D.* panisków, *B.* te paniska a. tych panisków.

paniusia *ż I, W.* paniusiu «ironicznie o kobiecie, zwykle ograniczonej, półinteligentce, mieszczce»: Wyelegantowane paniusie.

panna *ż IV, lm D.* panien; (skrót: p.): Panna (*nie:* pani) Nowakówna a. pani Nowak. △ Panna młoda «oblubienica» △ Młoda panna «panna w młodzieńczym wieku» △ Panna na wydaniu, *pot.* panna do wzięcia. // D Kult. II, 506.

Panonia (*wym.* Panońja) *ż I, DCMs.* Panonii «w starożytności: prowincja rzymska» — panoński.

panoptikum (*wym.* panoptikum) *n VI*: Oglądali osobliwości w różnych panoptikach.

panorama (*nie:* panoram) *ż IV* 1. «rozległy widok; duża przestrzeń oglądana z pewnej odległości»: Panorama Warszawy. Widok na panoramę Neapolu. 2. *pot.* «film panoramiczny»

Panowa (*wym.* Panowa) *ż* odm. jak przym., *D.* Panowej (p. akcent § 7): Twórczość Panowej.

panować *ndk IV*, panowaliśmy (p. akcent § 1a i 2): W dawnej Polsce panowali królowie. □ P. nad czym (np. nad uczuciami, namiętnościami itp.). □ Coś panuje w czym (g d z i e) «coś jest, występuje, daje się odczuć»: W naszej rodzinie panuje zgoda.

panowanie *n I, blm*: Objąć panowanie. Być pod czyimś panowaniem. Przejść pod czyjeś panowanie. □ P. nad czym: Panować nad podbitym krajem. △ *przen.* Panować nad nerwami.

panowski p. PAN.

panslawistyczny, *rzad.* **pansłowiański.**

pantałyk *m III, D.* pantałyku, *blm* △ tylko w zwrocie: Zbić kogoś z pantałyku «zdezorientować kogoś; zbić z tropu»: Był pewny swego, nie dał się zbić z pantałyku.

panteizm *m IV, D.* panteizmu, *Ms.* panteizmie (*wym.* ~izmie a. ~iźmie).

pantera *ż IV*, in. lampart.

pantoflarz *m II, lm D.* pantoflarzy.

pantomima, *lepiej* niż: **pantomina** *ż IV.*

pantomimiczny (*nie:* pantonimiczny).

! **panwia** p. panew.

pański przym. od pan 1. «należący do danego mężczyzny, właściwy mężczyźnie, do którego się zwracamy (*lepiej* D. *lp*: pana)»: Jakie jest pańskie zdanie? Odesłano pański płaszcz i kapelusz. 2. «odnoszący się do Pana (Boga)»: Czekać zmiłowania pańskiego. Święci pańscy. △ Anioł Pański «modli-

twa» △ Mieć z kimś, czymś krzyż pański «cierpieć z powodu kogoś, czegoś»

pańskie *blm* w użyciu rzeczownikowym *przestarz.* «ziemia pańska, dworska; własność pana»: Pracować na pańskim. Pilnować pańskiego.

po pańsku a. **z pańska** *wych. z użycia* «w sposób przypominający, naśladujący pana»: Postępuje prawdziwie po pańsku. Wygląda z pańska.

państwo *n III* 1. *B. = D., Ms.* państwu, *blm* (z przydawką i orzeczeniem w *lm* w formie *m-os.*; skrót: pp.) «para małżeńska; pan i pani jako gospodarze, chlebodawcy itp.»: Szanowni (*nie:* szanowne) państwo. Ci państwo przyszli (*nie:* to państwo przyszło). Państwo są zmęczeni (*nie:* państwo jest zmęczone). Zająć się państwem młodymi (*nie:* państwem młodym). Mówić o znajomych państwu (*nie:* państwie) Kowalskich. Oboje państwo Kowalscy. Rozmawiał z obojgiem państwa Kowalskich. △ Pozwolą państwo, państwo pozwolą a. (nieco mniej uprzejmie) państwo pozwolicie, że (np. zapalę papierosa). Czy byli już państwo na tej sztuce a. (nieco mniej uprzejmie) czy byliście już państwo na tej sztuce? 2. *Ms.* państwie «organizacja polityczna społeczeństwa określonego terytorium»: Państwo polskie. W państwie niemieckim. // U Pol. (2), 137, 338.

pańszczyzna *ż IV, CMs.* pańszczyźnie: Wprowadzić, znieść pańszczyznę. △ *przen.* Odrabiać codzienną pańszczyznę. Uważać coś za pańszczyznę.

PAP (*wym.* pap) *m IV, D.* PAP-u (*środ.* PAP-a), *Ms.* PAP-ie, *rzad.* a *ndm* «Polska Agencja Prasowa»: Komunikat PAP-u (PAP). Pracować w PAP-ie (w PAP). PAP wydał (wydała) biuletyn informacyjny. — PAP-owski a. papowski.

Papandreu (*wym.* Papandre-u) *m ndm*: Działalność Papandreu.

Papée (*wym.* Pape) *m* odm. jak przym., *D.* Papéego (*wym.* Papego), *C.* Papéemu, *NMs.* Papéem a. (z odmienianym imieniem) *ndm*: Prace historyczne Fryderyka Papéego (Fryderyka Papée).

papeteria *ż I, DCMs.* i *lm D.* papeterii 1. «komplet kopert i papierów listowych» 2. *wych. z użycia* «sklep z materiałami piśmiennymi»

papier (*nie:* papir) *m IV, D.* papieru: Papier do pakowania. Papier opakunkowy a. pakowy (*nie:* opakowaniowy). Papier higieniczny a. toaletowy. Papier kredowy a. kredowany. Papier szklisty a. szklany (*nie:* glaspapier). Papier ścierny a. szmerglowy. □ P. po czym, *reg.* z czego «papier pozostały po czymś, odwinięty z czegoś»: Papier po maśle (z masła).

papiernia *ż I, DCMs.* i *lm D.* papierni, *rzad.* papierń «fabryka papieru» △ *niepoprawne* w zn. «sklep papierniczy»

papierniczy: Sklep papierniczy. Zakłady papiernicze. Przemysł papierniczy (*nie:* papierowy).

papieros *m IV* (w wielu zwrotach *B. = D.*): Palić papierosa; zgasić papierosa, *rzad.* papieros. // D Kult. I, 104.

papierowy (*nie:* papierzany).

papierzysko *n II, lm D.* papierzysków a. papierzysk.

papież *m II, lm D.* papieży.

papirus (*nie*: papyrus) *m IV, D*. papirusu.

papla *m* a. *ż* odm. jak *ż I, M*. ten a. ta papla (także o mężczyznach), *lm MB*. te paple (także o mężczyznach), *D*. papli.

paplać *ndk X, rzad*. I; paplę, *rzad*. paplam; paplaliśmy (p. akcent § 1a i 2): Godzinami paple (papla) o niczym.

papowski p. PAP.

! paproszyć p. patroszyć.

papryka (*wym*. papryka, p. akcent § 1c) *ż III*.

paprykarz (*nie*: paprykacz) *m II, lm D*. paprykarzy.

Papua (*wym*. Papu-a, *nie*: Papua) *ż I, DCMs*. Papui «część terytorium Związku Australijskiego» — papuański.

Papuas (*wym*. Papu-as a. Papuas) *m IV, lm M*. Papuasi «przedstawiciel pierwotnej ludności Nowej Gwinei» — Papuaska *m III, lm D*. Papuasek — papuaski.

papuć (*nie*: papeć) *m I*, zwykle w *lm, D*. papuci.

! papyrus p. papirus.

par *m IV, lm M*. parowie: Par Anglii, Francji.

par. «skrót wyrazu: *paragraf*, pisany z kropką, czytany jako cały, odmieniany wyraz, stawiany zwykle przed liczbą, oznaczającą kolejność w jakimś układzie, zbiorze itp.»: Str. 6, par. 5 tabeli wynagrodzeń.

PAR (*wym*. par) *m IV, D*. PAR-u, *Ms*. PAR-ze a. *ż ndm* «Powszechna Agencja Reklamy»: Pracować w PAR-ze (w PAR). PAR wypuścił (wypuściła) tysiące ulotek reklamowych.

I para *ż IV* 1. «ciało w stanie lotnym»: Para wodna. Para wodoru. Obłok, tuman, kłąb pary. Buchać, dymić parą. Para bucha, dymi, unosi się, idzie z czegoś. Gotować na parze. Coś zachodzi parą (zwykle: szkło). △ Być, stać pod parą «o statku, lokomotywie z silnikiem parowym: być gotowym do ruchu, do drogi» △ Ruszyć, iść, pędzić itp. pełną parą, całą parą, całą siłą pary «ruszyć, iść, pędzić z największą możliwą szybkością»: Pociąg gnał pełną parą. △ *przen*. Praca ruszyła pełną parą. 2. «tchnienie, dech» △ Nie puścić (*nie*: nie wydać) pary z ust (*pot*. z gęby); ani pary z ust (*pot*. z gęby)! «milczeć, nie odzywać się; dochować tajemnicy; milcz!»

II para *ż IV*, w zn. «dwa jednakowe a. podobne przedmioty stanowiące pewną całość»: Para butów, pończoch. △ Dobrać buty, rękawiczki do pary. △ Czegoś jest nie do pary «czegoś jest nieparzysta liczba» △ Coś jest nie do pary «coś jest nie od tej pary, nie od tego kompletu»: Ma na nogach pończochy nie do pary. △ Wyraz ten występuje m.in. w związkach z niektórymi rzeczownikami nie używanymi w *lp*: Para nożyczek, majtek (*ale* np. *nie*: para drzwi). △ Miał na sobie najlepszą parę spodni.

para- «pierwszy człon wyrazów złożonych znaczący: nie, niby, prawie; wyrażający zaprzeczenie lub osłabienie podobieństwa do tego, co zawiera druga część złożenia», np. paratyfus, paramilitarny.

parabola (*wym*. parabola, *nie*: parabola) *ż I, lm D*. paraboli (*nie*: parabol).

parać się *ndk I*, paraliśmy się (p. akcent § 1a i 2) — używane zwykle z odcieniem lekceważenia «zajmować się, trudnić się czymś» □ P. się **czym** (np. handlem, belferką, poezją).

parada *ż IV* 1. często z odcieniem *iron*., *pogard*. «uroczystość, uroczysta ceremonia»: I po co było urządzać taką paradę? △ Od parady **a)** «od święta, na uroczyste okazje»: Ubranie od parady (*nie*: do parady). **b)** «na pokaz, dla pozoru»: To wielki snob, ma bibliotekę tylko od parady. 2. *lepiej*: przegląd wojsk, defilada. // D Kult. I, 320.

paradny 1. «przeznaczony na jakąś uroczystość; odświętny»: Paradny mundur. △ Paradny krok, *lepiej*: krok defiladowy. 2. *m-os*. paradni, *st. w*. paradniejszy a. bardziej paradny *pot*. «śmieszny; wyborny (z odcieniem *iron*.)»: Paradny jesteś z tą twoją troskliwością!

paradować *ndk IV*, paradowaliśmy (p. akcent § 1a i 2) 1. *pot*. «przechadzać się, chodzić popisując się swoim wyglądem, towarzystwem»: Dziewczęta paradowały po parku ze swymi chłopcami. 2. *lepiej*: defilować (o wojsku).

parafia *ż I, DCMs*. i *lm D*. parafii: Wiejska parafia. △ *pot*. Każdy, każda itp. z innej parafii «o rzeczach, z których każda jest innego rodzaju, które do siebie nie pasują»: Mieszkanie mają urządzone byle jak, każdy mebel z innej parafii. △ *pot. żart*. To nie moja parafia «to nie moja specjalność zawodowa, to nie jest zakres spraw, którymi się zajmuję»

parafianin *m V, D*. parafianina, *lm M*. parafianie 1. *lm D*. parafian (*nie*: parafianów) «członek parafii»: Parafianie pomagali budować plebanię. 2. *lm D*. parafianów «człowiek zacofany, ograniczony»: Jako umysł niezależny czuł się źle w środowisku parafianów.

paragon *m IV, D*. paragonu *pot*. «kwitek, dowód zapłaty przedstawiany przez nabywcę w sklepie przy odbiorze towaru»: Wypisać paragon. // D Kult. I, 437.

paragraf *m IV, D*. paragrafu (skrót: par.): Oskarżenie z paragrafu X. Coś a. ktoś podpada pod jakiś paragraf.

Paragwaj *m I, D*. Paragwaju 1. «państwo w Ameryce Płd.»: Jechać do Paragwaju. Mieszkać w Paragwaju. — Paragwajczyk *m III, lm M*. Paragwajczycy — Paragwajka *ż III, lm D*. Paragwajek — paragwajski. 2. «rzeka w Brazylii»

paralela *ż I, DCMs*. i *lm D*. paraleli a. paralel 1. «cecha podobna, analogiczna; zestawienie takich cech w rzeczach porównywanych»: Paralele etnograficzne. Autor trafnie wydobył paralele między historią Polski i Węgier. 2. *lepiej*: linia, płaszczyzna równoległa.

paralityk *m III, D*. paralityka (p. akcent § 1d), *lm M*. paralitycy.

paraliż *m II, D*. paraliżu; in. porażenie: Paraliż dziecięcy (*nie*: dziecinny). △ Paraliż postępujący (*przestarz*. postępowy). △ Ktoś dotknięty paraliżem. Dostać paraliżu. Ulec paraliżowi.

paranoik *m III, D*. paranoika (p. akcent § 1d), *lm M*. paranoicy.

parantela *ż I, lm D.* paranteli *wych. z użycia, żart.* «pokrewieństwo, powinowactwo»: Wywodzić, ustalać parantele. Wykazać parantelę.

parasol *m I, lm M.* parasole, *D.* parasoli (zwykle o męskim a. o ogrodowym, plażowym): Otworzyć, zamknąć parasol. Rozpiąć parasol. // *D Kult. II, 247.*

parasolka *ż III, lm D.* parasolek «damski parasol» // *D Kult. II, 247.*

parawan *m IV* **1.** *D.* parawanu «rodzaj ruchomej zasłony» **2.** *D.* parawana «osoba osłaniająca czyjeś wykroczenia» △ Służyć komu za (*nie*: jako) parawan. Być dla kogoś parawanem (*nie*: za parawan). // *JP 1966, 21.*

parcela (*nie*: parcel) *ż I, lm D.* parceli a. parcel: Parcele budowlane, leśne. Nie zabudowana parcela. Dzielić grunt na parcele.

parch *m III, D.* parchu a. parcha: Parch ziemniaczany, jabłoniowy.

Parczew *m IV, D.* Parczewa, *C.* Parczewowi (*ale*: ku Parczewowi a. ku Parczewu), *Ms.* Parczewie (*nie*: Parczewiu) «miasto» — parczewianin *m V, D.* parczewianina, *lm M.* parczewianie, *D.* parczewian — parczewianka *ż III, lm D.* parczewianek — parczewski.

pardon *m IV, D.* pardonu, zwykle *blm,* tylko w wyrażeniu: Bez pardonu «nie szczędząc nic i nikogo, na nic nie zważając»

pardwa *ż IV, lm D.* pardw a. pardew.

parentela *ż I, lm D.* parenteli *przestarz.* p. parantela.

parę *m-nieos., n* i *ż, DCMs.* paru, także *m-os.* w funkcji mianownika — podmiotu (np. Paru mężczyzn pracuje), *B. m-nieos., ż* i *n* = *M., B. m-os.* = *D., N.* paroma, *rzad.* paru «liczebnik nieokreślony używany na oznaczenie liczby czegoś od dwóch do dziesięciu włącznie» △ Liczebnik *parę* łączy się z rzeczownikiem (podmiotem) w dopełniaczu i z orzeczeniem w *lp,* a w czasie przeszłym w rodzaju nijakim: Paru chłopców idzie, szło (*nie*: idą, szli). Parę książek leży, leżało (*nie*: leżą, leżały) na półce. △ Liczebnik *parę* poprawny jest w złożeniu: *paręset* i w wyrażeniach: *trzydzieści parę, pięćdziesiąt parę* itd., ale nieco rażący w potocznych złożeniach: *paręnaście* i *parędziesiąt,* mimo że mają one trochę inne znaczenie niż *kilkanaście* i *kilkadziesiąt.* // *Kl. Aleź 57; KP Pras.*

parędziesiąt, paręnaście p. parę.

paręset (*wym.* parę́set, *nie*: paręset) *m-nieos., n* i *ż, DCMs.* paruset (*nie*: paruset), także *m-os.* w funkcji mianownika — podmiotu (np. Paruset mężczyzn pracuje), *B. m-nieos., n* i *ż* = *M., B. m-os.* = *D., N.* paruset «parę setek, niewielka liczba setek»: Pojechał z paruset złotymi.
△ Liczebnik *paręset* łączy się z rzeczownikiem (podmiotem) w dopełniaczu i z orzeczeniem w *lp,* a w czasie przeszłym w rodzaju nijakim: Paruset chłopców idzie, szło (*nie*: idą, szli). Paręset książek leży, leżało (*nie*: leżą, leżały) na półkach. // *D Kult. II, 564. Por.* parę.

parias *m IV, lm M.* ci pariasi (*nie*: pariasowie) a. (z silniejszym zabarwieniem ekspresywnym) te pariasy.

park *m III, D.* parku: Spacer po parku miejskim. Parki Warszawy: park Ujazdowski, Skaryszewski, Praski. // *D Kult. I, 320.*

parkan (*nie*: pargan) *m IV, D.* parkanu.

parkiet (*nie*: parket) *m IV, D.* parkietu **1.** «posadzka, zwykle ozdobna, z klepek; w *lm*: klepki, z których się układa taką posadzkę»: Fabryka parkietu (*lepiej*: parkietów). **2.** «w restauracjach, kawiarniach: miejsce przeznaczone do tańca»: Na parkiecie tańczyło kilka par. // *D Kult. I, 262.*

parkotać a. **perkotać** *ndk I,* parkota (perkota) a. *IX,* parkocze (perkocze), *przestarz.* parkoce (perkoce); parkotałby, perkotałby (p. akcent § 4c): Kasza parkota (perkota, parkocze, perkocze) w garnku.

parkować *ndk IV,* parkowaliśmy (p. akcent § 1a i 2): Parkować samochód. Samochody parkują na ulicy.

parlament *m IV, D.* parlamentu: Parlament zbiera się, obraduje. Posiedzenie parlamentu. Zasiadać w parlamencie. Kandydować do parlamentu. Wybrać, rozwiązać parlament.

parlamentariusz *m II, lm D.* parlamentariuszy *rzad.* parlamentariuszów; a. **parlamentarz** *m II, D.* parlamentarzy «wysłannik strony walczącej do pertraktacji z przedstawicielami strony przeciwnej»

parlamentarzysta *m odm. jak ż IV, CMs.* parlamentarzyście, *lm M.* parlamentarzyści, *DB.* parlamentarzystów «członek parlamentu»

Parma *ż IV, D.* Parmy «miasto we Włoszech» — parmeńczyk *m III, lm M.* parmeńczycy — parmenka *ż III, lm D.* parmenek — parmeński.

*par małżeńskich imiona p. imiona (punkt III).

*par małżeńskich nazwy p. nazwy par małżeńskich.

parmezan (*nie*: parmazan) *m IV, D.* parmezanu: Tarty parmezan. Posypać, przyprawić coś parmezanem.

Parnas *m IV, D.* Parnasu **1.** «w mitologii greckiej: siedziba muz»
2. parnas «przenośnie o poezji i poetach»: Najwybitniejszy przedstawiciel ówczesnego stołecznego parnasu.

paro- «pierwszy człon wyrazów złożonych, zwykle przymiotników, oznaczający: parę, kilka; pisany łącznie», np.: parodniowy, paroletni.

parobczak *m III, lm M.* te parobczaki.

parobek *m III, D.* parobka, *lm M.* ci parobkowie, parobcy a. (z odcieniem ekspresywnym) te parobki: Być parobkiem. Służyć za parobka a. jako parobek. // *KJP 190.*

parodia *ż I, DCMs.* i *lm D.* parodii: Parodia literacka. Dowcipna, złośliwa parodia znanego utworu.

parodiować (*nie*: parodyzować) *ndk IV,* parodiowaliśmy (p. akcent § 1a i 2) — **sparodiować** *dk*: Parodiować aktorów, śpiewaków. Sparodiować czyjeś wiersze. // *D Kult. II, 404.*

parodiowy, *rzad.* **parodyjny** przym. od parodia: Stylizacja parodiowa (parodyjna). Teatry parodiowe (parodyjne).

parodniowy, *wych. z użycia* **parudniowy**: Parodniowy odpoczynek, pobyt. Parodniowa choroba.

parodysta (*nie*: parodzista) *m odm.* jak *ż IV, lm M.* parodyści, *DB.* parodystów. || *U Pol. (2), 99.*

parodystyczny «związany z parodią a. parodystą»: Twórczość parodystyczna. Pomysły parodystyczne.

! **parodyzować** p. parodiować.

parokonny: Parokonny wóz, powóz. Parokonne sanie.

parokroć *przestarz., książk.* «parokrotnie»

paroksyzm *m IV, D.* paroksyzmu, *Ms.* paroksyzmie (wym. ~izmie a. ~yźmie): Paroksyzm bólu. △ *przen.* Paroksyzm śmiechu.

parol *m I, D.* parolu △ tylko w zwrocie: Zagiąć na kogoś a. na coś parol «powziąć względem kogoś a. czegoś jakiś zamiar; uwziąć się na kogoś»: Rodzinka zagięła parol na niego i na jego majątek.

paroletni (*nie*: paruletni, paroletny) *m-os.* paroletni: Paroletni chłopak. Paroletnie drzewko. Paroletnie starania, zabiegi.

parostatek *m III, D.* parostatku *wych. z użycia* «statek parowy, parowiec» || *D Kult. I, 549; II, 436.*

parotysięczny, *wych. z użycia* **parutysięczny**: Parotysięczny tłum.

I parować *ndk IV,* parowałby (p. akcent § 4c): Woda, benzyna paruje. □ P. czym «wydzielać wodę w postaci pary»: Łąka parowała wilgocią. □ P. co — w czym «poddawać działaniu pary»: Parować kartofle w kotle, w parniku. Parować ryby przed wędzeniem.

II parować *ndk IV,* parowaliśmy (p. akcent § 1a i 2) — **odparować** *dk* □ P. co — czym «odpierać (cios, uderzenie) zwykle w szermierce»: Szermierz zręcznie parował ciosy przeciwnika. △ *przen.* Parować zarzuty, argumenty.

parowiec *m II, D.* parowca, *lm D.* parowców (*nie*: parowcy): Parowiec żeglugi przybrzeżnej, parowiec transoceaniczny. Podróżować, płynąć (*nie*: jechać) parowcem. || *D Kult. I, 549.*

parowiekowy, *wych. z użycia* **paruwiekowy**: Parowiekowy sojusz, rozwój stosunków handlowych. Parowiekowy dąb, las.

parowozokilometr *m IV środ.* «jednostka obliczeniowa w kolejnictwie» || *D Kult. I, 827.*

parowozownia *ż I, lm D.* parowozowni. || *D Kult. I, 549; II, 405.*

parowóz *m IV, D.* parowozu: Podstawiać (*nie*: podawać) parowóz. △ *niepoprawne* Parowóz elektryczny (*zamiast*: elektrowóz a. lokomotywa elektryczna).

parów *m IV, D.* parowu: Głęboki, zadrzewiony parów.

parskać *ndk I,* parskaliśmy (p. akcent § 1a i 2) — **parsknąć** *dk Va,* parsknąłem (*wym.* parsknołem; *nie*: parsknełem), parsknął (*wym.* parsknoł), parsknęła (*wym.* parsknela; *nie*: parskła), parsknęliśmy (*wym.* parskneliśmy): Mył się parskając. Konie parskały. □ P. czym: Parskać pianą (o koniu). △ Parsknąć

śmiechem (*nie*: ze śmiechu, od śmiechu) «wybuchnąć nagle śmiechem»

parszywieć *ndk III,* parszywieliśmy (p. akcent § 1a i 2), *rzad.* **parszeć** *ndk III,* parszeliśmy.

partacz *m II, lm D.* partaczy, *rzad.* partaczów.

partaczyć *ndk VIb,* partaczyliśmy (p. akcent § 1a i 2) *pot.* «robić coś źle, byle jak»: Partaczył każdą robotę.

partenogeneza *ż IV,* zwykle *blm;* in. dzieworództwo.

Partenon (*wym.* Partenon, *nie*: Partenon) *m IV, D.* Partenonu (p. akcent § 7) «świątynia Ateny na Akropolu w Atenach»

parter *m IV, D.* parteru: Mieszkać na parterze (*nie*: w parterze). Kupić bilet na parter (w teatrze, kinie). Siedzieć, mieć miejsce na parterze.

partia *ż I, DCMs.* i *lm D.* partii, w zn. «stronnictwo polityczne»: Partia komunistyczna, demokratyczna, konserwatywna. Należeć, zapisać się, wstąpić do partii. Członek partii. △ W nazwach dużą literą: Polska Zjednoczona Partia Robotnicza (skrót: PZPR), Komunistyczna Partia Związku Radzieckiego (skrót: KPZR).

partnerować *ndk IV,* partnerowaliśmy (p. akcent § 1a i 2) *środ., lepiej:* być czyimś partnerem: Szczycił się tym, że partnerował najsławniejszym aktorom. || *KP Pras.*

partolić *ndk VIa,* partoliliśmy (p. akcent § 1a i 2) *posp.* p. partaczyć.

partoła *ż a. m odm.* jak *ż IV, M.* ten a. ta partoła (także o mężczyznach), *lm M.* te partoły, *D.* partołów (tylko o mężczyznach) a. partoł, *B.* tych partołów (tylko o mężczyznach) a. te partoły *posp.* p. partacz.

partycypować *ndk IV,* partycypowaliśmy (p. akcent § 1a i 2), *lepiej:* brać udział, uczestniczyć □ P. w czym: Partycypować w kosztach imprezy, w spłacie zobowiązań. || *Kl. Aleź 31; KP Pras.*

partyjniak, *rzad.* **partyjnik** *m III, lm M.* partyjniacy (partyjnicy) *pot.* «członek partii»

partyjny *m-os.* partyjni, przym. od partia (polityczna): Działacz partyjny. Dyscyplina partyjna. Zebranie partyjne.
partyjny w użyciu rzeczownikowym «członek partii»: W naradzie brali udział partyjni i bezpartyjni.

partykularz *m II, lm D.* partykularzy, nieco *przestarz., lekcew.* «głucha prowincja, zapadły kąt»: To miasteczko — to partykularz.

***partykuła** jest nieodmienną częścią mowy, luźnym morfemem modyfikującym sens wypowiedzi lub wyrazu. Pełni w zdaniu rolę pomocniczą. 1. Częstymi partykułami są np.: *no, że, czy, oby, by, nie* oraz występujące czasem w tej funkcji: *tak, to, co, też, tam, tu.*
2. Partykuły nie są akcentowane, tworzą jedną całość akcentową z wyrazem poprzedzającym lub następującym, stanowią więc enklityki lub rzadziej proklityki, np.: Czytajże głośniej. Czemu to nie śpisz. Powiedz no prawdę. Nie robisz. Nie dali. △ *Uwaga.* Partykuła przecząca *nie* stojąca przed wyrazem jednozgłoskowym jest akcentowana, np.: Nie dam, nie chcę (p. nie).

3. Niektóre z partykuł enklitycznych piszemy łącznie z wyrazem poprzedzającym, np.: Czytajże. Chodźże tu. Któż to wie. Znaszli ten kraj?
Partykuły: *no, to, też, tak, tam, tu, ci, oby* oraz partykułę pytajną *czy* należy pisać zawsze oddzielnie, np.: A to ci heca! Daj no mi trochę czasu. Co mi tam! Tak też myślałem (p. poszczególne partykuły). Partykuły *nie, by* mają pisownię łączną lub rozdzielną, zależnie od wyrazu, z którym się łączą (p. nie, by).
4. Partykuła *że* występuje w dwu obocznych postaciach: *-że* || *-ż*. Obie formy są pisane razem z wyrazem poprzedzającym. Forma *-ż* występuje po samogłosce, np.: Taż dziewczyna. Toż samo. Tegoż człowieka. Gdzież, kiedyż, ileż. △ Forma *-że* występuje po spółgłosce, np.: tejże dziewczyny, tenże człowiek, bodajże. △ Uwaga. Partykuła *że* w połączeniu z czasownikiem wzmacnia formy rozkaźnika, np.: chodźże tu, wyjdźcież nareszcie. △ Może też wzmacniać wyrazy, do których przyłącza się końcówki osobowe czasownika, np.: Po cóżeś to zrobił? Jakżeśmy się ucieszyli! (= Jakże ucieszyliśmy się). △ *Błędem* jest natomiast łączenie końcówek osobowych czasownika z elementem *że*, gdy nie pełni on funkcji partykuły, np. *niepoprawne*: Jakżeśmy to zobaczyli (bo nie można powiedzieć: Jakże to zobaczyliśmy). Wczoraj żeśmy przyjechali.
5. Partykuła pytajna *czy* zaczyna pytanie. Należy unikać stosowania przestawnego szyku wyrazów zamiast partykuły *czy*, np. Pali pan?, *lepiej*: Czy pan pali?

partyzantka *ż III, lm D.* partyzantek, w zn. «wojna podjazdowa prowadzona przez ludność podbitego kraju przeciw najeźdźcy; oddziały partyzantów»: Prowadzić partyzantkę. Być, walczyć w partyzantce (*nie*: w partyzantach). Zaciągnąć się do partyzantki. △ *przen.* «działalność nie zorganizowana, prowadzona na własną rękę» || D Kult. I, 323; II, 61.

paru p. parę.

parudniowy p. parodniowy.

parusetletni (*nie*: parusetletny): Parusetletni dąb. Parusetletni spór.

parutysięczny p. parotysięczny.

paruwiekowy p. parowiekowy.

parweniusz *m II, lm D.* parweniuszy, *rzad.* parweniuszów *wych. z użycia* «dorobkiewicz, nowobogacki»

Paryż *m II, D.* Paryża «stolica Francji»: Mieszkać w Paryżu. Jechać do Paryża. — paryżanin *m V, D.* paryżanina, *lm M.* paryżanie, *D.* paryżan — paryżanka *ż III, lm D.* paryżanek — paryski.

parzyć *ndk VIb,* parz, parzymy, parzyliśmy (p. akcent § 1a i 2) □ P. co — czym a. w czym «poddawać działaniu wrzątku»: Parzyć kapustę, kaszę wrzątkiem a. we wrzątku, we wrzącej wodzie. △ Parzyć kawę, herbatę, ziółka «robić napar, zaparzać» □ (zwykle w 3. os.) P. komu — co a. P. kogo — w co «dawać się odczuwać jako coś gorącego»: Gorący piasek parzył nam stopy (nas w stopy). □ P. sobie — co (o co, czym) «doznawać uczucia gorąca dotykając czegoś gorącego»: Parzyła sobie ciągle ręce o rozgrzane garnki. Parzył sobie język zupą.

parzyście, *rzad.* **parzysto:** Wiersze rymowane parzyście (parzysto).

I pas *m IV, D.* pasa: Zapiąć, ściągnąć pas. Włożyć pas. □ P. od czego a. do czego: Pas od bluzy (do bluzy). △ B. = D. w *pot.* zwrotach: Popuszczać pasa «pozwalać sobie na obfite jedzenie, objadać się; pozwalać sobie na większe wydatki na jedzenie» △ Zaciskać pasa «oszczędzać na jedzeniu» △ Do pasa, po pas (*wym.* po pas): Broda długa do pasa. Trawa wysoka po pas. △ Kłaniać się, zginać się w pas. «zginać się w ukłonie, kłaniać się nisko» △ *pot.* Brać, wziąć nogi za pas (skrótowo: nogi za pas) «zacząć uciekać»

II pas (*wym.* pa) *n ndm*: Wykonać taneczne pas. Walc na trzy pas.

III pas a. **PAS** (*wym.* pas) *m IV, D.* pasu (PAS-u) «lek przeciwgruźliczy»

IV pas *ndm, pot. m IV, lm M.* pasy, *D.* pasów «w grze w karty: rezygnacja z dalszej licytacji»: Gracze mieli dobre karty, więc nie słychać było pasów.

pasać *ndk I,* pasaliśmy (p. akcent § 1a i 2): W dzieciństwie pasał gęsi.

pasat *m IV, D.* pasatu, zwykle w *lm.*

pasaż *m II, D.* pasażu, *lm D.* pasaży, *rzad.* pasażów.

pasażer *m IV* 1. *lm M.* pasażerowie «osoba korzystająca z płatnego środka lokomocji» 2. *lm M.* pasażery *śród.* «statek pasażerski»

Pascal (*wym.* Paskal) *m I, D.* Pascala: „Myśli" Pascala.

Pascha *ż III, CMs.* Passze, *lm D.* Pasch 1. «święto obchodzone przez żydów w pierwszą pełnię wiosenną; u chrześcijan Wielkanoc» 2. **pascha** «posiłek związany z tym świętem; słodkie danie wielkanocne z sera, masła, jaj i rodzynków»

pasek *m III, D.* paska 1. w zn. «kawałek tkaniny, skóry itp. noszony na ubraniu»: Pasek skórzany, plastykowy. Pasek do spodni, do zegarka. Pasek od płaszcza, od spódnicy. □ P. u czego a. przy czym: Pasek u tornistra, u butów, u plecaka a. przy plecaku. 2. *wych. z użycia* w zn. «spekulowanie towarem» □ P. czym: Pasek zbożem, artykułami żywnościowymi. △ Uprawiać pasek. Puszczać towary na pasek.

! pasenie p. pasienie.

paserstwo *n III,* zwykle *blm* «nabywanie, przechowywanie lub sprzedawanie rzeczy kradzionych»: Trudnić się, zajmować się paserstwem. Kara za paserstwo. Sprawa sądowa o paserstwo.

pasibrzuch *m III, lm M.* te pasibrzuchy.

pasiecznik *m III* 1. *lm M.* pasiecznicy «pszczelarz» 2. *przestarz. lm M.* pasieczniki «pasieka»

pasienie (*nie*: pasenie), *rzad.* **paszenie** *n I,* zwykle *blm*: Pasienie bydła, koni, gęsi.

pasierb *m IV, lm M.* ci pasierbowie, *pot.* te pasierby (także w stosunku do pasierba i pasierbicy).

pasik *m III reg.* «pasek (do noszenia na ubraniu)»

pasja *ż I, DCMs.* i *lm D.* pasji 1. w zn. «namiętne przejęcie, przejmowanie się czymś; zamiłowanie do czegoś»: Pasja zbieracka, naukowa. □ P. czego a. do czego (*nie*: dla czego): Pasja pracy a. do pracy (*nie*: dla pracy). 2. w zn. «silny gniew, furia»: Wpadać w pasję. Gryźć wargi w pasji (z pasji). Wrzał cały od tłumionej pasji. Doprowadzić kogoś do pasji. △ Szewska (ostatnia) pasja porywa, ogarnia, bierze kogoś.

pasjans *m IV, D.* pasjansa a. pasjansu, *B.* pasjansa, *rzad.* pasjans, *lm M.* pasjanse, *rzad.* pasjansy, *D.* pasjansów (*nie:* pasjansy): Kłaść, stawiać pasjansa.

pasjonować *ndk IV,* pasjonowałby (p. akcent § 4c): Pasjonowały go książki podróżnicze.
pasjonować się □ P. się czym: Pasjonować się filmem, sportem. // *Kl. Pog. 71; KP Pras.*

pasjonujący «niezwykle interesujący, ciekawy»: Pasjonująca lektura. Pasjonujący film // *Kl. Ależ 100.*

paskarstwo *n III,* zwykle *blm* «nieuczciwy i nielegalny handel towarami, których brak na rynku»

paskarz *m II, lm D.* paskarzy.

paskudztwo *n III pot.* **a)** «rzecz brzydka a. niesmaczna, budząca niechęć, wstręt»: Nie mógł przełknąć tego paskudztwa. Ten obraz to paskudztwo. **b)** zwykle w *lm* «nieczystości»: Wylewano tu wszelkie paskudztwa.

paskustwo *n III przestarz.* «paskudztwo»

Pasłęk *m III, D.* Pasłęka «miejscowość» — pasłęcki.

Pasłęka *ż III* «rzeka» — pasłęcki.

pasmanteria (*nie:* pasmenteria, pasmanternia) *ż I, DCMs.* i *lm D.* pasmanterii «tasiemki, lamówki, wstążki itp.; sklep z tymi artykułami» // *D Kult. I, 438.*

pasmo *n III, Ms.* pasmie (*wym.* pasmie a. paśmie), *lm D.* pasm a. pasem: Pasmo przędzy, włosów. Pasmo gór, lasów. △ *przen.* Jej życie było jednym pasmem nieszczęść.

I pasować *ndk IV,* pasowaliśmy (p. akcent § 1a i 2) □ P. co (do czego) «dopasowywać, przystosowywać»: Pasować ramy do obrazu. Pasować okna, drzwi. △ Coś pasuje na kogoś, na coś «coś dobrze przylega, leży, jest w sam raz»: Garnitur ojca pasował na syna. Pokrowce pasowały na meble. □ P. bez dop. «być dopasowanym, dobrze leżeć na kimś»: Marynarka pasowała (*lepiej:* leżała) jak ulał. △ Coś pasuje do czegoś, *lepiej:* coś jest odpowiednie, dobrze dobrane, nadaje się: Klucz pasuje do zamka. Kolor niebieski pasuje do jasnych włosów. □ *niepoprawne* P. na co «nadawać się, być odpowiednim na coś»: Materiał pasował (*zamiast:* był odpowiedni, nadawał się) na suknię wizytową. △ *niepoprawne* To mi nie pasuje (*zamiast:* To mi nie odpowiada, nie podoba mi się). // *D Kult. II, 247.*

II pasować *ndk* a. *dk IV,* pasowaliśmy (p. akcent § 1a i 2) tylko w zwrotach: Pasować kogoś na rycerza «dokonywać ceremonii przyjęcia do stanu rycerskiego, m.in. przez wręczenie pasa rycerskiego» △ *przen.* «mianować kimś, uznać za kogoś»: Pasować kogoś na wodza, przywódcę, opiekuna.
pasować się □ P. się na kogo «nadać sobie jakąś godność, uznać siebie za kogoś (używane zwykle z odcieniem ironicznym)»: Pasował się na wodza narodu, na obrońcę uciśnionych. □ P. się z kim, z czym «mocować się, zmagać się, walczyć»: Pasować się z napastnikiem, z trudnościami.

pasożyt *m IV, DB.* pasożyta. // *D Kult. I, 815.*

passa (*nie:* pasa) *ż IV, CMs.* passie: Dobra, zła passa. Zła passa w strzelaniu (*nie:* strzelecka).

passe-partout (*wym.* paspartu) *n ndm* **1.** «stały bilet wolnego wstępu»: Miał passe-partout do wszystkich kin. **2.** «karton stanowiący zwykle szerokie obramowanie fotografii, rysunku itp.»: Fotografia w popielatym passe-partout.

passus (*nie:* pasus) *m IV, D.* passusu *książk.* «ustęp tekstu»: Przeczytać odpowiedni passus.

pasta *ż IV, CMs.* paście: Pasta pomidorowa, śledziowa. Pasta z ryb, majonezu i zieleniny. □ P. do czego: Pasta do butów, do podłogi, do zębów.

pastel *m I, D.* pastelu, *lm D.* pasteli a. pastelów.

pasternak *m III, D.* pasternaku «roślina» // *D Kult. II, 335.*

pasterz *m II, lm D.* pasterzy *książk.* «pastuch»

Pasteur (*wym.* Pastör) *m IV, D.* Pasteura (*wym.* Pastöra, p. akcent § 7), *Ms.* Pasteurze: Odkrycia naukowe Ludwika Pasteura.

pastisz (*wym.* pastisz) *m II, D.* pastiszu (p. akcent § 7), *lm D.* pastiszów, *rzad.* pastiszy: Tworzył wspaniałe pastisze rzeźb barokowych.

pastor *m IV, lm M.* pastorzy, *rzad.* pastorowie.

pastorał *m IV, D.* pastorału a. pastorała.

pastuch (*nie:* ten pastucha) *m III, lm M.* te pastuchy, *rzad.* ci pastusi, ci pastuchowie: Służyć za pastucha.

pastusi p. pastuszy.

pastuszek *m III, D.* pastuszka, *lm M.* ci pastuszkowie a. te pastuszki.

pastuszy, *rzad.* **pastusi:** Fujarka pastusza.

pastwa *ż IV,* tylko w zwrotach: Być, paść, stać się itp. pastwą czegoś a. kogoś «stać się czyimś łupem, ulec zniszczeniu»: Las stał się pastwą ognia. Dobytek ludzki padł pastwą zaborców. △ Rzucić, zostawić itp. na pastwę (*nie:* na pastwie) kogoś, czegoś «przeznaczyć, narazić na zgubę»: Zostawili wszystko na pastwę losu, ognia, złodziei.

pastwić się *ndk VIa,* pastwię się, pastw się a. pastwij się, pastwiliśmy się (p. akcent § 1a i 2) □ P. się nad kim, czym (*nie:* na kim, czym) «znęcać się nad kimś, nad czymś, dręczyć kogoś, coś»: Pastwić się nad jeńcami, nad sierotą. Zdobywcy pastwili się nad podbitym miastem.

pasywa *blp, D.* pasywów: Nadwyżka aktywów nad pasywami.

pasywnie *st. w.* pasywniej; *lepiej:* biernie. // *KP Pras.*

pasywny *st. w.* pasywniejszy; *lepiej:* bierny, np. Pasywny (*lepiej:* bierny) udział w zebraniu. // *KP Pras.*

I pasza *ż II, lm D.* pasz: Pasza zielona, sucha. Pasze treściwe. Dawać, zadawać bydłu, koniom paszę. Zużytkować (*nie:* spożytkować) paszę. △ Wypuścić konie na paszę «na pastwisko»

II pasza *m odm. jak ż II, lm M.* paszowie, *DB.* paszów; *częściej:* basza.

paszcza (*nie*: paszcz) *ż II, lm D*. paszcz (*nie*: paszczy): Paszcza lwa, wilka, żmii. Rozewrzeć paszczę. △ Wpaść, dostać się itp. komuś w paszczę (*nie*: do paszczy) «znaleźć się w samym ośrodku czyjejś wrogiej władzy, siły»

paszczęka (*nie*: paszczeka) *ż III książk*. «paszcza, pysk»: Otworzyć paszczękę. Kłapać paszczęką. // *D Kult. I, 439*.

paszenie p. pasienie.

paszkwil *m I, D*. paszkwiłu (*nie*: paszkwila), *lm D*. paszkwili a. paszkwilów: O królowej krążyły złośliwe paszkwile. Napisać paszkwil na kogoś.

paszkwilant *m IV, lm M*. paszkwilanci; *przestarz.* **paszkwilista** *m odm. jak ż IV, CMs*. paszkwiliście, *lm M*. paszkwiliści, *DB*. paszkwilistów.

paszport (*nie*: pasport) *m IV, D*. paszportu: Otrzymać, wyrobić (sobie) paszport. Prolongować, wizować paszport.

paszteciarnia *ż I, DCMs*. i *lm D*. paszteciarni, *rzad*. paszteciarń.

pasztecik *m III* 1. *D*. paszteciku a. pasztecika zdr. od pasztet. 2. *D*. pasztecika, zwykle w *lm* «małe pierożki, paluszki itp. napełnione farszem»: Paszteciki do barszczu.

I paść p. padać.

II paść *ndk XI*, pasę (*nie*: paszę), pasie, paś, pasł, paśliśmy (p. akcent § 1a i 2), pasiony (*nie*: paszony): Paść bydło, gęsi. □ P. co (*żart.* kogo) — czym «karmić»: Paść konie owsem. △ *żart.* Paść dzieci słodyczami. △ *przen.* «sycić»: Paść oczy pięknymi widokami. **paść się**: Krowy pasły się na łące, na rżysku. □ P. się czym a. na czym «karmić się, tuczyć się (*żart.* o ludziach)»: Konie, gęsi pasły się owsem. Paść się słoniną, kluskami. Paść się na obfitym wikcie. △ *przen.* Paść się cudzą krzywdą a. na cudzej krzywdzie.

III paść *ż V, lm M*. paści a. paście *rzad*. «potrzask, pułapka, sidła»: Zastawiać paści (paście).

Patagonia (*wym.* Patagońja) *ż I, DCMs*. Patagonii «kraina w Ameryce Płd.» — Patagończyk *m III, lm M*. Patagończycy — Patagonka *ż III, lm D*. Patagonek — patagoński (p.).

patagoński: Wybrzeże patagońskie (*ale*: Wyżyna Patagońska).

patataj (*wym.* patataj) *ndm*, zwykle w *pot*. wyrażeniu: Na patataj «byle jak, byle szybko; byle zbyć, niedbale; na patatajkę»: Wszystko robi na patataj.

patatajka *ż III*, używane tylko w *pot*. wyrażeniu: Na patatajkę p. patataj.

patefon *m IV, D*. patefonu: Nastawić, nakręcić patefon: Tańce odbywały się przy patefonie.

patelnia *ż I, lm D*. patelni, *rzad*. pateln *pot*. Wyłożyć coś na patelnię, jak na patelnię a. jak na patelni «powiedzieć jasno»

patent *m IV, D*. patentu □ P. na co: Patent na jakąś maszynę. Patent na sklep, na warsztat. △ *przen.* (zwykle *iron.*) Patent na sławę, na nieśmiertelność.

patentowany *wych. z użycia*, zwykle w wyrażeniach o zn. ujemnym: Patentowany dureń, osioł, leń.

paternoster (*wym.* paternoster, *nie*: pater noster) *m ndm* 1. *pot. żart.* «skarcenie, nagana» zwykle w zwrotach: Usłyszeć, powiedzieć, palnąć (komuś) paternoster. 2. *m IV, D*. paternostra, *Ms*. paternostrze «w górnictwie: urządzenie do opuszczania urobku za pomocą ruchomego łańcucha; podnośnik, dźwig różańcowy; także: winda bez drzwi, wznosząca się wolno, nie zatrzymująca się na piętrach» // *D Kult. I, 439*.

patetyczny *st. w*. patetyczniejszy a. bardziej patetyczny: Patetyczny wiersz. Patetyczne przemówienie.

patio *n I, lm M*. patia, *D*. patiów «dziedziniec domu (zwłaszcza hiszpańskiego), często ozdobiony fontanną, kwiatami itp.»

patolog *m III, lm M*. patolodzy a. patologowie. **patolog** (*nie*: patoложka) — o kobiecie, p. nazwy i tytuły zawodowe kobiet.

patos *m IV, D*. patosu, zwykle *blm*: Wpadać w patos. Mówić, robić coś z patosem. // *D Kult. II, 274*.

patriarcha (*wym.* patryjarcha) *m odm. jak ż III, lm M*. patriarchowie, *DB*. patriarchów.

patriarchalny (zwykle *wym.* patryjarchalny): Władza patriarchalna. △ Wiek patriarchalny.

patriota (*wym.* patryjota) *m odm. jak ż IV, lm M*. patrioci, *DB*. patriotów.

patriotyczny (*wym.* patryjotyczny) *st. w*. bardziej patriotyczny, *rzad*. patriotyczniejszy (tylko o czynach, stanach, uczuciach, nie o ludziach): Obowiązek, zapał patriotyczny. Uczucia patriotyczne. Postawa patriotyczna obywateli.

patriotyzm (*wym.* patryjotyzm) *m IV, D*. patriotyzmu, *Ms*. patriotyzmie (*wym.* ~yzmie a. ~yźmie), *blm*.

patrochy *blp, D*. patrochów *łow*. «wnętrzności zwierząt łownych»

patrol *m I* (*nie*: ta patrol), *D*. patrolu, *lm D*. patroli, *rzad*. patrolów 1. «oddział przeznaczony do wykonania zadań wywiadowczych, ochronnych itp.»: Patrol milicji, żandarmerii. Po mieście krążyły lotne patrole. 2. «dokonywanie wywiadu, patrolowanie»: Żołnierze tej nocy idą na patrol.

patrolowiec *m II, D*. patrolowca 1. *lm M*. patrolowce «okręt, samolot patrolujący» 2. *lm M*. patrolowcy «żołnierz należący do patrolu»

patron *m IV* 1. *D*. patrona, *lm M*. patronowie a. patroni «opiekun, protektor»: Być czyimś patronem. Mieć kogoś za (*nie*: jako) patrona. 2. *D*. patronu; *lepiej*: nabój, ładunek.

patronacki «sprawujący patronat, będący patronem a. będący pod patronatem, mający patrona» △ Przedsiębiorstwo patronackie, patronacki zakład pracy «przedsiębiorstwo, zakład pracy patronujące, będące patronem» △ Sklep patronacki «sklep będący pod patronatem, mający patrona»

patronalny *rzad*. «związany z obowiązkami patrona a. patronatu».

patronat *m IV, D.* patronatu: Sprawować patronat nad kimś, nad czymś. Być, znajdować się pod czyimś patronatem. // *D Kult. I, 360.*

patroszyć (*nie*: paproszyć) *ndk VIb,* patroszyliśmy (p. akcent § 1a i 2): Patroszyć kurę, prosiaka, ryby.

patrycjusz *m II, lm M.* patrycjusze, *lm D.* patrycjuszy a. patrycjuszów.

patrzeć *ndk VIIb,* patrz, patrzał, patrzeliśmy, *rzad.* patrzaliśmy (p. akcent § 1a i 2), patrzeli *rzad.* patrzali; a. **patrzyć** *ndk VIb,* patrzył, patrzyliśmy, patrzyli; (w trybie rozkazującym w wyrażeniach ekspresywnych obok form: patrz, patrzcie — używa się niekiedy form: patrzaj, patrzajcie): Patrzeć badawczo, bezmyślnie, ukradkiem, zezem, spod oka, spod okularów. Patrzeć na coś czyimiś oczami. Patrzeć na coś okiem a. oczami malarza, poety. □ P. na kogo, na co: Patrzeć na zegarek, na świat. Patrzeć na dziecko z uśmiechem. □ P. w kogo, w co: Patrzeć w niebo. □ P. po kim, po czym: Patrzył po wszystkich kątach. □ P. za kim, za czym: Patrzyła za biegnącą dziewczyną. △ Patrzeć komuś na ręce a. na palce «pilnować kogoś, żeby nie kradł, nie trwonił czegoś» △ Nie móc (nie chcieć) patrzeć na coś, na kogoś «nie cierpieć kogoś, czegoś; mieć dość» △ Patrzeć w kogoś (*rzad.* na kogoś) jak w obraz, jak w tęczę «uwielbiać bezkrytycznie» □ *pot.* P. żeby...; p. na co «mieć coś na uwadze, zważać na coś»: Patrz, żebyś wstydu nie zrobiła. Robił, co chciał, nie patrząc na nic. △ *przestarz.*, dziś zwykle w *pot.* zwrocie: Patrz swego nosa «pilnuj swoich spraw, nie wtrącaj się do cudzych» △ *pot.* Tylko patrzeć (jak) «za chwilę» **patrzeć się** a. **patrzyć się** *reg.* (to samo co: patrzeć): Patrzeć się na zegarek, w niebo. Patrzy się, gdzie ta książka. Patrzy się, jak się dzieci bawią przed domem.

patyna *ż IV, blm*; in. śniedź. △ *przen.* (tylko: patyna) Patyna wieków dodaje niekiedy uroku nawet miernym utworom.

PAU (*wym.* pa-u) *n a. ż ndm* «Polska Akademia Umiejętności (do r. 1951)»: PAU wydała (wydało) kolejny tom encyklopedii.

paulin (*wym.* pau-lin, *nie*: pa-ulin) *m IV, lm M.* paulini, *D.* paulinów.

Pauling (*wym.* Poling) *m III, D.* Paulinga: Prace Paulinga o strukturze białek.

pauper (*wym.* pau-per, *nie*: pa-uper) *m IV, D.* paupra, *lm M.* te paupry a. ci pauprzy **1.** *przestarz.* «biedak; ulicznik» **2.** *hist.* «ubogi uczeń utrzymujący się z posług bogatszym»

pauperyzacja (*wym.* pau-peryzacja, *nie*: pa-uperyzacja) *ż I, DCMs.* pauperyzacji, *blm książk.* «ubożenie, zubożenie ludności»

pauperyzować (*wym.* pau-peryzować, *nie*: pa-uperyzować) *ndk IV,* pauperyzowaliśmy (p. akcent § 1a i 2) — **spauperyzować** *dk książk.* «ubożyć ludność»

pauza (*wym.* pau-za, *nie*: pa-uza) *ż IV* **1.** in. przerwa. **2.** in. kreska, myślnik.

*pauza p. myślnik.

pauzować (*wym.* pau-zować, *nie*: pa-uzować) *ndk IV,* pauzowaliśmy (p. akcent § 1a i 2) — **spauzować** *dk.*

paw *m I, D.* pawia (*nie*: pawa), *lm M.* pawie (*nie*: pawy), *D.* pawi (*nie*: pawiów).

pawąz a. **pawęz** *m IV, D.* pawęza a. pawęzu «drąg do przyciskania zboża, siana na wozie, drąg do noszenia ciężarów»

Paweł *m IV, D.* Pawła, *lm M.* Pawłowie — Pawełek *m III, lm M.* Pawełkowie — Pawłostwo *n III, DB.* Pawłostwa, *Ms.* Pawłostwu (*nie*: Pawłostwie), *blm*; a. Pawłowie *blp, D.* Pawłów — Pawełkowie *blp, D.* Pawełków.

pawęż *ż VI, D.* pawęży **1.** p. pawąz. **2.** «poprzeczna deska zamykająca na rufie kadłub jachtu lub łodzi wiosłowej; *daw.* tarcza»

pawi: Pawi ogon. △ Stroić się w pawie piórka, pióra «udawać kogoś lepszego, szlachetniejszego; przyozdabiać się czymś»

Pawia *ż I, DCMs.* Pawii «miasto we Włoszech» — pawijczyk *m III, lm M.* pawijczycy — pawijka *ż III, lm D.* pawijek — pawijski.

Pawiak *m III* «więzienie w Warszawie (do r. 1944)» — pawiacki.

pawlacz *m II, lm D.* pawlaczy, *rzad.* pawlaczów.

Pawlenko (*wym.* Pawlenko) *m odm. jak ż III, D.* Pawlenki: Utwory Piotra Pawlenki.

Pawłow (*wym.* Pawłow) *m IV, D.* Pawłowa (p. akcent § 7), *C.* Pawłowowi (*nie*: Pawłowu), *N.* Pawłowem (*nie*: Pawłowym), *Ms.* Pawłowie: Teoria odruchów warunkowych Pawłowa.

PAX a. **Pax** (*wym.* paks) *m IV, D.* PAX-u (Paxu) *pot.* «Stowarzyszenie „Pax", organizacja świeckich działaczy katolickich w Polsce (pax = pokój)»: Należeć do PAX-u (Paxu). Pracować w PAX-ie (w Paksie). Współpracować z PAX-em (Paxem). □ PAX-owiec a. paksowiec *m II, D.* PAX-owca a. paksowca, *lm M.* PAX-owcy a. paksowcy — PAX-owski a. paksowski.

pazerny, *rzad.* **pażerny** *m-os.* pazerni (pażerni), *st. w.* pazerniejszy (pażerniejszy) *pot.* «chciwy, łapczywy» □ P. na co: Pazerny na jedzenie, na pieniądze.

paznokieć (*nie*: paznogieć, paznokć) *m I, D.* paznokcia, *lm D.* paznokci (*nie*: paznokciów) △ *pot.* Ani na paznokieć, ani o paznokieć «ani trochę»

pazucha *ż III,* zwykle *blm,* tylko w wyrażeniach: Za pazuchą, za pazuchę, zza pazuchy, np.: Chować, kłaść coś za pazuchę. Mieć coś za pazuchą. Wyjąć coś zza pazuchy.

paź *m I, lm M.* paziowie, *D.* paziów △ Paź królowej (*lm M.* pazie królowej) «motyl»

październik *m III* «dziesiąty miesiąc roku, w datach pisany słowami, cyframi arabskimi z kropką lub rzymskimi»: 15 października 1970 r., 15.10. 1970 r., 15.X.1969 r. a. 15 X 1969 r. △ Na pytanie: kiedy? — nazwa miesiąca zawsze w dopełniaczu, nazwa dnia — w dopełniaczu a. (z przyimkiem *przed, po*) — w narzędniku, np.: Przyjechał piątego października. Przed piątym października (*nie*: przed piątym październikiem). △ Na pytanie: który jest (lub był) dzień? — liczba porządkowa dnia w mianowniku a. w dopełniaczu, nazwa miesiąca w dopełniaczu: Dziś jest piąty października a. piątego października (*nie*: piąty październik). Piąty października (*nie*: piąty październik) był dniem powszednim.

październik *m II, lm D.* październiky, *rzad.* październikzów, zwykle w *lm*: Oddzielić październikze od włókna.

pażerny p. pazerny.

pączek *m III, D.* pączka, *B.* pączek a. pączka w zn. «ciastko»: Zjeść pączek a. pączka.

pąs *m IV, D.* pąsu, w zn. «rumieniec» — częściej w *lm*: Twarz w pąsach. Stanąć w pąsach. Oblać się pąsem.

pąsowy (*nie*: ponsowy).

PCH (*wym.* peceha, p. akcent § 6) *n a. ż ndm* «Państwowa Centrala Handlowa»: PCH otrzymało (otrzymała) nowe pomieszczenia.

pchać *ndk I,* pchaliśmy (p. akcent § 1a i 2) — **pchnąć** *dk Va,* pchnąłem (*wym.* pchnołem; *nie*: pchnełem, pchłem), pchnęła (*wym.* pchnęła; *nie*: pchła), pchnęliśmy (*wym.* pchnęliśmy) **1.** «posuwać coś, kogoś przed sobą»: Pchać taczki. Tak go pchnęli, że upadł. **2.** tylko *ndk* «wkładać, wpychać» □ P. k o g o, c o — do czego: Pchać pieniądze do kieszeni. Pchać ludzi do auta. **3.** tylko *dk* «zadać cios, przeszyć» □ P. k o g o, c o — c z y m: Pchnąć napastnika nożem. **4.** *pot.* (częściej *dk*) «wysyłać»: Pchnąć do kogoś depeszę, gońca. **5.** «skłaniać, namawiać do czegoś»: Chciwość pchnęła go do kradzieży.

pchać się — pchnąć się 1. tylko *ndk* «tłoczyć się, przepychać się; starać się gdzieś dostać»: Pchali się jeden przez drugiego. Nie pchaj się tam, gdzie cię nie proszą. □ P. się do czego: Pchali się do autobusu. **2.** tylko *dk* «zadać sobie cios, przebić się» □ P. się czym: Pchnęła się sztyletem.

pchła *ż IV, lm D.* pcheł.

pchnąć p. pchać.

pchor. «skrót wyrazu: *podchorąży*, pisany z kropką, stawiany zwykle przed nazwiskiem lub przed imieniem i nazwiskiem, czytany jako cały, odmieniany wyraz»: Pchor. Stasiak, pchor. Wacław Stasiak. Wezwać pchor. (*czyt.* podchorążego) Stasiaka.

Pcim *m I, D.* Pcimia (*nie*: Pcima), *Ms.* Pcimiu «miejscowość» — pcimski.

PCK (*wym.* peceka, p. akcent § 6) *n a. m ndm* «Polski Czerwony Krzyż»: Pracować w PCK. W 1939 r. PCK liczył (liczyło) około 800 tys. członków. — PCK-owski a. pecekowski.

PDK (*wym.* pedeka, p. akcent § 6) *n a. m ndm* «Powiatowy Dom Kultury»: PDK otworzyło (otworzył) bibliotekę publiczną.

PDT (*wym.* pedete, p. akcent § 6) *n ndm* a. odm. jak *m IV, D.* PDT-u, *Ms.* Pedecie «Powszechny Dom Towarowy»: Pójść do PDT (PDT-u). Załatwić coś w PDT (w Pedecie). — pedet (p.) — PDT-owski a. pedetowski.

Pearl Harbor (*wym.* Pörl Harbör) *m ndm* «baza marynarki wojennej USA na Hawajach»: Stacjonować w Pearl Harbor.

Pearson (*wym.* Pirson) *m IV, D.* Pearsona: Działalność polityczna Pearsona.

pecekowski p. PCK.

pech *m III, DB.* pecha *pot.* «brak szczęścia; niepowodzenie»: Mieć pecha.

pechowiec *m II, D.* pechowca, *W.* pechowcze, forma szerząca się: pechowcu, *lm M.* pechowcy.

pecyna, *rzad.* **pacyna** *ż IV pot.* «gruda gruzu, gliny, błota itp.»

Peczora *ż IV* «rzeka w ZSRR» — peczorski (p.).

peczorski: Dorzecze peczorskie (*ale*: Peczorskie Zagłębie Węglowe).

pedagog *m III, lm M.* pedagodzy a. pedagogowie.

pedagogia *ż I, DCMs.* pedagogii, zwykle *blm* «zespół środków, metod wychowawczych; nauczanie, wychowywanie» *Por.* pedagogika.

pedagogiczny «odnoszący się do pedagogii a. pedagogiki; zgodny z zasadami pedagogiki»: Praca pedagogiczna. Metody pedagogiczne. Nauki pedagogiczne. Takie postępowanie z młodzieżą nie jest pedagogiczne. △ *książk.* Ciało pedagogiczne «wszyscy nauczyciele danej szkoły».

pedagogika (*wym.* pedagogika, *nie*: pedagogika, p. akcent § 1c) *ż III,* zwykle *blm* «wiedza teoretyczna i praktyczna dotycząca wychowania i nauczania» *Por.* pedagogia.

pedagogizacja *ż I, DCMs.* pedagogizacji, *blm* «łączenie nauki przedmiotów ogólnokształcących z zagadnieniami pedagogicznymi; udzielanie komuś wiadomości z zakresu pedagogii»: Pedagogizacja studiów. Pedagogizacja rodziców. || *D Kult. II,* 248. *Por.* pedagogia, pedagogika.

pedant *m IV, lm M.* pedanci: Ależ z ciebie pedant! □ P. w czym: Był wielkim pedantem w swojej pracy.

pedanteria *ż I, DCMs.* pedanterii, *blm;* a. **pedantyzm** *m IV, D.* pedantyzmu, *Ms.* pedantyzmie (*wym.* ~yzmie a. ~yźmie), *blm.*

pedantyczny (*nie*: pedancki) *m-os.* pedantyczni, *st. w.* bardziej pedantyczny: Sprawdzał rachunki z pedantyczną dokładnością.

pedel *m I, D.* pedla, *rzad.* pedela, *lm D.* pedli a. pedlów, *rzad.* pedeli a. pedelów *wych. z użycia, reg.* «woźny w zakładzie naukowym»

pedet *m IV, D.* pedetu *pot.* «Powszechny Dom Towarowy (PDT)»: Poszedł do pedetu. Kupić coś w pedecie.

pedetowski p. PDT.

pediatra *m odm. jak ż IV, lm M.* pediatrzy, *DB.* pediatrów.
pediatra — o kobiecie, p. nazwy i tytuły zawodowe kobiet.

pedicure p. pedikiur.

pedikiur (*wym.* pedikiur a. pedikiur) *m IV, D.* pedikiuru (p. akcent § 7): Zrobić sobie pedikiur.

pedikiurzystka *ż III, lm D.* pedikiurzystek.

peem (*wym.* peem, p. akcent § 6) *m IV, D.* peemu *środ.* «pistolet maszynowy (skrót: pm)»

peeselowiec, peeselowski p. PSL.

Pegaz *m IV* **1.** «mityczny skrzydlaty koń Zeusa» △ *książk.* (zwykle *iron.*) Dosiąść Pegaza «zacząć pisać wiersze» **2.** pegaz *poet.* «szybki koń, rumak»

pegeer (*wym.* pegieer, p. akcent § 6) *m IV, D.* pegeeru «Państwowe Gospodarstwo Rolne (PGR)»: Pracuje w pegeerze.

pegeerowiec, pegeerowski p. PGR.

Peiper (*wym.* Pajper) *m IV, D.* Peipera, *lm M.* Peiperowie: Program poetycki Tadeusza Peipera. Peiper *ż ndm* — Peiperowa *ż* odm. jak przym. — Peiperówna *ż IV, D.* Peiperówny, *CMs.* Peiperównie (*nie*: Peiperównej), *lm D.* Peiperówien.

pejcz *m II, lm D.* pejczy a. pejczów.

pejzaż *m II, D.* pejzażu, *lm D.* pejzaży, *rzad.* pejzażów.

Pekaes, pekaes, pekaesowiec, pekaesowski p. PKS.

Pekao p. PKO (w zn. 2).

pekaowski p. PKO.

Pekin *m IV, D.* Pekinu «stolica Chin» — pekińczyk (p.) — pekinka *ż III, lm D.* pekinek — pekiński.

pekińczyk *m III* **1.** *lm M.* pekińczycy «mieszkaniec Pekinu» **2.** *lm M.* pekińczyki «pies jednej z ras»

peleryna (*nie*: perelina) *ż IV, lm D.* peleryn.

peleton *m IV, D.* peletonu *środ.* «zwarta grupa kolarzy w wyścigu»

Peloponez *m IV, D.* Peloponezu «półwysep w Grecji» — peloponeski.

Pelplin *m IV* «miasto» — pelplinianin *m V, D.* pelplinianina, *lm M.* pelplinianie, *D.* pelplinian — pelplinianka *ż III, lm D.* pelplinianek — pelpliński.

pełen p. pełny.

pełnia *ż I*, zwykle *blm*: Księżyc w pełni. Wiosna w pełni (*nie*: pełna wiosna). △ W pełni, w całej pełni «zupełnie, całkowicie; bez zastrzeżeń»: W pełni doceniamy te osiągnięcia.

pełnić *ndk VIa*, pełń a. pełnij, pełniliśmy (p. akcent § 1a i 2): Pełnić obowiązki, swoją powinność. Pełnić funkcję (*ale nie*: pełnić zadanie). Pełnić służbę. △ *niepoprawne* Pełnić (*zamiast*: sprawować) urząd. Pełnić (*zamiast*: zajmować) stanowisko. Pełnić (*zamiast*: grać) rolę. Pełnić (*zamiast*: czynić, robić) honory.

pełno *st. w.* pełniej, w zn. «bez braków, całkowicie, kompletnie, wszechstronnie» — używane tylko w *st. w.* i *najw.*: Autor wypowiedział się najpełniej w ostatnim swoim utworze.

pełno- «pierwszy człon wyrazów złożonych, pisany łącznie, oznaczający całkowitość, kompletność lub obfitość tego, co oznacza druga część złożenia», np.: pełnotłusty, pełnokrwisty, pełnoletni.

pełnoletni (*nie*: pełnoletny) *m-os.* pełnoletni: Mój najstarszy syn jest już pełnoletni.

pełnoletność (*nie*: pełnoletniość) *ż V, blm*: Dojść do pełnoletności. Osiągnąć pełnoletność.

pełnomocnictwo *n III* w zn. «prawo do działania w czyimś imieniu»: Formalne, nadzwyczajne pełnomocnictwo. Dać, cofnąć (komuś) pełnomocnictwo. Otrzymać, uzyskać, wziąć od kogoś pełnomocnictwo. □ P. do czego a. w sprawie czego: Mieć pełnomocnictwo do zawarcia umowy o dzierżawę sadu.

pełnomocnik *m III, lm M.* pełnomocnicy: Występować jako czyjś pełnomocnik a. w charakterze czyjegoś pełnomocnika. Pełnomocnik rządu do spraw mniejszości narodowych.

pełnowartościowy **1.** «zawierający wszystkie potrzebne składniki (zwykle o produktach, pożywieniu itp.)»: Pełnowartościowe mleko, białko (*ale nie*: pełnowartościowe mieszkanie). **2.** *m-os.* pełnowartościowi «mający dużą wartość moralną; *lepiej*: wartościowy»: Pełnowartościowy (*lepiej*: wartościowy) pracownik.

pełny *st. w.* pełniejszy; a. **pełen** (forma *pełen* jest używana tylko jako orzecznik a. przydawka, po której następuje rzeczownik w dopełniaczu): Pełny talerz. Talerz jest pełny (pełen). Na stole stał talerz pełen zupy. △ Ruszyć, iść itp. pełną parą. Walczyć w pełnym rynsztunku. △ *pot.* Pełnym gazem a. na pełnym gazie. △ w zn. «całkowity, zupełny, kompletny» używane poprawnie zwykle z rzeczownikami abstrakcyjnymi o zn. dodatnim, np.: Pełne bezpieczeństwo, zaufanie, zadowolenie, pełna satysfakcja itp. W tym zn. bywa *nadużywane*, np.: Pełna godzina, pełny etat (*lepiej*: Cała godzina, cały etat). Pełne możliwości (*lepiej*: wszystkie możliwości). Pełne (*lepiej*: wszelkie) szanse. △ *niepoprawne* Pełna (*zamiast*: dobra) kondycja. Pełna (*zamiast*: prawdziwa) atmosfera sportowa. Pełny (*zamiast*: duży, intensywny) wysiłek.
do pełna «po brzegi, tak, żeby było pełno»: Nalać do pełna. // *D Kult. I, 37; II, 96.*

pełzać *ndk I*, pełzaliśmy (p. akcent § 1a i 2), a. **pełznąć** *ndk Vc*, pełznie a. pełżnie; pełznąłem (*wym.* pełznołem; *nie*: pełznełem) a. pełzłem; pełznął (*wym.* pełznoł) a. pełzł; pełzła, pełzliśmy, *rzad.* pełznęliśmy (*wym.* pełzneliśmy); pełźli, pełzli, *rzad.* pełźli (*wym.* pełzneli) **1.** «czołgać się, przesuwać się»: Wąż pełza (pełznie, pełźnie). Pełzać na brzuchu, na czworakach. △ *przen.* Bluszcz pełznie po murze. Płomień pełza po zgliszczach. △ *przen.* (tylko: pełzać) «płaszczyć się» □ P. przed kim: Słudzy pełzali przed tyranem. **2.** tylko: pełznąć «o kolorach: blaknąć»

penaty *blp, D.* penatów, zwykle w *książk.* wyrażeniu: Lary i penaty «ognisko domowe, dom, rodzina; sprzęty domowe»

Pen Club (*wym.* Penklub), Pen *ndm*, Club *m IV, D.* Clubu; a. **Penklub** *m IV, D.* Penklubu.

pendant (*wym.* pãdã) *n ndm; lepiej*: odpowiednik, np. Dramatyczna muzyka stanowiła doskonałe pendant do pełnej napięcia akcji filmu (*lepiej*: ...stanowiła doskonały odpowiednik pełnej napięcia akcji filmu).

Pendżab (*wym.* Pendżab, *nie*: Pend-żab) *m IV, D.* Pendżabu «kraina w Pakistanie i Indii» △ Pendżab Wschodni, Zachodni «jednostki administracyjne w Pakistanie i Indii» — Pendżabczyk *m III, lm M.*

Pendżabczycy — Pendżabka *ż III, lm* D. Pendża-
bek — pendżabski.

penetracja *ż I, DCMs.* penetracji, *blm* **1.** «przenikanie, przedostawanie się»: Penetracja polityczna,
gospodarcza. □ P. kogo, czego: Penetracja mono-
polistów na nowe rynki zbytu. Penetracja obcego kapitału. **2.** «docieranie dokąd w celach badawczych,
wnikanie, zagłębianie się» □ P. czego: Penetracja
nieznanego lądu. □ P. w co: Penetracja w cudze
życie.

penetrować *ndk IV*, penetrowaliśmy (p. akcent
§ 1a i 2) — **spenetrować** *dk*: Penetrować teren, okolicę, *lepiej*: badać, poznawać.

penicylina (*nie*: penicilina) *ż IV*.

Penklub p. Pen Club.

pens (*wym.* pęs) *m IV, DB.* pensa: Nie mam ani
jednego pensa. Wydać, zapłacić pensa.

pensja (*wym.* pęsja) *ż I, DCMs.* i *lm* D. pensji:
Podjąć, wziąć pensję. Podwyższyć komuś pensję.

pensjonariusz (*wym.* pęsjonarjusz) *m II, lm* D.
pensjonariuszy, *rzad.* pensjonariuszów.

pensjonat (*wym.* pęsjonat) *m IV, D.* pensjonatu.

Pensylwania (*wym.* Pensylwańja) *ż I, DCMs.*
Pensylwanii (z wyrazem stan — *ndm*) «stan w USA»:
Mieszkać w Pensylwanii (w stanie Pensylwania). —
pensylwański.

Pentagon *m IV, D.* Pentagonu «potoczna nazwa
instytucji kierujących siłami zbrojnymi USA» —
pentagoński.

peonia (*wym.* peońja) *ż I, DCMs.* i *lm* D. peonii;
in. piwonia.

peowiak, peowiacki, peowiaczka p. POW.

pepeerowiec, pepeerowski p. PPR.

pepeesowiec, pepeesowski p. PPS.

pepegi *blp, D.* pepegów (*nie*: pepeg)' *pot.* «teni-
sówki»

peperowiec, peperowski p. PPR.

pepesowiec, pepesowski p. PPS.

pepitka (*nie*: pepitko) *ż III, lm* D. pepitek, *rzad.*
pepita (*nie*: pepito) *ż IV* a. *ndm*: Materiał w pepitkę.
Suknia z pepitki. Spodnie, marynarka itp. pepita
(w pepitę, w pepitkę).

peplos *m IV, D.* peplosu; a. **peplum** *n VI, lm M.*
pepla, *D.* peplów.

Pepys (*wym.* Pips) *m IV, D.* Pepysa (*wym.* Pipsa):
Dzienniki Pepysa w tłumaczeniu Dąbrowskiej.

percepcja *ż I, DCMs.* i *lm* D. percepcji **1.** in. postrzeżenie «uświadomiona reakcja narządu zmysłowego na bodziec zewnętrzny» **2.** *blm książk.* «reagowa-
nie, odbieranie wrażeń»

percepcyjny, *rzad.* **perceptywny;** in. postrzeże-
niowy: Zdolności percepcyjne (perceptywne) czytelnika.

percypować *ndk IV*, percypowaliśmy (p. akcent
§ 1a i 2) «reagować wrażeniami na bodźce zewnętrzne; postrzegać»

perć *ż V, lm M.* perci, *rzad.* percie *reg.* «stro-
ma ścieżka górska»

Perec *m II, D.* Pereca, *lm M.* Perecowie, *D.* Pere-
ców: Nowele Pereca.

Perejasław *m I, D.* Perejasławia «miasto
w ZSRR» — perejasławski.

perfekcja *ż I, DCMs.* perfekcji, *blm*; in. doskonałość: Dojść do perfekcji w znajomości angielskiego.
Doprowadzić coś do perfekcji. Osiągnąć w czymś
perfekcję.

perfekt *niepoprawne* zamiast: doskonale, świetnie.

perforować *ndk IV*, perforowaliśmy (p. akcent
§ 1a i 2) zwykle w imiesł. biernym «dziurkować»:
Film perforowany. Blacha, płyta, karta perforowana.

perfumy (*nie*: ta perfuma, ten perfum) *blp, D.*
perfum (*nie*: perfumów): Flakon perfum.

pergamin (*nie*: pargamin) *m IV, D.* pergaminu.
// *JP 1970, 46.*

! **pergamota, pergamuta** p. bergamota.

! **pergamotka, pergamutka** p. bergamotka.

! **perigeum** p. perygeum.

! **perihelium** p. peryhelium.

periodyczny «powtarzający się regularnie co
pewien czas, okresowy, trwający tylko pewien czas»:
Pisma periodyczne (*nie*: okresowe). Periodyczne (a.
okresowe) wylewy rzek.

periodyk *m III, D.* periodyku (p. akcent § 1d)
książk. «czasopismo».

perka a. **pyrka** *ż III, lm* D. perek (pyrek) *reg.*
«kartofel, ziemniak»

perkotać p. parkotać.

perliście, *rzad.* **perlisto,** *st. w.* perliściej a. bardziej perliście (perlisto): Śmiać się perliście (perlisto).

Perm (*nie*: Pierm) *m IV, D.* Permu a. *ż V, D.*
Permi **1.** «miasto w ZSRR»
2. perm (tylko *m*) «formacja geologiczna» — permski.

permanencja *ż I, DCMs.* permanencji, zwykle
blm △ zwykle w wyrażeniu: W permanencji (*lepiej*)
bez przerwy, ciągle, stale), np. Komisje działają w permanencji (*lepiej*: bez przerwy).

permanentnie *książk., lepiej*: stale, bezustannie,
nieprzerwanie, bez przerwy.

permanentny *książk., lepiej*: stały, ustawiczny,
ciągły, np. Permanentny (*lepiej*: ciągły) brak czasu.

perpetuum mobile (*wym.* perpetuum mobile,
nie: perpetuum mobile) *n ndm.*

Pers *m IV* **1.** *lm M.* Persowie «mieszkaniec Persji»
2. pers *lm M.* persy *pot.* «dywan perski»

Persefona (*nie*: Per-zefona) *ż IV*, in. Prozerpina.

Persja *ż I* «dawna nazwa państwa w Azji, dziś
noszącego nazwę Iran»
— Pers (p.) — Persyjka *ż III, lm* D. Persyjek —
perski.

perski: Państwo perskie. Sztuka perska. Perski
dywan (*ale*: Zatoka Perska).

persona (*nie*: per-zona) *ż IV żart., iron.* «osoba, osobistość»

personal (*nie*: per-zonal) *m I, D.* personalu, *blm reg.* «personel» || *U Pol. (2), 169.*

personalia (*nie*: per-zonalia) *blp, D.* personaliów (*nie*: personalii): Podać swoje personalia. Spisywanie personaliów.

personalnik *m III, lm M.* personalnicy *pot.* «kierownik biura personalnego; personalny»

personalny (*nie*: per-zonalny): Dane personalne. Ankieta personalna. Wydział, dział personalny (in. Wydział, dział osobowy a. wydział, dział kadr).
personalny w użyciu rzeczownikowym *pot.* «kierownik biura personalnego»

personał (*nie*: per-zonał) *m IV, D.* personału, *blm reg.* «personel» || *D Kult. I, 550; U Pol. (2), 169.*

personel (*nie*: per-zonel) *m I, D.* personelu, *blm*: Personel naukowy, techniczny. Personel hotelu (hotelowy), szpitala (szpitalny). || *D Kult. I, 550; U Pol. (2), 169.*

personifikacja (*nie*: per-zonifikacja) *ż I, DCMs.* i *lm D.* personifikacji.

perspektywa *ż IV* 1. «otwarty widok, panorama»: Daleka, rozległa perspektywa. □ P. czego a. na co: Perspektywa ulicy, ogrodu. Z okna otwierała się perspektywa na ogród. 2. «to, co się daje przewidzieć na przyszłość, widoki na coś; odległość czasowa umożliwiająca właściwą ocenę zdarzeń»: Przedstawiać, ukazywać, roztaczać (*nie*: snuć) perspektywy. Mieć coś w perspektywie. □ P. czego: Perspektywa wyjazdu, awansu. □ P. na co: Dobre perspektywy na przyszłość. △ *niepoprawne* w zn. «przyszłość», np. Należałoby w perspektywie (*zamiast*: w przyszłości) uruchomić nową fabrykę.

perswazja *ż I, DCMs.* i *lm D.* perswazji: Ulec perswazji (perswazjom). Skłonić kogoś do czegoś perswazją.

persyflaż *m II, D.* persyflażu «w nauce o literaturze: utwór literacki, tekst szyderczy, ironiczny; w zn. ogólnym *lepiej*: szyderstwo, wyszydzanie»

pertraktacja *ż I, DCMs.* i *lm D.* pertraktacji, zwykle w *lm*: Podjąć, prowadzić pertraktacje. □ P. o co: Rozpoczęto pertraktacje o zawarcie układu handlowego. □ P. z kim, z czym; p. między kim, czym a. kim, czym: Pertraktacje z przedstawicielami rządu. Pertraktacje między lokatorami a administracją.

perturbacja *ż I, DCMs.* i *lm D.* perturbacji, zwykle w *lm, książk.* «kłopoty, zamieszanie, zamęt»: Perturbacje finansowe, rynkowe. □ P. w czym: Perturbacje w ruchach planetoid.

Peru *n ndm* «państwo w Ameryce Płd.» — Peruwiańczyk *m III, lm M.* Peruwiańczycy — Peruwianka *ż III, lm D.* Peruwianek — peruwiański (p.).

Perugia (*wym.* Perudżja) *ż I, DCMs.* Perugii «miasto we Włoszech»

peruwiański: Sztuka peruwiańska (*ale*: Prąd Peruwiański).

peryferia *ż I, DCMs.* i *lm D.* peryferii, zwykle w *lm*: Peryferie miasta, kontynentu. Mieszkać na peryferiach (*nie*: na peryferii) miasta.

peryferyjny, *rzad.* **peryferyczny**: Peryferyjne (peryferyczne) położenie dzielnicy miasta. Kina peryferyjne. △ *przen.* Zjawisko peryferyjne (peryferyczne).

peryfraza *ż IV*, in. omówienie (w zn. «figura stylistyczna»)

perygeum (*nie*: perigeum) *n VI, lm M.* perygea, *D.* perygeów.

peryhelium (*nie*: perihelium) *n VI, lm M.* peryhelia, *D.* peryheliów.

perypetia *ż I, DCMs.* i *lm D.* perypetii, zwykle w *lm*: Po wielu perypetiach wrócił do kraju.

perz *m II, D.* perzu «chwast» △ *niepoprawne* w zn. «zgliszcza; perzyna», np. Obrócić w perz (*zamiast*: w perzynę).

perzyna *ż IV przestarz., książk.* «zgliszcza» △ zwykle w zwrotach: Obrócić, rozsypać się w perzynę; zamienić w perzynę (*nie*: w perz) «spalić (się) doszczętnie, zniszczyć (się) całkowicie»

peso *n ndm* (w *lm* peso a. pesos) «jednostka monetarna w niektórych krajach Ameryki Płd.»: Miał w kieszeni zaledwie kilka peso (pesos)

Pestalozzi (*wym.* Pestalocc-i) *m odm. jak przym., D.* Pestalozziego: Monografia o Pestalozzim.

pesymizm (*nie*: pessymizm) *m IV, D.* pesymizmu, *Ms.* pesymizmie (*wym.* ~izmie a. ~iźmie), *blm.*

Peszt *m IV, D.* Pesztu «część Budapesztu» — peszteński.

Pétain (*wym.* Petę) *m IV, D.* Pétaina (*wym.* Petena, p. akcent § 7), *rzad.* (z odmienianym imieniem, tytułem) *ndm*: Współpraca Pétaina (marszałka Pétain) z Hitlerem.

Petersburg (*wym.* Petersburg; *nie*: Peterburg) *m III, D.* Petersburga (*nie*: Petersburgu; p. akcent § 7) «dawna nazwa Leningradu» — petersburżanin *m V, D.* petersburżanina, *lm M.* petersburżanie, *D.* petersburżan — petersburżanka *ż III, lm D.* petersburżanek — petersburski.

petetekowiec, petetekowski p. PTTK.

Petőfi (*wym.* Petőfi) *m odm. jak przym., D.* Petőfiego (p. akcent § 7): Poezje Petőfiego.

Petrarka a. **Petrarca** (*wym.* Petrarka) *m odm. jak ż III, D.* Petrarki, *CMs.* Petrarce: Sonety Petrarki.

petrograf *m IV, lm M.* petrografowie (*nie*: petrografi).

petronelka *ż III, lm D.* petronelek *reg.* «biedronka»

petycja *ż I, DCMs.* i *lm D.* petycji: Wnieść, przedstawić, złożyć petycję, zwrócić się z petycją. □ P. do kogo, do czego: Petycja do rządu. □ P. o co a. w sprawie czego: Petycja o zmniejszenie podatków (w sprawie zmniejszenia podatków).

Peugeot *(wym.* Pöżo) *m ndm* a. *m·IV, D.* Peugeota, *(wym.* Peżota, p. akcent § 7) **1.** *lm M.* Peugeotowie «nazwisko» **2.** *ndm* «marka samochodu»
3. peugeot *(wym.* peżot) *DB.* peugeota, *lm M.* peugeoty «samochód tej marki»

I pewien «jakiś, bliżej nieokreślony»: Pewnego razu. W pewnym stopniu. Miała na niego pewien *(nie:* pewny) wpływ. Pewien *(nie:* pewny) pan przysłał jej kwiaty. || *D Kult. I, 106. Por.* pewny.

II pewien p. pewny.

pewnie *st. w.* pewniej **1.** «bez wahania»: Prowadził samochód coraz pewniej. **2.** a. **pewno** «prawdopodobnie, chyba»: To pewnie (pewno) plotka. △ Pewnie, że... «oczywiście, naturalnie»: Znasz tę panią? Pewnie, że znam.

pewno p. pewnie (w zn. 2): Pewno jesteś głodny? △ Pewno, że...: Pewno, że to jest sprawa trudna.
na pewno «bez wątpienia, z pewnością»: Na pewno przyjdzie.

pewność *ż V, blm* □ P. czego: Pewność ruchów, działania. Pewność zwycięstwa. △ P. siebie «wiara w siebie» △ Dla pewności (zrobić coś) «aby się upewnić, na wszelki wypadek»: Dla pewności zamknęła drzwi na łańcuch. △ Mieć pewność co do czego, mieć pewność, że..., nabrać pewności, że... «być całkowicie pewnym czegoś; upewnić się w czymś»: Nabrała pewności, że ją okłamywał. Miała pewność co do tego, że zdobędzie nagrodę.
z pewnością «na pewno, bez wątpienia»: Przyjadę z pewnością.

pewny *m-os.* pewni, *st. w.* pewniejszy a. bardziej pewny **1.** «taki, który niechybnie nastąpi»: Szli na pewną śmierć. Deszcz na jutro pewny *(nie:* pewien). **2.** «taki, na którym można polegać, niezawodny»: Te fakty są pewne. Pewne informacje. To pewny *(nie:* pewien) człowiek, mam do niego zaufanie. **3.** a. **pewien** tylko w orzeczniku «przekonany o czymś» □ Pewny (pewien) czego: Był pewny (pewien) zwycięstwa. Był pewny (pewien) wzajemności. □ Pewny (pewien) że..., czy...: Był pewny (pewien), że dopisze mu szczęście. Nie jest pewny (pewien), czy zdał dobrze. △ Jest pewne, że..., jest rzeczą pewną, że..., *przestarz.* to pewna, że...: Jest pewne, że zda egzamin. △ Pewny siebie «przekonany o swojej wartości, o swoich szansach» △ Pewny swego «przeświadczony o słuszności swoich racji, przekonany, że mu się powiedzie» △ Być pewnym kogoś «mieć do kogoś zaufanie»: Była pewna swego męża. Nikogo nie był pewny (pewien). △ Czuć się pewnym (tj. bezpiecznym): Dziecko czuło się pewne w ramionach matki. || *D Kult. I, 106.*

pewuenowiec, pewuenowski p. PWN.

pezetpeerowiec, pezetpeerowski p. PZPR.

pezetperowiec, pezetperowski p. PZPR.

pęcak a. **pęczak** *m III, D.* pęcaku (pęczaku).

pęcherz *m II, lm D.* pęcherzy, *rzad.* pęcherzów.

pęczak p. pęcak.

pęcznieć *ndk III,* pęcznieje, pęczniał, pęcznieliśmy (p. akcent § 1a i 2): Groch pęcznieje. □ *przen.* P. z czego (kiedy się wymienia przyczynę wewnę-

trzną): Pęczniał z dumy. □ P. od czego (kiedy się wymienia przyczynę zewnętrzną). △ *przen.* Biblioteka pęczniała od książek.

pęd *m IV, D.* pędu **1.** zwykle *blm* «pędzenie, bieg, impet»: Pęd pociągu. Pęd kuli. Pęd powietrza. △ W (całym, szalonym, zawrotnym) pędzie. Jechać, mknąć, ruszyć itp. pędem. △ Owczy pęd «działanie pod wpływem instynktu stadnego; bezmyślne naśladowanie» △ *posp.* W te pędy «natychmiast, nie zwlekając, bardzo szybko» **2.** «wewnętrzna potrzeba; skłonność, zamiłowanie do czegoś» □ P. (kogo) do czego: Pęd (młodzieży) do sportu, wiedzy, nauki. **3.** «część rośliny składająca się z łodygi i liści»: Wierzby puściły pierwsze pędy.

pędzać *ndk I,* pędzaliśmy (p. akcent § 1a i 2) *pot.* **1.** p. pędzić (w zn. 2 — z odcieniem wielokrotności): Pędzał bydło na jarmark. **2.** p. pędzić (w zn. 3): Pędzali go do roboty.

pędzel *(nie:* pęzel) *m I, D.* pędzla. || *D Kult. II, 587.*

pędzić *ndk VIa,* pędzę, pędziliśmy (p. akcent § 1a i 2) **1.** «biec, jechać pędem»: Samochód pędził. Pędzić motocyklem, na koniu, na rowerze. Pędzić do rodziców, do domu. Pędził do kiosku po gazetę. Konie pędziły przez wieś, przez pole. Pędzić za zbiegami, za pociągiem. **2.** «zmuszać do posuwania się naprzód; gnać, poganiać»: Pędzono więźniów do obozu. Pędziła krowy do obory. Pędził bydło na łąkę. **3.** «nakłaniać kogoś do pośpiechu; przynaglać»: Pędzić kogoś do roboty. **4.** «produkować (zwykle prymitywnie) alkohol, smołę itp. przez fermentację i destylację»: Pędzić bimber. □ P. co z czego: Pędzić spirytus z ziemniaków.

pędziwiatr *m IV, D.* pędziwiatra *(nie:* pędziwiatru), *WMs.* pędziwiatrze, *lm M.* te pędziwiatry *pot.* «człowiek będący ciągle w ruchu; także: lekkoduch»

pędzlować *(nie:* pęzlować) *ndk IV,* pędzlowaliśmy (p. akcent § 1a i 2).

pęk *m III, D.* pęku «wiązka, bukiet»: Pęk ziół. Pęki kwiatów.

pękać *ndk I,* pękaliśmy (p. akcent § 1a i 2) — **pęknąć** *dk Vc,* pęknij, pękłem *(nie:* pęknąłem; pęknęłem), pękł *(nie:* pęknął), pękła *(nie:* pęknęła), pękliśmy **1.** «łamać się na kawałki; rozrywać się»: Lód pęka na rzece. Wrzód pękł. Ubranie pęka w szwach. Struna pękła. △ *pot.* (tylko *dk)* Choćby(m) pękł, żeby(m) miał pęknąć, to... «choćby nie wiem co się miało stać»: Chóćbym pękł, muszę dociec prawdy. □ *przen. pot.* (zwykle *ndk)* P. z czego: Pękać ze śmiechu, ze złości, z zazdrości. **2.** «wybuchać (o pociskach, bombach); rozpryskiwać się» △ *pot.* (zwykle *dk)*: Bomba pękła «o ujawnieniu się czegoś niespodziewanego» △ *pot.* Pękło sto, tysiąc itp. złotych «sto, tysiąc itp. złotych zostało wydanych»

pęseta a. **pinceta** *ż IV* «szczypczyki, kleszczyki (zwykle chirurgiczne)»

pętaczyna *ż* a. *m* odm. jak *ż IV, M.* ten a. ta pętaczyna (także o mężczyznach), *lm M.* te pętaczyny, *D.* pętaczynów a. pętaczyn, *B.* tych pętaczynów a. te pętaczyny (także o mężczyznach) *lekcew.* «ktoś niepoważny; chłystek»

pętel *m I, D.* pętla *reg.* «pęto»: Dwa pętle kiełbasy.

pętelka (*nie*: petelka) *ż III*, *lm D.* pętelek △ *pot.* Guzik z pętelką (częściej skrótowo: guzik) «nic, absolutnie nic»: Co dostałeś? Guzik z pętelką. △ *pot.* Hetka-pętelka «byle kto»: Mieć kogoś za hetkę-pętelkę.

pętla (*nie*: petla) *ż I*, *lm D.* pętli: Zacisnąć pętlę. △ Pętla autobusowa, tramwajowa.

pęto *n III*, *lm M.* pęta (*nie*: pęty), *D.* pęt (*nie*: pętów), w zn. «więzy, kajdany» — tylko w *lm*: Przeciąć, nałożyć pęta.

pg «skrót wyrażenia: *przez grzeczność*, pisany bez kropki, czytany jako całe wyrażenie, umieszczany zwykle na przesyłce dostarczanej przez kogoś grzecznościowo»

PGR (*wym.* pegieer, p. akcent § 6) *m ndm* a. *m IV*, *D.* PGR-u «Państwowe Gospodarstwo Rolne»: PGR wykonał plan. Pracować w PGR (w PGR-ze). — pegeer (p.) — PGR-owiec a. pegeerowiec (*wym.* pegieerowiec) *m II*, *D.* PGR-owca (pegeerowca), *lm M.* PGR-owcy (pegeerowcy) — PGR-owski a. pegeerowski (*wym.* pegieerowski). || *Kl. Ależ 48, 49, 50.*

Phenian (*wym.* Phenian) *m IV*, *D.* Phenianu «stolica Koreańskiej Republiki Ludowo-Demokratycznej» — pheniańczyk *m III*, *lm M.* pheniańczycy — phenianka *ż III*, *lm D.* phenianek — pheniański.

Philipe (*wym.* Filip) *m IV*, *D.* Philipe'a (*wym.* Filipa, p. akcent § 7), *C.* Philipe'owi, *N.* Philipe'em, *Ms.* Philipie, *rzad.* (z odmienianym imieniem) *ndm*: Filmy z Gérardem (*wym.* Żerardem) Philipe'em (z Gérardem Philipe).

PHZ (*wym.* pehazet, p. akcent § 6) *m IV*, *D.* PHZ-tu, *Ms.* PHZ-cie a. *n ndm* «Przedsiębiorstwo Handlu Zagranicznego»: Pracownicy PHZ-tu (PHZ). PHZ zwiększył (zwiększyło) obroty gotówkowe.

piać *ndk Xb*, pieje, piali, *reg.* pieli; piałby (p. akcent § 4c) — **zapiać** *dk* △ *pot. żart.* a. *iron.* Piać z radości, z zachwytu «bardzo się cieszyć, zachwycać się czymś»: Na widok tylu prezentów aż zapiała z radości.

Piaget (*wym.* Pjaże) *m IV*, *D.* Piageta (*wym.* Pjażeta, p. akcent § 7), *C.* Piagetowi, *rzad.* (z odmienianym imieniem) *ndm*: Dzieła psychologiczne Piageta, *rzad.* Jeana (*wym.* Żana) Piaget.

piano 1. w użyciu przysłówkowym «w muzyce: cicho»: Grać piano jakiś utwór. **2.** *n III* a. *ndm* «partia, fragment utworu muzycznego wykonany cicho»: Śpiewak czarował słuchaczy swym pięknym piano (pianem).

Piaseczno *n III* «miasto» — piaseczyński.

piasek *m III*, *D.* piasku **1.** zwykle *blm* «luźna skała osadowa, składająca się głównie z ziarn kwarcu»: Ścieżki wysypane piaskiem. Piasek gruboziarnisty. Piasek lotny a. (*częściej*:) lotne piaski. △ Piasek przeciwpożarowy (*lepiej*: piasek do gaszenia pożaru). **2.** zwykle w *lm* «grunt, teren piaszczysty; droga piaszczysta»: Ziemia tu nieurodzajna, same piaski. || *D Kult. II, 84.*

piaskarz *m II*, *lm D.* piaskarzy.

piaskownia, *rzad.* **piaskarnia** *ż I*, *lm D.* piaskowni, piaskarni, *rzad.* piaskarń «odkrywkowa kopalnia piasku»

piaskownica *ż II* «rodzaj skrzyni z piaskiem do zabawy dla dzieci»

piaskowy 1. «zawierający piasek, zrobiony z piasku a. z domieszką piasku»: Doły piaskowe. Odlew piaskowy. **2.** «mający kolor piasku; taki jak piasek, beżowy»: Piaskowy płaszcz. △ Babka piaskowa «babka z delikatnego, sypkiego ciasta» *Por.* piaszczysty.

Piast *m IV*, *Ms.* Piaście **1.** «imię legendarnego protoplasty pierwszej dynastii monarchów Polski; monarcha z tej dynastii» **2.** tylko w *lm*, *M.* Piastowie «dynastia polska»
3. piast «kandydat do tronu polskiego albo król polski z pochodzenia Polak» — piastowski.

piastować *ndk IV*, piastowaliśmy (p. akcent § 1a i 2) *książk.* **a)** «pielęgnować, niańczyć, nosić na ręku (dziecko)» **b)** «nosić, trzymać coś pieczołowicie»: Piastował powierzone mu dokumenty. △ Piastować władzę, urząd, godność, funkcję «sprawować władzę, funkcję, urząd, mieć jakąś godność»

piastun *m IV*, *lm M.* piastunowie a. piastuni *książk.* w zn. «mężczyzna piastujący dzieci»

piaszczysty «pokryty piaskiem, obfitujący w piasek, złożony z piasku»: Piaszczyste wydmy. Piaszczyste dno. Piaszczysta gleba, pustynia, plaża. *Por.* piaskowy.

Piatigorsk (*wym.* Piatigorsk) *m III*, *D.* Piatigorska (p. akcent § 7) «miasto w ZSRR» — piatigorski.

piąć się (*nie*: pnąć się) *ndk Xc*, pnę się, pnie się, pnij się, piąłem się (*wym.* piołem się; *nie*: piełem się, pnełem się), piął się (*wym.* pioł się; *nie*: pnął się), pięła się (*wym.* pieła się; *nie*: pneła się), pięliśmy się (*wym.* pieliśmy się, p. akcent § 1a i 2) **1.** «posuwać się w górę, drapać się, wspinać się; o roślinach: rosnąć czepiając się podpory» □ P. się czym a. po czym: Piąć się ścieżką (po ścieżce), po zboczu (zboczem), *ale* tylko: po schodach, po murze itp. □ P. się po czym: Fasola pnie się po tyczkach. □ P. się na co: Pięli się na szczyt. □ *przen.* P. się do czego: Pięli się do zaszczytów. **2.** «być skierowanym ku górze, wznosić się»□ P. się do czego a. ku czemu: Sosny pięły się ku obłokom. Droga pięła się do góry.

piątak *m III*, *lm M.* te piątaki *pot.* **a)** «piąte piętro» **b)** (*nie*: piętak) «moneta pięciogroszowa» **c)** «uczeń piątej klasy»

piątek *m III*, *D.* piątku «piąty dzień tygodnia»: Mam lekcję w piątek. △ W nazwie dużą literą: Wielki Piątek.

Piątek *m III*, *D.* Piątka (*nie*: Piąteka), *lm M.* Piątkowie.
Piątek *ż ndm* — Piątkowa *ż odm.* jak przym. — Piątkówna *ż IV*, *D.* Piątkówny, *CMs.* Piątkównie (*nie*: Piątkównej), *lm D.* Piątkówien.

piąterko p. pięterko.

piątoklasista (*nie*: pięcioklasista) *m odm.* jak *ż IV*, *lm M.* piątoklasiści, *DB.* piątoklasistów.

piątro p. piętro.

piąty odm. jak przym. «liczebnik porządkowy odpowiadający liczbie 5, pisany całym wyrazem a. cyframi bez końcówek — arabską z kropką, rzymską bez kropki; wyjątki od tej zasady dotyczą godzin i dni miesiąca»: Koniec piątego wieku a. 5. wieku, V wieku. 5. rocznica a. piąta rocznica (*nie*: 5-a roożnica, pięcioletnia rocznica). Dziś piąty a. piątego maja (*nie*: piąty maj) — pisane zwykle: 5 maja a. 5.V. (*nie*: 5-ego maja).

piąta w użyciu rzeczownikowym «godzina piąta» △ Piąta po południu (w języku urzędowym: siedemnasta). Spotkamy się o piątej po południu (ale, np. w zapowiedzi na dworcu: Pociąg odjeżdża o siedemnastej).

Picasso (*wym.* Pikasso) *m IV* a. (zwykle z odmienianym imieniem) *ndm*: Malarstwo (Pabla) Picassa (Pabla Picasso).

Piccard (*wym.* Pikar) *m IV*, *D.* Piccarda (*wym.* Pikarda, p. akcent § 7), *rzad.* (z odmienianym imieniem lub tytułem) *ndm*: Prasa wiele pisała o profesorze Piccardzie (o profesorze Piccard).

pichcić *ndk VIa*, pichcę, pichć, pichciliśmy (p. akcent § 1a i 2) — **upichcić** *dk pot.*, często *żart.* «gotować»: Pichcić obiad.

pick-up p. pikap.

pić *ndk Xa*, piję, piliśmy (p. akcent § 1a i 2), pity 1. «łykając wprowadzać płyn do swego organizmu»: Pić wodę mineralną. Pić kawę z filiżanki. 2. «pić napoje alkoholowe (sporadycznie lub nałogowo)»: Pili bez umiaru. Pił z rozpaczy. △ Pić na umór (*nie*: na zabój). △ Pić czyjeś zdrowie, na zdrowie, za zdrowie, na zgodę, za zgodę «pić życząc komuś zdrowia, godząc się z kimś» △ Pić strzemiennego «pić na wyjezdnym» △ *pot.* Pić do kogoś «robić w stosunku do kogoś aluzję, przymawiać komuś»: Robił wyrzuty koledze, ale rozumiałem, że to do mnie pite.

pidżama p. piżama.

pie. «skrót wyrazu: *praindoeuropejski*, pisany z kropką, czytany jako cały wyraz, stosowany w językoznawstwie, w słownikach, encyklopediach»

I piec *m II, C.* piecowi, *lm D.* pieców (*nie*: piecy): Piec kuchenny, gazowy. Piec koksowy. Włożyć, wsunąć, wsadzić, wstawić (*nie*: dać) coś (np. ciasto) do pieca.

II piec *ndk XI*, piekę, piecze, piekł, piekliśmy (p. akcent § 1a i 2), pieczony □ P. co z czego: Piec chleb z mąki. Piec ciastka z płatków owsianych. □ P. co na czym, w czym: Piec na blasze, rożnie, w piecyku. □ P. bez dop.: Słońce piecze. Rana piecze. △ Coś piecze kogoś: Oczy, powieki piekły ją po długim płaczu. △ *przen.* Wstyd ją piecze.

piechota *ż IV*: Żołnierze piechoty. Szła piechota. **piechotą, na piechotę** (*nie*: na pieszo, piechtą, na piechtę) «na własnych nogach, pieszo»: Idę do pracy piechotą (na piechotę).

piechur *m IV, lm M.* ci piechurzy, *pot.* te piechury.

piecuch *m III, lm M.* te piecuchy.

piecza *ż II*, zwykle *blm książk.* «dbałość, opieka»: Powierzyć kogoś (coś) czyjejś pieczy. △ Mieć kogoś, coś w swojej pieczy (*nie*: na pieczy). □ P. nad kim, czym: Piecza nad dziećmi, nad majątkiem, domem.

pieczęć *ż V, lm M.* pieczęcie, *rzad.* pieczęci: Kłaść, położyć, przyłożyć, wycisnąć pieczęć na dokumencie. Opatrzyć dokument pieczęcią (*nie*: w pieczęć).

pieczyste *n* odm. jak przym. *wych. z użycia* «pieczone mięso przygotowane do spożycia; pieczeń»: Na pieczyste podano comber sarni.

piedestał *m IV, D.* piedestału *przestarz.* «postument, cokół» — dziś żywe w *przen.*: Postawić kogoś na piedestale. Spaść, zejść z piedestału.

pieg (*nie*: ta piega) *m III, D.* piega, *lm D.* piegów (*nie*: pieg), zwykle w *lm*: Ciało pokryte piegami. Twarz w piegach.

piegowaty *m-os.* piegowaci; *posp.* **piegaty** *m-os.* piegaci.

piegża *ż II, lm D.* piegży «ptak»

piekarnia *ż I, lm D.* piekarni, *rzad.* piekarń.

piekarnictwo a. **piekarstwo** *n III, blm* — dziś wyrazy te różnicują się znaczeniowo: *piekarnictwo* «pieczenie chleba, ciast jako przemysł», *piekarstwo* «rzemiosło, zawód piekarza»

piekarniczy a. **piekarski** — dziś wyrazy te różnicują się znaczeniowo: *piekarniczy* «dotyczący piekarnictwa», *piekarski* «dotyczący piekarstwa, piekarza»: Wyroby piekarnicze in. piekarskie. Cech, zawód piekarski.

piekarnik *m III*, in. piecyk — w zn. «część pieca kuchennego, w której się piecze ciasto, mięso itp.»

piekarski p. piekarniczy.

piekarstwo p. piekarnictwo.

Piekary (Śląskie), Piekary *blp, D.* Piekar (*nie*: Piekarów), Śląskie odm. przym. «miasto» — piekarski.

piekarz *m II, lm D.* piekarzy.

piekący imiesł. przymiotnikowy czynny od czas. piec.

piekący w użyciu przymiotnikowym 1. «gorący; dopiekający żarem»: Piekące słońce. Piekący skwar. 2. «wywołujący uczucie pieczenia»: Piekące lekarstwo. Piekący ból. △ *rzad. przen.* Piekąca zazdrość, gorycz. *Por.* palący.

piekielnik *m III, lm M.* ci piekielnicy a. (z silniejszym zabarwieniem ekspresywnym) te piekielniki.

piekło *n III, lm D.* piekieł △ *przen.* Piekło zazdrości. Przechodzić piekło, *rzad.* przez piekło. △ Dantejskie piekło a. piekło dantejskie «obraz piekła przedstawiony w „Boskiej Komedii" Dantego; *przen.* miejsce, gdzie się doznaje wielkich cierpień; wielkie cierpienie»: Cierpieli jak potępieńcy w dantejskim piekle. △ Ktoś by poszedł, skoczył za kimś, dla kogoś (za czymś, dla czegoś) do piekła «ktoś byłby gotów wszystko dla kogoś (dla czegoś) zrobić»: Za swoimi kolegami do piekła by skoczył. △ *pot.* Tłuc się jak Marek po piekle «chodzić, obijać się po jakimś pomieszczeniu»

pielesze *blp, lm D.* pieleszy *książk.* «własny dom, własne mieszkanie»: Powrócić do rodzinnych (domowych) pieleszy a. w rodzinne (domowe) pielesze.

pielęgnacja *niepoprawne zamiast*: pielęgnowanie, np. pielęgnacja (*zamiast*: pielęgnowanie) roślin. || *D Kult. I, 550; II, 406.*

pielęgniarz *m II, lm D.* pielęgniarzy.

pielęgnować (*nie*: pielegnować) *ndk IV*, pielęgnowaliśmy (p. akcent § 1a i 2).

pielić *ndk VIa*, pieliliśmy (p. akcent § 1a i 2) *reg.* «pleć»

pielucha *ż III, lm D.* pieluch (*nie*: pieluchów); a. **pieluszka** *ż III, lm D.* pieluszek.

piemoncki: Przemysł piemoncki (*ale*: Wyżyna Piemoncka).

Piemont *m IV, D.* Piemontu «kraina we Włoszech» — piemoncki (p.).

pieniaczyć się *ndk VIb*, pieniaczyliśmy się (p. akcent § 1a i 2), *rzad.* **pieniać się** *ndk I*, pienialiśmy się *przestarz., książk.* «prawować się, procesować się»

pieniądz *m II, lm M.* pieniądze (*nie*: pieniędze), *D.* pieniędzy (*nie*: pieniędzów), *N.* pieniędzmi, *reg.* pieniądzmi: Przekaz z pieniędzmi, na pieniądze. △ *pot.* Ciężkie, grube, ładne, duże, wielkie pieniądze «duża kwota pieniędzy» △ *pot.* Małe, marne, nędzne pieniądze «mała, znikoma kwota pieniędzy» △ *pot.* Za psie pieniądze a. za psi pieniądz «bardzo tanio» △ Za żadne pieniądze «nawet za największą sumę; za nic, w żadnym razie; za żadne skarby» △ Żałować na coś pieniędzy. Obracać na coś pieniądze. Obracać czyimiś pieniędzmi. △ Szafować, *pot.* szastać pieniędzmi. △ *pot.* Puszczać, wyrzucać pieniądze na coś a. na bruk, w błoto, za okno. △ Użyć pieniędzy na zakup mebli. △ *pot.* Mieć pieniędzy jak lodu. △ *pot.* Siedzieć, leżeć na pieniądzach «mieć dużo pieniędzy i nie wydawać ich» △ Dojść do pieniędzy «dorobić się, dojść do zamożności» △ *niepoprawne* Być przy pieniądzach (*zamiast*: mieć pieniądze).

pienie *n I, lm M.* pienia, *D.* pień a. pieni, zwykle w *lm, przestarz., podn.* a. *żart.* «pieśni, śpiewy»

pieniek *m III, D.* pieńka △ *pot.* Mieć z kimś na pieńku «mieć do kogoś żal, być z kimś powaśnionym»

Pieniny *blp, D.* Pienin «góry» — pieniński (p.).

pieniński: Roślinność pienińska (*ale*: Pieniński Park Narodowy).

pień *m I, D.* pnia, *lm D.* pni (*nie*: pniów): Gładki, gruby pień. △ Pień z gruba (z grubsza) ciosany «kloc, kłoda» △ Drzewo, rośliny na pniu «drzewo, rośliny jeszcze nie ścięte, nie zebrane» △ Głuchy (*nie*: głupi) jak pień. △ Wyciąć w pień «pozabijać wszystkich»

pieprz *m II, D.* pieprzu, *blm*: Ziarnko pieprzu. Wyschnąć, wysuszyć na pieprz. △ Pieprz turecki «zmielony owoc pewnego gatunku papryki» △ *pot.* Uciekać, zmykać, pojechać itp., gdzie pieprz rośnie. △ *pot.* Dać, zadać komuś pieprzu «dokuczyć komuś, pobić kogoś»

pieprzny *st. w.* pieprzniejszy a. bardziej pieprzny «zaprawiony obficie pieprzem»: Pieprzne potrawy.

△ Pieprzne dowcipy, kawały «dowcipy, kawały nieprzyzwoite»

pieprzowy *przym.* od pieprz: Mięta pieprzowa. △ W nazwach dużą literą: Góry Pieprzowe.

pieprzyk *m III, D.* pieprzyka a. pieprzyku △ Anegdota, historia z pieprzykiem «anegdota, historia z nieprzyzwoitą aluzją, pointą» △ Dodać czemuś pieprzyka a. pieprzyku «ożywić za pomocą nieprzyzwoitych aluzji»

piernik *m III* **1.** *B. = M.* «ciasto z miodem i korzeniami»: Upiekłam piernik z polewą. **2.** *B. = M.* (*pot.* także *B. = D.*) «ciasteczko piernikowe»: Zjadłam jeden piernik (jednego piernika). **3.** *pot. iron. B. = D.* «stary, niedołężny mężczyzna»: Wychodzi za mąż za piernika.

pierożek (*nie*: pirożek) *m III, D.* pierożka zdr. od pieróg.

pieróg, *rzad.* **pierog** (*nie*: piróg, pirog) *m III, D.* pieroga.

pierrot (*nie*: pierot) *m IV, lm M.* ci pierroci, *rzad.* te pierroty «komiczna postać ludowej komedii francuskiej i pantomimy»

piersiasty, *rzad.* **piersisty**.

pierś *ż V, lm M.* piersi (*lm* używana często równorzędnie z *lp*): Serce waliło w piersiach (w piersi). Piersi (pierś) naprzód! Falujące piersi a. falująca pierś. △ *przen.* Radość rozpiera mu piersi (pierś). △ Karmić dziecko piersią. Ścierać się, uderzyć (na siebie), walczyć pierś o pierś (pierś w pierś a. piersią w pierś). Bronić, osłaniać, zastawiać kogoś, coś własną piersią (własnymi piersiami). Wstrzymać, zapierać, zatrzymać dech w piersi (w piersiach). Uciekać co tchu w piersiach a. uciekać, że ledwie tchu w piersiach staje. △ *przestarz.* Chory, słaby na piersi «chory na gruźlicę»

pierw *rzad.* «wpierw, najpierw; wcześniej, przedtem»

pierwej (*nie*: pierwiej) *książk.* «wpierw, wcześniej, przedtem»

pierwiastka *ż III, lm D.* pierwiastek; *rzad.* pierworódka.

pierwo- «pierwszy człon wyrazów złożonych, pisany łącznie, oznaczający pierwszeństwo, początek, pierwotność czegoś», np.: pierwodruk, pierwowzór, pierworodny.

pierworodny (*nie*: pierworodni) *m-os.* pierworodni: Pierworodny syn.

pierworodztwo a. **pierwurództwo** *n III, blm.*

pierworódka *ż III, lm D.* pierworódek; *częściej*: pierwiastka.

pierwowzór *m IV, D.* pierwowzoru «pierwotny wzór, model, według którego się później tworzy, który się potem naśladuje; prototyp (zwykle o urządzeniu mechanicznym, maszynie); o utworze literackim: oryginał»: Włoski pierwowzór polskiego pałacu renesansowego. Tłumacz nie oddał wszystkich elementów pierwowzoru.

pierwszeństwo (*wym. pot.* pierszeństwo) *n III, blm*: Ustąpić komuś pierwszeństwa. △ Dać, przyznać komuś pierwszeństwo (przed kimś, przed czymś). Mieć pierwszeństwo (w czymś). △ *książk.* Palma pierwszeństwa «pierwsze miejsce we współzawodnictwie»

pierwszo- (*wym. pot.* pierszo-) «pierwszy człon rzeczowników, przymiotników i przysłówków złożonych, określający cechę pierwszeństwa w znaczeniu, wartości lub kolejności tego, do czego się odnosi drugi człon wyrazu; pisany łącznie», np.: pierwszoplanowy, pierwszoklasista, pierwszorzędnie.

pierwszoplanowy (*wym. pot.* pierszoplanowy) «znajdujący się na pierwszym planie»: Grupa pierwszoplanowa (w filmie, na obrazie). Postaci pierwszoplanowe powieści, sztuki teatralnej. △ w zn. *przen. lepiej*: najważniejszy, istotny, główny, podstawowy, np. Sprawa pierwszoplanowa (*lepiej*: najważniejsza). // *KP Pras.*

pierwszorzędny (*wym. pot.* pierszorzędny a. pierszorzenny) «mający wielkie znaczenie; bardzo dobry, doskonały, znakomity»: Sprawa pierwszorzędnej wagi. Pierwszorzędna restauracja. Pierwszorzędny pomysł. // *D Kult. I, 551.*

pierwszy (*wym. pot.* pierszy) *m-os.* pierwsi odm. jak przym. «liczebnik porządkowy odpowiadający liczbie 1; pisany całym wyrazem albo cyframi bez końcówek — arabską z kropką, rzymską bez kropki (wyjątki od tej zasady dotyczą godzin i dni miesiąca)»: Koniec pierwszego wieku a. 1. wieku, I wieku. 1. rocznica a. pierwsza rocznica (*nie*: 1-sza rocznica). Dziś pierwszy a. pierwszego maja (*nie*: pierwszy maj) — pisane zwykle: 1 maja a. 1.V (*nie*: 1-go maja). △ Jako nazwa święta dopuszczalna także forma: Pierwszy Maj, np. Niech się święci Pierwszego Maja a. Pierwszy Maj. △ Na pierwszy rzut oka «od razu, natychmiast po zobaczeniu kogoś, czegoś»: Znawca na pierwszy rzut oka stwierdził, że to nie oryginał tylko kopia znanego obrazu. △ Miłość od pierwszego wejrzenia. △ Po pierwsze (przy wyliczaniu używane przed wymienieniem pierwszego punktu, faktu, argumentu, powodu itp.). △ Pierwszy raz słyszę, *reg.* pierwsze słyszę «nigdy o tym nie słyszałem» △ *niepoprawne* (zrobił coś) jako pierwszy (*zamiast*: pierwszy), np. Jako pierwszy (*zamiast*: pierwszy) przemówił mój kolega szkolny; pierwszą razą (*zamiast*: za pierwszym razem, pierwszym razem), np. Najtrudniej było pierwszą razą (*zamiast*: za pierwszym razem, pierwszym razem). △ Znaczenia liczebnika *pierwszy*: **a)** «wysuwający się na czoło, główny, najważniejszy, zasadniczy»: Był pierwszą osobą w domu. △ *niepoprawne* W pierwszej linii, w pierwszym rzędzie (*zamiast*: przede wszystkim, najpierw, głównie), np. Książka jest przeznaczona w pierwszej linii, w pierwszym rzędzie (*zamiast*: przede wszystkim) dla specjalistów. **b)** «przewyższający innych; przodujący, najlepszy, najznakomitszy» □ P. wśród, spośród, z...: Był pierwszy wśród (spośród a. z) uczniów. □ P. w czym: Pierwszy we współzawodnictwie, w sporcie, w nauce. □ P. do czego «chętny, skory do czegoś»: Pierwszy do figlów, do zabawy. **c)** «początkowy w układzie zhierarchizowanym, początkowy pod względem czasu lub miejsca»: Był wówczas na pierwszym roku uniwersytetu. Lekarz stwierdził pierwsze objawy choroby.
pierwszy w użyciu rzeczownikowym «pierwszy dzień każdego miesiąca»: Wyjazd planuję na pier-

wszego. Od pierwszego, po pierwszym, przed pierwszym.
pierwsza w użyciu rzeczownikowym «godzina pierwsza»: Obiad będzie o pierwszej. △ Pierwsza po południu (w języku urzędowym: trzynasta): Spotkamy się o pierwszej po południu (*ale* np. w zapowiedzi na dworcu: Pociąg odjeżdża o trzynastej).
pierwsze w użyciu rzeczownikowym «pierwsze danie posiłku»: Na pierwsze była zupa pomidorowa. // *D Kult. I, 106; U Pol. (2), 57, 59.*

pierwszyzna (*wym. pot.* pierszyzna) *ż IV, blm,* tylko w *pot.* wyrażeniu: To dla kogoś, komuś (nie) pierwszyzna «coś (nie) jest dla kogoś rzeczą nową, nowością»: Dla niego takie trudne zadanie to nie pierwszyzna.

pierzchnąć *dk Vc,* pierzchnąłem (*wym.* pierzchnołem; *nie*: pierzchnełem), *rzad.* pierzchłem; pierzchnął (*wym.* pierzchnoł), *rzad.* pierzchł; pierzchła, pierzchnęliśmy (*wym.* pierzchneliśmy) a. pierzchliśmy (p. akcent § 1a i 2) — **pierzchać** *ndk I,* pierzchaliśmy **1.** *książk.* «uciec w popłochu, umknąć»: Sarny pierzchnęły na nasz widok. △ *przen.* Spokój pierzchnął (pierzchł). □ P. przed kim, czym: Pierzchli przed jego gniewem. **2.** tylko: pierzchnąć *ndk* «o skórze, cerze itp.: stać się szorstką, chropowatą na skutek działania wiatru, powietrza itp.» □ P. od czego: Usta pierzchną od wiatru.

pierze (*nie*: pirze) *n I, rzad. lm M.* pierza, *D.* pierzy △ *pot.* Obrastać w pierze (a. w piórka) «osiągać dobrobyt, znaczenie» △ *pot.* Ni (to) z mięsa, ni (to) z pierza «pogardliwie o człowieku bez indywidualności, nijakim»

pies *m IV, DB.* psa, *C.* psu (*nie*: psowi), *Ms.* psie: Mam dwa psy (*nie*: dwóch psów). △ *pot.* Coś jest, ktoś się czuje pod psem «coś jest bardzo złe; ktoś czuje się bardzo źle»: Obiady, pogoda pod psem. △ *pot.* Coś jest, coś się zda, nie zda psu na budę (*nie*: na buty) «coś jest do niczego, na nic się nie przyda» △ *posp.* Ktoś jest pies na kogoś **a)** «ktoś jest bezwzględny w stosunku do kogoś»: Ten sierżant to pies na rekrutów. **b)** «ktoś jest łasy na kogoś»: On jest pies na kobiety. △ *pot.* Gryźć się jak (dwa) psy o kość, żyć jak pies z kotem «żyć w niezgodzie» △ *posp.* Szczekać jak pies «kłamać, obgadywać kogoś» △ *pot.* Lubić, kochać kogoś jak psy a. psi dziada w ciasnej ulicy, *rzad.* w ciasnym kącie. △ *niepoprawne* Tu leży (jest) pies pogrzebany, w tym tkwi pies pogrzebany (*zamiast*: w tym cała tajemnica, w tym tkwi sedno sprawy).

pieski *pot.* «nędzny, zły, marny»: Pieski świat. Pieskie życie.
po piesku tylko w zwrocie: Pływać po piesku «pływać niestylowo, przebierając rękami, byle się utrzymać na wodzie»

Pieskowa Skała (*nie*: Piaskowa Skała), Pieskowa odm. przym., Skała *ż IV* «miejscowość»: Zamek w Pieskowej Skale.

pieszo △ Iść, chodzić, pójść pieszo a. na piechotę (*nie*: na pieszo).

pieszy *m-os.* piesi: Piesi wędrowcy.

pieścić *ndk VIa,* pieszczę, pieści, pieść, pieściliśmy (p. akcent § 1a i 2), pieszczony: Pieścić dziecko.
pieścić się □ P. się z kim «okazywać czułość»:

Pieścić się z psem. △ Pieścić się z(e) sobą «dbać o siebie przesadnie» □ *przen. żart., iron.* P. się z czym: Nie pieść się z tym artykułem, już dawno jest właściwie gotowy.

pieśniarz *m II, lm D.* pieśniarzy «autor lub wykonawca pieśni»

pieśń *ż V, lm M.* pieśni: Pieśń narodowa, żołnierska, miłosna, ludowa. Pieśń słowika a. słowicza. △ *książk.* Maszerować z pieśnią na ustach. △ *przen.* Pieśń szczęścia, zwycięstwa.

pieta (*wym.* pjeta) *ż IV, D.* piety.

pietyzm (*wym.* pjetyzm) *m IV, D.* pietyzmu, *Ms.* pietyzmie (*wym.* ~yzmie a. ~yźmie), *blm*: Otaczać pietyzmem. Odnosić się do kogoś, czegoś z pietyzmem. Chronić, przechowywać, traktować coś z pietyzmem. □ P. dla kogo, czego a. wobec czego: Mieć, żywić pietyzm dla kogoś.

piewca *m odm. jak ż II, lm M.* piewcy, *DB.* piewców *książk. podn.* «poeta; śpiewak» □ P. czego: Conrad był piewcą piękna żaglowców.

pięcio- «pierwszy człon wyrazów złożonych (przymiotników, rzeczowników, przysłówków), wskazujący na to, co jest wymienione w drugiej części złożenia, występuje pięć razy, składa się z pięciu jednostek itp., pisany łącznie», np.: pięciobarwny, pięciobarwnie, pięcioczęściowy, pięcioizbowy, pięciolatka, pięciolecie.

pięciobok *m III, D.* pięcioboku; a. **pięciokąt** *m IV, D.* pięciokąta.

pięciokilogramowy, *pot.* **pięciokilowy**: Torba pięciokilogramowa.

pięciokrotny (*nie*: pięćkrotny) *książk.* «powtarzający się, powtórzony pięć razy»: Pięciokrotne upomnienie.

pięciolatka *ż III, lm D.* pięciolatek *pot.* **a)** «pięcioletnia dziewczynka» **b)** «pięciolecie, zwłaszcza w zastosowaniu do pięcioletniego okresu objętego planem gospodarczym» // *D Kult. II, 407.*

pięciolecie *n I, lm D.* pięcioleci (dopuszczalna pisownia: 5-lecie): Dziś upłynęło pięciolecie mojej pracy w wydawnictwie. Obchodzimy pięciolecie naszego ślubu. // *D Kult. II, 361, 407.*

pięcioletni (*nie*: pięcioletny): Pięcioletni chłopiec. Pięcioletni okres. △ *niepoprawne* Pięcioletnia (*zamiast*: piąta) rocznica.

pięcioro *D.* pięciorga, *CMs.* pięciorgu, *N.* pięciorgiem «liczebnik zbiorowy odpowiadający liczbie 5, odnoszący się do osób różnej płci, do dzieci, istot niedorosłych (których nazwy kończą się w *lm* na *-ęta*) oraz do pewnych przedmiotów, których nazwy występują tylko w *lm*»: Pięcioro młodzieży, piskląt, nożyc. Do sali można wejść pięciorgiem drzwi (*nie*: pięcioma drzwiami). △ Liczebnik *pięcioro* łączy się z orzeczeniem w *lp*, a w czasie przeszłym w rodzaju nijakim: Pięcioro kurcząt dziobie, dziobało (*nie*: dziobią, dziobały) ziarno.

pięciu p. pięć.

pięciuset p. pięćset.

pięć (*nie wym.* pińć) *m-nieos., n i ż, DCMs.* pięciu, także: *m-os.* w funkcji mianownika — podmiotu (np. pięciu uczniów), *B. m-nieos., n i ż = M., B. m-os. = D.; N.* pięcioma a. pięciu: Spotkałem pięciu mężczyzn. Widziałem pięć kobiet. Założył się z pięcioma (pięciu) kolegami. △ Liczebnik *pięć*, jak również liczebniki wielowyrazowe, w których ostatnim członem jest liczebnik *pięć* łączą się z rzeczownikiem (podmiotem) w dopełniaczu i z orzeczeniem w *lp*, a w czasie przeszłym w rodzaju nijakim: Pięć sztychów wisi, wisiało (*nie*: wiszą, wisiały) na ścianie. Pięciu robotników pracuje, pracowało (*nie*: pracują, pracowali). // *D Kult. I, 250, II, 182, 190; GPK Por. 182; KP Pras. Por.* pięcioro.

pięćdziesiąt (*wym.* pieńdziesiont, *nie*: pińdziesiont) *m-nieos., n i ż, DCMs.* pięćdziesięciu, także: *m-os.* w funkcji mianownika — podmiotu (np. pięćdziesięciu chłopców), *B. m-nieos., n i ż = M., B. m-os. = D.; N.* pięćdziesięcioma a. pięćdziesięciu: Skończył ćwiczenia z pięćdziesięcioma (z pięćdziesięciu) studentami. △ Liczebnik *pięćdziesiąt* łączy się z podmiotem w dopełniaczu i z orzeczeniem w *lp*, a w czasie przeszłym w rodzaju nijakim: Wylęga się, wylęgło się (*nie*: wylęgają, wylęgły się) pięćdziesiąt kaczek. Pięćdziesięciu pracowników siedzi, siedziało (*nie*: siedzą, siedzieli) przy biurkach. △ Pięćdziesiąt jeden (odmienia się tylko pierwszy wyraz); *DCMs.* pięćdziesięciu jeden, *N.* pięćdziesięciu jeden, *rzad.* pięćdziesięcioma jeden: Pięćdziesiąt jeden dzieci bawiło się (*nie*: pięćdziesiąt jedno dziecko bawiło się a. bawiły się). Półka z pięćdziesięciu (*rzad.* z pięćdziesięcioma) jeden książkami (*nie*: z pięćdziesięciu, pięćdziesięcioma jedną książką). // *D Kult. I, 251; II, 570.*

pięćdziesiąty (*wym.* pieńdziesionty, *nie*: pińdziesionty) odm. jak przym. (pisane całym wyrazem a. cyframi bez końcówek — arabskimi z kropką, rzymskimi bez kropki): Na pięćdziesiątej stronie a. na 50. stronie, na L stronie. Pięćdziesiąta rocznica a. 50. rocznica (*nie*: 50-ta rocznica, pięćdziesięcioletnia rocznica). △ Lata pięćdziesiąte jakiegoś wieku «lata od 50 do 59 roku», *lepiej*: szósty dziesiątek jakiegoś wieku.

pięćdziesięcio- (*wym.* pieńdziesieńcio, *nie*: pińdziesieńcio) «pierwszy człon wyrazów złożonych (przymiotników, rzeczowników), pisany łącznie, wskazujący na to, że to, co jest wymienione w drugiej części złożenia, występuje pięćdziesiąt razy, składa się z pięćdziesięciu jednostek itp.», np.: pięćdziesięciolecie, pięćdziesięciodniowy, pięćdziesięciookienny.

pięćdziesięciolecie (*wym.* pieńdziesięciolecie, *nie*: pińdziesieńciolecie) *n I, lm D.* pięćdziesięcioleci (dopuszczalna pisownia: 50-lecie): Pięćdziesięciolecie istnienia instytucji. // *D Kult. II, 361.*

pięćdziesięcioletni (*nie*: pięćdziesięcioletny; *wym.* pieńdziesieńcioletni, *nie*: pińdziesięcioletni): Człowiek pięćdziesięcioletni. Pięćdziesięcioletnia przerwa. △ *niepoprawne* Pięćdziesięcioletnia (*zamiast*: pięćdziesiąta) rocznica.

pięćkroć *przestarz. książk.* «pięć razy» △ Pięćkroć sto tysięcy «pięćset tysięcy»

pięćset (*wym.* pieńćset, *nie*: pińcet) *m-nieos., n i ż, DCNMs.* pięciuset, także: *m-os.* w funkcji

mianownika — podmiotu (np. pięciuset robotników), *B. m-nieos.*, *n* i *ż* = *M.*; *B. m-os.* = *D.*: Pociąg z pięciuset pasażerami. Obejdę się pięciuset dwudziestoma złotymi. △ Liczebnik *pięćset* łączy się z rzeczownikiem (podmiotem) w dopełniaczu i orzeczeniem w *lp*, a w czasie przeszłym w rodzaju nijakim: Pięciuset uczniów idzie, szło (*nie*: idą, szli). Pięćset samolotów unosi, unosiło się (*nie*: unoszą, unosiły się) nad miastem.
△ Liczebnik *pięćset* nie występuje jako ostatni człon liczebników porządkowych wielowyrazowych, np. w roku tysiąc pięćsetnym (*nie*: w roku tysiąc pięćset). *Ale*: W roku tysiąc pięćset czterdziestym (w takich użyciach — *ndm*).

pięćsetlecie (*wym*. pieńćsetlecie, *nie*: pińćsetlecie) *n I*, *lm D.* pięćsetleci (dopuszczalna pisownia: 500- -lecie): Pięćsetlecie uniwersytetu (*nie*: pięćsetlecie rocznicy uniwersytetu). || *D Kult. II, 361.*

pięćsetletni (*nie*: pięćsetletny; *wym*. pieńćsetletni, *nie*: pińćsetletni): Pięćsetletnia osada. △ *niepoprawne* Pięćsetletnia (*zamiast*: pięćsetna) rocznica.

pięćsetny (*wym*. pieńćsetny, *nie*: pińćsetny) odm. jak przym. (pisane całym wyrazem a. cyframi bez końcówek — arabskimi z kropką, rzymskimi bez kropki): Pięćsetny raz a. 500. raz. Pięćsetna rocznica a. 500. rocznica (*nie*: 500-a, 500-setna, pięćsetletnia rocznica). △ W liczebnikach wielowyrazowych używany tylko jako człon ostatni: Tysiąc pięćsetny (*ale*: tysiąc pięćset czterdziesty, pięćset dziesiąty).

piędź *ż V*, *lm M.* piędzi. △ zwykle w *przen. podn.* wyrażeniu: Piędź ziemi «kawałek ziemi»: Żołnierze bronili każdej piędzi ziemi.

piękniś *m I*, *lm D.* pięknisiów (*nie*: pięknisi) *lekcew.* «piękny mężczyzna, goguś»

piękny *m-os.* piękni, *st. w.* piękniejszy a. bardziej piękny: Piękny krajobraz, widok. Piękna kobieta. Piękny charakter. △ Literatura piękna. Sztuki piękne. △ *żart.* Piękna połowa rodzaju ludzkiego a. płeć piękna «kobiety» △ *pot.* Zrobić, dać coś komuś itp. dla pięknych oczu, na piękne oczy «zrobić, dać bez zasługi z czyjejś strony, bezinteresownie» △ *iron.* Piękny (mi) a. piękny z ciebie... (zwykle z rzecz.) «wyraża zaprzeczenie treści zawartej w towarzyszącym rzeczowniku, naganę, przymówkę»: Piękne (mi) przyjęcie! takie nudy. Piękny z ciebie kawaler, nie umiesz tańczyć.

piękne *blm* w użyciu rzeczownikowym «to, co jest piękne; piękno» △ *iron.* Odpłacać komuś pięknym za nadobne «odwzajemniać się komuś (za przykrości, krzywdy itp.) tym samym»

pięściarstwo *n III*, *blm*, in. boks.

pięściarz *m II*, *lm D.* pięściarzy; in. bokser.

pięść *ż V*, *lm M.* pięści, *rzad.* pięście: Uderzyć pięścią w stół. Zacisnąć pięści. || *D Kult. I, 728.*

pięta *ż IV*: Obrócić się na pięcie. Deptać (*nie*: iść, kroczyć) komuś po piętach. △ Pięta Achillesa a. pięta Achillesowa «czyjaś słaba strona»

pięterko, *reg.* **piąterko** *n II*, *lm D.* pięterek (piąterek).

piętka *ż III*, *lm D.* piętek zdr. od pięta: Piętka dziecka. △ *pot.* Gonić w piętkę «tracić rozum, głupieć»

piętnasto- (*wym*. pietnasto-) «pierwszy człon wyrazów złożonych (przymiotników, rzeczowników) pisany łącznie, wskazujący na to, że to, co jest wymienione w drugiej części złożenia, występuje piętnaście razy, składa się z piętnastu jednostek itp.», np.: piętnastoczęściowy, piętnastoletni, piętnastolecie.

piętnastu p. piętnaście.

piętnasty (*wym*. pietnasty, *nie*: pientnasty) odm. jak przym. (pisane całym wyrazem a. cyframi bez końcówek — arabskimi z kropką, rzymskimi bez kropki; wyjątki od tej zasady dotyczą godzin i dni miesiąca): Piętnasty wiek a. 15. wiek, XV wiek. Piętnasta rocznica a. 15. rocznica (*nie*: 15-ta rocznica, piętnastoletnia rocznica). Dzień piętnasty a. piętnastego grudnia (*nie*: piętnasty grudzień); pisane zwykle: 15 grudnia a. 15.XII (*nie*: 15-ego, 15-go, 15-tego grudnia).

piętnasta w użyciu rzeczownikowym «godzina piętnasta» używane zwykle w języku urzędowym: Biuro jest czynne do piętnastej (*pot.* do trzeciej po południu).

piętnaście (*wym*. pietnaście, nie: pientnaście) *m-nieos.* *n* i *ż*, *DCMs.* piętnastu, także: *m-os.* w funkcji mianownika «podmiotu (np. piętnastu chłopców), *B. m-nieos.*, *n* i *ż* = *M.*, *B. m-os.* = *D.*; *N.* piętnastoma a. piętnastu: Ćwiczyła razem z piętnastoma (piętnastu) koleżankami. △ Liczebnik *piętnaście* łączy się z podmiotem w dopełniaczu i z orzeczeniem w *lp*, a w czasie przeszłym w rodzaju nijakim: Piętnastu turystów zwiedza, zwiedzało (*nie*: zwiedzają, zwiedzali) miasto. Piętnaście zeszytów leży, leżało (*nie*: leżą, leżały) na stole. *Por.* piętnaścioro.

piętnaścioro (*wym*. pietnaścioro, *nie*: pientnaścioro) *D.* piętnaściorga, *CMs.* piętnaściorgu, *N.* piętnaściorgiem «liczebnik zbiorowy odpowiadający liczbie 15, odnoszący się do osób różnej płci, do dzieci, do zwierząt niedorosłych (których nazwy kończą się w *lm* na ∼ęta) oraz do pewnych przedmiotów, których nazwy występują tylko w *lm*»: Piętnaścioro dzieci. Dwieście piętnaścioro młodzieży. Do strzyżenia owiec przygotowano piętnaścioro nożyc. Kojec z piętnaściorgiem kurcząt (*nie*: kurczętami). △ Liczebnik *piętnaścioro* łączy się z orzeczeniem w *lp*, a w czasie przeszłym w rodzaju nijakim: Piętnaścioro ludzi jest, było (*nie*: są, byli) w sali.

piętno *n III*, *lm D.* piętn: Wycisnąć (*nie*: wywrzeć) piętno na kimś, na czymś (*nie*: na kogoś, na coś): Ciężkie przeżycia wycisnęły na nim piętno smutku. || *KP Pras.*

piętro, *reg.* **piątro** *n III*, *lm D.* pięter, *reg.* piąter (*nie*: piętr, piątr). || *Dor. Myśli 92.*

Pigmej *m I*, *lm M.* Pigmeje, *D.* Pigmejów; a. **Pigmejczyk** *m III*, *lm M.* Pigmejczycy — Pigmejka *ż III*, *lm D.* Pigmejek — pigmejski.

pigularz *m II*, *lm D.* pigularzy *pogard.* a. *żart.* «aptekarz»

PIH (*wym*. pich) *m III*, *DMs.* PIH-u; *rzad. ż ndm* «Państwowa Izba Handlowa»: PIH zarządził (zarządziła) przeprowadzenie kontroli. Pojechał do PIH-u. — *pot.* PIH-owiec a. pihowiec *m II*, *D.* PIH-owca (pihowca), *lm M.* PIH-owcy (pihowcy) — PIH-owski a. pihowski. || *Kl. Aleź 48.*

PIHM (*wym.* pihm) *m IV, D.* PIHM-u «Państwowy Instytut Hydrologiczno-Meteorologiczny»: Pracować w PIHM-ie. Badania PIHM-u.

pijaczyna *m* odm. jak *ż IV, lm DB.* pijaczynów *pogard.* «pijak»

pijaczysko *n* a. *m* odm. jak *n II, M.* to a. ten pijaczysko, *lm M.* te pijaczyska, *DB.* pijaczysków *pogard.* «pijak»: Pijaczysko wrócił (wróciło) do domu dopiero nad ranem. Spotkałem obu pijaczysków w podrzędnej restauracji.

pijak *m III, lm M.* ci pijacy a. (z silniejszym zabarwieniem ekspresywnym) te pijaki.

pijalnia *ż I, lm D.* pijalni, *rzad.* pijalń: Pijalnia wód mineralnych. △ Pijalnia piwa (*lepiej*: piwiarnia). Pijalnia wina (*lepiej*: winiarnia). || *PJ 1967, 385.*

pijalny p. pitny.

pijanica (*wym.* pi-janica, *nie*: pjanica) **1.** *m* odm. jak *ż II, lm M.* ci a. (z silniejszym zabarwieniem ekspresywnym) te pijanice, *DB.* pijaniców *pogard.* «pijak», **2.** *ż II*; in. łochynia, borówka bagienna. || *D Kryt. 72.*

pijany (*wym.* pi-jany, *nie*: pjany) imiesł. bierny od czas. pijać.
pijany *m-os.* pijani «odurzony alkoholem (całkowicie lub częściowo)»: Pijany człowiek wszedł do tramwaju. △ *pot.* Pijany jak bela «zupełnie, kompletnie pijany» △ *przen.* Pijany szczęściem, ze szczęścia.
pijany, pijana w użyciu rzeczownikowym: Pijany zataczał się po ulicy. △ *pot.* Trzymać się, czepiać się jak pijany płotu «upierać się przy czymś, nie dając sobie nic wyperswadować» || *D Kryt. 73; D Kult. II, 588.*

pijar *m IV, lm M.* pijarzy: Zakon pijarów.

pijatyka (*wym.* pijatyka, *nie*: pijatyka, p. akcent § 1c) *ż III pot.* «uczta pijacka; libacja»

pijus *m IV, lm M.* te pijusy, *rzad.* ci pijusi *pot.* «pijak»

pik *m III*: Grać w piki. Bić pikiem. △ Jako przydawka *ndm*: Król pik. Wyjść w asa pik. Bić damą pik.

pikap (*wym.* pikap) *m IV, D.* pikapu: Zderzenie autobusu z pikapem.

Pikardia *ż I, DCMs.* Pikardii «kraina we Francji» — Pikardyjczyk *m III, lm M.* Pikardyjczycy — Pikardyjka *ż III, lm D.* Pikardyjek — pikardyjski.

pikielhauba (*wym.* pikielhau-ba, *nie*: pikielha-uba) «kask, noszony przez wojsko pruskie, później niemieckie (do końca I wojny światowej)»

pikle *blp, D.* pikli a. piklów: Pikle jarzynowe. Nie marynowała pikli (piklów).

pikling (*nie*: ta piklinga i *nie*: pitling, pytling) *m III, DB.* piklinga: Kupił jednego piklinga. Zjadł dwa piklingi.

piknik *m III, D.* pikniku *przestarz.* «zabawa towarzyska, zwykle składkowa, na wolnym powietrzu» △ *niepoprawne* w zn. «przyjęcie składkowe»

pikolak *m III, lm M.* ci pikolacy a. te pikolaki *pot.* «chłopak usługujący w kawiarni, w restauracji, w hotelu»

pikolo *m I*, zwykle w *lp, przestarz.* p. pikolak.

pilaster, *przestarz.* **pilastr** *m IV, D.* pilastra a. pilastru.

Pilica *ż II* «rzeka» — pilicki — nadpilicki.

pilnie *st. w.* pilniej **1.** w zn. «gorliwie, starannie, uważnie»: Pilnie się uczyć. Pilnie czytać gazety. Pilnie słuchać wykładu. **2.** w zn. «szybko, niezwłocznie»: Pilnie sprzedam auto.

pilno *st. w.* pilniej a. bardziej pilno △ tylko w połączeniach wyrazowych: Pilno komuś; jest komuś pilno «ktoś się śpieszy»: Pilno mi do domu.

pilność *ż V, blm*: Pracować z pilnością. Odznaczać się pilnością w nauce. □ Składnia jak: pilny.

pilnować *ndk IV*, pilnowaliśmy (p. akcent § 1a i 2) □ P. kogo, czego (*nie*: kogo, co): Pilnować dzieci, domu. Pilnować pracy (*nie*: pracę). △ Pilnować czegoś jak oka w głowie. △ *posp.* Pilnuj swego nosa. || *PJ 1966, 425.*

pilny *m-os.* pilni, *st. w.* pilniejszy: Pilny uczeń. Pilny czytelnik gazet. Pilna sprawa. □ P. do czego «chętny»: Pilny do nauki. □ P. w czym «gorliwy»: Pilny w pracy, w nauce.

pilśniowy: Kapelusz pilśniowy. Płyty pilśniowe (*nie*: pilśnione). || *D Kult. I, 552.*

pilśń (*nie*: pilśnia) *ż V, blm*: Wielbłądzia pilśń. Kapelusz z pilśni.

pilzner *m IV, DB.* pilznera *pot.* «piwo jasne, chmielowe»: Piję pilznera.

Pilzno *n III, Ms.* Pilźnie «miasto w Czechosłowacji i w Polsce» — pilzneński. || *D Kult. I, 713.*

Piła *ż IV, CMs.* Pile «miasto» — pilski.

Piława *ż IV* «jezioro i rzeka» — piławski — nadpiławski.

Piława (Górna), Piława *ż IV*, Górna odm. przym. «miasto» — piławski.

piłkarz *m II, lm D.* piłkarzy.

pinakiel *m I, D.* pinakla a. pinaklu, *lm D.* pinakli a. pinaklów.

Pinay (*wym.* Pine) *m I, DB.* Pinaya (*wym.* Pineja, p. akcent § 7), *C.* Pinayowi, *N.* Pinayem, *Ms.* Pinayu a. (zwykle z odmienianym tytułem) *ndm*: Polityka finansowa Pinaya (ministra Pinay). || *Kl. Ależ 42.*

pince-nez (*wym.* pęsne) *n ndm przestarz.* «rodzaj binokli»

pinceta p. pęseta.

pinezka *ż III, lm D.* pinezek (*nie*: pinesek); in. pluskiewka.

ping-pong (*wym.* pingpong a. pingpong; *nie*: pimpong) *m III* (odm. tylko drugi człon), *B.* = *D.*, *blm*: Grać w ping-ponga (*nie*: w ping-pong).

pingpongista (*wym.* pingpongista) *m* odm. jak *ż IV, lm M.* pingpongiści. *DB.* pingpongistów.

pingwin (*wym.* piŋgwin) *m IV*; *rzad.* bezlotek.

Pini *m* odm. jak przym., *lm M.* Piniowie: Monografia Piniego.
Pini *ż ndm.* // *U Pol. (2), 526.*

pinia (*wym.* piñja) *ż I, DCMs.* i *lm D.* pinii.

Pińczów (*nie:* Pinczów) *m IV, D.* Pińczowa, *C.* Pińczowowi (*ale:* ku Pińczowowi a. ku Pińczowu) «miasto» — pińczowianin *m V, D.* pińczowianina, *lm M.* pińczowianie, *D.* pińczowian — pińczowianka *ż III, lm D.* pińczowianek — pińczowski.

Pińsk *m III* «miasto w ZSRR» — piński.

piołun (*nie:* piełun) *m IV, D.* piołunu.

pionek *m III, D.* pionka, *B.* pionka a. pionek: Stracić pionka. Posunąć pionek na szachownicy. △ *przen.* W tej całej aferze był tylko pionkiem. // *JP 1966, 23.*

piorun *m IV, D.* pioruna, *rzad.* piorunu: Piorun bije, uderza. Chałupa zapaliła się, spłonęła od pioruna (piorunu). △ Spaść, uderzyć, runąć jak piorun (z jasnego nieba) «spaść, uderzyć itp. nagle, gwałtownie» △ Padł, zamilkł, stanął itp. jak rażony piorunem (*pot.* jakby w niego piorun strzelił) «o nagłym upadku itp.; o gwałtownej reakcji na coś przerażającego, przykrego» △ *pot.* Choćby pioruny biły (trzaskały) «mimo największych przeszkód; mimo wszystko» △ *posp.* a. *rub.* Kto tam, do pioruna! **piorunem** *pot.* «bardzo szybko, błyskawicznie»: Zrobić coś piorunem. Czas leci piorunem. // *U Pol. (2), 393.*

piorunochron *m IV, D.* piorunochronu; *rzad.* odgromnik. // *D Kult. II, 434.*

piorunować *ndk IV,* piorunowaliśmy (p. akcent § 1a i 2): Krzyczał i piorunował. ☐ P. na kogo, na co, przeciw komu, czemu: Piorunował na wszystkich. Piorunowali przeciw zarządzeniom. △ Piorunować kogoś wzrokiem «patrzeć na kogoś srogo»

piosenkarz *m II, lm D.* piosenkarzy.

piosnka *ż III, lm D.* piosnek *przestarz., poet.* «piosenka»

Piotr *m IV, Ms.* Piotrze, *lm M.* Piotrowie — Piotrek (*nie:* Pietrek) *m III, D.* Piotrka, *lm M.* Piotrkowie — Piotruś *m I, lm M.* Piotrusiowie — Piotrostwo *n III, DB.* Piotrostwa, *Ms.* Piotrostwu (*nie:* Piotrostwie), *blm;* a. Piotrowie *blp, DB.* Piotrów — Piotrkowie, Piotrusiowie *blp, DB.* Piotrków, Piotrusiów.

Piotrków Trybunalski, Piotrków *m IV, D.* Piotrkowa, *C.* Piotrkowowi (*ale:* ku Piotrkowowi a. ku Piotrkowu); Trybunalski odm. przym. «miasto» — piotrkowianin *m V, D.* piotrkowianina, *lm M.* piotrkowianie, *D.* piotrkowian — piotrkowianka *ż III, lm D.* piotrkowianek — piotrkowski.

Piotrowin (*nie:* Piotrawin) *m IV, blm* tylko w *pot.* zwrocie: Wyglądać jak Piotrowin «wyglądać bardzo mizernie, źle»

piórko *n II, lm D.* piórek: Lekki jak piórko. Podnieść kogoś, coś jak piórko. △ Porosnąć, porastać, obrastać w piórka (a. w pierze) «(z)bogacić się» △ Stroić się w czyjeś a. w cudze piórka «poda-

wać czyjeś myśli, pomysły itp. za swoje; przypisywać sobie cudze zasługi»

pióro *n III* **1.** w zn. «narzędzie do pisania»: Wieczne pióro. △ Jednym pociągnięciem pióra a. za jednym pociągnięciem pióra (przekreślić, zdecydować, wprowadzić, znieść coś). △ Kilkoma pociągnięciami (*rzad.* w kilku pociągnięciach) pióra (opisać, ująć, scharakteryzować itp. coś). △ *książk.* Mieć świetne, lekkie, ostre, wyrobione pióro a. łatwość, lekkość, świetność pióra. △ Zarabiać piórem (na życie), *rzad., książk.* żyć z pióra, utrzymywać się pracą pióra. △ *książk.* Coś jest czyjegoś pióra a. wyszło spod czyjegoś pióra «ktoś jest autorem czegoś» △ *książk.* Rzucić (*nie:* zarzucić), złamać, odłożyć itp. pióro «zaprzestać twórczości literackiej» **2.** *reg.* w zn. «stalówka» // *U Pol. (1), 106.*

pióropusz *m II, lm D.* pióropuszy a. pióropuszów.

piperazyna (*nie:* piperazina) *ż IV.*

pipeta *ż IV,* a. **pipetka** *ż III, lm D.* pipetek.

PIPS (*wym.* pips a. pe-ipees, p. akcent § 6) *m IV, D.* PIPS-u «Państwowy Instytut Pedagogiki Specjalnej»: Kierować PIPS-em. Pracować w PIPS-ie. — PIPS-owski a. pipsowski.

Pirandello *m I, D.* Pirandella: Utwory Pirandella.

Pireneje *blp, D.* Pirenejów (*nie:* Pirenei) «góry na pograniczu Hiszpanii i Francji» — pirenejski (p.).

pirenejski: Źródła pirenejskie (*ale:* Półwysep Pirenejski, in. Iberyjski).

Pireus (*wym.* Pireus) *m IV, D.* Pireusu «port w Grecji»

piroga (*nie:* ten pirog) *ż III, lm D.* pirog (*nie:* pirogów) «prymitywna łódka»

pirotechnik (*nie:* pyrotechnik) *m III, D.* pirotechnika (p. akcent § 1d).

Pirrus *m IV.*

Pirrusowy 1. «należący do Pirrusa, związany z nim»: Wojsko Pirrusowe.
2. pirrusowy, tylko w *książk.* wyrażeniu: Zwycięstwo pirrusowe «zwycięstwo wątpliwej wartości, niewspółmierne do poniesionych strat»

piruet (*wym.* piru-et) *m IV, D.* piruetu, *rzad.* pirueta △ W niektórych zwrotach: *B.* pirueta a. piruet, np. Wykonywać, kręcić pirueta (piruet).

PIS (*wym.* pis) *m IV, D.* PIS-u, *Ms.* PIS-ie **1.** *rzad. ż ndm* «Państwowa Inspekcja Sanitarna»: PIS zawiadomił (zawiadomiła)... **2.** «Państwowy Instytut Sztuki»: Wydawnictwo PIS-u.

Pisa (*nie:* Pissa) *ż IV* «rzeka»

pisać *ndk IX,* piszę, piszemy, pisaliśmy (p. akcent § 1a i 2) — **napisać** *dk*: Pisać litery, cyfry. Pisać ortograficznie, niewyraźnie, *pot.* jak kura pazurem. Pisać alfabetem łacińskim, grażdanką. Umieć pisać i czytać. Pisać ołówkiem, kredą. Pisać na tablicy, na kartce, w zeszycie. Pisać referat, pracę naukową, książkę. Pisać prozą, wierszem. Pisać stylem lekkim (suchym, kwiecistym itp.). △ Pisać coś dużą a. małą literą (*nie:* z dużej a. małej litery): Nazwy miast pisze się dużą literą. □ P. (co) dla kogo: Pisać bajki dla dzieci. Pisać dla sceny, dla potomnych. Pisać pracę dla (nie: do) profesora. □ P. (co) do kogo: Pisać listy do rodziców. Pisać do przyjaciół. △ Jan do mnie (a. Jan mi) o tym pisał, ale: Brat niedawno do mnie (nie: mi) pisał. □ P. o co «prosić o coś pisemnie»: Pisać do ojca o pieniądze. △ pot. żart., pogard. Pisz do mnie na Berdyczów «nie masz po co do mnie pisać, bo cię nie chcę znać; nie szukaj mnie, bo i tak mnie nie znajdziesz» △ Coś komuś jest pisane a. ktoś komuś jest pisany «coś jest czyimś przeznaczeniem, coś kogoś spotka; ktoś jest komuś przeznaczony» △ Coś jest (widłami) na wodzie pisane «o czymś niepewnym» △ niepoprawne Pisało, pisze w gazecie (zamiast: napisano, było, jest napisane w gazecie).

pisać się △ zwykle z przeczeniem «nie zgadzać się na coś»: Nie pisał się na trudy podróży. // D Kult. I, 108.

*pisany język p. język i jego odmiany.

pisarski przym. od pisarz: Talent pisarski. Twórczość pisarska (np. Mickiewicza). Przyrząd pisarski. // D Kult. I, 326; II, 406. Por. piśmienniczy.

pisarz m II, lm D. pisarzy, rzad. pisarzów.
pisarz — o kobiecie, p. nazwy i tytuły zawodowe kobiet. // GPK Por. 126; U Pol. (2), 407.

pisarzyna m odm. jak ż IV, lm M. te pisarzyny, DB. tych pisarzynów «lekcew. a. z politowaniem o pisarzu»

pisemny «odnoszący się do pisma, wyrażony za pomocą pisma; piśmienny»: Praca pisemna (a. piśmienna). Egzamin pisemny (rzad. piśmienny). Materiały pisemne (częściej: piśmienne). // D Kult. I, 552; U Pol. (2), 173.

piski: Powiat piski (ale: Puszcza Piska).

PISM (wym. pism) m IV, D. PISM-u, Ms. PISM-ie «Polski Instytut Spraw Międzynarodowych»: Zwrócić się do PISM-u. PISM ogłosił komunikat o sytuacji międzynarodowej.

pismak m III, lm M. ci pismacy a. (z silniejszym zabarwieniem ekspresywnym) te pismaki, B. tych pismaków a. te pismaki pogard. «marny, nieudolny pisarz, dziennikarz»

pismo n III, Ms. piśmie △ w zn. «sposób pisania; tekst pisany»: Pismo pochyłe, okrągłe. Staranne pismo. △ książk. Utrwalać coś na piśmie «zapisywać» △ pot. Czuć, poczuć, zwąchać pismo nosem «zorientować się w czymś, domyślić się czegoś» △ w nazwie dużą literą: Pismo Święte.

pisnąć p. piszczeć.

pisownia ż I, lm D. pisowni: Zasady pisowni. Zgodnie z pisownią. Według pisowni.

*pisownia łączna i rozdzielna. Jako zasadę ogólną przyjęto — dla wszystkich wypadków spornych lub wątpliwych — pisownię rozdzielną. Wyjątki od tej zasady mają uzasadnienie bądź gramatyczne (np. łączna pisownia cząstek -bym, -byś itd. z osobowymi formami czasowników), bądź logiczno-semantyczne (np. łączna pisownia przymiotników złożonych z członów nierównorzędnych znaczeniowo).

I. Pisownia przymiotników złożonych omówiona jest pod hasłem: łącznik (p.). △ Uwaga. Wyjątki od zasady rozdzielnego pisania przymiotników i imiesłowów przymiotnikowych z przysłówkami — są następujące: jasnowidzący (w zn. «jasnowidz»), jednobrzmiący, równobrzmiący, równouprawniony. **II.** Pisownia rzeczowników złożonych może być różna. **1.** Pisownię rzeczowników składających się z dwóch członów rzeczownikowych omówiono pod hasłem: łącznik (p.). **2.** Rzeczowniki złożone, w których pierwszym członem jest przymiotnik, pisane są dwojako: **a)** łącznie pisze się wyrazy, które mają już charakter zrostów językowych, pojmowanych jako jednolite jednostki leksykalne. Najczęściej ich pierwszy człon jest już nieodmienny, ale nie zawsze, np.: Wielkanoc (D. Wielkiejnocy a. Wielkanocy), mysikrólik (D. mysikrólika), maminsynek (D. maminsynka), rzeczpospolita (D. rzeczypospolitej); Białystok (D. Białegostoku), Krasnystaw (D. Krasnegostawu). **b)** rozdzielnie pisze się tzw. zestawienia, czyli połączenia wyrazowe odczuwane jeszcze jako grupy odrębnych wyrazów (tu zawsze oba człony są odmienne), np.: czarna jagoda, wilcze łyko, lwia paszcza, dzień dobry, dobry wieczór, Jelenia Góra.

III. Pisownia przyimków z następującymi po nich wyrazami jest w zasadzie rozdzielna. A więc rozdzielnie pisze się: **1.** Przyimki przed rzeczownikami — niezależnie od znaczenia, np.: do domu, pod lasem, z góry (schodzić z góry, płacić z góry). △ Rozdzielna pisownia obowiązuje także wtedy, kiedy przyimek ma formę rozszerzoną (z -e), np.: nade wsią, pode drzwiami, ze zrozumieniem (p. przyimek). **2.** Wyrażenia przyimkowe, zbliżone znaczeniowo do przysłówka, np.: do dnia, mimo woli, na kształt, po kolei, w bród, za mąż, z czasem, z rana. **3.** Przyimki przed rzeczownikami, nie występującymi samodzielnie poza wyrażeniami przyimkowymi, np.: bez liku, do szczętu, na oklep, na zabój, w zamian, za bezcen. △ Wyjątek: poniewczasie. **4.** Przyimki przed przymiotnikami, np.: za mądry, do prędkiego (zobaczenia), na jutrzejszy (obiad). **5.** Przyimki: bez, do, od, z, za przed przymiotnikami użytymi w dawnej formie dopełniacza, np.: bez mała, do cna, do syta, od dawna, z cicha, z dala, z grubsza, za widna, za młodu. **6.** Przyimek po przed przymiotnikami lub zaimkami użytymi w dawnej i współczesnej formie celownika, np.: po cichu, po polsku, po kryjomu, po trochu, po naszemu, po temu. △ Wyjątek: pomału — i pochodne. **7.** Przyimki przed przysłówkami, np.: na czczo, na pewno, na zawsze, w prawo, za mało, za darmo. △ Podobnie — połączenia przyimków z przysłówkami, nie występującymi samodzielnie poza tymi wyrażeniami, np.: na opak, na oścież, na poły, w poprzek, w dwójnasób. △ Wyjątek: nawzajem. **8.** Przyimki przed zaimkami, np.: u mnie, do ciebie, w naszym (domu); na co, po cóż, po czym, mimo to, mimo tego, poza tym, przy tym, na nic, do niczego. △ Również rozdzielnie pisze się z zaimkami przyimki w formie rozszerzonej, np.: ze mną, we mnie, nade wszystko, przede wszystkim. **9.** Przyimki przed liczebnikami, np.: dla dwojga, po jednym, przed dwunastą, na pół, po drugie.

Łączna pisownia przyimków z następującymi wyrazami jest rzadsza; łącznie pisze się tylko: **1.** Przyimki złożone z dwóch lub trzech przyimków, np.: spoza, ponad (p. przyimek). **2.** Tzw. przyimki niewłaściwe, będące od dawna utartymi połączeniami, np.:

obok, wkoło, dookoła, zamiast, podczas, zewnątrz.
△ Nowsze połączenia tego rodzaju pisze się rozdzielnie, np.: *z powodu, w celu, ze względu, za pomocą.* **3.** Wyrażenia przyimkowe o znaczeniu przysłówka lub partykuły, np.: *dlaczego, dopóki, potem natomiast, niespełna, wbrew, wtenczas, zresztą*; całkowity ich zasób podaje słownik ortograficzny. **4.** Przyimki z -*ń*, np.: *nadeń, nań, przezeń, weń, zań.* **IV.** *Pisownia zaimków* jest na ogół rozdzielna; rozdzielnie pisze się: **1.** Wyrażenia zaczynające się od zaimka *co*, np.: *co chwila, co dzień, co rok(u), co gorsza, co najmniej, co za..., co do...* (p. co). **2.** Wyrażenia zaczynające się od *tym* (formy zaimka *to*), np. *tym bardziej, tym gorzej.* **3.** Zaimki złożone, np.: *ten sam, taki sam, tak samo, tyle samo, tym samym.* **4.** Wyrażenia zaczynające się od zaimka *jak*: **a)** przed przymiotnikami i przysłówkami w *st. najw.*, np. *jak najtańszy, jak najprędzej* (p. jak). **b)** w połączeniu z *gdyby* — wiążące zdanie podrzędne z nadrzędnym, np. Nadsłuchiwała tak czujnie, *jak gdyby* się czegoś obawiała. **5.** Utarte wyrażenia połączone zaimkami, np.: *dzień w dzień, raz po raz, raz za razem, pół na pół, sam na sam, wet za wet* (podobnie: *kiedy niekiedy, mniej więcej* itp.) △ Uwaga. Łącznie pisze się jednak: *codziennie, corocznie, rokrocznie, gdzieniegdzie, tymczasem, toteż* (= więc).
V. *Partykuły i końcowe cząstki wyrazów* pisze się dwojako: **1.** Łącznie pisze się następujące partykuły: -*że, -ż* (p. partykuła) oraz następujące cząstki wyrazowe: -*ąd, -inąd, -kolwiek, -kroć, -li, -naście, -nasty, -dziesiąt, -set* (i pochodne), np.: skądinąd, ktokolwiek, czterykroć, częstokroć, kilkakroć, kilkanaście, dwunasty, kilkadziesiąt, kilkaset; Znaszli ten kraj... **2.** Rozdzielnie pisze się następujące partykuły: *no, to, też, byle, lada* (p. partykuła) oraz następujące cząstki końcowe wyrazów: *bądź, indziej*, np.: byle kto, lada co, lada jak, kto bądź, gdzie bądź, kiedy indziej, gdzie indziej.
VI. *Połączenia z liczebnikiem: pół.* **1.** Rozdzielnie pisze się: **a)** wyrażenia, w których *pół* występuje jako normalny liczebnik ułamkowy, np.: pół kilograma, pół godziny, pół czarnej (kawy), pół kroku, pół do ósmej. **b)** połączenia przyimków z wyrazem *pół*, np.: na pół, po pół, przez pół (wysoki na pół metra, po pół roku, rozumieć coś przez pół). **2.** Łącznie pisze się *pół* jako składnik wyrazów złożonych: **a)** rzeczowników, np.: półbuty, półmrok, półświatek, półdiabłe. △ Uwaga. Połączenia *pół* z nazwą własną pisaną dużą literą pisze się z łącznikiem, np.: pół-Indianin, pół-Polak (p. łącznik). **b)** liczebników, np. półczwarta (kg masła). **c)** przymiotników i imiesłowów przymiotnikowych, np.: półarkuszowy, półmilionowy, półnagi, półżywy, półsuchy (np. olej), półomdlały, półobłąkany. **d)** przysłówków, np.: półprzytomnie, półgłosem, półżartem. △ Wyjątek: pół darmo. **e)** czasowników, np.: półklęczeć, półleżał, półstojąc. **f)** w połączeniu z przyimkiem *w — pół* pisze się bądź łącznie, bądź rozdzielnie, np.: (zrobić coś) w pół godziny, (było) wpół do ósmej, (objąć) wpół; wpółsenny, wpółpochylony, wpółnago, wpółleżeć; szczegółowe wypadki użyć podaje słownik ortograficzny (p. pół, pół-).
VII. *Pisownia form enklitycznych.* **1.** Pisownię form czasownikowych z: *bym, byś, by, byśmy, byście* — omówiono pod hasłem: by (p.). **2.** Pisownię końcówek: -*(e)m, -(e)ś, -(e)śmy, -(e)ście* omówiono pod hasłem: -(e)m itd., oraz pod hasłem: łącznik (p.). **3.** Pisownię połączeń z przeczeniem *nie* —

omówiono pod hasłami: nie, nie-, łącznik (p.). △ Uwaga. Przy imiesłowach przymiotnikowych zdarza się, że w zależności od znaczenia, można z nimi wyraz *nie* napisać łącznie lub rozdzielnie, np.: Nie pijącym kawy podano herbatę, *ale*: Niepijący bawili się bez alkoholu. Deski nie zbite gwoźdźmi, *ale*: Niezbity dowód. || *D Kult. II, 594—595.*

pisowniowy, *rzad.* **pisowniany**: Kryteria pisowniowe (pisowniane).

pistol *m I, lm D.* pistoli a. pistolów.

pistolet *m IV, D.* pistoletu: Strzał z pistoletu. Nabijać, ładować pistolet. Bić się, walczyć na pistolety.

Pisz *m II, D.* Pisza «miasto» — piski (p.).

Piszczany *blp, D.* Piszczan «miasto w Czechosłowacji» — piszczański.

piszczeć (*nie*: piszczyć) *ndk VIIb*, piszczymy, piszczeliśmy (p. akcent § 1a i 2) — **pisnąć** *dk Va*, piśnij, pisnąłem (*wym.* pisnołem; *nie*: pisnełem, pisłem), pisnął (*wym.* pisnoł), pisnęła (*wym.* pisneła; *nie*: pisła), pisnęliśmy (*wym.* pisneliśmy; *nie*: piśliśmy): Szczenię piszczało z bólu. △ wyrażenia *pot.*: Bieda aż piszczy «o skrajnej nędzy» △ Wiedzieć co w trawie piszczy (piszczało) «domyślać się, wiedzieć, co się dzieje» △ Pisnąć słowo (słówko) «odezwać się, wyjawić coś»: Gdybym słowo pisnął o naszych projektach, byłoby źle. △ Ktoś aż piszczy do czegoś «ktoś ma na coś wielką ochotę, rwie się do czegoś»: Aż piszczy do zabaw.

piszczel *ż V, DCMs.* i *lm D.* piszczeli, a. *m I, D.* piszczela: Nogi chude jak piszczele. || *D Kult. I, 724; GPK Por. 93.*

piśmiennictwo (*nie*: pismiennictwo) *n III*: Współczesne piśmiennictwo.

piśmienniczy przym. od piśmiennictwo «pisarski, literacki»: Twórczość piśmiennicza XX wieku. Utwory piśmiennicze. *Por.* pisarski.

piśmienny 1. p. pisemny: Zadanie piśmienne (*częściej*: pisemne). Materiały piśmienne (*rzad.* pisemne). **2.** «umiejący pisać»: Człowiek piśmienny. || *D Kult. I, 552; U Pol. (2), 326, 552.*

Pitagoras (*wym.* Pitagoras, *nie*: Pytagoras) *m IV*: Twierdzenie Pitagorasa.

pitagoreizm (*nie*: pytagoreizm) *m IV, D.* pitagoreizmu, *Ms.* pitagoreizmie (*wym.* ~izmie a. ~iźmie), *blm.*

pitagorejski (*nie*: pytagorejski): Zasady pitagorejskie (*ale*: Szkoła Pitagorejska).

Pitaval (*wym.* Pitawal) *m I, D.* Pitavala (p. akcent § 7) **1.** «nazwisko francuskiego prawnika» **2.** pitaval (*wym.* pitawal), *D.* pitavala a. pitavalu «zbiór opisów procesów karnych»

Pitia p. Pytia.

pitny a. **pijalny**: Miód pitny. Woda pitna (pijalna). || *D Kult. I, 553; II, 161.*

Pittsburgh (*wym.* Pitsburg) *m III, D.* Pittsburgha «miasto w USA» — pittsburski.

pityjski p. pytyjski.

piure a. **purée** (*wym.* pjure) *n ndm*: Zamówić stek z kartoflami piure (purée).

Pius (*wym.* Pijus a. Pi-us) *m IV.* || *U Pol. (2), 451.*

piuska (*wym.* pjuska) *ż III, lm D.* piusek Kardynał nosi czerwoną piuskę, papież — białą.

PIW (*wym.* piw) *m IV, D.* PIW-u, *Ms.* PIW-ie «Państwowy Instytut Wydawniczy»: Wydawnictwa PIW-u. Pracować w PIW-ie. PIW wydał ostatnio wiele interesujących książek. — PIW-owiec a. piwowiec *m II, D.* PIW-owca (piwowca), *lm M.* PIW-owcy (piwowcy) — PIW-owski a. piwowski.

piwiarnia *ż I, lm D.* piwiarni, *rzad.* piwiarń.

Piwniczna *ż* odm. jak przym., *D.* Piwnicznej (*nie*: Piwniczny), *Ms.* Piwnicznej (*nie*: Piwnicznie): Jechać do Piwnicznej, pracować w Piwnicznej. — piwniczański.

piwny 1. «zrobiony z piwa; używany do wyrobu piwa»: Zupa piwna. Brzeczka piwna. 2. «brązowy (tylko jako określenie barwy oczu)»: Piwne oczy.

piwonia *ż I, DCMs.* i *lm D.* piwonii; in. peonia: Zaczerwienić się (czerwony) jak piwonia. Bukiet czerwonych piwonii.

piwowar *m IV, lm M.* piwowarzy.

piwowarstwo *n III, blm,* in. browarnictwo.

piwowiec, piwowski p. PIW.

Piza *ż IV* «miasto we Włoszech» — pizański.

pizzicato (*wym.* picc-ikato, *nie*: piczikato): Grać jakiś utwór pizzicato.

piżama a. **pidżama** *ż IV*: Spać w piżamie (pidżamie).

PKC (*wym.* pekace, p. akcent § 6) *ż* a. *n ndm* «Państwowa Komisja Cen»: PKC przeprowadziła (przeprowadziło) kontrolę cen.

PKF (*wym.* pekaef, p. akcent § 6) *ż ndm* a. *m IV, D.* PKF-u, *Ms.* PKF-ie «Polska Kronika Filmowa»: PKF była ciekawa (był ciekawy).

PKiN (*wym.* peka-i-en, *wym. żart.* pekin, p. akcent § 6) *m IV, D.* PKiN-u «Pałac Kultury i Nauki»: Wielu wydawców brało udział w targach książki w PKiN-ie. Pracować w PKiN-ie.

PKL (*wym.* pekael, p. akcent § 6) *m I, D.* PKL-u 1. a. *ż ndm* «Powiatowa Komisja Lokalowa»: Pracować w PKL-u (w PKL). PKL przeprowadził (przeprowadziła) kontrolę lokalu. 2. a. *blp, ndm* «Polskie Koleje Linowe»: Fundusze PKL-u (PKL). PKL otworzył (otworzyły) nową kolejkę linową.

PKN (*wym.* pekaen, p. akcent § 6) *m IV, D.* PKN-u, *Ms.* PKN-ie «Polski Komitet Normalizacyjny»: Normy PKN-u. Pracować w PKN-ie.

PKO (*wym.* pekao, p. akcent § 6) *n, rzad. ż ndm* 1. «Powszechna Kasa Oszczędności»: PKO ogłosiło (ogłosiła) październik miesiącem oszczędności. 2. także: **Pekao** «Polska Kasa Opieki (bank)» — PKO-wski a. pekaowski.

PKOl (*wym.* pekaol, p. akcent § 6) *m I, DMs.* PKOl-u «Polski Komitet Olimpijski»: PKOl ustalił skład ekipy olimpijskiej. Działalność PKOl-u.

PKP (*wym.* pekape, p. akcent § 6) *n* a. *blp, ndm* «Polskie Koleje Państwowe»: PKP wykonało (wykonały) swój plan miesięczny.

PKPG (*wym.* pekapegie, p. akcent § 6) *ż* a. *n ndm* «Państwowa Komisja Planowania Gospodarczego»: PKPG zajmowała (zajmowało) się opracowywaniem planów gospodarczych.

PKPS (*wym.* pekapees, p. akcent § 6) *m IV, D.* PKPS-u, *Ms.* PKPS-ie, *rzad. m ndm* «Polski Komitet Pomocy Społecznej»: Otrzymać zapomogę z PKPS-u (z PKPS). PKPS udzielił pomocy powodzianom.

PKR (*wym.* pekaer, p. akcent § 6) *m IV, D.* PKR-u, *Ms.* PKR-ze a. *ż ndm* «Powiatowa Komenda Rejonowa»: Wezwanie do PKR-u (do PKR). PKR ogłosił (ogłosiła) wezwanie do obywateli powiatu.

PKS a. **Pekaes** (*wym.* pekaes, p. akcent § 6) *m IV, D.* PKS-u (Pekaesu), *Ms.* PKS-ie (Pekaesie) 1. «Państwowa Komunikacja Samochodowa»: PKS wysłał na trasy dodatkowe wozy. Pracować w PKS-ie. 2. pekaes (*wym.* pekaes a. pekaes) «autobus PKS» — PKS-owiec a. pekaesowiec *m II, D.* PKS-owca (pekaesowca), *lm M.* PKS-owcy (pekaesowcy) — PKS-owski a. pekaesowski.

pkt «skrót wyrazu: *punkt*, pisany bez kropki, czytany jako cały, odmieniany wyraz»: To zagadnienie omówiono na str. 120 w pkt (*czyt.* w punkcie) 4. Mówi o tym § 7, pkt 2.

PKWN (*wym.* pekawuen, p. akcent § 6) *m IV, D.* PKWN-u, *Ms.* PKWN-ie «Polski Komitet Wyzwolenia Narodowego»: 22 lipca PKWN ogłosił historyczny Manifest Lipcowy.

pl. «skrót wyrazu: *plac*, pisany z kropką, czytany jako cały, odmieniany wyraz; stawiany zwykle przed nazwą placu», np. pl. Grunwaldzki. Mieszkać przy pl. (*czyt.* placu) Komuny Paryskiej.

plac (skrót: pl.) *m II, D.* placu, *lm D.* placów (*nie*: placy): Plac do zabaw, do ćwiczeń a. plac zabaw, ćwiczeń. Plac pod budowę domu. Kościół na placu Trzech Krzyży. Mieszkać na placu a. przy placu Zamkowym. △ *przestarz.* w zn. «miejsce bitwy, potyczki» — żywe we *fraz.* Dotrzymać placu «nie dać się w czymś prześcignąć» △ Ustąpić z placu «uznać się za pokonanego, wycofać się» △ Zostać na placu «zwyciężyć»

placet *ndm książk.* «zezwolenie, zgoda na coś»: Uzyskać placet na drukowanie książki.

plajta *ż IV pot.* «bankructwo»: Zrobić plajtę.

plakacista *m* odm. jak *ż IV, lm M.* plakaciści, *DB.* plakacistów.

plakat *m IV, D.* plakatu «reklama, ogłoszenie, hasło itp., zwłaszcza opracowane plastycznie; czasem to samo co: afisz, ogłoszenie, obwieszczenie»: Rozlepić plakaty.

plakietka *ż III, lm D.* plakietek; *rzad.* **plakieta** *ż IV.*

plamiasty p. plamisty.

plamić *ndk VIa*, plamię (*nie*: plamę), plam, plamiliśmy (p. akcent § 1a i 2): Plamiła książkę brudnymi palcami. △ *przen.* Takim postępowaniem plamił honor rodziny.

plamisty, *rzad.* **plamiasty:** Liście plamiste (plamiaste). Kora plamista (plamiasta). △ w terminach specjalnych tylko: plamisty, np.: Tyfus plamisty. △ Rdest, storczyk plamisty.

plan *m IV, D.* planu **1.** (często w *lm*) «pomysł, projekt, zamiar»: Doskonały, (nie)realny plan. Plany (plan) na przyszłość. Nosić się z planem (planami). □ P. co do kogo, czego: Miał inne plany co do córki. Obmyślał plany co do spadku. △ Mieć coś w planie (*lepiej* z rzecz. odsłownym niż z bezokol.): Mieć w planie remontować dom (*lepiej*: remontowanie, remont domu). **2.** «program działania, zadań, prac; rozkład zajęć, czynności»: Plan gospodarczy, produkcyjny, finansowy. Plan roczny, długofalowy. □ P. czego: Plan odbudowy. Plan pracy, wycieczki, urlopów. △ Wykonać, realizować plan. △ Skreślić coś z planu. △ Włączyć coś do planu. △ *pot. środ.* Wyrobić plan (w iluś procentach), zawalić plan. **3.** «rodzaj mapy, rysunek (zwłaszcza techniczny), szkic, schemat; układ czegoś»: Plan domu, miasta. △ Plan sytuacyjny. △ Plan utworu literackiego, wypracowania szkolnego, przemówienia. **4.** «miejsce osób lub przedmiotów w perspektywie (na scenie, na obrazach, rysunkach, zdjęciach, w krajobrazie)»: Plan pierwszy, drugi. Dalszy plan. △ Być, *rzad.* stać na pierwszym planie; wysuwać się, *rzad.* występować na pierwszy plan «być najważniejszym; zyskiwać największe znaczenie, największą wartość» △ Zejść na drugi, dalszy plan; usunąć, zepchnąć na drugi, dalszy plan «stracić na znaczeniu, na wartości; spowodować, że ktoś stracił lub coś straciło na znaczeniu, na wartości» **5.** *środ.* «miejsce realizacji danego fragmentu akcji filmowej»: Coś jest na planie. Wychodzić na plan.

planet (*nie:* planeta) *m IV, D.* planetu «narzędzie rolnicze do spulchniania gleby»: Planet ręczny, konny.

planeta (*nie:* płaneta) *ż IV*: Najszybciej krążącą planetą jest Merkury.

planetoida (*wym.* planetoi-da, *nie:* planeto-ida) *ż IV*, zwykle w *lm*.

planktolog a. **planktonolog** *m III, lm M.* planktolodzy (planktonolodzy) a. planktologowie (planktonologowie).

planktologia a. **planktonologia** *ż I, DCMs.* planktologii (planktonologii), *blm*.

planktonowy, *rzad.* **planktoniczny:** Skorupiaki planktonowe (planktoniczne).

planować *ndk IV*, planowaliśmy (p. akcent § 1a i 2) — **zaplanować** *dk* □ P. co (*nie:* P.+bezokol.): Planuje się powołanie komitetu (*nie:* powołać komitet). ‖ *KP Pras.*

plant *m IV* **1.** *D.* plantu, *lm D.* plantów «teren wydzielony na tor kolejowy»: Plant kolejowy. **2.** (tylko w *lm*) *D.* plant «teren zadrzewiony, przeznaczony na spacery» używane zwykle w odniesieniu do Plant w Krakowie (jako nazwę pisze się dużą literą). ‖ *U Pol. (2), 601.*

plantator *m IV, lm M.* plantatorzy, *rzad.* plantatorowie.

plasnąć *dk Va,* plasnąłem (*wym.* plasnołem; *nie:* plasnełem, plasłem), plasnął (*wym.* plasnoł), plasnęła (*wym.* plasnęła; *nie:* plasła), plasnęliśmy (*wym.* plasnęliśmy; *nie:* plaśliśmy; p. akcent § 1a i 2) — **plaskać** *ndk I*, plaskaliśmy: Plasnęła w ręce z radości. Ptak plasnął skrzydłami i poderwał się do lotu.

plasować *ndk IV*, plasowaliśmy (p. akcent § 1a i 2) — **uplasować** *dk książk. rzad.* «umieszczać» **plasować się** (zwykle w jęz. sportowym): Ten zawodnik plasował się zwykle na pierwszych miejscach (*lepiej:*... zajmował zwykle pierwsze miejsce). ‖ *KP Pras.*

plaster (*nie:* plastr) *m IV, D.* plastra: Plaster miodu.

plastyczka *ż III, lm D.* plastyczek *pot.* «plastyk (o kobiecie)»

plastyk *m III* **1.** *D.* plastyka (p. akcent § 1d) «artysta w dziedzinie sztuk plastycznych»: Wystawa prac znanego plastyka. **2.** (*nie:* plastik) *D.* plastyku «tworzywo sztuczne, masa plastyczna»: Torebka z plastyku.
plastyk — o kobiecie, p. nazwy i tytuły zawodowe kobiet.

plastyka (*wym.* plastyka, nie: plastyka, p. akcent § 1c) *ż III, blm.*

plastykowy: Wyroby plastykowe. Bomba plastykowa.

Plata p. La Plata.

platan *m IV, D.* platana (*nie:* platanu).

plater *m IV, D.* plateru, *lm D.* platerów, zwykle w *lm* «przedmioty platerowane»

Plater *m IV, D.* Platera, *lm M.* Platerowie. Plater *ż ndm* (Emilia Plater — uczestniczka powstania listopadowego) — Platerowa *ż odm. jak przym.* — Platerówna *ż IV, D.* Platerówny, *CMs.* Platerównie (*nie:* Platerównej), *lm D.* Platerówien.

platforma (*nie:* placforma) *ż IV*: Platforma ciężarówki. Platforma kolejowa. Platforma węgla. △ w zn. *przen., lepiej:* płaszczyzna, np.: Mimo znacznej różnicy poglądów szukali jakiejś platformy (*lepiej:* płaszczyzny) porozumienia. △ *środ.* Platforma ideologiczna. Platforma wyborcza. ‖ *KP Pras.*

platfus (*nie:* blatfus) *m IV* **1.** *D.* platfusa a. platfusu, *lm M.* platfusy; in. płaskostopie: Mieć platfus (*nie:* platfusa). **2.** *DB.* platfusa, *lm M.* te platfusy a. ci platfusi *pot.* «człowiek mający płaskie stopy» ‖ *D Kult. I, 769.*

Platon, *rzad.* **Plato** *m IV, D.* Platona.

platoniczny «oparty na skłonności wyłącznie duchowej, pozbawiony pierwiastka zmysłowego»: Platoniczna miłość. *Por.* platoński.

platonik *m III, D.* platonika (*nie:* platonika, p. akcent § 1d), *lm M.* platonicy; a. **platończyk** *m III, lm M.* platończycy «zwolennik filozofii Platona»

Platoński 1. «należący do Platona, napisany przez Platona»: Pisma Platońskie.
2. platoński «właściwy Platonowi»: Filozofia platońska. Dialogi platońskie. *Por.* platoniczny.

Plaut (*wym.* Plau-t, *nie:* Pla-ut) *m IV, Ms.* Plaucie: Komedie Plauta.

plaża *ż II, lm D.* plaż: Rozległa, nadbałtycka plaża. Plaża rzeki. △ Dzika plaża.

plażować, *pot.* **plażować się** *ndk IV,* plażowaliśmy (się; p. akcent § 1a i 2) «korzystać z kąpieli słonecznych na plaży; opalać się»

plądrować *ndk IV,* plądrowaliśmy (p. akcent § 1a i 2) — **splądrować** *dk* □ P. co «rabować, grabić»: Rabusie plądrowali wsie. □ (tylko *ndk*) P. po czym «szperać, grzebać»: Plądrowali po cudzych szafkach.

plątać *ndk IX,* plącze, plącz, plątaliśmy (p. akcent § 1a i 2), *rzad. I,* pląta, plątaj □ P. co: Plątać nici. □ *pot.* P. co z czym: Plątali prawdę ze zmyśleniem.
plątać się: Nici plączą się przy szyciu. □ P. się w czym «gmatwać się, wikłać się»: Plątał się w zeznaniach. □ P. się w co «wikłać się w coś, być zamieszanym w coś»: Plątała się w różne afery. □ *pot.* P. się (komu) z czym «mieszać się w czyimś umyśle»: Nowe przepisy plątały się urzędnikom ze starymi. △ *pot.* Coś się komuś plącze po głowie «coś się komuś niejasno przypomina» △ *pot.* Komuś się plącze w głowie «komuś mącą się myśli» △ *pot.* Język się komuś plącze «ktoś coś mówi, przekręcając wyrazy, bez logicznego związku» // *KJP 272.*

pleban *m IV, lm M.* ci plebani «proboszcz»

plebania (*wym.* plebańja) *ż I, DCMs.* i *lm D.* plebanii; in. probostwo.

plebejstwo a. **plebejuszostwo** *n III, blm.*

plebejusz *m II, lm M.* plebejusze, *D.* plebejuszy a. plebejuszów.

Plechanow (*wym.* Plechanow) *m IV, DB.* Plechanowa, *C.* Plechanowowi, *N.* Plechanowem (*nie:* Plechanowym): Ideologia Plechanowa.

pleciuch a. **plociuch** *m III, lm M.* te pleciuchy, plociuchy (także o kobietach) *pot.* «plotkarz, plotkarka; gaduła, papla»: Nie lubię tej baby, bo to pleciuch. I tak rozsądnych chłopców wyrosły takie plociuchy!

pleciuga *ż* a. *m odm.* jak *ż III, M.* ten a. ta pleciuga (także o mężczyznach), *lm M.* te pleciugi, *D.* pleciugów (tylko o mężczyznach) a. pleciug, *B.* tych pleciugów (tylko o mężczyznach) a. te pleciugi *pot., lekcew.* «człowiek gadatliwy; papla, gaduła»

plecy *blp, D.* pleców (*nie:* plec), *N.* plecami (*nie:* plecyma): Dwoje, pięcioro pleców. Wąskie, szerokie plecy. Plecy sukni, palta, krzesła, kanapy. Uderzyć kogoś w plecy, po plecach, przez plecy. △ Stać plecami do kogoś, do czegoś «stać tyłem» △ Poza czyimiś plecami «poza kimś, bez czyjejś wiedzy; pokryjomu» △ Chować się za czyimiś plecami a. za czyjeś plecy «uchylać się od odpowiedzialności» △ Odwrócić się plecami do kogoś, czegoś «okazać komuś, czemuś brak zainteresowania, obojętność, lekceważenie» △ Zadać cios w plecy «zaatakować podstępnie, znienacka» △ *pot.* Mieć plecy «mieć protekcję» // *D Kult. II, 461; PJ 1962, 458.*

pleć (*nie:* pielić, plić) *ndk XI,* pielę, pielesz (*nie:* pielisz, plisz), piele (*nie:* pieli, pli), pełł (*nie:* pielił, plił, pleł), pełliśmy (*nie:* pieliliśmy, pliliśmy; p. akcent § 1a i 2), pielony, *rzad.* pełty (*nie:* plony, plety,

pelony): Starannie pełła grządki w ogródku. Pielone (pełte) grządki. // *D Kult. I, 753; KJP 287.*

pled *m IV, D.* pledu: Otuliła się kraciastym pledem.

pleksiglas (*wym.* pleks-iglas) *m IV, D.* pleksiglasu, *blm.*

plemię *n V, C.* plemieniu (*nie:* plemieniowi), *lm M.* plemiona, *D.* plemion, *C.* plemionom (*nie:* plemioniom): Plemiona słowiańskie.

pleneria *niepoprawne* zamiast: sceneria, np.: W plenerii śniegu, w plenerii górskiej (*zamiast:* na tle śniegu, w scenerii górskiej). // *KP Pras.*

plenipotencja *ż I, DCMs.* i *lm D.* plenipotencji; *częściej:* pełnomocnictwo: Udzielić komuś plenipotencji.

plenipotent *m IV, lm M.* plenipotenci; *częściej:* pełnomocnik.

plenum *n VI, lm M.* plena (*nie:* plenumy), *D.* plenów (*nie:* plenumów): Projekt reformy szkolnictwa rozważano na plenum sejmu. Przemówienia na plenach. Plenum uchwaliło rezolucję, ustaliło wytyczne dalszej pracy partii. Kolejne plena partyjne.

pleonastyczny: Wyrażenie pleonastyczne.

pleonazm *m IV, D.* pleonazmu, *Ms.* pleonazmie, (*wym.* ~azmie a. ~aźmie).

***pleonazm** «wyraz lub wyrażenie określone albo uzupełnione wyrazem bliskoznacznym lub równoznacznym», np.: cichuteczka cisza, płaczę i łzy przelewam. △ Pleonazmy pojawiają się w wypowiedzi najczęściej jako wynik niedostatecznego uświadomienia sobie znaczenia użytych wyrazów. △ Przykłady wyrażeń i zwrotów niepoprawnych ze względu na swoją pleonastyczność: „wzajemne współdziałanie, aktywna praca, ciemny mrok, błędna omyłka, nadal kontynuować, wracać z powrotem, poprawić się na lepsze, eksport mebli za granicę”. △ Pleonazmami bywają nie tylko wyrażenia, ale i formy wyrazowe, np. w formie: „bardziej zrozumialszy” stopień wyższy jest niepotrzebnie wyrażony dwojako (przysłówkiem *bardziej* i przyrostkiem *-szy*). △ Pleonazmy w tekstach utworów literackich są niekiedy świadomie zastosowanym środkiem ekspresji artystycznej; służą do spotęgowania wyrazistości wypowiedzi, lepszego oddania uczuć, nastrojów; czasem też — do wywołania efektu humorystycznego. Tak np. pleonazm Wyspiańskiego: „Wisła ci śpiewkę śpiewa śpiewną” wzmacnia ekspresję obrazu poetyckiego. Zamierzony efekt humorystyczny wywołuje natomiast pleonastyczne zdanie w wierszu Mickiewicza: „drży me serce zajęcze, tchórząc tchórzliwiej od tchórza”. // *D Kult. 270; Kl. Aleź 95; KP Pras.*

Pleszew *m IV, D.* Pleszewa, *C.* Pleszewowi (*ale:* ku Pleszewowi a. ku Pleszewu) «miasto» — pleszewianin *m V, D.* pleszewianina, *lm M.* pleszewianie, *D.* pleszewian — pleszewianka *ż III, lm D.* pleszewianek — pleszewski.

pleść *ndk XI,* plotę (*nie:* pletę), plecie, plótł, plotła (*nie:* pletła), pletliśmy (p. akcent § 1a i 2) **1.** «splatać, zaplatać, wyplatać»: Pleść włosy, warkocze, wianki. Pleść kosz z wikliny. **2.** *pot.* «mówić bez sensu, paplać»: Pleść głupstwa (o kimś, o czymś). △ Pleść od rzeczy. Pleść co ślina na język przyniesie. Pleść trzy po trzy.

pleśń *ż V, lm M.* pleśnie: Mur pokryty pleśnią. Pleśnie rozwijają się w wilgoci.

pletwa p. płetwa.

plewa *ż IV* (często w *lp* w zn. zbiorowym): Oddzielić ziarno od plew (od plewy). △ Wyłuskać ziarno z plew (z plewy); odróżnić ziarno od plewy «oddzielić rzeczy wartościowe od bezwartościowych; rozpoznać rzecz prawdziwą wśród nieprawdziwych» △ Brać, wziąć, złapać kogoś (a. się) na plewy «okłamać, oszukać, zwieść kogoś; dać się oszukać, zwieść»

plewić *dk VIa,* plewiliśmy (p. akcent § 1a i 2) *reg.* «pleć»

Plewna *ż IV* «miasto w Bułgarii (Plewen)»: Mieszkać w Plewnie. — pleweński.

Pleyel (*wym.* Plejel) *m I, D.* Pleyela (*wym.* Plejela): Fortepiany Pleyela.

plik *m III, D.* pliku; a. **plika** *ż III, D.* pliki: Gazeciarz biegł z plikiem (pliką) gazet.

PLO (*wym.* peelo, p. akcent § 6) *n ndm* a. *blp* «Polskie Linie Oceaniczne»: PLO przewiozło (przewiozły) w roku bieżącym więcej ton towaru niż w latach poprzednich.

plociuch p. pleciuch.

Ploeszti *n ndm* «miasto w Rumunii» — ploeszteński.

plomba (*nie:* blomba) *ż IV*: Zdjąć, zerwać (*nie:* zniszczyć) plombę umieszczoną w celu zabezpieczenia np. lokalu przed otwarciem. △ Założyć plombę. Z zęba wypadła plomba.

plombować (*nie:* blombować) *ndk IV,* plombowaliśmy (p. akcent § 1a i 2) — **zaplombować** *dk*: Pokój, w którym dokonano morderstwa, został zaplombowany. △ Dentysta plombuje zęby.

plon *m IV, D.* plonu (często w *lp* w zn. zbiorowym): Plony zbóż, buraków. Plon z hektara. Dać, przynieść, wydać plon (plony). Osiągnąć, uzyskać, zebrać (dobry, bogaty) plon. Dobre, duże (*nie:* wysokie) plony. △ *przen.* Jego praca oświatowa przyniosła obfite plony.

plotka *ż III, lm D.* plotek: Robić, opowiadać, powtarzać, rozsiewać, rozpuszczać plotki. Plotki krążą, kursują. □ P. o kim, o czym, na kogo, co: Roznosił o mnie plotki. Narobiła plotek na nasz temat.

plotkarz *m II, lm D.* plotkarzy.

plucha *ż III, CMs.* plusze «długotrwały deszcz, słota, szaruga»

pluć *ndk Xa,* pluliśmy (p. akcent § 1a i 2) — **plunąć** *dk Vb,* plunąłem (*wym.* plunołem; *nie:* plunełem), plunął (*wym.* plunoł), plunęła (*wym.* pluneła), pluneliśmy (*wym.* pluneliśmy): Zachowywali się wstrętnie: śmiecili, pluli na podłogę. □ P. czym: Chory pluł krwią. □ *wulg.* P. na kogo, na co «lekceważyć kogoś, nic sobie z kogoś, czegoś nie robić» △ *pot.* Pluć sobie w brodę «wyrzucać sobie coś, żałować utraconej szansy» △ Nie dać sobie w kaszę pluć (*częściej:* dmuchać) «nie dać się krzywdzić, nie dać sobie ubliżać»

plugawo, *rzad.* **plugawie:** Wyrażać się plugawo (plugawie).

plus *m IV* 1. *D.* plusa «znak dodawania»: Dwa plus (a. dodać) dwa równa się cztery. △ Plus minus «mniej więcej, w przybliżeniu» 2. *D.* plusu «wartość dodatnia, zaleta» △ Zapisać, policzyć, zaliczyć coś komuś na plus «uznać coś zą czyjąś zaletę» △ Zmieniać (się) na plus a. in plus «zmieniać (się) na korzyść»

pluskać *ndk I,* pluskam, pluska, pluskaj, pluskaliśmy (p. akcent § 1a i 2) a. *IX,* pluszczę, pluszcze, pluszcz — **plusnąć** *dk Va,* pluśnie, pluśnij, plusnąłem (*wym.* plusnołem; *nie:* plusnełem, plusłem), plusnął (*wym.* plusnoł), plusnęła (*wym.* plusneła; *nie:* plusła), plusnęliśmy (*wym.* plusneliśmy; *nie:* pluśliśmy).

pluskać się □ P. się w czym: Pluskali się w jeziorze przez dobrą godzinę.

pluskiewka *ż III, lm D.* pluskiewek; in. pinezka.

pluskwa *ż IV, lm D.* pluskiew.

plusnąć p. pluskać.

plusz *m II, D.* pluszu, *lm D.* pluszów (*nie:* pluszy).

Pluszne *n* odm. jak przym., *NMs.* Plusznem; a. (z wyrazem: jezioro) *ndm* «jezioro»: Kemping nad Plusznem (nad jeziorem Pluszne).

pluta *ż IV reg.* «plucha»

pluton *m IV, D.* plutonu «oddział wojska»: Dowódca plutonu.

Pluton *m IV, D.* Plutona 1. «mitologiczny bóg grecki; nazwa planety» 2. pluton, *D.* plutonu «pierwiastek chemiczny»

plwać *ndk I przestarz.,* dziś używane w zn. *przen.* «pluć» □ P. na kogo, na co «nie liczyć się z kimś, lekceważyć coś»

Plymouth (*wym.* Plimut) *m* a. *n ndm* «miasto w Anglii»

płacheć *m I, D.* płachcia a. *ż V, DCMs.* i *lm D.* płachci *rzad.* «spłacheć»: Płacheć łąki wśród ornych pól. Na polach leżą płachcie brudnego śniegu.

płacić *ndk VIa,* płacę, płać, płaciliśmy (p. akcent § 1a i 2): Płacić od sztuki. □ P. co: Płacić cło, długi, komorne. □ P. czym: Płacił samym bilonem, gotówką, wekslami. □ P. (czym) za co: Po pierwszy płacił za telefon. Płacić miesięcznie za naukę, za utrzymanie. □ P. komu (*nie:* kogo): Płacić sprzątaczce (*nie:* sprzątaczkę). △ Płacić życiem, głową, krwią, skórą itp. «ryzykować życie; odpowiadać za coś własną głową» △ Płacić pięknym za nadobne «odwzajemniać się tym samym (zwykle: złem za zło)»

płacowy *rzad., urz.*: Listy płacowe (*lepiej*: listy płac).

płacz *m II, D.* płaczu, *lm D.* płaczów (*nie:* płaczy): Wybuchnąć płaczem. Powstrzymać się od płaczu. Trząść się od płaczu. Uderzyć w płacz. Zanosić się płaczem (od płaczu). Utulić kogoś w płaczu (*nie:* z płaczu). Komuś się zbiera na płacz. Miał już dość tych jej ciągłych płaczów. △ *pot.* Ktoś w płacz «ktoś zaczyna płakać» △ *pot.* Jest komuś do płaczu «komuś chce się płakać»

płakać *ndk IX*, płaczę, płakaliśmy (p. akcent § 1a i 2): Płakać cicho (a. po cichu), bezgłośnie, głośno. □ P. nad kim, czym: Płakał nad swoim losem. □ P. po kim, czym: Płakali po jego odjeździe. □ P. za kim, czym: Płakał za nią jak dziecko. □ P. przed kim: Płakała przed przyjaciółką. □ P. z czego: Płakać ze szczęścia, z bólu. □ *pot.* P. na kogo: Płakała często na córkę. △ Płakać jak bóbr, płakać rzewnymi łzami.

płaksa *ż* a. *m* odm. jak *ż IV*, *M.* ten a. ta płaksa (także o mężczyznach), *lm M.* te płaksy, *D.* płaksów (tylko o mężczyznach) a. płaks, *B.* tych płaksów (tylko o mężczyznach) a. te płaksy; *częściej:* beksa.

płaksiwy *m-os.* płaksiwi *pot.* «płaczliwy»

! płaneta p. planeta.

płanina *ż IV reg.* «polana leśna lub hala górska w Karpatach wsch.; połonina»

płask p. na płask.

płasko- 1. «pierwszy człon wyrazów złożonych (przymiotników, rzeczowników), pisany łącznie, wskazujący na płaskość tego, co wyraża druga część złożenia», np.: płaskonosy, płaskowyż, płaskodenny. 2. «pierwszy człon przymiotników złożonych, pisany z kreską, określający płaskość przedmiotu, podczas gdy drugi człon określa inną cechę», np.: płasko-wypukły, płasko-wklęsły. △ Wyrażenia, których pierwszym członem jest przysłówek, a drugim imiesłów pisze się rozdzielnie, np. płasko zakończony.

płaskostopie *n I, lm D.* płaskostopi; in. platfus.

płaskowyż *m II, D.* płaskowyżu, *lm D.* płaskowyżów (*nie*: płaskowyży) «duża równina na znacznej wysokości»

płaskowzgórze *n I, lm D.* płaskowzgórzy «mała płaska wyniosłość»

płaszcz *m II, lm D.* płaszczy a. płaszczów: Płaszcz letni, zimowy, nieprzemakalny. Płaszcz od deszczu. Chować, nieść coś pod płaszczem. Narzucić (na ramiona), włożyć płaszcz. Okryć się płaszczem. Otulić się, owinąć się płaszczem, zawinąć się w płaszcz. △ Ubrać się w płaszcz (*nie*: ubrać płaszcz).

płaszczowy przym. od płaszcz: Tkaniny płaszczowe (*lepiej*: tkaniny na płaszcze).

płaszczyć się *ndk VIb*, płaszczyliśmy się (p. akcent § 1a i 2) «stawać się płaskim» △ częściej *przen.* «poniżać się» □ P. się przed kim, czym a. wobec kogo, czego: Płaszczyli się przed przełożonym. Płaszczy się wobec władzy.

płaszczyzna *ż IV*: Bezdrzewna, nie kończąca się płaszczyzna. Płaszczyzna śniegu, lodu (a. lodowa). △ *przen.* Znaleźć płaszczyznę (*nie*: platformę) porozumienia. // KP Pras.

Płaszów *m IV, D.* Płaszowa, *C.* Płaszowowi (*ale*: ku Płaszowowi a. ku Płaszowu) «dzielnica Krakowa» — płaszowski.

płaśnia *ż I, lm D.* płaśni *reg.* «płaski, równy teren; płaszczyzna»

płat *m IV, D.* płata a. płatu.

płatew *ż V, DCMs.* płatwi, *lm M.* płatwie, *D.* płatwi; a. **płatwa** *ż IV, D.* płatwy, *CMs.* płatwie, *lm M.* płatwy, *D.* płatew «belka podpierająca krokwie na dachu»

pława *ż IV, częściej:* boja.

pławek *m III, D.* pławka *reg.* «pływak (w zn. 3b)»

pławić *ndk VIa*, pławiliśmy (p. akcent § 1a i 2): Pławić konie w rzece. **pławić się**: Pławić się w morzu. △ *przen.* Pławić się w słońcu, w zbytkach, w rozkoszy. △ Pławić się we krwi a) «krwawić obficie»: Ranny pławił się we krwi. b) «być sprawcą masowych mordów, śmierci wielu ludzi»: Najeźdźcy pławili się we krwi zwyciężonych. △ Pławić się we łzach «zalewać się łzami»

pławik *m III*, in. spławik, pływak, *reg.* pławek, popławek, spławek.

płaz *m IV* 1. *D.* płaza «zwierzę»: Żaby należą do gromady płazów. 2. *D.* płazu (używana najczęściej w narzędniku) «płaska strona broni siecznej»: Uderzyć kogoś płazem szabli. △ *przen.* Puścić (*rzad.* przepuścić) coś komuś płazem «okazać pobłażliwość; wybaczyć» △ Coś komuś ujdzie płazem «ujdzie bezkarnie»

płd. «skrót wyrazów: *południe, południowy*, pisany z kropką, czytany jako cały, odmieniany wyraz; stosowany w tekstach geograficznych, atlasach, na mapach itp.»: Wiatr płd.-wsch. (*czyt.* południowo-wschodni). Dzielnica Praga Płd. (*czyt.* Południe).

płeć *ż V, DCMs.* płci, *lm M.* płcie a. płci, *D.* płci: Płeć męska, żeńska. Byli tam ludzie obojga płci. △ *przestarz., żart.* Piękna, słaba płeć «kobiety» △ Płeć brzydka «mężczyźni» // KJP 213.

płetwa, *rzad.* pletwa *ż IV, lm D.* płetw (pletw).

płetwonurek *m III, lm M.* ci płetwonurkowie a. te płetwonurki.

płk «skrót wyrazu: *pułkownik*, pisany bez kropki, stawiany zwykle przed nazwiskiem lub przed imieniem i nazwiskiem, czytany jako cały wyraz»: Płk Kwiatkowski, płk Stefan Kwiatkowski. Współpracował z płk (*czyt.* pułkownikiem) Stefanem Kwiatkowskim.

płn. «skrót wyrazów: *północ, północny*, pisany z kropką, czytany jako cały, odmieniany wyraz; stosowany w tekstach geograficznych, atlasach, na mapach itp.»: Na szkicu sytuacyjnym, wyraźnie zaznaczono kierunki: płn.-płd. (*czyt.* północ-południe).

płochy *m-os.* płosi, *st. w.* bardziej płochy *wych. z użycia* «lekkomyślny, nierozważny, niestały w uczuciach, rzadziej w poglądach» // KJP 253.

płocica p. płotka.

Płock *m III, D.* Płocka «miasto» — płocczanin *m V, D.* płocczanina, *lm M.* płocczanie, *D.* płocczan — płocczanka *ż III, lm D.* płocczanek — płocki (p.).

płocki: Powiat płocki (*ale*: Wysoczyzna Płocka).

płoć p. płotka.

płodozmianowy a. **płodozmienny**: Gospodarstwo płodozmianowe (płodozmienne).

płodzić *ndk VIa*, płodzę, płódź, płodziliśmy (p. akcent § 1a i 2) — **spłodzić** *dk*: Płodzić dzieci. △ *przen. żart.* Płodzić wiersze, artykuły.

płomienisty p. płomienny (w zn. 1 i 2).

płomienny 1. «płonący, palący się»: Płomienna (a. płomienista) żagiew. **2.** «mający barwę płomienia»: Płomienna (a. płomienista) róża. **3.** «wyrażający czyjś wewnętrzny żar, namiętność; namiętny»: Płomienne oczy. Płomienna miłość.

płomień m I, lm N. płomieniami: Dom stanął w płomieniach.

płonąć ndk Vb, płonąłem (wym. płonołem; nie: płonełem), płonął (wym. płonoł), płonęła (wym. płoneła), płonęliśmy (wym. płoneliśmy; p. akcent § 1a i 2): Ogień, lampa, światło płonie. □ P. czym, z czego: Płonąć ciekawością, z ciekawości. Płonąć wstydem, ze wstydu. Płonąć oburzeniem, z oburzenia.

płonica ż II, blm środ. (med.) «szkarlatyna»

płonić się p. zapłonić się.

płonny (nie: płony) wych. z użycia, książk.: Płonna obawa, nadzieja. △ bot. Płonne pędy. △ geol., górn. Skała płonna. Minerał, urobek płonny. || D Kult. I, 816.

Płońsk m III, D. Płońska «miasto» — płońszczanin m V, D. płońszczanina, lm M. płońszczanie, D. płońszczan — płońszczanka ż III, lm D. płońszczanek — płoński.

płot m IV, D. płotu (nie: płota), C. płotowi (nie: płotu): Przywiązał krowę do płotu (u płotu). △ D. lp płota — jest używany w przysłowiu: Słowo się rzekło, kobyłka u płota.

płotka ż III, lm D. płotek; a. **płoć** ż V, lm M. płocie; rzad. **płocica** ż II △ przen. (tylko: płotka) «osoba mało znacząca w hierarchii służbowej, administracyjnej»: Był tylko prowincjonalną płotką.

Płowce blp, D. Płowiec a. Płowców «miejscowość»: Zwycięstwo Łokietka pod Płowcami. — płowiecki.

Płowdiw m IV, D. Płowdiwu «miasto w Bułgarii» — płowdiwski.

płowieć ndk III, płowiałby (p. akcent § 4c) **1.** «o tkaninach: blaknąć, burzeć» **2.** «o roślinach: żółknąć»: Trawy płowiały od słońca.

płoza ż IV, lm D. płóz, rzad. płoz (nie: płozów): Sanie na płozach.

płótniany (nie: płótnianny) reg. «płócienny»

płótno n III, lm D. płócien: Surowe, zgrzebne, szare płótno. △ Ktoś blady jak płótno; zblednąć jak płótno. △ książk. Przenieść coś na płótno «namalować coś, stworzyć obraz» △ pot., żart. Mieć płótno w kieszeni «nie mieć pieniędzy»

płóz a. **płoz** m IV, D. płozu «część pługa»

płucnik m III **1.** «ludowa nazwa rośliny» **2.** środ. «lekarz specjalista chorób płucnych»

płuco n I, zwykle w lm: Zapalenie płuc. Rozedma płuc. Chory na płuca.

Płudy blp, D. Płud «miejscowość» — płudowski.

pług m III, D. pługa, rzad. pługu.

płukać ndk IX, płuczę (nie: płukę, płukam), płukaliśmy (p. akcent § 1a i 2): Płukać bieliznę w wodzie. Płukać gardło rumiankiem.

płycina ż IV, in. filunek, filung, ramiak «wypełnienie ramy drzwi lub boazerii»: Drzwi z płyciną.

płynąć ndk Vb, płynąłem (wym. płynołem, nie: płynełem), płynął (wym. płynoł), płynęła (wym. płyneła), płynęliśmy (wym. płyneliśmy, p. akcent § 1a i 2) **1.** «o cieczach itp.: lać się, ciec, toczyć się (w pewnym kierunku)»: Rzeka, strumień płynie. △ Prąd (elektryczny) płynie w przewodach. △ przen. Czas, życie płynie. Dni, lata płyną. Z czegoś płyną korzyści. **2.** «posuwać się po wodzie a. w wodzie (w pewnym kierunku)»: Płynąć żabką, kraulem. Płynąć pod prąd, z prądem (rzeki). □ P. czym, przez co, po czym: Płynąć rzeką, morzem (przez rzekę, morze). Płynąć po jeziorze, po morzu. □ P. czym — po czym: Płynąć (nie: jechać) statkiem, łodzią, łódką po jeziorze. **3.** «wypływać, wynikać» □ P. z czego: To, co mówię, płynie z najlepszych intencji. Czyny jej płynęły ze szlachetnych pobudek. Por. pływać.

płytki m-os. płytcy, st. w. płytszy: Płytka woda. Płytki talerz. Płytkie trzewiki. △ To człowiek płytki, ujmujący życie powierzchownie.

płytko st. w. płycej (nie: płyciej, płydzej, płydziej).

pływać ndk I, pływaliśmy (p. akcent § 1a i 2) **1.** «utrzymywać się na powierzchni jakiegoś płynu; być w nim nieco zanurzonym» □ P. na czym: Na powierzchni zupy pływały skwarki. □ P. po czym: Korek pływa po powierzchni wody. □ P. w czym: Makaron pływa w sosie pomidorowym. **2.** «umieć się utrzymać na powierzchni wody»: Pływać żabką, kraulem. Nie jeździł na nartach i nie pływał. **3.** «wiele razy podróżować statkiem; być marynarzem»: Pływać po morzach i oceanach. Pracował w marynarce, ale nie pływał. △ Pływać na jakimś statku «być zatrudnionym na jakimś statku, wchodzić w skład jego załogi»: Pływał przez kilka lat na Batorym. Por. płynąć.

pływak m III, D. pływaka **1.** lm M. ci pływacy «ten, kto płynie, pływa, umie pływać»: Wśród zawodników byli dobrzy pływacy. **2.** lm M. te pływaki, rzad. ci pływacy przen. «człowiek mówiący o czymś powierzchownie, ogólnikowo» **3.** lm M. te pływaki **a)** B. = D. «ptak i owad»: Złowiliśmy pływaka żółtobucika. **b)** B. = M. «przedmiot unoszący się na powierzchni płynu (mający różne zastosowanie)»: Pływak u wędki (in. spławik, pławik, reg. pławek, spławek, popławek).

pływalnia ż I, lm D. pływalni, rzad. pływalń: Pójść na pływalnię. Być na pływalni. Pójść do pływalni, być w pływalni (zwłaszcza kiedy mowa o pływalni krytej).

pm (wym. peem, p. akcent § 6) «skrót wyrazów: pistolet maszynowy, pisany bez kropki, czytany także jako całe, odmieniane wyrażenie»: Dostaliśmy 100 pm (czyt. peemów, pistoletów maszynowych). Instrukcja obsługi pm (czyt. peemu, pistoletu maszynowego).

PMH (wym. peemha, p. akcent § 6) ż a. n ndm «Polska Marynarka Handlowa»: Jednostki morskie PMH. PMH otrzymała (otrzymało) kilka nowych jednostek dalekomorskich.

PMRN (*wym.* peemeren, p. akcent § 6) *m IV, D.* PMRN-u a. *n ndm* «Prezydium Miejskiej Rady Narodowej»: Złożyć podanie do PMRN-u (do PMRN). PMRN zwołał (zwołało) zebranie ogólne.

PMW (*wym.* peemwu, p. akcent § 6) *ż a. n ndm* «Polska Marynarka Wojenna»: Okręty PMW. PMW przeprowadziła (przeprowadziło) manewry na morzu.

pnący imiesł. czynny od czas. piąć się △ Rośliny pnące «pnącza»

pnącze *n I, lm M.* pnącza, *D.* pnączy; *rzad.* **pnącz** *m II, lm M.* pnącze, *D.* pnączy a. pnączów.

p.n.e. «skrót wyrażenia: *przed naszą* (a. *nową*) *erą*, pisany z kropkami, czytany jako całe wyrażenie, stosowany w tekstach odnoszących się do wydarzeń historycznych»: Homer tworzył w VIII w. p.n.e. (*czyt.* przed naszą a. nową erą).

pniak *m III* «część pnia; pieniek»

pniewski: Park pniewski (*ale*: Jezioro Pniewskie).

Pniewy *blp, D.* Pniew «miasto»: Jechać do Pniew. — pniewski (p.).

po «przyimek łączący się zwykle z miejscownikiem, rzadziej z biernikiem (wyjątkowo z celownikiem)» **1.** «w połączeniach z **miejscownikiem** wchodzi w skład wyrażeń oznaczających: **a)** «miejsce czynności»: Chodzić po lesie. Chmury płyną po niebie. Po szosie przemknął samochód.
b) «część ciała, ubioru — objętą działaniem»: Całować kogoś po rękach, głaskać po głowie. Uderzyć się po boku, po kieszeni.
c) «różne strony przedmiotu jako miejsca, w którym coś się znajduje (często w tej funkcji przyimek *po* może być zastąpiony przyimkiem *z* z dopełniaczem)»: Polać tort po (z) wierzchu lukrem. Mieszkać po drugiej stronie ulicy. △ *niepoprawne* Po prawo (*zamiast*: po prawej, po lewej stronie; z prawej, z lewej strony; na prawo, na lewo; w prawo, w lewo), np. Po prawo (*zamiast*: na prawo, z prawej strony) stał cukier, po lewo (*zamiast*: na lewo, z lewej strony) — sól.
d) «osoby lub zbiorowiska ludzkie znajdujące się w różnych miejscach»: Jeździł po sąsiadach z wizytami. Chowała się po krewnych i znajomych. Ogłoszono rozkaz po wszystkich kompaniach.
e) «miarę, liczbę, wartość, cenę czegoś (bez liczebników)»: Dostali po kawałku chleba. Dała im po szturchańcu. Kupował bułki po groszu. Wzięli schedę po połowie.
f) «relację między czasem zdarzenia a czasem wypowiedzi lub czasem innego zdarzenia»: Zrobimy to po obiedzie. Po niedzieli wyjadę za granicę. Obudził się po godzinie. Po napisaniu listu zapieczętowała go. Wrócił do kraju po długiej tułaczce. △ Przed wojną i po wojnie (*nie*: przed i po wojnie). △ *niepoprawne* Po wszystkiemu (*zamiast*: po wszystkim), np. No, już po wszystkiemu (*zamiast*: po wszystkim) — zdałem egzamin.
g) «w *lm* — czas faktów powtarzających się (w tej funkcji używana też konstrukcja bezprzyimkowa z narzędnikiem)»: Uczył się po całych dniach (całymi dniami). W dzień spał, po nocach (nocami) grał w karty.
h) «przedmioty, z których był zrobiony jakiś użytek»: Szklanka po herbacie, garnek po zupie, papier po mięsie. △ Kiedy chodzi o rzecz jednorazowo

opróżnioną z czego, używamy przyimka *po* (regionalnie też: *z*): Butelka po piwie, *reg.* z piwa.
i) «poprzedniego posiadacza własności, nosiciela cechy»: Prowadziła sklep po mężu. To pierścionek po babce. Odziedziczył po rodzicach piękny majątek. Ma czarne oczy po matce. Mieć talent po ojcu.
j) «punkt odniesienia w hierarchii»: Była w domu pierwszą osobą po ojcu. Kapitana statku nazywano pierwszym po Bogu. Nasi zawodnicy zdobyli trzecie miejsce po zawodnikach węgierskich i radzieckich.
k) «kryterium rozpoznawania faktów»: Widzę po twoich oczach, żeś zmęczony. Rozróżniać potrawy po zapachu. △ Coś jest po czyjejś myśli «coś jest zgodne z czyjąś myślą, ... pragnieniem» △ Po linii czegoś (*lepiej*: w myśl czegoś, zgodnie z czymś), np. Sprawa toczy się po linii (*lepiej*: w myśl) porozumienia. △ *niepoprawne* Po mojemu (*zamiast*: Według mnie, moim zdaniem), np. Po mojemu (*zamiast*: według mnie) nie należało tak postąpić. △ Po formie (*zamiast*: przepisowo), np. Wszystko odbyło się po formie (*zamiast*: przepisowo). △ Po zwyczaju (*zamiast*: zgodnie ze zwyczajem), np. Po zwyczaju (*zamiast*: zgodnie ze zwyczajem) przyjęto nas chlebem i solą.
2. «w połączeniach z **biernikiem** tworzy wyrażenia oznaczające»: **a)** «kres przestrzenny, granice zasięgu czegoś (w tej funkcji często bywa zastępowany przyimkiem *do* z dopełnieniem)»: Śnieg po kolana (do kolan). Ktoś zakochany po uszy. Beczka wypełniona po brzegi. Woda sięgała mu po pas (do pasa).
b) «kres czasowy (dziś w tej funkcji *do* z dopełniaczem)»: Pracował po ostatnie tchnienie (dziś *częściej*: do ostatniego tchnienia) swego życia. Po dzień dzisiejszy (do dnia dzisiejszego) nie oddał mi tego długu.
c) «cel jakiejś czynności, istotę lub przedmiot będące tym celem»: Iść do sklepu po chleb, do studni po wodę. Sięgnąć do kieszeni po chustkę. Przyszedłem po radę. △ Pójść, posłać po lekarza, po cukier (*nie*: za lekarzem, za cukrem). △ Stać (w kolejce) po mięso (*nie*: za mięsem).
d) «liczbę, wartość, cenę lub ich jednostki (w połączeniu z liczebnikami)»: Będziecie mieli po tysiąc złotych nagrody. Stosy cegieł po sto sztuk. Zeszyty po trzy złote.
3. «z **celownikiem** wchodzi w skład zleksykalizowanych wyrażeń»: △ Po złotemu: Sprzedawała bukieciki po złotemu. △ Po ile? *przestarz.* po czemu? (*nie*: na ile?) «w jakiej cenie (za jednostkę miary, wagi)?»: Po ile dziś kartofle? △ Ponadto przyimek *po* wchodzi w skład wyrażeń przysłówkowych oraz wyrażeń złożonych z przymiotników i niektórych zaimków lub rzeczowników użytych w dawnej i współczesnej formie celownika; wyrażenia takie, pisane rozdzielnie, stanowią odrębne hasła w słowniku, np.: po cichu, po kryjomu, po polsku, po trochu, po trosze, po temu, po naszemu. △ Wyjątkiem — pisanym łącznie — jest wyraz *pomału* i pochodne. △ Uwaga. Przyimek *po* z liczebnikami pisze się zawsze rozdzielnie, np.: po pięć, po pół, po drugie, po wtóre. △ Przyimek *po* z zaimkami *co, cóż, to, nic* — pisze się rozdzielnie, np.: po co, po czym, po czemu, po czemu, po to, po tym (w zn. następstwa czegoś po czymś). △ Wyjątek: potem «później» || D Kult. II, 93, 603; U Pol. (1), 305, 310.

po- 1. «przedrostek tworzący czasowniki pochodne, najczęściej dokonane, oznaczający»: **a)** «(z dopełnieniem w *lm*) powtarzanie czynności przez jeden podmiot względem wielu przedmiotów», np.: pobudzić, pogubić, popiec, postrącać, poznaczyć.

b) «(z podmiotem w *lm*) wykonywanie tej samej czynności przez różne podmioty», np.: pobankrutować, posnąć, powariować, pożenić się.

c) «dokonaność czynności jednorazowej», np.: pochwalić, pochwycić, podarować, policzyć, poratować, powitać, pożegnać.

d) «trwanie czynności, stanu przez pewien czas lub wielokrotność czynności», np.: pobolec, pobyć, pocierpieć, poczytać, pogadać, pojeździć, poleżeć, poróżnować, pospać, pożyć.

e) «początek czynności lub stanu», np.: pociec, poczuć, pojechać, pokochać, popłynąć.

f) «wielokrotną dokonaność czynności (w niewielkim stopniu nasilenia)», np.: pobłyskiwać, pobolewać, pochrząkiwać, polatywać, popłakiwać. △ Przedrostek *po-* może też tworzyć czasowniki pochodne dokonane od innych czasowników przedrostkowych (zwykle wielokrotnych), np.: pododawać, poobgryzać, pookręcać, popodbijać, porozbijać, powyciągać, pozaklejać, pozjadać.

2. «przedrostek tworzący (wraz z przyrostkami czasownikowymi) czasowniki pochodne od innych wyrazów», np.: pogorszyć, porozumieć się, poróżnić się, poślubić, potroić.

3. «część składowa przymiotników, przysłówków, liczebników i rzeczowników, mających za podstawę połączenie przyimka *po* zwykle z rzeczownikiem», np.: pogranicze, poranek, poobiedni, postronny, poczwórny, poniżej.

4. «część składowa niektórych przyimków złożonych», np.: ponad, poprzez, poza, pomimo.

p.o. (*wym.* pe-o) «skrót wyrażenia: *pełniący obowiązki*, pisany z kropkami, stawiany przed wyrazem oznaczającym funkcję, urząd, stanowisko itp.»: P.o. kierownik kliniki, Jasiński. Należy to uzgodnić z p.o. dyrektorem (*nie*: z p.o. dyrektora) Zakładów, ob. Janiakiem.

pobiec a. **pobiegnąć** *dk Vc*, pobiegnę, pobiegnie, pobiegnij, pobiegł, pobiegła, pobiegli, pobiegliśmy (p. akcent § 1a i 2): Dzieci pobiegły do ogrodu. Pobiec (pobiegnąć) co tchu, jak strzała, pędem, galopem.

pobiegać *dk I*, pobiegaliśmy (p. akcent § 1a i 2) (często z zaimkiem *sobie*): Pobiegaj (sobie) trochę.

pobierać p. pobrać.

poblask *m III*, D. poblasku *książk.* «lekki blask, odbicie blasku; odblask»: Poblask księżyca.

poblednąć, *rzad.* **pobladnąć** *dk Vc*, poblednę (pobladnę), pobladł, *rzad.* poblednął a. pobladnął (*wym.* poblednoł, pobladnoł); pobladła, *rzad.* pobledła (*nie*: pobladnęła, poblednęła); pobledliśmy, pobladliśmy (p. akcent § 1a i 2): Twarz komuś pobladła. Ktoś pobladł (na twarzy). □ P. z czego: Poblednąć ze wzruszenia, z gniewu.

pobliski (bez *st. w.*) «niedaleki»: Mieszkał w pobliskim miasteczku.

pobliże *n I*, *rzad.* w *lm* M. pobliża, D. pobliży (najczęściej w wyrażeniu: w pobliżu): W pobliżu nie było nikogo. Drzewa rosły w pobliżu wody.

pobłażać *ndk I*, pobłażaliśmy (p. akcent § 1a i 2) □ P. komu — w czym: Nie pobłażał nikomu.

Pobłażał dzieciom w drobnych wykroczeniach. □ P. czemu: Nauczyciel nie pobłażał nawet drobnym wykroczeniom. Nie pobłażał lenistwu.

pobłażanie *n I, blm* «wyrozumiałość, pobłażliwość» □ P. dla kogo, czego: Mieć, okazywać pobłażanie dla czyichś słabostek, dla lekkomyślnego syna. || *KJP 357.*

pobłażliwy *m-os.* pobłażliwi, *st. w.* pobłażliwszy a. bardziej pobłażliwy: Pobłażliwy opiekun, nauczyciel. Pobłażliwy uśmiech. □ P. dla kogo a. wobec kogo (*nie*: komu): Był pobłażliwy dla dzieci. Ojciec był wobec nas pobłażliwy. □ P. dla czego: Bądźmy pobłażliwi dla cudzych błędów.

pobłogosławić p. błogosławić.

pobocze *n I, lm* D. poboczy.

pobolewać *ndk I*, pobolewałby (p. akcent § 4c): Zaczęło mnie pobolewać gardło.

poborowy *m-os.* poborowi: Wiek, rocznik poborowy. Komisja poborowa.
poborowy w użyciu rzeczownikowym: Poborowych umieszczono w koszarach.

po bożemu p. boży.

pobożniś *m I, lm* D. pobożnisiów *lekcew.* «człowiek pobożny lub udający pobożność; świętoszek»

pobór *m IV, D.* poboru **1.** «pobieranie, powoływanie do wojska, do pracy; zbieranie, ściąganie»: Pobór rekruta (rekrutów). Przeprowadzić pobór do wojska. △ *urz.* Pobór mocy elektrycznej, gazu, ciepła (przez odbiorców). Pobór podatków, czynszów. **2.** (tylko w *lm*) *urz.* «stałe wynagrodzenie za pracę; pensja, gaża»: Wysokie, niskie pobory pracowników. Podwyższyć, obniżyć, wypłacić komuś pobory.

pobóść *dk XI*, pobodę, pobodzie, pobódź, pobódł, pobodła, pobodliśmy (p. akcent § 1a i 2), pobodzony.

pobrać *dk IX*, pobiorę (*nie*: pobierę), pobierze, pobiorą (*nie*: pobierą), pobraliśmy (p. akcent § 1a i 2) — **pobierać** *ndk I*, pobieraliśmy **1.** *urz.* «wziąć, otrzymać coś jako wynagrodzenie, należność, przydział itp.»: Pobierać pensję, rentę. Pobierać od kogoś cło, podatki, komorne. Pobrać należność za coś. Pobierać (*nie*: kasować) opłatę. △ (częściej *ndk*) Pobierać naukę, nauki «uczyć się» △ *niepoprawne*: Pobierać (*zamiast*: odbywać) praktykę. Pobierać (*zamiast*: podejmować) decyzję. **2.** *książk.* «wydobyć, wziąć jako próbkę czegoś»: Pobierać próbkę wody. Pobrać od kogoś krew do analizy. Rośliny pobierają fosfor z gleby. **3.** tylko *dk* «wziąć wiele czegoś po kolei albo z wielu miejsc»: Pobrali do rąk kije i ruszyli naprzód. Pobrali na plecy swoje tobołki i odeszli.

pobrać się — **pobierać się** w zn. «zawrzeć małżeństwo» (tylko w *lm* — o dwojgu ludziach): Mają się pobrać, pobiorą się za kilka dni. △ *niepoprawne* w zn. «wyjść za mąż, ożenić się», np. Ona się niedługo z nim pobierze (*zamiast*: wyjdzie za niego za mąż). On się z nią pobierze (*zamiast*: On się z nią ożeni).

pobratymiec (*nie*: pobratyniec) *m II, D.* pobratymca, *W.* pobratymcze, *lm M.* pobratymcy *wych. z użycia, książk.* «człowiek tego samego szczepu co i my, mówiący tym samym a. pokrewnym językiem»: Wszyscy Słowianie są pobratymcami.

pobruździć *dk VIa*, pobrużdżę, pobruźdź, pobruździliśmy (p. akcent § 1a i 2), zwykle w imiesł. biernym: Droga pobrużdżona koleinami. Twarz pobrużdżona zmarszczkami.

pobrzask *m III, D.* pobrzasku, często *poet.* «słaby brzask; słabe światło, poblask»: Pobrzask gasnącego ogniska.

pobrząkać a. **pobrzękać** *dk I*, pobrząkaliśmy, pobrzękaliśmy (p. akcent § 1a i 2) — **pobrząkiwać** a. **pobrzękiwać** *ndk VIIIb*, pobrząkuję, pobrzękuję (*nie*: pobrząkiwuję, pobrzękiwuję, pobrząkiwam, pobrzękiwam), pobrząkiwaliśmy, pobrzękiwaliśmy □ P. czym: Pobrząkiwać (pobrzękiwać) kluczami. □ P. na czym: Nucił pobrzękując na mandolinie.

pobrzeże *n I, lm D.* pobrzeży (*nie*: pobrzeż): Pobrzeże Bałtyku. Pobrzeża Afryki, Azji. Pobrzeże (*częściej*: pobocze) drogi, szosy.

pobudka *ż III, lm D.* pobudek: Pobudka bojowa a. do boju. Zagrać pobudkę. Zatrąbić na pobudkę. △ w zn. *przen.* «bodziec, powód» — częściej w *lm*: Działać z pobudek ideowych, ze szlachetnych pobudek. Zataił prawdę z pobudek osobistych. □ P. czego: Pobudki postępowania. □ P. do czego: Pobudka do działania, do czynu.

pobudzić *dk VIa*, pobudziliśmy (p. akcent § 1a i 2) — **pobudzać** *ndk I*, pobudzaliśmy **1.** «wywołać u kogoś jakiś stan psychiczny, reakcję na coś»: Pobudzić apetyt, ciekawość. Środki pobudzające. □ P. (kogo) do czego: Pobudzić do czynu, do działania. Byle co może go pobudzić do gniewu. **2.** tylko *dk* «obudzić kolejno wiele osób»

po burłacku p. burłacki.

pobyt *m IV, D.* pobytu: Pobyt na wyspie, na wsi, w górach. Miejsce pobytu. Zameldować kogoś gdzieś na pobyt stały, tymczasowy. Poznałem go podczas pobytu u ciebie.

pocałować *dk IV*, pocałowaliśmy (p. akcent § 1a i 2): Pocałować kogoś w rękę, w usta, w policzek.

pocałunek *m III, D.* pocałunku: Pocałunek w usta, w czoło. Obsypywać kogoś pocałunkami. Przesłać komuś ręką pocałunek. △ *książk.* Złożyć pocałunek na czyimś czole.

pochlebiać, *posp.* **podchlebiać** *ndk I*, pochlebialiśmy, podchlebialiśmy (p. akcent § 1a i 2) — **pochlebić**, *posp.* **podchlebić** *dk VIa*, pochlebię (podchlebię), pochleb (podchleb), pochlebiliśmy (podchlebiliśmy) «o ludziach: chwalić, zwykle przesadnie, często dla przypodobania się komuś; o rzeczach: sprawiać przyjemność przez zaspokajanie czyichś ambicji» □ (*częściej ndk*) P. komu, czemu: Pochlebiał swojemu zwierzchnikowi i dzięki temu zyskiwał sobie jego względy. Opinia krytyków o jego wierszach pochlebiała mu bardzo. △ Pochlebiam sobie «poczytuję sobie za zaletę, muszę się pochwalić»: Pochlebiam sobie, że nigdy bym się nie dał przekupić.

podchlebiać się, *rzad.* **pochlebiać się** — **podchlebić się**, *rzad.* **pochlebić się** «chwalić kogoś dla własnej korzyści, nadskakiwać, podlizywać się

komuś» □ P. się komu: Podchlebiał się wpływowemu przyjacielowi przy każdej okazji.

pochlubić się p. chlubić się.

pochłaniacz *m II, lm D.* pochłaniaczy, *rzad.* pochłaniaczów: Pochłaniacz pyłu. Maska gazowa z pochłaniaczem węglowym.

pochłonąć *dk Vb*, pochłonąłem (*wym.* pochłonołem; *nie*: pochłonełem), pochłonął (*wym.* pochłonoł), pochłonęła (*wym.* pochłonęła), pochłonęliśmy (*wym.* pochłoneliśmy, p. akcent § 1a i 2) — **pochłaniać** *ndk I*, pochłanialiśmy: Urządzenie pochłaniające kurz. △ *przen.* Katastrofa pochłonęła wiele ofiar. Praca go całkowicie pochłania. Zamiast się uczyć pochłania powieści. Pochłaniać kogoś oczami, wzrokiem.

pochmurno, *rzad.* **pochmurnie** *st. w.* pochmurniej.

pochodnia *ż I, lm D.* pochodni: Drogę przez pustkowie oświetlano sobie pochodniami.

pochodny (*nie*: pochodni): Rzeczownik *pisanie* jest pochodny od *pisać*.
pochodna w użyciu rzeczownikowym: Nitroceluloza jest pochodną celulozy.

pochodzenie *n I*: Polak z pochodzenia. Amerykanin, Francuz polskiego pochodzenia. Tłuszcze pochodzenia roślinnego. // *D Kult. II, 91.*

pochodzić *ndk a. dk VIa*, pochodź (*nie*: pochódź), pochodziliśmy (p. akcent § 1a i 2) **1.** *dk* «spędzić jakiś czas na chodzeniu; pospacerować»: Pochodzić po lesie. □ *pot.* P. w czym «ponosić ubranie przez pewien czas»: Pochodziła w tej sukience dwa miesiąc □ *pot.* P. koło czego, za czym «poczynić starania, żeby coś uzyskać, osiągnąć»: Musiał pochodzić koło swoich interesów. Sprawa jest do załatwienia, trzeba tylko za nią pochodzić. **2.** *ndk* «brać swój początek z czegoś; wywodzić się» □ P. od kogo, od czego: Wiadomość pochodzi od niego. Rana pochodzi od uderzenia tępym narzędziem. □ P. z czego: Pochodził z rodziny robotniczej. Wiadomość pochodzi z poważnego źródła.

pochop *m IV, D.* pochopu *przestarz.* «chęć, zapęd, impuls, podnieta» □ P. do czego: Pochop do pisania, do twórczości. To smutne wydarzenie dało artyście pochop do napisania tragedii.

pochorować *dk IV*, pochorowaliśmy (p. akcent § 1a i 2): Pochorował dwa dni i wrócił do pracy.
pochorować się □ P. się z czego, od czego: Pochorowali się z zimna. Na statku w czasie sztormu wszyscy się pochorowali od kołysania.

pochować *dk I*, pochowaliśmy (p. akcent § 1a i 2) □ P. co — do czego «ukryć, schować coś (wiele czegoś) do czegoś»: Pochować książki do szuflady. □ P. kogo «pogrzebać, złożyć kogoś w grobie»: Pochowano go z wszelkimi honorami.

pochowek a. **pochówek** *m III, D.* pochowku (pochówku), *rzad.* pochowka (pochówka) *pot.* «chowanie zmarłego, pogrzeb»: Sprawić komuś pochowek (pochówek).

pochód *m IV, D.* pochodu «maszerujące wojsko, kroczący, maszerujący tłum; *rzad.* posuwanie się naprzód, marsz»: Pochód pierwszomajowy. Otwierać, rozpoczynać, zamykać pochód. Iść, kroczyć w pochodzie (*nie*: z pochodem). Zmęczyć się długim pochodem. △ *niepoprawne* w zn. «wyprawa wojenna», np. Wyruszyć w pochód (*zamiast*: na wyprawę).

pochwa (*nie*: pochew) *ż IV, lm D.* pochew, *rzad.* pochw: Wyjąć nóż, miecz, szablę z pochwy. Schować szablę do pochwy.

pochwalać *ndk I*, pochwalaliśmy (p. akcent § 1a i 2) «uznawać za słuszne, dobre, właściwe; aprobować»: Pochwalał to małżeństwo. Nie pochwalał gwałtownych środków. △ *niepoprawne* w zn. «chwalić, mówić pochwały», np. Jedni go krytykowali, drudzy pochwalali (*zamiast*: chwalili).

pochwalić *dk VIa*, pochwaliliśmy (p. akcent § 1a i 2) «wyrazić uznanie, pozytywną opinię o kimś, o czymś» □ P. kogo za co: Pochwalił ucznia za pilność. Pochwaliła gosposię za wzorowy porządek. □ P. kogo przed kim: Pochwalił ją przed nauczycielem.

pochwalić się □ P. się kim, czym: Chciał się pochwalić swoim wpływowym wujem. Mógł się pochwalić dobrymi wynikami w nauce.

pochwała *ż IV*: Otrzymać, zyskać pochwałę (od kogoś za coś). □ P. czego: Pochwała rozumu, czyjejś pracowitości. □ P. za co: Pochwała za dzielność. □ P. dla kogo, czego: To jest dla mnie pochwała.

pochwycić *dk VIa*, pochwyciliśmy (p. akcent § 1a i 2), *częściej*: chwycić: Pochwycić przestępcę, zbrodniarza. Pochwycić kogoś w objęcia. △ Pochwycić coś w lot «zrozumieć coś, zorientować się w czymś szybko, od razu»: Uczeń pochwycił w lot moją myśl. △ Pochwycić władzę, ster rządów (w swoje ręce) «zdobyć władzę, zacząć kierować, rządzić»

pochwytny *rzad. książk.* «uchwytny; postrzegalny»: Mówił szeptem ledwie pochwytnym.

pochylić (*nie*: pochilić) *dk VIa*, pochyliliśmy (p. akcent § 1a i 2) — **pochylać** (*nie*: pochilać) *ndk I*, pochylaliśmy: Przed trybuną pochylono sztandary.
pochylić się — **pochylać się** □ P. się nad czym, nad kim: Po krótkim zamyśleniu pochylił się znów nad książką. Lekarz pochylił się nad rannym. □ P. się ku czemu: Pochylił się gwałtownie ku ziemi. Głowy ich pochyliły się ku sobie.

pociąć *dk Xc*, potnę, potnie, pociąłem (*wym.* pociołem; *nie*: pocietem), potnij, pocięliśmy (*wym.* pocieliśmy; p. akcent § 1a i 2): Opony pocięte odłamkami szkła. □ P. co na co: Pociąć papier na arkusze, drewno na deski.

pociąg *m III, D.* pociągu 1. «zestaw wagonów poruszający się po szynach, ciągnięty przez lokomotywę»: Pociąg elektryczny, motorowy, parowy. Pociąg do Warszawy, Krakowa (gdy Warszawa, Kraków jest celem podróży); pociąg na Warszawę, Kraków (gdy chodzi o kierunek). Pociąg z Warszawy, z Krakowa. Nadjechał zapowiedziany (*nie*: zgłoszony) pociąg. Jechać pociągiem. Spóźnić się na pociąg (*nie*: spóźnić pociąg). △ *pot.* Wyjść po kogoś na pociąg, *rzad.* do pociągu «pójść na dworzec kolejowy na spotkanie osoby przyjeżdżającej określonym pociągiem» 2. «skłonność» □ P. do kogo, czego:

Mieć pociąg do trunków, do kobiet, do majsterkowania.

pociągły «podłużny, wydłużony, owalny, smukły (tylko o twarzy, jej rysach)»: Pociągła twarz.

pociągnąć *dk Va*, pociągnij (*nie*: pociąg), pociągnąłem (*wym.* pociągnołem; *nie*: pociągnełem, pociągłem), pociągnął (*wym.* pociągnoł; *nie*: pociągł), pociągnęła (*wym.* pociągneła; *nie*: pociągła), pociągnęliśmy (*wym.* pociągneliśmy; *nie*: pociągliśmy; p. akcent § 1a i 2) — **pociągać** *ndk I*, pociągaliśmy 1. «ciągnąc posunąć, poprowadzić, ponieść, przesunąć, wciągnąć» □ P. kogo, co — za co: Pociągnąć kogoś za rękę, za włosy, za połę płaszcza. Pociągnąć za linę. □ P. kogo, co — ku komu, czemu: Pociągnął ją ku sobie, ku oknu. □ P. czym — po czym: Pociągnąć smyczkiem po strunach, pilnikiem po metalu. □ P. co czym «pokryć cienką warstwą czegoś; pomalować»: Pociągnął parapet białą farbą. □ *pot.* P. z czego «napić się z czegoś»: Pociągnął z butelki parę łyków. △ Pociągnąć kogoś do odpowiedzialności sądowej «pozwać kogoś przed sąd» △ Coś pociągnęło coś za sobą «coś spowodowało coś»: Zaniedbanie pociągnęło za sobą fatalne skutki. △ (tylko *ndk*) Pociągać nogą, nogami «powłóczyć nogą, nogami, zwykle na skutek kalectwa» △ (tylko *ndk*) Pociągać miód, wino, wódkę «pić, popijać miód, wino, wódkę» △ (tylko *dk*) *pot.* Ktoś niedługo pociągnie «ktoś niedługo pożyje» △ *przen.* (zwykle *ndk*) «wzbudzać zainteresowanie, sympatię; przyciągać, nęcić» □ P. kogo czym: Pociągał wszystkich swoim towarzyskim wdziękiem. □ Coś kogoś pociąga «coś pociągają kogoś podróże, przygody. □ P. kogo do czego «pobudzić, zachęcić»: Pociągnąć kogoś do walki. 2. tylko *dk* «pójść, podążyć»: Tłumy manifestantów pociągnęły na plac.

po cichu «niegłośno, bez sprawiania hałasu; *przen.* w tajemnicy, ukradkiem»: Wymknąć się po cichu.

pocić się *ndk VIa*, pocimy się, pociliśmy się (p. akcent § 1a i 2) □ P. się od czego (zwykle kiedy wymieniamy przyczynę zewnętrzną): Pocić się od pracy, od gorąca. □ P. się z czego (zwykle kiedy wymieniamy przyczynę wewnętrzną): Pocić się ze strachu, z emocji. □ *przen.* P. się nad czym «pracować męcząc się, mozolić się, ślęczeć»: Uczeń bezskutecznie się pocił nad trudnym zadaniem.

pociecha *ż III*: Doznać, szukać pociechy. Znaleźć w czymś pociechę. Ktoś ma z kogoś pociechę. △ *pot.* Sto pociech (z czegoś, z kogoś) «wiele radości, dużo śmiechu»: Sto pociech mieliśmy z niego, kiedy robił zabawne miny.

Pociecha *m* odm. jak *ż III, lm M.* Pociechowie, *DB.* Pociechów.
Pociecha *ż III, rzad. ndm* — Pocieszyna *ż IV, D.* Pocieszyny, *CMs.* Pocieszynie (*nie*: Pocieszynej) a. Pociechowa *ż* odm. jak przym. — Pocieszanka *ż III, lm D.* Pocieszanek; a. Pociechówna *ż IV, D.* Pociechówny, *CMs.* Pociechównie (*nie*: Pociechównej), *lm D.* Pociechówien.

pocięgiel (*nie*: ta pocięgla) *m I, D.* pocięgla.

pocisnąć *dk Va*, pociśnij, pocisnąłem (*wym.* pocisnołem; *nie*: pocisnełem, pocisłem), pocisnął (*wym.* pocisnoł), pocisnęła (*wym.* pocisneła; *nie*:

pocisła), pocisnęliśmy (*wym.* pocisneliśmy; *nie*: pociśliśmy; p. akcent § 1a i 2) — **pociskać** *ndk I*, pociskaliśmy; *częściej*: nacisnąć, przycisnąć: Pocisnąć klamkę, sprężynę.

po co — wyrażenie pisane zawsze rozdzielnie **1.** «będące prostym połączeniem przyimka *po* z zaimkiem *co* w bierniku»: Po co idziesz do sklepu? — Po mleko. Po co (*nie*: za czym) ta kolejka? — Po mięso. **2.** często z odcieniem *pot.* «w zn. przysłówkowym: w jakim celu, z jakiej racji; czemu, dlaczego»: Nie wiem, po co on przyjechał. Po co się wtrącasz? Nie ma po co do nich iść, nikogo nie zastaniemy. □ Po co + bezokol.: Po co się martwić zawczasu?

po cóż «wzmocnione *po co*»: Po cóż ci ten nowy kłopot?

pocukrzyć *dk VIb*, pocukrz (*nie*: pocukrzyj), pocukrzyliśmy (p. akcent § 1a i 2); a. **pocukrować** *dk IV*, pocukrowaliśmy «posypać cukrem; *rzad.* dodać cukru, osłodzić, posłodzić»: Pocukrzyć (pocukrować) placek. Pocukrzyć (*częściej*: osłodzić, posłodzić) herbatę, kawę.

począć *dk Xc*, pocznę, pocznie, pocznij, poczęliśmy (*wym.* poczeliśmy, p. akcent § 1a i 2), poczęty — **poczynać** *ndk I*, poczynaliśmy *książk.* **a)** «zacząć»: Począł padać śnieg. Poczynając od wtorku zajęcia mieliśmy codziennie. △ Co począć? Nie wiedzieć co począć «co robić? nie wiedzieć, co (teraz) zrobić» △ Poczynać sobie w jakiś sposób «zachowywać się, postępować w jakiś sposób (zwykle: śmiało, dzielnie)»: Poczynali sobie coraz śmielej. **b)** tylko *dk* «zajść w ciążę»: Począć dziecko.

początek *m III*, D. początku: Zaczynać od początku. Na początek otrzymał dwa tysiące złotych. Z początku praca nie szła mu dobrze. Przyjechał do nas w początkach (*rzad.* w początku) lipca. Zdarzyło się to na początku (*nie*: z początkiem) lutego. Uczyć początków łaciny. △ Brać początek «zaczynać się, wywodzić się»: Rzeka bierze początek u podnóża góry. Od imienia właściciela wzięła początek nazwa tej wsi. △ Dać początek czemuś «spowodować powstanie czegoś, zapoczątkować coś»: Strumienie i potoki łączą się, dając początek rzekom.

__*początkowe cząstki wyrazów__ p. cząstki wyrazów.

poczciarz (*nie*: poćciarz) *m II, lm* D. poczciarzy *pot.* «pracownik poczty»

poczciwiec (*nie*: poćciwiec) *m II*, D. poczciwca, W. poczciwcze, forma szerząca się: poczciwcu, *lm* M. poczciwcy.

poczciwina (*nie*: poćciwina) *m* a. *ż* odm. jak *ż IV*, M. ten a. ta poczciwina (także o mężczyznach), *lm* M. te poczciwiny, D. poczciwinów (tylko o mężczyznach) a. poczciwin, B. tych poczciwinów (tylko o mężczyznach) a. te poczciwiny «z odcieniem pobłażliwości lub lekceważenia: człowiek poczciwy, dobry»

Poczdam *m IV*, D. Poczdamu «miasto w NRD» — poczdamski (p.).

poczdamski: Konferencja poczdamska.

poczekalnia *ż I, lm* D. poczekalni, *rzad.* poczekalń.

poczekanie *n I*, zwykle w *pot.* wyrażeniu: Na poczekaniu «od razu, na miejscu, bezzwłocznie»: Załatwić sprawę na poczekaniu.

po czemu p. po.

poczernieć *dk III*, poczernieliśmy (p. akcent § 1a i 2) □ P. od czego: Balustrada balkonu poczerniała od deszczów. □ P. z czego: Mury poczerniałe ze starości.

poczesny (*nie*: pocześny, poczestny) *st. w.* pocześniejszy a. bardziej poczesny *książk.* «ważny, zaszczytny (zwykle o miejscu, stanowisku)»: Zajmował poczesne stanowisko w swoim rodzinnym mieście. Pisarz ten zajmuje poczesne miejsce w naszej literaturze.

poczet *m IV*, D. pocztu **1.** *wych. z użycia* «zespół osób (*rzad.* rzeczy)»: Poczet królów polskich. △ Poczet (*nie*: poczt) sztandarowy «oddział, zespół ludzi grupujących się dokoła niosącego sztandar» △ Przyjąć, wpisać, zaliczyć kogoś w poczet (*nie*: w liczbę, do liczby) czegoś «przyjąć, wpisać, zaliczyć kogoś do jakiegoś grona, zespołu, do jakiejś grupy»: Został przyjęty w poczet słuchaczy uniwersytetu. Wpisaliśmy go w poczet członków naszej organizacji. △ Wejść w poczet (*nie*: w liczbę, do liczby) czegoś «zostać zaliczonym, przyjętym do jakiegoś grona, zespołu, do jakiejś grupy»: Wszedł w poczet członków tego znakomitego zespołu. **2.** *daw.* «rachunek, rachuba» — dziś żywe w urzędowych zwrotach: Zaliczyć, wpłacić (jakąś kwotę) na poczet czegoś «zaliczyć, wpłacić (jakąś kwotę) na rachunek czegoś» △ Zaliczyć na poczet czegoś «zaliczyć do czegoś, uznać jako coś»: Sąd zaliczył na poczet kary areszt tymczasowy.

poczęstować *dk IV*, poczęstowaliśmy (p. akcent § 1a i 2) □ P. kogo czym: Poczęstowała gości koniakiem. Poczęstował mnie papierosem.
poczęstować się □ P. się czym: Poczęstowali się papierosami. △ *pot.* Proszę się poczęstować, *lepiej*: proszę, może pan, pani pozwoli... (kiedy się proponuje gościowi zjedzenie czegoś). // D Kult. I, 109.

po części p. część.

Poczobutt *m IV*, D. Poczobutta (*wym.* Poczobuta), Ms. Poczobucie, *lm* M. Poczobuttowie. Poczobutt *ż ndm* — Poczobuttowa (*wym.* Poczobutowa) *ż* odm. jak przym. — Poczobuttówna (*wym.* Poczobutówna) *ż IV*, D. Poczobuttówny, CMs. Poczobuttównie (*nie*: Poczobuttównej), *lm* D. Poczobuttówien.

poczta *ż IV* (skrót: p-ta) **1.** «instytucja przewożąca i doręczająca przesyłki; placówka tej instytucji, dom, w którym się mieści ta placówka»: Pracować na poczcie. Przesłać, rozesłać coś (np. zawiadomienia, zaproszenia) pocztą a. przez pocztę. Iść na pocztę. △ Odpisać, wysłać coś odwrotną pocztą «wysłać odpowiedź, przesyłkę szybko, niezwłocznie» △ *pot.* Poczta pantoflowa «pogłoski, plotki puszczane w obieg, powtarzane jednym osobom przez drugie» **2.** «przesyłki pocztowe»: Odebrać, przynieść, przeglądać pocztę. Wyjąć pocztę ze skrzynki. // D Kult. II, 77.

pocztowiec *m II*, D. pocztowca **1.** *lm* M. ci pocztowcy «urzędnik pocztowy» **2.** *lm* M. te pocztowce **a)**

«statek przeznaczony do przewożenia poczty» b) «gołąb pocztowy»

pocztówka (*nie*: odkrytka) *ż III, lm D.* pocztówek: Wysyłać, otrzymywać pocztówki.

pocztylion *m IV, lm M.* pocztylioni a. pocztylionowie.

poczucie *n I,* zwykle *blm*: Poczucie bezpieczeństwa. Zamyślił się tak, że stracił poczucie rzeczywistości. Brak poczucia humoru to duża wada. Mieć poczucie obowiązku. Wpajać w kogoś poczucie odpowiedzialności. // *D Kult. I, 183; KP Pras.*

poczuć *dk Xa,* poczuliśmy (p. akcent § 1a i 2): Poczuć zapach, chłód, czyjeś dotknięcie, smak czegoś. Poczuć ból, zmęczenie, ulgę, wstręt. □ P. co dla kogo: Poczuł dla niego wdzięczność. □ P. co do kogo: Poczuł do niego sympatię.
poczuć się: Poczuć się dobrze, źle, niedobrze. Poczuć się osłabionym. □ P. się kim: Uznanie dla jego wierszy sprawiło, że poczuł się artystą. △ Poczuć się na siłach (coś wykonać, czegoś dokonać) «zdać sobie sprawę, że się czemuś podoła» △ Poczuć się w obowiązku «uznać za swój obowiązek»: Poczuł się w obowiązku powiedzieć mu o tym.

poczuwać się *ndk I,* poczuwaliśmy się (p. akcent § 1a i 2) □ P. się do czego: Poczuwać się do winy (wobec kogoś). Poczuwać się do odpowiedzialności (za kogoś, coś). Poczuwał się do obowiązku względem swojej rodziny.

po czym — wyrażenie pisane zawsze rozdzielnie **1.** «będące prostym połączeniem przyimka *po* z zaimkiem *co* w miejscowniku»: Po czym tak mi się chce pić? Nie wiem, po czym wejść na strych. **2.** «w zn. przysłówkowym: a następnie, a potem»: Zjadł, odpoczął, po czym pojechał dalej.

poczynać p. począć.

poczynić *dk VIa,* poczyniliśmy (p. akcent § 1a i 2) *książk.* «zrobić (z dopełnieniem tylko w *lm*)»: Poczynić postępy w czymś, np. w nauce. Poczynić przygotowania. Poczynić (*nie*: powziąć) starania, kroki w jakiejś sprawie. Poczynić ustępstwa (*ale* nie: poczynić ustępstwo).

poczytać *dk I,* poczytaliśmy (p. akcent § 1a i 2) — **poczytywać** *ndk VIIIa,* poczytuję (*nie*: poczytywam, poczytywuję), poczytywaliśmy **1.** tylko *dk* «spędzić pewien czas na czytaniu» □ P. co (*nie*: czego): Poczytać gazetę, książkę (*nie*: gazety, książki). Poczytaj trochę choremu. **2.** «uznać, uznawać»: □ P. kogo, co — za kogo, za co: Poczytano go za wariata. Poczytano to za żart. □ *książk.* (częściej *ndk*) P. co komu — za co: Nie poczytano mu tego za złe. Poczytuję to sobie za zaszczyt.

pod (pode) «przyimek łączący się z rzeczownikami (lub innymi wyrazami pełniącymi ich funkcje) w narzędniku lub bierniku» **1.** *pod* z narzędnikiem tworzy wyrażenia oznaczające: **a)** «umieszczanie czegoś na końcu tekstu», np.: Kłaść podpis pod listem. Umieszczać swe nazwisko pod kontraktem. Przyłożyć pieczęć pod umową.
b) «przyczynę zdarzenia», np.: Upadać pod ciężarem. Drzwi ustąpiły pod naporem tłumu. Załamać się pod razami. Robić coś pod przymusem. Zdecydować się na coś pod czyimś wpływem.

c) «związek z nazwami własnymi lub ich ekwiwalentami», np.: Znano go pod nazwiskiem: Kowalski. Magazyn pod nazwą „Bardotka". Sklep pod firmą „Anna". Książka umieszczona w spisie pod numerem 55. Znajdź to w katalogu pod literą T. Dzieło pod tytułem: „Noce i dnie". △ Pod jakąś postacią «w postaci»: Miłość wyobrażano pod postacią amora. △ *niepoprawne* Rozumieć coś pod czymś (*zamiast*: przez coś), np. Co rozumiesz pod wyrażeniem (*zamiast*: przez wyrażenie) „nowoczesne wychowanie"?
d) «karę, groźbę kary, oskarżenie, warunek postępowania itp.», np.: Należy się stawić do sądu pod karą grzywny. Nakazano mu to pod groźbą klątwy a. pod klątwą. Robić coś pod rygorem (np. nieważności), pod warunkiem, że...
e) «szczególny obowiązek, zapewniający wykonanie, zachowanie czegoś», np.: Zeznawać pod przysięgą. Obiecać coś pod słowem honoru. Powiedzieć coś pod sekretem.
f) «zapowiedź, wróżbę czegoś»: Urodzić się pod znakiem Lwa, pod szczęśliwą gwiazdą, pod dobrą, złą wróżbą.
2. *pod* z biernikiem tworzy wyrażenia oznaczające: **a)** «lokalizację przestrzenną, kształt przedmiotów w pewnym układzie»: Domy pobudowane równo, pod linię. Wyznaczono grządki pod sznur. △ *niepoprawne* Dwa, trzy razy pod rząd (*zamiast*: z rzędu), np. Spóźnił się trzy razy pod rząd (*zamiast*: z rzędu).
b) «kierunek (zwykle ruchu)»: Patrzeć na coś pod słońce, pod światło. Wspinać się pod górę. Płynąć pod prąd. Iść pod wiatr.
c) «orientacyjną porę»: Pod wieczór zerwał się wiatr. △ *przestarz.* Działo się to pod koniec średniowiecza. Opuściła dom pod wiosnę. △ Ma się pod wieczór, miało się pod jesień itp. «zbliża się wieczór, zbliżała się jesień itp.» △ *wych. z użycia* Pod nieobecność (dziś *częściej*: podczas nieobecności), np. Dzieci broiły pod nieobecność (*częściej*: podczas nieobecności) matki.
d) «czynność, której przedmiot jest poddany»: Przedstawić projekt ustawy pod obrady, pod dyskusję. Poddać wniosek pod głosowanie. △ *niepoprawne* Przeznaczyć coś pod coś (*zamiast*: na coś a. do czegoś), np. Dom przeznaczony pod rozbiórkę (*zamiast*: do rozbiórki).
e) «model, pierwowzór», np.: Tańczyć pod melodię oberka. Dobrać kapelusz pod kolor sukni. △ *pot.* Malować pod Picassa, pisać pod Wiecha itp. «malować, pisać naśladując Picassa, Wiecha itp.»
f) «(z nazwami narzędzi) — charakter prac rolniczych», np. Sadzić coś pod motykę, pod pług, pod szpadel.
g) «potrawy (lub inne artykuły) towarzyszące piciu trunków oraz — na odwrót — trunki towarzyszące jedzeniu», np.: Wypić kieliszek wódki pod śledzika. Usmażyła befsztyki pod wódkę. Palili papierosy pod piwo — *lub*: pili piwo pod papierosy.
3. *pod* z narzędnikiem lub biernikiem, zależnie od znaczenia. △ Ogólna zasada: przyimek *pod* łączy się z narzędnikiem, kiedy odpowiada na pytanie: *gdzie?* (kiedy chcemy określić miejsce, położenie danego przedmiotu; w tej konstrukcji przyimek *pod* ma znaczenie przestrzenne). Natomiast z biernikiem *pod* łączy się wtedy, kiedy odpowiada na pytanie: *dokąd?* (kiedy chcemy określić kierunek ruchu danego przedmiotu). △ W zależności od

tego, czy okolicznik nazywa miejsce czynności (lub stanu) przedmiotu, czy też kierunek czynności, przyimek *pod* łączy się z narzędnikiem albo z biernikiem, np.: Kot biega pod stołem. Kot wszedł pod stół. △ W tych funkcjach *pod* tworzy wyrażenia: **a)** «lokalizujące przedmiot poniżej czegoś, co nakrywa, osłania», np.: Rozpalić ogień pod blachą; dorzucić drew pod blachę. Stać pod daszkiem; wejść pod daszek. Leżeć w łóżku pod kołdrą; wchodzić do łóżka pod kołdrę. Ptak trzymał głowę pod skrzydłem; ptak schował głowę pod skrzydło. △ Budynek pod blachą, strzechą, itp. «budynek kryty blachą, słomą, itp.» △ Budynek pod dachem «nowo postawiony budynek, który pokryto już dachem» △ Wyprowadzić budynek pod dach «wybudować ściany budynku i pokryć go dachem»
b) «lokalizujące przedmiot w pobliżu czegoś»: Stać pod(e) drzwiami; podejść pod(e) drzwi. Wieś pod lasem; uciekli aż pod las. Noc pod biegunem trwa kilka miesięcy; wyprawa pod biegun. Mieszkać pod Lublinem: pojechać pod Lublin. △ Położenie miejscowości znajdujących się w pobliżu miasta lub góry oznacza się przyimkiem *pod*: Mieszkać w Wawrze pod Warszawą. Bitwa pod Grunwaldem, pod Monte Cassino. △ Natomiast położenie czegoś w pobliżu rzeki, jeziora, morza wyrażamy za pomocą przyimka *nad* (*nie*: pod), np.: Front nad (*nie*: pod) Bzurą. Bitwa nad (*nie*: pod) Rawką.
c) «nawiązujące do położenia geograficznego, miejsca zamieszkania, numeracji ulic itp.», np.: Dom przy ulicy Wspólnej pod numerem piątym; idź na Wspólną, pod numer piąty. △ Coś pod kątem (n prostym) «coś, co jest usytuowane w taki sposób, że tworzy kąt (prosty) z punktem odniesienia» △ Pisać, kierować coś pod jakimś, czyimś adresem (*nie*: na adres): Napisz do nas pod starym adresem.
d) «oznaczające kierowanie, zarządzanie, zwierzchnictwo, nadzór, opiekę, ochronę itp.», np.: Jeniec szedł pod strażą; oddać jeńca pod straż. Służyć pod dowództwem generała Dąbrowskiego (*pot.* pod generałem Dąbrowskim); oddać armię pod dowództwo generała Dąbrowskiego. Być pod czyjąś opieką; uciec się pod czyjąś opiekę. Orkiestra pod dyrekcją (pod batutą) W. Rowickiego. △ *pot.* Mieć pod sobą kogoś, coś — *lepiej*: zarządzać czymś, kierować kimś, czymś.
△ Uwaga. Forma przyimka *pode* używana jest w języku ogólnym tylko w pewnych utartych połączeniach wyrazowych: **a)** obocznie do *pod*, np.: pode a. pod drzwiami; pode a. pod drzwi; **b)** wyłącznie: z zaimkiem *ja* w przypadkach zależnych, np.: pode mną (*nie*: pod mną), pode mnie (*nie*: pod mnie). △ Postać tę spotyka się jeszcze w użyciach przestarzałych i regionalnych, w niektórych wyrażeniach, np. pode Lwów. △ Przyimek *pode* pisany jest zawsze rozdzielnie. Akcentowanie jest zwyczajowe: pode mną, pode mnie; *ale*: pode drzwi, pode drzwiami, pode drogą; *reg.* pode Lwów. || *D Kult. I, 112, 553; II 51, 86; GPK Por. 108, 250; Kl. Ależ 67; U Pol. (1), 307.*

pod-, pode- **1.** «przedrostek czasowników oznaczający»: **a)** «kierunek działania poniżej jakiegoś przedmiotu (często w połączeniu z przyimkiem *pod* i rzeczownikiem w bierniku)», np.: podciąć, podkładać, podkopać, podmyć, podpisać.
b) «ruch z dołu do góry», np.: podfrunąć, podnieść, podsadzić, podskoczyć.

c) «zbliżanie (się) do czegoś», np.: podbiec, podejść, podepchnąć, podpłynąć, podprowadzić.
d) «częściowe osiągnięcie celu, skutku czynności», np.: podeschnąć, podleczyć, podrosnąć, podsuszyć, poduczyć.
e) czynność ukrywaną», np: podglądać; podpatrzeć, podpowiedzieć, podrobić, podsłuchać.
2. «część składowa przymiotników i rzeczowników, mających za podstawę słowotwórczą połączenie przyimka *pod* z rzeczownikiem», np.: podbiegunowy, podkomendny, podwładny, podmorski, podziemny, podbródek, poddasze.
3. «przedrostek rzeczowników, uwydatniający niższy stopień hierarchii», np.: podkomisarz, podinspektor, podporucznik, podsekretarz, podrozdział.
△ Uwaga. Przedrostka *pode-* używamy tylko przed zbiegiem niektórych spółgłosek, np.: podeschnąć (*nie*: podschnąć, *ale*: podsychać), podetknąć (*nie*: podtknąć, *ale*: podtykać).

podać *dk I*, podadzą, podaliśmy (p. akcent § 1a i 2) — **podawać** *ndk IX*, podaje, podawaj, podawaliśmy: Podać komuś szklankę wody. Podać towar z półki. Podać kolację, obiad, kawę. Podać do stołu. Podać szczegóły jakiejś sprawy. Podać kogoś do sądu. Podać tekst do druku. Podać coś do wiadomości (*nie*: podać o czymś do wiadomości). □ *przestarz.* P. co — za co (dziś *raczej*: p. co — jako co): Podać coś za nowość (*częściej*: podać coś jako nowość). △ Podać (*nie*: poddać) coś w wątpliwość «wyrazić wątpliwość co do czegoś»: Podał w wątpliwość jego prawdomówność. △ (tylko *ndk*) Podawać (sobie) coś z rąk do rąk, z ust do ust «przekazywać coś sobie kolejno»: Piłkę podawano sobie z rąk do rąk. Wiadomość podawano sobie z ust do ust.
podać się — **podawać się** □ P. się za kogo «oświadczyć, że się jest kimś (zwykle niezgodnie z prawdą)»: Podawali się za dziennikarzy. △ Podać się (*nie*: poddać się) do dymisji «złożyć, zgłosić rezygnację z zajmowanego stanowiska» || *D Kult. I, 111; II, 86; Pʃ 1970, 396.*

pod adresem p. adres.

podagra (*nie*: pedogra) *ż IV, blm przestarz.* «artretyzm»

podagryk *m III, D.* podagryka (p. akcent § 1d), *lm M.* podagrycy.

podanie *n I,* w zn. «pismo urzędowe zawierające prośbę o coś»: Napisać, złożyć, wnieść podanie. Przyjąć, odrzucić podanie. Podanie wpłynęło dnia... □ P. o co (*nie*: na co): Podanie o urlop, o stypendium, o przyjęcie na wyższą uczelnię. □ P. do kogo, czego: Podanie do dyrektora, do ministra, do działu kadr, do sądu.

podarunek *m III, D.* podarunku; *wych. z użycia*
podarek *m III, D.* podarku: Dawać, robić komuś podarunki. Dać, otrzymać coś w podarunku. □ P. od kogo — dla kogo: Podarunek od męża dla żony.

podatek *m III, D.* podatku: Płacić podatki. Nakładać, ściągać, pobierać podatki. Zalegać z podatkami. Podatek konsumpcyjny (*lepiej*: od spożycia). □ P. od czego (gdy się wymienia całość przedmiotu opodatkowanego): Podatek od nieruchomości, od dochodu, od wynagrodzeń. □ P. od czego a. z czego (gdy się wymienia miarę, ilość tego, od czego płaci się podatek): Podatek od hektara (z hektara).

podatność

podatność *ż V, blm* □ P. na co (*nie*: dla czego): Podatność na choroby, na wpływy. Podatność (aparatu) na zakłócenia (*nie*: Podatność zakłóceniowa).

podatny *m-os.* podatni, *st. w.* bardziej podatny a. podatniejszy □ P. na co «łatwo poddający się czemuś»: Organizm podatny na choroby. Człowiek podatny na wpływy. □ *rzad.* P. dla czego «nadający się, odpowiedni dla czegoś»: Grunt podatny dla ruchów rewolucyjnych.

podawać p. podać.

po dawnemu p. dawny.

podaż *ż VI, blm*: Wielka (*nie*: wysoka) podaż towaru.

podążyć *dk VIb*, podążymy, podążyliśmy (p. akcent § 1a i 2) — **podążać** *ndk I*, podążaliśmy *książk.* «pójść, udać się, pośpieszyć»: Podążyć komuś z pomocą. □ P. za kim, czym: Podążył wolno za nim. Przyjaciele podążali za trumną zmarłego. □ P. do czego, do kogo: Cała delegacja podążyła do sali.

podbechtać *dk I*, podbechtaliśmy (p. akcent § 1a i 2) — **podbechtywać** *ndk VIIIa*, podbechtuję (*nie*: podbechtywam, podbechtywuję), podbechtywaliśmy *pot.* «podjudzić»: □ P. kogo — do czego: Podbechtał go do awantury. □ P. kogo — przeciw komu: Krewni podbechtali go przeciw bratu.

podbicie *n I* 1. «część stopy»: But ciasny na podbiciu. 2. «to, czym coś jest podbite»: Podbicie kapelusza. Podbicie sufitu.

podbić *dk Xa*, podbiliśmy (p. akcent § 1a i 2) — **podbijać** *ndk I*, podbijaliśmy 1. «zwyciężywszy zająć, zawojować, zdobyć»: Podbić kraj, naród, państwo. △ *przen.* Podbić czyjeś serce. □ P. kogo — czym «pozyskać, zdobyć kogoś czymś»: Podbiła go cierpliwością, dobrocią, rozumem. 2. «uderzyć, pchnąć od spodu»: Podbić piłkę. △ *pot.* Podbijać komuś bębenka «pochlebiać komuś, zachęcać pochlebstwem do. czegoś»: Podbijał mu bębenka, wysławiając jego szlachetność, uczynność. △ *pot.* Podbić normę, stawkę, cenę «spowodować podniesienie normy, stawki, ceny» 3. «przymocować od spodu» □ P. co czym: Podbić płaszcz jedwabiem. Podbić buty gwoździami. 4. *pot.* «zaprawić (jakąś potrawę) czymś» — używane często w imiesł. biernym: Zupa podbita śmietaną.

podbiec a. **podbiegnąć** *dk Vc*, podbiegnę, podbiegł (*nie*: podbiegnął), podbiegnij, podbiegliśmy (p. akcent § 1a i 2) — **podbiegać** *ndk I*, podbiegaliśmy 1. «zbliżyć się biegnąc; przebiec niewielki odcinek drogi»: Podbiegł i znowu się zatrzymał. □ P. do kogo, czego: Chłopiec podbiegł do matki. Podbiegł do drzwi. □ P. ku komu, czemu: Podbiegł ku niemu jakiś człowiek. Podbiegliśmy ku oknu, żeby zobaczyć, co się dzieje na ulicy. 2. *częściej dk* «nasiąknąć czymś, podpłynąć; *częściej*: podejść»: □ P. czym: Skóra podbiegła krwią.

podbierać *ndk I*, podbieraliśmy (p. akcent § 1a i 2) — **podebrać** *dk IX*, podbiorę (*nie*: podbierę), podbierze, podbiorą (*nie*: podbierą), podebraliśmy «brać po trochu, częściowo; wybierać od spodu»: Podbierać miód z ula a. podbierać ule, pszczoły. □ *pot.* P. co komu «podkradać»: Podbierał ojcu pieniądze. △ *niepoprawne* w zn. «dobierać, dopaso-

wywać», np. Podbierać (*zamiast*: dobierać) przykłady, kolory, przybranie do sukni.

podbijać p. podbić.

podbój *m I, D.* podboju, *lm D.* podbojów, *rzad.* podboi: Podbój kraju, narodu. Dokonać podboju. Wyruszyć na podbój.

podbudowa *ż IV, lm D.* podbudów 1. «to, co jest zbudowane pod czymś»: Podbudowa świątyni. △ *przen.* Naukowa podbudowa dzieła. 2. «budowanie czegoś pod czymś»: Podbudowa stropu trwała kilka dni.

podbudować *dk IV*, podbudowaliśmy (p. akcent § 1a i 2) — **podbudowywać** *ndk VIIIa*, podbudowuję (*nie*: podbudowywam, podbudowywuję), podbudowywaliśmy △ w zn. «zbudować coś pod czymś, budując podeprzeć» □ P. co — czym: Strop schronu podbudowano stemplami. △ *przen.* Podbudował wywód faktami.

podburzyć *dk VIb*, podburzyliśmy (p. akcent § 1a i 2) — **podburzać** *ndk I*, podburzaliśmy □ P. kogo — przeciw komu, czemu, na kogo: Podburzał go przeciw siostrze. Podburzał zgromadzonych przeciw niesprawiedliwości. Podburzała matkę na mnie. □ P. do czego: Podburzał lud do wystąpień zbrojnych.

podchlebiać, podchlebić p. pochlebiać.

podchmielić *dk VIa*, podchmieliliśmy (p. akcent § 1a i 2), tylko w zwrocie: podchmielić sobie «wypić nieco za dużo alkoholu, podpić» i w imiesł. biernym: podchmielony.

podchodzący *niepoprawne* zamiast: odpowiedni, stosowny.

podchodzić *ndk VIa*, podchodź (*nie*: podchódź), podchodziliśmy (p. akcent § 1a i 2) — **podejść** *dk*, podejdę, podejdzie, podejdą, podejdź, poszedłem (*nie*: podeszłem), poszedłeś (*nie*: podeszłeś), poszedł (*nie*: podeszedł), podeszła, podeszliśmy (*nie*: podeśliśmy), podeszli (*nie*: podeśli) 1. «idąc zbliżać się do czegoś, wspinać się na coś»: Podeszliśmy w stronę lasu. □ P. (*nie*: dochodzić) do kogo, czego: Podszedłem (*nie*: doszedłem) do niego i poprosiłem o ogień. Podszedł (*nie*: doszedł) do telefonu. △ *środ.* Podchodzić do lądowania, do startu «o samolocie, lotniku: zbliżać się, przygotowywać się do lądowania, do startu» □ P. pod co: Podeszły pod sam sklep. □ P. kogo, co a) «zbliżać się ukradkiem, cichaczem, żeby kogoś zaskoczyć; tropić (zwierzęta)»: Podejść nieprzyjaciela. Podchodzić zwierzynę. b) «oszukiwać kogoś, działać podstępnie w stosunku do kogoś»: Jest taki łatwowierny, że łatwo go podejść. □ P. do czego (z okolicznikiem sposobu) «traktować coś w jakiś sposób»: Podchodziłem inaczej do tych spraw. △ Referent trafnie podszedł do zagadnienia (*lepiej*: trafnie ujął zagadnienie). 2. «wypełniać się od spodu cieczą» □ P. czym: Mleko podchodzi serwatką. Rany podeszły ropą. // *D Myśli 69; D Kult. I, 327.*

podchorąży *m odm. jak przym., lm M.* podchorążowie (skrót: pchor.).

podchwycić *dk VIa*, podchwyciliśmy (p. akcent § 1a i 2) — **podchwytywać** *ndk VIIIa*, podchwytuję (*nie*: podchwytywam, podchwytywuję), podchwytywaliśmy: Pierwszy szereg zaczął śpiewać, żołnierze w dalszych szeregach podchwycili śpiew. Podchwycić czyjąś myśl, czyjeś słowa.

podciąć *dk Xc*, podetnę, podetnie, podetnij, podciąłem (*wym.* podciołem; *nie*: podciełem), podciął (*wym.* podcioł), podcięła (*wym.* podcieła), podcięliśmy (*wym.* podcieliśmy; p. akcent § 1a i 2) — **podcinać** *ndk I*, podcinaliśmy: Podciąć włosy. Podciąć pędy drzew.

podciągnąć *dk Va*, podciągnij (*nie*: podciąg), podciągnąłem (*wym.* podciągnołem; *nie*: podciągnełem, podciągłem), podciągnął (*wym.* podciągnoł; *nie*: podciągł), podciągnęła (*wym.* podciągneła; *nie*: podciągła), podciągnęliśmy (*wym.* podciągneliśmy; *nie*: podciągliśmy; p. akcent § 1a i 2) — **podciągać** *ndk I*, podciągaliśmy 1. «ciągnąc podsunąć, podnieść w górę» □ P. kogo, co «przesunąć nieco w górę»: Podciągnąć krawat, spodnie. Podciągnął mnie na rękach w górę. □ P. co — pod co: Podciągnęła kolana pod brodę. △ *przen.* «zaliczyć, sprowadzić coś do czegoś»: Wszystko podciągnęli pod jedną kategorię. Wykroczenie to podciągnięto pod paragraf dziesiąty. □ P. kogo w czym a. z czego «podnieść czyjś poziom (w czymś)»: Znacznie podciągnął mnie w matematyce a. z matematyki. 2. «podejść, przybliżyć się w marszu»: Wojska podciągnęły pod miasto.

podcienie *n I, lm M.* podcienia, *D.* podcieni; *rzad.* **podcień** *m I, lm M.* podcienie.

podcinać p. podciąć.

podciśnienie *n I*, zwykle *blm*, w zn. *med.* in. niedociśnienie tętnicze, hipotonia.

podczas «w czasie trwania (czegoś)»: Podczas pobytu, snu. Wiedza nabyta podczas studiów. △ Podczas gdy, *rzad.* podczas kiedy — *lepiej*: w tym czasie, gdy, kiedy... (często w zdaniach zawierających przeciwstawienie), np. Podczas gdy koledzy się uczyli, on czytał książki. || D Kult. II, 88.

podczaszy *m* odm. jak przym., *lm M.* podczaszowie.

podczernić *dk VIa*, podczerń a. podczernij; podczerniliśmy (p. akcent § 1a i 2), używane zwykle w imiesłowie biernym — **podczerniać** *ndk I*, podczernialiśmy: Podczernione oczy, brwi.

poddać *dk I*, poddadzą, poddaj, poddaliśmy (p. akcent § 1a i 2) — **poddawać** *ndk IX*, poddaje, poddawaj, poddawaliśmy 1. «podporządkować komuś, uzależnić od kogoś, wystawić na działanie czegoś»: Poddać miasto, fort. □ P. kogo, co — komu, czemu, *rzad.* pod co: Młodzież poddana została władzy inspektora. Poddać twarz działaniu promieni słonecznych. △ Poddać (*nie*: postawić) coś pod dyskusję. Poddać coś komuś pod rozwagę. □ *nadużywane* P. kogo, co — czemu (zwykle z rzecz. odsłownym): Poddać kogoś przesłuchaniu, oględzinom; poddać coś próbie, krytyce. Poddawać leczeniu (*lepiej*: leczyć). Poddać ziarno mieleniu (*lepiej*: zemleć ziarno). △ *niepoprawne* Poddawać (*zamiast*: podawać) coś w wątpliwość. 2. «podpowiedzieć; podsunąć»: Poddać komuś myśl, temat.

poddać się — **poddawać się**: Załoga fortu nie chciała się poddać. □ P. się czemu «ulec działaniu czegoś, podporządkować się czemuś»: Poddał się urokowi tej poezji. Poddał się rozpaczy. △ Poddać się operacji «zostać operowanym»

poddasze *n I, lm D.* poddaszy: Mieszkać na poddaszu.

Poddębice *blp, D.* Poddębic «miejscowość» — poddębicki.

pod dostatkiem p. dostatek.

pode p. pod.

pode- p. pod-

podebrać p. podbierać.

Podedworny *m* odm. jak przym., *lm M.* Podedworni.
Podedworna *ż* odm. jak przym.; a. Podedworny *ż ndm* — Podedwornowa (*nie*: Podedwornina) *ż* odm. jak przym. — Podedwornówna (*nie*: Podedwornianka) *ż IV, D.* Podedwornówny, *CMs.* Podedwornównie (*nie*: Podedwornównej), *lm D.* Podedwornówien.

Podegrodzie *n I* «miejscowość» — podegrodzki.

podejmować p. podjąć.

podejrzany *m-os.* podejrzani, *st. w.* bardziej podejrzany 1. «taki, na którego padło podejrzenie»: □ P. o co: Osoba podejrzana o popełnienie przestępstwa. Podejrzany o zdradę. 2. «wzbudzający podejrzenie; niepewny, wątpliwy»: Podejrzany osobnik. Podejrzana sprawa.
podejrzany, podejrzana w użyciu rzeczownikowym: Wprowadzono podejrzanego.

podejrzeć *dk VIIb*, podejrzymy, podejrzyj, podejrzyjmy, podejrzeliśmy (p. akcent § 1a i 2) — **podglądać** *ndk I*, podglądaliśmy: Podglądać kogoś, coś (np. przez dziurkę od klucza).

podejrzenie *n I*: Budzić, wzbudzać w kimś podejrzenia. Uwolnić się od podejrzeń. Podejrzenie padło na kogoś, ciąży na kimś. △ *środ.* Podać kogoś w podejrzenie. △ *przestarz.* Mieć kogoś w podejrzeniu. □ P. o co: Podejrzenie o kradzież, o rabunek. □ P. co do kogo, co do czego: Podejrzenia co do jego osoby nie były uzasadnione.

podejrzewać (*nie*: podejrzywać) *ndk I*, podejrzewaliśmy (p. akcent § 1a i 2) □ P. kogo — o co «posądzać kogoś o coś, skłaniać się do obwinienia kogoś o coś»: Podejrzewano go o niecne zamiary. Podejrzewać kogoś o zdradę. □ P. co w czym a. p., że... «przypuszczać»: Podejrzewał w jego słowach pewną przesadę. Podejrzewam, że nic tu nie wskóram.

podejście *n I* □ P. do kogo, do czego «sposób traktowania kogoś, czegoś, ujmowania czegoś; sposób zapatrywania się na coś» △ Często nadużywane: Mieć niewłaściwe podejście do ludzi, do sprawy, do zagadnienia (*lepiej*: mieć niewłaściwy stosunek do ludzi, do sprawy; niewłaściwie ujmować zagadnienie). || D Kult. I, 327.

podejść p. podchodzić.

podekscytować *dk IV*, podekscytowaliśmy (p. akcent § 1a i 2), zwykle w imiesł. biernym «podniecić, pobudzić»: Był podekscytowany myślą o występie.

podenerwować (*nie*: poddenerwować) *dk IV*, podenerwowaliśmy (p. akcent § 1a i 2): Podenerwował mnie swoim rozkazującym tonem.

podeń

podeń *książk.* «przyimek *pod(e)* w połączeniu ze skróconą formą zaimka *on* w bierniku *lp*; dopuszczalny tylko w rodzaju męskim; pod niego»: Podniósł łokieć i podłożył podeń jasiek.

podepchnąć *dk Va,* podepchnąłem (*wym.* podepchnołem; *nie:* podepchnełem, podepchłem), podepchnął (*wym.* podepchnoł), podepchnęła (*wym.* podepchneła; *nie:* podepchła), podepchnęliśmy (*wym.* podepchnęliśmy; *nie:* podepchliśmy; p. akcent § 1a i 2) — **podpychać** *ndk I,* podpychaliśmy.

podeprzeć *dk XI,* podeprę, podeprze, podeprzyj, podparł, podparliśmy (p. akcent § 1a i 2) — **podpierać** *ndk I,* podpieraliśmy □ P. co czym: Podeprzeć drzwi kołkiem. Podpierać głowę rękami. △ *przen.* Podeprzeć coś dowodami. △ (tylko *ndk*) *pot.* Podpierać ściany, piec «stać bezczynnie pod ścianą, pod piecem; stać z powodu braku miejsca siedzącego, z powodu braku partnera do tańca»: Wszystkie miejsca siedzące były zajęte, niektórzy musieli podpierać ściany.

podeptać *dk IX,* podepcze, *przestarz.* podepce (*nie:* podepta); podepcz, podeptaliśmy (p. akcent § 1a i 2).

poderwać *dk IX,* poderwę (*nie:* poderwię), poderwie, poderwij, poderwaliśmy (p. akcent § 1a i 2) — **podrywać** *ndk I,* podrywaliśmy: Poderwać samolot w górę. Odjeżdżaliśmy wcześnie, więc już o szóstej poderwano nas na nogi. Woda podrywa brzeg. △ *pot., środ.* Poderwać (podrywać) dziewczynę, chłopca.

poderznąć a. **poderżnąć** *dk Va,* poderznął, poderżnął (*wym.* podeżnoł, poderżnoł), poderznęliśmy, poderżnęliśmy (*wym.* podeżneliśmy, poderżneliśmy; p. akcent § 1a i 2) — **podrzynać** *ndk I,* podrzynaliśmy: Poderznąć gardło krowie.

I podesłać *dk IX,* podeślę, podeślij, podesłaliśmy (p. akcent § 1a i 2) — **podsyłać** *ndk I,* podsyłaliśmy: Podesłać komuś paczkę przez znajomego.

II podesłać *dk IX,* podścielę, podściele, podściel, podesłała, podesłaliśmy (p. akcent § 1a i 2), podesłany; *reg.* **podścielić** *dk VIa* podścielę, podścieli, podściel, podścieliła, podścieliliśmy (p. akcent § 1a i 2), podścielony — **podścielać**, *reg.* **podściełać** *ndk I,* podścielaliśmy, podściełaliśmy: Podesłała choremu miękki piernat.

podeszły: Dopiero w podeszłym wieku stracił żywość umysłu. △ *przestarz.* Podeszły w latach, *rzad.* w lata; podeszły wiekiem.

podeszwa (*nie:* podeszew, *ale:* podeszewka) *ż IV, lm D.* podeszew.

podetkać, podetknąć p. podtykać.

podgajać *ndk I,* podgajaliśmy (p. akcent § 1a i 2) — **podgoić** *dk VIa,* podgoję, podgój, podgoiliśmy: Przed dalszą drogą musiał podgoić ranę w nodze.

podgarnąć *dk Va,* podgarnij, podgarnąłem (*wym.* podgarnołem; *nie:* podgarnełem), podgarnął (*wym.* podgarnoł), podgarnęła (*wym.* podgarneła), podgarnęliśmy (*wym.* podgarneliśmy; p. akcent § 1a i 2) — **podgarniać** *ndk I,* podgarnialiśmy: Podgarnąć ręką włosy.

podgartywać *ndk VIIIa,* podgartuje, podgartywaliśmy *reg.* «podgarniać»

podgiąć *dk Xc,* podegnę, podegnie, podegnij, podgiąłem (*wym.* podgiołem; *nie:* podgiełem), podgiął (*wym.* podgioł), podgięła (*wym.* podgieła), podgięliśmy (*wym.* podgieliśmy; p. akcent § 1a i 2) — **podginać** *ndk I,* podginaliśmy: Podgiąć spódnicę. Podginać nogi pod siebie.

podglądać p. podejrzeć.

podglądnąć *dk Va,* podglądnęliśmy (p. akcent § 1a i 2) *reg.* «podejrzeć»

podgoić p. podgajać.

podgotować *dk IV,* podgotowaliśmy (p. akcent § 1a i 2) — **podgotowywać** *ndk VIIIa, rzad. I,* podgotowuję, podgotowywam (*nie:* podgotowywuję), podgotowywaliśmy «pogotować, nie całkiem ugotować»: Mięso na tę potrawę trzeba chwilę podgotować, a potem przysmażyć. △ *niepoprawne* w zn. «częściowo przygotować, częściowo zrobić», np. podgotować (*zamiast:* częściowo wykonać) robotę.

podgórze *n I, lm D.* podgórzy: Stoki sudeckiego podgórza.

Podgórze *n I* «dzielnica Krakowa»: Mieszkać na Podgórzu. — podgórzanin *m V, D.* podgórzanina, *lm M.* podgórzanie, *D.* podgórzan — podgórzanka *ż III, lm D.* podgórzanek — podgórski.

podgrzać *dk Xb,* podgrzej, podgrzaliśmy, *reg.* podgrzeliśmy (p. akcent § 1a i 2); podgrzali, *reg.* podgrzeli — **podgrzewać** *ndk I,* podgrzewaliśmy: Podgrzać obiad.

Podhajce *blp, D.* Podhajec «miasto na Ukrainie»: Bitwa pod Podhajcami. — podhajecki.

Podhale *n I* «region»: Mieszkać na Podhalu. — Podhalanin *m V, D.* Podhalanina, *lm M.* Podhalanie, *D.* Podhalan — Podhalanka *ż III, lm D.* Podhalanek — podhalański. // D Kult. II, 555.

Podhorski-Okołów Podhorski *m* odm. jak przym., Okołów *m IV, D.* Okołowa (druga część bywa często opuszczana): Rozmawiać z Podhorskim-Okołowem (a. z Podhorskim).
Podhorska-Okołów *ż,* Podhorska odm. jak przym., Okołów *ndm* (druga część bywa często opuszczana): Z Podhorską-Okołów (a. z Podhorską).

podium *n VI, lm M.* podia (*nie:* podiumy), *D.* podiów.

podjadać p. podjeść.

podjazd *m IV, D.* podjazdu, *Ms.* podjeździe (*nie:* podjaździe).

podjąć *dk Xc,* podejmę, podejmij (*nie:* podejm), podjął (*wym.* podjoł), podjęła (*wym.* podjeła), podjęliśmy (*wym.* podjeliśmy; p. akcent § 1a i 2) — **podejmować** (*nie:* podejmywać) *ndk IV,* podejmowaliśmy **1.** «przedsięwziąć, rozpocząć»: Podjąć trud, starania. Podjęto próby naprawienia błędów. △ Podjąć uchwałę, decyzję, zobowiązanie «uchwalić coś, zadecydować o czymś, zobowiązać się do czegoś» △ *niepoprawne* Podjąć (*zamiast:* poczynić) kroki. **2.** «odezwać się, kontynuując rozmowę»: Nikt nie podjął tematu. **3.** częściej *ndk* «przyjmować jako gościa»: Podejmowali nas serdecznie. **4.** *przestarz.* «podnieść (z ziemi, z podłogi), unieść w górę»: Schylił się i podjął (*lepiej:* podniósł) jakiś świstek. △ *żywe* w zwrotach:

Podjąć pieniądze, towar «wziąć pieniądze z banku, z kasy; wziąć towar z magazynu itp.»
podjąć się — **podejmować się** «zdecydować się na coś, przedsięwziąć coś»: Podjąć się pracy, obowiązku. Podjął się roli pośrednika. Nie podejmuję się tego zrobić.

podjechać *dk*, podjadę, podjedzie (*nie*: podjadzie), podjedź, podjechał, podjechaliśmy (p. akcent § 1a i 2) — **podjeżdżać** *ndk I*, podjeżdżaliśmy **1.** «jadąc zbliżyć się do czegoś»: Tramwaj podjeżdżał do rogu ulicy. Auto podjechało pod dom. Pociąg podjeżdżał przed dworzec. **2.** «jadąc, sunąc osiągnąć jakąś wyniosłość, jakiś poziom» □ P. pod co: Wóz podjechał pod górę. △ *pot.* Podjechać do góry, *rzad.* w górę «sunąc wznieść się, unieść się»: Kurtyna podjechała do góry. Spódniczka stale podjeżdżała jej do góry.

podjeść *dk*, podjem, podje, podjedzą, podjedz, podjadł, podjedliśmy (p. akcent § 1a i 2) — **podjadać** *ndk I*, podjadaliśmy **1.** «zjeść od dołu, podgryźć»: Pędraki podjadły korzenie roślin. **2.** częściej *dk* «pokrzepić się jedzeniem; najeść się do pewnego stopnia (zwykle w połączeniu z wyrazami: trochę, nieco, sobie)»: Zmęczone konie podjadły trochę. Ludzie, podjadłszy, ruszyli w drogę. Podjadł sobie i wróciły mu siły. □ P. czego: Podjedli kartofli i popili mlekiem. **3.** zwykle *ndk* «jeść ukradkiem»: Podjadała konfitury, żeby nikt nie widział. □ Podjadać co komu «podkradać jedzenie»: Podjadał im cichaczem najlepsze kąski.

podjeżdżać p. podjechać.

podjudzać *ndk I*, podjudzaliśmy (p. akcent § 1a i 2) — **podjudzić** *dk VIa*, podjudzę, podjudź, podjudziliśmy «budzić w kimś złość; namawiać do złego, podburzać» □ P. kogo na kogo, na co a. przeciw komu, czemu: Żona podjudzała go przeciw rodzinie. □ P. do czego: Sam się nie wypowiadał, ale innych podjudzał do zażartej dyskusji.

podkanclerzy *m* odm. jak przym., *lm M.* podkanclerzowie.

Podkarpacie *n I*: Jechać na Podkarpacie. Mieszkać na Podkarpaciu. — podkarpacki.

podkasać *dk IX*, podkaszę, podkasaliśmy (p. akcent § 1a i 2), podkasany — **podkasywać** *ndk VIIIa*, podkasuję (*nie*: podkasywam, podkasywuję), podkasywaliśmy: Podkasać rękawy, spódnicę.

Podkaukazie *n I* «kraina w ZSRR» — podkaukaski.

podkładać *ndk I*, podkładaliśmy (p. akcent § 1a i 2) — **podłożyć** *dk VIb*, podłóż, podłożyliśmy □ P. co pod co: Podłożyć kalkę pod papier. △ *przen.* Podłożyć muzykę pod tekst literacki. Podłożyć słowa, tekst pod muzykę. □ P. do czego: Podłożyć do pieca, do ognia. △ *niepoprawne* Podłożyć komuś świnię — *zamiast*: Zrobić komuś (podstępne) świństwo.

podkolanówka *ż III*, *lm M.* podkolanówki, *D.* podkolanówek, zwykle w *lm* «długie skarpety sięgające do kolan»: Włożyć podkolanówki.

podkomorzy *m* odm. jak przym., *lm M.* podkomorzowie.

podkomorzyna *ż IV*, *D.* podkomorzyny, *CMs.* podkomorzynie (*nie*: podkomorzynej).

podkopać *dk IX*, podkopię (*nie*: podkopę), podkop, podkopaliśmy (p. akcent § 1a i 2) — **podkopywać** *ndk VIIIa*, podkopuję (*nie*: podkopywam, podkopywuję), podkopywaliśmy: To niepowodzenie podkopało jego zaufanie w swoje siły.

podkoszulek (*nie*: podkoszulka) *m III*, *D.* podkoszulka, *lm D.* podkoszulków.

podkowiak *m III*, in. hufnal. || *D Kult. I, 596.*

podkówka (*nie*: podkowka) *ż III*, *lm D.* podkówek «mała podkowa» *Por.* podkuwka.

podkraść się (*nie*: podkradnąć się) *dk Vc*, podkradnę się, podkradł się (*nie*: podkradnął się), podkradliśmy się (p. akcent § 1a i 2) — **podkradać się** *ndk I*, podkradaliśmy się.

podkreślać *ndk I*, podkreślaliśmy (p. akcent § 1a i 2) — **podkreślić** *dk VIa*, podkreśl, podkreśliliśmy △ w zn. *przen.* «kłaść nacisk na coś; uwypuklać, akcentować»: Podkreślać wagę sprawy.

podkupić *dk VIa*, podkupię (*nie*: podkupę), podkupiliśmy (p. akcent § 1a i 2) — **podkupywać** (*nie*: podkupować) *ndk VIIIa*, podkupuję (*nie*: podkupywam, podkupywuję), podkupywaliśmy.

podkuwka *ż III*, *lm D.* podkuwek «dolne okucie sań» *Por.* podkówka.

podlać *dk Xb*, podlaliśmy, *reg.* podleliśmy (p. akcent § 1a i 2); podlali, *reg.* podleli — **podlewać** *ndk I*, podlewaliśmy: Podlać kwiaty, grządki.

Podlasie *n I* «dzielnica Polski» — Podlasianin *m V*, *D.* Podlasianina, *lm M.* Podlasianie, *D.* Podlasian; *pot.* Podlasiak *m III*, *lm M.* Podlasiacy — Podlasianka *ż III*, *lm D.* Podlasianek; *pot.* Podlasiaczka *ż III*, *lm D.* Podlasiaczek — podlaski (p.).

podlaski: Krajobraz podlaski (*ale*: Bagno Podlaskie).

podle (*nie*: podło) *st. w.* podlej: Postępować podle. Czuć się podle.

podlec *m II*, *D.* podleca, *W.* podlecu, *lm D.* podleców *pot.* «człowiek podły, nikczemny»

podlegać *ndk I*, podlegaliśmy (p. akcent § 1a i 2) — *rzad.* **podlec** *dk Vc*, podlegnę, podległ, podlegliśmy □ P. komu, czemu «być zależnym od kogoś, czegoś (w jakimś związku hierarchicznym, logicznym, społecznym lub moralnym)»: Chłopi podlegali władzy feudałów. △ (tylko *ndk*) Podlegać ustawie, prawu, karze itp. «być tym, kogo (czego) dotyczy ustawa, prawo, kara»: Używający bezprawnie tytułu naukowego podlega karze aresztu. Coś nie podlega (*częściej*: nie ulega) wątpliwości.

podległy *m-os.* podlegli □ P. komu, czemu: Podległy przełożonemu. Podległy prawu, ustawie.

podlewać p. podlać.

podłączyć *dk VIb*, podłączyliśmy (p. akcent § 1a i 2) — **podłączać** (*nie*: podłanczać) *ndk I*, podłączaliśmy *pot.* «przyłączyć»: Podłączyć aparat telefoniczny do sieci.

! podło p. podle.

podłość *ż V*: Zarzucić komuś podłość. Dopuścić się podłości.

podłoże *n I*, *lm D.* podłoży (*nie*: podłóż) **1.** «podkład, umocnienie, spodnia warstwa»: □ P. pod co: Podłoże pod posadzkę. △ *przen.* Podłoże klasowe, ekonomiczne. Choroba na podłożu nerwowym. U podłoża tej opinii leżą uprzedzenia osobiste. □ P. czego (*nie*: do czego): Podłoże niepowodzeń życiowych. **2.** «warstwa ziemi, znajdująca się pod warstwą wierzchnią; podglebie; ogólniej: ziemia, grunt»: Podłoże gliniaste, kamieniste, nieprzepuszczalne.

podłożyć p. podkładać.

podług 1. «opierając się na pewnym wzorze, stosownie do czegoś» □ P. czego: Kroić płaszcz podług modelu. Ustawiać dzieci podług wzrostu. **2.** *częściej*: według «zgodnie z przeświadczeniem»: Podług (*częściej*: według) mnie. Podług (*częściej*: według) mojego zdania. // *KJP 432.*

podmajstrzy *m* odm. jak przym., *lm M.* podmajstrzowie.

podmakać p. podmoknąć.

! podmiana p. zamiana.

! podmieniać, podmienić p. zamieniać, zamienić.

*podmiot to część zdania, o której się w zdaniu orzeka. Podmiot wyrażamy przez: **1.** Rzeczowniki, np. *Pies* szczekał. **2.** Inne części mowy, użyte w funkcji rzeczownika, a więc: **a)** zaimki rzeczownikowe, np.: *Nic* się nie stało. *Kto* przyszedł? **b)** liczebniki rzeczownikowe, np. *Dwóch* pracowało, *jeden* spał. **c)** przymiotniki, np. *Młodzi* i *starzy* śpiewali. **d)** zaimki przymiotnikowe, np. *Nasi* zwyciężyli. **e)** liczebniki przymiotnikowe, np. Wybiła *dwunasta*. **f)** imiesłowy przymiotnikowe, np. *Palący* wyszli na korytarz. **g)** przysłówki i zaimki przysłówkowe, np. *Jutro* jest niepewne. **h)** bezokoliczniki, np.: Dobrze *gospodarować* znaczy oszczędzać. *Pracować* jest twoim obowiązkiem. **i)** jakiekolwiek inne części mowy, użyte w funkcji rzeczownika, np.: *Przy* jest przyimkiem. *Nie* nadaje znaczenie przeczące. **j)** całe wypowiedzenia (w wyjątkowych wypadkach, cytatach itp., zwykle przy orzeczeniach złożonych), np. *Rozdzióbią nas kruki, wrony* to tytuł (a. jest tytułem) opowiadania Żeromskiego.

Z punktu widzenia związku podmiotu z orzeczeniem możemy mówić o *podmiocie pojedynczym* (np. *Ojciec* szedł piechotą), bądź o podmiocie *szeregowym* (np.: *Ojciec, matka* i *syn* szli piechotą; *Ojciec z matką* szli piechotą; *Polska wraz z innymi narodami* walczy o pokój). △ Forma orzeczenia przy podmiocie szeregowym — p. orzeczenie.

W większości zdań podmiot odpowiada na pytanie: kto? co? — i występuje w mianowniku. Jest to wówczas tzw. *podmiot gramatyczny*, np.: *Wystrzał* rozległ się w lesie. Konieczna jest *operacja*. △ Oprócz tego podmiot może występować też w dopełniaczu, rzadziej w celowniku; jest to tzw. *podmiot logiczny*. Występuje on w dopełniaczu: **a)** przy czasownikach oznaczających brak, wystarczanie lub nadmiar czegoś, ubywanie lub przybywanie czegoś, np.: *Matki* nie ma w domu. Nie starczy *sił* na to przedsięwzięcie. Ubyło *wody* w rzece. W styczniu *dnia* przybywa. **b)** jeśli ma obok siebie liczebnik główny (pozostający z rzecznikiem w związku rządu), liczebnik nieokreślony, liczebnik zbiorowy, przysłówek lub rzeczownik oznaczające ilość albo miarę, np.: W tej rodzinie było

czterech *synów*. Upłynęło kilka *minut*. Dwoje *kociąt* spało w koszyku. Było dużo *zamieszania*. Zostało jeszcze dziesięć *kilometrów*. *Por.* liczebnik. △ Podmiot logiczny występuje też czasem w celowniku, np.: Dobrze *mu* się spało. Nie ma *komu* (dziś częściej w mianowniku: nie ma *kto*) iść do apteki.

W zdaniu opuszcza się wyraz, który ma występować w funkcji podmiotu, jeżeli nie mniej wyraźnie sygnalizują go końcówki osobowe czasownika w orzeczeniu, np.: Czytam książkę (*ja*). Byłeś tam? (*ty*). Siedział i pisał (*on*). W zdaniach takich nie należy stosować zaimków, jeżeli ich użycie nie ma funkcji przeciwstawnej, np. Moja matka mieszka sama. Cieszy się ona dobrym (*lepiej*: Cieszy się dobrym) zdrowiem.

Zdarzają się też *zdania bezpodmiotowe*, o nieokreślonym podmiocie; w takich zdaniach orzeczenie występuje w 3. os. *lp* lub *lm*, w bezokoliczniku albo w formie nieosobowej, np.: Chmurzy się. Rozwidniało się. Kogoś mdli, boli, swędzi. Stąd widać cały ogród. Nie dano nam tego. Pozwalają ci na takie rzeczy? // *D Kult.* II, 37, 74, 171—172, 175—177. *Por.* orzeczenie.

podmokły, *rzad.* **podmoknięty** «o glebie, terenie: nasiąknięty wodą; błotnisty, bagnisty»: Podmokła łąka.

podmoknąć *dk Vc,* podmokł a. podmókł, podmokłby a. podmókłby (p. akcent § 4c) — **podmakać** *ndk I,* podmakałby.

podmuch *m III, D.* podmuchu: Kurz unosi się za podmuchem wiatru.

podnająć *dk Xc,* podnajmę (*nie*: podnajmię), podnajmie, podnajmą (*nie*: podnajmią), podnajmij, podnajął (*wym.* podnajoł), podnajęła (*wym.* podnajeła), podnajęliśmy (*wym.* podnajeliśmy; p. akcent § 1a i 2) — **podnajmować** (*nie*: podnajmywać, podnajmać) *ndk IV,* podnajmowaliśmy «wynająć, zwłaszcza od najemcy (lub — komuś — jako podnajemcy)» □ P. co komu, u kogo: Podnajmował pokoje studentom. Podnajęła mieszkanie u właściciela obszernej willi.

podniebienie *n I, lm D.* podniebień (*nie*: podniebieni).

Podnieprze *n I* «kraina w ZSRR» — podnieprzański.

podnieść *dk XI,* podniosę (*nie*: podniesę), podniosą (*nie*: podniesą), podniósł, podniosła (*nie*: podniesła), podnieśliśmy (p. akcent § 1a i 2) — **podnosić** *ndk VIa,* podnoszę, podnosiliśmy △ Podnieść płacz, spór, wrzawę itp. «rozpocząć, wszcząć płacz, spór, wrzawę itp.» △ Podnieść jakąś sprawę, problem «poruszyć, wysunąć sprawę, problem» △ Podnieść pensję, normę, wartość, poziom czegoś «podwyższyć, powiększyć pensję, normę, wartość» △ Podnieść głos «powiedzieć coś głośno; krzyknąć» △ Podnieść sumę, pieniądze, kapitał «wyjąć, odebrać pieniądze (z banku, kasy); *częściej*: podjąć» △ Podnieść rękę na kogoś **a)** «porwać się na kogoś, chcieć go uderzyć» **b)** «targnąć się na czyjeś życie» △ Podnieść kogoś na nogi **a)** «zmusić kogoś do wstania» **b)** «zaalarmować» **c)** «uzdrowić, wyleczyć» △ Podnieść kogoś, coś z upadku, z ruiny «wspomóc, wyratować kogoś; odbudować coś»

podnieta *ż IV* □ P. do czego: Ciekawość jest podnietą do nauki. Stać się podnietą, stanowić podnietę do czegoś.

podniosły *st. w.* bardziej podniosły, *rzad.* podnioślejszy «uroczysty, patetyczny»: Podniosły nastrój. Podniosłe uczucia. Podniosła muzyka.

podnosić p. podnieść.

podnóże (*nie:* podnoże) *n I, lm D.* podnóży: Podnóże góry.

podobać się *ndk i dk I,* podobaliśmy się (p. akcent § 1a i 2) □ P. się komu (z czego): Podobać się komuś z zachowania, z wyglądu.

podobieństwo *n III*: Uderzające, rodzinne podobieństwo. □ P. (w czym) do kogo, do czego: Podobieństwo do ojca (w rysach, w postawie). Doszukiwać się w kimś, w czymś podobieństwa do kogoś, do czegoś. □ P. czego: Podobieństwo cech. Podobieństwo rysów, kształtów.

podobizna *ż IV, CMs.* podobiźnie (*nie:* podobiznie), *lm D.* podobizn *wych. z użycia* «portret, fotografia»: Podobizna ojca oprawna w ramkę. Podobizna przedstawiała go w mundurze ułana.

podobnie «w sposób przypominający, naśladujący kogoś, coś»: Siostry ubierały się podobnie. △ Podobnie jak «tak samo jak»: Na uniwersytecie, podobnie jak w szkole, zwracał na siebie uwagę wykładowców. △ *niepoprawne* I tym podobnie (*zamiast:* i tym podobne). || D Kult. I, 556. Por. podobny.

podobno (*nie:* podobnież), *rzad.* **podobnoć** a. **podobnoś** «jak mówią, jak słyszałem»: Podobno jutro wyjeżdżasz. Podobno zaprosili was na wakacje. || D Kult I, 556.

podobny *m-os.* podobni □ P. do kogo, czego (*nie:* na kogo, na co) «przypominający kogoś, coś cechami zewnętrznymi lub wewnętrznymi»: Córka jest podobna do matki. Jest podobny do Cygana (*nie:* na Cygana). □ *daw.* P. komu, czemu — dziś tylko w wyrażeniach: I temu podobne, i tym podobne (skrót: itp.; *nie:* i tym podobnie), np. Zajmował się tenisem, ping-pongiem i tym podobnymi grami. □ P. z czego, w czym, pod względem czego, *rzad.* czym: Jan jest z usposobienia, z charakteru, z oczu podobny do swojego brata. W mimice, gestach był podobny do matki. Te kwiaty barwą i kształtem są bardzo do siebie podobne.

podoficer (*wym.* podoficer, *nie:* podoficer) *m IV, lm M.* podoficerowie, *rzad.* podoficerzy «stopień w wojsku (milicji) niższy od oficera (kapral, plutonowy, sierżant)»: Zawodowy podoficer.

Podole *n I* «kraina w ZSRR» — Podolanin *m V, D.* Podolanina, *lm M.* Podolanie, *D.* Podolan — Podolanka *ż III, lm D.* Podolanek — podolski.

podołek *m III, D.* podołka *pot.* (z odcieniem ludowym) △ Na podołku, *rzad.* w podołku: Spleść dłonie na podołku. Posadzić dziecko na podołku. Przynieść jabłka w podołku.

podomka *ż III, lm D.* podomek «suknia domowa, zwykle rozpinana z przodu»: Cały dzień chodziła w podomce. Por. szlafrok.

podorędzie *n I,* używane tylko w *pot.* wyrażeniu: Na podorędziu «w pogotowiu, na zawołanie, pod ręką»: Miał zawsze na podorędziu jakieś zręczne kłamstwo.

podówczas *książk.* «w tamtych, w owych czasach»: Dziadek mój służył podówczas w armii carskiej.

podpadać p. I podpaść.

podpalacz *m II, lm D.* podpalaczy, *rzad.* podpalaczów «człowiek, który umyślnie wzniecił pożar»: Schwytano podpalacza wsi.

I podpasać *dk IX,* podpaszę, podpasze, podpasz, podpasał, podpasaliśmy (p. akcent § 1a i 2) — **podpasywać** *ndk VIIIa,* podpasuję (*nie:* podpasywam, podpasywuję), podpasywaliśmy: Tancerka wystąpiła w luźnej, długiej sukni, podpasanej złotym sznurem.

II podpasać p. II podpaść.

I podpaść *dk Vc,* podpadnie, podpadł, podpadliśmy (p. akcent § 1a i 2) — **podpadać** *ndk I,* podpadaliśmy □ *posp.* P. komu «narazić się komuś»: Nie krytykuj tak śmiało, bo podpadniesz szefowi.

II podpaść *dk XI,* podpasę, podpasie, podpaś, podpasł, podpaśliśmy (p. akcent § 1a i 2) — **podpasać** *ndk I,* podpasaliśmy «podkarmić, podtuczyć»: Zaledwie podpasie świnie, już je sprzedaje.

podpatrywać *ndk VIIIa,* podpatruję (*nie:* podpatrywam, podpatrywuję), podpatrywaliśmy (p. akcent § 1a i 2) — **podpatrzyć** (*nie:* podpatrzeć) *dk VIb,* podpatrzyliśmy.

podpiąć *dk Xc,* podepnę, podepnij, podpiął (*wym.* podpioł), podpięła (*wym.* podpieła), podpięliśmy (*wym.* podpieliśmy; p. akcent § 1a i 2) — **podpinać** *ndk I,* podpinaliśmy □ P. co czym: Podpiąć sukienkę agrafką. □ P. co — pod co: Podpiął zaświadczenie pod podanie.

podpić *dk Xa,* podpity, *rzad.* podpiły; podpiliśmy (p. akcent § 1a i 2) *rzad.* (zwykle w wyrażeniu: podpić sobie): Podpił sobie i zaraz się rozweselił. Tęgo sobie podpili.

podpierać p. podeprzeć.

podpinać p. podpiąć.

podpis *m IV, D.* podpisu: Własnoręczny podpis. △ *urz.* Kłaść podpis pod czymś a. pod coś. Opatrywać podpisem (*nie:* w podpis). Stwierdzać własnoręczność podpisu (*nie:* stwierdzać własnoręczny podpis). || D Kult. II, 146.

podpisać *dk IX,* podpiszę, podpisaliśmy (p. akcent § 1a i 2) — **podpisywać** *ndk VIIIa,* podpisuję, podpisywaliśmy: Podpisać coś całym (*nie:* pełnym) imieniem i nazwiskiem.

podporządkować *dk IV,* podporządkowaliśmy (p. akcent § 1a i 2) — **podporządkowywać** *ndk VIIIa,* podporządkowuję (*nie:* podporządkowywam, podporządkowywuję), podporządkowywaliśmy □ P. kogo, co — czemu: Starał się swoje postępowanie podporządkować rozsądkowi.

pod pozorem p. pozór.

podprowadzić *dk VIa,* podprowadzę, podprowadź, podprowadziliśmy (p. akcent § 1a i 2) —

podprowadzać *ndk I*, podprowadzaliśmy «prowadząc przybliżyć kogoś, coś do jakiegoś miejsca; odprowadzając kogoś, przejść z nim niewielką część drogi»: Podprowadzę cię kawałek, to jeszcze trochę porozmawiamy. △ *niepoprawne* w zn. «oszukać kogoś», np. Chciał mi wmówić zepsuty towar, ale nie dałem się podprowadzić (*zamiast*: oszukać).

podpychać p. podepchnąć.

podrabiać p. I podrobić.

podrastać p. podrosnąć.

podrażnić (*nie*: podraźnić) *dk VIa*, podrażnij (*nie*: podraźń), podrażniliśmy (p. akcent § 1a i 2).

podreperować, *rzad.* **podreparować** *dk IV*, podreperowaliśmy, podreparowaliśmy (p. akcent § 1a i 2) «naprawić w pewnym stopniu coś zniszczonego»: Podreperował walącą się chałupę. △ *przen.* Podreperować zdrowie. Podreperować nadszarpniętą opinię.

podreptać *dk IX*, podrepcze, *przestarz.* podrepce; podreptaliśmy (p. akcent § 1a i 2) «pójść drobnymi krokami»: Podreptał w głąb pokoju. △ *przen.* Musiał dobrze podreptać, zanim coś załatwił.

I podrobić *dk VIa*, podrób, podrobiliśmy (p. akcent § 1a i 2) — **podrabiać** *ndk I*, podrabialiśmy **1.** «sfałszować; wykonać imitację jakiejś rzeczy, mającą uchodzić za oryginał» **2.** *rzad.*, *pot.* (tylko *dk*) «popracować trochę nad czymś; posunąć nieco jakąś robotę»: Muszę dziś trochę podrobić ten sweter, bo nie zdążę go skończyć na niedzielę.

II podrobić *dk VIa*, podrobię, podrób, podrobimy, podrobiliśmy (p. akcent § 1a i 2) «podzielić coś na drobne części; pokruszyć»: Podrobić chleb dla gołębi.

podroby *blp*, *D.* podrobów (*nie*: podrób); a. **podróbki** (*nie*: te podróbka) *blp*, *D.* podróbek.

podrosnąć, *rzad.* **podróść** *dk Vc*, podrosnę, podrośnij, podrósł, podrosła, podrośliśmy (p. akcent § 1a i 2) — **podrastać** *ndk I*, podrastaliśmy.

podrozjezdnica a. **podrozjazdnica** *ż II* || *D Kult. I, 770.*

podrożeć *dk III*, podrożałby (p. akcent § 4c).

podróbka *ż III*, *lm D.* podróbek *przestarz.* «rzecz podrobiona; podrobienie, sfałszowanie» || *D Kult. I, 114.*

podróbki p. podroby.

podróść p. podrosnąć.

podróż *ż VI*, *lm D.* podróży: Wybierać się, wyprawiać się (*nie*: odprawiać się) w podróż.

podróżnik *m III*, *lm M.* podróżnicy «człowiek odbywający (dalekie) podróże, wyprawy, mający zwyczaj podróżowania» || *D Kult. I, 558.*

podróżny przym. od podróż: Torba podróżna. **podróżny** w użyciu rzeczownikowym «ktoś będący (doraźnie) w podróży» || *D Kult. I, 558.*

podrywać p. poderwać.

! pod rząd p. rząd.

podrzeć (*nie*: podrzyć; *wym.* pod-żeć a. podż-żeć, *nie*: podżeć) *dk XI*, podrę, podrze, podarł, podrzyj, podarliśmy (p. akcent § 1a i 2): Podrzeć na kawałki (*nie*: w kawałki).

podrzutek *m III*, *D.* podrzutka, *lm M.* podrzutki: Była podrzutkiem, przygarniętym przez obcych ludzi.

podrzynać p. poderznąć.

podsądny (*nie*: podsędny) *m* odm. jak przym. «oskarżony»: Na salę rozpraw wprowadzeni zostali podsądni.

podsekretarz *m II*, *lm D.* podsekretarzy △ Podsekretarz stanu, in. wiceminister: Podsekretarz stanu w ministerstwie zdrowia (a. wiceminister zdrowia).

podsędek *m III*, *D.* podsędka, *lm M.* podsędkowie.

Podsiadły *m* odm. jak przym., *lm M.* Podsiadłowie a. Podsiadli.
Podsiadła *ż* odm. jak przym.; a. Podsiadły *ż ndm* — Podsiadłowa (*nie*: Podsiadlina) *ż* odm. jak przym. — Podsiadłówna (*nie*: Podsiadlanka) *ż IV*, *D.* Podsiadłówny, *CMs.* Podsiadłównie (*nie*: Podsiadłównej), *lm D.* Podsiadłówien.

podsienie *n I*, *lm M.* podsienia, *D.* podsieni «daszek wsparty na słupkach, filarach itp. u wejścia do budynku; ganek; podcienie z arkadami (często w *lm*)»

podskakiwać p. podskoczyć.

podskarbi *m* odm. jak przym., *lm M.* podskarbiowie.

podskoczyć *dk VIb*, podskoczyliśmy (p. akcent § 1a i 2) — **podskakiwać** *ndk VIIIb*, podskakuję (*nie*: podskakiwam), podskakiwaliśmy △ Podskoczyć w cenie (*nie*: na cenie).

podsłuchać *ndk I*, podsłuchaliśmy (p. akcent § 1a i 2) — **podsłuchiwać** (*nie*: podsłuchywać) *ndk VIIIb*, podsłuchuję (*nie*: podsłuchiwam, podsłuchiwuję), podsłuchiwaliśmy: Dziecko podsłuchało rozmowę rodziców.

podstarości *m* odm. jak przym., *lm M.* podstarościowie.

podstarzeć p. postarzeć.

podstawa *ż IV*: Podstawa bytu, działania, polityki. Podstawa cywilizacji, państwa. Być, leżeć u podstawy czegoś. Mieć podstawę (podstawy) do czegoś (np. do krytyki). Opierać, oprzeć coś na jakiejś podstawie (na jakichś podstawach). Mieć, przyjąć coś za podstawę. △ Na podstawie czegoś (*nie*: na bazie czegoś — i *nie*: w oparciu o coś): Dojść do wniosków na podstawie jakichś spostrzeżeń. □ P. do czego (*nie*: dla czego): Mieć podstawę do aresztowania kogoś.

*podstawa słowotwórcza «wyraz podstawowy, którego temat zostaje użyty do utworzenia nowej jednostki wyrazowej, np.: *palić* — palacz; *góra* — górka; *dom* — domowy», p. słowotwórstwo.

podstawek *m III*, *D.* podstawka, *lm D.* podstawków **1.** «drewniana podkładka, na której grający na skrzypcach opiera brodę; płytka podtrzymująca struny, mostek» 2. *reg.* «spodek podstawiany pod szklankę, pod doniczkę itp.» *Por.* podstawka.

podstawić *dk VIa*, podstawię, podstawiliśmy (p. akcent § 1a i 2) — **podstawiać** *ndk I*, podstawialiśmy □ P. co pod co «umieścić coś pod czymś, u dołu czegoś, poniżej czegoś»: Podstawić spodek pod szklankę. □ P. co zamiast czego (*nie*: p. za co) «zastąpić coś czymś»: Podstawić w zdaniu jeden wyraz zamiast drugiego (*nie*: za drugi).

podstawka *ż III, lm D.* podstawek 1. «rzecz, na której coś stoi, opiera się»: Podstawka do wiecznego pióra. Podstawka na nóż i widelec. 2. p. podstawek w zn. 1.

! **podstawny** p. postawny.

podstoli *m* odm. jak przym., *lm M.* podstolowie, *D.* podstolich.

podstrzyc *ndk XI*, podstrzygę, podstrzyże, podstrzyż, podstrzygliśmy (p. akcent § 1a i 2) — **podstrzygać** *ndk I*, podstrzygaliśmy 1. «uciąć nieco (włosy, sierść); *częściej*: podciąć»: Podstrzyc włosy, wąs. □ P. kogo «obciąć komuś (krótko) włosy na głowie»: Fryzjer podstrzygł chłopca krótko. 2. tylko *ndk* «w odniesieniu do włosów, zarostu: nosić krótko ostrzyżone»: Mężczyźni podstrzygali włosy wysoko.

podsumować *dk IV*, podsumowaliśmy (p. akcent § 1a i 2) — **podsumowywać** *ndk VIIIa*, podsumowuję (*nie*: podsumowywam, podsumowywuję), podsumowywaliśmy: Podsumować rachunki. △ *przen.* Podsumować dyskusję, wyniki badań, wrażenia z podróży.

podsyłać p. I podesłać.

podsypać *dk IX*, podsypię (*nie*: podsypę), podsyp, podsypaliśmy (p. akcent § 1a i 2) — **podsypywać** *ndk VIIIa*, podsypuję (*nie*: podsypywam, podsypywuję), podsypywaliśmy □ P. co a. czego: Podsypać wał. Podsypać kurom ziarno (ziarna). □ P. co — czym: Podsypać ciasto mąką.

podszepnąć *dk Va*, podszepnąłem (*wym.* podszepnołem; *nie*: podszepnełem, podszepłem), podszepnęła (*wym.* podszepnęła; *nie*: podszepła), podszepnęliśmy (*wym.* podszepneliśmy, p. akcent § 1a i 2) — **podszeptywać** *ndk VIIIa*, podszeptuję (*nie*: podszeptywam, podszeptywuję), podszeptywaliśmy: Podszepnął mu zapomniane słowa wiersza.

podszewka *ż III, lm D.* podszewek: Spódniczka na jedwabnej podszewce. △ Znać, poznać coś od podszewki; znać podszewkę czegoś «znać wszystkie nieoficjalne szczegóły jakiejś sprawy; wiedzieć o ukrytym tle, źródle czegoś»: Znał całą aferę od podszewki. Znał podszewkę ich świetnego życia.

podszyć *dk Xa*, podszyliśmy (p. akcent § 1a i 2) — **podszywać** *ndk I*, podszywaliśmy: Podszyć palto futrem. Podszyć dół u spódnicy. △ Wiatrem podszyty, *rzad.* podszywany «o odzieży: lekki, lichy, przepuszczający zimno» △ Lisem podszyty «chytry, przebiegły, podstępny» △ Tchórzem podszyty «lękliwy, tchórzliwy»
podszyć się — podszywać się □ P. się pod co (*nie*: pod kogo) — zwykle w zwrocie: Podszyć się, podszywać się pod cudze nazwisko.

podścielać, podścielić, podściełać p. II podesłać.

podtatusiały *m-os.* podtatusiali (*nie*: podtatusieli), *st. w.* bardziej podtatusiały *pot.* «o mężczyźnie: niemłody»: Był to podtatusiały kawaler.

podtrzymać *dk I*, podtrzyma (*nie*: podtrzymie), podtrzymaj, podtrzymaliśmy (p. akcent § 1a i 2) — **podtrzymywać** *ndk VIIIa*, podtrzymuję (*nie*: podtrzymywam, podtrzymywuję), podtrzymywaliśmy: Podtrzymywała ręką suknię. Słupy podtrzymywały szklany dach. Mech podtrzymuje wilgoć. △ *przen.* Starał się podtrzymać dobrą opinię o sobie. Nie udało się podtrzymać w nim gasnącego życia. △ Podtrzymać kogoś na duchu, *rzad.* podtrzymać w kimś ducha «dodać otuchy»: W chwilach zwątpienia podtrzymywał ją na duchu. △ Podtrzymywać ogień «nie dopuszczać do wygaśnięcia ognia; nie przerywać strzelania»: Siedział przy ognisku i podtrzymywał ogień. Artyleria podtrzymywała ogień. △ Podtrzymywać rozmowę, dyskusję «kontynuować; nie przerywać rozmowy, dyskusji»

podtykać *ndk I*, podtykaliśmy (p. akcent § 1a i 2) — **podetknąć** *dk Va*, podetknąłem (*wym.* podetknołem; *nie*: podetknełem, podetkłem), podetknęła (*wym.* podetknęła; *nie*: podetkła), podetknęliśmy (*wym.* podetkneliśmy); *rzad.* **podetkać** *dk I*, podetkaliśmy 1. «wkładać, wsuwać coś pod coś; wtykać»: Podtykał deski pod ostrze maszyny. △ *posp.* Podtykać coś komuś pod nos «pokazywać»: Podetknął mu pod nos gazetę z ciekawym artykułem. 2. *pot.* «podawać komuś coś do jedzenia»: Podtykała dziecku słodycze.

podumać *dk I*, podumaliśmy (p. akcent § 1a i 2) *przestarz.*, dziś nieco *podn.* a. *żart.* «pomyśleć, zastanowić się»: □ P. nad czym a. o czym: Chciał podumać nad sensem życia.

podupaść *dk Vc*, podupadnę, podupadnie, podupadł, podupadła, podupadliśmy (p. akcent § 1a i 2) — **podupadać** *ndk I*, podupadaliśmy: Przedsiębiorstwo podupadło. □ P. na czym: Podupaść na zdrowiu, na siłach, na umyśle.

poduszczać *ndk I*, poduszczaliśmy (p. akcent § 1a i 2) — **poduszczyć** *dk VIb*, poduszczyliśmy *przestarz.* «namawiać do czegoś złego; podburzać»: Poduszczał ludzi do buntu.

podwalina *ż IV* △ *książk.* Położyć podwaliny czegoś a. pod coś (*nie*: pod czymś) «dać podstawy czegoś»: Linneusz położył podwaliny pod nowoczesną systematykę. Stanowić podwaliny (podwalinę) czegoś.

podwiatrowy a. **podwietrzny**: Strona podwiatrowa a. podwietrzna (*lepiej*: nawietrzna) wydmy.

podwieczorek *m III, D.* podwieczorku a. podwieczorka: Przygotowała podwieczorek dla dziesięciu osób a. na dziesięć osób.

podwieźć *dk XI*, podwiozę (*nie*: podwiezę), podwiezie, podwiózł, podwiozła (*nie*: podwiezła), podwieźliśmy (p. akcent § 1a i 2) — **podwozić** *ndk VIa*, podwożę, podwoź a. podwóź, podwoziliśmy: Podwieźć kogoś pod dom.

podwoić

podwoić *dk* VIa, podwoję, podwoi, podwój, podwoiliśmy (p. akcent § 1a i 2) — **podwajać** *ndk I*, podwajaliśmy: Podwoili wysiłki, żeby osiągnąć cel.

podwoje *blp, D.* podwoi a. podwojów *książk.* «drzwi, zwłaszcza większych rozmiarów, dwuskrzydłowe», zwykle w zwrotach: Otwierać komuś a. przed kimś podwoje «udostępniać coś komuś, zapraszać kogoś»

*podwojone głoski, litery. W języku polskim istnieje niewiele wyrazów rodzimych o rdzennych głoskach podwojonych; występują one np. w wyrazach: *czczy, czczony, dżdżownica, dżdżysty, ssać*. Najczęściej jedna z dwóch identycznych głosek należy do rdzenia, a druga do przedrostka lub przyrostka, np.: *od-dać, roz-złościć, dzwon-nica, okien-ny, kamien-ny.* △ Błędem jest podwajanie spółgłoski *n* w wyrazach, w których nie wchodzi ona w skład rdzenia, lecz należy tylko do przyrostka *-any*, np. w wyrazach: *blaszany, gliniany* (*nie*: blaszanny, glinianny) itp.
Głoski podwojone występują często w zapożyczeniach, zwłaszcza w zapożyczeniach z łaciny. Wyrazy te w miarę przyswajania tracą jedną z głosek podwojonych. Różnice w wymowie i pisowni takich wyrazów (jedne z głoską podwójną, inne już — z pojedynczą) związane są najczęściej ze stopniem ich przyswojenia i częstości używania przez ogół mówiących i piszących. Zapożyczenia rzadziej używane, nowsze lub należące do pewnych specjalności, dłużej zachowują głoski podwojone, np.: korektor, terakota — *ale*: terramycyna, terrarium, irracjonalny; Bożena, Marzena, Liliana — *ale*: primadonna, sawanna; Aneta — *ale*: Marietta, libretto; iluzja, ilustracja, Izabela, halo, trolejbus — *ale*: belladona, pallad, Allach a. Allach; imigracja — *ale*: immatrykulacja, immanentny; pasja — *ale*: passa, lasso. Niektóre wyrazy, choć często używane, tradycyjnie już są wymawiane z głoskami podwojonymi (i odpowiednio do tego pisane); do takich należą: Budda, Mekka, mokka, bulla, alleluja, willa, stalla, innowacja, Madonna, terror, netto, brutto i in. △ Uwaga. W odmianie rzeczowników, których temat kończy się na taką podwojoną spółgłoskę (np. Mekka, mokka, motto, getto, libretto), w *Ms. lp* tylko druga spółgłoska wymienia się: w Mekce, mokce, motcie, getcie (*wym.* gecie), libretcie (*wym.* librecie). △ Podwojone *ł* wymienia się z podwojonym *l*, np.: mułła, Radziwiłł, Jagiełło — w *Ms. lp*: o mulle, Radziwille, Jagielle. Pod względem fonetycznym spółgłoski podwojone można określić jako spółgłoski długie, w których czas trwania zwarcia (od implozji do eksplozji) jest dłuższy niż w artykulacji spółgłosek nie podwojonych.
△ Nazwiska obce nowożytne i nazwiska rodzime zachowują w pisowni tradycyjne spółgłoski podwojone, nawet, jeśli się ich nie wymawia; np. Gambetta, Scott, Traugutt, Narbutt, Radziwiłł, Ossoliński, Tasso, Capuletti, Machiavelli, Shelley, Kennedy (*wym.* Gambeta, Skot, Traugut, Narbut itd.).
△ W odmianie niektóre nazwiska obce o temacie z głoską podwojoną różnią się w *Ms. lp* od odpowiednich nazwisk polskich, spolszczonych bądź bardziej spopularyzowanych, zachowując się tak jak odpowiednie rzeczowniki pospolite, a więc: o Gambetcie, Canaletcie, Scotcie, Buddzie, Tassie itd. △ W nazwiskach spolszczonych, bardzo znanych spółgłoska podwojona zmienia się w pojedyn-

czą spółgłoskę miękką, np. *tt* zmienia się w *ć* (pisane: *ci*), *rr* — w *rz* itd.; piszemy więc: o Traugucie, Narbucie, Robespierze itp. // *PJ 1961, 330.*

podworzec p. podwórzec.

podwozić p. podwieźć.

podwórko *n II, lm D.* podwórek «małe podwórze» △ Własne, swoje, rodzime podwórko «krąg własnych, bliskich spraw, zainteresowań itp.» △ Czynić coś na cudzym podwórku «mieszać się do cudzych spraw»

podwórze *n I, lm D.* podwórzy: Dzieci bawią się na podwórzu. Wejście do budynku od podwórza a. z podwórza. Mieszkać, mieć mieszkanie w podwórzu a. od podwórza «mieszkać w oficynie, nie w części frontowej domu»

podwórzec a. **podworzec** *m II, D.* podwórca (podworca) **1.** *częściej*: podwórzec «okazałe podwórze (np. zamkowe); dziedziniec» **2.** *reg.* «podwórze»

podwyższać *ndk I*, podwyższaliśmy (p. akcent § 1a i 2) — **podwyższyć** *dk VIb*, podwyższyj (*nie*: podwyższ), podwyższyliśmy: Podwyższyć komuś pensję. Podwyższyć cenę czegoś. Podwyższyć dom o piętro.

podymne *n odm. jak przym., NMs.* podymnym (*nie*: podymnem), *blm hist.* «podatek od domu mieszkalnego»: Zalegać z podymnym.

podzelować (*wym.* pod-zelować) *dk IV*, podzelowaliśmy (p. akcent § 1a i 2): Te buty trzeba już podzelować.

podziać (*nie*: podzieć) *dk Xb*, podzialiśmy, *reg.* podzieliśmy (p. akcent § 1a i 2) — **podziewać** *ndk I*, podziewaliśmy: Nie wiem, gdzie podziałem swój kapelusz.

podział *m IV, D.* podziału, *Ms.* podziale (*nie*: podziele): Podział majątku między synów (*nie*: między synami). Podział społeczeństwa na klasy.

podzielić *dk VIa*, podzieliliśmy (p. akcent § 1a i 2) — **podzielać** *ndk I*, podzielaliśmy □ (tylko *dk*) P. co — na co: Podzielić jabłko na cztery części. □ P. co — między kogo, między co (*nie*: między kim, między czym): Podzielił majątek między synów (*nie*: między synami). □ P. co przez co: Podziel 50 przez 5. □ (*częściej dk*) P. co z kim: Podzielić z kimś jego los. △ (*częściej ndk*) Podzielać czyjeś zdanie, sąd, przekonanie «zgadzać się, zapatrywać się na coś tak samo, jak ktoś inny»
podzielić się (tylko *dk*) **1.** «rozpaść się, zostać podzielonym na części» □ P. się na co: Wojsko podzieliło się na mniejsze oddziały. **2.** «rozdać coś między siebie, dać komuś część czegoś» □ P. się czym — z kim: Podzielić się z kimś zapasami, zdobyczą. Podzielić się nowinami. Chciał się z kimś podzielić swoją radością. **3.** «o liczbie, wielkości: być całkowitą wielokrotnością jakiejś liczby» □ P. się przez co: 50 podzieli się przez 5 bez reszty.

podzielny 1. «dający się podzielić»: Liczba podzielna przez cztery. **2.** *st. w.* podzielniejszy a. bardziej podzielny «łatwy do podziału między kogoś»: Drobne ciastka były podzielniejsze (bardziej podzielne) niż duże.

podziemie (*wym.* pod-ziemie) *n I, lm D.* podziemi **1.** zwykle w *lm* «część budowli znajdująca się pod powierzchnią ziemi»: Podziemia zamku. **2.** zwykle *blm* «nielegalne organizacje polityczne; nielegalne, zakonspirowane działanie»

podziewać p. podziać.

podzięka *ż III*, zwykle *blm*, *przestarz.*, *książk.* «podziękowanie» — zwykle w wyrażeniu: W podzięce: W podzięce za całoroczny trud dzieci przynoszą nauczycielom kwiaty.

podziobać, *reg.* **podzióbać** *dk IX*, podziobię, *reg.* podzióbię; podziobaliśmy, *reg.* podzióbaliśmy (p. akcent § 1a i 2).

po dzisiejszemu p. dzisiejszy.

podziw *m IV, D.* podziwu, zwykle *blm*: Niemy podziw. Godny podziwu. Oglądać, patrzeć z podziwem. Oniemieć z podziwu. Wprawić kogoś w podziw. △ Mądry, zdolny, ładny nad podziw, *rzad.* na podziw. □ P. dla kogo, czego: Podziw dla śmiałka, dla czyjejś wytrwałości, odwagi. □ *rzad.* P. nad czym: Ogarnął go podziw nad jej urodą.

podziwiać *ndk I*, podziwialiśmy (p. akcent § 1a i 2): Podziwiać czyjąś zręczność, spryt. Podziwiałam, jak mogłeś to wytrzymać. □ P. co — w kim: Podziwiał w niej odwagę.

podzwonne *n* odm. jak przym., *NMs.* podzwonnym (*nie*: podzwonnem), *blm przestarz.* «dzwonienie po umarłym na pogrzebie», dziś zwykle w *książk.* *przen.*: Pamiętniki te stanowią podzwonne dawnym czasom.

podźwigać się *dk I*, podźwigaliśmy się (p. akcent § 1a i 2); a. **podźwignąć się** (formy odmiany — p. podźwignąć) *pot.* w zn. «sforsować się podnosząc, dźwigając ciężar»: Nie podnoś tej ciężkiej walizki, bo się podźwigasz (podźwigniesz).

podźwignąć *dk Va*, podźwignąłem (*wym.* podźwignołem; *nie*: podźwignęłem, podźwigłem), podźwignął (*wym.* podźwignoł), podźwignęła (*wym.* podźwignęła; *nie*: podźwigła), podźwignęliśmy; p. akcent § 1a i 2) **1.** «podnieść coś ciężkiego»: Z trudem podźwignął ciężki tobół. **2.** «zbudować na nowo; odrodzić, podnieść» □ P. co z czego: Podźwignąć miasto z gruzów. △ *przen.* Podźwignąć kulturę z upadku.

podżartowywać (*wym.* pod-żartowywać) *ndk VIIIa*, podżartowuję (*nie*: podżartowywam, podżartowywuję), podżartowywaliśmy (p. akcent § 1a i 2): Był w dobrym humorze, ciągle sobie podżartowywał. □ P. (sobie) z kogo, czego: Podżartowuje sam z siebie. Podżartowywała sobie z sentymentalnego wielbiciela.

podżegacz (*wym.* pod-żegacz) *m II*, *lm D.* podżegaczy, *rzad.* podżegaczów: Podżegacze wojenni. □ P. do czego: Podżegacz do złego, do wojny.

podżegać (*wym.* pod-żegać) *ndk I*, podżegaliśmy (p. akcent § 1a i 2) □ P. kogo do czego: Dyktator podżegał naród do wojny. □ P. kogo przeciw komu: Podżegała matkę przeciw ojcu.

podżyły (*wym.* pod-żyły) *m-os.* podżyli, *st. w.* bardziej podżyły *przestarz.* «będący w podeszłym wieku; niemłody, podstarzały»: Podżyły kawaler, podżyła panna.

Poe (*wym.* Pou) *m* odm. jak przym., *D.* Poego (*wym.* Poego) a. (z odmienianym imieniem) *ndm*: Nowele Poego a. Edgara Poe.

poemat *m IV, D.* poematu, *lm M.* poematy (*nie*: poemata).

poeta *m* odm. jak *ż IV*, *lm M.* poeci, *DB.* poetów: Poeta liryczny, satyryczny.

poetycki «odnoszący się do poezji lub poety»: Talent poetycki. Twórczość poetycka. Poetycki koncert życzeń. Wieczór poetycki znanego liryka. △ Licencja poetycka (często po łacinie: licentia poetica, *czyt.* licencja poetika) «odchylenie od norm językowych, nieścisłość, którą można tolerować w utworze literackim»

poetyczny *m-os.* poetyczni, *st. w.* poetyczniejszy a. bardziej poetyczny «taki, jak w poezji, pełen poezji; nastrojowy»: Poetyczny sposób wyrażania się. Poetyczna dusza.

poetyka (*wym.* poetyka, *nie*: poetyka; p. akcent § 1c) *ż III*.

poezja *ż I*, *DCMs.* i *lm D.* poezji **1.** zwykle w *lp* «twórczość, sztuka poetycka»: Poezja liryczna, epiczna. **2.** tylko w *lm* «utwory poety; wiersze»: Poezje Mickiewicza. Zbiór poezji. **3.** zwykle w *lp* «romantyczny urok»: Poezja starych miast, majowego wieczoru.

pofolgować *dk IV*, pofolgowaliśmy (p. akcent § 1a i 2) □ *wych. z użycia* P. komu (sobie) w czym, *rzad.* z czym «pozwolić na coś, okazać pobłażanie»: Nie chciał mu w niczym pofolgować. Mógł sobie teraz pofolgować z robotą. □ *wych. z użycia* P. czemu «dać upust czemu»: Pofolgować uczuciom, nienawiści.

poganiacz *m II*, *lm D.* poganiaczy, *rzad.* poganiaczów.

poganin *m V, D.* poganina, *lm M.* poganie, *D.* pogan (*nie*: poganów).

pogarda *ż IV*, *blm*: Głęboka, nie ukrywana pogarda. Pogarda życia, śmierci. □ P. dla kogo, czego: Pogarda dla przesądów. △ Budzić, ściągnąć na siebie pogardę. Patrzeć na kogoś, na coś, wyrażać się o kimś, o czymś, odwrócić się od kogoś, czegoś z pogardą. △ Mieć, żywić dla kogoś, dla czegoś pogardę a. mieć kogoś, coś w pogardzie.

pogardzać *ndk I*, pogardzaliśmy (p. akcent § 1a i 2) — **pogardzić** *dk VIa*, pogardzę, pogardź, pogardziliśmy □ P. kim, czym: Pogardzał niebezpieczeństwem. Pogardziła moim towarzystwem.

pogarszać (*nie*: pogorszać) *ndk I*, pogarszaliśmy (p. akcent § 1a i 2) — **pogorszyć** *dk VIb*, pogorszyliśmy: Swoim wystąpieniem pogorszył sprawę.

pogasnąć *dk Vc*, pogasłyby (p. akcent § 4c) «o wielu: zgasnąć jedno po drugim»: Pogasły wszystkie latarnie.

pogiąć (*nie*: pognąć) *dk Xc*, pognę, pognie, pognij, pogiąłem (*wym.* pogiołem; *nie*: pogiełem), pogięła (*wym.* pogieła), pogiął (*wym.* pogioł), pogięliśmy (*wym.* pogieliśmy; p. akcent § 1a i 2) «pokrzywić, zgiąć w wielu miejscach lub wiele rzeczy»: Stosy pogiętego żelastwa. Wiatr pogiął drzewa.

pogląd

pogląd *m IV, D.* poglądu: Błędny, słuszny, ustalony pogląd. Poglądy polityczne, społeczne. △ Wyznawać, podzielać czyjś pogląd (czyjeś poglądy). Zmienić swoje poglądy polityczne. □ P. na co: Miał własny pogląd na małżeństwo. △ Pogląd na świat a. światopogląd.

pogłaskać p. głaskać.

pogłębiać *ndk I,* pogłębialiśmy (p. akcent § 1a i 2) — **pogłębić** *dk VIa,* pogłębię, pogłęb (*nie*: pogłąb), pogłębiliśmy «czynić coś głębszym, obniżać poziom czegoś»: Pogłębiać rzekę, wykop. △ *przen.* **a)** «wzmagać intensywność czegoś»: Pogłębiać przyjaźń, ciemność. **b)** «czynić coś bardziej dokładnym, gruntownym»: Pogłębiać swoją wiedzę. △ *niepoprawne* w zn. «zacieśniać, zwiększać», np. Pogłębiać (*zamiast*: zacieśniać) więź miasta ze wsią, współpracę.

pogłębiarka *ż III, lm D.* pogłębiarek.

pogłoska *ż III, lm D.* pogłosek □ P. o czym (*nie*: na temat czego): Pogłoski o dymisji prezydenta nie sprawdziły się.

pogłówne, *rzad.* **pogłowne** *n* odm. jak przym., *NMs.* pogłównym, pogłownym (*nie*: pogłównem, pogłownem), *blm hist.* «podatek w dawnej Polsce»: Płacić pogłówne (pogłowne). Zalegać z pogłównym (pogłownym).

pognieść *dk XI,* pogniotę (*nie*: pognietę), pogniecie, pogniotłem (*nie*: pognietłem), pogniótł, pogniotła (*nie*: pognietła), pognietliśmy (p. akcent § 1a i 2): Pognieść papier, suknię.

pogoda *ż IV, blm*: Tego lata była ładna pogoda (*nie*: były ładne pogody). Dziś była pogoda a. ładna pogoda. Pogoda dopisuje, sprzyja, popsuła się. △ Barometr idzie (w górę) na pogodę. Błyska się na pogodę.

pogodny *st. w.* pogodniejszy **1.** «odznaczający się ładną pogodą»: Pogodny dzień, wieczór. **2.** *m-os.* pogodni «pełen spokoju, równowagi; wesoły»: Pogodne usposobienie. Pogodny staruszek.

pogodowy «odnoszący się do pogody»: Warunki pogodowe. Stan pogodowy, *lepiej*: stan pogody.

pogodzić *dk VIa,* pogodzę, pogódź, pogodziliśmy (p. akcent § 1a i 2): Pogodzić dwie zwaśnione rodziny. □ P. kogo — z kim, z czym, co — z czym: Pogodził go z bratem. Praca pogodzi ją z ciężkim losem. Umiał pogodzić odwagę z roztropnością.

pogoń *ż V* **1.** *blm* «ściganie kogoś, pościg»: Ujść pogoni. Rzucić się, puścić się w pogoń. □ P. za kim, czym: Pogoń za zbiegiem. △ *przen.* Pogoń za popularnością, oryginalnością. **2.** «ludzie goniący kogoś»: Zbieg zmylił pogoń.

pogorszyć p. pogarszać.

pogorzelec *m II, D.* pogorzelca, *W.* pogorzelcze, forma szerząca się: pogorzelcu, *lm M.* pogorzelcy.

pogotowie *n I, blm*: Ostre pogotowie. Pogotowie kasowe, techniczne, awaryjne. Stan pogotowia. Pracował w szpitalu i w pogotowiu. △ Mieć coś w pogotowiu. △ W nazwach dużą literą: Pogotowie Ratunkowe. Górskie Ochotnicze Pogotowie Ratunkowe (skrót: GOPR).

pogranicze *n I, lm D.* pograniczy: Na pograniczu Warmii i Mazur. Mieszkańcy pogranicza. △ W nazwach dużą literą: Wojska Ochrony Pogranicza (skrót: WOP).

pogranicznik *m III, lm M.* pogranicznicy; *lepiej*: żołnierz WOP-u, wopista.

pogratulować p. gratulować.

pogrążyć *dk VIIb,* pogrążyliśmy (p. akcent § 1a i 2) — **pogrążać** *ndk I,* pogrążaliśmy **1.** «zanurzać (używane zwykle w zn. *przen.*)»: Każde niepowodzenie pogrąża go w rozpaczy. **2.** «pognębić, zgubić»: Nie chciał nikogo pogrążyć, milczał.

pogrążyć się — używane często w imiesł. biernym: Pogrążony we wspomnieniach, w pracy. Pokój pogrążony w ciemnościach. Pogrążył się w myślach.

pogrobowiec *m II, D.* pogrobowca, *W.* pogrobowcze, forma szerząca się: pogrobowcu, *lm M.* pogrobowcy «dziecko urodzone po śmierci ojca» △ używane zwykle *przen.*, np. Pogrobowiec romantyzmu.

pogrom *m IV, D.* pogromu: Ujść, ocaleć z pogromu. □ P. kogo, czego (*nie*: przeciw komu, czemu).

pogrozić *dk VIa,* pogrożę, pogroź, *rzad.* pogróź, pogroziliśmy (p. akcent § 1a i 2) «zapowiedzieć coś złego, postraszyć»: □ P. komu czym, p. komu, że...: Pogroziła synowi wydziedziczeniem. Pogroził chłopcu, że go zbije. △ Pogrozić komuś palcem, pięścią, kijem itp. «wykonać ruch będący groźbą»

pogruchotać *dk IX,* pogruchoce, *przestarz.* pogruchota (*nie*: pogruchota), pogruchotaliśmy (p. akcent § 1a i 2) *pot.* △ Pogruchotać komuś kości «mocno kogoś zbić, obić»

pogrzać *dk Xb,* pogrzaliśmy, *reg.* pogrzeliśmy (p. akcent § 1a i 2): Słońce pogrzało godzinkę i zaszło. Pogrzał nogi przy piecu.

pogrzebacz *m II, lm D.* pogrzebaczy, *rzad.* pogrzebaczów.

pogwałcić p. gwałcić.

pogwar *m IV, D.* pogwaru *książk.* «szmer głosów dochodzący z daleka»: Kawiarnia pełna pogwaru. Słychać było niewyraźny pogwar.

poharatać p. haratać.

Pohorille *m,* w *lp* odm. jak przym., *DB.* Pochorillego, *NMs.* Pohorillem, w *lm* jak rzecz., *M.* Pohorillowie, *DB.* Pohorillów a. (zwykle z odmienianym imieniem, tytułem) *ndm*: Wykład Pohorillego a. profesora Pohorille.

poić *ndk VIa,* poję, poi, pój, poiliśmy (p. akcent § 1a i 2): Poić konie, bydło. △ *przen.* Poić serca radością.

Poincaré (*wym.* Puękare) *m* odm. jak przym., *D.* Poincarégo (*wym.* Puękarego, p. akcent § 7), *NMs.* Poincarém a. (zwykle z odmienianym imieniem, tytułem) *ndm*: Filozofia Poincarégo (Henryka Poincaré).

poinformować p. informować.

poinstruować p. instruować.

pointa p. puenta.

pointer (*wym*. pojnter) *m IV, D*. pointera: Polować z pointerem.

pointować p. puentować.

pointylizm p. puentylizm.

po jakiemu p. jaki.

pojaw *m IV, D*. pojawu; *lepiej*: pojawienie się. || *D Kult. I, 559*.

pojawić się *dk VIa*, pojawię się, pojaw się (*nie*: pojawij się), pojawiliśmy się (p. akcent § 1a i 2) — **pojawiać się** *ndk I*, pojawialiśmy się (zwykle o zjawiskach, rzeczach, zwierzętach; rzadko o ludziach): Na jego zasmuconej twarzy pojawił się uśmiech. W okolicy pojawiły się wilki.

pojazd *m IV, D*. pojazdu, *Ms*. pojeździe (*nie*: pojaździe): Pojazd mechaniczny, kosmiczny.

pojąć *dk Xc*, pojmę (*nie*: pojmię), pojmie, pojmą (*nie*: pojmią), pojmij, pojąłem (*wym*. pojołem; *nie*: pojełem), pojął (*wym*. pojoł), pojęła (*wym*. pojeła), pojęliśmy (*wym*. pojeliśmy; p. akcent § 1a i 2) — **pojmować** (*nie*: pojmywać) *ndk IV*, pojmowaliśmy: Pojąć coś w lot. Nie mogła pojąć, że to już koniec. △ *książk*. Pojąć kogoś za żonę «ożenić się z kimś»

pojechać *dk*, pojadę, pojedzie (*nie*: pojadzie), pojedź (*nie*: pojadź), pojedźmy, pojechał, pojechaliśmy (p. akcent § 1a i 2) □ Pojechać do Białegostoku, w góry, nad morze, na Żoliborz, za granicę. □ Składnia jak: jechać. □ *niepoprawne* P. co «jadąc wykonać coś», np. Pojechać (*zamiast*: wykonać) program jazdy figurowej na lodzie.

pojedynczy (*wym*. pojedynczy a. pojedyńczy).

pojedynek *m III, D*. pojedynku △ Wyzwać (*nie*: wezwać) kogoś na pojedynek.

pojedynka *ż III, lm D*. pojedynek △ w zn. «strzelba o jednej lufie» in. jednorurka.
w pojedynkę «pojedynczo, po jednemu; samotnie»: Przejście było wąskie, można było iść tylko w pojedynkę. Tak wielkiej pracy nie wykona się w pojedynkę.

pojemność *ż V, blm* «objętość, ładowność»: Pojemność statku. Pojemność naczynia.

pojeść *dk*, pojem, poje, pojedzą, pojedz, pojadł, pojedliśmy (p. akcent § 1a i 2) *pot*. «najeść się, zjeść» △ w zn. dosłownym zwykle: pojeść sobie, np. Jak już sobie pojadł, zaczął opowiadać nowiny. △ Jakby wszystkie rozumy pojadł «ironicznie o kimś przemądrzałym, zarozumiałym»: Lekceważy wszelkie rady, jakby sam wszystkie rozumy pojadł.

pojezierze *n I, lm D*. pojezierzy: Pas pojezierzy. △ W nazwach dużą literą: Pojezierze Mazurskie, Pojezierze Pomorskie.

pojęcie *n I, lm M*. pojęcia, *D*. pojęć: Pojęcia proste, złożone, filozoficzne, moralne. □ P. czego **a)** «zrozumienie»: Pojęcie tego zadania było dla niego trudne. To było dla niego nie do pojęcia. **b)** «myślowy odpowiednik nazwy»: Autorzy prac z zakresu etyki operują pojęciem norm moralnych. Pojęcie wartości estetycznej w sztuce. □ P. o czym «wiedza, wyobrażenie o czymś, pogląd na coś»: Pojęcie o muzyce, o sztuce, o wychowaniu młodzie-

ży. To streszczenie nie daje pojęcia o całości pracy. △ *pot*. Mieć (jakieś) pojęcie, nie mieć pojęcia o czymś; nie mieć jakiegoś (np. zielonego, najmniejszego) pojęcia o czymś. △ Coś przechodzi (ludzkie, wszelkie) pojęcie «coś jest nieprawdopodobne, trudne do zrozumienia»

pojmować p. pojąć.

pokajać się p. kajać się.

pokasływać *ndk VIIIa*; a. **pokaszliwać** *ndk VIIIb*, pokasłuję, pokaszluję (*nie*: pokasływuję, pokaszliwuję; pokasływam, pokaszliwam), pokasływaliśmy, pokaszliwaliśmy (p. akcent § 1a i 2): Zwiedzający fabrykę włókienniczą pokasływali od bawełnianego pyłu.

pokaz *m IV, D*. pokazu: Pokaz mody. △ Coś (ktoś) jest na pokaz «o czymś lub o kimś doskonałym, wartym pokazania» △ Robić coś na pokaz; coś jest na pokaz «robić coś dla pozoru, dla efektu; coś jest obliczone na efekt»: U nich wszystko robi się na pokaz. Cała jego serdeczność była na pokaz.

pokazać *dk IX*, pokażę, pokazaliśmy (p. akcent § 1a i 2) — **pokazywać** *ndk VIIIa*, pokazuję (*nie*: pokazywam, pokazywuję), pokazywaliśmy **1.** «dać coś zobaczyć; wskazać, zademonstrować» □ P. k o g o, c o — k o m u: Pokazał nam swoje obrazy. Pokazać figę, język. Pokazał wszystkim, co umie. □ *rzad*. P. na kogo, na co: Zapytana, co chce dostać, pokazała na korale. △ (tylko *ndk*) Pokazywać kogoś palcami «publicznie piętnować» △ *niepoprawne* Pokazywało (*zamiast*: pokazywano) w telewizji. **2.** częściej *ndk* «być źródłem informacji» □ P. co: Zegar pokazuje godzinę 12. **3.** «przejawić, uzewnętrznić coś»: Nie chcieli pokazywać swojej niechęci do niego. Pokazała, że umie milczeć. Pokazał, kto on taki.
pokazać się — pokazywać się 1. «dać się widzieć»: Pokazała się tylko w oknie i znikła. Zaczął się pokazywać dym. **2.** «odwiedzić kogoś, pojawić się gdzieś» □ P. się u kogo, gdzie: Długo się nie pokazywałaś u nas. **3.** *nieos. pot*., *częściej*: okazać się, np. Jak się pokazało (*częściej*: okazało), rozwiązanie zadania było dobre.

pokazowy «będący przedmiotem pokazu, demonstrowania; godny pokazania; wzorowy»: Pokazowy mecz. Uczestnicy kursu rolniczego zwiedzili pokazowe gospodarstwo.

pokaźny *m-os*. pokaźni, *st. w*. pokaźniejszy a. bardziej pokaźny **1.** «spory, znaczny»: Pokaźne rozmiary czegoś. Pokaźna suma pieniędzy. **2.** *wych. z użycia* «pięknie się prezentujący, okazały»: Pokaźny budynek.

pokąsać *dk I*, pokąsa, pokąsałby (p. akcent § 4c) *wych. z użycia* «o zwierzęciu (zwłaszcza o psie): pogryźć»

poker (*nie*: pokier) *m IV, DB*. pokera: Grać w pokera.

pokerzysta (*nie*: pokierzysta) *m odm. jak ż IV, lm M*. pokerzyści, *DB*. pokerzystów.

pokierować *dk IV*, pokierowaliśmy (p. akcent § 1a i 2): **1.** w zn. «nadać kierunek» □ P. kim, czym: Należało nią (*nie*: ją) pokierować, bo sama nie wiedziała, co ma robić. Tak pokierował sprawą (*nie*: sprawę), że uzyskał to, co chciał. **2.** *pot*. w zn. «wykształcić, wychować (*częściej*: wykierować)» □ P. kogo na co: Pokierował dzieci na ludzi. Jedyną córkę pokierowali na nauczycielkę.

poklask *m III*, *D*. poklasku, *blm*: Książka uzyskała (zyskała) poklask krytyki.

pokład *m IV*, *D*. pokładu 1. «warstwa czegoś; złoże»: Pokłady węgla, soli, rudy. Grube pokłady lodu na rzece. 2. «podłoga zamykająca z wierzchu kadłub statku»: Górny, dolny pokład. Siedzieć na pokładzie. △ Na pokładzie «na statku, w samolocie, w pojeździe kosmicznym»: Na pokładzie „Batorego" przybyło do Polski wielu turystów. Wystartował samolot z dziesięcioma pasażerami na pokładzie.

pokładać *ndk I*, pokładaliśmy (p. akcent § 1a i 2), tylko w zwrotach: Pokładać w kimś nadzieję, wiarę itp. «ufać, wierzyć komuś»
pokładać się: Był ostatnio bardzo słaby, ciągle się pokładał. △ Pokładać się ze śmiechu «bardzo mocno się śmiać» *Por*. kłaść.

pokłon *m IV*, *D*. pokłonu *książk*. (nieco patetyczne) «pochylenie głowy lub całego tułowia; ukłon»: Zgiąć się w pokłonie. Oddać komuś pokłon. △ Bić, wybijać pokłony «kłaniać się nisko (często: klęcząc)»: Bił pokłony w pas. Klęczał i bił pokłony przed świętym obrazem.

pokłosie *n I*, *lm D*. pokłosi, zwykle w *lp*; *książk*. «zbiór; rezultat»: Pokłosie literatury jakiegoś okresu. Pokłosie twórczości poety. Pokłosie dyskusji.

pokonać *dk I*, pokonaliśmy (p. akcent § 1a i 2) — **pokonywać** *ndk VIIIa*, *rzad. I*, pokonuję, *rzad*. pokonywam (*nie*: pokonywuję); pokonywaliśmy: Pokonać wroga. Pokonać czyjś upór, przeciwności. Osiągnęli swój cel pokonując a. pokonywając (*nie*: pokonywując) wielkie trudności.

pokorny *m-os*. pokorni, *st.w*. pokorniejszy, *rzad*. bardziej pokorny: Pokorny człowiek. Pokorny ukłon. Pokorna mina, prośba.

pokotem zwykle w zwrotach: Leżeć, kłaść się, padać itp. pokotem «leżeć, padać... jeden obok drugiego, jeden za drugim»: Leżeli pokotem na sianie. Kładli się pokotem na podłodze.

pokój *m I*, *D*. pokoju 1. *blm* «sytuacja, w której dane państwo nie jest w stanie wojny; układ o zakończeniu wojny»: Walka o pokój. Zawrzeć, podpisać, zerwać pokój. □ P. między kim a kim, między czym a czym: Pokój między narodami. 2. *blm*, *wych. z użycia* w zn. «spokój» △ Dać czemuś, komuś pokój: Dałabyś już pokój tym ciągłym wyrzutom. △ *podn*.: Pokój temu domowi; pokój jego prochom. 3. *lm D*. pokojów a. pokoi «część jakiegoś lokalu, zwykle mieszkalnego»: Pokój jadalny, dziecinny. Pokój od ulicy. Pokój do pracy.

pokpić *dk VIa*, pokpię, pokpij, pokpiliśmy (p. akcent § 1a i 2), zwykle w zwrocie: Pokpić sprawę «nieumiejętnie coś załatwić, zrobić coś źle»: Przez swą nieudolność pokpił całą sprawę.

pokrajać *dk IX*, pokraję (*nie*: pokrajam), pokrają (*nie*: pokrajają), pokraj (*nie*: pokrajaj), pokrajaliśmy (p. akcent § 1a i 2) «pociąć coś na kawałki»: Pokrajać chleb, jarzyny, wędlinę, blachę. *Por*. pokroić.

pokraka *m* a. *ż*, odm. jak *ż III*, *M*. ten a. ta pokraka (także o mężczyznach), *lm M*. te pokraki, *D*. po-

kraków (tylko o mężczyznach) a. pokrak, *B*. tych pokraków (tylko o mężczyznach) a. te pokraki: Była brzydka i niezgrabna, prawdziwa pokraka. Wyglądał jak ostatni pokraka.

pokrewieństwo *n III*, zwykle *blm*: Pokrewieństwo naturalne. Bliskie pokrewieństwo. Stopień, więzy pokrewieństwa. △ *przen*. Pokrewieństwo dusz, charakterów. □ P. z kim: Pokrewieństwo z nim przynosiło mi zaszczyt. Być z kimś w pokrewieństwie. □ P. między kim (a kim), między czym (a czym): Pokrewieństwo między nami pozwala na taką szczerość. Pokrewieństwo między wilkiem a psem. □ P. po kim, ze strony kogo: Pokrewieństwo po ojcu, ze strony ojca.

pokrewny *m-os*. pokrewni: Pokrewne charaktery. Stosunek socjologii do nauk pokrewnych. □ P. komu, czemu — czym: Czesi to naród pokrewny Polakom językiem i kulturą.

pokręcić *dk VIa*, pokręcę, pokręciliśmy (p. akcent § 1a i 2) — *rzad*. **pokręcać** *ndk I*, pokręcaliśmy 1. «kręcąc obrócić» □ P. co: Pokręcić kółko od maszyny. □ P. czym: Pokręcić śrubą. Pokręcić głową (tylko *dk*). 2. tylko *dk* «zakręcić wiele czegoś (zwykle włosy)» □ P. co (w co): Pokręcić włosy w loki. *Ale* (*częściej ndk*): Pokręcać wąsa, *rzad*. wąs. 3. *pot*. (tylko *dk*) a) «zniekształcić, powykręcać»: Reumatyzm go pokręcił. △ Ktoś, coś pokręcony czymś, od czego: Ręce pokręcone reumatyzmem a. od reumatyzmu. b) «pogmatwać, pomieszać» □ P. co a. p. bez dop.: Jest roztargniony, zawsze coś pokręci.

pokręcić się (tylko *dk*) 1. «jakiś czas kręcić się, obracać się w kółko»: Pokręcili się trochę na karuzeli. Bąk pokręcił się i stanął. △ *przen*., *pot*. «potańczyć»: Chodźmy się trochę pokręcić. 2. «stać się powyginanym; poplątać się»: Gałęzie się pokręciły. △ *przen*., *pot*. Wszystko mi się pokręciło przez ciebie. 3. «spędzić pewien czas na poruszaniu się, chodzeniu» □ P. się gdzie, po czym: Pokręcił się po pokoju i wyszedł. □ P. się koło kogo, czego: Pokręcił się trochę koło stołu i wreszcie usiadł. △ *przen*., *pot*. «poczynić starania w celu uzyskania czegoś (od kogoś), dokonać pewnych zabiegów w celu zrobienia czegoś»: Pokręciła się koło kolacji. Pokręcił się koło ojca i dostał na kino.

pokroić *dk VIa*, pokroję, pokrój, pokroiliśmy (p. akcent § 1a i 2) 1. «pociąć materiał, skórę itp., nadając określoną formę»: Pokroiła materiał do miary. 2. «pociąć na kawałki; pokrajać»: Pokroić chleb, wędlinę. Pokroić blachę nożycami. *Por*. pokrajać.

pokrowiec *m II*, *D*. pokrowca, *lm D*. pokrowców (*nie*: pokrowcy) □ P. na co: Pokrowiec na walizkę, na fotel.

pokrój *m I*, *D*. pokroju, zwykle *blm* «rodzaj, typ» △ często w wyrażeniu: Ktoś jakiegoś pokroju, np. To ludzie innego niż my pokroju.

pokrótce nieco *książk*. «w skrócie, krótko»: Wyłożyć pokrótce myśl przewodnią rozprawy.

pokrycie *n I*, *lm D*. pokryć 1. w zn. «materiał, którym się coś pokrywa» □ P. z czego: Pokrycie ze skóry, z materiału. □ P. na co: Pokrycie na futro, na meble. 2. *blm* w zn. «złoto, waluta itp. znajdujące się w banku państwowym, stanowiące równowartość banknotów będących w obiegu; zdeponowana w banku kwota stanowiąca własność wystawcy czeku, odpowiadająca wartości, na którą czek został wystawiony»: Pokrycie wekslowe. △ Czek, weksel bez pokrycia. △ *przen.* Słowa, obietnice bez pokrycia. □ P. czego — w czym: Pokrycie pieniądza w złocie.

pokryć *dk Xa*, pokryliśmy (p. akcent § 1a i 2) — **pokrywać** *ndk I*, pokrywaliśmy **1.** «położyć coś na czymś, powlec, obić czymś, rozpostrzeć (się) na czymś» □ P. co czym (*nie*: przez co): Pokryć meble tkaniną. Pokryć drewno politurą. Jezioro pokryte lodem. **2.** «zaspokoić coś, zwykle pod względem finansowym; zapłacić»: Pokryć niedobory w kasie. □ P. co z czego, *rzad.* czym: Pokryć długi z pożyczonych pieniędzy, *rzad.* pożyczonymi pieniędzmi.
pokryć się — pokrywać się 1. «stać się pokrytym, osłoniętym» □ P. się czym (*nie*: przez co): Szyby pokryły się szronem. **2.** tylko *ndk*; *lepiej*: być identycznym, zbieżnym, zgodnym z czymś, odpowiadać czemuś. □ P. się z czym: Ten projekt pokrywa się z moim (*lepiej*: Ten projekt jest identyczny z moim, odpowiada mojemu). Nasze stanowiska się pokrywają (*lepiej*: są zbieżne a. zgodne).

pokrywka a. **przykrywka** *ż III, lm D.* pokrywek, przykrywek □ P. do czego a. od czego: Pokrywka, przykrywka do garnka, słoika (od garnka, słoika). △ Pod pokrywką, *rzad.* pod przykrywką czegoś: Pod pokrywką żartu wypowiadał głębokie i trafne opinie. Służyć za pokrywkę, *rzad.* za przykrywkę (*nie*: jako pokrywka, przykrywka) czegoś a. dla czegoś (*nie*: do czegoś): Stanowisko w dyplomacji służyło jedynie za pokrywkę jego działalności szpiegowskiej.

Pokucie *n I* «historyczna dzielnica Rusi» — pokucki.

pokupny *st. w.* pokupniejszy a. bardziej pokupny: Pokupny towar.

pokurcz *m II, lm M.* te pokurcze (również o ludziach), *D.* pokurczów **1.** «zwierzę — mieszaniec»: Kundle i wiejskie pokurcze często doskonale się spisują na polowaniu. **2.** «człowiek niezgrabny; pokraka»: Był brzydki i niezgrabny, prawdziwy pokurcz.

pokusa *ż IV* □ P. czego: Pokusa szczęścia, przygód, kariery, bogactwa. △ Mieć pokusę coś robić a. mieć pokusę na coś. △ Wystawiać kogoś na pokusę a. na pokusy.

pokusić się *dk VIa*, pokuszę się, pokusiliśmy się (p. akcent § 1a i 2) *książk.* «ośmielić się coś zrobić» □ P. się o co: Autor pokusił się w swej pracy o udowodnienie tezy bardzo dyskusyjnej.

pokuśtykać a. **pokusztykać** *dk I*, pokuśtykaliśmy, pokusztykaliśmy (p. akcent § 1a i 2) *pot.* «pójść kulejąc»

pokuta *ż IV* □ P. za co: Pokuta za lekkomyślność, za lenistwo, za pychę. △ Zrobić coś za pokutę: Okłamałeś mnie, więc za pokutę nie pójdziesz na zabawę. △ Odprawić pokutę.

pokutować *ndk IV*, pokutowaliśmy (p. akcent § 1a i 2) □ P. za kogo «cierpieć zamiast kogoś»: Wziął na siebie jego winę i za niego pokutował. □ P. za co «cierpieć za popełnione winy, z powodu swoich wad»: Pokutujemy za swoje niedołęstwo. □ *pot.* P. gdzie «poniewierać się, tkwić gdzieś»: Pokutowali już drugi tydzień w tym nudnym miasteczku. △ Coś pokutuje (np. w kimś, w czymś) «coś trwa jako rzecz

niewspółczesna, jako przeżytek»: Jeszcze w nim pokutują mieszczańskie przesądy.

pokwapić się p. kwapić się.

pokwitować *dk IV*, pokwitowaliśmy (p. akcent § 1a i 2) □ P. co: Pokwitować odbiór czegoś. □ P. co czym — w zn. *przen.* «zaakceptować, potwierdzić, przyjąć do wiadomości; zareagować na coś» (często nadużywane): Przemówienie pokwitowano gorącymi oklaskami. Słuszne zarzuty przyjaciół pokwitował wzruszeniem ramion.

pokwitowanie *n I* □ P. czego, *rzad.* z czego (*nie*: na co): Pokwitowanie odbioru paczki, *rzad.* z odbioru paczki (*nie*: na odbiór paczki, na paczkę). △ Oddać, otrzymać coś za pokwitowaniem (*nie*: na pokwitowanie): Przesyłkę można otrzymać za pokwitowaniem.

Polactwo *n III, blm, środ.; lepiej*: Polacy, ogół Polaków.

polać *dk Xb*, poleję, polaliśmy, *reg.* poleliśmy (p. akcent § 1a i 2) — **polewać** *ndk I*, polewaliśmy «oblać czymś po wierzchu, zmoczyć»: Polać kartofle sosem. Polać kogoś wodą kolońską. △ *niepoprawne* w zn. «podlać», np. Polać (*zamiast*: podlać) kwiaty.
polać się «pociec, rozlać się»: Wiadro wypadło mu z rąk i woda polała się aż pod próg pokoju.

Polak *m III, DB.* Polaka **1.** *lm M.* Polacy «człowiek narodowości polskiej»
2. polak, *blm, gw. uczn.* «lekcja języka polskiego, język polski»: Co zadane z polaka?

Polanica (Zdrój), Polanica *ż II*, Zdrój *m I, D.* Zdroju «miasto» — polanicki.

polarnik *m III, lm M.* polarnicy «badacz stref polarnych; uczestnik wypraw polarnych»: Polarnicy wyruszyli na Antarktydę. // *D Kult. I, 561.*

polarny: Koło polarne. Kraj polarny. Lis polarny. Zorza polarna. △ W nazwach dużą literą: Gwiazda Polarna.

pole *n I, lm D.* pól **1.** «obszar ziemi uprawnej; teren, powierzchnia»: Pole uprawne. Pole bitwy, ostrzału. Pole wyścigowe a. pole wyścigów (konnych). Pole trójkąta. Pole grawitacyjne. △ Pracować w polu. △ Pracować na (określonym) polu: Pracowaliśmy cały dzień na polu pod lasem. △ *reg., przestarz.* Być w polu «być na froncie» △ Szczere (czyste) pole «teren nie zabudowany, bezdrzewny»: Chałupa stała w szczerym polu. △ Wywieść (wyprowadzić) kogoś w pole «oszukać, zwieść kogoś» □ *przen.* **a)** «dziedzina, zakres»: Osiągnięcia na polu sztuki. Pracować na polu społecznym. **b)** «sposobność» □ P. czego a. do czego (*nie*: dla czego): Mam tu szerokie pole działania a. do działania. *Ale* tylko: Pole do popisu (*nie*: pole popisu). **2.** *reg.* w zn. «wolna przestrzeń poza domem»: Dziś zimno na polu. Idźcie się bawić na pole.

polec, *rzad.* **polegnąć** *dk Vc*, polegnie, poległ, polegliśmy (p. akcent § 1a i 2) *podn.* «zostać zabitym (na wojnie); zginąć»: Polec na polu chwały. Polec za kraj. Poległ śmiercią żołnierza. Polec od kuli, w bitwie.

polecać *ndk I*, polecaliśmy (p. akcent § 1a i 2) — **polecić** *dk VIa*, polecę, poleć, poleciliśmy □ P. (komu) + bezokol. «oznajmić o czymś jako o rzeczy podlegającej wykonaniu (mniej kategorycznie niż:

polecenie

kazać)»: Dyrektor polecił sekretarce wezwać kierowników działów. Lekarz polecił brać lekarstwa (ale: Lekarz zalecił branie lekarstw). △ *niepoprawne* Mieć polecone zrobić coś (*zamiast*: Mieć polecenie zrobienia czegoś). □ P. kogo, co — komu, czemu **a)** «doradzać, przedstawiając w korzystnym świetle»: Polecił mi nauczycielkę do dzieci. Tę książkę poleciła mi bibliotekarka. **b)** «powierzać, poruczać (zwykle w zwrocie: polecać czyjejś opiece)»: Polecił synka opiece znajomych, jadących tym samym pociągiem. Polecił mieszkanie mojej opiece. □ P. kogo na kogo, na co: Polecił mi swego kolegę na sekretarza redakcji.

polecenie *n I*: Poufne, ustne polecenie. □ P. czego (*nie*: na co) a. p. + bezokol.: Otrzymał polecenie wykonania tej pracy (*nie*: na wykonanie) a. wykonać tę pracę. Mamy polecenie zrewidowania a. zrewidować pana. △ Z czyjegoś polecenia: Przyjął go do pracy z polecenia swego przyjaciela. △ Na czyjeś polecenie: Na polecenie kierownika załatwiono sprawę odmownie.

polecić p. polecać.

polecieć (*nie wym.*: polecić) *dk VIIa*, polecę, polecieliśmy (p. akcent § 1a i 2) **1.** «udać się drogą powietrzną» □ P. czym: Polecieć (*nie*: pojechać) samolotem, balonem. △ *przen*. Polecieć (jak) na skrzydłach, lotem ptaka itp. (zwykle w trybie warunkowym) «pojechać, pobiec natychmiast, bardzo szybko»: Na skrzydłach bym poleciała do ciebie, ale trudno mi się teraz wyrwać z domu. **2.** *pot.* **a)** «pójść, pobiec»: Dopiero tu był i znów gdzieś poleciał. **b)** «połakomić się» □ P. na co, na kogo: Poleciał na te parę groszy. Poleciała na niego, bo miał pieniądze.

polegać *ndk I*, polegaliśmy (p. akcent § 1a i 2) □ Coś polega na czym (*nie*: w czym) «coś zawiera się w czymś, zasadza się na czymś»: Jego praca polegała na segregowaniu korespondencji. Cały sekret polega na tym, że... □ P. na kim, czym «liczyć na kogoś, na coś; ufać komuś, czemuś»: Na tobie można polegać. Polegam na twojej obietnicy. // *KJP 422.*

polegnąć p. polec.

polemika (*wym.* polemika, *nie*: polemika, p. akcent § 1c) «spór publiczny, przeważnie pisemny»: Między autorem a jego krytykami wywiązała się ostra polemika.

polemista (*nie*: polemizator) *m odm. jak ż IV*, *lm M.* polemiści, *DB.* polemistów.

polepszać *ndk I*, polepszaliśmy (p. akcent § 1a i 2) — **polepszyć** *dk VIb*, polepsz (*nie*: polepszyj), polepszyliśmy: Polepszyć warunki pracy.

Polesie *n I* «kraina w ZSRR»: Polesie Kijowskie, Wołyńskie. △ Polesie Lubelskie «nizina w Polsce» — Poleszuk *m III, lm M.* Poleszucy — Poleszuczka *ż III, lm D.* Poleszuczek — poleski.

poletko *n II, lm D.* poletek; a. **pólko** *n II, lm D.* pólek.

polewać p. polać.

polewka (*nie*: poliwka) *ż III, lm D.* polewek.

Polewoj (*wym.* Polewoj) *m I, D.* Polewoja (p. akcent § 7), *C.* Polewojowi (*nie*: Polewoju): Film według powieści Borysa Polewoja.

poleźć (*nie*: poliźć) *dk XI*, polezę (*nie*: poliżę) *przestarz.* polazę; polazł, poleźliśmy (p. akcent § 1a i 2) *pot.* «pójść wolno; powlec się»

poli- «pierwszy człon zapożyczonych wyrazów złożonych; odpowiednik polskiego: wielo-», np. poligamia, in. wielożeństwo.

Police *blp, D.* Polic «miasto» — policki.

polichromia *ż I, DCMs.* i *lm D.* polichromii.

policmajster (*wym.* policmajster, *nie*: policmajster) *m IV, D.* policmajstra, *lm M.* policmajstrzy *daw.* «urzędnik policji w carskiej Rosji»

policzyć *dk VI*, policzyliśmy (p. akcent § 1a i 2) **1.** «wymienić kolejno liczby» □ P. do iluś: Policzyć do dziesięciu, do stu. **2.** «dodać do siebie poszczególne jednostki; zsumować»: Policzyć coś na maszynie, na liczydłach, na palcach. Policzyć pieniądze, lata przeżyte, obecnych. **3.** «uwzględnić w rachunku»: Policzyli koszty w dwójnasób. □ P. (komu) — za co: Mało policzyli mu za tę robotę.

poliester (*wym.* poli-ester) *m IV, D.* poliestru, zwykle w *lm*.

poliestrowy (*wym.* poli-estrowy).

poligon (*nie*: paligon) *m IV, D.* poligonu: Poligon artyleryjski, atomowy. Ćwiczenia na poligonie.

poligraf *m IV, lm M.* poligrafowie; a. **poligrafik** *m III, D.* poligrafika (p. akcent § 1d), *lm M.* poligraficy.

polihistor *m IV, lm M.* polihistorzy a. polihistorowie *przestarz., książk.* «człowiek wiele wiedzący; encyklopedysta» // *D Kult.* I, 413.

Polihymnia (*wym.* Polihymnja) *ż I, DCMs.* Polihymnii.

poliklinika (*wym.* poliklinika, *nie*: poliklinika, p. akcent § 1c) *ż III*: Pracować w poliklinice (*nie*: na poliklinice).

polimorfizm *m IV, D.* polimorfizmu, *Ms.* polimorfizmie (*wym.* ~izmie a. ~iźmie), *blm*; in. wielopostaciowość, wielokształtność.

Polinezja *ż I, DCMs.* Polinezji «wyspy na Oceanie Spokojnym, część Oceanii» — Polinezyjczyk *m III, lm M.* Polinezyjczycy — Polinezyjka *ż III, lm D.* Polinezyjek — polinezyjski.

po linii p. linia.

polio *n I, blm* a. (w połączeniu z wyrazami: choroba, wirus) *ndm med.* **a)** «choroba Heinego-Medina»: Wypadki zachorowań na polio występują obecnie sporadycznie. Zajmują się leczeniem polia (choroby polio). **b)** «wirus wywołujący tę chorobę»: Wyizolować polio (wirusa polio).

poliszynel *m I, lm D.* poliszyneli a. poliszynelów *przestarz.* «pajac» — dziś tylko w wyrażeniu: Tajemnica poliszynela «rzekoma tajemnica od dawna wszystkim znana»

politechnika (*wym.* politechnika, *nie*: politechnika, p. akcent § 1c) *ż III*: Wstąpić, zapisać się na politechnikę. Studiować, wykładać na politechnice (gdy mowa o uczelni jako instytucji); *ale*: Spotkali się w politechnice. Poszli na bal do politechniki (gdy mowa o miejscu, o gmachu uczelni). // *D Kult. II, 147.*

politowanie *n I,* zwykle *blm:* Godny politowania. Budzić w kimś politowanie. Patrzeć z politowaniem.

politycznowychowawczy «dotyczący wychowania politycznego»: Program politycznowychowawczy.

polityczny: Program, manewr polityczny. Partia polityczna, literatura polityczna.
polityczny w użyciu rzeczownikowym «więzień polityczny»: Politycznych odłączono od kryminalistów.

polityk *m III, D.* polityka (p. akcent § 1d), *lm M.* politycy.

polityka (*wym.* polityka, *nie:* polityka, p. akcent § 1c) *ż III,* zwykle *blm:* Uprawiać politykę. Prowadzić jakąś politykę. Polityka odwetu.

! **poliwka** p. polewka.

! **poliźć** p. poleźć.

Polka *ż III, lm D.* Polek. **1.** «kobieta narodowości polskiej» △ *pot.* Nosić, strzyc włosy na polkę «mieć krótkie włosy, prosto przycięte z tyłu» — w tym zwrocie małą literą. **2.** polka «utwór muzyczny, taniec wirowy»: Grać, tańczyć polkę.

polny 1. «znajdujący się, rosnący, gnieżdżący się, żyjący na polu (nie ogrodowy)»: Grusza polna. Kwiaty, ptaki, myszy polne. Roboty, zajęcia polne (a. polowe). △ Droga polna «droga wiejska, nie brukowana» △ Konik polny, in. pasikonik. **2.** *daw.* «dotyczący pola walki, wojenny, wojskowy» — zachowane w historycznych terminach: Hetman polny. △ Buława polna «stanowisko, godność hetmana polnego» // *D Kult. I, 561. Por.* polowy.

polo *n ndm:* Grać w polo.
polo w funkcji przym.: Bluzka, koszulka polo.

Polo, Marco; Polo *m I, D.* Pola a. *ndm,* Marco (*wym.* Marko) *m III, D.* Marca, *N.* Markiem: Podróże Marca (*nie:* Marco) Pola (Polo).

polonez *m IV, D.* poloneza, *B. = D.* w zwrotach: Grać, tańczyć poloneza. *Ale:* Napisać, skomponować polonez a. poloneza (gdy mowa o utworze muzycznym). // *D Kult. I, 118.*

Polonia (*wym.* Polońja) *ż I, DCMs.* Polonii, zwykle *blm* «polskie grupy ludnościowe mieszkające stale poza granicami Polski»: Polonia amerykańska, francuska, kanadyjska. Łączność Polski z Polonią różnych krajów. // *D Kult. II, 535.*

polonica p. polonika.

polonijny *m-os.* polonijni, przym. od Polonia: Działacz polonijny. Ośrodki polonijne we Francji, w Australii. Wycieczki polonijne do kraju.

polonika a. **polonica** (*wym.* polonika) *blp, D.* poloników (*rzad.* w *lp:* polonicum *n ndm;* a. polonik *m III*) «dokumenty, rękopisy, druki pisane w języku polskim lub dotyczące Polski»

polonista *m odm. jak ż IV, CMs.* poloniście, *lm M.* poloniści, *DB.* polonistów **1.** «specjalista w dziedzinie literatury polskiej i języka polskiego» **2.** *środ.* «sportowiec z klubu „Polonia"» // *D Kult. II, 249.*

polonistyka (*wym.* polonistyka, *nie:* polonistyka, p. akcent § 1c) *ż III, D.* polonistyki, *blm.*

polonizm *m IV, D.* polonizmu, *Ms.* polonizmie (*wym.* ∼izmie a. ∼iźmie): Polonizmy w tekście łacińskim.

polonizować *ndk IV,* polonizowaliśmy (p. akcent § 1a i 2) — **spolonizować** *dk;* in. polszczyć — spolszczyć: Polonizować nazwy, imiona obce. Polonizować obcych przybyszów.

Polonus *m IV, lm M.* ci Polonusowie a. te Polonusy, zwykle *żart.* «typ staroświeckiego Polaka»

polotny *st. w.* polotniejszy a. bardziej polotny *rzad., książk.* «odznaczający się lekkością, polotem»: Polotne dźwięki walca. Dar polotnej wymowy.

polować *ndk IV,* polowaliśmy (p. akcent § 1a i 2) □ P. na co (*nie:* za czym): Polować na dziki, na zające, na grubego zwierza. □ *przen.* P. na kogo, na co: Polować na przygodę, na męża, na osobliwości wydawnicze.

polowanie *n I:* Brać udział w polowaniu. Urządzić polowanie. Zaprosić na polowanie. □ (Składnia jak: polować): Polowanie na głuszce, na niedźwiedzie, na grubego zwierza.

polowy 1. «mający związek z polem, dotyczący uprawy roli (wyraz nowszy niż *polny* i częściej używany w wyrażeniach odnoszących się do pojęć nowszych)»: Badania polowe. Produkcja polowa. Prace polowe (a. polne). **2.** «dotyczący pola walki; wojenny, frontowy»: Ćwiczenia, fortyfikacje, uzbrojenie, działo polowe. Bateria, luneta polowa. Mundur, sąd, szpital polowy. // *D Kult. I, 561. Por.* polny.

Polska *ż III:* Mieszkać w Polsce. Jechać do Polski. — Polak (p.) — Polka (p.) — polski (p.).

polski: Państwo polskie. Orzeł, sztandar polski. Literatura polska. Polski strój. △ W nazwach dużą literą: Polska Rzeczpospolita (*nie:* Rzeczypospolita) Ludowa. Narodowy Bank Polski. Polskie Koleje Państwowe. △ *wych. z użycia* Polska droga «droga polna, wiejska» △ *przestarz.* Taniec polski, skrótowo: polski «polonez»
polski, *reg.* **polskie** w użyciu rzeczownikowym «język polski, lekcja języka polskiego»: Miał dobre stopnie z polskiego. Jutro jest polski.

*****polskie imiona** p. imiona (punkt I).

*****polskie nazwiska** p. nazwiska polskie.

*****polskie nazwy miejscowe (geograficzne)** p. nazwy miejscowe.

polsko- «pierwszy człon przymiotników złożonych, znaczeniowo równorzędny z drugim członem, dotyczącym innego narodu lub kraju; pisany z łącznikiem», np.: polsko-czeski, polsko-francuski, polsko-radziecki. △ W nazwach obydwa człony dużymi literami: Towarzystwo Przyjaźni Polsko-Radzieckiej (w Związku Radzieckim: Towarzystwo Przyjaźni Radziecko-Polskiej).

polszczyć *ndk VIb,* polszcz, polszczymy, polszczyliśmy (p. akcent § 1a i 2) — **spolszczyć** *dk;* in. polonizować — spolonizować: Polszczyć imiona, nazwy obce, słownictwo.

polszczyzna *ż IV, CMs.* polszczyźnie, *blm*: Staranna, poprawna, piękna polszczyzna.

polubić p. lubić.

po ludzku p. ludzki.

poła *ż IV, lm D.* pół (*nie*: poł): Poły palta, kurtki. Długie, szerokie, rozwiane poły. || *U Pol. (1)*, 404.

Połabie *n I* «kraina wzdłuż Łaby» — Połabianin *m V, D.* Połabianina, *lm M.* Połabianie, *D.* Połabian — Połabianka *ż III, lm D.* Połabianek — połabski. || *PJ 1968*, 490.

połać *ż V, lm M.* połacie, *rzad.* połaci, *D.* połaci: Połacie ziemi, lasu.

połamać *dk IX*, połamię (*nie*: połamę), połamią (*nie*: połamą), połam, połamaliśmy (p. akcent § 1a i 2) «złamać wiele rzeczy a. złamać coś w wielu miejscach»: Połamać coś na kawałki (*nie*: w kawałki). Wiatr połamał gałęzie. Połamał sobie nogi na nartach. △ *pot.* Połamać sobie zęby na czymś (na kimś) «natrafić na opór z czyjejś strony, nie przezwyciężyć czegoś» △ *pot.* Można sobie język połamać na czymś «ma się trudności z wymówieniem czegoś» △ *pot.* Połamało kogoś a. reumatyzm połamał kogoś «ktoś ma ograniczone ruchy, jest unieruchomiony z powodu reumatyzmu»
połamać się 1. «ulec połamaniu»: Krzesło się połamało. **2.** *częściej*: podzielić się, np. Połamać się (*częściej*: podzielić się) opłatkiem.

połamaniec *m II, D.* połamańca, *W.* połamańcu, *lm D.* połamańców *pot.* **a)** *lm M.* ci połamańcy a. te połamańce «człowiek kaleki, wykrzywiony przez chorobę» **b)** *lm M.* połamańce «rzecz połamana, zniszczona»

połapać *dk IX*, połapię (*nie*: połapę), połapią, połap, połapaliśmy (p. akcent § 1a i 2): Połapać motyle, ptaki.
połapać się *pot.* «zorientować się, zrozumieć»: Nie mógł się połapać, czego od niego chcę. □ P. się w czym (*nie*: na czym): Połapać się w sytuacji.

połaszczyć się p. łaszczyć się.

poławiacz *m II, lm D.* poławiaczy, *rzad.* poławiaczów □ P. czego: Poławiacze pereł.

*połączenia wyrazowe p. związki frazeologiczne.

połączenie *n I* □ P. czego — z czym «mieszanina różnych przedmiotów, składników»: Połączenie wodoru z tlenem. Połączenie wełny z jedwabiem. □ P. z czym, do czego «komunikacja, łączność komunikacyjna między miejscowościami, dzielnicami miasta»: Połączenie z Wrocławiem, z Ochotą. Połączenie do Krakowa jest wygodne.

połączyć *dk VIb*, połącz, połączyliśmy (p. akcent § 1a i 2) □ P. kogo, co — z kim, z czym (czym): Połączyć brzeg z brzegiem mostem. Połączyć górę z dołem schodami. Pokoje połączone rozsuwanymi drzwiami. Połączono wieś z miastem linią kolejową. △ *książk.* Połączyć węzłem małżeńskim, ślubem.

Połąga *ż III* «miasto w ZSRR» — połąski.

Połczyn (Zdrój), Połczyn *m IV, D.* Połczyna, Zdrój *m I, D.* Zdroju «uzdrowisko»: Jechać do Połczyna (Zdroju), *pot.* do Połczyna. Mieszkać w Połczynie (Zdroju). — połczynianin *m V, D.* połczynianina,

lm *M.* połczynianie, *D.* połczynian — połczynianka ż III, lm *D.* połczynianek — połczyński.

po łebkach a. **po łepkach** *pot.* «powierzchownie, niedokładnie»

połeć *m I, D.* połcia, *lm M.* połcie, *D.* połci: Połeć słoniny, sadła, tłuszczu, mięsa (zwłaszcza tłustego).

połknąć p. połykać.

Połock *m III, D.* Połocka «miasto w ZSRR» — połocczanin *m V, D.* połocczanina, *lm M.* połocczanie, *D.* połocczan — połocczanka ż III, lm *D.* połocczanek — połocki.

połogi *st. w.* bardziej połogi *rzad., książk.* «rozpościerający się szeroko, rozległy; o zboczach: lekko pochyły»: Połoga równina. Połogi stok. Połogie pola.

połonina *ż IV reg.* «hala (zwłaszcza we wschodnich Karpatach)»

połowa *ż IV, lm D.* połów «jedna z dwu równych części jakiejś całości» △ *pot.* dopuszczalne: Większa, mniejsza połowa (*lepiej*: więcej, mniej niż połowa; większa, mniejsza część). Dwie nierówne połowy (*lepiej*: części). △ *niepoprawne*: Podzielić coś na trzy, cztery itd. równe połowy (*zamiast*: części).

Połowcy *blp, D.* Połowców; in. Kumani, Kumanowie «dawny lud turecki» — połowiecki.

położenie *n I*: Zajmować, przybierać (*nie*: przyjmować) jakieś położenie. Stawiać kogoś w jakimś (np. przykrym) położeniu. Postawić się w czyimś położeniu (*nie*: w czyjeś położenie).

położna *ż odm.* jak przym.; in. akuszerka.

położyć *dk VIb*, połóż, położymy, położyliśmy (p. akcent § 1a i 2) □ P. co, kogo — na czym (*rzad.* na co), w czym, do czego, pod czym, pod co «umieścić»: Położyć chleb na stole, na półkę, w szafie, do szuflady. Położyć ser pod kloszem, pod klosz. Położyć chorego do łóżka. Położyć kogoś spać a. do snu. △ Położyć koniec, kres czemuś (*nie*: czegoś) «zaprzestać czegoś, zakończyć coś»: Położyć kres sporom, wojnie. △ Położyć krzyż, krzyżyk na czymś, *rzad.* na coś «zrezygnować z czegoś, uznać coś za rzecz nieaktualną» △ Położyć nacisk na coś, *rzad.* na czymś. △ Położyć a. pokładać w kimś, w czymś nadzieję, ufność.

połów *m IV, D.* połowu **1.** «łowienie, poławianie ryb lub innych stworzeń wodnych, zwykle jako praca zarobkowa»: Połów (*nie*: odłów) ryb, krabów, ostryg itp. Połowy przybrzeżne, dalekomorskie. Wyruszyć, wypłynąć na połów. Wracać z połowu. Trudnić się połowem ryb. **2.** «złowione ryby lub inne stworzenia wodne»: Obfity, skąpy połów. Składać połów do łodzi. || *D Kult. II*, 250.

Połtawa *ż IV* «miasto w ZSRR» — połtawski.

południe (skrót: płd.) *n I, D.* południa, *C.* południu (*ale*: ku południowi) **1.** «godzina 12 (w dzień)»: Zegar wybił południe. Od południa do południa. W południe, *przestarz.* o południu. Po południu, *przestarz.* z południa. **2.** «strona świata (przeciwna do północy)»: Droga skręcała na południe, ku południowi. Mieszkać na południu Polski. Okna wychodzą na południe. Wiatr wiał z południa. Kraków leży na południe od Warszawy.

3. południe a. Południe «kraje południowe»: Lekarze wysłali go na Południe (południe) do Egiptu i Libii. △ Krzyż Południa «gwiazdozbiór nieba południowego»

południowo- «pierwszy człon przymiotników złożonych» **a)** «wskazujący na południowe położenie, pochodzenie czegoś lub na związek z południową częścią kraju, kontynentu itp.; pisany łącznie», np.: południowoamerykański «odnoszący się do Ameryki Południowej»; południowosłowiański «dotyczący Słowian południowych»; południowopolski «znajdujący się na południu Polski»
b) «znaczeniowo równorzędny z drugim członem, wskazującym na związek z inną stroną świata; pisany z łącznikiem», np.: południowo-wschodni, południowo-zachodni. // *D Kult. II, 200.*

południowo-wschodni (*nie*: południo-wschodni): Wiatr południowo-wschodni.

południowo-zachodni (*nie*: południo-zachodni): Prądy południowo-zachodnie.

południo-wschód *m IV, D.* południo-wschodu, zwykle *blm*; *lepiej*: południowy wschód: Wiatr z południo-wschodu.

południowy (skrót: płd.): Południowy posiłek. Godzina południowa. Biegun południowy, półkula południowa. Kraje, owoce południowe. △ Południowy wschód, południowy zachód.

południo-zachód *m IV, D.* południo-zachodu, zwykle *blm*; *lepiej*: południowy zachód.

połupać *dk IX,* połupię (*nie*: połupę), połupie, połup (*nie*: połupaj), połupaliśmy (p. akcent § 1a i 2): Połupać drewka, lód.

połykać *ndk I,* połykaliśmy (p. akcent § 1a i 2) — **połknąć** *dk Va,* połknąłem (*wym.* połknołem; *nie*: połknełem, połkłem), połknął (*wym.* połknoł), połknęła (*wym.* połknęła; *nie*: połkła), połknęliśmy (*wym.* połknęliśmy): Połknąć łyżkę zupy, lekarstwo. △ *przen., pot.* Połykać powieści, wiedzę. △ *pot.* Ktoś chodzi, wygląda jakby kij połknął «ktoś chodzi, stoi sztywno, nienaturalnie wyprostowany»

połyskiwać *ndk VIIIb,* połyskuje (*nie*: połyskuwuje, połyskiwa), połyskiwałby (p. akcent § 4c): Księżyc połyskuje srebrzyście. Rzeka połyskiwała wśród zieleni.

połyskliwy *st. w.* bardziej połyskliwy, *rzad.* połyskliwszy: Połyskliwy materiał. Połyskliwa tafla wody.

POM (*wym.* pom) *m IV, D.* POM-u «Państwowy Ośrodek Maszynowy»: Pracować w POM-ie. — POM-owiec a. pomowiec *m II, D.* POM-owca (pomowca), *lm M.* POM-owcy (pomowcy) —POM-owski a. pomowski. // *Kl. Alež 48.*

pomadka *ż III, lm D.* pomadek **1.** in. szminka. **2.** «cukierek z miękkiej masy»

pomagać p. pomóc.

pomagier *m IV, lm M.* pomagierzy *posp.* «pomocnik»

pomalutku a. **pomaleńku:** Iść pomalutku (pomaleńku).

pomału (*nie*: pomalu): Chodzić pomału. Pomału, bo się przewrócisz. △ *niepoprawna* forma *st. w.*: pomalej (*zamiast*: wolniej, powolniej). // *D Kult. I, 441.*

pomarańcza (*nie*: ta, ten pomarańcz) *ż II, lm M.* pomarańcze, *D.* pomarańczy (*lepiej*: pomarańcz): Kupić kilogram pomarańcz. // *D Kult. I, 726.*

pomarańczarnia *ż I, lm D.* pomarańczarni, *rzad.* pomarańczarń; in. oranżeria.

pomarznąć (*wym.* pomar-znąć) *dk Vc,* pomarznie, pomarznij, pomarzliśmy (p. akcent § 1a i 2): Ludzie pomarzli. Drzewa, zboża pomarzły.

pomawiać *ndk I,* pomawialiśmy (p. akcent § 1a i 2) — **pomówić** *dk VIa,* pomówię, pomów, pomówiliśmy **1.** nieco *książk.* «zarzucić komuś coś, posądzać o coś»: □ P. **kogo** — o co: Pomawiać kogoś o nieszczerość, o zdradę. **2.** tylko *dk* «porozmawiać»: □ P. z kim (o kim, o czym): Trzeba o twoich planach pomówić z ojcem.

pomazaniec *m II, D.* pomazańca, *W.* pomazańcze, *lm M.* pomazańcy, *D.* pomazańców *książk.* «monarcha; wysoki dostojnik Kościoła»

! pomeks p. pumeks.

pomiarkować p. miarkować.

pomiatać *ndk I,* pomiataliśmy (p. akcent § 1a i 2) — *rzad.* **pomieść** *dk XI,* pomiotę (*nie*: pomietę), pomiecie, pomieć, pomiótł (*nie*: pomietł), pomiotła (*nie*: pomietła), pomietliśmy, pomieciony **1.** tylko *ndk* «gardzić, poniewierać» □ P. kim, czym: Pomiatać ludźmi, czyimiś uczuciami. **2.** *rzad.* «z lekka zamiatać, zawiewając rzucać czymś, pędzić coś» □ P. czym, *rzad.* co: Wiatr pomiótł śniegiem, piaskiem. Wicher pomiata suchymi liśćmi, suche liście.

pomiąć (*nie*: pomnąć, pomniąć) *dk Xc,* pomnę, pomnie, pomnij, pomiął (*wym.* pomioł), pomięła (*wym.* pomieła), pomięliśmy (*wym.* pomieliśmy; p. akcent § 1a i 2), pomięty: Pomiąć ubranie, chustkę.

pomieniać się *dk I,* pomienialiśmy się (p. akcent § 1a i 2) *przestarz., reg.* «zamienić się» □ P. się czym (z kim): Pomienialiśmy się z bratem czapkami.

pomieniony *m-os.* pomienieni *urz., rzad.* «wymieniony»: W pomienionym roku. Spadkobiercy pomienionego właściciela nieruchomości.

pomieszać (*nie*: pomięszać) *dk I,* pomieszaliśmy (p. akcent § 1a i 2) □ P. kogo, co — z kim, z czym **a)** «połączyć, zmieszać»: Pomieszać sól z cukrem. Pomieszano młodzież ze starszymi. **b)** «poplątać, pogmatwać, pomylić»: Pomieszać sprawy ważne z błahymi. Pomieszał dyrektora z jego zastępcą. △ Pomieszałem sobie strony świata (*lepiej*: Pomieszały mi się strony świata). Pomieszać komuś plany, szyki, zamiary itp. «przeszkodzić komuś w czymś» □ P. co, w czym (czym) «zamieszać»: Pomieszać zupę łyżką. Pomieszać w garnku.
pomieszać się □ P. się z kim, z czym «zmieszać się, poplątać się»: Ludność cywilna pomieszała się z wojskiem. Dym pomieszał się z chmurami.

pomieszczenie *n I* **1.** «ulokowanie, umieszczenie, zmieszczenie» □ P. kogo, czego — w czym, na czym, gdzie: Pomieszczenie stu ludzi w jednej sali.

Pomieszczenie tych wszystkich książek na półkach jest niemożliwe. 2. «pokój, lokal, miejsce» □ P. dla kogo, czego, na co: W budynkach gospodarczych brak było pomieszczenia dla koni. W magazynie trzeba wydzielić osobne pomieszczenie na żywność.

pomieszkanie (*nie*: pomięszkanie) *n I przestarz.* «mieszkanie»

pomieścić *dk VIa*, pomieszczę, pomieścimy, pomieść, pomieściliśmy (p. akcent § 1a i 2) □ P. kogo, co — w czym (*nie*: w co): Pomieścić ludzi, gości w hotelu. Pomieścić towary w magazynie.

pomieść p. pomiatać.

pomiędzy «przyimek łączący się z rzeczownikami albo ich równoważnikami w narzędniku lub bierniku (to samo co *między*)» □ P. kim, czym (określa miejsce, odpowiada na pytanie: gdzie?): Pomiędzy lasami stała leśniczówka. Pomiędzy drzewami biegła droga. Pomiędzy ludźmi czuł się najlepiej. □ P. czym a czym, *rzad.* czym i czym: Pomiędzy Warszawą a Krakowem. □ P. kogo, co (*nie*: p. kim, czym) **a)** (wiąże się z nazwami osób, instytucji itp., którym się coś daje, przydziela): Podzielić zagadnienia naukowe pomiędzy instytuty (*nie*: pomiędzy instytutami). Podzielić, rozdać chleb pomiędzy głodnych (*nie*: pomiędzy głodnymi). **b)** (określa kierunek i odpowiada na pytanie: dokąd?): Pobiec, ukryć się pomiędzy zarośla.

pomijać *ndk I*, pomijaliśmy (p. akcent § 1a i 2) — **pominąć** *dk Vb*, pominąłem (*wym.* pominołem; *nie*: pominełem), pominął (*wym.* pominoł), pominęła (*wym.* pominęła), pominęliśmy (*wym.* pominęliśmy), pominięty □ P. kogo, co: Na uroczystość zaproszono wszystkich pracowników, nikogo nie pominięto. Mniej ważne sprawy pominiemy w tym sprawozdaniu. Pominąć okazję pójścia do teatru. △ Pominąć milczeniem «przemilczeć» □ P. kogo — w czym (*nie*: czym): Pominąć kogoś w awansie, w wyróżnieniu (*nie*: awansem, wyróżnieniem).

pomimo «przyimek łączący się z rzeczownikiem w dopełniaczu, rzadziej w bierniku (w wyrażeniach: pomimo to, pomimo wszystko); to samo co *mimo*»: Pomimo najszczerszych chęci nie mogę przyjść do ciebie. Pomimo zmęczenia zabrał się do pracy. △ Pomimo to (*nie*: pomimo tego), pomimo wszystko (*nie*: wszystkiego): Był to człowiek pomimo wszystko sprawiedliwy.

pominąć p. pomijać.

pomiotło (*nie*: pomietło) *n III, lm D.* pomioteł.

pomnażać *ndk I*, pomnażaliśmy (p. akcent § 1a i 2) — **pomnożyć** *dk VIb*, pomnóż, pomnożyliśmy **1.** «zwiększać, powiększać»: Pomnażać majątek, dorobek, zbiory, szeregi pracowników. **2.** tylko *dk* «wykonać działanie mnożenia» □ P. co — przez co: Pomnożyć ułamek przez ułamek. Pomnożyć pięć przez siedem.

pomnieć *ndk VIIa*, pomnę (*nie*: pomnię), pomnisz (*nie*: pomniesz), pomni (*nie*: pomnie), pomną (*nie*: pomnią), pomnij, pomnieliśmy (p. akcent § 1a i 2) *przestarz., podn.* «pamiętać»

pomniejszy *m-os.* pomniejsi *rzad.* «mający niewielkie rozmiary, mały (w porównaniu z czymś większym)»: Pociąg nie zatrzymywał się na pomniejszych stacjach. △ częste w *przen.* «mniej ważny od innych; drugorzędny»: Pomniejsi urzędnicy, pisarze. Pomniejsze odznaczenia.

pomnik *m III*: Wznieść, postawić pomnik. Odsłonić (*nie*: odkryć) pomnik.

pomnożyć p. pomnażać.

pomny *m-os.* pomni *książk., podn.* «nie zapominający o czymś, mający coś na uwadze (częściej w formie zaprzeczonej: niepomny)» □ P. czego a. na co: Darował mu winę pomny jego życzliwości a. na jego życzliwość. □ P. (na to a. tego), że..., co...: Pomny na to, co ich łączyło, nie odmówił jego prośbom.

pomoc *ż VI, lm M.* pomoce □ P. dla kogo a. komu: Pomoc dla rozbitków a. rozbitkom. Być komuś a. dla kogoś pomocą. △ Dawać, nieść (*środ.* okazywać) komuś pomoc, udzielać komuś pomocy; iść, przychodzić komuś z pomocą «pomagać komuś, wspierać kogoś» △ Śpieszyć na pomoc walczącemu oddziałowi. Śpieszyć z pomocą głodującym. Wzywać kogoś na pomoc, wzywać pomocy. Służyć komuś pomocą (*nie*: z pomocą). △ Przy pomocy kogoś, *ale*: za pomocą czegoś (w tym wypadku lepiej użyć narzędnika): Zdziałać coś przy pomocy kolegów. Otworzyć drzwi za pomocą klucza (*lepiej*: kluczem). Uzyskać coś dzięki czyjejś pomocy (*nie*: z czyjejś pomocy). Zwiększać (*nie*: rozszerzać) pomoc dla kogoś.

pomocny *m-os.* pomocni △ *podn.* Podać komuś pomocną dłoń, rękę. □ P. komu a. dla kogo, w czym (*nie*: dla czego) «pomagający komuś w czymś, niosący pomoc»: Był mu pomocny w szukaniu pracy. □ *rzad.* P. na co «skutecznie działający, pomagający na coś»: Lek pomocny na wzrok.

pomoczyć *dk VIb*, pomocz, pomoczymy, pomoczyliśmy (p. akcent § 1a i 2) □ P. co — czym «zmoczyć, zwilżyć»: Pomoczyć chusteczkę łzami. □ P. co — w czym «potrzymać w płynie»: Pomoczyć bieliznę w mydlinach.

pomodlić się p. modlić się.

po mojemu *niepoprawne* zamiast: według mego zdania, według mnie. || *PJ* 5, 1964.

pomolog *m III, lm M.* pomolodzy a. pomologowie.

pomorski: Klimat pomorski. Owca, gęś pomorska (*ale*: Zatoka Pomorska, Pojezierze Pomorskie).

Pomorze *n I* **1.** «dzielnica Polski»: Jechać na Pomorze. Mieszkać na Pomorzu. △ Pomorze Gdańskie, Pomorze Zachodnie. — Pomorzanin *m V, D.* Pomorzanina, *lm M.* Pomorzanie, *D.* Pomorzan — Pomorzanka *ż III, lm D.* Pomorzanek — pomorski (p.). **2.** pomorze, *lm D.* pomorzy «kraina leżąca nad morzem»

pomowiec, pomowski p. POM.

pomóc *dk XI*, pomogę, pomoże, pomóż (*nie*: pomóc), pomógł, pomogła, pomogliśmy (p. akcent § 1a i 2) — **pomagać** *ndk I*, pomagaliśmy □ P. komu — w czym a. z bezokol. «przyjść komuś z pomocą»: Pomóc rolnikom w żniwach, przy żniwach. Pomógł chłopcu wsiąść na konia. □ P. do czego, *rzad.* czemu «przyczynić się do czegoś, ułatwić coś»: Pomóc do zwycięstwa, do ucieczki. Pomóc pojednaniu. □ P. (komu) — czym «użyć czegoś jako pomocy»: Idąc pomagał sobie rękami. Pomógł mi dobrą radą.

pomór *m IV, D.* pomoru **1.** in. epidemia, zaraza, mór: Pomór padł na ludzi. **2.** «ostra choroba zakaźna świń i drobiu, wywołana przez wirusy»

pomówić p. pomawiać.

I pompa *ż IV* **1.** «rodzaj przyrządu, urządzenia»: Pompa ciśnieniowa, pożarna, strażacka, próżniowa, ręczna. **2.** *pot.* «ulewny deszcz»: Była straszna pompa, przemokliśmy do suchej nitki.

II pompa *ż IV* △ Z (wielką) pompą «(bardzo) uroczyście, z paradą»

Pompadour (*wym.* Pompadur) *ż ndm*: Portret pani Pompadour.

pompatyczność *ż V*, zwykle *blm; rzad., środ.* **pompierstwo** (*nie:* pompieryzm) *n III*, zwykle *blm*: Pompatyczność stylu, gry scenicznej. // KP Pras.

Pompeja (*nie:* Pompea) *ż I, DCMs.* Pompei, *B.* Pompeję, *N.* Pompeją; *rzad.* **Pompeje** *blp, D.* Pompei «miasto starożytne» — pompejański.

Pompidou (*wym.* Pąpidu) *ndm*: Przemówienie premiera Pompidou.

pompierstwo p. pompatyczność.

!pompieryzm p. pompatyczność.

pompon *m IV, D.* pomponu a. pompona: Czapka z pomponem.

pomroka *ż III*, zwykle *blm; przestarz.* **pomrok** *m III, D.* pomroku *książk.*, zwykle *przen.*: Ginąć w pomroce (pomroku) dziejów.

pomsta *ż IV, CMs.* pomście *wych. z użycia* «odwet, pomszczenie się, zemsta» □ P. za kogo, co: Pomsta za skazańców, za poniewierkę. □ P. na kim: Pomsta na zdrajcach. Szukać na kimś pomsty. △ *fraz.* (dziś *żywa*): Coś woła o pomstę do nieba (do Boga) «coś wywołuje oburzenie, jest w haniebnym stanie»

pomstować *ndk IV*, pomstowaliśmy (p. akcent § 1a i 2) *pot.* «złorzeczyć, przeklinać kogoś, coś»: Pomstowała, że ją tak źle potraktowano. □ P. na kogo, na co, *rzad.* przeciw(ko) komu, czemu: Pomstowała na męża, na jego opieszałość.

pomścić *dk VIa*, pomszczę, pomścij, pomścimy, pomściliśmy (p. akcent § 1a i 2), pomszczony □ P. (*nie:* odemścić) kogo, co: Pomścić skrzywdzonego ojca. Pomścić krzywdę, czyjąś śmierć.
pomścić się □ P. się na kim, czym — za co: Pomścić się za doznane krzywdy. Pomścić się na wrogach.

pomyje *blp, D.* pomyj △ *wych. z użycia, posp.* Wylewać na kogoś pomyje «obrzucać kogoś obelgami»

!pomyks p. pumeks.

pomyleniec *m II, D.* pomyleńca, *W.* pomyleńcze, forma szerząca się: pomyleńcu, *lm M.* pomyleńcy, *D.* pomyleńców (*nie:* pomyleńcy).

pomylić *dk VIa*, pomyl, pomylimy, pomyliliśmy (p. akcent § 1a i 2) □ P. co: Pomylić datę, numerację. □ P. co z czym, kogo z kim: Pomylił moje nazwisko z podobnym nazwiskiem swoich krewnych.
pomylić się □ P. się w czym «popełnić błąd»: Pomylić się w dodawaniu, w rachunkach, w ocenie itp. □ P. się co do kogo, czego «mylnie ocenić kogoś, coś»: Jak mógł nas tak zawieść? Pomyliliśmy się co do niego. Pomylić się co do czyichś zdolności, możliwości. Pomylić się co do odległości.

pomyłka *ż III, lm D.* pomyłek □ P. w czym: Pomyłka w rachunkach, w mnożeniu. □ P. co do kogo, czego: Co do mojej osoby zaszła jakaś pomyłka, jestem inżynierem, nie lekarzem. Pomyłka co do liczby osób. △ Zrobić coś przez pomyłkę.

pomysł *m IV, D.* pomysłu □ P. czego: Pomysł ciekawego eksperymentu. □ P. do czego: Poddawał swoim rówieśnikom pomysły do figlów i zabaw. △ Wpaść (*nie:* popaść) na pomysł.

pomysłowość *ż V, blm* □ P. w czym (*nie:* do czego): Pomysłowość w układaniu krzyżówek.

pomyśleć (*nie:* pomyślić; *ale:* domyślić się, wymyślić) *dk VIIa*, pomyślał, pomyśleliśmy (p. akcent § 1a i 2) □ P. co «przywołać coś na myśl»: Pomyśleć coś przykrego. □ P. o kim, o czym «skierować myśl na kogoś, na coś; zatroszczyć się o kogoś, o coś»: Pomyśleć o wyjeździe. Bilety na ten koncert trzeba było kupić w przedsprzedaży; dlaczego o tym nie pomyślał? □ P. nad czym «zastanowić się nad czymś, rozważyć coś»: Trzeba pomyśleć nad wyborem zawodu.

pomyślny (*wym. pot.* pomyśny; *nie:* pomyślny) *st. w.* pomyślniejszy a. bardziej pomyślny: Pomyślny wynik starań, pracy. Pomyślne załatwienie sprawy. Pomyślna nowina, wiadomość.

pomyślunek *m III, D.* pomyślunku, *blm pot.* «bystrość umysłu, orientacja»: Ktoś bez pomyślunku. Nie brak mu pomyślunku.

ponad «przyimek złożony z dwóch przyimków: *po* i *nad*, pisanych łącznie; rządzi biernikiem i narzędnikiem, oznacza»: **a)** «że coś lub ktoś znajduje się, wznosi się itp. powyżej czegoś, nad czymś» □ P. kogo, co: Wznieść się, frunąć ponad chmury, ponad drzewa. △ *przen.* Wyrosnąć ponad tłum. □ P. czym (gdy się mówi o miejscu, powyżej którego ktoś a. coś się znajduje): Ponad lasem snuły się mgły.
b) «że coś przebiega wzdłuż czegoś, odbywa się w pobliżu czegoś» □ P. czym: Ścieżka biegła ponad rzeką. □ P. co (gdy się mówi o przestrzennym celu działania): Wychodzili ponad parów.
c) «przy określeniach liczby, ilości czegoś» więcej niż»: Biegł ponad dziesięć kilometrów na godzinę.
d) «trwanie czasowe; więcej, dłużej niż»: Nie było go ponad rok. Warszawa istnieje ponad siedemset lat.
e) *wych. z użycia* «w połączeniu z czasownikami oznaczającymi wyróżnienie, wybór — tworzy tło porównawcze»: Wino stawiał ponad inne napoje. △ Ponad (czyjś) wiek: Chłopiec był ponad wiek mądry i poważny. △ Ponad siły: Nie zrobię tego wszystkiego, to jest ponad siły. △ Ponad wszystko: Kochał ją ponad wszystko.

ponad-

ponad- 1. «pierwszy człon wyrazów złożonych utworzonych z połączeń przyimka *ponad* z rzeczownikiem», np.: ponaddźwiękowy, ponadczasowy, ponadziemski.
2. «grupa przedrostkowa utworzona z połączenia przedrostka *po-* z czasownikami z przedrostkiem *nad-*», np.: ponaddzierać, ponadkruszać, ponadpalać.

ponadludzki (*lepiej*: nadludzki): Ponadludzki wysiłek.

ponadplanowy «przekraczający plan; wykonany poza planem; nadplanowy»: Produkcja ponadplanowa.

ponadto «prócz tego, w dodatku, poza tym»: Nie miał zdolności, a ponadto był nieśmiały. △ Przyimek *ponad* z zaimkiem *to* pisze się rozdzielnie: Nic nie pamiętał ponad to jedno wydarzenie.

ponaglać *ndk I*, ponaglaliśmy (p. akcent § 1a i 2) — **ponaglić** *dk VIa*, ponaglę, ponaglij, ponagliliśmy □ P. kogo — do czego (czym): Szturchańcami ponaglali jeńców do szybszego marszu.

po naszemu p. nasz.

ponawiać *ndk I*, ponawialiśmy (p. akcent § 1a i 2) — **ponowić** *dk VIa*, ponowię, ponów, ponowiliśmy: Ponawiać prośby, starania.

poncho (*wym.* ponczo) *n II* a. *ndm*: Okryć się ponchem a. poncho.

poncz (*nie*: puncz) *m II*, D. ponczu.

ponętny *m-os.* ponętni, *st. w.* ponętniejszy: Ponętny zapach. Ponętna dziewczyna.

Poniatowa *ż* odm. jak przym., D. Poniatowej «miasto»: Jechać do Poniatowej. Mieszkać w Poniatowej. — poniatowianin *m V*, D. poniatowianina, *lm M.* poniatowianie, D. poniatowian — poniatowianka *ż III*, *lm D.* poniatowianek — poniatowski.

poniechać *dk I*, poniechaliśmy (p. akcent § 1a i 2) *książk.* «zaniechać czegoś, porzucić coś» □ P. czego (*nie*: co): Poniechać zemsty, dalszych studiów.

poniedziałek *m III*, D. poniedziałku △ Lany poniedziałek, *ale*: Wielki Poniedziałek.

poniekąd «w pewnym stopniu, w pewnej mierze; niejako, prawie»: Tak się zadomowił, że był uważany poniekąd za członka rodziny.

poniektóry odm. jak przym., *lm M. m-os.* poniektórzy, *ż-rzecz.* poniektóre *pot.* (zwykle z odcieniem lekceważenia) «ktoś bliżej nie określony; ten i ów»

ponieść *dk XI*, poniosę (*nie*: poniesę), poniesie, poniesz, poniósł, poniosła (*nie*: poniesła), ponieśli, ponieśliśmy (p. akcent § 1a i 2) — **ponosić** *ndk VIa*, ponoszę, ponoś, ponosimy, ponosiliśmy △ Ponieść koszty (*nie*: wydatki). Ponieść ciężary (*nie*: powinności), trud, odpowiedzialność. △ Ponieść (*nie*: odnieść) klęskę, porażkę. *Ale*: Odnieść (*nie*: ponieść) zwycięstwo.

ponieważ «spójnik wprowadzający zdanie przyczynowe, które oddzielamy przecinkiem od zdania nadrzędnego»: Wpadł w gniew, ponieważ był przekonany o swej racji. △ Związki spójnika *ponieważ* z innymi wyrazami: *książk.* Ponieważ..., przeto,

np. Ponieważ był życzliwy dla ludzi, przeto odpłacano mu tym samym. △ Ponieważ..., więc, np. Ponieważ wracaliśmy późno, więc pojechaliśmy taksówką. △ Związki *niepoprawne*: Ponieważ, że; ponieważ, wówczas; dlatego, ponieważ. // *KP Pras.*

poniewierać *ndk I*, poniewieraliśmy (p. akcent § 1a i 2) □ P. kim, czym, *rzad.* kogo, co: Poniewierać honorem ludzkim (honor ludzki). Poniewierał mną (mnie). Poniewierać czyjąś ambicją (ambicję).

poniewierać się □ P. się gdzie: Poniewierać się po ludziach, po kątach, na obczyźnie.

poniewierka *ż III*, *lm D.* poniewierek: Iść na poniewierkę, *rzad.* w poniewierkę.

poniżej 1. «niżej (w stosunku do jakiegoś punktu odniesienia); łączy się z dopełniaczem»: Poniżej lasu płynęła rzeczka. △ *przen.* Poniżej normy, poniżej planu. **2.** «w dalszym tekście, dalej»: Związane z tym zagadnieniem dane liczbowe znajdzie czytelnik poniżej w tabelach.

poniższy «wymieniony w dalszym tekście; niżej, dalej omawiany (w tekście); o ludziach — *lepiej*: niżej wymieniony»

poniższe w użyciu rzeczownikowym, *lepiej*: poniższe wiadomości, szczegóły, poniższe zarządzenie itp.

pono a. **ponoć** *przestarz.*, dziś *rzad.* «podobno, zdaje się»

ponosić p. ponieść.

po nowemu p. nowy.

ponowić p. ponawiać.

Pont *m IV*, D. Pontu «kraina starożytna w Azji Mniejszej» — Pontyjczyk *m III*, *lm M.* Pontyjczycy — Pontyjka *ż III*, *lm D.* Pontyjek — pontyjski (p.).

pontyjski: Państwo pontyjskie (*ale*: Góry Pontyjskie, Błota Pontyjskie).

poń *książk.* «przyimek *po* w połączeniu ze skróconą formą zaimka *on* w bierniku *lp*; dopuszczalny tylko w rodzaju męskim; po niego (*nie*: po nią, po nie, po nich)»

pończocha (*nie*: ponczocha) *ż III*, *lm D.* pończoch (*nie*: pończóch): Wkładać (*nie*: ubierać, zakładać) pończochy.

poobiedni (*nie*: poobiedny): Poobiedni spacer. Poobiednia drzemka.

poobiedzie *n I*, *lm D.* poobiedzi *rzad.* «pora poobiednia; popołudnie»: Poobiedzie spędzał w domu.

po omacku p. omackiem.

pop *m IV*, D. popa, *lm M.* popi (*nie*: popowie).

POP (*wym.* peope a. pop) *ndm* a. *m IV* (jeśli wymawiane: pop), D. POP-u, *Ms.* POP-ie *pot.* «Podstawowa Organizacja Partyjna (PZPR)»: Sekretarz POP (POP-u).

popadać p. I popaść.

popadia *ż I*, *DCMs.* i *lm D.* popadii «żona popa»

popamiętać *dk I*, popamiętaliśmy (p. akcent § 1a i 2) □ P. kogo, co (*nie*: o kim, o czym) «zapamiętać na długo (zwykle coś przykrego, kogoś, kto dokuczył)»: Długo popamiętam tych uciążliwych gości. Dam ci tak w skórę, że mnie popamiętasz.

poparcie *n I*: Służyć poparciem (*lepiej*: pomocą). Udzielić komuś poparcia (*nie*: okazać poparcie). Wyrazić poparcie dla kogoś (*nie*: komuś), dla czegoś, *lepiej*: Poprzeć kogoś, coś. Znaleźć u kogoś a. w kimś poparcie. △ Osiągnąć coś przy czyimś poparciu.

pop-art a. **popart** *m IV, D.* pop-artu (popartu), zwykle *blm* «kierunek w plastyce łączący z elementami malarskimi wytwory współczesnej techniki, rzemiosła, elementy reklamy, dekoracji itp.»

pop-artowski, *rzad.* **pop-artowy; popartowski**, *rzad.* **popartowy** przym. od pop-art, popart.

popartysta *m* odm. jak *ż IV, lm M.* popartyści, *DB.* popartystów.

popas *m IV, D.* popasu: Stanąć, zatrzymać się na popas, na popasie «stanąć, zatrzymać się w podróży, zwykle odbywanej końmi, dla ich napasienia»

po pas (*wym.* po pas, *nie*: po pas, p. akcent § 4 f), p. pas.

popasać p. II popaść.

I popaść *dk Vc*, popadnę, popadnie, popadnij, popadł, popadliśmy (p. akcent § 1a i 2) — **popadać** *ndk* a. *dk I*, popadaliśmy **1.** «dostać się, wpaść w coś, pogrążyć się w czymś» □ P. w co: Popaść w niedostatek, w chorobę. Popaść w zadumę, w melancholię. Popaść w czyjeś ręce, w niełaskę. Popaść (a. wpaść) w ostateczność. **2.** tylko *dk*, często *nieos.*; zwykle w *pot.* połączeniach: Co, gdzie, jak itp. popadnie, popadło «co, gdzie, jak itp. się da, zdarzy; byle co, byle gdzie, byle jak»: Robić, mówić, co popadnie. Iść, gdzie popadnie. Chwytać, jak popadło. **3.** popadać *dk* **a)** «paść, upaść kolejno jeden po drugim; poupadać»: Owoce popadały z drzew. Wyczerpani ludzie popadali na ziemię. **b)** «o opadach: spaść w niewielkiej ilości, w ciągu jakiegoś czasu (także *nieos.*)»: Wczoraj popadał deszcz. W nocy popadało. Może jutro popada. △ *niepoprawne* w zn. **a)** «wpaść w coś a. na coś», np. Popaść (*zamiast*: wpaść) na pomysł. **b)** «napotkać kogoś, natknąć się na kogoś», np. W przejściu popadł (*zamiast*: natknął się) na znajomego.

II popaść *dk XI*, popasę (*nie*: popaszę), popasie, popaś, popasł, popaśliśmy (p. akcent § 1a i 2) — **popasać** *ndk I*, popasaliśmy **1.** tylko *dk* «spędzić pewien czas na pasieniu»: Popaść owce na łące. **2.** zwykle *ndk* «zatrzymać się na popas»: W drodze często popasali. **3.** *rzad.* (zwykle *ndk*) «bawić, przebywać»: Krótko popasał w domu.

popatrzeć *dk VIIb*, popatrz, popatrzał, popatrzeliśmy, *rzad.* popatrzaliśmy (p. akcent § 1a i 2); popatrzeli, *rzad.* popatrzali; a. **popatrzyć** *dk VIb*, popatrzył, popatrzyliśmy □ P. na kogo, co, w co: Popatrzeć, popatrzyć na syna, na góry, na widowisko, na zegarek. Popatrzeć, popatrzyć w oczy, w lustro. □ P. po czym «rozejrzeć się»: Badawczo popatrzył, popatrzał po kątach.
popatrzeć się a. **popatrzyć się** forma wzmocniona czas. popatrzeć, popatrzyć. || *U Pol. (1), 191.*

popchnąć *dk Va*, popchnę, popchnij, popchnął (*wym.* popchnoł), popchnęła (*wym.* popchneła; *nie*:

popchła), popchnęliśmy (*wym.* popchneliśmy; p. akcent § 1a i 2) — **popychać** *ndk I*, popychaliśmy □ P. kogo, co «ruszyć z miejsca, potrącić»: Popchnąć kamień, wózek, człowieka. □ *pot.* (tylko *dk*) P. kogo dokąd — po co «posłać, wysłać»: Popchnął chłopca do sklepu po zakupy. △ *przen.* «skłonić kogoś do czegoś»: Popchnąć kogoś do zbrodni, do zguby. Popchnąć kogoś na jakąś (np. złą) drogę a. na drogę czegoś (np. występku).

Pope (*wym.* Pou-p) *m IV, DB.* Pope'a (*wym.* Pou-pa), *C.* Pope'owi, *N.* Pope'em, *Ms.* Popie: Przekład Pope'a *Iliady* i *Odysei*.

popełnić *dk VIa*, popełnij a. popełń, popełniliśmy (p. akcent § 1a i 2) — **popełniać** *ndk I*, popełnialiśmy: Popełnić przestępstwo, zbrodnię, błąd. △ *żart.* Popełnić jakiś utwór, wiersz, jakieś dzieło itp. «napisać» △ *niepoprawne* Popełnić (*zamiast*: zrobić) fałszywy krok. △ *niepoprawne* w zn. «uzupełnić», np. Popełnić (*zamiast*: uzupełnić) niedobory.

popęd *m IV, D.* popędu: Niepohamowany, mimowolny, wrodzony, silny popęd. Szlachetne popędy. □ P. do czego: Popęd do szukania przygód. Popęd do gry, do hazardu, do podróży. △ *posp.* Dać komuś popęd «zmusić kogoś do pośpiechu, do intensywnej pracy» || *U Pol. (2), 182.*

popędzać *ndk I*, popędzaliśmy (p. akcent § 1a i 2) — **popędzić** *dk VIa*, popędzę, popędź, popędzimy, popędziliśmy **1.** «zmuszać do posuwania się w jakimś kierunku, ponaglać do pośpiechu» □ P. kogo, co: Popędzić bydło, gęsi na pastwisko. △ *pot.* Popędzać z robotą (*nie*: robotę) «spieszyć się z wykonaniem czegoś» **2.** tylko *dk* «pobiec szybko, pomknąć»: Popędził galopem, jak strzała. Popędzili przed siebie. Popędził do sklepu, nad rzekę, do lasu.

popękać *dk I*, popękałby (p. akcent § 4c), popękany: Popękane mury, rury, szyby. □ P. od czego: Popękany od mrozu, od gorąca, od wilgoci.

Popielec *m II, D.* Popielca, *lm M.* Popielce, *D.* Popielców (*nie*: Popielcy).

popierać p. poprzeć.

popiersie *n I, lm D.* popiersi: Popiersie gipsowe, marmurowe (a. z gipsu, z marmuru). Popiersie Chopina. Popiersia wodzów, poetów, pisarzy.

popiół *m IV, D.* popiołu, *Ms.* popiele: Spalić się na popiół (*nie*: w popiół). Obrócić się w popiół (*nie*: na popiół). △ Nie zasypiać (*nie*: nie zasypać) gruszek w popiele «nie zaniedbywać jakichś spraw»

Popiół *m IV, D.* Popioła, *Ms.* Popiole (*nie*: Popiele), *lm M.* Popiołowie
Popiół *ż ndm* — Popiołowa *ż* odm. jak przym. — Popiołówna *ż IV, D.* Popiołówny, *CMs.* Popiołównie (*nie*: Popiołównej), *lm D.* Popiołówien (*nie*: Popiołównych).

popis *m IV, D.* popisu: Popisy artystyczne gimnastyczne, taneczne. Popis zręczności. Popis szkolny (a. popis szkoły). △ Pole do popisu.

popisać się *dk IX*, popiszę się, popisz się, popisaliśmy się (p. akcent § 1a i 2) — **popisywać się** *ndk VIIIa*, popisuję (*nie*: popisywam, popisywuję) się, popisywaliśmy się. □ P. się czym, *rzad.* z czym (zwykle w sensie pozytywnym): Popisać się dowcipem, zręcznością. Z tym wypracowaniem toś się nie popisał.

poplątać *dk IX*, poplączę, poplącz, poplątaliśmy (p. akcent § 1a i 2): Poplątane nici, pasma włosów.

popłakiwać *ndk VIIIb*, popłakuję (*nie*: popłakiwam, popłakiwuję), popłakiwaliśmy (p. akcent § 1a i 2): Dziecko popłakiwało żałośnie. Popłakiwać po kątach, po cichu.

popławek *m III*, D. popławka *reg.* «pływak, spławik (u wędki lub sieci)»

popod *książk.* «przyimek łączący się z rzeczownikami (lub innymi wyrazami pełniącymi ich funkcję) w narzędniku lub bierniku; równoważny (jeśli chodzi o znaczenie) z przyimkiem *pod* w zastosowaniach przestrzennych (często z uwydatnieniem rozległości przedmiotów)»: Ciągnąć niewód popod lodem.

po porządku p. porządek.

Popović *m I*, D. Popovicia (*nie*: Popowicza): Działalność polityczna Popovicia.

Poprad *m IV*, D. Popradu «rzeka w Polsce i Czechosłowacji; miasto w Czechosłowacji» — popradzki.

popradzki: Rynek popradzki (*ale*: Popradzki Staw).

poprawa *ż IV*, zwykle *blm* «poprawienie (się), polepszenie (się)»: Poprawa zdrowia, warunków. △ *środ.* Poprawa (*lepiej*: poprawianie, poprawienie) zadań szkolnych przez nauczyciela. △ *niepoprawne* Ulec poprawie (*zamiast*: poprawić się). // D Kult. I, 121, 180; II, 94.

po prawdzie p. prawda.

poprawiać *ndk I*, poprawialiśmy (p. akcent § 1a i 2) — **poprawić** *dk VIa*, poprawię, popraw, poprawiliśmy □ P. co «wyrównywać, porządkować; wprowadzać poprawki, ulepszać, udoskonalać»: Poprawiać fryzurę, włosy. Poprawiać błędy. Poprawić suknię. □ P. bez dop. (*częściej dk*) «powtarzać jakąś czynność dla osiągnięcia lepszego skutku»: Strzelił do zająca, poprawił.
poprawiać się — poprawić się □ P. się z czego: Poprawić się z błędów, z matematyki. □ P. się w czym: Poprawić się w nauce. □ P. się w czym a. na czym «wygodniej się usadawiać»: Poprawić się w krześle (na krześle). Poprawić się w siodle (na siodle). △ *niepoprawne* Poprawić się na lepsze (pleonazm, *zamiast*: zmienić się na lepsze a. poprawić się).

poprawka *ż III*, *lm* D. poprawek «poprawienie»: Poprawka sukni. Oddać ubranie do poprawki. □ P. do czego «modyfikacja, zmiana»: Wnieść poprawkę do ustawy. □ *pot.* P. z czego «powtórny egzamin»: Mam po wakacjach poprawkę z łaciny.

poprawnościowy «związany z poprawnością (językową)»: Słownik poprawnościowy.

poprawność *ż V*, *blm*: Kryteria poprawności (*nie*: prawidłowości) językowej.

*poprawność językowa p.: Wstęp (punkt I), norma językowa.

poprawny «zgodny z obowiązującymi w danym okresie normami, regułami; nienaganny, bezbłędny»:

Poprawne (*nie*: prawidłowe) formy językowe. Poprawne stosunki. // U Pol. (1), 194; D Kult. II, 66, 253, 380. Por. prawidłowy.

! po prawo p. II prawo.

popręg (*nie*: ta popręga) *m III*, D. popręgu: Podciągnąć popręg. Dopiąć popręgów.

poprobować p. popróbować.

poprosić *dk VIa*, poproszę, poprosiliśmy (p. akcent § 1a i 2) □ P. kogo, co «wezwać, zaprosić»: Poprosić dziewczynę do tańca. Poproś panią do pokoju. □ P. kogo, co — o co «zwrócić się z prośbą»: Poprosił kolegę o pożyczkę. // U Pol. (2), 326.

po prostu p. prosty.

popróbować (*reg.* **poprobować**) *dk IV*, popróbowaliśmy (p. akcent § 1a i 2) □ P. czego: Popróbować wina.

poprzeć *dk XI*, poprę, poprze, poprzyj, poparł, poparliśmy (p. akcent § 1a i 2), poparty — **popierać** *ndk I*, popieraliśmy: Poprzeć kogoś w staraniach o coś. Poprzeć słowa dowodami.

poprzednio «przedtem, wcześniej, dawniej»: Była tu już poprzednio. // D Myśli 100. Por. uprzednio.

poprzek *przestarz.*, dziś żywe w wyrażeniach: Na poprzek, w poprzek «prostopadle do czegoś, poprzecznie»: Przejść ulicę w poprzek. Płyniemy na poprzek fali.

poprzerastać *dk I*, poprzerastaliśmy (p. akcent § 1a i 2) **1.** «urosnąć więcej niż ktoś inny (z podmiotem lub dopełnieniem w *lm*)»: Poprzerastał wszystkich kolegów. **2.** *rzad.* «wrosnąć w coś innego, rosnąc przemieszać się z czymś innym» □ P. czym: Trawa poprzerastała mleczem. Droga poprzerastana korzeniami.

poprzestać *dk*, poprzestanę, poprzestanie, poprzestań, poprzestał, poprzestaliśmy (p. akcent § 1a i 2) — **poprzestawać** *ndk IX*, poprzestaję, poprzestawaj, poprzestawał, poprzestawaliśmy □ P. na czym: Poprzestał na szkole podstawowej.

poprzez «przyimek łączący się z rzeczownikami (lub wyrazami pełniącymi ich funkcję) w bierniku, zwykle jednoznaczny z przyimkiem *przez*; używany najczęściej: **a)** «w odniesieniu do przestrzeni zawartej między punktem wyjścia ruchu, działania — a jego (odległym) celem»: Wędrował do domu poprzez góry, lasy, pola.
b) «w odniesieniu do przeszkody utrudniającej dzianie się czegoś»: Przedzierał się poprzez zwały piachu. Krzyczał do nich poprzez huk młotów.
c) «w odniesieniu do czasu dzielącego coś, etapu, fazy pośredniej itp.»: Śledził rozwój architektury poprzez wieki. Od niewolnictwa, poprzez feudalizm, dochodzimy do kapitalizmu.
△ w zn. «w jakiś sposób, za pośrednictwem czegoś, dzięki czemuś» *lepiej*: przez, np.: Zabezpieczyć dach poprzez (*lepiej*: przez) obicie papą. Zwróćcie się do nas poprzez (*lepiej*: przez) swój związek zawodowy. Modernizacja zakładu poprzez (*lepiej*: przez) wprowadzanie nowych metod pracy.
△ Uwaga. Wyraz często nadużywany, stosowany *niepoprawnie* zamiast przyimka *przez* w następujących funkcjach i znaczeniach: **a)** «w dopełnieniu

ze sprawcą», np. Drzewo strzaskane poprzez (*zamiast*: przez) piorun. **b)** «w funkcji przyczynowej», np. Oskarżyli go poprzez (*zamiast*: przez) zawiść. **c)** «w zn. jednorazowego ruchu w niedużej przestrzeni», np. Przejść poprzez (*zamiast*: przez) pokój. **d)** «z czasownikami oznaczającymi czynność dzielenia lub mnożenia», np.: Przeciąć poprzez (*zamiast*: przez) środek; pomnożyć poprzez (*zamiast*: przez) dwa. **e)** «w związkach frazeologicznych», np. *pot.* Zdzielił go poprzez (*zamiast*: przez) łeb. **f)** «za czymś pośrednictwem», np. Przesłać coś poprzez (*zamiast*: przez) kogoś. || *D Kult. I*, 133; *GPK Por.* 252; *Pʃ 1969, 195*; *U Pol. (2)*, 301. *Por.* przez.

poprzysiąc *dk Vc*, poprzysięgnę, poprzysięgnie, poprzysięgnij (*przestarz. XI*, poprzysięgę, poprzysięże, poprzysiąż), poprzysiągłem (*nie*: poprzysięgłem), poprzysiągł, poprzysięgła, poprzysięgliśmy (p. akcent § 1a i 2) — **poprzysięgać** *ndk I*, poprzysięgaliśmy «wyraz równoznaczny z *przysiąc*, ale z odcieniem trochę uroczystym»: Poprzysięgła, że ich nigdy nie opuści. □ P. komu — co: Poprzysiągł jej wieczną miłość.

populacja *ż I, DCMs.* i *lm D.* populacji, w zn. «ludzie żyjący na danym obszarze i w tym samym środowisku» *lepiej*: ludność, zaludnienie.

popularnonaukowy: Odczyt popularnonaukowy. Książka popularnonaukowa.

popularyzacja *ż I, blm*; in. upowszechnienie, upowszechnianie.

popularyzator *m IV, lm M.* popularyzatorzy, *rzad.* popularyzatorowie.

popuszczać *ndk* a. *dk I*, popuszczaliśmy (p. akcent § 1a i 2) — **popuścić** *dk VIa*, popuściliśmy, w zn. «puszczać częściej; rozluźniać» □ P. co a. czego (komu, czemu): Popuszczać pasa. Popuścić cugli. Popuścić koniowi lejce. △ *pot.* (tylko *dk*): Mróz popuścił «mróz zelżał»

popychać p. popchnąć.

popychadło *n III, lm D.* popychadeł; *reg.* (tylko o mężczyźnie) **popychajło** *n III, lm D.* popychajłów: Z niego istne popychadło do wszystkiego.

popyt *m IV, D.* popytu, *blm*; in. pokup □ P. na co (*nie*: za czym): Popyt (*nie*: zbyt) na produkty spożywcze był większy niż podaż.

I por (*nie*: pór, ta pora) *m IV, D.* poru a. pora, zwykle w *lm* «ujście gruczołów łojowych i potowych skóry»: Oddychał wszystkimi porami ciała. || *D Kult. I, 727.*

II por (*nie*: pór, ta pora) *m IV, D.* pora «roślina warzywna»: Sałatka z porów.

por. 1. «skrót wyrazu: *porównaj*, pisany z kropką, czytany jako cały wyraz, stosowany w tekstach przy odsyłaniu do czegoś» **2.** «skrót wyrazu: *porucznik*, pisany z kropką, czytany jako cały, odmieniany wyraz, stawiany zwykle przed nazwiskiem lub przed imieniem i nazwiskiem»: Por. Walicki, por. Jan Walicki. Oddział por. (*czyt.* porucznika) Walickiego.

pora *ż IV, lm D.* pór: Jesień to jedna z najpiękniejszych pór roku. □ P. czego a. jaka: Pora obiadu (pora obiadowa). Pora żniw. □ P. + bezokol. «czas, w którym należy coś zrobić»: Pora wstawać,

śpiochy! △ W jakiejś porze (o jakiejś porze a. jakąś porą): W nocnej porze, nocną porą, *rzad.* o nocnej porze. △ O każdej porze dnia i nocy. □ P. na kogo, na co «nadszedł odpowiedni czas dla kogoś, czegoś»: Na nas już pora. Pora na śniadanie. △ *książk.* Pora po temu «czas odpowiedni na coś»: Czy to pora po temu, żeby urządzać tańce? △ Do tej pory (*nie*: do tych pór) «dotychczas» || *D Kult. II*, 347; *U Pol. (2)*, 410.

porać się *ndk I*, poraliśmy się (p. akcent § 1a i 2) *wych. z użycia* «wykonywać coś z trudem, trudzić się» — *częściej*: uporać się (*dk*) □ P. się z czym (np. z odemknięciem drzwi, z jakąś robotą).

porada *ż IV*: Porada lekarska, prawna. Udzielić porady. △ (Zrobić coś) za czyjąś poradą (*rzad.* z czyjejś porady).

poradnia *ż I, lm D.* poradni: Poradnia prawnicza, przeciwgruźlicza. Poradnia dla nowożeńców.

poradniany *środ.* «dotyczący poradni»: System poradniany opieki zdrowotnej.

poradnictwo *n III, blm*: Poradnictwo zawodowe. || *D Kult. II, 253.*

poradniczy *rzad.* «dotyczący porad, poradnictwa»: Ośrodek poradniczy.

poradzić *dk VIa*, poradziliśmy (p. akcent § 1a i 2) □ P. co komu (albo ze zdaniem podrzędnym) «udzielić komuś rady w jakiejś sprawie»: Poradził nam zmianę klimatu. Poradzę ci, jak masz to zrobić. □ P. (komu) na co **a)** «zalecić środek na coś»: Cóż ci poradzili na kaszel? **b)** «zapobiec czemuś, przeciwdziałać; pomóc na coś»: Nic na to nie poradzę, że jesteś gapa. □ P. komu, czemu, *rzad.* z kim, z czym; p. sobie z kim, z czym «dać sobie radę z kimś, czymś, sprostać czemuś; zwyciężyć kogoś, coś»: Poradził każdej robocie. Poradzisz sobie z lekcjami? Z głupim nie poradzisz. □ *pot.* P. bez dop. «dać sobie radę; zdołać»: Pływam dobrze, ale pod prąd nie poradzę.
poradzić się □ P. się kogo «zapytać o radę»: Poradzić się lekarza.

poranek *m III, D.* poranku a. poranka.

poranny «dotyczący rana; ranny»: Poranna gimnastyka. Modlitwy poranne. Dziennik poranny. Gazety, wiadomości poranne (*ale*: pantofle ranne; mleko, pieczywo ranne). △ Gwiazda poranna «planeta Wenus widoczna przed wschodem Słońca; jutrzenka»

porastać p. porosnąć.

po razu p. raz.

porażka *ż III, lm D.* porażek: Dotkliwa (*nie*: wysoka) porażka. Ponieść (*nie*: odnieść) porażkę.

porcja *ż I, DCMs.* i *lm D.* porcji: Porcja lodów.

poręcz *ż VI, lm D.* poręczy (*reg., przestarz. m II*): Położyć coś na poręczy krzesła.

poręczać *ndk I*, poręczaliśmy (p. akcent § 1a i 2) — **poręczyć** *dk VIb*, poręczyliśmy «dać gwarancję; zaręczyć» □ P. co, *rzad.* za co: Poręczyć kwit, weksel. □ P. (czym) za kogo, *rzad.* za kim: Poręczył za niego całym swoim majątkiem. □ P. komu — co: Poręczył nam udział w zyskach.

poręka

poręka *ż III*, zwykle *blm* «poręczenie, gwarancja; zapewnienie» □ P. czego: Poręka wierności, cnoty. □ P. czyja: Wystarczy twoja poręka, żeby mu zapłacić. △ Z czyjejś poręki: Zatrudnił mnie z poręki twego ojca.

porobić *dk VIa*, poróbʼ, porobiliśmy (p. akcent § 1a i 2): Porobić notatki, sprawunki, oszczędności. □ P. kogo, co — z kogo, czego a. p. kogo, co — kim, czym (o wielu): Koniunktura porobiła z nich milionerów (porobiła ich milionerami). □ *pot.* P. bez dop. «popracować:» Długo w fabryce nie porobił.

porobić się △ *pot. nieos.* Coś się z kogoś porobiło «o wielu: ktoś się stał jakiś»: Straszne lenie z was się porobiły. △ Coś się z kimś, z czymś porobiło «o wielu: coś się z kimś, z czymś zdarzyło (zwykle złego)»: Co to się porobiło z naszymi projektami!

Poronin *m IV* «miejscowość» — poroniński (*reg.* poroniański). || *D Kult. I, 569.*

porosnąć, *rzad.* **porość** *dk Vc*, porósł, porośliśmy (p. akcent § 1a i 2), porosły a. porośnięty — **porastać** *ndk I*, porastaliśmy **1.** «zarosnąć, obrosnąć» □ P. czym «zostać pokrytym przez coś, co rośnie»: Wzgórze porosło trawą. □ P. co «rosnąć, pokryć coś»: Gęsty las porastał zbocza. △ Porosnąć w pierze, piórka, a. (zwykle z odcieniem niechęci) w sadło «wzbogacić się»: Sklep szedł dobrze, jego właściciele szybko porastali w pierze. **2.** «puścić kiełki»: Zboże porosło w snopach. **3.** tylko *dk* «o wielu: urosnąć»: Dzieci bardzo porosły przez ten rok.

porost *m IV, D.* porostu, *Ms.* poroście **1.** «rośnięcie, wzrost»: Lek na porost włosów. Porost trawy był słaby. **2.** «roślina żyjąca na korze drzew, kamieniach itp.»: Porosty na pniu sosny.

porozumieć się *dk II*, porozumiem (*nie*: porozumię) się, porozumie (*nie*: porozumi) się, porozumiemy (*nie*: porozumimy) się, porozumieją (*nie*: porozumią) się, porozumiej się a. porozum się, porozumieliśmy się (p. akcent § 1a i 2) — **porozumiewać się** *ndk I*, porozumiewaliśmy się □ P. się z kim — co do czego, w jakiej sprawie.

porozumienie, *rzad.* **porozumienie się** *n I* □ P. kogo z kim; p. między kim (a kim); p. co do czego: Osiągnąć porozumienie ze wspólnikiem. Szukać porozumienia z sąsiadami. Zawrzeć porozumienie co do rozliczeń z wykonawcą. △ W porozumieniu z kimś «z czyjąś wiedzą, za czyjąś zgodą»: Działał w porozumieniu z nami.

porość p. porosnąć.

porównać *dk I*, porównaliśmy (p. akcent § 1a i 2) — **porównywać** *ndk VIIIa*, *rzad. I*, porównuję, porównywam (*nie*: porównywuję); porównywaliśmy □ P. kogo, co z kim, czym a. do kogo, czego (*nie*: porównać między sobą, między kim, czym): Porównywano ją często z matką (do matki). || *D Kult. I, 540; U Pol. (2), 515.*

porównanie *n I* □ P. kogo, czego — z kim, czym, *rzad.* do kogo, czego. *Ale*: W porównaniu z kim, z czym (*nie*: do kogo, do czego). △ Bez porównania (ze stopniem wyższym przymiotnika lub przysłówka) «znacznie, o wiele»: Czuła się teraz bez porównania lepiej niż przed kuracją. || *KP Pras.*

porównawczo «w sposób porównawczy, porównując»: Traktować zjawiska porównawczo. △ *niepoprawne* w zn. «stosunkowo», np. Rzecz porównawczo (*zamiast*: stosunkowo) droga.

port *m IV, D.* portu: Port rzeczny, morski. Macierzysty port statku. Zawinąć do portu. △ Port lotniczy. △ *przen.* Małżeństwo stało się dla niej bezpiecznym portem.

portfel *m I, D.* portfela a. portfelu, *lm D.* portfeli a. portfelów.

portier *m IV*: Portier w bramie (*nie*: na bramie).

portiera *ż IV* «ciężka zasłona u drzwi lub okien»

portiernia *ż I, lm D.* portierni, *rzad.* portierń: Zaczekać w portierni (*nie*: na portierni).

Portland *m IV, D.* Portlandu, *rzad.* (w połączeniu z wyrazami: półwysep, przylądek, zatoka) *ndm* «miasto (w USA, w Wielkiej Brytanii i Australii), półwysep w W. Brytanii, zatoka w Australii, przylądek (w W. Brytanii i na Wyspach Karaibskich)»: Mieszkać w Portlandzie (*nie*: w Portland). — portlandzki. || *Kl. Alež 46.*

I porto *n III, rzad. n ndm, wych. z użycia* «opłata pocztowa»: Porto za list wynosiło dwa złote. Nie zapłacił porta.

II porto *n ndm, rzad. n III*; in. portwajn: Wychylił kieliszek porto.

Porto Rico (*wym.* Porto Riko) p. Puerto Rico.

portowiec *m II, D.* portowca, *lm M.* portowcy **1.** «specjalista w zakresie spraw portu» **2.** in. doker «robotnik portowy»

portret *m IV, D.* portretu, *lm M.* portrety (*nie*: portreta).

Port Said (*wym.* Port Sajd), Port *ndm*, Said *m IV, D.* Saidu «miasto w Egipcie»: Wylądowali w Port Saidzie.

Portsmouth (*wym.* Portsmes) *m a. n ndm* «miasto i port w Anglii»: Portsmouth był (było) bazą wojsk alianckich w 1944 r. W Portsmouth rozwinął się przemysł stoczniowy.

Portugalia *ż I, DCMs.* Portugalii «państwo» — Portugalczyk *m III, lm M.* Portugalczycy — Portugalka *ż III, lm D.* Portugalek — portugalski.

portugalski: Język portugalski (*ale*: Portugalska Afryka Wschodnia).

portwajn *m IV, D.* portwajnu; in. II porto: Wypili butelkę portwajnu.

portyk *m III, D.* portyku (*wym.* portyku, *nie*: portyku): Portyk Teatru Wielkiego. Portyk na arkadach.

porucznikostwo (*nie*: porucznikowstwo; *ale*: porucznikowski) *n III, blm* **1.** *DB.* porucznikostwa, *Ms.* porucznikostwu (*nie*: porucznikostwie) «porucznik z żoną» (z przydawką i orzeczeniem w *lm*): Przyszli porucznikostwo Kowalscy. Przyjmowali u siebie miłych porucznikostwa Kowalskich. Mówili o porucznikostwu Kowalskich. **2.** *rzad., wych. z użycia* «stopień porucznika»: Otrzymał awans na porucznikostwo (dziś: na porucznika). W (*rzad.* na) porucznikostwie przetrwał kilka lat.

poruszać *ndk I*, poruszaliśmy (p. akcent § 1a i 2) — **poruszyć** *dk VIb*, poruszyliśmy 1. «wprawiać w ruch» □ P. kogo, co: Para porusza lokomotywę. □ P. czym: Poruszać głową, rękami. △ Poruszać sprawę, problem, kwestię itp. «omawiać, wszczynać sprawę, problem itp.»: Poruszono kwestię opłał (*nie*: poruszono opłaty). 2. poruszać *dk* «kilkakrotnie ruszyć; pokołysać»: Poruszała kilka razy kołyską, aż dziecko zasnęło.

poruszać się — **poruszyć się** 1. «być w ruchu, przenosić się»: Usta jej poruszyły się niespokojnie. 2. poruszać się *dk* «spędzić pewien czas ruszając się»: Pobiegaj trochę, poruszaj się, bo zmarzniesz. || *KP Pras.*

porwać *dk IX*, porwę (*nie*: porwię), porwie, porwij, porwaliśmy (p. akcent § 1a i 2) — **porywać** *ndk I*, porywaliśmy 1. «chwycić»: Porwać kogoś w ramiona. □ P. co a. za co: Porwał kapelusz (za kapelusz). Porwać za broń. 2. tylko *dk* «porozrywać, poszarpać»: Porwać ubranie.

porwać się — **porywać się** □ P. się za co «chwycić się»: Porwał się za włosy. □ P. się z czego «powstać szybko, zerwać się»: Porwać się z krzesła. □ P. się na kogo, na co — z czym «rzucić się, napaść»: W pojedynkę porywa się na groźnych zbójów. Porwał się z kijem na wilka. □ P. się na co «podjąć się czegoś trudnego»: Porwałem się na pracę za wielką na moje siły.

poryw *m IV*, D. porywu: Porywy wiatru. △ W porywie czegoś «w uniesieniu, w zapale»: Zrobić coś w porywie rozpaczy.

porywczy *st. w.* bardziej porywczy «gwałtowny, impulsywny»: Porywczy młodzieniec. Porywczy charakter, temperament.

porywisty (*nie*: porwisty) *st. w.* porywistszy a. bardziej porywisty «nasilający się w porywach; gwałtowny, szybki»: Porywisty wicher. △ *przen.* Porywisty taniec.

porywiście, *rzad.* **porywisto** *st. w.* bardziej porywiście (porywisto): Wiatr dmie porywiście.

porządek *m III*, D. porządku 1. *blm* «układ, rozkład czegoś, ład; następstwo, kolejność»: Porządek w mieszkaniu. Ułożyć coś w porządku alfabetycznym. Zachowywać, utrzymywać porządek a. utrzymywać coś w porządku. △ Porządek dzienny a. porządek obrad «lista spraw, które mają być rozważane na zebraniu» 2. *in.* styl (w sztuce): Porządek dorycki, joński.

po porządku *pot.* «kolejno, po kolei»: Opowiedz wszystko po porządku. || *D Myśli 93.*

porządny *m-os.* porządni, *st. w.* porządniejszy: Porządny człowiek. Kupiła sobie porządne palto. △ *pot.* Sprawił synowi porządne lanie.

porznąć a. **porżnąć** *dk Va*, porznąłem, porżnąłem (*wym.* pożnołem, porżnołem, *nie*: pożnełem, porżnełem), porznął, porżnął (*wym.* pożnoł, porżnoł), porznęła, porżnęła (*wym.* pożneła, porżneła), porznęliśmy, porżnęliśmy (*wym.* pożneliśmy, porżneliśmy; p. akcent § 1a i 2) □ P. co, czym — na co: Porznąć drzewo piłą na deski. || *GPK Por. 225.*

porzucić *dk VIa*, porzuciliśmy (p. akcent § 1a i 2) — **porzucać** *ndk I*, porzucaliśmy 1. «opuścić, zostawić, rzucić, cisnąć; zarzucić coś, poniechać czegoś»: Porzucić dom, pracę. 2. porzucać *dk* «rzucić kolejno wiele czegoś»: Żołnierze porzucali broń i uciekli.

pos. «skrót wyrazów: *poseł, posłanka*, pisany z kropką, stawiany zwykle przed nazwiskiem lub przed imieniem i nazwiskiem, czytany jako cały, odmieniany wyraz»: Pos. Wieczorek, pos. Jan Wieczorek. Wystąpienie pos. (*czyt.* posła) Wieczorka.

posada *ż IV* 1. «zajęcie, stanowisko»: Posada nauczyciela. Objąć, przyjąć, zajmować posadę gdzieś, u kogoś. Być gdzieś na posadzie, mieć posadę. △ Usunąć, *posp.* wylać (*nie*: zdjąć) kogoś z posady. 2. *daw.* (zwykle w *lm*) «fundament, podłoże» — dziś żywe we *fraz.* Chwiać się, drżeć, trząść się itp. w posadach: Podczas bombardowania gmach drżał w posadach.

posadzić *dk VIa*, posadziliśmy (p. akcent § 1a i 2) □ P. kogo, co: na co, przy czym, za czym: Posadzić dziecko na kolanach. Posadzić kurę na jajach. Posadzić gości przy stole, za stołem. Posadził dziecko na konia.

posag *m III*, D. posagu: Dać, wziąć, przynieść coś w posagu. Brać posag za żoną. Żenić się dla posagu.

posagowy przym. od posag: Suma posagowa. Majątek posagowy. Łowca posagowy.

posażna «o kobiecie: mająca (duży) posag; bogata, zamożna z domu»: Posażna panna.

posądzać *ndk I*, posądzaliśmy (p. akcent § 1a i 2) — **posądzić** *dk VIa*, posądziliśmy □ P. kogo o co: Posądzano nas o zdradę. □ P. kogo, że...: Niesłusznie go posądziłaś, że uciekł.

posążek *m III*, D. posążka: Posążek Buddy.

poschnąć *dk Vc*, poschnął (*wym.* poschnoł), *rzad.* posechł; poschła (*nie*: posechła, poschnęła), poschłyby (p. akcent § 4c), poschnięty a. poschły: Krzewy poschły z powodu suszy. Bielizna szybko poschła na słońcu.

poselstwo *n III* 1. «placówka dyplomatyczna; budynek zajmowany przez tę placówkę; urzędnicy tej placówki»: Poselstwo polskie we Włoszech. 2. «posłowie wysłani w jakiejś sprawie (zwykle urzędowej); godność posła; sprawowanie funkcji poselskiej, posłowanie»: Król przyjął poselstwo sąsiedniego mocarstwa. Jechać z poselstwem a. w poselstwie (do kogoś).

poseł (skrót: pos.) *m IV*, D. posła, *lm* M. posłowie □ P. na co, do czego: Poseł na sejm, *rzad.* do sejmu. Poseł do parlamentu (*nie*: na parlament). △ Wybrać kogoś na posła, *rzad.* posłem (*nie*: jako posła). △ Kandydować na posła.

posesja *ż I*, DCMs. i *lm* D. posesji: Właściciel obszernej posesji.

posiać *dk Xb*, posieję, posialiśmy, *reg.* posieliśmy (p. akcent § 1a i 2), posiali, *reg.* posieli □ P. co na czym: Posiać zboże na polu. □ P. (*częściej*: obsiać) co — czym: Posiać ugór trawą.

posiadacz *m II*, *lm* D. posiadaczy, *rzad.* posiadaczów «ten, kto coś posiada; właściciel» — wyraz ma zakres użycia ograniczony tak samo, jak czasownik *posiadać*: Posiadacz kamienicy (*ale* nie: Posiadacz biletu tramwajowego).

posiadać

posiadać *ndk I*, posiadaliśmy (p. akcent § 1a i 2) — **posiąść** *dk XI*, posiądę, posiądzie, posiadł, posiedliśmy **1.** *książk.* **a)** (zwykle *ndk*) «mieć coś (o dużej wartości materialnej) jako własność» (Wyraz często nadużywany w stylu przesadnie urzędowym zamiast: *mieć*, razi zwłaszcza w połączeniu z nazwami rzeczy drobnych, z rzeczownikami abstrakcyjnymi oraz przy podmiocie nieżywotnym): Posiadać dom, majątek, nieruchomość (*nie*: Posiadać brodę, bilet, wymiary, znaczenie, reumatyzm; autobus posiada 30 miejsc). △ *Niepoprawne*: Posiadać zrozumienie dla czegoś (*zamiast*: rozumieć coś); boisko posiada trawę (*zamiast*: boisko jest porośnięte trawą); ktoś posiada (*zamiast*: ktoś zdobył) rekord świata. **b)** *częściej dk* «nauczyć się czegoś; poznać coś dobrze»: Posiąść wiedzę o czymś. △ Posiadać jakiś język a. znajomość jakiegoś języka «umieć mówić, pisać jakimś językiem» **2.** posiadać *dk* «o wielu: usiąść kolejno»: Ptaki posiadały na drzewach. || *D Kult. I, 121; II, 94; KP Pras.; U Pol. (2), 185.*

posiadanie *n I*: Posiadanie dziedziczne, wieczyste. Dostać się, przejść w czyjeś posiadanie. Wziąć, objąć coś w posiadanie. △ Wyraz nadużywany w stylu urzędowym: Mieć coś w posiadaniu (*lepiej*: mieć coś). Wejść w posiadanie czegoś (*lepiej*: Stać się właścicielem, posiadaczem czegoś). Coś jest w czyimś posiadaniu (*lepiej*: ktoś coś ma, posiada). Być w posiadaniu czegoś (*lepiej*: posiadać, mieć coś). △ *niepoprawne* W posiadaniu listu... (*zamiast*: odebrawszy list...). || *D Kult. I, 34; II, 33; KP Pras.*

posiadłość *ż V* **1.** «nieruchomość, majątek ziemski»: Kupił niewielką posiadłość. **2.** w *lm* «tereny należące do jakiegoś państwa»: Posiadłości kolonialne.

posiąść p. posiadać.

posiedzenie *n I*: Posiedzenie naukowe. Posiedzenie plenarne. Otworzyć, zagaić, zamknąć posiedzenie. || *D Kult. I, 328.*

posiłek *m III, D.* posiłku **1.** «to, co się spożywa dla zaspokojenia głodu, dla posilenia się; także: samo spożywanie»: Podano do wiadomości godziny wydawania posiłków. Wspólny posiłek domowników. **2.** tylko w *lm* «wojsko wysłane (przysłane) na pomoc»

posiłkować się *ndk IV*, posiłkowaliśmy się (p. akcent § 1a i 2) *książk.* «korzystać z czegoś, posługiwać się czymś (w pracy)»: Przy pisaniu tej pracy posiłkował się materiałami źródłowymi.

posiwiały imiesł. przeszły czas. posiwieć.
posiwiały *m-os.* posiwiali, w użyciu przymiotnikowym «siwy»: Posiwiali starcy.

posiwieć *dk III*, posiwieliśmy (p. akcent § 1a i 2) □ P. z czego, od czego: Rodzice już posiwieli od trosk.

poskarżyć a. (wzmocnione) **poskarżyć się** *dk VIb*, poskarż (się), poskarżyliśmy (się) — (p. akcent § 1a i 2) □ P. (się) komu — na kogo, na co: Poskarżyła (się) ojcu na brata.

poskąpić *dk VIa*, poskąpię, poskąp, poskąpiliśmy (p. akcent § 1a i 2) □ P. komu czego «dać za mało, za skąpo»: Poskąpił mu pieniędzy na drogę.

poskramiacz *m II, lm D.* poskramiaczy, *rzad.* poskramiaczów: Poskramiacz lwów.

I posłać *dk IX*, poślę (*nie*: poszlę), poślij (*nie*: poszlij), posłaliśmy (p. akcent § 1a i 2) — **posyłać** (*nie*: posełać) *ndk I*, posyłaliśmy: Posłać komuś coś w prezencie. □ P. po kogo, po co (*nie*: za kim, za czym): Posłać po lekarza. Codziennie posyłano ją po mleko.

II posłać *dk IX*, pościelę, pościele, pościel, posłał, posłaliśmy (p. akcent § 1a i 2), posłany «ułożyć pościel do spania lub po spaniu; *reg.* pościelić»: Posłano łóżka na noc. Wstawaj i pościel tapczan! || *D Kult. I, 562.*

posłaniec *m II, D.* posłańca, *W.* posłańcze, forma szerząca się: posłańcu, *lm M.* posłańcy, *D.* posłańców (*nie*: posłańcy): Wysłać wiadomość przez posłańca.

posłanka *ż III, lm D.* posłanek (skrót: pos.) «kobieta poseł»: Posłanka na sejm.

posłodzić *dk VIa*, posłodź a. posłódź, posłodziliśmy (p. akcent § 1a i 2).

posłować *ndk IV*, posłowaliśmy (p. akcent § 1a i 2) **1.** «być posłem; brać udział w obradach sejmu jako poseł»: Dwukrotnie posłował ze swego okręgu. **2.** «być wysłanym w poselstwie»: Pan Skrzetuski posłował do chana.

posłowie *n I, lm D.* posłowi: W posłowiu autorskim poeta polemizuje z krytykami. || *D Kult. II, 253.*

posłuch *m III, D.* posłuchu, *blm* □ P. dla kogo: Nakazał im posłuch dla nauczyciela. △ Mieć posłuch u kogoś «cieszyć się autorytetem, uznaniem w czyichś oczach»: Ma posłuch u sąsiadów. □ *książk.* Dać posłuch (komuś, czemuś) «wysłuchać, posłuchać kogoś, czegoś»: Dał posłuch ich prośbom.

posłuchanie *n I*; in. audiencja: Dać komuś posłuchanie, udzielić komuś posłuchania.

posługa *ż III*: Chodzić na posługi. △ *podn.* Oddać komuś, spełnić ostatnią posługę (*nie*: przysługę) «wziąć udział w czyimś pogrzebie; pochować kogoś» || *D Kult. I, 122.*

posługacz *m II, lm D.* posługaczy, *rzad.* posługaczów: Posługacz szpitalny.

posługiwać p. posłużyć.

posłuszeństwo *n III, blm*: Absolutne, całkowite, ślepe posłuszeństwo. □ P. komu, czemu a. wobec kogo, czego, względem kogo, czego: Posłuszeństwo rodzicom (wobec rodziców). △ Wypowiadać komuś posłuszeństwo, odmówić komuś posłuszeństwa. Wyłamać się z posłuszeństwa, złamać posłuszeństwo. Wymuszać na kimś posłuszeństwo. Trzymać, utrzymywać kogoś, coś w posłuszeństwie. △ Coś odmawia posłuszeństwa «coś przestaje działać, funkcjonować»: Nogi po długim marszu odmawiały mi posłuszeństwa.

posłuszny *m-os.* posłuszni, *st. w.* posłuszniejszy a. bardziej posłuszny: Posłuszny we wszystkim, posłuszny jak dziecko. □ P. komu, czemu, *rzad.* względem, wobec kogo (*nie*: dla kogo, dla czego): Pies posłuszny panu. Był posłuszny moim rozkazom.

posłużyć *dk VIb*, posłużyliśmy (p. akcent § 1a i 2) — **posługiwać** *ndk VIIIb*, posługuję (*nie*: posługiwam, posługiwuję), posługiwaliśmy: Posługiwała po domach sąsiadów. □ (tylko *dk*) P. komu «dobrze zrobić, pomóc»: Myślę, że mu posłuży pobyt nad morzem. □ (tylko *dk*) *rzad.* P. komu — czym «pomóc, usłużyć»: Posłużył mi radą. □ (tylko *dk*) P. komu — za co, jako co «być użytym jako pomoc, środek, narzędzie do osiągnięcia czegoś; przydać się»: To opracowanie posłużyło nam za wzór do naśladowania.

posłużyć się — posługiwać się □ P. się kim, czym «użyć kogoś, czegoś jako pomocy»: Posługiwać się nożem i widelcem. Posłużył się nim jako gońcem. Posługiwała się językiem francuskim.

posłyszeć *dk VIIb,* posłyszeliśmy (p. akcent § 1a i 2) *rzad.,* p. usłyszeć.

posmak *m III, D.* posmaku: Nieprzyjemny (*nie*: niesmaczny) posmak.

posmakować *dk IV,* posmakowaliśmy (p. akcent § 1a i 2) □ P. czego (*nie*: w czym; *ale*: rozsmakować się, zasmakować w czym): Posmakować (*częściej*: skosztować, spróbować) owoców, sosu, zupy. △ *przen.* Posmakować swobody, niezależności.

Posner (*wym.* Pozner) *m IV, lm M.* Posnerowie: Działalność polityczna Posnera.

posolić *dk VIa,* posól (*nie*: posol), posoliliśmy (p. akcent § 1a i 2).

pospiech p. pośpiech.

pospieszać, pospieszyć p. pośpieszać.

pospieszny p. pośpieszny.

pospolicieć *ndk III,* pospolicieliśmy (p. akcent § 1a i 2) — **spospolicieć** *dk*: Te widoki już nam spospoliciały.

pospolitować *ndk IV,* pospolitowaliśmy (p. akcent § 1a i 2) — **spospolitować** *dk rzad.* «czynić pospolitym»: Nie chciał pospolitować swych umiejętności częstymi pokazami.

pospolitować się — spospolitować się 1. «poufalić się z byle kim»: Nie mam zamiaru pospolitować się z lada chłystkiem. **2.** *rzad.* «pospolicieć»: Obecność jego z czasem spospolitowała się, spowszedniała.

pospolity *m-os.* pospolici, *st. w.* pospolitszy **1.** «często się zdarzający, ogólnie znany»: Nosił bardzo pospolite nazwisko — Kowalski. △ Buk, jesion, świerk pospolity. Jodła pospolita. Sokół pospolity. Liszaj pospolity. Rzeczownik pospolity. **2.** «wchodzący w skład ogółu; nie wyróżniający się spośród ogółu, zwykły, przeciętny»: Pospolici ludzie. △ Pospolity złodziej, oszust, kłamca itp. △ *hist.* Pospolite ruszenie. **3.** «nieoryginalny, banalny, szablonowy; ordynarny, trywialny»: Pospolity styl. Pospolite wyrazy. Pospolita uroda. Pospolite rysy.

pospołu *przestarz.* «wspólnie, razem»: Śpiewał pospołu z innymi.

post *m IV, D.* postu, *Ms.* poście: Ścisły, surowy post. Przestrzegać postu. Post o chlebie i wodzie. △ *przestarz.* Jeść z postem «jeść potrawy bez tłuszczu lub potrawy bezmięsne; pościć» △ Wielki post «w Kościele katolickim — okres od środy popielcowej do Wielkiej Soboty przed Wielkanocą»: O północy w środę popielcową przestawano tańczyć, bo zaczynał się wielki post.

post- «pierwszy człon wyrazów złożonych (rzeczowników i przymiotników obcego pochodzenia), tworzący wyrazy oznaczające rzecz, zjawisko, cechę itp. występujące później niż te, o których mówi wyraz podstawowy; po; następny, późniejszy», np.: postfeudalny, postimpresjonizm.

I postać *ż V, lm M.* postacie a. postaci: Atletyczna, barczysta postać. Postać dramatu, powieści. Kobieta, męska postać. Ciekła, gazowa postać czegoś. △ Coś zmieniło postać rzeczy; postać rzeczy zmieniła się «zmienił się stan czegoś; sprawy przybrały inny obrót» △ Pod postacią a. w postaci czegoś «w formie, w kształcie czegoś, jako coś»: Zazdrość przedstawiano pod postacią węża. Spadł śnieg w postaci białego puchu. △ Wyrażenie: w postaci czegoś — używane dla uściślenia treści następujących dalej wyrazów, często nadużywane, np. Trudności w postaci braku kadr (*zamiast*: Trudności polegające na braku kadr). || *D Kult. I, 727; KP Pras.*

II postać *dk* **1.** postoję, postoi, postój, postaliśmy (p. akcent § 1a i 2) «stojąc pobyć, potrwać jakiś czas»: Postała chwilę przed wystawą. To stary budynek, ale pewnie postoi jeszcze parę lat. **2.** *dk Vc,* postanę, postań, postaliśmy *daw.,* dziś żywe w połączeniu: Czyjaś noga, stopa nie postała, nie postanie gdzieś (*nie*: nie powstała, nie powstanie, nie postoi) «ktoś nie był, nie będzie nigdy w jakimś miejscu» △ Coś nie postało, ani postało (*nie*: nie powstało) komuś w głowie, w myśli itp. «ktoś nigdy nie pomyślał nawet o czymś, nie zapragnął czegoś»

*postać czasownika p. czasownik (punkt VI).

postanowić *dk VI,* postanowię, postanów, postanowiliśmy (p. akcent § 1a i 2) — **postanawiać** *ndk I,* postanawialiśmy □ P. co a. jak (z zaimkiem): Postanowiłem to (a. tak) i nie odwołam. □ P. + bezokol.: Postanowił jechać nad morze. □ P., że: Postanowił, że wyjedzie nad morze. □ *przestarz.* P. o czym: Ojciec postanowił o moim losie.

postanowienie *n I*: Mocne, niezłomne postanowienie. Postanowienie sejmowe, sądowe. △ *książk.* Powziąć postanowienie. □ P. czego, *rzad.* o czym «decyzja»: Zapadło postanowienie wyjazdu. □ P. o czym «ustawa, uchwała, orzeczenie»: Postanowienie sądu o opiece nad małoletnim.

postarzeć się *dk III,* postarzeliśmy się (p. akcent § 1a i 2); *wych. z użycia* **postarzeć** «stać się starszym; wyglądać staro»: Przedwcześnie się postarzał. Postarzała się co najmniej o 10 lat.

postawa *ż IV*: Przyjąć, przybrać jakąś postawę. □ P. wobec kogo, czego: Postawa wobec życia.

postawić *dk VIa,* postawię, postaw, postawiliśmy (p. akcent § 1a i 2) □ P. kogo, co na czym, na co a. w czym (*nie*: w co): Postawić laskę w kącie (*nie*: w kąt). Postawić talerz na stole (na stół). □ P. na kogo, na co: Postawić na konia (na wyścigach). Postawić na jakąś kartę (w grze). △ Postawić kogoś, coś na nogi **a)** «poderwać kogoś do czynu, do działania»: Alarm postawił ich na nogi. **b)** «radykalnie poprawić stan czegoś a. czyjś stan»: To lekarstwo postawiło ją na nogi. Ta kwota postawiłaby nas na nogi. △ Wyraz nadużywany w różnych połączeniach, np., Postawić (*lepiej*: zadać) pytanie. Postawić jakąś sprawę, problem (*lepiej*: Wystąpić z jakąś sprawą:

postawny

problemem). △ *niepoprawne* Postawić (*zamiast*: poddać) coś pod dyskusję.

postawić się △ *pot.* P. się komu, czemu a. wobec kogo, czego «zuchwale się komuś sprzeciwić»: Ostro postawiła się matce. // *D Kult. I, 122; KP Pras.*

postawny (*nie*: podstawny) *m-os.* postawni: Był to wysoki, postawny mężczyzna.

postąpić p. postępować.

poste-restante (*wym.* post restãt) *ndm*: Pisać do kogoś na poste-restante. // *D Kult. I, 771.*

posterunek *m III, D.* posterunku: Trwać na posterunku.

postęp *m IV, D.* postępu, *blm* «rozwój, polepszanie się, doskonalenie się; osiągnięcie kolejnego stadium rozwoju; wzrost»: Być zwolennikiem postępu. Znaczny, wielki (*nie*: poważny) postęp w czymś. Robić postępy. Osiągnąć postęp (*nie*: dokonać postępu) w czymś. Jest, daje się zauważyć (*nie*: nastąpił) postęp w czymś. Postępy czegoś są znaczne, coraz większe (*nie*: poprawiają się). △ *wych z użycia* Z postępem czegoś, w miarę postępu czegoś «z biegiem, z upływem czegoś»: Z postępem czasu dziwaczał coraz bardziej.

postępować (*nie*: postępywać) *ndk IV,* postępowaliśmy (p. akcent § 1a i 2) — **postąpić** *dk VIa,* postąpię, postąp, postąpiliśmy □ P. z kim, z czym, wobec a. względem kogo, czego (jak) «obchodzić się w jakiś sposób z kimś, z czymś»: Źle z nim postąpiłeś. □ P. bez dop. «rozwijać się»: Choroba postępuje. □ *przestarz.* P. w czym «doskonalić się w jakiejś dziedzinie»: Bardzo postąpił w nauce. △ *niepoprawne* Postąpić (*zamiast*: wstąpić) do czegoś, na coś (np. na służbę, do szkoły).

postępowanie *n I* △ w zn. *praw.* Postępowanie sądowe, prawne, karne. Wszcząć, wdrożyć, podjąć (*nie*: otworzyć) postępowanie. Wstrzymać, zawiesić, umorzyć (*nie*: zamknąć) postępowanie.

POSTiW (*wym.* postiw, p. akcent § 6) *m IV, D.* POSTiW-u «Powiatowy Ośrodek Sportu, Turystyki i Wypoczynku»: Pracować sezonowo w POSTiW-ie. POSTiW zadbał o wyznaczenie miejsc na pola biwakowe.

postój *m I, D.* postoju, *lm D.* postojów a. postoi 1. «zatrzymanie się w drodze, w marszu»: Po krótkim postoju ruszyliśmy w dalszą drogę. 2. «miejsce, w którym zatrzymują się na dłużej określone pojazdy»: Postój taksówek.

postponować (*wym. pot.* posponować) *ndk IV,* postponowaliśmy (p. akcent § 1a i 2) — **spostponować** *dk wych. z użycia* «lekceważyć kogoś, coś, pomiatać kimś, czymś»: Spostponował ją przy ludziach.

postrach *m III, D.* postrachu 1. *blm* «przestraszenie, postraszenie kogoś, strach»: Budzić, siać, szerzyć (*nie*: czynić) postrach. Postrach padł na kogoś, zdjął kogoś. Robić coś dla postrachu a. na postrach. 2. *lm M.* te postrachy «osoba, zjawisko budzące strach» □ P. kogo, czego a. dla kogo, czego: Ten bandyta to postrach całej okolicy a. dla całej okolicy.

postronny *m-os.* postronni 1. «nie należący do danego grona, nie zaangażowany w jego sprawy»: Osoby postronne. Postronny obserwator. 2. «uboczny, niegłówny»: Postronne źródła, zarobki. // *D Kult. II, 254.*

postrzał *m IV, D.* postrzału 1. «rana od kuli lub strzały»: Postrzał w nogę. Dostać, otrzymać postrzał. 2. in. lumbago.

postrzeganie *n I, blm* forma rzeczownikowa czas. postrzegać (dziś tylko w zn. *psych.*): Postrzeganie zjawisk.

postrzeleniec *m II, D.* postrzeleńca, *W.* postrzeleńcze, forma szerząca się: postrzeleńcu, *lm M.* postrzeleńcy, *D.* postrzeleńców.

postrzeżenie *n I* 1. forma rzeczownikowa czas. postrzec (dziś tylko w zn. *psych.*). 2. *psych.* «uświadomiona reakcja na bodziec zmysłowy; percepcja»

postrzyc *dk XI,* postrzygę, postrzyże, postrzyż, postrzygł, postrzygliśmy (p. akcent § 1a i 2), postrzyżony — **postrzygać** *ndk I,* postrzygaliśmy *przestarz.* Postrzyc (*częściej*: ostrzyc) brodę, włosy.

postscriptum (*wym.* postskríptum) *n VI, blm* (skrót: PS).

postulat *m IV, D.* postulatu *książk.* (często nadużywane w języku prasowym, urzędowym) «żądanie, domaganie się» □ P. czego (*nie*: o co): Postulat zwiększenia (*nie*: o zwiększenie) dostaw.

postulować *ndk IV,* postulowaliśmy (p. akcent § 1a i 2) *książk.* (nadużywane w języku prasowym, urzędowym), *lepiej*: domagać się, żądać. □ P. co (*nie*: za czym, o co) — zwykle z rzeczownikiem odsłownym: Postulować utworzenie (*nie*: o utworzenie, za utworzeniem) nowej komórki związkowej.

posucha *ż III, Ms.* posusze *książk.* «brak deszczu; susza»: Trawa schnie od posuchy. △ *pot., przen.* «brak kogoś, czegoś; zastój» □ P. na kogo, na co: Posucha na wybitnych publicystów.

posunąć *dk Vb,* posunąłem (*wym.* posunołem, *nie*: posunełem), posunął (*wym.* posunoł), posunęła (*wym.* posuneła), posunęliśmy (*wym.* posuneliśmy; p. akcent § 1a i 2) — **posuwać** *ndk I,* posuwaliśmy □ P. po czym, gdzieś, na jakieś miejsce, w jakimś kierunku «sunąc przemieścić»: Posunąć krzesło po podłodze, do ściany. Posunąć wskazówki zegara. □ P. co — do czego «doprowadzić do czegoś (niekiedy do formy krańcowej)»: Troskliwość posunęła do przesady. △ tylko *ndk* w zwrocie: Posuwać nogami «idąc szurać, powłóczyć nogami»

posunąć się — **posuwać się** 1. «powoli sunąc zmienić miejsce; zrobić miejsce przy sobie»: Wydmy posuwały się ciągle. Wskazówka zegara posunęła się o 5 min. Posuń się, bo mi ciasno tak siedzieć. 2. (tylko *dk*) *pot.* «postarzeć się»: Nasz ojciec ostatnio bardzo się posunął. 3. «rozwinąć się, postąpić naprzód»: Budowa posuwała się ciągle. Śledztwo nie posunęło się ani na krok. 4. «ośmielić się coś zrobić»: Nigdy nie posunął się tak daleko, żeby zapomnieć o grzeczności. □ P. się do czego: Posunął się do rękoczynów.

posunięcie *n I* w zn. «przestawienie pionka na szachownicy» — *częściej*: ruch.

posuwiście *st. w.* posuwiściej a. bardziej posuwiście «posuwistym krokiem; płynnie»: Tańczył posuwiście.

posyłać p. I posłać.

posyłką *ż III, lm D.* posyłek *przestarz.* «przesyłka; przesłanie czegoś», dziś tylko w wyrażeniach: Ktoś na posyłki; być (u kogoś) na posyłki, *rzad.* na posyłkach itp. «ktoś przyjęty do instytucji, zwykle do roznoszenia korespondencji; ktoś załatwiający różne drobne polecenia»

posypać *dk IX,* posypię (*nie:* posypę), posypaliśmy (p. akcent § 1a i 2) — **posypywać** *ndk VIIIa,* posypuję (*nie:* posypywuję, posypywam), posypywaliśmy □ P. co — czym «pokryć powierzchnię czegoś czymś»: Posypywać ścieżki piaskiem. Posypać mięso solą. □ *rzad.* P. czego «nasypać (zwykle ziarna)»: Posypała kurom pszenicy. □ (tylko *dk*) P. bez dop. «o śniegu: popadać, poprószyć»: Śnieg posypał trochę i przestał.

poszanowanie *n I, blm książk.* «szacunek»: Poszanowanie prawa. □ P. dla kogo, czego: Poszanowanie dla starszych, dla cudzej własności. △ Mieć kogoś, coś w poszanowaniu «szanować»: Miał w wielkim poszanowaniu prezent od ciebie.

poszarpać *dk IX,* poszarpię (*nie:* poszarpę), poszarpaliśmy (p. akcent § 1a i 2) «szarpiąc rozerwać coś w kilku (wielu) miejscach lub jedno po drugim»: □ P. co: Poszarpał na sobie koszulę ze złości. □ *rzad.* P. kogo — za co «potarmosić»: Poszarpał go za włosy.

poszczęścić *dk VIa,* poszczęści, poszczęściłby (p. akcent § 4c) zwykle w 3. os. i bezokol. □ *książk.* P. komu, czemu: Bogowie poszczęścili tej wyprawie. Los komuś poszczęścił.
poszczęścić się zwykle *nieos.*: Poszczęściło mu się w życiu.

poszkodować *dk IV przestarz.,* dziś tylko w imiesł. biernym: Był ciężko poszkodowany przez wojnę. △ *wych. z użycia* Poszkodowany na czymś (np. na ciele).

poszlaka *ż III, lm D.* poszlak (*nie:* poszlaków).

poszturchać (*nie:* poszturgać, poszturkać) *dk I,* poszturchaliśmy (p. akcent § 1a i 2).

poszturchiwać (*nie:* poszturgiwać, poszturkiwać) *ndk VIIIb,* poszturchuję (*nie:* poszturchiwuję, poszturchiwam), poszturchiwaliśmy (p. akcent § 1a i 2).

poszukać *dk I,* poszukaliśmy (p. akcent § 1a i 2) □ P. czego: Poszukać sobie zajęcia, pracy. Poszukać towarzystwa.

poszukiwacz *m II, lm D.* poszukiwaczy, *rzad.* poszukiwaczów: Poszukiwacz nowych form w muzyce.

poszukiwać *ndk VIIIb,* poszukuję (*nie:* poszukiwam, poszukiwuję), poszukiwaliśmy (p. akcent § 1a i 2) □ P. czego (*nie:* co, za czym) «starać się odnaleźć»: Rodzina poszukuje Urszuli (*nie:* Urszulę, za Urszulą). Milicja poszukuje sprawcy wypadku (*nie:* sprawcę, za sprawcą wypadku). □ *praw.* P. czego — na kim, na czym «domagać się czegoś na drodze prawnej»: Poszukiwać na kimś swoich należności.

poszwa (*nie:* poszew) *ż IV, lm D.* poszew **1.** «sztuka bielizny pościelowej, którą powleka się pierzynę lub poduszkę» □ P. na co: Poszwa na pierzynę. **2.** *częściej*: wsypa (w zn. «worek, do którego się wsypuje pierze w celu zrobienia pierzyny lub poduszki»).

poszycie *n I* **1.** forma rzeczownikowa czas. poszyć: Poszycie pokrowców na walizki zajęło dużo czasu. **2.** «warstwa pokrywająca coś»: Poszycie dachu. Poszycie samolotu, statku. **3.** *częściej*: podszycie w zn. «młode drzewa i krzewy w lesie»

pościelić *ndk VIa,* pościeliliśmy (p. akcent § 1a i 2), pościelony *reg.* p. II posłać.

pościg *m III, D.* pościgu □ P. za kim: Pościg za mordercą. Ruszyć w pościg za złodziejem.

pośledni *st.w.* pośledniejszy, *wych. z użycia* «drugorzędny, gorszy»: Coś pośledniego gatunku.

poślizg *m III, D.* poślizgu «przesuwanie się czegoś po śliskiej powierzchni»: Poślizg nart. △ Wpaść, *rzad.* wejść w poślizg «o samochodzie: ześliznąć się z właściwej trasy (na śliskiej nawierzchni)»

pośliznąć się a. **poślizgnąć się** *dk Va,* poślizmie (poślizgnie) się, pośliznij (poślizgnij) się, poślizną-łem (poślizgnąłem) się (*wym.* poślizno-łem, poślizgnołem się; *nie:* poślizne-łem, poślizgnełem, poślizłem, poślizgłem się), poślizną-ł (poślizgnął) się (*wym.* poślizno-ł, poślizgnoł się), poślizną-ła (poślizgnęła) się (*wym.* poślizne-ła, poślizgnęła się; *nie:* poślizła, poślizgła się), poślizne-liśmy (poślizgnęliśmy) się (*wym.* poślizneliś-my, poślizgneliśmy się; p. akcent § 1a i 2).

pośpiech, *rzad.* **pospiech** *m III, D.* pośpiechu (pospiechu), *blm*: Bez pośpiechu, przez pośpiech a. w pośpiechu (coś zrobić). Z pośpiechu, w pośpiechu a. przez pośpiech zapomnieć o czymś.

pośpieszać a. **pospieszać** *ndk I,* pośpieszaliśmy, pospieszaliśmy (p. akcent § 1a i 2) — **pośpieszyć** a. **pospieszyć** *dk VIb,* pośpieszyliśmy, pospieszyliśmy □ nieco *książk.* P. bez dop. «udawać się dokądś pośpiesznie» □ (zwykle *dk*) P. + bezokol. «zrobić, powiedzieć coś od razu, bezzwłocznie»: Ja z wami — pośpieszył dodać.
pośpieszać się a. **pospieszać się** — **pośpieszyć się** a. **pospieszyć się**; forma wzmocniona czas. pośpieszać — pospieszać □ (*dk*) P. się z czym: Pośpieszył się z robotą.

pośpieszny a. **pospieszny**: Pociąg pośpieszny (pospieszny).

pośredni: Doszedł do tego wniosku drogą pośrednią. □ P. między czym a (i) czym: Ta sztuka to coś pośredniego między farsą a komedią.

pośrednictwo *n III, blm* □ P. w czym, między kim a kim: Pośrednictwo w zawarciu małżeństwa. Przyjął na siebie pośrednictwo między pracownikami a kierownikiem instytucji.

pośrodku (*nie:* w pośrodku) «w środkowym miejscu; w środku, na środku»: Stół stał pośrodku sali.

pośród «w otoczeniu czegoś; wśród» □ P. czego, kogo (*nie:* p. czym, kim): Pośród koleżanek (*nie:* pośród koleżankami). Pośród drzew rozbili namiot.

poświadczyć (*nie:* poświarczyć) *dk VIb,* poświadczyliśmy (p. akcent § 1a i 2) — **poświadczać** (*nie:* poświarczać) *ndk I,* poświadczaliśmy □ P. co: Poświadczyć podpis. □ P., że; p. jak...: Poświadczysz, że mnie obraził, jak bardzo mnie obraził.

poświęcić

poświęcić *dk VIa*, poświęcę, poświęciliśmy (p. akcent § 1a i 2) — **poświęcać** *ndk I*, poświęcaliśmy □ P. co «pokropić święconą wodą»: Poświęcić kaplicę. □ P. co — komu, czemu «ofiarować; zadedykować; przeznaczyć»: Poświęcić komuś czas, siły. Wiersz poświęcił pamięci matki. □ P. co na co: Wolny czas poświęcał na naukę języków. □ P. co — komu a. dla kogo, czego «złożyć w ofierze, wyrzec się»: Dla ojczyzny (ojczyźnie) poświęcił swoje życie. Tobie (dla ciebie) wszystko poświęcę.
poświęcić się — **poświęcać się** □ P. się dla kogo, czego «złożyć siebie w ofierze; wyrzec się czegoś»: Poświęcił się dla dobra ogółu. □ *książk.* P. się czemu «wybrać coś za cel, zawód»: Poświęcił się pracy naukowej.

poświstywać *ndk VIIIa*, poświstuję (*nie*: poświstywam, poświstywuję), poświstywaliśmy (p. akcent § 1a i 2).

pot *m IV, D.* potu 1. «wydzielina gruczołów potowych»: Twarz mokra od potu. Zlany był zimnym potem. △ Pracować, mozolić się itp. w pocie czoła. △ Siódme poty biją na kogoś «ktoś bardzo się poci z powodu wysiłku, wzruszenia itp.» △ *przen.* «ciężka praca; trud»: Potem swym (a. w krwawym pocie) zdobywali środki do życia. 2. tylko w *lm* «obfite pocenie się»: Zioła, lekarstwo na poty. Wziąć coś na poty.

potanieć *dk III*, potaniałby, potaniałaby (p. akcent § 4c); *częściej*: stanieć.

potąd, tylko w *pot.* zwrotach: Mieć kogoś, czegoś potąd (z gestem wskazującym na gardło lub głowę) «nie móc czegoś, kogoś dłużej znieść» △ Mieć czegoś, wszystkiego potąd (z tym samym gestem) «mieć czegoś, wszystkiego bardzo dużo»

Potebnia *m odm. jak ż I, D.* Potebni: Prace językoznawcze Potebni. Udział Andrzeja Potebni w powstaniu 1863 r.

potem (*nie*: potym, po tym) «później»: Teraz nic nie mów, potem porozmawiamy (*ale*: po tym przedstawieniu, po tym koncercie).

Potemkin p. Potiomkin.

po temu *przestarz.*, dziś *książk.*, używane w zwrotach: Mieć czas, siły po temu «mieć czas, siły itd. żeby coś robić» △ Czas, miejsce po temu «czas, miejsce odpowiednie do czegoś»

potencja *ż I, DCMs.* i *lm D.* potencji 1. *blm książk.* w zn. «zdolność do działania; możliwości»: Potencja twórcza. Potencja płciowa. 2. *przestarz.* «potęga wojskowa; siły zbrojne»: Bolesław czeski zdecydował się na wojnę z całą potencją (dziś raczej: potęgą) niemiecką.

potencjalny (*nie*: potencjonalny): Potencjalny morderca, złodziej. △ Energia potencjalna (w przeciwstawieniu do kinetycznej). △ *niepoprawne* Potencjalne możliwości, np. współpracy (pleonazm), *zamiast*: możliwości współpracy.

potencjał *m IV, D.* potencjału *książk.* w zn. «zasób możliwości, mocy, zdolności wytwórczej tkwiący w czymś»: Potencjał obronny kraju. Potencjał przemysłowy, gospodarczy.

! potencjonalny p. potencjalny.

potentat (*nie*: potentant) *m IV, lm M.* potentaci: Potentat finansowy.

potęga *ż III, lm D.* potęg 1. *blm* «wielka siła; wielkie znaczenie»: Potęga przyrody, państwa. Potęga słowa, rozumu. 2. «państwo o wielkiej sile»: Potęgi atomowe, morskie. 3. «w matematyce: iloczyn równych czynników»
na potęgę *posp.* «w wielkim stopniu; bardzo dużo»: Utył, bo je na potęgę.

potępiać *ndk I*, potępialiśmy (p. akcent § 1a i 2) — **potępić** *dk VIa*, potęp, potępiliśmy □ P. kogo, co — za co: Potępili go wszyscy za tchórzostwo.

potępieniec *m II, D.* potępieńca, *W.* potępieńcze, forma szerząca się: potępieńcu, *lm M.* potępieńcy △ używane zwykle w porównaniach: Cierpiał jak potępieniec. Wrzeszczą jak potępieńcy.

potężny *m-os.* potężni, *st. w.* potężniejszy: Potężne państwo. Potężne drzewa. Potężna postać. Potężny ryk żubra. Potężny cios.

Potiebnia p. Potebnia.

Potiomkin (*wym.* Patiomkin) *m IV, D.* Potiomkina (p. akcent § 7): Wpływ Potiomkina na politykę Rosji.

potknąć się *dk Va*, potknąłem się (*wym.* potknołem się; *nie*: potknełem się), potknął się (*wym.* potknoł się), potknęła się (*wym.* potknela się; *nie*: potkła się), potknęliśmy się (*wym.* potkneliśmy się; p. akcent § 1a i 2) — **potykać się** *ndk I*, potykaliśmy się □ P. się o co, na czym: Potknąć się na progu, o próg. Potykali się o kamienie. △ *przen.* Potknął się na egzaminach.

potłuc *dk XI*, potłukę, potłucze, potłukł, potłukliśmy (p. akcent § 1a i 2) 1. «rozbić wiele czegoś»: Potłukła już wszystkie talerze. Potłuc coś na kawałki *rzad.* w kawałki. 2. *pot.* «spowodować obrażenia ciała; pobić, zbić (kogoś)»: Potłuc kolano, rękę. Mocno go potłukli.

potnieć *ndk III*, potnieliśmy (p. akcent § 1a i 2) — **spotnieć** *dk* □ P. od czego (zwykle kiedy mowa o przyczynie zewnętrznej): Wszyscy potnieli od gorąca. □ P. z czego (zwykle kiedy mowa o przyczynie wewnętrznej): Spotniał ze strachu.

potny p. potowy.

*potoczny język p. język i jego odmiany.

potoczyć *dk VIb*, potoczyliśmy (p. akcent § 1a i 2) *rzad.* «sprawić, żeby się coś toczyło»: Potoczyć wózek, piłkę. △ zwykle w zwrocie: Potoczyć spojrzeniem, wzrokiem po kimś, po czymś «rozejrzeć się, spojrzeć kolejno na wszystkich»
potoczyć się «posunąć się tocząc się»: Piłka potoczyła się po boisku. △ *przen.* Sprawa potoczyła się inaczej, niż się spodziewaliśmy.

potoczyście, *rzad.* **potoczysto**.

potok *m III, D.* potoku: Górski potok. Potok lawy. Lać się, płynąć, spływać itp. potokiem, potokami (o deszczu, krwi, łzach itp.).

Potomac (*wym.* Potomak) *m III, D.* Potomacu, *N.* Potomakiem a. (z wyrazem: rzeka) *ndm* «rzeka w USA»: Płynęli po Potomacu (po rzece Potomac).

potomek *m III, D.* potomka, *lm M.* potomkowie.

potowy, *rzad.* **potny**: Gruczoły potowe.

potpourri (*wym.* popuri) *n ndm muz.* «wiązanka instrumentalna; czasem *żart.* o kompilacjach z innych dziedzin»: Opracować melodyjne potpourri.

potrafić *dk* a. *ndk VIa,* potrafię (czas teraźniejszy i przyszły), potrafiliśmy (p. akcent § 1a i 2): Kiedyś potrafi (*nie*: będzie potrafił) tego dokonać. Potrafi zarobić. Potrafi zasnąć w każdej chwili. Człowiek, który potrafi tego dokonać (*nie*: potrafiący tego dokonać).

potrajać p. potroić.

potraktować *dk IV,* potraktowaliśmy (p. akcent § 1a i 2) □ P. kogo, co jako (jak) kogo, co (*nie*: za kogo, za co) «odnieść się do kogoś lub czegoś w jakiś sposób, uważać za kogoś, za coś»: Potraktowała go jak smarkacza. Potraktowano tę decyzję jako jego nowy kaprys. □ *środ.* P. co — czym: Potraktować metal określonymi odczynnikami chemicznymi. □ *przestarz.* P. kogo — czym «poczęstować, uraczyć czymś»: Potraktowali go winem.

po trochu 1. «niewielkimi częściami, stopniowo»: Oddawać długi po trochu. Kupiła wszystkiego po trochu. 2. *rzad.* p. po trosze.

potroić *dk VIa,* potroję, potrój, potroiliśmy (p. akcent § 1a i 2) — **potrajać** *ndk I,* potrajaliśmy: Potroić kapitał, produkcję, stawkę w grze.

po trosze nieco *książk.* «w pewnym stopniu; trochę, *rzad.* po trochu»: Żalują go po trosze. Ojca kochała, ale bała się go po trosze.

po troszku, po troszeczku «w bardzo małych dawkach»

potrzask (*wym.* potszask a. poczszask, *nie*: poczask) *m III, D.* potrzasku.

potrząsać (*wym.* potszasać a. poczszasać, *nie*: poczasać) *ndk I,* potrząsaliśmy (p. akcent § 1a i 2) — **potrząsnąć** (*nie*: potrząchnąć) *dk Va,* potrząsnąłem (*wym.* potrząsnołem; *nie*: potrząsnełem), potrząsnął (*wym.* potrząsnoł), potrząsnęła (*wym.* potrząsnela; *nie*: potrząsła), potrząsnęliśmy (*wym.* potrząsneliśmy) □ P. czym, kim (*nie*: co, kogo): Potrząsnął głową, czupryną.

potrząść (*wym.* potsząść a. poczsząść, *nie*: począść) *dk XI,* potrzęsę, potrzęsie, potrząś a. potrzęś; potrząsłem (*nie*: potrzęsłem), potrząsł, potrzęsła, potrzęśliśmy (*nie*: potrzęśliśmy; p. akcent § 1a i 2) □ P. kim, czym: Potrzęsła chwilę głową, jakby się dziwiła.

potrzeba (*wym.* potszeba a. poczszeba, *nie*: poczeba) *ż IV* 1. *blm* «to, że coś jest nieodzowne, że bez czegoś nie można się obejść; niezbędność (tylko w odniesieniu do rzeczy pożądanych, pomyślnych)»: Potrzeba czynu, odmiany, przyjaźni. △ *niepoprawne* w zn. «to, że coś wbrew chęci musi się dokonać; konieczność», np. Potrzeba (*zamiast*: konieczność) wstrzymania produkcji. 2. *zwykle w lm* «potrzebowanie czegoś; to, co potrzebne»: Potrzeby domowe. Towary pierwszej potrzeby. Zaspokoić czyjeś potrzeby. △ Na własne potrzeby (*nie*: dla własnych potrzeb). 3. *ndm* w użyciu orzecznikowym «coś jest potrzebne, niezbędne, konieczne» □ P.

komu czego: Potrzeba nam nowych pracowników. Czego ci potrzeba? △ *niepoprawne* w zn. «należy, powinno się, wypada», np. Potrzeba (*zamiast*: trzeba) kupić węgla na zimę. // *KP Pras.*

potrzebny (*wym.* potszebny a. poczszebny, *nie*: poczebny) *m-os.* potrzebni, *st.w.* potrzebniejszy a. bardziej potrzebny □ P. komu, *rzad.* dla kogo: Jest potrzebny swojej matce. To dla mnie wcale niepotrzebne. □ P. do czego (*nie*: dla czego): Składniki potrzebne do wzrostu (*nie*: dla wzrostu) roślin. Do tej sukienki potrzebny jest kołnierzyk. □ P. dla czego: Wyjazd potrzebny dla zdrowia. To potrzebne dla mojego spokoju. □ P. na co: Pieniądze potrzebne na zakup mebli. Trampki potrzebne na wycieczkę.

potrzebować (*wym.* potszebować a. poczszebować, *nie*: poczebować) *ndk IV,* potrzebowaliśmy (p. akcent § 1a i 2) □ P. kogo, czego (*nie*: co) — do czego, na co (*nie*: dla czego): Potrzebować pomocy, swobody. Potrzebują całych zastępów (*nie*: całe zastępy) ludzi do pracy. Roślina potrzebuje światła do rozwoju (*nie*: światło dla rozwoju). □ (tylko w formie zaprzeczonej) P. z bezokol.: Nie potrzebuję dziś wracać na kolację. △ *niepoprawne* w formie nie zaprzeczonej *zamiast*: musieć, np. Potrzebuję (*zamiast*: muszę) wcześnie wrócić do domu.

po trzeźwemu p. trzeźwy.

potwierdzić *dk VIa,* potwierdzę, potwierdzi, potwierdź, potwierdzimy, potwierdziliśmy (p. akcent § 1a i 2), potwierdzony — **potwierdzać** *ndk I,* potwierdzaliśmy «stwierdzić, poświadczyć, że coś jest prawdziwe, słuszne»: Potwierdzić czyjąś relację, czyjeś opowiadanie. Potwierdzić słuszność czegoś. △ Potwierdzić odbiór paczki, przesyłki «pokwitować odbiór» △ *niepoprawne* w zn. «zatwierdzić», np. Potwierdzić (*zamiast*: zatwierdzić) statut, przeniesienie, dekret, ustawę. // *KP Pras.*

potwora *ż IV,* tylko w *żart.* przysłowiu: Każda potwora znajdzie swego amatora.

potwór *m IV, DB.* potwora, *lm M.* potwory.

potykać się p. potknąć się.

potyliczny, *rzad.* **potylicowy.**

poufalić się *ndk VIa,* poufaliliśmy się (p. akcent § 1a i 2) — **spoufalić się** *dk* □ P. się z kim: Nie należy się poufalić się z obcymi.

POW (*wym.* peowu, p. akcent § 6) *n* a. *ż ndm* «Polska Organizacja Wojskowa»: POW została utworzona (zostało utworzone) po wybuchu I wojny światowej. — peowiak *m III, lm M.* peowiacy — peowiaczka *ż III, lm D.* peowiaczek — peowiacki.

pow. 1. «skrót wyrazów: *powiat, powiatowy,* pisany z kropką, czytany jako cały, odmieniany wyraz»: Pow. skierniewicki. Władze pow. (*czyt.* powiatu) skierniewickiego. Miejskie i pow. (*czyt.* powiatowe) władze terenowe. 2. «skrót wyrazu: *powierzchnia,* pisany z kropką, czytany jako cały, odmieniany wyraz»: Teren o pow. (*czyt.* powierzchni) 140 m².

powaga *ż III* 1. *blm* «zrównoważony, opanowany sposób bycia, zachowania się» □ P. wobec kogo, czego: Wyglądali tak komicznie, że trudno było wobec nich zachować powagę. **2.** *blm* «autorytet, znaczenie» □ P. czego: Powaga chwili, śmierci. **3.** *lm M.* te powagi «osoba ciesząca się autorytetem, uznaniem, poważaniem»: Powagi naukowe, lekarskie.

I powalać *dk I*, powalaliśmy (p. akcent § 1a i 2) «zabrudzić» □ P. co czym, o co: Powalać ręce błotem. Powalać suknię o brudną ławkę.

II powalać p. powalić.

powalić *dk VIa*, powaliliśmy (p. akcent § 1a i 2) — *rzad.* **powalać** *ndk I*, powalaliśmy «przewrócić»: Powalić kogoś na ziemię.

poważnie *st.w.* poważniej: Poważnie skinąć głową. Patrzeć, iść, zachowywać się poważnie. Myśleć poważnie o życiu. △ *nadużywane* w zn. «bardzo, w dużym stopniu, znacznie»: Roboty poważnie (*lepiej*: znacznie a. w dużym stopniu) zaawansowane. Rzeźba poważnie (*lepiej*: bardzo, znacznie, w dużym stopniu) uszkodzona.

poważnieć *ndk III*, poważnieliśmy (p. akcent § 1a i 2) — **spoważnieć** *dk.*

poważny *m-os.* poważni, *st. w.* poważniejszy: Poważny człowiek, nastrój. Poważna praca, choroba. △ Poważny wiekiem, latami «stary»: Był wśród nas najpoważniejszy wiekiem. △ *nadużywane* w zn. «wielki, znaczny»: Poważna (*lepiej*: wielka, znaczna) kwota. Poważne (*lepiej*: znaczne) wzniesienia terenu. W poważnym (*lepiej*: w dużym) stopniu.

powątpiewać *ndk I*, powątpiewaliśmy (p. akcent § 1a i 2) □ P. w co a. o czym: Powątpiewała w jego przyjaźń (o jego przyjaźni).

Powązki *blp*, *D.* Powązek «dzielnica Warszawy i cmentarz tam się znajdujący» — powązkowski (p.).

powązkowski: Alejki powązkowskie (*ale*: cmentarz Powązkowski).

powiadać *ndk I*, powiadaliśmy (p. akcent § 1a i 2) △ używane zwykle w zwrocie: Powiadam ci, wam (wtrącanym dla podkreślenia jakiejś wypowiedzi lub w stylu gawędziarskim, w opowiadaniach): Zabawa była, powiadam wam, wspaniała. Zdrowo jest wstawać wcześnie, jak powiadają starzy ludzie.

powiadamiać *ndk I*, powiadamialiśmy (p. akcent § 1a i 2) — **powiadomić** *dk VIa*, powiadom, powiadomiliśmy *książk.*, *urz.* «informować»: Powiadamiać kogoś o śmierci, o wypadku.

powiat *m IV*, *D.* powiatu, *Ms.* powiecie (skrót: pow.): Powiat rolniczy, przemysłowy. Powiat warszawski, łódzki, krakowski (a. powiat Warszawa, Łódź, Kraków). || D Kult. II, 532.

powiązać *dk IX*, powiążę, powiąż, powiązaliśmy (p. akcent § 1a i 2): Powiązać snopki, konie. □ P. co z czym, kogo z kim: Powiązał więźniów ze sobą. △ *przen.* Sceny sztuki zręcznie ze sobą powiązane.

powidła *blp*, *D.* powideł; *reg.* **powidło** *n III*, *lm D.* powideł.

powiedzieć *dk*, powiem, powie, powiedzą, powiedz, powiedział, powiedzieliśmy (p. akcent § 1a i 2), powiedziany △ P. co, o czym — komu, do kogo «wyrazić coś słowami»: Powiedział praw-

dę. Powiedziała coś do niego. Powiedział mi to w sekrecie. △ *pot.* P. co, jak — na kogo «nazwać, określić kogoś w jakiś sposób»: Powiedział na niego: ty nikczemniku. △ Nie powiedzieć komuś, na kogoś marnego słowa «nie powiedzieć mu, na niego nic złego»: Nikt na nią marnego słowa nie powie.

powieka *ż III*: Przymknąć, zmrużyć powieki. △ Bez drgnienia, zmrużenia powieki, powiek «bez wahania; odważnie, mężnie»: Bez zmrużenia powiek wysłuchał wyroku. Przyjął tę tragiczną wiadomość bez drgnienia powiek. △ Coś komuś spędza (*rzad.* zgania, płoszy) sen z powiek «coś powoduje bezsenność»: Myśl o niepewnej przyszłości spędzała mu sen z powiek. △ Powieki się komuś kleją «kogoś ogarnia senność»: Siedział nad pracą do późna, ale już mu się kleiły powieki. △ *rzad.* Coś komuś skleja, klei powieki «coś powoduje senność» △ *książk.* Nosić coś pod powieką; zasypiać z czymś pod powieką, powiekami «marzyć, myśleć o czymś» △ *przestarz.* Zamknąć powieki «umrzeć» △ Zamknąć komuś powieki «być obecnym przy czyjejś śmierci, pochować kogoś»: Wezwany telegramem, zdążył przyjechać już tylko, ażeby zamknąć ojcu powieki.

powielacz *m II*, *lm D.* powielaczy, *rzad.* powielaczów.

powielarnia *ż I*, *lm D.* powielarni, *rzad.* powielarń.

powielekroć (*wym.* powielekroć, *nie*: powielekroć) *rzad.* «wiele razy, wielokrotnie»: Powielekroć ponawiał swoje prośby.

powierzchnia *ż I*, *lm D.* powierzchni (skrót: pow.): Powierzchnia ziemi. Powierzchnia pokoju, kraju. □ P. pod co: Powierzchnia pod uprawę żyta. △ Niknąć, zniknąć z powierzchni ziemi «przestawać, przestać istnieć»: Wiele gatunków roślin zniknęło z powierzchni ziemi. △ Utrzymać się na powierzchni «wytrwać w walce z przeciwnościami życia»: Walczył z przeciwnościami, aby utrzymać się na powierzchni. △ Wypłynąć na powierzchnię «stać się znów aktualnym, ważnym; odzyskać wpływy, powodzenie w życiu»: Sprawa podwyżki płac znowu wypłynęła na powierzchnię. Jest tak energiczny i sprytny, że mimo tych niepowodzeń z pewnością wypłynie jeszcze na powierzchnię. △ *nieco podn.* Znieść, zetrzeć itp. kogoś, coś z powierzchni ziemi «zniszczyć całkowicie, uśmiercić, unicestwić»: Wojna zmiotła z powierzchni ziemi wiele cennych zabytków.

powierzchniowy *m-os.* powierzchniowi «dotyczący powierzchni czegoś, będący na powierzchni»: Skały powierzchniowe. Powierzchniowe warstwy gleby. Powierzchniowy pracownik kopalni.

powierzchowność *ż V*, *blm* **1.** «wygląd zewnętrzny»: Człowiek o miłej powierzchowności. **2.** «traktowanie czegoś w sposób płytki»: Denerwująca jest jego powierzchowność. □ P. czego, w czym: Powierzchowność obserwacji. Powierzchowność w sądach (o czymś).

powierzchowny *m-os.* powierzchowni **1.** *st. w.* bardziej powierzchowny «nie zastanawiający się głębiej nad czymkolwiek; będący następstwem takiej postawy»: Powierzchowny człowiek. Powierzchowne obserwacje. Powierzchowna lektura dzieła.

2. *rzad.* «znajdujący się na powierzchni czegoś, niegłęboki»: Rana była powierzchowna.

powiesić *dk VIa,* powieszę, powiesiliśmy (p. akcent § 1a i 2) □ P. co — na czym (*nie*: na co): Powiesić obraz na ścianie (*nie*: na ścianę).

powiestka *niepoprawne* zamiast: zawiadomienie, wezwanie urzędowe.

powieściopisarz *m II, lm D.* powieściopisarzy, *rzad.* powieściopisarzów.

powieść *dk XI,* powiodę, powiedzie, powiedź, powiodłem (*nie*: powiedłem), powiódł, powiodła, powiedliśmy (p. akcent § 1a i 2) □ P. czym — po czym «przesunąć czymś po powierzchni czegoś»: Powieść ręką po czole, po stole. □ *książk., podn.* P. kogo «poprowadzić»: Hetman powiódł zastępy rycerzy do walki.
powieść się tylko w 3. os. a. *nieos.* «udać się»: Przedsięwzięcie się nie powiodło.

powietrze *n I, blm*: Czyste, świeże powietrze. Duszne, parne, wilgotne powietrze. Oddychać świeżym powietrzem. △ Na wolnym, *rzad.* na otwartym (*nie*: na odkrytym) powietrzu; na powietrzu «poza domem, na dworze»: Spędzał dużo czasu na wolnym powietrzu. Był cały dzień na powietrzu. △ Wysadzić, wylecieć w powietrze «zniszczyć coś, zostać zniszczonym za pomocą środków wybuchowych»: Most wysadzono w powietrze. △ Coś wisi w powietrzu **a)** «coś zbliża się nieuchronnie, jest spodziewane lada chwila»: Jakieś ważne wydarzenie wisiało w powietrzu. **b)** *rzad.* «coś nie ma podstaw, nie jest należycie udokumentowane»: Jego argumenty wisiały w powietrzu. △ Coś wstrząsnęło powietrzem «coś rozległo się bardzo głośno»: Jakiś huk wstrząsnął powietrzem. △ Zaczerpnąć, złapać powietrza (*nie*: powietrze) «odetchnąć»

powiększać *ndk I,* powiększaliśmy (p. akcent § 1a i 2) — **powiększyć** *dk VIb,* powiększ (*nie*: powiększyj), powiększyliśmy □ P. co — o co: Powiększyć gospodarstwo o trzy morgi.

powijak *m III,* zwykle w *lm przestarz.* «pas płótna służący do owijania niemowląt»: Owinąć dziecko w powijaki. △ *fraz.* (dziś żywa) Być, znajdować się w powijakach «być w stadium początkowym»: Do niedawna cybernetyka była jeszcze w powijakach. △ Wyjść, *rzad.* wyzwolić się z powijaków «przestać być dzieckiem; wyjść z początkowej fazy, rozwinąć się»: Odkąd wyszedł z powijaków, zaczął sprawiać kłopoty rodzicom. Nauka języków obcych metodami audiowizualnymi wyszła nareszcie z powijaków.

powinąć się *dk Vb* △ tylko we *fraz.* Noga się komuś powinęła (*nie*: podwinęła) «komuś się nie powiodło»

powinien, powinna, powinno, *lm M.* powinni, powinny (*nie*: powinne) «ma obowiązek (coś zrobić), należy do kogoś zrobienie czegoś» △ Występuje także z zakończeniami osobowymi, pisanymi łącznie: powinienem, powinnam; powinieneś, powinnaś; powinniśmy, powinnyśmy (p. akcent § 4b), oraz w połączeniu z: by, był, pisanymi osobno, np.: powinien by, powinien był. △ Dziś tylko w użyciu orzeczeniowym + bezokol.: Dzieci powinny (*nie*: powinne) słuchać rodziców. Powinien był się ze mną porozumieć, zanim wyjechał. Powinna by już przyjść. *Por.* winien.

powinność *ż V* **1.** *książk.* «obowiązek»: Czyńcie swoją powinność. **2.** zwykle w *lm* «w dawnej Polsce: to, co poddany był obowiązany oddawać panu lub robić dla niego»

powinowaci *m-os.* powinowaci □ P. z kim, z czym: Powinowaty z czyjąś rodziną.
powinowaty w użyciu rzeczownikowym: Na wesele przyjechali wszyscy krewni i powinowaci. □ P. czyj (z rzeczownikiem w dopełniaczu lub z zaimkiem): Powinowaty męża. On jest moim powinowatym.

powinszować (*nie*: powięszować) *dk IV,* powinszowaliśmy (p. akcent § 1a i 2) □ P. komu: W dzień imienin dzieci z samego rana powinszowały matce. □ P. (dziś częściej: pogratulować) czego komu: Powinszował mu zdania matury.

powiśle *n I, blm* **1.** «niskie pobrzeże Wisły» **2.** Powiśle «dzielnica Warszawy»: Mieszkać na Powiślu. Jechać na Powiśle. — powiślak *m III, lm M.* powiślacy — powiślanka *ż III, lm D.* powiślanek — powiślański.

powlec *dk XI,* powlokę, *rzad.* powlekę; powlecze, powlecz, powloką, *rzad.* powleką; powlókł, *rzad.* powlekł; powlokła, *rzad.* powlekła; powlekli, powlokły, *rzad.* powlekły; powlekliśmy (p. akcent § 1a i 2) — **powlekać** *ndk I,* powlekaliśmy **1.** zwykle *dk* «pociągnąć, poprowadzić»: Powlokła (powlekła) za sobą opierające się dziecko. **2.** «pokryć coś cienką warstwą» □ P. co — czym: Powlec ścianę farbą. **3.** *reg.* owlec «nałożyć na pościel bieliznę»: Trzeba powlec poduszki, powłoczki są już brudne. □ P. co — w co: Powlokła kołdrę w czystą kopertę.

powleczenie *n I reg.* «to, czym się powleka pościel»

powłoczka, *reg.* **powleczka** (*nie*: powłóczka) *ż III, lm D.* powłoczek (powleczek) □ P. na co: Powłoczka (powleczka) na poduszkę, na kołdrę.

powłoka *ż III* **1.** «zewnętrzna warstwa czegoś, okrycie, osłona, pokrowiec»: Powłoki ochronne. Powłoka balonu. △ *żart.* Ziemska, doczesna powłoka «ciało» **2.** «sztuka bielizny pościelowej, zwykle na pierzynę»

powłóczyć *ndk* a. *dk VIb,* powłóczyliśmy (p. akcent § 1a i 2) **1.** *ndk* «ciągnąć, wlec» △ Powłóczyć nogami «iść z trudem» **2.** *ndk* a. *dk* «bronować, zabronować»: Powłóczyć pole. **3.** *ndk* «nakładać na pościel poszewki, powłoczki; powlekać»: Powłóczyć poduszki, kołdry.

powłóczysty (*nie*: powłoczysty): Powłóczyste spojrzenie.

powodować *ndk IV,* powodowaliśmy (p. akcent § 1a i 2) — **spowodować** *dk* **1.** «być powodem czegoś»: Powodować chorobę, niezadowolenie. **2.** (tylko *ndk*) *wych. z użycia* «kierować» □ P. kim, czym: Nie dał sobą powodować.

powodzenie *n I, blm* **1.** «pomyślny obrót rzeczy» □ P. czego: Od dobrej organizacji zależy powodzenie wyprawy. □ P. w czym: Życzyli mu powodzenia w pracy. **2.** «popularność, wziętość» □ P.

powodzianin

czyje: Cieszył się powodzeniem swojej córki. □ P. u kogo: Miał powodzenie u kobiet.

powodzianin *m V, D.* powodzianina, *lm M.* powodzianie, *D.* powodzian: Powodzianie zostali przeniesieni do innych domów. Ogłoszono składkę na powodzian.

powoli, *rzad.* **powolnie:** Mówić powoli. Zegar tyka powoli.

powoluteńku a. **powolusieńku,** *rzad.* **powoluteńko** a. **powolusieńko:** Chodzić powoluteńku (powolusieńku). Powolusieńku (powoluteńku) wstał z łóżka.

powolutku: Powolutku przyzwyczajał się do nowego otoczenia.

powołać *dk I,* powołaliśmy (p. akcent § 1a i 2) — **powoływać** *ndk VIIIa,* powołuję (*nie:* powoływuję, powoływam), powoływaliśmy *urz.* «ustanowić, wyznaczyć, wybrać do czegoś» □ P. kogo, co: Powołać prezydium zjazdu. Rada Państwa powołuje Prokuratora Generalnego PRL. □ P. kogo — na kogo, na co: Powołać kogoś na stanowisko kierownika. Sąd powołuje kogoś na świadka. △ Powołać kogoś do wojska, do służby (czynnej, frontowej), pod broń. Powołać coś do życia (np. instytucję). **powołać się — powoływać się** «podać kogoś jako poręczyciela, świadka, wziąć coś na świadectwo, oprzeć się na czymś» □ P. się na kogo, na co: Powoływał się na kierownika, który dał mu obietnicę przyjęcia do pracy. Powołać się na przepisy.

powołanie *n I* □ P. do czego: Powołanie do zawodu nauczycielskiego. Poszedł do klasztoru z powołania.

Powołże *n I* «kraina w dorzeczu Wołgi» — powołżański.

powozić *dk* a. *ndk VIa,* powożę, powoź a. powóź, powoziliśmy (p. akcent § 1a i 2) **1.** *dk* «spędzić pewien czas na wożeniu kogoś» □ P. kogo — czym, na czym: Powoził mnie trochę na sankach. **2.** *ndk* «kierować (końmi, wozem, powozem)» △ Powozić koniem a. w (jakiegoś) konia. Sama powoziła końmi. Umiał powozić czwórką koni. Powoził w karego konia.

powód *m IV* **1.** *D.* powodu, *lm M.* powody □ P. czego «przyczyna czegoś»: Powód nieszczęścia, gniewu. □ P. do czego «przyczyna wystarczająca, żeby postąpić, zachować się w określony sposób»: Powód do rozwodu, do wdzięczności. To nie powód do rozpaczy. Mieć powód do radości. **2.** *D.* powoda, *lm M.* powodowie *praw.* «osoba wnosząca pozew»: Powód wniósł skargę.

powój *m I, D.* powoju, *lm D.* powojów a. powoi.

powóz *m IV, D.* powozu: Powóz na gumach. Powóz na cztery osoby. Jechać odkrytym (*lepiej:* otwartym) powozem. Wsiadać do powozu (*nie:* na powóz, w powóz). Wysiadać (*nie:* wychodzić) z powozu. Jechać powozem. W powozie jechały trzy osoby.

powracać *ndk I,* powracaliśmy (p. akcent § 1a i 2) — **powrócić** *dk VI,* powrócę, powróciliśmy □ P. z czego, od kogo: Powrócić z przechadzki, od kolegi. □ P. do kogo, do czego: Powrócić do domu, do rodziny. △ *przen.* Powrócić do zdrowia, do przytomności. Powracając do kwestii poprzedniej...

powrozek a. **powrózek** *m III, D.* powrozka (powrózka).

powrót *m IV, D.* powrotu □ P. czyj: Dzieci czekały na powrót rodziców. □ P. do czego: Powrót do domu, do szkoły. Powrót do normalnego życia, do zdrowia. **z powrotem,** *rzad.* **na powrót** «znowu, na nowo, od nowa»: Zawrócił i szedł z powrotem w stronę miasta. △ Chodzić tam i z powrotem, *rzad.* tam i na powrót «chodzić w tę i w tamtą stronę» **za powrotem** *rzad.* «w drodze powrotnej, wracając»: Za powrotem szli inną drogą. △ *niepoprawne* (pleonazm): Wrócić z powrotem (*zamiast:* wrócić a. przyjść, przyjechać z powrotem).

powróz *m IV, D.* powrozu a. powroza.

powrózek p. powrozek.

powsinoga *m* a. *ż* odm. jak *ż III, M.* ten powsinoga a. ta powsinoga (także o mężczyznach), *lm M.* te powsinogi, *D.* powsinogów (tylko o mężczyznach) a. powsinóg, *B.* tych powsinogów (tylko o mężczyznach) a. te powsinogi.

powstać *dk* powstanę, powstanie, powstaną, powstań, powstał, powstaliśmy (p. akcent § 1a i 2) — **powstawać** *ndk IX,* powstaje, powstawaj, powstawaliśmy **1.** «zacząć istnieć»: Powstało dużo nowych szkół. Z przedmieść powstały nowe dzielnice. **2.** *podn.* «wstać»: Na jego widok wszyscy powstali. **3.** «zorganizować powstanie, zbuntować się»: Cała Wielkopolska powstała. □ P. przeciw komu, czemu: Powstać przeciw okupantowi. **4.** (*częściej ndk*) *przestarz.* «przeciwstawiać się czemuś, atakować, potępiać kogoś, coś» □ P. na kogo, na co: Powstawać na zepsucie, na bezprawie. **5.** powstawać *dk* «o wielu: wstać (zwykle z łóżka)»: Wcześnie dziś wszyscy powstawali.

powstaniec *m II, D.* powstańca, *W.* powstańcze, forma szerząca się: powstańcu, *lm M.* powstańcy.

powstaniowy przym. od powstanie: Literatura powstaniowa.

powstańczy «dotyczący powstańców i powstania»: Władze powstańcze.

powstawać p. powstać.

powstrzymać *dk I,* powstrzymaliśmy (p. akcent § 1a i 2) — **powstrzymywać** *ndk VIIIa,* powstrzymuję (*nie:* powstrzymywam, powstrzymywuję), powstrzymywaliśmy: Powstrzymywać śmiech. □ P. kogo, co od czego (czym): Powstrzymała go (np. gestem) od wyjścia z domu. **powstrzymać się — powstrzymywać się** □ P. się od czego: Powstrzymywać się od jedzenia. □ P. się, żeby nie... Powstrzymywał się, żeby nie wybuchnąć.

powstydzić się *dk VIa,* powstydziliśmy się (p. akcent § 1a i 2), zwykle we *fraz.*: Ktoś by się nie powstydził kogoś, czegoś «o kimś lub o czymś bardzo dobrym»: Wypracowanie, którego by się sam nauczyciel nie powstydził.

po wszystkiemu *niepoprawne zamiast:* po wszystkim.

powtarzać *ndk I*, powtarzaliśmy (p. akcent § 1a i 2) — **powtórzyć** *dk VIb*, powtórzyliśmy: Powtarzać po kilka razy. Powtórzyć słowo w słowo. □ P. co — za kim, *rzad.* po kim: Uczeń powtarzał lekcję za nauczycielem. △ Powtarzać coś jak za panią matką pacierz «powtarzać czyjeś zdanie nie mając własnego»

powtórka *ż III*, *lm D.* powtórek *pot.* «powtórzenie (zwłaszcza powtórne przerobienie materiału szkolnego)»

powtórzyć p. powtarzać.

powyżej 1. «wyżej, nad czymś; w górę rzeki; na północ od czegoś; *przen.* więcej niż, ponad» □ P. czego: Rękawy zawinięte powyżej łokcia. Powyżej Warszawy. △ Powyżej iluś lat (np. piętnastu). **2.** *książk.* «w tekście, wypowiedzi: bliżej początku, poprzednio»: Fakty powyżej przytoczone, wspomniane, wymienione. Była już o tym mowa powyżej.

powyższy *książk.* «taki, o którym przedtem mówiono lub pisano»: Powyższe sprawy omówiono na zebraniu. Podać powyższe (np. zarządzenie) do wiadomości (*nie*: podać powyższe do wiadomości). W odniesieniu do istot żywych — *niepoprawne*, np. Przeczytali książki napisane przez powyższych (*zamiast*: przez wyżej wymienionych) pisarzy.

powziąć (*nie*: powziąść) *dk Xc*, powezmę (*nie*: poweznę), poweźmie, poweźmij, powziąłem (*wym.* powziołem; *nie*: powziełem), powziął (*wym.* powzioł), powzięła (*wym.* powzieła), powzięliśmy (*wym.* powzieliśmy; p. akcent § 1a i 2): Powziąć decyzję, myśl, postanowienie, projekt, uchwałę. △ *niepoprawne* Powziąć (*zamiast*: poczynić) kroki. △ *przestarz.* Powziąć nienawiść, podejrzenie. △ W formie *ndk* używa się czasownika: podejmować (*nie*: powzinać, pobierać), np. Podejmować (*nie*: powzinać, pobierać) decyzję. *Por.* podjąć. || *KJP 227, 291.*

powzinać *niepoprawne zamiast*: podejmować.

poz. «skrót wyrazu: *pozycja*, pisany z kropką, czytany jako cały, odmieniany wyraz»: Kwota zapisana w książce kasowej na str. 5, poz. 12.

I poza *ż IV*, *lm D.* póz **1.** «postawa»: Przybrać (*nie*: przyjąć) jakąś pozę. **2.** *blm* «nienaturalność, maniera»: Należy unikać pozy.

II poza «przyimek łączący się z rzeczownikami lub innymi wyrazami pełniącymi ich funkcje; jest wzmocnionym, czasem książkowym, odpowiednikiem przyimka *za* w jego funkcjach przestrzennych» **1.** «łączy się z narzędnikiem lub biernikiem» Przyimek *poza* łączy się z narzędnikiem, kiedy wyrażenie, w którego skład wchodzi, odpowiada na pytanie: gdzie? — i jest określnikiem miejsca, w którym coś lub ktoś się znajduje. Jeśli natomiast wyrażenie to odpowiada na pytanie: dokąd? — i jest określnikiem miejsca, ku któremu skierowana jest czynność — wówczas łączy się z biernikiem. Wyrażenie z przyimkiem *poza* w tych funkcjach oznacza: **a)** «położenie danego przedmiotu w pewnej odległości od innych przedmiotów», np.: Wieś leżała poza lasem. Poszli drogą poza las. Stali poza bramą. Wybiegł poza bramę. Schować coś poza sobą. Rzucić coś poza siebie. **b)** «miejsce czynności lub miejsce położenia przedmiotu znajdujące się na zewnątrz zamkniętej przestrzeni», np.: Spędzać czas poza domem. Wynosić sprzęty poza dom. Poza tym lokalem nie

wolno wam przebywać. Sprzedaż alkoholu poza lokal. Przebywać poza granicami kraju. Wyjechać poza granice kraju. △ Tylko z narzędnikiem w utartych związkach wyrazowych: Stać poza prawem. △ Poza nawiasem, poza nawias czegoś «o kimś, o czymś wyłączonym z zakresu czegoś»: Być poza nawiasem społeczeństwa. Wyrzucić kogoś poza nawias społeczeństwa. △ Poza obrębem, ramami itp. a. poza obręb, ramy itp. czegoś «o kimś, czymś — kto, co nie mieści się w zakresie czegoś»: To już jest poza ramami utworu. Wykraczać poza zakreślone ramy utworu. △ Poza oczami, plecami; poza oczy «o słowach, opiniach, itp. ukrywanych przed kimś, a niekorzystnych dla niego»: W oczy udawał przyjaciela, a poza oczami (plecami) obgadywał nas. △ Mieć coś poza sobą «przeżyć coś; także: osiągnąć coś (w przeszłości)»: Świetną karierę miał już poza sobą.
2. «w połączeniu z narzędnikiem — oznacza ograniczenie lub wyłączenie z zakresu, zasięgu — albo, przeciwnie — poszerzenie tego zakresu (w tej funkcji jest nadużywany zamiast przyimka *oprócz* z dopełniaczem)»: **a)** «oznacza wyłączenie z zakresu, zasięgu czegoś; z wyjątkiem, oprócz», np.: Nie widywał nikogo poza matką (*lepiej*: oprócz a. prócz matki). Praca wykonana poza godzinami biurowymi. Widywali się poza lekcjami. Był obojętny na wszystko poza własną rodziną (*lepiej*: oprócz własnej rodziny). Nie widział świata poza nią. **b)** «oznacza poszerzenie zakresu czegoś o inne przedmioty, ludzi, sprawy», np.: Poza profesorem (*lepiej*: oprócz profesora) było tam jeszcze kilka osób. Poza działalnością rozrywkową telewizja uczy i wychowuje społeczeństwo.
poza tym «wyrażenie przysłówkowe, pisane zawsze rozdzielnie»: **a)** «pełni funkcję wskaźnika zespolenia dwóch zdań prostych o treści często kontrastującej», np.: Uczył się i pracował, poza tym brał udział w zajęciach społecznych. Upijał się i czasami awanturował, poza tym był na ogół dobrym mężem. **b)** «sygnalizuje ostatni człon szeregu wyliczeniowego», np.: Zna język włoski i hiszpański, poza tym trochę francuskiego.

poza- «część składowa wyrazów utworzonych od połączeń przyimka *poza* z rzeczownikami», np.: pozabiurowy, pozagrobowy, pozamałżeński.

pozaszczytowy △ *niepoprawne* W godzinach pozaszczytowych (*zamiast*: poza godzinami szczytu).

poza tym p. II poza.

pozbawiać *ndk I*, pozbawialiśmy (p. akcent § 1a i 2) — **pozbawić** *dk VIa*, pozbawię, pozbaw, pozbawiliśmy «powodować utratę czegoś (potrzebnego, korzystnego itp.)» □ P. czego: Pozbawiać pewności siebie. Pozbawić sił, zdrowia. Pozbawiony środków do życia. (*Ale nie*: Pozbawić zmartwienia).

pozbierać *dk I*, pozbieraliśmy (p. akcent § 1a i 2): Pozbierać wszystkie rzeczy. △ Pozbierać (*częściej*: zebrać) myśli «skupić się, zastanowić się»: Był tak zdenerwowany, że nie mógł pozbierać myśli. △ *posp.* Nie (móc) pozbierać kości, *rzad.* zębów «zostać silnie pobitym»: Tak obermanił, że nie mógł kości pozbierać. **pozbierać się 1.** *rzad.* «o wielu: zebrać się w wiele grup, z wielu miejsc»: Pozbierali się w małe gromadki. **2.** *pot.* «odzyskać równowagę, dojść do dawnego stanu»: Tak mu dokuczyła, że ledwie się pozbierał.

pozbyć się *dk*, pozbędę się, pozbędzie się, pozbądź się, pozbył się, pozbyliśmy się (p. akcent § 1a i 2) — **pozbywać się** *ndk I*, pozbywaliśmy się «uwolnić się od kogoś, czegoś niepotrzebnego, uciążliwego» □ P. się kogo, czego: Pozbyć się długów, kłopotów. Pozbyć się nieśmiałości. Nareszcie się pozbyliśmy niemiłego gościa.

pozdrawiać *ndk I*, pozdrawialiśmy (p. akcent § 1a i 2) — **pozdrowić** *dk VIa*, pozdrowię, pozdrowimy, pozdrów, pozdrowiliśmy «witać; przesyłać wyrazy pamięci»: Pozdrawiali wszystkich przechodzących. Pozdrowić kogoś w liście. Pozdrowić kogoś gestem. △ *niepoprawne* w zn. «winszować, gratulować», np. Pozdrowić kogoś po sukcesie (*zamiast*: pogratulować komuś sukcesu).

pozeszywać p. pozszywać.

pozew *m IV*, D. pozwu: Pozew rozwodowy. Pozew sądowy a. do sądu. Wnieść pozew do sądu. □ P. o co: Pozew o obrazę.

poziewać *ndk*, *rzad. dk I*, poziewaliśmy (p. akcent § 1a i 2) **1.** *ndk* «ziewać»: Była senna, ciągle poziewa- a. **2.** *dk rzad.* «ziewnąć kilka razy»: Poziewał trochę i zasnął.

pozimnieć *dk III*, pozimniałoby (p. akcent § 4c) *rzad.* «stać się zimniejszym, zimnym (zwykle *nieos.* o temperaturze powietrza); ochłodzić się»: Na dworze bardzo pozimniało.

poziom *m IV*, D. poziomu: Wysoki, niski poziom np. wody. △ Podnieść coś na wyższy poziom a. podnieść (*nie*: zwiększyć) poziom czegoś: Podnieść poziom produkcji. △ Coś podnosi się do (jakiegoś) poziomu, do poziomu czegoś: Woda podniosła się do poziomu mostu. △ *pot.* Ktoś, coś (jest) na poziomie, nie na poziomie «ktoś, coś jest na wysokim, niskim poziomie»

poziomica *ż II* **1.** «krzywa zaznaczająca na mapie punkty leżące na tej samej wysokości nad poziomem morza» **2.** *in.* poziomnica.

poziomnica *ż II*; *in.* libella, poziomica «przyrząd do- ustalania poziomego położenia jakiejś płaszczyzny»

pozłotka, *reg.* **pozłótka** *ż III*, *lm* D. pozłotek (pozłótek).

poznać *dk I*, poznaliśmy (p. akcent § 1a i 2) — **poznawać** *ndk IX*, poznaje, poznawaj, poznawaliśmy **1.** «posiąść wiedzę o kimś, o czymś; przekonać się o czymś; przypomnieć sobie, kto to (co to) jest; zawrzeć z kimś znajomość»: Poznawać świat. Przyjaciół poznajemy w potrzebie. W gorączce nikogo nie poznawał. Poznał tam wielu ludzi. □ P. kogo, co po czym: Poznał znajomego po głosie. **2.** «spostrzec, zorientować się»: Poznała, jaka to przyjemność wycieczki. Poznałem, żeś płakała. △ Wyrażenie skrótowe (tylko *dk*): Poznać (kogo, co, że) «można rozpoznać, domyślić się»: Od razu poznać człowieka interesu. **3.** «przedstawić kogoś komuś, zapoznać kogoś z kimś» □ P. kogo z kim: Poznał go ze swoją rodziną.

poznać się — poznawać się 1. «zawrzeć z kimś znajomość, poznać siebie wzajemnie» □ P. się z kim: Poznaj się z nowymi kolegami. **2.** «ocenić kogoś, coś należycie» □ P. się na kim, na czym: Poznać się na czyichś zdolnościach. Nie poznał się na żarcie.

poznajomić *dk VI*, poznajomiliśmy (p. akcent § 1a i 2) — *rzad.* **poznajamiać** (*nie*: poznajomiać) *ndk I*, poznajamialiśmy □ P. kogo z kim, czym: Poznajomił go ze swoimi kolegami.

poznaka *ż III*, tylko w *pot.* zwrocie: Zmienić się do niepoznaki, *rzad.* nie do poznaki; p. niepoznaka.

poznaniak, *rzad.* **poznańczyk** *m III*, *lm* M. poznaniacy (poznańczycy); a. **poznanianin** *m V*, D. poznanianina, *lm* M. poznanianie, D. poznanian **1.** «mieszkaniec Poznania» **2.** Poznaniak, *rzad.* Poznańczyk a. Poznanianin «mieszkaniec województwa, regionu poznańskiego»

poznanianka *ż III*, *lm* D. poznanianek **1.** «mieszkanka Poznania» **2.** Poznanianka «mieszkanka województwa, regionu poznańskiego»

Poznań *m I*, D. Poznania «miasto» — poznaniak (p.) — poznanianka (p.) — poznański (p.).

poznański: Województwo poznańskie (*ale*: Pojezierze Poznańskie).

Poznańskie *n* odm. jak przym., *NMs.* Poznańskiem (*nie*: Poznańskim) «region poznański, województwo poznańskie»: Mieszkać w Poznańskiem.

poznawać p. poznać.

pozostawać *ndk IX*, pozostaje, pozostawaj, pozostawaliśmy (p. akcent § 1a i 2) — **pozostać** *dk* pozostanę, pozostanie, pozostań, pozostaliśmy *książk.* «zostawać — zostać»: **1.** «nie ruszać się, być, zostawać w dalszym ciągu»: Pozostać w domu. Pozostawać na wolności. Pozostać bez dachu nad głową. Nieruchomości pozostające w czyimś użytkowaniu (*lepiej*: użytkowane przez kogoś). □ P. kim: Pozostał nadal naszym nauczycielem. □ P. jakim: Pozostać wiernym, dłużnym. △ Pozostaje komuś coś (zrobić) «ktoś powinien, musi coś zrobić»: Pozostaje jej tylko wyjechać. □ P. przy czym **a)** «trwać (przy sądzie, opinii)»: Pozostał przy swoim zdaniu. **b)** «nie zamieniać, nie zmieniać»: Po licznych dyskusjach nad ubiorem młodzieży szkolnej, uczniowie pozostali przy granatowych mundurkach. **2.** «zostawać jako spadek, spuścizna» □ Ktoś, coś pozostaje po kim, po czym: Po Henryku II pozostało pięciu synów. Meble pozostałe po rodzicach. **3.** «być resztą czegoś»: Na talerzu pozostały okruszyny. □ Coś pozostaje komu: Pozostało mi dziesięć złotych. □ P. z kogo, z czego: Z wielu przyjaciół pozostał sam jeden. Z puszczy pozostał skrawek lasu. △ *niepoprawne* w zn. «stać się kimś», np. Chłopiec chciał pozostać (*zamiast*: zostać) nauczycielem.

pozostawiać *ndk I*, pozostawialiśmy (p. akcent § 1a i 2) — **pozostawić** *dk VIa*, pozostawię, pozostawimy, pozostaw, pozostawiliśmy *książk.* «zostawiać — zostawić» △ *Nadużywane* w języku urzędowym, np.: Sprawę pozostawiono bez załatwienia (*lepiej*: Sprawy nie załatwiono). Prośbę pozostawiono bez uwzględnienia (*lepiej*: Prośby nie uwzględniono).

pozować *ndk IV*, pozuj, pozowaliśmy (p. akcent § 1a i 2) □ P. komu (do czego) «służyć jako model»: Pozować komuś do zdjęcia, do obrazu. Miała pozować znanemu malarzowi. □ P. na kogo, co, *rzad.* bez dop. «udawać kogoś, grać czyjąś rolę; zachowywać się nienaturalnie»: Pozował na wielkiego uczonego. Rzadko bywał sobą, stale pozował.

pozór m IV, D. pozoru: Pozory często mylą. □ P. czego: Jego słowa miały pozór żartu. Pozory grzeczności. □ P. do czego: Stracił pozór (*lepiej*: pretekst) do częstych wizyt.

na pozór, *rzad.* **z pozoru** «pozornie»: Przyjął go na pozór serdecznie.

pod pozorem «podając zmyślony powód, pod pretekstem»: Wyszła z biura pod pozorem bólu głowy.

pozszywać a. **pozeszywać** dk I, pozszywaliśmy, pozeszywaliśmy (p. akcent § 1a i 2) □ P. co (z czym, w co): Pozszywać skrawki materiału w jedną całość.

pozwać dk IX, pozwę (*nie*: pozwię), pozwie, pozwij, pozwaliśmy (p. akcent § 1a i 2) — **pozywać** ndk I, pozywaliśmy: Pozwać kogoś do sądu. △ *przen.* Pozwać kogoś przed sąd, np. opinii publicznej.

pozwalać ndk I, pozwalaliśmy (p. akcent § 1a i 2) — **pozwolić** dk VIa, pozwolimy, pozwól, pozwoliliśmy 1. «zgadzać się na coś» □ P. komu + bezokol.: Pozwólcie mi mówić. □ P. (komu) na co: Rodzice pozwalali mu na wszystko. △ (tylko *dk*): Pani, pan pozwoli, pozwól «forma grzecznościowa»: Pani pozwoli, że jej przedstawię swego brata. Pozwól sobie towarzyszyć. 2. tylko *dk* «w formach grzecznościowych: życzyć sobie czegoś, wziąć, spróbować; wejść, przejść; użyczyć czegoś, dać coś»: Pozwoli pani wina? Pan pozwoli do gabinetu. Pan pozwoli kapelusz, powieszę go na wieszaku.

pozwolenie (*nie*: pozwoleństwo) n I □ P. na co: Pozwolenie na wyjazd, na wywóz towarów. Dać, dostać, otrzymać, uzyskać pozwolenie. Prosić kogoś o pozwolenie. △ *wych. z użycia* Za pozwoleniem «wyrażenie używane przy wtrącaniu się do rozmowy, przerywaniu komuś, oponowaniu itp.»

pozycja ż I, DCMs. i lm D. pozycji (skrót: poz.) 1. «położenie czegoś w stosunku do czegoś»: Pozycja statku. 2. «układ ciała»: Pozycja siedząca. 3. «stanowisko, położenie»: Zapewnić sobie pozycję w świecie naukowym. 4. «kolejny zapis; przedmiot z jakiejś serii»: Pozycje w książce kasowej. To jest jedna z najlepszych pozycji (*lepiej*: książek) tego autora. 5. «w wojsku: odcinek terenu przystosowany do obrony lub natarcia» △ *Nadużywane* w zn. *przen.*, np.: Z pozycji materializmu (*lepiej*: z punktu widzenia materializmu). △ Z pozycji siły (*lepiej*: opierając się na przewadze sił, siły). △ *niepoprawne* w zn. **a)** «miejsce w klasyfikacji», np. Wywalczyć sobie przodującą pozycję (*zamiast*: pierwsze, dobre miejsce). **b)** «punkt widzenia, pogląd», np. Zająć pozycję (*zamiast*: stanowisko) w jakiejś sprawie.

pozysk *niepoprawne* zamiast: Uzyskanie, uzyskiwanie.

pozyskać dk I, pozyskaliśmy (p. akcent § 1a i 2) — **pozyskiwać** ndk VIIIb, pozyskuję (*nie*: pozyskiwuję), pozyskiwaliśmy 1. «zjednać kogoś»: Pozyskiwać (sobie) przyjaciół, stronników. 2. *przestarz.*, *książk.*, *częściej*: zyskać «zdobyć, osiągnąć (tylko w odniesieniu do wartości abstrakcyjnej)»: Pozyskać sławę, szacunek. △ *niepoprawne* Pozyskać (*zamiast*: uzyskać) ropę naftową, surowce.

pozytywizm m IV, D. pozytywizmu, Ms .pozytywizmie (*wym.* ~izmie a. ~iźmie), blm.

pozytywny *st.w.* pozytywniejszy, *częściej*: bardziej pozytywny △ Wyraz czasem nadużywany: Pozytywna (*lepiej*: przychylna) odpowiedź. Pozytywne (*lepiej*: pomyślne) wyniki. Pozytywne (*lepiej*: dodatnie) zjawisko.

pozywać p. pozwać.

pożalić się dk VIa, pożalę się, pożalimy się, pożaliliśmy się (p. akcent § 1a i 2) □ P. się (przed kimś) na kogo, na co: Pożalić się na swój los. △ *pot.* (wyrażenie używane w funkcji przydawki lub okolicznika) Pożal się Boże «biedny, marny; biednie, marnie»: Nosił ubranie, pożal się Boże. Mieszkał, pożal się Boże.

pożar m IV, D. pożaru: Łuna pożaru. Niebezpieczeństwo pożaru. Zabezpieczyć od pożaru, przed pożarem.

pożarniczy «używany przez straż pożarną, używany przy gaszeniu pożaru»: Wozy pożarnicze. Narzędzia pożarnicze.

pożarny przym. od pożar, *przestarz.* (dziś żywe tylko w wyrażeniu): Straż pożarna, in. straż ogniowa.

pożarowy przym. od pożar: Gazy pożarowe. Ryzyko pożarowe (*lepiej*: ryzyko pożaru). Niebezpieczeństwo pożarowe (*lepiej*: Niebezpieczeństwo pożaru). △ *niepoprawne* Bezpieczeństwo pożarowe (*zamiast*: Bezpieczeństwo od pożaru, ze względu na pożar). || D Kult. II, 30.

pożąć dk Xc, pożnę, pożnie, pożnij, pożąłem, (*wym.* pożołem; *nie*: pożełem, pożnąłem), pożął (*wym.* pożoł; *nie*: pożnął), pożęła (*wym.* pożeła; *nie*: pożnęła), pożęliśmy (*wym.* pożeliśmy; p. akcent § 1a i 2): Chłopi pożęli już żyto na polach.

pożądać ndk I, pożądaliśmy (p. akcent § 1a i 2) □ P. kogo, czego (*nie*: kogo, co): Pożądać snu, spokoju. Pożądać kobiety (*nie*: kobietę).

pożądany imiesł. bierny od czas. pożądać.
pożądany w użyciu przymiotnikowym, *st.w.* bardziej pożądany (*nie*: pożądańszy) «odpowiadający planom, zamierzeniom, upragniony; stosowny, odpowiedni»: Jechać w pożądanym kierunku. Odwiedziny chorego nie są na razie pożądane.

pożegnać dk I, pożegnaliśmy (p. akcent § 1a i 2) □ P. kogo (czym): Pożegnać znajomego ukłonem.
pożegnać się: Wstał, żeby się pożegnać. □ P. się z kim: Pożegnać się z rodziną. □ *pot.* P. się z czym «zrezygnować z czegoś»: Pożegnaj się z wyjazdem, nie dostaniesz urlopu.

pożoga ż III *książk.* «wielki ogień, pożar»: Miasto ogarnięte pożogą. Piorun wzniecił pożogę. △ *przen.* Pożoga wojny a. wojenna.

po żołniersku p. żołnierski.

pożreć dk XI, pożryj, pożarł, pożarliśmy (p. akcent § 1a i 2) — **pożerać** ndk I, pożeraliśmy «o zwierzętach (także rubasznie a. żartobliwie o ludziach): zjeść»
pożreć się, tylko *dk* w zn. *posp.* «pokłócić się»: Pożarli się ze sobą.

pożyczka ż III, lm D. pożyczek: Zaciągnąć, spłacać pożyczkę. Wziąć trzysta złotych (tytułem) pożyczki. Udzielić komuś pożyczki, dać pożyczkę. □ P. na co: Pożyczka na remont.

*pożyczki p. zapożyczenia.

pożyczyć *dk VIb*, pożyczyliśmy (p. akcent § 1a i 2) — **pożyczać** *ndk I*, pożyczaliśmy □ P. czego (dopełniacz cząstkowy) a. co (zwłaszcza kiedy mowa o określonej liczbie, ilości) — od kogo, skąd, *rzad.* u kogo: Pożyczyć pieniędzy (jakąś sumę pieniędzy) z banku. Pożyczyć mąki, szklankę mąki od sąsiada. Pożyczyć książkę, chustkę. □ P. czego (dopełniacz cząstkowy) a. co (zwłaszcza kiedy mowa o określonej liczbie, ilości) — komu, czemu: Pożyczyć pieniędzy (dużą sumę pieniędzy) sąsiadowi, instytucji. // *U Pol. (2), 322.*

pożyteczny *m-os.* pożyteczni, *st. w.* pożyteczniejszy a. bardziej pożyteczny: Pożyteczne ćwiczenia, rady. Wyrosnąć na pożytecznego człowieka. □ P. dla kogo, w czym, *przestarz.* P. komu, do czego, na co: Książki pożyteczne dla dzieci uczących się obcego języka. Parasol lepiej wziąć, może się okazać pożyteczny w razie deszczu.

pożytek *m III*, D. pożytku △ w zn. «korzyść, dobro» *blm*: Robić coś z pożytkiem. Coś idzie na pożytek. Odnosić, mieć z czegoś pożytek.

pójść *dk*, pójdę, pójdzie, pójdź, poszedłem (*nie*: poszłem), poszedł, poszła, poszliśmy (*nie*: pośliśmy; p. akcent § 1a i 2), poszli (*nie*: pośli): Pójść pieszo, równym, wolnym krokiem. △ Pójść galopem (w pełny galop), kłusem, stępa «o zwierzętach (zwłaszcza o koniach): zacząć biec galopem, kłusem, stępa» △ Burza poszła bokiem. Wszystko poszło znakomicie. □ P. dokąd lub gdzie: Pójść do domu, lasu, teatru. Pójść na spacer, odczyt. Pójść w kierunku jeziora. □ P. do kogo, czego; *pot.* P. na kogo, na co «zacząć się kształcić w jakimś kierunku, w jakiejś dziedzinie; obrać jakiś zawód, zacząć pracować w jakimś zawodzie»: Pójść do rzemiosła, handlu, rolnictwa. Pójść na studia, na medycynę. Pójść na nauczyciela, instruktora, szewca. □ P. na co: Pieniądze poszły na spłatę długów. Cały dobytek jego poszedł na marne. □ P. po co (*nie*: za czym) «udać się, wybrać się»: Pójść po sprawunki (*nie*: po sprawunkami). □ P. za czym «zastosować się do czegoś, posłuchać czegoś»: Pójść za czyjąś radą, za impulsem, popędem itp. △ Pójść na kompromis (*ale nie*: Pójść na ugodę, pójść na czyjąś koncepcję). △ Pójść komuś na rękę «pomóc, ułatwić komuś coś» △ Pójść pod mur, ścianę «zostać straconym» △ Pójść pod nóż «o zwierzętach, drobiu: zostać zarżniętym» △ *pot.* Pójść do więzienia, kozy, kryminału; pójść za kratki, pod klucz «zostać aresztowanym, skazanym na więzienie; dostać się do więzienia» △ Pójść w zapomnienie, w niepamięć «zostać zapomnianym, ulec zapomnieniu» △ Pójść w tan, w tany, w taniec. △ *przestarz.* Pójść (z kimś) w zapasy «zacząć współzawodniczyć, rywalizować» △ Pójść (*częściej*: wyjść) za mąż (za kogoś). △ O co poszło? «co było przyczyną kłótni, konfliktu itp.» △ *przestarz.* Stąd poszło, że... «stąd wynikło, że»

póki «wyraz ograniczający czas trwania czynności lub stanu wymienionych w zdaniu nadrzędnym do czasu trwania czynności lub stanu, o którym mowa w zdaniu podrzędnym; dopóki»: Ucz się, póki jesteś młody. Pracował, póki mu sił starczyło. △ póki... póty...; póty... póki: Póki się będziesz uczył, póty będziesz dostawał piątki. Póty będziesz dostawał piątki, póki się będziesz uczył. △ *niepoprawne* w zn.

«zanim, w tym czasie, kiedy...», np. Póki (*zamiast*: zanim) ty to zrobisz, ja już wyjdę z domu.

półko p. poletko.

pół □ P. czego: Pół jabłka. Czekał dobre pół godziny. △ Pół do dziewiątej a. wpół do dziewiątej. Stawić się na pół do piątej (*nie*: na pół do piątą). Podzielić coś na pół. △ Przerwać w pół słowa, zdania. Zatrzymać się w pół drogi. Rozpuścić cukier w pół szklanki (*nie*: szklance) wody. △ Dwa (trzy, cztery) i pół razy (*nie*: raza). *Ale*: półtora raza, dwa i pół miesiąca (*nie*: miesięcy), dwa i pół metra (*nie*: metrów). Trzy i pół roku (*nie*: lat). Pięć (sześć, siedem...) i pół miesiąca, roku.

pół godziny (używane zwykle w *M.* i *B. lp*): Zrobić coś w pół godziny (*nie*: w półgodzinie). Przyjść za pół godziny. Wyjść po pół godziny (*częściej*: po półgodzinie). Widziałem go przed pół godziny (*częściej*: przed półgodziną).

na pół, *książk.* **na poły** «prawie że, niecałkowicie, niezupełnie»: Na pół rozpięta koszula. Na pół żywy. Na poły zatarte napisy.

przez pół *rzad.* «w połowie, niecałkowicie, niezupełnie» (ograniczone do połączeń: rozumieć, słyszeć coś przez pół): Twoje pytanie rozumiem tylko przez pół. Przez pół to słyszał, tak był senny. // *D Kult. II, 193.*

pół- «pierwszy człon wyrazów złożonych, pisany łącznie, wnoszący znaczenie połowiczności, niecałkowitości», np.: półanalfabeta, półkula, (waga) półciężka. △ Jeżeli drugi człon złożenia pisany jest dużą literą, stosuje się łącznik: np. pół-Mulat, pół--Polak.

półbóg *m III*, D. półboga, *lm M.* ci półbogowie a. te półbogi; in. heros.

półcień *m I*, D. półcienia, *lm D.* półcieni a. półcieniów.

półczwarta *m* i *n*, **półczwartej** a. **półczwarty** *ż ndm przestarz.* «trzy i pół»: Minęło półczwarta roku. Upłynęło półczwartej (półczwarty) godziny.

pół darmo p. za pół darmo.

półgębkiem, tylko w zwrotach: Mówić, odpowiadać, śmiać się półgębkiem; jeść półgębkiem.

półgłówek *m III*, D. półgłówka, *lm M.* te półgłówki *lekcew., pogard.* «człowiek głupi»

półgodzina *ż IV, CMs.* półgodzinie «połowa godziny (trzydzieści minut)»: Autobus odjechał przed półgodziną. Po półgodzinie wyruszamy w dalszą drogę.

pół godziny p. pół.

półka *ż III, lm D.* półek □ P. na co: Półka na książki. △ Położyć coś na półce, na półkę.

półkole *n I, lm D.* półkoli: Otaczać, stanąć półkolem. Usiąść, ustawić się w półkole.

półkolisto, *rzad.* **półkoliście**: Koniec noża był półkolisto zagięty. Półkolisto sklepione wejście do pałacu.

półkolonia *ż I, DCMs.* i *lm D.* półkolonii.

półkolonialny «odnoszący się do półkolonii — kraju uzależnionego od metropolii»: Kraj półkolonialny. Narody półkolonialne.

półkolonijny «odnoszący się do półkolonii — zorganizowanego wypoczynku letniego dla dzieci»: Ogródek półkolonijny. Zabawy półkolonijne.

półkoszek (*nie*: półkoszyk) *m III, D.* półkoszka.

półkoszulek *m III, D.* półkoszulka **1.** «sztywny gors z kołnierzykiem» **2.** p. półkoszulka.

półkoszulka *ż III, lm D.* półkoszulek, *częściej*: podkoszulek «krótka koszulka męska bez rękawów noszona pod koszulą»

półkrąg p. półokrąg.

półkrew *ż V*, dziś tylko w *D.* półkrwi: Koń półkrwi. Był półkrwi Indianinem.

półkula *ż I, lm D.* półkul a. półkuli. // *KJP 217.*

pół-Mulat *m IV, lm M.* pół-Mulaci.

północ *ż VI, blm* (skrót: płn.) **1.** «godzina 24»: Zegar wybił północ. Północ wybiła na zegarze. **2.** «strona świata»: Wiatr wiał z północy. Droga szła na północ. **3.** północ a. Północ «kraje północne»: Daleka północ a. daleka Północ.

północno- «pierwszy człon wyrazów złożonych (zwykle przymiotników pochodnych od nazw geograficznych»: **a)** «pisany łącznie (kiedy jest określeniem drugiego)», np.: północnoeuropejski, północnopolski, północnomazowiecki, północnomałopolski. **b)** «pisany z łącznikiem (kiedy oba człony są znaczeniowo równorzędne lub gdy występują więcej niż dwa człony)», np.: Północno-wschodni. Północno-zachodni. Północno-wschodnio-europejski. Północno-zachodnio-polski.

północno-wschodni (*nie*: północo-wschodni): Wiatr północno-wschodni.

północno-zachodni (*nie*: północo-zachodni): Wiatr północno-zachodni.

północny (skrót: płn.): Biegun północny. Półkula północna. Wiatr północny. Północny wschód, zachód. △ W nazwach dużą literą: Morze Północne, Kanał Północny.

północo-wschód *m IV, D.* północo-wschodu, *blm; lepiej*: północny wschód: Wiatr wiał z północo-wschodu (*lepiej*: z północnego wschodu).

północo-zachód *m IV, D.* północo-zachodu, *blm; lepiej*: północny zachód: Chmury na północo-zachodzie (*lepiej*: na północnym zachodzie).

półokrąg a. **półkrąg** *m III, D.* półokręgu, półkręgu: Otoczyć półokręgiem. Stanąć półokręgiem a. w półokrąg.

półosma a. **półósma** *m* i *n*, **półosmej** a. **półósmej, półosmy** a. **półósmy** *ż ndm przestarz.* «siedem i pół»: Minęło półosma (półósma) dnia. Przeszedł półosmej (półósmy) mili. // *GPK Por. 62.*

półpięta (*nie*: półpiąta) *m* i *n*, **półpiętej** a. **półpięty** (*nie*: półpiątej, półpiąty) *ż ndm przestarz.* «cztery i pół»: Wydał półpięta złotego. Szeroki na półpięta metra.

półpiętro *n III, Ms.* półpiętrze, *lm D.* półpięter; *rzad.* **półpiętrze** *n I, Ms.* półpiętrzu, *lm D.* półpiętrzy.

pół-Polak *m III, lm M.* pół-Polacy.

półrocze *n I, lm D.* półroczy: Świadectwo na półrocze. □ *rzad.* P. czego «dzień odległy o pół roku od jakiejś daty»: Półrocze ślubu.

półsierota *m* a. *ż* odm. jak *ż IV, M.* ten a. ta półsierota (także o mężczyznach), *lm M.* te półsieroty, *D.* półsierot.

półsiodma a. **półsiódma** *m* i *n*, **półsiodmej** a. **półsiódmej, półsiodmy** a. **półsiódmy** *ż ndm przestarz.* «sześć i pół»: Gruby na półsiodma cala. Drzewo wysokie na półsiodmej (półsiódmy) stopy. // *GPK Por. 62.*

półszept *m IV, D.* półszeptu (zwykle w zwrotach): Mówić, wypowiadać itp. półszeptem.

półszosta a. **półszósta** *m* i *n*, **półszostej** a. **półszóstej, półszosty** a. **półszósty** *ż ndm przestarz.* «pięć i pół»: Wydał półszósta złotego. // *GPK Por. 62.*

półtora *m* i *n*, **półtorej**, *przestarz.* **półtory** *ż ndm* «jeden, jedno, jedna i pół»: Półtora kilograma. Półtora jabłka. Półtorej szklanki. Półtorej (*nie*: półtora) mili. Przyjechał przed półtora rokiem (*nie*: przed półtora roku); *ale*: przed półtorej godziny (*nie*: przed półtorej godziną). Minęło półtorej doby, półtora dnia. △ W wyrazach złożonych, w których pierwszym członem jest wyraz *półtora*, pozostaje on bez zmian niezależnie od rodzaju drugiego członu złożenia, np. półtoragodzinny.

półtoradniowy: Półtoradniowa wycieczka. Półtoradniowe dziecko.

półtoragodzinny: Półtoragodzinne zebranie.

półtorasta *D.* półtorastu a. *ndm, przestarz.* «sto pięćdziesiąt»: Półtorasta osób. Przeszedł półtorasta kroków. Zabrakło mi półtorastu (półtorasta) złotych.

półtrzecia *m* i *n*, **półtrzeciej, półtrzeci** *ż ndm przestarz.* «dwa i pół»: Minęło półtrzecia miesiąca. Upłynęło półtrzeciej godziny.

półuchem (*wym.* pół-uchem), zwykle w zwrocie: Słuchać półuchem «słuchać nieważnie»

półwysep (*nie*: półwyspa) *m IV, D.* półwyspu △ W nazwach dużą literą: Półwysep Apeniński, Półwysep Pirenejski.

półżart *m IV, D.* półżartu (zwykle w użyciu przysłówkowym): Półżartem «trochę żartobliwie, niezupełnie poważnie»: Mówić, opowiadać coś półżartem.

póty «wyraz określający trwanie czynności do chwili, w której zaczyna się inna czynność»: Póty prosił, aż mu pozwolono wyjść. △ Póty... póki, póki... póty (*nie*: póty... póty): Póty hałasował, póki rodzice się nie obudzili. Póki świeciło słońce, póty siedzieli w ogrodzie.

późnić się *ndk VIa reg.* «o zegarku: spóźniać się»

późno (*nie*: pożno) *st. w.* później **1.** «pod koniec jakiegoś czasu»: Wrócił późno w nocy. **2.** «z opóźnieniem»: Późno zabrałeś się do pracy. □ (Za) p. na co: Jest już późno na obiad. □ (Za) p. + bezokol.: Za późno go wołać, odszedł już daleko. **3.** tylko w *st. w.* «po jakimś czasie, potem»: W pięć lat później.

Prędzej czy później. Odłożyć coś na później. 4. tylko w *st. najw.* «najdalej, nie później niż...»: Zajęcia rozpoczną się najpóźniej za tydzień.

późny (*nie*: poźny) *st. w.* późniejszy: Późna jesień. Późny gość zapukał do drzwi. △ w zn. «będący potem kimś albo czymś innym w stosunku do stanu poprzedniego» — tylko w *st. w.*: Malarz, późniejszy dekorator teatralny. △ W zn. «następny po wcześniejszym, występujący potem» — tylko w *st. w.* i *najw.*: Późniejsze przeróbki zatarły charakter budowli.
do późna «do późnych godzin, długo wieczorem lub w nocy»: Pracował do późna w nocy.

pp. patrz p.

ppłk «skrót wyrazu: *podpułkownik*, pisany w mianowniku bez kropki, w przypadkach zależnych z kropką, stawiany zwykle przed nazwiskiem lub przed imieniem i nazwiskiem, czytany jako cały wyraz»: Ppłk Kowalski. Ppłk Jerzy Kowalski. Rozmawiał z ppłk. (*czyt.* podpułkownikiem) Kowalskim.

p.p.m. «skrót wyrażenia: *poniżej poziomu morza*, pisany z kropkami, czytany jako całe wyrażenie»: Teren Żuław Wiślanych położony jest miejscami 1,8 metra p.p.m.

ppor. «skrót wyrazu: *podporucznik*, pisany z kropką, stawiany zwykle przed nazwiskiem lub przed imieniem i nazwiskiem, czytany jako cały wyraz»: Ppor. Kowalski. Ppor. Jerzy Kowalski. Rozmawiałem z ppor. (*czyt.* podporucznikiem) Kowalskim.

PPR (*wym.* pepeer, p. akcent § 6) *ż ndm* a. *m IV*, *D.* PPR-u «Polska Partia Robotnicza»: Należeć do PPR (do PPR-u). Być w PPR (w PPR-ze). PPR zwoływała (zwołał) zjazd. — pepeerowiec, *pot.* peperowiec *m II*, *D.* pepeerowca (peperowca), *W.* pepeerowcu (peperowcu), *lm M.* pepeerowcy (peperowcy) — pepeerowski, *pot.* peperowski.

PPRN (*wym.* pepeeren, p. akcent § 6) *m IV*, *D.* PPRN-u a. *n ndm* «Prezydium Powiatowej Rady Narodowej»: Pracować w PPRN (w PPRN-ie). PPRN przeprowadził (przeprowadziło) spis rolników powiatu.

PPS (*wym.* pepees, p. akcent § 6) *ż ndm* a. *m IV*, *D.* PPS-u «Polska Partia Socjalistyczna»: Należeć do PPS (do PPS-u). Być w PPS (w PPS-ie). PPS zwoływała (zwołał) zjazd. — pepeesowiec, *pot.* pepesowiec *m II*, *D.* pepeesowca (pepesowca), *W.* pepeesowcu (pepesowcu), *lm M.* pepeesowcy (pepesowcy) — pepeesowski, *pot.* pepesowski.

PPTS (*wym.* pepetees, p. akcent § 6) *m IV*, *D.* PPTS-u a. *n ndm* «Państwowe Przedsiębiorstwo „Totalizator Sportowy"»: Zatrudnić kogoś w PPTS a. w PPTS-ie. PPTS rozporządzał (rozporządzało) znacznymi funduszami.

pra- «pierwszy człon wyrazów złożonych, pisany łącznie, określający coś dawno minionego a. dalekiego przodka», np.: prasłowiański, praojczyzna, pradziad. // *D Kult. II, 255, 339.*

Prabuty *blp*, *D.* Prabut «miasto» — prabucki.

praca *ż II* 1. «celowa działalność wytwórcza, wykonywany zawód; tylko w *lp*: posada, zajęcie»: Praca fizyczna, umysłowa, badawcza. Praca akordowa a. na akord; praca dniówkowa a. na dniówkę.

Praca niesamodzielna, niewydajna, niezmordowana. Praca ponad siły, w pocie czoła. Stracić pracę. Zwolnić kogoś z pracy. □ P. czyja: Praca technika, górnika, inżyniera. □ P. gdzie: Praca w fabryce, w kopalni (*nie*: na fabryce, na kopalni). □ P. czym (gdy się wymienia narzędzie pracy): Praca łopatą, piórem. □ P. nad kim: Praca nad sobą, nad dziećmi. □ *rzad.* P. około czego: Praca około gospodarstwa. □ P. przy czym: Rozpocząć pracę przy budowie bloku. △ Praca dodatkowa (*nie*: nadliczbowa). △ Świat pracy, człowiek pracy. △ Iść do pracy, podjąć, otrzymać pracę (*nie*: wziąć pracę); *ale*: Wziąć się do pracy. △ *pot.* Chodzić do pracy, być w pracy. 2. tylko w *lm* «zespół czynności wykonywanych w różnych dziedzinach»: Prace inwestycyjne, urbanistyczne, konserwatorskie, budowlane. □ P. nad czym (gdy się wymienia cel pracy): Prace nad rozplanowaniem budynków. // *D Kult. I, 347; II, 262; Kl. Aleź 88; PJ 1969, 208.*

pracogodzina *ż IV*, *środ.*, *lepiej*: godzina pracy. // *D Kult. I, 827.*

pracować *ndk IV*, pracowaliśmy (p. akcent § 1a i 2): Pracować rzetelnie, ofiarnie, wydajnie (*nie*: aktywnie). □ P. gdzie: Pracować w fabryce, w kopalni (*nie*: na fabryce, na kopalni). □ P. na kogo «zarabiać na czyjeś utrzymanie»: Pracować na dzieci. □ P. na co: Pracować na utrzymanie, na mieszkanie. □ P. nad czym: Pracować nad rozwojem umysłowym młodzieży. □ *rzad.* P. około czego a. przy czym: Pracować około gospodarstwa a. przy gospodarstwie. △ Klasa pracująca «ludzie utrzymujący się z pracy zarobkowej» △ Pracować z całego serca, z całej duszy, ze wszystkich sił (*nie*: całym sercem, całą duszą, wszystkimi siłami). △ Pracować nad sobą, nad kimś «kształtować swój a. czyjś charakter» △ Fabryka pracuje, silnik pracuje «fabryka, silnik funkcjonuje» // *D Kult. I, 213; U Pol. (2), 296.*

pracownia *ż I*, *DCM*s. i *lm D.* pracowni: Pracownia sukien, obuwia. Pracownia krawiecka, kuśnierska, fotograficzna, meblarska. // *D Kult. I, 521.*

pracownica *ż II* «kobieta wykonująca jakąś pracę, zwłaszcza fizyczną»: Pracownica fizyczna. Doskonała, niezmordowana pracownica.

pracowniczka *ż III*, *lm D.* pracowniczek *wych.* *z użycia*, p. pracownica.

pracownik *m III*, *lm M.* pracownicy: Pracownik fizyczny, umysłowy. □ P. czego: Pracownik służby zdrowia. Pracownik nauki a. naukowy.
pracownik — o kobiecie, p. nazwy i tytuły zawodowe kobiet. // *D Kult. I, 347; II, 363; U Pol. (2), 152, 169.*

pracz *m II*, *lm D.* praczy, *rzad.* praczów 1. «mężczyzna zawodowo pracujący w pralni»: Wszyscy pracze zabrali się do prania. 2. «przyrząd do prania»: Wszystkie pracze już pochowane. // *D Kult. II, 363.*

praczłowiek *m III*, *lm M.* praludzie, *D.* praludzi.

prać *ndk XI*, piorę (*nie*: pierę), pierze, piorą (*nie*: pierą), pierz, praliśmy (p. akcent § 1a i 2) 1. «usuwać brud z odzieży» □ P. bez dop.: Umiała pięknie prać. □ P. co czym: Prać płaszcz mydłem i szczotką. □ P. co w czym: Prać bieliznę, suknię itp. w mydle, w proszku, w płatkach. △ Prać na mokro, na sucho, prać chemicznie. **2.** *pot.* «bić kogoś mocno»: □ P. kogo czym — po czym: Prać kogoś kijem, batem po twarzy, po nogach, po grzbiecie. // *GPK Por. 39, 222.*

pradziad *m IV, lm M.* ci pradziadowie a. te pradziady **1.** p. pradziadek (w zn. 1). **2.** zwykle w *lm* «przodkowie, antenaci»: Nasi pradziadowie wykarczowali lasy. Sława pradziadów.

pradziadek *m III, D.* pradziadka, *lm M.* ci pradziadkowie **1.** «ojciec dziadka a. babki»: Mój pradziadek był senatorem. **2.** *przestarz.* p. pradziad (w zn. 2). // *D Kult. II, 255.*

Praga *ż III* **1.** «dzielnica Warszawy»: Mieszkać, kupić coś na Pradze. Jechać, iść na Pragę. **2.** «stolica Czechosłowacji»: Mieszkać, kupić coś w Pradze. Jechać do Pragi. — prażanin *m V, D.* prażanina, *lm M.* prażanie, *D* prażan — prażanka *ż III, lm D.* prażanek — praski (*nie*: pragski, prażski, prażański). // *D Kult. I, 576, 581; II, 555; U Pol. (2), 563, 593.*

pragmatyzm *m IV, D.* pragmatyzmu, *Ms.* pragmatyzmie (*wym.* ~zyzmie a. ~yźmie), *blm.*

pragnąć *ndk Va,* pragnij, pragnąłem (*wym.* pragnołem; *nie*: pragnełem), pragnęła (*wym.* pragneła), pragnęliśmy (*wym.* pragneliśmy; p. akcent § 1a i 2): □ P. czego (*nie*: co): Pragnąć spokoju, sprawiedliwości. □ P. czego dla kogo: Pragnęła szczęścia dla rodziny. □ P. + bezokol. (a. z rzecz. odsłownym): Pragnął ukończyć tę trudną pracę. Pragniemy szybkiego ukończenia budowy domu. // *KP Pras.; GPK Por. 243; KJP 320—321.*

prahistoria p. prehistoria.

Praksyteles (*wym.* Praksyteles a. Praksyteles) *m IV, D.* Praksytelesa (p. akcent § 7): Rzeźby Praksytelesa.

praktycznie *st. w.* praktyczniej △ *niepoprawne* w zn. «prawie, niemal», np. Praktycznie (*zamiast*: prawie) cała ludność wioski zachorowała na tyfus.

praktyczny *m-os* praktyczni, *st. w.* praktyczniejszy: Wiedza praktyczna. Mieć zmysł praktyczny. Szkolenie, wykłady praktyczne. △ Człowiek praktyczny «człowiek zaradny» △ Zbędne w wyrażeniu: Praktyczna realizacja czegoś (*zamiast*: realizacja czegoś). // *Kl. Aleź 36.*

praktyk *m III, D.* praktyka (p. akcent § 1d), *lm M.* praktycy: Doświadczony praktyk. Lekarz praktyk. // *D Kult. II, 563.*

praktyka (*wym.* praktyka, *nie*: praktyka, p. akcent § 1c) *ż III* **1.** «zdobyte doświadczenie»: Praktyka dowodzi, poucza, wskazuje, że... △ Z praktyki «z doświadczenia (życiowego)»: Wiedzieć, przekonać się o czymś z praktyki. △ Zastosować coś w praktyce (*nie*: na praktyce). **2.** «terminowanie, staż»: Oddać kogoś na praktykę. Być na praktyce. Odbywać (*nie*: pobierać) praktykę. **3.** «wykonywanie zawodu (zwykle przez lekarza, adwokata)»: Rozpocząć praktykę. △ Mieć dużą praktykę «mieć dużo pacjentów, klientów» △ zwykle w *lm*: Praktyki religijne, kościelne «formy kultu religijnego» // *Kl. Aleź 102; KP Pras.; GPK Por. 87.*

praktykant (*wym.* praktykant, *nie*: praktykant) *m IV, lm M.* praktykanci: Praktykant sądowy a. praktykant w sądzie.

praktykować *ndk IV,* praktykowaliśmy (p. akcent § 1a i 2) **1.** «być na praktyce; terminować» □ P. u kogo: Praktykować u stolarza, u fryzjera. □ *rzad.* P. w czym: Praktykować w zawodzie ślusarza (*nie*: praktykować na ślusarza). **2.** «o lekarzu, adwokacie: pracować w swoim zawodzie»: Praktykować jako adwokat. Lekarz praktykujący. **3.** «wykonywać praktyki religijne»: Nigdy nie praktykował, chociaż był wierzący.

pralina *ż IV, lm D.* pralin; a. **pralinka** *ż III, lm D.* pralinek **1.** *częściej*: pralinka «czekoladka nadziewana masą pomadkową»: Zjeść pralinkę, *rzad.* pralinę. Pudełko pralinek. **2.** tylko: pralina «masa pomadkowa służąca jako nadzienie»: Napełnić czekoladki praliną. Piernik z praliną.

pralkowirówka, *lepiej*: **pralka wirówka** *ż III, lm D.* pralkowirówek, *lepiej*: pralek wirówek. // *D Kult. II, 409.*

pralnia *ż I, lm D.* pralni.

praprzodek *m III, D.* praprzodka, *lm M.* praprzodkowie; *częściej*: protoplasta.

prasa *ż IV* **1.** «maszyna do wywierania ciśnienia na coś»: Prasa hydrauliczna, parowa. Prasa drukarska. △ Być pod prasą «być drukowanym, drukować się»: Najnowsze wydanie książki już jest pod prasą. △ Pójść pod prasę «zacząć być drukowanym»: Rękopis słownika poszedł już pod prasę. △ Wyjść spod prasy, opuścić prasę «zostać wydrukowanym»: Tomik poezji wyszedł spod prasy. **2.** *blm* «ogół czasopism wychodzących w danym czasie w danym kraju»: Prasa codzienna, literacka, poranna, wieczorna. Pisano o tym w prasie. Czytać prasę. Na łamach prasy. △ Mieć, zyskać dobrą a. złą prasę «mieć, zyskać dobrą a. złą opinię u piszących na dany temat, o danej osobie»: Powieść zyskała dobrą prasę. Debiutant miał złą prasę, uznano go za grafomana.

praser *m IV, D.* prasera; a. **prasiarz** *m II, lm D.* prasiarzy; in. tłoczarz: Praser (prasiarz) ręczny, maszynowy.

Prasłowianin *m V, D.* Prasłowianina, *lm M.* Prasłowianie, *D* Prasłowian — Prasłowianka *ż III, lm D.* Prasłowianek — prasłowiański.

prasowalnia *ż I, DCMs.* i *lm D.* prasowalni, *rzad.* prasowań «pomieszczenie, w którym się odbywa prasowanie odzieży»

prasownia *ż I, DCMs.* i *lm D.* prasowni *techn.* «oddział kuźniczy, gdzie się odbywa prasowanie metali»: Prasownia aluminium.

praszczur *m IV, lm M.* praszczurowie *podn., książk.* «daleki przodek»: Nasi praszczurowie zostawili po sobie wiele zabytków.

prawda *ż IV*: Cała prawda. Święta prawda. Słowa prawdy. Powiedzieć komuś prawdę w oczy. Nie ma w tym (*nie*: na tym) ani słowa prawdy. Nie wiadomo, ile (jest) w tym prawdy. Zaprzeczyć (*nie*: odmówić) prawdzie. △ Naga (*nie*: goła) prawda «rzeczywistość, fakty niczym nie upiększone» △ Spojrzeć, *rzad.* zajrzeć (*nie*: popatrzeć) prawdzie w oczy «przyjąć do wiadomości niemiłe fakty»

prawdomówny

△ Wyraz często nadużywany jako wtręt w wypowiedzi, nie mający żadnej określonej treści. **co prawda**, *reg.* **po prawdzie** «trzeba przyznać; mówiąc szczerze» // *D Kult. II, 96; KP Pras.*

prawdomówny (*nie*: prawdomowny) *m-os.* prawdomówni: Prawdomówni chłopcy. // *GPK Por. 62.*

prawdopodobieństwo *n III*, zwykle *blm*: Małe prawdopodobieństwo ocalenia rozbitków. △ Według wszelkiego prawdopodobieństwa «istnieją wszelkie szanse, że przewidywania się sprawdzą»

prawdopodobnie *st. w.* prawdopodobniej, *częściej*: bardziej prawdopodobnie, *st. najw. częściej*: najprawdopodobniej: Prawdopodobnie wyjadę na urlop za granicę (*nie*: prawdopodobnie, że wyjadę; prawdopodobnym jest, że wyjadę...).

prawdopodobny *st. w.* prawdopodobniejszy a. bardziej prawdopodobny: Jest to zupełnie prawdopodobne. Mało prawdopodobne pogłoski. △ Prawdopodobny termin, wyjazd itp. «termin, wyjazd itp. przewidywany, przypuszczalny» △ *niepoprawne* Prawdopodobnym jest, że zda ten egzamin (*zamiast*: prawdopodobnie zda ten egzamin).

prawica *ż II* 1. *książk., podn.* «prawa ręka»: Podać, uścisnąć komuś prawicę. △ Po prawicy, *rzad.* na prawicy «z prawej strony» 2. «stronnictwa konserwatywne»: Prawica zabiega o głosy wyborców.

prawić *ndk VIa*, prawię, prawimy, praw, prawiliśmy (p. akcent § 1a i 2) △ zwykle w zwrotach: Prawić komuś komplementy, morały.

prawidło *n III*, *lm D.* prawideł, *częściej w lm*: Prawidła gramatyczne. Prawidła pisowni, kompozycji. Trzymać się prawideł. Ujmować coś w prawidła. △ Prawidła do butów, do obuwia (*nie*: na buty, na obuwie) «przedmiot służący do utrzymania fasonu obuwia» // *D Kult. I, 333.*

prawidłowo *st. w.* bardziej prawidłowo, *rzad.* prawidłowiej; *st. najw.* najprawidłowiej «zgodnie z obowiązującymi prawidłami; normalnie»: Prawidłowo oddychać. Prawidłowo (*lepiej*: poprawnie) wymawiać, pisać. △ *niepoprawne* w zn. «dobrze, właściwie», np. Prawidłowo (*zamiast*: dobrze) zrozumiał wykład. Prawidłowo (*zamiast*: właściwie) ubrany. // *D Kult. I, 271; U Pol. (2), 184.*

prawidłowy *st. w.* bardziej prawidłowy «zgodny z prawidłami, z przepisami, z normą»: Prawidłowa budowa ciała. Prawidłowe przechodzenie przez jezdnię. △ *niepoprawne* w zn. «odpowiedni, właściwy, słuszny», np.: Prawidłowa (*zamiast*: właściwa, słuszna) decyzja. Prawidłowy (*zamiast*: odpowiedni) dobór słuchaczy. Prawidłowe (*zamiast*: słuszne, właściwe) stanowisko. // *D Kult. I, 812; II, 60, 253; U Pol. (2), 184; KP Pras.*

prawie 1. «w przybliżeniu, nieomal»: Prawie zawsze tak było. Upłynęły już prawie dwie godziny. Chodził na kurs prawie dwa lata (*nie*: przez prawie dwa lata). Skrócono naukę prawie o rok. △ Prawie nie... (w połączeniu z czas.) «w bardzo małym stopniu, bardzo mało» Wiatru prawie nie było. Prawie nie opuszczał swego mieszkania. 2. *reg.* «właśnie wtedy, właśnie tak; akurat; w sam raz»: Myśmy prawie wyjeżdżali. Te buty są na mnie prawie. // *D Kult. I, 333; D. Kryt. 52; Kl. Aleź 86; KP Pras.*

prawniczka *ż III*, *lm D.* prawniczek *pot.* «kobieta prawnik»

prawniczy «dotyczący prawnika a. prawa»: Zawód prawniczy. Studia prawnicze.

prawnik *m III*, *D.* prawnika (*nie*: prawnika), *lm M.* prawnicy.
prawnik — o kobiecie, p. nazwy i tytuły zawodowe kobiet. // *D Kult. II, 563.*

prawnuk *m III*, *lm M.* te prawnuki, *rzad.* ci prawnukowie.

prawny «dotyczący prawa; zgodny z prawem, legalny»: Norma prawna. Akty prawne. Porada prawna. Strona, podstawa prawna (*nie*: prawnicza) jakiejś sprawy. Dochodzić czegoś drogą prawną. △ Radca prawny. △ Wydział prawny (*nie*: prawniczy) a. wydział prawa.

I prawo *n III* 1. «ogół przepisów i norm prawnych; ustawa, przepis, uprawnienie»: Prawo cywilne, handlowe, administracyjne. Prawo wynalazcze (*lepiej*: prawo o ochronie wynalazków a. dotyczące ochrony wynalazków). Zbiór praw. Uchwalić, uchylić prawo. Osądzić sprawę według prawa. □ P. czyje: Prawo człowieka, narodów. □ P. czego: Prawo pracy, własności. △ Prawo jazdy. □ P. do kogo, do czego: Prawo do dziecka, do spadku, do pracy. △ Litera prawa «dosłowne brzmienie przepisu prawnego»: Trzymać się litery prawa. △ W obliczu prawa «wobec prawa» △ Mieć prawo (*nie*: być w prawie), *rzad.* czuć się w prawie coś zrobić «być uprawnionym do czegoś»: Mam prawo uwolnić tych ludzi. Mieć prawo uchylić wyrok, uchylenia wyroku. Nie masz do tego prawa. △ Dochodzić praw względem kogoś (*nie*: przeciw komuś, wobec kogoś). △ Wyjąć spod prawa «pozbawić opieki prawnej» 2. zwykle w *lp* «nauka prawa; wydział prawny»: Być na prawie. Ukończyć prawo. Student prawa. Magister, doktor prawa. △ *przestarz.* Doktor (obojga) praw. // *D Kult. II, 97, 440; U Pol. (2), 274.*

II prawo zwykle w wyrażeniach: Na prawo, w prawo (*nie*: po prawo) «w prawą stronę, po prawej stronie»: Skręcić w prawo, na prawo. W prawo zwrot! □ W prawo, na prawo od czego: Dom stał na prawo od drogi. △ Na prawo i (na) lewo «tu i tam, dookoła, wszędzie»: Rozdawać pieniądze na prawo i lewo. △ *pot.* W prawo i w lewo «i tak i owak, w różny sposób»: Kombinował w prawo i w lewo — nic nie wychodziło. △ *pot.* Albo w prawo, albo w lewo «tak lub inaczej; trzeba się zdecydować»: Pobierzcie się wreszcie lub rozejdźcie; albo w prawo, albo w lewo.

prawo- «pisany łącznie pierwszy człon wyrazów złożonych»: **a)** «przymiotników utworzonych z połączenia przymiotnika *prawy* z rzeczownikiem», np.: prawobrzeżny, prawowierny, prawoskrzydłowy. **b)** «rzeczowników i przymiotników; rzeczownik *prawo* ma charakter dopełnienia członu drugiego, odczasownikowego», np.: prawodawca, praworządny.

praworęczny, *rzad.* **praworęki**, *m-os.* praworęczni (praworęcy): Człowiek jest w zasadzie istotą praworęczną.

prawowity *m-os.* prawowici, *st. w.* prawowitszy a. bardziej prawowity *książk.* «legalny»: Prawowity syn, potomek, spadkobierca, małżonek. Prawowita władza.

prawy 1. «znajdujący się po innej stronie ciała niż ta, gdzie jest serce; znajdujący się po tej stronie, poza człowiekiem»: Prawa noga, ręka. Trzymać coś w prawej ręce. Z prawej strony. Po prawej stronie (ulicy), w prawą stronę. **2.** *podn.* «uczciwy, szlachetny»: Prawy człowiek. Prawy charakter. **3.** *wych. z użycia* w zn. «prawicowy»: Prawy odłam, prawe skrzydło jakiejś partii.

z prawa *rzad.* (zwykle w wyrażeniu): Z prawa... z lewa, np. Z prawa widać było małe domki, z lewa — rząd wierzb.

prąd *m IV,* D. prądu **1.** «bieg, nurt wody»: Płynąć z prądem, pod prąd. Prądy jeziorne, morskie, oceaniczne. △ Prąd powietrza, *rzad.* prąd powietrzny. △ *przen.* Prąd kulturalny, społeczny. Prąd w nauce, w sztuce **2.** «ruch ładunków elektrycznych»: Prąd elektryczny. Przewodnik prądu. Rażony prądem. Maszyna, urządzenie na prąd.

Prądnik *m III,* D. Prądnika «rzeka» — prądnicki.

Prądnik Czerwony, Prądnik *m III,* Czerwony odm. przym. «dzielnica Krakowa»: Mieszkać na Prądniku Czerwonym. — prądnicki.

prążek *m III,* D. prążka, *lm* D. prążków: Nosiła bluzkę w prążki. Zielony liść z białym prążkiem pośrodku.

pre- «pierwszy człon wyrazów złożonych odpowiadający znaczeniowo wyrazom: przed, wcześniejszy niż...; łączony z wyrazami pochodzenia obcego (pisany łącznie); poprzedni, wstępny», np.: prehistoria, prefabrykacja, preglacjalny, prefaszystowski.

precedens *m IV,* D. precedensu, *lm* M. precedensy (*nie:* precedensa, precedense): Sprawa, wydarzenie bez precedensu.

precel *m I,* D. precla, *lm* D. precli.

precjoza *blp,* D. precjozów *wych. z użycia,* dziś często *żart.* «kosztowności, klejnoty, biżuteria»

precyzować *ndk IV,* precyzowaliśmy (p. akcent § 1a i 2) — **sprecyzować** *dk* (nadużywane w języku *pot., lepiej:* uściślać): Precyzować plan działania. We wstępie autor precyzuje czas i miejsce akcji. // *KP Pras.*

precz *wych. z użycia:* Wypędzić kogoś precz. Wyrzucić coś precz za okno. Pójść, oddalić się precz. △ Żywe w użyciach wykrzyknikowych **a)** «oznacza gwałtowny nakaz oddalenia się»: Precz stąd! Precz z mego domu, z moich oczu. **b)** «wyraża gwałtowny sprzeciw» □ Precz z czym: Precz z wojną, z przemocą.

predestynacja (*nie:* predystynacja) *ż I, blm* «przeznaczenie, fatum» △ *niepoprawne* w zn. «predyspozycja, skłonność», np. Mieć predestynację (*zamiast:* predyspozycję) do czegoś.

predestynować (*nie:* predystynować) *ndk IV,* predestynowaliśmy (p. akcent § 1a i 2), zwykle w 3. os. i w imiesłowie biernym *książk.* «przeznaczać do czegoś; przesądzać o czymś» □ P. kogo do czego: Piękny głos predestynował go do opery.

Predestynowany do rządzenia. □ P. kogo na co: Zdolności predestynowały go na wysokie stanowisko. △ *niepoprawne* w zn. «pozwalać, dawać możność», np. Nadmiar pracy nie predestynuje ich do zainteresowania się losem pracowników. // *KP Pras.; Kl. Aleź 31.*

predylekcja *ż I, DCMs.* i *lm* D. predylekcji *wych. z użycia* «szczególne upodobanie, szczególna skłonność» □ P. do czego, do kogo: Mieć predylekcję do muzyki poważnej. Miał predylekcję do brunetek. // *DW Zas.; Kl. Aleź 31.*

predyspozycja *ż I, DCMs.* i *lm* D. predyspozycji «wrodzona skłonność»: □ P. do czego: Predyspozycja do gruźlicy, do reumatyzmu. Predyspozycja do zawodu lekarza. △ Mieć predyspozycję (*nie:* predestynację) do czegoś.

! predystynacja p. predestynacja.

! predystynować. p. predestynować.

prefabrykacja *ż I, blm* «wykonywanie elementów składowych budowli (prefabrykatów) metodami przemysłowymi»

prefekt *m IV reg.* «duchowny uczący religii w szkole» ·

preferans *m IV, DB.* preferansa: Grać w preferansa. // *GPK Por. 111, 116.*

preferować *ndk IV,* preferowaliśmy (p. akcent § 1a i 2), *lepiej:* dawać pierwszeństwo. // *KP Pras.*

prefiks *m IV,* D. prefiksu; p. przedrostek.

prehistoria, *rzad.* **prahistoria** *ż I, DCMs.* prehistorii (prahistorii), *blm:* Prehistoria Słowian. // *D Kult. II, 339.*

prehistoryczny, *rzad.* **przedhistoryczny.**

prekursor (*nie:* prekurzor) *m IV, lm* M. prekursorzy: Prekursor romantyzmu.

prelekcja *ż I, DCMs.* i *lm* D. prelekcji, nieco *książk.* «odczyt»: Wygłosić, mieć prelekcję.

preliminarz *m II, lm* D. preliminarzy «zestawienie, wykaz»: Preliminarz wydatków. Ułożyć, opracować preliminarz. △ Preliminarz budżetu a. preliminarz budżetowy.

premedytacja *ż I, blm:* Robić coś, działać z premedytacją. Morderstwo z premedytacją.

premia *ż I, DCMs.* i *lm* D. premii: Przyznać, wypłacić komuś premię. // *U Pol. (1), 196.*

premier *m IV, lm* M. premierzy (*nie:* premierowie)
premier — o kobiecie, p. nazwy i tytuły zawodowe kobiet: Premier Indii, pani Indira Gandhi. // *KP Pras.*

prenumerata (*nie:* pronumerata) *ż IV,* zwykle *blm* w zn. «wpłacanie pewnych kwot jako warunek otrzymywania wydawnictw, zamówienie pism»: Zobowiązać się do stałej prenumeraty pisma. Zapewnić prenumeratę pism (*nie:* dostawę, dostarczanie prenumeraty). Opłata prenumeraty. // *D Kult. II, 292; U Pol. (2), 104.*

prenumerator (*nie:* pronumerator) *m IV, lm* M. prenumeratorzy (*nie:* prenumeratorowie).

prenumerować (*nie*: pronumerować) *ndk IV*, prenumerowaliśmy (p. akcent § 1a i 2) — **zaprenumerować** *dk*: Prenumerować pisma, tygodniki.

preparatka *ż III reg.* «zeszycik do słówek, słowniczek»

preparować *ndk IV*, preparowaliśmy (p. akcent § 1a i 2) — **spreparować** *dk* «przyrządzać coś; wytwarzać preparaty»: Preparować lekarstwa, szczepionki, tytoń. Preparować żaby, myszy.

preria *ż I, DCMs.* i *lm D.* prerii, zwykle w *lm*: Bezdrzewne prerie. Prerie Ameryki. Stada bizonów na preriach.

preriowy a. **preryjny** *rzad.*, przym. od preria: Preriowy mustang. Preriowi (preryjni) Indianie.

presja *ż I, DCMs.* presji, *blm*: Presja fizyczna, moralna. Wywierać presję na kogoś (*nie*: na kimś). Ulec presji. Pod presją opinii publicznej musiał ustąpić.

prestidigitator (*nie*: prestydygitator) *m IV, lm M.* prestidigitatorzy.

prestiż (*wym.* prestiż, *rzad.* prestiż) *m II, D.* prestiżu, *blm* «znaczenie, poważanie, autorytet»: Prestiż uczelni, armii. Miał duży prestiż wśród kolegów. Podnieść, zachwiać czyjś prestiż. // *D Kryt. 37.*

preszpan *m IV, D.* preszpanu *poligr., techn.* «twarda, cienka tektura»

pretekst *m IV, D.* pretekstu, *lm M.* preteksty (*nie*: preteksta). □ P. do czego: Szukać pretekstu do kłótni, do awantury. Coś jest pretekstem, służy za pretekst do czegoś (np. do zwolnienia pracownika). □ *rzad.* P. dla czego: Wymyślił pretekst dla ukrycia właściwej intencji. □ Pod pretekstem czego: Wyszedł z konferencji pod pretekstem bólu głowy.

pretendent *m IV, lm M.* pretendenci *książk.* «kandydat» □ P. do czego: Był pretendentem do tytułu mistrza. Pretendent do tronu. Pretendent do ręki (kobiety). // *D Kult. II, 271.*

pretendować *ndk IV*, pretendowaliśmy (p. akcent § 1a i 2) *książk.* «rościć sobie prawo do czegoś, starać się o coś» □ P. do czego: Pretendować do jakiejś godności, do jakiegoś stanowiska. □ *niepoprawne* P. o co, np. Pretendować (*zamiast*: walczyć) o lepsze miejsce. // *Kl. Ależ 31; KP Pras.*

pretensja *ż I, DCMs.* i *lm D.* pretensji **1.** *częściej* w *lm* «prawo, żądanie czegoś, roszczenie finansowe»: Zgłosić, wysuwać pretensje, dochodzić swych pretensji. Rościć sobie pretensje. Zaspokoić, umorzyć pretensje wierzycieli. □ P. do czego: Pretensje do władzy, do ziemi, do majątku, do tronu. **2.** «żal, uraza» □ P. do kogo (o co): Miał (*nie*: żywił) ciągle pretensje do brata. O co masz do mnie pretensję? **3.** *wych. z użycia* «pretensjonalność»: Wystrojona z pretensją. △ Ktoś w pretensjach «ktoś starający się podobać, dbający przesadnie o swój wygląd»

pretor *m IV, lm M.* pretorzy *hist.* «urzędnik sądowy w starożytnym Rzymie»

pretorianin *m V, D.* pretorianina, *lm M.* pretorianie, *D.* pretorianów *hist.* «żołnierz przybocznej straży cesarskiej w starożytnym Rzymie»

Prévost (*wym.* Prewo) *m IV, D.* Prévosta (*wym.* Prewosta; p. akcent § 7), *Ms.* Prévoście a. (z odmie-nianym imieniem) *ndm*: Prace krytyczne Prévosta a. Jeana (*wym.* Żana) Prévost.

prewencyjny (w terminologii prawniczej): Środki prewencyjne (a. zapobiegawcze). △ Areszt prewencyjny (*nie*: ochronny) «areszt przed ogłoszeniem wyroku» △ Wojna prewencyjna «wojna wypowiedziana dla uprzedzenia napaści ze strony przeciwnej» // *Kl. Ależ 97.*

prewentorium *n VI, lm D.* prewentoriów (*nie*: prewentorii): Leczyć się w prewentorium.

prez. 1. «skrót wyrazów: prezes, prezydent, pisany z kropką, stawiany zwykle przed nazwiskiem lub przed imieniem i nazwiskiem, czytany jako cały, odmieniany wyraz»: Zarządzenie prez. (*czyt.* prezesa) Święcickiego. Prez. de Gaulle. Prez. Charles de Gaulle. Wywiad z prez. (*czyt.* prezydentem) de Gaulle'em. **2.** «skrót wyrazu: prezydium, pisany z kropką (w nazwach — dużą literą), stawiany zwykle przed skrótem odpowiedniej instytucji, czytany jako cały wyraz»: Siedziba Prez. DRN.

prezent *m IV, D.* prezentu, *lm M.* prezenty (*nie*: prezenta): Zrobić komuś prezent. Dać, posłać, przynieść komuś coś w prezencie. Dostać prezent od kogoś. Dostać coś w prezencie. Kupić coś na prezent.

prezentacja *ż I, DCMs.* i *lm D.* prezentacji *książk.* «przedstawienie kogoś, czegoś, zapoznanie kogoś z kimś, z czymś» □ P. kogo: Prezentacja nowych pracowników. □ P. czego «pokazywanie, pokazanie, przedstawianie, przedstawienie czegoś, zwykle z dumą» △ *niepoprawne* w zn. «(z)referowanie», np. Przemówienie poświęcone prezentacji (*zamiast*: zreferowaniu) problemów organizacyjnych. // *KP Pras.*

prezentować *dk IV*, prezentowaliśmy (p. akcent § 1a i 2) — **zaprezentować** *dk książk.* **a)** «przedstawiać do oglądania; pokazywać, ukazywać, zwykle z dumą»: Prezentować toalety, modne stroje. □ P. komu co: Prezentować (*lepiej*: pokazywać) publiczności nowe modele. Od strony rzeki miasto prezentuje (*lepiej*: ukazuje) całe swoje piękno. **b)** «przedstawiać kogoś; zapoznawać z kimś» □ P. kogo komu: Prezentować zebranym nowego gościa.

prezentować się — **zaprezentować się 1.** «mieć wygląd (zwykle korzystny), ładnie wyglądać»: Wojsko prezentowało się świetnie. Ona dobrze się prezentuje na balu. **2.** *przestarz.* «przedstawiać się komuś»: Prezentować się zebranym. // *Kl. Ależ 28; KP Pras.*

prezes *m IV, lm M.* prezesi, *rzad.* prezesowie (skrót: prez.): Prezes komitetu, klubu, spółdzielni. △ Prezes rady ministrów «premier»
prezes — o kobiecie, p. nazwy i tytuły zawodowe kobiet. // *D Kult. I, 337; U Pol. (2), 528, 531, 539.*

prezeska *ż III, lm D.* prezesek *pot.* «kobieta prezes; *nie*: prezesowa» // *U Pol. (2), 528, 531.*

prezesostwo (*nie*: prezesowstwo, *ale*: prezesowski) *n III, blm* **1.** *DB.* prezesostwa, *Ms.* prezesostwu (*nie*: prezesowstwie) «prezes z żoną» (z przydawką i orzeczeniem w *lm*): Przyjechali prezesostwo Wodziccy. Spotkał znajomych prezesostwa. Nic nie wiedział o prezesostwu Wodzickich. **2.** «urząd, stanowisko, godność prezesa; prezesura»: Ubiegał się o prezesostwo. Ustąpił po trzech latach z prezesostwa.

prezesowa *ż* odm. przym. «żona prezesa»

prezydent (*wym.* prezydent a. prezydent; skrót: prez.) *m IV, D.* prezydenta, *lm M.* prezydenci (*nie*: prezydentowie): Prezydent republiki. Wybrano go na prezydenta (*nie*: prezydentem) Francji. || *D Kult. I, 729; D Myśli 63; GPK Por. 87.*

prezydium *n VI, lm M.* prezydia (*nie*: prezydiumy), *D.* prezydiów (skrót: prez.): Jedno z prezydiów (*nie*: jedno z prezydium) zajęło się wykonaniem uchwał. || *D Kult. I, 650.*

! pręciutki p. prędziutki.

prędki *m-os.* prędcy, *st. w.* prędszy: Prędki chód, ruch. Prędki nurt rzeki. □ P. do czego: Prędki do bitki. □ *rzad.* P. w czym: Zawsze był prędki w decyzjach.

prędko *st.w.* prędzej **1.** «pośpiesznie, szybko»: Iść, biec prędko. Koła obracają się coraz prędzej. **2.** «wcześnie, wkrótce, zaraz»: Czy prędko wyjdziesz? Prędzej czy później musi to załatwić. △ Czym prędzej, *rzad.* co prędzej «natychmiast»: Tak się wynudził, że czym prędzej chciał wyjść.

prędkość *ż V* **1.** «wielkość fizyczna, mierzona drogą przypadającą na jednostkę czasu»: Prędkość ruchu. Prędkość stała, ponaddźwiękowa. Pomiary prędkości rozchodzenia się światła. Obliczyć prędkości wszystkich punktów jakiegoś ciała. **2.** *blm* «szybkość»: Prędkość pojazdu. || *U Pol. (2), 145.*

prędziutki (*nie*: pręciutki; podobnie w innych formach zdrobniałych o odcieniu intensywnym, pochodnych od przym. *prędki*).

pręga *ż III, lm D.* pręg.

pręgierz *m II, lm D.* pręgierzy, *rzad.* pręgierzów △ Postawić **kogoś** (coś) pod pręgierz a. pod pręgierzem (np. opinii publicznej) «oskarżyć kogoś; napiętnować kogoś (coś) publicznie» || *U Pol. (1), 121; GPK Por. 126.*

Priestley (*wym.* Pristlej) *m I, D.* Priestleya (*wym.* Pristleja, p. akcent § 7): Czytelnicy dzieł Priestleya.

prima aprilis (*wym.* prima aprilis a. pryma aprylis), *pot.* **prymaprylis** *m ndm.* || *DW Zas.*

primabalerina *ż IV, CMs.* primabalerinie «pierwsza tancerka w balecie, solistka baletu»

primadonna a. **prymadonna** *ż IV, CMs.* primadonnie (prymadonnie) «śpiewaczka wykonująca główne role w operze, operetce»

primo *ndm* «po pierwsze»: Na drogę trzeba wziąć primo — koc, secundo — płaszcze. △ Primo voto «z pierwszego ślubu (małżeństwa)»: Zofia Majewska, primo voto Kowalska.

priorytet (*wym.* pri-orytet a. prijorytet) *m IV, D.* priorytetu, *częściej w lp, książk.* «pierwszeństwo»: Dać, przyznać czemuś priorytet (w mowie *pot. lepiej*: pierwszeństwo»: Należy dać priorytet (*lepiej*: pierwszeństwo) pracy o problemach wsi. || *Kl. Ależ 30; KP Pras.*

priorytetowy (*wym.* pri-orytetowy a. prijorytetowy) *lepiej*: główny, czołowy, pierwszorzędny: Budowy priorytetowe (*lepiej*: główne). Budowa sanatoriów ma priorytetowe (*lepiej*: pierwszorzędne) znaczenie. || *KP Pras.*

PRL (*wym.* peerel, p. akcent § 6) *ż ndm* «Polska Rzeczpospolita Ludowa»: PRL stała się krajem uprzemysłowionym. Rząd PRL. Wyjechać do PRL .

PRM (*wym.* peerem, p. akcent § 6) *m IV, D.* PRM-u a. *n ndm* «Prezydium Rady Ministrów»: Dekret PRM (PRM-u). PRM wydał (wydało) dekret dotyczący nowej siatki płac.

PRN (*wym.* peeren, p. akcent § 6) *m IV, D.* PRN-u a. *ż ndm* «Powiatowa Rada Narodowa»: Posiedzenie PRN (PRN-u). Pracować w PRN (w PRN-ie). PRN uchwaliła, zarządziła (uchwalił, zarządził)...

PRO (*wym.* peero, p. akcent § 6) *n ndm* «Polskie Ratownictwo Okrętowe»: Pracownicy PRO.

pro- «pierwszy człon wyrazów złożonych łączący się»: **a)** «z przymiotnikami, oznaczający pozytywny, przychylny stosunek do tego, co oznacza człon drugi», np.: profrancuski, probrytyjski. **b)** «z rzeczownikami (i przymiotnikami odrzeczownikowymi), wskazujący na zastępczą funkcję w stosunku do tego, co oznacza człon drugi», np.: prodziekan, prodziekański, prorektor, prorektorski. || *D Kult. I, 442.*

prob. «skrót wyrazu: *proboszcz*, pisany z kropką, stosowany zwykle w połączeniu wyrazowym: ksiądz proboszcz, przed nazwiskiem lub przed imieniem i nazwiskiem, czytany jako cały, odmieniany wyraz»: Rozmowa z ks. prob. (*wym.* księdzem proboszczem) Zalewskim.

probiernia *ż I, lm D.* probierni, *rzad.* probierń: Probiernia wina. || *KJP 215.*

probierz *m II, lm D.* probierzy, *rzad.* probierzów *książk.* «sprawdzian, kryterium»: Praca jest probierzem wartości człowieka. || *GPK Por. 126.*

problem *m IV, D.* problemu «poważne zagadnienie; kwestia»: Problemy społeczne, narodowościowe. Problem reformy rolnej. Rozwiązywać (*nie*: realizować) problemy. △ Wyraz nadużywany w mowie potocznej, np.: Problem (*lepiej*: sprawa) wywozu śmieci, marnotrawstwa. Z kupieniem kwiatów nie było problemu (*lepiej*: nie było kłopotu). || *U Pol. (2), 186; Kl. Ależ 35, 90; KP Pras.; PJ 1965, 80.*

problemat *m IV, D.* problematu, *lm M.* problematy (*nie*: problemata) *przestarz.* «problem» || *U Pol. (2), 186.*

problematyczny *st. w.* bardziej problematyczny «wątpliwy, niepewny»: Problematyczne powodzenie. Problematyczna czystość.

problematyka (*wym.* problematyka, nie problematyka, p. akcent § 1c) *ż III, blm* «ogół problemów, zagadnień»: Problematyka współczesna, społeczna. □ P. czego: Problematyka językoznawstwa. Problematyka nauczania historii. △ Problematyka sztuki, utworu. △ Wyraz często nadużywany (*zamiast*: tematyka, ogół spraw). △ *niepoprawne* Problematyka zagadnienia (pleonazm). || *D Kult. II, 256.*

proboszcz

proboszcz *m II, lm M.* proboszczowie, *rzad.* proboszcze, *D.* proboszczów (skrót: prob.).

proboszczowski, *rzad.* **proboszczowy.**

probować p. próbować.

probówka, *reg.* **próbówka** *ż III, lm D.* probówek (próbówek). ‖ *GPK Por.* 62.

proc. «skrót wyrazu: *procent*, pisany z kropką, stawiany zwykle po wymienionej liczbie, czytany jako cały wyraz»: Potrącono mu 5 proc. (*wym.* procent) od zarobków.

proceder *m IV, D.* procederu «sposób postępowania, działania, zwłaszcza nieetyczny, niemoralny»: Ciągnąć zyski z niecnego procederu.

procent *m IV, D.* procentu, *lm M.* procenty (*nie*: procenta (skrót: proc.): Wysoki, lichwiarski procent. Żyć z procentów. □ P. od czego: Obliczyć procent a. procenty od zarobku, transakcji. Otrzymywać procenty od włożonej (pożyczonej) sumy. □ P. czego, kogo: Znaczny procent zanieczyszczeń. Mały procent uczniów drugorocznych. Znaczny procent ludzi ocalał (*nie*: ocalało). △ Pożyczać (komuś lub od kogoś) pieniądze na procent. △ Złożyć, umieścić, ulokować pieniądze na procent, *rzad.* na procencie. △ w *lm MDB.* (przy liczebnikach): procent: Dwa, trzy procent (*nie*: procenty). Pięć, dziesięć, sto procent (*nie*: procentów) normy. Dwa i pół procent. Pięć i trzy czwarte procent (*nie*: procentu, procenta). Oszacowano zniszczenia na pięćdziesiąt procent. *Ale*: Rozdano książki tylko dziesięciu procentom dzieci. Pięcioma procentami funduszu wszystkich nie obdzielisz. W dziewięćdziesięciu procentach mieszkała tam ludność polska. △ Na sto procent, w stu procentach «całkowicie, zupełnie» ‖ *U Pol.* (2), 408; *GPK Por.* 124; *KJP* 347.

procentowo (*nie*: procentualnie): Procentowo więcej chłopców niż dziewcząt. ‖ *D Kryt.* 81.

proces *m IV, D.* procesu, *lm M.* procesy (*nie*: procesa) 1. «sprawa sądowa»: Proces karny, cywilny, rozwodowy. Wytoczyć komuś proces. Wygrać, przegrać proces. Proces zbrodniarzy wojennych, bandytów, łapowników (*nie*: bandyci, łapowniczy). □ P. o co: Proces o pobicie, o alimenty. 2. «stopniowy rozwój, przebieg czegoś, fazy rozwojowe, zmiany po sobie następujące»: Proces fizjologiczny, chemiczny, gnilny. Proces krążenia węgla w przyrodzie. Proces gruźliczy. Proces produkcyjny. △ Wyraz nadużywany w języku potocznym, np.: Proces (*lepiej*: zjawisko) zmniejszania się pogłowia bydła (*albo*: Zmniejszanie się pogłowia bydła). Proces (*lepiej*: przebieg) malowania, odkurzania pomieszczeń (*albo*: malowanie, odkurzanie pomieszczeń). ‖ *Kl. Ależ* 25; *KP Pras.*

proch *m III, D.* prochu 1. «materiał wybuchowy»: Proch strzelniczy. Wysadzić coś prochem. 2. *książk.* (tylko w *lm*) «zwłoki ludzkie»: Prochy dziadów. Złożyć czyjeś prochy do grobu. 3. *reg.* (zwykle w *lm*) «drobne cząsteczki czegoś, pył, kurz»: Prochy herbaciane. Ścierać prochy z mebli. △ Zwroty używane w języku ogólnopolskim: Kruszyć, rozsypywać, rozbić się na proch. △ *książk.* Zetrzeć, rozbić kogoś na proch a. w proch «pokonać, zniszczyć kogoś całkowicie»: Zetrzeć na proch wojska nieprzyjaciela. ‖ *U Pol.* (2), 19.

producent *m IV, lm M.* producenci; *rzad.* wytwórca. ‖ *U Pol.* (2), 145.

produkcja *ż I, DCMs.* i *lm D.* produkcji 1. *blm* «wytwarzanie, wytwórczość»: Produkcja stali, maszyn, narzędzi, leków. △ Produkcja uboczna «wytwarzanie artykułów nietypowych dla danego zakładu w celu wykorzystania odpadów» 2. *blm* «produkty, wyroby»: Produkcja eksportowa a. produkcja na eksport. Wzrost produkcji. 3. (tylko w *lm*) *wych. z użycia* «widowisko sceniczne, estradowe»: Produkcje artystyczne, taneczne, teatralne, cyrkowe, szkolne.

produkcyjny «dotyczący produkcji, wytwórczy»: Umowa, narada produkcyjna. Brygada produkcyjna. △ Praca produkcyjna «działalność w dziedzinie produkcji» △ *niepoprawne* Błąd produkcyjny, nadwyżki produkcyjne (*zamiast*: Błąd, nadwyżki produkcji a. w produkcji). *Por.* produktywny.

produkować *ndk IV,* produkowaliśmy (p. akcent § 1a i 2) «wyrabiać, wytwarzać»: Produkować maszyny, kilimy, meble, samochody. □ P. bez dop.: Produkować więcej, lepiej, taniej. △ *niepoprawne* w zn. «uprawiać, hodować, otrzymywać z hodowli», np. Produkować (*zamiast*: uprawiać) zboże, produkować (*zamiast*: hodować) kwiaty.

produkować się (czasem z odcieniem ujemnym) «występować na scenie, estradzie; popisywać się»: W świetlicy produkowali się artyści z Warszawy. ‖ *D Kult. II, 309.*

produkt *m IV, D.* produktów, *lm M.* produkty (*nie*: produkta): Produkty przemysłowe, spożywcze, rolne, *rzad.* rolnicze. △ Produkt uboczny «części pozostałe przy produkcji czegoś»

*produktywność słowotwórcza p. neologizmy.

produktywny *st. w.* bardziej produktywny «dający dobre wyniki, korzyści, wydajny, płodny»: Praca produktywna. Pędy (roślin) produktywne. *Por.* produkcyjny.

prof. «skrót wyrazu: *profesor*, pisany z kropką, stawiany zwykle przed nazwiskiem lub przed imieniem i nazwiskiem, czytany jako cały, odmieniany wyraz»: Rozmawiać z prof. (*czyt.* profesorem) Kotarbińskim. △ w *lm*: Prof. Pigoń i prof. Sinko a. prof. prof. Pigoń i Sinko.

profan *m IV, lm M.* profani «laik, ignorant w jakiejś dziedzinie wiedzy»

profanator *m IV, lm M.* profanatorzy «ten, kto dopuścił się profanacji, znieważył coś»

profesja *ż I, DCMs.* i *lm D.* profesji *wych. z użycia* «fach, zawód, rzemiosło»: Profesja rzeźnika, piekarza.

profesjonalista *m odm. jak ż IV, CMs.* profesjonaliście, *lm M.* profesjonaliści, *DB.* profesjonalistów; *środ.* (*sport*) **profesjonał** *m IV, lm M.* ci profesjonałowie a. (z zabarwieniem ekspresywnym) te profesjonały «zawodowiec»

profesjonalny «zawodowy»: Literatura, muzyka profesjonalna. Tancerz profesjonalny.

profesor (*nie*: profesór) *m IV, lm M.* profesorowie, *rzad.* profesorzy (skrót: prof.) «samodzielny pracownik naukowy; wykładowca w wyższej zakładzie naukowym; zwyczajowy tytuł nauczyciela szkoły średniej»: Profesor uniwersytetu, politechniki, profesor liceum (*nie*: przy uniwersytecie, przy politech-

nice, przy liceum). Profesor filologii, fizyki, architektury (*nie*: od filologii, od fizyki, od architektury).
profesor *ż ndm* «o kobiecie wykładającej w wyższym zakładzie naukowym; zwyczajowo w bezpośrednich zwrotach do nauczycielki szkoły średniej», np. Czy pani profesor poprawi mi stopień? // *D Kult. I, 609, 729, 767; D Kryt. 49; GPK Por. 62; KJP 133—134, 211.*

profesorka *ż III, lm D.* profesorek *pot.* «nauczycielka szkoły średniej, w zwrotach bezpośrednich *częściej*: profesor (przez uczniów, zwłaszcza młodszych, zwykle bywa używana forma: pani profesorka)»: Profesorka języka polskiego, fizyki (*nie*: od języka polskiego, od fizyki). Jego matka jest profesorką liceum. *Ale*: Ona jest profesorem uniwersytetu. // *GPK Por. 104.*

profesorostwo *n III, DB.* profesorostwa, *Ms.* profesorostwu (*nie*: profesorostwie), *blm* «profesor z żoną»: Profesorostwo przyszli (*nie*: przyszło). *Por.* profesorstwo.

profesorowa *ż odm. jak przym., wych. z użycia* «żona profesora» △ *niepoprawne* w zn. «kobieta— profesor» // *U Pol. (2), 395; GPK Por. 103.*

profesorstwo *n III, D.* profesorstwa, *Ms.* profesorstwie *rzad.*, p. profesura (w zn. 1). *Por.* profesorostwo.

profesura *ż IV* 1. «stanowisko, tytuł, sprawowanie funkcji profesora»: Otrzymać, objąć profesurę. 2. *rzad., blm* «zespół profesorów»: Warszawska profesura.

profil *m I, D.* profilu, *lm D.* profilów, *rzad.* profili: Delikatny, ostry, wyrazisty profil. Obejrzeć, widzieć kogoś z profilu. Stać, ustawić profilem. △ Wyraz nadużywany w języku dziennikarskim, np.: Coś nie należy do profilu produkcji zakładu (*lepiej*: nie należy do zakresu produkcji danego zakładu). Profil (*lepiej*: charakter) pisma. Profil (*lepiej*: przekrój) epoki. // *D Kult. I, 126; U Pol. (2), 407; PJ 1965, 80.*

profilaktyka (*wym.* profilaktyka, *nie*: profilaktyka, p. akcent § 1c) *ż III, blm.*

profit *m IV, D.* profitu, zwykle *blm wych. z użycia*, dziś często *żart.* «dochód, zysk»: Mieć z czegoś profit.

progenitura *ż IV, blm przestarz., dziś żart.* «potomstwo, dzieci»: Doczekał się licznej progenitury. Progenitura sprawiała mu dużo kłopotów.

prognostyk *m III, D.* prognostyku (p. akcent § 1d), *lepiej*: przepowiednia, zapowiedź, wróżba: Kobieta z pustym wiadrem — to zły prognostyk! — żartował.

prognoza *ż IV* «zapowiedź, przewidywanie» □ P. czego (*nie*: na temat czego): Prognoza pogody. Prognoza przebiegu choroby. △ Wyraz nadużywany w języku dziennikarskim, np. Prognoza (*lepiej*: przewidywanie) wyniku połowów morskich. // *KP Pras.*

program *m IV, D.* programu: Program filmowy, radiowy. □ P. czego (*nie*: dla czego): Program zjazdu, obchodów, imprezy, zawodów sportowych, zajęć szkolnych. Bogaty (*nie*: szeroki) program. Według programu a. zgodnie z programem (np. prowadzić wykłady). Ułożyć, zaprojektować, wcielać w życie jakiś program. // *U Pol. (2), 188.*

programator *m IV, lm M.* programatorzy; a. **programista** *m odm. jak ż IV, lm M.* programiści. *DB.* programistów *środ.* «specjalista w zakresie programowania maszyn matematycznych»

programować *ndk IV,* programowaliśmy (p. akcent § 1a i 2) — **zaprogramować** *dk* 1. *lepiej*: planować, opracowywać program, np. Biuro programuje budowę obiektu (*lepiej*: opracowuje program budowy obiektu). 2. «w cybernetyce: układać programy obliczeń dla maszyn matematycznych» // *KP Pras.*

progresja *ż I, DCMs.* i *lm D.* progresji *książk.* «stopniowy wzrost, postęp (tylko w połączeniu z pojęciami abstrakcyjnymi)»: Progresja podatkowa.

progresywny, *rzad.* **progresyjny** «rozwijający się, wzrastający»: Podatek progresywny.

prohibicja *ż I, DCMs.* prohibicji, zwykle *blm* «zakaz produkcji i sprzedaży napojów alkoholowych»

prohibita *blp, D.* prohibitów: Biblioteczne, wydawnicze prohibita. Mieć dostęp do prohibitów.

projekt *m IV, D.* projektu, *lm M.* projekty (*nie*: projekta). □ P. czego (*nie*: dla czego, o czym): Projekt ustawy. Projekt budynku. Projekt zakazu doświadczeń z bronią jądrową. △ Przedstawić (*nie*: przedłożyć) projekt. □ P. co do kogo, czego: Snuli projekty co do przyszłości dzieci. // *D Kult. II, 97.*

projektant *m IV, lm M.* projektanci «specjalista opracowujący projekty w zakresie architektury, budownictwa»: Projektant opracował kosztorys budowy.

projektodawca *m odm. jak ż II, lm M.* projektodawcy, *DB.* projektodawców «ten, kto występuje z jakimś projektem, opracowuje jakiś projekt»: Czy projektodawca podtrzymuje swój projekt?

projektować *ndk IV,* projektowaliśmy (p. akcent § 1a i 2) □ P. co (*nie*: P. + bezokol.): Projektowali wczesne wydanie córki za mąż (*nie*: Projektowali wcześnie wydać córkę za mąż). Projektowali wyjazd do Zakopanego (*nie*: Projektowali wyjechać do Zakopanego).

proklamować *dk* a. *ndk IV,* proklamowaliśmy (p. akcent § 1a i 2) «ogłaszać, obwieszczać (coś społecznie ważnego)»: Rząd proklamował stan wyjątkowy. // *KP Pras.*

*proklityki to wyrazy jednosylabowe, nie mające samodzielnego akcentu, łączące się w całość akcentową z wyrazem, który następuje po nich. Należą do nich przyimki jednosylabowe i partykuła *nie*.
1. Przyimki jednosylabowe, np.: *bez, do, dla, nad, od, pod, u, na* — w połączeniach takich, jak: bez serca, do domu, dla ciebie, nad nami, od dawna, po dobremu, u stóp, na stos itd. — nie są akcentowane. △ Uwaga. **a)** W niektórych utartych połączeniach przyimka z jednosylabowym rzeczownikiem akcent pada na przyimek, np.: na dół, za mąż, za drzwi, raz po raz (czytać) na głos (*ale*: utwór na głos i orkiestrę), (pojechać) na wieś (*ale*: nalot na wieś Proszów). **b)** W połączeniach przyimków z jednosylabowymi zaimkami akcent pada zawsze na przyimek, np.: bez nas, dla nich, na nią, przy mnie, u niej.
2. Partykuła przecząca *nie* w połączeniu z dwusylabo-

wą lub wielosylabową formą czasownika, np.: nie damy, nie puścił, nie wiedział, nie chodźcie — nie jest akcentowana. △ Uwaga. W połączeniu *nie* z jednosylabową formą czasownika akcent pada zawsze na *nie*, np.: nie dam, nie miał, nie chodź. *Por.* akcent, enklityki.

Prokocim *m I, D.* Prokocimia, *Ms.* Prokocimiu «dzielnica Krakowa» — prokocimski.

Prokofjew (*wym.* Prokofjew) *m IV, D.* Prokofjewa (p. akcent § 7), *C.* Prokofjewowi, *N.* Prokofjewem (*nie*: Prokofjewym): Dzieła orkiestralne Sergiusza Prokofjewa.

prokurator *m IV, lm M.* prokuratorzy, *rzad.* prokuratorowie.
prokurator — o kobiecie, p. nazwy i tytuły zawodowe kobiet.

prokuratura *ż IV*: Prokuratura wojewódzka, powiatowa. △ Prokuratura Generalna. // *D Kult. I, 138; II, 59.*

prokurować *ndk IV*, prokurowaliśmy (p. akcent § 1a i 2) — **sprokurować** *dk*, czasem *żart.* «przygotowywać, sporządzać»: Prokurował naprędce jakiś posiłek. △ Wyraz nadużywany w prasie, zwłaszcza sportowej, stosowany często *niepoprawnie*, np.: Sprokurować (*zamiast*: strzelić) bramkę; prokurować (*zamiast*: powodować) niebezpieczną sytuację na boisku itp.

prolegomena (*wym.* prolegomena) *blp, D.* prolegomenów (p. akcent § 7): Prolegomena do teorii poznania.

proletariat *m IV, D.* proletariatu, *C.* proletariatowi, *blm*: Proletariat miejski, wiejski. Dyktatura proletariatu. △ W nazwach dużą literą: Proletariat **a)** «pierwsza polska partia robotnicza» **b)** «pismo tej partii»

proletariatczyk *m III, lm M.* proletariatczycy «członek pierwszej polskiej partii robotniczej — Proletariatu»

proletariusz *m II, lm D.* proletariuszy, *rzad.* proletariuszów «człowiek należący do proletariatu»

prolongować (*wym.* prolongować) *ndk IV*, prolongowaliśmy (p. akcent § 1a i 2) — **sprolongować** *dk*: Prolongować weksel, legitymację, termin. // *D Kult. I, 818.*

prometejski a. **prometeuszowy** (*wym.* promete-uszowy) «właściwy Prometeuszowi» △ *przen., podn.* Bunt prometejski. Prometejskie (prometeuszowe) porywy.

promieniotwórczość *ż V, blm*; in. radioaktywność. // *D Kult. II, 417.*

promieniotwórczy, in. radioaktywny: Pierwiastki, substancje promieniotwórcze. // *D Kult. II, 417.*

promieniować *ndk IV*, promieniowaliśmy (p. akcent § 1a i 2): Rad promieniuje. □ P. czym: Piec promieniował ciepłem. △ *przen.* Promieniować humorem, energią. △ *rzad.* P. co: Ziemia promieniuje ciepło na zewnątrz.

promieniowy przym. od promień: Przekrój promieniowy (drzewa).

promienisty 1. «rozchodzący się tak jak promienie»: Promienisty układ ulic. Kwiaty promieniste. Ostrołuk promienisty (w architekturze gotyckiej). **2.** «pełen promieni, blasku, jasności; lśniący, błyszczący, świecący; promieniujący»: Promieniste słońce. △ *fiz.* Energia promienista (a. promienna).

Promieniści *blp*, odm. jak przym. *hist.* «związek młodzieży akademickiej, założony w 1820 r. w Wilnie»: Założycielem związku Promienistych był Tomasz Zan.

promienny «lśniący, błyszczący, promieniejący; promieniujący»: Promienny ranek. △ *często w przen.* Promienny uśmiech. △ *fiz.* Energia promienna (a. promienista).

promień *m I, lm D.* promieni (*nie*: promieniów): Promień światła, słońca. □ W promieniu czego a. jakim «w pewnej odległości wokół danego miejsca»: W promieniu dwóch kilometrów nie było widać ludzkich zabudowań.

promil *m I, D.* promila; przy liczebnikach *ndm* w *MDB. lm* (z wyjątkiem liczebników ułamkowych); a. **promille** *n ndm*: Roztwór zawierał pół promila (promille) alkoholu. Pięć, dwa, sto promil (*nie*: promili), *rzad.* promille (*ale*: Zadowolił się kilkoma promilami zysku).

prominent *m IV, Ms.* prominencie, *lm M.* prominenci *książk.* «osoba wyróżniająca się w jakimś środowisku»: Prominenci małego miasteczka. Prominenci świata filmowego. △ Używane z odcieniem ujemnym w języku więźniów hitlerowskich obozów koncentracyjnych.

prominentny *lepiej*: wybitny, przodujący, np. Prominentni (*lepiej*: wyróżniający się) absolwenci będą nagradzani. // *KP Pras.*

promocja *ż I, DCMs.* i *lm D.* promocji: Uczeń dostał promocję do następnej klasy. □ P. jaka a. czyja, na kogo, na co (na jakiś stopień) «przyznanie tytułu naukowego lub wojskowego»: Promocja doktorska, oficerska a. promocja na (stopień) doktora, na (stopień) oficera.

promotor *m IV* **1.** *lm M.* promotorzy «profesor kierujący pracą doktoranta»: Moim promotorem był profesor Kowalski. Promotorzy współdziałają z radami naukowymi wyższej uczelni. **2.** *lm M.* promotorzy *książk.* «projektodawca, inicjator»: Był promotorem budowy szkoły we wsi. **3.** *lm M.* promotory *chem.* «aktywator»

Pronaszko *m* odm. jak *ż III, lm M.* Pronaszkowie, *DB.* Pronaszków.
Pronaszko *ż ndm* — Pronaszkowa *ż* odm. jak przym. — Pronaszkówna *ż IV, D.* Pronaszkówny, *CMs.* Pronaszkównie (*nie*: Pronaszkównej), *lm D.* Pronaszkówien.

propaganda *ż IV*, zwykle *blm*: Propaganda muzyczna a. propaganda muzyki. Propaganda czytelnictwa. △ Propaganda na rzecz kogoś, czegoś (*nie*: za kimś, za czymś). Wroga, szeptana propaganda. Rozwijać, uprawiać, *pot.* robić propagandę.

propagandysta a. **propagandzista** *m* odm. jak *ż IV, lm M.* propagandyści (propagandziści), *DB.* propagandystów (propagandzistów) «osoba zajmująca się zawodowo propagandą» // *U Pol.* (2), 100, 193.

propagator *m IV, lm M.* propagatorzy «krzewiciel, głosiciel pewnych haseł»: Propagator idei „sztuka dla sztuki". // *U Pol. (2),194.*

propedeutyczny *(wym.* propede-utyczny): Kształcenie propedeutyczne.

propedeutyka *(wym.* propedeu-tyka, *nie:* propedeu-tyka, p. akcent § 1c) *ż III,* zwykle *blm*: Propedeutyka filozofii.

proponować *(nie:* preponować) *ndk IV,* proponowaliśmy (p. akcent § 1a i 2) — **zaproponować** *dk* ☐ P. (komu) co: Proponować komuś spacer. Proponował jej rozwód *(nie:* rozwieść się) z mężem. ☐ P. + bezokol. (używane bez dopełnienia dalszego w wypadkach, kiedy proponowana czynność ma objąć także proponującego): Jeden z radnych zaproponował nazwać nową ulicę aleją Gagarina. △ Proponuję pójść do kina (tj. proponuję, żebyśmy poszli do kina). // *Pĵ 1966, 240.*

proporcjonalny ☐ P. do czego *(nie:* względem czego): Wydatki proporcjonalne do zarobków.

proporzec *m II, D.* proporca, *lm D.* proporców *(nie:* proporcy).

propozycja *(nie:* prepozycja) *ż I, DCMs.* i *lm D.* propozycji. ☐ P. czego: Propozycja kupna, sprzedaży, wyjazdu. △ Zrobić, uczynić *(nie:* podać, przedłożyć) komuś propozycję. Mieć, otrzymać, przyjąć propozycję. △ Odrzucić czyjąś propozycję *(nie:* odmówić czyjejś propozycji). △ *niepoprawne* w zn. «pomysł, koncepcja», np. Propozycje *(zamiast:* koncepcje) metodologiczne autora rozprawy.

proscenium *n VI, lm M.* proscenia, *D.* prosceniów; in. przedscenie.

prosiak *m III pot.* a. *reg.* «prosię»

I prosić *ndk VIa,* proszę, prosimy, prosiliśmy (p. akcent § 1a i 2) △ Czasownik ten dziś łączy się zwykle z biernikiem; wyłącznie dawniej stosowana konstrukcja dopełniaczowa pozostała jedynie w zwrotach z dopełniaczem cząstkowym i w zwrotach grzecznościowych. ☐ P. kogo, co: Prosić koleżankę do telefonu. Prosić całą rodzinę na obiad. ☐ P. o co, *rzad.* czego: Prosić o pomoc *(rzad.* pomocy). ☐ Prosić o przyjęcie pieniędzy *(nie:* prosić przyjąć pieniądze). Prosić o chleb, o wodę, o chwilę rozmowy, o wyjaśnienie czegoś. △ Prosić o czyjąś rękę «oświadczyć się o kogoś» ☐ P. czego (dopełniacz cząstkowy): Proszę chleba, mleka. △ Z dopełniaczem w tradycyjnych zwrotach grzecznościowych: Proszę pani *(nie:* panią). Proszę pani, która godzina? — *ale:* proszę panią o papierosa. Proszę pań. Proszę mamy. Proszę Wysokiego Sądu. Proszę państwa *(nie:* państwo) do stołu. ☐ P. kogo (żeby coś zrobił, *rzad.* coś zrobić): Proszono nas siadać (a. żebyśmy usiedli). △ Proszę **a)** «(z intonacją pytającą) forma oznaczająca prośbę o powtórzenie wypowiedzianych słów albo gotowość podjęcia rozmowy; grzeczniej niż: *co? (nie:* co proszę?)»: Proszę? — O co panu chodzi? **b)** «zaproszenie do wejścia»: Na pukanie do drzwi odpowiedziano: Proszę! △ Prosić za kimś «wstawiać się za kimś»
prosić się *pot.* «prosić; usilnie prosić»: Jak jesteś taki nieuczynny, to się już nie będę ciebie o nic prosił. △ Coś (aż) się prosi o coś «coś wymaga uzupełnienia czymś, zrobienia czegoś»: W pokoju aż prosiło

się o posprzątanie. // *D Kult. I, 128;* *D Myśli 95;* *KP Pras.;* *KĵP 305, 312;* *Pĵ 1966, 424;* *U Pol. (2), 181, 323, 381.*

II prosić, *częściej* **prosić się** *ndk VIa,* prosiłaby (się) — (p. akcent § 4c) «o samicy świni, dzika: rodzić, wydawać na świat potomstwo»

prosię *n IV, D.* prosięcia, *lm M.* prosięta, *D.* prosiąt. // *U Pol. (2), 31.*

prospekt *m IV, D.* prospektu, *lm M.* prospekty *(nie:* prospekta).

prosperować *ndk IV,* prosperowaliśmy (p. akcent § 1a i 2), *lepiej:* dobrze, świetnie itp. się rozwijać, np. Przedsiębiorstwo prosperuje *(lepiej:* rozwija się) świetnie.

prostaczek *m III, D.* prostaczka, *lm M.* ci prostaczkowie a. (z silniejszym zabarwieniem ekspresywnym) te prostaczki.

prostak *m III, lm M.* ci prostacy a. (z silniejszym zabarwieniem ekspresywnym) te prostaki: Mieć wygląd prostaka. Wyglądać na prostaka. Uchodzić za prostaka.

prosto *st. w.* prościej ☐ P. od czego, z czego «wprost, bezpośrednio; od razu (po czymś)»: Mleko prosto od krowy. Ciasto prosto z pieca. Przyjdź do domu prosto z pracy. △ Prosto z mostu «bez wstępów, bez ogródek»: Wypalić komuś prawdę prosto z mostu. △ *niepoprawne* w zn. «całkiem, zupełnie; po prostu», np. To szalony chłopak, prosto *(zamiast:* po prostu) wariat.

prosto- «pierwszy człon wyrazów złożonych wskazujący na to, że to, o czym mówi druga część złożenia, jest proste», np.: prostoliniowy, prostowłosy.

prostodusznie *st. w.* prostoduszniej: Był prostodusznie naiwny.

prostoduszny *m-os.* prostoduszni: Prostoduszna szczerość. Prostoduszni ludzie.

prostokąt *m IV, D.* prostokąta. // *D Kult. I, 587.*

prostolinijny 1. *m-os.* prostolinijni «prosty, uczciwy, prawy»: Prostolinijny charakter. Był szlachetny i prostolinijny. **2.** p. prostoliniowy.

prostoliniowy «biegnący wzdłuż linii prostej; *rzad.* prostolinijny»: Prostoliniowy ruch ciała na płaszczyźnie.

prostować p. sprostować.

prosty *m-os.* prości, *st. w.* prostszy *(nie:* prościejszy): Linia prosta. Prosty jak świeca. Droga prosta jak strzelił. Proste zadanie do rozwiązania. △ Prosty człowiek «człowiek niewykształcony, nieobyty»
po prostu a) «wprost, zwyczajnie, bezpośrednio»: Opowiadał po prostu i naturalnie. **b)** «mówiąc wprost, otwarcie, szczerze»: Ten chłopak to po prostu leń.
prosta w użyciu rzeczownikowym «linia prosta»
prosty w użyciu rzeczownikowym *sport.* Lewy prosty, prawy prosty (skrótowo: prosty) «w boksie: cios zadany lewą (prawą) ręką wyprostowaną w łokciu»

proszek *m III* **1.** *D.* proszku «drobno roztarta substancja»: Mleko w proszku. ☐ P. do czego: Proszek do ciasta, do zębów, do pieczenia, do prania. ☐ P. na co: Proszek na pchły. **2.** *D.* proszku a.

proszka «sproszkowane lekarstwo, zwykle w tabletce» □ P. na co (gdy się wymienia chory narząd lub stan, który się chce osiągnąć): Proszki na serce (a. nasercowe). Proszek na sen, na uspokojenie. □ P. od czego, *rzad.* na co (gdy się wymienia dolegliwość): Proszek od (*nie*: do) bólu głowy (*rzad.* na ból głowy). □ P. przeciw czemu (gdy się wymienia dolegliwość): Proszki przeciw grypie. // *PJ 1965, 413.*

proszony imiesł. bierny od czas. I prosić. △ Proszony obiad, proszona kolacja «obiad, kolacja, na które ktoś został zaproszony» △ Chodzić po proszonym (chlebie) «żebrać»

Proszowice *blp, D.* Proszowic «miasto» — proszowicki (p.), *reg.* proszowski (p.).

proszowicki: Powiat proszowicki (*ale*: Płaskowyż Proszowicki). // *D Kult. I, 576.*

proszowski przym. od Proszów i Proszowice (jako przym. od: Proszowice — wyraz używany tradycyjnie przez ludność tego miasta i okolic): Zabytki proszowskie (*ale*: Ziemia Proszowska). // *D Kult. I, 576; U Pol. (2), 554.*

Proszów *m IV, D.* Proszowa, *C.* Proszowowi (*ale*: ku Proszowowi a. ku Proszowu) «miejscowość» — proszowski.

prośba *ż IV, lm D.* próśb □ P. o co (*nie*: czego): Prośba o chleb, o wizytę. □ P. za kim, czym «wstawiennictwo w czyjejś, w jakiejś sprawie» △ Przychylić się do czyjejś prośby. Mieć do kogoś prośbę. Wnieść, przedstawić prośbę. Robić coś na czyjąś (na własną) prośbę. Przyjść, wystąpić, zwrócić się do kogoś z prośbą. △ Chodzić po prośbie «żebrać»

protekcja *ż I, DCMs.* i *lm D.* protekcji: Mieć protekcję. Osiągnąć coś przez protekcję. Szukać u kogoś protekcji.

protekcjonalny «lekceważąco wyniosły»: Protekcjonalny ton.

protekcyjny 1. «stosujący politykę protekcji (zwłaszcza w stosunkach ekonomiczno-przemysłowych»: Protekcyjne stosunki celne. **2.** *rzad.* p. protekcjonalny. **3.** «załatwiony, uzyskany dzięki protekcji»: Protekcyjne przyjęcie do pracy.

protektor *m IV* **1.** *lm M.* protektorzy a. protektorowie «ten, kto proteguje, popiera kogoś, coś»: Protektor sztuki. **2.** zwykle *blm* «metal używany do ochrony przed korozją» **3.** *lm M.* protektory, zwykle w *lm* «występy na grzbiecie opony (bieżniku) zapobiegające ślizganiu się koła»: Koła samochodu miały zdarte protektory.

protektorat *m IV, D.* protektoratu, w zn. «opieka, nadzór honorowy»: Zjazd pod protektoratem ministra. □ P. nad czym: Objąć protektorat nad wystawą malarstwa.

protest *m IV, D.* protestu, *lm M.* protesty: Wystąpić z protestem (z protestami). Znosić przykrości bez protestu. Odezwały się głosy protestu (protestów). Wystosować protest do kogoś. Wnieść, założyć protest. □ P. przeciw komu, czemu: Protest przeciw najeźdźcy, przeciw przemocy, gwałtom. △ *praw.* Protest weksla (a. skrótowo: protest).

protestacyjny: Wiec, strajk protestacyjny (*nie*: protestujący).

protestantyzm *m IV, D.* protestantyzmu, *Ms.* protestantyzmie (*wym.* ~yzmie a. ~yźmie), *blm.*

protestować *ndk IV,* protestowaliśmy (p. akcent § 1a i 2) — **zaprotestować** *dk* □ P. przeciw komu, czemu: Protestować przeciw zaborcom, przeciw zbrojeniom. △ *praw.* Protestować weksel «stwierdzać urzędowo niewykupienie weksla w terminie» // *D Kult. I, 442.*

proto- «pierwszy człon wyrazów złożonych, oznaczający pierwszeństwo w czasie, kolejności, stanowisku itp. tego, o czym mówi drugi człon wyrazu; przed-; najdawniejszy, początkowy, pierwszy, pierwotny», np.: protogwiazdy, protorenesans, Protobułgarzy, prototyp.

protokolant, *reg.* **protokólant** *m IV, lm M.* protokolanci (protokólanci).

protokolarny, *reg.* **protokólarny:** Dokument protokolarny.

protokołować, *reg.* **protokółować** *ndk IV,* protokołowaliśmy, protokółowaliśmy (p. akcent § 1a i 2) — **zaprotokołować,** *reg.* **zaprotokółować** *dk.*

protokół (*nie*: protokoł) *m IV, D.* protokołu (w *wym. reg.* także: protokółu): Dokładny, szczegółowy protokół. Protokół zdawczo-odbiorczy. Protokół posiedzenia, rozprawy sądowej. Spisać protokół. Zeznania do protokołu. □ P. czego (*nie*: z czego): Protokół obrad, konferencji. // *D Kult. I, 772; II 98, 588; KJP 169; PJ 1969, 231.*

protoplasta *m odm. jak ż IV, lm M.* protoplaści, *DB.* protoplastów: Protoplasta rodu.

Proudhon (*wym.* Prudą) *m IV, D.* Proudhona (*wym.* Prudona, p. akcent § 7): Koncepcje społeczne Proudhona.

Proust (*wym.* Prust) *m IV, D.* Prousta (*wym.* Prusta), *Ms.* Prouście: Pisał rozprawę o Prouście.

prowadzenie *n I* **1.** rzecz. od czas. prowadzić △ *sport.* Objąć prowadzenie, wyjść na prowadzenie «wysunąć się (w grze, w wyścigu) na pierwsze miejsce; przodować» **2. a.** prowadzenie się «postępowanie, sprawowanie, sposób życia»: Dobre, złe prowadzenie (się). △ *wych. z użycia* Kobieta lekkiego prowadzenia.

prowadzić *ndk VIa,* prowadzimy, prowadziliśmy (p. akcent § 1a i 2): Prowadzić matkę pod ramię, pod rękę. Prowadzić krowę na powrozie. △ Prowadzić spór a. spory o coś. Prowadzić jakieś życie a. jakiś tryb życia. □ P. co «realizować coś, kierować czymś»: Prowadzić badanie (badania) = badać. Prowadzić dyskusję = dyskutować. Prowadzić handel = handlować. △ Wyraz nadużywany, zwłaszcza w prasie, np. Prowadzić uszczelnianie okien (*zamiast*: uszczelniać okna). △ *niepoprawne* w zn. «sprzedawać, mieć na sprzedaż jakiś towar», np. Sklep prowadzi (*zamiast*: sprzedaje) wyroby tytoniowe. □ P. do czego, na co, w co itp.: Droga prowadzi do lasu, w górę. Ścieżka prowadzi w głąb parku, na szczyt góry. △ *przen.* Marnotrawstwo prowadzi do nędzy. △ (Coś) do niczego nie prowadzi «mija się z celem, nie osiąga skutku» △ *niepoprawne* Rola prowadząca w sztuce, postać prowadząca (w utworze) itp. (*zamiast*: Główna rola..., główna, czołowa postać...). // *D Kult. I, 448.*

Prowansja (*nie*: Prowancja) *ż I, DCMs*. Prowansji «kraina we Francji» — Prowansalczyk *m III, lm M*. Prowansalczycy — Prowansalka *ż III, lm D*. Prowansalek — prowansalski (*nie*: prowancki, prowanski).

proweniencja *ż I, DCMs*. i *lm D*. proweniencji *przestarz., książk*. «pochodzenie»

prowidować p. zaprowidować.

prowincja *ż I, DCMs*. i *lm D*. prowincji; *blm* w zn. «część kraju, małe miasto, wieś itp. oddalone od ośrodków kulturalnych, od stolicy»: Głęboka, głucha, zapadła prowincja. Mieszkać na prowincji. Przenieść się na prowincję.

prowincjał *m IV, lm M*. ci prowincjałowie **1.** «zwierzchnik klasztorów danej prowincji» **2.** *lm M*. także: te prowincjały *rzad., żart.*, p. prowincjusz.

prowincjonalizm (*nie*: prowincjalizm) *m IV, D*. prowincjonalizmu, *Ms*. prowincjonalizmie (*wym*. ~izmie a. ~iźmie) **1.** «wyraz lub zwrot będący właściwością pewnego obszaru, kraju, regionu» **2.** *blm* «prowincjonalność, parafiańszczyzna»: Ich maniery trącą prowincjonalizmem.

*prowincjalizmy p. regionalizmy.

prowincjonalny (*nie*: prowincjalny) *m-os*. prowincjonalni: Moda prowincjonalna. Prowincjonalny donżuan. // *D Kult. II, 411 ; Pℑ 1962, 375*.

prowincjusz *m II, lm D*. prowincjuszy, *rzad*. prowincjuszów *pot*. «ten, kto mieszka na prowincji; człowiek nie mający miejskiej ogłady; *rzad*. prowincjał»

prowizorium *n VI, lm M*. prowizoria, *D*. prowizoriów: To nie jest definitywne załatwienie sprawy, to tylko prowizorium.

prowizorka *ż III, lm D*. prowizorek *pot*. «coś tymczasowego, prowizorycznego»

prowizoryczny «tymczasowy»: Do czasu wykończenia mieszkań pracownicy mieszkali w prowizorycznych barakach.

prowodyr *m IV, lm M*. prowodyrowie a. prowodyrzy *pogard*. «przywódca»: Prowodyr bandy, szajki, kliki.

prowokować *ndk IV*, prowokowaliśmy (p. akcent § 1a i 2) — **sprowokować** *dk* □ P. kogo «drażnić, wyzywać»: Nie był winien — tamci go ciągle prowokowali. □ P. co «umyślnie wywoływać czyjąś określoną reakcję»: Swym zachowaniem sprowokował awanturę.

proza *ż IV, blm*: Proza literacka. Dzieła pisane prozą. Język prozy. △ *przen*. Proza życia. // *D Kult. I, 443*.

prozaiczny (*wym*. proza-iczny) **1.** «pisany prozą»: Utwór prozaiczny. **2.** *m-os*. prozaiczni, *st. w*. prozaiczniejszy a. bardziej prozaiczny «pospolity, powszedni»: Ma prozaiczną naturę. Prozaiczni ludzie.

prozaik *m III, D*. prozaika (*nie*: prozaika; p. akcent § 1d): Wolał czytywać prozaików niż poetów.

prozator *m IV, lm M*. prozatorzy; *lepiej*: prozaik.

prozatorski (*lepiej*: prozaiczny): Utwór prozatorski (*lepiej*: prozaiczny). Talent prozatorski (*lepiej*: talent prozaika).

Prozerpina (*nie*: Proserpina) *ż IV ;* in. Persefona.

próba (*nie*: proba) *ż IV* : Poddać próbie (próbom). Przechodzić, przejść próbę (próby) a. przez próbę (próby). Być na próbie. Odbywać próbę (próby). △ Wystawić kogoś na próbę «chcieć sprowokować czyjąś określoną, oczekiwaną reakcję» △ Na próbę, tytułem próby «w celu przekonania się o czymś» □ P. kogo, czego (*nie*: dla kogo, dla czego; z kim, z czym): Próba maszyny, mostu. Próba siły, sprawności. △ *przen*. Próba charakteru, nerwów. △ Próba sztuki, opery, baletu. △ Próba ratowania życia (*nie*: dla ratowania życia). Próba odszukania sprawcy (*nie*: z odszukaniem sprawcy) nie powiodła się. Próba zawodników (*nie*: z zawodnikami) przed startem. □ P. (czego, *nie*: jaka) — na co (gdy się wymienia właściwość, którą ma się za pomocą próby zbadać): Próba na wytrzymałość a. wytrzymałości (*nie*: wytrzymałościowa) materiału. Próba metalu na zginanie.

próbować (*reg*. **probować**) *ndk IV*, próbowaliśmy (p. akcent § 1a i 2) **1.** «kosztować, smakować coś» □ P. czego: Próbować potraw, zupy, wina. **2.** «poddawać próbie» □ P. co, *rzad*. czego (jeżeli dopełnieniem jest rzeczownik abstrakcyjny): Próbować ostrość (a. ostrości) brzytwy (*ale* tylko: Próbować podstępu, różnych sposobów). □ P. co (tylko z biernikiem, jeżeli dopełnienie jest rzeczownikiem konkretnym): Próbować brzytwę, auto, maszynę. **3.** «usiłować, starać się» □ P. +bezokol.: Próbowała zmienić tryb życia. // *D Kult. I, 129*.

próbówka p. probówka.

próchniczny a. **próchnicowy** «zawierający próchnicę»: Gleba próchniczna (próchnicowa).

próchniczy «związany z próchnicą — procesem próchnienia»: Zmiany próchnicze w zębach.

próchno *n III*, zwykle w *lp; lm* (*rzad.*) *D*. próchen.

prócz p. oprócz.

próg *m III, D*. progu, *rzad*. proga: Siedział na progu chaty. △ *podn*. Przekroczyć, przestąpić progi czegoś a. czyjeś progi «wejść do środka jakiegoś (czyjegoś) pomieszczenia; odwiedzić kogoś» △ *podn*. Wejść, wstąpić w czyjeś progi «złożyć komuś wizytę, odwiedzić kogoś» △ Nie wyjść, nie wychylić się, nie pozwolić wyjść (ani) za próg «nie opuścić pomieszczenia, nie wyjść nigdzie; nie pozwolić na wyjście» △ Na progu, u progu czegoś «na początku, na wstępie do czegoś»: Stoimy u progu nowego życia. △ Za progiem, tuż za progiem «niedaleko, bardzo blisko»: Zima (tuż) za progiem.

próżnia (*nie*: próżnia) *ż I, DCMs*. i *lm D*. próżni △ Mówić, pisać w próżnię; padać, trafiać w próżnię itp. «mówić, pisać nie spodziewając się odpowiedzi; nie znajdować oddźwięku» △ Wisieć, być zawieszonym w próżni «nie mieć łączności z czymś, być izolowanym od czegoś» △ Zawisnąć w próżni «stracić możliwość realizacji; spełznąć na niczym»: Plany urlopowe zawisły w próżni.

próżniaczysko *m a. n* odm. jak *n II, M*. to a. ten próżniaczysko, *lm M*. te próżniaczyska, *D*. próżniaczysk a. próżniaczysków, *B.* te próżniaczyska a. tych próżniaczysków.

próżniak (*nie*: próźniak) *m III* **1.** *lm M.* ci próźniacy (tylko o mężczyznach) a. (z silniejszym zabarwieniem ekspresywnym) te próżniaki (także o kobietach) «leń, nierób» **2.** *lm M.* te próżniaki *rzad.* «rodzaj cegły; pustak»

próżno *książk.* «na próżno; daremnie, bez skutku»: Próżno szukał — nic nie znalazł.

próżnostan *m IV, D.* próżnostanu; a. **próżnostanie** *n I*; in. pustostan, *lepiej*: niezasiedlanie mieszkań; nie zajęte mieszkanie. || *D Kult.* I, 491.

próżny (*nie*: próżny) *m-os.* próżni, *st. w.* próżniejszy a. bardziej próżny **1.** «niczym nie wypełniony; *częściej*: pusty △ Przyjść, odejść itp. z próżnymi rękami «nic nie przynieść, nic nie otrzymać» **2.** «dbający o pozory, chełpliwy, pyszałkowaty»: Próżna dziewczyna. Próżni ludzie.
próżne w użyciu rzeczownikowym, tylko w *pot.* zwrocie: Przelewać z pustego w próżne «wypowiadać zdania pozbawione treści, prowadzić jałową rozmowę, dyskusję»

Prudnik *m III, D.* Prudnika «miasto i rzeka» — prudniczanin *m V, D.* prudniczanina, *lm M.* prudniczanie, *D.* prudniczan — prudniczanka *ż III, lm D.* prudniczanek — prudnicki.

Prus *m IV*, zwykle w *lm, M.* Prusowie «przedstawiciel dawnego ludu bałtyckiego»: Plemiona dawnych Prusów. — pruski (p.).

prusacki *pogard.* «pruski»: Prusacki dryl.

Prusak *m III* **1.** *lm M.* Prusacy «Niemiec — mieszkaniec Prus»
2. prusak, *lm M.* prusaki; in. francuz «rodzaj owada»

pruski przym. odpowiadający rzeczownikom Prus, Prusak, Prusy: Plemiona pruskie. Junkrowie pruscy. Zabór pruski (*ale*: Nizina Pruska).

Prusy *blp, D.* Prus, *Ms.* Prusach «kraina i dawne państwo»: Prusy Wschodnie, Zachodnie. — Prus (p.) — Prusak (p.) — Prusaczka *ż III, lm D.* Prusaczek — pruski (p.) — prusacki (p.).

Pruszków *m IV, D.* Pruszkowa, *C.* Pruszkowowi (*ale*: ku Pruszkowowi a. ku Pruszkowu) «miasto» — pruszkowianin *m V, D.* pruszkowianina, *lm M.* pruszkowianie, *D.* pruszkowian — pruszkowianka *ż III, lm D.* pruszkowianek — pruszkowski.

Prut *m IV, D.* Prutu «rzeka w ZSRR i Rumunii»

prychać *ndk I*, prychaliśmy (p. akcent § 1a i 2) — **prychnąć** *dk Va*, prychnąłem (*wym.* prychnołem; *nie*: prychnęłem, prychłem), prychnął (*wym.* prychnoł), prychnęła (*wym.* prychnęła; *nie*: prychła), prychnęliśmy (*wym.* prychnęliśmy; *nie*: prychliśmy) **1.** «parskać»: Prychał jak źrebak. □ P. czym: Koń prychał wodą. **2.** *pot., rzad.* «mówić coś opryskliwie, niegrzecznie; fukać»: Prychnął ze złością: — Dajcie mi spokój.

prycza *ż II, lm D.* prycz a. pryczy.

prym *m IV, D.* prymu, *blm przestarz.* «pierwszeństwo» △ dziś żywe w zwrotach: Dzierżyć, wieść, *rzad.* mieć, trzymać w czymś prym: Ta energiczna i inteligentna grupa wiodła prym w całej klasie.

prymadonna p. primadonna.

prymaprylis p. prima aprilis.

prymariusz *m II, lm D.* prymariuszy a. prymariuszów *reg.* «ordynator»

prymas *m IV, lm M.* prymasi a. prymasowie.

prymat *m IV, D.* prymatu, *blm* «pierwszeństwo, przewaga»: Prymat łaciny w życiu kulturalnym średniowiecza. △ Wyraz nadużywany w prasie, np. Prymat (*lepiej*: pierwszeństwo) w hodowli bydła. || *KP Pras.*

prymityw *m IV* **1.** *D.* prymitywu, *lm M.* prymitywy «niski poziom czegoś; utwór prymitywny»: Prymityw techniczny. Prymitywy ludowe. **2.** *D.* prymitywa, *lm M.* prymitywi «człowiek prymitywny»: Rzeźby góralskich prymitywów.

prymitywista *m odm. jak ż IV, lm M.* prymitywiści, *DB.* prymitywistów *rzad.* «artysta tworzący w duchu prymitywizmu, zwolennik prymitywizmu w sztuce»

prymitywizm *m IV, D.* prymitywizmu, *Ms.* prymitywizmie (*wym.* ~izmie a. ~iźmie), *blm*: Prymitywizm myślenia.

prymula *ż I, lm D.* prymul a. prymuli; a. **prymulka** *ż III, lm D.* prymulek (używane w odniesieniu do gatunków hodowanych, zwłaszcza doniczkowych); in. pierwiosnek (w odniesieniu do gatunków rosnących dziko).

prymus *m IV* **1.** *DB.* prymusa, *lm M.* ci prymusi a. te prymusy, *lm DB.* prymusów «najlepszy uczeń» **2.** *D.* prymusa a. prymusu, *lm MB.* prymusy «maszynka do gotowania»: Prymus naftowy, spirytusowy. Kupili nowy prymus. || *KJP 177, 203.*

pryncypalny *m-os.* pryncypalni *przestarz., książk.* «najważniejszy, główny»: Pryncypalna ulica miasta. △ *niepoprawne* w zn. «zasadniczy, podstawowy», np. Pryncypalna (*zamiast*: podstawowa) ustawa. *Por.* pryncypialny.

pryncypał *m IV, lm M.* pryncypałowie *przestarz., żart.* «zwierzchnik, szef»

pryncypialny *m-os.* pryncypialni «trzymający się zasad, kierujący się nimi; zasadniczy»: W swoich poglądach był niezłomnie pryncypialny. Pryncypialne (*lepiej*: zasadnicze) stanowisko w jakiejś sprawie. △ *niepoprawne* w zn. «główny, pryncypalny», np. Pryncypialna (*zamiast*: główna) ulica. || *Pŷ 1968, 412.*

prynuka *ż III reg.* «natarczywe zapraszanie do jedzenia i picia; przymuszanie, zachęta»

Prypeć *ż V* «rzeka w ZSRR» — prypecki.

prysiud *m IV, D.* prysiudu, zwykle w *lm reg.* «przysiady w tańcach ludowych»: Iść, puścić się w prysiudy.

pryskać *ndk I*, pryskaliśmy (p. akcent § 1a i 2) — **prysnąć** *dk Va* a. *Vc*, prysnąłem (*wym.* prysnołem; *nie*: prysnełem, pryskłem), prysnął (*wym.* prysnoł) a. prysł, prysnęła (*wym.* prysnęła) a. prysła, prysnęliśmy (*wym.* prysnęliśmy; *nie*: pryśliśmy) **1.** «rozrzucać w różne strony krople czegoś» □ P. czym: Prysnął mu wodą w twarz. **2.** «wylatywać dokoła w postaci kropel» □ P. bez dop.: Błoto pryska spod kół samochodów. **3.** *pot.* «uciekać»: Chłopcy prvsnęli w las. || *U Pol. (2)*, *427*.

pryszcz *m II, D.* pryszcza, *lm D.* pryszczów a. pryszczy.

prysznic *m II, D.* prysznicu a. prysznica: Brać (gorący, zimny) prysznic.

prywaciarz *m II, lm D.* prywaciarzy a. prywaciarzów; *rzad.* **prywatniak** *m III, lm M.* prywatniacy *pot.* «prywatny przedsiębiorca, rzemieślnik, kupiec itp.»

prywata *ż IV*, zwykle *blm przestarz., książk.* «kierowanie się tylko własnym interesem bez względu na dobro społeczne»: Troska większości o dobro społeczne wzięła górę nad prywatą jednostek.

prywatny *m-os.* prywatni: Prywatna sprawa. Własność prywatna. Prywatny lekarz, nauczyciel. △ *pot.* Prywatna inicjatywa **a)** «przedsiębiorstwo przemysłowe lub handlowe, będące własnością osoby prywatnej»: Wyroby, produkcja prywatnej inicjatywy. **b)** zwykle w *lm* «właściciele prywatnego przedsiębiorstwa»: W tej kawiarni zbierali się często pośrednicy, handlarze, prywatna inicjatywa.

pryzma (*nie:* pryżma) *m IV, CMs.* pryzmie (*nie:* pryźmie): Pryzma kamieni. Zsypywać kartofle w pryzmy.

pryzmat *m IV, D.* pryzmatu △ Patrzeć na coś, widzieć coś przez pryzmat czegoś (*nie:* kogoś) «ujmować coś z pewnego punktu widzenia»: Odkąd utracił zdrowie, zaczął patrzeć na cały świat przez pryzmat swojej choroby. || *U Pol. (2)*, *190*.

prz- p. cząstki wyrazów.

przasnyski: Powiat przasnyski, szkoły przasnyskie.
Przasnyskie *n* odm. jak przym., *NMs.* Przasnyskiem (*nie:* Przasnyskim) «region przasnyski»: W całym Przasnyskiem panowała susza. || *D Kult.* *II, 533.*

Przasnysz *m II, D.* Przasnysza «miasto» — przasnyszanin *m V, D.* przasnyszanina, *lm M.* przasnyszanie, *D.* przasnyszan — przasnyszanka *ż III, lm D.* przasnyszanek — przasnyski.

prząsny (*nie:* prżasny) «taki, który nie uległ fermentacji; niekwaśny»: Prżasny chleb, miód.

prządek *m III, D.* prządka, *lm M.* prządkowie *rzad.* forma męska odpowiadająca żeńskiej: prządka.

prząść *ndk XI*, przędę, przędzie, przędź, *reg.* prządź; przędłem, *reg.* prządłem; prządł, *reg.* przędł; przędła, przędliśmy (p. akcent § 1a i 2), przędący (*nie:* przadzący), przędziony a. przędzony: Prząść nici, len. △ *pot.* Cienko prząść «żyć w biedzie; być bardzo słabego zdrowia; być w krytycznym położeniu» || *KJP 282.*

prze- **1.** «przedrostek uwydatniający następujące (m. in.) odcienie znaczeniowe w tematach czasowników, z którymi się łączy» **a)** «przebycie czegoś», np.: przebiec, przefrunąć, przelecieć. **b)** «przedzielenie, przeniknięcie czegoś, przejście przez coś», np.: przebić, przedziurawić, przeciąć, przekłuć, przegrodzić, przełamać, prześwietlić. **c)** «zmianę kierunku lub celu przestrzennego», np.: przenieść, przesunąć, przestawić, przesadzić, przegonić, prze-

pędzić. **d)** «pomieszanie czegoś z czymś», np.: przepleść, przemieszać, przetykać. **e)** «złe wykonanie czegoś», np.: przejęzyczyć się, przesłyszeć się. **f)** «doprowadzenie czynności do jakiegoś stadium lub do końca; spędzenie czasu na czymś», np.: przeczytać, przebadać, przeliczyć, przepytać, przepracować, przesiedzieć, przetrwać. **g)** «ustanie, przeminięcie czegoś», np.: przebrzmieć, przeminąć, przekwitnąć. **h)** «dokonanie czegoś na nowo (często — w odmienny sposób)», np.: przebudować, przepakować, przedrukować, przepisać, przerodzić się. **i)** «większą (często: nadmierną) intensywność czynności lub stanu», np.: przekarmić, przeładować, przesolić, przegłosować, przekrzyczeć, przerosnąć. **j)** «stratę, zmarnowanie czegoś», np.: przegrać, przepić, przehandlować. **k)** «wybieganie naprzód myślą lub działaniem», np.: przeczuć, przewidzieć, przepowiedzieć.
2. «przedrostek tworzący od przymiotników przymiotniki pochodne o odcieniu dużej intensywności», np.: przecudny, przemiły, przeogromny, przepiękny, przezacny.
3. *wych. z użycia* «dodatkowy, wzmacniający formant stopnia najwyższego przymiotników», np.: przenajdroższy, przenajświętszy, przenajchwalebniejszy.

przebadać *dk I*, przebadaliśmy (p. akcent § 1a i 2) «zbadać wiele a. wielu; zbadać pod wieloma względami»: Ekipa lekarzy przebadała wszystkie dzieci we wsi. △ Wyraz nadużywany, często *zamiast*: zbadać, skontrolować itp., np.: Przebadać (*zamiast*: zbadać) zagadnienie, uzębienie. Przebadać (*zamiast*: skontrolować) szyny kolejowe.

przebąkiwać *ndk VIIIb*, przebąkuję (*nie:* przebąkiwam, przebąkiwuję), przebąkiwaliśmy (p. akcent § 1a i 2) — *rzad.* **prząbąknąć** *dk Va*, przebąknę, przebąknij, przebąknąłem (*wym.* przebąknołem; *nie:* przebąknełem, przebąkłem), przebąknął (*wym.* przebąknoł), przebąknęła (*wym.* przebąknela; *nie* przebąkła), przebąknęliśmy (*wym.* przebąkneliśmy) *pot.* «mówić o czymś nieoficjalnie, po kątach; napomykać»: Przebąkiwali, że wyjeżdżasz. □ P. co a. o czym: Przebąkiwano o zmianie dyrektora. Przebąkiwał coś na temat swego ożenku.

przebić *dk Xa*, przebiliśmy (p. akcent § 1a i 2) — **przebijać** *ndk I*, przebijaliśmy **1.** w zn. «przekłuć czymś ostrym, spiczastym; przedziurawić» □ P. kogo, co (czym): Przebił nogę szkłem. **2.** w zn. *środ.* «pobić już bitą kartę kartą starszą» □ P. bez dop.: Wygrywał przeciwnik, ciągle przebijał. □ P. co — czym: Przebił asa atutem. **3.** tylko *ndk* (*rzad.* przebijać się) w zn. «przeświecać, prześwitywać» □ Coś przebija przez co: Przez zieleń przebija (*rzad.* przebija się) biel ścian. □ *przen.* Coś przebija z czego: Z jego utworów przebija smutek.

przebiec, *rzad.* **przebiegnąć** *dk Vc*, przebiegł, przebiegła, przebiegliśmy (p. akcent § 1a i 2), przebiegnięty — **przebiegać** *ndk I*, przebiegaliśmy **1.** «biegnąc przebyć jakąś drogę»: Przebiegł sto metrów. □ P. co a. przez co: Przebiegał ulicę (przez ulicę). □ P. co a. po czym: Przebiegła kładkę (po kładce). **2.** «szybko się przesunąć, przetoczyć z miejsca na miejsce; przemknąć» □ P. bez dop.: Pociągi przebiegają na tej linii z szybkością 80 km na godzinę. □ *przen.* Coś przebiega (przebiegło)

przebieg

po czym: Grymasy przebiégały jej po twarzy. Uśmiech przebiegł po ustach. △ Dreszcz, mrowie, mróz itp. przebiegły kogoś a. przebiegły komuś po ciele, po skórze itp. «kogoś przejął dreszcz» **3.** częściej *ndk* «o liniach, szlakach, drogach: zostać przeprowadzonym, nakreślonym; ciągnąć się, rozciągać się»: Oglądali na mapie, jak przebiega front. Granica przebiega bardzo blisko. Droga przebiegała lasem. **4.** częściej *ndk* «odbywać, dziać się»: Podróż przebiegała dobrze. Jak przebiega operacja? **5.** tylko: przebiegać (w funkcji *dk*) «spędzić jakiś czas na bieganiu»: Przebiegał cały dzień.

przebieg *m III*, D. przebiegu; w zn. «odbywanie się czegoś, rozwój, tok, proces» — należy zawsze dopowiadać: czego, np.: Przebieg sprawy, choroby. Po dramatycznym przebiegu meczu (*nie*: Po dramatycznym przebiegu) zwyciężyła Gwardia. // *KP Pras.*

przebiegać p. przebiec.

przebiegle *st. w.* przebieglej a. bardziej przebiegle.

przebiegły *m-os.* przebiegli, *st. w.* przebieglejszy a. bardziej przebiegły: Przebiegli chłopcy. Przebiegłe przekupki. Przebiegły jak lis.

przebiegnąć p. przebiec.

przebierać p. przebrać.

przebieraniec *m II*, D. przebierańca, W. przebierańcu a. przebierańcze, *lm M.* przebierańcy, D. przebierańców *pot.* «człowiek przebrany za kogoś»

przebijać p. przebić.

przebomblować p. przebumblować.

przebój *m I*, D. przeboju, *lm D.* przebojów (*nie*: przeboi): Przebój sezonu.
przebojem «siłą, przemocą»: Zdobywać coś przebojem. △ *środ.* (*sport.*) Napastnik poszedł do przodu przebojem (a. poszedł na przebój).

przebóść *dk XI*, przebodę, przebodzie, przebodą, przebódź, przebodliśmy (p. akcent § 1a i 2): Przebóść napastnika sztyletem.

przebrać *dk IX*, przebiorę, przebierze, przebierz, przebraliśmy (p. akcent § 1a i 2) — **przebierać** *ndk I*, przebieraliśmy □ P. co «oczyścić wybierając i odrzucając to, co zepsute»: Przebrać owoce. □ P. kogo (w co) «ubrać kogoś w coś innego»: Przebierała dzieci w czyste ubranka. □ P. kogo za kogo, za co (*nie*: na kogo, na co) «ubrać w strój charakterystyczny dla kogoś lub przedstawiający coś»: Przebrali go za rycerza. □ (tylko *ndk*) P. czym (po czym) «przesuwać coś po czymś»: Szybko przebierał nogami. Przebierać palcami po stole. □ (tylko *ndk*) *pot.* P. (w czym) «wybredzać, grymasić»: Dziewczyna nie wyszła za mąż, ciągle przebierała. Nie przebierał w towarzystwie. Przebierał w jedzeniu. △ Przebrać miarę a. miarkę (w czymś) «przeholować, przesadzić w czymś; przekroczyć dozwolone granice w postępowaniu»
przebrać się — przebierać się □ P. się w co (*nie*: przebrać co) «ubrać się w coś innego»: Przebrała się w inną suknię (*nie*: przebrała inną suknię). △ Przebrała się miara a. miarka «zdarzyło się coś, co przekroczyło granice czyjejś cierpliwości»

przebranżawiać *ndk I*, przebranżawialiśmy (p. akcent § 1a i 2) — **przebranżowić** *dk VIa*, przebranżowię, przebranżowiliśmy *środ.*, rażące, *lepiej*: zmieniać branżę (sklepu, zakładu usługowego).

przebrnąć *ndk Va*, przebrnąłem (*wym.* przebrnołem; *nie*: przebrnełem), przebrnął (*wym.* przebrnoł), przebrnęła (*wym.* przebrnęła), przebrnęliśmy (*wym.* przebrnęliśmy; p. akcent § 1a i 2) □ P. przez co, *rzad.* co: Przebrnął przez wodę. Turyści z trudem przebrnęli piaski, przez piaski.

przebudować *dk IV*, przebudowaliśmy (p. akcent § 1a i 2) — **przebudowywać** *ndk VIIIa*, przebudowuję (*nie*: przebudowywam, przebudowywuję), przebudowywaliśmy.

przebumblować a. **przebomblować** *dk IV*, przebumblowaliśmy, przebomblowaliśmy (p. akcent § 1a i 2) *pot.* «przehulać, przetrwonić»: Przebumblować (przebomblować) całą pensję. Przebumblował (przebomblował) całą noc na grze w karty.

przebumelować *dk IV*, przebumelowaliśmy (p. akcent § 1a i 2) *środ.* «spędzić pewien czas na bumelowaniu (próżnowaniu, zamiast wykonywania pracy)»: Przebumelował całą dniówkę.

przebyć *dk*, przebędę, przebędzie, przebądź, przebył, przebyliśmy (p. akcent § 1a i 2), przebyty — **przebywać** *ndk I*, przebywaliśmy *książk.* **a)** «przejść jakąś przestrzeń, przedostać się przez coś»: Przebył granicę. Przebyli tę samą drogę kilkakrotnie. **b)** «pobyć, pomieszkać gdzieś jakiś czas»: Przebył tam dwa lata. Przebywała dużo na powietrzu. **c)** tylko *ndk* «być, mieszkać»: Przebywał wówczas w Warszawie. **d)** tylko *dk* «przeżyć, przenieść coś»: Przebył ciężką chorobę. Przebyła trudny okres życia.

przecena *ż IV środ.*, *lepiej*: obniżka cen (zwykle artykułów posezonowych lub towarów z usterkami). // *D Kult. I, 335.*

przecenić *dk VIa*, przeceniliśmy (p. akcent § 1a i 2) — **przeceniać** *ndk I*, przecenialiśmy **1.** «ocenić zbyt wysoko»: Przeceniać przeciwnika. Przecenił swoje siły. **2.** *środ.*, *lepiej*: zmienić, zwykle obniżyć cenę: Przeceniać materiały. Towar przeceniony (*lepiej*: objęty zniżką cen). // *D Kult. I, 335.*

przechadzka *ż III*, *lm D.* przechadzek *książk.* «spacer» □ P. po czym: Przechadzka po parku, po ulicach miasta. △ Iść, pójść, wyjść na przechadzkę.

przechera (*nie*: przechyra) *m* a. *ż* odm. jak *ż IV*, M. ten a. ta przechera (także o mężczyznach), *lm M.* te przechery, D. przecherów (tylko o mężczyznach) a. przecher, B. tych przecherów (tylko o mężczyznach) a. te przechery *wych. z użycia* **a)** »«człowiek chytry, przebiegły; obłudnik» **b)** człowiek przekorny, lubiący się sprzeczać; kłótnik»

przechodni (*nie*: przechodny) **1.** «taki, przez który się przechodzi»: Pokój przechodni. **2.** «o nagrodzie: przechodzący w ręce kolejnego zwycięzcy»: Puchar, sztandar przechodni. *Por.* przejściowy.

przechodzić p. przejść.

przechodzień *m I*, D. przechodnia, *lm M.* przechodnie, D. przechodniów, *rzad.* przechodni.

przechodzony *posp.* «częściowo zniszczony przez noszenie, chodzenie; podniszczony»

przechować *dk I*, przechowaliśmy (p. akcent § 1a i 2) — **przechowywać** *ndk VIIIa*, przechowuję, (*nie*: przechowywuję), przechowywaliśmy.

przechowalnia *ż I*, *lm D.* przechowalni, *rzad.* przechowalń: Przechowalnia bagażu.

przechowalnictwo *n III*, *blm* «zespół wiadomości o przechowywaniu owoców i warzyw; umiejętność, metody ich przechowywania»: Interesował się przechowalnictwem z myślą o pracy w przemyśle spożywczym. △ *niepoprawne* w zn. «przechowywanie (w stanie świeżym owoców i warzyw)», np. Przechowalnictwo (*zamiast*: przechowywanie) owoców w chłodniach zapobiega ich przejrzewaniu i gniciu. // *PJ 1967, 156*.

przechowywać p. przechować.

przechrzcić (*nie*: przekrzcić) *dk VIa*, przechrzczę, przechrzcij, przechrzcimy, przechrzciliśmy (p. akcent § 1a i 2) □ P. kogo — na kogo, na co (*nie*: kim, czym) *pot.* «zmienić komuś imię lub nazwisko, nadać czemuś inną nazwę, przemianować; zmienić czyjeś wyznanie»: Przechrzcił Eleonorę na Elżbietę (*nie*: Elżbietą). Miejscowość tę przechrzczono na Spychowo.

przechrzta *m a. ż* odm. jak *ż IV*, *M.* ten a. ta przechrzta, *lm M.* te przechrzty, *D.* przechrztów (tylko o mężczyznach) a. przechrzt, *B.* tych przechrztów (tylko o mężczyznach) a. te przechrzty «człowiek, który zmienił swoje (zwykle: mojżeszowe) wyznanie na chrześcijańskie; neofita»

przechwalać *ndk I*, przechwalaliśmy (p. akcent § 1a i 2) — **przechwalić** *dk VIa*, przechwalimy, przechwaliliśmy: Przechwaliła narzeczonego. Przechwalono tę kawiarnię.
przechwalać się □ P. się czym (*nie*: z czego): Przechwalał się swoją odwagą (*nie*: ze swojej odwagi).

przeciąć *dk Xc*, przetnę, przetnie, przetnij, przeciął (*wym.* przecioł), przecięła (*wym.* przecieła), przecięliśmy (*wym.* przecieliśmy; p. akcent § 1a i 2), przecięty — **przecinać** *ndk I*, przecinaliśmy: Przeciąć sznur nożem. Pola przecięte miedzą. △ *przen.* Ciszę przeciął gwizd pociągu.

przeciąg *m III*, *D.* przeciągu 1. (*nie*: cug) «prąd powietrza przeciągający przez jakieś pomieszczenie»: Unikam przeciągu. 2. *blm* «pewien okres, odcinek czasu»: W przeciągu pół roku nauczył się angielskiego. Wyjechała na przeciąg kilku (*lepiej*: na kilka) tygodni.

przeciągać *ndk I*, przeciągaliśmy (p. akcent § 1a i 2) — **przeciągnąć** *dk Va*, przeciągnij (*nie*: przeciąg), przeciągnąłem (*wym.* przeciągnołem; *nie*: przeciągnełem, przeciągłem), przeciągnął (*wym.* przeciągnoł; *nie*: przeciągł), przeciągnęła (*wym.* przeciągneła; nie: przeciągła), przeciągnęliśmy (*wym.* przeciągneliśmy; *nie*: przeciągliśmy) □ P. co — przez co «przesuwać coś przez coś, przez środek czegoś»: Przeciągać nitkę przez uszko igły. □ P. co między czym, w poprzek czego, *rzad.* przez co «umocowywać między dwoma punktami zaczepienia»: Przeciągać sznur między drzewami. Przeciągać drut w poprzek pola (przez pole). △ *przestarz.* w zn. «werbować, zjednywać» — dziś żywe w zwro-

cie: Przeciągnąć kogoś na czyjąś (swoją) stronę. △ *pot.* w zn. «przesuwać czymś po powierzchni czegoś; muskać, pocierać» □ P. co — czym: Przeciągać obraz pędzlem, podłogę pastą, ubranie żelazkiem. □ P. czym — po czym: Przeciąga ręką po twarzy, szczotką po włosach.
przeciągać się — **przeciągnąć się** w zn. «przedłużać się, przewlekać się»: Narada przeciągała się. △ *niepoprawne* w zn. «odwlekać się, opóźniać się», np. Zapowiedziane otwarcie sklepu nadal się przeciąga (*zamiast*: odwleka, opóźnia). // *KP Pras*.

przeciągle *st. w.* przeciąglej a. bardziej przeciągle: Parowóz gwizdał przeciągle. Spojrzeć na kogoś przeciągle.

przeciążyć *dk VIb*, przeciążyliśmy (p. akcent § 1a i 2) — **przeciążać** *ndk I*, przeciążaliśmy □ P. kogo, co (czym): Przeciążyć kogoś robotą, obowiązkami. Przeciążyć wóz, pojazd ładunkiem.

przecie *przestarz.*, dziś *pot.* «przecież»

przeciec *dk Vc*, *rzad. XI*, przecieknie, *rzad.* przeciecze, przeciekł, przeciekłby (p. akcent § 4c); a. **przecieknąć** *dk Vc*, przeciekł, *rzad.* przecieknął (*wym.* przecieknoł); przecieka (*nie*: przecieknęła); przeciekłby, *rzad.* przecieknąłby (*wym.* przecieknołby) — **przeciekać** *ndk I*, przeciekałby: Woda przeciekła przez sufit. △ Coś przecieka komuś przez palce «ktoś coś marnuje, traci»: Nigdy się niczego nie dorobi, bo pieniądze przeciekają mu przez palce.

przecierać p. przetrzeć.

przecież «wyraz uwydatniający przeciwstawienie, kontrast, wynikanie, rację czegoś»: Dlaczego nie wstajesz? — przecież już późno. Nie gniewaj się na nią, to przecież dziecko. Uwierzył jej słowom, a przecież to była nieprawda.

przecinać p. przeciąć.

przecinek *m III*, *D.* przecinka (*nie*: przecinku): Postawić przecinek.

*przecinek jest znakiem interpunkcyjnym służącym do oddzielania części dłuższego wypowiedzenia, a więc np. zdania podrzędnego od zdania nadrzędnego, dwóch zdań współrzędnych, równoważników zdań — a także członów takich zdań.
I. Przecinek między zdaniami. 1. *Przecinkiem oddzielamy zdania podrzędne od zdań nadrzędnych* — bez względu na ich kolejność, np.: Nikt nie wiedział, skąd się tutaj wzięli. Zrobisz to, jeśli zechcesz. Wydaje tyle, że nic mi nie zostaje. Jakkolwiek postąpisz, będzie źle. Im dalej w las, tym więcej drzew. Robił więcej, niż żądano. Patrzy, jakby nie widział. Bądź dzielny, jak przystoi mężczyźnie. △ U w a g i szczegółowe: **a)** Nie rozdziela się przecinkiem połączeń spójników z przysłówkami i partykułami typu: *chyba że, mimo że, tylko że, zwłaszcza że, podczas gdy, właśnie gdy* itp. △ W tych wypadkach stawia się przecinek przed nimi, np.: Nie pójdę z tobą, chyba że mnie odprowadzisz. Wyglądała bardzo młodo, mimo że przekroczyła czterdziestkę. Spał w najlepsze, podczas gdy za oknami szalała burza. Lepiej nie chodź tam, zwłaszcza jeśli nie znasz drogi. **b)** Jeśli przysłówek, zaimek lub wyrażenie przyimkowe występuje nie w zdaniu nadrzędnym jako okolicznik, lecz wraz z następującym po nim spójnikiem rozpoczyna zdanie podrzędne, wówczas prze-

cinek stawia się przed tymi oboma wyrazami, nie między nimi, np.: Przyjdź wcześnie, tak aby zdążyć na koncert. Spotkali go w lesie, tam gdzie nikt się go nie spodziewał. Była dziś niespokojna, tak samo jak wczoraj. Nie jedli wcale, tym bardziej że nikt nie zapraszał. Chodzimy często do teatru, teraz gdy mamy więcej czasu. Przez 20 lat mieszkał na południu, tam skąd pochodzę.

c) Jeśli spójniki lub zaimki występują w pewnych utartych zwrotach o charakterze zdań, nie oddziela się ich przecinkiem od reszty wypowiedzenia, np.: Przyjechał nie wiadomo skąd. Licho wie kto to zrobił. Kto wie co z tego będzie! Była to dziewczyna jak się patrzy. Zrób to jak należy. Na dworze mróz co się zowie.

2. *Przecinkami oddzielamy zdanie podrzędne wplecione w zdanie nadrzędne*, np.: Wszystko, co potem nastąpiło, nas już nie dotyczy. Czy w tym kraju, gdzie mieszkałeś, klimat był zdrowszy? Ci, którzy napisali, mogą iść do domu. △ Uwaga. Nie rozdziela się przecinkiem dwu spójników ani spójnika i zaimka, których zbieg powstaje wskutek wplecenia jednego zdania w drugie, np.: Obiecałeś, że cokolwiek się stanie, zostaniesz z nami. Przyjechała i choć było późno, wzięła się zaraz do roboty. Zerwał się, ale nim zdążył uciec, dopadli go. △ Jeśli jednak drugi spójnik lub zaimek rozpoczyna zdanie wtrącone, można to zdanie ująć w przecinki (lub w myślniki), np.: Przyjechała, aby się nim opiekować i, co ważniejsze, wspierać go na duchu.

3. *Przecinkiem rozdzielamy zdania współrzędne*; przede wszystkim zdania współrzędne nie połączone spójnikami, np.: Wiatr zatargał drzewami, pochyliły się wierzchołki, zaszeleściły liście. Chłopiec zająknął się, zaczerwienił, niespokojnie zamrugał oczami. △ Zdania połączone spójnikami rozdziela się przecinkiem lub nie — zależnie od rodzaju spójników. **a)** Zasadniczo nie stawia się przecinka przed spójnikami łącznymi (*i, oraz, tudzież*), rozłącznymi (*lub, albo, bądź, czy*) i wyłączającymi (*ni, ani*), np.: Lubiła nasz dom i często przyjeżdżała w odwiedziny. Nie odstępował chorego ani nie kładł się spać. Przychodził osobiście albo przysyłał kogoś z zapytaniem. △ Jeśli jednak któryś z tych spójników poprzedzony jest wstawką oddzieloną przecinkami od reszty zdania — to wówczas przecinek zamykający tę wstawkę stoi przed spójnikiem, np.: Udawał, że nie słyszy, albo istotnie nie słyszał. Sprawdził, czy mechanizm działa należycie, i dał znak startu. △ Jeśli któryś z tych spójników powtarza się na czele zdań współrzędnych (bądź sam, bądź w połączeniach typu: *bądź to... bądź to..., czy to... czy to...*), to przed powtórzonym spójnikiem stawia się przecinek (podobnie — przy powtórzeniu partykuły pytajnej: *czy*), np.: Albo się mylę, albo to nie nasza robota. Czy zrobisz to sam, czy przysłać ci kogoś do pomocy? Zawsze ktoś się przy niej kręcił, bądź to pomagał, bądź to wyręczał w pracy. △ Przecinek stawia się także przed zdaniami dopowiedzeniowymi lub wtrąconymi, zaczynającymi się od połączeń tych spójników z przysłówkami lub zaimkami, typu: *i to, albo (lub) raczej, lub nawet, albo lepiej, ani też, ani nawet, czy może* itp., np.: Napisz, albo lepiej zawiadom nas osobiście, co dalej robić. Nie zrobił tego, ani nawet nie wiedział, jak to zrobić. △ Nie stawia się natomiast przecinka przed tymi spójnikami, jeśli przyłączają współrzędne zdania poboczne, np.: Mówił, że ma dobrą pracę i że wkrótce awansuje. Nie wiem, co tam się stało i jak sobie poradzą beze mnie.

b) Przecinek stawia się przed spójnikami przeciwstawnymi (np. *a, ale, lecz*), wynikowymi (np. *więc, przeto, dlatego, zatem*) i synonimicznymi (*czyli*), np.: Słońce świeciło mocno, ale od zachodu nadciągały chmury. Udawał spokojnego, a w głębi ducha wrzał gniewem. Siedzieli blisko nas, więc pewno słyszeli wszystko. Samochód ten służy do przewozu osób, czyli jest autem osobowym.

II. Przecinek między członami zdania — np. między podmiotami, częściami dopełnienia, przydawkami, okolicznikami itd. **1.** *Przecinkiem rozdziela się zasadniczo wszystkie człony zdań zestawione bezspójnikowo*: **a)** Zestawione bezspójnikowo podmioty i jednorodne dopełnienia, np.: Huk młotów, wycie świdrów, szum motorów zlewały się w ogłuszający hałas. Miała piękne oczy, wydatne usta, puszyste włosy.

b) Równorzędne przydawki, np.: Trzymała w rękach purpurowy, zwiewny szal. Była to stara rudera bez drzwi, bez okien, z dziurawym dachem. Tęsknił do swej dobrej, kochającej go wiernie żony. △ Uwaga. Nie rozdziela się jednak przecinkiem przydawek nierównorzędnych, tzn. takich, z których jedna określa grupę złożoną z wyrazu określanego i drugiej przydawki, np.: Ostatnie przedwojenne wydanie tej książki ukazało się w r. 1938. △ Podobnie nie oddziela się przecinkiem od wyrazu określanego przydawek wyznaczających zakres tego wyrazu, np.: Dokumenty dotyczące tej sprawy są w teczce nr 3. Kobietom pracującym w nocy przyznano dodatkową zapłatę.

c) Przydawki po wyrazie określanym, stanowiące jego dodatkowe objaśnienie, oddzielone są od reszty zdania przecinkami, np.: W pokoju, pełnym starych mebli, było ciasno i duszno. Stolica kraju, Paryż, stała się terenem zamieszek. Roślina ta, pospolita dawniej wszędzie, dziś rośnie już tylko na północy.

d) Przydawki rozwiniętej, stojącej przed wyrazem określanym, nie oddziela się od niego przecinkiem, np.: Zgłoszony z sali projekt zaakceptowano jednomyślnie. △ Uwaga. Przecinek stosuje się tylko wtedy, gdy przydawka taka jest równoważnikiem zdania pobocznego, np.: Wcześnie obwołany geniuszem, przyszły artysta starał się sprostać oczekiwaniom.

e) Okoliczniki pojedyncze oddziela się od innych członów zdania tylko wtedy, kiedy okolicznik taki jest wtrącony między te człony, np.: Wszyscy obywatele miasta, niezależnie od płci i wieku, mieli poddać się szczepieniom ochronnym. △ W innych wypadkach nie stawia się przecinków, np.: Po ukończeniu szkolenia uczestnicy zdawali egzaminy sprawdzające. Jak Polska długa i szeroka powtarzano wszędzie tę nowinę.

f) Okoliczniki grupowe rozdzielane są między sobą przecinkami, jeśli są to okoliczniki jednorodne (np. dwa okoliczniki miejsca, dwa okoliczniki sposobu itd.) i jeśli okolicznik następny jest szczegółowym objaśnieniem treści okolicznika poprzedzającego, np.: W tym samym tygodniu, we wtorek, wyjechała z Warszawy. △ Podobnie stawiamy przecinki, jeśli okoliczniki te użyte są dla wyliczenia czegoś, np.: Szukał tej książki w szkole, w czytelni, w domu. △ Natomiast nie rozdziela się przecinkami okoliczników niejednorodnych, np. Mieliśmy pójść razem wieczorem na przechadzkę. △ Także i okoliczników jednorodnych nie rozdzielamy przecinkami, jeśli określają wspólnie tę samą okoliczność, np. Co roku o tej porze pada śnieg.

g) Wyrazy i wyrażenia powtórzone rozdziela się na ogół przecinkami, np.: Nadjeżdżało się wiele, wiele gości. O tym przy matce ani mru, mru! (p. też łącznik). △ Wyjątek stanowią powtórzone wykrzykniki, np. No no no, co za gala!

2. *Człony zdań połączone spójnikami rozdziela się na ogół przecinkami* w taki sam sposób, jak zdania współrzędne połączone tymi spójnikami (p. cz. I, pkt 3), np.: Kupowała tam napoje alkoholowe oraz przyprawy korzenne. Przyrządzała mu mocną kawę lub herbatę. Lubił powietrze mroźne a szczypiące. Biegała to tu, to tam. Przyjechali i z miasta, i ze wsi. Dzień był mroźny, ale pogodny. Byli młodzi, więc niedoświadczeni. Mył się raz na tydzień, i to nie zawsze. △ Uwagi szczegółowe: **a)** Wyrażenia porównawcze z wyrazem *jak* oddziela się przecinkiem od reszty zdania tylko wtedy, gdy jest to zwrot wtrącony, dopowiedziany, np. Postanowił znowu, jak przed laty, hodować gołębie pocztowe. △ Przecinek stawia się również wtedy, kiedy wyraz *jak* wprowadza wyliczenie lub przykładowe wyszczególnienie, np. Przynosiły mu coraz to inne owoce leśne, jak żurawiny, borówki, jagody. △ Nie umieszcza się natomiast przecinka przed normalnym wyrażeniem porównawczym z *jak*, nie będącym zdaniem, np.: Szedł jak na ścięcie. Tak jak wszystkie młode dziewczęta lubiła taniec i śpiew. Widziałem to jak przez mgłę. △ Podobnie nie stawia się przecinka przed spójnikami: *jakby, niż, niby, niby to* (wprowadzającymi nie zdania, lecz człony zdania), np.: Twarze ich były jakby (niby) z wosku. Biegam szybciej niż ty. △ Nie umieszcza się też przecinka przed wyrazem *jako* w zn. «w charakterze», np. Przybył tu jako poseł. △ Natomiast stawia się przecinek, gdy *jako* ma znaczenie równoważnika zdania (zaczynającego się od *ponieważ*), np. Jako poseł, został przyjęty z honorami.

b) Wyrażenia wprowadzające na ogół wymagają przed sobą przecinka, np.: Ustawa obowiązuje od dnia dzisiejszego, to jest (a. to znaczy) od 1.III.1970 r. Zarządzenie dotyczy wszystkich pracowników, czyli i was również. △ Wyrazy i wyrażenia: *na przykład, chyba, przynajmniej, zwłaszcza, nawet, raczej, ewentualnie* — poprzedza się przecinkiem, jeśli uwydatniają jakiś szczególnie zapowiedziany ogólniej w poprzednim członie zdania, np.: Lubiła stary ogród domowy, zwłaszcza zakątek pełen bzów. Nie przyjdę do was, przynajmniej dzisiaj.

III. Przecinek między równoważnikami zdań stawia się podobnie jak w zdaniach, np.: Chory na tyfus, leżał od miesiąca w szpitalu. To niedobrze, że zadajesz się z nimi. Widać, jak zza chmur wygląda słońce. Szybko, bo już w poniedziałek, wróciła do domu. Lubił wszystko, co nowoczesne. △ Uwagi szczegółowe: **a)** Zasadniczo oddziela się przecinkami także równoważniki zdań wyrażone przez zwrot z imiesłowem na *-ąc* i *-szy*, np.: Sprawdziwszy zamki przy drzwiach, poszedł spać. Płynąc wytrwale naprzód, zbliżał się do zbawczego brzegu. Córka, wyszedłszy za mąż, wyprowadziła się z domu. Usiłuje nam pomagać, oddając połowę swoich zarobków. **b)** Jeśli imiesłów nie ma określeń, nie stawia się przecinka, np.: Jadąc wyglądał przez okno. Powstawszy przemówił do słuchaczy. △ Od powyższej zasady istnieje wyjątek, mianowicie stawiamy przecinek nawet przy imiesłowie bez określeń, gdyby brak przecinka mógł spowodować niezrozumienie całego zdania, np.: Konie biegły raźnie, parskając; albo (w zależności od sensu zdania): Konie biegły, raźnie parskając.

c) W imiesłowowych równoważnikach zdań nie stawia się również przecinków po spójnikach i zaimkach względnych, np.: Myślał, iż zwróciwszy dług, uwolni się od natrętnego wierzyciela. Wiele słyszał o tym człowieku, który mając tak upośledzony wzrok, malował jak artysta.

d) Kilka następujących po sobie (bez spójników) zwrotów imiesłowowych w funkcji równoważników zdań — rozdziela się przecinkami, np. Szli gwarząc, śmiejąc się, dowcipkując. △ Jeśli chodzi o zamykanie zarówno zdań jak wyrażeń poprzedzonych przecinkiem, zasada ogólna jest następująca: Przecinkiem oddziela się ten środkowy człon lub to zdanie, które jest wplecione między sąsiednie człony lub zdanie, czyli to, które jest objaśnieniem pierwszego członu lub zdania, np.: Późno, bo dopiero około północy, wróciła do domu. △ Nie stawia się natomiast przecinka po członie lub zdaniu środkowym, kiedy jest ono tylko dodane, jako równorzędne, do pierwszego członu (albo zdania), np. Przygotowanie zabawy, zbieranie składek, praca dodatkowa zajmowały mu wiele czasu.

IV. W przecinki ujmuje się wyrazy i człony wtrącone lub stojące poza zdaniem, np.: Masz, słyszę, nowe mieszkanie. Czuł się tu, jak widać, doskonale. Przepuściłam taką okazję; nie miałam, niestety, pieniędzy. Matka, ojciec, wuj, słowem, cała rodzina nie dawała mi spokoju (tu możliwy też dwukropek:... słowem: cała rodzina...). Innymi słowy, nie stać mnie na to. △ Również przecinkiem oddziela się wyrazy w wołaczu, np.: Chodźcie, dzieci, prędzej. No, kochany bracie, teraz mi się nie wymkniesz! △ Także po wykrzyknieniach, stojących na początku okrzyków, stawia się przecinek, np.: Ach, co za dzień! Hej, do roboty! O, ileż bólu zadał mi ten człowiek...

V. Umieszczanie lub opuszczanie przecinka niezgodne z powyższymi zasadami dopuszczalne jest wtedy, kiedy mogłaby powstać wątpliwość co do właściwego zrozumienia wypowiedzi, np.: W głębi stał dom z pięknym tarasem, w stylu zakopiańskim (tu przecinek — teoretycznie zbędny — konieczny jest dla uniknięcia dwuznaczności: dom — czy taras — w stylu zakopiańskim). Ojciec pierwszy wpadł do pokoju, poruszony do żywego Adam pospieszył za nim (tu teoretycznie należałoby postawić przecinek po wyrażeniu: do żywego; wówczas jednak powstałaby dwuznaczność: kto był poruszony do żywego: ojciec — czy Adam?). *Por.* dwukropek, łącznik, myślnik, wykrzyknik.

przeciw, *rzad.* **przeciwko** «przyimek łączący się z rzeczownikami lub zaimkami w celowniku; oznacza»: **a)** «relację między osobą lub przedmiotem a oponentem tej osoby lub przedmiotu», np.: Powstanie przeciw, *rzad.* przeciwko najeźdźcy. Wystąpić przeciw a. przeciwko czyjemuś twierdzeniu. Ustawa przeciw a. przeciwko chuligaństwu. Projekt zatwierdzony większością dziesięciu głosów przeciw trzem. Iść o zakład sto przeciw jednemu. **b)** «relację między faktem sprzecznym z zasadami — a tymi zasadami», np.: Wykroczyć przeciw prawu. Przestępstwo przeciw bezpieczeństwu publicznemu. Grzech przeciw moralności. **c)** «relację między przeciwnymi postawami», np.: Było to przeciw mojej woli. Nie mógł nic zrobić przeciw, *rzad.* przeciwko tej decyzji. **d)** «relację środka względem celu działania», np.: Lek przeciw a. przeciwko kaszlowi. Środki przeciw a. przeciwko powodzi. Szczepionka przeciw a. przeciwko cholerze. **e)** «relację między działaniem wykonawcy czynności a ruchem sił przyrody zmierzającym w kierunku odwrotnym (dziś częściej w tej funkcji używa się przyimka *pod* z biernikiem)», np.: Płynąć przeciw prądowi (a. pod prąd). Jechać przeciw wiatrowi (dziś raczej: pod wiatr). △ Mieć coś przeciw komuś, czemuś «mieć zastrzeżenia względem kogoś, czegoś» △ Użycie bez rzeczownika: Za i przeciw «o działaniach, argumentach itp. na czyjąś korzyść lub szkodę»: Na ten temat ukazało się wiele rozpraw za i przeciw.

przeciw- «pierwszy człon wyrazów złożonych, oznaczający działanie przeciwne, działanie przeciw czemuś, pisany łącznie», np.: przeciwgrypowy, przeciwpożarowy, przeciwwaga.

przeciwdurowy, *częściej*: przeciwtyfusowy.

przeciwdziałać *ndk I*, przeciwdziałaliśmy (p. akcent § 1a i 2) ☐ P. czemu: Było dosyć trudno przeciwdziałać tym niecnym intrygom.

przeciwieństwo *n III*: Skrajne, zupełne przeciwieństwo. △ W przeciwieństwie do kogoś, do czegoś «w odróżnieniu od kogoś, czegoś»: W przeciwieństwie do siostry była blondynką. △ Stanowić przeciwieństwo kogoś, czegoś (*nie*: względem kogoś, czegoś).

przeciwkandydat *m IV*, *lm M.* przeciwkandydaci; *lepiej*: kontrkandydat.

przeciwko p. przeciw.

przeciwkrzywiczy a. **przeciwkrzywiczny, przeciwkrzywicowy**: Witaminy przeciwkrzywicze (przeciwkrzywicowe, przeciwkrzywiczne).

przeciwmgłowy, *rzad.* **przeciwmgielny**: Syreny, urządzenia przeciwmgłowe (przeciwmgielne). // *D Kult. II, 417.*

przeciwnatarcie, *rzad.* **przeciwuderzenie** *n I*; in. kontratak.

przeciwny *m-os.* przeciwni: Iść w przeciwnym kierunku, w przeciwną stronę. ☐ P. czemu (*nie*: do czego) «sprzeczny, niezgodny z czymś; różny, odwrotny»: Osiągnął skutek przeciwny swemu zamiarowi. Powtarzał zdania przeciwne tym (*nie*: do tych), które wypowiedziałem. Wydał rozkaz przeciwny (*nie*: przeciwstawny) pierwszemu. △ Być przeciwnym czemuś «nie zgadzać się z czymś, sprzeciwiać się czemuś»: Była przeciwna małżeństwu córki z obcokrajowcem. △ W przeciwnym razie «w innym wypadku» *Por.* przeciwstawny.

przeciwstawiać *ndk I*, przeciwstawialiśmy (p. akcent § 1a i 2) — **przeciwstawić** *dk VIb*, przeciwstawię, przeciwstawimy, przeciwstaw, przeciwstawiliśmy ☐ P. kogo, co — komu, czemu (*nie*: przeciw komu, czemu): Przeciwstawiać rozumowi (*nie*: przeciw rozumowi) uczucie.

przeciwstawienie *n I* ☐ P. kogo, czego — komu, czemu: Przeciwstawienie własnych argumentów argumentom przeciwnika. △ W przeciwstawieniu do... «inaczej niż; na odwrót, przeciwnie»: W przeciwstawieniu do gwałtownego brata miała łagodne usposobienie.

przeciwstawny w zn. «będący w opozycji w stosunku do kogoś, czegoś; kontrastowy»: Przeciwstawne teorie, stanowiska, poglądy. △ *niepoprawne* w zn.

«różny, przeciwny», np. Wydał nowy rozkaz przeciwstawny do pierwszego (*zamiast*: ...przeciwny pierwszemu a. różny od pierwszego). *Por.* przeciwny.

przeciwśniegowy a. **przeciwśnieżny** (*nie*: antyśnieżny): Pogotowie przeciwśnieżne (przeciwśniegowe).

przeciwśrodek *niepoprawne* zamiast: środek (zapobiegawczy), np. Chcąc zwalczyć nałóg trzeba zastosować radykalne przeciwśrodki (*zamiast*: środki). // *KP Pras.*

przeciwuderzenie p. przeciwnatarcie.

przeciwwskazanie *n I* ☐ P. do czego: Białaczka jest przeciwwskazaniem do radioterapii.

przeciwwskazany (*nie*: przeciwskazany), *lepiej*: niewskazany: Operacja jest przeciwwskazana (*lepiej*: niewskazana) ze względu na chore serce. // *D Kult. II, 588.*

przeczucie *n I*: Przeczucie kogoś nie omyliło, nie zawiodło. △ Mieć przeczucie czegoś, mieć przeczucie, że...: Mam przeczucie jakiegoś nieszczęścia. Mam przeczucie, że zdam ten egzamin.

przeczuć *dk Xa*, przeczuliśmy (p. akcent § 1a i 2) — **przeczuwać** *ndk I*, przeczuwaliśmy «odgadnąć, przewidzieć przyszłe wypadki opierając się na intuicji»: Przeczuwała grożące jej niebezpieczeństwo. Przeczuła, że spotka ją coś złego.

I przeć *ndk XI*, prę, prze, przyj, parł, parliśmy (p. akcent § 1a i 2), party **1.** «posuwać się (gwałtownie, siłą) naprzód; Tłum parł naprzód. Łodygi parły w górę. **2.** «wywierać nacisk, ucisk; cisnąć, pchać, tłoczyć» ☐ P. na co: Ciecz prze na ścianki naczyń. ☐ Party czymś △ *przen.* Party ciekawością, żądzą wiedzy. **3.** *przen.* «dążyć, zmierzać usilnie do czegoś; nastawać na coś» ☐ P. do czego; p., żeby...: Parł do przeprowadzki. Parł, żeby wyszła za mąż.

II przeć *ndk III*, przeje, przał, przałoby, przałaby (p. akcent § 4c) *rzad.* «gnić, butwieć, odparzać się»: Wilgotne siano przało.

przed, przede «przyimek łączący się z rzeczownikami (lub innymi wyrazami pełniącymi ich funkcje) w narzędniku, niekiedy w bierniku» **1.** Z n a r z ę d n i k i e m — wchodzi w skład wyrażeń oznaczających: **a)** «moment czasowy poprzedzający dane zdarzenie», np.: Wstać przed świtem. Brać pensję przed pierwszym. Wróciliśmy kwadrans przed dziesiątą. Będziemy tam przed obiadem. △ Przed czasem «za wcześnie»: Przyjść na dworzec przed czasem. △ Coś dzieje się, robić coś przed czym i po czym (*nie*: przed i po czym — są to bowiem przyimki o różnej łączliwości składniowej), np.: Brać krople przed jedzeniem i po jedzeniu (*nie*: przed i po jedzeniu). Mieszkać gdzieś przed wojną i po wojnie (*nie*: przed i po wojnie). △ Coś działo się przed wojną (*nie*: do wojny) — w zn. «w okresie przedwojennym» **b)** «określony czas zdarzenia, poprzedzający teraźniejszość», np.: Wyszedł przed kilkoma godzinami. Przed miesiącem zdała maturę. △ Przed laty, przed dwudziestu itd. laty (dawna, dziś wyjątkowa forma narzędnika): Opuściła dom przed pięciu laty. △ Ale *niepoprawne*: Sprzed laty, sprzed dwudziestu laty itp. (*zamiast*: sprzed lat, sprzed dwudziestu lat) — ponieważ przyi-

mek *sprzed* łączy się z dopełniaczem. △ Przed upływem tygodnia, roku itp. (*nie*: do tygodnia, do roku), np. Spotkamy się przed upływem tygodnia (*nie*: do tygodnia). **c)** «zabezpieczenie, obronę przed czymś zagrażającym (czasem w tej funkcji używa się przyimka *od* z dopełniaczem)», np.: Uciec przed burzą. Chronić się przed deszczem. Zasłonić się przed wiatrem (a. od wiatru). Uciekać przed pościgiem. Oganiać się przed psami (a. od psów). △ *niepoprawne*: Wystrzegać się przed czymś (*zamiast*: wystrzegać się czegoś). Zastrzec się przed czymś (*zamiast*: przeciw czemuś), np. Zastrzegał się przed publikowaniem (*zamiast*: przeciw publikowaniu) tej wiadomości. **d)** «działanie wobec osób oceniających, sądzących coś, wysłuchujących czegoś (w tej funkcji bywa wymieniany z przyimkiem *wobec* z dopełniaczem)», np.: Wygłosić referat przed słuchaczami (a. wobec słuchaczy) V roku. Popisywać się przed kimś. Taić, ukrywać co przed kimś. Wyżalał się przed matką. Wstydziła się przed ludźmi (a. wstydziła się ludzi a. wobec ludzi) za męża. △ Wyjątkowo z biernikiem w utartych połączeniach: Zanieść prośbę, skargę itp. przed kogoś, coś (np. przed sąd, przed króla). **e)** «wyższe miejsce w hierarchii wartości», np.: Dał mu pierwszeństwo przed innymi. Zawodnik zdobył I nagrodę przed rywalami z Węgier i NRD. **f)** «przedmiot szacunku, czci, uczuć», np.: Zdejmowali czapki przed zwierzchnikiem. Skłonić głowę przed starcem. Uklęknąć przed obrazem.
2. Z narzędnikiem lub biernikiem — zależnie od znaczenia. △ Przyimek *przed* z narzędnikiem łączy się wtedy, kiedy odpowiada na pytanie: gdzie?, a konstrukcja składniowa z tym przyimkiem ma znaczenie miejsca czynności lub miejsca położenia przedmiotu obserwowanego. Z biernikiem przyimek *przed* łączy się wówczas, gdy odpowiada na pytanie: dokąd?, a konstrukcja składniowa z tym przyimkiem ma znaczenie miejsca będącego celem (etapem) działania (ruchu) wykonawcy czynności. Ten sam rzeczownik z przyimkiem *przed* może być wyrażony w formie narzędnika lub biernika w zależności od znaczenia w zdaniu. △ Przykłady: Przed dworcem panował ruch; taksówka zajechała przed dworzec. Przed bramą stał portier; portier wyszedł przed bramę. Dzieci bawiły się przed domem; śmiecie wysypano przed dom. Miał piękny widok przed sobą; wyciągnął nogi przed siebie. △ *Przed* oznacza też odległość względem czegoś, mierzoną od strony osoby obserwującej, działającej, np. Droga urwała się kilkadziesiąt metrów przed celem podróży.
△ Uwaga. Forma przyimka *przede* używana jest (ze względów eufonicznych) w położeniu przed zbiegiem niektórych spółgłosek, tylko w pewnych ustalonych tradycją połączeniach wyrazowych, np.: przede mną, przede mnie (*nie*: przed mną, przed mnie, *ale*: przed moimi gośćmi), przede wszystkim (*nie*: przed wszystkim, *ale*: przed wszystkimi gośćmi), przede drzwiami (*obok*: przed drzwiami). △ Przyimek *przede* pisany jest zawsze rozdzielnie. || GPK Por. 108, 250; Kl. Aleź 67—69; Pÿ 1966, 375. Por. sprzed.

przed-, przede- 1. «pierwszy człon wyrazów złożonych, których podstawą jest połączenie przyimka *przed* z rzeczownikiem, pisany łącznie», np.: przedrozbiorowy, przedramię, przedbiegi.
2. «przedrostek (pisany łącznie) tworzący czasowniki, rzeczowniki i inne wyrazy pochodne», np.: przedkła-

dać, przedstawić, przedmowa, przedmówca, przedwczoraj, (w) przededniu.

przedawnienie *n I* «utrata mocy prawnej powstała na skutek upływu czasu» □ P. czego, w stosunku do czego, *pot.* dla czego (kogo): Przedawnienie długu, zbrodni. Przedawnienie wykonania kary po upływie określonego czasu. W niektórych krajach zniesiono przedawnienie w stosunku do niektórych (*pot.* dla niektórych) przestępstw. Nie ma przedawnienia zbrodni (w stosunku do zbrodni, *pot.* dla zbrodni) popełnianych przez hitlerowców (skrótowo: Nie ma przedawnienia dla zbrodniarzy wojennych). △ Ulec, ulegać przedawnieniu (*lepiej*: przedawnić się, przedawniać się): Roszczenia majątkowe ulegają przedawnieniu po dziesięciu latach, *rzad.* ulegają przedawnieniu dziesięcioletniemu (*lepiej*: przedawniają się po dziesięciu latach). △ *przen.* Wszystkie problemy ulegają przedawnieniu (*lepiej*: przedawniają się) po pewnym czasie.

przedawny *rzad.* «pradawny, prastary»: Zamek ten zbudowano w dawnych, przedawnych (*częściej*: pradawnych) czasach.

przedborski: Osiedle przedborskie (*ale*: Pasmo Przedborskie).

Przedbórz *m II*, D. Przedborza «miasto» — przedborski (p.).

przeddatować *ndk IV*, przeddatowaliśmy (p. akcent § 1a i 2) *przestarz.* «antydatować»

przeddzień *m, B. = M., Ms.* przededniu (w innych przypadkach nie używane) △ W przeddzień, w przededniu «o dzień wcześniej»: W przeddzień, w przededniu święta, ślubu.

przede p. przed.

przede- p. przed-

przedefilować p. defilować.

przedeń *książk.* «przyimek *przed(e)* w połączeniu z elementem -*ń* jako cząstką składową formy *niego*; dopuszczalny tylko w rodzaju męskim; przed niego (*nie*: przed nią, przed nie, przed nich)»: Potężny gmach przytłaczał ją; wyszła przedeń i odetchnęła swobodnie.

przede wszystkim: Był zdolny i uczciwy, a przede wszystkim obowiązkowy. || D Kult. I, 806.

przedhistoryczny, *częściej*: prehistoryczny.

przedkładać *ndk I*, przedkładaliśmy (p. akcent § 1a i 2) — **przedłożyć** *dk VIb*, przedłożymy, przedłóż, przedłożyliśmy 1. (tylko *ndk*) *książk.* «stawiać wyżej, dawać pierwszeństwo; *rzad.* przekładać» □ P. co, kogo — nad kogo, nad co: Przedkładał jego towarzystwo nad towarzystwo innych kolegów. 2. *lepiej*: przedstawiać (w zn. 2), np.: Przedkładać (*lepiej*: przedstawiać) sprawę do rozpatrzenia. Przedłożyć (*lepiej*: przedstawić) argumenty, dowody, świadectwa. || D Kult. I, 203; KP Pras.; U Pol. (2), 195.

przedłużka *ż III, lm* D. przedłużek; *rzad.* **przedłużek** *m III*, D. przedłużka; in. alonż.

przedmiejski *rzad.* «znajdujący się na przedmieściu»: Przedmiejska ulica, restauracja.

przedmieście

przedmieście *n I, lm D.* przedmieść: Mieszkać na przedmieściu stolicy. △ W nazwach dużą literą: Krakowskie Przedmieście.

przedmiot *m IV, D.* przedmiotu: Przedmiot narady, rozmowy. △ *urz.* W przedmiocie czegoś, *lepiej*: W sprawie czegoś, np. Rozporządzenie w przedmiocie (*lepiej*: w sprawie) podatków. △ *niepoprawne* Przedmioty spożycia (*zamiast*: przedmioty codziennego użytku — o artykułach przemysłowych). // *D Kult. I, 356.*

przedmowa *ż IV, lm D.* przedmów; *rzad.* przedsłowie.

przedmówca, *reg.* **przedmowca** *m* odm. jak *ż II, lm M.* przedmówcy, *DB.* przedmówców.

przedmuchać *dk I,* przedmuchaliśmy (p. akcent § 1a i 2) — **przedmuchiwać** (*nie*: przedmuchywać) *ndk VIIIb,* przedmuchuję (*nie*: przedmuchiwam, przedmuchiwuję), przedmuchiwaliśmy.

przedmurze *n I, lm D.* przedmurzy.

przedni (*nie*: przedny) **1.** «znajdujący się na przodzie czegoś, od frontu»: Przedni ząb. Przedni pomost tramwaju. Przednie koła samochodu. **2.** *st. w.* przedniejszy, *wych. z użycia* «znakomity, doskonały»: Przednie wina. Obracał się w najprzedniejszym towarzystwie.

przednówek (*nie*: przednowek) *m III, D.* przednówka.

przedobiedni (*nie*: przedobiedny): Pora przedobiednia. Przedobiedni spacer.

przedpłata *ż IV* «opłata z góry; prenumerata, abonament» □ P. na co: Przedpłata na encyklopedię. △ Ogłosić, rozpisać przedpłatę. △ Uiścić, wnieść przedpłatę.

przedpokój *m I, D.* przedpokoju, *lm D.* przedpokoi a. przedpokojów.

przedpole *n I, lm D.* przedpoli: Walki toczyły się na przedpolu a. na przedpolach Warszawy.

przedpołudnie *n I, C.* przedpołudniu, *lm D.* przedpołudni: Przedpołudnia spędzał nad swą pracą doktorską.

przedporcie *n I, lm D.* przedporci; a. **przedport** *m IV, D.* przedportu.

przedrostek *m III, D.* przedrostka (*nie*: przedrostku).

*przedrostek a. **prefiks** «element słowotwórczy występujący przed tematem», np.: *prze*piękny, *do*kończyć, *za*sadzić. *Por.*: formant, słowotwórstwo.

przedrukować *dk IV,* przedrukowaliśmy (p. akcent § 1a i 2) — **przedrukowywać** *ndk VIIIa,* przedrukowuję (*nie*: przedrukowywam, przedrukowywuję), przedrukowywaliśmy.

przedscenie *n I, lm D.* przedsceni; in. proscenium — w zn. «odsłonięta część sceny przed kurtyną»

przedsiębiorca (*nie*: przedsiebiorca) *m* odm. jak *ż II, lm M.* przedsiębiorcy, *DB.* przedsiębiorców.

przedsiębiorstwo (*nie*: przedsiebiorstwo) *n III*: Przedsiębiorstwo transportowe, handlowe; *ale*: Przedsiębiorstwo handlu (*nie*: handlowe) artykułami spożywczymi. // *D Kult. II, 99.*

przedsięwziąć (*nie*: przedsiewziąć, przedsięwziąść) *dk Xc,* przedsięwezmę (*nie*: przedsięweznę), przedsięweźmie (*nie*: przedsięweźnie), przedsięweźmij (*nie*: przedsięweźnij), przedsięwziął (*wym.* przedsięwzioł), przedsięwzięła (*wym.* przedsięwzięła), przedsięwzięliśmy (*wym.* przedsięwzieliśmy; p. akcent § 1a i 2), przedsięwzięty — **przedsiębrać** *ndk IX,* przedsiębiorę, przedsiębierze, przedsiębrał, przedsiębraliśmy: W tej pilnej sprawie trzeba jak najszybciej coś przedsięwziąć.

przedsięwzięcie (*nie*: przedsiewzięcie) *n I, lm D.* przedsięwzięć: Trudne, niebezpieczne przedsięwzięcie.

przedsłowie *n I, lm D.* przedsłowi (*nie*: przedsłów); *częściej*: przedmowa.

przedsprzedaż *ż VI* «sprzedaż wstępna, przedterminowa»: Przedsprzedaż biletów do kin, teatrów.

przedstawiać *ndk I,* przedstawialiśmy (p. akcent § 1a i 2) — **przedstawić** *dk VIa,* przedstawię, przedstawimy, przedstaw, przedstawiliśmy **1.** «zapoznawać kogoś z kimś» □ P. kogo — komu: Przedstawię cię pani domu. □ P. kogo — jako kogo: Przedstawia go jako inżyniera. **2.** «dawać coś do obejrzenia, pokazywać; występować z czymś, proponować coś»: Kasjer przedstawił rachunki do sprawdzenia. Obrońca przedstawił dowody niewinności oskarżonego. Przedstawiać (*lepiej* niż: przedkładać) sprawę, projekt, dowody. △ Przedstawić kogoś do odznaczenia, awansu itp. «proponować przyznanie komuś odznaczenia, awansu» △ tylko *ndk* Coś (zwykle dzieło sztuki) przedstawia coś «(dzieło sztuki) ma coś za temat, za treść, wyobraża, ukazuje coś»: Obraz przedstawia pole bitwy. △ tylko *ndk* Coś przedstawia wartość «coś ma, stanowi wartość»: Jego zbiory znaczków przedstawiają dużą wartość. △ *niepoprawne* Przedstawiać (*zamiast*: wyobrażać) coś sobie, np. Przedstaw, przedstawcie sobie (*zamiast*: wyobraź, wyobraźcie sobie), że wygrał na loterii. △ *niepoprawne* Przedstawiać sobą kogoś, coś (*zamiast*: być kimś, czymś), np. Przedstawiał sobą zawodnika (*zamiast*: był zawodnikiem) dużej klasy.

przedstawiciel *m I*: Przedstawiciel rządu, partii, związku, przedsiębiorstwa. □ P. do czego (*nie*: na co): Poszukiwał przedstawiciela do sprzedaży nieruchomości (*nie*: przedstawiciela na nieruchomości).

przedstawicielstwo *n III* «pełnomocnictwo dane jakiejś osobie przez przedsiębiorstwo handlowe uprawniające do występowania w jego interesach» △ Mieć przedstawicielstwo (*nie*: zastępstwo) czegoś a. jakiejś instytucji «być oficjalnym przedstawicielem, pełnomocnikiem instytucji, jej wyrobów»: Miał przedstawicielstwo (fabryki) samochodów Fiat.

przedstawić p. przedstawiać.

przedszkolak *m III, lm M.* te przedszkolaki *pot.* «dziecko chodzące do przedszkola, będące w wieku przedszkolnym»

przedszkolanka *ż III, lm D.* przedszkolanek *pot.* «wychowaczyni w przedszkolu»

przedszkole *m I, lm D.* przedszkoli.

przedtem (*nie*: przedtym) «w czasie poprzedzającym coś; wcześniej, dawniej, wpierw»: Pójdziesz do kina, ale przedtem odrób lekcje. *Ale*: Zatrzymał się przed tym domem, w którym mieszkała.

przedwczesny «występujący przed właściwym czasem, przed określonym terminem; za wczesny, zbyt wczesny»: Przedwczesne (*nie*: za przedwczesne) poruszanie tych spraw jest niepotrzebne. // *KP Pras.*

przedwieczny 1. *częściej*: prastary, pradawny, np. Przedwieczne lasy. **2.** *kult.* «istniejący już przed wiekami, nie mający początku ani końca, wieczny»: Bóg przedwieczny.
Przedwieczny w użyciu rzeczownikowym *kult.*, *podn.* «Bóg»

przedwieczór *m IV, D.* przedwieczoru a. przedwieczora *rzad.* «pora przed wieczorem»

przedwiekowy *m-os.* przedwiekowi *rzad.* «żyjący przed wiekami; sprzed wieku; dawny»: Przedwiekowe zwyczaje. Przedwiekowi ludzie.

przedwiośnie *n I, lm D.* przedwiośni.

przedwojenny (*nie*: dowojenny) «pochodzący sprzed wojny (dziś często: odnoszący się do okresu sprzed II wojny światowej)»: Przedwojenna prasa literacka. Ustawa przedwojenna.

przedwojnie *n I, lm D.* przedwojni *rzad.* «okres przedwojenny, lata przedwojenne, dziś zwykle: lata przed II wojną światową»

przedyskutować *dk IV*, przedyskutowaliśmy (p. akcent § 1a i 2): Przedyskutować zagadnienie, sprawę.

przedział *m IV, D.* przedziału, *Ms.* przedziale (*nie*: przedziele): Miejsce w przedziale dla niepalących.

przedzierzgnąć (*nie*: przedzierżgnąć) *dk Va*, przedzierzgnąłem (*wym.* przedzierzgnołem; *nie*: przedzierzgnęłem, przedzierzgłem), przedzierzgnął (*wym.* przedzierzgnoł), przedzierzgnęła (*wym.* przedzierzgnęła; *nie*: przedzierzgła), przedzierzgnęliśmy (*wym.* przedzierzgnęliśmy; *nie*: przedzierzgliśmy; p. akcent § 1a i 2) — *rzad.* **przedzierzgać** *ndk I*, przedzierzgaliśmy □ P. kogo — w kogo, w co: Zatrudniono ją jako modelkę i przedzierzgnięto w elegancką dziewczynę.

przedzwonić *dk VIa*, przedzwoniliśmy (p. akcent § 1a i 2) **1.** «skończyć dzwonienie, zadzwonić»: Przedzwoniono na przerwę obiadową. **2.** *pot.* «przekazać komuś jakąś wiadomość telefonicznie»: Przedzwonię ci treść depeszy. △ *niepoprawne* w zn. «zatelefonować, zadzwonić do kogoś», np. Przedzwonię (*zamiast*: zadzwonię) do pani za parę dni.

przedżniwny (*wym.* przed-żniwny): Okres przedżniwny.

przeegzaminować p. egzaminować.

przeganiać *ndk I*, przeganialiśmy (p. akcent § 1a i 2) — **przegonić** *dk VIa*, przegonimy, przegoniliśmy; a. **przegnać** *dk I*, przegnaliśmy **1.** w zn. «przepędzać, wyganiać kogoś skądś»: Przegonił (przegnał) dokuczliwą dzieciarnię. **2.** *częściej ndk* (zwłaszcza w *przen.*) «zmuszać do biegu, do pośpiechu»: Musztrował żołnierzy, przeganiał ich nawet po błocie. △ *przen.* Wiatr przegania liście po alejach parku.

przegapić *dk VIa*, przegapię, przegapimy, przegapiliśmy (p. akcent § 1a i 2) *pot.* «przeoczyć, za-

niedbać coś; stracić okazję przez gapiostwo»: Przegapić sprawę. // *KP Pras.*

przegiąć *dk Xc*, przegnę, przegnie, przegnij, przegiął (*wym.* przegioł), przegięła (*wym.* przegieła), przegięliśmy (*wym.* przegieliśmy, p. akcent § 1a i 2) — **przeginać** *ndk I*, przeginaliśmy: Przegiąć pręt, drut. △ *środ.* Przegiąć pałkę, pałę «przesadzić w czymś, przeholować»

przeglądać p. I przejrzeć.

przeglądnąć *dk Va*, przeglądnąłem (*wym.* przeglądnołem; *nie*: przeglądnełem, przeglądłem), przeglądnął (*wym.* przeglądnoł), przeglądnęła (*wym.* przeglądneła; *nie*: przeglądła), przeglądnęliśmy (*wym.* przeglądneliśmy, p. akcent § 1a i 2) *reg.* p. I przejrzeć (w zn. 1, 2 i 4).

przegłodzić *dk VIa*, przegłodzę, przegłodź, rzad. przegłódź, przegłodzimy, przegłodziliśmy (p. akcent § 1a i 2), przegłodzony — *rzad.* **przegładzać** (*nie*: przegłodzać) *ndk I*, przegładzaliśmy: Dziecko się przejadło słodyczami, trzeba je przegłodzić.

przegnać p. przeganiać.

przegnić *dk Xa*, przegniłby (p. akcent § 4c), przegniły (*nie*: przegnity): Deski przegniły od (pod wpływem) wilgoci.

przegonić p. przeganiać.

przegrać *dk I*, przegraliśmy (p. akcent § 1a i 2) — **przegrywać** *ndk I*, przegrywaliśmy **1.** «wykonać dany utwór muzyczny na instrumencie» □ P. co: Przegrać poloneza. △ Przegrać płytę, taśmę magnetofonową «odtworzyć utwór muzyczny, tekst nagrany na płytę lub taśmę» **2.** «grając stracić coś, zostać pokonanym w grze; doznać niepowodzenia w czymś» □ P. co (w co): Przegrał w karty cały majątek. Przegrywał w szachy bardzo często. Przegrać proces, zakład. □ P. w czym: Często przegrywał w życiu. **3.** tylko *dk* «spędzić czas grając na jakimś instrumencie lub w jakąś grę»: Przegraliśmy cały wieczór w brydża, na skrzypcach.

przegroda *ż IV, lm D.* przegród (*nie*: przegrod): Przegroda na węgiel.

przegrywka *ż III, lm D.* przegrywek △ *niepoprawne* w zn. «przygrywka», np.: Przegrywka (*zamiast*: przygrywka) do hymnu. Przegrywka (*zamiast*: przygrywka) orkiestrowa przed przedstawieniem (w teatrze). // *D Kult. I, 564.*

przegrzać *dk Xb*, przegrzaliśmy, *reg.* przegrzeliśmy (p. akcent § 1a i 2) — **przegrzewać** *ndk I*, przegrzewaliśmy: Dziecko się stale zaziębiało, bo matka je przegrzewała. Przegrzać silnik.

przegub *m IV, D.* przegubu **1.** «miejsce, w którym łączą się kości dłoni z przedramieniem»: Przeguby rąk, dłoni a. u rąk, u dłoni. **2.** «ruchome połączenie dwóch części mechanizmu, pozwalające na poruszanie się jednej części względem drugiej»

przegubny *techn.* «dający się zginać w przegubach»

przegubowiec *m II, D.* przegubowca *pot.* «autobus przegubowy»: Jechać przegubowcem.

przegubowy «taki, w którym zastosowano przegub; połączony za pomocą przegubu»: Autobus przegubowy. Lampa przegubowa. Połączenie przegubowe.

przeholować *dk IV*, przeholowaliśmy (p. akcent § 1a i 2) — **przeholowywać** *ndk VIIIa*, przeholowuję (*nie*: przeholowywam, przeholowywuję), przeholowywaliśmy □ P. w czym «przesadzić, przebrać miarę»: Przeholować w żartach, w komplementach.

przeistaczać *ndk I*, przeistaczaliśmy (p. akcent § 1a i 2) — **przeistoczyć** *dk VIb*, przeistoczyliśmy, nieco *książk.* «przekształcać, przeobrażać» □ P. kogo, co — w kogo, w co (*nie*: na kogo, na co): Przeistoczył swoje mieszkanie w (*nie*: na) apartament. Przeistoczyła ją w (*nie*: na) elegantkę.

przejadać p. przejeść.

przejaśnić się *dk VIa*, przejaśniłby się (p. akcent § 4c) — **przejaśniać się** *ndk I*, przejaśniałby się «stać się jaśniejszym»: Niebo się przejaśniło. △ *nieos.* Przejaśniło się, przejaśnia się «robi się pogodniej, rozpogodziło się»

przejaw *m IV, D.* przejawu «objaw, wyraz, oznaka» — zawsze z przydawką w dopełniaczu: Przejaw choroby, niepokoju. Przejawy życia społecznego.

przejawiać *ndk I*, przejawialiśmy (p. akcent § 1a i 2) — **przejawić** *dk VIa*, przejawię, przejawimy, przejawiliśmy □ P. co (tylko pewne właściwości, predyspozycje, stany uczuciowe): Dziecko przejawia niewątpliwy talent muzyczny. Przejawiać skłonności do hazardu. Przejawiać lęk, nieufność, skruchę.

przejazd *m IV, D.* przejazdu, *Ms.* przejeździe: Bezpłatny przejazd. Przejazd samochodu. Przejazd tramwajem, autobusem przez ulicę, przez most.
przejazdem a. **w przejeździe** w użyciu przysłówkowym «przejeżdżając, w trakcie, w czasie podróży»: Być, bawić, znaleźć się, zatrzymać się gdzieś przejazdem, w przejeździe.

przejazdowy «służący do przejazdu, przejeżdżania; związany z przejazdem»: Brama przejazdowa. Szlaban przejazdowy. Opłata przejazdowa. *Por.* przejezdny.

przejażdżka *ż III, lm D.* przejażdżek: Przejażdżka konna a. przejażdżka konno. Przejażdżka do miasta, za miasto. □ P. czym (po czym): Przejażdżka łodzią (po jeziorze), autem (po mieście). △ Jechać, wybrać się na przejażdżkę.

przejąć *dk Xc*, przejmę (*nie*: przejmię), przejmie, przejmą (*nie*: przejmią), przejmij, przejął (*wym.* przejoł), przejęła (*wym.* przejeła), przejęliśmy (*wym.* przejeliśmy, p. akcent § 1a i 2) — **przejmować** (*nie*: przejmać, przejmywać) *ndk IV*, przejmowaliśmy: Państwo przejęło fabryki na własność. △ Coś kogoś przejmuje «ktoś doznaje jakiegoś uczucia»: Postępowanie syna przejmowało ją smutkiem.
przejąć się □ P. się czym «wziąć sobie coś do serca, zmartwić się czymś»

przejechać *dk* przejadę (*nie*: przejedę), przejedzie (*nie*: przejadzie), przejedź (*nie*: przejadź), przejechał, przejechaliśmy (p. akcent § 1a i 2) — **przejeżdżać** *ndk I*, przejeżdżaliśmy: Przejechali już szmat drogi. □ P. przez co: Straż z głośnym trąbieniem przejechała przez miasto. Towarowy pociąg wolno przejeżdżał przez most. □ *pot.* (tylko *dk*) P. czym — po

czym: Przejechać dłonią po włosach. △ *przen. pot.* Przejechał mu kijem po grzbiecie. □ P. co a. przez co: Szybko przejechał miasto (przez miasto).
przejechać się — **przejeżdżać się**: Przejechali się dorożką. △ *pot.* Przejechać się na cmentarz, na tamten świat «umrzeć» □ *pot.* P. się po kim: Krytyk w swoim artykule przejechał się po autorze.

przejeść *dk* przejem, przeje, przejedzą, przejedz, przejadł, przejedliśmy (p. akcent § 1a i 2) — **przejadać** *ndk I*, przejadaliśmy: Przejedli i roztrwonili cały majątek.
przejeść się — **przejadać się**: Przejadł się i chorował. □ P. się czym (*nie*: czego): Przejeść się słodyczami (*nie*: słodyczy). △ (tylko *dk*) Coś się komu przejadło «o jedzeniu: coś sprzykrzyło się, zbrzydło»: Przejadły mi się pierogi. △ *przen.* Po kilku tygodniach ich towarzystwo zupełnie mi się przejadło.

przejezdny *m-os.* przejezdni 1. «bawiący przejazdem»: Przejezdni kupcy. 2. «nadający się do przejazdu»: Przejezdne drogi. *Por.* przejazdowy.
przejezdny, przejezdna w użyciu rzeczownikowym «człowiek zatrzymujący się gdzieś przejazdem, chwilowo»

przejeżdżać p. przejechać.

przejmować p. przejąć.

I przejrzeć (*nie*: przejrzyć) *dk VIIb*, przejrzyj, przejrzeliśmy (p. akcent § 1a i 2) — **przeglądać** *ndk I*, przeglądaliśmy 1. «zaznajomić się z czymś, oglądając, czytając coś»: Nie zdążyłem jeszcze przejrzeć gazet. 2. częściej *ndk* (zwykle w 3. os.) «być widocznym, wyzierać»: Niebo przegląda przez konary. 3. tylko *dk* «zacząć widzieć, odzyskać wzrok»: Chory przejrzał. 4. tylko *dk* «poznać czyjeś ukryte zamiary, intencje; poznać coś, co ktoś ukrywa» □ P. kogo a. co: Przejrzała w lot jego zamiary. Choć bardzo sprytnie usiłował ją zwodzić, przejrzała go. Przejrzeć kogoś, coś na wskroś, na wylot, do gruntu.
przejrzeć się — **przeglądać się** □ P. się w czym: Przeglądać się w lustrze, w tafli wody.

II przejrzeć *dk III*, przejrzałby (p. akcent § 4c) — **przejrzewać** *ndk I*, przejrzewałby: Przejrzałe czereśnie spadały z drzew.

przejrzyście, *rzad.* **przejrzysto**: Artykuł napisany bardzo przejrzyście.

przejście (*nie*: przechód) *n I*: Szerokie, wąskie, podziemne przejście. Stanąć w przejściu. Zrobić przejście dla kogoś, dla czegoś. □ P. między czym, przez co: Przejście między domami, przez jezdnię.

przejściowy 1. «krótko trwający, chwilowy; tymczasowy»: Przejściowe ochłodzenie. 2. «taki, przez który się przechodzi, przechodni»: Pokój przejściowy. 3. «stanowiący stadium pośrednie, pośrednią formę między czymś a czymś»: Pas przejściowy między stepem i lasem. Sezon przejściowy. △ *reg.* Kurtka przejściowa «kurtka na sezon przejściowy»

przejść *dk*, przejdę, przejdzie, przejdź, przejdą, przeszedłem (*nie*: przeszłem), przeszła, przeszliśmy (*nie*: prześliśmy; p. akcent § 1a i 2) — **przechodzić** *ndk i dk VIa*, przechodzę, przechodzimy, przechodź (*nie*: przechódź), przechodziliśmy □ P. co, przez co: Przejść parę kilometrów. Przejść rzekę w bród. Przejść ulicę, granicę a. przez ulicę, przez granicę.

△ Burza przeszła, huragan, deszcz przeszedł przez coś (np. przez miasto) a. nad czymś (np. nad miastem). △ *przen.* Coś przechodzi komuś przez głowę, *rzad.* przez myśl. Słowa nie chcą przejść a. z trudem przechodzą komuś przez gardło. □ P. co «przebyć»: Przejść grypę, anginę, odrę. Przejść różne koleje w życiu. □ P. przez co a) «zostać zarejestrowanym»: Korespondencja musi przejść przez dziennik. b) «przeżyć coś»: Przeszedł przez piekło udręki. □ P. w co «przekształcić się, zmienić»: Deszcz przeszedł w ulewę. □ P. czym «nasiąknąć, przesiąknąć»: Przejść przykrym zapachem, naftaliną, piżmem. □ P. do czego, na co, w co: Przejść do historii, potomności. Przechodzić do następnej, wyższej klasy. Przejść na emeryturę, w stan spoczynku. Przejść na inne stanowisko, na inne wyznanie. △ Przejść do innego tematu a. na inny temat «zacząć mówić o czymś innym, zmienić temat» △ Przejść na kogoś a. na czyjąć własność «stać się czyjąś własnością»: Po śmierci rodziców majątek przeszedł na dzieci. △ Ciarki, mrowie, dreszcze itp. przechodzą kogoś a. po kimś «ktoś odczuwa dreszcze, mrowie, ciarki itp.» □ P. kogo (czym): Uczeń przeszedł mistrza (rozumem). 3. tylko *dk* przechodzić «spędzić czas na chodzeniu»: Całą noc przechodził nie mogąc spać. △ *pot.* Przechodzić chorobę «będąc chorym nie położyć się do łóżka»

przekazać *dk IX,* przekażę, przekazaliśmy (p. akcent § 1a i 2) — **przekazywać** *ndk VIIIa,* przekazuję (*nie:* przekazywam, przekazywuję), przekazywaliśmy: Przekazać coś listownie, telefonicznie, przez radio, drogą radiową, testamentem, w testamencie, w spadku. □ P. co (komu): Przekazać fundusz, majątek, urząd, władzę. Przekazał matce złe wiadomości. □ P. co dla kogo: Przekazał dla niego paczkę.

przekąs *m IV, D.* przekąsu △ tylko w zwrotach: Mówić, odzywać się itp. z przekąsem «mówić, odzywać się ironicznie, zjadliwie»

przekąsić *dk VIa,* przekąszę, przekąś, przekąsimy, przekąsiliśmy (p. akcent § 1a i 2) — *posp.* **przekąszać** (*nie:* przekàszać) *ndk I,* przekąszaliśmy; *reg.* **przekąsywać** *ndk VIIIa,* przekąsuję (*nie:* przekąsywam, przekąsywuję), przekąsywaliśmy: Lubiła przekąsić coś przed obiadem.

przekąska *ż III, lm D.* przekąsek «jedzenie spożywane między regularnymi posiłkami; także (zwykle w *lm*) wędliny, ryby itp. podawane przed obiadem lub do wódki, *częściej:* zakąski»: Zimne, gorące przekąski. △ Coś na przekąskę «coś do przekąszenia (ryba, galaretka itp.)»

przekątna *ż* odm. jak przym.; *rzad.* **przekątnia** *ż I, lm D.* przekątni (w terminologii specjalnej tylko: przekątna).

przekląć *dk Xc,* przeklnę, przeklnie, przeklnij, przeklął (*wym.* przekloł), przeklęła (*wym.* przeklela), przeklęliśmy (*wym.* przekleliśmy, p. akcent § 1a i 2) — **przeklinać** *ndk I,* przeklinaliśmy 1. «rzucić klątwę, wykląć»: Przeklinam cię, wyrodna córko! 2. tylko *ndk* «używać przekleństw, kląć»: Przeklinał, aż uszy więdły (puchły).

przekleństwo *n III* 1. zwykle w *lm* «obelżywe wyrazy»: Obrzucił go stekiem przekleństw. 2. *książk.* «klątwa»: Nad ich rodem ciąży przekleństwo.

przekład *m IV, D.* przekładu: Przekład z (języka) francuskiego (na polski).

przekładać *ndk I,* przekładaliśmy (p. akcent § 1a i 2) — **przełożyć** *dk VIb,* przełóż, przełożyliśmy 1. «zmieniać położenie czegoś, kłaść coś na inne miejsce»: Przełożył portfel do drugiej kieszeni. 2. «kłaść coś, przenosząc coś ponad czymś»: Przełożył nogi przez poręcz. 3. «odwlekać coś, odkładać na później»: Rozprawę przełożono na jutro. 4. «tłumaczyć z jednego języka na drugi» □ P. co z czego: Dramat przełożony z francuskiego. □ P. co na co: Tę monografię warto przełożyć na język polski. 5. *rzad.* p. przedkładać (w zn. 1).

przekładnia *ż I, lm D.* przekładni 1. «przestawienie wyrazów»: Zawiła przekładnia. Przekładnia w wierszu. 2. «urządzenie napędowe do przenoszenia ruchu obrotowego z jednego wału na drugi przy jednoczesnej zmianie obrotów»: Przekładnia zębata, łańcuchowa, linowa. Przekładnia w obrabiarkach.

przekonać *dk I,* przekonaliśmy (p. akcent § 1a i 2) — **przekonywać** *ndk VIIIa,* przekonuję (*nie:* przekonywuję) a. *I,* przekonywam; przekonywaliśmy; przekonujący, przekonywający (*nie:* przekonywujący): Przekonujące (przekonywające) argumenty. □ P. kogo (czym) o czym: O swoim przywiązaniu przekonała go czynem nie słowami.

przekonać się — **przekonywać się** □ P. się do kogo: Po latach się do niego przekonał. □ P. się o czym: Przekonał się o jej szczerości.

przekonanie *n I:* Głębokie, niezachwiane przekonanie. Ustalone, wyrobione, chwiejne przekonanie. Przekonania polityczne, społeczne. Mieć przekonanie o potrzebie reform. △ Dochodzić (*nie:* przychodzić) do przekonania, że..., mieć przekonanie, że..., nabrać przekonania, że... △ Coś trafia do przekonania komuś (*nie:* kogoś): To trafiło do przekonania moim uczniom (*nie:* moich uczni). // *D Kult. II, 482.*

przekonsultować p. konsultować.

przekonujący p. przekonać.

przekonywać p. przekonać.

przekora *ż IV* 1. *blm* «skłonność do robienia komuś na złość, przeciwstawiania się»: Przekomarzała się z dziewczęcą przekorą. 2. *ż* a. *m, lm D.* przekór a. przekorów (tylko o mężczyznach), *rzad.* «osoba przekorna, robiąca wszystko na przekór»

przekór tylko w wyrażeniu: na przekór (p.).

przekroczyć *dk VIb,* przekroczyliśmy (p. akcent § 1a i 2) — **przekraczać** *ndk I,* przekraczaliśmy □ P. co (*nie:* przez co): Przekraczać próg domu, granicę (*nie:* przez próg domu, przez granicę). △ *przen.* Przekraczać granicę przyzwoitości. Przekroczyć prawo, umowę.

przekroić *dk VIa,* przekroję, przekroimy, przekrój, przekroiliśmy (p. akcent § 1a i 2), *rzad.* **przekrajać** *dk IX,* przekraję (*nie:* przekrajam), przekrajemy, przekrają (*nie:* przekrajają), przekraj (*nie:* przekrajaj), przekrajaliśmy — *rzad.* **przekrawać** (*nie:* przekraiwać) *ndk I,* przekrawaliśmy: Przekroił chleb na połowę.

przekrój *m I, D.* przekroju, *lm D.* przekrojów, *rzad.* przekroi.

przekupić

przekupić *dk VIa*, przekupię, przekupimy, przekup, przekupiliśmy (p. akcent § 1a i 2) — **przekupywać** (*nie*: przekupować) *ndk VIIIa*, przekupuję (*nie*: przekupywuję, przekupywam), przekupywaliśmy.

przekwitać *ndk I* (1. i 2. os. tylko w zn. *przen.*) przekwitałby (p. akcent § 4c) — **przekwitnąć** *dk Vc*, *rzad.* *Va*, przekwitł, *rzad.* przekwitnął (*wym.* przekwitnoł); przekwitła, *rzad.* przekwitnęła (*wym.* przekwitneła); przekwitły, *rzad.* przekwitnięty; przekwitłby: Bzy przekwitły. △ *przen.* Przekwitła piękność.

przelać *dk Xb*, przeleję, przelaliśmy, *reg.* przeleliśmy (p. akcent § 1a i 2) — **przelewać** *ndk I*, przelewaliśmy □ P. co do czego, *rzad.* w co: Przelać mleko do garnka (w garnek). □ P. co na kogo: Przelać na kogoś swoje prawa, uprawnienia. Przelała na niego całe swoje uczucie.
przelać się — **przelewać się**: Woda przelewała się już przez burtę. △ *pot.* Komuś się nie przelewa «ktoś jest biedny»

przeląc się p. przelęknąć się.

przelecieć *dk VIIIa*, przelecę, przelecimy, przelecieliśmy (p. akcent § 1a i 2) — **przelatywać** *ndk VIIIa*, przelatuję (*nie*: przelatywuję, przelatywam), przelatywaliśmy; *reg.* **przelatać** *ndk I*, przelataliśmy □ *pot.* P. co, przez co: Przelecieć ulicę lub przez ulicę.

przelew *m IV, D.* przelewu △ Przelew krwi «ponoszenie strat w ludziach w walce, na wojnie; zadawanie ran lub zabijanie»: Nie chcieli przelewu krwi. △ *ekon.* Przelew (bankowy) «w bankowym obrocie bezgotówkowym przeniesienie pewnej sumy pieniężnej z jednego konta na drugie»: Dokonać przelewu.

przelewać p. przelać.

przelewki *blp, D.* przelewek △ zwykle w *pot.* zwrocie: To nie przelewki «to nie jest rzecz błaha, łatwa do wykonania»

przeleźć (*nie*: przeliźć) *dk XI*, przelezę (*nie*: przelizę), *rzad.* przelazę; przelezie (*nie*: przelazie), przelazł, przeleźli, przeleźliśmy (p. akcent § 1a i 2) — **przełazić** *ndk i dk VIa*, przełażę, przełazimy, przełaziliśmy *pot.* **a)** przełazić *ndk* «przejść przez coś (przez ulicę otwór), przedostać się»: Pies z trudem przelazł przez dziurę w płocie. **b)** tylko przełazić *dk* «spędzić pewien czas na chodzeniu, włóczeniu się»: Przełaził cały dzień bez celu. || *KJP 278.*

przelęknąć się, *rzad.* **przeląc się** *dk Vc* przeląkł się, przelękła się, przelękliśmy się (p. akcent § 1a i 2), przelękniony a. przelękły, *rzad.* przelęknięty: Podniosła na niego przelęknione oczy.

przelot *m IV, D.* przelotu **1.** «przebywanie jakiejś przestrzeni w powietrzu; lot; *rzad.* szybki bieg, przejazd»: Przelot samolotu, *pot.* pociągu. Przeloty ptaków z ciepłych krajów na północ. **2.** «wolna przestrzeń między zabudowaniami itp.»: Przeloty między domami. **3.** «odległość między postojami jakiegoś środka lokomocji»
przelotem a. **w przelocie** w użyciu przysłówkowym «przy sposobności, przelotnie, mimochodem»: W tym roku w moim rodzinnym mieście byłem tylko przelotem.

przelotny «nie przebywający stale w jednym miejscu, przenoszący się z jednego miejsca na drugie»: Ptactwo przelotne. △ *przen.* «krótkotrwały, chwilowy»: Przelotna znajomość. Przelotne spotkanie, spojrzenie. △ Opady przelotne.

przelotowy «związany z przelotem; umożliwiający przelot, przesuwanie się czegoś, komunikację itp.»: Trasy przelotowe ptaków, samolotów. △ Trasa, arteria, droga przelotowa «trasa, arteria, droga, łącząca odległe miejscowości (nie kończąca się ślepo)»

przeładować *dk IV*, przeładowaliśmy (p. akcent § 1a i 2) — **przeładowywać** *ndk VIIIa*, przeładowuję (*nie*: przeładowywuję, przeładowywam), przeładowywaliśmy: Węgiel był przeładowywany na statki. △ *przen.* Budowla przeładowana ornamentami.

przełaj *m I, D.* przełaju, *lm D.* przełajów **1.** tylko w wyrażeniu: Na przełaj «po przekątnej, po linii prostej, najkrótszą drogą» △ Bieg na przełaj «bieg odbywający się na terenie otwartym z pokonywaniem przeszkód naturalnych» **2.** *środ.* (*sport.*) «bieg na przełaj»: Mistrzostwa Polski w przełaju.

przełajowy △ *niepoprawne* Bieg przełajowy, *zamiast*: bieg na przełaj.

przełamać *dk IX*, przełamię (*nie*: przełamę), przełamią (*nie*: przełamą), przełam, przełamaliśmy (p. akcent § 1a i 2) — **przełamywać** *ndk VIIIa*, *rzad. I*, przełamuję, przełamywam (*nie*: przełamywuję), przełamywaliśmy: Przełamać kij na kolanie. △ Przełamać z kimś chleb (przełamać się z kimś chlebem). △ *przen.* Przełamać opór, trudności, przeszkody.

przełaz *m IV, D.* przełazu: Przejść przełazem a. przez przełaz.

przełazek *m III, D.* przełazka a. przełazku.

przełazić p. przeleźć.

przełączyć *dk VIb*, przełączyliśmy (p. akcent § 1a i 2) — **przełączać** (*nie*: przełanczać) *ndk I*, przełączaliśmy: Przełączyć telefon.

przełęcz *ż VI* △ W nazwach dużą literą: Przełęcz Dukielska.

przełknąć *dk Va*, przełknij, przełknąłem (*wym.* przełknołem; *nie*: przełknełem, przełkłem), przełknął (*wym.* przełknoł), przełknęła (*wym.* przełkneła; *nie*: przełkła), przełknęliśmy (*wym.* przełkneliśmy, *nie*: przełkliśmy; p. akcent § 1a i 2) — **przełykać** *ndk I*, przełykaliśmy: Głośno przełknął ślinę.

przełożony imiesł. bierny od czas. przełożyć: Książka została przełożona na inne miejsce. Tekst przełożony (a. przetłumaczony) z rosyjskiego.
przełożony w użyciu przymiotnikowym: Władza przełożona. △ Siostra, matka przełożona (w zakonie).
przełożony *m-os.* przełożeni, w użyciu rzeczownikowym *książk.* «człowiek mający władzę zwierzchnią; zwierzchnik»: Przełożeni byli z niego zadowoleni. Przełożona zakonu «przeorysza» △ Przełożona szkoły «właścicielka, zwierzchniczka prywatnej szkoły żeńskiej (przed II wojną światową)»

przełożyć p. przekładać.

przełykać p. przełknąć.

przemaczać p. przemoczyć.

przemagać p. przemóc.

przemakać p. przemoknąć.

przemarsz *m II*, *D.* przemarszu, *lm D.* przemar-szów (*nie*: przemarszy): Przemarsz wojsk.

przemarznąć (*wym.* przemar-znąć) *dk Vc*, prze-marznie (*wym.* przemar-znie a. przemar-źnie), przemarzł, *rzad.* przemarznął (*wym.* przemar-znoł); przemarzła, przemarzliśmy (*wym.* przemarzliśmy a. przemarźliśmy, p. akcent § 1a i 2) a. przemarzły a. przemarznięty (*wym.* przemarznięty a. przemarź-nięty) — **przemarzać** (*wym.* przemar-zać) *ndk I*, przemarzaliśmy 1. «zmarnieć, zepsuć się, uschnąć wskutek mrozu»: Drzewa w sadzie przemarzły. Kar-tofle przemarzły w piwnicy. 2. tylko *dk* «zziębnąć, bardzo zmarznąć»: Przemarznąć do szpiku kości. Przemarznąć (*częściej*: zmarznąć) na kość.

przemawiać *ndk I*, przemawialiśmy (p. akcent § 1a i 2) — **przemówić** *dk VIa*, przemówimy, prze-mów, przemówiliśmy □ P. do kogo, do czego **a)** «zwracać się mówiąc»: Przemawiała do męża czule. Przemawiali do dużego audytorium. **b)** «odwoływać się do czyjegoś rozsądku, uczucia» △ Przemówić komuś do serca, do rozumu, do sumienia «powie-dzieć tak, żeby to dotarło do czyjegoś rozumu, su-mienia, żeby było przekonujące» □ P. za kim, za czym: «wypowiadać się za kimś, za czymś, popie-rać kogoś, coś»: Przemawiał za kontrkandydatem. △ Coś przemawia za kim, za czym «coś świadczy na czyjąś korzyść»: Okoliczności przemawiają za nim. Coś przemawia do kogoś lub czegoś «coś jest zrozumiałe, wywołuje oddźwięk» △ Coś przemawia przez kogo «ktoś daje czemuś wyraz w mowie»: Zawiść przez ciebie przemawia.
przemawiać się — **przemówić się** *pot.* «sprze-czać się, kłócić» □ P. się z kimś — o coś: Prze-mówiła się z narzeczonym o drobiazg.

przemądry *m-os* przemądrzy *książk.* «niezwykle mądry; *przestarz.* przemądrzały»: Czytał przemądre księgi. Był przemądry, ciągle mędrkował.

przemądrzały (*nie*: przemędrzały) *m-os.* prze-mądrzali, *st. w.* bardziej przemądrzały «popisujący się swoim rozumem, mędrkujący»: Przemądrzałe dziecko. Był przemądrzały i pewny siebie.

przemiana *ż IV*: Przemiany społeczne. □ P. czego w co: Przemiana wsi w miasto.
na przemian, *rzad.* **na przemiany** «na zmianę»: Zazdrość i wściekłość miotały nim na przemian.

przemieszczać *ndk I*, przemieszczaliśmy (p. akcent § 1a i 2) — **przemieścić** *dk VIa*, przemieszczę, przemieścimy, przemieściliśmy, nieco *książk.* «prze-nosić, przesuwać na inne miejsce, umieszczać gdzie indziej»

przemiękać *ndk I*, przemiękałby (p. akcent § 4c) — **przemięknąć** *dk Vc*, przemięknął (*wym.* przemięknoł) a. przemiękł; przemiękła (*nie*: prze-mięknęła), przemięknąłby (*wym.* przemięknołby) a. przemiękłby: Płaszcz przemiękł od deszczu.

przemilczeć *dk VIIb*, przemilczę, przemilczy, przemilcz, przemilczymy, przemilczał, przemilcze-liśmy (p. akcent § 1a i 2), przemilczany — **przemil-czać** *ndk I*, przemilczaliśmy, przemilczany. □ P.

bez dop. «trwać jakiś czas w milczeniu, nie odezwać się»: Przemilczał cały wieczór. □ P. co (*nie*: o czym) «nie powiedzieć o czymś, zataić coś»: Przemilczeć ostatnie wypadki, szczegóły.

przemknąć *dk Va*, przemknij, przemknąłem (*wym.* przemknołem; *nie*: przemknełem, przemkłem), przemknął (*wym.* przemknoł), przemknęła (*wym.* przemknęła; *nie*: przemkła), przemknęliśmy (*wym.* przemkneliśmy, p. akcent § 1a i 2) — **przemykać** *ndk I*, przemykaliśmy □ P. czym, po czym, przez co, koło czego, koło kogo, pod czym, wśród czego itp. «przejść, przesunąć się szybko, cicho, niepostrzeżenie, ukradkiem»: Auto przemknę-ło drogą. Cień przemknął pod oknem. Wśród kamieni przemykały jaszczurki. Ludzie przemykali polami. Zając przemknął przez drogę. △ *przen.* Przemknęła mu przez głowę myśl, że... Smutek przemknął mu po twarzy.
przemknąć się — **przemykać się** «przejść, prze-sunąć się niepostrzeżenie, pokonując przeszkody»: Statek przemykał się między rafami.

przemnożyć *dk VIb*, przemnóż, przemnożyliśmy (p. akcent § 1a i 2) — **przemnażać** *ndk I*, przemna-żaliśmy, *częściej*: pomnożyć, np. Przemnożyć (*częś-ciej*: pomnożyć) ułamek przez ułamek.

przemoc *ż VI*, *blm*: Używać przemocy, dopuścić się przemocy (nad kim). Ulec przemocy. Oprzeć się przemocy. □ P. kogo nad kim, nad czym: Przemoc zaborców nad podbitym krajem.

przemoczyć *dk VIb*, przemoczę, przemocz, przemoczymy, przemoczyliśmy (p. akcent § 1a i 2) — **przemaczać** (*nie*: przemoczać) *ndk I*, przema-czaliśmy: Przemoczyć ubranie, buty. Deszcz prze-moczył piasek.

przemoknąć *dk Vc*, przemókł, *rzad.* przemokł, przemoknął (*wym.* przemoknoł); przemokła, prze-mokliśmy (p. akcent § 1a i 2), przemoknięty a. przemokły — **przemakać** *ndk I*, przemakaliśmy: Przemokliśmy do nitki. Namiot niestety przemakał.

przemowa *ż IV*, *lm D.* przemów: Miał do syna długą przemowę.

przemóc *dk XI*, przemogę, przemoże, przemóż, przemógł, przemogła, przemogliśmy (p. akcent § 1a i 2) — **przemagać** *ndk I*, przemagaliśmy: Prze-mógł wrodzoną niechęć do podróżowania i udał się w podróż. Przemogło zdanie większości zebranych.

przemówić p. przemawiać.

przemówienie *n I*: Na zebraniu wygłoszono kilka przemówień.

przemrażać *ndk I*, przemrażaliśmy (p. akcent § 1a i 2) — **przemrozić** *dk VIa*, przemrożę, prze-mroź, przemroziliśmy «doprowadzać do stanu za-marznięcia; powodować zmarznięcie czegoś»: Prze-mrożona ziemia. Nasiona przemraża się trzymając je na mrozie w skrzyniach z wilgotnym piaskiem.

Przemsza *ż II* «rzeka» — przemszański.

przemykać p. przemknąć.

przemysł *m IV*, *D.* przemysłu, *blm*: Przemysł lekki, ciężki, maszynowy. △ *niepoprawne* Pięć prze-mysłów (*zamiast*: pięć rodzajów przemysłu) np. włączyło się do akcji. △ W zn. «pomysłowość, spryt» żywe tylko w zwrotach: Zdobyć, osiągnąć, zrobić coś własnym przemysłem «zdobyć, osiągnąć, zrobić coś dzięki własnej pomysłowości, własnemu sprytowi»

przemysłowo-rolniczy «przemysłowy i rolniczy, opierający się na przemyśle i rolnictwie»: Polska jest krajem przemysłowo-rolniczym. // *D Kult. I, 589.*

przemysłowy: Zakłady przemysłowe. Ośrodek przemysłowy. Miasto przemysłowe. Rozbudowa przemysłowa, *lepiej:* rozbudowa przemysłu.

Przemyśl *m I, D.* Przemyśla «miasto» — przemyślanin *m V, D.* przemyślanina, *lm M.* przemyślanie, *D.* przemyślan — przemyślanka *ż III, lm D.* przemyślanek — przemyski.

przemyśleć *(nie:* przemyślić) *dk VIIa,* przemyśl *(nie:* przemyślij), przemyśleliśmy (p. akcent § 1a i 2) — **przemyśliwać** *ndk VIIIb* lub *I,* przemyśliwuję, przemyśliwam *(nie:* przemyśluję), przemyśliwaliśmy: Przemyślał wszystko do końca. □ tylko *ndk* P. nad czym: Przemyśliwała nad tym, jak się pozbyć natręta.

Przemyślida *m* odm. jak *ż IV, lm M.* Przemyślidzi, *DB.* Przemyślidów, zwykle w *lm* «pierwsza dynastia książąt i królów czeskich»

przenaj- «formant złożony tworzący stopień najwyższy nielicznych przymiotników; często używany błędnie, z przestawieniem sylab (najprze-)», np.: Przenajdroższy ojcze! Kupował przenajrozmaitsze *(nie:* najprzerozmaitsze) drobiazgi. *Ale:* Najprzeróżniejszy *(nie:* przenajróżniejszy). △ Częste w wyrażeniach kultowych, np.: Przenajświętszy Sakrament. Matka Przenajświętsza.

przenieść p. przenosić.

przeniknąć *dk Va,* przeniknij, przeniknąłem *(wym.* przeniknołem; *nie:* przeniknełem, przeniknełem), przeniknął *(wym.* przeniknoł; *nie:* przenikł), przeniknęła *(wym.* przeniknęła; *nie:* przenikła), przeniknęliśmy *(wym.* przeniknęliśmy; *nie:* przenikliśmy; p. akcent § 1a i 2) — **przenikać** *ndk I,* przenikaliśmy □ P. kogo — czym: Przeniknął go wzrokiem do głębi. □ P. do czego: Do izby przeniknął chłód. △ Coś kogoś przenika: Radość przeniknęła jej duszę. // *KJP 285.*

przenocować *dk IV,* przenocowaliśmy (p. akcent § 1a i 2) □ P. bez dop. «spędzić gdzieś noc, zatrzymać się na nocleg»: Przenocował pod gołym niebem. □ P. kogoś «udzielić komuś noclegu»: Przenocował u siebie turystów.

przenosić *ndk VIa,* przenoszę, przenosimy, przenosiliśmy (p. akcent § 1a i 2) — **przenieść** *dk XI,* przeniosę *(nie:* przeniesę), przeniesie, przeniósł, przeniosła *(nie:* przeniesła), przenieśliśmy **1.** «umieszczać gdzie indziej»: Przeniósł łóżko do drugiego pokoju. Przenieść chorego z noszy na łóżko. △ *przen.* Przeniósł dziecko do innej szkoły. **2.** «przerysowywać coś z jednego egzemplarza na inny, przekopiowywać» **3.** «w odniesieniu do pocisków broni palnej: nie trafiać w cel, strzelać za daleko» **4.** (tylko *dk*) *wych. z użycia* «wytrzymać, ścierpieć coś, zwykle z przeczeniem; *lepiej:* znieść»: Nie mogła przenieść *(lepiej:* znieść) takiego upokorzenia. **5.** (tylko *ndk*) *książk., wych. z użycia* «dawać czemuś pierwszeństwo, przed-

kładać coś nad coś» □ P. co nad co: Przenosił muzykę poważną nad lekką.

*przenoszenie wyrazów p. dzielenie wyrazów.

*przenośnia (metafora) to taki zwrot lub wyrażenie, w którym przynajmniej jeden ze składników występuje w znaczeniu wtórnym, różnym od właściwego znaczenia podstawowego. △ Z punktu widzenia psychologicznego przenośnia jest wynikiem skojarzenia opartego bądź to na podobieństwach między przedmiotami, czynnościami, cechami itp., bądź też na ich styczności rzeczywistej po pomyślanej. **a)** Stwierdzenie podobieństwa głosu hieny do śmiechu ludzkiego prowadzi do przenośni *hiena się śmieje, śmiech hieny.* Stwierdzenie podobieństwa warg do korali pod względem barwy daje przenośnię *koral ust.* Skojarzenie czyjegoś apetytu z żarłocznością leśnego drapieżnika daje przenośnię *wilczy apetyt.* Wyrażenia tego typu to przenośnie w ścisłym sensie. Istota ich jest rozszerzenie zakresu znaczeniowego jednego ze składników. W szczególności rozszerzenie na przedmioty zakresu użycia wyrazów odnoszących się do istot żywych to ożywienie (animizacja), np.: *fale biegną, gryzące się kolory;* rozszerzenie na zwierzęta, rośliny i przedmioty martwe zakresu użycia wyrazów odnoszących się do ludzi to uosobienie (antropomorfizacja), np.: *zabytki mówią o przeszłości, wierzba płacząca.* **b)** Stwierdzenie związku między twórcą a jego utworami daje wyrażenia w rodzaju: *czytać, lubić Szekspira, grać Szopena.* Wyrażenia takie to metonimie.

Przenośnia jest prostym, ale bardzo plastycznym środkiem ekspresji językowej. Dlatego spotykana jest równie często w tekstach artystycznych jak w mowie potocznej. Różnica między przenośnią artystyczną a przenośnią mowy potocznej polega na stopniu ich oryginalności. Przenośnie stylu artystycznego powinny nosić piętno indywidualności autora, stanowić przejaw rzeczywistej odkrywczości językowej. Przenośnie języka potocznego mają charakter utartych wyrażeń i zwrotów, są powszechnie znane i zrozumiałe, z czasem tracą swój charakter przenośny. Przenośnie literackie często się upowszechniają, przechodzą do języka potocznego i w użyciu codziennym zatracają swoją literackość.

Różne środowiska i grupy społeczne używają właściwych sobie wyrażeń i zwrotów, które przedostają się do języka ogólnego, często zrazu jako wyrażenia o znaczeniu przenośnym, a następnie (gdy ich przenośność się zatrze) stają się w tym języku ogólnym wyrażeniami utartymi, ustabilizowanymi. Przykładami takich związków frazeologicznych, które niegdyś były przenośniami, są wyrażenia i zwroty: *puścić coś komuś płazem, przypuścić szturm do czegoś, kruszyć kopię o coś* (wywodzące się z dziedziny wojskowości), *położyć krzyżyk na czymś* (z wierzeń religijnych), *dziesiąta woda po kisielu* (ze sztuki kulinarnej), *leżeć odłogiem* (z rolnictwa), *sprowadzić do wspólnego mianownika* (z matematyki).

W zasobie przenośni można z grubsza wyodrębnić dwie warstwy: **a)** warstwę, obejmującą wyrazy i zwroty, których przenośność nie jest już uświadamiana; w zwrotach tych pierwotne znaczenie ich składników zatarło się częściowo lub całkowicie; np. używając zwrotu: *umorzyć sprawę* nie uświadamiamy już sobie związku między wyrazem *umorzyć* a *śmiercią;* **b)** drugą warstwę stanowią przenośnie odczuwane żywo jeszcze i dzisiaj, a więc takie, w których związek między znaczeniem dosłownym a znaczeniem przenośnym wyrazów wyraźnie się narzuca; np. *połknąć komplement, najeść się wstydu, policzyć komuś żebra, ukręcić łeb jakiejś sprawie.* Przenośnie te są bardzo plastyczne, kryją w sobie jednakże duże niebezpieczeństwo, mianowicie przy ich używaniu łatwo o wykolejenie rażące często ze względu na kontrast semantyczny między poszczególnymi składnikami danego wyrażenia. W umyśle odbiorcy takich chybionych związków przenośnych odżywają skojarzenia związane ze znaczeniem dosłownym wyrazu, co zazwyczaj prowadzi do niezamierzonych efektów humorystycznych, jak np. w zdaniu: „Faszyści głęboko zapuścili korzenie w aparat państwowy przedwojennych Włoch." Częstym błędem jest nagromadzenie przenośni o składnikach skłóconych ze sobą, np. „Szybko przemijający ząb czasu osuszył już niejedną łzę, toteż jest nadzieja, że i na tej ranie serca trawa niepamięci wyrośnie i że ją piasek zapomnienia przysypie" *albo:* „Spotkanie międzynarodowe zelektryzowało całą dziennikarską śmietankę" (połączenie *elektryzacji* ze *śmietanką* daje efekt groteskowy). Sformułowanie jakichkolwiek szczegółowych dyrektyw poprawnościowych dotyczących przenośni nie jest możliwe; ostateczną „wyrocznią" musi tu być intuicja, ogólna kultura językowa i wrażliwa wyobraźnia. „Koniecznym warunkiem tego, aby język sprawiał na nas dodatnie wrażenie, jest możność *wmyślania się* w sugerowane nam słowami obrazy. Na stopniu elementarnym idzie o to, aby nie było niedorzeczności, na stopniach wyższych — o zharmonizowanie wszystkich odcieni znaczeniowych wyrazów, które by pozwalało na harmonijny odbiór treści przez słuchacza lub czytelnika". *(D Kryt. 47). || PJ 1949 (1), 5—14; (2), 5—10; PJ 1960, 23—29.* Por. wieloznaczność wyrazów, związki frazeologiczne.

przenośnik *m III,* in. transporter.

przeor *m IV, lm M.* przeorzy a. przeorowie.

przeorać *dk IX,* przeorzę (*nie:* przeoram) przeorz, przeoraliśmy (p. akcent § 1a i 2) — **przeorywać** *ndk VIIIa,* przeoruję (*nie:* przeorywuję), a. I, przeorywam; przeorywaliśmy: Przeorać zagon.

przeorysza *ż II, lm D.* przeorysz (*nie:* przeoryszy)

przepacać p. przepocić.

przepadać *ndk I,* przepadaliśmy (p. akcent § 1a i 2) — **przepaść** *dk Vc,* przepadnę, przepadł, przepadliśmy □ P. bez dop.: Przepadł bez wieści. Przepadał gdzieś na całe popołudnia. △ (Wszystko) przepadło «nic nie da się naprawić, uratować» □ (tylko *ndk*) P. za kim, za czym «bardzo lubić, kochać»: Przepadał za dobrą muzyką. Przepadała za swoją córeczką.

przepadzisty *st. w.* bardziej przepadzisty *rzad.* «bardzo obszerny, głęboki; przepaścisty»: Przepadzista baszta warowna. Przepadziste knieje.

przepajać p. przepoić.

przepakować *dk IV,* przepakowaliśmy (p. akcent § 1a i 2) — **przepakowywać** *ndk VIIIa,* przepakowuję (*nie:* przepakowywam, przepakowywuję), przepakowywaliśmy.

I przepasać *dk IX,* przepaszę, przepasz, przepasaliśmy (p. akcent § 1a i 2) — **przepasywać** *ndk*

VIIIa, przepasuję (*nie:* przepasywuję, przepasywam), przepasywaliśmy: Przepasać kapelusz wstążką.

II przepasać p. III przepaść.

przepastny *książk.* p. przepaścisty (w zn. 1): Przepastne bory. △ *przen.* Przepastne spojrzenie.

przepaścisty 1. «bardzo głęboki, niezgłębiony, nieprzebyty»: Przepaścista puszcza. △ *żart.* Przepaścista kieszeń. △ *przen.* Przepaściste oczy, spojrzenie. **2.** «stromy, urwisty, pełen rozpadlin»: Przepaścista ściana skalna.

I przepaść *ż V, lm M.* przepaści, *rzad.* przepaście: Wokoło tylko przepaści i urwiska. Stać nad przepaścią, nad brzegiem przepaści. △ *przen.* Ich poglądy na życie dzieli przepaść.

II przepaść p. przepadać.

III przepaść *dk XI,* przepasę, przepasie, przepaś, przepasł, przepaśliśmy (p. akcent § 1a i 2) — **przepasać** *ndk I,* przepasaliśmy «dać komuś zbyt dużo jedzenia» □ P. kogo a. co — czym: Indyk był przepasiony. *żart.* Przepaśli dziecko deserami.

przepatrzyć (*nie:* przepatrzeć) *dk VIb,* przepatrzyliśmy (p. akcent § 1a i 2) — **przepatrywać** *ndk VIIIa,* przepatruję (*nie:* przepatrywuję, przepatrywam): Przepatrzył wszystkie kąty.

przepchnąć *dk Va,* przepchnij, przepchnąłem (*wym.* przepchnołem; *nie:* przepchnełem, przepchłem), przepchnął (*wym.* przepchnoł), przepchnęła (*wym.* przepchnela; *nie:* przepchła), przepchnęliśmy (*wym.* przepchneliśmy; *nie:* przepchliśmy; p. akcent § 1a i 2), **przepchać** *dk I,* przepchaliśmy — **przepychać** *ndk I,* przepychaliśmy: Przepchnąć coś przez szparę. △ *przen. pot.* Przepchnąć kogoś przez szkołę.

przepełniać *ndk I,* przepełnialiśmy (p. akcent § 1a i 2) — **przepełnić** *dk VIa,* przepełnij a. przepełń, przepełniliśmy (najczęściej *dk* i w imiesł. biernym): Tramwaje były jak zwykle przepełnione. △ *przen.* Serce jej było przepełnione radością. || *KJP 293.*

przepędzić *dk VIa,* przepędzę, przepędzimy, przepędziliśmy (p. akcent § 1a i 2) — **przepędzać** *ndk I,* przepędzaliśmy □ P. kogo, co — przez co: Przepędził bydło przez łąkę. □ P. co: Długie godziny przepędzał w lesie.

przepić *dk Xa,* przepiję, przepiliśmy (p. akcent § 1a i 2) — **przepijać** *ndk I,* przepijaliśmy □ P. co «wydać (pieniądze) na pijaństwo, pozbyć się czegoś, żeby mieć za co pić»: Przepił całą pensję. □ P. do kogo «pijąc alkohol zwrócić się do kogoś»: Nalał kieliszki i przepił do sąsiada.

I przepierać p. przeprać.

II przepierać p. przeprzeć.

przepinka *ż III, lm D.* przepinek *reg.* «spinka do włosów»

przepis *m IV, D.* przepisu: Przepis lekarski a. lekarza. Przestrzegać przepisów (*nie:* przepisy). Łamać, obchodzić, przekroczyć przepisy. Stosować się do przepisów. □ P. na co: Przepis na babkę, na wino. □ (zwykle w *lm*) P. czego: Przepisy higieny, bezpieczeństwa. □ P. o czym, co do czego, dotyczą-

przepisać

cy czego: Przepisy dotyczące cła, podatków. Przepisy o habilitacji.

przepisać *dk IX*, przepiszę, przepisz, przepisaliśmy (p. akcent § 1a i 2) — **przepisywać** *ndk VIIIa*, przepisuję (*nie*: przepisywam, przepisywuję), przepisywaliśmy: Musiał przepisać całe wypracowanie. □ P. co komu **a)** «polecić, zaordynować»: Lekarz przepisał mu środki uspokajające. **b)** «przekazać na własność, zapisać coś komuś» □ P. co na kogo: Przepisała majątek na córkę.

przepleść *dk XI*, przeplotę (*nie*: przepletę), przeplecie, przepleć, przeplótł, przeplotła (*nie*: przepletła), przepletliśmy (p. akcent § 1a i 2) — **przeplatać** *ndk I*, przeplataliśmy □ P. co czym: Przepleść kosz kolorową wstążką. △ *przen.* Tańce przeplatali śpiewem i deklamacją.

przepłacić *dk VIa*, przepłacę, przepłacimy, przepłaciliśmy (p. akcent § 1a i 2) — **przepłacać** *ndk I*, przepłacaliśmy □ P. bez dop.: Jeżeli dałaś za tę suknię tysiąc złotych, to stanowczo przepłaciłaś. □ P. co: Przepłaciłeś tę działkę, można ją było kupić taniej. △ *niepoprawne* Przepłacić (*zamiast*: przypłacić) coś zdrowiem, życiem.

przepłoszyć *dk VIb*, przepłoszę, przepłosz, przepłoszymy, przepłoszyliśmy (p. akcent § 1a i 2) — **przepłaszać** (*nie*: przepłoszać) *ndk I*, przepłaszaliśmy □ P. kogo, co (czym): Przepłoszyć zwierza strzałami. Nagłym wejściem przepłoszył złodzieja. Przepłoszyć wróble ze zboża, zwierzynę w lesie.

przepocić *dk VIa*, przepocę, przepoć, przepocimy, przepociliśmy (p. akcent § 1a i 2), przepocony — **przepacać** (*nie*: przepocać) *ndk I*, przepacaliśmy (często w imiesł. biernym): Przepocony płaszcz, garnitur, kombinezon. Przepocona koszula. Przepocić ubranie, bieliznę.

przepoić *dk VIa*, przepoję, przepój, przepoiliśmy (p. akcent § 1a i 2) — **przepajać** *ndk I*, przepajaliśmy (częściej w imiesł. biernym): Ubranie miał przepojone zapachem benzyny. △ *przen.* Utwór przepojony patriotyzmem.

przepołowić *dk VIa*, przepołowię, przepołów, przepołowiliśmy (p. akcent § 1a i 2) — **przepoławiać** (*nie*: przepoławiać) *ndk I*, przepoławialiśmy: Przepołowić jabłko.

przepracować *dk IV*, przepracowaliśmy (p. akcent § 1a i 2) — **przepracowywać** *ndk VIIIa*, przepracowuję (*nie*: przepracowywam, przepracowywuję), przepracowywaliśmy **1.** «spędzić jakiś czas pracując»: Przepracował ciężko cały dzień. **2.** w zn. «opracować na nowo» *lepiej*: opracować powtórnie, ponownie, przerobić, np. Przepracować (*lepiej*: opracować ponownie a. przerobić) plan. // D Kult. I, 97.

przeprać *dk IX*, przepiorę (*nie*: przepierę), przepierze, przepraliśmy (p. akcent § 1a i 2) — **przepierać** *ndk I*, przepieraliśmy: Przeprała parę sztuk bielizny.

przeprosić *dk VIa*, przeproszę, przeprosimy, przeprosiliśmy (p. akcent § 1a i 2) — **przepraszać** *ndk I*, przepraszaliśmy □ P. kogo (za co): Przeprosiła go za spóźnienie. △ Przepraszam, przepraszamy «zwrot grzecznościowy»: Przepraszam, czy pan wysiada?

przeprowadzić *dk VIa*, przeprowadzę, przeprowadź, przeprowadziliśmy (p. akcent § 1a i 2) — **przeprowadzać** *ndk I*, przeprowadzaliśmy △ Wyraz nadużywany, zwłaszcza w stylu urzędowym, np. Przeprowadzić dyskusję nad czymś, *lepiej*: przedyskutować coś. △ *niepoprawne* przeprowadzić podsumowanie (*zamiast*: podsumować).

przeprzeć *dk XI*, przeprę, przeprze, przeprzyj, przeparł, przeparliśmy (p. akcent § 1a i 2) — *rzad.* **przepierać** *ndk I*, przepieraliśmy *pot.* «osiągnąć coś pokonując trudności; przeforsować»: Przeprzeć swojego kandydata w wyborach.

przepuszczać *ndk I*, przepuszczaliśmy (p. akcent § 1a i 2) — **przepuścić** *dk VIa*, przepuszczę, przepuścimy, przepuściliśmy □ P. co (przez co): Przepuścić mięso przez maszynkę. △ *pot.* Nie przepuścić komuś «nie darować, nie ominąć»: Kradli wszystko nie przepuszczając nawet kurom. △ Żadnej dziewczynie nie przepuścił. △ *pot.* Przepuścić (ucznia) do następnej klasy.

przepych *m III*, D. przepychu: Przyjąć kogoś, urządzić coś z przepychem. □ P. w czym: Przepych w urządzeniu mieszkania. □ P. czego: Przepych marmurów, potraw. Olśniewała przepychem swego stroju.

przepychać p. przepchnąć.

przepytać *dk I*, przepytaliśmy (p. akcent § 1a i 2) — **przepytywać** *ndk VIIIa*, przepytuję (*nie*: przepytywam, przepytywuję), przepytywaliśmy **1.** «sprawdzić wiadomości za pomocą pytań, przeegzaminować» □ P. kogo z czego: Przepytać ucznia z matematyki. **2.** *rzad.* «wypytać; zapytać wiele osób» □ P. kogo o co: Przepytał go o to, co go interesowało. Przepytywać wszystkich o zaginioną książkę.

przerabiać p. przerobić.

przerachować *dk IV*, przerachowaliśmy (p. akcent § 1a i 2) — **przerachowywać** *ndk VIIIa*, przerachowuję (*nie*: przerachowywam, przerachowywuję), przerachowywaliśmy; *częściej*: przeliczyć.

przeradzać p. przerodzić.

przerastać p. przerosnąć.

przeraźliwy (*nie*: przerażliwy) **1.** «gwałtownie działający na zmysły, przejmujący, przenikliwy»: Przeraźliwe zimno. **2.** *częściej*: przerażający «wywołujący przerażenie, zatrważający»: Przeraźliwy widok.

przerąbać *dk IX*, przerąbię (*nie*: przerąbę), przerąbie, przerąbaliśmy (p. akcent § 1a i 2) — **przerąbywać**, *rzad.* **przerębywać** *ndk VIIIa*, przerąbuję, przerębuję (*nie*: przerąbywuję, przerębywuję, przerąbywam, przerębywam), przerąbywaliśmy, przerębywaliśmy.

przerębel (*nie*: ta przerębel) *m I*, D. przerębla, *lm* D. przerębli; *reg.* **przerębla** *ż I*, D. przerębli, *lm* D. przerębel: Łowić ryby w przereblu (w przerębli).

przerobić *dk VIa*, przerobię, przerobimy, przerób, przerobiliśmy (p. akcent § 1a i 2) — **przerabiać** *ndk I*, przerabialiśmy: Przerobić ubranie. □ P. co na co: Przerobić kuchnię na pokój. □ P. kogo (na kogo, na co, *rzad.* w kogo) «zmienić»: Nie przerobisz go na eleganta. △ *pot.* Przerobić kogo na swoje kopyto. // *D Kult. I, 131.*

przerodzić *dk VIa*, przerodziłby (p. akcent § 4c) — **przeradzać** *ndk I*, przeradzałby.
przerodzić się — **przeradzać się** □ P. się w kogo, w co: Przyjaźń przerodziła się w nienawiść.

przerosnąć, *rzad.* **przerość** *dk Vc*, przerosnę, przerośnie, przerośnij, przerósł, przerosła, przerośliśmy (p. akcent § 1a i 2), przerosły a. przerośnięty — **przerastać** *ndk I*, przerastaliśmy «przewyższyć wzrostem»: Przerosnąć kogoś o głowę. △ *przen.* Ta praca przerasta jego możliwości. 2. «rosnąc przepleść się z czymś» □ P. czym: Mięso przerosło tłuszczem. Droga przerośnięta korzeniami. 3. «nadmiernie wyrosnąć» □ P. bez dop.: Żyto przerosło. △ *niepoprawne* w zn. «przerodzić się», np. Bunt przerósł (*zamiast:* przerodził się) w zbrojną walkę. // *D Kult. I, 130.*

przerwa *ż IV* □ P. w czym: Przerwa w nauce, w komunikacji, w widowisku. △ Na przerwie a. w przerwie (*ale* tylko: w przerwie czegoś, np. koncertu): Dzieci zjadły śniadanie na przerwie. Widzowie rozmawiali o grze aktorów w przerwie (na przerwie).

przerwać *dk IX*, przerwę (*nie:* przerwię), przerwie, przerwij, przerwaliśmy (p. akcent § 1a i 2) — **przerywać** *ndk I*, przerywaliśmy: Przerwać taśmę. Wojna przerwała mu studia. Przerwać pracę. □ P. komu (skrótowo: zerwać) «zacząć mówić zanim rozmówca skończył swoją wypowiedź»: Słuchał z uwagą nie przerywając mu.

Przerzeczyn (Zdrój), Przerzeczyn *m IV, D.* Przerzeczyna, Zdrój *m I, D.* Zdroju «miejscowość» — przerzeczyński.

przerzednąć *dk Vc*, przerzednął (*wym.* przerzednoł) a. przerzedł; przerzedła, przerzednąłby (*wym.* przerzednołby) a. przerzedłby (p. akcent § 4c), przerzedły, *rzad.* przerzednięty; *rzad.* **przerzednieć** *dk III*, przerzedniałby, przerzedniały «stać się rzadszym; przerzedzić się»

przerzedzić (*nie:* przerzadzić) *dk VIa*, przerzedzę, przerzedziliśmy (p. akcent § 1a i 2) — **przerzedzać** (*nie:* przerzadzać) *ndk I*, przerzedzaliśmy: Przerzedzić drzewostan. Przerzedzona czupryna.

przerznąć a. **przerżnąć** *dk Va*, przerznij, przerżnij, przerznąłem, przerżnąłem (*wym.* przerznołem, przerżnołem; *nie:* przerznęłem, przerżnęłem), przerznął, przerżnął (*wym.* przerznoł, przerżnoł); przerznęła, przerżnęła (*wym.* przerznela, przerżnela); przerznęliśmy, przerżnęliśmy (*wym.* przerznęliśmy, przerżnęliśmy, p. akcent § 1a i 2) — **przerzynać** *ndk I*, przerzynaliśmy 1. «przecpiąć» □ P. co (czym): Przerznąć (przerżnąć) deskę piłą. 2. zwykle *ndk* (*dk* tylko w imiesł. biernym: przerznięty, przerżnięty) «przedzielać, przegradzać»: Tor przerzyna wzgórze. Zmarszczki przerzynały mu (jej) czoło. Dolina przerznięta (przerżnięta) rzeką.

przerzucać *ndk I*, przerzucaliśmy (p. akcent § 1a i 2) — **przerzucić** *dk VIa*, przerzucę, przerzuciliśmy: Przerzucać coś z miejsca na miejsce, z rąk do rąk. □ P. co przez co **a)** «rzucać przez coś nad czymś, na inne miejsce»: Przerzucić kamień przez płot. **b)** «rzucając przewieszać»: Płaszcz przerzucony

przez ramię. □ P. co z czego do czego «szybko przekładać»: Przerzucać rzeczy z szafy do walizki. □ *pot.* P. kogo skąd — dokąd «przenosić»: Przerzucać ucznia z jednej szkoły do drugiej. □ P. co na kogo: «zmuszać kogoś do wykonywania czegoś»: Przerzucać obowiązki na młodszych.
przerzucać się — **przerzucić się** □ P. się z czego — do czego, na co: Przerzucać się z jednego wydziału na drugi. Przerzucać się z jednego zawodu do drugiego. Ogień przerzuca się na sąsiednie budynki. □ *przen.* P. się czym: Przerzucali się dowcipami. △ Przerzucać się z jednej ostateczności w drugą.

przesada *ż IV*, zwykle *blm:* Wpadać w przesadę. □ P. na punkcie czego, *lepiej:* w czym: Przesada w ubiorze, na punkcie elegancji (*lepiej:* w elegancji). △ Bez przesady «naprawdę»: Jest to bez przesady, najlepszy film, jaki widziałem. △ Do przesady «ponad miarę, przesadnie»: Jest do przesady gościnny.

przesadzać *ndk I*, przesadzaliśmy (p. akcent § 1a i 2) — **przesadzić** *dk VIa*, przesadzę, przesadzimy, przesadziliśmy 1. «sadzić roślinę gdzie indziej»: Przesadzać kwiaty. 2. «przenosić kogoś na inne miejsce» □ P. kogo (na, przez co): Przesadzić ucznia na inną ławkę. Przesadzić kogoś przez mur. 3. «przeskakiwać» □ P. co: Przesadzić rów. 4. «przejaskrawiać; przebierać miarę»: Przesadzone wieści. □ P. w czym a. z czym: Przesadzić w grzeczności a. z grzecznością.

przesalać p. przesolić.

przesądzić *dk VIa*, przesądzę, przesądzimy, przesądź, przesądziliśmy (p. akcent § 1a i 2) — **przesądzać** *ndk I*, przesądzaliśmy □ P. o czym, *rzad.* co: Przesądzić sprawę. Celny strzał przesądził o zwycięstwie drużyny polskiej.

przeschnąć *dk Vc*, przeschłem, *rzad.* przeschnąłem (*wym.* przeschnołem; *nie:* przeschnełem); przeschnął (*wym.* przeschnoł; *nie:* przesechnął), *rzad.* przesechł; przeschła (*nie:* przesechła, przeschnęła), przeschliśmy (*nie:* przesechliśmy; p. akcent § 1a i 2), *rzad.* przeschnęliśmy (*wym.* przeschnęliśmy), przeschły a. przeschnięty — **przesychać** *ndk I*, przesychaliśmy: Ziemia przeschła. Grunt przeschnął (przesechł).

przesiać *dk Xb*, przesialiśmy, *reg.* przesieliśmy (p. akcent § 1a i 2), przesiali, *reg.* przesieli — **przesiewać** *ndk I*, przesiewaliśmy □ P. co (przez co): Przesiać mąkę (przez sito).

przesiadać się *ndk I*, przesiadaliśmy się (p. akcent § 1a i 2) — **przesiąść się** *dk XI*, przesiądę się, przesiądzie się, przesiądź się, przesiadł się, przesiedliśmy się □ P. się (z czego) na co: Przesiadł się na fotel. Przesiąść się z autobusu na pociąg.

przesiadka *ż III, lm D.* przesiadek *pot.* «zmiana środka lokomocji, przesiadanie się»

przesiadywać *ndk VIIIa*, przesiaduję (*nie:* przesiadywam, przesiadywuję), przesiadywaliśmy (p. akcent § 1a i 2) — **przesiedzieć** *dk VIIa*, przesiedzę, przesiedzieliśmy (*tylko ndk*) P. bez dop.: Przesiadywała stale na ławce przed domem. □ P. co (tylko z wyrazami określającymi czas): Przesiedziała całą noc przy chorym. Przesiadywała długie godziny przy oknie. Przesiedział cały rok w Anglii.

przesiąkać

□ *rzad.* P. kogo: Siedział długo, chciał wszystkich gości przesiedzieć.

przesiąkać *ndk I*, przesiąkaliśmy (p. akcent § 1a i 2) — **przesiąknąć** *dk Va* lub *Vc*, przesiąknąłem (*wym.* przesiąknołem; *nie:* przesiąknełem) a. przesiąkłem; przesiąknął (*wym.* przesiąknoł) a. przesiąkł; przesiąknęła (*wym.* przesiąknęła) a. przesiąkła; przesiąknęliśmy (*wym.* przesiąknęliśmy) a. przesiąkliśmy (p. akcent § 1a i 2), przesiąknięty a. przesiąkły (formy 1. i 2. os. używane tylko w zn. *przen.*) **1.** «o wilgoci, płynach, woniach: przeniknąć» □ P. przez co: Wilgoć przesiąkła przez ściany. Krew przesiąka przez bandaż. **2.** «zostać przepojonym płynem, wilgocią, wonią itp.» □ P. czym: Ubranie przesiąknięte wilgocią. △ *przen.* Przesiąknąć obcą kulturą, zwyczajami. Przesiąkłeś dymem.

przesiąkalny a. **przesiąkliwy**: Skały przesiąkalne (przesiąkliwe).

przesiąść się p. przesiadać się.

przesiedleniec *m II, D.* przesiedleńca, *W.* przesiedleńcze, forma szerząca się: przesiedleńcu, *lm M.* przesiedleńcy, *D.* przesiedleńców (*nie:* przesiedleńcy).

przesiedzieć p. przesiadywać.

przesieka *ż III, rzad.* **przesiek** *m III, D.* przesieku «droga w lesie powstała przez wyrąbanie drzew»: Szli w głąb lasu szeroką przesieką.

Przesieka *ż III* «miejscowość» — przesiecki.

przesiewać p. przesiać.

przeskoczyć *dk VIb*, przeskoczyliśmy (p. akcent § 1a i 2) — **przeskakiwać** *ndk VIIIb*, przeskakuję (*nie:* przeskakiwuję, przeskakiwam), przeskakiwaliśmy □ P. co a. przez co: Przeskoczyć rów (przez rów). □ *pot.* (tylko *dk*) P. kogo «wyprzedzić, zakasować kogoś»: Choć stary, przeskoczyłby niejednego młodego. □ P. z czego do czego, na co, od czego do czego, z czego w co: Przeskakiwał z kamienia na kamień. △ *przen.* Kierownik w rozmowie ze mną ze spraw służbowych przeskoczył nagle do spraw osobistych (na sprawy osobiste). Przeskakiwać od radości do smutku (z radości w smutek).

przeskok *m III, D.* przeskoku □ P. od czego — do czego, *rzad.* od czego w co: Przeskok od upału do zimna. Przeskok od jasności w mrok.

I przesłać *dk IX*, prześlę (*nie:* przeszlę), prześle (*nie:* przeszle), prześlij (*nie:* przeszlij), przesłaliśmy (p. akcent § 1a i 2) — **przesyłać** *ndk I*, przesyłaliśmy: Przesłać pismo na ręce przewodniczącego. Przesłać list pod czyimś adresem (*nie:* pod czyjś adres). □ P. co czym a. przez co: Przesłać paczkę okazją, pocztą (przez okazję, pocztę). □ P. co komu (gdy się wymienia osobę, której się coś bezpośrednio posyła): Przesłać list znajomemu. □ P. co dla kogo (gdy się wymienia osobę, dla której się coś pośrednio posyła): Przesyłam ukłony dla Twoich Rodziców. □ P. co do kogo, do czego: Przesyłam pismo do kierownika, do urzędu. △ *niepoprawne* W załączeniu przesyłam (*zamiast:* przesyłam, załączam), np. W załączeniu przesyłam odpowiednie zaświadczenie (*zamiast:* Przesyłam a. załączam odpowiednie zaświadczenie).

II przesłać *dk IX*, prześcielę, prześciele, prześcielemy, prześciel, przesłaliśmy (p. akcent § 1a i 2) *reg.* **prześcielić** *dk VIa*, prześcieliliśmy — **prześcielać**, *reg.* **prześcielać** *ndk I*, prześcielaliśmy (prześcielaliśmy): Przesłać (prześcielić) łóżko, tapczan.

przesłanka *ż III, lm D.* przesłanek, częściej w *lm* **1.** «to, co stanowi podstawę dalszego rozumowania»: Fałszywe, prawdziwe przesłanki. □ P. czego: Przesłanki twierdzenia, rozumowania. Wniosek oparty na niedostatecznej liczbie przesłanek. **2.** «okoliczność sprzyjająca realizacji, urzeczywistnieniu czegoś»: Przesłanki ekonomiczne, polityczne. △ P. czego a. dla czego: Stworzono przesłanki (dla) uspołecznienia pracy w rolnictwie.

przesłodzić *dk VIa*, przesłodzę, przesłódź a. przesłodź, przesłodzimy, przesłodziliśmy (p. akcent § 1a i 2), przesłodzony — **przesładzać** (*nie:* przesłodzać) *ndk I*, przesładzaliśmy: Przesłodzić herbatę, kawę. △ *przen.* Przesłodzona uprzejomość.

przesłona *ż IV* **1.** «to, co przesłania, zakrywa coś; *rzad.* przysłona»: Cienka przesłona mgły. Przesłona z chmur. **2.** *fot. fiz.* p. przysłona (w zn. 1).

przesłuchać *dk I*, przesłuchaliśmy (p. akcent § 1a i 2) — **przesłuchiwać** *ndk VIIIb*, przesłuchuję (*nie:* przesłuchiwam, przesłuchiwuję), przesłuchiwaliśmy □ P. kogo, co: Przesłuchać płytę. Sędzia śledczy przesłuchuje oskarżonych.

przesmyk *m III, D.* przesmyku: Przesmyk między jeziorami. △ W nazwach dużą literą: Przesmyk Panamski.

przesolić *dk VIa*, przesolimy, przesól, przesoliliśmy (p. akcent § 1a i 2) — **przesalać** *ndk I*, przesalaliśmy: Kucharka przesoliła zupę. △ *przen. pot.* (zwykle *dk*) «przesadzić»: Chyba przesoliłeś, nie mogę ci uwierzyć. Przesoliłeś z komplementami, przestały mi sprawiać przyjemność.

przespać *dk* prześpię (*nie:* przespię), prześpi (*nie:* przespi), prześpimy (*nie:* przespimy), prześpij (*nie:* przespij), przespał, przespaliśmy (p. akcent § 1a i 2) — **przesypiać** *ndk I*, przesypialiśmy: Po proszku nasennym chory dobrze przespał noc. △ *przen.* Przespać okazję.

I przestać *dk*, przestanę, przestanie, przestań, przestał, przestaliśmy (p. akcent § 1a i 2) — **przestawać** *ndk IX*, przestaję, przestawaj, przestawaliśmy □ P. + bezokol. «zaniechać, przerwać»: Śnieg przestał padać. Przestań płakać. Przestać czytać pisma (*ale:* zaprzestać czytania pism). □ (tylko *ndk*) *wych. z użycia* P. z kim «obcować z kimś»: Nikt nie chciał z nim przestawać. △ *żywe w przysłowiu*: Kto z kim przestaje, takim się staje. □ (tylko *ndk*) *wych. z użycia* P. na czym «zadowalać się czymś; poprzestawać na czymś»: Przestawać na małym.

II przestać *dk* przestoję, przestoi, przestój, przestał, przestaliśmy (p. akcent § 1a i 2): Przestał całą godzinę w kolejce.

przestanek *m III, D.* przestanku △ tylko w wyrażeniu: Bez przestanku «ciągle, bez przerwy»: Pracował bez przestanku.

przestankowy: Znaki przestankowe (*nie:* przystankowe). *Por.* przystankowy.

przestarz ały: Przestarzały wyraz, zwyczaj, strój. Przestarzała metoda. Przestarzałe poglądy, pojęcia. □ *niepoprawne* Maszyny przestarzałe w konstrukcji (*zamiast*: o przestarzałej konstrukcji).

przestawać p. I przestać.

przestawiać *ndk I*, przestawialiśmy (p. akcent § 1a i 2) — **przestawić** *dk VIa*, przestawię, przestawimy, przestawiliśmy: Przestawić piec, meble w mieszkaniu. Przestawić wyrazy w zdaniu. Przestawić coś na (w) inne miejsce. Przestawiać coś z miejsca na miejsce.
przestawiać się — **przestawić się** □ P. się z czego — na co: Przestawili się z produkcji wojennej na pokojową.

przestąpić *dk VIa*, przestąpię, przestąpimy, przestąpiliśmy (p. akcent § 1a i 2) — **przestępować** (*nie*: przestępywać) *ndk IV*, przestępowaliśmy: Przestępować z nogi na nogę. △ *książk.* Przestąpić próg. △ *przen.* Przestąpić prawo, zakaz.

przestępczy «odnoszący się do przestępcy, właściwy przestępcy»: Świat przestępczy. Instynkty przestępcze.

przestępny «niezgodny z prawem, łamiący prawo»: Czyny przestępne. △ Rok przestępny «rok mający 366 dni»

przestępować p. przestąpić.

przestępstwo *n III*: Przestępstwo gospodarcze, polityczne. Dopuścić się przestępstwa. Popełnić przestępstwo. □ P. przeciw czemu: Przestępstwo przeciw prawu, przeciw ludzkości.

! przestępywać p. przestąpić.

przestój *m I, D.* przestoju, *lm D.* przestojów: Przestój w produkcji.

przestrajać *ndk I*, przestrajaliśmy (p. akcent § 1a i 2) — **przestroić** *ndk VIa*, przestroję, przestrój, przestroiliśmy: Przestroić odbiornik radiowy. Przestrajać instrumenty muzyczne.

przestroga *ż III, lm D.* przestróg: Udzielić przestrogi. Usłuchać przestróg. Przestroga na przyszłość. □ P. przed kim, czym: Przestroga przed nierozważnym postępkiem.

przestronnie, *rzad.* **przestronno** (*nie*: przestronno) *st. w.* przestronniej.

przestronny (*nie*: przestrony) *st. w.* przestronniejszy a. bardziej przestronny: Przestronna sala.

przestrzał △ zwykle w wyrażeniu: Na przestrzał «z jednego końca na drugi»: Korytarz biegł przez cały dom na przestrzał. △ Drzwi, okna na przestrzał «drzwi, okna w przeciwległych ścianach»: Pokój miał okna na przestrzał.

przestrzec *dk XI*, przestrzegę, przestrzeże, przestrzeż, przestrzegł, przestrzegliśmy (p. akcent § 1a i 2) — **przestrzegać** *ndk I*, przestrzegaliśmy 1. «udzielić przestrogi, ostrzec» □ P. kogo, co — przed kim, czym, *rzad.* o czym: Przestrzegała dziecko przed zabawą na jezdni. Przestrzec przed niebezpieczeństwem (o niebezpieczeństwie). □ P. kogo, co, żeby...: Przestrzegł go, żeby po grypie nie wychodził za wcześnie z domu. 2. tylko *ndk* «stosować się do czegoś, zachowywać coś» □ P. czego

(*nie*: co): Przestrzegać przepisów, zaleceń, tajemnicy (*nie*: przepisy, zalecenia, tajemnicę). || *D Kult. I, 131; KJP 440; PJ 1969, 547.*

przestrzelać *dk I*, przestrzelaliśmy (p. akcent § 1a i 2) «strzelając wypróbować (broń)»: Artylerzyści nie zdążyli przestrzelać nowych dział.

przestrzelić *dk VIa*, przestrzeliliśmy (p. akcent § 1a i 2) — *rzad.* **przestrzeliwać** *ndk VIIIb* a. *I*, przestrzeliwuję, przestrzeliwam (*nie*: przestrzeluję), przestrzeliwaliśmy 1. «strzelając przedziurawić, zranić»: Przestrzelić ramię. 2. *środ. sport.* «strzelić niecelnie» 3. *częściej*: przestrzelać (p.).

przestrzeń *ż V*: Niezmierna, niewielka przestrzeń. Las ciągnął się na przestrzeni dwu kilometrów. Ruch ciał w przestrzeni. △ Na przestrzeni (*lepiej*: w ciągu, podczas) ostatnich lat, miesięcy, dni, np. Miasto na przestrzeni (*lepiej*: w ciągu) ostatnich lat wspaniale się rozwinęło.

przestworze *n I, lm D.* przestworzy (często w *lm*); a. **przestwór** *m IV, D.* przestworu, zwykle *blm książk.* «rozległa przestrzeń, nieograniczona powierzchnia lub rozciągająca się nad nią atmosfera»: Morskie przestworza. Przestwór wody. Ptaki szybowały w przestworzu.

przesychać p. przeschnąć.

przesyłać p. I przesłać.

przesyłka *ż III, lm D.* przesyłek 1. «to, co jest przesyłane, przesłane»: Przesyłka pocztowa. Otrzymać, odebrać, wysłać przesyłkę. △ *niepoprawne* Przesyłki do zagranicy, *zamiast*: przesyłki (wysyłane) za granicę. 2. «dostarczanie, przesyłanie»: Przesyłka paczek.

przesypać *dk IX*, przesypię (*nie*: przesypę), przesypaliśmy (p. akcent § 1a i 2) — **przesypywać** *ndk VIIIa*, przesypuję (*nie*: przesypywuję, przesypywam), przesypywaliśmy □ P. co z czego — do czego: Przesypał owoce z koszyka do miski. □ P. co czym: Przesypać ogórki koprem. Przesypać owoce cukrem.

przesypiać p. przespać.

przesyt *m IV, D.* przesytu, *blm* «uczucie przejedzenia; uczucie zniechęcenia na skutek nadużycia czegoś»: Używał życia aż do przesytu.

przeszkoda *ż IV, lm D.* przeszkód: Nieoczekiwana, nieprzezwyciężona przeszkoda. Przeszkody nie do pokonania. Pokonać przeszkody. Robić coś bez przeszkód. Brać, wziąć, przesadzić przeszkodę, przeszkody (o jeźdźcu, koniu). Być komuś, dla kogoś przeszkodą. Napotkać przeszkody, natrafić, natknąć się na przeszkodę, na przeszkody. □ P. w czym (*nie*: czego) «trudność napotkana podczas wykonywania czegoś»: Przeszkodą w dalszym marszu były zasieki. □ P. do czego «to, co utrudnia osiągnięcie czegoś, uczynienie czegoś»: Brak pieniędzy był przeszkodą do zakupu mebli. △ Stać na przeszkodzie komuś, czemuś (*nie*: do czego, w czym): Nic nie stoi na przeszkodzie wykonaniu tych prac (*nie*: w wykonaniu tych prac, do wykonania tych prac). || *D Kult. I, 132.*

przeszkodzić *dk VIa*, przeszkodzę, przeszkódź a. przeszkodź, przeszkodziliśmy (p. akcent § 1a i 2) — **przeszkadzać** *ndk I*, przeszkadzaliśmy □ P.

komu, czemu — (w czym): Hałas uliczny przeszkadza mi w pracy. □ P. komu + bezokol.: Przeszkadzasz mi spać. △ *niepoprawne* Jestem przeszkodzony (*zamiast*: przeszkodzono mi).

przeszkolić *dk VIa*, przeszkolę, przeszkol a. przeszkól, przeszkolimy, przeszkoliliśmy (p. akcent § 1a i 2), przeszkolony, przeszkoleni — **przeszkalać** (*nie*: przeszkolać) *ndk I*, przeszkalaliśmy □ P. kogo — w czym, w jakimś zakresie: Przeszkolić załogę w zakresie bhp. Przeszkolić żołnierzy w strzelaniu do celu.

przeszło «więcej niż, ponad»: Pracuje w naszej instytucji już przeszło rok. Nie widzieli się od przeszło dwudziestu lat. Obniżyć cenę o przeszło 10% (*nie*: przeszło o 10%).

przeszło-, *częściej*: zeszło-, np.: przeszłoroczny, przeszłowieczny (*częściej*: zeszłoroczny, zeszłowieczny).

przeszły 1. «taki, który przeszedł, minął, upłynął»: Przeszłe i przyszłe pokolenia. **2.** *częściej*: zeszły «ostatni przed obecnie istniejącym (jako określenie wyrazów odnoszących się do czasu)»: Przeszły tydzień, miesiąc, rok.

*przeszły czas p. czasy.

przeszpiegi *blp, D.* przeszpiegów *pot.* używane zwykle w zwrocie: Iść, pójść, wysłać kogoś itp. na przeszpiegi.

przeszukać *dk I*, przeszukaliśmy (p. akcent § 1a i 2) — **przeszukiwać** *ndk VIIIb*, przeszukuję (*nie*: przeszukiwam, przeszukiwuję), przeszukiwaliśmy □ P. co: Przeszukać dom, szafę, szufladę, kieszenie. △ *niepoprawne* Przeszukiwać za kimś, za czymś, np. Przeszukiwać za książką (*zamiast*: szukać książki).

prześcielać, prześcielić, prześcielać p. II przesłać.

prześcigać *ndk I*, prześcigaliśmy (p. akcent § 1a i 2) — **prześcignąć** *dk Va*, prześcignij, prześcignąłem (*wym.* prześcignołem; *nie*: prześcignełem, prześcigłem), prześcignął (*wym.* prześcignoł), prześcignęła (*wym.* prześcignęła; *nie*: prześcigła), prześcignęliśmy (*wym.* prześcigneliśmy; *nie*: prześcigliśmy), prześcignięty, *przestarz.* prześcigniony □ P. kogo, co — w czym: Prześcignąć kogoś w biegu. △ *przen.* Prześcignął swoich kolegów w nauce.

prześlęczeć (*nie*: prześlęczyć) *dk VIIb*, prześlęczeliśmy (p. akcent § 1a i 2): Prześlęczał wiele godzin nad zadaniem, nim je rozwiązał.

prześliznąć się, *rzad.* **prześlizgnąć się** *dk Va*, prześliz(g)nę się; prześliźnie (prześlizgnie) się; prześliźnij (prześlizgnij) się; prześliz(g)nąłem się (*wym.* prześliz(g)nołem się; *nie*: prześliz(g)nełem się, prześliz(g)łem się) się (*wym.* prześliz(g)noł się); prześliz(g)nął się (*wym.* prześliz(g)nęła się; *nie*: prześliz(g)ła się); prześliz(g)nęliśmy się (*wym.* prześliz(g)neliśmy się; *nie*: prześlizgliśmy się; p. akcent § 1a i 2) — **prześlizgiwać się** *ndk VIIIb*, prześlizguję się (*nie*: prześlizgiwam się, prześlizgiwuję się), prześlizgiwaliśmy się «przesuwać się, przedostać się; przekraść się»: Kot prześliznął się przez dziurę w płocie. △ *przen.* Obojętnie prześliznęła się po nim wzrokiem, widocznie go nie poznając.

prześmiardnąć, *rzad.* **prześmierdnąć** *dk Vc*, prześmiardłem, prześmierdłem; prześmiardł, prześmierdł; prześmiardła, prześmierdła; prześmiardliśmy, prześmierdliśmy (p. akcent § 1a i 2) *posp.* «przesiąknąć przykrą wonią» □ P. czym: Kasza prześmiardła naftą.

przeświadczenie *n I*: Mocne przeświadczenie. □ P. o czym (*nie*: w co): Miał przeświadczenie o słuszności (*nie*: w słuszność) swego postępowania. △ W przeświadczeniu, że... «będąc przeświadczonym»: Pracował ciężko w przeświadczeniu, że będzie odpowiednio wynagrodzony.

przeświadczony □ P. o czym: Był przeświadczony o jej niewinności. □ P. że...: Przeświadczony, że mu to ujdzie bezkarnie, sfałszował dokument.

przetak *m III, D.* przetaka a. przetaku.

przetapiać p. przetopić.

przetarg *m III, D.* przetargu: Ogłosić przetarg na coś. Kupić coś z przetargu.

przetłumaczyć (*przestarz.* przetłomaczyć) *dk VIb*, przetłumaczyliśmy (p. akcent § 1a i 2) «przełożyć na inny język»: Przetłumacz to zdanie na (język) francuski. △ *niepoprawne* w zn. «wyperswadować, wytłumaczyć, przekonać», np. Przetłumaczono (*zamiast*: wytłumaczono) jej, żeby tego nie robiła.

przeto *książk.* «wyraz nadający zdaniom (lub ich częściom) znaczenie uzasadnienia, wnioskowania, motywu zachowania się, racji, przyczyny czegoś; bywa używany na początku zdania lub po jednym z jego członów; więc»: Młody jesteś, przeto nie znasz życia. Księżyc wschodził, robiło się przeto coraz widniej. △ W połączeniu z innymi spójnikami lub partykułami: a przeto; i przeto; niemniej przeto, np. Dzieło dosyć słabe, niemniej przeto zasługuje na uwagę. △ Często występuje łącznie ze spójnikami jako człon nawiązujący: Gdy... przeto; ponieważ... przeto; skoro... przeto; że... przeto, np. Ponieważ samodzielne mieszkanie dużo kosztowało, przeto wynajął pokój. // *KJP 402.*

przetopić *dk VIa*, przetopię, przetopimy, przetopiliśmy (p. akcent § 1a i 2) — **przetapiać** *ndk I*, przetapialiśmy □ P. co — na co: Przetopić słoninę na smalec. □ P. co — z czym: Przetopić surówkę ze złomem żeliwnym.

przetranskrybować p. transkrybować.

przetrząsać *ndk I*, przetrząsaliśmy (p. akcent § 1a i 2) — **przetrząsnąć** *dk Va*, przetrząsnę, przetrząśnie, przetrząśnij, przetrząsnąłem (*wym.* przetrząsnołem; *nie*: przetrząsnełem), przetrząsnął (*wym.* przetrząsnoł), przetrząsnęła (*wym.* przetrząsnęła), przetrząsnęliśmy (*wym.* przetrząsneliśmy), *rzad.* **przetrząść** *dk XI*, przetrząsę, przetrząsie, przetrząś, przetrząsłem (*nie*: przetrzęsłem), przetrząsł, przetrzęsła, przetrząśliśmy: Przetrząsać siano. Przetrząsnął kieszenie w poszukiwaniu klucza.

przetrzeć *dk XI*, przetrę, przetrze, przetrzyj, przetarł, przetarliśmy (p. akcent § 1a i 2) — **przecierać** *ndk I*, przecieraliśmy □ P. co (czym): Przetrzeć okulary chusteczką. □ P. co (przez co): Przetrzeć jarzyny przez sito.

przetworzyć *dk VIb*, przetwórz, przetworzyliśmy (p. akcent § 1a i 2) — **przetwarzać** *ndk I*, przetwarzaliśmy □ P. co — na co: Przetworzyć azbest na papę. Przetworzyć prąd o wysokim napięciu na prąd o niskim napięciu.

przetwórnia *ż I, DCMs.* przetwórni, *lm D.* przetwórni, *rzad.* przetwórń: Przetwórnia owoców.

przewaga *ż III*: Przewaga fizyczna, moralna. Mieć, osiągać, uzyskać przewagę. Ulec przewadze wroga. Wyzwolić się spod czyjejś przewagi. □ P. (kogo, czego) nad kim, nad czym: Miał nad nim intelektualną przewagę. Przewaga formy nad treścią. △ Być w przewadze «mieć przewagę»: Wojska przeciwnika były w przewadze. △ *niepoprawne* W przewadze (*zamiast*: przeważnie), np. Są to w przewadze (*zamiast*: przeważnie) naukowcy różnych specjalności.

przeważyć *dk VIb*, przeważyliśmy (p. akcent § 1a i 2) — **przeważać** *ndk I*, przeważaliśmy: Przeważyć ładunek, bagaż. □ Coś przeważa co a. nad czym: △ *przen.* Ciekawość przeważyła strach a. nad strachem. □ Coś przeważa w kim, czym, wśród kogo, czego: Wśród kwiatów przeważały róże. Przeważyły w nim dodatnie cechy charakteru.

przewidywać *ndk VIIIa*, przewiduję (*nie*: przewidywam, przewidywuję), przewidywaliśmy (p. akcent § 1a i 2) — **przewidzieć** *dk VIIa*, przewidzę, przewidzieliśmy: Trudno przewidzieć, jaka będzie jutro pogoda.

przewidywanie *n I* □ P. czego: Przewidywanie nieszczęścia. □ P. co do czego: Przewidywania jego co do przyszłości sprawdziły się. △ Zgodnie z przewidywaniami. Wbrew przewidywaniom.

przewidzenie *n I* 1. *blm* forma rzeczownikowa czas. przewidzieć. 2. *rzad.* «złudzenie wzrokowe; częściej: przywidzenie»: Mieć przewidzenia (*częściej*: przywidzenia).

przewieźć p. przewozić.

przewiędnąć *dk Vc*, przewiądł, *rzad.* przewiędnął (*wym.* przewiędnoł); przewiędła, przewiądłby (p. akcent § 4c), przewiędły a. przewiędnięty «zwiędnąć całkowicie (po dłuższym więdnięciu)»: Przewiędła a. przewiędnięta trawa.

przewinienie *n I; rzad. książk.* **przewina** *ż IV* □ P. względem kogo, czego: Przewinienie względem władzy.

przewlec *dk XI*, przewlokę, *rzad.* przewlekę; przewlecze; przewloką, *rzad.* przewleką; przewlokłem, *rzad.* przewlekłem; przewlókł, *rzad.* przewlekł; przewlokła, *rzad.* przewlekła; przewlekliśmy (p. akcent § 1a i 2) — **przewlekać** *ndk I*, przewlekaliśmy.

przewodniczący *m* odm. jak *przym.*, *lm M.* przewodniczący.

przewodniczyć *ndk VIb*, przewodniczyliśmy (p. akcent § 1a i 2) □ P. komu, czemu: Przewodniczył całej klasie. □ P. czemu a. na czym: Przewodniczyć posiedzeniu, zebraniu a. na posiedzeniu, na zebraniu.

przewodzić *ndk VIa*, przewodzę, przewodzimy, przewódź, przewodziliśmy (p. akcent § 1a i 2) 1. «kierować kimś, czyjąś działalnością, dowodzić» □ P. komu, czemu: Przewodził wszystkim kolegom. Przewodzić wyprawie. □ P. nad kim «rządzić

kimś, rozkazywać komuś»: Od pierwszej chwili zaczął nad nimi przewodzić. 2. «przenosić, przekazywać, być przewodnikiem czegoś»: Komórki nerwowe przewodzą podniety. Powietrze przewodzi drgania.

Przeworsk *m III, D.* Przeworska «miasto» — przeworski.

przewozić *ndk VIa*, przewożę, przewozimy, przewóź a. przewoź, przewoziliśmy (p. akcent § 1a i 2) — **przewieźć** *dk XI*, przewiozę (*nie*: przewiezę), przewiezie, przewieź, przewiózł, przewiozła (*nie*: przewiezła), przewieźliśmy □ P. kogo, co — czym, na czym: Przewieźć kogoś autem. Przewieźli całą armię na okrętach (okrętami).

przewozowy «dotyczący przewozu, służący do przewozu, zajmujący się przewozem»: Przedsiębiorstwo przewozowe. Środki przewozowe. Taryfa przewozowa.

przewoźny «taki, który może być przewożony, dający się przewozić»: Przewoźne maszyny.

przewód *m IV, D.* przewodu: Przewód wodociągowy, kanalizacyjny, gazowy. Przewody elektryczne, telefoniczne. Przewody wysokiego napięcia. △ Przewód pokarmowy «narządy przyjmujące i trawiące pokarmy» △ Przewód doktorski, habilitacyjny «zespół czynności związanych z nadaniem komuś stopnia doktora, doktora habilitowanego» △ Przewód sądowy «część rozprawy sądowej» △ nieco *podn.* Pod czyimś przewodem «pod czyimś przewodnictwem»: Walka z faszyzmem pod przewodem klasy robotniczej.

przewracać *ndk I*, przewracaliśmy (p. akcent § 1a i 2) — **przewrócić** *dk VIa*, przewrócę, przewrócimy, przewróciliśmy 1. «wywracać, obalać»: Przewrócić krzesło. Fala przewróciła łódź. 2. «szperać, grzebać» □ P. w czym: Nie przewracaj w mojej szufladzie.

przewrotny *m-os.* przewrotni, *st. w.* bardziej przewrotny: Przewrotny człowiek. Przewrotny charakter.

przewrotowy «wprowadzający przewrót, rewolucyjny»: Przewrotowe odkrycie. Procesy przewrotowe.

przewrót *m IV, D.* przewrotu: Przewrót polityczny, społeczny. Dokonać przewrotu. □ P. w czym: Przewrót w nauce, w sposobie myślenia.

przewykonać *niepoprawne* zamiast: wykonać coś z nadwyżką. || D Kult. I, 565.

przewyżka *ż III, lm D.* przewyżek □ P. czego nad czym: Przewyżka dochodów nad wydatkami. (Wyraz środowiskowy; w języku ogólnym *częściej*: nadwyżka).

przewyższać *ndk I*, przewyższaliśmy (p. akcent § 1a i 2) — **przewyższyć** *dk VIb*, przewyższyliśmy □ P. kogo, co — czym, w czym: Przewyższał rówieśników wzrostem. Nowa budowla przewyższała rozmiarami wszystkie inne. Przewyższać kogoś znajomością czegoś a. w znajomości czegoś. Przewyższyć coś znacznie (*nie*: wysoko).

przez, prze «przyimek łączący się z rzeczownikami (lub innymi wyrazami pełniącymi ich funkcję) w bierniku» 1. «jest wykładnikiem relacji przestrzen-

przezeń

nej między wykonawcą czynności a początkiem i końcem drogi ruchu lub między wykonawcą (przedmiotem) czynności a przeszkodą (przegrodą)», np.: Iść przez most. Przebiec przez podwórze. Przepłynąć przez rzekę. Brnąć przez piach. Wędrować przez las. Skoczyć przez rów. Patrzeć przez szyby.
2. «jest wykładnikiem relacji między czynnością a sposobem jej wykonania, narzędziem, przedmiotem pośredniczącym w działaniu», np.: Rozmawiać przez telefon. Słuchać audycji przez radio. Patrzeć przez lupę. Prasować przez mokrą szmatkę. Wciągać sukienkę przez głowę. Mówić przez zęby. Patrzeć przez okulary. △ Zamiast wyrażenia z przyimkiem *przez* w tej funkcji używa się czasem konstrukcji bezprzyimkowej z narzędnikiem, np.: Uczczono jego pamięć minutą milczenia (*nie*: przez minutę milczenia). Dał mi znak gestami (*nie*: przez gesty). Wysłać coś pocztą a. przez pocztę.
3. «oznacza relację między czynnością a czasem jej trwania», np.: Przez cały wieczór tylko o tym mówiono. Mieszkał tam przez kilka tygodni. Ciągnęło się to przez rok. Stał przez chwilę nieruchomo. △ Przez trzy, cztery lata (*nie*: przez przeciąg trzech, czterech lat).
4. «jest wykładnikiem relacji przyczynowej między faktami wyrażonymi w zdaniu», np.: Zostawić coś przez zapomnienie. Zrobiła to tylko przez grzeczność i przez wzgląd na matkę. Oskarżono go przez zawiść. Przez ciebie ta cała historia! △ Rozumieć coś przez coś (*nie*: pod czymś): Co rozumiesz przez pojęcie (*nie*: pod pojęciem) „filozofia"?
5. «w konstrukcjach biernych tworzy wraz z rzeczownikiem (podmiotem konstrukcji czynnej) dopełnienie bliższe, często dopełnienie sprawcy», np.: Przeszedł nie zauważony przez nas. Narzekał na złe traktowanie go przez żonę. List był czytany przez ucznia.
6. «wyznacza relację między czynnikami działań arytmetycznych», np.: Podzielić 100 przez 5. Pomnóż podstawę trójkąta przez jego wysokość. △ Uwaga. Obocznie do przyimka *przez* jest używany przyimek *poprzez* (zwykle w zn. «w jakiś sposób, dzięki czemu»), np.: Poziom szkolnictwa podniesiono poprzez (przez) reformę programów nauczania. *Niepoprawne* jest jednak takie zastąpienie *przez* przyimkiem *poprzez*, np.: Patrzeć poprzez okno (*zamiast*: przez okno), przejść poprzez most (*zamiast*: przez most), wejść poprzez furtkę (*zamiast*: przez furtkę).
Uwaga. Forma przyimka *przeze* używana jest obecnie tylko w połączeniu z formą biernika zaimka osobowego *ja*: przeze mnie (*wym.* przeze mnie; *nie*: przez mnie). || D Kult. I, 132; GPK Por. 252; KJP 365; PJ 1969, 195—206. Por. poprzez.

przezeń *książk.* «przyimek *przez(e)* w połączeniu z elementem -*ń* jako cząstką składową formy *niego*; dopuszczalny tylko w rodzaju męskim; przez niego (*nie*: przez nią, przez nie, przez nich)»

przeziębić się *dk VIa*, przeziębię się, przeziębimy się, przezięb się (*nie*: przeziębij się), przeziębiliśmy się (p. akcent § 1a i 2) — **przeziębiać się** *ndk I*, przeziębialiśmy się.

przeziębnąć *dk Vc*, przeziębnę, przeziębnie, przeziębnij, przeziąbłem (*nie*: przeziębłem), przeziąbł (*nie*: przeziębł), przeziębła, przeziębliśmy (p. akcent § 1a i 2): Przeziębnąć do szpiku kości.

przeznaczyć *dk VIb*, przeznaczyliśmy (p. akcent § 1a i 2) — **przeznaczać** *ndk I*, przeznaczaliśmy □ P. co — dla kogo, czego (*rzad.* komu): Wagony przeznaczone dla niepalących. Obrazy przeznaczone dla muzeum. Krewni przeznaczyli mu ją na (za) żonę. △ Coś jest komuś przeznaczone «coś jest nieuchronne, musi się zdarzyć» □ P. co, kogo — do czego (*nie*: dla czego): Przeznaczyć coś, kogoś do czyjejś dyspozycji. Przeznaczono go do stanu duchownego. □ P. co, kogo — na co, na kogo: Przeznaczyć lokal na biuro; dom przeznaczony na sprzedaż. Przeznaczyłem go na mojego zastępcę.

przez pół p. pół.

przezrocze, *reg.* **przeźrocze** *n I, lm D.* przezroczy (przeźroczy).

przezroczysty, *reg.* **przeźroczysty** *st. w.* przezroczystszy (przeźroczystszy) a. bardziej przezroczysty (przeźroczysty): Przezroczysta woda. Przezroczysty materiał.

przezwać *dk IX*, przezwę (*nie*: przezwię), przezwie, przezwij, przezwaliśmy (p. akcent § 1a i 2) — **przezywać** *ndk I*, przezywaliśmy □ P. kogo, czym, czym: Przezwaliśmy go słoniem, bo był gruby i ciężki.

przezwyciężać *ndk I*, przezwyciężaliśmy (p. akcent § 1a i 2) — **przezwyciężyć** *dk VIb*, przezwyciężyliśmy: Przezwyciężać napór wiatru. Przezwyciężać trudności, przeszkody. Przezwyciężyć coś w sobie (np. lenistwo, zazdrość).

przezywać p. przezwać.

przeźrocze p. przezrocze.

przeźroczysty p. przezroczysty.

przędny a. **przędzalny** «nadający się do przędzenia»: Włókno, konopie przędne (przędzalne). △ W terminologii *zool.* tylko: przędny, np. Gruczoły, brodawki przędne (pająków).

przędzalnia *ż I, lm D.* przędzalni, *rzad.* przędzalń: Pracować w przędzalni (*nie*: na przędzalni).

przędzalniany a. **przędzalniczy** «związany z przędzalnictwem»: Przemysł przędzalniany (przędzalniczy). Maszyny przędzalnicze (przędzalniane). Robotnik przędzalniany, przędzalniczy (*lepiej*: robotnik przędzalni). || U Pol. (1), 66. Por. przędny.

przędzalny p. przędny.

przędziwo *n III* 1. *blm* «to, z czego wyrabia się przędzę»: Ciągnąć nitkę z przędziwa. 2. *częściej*: przędza «nitki służące do wyrobu tkanin, nici, sznurów itp.»: Motki cienkiego przędziwa.

przęsło *n III, Ms.* prześle, *lm D.* przęseł.

przodek *m III* 1. *D.* przodka, *lm M.* przodkowie «osoba, będąca czyimś poprzednikiem w rodzinie»: Przodkowie po mieczu, po kądzieli. Odziedziczyć coś po przodkach. 2. *D.* przodka a. przodku, *lm M.* przodki «przednia część czegoś; w kopalni: czoło chodnika»: Przodek armatni, działowy. Starsi górnicy pracowali w przodku.

przodować *ndk IV*, przodowaliśmy (p. akcent § 1a i 2) □ P. w czym: Przodować (*nie*: być przodującym) w pracy, w szkole.

przodownica *ż II*: Moja siostra jest przodownicą pracy w naszym zakładzie.

przodownik *m III, lm M.* przodownicy **1.** «ten, kto jest najlepszy»: Przodownik nauki. □ P. w czym: Przodownik w strzelaniu. **2.** *przestarz.* «funkcjonariusz policji w randze sierżanta»: Przodownik policji.

przodowy *środ.* «górnik pracujący w przodku, bezpośrednio przy urabianiu kopalin»

przód *m IV, D.* przodu, *Ms.* przodzie: Przód samochodu, statku. Iść, pochylić się do przodu a. ku przodowi. (Być) na, w przodzie (*nie*: przedzie) czegoś (np. tramwaju). Z przodu, od przodu (np. budynku). △ Przodem «przed innymi»: Iść przodem, puścić kogoś przodem.
na przedzie, *rzad.* **na przodzie** *książk.* «przed innymi, wyprzedzając innych; przodem»: Na przedzie szedł poczet sztandarowy.

przy «przyimek łączący się z rzeczownikami (lub innymi wyrazami pełniącymi ich funkcje) w miejscowniku; sygnalizuje stosunek współwystępowania, styczności w czasie i przestrzeni» Elementem, do którego się odnosi, może być: **1.** «przedmiot położony w pobliżu, w bezpośrednim sąsiedztwie czegoś», np.: Siedzieć przy biurku. Trzymać ręce przy sobie. Nosić szablę przy boku. Przy domu rosła topola. Auto stało przy szosie. △ *urz.* Mieszkać przy ulicy Wspólnej. △ Przyimek *przy* bywa często używany *niepoprawnie* zamiast innych przyimków albo zamiast połączenia z dopełniaczem, np.: Klasa przy szkole (*zamiast*: Klasa szkoły a. w szkole); Chór przy filharmonii (*zamiast*: chór filharmonii) — ponieważ: klasa, chór — wchodzą w skład szkoły, filharmonii. △ Anin przy Warszawie (*zamiast*: pod Warszawą); Kraków leży przy Wiśle (*zamiast*: nad Wisłą) — ponieważ położenie czegoś w pobliżu miasta wyraża się za pomocą przyimka *pod*, a położenie w pobliżu rzeki, jeziora lub morza — za pomocą przyimka *nad*). **2.** «czas (często przybliżony), kiedy się coś dzieje», np.: Odpoczynek przy niedzieli. Pogawędka przy śniadaniu. Był przy śmierci ojca. Polubili się już przy pierwszym spotkaniu. △ Uwaga. W funkcji czasowej przyimek *przy* bywa używany jako uniwersalny środek składniowy, stosowany *niepoprawnie* zamiast innych przyimków lub konstrukcji; np.: Przy posuwaniu się łodzi (*zamiast*: kiedy łódź się posuwała) patrzyli na wodę. Przy większym przyjęciu (*zamiast*: podczas większego przyjęcia) gości obsługują kelnerzy. △ Przy królu Wacławie... (*zamiast*: za króla Wacława a. za panowania króla Wacława...) △ Przy czym, przy tym (pisane zawsze rozdzielnie) «wskaźniki zespolenia zdań, uwydatniające równoczesność zdarzeń lub ich powiązanie okolicznościowe»: Sam zarabiał na siebie, przy czym utrzymywał młodszych braci. Była inteligentna i rzutka, przy tym znacznie ode mnie ładniejsza. **3.** «osoba lub rzecz, której ktoś towarzyszy, współuczestnicząca w czymś, opiekująca się kimś, czymś, związana z czyjąś pracą, zajęciem itp.», np.: Przy obcych zachowywał się jak należy. W rubryce: „zawód" wpisano jej: „przy mężu". Rozmowa przy świadkach. Lubił mieć żonę przy sobie. Nie chce siedzieć w domu, przy dzieciach i przy garnkach. Pracować przy gospodarstwie, przy koniach. Naprawiał coś przy uprzęży. Dyżur przy chorym. Chowała się przy

niańce. Uczył się przy majstrze. Służba przy wodzu. △ *niepoprawne*: Służba przy wojsku, służyć przy wojsku, przy piechocie, itp. (*zamiast*: w wojsku, w piechocie). Nauczyciel przy szkole miejskiej (*zamiast*: nauczyciel szkoły miejskiej).

4. «okoliczność towarzysząca czemuś; przyczyna czegoś», np.: Szyć przy świetle. Tańczyć przy muzyce. Wypadek przy pracy. Spacerować przy księżycu. Grać przy wypełnionej widowni. Robić coś przy czyimś poparciu, czyjejś protekcji. Przy odrobinie sprytu można będzie uciec. △ Uwaga. Przyimek *przy* bywa w funkcjach przyczynowo-warunkowych stosowany niepoprawnie, zamiast innych przyimków lub imiesłowowych równoważników zdań. *Niepoprawne* użycia przyimka *przy*: **a)** zamiast: *w*, np. Woda wrze przy (*zamiast*: w) temperaturze 100°C. **b)** zamiast: *wobec* a. *z powodu czegoś, ze względu na coś*; np. Utrzymanie się w czołówce będzie trudne przy dużej konkurencji (*zamiast*: wobec dużej konkurencji, ze względu na dużą konkurencję). **c)** zamiast: imiesłowowych równoważników zdań, np. Eksperymentują z powodzeniem przy stosowaniu nowoczesnych metod (*zamiast*: stosując nowoczesne metody). **d)** zamiast: *czym* (rzeczownik w narzędniku), np. Spulchnić zagonek przy użyciu motyki (*zamiast*: motyką).
△ Nie poleca się używania wyrażeń z przyimkiem *przy* **a)** zamiast: zdania warunkowego z *jeśli*, np. Przy większej wydajności pracy (*lepiej*: Jeśli wydajność pracy będzie większa) poprawią się zarobki. **b)** zamiast: *po*, np. Przy (*zamiast*: po) ustaleniu się pogody wznowimy imprezę (*lub*: Kiedy ustali się pogoda...) **c)** zamiast: *pomimo czego*: Przy (*lepiej*: mimo, pomimo) całej swej uczoności nie umie żyć z ludźmi.
5. «rzecz stanowiąca kontrast z czymś; przedmiot porównania»: Przy młodej twarzy miał siwe włosy. Gra jej zbladła przy grze wielkiego artysty. Przy urodziwej siostrze wydawała się nikła i brzydka. **6.** «to, z czego ktoś korzysta, co ktoś ma, zachowuje»: Utrzymać się przy majątku. Być przy zdrowiu, przy apetycie, przy głosie, przy zdrowych zmysłach, przy pieniądzach. △ *przestarzałe*: Być, chodzić przy zegarku, przy szabli. △ *książk., wych. z użycia* Coś jest przy kimś «coś przysługuje komuś»: Pełnia władzy była przy królu. Słuszność jest przy nas. || D Kult. II, 55, 104—105, 106—107; Kl. Ależ 67; KP Pras.; PŚ 1967, 74—79.

przy- **1.** «przedrostek tworzący czasowniki pochodne od czasowników (niekiedy od innych wyrazów), oznaczający najczęściej»: **a)** «osiągnięcie celu przestrzennego», np.: przybiec, przydźwigać, przynieść, przyprowadzić, przypłynąć.
b) «połączenie z czymś w jedną całość», np.: przybić, przyczepić, przykleić, przykręcić, przyłączyć, przyszyć.
c) «częściową realizację tego, co oznacza wyraz podstawowy», np.: przyblaknąć, przycichnąć, przyciemnić, przyczesać, przywiędnąć.
d) «towarzyszenie innej czynności», np.: przygrywać, przyśpiewywać, przytupywać.
2. «przedrostek tworzący od przymiotników przymiotniki i przysłówki pochodne, np.: przyciasny, przydługi; przyciężko, przymało itp. «nieco za ciasny, za długi; trochę za ciężko, za mało itp.»
3. «część składowa wyrazów pochodnych mających za podstawę słowotwórczą połączenie przyimka *przy*

przybiec

z rzeczownikiem w miejscowniku», np.: przylądek (od: przy lądzie), przypiecek, przyboczny, przygraniczny.

4. «część składowa rzeczowników utworzonych od czasowników przez odrzucenie ich części przyrostkowych, np.: przycisk (od: przyciskać), przypływ (od: przypływać), przyczep (od: przyczepiać).

przybiec a. **przybiegnąć** *dk Vc*, przybiegnę, przybiegnie, przybiegł, przybiegliśmy (p. akcent § 1a i 2) — **przybiegać** *ndk I*, przybiegaliśmy.

przybierać p. przybrać.

przyblednąć, *rzad.* **przybladnąć** *dk Vc*, przybladł, *rzad.* przyblednął, przybladnął (*wym.* przyblednoł, przybladnoł); przybladła, *rzad.* przybledła; przybledliśmy (p. akcent § 1a i 2).

przybliżać *ndk I*, przybliżaliśmy (p. akcent § 1a i 2) — **przybliżyć** *dk VIb*, przybliżyliśmy □ P. co — do kogo, do czego: Przybliżał gazetę do oczu, ale bez okularów nie mógł nic przeczytać.

przybłęda *ż* a. *m* odm. jak *ż IV, M.* ten a. ta przybłęda (także o mężczyznach), *lm M.* te przybłędy, *D.* przybłędów (tylko o mężczyznach) a. przybłęd, *B.* tych przybłędów (tylko o mężczyznach) a. te przybłędy.

przybór *m IV, D.* przyboru 1. zwykle w *lp* «wezbranie (wód)»: Wskutek przyboru rzeka wylała. 2. zwykle w *lm* «komplet przedmiotów użytkowych»: Przybory myśliwskie, szewskie. □ P. do czego: Przybory do szycia, do rysunków.

przybrać *dk IX*, przybiorę, przybierze, przybraliśmy (p. akcent § 1a i 2) — **przybierać** *ndk I*, przybieraliśmy 1. «podnieść się, podwyższyć się (zwykle o wodzie)»: Rzeka przybiera. △ Przybrać na sile, na mocy (*ale* nie: na rozmiarach) «stać się większym, silniejszym»: Ulewa jeszcze przybrała na sile. △ Przybrać na wadze «utyć» 2. «uznać za swoje» □ P. co: Przybrać przydomek, nazwisko. 3. «ozdobić, upiększyć» □ P. kogo, co — czym: Przybrała stół kwiatami. 4. «zmienić (np. wyraz twarzy, pozę, kolor)»: Przybrać srogą minę, postawę obronną.

przybyć *dk*, przybędę, przybędzie, przybądź, przybył, przybyliśmy (p. akcent § 1a i 2) — **przybywać** *ndk I*, przybywaliśmy, w zn. «przyjść, przyjechać» — z odcieniem uroczystym: Na zjazd przybywają liczne delegacje. □ (zwykle w 3. os., nieos.) Przybywa komu, czemu — czego (kogo) «coś się powiększa o coś (o kogoś)»: Przybył miastu jeszcze jeden piękny gmach. Przybyło komuś kłopotów, radości; zmarszczek, lat. △ Przybywa więcej (*nie*: bardziej), np. Ludzi starych będzie przybywać coraz więcej (*nie*: bardziej). △ *pot.* Przybywa komuś (*nie*: kogoś) na wadze, przybywa komuś ileś kilogramów, centymetrów «ktoś się poprawia, tyje; rośnie»: Przybyło jej (*nie*: ją) dwa kilogramy, pięć centymetrów przez lato.

Przybyłko *m* odm. jak *ż III, lm M.* Przybyłkowie, *DB.* Przybyłków.
Przybyłko *ż ndm* — Przybyłkowa *ż* odm. jak przym. — Przybyłkówna *ż IV, D.* Przybyłkówny, *CMs.* Przybyłkównie (*nie*: Przybyłkównej), *lm D.* Przybyłkówien.
Przybyłko-Potocka, Przybyłko *ż ndm*, Potocka *ż* odm. jak przym.

przybysz *m II, lm D.* przybyszów (*nie*: przybyszy): Przybysze z dalekich krajów.

przybywać p. przybyć.

przychodni (*nie*: przychodny, *ale*: na przychodne): Potrzebna gosposia przychodnia na cały dzień. △ *reg.* Ktoś na przychodne (*nie*: na przychodnie) «ktoś dochodzący, pracujący w czyimś domu, ale nie mieszkający w nim»: Przydałby mi się ktoś do dziecka na przychodne.

przychodnia *ż I, DCMs.* i *lm D.* przychodni: Przychodnia rejonowa. □ P. dla kogo: Przychodnia dla chorych na gruźlicę.

przychodzić *ndk VIa*, przychodzę, przychodź (*nie*: przychódź), przychodziliśmy (p. akcent § 1a i 2) — **przyjść** *dk*, przyjdę, przyjdzie, przyszedłem (*nie*: przyszłem), przyszła, przyszliśmy (*nie*: przyśliśmy), przyszli (*nie*: przyśli). 1. «idąc zjawiać się gdzieś»: Przyjść do domu, na dworzec. Przyjść z wizytą, w odwiedziny. Przyjść komuś na odsiecz a. z odsieczą. 2. tylko w 3. os. «o środkach komunikacyjnych: przybywać; o porach, zjawiskach, stanach itp.: następować, zjawiać się»: Pociąg, samochód itp. przyjdzie (*nie*: przyleci). Przychodzi sen, gorączka. Przyszła bieda, wojna. △ Przychodzi komuś fantazja, myśl, chętka itp., żeby...: Przyszła mu fantazja, żeby chodzić po deszczu. △ Coś, ktoś przychodzi komuś na myśl: Przyszły mi na myśl piękne chwile razem przeżyte. △ Przychodzi, przyjdzie komuś na myśl, do głowy, że...: Przyszło mi na myśl, że ty to zrobisz. △ Dojść (*nie*: przyjść) do wniosku, że... △ *pot.* Coś przychodzi na kogoś: Wieczorem przyszła na nią chandra. □ *nieos.* Przyjdzie, przychodzi (komu) + bezokol.: Przyjdzie nam samotnie spędzić święta. △ *niepoprawne* Przychodzi (*zamiast*: należy) stwierdzić. □ Przychodzi, przyjdzie (*częściej*: dochodzi, dojdzie) do czego: Często przychodzi do konfliktów między nimi. △ Przychodzi, przyszło do tego, że...: Przyszło do tego, że codziennie się upijał. 3. tylko w 3. os. «dawać się osiągnąć» □ Coś przychodzi komu — jak: Wszystko mu łatwo przychodzi.

przychodzień *m I, D.* przychodnia *książk.* «ktoś, kto przyszedł, przychodzi»

przychówek *m III, D.* przychówku a. przychówka.

przychylać *ndk I*, przychylaliśmy (p. akcent § 1a i 2) — **przychylić** *dk VIa*, przychyliliśmy □ P. co do czego, do kogo: Przychylić gałąź do ziemi. □ P. komu co: Przychyl mu tę gałąź. △ Chcieć nieba (*nie*: niebo) komuś przychylić «chcieć uczynić wszystko co można dla czyjegoś dobra»
przychylać się — **przychylić się** *książk.* Przychylić się do czyjejś prośby.

przychylność *ż V, blm* □ P. czyja (z rzeczownikiem w dopełniaczu) — dla kogo a. do kogo: Nie wierzę w przychylność moich kolegów dla mnie (do mnie).

przychylny *m-os.* przychylni, *st. w.* przychylniejszy a. bardziej przychylny: Przychylnym okiem patrzył na plany syna. △ *niepoprawne* Przychylna aprobata (pleonazm), *zamiast*: aprobata, całkowita aprobata. □ P. dla kogo, *rzad.* komu: Przychylny dla ludzi. □ P. czemu (*nie*: dla czego), w stosunku do czego: Kierownik był tej sprawie przychylny.

przyciąć *dk Xc*, przytnę, przytnie, przyciąłem (*wym.* przyciołem; *nie*: przyciełem), przyciął (*wym.* przycioł), przycięła (*wym.* przycieła), przycięliśmy (*wym.* przycieliśmy, p. akcent § 1a i 2) — **przycinać** *ndk I*, przycinaliśmy □ P. co a. czego (z dopełniaczem cząstkowym» — czym a) «skrócić odcinając część czegoś»: Przyciąć krzewy, włosy a. włosów. △ Przyciąć komuś piórek, skrzydeł «pohamować czyjeś porywy, zapędy» b) «przycisnąć coś czymś przy zamykaniu»: Przyciąć język zębami, palec szufladą, suknię drzwiami. □ *pot.* P. komu «powiedzieć coś złośliwego; dogryźć»: Maria jest dziś w złym humorze, każdemu przycina.

przyciągać *ndk I*, przyciągaliśmy (p. akcent § 1a i 2) — **przyciągnąć** *dk Va*, przyciągnij (*nie*: przyciąg), przyciągnijcie (*nie*: przyciągcie), przyciągnąłem (*wym.* przyciągnołem; *nie*: przyciągłem, przyciągnełem), przyciągnął (*wym.* przyciągnoł), przyciągnęła (*wym.* przyciągnęła; *nie*: przyciągła), przyciągnęliśmy (*wym.* przyciągneliśmy; *nie*: przyciągliśmy) □ P. co, kogo «przysuwać, przybliżać»: Przyciągnąć łódź do brzegu. Przyciągnąć coś do siebie, ku sobie. △ *przen.* Uprzejmość przyciąga klientów. □ zwykle *ndk* P. co (w *przen.*: kogo) «wywoływać powstanie siły kierującej się ku drugiemu ciału»: Ziemia przyciąga Księżyc. Magnes przyciąga stal. △ *przen.* Jak magnes przyciąga go ta dziewczyna. □ P. bez dop. «przybywać dokądś (o wielu ludziach, zwykle o wojsku)»: Do wsi przyciągnęła piechota.

przycichnąć *dk Vc*, przycichłem, *rzad.* przycichnąłem (*wym.* przycichnołem; *nie*: przycichnełem); przycichł *rzad.* przycichnął (*wym.* przycichnoł); przycichła (*nie*: przycichnęła), przycichliśmy, *rzad.* przycichnęliśmy (*wym.* przycichneliśmy; p. akcent § 1a i 2) — **przycichać** *ndk I*, przycichaliśmy.

przycieś *ż V, lm M.* przyciesie, *D.* przyciesi.

przyciężki *m-os.* przyciężczy *pot.* «trochę za ciężki» □ P. w czym: Przyciężki w ruchach, w budowie.

przycinać p. przyciąć.

przycinek *m III, D.* przycinka a. przycinku, częściej w *lm* □ P. do czego: Nie należy robić przycinków do czyjegoś nazwiska. *Por.* docinek.

przyciskać *ndk I*, przyciskaliśmy (p. akcent § 1a i 2) — **przycisnąć** *dk Va*, przycisnąłem (*wym.* przycisnołem; *nie*: przycisnełem, przycisłem), przycisnął (*wym.* przycisnoł), przycisnęła (*wym.* przycisnęła; *nie*: przycisła), przycisnęliśmy (*wym.* przycisneliśmy; *nie*: przyciśliśmy) 1. «wywierać na coś ucisk, przypierać do czegoś; przytulać» □ P. kogo, co (do czego): Przyciskać ręce do czoła. Przycisnąć spust pistoletu. Przycisnęła dziecko do piersi. △ *pot.* Przyciskać kogoś do muru «natarczywie domagać się wyraźnej odpowiedzi, decyzji, wyjawienia czegoś» △ *pot.* Bieda, nieszczęście itp. przyciska kogo a. ktoś przyciśnięty biedą, nieszczęściem. 2. *pot.* «wywierać presję»: Jak go dobrze przycisnąć, wszystko wygada.

przycupnąć *dk Va*, przycupnąłem (*wym.* przycupnołem; *nie*: przycupnełem, przycupłem), przycupnął (*wym.* przycupnoł), przycupnęła (*wym.* przycupnęła; *nie*: przycupła), przycupnęliśmy (*wym.* przycupneliśmy, p. akcent § 1a i 2) *pot.* «przykucnąć, przysiąść»

przyczepiać *ndk I*, przyczepialiśmy (p. akcent § 1a i 2) — **przyczepić** *dk VIa*, przyczep, przyczepiliśmy □ P. co — do czego «umocowywać»: Przyczepić tabliczkę do drzwi. △ *przen. pot.* Przyczepić komuś jakiś zarzut, łatkę, przezwisko itp.
przyczepiać się — **przyczepić się** □ *pot.* P. się do kogo, do czego: a) «narzucać komuś swoje towarzystwo»: Przyczepił się do niego jakiś pijak i nie chciał odejść. b) «mieć pretensję (często niesłuszną) o coś, znajdować powód do zarzutów»: Przyczepili się do niego o spóźnienie się na zebranie.

przyczółek *m III, D.* przyczółka a. przyczółku, w zn. «element architektoniczny» in. fronton, tympanon.

przyczyna *ż IV* 1. «zespół warunków wywołujących jakiś skutek» □ P. czego (*nie*: do czego): Przyczyna katastrofy, radości, sporu. △ Z niewiadomych, *rzad.* dla niewiadomych przyczyn «nie wiadomo dlaczego»: Zerwała z nim z niewiadomych przyczyn. △ Z tej, *rzad.* dla tej przyczyny «dlatego, na skutek tego»: Był chory i z tej przyczyny nie stawił się na rozprawę. 2. *blm przestarz.* «wstawiennictwo» △ *fraz.* (dziś żywa): Za czyjąś przyczyną «dzięki komuś»: To się stało za jego przyczyną.

przyczynek *m III, D.* przyczynku □ P. do czego: Opis tego wydarzenia to ciekawy przyczynek do dziejów miasta.

przyczynić *dk VIa*, przyczyniliśmy (p. akcent § 1a i 2) — **przyczyniać** *ndk I*, przyczynialiśmy □ P. komu — czego (*nie*: co) «dołożyć, przydać czegoś (z dopełnieniem o zn. abstrakcyjnym)»: Przyczynić komuś radości, kłopotów, sławy (*nie*: radość, kłopoty, sławę).
przyczynić się — **przyczyniać się** □ P. się do czego «wpłynąć na coś, sprawić coś»: Inteligentny wywiadowca przyczynił się do wykrycia przestępstwa.

przyćmić *dk VIa*, przyćmij, przyćmiliśmy (p. akcent § 1a i 2) — **przyćmiewać** *ndk I*, przyćmiewaliśmy □ P. kogo, co — czym: Widnokrąg przyćmiony mgłą. △ *przen.* Przyćmiła ją swoją toaletą.

przydać *dk I*, przydaliśmy (p. akcent § 1a i 2) — **przydawać** *ndk IX*, przydaje, przydawaj, przydawaliśmy, przydający (*nie*: przydawający) *wych. z użycia* «dodać, przysporzyć» □ P. czego: Wspaniała dekoracja sali przydała uroczystości blasku i powagi.
przydać się — **przydawać się** □ P. się komu, dla kogo — na co: Pieniądze przydadzą mi się na wszelki wypadek. Prośby na nic się nie przydadzą. Te ubranka przydadzą się moim dzieciom (dla moich dzieci). □ P. się komu — do czego: Jeszcze się wam młodym przydam do pomocy.

przydatny *m-os.* przydatni, *st. w.* przydatniejszy a. bardziej przydatny □ P. do czego a. w czym, na co (gdy się wymienia czynność lub stałą okoliczność): Narzędzia przydatne do rzeźbienia w drewnie. Zioła przydatne w chorobie. Rady doświadczonych przyjaciół były mu przydatne w życiu. Płaszcz jeszcze przydatny na deszcz. □ P. dla kogo, *rzad.* komu: Peleryny przydatne dla rybaków (rybakom). || *KJP 357, 433, 443.*

przydawka jest to człon zdania określający rzeczownik (rzadziej inny wyraz, pełniący w zdaniu funkcję rzeczownika, a więc zaimek, przymiotnik, imiesłów, liczebnik). Przydawka wskazuje na cechę, właściwość jakiegoś przedmiotu i odpowiada na pytania: jaki? który? ile? czyj? czego? Wśród przydawek wyróżniamy: przydawki przymiotne, rzeczowne, dopełniaczowe, przyimkowe i okolicznikowe.

A. *Przydawka przymiotna* wyrażana jest przez przymiotnik lub przez inne części mowy występujące w funkcji przymiotników, a więc przez liczebnik, zaimek przymiotnikowy i imiesłów przymiotnikowy, np.: To *niezwykły* talent. Błysnęła *pierwsza* gwiazda. Mamy *dwie* godziny czasu. Idź ze *swoim* ojcem. Nie lubił *umalowanych* kobiet. △ Przydawka przymiotna może występować także w postaci rozwiniętej, np. *Piękny, letni, przesycony słońcem* dzień miał się ku końcowi. △ Uwaga. W funkcji przydawki nie występuje nigdy przymiotnik w formie rzeczownikowej (np. zdrów, wesół, gotów), a więc: Zdrowy (*nie:* zdrów) człowiek powinien mieć dobry humor. △ Przydawka przymiotna w połączeniu z liczebnikiem występuje w związku zgody z rzeczownikiem — związek z liczebnikiem zależy od tego, w jakich konstrukcjach występuje dany liczebnik, np.: Ostatnich (*nie:* ostatnie) pięć zawodniczek przyszło do mety, *ale:* Ostatnie trzy zawodniczki przyszły do mety. Tych (*nie:* te, ci) paru młodych mężczyzn się nie liczy, *ale:* Ci dwaj młodzi mężczyźni się nie liczą.

I Miejsce przydawki przymiotnej w zdaniu. Ogólna zasada jest następująca: **a)** Przydawka występuje przed rzeczownikiem (lub innym wyrazem określanym), jeśli wskazuje na cechę przygodną, na jedną z wielu właściwości przedmiotu. Jest to tzw. *przydawka charakteryzująca*, np.: Dobry uczeń. Ostry nóż. Stara sukienka. **b)** Przydawka występuje po wyrazie określanym, jeśli wyraża najistotniejszą lub gatunkującą cechę przedmiotu, odróżniającą go od innych, podobnych przedmiotów. Jest to tzw. *przydawka klasyfikująca*, np.: Chemia organiczna (w przeciwstawieniu do innych działów chemii); nóż chirurgiczny (w przeciwstawieniu np. do noża kuchennego). △ Wyjątkowo przydawka przymiotna klasyfikująca stoi przed rzeczownikiem w niektórych połączeniach wyrazowych, np.: wyższa uczelnia, Polskie Radio, Spiska Magura.

Od tej ogólnej zasady zdarzają się o d s t ę p s t w a:
1. *Przydawka charakteryzująca* może występować po rzeczowniku: **a)** Jeśli ma charakter przydawki okolicznikowej, orzekającej, np.: Chłopiec, strwożony, umilkł. Kobieta piękna, choć niemiła. **b)** Jeśli występuje jako człon przeciwstawienia. Chcę mieć męża łagodnego, ale nie fajtłapę. **c)** Jeśli wchodzi w skład wyliczenia, np.: To człowiek zdolny, ambitny, pracowity. **d)** Jeśli pada na nią akcent logiczny, np.: To utwór wybitny, wręcz genialny. △ Zmiana szyku przydawki może pełnić funkcję ekspresywną, np. Ojcze ukochany, żegnaj!
2. *Przydawka klasyfikująca* może występować przed rzeczownikiem: **a)** Jeśli określa dany rzeczownik wspólnie z drugą przydawką — dopełniaczową lub przyimkową, np.: Wyższa Szkoła Nauk Politycznych (*chociaż:* szkoła wyższa). Komunistyczna Partia Polski (*chociaż:* partia komunistyczna). **b)** Jeśli mogłaby powstać wątpliwość, do którego z dwóch sąsiadujących rzeczowników odnosi się ta przydawka, np. Obniżenie bojowej wartości drużyny (nie: obniżenie wartości bojowej drużyny) — nie wiadomo by było wówczas, czy przymiotnik *bojowy* odnosi się do wartości, czy do drużyny). △ Umieszczanie przydawki klasyfikującej przed rzeczownikiem w innych wypadkach jest niepoprawne; razi to zwłaszcza w zastosowaniu do nazw geograficznych, np.: Czarne Morze (*zamiast:* Morze Czarne); Azorskie Wyspy (*zamiast:* Wyspy Azorskie).

II. Szyk przydawki a zróżnicowanie znaczeniowe. Niekiedy szyk przydawki w zdaniu uzależniony jest od jej znaczenia, np.: *kulturalny pracownik* — to «pracownik o pewnej kulturze osobistej» (przydawka charakteryzująca); natomiast: *pracownik kulturalny* — to «pracownik działu kultury» (przydawka klasyfikująca); *Włoski strajk* «strajk we Włoszech», *strajk włoski* «typ strajku okupacyjnego»; *Śpiewające ptaki* «ptaki, które śpiewają w danej chwili», *ptaki śpiewające* «rodzaj ptaków» △ Jeśli przydawka przymiotna jest rozwinięta, powinna występować po wyrazie określanym, np. Przebieg meczu, odbywającego się w Hali Sportowej, był ciekawy (*nie:* Przebieg odbywającego się w Hali Sportowej meczu...). △ Obowiązuje to zwłaszcza przy przydawkach imiesłowowych; rażące jest wówczas wysuwanie imiesłowu przed rzeczownik i odrywanie go od reszty wyrazów, stanowiących grupę przydawki, np. Wisząca groźba dyskwalifikacji nad zawodnikami... (*zamiast:* Groźba dyskwalifikacji wisząca nad zawodnikami). △ Jeśli rzeczownik określany jest przez kilka przydawek przymiotnych, kolejność ich jest następująca: **a)** Przy współwystępowaniu przydawek: rozwiniętej i nierozwiniętej — przydawka nierozwinięta występuje przed rzeczownikiem, a rozwinięta — po nim, np. Wszystkie uczennice, ogromnie przejęte maturą, uczyły się pilnie (*nie:* Wszystkie, ogromnie przejęte maturą uczennice...). **b)** Przy współwystępowaniu przydawki charakteryzującej i przydawki klasyfikującej — pierwsza występuje przed rzeczownikiem, druga — po nim, np. Krótkotrwałe strajki protestacyjne (*nie:* Krótkotrwałe protestacyjne strajki). **c)** Jeśli występują dwie równorzędne przydawki charakteryzujące — obie stoją przed rzeczownikiem, np. Miała piękne niebieskie oczy (*nie:* Miała piękne oczy niebieskie). △ Przydawka określająca jakość przedmiotu stoi bezpośrednio przy rzeczowniku określanym, np. Życzyć komuś dalszej owocnej (*nie:* owocnej dalszej) pracy. **d)** Przy współwystępowaniu dwóch przydawek, z których jedna jest liczebnikiem, a druga przymiotnikiem — przydawka przymiotna stoi zwykle bezpośrednio przy rzeczowniku (przed nim lub po nim), np. Jechali trzej młodzi kolarze.

B. *Przydawka rzeczowna* wyrażana jest za pomocą rzeczownika użytego w tym samym przypadku, co wyraz określany, np.: Matka *żywicielka*. Dziewica *bohater*. Patrzyli w cyrku na człowieka *muchę*. Mieszkał w mieście *Łodzi*. △ Niekiedy przydawka rzeczowna łączy się z wyrazem określanym za pomocą wyrazów: *jako, mianowicie*, np.: Czy wiesz coś o Norwidzie *jako malarzu*? Wyjeżdżał do wielu krajów, *mianowicie:* Francji, Szwajcarii, Niemiec (*nie:* mianowicie: Francja, Szwajcaria, Niemcy). △ W przydawce złożonej z rzeczownika i wyrazów *jak, niby* rzeczownik ma zawsze formę mianownika, np.: Parasolka, *niby duży muchomor*, chwiała się nad jej głową. △ Przydawka rzeczowna występuje zwykle po wyrazie określanym, np. Brat *lekarz*; powieść *rzeka*; kobieta *wampir*. △ Zdarzają się jednak wyjątki (w wyrażeniach zleksykalizowanych), np. częstsze jest wyrażenie: *Herod*-baba *niż:* baba *Herod*.

C. *Przydawka dopełniaczowa* wyrażana jest za pomocą rzeczownika w dopełniaczu, np.: Śpiew *ptaków*. Szum *morza*. Postać *człowieka*.

D. *Przydawka przyimkowa* wyrażana jest za pomocą rzeczownika (w przypadkach zależnych) z przyimkiem, np.: Dom *z drewna*. Zeszyt *w kratkę*. Klucz *od szafy*. Torba *na zakupy*.

Przydawka dopełniaczowa i przydawka przyimkowa występuje zawsze po wyrazie określanym. △ Wypadki szczegółowe: **a)** Przy współwystępowaniu przydawki przymiotnej i przydawki dopełniaczowej lub przyimkowej — pierwsza występuje przed rzeczownikiem, druga — po nim, np. Książka drukowana na matowym papierze wysokiej klasy (*nie*: ...na matowym, wysokiej klasy papierze). **b)** Nie można bezpośrednio łączyć spójnikiem przydawki przymiotnej z przydawką dopełniaczową lub przyimkową; należy wówczas powtórzyć wyraz określany, np. Życzymy sukcesów osobistych oraz sukcesów w pracy zawodowej (*nie*: Życzymy sukcesów osobistych oraz w pracy zawodowej). **c)** Przy współwystępowaniu dwóch przydawek dopełniaczowych lub przyimkowych (lub przydawki dopełniaczowej obok przydawki przyimkowej) — obie występują po wyrazie określanym, np. Był to człowiek niepewnego pochodzenia, o podejrzanym wyglądzie (*nie*: Był to niepewnego pochodzenia, o podejrzanym wyglądzie człowiek, *ani*: Był to niepewnego pochodzenia człowiek o podejrzanym wyglądzie).

E. *Przydawka okolicznikowa* łączy się w zdaniu zarówno z rzeczownikami (jak wszystkie przydawki), jak i z czasownikami (jak okoliczniki); odnosi się ona jednocześnie i do podmiotu lub dopełnienia w zdaniu, i do orzeczenia. Cecha, którą wyraża, związana jest z czasem, oznaczanym przez czasownik; zgadza się w przypadku, liczbie i rodzaju z tym rzeczownikiem w podmiocie lub dopełnieniu, do którego się odnosi, np.: Dziecko, *chore*, drżało z zimna. Wracałem do domu *ponury*. || D Kult. I, 37, 138, 192—193, 231, 607; II, 125, 175—178; Kl. *Ależ* 24—25, 56—57, 83—84; KJP 390—399. *Por.* okoliczniki, przymiotnik.

przydepnąć *dk Va*, przydepnąłem (*wym.* przydepnołem; *nie*: przydepnełem, przydepłem), przydepnął (*wym.* przydepnoł), przydepnęła (*wym.* przydepneła; *nie*: przydepła), przydepnęliśmy (*wym.* przydepnęliśmy; *nie*: przydepliśmy; p. akcent § 1a i 2), **przydeptać** *dk IX*, przydepcze, *przestarz.* przydepce; przydepcz (*nie*: przydeptaj), przydeptaliśmy — **przydeptywać** *ndk VIIIa*, przydeptuję (*nie*: przydeptywuję, przydeptywam), przydeptywaliśmy □ P. co — czym: Przydepnął (przydeptał) niedopałek nogą.

przydomek *m III*, D. przydomka a. przydomku: Zyskał sobie przydomek Don Kiszota. Nadać komuś jakiś przydomek.

przydybać *dk IX*, przydybię (*nie*: przydybę), przydyb, przydybaliśmy (p. akcent § 1a i 2) *pot.* «przyłapać, zaskoczyć» □ P. kogo — na czym: Przydybać kogoś na kradzieży.

przydział (*nie*: przedział) *m IV*, D. przydziału 1. «przydzielenie, skierowanie» □ P. czego: Instytucje zajmujące się przydziałem wczasów, mieszkań, samochodów. □ P. do czego: Rekruci byli zadowoleni z przydziału do piechoty. 2. «dokument, stwierdzający przydzielenie czegoś» □ P. na co: Dostać przydział na mieszkanie, na samochód.

przydzielić *dk VIa*, przydzieliliśmy (p. akcent § 1a i 2) — **przydzielać** *ndk I*, przydzielaliśmy □ P. kogo, co — komu: Przydzielono mu mieszkanie. □ P. kogo, co — do czego: Został przydzielony do naszego oddziału.

przydźwiękowy in. transsoniczny.

przyfabryczny: Mieszkanie przyfabryczne. Żłobek przyfabryczny. △ *niepoprawne* w odniesieniu do ludzi (*zamiast*: fabryczny): Lekarz przyfabryczny (*zamiast*: fabryczny). Straż przyfabryczna (*zamiast*: fabryczna).

przygadać *dk I*, przygadaliśmy (p. akcent § 1a i 2) — **przygadywać** *ndk VIIIa*, przygaduję (*nie*: przygadywuję, przygadywam), przygadywaliśmy □ *pot.* P. komu «zrobić złośliwą aluzję; dociąć»: Przygadywała mu o byle co. □ *posp.* P. sobie kogo «pozyskać sobie kogoś jako partnera (zwykle do flirtu, rozmowy)»: Przygadał sobie dziewczynę.

I przyganiać *ndk I*, przyganialiśmy (p. akcent § 1a i 2) — *rzad.* **przyganić** *dk VIa*, przyganiliśmy *wych. z użycia* □ P. komu, że..., *rzad.* P. komu co «robić zarzuty, zarzucać coś»: Nie można mu było nic przyganić. Przyganiał chłopcu, że trwoni czas. □ P. czemu «osądzać krytycznie, potępiać»: Przyganiał zbytecznemu pośpiechowi w pracy.

II przyganiać *ndk I*, przyganialiśmy (p. akcent § 1a i 2) — **przygnać** *dk I*, przygnaliśmy; *rzad.* **przygonić** *dk VIa*, przygoniliśmy □ P. kogo, co (dokąd) «goniąc skierować dokądś, spędzić w jedno miejsce; napędzić»: Wiatr przygnał chmury. Na noc przyganiali bydło do obory. □ (tylko *dk*) *pot.* P. bez dop. «szybko zbliżyć się dokądś, przyjechać, przybiec»: Przygnali do szkoły w ostatniej chwili. Zdyszany przygnał na rowerze.

przygasać *ndk I*, przygasaliśmy (p. akcent § 1a i 2) — **przygasnąć** *dk Vc*, przygaśnie, przygasnął (*wym.* przygasnoł) a. przygasł; przygasła, przygaśliśmy: Ognisko przygasa. △ *przen.* Z rozbawienia nie zostało śladu, przygaśliśmy wszyscy.

przygasić *dk VIa*, przygaszę, przygasiliśmy (p. akcent § 1a i 2) — **przygaszać** *ndk I*, przygaszaliśmy: Wiatr przygaszał płomienie. Przygasił ogień na kominie.

! **przygatawiać** p. przygotować.

przyglądać się *ndk I*, przyglądaliśmy się (p. akcent § 1a i 2) — **przyjrzeć się** *dk VIIb*, przyjrzyj się, przyjrzeliśmy się; *reg.* **przyglądnąć się** *dk Vc*, przyglądnie się; przyglądnąłem się (*wym.* przyglądnołem się, *nie*: przyglądnełem się), przyglądnął się (*wym.* przyglądnoł się), przyglądnęła się (*wym.* przyglądnela się), przyglądnęliśmy się (*wym.* przyglądneliśmy się) □ P. się komu, czemu: Przyglądał się sobie w lustrze.

przygnać p. II przyganiać.

przygniatać *ndk I*, przygniataliśmy (p. akcent § 1a i 2) — **przygnieść** *dk XI*, przygniotę (*nie*: przygnietę), przygniecie, przygniótł, przygniotła (*nie*: przygnietła), przygnietliśmy □ P. kogo, co — czym, do czego: Przygniótł niedopałek papierosa obcasem. Przygniatał go własnym ciężarem do ziemi. △ Przygniatająca (*lepiej*: przytłaczająca) większość «bardzo znaczna większość»

przygodny (*nie*: przygodni) *m-os.* przygodni «przypadkowy, przelotny»: Przygodna znajomość.

przygodowy (*nie*: przygodniczy) «dotyczący przygód»: Film przygodowy. Książka przygodowa.

przygonić p. II przyganiać.

! przygotawiać, przygotowić p. przygotować.

przygotować (*nie*: przygotowić) *dk IV*, przygotowaliśmy (p. akcent § 1a i 2) — **przygotowywać** (*nie*: przygatawiać, przygotawiać) *ndk VIIIa*, przygotowuję (*nie*: przygotowywuję), przygotowywaliśmy □ P. co — dla kogo: Przygotowała dla dzieci obiad. □ P. kogo, co — do czego (*nie*: dla czego), na co: Przygotować kogoś do egzaminu, do podróży. Przygotować książkę do druku. Przygotował go na najgorsze.

przygotować się — przygotowywać się □ P. się do czego, na co: Przygotować się do egzaminu. Przygotowywać się na śmierć.

przygotowanie *n I* **1.** forma rzecz. czas. przygotować: Przygotowanie obiadu, przygotowanie maszynopisu do druku. **2.** tylko w *lm* «zabiegi, starania» □ P. do czego (*nie*: dla czego): Przygotowania do podróży.

przygrywka *ż III, lm D.* przygrywek «gra wstępna, wstęp do gry, utworu»: Przygrywka orkiestrowa. Przygrywka skrzypiec. □ P. do czego: Przygrywka do tańca.

przygryzać *ndk I*, przygryzaliśmy (p. akcent § 1a i 2) — **przygryźć** *dk XI*, przygryzę, przygryzie, przygryźliśmy □ P. co «gryźć z lekka, przyciskać zębami»: Przygryzła sobie język. Przygryzać wargi, usta, wąsy. □ *pot.* P. komu «dokuczać, docinać»: Ciągle jej przygryzał.

przygwoździć *dk VIa*, przygwożdżę, przygwóźdź a. przygwoźdź, przygwoździliśmy (p. akcent § 1a i 2) — **przygważdżać**, *rzad.* **przygwożdżać** *ndk I*, przygważdżaliśmy, przygwożdżaliśmy «unieruchomić, osadzić na miejscu (zwykle w *przen.* i porównaniach)»: Choroba przygwoździła mnie do łóżka. Stał w miejscu jak przygwożdżony.

przyholować p. holować.

*przyimek to wyraz nieodmienny, rządzący określonymi przypadkami innych wyrazów; nie występuje w zdaniu nigdy samodzielnie, lecz tworzy całość składniową z rzeczownikiem (lub innym wyrazem występującym w funkcji rzeczownika). Jest wykładnikiem funkcji składniowych, wyrażających stosunki między częściami zdania — przede wszystkim wykładnikiem stosunku między orzeczeniem a dopełnieniem.

Przyimki występują w postaciach: **a)** odrębnych wyrazów, np.: *do, na, bez, przez, pod* oraz ich połączeń, np.: *sponad, spomiędzy, znad, poprzez* (są to tzw. przyimki złożone);
b) rzeczowników w przypadkach zależnych, np.: *celem, skutkiem, dzięki;*
c) wyrażeń przyimkowych (właściwy przyimek + rzeczownik w przypadku zależnym), np.: *na podstawie, pod względem;*
d) wyrazów występujących również w funkcjach przysłówków, np.: *blisko, mimo.* △ Uwaga. Różnica w tym wypadku polega na łączliwości tych wyrazów: wyraz pełni funkcję przysłówka, jeśli występuje sa-

modzielnie, np.: Dom był już blisko. Przeszedłem mimo. △ Ten sam wyraz występuje w funkcji przyimka, jeśli łączy się z rzeczownikiem lub innym wyrazem zastępującym rzeczownik, np.: Dom stał blisko drogi. Przeszedłem mimo niego.

Miejsce przyimka jest na ogół stałe — powinien on stać przed wyrazem, z którym się łączy, a więc: bezpośrednio przed rzeczownikiem lub zaimkiem (np.: w lesie, do niego); przed przymiotnikiem lub innym wyrazem określającym ten rzeczownik (np.: w gęstym lesie; w bardzo gęstym lesie; na trzech stołach). △ *Niepoprawne* jest wtrącanie wielowyrazowych określeń między przyimek a rzeczownik, np.: Stosownie do już wyżej przytoczonego zdania... (*zamiast*: Stosownie do zdania przytoczonego już wyżej). Ciecz przewozi się w specjalnie do tego celu skonstruowanych cysternach (*zamiast*: ...w cysternach specjalnie skonstruowanych do tego celu).

Przypadki po przyimkach. Łączliwość składniowa przyimków jest ograniczona. Istnieją przyimki, które łączą się tylko z jednym przypadkiem (np.: bez, do, od, oprócz — tylko z dopełniaczem); inne mogą się łączyć z kilkoma przypadkami. Niekiedy łączliwość przyimka z dwoma różnymi przypadkami wiąże się ze zróżnicowaniem znaczeniowym tego samego czasownika lub różnych czasowników, np.: Zamknąć coś w słowa a. w słowach; *ale* tylko: Zamknąć coś w szafie. Znajdować się między swymi. Wejść między swoich.

Wiele przyimków ma synonimy, które mogą występować wymiennie zamiast nich, stale lub tylko w pewnych funkcjach i znaczeniach, np. przyimek *dla* wymienia się często w funkcji celowej z przyimkiem *na* (np. Pracować dla chwały a. na chwałę ojczyzny) oraz (w stylizacji bardziej książkowej) z przyimkiem *ku* (np. Pracować ku chwale ojczyzny). △ Podobnie przyimki *do* i *ku* w funkcji przestrzenno-kierunkowej (np. Zbliżać się do miasta, *książk.* Zbliżać się ku miastu).

△ *Uwaga.* Nie należy używać obok siebie przyimków rządzących różnymi przypadkami. Powstają bowiem wówczas niezręczne konstrukcje składniowe (w dodatku często będące źródłem zamieszania i błędów ortograficznych), np. Delegaci przybyli z ponad (pisane czasem błędnie: sponad) dwudziestu krajów. — W tym wypadku przyimek z rządzi dopełniaczem, a przyimek *ponad* — biernikiem; wobec tego lepiej byłoby zastosować inną konstrukcję, np. Delegaci przybyli z przeszło dwudziestu krajów. △ Nawet jeśli dwa przyimki rządzą tym samym przypadkiem, używanie ich obok siebie prowadzi często do konstrukcji niezręcznych, dopuszczalnych tylko w mowie potocznej, nie w języku pisanym, np. Otrzymałem listy od około stu osób (*lepiej*: Około stu osób nadesłało mi listy).

Pewne przyimki mogą tworzyć połączenia o tej samej funkcji, występując raz w jednym, raz w innym przypadku, np.: Zaryć się w ziemi a. w ziemię; zanurzyć się w wodzie a. w wodę; wznieść się nad łąkami a. nad łąki itd.

Zagadnienia rządu poszczególnych przyimków omówione są pod odpowiednimi hasłami przyimkowymi.

Rozszerzona postać fonetyczna przyimków. Z przyimkami mającymi postać samych spółgłosek (np. *w, z*) — przed niektórymi grupami spółgłosek łączy się samogłoska *e*, np.: we wtorek, we własnym domu, we Wrocławiu, we wrzątku, we wszystkim, we środę

(*reg.* także: we Wiedniu, we wodzie); ze stanowiska, ze źródła, ze świadomości, ze wszystkiego (*reg.* także: ze sokiem, ze Żywca).
Pisownia przyimków. Obowiązującą zasadą jest pisanie łączne przyimków złożonych, np.: *znad, poprzez.* △ Jeżeli w skład takiego przyimka złożonego wchodzi przyimek *z* oraz przyimek zaczynający się od spółgłoski bezdźwięcznej (np.: *pod, przed*), wówczas wymowa całej początkowej grupy spółgłoskowej staje się bezdźwięczna, co z kolei pociąga za sobą zmianę pisowni: w przyimku złożonym pisze się wtedy *s*, a nie *z*, np.: *spod, sprzed, sponad, spoza, spomiędzy, spośród.* △ Nie należy jednakże mylić łącznej pisowni dwóch lub więcej przyimków z rozdzielną pisownią przyimka przed innymi częściami mowy. Łącznie pisze się więc np.: Samolot ukazał się sponad obłoków, *ale*: samolot leciał z ponaddźwiękową (*nie*: sponad dźwiękową) szybkością.
Wyrażenia złożone z przyimka i innego wyrazu (lub wyrazów) zasadniczo pisze się rozdzielnie, bez względu na ich znaczenie (dosłowne czy przenośne), a więc zarówno: Zjechać z góry — jak i: Wiadomo było z góry, że... △ Podobnie piszemy rozdzielnie: *na skutek, z kolei, z wolna, po trochu, za mało, przy czym* itd. Wyjątki od tej zasady (np. pisownię łączną wyrażenia: *wskutek*) podaje słownik ortograficzny. || *D Kult. I, 93—97, 120, 800; II, 77—79, 119—121, 166, 181; Kl. Aleź 65—70; U Pol. (1), 34, 280—316. Por.* przysłówek.

przyjaciel *m I, lm D.* przyjaciół (*nie*: przyjacieli), *C.* przyjaciołom (*nie*: przyjacielom), *N.* przyjaciółmi (*nie*: przyjacielami), *Ms.* przyjaciołach (*nie*: przyjacielach): Wierny, serdeczny przyjaciel. △ *pot.* Przyjaciel od serca, od kieliszka. △ W nazwach organizacji dużą literą: Liga Przyjaciół Żołnierza. Towarzystwo Przyjaciół Dzieci.

przyjazd *m IV, D.* przyjazdu, *Ms.* przyjeździe: Przyjazd pociągu.

przyjazny (*nie*: przyjaźny) *m-os.* przyjaźni, *st. w.* bardziej przyjazny: Przyjazny człowiek, uśmiech. Przyjazna dusza. □ P. dla kogo, dla czego a. komu, czemu: To przyjazny dla ciebie człowiek. W trudnej sytuacji pomogli przyjaźni mi ludzie.

przyjaźń *ż V, lm M.* przyjaźnie, zwykle w *lp*: Dozgonna, wierna przyjaźń. □ P. dla kogo: Dawna dla niego przyjaźń odżyła na nowo. □ P. z kim, pomiędzy kim (a. kim): Przyjaźń z nim trwała długie lata. Od razu zawiązała się pomiędzy nami przyjaźń. Darzyć kogoś przyjaźnią.

przyjąć *dk Xc,* przyjmę (*nie*: przyjmię), przyjmie, przyjmą (*nie*: przyjmią), przyjmij, *rzad.* przyjm, przyjmijcie (*nie*: przyjmcie), przyjąłem (*wym.* przyjołem; *nie*: przyjełem), przyjął (*wym.* przyjoł), przyjęła (*wym.* przyjeła), przyjęliśmy (*wym.* przyjeliśmy, p. akcent § 1a i 2) — **przyjmować** *ndk IV,* przyjmowaliśmy: Przyjąć od kogoś upominek, pieniądze. Przyjąć coś w zastaw, w komis. Przyjąć lekarstwo. Przyjąć posadę, zaproszenie. Przyjmować kogoś, coś uprzejmie, nieprzychylnie. Przyjąć kogoś do pracy, na studia, na mieszkanie, pod swój dach. Przyjmować pacjentów, interesantów. Przyjąć coś do depozytu a. w depozyt. △ Przyjąć coś za dobrą monetę «uwierzyć czemuś bezkrytycznie» △ Przyjąć coś na wiarę «uwierzyć w coś bez dowodu» △ Przyjąć kogoś za syna, córkę «adoptować» □ P. kogo — czym «ugościć»: Przy-

jąć gościa herbatą, obiadem. □ P., że... «uznać za prawdę, za punkt wyjścia w rozumowaniu»: Przyjęto, że człowiek istnieje około 500 tys. lat.

przyjechać *dk,* przyjadę, przyjedzie (*nie*: przyjadzie), przyjedź (*nie*: przyjadź), przyjechał, przyjechaliśmy (p. akcent § 1a i 2) — **przyjeżdżać** *ndk I,* przyjeżdżaliśmy: Przyjechać pociągiem, konno. Przyjechać do miasta, do kogoś w odwiedziny.

przyjemność *ż V* 1. «uczucie zadowolenia»: Robić coś dla przyjemności. Sprawić (*nie*: wyrządzić) komuś przyjemność. 2. zwykle w *lm* «to, co wywołuje uczucie zadowolenia»: Gonić za przyjemnościami życia.

przyjeść (odm. jak przejeść) *przestarz.* p. przejeść się.

przyjęcie *n I*: Przyjęcie towaru. □ P. dla kogo «posiłek, zwykle wystawny, dla zaproszonych gości»: Przyjęcie dla rodziny. Przyjęcie dla iluś osób a. na ileś osób.

przyjmować p. przyjąć.

przyjrzeć się p. przyglądać się.

przyjść p. przychodzić.

przykazać *dk IX,* przykażę, przykazaliśmy (p. akcent § 1a i 2) — **przykazywać** *ndk VIIIa,* przykazuję (*nie*: przykazywam, przykazywuję), przykazywaliśmy: Przykazywali nam (zachować) ostrożność. Matka przykazywała mu, żeby nie wychodził z domu.

przyklękać *ndk I,* przyklękaliśmy (p. akcent § 1a i 2), **przyklękiwać** *ndk VIIIb,* przyklękuję (*nie*: przyklękiwam, przyklękiwuję), przyklękiwaliśmy — **przyklęknąć** *dk Va, rzad. Vc,* przyklęknąłem (*wym.* przyklęknołem; *nie*: przyklęknełem), *rzad.* przykląkłem; przyklęknął (*wym.* przyklęknoł), *rzad.* przykląkł; przyklękła, *rzad.* przyklęknęła (*wym.* przyklęknela); przyklęknęliśmy (*wym.* przyklęknelíśmy), *rzad.* przyklękliśmy.

przykład *m IV, D.* przykładu 1. «wzór do naśladowania»: Dać, dawać komuś (dobry, zły) przykład. △ Stawiać kogoś, coś komuś za przykład. □ P. czyj (z rzecz. w dopełniaczu): Przykład wodza, rodziców. 2. «fakt, którym się coś ilustruje»: Podawać, przytaczać przykład a. podawać, przytaczać coś jako przykład. □ P. czego (gdy się wymienia przedmiot, który jest treścią przykładu): Przykład metafory. Przykład ofiarności, męstwa. □ P. z czego: Przykład z życia. □ P. na co (gdy się wymienia zasadę, której przykład jest szczegółowym wypadkiem): Przykład na podnoszenie liczb do potęgi. △ Na przykład (skrót: np.) «wyrażenie poprzedzające przykładowe wskazanie na coś lub niepełne wyliczenie czegoś»: Drzewa iglaste, jak na przykład: sosna, świerk, jodła.

przykładać *ndk I,* przykładaliśmy (p. akcent § 1a i 2) — **przyłożyć** *dk VIb,* przyłóż, przyłożyliśmy □ P. co — na co, na czym, do czego «zbliżać do czegoś, stykać z czymś»: Przykładać opatrunek na ranę, ucho do ściany. Przyłożyć na czymś pieczęć. △ Przykładać do czegoś wagę «uważać coś za ważne» △ Przykładać do czegoś rękę, *częściej* z przeczeniem: nie przykładać do czegoś ręki «nie brać w czymś udziału» □ P. czego — komu «dołożyć,

przykładny

dodać»: Przyłóż mi kartofli. □ (tylko *dk*) *posp.*
P. komu «sprawić lanie»: Porządnie mu przyłożyli.

przykładny *m-os.* przykładni, *st. w.* bardziej przykładny, *rzad.* przykładniejszy «mogący być wzorem do naśladowania, wzorowy»: Przykładny uczeń.

przykładowy «mogący służyć za przykład, objaśnienie czegoś»: Przykładowe plansze, materiały.

przykop *m IV*, *D.* przykopu; *rzad.* **przykopa** *ż IV* 1. «rów, wykop»: Wzdłuż drogi wykopano głębokie przykopy. 2. «wał ziemny»: Chłopcy siedli na wysokim przykopie.

przykracać p. przykrócić.

przykrajać *dk IX*, przykraj (*nie:* przykrajaj), przykrajaliśmy (p. akcent § 1a i 2), a. **przykroić** *dk VIa*, przykroję, przykroimy, przykrój, przykroiliśmy — *reg.* **przykrawać** (*nie:* przykraiwać) *ndk I*, przykrawaliśmy 1. *lepiej:* skroić, np. Nosi gorset przykrojony (*lepiej:* skrojony) do figury. 2. *lepiej:* dokroić □ P. czego: Trzeba jeszcze przykroić (*lepiej:* dokroić) chleba.

przykro *st. w.* bardziej przykro, *rzad.* przykrzej.

przykroić p. przykrajać.

przykrość *ż V* 1. zwykle *blm* «uczucie niezadowolenia, niechęci, smutku» 2. «to, co wywołuje niezadowolenie, niechęć, smutek, rzecz nieprzyjemna, przykra»: Spotkała mnie duża przykrość. Znosić od kogoś przykrości. Wyrządzić komuś przykrość.

przykrócić *dk VIa*, przykrócę, przykróciliśmy (p. akcent § 1a i 2) — **przykracać** *ndk I*, przykracaliśmy 1. *częściej:* skrócić: Przykrócić spódniczkę. 2. «zmusić do subordynacji, wziąć w karby», zwykle w zwrocie: Przykrócić komuś cugli.

przykry *m-os.* przykrzy, *st. w.* przykrzejszy a. bardziej przykry: Przykry zapach. Przykre wspomnienia. □ P. dla kogo, czego: Hałas przykry dla uszu. Jest nerwowy, przykry dla otoczenia.

przykrywka p. pokrywka.

przykrzyć się *ndk VIb*, przykrzyłby się (p. akcent § 4c) — **sprzykrzyć się** *dk*: Sprzykrzyły mu się te ciągłe kłótnie. △ *nieos.* Przykrzy się (komuś) «jest nudno, ktoś się nudzi»: Przykrzyło mu się bez pracy. □ P. się + bezokol.: Przykrzy się tak siedzieć i siedzieć.

przylądek *m III*, *D.* przylądka (*nie:* przylądku) △ W nazwach dużą literą: Przylądek Dobrej Nadziei, Przylądek Zielony (*ale:* przylądek Matapan — małą literą, gdy drugi człon może stanowić samodzielną nazwę).

przylegać *ndk I*, przylegałby (p. akcent § 4c) «stykać się z czymś; sąsiadować»: Pokój przylega do kuchni. Rękawiczka przylega do ręki.

przyleźć (*nie:* przyliźć) *dk XI*, przylezę (*nie:* przylizę), *przestarz.* przylazę; przylezie, przylazł, przyleźliśmy (p. akcent § 1a i 2) — **przyłazić** *ndk VIa*, przyłażę, przyłaziliśmy *pot.* (często z odcieniem niechęci) «przyjść»: Znowu przylazł ten nudziarz.

przylgnąć *dk Va*, przylgnąłem (*wym.* przylgnołem; *nie:* przylgnęłem, przylgłem), przylgnął (*wym.* przylgnoł), przylgnęła (*wym.* przylgnęła; *nie:* przylgła), przylgnęliśmy (*wym.* przylgneliśmy: *nie:* przyl-

gliśmy, p. akcent § 1a i 2) □ P. do czego «ściśle przywrzeć»: Koszula przylgnęła mu do spoconego ciała □ P. czym — do czego, do kogo: Przylgnęła ustami do policzka dziecka. □ *przen.* P. do kogo «polubić kogoś, przywiązać się do kogoś»: Dzieci od razu przylgnęły do nauczycielki.

przyłapać *dk IX*, przyłapię (*nie:* przyłapę), przyłap (*nie:* przyłapaj), przyłapaliśmy (p. akcent § 1a i 2) — **przyłapywać** *ndk VIIIa*, przyłapuję (*nie:* przyłapywam, przyłapywuję), przyłapywaliśmy □ P. kogo na czym: Przyłapać kogoś na kłamstwie, na omyłce.

przyłatać *dk I*, przyłataliśmy (p. akcent § 1a i 2) △ zwykle w *pot.* połączeniu: Ni przypiął, ni przyłatał «bez sensu, bez związku z tematem»: Powiedział coś ni przypiął, ni przyłatał. △ Przyłatany, *częściej:* przyszywany wujek, dziadek itp. «niekrewny tytułowany, nazywany krewnym»: Opiekował się nim jakiś przyłatany wujek.

przyłazić p. przyleźć.

przyłączyć *dk VIb*, przyłączyliśmy (p. akcent § 1a i 2) — **przyłączać** (*nie:* przyłanczać) *ndk I*, przyłączaliśmy: Przyłączono nas do wycieczki. Przyłączyć (*nie:* podłączyć) aparat telefoniczny do sieci.

przyłbica *ż II*: Odkryć, odsłonić przyłbicę. Uchylić przyłbicy. Podnieść, opuścić przyłbicę. ‖ *U Pol.* (2), 157.

przyłożyć p. przykładać.

przymarznąć (*wym.* przymar-znąć) *dk Vc*, przymarznie, przymarzł, przymarzłby (p. akcent § 4c), przymarzły a. przymarznięty — **przymarzać** (*wym.* przymar-zać) *ndk I*, przymarzałby.

przymierać *ndk I*, przymieraliśmy (p. akcent § 1a i 2) — *rzad.* **przymrzeć** *dk XI*, przymrę, przymrze, przymrzyj, przymarł, przymarliśmy; zwykle w zwrocie: Przymierać głodem.

przymierzalnia *ż I*, *lm D.* przymierzalni, *rzad.* przymierzalń.

przymierze *n I*, *lm D.* przymierzy: Przymierze zaczepno-odporne. □ P. z kim, między kim a kim: Wejść z kimś w przymierze. Działać w przymierzu z sąsiednimi mocarstwami. Zawrzeć z kimś przymierze.

przymierzyć *dk VIb*, przymierzyliśmy (p. akcent § 1a i 2) — **przymierzać** *ndk I*, przymierzaliśmy: Przymierzyć (*nie:* zamierzyć) suknię, pantofle. □ P. co — do czego «przypasować»: Przymierzała firanki do okna. △ *pot.* Nie przymierzając «zwrot usprawiedliwiający porównanie»: Narobiłem się, nie przymierzając, jak wół.

*przymiotnik oznacza właściwości przedmiotów. Podstawową funkcją składniową przymiotnika jest funkcja przydawki. Odpowiednie końcówki sygnalizują, do którego wyrazu w zdaniu odnosi się dany przymiotnik. △ Formy przymiotnika pozostają zawsze w związku zgody (pod względem rodzaju, przypadka i liczby) z określanym rzeczownikiem, np.: Biały śnieg, białego śniegu. Biała suknia, białej sukni. Białe mleko, w białym mleku.
Odmiana. O końcówkach deklinacyjnych decyduje rodzaj gramatyczny określanego rzeczownika. Cechy charakterystyczne deklinacji przymiotnika: **a)** formy

męsko-osobowe (*m-os.*) w mianowniku *lm* mają końcówkę *-i* (*y*) z poprzedzającą spółgłoską miękką fonetycznie a. funkcjonalnie, np.: biały — *m-os.* biali (osadnicy), wielki — *m-os.* wielcy (uczeni), chudy — *m-os.* chudzi (chłopcy), cichy człowiek — *m-os.* cisi ludzie. △ W przymiotnikach o tematach zakończonych na *-c, dz, cz* i *ż, m-os.* mianownik *lm* równa się mianownikowi liczby pojedynczej, np.: uroczy człowiek — uroczy ludzie, cudzy syn — cudzy synowie, chyży biegacz — chyży biegacze; *Ale*: duży chłopiec — duzi chłopcy.

b) w narzędniku i miejscowniku *lp* jednolita dla rodzaju męskiego i nijakiego końcówka *-ym* (*-im*) (*nie*: -em), w narzędniku *lm* *-ymi* (*nie*: -emi), np.: Z ładnym dzieckiem (*nie*: z ładnem dzieckiem), tak jak: z ładnym chłopcem. Dobrymi oczami (*nie*: dobremi oczami). △ Uwaga. Wyjątek stanowią tu nazwy województw i miejscowości zakończone na *-e*, używane rzeczownikowo i mające w narzędniku i miejscowniku końcówkę *-em* (*nie*: -ym, -im), np.: Krakowskie, w Krakowskiem (*nie*: w Krakowskim), *ale*: w województwie krakowskim; Zakopane, w Zakopanem (*nie*: w Zakopanym). △ Jeżeli nazwa składa się z dwóch wyrazów o postaci przymiotnikowej, obydwa wyrazy mają końcówkę *-em*, np. Wysokie Mazowieckie — w Wysokiem Mazowieckiem (*nie*: w Wysokim Mazowieckim, *ani*: w Wysokiem Mazowieckim).

c) biernik i narzędnik *lp* rodzaju żeńskiego ma końcówkę *-ą*, np.: Widzę ładną dziewczynę. Idę z ładną dziewczyną.

d) wołacz *lp* przymiotników żeńskich ma zawsze końcówkę *-a* (*nie*: -o), np.: Łaskawa pani! Miła koleżanko! △ Wyjątkiem od tej zasady są rzeczowniki odprzymiotnikowe na *-owa* typu: profesorowa, Janowa, krawcowa, które mają w wołaczu *lp* końcówkę *-o*, np.: Pani doktorowo! Moja Janowo! (potocznie możliwe jest użycie tu mianownika, np. moja Janowa!) △ Przymiotniki na *-ski* utworzone od rzeczowników zakończonych na *-g* tracą tę spółgłoskę, np. Praga — praski (*nie*: pragski). △ Stopień natężenia właściwości oznacza się przez stopniowanie przymiotników (p. stopniowanie).
△ Nieliczna grupa przymiotników może przybierać w mianowniku *lp* obocznie postać bez końcówki *-y* (*-i*), np.: wesoły — wesół, godny — godzien, zdrowy — zdrów, łaskawy — łaskaw, pewny — pewien. Wyłącznie w tej postaci występują przymiotniki: rad, wart, kontent. △ Te krótsze formy przymiotników używane są wyłącznie w funkcji orzecznika, nigdy w funkcji przydawki, np. Bądź wesół, *ale*: wesoły chłopiec. △ Czasem użycie jednej z tych dwóch form przymiotnika łączy się z różnicą znaczeniową, np. Godny człowiek «dostojny, poważany», *ale*: On jest godzien a. godny pochwały. Pewny człowiek «taki, na którym można polegać», *ale*: On jest pewny a. pewien czegoś (= ma pewność). Jestem ciekaw czegoś, *ale*: Ciekawy człowiek «interesujący się czymś a. budzący zaciekawienie». △ Rzeczownikowe formy przymiotnika są używane coraz rzadziej.
Składnia. Przymiotnik w zdaniu może zajmować miejsce przed rzeczownikiem określanym lub po nim. Wskazówki dotyczące szyku przydawki wyrażonej przymiotnikiem podane są pod hasłem: przydawka (p.). △ Orzecznik złożony z samego przymiotnika stoi zasadniczo w mianowniku, np.: Czas jest drogi (*nie*: czas jest drogim). Jan pozostał młody (*nie*: pozostał młodym). △ Wyjątkiem od tej reguły są konstrukcje bezpodmiotowe oraz bezokolicznikowe.

Występuje w nich orzecznik przymiotnikowy w narzędniku, np.: Gdy się jest szczęśliwym, *choć*: on jest szczęśliwy. Nie należy być upartym, *choć*: on jest uparty (w tej ostatniej konstrukcji często obocznie występuje orzecznik w mianowniku, np. Człowiek musi być uczciwym a. uczciwy). △ Rażącym błędem jest używanie narzędnika w orzeczniku przymiotnikowym liczby mnogiej, np. Oni byli zadowoleni (*nie*: oni byli zadowolonymi). △ Przymiotniki odrzeczownikowe na *-owy* — są dziś nadużywane, wypierają określenia w formie rzeczownika lub wyrażenia przyimkowego, np.: Próby wytrzymałościowe, *lepiej*: próby wytrzymałości. Oszczędności paliwowe, *lepiej*: oszczędności paliwa.
Pisownia. Przymiotniki złożone pisze się w zasadzie razem, np.: Jasnoróżowy, szarozielony, popularnonaukowy, niebieskooki, prawdomówny. △ Oddzielnie, stosując łącznik, pisze się następujące przymiotniki: **a)** złożone z dwóch członów równorzędnych znaczeniowo (w których łącznik można by zastąpić spójnikiem *i*, np. Biało-czerwony, robotniczo-chłopski, słownik polsko-rosyjski (wyjątkowo: głuchoniemy). **b)** złożone z więcej niż dwu członów, które z wyjątkiem ostatniego, są odrzeczownikowe a. odprzymiotnikowe i kończą się na *-o*, np. północno-wschodnio-europejski (*ale*: bezwłasnowolny). △ Uwaga. W nazwach własnych wszystkie człony połączone łącznikiem pisze się dużą literą, np. Wyżyna Krakowsko-Częstochowska. △ Niektóre przymiotniki złożone można pisać dwojako, zależnie od znaczenia, np. Materiał w szaro-zielone pasy (= pasy szare i zielone), *ale*: szarozielony kolor. △ Bez łącznika pisze się przymiotniki utworzone od dwuwyrazowych nazw miejscowych, np.: kamiennogórski — od: Kamienna Góra; tarnogórski — od: Tarnowskie Góry. *Por.* łącznik. △ Przysłówki będące określeniami przymiotnika pisze się zawsze oddzielnie, np.: Czysto polski; łatwo zapalny; wiecznie zielony.

przymiotnikowy, *rzad.* **przymiotny** (tylko w niektórych określeniach gramatycznych): Zaimek przymiotnikowy. Deklinacja, odmiana przymiotnikowa. *Ale*: Orzecznik przymiotny (przymiotnikowy). Przydawka przymiotna (przymiotnikowa).

przymknąć *dk Va*, przymknął (*wym.* przymknoł), przymknęła (*wym.* przymkneła; *nie*: przymkła), przymknęliśmy (*wym.* przymkneliśmy; *nie*: przymkliśmy; p. akcent § 1a i 2) — **przymykać** *ndk I*, przymykaliśmy **1.** «zamknąć niecałkowicie»: Przymknąć drzwi. △ Przymykać na co oczy. **2.** *pot.* «osadzić w więzieniu»: Przymknąć złodzieja. △ *niepoprawne* w zn. «przyłączyć się, przystać do kogoś, do czegoś», np. Przymknął (*zamiast*: przyłączył się) do partyzantki. || *KP Pras.*

przymocować *dk IV*, przymocowaliśmy (p. akcent § 1a i 2) — **przymocowywać** *ndk VIIIa*, przymocowuję (*nie*: przymocowywuję, przymocowywam), przymocowywaliśmy.

przymrozek *m III, D.* przymrozku a. przymrozka.

przymrzeć p. przymierać.

przymus *m IV, D.* przymusu «zmuszanie kogoś do działania wbrew jego woli; zmuszanie się do czegoś»: Stosować przymus wobec kogoś. Wyczuwać przymus w rozmowie. △ Przymus fizyczny «zmuszenie do czegoś przez użycie siły» △ Robić coś pod przymusem, z przymusu «robić coś wbrew woli, nie-

przymykać

dobrowolnie»: Została jego żoną pod przymusem. △ *wych. z użycia* Zadawać przymus sobie a. komuś «zmuszać się, zmuszać kogoś do czegoś»: Zadawała sobie przymus, żeby mówić z nim uprzejmie.

przymykać p. przymknąć.

przynaglić *dk VIa*, przynagli, przynaglij, przynagliliśmy (p. akcent § 1a i 2) — **przynaglać** *ndk I*, przynaglaliśmy □ P. (kogo) — do czego: Przynaglać do pośpiechu. □ P. kogo, żeby...: Przynaglał syna, żeby się ubierał. □ P. bez dop.: Chodźmy, chodźmy — przynaglał.

przynależeć *ndk VIIb*, przynależeliśmy (p. akcent § 1a i 2) *niepoprawne* w zn. «być uczestnikiem, członkiem czegoś» *zamiast*: należeć, np. Przynależał (*zamiast*: należał) do tajnej organizacji.

*przynależności związki p. związki rządu, zgody i przynależności.

przynależność *ż V blm*, w zn. «należenie do czegoś»: Przynależność partyjna a. do partii. Przynależność państwowa, społeczna, klasowa, narodowa, organizacyjna.

przynęta *ż IV* □ P. dla czego a. na co: Przynęta dla ryb, na ptaki. □ *przen.* P. dla kogo: O pięknej kuzynce gospodarzy mówiono, że jest przynętą dla gości.

przynieść *dk XI*, przyniosę (*nie*: przyniesę), przyniosłem (*nie*: przyniesłem, przyniósłem), przynieśliśmy (p. akcent § 1a i 2) — **przynosić** *ndk VIa*, przynoszę, przynosimy, przynosiliśmy □ P. co komu a. dla kogo: Przynieść cukierki dziecku a. dla dziecka. △ *niepoprawne* Ziemia przynosi (*zamiast*: daje) plon.

przyoblec *dk XI*, przyoblokę, *rzad.* przyoblekę, przyoblecze, przyoblókł (przyoblekł), przyoblokła (przyoblekła), przyoblekli, przyobleklíśmy (p. akcent § 1 i 2), przyobleczony — **przyoblekać** *ndk I*, przyoblekaliśmy *podn.* «ubrać kogoś w coś, włożyć coś na kogoś, na coś» □ P. co: Przyoblec płaszcz królewski. □ P. kogo w co: Przyoblec pannę w suknię ślubną.

przyodziać *dk Xb*, przyodzialiśmy, *reg.* przyodzieliśmy (p. akcent § 1a i 2) — **przyodziewać** *ndk I*, przyodziewaliśmy *przestarz., książk.* «ubrać kogoś w coś; włożyć coś na kogoś, na coś» □ P. kogo w co (*rzad.* czym): Przyodziać kogoś w mundur. △ *przen.* Mrok cieniem przyodział ziemię.

przyodziewek *m III*, D. przyodziewku, *blm* *przestarz.* dziś *gw.* «ubranie, odzież»: Odświętny przyodziewek.

przypadać p. przypaść.

przypadek *m III*, D. przypadku «fakt, zdarzenie niespodziewane, zbieg okoliczności, traf»: Czysty, prosty, ślepy przypadek. Zdarzył się, trafił się (*nie*: nastąpił) przypadek. Przypadek chciał, zrządził, że... △ W każdym przypadku (*lepiej*: w każdym razie). △ Od przypadku do przypadku (*lepiej*: od czasu do czasu, nieregularnie, niesystematycznie, doraźnie). △ Z przypadku (*lepiej*: przypadkowo, przypadkiem, zbiegiem okoliczności). △ Coś (nie) jest kwestią przypadku «coś (nie) jest skutkiem zbiegu okoliczności» △ Przypadkiem (*nie*: wypadkiem) «czasem, może»: Czy nie masz przypadkiem zeszytu? △ Przy-

padki (*częściej*: wypadki) chodzą po ludziach. △ *środ.* (*med.*): Przypadek chorobowy; przypadek żółtaczki. △ *niepoprawne* Na przypadek (*zamiast*: na wypadek) czegoś; w przypadku (*zamiast*: w razie) czegoś. △ W zn. gramatycznym: D. *lp* — przypadka. *Por.* wypadek. ‖ *D Kult. I, 337; U Pol. (2), 201, 252; KJP 167.*

*przypadki po przyimkach p. przyimek.

przypadkowy *m-os.* przypadkowi 1. «przygodny, nieumyślny, nie zamierzony»: Przypadkowe spotkanie. Przypadkowy znajomy. 2. «dotyczący przypadka (w zn. gramatycznym tego wyrazu)»: Formy, końcówki przypadkowe.

przypasować *dk IV*, przypasowaliśmy (p. akcent § 1a i 2) — **przypasowywać** *ndk VIIIa*, przypasowuję (*nie*: przypasowywam, przypasowywuję), przypasowywaliśmy □ P. co do czego: Przypasować ramę okienną do futryny.

przypaść *dk Vc*, przypadnę, przypadł, przypadliśmy (p. akcent § 1a i 2) — **przypadać** (*nie*: przypadywać) *ndk I*, przypadaliśmy 1. «padając rzucić się na coś, przywrzeć do kogoś, do czegoś; szybko podbiec» □ P. do kogo, czego: Przypadł ojcu do kolan. 2. «wypaść, zdarzyć się, trafić się»: Wielkanoc przypadła w kwietniu. 3. «dostać się w udziale» □ P. komu, czemu, na kogo, na co (*nie*: dla kogo, czego): Część pieniędzy przypadła matce. Majątek przypadł synowi. Połowa spadku przypada na córkę (córce).

przypatrzyć się (*nie*: przypatrzeć się; *ale*: patrzyć a. patrzeć) *dk VIb*, przypatrzyliśmy się (p. akcent § 1a i 2) — **przypatrywać się** *ndk VIIIa*, przypatruję się (*nie*: przypatrywam się, przypatrywuję się), przypatrywaliśmy się □ P. się komu, czemu: Przypatrywać się fotografii.

przypełznąć *dk Vc*, przypełznie a. przypełźnie; przypełznąłem (*wym.* przypełznołem; *nie*: przypełznełem) a. przypełzłem; przypełzł a. przypełznął (*wym.* przypełznoł), przypełzła, przypełzliśmy, *rzad.* przypełznęliśmy (*wym.* przypełzneliśmy, *nie*: przypełzneliśmy, p. akcent § 1a i 2), przypełźli a. przypełzli, *rzad.* przypełznęli (*wym.* przypełzneli) — **przypełzać** *ndk I*, przypełzaliśmy.

przypiąć (*nie*: przypnąć) *dk Xc*, przypnę, przypiął (*wym.* przypioł; *nie*: przypnął), przypięła (*wym.* przypiela; *nie*: przypnęła), przypięliśmy (*wym.* przypieliśmy; *nie*: przypnęliśmy; p. akcent § 1a i 2) — **przypinać** *ndk I*, przypinaliśmy □ P. co — do czego: Przypiąć kwiatek do sukni. □ *pot.* P. komuś łatkę «powiedzieć o kimś coś uszczypliwego»

przypiec *dk XI*, przypiekę, przypiecze, przypiecz, przypieczemy, przypiekliśmy (p. akcent § 1a i 2), przypieczony — **przypiekać** *ndk I*, przypiekaliśmy □ P. co — na czym «zrumienić coś po wierzchu, opiec»: Przypiec mięso na ruszcie, cebulę na blasze. □ P. kogo, co — czym «dotknąć, sparzyć czymś gorącym»: Przypiec rękę żelazkiem. Jeńca przypiekano rozpalonym żelazem. □ P. bez dop. «mocno grzać, dopiekać (zwykle o słońcu)»: Słońce przypiekało mocno. △ Przypiec (*częściej*: dopiec) komuś (do żywego) «dokuczyć komuś»

przypierać p. przyprzeć.

przypisać *dk IX*, przypiszę, przypisaliśmy (p. akcent § 1a i 2) — **przypisywać** *ndk VIIIa*, przypisuję (*nie*: przypisywam, przypisywuję), przypisywaliśmy □ P. co do czego: Przypisać odsetki do kapitału. □ P. co komu, czemu: Nie wiem, czemu mam przypisać pańskie względy. △ *niepoprawne* Przypisywać (*zamiast*: przywiązywać) wagę do czegoś.

przypisek *m III*, D. przypiska a. przypisku; *reg.* **przypiska** *ż III*, *lm* D. przypisek.

przyplątać *dk IX*, przyplącze, przyplącz, przyplątaliśmy (p. akcent § 1a i 2) — **przyplątywać** *ndk VIIIa*, przyplątuję (*nie*: przyplątywam, przyplątywuję), przyplątywaliśmy.

przypłacić *dk VIa*, przypłacę, przypłacimy, przypłaciliśmy (p. akcent § 1a i 2) — **przypłacać** *ndk I*, przypłacaliśmy «ponieść konsekwencje czegoś, odcierpieć, odpokutować za coś» □ P. co czym: Przypłacić nieostrożność życiem, spacer przeziębieniem. // *D Kult. II, 415.*

przypochlebić (się), *rzad.* **przypodchlebić (się)** *dk VIa*, przypochlebimy, przypodchlebimy, przypochlebiliśmy, przypodchlebiliśmy (p. akcent § 1a i 2) — **przypochlebiać (się)**, *rzad.* **przypodchlebiać (się)** *ndk I*, przypochlebialiśmy, przypodchlebialiśmy: Chwali dziecko, żeby się przypochlebić matce.

przypomnieć (*nie*: przypomnąć, przypomnić) *dk VIIa*, przypomnę, przypomni (*nie*: przypomnie), przypomnij, przypomnieliśmy (p. akcent § 1a i 2) — **przypominać** *ndk I*, przypominaliśmy 1. «przywieść na pamięć, ożywić w pamięci»: Trzeba mu przypomnieć jego obowiązki (a. o jego obowiązkach), bo się zaniedbuje w pracy. 2. dziś tylko z zaimkiem: sobie «powrócić myślą do czegoś»: Przypomnieć sobie (*nie*: przypomnieć) minione wakacje. 3. tylko *ndk* «być podobnym do kogoś, do czegoś»: Przypominać kogoś z twarzy, z ruchów. Przypominała (*nie*: przypominała sobą) matkę. // *D Kult. II, 103.*

przypomnienie *n I* △ *niepoprawne* W przypomnieniu naszej prośby (*zamiast*: przypominając naszą prośbę).

przy pomocy p. pomoc.

przypora *ż IV*, *lm* D. przypór, in. skarpa.

przyporządkować *dk IV*, przyporządkowaliśmy (p. akcent § 1a i 2) □ P. co czemu, *rzad.* do czego «ustalić stosunek, relację między czymś; powiązać»: Przyporządkować formę utworu jego treści.

przyprawić *dk VIa*, przyprawię, przyprawimy, przyprawiliśmy (p. akcent § 1a i 2) — **przyprawiać** *ndk I*, przyprawialiśmy: Przyprawić zupę, sos. □ P. co do czego: Przyprawić ucho do garnka. □ P. co komu, czemu: Przyprawiono aktorowi wąsy. Przyprawić rzeźbie odłamany nos. □ P. kogo, co — o co «wywołać u kogoś coś niepożądanego»: Przyprawić kogoś o chorobę.

przyprowadzić *dk VIa*, przyprowadzę, przyprowadzimy, przyprowadziliśmy (p. akcent § 1a i 2) — **przyprowadzać** *ndk I*, przyprowadzaliśmy: Przyprowadzić dziecko ze szkoły do domu. △ w zn. «być przyczyną czegoś, wywołać coś» *lepiej*: doprowadzić, np. Przyprowadzić (*lepiej*: doprowadzić) kraj do upadku.

przyprzeć *dk XI*, przyprę, przyprze, przyprzyj, przyparł, przyparliśmy (p. akcent § 1a i 2), przyparty — **przypierać** *ndk I*, przyperaliśmy □ P. kogo, co do czego: Byk przyparł chłopca do płotu. △ *pot.* Przyprzeć kogoś do muru, *rzad.* do ściany «natarczywie domagać się od kogoś wyraźnej odpowiedzi, decyzji»

przypuszczać *ndk I*, przypuszczaliśmy (p. akcent § 1a i 2) — **przypuścić** *dk VIa*, przypuszczę, przypuścimy, przypuściliśmy: Przypuśćmy (*nie*: przyjmijmy), że pociąg się spóźni.

przyrastać p. przyrosnąć.

przyrodni (*nie*: przyrodny), *m-os.* przyrodni: Przyrodni bracia. Przyrodnia siostra.

przyrodnik *m III*, *lm* M. przyrodnicy; *rzad.* **przyrodoznawca** *m* odm. jak *ż II*, *lm* M. przyrodoznawcy, DB. przyrodoznawców.

przyrodolecznictwo *n III*, *blm*; in. fizjoterapia, fizykoterapia.

przyrosnąć, *rzad.* **przyrość** *dk Vc*, przyrośnie, przyrósł, przyrosła, przyrósłby (p. akcent § 4c), przyrośnięty a. przyrosły — **przyrastać** *ndk I*, przyrastałby: Jodła przyrasta na wysokość wolniej niż sosna. Ślimak jest przyrośnięty do skorupy. △ *pot.* Brzuch komuś przyrasta do krzyża «ktoś jest bardzo głodny»

przyrost *m IV*, D. przyrostu: Przyrost naturalny. Przyrost wagi (*nie*: wagowy). Przyśpieszać, zwiększać (*nie*: wzmagać) przyrost.

przyrostek *m III*, D. przyrostka (*nie*: przyrostku).

*****przyrostek** a. **sufiks** «element słowotwórczy występujący po temacie»», np.: śpiew*ak*, aktor*ka*, dom*owy*, grup*ować*; p. formant, słowotwórstwo.

przyrość p. przyrosnąć.

przyrównać *dk I*, przyrównaliśmy (p. akcent § 1a i 2) — **przyrównywać** *ndk VIIIa*, *rzad.* I, przyrównuję, przyrównywam (*nie*: przyrównywuję), przyrównywaliśmy □ P. kogo, co — do kogo, czego (*nie*: z kim, z czym, *ale*: porównać z kimś, z czymś): Poeci często przyrównywali piękne oczy do gwiazd.

przyrząd *m IV*, D. przyrządu, *lm* M. przyrządy □ P. do czego (*nie*: dla czego): Przyrząd do wyjmowania pestek ze śliwek. Przyrząd mierniczy, gimnastyczny a. przyrząd do mierzenia, do gimnastyki.

przyrzec *dk Vc*, przyrzeknę, przyrzeknie (*wych. z użycia*: przyrzekę, przyrzecze), przyrzekł, przyrzekliśmy (p. akcent § 1a i 2) — **przyrzekać** *ndk I*, przyrzekaliśmy: Przyrzekł rodzicom poprawę (a. że się poprawi). Przyrzeczono mi załatwienie tej sprawy. // *KJP 277.*

przysadkowaty *reg.* «przysadzisty»

przyschnąć *dk Vc*, przyschnął (*wym.* przyschnoł) a. przysechł; przyschła (*nie*: przysechła), przyschnąłby (*wym.* przyschnołby), p. akcent § 4c) a. przysechłby; przyschnięty a. przyschły — **przysychać** (*nie*: przysechać) *ndk I*, przysychałby: Rana przyschła. △ *pot.* Sprawa przyschła «sprawa poszła w zapomnienie»

przysiadać p. przysiąść.

przysiąc

przysiąc p. przysięgać.

przysiąść *dk*, przysiądę (*nie*: przysiędę), przysią-
dzie (*nie*: przysiędzie), przysiądą (*nie*: przysiędą),
przysiądź, przysiadł, przysiedliśmy (p. akcent § 1a
i 2) — **przysiadać** *ndk I*, przysiadaliśmy □ P. bez
dop. «siąść na chwilę, na brzegu czegoś; przykucnąć»:
Zmęczony przysiadł pod drzewem. Konie aż przysia-
dały do ziemi. □ P. co (komu) «siadając przygnieść
coś»: Przysiadł płaszcz sąsiadowi. △ *pot.* Przysiąść
fałdów «spędzić dłuższy czas nad pracą, popracować
wytrwale, nie odrywając się»
przysiąść się — **przysiadać się** □ P. się do kogo,
do czego: Przysiadł się do towarzystwa.

przysiedzieć *dk VIIa*, przysiedzę, przysiedział,
przysiedzieliśmy (p. akcent § 1a i 2) tylko w zwrocie:
Przysiedzieć (*częściej*: przysiąść) fałdów.

przysięga *ż III, lm D.* przysiąg (*nie*: przysięg):
Przysięga ślubna, sądowa. Przysięga na wierność
małżeńską. Dochować, dotrzymać przysięgi. Stwierdzić coś pod przysięgą, *rzad.* przysięgą. Zwolnić
kogoś od przysięgi (w sądzie).

przysięgać *ndk I*, przysięgaliśmy (p. akcent § 1a
i 2) — **przysiąc** a. **przysięgnąć** *dk Vc*, przysięgnę,
przysięgnie, przysięgnij, przysiągł, przysięgliśmy:
Przysięgać komuś miłość, wierność (*przestarz.* na wierność, na posłuszeństwo itp.). Przysiągł, że nie zdradzi
sprawy. △ Przysięgać na wszystkie świętości, na
czyjąś pamięć (itp.), że...

przysiółek, *rzad.* **przysiołek** *m III, D.* przysiółka
(przysiołka).

przysłać *dk IX*, przyśle (*nie*: przyszle), przysła-
liśmy (p. akcent § 1a i 2) — **przysyłać** (*nie*: przy-
sełać) *ndk I*, przysyłaliśmy.

przysłona *ż IV* 1. *fot. fiz.* «urządzenie regulujące
siłę padającego światła»: Nastawić przysłonę. Aparat
fotograficzny z automatycznie zamykającą się przy-
słoną. 2. *rzad.* p. przesłona.

przysłowie *n I, lm D.* przysłów.

przysłowiowy «powszechnie znany, zawarty w
przysłowiu, wzięty z przysłowia, będący przysłowiem»
△ Wyraz nie pojawia się nieraz niepotrzebnie
w wyrażeniach i zwrotach przysłowiowych, np. Gra
nie warta przysłowiowej świeczki (*zamiast*: Gra nie
warta świeczki). || KP Pras.

*przysłówek — nazywa zazwyczaj sposób, czas,
miejsce, stopień; stanowi określenie czasownika,
przymiotnika lub innego przysłówka, np.: Głośno
płakać. Bardzo czysto. Przyszedł wczoraj. Gdzieniegdzie rosły grzyby. △ Przysłówek jest nieodmienny.
Tworzy się głównie od przymiotnika za pomocą
przyrostka -o a. -e, np. wysoki — wysok-o; dobry —
dobrz-e. W wielu wypadkach przyrostki te występują
obocznie, a przysłówki utworzone za ich pomocą różnią się częstością użycia i niekiedy zabarwieniem stylistycznym, np.: smutno, *rzad.* smutnie; luźno, *rzad.*
luźnie, obficie, *rzad.* obfito; przejrzyście, *rzad.* przejrzysto. △ Przysłówki bywają urabiane również od
imiesłowów i liczebników przez dodanie tych samych
przyrostków: -o i -e, np.: zachwycający — zachwyca-
jąco; zdecydowany — zdecydowanie; dwukrotny —
dwukrotnie; dwojaki — dwojako. △ Niektóre przypadki rzeczowników używane są przysłówkowo, np.
czasem, w dali, miejscami, ławą (ruszyć). △ Wiele

z tych rzeczowników nie ma już form mianownikowych i występuje wyłącznie w funkcji przysłówków.
△ Niektóre przysłówki mogą występować obocznie
w funkcji przyimków, np.: Dom był blisko — (w funkcji przyimka:) Stał blisko domu. Biegać dokoła —
(w funkcji przyimka:) Dokoła podwórza rosły drzewa.
△ Przysłówki stopniują się w sposób prosty lub opi-
sowy (p. stopniowanie). △ Przysłówki określające
przymiotniki oraz imiesłowy pisane są zasadniczo
oddzielnie, np. Mało lepszy. Czysto biały. Wiecznie
zielony. Dziko rosnący. Świeżo malowany. *Wyjątki*:
Jasnowidzący, równouprawniony, równobrzmiący
(o pisowni łącznej przysłówków z przymiotnikami
p. przymiotnik).

przysłuchać się *dk I*, przysłuchaliśmy się (p.
akcent § 1a i 2) — **przysłuchiwać się** (*nie*: przysłu-
chywać się) *ndk VIIIb*, przysłuchuję się (*nie*: przy-
słuchiwam się, przysłuchiwuję się), przysłuchiwali-
my się □ P. się komu, czemu: Pilnie się przy-
słuchiwał rozmowie.

przysługa *ż III*: Koleżeńska, przyjacielska, sąsiedzka przysługa. Oddać, wyświadczyć (*nie*: okazać,
wyrządzić) komuś przysługę. △ *niepoprawne* Ostatnia przysługa (*zamiast*: posługa) «uczestnictwo w po-
grzebie, pochowanie kogoś» || D Kult. I, 369.

przysparzać p. przysporzyć.

! przyspasabiać p. przysposabiać.

przyspieszać p. przyśpieszyć.

przyspieszenie p. przyśpieszenie.

przyspieszony p. przyśpieszony.

przyspieszyć p. przyśpieszyć.

przysporzyć *dk VIb*, przysporz a. przyspórz,
przysporzyliśmy (p. akcent § 1a i 2) — **przysparzać**
(*nie*: przysporzać) *ndk I*, przysparzaliśmy □ P.
czego (*nie*: co): Przysparzać zysków. Przysporzyć
komuś kłopotów, trosk.

przysposabiać (*nie*: przyspasabiać) *ndk I*, przy-
sposabialiśmy (p. akcent § 1a i 2) — **przysposobić**
dk VIa, przysposobię, przysposobimy, przysposób,
przysposobiliśmy: Takie wychowanie dobrze przy-
sposabia do samodzielnego życia. △ *praw.* Przysposobić dziecko, *in.* zaadoptować.

przystać *dk* przystanę, przystanie, przystaną,
przystań, przystał, przystaliśmy (p. akcent § 1a i 2)
— **przystawać** *ndk IX*, przystaje, przystawaj, przystawaliśmy 1. zwykle *ndk* «ściśle przylgnąć, przywrzeć» □ P. do czego: Spaczone ramy nie przy-
stają do otworów okiennych. 2. «zgodzić się, pozwolić, zaakceptować» □ P. na co: Przystać na czyjś
projekt, na czyjeś warunki, propozycje. 3. (zwykle
dk) *wych. z użycia* «przyłączyć się do kogoś, przyjąć pracę, służbę; przejść na czyjąś stronę» □ P.
do kogo, do czego: Przystać do rebeliantów.
przystoi, przystało «należy, wypada» (zwykle w
zwrotach) □ Jak przystoi (przystało) komu, czemu:
Miał mundur jak przystoi (jak przystało) żołnierzowi.
□ Jak przystało na kogo, na co: Zachowuje się
jak przystało na człowieka dobrze wychowanego.

przystanąć *dk Vb*, przystanął (*wym.* przystanoł),
przystanęła (*wym.* przystaneła), przystanęliśmy (*wym.*
przystaneliśmy, p. akcent § 1a i 2) — **przystawać**
ndk IX, przystaje, przystawaj, przystawaliśmy «za-

trzymać się na chwilę; stanąć»: Przystanął, żeby zawiązać sznurowadło.

przystanek *m III, D.* przystanku a. przystanka.

przystankowy przym. od przystanek △ *niepoprawne* Znaki przystankowe (*zamiast*: przestankowe).

przystań *ż V, lm M.* przystanie: Przystań kajakowa, rybacka. Przystań dla żaglówek. Przybijać, zawijać do przystani.

przystawać p. przystać, przystanąć.

przystąpić *dk VIa,* przystąpię, przystąpiliśmy (p. akcent § 1a i 2) — **przystępować** (*nie*: przystępywać) *ndk IV,* przystępowaliśmy: Przystąpić do egzaminu, do pracy. Przystąpić do spółdzielni. △ *pot.* Nie przystąp, nie przystępuj bez kija (ani przystąp, ani przystąpić) do kogoś «o kimś zarozumiałym, nieżyczliwym, rozgniewanym»: Kiedy jest w złym humorze, ani przystąpić do niego.

przystęp *m IV, D.* przystępu □ P. do kogo, czego: Łatwy, trudny przystęp do czegoś. Bronić przystępu do miasta. △ Zrobić coś w przystępie gniewu, rozpaczy itp.

przystępny *m-os.* przystępni, *st. w.* przystępniejszy a. bardziej przystępny: Przystępna cena. Przystępny wykład. □ P. dla kogo: Szef był przystępny dla pracowników.

przystępować p. przystąpić.

przystoi, przystało p. przystać.

przystosować *dk IV,* przystosowaliśmy (p. akcent § 1a i 2) — **przystosowywać** *ndk VIIIa,* przystosowuję (*nie*: przystosowywam, przystosowywuję), przystosowuj, przystosowywaliśmy □ P. co do kogo, czego (*nie*: dla kogo, czego): Przystosować mieszkanie do potrzeb rodziny.

przystroić *dk VIa,* przystrój, przystroiliśmy (p. akcent § 1a i 2) — **przystrajać** *ndk I,* przystrajaliśmy □ P. kogo, co — czym, *rzad.* w co: Przystroić pokój kwiatami, *rzad.* w kwiaty.

przystrzyc *dk XI,* przystrzygę, przystrzyże, przystrzyż, przystrzygął, przystrzygliśmy (p. akcent § 1a i 2), przystrzyżony — **przystrzygać** *ndk I,* przystrzygaliśmy □ P. co «trochę ostrzyc; podciąć, przyciąć»: Przystrzyc włosy, grzywkę, wąsy. Przystrzyc krzewy, maliny, żywopłot. △ P. co — w co «nadać czemuś jakiś kształt przez strzyżenie, obcinanie»: Przystrzyc brodę w klin.

Przysucha *ż III, D.* Przysuchy (*nie*: Przysuchej), *CMs.* Przysusze «miasto» — przysuski. || *D Kult. II, 525.*

przysychać p. przyschnąć.

przysyłać p. przysłać.

przyszłość *ż V, blm*: Bliska, daleka, obiecująca, ponura przyszłość. Przyszłość dziecka. Ktoś bez przyszłości, z przyszłością. Obawa, troska o przyszłość. Projekty, plany, zamiary (*pot.* widoki) na przyszłość. Odgadnąć przyszłość. △ W przyszłości a. na przyszłość «w dalszym życiu, potem, później»: W przyszłości (na przyszłość) wystrzegaj się tego.

przyszły *m-os.* przyszli: Rozmawiać o ślubie z przyszłym mężem.

przyszły czas p. czasy.

przyszpilać (*nie*: przyśpilać) *ndk I,* przyszpilaliśmy (p. akcent § 1a i 2) — **przyszpilić** (*nie*: przyśpilić) *dk VIa,* przyszpililiśmy.

przyszwa (*nie*: przyszew) *ż IV, lm D.* przyszew.

przyszyć *dk Xa,* przyszyliśmy (p. akcent § 1a i 2) — **przyszywać** *ndk I,* przyszywaliśmy □ P. co do czego: Przyszyć kołnierzyk do sukienki. △ Przyszywany (*rzad.* przyłatany) wujek, dziadek itp. «niekrewny tytułowany, nazywany krewnym»: Mieszkała u nich jakaś przyszywana ciotka.

przyszykować *dk IV,* przyszykowaliśmy (p. akcent § 1a i 2) — **przyszykowywać** *ndk VIIIa,* przyszykowuję (*nie*: przyszykowywam, przyszykowywuję), przyszykowywaliśmy; *lepiej*: przygotować.

przyśnić *dk VIa,* przyśnij, przyśniliśmy (p. akcent § 1a i 2) — **przyśniwać** *ndk I,* przyśniwaliśmy *reg.* «przyśnić się» □ P. kogo, co: Przyśnić kogoś dawno nie widzianego.

przyśnić się *dk VIa,* przyśnij się, przyśniliśmy się (p. akcent § 1a i 2), przyśniony — *rzad.* **przyśniwać się** *ndk I,* przyśniwaliśmy się □ P. się komu «ukazać się we śnie»: Przyśnił mi się zmarły brat. Przyśniwały mu się wydarzenia dawno minione.

przyśpieszenie, *rzad.* **przyspieszenie** *n I, blm.*

przyśpieszony, *rzad.* **przyspieszony**.

przyśpieszyć, *rzad.* **przyspieszyć** *dk VIb,* przyśpieszyliśmy, przyspieszyliśmy (p. akcent § 1a i 2) — **przyśpieszać**, *rzad.* **przyspieszać** *ndk I,* przyśpieszaliśmy, przyspieszaliśmy: Przyśpieszyć tempo pracy. Przyśpieszać biegu, kroku.

przyśrubować (*nie*: przyszrubować) *dk IV,* przyśrubowaliśmy (p. akcent § 1a i 2) — **przyśrubowywać** *ndk VIIIa,* przyśrubowuję (*nie*: przyśrubowywam, przyśrubowywuję), przyśrubowywaliśmy.

przyświadczyć (*nie*: przyświarczyć) *dk VIb,* przyświadczyliśmy (p. akcent § 1a i 2) — **przyświadczać** *ndk I,* przyświadczaliśmy: Tak — przyświadczył — masz rację. □ P. komu, czemu: Przyświadczyć przedmówcy, czyimś słowom. □ P., że...: Przyświadczył, że mówię prawdę.

przytoczyć *dk VIb,* przytoczyliśmy (p. akcent § 1a i 2) — **przytaczać** *ndk I,* przytaczaliśmy: Przytoczyć (*nie*: przywieść) przykład, czyjeś słowa, jakąś opowieść.

przytomnieć *ndk III,* przytomnieję, przytomniej, przytomniejemy, przytomniał, przytomnieliśmy (p. akcent § 1a i 2) — **oprzytomnieć** *dk,* oprzytomniej (*nie*: oprzytomnij): Z trudem oprzytomniał po ciężkim wstrząsie.

przytrzymać *dk I,* przytrzymaliśmy (p. akcent § 1a i 2) — **przytrzymywać** *ndk VIIIa,* przytrzymuję (*nie*: przytrzymywam, przytrzymywuję), przytrzymywaliśmy □ P. kogo, co: Przytrzymać otwierające się drzwi. Przytrzymać uciekającego złodzieja.

przytrzymać się — **przytrzymywać się** □ P. się kogo, czego «uchwycić się czegoś»: Schodząc przytrzymywał się poręczy. △ *niepoprawne* w zn. «postępować w myśl czegoś, przestrzegać czegoś», np. Przytrzymywać się (*zamiast*: postępować w myśl) jakiejś polityki. Przytrzymywać się (*zamiast*: przestrzegać) jakiegoś zwyczaju.

przytułek *m III, D.* przytułku **1.** «schronienie»: Szukać u kogoś, gdzieś przytułku. **2.** «zakład opieki społecznej dla sierot, chorych, starców itp.; schronisko»: Przytułek dla dzieci, dla kalek. Założyć przytułek. Iść do przytułku. Oddać kogoś do przytułku. Umieścić kogoś w przytułku (*nie*: do przytułku).

przytyk *m III, D.* przytyku □ P. do kogo, do czego: Robić przytyki do czyjegoś niepowodzenia.

przywara *ż IV książk.* «zła skłonność, wada»: Mieć przywary (*nie*: złe przywary — pleonazm).

przywdziać *dk Xb,* przywdziej, przywdziali, *reg.* przywdzieli; przywdzialiśmy, *reg.* przywdzieliśmy (p. akcent § 1a i 2) — **przywdziewać** *ndk I,* przywdziewaliśmy *książk. podn.* «ubrać się w coś, włożyć coś na siebie»: Przywdziać żałobę. Przywdział królewski płaszcz. △ Przywdziać habit, sutannę «zostać zakonnikiem, księdzem»

przywiązać *dk IX,* przywiążę, przywiąż, przywiązaliśmy (p. akcent § 1a i 2) — **przywiązywać** *ndk VIIIa,* przywiązuję (*nie*: przywiązywuję), przywiązywaliśmy □ P. co, *rzad.* kogo — do czego: Przywiązał konia do płotu. △ Przywiązywać do czegoś wagę (*nie*: uwagę), znaczenie «uważać coś za rzecz ważną, istotną»

przywidzieć się *dk VIIa* (zwykle w bezokol. i w 3. os.), przywidziałby się (p. akcent § 4c) — **przywidywać się** *ndk VIIIa,* przywidywałby się: Nikogo tu nie ma, coś ci się musiało przywidzieć. △ *nieos.* Przywidziało mu się, że tam ktoś stał.

przywierać *ndk I,* przywieraliśmy (p. akcent § 1a i 2) — **przywrzeć** *dk XI,* przywrę, przywrze, przywrzyj, przywarł, przywarliśmy □ P. do czego: Kasza przywarła do dna garnka. □ P. czym do czego, do kogo: Przywarł ustami do jej ręki.

przywieść *dk XI,* przywiodę (*nie*: przywiedę), przywiedzie, przywiedź, przywiódł, przywiodła (*nie*: przywiedła), przywiedliśmy (p. akcent § 1a i 2) — **przywodzić** *ndk VIa,* przywodzę, przywódź (*nie*: przywodź), przywiedliśmy *przestarz.* **a)** «przyprowadzić»: Przywiedli go do aresztu. △ dziś żywe w zwrotach: Przywodzić na myśl, na pamięć itp. «wywoływać wspomnienie, przypominać» **b)** «doprowadzić»: Swoim głupim uporem przywodziła rodziców do rozpaczy. △ *niepoprawne* Przywodzić (*zamiast*: przytaczać) przykłady.

przywieźć *dk XI,* przywiozę (*nie*: przywiezę), przywiezie, przywiózł, przywiozła (*nie*: przywiezła), przywieźliśmy (p. akcent § 1a i 2) — **przywozić** *ndk VIa,* przywożę, przywoź (*nie*: przywóź), przywoziliśmy: Przywieźć towar do sklepu, produkty żywnościowe na targ. Przywiózł dziecko do szpitala. Przywiózł jej piękny prezent z zagranicy.

przywiędnąć *dk Vc,* przywiędnie, przywiądł (*nie*: przywiędnął, przywiędnął), przywiędła, przywiądłby (p. akcent § 4c): Kwiaty w wazonie przywiędły.

przywilej *m I, D.* przywileju, *lm D.* przywilejów (*nie*: przywilei): Wydać, otrzymać przywileje. □ P. czego: Przywilej starszeństwa. □ P. na co: Przywilej na prowadzenie handlu.

przywlec *dk XI,* przywlokę, *rzad.* przywlekę, przywlecze, przywloką, *rzad.* przywleką; przywlecz, przywlókł *rzad.* przywlekł; przywlokła *rzad.* przywlekła; przywlekliśmy (p. akcent § 1a i 2) — *rzad.* **przywlekać** *ndk I,* przywlekaliśmy.

przywłaszczać *ndk I,* przywłaszczaliśmy (p. akcent § 1a i 2) — **przywłaszczyć** *dk VIb,* przywłaszczyliśmy: Przywłaszczył sobie część majątku.

przywodzić p. przywieść.

przywołać *dk I,* przywołaliśmy (p. akcent § 1a i 2) — **przywoływać** *ndk VIIIa,* przywołuję (*nie*: przywoływam, przywoływuję), przywoływaliśmy: Przywołać kogoś na pomoc a. do pomocy. △ Przywołać kogoś, coś na myśl, na pamięć. △ Przywołać kogoś do porządku «zwrócić komuś uwagę na niewłaściwe zachowanie się» △ *niepoprawne* w zn. «powołać się na coś», np. Obrońca przywołał (*zamiast*: powołał się na) odpowiednie przepisy.

przywozić p. przywieźć.

przywódca (*nie*: przywódzca) *m odm. jak ż II, lm M.* przywódcy, *DB.* przywódców.

przywracać *ndk I,* przywracaliśmy (p. akcent § 1a i 2) — **przywrócić** *dk VIa,* przywrócę, przywrócimy, przywróciliśmy; Przywróćcie porządek. □ P. kogo — do czego: Przywrócić kogoś do łask, do godności, do życia, do przytomności. □ P. co komu: Przywrócić komuś zdrowie, przytomność. △ *niepoprawne* Przywrócić coś komuś z powrotem (pleonazm).

przywrzeć p. przywierać.

przywyknąć *dk Vc,* przywykł a. przywyknął (*wym.* przywyknoł); przywykła, przywykliśmy, *rzad.* przywyknęliśmy (*wym.* przywykneliśmy, p. akcent § 1a i 2) — **przywykać** *ndk I,* przywykaliśmy □ P. do czego, do kogo: Przywykł do ciężkich warunków życia. □ P. + bezokol. a. rzecz. odsłowny: Przywyknął chodzić wcześnie spać (a. do wczesnego chodzenia spać).

przyzagrodowy: Działka przyzagrodowa, przyzagrodowe gospodarstwo (*ale* nie: przyzagrodowe kury, krowy). // *KP Pras.*

przyzakładowy: Przedszkole przyzakładowe. △ *niepoprawne* w odniesieniu do ludzi (*zamiast*: zakładowy), np. Lekarz przyzakładowy (*zamiast*: zakładowy).

przyzba (*nie*: przyźba) *ż IV, Ms.* przyzbie (*wym.* przyzbie a. przyźbie).

przyznać *dk I,* przyznaliśmy (p. akcent § 1a i 2) — **przyznawać** *ndk IX,* przyznaje, przyznawaliśmy □ P. komu co: Przyznać komuś rację, pierwszeństwo, słuszność, nagrodę.

przyzwoicie (*wym.* przyzwo-icie, *nie*: przyzwojcie) *st. w.* przyzwoiciej a. bardziej przyzwoicie.

przyzwoitość (*wym.* przyzwo-itość, *nie*: przyzwojtość) *ż V, blm*: Przyzwoitość każe, nakazuje, żeby... Przechodzić, przekraczać granice przyzwoitości. Zrobić coś dla przyzwoitości.

przyzwoity (*wym.* przyzwo-ity, *nie*: przyzwojty) *m-os.* przyzwoici, *st. w.* przyzwoitszy a. bardziej przywoity: Przyzwoity człowiek. Przyzwoite jedzenie, ubranie.

przyzwyczajać *ndk I*, przyzwyczajaliśmy (p. akcent § 1a i 2) — **przyzwyczaić** *dk VIa*, przyzwyczaję, przyzwyczaimy, przyzwyczaj, przyzwyczailiśmy □ P. kogo — do kogo, czego: Przyzwyczaił już otoczenie do swoich zwyczajów.

PRZZ (*wym.* peer-zetzet, p. akcent § 6) *m IV, D.* PRZZ-tu, *Ms.* PRZZ-cie a. *ż ndm* «Powiatowa Rada Związków Zawodowych»: Udać się do PRZZ-tu (do PRZZ). PRZZ załatwił (załatwiła) pomyślnie waszą sprawę.

PS *n ndm* «skrót wyrazu: *postscriptum*, pisany bez kropki, czytany jako cały wyraz, wymawiany niekiedy: pees, używany przed dopiskiem do listu, artykułu itp.»

psałterz *m II, lm D.* psałterzy, *rzad.* psałterzów △ W nazwach dużą literą: Psałterz floriański, Psałterz Dawida.

pseudo (*wym.* pseu-do, *nie*: pseudo) *n III a. ndm pot.* «pseudonim»: Nie znali jego nazwiska tylko pseudo. Nie mogła zapamiętać trudnego pseuda.

pseudo- «pierwszy człon wyrazów złożonych: rzeczowników, przymiotników i przysłówków, oznaczający: niby, rzekomo (pisany łącznie)», np.: pseudonaukowiec, pseudogotycki, pseudoludowo.

pseudonim (*wym.* pseu-donim a. pse-u-donim) *m IV, D.* pseudonimu: Ukrywać się, występować, tworzyć itp. pod jakimś pseudonimem.

Psie Pole, Psie odm. przym., Pole *n I* «dzielnica Wrocławia»: Bitwa na Psim (*nie*: na Psiem) Polu.

psikus *m IV, DB.* psikusa △ zwykle w *pot.* zwrotach: Zrobić, spłatać komuś psikusa.

psina *ż, rzad. m* odm. jak *ż IV, M.* ta (także o samcach), *rzad.* ten psina, *lm D.* psin: Psina zaszczekała (zaszczekał).

psisko *n, rzad. m* odm. jak *n II, lm D.* psisków: Poczciwe (poczciwy) psisko.

pskowski: Obwód pskowski (*ale*: Jezioro Pskowskie).

Psków *m IV, D.* Pskowa, *C.* Pskowowi (*ale*: ku Pskowowi a. ku Pskowu) «miasto w ZSRR» — pskowski.

PSL (*wym.* peesel, p. akcent § 6) *m I, D.* PSL-u a. *n ndm* «Polskie Stronnictwo Ludowe»: PSL wystąpił (wystąpiło) z następującym wnioskiem. Należeć do PSL (do PSL-u). — PSL-owiec a. peeselowiec *m II, D.* PSL-owca (peeselowca), *lm M.* PSL-owcy (peeselowcy) — PSL-owski a. peeselowski.

PSM (*wym.* peesem, p. akcent § 6) *m IV, D.* PSM-u, *Ms.* PSM-ie a. *ż ndm* 1. «Państwowa Szkoła Morska» 2. «Państwowa Szkoła Muzyczna» 3. «Państwowa Szkoła Medyczna»: Uczyć się w PSM (w PSM-ie). PSM wypuścił (wypuściła) 100 nowych absolwentów.

PSS (*wym.* peeses, p. akcent § 6) *m IV, D.* PSS-u, *Ms.* PSS-ie a. *ż ndm* «Powszechna Spółdzielnia Spożywców»: Walne zgromadzenie PSS (PSS-u). PSS uchwalił (uchwaliła).

PST (*wym.* peeste, p. akcent § 6) *n a. ż ndm* «Państwowa Szkoła Techniczna»: PST przyjmowało (przyjmowała) słuchaczy z maturą.

pstry a. pstrokaty 1. «odznaczający się rozmaitością barw, zwykle jaskrawych»: Pstry, *rzad.* pstrokaty tłum. Pstry (pstrokaty) kilim. 2. tylko: pstrokaty «o zwierzęciu: pstrej maści»: Pstrokaty koń. *Ale* (w przysłowiu): Łaska pańska na pstrym koniu jeździ.

psubrat *m IV, lm M.* te psubraty *posp. wych. z użycia* «nicpoń, łajdak»

Psyche *ż ndm* 1. «postać z mitologii greckiej» 2. *przestarz.* psyche «dusza, duch»

psychiatra *m* odm. jak *ż IV, lm M.* psychiatrzy, *DB.* psychiatrów: Lekarz psychiatra.

psychiatria *ż I, DCMs.* psychiatrii, *blm.*

psychiatryczny przym. od psychiatria: Oddział psychiatryczny kliniki.

psychiczny przym. od psychika: Stany psychiczne. Choroby, zaburzenia psychiczne.

psychika (*wym.* psychika, *nie*: psychika, p. akcent § 1c) *ż III*: Jest tak zamknięty w sobie, że trudno poznać jego psychikę.

psycho- «pierwszy człon wyrazów złożonych wskazujący na ich związek znaczeniowy z psychiką (pisany łącznie)», np.: psychologia, psychologiczny, psychoterapia.

psychoanaliza (*wym.* psychoanaliza a. psychoanaliza) *ż IV, CMs.* psychoanalizie, *blm*: Leczyć za pomocą psychoanalizy.

psycholog *m III, lm M.* psychologowie a. psycholodzy.
psycholog (*nie*: psycholożka, psychologini) — o kobiecie, p. nazwy i tytuły zawodowe kobiet.

psychologia *ż I, DCMs.* psychologii, *blm* 1. «nauka o zjawiskach i procesach psychicznych»: Psychologia eksperymentalna. Psychologia wychowawcza. 2. *pot.* «psychika»

psychologiczny «mający związek z psychologią; odnoszący się do zjawisk psychicznych»: Badania, studia psychologiczne. Eksperyment psychologiczny. △ Powieść, sztuka psychologiczna; utwór, film psychologiczny «utwór, którego podstawowym tematem są wewnętrzne przeżycia bohaterów» *Por.* psychiczny.

! **psychologini, psycholożka** p. psycholog.

psz- p. cząstki wyrazów.

pszczelarski, *przestarz.* **pszczelniczy**: Mieć pszczelarskie zainteresowania.

pszczelarstwo a. pszczelnictwo *n III, blm.*

pszczelarz *m II, lm D.* pszczelarzy.

pszczeli, *rzad.* **pszczelny**: Rój pszczeli. Mleczko pszczele. Miód pszczeli (pszczelny). || *D Kult. I, 584.*

Pszczyna *ż IV* «miasto» — pszczynianin *m V, D.* pszczynianina, *lm M.* pszczynianie, *D.* pszczynian — pszczynianka *ż III, lm D.* pszczynianek — pszczyński (p.).

pszczyński: Powiat pszczyński (*ale*: Puszcza Pszczyńska).

pszeniczny 1. «odnoszący się do pszenicy — rośliny»: Pszeniczna gleba. Pszeniczne kłosy. **2.** *rzad.* «mający kolor dojrzałej pszenicy»: Pszeniczne włosy.

pszenny «uzyskany, zrobiony z ziarn pszenicy»: Mąka pszenna. Chleb pszenny. Otręby pszenne.

pt. «skrót wyrażenia: *pod tytułem*, pisany z kropką, czytany jako całe wyrażenie»: Czytał książkę pt. „Pan Wołodyjowski".

P.T. (*wym.* pete) «(pisane z kropkami) pierwsze litery wyrazów łacińskich: *pleno titulo* = pełnym tytułem, używane w tekstach zawierających zwrot do jakiejś zbiorowości (zwyczaj umieszczania tego skrótu zanika)»: Spółdzielnia Gminna zawiadamia P.T. Konsumentów... || D Kult. II, 257.

p-ta «skrót wyrazu: *poczta*, czytany jako cały wyraz, umieszczany zwykle na listach i przesyłkach pocztowych»: Wieś Giby, p-ta Sejny.

ptactwo, *przestarz.* **ptastwo** *n III*, *blm*; Ptactwo domowe, wodne. || D Kult. II, 587.

ptak *m III*: Ptaki domowe, drapieżne, przelotne. Śpiewające ptaki (= te, które śpiewają w danej chwili), *ale*: ptaki śpiewające «gatunek ptaków» △ Niebieski ptak «człowiek, nie mający określonego zajęcia, próżniak, darmozjad»

Ptak *m III*, *lm M.* Ptakowie, *DB.* Ptaków. Ptak *ż ndm* — Ptakowa *ż odm. jak przym.* — Ptakówna *ż IV*, *D.* Ptakówny, *CMs.* Ptakównie (*nie*: Ptakównej), *lm D.* Ptakówien. || D Kult. II, 504.

ptasi: Ptasie skrzydła. △ W nazwie dużą literą: Wyspy Ptasie.

ptastwo p. ptactwo.

ptaszek *m III*, *D.* ptaszka forma zdr. od ptak: Ptaszki rozpoczęły poranny koncert. △ *przen.* «człowiek podejrzany, ciemny typ»: Ładny ptaszek z niego, okradł podobno kiosk. △ *żart.* Ranny ptaszek «człowiek lubiący wcześnie wstawać»

PTE (*wym.* petee) *n ndm* **1.** «Polskie Towarzystwo Ekonomiczne» **2.** «Polskie Towarzystwo Endokrynologiczne» **3.** «Polskie Towarzystwo Entomologiczne»

ptialina (*wym.* pti-alina a. ptialina) *ż IV*, *blm.*

PTJ (*wym.* petejot, p. akcent § 6) *m IV*, *D.* PTJ-tu, *Ms.* PTJ-cie a. *n ndm* «Polskie Towarzystwo Językoznawcze»: Należeć do PTJ (do PTJ-tu). PTJ urządzał (urządzało) odczyty.

Ptolemeusz (*nie*: Ptolomeusz) *m II* **1.** «nazwisko greckiego uczonego» **2.** w lm Ptolemeusze, *D.* Ptolemeuszów «dynastia pochodzenia macedońskiego panująca w starożytnym Egipcie»

PTTK (*wym.* peteteka) *n ndm* «Polskie Towarzystwo Turystyczno-Krajoznawcze»: Należeć do PTTK. — PTTK-owiec a. petetekowiec *m II*, *D.* PTTK-owca (petetekowca), *lm M.* PTTK-owcy (petetekowcy) — PTTK-owski a. petetekowski.

PTWK (*wym.* petewuka) *n ndm* **1.** «Polskie Towarzystwo Wydawców Książek»: PTWK zwołało walne zebranie. **2.** a. *blp*, *ndm* «Państwowe Tory Wyścigów Konnych»: PTWK poszukuje (poszukują) pracowników.

ptyś *m I*, *DB.* ptysia, *lm D.* ptysiów a. ptysi: Kupić, zjeść ptysia.

publicystyka (*wym.* publicystyka, *nie*: publicystyka; p. akcent § 1c) *ż III*, *blm.*

publiczka *ż III*, *blm* «ironicznie o publiczności mającej zły gust, mało kulturalnej»: Schlebiał najniższym gustom publiczki. △ *pot.* Pod publiczkę «schlebiając złym gustom, licząc na tani efekt»: Aktorzy grali inaczej niż zwykle, pod publiczkę.

publika *ż III*, *blm pot.* «publiczność (z odcieniem lekceważenia)»

puc *m II*, *D.* pucu, *posp.* w zn. «blaga, bluff, nabieranie» △ tylko w wyrażeniu: Zrobić coś dla pucu «zrobić coś dla wywołania pozornego efektu»

pucaty *reg.* «pucołowaty»

Puccini (*wym.* Puczini) *m odm. jak przym.*: Opery Pucciniego.

puchacz *m II*, *lm D.* puchaczy a. puchaczów.

puchar *m IV*, *D.* pucharu: Wręczono mu kryształowy puchar przechodni. △ W nazwach honorowych nagród dużą literą, np. Puchar Wybrzeża.

puchaty p. puszysty.

Puchło *m odm. jak ż IV*, *D.* Puchły, *CMs.* Puchle, *lm M.* Puchłowie, *DB.* Puchłów. Puchło *ż ndm* — Puchłowa *ż odm. jak przym.* — Puchłówna *ż IV*, *D.* Puchłówny, *CMs.* Puchłównie (*nie*: Puchłównej), *lm D.* Puchłówien.

puchnąć *ndk Vc*, puchł a. puchnął (*wym.* puchnoł), puchła (*nie*: puchnęła), puchliśmy (p. akcent § 1a i 2) — **spuchnąć** *dk* □ P. od czego a. z czego: Twarz jej spuchła od płaczu (z płaczu).

puchowy «będący puchem, zrobiony z puchu; *rzad.* przypominający puch, puszysty»: Puchowe pióra ptaków. Puchowa pierzyna. Puchowy śnieg.

Puck *m III*, *D.* Pucka «miasto» — pucczanin *m V*, *D.* pucczanina, *lm M.* pucczanie, *D.* pucczan — pucczanka *ż III*, *D.* pucczanek — pucki (p.).

pucki: Powiat pucki (*ale*: Zatoka Pucka).

pucołowaty, *rzad.* **puculowaty**.

pucybut *m IV*, *lm M.* te pucybuty.

pucz *m II*, *D.* puczu, *lm D.* puczów (*nie*: puczy): Dokonać puczu.

puczysta *m odm. jak ż IV*, *lm M.* puczyści, *DB.* puczystów «uczestnik puczu» *lepiej*: spiskowiec, zamachowiec.

pud *m IV* «dawna jednostka ciężaru»: Ryby ważyły kilka pudów. Zbierał pudy zboża. △ *fraz.* dziś żywa *pot.* Na pudy czegoś «w dużej ilości, pod dostatkiem»: Spraw do załatwienia było na pudy. △ *żart.* Nudy na pudy «wielkie nudy, nudzenie się»: Jak było na imieninach? Nudy na pudy!

pudding (*wym.* puding) *m III*, *D.* puddingu.

pudel *m I*, *D.* pudla, *lm D.* pudli a. pudlów.

pudełko *n II, lm D.* pudełek □ P. czegoś, z czym «pudełko zawierające coś; ilość czegoś mieszcząca się w pudełku»: Pudełko cukierków. Pudełko z landrynkami. □ P. na co a. do czegoś «pudełko do przechowywania czegoś»: Pudełko do soli. Pudełko na nici. □ P. od czegoś, po czym, *reg.* z czego «pudełko opróżnione z czegoś»: Pudełko od butów. Pudełko po proszku.

pudło *n III, lm D.* pudeł *pot.* (tylko w *lp*) w zn. «chybiony strzał» △ *pot.* Bez pudła «bezbłędnie, nie chybiając»: Wszystko co robił, robił bez pudła. □ Składnia jak: pudełko.

Pudowkin *m IV, D.* Pudowkina (*nie:* Pudowkina, p. akcent § 7): Filmy w reżyserii Pudowkina.

Puebla (*wym.* Puebla) *ż I, D.* Puebli a. (w połączeniu z wyrazem: stan) *ndm* «stan w Meksyku; stolica tego stanu»: Wyjechać z Puebli (ze stanu Puebla). Mieszkał w Puebli — jednym z największych miast Meksyku.

puenta (*wym.* puenta) *ż IV, D.* puent: Puenta anegdoty. || D Kult. I, 771.

puentować (*wym.* puentować) *ndk IV,* puentowaliśmy (p. akcent § 1a i 2) — **spuentować** *dk*: Puentować dowcip.

puentylizm (*wym.* puentylizm) *m IV, D.* puentylizmu, *Ms.* puentylizmie (*wym.* ~izmie a. ~iźmie), *blm*: Essej o puentylizmie w malarstwie.

Puerto-Rico (*wym.* Puerto Riko) *n ndm* (*przestarz.* Porto Rico) «wyspa i państwo w Ameryce Środkowej» — Puertorykańczyk *m III, lm M.* Puertorykańczycy — Puertorykanka *ż III, lm D.* Puertorykanek — puertorykański.

puf *m IV, D.* pufa a. pufu.

Pugaczow (*wym.* Pugaczow) *m IV, D.* Pugaczowa (p. akcent § 7): Powstanie chłopskie pod dowództwem Pugaczowa.

pugilares, *rzad.* **pulares** *m IV, D.* pugilaresu, pularesu *wych. z użycia* a) «portfel» b) *reg.* «portmonetka» || D Kult. I, 444.

puginał *m IV, D.* puginału, *Ms.* puginale.

Pujmanová (*wym.* Pujmanowa) *ż* odm. jak przym., *D.* Pujmanowej: Powieści Marii Pujmanowej.

pukać *ndk I,* pukaliśmy (p. akcent § 1a i 2) — **puknąć** *dk Va,* puknął (*wym.* puknoł), puknęła (*wym.* puknęła; *nie:* pukła), puknęliśmy (*wym.* puknęliśmy; *nie:* pukliśmy) **1.** «stukać»: Pukać w blat stołu, w drzwi. Pukać do drzwi (przed wejściem do pokoju, do mieszkania). **2.** *pot. żart.* «strzelać» □ P. z czego: Pukać z dubeltówki.

pukiel (*nie:* pukel) *m I, D.* pukla, *lm D.* pukli a. puklów.

puklerz *m II, lm D.* puklerzy, *rzad.* puklerzów.

pulares p. pugilares.

Pullman *m IV, D.* Pullmana «nazwisko konstruktora wagonów kolejowych pewnego typu»

pulman *m IV, D.* pulmana, *B.* pulman a. pulmana «rodzaj kolejowego wagonu osobowego; wagon pulmanowski»: Oglądali nowego pulmana a. nowy pulman.

pulmanowski: Wagon pulmanowski, in. pulman.

pulower *m IV, D.* puloweru a. pulowera.

pulpet *m IV, D.* pulpeta a. pulpetu, *B.* pulpet a. pulpeta: Jeść pulpety. Flaki z pulpetami.

puls *m IV, D.* pulsu, *lm M.* pulsy (*nie:* pulsa) **1.** częściej: tętno, w zn. «pulsowanie krwi wyczuwalne w tętnicach»: Puls słabnie. Przyśpieszony, rytmiczny puls. **2.** «miejsce na ciele (zwykle: przegub ręki), w którym łatwo wyczuć tętno»: Wziąć kogoś za puls. Trzymać kogoś za puls. △ Trzymać rękę na pulsie «śledzić rozwój czegoś, być w czymś zorientowanym na bieżąco»

pułap *m IV, D.* pułapu △ w zn. *przen.* «szczyt, najwyższy poziom czegoś» — wyraz nadużywany, np. Sztuka ta nie reprezentuje pułapu (*lepiej:* najwyższego poziomu) możliwości autora.

Puławy *blp, D.* Puław «miasto» — puławianin *m V, D.* puławianina, *lm M.* puławianie, *D.* puławian — puławianka *ż III, lm D.* puławianek — puławski.

pułkownikostwo *n III, blm* **1.** *Ms.* pułkownikostwie «stopień, ranga pułkownika»: Pułkownikostwo otrzymał w młodym wieku. **2.** *DB.* pułkownikostwa, *Ms.* pułkownikostwu (*nie:* pułkownikostwie), *blm* «pułkownik z żoną»: Przyszli na nasz ślub pułkownikostwo Zalewscy.

Pułtusk *m III* «miasto» — pułtuszczanin *m V, D.* pułtuszczanina, *lm M.* pułtuszczanie, *D.* pułtuszczan — pułtuszczanka *ż III, lm D.* pułtuszczanek — pułtuski.

pumeks (*nie:* pomyks, pumyks) *m IV, D.* pumeksu.

pumpernikiel (*nie:* pumpernikel) *m I, D.* pumpernikla, *rzad.* pumperniklu.

pumpy *blp, D.* pump a. pumpów.

Punijczyk *m III, lm M.* Punijczycy «rzymska nazwa mieszkańca Kartaginy»

I punkt (*wym.* puŋkt, *nie:* punkt) *m IV, D.* punktu (*nie:* punkta), *Ms.* punkcie, *lm M.* punkty (*nie:* punkta); skrót: pkt **1.** «mała plamka; znak graficzny, kropka; figura geometryczna bez wymiarów»: Punkt styczności. **2.** «wycinek przestrzeni, miejsce»: Zwrócić oczy na jakiś punkt. Najwyższy punkt na niebie. △ Punkt ciężkości. △ Punkt oparcia «miejsce, na który ktoś a. coś może się oprzeć» △ *przen.* «spokojne miejsce, przytułek»: Nie miał żadnego punktu oparcia na świecie. Znaleźć, stracić punkt oparcia. △ Martwy punkt «w silniku: krańcowe położenie tłoka» △ Utknąć, stanąć na martwym punkcie «o jakiejś działalności, czynności: ustać zupełnie, zostać przerwaną z powodu jakichś przeszkód, trudności»: Rokowania utknęły na martwym punkcie. △ Punkt wyjścia czegoś (*nie:* dla czegoś) «podstawa, zaczątek czegoś»: To wydarzenie stało się punktem wyjścia powieści (*nie:* dla powieści). △ Punkt zwrotny czegoś «fakt, po którym następuje zmiana biegu wypadków» △ Mocny, słaby punkt kogoś a. czegoś «dodatnia, ujemna strona, właściwość»: Mocnym punktem nauczyciela było jego poczucie humoru. **3.** «miejsce, pomieszczenie przeznaczone do czegoś»:

Punkt biblioteczny, noclegowy, sanitarny. Punkt skupu. Punkt usługowy. △ Dobry, zły punkt «korzystne a. niekorzystne usytuowanie czegoś»: Otworzył sklep w śródmieściu; to doskonały punkt! **4.** «stanowisko, pozycja»: Punkt ogniowy, obserwacyjny, strategiczny. Punkt oporu. △ Punkt widzenia «stanowisko, z którego rozpatruje się daną sprawę»: Z przyrodniczego punktu widzenia masz rację. **5.** «część tekstu; ustęp; artykuł, paragraf»: Punkty traktatu. Zbijać coś punkt po punkcie. △ Punkt programu «część programu (np. artystycznego) stanowiąca pewną całość» **6.** «sprawa, kwestia; szczegół»: Najważniejsze punkty zagadnienia. Punkt sporny. Zgadzać się, różnić się z kimś w jakimś (na jakimś) punkcie. △ Ciemny punkt «niejasny, niezrozumiały, podejrzany szczegół jakiejś sprawy» △ Punkt honoru «sprawa, od której zależy czyjeś dobre imię, godność itp.»: Uważał to sobie za punkt honoru. △ Na punkcie kogoś, czegoś «w stosunku do kogoś, czegoś»: Była przewrażliwiona na punkcie swej urody. **7.** «granica, kres; stopień»: Punkt topnienia, zamarzania, krzepnięcia. Punkt szczytowy, kulminacyjny. **8.** «jednostka używana przy obliczaniu wyników w grach, sporcie i in.»: Suma punktów. Obliczać punkty. Punkt karny.
z punktu *pot.* «od razu, natychmiast»: Cała sprawa z punktu wzięła zły obrót.

II punkt *pot.* «punktualnie, dokładnie (używane przy wymienianiu godziny)»: Zbiórka punkt dziewiąta a. punkt o dziewiątej.

PUPiK (*wym.* pupik) *m III, D.* PUPiK-u, *N.* PUPiK-iem «Przedsiębiorstwo Upowszechniania Prasy i Książki „Ruch"»: Kolportażem zajął się PUPiK.

pupil *m I, lm D.* pupilów, *rzad.* pupili.

PUR (*wym.* pur) *m IV, D.* PUR-u, *Ms.* PUR-ze «Państwowy Urząd Repatriacyjny»: Pracować w PUR-ze. — purowski.

purée p. piure.

Purkyně a. **Purkinje** (*wym.* Purkińje) *m* odm. jak przym., *D.* Purkiniego: Rozprawa o Purkiniem. Pionierskie prace Purkiniego z fizjologii eksperymentalnej.

purnonsens (*wym.* pjurnonsens) *m IV, D.* purnonsensu.

purytanin *m V, D.* purytanina, *lm M.* purytanie, *D.* purytanów.

purytanizm *m IV, D.* purytanizmu, *Ms.* purytanizmie (*wym.* ~izmie a. ~iźmie), *blm.*

puryzm *m IV, D.* puryzmu, *Ms.* puryzmie (*wym.* ~yzmie a. ~yźmie): Puryzm językowy.

*puryzm to przesadna dbałość o poprawność języka, oparta czasem na uczuciach nacjonalistycznych, na przywiązaniu do zwalczania wulgaryzmów. Troska o język jest sama w sobie objawem dodatnim, nie powinna się tylko zamykać w zbyt wąskich ramach i przekształcać w jałowe spory, w których temperament góruje nad znajomością rzeczy. W dziedzinie kultury języka bardziej pożądana od działalności purystycznej jest działalność zmierzająca do wyrobienia w społeczeństwie umiejętności poprawnego i celowego posługiwania się językiem. Ważne jest uświadomienie sobie i innym, że wszelkie innowacje językowe należy oceniać pod kątem ich przydatności dla spraw-

nego porozumiewania się. || D *Kult. I, 7—21; KJP 70—73. Por.* błędy językowe, norma językowa, zapożyczenia, wstęp.

pustelnia *ż I, lm D.* pustelni.

pustka *ż III, lm D.* pustek △ w zn. «brak czegokolwiek a. kogokolwiek w jakimś pomieszczeniu, na jakiejś przestrzeni» często w *lm* □ P. w czym: Po wyjeździe dzieci zapanowała pustka w domu. Pustki w mieście, w sklepie, w spiżarni. △ Stać, świecić, ziać pustką a. pustkami «być całkowicie pustym, nie zamieszkanym, opustoszałym»

pustkowie *n I, lm D.* pustkowi: Mieszkać na pustkowiu.

pusto *st. w.* puściej, zwykle w orzeczniku: W mieszkaniu jest (było) pusto.

pustostan *m IV, D.* pustostanu; in. próżnostan *środ., lepiej*: mieszkanie nie zajęte, puste, lokal nie zajęty.

pustoszeć *ndk III,* pustoszałby (p. akcent § 4c) **— opustoszeć** *dk*: Po przedstawieniu teatr powoli pustoszał.

pustoszyć *ndk VIb,* pustoszyliśmy (p. akcent § 1a i 2) **— spustoszyć** *dk*: Wojna pustoszyła kraj.

pusty *st. w.* bardziej pusty, *rzad.* puściejszy (*nie*: pustszy): Puste pudełko. Pusty dom. △ Wrócić skądś z pustymi rękami «nic nie przynieść» **puste** w użyciu rzeczownikowym, tylko w *pot.* zwrocie: Przelewać z pustego w próżne «mówić długo i beztreściwie»

pustynia *ż I, lm D.* pustyń: Być na pustyni. △ W nazwach dużą literą: Pustynia Błędowska (*ale*: pustynia Sahara — małą literą, kiedy drugi człon może stanowić samodzielną nazwę).

pustynny, *rzad.* **pustyniowy 1.** «charakterystyczny dla pustyni; znajdujący się na pustyni»: Klimat pustynny (pustyniowy). Piaski pustynne (pustyniowe). Zwierzę pustynne (pustyniowe). **2.** tylko: pustynny «przypominający pustynię; pusty, bezludny»: Okolica pustynna. Pustynny kraj.

puszcza *ż II*: Jadę do puszczy. Byłem w puszczy. △ Głos wołającego, *rzad.* wołający na puszczy (*nie*: w puszczy) «słowa, apel nie znajdujące oddźwięku» △ W nazwach dużą literą: Puszcza Białowieska, Puszcza Jodłowa, Puszcza Niepołomicka.

puszczać *ndk I,* puszczaliśmy (p. akcent § 1a i 2) **— puścić** *dk VIa,* puszczę, puścimy, puściliśmy **1.** częściej *dk* «wypuszczać z ręki, zwalniać uchwyt»: Puściła rękę matki. Napierali tak mocno, że puścił klamkę. △ Puścić wodze marzeniom, fantazji itp. «nie tłumić marzeń, fantazji itp., poddawać się im»: Myśląc o niej puszczał wodze marzeniom. **2.** «powodować, żeby coś leciało, płynęło itp.; wyrzucać w powietrze; wypuszczać»: Puścić wodę z kranu. Dzieci puszczały latawca. Puścić komuś krew. △ Puszczać coś mimo uszu (*nie*: mimo uszy) «nie zwracać uwagi na czyjeś słowa» △ (częściej *dk*) Nie puścić pary z ust, *posp.* z gęby «nie odzywać się, milczeć; zachować tajemnicę, nie wygadać się z czymś» △ Puścić coś (komuś) płazem «pozostawić coś bez kary, wybaczyć» △ Puścić coś w niepamięć «zapomnieć (krzywdę, urazę)» △ Puścić coś z dymem «spalić» **3.** «pozwalać komuś iść, odejść, wydostać się skądś; zwalniać (z więzienia, aresztu)»: Nie puszczała dziecka na podwórko. Przyjdę, jeśli rodzice mnie puszczą. Puszczono go po pięciu latach. **4.** «pozwalać wejść, dostać się gdzieś (zwykle z przeczeniem); *częściej*: wpuszczać»: Nie puszczę go na próg domu. **5.** «rozgłaszać coś (plotkę, wiadomość itp.); sprawiać, żeby coś krążyło wśród ludzi (często w zwrotach: puścić w kurs, w obieg)»: Puścili w obieg fałszywe pieniądze. Puszczali w kurs złośliwe plotki o kolegach. **6.** w funkcji nieprzechodniej «ustępować pod naciskiem, rozrywać się; topnieć»: Nity puściły. Lód, śnieg puszcza. **7.** zwykle w funkcji nieprzechodniej «tracić (częściowo) barwę, odbarwiać się; (o plamach) dawać się wywabiać»: Sukienka puściła. Kolor puszcza. Plama nareszcie puściła.

puszczański «dotyczący puszczy, zwłaszcza leżący, żyjący w puszczy»: Obszary puszczańskie. Chłopi puszczańscy.

puszka *ż III, lm D.* puszek □ P. czego «puszka zawierająca coś; ilość czegoś mieszcząca się w puszce»: Puszka konserw, marmolady, mleka w proszku. □ P. do czego a. na co «przeznaczona na coś, służąca do czegoś»: Puszka do masła, na masło. Puszka na pieniądze. □ P. od czego «puszka o określonym, stałym przeznaczeniu, opróżniona z czegoś»: Puszka od herbaty, od kawy. □ P. po czym, *reg.* z czego «puszka opróżniona z zawartości»: Puszka po szynce. □ P. z czym «puszka wraz z zawartością»: Puszka z farbą.

Puszkin *m IV, D.* Puszkina (*nie*: Puszkina, p. akcent § 7): Przyjaźń Mickiewicza z Puszkinem.

puszta *ż IV, Ms.* puszcie «step na Nizinie Węgierskiej»: Stada bydła na puszcie.

puszyć się *ndk VIb*, puszyliśmy się (p. akcent § 1a i 2): Był skromny, nigdy się nie puszył. □ P. się z czego, *przestarz.* czym: Puszyć się ze swego stanowiska, *przestarz.* swoim stanowiskiem.

puszysty *st. w.* puszystszy a. bardziej puszysty; *rzad.* (bardziej ekspresywnie) **puchaty**, *st. w.* bardziej puchaty: Puszysty śnieg. Puszyste włosy. Puszyste, *rzad.* puchate futerko. Puszyste, *rzad.* puchate gałązki. *Por.* puchowy.

puścić p. puszczać.

puścizna *ż IV przestarz.* «spuścizna» — dziś używane w podniosłych przenośniach, np. Puścizna literacka Prusa. || D Kult. II, 416.

putto *n a. m odm.* jak *n III, Ms.* putcie, *lm D.* puttów «uskrzydlona postać dziecięca przedstawiona jako amorek, aniołek»: Girlandy podtrzymywane przez putta.

puzdro *n III, lm D.* puzder (*nie*: puzdr, puzdrów) *przestarz., książk.* «pudło, szkatułka»

puzon *m IV, D.* puzonu (*nie*: puzona): Puzon altowy, tenorowy.

Puzyna *m odm.* jak *ż IV, lm M.* Puzynowie, *DB.* Puzynów.
Puzyna *ż IV, rzad. ndm* — Puzynina *ż IV, D.* Puzyniny, *CMs.* Puzyninie (*nie*: Puzyninej), *rzad.* Puzynowa *ż odm.* jak przym. — Puzynianka *ż III, lm D.* Puzynianek, *rzad.* Puzynówna *ż IV, D.* Puzynówny, *CMs.* Puzynównie (*nie*: Puzynównej), *lm D.* Puzynówien.

PWM (*wym.* pewuem, p. akcent § 6) *m IV, D.* PWM-u, *Ms.* PWM-ie a. *n ndm* «Polskie Wydawnictwo Muzyczne»: Pracować w PWM (w PWM-ie). PWM wydał (wydało) nuty.

PWN (*wym.* pewuen, p. akcent § 6) *m IV, D.* PWN-u, *Ms.* PWN-ie a. *n ndm* «Państwowe Wydawnictwo Naukowe»: Plan wydawniczy PWN (PWN-u). PWN podjął (podjęło) zobowiązanie. Pracować w PWN (w PWN-ie). — PWN-owiec a. pewuenowiec *m II, D.* PWN-owca (pewuenowca), *lm M.* PWN-owcy — PWN-owski a. pewuenowski.

PWRN (*wym.* pewueren, p. akcent § 6) *m IV, D.* PWRN-u a. *n ndm* «Prezydium Wojewódzkiej Rady Narodowej»: Siedziba PWRN-u (PWRN). PWRN rozszerzył (rozszerzyło) uprawnienia władz terenowych.

PWSA (*wym.* pewues-a, p. akcent § 6) *ż ndm* «Państwowa Wyższa Szkoła Aktorska»: PWSA przyjęła stu słuchaczy.

PWSM (*wym.* pewuesem, p. akcent § 6) *m IV, D.* PWSM-u, *Ms.* PWSM-ie a. *ż ndm* «Państwowa Wyższa Szkoła Muzyczna»: Być słuchaczem PWSM (PWSM-u). PWSM przyjął (przyjęła) nowych studentów.

PWSP (*wym.* pewuespe, p. akcent § 6) *n a. ż ndm* «Państwowa Wyższa Szkoła Pedagogiczna (dziś WSP)»: PWSP przyjęło (przyjęła) nowych słuchaczy.

PWST (*wym.* pewueste, p. akcent § 6) *n a. ż ndm* «Państwowa Wyższa Szkoła Teatralna»: PWST ogłosiło (ogłosiła) konkurs.

pycha *ż III, D.* pychy, *blm*: **1.** «duma, zarozumiałość, buta»: Pycha magnacka. Wbijać kogoś w pychę. Zrzucić pychę z serca. Unosić się pychą. Pycha kogoś rozpiera, rozsadza. **2.** *ndm pot.* «coś wspaniałego, świetnego, smacznego»: Ciastka — pycha!

pykać *ndk I*, pykaliśmy (p. akcent § 1a i 2) — **pyknąć** *dk Va*, pyknąłem (*wym.* pyknołem; *nie*: pyknęłem, pykłem), pyknął (*wym.* pyknoł), pyknęła (*wym.* pyknęła; *nie*: pykła), pyknęliśmy (*wym.* pyknęliśmy) □ P. bez dop. «o przedmiotach: wydawać dźwięki przypominające odgłos pykania z fajki»: Karbidówka pykała. □ P. co a. z czego «paląc (fajkę, cygaro) wciągać i wypuszczać dym»: Pykać fajkę a. z fajki.

pyknik (*nie*: piknik) *m III* «człowiek o określonym typie budowy ciała»: Jest przysadzisty, tęgi; typowy pyknik. *Por.* piknik.

pylicowy, *rzad.* **pyliczy** *med.* «związany z pylicą»: Zapalenie pylicowe (pylicze) spojówek. Zmiany pylicowe (pylicze w płucach).

pylisty *st. w.* bardziej pylisty «mający postać pyłu; łatwo się rozpylający»: Nawozy pyliste. Lawina pylista (a. pyłowa).

pylny *st. w.* bardziej pylny *rzad.* «pełen pyłu, zapylony»: Pylna droga.

pylon (*nie*: pilon) *m IV, D.* pylonu, zwykle w *lm*: Brama między dwoma pylonami.

pył *m IV, D.* pyłu: Pył kwiatowy, śnieżny, wodny. △ *pot.* Rozbić, zetrzeć, zdruzgotać kogoś, coś w pył.

pyłowy

△ *przen. książk.* Pył czasu, przeszłości, wieków, zapomnienia.

pyłowy «mający postać pyłu, składający się z pyłu»: Pyłowe ziarnka kwarcu. Struktura pyłowa gleby. Pustynia pyłowa. Lawina pyłowa (a. pylista).

pypeć *m I, DB.* pypcia, *lm D.* pypciów a. pypci: Kura ma pypcia. △ *pot.* Mieć, dostać pypcia na języku «mówić niedorzeczności, pleść głupstwa»

pyrka p. perka.

Pyrrus p. Pirrus.

Pyrzyce *blp, D.* Pyrzyc «miasto» — pyrzycki.

pysk *m III,* w odniesieniu do twarzy, ust człowieka — *rub.,* częściej *wulg.*: Dać komuś pyska. Iść, wylecieć skądś na zbity pysk. Ktoś mocny, cięty w pysku. Iść, lecieć na kogoś z pyskiem. Wyjechać, wyskoczyć na kogoś z pyskiem.

pyskacz *m II, lm D.* pyskaczy, *rzad.* pyskaczów *pot.* «człowiek wygadany; krzykacz»

pyskować *ndk IV,* pyskowaliśmy (p. akcent § 1a i 2) *posp.* «wymyślać; odpowiadać hardo, arogancko»: Nie pyskuj, kiedy zwracają ci uwagę. □ P. na kogo: Pyskowała na sąsiadkę. □ P. przeciw komu, czemu: Pyskował przeciw koledze, przeciw zarządzeniom.

pyskówka *ż III, lm D.* pyskówek *pot.* «rozprawa sądowa o obrazę słowną» // KP Pras.

pyszałek *m III, D.* pyszałka, *lm M.* te pyszałki: Byli to nadęte pyszałki.

pysznić się *ndk VIa,* pysznimy się, pysznij się (*nie*: pyszń się), pyszniliśmy się (p. akcent § 1a i 2) □ P. się czym (*nie*: z czego): Pysznić się swoim stanowiskiem (*nie*: ze swojego stanowiska).

pyszny *m-os.* pyszni, *st. w.* pyszniejszy a. bardziej pyszny, w zn. «pełen pychy; zarozumiały»: Była pyszna i wyniosła. △ *niepoprawne* Pyszny z czegoś, np. Była pyszna ze swej urody (*zamiast*: pyszniła się swą urodą).
z pyszna tylko we *fraz.* Mieć się z pyszna «być w przykrej, kłopotliwej sytuacji, w tarapatach; mieć za swoje»

pytać *ndk I,* pytaliśmy (p. akcent § 1a i 2) **1.** w zn. «informować się, zapytać» □ P. kogo (w *B., rzad.* w *D.; nie*: pytać u kogo) — o kogo, o co: Pytał ją, *rzad.* jej, o ulicę. Pytała matkę (*rzad.* matki) o zdrowie. Pytała sama (*rzad.* samej) siebie, jak postąpić. **2.** w zn. «przesłuchiwać ucznia z lekcji; egzaminować» □ P. kogo (z czego): Pytał ucznia z matematyki.
pytać się to samo co: pytać (w zn. 1) □ P. się kogo (tylko w *D.*) — o kogo, o co: Pytała się siostry (*nie*: siostrę) o radę.

***pytajnik** (znak zapytania) to znak interpunkcyjny stawiany po zdaniach i wyrażeniach zawierających pytanie; używa się go: **1.** Po wszelkich pytaniach, np.: Czy wolno zapalić? Która godzina? Masz zapałki? Czy to ty zrobiłeś, czy ojciec? **2.** Po zdaniach złożonych podrzędnie, gdy zdanie nadrzędne jest pytajne, np.: Czy nie wiesz, kto to zrobił? Czyście wykonali robotę, którą wam zleciłem? △ Jeśli jednak zdanie nadrzędne jest twierdzące lub przeczące, po zdaniu podrzędnym nie

stawia się pytajnika, choćby sens tego zdania podrzędnego był pytajny, np.: Zapytamy go, co o tym sądzi. Nie wiem, czy przyjdzie.
3. W tytułach — tylko wówczas, kiedy są one pytaniami rozłącznymi, np. Malarstwo czy karykatura? △ Natomiast w tytułach o formie pozornie pytajnej można pytajnik opuścić, np.: Jak się dawniej listy pisało. Co wiemy o witaminach.
4. W nawiasie — często jako wtrącenie — dla podania w wątpliwość treści poprzedzającego wyrazu lub zdania (czasem — łącznie z wykrzyknikiem), np.: Przedstawiał siebie jako wzorowego (?) męża i ojca rodziny. Podobno zwolniono go z braku dowodów (?!).

pytanie *n I*: Zadawać, stawiać, rzucać komuś (*nie*: dla kogoś) pytanie. □ P. o kogo, o co: Pytanie o jej zdrowie pozostało bez odpowiedzi. □ P. co do czego: Zarzucał ją pytaniami co do jej planów. □ P. dotyczące czego: Pytanie dotyczące zbrodni. // KP Pras.

Pytia, *rzad.* **Pitia** *ż I, DCMs.* Pytii (Pitii) **1.** «wieszczka Apollina w Delfach»
2. **pytia**, *rzad.* **pitia** «zagadkowa osoba»

pytyjski, *rzad.* **pityjski**: Wyrocznia pytyjska (pityjska). △ *przen.* «dwuznaczny, niezrozumiały, niejasny»: Odpowiedź, wypowiedź pytyjska (pityjska).

pyzdrski: Zabytki pyzdrskie (*ale*: Ziemia Pyzdrska).

Pyzdry *blp, D.* Pyzdr «miasto» — pyzdrzanin *m V, D.* pyzdrzanina, *lm M.* pyzdrzanie, *D.* pyzdrzan — pyzdrzanka *ż III, lm D.* pyzdrzanek — pyzdrski (p.).

PZGS (*wym.* pezetgiees, p. akcent § 6) *m IV, D.* PZGS-u, *Ms.* PZGS-ie a. *m ndm* «Powiatowy Związek Gminnych Spółdzielni»: Narada PZGS a. PZGS-u. PZGS ustanowił. Pracować w PZGS (w PZGS-ie).

PZKol (*wym.* pezetkol, p. akcent § 6) *m I, D.* PZKolu; a. **PZK** (*wym.* pezetka) *m* a. *n ndm* «Polski Związek Kolarski»: PZKol wybrał, PZK wybrało (wybrał) reprezentację.

PZKR (*wym.* pezetkaer, p. akcent § 6) *m IV, D.* PZKR-u, *Ms.* PZKR-ze a. *m ndm* «Powiatowy Związek Kółek Rolniczych»: Należeć do PZKR-u (do PZKR). PZKR zakupił nowe ciągniki.

PZLA (*wym.* pezetel-a, p. akcent § 6) *n* a. *m ndm* «Polski Związek Lekkiej Atletyki»: PZLA wydało (wydał) nowy statut.

PZMot (*wym.* Pezetmot, p. akcent § 6) *m IV, D.* PZMot-u, *Ms.* PZMocie a. *m ndm* — a. **PZM** (*wym.* pezetem, p. akcent § 6) *m IV, D.* PZM-u a. *m ndm* «Polski Związek Motorowy»: Członkowie PZM-u, PZMot-u (PZM, PZMot). PZM, PZMot zorganizował kursy samochodowe.

PZPR (*wym.* pezetpeer, p. akcent § 6) *ż ndm* a. *m IV, D.* PZPR-u, *Ms.* PZPR-ze «Polska Zjednoczona Partia Robotnicza»: Dyrektywy PZPR (PZPR-u). PZPR uchwaliła (uchwalił). Działać w PZPR w (PZPR-ze). — PZPR-owiec a. pezetpeerowiec, pezetperowiec *m II, D.* PZPR-owca (pezetpeerowca, pezetperowca), *lm M.* PZPR-owcy — PZPR-owski a. pezetpeerowski, pezetperowski.

PZU (*wym.* pezetu, p. akcent § 6) *n* a. *m ndm* «Państwowy Zakład Ubezpieczeń»: PZU wypłaciło (wypłacił) odszkodowanie.

PZWS (*wym.* pezetwues, p. akcent § 6) *m IV*, *D.* PZWS-u, *Ms.* PZWS-ie a. *blp*, *ndm* «Państwowe Zakłady Wydawnictw Szkolnych»: Księgarnia PZWS-u (PZWS). PZWS wydał (wydały) nowy podręcznik. Pracować w PZWS-ie (w PZWS).

PZŻ (*wym.* pezetżet, p. akcent § 6) *m IV*, *D.* PZŻ-tu, *Ms.* PZŻ-cie a. *m ndm* «Polski Związek Żeglarski»: Być gościem PZŻ (PZŻ-tu). PZŻ urządził regaty.

PŻM (*wym.* peżetem, p. akcent § 6) *m IV*, *D.* PŻM-u, *Ms.* PŻM-ie a. *ż ndm* «Polska Żegluga Morska»: Współpracować z PŻM (z PŻM-em). PŻM zorganizowała (zorganizował) wycieczkę.

I q (*wym.* ku) «litera alfabetu łacińskiego używana w różnych językach w połączeniu z literą *u* i odpowiadająca w tym połączeniu głoskom *k* i *kw*»

II q «skrót wyrazu: *kwintal*, pisany bez kropki, stawiany zwykle po wymienionej liczbie, czytany jako cały odmieniany wyraz»: 5 q (*czyt.* kwintali).

quarto (*wym.* kwarto) *ndm, częściej*: in quarto «format książki o wymiarze ćwierci arkusza drukarskiego»

quasi (*wym.* kwaz-i) «jakby, prawie, niemal jak; rzekomo, pozornie, jakby (tylko z przymiotnikiem a. z rzeczownikiem, pisane z łącznikiem)»: Quasi-artysta. Quasi-opiekun. Quasi-sztuka. Quasi-absolutny. || *D Kult. II, 257.*

quattrocento (*wym.* kwatroczento) *n ndm* a. *n III, Ms.* quattrocencie, *blm*: Mistrzowie włoskiego quattrocenta.

Quebec (*wym.* Kuibek a. Kebek) *m III, D.* Quebecu (p. akcent § 7) a. *n ndm* «prowincja w Kanadzie i stolica tej prowincji»

qui pro quo (*wym.* kwi pro kwo) *n ndm* «pomyłka co do osoby; nieporozumienie»: Wyszło z tego dziwne qui pro quo.

Quisling (*wym.* Kwizling) *m III, D.* Quislinga (p. akcent § 7): Współpraca Quislinga z hitlerowskimi zaborcami.

Quito (*wym.* Kito) *n ndm* «stolica Ekwadoru»

quiz p. kwiz.

quorum p. kworum.

r. 1. «skrót wyrazu: *rok*, pisany z kropką, czytany jako cały odmieniany wyraz, stosowany zwykle przy pisaniu dat»: Było to w maju 1950 r. (*czyt.* roku). **2.** «skrót wyrazu: *rodzaj*, pisany z kropką, czytany jako cały odmieniany wyraz, stosowany zwykle w tekstach językoznawczych»: Rzeczowniki r. (*czyt.* rodzaju) nijakiego.

Raabe (*wym.* Rabe) *m* odm. jak przym., *D.* Raabego, *NMs.* Raabem, a. *ndm* (zwłaszcza w połączeniu z imieniem, tytułem): Publicystyka Raabego.

Raba *ż IV* «rzeka» — rabski — nadrabski.

rabacja *ż I, DCMs.* i *lm D.* rabacji *przestarz., książk.* «napad zbrojny; rzeź, bunt (używane zwykle w odniesieniu do powstania chłopów galicyjskich w r. 1846)»

raban *m IV, D.* rabanu *pot.* «awantura, krzyk o coś»: Robić, podnieść raban. Narobić rabanu. □ R. o co: Był raban o późne przyjście.

rabarbar (*nie:* rabarber, rabarbarum, rumbarbar, rumbarbarum) *m IV, D.* rabarbaru.

rabat *m IV, D.* rabatu «zniżka, opust»: Kupić, sprzedać z rabatem. Udzielić rabatu.

Rabat *m IV, D.* Rabatu «stolica Maroka»

rabata *ż IV, lm D.* rabat, zwykle w *lm* «grządka kwiatowa, zwykle podłużna»: Rabaty kwiatów.

rabaty *blp, D.* rabatów a. rabat *hist.* «barwne wyłogi przy mundurze wojskowym»

rabbi *m* odm. jak przym. (używane w odniesieniu do dawnych rabinów, uczonych żydowskich).

Rabelais (*wym.* Rable) *m* odm. jak przym., *D.* Rabelais'go (*wym.* Rablego, p. akcent § 7), *NMs.* Rabelais'm: Twórczość Rabelais'go.

rabin *m IV, lm M.* rabini, *rzad.* rabinowie.

Rabindranath Tagore p. Tagore.

Rabka (Zdrój), Rabka *ż III,* Zdrój *m I, D.* Zdroju «miasto» — rabczanin *m V, D.* rabczanina *lm M.* rabczanie, *D.* rabczan — rabczanka *ż III, lm D.* rabczanek — rabczański.

rabować *ndk IV,* rabowaliśmy (p. akcent § 1a i 2) □ R. bez dop.: Rabowali gdzie się dało. □ R. co (z czego) **a)** «zabierać coś skądś siłą, bezprawnie»: Rabowali z domów zwłaszcza pieniądze. **b)** «pozbawiać coś czegoś; kraść skądś wiele rzeczy»: Rabowali mieszkania z kosztowności.

Rabsztyn *m IV, D.* Rabsztyna «miejscowość» — rabsztyński.

rabunek *m III, D.* rabunku: Dopuścić się, dokonać rabunku. Ubezpieczenie od rabunku (*nie:* rabunkowe). Rabunek miasta.

rabunkowy: Napad rabunkowy. △ *niepoprawne* Ubezpieczenie rabunkowe (*zamiast:* od rabunku).

rabuś *m I, lm D.* rabusiów (*nie:* rabusi).

raca *ż II przestarz.* «rakieta-pocisk» — dziś żywe w *przen.* i w porównaniach: Race dowcipów. Błysnąć, pęknąć, wystrzelić jak raca.

rachatłukum (*wym.* rachatłukum, *rzad.* rachatłukum) *n ndm* a. *m IV, D.* rachatłukumu.

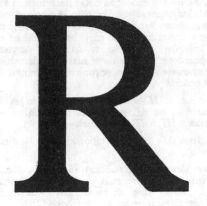

rachityczny in. krzywiczy: Rachityczne dzieci. Rachityczne nóżki.

rachityzm (*nie:* rachitis) *m IV, D.* rachityzmu, *Ms.* rachityzmie (*wym.* ~yzmie a. ~yźmie), *blm*; *częściej:* krzywica.

Rachmaninow (*wym.* Rachmaninow) *m IV, D.* Rachmaninowa (*nie:* Rachmaninowa, p. akcent § 7): Koncert fortepianowy Rachmaninowa.

rachmistrz *m II, lm M.* rachmistrzowie a. rachmistrze, *D.* rachmistrzów (*nie:* rachmistrzy).

rachować *ndk IV,* rachowaliśmy (p. akcent § 1a i 2) *wych. z użycia* «liczyć»: Rachować ludzi, lata. Rachować do iluś (np. do tysiąca). Rachować coś na setki. Rachować na palcach, na liczydłach. □ R. na kogo, na co «brać pod uwagę w swoich planach; polegać na kimś»: Rachował na jej posag. Można na niego rachować.

rachować się □ *wych. z użycia* R. się z kim «obliczać się»: Rachowali się ze sobą. □ *przestarz.* R. się z kim, z czym «zważać na kogoś, na coś, brać kogoś, coś pod uwagę»: Rachował się z kierownikiem. Rachowali się z okolicznościami.

621

rachuba *ż IV przestarz.* **a)** dziś żywe we *fraz. i przen.* «rachowanie, liczenie; sposób, system liczenia» △ Stracić rachubę czasu «stracić orientację w czasie» △ Brać coś w rachubę «brać coś pod uwagę, uwzględniać» △ Coś wchodzi w rachubę «coś jest brane pod uwagę, ma znaczenie» △ *przen.* (tylko w *lm*) «plany, nadzieje, widoki» □ R. na kogo, co: Rachuby na podwyżkę zawiodły. **b)** «rachunkowość»: Pracować w rachubie.

rachunek *m III, D.* rachunku **1.** «obliczanie za pomocą działań arytmetycznych; działanie na liczbach, liczenie»: Omylić się w rachunku. Robić rachunki. □ R. czego: Rachunek strat i zysków. □ R. za co «należność za coś»: Rachunek za książki. △ Składać, zdawać komuś rachunek z czegoś «zdawać sprawę, tłumaczyć się z czegoś» △ Na czyjś rachunek «na czyjeś konto, na czyjś koszt»: Pił na rachunek kolegów. **2.** (tylko w *lm*) *pot.* «arytmetyka jako przedmiot nauczania w niższych klasach szkoły podstawowej»: Ma do odrobienia rachunki. Piątka z rachunków.

Raciąż *m II* «miasto» — raciążanin *m V, D.* raciążanina, *lm M.* raciążanie, *D.* raciążan — raciążanka *ż III, lm D.* raciążanek — raciąski.

raciborski: Powiat raciborski (*ale*: Kotlina Raciborska).

Racibórz (*nie*: Raciborz) *m II, D.* Raciborza «miasto» — raciborzanin *m V, D.* raciborzanina, *lm M.* raciborzanie, *D.* raciborzan — raciborzanka *ż III, lm D.* raciborzanek — raciborski (p.).

Racine (*wym.* Ras-in) *m IV, D.* Racine'a (*wym.* Rasina, p. akcent § 7), *C.* Racine'owi, *N.* Racine'em, *Ms.* Racinie: Tragedie Racine'a.

racja *ż I, DCMs.* i *lm D.* racji **1.** *blm* «słuszność»: Przyznać komuś rację. Mieć rację (*nie*: mieć słuszną rację — pleonazm). Mieć świętą rację. **2.** częściej w *lm* «argument, uzasadnienie»: Przytaczać swoje racje. **3.** zwykle *blm* «przyczyna, powód, podstawa do czegoś»: Racja bytu. △ Z racji czegoś: Urządziła przyjęcie z racji awansu. △ *posp.* Bez dania racji (*nie*: zdania) racji: Gniewa się bez dania racji. **4.** «wyznaczona porcja czegoś (zwłaszcza żywności, napoju)»: Racja żywnościowa. Racja chleba, tłuszczu. Wydzielać, rozdawać racje. // *D Kult. II, 265.*

racjonalistyczny «charakterystyczny dla racjonalizmu, racjonalistów; wynikający z racjonalizmu»: Postawa racjonalistyczna. Hasła racjonalistyczne. *Por.* racjonalny.

racjonalizacja *ż I, DCMs.* racjonalizacji, *blm* «racjonalizowanie, ulepszenie, usprawnienie»: Racjonalizacja pracy. △ *niepopr.* w zn. «uzasadnienie, umotywowanie», np. Sankcje karne mają racjonalizację (*zamiast*: motywację) prawną. // *D Kult. II, 127.*

racjonalizacyjny *rzad.* przym. od racjonalizacja: Projekt racjonalizacyjny. // *D Kult. I, 585.*

racjonalizatorski przym. od racjonalizator «dotyczący racjonalizatora, racjonalizatorstwa lub racjonalizacji»: Pomysł, ruch racjonalizatorski. Brygada racjonalizatorska.

racjonalizm *m IV, D.* racjonalizmu, *Ms.* racjonalizmie (*wym.* ~izmie a. ~iźmie), *blm.*

racjonalizować *ndk IV*, racjonalizowaliśmy (p. akcent § 1a i 2) — **zracjonalizować** *dk* «ulepszać, usprawniać (np. produkcję)»

racjonalny *st. w.* racjonalniejszy a. bardziej racjonalny **1.** «rozsądny, celowy, przemyślany»: Racjonalna hodowla drobiu. Racjonalne gospodarstwo. Racjonalne odżywianie. **2.** «oparty na rozumie; wyrozumowany»: Poznanie racjonalne. *Por.* racjonalistyczny.

Racławice *blp, D.* Racławic «miejscowość» — racławicki.

racuch (*nie*: raczuch) *m III, D.* racucha.

raczej 1. «właściwie, ściślej mówiąc»: Była niska, raczej tęga. **2.** «lepiej, słuszniej»: Mówmy raczej o tobie. △ Raczej niż (*nie*: jak) «chętniej, prędzej... niż (używane dla podkreślenia czyjejś decyzji, wyboru, stanowiska w jakiejś sprawie)»: Raczej zginą, niż się oddadzą w ręce wroga. Raczej ty niż (*nie*: jak) on.

raczyć *ndk VIb*, raczyliśmy (p. akcent § 1a i 2) □ *przestarz., książk.* R. kogo czym: Raczyli nas winem. △ *przestarz.* (dziś zwykle *iron.* zwłaszcza z przeczeniem): Raczyć coś zrobić «być łaskawym co zrobić»: Ledwie raczyła odpowiedzieć. Nie raczył wstać.

I rad *m-os.* radzi (używane tylko w *M.*, w funkcji orzecznika a. przydawki okolicznikowej) **1.** «zadowolony, ucieszony; kontent» □ R. komu, czemu: Ojciec był rad gościom. Była rada zmianom, które zastała w domu. □ R. z kogo, czego: Był rad z każdej sposobności widzenia jej. Rad z rozmowy, z siebie. □ R., że...: Był rad, że się przejaśnia. Rada, że nie zwracają na nią uwagi, wyszła niepostrzeżenie. **2.** «chętny, skłonny, gotów» (jako określenie orzeczenia, niekiedy w funkcji zbliżonej do przysłówka: chętnie): Opowiadań ojca słuchał zawsze rad. □ R. + bezokol. (także z formami osobowymi trybu przypuszczającego: bym, byś, by — pisanymi oddzielnie): Przyjaciele radzi z tobą iść. Rada bym uczynić to dla ciebie. Rad by okazać swą radość. △ Rad nierad «wbrew własnej woli; chcąc nie chcąc»: Rad nierad musiał ustąpić.

II rad *m IV, D.* radu, *blm*: Odkrycie radu przez małżonków Curie.

rada *ż IV* **1.** «to, co się doradza; porada; sposób zaradzenia czemuś»: Prosić o radę. Służyć komuś radą. Zasięgnąć czyjejś rady. Iść, pójść za czyjąś radą. Udzielać rad. △ Trudna rada, nie ma rady, *pot.* nie da rady «nie ma innego wyjścia, nic się nie poradzi»: Trudna rada (nie ma rady), musisz sam to załatwić. △ Dać sobie radę, *przestarz.* dać sobie rady (z czymś, z kimś), *pot.* dać czemuś, *rzad.* komuś radę, *przestarz.* rady «poradzić sobie z kimś, z czymś; opanować, pokonać coś, kogoś»: Czy da sobie radę z trudnościami? Daje sobie radę z synem. On tej robocie nie da rady. △ Jest, znajdzie się na coś, na kogoś rada «można sobie poradzić z kimś, z czymś»: Nie martw się i na to znajdzie się rada. To na niego jedyna rada. **2.** «zespół radzących osób»: Rada Naukowa. Zebrała się rada familijna. Zwołano radę pedagogiczną. Wybierać radę, wybrać kogoś do rady. △ W nazwach instytucji dużą literą: Rada Państwa, Rada Ministrów, Rada Stanu. Miejska, Powiatowa, Wojewódzka Rada Narodowa.

radca m odm. jak ż II, lm M. radcy, rzad. radcowie, DB. radców.

radcostwo n III 1. «stanowisko radcy»: Na radcostwie spędził całe prawie życie. 2. przestarz. DB. radcostwa, Ms. radcostwu (nie: radcostwie) «radca z żoną» (z przydawką i orzeczeniem w lm): Przyszli radcostwo Kowalscy. Zaprosił miłych radcostwa Kowalskich. Mówili o radcostwu Kowalskich.

radczyni (nie: radczynia) ż I, B. radczynię (nie: radczynią), W. radczyni (nie: radczynio), lm D. radczyń przestarz. «żona radcy»

Radhakrishnan (wym. Radhakrisznan) m IV, D. Radhakrishnana: Dzieła filozoficzne Radhakrishnana.

I radio n I, Ms. radiu a. radio; D. lm nie używany, dopuszczalna jest forma: radiów 1. «odbiornik radiowy»: Z radia płynęła muzyka. 2. «rozgłośnia»: Pracować w radiu (w radio). || D Kult. II, 464.

II radio- «pierwszy człon wyrazów złożonych, pisany łącznie» a) «określający to, co jest związane z promieniowaniem», np.: radioaktywność, radiochemia, radioterapia.
b) «będący częścią wyrazów mających związek z radiem (odbiornikiem, nadajnikiem, instytucją)», np.: radioodbiornik, radiostacja.

radioaktywność ż V, blm, in. promieniotwórczość.

radioaktywny in. promieniotwórczy: Pierwiastki radioaktywne.

radioodbiornik m III, rzad. **radioaparat** m IV, D. radioaparatu; lepiej: odbiornik, aparat radiowy.

radiopajęczarz m II, lm D. radiopajęczarzy, rzad. radiopajęczarzów pot. «osoba korzystająca bezprawnie z nie rejestrowanego odbiornika radiowego»

radiosłuchacz m II, lm D. radiosłuchaczy a. radiosłuchaczów; lepiej: słuchacz radia.

radirka ż III, lm D. radirek przestarz., reg. «gumka do wycierania ołówka, atramentu»

Radiszczew (wym. Radiszczew) m IV, D. Radiszczewa (p. akcent § 7), C. Radiszczewowi: Twórczość Radiszczewa.

radlić a. **redlić** ndk VIa, radlij, redlij; radliliśmy, redliliśmy (p. akcent § 1a i 2).

radło, reg. **redło** n III, Ms. radle, redle, lm D. radeł, redeł.

radny m odm. jak przym.: Wybrano go na radnego. Radni stołecznego miasta.

Radogoszcz ż VI «miejscowość» — radogoski.

Radom m I, D. Radomia, Ms. Radomiu «miasto» — radomianin m V, D. radomianina, lm M. radomianie, D. radomian — radomianka ż III, lm D. radomianek — radomski (p.).

radomski: Powiat radomski, ziemia radomska (ale: Równina Radomska).

Radomskie n odm. jak przym., NMs. Radomskiem (nie: Radomskim) «powiat radomski, ziemia radomska»

Radomsko n II «miasto» — radomszczanin m V, D. radomszczanina, lm M. radomszczanie, D. radomszczan — radomszczanka ż III, lm D. radomszczanek — radomszczański (nie: radomskowski).

Radomyśl Wielki, Radomyśl m I, Wielki odm. przym. «miasto» — radomyski.

radosny (nie: radośny) m-os. radośni, st. w. radośniejszy a. bardziej radosny.

radość ż V: Niekłamana, niewymowna, niezmącona radość. Okazać, wyrażać radość. Nie posiadać się z radości. Radość ogarnia, opanowuje, przejmuje kogoś. Sprawić komuś radość. Radość życia. □ R. z czego: Radość ze zdanego egzaminu, z pomyślnego załatwienia sprawy.

radować ndk IV przestarz., książk. «cieszyć, weselić» tylko w 3. os.: Radowała go wiosna. Radował go syn. Coś raduje serce, oko.
radować się radowaliśmy się (p. akcent § 1a i 2), częściej: cieszyć się □ R. się z czego (zwykle na oznaczenie przyczyny doraźnej): Radować się z nagrody. Radowała się ze spotkania. □ R. się czym (zwykle na oznaczenie przyczyny trwalszej): Radować się życiem. Radowali się dziećmi.

Radunia ż I, D. Raduni «rzeka» — raduński (p.).

raduński: Brzegi raduńskie (ale: Jezioro Raduńskie).

radykalizm m IV, D. radykalizmu, Ms. radykalizmie (wym. ~izmie a. ~iźmie), blm.

radykał m IV, lm M. radykałowie, rzad. radykali.

Radymno n III «miasto» — radymnianin m V, D. radymnianina — radymnianka ż III, lm D. radymnianek — radymniański.

radzić ndk VIa, radzę, radzimy, radź, radziliśmy (p. akcent § 1a i 2) 1. «zalecać, doradzać» □ R. co komu: Radził mu to lekarstwo. □ R. komu + bezokol.: Radzili mu wyjechać. 2. «obradować, naradzać się» □ R. nad czym: Radzili nad tą sprawą. □ R. o kim, o czym: Radzić o dzieciach, o wyjeździe. 3. «szukać sposobu, rady»: Trzeba coś radzić. △ Radzić sobie (z kimś, z czymś) «dawać sobie radę»: Radzić sobie w każdej sytuacji. Radził sobie z pracą.
radzić się □ R. się kogo: Radzić się lekarza.

radziecki m-os. radzieccy 1. «oparty na systemie rad ludu pracującego miast i wsi; odnoszący się, należący do Związku Radzieckiego»: Republika radziecka. Ustrój radziecki. Literatura radziecka. Wojska radzieckie. △ Związek Socjalistycznych Republik Radzieckich (skrótowo: Związek Radziecki, ZSRR). 2. «złożony z rad ludu, należący do rady, wchodzący w skład rady»: Komisje radzieckie. Apteka radziecka (w Toruniu od XVIII w.). || D Kult. II, 322.

Radziejowa ż odm. jak przym. «szczyt w Beskidzie Wysokim»: Las na Radziejowej.

Radziejów m IV, C. Radziejowowi (ale: ku Radziejowowi a. ku Radziejowu) «miasto» — radziejowski.

Radziwiłł m IV, WMs. Rądziwille, lm M. Radziwiłłowie, D. Radziwiłłów.

Radziwiłł *ż ndm* — Radziwiłłowa *ż* odm. jak przym. — Radziwiłłówna *ż IV, D.* Radziwiłłówny, *CMs.* Radziwiłłównie (*nie*: Radziwiłłównej), *lm D.* Radziwiłłówien.

Radziwiłłowski 1. «należący do Radziwiłła; związany z Radziwiłłem»: Pałac Radziwiłłowski. Dobra Radziwiłłowskie.
2. radziwiłłowski «właściwy Radziwiłłom, charakterystyczny dla nich»

Radzymin *m IV* «miasto» — radzyminianin *m V, D.* radzyminianina, *lm M.* radzyminianie, *D.* radzyminian — radzyminianka *ż III, lm D.* radzyminianek — radzymiński.

Radzyń (Podlaski, Chełmiński), Radzyń *m I, D.* Radzynia, Podlaski, Chełmiński odm. przym. «miasta» — radzynianin *m V, D.* radzynianina, *lm M.* radzynianie, *D.* radzynian — radzynianka *ż III, lm D.* radzynianek — radzyński.

radża (*nie wym.*: rad-ża, radżża) *m* odm. jak *ż II, lm M.* radżowie, *DB.* radżów.

RAF (*wym.* raf) *m IV, D.* RAF-u, *Ms.* RAF-ie, *rzad. blp ndm* «skrót angielskiej nazwy Królewskich Sił Powietrznych (wojsk lotniczych w W. Brytanii)»: Służyć w RAF-ie (w RAF). RAF odznaczył się (odznaczyły się) w bitwie o Anglię.

Rafael (*wym.* Rafael a. Rafael) *m I, D.* Rafaela (p. akcent § 7): Freski Rafaela.

Rafaelowski 1. «wykonany przez Rafaela»: Fresk Rafaelowski.
2. rafaelowski «właściwy twórczości Rafaela»: Styl rafaelowski.

raglan a. **reglan** *m IV, D.* raglanu (reglanu).

Ragusa (*wym.* Raguza) *ż IV* «miasto na Sycylii»

Raguza *ż IV* «dawna nazwa Dubrownika»

raić *ndk VIa*, raję, raimy, raj, railiśmy (p. akcent § 1a i 2) *pot.* «proponować, polecać; swatać»: Raić pannę, chłopca, gosposię.

Rainier (*wym.* Reńje) *m IV, D.* Rainiera (p. akcent § 7) a. (z odmienianym imieniem lub tytułem) *ndm*: Rządy księcia Rainiera (księcia Rainier).

Rainis (*wym.* Rajnis) *m IV, D.* Rainisa: Poezje Rainisa. Działalność polityczna Rainisa na Łotwie.

rajca *m* odm. jak *ż II, lm M.* rajcowie a. rajcy, *DB.* rajców *hist.* «w dawnej Polsce: członek rady miejskiej; urzędnik dworski pełniący funkcję doradcy»

rajd (*nie*: raid) *m IV, D.* rajdu: Rajd kolarski, narciarski.

rajdowiec (*nie*: raidowiec) *m II, D.* rajdowca, *lm M.* rajdowcy.

rajfur *m IV, lm M.* ci rajfurzy a. (z silniejszym zabarwieniem ekspresywnym) te rajfury *przestarz.* «pośrednik, stręczyciel nierządu»

rajgrodzki: Lasy rajgrodzkie (*ale*: Jezioro Rajgrodzkie).

Rajgród *m IV, D.* Rajgrodu «miasto» — rajgrodzianin *m V, D.* rajgrodzianina, *lm M.* rajgro-dzianie, *D.* rajgrodzian — rajgrodzianka *ż III, lm D.* rajgrodzianek — rajgrodzki (p.).

rajstopy *blp, D.* rajstop.

rajtar *m IV, lm M.* rajtarzy, *rzad.* rajtarowie.

rajtuzy *blp, D.* rajtuzów.

rajzbret *m IV, D.* rajzbretu; *lepiej*: rysownica.

rak *m III, DB.* raka **1.** «skorupiak; nowotwór; choroba roślin»: Złapać raka. Czerwony jak rak, zaczerwienić się jak rak. △ Rak gardła, żołądka, płuc itp. a. rak w gardle, w żołądku, w płucach ·itp. Dostać, mieć raka. Chory na raka. Rak ziemniaczany.
2. zwykle w *lm* «ramki z kolcami przyczepiane do butów przy wspinaczce; wiersze czytane wspak»
3. Rak «gwiazdozbiór, znak Zodiaku»

rakarz *m II, lm D.* rakarzy; in. hycel.

rakieciarstwo *n III, blm środ.* «rakietnictwo»

rakieta *ż IV* w zn. «statek latający lub pocisk»: Rakieta dwustopniowa, trzystopniowa a. dwuczłonowa, trójczłonowa. Rakieta międzykontynentalna, okołoziemska, międzyplanetarna (*nie*: globalna).

rakietowiec *m II, D.* rakietowca, *lm M.* rakietowcy *środ.* «specjalista w zakresie techniki rakietowej»

Rakoczy *m* odm. jak przym., *D.* Rakoczego, *lm M.* Rakoczowie.

Rákosi (*wym.* Rakoszi) *m* odm. jak przym., *D.* Rákosiego (*wym.* Rakosziego, p. akcent § 7): Polityka Rákosiego.

Rakuzy *blp, D.* Rakuz «dawna nazwa Austrii» — Rakuszanin *m V, D.* Rakuszanina, *lm M.* Rakuszanie, *D.* Rakuszan — Rakuszanka *ż III, lm D.* Rakuszanek — rakuski.

I Raleigh (*wym.* Roli) *m ndm* (używane zwykle z tytułem lub z odmienianym imieniem): Podróże sir (*wym.* ser) Waltera Raleigh.

II Raleigh (*wym.* Roli) *n ndm* «stolica stanu Karolina w USA»: Uniwersytet w Raleigh. Raleigh widoczne było z daleka.

rama *ż IV*: Rama drewniana, metalowa a. z drzewa, z metalu. Rama okienna. Obraz w złoconych ramach. Oprawić w ramy. □ Ramy czego «zakres, granica»: Ująć, wtłoczyć coś w ramy czegoś. Przekraczać, przerastać ramy czegoś. Wybiegać, wykraczać poza ramy czegoś. △ Nadużywane w wyrażeniu: W ramach czegoś, np.: Program przerobiono w ramach (*lepiej*: podczas) godzin lekcyjnych. Rozkopuje się zieleńce w ramach wymiany kabli (*lepiej*: w związku z wymianą kabli). △ *niepoprawne* W ramach (*zamiast*: w miarę) możliwości.

ramadan a. **ramazan** *m IV, D.* ramadanu (ramazanu).

Ramadier (*wym.* Ramadje) *m IV, D.* Ramadiera (*wym.* Ramadjera, p. akcent § 7) a. (zwykle z odmienianym imieniem lub tytułem) *ndm*: Polityka Ramadiera. Gabinet premiera Ramadier.

Rameau (*wym.* Ramo) *m ndm*: Kompozycje klawesynowe Jana Filipa Rameau.

ramiak *m III, D.* ramiaka *bud.*, in. płycina, filunek, filung.

ramię (*nie*: ramiono, ramienie) *n V*, *D*. ramienia, *lm M*. ramiona, *N*. ramionami (*nie*: ramieniami): Szerokie, wąskie ramiona. Zarzucić coś na ramiona. Iść z czymś (ze strzelbą, workiem) na ramieniu, nieść coś (tobołek, worek, kosę) na ramieniu. Brać, wziąć kogoś, coś na ramiona. Opierać się, wspierać się, wesprzeć się na czyimś ramieniu. Padać, rzucać się w czyjeś ramiona. Przewiesić, przerzucić coś (np. płaszcz, broń) przez ramię. △ Iść, walczyć itp. ramię przy ramieniu a. ramię w ramię «iść, walczyć itp. jeden tuż obok drugiego» △ Nadużywane w wyrażeniu: Z czyjegoś ramienia «z czyjegoś upoważnienia, polecenia, w czyimś imieniu»: Dokonał inspekcji z ramienia (*lepiej*: na polecenie) ministerstwa. || D Kult. I, 342.

ramol *m I*, *lm D*. ramolów a. ramoli *pogard*. «stary, niedołężny mężczyzna o przytępionym umyśle»

Ramorino *m IV*, *D*. Ramorina a. (zwykle z odmienianym imieniem lub tytułem) *ndm*: Udział Ramorina (generała Ramorino, generała Ramorina) w powstaniu listopadowym.

Ramsay (*wym*. Ramzej) *m I*, *DB*. Ramsaya: Odkrycia chemiczne Ramsaya.

rana *ż IV*: Śmiertelna, lekka rana. Odnieść ranę. Zadać ranę. Opatrzyć ranę. Rana na czole, na nodze, w płucach. □ R. od czego a. z czego: Rana od postrzału, od ukąszenia (z ukąszenia). △ Blizna po ranie. △ *pot*. Dobry, łagodny, zgodny itp. choć (go) do rany przyłożyć a. przyłóż, że do rany przyłożyć a. przyłóż.

rancho (*wym*. ranczo) a. **ranczo** *n I* a. *n ndm*: Mieszkać na ranchu (na rancho).

ranczer *m IV*, *lm M*. ranczerzy.

ranek *m III*, *D*. ranka: Wstać wczesnym rankiem.

ranga *ż III*: Wysoka, niska ranga. Mieć rangę porucznika. Służyć w randze majora. Podnieść rangę czegoś (a. podnieść coś do rangi czegoś).

Rangun *m IV*, *D*. Rangunu «stolica Birmy» — ranguńczyk *m III*, *lm M*. ranguńczycy — rangunka *ż III*, *lm D*. rangunek — rranguński.

ranić *dk* a. *ndk VIa*, ranimy, rań, raniliśmy (p. akcent § 1a i 2) — **zranić** *dk*: Został raniony w bitwie. Ostre kamienie raniły stopy.

!raniec p. tornister.

Ranković (*wym*. Rankowić) *m I*, *D*. Rankovicia (p. akcent § 7): Działalność Rankovicia w jugosłowiańskim ruchu oporu.

I ranny *m-os*. ranni: Ranny żołnierz. □ R. od czego: Ranny od kuli. □ R. w co: Ranny w głowę, w nogę.

II ranny: Ranne godziny. Ranne pantofle. Ranny pociąg.

I rano *n III*, zwykle *blm*: Spać do rana. Budzić się nad ranem. Wstać z (samego) rana.

II rano *st. w*. raniej: Spotkać się w niedzielę rano. Wstał raniej ode mnie.

rańszy *daw*. dziś *gw*., *lepiej*: ranny, poranny, np. Mleko z rańszego (*lepiej*: z (po)rannego) udoju.

Rapallo *n ndm* «miasto we Włoszech»: Mieszkać w Rapallo.

rapeć *m I*, *D*. rapcia, *lm D*. rapci a. rapciów **1.** tylko w *lm* «rzemienie podtrzymujące szablę u pasa» **2.** «racica dzika»

Raperswil (*wym*. Raperswil) *m I*, *D*. Raperswilu (p. akcent § 7) «miasto w Szwajcarii»: Muzeum Narodowe Polskie w Raperswilu.

rapier (*nie*: rapir) *m IV*, *D*. rapiera, *rzad*. rapieru.

raport *m IV*, *D*. raportu, *lm M*. raporty (*nie*: raporta): Złożyć, zdać raport. Odbierać, przyjmować raport. □ R. o czym (do kogo): Raport o rozmieszczeniu wojsk. □ R. z czego: Raport z podróży. □ R. na kogo: Napisał raport na swego urzędnika.

rapsod *m IV* **1.** *D*. rapsodu, *lm M*. te rapsody «rodzaj poetyckiego utworu epickiego» **2.** *D*. rapsoda, *lm M*. ci rapsodowie a. rapsodzi «w starożytnej Grecji: śpiewak-deklamator»

rapsodia *ż I*, *DCMs*. i *lm D*. rapsodii.

raptus *m IV*, *lm M*. te raptusy.

rarytas *m IV*, *D*. rarytasu: Świeże owoce o tej porze roku — to rarytas (*nie*: to rzadki rarytas — pleonazm).

rasizm *m IV*, *D*. rasizmu, *Ms*. rasizmie (*wym*. ~izmie a. ~iźmie), *blm*.

Rasputin (*wym*. Rasputin) *m IV*, *D*. Rasputina (p. akcent § 7): Wpływ Rasputina na rodzinę carską.

raster, *rzad*. **rastr** *m IV*, *D*. rastra a. rastru.

raszpla *ż I*, *lm D*. raszpli; a. **raszpel** *m I*, *D*. raszpla, *lm D*. raszpli; *lepiej*: tarnik.

rata *ż IV*, *lm D*. rat: Rata bankowa, rata długu, pożyczki. △ Na raty: Kupować, sprzedawać na raty. △ W ratach a. ratami: Spłacać należność w ratach (ratami).

ratafia *ż I*, *DCMs*. i *lm D*. ratafii.

Rathenau (*wym*. Ratenau) *m IV*, *D*. Rathenaua (*wym*. Ratenau-a, p. akcent § 7), *C*. Rathenauowi (*wym*. Ratenau-owi), *Ms*. Rathenau (*nie*: Rathenale) a. (z odmienianym imieniem lub tytułem) *ndm*: Polityka Rathenaua a. Walthera (*wym*. Waltera) Rathenau.

ratować *ndk IV*, ratowaliśmy (p. akcent § 1a i 2) □ R. kogo, co (czym) — od czego (od tego, co zagraża): Ratował dziecko od śmierci. □ R. kogo, co (czym) — z czego (z istniejącej sytuacji): Ratować kolegę z opresji.

ratunek *m III*, *D*. ratunku, zwykle *blm*: Wołać, prosić o ratunek. Zwrócić się do kogoś o ratunek, *przestarz*. błagać, prosić ratunku. Iść, przyjść, przybyć na ratunek, pospieszyć komuś na ratunek a. z ratunkiem. Iść, przyjść po ratunek do kogoś. △ Biec, rzucić się na ratunek komuś (*nie*: kogoś), *ale*: na ratunek czegoś: Biegli na ratunek ofiarom pożaru. Biegli na ratunek płonącego lasu. □ R. przed kim, czym: Szukać ratunku przed prześladowcą, przed prześladowaniem. △ Ostatnia (*rzad*. jedyna) deska ratunku.

ratusz *m II*, *lm D*. ratusze a. ratuszów.

ratyfikować *dk* a. *ndk IV*, ratyfikowaliśmy (p. akcent § 1a i 2): Rada Państwa ratyfikuje i wypowiada układy międzynarodowe. Wczoraj ratyfikowano tę umowę.

Ratyzbona *ż IV* «miasto w NRF (Regensburg)» — ratyzboński.

rausz (*wym.* rau-sz) *m II*, *D.* rausza a. rauszu, *B.* rausz a. rausza: Rausz alkoholowy. Czuł błogi rausz. △ Mieć rausza «być podpitym»

raut (*wym.* rau-t) *m IV*, *D.* rautu: Zaproszenie na raut w ambasadzie.

Ravensbrück (*wym.* Rawensbrük) *n ndm* «kobiecy hitlerowski obóz koncentracyjny w Niemczech»: W Ravensbrück przebywało ponad 130 tysięcy kobiet.

Rawalpindi *n ndm* «miasto w Pakistanie»: Mieszkańcy Rawalpindi.

Rawa Mazowiecka, Rawa *ż IV*, Mazowiecka *odm. przym.* «miasto» — rawianin *m V*, *D.* rawianina, *lm M.* rawianie, *D.* rawian — rawianka *ż III*, *lm D.* rawianek — rawski (p.).

Rawenna *ż IV* «miasto we Włoszech» — raweński.

Rawicz *m II* «miasto» — rawiczanin *m V*, *D.* rawiczanina, *lm M.* rawiczanie, *D.* rawiczan — rawiczanka *ż III*, *lm D.* rawiczanek — rawicki.

rawski: Powiat rawski (*ale:* Wysoczyzna Rawska).

raz *m IV*, *D.* razu 1. *lm D.* razów, częściej w *lm* «uderzenie»: Razy rózgi, szpicruty. Odbierać, otrzymywać razy. Uchylać coś (np. głowę) od razów, uchylać się od razów. Zasłaniać, chronić od razów a. przed razami. 2. *lm D.* razy «(zwykle z liczebnikiem głównym, porządkowym lub z równoważnym z nim zaimkiem) wyraz oznaczający powtarzanie się czegoś»: Sto razy lepiej. Dwa razy większy (*nie:* jeszcze raz taki duży). Dwa razy tyle (*lepiej niż:* jeszcze raz tyle). Ile razy (*nie:* ilekroć razy). Pięć razy na miesiąc. 3. *lm D.* razy «chwila, w której coś się zdarzyło, sytuacja, wypadek, zdarzenie»: Tym razem, innym razem (*nie:* tą razą, inną razą). Pewnego, jednego razu (*nie:* jedną razą). W każdym razie (*nie:* w każdym bądź razie, na każdy wypadek). △ Raz koło razu, raz przy razie «jedno obok drugiego» △ Raz po raz (*nie:* co i raz), raz za razem **a)** «bardzo często, z małymi przerwami» **b)** *reg.* «rzadko» △ W danym razie «w danym wypadku» △ *niepoprawne* Jak raz (*zamiast:* właśnie, akurat).

raz w użyciu liczebnikowym *ndm* «przy liczeniu: jeden»: Raz, dwa, trzy...

raz w użyciu przysłówkowym «kiedyś; wreszcie»: Poszedłem raz do lasu... Niech się to raz skończy. Raz zdecydowałem i nie zmienię zdania.

razy w użyciu przysłówkowym «wyraz używany na określenie działania mnożenia»: Dwa razy dwa równa się cztery.

na razie «tymczasem»: Na razie nic nie wiadomo.

od razu «zaraz, natychmiast»: Od razu wiedziałem, co się stało.

po razu (*ale:* po jednym razie) *przestarz.* Musisz choć po razu do każdego z nas wstąpić. // D Kult. I, 140, 657; II, 192; D Kryt. 15.

razem «jednocześnie, naraz; łącznie, wspólnie»: Wszyscy razem go witali. Pracować razem. □ R. z kim, z czym: Mieszkać razem z rodziną.

razić *ndk* i *dk VIa* 1. *ndk* «sprawiać przykre wrażenie, zrażać» □ R. kogo czym: Raziła otoczenie swoim zachowaniem. □ Coś w kim, w czym razi kogo: Razi mnie w niej jej usposobienie. 2. *ndk* «oślepiać»: Lampa razi w oczy, *rzad.* razi oczy. Słońce razi (swoim blaskiem). 3. *ndk* a. *dk*, zwykle w imiesł. biernym a. rzecz. odsłownym «porażać, paraliżować»: Rażony prądem. Stanął jakby rażony piorunem (a. gromem). △ *przen.* (zwykle w imiesł. biernym): Rażony nieszczęściem. 4. *ndk* i *dk książk.* «uderzać, zadawać razy» □ R. kogo — czym a. z czego: Razić nieprzyjaciela gradem kul, z dział, z karabinów maszynowych.

Razin (*wym.* Raz-in) *m IV*, *D.* Razina (p. akcent § 7): Pieśni ludowe o Razinie.

razowy tylko w wyrażeniach: Chleb razowy, mąka razowa.

raźnie a. **raźno** *st. w.* raźniej, w zn. «zdrowo, dobrze, bezpiecznie, niestraszno» — zwykle w *st. w.*: W dwóch będzie nam raźniej. Po odpoczynku czuła się raźnie (raźno).

rąb *m IV* 1. *D.* rębu *środ.* «wycinanie drzew w lesie» 2. *D.* rąbu «koniec młota przeciwległy obuchowi»

rąbać *ndk IX*, rąbię (*nie:* rąbę), rąbie, rąb, rąbaliśmy (p. akcent § 1a i 2) — **rąbnąć** *dk Va*, rąbnę, rąbnie, rąbnąłem (*wym.* rąbnołem; *nie:* rąbnełem, rąbłem), rąbnął (*wym.* rąbnoł), rąbnęła (*wym.* rąbneła; *nie:* rąbła), rąbnęliśmy (*wym.* rąbneliśmy; *nie:* rąbliśmy) 1. tylko *ndk* «łupać, rozszczepiać czymś ostrym»: Rąbać drzewo siekierą. 2. częściej *ndk* «zadawać razy bronią sieczną»: Rąbać szablą. 3. *pot.* a) częściej *dk* «uderzyć»: Rąbnął go w szczękę. b) «mówić bez ogródek»: Rąbie prawdę w oczy. c) tylko *ndk* «grać hałaśliwie»: Rąbie na fortepianie. d) tylko *ndk* «jeść» e) tylko *dk* «wypić alkohol» f) tylko *dk* «ukraść»

rąbek *m III*, *D.* rąbka: Rąbek chustki. △ Uchylić rąbka a. rąbek tajemnicy. Ukazać rąbek czegoś «wyjawić, ujawnić drobną część czegoś»

rąbnąć p. rąbać.

rączka *ż III*, *lm D.* rączek *reg.* w zn. «obsadka»

rb. «skrót wyrażenia: *roku bieżącego*, pisany z kropką, czytany jako całe wyrażenie, stosowany przy pisaniu dat (zamiast wymieniania roku)»: Zarządzenie wchodzi w życie z dniem 1.III.rb.

rdzawo- 1. «pierwszy człon przymiotników złożonych oznaczający rdzawy odcień koloru określanego przez drugi człon złożenia, pisany łącznie», np.: rdzawoczerwony, rdzawobrązowy. 2. «człon przymiotników złożonych z członów znaczeniowo równorzędnych, pisanych z łącznikiem», np.: rdzawo-biały, niebiesko-rdzawo-biały «rdzawy i biały; niebieski, rdzawy i biały (o materiale w paski itp.)» △ Wyrażenia, w których pierwszym członem jest przysłówek, a drugim imiesłów, pisze się rozdzielnie, np. rdzawo nakrapiany.

rdzeniowy 1. p. rdzenny (w zn. 1). 2. «odnoszący się do rdzenia — części układu nerwowego u kręgowców»: Nerwy rdzeniowe. **3.** «odnoszący się do rdzenia — modelu odlewniczego»: Odlew rdzeniowy. **4.** «odnoszący się do rdzenia — środka przedmiotów o przekroju cylindrycznym»: Kanał rdzeniowy włókna.

rdzenny 1. «odnoszący się do rdzenia — części rośliny; rdzeniowy»: Drewno rdzenne. Promienie rdzenne w drzewie. **2.** *m-os.* rdzenni «wolny od wpływów obcych, swojski; pierwotny»: Ludność rdzenna. **3.** «odnoszący się do rdzenia — części wyrazu»

rdzeń *m I, D.* rdzenia, *lm M.* rdzenie, *D.* rdzeni (*nie*: rdzeniów).

rdzewieć (*nie*: rdzawieć) *ndk III*: Rury rdzewieją.

reagować *ndk IV*, reagowaliśmy (p. akcent § 1a i 2) — **zareagować** *dk* □ R. na co (*nie*: wobec czego) «działać w odpowiedzi na jakieś działanie; dawać do poznania, że się coś dostrzega»: Reagować na bodźce. □ *środ.* (*chem.*) R. z czym «wywoływać zmiany chemiczne»: Dwie cząsteczki wodoru reagując z jedną cząsteczką tlenu tworzą dwie cząsteczki wody.

reakcja *ż I, DCMs.* i *lm D.* reakcji: Nieoczekiwana, spóźniona, żywiołowa reakcja. Reakcja publiczności, społeczeństwa. □ R. na co (*nie*: wobec czegoś, w stosunku do czegoś): Reakcja na bodźce, na decyzję, na słowa. □ R. przeciw a. przeciwko czemu: Reakcja przeciw cudzoziemszczyźnie, przeciwko ciemnocie. □ *środ.* (*chem.*) R. czego z czym: Reakcja kamfory z kwasem octowym. △ Przeprowadzać, przyspieszać reakcję. Wchodzić w reakcje chemiczne (o pierwiastkach i związkach chemicznych).

realia *blp, D.* realiów (*nie* realii): Obyczajowe realia dawnej epoki. Realia starożytności.

realistyczny 1. «odnoszący się do realizmu»: Powieść realistyczna. Styl realistyczny. **2.** «liczący się z rzeczywistością, z faktami; trzeźwy, realny»: Realistyczne ujmowanie życia, realistyczne pomysły, poglądy.

realizacja *ż I, DCMs.* i *lm D.* realizacji △ Wyraz często nadużywany *zamiast*: spełnienie, wykonanie, urzeczywistnienie. □ R. czego: Realizacja planu, zamierzeń, zadań. Realizacja filmu. △ Wprowadzić do realizacji (*lepiej*: zacząć realizować). Prace instalacyjne są w toku realizacji (*lepiej*: Prace instalacyjne są wykonywane).

realizator *m IV, lm M.* realizatorzy «ten, kto realizuje, urzeczywistnia coś (niekoniecznie bezpośrednio to wykonując)»: Realizator filmu (*ale*: wykonawca roli w filmie). Realizatorzy (*lepiej*: wykonawcy) programu, planu itp.

realizm *m IV, D.* realizmu, *Ms.* realizmie (*wym.* ~izmie a. ~iźmie), zwykle *blm.*

realizować *ndk IV*, realizowaliśmy (p. akcent § 1a i 2) — **zrealizować** *dk* (często nadużywane *zamiast*: wykonywać, wypełniać, spełniać, urzeczywistniać): Realizować zadania, zamierzenia, plany, marzenia.

realny *m-os.* realni, *st. w.* realniejszy a. bardziej realny **1.** bez *st. w.* «istniejący rzeczywiście, rzeczywisty, prawdziwy»: Realny świat. Realna wartość. **2.**

«możliwy do urzeczywistnienia; osiągalny»: Realny plan, pomysł. **3.** p. realistyczny (w zn. 2).

reasumować *dk* a. *ndk IV*, reasumowaliśmy (p. akcent § 1a i 2) — **zreasumować** *dk* zwykle w zwrocie: Reasumować uchwałę «poddawać uchwałę ponownemu rozważeniu, jednocześnie unieważniając ją w brzmieniu poprzednim» △ W zn. «powtarzać coś w zwięźlejszej formie» *lepiej*: streszczać, rekapitulować, np. Reasumując (*lepiej*: rekapitulując) to, co powiedziałem poprzednio. || *D Kult. I, 343; U Pol. (2), 51. Por.* resumować.

reasumpcja *ż I, DCMs.* i *lm D.* reasumpcji: Dokonać reasumpcji uchwały.

Réaumur (*wym.* Reomür) *m IV, D.* Réaumura (p. akcent § 7), *Ms.* Réaumurze: Skala (temperatury) Réaumura.

rebelia *ż I, DCMs.* i *lm D.* rebelii *przestarz., książk.* «bunt, powstanie»

Rebreanu (*wym.* Rebrjanu) *m ndm*: Powieści Rebreanu.

recenzent *m IV, lm M.* recenzenci: Recenzent filmowy, teatralny. Recenzent utworu, pracy doktorskiej.

recenzja *ż I, DCMs.* i *lm D.* recenzji: Recenzja literacka, teatralna. Przedstawienie miało złą, dobrą recenzję. □ R. czego (*nie*: o czym): Recenzja sztuki teatralnej, książki (*nie*: o książce). □ R. z czego: Recenzja z koncertu, z wystawy.

recenzować (*nie*: recenziować) *ndk IV*, recenzowaliśmy (p. akcent § 1a i 2) — **zrecenzować** *dk*: Recenzować książkę.

recepcja *ż I, DCMs.* i *lm D.* recepcji **1.** «przyjmowanie gości w hotelach, biurach podróży; biuro, w którym się ono odbywa» **2.** *książk.* **a)** «oficjalne, uroczyste przyjmowanie gości; galowe przyjęcie»: Recepcja u prezydenta, w ambasadzie. **b)** «przyswajanie sobie, przejmowanie czegoś»: Recepcja poglądów Hegla, twórczości Heinego w Polsce.

recepta *ż IV, lm D.* recept: Recepta na lekarstwo. Przyjmować lekarstwo według recepty (*nie*: z recepty). △ *przen.* Znaleźć receptę na coś, przeciw czemuś. || *KP Pras.*

rechotać *ndk IX*, rechocze, *przestarz.* rechoce; rechocz, rechotaliśmy (p. akcent § 1a i 2) **1.** «o żabach: skrzeczeć» **2.** p. rechtać (w zn. 1). **3.** «śmiać się głośno, rubasznie»

rechtać *ndk I* a. *IX*, rechta a. rechcze, *przestarz.* rechce; rechtałby (p. akcent § 4c) **1.** «o świniach: chrząkać, rechotać» **2.** *rzad.* p. rechotać (w zn. 1).

recital (*wym.* rec-ital, rec-ital a. reczital, reczital, *nie*: resital) *m I, D.* recitalu (p. akcent § 7), *lm D.* recitali, *rzad.* recitalów: Recital fortepianowy. Program recitalu. Wystąpić z recitalem.

recitativo (*wym.* reczitatiwo) *n ndm*, a. **recytatyw** *m IV, D.* recytatywu.

recto (*wym.* rekto) *n ndm* «stronica (w książce) oznaczona numerem nieparzystym»

red. «skrót wyrazów: *redaktor, redakcja,* pisany z kropką, stawiany zwykle (w odniesieniu do redaktora) przed nazwiskiem lub przed imieniem

i nazwiskiem, czytany jako cały, odmieniany wyraz»: Red. Olszewski, red. Jan Olszewski. Artykuł red. (*czyt.* redaktora) Olszewskiego. △ W *lm*: red. Olszewski i red. Walicki a. red. red. Olszewski i Walicki. △ Red. Słownika Języka Polskiego.
red. nacz., red. nauk. «skróty wyrażeń: *redaktor naczelny, redaktor naukowy* (pisane i stosowane podobnie jak skrót: red.)»

redakcja *ż I, DCMs.* i *lm D.* redakcji w zn. «opracowanie, przygotowanie tekstu do druku»: Redakcja utworu. Pierwsza, druga redakcja. △ Pod (czyjąś) redakcją: Praca zbiorowa wydana pod redakcją profesora Kowalskiego.

redaktor *m IV, lm M.* redaktorzy (skrót: red.): Redaktor naukowy, stylistyczny, techniczny.
redaktor — o kobiecie, p. nazwy i tytuły zawodowe kobiet.

redaktorka *ż III, lm D.* redaktorek *pot., częściej*: redaktor (o kobiecie).

redingot (*wym.* redęgot) 1. *m IV, D.* redingotu «płaszcz damski specjalnego kroju» 2. *ndm* (w funkcji przymiotnika) zwykle w wyrażeniach: Płaszcz redingot. Krój redingot.

redlić, redło p. radlić, radło.

redukować *ndk IV,* redukowaliśmy (p. akcent § 1a i 2) — **zredukować** *dk*: Redukować wydatki, personel. □ R. co — do czego: Zredukować spis lektury do kilku pozycji.

Reed (*wym.* Rid) *m IV, D.* Reeda: Relacja Reeda o Rewolucji Październikowej.

reemigracja *ż I, DCMs.* i *lm D.* reemigracji (wyraz upowszechniony w tej formie, chociaż formą właściwszą byłaby: remigracja).

ref. 1. «skrót wyrazu: *referat* (w zn. «dział»), pisany z kropką, stawiany jako cały, odmieniany wyraz»: Ref. skarg i zażaleń. Kierownik ref. (*czyt.* referatu) płac. 2. «skrót wyrazu: *referent*, pisany z kropką, stawiany zwykle przed nazwiskiem lub przed imieniem i nazwiskiem, czytany jako cały, odmieniany wyraz»: Ref. Kowalczyk, ref. Jan Kowalczyk. Załatwić sprawę u ref. (*czyt.* referenta) Kowalczyka.

refektarz *m II, lm D.* refektarzy.

referat *m IV, D.* referatu 1. «pisemne opracowanie zagadnienia»: Naukowy, okolicznościowy referat. Opracować, wygłosić referat. □ R. o czym, na temat czego, poświęcony czemu: Referat o literaturze współczesnej. 2. (skrót: ref.) «dział»: Referat finansowy. Prowadzić referat. Kierować referatem. □ R. czego: Referat skarg i zażaleń.

referencja *ż I, DCMs.* i *lm D.* referencji, zwykle w *lm*: Udzielić referencji. Dawać o kimś referencje. Powołał się na czyjeś referencje.

referować *ndk IV,* referowaliśmy (p. akcent § 1a i 2) — **zreferować** *dk* □ R. co (*nie*: o czym) — komu: Zreferować sprawę urzędnikowi. △ W języku *pot. lepiej*: przedstawiać, np. Zreferował (*lepiej:* przedstawił) koledze swoją sprawę.

refleks *m IV, D.* refleksu, *lm M.* refleksy (*nie*: refleksa) 1. *częściej*: odruch «reakcja organizmu na bodziec» 2. «odbicie światła, odblask»: Refleks la-

tarni. Rzucać refleks. 3. *pot.* «zdolność szybkiego reagowania»: Mieć szybki, spóźniony refleks.

refleksja *ż I, DCMs.* i *lm D.* refleksji: Zdolność do refleksji. Wywoływać, budzić refleksje. □ R. z czego: Refleksje z podróży. □ R. nad czym: Snuł refleksje nad swoim losem. △ Nastrajać, pobudzać do refleksji.

reflektować *ndk IV,* reflektowaliśmy (p. akcent § 1a i 2) — **zreflektować** *dk* □ R. kogo (czym) «hamować, mitygować»: Reflektować zapaleńca perswazją. □ tylko *ndk* R. na co «starać się o coś, chcieć czegoś»: Reflektować na kupno domu, na posadę redaktora.

reformator *m IV, lm M.* reformatorzy, *rzad.* reformatorowie 1. «ten, kto dokonuje reformy, reform»: Reformator szkolnictwa. 2. «działacz, przywódca reformacji»

reformista *m odm.* jak *ż IV, lm M.* reformiści, *DB.* reformistów «zwolennik reformizmu, reform»

regał *m IV, D.* regału 1. «mebel złożony z półek, służy do umieszczania na nim książek, towarów itp.»: Regał na książki, na nuty. Układać książki, drobiazgi na regale (*nie*: w regale). 2. «w drukarni szafka na kasety (kaszty) z czcionkami»: Kaszty umieszcza się w regale a. na regale.

regaty *blp, D.* regat (*nie*: regatów).

regenerować *ndk IV,* regenerowaliśmy (p. akcent § 1a i 2) 1. — **zregenerować** *dk* «o organizmach żywych: mieć zdolność odtwarzania utraconych lub uszkodzonych części ciała»: Jaszczurki szybko regenerują utracony ogon. 2. «w terminologii technicznej, chemicznej: odnawiać, odświeżać za pomocą specjalnych środków chemicznych; usuwać z czegoś szkodliwe domieszki»: Regenerować katalizator. Kauczuk regenerowany.
regenerować się «o organizmach żywych lub ich częściach: odradzać się»: Ogon jaszczurki regeneruje się szybko.

regent (*wym. przestarz.* regient) *m IV, lm M.* regenci 1. «osoba sprawująca rządy zamiast panującego» 2. «w dawnej Polsce urzędnik kancelarii królewskiej; także urzędnik przyjmujący wpisy do ksiąg sądowych»

regestr *m IV, D.* regestru *przestarz.* «rejestr»

regiel *m I, D.* regla «w Tatrach: partia gór o wysokości 1200—1500 m, lasy pokrywające te partie»: Regiel dolny. Droga pod reglami. // D Kult. I, 732.

region *m IV, D.* regionu «obszar wyodrębniający się geograficznie, etnograficznie i gospodarczo; dzielnica, okolica»: Region kurpiowski. *Por.* rejon.

regionalizacja a. **regionizacja** *ż I, blm rzad.* a) «podział na regiony» b) p. rejonizacja (w zn. 2). // JP 1966, 242.

regionalizm *m IV, D.* regionalizmu, *Ms.* regionalizmie (*wym.* ~izmie a. ~iźmie)»

***regionalizmy** (zwane niekiedy prowincjonalizmami) to wyrazy, formy i konstrukcje właściwe mowie codziennej warstw wykształconych określonego regionu geograficznego. Należy odróżniać regionalizmy od dialektyzmów. *Dialektyzmy* to wyrazy lub formy gramatyczne przejęte do ogólnej odmiany języka narodowego spoza tej odmiany, mianowicie z jakiegoś dialektu. Dialektyzmy są więc swojego rodzaju „zapożyczeniami wewnętrznymi". *Regionalizmy* natomiast mieszczą się w obrębie odmiany ogólnej, jako specyficzne właściwości mowy ludzi wykształconych. W Polsce pewne różnice językowe, przede wszystkim w zakresie słownictwa, obserwujemy na przykład między mową mieszkańców Krakowa, Poznania i Warszawy. Zróżnicowanie regionalne języka ogólnopolskiego jest stosunkowo niewielkie, w minimalnym stopniu utrudnia porozumienie, toteż sprawa regionalizmów nie jest bynajmniej pierwszoplanowym zagadnieniem kultury języka w naszym kraju. Regionalizmy nie są błędami językowymi, choćby ze względu na powszechność ich używania w mowie ludzi wykształconych danego regionu. W Polsce — w odróżnieniu od innych krajów — trudno mówić o „wzorowości" którejś z odmian regionalnych, przede wszystkim dlatego, że w kształtowaniu się polskiego języka literackiego uczestniczyły niemal na równi trzy dzielnice, w przeszłości najważniejsze kulturalnie: Wielkopolska, Małopolska i (zwłaszcza od XVII w.) Mazowsze.

Regionalizmy występują we wszystkich niemal zakresach zjawisk językowych. **1.** *Regionalizmy fonetyczne:* **a)** tzw. fonetyka międzywyrazowa. W wymowie krakowskiej udźwięcznia się wygłosową (końcową) spółgłoskę przed nagłosowym (początkowym) *m, n, r, l, ł* następnego wyrazu oraz przed samogłoskami, np.: *wuz rusza* (wóz rusza), *brad Adama* (brat Adama), *rug ulicy* (róg ulicy); **b)** *n* przed *k, k', g, g'* wymawiane jest w Krakowie tylnojęzykowo — także w wyrazach rodzimych, np. *okienko, panienka, sukienka;* w Warszawie słyszy się w tych wyrazach zwykle *n* przedniojęzykowo-dziąsłowe: *okienko, panienka, sukienka.*
c) zakres występowania *o* tzw. ścieśnionego (wymawianego tak samo jak *u,* wyrażanego w piśmie przez *ó*). W Krakowie: *stokrótka, kościółek, żłóbek,* ale: *doktor;* w Warszawie: *stokrotka, kościołek, żłobek,* ale: *doktór.*
2. *Regionalizmy morfologiczne:* **a)** zakres występowania cząstki *-ną-* w formach osobowych niektórych czasowników na *-nąć.* W Krakowie częściej pomija się tę cząstkę, szczególnie w formach czasu przeszłego, np.: *sięgła, kisł, prysły;* w Warszawie: *sięgnęła, kisnął, prysnęły.*
b) odrębność w zakresie rodzaju gramatycznego rzeczowników: w Krakowie: *ta magiel, ta litra;* w Warszawie: *ten magiel, ten litr.* △ Różnicy rodzaju towarzyszy też czasem różnica w budowie słowotwórczej, np. krakowskiemu: *ta krawatka, ta beretka* — odpowiada warszawskie: *ten krawat, ten beret.*
3. *Regionalizmy leksykalno-semantyczne:* **a)** zapożyczenia. W Warszawie więcej jest rusycyzmów, np. *odkrytka* (niepoprawne) — oraz galicyzmów, np. *butelka;* w Krakowie i w Poznaniu występują częściej germanizmy, np.: *flaszka, kuplówka* (= doczepny wagon tramwajowy), *przestarz. nachtkastlik* (= szafka nocna). △ Różnice te nietrudno powiązać z historią dzielnic, w których leżą te miasta.
b) zakres użycia archaizmów szerszy jest w Krakowie i w Poznaniu niż w Warszawie, np. poznańskie: *tuk, węborek, młodzie, skopowina* — warszawskie: *tłuszcz, wiadro, drożdże, baranina;* krakowskie: *kierz, sekować* — warszawskie: *krzak, szykanować.*
c) odrębności leksykalne w słownictwie rodzimym, np. krakowskie: *masarnia,* warszawskie: *wędliniar-*

nia; krakowskie: *borówki,* warszawskie: (*czarne*) *jagody;* warszawskie i krakowskie: *piwnica,* poznańskie: *sklep.* || *D Kryt.* 48—67; *U Pol.* (1), 17, 24—43. *Por.* błędy językowe.

reglan p. raglan.

regres *m IV, D.* regresu, zwykle *blm książk.* «cofanie się w rozwoju»: Regres gospodarczy. Ulec regresowi.

regresja *ż I,* zwykle *blm, książk.* p. regres. △ wyraz stosowany w terminologii *biol.* i *geogr.*

regresywny, *rzad.* **regresyjny:** Tendencje regresywne (regresyjne) w życiu kulturalnym.

regulamin *m IV, D.* regulaminu (*wym.* regulaminu, *nie:* regulaminu): Regulamin szkolny, wojskowy a. dla szkół, dla wojska. Regulamin wycieczki. Podlegać regulaminowi. Przestrzegać regulaminu (*nie:* regulamin).

regularny *st. w.* regularniejszy a. bardziej regularny: Regularna komunikacja, żegluga. Regularny krok, puls. Regularne życie, regularny tryb życia. △ *pot.* Regularne lanie «porządne, mocne lanie»

regulować *ndk IV,* regulowaliśmy (p. akcent § 1a i 2) □ R. co (*nie:* czym): Regulować ruch (*nie:* ruchem, *ale:* kierować ruchem). Regulować długi, zagarek.

reguła (*wym.* reguła, *rzad.* reguła) *ż IV:* Sztywna reguła. Reguły gry. Reguła klasztorna. Ująć coś w reguły. Trzymać się reguł. Być wyjątkiem, stanowić wyjątek od reguły. △ Z reguły (*nie:* w regule) «z zasady, stale, zwykle» || *U Pol.* (1), 88.

rehabilitacja *ż I,* zwykle *blm:* Rehabilitacja niewinnie skazanego. △ W zn. «przywrócenie choremu sprawności fizycznej lub psychicznej» *lepiej:* rewalidacja. || *D Kult.* I, 344.

rehabilitować p. zrehabilitować.

Reichstag (*wym.* Rajchstag) *m III, D.* Reichstagu (p. akcent § 7): Rozpisać wybory do Reichstagu.

Reichswehra (*wym.* Rajchs-wera) *ż IV:* Służyć w Reichswehrze.

Reims (*wym.* Rès) *n ndm* «miasto we Francji»: Reims było poważnie zniszczone w czasie I wojny światowej. Katedra w Reims.

rej *m I, D.* reju △ tylko w zwrocie: Wodzić rej wśród kogoś, czegoś, między kimś, czymś, w czymś: Chłopiec wodził rej w klasie, wśród kolegów.

reja *ż I, DCMs.* rei, *lm D.* rej.

rejent *m IV, lm M.* rejenci; in. notariusz (*daw.* także: urzędnik kancelarii sądowej, królewskiej).

rejestr *m IV, D.* rejestru, *lm M.* rejestry (*nie:* rejestra): Rejestr nazwisk. Rejestr podatkowy. Prowadzić rejestr. Wpisać, wciągnąć do rejestru (w rejestr).

rejon *m IV, D.* rejonu «pewien wyznaczony teren, okręg (zwykle administracyjny, wojskowy itp.)»: Wyznaczyć rejon. Walki w rejonie Płocka. Rejon uprawy tytoniu. *Por.* region. || *KP Pras.*

rejonizacja *ż I, blm* **1.** «podział ze względu na rejony» **2.** «planowe rozmieszczenie fabryk, zakładów, odmian roślin itp. w odpowiednich rejonach»: Rejonizacja szkół. *Por.* regionalizacja. || *JP* 1966, 242.

rejs *m IV, D.* rejsu: Odbyć (*nie*: wykonać) rejs. Wyruszyć w rejs.

rejterada *ż IV przestarz., żart.* «odwrót, ucieczka»: Zmusić kogoś do rejterady. Ratować się rejteradą.

rejterować *ndk IV,* rejterowaliśmy (p. akcent § 1a i 2) — **zrejterować** *dk przestarz., żart.* «cofać się, uciekać»

rejwach *m III, D.* rejwachu, *blm pot.* «zamieszanie, zgiełk, rozgardiasz»: Wszcząć rejwach. Narobić rejwachu. Powstał rejwach.

rekapitulacja *ż I, DCMs.* i *lm D.* rekapitulacji: Rekapitulacja wykładu. Dokonać rekapitulacji, *lepiej*: zrekapitulować.

rekapitulować *ndk IV,* rekapitulowaliśmy (p. akcent § 1a i 2) — **zrekapitulować** *dk* «streszczać, powtarzać coś w zwięźlejszej formie»: Rekapitulować przebieg rozmowy, wykład.

reklama *ż IV*: Reklama handlowa. Reklama wyrobów naszej fabryki. Robić komuś, czemuś reklamę. Robić coś dla reklamy. Coś jest reklamą dla kogoś, czegoś.

reklamacja *ż I, DCMs.* i *lm D.* reklamacji: Wnosić, zgłosić, uwzględnić reklamację (o coś, w jakiejś sprawie).

reklamować *ndk IV,* reklamowaliśmy (p. akcent § 1a i 2) **1.** «robić czemuś (komuś) reklamę; zachwalać»: Reklamować nowe towary. **2.** «zgłaszać reklamację czegoś, zażalenie na coś»: Reklamować towar ze skazami.

rekomendacja *ż I, DCMs.* i *lm D.* rekomendacji *wych. z użycia* «polecenie kogoś»: Dostać, otrzymać od kogoś rekomendację. Przyjąć kogoś z czyjejś rekomendacji, bez rekomendacji.

rekomendować *ndk IV,* rekomendowaliśmy (p. akcent § 1a i 2) — **zarekomendować** *dk wych. z użycia* «polecać, zachwalać kogoś, coś»

rekompensata *ż IV,* zwykle *blm*: Otrzymać coś tytułem rekompensaty. □ R. za co, *rzad.* czego: Zapewnić rekompensatę za poniesione szkody (poniesionych szkód). □ R. w czym: Dostać rekompensatę w pieniądzach. △ Coś stanowi rekompensatę czegoś a. za coś; coś znajduje rekompensatę w czymś.

rekonesans *m IV, D.* rekonesansu, *lm M.* rekonesanse a. rekonesansy *przestarz., książk.* «wstępne badanie, rozpoznanie, zwiad»: Wysłać żołnierzy na rekonesans.

rekonstruować *ndk IV,* rekonstruowaliśmy (p. akcent § 1a i 2) — **zrekonstruować** *dk* «odtwarzać coś według zachowanych wzorów; przywracać coś w dawnej postaci»: Rekonstruować zabytki architektoniczne. △ *przen.* Rekonstruować rząd, gabinet (*ale np. nie*: brygadę roboczą).

rekonwalescencja *ż I, DCMs.* rekonwalescencji, *blm*: Pacjent był już w okresie rekonwalescencji. △ Być gdzieś na rekonwalescencji «przebywać gdzieś w warunkach sprzyjających powrotowi do zdrowia»

rekonwalescent *m IV, lm M.* rekonwalescenci; *rzad.* ozdrowieniec.

rekord *m IV, D.* rekordu, *lm M.* rekordy □ R. czego: Rekord wytrzymałości. Rekord skoczni, bieżni. □ R. w czym: Rekord w biegu na 100 m. □ R. czyj (z rzecz. w dopełniaczu): Rekord juniorów w koszykówce. △ Walka o rekord. Zdobyć, ustanowić, pobić rekord.

rekordzista *m odm. jak ż IV, lm M.* rekordziści, *DB.* rekordzistów: Rekordzista świata w podnoszeniu ciężarów.

rekreacja *ż I, DCMs.* rekreacji, *blm przestarz., książk.* «odpoczynek, rozrywka po pracy; przerwa między lekcjami»

rekrut *m IV, lm M.* rekruci (wyraz używany czasem w *lp* w zn. *lm*): Pobór rekruta a. rekrutów. Brać rekruta. △ *pot. wych. z użycia.* Oddać, wziąć, pójść w rekruty «oddać, wziąć, pójść do wojska»

rekrutacja *ż I, DCMs.* i *lm D.* rekrutacji **1.** «zaciąg rekrutów»: Rekrutacja do wojska. **2.** «przyjmowanie kandydatów do szkół lub do pracy»: Rekrutacja do technikum, na akademię medyczną.

rektor (*nie*: rektór) *m IV, lm M.* rektorzy, *rzad.* rektorowie.
rektor — o kobiecie, p. nazwy i tytuły zawodowe kobiet.

rekwiem a. **requiem** (*wym.* rekwijem) *n ndm*: Śpiewać rekwiem (requiem).

rekwizyt *m IV, D.* rekwizytu, *lm M.* rekwizyty: Rekwizyty teatralne.

rekwizytornia *ż I, DCMs.* i *lm D.* rekwizytorni: Rekwizytornia filmowa, teatralna.

relacja *ż I, DCMs.* i *lm D.* relacji **1.** «sprawozdanie, opowiadanie, doniesienie» □ R. z czego (*nie*: czego) a. o czym: Relacja z meczu. Zdawał relację o swojej (ze swojej) podróży. Mieć od kogoś o kimś, o czymś relacje. Zdać relację (o czymś, z czegoś). **2.** «stosunek, ustosunkowanie»: Ujmować coś we wzajemnych relacjach. Relacja dolara do funta. **3.** *środ.* «kierunek od... do...»: Pociąg relacji Gdynia — Warszawa (*lepiej*: Pociąg z Gdyni do Warszawy, pociąg kursujący między Gdynią a Warszawą).

relacjonować *ndk IV,* relacjonowaliśmy (p. akcent § 1a i 2) — **zrelacjonować** *dk, lepiej*: opowiadać, opisywać, donosić. □ R. o czym, *lepiej*: r. co: Relacjonować (*lepiej*: opisywać) wrażenia. Relacjonować przebieg wydarzeń.

relaks *m IV, D.* relaksu, zwykle *blm* «odpoczynek, odprężenie» (wyraz nadużywany, czasem *żart.*): Relaks (*lepiej*: odpoczynek) na łonie natury.

relaksować *ndk IV,* relaksowaliśmy (p. akcent § 1a i 2) wyraz pretensjonalny, *lepiej*: odpoczywać, odprężać się. // D Kult. II, 258.

relegować *ndk i dk IV,* relegowaliśmy (p. akcent § 1a i 2) *książk.* «usuwać, wydalać (zwłaszcza studenta, ucznia)» □ R. kogo — z czego: Studenta bezpowrotnie relegowano z uczelni.

religia *ż I, DCMs.* i *lm D.* religii: Wyznawać jakąś religię. Przejść na jakąś religię. △ *pot.* Zrobić sobie z czegoś religię.

relikwia *ż I, DCMs.* i *lm D.* relikwii, zwykle w *lm*: Relikwie świętych.

remanent (*nie*: remament, renament) *m IV, D.* remanentu: Robić, sporządzać remanent. △ *środ.* Upłynniać remanenty «pozbywać się zapasów towarów» // *D Kult. I, 445.*

Remarque (*wym.* Remark) *m III, D.* Remarque'a (*wym.* Remarka, p. akcent § 7): Pacyfistyczne powieści Remarque'a.

Rembertów *m IV, D.* Rembertowa, *C.* Rembertowowi (*ale*: ku Rembertowowi a. ku Rembertowu) «miejscowość»: Mieszkać w Rembertowie. — rembertowianin *m V, D.* rembertowianina, *lm M.* rembertowianie, *D.* rembertowian — rembertowianka *ż III, lm D.* rembertowianek — rembertowski.

Rembrandt (*wym.* Rembrant), *D.* Rembrandta (p. akcent § 7), *Ms.* Rembrandcie (*wym.* Rembrancie): Malarstwo Rembrandta.

Rembrandtowski (*wym.* Rembrantowski) 1. «będący właściwością, własnością Rembrandta»: Dom Rembrandtowski.
2. rembrandtowski «taki, jak u Rembrandta, na jego obrazach»: Światłocienie rembrandtowskie w malarstwie holenderskim.

remedium *n VI, lm M.* remedia, *D.* remediów *przestarz., książk.* «lek; rada, sposób, środek»: Remedium na nudę.

Remington (*wym.* Remington) *m IV, D.* Remingtona (p. akcent § 7), *lm M.* Remingtonowie 1. «nazwisko»
2. remington, *lm M.* remingtony a) «typ karabinu» b) «typ maszyny do pisania»

reminiscencja (*nie*: reminescencja) *ż I, DCMs.* i *lm D.* reminiscencji: Historyczne reminiscencje. □ R. czego: Reminiscencje sztuki klasycznej w dekoracjach. □ R. z czego: Reminiscencje z czytanych poetów. Reminiscencje z podróży.

remis *m IV, D.* remisu: Uzyskać (*nie*: wygrać) remis (w grze).

remisować *ndk IV,* remisowaliśmy (p. akcent § 1a i 2) — **zremisować** *dk*: Zremisować w rozgrywkach ligowych.

remont *m IV, D.* remontu «naprawa, odnowienie»: Remont kapitalny. Remont domu, mieszkania, jezdni, samochodu. Dokonać remontu, wykonać remont (czegoś). Znajdować się w remoncie (o samochodzie, maszynie). // *D Kult. I, 346.*

remuneracja (*nie*: renumeracja) *ż I, DCMs.* i *lm D.* remuneracji *przestarz.* «wynagrodzenie wyrównawcze, odszkodowanie»

I ren *m IV, D.* rena; a. **renifer** *m IV* «zwierzę»

II ren *m IV, D.* renu, *blm* «pierwiastek chemiczny»

Ren *m IV, D.* Renu «rzeka» — reński (p.) — nadreński.

Renan (*wym.* Renã) *m IV, D.* Renana (p. akcent § 7) a. (zwykle w połączeniu z odmienianym imieniem) *ndm*: Poglądy filozoficzne Renana (Ernesta Renana, Ernesta Renan).

Renaud (*wym.* Reno) *m IV, D.* Renauda (*wym.* Renoda, p. akcent § 7) a. (zwykle z odmienianym

imieniem lub tytułem) *ndm*: Przemówienie Renauda (Paula Renaud).

Renault (*wym.* Reno) *m ndm* 1. «nazwisko i marka samochodu»: Zakłady samochodowe Renault.
2. renault *n ndm* «samochód marki Renault»: Kupił nowe renault.

rencista *m odm. jak ż IV, lm M.* renciści, *DB.* rencistów «osoba pobierająca rentę z tytułu ubezpieczeń społecznych» *Por.* rentier.

renesans *m IV, D.* renesansu, *blm* 1. renesans a. Renesans, in. Odrodzenie «okres w historii kultury»: Ludzie renesansu (Renesansu). 2. «styl w architekturze i sztukach plastycznych»: Kościół zbudowano w stylu renesansu. 3. «odrodzenie się, odnowienie, rozkwit czegoś»: Renesans mody dziewiętnastowiecznej.

! renglota, renklota p. renkloda.

renifer p. I ren.

renkloda (*wym. pot.* rengloda; *nie*: renglota, renklota) *ż IV* 1. tylko w *lm* «odmiana śliw»: Sprzedawać renklody (*nie*: renklodę). 2. «śliwa tej odmiany»: Jadł renklodę.

Renoir (*wym.* Renu-ar) *m IV, D.* Renoira (*wym.* Renuara, p. akcent § 7): Monografia o Renoirze.

renoma *ż IV, blm książk.* «rozgłos, wziętość, sława»: Cieszyć się dobrą renomą. Mieć renomę wybitnego aktora, uczonego itp.

renons (*nie*: renans) *m IV, D.* renonsu, *lm M.* renonsy: Mieć renons (w kartach).

renowacja *ż I, DCMs.* i *lm D.* renowacji; *lepiej*: odnowienie, odświeżenie, np.: Renowacja (*lepiej*: odnowienie) budynku. Renowacja (*lepiej*: odnowienie, odświeżenie) futra.

renta *ż IV* 1. «okresowe świadczenia z tytułu ubezpieczeń społecznych»: Renta sieroca, inwalidzka. Być na rencie, przejść na rentę, pobierać rentę. △ Renta starcza «emerytura» 2. «regularny dochód z kapitału lub majątku»: Renta dzierżawna, dożywotnia. Renta od kapitału.

rentgen *m IV, D.* rentgena 1. *B.* rentgen, *rzad.* rentgena *pot.* a) «aparat do prześwietlania»: Zainstalowano nowy rentgen w szpitalu. b) «prześwietlenie promieniami Roentgena»: Iść do rentgena. c) «zdjęcie z takiego prześwietlenia»: Odebrać rentgen płuc. 2. «w fizyce: jednostka dawki promieni Roentgena»: Naświetlenie dawką 5 rentgenów. *Por.* Roentgen.

rentier *m IV, lm M.* rentierzy «w krajach kapitalistycznych: osoba utrzymująca się z renty — czyli procentów z akcji, kapitału itp.» *Por.* rencista.

rentowny *st. w.* rentowniejszy a. bardziej rentowny «przynoszący zysk, dochodowy, intratny»: Rentowny interes, fach. Hodowla zwierząt futerkowych jest bardzo rentowna.

rentowy przym. od renta: Bank rentowy. Listy rentowe. Sumy rentowe.

reński: Wino reńskie (*ale*: Reński Związek Miast). **reński** w użyciu rzeczownikowym «dawna austriacka jednostka monetarna»: Zarabiał 100 reńskich.

reńskie w użyciu rzeczownikowym «wino reńskie»: Napić się reńskiego.

reparacja *ż I, DCMs.* i *lm D.* reparacji **1.** zwykle w *lm* «odszkodowania wojenne»: Spłacić reparacje. **2.** *przestarz.* «reperacja» || *U Pol. (1), 214.*

reparować *ndk IV*, reparowaliśmy (p. akcent § 1a i 2) — **zreparować** *dk przestarz.* «reperować»

repartycja *ż I, DCMs.* repartycji, *blm książk.* «podział, rozdział»: Repartycja podatków. Repartycja znaczeń wyrazów.

repasacja *ż I, DCMs.* repasacji, *blm* «podnoszenie oczek w pończochach»: Repasacja pończoch.

repasaż a. **repesaż** *m II, D.* repasażu, repesażu, *lm D.* repasaży (repesaży) a. repasażów (repesażów) «w kolarstwie i sportach wodnych: dodatkowy wyścig dla zawodników, którzy przegrali w przedbiegach»: Rozegrać repasaż (repesaż). || *D Kult. II, 339; Pĵ 1968, 266, 319.*

reperacja *ż I, DCMs.* i *lm D.* reperacji; in. naprawa: Oddać buty do reperacji. || *D Kult. II, 340; U Pol. (1), 214.*

reperkusja *ż I, DCMs.* i *lm D.* reperkusji, termin *muz.*, w zn. ogólnym *lepiej*: oddźwięk, reakcja; następstwo, np. Apel wywołał reperkusje (*lepiej*: echo, oddźwięk) w społeczeństwie.

reperować *ndk IV*, reperowaliśmy (p. akcent § 1a i 2) — **zreperować** *dk*: Reperować starą odzież.

repertorium *n VI, lm M.* repertoria, *D.* repertoriów (*nie*: repertorii): Repertoria sądowe, teatralne.

repertuar (*wym.* repertuar, *nie*: repertuar) *m IV*, *D.* repertuaru (p. akcent § 7): Repertuar kin, teatru; repertuar, filmowy, teatralny. Mieć duży repertuar czegoś (np. piosenek). Poziom repertuaru. Repertuar odznacza się czymś, zawiera coś, wzbogacił się o coś a. czymś.

repertuarowy: Afisz repertuarowy teatru.

repesaż p. repasaż.

repetować *ndk IV*, repetowaliśmy (p. akcent § 1a i 2) □ *wych. z użycia* R. co a. bez dop. «powtarzać (zwłaszcza: rok nauki)»: Repetował drugą klasę. Był złym uczniem, często repetował.

repetytorium *n VI, lm M.* repetytoria, *D.* repetytoriów (*nie*: repetytorii): Zorganizowano cykl repetytoriów dla studentów I roku.

Repin p. Riepin.

replika (*wym.* replika, *nie*: replika, p. akcent § 1c) *ż III* «odpowiedź na zarzuty»: Cięta, błyskotliwa, gwałtowna replika. Być repliką, stanowić replikę na coś (o wypowiedzi, broszurze itp.).

*repliki p. zapożyczenia.

replikować *ndk IV*, replikowaliśmy (p. akcent § 1a i 2) — **zareplikować** *dk książk.* «występować z repliką; odpowiadać» □ R. na co (*nie*: co): Replikował na napaści w prasie.

Repnin (*wym.* Repnin) *m IV, D.* Repnina (p. akcent § 7): Bezwzględna polityka Repnina wobec Polski.

reportaż *m II, D.* reportażu, *lm D.* reportaży a. reportażów: Reportaż filmowy, radiowy. □ R. o czym: Reportaż o pracy w kopalni. □ R. z czego: Reportaż z budowy, z rozprawy sądowej.

reportażysta *m odm. jak ż IV, lm M.* reportażyści, *DB.* reportażystów «autor reportaży»: Ksawery Pruszyński zapisał się w dziejach literatury polskiej jako świetny reportażysta. || *D Kult. I, 588.*

reporter *m IV* «dziennikarz-sprawozdawca»: Na lotnisku wybitny aktor musiał się bronić przed natarczywością reporterów. || *D Kult. I, 588.*

represalia *blp, D.* represaliów (*nie*: represalii) «w polityce: środki odwetowe stosowane przez państwo wobec innego państwa»

represja *ż I, DCMs.* i *lm D.* represji, zwykle w *lm* «surowe środki odwetu, surowe kary stosowane przez władze»: Ostre, specjalne, surowe represje. Dać powód do represji. Ściągnąć (na kraj) represje. Narażać kogoś na represje. Podlegać represjom. □ R. wobec kogo a. przeciw komu: Stosować represje wobec spiskowców (a. przeciw spiskowcom). □ R. za co: Represje za strajk.

reprezentacja *ż I, DCMs.* i *lm D.* reprezentacji **1.** in. przedstawicielstwo: Reprezentacja sportowa. Reprezentacja Polski na arenie międzynarodowej. **2.** «okazałość, wystawność»: Dbać o reprezentację.

reprezentacyjny *m-os.* reprezentacyjni **1.** «mający związek z reprezentacją»: Fundusz reprezentacyjny. Drużyna reprezentacyjna. **2.** «okazały, mający dobrą prezencję»: Reprezentacyjny apartament. Mieć reprezentacyjną postawę. **3.** *częściej*: reprezentatywny (p.).

reprezentant *m IV, lm M.* reprezentanci «przedstawiciel (tylko o osobach)»: Poseł — to reprezentant narodu w sejmie. || *D Kult. II, 153.*

reprezentatywny *m-os.* reprezentatywni «charakterystyczny, typowy dla kogoś lub czegoś, stanowiący dobry przykład czegoś»: Reprezentatywny pisarz epoki. Postać reprezentatywna dla całej klasy społecznej. △ W zn. «okazały, mający dobrą prezencję» *lepiej*: reprezentacyjny.

reprezentować *ndk IV*, reprezentowaliśmy (p. akcent § 1a i 2) «być przedstawicielem kogoś, czegoś»: Reprezentować interesy towarzyszy. △ *niepoprawne* Reprezentować sobą kogoś, coś (*zamiast*: być kimś, czymś). △ *niepoprawne* w zn. «mieć jakąś zaletę», np. Reprezentować (*zamiast*: mieć) jakąś wartość, jakieś umiejętności, talent. **reprezentować się** *niepoprawne* zamiast: wyglądać, przedstawiać się, prezentować się, np.: Nasi zawodnicy dobrze się reprezentowali (*zamiast*: prezentowali się, wyglądali). || *D Kult. I, 212.*

reproduktor *m IV*, in. rozpłodnik, rozpłodowiec, stadnik «samiec rozpłodowy»

reprymenda (*nie*: reprymanda) *ż IV*: Dać komuś reprymendę.

republika (*wym.* republika, *nie*: republika, p. akcent § 1c) *ż III*: Francja jest republiką. Ogłosić, proklamować, stworzyć republikę a. ogłosić, proklamować jakiś kraj republiką. △ W nazwach państw

rewanż

dużą literą: Niemiecka Republika Demokratyczna, Demokratyczna Republika Wietnamu.

republikanin *m V, D.* republikanina, *lm M.* republikanie, *D.* republikanów (*nie*: republikan).

reputacja *ż I, DCMs.* reputacji, *blm wych. z użycia* «opinia; rozgłos, sława»: Dobra, zła reputacja. Cieszył się reputacją znakomitego brydżysty. Dbać o swoją, o czyjąś reputację; naprawić (poprawić), narażać (na szwank) swoją, czyjąś reputację; psuć, ratować, szargać, szarpać czyjąś reputację. Szkodzić czyjejś reputacji. Znać kogoś z reputacji.

requiem p. rekwiem.

resentyment *m IV, D.* resentymentu *rzad.* «uraza, niezadowolenie, niechęć» △ *niepoprawne* w zn. «wznowienie uczuć, odradzanie się sympatii», np. Potępiać resentymenty hitlerowskie (*zamiast*: Potępiać odradzanie się sympatii hitlerowskich). // *KP Pras.*

reskrypt *m IV, D.* reskryptu, *lm M.* reskrypty, *rzad.* reskrypta *przestarz.* «pismo urzędowe, zarządzenie władz»

Resnais (*wym.* Rene) *m ndm*: Sławne filmy Alaina (*wym.* Alena) Resnais.

resor *m IV, D.* resoru: Resory samochodowe. △ *posp.* Bujda na resorach «nieprawda, kłamstwo»

resort *m IV, D.* resortu 1. «dział administracji państwowej kierowany przez ministra: ministerstwo»: Resort handlu. Kierownik resortu. 2. *pot.* «zakres władzy, dziedzina działania itp.»: Nie załatwię tej sprawy — to nie mój resort. // *KP Pras.*

resortowy «dotyczący resortu, związany z resortem, należący do resortu»: Zjednoczenia resortowe. △ Minister resortowy «minister, do którego kompetencji należy dana sprawa»: Minister Oświaty jako minister resortowy żądał zwiększenia funduszu na budowę szkół.

respekt *m IV, D.* respektu, zwykle *blm wych. z użycia* «poważanie, szacunek» □ R. dla kogo, czego a. przed kim, czym: Miała respekt dla ojca. Być z respektem dla kogoś. △ Mieć respekt u kogoś, cieszyć się czyimś respektem.

respektować *ndk IV,* respektowaliśmy (p. akcent § 1a i 2) □ *książk.* R. co «przestrzegać czegoś»: Respektować przepisy, czyjeś postanowienia. □ *przestarz.* R. kogo, co «szanować, poważać»: Respektować nauczycieli, czyjś poważny wiek.

Respighi (*wym.* Respigi) *m odm. jak przym., D.* Respighiego: Poematy symfoniczne Respighiego.

respondent *m IV, lm M.* respondenci «ten, kto odpowiada na ankietę»

restauracja (*wym.* restau-racja) *ż I, DCMs. i lm D.* restauracji.

restaurator (*wym.* restau-rator) *m IV, lm M.* restauratorzy, *rzad.* restauratorowie.

restaurować (*wym.* restau-rować) *ndk IV,* restaurowaliśmy (p. akcent § 1a i 2) «odnawiać, odświeżać (dzieło sztuki, budynek)»: Restaurować zabytkowe kamieniczki.

restytuować *ndk i dk IV,* restytuowaliśmy (p. akcent § 1a i 2) *książk.* «przywracać, przywrócić do poprzedniego stanu; oddawać, zwrócić»: Restytuować pierwodruk dzieła. Restytuować zabrane dobra. △ *niepoprawne* Restytuować z powrotem (pleonazm).

résumé (*wym.* rez-üme) *n ndm, lepiej*: podsumowanie, streszczenie.

resumować *ndk IV,* resumowaliśmy (p. akcent § 1a i 2) *rzad. książk.* «streszczać»: Resumować wykład. // *D Kult. I, 343; U Pol. (1), 49. Por.* reasumować.

Reszel *m I, D.* Reszla «miasto» — reszelski.

Reszke *m w lp odm. jak przym., NMs.* Reszkem, w *lm jak rzecz., M.* Reszkowie, *D.* Reszków a. (zwykle z odmienianym imieniem lub tytułem) *ndm*: Państwo Reszkowie a. państwo Reszke. Występ operowy Reszkego (Jana Reszkego, Jana Reszke). Reszke *ż ndm* — Reszkowa *ż odm. jak przym.* — Reszkówna *ż IV, D.* Reszkówny, *CMs.* Reszkównie (*nie*: Reszkównej), *lm D.* Reszkówien.

reszta *ż IV* 1. zwykle *blm* «pozostałość, ostatek»: Zniknęła reszta nadziei. △ Bez reszty, *lepiej*: całkowicie, w pełni, zupełnie, np. Oddać się bez reszty (*lepiej*: całkowicie) jakiejś sprawie. 2. «część pieniędzy zwrócona z większej kwoty»: Dawać, wydawać, brać resztę (*nie*: reszty), *ale*: Dać, wydać, przyjąć pięć złotych reszty. △ Żądać reszty, prosić o resztę. 3. *in.* różnica «w matematyce: wynik odejmowania» // *D Kult. I, 30.*

resztka *ż III, lm D.* resztek, częściej w *lm*: Resztki jedzenia, zapasów, materiału. Resztki dawnej urody. Żyć resztkami a. z resztek pieniędzy (dawnego dobrobytu). △ Gonić, ciągnąć resztkami (pieniędzy, nerwów, sił).

resztować *ndk IV,* resztowałby (p. akcent § 4c) *przestarz.* «zbywać, pozostawać» △ Resztująca (*lepiej*: pozostała) suma, kwota itp.

retor *m IV, lm M.* retorzy a. retorowie *książk.* «mówca; orator, krasomówca»

Retoromanin *m V, D.* Retoromanina, *lm M.* Retoromanie, *lm D.* Retoromanów, zwykle w *lm* «lud mówiący dialektami języka retoromańskiego, zamieszkujący części Szwajcarii i Włoch» — Retoromanka *ż III, lm D.* Retoromanek — retoromański.

retoryka (*wym.* retoryka, *nie*: retoryka, p. akcent § 1c) *ż III*: Wykładać retorykę.

reumatyzm (*wym.* re-umatyzm, *nie*: reomatyzm, rumatyzm) *m IV, D.* reumatyzmu, *Ms.* reumatyzmie (*wym.* ~yzmie a. ~yźmie).

Reuter (*wym.* Rojter) *m IV, D.* Reutera (p. akcent § 7): Agencja Reutera.

rewalidacja *ż I, DCMs. i lm D.* rewalidacji 1. «przywrócenie choremu sprawności fizycznej, psychicznej i aktywności społecznej» 2. «przywrócenie ważności postępowaniu prawnemu lub papierowi urzędowemu» *Por.* rehabilitacja.

rewanż *m II, D.* rewanżu, *lm D.* rewanżów «odwzajemnienie się; odwet» △ Dać komuś rewanż za coś. Wziąć na kimś (*nie*: nad kimś) rewanż. Dać komuś coś w rewanżu. Wziąć rewanż za coś (np. za przegraną, za porażkę). // *D Kult. II, 340; KP Pras.*

rewanżować się *ndk IV*, rewanżowaliśmy się (p. akcent § 1a i 2) — **zrewanżować się** *dk* □ R. się czym — za co: Zrewanżował się przysługą za gościnę.

rewanżysta *m* odm. jak *ż IV*, *lm M.* rewanżyści, *DB.* rewanżystów; *lepiej*: odwetowiec: Rewanżyści zachodnioniemieccy. // *D Kult. II, 341; KP Pras.*

rewanżyzm *m IV*, *D.* rewanżyzmu, *Ms.* rewanżyzmie (*wym.* ~yzmie a. ~yźmie) «dążenie do odwetu»: Rewanżyzm militarystów z NRF. // *D Kult. II, 340.*

Rewel *m I*, *D.* Rewla «dawna nazwa Tallinna» — rewelski.

rewelacja *ż I, DCMs.* i *lm D.* rewelacji: Występy wybitnego piosenkarza stały się rewelacją sezonu.

rewelacyjny *m-os.* rewelacyjni: Rewelacyjne odkrycie. △ Wyraz nadużywany w prasie w zn. «doskonały, świetny, znakomity», np. Rewelacyjny (*lepiej*: znakomity) zawodnik. Rewelacyjne (*lepiej*: bardzo niskie) ceny.

rewelers (*nie*: rewellers) *m IV*, *lm M.* rewelersi, zwykle w *lm*: Występ rewelersów. // *D Kult. I, 446.*

rewerencja *ż I, DCMs.* i *lm D.* rewerencji *przestarz., książk.* «uszanowanie, poważanie, szacunek»: Być dla kogoś z rewerencją. Przyjąć, słuchać kogoś z (całą, wielką) rewerencją.

rewers *m IV*, *D.* rewersu, *lm M.* rewersy: Wystawić rewers (na coś). Wydać coś za rewersem. // *U Pol. (1), 445.*

rewia *ż I, DCMs.* i *lm D.* rewii: Rewia na lodzie. Rewia mody. Rewia wojska a. rewia wojskowa.

rewidować *ndk IV*, rewidowaliśmy (p. akcent § 1a i 2) — **zrewidować** *dk* □ R. kogo, co; r. komu co: Rewidować podejrzanych. Rewidować komuś kieszenie, mieszkanie. △ *niepoprawne* Rewidować za czymś (*zamiast*: Robić rewizję w poszukiwaniu czegoś). // *Pĵ 1966, 238.*

rewizja *ż I, DCMs.* i *lm D.* rewizji w zn. «przeszukiwanie przez władze śledcze, policję itp. (np. rzeczy osobistych, mieszkania)»: Rewizja osobista. Rewizja mieszkania, bagażu. △ *niepoprawne* Rewizja za czymś (*zamiast*: w poszukiwaniu czegoś). △ *praw.* Wnieść, założyć rewizję «wznowić postępowanie sądowe»

rewizjonizm *m IV*, *D.* rewizjonizmu, *Ms.* rewizjonizmie (*wym.* ~izmie a. ~iźmie).

rewizor *m IV*, *lm M.* rewizorzy, *rzad.* rewizorowie.

rewizyta *ż IV*: Udać się, pójść z rewizytą do kogoś (*nie*: oddać komuś rewizytę).

rewizytować *ndk* a. *dk IV*, rewizytowaliśmy (p. akcent § 1a i 2): Rewizytować znajomych, przyjaciół.

rewolucja *ż I, DCMs.* i *lm D.* rewolucji: Rewolucja społeczna, obyczajowa. Rewolucja proletariacka. Rewolucja pojęć, poglądów. □ R. przeciw komu, czemu: Rewolucja przeciw rodzimej reakcji, przeciw uciskowi caratu. □ R. w czym, w dziedzinie

czego: Rewolucja w literaturze, w dziedzinie ideologii. △ W nazwach dużą literą: Rewolucja Październikowa, Wielka Rewolucja Francuska.

rewolwer (*nie*: leworwer, liworwer) *m IV*, *D.* rewolweru.

rewolwerowiec *m II*, *D.* rewolwerowca, *W.* rewolwerowcu **1.** *lm M.* te rewolwerowce «napastliwe, oszczercze czasopismo» **2.** *lm M.* ci rewolwerowcy **a)** «dziennikarz pisujący w takim czasopiśmie» **b)** «bandyta posługujący się rewolwerem»

Reykjavik (*wym.* Rejkjawik a. Rejkjawik) *m III*, *D.* Reykjaviku (p. akcent § 7) «stolica Islandii»

Řezač (*wym.* Rzezacz) *m IV*, *D.* Řezača (p. akcent § 7): Twórczość powieściowa Wacława Řezača.

rezerwa (*nie*: rozerwa) *ż IV* **1.** «zapas»: Rezerwa benzyny. Rezerwy finansowe, produkcyjne. Rezerwy kadrowe a. rezerwy kadr. Mieć, trzymać coś w rezerwie. **2.** *blm* «powściągliwość, chłód»: Zachowywać się z rezerwą. **3.** *blm* «wojsko uzupełniające»: Oficer rezerwy. Powołać, przenieść kogoś do rezerwy. **4.** częściej w *lm* «wojsko pozostawione w odwodzie»: Rzucić rezerwy na front.

rezerwat *m IV*, *D.* rezerwatu □ R. kogo, czego, *rzad.* dla kogo, czego: Rezerwat łosi. Rezerwat dla zwierzyny. Rezerwat Indian (dla Indian).

rezerwista (*nie*: rozerwista) *m* odm. jak *ż IV*, *lm M.* rezerwiści, *DB.* rezerwistów.

rezerwować *ndk IV*, rezerwowaliśmy (p. akcent § 1a i 2) — **zarezerwować** *dk* □ R. co — dla kogo, *rzad.* komu (gdzie): Rezerwować pokoje w hotelu dla spodziewanych gości. Rezerwować bilety kolejowe dla pracowników (*rzad.* pracownikom) z delegacjami służbowymi.

rezerwuar (*wym.* rezerwu-ar; *nie*: rezerwuar, rezerwoar) *m IV*, *D.* rezerwuaru (p. akcent § 7) «zbiornik»

rezolucja *ż I, DCMs.* i *lm D.* rezolucji «postanowienie, uchwała»: Powziąć, uchwalić, przyjąć rezolucję. □ R. o czym: Rezolucja o zniesieniu podatku. □ R. w sprawie czego: Rezolucja w sprawie użycia broni atomowej.

rezon *m IV*, *D.* rezonu, *blm wych.* z użycia «pewność siebie, śmiałość»: Mieć rezon. Nabrać rezonu.

rezonans *m IV*, *D.* rezonansu, *lm M.* rezonanse.

rezonować *ndk IV*, rezonowaliśmy (p. akcent § 1a i 2) «rozprawiać, mędrkować, mądrzyć się»: Lubił dużo rezonować. □ R. o czym a. nad czym: O czym (nad czym) tak rezonujecie?

rezultat *m IV*, *D.* rezultatu, *lm M.* rezultaty «wynik, skutek, następstwo»: Rezultat badań, leczenia, pracy, egzaminu. Osiągnąć (*nie*: zyskać) rezultat. Być rezultatem, stanowić rezultat czegoś. △ W rezultacie «ostatecznie, w końcu» △ W rezultacie czegoś (*lepiej*: przez coś, dzięki czemuś, na skutek czegoś), np. W rezultacie (*lepiej*: wskutek) usilnych starań dostał interesującą pracę.

rezygnacja *ż I, DCMs.* rezygnacji, *blm* □ R. z czego «zrzeczenie się czegoś, odstąpienie od czegoś»: Rezygnacja ze stanowiska.

reż. «skrót wyrazu: *reżyser*, pisany z kropką, stawiany zwykle przed nazwiskiem lub przed imieniem i nazwiskiem, czytany jako cały, odmieniany wyraz»: Reż. Andrzej Wajda. Rozmowa z reż. (*czyt.* reżyserem) Wajdą.

reżim a. **reżym** *m IV, D.* reżimu (reżymu) **1.** «system rządów (używane z zabarwieniem ujemnym)»: Reżim faszystowski. **2.** *lepiej*: regulamin, rygor, dyscyplina, np.: Reżim (*lepiej*: rygor) oszczędnościowy. Reżim szkolny (*lepiej*: dyscyplina szkolna).

reżyser *m IV, lm M.* reżyserzy, *rzad.* reżyserowie (skrót: reż.)
reżyser — o kobiecie, p. nazwy i tytuły zawodowe kobiet.

reżyseria *ż I, DCMs.* reżyserii, *blm* «ogół czynności reżysera, reżyserowanie (sztuki, filmu, audycji)»: Film, sztuka w czyjejś (*nie*: według czyjejś) reżyserii.

reżyserka *ż III, lm D.* reżyserek **1.** *częściej*: reżyser (o kobiecie). **2.** p. reżysernia: Reżyser kierował sztuką z reżyserki. **3.** *blm środ.* «reżyseria»: Studiuje reżyserkę w szkole filmowej.

reżysernia *ż I, lm D.* reżyserni, *rzad.* reżyserń «pokój reżysera w studio radiowym lub telewizyjnym; reżyserka»

rębacz *m II, lm D.* rębaczy a. rębaczów.

ręczyć *ndk VIb*, ręczyliśmy (p. akcent § 1a i 2) □ R. (komu) za kogo, za co: Ręczyć za czyjeś zdrowie, za skuteczność leku. Ręczę za jego uczciwość. □ R. czym: Ręczę słowem (honoru), honorem, majątkiem.

ręka *ż III, Ms.* ręce a. ręku, *lm M.* ręce, *D.* rąk, *N.* rękami (*nie*: ręcami) a. rękoma, *Ms.* rękach (*nie*: ręcach): Palec ręki a. u ręki. Siła w rękach. Chwytać, złapać, wziąć czyjąś rękę a. kogoś za rękę. Skaleczyć rękę a. skaleczyć się w rękę. Wcisnąć, wsunąć komuś w rękę a. do ręki (np. datek, napiwek). Włożyć, wetknąć, wcisnąć, wsunąć rękę, ręce do czegoś, w coś. Wszyscy trzymali się rękami a. rękoma uchwytów. Wziąć coś w ręce a. do rąk. Na ręce (na ręku) miał zegarek. Trzymać coś w lewej ręce (w lewym ręku). △ Wyrywać sobie coś z rąk (*nie*: przez ręce). Dostać, otrzymać coś z czyichś rąk. Zginąć, paść, ponieść śmierć z czyjejś ręki a. z czyichś rąk. □ Formy *dwie ręce* (*D.* dwóch rąk, *C.* dwom rękom, *B.* dwie ręce, *N.* dwiema a. dwoma rękami, *Ms.* dwóch rękach) są używane zarówno w odniesieniu do rąk jednej osoby, jak i do rąk, z których każda należy do innej osoby; natomiast formy: *dwoje rąk* (*D.* dwojga rąk, *C.* dwojgu rękom, *N.* dwojgiem rąk, *Ms.* dwojgu rękach) — są używane (zwykle z odcieniem podniosłości) w odniesieniu do rąk należących do jednej osoby, np. Utrzymanie całej rodziny zależało tylko od moich dwojga rąk. △ Po prawej, po lewej ręce «z prawej, z lewej strony» △ Pod ręką **a)** «w zasięgu ramienia, w pobliżu»: Łapać, co się ma pod ręką. **b)** *pot.* «w pogotowiu, do dyspozycji»: Nie miałem pod ręką odpowiednich kandydatów. **c)** *niepoprawne* w zn. «potajemnie, pokryjomu, cichaczem, nieznacznie», np. Ani się obejrzał, jak mu to zamienili pod ręką (*zamiast*: potajemnie, cichaczem). △ Precz z rękami (*nie*: Ręce precz) od kogoś, od czegoś, np. Precz z rękami od Wietnamu! △ Iść, pójść komuś na rękę «ułatwić komuś coś, pomagać komuś w czymś» △ Przechodzić, wędrować z rąk do rąk (*nie*: od ręki do ręki).

△ Przykładać (*nie*: dokładać) ręki, rąk, rękę (*nie*: ręce) do czegoś «brać się, przyczyniać się do czegoś, wpływać na bieg czegoś»: Nie przyłożę ręki do tej sprawy. △ Rozkładać (*nie*: rozwodzić) ręce «okazywać bezradność» △ Złożyć, skierować, wysłać coś na czyjeś ręce «złożyć, wysłać coś, np. podanie, prośbę, raport itp. kierując je personalnie do kogoś» **od ręki** *pot.* «od razu, natychmiast; na poczekaniu»: Załatw mi to od ręki. || *D Kult. I, 733.*

rękaw *m IV, lm D.* rękawów: Sukienka bez rękawów (*nie*: bez rękaw). △ Zakasać rękawy «zabrać się pilnie do roboty»: Żeby się dorobić, trzeba zakasać rękawy. △ Sypać czymś, *rzad.* coś, jak z rękawa; coś sypie się jak z rękawa «wyliczać coś z wielką łatwością; wylicza się, przytacza się dużo czegoś»: Sypał dowcipami jak z rękawa. Gdy przemawiał, cyfry i daty sypały się jak z rękawa. △ Wytrząsać, wytrząsnąć coś z rękawa «zdobywać, zdobyć bez trudu, na poczekaniu»: Musiał uzbroić się w cierpliwość, z rękawa tylu rzeczy nie można było wytrząsnąć.

rękawica *ż II*: Rękawica kąpielowa. Rękawice bokserskie. △ *książk. podn.* Rzucić komuś rękawicę «wyzwać kogoś do walki» △ *niepoprawne* (o bokserach): Skrzyżować rękawice (*zamiast*: zacząć walkę; analogia do poprawnego zwrotu: skrzyżować szable).

rękoczyn *m IV, D.* rękoczynu *książk.*, często *żart.* «pobicie»: Posunąć się do rękoczynów.

rękodzielnictwo *n III, blm* «ręczny wyrób przedmiotów (zwykle artystycznych); rzemiosło; rękodzieło»

rękodzielnik *m III, lm M.* rękodzielnicy «rzemieślnik, zwykle rzemieślnik wyrabiający przedmioty artystyczne»

rękodzieło *n III* **1.** *blm*, p. rękodzielnictwo: Złotnictwo jest rękodziełem artystycznym. **2.** «przedmiot wykonany rękodzielniczo (dziś zwykle zbiorowo o wyrobach artystycznych, *blm*)»: Wystawa rękodzieła ludowego.

rękojeść (*nie*: rękojeść) *ż V, lm M.* rękojeści (*nie*: rękojeście): Rękojeść miecza, łopaty.

rękojmia (*nie*: rękojma) *ż I, DCMs.* i *lm D.* rękojmi *książk.* «poręczenie, gwarancja»: Rękojmia bezpieczeństwa. △ Dawać rękojmię czegoś, dawać rękojmię, że... «zapewniać»: Jakąż mi dasz rękojmię, że nie zawiedziesz?

rękopis *m IV, D.* rękopisu, *lm M.* rękopisy: Rękopis autorski.

rękopiśmienny, *rzad.* **rękopiśmienniczy**: Zabytek rękopiśmienny.

RFSRR (*wym.* erefeserer, p. akcent § 6) *ż, rzad. m ndm* «Rosyjska Federacyjna Socjalistyczna Republika Radziecka»: Mieszkać w RFSRR. Zaproszenie dla delegacji przysłała RFSRR.

Rh (*wym.* erha, p. akcent § 6) *n ndm* «układ grupowy krwi»: Dodatnie, ujemne Rh, *pot.* Rh plus, minus (*ale*: Czynnik Rh dodatni, ujemny).

Riazań (*wym.* Rjazań a. Rjazań) *m I, D.* Riazania (p. akcent § 7) «miasto w ZSRR» — riazański.

Richelieu (*wym.* Riszöljö) *m odm. jak przym., D.* Richelieugo (*wym.* Riszöljego, p. akcent § 7) a. (zwykle z odmienianym tytułem) *ndm*: Dążenie Richelieugo (kardynała Richelieu) do scentralizowanej monarchii absolutnej.

Riepin a. **Repin** (*wym*. Riepin, Repin) *m IV*, *D*. Riepina, Repina (p. akcent § 7): Znany obraz pędzla Riepina.

riesling (*wym*. rizling) *m IV*, *D*. rieslingu a. rieslinga: Wypić kieliszek rieslingu (rieslinga).

rijecki: Stocznia rijecka (*ale*: Zatoka Rijecka).

Rijeka *ż III* «miasto w Jugosławii (po włosku: Fiume)» — rijecki.

riksza *ż II*, *lm D*. riksz.

rikszarz *m II*, *lm D*. rikszarzy.

Rilke *m* odm. jak przym., *D*. Rilkego: Poezje Rilkego.

Riła *ż IV*, *CMs*. Rile «masyw górski w Bułgarii; klasztor w tych górach» — rylski.

Rimbaud (*wym*. Rębo) *m IV*, *D*. Rimbauda (*wym*. Ręboda, p. akcent § 7), *Ms*. Rimbaudzie (*wym*. Rębodzie) a. *ndm*: Poemat Rimbauda (Rimbaud).

Rimski-Korsakow (*wym*. Rimski-Korsakow), Rimski *m* odm. jak przym., Korsakow *m IV*, *DB*. Rimskiego-Korsakowa (p. akcent § 7), *N*. Rimskim-Korsakowem (*nie*: Rimskim-Korsakowym): Opery Rimskiego-Korsakowa.

Rio de Janeiro (*wym*. Ri-o de Żanejro) *n ndm* «miasto i stan v Brazylii»

risotto (*wym*. rizotto) *n III*, *D*. risotta, *Ms*. risotcie (*wym*. rizocie), *blm* «rodzaj potrawy z ryżu i mięsa»: Risotto z drobiu. Porcja risotta.

Riwiera *ż IV* «śródziemnomorskie wybrzeże Francji i Włoch»

rkm (*wym*. erkaem, albo: erkaem) «skrót wyrażenia: *ręczny karabin maszynowy*, pisany bez kropek, czytany także jako całe, odmieniane wyrażenie»: Dostał nowy rkm. Żołnierze czyścili swoje rkm (*czyt*. erkaemy a. ręczne karabiny maszynowe). *Por*. erkaem.

RKS (*wym*. erkaes, albo: erkaem) *m IV*, *D*. RKS-u a. *m ndm* «Robotniczy Klub Sportowy»: Należeć do RKS-u (do RKS). RKS zaprosił gości na mecz.

robactwo *n III*, *blm*: Różnego rodzaju robactwo (*nie*: robactwa).

robaczywy (*nie*: robaczliwy): Robaczywe jabłko. △ *pot. żart*. Robaczywe myśli «myśli nieprzyzwoite»

robak *m III* «drobne zwierzę pełzające, *pot*. także: owad, zwłaszcza szkodliwy i dokuczliwy»: Robaki toczą drzewa. Jabłko z robakami. △ *pot*. Zalewać *rzad*. zapijać, zakrapiać robaka «pić alkohol dla zapomnienia o smutku, zmartwieniu» △ *pot*. Robak kogoś gryzie «ktoś ma zmartwienie»

rober *m IV*, *DB*. robra: Grać, rozegrać, zagrać jednego robra, kilka robrów. Zrobić robra.

Robespierre (*wym*. Robespier) *m IV*, *D*. Robespierre'a (*wym*. Robespiera, p. akcent § 7), *Ms*. Robespierze: Polityka Robespierre'a.

robić *ndk VIa*, robimy, rób, robiliśmy (p. akcent § 1a i 2) **1.** — **zrobić** *dk* «wykonywać; czynić» □ R.

co z czego: Dzieci robiły babki z piasku. □ R. co za kogo: Robił to za kolegę. □ R. co dla kogo: Robię to wyłącznie dla ciebie. □ R. co — czym, na czym «wykonywać coś posługując się czymś»: Robić serwetkę szydełkiem, sweter na drutach. □ *pot*. R. co na co «robić coś na wzór czegoś, naśladując, imitując coś»: Okładzina robiona na mahoń. □ R. kogo kim, czym, jakim «sprawiać, że ktoś staje się kimś, czymś, jakimś»: Robi mnie (mię) swoim powiernikiem. Gniew robił go niesprawiedliwym. □ R. (co) z kim, z czym «rozporządzać kimś, czymś według własnej woli»: Tak go opanowała, że robiła z nim, co tylko chciała. Nie wiedział, co robić z tymi pieniędzmi. □ R. kogo a. co z kogo, z siebie «przedstawiać kogoś (siebie) jako kogoś, coś»: Robić z kogoś, z siebie durnia. Robić z siebie ofiarę. *pot*. Robić z kogoś wariata. △ Robić na kimś (*nie*: na kogoś) wrażenie. △ Robić komuś wstyd: Nie rób mi wstydu, zachowuj się przyzwoicie. △ Robić z czegoś użytek «wyciągać przykre dla kogoś konsekwencje z jakiejś sprawy» △ Nic sobie z czegoś nie robić, niewiele sobie z czegoś robić «lekceważyć coś, nie liczyć się z czymś»: Niewiele sobie robił z tych ostrzeżeń. △ Coś robi komuś różnicę (nie robi różnicy) «coś nie jest (jest) komuś obojętne»: Cena nie robi mi różnicy. Czy ci to robi różnicę, z kim pojedziesz? △ Coś robi komuś dobrze, źle (na coś) «coś dobrze, źle na kogoś wpływa, dobrze, źle na coś działa»: Dobrze mu robiła krótka drzemka. Herbata miętowa dobrze mu robi na żołądek. △ *pot*. Robić coś z głową «postępować, przeprowadzać coś rozważnie, mądrze» △ *pot*. Robić maturę «przygotowywać się do egzaminu maturalnego; zdawać ten egzamin» △ *niepoprawne*: Robić (*zamiast*: zdawać) egzamin. Robić kogoś uważnym na coś (*zamiast*: zwracać czyjąś uwagę na coś). **2.** *pot*. «pracować (zwłaszcza fizycznie)»: Robić w polu, na dniówkę. □ R. na kogo, na siebie «pracować, zarabiać na czyjeś, na swoje utrzymanie» □ R. u kogo «być u kogoś zatrudnionym»: Robił u bogatego gospodarza. □ R. przy czym «pracować przy produkcji czegoś»: Długi czas robił przy butach. △ Robić w fabryce «pracować jako robotnik w fabryce»

robić się — **zrobić się** □ R. się kim, czym a. jakim «stawać się jakimś»: Robić się ważnym. △ *pot*. Coś się z kimś, z czymś robi «coś dzieje się z kimś, z czymś»: Sama nie wiem, co się ze mną robi. △ *pot*. Coś robi się jakieś «coś staje się jakieś»: Awantura robi się jeszcze większa. △ *nieos*. Robi się widno, jasno, ciemno, ciepło, późno, straszno. Komuś robi się zimno, gorąco, słabo, niedobrze. Komuś robi się lekko, wesoło, smutno na sercu, na duszy. △ *pot*. Robi się! Już się robi! «wykrzyknienie oznaczające gotowość do czynu, do pracy»

Robinson (*wym*. Robinson) *m IV*, *D*. Robinsona (p. akcent § 7), *lm M*. Robinsonowie «nazwisko, imię»: Przyznanie nagrody Nobla Robertowi Robinsonowi. „Przypadki Robinsona Cruzoe" D. Defoe.

robinsonada (*nie*: robinzonada) *ż IV*.

robociarz *m II*, *lm D*. robociarzy «z różnym zabarwieniem ekspresywnym o robotniku»: Jego ojciec to prosty robociarz.

robocizna *ż IV*, *CMs*. robociźnie (*nie*: robociznie), zwykle *blm* «nakład pracy, zwłaszcza fizycznej, praca zużyta na coś; koszt pracy»: Robocizna jest tania, droga. Koszt robocizny.

roboczodniówka *ż III, lm* D. roboczodniówek *środ., lepiej*: dniówka (robocza).

roboczogodzina *ż IV, środ., lepiej*: godzina pracy, godzina robocza.

robota *ż IV, lm* D. robót 1. «praca (z odcieniem potoczności); to, co jest wykonane, wyrób»: Dokładna, staranna robota. Dobra, zła robota. Zacząć, skończyć, przerwać robotę. Odbierać (*nie*: przyjmować) robotę od przedsiębiorcy. Odbiór (*nie*: przyjęcie) roboty od wykonawcy. Wziąć się do roboty (*nie*: za robotę). Robota przy budowie. △ Robota pali się komuś w rękach «ktoś wykonuje coś szybko, sprawnie» △ *pot.* Coś jest jeszcze w robocie «coś jest wykonywane, jeszcze nie skończone» △ Coś (jest) swojej roboty «coś jest wykonane chałupniczo, nie fabrycznie»: Płótno swojej roboty. △ Coś (jest) własnej roboty «coś jest wykonane własnoręcznie»: Poczęstowała nas tortem własnej roboty. 2. tylko w *lm* «zbiorowe prace fizyczne»: Roboty budowlane, elektrotechniczne, kanalizacyjne, murarskie. Roboty polowe a. roboty w polu. 3. (tylko w *lp*) *pot.* «zajęcie, posada; zarobkowa praca fizyczna»: Szukać roboty, starać się o robotę. Dostać robotę w fabryce. Chodzić do roboty. 4. (tylko w *lm*) *wych. z użycia* «lekcja zajęć praktycznych; roboty ręczne»: Piątka z robót. Na robotach robimy wycinanki, haftujemy. // D Kult. I, 347.

robotniczo-chłopski: Sojusz robotniczo-chłopski.

robotnik *m III, lm* M. robotnicy: Robotnik budowlany, drogowy, kolejowy, leśny, portowy. Robotnik akordowy, sezonowy, dniówkowy. Zatrudniać, angażować robotników (*nie* w zn. zbiorowym: robotnika). Płacić robotnikom (*nie* w zn. zbiorowym: robotnikowi).

robotnikodniówka *ż III, lm* D. robotnikodniówek *środ., lepiej*: dniówka (obrachunkowa).

robotnikogodzina *ż IV środ., lepiej*: godzina pracy, godzina obrachunkowa.

Rochet (*wym.* Rosze) *m IV,* D. Rocheta (*wym.* Roszeta, p. akcent § 7), *Ms.* Rochecie a. (zwykle z odmienianym imieniem) *ndm*: Działalność polityczna Waldecka (*wym.* Waldeka) Rocheta (Rochet).

rock (*wym.* rok) *m III,* DB. rocka *pot.* (skrótowo od: rock and roll): Tańczyć, grać rocka.

rock and roll (*wym.* rok end rol) *m I* (odm. tylko człon ostatni), DB. rock and rolla: Tańczyć rock and rolla. // D Kult. II, 466.

Rockefeller (*wym.* Rokefeler) *m IV,* D. Rockefellera (p. akcent § 7), *lm* M. Rockefellerowie: Majątek Rockefellerów. Fundacja Rockefellera.

rocznica *ż II* □ R. czego: Rocznica rewolucji, bitwy. Rocznica wyzwolenia Polski. Rocznica powstania listopadowego. Rocznica ślubu. Rocznica czegoś zbliża się, przypada na jakiś dzień. Czcić, święcić rocznicę czegoś. △ Pierwsza, druga, dziesiąta, setna (*nie*: dwuletnia, dziesięcioletnia, stuletnia) rocznica czegoś: W dziesiątą, setną a. w 10. 100. rocznicę czegoś. // Kl. Ależ 102.

roczny (*nie*: roczni) *m-os.* roczni: Roczny urlop, dochód. Roczna przerwa. Bilans roczny. Produkcja roczna. Sprawozdanie roczne. Roczne wino. Roczny źrebak.

rodak *m III, lm* M. rodacy 1. «człowiek tej samej narodowości; ziomek, współziomek»: Spotkał na obczyźnie wielu rodaków. 2. *pot. żart.* «człowiek pochodzący z tej samej okolicy, dzielnicy, z tego samego miasta»: Na wycieczce spotkał warszawskiego rodaka.

rodeo *n ndm*: Brać udział w rodeo.

Rodezja *ż I, DCMs.* Rodezji «państwo w Afryce» — Rodezyjczyk *m III, lm* M. Rodezyjczycy — Rodezyjka *ż III, lm* D. Rodezyjek — rodezyjski.

Rodin (*wym.* Rodę) *m IV,* D. Rodina (*wym.* Rodena, p. akcent § 7): Sławne rzeźby Rodina.

rododendron *m IV,* D. rododendronu.

Rodopy *blp,* D. Rodop «góry na Półwyspie Bałkańskim»

Rodos *m IV,* D. Rodosu a. (z wyrazami: wyspa, miasto) *ndm* «wyspa i miasto greckie»: Mieszkać na wyspie Rodos, mieszkać w mieście Rodos. Dopłynęliśmy do wyspy Rodos (do Rodosu). — Rodyjczyk (p.) — Rodyjka (p.) — rodyjski (*nie*: rodoski).

rodowity *m-os.* rodowici 1. «urodzony w danym kraju, w danej dzielnicy, w danym mieście, pochodzący z danego kraju, z danej dzielnicy, z danego miasta; rdzenny»: Rodowity Polak, Węgier, Kurp. Rodowita warszawianka, krakowianka. 2. *przestarz.* «ojczysty, rodzimy»: Rodowity język. Rodowita literatura. *Por.* rodzimy, rodzinny.

rodowód *m IV,* D. rodowodu: Rodowód rodziny, konia. △ *przen.* Rodowód dzieła. *przestarz.* Brać swój rodowód skądś a. od kogoś, od czegoś.

Rodyjczyk *m III, lm* M. Rodyjczycy 1. «mieszkaniec wyspy Rodos»
2. rodyjczyk «mieszkaniec miasta Rodos»

Rodyjka *ż III, lm* D. Rodyjek 1. «mieszkanka wyspy Rodos»
2. rodyjka «mieszkanka miasta Rodos»

rodzaj *m I,* D. rodzaju, *lm* D. rodzajów, *rzad.* rodzai 1. w zn. «typ, gatunek; *bot. zool.* jednostka systematyczna»: Rodzaj pożywienia, gleby, broni. Rodzaj literatury, malarstwa. Różne rodzaje literackie, muzyczne. Rodzaj roślin, ssaków. △ Coś szczególnego rodzaju (*nie*: rzędu) «coś niezwykłego»: Ozdoba szczególnego rodzaju. △ Coś w rodzaju czegoś «coś podobnego do czegoś»: Gra w rodzaju bridża. Artykuł w rodzaju reportażu. △ Jedyny w swoim rodzaju «oryginalny, niepowtarzalny» 2. *jęz.* (skrót: r.). Rodzaj rzeczowników (*nie*: u rzeczowników, przy rzeczownikach).

*rodzaje zdań p. zdanie (punkt I).

*rodzaj gramatyczny (skrótowo: rodzaj), to kategoria morfologiczna oparta na podziale rzeczowników według znaczenia na klasy o różnej odmianie. Każdy rzeczownik polski ma jeden z trzech następujących rodzajów: *męski* (np.: chłopiec, kot, stół), *żeński* (np.: matka, gospodyni, szafa) lub *nijaki* (np.: piskłę, dziecko, pole). Natomiast przymiotniki, imiesłowy przymiotnikowe, formy czasu przeszłego, przyszłego złożonego i trybu przypuszczającego czasownika oraz zaimki odmieniają się przez rodzaj, dostosowując swą formę do rodzaju rzeczownika, który określają, np.: Przyszła młoda dziewczyna. Mój brat będzie pracował w szkole. Dobre dziecko pamiętałoby o rodzicach. Młodzi chłopcy pojechali na obóz. Wzruszone kobiety płakały.

Rodzaj gramatyczny rzeczownika decyduje w dużym stopniu o jego końcówkach deklinacyjnych. W mianowniku *lp* rzeczowniki rodzaju męskiego mają zwykle zakończenie spółgłoskowe, czyli końcówkę zerową, rzeczowniki rodzaju żeńskiego — końcówkę *-a* lub *-i*, rzeczowniki rodzaju nijakiego — końcówkę *-o*, *-e*, *-ę* lub *-um*. Istnieją jednak wyrazy o końcówkach mianownika nietypowych dla rodzaju, do którego należą.

W wypadku nazw osób oraz niektórych zwierząt o rodzaju decyduje przynależność desygnatu rzeczownika do jednej z dwóch płci. Rzeczowniki oznaczające mężczyzn mają zawsze rodzaj męski, choć niektóre z nich mogą mieć w *lp* końcówki charakterystyczne dla rzeczowników żeńskich (np. ten *poeta*, tego *poety*, temu *poecie*, tego *poetę* itd.) lub końcówkę mianownika typową dla rzeczowników nijakich (np. *dziadzio*, *wujcio*). Rzeczowniki typu *gapa*, *sierota* mogą odnosić się do osób obydwu płci. W *lp* wykładnikiem rodzaju gramatycznego bywa czasem forma wyrazu określającego (np. ten kaleka przyszedł: ta kaleka przyszła), ponieważ końcówki zgodne są zawsze z deklinacją żeńską. W *lm* natomiast możliwe jest zróżnicowanie rodzajowe w formie rzeczownika, ale nie jest to zjawisko regularne. Rzeczowniki *kaleka*, *sługa* mają obok żeńskiej męskoosobową formę mianownika: *kaleki — kalecy*, *sługi — słudzy*. Inne rzeczowniki wykazują zróżnicowanie rodzajowe w dopełniaczu, *lm* np.: *beks* || *beksów*, *ciamajd* || *ciamajdów*, *wiercipięt* || *wiercipiętów* itp. Tylko formę żeńską mogą mieć w dopełniaczu np. rzeczowniki: *kaleka*, *sierota*, *sługa*.

Do osób obydwu płci mogą odnosić się także nazwy wykonawców zawodów i tytuły naukowe nie mające odpowiedników żeńskich, np. *inżynier*, *profesor*, *doktor*. Jeżeli rzeczowniki te oznaczają kobiety, pozostają nieodmienne, np. Oddałem pracę profesor Kowalskiej. △ Zawsze odmienny jest natomiast wyraz *świadek*. Nazwy osób z przyrostkiem *-ysko*, *-isko* mają zwykle rodzaj nijaki (nazwy mężczyzn — także rodzaj męski), np.: Wróciło kochane matczysko. Utrapione dziewczynisko. Dobre (a. dobry) z niego chłopisko. △ Rzeczowniki tego typu odnoszące się do osób obydwu płci mogą łączyć się z określeniami w rodzaju nijakim lub męskim, np. To nieboraczysko przyszło (o kobiecie lub mężczyźnie); ten nieboraczysko przyszedł.

W wypadku rzeczowników nieżywotnych, których budowa słowotwórcza nie rozstrzyga o przynależności rodzajowej o rodzaju decyduje tradycja. Na przykład wśród rzeczowników spółgłoskowych *żołądź*, *kiść* i *kądziel* mają rodzaj żeński, *patrol* — męski, natomiast *piszczel*, *magiel* mogą występować w obydwu rodzajach (forma *ż*: ta magiel jest *reg.*) W obydwu rodzajach mogą występować też niektóre rzeczowniki mające zależnie od rodzaju różne postaci mianownika *lp*, np. (występujące zwykle w *lm*): *klusek* || *kluska*, *łazanek* || *łazanka*, *rodzynek* || *rodzynka*, *skwarek* || *skwarka*, *zapisek* || *zapiska*, *zawias* || *zawiasa*, i zapożyczone, np. *aster* || *astra*, *cytat* || *cytata*, *flanc* || *flanca*, *flank* || *flanka*, *frędzel* || *frędzla*, *plik* || *plika*, *mórg* || *morga*. Wyłącznie rodzaj męski mają np.

rzeczowniki *okruch*, *wiór*, *szpon*, *bon*, *diadem*, *klomb*, *podkoszulek*, *telegram*, *seler*, *kubeł*, *lew* (bułgarska jednostka monetarna). Tylko formę żeńską mają np. wyrazy: *butla*, *pomarańcza*, *recepta*, *tabaka*, *strucla*, *szufla*, *rabata*.

Rzeczowniki z końcówką *-um* są rodzaju nijakiego, np. *technikum*, *muzeum*. Rodzaj nijaki mają także nowsze zapożyczenia, które pozostają nieodmienne, np.: *jury*, *menu*, *résumé*, *tournée*.

Niekiedy różnica rodzaju odpowiada różnicy semantycznej, np. ten *boa* (wąż) — to *boa* (rodzaj szala), ten *łupież* (choroba skóry) — ta *łupież* (rabunek).

Wśród rzeczowników rodzaju męskiego można wyodrębnić trzy podrodzaje: męskoosobowy, męsko-żywotno-nieosobowy i męsko-nieżywotny. Opozycja między rzeczownikami osobowymi i nieosobowymi widoczna jest w mianowniku *lm*, np.: ci *królowie* — te *trzmiele*; mili *Szkoci* — miłe *koty*; dobrzy *gramatycy* — dobre *patyki* i w bierniku *lm*, np. widzę ładnych *chłopców* — widzę ładne *motyle*. △ Opozycja między rzeczownikami żywotnymi i nieżywotnymi widoczna jest w bierniku *lp*, np. mam dobrego *psa* — mam dobry *długopis*. △ Do rzeczowników żywotnych-nieosobowych należą semantycznie nazwy zwierząt, formalnie zaliczyć tu trzeba jednak także nazwy marek samochodów (np. mieć trabanta, fiata), marek papierosów (np. palić sporta, giewonta), monet (np. mieć dukata, dolara), tańców i gier (tańczyć krakowiaka, walca, grać w tenisa, brydża). Nazwy napojów, owoców, grzybów mogą się odmieniać w niektórych wypadkach jak rzeczowniki żywotne lub nieżywotne (np. zjeść ananasa || zjeść ananas; pić szampana || pić szampan; znaleźć grzyba || znaleźć grzyb). || D Kult. I, 648—650; 659—660, 607—613, 720—724, 734—739, 746—748; II 181, 275, 454—455, 461, 466—469; KJP 131—150. Por. czasownik, imiesłów, przymiotnik, rzeczownik, zaimek, nazwy, nazwiska.

rodzeństwo *n III*, *blm*: Starsze, młodsze rodzeństwo. Cioteczne, stryjeczne, przyrodnie rodzeństwo. Oboje rodzeństwo. Rodzeństwo mieszka (*nie*: mieszkają) razem. Rodzeństwo się zjechało (*nie*: zjechali). || D Kult. II, 149.

rodzic *m II daw.* dziś *podn.*, *żart.* «ojciec» △ *niepoprawne* jako wyraz *pot.* w zn. «jedno z rodziców» || D Kult. I, 178.

rodzice *blp*, *D.* rodziców «ojciec i matka, ojcowie i matki»: Rodzice dziecka. Moi rodzice urodzili się w Warszawie. Zebranie rodziców. Ktoś z rodziców przyszedł (*ale*: Jedno, któreś z rodziców przyszło). Oboje rodzice przyszli. Kocham oboje (*nie*: obojga) rodziców. || D Kult. I, 178.

rodzić *ndk VIa*, rodzę, ródź (*nie*: ródź), ródźcie (*nie*: ródźcie), rodziliśmy (p. akcent § 1a i 2) □ R. kogo, co: Rodzić dzieci (o kobiecie), młode (o samicy), owoce (o drzewach). Rodzić w bólu a. w bólach. △ *przen.* Coś rodzi nadzieję, tęsknotę, zadowolenie. Tragizm wydarzeń rodził w nim zwątpienie.

Rodziewicz *m II*, *lm M.* Rodziewiczowie, *D.* Rodziewiczów.
Rodziewicz *ż ndm* — Rodziewiczowa *ż* odm. jak przym. — Rodziewiczówna *ż IV*, *D.* Rodziewiczówny, *CMs.* Rodziewiczównie (*nie*: Rodziewiczównej), *lm D.* Rodziewiczówien.

rodzimy 1. «narodowy, ojczysty, krajowy; miejscowy, swojski, własny»: Rodzimy krajobraz, handel, przemysł. Rodzima kultura, sztuka, tradycja. Rodzimy wyraz. **2.** «w chemii: występujący w przyrodzie w stanie wolnym»: Metale rodzime. Złoto rodzime. // D Kult. I, 348. Por. rodowity, rodzinny.

rodzina ż IV «zespół osób związanych węzłami pokrewieństwa, powinowactwa»: Bliska, daleka, liczna, małodzietna rodzina. Rodzina robotnicza, inteligencka. Rodzina po ojcu, po matce, książk. po mieczu, po kądzieli. Wejść do rodziny a. w rodzinę. △ podn., żart. Spędzać niedziele na łonie rodziny. △ Założyć rodzinę «ożenić się»

rodzinny «dotyczący rodziny, odnoszący się do rodziny; właściwy rodzinie»: Rodzinny dom. Rodzinne strony. Rodzinne grono. Węzły rodzinne. Pamiątki rodzinne. Rodzinne podobieństwo. Por. rodowity, rodzimy.

rodzynek (nie: rodzenek) m III, D. rodzynka, lm D. rodzynków; a. **rodzynka** (nie: rodzenka) ż III, lm D. rodzynek: Kupić 10 kg rodzynków (rodzynek).

Roentgen (wym. Röntgen) m IV, D. Roentgena «nazwisko» △ Promienie Roentgena (a. promienie rentgenowskie). Lampa Roentgena. Por. rentgen.

rogacz m II, lm D. rogaczy a. rogaczów **1.** «jeleń-samiec» **2.** pot. żart. a. iron. «zdradzony mąż»

rogal m I, lm D. rogali a. rogalów **1.** «rodzaj pieczywa» **2.** «samiec dużych zwierząt racicowych; byk»

rogalik m III, rzad. **rogalek** m III, D. rogalka: Rogaliki do kawy na śniadanie.

rogoża ż II, lm D. rogóż a. rogoży **1.** «mata z łodyg roślinnych» **2.** «roślina wodna przybrzeżna, pałka; pęd tej rośliny»

rogożyna ż IV, blm «pędy rogoży-rośliny»: Kosze plecione z rogożyny.

rogóżka (nie: rogożka) ż III, lm D. rogóżek **1.** «mała mata z rogoży» **2.** «rodzaj tkaniny»

roić ndk VIa, roję, rój, roiliśmy (p. akcent § 1a i 2) «snuć marzenia, marzyć» □ R. o czym: Roiła o wielkiej przyszłości dla syna. △ przestarz., książk. R. co: Roili złoty sen o szczęściu.
roić się 1. «występować tłumnie, w wielkiej liczbie; tworzyć rój»: Pszczoły się roją. Tłumy roją się na ulicy. □ nieos. Roi się od kogo, czego: W lesie roiło się od zwierzyny. W tekście roi się od błędów. **2.** rzad. «snuć się komuś po głowie, marzyć się, śnić się» □ Komu się co (nie: o czym) roi: Czemu jej się roją takie myśli?

rojalizm m IV, D. rojalizmu, Ms. rojalizmie (wym. ~izmie a. ~iźmie), blm.

rojno, rzad. **rojnie** st. w. rojniej a. bardziej rojno (rojnie) □ R. od kogo, czego: W parku było rojno od dzieci.

rojny st. w. rojniejszy a. bardziej rojny: Rojne ulice. □ R. od kogo, czego (nie: kim, czym): Port rojny od statków.

rojst m IV, D. rojstu, częściej w lm reg. «mokradło»: Błądzi po torfiastych rojstach.

rok m III, D. roku (skrót: r.) **1.** lm M. lata, D. lat, C. latom, N. latami (w niektórych wyrażeniach: laty),

Ms. latach (p. lato — w zn. 2) «jednostka czasu: dwanaście miesięcy»: Minął rok (nie: rok czasu) od naszego spotkania. Po latach głodu nastąpił rok urodzaju. Rok Mickiewicza, Chopina (a. rok mickiewiczowski, chopinowski). △ Rok temu (nie: rok temu wstecz — pleonazm) «przed rokiem»: Ojciec jej zmarł rok temu. △ Co roku a. co rok, pot. z rok w rok «każdego roku, corocznie»: Co rok jeździliśmy w góry. △ Do roku a) «przez czas niedłuższy od jednego roku»: Zostaniemy tam najwyżej do roku. b) «do chwili ukończenia przez kogoś a. przez coś pierwszego roku życia»: Do roku karmiła dziecko piersią. △ niepoprawne w zn. «przed upływem roku; w roku», np. Do roku (zamiast: przed upływem roku) zbudowali nowy dom. △ Raz, dwa, trzy itp. razy do roku, w roku (nie: w rok) a. na rok: Dwa razy do roku (w roku, na rok) mieliśmy egzaminy. △ Raz na rok (wym. raz na rok a. raz na rok). △ W ciągu roku (nie: za rok) «w okresie 12 miesięcy»: W ciągu tego roku (nie: za ten rok) uruchomiono fabrykę. △ W rok «w ciągu roku»: W rok zbudowali nowy dom. △ W rok po... «po upływie roku od jakiejś daty»: W rok po tej wizycie spotkaliśmy się ponownie. △ W tym roku: W tym roku nie chorowałem. △ Za rok (z czasownikiem w czasie przyszłym) «po upływie roku»: Za rok pojadę do Francji. △ niepoprawne w zn. «w ciągu roku; przez rok», np. Odwiedził nas tylko raz za ten rok (zamiast: w ciągu tego roku). △ Z roku na rok (wym. z roku na rok a. z roku na rok «z każdym rokiem»: Z roku na rok coraz gorzej szła jej nauka. △ pot. Okrągły rok «cały rok»: Basen czynny był okrągły rok. △ Dobry rok na coś «okres pomyślny dla czegoś»: Mieliśmy ostatnio dobry rok na grzyby. △ Do siego (nie: Dosiego) roku! «życzenie doczekania następnego roku, składane w Nowy Rok (dosłownie: do tamtego, tj. do przyszłego roku)» △ Witać (nie: spotykać) Nowy Rok. △ Szczęśliwego Nowego Roku! (domyślne: życzę; nie: Z Nowym Rokiem!) △ Wypadek, wydarzenie itp. roku «najważniejszy, jeden z najważniejszych wypadków danego roku»: Wydarzeniem roku była transplantacja serca. △ Wypadki, wydarzenia roku... a. z roku... «wydarzenia, które zaszły w danym roku»: Wydarzenia roku 1905 poruszyły Europę. △ pot. wych. z użycia (z zabarwieniem ludowym) Idzie komuś któryś rok, nieos. idzie komuś na któryś rok «ktoś zaczyna dany rok życia»: Idzie mi dwudziesty rok. Szło jej na piętnasty rok. △ przestarz. Roku pańskiego a. Anno Domini (nie: roku Anno Domini) «w roku liczonym od początków naszej ery (od narodzenia Chrystusa)» **2.** lm M. roki hist. «kadencja sądowa; termin sądowy; sądy»: Roki ziemskie. Sprawować roki. // Pf 1963, 437.

rokfor m IV, D. rokforu «gatunek sera owczego»

rokita a. **rokicina** ż IV «rodzaj krzewu»

rokoko n II, blm a. (zwykle w połączeniu z wyrazem: styl) ndm: Nie zachwycam się rokokiem. Pałac w stylu rokoko.

rokosz m II, D. rokoszu, lm D. rokoszów, rzad. rokoszy, zwykle blm: Podnieść rokosz.

rokoszanin m V, D. rokoszanina, lm M. rokoszanie, D. rokoszan, rzad. rokoszanów.

rokować ndk IV, rokowaliśmy (p. akcent § 1a i 2) □ R. z kim — o co, rzad. o czym «układać się, pertraktować»: Rokować z nieprzyjacielem o zawieszenie broni (o zawieszeniu broni). □ R. komu co

rokowanie

«przepowiadać, wróżyć»: Rokowano jej świetną przyszłość. □ R. co «pozwalać się spodziewać; zapowiadać»: Ta impreza nie rokuje powodzenia. Młodzieniec rokował wielkie nadzieje. □ *środ.* (*med.*) R. jak (np. źle, dobrze) «pozwalać przewidzieć taki, a nie inny przebieg choroby»: Gorączka rokuje źle w zapaleniu płuc.

rokowanie *n I* 1. tylko w *lm* «układy, pertraktacje»: Rokowania handlowe, polityczne, dyplomatyczne. Podjąć, nawiązać, rozpocząć (*nie*: otworzyć) rokowania. Prowadzić rokowania. Zerwać rokowania. □ R. o co: Wszcząć rokowania o zawieszenie broni. □ R. z kim, z czym, (po)między kim (a kim), pomiędzy czym (a. czym): Rokowania pomiędzy rządami państw. Wszcząć rokowania w jakiejś sprawie z rządem, z przywódcami stronnictw. 2. *środ.* (*med.*) «ocena przypuszczalnego przebiegu choroby»: Dobre, złe rokowanie. □ R. w czym: Rokowanie w gruźlicy, w zapaleniu płuc.

rokrocznie «każdego roku, co rok»: Rokrocznie wyjeżdżał na urlop za granicę.

rola *ż I*, *lm D.* ról: Decydująca rola. Rola kierownicza (*nie*: zwierzchnia). Ważna (*nie*: poważna) rola. Podjąć się roli opiekuna, pośrednika. Była odtwórczynią roli Balladyny. Powierzyć komuś główną rolę w komedii. Występował wśród kolegów w roli kawalarza. Zadebiutować w roli aktora charakterystycznego. △ Grać (*nie*: przedstawiać) rolę. △ Odgrywać (*nie*: pełnić, spełniać, sprawować) rolę kogoś: Odgrywała rolę niewiniątka. △ Wejść w rolę kogoś «przejąć sposób postępowania właściwy komuś»: Szybko weszła w rolę naszej zwierzchniczki. △ Wyjść, wypaść z roli «nie zachować przyjętego przez siebie sposobu postępowania, właściwego komuś» △ Zejść, spaść, strącić kogoś, coś (*nie*: poniżyć się, poniżyć kogoś, coś) do roli kogoś, czegoś: Zszedł w rodzinie do roli popychadła. // D Kult. I, 142; KP Pras.

Rola p. Żymierski.

rolada *ż IV* 1. «potrawa mięsna» 2. «rodzaj ciasta» *Por.* rulada.

roleta *ż IV* «rodzaj zasłony do okna»: Spuścić, zapuścić, opuścić rolety.

Rolland (*wym.* Rolã) *m IV*, *D.* Rollanda (*wym.* Rolanda, p. akcent § 7): Powieści psychologiczno--obyczajowe Romain (*wym.* Romę) Rollanda.

rolniczoprzemysłowy «dotyczący przemysłu rolniczego»: Studia rolniczoprzemysłowe.
rolniczo-przemysłowy «rolniczy i przemysłowy»: Kraj rolniczo-przemysłowy. // D Kult. I, 589.

rolniczy «odnoszący się do rolnictwa a. rolnika»: Kraj rolniczy, państwo rolnicze. Narzędzia rolnicze. Szkoła rolnicza. △ W niektórych wyrażeniach przymiotnik ten jest używany wymiennie z przymiotnikiem *rolny*, np. Przemysł rolniczy a. rolny. Artykuły rolnicze a. rolne. Produkcja rolnicza a. rolna. *Por.* rolny.

rolnik *m III*, *lm M.* rolnicy: Przydział nawozów sztucznych dla rolników. Inżynier rolnik. // D Kult. I, 262.

rolny *m-os.* rolni «związany z rolą, z uprawą roli»: Polityka, reforma rolna. Bank rolny. Gospodarstwo rolne. Pracownik rolny. △ W niektórych wyrażeniach przymiotnik ten używany jest wymiennie z przymiotnikiem *rolniczy*, np. Przemysł rolny a. rolniczy. Artykuły rolne a. rolnicze. Produkcja rolna a. rolnicza. *Por.* rolniczy.

rolować p. zrolować.

Romains (*wym.* Romę) *m ndm*: Powieści Romains.

Roman *m IV*, *lm M.* Romanowie — Romek *m III*, *D.* Romka, *lm M.* Romkowie — Romcio (*nie*: Romciu) *m I*, *lm M.* Romciowie — Romanostwo *n III*, *DB.* Romanostwa, *Ms.* Romanostwu (*nie*: Romanostwie), *blm*; a. Romanowie *blp*, *D.* Romanów — Romkowie *blp*, *D.* Romków — Romana *ż IV* — Romka *ż III*, *lm D.* Romek.

romanca (*nie*: romanza) *ż II*, *lm D.* romancy: Śpiewać, deklamować romance.

romanistyka (*wym.* romanistyka, *nie*: romanistyka, p. akcent § 1c) *ż III*, *blm*: Studiować romanistykę.

romanizm *m IV*, *D.* romanizmu, *Ms.* romanizmie (*wym.* ~izmie a. ~iźmie), *blm* «sztuka romańska, styl romański; romańszczyzna»: Architektura cysterska jest przejściem od romanizmu do gotyku.

Romanow (*wym.* Romanow) *m IV*, *DB.* Romanowa (p. akcent § 7), *C.* Romanowowi, *N.* Romanowem (*nie*: Romanowym), *Ms.* Romanowie (*nie*: Romanowym), *lm M.* Romanowowie, *DB.* Romanowów (*nie*: Romanowych), *C.* Romanowom (*nie*: Romanowym), *N.* Romanowami (*nie*: Romanowymi), *Ms.* Romanowach (*nie*: Romanowych): Dynastia Romanowów.

romans *m IV*, *D.* romansu, *lm M.* romanse 1. «gatunek powieści»: Romans awanturniczy, sentymentalny. Nabić sobie głowę romansami (np. francuskimi). 2. «miłostka» □ R. kogo z kim, między kim a. kim: Nawiązać, mieć romans z mężatką. Podejrzewać męża o romans z koleżanką biurową.

romansowy 1. «odnoszący się do romansu — powieści»: Romansowe książki. 2. *m-os.* romansowi, *st. w.* bardziej romansowy «skłonny do romansów — miłostek; kochliwy»: Romansowa dziewczyna.

romantyczny *m-os.* romantyczni 1. «odnoszący się do romantyzmu — prądu umysłowego»: Poezja romantyczna. Poeta romantyczny. 2. *st. w.* romantyczniejszy a. bardziej romantyczny «nacechowany romantyzmem — fantazją, tajemniczością, poetycznością»: Romantyczna wyobraźnia. Romantyczny krajobraz.

romantyk *m III*, *D.* romantyka (*nie*: romantyka, p. akcent § 1d), *lm M.* romantycy.

romantyka (*wym.* romantyka, *nie*: romantyka, p. akcent § 1c) *ż III*, *blm* 1. «tajemniczy urok, niezwykłość, fantastyczność»: Romantyka morza. 2. *przestarz.* p. romantyzm (w zn. 1).

romantyzm *m IV*, *D.* romantyzmu, *Ms.* romantyzmie (*wym.* ~yzmie a. ~yźmie), *blm* 1. «prąd ideowy, literacki i artystyczny w Europie XVIII/XIX w.»: Literatura romantyzmu (Romantyzmu). 2. «pociąg do niezwykłości, fantastyki; niedostateczne liczenie się z rzeczywistością»: Zgubny romantyzm polityczny.

romańszczyzna *ż IV, CMs*. romańszczyźnie (*nie*: romańszczyznie), *blm* 1. «styl romański; romanizm»: Architektoniczna prostota romańszczyzny. 2. «to, co romańskie»: Kolekcjoner romańszczyzny.

romb *m IV, D*. rombu: Narysować przekątne rombu.

Romeo (*wym*. Romeo) *m, D*. Romea, *C*. Romeowi, *N*. Romeem, *Ms*. Romeo. // *D Kult. II*, 515.

Romulus (*wym*. Romulus, *nie*: Romulus) *m IV*, *D*. Romulusa (p. akcent § 7).

rondel *m I, D*. rondla, *lm D*. rondli 1. «naczynie kuchenne» 2. *D*. rondla, *rzad*. rondela; in. barbakan: Średniowieczny rondel obronny.

rondo *n III* «kolisty plac, od którego promieniście rozchodzą się ulice»: U wylotu alei widać było rondo. △ W nazwach placów dużą literą: Rondo Waszyngtona.

Ronsard (*wym*. Rąsar) *m IV, D*. Ronsarda (*wym*. Rąsarda, p. akcent § 7): Liryka miłosna Ronsarda.

Roosevelt (*wym*. Rozwelt a. Ruzwelt) *m IV, D*. Roosevelta (p. akcent § 7), *lm M*. Rooseveltowie: Rola prezydenta Roosevelta w utworzeniu ONZ. // *D Kult. I*, 695.

ropa *ż IV*, zwykle *blm*: Wydobywać, uzyskiwać (*nie*: pozyskiwać) ropę naftową.

Ropczyce *blp, D*. Ropczyc «miasto» — ropczyczanin *m V, D*. ropczyczanina, *lm M*. ropczyczanie, *D*. ropczyczan — ropczyczanka *ż III, lm D*. ropczyczanek — ropczycki.

ropień *m I, D*. ropnia «wypełniona ropą jama w narządach organizmu»: Ropień płuca, mózgu.

ropniak *m III, D*. ropniaka 1. «nagromadzenie się ropy w jamie ciała; ropny proces zapalny»: Ropniak opłucnej. 2. *B. = D. środ*. «samochód lub lokomotywa z silnikiem napędzanym ropą»

ropny 1. «mający związek z ropą — wydzieliną ciała»: Ciałka ropne. Ropne zapalenie płuc. 2. «związany z ropą naftową; *rzad*. ropowy»: Silnik, szyb ropny.

ropowy *rzad*. p. ropny (w zn. 2).

Rops p. Daniel-Rops.

roraty *blp, D*. roratów a. rorat: Odprawiać roraty. // *D Kult. II*, 342.

rosa *ż IV, rzad. lm D*. ros (*nie*: rós): Rosa pada. △ O rosie «w czasie kiedy występuje rosa (rano lub wieczorem)»: Wypędzali bydło o rosie. △ Po rosie **a)** «wtedy, kiedy jest rosa»: Głos niósł się daleko po rosie. **b)** «po ziemi mokrej od rosy»: Chodzić boso po rosie.

Rosario *n ndm* «miasto w Argentynie»: Mieszkańcy Rosario. Port w Rosario.

rosarium (*wym*. rozarium) *n VI, lm M*. rosaria, *D*. rosariów (*nie*: rosarii): Ogród z pięknym rosarium.

rosić *ndk VIa*, roszę, rosi, roszą, roś, rosimy, rosiliśmy (p. akcent § 1a i 2), roszony — **zrosić** *dk*: Rosić trawnik wodą. Upalny dzień rosił twarze kroplami potu. Pot rosił mu czoło. △ Rosić len «poddawać len działaniu słońca i rosy»

Rosja *ż I, DCMs*. Rosji «państwo we wsch. Europie i płn. Azji obejmujące do XX w. (z niewielkimi odchyleniami) terytorium późniejszego ZSRR» — Rosjanin *m V, D*. Rosjanina, *lm M*. Rosjanie, *D*. Rosjan — Rosjanka *ż III, lm D*. Rosjanek — rosyjski. // *D Kult. I*, 455, 572.

rosły *m-os*. rośli, *st. w*. roślejszy: Rosły młodzieniec.

rosnąć, *rzad*. **róść** *ndk Vc*, rośnij, rosłem (*nie*: rosnąłem), rósł (*nie*: rosnął), rosła (*nie*: rosnęła), rośliśmy (p. akcent § 1a i 2) △ Rosnąć jak na drożdżach «rozwijać się, rosnąć bardzo szybko»: Dzieci rosły jak na drożdżach. △ Rosnąć jak grzyby po deszczu «występować, powstawać w wielkiej liczbie»: Nowe domy rosły jak grzyby po deszczu. △ Rosnąć w bogactwa, w potęgę, w sławę itp. «stawać się coraz bogatszym, potężniejszym, sławniejszym itp.» △ Rosnąć w oczach «powiększać się faktycznie lub pozornie, wydawać się coraz większym»: Samolot zniżał się, rósł w oczach. △ Rosnąć w ustach «o pokarmach: nie dawać się przełknąć, wywoływać wstręt» △ Serce rośnie «ktoś nabiera otuchy, doznaje moralnego pokrzepienia» △ Rosnąć z dumy, z radości.

rosół *m IV, D*. rosołu: Rosół z makaronem. Rosół z kury, z wołowiny. Rosół z kluskami, z grzankami. △ *pot*. Być rozebranym do rosołu, być w rosole «być nie ubranym, być w negliżu»

Rossini (*wym*. Ross-ini) *m odm. jak przym*.: Opery Rossiniego.

! rost p. wzrost.

Rostand (*wym*. Rostã) *m IV, D*. Rostanda (*wym*. Rostãda, p. akcent § 7): Teatr wystawiał sztukę Rostanda.

rostbef (*nie*: rozbef; *wym. pot*. rozbef, *nie*: rozbif) *m IV, D*. rostbefu.

Rostock (*wym*. Rostok) *m III, D*. Rostoku (p. akcent § 7) «miasto w NRD»: Rozwój przemysłu stoczniowego w Rostoku.

Rostowcew (*wym*. Rostowcew) *m IV, D*. Rostowcewa (p. akcent § 7): Prace historyczne Rostowcewa.

roszarnia *ż I, lm D*. roszarni, *rzad*. roszarń.

roszczenie *n I*: Roszczenie prawne, alimentacyjne, majątkowe. Dochodzić roszczeń. □ R. o co: Roszczenie o odszkodowanie, o alimenty. Występować z roszczeniami o coś. □ R. do czego: Wysunąć roszczenie do majątku, do spadku.

rościć *ndk VIa*, roszczę, rość, rościliśmy (p. akcent § 1a i 2) *książk*. (zwykle w zwrotach): Rościć pretensje, rościć (sobie) prawo do czegoś «mieć pretensje, przypisywać sobie prawo do czegoś»

roścież p. oścież.

roślinożerny (*nie*: roślinożerczy): Zwierzęta roślinożerne.

rota *ż IV, lm D*. rot (*nie*: rót).

Roth (*wym*. Rot) *m IV, D*. Rotha, *Ms*. Rocie (*nie*: Rothcie): Powieści Józefa Rotha. // *U Pol. (2)*, 602.

Rothschild (*wym.* Rotszyld) *m IV*, *D.* Rothschilda (p. akcent § 7), *lm M.* Rothschildowie: Banki Rothschildów.

rotmistrz *m II*, *lm M.* rotmistrze a. rotmistrzowie, *D.* rotmistrzów (*nie*: rotmistrzy).

Rotterdam (*wym.* Roterdam, *nie*: Rotterdam) *m IV*, *D.* Rotterdamu (p. akcent § 7) «miasto w Holandii» — rotterdamczyk *m III*, *lm M.* rotterdamczycy — rotterdamka *ż III*, *lm D.* rotterdamek — rotterdamski.

rotunda *ż IV* «okrągła budowla»: Kościół zbudowany w kształcie rotundy. △ Jako nazwa własna budowli tego typu — dużą literą: W warszawskiej Rotundzie mieści się PKO.

Rouen (*wym.* Ruã, *nie*: Ruę) *n ndm* «miasto we Francji»: Rouen pełne jest zabytków architektonicznych.

Rousseau (*wym.* Russo) *m ndm*, a. **Russo** (*wym.* Russo a. Rųsso) *m IV*, *D.* Russa (p. akcent § 7): Dzieła Jana Jakuba Rousseau. Pejzaże Teodora Rousseau. Dyskutowali o Russie. △ Spolonizowana pisownia i wymowa oraz odmienność — poprawne tylko w odniesieniu do Jana Jakuba Rousseau. || *D Kult. II, 544.*

rower *m IV*, *D.* roweru: Jechać rowerem a. na rowerze. Wsiąść na rower, zsiąść z roweru. || *D Kult. II, 259.*

rowerzysta *m odm. jak ż IV*, *lm M.* rowerzyści, *DB.* rowerzystów «człowiek jadący na rowerze» || *D Kult. II, 259. Por.* cyklista, kolarz.

roz- 1. «przedrostek występujący najczęściej w czasownikach, rzadziej w innych wyrazach związanych z czasownikiem; oznacza»: **a)** «różnokierunkowość w ruchu przestrzennym», np.: rozwieźć, rozmieścić, rozbiec się; rozedma. **b)** «rozdrobnienie, podzielenie czegoś na części», np.: rozkruszyć, rozgryźć; rozdział, roztwór. **c)** «wyczerpanie zasobu czegoś», np.: rozkupić, rozdać, roztrwonić, rozprzedaż. **d)** «oswobodzenie od czegoś krępującego», np.: rozebrać, rozkuć, rozpętać. **e)** «usunięcie skutku jakiejś poprzedniej czynności», np.: rozładować, rozhartować, rozmyślić się. **f)** «zwiększenie zasięgu, zakresu lub intensywności czegoś», np.: rozmnożyć, rozrosnąć się; rozbudowa. **g)** «efekt końcowy jakiejś czynności», np. rozpić się. **h)** «moment początkowy jakiejś czynności», np.: rozboleć, rozkwitnąć, rozchorować się. **i)** (w czasownikach pochodnych od rzeczowników i przymiotników) «spowodować, że ktoś, coś — staje się jakimś a. podobnym do kogoś, czegoś», np.: rozrzewnić, rozwielmożnić. 2. «przedrostek tworzący nieliczne rzeczowniki pochodne od innych rzeczowników», np.: rozgwiazda, rozdroże, rozgwar. || *D Kult. I, 591.*

Rozalia *ż I*, *DCMs.* i *lm D.* Rozalii — **Rózia** *ż I*, *W.* Róziu.

rozbabrać *dk IX*, rozbabrze, rozbabrz, rozbabraliśmy (p. akcent § 1a i 2) — **rozbabrywać** *ndk VIIIa*, rozbabruję (*nie*: rozbabrywuję, rozbabrywam), rozbabrywaliśmy *pot.* «rozgrzebać, rozrzucić»: Rozbabrane łóżko.

! **rozbef** p. rostbef.

rozbestwić *dk VIa*, rozbestwię, rozbestwij (*nie*: rozbestw), rozbestwiliśmy (p. akcent § 1a i 2) — **rozbestwiać** *ndk I*, rozbestwialiśmy.

rozbić *dk Xa*, rozbiliśmy (p. akcent § 1a i 2) — **rozbijać** *ndk I*, rozbijaliśmy □ R. co — czym: Rozbić szybę kamieniem. □ R. co — o co: Rozbić kieliszek o podłogę, głowę o ścianę. □ R. co — na co **a)** «rozstrzaskać; rozdrobnić»: Rozbić talerz na kilka części. △ Rozbić coś na drobne kawałki a. w drobne kawałki (*nie*: w drobiazgi) «roztrzaskać coś całkowicie» **b)** «podzielić, rozdzielić»: Rozbijcie ten tłum na mniejsze grupy. Kraj rozbity na dzielnice.

rozbić się 1. «zostać rozbitym; uderzyć się; rozdzielić się» □ R. się o co «roztrzaskać się wskutek zderzenia z czymś»: Samochód rozbił się o drzewo. △ *przen.* «zostać udaremnionym»: Nasze projekty rozbiły się o jej upór. 2. *pot.* (tylko *ndk*) **a)** «awanturować się»: Ten chuligan rozbija się po nocy. □ R. się o co (*nie*: za czym) «zabiegać usilnie o coś»: Rozbijano o bilety (*nie*: za biletami) na jej występ. **b)** «szastać się; paradować»: Cały dzień rozbijał się po knajpach. Rozbijał się taksówkami.

rozbiec się (*daw.* rozbiegnąć się) *dk Vc*, rozbiegnie się, rozbiegł się, rozbiegliśmy się (p. akcent § 1a i 2) — **rozbiegać się** *ndk I*, rozbiegaliśmy się.

rozbierać p. rozebrać.

rozbijać p. rozbić.

rozbiorca *m odm. jak ż II*, *lm M.* rozbiorcy, *DB.* rozbiorców *przestarz.* «ten, kto bierze udział w rozbiorze państwa»

rozbiorowy, *rzad.* **rozbiorczy** «związany z rozbiorem państwa»: Traktat rozbiorowy. Państwa rozbiorcze tłumiły polskie ruchy niepodległościowe.

rozbiór *m IV*, *D.* rozbioru, w zn. «podzielenie między kilka państw i zagarnięcie ziem jakiegoś kraju»: Rozbiór Polski przez trzy mocarstwa. △ *niepoprawne* w zn. «zabór», np. Polska znajdowała się pod rozbiorami (*zamiast*: pod zaborem).

rozbiórka *ż III*, *rzad. lm D.* rozbiórek: Rozbiórka starego domu. △ Budynek (przeznaczony) na rozbiórkę a. do rozbiórki.

rozbitek *m III*, *D.* rozbitka, *lm M.* ci rozbitkowie a. te rozbitki.

rozbłysnąć *dk Va* a. *c*, rozbłysnę, rozbłyśnie, rozbłyśnij, rozbłysnął (*wym.* rozbłysnoł) a. rozbłysł; rozbłysnęła a. rozbłysła; rozbłysnęły a. rozbłysły; rozbłysnąłby (*wym.* rozbłysnołby) a. rozbłysłby (p. akcent § 4c), rozbłyśnięty — **rozbłyskać** *ndk I*, rozbłyskałby — **rozbłyskiwać** *ndk VIIIb*, rozbłyskuje (*nie*: rozbłyskiwa, rozbłyskiwuje), rozbłyskiwałby 1. zwykle w 3. os. i bezokol. (bez dop.) «błysnąć, ukazać się jako błysk»: Słońce rozbłysło zza chmur. □ R. czym, od czego, z czego «zaświecić krótko, przerywanie, zajaśnieć»: Niebo rozbłysło gwiazdami (od gwiazd). Oczy rozbłysły od pochwały, z uciechy.

rozboleć *dk VIIa*, rozboli, rozbolał, rozbolałby (p. akcent § 4c): Rozbolał go ząb, krzyż.

rozbój *m I*, *D.* rozboju, *lm D.* rozbojów *przestarz.* «napad bandycki» △ *fraz.* (dziś żywa): Rozbój na równej, gładkiej drodze, istny rozbój «bezczelny, jawny wyzysk, przestępstwo dokonane jawnie»

rozbrat *m IV, D.* rozbratu *książk.* «rozłam, niezgoda, antagonizm», zwykle w zwrocie: Wziąć, brać z kimś, z czymś rozbrat «porzucić coś, rozstać się z kimś, z czymś»: Wziął rozbrat z dawnymi towarzyszami. Wziąć rozbrat ze sportem, z hulankami.

Rozbrat *m ndm* a. *m IV, D.* Rozbratu «ulica w Warszawie»: Mieszkać na ulicy Rozbrat, *pot.* na Rozbrat (na Rozbracie).

rozbratel *m I, D.* rozbratla: Na obiad był rozbratel z chrzanem.

rozbryzgać *dk I,* rozbryzgaliśmy (p. akcent § 1a i 2), *rzad.* **rozbrynąć** *dk Va,* rozbryznę, rozbryźnij, rozbrynął (*wym.* rozbryznoł), rozbrynęła (*wym.* rozbrynęła; *nie:* rozbryzła), rozbrynęliśmy (*wym.* rozbrynęliśmy), rozbryźnięty — **rozbryzgiwać** *ndk VIIIb,* rozbryzguję (*nie:* rozbryzgiwam, rozbryzgiwuję), rozbryzguj, rozbryzgiwaliśmy □ R. co — czym: Koń rozbryzgiwał kopytami rzadkie błoto.

rozbudowa *ż IV,* zwykle *blm* «powiększenie (powiększanie) powierzchni zabudowanej, budowanie nowych obiektów»: Rozbudowa miasta, osiedli mieszkaniowych, fabryki itp. △ Rozbudowa (*lepiej:* rozwój) przemysłu, rolnictwa, energetyki itp. Rozbudowa (*lepiej:* poszerzenie) programu imprez rozrywkowych, sportowych. Rozbudowa (*lepiej:* powiększenie) księgozbioru.

rozbudować *dk IV,* rozbudowaliśmy (p. akcent § 1a i 2) — **rozbudowywać** *ndk VIIIa,* rozbudowuję (*nie:* rozbudowywam, rozbudowywuję), rozbudowywaliśmy «budując powiększyć rozmiar budowli lub teren zabudowany»: Rozbudować miasto, osiedle mieszkaniowe, fabrykę itp. △ Rozbudować (*lepiej:* rozwinąć) przemysł, rolnictwo itp. Rozbudować (*lepiej:* powiększyć) produkcję, armię itp. Rozbudować czytelnictwo (*lepiej:* Rozszerzyć zasięg czytelnictwa.

rozbudzić *dk VIa,* rozbudzę, rozbudź, rozbudziliśmy (p. akcent § 1a i 2), rozbudzony — **rozbudzać** *ndk I,* rozbudzaliśmy □ R. kogo — czym: Krzykiem, stukaniem w okno rozbudzili śpiących. □ R. kogo — z czego: Rozbudził go z drzemki, z zamyślenia. □ R. w kim co: Rozbudzić w ludziach chęć czynu, walki. △ Rozbudzić ducha (*nie:* duch).

rozcapierzyć p. rozczapierzyć.

rozchełstać *dk I,* rozchełstaliśmy, zwykle w imiesł. biernym: Rozchełstana koszula. Rozchełstany kołnierz.

rozchmurzyć *dk VIb,* rozchmurzyliśmy (p. akcent § 1a i 2) — **rozchmurzać** *ndk I,* rozchmurzaliśmy *rzad.* «rozpędzić chmury; rozpogodzić, rozjaśnić»: Powiew wiatru rozchmurzył niebo. △ *przen.* Rozchmurzyć twarz, czoło «poweseleć» □ R. kogo «rozweselić»: Rozchmurzyć zebranych, towarzystwo.

rozchodzić *dk VIa,* rozchodzę, rozchodzi, rozchodź, rozchodzimy, rozchodziliśmy (p. akcent § 1a i 2) **1.** «rozluźnić przez noszenie, przez chodzenie»: Rozchodzić buty. **2.** *pot.* «rozruszać chodząc»: Rozchodzić nogi.

rozchodzić się 1. p. rozejść się. **2.** *pot.* «nabrać wprawy w chodzeniu, zapału, chęci do chodzenia»: Tak się rozchodził, że nie myślał o odpoczynku. **3.** «stać się luźnym, rozluźnić się przez noszenie, przez chodzenie»: Buty się rozchodziły i są wygodne.

rozchwytać *dk I,* rozchwytaliśmy (p. akcent § 1a i 2) — **rozchwytywać** *ndk VIIIa,* rozchwytuję (*nie:* rozchwytywam, rozchwytywuję), rozchwytuj, rozchwytywaliśmy: Klienci rozchwytywali atrakcyjne towary. Bilety rozchwytano w ciągu paru godzin. △ Ktoś jest rozchwytywany, coś jest rozchwytywane «ktoś cieszy się powodzeniem, wzięciem»: Rozchwytywany autor. Rozchwytywana książka.

rozciąć *dk Xc,* rozetnę, rozetnie, rozetnij, rozciął (*wym.* rozcioł), rozcięła (*wym.* rozcieła), (*wym.* rozcieliśmy, p. akcent § 1a i 2), rozcięty — **rozcinać** *ndk I,* rozcinaliśmy: Rozciął mu ramię mieczem. Rozciąć nogę o szkło, na szkle, szkłem.

rozciągać *ndk I,* rozciągaliśmy (p. akcent § 1a i 2) — **rozciągnąć** *dk Va,* rozciągnę, rozciągnie, rozciągnij (*nie:* rozciąg), rozciągnął (*wym.* rozciągnoł), rozciągnęła (*wym.* rozciągnęła; *nie:* rozciągnął), rozciągnęliśmy (*wym.* rozciągnęliśmy; *nie:* rozciągliśmy), rozciągnięty **1.** «rozkładać, rozpościerać, rozpinać»: Rozciągać chodnik na podłodze, koc na trawie, druty na słupach. Rozciągnąć markizę nad witryną, baldachim nad głowami. △ Rozciągać władzę, opiekę itp. na kogoś (na coś), nad kimś (nad czymś) «roztaczać władzę, opiekę» **2.** «wydłużać, wyciągać, rozprostowywać»: Rozciągać sprężynę, materiał, sznur. □ *dk* R. kogo — na czym (*nie:* na co) «obalić, przewrócić kogo»: Rozciągnąć przeciwnika na podłodze. Rozciągnęli go na ławie i bili kijami. **3.** *pot.* «roznosić, rozwłóczyć» □ R. co (po czym): Rozciągać cudzy dobytek, resztki towarów (po kątach, po domach).

rozciągać się — rozciągnąć się 1. «powiększać się przez rozciągnięcie, stawać się większym, luźniejszym; rozszerzać się, wydłużać się»: Po praniu sweter bardzo się rozciągnął. Rozciągająca się tkanina. Piechota rozciągnęła się w tyralierę. **2.** «rozpościerać się, rozprzestrzeniać się, rozsnuwać się»: Mgła rozciągała się nad jeziorem, na łąkach, po polach. Dymy rozciągnęły się po lesie, pod lasem. □ *przen.* R. się na co (*nie:* do czego) «ogarniać się, odnosić się do czegoś»: Jego wpływy rozciągały się na całą okolicę.

rozciągliwość *ż V,* zwykle *blm* «zdolność niektórych ciał do wydłużania się, rozszerzania się pod wpływem działania sił zewnętrznych; elastyczność»

rozciągłość *ż V,* zwykle *blm* «obszar, przestrzeń, rozległość, rozmiar czegoś» △ zwykle w wyrażeniu: W całej rozciągłości «w całej pełni, w zupełności, całkowicie»: Oskarżony podtrzymywał w całej rozciągłości swoje poprzednie zeznania.

rozciągnąć p. rozciągać.

rozcieńczać (*nie:* rozcienczać) *ndk I,* rozcieńczaliśmy (p. akcent § 1a i 2) — **rozcieńczyć** (*nie:* rozcienczyć) *dk VIb,* rozcieńcz, rozcieńczyliśmy: Zbyt mocne trunki rozcieńczali sokiem owocowym.

rozcierać *ndk I,* rozcieraliśmy (p. akcent § 1a i 2) — **rozetrzeć** *dk XI,* rozetrę, rozetrze, rozetrzyj, roztarł, roztarliśmy, roztarty □ R. co (czym) **a)** «trąc ugniatać (dla rozgrzewki)»: Rozcierać ręce, stopy, ramiona. Rozcierać rękami zziębnięte palce. **b)** «rozmazywać»: Rozcierać łzy pięściami. □ R.

co — z czym (w czym) «trąc mieszać, ucierać»:
Rozcierać mąkę z tłuszczem, żółtko z cukrem
(w misce).

rozcież p. oścież.

rozcinać p. rozciąć.

rozczapierzyć, *rzad.* **rozcapierzyć** *dk VIb*, rozczapierzyliśmy, rozcapierzyliśmy (p. akcent § 1a
i 2) — **rozczapierzać**, *rzad.* **rozcapierzać** *ndk I*,
rozczapierzaliśmy, rozcapierzaliśmy: Rozczapierzyć
palce, piórka, liście.

rozczarować *dk IV*, rozczarowaliśmy (p. akcent
§ 1a i 2) — **rozczarowywać** *ndk VIIIa*, rozczarowuję
(*nie*: rozczarowywam, rozczarowywuję), rozczarowywaliśmy □ R. kogo — czym: Rozczarowała go
swoją oziębłością. □ R. kogo — do kogo, czego:
Kłótnie rozczarowały nas do kolegów, do dalszej
współpracy.

rozczarowanie *n I*: Doznać (uczucia) rozczarowania. Przeżyć wiele rozczarowań. □ R. do kogo,
czego: Rozczarowanie do życia, do ludzi.

rozczesać *dk IX*, rozczesze, rozczesz, rozczesaliśmy (p. akcent § 1a i 2) — **rozczesywać** *ndk VIIIa*,
rozczesuję (*nie*: rozczesywam, rozczesywuję), rozczesywaliśmy: Rozczesz włosy (grzebieniem).

rozczłonkować *dk IV*, rozczłonkowaliśmy (p. akcent § 1a i 2) — **rozczłonkowywać** *ndk VIIIa*, rozczłonkowuję (*nie*: rozczłonkowywuję), rozczłonkowywaliśmy □ R. co — na co «podzielić na części,
rozdzielić»

rozczochrać (*nie*: rozczuchrać) *dk I*, rozczochraliśmy (p. akcent § 1a i 2), zwykle w imiesł. biernym:
Rozczochrać włosy, czuprynę. Rozczochrana broda,
czupryna. Rozczochrane włosy.

rozczochraniec *m II, D.* rozczochrańca, *W.* rozczochrańcze, forma szerząca się: rozczochrańcu,
lm M. rozczochrańcy *pot.* «człowiek rozczochrany»

rozczulić *dk VIa*, rozczulę, rozczul, rozczulimy,
rozczuliliśmy (p. akcent § 1a i 2) — **rozczulać**
ndk I, rozczulaliśmy «wzruszyć, rozrzewnić»: Rozczulające przemówienie, spotkanie. □ R. kogo
czym: Rozczulił mnie swoją serdecznością.
rozczulić się — rozczulać się «rozrzewnić się, roztkliwić się»: Był sentymentalny, łatwo się rozczulał.
□ R. się nad kim, nad czym «przesadnie komuś
współczuć, roztkliwić się»: Rozczulić się nad czyimś
losem, nad sobą, nad czyjąś niedolą.

rozczytać *dk I*, rozczytaliśmy (p. akcent § 1a
i 2) — **rozczytywać** *ndk VIIIa*, rozczytuję (*nie*: rozczytywam, rozczytywuję), rozczytywaliśmy *rzad.*
«zachęcić do czytania, zainteresować czytaniem»
rozczytać się — rozczytywać się częściej *ndk*
«czytać coś z zapałem, być zapalonym czytelnikiem»
□ R. się w czym: Rozczytywać się w powieściach
historycznych.

rozdać *dk I*, rozdadzą, rozdaliśmy (p. akcent § 1a
i 2) — **rozdawać** *ndk IX*, rozdaję, rozdawaj, rozdawaliśmy □ R. co (komu, między kogo): Rozdać
pieniądze, karty. Rozdać jałmużnę ubogim, majątek
między dzieci. △ *przen.* (zwykle *ndk*): Rozdawać
uśmiechy, ukłony.

rozdarować *dk IV*, rozdarowaliśmy (p. akcent
§ 1a i 2) — **rozdarowywać** *ndk VIIIa*, rozdarowuję
(*nie*: rozdarowywam, rozdarowywuję) □ R. co —
komu, między kogo, *rzad.* między kim: Rozdarować dobytek, majątek krewnym, przyjaciołom, między krewnych (między krewnymi).

rozdąć *dk Xc*, rozedmę (*nie*: rozedmię), rozedmie,
rozedmij, rozdął (*wym.* rozdoł), rozdęła (*wym.* rozdeła), rozdęliśmy (*wym.* rozdeliśmy, p. akcent § 1a
i 2), rozdęty — **rozdymać** *ndk I*, rozdymaliśmy:
Wiatr rozdął żagle. Krew rozdęła żyły. Rozdąć nozdrza, chrapy. △ *przen.* Niepotrzebnie rozdęli tę błahą
sprawę.

rozdeptać (*nie*: rozdepnąć) *dk IX*, rozdepcze,
przestarz. rozdepce (*nie*: rozdepta); rozdepcz (*nie*:
rozdeptaj), rozdeptaliśmy (p. akcent § 1a i 2) — **rozdeptywać** *ndk VIIIa*, rozdeptuję (*nie*: rozdeptywam,
rozdeptywuję), rozdeptywaliśmy 1. «depcząc rozgnieść, zmiażdżyć; rozpłaszczyć nogami» □ R. co —
czym: Rozdeptać niedopałek obcasem. 2. «depcząc
roznieść wszędzie» □ R. co (czym) — po czym,
na czym: Rozdeptali błoto po całym domu, po podłodze, na ścieżce. Na ulicach leżał brudny, rozdeptany śnieg.

rozdmuchać *dk I*, rozdmuchaliśmy (p. akcent
§ 1a i 2) — **rozdmuchiwać** *ndk VIIIb*, rozdmuchuję
(*nie*: rozdmuchiwam, rozdmuchiwuję), rozdmuchiwaliśmy 1. «dmuchając rozwiać, rozrzucić»: Wiatr
rozdmuchał plewy, włosy, pióra. 2. «dmuchając rozżarzyć, rozniecić (ogień)»: Rozdmuchać żar, płomień.
△ *przen.* «sztucznie coś wyolbrzymić»: Rozdmuchać
jakąś sprawę, czyjeś zasługi.

rozdrabiać p. rozdrobić.

rozdrabniać p. rozdrobnić.

rozdrażnić (*nie*: rozdraźnić, rozdrzaźnić) *dk VIa*,
rozdrażnimy, rozdrażnij, *rzad.* rozdraźń; rozdrażniliśmy (p. akcent § 1a i 2) — **rozdrażniać** (*nie*: rozdraźniać, rozdrzaźniać) *ndk I*, rozdrażnialiśmy □ R.
co — czym «rozjątrzyć, zwiększyć bolesność»:
Ostrym lekiem rozdrażnił chore oczy. □ R. kogo —
co — czym «pobudzić do gniewu, rozzłościć»: Rozdrażnił go swoją beztroską. Rozdrażnić zwierzę uderzeniami.

rozdrażnienie *n I*: Rozdrażnienie nerwowe
a. nerwów. Wpaść w rozdrażnienie a. w stan rozdrażnienia. Zrobić coś w rozdrażnieniu a. w stanie rozdrażnienia.

rozdrobić *dk VIa*, rozdrobię, rozdrobimy, rozdrób, rozdrobiliśmy (p. akcent § 1a i 2), rozdrobiony — **rozdrabiać** *ndk I*, rozdrabialiśmy: Rozdrobić
na kawałki (*nie*: w kawałki).

rozdrobnić *dk VIa*, rozdrobnimy, rozdrobnij, rozdrobniliśmy (p. akcent § 1a i 2), rozdrobniony — **rozdrabniać** (*nie*: rozdrobniać) *ndk I*, rozdrabnialiśmy
«podzielić na drobne części, zrobić coś drobnym,
drobniejszym»: Rozdrobnić owoce, warzywa przeznaczone do suszenia. Rozdrobnić ziemię, majątek na
małe działki.

rozdroże *n I, lm D.* rozdroży «rozwidlenie, skrzyżowanie dróg, rzadziej ulic»

rozdymać p. rozdąć.

rozdyskutować *dk IV*, rozdyskutowaliśmy (p. akcent § 1a i 2) △ *niepoprawne* zamiast: przedyskutować, np. Rozdyskutować (*zamiast*: przedyskutować) zagadnienie, sprawę.

rozdyskutować się *rzad.* «wpaść w ferwor dyskusji»

rozdysponować *dk IV*, rozdysponowaliśmy (p. akcent § 1a i 2), *lepiej*: rozdzielić, np. Rozdysponować (*lepiej*: rozdzielić) pracę, materiały.

rozdz. «skrót wyrazu: *rozdział*, pisany z kropką, czytany jako cały, odmieniany wyraz»: W III tomie książki, w rozdz. (*czyt.* rozdziale) 5.

rozdział *m IV, D.* rozdziału, *Ms.* rozdziale (*nie*: rozdziele) **1.** «rozdzielenie, podział» □ R. czego: Rozdział żywności, premii, ziemi. □ R. czego — między kogo, co a. między kim, czym: Rozdział kompetencji między poszczególnych kierowników. Rozdział uprawnień między poszczególnymi urzędami. **2.** «jedna z części, na jakie dzieli się książka, dzieło literackie, naukowe (skrót: rozdz.)»: Powieść zawiera dwanaście rozdziałów.

rozdzielić *dk VIa*, rozdzielę, rozdziel, rozdzielimy, rozdzieliliśmy (p. akcent § 1a i 2) — **rozdzielać** *ndk I*, rozdzielaliśmy □ R. kogo, co — na co «podzielić na części, na mniejsze grupy»: Rozdzielić robotników na dziesiątki. Rozdzielać wyraz na sylaby. □ R. kogo, co — między kogo «dokonać rozdziału, dzieląc rozdać komuś»: Jeńców rozdzielono między gospodarzy. Majątek rozdzielił między synów. □ R. co — od czego «odłączyć, oddzielić»: Rozdzielić władzę duchowną od świeckiej. □ R. co — czym «przegrodzić, przedzielić»: Rozdzielić pokój meblościanką. □ R. kogo — czym «spowodować oddalenie»: Los rozdzielił braci oceanem. △ *przen.* «poróżnić»: Przyjaciół rozdzielono intrygami.

*rozdzielna pisownia p. pisownia łączna i rozdzielna.

rozdzielnia *ż I, lm D.* rozdzielni.

rozdzielnie (co innego: oddzielnie) «rozdzielając coś, nie łącząc czegoś; w odniesieniu do pisania wyrazów: nie razem, osobno, rozłącznie (jako przeciwstawienie do: łącznie)»: *Nie z czasownikami pisze się rozdzielnie. || D Kult. I, 315.*

rozdzierać p. rozedrzeć.

rozdźwięk *m III, D.* rozdźwięku: Ostry, przykry rozdźwięk. Wprowadzić, wywołać rozdźwięk. □ R. między kim, czym a (kim, czym): Rozdźwięk między braćmi. Rozdźwięk między teorią a praktyką.

roze- — fonetyczny obocznik przedrostka *roz-* w takich czasownikach, jak: rozedrzeć, rozegrać, rozepchać, rozerwać, rozespać się, rozeznać itd.

rozebrać *dk IX*, rozbiorę (*nie*: rozbierę) rozbierze, rozbierz, rozbraliśmy (p. akcent § 1a i 2) — **rozbierać** *ndk I*, rozbieraliśmy □ R. kogo — z czego «zdjąć z kogoś coś z ubrania»: Rozebrać dzieci z palt (*nie*: Rozebrać dzieciom palta). △ *pot.* Rozebrać łóżko, tapczan itp. «posłać łóżko, tapczan do spania» □ R. kogo — do czego **a)** «zdjąć z kogoś ubranie w jakimś celu, przygotowując go do czegoś»: Rozebrać dziecko do kąpieli, do snu. **b)** «rozebrać kogoś do pewnego stopnia»: Rozebrać kogoś do koszuli. □ R. co — na co «rozłożyć, rozdzielić na części; zdemontować»: Rozebrać mechanizm, maszynę, karabin na części. Rozebrać mięso na kawałki. □ R.

co — między siebie «rozdzielić między siebie»: Powstańcy rozebrali między siebie broń odebraną Niemcom. □ *przestarz.* R. co «zanalizować, rozważyć»: Rozbierać coś myślą a. w myśli.

rozebrać się — rozbierać się: Rozebrać się do kąpieli, do snu. □ R. się z czego (*nie*: rozebrać co) «zdjąć z siebie coś z ubrania»: Rozebrać się z płaszcza (*nie*: rozebrać płaszcz).

rozednieć *dk III*, rozednieje, rozedniałoby (p. akcent § 4c) — *rzad.* **rozedniewać** *ndk I*, rozedniewa, rozedniewałoby; tylko *nieos.*: Gdy rozedniało, ruszyli w dalszą drogę.

rozedrzeć *dk XI*, rozedrę, rozedrze, rozedrzyj, rozdarł, rozdarliśmy (p. akcent § 1a i 2), rozdarty — **rozdzierać** *ndk I*, rozdzieraliśmy □ R. co — czym: Rozdzierać ciało pazurami. □ R. co — o co: Rozedrzeć ubranie o gwóźdź, rękę o drut. △ *przen.* Błyskawica rozdarła ciemność. △ *iron.* Rozdzierać szaty «ostentacyjnie wyrażać ubolewanie z powodu czegoś» △ *posp.* Rozdzierać gębę, gardło «głośno krzyczeć, wrzeszczeć»

rozegnać p. rozganiać.

rozegrać *dk I*, rozegraliśmy (p. akcent § 1a i 2) — **rozgrywać** (*nie*: rozegrywać) *ndk I*, rozgrywaliśmy **1.** «ukończyć (grę)»: Rozegrać partię, robra. △ Rozegrać (*ale nie*: grać) mecz, turniej, spotkanie, np. w koszykówce itp. △ *niepoprawne* Rozegrać imprezę, Puchar Narodów, eliminacje, jakąś dziedzinę sportu (np. floret, siatkówkę). **2.** «prowadząc grę, walkę rozstrzygnąć»: Rozegrać zwycięsko bitwę. Rozegrać spór.

rozegrać się — rozgrywać się 1. «odbyć się, nastąpić, zajść, stać się, rozstrzygnąć się»: Akcja filmu rozgrywa się na wsi. Rozegrała się przykra scena. **2.** zwykle *dk* «wpaść w zapał gry, nabrać rozmachu w grze»: Zaczął grać niepewnie, ale po jakimś czasie się rozegrał.

rozejm *m IV, D.* rozejmu: Zawrzeć, przedłużyć, naruszyć, zerwać rozejm (z kimś). Nastąpił, stanął, kończy się, upływa rozejm między kim a (i) kim.

rozejrzeć się *dk VIIb*, rozejrzę się, rozejrzyj się, rozejrzymy się, rozejrzeliśmy się (p. akcent § 1a i 2), *reg.* **rozglądnąć się** *dk Va*, rozglądnij się, rozglądnąłem (*wym.* rozglądnołem się, *nie*: rozglądnęłem się), rozglądnął się (*wym.* rozglądnoł się), rozglądnęła się (*wym.* rozglądnęła się), rozglądnęliśmy się (*wym.* rozglądnęliśmy się) — **rozglądać się** *ndk I*, rozglądaliśmy się □ R. się po kim, czym «obejrzeć coś wkoło, popatrzeć na wszystkie strony»: Rozejrzeć się po ludziach, po mieszkaniu, po ulicy. □ R. się w czym «zapoznać się z czymś, zbadać coś»: Rozejrzeć się w interesach, w dokumentach dotyczących jakiejś sprawy. □ R. się za kim, czym «poszukać kogoś, czegoś, upatrzyć kogoś, coś dla siebie»: Rozglądać się za zarobkiem, za pracą, za mieszkaniem, za robotnikami.

rozejść się *dk XI*, rozejdę się, rozejdzie się, rozejdź się, rozszedł (*nie*: rozeszedł) się, rozeszła się, rozeszliśmy się (p. akcent § 1a i 2) — **rozchodzić się** *ndk VIa*, rozchodzę się, rozchodźcie (*nie*: rozchódźcie) się, rozchodziliśmy się **1.** «iść w różne strony»: Ludzie się rozeszli. Tłum się wolno rozchodził. □ R. się z kim «wziąć rozwód, rozwieść się»: Rozchodzić się z żoną, z mężem. △ Rozeszło się komuś o coś

«coś stało się przedmiotem różnicy zdań»: Pokłócili się, nie wiadomo, o co im się rozeszło. △ *niepoprawne* Rozchodzi się komuś o coś (*zamiast*: Chodzi, idzie komuś o coś), np. O co ci się rozchodzi (*zamiast*: O co ci chodzi)? **2.** p. rozchodzić. || *D Kult. I, 143.*

rozeprzeć *dk XI,* rozeprę, rozeprze, rozeprzyj, rozparł, rozparliśmy (p. akcent § 1a i 2), rozparty — **rozpierać** *ndk I,* rozpieraliśmy △ zwykle w wyrażeniach: Duma, radość itp. rozpiera kogoś a. rozpiera komuś serce (tylko *ndk*) «ktoś odczuwa dumę, radość itp. (tylko o uczuciach przyjemnych)»: Szczęście rozpierało mu serce.

rozeprzeć się — rozpierać się «usiąść, *rzad.* stanąć w pozie niedbałej, nonszalanckiej»: Rozpierać się w drzwiach, w fotelu, na kanapie, na ławce.

rozerwać *dk IX,* rozerwę (*nie*: rozerwię), rozerwiesz, rozerwą (*nie*: rozerwią), rozerwij, rozerwaliśmy (p. akcent § 1a i 2) — **rozrywać** *ndk I,* rozrywaliśmy: Rozerwać materiał, ubranie, łańcuch, sznur. □ R. co czym, o co: Rozerwać ubranie gwoździem, drutem (o gwóźdź, o drut). △ Rozerwać kopertę, list «otworzyć list rozrywając kopertę» □ R. kogo **a)** «rozdzielić (kogoś z kimś)»: Rozerwać bijących się. **b)** tylko *dk* «dostarczyć komuś rozrywki, zająć w sposób przyjemny»: Rozerwać gościa. Chciał go rozerwać, zaprosił go więc na operetkę.

rozerżnąć a. **rozerznąć** (*wym.* rozerżnąć) *dk Va,* rozerżnij, rozerznij; rozerżnąłem, rozerznąłem (*wym.* rozerżnołem, rozerznołem, *nie*: rozerżnełem, rozerznełem); rozerżnął, rozerznął (*wym.* rozerżnoł, rozerznoł); rozerżnęła, rozerznęła (*wym.* rozerżnela, rozerznela, *nie*: rozerżła); rozerżnęliśmy, rozerznęliśmy (*wym.* rozerżneliśmy, rozerzneliśmy; p. akcent § 1a i 2) — **rozrzynać** *ndk I,* rozrzynaliśmy □ R. co — czym: Rozerżnąć sznur scyzorykiem. Rozerżnąć belkę piłą.

rozeschnąć się *dk Vc,* rozsechł się a. rozeschnął się (*wym.* rozeschnoł się); rozeschła się, rozsechłby się a. rozeschnąłby się (*wym.* rozeschnołby się; p. akcent § 4c), rozeschnięty a. rozeschły — **rozsychać się** *ndk I,* rozsychałby się: Balia, beczka się rozeschła. Rozeschnięte koła.

I rozesłać *dk IX,* roześlę (*nie*: rozeszlę), roześlij (*nie*: rozeszlij), rozesłaliśmy (p. akcent § 1a i 2) — **rozsyłać** (*nie*: rozsełać) *ndk I,* rozsyłaliśmy □ R. kogo, co — do kogo, do czego, komu, po czym, po kim: Rozesłać posłańców po wsiach, po okolicy, po sąsiadach. Rozesłać zawiadomienia do wszystkich zainteresowanych. Rozesłać zaproszenia znajomym.

II rozesłać (*reg.* rozścielić) *dk IX,* rozściele, rozścielemy, rozściel, rozścielmy, rozesłał, rozesłaliśmy (p. akcent § 1a i 2) — **rozścielać**, *rzad.* **rozścielać** *ndk I,* rozścielaliśmy (rozścielaliśmy) □ R. co — na czym (*nie*: na co) «rozłożyć, rozpostrzeć»: Rozesłać pled na tapczanie, na trawie, obrus na stole.

rozespać się *dk* roześpię się (*nie*: rozespię się), roześpi się (*nie*: rozespi się), roześpij się (*nie*: rozespij się), rozespaliśmy się (p. akcent § 1a i 2) — **rozsypiać się** *ndk I,* rozsypialiśmy się: Tak się rozespał, że nie mógł go obudzić. Nie rozsypiaj się, zaraz wyjeżdżamy.

roześmiać się, *przestarz.* **rozśmiać się** *dk Xb,* roześmieję (rozśmieję) się, roześmiej (rozśmiej) się, roześmiał (rozśmiał) się, roześmialiśmy (rozśmialiśmy) się, roześmieliśmy (rozśmieliśmy) się (p. akcent § 1a i 2): Roześmiać się nerwowo, wesoło, na głos.

roześmiany (*nie*: rozśmiany) *m-os.* roześmiani «wesoły, śmiejący się»: Roześmiany chłopiec. Roześmiana twarz. Roześmiane oczy.

rozetrzeć p. rozcierać.

Rozewie *n I, D.* Rozewia «przylądek»: Jechać na Rozewie. Mieszkać na Rozewiu. — rozewski.

rozewrzeć *dk XI,* rozewrę (*nie*: rozewrzę), rozewrze, rozewrą (*nie*: rozewrzą), rozewrzyj, rozwarł, rozwarliśmy (p. akcent § 1a i 2), rozwarty — **rozwierać** *ndk I,* rozwieraliśmy *książk.* «otworzyć coś zamkniętego, rozchylić, rozpostrzeć»: Rozewrzeć bramę, podwoje. Rozewrzeć usta, oczy, paszczę, ramiona.

rozeznać *dk I,* rozeznaliśmy (p. akcent § 1a i 2) — **rozeznawać** *ndk IX,* rozeznaje, rozeznawaj, rozeznawaliśmy □ R. kogo, co — po czym «rozpoznawać, rozróżnić»: W ciemności nie mogli rozeznać drogi.

rozeznać się — rozeznawać się □ R. się w czym «zorientować się, połapać się w czymś»: Rozeznać się w planie miasta, w tekście, w powiązaniach rodzinnych.

rozgałęziacz *m II, lm D.* rozgałęziaczy a. rozgałęziaczów.

rozgałęziać *ndk I,* rozgałęzialiśmy (p. akcent § 1a i 2) — **rozgałęzić** *dk VIa,* rozgałęzę, rozgałęź, rozgałęziliśmy, rozgałęziony: Rozgałęziać tory, bocznice.

rozgałęziać się — rozgałęzić się □ R. się na co: Rzeka rozgałęzia się na liczne ramiona.

rozganiać *ndk I,* rozganialiśmy (p. akcent § 1a i 2) — **rozgonić** *dk VIa,* rozgoń, rozgoniliśmy, **rozegnać** *dk I,* rozegnaliśmy □ R. kogo, co — czym: Rozegnać ludzi sikawkami, strzałami. Rozgonić psy kijem.

rozgaszczać się p. rozgościć się.

rozgiąć *dk Xc,* rozegnę, rozegnie, rozegnij, rozgiął (*wym.* rozgioł), rozgięła (*wym.* rozgieła; *nie*: rozegnęła), rozgięliśmy (*wym.* rozgieliśmy; p. akcent § 1a i 2), rozgięty — **rozginać** *ndk I,* rozginaliśmy: Rozgiął pręt rękami.

rozglądać się, rozglądnąć się p. rozejrzeć się.

rozgłos *m IV, D.* rozgłosu, *blm*: Cieszyć się rozgłosem. Sprawa nabrała rozgłosu. Nadać czemuś rozgłos. Zyskać rozgłos. △ Bez rozgłosu «po cichu, w tajemnicy»

rozgłośny *st. w.* rozgłośniejszy a. bardziej rozgłośny *przestarz., książk.* **a)** «bardzo głośny, donośny»: Rozgłośny gwizd. Rozgłośne echo. **b)** «cieszący się rozgłosem, powszechnie znany»: Rozgłośna książka. Rozgłośna piękność.

rozgnieść *dk XI,* rozgniotę (*nie*: rozgniotę), rozgniecie, rozgniótł, rozgniotła (*nie*: rozgnietła), rozgnietliśmy (p. akcent § 1a i 2), rozgnieciony (*nie*: rozgnieciony) — **rozgniatać** *ndk I,* rozgniataliśmy: Rozgnieść niedopałek obcasem. Rozgniatać jarzyny tłuczkiem.

rozgonić p. rozganiać.

rozgoryczać *ndk I*, rozgoryczaliśmy (p. akcent § 1a i 2) — **rozgoryczyć** *dk VIb*, rozgoryczyliśmy □ R. kogo — do kogo, czego: Doznane krzywdy rozgoryczyły ją do świata i ludzi.
rozgoryczać się — **rozgoryczyć się** □ R. się na kogo, na co «mieć żal do kogoś, do czegoś»: Rozgoryczać się na świat i na ludzi.

rozgościć się *dk VIa*, rozgoszczę się, rozgościmy się, rozgość się, rozgościliśmy się (p. akcent § 1a i 2) — *rzad.* **rozgaszczać się** (*nie*: rozgoszczać się) *ndk I*, rozgaszczaliśmy się □ R. się u kogo, gdzie: Rozgościli się u nich na długo. Rozgościć się w obcym domu.

rozgradzać (*nie*: rozgrodzać) *ndk I*, rozgradzaliśmy (p. akcent § 1a i 2) — **rozgrodzić** *dk VIa*, rozgrodzę, rozgródź a. rozgródź, rozgrodziliśmy **1.** «usuwać przegrodę, ogrodzenie»: Rozgrodzony ogród. **2.** «oddzielać, odgradzać coś od czegoś»: Rozgrodzić wodę groblą.

rozgromić p. gromić.

rozgrywać p. rozegrać.

rozgrywka *ż III*, *lm D.* rozgrywek, częściej w *lm*: Rozgrywki dyplomatyczne, polityczne, parlamentarne. Zakulisowe rozgrywki. Doszło do ostatecznej rozgrywki. Rozgrywki piłkarskie, pucharowe, drużynowe. Rozgrywki w boksie, w piłce nożnej. Organizować rozgrywki. Rozgrywki odbywają się, trwają (*nie*: toczą się). □ R. o co: Rozgrywka o władzę, o wpływy. Rozgrywki o puchar, o mistrzostwo. □ R. między kim i (a) kim: Rozgrywki między piłkarzami Legii i Polonii.

rozgryźć *dk XI*, rozgryzę, rozgryzie, rozgryź, rozgryzł, rozgryźliśmy (p. akcent § 1a i 2) — **rozgryzać** *ndk I*, rozgryzaliśmy: Rozgryźć orzech, pestkę, sznurek. △ *przen. pot.* Rozgryźć czyjeś słowa, jakieś zagadnienie. Rozgryźć czyjś charakter.

rozgrzać *dk Xb*, rozgrzeję, rozgrzej, rozgrzał, rozgrzaliśmy, *reg.* rozgrzeliśmy (p. akcent § 1a i 2) — **rozgrzewać** *ndk I*, rozgrzewaliśmy: Rozgrzać coś przy ogniu, w piecu.

rozgrzeszenie *n I*: Dostać, otrzymać rozgrzeszenie. Udzielić rozgrzeszenia. □ R. z czego (*nie*: za co): Rozgrzeszenie z grzechów.

rozgrzeszyć *dk VIb*, rozgrzesz, rozgrzeszymy, rozgrzeszyliśmy (p. akcent § 1a i 2) — **rozgrzeszać** *ndk I*, rozgrzeszaliśmy □ R. kogo — z czego «darować, przebaczać komuś jakiś grzech, jakieś przewinienie, nie uznać czegoś za winę»: Rozgrzeszyli go ze wszystkich jego czynów.
rozgrzeszyć się — **rozgrzeszać się** □ R. się z czego (*nie*: od czego): Rozgrzeszyć się z obowiązków wobec rodziny. // D Kult. II, 342.

rozgrzewać p. rozgrzać.

rozgrzewka *ż III*, zwykle *blm* **1.** «rozgrzewanie, rozgrzanie się» zwykle w *pot.* zwrotach: Dla rozgrzewki, na rozgrzewkę «żeby się rozgrzać»: Kieliszek dla rozgrzewki (na rozgrzewkę). Skakać, tupać dla rozgrzewki.

rozgwieździć *dk VIa*, rozgwieździ, rozgwieździłby (p. akcent § 4c), rozgwieżdżony *książk.* (zwykle w imiesł. biernym): Rozgwieżdżone niebo.

rozhowor *m IV*, *D.* rozhoworu, zwykle w *lm książk.* «rozmowa, gawęda»: Wieść, toczyć z kimś rozhowory. △ *przen.* Ptasie rozhowory.

rozigrać się (*wym.* roz-igrać się) *dk I*, rozigraliśmy się (p. akcent § 1a i 2): Wszyscy rozigrali się jak dzieci. △ *przen.* Rozigrały się namiętności ludzkie.

rozindyczyć się (*wym.* roz-indyczyć się) *dk VIb*, rozindyczyliśmy się (p. akcent § 1a i 2) *żart. pot.* «wpaść w złość, rozwścieczyć się»

rozirytować (*wym.* roz-irytować) *dk IV*, rozirytowaliśmy (p. akcent § 1a i 2) *wych. z użycia* «wprawić kogoś w irytację, zdenerwować»

roziskrzyć (*wym.* roz-iskrzyć) *dk VIb*, roziskrzyłby (p. akcent § 4c), roziskrzony: Rakiety roziskrzyły niebo kolorowymi błyskami.
roziskrzyć się: Niebo roziskrzyło się gwiazdami. Księżyc roziskrzył się srebrnym blaskiem.

rozjaśnić *dk VIa*, rozjaśnię, rozjaśnimy, rozjaśnij, rozjaśniliśmy (p. akcent § 1a i 2) — **rozjaśniać** *ndk I*, rozjaśnialiśmy **1.** «uczynić jasnym, jaśniejszym, oświetlić, rozwidnić» Lampa rozjaśniła ciemne wnętrze. Latarnia rozjaśniła ulicę. △ Rozjaśnić twarz, oczy itp. «rozpogodzić uśmiechem, radością»: Rozjaśnić twarz w uśmiechu. Pogodna myśl rozjaśniła mu czoło. **2.** *przestarz.* «wytłumaczyć, wyjaśnić, objaśnić» (*lepiej*: wyjaśnić, wyświetlić) sprawę, sytuację, wątpliwości.
rozjaśnić się — **rozjaśniać się** □ R. się czym «rozbłysnąć światłem, pojaśnieć»: Niebo rozjaśniło się srebrnym blaskiem księżyca. △ Rozjaśniło się komu w głowie «coś się stało jasne, zrozumiałe»

rozjazd *m IV*, *D.* rozjazdu, *Ms.* rozjeździe △ Rozjazd kolejowy, tramwajowy «rozgałęzienie torów» △ tylko w *lm* w zn. «podróże, wyjazdy»: Być w rozjazdach. Święta spędził na rozjazdach. Praca wymaga ciągłych rozjazdów. // D Kult. I, 770.

rozjechać *dk*, rozjadę, rozjedzie (*nie*: rozjadzie), rozjechał, rozjechaliśmy (p. akcent § 1a i 2) — **rozjeżdżać** *ndk I*, rozjeżdżaliśmy «przejechać»: Rozjechać człowieka, dziecko, kurę.
rozjechać się — **rozjeżdżać się** «z jednego miejsca udać się w różnych kierunkach»: Goście rozjechali się późno. Bracia rozjechali się na długo. *Por.* rozjeździć.

rozjemca *m odm.* jak *ż II*, *lm M.* rozjemcy, *DB.* rozjemców: Być rozjemcą w sporze. Mianować kogoś rozjemcą (*nie*: na rozjemcę, jako rozjemcę). Wybrać kogoś na rozjemcę.

rozjeździć *dk VIa*, rozjeżdżę, rozjeździ, rozjeźdź, rozjeździliśmy (p. akcent § 1a i 2) — **rozjeżdżać** *ndk I*, rozjeżdżaliśmy «jeżdżąc roztratować, zniszczyć, uszkodzić (nawierzchnię drogi, placu itp.)»: Rozjeżdżona droga.
rozjeździć się — **rozjeżdżać się** *pot.* (częściej *ndk*) «ciągle, dużo jeździć, podróżować, zasmakować w podróżowaniu, jeżdżeniu»: Rozjeżdżać się po znajomych, po świecie. W ostatnich czasach bardzo się rozjeździł, życie spędza w podróżach. *Por.* rozjechać.

rozkaz

rozkaz *m IV, D.* rozkazu: Wydać, dostać, otrzymać rozkaz. Zrobić, wykonać coś na czyjś rozkaz a. z czyjegoś rozkazu. Łamać rozkazy. Wyłamywać się spod rozkazów. Stanąć, stawić się na czyjś rozkaz. Posłuszny rozkazom. Iść, meldować się, zgłaszać się po rozkaz, po rozkazy. Jest rozkaz by..., aby..., żeby... (coś robić). △ *niepoprawne* Pełnić (*zamiast*: wykonywać, wypełniać) rozkazy. □ R. czego a. do czego: Wydać rozkaz marszu, odwrotu (do marszu, do odwrotu). □ R. kogo a. od kogo: Nadszedł rozkaz dowódcy (od dowódcy).

rozkazać *dk IX*, rozkażę, rozkaż, rozkazaliśmy (p. akcent § 1a i 2) — **rozkazywać** (*nie*: rozkazować) *ndk VIIIa*, rozkazuję (*nie*: rozkazywam, rozkazywuję), rozkazywaliśmy □ R. + bezokol., r., aby...: Nauczyciel rozkazał chłopcom przygotować zeszyty.

rozkazujący «wyrażający rozkaz, kategoryczny, stanowczy»: Głos, ton rozkazujący. △ Tryb rozkazujący p. czasownik (punkt III).

rozkaźnik *m III* «forma czasownika w trybie rozkazującym»: *Nieś* to rozkaźnik od *nieść*.

*rozkaźnik p. czasownik (punkt III).

rozkiełznać, *przestarz.* **rozkiełzać** (*nie*: rozkiełznąć) *dk I*, rozkiełznaliśmy, rozkiełzaliśmy (p. akcent § 1a i 2) — **rozkiełznywać**, *przestarz.* **rozkiełzywać** *ndk VIIIa*, rozkiełznuję, rozkiełzuję (*nie*: rozkiełznywam, rozkiełzywam; rozkiełznywuję, rozkiełzywuję), rozkiełznywaliśmy, rozkiełzywaliśmy: Rozkiełznać konia.

rozkisnąć *dk Vc*, rozkiśnie, rozkisł a. rozkisnął (*wym.* rozkisnoł); rozkisła; rozkisłby a. rozkisnąłby (*wym.* rozkisnołby, p. akcent § 4c) — **rozkisać** *ndk I*, rozkisałby *rzad.* «rozmięknąć, zamienić się w błoto, w bagno»: Po jesiennych deszczach drogi rozkisły.

rozklekotać *dk IX*, rozklekocze, *przestarz.* rozklekoce; rozklekocz a. rozklekotaj; rozklekotaliśmy (p. akcent § 1a i 2), częściej w imiesł. biernym: Rozklekotany wóz, most, fortepian. Rozklekotana maszyna. △ *przen.* Rozklekotane nerwy.

rozkład *m IV, D.* rozkładu 1. «sposób ułożenia, rozmieszczenie, rozplanowanie, układ, rozłożenie czegoś»: Rozkład mieszkania, miasta. Rozkład dnia, pracy. △ Rozkład jazdy (pociągów, autobusów), rozkład lotów (samolotów), *pot.* rozkład pociągów, autobusów, samolotów itp. (skrótowo: rozkład) «godziny odjazdu, odlotu» △ *łow.* Leżeć na rozkładzie «o upolowanej zwierzynie: leżeć szeregiem» □ R. czego między kogo a. między kim: Rozkład zysków między członków spółdzielni (między członkami spółdzielni). □ R. czego — na kogo, na co: Rozkład kosztów remontu na lokatorów. Dokonano rozkładu całości długu na raty. 2. «gnicie, psucie się substancji organicznych, rozpadanie się ciał stałych»: Rozkład resztek roślinnych i zwierzęcych. Coś jest w rozkładzie a. w stanie rozkładu. △ *przen.* Rozkład rodziny, małżeństwa. 3. *in.* analiza: Rozkład związków chemicznych.

rozkładać *ndk I*, rozkładaliśmy (p. akcent § 1a i 2) — **rozłożyć** *dk VIb*, rozłóż, rozłożymy, rozłożyliśmy 1. «rozpościerać, rozścielać; układać, rozmieszczać» □ R. co (na czym): Rozkładać obrus na stole. Rozłożyć zabawki, książki na półkach. Rozkła-

dane łóżko. △ Rozkładać ognisko, ogień «rozpalać ognisko» △ Rozkładać ramiona, ręce a) «wyciągać ramiona, ręce na boki» b) «ruchem tym okazywać bezradność» 2. «rozdzielać na części, dzielić, planować»: Rozłożyć zajęcia, robotę. △ Rozkładać na raty a) «dzielić należność na części wpłacane kolejno» b) *pot.* «wykonywać coś stopniowo, częściami»: Naukę rozkładał na raty.

rozkosz *ż VI, lm M.* rozkosze, *D.* rozkoszy: Doznawać, doświadczać rozkoszy. Sprawiać rozkosz. Znajdować w czymś rozkosz. Rozkosz tworzenia, życia. Coś jest rozkoszą dla oka, ucha, podniebienia. Wspominać coś a. o czymś z rozkoszą. Opływać w rozkoszach, pławić się w rozkoszy.

rozkradać p. rozkraść.

rozkrajać *dk IX*, rozkraję (*nie*: rozkrajam, rozkraj (*nie*: rozkrajaj), rozkrajaliśmy (p. akcent § 1a i 2), **rozkroić** *dk VIa*, rozkroję, rozkroimy, rozkrój, rozkroiliśmy — *rzad.* **rozkrawać** (*nie*: rozkraiwać, rozkrawywać) *ndk I*, rozkrawaliśmy: Rozkroić bułkę, chleb nożem. Rozkroić materiał nożyczkami.

rozkraść *dk Vc*, rozkradnę, rozkradnij, rozkradł, rozkradliśmy (p. akcent § 1a i 2), rozkradziony, rozkradnięty) — **rozkradać** *ndk I*, rozkradaliśmy: Sąsiedzi rozkradli mu cały dobytek.

rozkrawać p. rozkrajać.

rozkręcić *dk VIa*, rozkręcę, rozkręcimy, rozkręć, rozkręciliśmy (p. akcent § 1a i 2), rozkręcony — **rozkręcać** *ndk I*, rozkręcaliśmy: Rozkręcać nici, spiralę, szyny. △ *pot.* Rozkręcić interes «rozwinąć interes» △ Rozkręcić robotę «zorganizować, rozpocząć pracę nad czymś»

rozkroić p. rozkrajać.

rozkrok *m III, D.* rozkroku, zwykle w wyrażeniu: Stać, stanąć w rozkroku.

rozkrwawić *dk VIa*, rozkrwawię, rozkrwaw, rozkrwawiliśmy (p. akcent § 1a i 2) — **rozkrwawiać** *ndk I*, rozkrwawialiśmy □ R. co — komu: Rozkrwawił mu wargę, nos. □ R. co — o co: Rozkrwawił stopy o kolce tarniny.

rozkuć *dk Xa*, rozkuliśmy (p. akcent § 1a i 2) — **rozkuwać** *ndk I*, rozkuwaliśmy □ R. co «rozbić okowy, okucie»: Rozkuć pęta. □ R. kogo — z czego «uwolnić kogoś ze skuwających go więzów»: Rozkuć więźniów z łańcuchów. △ Rozkuć konia «oderwać koniowi podkowy»

rozkupić *dk VIa*, rozkupię, rozkup, rozkupiliśmy (p. akcent § 1a i 2) — **rozkupywać** (*nie*: rozkupować) *ndk VIIIa*, rozkupuję (*nie*: rozkupywam, rozkupywuję), rozkupywaliśmy.

rozkuwać p. rozkuć.

rozkwasić *dk VIa*, rozkwaszę, rozkwasimy, rozkwasiliśmy (p. akcent § 1a i 2), rozkwaszony *wych. z użycia* «rozmiękczyć nasycając wodą, rozmoczyć»: Deszcz rozkwasił ziemię. △ *posp.* Rozkwasić nos, głowę, kolano itp. «rozbić, zranić mocno, do krwi»

rozkwit, *m IV, D.* rozkwitu «rozwijanie się pączka w kwiat, okrywanie się kwiatami, kwitnięcie; pełnia rozwoju rośliny»: Rozkwit kwiatów, krzewów. Bujny szybki rozkwit Drzewa w rozkwicie.

Być, znajdować się w rozkwicie. △ *przen*. Rozkwit miast, handlu, kultury.

rozkwitnąć (*nie*: rozkwiść) *dk Vc, rzad. Va* rozkwitnie, rozkwitł, *rzad.* rozkwitnął (*wym.* rozkwitnoł); rozkwitła, *rzad.* rozkwitnęła (*wym.* rozkwitneła); rozkwitliśmy, *rzad.* rozkwitnęliśmy (*wym.* rozkwitneliśmy, p. akcent § 1a i 2); rozkwitły, *rzad.* rozkwitnięty — **rozkwitać** *ndk I*, rozkwitaliśmy: Drzewa, krzewy rozkwitły. Bez rozkwita wiosną. △ *przen*. Rozkwitliśmy w rozkosznym klimacie południa. □ *przen*. R. czym: Twarz jej rozkwitła rumieńcem.

rozlać *dk Xb*, rozleję, rozlej, rozlaliśmy, *reg.* rozleliśmy (p. akcent § 1a i 2) — **rozlewać** *ndk I*, rozlewaliśmy □ R. co — na co «lejąc rozchlapać, wylać»: Rozlać atrament na stół, herbatę na obrus, wodę na podłogę. □ R. co — do czego a. w co «wlać do wielu naczyń, lejąc umieścić płyn w wielu naczyniach»: Rozlewać kawę do filiżanek (w filiżanki), wino do kieliszków (w kieliszki).

rozlatywać się p. rozlecieć się.

rozlec się p. rozlegać się.

rozlecieć się (*nie*: rozlecić się) *dk VIIa*, rozlecę się, rozlecimy się, rozlecieliśmy się (p. akcent § 1a i 2) — **rozlatywać się** *ndk VIIIa*, rozlatuję się (*nie*: rozlatywam się, rozlatywuję się), rozlatywaliśmy się **1.** «odlecieć z jakiegoś miejsca, rozbiec się, rozproszyć się w różne strony» □ R. się po czym: Wróble rozleciały się po polu. Dzieci rozlatują się po plaży. **2.** *pot.* «rozpaść się na kawałki, podrzeć się doszczętnie»: Szyba rozleciała się z brzękiem. Buty rozlatywały się szybko. U wozu rozleciało się koło. △ *przen*. Niedobrane małżeństwo rozleciało się po roku.

rozlegać się *ndk I*, rozlegałby się (p. akcent § 4c) — **rozlec się**, *rzad.* **rozlegnąć się** *dk Vc*, rozlegnie się, rozległ się (*nie*: rozlegnął się), rozległby się **1.** «dawać się słyszeć, rozbrzmiewać»: Rozlega się, rozległ się dzwonek, gwizd, krzyk, strzał itp. □ R. się po czym: Wołania, głosy rozległy się po lesie. □ (tylko *ndk*) *przestarz*. R. się czym: Cały las rozlegał się szczekaniem psów, echem. **2.** (tylko *ndk*) *przestarz*. «zajmować jakąś przestrzeń, rozciągać się, rozpościerać się»: Przed oczami rozlegał się piękny widok na góry.

rozlegnąć się p. rozlegać się.

rozlewać p. rozlać.

rozlewnia *ż I, lm D.* rozlewni.

rozleźć się (*nie*: rozliźć się) *dk XI*, rozlezie się, rozlezą się, *przestarz.* rozlazą się (*nie*: rozlizą się); rozlazł się, rozleźli się (p. akcent § 1a i 2) — **rozłazić się** *ndk VIa*, rozłażą się, rozłaziliśmy się *pot.* **a)** «rozpełznąć się, rozejść się powoli w różne strony» □ R. się po czym, do czego: Rozleźć się po ulicach, po polach, do domów. △ *przen*. Mrok rozłazi się po kątach. Pieniądze komuś się rozlazły, rozłażą. **b)** «rozedrzeć się, zniszczyć się, rozpaść się na strzępy, na kawałki»: Rozlazły mi się buty. Ubranie rozlaziło się na łokciach i kolanach. △ *przen*. Robota rozłazi się komuś w rękach.

rozliczać p. rozliczyć.

rozliczenie *n I*: Rozliczenie należności, kosztów. Dokonać rozliczenia.

rozliczeniowy: Arkusz, bilans, wydział rozliczeniowy (*lepiej*: rozliczeń). Dniówki rozliczeniowe.

rozliczny *st. w.* rozliczniejszy a. bardziej rozliczny *książk.* «rozmaity, różnorodny»: Rozliczne gatunki róż.

rozliczyć *dk VIb*, rozliczymy, rozliczyliśmy (p. akcent § 1a i 2) — **rozliczać** *ndk I*, rozliczaliśmy: Rozliczyć pieniądze, należności. □ R. co — na co, na kogo: Rozliczyć wydatki na wszystkich uczestników wycieczki. □ R. kogo — z czego: Rozliczyć delegowanego z powierzonych mu pieniędzy, z wydatków. △ *niepoprawne* Rozliczać (*zamiast*: liczyć, rachować) na coś.

rozliczyć się — **rozliczać się** □ R. się z czego: Rozliczyć się z powierzonych sum. □ R. się z kim, czym: Rozliczyć się z wierzycielem, z instytucją, z kasą.

rozlosować *dk IV*, rozlosowaliśmy (p. akcent § 1a i 2) — **rozlosowywać** *ndk VIIIa*, rozlosowuję (*nie*: rozlosowywam, rozlosowywuję), rozlosowywaliśmy: Rozlosować nagrody. □ R. co — między kogo: Rozlosować prezenty między zaproszonych.

rozluźniać *ndk I*, rozluźnialiśmy (p. akcent § 1a i 2) — **rozluźnić** *dk VIa*, rozluźnij, rozluźnimy, rozluźniliśmy: Rozluźnić kołnierzyk, pasek, popręgi, sznury, mięśnie. △ *przen*. Rozluźnić rygor, dyscyplinę.

rozładować *dk IV*, rozładowaliśmy (p. akcent § 1a i 2) — **rozładowywać** *ndk VIIIa*, rozładowuję (*nie*: rozładowywam, rozładowywuję), rozładowywaliśmy: Rozładować wóz, wagon, towar. △ Rozładować akumulator, kondensator. △ Rozładować broń «wyjąć z niej naboje» △ *przen*. Rozładować atmosferę, napięcie, sytuację (*nie*: trudności).

rozładowywacz *m II, lm D.* rozładowywaczy a. rozładowywaczów *środ.* «robotnik pracujący przy rozładunku»

rozłam *m IV, D.* rozłamu: Rozłam ideologiczny, polityczny. Wywołać, spowodować rozłam. Rozłam opinii, poglądów. □ R. w czym, wśród kogo: Rozłam w zespole, w rodzinie, wśród społeczeństwa. □ R. między kim a kim: Rozłam między młodymi a starymi.

rozłamowiec *m II, D.* rozłamowca, *lm M.* rozłamowcy.

rozłazić się p. rozleźć się.

rozłączny 1. «oddzielny, rozdzielny, nie złączony»: Rozłączna (a. rozdzielna) pisownia wyrazów. **2.** «dający się rozłączyć, nie stykający się»: Rozłączne połączenie rur.

rozłączyć *dk VIb*, rozłącz, rozłączymy, rozłączyliśmy (p. akcent § 1a i 2) — **rozłączać** (*nie*: rozlanczać) *ndk I*, rozłączaliśmy: Rozłączyć druty, przewody, Rozłączyć przyjaciół. □ R. kogo, co — z kim, czym (*nie*: od kogo, od czego): Rozłączyć matkę z dziećmi.

rozłąka *ż III*, zwykle *blm* «rozstanie, oddalenie»: Długa rozłąka. Lata rozłąki. □ R. z kim, czym: Rozłąka z krajem, z rodziną. △ *niepoprawne* w zn.

rozłąkowe

«dodatek za rozłąkę; rozłąkowe»: np. Płacić rozłąkę (*zamiast*: rozłąkowe).

rozłąkowe *n* odm. jak przym. *pot.* «dodatek za rozłąkę z rodziną dla pracownika zatrudnionego poza miejscem stałego zamieszkania»: Otrzymywać, płacić rozłąkowe.

rozłożyć p. rozkładać.

rozłóg *m III, D.* rozłogu **1.** *poet.* «rozległa, otwarta przestrzeń, wielki obszar»: Wiatr hula po rozłogach. **2.** zwykle w *lm* «pędy boczne roślin płożące się·po ziemi lub pędy podziemne»

rozłupać (*nie*: rozłupić) *dk IX*, rozłupię (*nie*: rozłupę, rozłupam), rozłup (*nie*: rozłupaj), rozłupiemy, rozłupaliśmy (p. akcent § 1a i 2) — **rozłupywać** *ndk VIIIa*, rozłupuję (*nie*: rozłupywam, rozłupywuję), rozłupywaliśmy: Rozłupać skorupę, orzech. Pocisk rozłupał drzewo na pół. □ R. co — czym: Rozłupać skałę kilofem. □ R. co — na co: Rozłupać pieniek na drzazgi, na drobne kawałki.

rozmach *m III, D.* rozmachu, zwykle *blm*: Wziąć rozmach. Rzucić coś z rozmachem. △ *przen.* «dynamika, energia, prężność»: Człowiek z rozmachem. Mieć rozmach. Praca nabrała rozmachu.

rozmaitość (*wym.* rozma-itość, *nie*: rozmajtość) *ż V* **1.** zwykle *blm* «różnorodność; urozmaicenie»: Rozmaitość nastrojów, szczegółów. Robić coś dla rozmaitości. **2.** (tylko w *lm*) *pot.* «różne rzeczy (przedmioty, drobiazgi, sprawy itp.)»: Rozmawiali o rozmaitościach. Na stoliku leżały rozmaitości. **3.** (tylko w *lm*) *reg.* «różne gatunki wędlin pokrajane w plasterki»: Kupiła pół kilo rozmaitości.

rozmaity (*wym.* rozma-ity, *nie*: rozmajty) *m-os.* rozmaici, *st. w.* rozmaitszy a. bardziej rozmaity: Rozmaity kształt, wygląd. Rozmaici ludzie. Rozmaite charaktery. // D Kult. I, 755; II, 589.

rozmakać p. rozmoknąć.

rozmamłany (*nie*: rozmemłany), *rzad.* **rozmamrany, rozmamany** *posp.* «ubrany niechlujnie, niekompletnie; o ubraniu: porozpinany, zmięty»: Wyszedł z pokoju rozmamłany, bez marynarki. Rozmamłana (rozmamrana, rozmamana) koszula.

rozmarzać (*wym.* rozmar-zać) *ndk I*, rozmarzałby (p. akcent § 4c) — **rozmarznąć** (*wym.* rozmar--znąć) *dk Vc*, rozmarzłby, rozmarznięty a. rozmarzły «wracać do stanu przed zamrożeniem; topić się»

rozmawiać *ndk I*, rozmawialiśmy (p. akcent § 1a i 2): Rozmawiał z nim przyjaźnie. Rozmawiają z(e) sobą (*nie*: między sobą) całymi godzinami. Rozmawiać po rosyjsku, w języku rosyjskim. □ R. o kim, o czym, na temat kogo, czego: Rozmawiali o pogodzie, o znanym pisarzu. Rozmawiali na temat sztuki.

rozmazać *dk IX*, rozmaże, rozmaż, rozmazaliśmy (p. akcent § 1a i 2) — **rozmazywać** *ndk VIIIa*, rozmazuje (*nie*: rozmazywam, rozmazywuję), rozmazywaliśmy.

rozmiar *m IV, D.* rozmiaru △ Coś przybiera (*nie*: przyjmuje) jakieś rozmiary a. rozmiary czegoś, coś nabiera jakichś rozmiarów a. rozmiarów czegoś: Jest tak przewrażliwiony, że każda przykrość nabiera w jego wyobraźni rozmiarów nieszczęścia.

rozmiaro-wzrost *niepoprawne* zamiast: rozmiar (bielizny, odzieży).

rozmieszać (*nie*: rozmięszać) *dk I*, rozmieszaliśmy (p. akcent § 1a i 2).

rozmieść *dk XI*, rozmiotę (*nie*: rozmietę), rozmiecie, rozmiotą (*nie*: rozmietą, rozmiecą), rozmieć, rozmiótł, rozmiotła (*nie*: rozmietła), rozmietliśmy (p. akcent § 1a i 2), rozmieciony (*nie*: rozmiecony) — **rozmiatać** *ndk I*, rozmiataliśmy: Wiatr rozmiótł kurz po drodze.

rozmięknąć *dk Vc*, rozmiękł, *rzad.* rozmięknął (*wym.* rozmięknoł), rozmiękła, rozmiękłby (p. akcent § 4c), rozmiękły (*nie*: rozmięknięty) — **rozmiękać** *ndk I*, rozmiękałby □ R. od czego: Rozmięknąć od wilgoci.

rozmigotać się *dk IX*, rozmigocze się, *przestarz.* rozmigoce się, rozmigotałby się (p. akcent § 4c).

rozmijać się p. rozminąć się.

rozmiłować *dk IV*, rozmiłowaliśmy (p. akcent § 1a i 2) — **rozmiłowywać** *ndk VIIIa*, rozmiłowuję (*nie*: rozmiłowywam, rozmiłowywuję), rozmiłowywaliśmy książk. podn. «wzbudzić w kimś miłość, rozkochać», zwykle w zwrocie: rozmiłować w sobie, np. Książę rozmiłował w sobie wszystkie damy dworu.

rozmiłować się — *rzad.* **rozmiłowywać się** częściej *dk*, w imiesł. biernym: rozmiłowany **1.** «stać się gorącym miłośnikiem czegoś» □ R. się w czym: Rozmiłował się w poezji romantycznej. Turysta rozmiłowany w polskich zabytkach. **2.** *książk. podn.* «bardzo się zakochać; rozkochać się» □ R. się w kim: Rozmiłował się w niej do szaleństwa.

rozminąć się *dk Vb*, rozminąłem się (*wym.* rozminołem się; *nie*: rozminełem się), rozminął się (*wym.* rozminoł się), rozminął się (*wym.* rozmineła się), rozminęliśmy się (*wym.* rozmineliśmy się, p. akcent § 1a i 2) — **rozmijać się** *ndk I*, rozmijaliśmy się □ R. się z kim, z czym: Rozminął się ze mną w drodze. △ *przen.* Rozminąć się z prawdą.

rozmnażać p. rozmnożyć.

rozmnażanie się *n I, blm*, in. rozród. // D Kult. II, 260.

rozmnożyć *dk VIb*, rozmnożę, rozmnóż, rozmnożymy, rozmnożyliśmy (p. akcent § 1a i 2) — **rozmnażać** (*nie*: rozmnożać) *ndk I*, rozmnażaliśmy: Rozmnożyć kolonie bakterii, krzewy owocowe, rośliny lecznicze.

rozmnożyć się — **rozmnażać się** □ R. się przez co, z czego, w jaki sposób: Rozmnożyć się przez pączkowanie. Rozmnażać się z nasion. Rozmnażać się płciowo, bezpłciowo.

rozmoknąć *dk Vc*, rozmókł, rozmokł a. rozmoknął (*wym.* rozmoknoł); rozmokła (*nie*: rozmoknęła); rozmókłby, rozmokłby a. rozmoknąłby (*wym.* rozmoknołby, p. akcent § 4c), rozmokły a. rozmoknięty — **rozmakać** *ndk I*, rozmakałby.

rozmowa *ż IV, lm D.* rozmów: Wezwać, zaprosić kogoś na rozmowę. Prosić kogoś o rozmowę w cztery oczy. Wciągnąć kogoś do rozmowy a.

w rozmowę. Czas schodzi komuś na rozmowie. Rozpocząć (*nie*: otworzyć) rozmowy dyplomatyczne.

rozmowny (*nie*: rozmówny) *m-os.* rozmowni, *st. w.* rozmowniejszy a. bardziej rozmowny.

rozmówić się *dk VIa*, rozmówimy się, rozmów się, rozmówiliśmy się (p. akcent § 1a i 2) □ R. się z kim: Muszę się rozmówić z żoną. □ R. się co do kogo, czego (*nie*: o co): Rozmówić się co do wyjazdu. Rozmówić się co do warunków pracy (*nie*: o warunki pracy).

rozmyślać *ndk I*, rozmyślaliśmy (p. akcent § 1a i 2) □ R. o kim, o czym: Rozmyślać o zbliżającej się podróży. □ R. nad czym: Rozmyślać nad skutkami wojny.

rozmyślić się (*nie*: rozmyśleć się, *ale*: myśleć) *dk VIa*, rozmyśliliśmy się (p. akcent § 1a i 2) — *rzad.* **rozmyślać się** *ndk I*, rozmyślaliśmy się.

roznamiętniać *ndk I*, roznamiętnialiśmy (p. akcent § 1a i 2) — **roznamiętnić** *dk VIa*, roznamiętni, roznamiętnij, roznamiętnimy, roznamiętniliśmy □ R. kogo — czym: Roznamiętnić kogoś gorącymi spojrzeniami. Roznamiętniać zebranych gwałtownymi zarzutami. □ R. kogo — do czego: Roznamiętniać kogoś do walki.

rozniecić *dk VIa*, rozniecę, roznieci, roznieć, rozniecimy, rozniecliśmy (p. akcent § 1a i 2), rozniecony (*nie*: roznieciony) — **rozniecać** *ndk I*, rozniecaliśmy: Rozniecić ogień, ognisko, pożar. △ *przen.* Rozniecić gniew, miłość. Rozniecić w kimś nadzieję.

roznieść *dk XI*, roznioszę (*nie*: roznieszę), rozniesie, rozniósł, rozniosła (*nie*: rozniesła), rozniesliśmy (p. akcent § 1a i 2) — **roznosić** *ndk VIa*, roznoszę, roznosimy, roznosiliśmy: Roznosić listy, mleko do mieszkań. △ Roznieść coś po mieście, po wsi a. roznieść po mieście, po wsi, że... «rozpowszechnić jakąś wiadomość» □ (tylko *ndk*) *pot.* Coś kogo roznosi a. *nieos.* roznosi kogo «ktoś jest bardzo podniecony; kogoś przepełniają jakieś uczucia»: Roznosi ją radość, gniew. Wygrał milion i roznosi go.

rozognić *dk VIa*, rozognij, rozogniliśmy (p. akcent § 1a i 2) — **rozogniać** (*nie*: rozagniać) *ndk I*, rozognialiśmy.

rozogniony *m-os.* rozognieni, imiesł. bierny od czas. rozognić.
rozogniony w użyciu przymiotnikowym «będący objawem gorączki, podniecenia; rozgorączkowany»: Rozogniony wzrok. Rozognione twarze, policzki.

rozorać *dk IX*, rozorze, rozorz (*rzad.* rozórz), rozoraliśmy (p. akcent § 1a i 2) — **rozorywać** *ndk VIIIa, rzad. I*, rozoruję, *rzad.* rozorywam (*nie*: rozorywuję), rozorywaliśmy.

rozpacz *ż VI*, zwykle *blm* □ R. nad kim, czym «rozpaczanie nad czymś, zwykle połączone ze współczuciem, litością»: Rozpacz nad niedolą sieroty. □ R. po kim, czym, *rzad.* za kim, czym «rozpaczanie z powodu utraty kogoś, czegoś»: Rozpacz po zmarłej żonie. Rozpacz za opuszczonym krajem. △ Zrobić coś w rozpaczy, w przystępie rozpaczy. Wtrącić kogoś w rozpacz, w otchłań rozpaczy, pogrążyć się, być w rozpaczy, wpaść w rozpacz. △ Czarna rozpacz. △ Obraz nędzy i rozpaczy «o kimś, o czymś będącym w opłakanym stanie»

rozpaczać *ndk I*, rozpaczaliśmy (p. akcent § 1a i 2) □ R. nad kim, czym «czuć rozpacz z powodu czegoś, co jest»: Rozpaczać nad swoim nieszczęśliwym losem. □ R. po kim, czym, *rzad.* za kim, czym «czuć rozpacz z powodu utraty kogoś, czegoś»: Rozpaczać po zmarłym synu. Rozpaczać za domem rodzinnym. □ R., że...: Rozpaczał, że w niczym nie mógł pomóc swemu przyjacielowi.

rozpaczliwy *st. w.* rozpaczliwszy a. bardziej rozpaczliwy: Rozpaczliwy krok, list. Rozpaczliwe warunki, położenie.

rozpad *m IV, D.* rozpadu «rozpadanie się na części, rozłożenie się na czynniki prostsze (wyraz używany zwykle w tekstach naukowych)»: Rozpad planet. Gruźliczy rozpad płuc. Rozpad białka. △ *przen.* Rozpad (a. rozpadnięcie się) cesarstwa.

I rozpadać się p. rozpaść się.

II rozpadać się *dk I*, rozpadałby się (p. akcent § 4c) «o deszczu: zacząć padać ciągle, bezustannie»: Deszcz rozpadał się na dobre. △ *nieos.* Rozpadało się na dobre.

rozpalony *m-os.* rozpaleni, imiesł. bierny od czas. rozpalić: Ciało, policzki, skronie rozpalone gorączką a. od gorączki.
rozpalony w użyciu przymiotnikowym «będący objawem gorączki, mający gorączkę; gorący»: Rozpalone ciało, czoło, ręce.

rozpamiętywać *ndk VIIIa, rzad. I*, rozpamiętuję, rozpamiętywam (*nie*: rozpamiętywuję), rozpamiętywaliśmy (p. akcent § 1a i 2) □ R. co «roztrząsać coś w pamięci»: Rozpamiętywać swój uczynek. □ *rzad.* R. o kim, o czym «rozmyślać»: Nie warto tyle lat o nim rozpamiętywać.

rozpaść się *dk Vc*, rozpadnę się, rozpadł się, rozpadnij się, rozpadłby się (p. akcent § 4c) — **rozpadać się** *ndk I*, rozpadałby się □ R. się na co «rozdzielić się na części, porozłamywać się»: Rzeźba rozpadła się na kawałki. □ R. się w co «dzieląc się na drobniejsze części przemienić się w coś»: Stara książka rozpadła się w proch.

rozpatrzyć *dk VIb, rzad.* **rozpatrzeć** *dk VIIb*, rozpatrzył (*nie*: rozpatrzał), rozpatrzyliśmy (p. akcent § 1a i 2) — **rozpatrywać** *ndk VIIIa*, rozpatruję (*nie*: rozpatrywam, rozpatrywuję), rozpatrywaliśmy: Sprawę rozpatrzył sąd powiatowy.

rozpełzać się *ndk I*, rozpełzaliśmy się (p. akcent § 1a i 2) — **rozpełznąć się** *dk Vc*, rozpełznie się a. rozpełźnie się, rozpełzł się a. rozpełznął się (*wym.* rozpełznoł się), rozpełzła się, rozpełzliśmy się a. rozpełźliśmy się, *rzad.* rozpełznęliśmy się (*wym.* rozpełzneliśmy się).

rozpęd *m IV, D.* rozpędu, *Ms.* rozpędzie: Coś się dzieje, porusza, toczy siłą rozpędu. Nadawać czemuś rozpęd. Wziąć rozpęd. Nabrać, nabierać rozpędu. Hamować, powstrzymywać czyjś rozpęd a. rozpęd czegoś.

rozpiąć (*nie*: rozpnąć) *dk Xc*, rozepnę, rozepnie, rozepnij, rozpiął (*wym.* rozpioł; *nie*: rozpnął), rozpięła (*wym.* rozpieła), rozpięliśmy (*wym.* rozpieliśmy; p. akcent § 1a i 2) — **rozpinać** *ndk I*, rozpinaliśmy.

rozpierać p. rozeprzeć.

rozpierzchać się

rozpierzchać się *ndk I*, rozpierzchaliśmy się (p. akcent § 1a i 2) — **rozpierzchnąć·się** *dk Vc*, rozpierzchnął się (*wym.* rozpierzchnoł się) a. rozpierzchł się, rozpierzchła się, rozpierzchnęliśmy się (*wym.* rozpierzchnęliśmy się) a. rozpierzchliśmy się.

rozpiętość *ż V, blm:* Łuk rozpiętości (*nie:* o rozpiętości) pięciu metrów. △ *przen.* Rozpiętość między tempem rozwoju przemysłu a wzrostem produkcji rolnej.

rozpinać p. rozpiąć.

rozplatać *ndk I*, rozplataliśmy (p. akcent § 1a i 2) — **rozpleść** *dk XI*, rozplotę (*nie:* rozpletę), rozplecie, rozplótł, rozplotła (*nie:* rozpletła), rozpletliśmy.

rozpłaszczać *ndk I*, rozpłaszczaliśmy (p. akcent § 1a i 2) — **rozpłaszczyć** *dk VIb*, rozpłaszczyliśmy.

rozpłynąć się *dk Vb*, rozpłynąłem się (*wym.* rozpłynołem się; *nie* rozpłynęłem się), rozpłynął się (*wym.* rozpłynoł się), rozpłynęła się (*wym.* rozpłyneła się), rozpłynęliśmy się (*wym.* rozpłyneliśmy się, p. akcent § 1a i 2) — **rozpływać się** *ndk I*, rozpływaliśmy się (1. i 2. os. używana tylko w *przen.*). □ R. się w czym (np. w zachwytach). □ (tylko *ndk*) R. się nad kim, czym «wylewnie zachwycać się kimś, czymś»: Rozpływać się nad czyjąś urodą.

rozpocząć *dk Xc*, rozpocznę, rozpocznie, rozpocznij, rozpoczęliśmy (*wym.* rozpoczeliśmy, p. akcent § 1a i 2) — **rozpoczynać** *ndk I*, rozpoczynaliśmy: Rozpoczęto obrady, podróż, poszukiwania. Rozpocząć pisać książkę a. rozpocząć pisanie książki. □ R. co — czym, od czego: Rozpocząć przemówienie pytaniem (od pytania). // *D Kult. II, 109.*

rozpogadzać się (*nie:* rozpagadzać się) *ndk I*, rozpogadzaliśmy się (p. akcent § 1a i 2) — **rozpogodzić się** *dk VIa*, rozpogodziliśmy się (1. i 2. os. używana tylko w *przen.*). «o niebie a. *nieos.*: stać się pogodnym»:· Pod wieczór (niebo) się rozpogodziło. △ *przen.* Nie martw się, chodź z nami na zabawę, tam się z pewnością rozpogodzisz.

rozporządzenie *n I:* Wydać rozporządzenie □ R. o czym: Rozporządzenie o obowiązkowych szczepieniach, o handlu w dni świąteczne. □ R. co do czego: Zostawił rozporządzenie co do swego pogrzebu. △ Został zdemobilizowany na mocy (na zasadzie, na podstawie) rozporządzenia a. z rozporządzenia władz wojskowych. △ Dać, oddać, mieć coś do rozporządzenia.

rozpościerać *ndk I*, rozpościeraliśmy (p. akcent § 1a i 2) — **rozpostrzeć** *dk XI*, rozpostrę (*nie:* rozpostrzę), rozpostrą (*nie:* rozpostrzą), rozpostrze, rozpostarł, rozpostarliśmy.

rozpowiadać *ndk I*, rozpowiadaliśmy (p. akcent § 1a i 2) — **rozpowiedzieć** *dk*, rozpowiem, rozpowie, rozpowiedzą, rozpowiedz, rozpowiedział, rozpowiedzieliśmy «opowiadać wielu osobom, rozgłaszać, rozgadywać» □ R. co a. o czym — komu: Rozpowiadać plotki, ostatnie wieści. Rozpowiadać komu się da o swoich przygodach.

rozpowszechniać *ndk I*, rozpowszechnialiśmy (p. akcent § 1a i 2) — **rozpowszechnić** *dk VIa*, rozpowszechnij (*nie:* rozpowszechń), rozpowszechniliśmy.

rozpoznać *dk I*, rozpoznaliśmy (p. akcent § 1a i 2) — **rozpoznawać** *ndk IX*, rozpoznaję, rozpoznawaliśmy: Rozpoznać dawnego kolegę. □ R. kogo, co w kim, w czym: Rozpoznać w chłopcu zaginionego syna.

rozpoznanie *n I*, w zn. *med.* in. diagnoza: Właściwe rozpoznanie jest podstawą skutecznego leczenia. Rozpoznanie lekarza nie było trafne.

rozpracować *dk IV*, rozpracowaliśmy (p. akcent § 1a i 2) — **rozpracowywać** *ndk VIIIa*, rozpracowuję (*nie:* rozpracowywam, rozpracowywuję), rozpracowywaliśmy; *lepiej:* opracować (szczegółowo, dokładnie). // *D Kult. I, 593.*

rozpraszać *ndk I*, rozpraszaliśmy (p. akcent § 1a i 2) — **rozproszyć** *dk VIb*, rozproszyliśmy: Wiatr rozproszył chmury. △ *przen.* Rozproszyć czyjeś wątpliwości.

rozprawa *ż IV* **1.** w zn. «obszerna praca naukowa»: Rozprawa doktorska, habilitacyjna. Rozprawa na temat czegoś. □ R. o czym: Rozprawa o chorobach skóry. □ R. z (zakresu) czego: Napisać rozprawę z fizyki, z zakresu historii sztuki. **2.** częściej w *lm* w zn. «obrady, debata» △ Rozprawy sejmowe a. sejmu, parlamentarne a. parlamentu. △ Rozprawa sądowa (skrótowo: rozprawa) «sprawa, przewód» □ R. o co: Rozprawa o kradzież **3.** «rozstrzygnięcie sporu, zakończenie konfliktu, zwykle za pomocą akcji zbrojnej; rozprawienie się» □ R. z kim, z czym: Wyzysk robotników doprowadził do rozprawy z kapitalistami.

rozprawić się *dk VIa*, rozprawimy się, rozpraw się, rozprawiliśmy się (p. akcent § 1a i 2) — **rozprawiać się** *ndk I*, rozprawialiśmy się □ R. się z kim, czym: Rozprawić się z przeciwnikami, z zarzutami oponentów.

rozprężenie (co innego: rozprzężenie) *n I* **1.** «rozprostowanie, wyprężenie»: Rozprężenie ramion. **2.** *fiz.* «zwiększenie objętości gazu na skutek zmniejszenia ciśnienia»: Rozprężenie wodoru.

rozprostować *dk IV*, rozprostowaliśmy (p. akcent § 1a i 2) — **rozprostowywać** *ndk VIIIa*, rozprostowuję (*nie:* rozprostowywam, rozprostowywuję), rozprostowywaliśmy.

rozproszyć p. rozpraszać.

rozprowadzać *ndk I*, rozprowadzaliśmy (p. akcent § 1a i 2) — **rozprowadzić** *dk VIa*, rozprowadzę, rozprowadziliśmy, w zn. «dostarczać do różnych miejsc przeznaczenia» *lepiej:* rozpowszechniać, rozsyłać, np. Centrala rozprowadza (*lepiej:* rozsyła) towary. // *D Kult. I, 447.*

rozprószyć *dk VIb*, rozprószę, rozprósz, rozprószyliśmy (p. akcent § 1a i 2) *reg.* «rozproszyć»

rozpryskać *dk I*, rozpryskaliśmy (p. akcent § 1a i 2); a. **rozprysnąć** *dk Va*, rzad. *Vc*, rozpryśnie, rozpryśnij, rozprysnąłem (*wym.* rozprysnołem; *nie:* rozprysnęłem), rozprysnął (*wym.* rozprysnoł), rzad. rozprysł; rozprysnęła (*wym.* rozprysneła), rzad. rozprysła; rozprysnęliśmy (*wym.* rozprysneliśmy), rzad. rozpryśliśmy; rozpryśnięty, rzad. rozprysły — **rozpryskiwać** *ndk VIIIb*, rozpryskuję (*nie:* rozpryskiwam, rozpryskiwuję), rozpryskiwaliśmy.

rozprząc p. rozprzęgać.

rozprzedać (*nie*: rozsprzedać) *dk I*, rozprzedaliśmy (p. akcent § 1a i 2) — **rozprzedawać** (*nie*: rozsprzedawać) *ndk IX*, rozprzedaje, rozprzedawaj, rozprzedawaliśmy.

rozprzedaż (*nie*: rozsprzedaż) *ż VI*. // *U Pol. (1)*, 474.

rozprzestrzeniać *ndk I*, rozprzestrzenialiśmy (p. akcent § 1a i 2) — **rozprzestrzenić** *dk VIa*, rozprzestrzeniliśmy «rozszerzać, rozpościerać»: Rozprzestrzeniać niemiłą woń. Jezioro rozprzestrzenia swoje wody. △ *niepoprawne* w zn. «rozpowszechniać», np. Rozprzestrzeniać (*zamiast*: rozpowszechniać) plotki.

rozprzęgać (*nie*: rozprzągać) *ndk I*, rozprzęgaliśmy (p. akcent § 1a i 2) — **rozprząc** *dk XI*, rozprzęgę, rozprzęże, rozprzągł, rozprzęgła, rozprzęgliśmy, rozprzężony; a. **rozprzęgnąć** *dk Va*, rozprzęgnę, rozprzęgnij, rozprzęgnąłem (*wym.* rozprzęgnołem, *nie*: rozprzęgnełem), rozprzęgnął (*wym.* rozprzęgnoł), rozprzęgnęła (*wym.* rozprzęgneła), rozprzęgnęliśmy (*wym.* rozprzęgneliśmy), rozprzęgnięty.

rozprzężenie (co innego: rozprężenie) *n I*, *blm* «rozluźnienie (moralności, dyscypliny), dezorganizacja»: Rozprzężenie karności, obyczajów. Rozprzężenie w armii, w rodzinie. Spowodować, wywołać rozprzężenie (np. w zakładzie pracy).

rozpuk *m III*, D. rozpuku △ tylko w zwrocie: Śmiać się do rozpuku.

rozpulchniać *ndk I*, rozpulchnialiśmy (p. akcent § 1a i 2) — **rozpulchnić** *dk VIa*, rozpulchnię, rozpulchni, rozpulchnij, rozpulchnimy, rozpulchniliśmy: Dżdżownice rozpulchniają ziemię.

rozpylacz *m II*, lm D. rozpylaczy, *rzad.* rozpylaczów.

rozrabiać *ndk I*, rozrabialiśmy (p. akcent § 1a i 2) — **rozrobić** *dk VIa*, rozrobię, rozrób, rozrobiliśmy **1.** «mieszać coś z płynem; rozcieńczać coś płynem»: Rozrabiać farbę. Rozrabiać mąkę mlekiem. **2.** (tylko *ndk*) *posp.* «robić intrygi; wywoływać awantury, zamieszanie; awanturować się» // *KP Pras.*

rozrastać się *ndk I*, rozrastaliśmy się (p. akcent § 1a i 2) — **rozrosnąć się**, *rzad.* **rozróść się** *dk Vc*, rozrosnę się, rozrośnie się, rozrósł się, rozrośliśmy się.

rozrąbać *dk IX*, rozrąbię (*nie*: rozrąbę), rozrąb, rozrąbaliśmy (p. akcent § 1a i 2) — **rozrąbywać** (*nie*: rozrębywać) *ndk VIIIa*, rozrąbuję (*nie*: rozrąbywam, rozrąbywuję), rozrąbywaliśmy.

rozrobić p. rozrabiać.

rozrosnąć się p. rozrastać się.

rozród *m IV*, D. rozrodu (wyraz używany w odniesieniu do zwierząt i roślin); in. rozmnażanie się.

rozróść się p. rozrastać się.

rozróżniać *ndk I*, rozróżnialiśmy (p. akcent § 1a i 2) — **rozróżnić** *dk VIa*, rozróżnij, rozróżniliśmy: W mroku nie rozróżniał stojących dalej osób. Rozróżniać kolory.

rozruch *m III*, D. rozruchu **1.** «wprawienie w ruch np. maszyny, motoru» **2.** tylko w *lm* «zamieszki,

starcia z użyciem broni»: Wywoływać, tłumić rozruchy. W mieście wybuchły rozruchy. // *KP Pras.*

rozruszać (*nie*: rozruszyć) *dk I*, rozruszaliśmy (p. akcent § 1a i 2): Rozruszał towarzystwo swoimi dowcipami.

rozrusznik *m III*, in. starter.

rozrywać p. rozerwać.

rozrzucać (*nie*: rozrucać) *ndk I*, rozrzucaliśmy (p. akcent § 1a i 2) — **rozrzucić** (*nie*: rozrucić) *dk VIa*, rozrzucę, rozrzuciliśmy.

rozrzynać p. rozerżnąć.

rozsada (*nie*: rosada) *ż IV* «zbiorowo: sadzonki, flance»: Wysadzić rozsadę.

rozsadzać *ndk I*, rozsadzaliśmy (p. akcent § 1a i 2) — **rozsadzić** *dk VIa*, rozsadzę, rozsadzimy, rozsadziliśmy **1.** «sadzając poumieszczać» □ R. kogo na czym, w czym, przy czym itp. «rozmieszczać»: Rozsadzić uczniów w ławkach a. na ławkach. Rozsadzić gości przy stole. **2.** «posadzić oddzielnie»: Siedzieli w jednej ławce, nauczyciel ich rozsadził. □ R. co (gdzie): Rozsadzać flance na grządkach, po zagonach, w doniczkach. **3.** «przez parcie od wewnątrz doprowadzić do popękania, połamania, pokruszenia czegoś»: Woda rozsadza skałę □ R. co czym: Rozsadzić granit dynamitem. △ Coś, np. radość, duma rozsadza kogoś a. rozsadza komuś piersi, serce.

rozsądek *m III*, D. rozsądku: Trzeźwy, zdrowy rozsądek. Być w zgodzie z rozsądkiem. Kierować się, *książk.* powodować się rozsądkiem. Mieścić się w granicach, przekraczać granice zdrowego rozsądku. Odwoływać się do rozsądku. Przemówić komuś do rozsądku.

rozsiać *dk Xb*, rozsialiśmy, *reg.* rozsieliśmy (p. akcent § 1a i 2) — **rozsiewać** *ndk I*, rozsiewaliśmy.

rozsiadać się *ndk I*, rozsiadaliśmy się (p. akcent § 1a i 2) — **rozsiąść się** *dk XI*, rozsiądę się (*nie*: rozsiędę się), rozsiądzie się (*nie*: rozsiędzie się), rozsiądź się, rozsiadł się, rozsiedliśmy się □ R. się na czym, w czym, przy czym «siadać szeroko, wygodnie, rozpierać się siedząc»: Rozsiedli się na kanapie, na ławce, w fotelu. Rozsiadać się przy stole.

rozsławić *dk VIa*, rozsławię, rozsławi, rozsław, rozsławimy, rozsławiliśmy (p. akcent § 1a i 2) — **rozsławiać** *ndk I*, rozsławialiśmy «rozgłosić sławę czyjąś a. czegoś; uczynić sławnym»: Mazurki rozsławiły imię Chopina.

rozsławiony *m-os.* rozsławieni, imiesł. bierny od czas. rozsławić.
rozsławiony w użyciu przymiotnikowym, *lepiej*: sławny, słynny, głośny, znany: Rozsławiony (*lepiej*: sławny) lekkoatleta. // *KP Pras.*

! rozsprzedać, rozsprzedawać p. rozprzedać.

! rozsprzedaż p. rozprzedaż.

rozstać się *dk* rozstanę się, rozstanie się, rozstań się, rozstał się, rozstaliśmy się (p. akcent § 1a i 2) — **rozstawać się** *ndk IX*, rozstaje się, rozstawaj się, rozstawał się, rozstawaliśmy się: Rozstać się na długo, na zawsze. □ R. się z kim, czym: Rozstać się z dziećmi, z rodzinnym miastem. △ *książk.* Rozstać

rozstaj

się, ze światem a. z tym światem, rozstać się z życiem «umrzeć»

rozstaj *m I, D.* rozstaju, *rzad.* rozstaja, *lm D.* rozstai a. rozstajów, zwykle w *lm.*

rozstąpić się *dk VIa,* rozstąpiliśmy się (p. akcent § 1a i 2) — **rozstępować się** *ndk IV,* rozstępowaliśmy się.

rozstęp *m IV, D.* rozstępu: W rozstępie skały rosło drzewo. Rozstęp między domami wyzyskano na plac zabaw. △ *przen.* Rozstęp między teorią a praktyką.

rozstroić (*nie*: roztroić) *dk VIa,* rozstroję, rozstroimy, rozstrój, rozstroiliśmy (p. akcent § 1a i 2) — **rozstrajać** (*nie*: roztrajać) *ndk I,* rozstrajaliśmy: Rozstroić skrzypce, fortepian, gitarę. Rozstrojone nerwy.

rozstrój (*nie*: roztrój) *m I, D.* rozstroju, *lm D.* rozstrojów △ zwykle w wyrażeniach: Rozstrój nerwowy, rozstrój żołądka.

rozstrzelać (*nie*: rozstrzelić) *dk I,* rozstrzelaliśmy (p. akcent § 1a i 2) — **rozstrzeliwać** *ndk VIIIb,* rozstrzeliwuję (*nie*: rozstrzeliwuję), rozstrzeliwaliśmy «dokonać na kimś egzekucji za pomocą broni palnej»: Szpieg został rozstrzelany. // *U Pol. (1), 474.*

rozstrzelić (*nie*: roztrzelać) *dk VIa,* rozstrzeliliśmy (p. akcent § 1a i 2) — *rzad.* **rozstrzeliwać** *ndk VIIIb,* rozstrzeliwuję (*nie*: rozstrzeluję), rozstrzeliwaliśmy «rozbić, rozdzielić, podzielić, rozproszyć» (używane zwykle *dk* w imiesł. biernym): Głosy w wyborach były rozstrzelone. △ Rozstrzelić litery, wyrazy «zwiększyć odległości między literami, wyrazami w zdaniu; rozspacjować»: Wydrukować coś rozstrzelonymi literami.

rozstrzygać (*nie*: roztrzygać) *ndk I,* rozstrzygaliśmy (p. akcent § 1a i 2) — **rozstrzygnąć** (*nie*: roztrzygnąć) *dk Va,* rozstrzygnąłem (*wym.* rozstrzygnołem; *nie*: rozstrzygnełem, rozstrzygłem), rozstrzygnął (*wym.* rozstrzygnoł), rozstrzygnęła (*wym.* rozstrzygneła; *nie*: rozstrzygła), rozstrzygnęliśmy (*wym.* rozstrzygneliśmy; *nie*: rozstrzygliśmy) □ R. bez dop.: Trzeba rozstrzygnąć, kto ma rację. □ R. co: Rozstrzygnąć spór, kwestię, zagadnienie. Rozstrzygnąć konkurs «rozstrzygnąć wyniki konkursu). □ R. o czym: Głosowanie rozstrzygnęło o jego uczestnictwie w pracach zarządu. // *U Pol. (1), 474; KP Pras.*

rozsupłać *dk I,* rozsupłaj, rozsupłaliśmy (p. akcent § 1a i 2) — **rozsupływać** *ndk VIIIa,* rozsupłuję (*nie*: rozsupływuję), rozsupływam, rozsupłuj, rozsupływaliśmy.

rozsychać się p. rozeschnąć się.

rozsyłać p. I rozesłać.

rozsypać *dk IX,* rozsypię (*nie*: rozsypę), rozsyp, rozsypaliśmy (p. akcent § 1a i 2) — **rozsypywać** *ndk VIIIa,* rozsypuję (*nie*: rozsypywam, rozsypywuję), rozsypywaliśmy □ R. co na co (gdy mowa o rozsypaniu czegoś niechcący): Rozsypał tytoń na ubranie. Rozsypał zapałki na podłogę. □ R. co na czym (gdy mowa o rozsypaniu czegoś umyślnie): Rozsypać kluski na stolnicy.
rozsypać się — rozsypywać się 1. «rozpadać się, kruszyć się»: Kawał muru rozsypał się na drobne

kawałki. Stary budynek rozsypuje się w gruzy. **2.** (częściej *dk*) *książk.* «rozchodzić się, rozbiegać się w różnych kierunkach» □ R. się po czym: Podróżni rozsypali się po ulicach. Owce rozsypały się po polu. // *D Kult. I, 591.*

rozsypiać się p. rozespać się.

rozsypka *ż III* △ tylko w zwrocie: Iść, pójść w rozsypkę «rozbiec, rozproszyć się, zostać zdezorganizowanym»: Oddziały poszły w rozsypkę.
w rozsypce w użyciu przysłówkowym *rzad.* «w rozproszeniu»: Żołnierze naszej kompanii wracali z pola walki w rozsypce, po dwóch, po trzech.

rozszarpać *dk IX,* rozszarpię (*nie*: rozszarpę), rozszarp, rozszarpaliśmy (p. akcent § 1a i 2) — **rozszarpywać** *ndk VIIIa,* rozszarpuję (*nie*: rozszarpywam, rozszarpywuję), rozszarpywaliśmy «O mało go nie rozszarpali. Rozszarpać prześcieradło na szmaty. Rozszarpał sobie ubranie. Granat rozszarpał mu nogę.

rozszerzać *ndk I,* rozszerzaliśmy (p. akcent § 1a i 2) — **rozszerzyć** *dk VIb,* rozszerzyliśmy **1.** «szerzej rozsuwać, rozwierać» □ R. co (czym): Rozszerzać otwór nożem. **2.** «powiększać zakres, mnożyć, uzupełniać»: Rozszerzyć uprawnienia, plany, wiedzę. △ *niepoprawne* w zn.: **a)** «wzmacniać, pogłębiać», np. Rozszerzyć (*zamiast*: wzmocnić) więź, przyjaźń z kimś. **b)** «rozpowszechniać, upowszechniać», np. Rozszerzenie (*zamiast*: upowszechnienie) spółdzielczości.
rozszerzać się — rozszerzyć się 1. «stawać się szerszym»: Dróżka rozszerzała się coraz bardziej. **2.** «rozprzestrzeniać się» □ R. się na co: Ogień rozszerzył się na sąsiednie budynki. // *D Kult. I, 450.*

rozściełać p. II rozesłać.

rozścielić *dk VIa,* rozścielę, rozściel, rozścieliliśmy (p. akcent § 1a i 2) *reg.* «ścieląc rozłożyć, rozesłać»

rozściełać p. II rozesłać.

rozśmiać się p. roześmiać się.

roztaczać *ndk I,* roztaczaliśmy (p. akcent § 1a i 2) — **roztoczyć** *dk VIb,* roztoczyliśmy *książk.* w zn. «rozwijać, rozpościerać»: Paw roztoczył wspaniały ogon. △ *przen.* «ukazywać, przedstawiać, prezentować» □ R. co przed kim: Roztaczać przed kimś blaski swej urody, czar swojej wymowy.
roztaczać się — roztoczyć się (częściej *ndk*) *książk.* w zn. «ciągnąć się, rozciągać się; ukazywać się»: Dookoła roztaczały się szerokie łany zbóż. □ R. się przed kim, czym: Przed nimi (przed ich wzrokiem) roztaczał się piękny krajobraz.

roztajać *dk IX,* roztaje, roztajałby (p. akcent § 4c): Śniegi roztajały od promieni słonecznych.

roztargnienie *n I*: Zostawić coś gdzieś przez roztargnienie. Patrzeć na coś, odpowiadać komuś z roztargnieniem.

roztargniony (*nie*: roztargnięty) *m-os.* roztargnieni.

roztasować *dk IV,* roztasowaliśmy (p. akcent § 1a i 2) — *rzad.* **roztasowywać** *ndk VIIIa,* roztasowuję (*nie*: roztasowywam, roztasowywuję), roztasowywaliśmy *wych. z użycia* w zn. «rozmieścić rozlokować»: Roztasować wojsko na nocleg. Roztasować książki na biurku.

roztasować się — *rzad.* **roztasowywać się** «rozlokować się, rozgościć się»: Roztasowali się w naszym domu na dobre.

rozterka *ż III, lm D.* rozterek △ Rozterka duchowa. Wewnętrzna, uczuciowa rozterka. △ Popaść, wpaść w rozterkę (myśli, uczuć). △ Być w rozterce. // *D Kryt. 76; U Pol. (1), 474.*

roztocz *m II, D.* roztocza, *lm M.* roztocze, *D.* roztoczy, zwykle w *lm* **1.** «rząd z gromady pajęczaków» **2.** «rodzaj organizmów roślinnych; saprofity» **3.** *ż VI, D.* roztoczy «szeroko roztaczający się obszar, zwłaszcza wodny»

roztocze *n I* **1.** zwykle w *lm* p. roztocz (w zn. 2). **2.** *przestarz.* dziś *poet.* p. roztocz (w zn. 3): Roztocze wodne.
3. Roztocze «region w Polsce» // *D Kult. II, 536.*

roztoczyć p. roztaczać.

roztropność *ż V, blm*: Okazywać roztropność w postępowaniu, w decyzjach. △ Odznaczać się, wyróżniać się roztropnością.

roztruchan *m IV, D.* roztruchanu a. roztruchana.

roztrzaskać (*wym.* rozstzaskać a. rozczszaskać, *nie:* rozczaskać) *dk I,* roztrzaskaliśmy (p. akcent § 1a i 2) — **roztrzaskiwać** *ndk VIIIb,* roztrzaskuję (*nie:* roztrzaskiwam, roztrzaskiwuję), roztrzaskiwaliśmy □ R. co o co: Roztrzaskać garnek o podłogę. □ R. co — na co a. w co: Roztrzaskać wazon na kawałki (w kawałki). △ Roztrzaskać komuś czymś głowę. // *U Pol. (1), 474.*

roztrząsać (*wym.* rozstząsać a. rozczsząsać, *nie:* rozczsąsać) *ndk I,* roztrząsaliśmy (p. akcent § 1a i 2) — **roztrząsnąć** (*nie:* roztrzęsnąć, roztrząchnąć) *dk Va,* roztrząśnij, roztrząsnąłem (*wym.* roztrząsnołem; *nie:* roztrząsnełem), roztrząsnął (*wym.* roztrząsnoł), roztrząsnęła (*wym.* roztrząsneła; *nie:* roztrząsła), roztrząsnęliśmy (*wym.* roztrząsneliśmy); a. **roztrząść** *dk XI,* roztrzęsę, roztrzęsie, roztrzęś a. roztrząś; roztrząsł, roztrzęsła, roztrzęśliśmy **1.** tylko *ndk* «rozważać»: Roztrząsać kwestię, projekt. **2.** «potrząsając rozrzucić coś» □ R. co (czym): Roztrząsać siano, nawóz (widłami). **3.** tylko *dk* «rozklekotać» zwykle w imiesł. biernym: Roztrzęsiony wóz. Jechać roztrzęsioną bryczką. △ *przen.* Roztrzęsione nerwy. // *D Kult. II, 44; U Pol. (1), 474.*

roztrzepaniec (*wym.* rozstszepaniec a. rozczsze-paniec, *nie:* rozczepaniec) *m II, D.* roztrzepańca, *W.* roztrzepańcze, forma szerząca się: roztrzepańcu, *lm D.* roztrzepańców **1.** *lm M.* ci roztrzepańcy «ktoś roztargniony, nieuważny»: Chłopcy to zawsze roztrzepańcy. **2.** *lm M.* te roztrzepańce «rozbełtane zsiadłe mleko»: Proszę o dwa roztrzepańce (dwie porcje roztrzepańca).

roztwarzać *ndk I,* roztwarzaliśmy (p. akcent § 1a i 2) — **roztworzyć** *dk VIb,* roztwórz, roztworzyliśmy «rozpuszczać, rozcieńczać»: Kwas solny roztwarza liczne metale.

roztwierać *ndk I,* roztwieraliśmy (p. akcent § 1a i 2) — **roztworzyć** *dk VIb,* roztwórz, roztworzył, *rzad.* roztwarł; roztworzyliśmy, *rzad.* roztwarliśmy; roztworzony, *rzad.* roztwarty *wych. z użycia, lepiej:* otwierać.

roztyć się (*nie:* roztyć) *dk Xa,* roztyliśmy się (p. akcent § 1a i 2).

rozum *m IV, D.* rozumu △ Zdrowy, chłopski rozum «rozsądek» △ Brać, wziąć coś na rozum. △ *pot.* Na mój (głupi) rozum, jak na mój rozum «według mego zdania, rozumowania» △ Coś przechodzi rozum ludzki «coś jest nie do pojęcia, niesłychane» △ *pot.* Iść, pójść, sięgnąć, skoczyć po rozum do głowy «znaleźć na coś radę» △ *pot.* Komuś się zdaje, ktoś myśli, że wszystkie rozumy pojadł, zjadł, posiadł «ktoś jest zarozumiały» △ *pot.* Ktoś jest niespełna rozumu, obrany z rozumu, ktoś stracił, postradał rozum, komuś odjęło rozum, padło na rozum.

rozumieć (*nie:* rozumić) *ndk II,* rozumiem (*nie:* rozumię), rozumiesz (*nie:* rozumisz), rozumie (*nie:* rozumi), rozumieją (*nie:* rozumią), rozumiej (*nie:* rozum), rozumiejcie (*nie:* rozumcie; *ale:* zrozum, zrozumcie), rozumieliśmy (p. akcent § 1a i 2) «uświadamiać sobie, pojmować»: Rozumieć po polsku. □ R. co (*nie:* mieć, posiadać zrozumienie dla czegoś): Rozumiał dobrze jego położenie (*nie:* miał zrozumienie dla jego położenia). □ R. co przez co (*nie:* pod czym): Co przez to (*nie:* pod tym) rozumiesz? □ R. kogo: Rozumiał go dobrze, ale nie mógł mu nic poradzić.

rozumieć się 1. «rozumieć jeden drugiego»: Rozumieli się (ze sobą) doskonale. △ *pot.* To się rozumie samo przez się «to jest oczywiste» △ *pot.* Ma się rozumieć, rozumie się «oczywiście, naturalnie» **2.** «orientować się, znać się» □ R. się (*lepiej:* znać się) na czym: Nie rozumiał się na polityce. // *D Kult. II, 488; U Pol. (1), 415; KP Pras. Por.* rozumować.

rozumienie *n I* △ W czyimś rozumieniu, *rzad.* według czyjegoś rozumienia «według czyjejś opinii»: W moim rozumieniu wszystko układa się dobrze.

rozumować *ndk IV,* rozumowaliśmy (p. akcent § 1a i 2) «wyciągnąć wnioski»: Rozumować logicznie. △ *niepoprawne* w zn. «rozumieć (p.)»

rozwadniać (*nie:* rozwodniać) *ndk I,* rozwadnialiśmy (p. akcent § 1a i 2) — **rozwodnić** *dk VIa,* rozwodnij, rozwodniliśmy: Rozwadniać mleko. △ *przen.* «czynić mało treściwym, rozwlekać»: Rozwadniać przemówienie, sztukę.

Rozwadów *m IV, D.* Rozwadowa, *C.* Rozwadowi (*ale:* ku Rozwadowowi a. ku Rozwadowu) «miasto» — rozwadowianin *m V, D.* rozwadowianina, *lm M.* rozwadowianie, *D.* rozwadowian — rozwadowianka *ż III, lm D.* rozwadowianek — rozwadowski. // *GPK Por. 115.*

rozwaga *ż III, blm*: Chłodna, głęboka rozwaga. Słowa pełne rozwagi. △ Brać coś pod rozwagę «zastanawiać się nad czymś; uwzględniać coś w rozważaniach» △ Robić coś z rozwagą «robić coś z namysłem, z zastanowieniem» // *D Kult. I, 32.*

rozwalać *ndk I,* rozwalaliśmy (p. akcent § 1a i 2) — **rozwalić** *dk VIa,* rozwaliliśmy **1.** «waląc burzyć, rozbijać»: Rozwalać bryły węgla. **2.** *posp.* **a)** «rozkładać niedbale» □ R. co na czym: Rozwalił swoje manatki na tapczanie. **b)** *częściej dk* «rozstrzelać»

rozwalać się — **rozwalić się 1.** «rozsypywać się w gruzy»: Mieszkał w rozwalającej się ruderze. **2.**

rozważać

posp. «leżeć, siedzieć w pozie niedbałej, nieestetycznej» □ R. się na czym: Rozwalić się na kanapie, na łóżku, na krześle. // *D Kult. I, 60.*

rozważać *ndk I,* rozważaliśmy (p. akcent § 1a i 2) — **rozważyć** *dk VIb,* rozważymy, rozważ, rozważyliśmy **1.** «rozpatrywać, roztrząsać» □ R. co (*nie*: nad czym): Rozważyć wszelkie możliwości, swoje postępowanie. Rozważyć projekt wyjazdu. **2.** «dzielić na części ważąc każdą z nich»: Rozważać mąkę, cukier.

rozważanie *n I* «rozpatrywanie, roztrząsanie zagadnienia»: Rozważania teoretyczne, historyczne. □ R. czego (*nie*: nad czym): Rozważanie jakiejś sprawy. Rozważania na temat roli literatury w społeczeństwie. □ (w *lm*) R. nad czym (*nie*: czego): Rozważania nad zagospodarowaniem terenu. Rozważania nad klimatem, nad hodowlą. □ (w *lm*) R. o czym: Rozważania o poezji, o języku. △ Po dłuższych (głębszych) rozważaniach (dojść do wniosku, że...). Brać coś za przedmiot swoich rozważań. Uwzględnić, wziąć coś w swoich rozważaniach pod uwagę. Wdać się w rozważania, zagłębić się w rozważaniach. // *PJ 1966, 286.*

rozważenie *n I* «zastanowienie się nad czymś; analiza czegoś» □ R. czego: Rozważenie projektu, zagadnienia. Po rozważeniu wszystkich jego argumentów doszła do wniosku, że miał rację.

rozważyć p. rozważać.

rozwiać *dk Xb,* rozwieję, rozwialiśmy, *reg.* rozwieliśmy (p. akcent § 1a i 2), rozwiali, *reg.* rozwieli — **rozwiewać** *ndk I,* rozwiewaliśmy: Wiatr rozwiewa liście, chmury, rozwiał śmiecie po podwórzu. △ *przen.* Rozwiać czyjeś wątpliwości, złudzenia.

rozwiązać *dk IX,* rozwiążę, rozwiąż, rozwiązaliśmy (p. akcent § 1a i 2) — **rozwiązywać** *ndk VIIIa,* rozwiązuję (*nie*: rozwiązywuję, rozwiązywam), rozwiązywaliśmy.

rozwiązły (*nie*: rozwięzły) *m-os.* rozwiąźli, *rzad.* rozwięźli, *st. w.* rozwiąźlejszy a. bardziej rozwiązły *wych. z użycia* «rozpustny, wyuzdany»: Rozwiązły tryb życia.

rozwidlać się *ndk I,* rozwidlałby się (p. akcent § 4c) — **rozwidlić się** *dk VIa,* rozwidliłby się: Dalej droga się rozwidlała.

rozwidniać *ndk I,* rozwidniałby (p. akcent § 4c) — **rozwidnić** *dk VIa,* rozwidniłby *wych. z użycia* «czynić widnym, rozjaśniać coś»: Błyskawica rozwidniła niebo.
rozwidniać się — rozwidnić się zwykle *nieos.* rozwidnia się, rozwidni się «świta, dnieje»: Czekał, aż się dobrze rozwidni.

rozwiedziony *m-os.* rozwiedzeni (*nie*: rozwiedzieni).

rozwierać p. rozewrzeć.

rozwieść p. rozwodzić.

rozwiewać p. rozwiać.

rozwieźć *dk XI,* rozwiozę (*nie*: rozwiezę), rozwiezie, rozwiozą (*nie*: rozwiezą), rozwiózł, rozwiozła (*nie*: rozwiezła), rozwieźliśmy (p. akcent § 1a i 2) — **rozwozić** *ndk VIa,* rozwożę, rozwoź, *rzad.* rozwóź; rozwoziliśmy: Rozwozić pocztę. Rozwozić podróżnych, listy, paczki po mieście, po domach.

rozwijać *ndk I,* rozwijaliśmy (p. akcent § 1a i 2) — **rozwinąć** *dk Vb,* rozwinąłem (*wym.* rozwinołem; *nie*: rozwinęłem), rozwinęła (*wym.* rozwineła), rozwinęliśmy (*wym.* rozwineliśmy) **1.** «rozkręcać, rozpościerać; odwijać, odpakowywać»: Rozwinąć kłębek wełny, spadochron, żagle. □ R. co z czego: Rozwinąć nitkę z kłębka, paczkę z papieru, niemowlę z pieluszek. **2.** «rozstawiać w szyku»: Rozwijać pluton, kolumnę w linię bojową, w tyralierę.
rozwijać się — rozwinąć się 1. «osiągać wyższy poziom, nabierać rozmachu»: Fabryka rozwija się coraz lepiej. **2.** «o roślinach: kształtować się; rozkwitać, rozchylać się»: Na drzewach już rozwijają się liście. Rozwinięta róża. Kwiat rozwinął się (*nie*: wywinął się) z pączka.

rozwlec *dk XI,* rozwlokę, *rzad.* rozwlekę; rozwlecze, rozwloką, *rzad.* rozwleką; rozwlecz, rozwlokłem, *rzad.* rozwlekłem; rozwlókł, *rzad.* rozwlekł; rozwlokła, *rzad.* rozwlekła; rozwlekliśmy (p. akcent § 1a i 2) — **rozwlekać** *ndk I,* rozwlekaliśmy: Wiatr rozwlekał dym po polach.

rozwlekły (*nie*: rozwlokły): Rozwlekły styl. Rozwlekłe przemówienie, opowiadanie.

rozwłóczyć *dk i ndk VIb,* rozwłóczyliśmy (p. akcent § 1a i 2) *rzad.* «rozwlec, rozwlekać»: Psy rozwłóczyły śmiecie po podwórzu.

rozwodnić p. rozwadniać.

rozwodzić *ndk VIa,* rozwodzę, rozwódź (*nie*: rozwodź), rozwodziliśmy (p. akcent § 1a i 2) — **rozwieść** *dk XI,* rozwiodę (*nie*: rozwiedę), rozwiedzie, rozwiodą (*nie*: rozwiedą), rozwiedź, rozwiódł, rozwiodła (*nie*: rozwiedła), rozwiedliśmy, rozwiedziony □ *rzad.* R. kogo z kim: Rozwodzić córkę z mężem.
rozwodzić się — rozwieść się 1. «przeprowadzać rozwód» □ R. się z kim: Rozwodzić się z mężem, z żoną. **2.** *częściej ndk* «mówić, pisać rozwlekle, zbyt szczegółowo» □ R. się o czym, nad czym, na temat czego: Rozwodzi się o wczorajszym wypadku. Rozwodzić się nad pięknem okolicy. Rozwodził się długo na temat pracy na budowie.

rozwojowy: Cykl rozwojowy. Warunki rozwojowe, *lepiej*: Warunki rozwoju, dla (do) rozwoju.

rozwozić p. rozwieźć.

rozwój *m I, D.* rozwoju, *blm* **1.** «proces przeobrażeń (prowadzący do zmian pozytywnych)»: Rozwój cywilizacji. Rozwój ekonomiczny. Nagły, nieustanny rozwój. Bujny, szybki (*nie*: burzliwy) rozwój. Warunki rozwoju, warunki dla (do) rozwoju. **2.** «przekształcanie się organizmów żywych»: Rozwój zwierząt ssących, gadów itp. Rozwój embrionalny. Podlegać, ulegać rozwojowi (*lepiej*: rozwijać się). Podlegać prawu rozwoju. // *KP Pras.*

rozwściec się *dk Vc, rzad. XI,* rozwścieknę się (rozwściekę się), rozwścieknie się (rozwściecze się), rozwściekł się, rozwścieklła się (*nie*: rozwścieknęła się), rozwściekliśmy się (p. akcent § 1a i 2) — **rozwściekać się** *ndk I,* rozwściekaliśmy się *rzad.* «wpaść we wściekłość»

rozzłościć (*nie*: rozłościć, rozełościć) *dk VIa,* rozzłoszczę, rozzłość, rozzłościliśmy (p. akcent § 1a i 2): Rozzłościł go swoim milczeniem.

rozzłościć się □ R. się na kogo, na co: Bardzo się na niego rozzłościł. // *D Kult. I, 591*.

rozzuć *dk Xa*, rozzuję, rozzuliśmy (p. akcent § 1a i 2), rozzuty — **rozzuwać** *ndk I*, rozzuwaliśmy *przestarz.*, dziś *gw.* «zdjąć obuwie» □ R. co: Rozzuć buty. □ R. kogo: Rozzuj go, bo ma nogi mokre. // *D Kult. I, 591*.

rozżalać się *ndk I*, rozżalaliśmy się (p. akcent § 1a i 2) — **rozżalić się** *dk VIa*, rozżaliliśmy się: □ R. się na kogo «uczuć żal do kogoś»: Rozżalała się na niego coraz bardziej. Był rozżalony na samego siebie. □ R. się nad kim, czym «wzruszać się, rozrzewniać się»: Rozżaliła się nad maleństwem, nad swoim losem.

rożek (*nie*: różek) *m III*, *D*. rożka, *lm M*. rożki a. różki «mały róg»: Rożek kartki, chusteczki, kołnierzyka. Siedzieć w rożku kanapy. △ *reg.* w zn. «rogalik» (w *M. lm* tylko: rożki).

rożen (*nie*: rożno) *m IV*, *D*. rożna: Piec coś na rożnie. Pieczeń z rożna. Nadziewać na rożen (kawałki mięsa).

rożnowski: Elektrownia rożnowska (*ale*: Jezioro Rożnowskie).

Rożnów *m IV*, *C*. Rożnowowi (*ale*: ku Rożnowowi a. ku Rożnowu) «miejscowość» — rożnowski (p.).

ród *m IV*, *D*. rodu «szereg pokoleń pochodzących od jednego przodka; rodzina»: Królewski, magnacki ród. Mieć kogoś (np. lekarza) w rodzie. △ (Być) rodem skądś (z Polski, z Warszawy), *częściej*: pochodzić skądś. △ *przestarz.* Być kimś rodem «być kimś z pochodzenia»: Mój dziadek, rodem łodzianin, przeniósł się do Warszawy. △ *niepoprawne* w zn. «gatunek, rodzaj zwierząt», np. Ród (*zamiast*: gatunek) psów, słoni, mrówek.

róg *m III*, *D*. rogu 1. «kąt, narożnik»: Róg koca, prześcieradła. Róg kamienicy. Wcisnął się w róg kanapy. Lustro wisiało w rogu pokoju. 2. «zbieg dwóch ulic»: Róg Kruczej i Pięknej. Przystanąć na rogu (ulicy). 3. zwykle w *lm* «wyniosłość wieńcząca kość czołową niektórych przeżuwaczy»: Rogi jelenie a. rogi jelenia. △ *pot*. Chwycić byka za rogi «powziąć stanowczą decyzję» △ *pot*. Chwycić, wziąć kogoś za rogi «zmusić kogoś do podporządkowania się» △ *pot*. Połamać sobie rogi o coś a. na czymś «nie dać czemuś rady, ponieść szkodę» △ *pot*. Przypiąć, *rzad*. przypiąć komuś rogi «o kobiecie: zdradzić mężczyznę z innym mężczyzną; o mężczyźnie w stosunku do innego mężczyzny: uwieść mu żonę, kochankę» 4. «instrument muzyczny a. sygnałowy»: Grać na rogu. Dąć w róg.

Róg *m III*, *D*. Roga, *lm M*. Rogowie. Róg *ż ndm* — Rożyna *ż IV* — Rożanka *ż III*, *lm D*. Rożanek.
Róg-Świostek, Róg *m ndm*, Świostek *m III*, *D*. Świostka: Działalność Róg-Świostka.

rój *m I*, *D*. roju, *lm D*. rojów (*nie*: roi): Rój pszczół a. pszczeli.

Rómmel *m I*, *D*. Rómmla, *lm M*. Rómmlowie, *DB*. Rómmlów.
Rómmel *ż ndm* — Rómmlowa *ż odm. jak przym.* — Rómmlówna *ż IV*, *D*. Rómmlówny, *CMs*. Rómmlównie (*nie*: Rómmlównej), *lm D*. Rómmlówien.

róść p. rosnąć.

rówieśnik *m III*, *lm M*. rówieśnicy □ R. czyj (*nie*: z kim): On jest jej rówieśnikiem (*nie*: rówieśnikiem z nią).

Równe *n* odm. jak przym., *NMs*. Równem (*nie*: Równym) «miasto w ZSRR» — rówieński.

równia *ż I*, *lm D*. równi *książk.* «równina, płaszczyzna»: Bezkresna równia. △ Równia pochyła: Przedmioty zsuwają się po równi pochyłej ruchem jednostajnie przyspieszonym. △ często *przen.*: Popełniwszy pierwszą nieuczciwość staczał się już potem po równi pochyłej.
na równi: Stawiać kogoś, coś na równi z kimś, z czymś.

równie «tak samo; w takim stopniu, tak bardzo»: Miał równie jasne włosy jak siostra. Nigdy nie widział nic równie pięknego. *Por*. równo.

równikowy: Klimat, las równikowy. Strefa równikowa. △ W nazwach dużą literą: Prowincja Równikowa «jednostka administracyjna w Kongu», Równikowy Prąd Wsteczny.

równinny 1. «będący równiną, właściwy równinie»: Równinny krajobraz, widok. 2. a. **równinowy** «występujący na równinach»: Roślinność równinna (równinowa).

równo *st. w*. równiej 1. «tworząc równą linię, prosto; gładko, płasko»: Włosy rozczesane równo na boki. Iść równo obok siebie. Równo jak po stole. 2. «ściśle, dokładnie»: Miał równo 40 lat. Byłem tam równo 5 dni. □ R. z czym: Równo ze świtem, ze wschodem słońca.

równo- «pierwszy człon wyrazów złożonych» a) «wskazujący na równość tego, co określa drugi człon wyrazu», np.: równoboczny, równoramienny, równokształtny. b) «wskazujący na równą, powtarzającą się liczbę jednostek, określanych przez drugi człon wyrazu», np. równosylabowy. △ Wyrażenia, których pierwszym członem jest przysłówek *równo*, a drugim imiesłów, pisze się to rozdzielnie, np. równo ułożony, równo napisany (z wyjątkiem: równobrzmiący, równouprawniony). // *D Kult. I, 806; Kl. Aleź 110*.

równobrzmiący *lepiej*: jednobrzmiący. // *D Kult. I, 806; Kl. Aleź 110*.

równoczesny *lepiej*: jednoczesny.

równocześnie *lepiej*: jednocześnie, np. Gorączka podniosła się, a równocześnie (*lepiej*: jednocześnie) wzmagał się ból gardła. // *D Kult. I, 415; U Pol. (1), 36*.

równolatek *m III*, *D*. równolatka, *lm M*. te równolatki (*nie*: równolatkowie); *częściej*: rówieśnik.

równolegle □ R. do czego (oznaczenie stosunku przestrzennego): Tor kolejowy biegnie równolegle do drogi (*nie*: z drogą). Rząd drzew ciągnął się równolegle do szosy (*nie*: z szosą). △ Ale: Iść, biec równolegle z kimś. □ R. z czym (oznaczenie stosunku czasowego), *lepiej*: jednocześnie z czym, np. Równolegle (*lepiej*: jednocześnie) z wyścigiem odbywały się inne zawody. // *KP Pras*.

równoległy «ciągnący się wzdłuż czegoś w tej samej odległości»: Równoległe odcinki, ulice. △ *niepoprawne* w zn. «jednakowy, taki sam», np. Grać

równoprawny

z kimś równoległą (*zamiast*: jednakową) rolę. // *KP Pras.*

równoprawny «dający, mający równe prawa»: Umowa równoprawna (*nie*: równouprawniona). // *KP Pras. Por.* równouprawniony.

równouprawnić *dk VIa*, równouprawnij, równouprawniliśmy (p. akcent § 1a i 2) — **równouprawniać** *ndk I*, równouprawnialiśmy *rzad.* «zrównać wobec prawa» □ R. kogo z kim: Ustawa równouprawniła kobiety z mężczyznami. Równouprawnić mieszczan ze szlachtą.

równouprawnienie *n I* «zrównanie wobec prawa» □ R. kogo, czego: Równouprawnienie kobiet, narodowości w państwie. Równouprawnienie płci, jakiegoś języka. □ R. z kim, z czym: Równouprawnienie kobiet z mężczyznami, innych wyznań z katolicyzmem.

równouprawniony *m-os.* równouprawnieni **1.** «zrównany wobec prawa»: Stać się równouprawnionym obywatelem państwa. Wszystkie partie są równouprawnione (*nie*: równoprawne). **2.** «równorzędny»: Formy *pośpieszny* i *pospieszny* są równouprawnione. // *KP Pras. Por.* równoprawny.

równowaga *ż III, blm*: Równowaga ducha, umysłu. Równowaga polityczna, gospodarcza, społeczna. Utrzymać, stracić równowagę. Wyprowadzić, wytrącić kogoś z równowagi.

*równoważniki zdań to wyrazy lub grupy wyrazów, formalnie nie tworzące zdania (ponieważ nie mają orzeczenia), wyrażające jednak te same treści, co zdanie, np.: Piękna pogoda. Cisza. Uwaga! Kto tam? Nigdy więcej wojny! Nie palić! Wystrzegać się złodziei! △ O pełnej treści równoważników zdań informuje kontekst lub sytuacja, np.: (Jest) Zima, (pada) śnieg. Kto tam (puka)? Polacy (są) pierwsi na mecie.
Równoważniki stanowią również części składowe wypowiedzeń złożonych, np.: Ten sobie mówi i ten sobie mówi, *pełno radości i krzyku. Wszystko*, co tylko mogłem przeżyć, *już za mną.* △ W wypowiedzeniach złożonych najczęściej jako równoważniki zdań występują konstrukcje z imiesłowami nieodmiennymi, np.: Siedział przy stole, czytając gazetę. Przeczytawszy gazetę, wyszedł z domu. △ W zakresie imiesłowowych równoważników zdań często zdarzają się wykolejenia, wynikające głównie z nieznajomości dwóch podstawowych zasad ich stosowania, a mianowicie: **a)** zasady tożsamości podmiotów — i **b)** zasady jednoczesności lub uprzedniości czynności — w zdaniu głównym i w równoważniku zdania.
Zasada tożsamości podmiotów polega na tym, że wykonawca czynności wyrażonej imiesłowem nieodmiennym musi być jednocześnie wykonawcą czynności wyrażonej w orzeczeniu w formie osobowej czasownika, np. Żołnierze maszerowali, śpiewając głośno (= żołnierze maszerowali i śpiewali — ten sam podmiot). △ *Niepoprawne* są więc zdania typu: „Mając 11 lat, umarła mu matka" (= on miał 11 lat — umarła jego matka; podmioty różne). „Podziwiając grę aktorów, ogarnia człowieka wzruszenie" (= kiedy się podziwia... ogarnia wzruszenie — podmiot nieosobowy i podmiot w 3. os. *lp*). △ Użycie równoważników zdań nie odnoszących się do wykonawcy czynności, będącego podmiotem zdania głównego, dopuszczalne

jest jedynie wówczas, gdy są one utartymi zwrotami frazeologicznymi typu: *krótko mówiąc, lekko licząc, prawdę powiedziawszy* itp. Takie wyrażenia są zwykle równoważnikami bezpodmiotowych zdań warunkowych, np.: Szczerze mówiąc (= jeśliby się miało szczerze powiedzieć), nie byliby tym zachwyceni. Zakładając (= jeśli się założy), że macie rację, możemy to uznać... △ Konstrukcje takie występują często jako wtrącenia i dopowiedzenia.
Zasada jednoczesności lub uprzedniości czynności w zdaniu głównym i w równoważniku zdania wymaga tego, żeby czynność wyrażona imiesłowem na *-ąc* była jednoczesna z czynnością w zdaniu głównym, a czynność wyrażona imiesłowem na *-wszy, -łszy* — wcześniejsza od czynności w zdaniu głównym, np.: Jedząc mlaskał ustami (= kiedy jadł, mlaskał). Zjadłszy, obtarł usta (= najpierw zjadł, potem obtarł usta). △ *Niepoprawne* są więc konstrukcje, w których równoważnik z imiesłowem na *-ąc* ma znaczenie uprzedniości, np. Podejmując się (*zamiast*: Podjąwszy się) pracy, wykonali ją sumiennie (najpierw się jej bowiem podjęli, potem wykonali); a także, kiedy ma znaczenie następczości, np. Zaczęto badania, uzyskując pomyślne wyniki (*zamiast*: Zaczęto badania i uzyskano pomyślne wyniki). △ Ogólną zasadą interpunkcyjną dla zdań złożonych z imiesłowowym równoważnikiem zdania jest oddzielanie go przecinkiem od innych części zdania, np. Idąc ulicą, zachowywali się hałaśliwie. △ Nie stawia się przecinka wówczas, gdy równoważnik ten występuje jako jeden wyraz bez określeń, np.: Idąc rozmawiali. Ziewnąwszy zasnął. // *KJP 412—421; PJ 1967, 67—71. Por.* przecinek, imiesłów.

równoważny «mający równą wartość, równe znaczenie»: Głosy równoważne (w głosowaniu). □ R. z czym: Twierdzenie równoważne z innym twierdzeniem.

równoznaczny «znaczący to samo»: Wyrazy, zdania równoznaczne. □ R. z czym: Odpowiedź była równoznaczna (a. jednoznaczna) z odmową.

równy *m-os.* równi, *st. w.* równiejszy **1.** «gładki, płaski, prosty, nie zgięty»: Równe pole, miejsce. Równa droga. Równe rzędy ławek. Równa linia. △ *pot.* Rozbój na równej drodze «jawny, bezczelny wyzysk, przestępstwo dokonane jawnie» △ Skoczyć, zerwać się na równe nogi «gwałtownie, szybko wstać» **2.** «jednakowy, taki sam»: Mieli równą liczbę punktów. Wszyscy są równi wobec prawa (*nie*: przed prawem). □ R. dla kogo: Prawa i obowiązki równe dla wszystkich. □ R. (komu) czym (*nie*: z czego): Byli równi wzrostem. Był mu równy wzrostem, wiekiem (*nie*: ze wzrostu, z wieku). △ Być w równym wieku (*nie*: równego wieku, w równych latach) z kimś. △ W równej mierze, w równym stopniu «jednakowo, tak samo» △ Nie mieć sobie równego (w czymś) «być najlepszym w czymś»: W tenisie nie miał sobie równego. **3.** «spokojny, zrównoważony; jednostajny»: Równy charakter. Równe usposobienie. Był równy i pogodny. △ *pot.* Równy chłop, gość, równa babka (z odcieniem uznania, dodatniej oceny).
równy, równa w użyciu rzeczownikowym: Rozmawiał jak równy z równym. // *KP Pras.*

*równy stopień p. stopniowanie.

rózga *ż III, lm D.* rózg a. rózeg.

róża *ż II* **1.** «roślina i jej kwiat»: Krzak, kwiat, płatek róży. Alejka wysadzana różami (*nie*: różą). Pęk róż. Bukiet, wiązanka róż a. z róż. Wieniec z róż (*nie*: róż). △ Jedwab, batyst w róże. △ Stąpać po różach «żyć bez trosk i kłopotów» △ Droga (życia) usłana, wysłana różami, ściele się różami. **2.** «choroba zakaźna»: Chorować na różę. Dostać róży. Mieć różę w twarzy (na twarzy), w nodze (na nodze). || *KP Pras.*

Różan *m IV, D.* Różana «miasto» — różański.

różany (*nie*: różanny) **1.** «odnoszący się do róży; wytwarzany z róż»: Różane płatki. Zapach, olejek, krzew różany. Drzewo różane. Konfitury różane (*częściej*: konfitury z róży). **2.** *książk.*, *poet.* «różowy»: Różany blask, świt. Różana jutrzenka. Różana cera, twarzyczka. Różane policzki.

różdżkarz *m II, lm D.* różdżkarzy.

różnica (*nie*: różnica) *ż II*: Istotna, drobna różnica. △ *zwykle w lm*: Różnice klasowe, społeczne, polityczne, majątkowe. □ R. czego: Różnica cen, zdań, lat, wzrostu. Między ich dziećmi jest różnica dwóch lat. Drogą przez las jest różnica tylko dwóch kilometrów, *rzad.* o dwa kilometry (*nie*: różnica dwa kilometry, na dwa kilometry). △ R. w czym: Różnica w cenach, w latach, w opłacie. *Ale*: Różnica w wadze a. na wadze. □ R. między kim, czym: Nie powinien robić różnicy między uczniami. Między tymi jeziorami jest ogromna różnica. □ R. między kim a kim, czym a czym: Nie powinien robić różnicy między jednym uczniem a drugim. Nie ma wielkiej różnicy między jednym dniem a drugim. △ Wszyscy bez różnicy wieku i płci «wszyscy bez wyjątku» △ Coś (komuś) nie robi różnicy «coś (komuś) jest obojętne a. nie sprawia kłopotu»: Jeden, dwa dni nie robi (mi) różnicy. Nie zrobi mi różnicy, jeśli wstąpię do ciebie. || *KP Pras.*

różnicować (*co innego*: różniczkować) *ndk IV*, różnicowaliśmy (p. akcent § 1a i 2) — **zróżnicować** *dk* «dzielić na różniące się od siebie elementy; wyodrębniać według różnic»: Dawne szkoły różnicowały (*nie*: różniczkowały) społeczeństwo. || *D Kryt. 9—10. Por.* różniczkować.

różniczkować *ndk IV*, różniczkowaliśmy (p. akcent § 1a i 2) *mat.* «wyznaczać pochodne lub różniczki danych funkcji»: Różniczkowanie względem a. podług zmiennej (*nie*: po zmiennej). △ *niepoprawne* w zn. «wyodrębniać według różnic», np. Różniczkować (*zamiast*: różnicować) obywateli według stopnia zamożności. || *D Kryt. 9—10; U Pol. (1), 75; Pÿ 1965, 76. Por.* różnicować.

różnić się *ndk VIa*, różni się, różnij się (*nie*: różń się), różniliśmy się (p. akcent § 1a i 2) □ R. się czym a. pod względem czego: Różnić się kształtem, kolorem, wzrostem, usposobieniem. Pod względem budowy domki różniły się bardzo. Bracia różnili się pod każdym względem. □ (*zwykle z przeczeniem*) R. się od czego: Dzień nie różnił się od dnia. Domek nie różni się od domku. □ R. się w czym: Różnić się w poglądach, w zdaniach. □ *rzad.* R. się co do czego: Co do organizacji wystawy poglądy ich różniły się bardzo. || *KP Pras.*

różnie *st. w.* różniej a. bardziej różnie: *pot.* Różnie o kimś mówić, gadać «mówić o kimś nie zawsze pochlebnie»

różno- «pierwszy człon wyrazów złożonych wskazujący na rozmaitość cech lub elementów, określanych przez drugi człon wyrazu, pisany łącznie», np.: różnojęzyczny, różnobarwny, różnokierunkowość.

różnowierca *m odm. jak ż II, lm M.* różnowiercy, *DB.* różnowierców *przestarz.*, *książk.*, *lepiej*: innowierca, dysydent.

różny *m-os.* różni, *st. w.* bardziej różny, *rzad.* różniejszy, *st. najw.* najróżniejszy «niejednakowy, rozmaity»: Z różnych przyczyn, z różnych względów. Moda przybiera najróżniejsze formy. Załatwiała różne sprawy. □ R. od kogo, czego: (*nie*: niż kto, co): Była tak różna od siostry, że trudno było uwierzyć w ich tak bliskie pokrewieństwo. △ *pot.* Różne różności «rozmaite rzeczy» △ *niepoprawne* Zupełnie, krańcowo różny (*zamiast*: zupełnie inny, krańcowo odmienny).

różny w użyciu rzeczownikowym (zwykle w *lm*) «różni ludzie», zwykle w *pot.* wyrażeniu: Różni różnie mówią, gadają. || *D Kult. I, 56; U Pol. (1), 365.*

różowy *st. w.* bardziej różowy, *rzad.* różowszy: Różowy obłok. Różowe niebo. Różowe kwiaty. Różowa wstążka, sukienka. Różowa cera, twarz, różowe policzki. △ Być w różowym humorze, nastroju «być wesołym, rozbawionym» △ Patrzeć na coś (na kogoś) przez różowe okulary «widzieć wyłącznie czyjeś zalety»

RPA (*wym.* erpea) *ż ndm* «Republika Południowej Afryki»: RPA wzięła udział w naradzie.

RPK (*wym.* erpeka) *ż ndm* «Rumuńska Partia Komunistyczna»: RPK wezwała swoich członków do niesienia pomocy powodzianom.

rr p.: dzielenie wyrazów, podwojone głoski.

RRL (*wym.* ererel, p. akcent § 6) *ż ndm* «Rumuńska Republika Ludowa»: Obywatele RRL. RRL wysłała delegację...

RSW „Prasa" (*wym.* ereswu „Prasa") *ż ndm* «Robotnicza Spółdzielnia Wydawnicza „Prasa"»: RSW „Prasa" drukuje *Życie Warszawy*. Pracować w RSW „Prasa" (*nie*: w RSW „Prasie").

r. szk. «skrót wyrażenia: *rok szkolny*, pisany z kropkami, czytany jako całe, odmieniane wyrażenie, stawiany zwykle przed liczbą oznaczającą dany rok szkolny»: W r. szk. (*czyt.* w roku szkolnym) 1970/71 wprowadzono zmiany w programie nauczania.

rtm. «skrót wyrazu: *rotmistrz*, pisany z kropką, stawiany zwykle przed nazwiskiem lub przed imieniem i nazwiskiem, czytany jako cały, odmieniany wyraz»: Rtm. Pogorzelski, rtm. Karol Pogorzelski. Meldunek do rtm. (*czyt.* rotmistrza) Pogorzelskiego.

Ruanda (*wym.* Ru-anda) *ż IV* «republika w Afryce» — Ruandyjczyk *m III, lm M.* Ruandyjczycy — Ruandyjka *ż III, lm D.* Ruandyjek — ruandyjski.

r. ub. «skrót wyrażenia: *roku ubiegłego*, pisany z kropkami, czytany jako całe wyrażenie, stosowany przy pisaniu dat (zamiast wymieniania roku)»: Wypadek zdarzył się w lipcu r. ub.

rubacha *m* odm. jak *ż III, lm M.* te rubachy, *DB.* rubachów *pot.* «człowiek rubaszny»

rubel *m I, D.* rubla, *lm D.* rubli: Dać, płacić po rublu. *Ale*: po dwa, trzy ruble, po pięć, dziesięć rubli. △ *B.* = *D.* w zwrotach: Dostać, wydać, zapłacić, zgubić rubla (*nie*: rubel).

Rubensowski 1. «należący do Rubensa, wykonany przez Rubensa»: Obrazy Rubensowskie. Wystawa Rubensowska.
2. rubensowski «taki, jak na obrazach Rubensa; krągły, pulchny, pyzaty»: Aniołek rubensowski. Kształty rubensowskie.

rubież *ż VI książk., podn.* (zwykle w *lm*) «pogranicze, kresy»: Zachodnie rubieże kraju. Strzec rubieży Rzeczypospolitej. △ *wojsk.* Rubież obronna a. rubież obrony «pas wyznaczony w terenie podczas działań bojowych»

Rubikon (*wym.* Rubikon) *m IV, D.* Rubikonu (p. akcent § 7) «rzeka we Włoszech» △ *książk.* Przejść, przekroczyć Rubikon «zrobić decydujący krok, powziąć stanowczą, nieodwołalną decyzję»

Rubinstein (*wym.* Rubinsztejn a. Rubinsztajn) *m IV, DB.* Rubinsteina (p. akcent § 7), *C.* Rubinsteinowi, *lm M.* Rubinsteinowie.
Rubinstein *ż ndm* — Rubinsteinowa *ż* odm. jak przym. — Rubinsteinówna *ż IV, D.* Rubinsteinówny, *CMs.* Rubinsteinównie (*nie*: Rubinsteinównej), *lm D.* Rubinsteinówien.

rubr. «skrót wyrazu: *rubryka*, pisany z kropką, czytany jako cały, odmieniany wyraz»: Ten wydatek należy wpisać w rubr. (*czyt.* rubryce) 15.

rubryka (*wym.* rubryka, *nie*: rubryka, p. akcent § 1c) *ż III* (skrót: rubr.): Wpisać coś w odpowiednie rubryki. Wypełnić rubryki ankiety. △ Rubryka drobnych ogłoszeń, wypadków itp. «dział, część kolumny w czasopismach i dziennikach»

ruch *m III, D.* ruchu, w zn.: 1. «poruszenie się, gest; w *lm* także: sposób poruszania się»: Podnieść, chwycić coś zręcznym ruchem. Leżeć, siedzieć bez ruchu. Mieć zgrabne ruchy. Wprawić coś w ruch. □ R. czego: Ruchem ręki zaprosił go do pokoju. □ R. czym: Zrobić, wykonać ruch głową, ręką. Jeden ruch ołówkiem i rysunek wykończony. △ Ruchy, *rzad.* ruch wojska, pułków itp. «taktyczne manewry wojska» 2. «działanie, akcja» △ zwykle w *lm* Ruchy rewolucyjne, zbrojne, wyzwoleńcze, chłopskie. △ (tylko w *lp*) Ruch artystyczny, wydawniczy, turystyczny. Ruch oporu. △ *niepoprawne* Szeregi ruchu (*zamiast*: szeregi bojowników). 3. tylko w *lp* «chodzenie, bieganina, krzątanina, ożywienie; poruszanie się przechodniów i pojazdów na ulicy»: Zażywać ruchu. Zalecić komuś ruch na powietrzu. W wagonie zrobił się ruch. Podwórze pełne przedwieczornego ruchu. Ruch pieszy, kołowy. Ruch autobusowy, kolejowy. Ruch podróżnych (*nie*: podróżny). Regulować ruch na ulicy. △ Ruch pasażerski «ruch dotyczący pasażerów i pociągów osobowych» △ *pot.* Puścić w ruch «uruchomić (zakład handlowy, przemysłowy itp.)» △ *pot.* Robić ruch około czegoś, około jakiejś sprawy «nadać czemuś

(sprawie) rozgłos» || *D Kult. I, 514; II, 109; Pĵ 1960, 60.*

ruchliwy *m-os.* ruchliwi, *st. w.* ruchliwszy a. bardziej ruchliwy 1. «skłonny do tego, żeby być w ruchu, żwawy; stale się ruszający»: Ruchliwe fale, pyłki kurzu. Mimo starości była energiczna i ruchliwa. 2. «odznaczający się intensywnym ruchem; ożywiony»: Ruchliwy port. Ruchliwe miasto, ulice. || *D Kryt. 85.* Por. ruchomy, ruchowy.

*ruchome e p. e ruchome.

*ruchome końcówki czasownikowe p. -(e)m.

ruchomość *ż V* 1. *blm, rzad.* «możność poruszania się; giętkość, gibkość»: Ruchomość kończyn, ciała. 2. zwykle w *lm* «mienie dające się przenosić; majątek ruchomy»: Spis, sprzedaż, licytacja ruchomości. Egzekucja ruchomości.

ruchomy 1. «będący w ruchu, poruszający się»: Ruchome kry, lody. Ruchomy cień. 2. «dający się poruszać, wprawić w ruch»: Ruchome osie (wozu). Ruchome schody. △ Ruchome wydmy, piaski «wydmy, piaski przesuwające się pod wpływem wiatru» △ Ruchoma wystawa, biblioteka, ruchomy stragan «wystawa, biblioteka, stragan przenośne» △ Majątek ruchomy, mienie ruchome p. ruchomość (w zn. 2). || *D Kryt. 85.* Por. ruchliwy, ruchowy.

ruchowy «mający związek z ruchem, polegający na ruchu»: Zabawy, gry ruchowe. Nerwy ruchowe. *Por.* ruchliwy, ruchomy.

Ruciane *n* odm. jak przym., *NMs.* Rucianem «miejscowość» — ruciański.

ruczaj *m I, D.* ruczaju, *lm D.* ruczajów ·*poet.* «strumień»

Ruda Śląska, Ruda *ż IV,* Śląska odm. przym. «miasto» — rudzianin *m V, D.* rudzianina, *lm M.* rudzianie, *D.* rudzian — rudzianka *ż III, lm D.* rudzianek — rudzki.

Rudawa *ż IV, CMs.* Rudawie (*nie*: Rudawej) «miejscowość» — rudawski.

rudawoblond *ndm* «o włosach: blond o rudawym odcieniu»: Rudawoblond wąsy.

rudawski przym. od Rudawa, Rudawy.

Rudawy *blp, D.* Rudaw «góry» △ Rudawy Janowickie, Bośniackie, Słowackie, Siedmiogrodzkie, Toskańskie. — rudawski.

rudnicki przym. od Rudnik, Rudniki.

Rudnik *m III* «miasto» — rudniczanin *m V, D.* rudniczanina, *lm M.* rudniczanie, *D.* rudniczan — rudniczanka *ż III, lm D.* rudniczanek — rudnicki.

Rudniki *blp, D.* Rudnik «miejscowość» — rudnicki.

rudo- «pierwszy człon wyrazów złożonych, pisany łącznie» a) «wskazujący na rudy odcień danego koloru», np.: rudobrunatny, rudozłoty. b) «będący częścią przymiotników złożonych, określający rudość tego, co nazywa druga część złożenia», np.: rudobrody, rudowłosy. △ Wyrażenia, których pierwszym członem jest przysłówek *rudo*, a drugim imiesłów, pisze się rozdzielnie, np. rudo zabarwiony.

rudoblond *ndm* «o włosach: blond o rudym odcieniu»: Miał rudoblond brodę.

rudyment *m IV, D.* rudymentu, *lm M.* rudymenty, *rzad.* rudymenta, zwykle w *lm, przestarz., książk.* **a)** «początek, podstawa»: Znał zaledwie rudymenty łaciny. **b)** «pozostałość»

rudymentarny *książk.* «podstawowy; szczątkowy»

rudzielec *m II, D.* rudzielca, *W.* rudzielcze, forma szerząca się: rudzielcu, *lm M.* rudzielcy *pot.* «człowiek rudy»

rugać *ndk I,* rugaliśmy (p. akcent § 1a i 2) — **rugnąć** *dk Va,* rugnąłem (*wym.* rugnołem: *nie:* rugnełem), rugnął (*wym.* rugnoł), rugnęła (*wym.* rugneła), rugnęliśmy (*wym.* rugneliśmy) *posp.* «besztać, łajać, wymyślać»

rugbista (*wym.* rugbista a. ragbista) *m odm.* jak *ż IV, lm M.* rugbiści, *DB.* rugbistów.

rugby (*wym.* rugby a. ragby) *n ndm*: Grać w rugby.

rugi *blp, D.* rugów.

Rugia *ż I, DCMs.* Rugii «wyspa na Bałtyku» — rugijski.

rugnąć p. rugać.

Ruhra (*wym.* Rura) *ż IV* «rzeka w NRF» △ Zagłębie Ruhry «okręg przemysłowy w NRF»

ruina (*wym.* ru-ina) *ż IV* **1.** zwykle *blm* «stan zniszczenia»: Ruina gospodarcza, majątkowa. △ Ruina czeka kogoś, grozi komuś, wisi nad kimś, nad czymś. △ (tylko w *lp*) *przen.* Ruina człowieka. **2.** zwykle w *lm* «gruzy, rumowisko»: Ruiny zamku, miasta.

ruja *ż I, DCMs.* rui, zwykle *blm*: Ruja zająca, jelenia. Zwierzęta w okresie rui.

rujnacja (*nie:* ru-inacja) *ż I,* zwykle *blm pot.* «zniszczenie, rujnowanie, ruina»

rujnować (*nie:* ru-inować) *ndk IV,* rujnowaliśmy (p. akcent § 1a i 2) — **zrujnować** *dk.*

rulada *ż IV* «w muzyce: szybki pasaż» △ *niepoprawne* w zn. «potrawa z mięsa, rodzaj ciasta; rolada»

ruletka *ż III, lm D.* ruletek; *rzad.* **ruleta** *ż IV.*

rulować p. zrolować.

! rumbarbarum p. rabarbar.

Rumelia *ż I, DCMs.* Rumelii «historyczna kraina na Bałkanach» — rumelijski.

Rumia (*wym.* Rumja a. Rumia) *ż I, DCMs.* Rumii a. Rumi «miasto» || *U Pol. (2), 509.*

rumienić się *ndk VIa,* rumienię się, rumień się, rumienimy się, rumieniliśmy się (p. akcent § 1a i 2) □ R. się od czego (dla oznaczenia przyczyny zewnętrznej): Rumienić się od słońca. □ R. się z czego (dla oznaczenia przyczyny wewnętrznej): Rumienić się z radości, ze wstydu. □ R. się za kogo «wstydzić się z czyjegoś powodu»: Rumienić się za swego syna.

rumieniec *m II, D.* rumieńca, *lm D.* rumieńców: Rumieniec na policzkach, na twarzy. Rumieniec

wstydu. Nabierać rumieńców. △ W zn. *przen.* nadużywane, zwłaszcza w języku dziennikarskim, np.: Mecz nabrał rumieńców (*zamiast:* ożywił się). Działalność klubu nabierała rumieńców (*zamiast:* nabierała rozmachu).

rumsztyk *m III, D.* rumsztyku.

Rumunia (*wym.* Rumuńja) *ż I, DCMs.* Rumunii — Rumun *m IV, lm M.* Rumuni, *D.* Rumunów — Rumunka *ż III, lm D.* Rumunek — rumuński.

runąć *dk Vb,* runąłem (*wym.* runołem; *nie:* runełem), runął (*wym.* runoł), runęła (*wym.* runeła), runęliśmy (*wym.* runeliśmy; p. akcent § 1a i 2) **1.** «upaść całym ciężarem, przewrócić się»: Poślizgnął się i runął jak długi. Wieża ze starości runęła. **2.** «uderzyć na kogoś, ruszyć z miejsca gwałtownie» □ R. na kogo, na co: Czołgi runęły na nieprzyjaciela.

runway (*wym.* ranuej) *m I, D.* runwayu *środ.* «pas startowy na lotnisku»

rupia (*wym.* rupja) *ż I, DCMs.* i *lm D.* rupii.

rupieciarnia *ż I, lm D.* rupieciarni, *rzad.* rupieciarń.

rupieć *m I, lm M.* rupiecie, *rzad.* rupieci, *D.* rupieci; *przestarz.* **rupiecie** *n I, blm.*

ruptura (*nie:* ryptura) *ż IV; częściej:* przepuklina.

rura *ż IV*: Rura centralnego ogrzewania, pieca (od centralnego ogrzewania, od pieca). △ *reg.* w zn. «piecyk, piekarnik»

ruski 1. «dotyczący Rusi» **2.** *posp.* «rosyjski» **3.** *przestarz., reg.* «ukraiński» **4.** Ruski, w użyciu rzeczownikowym *posp.* «Rosjanin»

Russell (*wym.* Rasel) *m I, D.* Russella (*wym.* Rasla): Polemika z Bertrandem Russellem.

Russo p. Rousseau.

Rustaweli *m odm.* jak przym., *D.* Rustawelego, *NMs.* Rustawelim: Twórczość poetycka Szoty Rustawelego.

rusycystyka (*wym.* rusycystyka, *nie:* rusycystyka, p. akcent § 1c) *ż III, blm.*

rusycyzm *m IV, D.* rusycyzmu, *Ms.* rusycyzmie (*wym.* ∼yzmie a. ∼yźmie).

*rusycyzmy tj. zapożyczenia rosyjskie są to wyrazy, ich formy i znaczenia, oraz związki wyrazowe i konstrukcje składniowe przejęte z języka rosyjskiego lub wzorowane na nim. **1.** *Rusycyzmy leksykalne* to wyrazy, związki wyrazowe i ich znaczenia przejęte z języka rosyjskiego. Są to: **a)** zapożyczenia właściwe, np.: gilza (biedniak, ałycza, chałtura, kołchoz, sputnik. **b)** kalki leksykalne, np.: rozwarstwienie (*ros.* rassłojenije), rozpracować (*ros.* razrabotat'), brakoróbstwo (*ros.* brakodielstwo). **c)** kalki frazeologiczne, np.: stosunki dobrosąsiedzkie (*ros.* dobrososiedskije otnoszenija); zdjąć ze stanowiska = *ros.* sniat' z dołżności (*zamiast:* usunąć ze stanowiska; jak by nie było = *ros.* kak by nie było (*zamiast:* jakkolwiek by było); okazać pomoc = *ros.* okazat' pomoszcz' (*zamiast:* udzielić pomocy); tym niemniej = *ros.* tiem nie mienieje

(*zamiast*: mimo to, a jednak); za wyjątkiem = *ros.* za isklučenijem (*zamiast*: z wyjątkiem).
d) kalki semantyczne, np.: wiodący (*zamiast*: przodujący, kierowniczy, główny), np. Rola wiodąca (*ros.* wieduszczij); cienki (*zamiast*: subtelny), np. Cienka aluzja, ironia (*ros.* tonkij); przerastać (*zamiast*: przekształcać się, przechodzić w coś), np. Rewolucja burżuazyjna przerasta w rewolucję demokratyczną (*ros.* pierierastat'); podchodzący = *ros.* podchodjaszczij (*zamiast*: odpowiedni, stosowny, nadający się).

Wśród leksykalnych zapożyczeń z rosyjskiego za poprawne należy uznać (oprócz od dawna, tradycyjnie używanych, takich jak *czajnik*) takie, które się odnoszą do radzieckich lub rosyjskich realiów (np. *kołchoz, burłak*). Zasięg wielu wyrazów przejętych z rosyjskiego jest ograniczony do pewnych środowisk społecznych, np. rzeczownik *chałtura* jest używany głównie w środowiskach twórczych, *biedniak* — w gwarze politycznej. Należy przestrzec przed uznawaniem za rusycyzmy i potępianiem wszelkich wyrazów polskich mających fonetyczne i znaczeniowe odpowiedniki w rosyjskim. Zbieżności między słownictwem polskim i rosyjskim tłumaczą się często tym, że obydwa te języki (wraz z pozostałymi językami słowiańskimi) są historycznie kontynuacją jednego języka, którym się posługiwali przodkowie wszystkich Słowian — języka prasłowiańskiego.
2. *Rusycyzmy składniowe* polegają: **a)** na użyciu wyrazów polskich w związkach składniowych właściwych językowi rosyjskiemu; dotyczy to głównie rządu czasowników, np.: projektować, planować + bezokol. — *zamiast*: projektować, planować coś (dopełnienie rzeczownikowe w bierniku), np.: Zaplanowano wyprodukować 500 obrabiarek (*zamiast*: Zaplanowano wyprodukowanie a. produkcję 500 obrabiarek); wybrać kogoś kimś — (*zamiast*: wybrać kogoś na kogoś), np.: Wybrano go prezesem (*zamiast*: Wybrano go na prezesa); odnośnie czegoś — (*zamiast*: odnośnie do czegoś, co do czegoś, *lepiej*: w odniesieniu do czegoś); dwadzieścia jedna książka (*zamiast*: dwadzieścia jeden książek);
b) na niewłaściwym układzie wyrazów w zdaniu — pod wpływem składni języka rosyjskiego, np.: Projekty, realizację których już podjęto... (*zamiast*: Projekty, których realizację już podjęto...). Statek, na pokładzie którego przybyli... (*zamiast*: Statek, na którego pokładzie przybyli nasi goście) — rosyjski szyk wyrazów w zdaniu po zaimku *który*. Jagielloński Uniwersytet (*zamiast*: Uniwersytet Jagielloński) — rosyjski szyk przymiotnika w zdaniu. Mało kto nimi zajmował się (*zamiast*: Mało kto się nimi zajmował a. Mało kto nimi się zajmował; umieszczanie zaimka *się* po czasowniku to cecha stała czasowników zwrotnych w językach wschodniosłowiańskich: rosyjskim, ukraińskim, białoruskim). *Por.* zapożyczenia.

rusyfikować p. zrusyfikować.

ruszać *ndk I*, ruszaliśmy (p. akcent § 1a i 2) — **ruszyć** *dk VIb*, ruszyliśmy **1.** «zaczynać się posuwać w jakimś kierunku»: Konie ruszyły z kopyta. Ruszyć galopa a. galopem, kłusa a. kłusem. Nie mógł ruszyć z miejsca. Ruszyć komuś z pomocą, z odsieczą. Ruszać do ataku, do boju. **2.** «wykonywać ruchy; poruszać coś, dotykać czegoś» □ R. czym: Ruszyć ręką, kołyską. Ruszać wąsikami. △ (tylko *dk*) *pot.* Ruszyć głową, konceptem «pomyśleć in-

tensywnie» △ (tylko *dk*) *pot.* Nie ruszyć palcem (w bucie) «nic nie zrobić, nie zareagować na coś» **3.** «zaczynać funkcjonować»: Ruszyły dwie nowe fabryki.

ruszczyć p. zrusyfikować.

ruszt *m IV, D.* rusztu, *lm M.* ruszty (*nie*: ruszta).

Ruś *ż V* «historyczna nazwa wschodniej Słowiańszczyzny» △ Ruś Biała «Białoruś», Ruś Mała «Małoruś, Ukraina» △ Ruś Kijowska, Ruś Czerwona. △ Na Rusi (*nie*: w Rusi). Na Ruś (*nie*: do Rusi). — Rusin *m IV, lm M.* Rusini, *D.* Rusinów — Rusinka *ż III, lm D.* Rusinek — ruski (p.).

rutenizm *m IV, D.* rutenizmu, *Ms.* rutenizmie (*wym.* ~izmie a. ~iźmie) «wyraz przejęty z języków ruskich, tj. wschodniosłowiańskich (zwłaszcza w ich wcześniejszej fazie rozwoju), głównie z języka ukraińskiego»

rutenizować p. zrutenizować.

rutyna *ż IV, blm* □ R. w czym: Nabrał rutyny w pracy nauczycielskiej. Zdobyć rutynę. Popaść w rutynę.

rutyniarz *m II, lm D.* rutyniarzy; *przestarz.* **rutynista** *m odm. jak ż IV, lm M.* rutyniści, *DB.* rutynistów.

rutynizować p. zrutynizować.

rwa *ż IV, blm,* tylko w *środ.* (*med.*) wyrażeniu: Rwa kulszowa «ischias»

rwać *ndk IX,* rwę (*nie*: rwię), rwie, rwą (*nie*: rwią), rwij, rwaliśmy (p. akcent § 1a i 2) **1.** «powodować rozpadanie się czegoś; wyrywać, zrywać coś»: Rwał na sobie ubranie. Woda rwie brzegi. Rwać zielsko, jagody. □ R. co — na co, w co: Rwać kartki na strzępy (w strzępy). **2.** *pot.* **a)** «ciągnąć ku sobie, szarpać»: Rwali go za włosy. Zwierzęta rwały zdobycz. **b)** tylko w 3. *os. i nieos.* «sprawiać ból, boleć w pewien sposób»: Ręka kogoś rwie. Rwie mnie w boku. **c)** «szybko posuwać się naprzód»: Konie rwały z kopyta.

rwać się □ R. się na co, w co «rozrywać się»: Zbutwiały materiał rwał się na części. △ *przen.* Serce rwało mu się na kawały. □ R. się do czego, do kogo «mocno czegoś (kogoś) pragnąć»: Rwali się do czynu.

RWPG (*wym.* erwupegie) *n a. ż ndm* «Rada Wzajemnej Pomocy Gospodarczej»: Należeć do RWPG. RWPG podjęło (podjęła) uchwałę.

ryba *ż IV*: Ryby morskie, słodkowodne. △ Ryba młot. △ *niepoprawne* w zn. zbiorowym: Połów ryby (*zamiast*: ryb). Nadszedł transport ryby (*zamiast*: ryb). || D Kult. II, 110, 251.

rybactwo *n III, blm* **1.** «gospodarka rybna» **2.** *rzad.* «łowienie ryb; rybołówstwo»

rybi «należący do ryby»: Rybie ości. Rybia łuska. Rybi zapach. △ *przen.* Rybi temperament. *Por.* rybny.

Rybienko *n II* «miejscowość» — rybieniecki.

rybnicki przym. od Rybnik i Rybniki: Zabudowania rybnickie (*ale*: Rybnicki Okręg Węglowy, Płaskowyż Rybnicki).

Rybnik *m III*, *D.* Rybnika «miasto» — rybniczanin *m V*, *D.* rybniczanina, *lm M.* rybniczanie, *D.* rybniczan — rybniczanka *ż III*, *lm D.* rybniczanek — rybnicki (p.).

Rybniki *blp*, *D.* Rybnik «miejscowość» — rybnicki (p.).

rybny «dotyczący ryb; produkowany z ryb»: Gospodarstwo rybne. Sklep rybny. Mączka rybna. Pasztet rybny. *Por.* rybi.

rybołówstwo (*nie*: rybołóstwo) *n III*, *blm* «łowienie ryb; *rzad.* rybactwo»

rybostan *m IV*, *D.* rybostanu *środ.* «stan liczbowy ryb w danym zbiorniku wodnym, w danym okręgu itp.»

ryc. (*nie*: ryć.) «skrót wyrazu: *rycina*, pisany z kropką, stawiany zawsze przed wymienianą liczbą, czytany jako cały, odmieniany wyraz»: Schemat tego urządzenia przedstawiono na ryc. 2. (*czyt.* na rycinie drugiej).

rycerz *m II*, *lm D.* rycerzy.

rychło *st. w.* rychlej *przestarz.*, żywe w wyrażeniu *pot., iron.* Rychło w czas «zbyt późno»

ryczałt *m IV*, *D.* ryczałtu: Być, pracować na ryczałcie. Pobierać, otrzymywać ryczałt (np. ryczałt miesięczny za wykonanie czegoś). □ R. na co: Ryczałt na utrzymanie, na reprezentację.

ryczałtem a) «obliczając, płacąc ogólnie» **b)** *przestarz.* «hurtem, gromadnie»: Potępiać coś ryczałtem.

ryczeć *ndk VIIb*, ryczę, ryczymy, ryczeliśmy (p. akcent § 1a i 2) — **ryknąć** *dk Va*, ryknąłem (*wym.* ryknołem; *nie*: ryknełem, rykłem), ryknął (*wym.* ryknoł), ryknęła (*wym.* ryknela; *nie*: rykła) ryknęliśmy (*wym.* rykneliśmy; *nie*: rykliśmy): Bydło ryczy. □ *pot.* R. z czego: Ryczeć z bólu, ze śmiechu, z radości. □ *pot.* R. na kogo: Strażnik ryczał z wściekłością na więźniów. □ *pot.* R. co: Ryczał na cały głos jakąś piosenkę.

ryć *ndk Xa*, ryję, ryj, ryliśmy (p. akcent § 1a i 2) □ R. co, *rzad.* w czym «grzebać, rozgrzebywać, rozkopywać coś»: Świnie ryły ziemię. Ryli łopatami ziemię, szukając zakopanego przedmiotu. □ R. co w czym, na czym «żłobić»: Kret ryje korytarze w ziemi. Kamieniarze ryją napisy na pomnikach.

rydel *m I*, *D.* rydla, *lm D.* rydli a. rydlów *reg.* «wąska łopata o zaokrąglonym lub zakończonym spiczasto ostrzu»

Rydel *m I*, *D.* Rydla, *lm M.* Rydlowie, *D.* Rydlów. Rydel *ż ndm* — Rydlowa *ż* odm. jak przym. — Rydlówna *ż IV*, *D.* Rydlówny, *CMs.* Rydlównie (*nie*: Rydlównej), *lm D.* Rydlówien.

Rydułtowy *blp*, *D.* Rydułtów, *N.* Rydułtowami, *Ms.* Rydułtowach «miasto» — rydułtowianin *m V*, *D.* rydułtowianina, *lm M.* rydułtowianie, *D.* rydułtowian — rydułtowianka *ż III*, *lm D.* rydułtowianek — rydułtowski.

rydz *m II*, *B.* rydz a. rydza, *lm D.* rydzów: Znaleźć rydz a. rydza.

Rydzyna *ż IV* «miasto» — rydzynianin *m V*, *D.* rydzynianina, *lm M.* rydzynianie, *D.* rydzynian — rydzynianka *ż III*, *lm D.* rydzynianek — rydzyński.

ryga *ż III* «papier w grube linie ułatwiający równe pisanie»

Ryga *ż III* «miasto w ZSRR (stolica Łotwy)» — ryżanin *m V*, *D.* ryżanina, *lm M.* ryżanie, *D.* ryżan — ryżanka *ż III*, *lm D.* ryżanek — ryski (p.).

rygiel *m I*, *D.* rygla, *lm D.* rygli a. ryglów.

Rygier *m IV*, *D.* Rygiera, *lm M.* Rygierowie. Rygier *ż ndm* — Rygierowa *ż* odm. jak przym. — Rygierówna *ż IV*, *D.* Rygierówny, *CMs.* Rygierównie (*nie*: Rygierównej), *lm D.* Rygierówien.

rygor *m IV*, *D.* rygoru: **1.** «zespół przepisów ograniczających swobodę działania; karność, dyscyplina, posłuch»: Rygor szkolny, wojskowy, więzienny. Trzymać kogoś, coś, wychowywać kogoś w (wielkim) rygorze. Poddać kogoś, poddać się rygorom. **2.** *praw.* «przymus prawny, sankcja»: Zakazać czegoś, nakazać coś pod rygorem czegoś. Nadać (wyrokowi) rygor natychmiastowej wykonalności.

rygorysta (*nie*: rygorzysta) *m* odm. jak *ż IV*, *lm M.* rygoryści, *DB.* rygorystów.

ryj *m I*, *lm D.* ryjów.

Ryki *blp*, *D.* Ryk «miasto» — rycki.

ryknąć p. ryczeć.

ryksza p. riksza.

rykszarz p. rikszarz.

Rylejew (*wym.* Rylejew) *m IV*, *D.* Rylejewa (p. akcent § 7), *C.* Rylejewowi, *N.* Rylejewem (*nie*: Rylejewym): Liryka rewolucyjna Rylejewa.

rymarz *m II*, *lm D.* rymarzy.

rymnąć *dk Va*, rymnąłem (*wym.* rymnołem; *nie*: rymnełem, rymłem), rymnął (*wym.* rymnoł), rymnęła (*wym.* rymnela; *nie*: rymła), rymnęliśmy (*wym.* rymneliśmy; *nie*: rymliśmy; p. akcent § 1a i 2) *pot.* «uderzyć, spaść gwałtownie; przewrócić się»

rymopis *m IV*, *lm M.* rymopisowie *daw.*, dziś *żart.* «poeta, autor wierszy»

Rymsza *m* odm. jak *ż II*, *lm M.* Rymszowie, *DB.* Rymszów. Rymsza *ż II*, *rzad. ndm* — Rymszowa *ż* odm. jak przym. — Rymszówna *ż IV*, *D.* Rymszówny, *CMs.* Rymszównie (*nie*: Rymszównej), *lm D.* Rymszówien.

Ryn *m IV*, *D.* Ryna «miasto» — rynianin *m V*, *D.* rynianina, *lm M.* rynianie, *D.* rynian — rynianka *ż III*, *lm D.* rynianek — ryński (p.).

rynek *m III*, *D.* rynku **1.** «plac targowy w mieście»: Kupować, sprzedawać coś na rynku. Mieszkać w rynku a. na rynku (*nie*: przy rynku). △ W nazwach dużą literą: Rynek Staromiejski, Stary Rynek. **2.** «całokształt stosunków handlowo-gospodarczych»: Rynek wewnętrzny, krajowy, zagraniczny. Rynki zbytu. Wprowadzić nowe towary na rynek. Zasilać rynek czymś (np. nowościami wydawniczymi). △ Czarny rynek «nielegalny handel»: Ceny na czarnym rynku są bardzo wysokie. △ *niepoprawne* Czarny rynek czymś (np. płytami). // D Kult. I, 84.

ryngraf (*wym.* ryngraf a. ryngraf) *m IV*, *D.* ryngrafu.

rynka

rynka *ż III, lm D.* rynek *reg.* «rondel»

rynna (*nie:* rynwa) *ż IV, lm D.* rynien (*nie:* ryn): Rynna blaszana, odpływowa.

rynsztok *m III, D.* rynsztoka «wgłębienie wzdłuż chodnika ulicy, ściek uliczny» △ *przen.* Stoczyć się w rynsztok a. do rynsztoka.

rynsztunek *m III, D.* rynsztunku: Rynsztunek bojowy. Żołnierz w pełnym rynsztunku.

ryński: Zamek ryński (*ale:* Jezioro Ryńskie).

rypać *ndk IX,* rypię (*nie:* rypę), rypaj, rypaliśmy (p. akcent § 1a i 2) — **rypnąć** *dk Va,* rypnąłem (*wym.* rypnołem; *nie:* rypnełem, rypłem), rypnął (*wym.* rypnoł), rypnęła (*wym.* rypneła; *nie:* rypła), rypnęliśmy (*wym.* rypneliśmy; *nie:* rypliśmy; p. akcent § 1a i 2) *pot.* **a)** tylko *ndk* «biec» **b)** częściej *dk* «uderzyć, runąć, zwalić się»

Rypin *m IV* «miasto» — rypinianin *m V, D.* rypinianina, *lm M.* rypinianie, *D.* rypinian — rypinianka *ż III, lm D.* rypinianek — rypiński.

rys *m IV, D.* rysu **1.** zwykle w *lm* «układ twarzy»: Delikatne, regularne, szlachetne rysy. Człowiek o jakichś (np. regularnych) rysach, *rzad.* jakichś rysów. Ktoś podobny, niepodobny do kogoś z rysów. Czytać coś w czyichś rysach, z czyichś rysów. **2.** «cecha charakterystyczna czegoś» Rys charakteru. **3.** zwykle w *lp, częściej:* zarys «krótki szkic»: Rys historyczny.

rys. «skrót wyrazu: *rysunek*, pisany z kropką, czytany jako cały, odmieniany wyraz»: Rys. 5. przedstawia schemat silnika.

rysa *ż IV* **1.** «skaza, draśnięcie» □ R. na czym: Rysy na ścianie, na stole. **2.** «pęknięcie, rozpadlina» □ R. w czym: Rysa w murze, w kamieniu. △ Utworzyć, wyżłobić na czymś a. w czymś rysę.

ryski (*nie:* rygski, ryżski): Rynek ryski (*ale:* Zatoka Ryska).

rysunek *m III, D.* rysunku (skrót: rys.) **1.** «rysowanie; to, co jest narysowane»: Rysunek artystyczny, odręczny, techniczny. Nauka rysunku. Rysunek Grottgera. □ R. czym, *środ.* (w niektórych połączeniach) w czym: Rysunek ołówkiem, węglem, piórkiem. Rysunek w ołówku, w tuszu. **2.** «kontur, zarys czegoś»: Przypominać coś rysunkiem a. w rysunku «przypominać w ogólnym zarysie» □ R. czego: Rysunek brwi, słojów (w drzewie). **3.** *pot.* zwykle w *lm* «lekcja rysowania»

Rysy *blp, D.* Rysów «szczyt w Tatrach»

ryś *m I, lm D.* rysiów, *rzad.* rysi **1.** «zwierzę drapieżne» **2.** tylko w *lm* «skóra, futro z rysia»: Burka podszyta rysiami.

Rytel *m I, D.* Rytla, *lm M.* Rytlowie, *DB.* Rytlów. Rytel *ż ndm* — Rytlowa *ż odm. jak przym.* — Rytlówna *ż IV, D.* Rytlówny, *CMs.* Rytlównie (*nie:* Rytlównej), *lm D.* Rytlówien.

rytmika (*wym.* rytmika, *nie:* rytmika, p. akcent § 1c) *ż III, blm.*

rywalizacja *ż I, DCMs.* i *lm D.* rywalizacji: Szlachetna rywalizacja. □ R. między kim a. między kim a (i) kim: Rywalizacja między wielkimi mocarstwami. Rywalizacja między USA a ZSRR (między USA i ZSRR). □ R. w czym: Rywalizacja uczniów w nauce. □ R. z kim, z czym: Rywalizacja państw socjalistycznych z państwami o odmiennym systemie gospodarczym.

I ryza *ż IV, CMs.* ryzie, *lm D.* ryz «miara papieru: 500 arkuszy»

II ryza *ż IV, CMs.* ryzie, *lm D.* ryz «subordynacja, rygor, porządek» tylko w zwrotach: Trzymać, utrzymać kogoś, coś w ryzach, *przestarz.* w ryzie. Wziąć, ująć kogoś, coś w ryzy.

ryzykant (*nie:* rezykant) *m IV, lm M.* ryzykanci.

ryzyko (*wym.* ryzyko; *nie:* ryzyko, rezyko; p. akcent § 1c) *n II, blm:* Wielkie ryzyko. Ryzyko strat. Unikać ryzyka. Ponosić, brać na siebie ryzyko. △ *pot.* Robić coś na ryzyko, na własne (na czyjeś) ryzyko «podejmować się czegoś ryzykując, robić coś na własną (na czyjąś) odpowiedzialność»

· **ryzykować** (*nie:* rezykować) *ndk IV,* ryzykowaliśmy (p. akcent § 1a i 2) — **zaryzykować** *dk* □ R. co (*nie:* czym): Ryzykować życie (*nie:* życiem). // *D Kult. II, 111.*

ryży *m-os.* ryży *pot.* «rudy»: Ryży chłopcy.

rz, ż We współczesnym języku ogólnopolskim literom tych odpowiada w wymowie ta sama głoska ż (spółgłoska przedniojęzykowa szczelinowa twarda). Identycznie więc wymawia się np. wyrazy: *morze* i *może* (forma czasownika: *móc*). △ Uwaga: nie dotyczy to jednak takich wyrazów, jak: marznąć, obmierzły itp., w których grupa literowa *rz* nie oznacza jednej spółgłoski ż, lecz dwie oddzielne spółgłoski: r i z (mar-znąć, obmier-zły). △ Głoska, oznaczana dziś przez *rz*, powstała z dawnego *r'* i występuje przede wszystkim w tych wyrazach, które w innych formach lub w wyrazach pokrewnych mają odpowiadającą temu *rz* — głoskę r, np.: marzec — marca; orzeł — orła; starzec — stary, karzę — karać; bierze — brać; wzgórze — góra; pasterz — pasterski. △ Poza tym, mimo braku takiej wymiany, pisownia *rz* ustalona jest w wielu wyrazach tradycyjnie, np. *rzeka, rzadki, orzech, rząd* (por. rosyjskie: rieka, riedkij, oriech, riad). △ Po spółgłoskach: *p, b, t, d, k, g, ch, j, w* pisze się zawsze *rz* (a nie ż, sz), np. *przyroda, brzeg, mistrz, trzymać, drzewo, skrzydło, grzech, chrzan, ujrzeć, wrzesień.* △ Wyjątki: *pszenica, pszonak* (nazwa rośliny), *Pszona, pszczoła, Pszczyna, kształt, kszyk* (ptak), *bukszpan, gżenie się, piegża, gżegżółka*; także stopień wyższy przymiotników, np.: *lepszy, krótszy, większy.* △ Uwaga. Litera ż po *d* w takich wyrazach jak: *dżuma, dżem, dżokej, dżdżysty* i in. — nie oznacza osobnej głoski, ale należy do grupy literowej, którą się oznacza jedną głoską *dż*. △ Litera ż występuje przede wszystkim w tych wyrazach, które w innych formach lub w wyrazach pokrewnych mają odpowiadające temu ż — głoski: *g, dz, h, z, ź, s,* np. ważyć — waga; mosiężny — mosiądz; Sapieżyna — Sapieha; grożę — groza; obrażać — obraźliwy; bliżej — blisko. △ Poza tym, mimo braku takich wymian, pisownia ż ustalona jest w wielu wyrazach tradycyjnie, np.: *młodzież, żagiel, jeżyny, że.* △ Wyłącznie ż (a nie *rz*) pisze się po spółgłoskach: *l, ł, r* (np.: *lżyć, łże, rżysko*) oraz, w wyrazach zapożyczonych, po n, np.: *rewanż, oranżada, branża.* △ W wątpliwych wypadkach o pisowni wyrazów z *rz* lub ż rozstrzyga słownik ortograficzny.

rzadki *st. w.* rzadszy.

I rząd *m IV, D.* rzędu, *lm M.* rzędy 1. w zn. «szereg ludzi, przedmiotów» □ R. czego: Rząd widzów. Rząd krzeseł. △ Z rzędu (*nie:* pod rząd) «po kolei»: Cztery dni z rzędu (*nie:* pod rząd) padało. △ *niepoprawne* W pierwszym rzędzie (*zamiast:* przede wszystkim). △ Stawiać kogoś, coś itp. rzędem a. w rzędzie (*nie:* pod rząd). 2. w zn. «dawna uprząż»: Koń w rzędzie. Rząd na konia. △ Konia z rzędem temu, kto coś zrobi «nieprawdopodobne, żeby się znalazł ktoś, kto to potrafi zrobić»

II rząd *m IV, D.* rządu, *lm M.* rządy 1. «organ władzy wykonawczej w państwie; ludzie rządzący»: Rząd republiki. Rząd powstańczy. Członkowie, szef rządu. Stać na czele rządu. Wejść w skład rządu. △ W nazwach dużą literą: Tymczasowy Rząd Jedności Narodowej, Rząd Narodowy. 2. zwykle w *lm* «rządzenie, kierowanie czymś»: Sprawiedliwe, despotyczne rządy. Rządy silnej ręki. △ Sprawować (*nie:* wykonywać) rządy. □ R. nad kim, czym: Rządy nad państwem, wojskiem, domem. □ R. czyje (z rzecz. w dopełniaczu): Rządy demokracji, arystokracji, ludu. △ Brać, (u)chwycić, ująć rządy, (ster rządów) w swoje ręce. Wypuścić z rąk rządy, ster rządu, rządów.

rządca (*nie:* rządzca) *m* odm. jak *ż II, D.* rządcy (*nie:* rządcego), *lm M.* rządcy, *rzad.* rządcowie, *DB.* rządców.

rządczyni (*nie:* rządczynia) *ż I, W.* = *M., lm D.* rządczyń.

rządek *m III, D.* rządka, *zdr.* od I rząd: Rządek buraków, marchwi. Stać rządkiem.

rządny *m-os.* rządni, *st. w.* rządniejszy *rzad.* «gospodarny; dobrze zarządzany»: Rządna gospodyni. Rządny dom, majątek.

*rządu związki p. związki rządu, zgody i przynależności.

rządzić *ndk VIa,* rządzę, rządź, rządziliśmy (p. akcent § 1a i 2) □ R. kim, czym: Rządzić państwem, domem. Prawa rządzące światem. Czasownik zaprzeczony rządzi dopełniaczem.
rządzić się □ R. się u kogo «rozporządzać kimś, czymś, zwykle bezprawnie»: Rządzi się u mnie jak we własnym domu. □ R. się czym «kierować się czymś w postępowaniu»: Rządzić się rozsądkiem, sercem.

rząp *m I, D.* rzązpia, *lm M.* rzązpie, *D.* rzązpiów *górn.* «dolna część szybu»

rzec (*nie:* rzeknąć) *dk Vc,* rzeknę, rzeknie (*daw.* rzecze — dziś *rzad.* używane), rzeknij, rzekliśmy (p. akcent § 1a i 2), rzeczony (p.), *książk.* «powiedzieć»

rzecz *ż VI, lm M.* rzeczy, *D.* rzeczy, *N.* rzeczami (*nie:* rzeczmi): Na rzecz kogoś, czegoś «dla kogoś, na czyjąś korzyść, dla czyjegoś dobra»: Zrzekł się premii na rzecz współpracowników. Manifestacja na rzecz pokoju (*nie:* o pokój); ale *niepoprawne* w odniesieniu do czynności, działania, np. Wysiłki na rzecz walki o pokój (*zamiast:* Wysiłki na rzecz pokoju). △ *niepoprawne* W tym rzecz, że... (*zamiast:* Idzie, chodzi o to, że...) △ *książk.* Nie od rzeczy (będzie dodać, wspomnieć, zwrócić uwagę itp.) «jest rzeczą

stosowną, wskazaną» △ *pot.* Nic z tych rzeczy «zupełnie nie to, nie z tej dziedziny (zwłaszcza erotycznej)»

rzeczony *m-os.* rzeczeni *przestarz.* «(wyżej) wymieniony»

rzeczownik *m III:* Rodzaj rzeczownika (*nie:* u rzeczownika). Rzeczownik męski, żeński, nijaki a. rodzaju męskiego, żeńskiego, nijakiego.

*rzeczownik jest to część mowy odmieniająca się przez przypadki i liczby, nie mająca odmiany przez rodzaje, występująca w jednym z trzech rodzajów: męskim, żeńskim lub nijakim. W postaci mianownika w funkcji podmiotu jest to część mowy określana; w innych wypadkach — pełni funkcje określające, jako przydawka, dopełnienie, okolicznik lub orzecznik. Rzeczowniki oznaczają istoty żywe, przedmioty i pojęcia (np. żołnierz, pies, dom, ból, czerwień, jedzenie). Odmienność przez przypadki odróżnia rzeczowniki od czasowników, brak odmiany przez rodzaje — od przymiotników.
Ze względu na budowę słowotwórczą rzeczowniki dzielą się na słowotwórczo niepodzielne, czyli *podstawowe* (np. oko, miód, dom) oraz na rzeczowniki *pochodne,* składające się z tematu i formantu, czyli elementu kształtującego wyraz. Formantami są zwykle przyrostki, np. -*arz*, -*anin*, -*ca*, -*ciel*, -*ek* (tworzące rzeczowniki rodzaju męskiego), -*a*, -*ia*, -*i*, -*ość* (tworzące rzeczowniki rodzaju żeńskiego), -*anie*, -*enie*, -*sko*, -*stwo* (tworzące rzeczowniki rodzaju nijakiego); p. poszczególne przyrostki. △ Zależnie od podstawy słowotwórczej dzielimy rzeczowniki na: *odczasownikowe* (np.: jadło, dawca, podpalacz), *odprzymiotnikowe* (np. śmiałek, mędrzec) i *odrzeczownikowe* (np.: drukarz, jaskiniowiec).
Wśród rzeczowników rozróżniamy: rzeczowniki *żywotne,* nazywające istoty żywe (np.: uczennica, wróbel) i *nieżywotne,* oznaczające przedmioty i pojęcia (np.: list, siano, ogrom, cywilizacja). Obok tego podziału wyodrębniamy rzeczowniki *osobowe,* oznaczające tylko ludzi (np.: matka, przyjaciel) i *nieosobowe,* oznaczające wszystkie inne istoty, przedmioty i pojęcia (np.: kot, stół, zapach, inteligencja).
Rzeczowniki oznaczające przedmioty pojedyncze noszą nazwę *jednostkowych* (np. pies, rzeka, myśl); te, które są nazwami przedmiotów będących zbiorami przedmiotów jednostkowych, to rzeczowniki *zbiorowe* (np.: tłum, armia, listowie). △ Rzeczowniki będące nazwami własnymi jednostek (istot, miejsc, przedmiotów) — to rzeczowniki *własne* (np.: Warszawa, Bałtyk, Kościuszko); rzeczowniki, będące ogólnymi nazwami, nadawanymi całemu szeregowi danych istot lub przedmiotów — to rzeczowniki *pospolite* (np.: rzeka, jezioro, kolej, nauczyciel); każdy rzeczownik pospolity może w pewnych okolicznościach stać się rzeczownikiem własnym — i odwrotnie (p. nazwy, litery duże i małe).
Zależnie od rodzaju przedmiotów, oznaczanych przez rzeczowniki, dzielimy rzeczowniki na *konkretne,* czyli nazywające przedmioty dostępne zmysłom (np.: człowiek, piec, słońce, papier), oraz *abstrakcyjne* albo *oderwane* (np.: radość, białość, rozum).
I. Rodzaj rzeczowników. Rzeczowniki występują zwykle w jednym z trzech rodzajów: męskim, żeńskim lub nijakim. Zróżnicowanie rodzajowe rzeczowników (p. rodzaj gramatyczny) jest podstawą ich podziału na deklinacje. Wśród nazw osób istnieje pewna

grupa rzeczowników, które mogą oznaczać istoty obu płci (np. nazwy niektórych zawodów, specjalności, wyrazy o zabarwieniu emocjonalnym, takie jak: profesor, doktor, sierota, beksa); są to tzw. rzeczowniki *wspólnorodzajowe*. W obrębie rzeczowników nieżywotnych występują też rzeczowniki *dwurodzajowe*, mające oboczne formy rodzajów; zdarzają się one zwłaszcza wśród rzeczowników używanych zwykle w *lm*, np.: *klusek* || *kluska*; *skwarek* || *skwarka*; *zapisek* || *zapiska*; *cytat* || *cytata*. Wybór określonego rodzaju rzeczownika obowiązuje konsekwentnie w jego odmianie, np. *jeśli*: ten klusek — *to*: tych klusków (*nie*: klusek); *jeśli*: ta kluska — to: tych klusek (*nie*: klusków). △ Wyjątkiem jest wyraz *nuda*, który w *D. lm* ma końcówkę -*ów* (np. umierać z nudów).

Dwurodzajowość niektórych rzeczowników wiąże się czasami ze zróżnicowaniem semantycznym; np. ten *smug* «pas łąki, pola», *ale*: ta *smuga* «pasmo, wąski ślad»; ten *zatrzask* «rodzaj zamka», *ale* (*reg.*): ta *zatrzaska* «rodzaj zapięcia przy ubraniu». Wśród rzeczowników występujących tylko w *lm* (tzw. pluralia tantum) jedne mają w dopełniaczu końcówkę -*ów* (np. wczasów, obcęgów), inne — formę bezkońcówkową (np. sań, nożyc, skrzypiec, urodzin).

II. Odmiana i składnia rzeczowników. Deklinację rzeczowników dzielimy na 4 grupy: męską, żeńską, nijaką i mieszaną (p. tabele ze słowem hasła: mianownik, dopełniacz... i inne przypadki).

Istnieją też rzeczowniki *nieodmienne*. Występują one tylko w jednej postaci, np.: dobre kakao, filiżanka dobrego kakao (*nie*: kakaa); wojskowi attaché (*nie*: attachés); dorzecze Missisipi; kręcić film w atelier. △ Niektóre z rzeczowników, dawniej nieodmiennych, obecnie często przybierają formy odmiany, np. *radio*, *molo* — dawniej nieodmienne, dziś mają formy oboczne: w radiu, na molu. △ Do rzeczowników nieodmiennych należą przeważnie wyrazy pochodzenia obcego, odbiegające od polskich wzorców deklinacyjnych (np.: alibi, boa, jury, kepi, menu, salami). Inne rzeczowniki nieodmienne są omówione pod hasłami: nazwy (...), skrótowce.

△ Odmiana i składnia rzeczowników nastręcza niekiedy pewne trudności. **a)** Rzeczowniki rodzaju męskiego, zwykle zdrobniałe, z końcówką -*o*, charakterystyczną dla rodzaju nijakiego (np. dziadzio, wujcio, Józio) odmieniają się według deklinacji męskiej i łączą się z wyrazami określającymi i orzeczeniem zgodnie z rodzajem męskim, a więc: ten dziadzio przyszedł; tego dziadzia; ci wujcio wie (*nie*: wujcie) przyszli. **b)** Rzeczowniki rodzaju męskiego z końcówką -*a*, charakterystyczną dla rodzaju żeńskiego, odmieniają się w *lp* jak rzeczowniki rodzaju żeńskiego, w *lm* — jak rzeczowniki rodzaju męskiego. Formy określeń i orzeczenia związane z tymi rzeczownikami są zgodne z rodzajem męskim, np.: Ten sławny poeta deklamował. Ci wojewodowie wydali rozkaz. Jego ekscelencja wyszedł (*nie*: wyszła). △ Niektóre rzeczowniki zakończone na -*a* odmieniają się w *lp* jak przymiotniki, rzadziej (*przestarz.*) jak rzeczowniki, w *lm* — jak rzeczowniki rodzaju męskiego, np. ten sędzia, hrabia; *D.* tego sędziego, hrabiego (*przestarz.* sędzi, hrabi); *C.* hrabiemu, sędziemu (*przestarz.* hrabi, sędzi); *B.* hrabiego, sędziego (*przestarz.* hrabię, sędzię); *ale Ms.* hrabi, sędzi (*przestarz.* hrabim, sędzim), *lm M.* ci sędziowie, hrabiowie; *D.* tych sędziów, hrabiów (*nie*: sędzich, hrabich). **c)** Rzeczowniki zakończone na -*isko*, oznaczające istoty płci męskiej lub żeńskiej (np.: chłopisko, ko-

cisko, matczysko, biedaczysko) odmieniają się w *lp* według deklinacji nijakiej. △ Rzeczowniki takie, oznaczające istoty płci męskiej przybierają w *D.* i *B. lm*. końcówkę -*ów*, np.: chłopisków, kocisków (*ale*: matczysk). Mogą one być zarówno rodzaju męskiego, jak i nijakiego, np. ten ojczysko przyszedł || to ojczysko przyszło. △ Rzeczowniki takie, oznaczające istoty płci żeńskiej, są zawsze rodzaju nijakiego, np. ciotczysko bardzo nas kochało.

d) Rzeczowniki mające postać przymiotników, oznaczające osoby płci męskiej (zwykle: wykonawców zawodów), odmieniają się tak jak przymiotniki; niektóre z nich jednak mają w mianowniku *lm* rzeczownikową końcówkę -*owie*, np.: leśniczy — leśniczowie; budowniczy — budowniczowie (*ale*: gajowy — gajowi; myśliwy — myśliwi).

e) Rzeczowniki męskoosobowe używane z zabarwieniem ekspresywnym (często — ujemnym) mogą przybierać w *M. lm* również końcówki niemęskoosobowe, np.: Chuligani rozbili kiosk; bardziej ekspresywnie: Chuligany rozbiły kiosk. Chłopi zorali pole; te dzielne chłopy zorały w jeden dzień całe pole.

f) Kłopoty w odmianie i składni występują również w zakresie rzeczowników wspólnorodzajowych, które odnoszą się do obu płci. Dotyczy to przede wszystkim rzeczowników oznaczających wykonawców zawodów, nosicieli tytułów naukowych, niektórych nazwisk i in. △ Należą tu też niektóre rzeczowniki zakończone na -*a*, np.: sługa, kaleka, sierota, gaduła, gapa, niedołęga. W *lp* odmieniają się one jak rzeczowniki żeńskie. W *lm* występuje zróżnicowanie form: obok (częstszych) form żeńsko-rzeczowych (te sieroty, gaduły, gapy, niedołęgi), używane są też formy męskoosobowe (np. ci słudzy, ci kalecy). Formy męskoosobowe mają tylko rzeczowniki nie nacechowane emocjonalnie; formy żeńsko-rzeczowe przybierają rzeczowniki nacechowane ujemnie, a także pewne neutralne (np. te beksy, ciamajdy, niezdary, sieroty). W dopełniaczu *lm* większość tych rzeczowników ma formę rodzaju żeńskiego, bezkońcówkową (np. tych sierot, sług, kalek, gap); niektóre rzeczowniki, odnoszące się do osób płci męskiej mają końcówki oboczne (męską i żeńską): tych gadułów a. gaduł, ciamajdów a. ciamajd, niedołęgów a. niedołęg. △ Odmianę skrótowców omówiono szczegółowo pod hasłem: skrótowce (p.). || *KJP 131—226*; *KP Pras.*; *U Pol. (2)*, *384—412*. *Por.* dopełnienie, formant, litery duże (wielkie) i małe, nazwy (...), nazwiska (...), orzeczenie, przydawka, rodzaj gramatyczny, słowotwórstwo, związki rządu, zgody i przynależności.

rzeczownikowy, *rzad.* **rzeczowny**: Odmiana rzeczownikowa. Zaimek rzeczownikowy (rzeczowny). Przydawka rzeczownikowa (rzeczowna).

rzeczoznawca *m* odm. jak *ż II*, *lm M.* rzeczoznawcy, *DB.* rzeczoznawców.

rzeczpospolita (*wym.* rzeczpospolita a. rzecz-pospolita, p. akcent § 5; *nie*: rzeczypospolita), *DC.* rzeczypospolitej, *B.* rzeczpospolitą, *W.* rzeczypospolita, *N.* rzeczapospolitą, *Ms.* rzeczypospolite; czasem pierwsza część złożenia (*rzecz*) w przypadkach zależnych — *ndm* «republika; dziś prawie wyłącznie w odniesieniu do państwa polskiego» △ Jako nazwa Polski i w nazwach wielowyrazowych dużą literą: Polska Rzeczpospolita Ludowa (skrót: PRL). Pracować dla dobra Rzeczypospolitej. || *D Kult. I, 736*; *II, 462*.

rzeczywisty *m-os.* rzeczywiści, *st. w.* (*rzad.*) rzeczywistszy: Świat rzeczywisty. Rzeczywista wartość czegoś. Rzeczywiste nazwisko. △ Członek rzeczywisty «członek mający pełne prawa, czynny, zwyczajny»

rzednąć *ndk Vc*, rzednął (*wym.* rzednoł) a. rzedł; rzedła, rzedłby, *rzad.* rzednąłby (*wym.* rzednołby; p. akcent § 4c); a. **rzednieć** *ndk III*, rzednieje, rzedniałby (p. akcent § 4c) — **zrzednąć** a. **zrzednieć** *dk*: Mgła, las rzednie (rzednieje). △ *pot.* (zwykle *dk*) Komuś zrzedła mina «ktoś stracił pewność siebie»

rzeka *ż III*: Bagnista, niespławna rzeka. Przed nami rozciągała się piękna rzeka. Miasto nad rzeką (*nie:* na rzece). Wędkarz godzinami siedział nad rzeką (*nie:* na rzece). Dolina rzeki Wieprz (lub dolina Wieprza, *nie:* dolina rzeki Wieprza). △ W nazwach dużą literą: Rzeka Czerwona, Rzeka Świętego Wawrzyńca. △ W dół rzeki, z biegiem rzeki «z prądem» △ W górę rzeki «pod prąd» △ Płynąć rzeką a. po rzece (o statkach, łodziach). Rzeka bierze gdzieś a. skądś początek. Przepłynąć rzekę; przebywać rzekę wpław. Przeprawić się (promem) przez rzekę. △ *przen.* Płynąć rzeką a. jak rzeka (o trunkach, pieniądzach, tłumie, pojazdach).

rzemieślniczy (*wym. pot.* rzemieśniczy).

rzemieślnik (*wym. pot.* rzemieśnik) *m III, lm M.* rzemieślnicy.

rzemiosło *n III, Ms.* rzemiośle, *lm D.* rzemiosł: Rzemiosło cechowe. Oddać kogoś do rzemiosła. Uczyć się rzemiosła. Pracować w rzemiośle. Trudnić się rzemiosłem. Uprawiać (*nie:* prowadzić) rzemiosło. Mieć zamiłowanie do rzemiosła.

rzep *m IV, D.* rzepu, *rzad. m I, D.* rzepia *reg.* «koszyczek łopianu lub ostu pokryty kolcami» △ *pot.* Uczepić się (kogoś) jak rzep psiego ogona.

rzepa *ż IV*: Rzepa majowa, pastewna. △ *pot.* Ktoś (zdrowy) jak rzepa «ktoś bardzo zdrowy, krzepki» || D Kult. I, 450; II, 397.

Rzepicha *ż III, CMs.* Rzepisze.

Rzepin *m IV* «miasto» — rzepinianin *m V, D.* rzepinianina, *lm M.* rzepinianie, *D.* rzepinian — rzepinianka *ż III, lm D.* rzepinianek — rzepiński (p.).

rzepiński: Rynek rzepiński (*ale:* Pojezierze Rzepińskie).

rzesza *ż II* 1. «wielka liczba ludzi (rzadziej zwierząt)»: Na trybunach siedziały rzesze kibiców. 2. Rzesza «nazwa dawnego państwa niemieckiego»

rzeszowski: Powiat rzeszowski. Województwo rzeszowskie.
Rzeszowskie *n* odm. jak przym., *NMs.* Rzeszowskiem «ziemia rzeszowska, województwo rzeszowskie»: Mieszkać w Rzeszowskiem (*nie:* w Rzeszowskim).

Rzeszów *m IV, C.* Rzeszowowi (*ale:* ku Rzeszowowi a. ku Rzeszowu) «miasto» — rzeszowianin *m V, D.* rzeszowianina, *lm M.* rzeszowianie, *D.* rzeszowian; *pot.* rzeszowiak *m III, lm M.* rzeszowiacy — rzeszowianka *ż III, lm D.* rzeszowianek — rzeszowski (p.).

rześki *m-os.* rześcy; *rzad.* **rzeźwy** *m-os.* rzeźwi, *st. w.* rzeźwiejszy: Rześki głos, rześkie ruchy. Rześki staruszek.

rzezimieszek *m III, D.* rzezimieszka, *lm M.* te rzezimieszki.

rzeźbiarz *m II, lm D.* rzeźbiarzy.

rzeźbić *ndk VIa*, rzeźbię (*nie:* rzeźbę), rzeźbi, rzeźb a. rzeźbij; rzeźbimy, rzeźbiliśmy (p. akcent § 1a i 2) — **wyrzeźbić** *dk* □ R. w czym: Rzeźbić w drzewie, w metalu.

rzeźnia *ż I, lm D.* rzeźni.

rzeźnicki przym. od rzeźnik: Nóż rzeźnicki.

rzeźniczy «odnoszący się do rzeźnika a. rzeźnictwa»: Sklep rzeźniczy.

rzeźny «odnoszący się do uboju zwierząt, przeznaczony na rzeź (ubój)»: Zwierzęta rzeźne.

rzeźwić *ndk VIa*, rzeźwię (*nie:* rzeźwę), rzeźwij, rzeźwiliśmy (p. akcent § 1a i 2) dziś zwykle w imiesł. przymiotnikowym czynnym — **orzeźwić** *dk*: Sole rzeźwiące. Rzeźwiący chłód. Orzeźwiła nas kąpiel w rzece.

rzeźwy p. rześki.

rzępoła *m* a. *ż* odm. jak *ż IV*, *M.* ten a. ta rzępoła (także o mężczyznach), *lm M.* te rzępoły, *D.* rzępołów (tylko o mężczyznach) a. rzępoł, *B.* tych rzępołów (tylko o mężczyznach) a. te rzępoły *pot.* «marny grajek, zwłaszcza skrzypek»

rzęsiście, *rzad.* **rzęsisto** *st. w.* rzęsiściej: Dom rzęsiście oświetlony.

rzęzić *ndk VIa*, rzężę, rzęził (*nie:* rzęział), rzęziliśmy (p. akcent § 1a i 2); *rzad.* **rzężeć** *ndk VIIb*, rzężeliśmy.

rznąć p. rżnąć.

rzodkiew *ż V, D.* rzodkwi, *lm M.* rzodkwie.

rzodkiewka *ż III, lm D.* rzodkiewek (w zn. «roślina» zwykle używane w *lp*): Grządka rzodkiewki. △ w *lm* o jadalnym korzeniu: Na talerzu zostało pięć rzodkiewek. Pęczek rzodkiewek.

rzucać *ndk I*, rzucaliśmy (p. akcent § 1a i 2) — **rzucić** *dk VIa*, rzuciliśmy □ R. co a. czym (zwykle do celu a. w różne strony): Rzucać granat a. granatem. Rzucać pieniędzmi (na wszystkie strony) «lekkomyślnie wydawać dużo pieniędzy» △ Rzucać gromy, pioruny na kogoś «gromić kogoś» △ Rzucić komuś odpowiedź a. rzucić coś komuś w odpowiedzi. △ *pot.* Rzucić coś (wszystko) do diabła a. w diabły «całkiem czegoś zaniechać»
rzucać się — **rzucić się** □ R. się do kogo, do czego, ku komu, ku czemu: Rzuciliśmy się do okna. Dziecko rzuciło się do mnie (ku mnie) z płaczem. □ R. się na kogo, na co: Rzuciła się na niego z pięściami. △ Krew rzuciła się ustami, nosem (przez usta, przez nos a. z ust, z nosa) «krew wypłynęła gwałtownie ustami, nosem»

rzut *m IV, D.* rzutu: Rzut granatem, dyskiem. △ Rzut oka na coś «spojrzenie na coś» △ Na pierwszy rzut oka «od pierwszego spojrzenia, od razu»: Już na pierwszy rzut oka widać błąd w tych obliczeniach. △ Wykonać (*nie:* oddać) rzut, *lepiej:* rzucić.

rzutek (*nie*: rzutka) *m III, D.* rzutka: Strzelanie do rzutków.

rzutnia *ż I, lm D.* rzutni.

rzutnik *m III; rzad.* projektor.

rzutować *ndk IV,* rzutowaliśmy (p. akcent § 1a i 2), nadużywane w zn. «odbijać się na czymś, oddziaływać, wpływać na coś»: Brak rytmicznej pracy w jednym dziale rzutuje na inne działy produkcji (*lepiej*: ...odbija się na innych działach produkcji).

Rzym *m IV, D.* Rzymu «miasto i starożytne państwo» — rzymianin (p.) — rzymianka (p.) — rzymski.

rzymianin *m V, D.* rzymianina, *lm M.* rzymianie, *D.* rzymian 1. «mieszkaniec Rzymu (miasta)» 2. Rzymianin «obywatel starożytnego państwa rzymskiego»

rzymianka *ż III, lm D.* rzymianek 1. «mieszkanka Rzymu (miasta)» 2. Rzymianka «obywatelka starożytnego państwa rzymskiego»

rzymskokatolicki: Kościół rzymskokatolicki. Wyznanie rzymskokatolickie.

rżany *reg.* «żytni»: Mąka rżana. Chleb rżany.

rżeć (*nie*: rżyć) *ndk VIIb,* rży, rżyj, rżałby, rżałaby (p. akcent § 4c) — **zarżeć** *dk*

rżnąć a. **rznąć** *ndk Va,* rżnął, rznął (wym. rżnoł, żnoł), rżnęliśmy, rznęliśmy (*wym.* rżneliśmy, żneliśmy; p. akcent § 1a i 2) □ R. co «zabijać, krajać»: Rżnąć bydło, drób. Rżnąć drzewo, sieczkę. □ R. co — w czym «wycinać, rzeźbić»: Rżnąć (wzór, rysunek) w drzewie, w metalu. □ (*ndk a. dk*) *posp.* R. kogo — czym — w co «uderzać (uderzyć), bić (zbić), walić»: Rżnąć kogoś (pięścią, batem) w twarz, po twarzy. □ *dk posp.* R. co — o co, czym — w co «rzucić, grzmotnąć»: Rżnął czapkę o ziemię. Rżnąć karabinem w bruk. □ *posp.* R. na czym «grać»: Rżnąć na harmonii. △ *żart.* Orkiestra rżnięta «orkiestra złożona z instrumentów strunowych; orkiestra smyczkowa» △ *posp.* Rżnąć w karty w pokera itp. «grać z zapałem w karty, w pokera»

rżysko *n II;* in. ściernisko.

s. 1. «skrót wyrazów: *strona, stronica*, pisany z kropką, czytany jako cały, odmieniany wyraz, stawiany przed wymienianą liczbą; w *lm*: ss.». Tom XX, s. 5. Dzieło liczy 12 tomów, ss. 1246. **2.** «skrót wyrazu: *siostra*, tytułu używanego w zakonach, pisany z kropką, stawiany zwykle przed imieniem, czytany jako cały, odmieniany wyraz»: S. Maria. △ W *lm*: S. Maria i s. Helena (*nie*: s.s. Maria i Helena), *ale*: ss. (*czyt.* siostry) franciszkanki.

s- 1. «przedrostek nadający charakter dokonany czasownikowi niedokonanemu (np. skreślić, skuć) występujący również w formach wtórnie niedokonanych (np. kropić — skropić — skrapiać), czasem w obocznych formach niedokonanych (np. pływać — spływać); przedrostek s- jest pisany jako s- przed literami odpowiadającymi spółgłoskom bezdźwięcznym, z wyjątkiem: s, sz, ś (si), ć (ci), np.: spustoszyć, sczernieć, stopnieć, schylić, *ale*: zsypać, zszyć, zsinieć, ściągnąć» *Por.* ś-, z-, ze-
2. «część składowa przyimków i przysłówków pisanych łącznie», np.: spod, spomiędzy, sponad, spośród, spoza, sprzed, stamtąd.

SA (*wym.* es-a) *n ndm* «skrót niemieckiej nazwy Oddziałów Szturmowych NSDAP (1921—1945)»: SA stało się paramilitarną organizacją partii hitlerowskiej.

SA, S.A. «skróty wyrażenia: *spółka akcyjna*, czytane jako całe odmieniane wyrażenie»: Był kiedyś przedstawicielem S.A. (SA; *wym.* spółki akcyjnej) „Transport" we Włoszech.

Saara (*wym.* Sara) *ż IV, Ms.* Saarze «rzeka w NRF i we Francji; kraj związkowy w NRF»: Zagłębie Saary.

Sabatier (*wym.* Sabatie) *m IV, D.* Sabatiera (*wym.* Sabatiera; p. akcent § 7), *Ms.* Sabatierze a. (zwykle z odmienianym imieniem lub tytułem) *ndm*: W r. 1912 przyznano Sabatierowi a. Paulowi (*wym.* Polowi) Sabatier nagrodę Nobla.

Sabaudia (*wym.* Sabau-dia, *nie*: Saba-udia) *ż I, DCMs.* Sabaudii «kraina historyczna we Francji (Savoie)» — Sabaudczyk *m III, lm M.* Sabaudczycy — Sabaudka *ż III, lm D.* Sabaudek — sabaudzki (p.).

sabaudzki (*wym.* sabau-dzki): Dynastia sabaudzka (*ale*: Alpy Sabaudzkie).

sabot *m IV, D.* sabota a. sabotu, zwykle w *lm*: Na nogach miała drewniane saboty. Stukot sabotów.

sabotaż *m II, D.* sabotażu, *lm D.* sabotaży a. sabotażów: Próba sabotażu. Organizować sabotaż. Za sabotaż groziła kara śmierci.

Sachalin *m IV, D.* Sachalinu «wyspa u wschodnich wybrzeży Azji»: Mieszkać na Sachalinie. Jechać na Sachalin. — sachaliński (p.).

sachaliński: Tajga sachalińska (*ale*: Zatoka Sachalińska).

Sachsenhausen (*wym.* Zaksenhau-zen) *n ndm* «hitlerowski obóz koncentracyjny, dziś przedmieście Oranienburga (NRD)»: Sachsenhausen obchodziło uroczyście rocznicę wyzwolenia. Był więźniem Sachsenhausen.

Sacramento (*wym.* Sakramento) *n ndm* «miasto w USA, stolica stanu Kalifornia»: Mieszkać w Sacramento. Jechać do Sacramento.

sadło *n III, blm*: Wytapiać sadło. △ *pot.* Porastać, obrastać w sadło «coraz lepiej się urządzać w życiu» △ *pot.* Zalać, *rzad.* nalać komuś sadła za skórę «dokuczyć komuś»

Sadoveanu (*wym.* Sadowjanu) *m ndm*: Utwory powieściowe Sadoveanu.

Sadowa *ż IV, D.* Sadowy (*nie*: Sadowej) «miejscowość w Czechosłowacji»: Bitwa pod Sadową. Mieszkać w Sadowie.

sadowić *ndk VIa*, sadowię, sadów (*nie*: sadowij), sadowiliśmy (p. akcent § 1a i 2) — **usadowić** *dk*: Usadowił ciotkę na kanapie.
sadowić się — usadowić się □ S. się w czym a. na czym: Dzieci z radością sadowiły się w sankach. Kury sadowiły się na grzędzie.

saduceusz *m II, D.* saduceusza, *lm D.* saduceuszy a. saduceuszów «członek starożytnego żydowskiego

sadyzm

stronnictwa religijno-politycznego»: Stronnictwo saduceuszy (saduceuszów).

sadyzm *m IV, D.* sadyzmu, *Ms.* sadyzmie (*wym.* ~yzmie a. ~yźmie), *blm.*

sadza *ż II, lm D.* sadzy, zwykle w *lm*: W kominie zapaliły się sadze. W kuchni czarno od sadzy. Czarny jak sadza. || *KP Pras.*

sadzać *ndk I,* sadzaliśmy (p. akcent § 1a i 2): Z szacunkiem sadzali gościa za stołem. Sadzać kogoś na krześle, w fotelu. Sadzać kurę na jajkach. Sadzać (*częściej:* zasadzać) kogoś do lekcji, do napisania listów.

sadzić *ndk VIa,* sadziliśmy (p. akcent § 1a i 2): w *pot.* zn. «używać wiele czegoś w mowie lub w piśmie» □ S. czym: Sadził co chwila przekleństwami. **sadzić się** «wysilać się na coś, popisywać się czymś» □ S. się na co: Sadził się na dowcipy, komplementy. □ S. się w czym (nad kogo): Sadziły się w strojach jedna nad drugą.

sadzonka *ż III, lm D.* sadzonek **1.** «pęd, część pędu lub korzenia odcięte od rośliny macierzystej i przygotowane do sadzenia; odkład» **2.** «młoda roślina przygotowana do wysadzania w gruncie lub w inspektach; flanca»

sadź a. **szadź** *ż V,* zwykle *blm* «biały osad lodowy powstały z przechłodzonej mgły; szron»: Sadź okryła drzewa i płoty.

safanduła *m* a. *ż* odm. jak *ż IV, M.* ten a. ta safanduła (także o mężczyznach) *lm M.* te safanduły, *D.* safandułów (tylko o mężczyznach) a. safanduł, *B.* tych safandułów (tylko o mężczyznach) a. te safanduły: Był safandułą bez woli i charakteru.

Šafařík (*wym.* Szafarzik) *m III, D.* Šafaříka (p. akcent § 7): Dzieła filologiczne Šafaříka.

safes p. sejf.

saficki, *rzad.* **saficzny**: Strofa, zwrotka saficka. Wiersz saficki.

Safo a. **Safona** *ż IV, D.* Safony: Pieśni Safony.

sagan *m IV, D.* sagana (*nie:* saganu) **1.** «duże naczynie kuchenne» **2.** *reg.* «imbryk» || *D Kult. I, 401.*

Sahara *ż IV* (w połączeniu z wyrazem: pustynia — *ndm*) «pustynia w Afryce»: Mieszkać na Saharze (na pustyni Sahara). — Saharyjczyk *m III, lm M.* Saharyjczycy — Saharyjka *ż III, lm D.* Saharyjek — saharyjski (*nie:* saharski).

Sainte-Beuve (*wym.* Sęt-Bew) *m IV, D.* Sainte-Beuve'a (*wym.* Sęt-Bewa), *Ms.* Sainte-Beuvie a. (z imieniem lub tytułem) *ndm*: Prace krytyczne i literackie Sainte-Beuve'a a. Karola Sainte-Beuve.

Saint-Exupéry (*wym.* Sęt-Egzüperi) *m,* Saint *ndm,* Exupéry odm. jak przym., *D.* Exupéry'ego (*wym.* Egzüperiego; p. akcent § 7), *NMs.* Exupérym a. (zwykle z odmienianym imieniem) *ndm*: Twórczość Saint-Exupéry'ego (Antoniego Saint-Exupéry).

Saint-Simon (*wym.* Sę-S-imą) *m IV, D.* Saint-Simona (*wym.* Sę-S-imona; p. akcent § 7): Koncepcje społeczne Saint-Simona.

saintsimonista (*wym.* sęs-imonista) *m* odm. jak *ż IV, lm M.* saintsimoniści, *DB.* saintsimonistów.

saintsimonizm (*wym.* sęs-imonizm) *m IV, D.* saintsimonizmu, *Ms.* saintsimonizmie (*wym.* ~izmie a. ~iźmie), *blm.*

Sajan *m IV, D.* Sajanu **1.** «część Sajanów — łańcucha gór w ZSRR»: Sajan Zachodni, Wschodni. **2.** tylko w *lm* Sajany, *D.* Sajanów (*nie:* Sajan) «łańcuch górski w ZSRR» — sajański.

Sajgon *m IV, D.* Sajgonu «stolica Wietnamu Płd.» — sajgończyk *m III, lm M.* sajgończycy — sajgonka *ż III, lm D.* sajgonek — sajgoński.

sak *m III, D.* saka a. saku, w zn. «sieć na ryby; torba, worek podróżny»

sake *n ndm* «japońska wódka ryżowa»: Wypił kieliszek sake.

sakrament *m IV, D.* sakramentu, *lm M.* sakramenty (*nie:* sakramenta): Sakrament chrztu, małżeństwa, pokuty. Ksiądz przyszedł z sakramentami do chorego. Udzielić komuś sakramentu (sakramentów). Umarł opatrzony sakramentami.

saksofon *m IV, D.* saksofonu.

Saksonia (*wym.* Saksońja) *ż I, DCMs.* Saksonii «kraina w NRD» — Saksończyk *m III, lm M.* Saksończycy — Saksonka *ż III, lm D.* Saksonek — saksoński.

saksy *blp, D.* saksów, zwykle w *pot.* wyrażeniu: Chodzić, jeździć na saksy «w okresie do II wojny światowej: wyjeżdżać na roboty sezonowe do Niemiec»

sakwa *ż IV, lm D.* sakw (*nie:* sakiew).

sakwojaż *m II, D.* sakwojażu a. sakwojaża, *lm D.* sakwojaży a. sakwojażów *przestarz.* «torba podróżna, walizka»

sala *ż I*: Sala jadalna, konferencyjna, lustrzana. Sala obrad. △ W sali «w całym pomieszczeniu lub jakimś jego określonym miejscu»: W sali było zupełnie ciemno. △ Na sali «w różnych miejscach, w jakimś miejscu sali»: Trudno go znaleźć w tym tłumie, ale wiem, że jest gdzieś na sali. △ *przen.* «ludzie zebrani w sali»: Sala trwała w milczeniu.

salamandra *ż IV, lm D.* salamander; in. jaszczur (w zn. 2).

Salamanka *ż III* «miasto w Hiszpanii»

salami *n ndm*: Kupił kilogram salami.

! Salamon p. Salomon.

salceson *m IV, D.* salcesonu.

saldo *n III, D.* salda: Saldo dodatnie, ujemne. Sprawdzić, wyprowadzić saldo.

salezjanin (*nie:* salezjan) *m V, D.* salezjanina, *lm M.* salezjanie (*nie:* salezjani), *lm D.* salezjanów (*nie:* salezjan): Zakon salezjanów.

I Salisbury (*wym.* Solzbery) *m* odm. jak przym., *D.* Salisbury'ego (*wym.* Solzberego; p. akcent § 7), *NMs.* Salisburym a. (zwykle w połączeniu z odmienianym tytułem lub imieniem) *ndm*: Polityka Salisbury'ego (premiera Salisbury).

II Salisbury (*wym.* Solzbery) *n ndm* «miasta w W. Brytanii i w Rodezji»: Katedra w Salisbury. Jechać do Salisbury.

670

Salomea *ż I, D.* Salomei, *B.* Salomeę, *W.* Salomeo — Salusia *ż I, W.* Salusiu.

Salomon (*nie:* Salamon) *m IV:* Sąd Salomona. △ Wyspy Salomona.

Salomonowy 1. «będący własnością Salomona, bezpośrednio z nim związany»: Wojsko Salomonowe. **2.** salomonowy «odznaczający się rozwagą i sprawiedliwością»: Wyrok, sąd salomonowy.

salonicki: Zabytki salonickie (*ale:* Zatoka Salonicka).

salonik *m III, D.* saloniku (*nie:* salonika): Drzwi prowadziły do staroświeckiego saloniku.

Saloniki *blp, D.* Salonik «miasto w Grecji» — salonicki (p.) || *U Pol.* (2), 581.

salonowiec *m II, D.* salonowca **1.** *lm M.* salonowcy *przestarz.* «człowiek o eleganckich manierach, wyrobiony towarzysko» **2.** *lm M.* salonowce *posp., żart.* «rodzaj zabawy»

salowa *ż* odm. jak przym., *W.* salowa: Pani salowa! (*nie:* Pani salowo!)

salto *n III* a. *ndm:* Nie umiał wykonać tego trudnego salta a. salto.

Salustiusz *m II:* Dzieła historyczne Salustiusza.

salutować *ndk IV,* salutowaliśmy (p. akcent § 1a i 2) — **zasalutować** *dk* □ *S.* komu, *rzad.* kogo: Porucznik salutuje kapitanowi (*rzad.* kapitana) □ *S.* czym: Salutować szablą, banderą. || *D Kult. I*, 451.

Salvador *m IV, D.* Salvaduru «miasto w Brazylii»: Mieszkać w Salvadorze. — salvadorski.

Salwador *m IV, D.* Salwaduru «republika w Ameryce Środkowej» — Salwadorczyk *m III, lm M.* Salwadorczycy — Salwadorka *ż III, lm D.* Salwadorek — salwadorski.

Salwator *m IV, D.* Salwatora a. (z wyrazem: wzgórze) *ndm* «wzgórze w Krakowie»: Mieszkać na Salwatorze (na wzgórzu Salwator).

salwować *ndk* a. *dk IV,* salwowaliśmy (p. akcent § 1a i 2) *daw.,* dziś *żart.* «ratować, uratować, ocalić» **salwować się** □ *S.* się czym (z czego): Z opałów salwował się ucieczką. || *KP Pras.*

salzburczyk (*wym.* zalcburczyk) *m III, lm M.* salzburczycy **1.** «mieszkaniec Salzburga — miasta» **2.** Salzburczyk «mieszkaniec Salzburga — kraju»

Salzburg (*wym.* Zalcburg) *m III, D.* Salzburga «miasto i kraj związkowy w Austrii» — salzburczyk (p.) — salzburka (p.) — salzburski (p.).

salzburka (*wym.* zalcburka) *ż III, lm D.* salzburek **1.** «mieszkanka Salzburga — miasta» **2.** Salzburka «mieszkanka Salzburga — kraju»

salzburski (*wym.* zalcburski): Sól salzburska (*ale:* Alpy Salzburskie).

Sałtykow-Szczedrin (*wym.* Sałtykow-Szczedrin) *m IV, D.* Sałtykowa-Szczedrina (p. akcent § 7): Monografia o Sałtykowie-Szczedrinie.

I sam, sama, samo (*nie:* same) odm. jak przym., *lm M. m-os.* sami, *ż-rzecz.* same **1.** «zaimek wskazujący na to, że dana osoba lub rzecz występuje, działa we własnej osobie, samodzielnie, bez niczyjej pomo-

cy» △ W zdaniu określa podmiot jako wyłącznego wykonawcę czynności oznaczonej przez orzeczenie (czasem z odcieniem *przen.* a. *żart.*): Sam to zrobiłem. Sam się zdecydowałeś, czy namówili cię do tego? Dziecko samo (*nie:* same) odrobiło lekcje. Kto rozbił talerz? — Sam się rozbił. Włosy mu się same kręcą. △ Przysłowia: Kazał pan, musiał sam. Kto pod kim dołki kopie, sam w nie wpada. Przyganiał kocioł garnkowi, a sam smoli. Pieczone gołąbki nie lecą same do gąbki.

2. «zaimek wskazujący na to, że dana osoba działa, pozostaje samotna, bez innych osób, bez towarzystwa, że dana rzecz jest oddzielona od innych przedmiotów; samotny, odosobniony» △ W zdaniu występuje w funkcji przydawki: Niedługo zostaniesz sama na świecie. Nieszczęście samo nigdy nie przychodzi, zawsze w parze. Zostaw mnie samego (*nie:* samym). △ W zdaniach bezpodmiotowych i w podrzędnych zdaniach celowych używana jest forma celownika *samemu,* np.: Niedobrze jest żyć człowiekowi samemu. Porzucał go, aby samemu włóczyć się po ulicach. W innych zdaniach forma ta jest błędna, np. Zrobił to samemu (*zamiast:* zrobił to sam). △ Sam jeden «wyrażenie o odcieniu wzmacniającym»: Sam jeden pozostał na sali.

3. «wyraz mający funkcję podkreślającą»: **a)** «występuje w funkcji przymiotnika, wskazuje, uściśla, uwydatnia relacje przestrzenne, czasowe»: Sukienki teraz do samej ziemi. Coś leży na samym wierzchu. Pracował do samego zachodu. △ *przen.* Roboty mają po same łokcie. △ *pot.* W sam raz «akurat» △ W samej rzeczy, *lepiej:* rzeczywiście, istotnie. **b)** «wyraz podkreślający, że coś występuje bez dodatków, że nic innego temu nie towarzyszy»: Zapłacił samym bilonem. Podał same tylko fakty. Spotykają ich same niepowodzenia. Jest samym zdrowiem, pięknem. **c)** «wyraz podkreślający, że coś stanowi wystarczającą przyczynę, rację czegoś»: Zżymał się na samo to przypuszczenie. Zachwycał go sam widok potraw. Sam charakter pracy wymaga ode mnie drobiazgowości. **d)** «wyraz podkreślający szczególną ważność kogoś, czegoś»: Sam generał do nas przemawiał. Nawet oficerowie sami kopali rowy. **e)** «występuje jako cząstka wzmacniająca podmiot, znacząca: nawet, i nawet»: Nie umieli sobie poradzić — ja sam tego nie umiałem zrobić. △ Występuje w połączeniu z formami: *siebie, sobie, się,* wzmacnia odniesienie się czegoś do podmiotu zdania, np.: Sam sobie (samemu sobie) wszystko zawdzięczam (zawdzięczasz, zawdzięcza). Sama sobie (samej sobie) przeczysz. Byli cieniem samych siebie. △ Przysłowie: Kto późno przychodzi, sam sobie szkodzi. △ Z innymi zaimkami: Chciała, żeby ją podziwiano dla niej samej. △ Sam z siebie «o kimś, kto coś robi z własnej, osobistej inicjatywy»: Sam z siebie to powiedział. △ Sam w sobie (*nie:* sam dla siebie) «wyrażenie podkreślające coś»: Jest to położenie samo w sobie upokarzające. △ Sam przez się (*nie:* siebie) **a)** «o czymś, co się dzieje spontanicznie bez widocznych przyczyn, powiązań»: Wymówka nastręczyła się sama przez się. **b)** «o przyczynie wystarczającej w stosunku do czegoś, co ją wzmaga, uzupełnia»: Brzegi strome, już same przez się niedostępne, uzbrojone były zasiekami. △ Sam (sama, samo) za siebie mówi «nie wymaga objaśnienia» △ Zostawić kogoś samemu sobie «zostawić kogoś bez pomocy».

△ Występuje w połączeniu z zaimkami: *ten, taki,* tworzy z nimi wyrażenia oznaczające tożsamość, identyczność; właśnie ten, taki, akurat ten, taki»:

II sam

W tym sam ym dniu się urodziliśmy. Chodziły w takich samych sukienkach. Oboje w tym samym wieku. Co dzień ta sama śpiewka. △ Jeden i ten sam, *książk.* tenże sam, takiż sam «wzmocnione: ten sam, taki sam» △ Tak samo (*nie*: także samo), tyle samo. **sam na sam a)** w użyciu przysłówkowym «bez świadków, w cztery oczy»: Rozmowa sam na sam. Był sam na sam z przyjacielem. Zamknęli się sam na sam. **b)** w użyciu rzeczownikowym, *n ndm* «przebywanie z sobą dwóch osób, zwykle odmiennej płci, bez świadków na osobności; schadzka dwóch osób»: Urocze, rozkoszne sam na sam. To było ich ostatnie sam na sam. *D Kult. I, 178; U Pol. (2), 414.*

II sam *m IV pot.* **a)** *D.* samu «sklep samoobsługowy» **b)** *D.* sama «pojazd mechaniczny własnej konstrukcji»

Samara *ż IV* «rzeka w ZSRR i dawna nazwa Kujbyszewa» — samarski.

Samaria *ż I, DCMs.* Samarii «starożytne miasto, później prowincja na Bliskim Wschodzie» — Samarytanin (p.) — Samarytanka (p.) — samarytański (p.).

Samarkanda *ż IV* «miasto w ZSRR» — samarkandzki.

Samarytanin *m V, D.* Samarytanina, *lm M.* Samarytanie, *D.* Samarytan (*nie*: Samarytanów) **1.** «mieszkaniec Samarii» **2.** samarytanin *książk.* «człowiek litościwy, pielęgnujący chorych»

Samarytanka *ż III, lm D.* Samarytanek **1.** «mieszkanka Samarii» **2.** samarytanka *książk.* «kobieta litościwa, pielęgnująca chorych»

samarytański 1. przym. od Samarytanin. **2.** *książk.* «miłosierny»: Samarytańskie uczynki.

Sambia *ż I, DCMs.* Sambii «półwysep na Morzu Bałtyckim» — sambijski.

samiec *m II, D.* samca, *lm D.* samców (*nie*: samcy) **1.** *lm M.* te samce «zwierzę płci męskiej»: Samce podczas rui walczą o samicę. **2.** *lm M.* samcy a. (z silniejszym zabarwieniem ekspresywnym) samce «pogardliwie, niechętnie o mężczyźnie, zwłaszcza lubieżnym, namiętnym»

samo- «pierwszy człon wyrazów złożonych oznaczający: sam, własny»: **a)** «wskazujący w przymiotnikach i rzeczownikach na wykonywanie albo na funkcjonowanie czegoś bez czyjejś, jakiejś pomocy», np. samoczynny, samowyzwalacz, samozapłon. **b)** «określający kierunek czyjegoś oddziaływania na samego siebie», np. samokrytyka.

Samoa *n ndm* «archipelag wysp» — Samoańczyk *m III, lm M.* Samoańczycy — Samoanka *ż III, lm D.* Samoanek — samoański.

samobij *m I, lm D.* samobijów △ tylko w wyrażeniu: Kij samobij «w bajkach: czarodziejski kij, który sam bije na rozkaz właściciela»

samochodziarz *m II, lm D.* samochodziarzy *pot.* «ktoś uprawiający sport samochodowy, lubiący mieć do czynienia z samochodami»

samochód *m IV, D.* samochodu: Jechać samochodem (*nie*: na samochodzie, w samochodzie), *ale*: Siedzieć w samochodzie. Wpaść, dostać się pod koła

samochodu a. pod samochód. *// D Kult. II, 249; KP Pras.*

samochwalca *m odm.* jak *ż II, lm M.* samochwalcy, *DB.* samochwalców; a. **samochwał** *m IV, lm M.* te samochwały (używane zwykle w odniesieniu do mężczyzn).

samochwała *ż* a. *m odm.* jak *ż IV, M.* ten a. ta samochwała (także o mężczyznach), *lm M.* te samochwały, *D.* samochwałów (tylko o mężczyznach) a. samochwał, *B.* tych samochwałów (tylko o mężczyznach) a. te samochwały.

samodzielność *ż V, blm*: Samodzielność umysłowa, życiowa jednostki. Samodzielność gospodarcza instytucji. □ S. czego, w czym: Odznaczać się samodzielnością myśli, decyzji, sądu. Wykazywać samodzielność w myśleniu, w pracy, w dysponowaniu czymś.

samodzierżca *m odm.* jak *ż II, lm M.* samodzierżcy, *DB.* samodzierżców *przestarz., książk.* «monarcha absolutny (zwykle o carze)»

*samogłoski nosowe (wymowa) p. ą

samogon *m IV, D.* samogonu; *rzad.* **samogonka** *ż III, lm D.* samogonek.

samograj *m I, lm D.* samograjów (*nie*: samograi).

samogwałt *m IV, D.* samogwałtu, *blm*; *in.* onanizm.

samoistny 1. «istniejący a. powstały niezależnie od czegokolwiek, sam przez się; tworzący odrębną całość»: Samoistne ruchy, prądy. Samoistne zasiewanie się. Samoistny utwór muzyczny. **2.** *m-os.* samoistni *przestarz.* «samodzielny, niezawisły», żywe w wyrażeniu: Talent samoistny.

Samojeda *m odm.* jak *ż IV, lm M.* Samojedzi, *DB.* Samojedów «dawna nazwa Nieńca» — Samojedka *ż III, lm D.* Samojedek — samojedzki.

samokrytycyzm *m IV, D.* samokrytycyzmu, *Ms.* samokrytycyzmie (*wym.* ~zmie a. ~yźmie), *blm*; *in.* autokrytycyzm.

samokrytyka (*wym.* samokrytyka, *nie*: samokrytyka, p. akcent § 1c) *ż III, blm*: Surowa, szczera samokrytyka. Poddać się samokrytyce.

samolot *m IV, D.* samolotu: Podróżować, latać (*nie*: jeździć) samolotem (*nie*: na samolocie, w samolocie), *ale*: Znajdować się, siedzieć w samolocie (*nie*: na samolocie). *// KP Pras.*

samolub *m IV, lm M.* te samoluby, *rzad.* ci samolubi.

samoobsługowy △ Sklep, bar samoobsługowy «sklep, bar, w którym klienci sami wybierają z półek potrzebne towary, odbierają zamówione dania; *pot.* (zwykle o sklepie): sam»

samookreślenie *n I, blm*; *in.* samostanowienie.

samorządowy *m-os.* samorządowi; *rzad.* **samorządny** «należący do samorządu, związany z samorządem, mający samorząd»: Pracownicy samorządowi. Samorządowa gmina. △ W zn. «niezależny» — tylko: samorządny, np. Republika samorządna (*nie*: samorządowa).

Samos *n ndm* «wyspa na Morzu Egejskim»: Mieszkać na Samos (na wyspie Samos). Ludność Samos. Samos od dawna produkowało znane wino.

Samosierra p. Somosierra.

samostanowienie *n I, blm* «prawo narodu do stanowienia o swoim losie politycznym; samookreślenie»

samotnie *st. w.* samotniej «bez towarzystwa, w samotności, pojedynczo; stoi zawsze przy czasowniku wyrażającym czynność tego, kto (co) jest samotny (samotne)»: Siedział samotnie. Samotnie błyszczało w nocy światełko. Po jej wyjeździe czuł się jeszcze samotniej. △ *niepoprawne* Odchodzi, pozostawiając ojca samotnie (*zamiast*: samego).

Samotraka *ż III* «wyspa grecka na Morzu Egejskim»: Malownicza Samotraka. Słynny posąg Nike z Samotraki. Mieszkać na Samotrace.

samouk (*wym.* samo-uk) *m III, lm M.* ci samoucy a. te samouki.

samowar *m IV, D.* samowara a. samowaru. || *KJP* 163.

samowładca *m odm. jak ż II, lm M.* samowładcy, *DB.* samowładców *przestarz., książk.* «despota»

samowola *ż I, blm*: Dopuszczać się samowoli, aktów samowoli.

samowolny *m-os.* samowolni «kierujący się tylko swoją wolą, nie liczący się z prawem, przepisami»: Samowolna decyzja zwierzchnika. Samowolny wybryk dziecka. △ *niepoprawne* w zn. «zależny od własnej woli, dokonany bez przymusu; dobrowolny»: np. Samowolny (*zamiast*: dobrowolny) wybór.

samowyzwalacz *m II, lm D.* samowyzwalaczy a. samowyzwalaczów.

samozaparcie a. **samozaparcie się** *n I, blm.*

samozatrucie a. **samozatrucie się** *n I, blm.*

samozwaniec *m II, D.* samozwańca, *W.* samozwańcze, forma szerząca się: samozwańcu, *lm M.* samozwańcy, *D.* samozwańców: Nikt mu władzy nie dawał, był samozwańcem. △ Dużą literą w połączeniu: Dymitr Samozwaniec.

Samuel (*wym.* Samu-el) *m I, D.* Samuela (p. akcent § 7).

samum *m IV, D.* samumu.

samuraj *m I, lm M.* samurajowie a. samuraje, *D.* samurajów.

I San *m IV, D.* Sanu «rzeka»

II San *m IV, D.* Sana 1. *blm* «marka samochodu» 2. san «samochód tej marki»: Jechać sanem.

sanator *m IV, lm M.* sanatorzy «zwolennik, przedstawiciel sanacji — obozu politycznego w Polsce (1926—1939)»

sanatorium (*nie*: senatorium) *n VI, lm M.* sanatoria, *D.* sanatoriów (*nie*: sanatorii).

Sancho Pansa (*wym.* Sanczo Pansa) Sancho *m ndm*, Pansa *m odm. jak ż IV*: Giermek Sancho Pansa to uosobienie zdrowego rozsądku. Dyskusje z Sancho Pansą.

Sand (*wym.* Sãd) *ż ndm*: Twórczość pisarki francuskiej George (*wym.* Żorż) Sand.

sandacz *m II, lm D.* sandaczy a. sandaczów.

sandomierski: Ratusz sandomierski (*ale*: Wyżyna Sandomierska).

Sandomierskie *n odm. jak przym., NMs.* Sandomierskiem; a. **Sandomierszczyzna** *ż IV, CMs.* Sandomierszczyźnie: Mieszkać w Sandomierskiem (w Sandomierszczyźnie).

Sandomierz *m II* — sandomierzanin (p.) — sandomierzanka (p.) — sandomierski (p.) || *KP Pras.*

sandomierzanin *m V, D.* sandomierzanina, *lm M.* sandomierzanie, *D.* sandomierzan. 1. «mieszkaniec Sandomierza» 2. Sandomierzanin «mieszkaniec Sandomierszczyzny»

sandomierzanka *ż III, lm D.* sandomierzanek 1. «mieszkanka Sandomierza» 2. Sandomierzanka «mieszkanka Sandomierszczyzny»

sandwicz *m II, lm D.* sandwiczy a. sandwiczów; *częściej*: kanapka.

saneczkarz *m II, lm D.* saneczkarzy.

Sanguszko *m odm. jak ż III, lm M.* Sanguszkowie, *DB.* Sanguszków.
Sanguszko *ż ndm* — Sanguszkowa *ż odm. jak przym.* — Sanguszkówna *ż IV, D.* Sanguszkówny, *CMs.* Sanguszkównie (*nie*: Sanguszkównej), *lm D.* Sanguszkówien (*nie*: Sanguszkównych).

sanhedryn (*nie*: sanhendryn) *m IV, D.* sanhedrynu.

sanie *blp, D.* sań a. sani, *N.* saniami a. sańmi: Przyjechało czworo (*nie*: cztery) sań. Dwojgiem sań (*nie*: dwoma saniami) odjechali goście. Jechać saniami (w saniach). Przewozić, wieźć coś na saniach. Wsiąść do sań, na sanie, w sanie. || *D Kult. I, 246; II, 466; GPK Por. 172, 174.*

sanitaria *blp., D.* sanitariów (*nie*: sanitarii).

sanitariusz *m II, lm D.* sanitariuszy a. sanitariuszów.

sanitarny «służący zachowaniu zdrowia; odnoszący się do służby zdrowia»: Służba, stacja sanitarna. △ W złożeniach pisane z łącznikiem lub bez niego, np.: sanitarno-epidemiologiczny «sanitarny i epidemiologiczny» △ sanitarnohigieniczny «dotyczący higieny sanitarnej» || *D Kult. I, 145.*

sankcja *ż I, DCMs.* i *lm D.* sankcji 1. «aprobata, usankcjonowanie»: Sankcja społeczna. Udzielić czemuś sankcji. Projekt uzyskał sankcję senatu. 2. «środek przymusu, kara»: Sankcja dyscyplinarna, gospodarcza, militarna. Grozić komuś sankcjami karnymi. Podlegać sankcjom. Zastosować sankcje.

sankiulota (*nie*: sankilota) *m odm. jak ż IV, lm M.* sankiuloci, *DB.* sankiulotów; *przestarz.* **sankiulot** *m IV.*

San Marino *n ndm* «republika i stolica tej republiki»: Mieszkać w San Marino.

Sanok *m III, D.* Sanoka — sanoczanin *m V, D.* sanoczanina, *lm M.* sanoczanie, *D.* sanoczan — sanoczanka *ż III, lm D.* sanoczanek — sanocki.

Sans-Souci (*wym.* Sã-Sus-i) *n ndm* «pałac w Poczdamie»

Santiago *ndm* **1.** *n* «miasto (w Chile, Dominikanie, na Kubie)»: Mieszkać w Santiago. Przybyć do historycznego Santiago. **2.** *ż* «rzeka w Meksyku»: Santiago jest nieżeglowna.

sapać *ndk IX*, sapię (*nie*: sapę), sapie, sap, sapaliśmy (p. akcent § 1a i 2) — **sapnąć** *dk Va*, sapnie, sapnął (*wym.* sapnoł), sapnęła (*wym.* sapneła; *nie*: sapła), sapnęliśmy (*wym.* sapneliśmy; *nie*: sapliśmy).

Sapieha *m* odm. jak *ż III*, *CMs.* Sapieże a. Sapiesze, *lm M.* Sapiehowie, *DB.* Sapiehów.
Sapieha *ż III, rzad.* (z imieniem lub tytułem) *ndm* — Sapieżyna *ż IV, D.* Sapieżyny, *CMs.* Sapieżynie (*nie*: Sapieżynej), *B.* Sapieżynę (*nie*: Sapieżyną); *rzad.* Sapiehowa *ż* odm. jak przym. — Sapieżanka (p.); *rzad.* Sapiehówna *ż IV, D.* Sapiehówny, *CMs.* Sapiehównie (*nie*: Sapiehównej), *lm D.* Sapiehówien (*nie*: Sapiehównych) — sapieżyński. || *U Pol. (2), 550.*

Sapieżanka *ż III, lm D.* Sapieżanek **1.** «córka Sapiehy»
2. sapieżanka «odmiana gruszy i owoc tego drzewa»

sapnąć p. sapać.

Saracen *m IV, lm M.* Saraceni, zwykle w *lm* — saraceński.

saradela p. seradela.

Saragossa *ż IV, CMs.* Saragossie (*wym.* Saragossie) «miasto i okręg administracyjny w Hiszpanii» — saragoski.

! **saraj** p. seraj.

Sarajewo (*nie*: Serajewo) *n III* «miasto w Jugosławii» — sarajewski.

Saratow *m IV, D.* Saratowa «miasto w ZSRR» — saratowski.

sardela *ż I, lm D.* sardeli «ryba z rodziny śledziowatych» △ *niepoprawne zamiast*: seradela.

Sardynia (*wym.* Sardyńja) *ż I, DCMs.* Sardynii «wyspa na morzu Śródziemnym» — Sardyńczyk *m III, lm M.* Sardyńczycy — Sardynka (p.), *lepiej*: Sardynianka *ż III, lm D.* Sardynianek — sardyński.

Sardynka *ż III, lm D.* Sardynek **1.** «mieszkanka Sardynii»
2. sardynka «ryba z rodziny śledziowatych»: Puszka sardynek.

sari *n ndm*: Kobieta w barwnym sari.

sarkazm *m IV, D.* sarkazmu, *Ms.* sarkazmie (*wym.* ~azmie a. ~aźmie), *blm*: Sarkazm czyichś słów. Uwaga pełna sarkazmu. Mówić z sarkazmem.

sarkofag *m III, D.* sarkofagu: Sarkofag z białego marmuru.

Sarmacja *ż I, DCMs.* Sarmacji **1.** *książk.* «dawna Polska» **2.** *hist.* «tereny zamieszkałe przez starożytne plemiona irańskie — Sarmatów» — Sarmata *m* odm. jak *ż IV, lm M.* Sarmaci, *DB.* Sarmatów — Sarmatka *ż III, lm D.* Sarmatek — sarmacki.

sarmatyzm *m IV, D.* sarmatyzmu, *Ms.* sarmatyzmie (*wym.* ~yzmie a. ~yźmie), zwykle *blm* «styl życia, ideologia i obyczaje szlachty polskiej XVII i XVIII wieku»

sarna *ż IV, lm D.* sarn a. saren.

Sarna *m* odm. jak *ż IV, lm M.* Sarnowie, *DB.* Sarnów.
Sarna *ż IV* — Sarnowa *ż* odm. jak przym. — Sarnówna *ż IV, D.* Sarnówny, *CMs.* Sarnównie (*nie*: Sarnównej), *lm D.* Sarnówien; a. Sarnianka *ż III, lm D.* Sarnianek. || *D Myśli 83.*

SARP (*wym.* sarp) *m IV, D.* SARP-u, *rzad. ndm* «Stowarzyszenie Architektów Rzeczypospolitej Polskiej»: Architekci zrzeszeni w SARP-ie (w SARP). SARP ogłosił (ogłosiło) konkurs na projekt pomnika. — SARP-owski a. sarpowski.

Sartre (*wym.* Sartr) *m IV, D.* Sartre'a (*wym.* Sartra), *Ms.* Sartrze: Egzystencjalizm Sartre'a.

Sas *m IV, lm M.* Sasi a. Sasowie — saski (p).

Sasanida *m* odm. jak *ż IV*, zwykle w *lm*, *M.* Sasanidzi, *DB.* Sasanidów «członek dynastii perskiej»

sasanka *ż III, lm D.* sasanek; *rzad.* **sasanek** *m III, D.* sasanka, *lm D.* sasanków.

saski: Czasy saskie. △ W nazwach dużą literą: Saska Kępa «dzielnica Warszawy» △ Ogród Saski «park w Warszawie»

satelicki przym. od satelita: Kraje satelickie. *Por.* satelitarny, satelitowy.

satelita (*wym.* satelita) *m* odm. jak *ż IV, lm D.* satelitów **1.** *lm M.* satelity «mniejsze ciało niebieskie krążące wokół większego» **2.** *lm M.* satelity «jeden z elementów w zespole napędowym samochodu» **3.** *lm M.* satelici *przen.* «nieodstępny towarzysz» || *D Kult I, 737; KP Pras; U Pol. (2), 208.*

satelitarny «dotyczący satelity w zn. 1 (zwykle sztucznego)»: System satelitarny. *Por.* satelicki, satelitowy.

satelitowy przym. od satelita (zwykle w zn. 2): Przekładnia satelitowa. *Por.* satelicki, satelitarny.

satrapa *m* odm. jak *ż IV, lm M.* ci satrapowie a. (z silniejszym zabarwieniem ekspresywnym) te satrapy, *DB.* satrapów.

saturnalia a. **saturnalie** *blp, D.* saturnaliów a. saturnalii: Lud rzymski obchodził święto saturnaliów (saturnalii).

saturowany *niepoprawne zamiast*: nasycony. || *KP Pras.*

satyr *m IV, lm M.* te satyry a. ci satyrowie.

satyra (*wym.* satyra, *nie*: satyra) *ż IV*: Cięta, ostra, zjadliwa satyra. Bicz, ostrze, żądło satyry. □ S. na kogo, na co, przeciw komu, czemu: Satyra na drobnomieszczaństwo, na wady narodowe. Wystąpić z satyrą przeciw komuś a. na kogoś, na coś.

satysfakcja (*nie*: sadysfakcja) *ż I, DCMs.* satysfakcji, zwykle *blm* **1.** w zn. «zadośćuczynienie, wynagrodzenie krzywdy; *przestarz.* (w węższym znaczeniu»: pojedynek»: Honorowa, moralna, całkowita satysfakcja. Szukać, domagać się, (za)żądać satysfakcji. Otrzymać sytysfakcję. △ Dać komuś satysfakcję, udzielić komuś satysfakcji (z bronią w ręku) «stanąć do pojedynku» **2.** *wych. z użycia* w zn. «przyjemność, zadowolenie»: Odczuwać, sprawiać satysfakcję. Robić coś (np. oglądać, stwierdzać coś) z satysfakcją. // *KP Pras.*

sauna (*wym.* sau-na) *ż IV* «rodzaj łaźni z kąpielą suchą i parową»: Fińska sauna.

Saussure, de (*wym.* de Sos-ür) *m IV, D.* de Saussure'a (*wym.* de Sos-üra, p. akcent § 7), *Ms.* de Saussurze (*wym.* de Sos-ürze): Prace językoznawcze de Saussure'a.

savoir-vivre (*wym.* sawuar wiwr) *m IV, D.* savoir-vivru a. *ndm*: Przepisy savoir-vivru a. savoir-vivre.

sawanna (*nie*: sawana) *ż IV, CMs.* sawannie, *lm D.* sawann (*nie*: sawannów).

są trzecia os. *lm* od czas. być: Jest (*nie*: są) cztery minuty po pierwszej. // *D Kult. I, 246.*

Sącz *m II, D.* Sącza, p. Nowy Sącz, Stary Sącz — sądeczanin (p.) — sądeczanka (p.) — sądecki (p.).

sączek (*nie*: ta sączka) *m III, D.* sączka 1. «krążek lub płytka filtracyjna» 2. in. dren: Założyć, wyjąć sączek, sączki.

sąd *m IV, D.* sądu 1. «opinia o czymś, mniemanie, pogląd»: Apodyktyczny, bezstronny, sprawiedliwy sąd. □ S. czyj a. czego: Sąd potomności. □ S. o kim, o czym: Sąd o bliźnich, o literaturze, o wypadkach. 2. «kolegium sądzące; rozprawa sądowa; miejsce, gdzie odbywają się sądy»: Sąd apelacyjny, kasacyjny. Sąd powiatowy, wojewódzki. □ S. nad kim: Sąd nad zdrajcą. △ Sąd salomonowy a. Salomona «wyrok odznaczający się mądrością i sprawiedliwością» △ Apelacja do sądu. △ Bronić kogoś, czegoś, zeznawać przed sądem a. w sądzie. △ *pot.* Ciągać się, włóczyć się, ciągać kogoś po sądach. Iść pod sąd. Sprawa idzie do sądu. Sprawa toczy się przed sądem a. w sądzie. Oddać, skierować sprawę do sądu. Zaskarżyć kogoś do sądu. Oskarżyć kogoś przed sądem. Odpowiadać, stać, stawać, stawić się przed sądem.

Sądecczyzna (*nie*: Sądeczyzna) *ż IV* «ziemia sądecka, region sądecki»: Mieszkać na a. w Sądecczyźnie.

sądecki: Stroje sądeckie (*ale*: Kotlina Sądecka). // *D Kult. I, 578; U Pol. (2), 558.*

sądeczanin (*nie*: sądecczanin) *m V, D.* sądeczanina, *lm M.* sądeczanie, *D.* sądeczan 1. «starosądeczanin a. nowosądeczanin» 2. Sądeczanin «mieszkaniec Sądecczyzny»

sądeczanka (*nie*: sądecczanka) *ż III, lm D.* sądeczanek 1. «starosądeczanka a. nowosądeczanka» 2. Sądeczanka «mieszkanka Sądecczyzny»

sądny *daw.*, dziś żywe tylko w *pot.* wyrażeniu: sądny dzień «zamieszanie, rozgardiasz, awantura»; *ale* (w nazwie dużą literą): Sądny Dzień «święto żydowskie»

sądzić *ndk VIa*, sądzę, sądź, sądziliśmy (p. akcent § 1a i 2) 1. «prowadzić rozprawę sądową»: Sądzić sprawiedliwie, zaocznie. □ S. kogo o co a. za co: Sądzić kogo o kradzież. Sądzić kogoś za zabójstwo. 2. «przypuszczać, mniemać» △ Sądzić, że..., nie sądzić, że..., by..., aby...: Sądzę, że masz rację. Nie

sądził, że może zrobić karierę (a. by mógł zrobić karierę). 3. «wydawać sąd o kimś, o czymś» □ S. co o kim, o czym: Nie wiem, co o nim sądzić. □ S. z czego a. na podstawie czego: Sądząc z (a. na podstawie) opisu wieś ta jest piękna. □ S. po kim, po czym: Sądzić po zapachu, po wyglądzie. 4. *przestarz.* «przyznawać, przysądzać coś komuś» △ dziś używane w wyrażeniu: Sądzone (jest) komuś (coś) «coś jest przeznaczone dla kogoś przez los, fatum»: Nie sądzone mu było dożyć wiosny.

sąg *m III, D.* sąga a. sągu: Ułożyć drwa w sągi. Pół sąga (sągu) drzewa.

sąsiad *m IV, WMs.* sąsiedzie, *lm M.* sąsiedzi.

sąsiedni «położony w pobliżu czegoś, sąsiadujący z czymś»: Mieszkać w sąsiednich domach. Dojeżdżać do szkoły z sąsiedniego miasta.

sąsiedzki przym. od sąsiad «należący do sąsiada; taki jak między sąsiadami»: Sąsiedzkie spory.

sąsiek *m III, D.* sąsieka 1. «przedział w stodole na zżęte zboże»: Sąsiek pełen zboża. Złożono zboże do sąsieka. 2. *reg.* «przedział w spichrzu na ziarno»

sążeń *m I, D.* sążnia: Rów głęboki na sążeń. Dwa sążnie drzewa.

Scarlatti (*wym.* Skarlatti) *m odm. jak przym., D.* Scarlattiego: Sonaty klawesynowe Scarlattiego.

scedować p. cedować.

scenariusz *m II, D.* scenariusza, *lm D.* scenariuszy.

scenarzysta *m odm. jak ż IV, lm M.* scenarzyści, *DB.* scenarzystów «autor scenariusza»

scenograf *m IV, lm M.* scenografowie «artysta projektujący dekoracje i kostiumy do sztuki lub filmu»

scentralizować p. centralizować.

sceptycyzm (*wym.* sceptycyzm, *nie*: sceptycyzm) *m IV, D.* sceptycyzmu, *Ms.* sceptycyzmie (*wym.* ~yzmie a. ~yźmie), *blm* // *D Kult. II, 563.*

sceptyczny *m-os.* sceptyczni 1. «dotyczący sceptycyzmu (kierunku filozoficznego) i sceptyków»: Sceptyczny kierunek filozoficzny. 2. *st. w.* bardziej sceptyczny «nie dowierzający, powątpiewający»: Był sceptyczny, nikomu nie dowierzał. Sceptyczny stosunek do czegoś.

scheda (*nie*: szeda) *ż IV, CMs.* schedzie. // *D Kult. I, 773.*

schemat (*nie*: szemat) *m IV, D.* schematu. // *D Kult. I, 773.*

schematyczny (*nie*: szematyczny).

schematyzm (*nie*: szematyzm) *m IV, D.* schematyzmu, *Ms.* schematyzmie (*wym.* ~yzmie a. ~yźmie), *blm.*

scherzo (*wym.* skerco) *n III, Ms.* scherzu.

Schiller (*wym.* Sziller) *m IV, lm M.* Schillerowie: Poezje Schillera.

Schillerowski (*wym.* Szillerowski) 1. «należący do Schillera, napisany przez Schillera»: Schillerowska „Maria Stuart".
2. schillerowski a. szylerowski «właściwy Schillerowi, przypominający utwory Schillera lub jego bohate-

rów»: Styl schillerowski (szylerowski). Bohater schillerowski (szylerowski).

schizma (*nie*: szyzma) *ż IV* || *D Kult. I*, 773.

schizmatyk (*nie*: szyzmatyk) *m III, D.* schizmatyka (p. akcent § 1d).

schizofrenia (*wym.* schizofreńja) *ż I, DCMs.* schizofrenii, *blm.*

schizofrenik *m III, D.* schizofrenika (p. akcent § 1d), *lm M.* schizofrenicy.

schlastać *dk I*, schlasta, schlastaj a. *IX*, schlaszcze, schlastaliśmy (p. akcent § 1a i 2) **1.** «zachlapać» □ Ktoś, coś schlastane czymś: Samochód schlastany błotem. **2.** «zbić mocno»: Schlastać konia batem. Gałęzie schlastały go po twarzy. **3.** *pot.* «ostro skrytykować»: Schlastać pisarza, artykuł.

Schliemann (*wym.* Szliman) *m IV*: Prace archeologiczne Schliemanna.

schłostać *dk I*, schłosta, schłostaj a. *IX*, schłoszcze, schłoszcz, schłostaliśmy (p. akcent § 1a i 2) **1.** «chłoszcząc zbić» □ S. kogo, co — czym: Schłostać kogoś pasem. **2.** *rzad.* p. schlastać (w zn. 3).

schnąć *ndk Vc*, schłem a. schnąłem (*wym.* schnołem; *nie*: schnełem), schnął a. sechł; schła (*nie*: schnęła, sechła), schło (*nie*: sechło), schliśmy a. schnęliśmy (*wym.* schnęliśmy; p. akcent § 1a i 2): Chleb schnął (sechł). Ziemia schła. □ S. od czego (kiedy mowa o przyczynie zewnętrznej): Liście schły od upału. □ S. z czego (kiedy mowa o przyczynie wewnętrznej): *przen.* Coraz bardziej schła ze zmartwienia.

schodek *m III, D.* schodka **1.** «każdy ze stopni schodów; w *lm* małe schody»: Przeskoczyć jeden schodek. Do piwnicy prowadziły wąskie schodki. **2.** tylko w *lm* «szereg przedmiotów ułożonych w formie stopni»: Strzecha w schodki.

schody (*nie*: wschody) *blp, D.* schodów **1.** «stopnie»: Wejść na schody, po schodach. Zejść schodami (po schodach). **2.** «szereg przedmiotów ułożonych w formie stopni» || *D Kult. II*, 421.

schodzić *ndk VIa*, schodź (*nie*: schódź), schodziliśmy (p. akcent § 1a i 2) — **zejść** *dk XI*, zejdę, zejdzie, zszedł a. zeszedł; zeszła, zeszliśmy **1.** «idąc spuszczać się w dół» □ S. czym, po czym: Schodzić ścieżką. Schodzić po drabinie. □ S. na co, do czego, w co: Schodzić na ląd. Schodzić do piwnicy. Schodzić w głąb. △ Schodzić w podziemie a. do podziemia «zaczynać działać tajnie» **2.** «opuszczać jakieś miejsce» □ S. z czego: Schodzić z posterunku. Schodzić z kursu, z drogi. Schodzić (*lepiej*: zsiadać) z roweru. **3.** «być usuwanym, odpadać, łuszczyć się» □ Coś schodzi z czego: Buty schodziły z nóg opornie. Skóra schodzi z twarzy. **4.** tylko *ndk* «o polach, drogach itp.: prowadzić w dół» □ Coś schodzi ku czemu, do czego: Pola schodziły ku Wiśle, do rzeki. **5.** «o czasie: upływać» □ Coś schodzi (na czym): Dzień zszedł na ciężkiej pracy. **6.** Obie formy *dk* «przejść wielokrotnie, wydeptać»: Schodzić, zejść kawał świata. △ *pot.* Schodzić nogi «zmęczyć»
schodzić się — **zejść się 1.** «zbierać się, skupiać się»: Goście zaczęli się schodzić. △ *przen.* **a)** «zbliżać się w jakimś punkcie»: W tym miejscu drogi się schodzą. **b)** «być takim samym, pokrywać się; odbywać się

jednocześnie» □ Coś schodzi się z czym: Początek wiosny zszedł się w tym roku z Wielkanocą. **2.** *rzad.* «spotykać się, nawiązywać stosunki» □ S. się z kim: Zszedł się z kolegami. **3.** *dk* schodzić się «zmęczyć się chodzeniem; nachodzić się»: Zgrzał się i schodził.

scholastyka (*wym.* scholastyka, *nie*: scholastyka, p. akcent § 1c) *ż III, blm.*

Schönbrunn (*wym.* Szönbrun) *m IV, D.* Schönbrunnu a. *ndm* «pałac cesarski w Wiedniu»: Pokój między Prusami i Francją podpisany w Schönbrunn (w Schönbrunnie).

Schopenhauer (*wym.* Szopenhau-er) *m IV*: Dzieła Schopenhauera.

schorowany *m-os.* schorowani «taki, który długo, ciężko chorował; wycieńczony chorobami»: Schorowany starzec. Schorowana twarz.

schorzały *m-os.* schorzali «wycieńczony chorobą (zwykle w odniesieniu do narządów organizmu)»: Schorzała wątroba. Schorzałe serce. Schorzały staruszek.

schorzenie *n I książk.* «choroba»: Cierpieć na schorzenie układu oddechowego. Schorzenie przeziębieniowe (*lepiej*: choroba przeziębieniowa, przeziębienie). || *D Kult. I*, 147.

schować *dk I*, schowaliśmy (p. akcent § 1a i 2) **1.** «ukryć»: Schować książkę do szuflady, klucz do kieszeni (w szufladzie, w kieszeni). Schować głowę pod płaszcz (pod płaszczem). Schować szczotkę za szafę (za szafą). □ S. kogo, co — u kogo: Schować zbiega u znajomych. □ S. kogo, co — przed kim, czym (*nie*: od kogo, czego): Schować dobytek przed nieprzyjacielem (*nie*: od nieprzyjaciela). **2.** «zostawić na później» □ S. co — na co: Schować chleb na drogę. Schować zapasy na zimę.
schować się □ *pot.* S. się z czym (zwykle w trybie rozkazującym) «zaprzestać, zaniechać czegoś»: Schowaj się ze swoimi radami. Niech się ktoś (z czymś) schowa «ktoś jest gorszy, robi coś gorzej niż inny»: Niech się schowa ta dziewczyna ze swoją urodą przy tobie. □ Poza tym składnia jak: schronić się.

schronić *dk VIa*, schroniliśmy (p. akcent § 1a i 2) *przestarz*, dziś żywe tylko we *fraz.* i w formie zwrotnej «ukryć, schować» △ Nie mieć gdzie głowy schronić «nie mieć schronienia, mieszkania»
schronić się «schować się, ukryć się» □ S. się przed kim, czym: Schronił się przed napastnikiem. Schronić się przed deszczem. Schronić się do kryjówki. Schronić się na wyspę (na wyspie). Schronić się pod drzewo (pod drzewem). Schronić się za mur (za murem).

schronienie *n I* «miejsce, gdzie się można schronić, osłona, ochrona»: Szukać schronienia dla kogoś, dla czegoś, od czegoś a. przed czymś. Rozbitkowie znaleźli schronienie na krze lodowej. Las daje zwierzynie schronienie. Mieć schronienie w czyimś domu.

schronisko *n II, lm D.* schronisk **1.** «rodzaj hotelu na szlaku turystycznym»: Schronisko górskie. **2.** «przytułek»: Schronisko dla starców. **3.** «miejsce, gdzie się można schronić»: W zimie urządzano w lesie schroniska dla zwierząt. Piwnica była ich przejściowym schroniskiem.

schrypnąć *dk Vc*, schrypłem a. schrypnąłem (*wym.* schrypnołem; *nie*: schrypnełem); schrypł a. schrypnął (*wym.* schrypnoł); schrypła, schrypliśmy (p. akcent § 1a i 2), schrypły a. schrypnięty. □ S. od czego, *rzad.* z czego: Schrypnąć od wrzasku. Głos schrypły a. schrypnięty z wilgoci.

Schubert (*wym.* Szubert) *m IV, D.* Schuberta: Niedokończona symfonia Schuberta.

schudnąć *dk Vc*, schudł, schudliśmy (p. akcent § 1a i 2) □ S. z czego: Schudnąć ze zmartwienia. || *U Pol. (2), 425.*

Schumann (*wym.* Szuman) *m IV*: Utwory fortepianowe, pieśni solowe Schumanna.
Schumann (*wym.* Szuman) *m IV, D.* Schumanna (p. akcent § 7): Działalność polityczna ministra Schumanna.

schwał tylko w *pot.* wyrażeniu: Na schwał «na pokaz, co się zowie, nad wszelką pochwałę»: Chłop na schwał.

Schwarzwald p. Szwarcwald.

Schweitzer (*wym.* Szwajcer) *m IV, D.* Schweitzera: Artykuł o Schweitzerze. Działalność artystyczna i misjonarska Schweitzera.

schwycić *dk VIa*, schwyciliśmy (p. akcent § 1a i 2) **1.** «wziąć gwałtownie»: □ S. co a. za co: S. kapelusz a. za kapelusz. □ S. kogo, co — za co: Schwycić dziecko za rękę. □ S. co — czym: △ *przen.* Schwycić władzę silną ręką. **2.** «o zjawiskach, chorobach, stanach: zjawić się nagle»: Żal schwycił ją za gardło. **3.** *częściej* : uchwycić «spostrzec, rozpoznać»: Nie potrafił schwycić jej rysów. Nie schwycił ani jednego słowa z rozmowy.

schwytać *dk I*, schwytaliśmy (p. akcent § 1a i 2) **1.** «złapać, pojmać, wziąć do niewoli»: Schwytać zbiegów. Zwierzę schwytane do klatki. □ S. kogo, co — na co, w co: Schwytać rybę na wędkę. Schwytać zwierzynę w sidła. △ *przen.* Schwytać kogoś na piękne słówka. □ S. kogo na czym «przyłapać»: Schwytać kogoś na kradzieży. Schwytać kogoś na gorącym uczynku. **2.** *rzad.* p. schwycić (w zn. 1).

schyłek *m III, D.* schyłku, *blm książk.* «koniec, kres»: Schyłek epoki. Schyłek życia. Schyłek kariery. U schyłku dnia. Mieć się ku schyłkowi.

schyłkowiec *m II, D.* schyłkowca, *W.* schyłkowcze, forma szerząca się: schyłkowcu, *lm M.* schyłkowcy *książk.* «dekadent»

scjentyzm *m IV, D.* scjentyzmu, *Ms.* scjentyzmie (*wym.* ~yzmie a. ~yźmie), *blm.*

Scotland Yard (*wym.* Skotland Jard; pierwszy człon *ndm*) *m IV, D.* Scotland Yardu (p. akcent § 7): Specjaliści ze Scotland Yardu.

Scott (*wym.* Skot) *m IV, D.* Scotta, *Ms.* Scotcie (*wym.* Skocie): Powieść Waltera Scotta.

scukrować się, scukrzyć się p. cukrzyć się.

Scylla *ż I*, zwykle w wyrażeniu: Scylla i Charybda «mitologiczne potwory morskie» △ *książk.* Być między dzy Scyllą a Charybdą «być wobec alternatywy, w której każda z możliwości czymś grozi»

Scypio a. **Scypion** *m IV, D.* Scypiona.

scysja *ż I, DCMs.* i *lm D.* scysji □ S. o co: Scysja o podział pracy. □ S. z kim, między kim

(a kim): Miał scysję z szefem. Między rodzeństwem często dochodziło do scysji.

Scytia *ż I, DCMs.* Scytii «historyczna nazwa ziem na północ od Morza Czarnego» — Scyta *m* odm. jak *ż IV, lm M.* Scytowie, *rzad.* Scyci, *DB.* Scytów — Scytyjka *ż III, lm D.* Scytyjek — scytyjski.

szczepiać *ndk I*, szczepialiśmy (p. akcent § 1a i 2) — **szczepić** *dk VIa*, szczepię (*nie*: szczepę), szczep, szczepiliśmy □ S. co (czym) — z czym: Szczepić kartki spinaczem. Szczepiać ogniwo z ogniwem.

sczernieć p. czernieć.

sczerstwieć p. czerstwieć.

sczesać *dk IX*, sczeszę (*nie*: sczesam), sczesaliśmy (p. akcent § 1a i 2) — **sczesywać** *ndk VIIIa*, sczesuję (*nie*: sczesywam, sczesywuję), sczesywaliśmy: Sczesać włosy do tyłu, na bok, do góry.

sczytać *dk I*, sczytaliśmy (p. akcent § 1a i 2) — **sczytywać** *ndk VIIIa*, sczytuję (*nie*: sczytywam, sczytywuję), sczytywaliśmy *środ.* «robiąc korektę porównać tekst z tekstem oryginalnym»

SD (*wym.* esde) *n ndm* **1.** «Stronnictwo Demokratyczne»: Należeć do SD. W okresie okupacji SD działało konspiracyjnie. **2.** «skrót niemieckiej nazwy hitlerowskiej Służby Bezpieczeństwa (1933—45)»: SD pełniło funkcje wywiadu politycznego NSDAP.

SDH (*wym.* esdeha) *n a. m ndm* «Spółdzielczy Dom Handlowy»: Kupić coś w SDH. SDH otrzymało (otrzymał) nowy lokal.

SDKPiL (*wym.* esdekape-i-el) *ż ndm* a. *m I, D.* SDKPiL-u «Socjaldemokracja Królestwa Polskiego i Litwy»: SDKPiL powstała (powstał) w 1893 r.

SDP (*wym.* esdepe) *n ndm* «Stowarzyszenie Dziennikarzy Polskich»: SDP wysłało apel do swoich członków.

SDT (*wym.* esdete) *n a. m ndm* «Spółdzielczy Dom Towarowy»: SDT sprowadziło (sprowadził) nowe towary.

se *posp.* i *gw.* «sobie» p. siebie.

seans *m IV, D.* seansu, *lm M.* seanse, *D.* seansów: Seans filmowy, spirytystyczny.

SEATO (*wym.* seato) *n a. ż ndm* «skrót angielskiej nazwy Organizacji Paktu Południowo-Wschodniej Azji»: SEATO objęło (objęła) swym działaniem wiele państw azjatyckich.

Sebastian *m IV, lm M.* Sebastianowie — Sebastianostwo *n III, DB.* Sebastianostwa, *Ms.* Sebastianostwu (*nie*: Sebastianostwie), *blm*; a. Sebastianowie *blp, D.* Sebastianów.

Sedan *m IV, D.* Sedanu «miasto we Francji»: Klęska Napoleona III pod Sedanem.

sedno *n III, blm*: Sedno zagadnienia. Sedno sprawy tkwi gdzie indziej. △ Trafić w samo sedno «uchwycić istotę, sens czegoś»

Segedyn p. Szeged.

Seghers (*wym.* Zegers) *ż ndm*: Powieść Anny Seghers.

Segni (*wym.* Seni) *m* odm. jak przym., *D.* Segniego: Wywiad z prezydentem Segnim.

sejf *m IV, D.* sejfu: Schować coś w sejfie (do sejfu).

sejm *m IV, D.* sejmu: Posiedzenie, sesja sejmu. Otwierać, zwoływać sejm. Poseł na sejm, *rzad.* do sejmu. Interpelacja w sejmie. Wnieść coś (sprawę, ustawę) na sejm. Debatować, obradować w sejmie. △ W nazwach dużą literą: Sejm Polskiej Rzeczypospolitej Ludowej. Sejm Wielki a. Sejm Czteroletni. △ Nie należy używać wyrazu *sejm*, gdy mowa o parlamencie obcym.

sejmować *ndk IV*, sejmowaliśmy (p. akcent § 1a i 2) *wych. z użycia* «odbywać sejm, obradować w sejmie» △ *przen., żart.* «gadać, plotkować, rajcować»: Sąsiadki sejmowały godzinami przed domem.

Sejny *blp, D.* Sejn «miasto i jezioro» — sejneński.

sek. «skrót wyrazu: *sekunda*, pisany z kropką, stawiany zwykle po wymienionej liczbie, czytany jako cały, odmieniany wyraz»: Trwało to zaledwie 25 sek. (*czyt.* sekund).

sekować *ndk IV*, sekowaliśmy (p. akcent § 1a i 2) *wych. z użycia, reg.* «dokuczać komuś, dręczyć, prześladować kogoś» || *D Kult. I, 352.*

sekr. «skrót wyrazu: *sekretarz*, pisany z kropką, stawiany (zwykle z dodatkiem skrótu instytucji, organizacji itp.) przed nazwiskiem lub przed imieniem i nazwiskiem, czytany jako cały, odmieniany wyraz»: Sekr. POP-u J. Głowacki. △ Sekr. red. «sekretarz redakcji»

sekret *m IV, D.* sekretu, *lm* sekrety (*nie*: sekreta) **1.** «tajemnica»: Dotrzymać, dochować sekretu. Zachować sekret. Odkryć, wyjawić sekret. Wygadać się z sekretu. Dopuścić kogoś do sekretu. Nie mieć sekretów, *rzad.* sekretu przed kimś. △ Powiedzieć, zrobić coś pod sekretem a. w sekrecie. **2.** «sposób wykonywania czegoś»: Sekret prowadzenia samochodu. Posiąść sekret czegoś.

sekretarka *ż III, lm D.* sekretarek «pracownica przydzielona urzędnikowi lub zaangażowana przez osobę prywatną — do załatwiania spraw (zwykle pomocniczych) związanych z jego (jej) działalnością»: Sekretarka dyrektora. Osobista sekretarka ministra. Prywatna sekretarka pisarza. *Ale*: Tow. Nowakowa, sekretarz (*nie*: sekretarka) egzekutywy POP. Pani Kowalska, sekretarz wydawnictwa. Prof. Jasińska, sekretarz Komitetu Redakcyjnego.

sekretarz *m II, DB.* sekretarza, *lm D.* sekretarzy (*skrót*: sekr.) «pracownik załatwiający sprawy związane z działalnością osoby lub instytucji»: Sekretarz naukowy. Osobisty sekretarz. □ S. czyj (z rzeczownikiem w dopełniaczu), czego a. u kogo, w czym: Sekretarz wydawnictwa, szkoły a. w wydawnictwie, w szkole. Był sekretarzem znanego pisarza a. u znanego pisarza. △ Sekretarz partii. Sekretarz stanu. **sekretarz** — o kobiecie, p. nazwy i tytuły zawodowe kobiet.

seks, *rzad.* **sex** (*wym.* seks) *m IV, D.* seksu (sexu), *blm pot.* «atrakcyjność pod względem płciowym»: Dyskutowano sprawy seksu.

sekstyna a. **sestyna** *ż IV*: Wiersz pisany sekstynami (sestynami).

seksualny (*wym.* seksu-alny): Życie, wychowanie seksualne.

seksuolog (*wym.* seksu-olog) *m III, lm M.* seksuolodzy a. seksuologowie.

sektor *m IV, D.* sektora: Sektor stadionu. △ Nadużywane w zn. «część gospodarki narodowej», np.: Sektor państwowy, spółdzielczy. Rejestracja przedsiębiorstw w sektorze prywatnym (*lepiej*: rejestracja prywatnych przedsiębiorstw). || *D Kult. I, 148.*

sekunda *ż IV* (skrót: sek.) Ułamek sekundy. Kilometr na sekundę. △ Co sekunda (*lepiej* niż: co sekundę) «w bardzo krótkich odstępach czasu» △ *pot.* W tej samej sekundzie «(dokładnie) w tej samej chwili»

sekundomierz *m II, lm D.* sekundomierzy a. sekundomierzów; *częściej*: stoper.

sekundować *ndk IV*, sekundowaliśmy (p. akcent § 1a i 2) □ S. komu (w czym): Sekundować komuś w pojedynku. △ *przen., iron.* Robił złośliwe uwagi, a koledzy dzielnie mu w tym sekundowali.

Sekwana *ż IV* «rzeka we Francji» — sekwański — nadsekwański.

selcerski przym. od Selters (miejscowość w Niemczech — NRF), tylko w wyrażeniu: Woda selcerska «rodzaj wody mineralnej»

Seldżuk *m III, lm M.* Seldżucy «członek dawnej tureckiej dynastii muzułmańskiej» — seldżucki.

selekcja *ż I, DCMs.* i *lm D.* selekcji: Selekcja kandydatów, towarów. Dokonać selekcji. Przeprowadzić selekcję.

selektywność *ż V, blm*; in. wybiorczość: Selektywność odbiornika radiowego.

selektywny in. wybiorczy.

selenolog *m III, lm M.* selenolodzy a. selenologowie «badacz Księżyca»

selenologia *ż I, DCMs.* selenologii, *blm* «nauka zajmująca się badaniem Księżyca»

selenonauta (*wym.* selenonau-ta) *m* odm. jak *ż IV, lm M.* selenonauci, *DB.* selenonautów; wyraz używany czasem w prasie, podobnie jak *lunonauta* (w zn. «kosmonauta dokonujący lotu na Księżyc»), ale nie mający uzasadnienia (znaczy dosłownie: żeglarz księżycowy); lepsza nazwa ogólna: *astronauta* («ten, kto odbywa loty wśród ciał niebieskich»).

selenonautyka (*wym.* selenonau-tyka, *nie*: selenona-utyka; p. akcent § 1c) *ż III, blm; lepiej*: astronautyka. Por. selenonauta.

seler (*nie*: ta selera) *m IV, D.* selera.

selskin *m IV, D.* selskina a. selskinu, w zn. «futro» zwykle w *lm*: Nosić selskiny.

semafor *m IV, D.* semafora (*nie*: semaforu): Pociąg stanął pod semaforem. Podniosło się ramię semafora.

semantyka (*wym.* semantyka, *nie*: semantyka, p. akcent § 1c) *ż III, blm* «nauka o znaczeniach wyrazów; *rzad.* semazjologia» △ *niepoprawne* w zn.

«znaczenie wyrazów», np. Semantyka (*zamiast*: znaczenie) wyrazów często ulega zmianom. // *D Kult. II, 212.*

semazjologia *ż I, DCMs.* semazjologii, *blm*; *częściej*: semantyka.

semestr *m IV, D.* semestru, *lm M.* semestry.

seminarium *n VI, lm M.* seminaria, *D.* seminariów. □ S. z czego a. jakie: Seminarium z historii literatury a. historycznoliterackie. Seminaria z marksizmu. □ S. dla kogo: Seminarium dla studentów trzeciego roku. △ Wstąpić do seminarium duchownego. △ *przestarz.* Seminarium nauczycielskie, pedagogiczne «szkoła średnia kształcąca kandydatów do zawodu nauczycielskiego»

seminaryjny, *przestarz.* **seminarialny**: Praca seminaryjna. Zajęcia seminaryjne. // *D Kult. II, 373.*

semiotyka (*wym.* semiotyka, *nie*: semiotyka, p. akcent § 1c) *ż III, blm* «nauka o znakach»

Semita *m* odm. jak *ż IV, lm M.* Semici, *DB.* Semitów «członek jednego z ludów, których pierwotną siedzibą była przypuszczalnie pustynia syryjsko-arabska» — Semitka *ż III, lm D.* Semitek — semicki.

semitysta *m* odm. jak *ż IV, lm M.* semityści, *DB.* semitystów; a. **semitolog** *m III, lm M.* semitolodzy a. semitologowie «specjalista w zakresie semitystyki»

semitystyka (*wym.* semitystyka, *nie*: semitystyka, p. akcent § 1c) *ż III, blm*; a. **semitologia** *ż I, DCMs.* semitologii, *blm* «nauka o językach semickich oraz o kulturze i literaturze ludów semickich»

sen *m IV, D.* snu, *C.* snowi, *Ms.* śnie: Pogrążyć się we śnie (*wym.* we śnie a. we śnie). Zapaść w sen. Zerwać się ze snu (*wym.* ze snu a. ze snu). Sen kogoś morzy. Mieć sny o kimś, o czymś.

sen. 1. «skrót wyrazu: *senator*, pisany z kropką, stawiany przed nazwiskiem lub przed imieniem i nazwiskiem, czytany jako cały, odmieniany wyraz»: Sen. Kennedy. Sen. Edward Kennedy. Wywiad z sen. (*czyt.* senatorem) E. Kennedym. 2. «skrót wyrazu: *senior*, pisany z kropką, stawiany zwykle po nazwisku lub po imieniu i nazwisku, czytany jako cały, odmieniany wyraz (odnosi się do seniora — najstarszego członka rodziny, ojca lub starszego brata)»: Razem z synem wszedł Jan Kowalski sen.

senacki *rzad.* przym. od senat: Posiedzenie senackie (*lepiej*: posiedzenie senatu). Sąd senacki.

senat *m IV, D.* senatu: Sprawozdanie z obrad sejmu i senatu. Senat akademicki. △ Zasiadać w senacie. △ W nazwach dużą literą, np. Izba Poselska i Senat.

senator *m IV, lm M.* senatorowie a. senatorzy (skrót: sen.)

senatorski przym. od senator: Godność senatorska. △ Izba senatorska «senat» △ *książk.* Krzesło senatorskie «stanowisko senatora»

Senegal (*wym.* Senegal) *m I, D.* Senegalu a. (z wyrazem: rzeka) *ndm* «państwo i rzeka w Afryce»: Stolica Senegalu. Prawy dopływ Senegalu. Nad Senegalem (nad rzeką Senegal). — Senegalczyk *m III, lm M.* Senegalczycy — Senegalka *ż III, lm D.* Senegalek — senegalski.

Seneka (Młodszy, Starszy) *m* odm. jak *ż III, lm M.* Senekowie, *DB.* Seneków: Dzieło historyczne Seneki Starszego o wojnach domowych. Utwory poetyckie Seneki Młodszego.

senior *m IV, lm M.* seniorzy, *rzad.* seniorowie 1. (skrót: sen.) «najstarszy członek rodziny lub jakiegoś zespołu; ojciec lub starszy brat»: Senior rodu. Senior kolonii polskiej za granicą. △ W odniesieniu do ojca lub starszego brata stawiane po nazwisku: Wszedł Jan Kowalski senior (*nie*: wszedł senior Jan Kowalski). 2. «w sporcie: zawodnik między 18 a 30 rokiem życia»: Juniorzy i seniorzy klubu sportowego.

sens (*wym.* sęs) *m IV, D.* sensu, zwykle *blm*: Sens wypowiedzi. Zdanie bez sensu. Coś ma sens, w czymś jest sens. Nadać czemuś sens. Dopatrywać się, doszukiwać się w czymś sensu. △ W tym, w takim, w pewnym sensie «w ten, w taki itp. sposób, pod pewnym względem»

sensacja (*wym.* sęsacja, *nie*: senzacja) *ż I, DCMs.* i *lm D.* sensacji. 1. «niezwykłe wrażenie, wielkie zainteresowanie; wiadomość wywołująca żywe zainteresowanie» △ Budzić, wzbudzić, wywołać, zrobić (*nie*: sprawić) sensację. Gonić za sensacją. 2. (zwykle w *lm*) *wych. z użycia* «odczucie, doznanie, zwłaszcza wywołane niedomaganiem organizmu»: Sensacje sercowe.

sensat (*wym.* sęsat, *nie*: senzat) *m IV, lm M.* sensaci: Od dziecka był sensatem.

sensownie (*wym.* sęsownie) *st. w.* sensowniej a. bardziej sensownie: Załatwić, rozstrzygnąć coś sensownie.

sensowny (*wym.* sęsowny) *m-os.* sensowni, *st. w.* sensowniejszy a. bardziej sensowny «mający sens; rozumny, rozsądny»: Sensowna wypowiedź. Sensowny plan. △ *pot.* Sensowny człowiek. // *KP Pras.*

sensualizm (*wym.* sęsualizm) *m IV, D.* sensualizmu, *Ms.* sensualizmie (*wym.* ~izmie a. ~iźmie), *blm.*

sentyment *m IV, D.* sentymentu, *lm M.* sentymenty: □ S. dla kogo, czego a. do kogo, czego: Mieć sentyment dla swego nauczyciela (do swego nauczyciela). Czuła sentyment dla rodzinnego miasta (do rodzinnego miasta).

sentymentalizm *m IV, D.* sentymentalizmu, *Ms.* sentymentalizmie (*wym.* ~izmie a. ~iźmie), *blm.*

sentymentalny *m-os.* sentymentalni, *st. w.* sentymentalniejszy a. bardziej sentymentalny: Sentymentalna dziewczyna. Sentymentalna melodia. Sentymentalne piosenki.

separacja *ż I, DCMs.* i *lm D.* separacji: Przeprowadzić separację. Być w separacji. □ S. z kim, od czego: Separacja z mężem. △ *praw.* Separacja od stołu i łoża.

separatka (*nie*: seperatka) *ż III, lm D.* separatek. □ S. czyja (z rzecz. w dopełniaczu) a. dla kogo: Separatki ciężko chorych, więźniów politycznych a. dla ciężko chorych, dla więźniów politycznych

separatyzm *m IV*, *D.* separatyzmu, *Ms.* separatyzmie (*wym.* ~yzmie a. ~yźmie), *blm.*

sepia *ż I*, *DCMs.* i *lm D.* sepii; in. mątwa — w zn. «mięczak»

seplenić, *rzad.* **szeplenić** *ndk VIa*, spleniliśmy, szepleniliśmy (p. akcent § 1a i 2): Stracił dwa przednie zęby i wskutek tego seplenił.

ser (*nie:* syr) *m IV*: Chudy, tłusty ser. Ser ementalski, tylżycki. Kluski z serem.

seradela, *rzad.* **saradela** *ż I*, zwykle *blm*: Poletko seradeli.

seraj (*nie:* saraj) *m I*, *D.* seraju, *lm D.* serajów: Ogrody seraju.

Serb *m IV*, *lm M.* Serbowie «mieszkaniec Serbii» △ Serbowie łużyccy, in. Łużyczanie «naród słowiański mieszkający na Łużycach»

Serbia *ż I*, *DCMs.* Serbii «republika związkowa w Jugosławii» — Serb (p.) — Serbka *ż III*, *lm D.* Serbek — serbski.

Serbołużyczanin *m V*, *D.* Serbołużyczanina, *lm M.* Serbołużyczanie, *D.* Serbołużyczan, *lepiej*: Serb łużycki, Łużyczanin (p. Serb).

serbskochorwacki (*nie:* serbo-chorwacki): Język serbskochorwacki.

serce *n I*: Dobre, złote, miękkie serce. Twarde serce. Serce z kamienia a. kamienne serce. Człowiek czułego, czystego, gołębiego, tkliwego serca. Człowiek wielkiego (małego) serca a. o wielkim (małym) sercu. Wada serca. Chory na serce. Okazać komuś serce. Zjednać czyjeś serce. Poruszyć czyjeś serce, *rzad.* czymś sercem. Złamać komuś serce. Tulić kogoś, coś do serca. Serce bije, uderza, wali. Serce się komuś ściska, kraje, pęka. △ Całym sercem a. z całego serca «szczerze, całkowicie, bez zastrzeżeń»: Bawić się całym sercem (z całego serca). △ Mieć serce dla kogoś, czegoś a. do kogoś, czegoś «lubić kogoś, coś» △ Mieć serce do czegoś «mieć zapał do czegoś» △ Otworzyć komuś a. przed kimś serce «zwierzyć się komuś» △ Poradzić komuś, pogadać z kimś itp. od serca, z serca «szczerze, serdecznie, otwarcie» △ Mówić itp. jak (a. co) serce dyktuje «mówić szczerze, po prostu» △ Kłaść coś komuś na serce a. na sercu «polecać, zobowiązywać kogoś do czegoś» △ *rzad.* Stracić serce «stracić odwagę, animusz» △ Stracić serce dla (a. do) kogoś, czegoś «stracić sympatię, przestać lubić; stracić chęć do zajmowania się czymś» △ Serce komuś a. w kimś zamiera «ktoś doznaje silnego wrażenia, uczucia (trwogi, grozy itp.)»

sercowy: Mięsień sercowy. Atak sercowy a. atak serca. Podboje sercowe. Zawód sercowy. △ *pot.* Być sercowym (*lepiej*: być chorym na serce).

serdeczność *ż V* **1.** *blm* «serdeczny stosunek, życzliwość»: Okazać komuś serdeczność. **2.** (tylko w *lm*) *wych. z użycia* «objawy życzliwości; serdeczne pozdrowienia»: Przesyłać komuś serdeczności.

serdeczny *m-os.* serdeczni, *st. w.* serdeczniejszy a. bardziej serdeczny: Serdeczny przyjaciel, uścisk. Serdeczne słowa. □ S. dla **kogo**, w stosunku do **kogo**, wobec, względem **kogo**: Był bardzo serdeczny dla swego dawnego znajomego.

serdeńko *n II*, zwykle w wołaczu *reg.* «kochanie»: Czego chcesz, serdeńko?

Seret *m IV*, *D.* Seretu «rzeka w ZSRR i Rumunii»

Sergiusz *m II*, *lm M.* Sergiuszowie — Sergiuszowstwo *n III*, *DB.* Sergiuszostwa, *Ms.* Sergiuszostwu (*nie*: Sergiuszostwie), *blm*; a. Sergiuszowie *blp*, *D.* Sergiuszów.

serio *ndm* **1.** w funkcji przysłówka **a)** «poważnie, bez żartów; rzeczywiście, naprawdę»: Myśleć o czymś, powiedzieć coś serio (na serio). Traktować, brać kogoś, coś serio (na serio). **b)** «energicznie, na dobre»: Zabrać się serio a. na serio do nauki. **2.** w funkcji przymiotnika «poważny»: To człowiek serio. Praca serio.

Serock *m III*, *D.* Serocka «miasto» — serocczanin *m V*, *D.* serocczanina, *lm M.* serocczanie, *D.* serocczan — serocczanka *ż III*, *lm D.* serocczanek — serocki.

serojadka a. **surojadka** *ż III*, *lm D.* serojadek (surojadek) *reg.*, p. gołąbek (w zn. 3).

serolog *m III*, *lm M.* serologowie a. serolodzy.

serpentyna *ż IV*, *lm D.* serpentyn **1.** «droga wijąca się dokoła wzniesienia»: Jechali do schroniska wąską serpentyną. △ Wić się serpentyną «o drodze, schodach: prowadzić w górę linią spiralną» **2.** częściej w *lm* «taśma papierowa rzucana na tańczących podczas balu» **3.** a. szerpentyna «rodzaj krzywej szabli; karabela»

serso *n III* a. *ndm*, *blm*: Grać w serso. Kółko od sersa.

serw *m IV*, *D.* serwu «w siatkówce, tenisie stołowym: podanie piłki na pole przeciwnika; *rzad.* serwis»: Mocny serw.

serwelatka p. serwolatka.

serwilizm *m IV*, *D.* serwilizmu, *Ms.* serwilizmie (*wym.* ~izmie a. ~iźmie), *blm.*

I serwis *m IV*, *D.* serwisu **1.** «komplet naczyń stołowych»: Serwis na sześć osób. □ Serwis do kawy, do herbaty. **2.** *środ.* «informacje prasowe, radiowe itp. z jakiejś dziedziny przekazywane publicznie»: Serwis filmowy, prasowy.

II serwis *m IV*, *D.* serwisu; *częściej*: serw.

serwitut *m IV*, *D.* serwitutu, *lm M.* serwituty (*nie*: serwituta), zwykle w *lm.*

serwolatka, *rzad.* **serwelatka** *ż III*, *lm D.* serwolatek (serwelatek).

sesja *ż I*, *DCMs.* i *lm D.* sesji: Sesja sejmowa a. sesja sejmu. Sesja plenarna. Otwierać, odraczać, zamykać, zwołać sesję. Sesja odbywa się. Udać się na (*nie*: w) sesję wyjazdową.

sestyna p. sekstyna.

set *m IV*, *B. = D.* seta: Wygrał (w tenisie) tylko ostatniego seta (*nie*: ostatni set).

-set p. cząstki wyrazów.

seter *m IV*, *D.* setera, *lm M.* setery: Seter angielski, szkocki, irlandzki.

setka *ż III, lm D.* setek **1.** «zbiór stu jednostek (osób lub przedmiotów); liczba 100»: Setka książek. Setka uczniów. △ Setki kogoś, czegoś «bardzo wielu, bardzo wiele (w tym wyrażeniu z formą *setki* łączyć należy raczej orzeczenie w *lp* w rodzaju nijakim»: Setki żołnierzy umierają (*lepiej*: umiera) na polach bitew. **2.** *pot.* «banknot wartości 100 zł.; tkanina zawierająca 100% wełny; dziesiąta część litra wódki; mapa w skali 1 : 100; bieg na 100 m; autobus, pokój itp. oznaczony numerem *sto*» || *D Kult. I, 253.*

setny *odm. jak przym.* (pisane całym wyrazem a. cyframi bez końcówek, arabskimi — z kropką, rzymskimi — bez kropki): Setny numer pisma a. 100. numer pisma. Setna rocznica a. 100. rocznica (*nie*: 100-a, ani: stuletnia rocznica). △ W liczebnikach wielowyrazowych używane tylko jako człon ostatni: Tysiąc setny (*ale*: sto trzydziesty szósty). || *D Kult. II, 191.*

Seul (*wym.* Se-ul) *m I, D.* Seulu (*wym.* Se-ulu, p. akcent § 7) «stolica Korei Południowej» — seulski (*wym.* se-ulski).

Sewastopol *m I, D.* Sewastopola (*nie*: Sewastopolu) «miasto w ZSRR» — sewastopolski.

Seweryn *m IV, lm M.* Sewerynowie — Sewerynek *m III, lm M.* Sewerynkowie — Sewerynostwo *n III, DB.* Sewerynostwa, *Ms.* Sewerynostwu (*nie*: Sewerynostwie), *blm*; a. Sewerynowie *blp, D.* Sewerynów — Sewerynkowie *blp, D.* Sewerynków — Seweryna *ż IV* — Sewerynka *ż III, lm D.* Sewerynek.

Sewilla (*nie*: Sewila) *ż I* «miasto w Hiszpanii» — sewilski.

sex p. seks.

sex appeal (*wym.* seksapil) *m I, D.* sex appealu, *blm.*

sezamka *ż III, lm D.* sezamek; *rzad.* **sezamek** *m III, D.* sezamka, zwykle w *lm.*

sędzia *m, D.* sędziego, *przestarz.* sędzi, *C.* sędziemu, *przestarz.* sędzi, *B.* sędziego, *przestarz.* sędzię, *W.* sędzio!, *N.* sędzią, *Ms.* sędzi, *przestarz.* sędzim, *lm M.* sędziowie, *DB.* sędziów, *C.* sędziom, *N.* sędziami, *Ms.* sędziach: Sędzia dla nieletnich. Być czyimś, *rzad.* komuś sędzią. Zapraszać kogoś na sędziego (w konkursie). Obierać, wybierać sędziów. Obrać, wybrać kogoś sędzią a. na sędziego. **sędzia** (o kobiecie) *ż I, lm M.* sędzie a. sędziowie: Mówiłem o tej sprawie sędzi Piotrowskiej. Widziałem na rozprawie sędzię Piotrowską. || *D Kult. II, 469.*

sędzina *ż IV, CMs.* sędzinie **1.** *rzad., pot.* «sędzia (o kobiecie)» **2.** *przestarz.* «żona sędziego»

sęk *m III, D.* sęka △ *pot.* W tym sęk «na tym polega trudność»

sękacz *m II, lm D.* sękaczy a. sękaczów.

Sęp-Szarzyński *m,* Sęp w *lp odm. jak m IV,* w *lm* także *ndm,* Szarzyński *odm. jak przym.*: Poezje Sępa-Szarzyńskiego. Ród Sęp-Szarzyńskich a. Sępów-Szarzyńskich.
Sęp-Szarzyńska Sęp *ndm,* Szarzyńska *odm. jak przym.*

Sępolno *n III* **1.** «miejscowość»: Mieszka w Sępolnie. **2.** «dzielnica Wrocławia»: Mieszka na Sępolnie. — sępoleński.

Sępólno Krajeńskie, Sępólno *n III,* Krajeńskie *odm. przym.* «miasto» — sępoleński.

sfałszować p. fałszować.

sfera *ż IV* **1.** «dziedzina, zakres»: Sfera działalności, interesów, uczuć, twórczości. Sfera wpływów, zainteresowań. △ Wchodzić (*nie*: wpadać) w sferę czegoś «wchodzić w zakres czegoś» **2.** «obszar, strefa»: Sfera roślinności a. sfera roślinna. Sfera przybiegunowa. Sfera przyciągania Ziemi. △ Sfera niebieska «widoczne sklepienie niebieskie, atmosfera okalająca Ziemię» **3.** *wych. z użycia* «warstwa społeczna, towarzyska; klasa, środowisko»: Sfera arystokratyczna, magnacka, mieszczańska, ludowa. Sfery dyplomatyczne, kulturalne, naukowe, przemysłowe.

sfinalizować p. finalizować.

sfingować p. fingować.

Sfinks *m IV* **1.** «w mitologii greckiej: uskrzydlony potwór o postaci lwa z głową kobiety» **2.** sfinks «człowiek tajemniczy, nieprzenikniony» **3.** sfinks «w sztuce starożytnego Egiptu: wyobrażenie lwa w pozycji leżącej, najczęściej z głową ludzką»

sfolgować *dk IV wych. z użycia* □ S. bez dop. «zelżeć, złagodnieć»: Mróz sfolgował (dziś *częściej*: zelżał). □ S. komu, czemu «dać folgę, ulgę; popuścić»: Sfolgował koniom.

sfora *ż IV, lm D.* sfor (*nie*: sfór).

sformować *dk IV,* sformowaliśmy (p. akcent § 1a i 2) «zorganizować, ustawić, uszeregować»: Oddział został sformowany (*nie*: sformułowany).

sformułować *dk IV,* sformułowaliśmy (p. akcent § 1a i 2) «ująć jakąś myśl, tezę w odpowiednią formułę»: Sformułować definicję (*ale*: sformować oddział).

Sforza (*wym.* Sforca) *m odm. jak ż II, lm M.* Sforzowie, *DB.* Sforzów a. (zwykle w połączeniu z odmienianym imieniem lub tytułem) *ndm*: Rządy Sforzy (księcia Sforzy a. księcia Sforza). Ród Sforzów.

SFOS (*wym.* sfos) *m IV, D.* SFOS-u a. *m ndm* «Stołeczny Fundusz Odbudowy Stolicy»: Komitet SFOS (SFOS-u). SFOS uchwalił... Działać w SFOS (a. w SFOS-ie). — SFOS-owiec a. sfosowiec *m II, D.* SFOS-owca (sfosowca), *lm M.* SFOS-owcy (sfosowcy) — SFOS-owski a. sfosowski.

sfrancuzieć *dk III,* sfrancuzieliśmy (p. akcent § 1a i 2), sfrancuziały: Po wielu latach pobytu we Francji sfrancuzieli całkowicie (*ale* w imiesł. przeszłym: Sfrancuziali (*nie*: sfrancuzieli) Polacy zapomnieli mówić po polsku).

SFRJ (*wym.* eseferjot, p. akcent § 6) *ż ndm, rzad. m IV, D.* SFRJ-tu, *Ms.* SFRJ-cie «Socjalistyczna Federacyjna Republika Jugosławii»: Władze SFRJ (SFRJ-tu). SFRJ szybko przystąpiła (przystąpił) do usuwania zniszczeń wojennych.

sfuszerować p. fuszerować.

SGGW (*wym.* esgiegiewu, p. akcent § 6) *n a. ż ndm* «Szkoła Główna Gospodarstwa Wiejskiego»: SGGW ogłosiło (ogłosiła) zapisy na I rok studiów.

SGPiS (*wym.* esgiepis, p. akcent § 6) *m IV, D.* SGPiS-u, *Ms.* SGPiS-ie a. *ż ndm* «Szkoła Główna

Planowania i Statystyki»: Student SGPiS (SGPiS-u). SGPiS przystąpił (przystąpiła) do współzawodnictwa uczelni warszawskich.

sgraffito *n III, Ms.* sgraffcie, *D.* sgraffitów a. (w połączeniu z wyrazami: technika, sztuka, sposób itp.) *ndm*: Tworzył sgraffita o wysokim poziomie artystycznym. Kompozycja wykonana techniką sgraffito.

Shakespeare p. Szekspir.

shantung p. Szantung (w zn. 2).

Shaw (*wym.* Szou) *m ndm* (*DB.* Shawa, *wym.* Szoua; forma używana zwykle wtedy, kiedy się nie wymienia się imienia): Wystawiono komedię Shawa. Czytał artykuł o Bernardzie Shaw. // *JP 1966, 331, 340.*

Shelley (*wym.* Szelej) *m I, D.* Shelleya (p. akcent § 7): Monografia o Shelleyu.

Sherlock Holmes (*wym.* Szerlok Holms), Sherlock *m III*, Holmes *m IV, D.* Holmesa (*wym.* Holmsa) «bohater popularnej powieści Conan Doyle'a»: Metody, pomysły Sherlocka Holmesa.

sherry (*wym.* szeri) *n ndm*: Nie podano wina hiszpańskiego sherry.

shimmy (*wym.* szimi) *n ndm* «taniec towarzyski (modny w latach 1920—30) zbliżony do fokstrota»: Tańczyli shimmy.

SHL (*wym.* eshael, p. akcent § 6) *ndm* «marka niektórych wyrobów przemysłowych, np. motocykla, pralki (w okresie międzywojennym: Suchedniowska Huta Ludwików)»: Motocykl SHL. Produkcja pralek SHL.

siać *ndk Xb,* siali, *reg.* sieli; sialiśmy, *reg.* sieliśmy (p. akcent § 1a i 2). Rolnicy siali zboże. △ Cicho jak makiem siał (*rzadziej*: zasiał) «bardzo cicho» □ S. co a. czym *przen.* **a)** «rzucać gęsto; strzelać»: Siać kule (kulami). **b)** «rozsypywać, gubić; trwonić»: Siać pieniądze (pieniędzmi). *U Pol. (2), 428.*

siad *m IV, D.* siadu *środ., sport.* «w gimnastyce: przyjęcie pozycji siedzącej; kucnięcie» // *D Kult II, 357.*

siadać *ndk I,* siadaliśmy (p. akcent § 1a i 2) — **siąść** *dk XI,* siądę (*nie*: siędę), siądzie, siądź, siadł, siedli, siedliśmy □ S. na czym a. w czym (*nie*: na co — gdy się wymienia niektóre meble): Siadać na fotelu, na ławce, w fotelu, w ławce (*nie*: na fotel, na ławkę). □ S. przy czym a. za czym: Siadać przy biurku (za biurkiem). Siąść przy stole (za stołem). □ *rzad.* S. na co «wsiadać»: Siadać na konia. Siąść na bryczkę, na wóz. □ S. do czego **a)** «zajmować miejsce siedzące przy stole, biurku, żeby coś robić, np. pracować, czytać, jeść itp.»: Siadać do pracy, książki. Siąść do kart, do obiadu, do stołu. **b)** (czasem także na co, *pot.* w co) *rzad.* «wsiadać»: Siadać do auta, do samolotu, do łodzi. Siąść do pociągu; *pot.* Siąść w tramwaj. Siadać do powozu, do dorożki (*ale*: na bryczkę).

siak △ tylko w *pot.* wyrażeniach: Tak czy siak, czy tak, czy siak «tak czy inaczej; w każdym wypadku» △ I tak, i siak «różnie, rozmaicie, wszelkimi sposobami» △ Jeden tak, drugi siak «jeden (mówi, robi) tak, drugi inaczej» △ Ni tak, ni siak **a)** «ani tak,

ani inaczej, w żaden sposób» **b)** «w sposób niezdecydowany; ani dobrze, ani źle»

siaki tylko w *pot.* wyrażeniach: Ni taki, ni siaki «nie mający charakterystycznych cech, trudny do określenia». Siaki taki «nie najgorszy, jaki taki; ten i ów, jeden z drugim»

sial (*wym.* s-i-al) *m I, D.* sialu, *blm*: Sial składa się ze skał bogatych w krzemionkę.

siano *n III, blm*: Podrzucić, zarzucić, zadać koniom, bydłu siano a. siana. △ *pot.* Wykręcić się sianem «wymigać się byle czym»

sianokos *m IV, D.* sianokosu, częściej w *lm* «koszenie traw na siano; okres koszenia traw»

siarczek *m III, D.* siarczku: Siarczek rtęci a. rtęciowy. Siarczek żelaza, manganu, sodu.

siatkarz *m II, lm D.* siatkarzy.

siąkać *ndk I,* siąkaliśmy (p. akcent § 1a i 2) — *rzad.* **siąknąć** *dk Va,* siąknąłem (*wym.* siąknołem; *nie*: siąknęłem, siąkłem), siąknął (*wym.* siąknoł), siąknęła (*wym.* siąknęła; *nie*: siąkła), siąknęliśmy (*wym.* siąknęliśmy; *nie*: siąkliśmy) «pociągać nosem, wycierać nos»: Siąkał nosem przez całą lekcję. Siąkać nos w chustkę.

siąpić *ndk VIa,* siąpiłby (p. akcent § 4c); *rzad.* **siąpać** *ndk I,* siąpałby: Siąpi (siąpa) deszcz.

siąść p. siadać.

Sibelius (*wym.* S-ibelius) *m IV*: Kompozycje orkiestrowe Sibeliusa.

sic! (*wym.* s-ik) «(właśnie) tak; uwaga, często ironiczna, umieszczana w tekście po zacytowanym wyrazie lub zdaniu, podkreślająca, że tak właśnie było powiedziane albo napisane w oryginalnym tekście; czasem wyraz ten bywa zastępowany samym wykrzyknikiem»: W sądzie powiedziano jej: „Prokuratura nie zajmuje się takimi przestępstwami” (sic!). Tytuł reportażu o narkomanach brzmiał: Szanujemy prywatne upodobania (sic!).

Sica Vittorio, De (*wym.* Wittorio De S-ika) *m,* Vittorio odm. jak *m I,* Sica odm. jak *ż III, D.* Siki, *CMs.* Sice, *B.* Sikę, *N.* Siką — a. całość *ndm*: Film Vittoria De Siki a. Vittorio De Sica (*nie*: De Sici). Wywiad z Vittoriem De Siką a. z Vittorio De Sica (*nie*: De Sicą). // *KP Pras.*

Sicz *ż VI* **1.** «główny ośrodek Kozaczyzny zaporoskiej (dziś: Zaporoże)»: Mieszkać na Siczy. **2.** sicz «warowny obóz kozaków zaporoskich»

sidło *n III, lm D.* sideł, zwykle w *lm*: Sidła na ptaki, lisy. Chwytać zwierzynę w sidła. △ Zastawiać sidła (także *przen.*) «zastawiać na kogoś, coś pułapkę» △ Zaplątać się we własne sidła a. we własnych sidłach.

Sidło *m* odm. jak *ż IV, lm M.* Sidłowie, *DB.* Sidłów «nazwisko»: Rzut oszczepem Janusza Sidły.
Sidło *ż ndm* — Sidłowa *ż* odm. jak przym. — Sidłówna *ż IV, D.* Sidłówny, *CMs.* Sidłównie (*nie*: Sidłównej), *lm D.* Sidłówien.

sidol (*wym.* s-idol) *m I, D.* sidolu.

siebie, *rzad.* **się** (forma dopełniacza; mianownika brak), *C.* sobie (*posp.* i *gw.*: se), *B.* siebie a. się, *N.* sobą,

Ms. sobie. △ Forma pełna *siebie* jest używana w pozycji akcentowanej, np. w *D.*: Nie widzę siebie (*rzad.* się) na tym stanowisku; w *B.*: Widział siebie (się) w lustrze, *ale*: Widział tylko siebie (*nie*: się), o innych nie dbał (specjalnie zaakcentowane). △ Formy *siebie* używa się z przyimkami i na początku zdania, np.: Siebie tylko kocha. Odpowiadam za siebie. Mam żal do siebie. △ W utartych zwrotach tylko *się*: Sam (sama, samo) przez się: To się rozumie samo przez się. △ Użycie nie akcentowanej formy *się* p. się. △ Formę *C. sobie* często lepiej zastąpić wyrażeniami przyimkowymi, np.: Bądźmy sobie (*lepiej*: dla siebie) przyjaciółmi. Wszyscy są sobie (*lepiej*: do siebie) podobni.

△ Forma *sobie* jest częsta we *fraz.*: Po sobie **a)** «wzdłuż własnego ciała»: Pies kładł uszy po sobie. **b)** «biorąc za miarę swoje postępowanie, swoje reakcje itp.»: Sądząc po sobie uważasz go za porządnego człowieka. △ *pot.* W sobie **a)** «wewnątrz własnego organizmu»: Coś go boli w sobie. **b)** — w odniesieniu do budowy ciała: Była tęga w sobie. △ *rzad.* Sam w sobie (*nie*: sam dla siebie) «wyrażenie podkreślające coś»: Jet to położenie samo w sobie upokarzające. △ Ręce przy sobie! «forma rozkazu»: nie wolno ruszać, działać»: Ręce przy sobie, bo ja też umiem bić. △ O funkcji ekspresywnej formy *sobie* p. sobie.

△ Zaimek zwrotny *siebie* odnosi to, o czym jest mowa w zdaniu, do podmiotu czynności bez względu na osobę i liczbę, np.: Miał (miała, miałeś, mieliśmy itd.) żal do siebie. Przynieś sobie krzesło. Uczniowie uczą się odpowiednio dla siebie (*nie*: dla nich) zawodu. △ *Niepoprawne* ,est użycie zaimka *siebie*: **a)** gdy nie odnosi się do podmiotu zdania, np. Szkoła uczy chłopców odpowiednio dla siebie (*zamiast*: dla nich) zawodu (ponieważ *chłopcy* nie są podmiotem, lecz przedmiotem nauczania szkoły); **b)** gdy podmiot, do którego się odnosi, wyraża rzecz martwą, np. Bochen chleba z utkwionym w sobie (*zamiast*: w nim) nożem. △ Zaimek *siebie* jest używany wymiennie z zaimkiem *on* (w odpowiednich przypadkach) w rozwiniętych przydawkach, gdy choć znaczeniowo związany z podmiotem, gramatycznie zależy od przymiotnika (lub imiesłowu) wyrażającego tę przydawkę, np.: Dostał tak miły dla siebie (a. dla niego) list. Otrzymała wiadomość tak długo przez siebie (a. przez nią) oczekiwaną. △ Zaimek *siebie* jest także używany wtedy, gdy zależy on od przydawki określającej rzeczownik, do którego ten zaimek się odnosi, np.: Chętnie rozmawiał z zamkniętą w sobie (*nie*: w niej) dziewczyną. To wydarzenie odebrało nam panowanie nad sobą (*nie*: nad nami). Nie lubił brata zawsze pewnego siebie (*nie*: jego). △ Zaimek *siebie* jest też używany w zdaniach o podmiocie nie wyrażonym lub nie określonym, np.: Nie należy go sobie zrażać. Trzeba się skrupulatnie z sobą rachować.

△ Używa się formy nie *siebie* (lecz *się*) z rzeczownikami odsłownymi, oznaczającymi czynność wzajemną (np.: ściskanie się, spotkanie się przyjaciół), jak również z rzeczownikami utworzonymi od czasowników zaimkowych (np. obawianie się). Rzadko, tylko pod akcentem używa się formy *siebie* przy rzeczownikach odsłownych, utworzonych od czasowników oznaczających stronę zwrotną, np. mycie się; *ale*: Mycie siebie i dzieci zabrało jej dużo czasu. || *D Kult. II, 117, 486; U Pol. (2), 380.*

siec *ndk XI*, siekę (*nie*: siekam), siecze, siecz, siekł, siekliśmy (p. akcent § 1a i 2), sieczony. □ S. kogo, co (czymś) «chłostać, bić»: Siekł konia batem. Siekła dziecko rózgą. □ S. bez dop. «o deszczu: zacinać, smagać»: Deszcz siekł. Wiatr siecze. △ *reg.* w zn. «kosić, żąć»: Kosiarze siekli łąkę. *Por.* siekać.

sieczkarnia *ż I, DCMs.* i *lm D.* sieczkarni, *rzad.* sieczkarń.

sieczna *ż* odm. jak przym.: Sieczna przecina krzywą w dwu lub więcej punktach.

sieć *ż V, lm M.* sieci (*nie*: siecie), *D.* sieci, *N.* sieciami: Sieć elektryczna (*nie*: elektryczności). Sieć gazowa. || *D Kult. II, 112.*

siedem (*nie*: siedm) *m-nieos.*, *n* i *ż*, *DCMs.* siedmiu, także: *m-os.* w funkcji mianownika — podmiotu (np. Siedmiu chłopców, mężczyzn szło); *B. m-nieos.*, *n* i *ż* = *M.*, *B. m-os.* = *D.*; *N.* siedmioma a. siedmiu: Uczył się z siedmioma (z siedmiu) kolegami. △ Liczebnik *siedem*, jak również liczebniki wielowyrazowe, w których ostatnim członem jest liczebnik *siedem*, łączą się z rzeczownikiem (podmiotem) w dopełniaczu i z orzeczeniem w *lp*, a w czasie przeszłym w rodzaju nijakim: Siedmiu chłopców idzie, szło (*nie*: idą, szli). Siedem książek leży, leżało (*nie*: leżą, leżały) na półce. || *D Kult. I, 250. Por.* siedmioro.

siedemdziesiąt *m-nieos.*, *n* i *ż*, *DCMs.* siedemdziesięciu, także: *m-os.* w funkcji mianownika — podmiotu (np. Siedemdziesięciu chłopców, mężczyzn szło); *B. m-nieos.*, *n* i *ż* = *M.*, *B. m-os.* = *D.*; *N.* siedemdziesięcioma a. siedemdziesięciu: Pracował z siedemdziesięcioma (z siedemdziesięciu) kolegami. △ Liczebnik *siedemdziesiąt* łączy się z podmiotem w dopełniaczu i orzeczeniem w *lp*, a w czasie przeszłym w rodzaju nijakim: Siedemdziesięciu chłopców idzie, szło (*nie*: idą, szli). Siedemdziesiąt książek leży, leżało (*nie*: leżą, leżały) na półce. △ Siedemdziesiąt jeden (odmienia się tylko pierwszy wyraz), *DCMs.* siedemdziesięciu jeden, *N.* siedemdziesięciu jeden, *rzad.* siedemdziesięcioma jeden: Siedemdziesiąt jeden książek leżało (*nie*: siedemdziesiąt jedna książka leżała a. leżały) na półce. Szłam z siedemdziesięciu jeden, *rzad.* z siedemdziesięcioma jeden kolegami (*nie*: z siedemdziesięciu, siedemdziesięcioma jednym kolegą).

siedemdziesiąty odm. jak przym. (pisane całym wyrazem a. cyframi bez końcówek — arabskimi z kropką, rzymskimi bez kropki): Siedemdziesiąty rozdział powieści a. 70. rozdział, LXX rozdział powieści. Siedemdziesiąta rocznica a. 70. rocznica (*nie*: 70-a rocznica i *nie*: siedemdziesięcioletnia rocznica). △ *pot.* Lata siedemdziesiąte jakiegoś wieku (od 70. do 79. roku), *lepiej*: ósmy dziesiątek lat jakiegoś wieku.

siedemdziesięcio- «pierwszy człon wyrazów złożonych (rzeczowników, przymiotników), pisany łącznie, wskazujący na to, że to, co jest wymienione w drugiej części złożenia występuje siedemdziesiąt razy, składa się z siedemdziesięciu jednostek itp.», np.: siedemdziesięciolecie, siedemdziesięciodniowy, siedemdziesięciogodzinny.

siedemdziesięciolecie *n I, lm D.* siedemdziesięcioleci (dopuszczalna pisownia: 70-lecie): Siedemdziesięciolecie urodzin.

siedemkroć (*wym.* siedemkroć) *ndm przestarz.* «siedem razy, siedmiokrotnie»

siedemnasty odm. jak przym. (pisane całym wyrazem a. cyframi bez końcówek — arabskimi z kropką, rzymskimi bez kropki; wyjątki od tej zasady dotyczą godzin i dni miesiąca): Koniec siedemnastego wieku a. 17. wieku, XVII wieku. 17. rocznica a. siedemnasta rocznica (*nie:* 17-a rocznica i *nie:* siedemnastoletnia rocznica). Siedemnasty maja a. siedemnastego maja (*nie:* siedemnasty maj) — pisane zwykle: 17 maja a. 17.V (*nie:* 17-go maja).
siedemnasta w użyciu rzeczownikowym «godzina siedemnasta» (używane zwykle w języku urzędowym): Pociąg odjeżdża o siedemnastej (ale w rozmowie: Spotkamy się o piątej po południu).

siedemnaście *m-nieos.*, *n* i *ż*, *DCMs.* siedemnastu, także: *m-os.* w funkcji mianownika — podmiotu (np. Siedemnastu chłopców, mężczyzn szło); *B. m-nieos.*, *n* i *ż* = *M.*, *B. m-os.* = *D.*; *N.* siedemnastoma a. siedemnastu: Uczył się z siedemnastoma a. siedemnastu kolegami. △ Liczebnik *siedemnaście* łączy się z rzeczownikiem (podmiotem) w dopełniaczu i z orzeczeniem w *lp*, a w czasie przeszłym w rodzaju nijakim: Siedemnastu chłopców idzie, szło (*nie*: idą, szli). Siedemnaście książek leży, leżało (*nie*: leżą, leżały) na półce. *Por.* siedemnaścioro.

siedemnaścioro, *D.* siedemnaściorga, *CMs.* siedemnaściorgu, *N.* siedemnaściorgiem «liczebnik zbiorowy odpowiadający liczbie 17, odnoszący się do osób różnej płci, do istot młodych, niedorosłych (których nazwy są zakończone w *lm* na *-ęta*), do niektórych rzeczowników zdrobniałych oraz do pewnych przedmiotów, których nazwy występują tylko w *lm*»: Siedemnaścioro dzieci, kurcząt, drzwi, sań. Opowiadał bajkę siedemnaściorgu dzieciom. Kwoka z siedemnaściorgiem kurcząt (*nie*: kurczętami). △ Liczebnik *siedemnaścioro* łączy się z orzeczeniem w *lp*, a w czasie przeszłym w rodzaju nijakim: Siedemnaścioro dzieci idzie, szło (*nie*: idą, szły) do szkoły.

siedemset (*wym.* siedemset, *nie*: siedemset) *m-nieos.* *n* i *ż*, *DCNMs.* siedmiuset, także: *m-os.* w funkcji mianownika — podmiotu (np. Siedmiuset robotników pracuje); *B. m-nieos.*, *n* i *ż* = *M.*; *B. m-os.* = *D.*; *N.* siedmiuset, np.: Pociąg z siedmiuset pasażerami. Brak mi siedmiuset dwudziestu złotych. △ Liczebnik *siedemset* łączy się z rzeczownikiem (podmiotem) w dopełniaczu i orzeczeniem w lp, a w czasie przeszłym w rodzaju nijakim: Siedmiuset mężczyzn idzie, szło (*nie*: idą, szli). Siedemset kobiet idzie, szło (*nie*: idą, szły).

siedemsetlecie *n I*, *lm D.* siedemsetleci (dopuszczalna pisownia: 700-lecie): Siedemsetlecie zwycięstwa (*nie*: rocznicy zwycięstwa).

siedemsetletni (*nie*: siedemsetletny): Drzewo siedemsetletnie. Osada siedemsetletnia. △ *niepoprawne* Siedemsetletnia rocznica (*zamiast*: siedemsetna rocznica; siedemsetletnie).

siedemsetny odm. jak przym. (pisane całym wyrazem a. cyframi bez końcówek — arabskimi z kropką, rzymskimi bez kropki): Siedemsetny numer pisma a. 700. numer pisma. Siedemsetna rocznica a. 700. rocznica (*nie*: 700-a, 700-setna i *nie*: siedemsetletnia rocznica). △ W liczebnikach wielowyrazowych uży-

wany tylko jako człon ostatni: Tysiąc siedemsetny (*ale*: siedemset trzydziesty).

Siedlce *blp*, *D.* Siedlec «miasto» — siedlczanin *m V*, *D.* siedlczanina, *lm M.* siedlczanie, *D.* siedlczan — siedlczanka *ż III*, *lm D.* siedlczanek — siedlecki.

siedlecki: Powiat siedlecki (*ale*: Wysoczyzna Siedlecka).

siedmio- «pierwszy człon wyrazów złożonych (rzeczowników, przymiotników, przysłówków) wskazujący na to, że to, co jest wymienione w drugiej części złożenia, występuje siedem razy, składa się z siedmiu jednostek itp. (pisane łącznie)», np.: siedmiobarwny, siedmiobarwność; siedmiopiętrowy, siedmiogodzinny; siedmiokrotnie.

siedmiogrodzki: Przemysł siedmiogrodzki (*ale*: Wyżyna Siedmiogrodzka).

Siedmiogród *m IV*, *D.* Siedmiogrodu «kraina w Rumunii (Transilvania)» — Siedmiogrodzianin *m V*, *D.* Siedmiogrodzianina, *lm M.* Siedmiogrodzianie, *D.* Siedmiogrodzian — Siedmiogrodzianka *ż III*, *lm D.* Siedmiogrodzianek — siedmiogrodzki (p.).

! siedmioklasista p. siódmoklasista.

siedmiolecie *n I*, *lm D.* siedmioleci (dopuszczalna pisownia: 7-lecie): Dziś obchodzimy siedmiolecie istnienia fabryki.

siedmioletni (*nie*: siedmioletny): Siedmioletnie dziecko. Siedmioletni kurs. △ *niepoprawne* Siedmioletnia rocznica (*zamiast*: siódma rocznica; siedmiolecie).

siedmioro, *D.* siedmiorga, *CMs.* siedmiorgu, *N.* siedmiorgiem «liczebnik zbiorowy odpowiadający liczbie 7, odnoszący się do osób różnej płci, do istot młodych, niedorosłych (których nazwy są zakończone w *lm* na *-ęta*), do niektórych rzeczowników zdrobniałych oraz do pewnych przedmiotów, których nazwy bywają używane tylko w *lm*» △ Liczebnik *siedmioro* łączy się z orzeczeniem w *lp*, a w czasie przeszłym w rodzaju nijakim: Siedmioro dzieci idzie, szło (*nie*: idą, szły). Siedmioro kurcząt dziobie, dziobało (*nie*: dziobią, dziobały) ziarno.

siedmiu p. siedem.

siedzący imiesł. przymiotnikowy czynny od czas. siedzieć (p.).
siedzący w użyciu przymiotnikowym 1. «polegający na tym, że się dużo siedzi»: Siedzący tryb życia. △ Pozycja siedząca «pozycja człowieka siedzącego» 2. «taki, na którym można usiąść, przeznaczony do siedzenia»: Miejsce siedzące (*ale nie*: trybuna siedząca). || U Pol. (2), 209.

siedzieć (*nie*: siedzić) *ndk VIIa*, siedzieliśmy (p. akcent § 1a i 2) 1. «być w pozycji siedzącej»: Siedzieć za stołem, przy stole. Siedzieć na krześle, na kanapie, na ławce, *ale*: w trzeciej ławce (szkolnej). △ Siedzieć na dwóch stołkach (*nie*: krzesłach) «być dwulicowym» △ Siedzieć założywszy ręce a. z założonymi rękami «nic nie robić, zachowywać się biernie» △ Siedzieć jak na niemieckim a. tureckim kazaniu «nic nie rozumieć, nie orientować się» △ Siedzieć jak na szpilkach, jak na (gorących, rozżarzonych) węglach «denerwować się, niecierpliwić się» 2. *pot.* «przebywać, pozostawać gdzieś przez jakiś czas;

mieszkać gdzieś stale»: Siedział ostatnio za granicą. Siedzieć w domu, u koleżanki. Siedzieli dwa lata we Wrocławiu. Siedziała długo w wodzie. △ Siedzieć (gdzieś) kamieniem a. kołkiem «przebywać gdzieś bez przerwy, nie ruszając się z miejsca» △ Siedzieć komuś na karku **a)** «naprzykrzać się komuś; być komuś ciężarem będąc na jego utrzymaniu» **b)** «jechać, iść tuż za kimś» △ Siedzieć (jak u Pana Boga) za piecem «nic nie robić, żyć beztrosko nie narażając się na nic» **3.** *pot.* «zajmować się czymś, pracować w jakiejś branży; być czymś bardzo zajętym, zaabsorbowanym» ☐ S. nad czym, przy czym, *pot.* w czym: Siedział całymi popołudniami przy maszynach. Siedzieć nad lekcjami. Siedzieć w handlu. **4.** *pot.* «być pozbawionym wolności osobistej, być aresztowanym (często w zwrotach: siedzieć w więzieniu, areszcie itp.»: Siedział dwa lata. Siedzieć za kratkami. Siedzieć pod kluczem. ☐ S. za co: Siedzi za kradzież. *Por.* siadać.

siekacz *m II, lm D.* siekaczy, *rzad.* siekaczów.

siekać *ndk I,* siekaliśmy (p. akcent § 1a i 2) «ciąć coś na drobne kawałki, raz po raz, wielokrotnie»: Siekane kotlety. *Por.* siec.

siekiera (*nie:* siekera) *ż IV*: Ciosać, łupać siekierą. Paść pod siekierą a. pod ciosami siekiery (o drzewach, lasach).

sielankowy a. **sielski 1.** «taki jak w sielance, pogodny, spokojny; wiejski, idylliczny»: Dzieciństwo sielankowe (sielskie). **2.** tylko: sielankowy «dotyczący sielanki (utworu poetyckiego); o poecie, pisarzu: pisujący sielanki»: Poezja sielankowa.

Sielce *blp, D.* Sielc **1.** «dzielnica Warszawy»: Mieszkać na Sielcach. **2.** «miejscowość w ZSRR»: W Sielcach formowała się Dywizja im. T. Kościuszki. — sielecki.

sielski p. sielankowy.

Siemaszko *m* odm. jak *ż III, lm M.* Siemaszkowie, *DB.* Siemaszków: „Głupi Jakub" z Antonim Siemaszką (*nie:* Siemaszko) w roli głównej. Siemaszko *ż ndm* — Siemaszkowa *ż* odm. jak przym.: Ilustracje Olgi Siemaszkowej. — Siemaszkówna *ż IV, D.* Siemaszkówny, *CMs.* Siemaszkównie (*nie:* Siemaszkównej), *lm D.* Siemaszkówien (*nie:* Siemaszkównych).

Siemens (*wym.* Z-imens) *m IV, D.* Siemensa (p. akcent § 7): Linia telegraficzna Petersburg-Warszawa Siemensa.

Siemianowice *blp, D.* Siemianowic «miasto» — siemianowiczanin *m V, D.* siemianowiczanina, *lm M.* siemianowiczanie, *D.* siemianowiczan — siemianowiczanka *ż III, lm D.* siemianowiczanek — siemianowicki.

Siemiatycze *blp, D.* Siemiatycz — siemiatycki.

Siena (*wym.* Sjena) *ż IV* «miasto we Włoszech»: Zabytki architektury średniowiecznej Sieny. — sieneński (*wym.* sjeneński). *Por.* sjena.

Sienkiewicz *m II, lm M.* Sienkiewiczowie. Sienkiewicz *ż ndm* — Sienkiewiczowa *ż* odm. jak przym. — Sienkiewiczówna *ż IV, D.* Sienkiewiczówny, *CMs.* Sienkiewiczównie (*nie:* Sienkiewiczównej), *lm D.* Sienkiewiczówien.

sienkiewiczolog *m III, lm M.* sienkiewiczolodzy a. sienkiewiczologowie.

Sienkiewiczowski 1. «należący, odnoszący się do Sienkiewicza»: Sienkiewiczowska Trylogia. **2.** sienkiewiczowski «będący w stylu Sienkiewicza, taki, jak w jego powieściach»: Typy sienkiewiczowskie.

siennik (*nie:* sienik) *m III.*

sień *ż V, lm M.* sienie, *D.* sieni.

siepacz *m II, lm D.* siepaczy, *rzad.* siepaczów, zwykle w *lm książk.* «bandyci, oprawcy»

Sieradz *m II* «miasto» — sieradzanin *m V, D.* sieradzanina, *lm M.* sieradzanie, *D.* sieradzan — sieradzanka *ż III, lm D.* sieradzanek — sieradzki.

sieradzki: Ziemia sieradzka (*ale:* Niecka Sieradzka).

Sieradzkie *n* odm. jak przym., *NMs.* Sieradzkiem (*nie:* Sieradzkim) «ziemia sieradzka»

sierota (*nie:* sirota) *ż* a. *m* odm. jak *ż IV, M.* ten a. ta sierota (także o mężczyznach), *lm MB.* te sieroty, *D.* sierot, *reg.* sierót.

Sierpc *m II* «miasto» — sierpczanin *m V, D.* sierpczanina, *lm M.* sierpczanie, *D.* sierpczan — sierpczanka *ż III, lm D.* sierpczanek — sierpecki (*nie:* sierpiecki). || *U Pol. (2), 603.*

sierpień *m I* «ósmy miesiąc roku, w datach pisany słowami, cyframi arabskimi z kropką lub rzymskimi»: 15 sierpnia 1969 r., 15.8.1969 r., 15.VIII.1969 r. a. 15 VIII 1969 r. △ Na pytanie: kiedy? — nazwa miesiąca zawsze w dopełniaczu, nazwa dnia — w dopełniaczu a. (z przyimkami *przed, po*) w narzędniku, np.: Przyjechał piątego sierpnia. Przed piątym sierpnia (*nie:* przed piątym sierpniem). △ Na pytanie: jaki jest (lub był) dzień? — liczba porządkowa dnia w mianowniku a. dopełniaczu, nazwa miesiąca w dopełniaczu: Piąty sierpnia (*nie:* piąty sierpień) był dniem powszednim. Dziś jest piąty sierpnia a. piątego sierpnia (*nie:* piąty sierpień).

Sierpień *m I, D.* Sierpnia, *lm M.* Sierpniowie, *DB.* Sierpniów. Sierpień *ż ndm* — Sierpniowa *ż* odm. jak przym. — Sierpniówna *ż IV, D.* Sierpniówny, *CMs.* Sierpniównie (*nie:* Sierpniównej), *lm D.* Sierpniówien || *D Kult. II, 493.*

sierść (*nie:* szerść) *ż V, blm:* Sierść psa, kota.

sierż. «skrót wyrazu: *sierżant*, pisany z kropką, stawiany zwykle przed nazwiskiem lub przed imieniem i nazwiskiem, czytany jako cały, odmieniany wyraz»: Sierż. Wójcik, sierż. Kazimierz Wójcik. Raport sierż. (*czyt.* sierżanta) Wójcika.

sierżant (*nie:* szerżant) *m IV, lm M.* sierżanci (skrót: sierż.).

siew *m IV, D.* siewu: Przygotować glebę pod siew, ziarno do siewu.

Siewierz *m II* «miasto» — siewierzanin *m V, D.* siewierzanina, *lm M.* siewierzanie, *D.* siewierzan — siewierzanka *ż III, lm D.* siewierzanek — siewierski.

się «zaimek zwrotny, będący formą biernika, używany zwykle przy czasownikach (jak również rzeczownikach odsłownych) we wszystkich osobach obu liczb, odpowiadający akcentowanej formie *siebie*, lub będący formą dopełniacza, używaną rzadko, tylko przy czasownikach zaprzeczonych», np.: Widział się (siebie), w lustrze. Chora nie myje się jeszcze sama.

△ Zaimek *się* występuje tylko w pozycjach nie akcentowanych (jako tzw. enklityka). Nie używa się go nigdy na początku zdania ani w połączeniu z przyimkami (*ale* wyjątkowo w wyrażeniu: sam, sama, samo przez się) — i raczej nie w pozycji końcowej. △ Używanie zaimka *się* bezpośrednio po czasowniku nie jest bynajmniej regułą. Za najwłaściwsze miejsce zaimka *się* w zdaniu uznaje się pozycję przed czasownikiem; może on być nawet oddzielony od czasownika innymi wyrazami, np.: Czy się nie przeliczyłeś? (*nie*: Czy nie przeliczyłeś się?). Wyjaśnieniami braków nie usunie *albo*: Wyjaśnieniami braków się nie usunie *lub*: Nie usunie się braków wyjaśnieniami (*nie*: Wyjaśnieniami braków nie usunie się). △ Po czasowniku stawiamy zaimek *się* jedynie w zdaniach składających się tylko z orzeczenia, np.: Obróć się! Nie bój się — jakoś to będzie! *Ale*: Nic się nie bój! Dlaczego się śmiejesz? △ W zdaniu, w którym występują dwa czasowniki z zaimkiem *się*, dopuszczalne jest opuszczenie jednego z nich, np.: Nie starał się z nią spotkać (*nie*: Nie starał się spotkać się z nią).

△ Zaimek *się* 1. tworzy stronę zwrotną czasowników wskazując, że sprawca czynności jest jednocześnie jej odbiorcą, np.: Myli dzieci a potem myli się sami (a. myli siebie). Matka położyła się na łóżku. 2. nadaje czasownikom odcień znaczeniowy wzajemności, wyrażając, że czynność jednego z jej sprawców skierowana jest na drugiego, np.: Przeproście się i będzie spokój. Gonił się z jakimś chłopcem po korytarzu. Maria i Jan znali się od dawna. 3. w połączeniu z czasownikiem tworzy czasem formy o znaczeniu biernym, np.: Dom się buduje (czyli: dom jest budowany przez kogoś). Chował się u dziadków. Oszukał się, ale nie powiedział nazwiska osoby, która go oszukała. Podniosły się protesty. 4. nadaje czasownikom odcień znaczeniowy intensywności, wzmacnia znaczenie czasownika bez *się*, zwłaszcza w mowie potocznej, swobodnej, np.: Zapytać się kogoś o coś a. zapytać kogoś o coś. Lampa mocno się świeciła a. lampa świeciła mocno. Dotknąć czegoś a. dotknąć się czegoś. Trzeba słuchać się rodziców, *lepiej*: Słuchać rodziców. Zostać się w domu, *lepiej*: Zostać w domu. 5. z czasownikiem w 3. os. *lp* rodzaju nijakiego tworzy orzeczenie zdań bezpodmiotowych, np.: Mówi się, że...; Do lasu idzie się stąd godzinę. Zrobiło się późno. 6. stanowi część niektórych czasowników, nie nadając im znaczenia strony zwrotnej, np.: bać się, śmiać się, zawahać się. || D Kult. I, 75, 150, 220; U Pol. (2), 36, 181, 323, 380; KJP 400—402.

sięgać *ndk* I, sięgaliśmy (p. akcent § 1a i 2) — **sięgnąć** *dk* Va, sięgnąłem (*wym.* sięgnołem; *nie*: sięgnęłem, sięgłem), sięgnął (*wym.* sięgnoł), sięgnęła (*wym.* sięgnęła; *nie*: sięgła), sięgnęliśmy (*wym.* sięgnęliśmy; *nie*: sięgliśmy) 1. «wyciągać rękę, żeby coś wziąć, dostać się do czegoś, dotknąć czegoś»: Sięgać po książkę. Sięgnąć po kapelusz. △ *przen.* «starać się zdobyć coś, dążyć do czegoś»: Sięgać po władzę, po majątek, po laury. Sięgać na półkę, do wąsów. Sięgnąć do kieszeni. △ *przen.* «zapoznawać się z czymś, czer-

pać skądś»: Sięgać do literatury, do źródeł. Sięgać pod poduszkę. 2. *częściej*: dosięgać «docierać do kogoś lub czegoś» □ S. kogo, czego: Ciosy nie sięgają przeciwnika. Orzeł sięga chmur. 3. «osiągać jakąś granicę, jakiś kres (w przestrzeni, w ilości, w liczbie)» □ S. czego a. do czego, *rzad.* po co: Sukienka sięga do kolan (kolan). Woda sięga pasa, do pasa, po pas. □ S. czego (*nie*: co, w co): Straty sięgają setek (*nie*: setki, w setki) tysięcy złotych. △ Jak (daleko) okiem, wzrokiem sięgnąć «tak daleko, jak tylko można zobaczyć, dojrzeć; gdzie spojrzeć»: Jak okiem sięgnąć morze głów. △ Jak, odkąd sięgnąć pamięcią, wspomnieniem, myślą «tak dawno, jak tylko można sobie przypomnieć» △ Sięgać (za) wysoko, daleko itp. «mieć (zbyt) wygórowane ambicje, plany» 4. tylko *ndk* «istnieć od jakiegoś czasu; datować się» □ S. czego: Jego próby pisarskie sięgają lat szkolnych.

signoria (*wym.* s-ińjorja) *ż* I, *DCMs.* i *lm* D. signorii.

silikat p. sylikat.

silikatowy p. sylikatowy.

silikon p. sylikon.

silny *m-os.* silni, *st. w.* silniejszy 1. «odznaczający się siłą, mocą, mocny»: Silny chłopak. □ S. w czym: Silny w ręku. □ S. czym: Silny duchem. 2. w zn. «wprawny, biegły w czymś — *lepiej*: mocny» □ S. w czym: Nie jest silny (*lepiej*: mocny) w językach obcych. △ Coś jest czyjąś silną (*lepiej*: mocną) stroną «ktoś celuje w czymś»: Jego silną stroną była matematyka. 3. «odznaczający się intensywnością, nasileniem; silnie działający»: Silny środek nasenny. Silny zapach. Silne emocje, uczucia.

silos (*wym.* s-ilos) *m* IV, D. silosu.

silosować p. zasilosować.

siła *ż* IV 1. «energia fizyczna a. duchowa; zdolność do wysiłku, do działania; zdolność oddziaływania, moc»: Nadludzka siła. Siła argumentów, uczucia. Nabierać siły. Wyrabiać siłę. Dobywać ostatka ́sił a. ostatnich sił. Gonić ostatkiem, resztkami sił. Być u kresu sił. Opadać z sił. Siły komuś nie dopisują. □ S. do czego: Nie miał już sił do pracy. □ S. w czym: Siła w rękach. △ Siłą rzeczy «tym samym»: Wszyscy zrezygnowali, więc Jan siłą rzeczy pozostał jedynym kandydatem. △ Leżeć, padać itp. bez sił. △ Co sił (siły), ile sił «z największym wysiłkiem; szybko jak tylko można»: Wiosłowali co sił (co siły). Uciekajmy co sił (ile sił). △ Siłą, *pot.* na siłę, *rzad.* przez siłę (robić coś) «używając siły; przemocą, gwałtem»: Karmiono go na siłę. Wzięto go siłą. △ O własnych siłach, *przestarz.* o własnej sile «bez niczyjej pomocy, samodzielnie»: Chodziła już o własnych siłach. △ Z całej siły, z całych sił, ze wszystkich sił «bardzo silnie; z największym wysiłkiem»: Uderzyć z całej siły a. z całych sił. Chciał jej pomóc z całych (ze wszystkich sił). △ Coś nad (ponad) czyjeś siły, nie na czyjeś siły «coś przerastającego czyjeś siły»: Praca (po)nad siły. Trudy nie na jej siły. △ Ktoś jest w sile wieku «ktoś jest w pełni sił żywotnych, niestary» △ Czuć się na siłach do czegoś a. coś robić «mieć siłę do czegoś; być w stanie coś robić»: Czuł się na siłach walczyć o swoje prawa. Nie czuła się na siłach do tej rozmowy. △ Mieć siłę (siły) do czegoś a. (żeby) coś robić «być w stanie, móc coś robić»: Nie ma siły do sprzątania a. (żeby) sprzątać.

Ranny miał jeszcze siłę, żeby wstać. Miała siłę opanować wzburzenie. △ *niepoprawne* Coś wzbiera, wzrasta na sile (*zamiast*: coś się wzmaga, zwiększa), np. Propaganda czytelnictwa wzbiera, wzrasta ną sile (*zamiast*: wzmaga, zwiększa się). **2.** *pot.* «jednostka ludzka ze względu na charakter, rodzaj pracy; pracownik»: Jako nauczyciel był pierwszorzędną siłą. Zatrudnić nowe siły. Siła najemna, robocza. △ Siła biurowa, techniczna, nauczycielska (*lepiej*: urzędnik, pracownik techniczny, nauczyciel). **3.** zwykle w *lm* «wojsko, oddziały wojska»: Dysponować znaczną siłą zbrojną. Siły nieprzyjacielskie. Siły lądowe. Znaczne, duże (*nie*: poważne) siły wojskowe. **4.** «zdolność bojowa oceniana ze względu na liczbę żołnierzy, ilość sprzętu itp. (zwykle w wyrażeniu: w sile)»: Oddział w sile dwustu ludzi. // *KP Pras.*

siłacz *m II, lm D.* siłaczy, *rzad.* siłaczów.

siłomierz *m II, lm D.* siłomierzy, *rzad.* siłomierzów; *in.* dynamometr.

siłownia *ż I, lm D.* siłowni: Siłownia wodna, atomowa.

SIMCA (*wym.* s-imka) **1.** *ż* a. *n ndm* «skrót francuskiej nazwy Towarzystwa Przemysłowego Mechaniki i Nadwozi Samochodowych»: Zakłady SIMCA wypuściły na rynek nowy model wozu. SIMCA wyprodukowała (wyprodukowało) 5 000 nowych samochodów osobowych.
2. a. Simca, *ndm* «marka samochodu»: Kupić auto marki SIMCA (Simca).
3. *pot.* simca *ż III, D.* simki «samochód tej marki»: Jechać simką. Na parkingu stało kilka simek. // *D Kult. II, 593.*

simentalski (*wym.* s-imentalski), *rzad.* **simentalerski** (*wym.* s-imentalerski): Simentalska (simentalerska) rasa bydła.

Simonow (*wym.* S-imonow, *nie*: Simonow) *m IV, D.* Simonowa (p. akcent § 7): Powieści Konstantego Simonowa. // *D Kult. I, 683.*

Simplon (*wym.* S-implon) *m IV, D.* Simplonu «przełęcz w Szwajcarii» — simploński (p.).

simploński (*wym.* s-imploński): Szosa simplońska (*ale*: Przełęcz Simplońska).

Sinclair (*wym.* S-inkler) *m IV, D.* Sinclaira (*wym.* S-inklera, p. akcent § 7), *Ms.* Sinclairze: Powieści Sinclaira.

Singapur (*wym.* S-ingapur) *m IV, D.* Singapuru (p. akcent § 7) **1.** «wyspa w pobliżu południowego cypla Półwyspu Malajskiego»: Na Singapurze panuje klimat równikowy. **2.** «państwo obejmujące wyspę Singapur oraz 40 okolicznych wysp; stolica tego państwa»: W Singapurze głową państwa jest prezydent. W Singapurze (mieście) koncentruje się głównie przemysł przetwórczy. — singapurski (p.).

Singapurczyk (*wym.* S-ingapurczyk) *m III, lm M.* Singapurczycy **1.** «mieszkaniec Singapuru — wyspy; obywatel Singapuru — państwa»
2. singapurczyk «mieszkaniec Singapuru — miasta»

Singapurka (*wym.* S-ingapurka) *ż III, lm D.* Singapurek **1.** «mieszkanka Singapuru — wyspy; obywatelka Singapuru — państwa»
2. singapurka «mieszkanka Singapuru — miasta»

singapurski (*wym.* s-ingapurski): Klimat singapurski (*ale*: Cieśnina Singapurska).

singel (*wym.* s-ingel, s-ingiel a. syngel, syngiel), *m I, D.* singla **1.** *B.* singla «w tenisie i w ping-pongu: gra pojedyncza (między dwoma graczami)»: Rozegrać singla. **2.** *B.* singla «w grze w karty: jedyna otrzymana karta w danym kolorze»: Dostał singla pik. **3.** *B.* singel a. singla «płyta z nagraną jedną melodią na każdej stronie»: Nagrać singel a. singla.

singlista (*wym.* s-inglista) *m odm. jak ż IV, lm M.* singliści, *DB.* singlistów.

siniak *m III, D.* siniaka, *B. = D.* **1.** «sina plama na skórze powstała na skutek wylewu krwi do tkanki podskórnej; siniec»: Nabić sobie siniaka. **2.** «grzyb jadalny»: Znaleźć, zjeść marynowanego siniaka. **3.** «ptak z rodziny gołębi; gołąb siniak»: Zobaczył na drzewie gołębia siniaka.

siniec *m II, D.* sińca, *lm D.* sińców; *B. lp = D.* w zwrocie: Nabić (sobie, komuś) sińca.

sinieć *ndk III,* sinieliśmy (p. akcent § 1a i 2) — **zsinieć** *dk*: Nos sinieje. □ S. z czego a. od czego (kiedy mowa o przyczynie zewnętrznej): Sinieć z zimna, mrozu a. od zimna, od mrozu. □ S. z czego (kiedy mowa o przyczynie wewnętrznej): Zsiniał ze złości.

Sinko (nie *wym.* S-inko) *m odm. jak ż III, lm M.* Sinkowie, *DB.* Sinków: Prace filologiczne profesora Sinki.

sinolog (*wym.* s-inolog) *m III, lm M.* sinologowie a. sinolodzy.

sinologia (*wym.* s-inologia) *ż I, DCMs.* sinologii, *blm.*

sintoizm (nie *wym.* s-intoizm) *m IV, D.* sintoizmu, *Ms.* sintoizmie (*wym.* ~izmie a. ~iźmie), *blm*; a. **sinto** (nie *wym.* s-into) *n* a. *ż ndm* «starożytna religia Japończyków»: Sintoizm rozpowszechnił się a. sinto rozpowszechniło się (rozpowszechniła się) w Japonii.

sinus (*wym.* s-inus, *nie*: synus) *m IV, D.* sinusu a. sinusa.

sinusoida (*wym.* s-inusoida) *ż IV.*

siny *m-os.* sini, *st. w.* bardziej siny **1.** «niebiesko-fioletowy, czasem z odcieniem szarym»: Siny nos. Sine chmury. Był siny z zimna, ze złości, od mrozu. **2.** *reg.* «ciemnoniebieski»: Sina farba.

siodlarz *m II, lm D.* siodlarzy, *rzad.* siodlarzów.

siodło *n III, lm D.* siodeł: Zachwiać się w siodle. Poprawić się, unieść się w siodle, na siodle. △ Koń pod siodłem «koń osiodłany» △ *przestarz.* Koń pod siodło «koń do jazdy wierzchem; pod wierzch» Siedzieć mocno w siodle «czuć się pewnie na jakimś stanowisku» △ Wysadzić kogoś z siodła «pozbawić kogoś stanowiska»

sioło *n III, lm D.* sioł *przestarz., książk.* «wieś; osiedle wiejskie»

siorbać, *rzad.* **siorpać** *ndk IX,* siorbie, siorpie; siorbaliśmy, siorpaliśmy (p. akcent § 1a i 2) — **siorbnąć**, *rzad.* **siorpnąć** *dk Va,* siorbnij, siorpnij; siorbnąłem, siorpnąłem (*wym.* siorbnołem, siorpnołem; *nie*: siorbnełem, siorpnełem, siorbłem, siorpłem);

siorbnął, siorpnął (*wym.* siorbnoł, siorpnoł); siorbnęła, siorpnęła (*wym.* siorbneła, siorpneła; *nie*: siorbła, siorpła); siorbnęliśmy, siorpnęliśmy (*wym.* siorbneliśmy, siorpneliśmy; *nie*: siorbliśmy, siorpliśmy) *pot.*: Dzieci głośno siorbały. Siorbać zupę, kawę.

siostra *ż IV, lm D.* sióstr. △ Proszę siostry (*nie*: proszę siostrę) «formuła zwracania się do zakonnicy lub pielęgniarki»

siostrzany «właściwy siostrze, przyjazny, serdeczny»: Siostrzane uczucie. Siostrzany stosunek. △ *niepoprawne* w zn. «należący do siostry», np.: Suknia siostrzana, siostrzane dziecko.

siostrzeniec *m II, D.* siostrzeńca, *W.* siostrzeńcze, *m M.* siostrzeńcy.

siódmoklasista (*nie*: siedmioklasista) *m odm. jak ż IV, lm M.* siódmoklasiści, *DB.* siódmoklasistów *pot.* «uczeń siódmej klasy»

siódmy *odm. jak przym.* (pisane całym wyrazem a. cyframi bez końcówek — arabskimi z kropką, rzymskimi bez kropki; wyjątki od tej zasady dotyczą godzin i dni miesiąca): Koniec siódmego wieku a. 7. wieku, VII wieku. 7. rocznica a. siódma rocznica (*nie*: 7-a rocznica *ani*: siedmioletnia rocznica). Dziś siódmy a. siódmego maja (*nie*: siódmy maj) — pisane zwykle: 7 maja a. 7.V. (*nie*: 7-ego maja).
siódma w użyciu rzeczownikowym «godzina siódma» △ Siódma po południu (w języku urzędowym: dziewiętnasta): Spotkamy się o siódmej po południu (*ale*: Według rozkładu odjazd pociągu: godzina dziewiętnasta). || D Kult. I, 248.

sirocco (*wym.* s-irokko a. s-iroko) *n* a. *m odm.* (*rzad.*) jak *n II, blm*: Nadciągnęło (nadciągnął) sirocco. Drzewa gięły się od gwałtownego sirocca.

Široky (*wym.* Sziroki) *m odm. jak przym., D.* Širokiego (p. akcent § 7): Działalność Širokiego. || D Kult. I, 682.

sito *n III, C.* situ (*nie*: sitowi): Przepuszczać, przesiewać, siać przez sito. Dziurawy, pokłuty jak sito.

Sito *m odm. jak ż IV, lm M.* Sitowie, *DB.* Sitów «nazwisko»: Dom Jana Sity. Rozmawiali o Janie Sicie.
Sito *ż ndm* — Sitowa *ż odm. jak przym.* — Sitówna *ż IV, D.* Sitówny, *CMs.* Sitównie (*nie*: Sitównej), *lm D.* Sitówien.

sitowie *n I, lm D.* sitowi.

siu tylko w *pot.* wyrażeniach: (To) tu, (to) siu; to siu, to tam «tu, tam; to tu, to tam»

! Siuks p. Sjuks.

siwić *ndk VIa*, siwiliśmy (p. akcent § 1a i 2) *reg.* «farbować bieliznę»

siwizna *ż IV, CMs.* siwiźnie, zwykle *blm*: Przedwczesna siwizna. Włosy, skronie przyprószone siwizną.

siwka *ż III, lm D.* siwek; *reg.* «farbka do bielizny»

Siwko *m odm. jak ż III, lm M.* Siwkowie, *DB.* Siwków.
Siwko *ż ndm* — Siwkowa *ż odm. jak przym.* — Siwkówna *ż IV, D.* Siwkówny, *CMs.* Siwkównie (*nie*: Siwkównej), *lm D.* Siwkówien.

siwy *m-os.* siwi, *st. w.* bardziej siwy **1.** «o włosach: białoszary, srebrzystobiały; o człowieku: mający takie włosy»: Siwa broda, czupryna. Siwy staruszek. **2.** «jasnopopielaty, jasnoszary»: Siwy dym papierosa. Trawy siwe od rosy. Ubranie siwe od kurzu. △ Siwy mróz «szron»

sj p. cząstki wyrazów.

sjena (*nie*: siena) *ż IV*, zwykle *blm*: Portret malowany sjeną.

sjesta (*nie*: siesta) *ż IV*: Popołudniowa sjesta.

Sjuks (*nie*: Siuks) *m IV, lm M.* Sjuksowie «mężczyzna z jednego z plemion indiańskich» — Sjuksyjka *ż III, lm D.* Sjuksyjek.

ska, s-ka «skróty wyrazu: *spółka*, pisane bez kropki, czytane jako cały wyraz» Skrót bez łącznika — używany tylko w mianowniku; skrót z łącznikiem używany także w przypadkach zależnych, odmieniany jak *ż III*: Ska (s-ka) akcyjna. Wyroby żelazne — Jan Wiśniewski i ska (a. s-ka). Udziałowcy s-ki (*czyt.* spółki). Wkłady klientów w s-ce wynoszą...

skafander *m IV, D.* skafandra: Skafander narciarski z nieprzemakalnego materiału. Skafander głębinowy.

Skagerrak *m III, D.* Skagerraku «jedna z cieśnin łączących Bałtyk z Morzem Północnym»

skaj *m I, D.* skaju: Płaszcz, torba ze skaju.

skakać *ndk IX*, skaczę (*nie*: skakam), skacze (*nie*: skaka), skakaliśmy (p. akcent § 1a i 2) — **skoczyć** *dk VIb*, skoczyliśmy **1.** «wykonywać skok, skoki»: Wiewiórka nie biega, lecz skacze. Zawodnik skoczył (*nie*: oddał skok). Skakać wysoko, wzwyż, w dal. Skakał na jednej nodze. Skakać z samolotu, ze spadochronem, *rzad.* na spadochronie. Skoczył z drugiego piętra i zabił się. □ tylko *ndk, pot.* S. koło kogo, przed k i m «zabiegać o czyjeś względy» **2.** «dostawać się gdzieś wykonując skok»: Skakać do tramwaju, na konia. △ *przen., pot.* (zwykle *dk*) «szybko pobiec»: Skoczył na podwórze i przyniósł wody. □ S. po co: Skocz po wodę. □ S. do kogo z czym «rzucać się na kogoś»: Skoczył do niego z pięściami. △ Skoczyć komuś do oczu, do gardła. **3.** «odbijać się od czegoś» □ tylko *ndk* S. po czym, na czym: Wóz skakał po (na) wybojach. **4.** «gwałtownie zwiększać się i następnie zmniejszać»: Ceny skaczą. Temperatura skacze.

skala *ż I, lm D.* skali a. skal: Skala termometru. Skala podatkowa. Skala muzyczna. Skala głosu. Mapa w skali 1:50. △ *przen.* Skala barw, odcieni.

skald *m IV, lm M.* skaldowie: Utwory, pieśni skaldów.

skalisty 1. «pełen skał, kamienisty»: Skalisty teren, brzeg. Skaliste dno rzeki. **2.** *rzad.* p. skalny (w zn. 1). △ W nazwach dużą literą: Góry Skaliste.

skalny 1. «będący skałą, uformowany ze skały; *rzad.* skalisty»: Złomy skalne. Ściana skalna. Skalne urwisko, rumowisko. **2.** «właściwy terenom pokrytym skałami»: Orzeł skalny. Skalne rośliny. Skalny ogródek.

skalpel *m I, D.* skalpela, *lm D.* skalpeli a. skalpelów: Skalpel chirurga. △ *przen.* Wziąć coś pod skalpel (np. krytyki, analizy).

skała *ż IV* 1. «zespół minerałów stanowiący składnik skorupy ziemskiej»: Skały osadowe, wulkaniczne, głębinowe. Góry zbudowane ze skał ilastych. △ Ktoś, coś ze skały, jak skała «o kimś, o czymś nieczułym, niewrażliwym»: Ma serce ze skały. 2. *pot.* «wysoka góra nie pokryta roślinnością, wielka bryła kamienna»: Dzika, niedostępna skała. Statek rozbił się o skałę a. na skałach. 3. *reg.* «kamień»

Skamander *m IV, D.* Skamandra «nazwa dawnego miesięcznika poetyckiego; grupa poetów związanych z tym miesięcznikiem»

skamandryta *m odm. jak ż IV, lm M.* skamandryci, *DB.* skamandrytów: Utwory skamandrytów.

skamielina *ż IV*; a. **skamieniałość** *ż V, lm M.* skamieniałości. || *D Kult. I, 599.*

skamłać a. **skamlać** *ndk I,* skamła, skamla; skamlaliśmy, skamlaliśmy (p. akcent § 1a i 2); a. **skamleć** *ndk IX,* skamle, skamlaliśmy 1. *częściej:* skomleć, skomlić. 2. *przen.* «natrętnie, upokarzając się, molestować, błagać» □ S. o co: Skamłać o pomoc, o litość.

skandal (*nie:* szkandał) *m I, D.* skandalu, *lm D.* skandali a. skandalów: Skandal publiczny. Skandal rodzinny a. w rodzinie. Co za skandal! To skandal rozgłaszać cudze tajemnice!

Skandynawia *ż I, DCMs.* Skandynawii 1. in. Półwysep Skandynawski. 2. «kraje leżące na Półwyspie Skandynawskim, a także: Dania, Finlandia i Islandia» — Skandynaw *m IV, lm M.* Skandynawowie — skandynawski.

skandynawski: Literatura skandynawska. Języki, kraje skandynawskie (*ale:* Półwysep Skandynawski, Góry Skandynawskie).

skansen *m IV, D.* skansenu: W skansenie zgromadzono najciekawsze zabytki budownictwa mazurskiego.

skapitulować p. kapitulować.

! skaplerz p. szkaplerz.

skarabeusz (*wym.* skarabe-usz) *m II, lm D.* skarabeuszy a. skarabeuszów.

skarać *ndk IX,* skarzę (*nie:* skaram), skarze, skaraliśmy (p. akcent § 1a i 2) *przestarz., podn.* «ukarać» △ Skarz mnie Bóg a. Boże; niech mnie Bóg skarze, jeśli... «rodzaj zaklęcia» □ S. kogo za co: Los mnie srodze skarał za moją lekkomyślność. *Por.* karać.

skarb *m IV, D.* skarbu. 1. częściej w *lm* «zbiór kosztowności, drogocenne przedmioty»: Skarby narodowe. Ukryte skarby. Skarby kopalne. Skarb rodzinny. △ *przen.* Skarby humoru, uczuć. △ Za (żadne) skarby (świata) «w żadnym wypadku» 2. *pot.* «osoba droga, kochana» używane zwykle w *pieszcz.* zwrocie: mój skarbie. 3. zwykle w *lp* «kasa państwowa; finanse państwowe»: Skarb państwa. Zarządzać skarbem państwa. △ *przestarz.* Ministerstwo Skarbu «ministerstwo finansów»

skarbnica *ż II przestarz.* «skarbiec» △ żywe w zn. *przen.* «zbiór, źródło czegoś»: Skarbnica wiedzy, tradycji.

skarga *ż III* 1. częściej w *lm* «żalenie się, obwinianie kogoś»: Żałosna skarga. Pójść na skargę a. ze skargą. □ S. na kogo, na co: Skargi na młodzież, na złą jakość wyrobów. 2. «pismo zawierające oskarżenie kogoś» □ S. przeciw komu: Wytoczył skargę przeciwko zabójcy. Wnieść skargę do sądu przeciwko oszczercy. □ S. o co: Skarga o naruszenie umowy.

Skarga *m odm. jak ż III, lm M.* Skargowie, *DB.* Skargów.
Skarga *ż ndm* — Skargowa *ż odm. jak przym.*; a. Skarżyna *ż IV, D.* Skarżyny, *CMs.* Skarżynie (*nie:* Skarżynej) — Skarżanka *ż III, lm D.* Skarżanek.

skarlały imiesł. przeszły od czas. skarleć.
skarlały *m-os.* skarlali, w użyciu przymiotnikowym: Skarlałe plemię. △ *przen.* Skarlali niewolnicy.

skarleć *dk III,* skarlał, skarleliśmy (p. akcent § 1a i 2), skarleli: Na piaszczystym gruncie drzewa uschły i skarlały.

skarłowaciały imiesł. przeszły od czas. skarłowacieć.
skarłowaciały *m-os.* skarłowaciali, w użyciu przymiotnikowym: Skarłowaciali ludzie, skarłowaciałe drzewa.

skarłowacieć *dk III,* skarłowacieję, skarłowaciał, skarłowacieliśmy (p. akcent § 1a i 2), skarłowacieli.

skarmiać *ndk I,* skarmialiśmy (p. akcent § 1a i 2) — **skarmić** *dk VIa,* skarmiliśmy *środ.* □ S. co czym (*nie:* przez co, czemu) «zużywać coś jako karmę, paszę dla zwierząt»: Zzieleniałych ziemniaków nie należy skarmiać bydłem (*lepiej:* Zzieleniałymi ziemniakami nie należy karmić bydła). || *D Kult. II, 114; KP Pras. Por.* spasać.

skarpa (*reg.* szkarpa) *ż IV* 1. «podpora muru wzmacniająca wysokie budowle; przypora» 2. «spadzisty brzeg, pochyła ściana wykopu»: Dom stał na stromej skarpie. Skarpa wiślana.

skarpeta (*nie:* szkarpeta) *ż IV*; częściej: **skarpetka** *ż III, lm D.* skarpetek: Wełniane skarpety. Kolorowe skarpetki.

skarżyć *ndk VIb,* skarżyliśmy (p. akcent § 1a i 2) □ S. na kogo (*przed kim, do kogo*) «obwiniać kogoś o coś»: Skarżył ciągle na swoich kolegów przed wychowawcą. □ S. (*dk* zaskarżyć) kogoś o coś (*do sądu*): Zaskarżył sąsiada do sądu o pobicie.
skarżyć się □ S. się na co, na kogo; S. się, że... «wypowiadać skargi; uskarżać się, żalić się»: Skarżył się na bóle. Skarżył się, że mu jest zimno.

skarżypyta *m* a. *ż odm. jak ż IV, M.* ten a. ta skarżypyta (także o chłopcach), *lm M.* te skarżypyty, *D.* skarżypytów (tylko o chłopcach) a. skarżypyt, *B.* tych skarżypytów (tylko o chłopcach) a. te skarżypyty.

Skarżysko (Kościelne, Książęce), Skarżysko *n II,* Kościelne, Książęce odm. przym. «miejscowości» — skarżyski.

Skarżysko-Kamienna, Skarżysko *n II,* Kamienna *ż odm. jak przym.* «miasto»: Jechać do Skarżyska-Kamiennej. Powiat Skarżysko-Kamienna. — skarżyski.

skasować p. kasować.

skat *m IV, DB*. skata, *blm*: Grali w skata.

skaut (*wym*. skau-t, *nie*: ska-ut) *m IV, przestarz*. «harcerz (dziś używane tylko w odniesieniu do członków organizacji skautowych)»

skautowski, *rzad*. **skautowy** (*wym*. skau-towski, skau-towy) *przestarz*.: Skautowski (skautowy) mundur. Skautowskie (skautowe) piosenki.

! **skay** p. skaj.

skaza *ż IV* w zn. «rysa, usterka, wada»: Materiał ze skazami. Brylant bez skazy. □ S. na czym a. w czym: Skaza w materiale (na materiale). △ *przen*. Skaza na honorze, na sumieniu.

skazać *dk IX*, skaże, skazaliśmy (p. akcent § 1a i 2) — **skazywać** *ndk VIIIa*, skazuję (*nie*: skazywam, skazywuję), skazywaliśmy □ S. kogo — na co: Skazać kogoś na grzywnę, na karę śmierci, na zesłanie. △ *przen*. (zwykle w imiesł. biernym): Ktoś skazany na bezczynność. Rzecz skazana na zapomnienie.

skazaniec *m II, D*. skazańca, *W*. skazańcze, *lm M*. skazańcy.

skazić *dk VIa*, skażę, skaź, skaziliśmy (p. akcent § 1a i 2) — **skażać** *ndk I*, skażaliśmy □ S. co — czym: Sól przemysłową skaża się odpowiednimi dodatkami denaturującymi. Woda skażona chemikaliami. Teren skażony ciałami promieniotwórczymi. △ Spirytus skażony, *in*. denaturowany.

skazówka *ż III, lm D*. skazówek *przestarz*., dziś *reg*. «wskazówka»

skazywać p. skazać.

skąd «zaimek przysłówkowy zastępujący wyrażenia (wyrazy) oznaczające określenia miejsca, źródła czegoś, przyczynę czegoś»: **a)** w funkcji pytajnej (w zdaniach głównych), np.: Skąd przychodzisz? Skąd ci to przyszło do głowy? Skąd się tu wzięłeś? *rzad*. Skądeś się tu wziął? Skąd wieje wiatr? △ *niepoprawne* Skąd by nie był, nie przyszedł (*zamiast*: skądkolwiek by był, przyszedł). **b)** w funkcji względnej (w zdaniu podrzędnym), np.: Wracaj tam, skąd przyszedłeś, *rzad*. skądeś przyszedł. Nie powiedział, skąd ma te rzeczy. Nie wiem, skąd ci to przyszło do głowy. △ Nie miał skąd wziąć pieniędzy, żeby spłacić dług. Przyszedł nie wiadomo skąd. **c)** w funkcji ekspresywnej, używany dla zaprzeczenia wypowiedzi «wcale nie, cóż znowu, bynajmniej»: Boisz się? — Skąd! Ani trochę! // D Kult. II, 173.

skądciś a. **skądsiś** *pot*. p. skądś.

skądinąd «przysłówek zaimkowy» **a)** «oznaczający miejsce, źródło czegoś inne, niż to, o którym mowa»: Ja nic mu nie mówiłem, dowiedział się o tym skądinąd. Sprowadzał towar skądinąd, niż jego koledzy. **b)** «mający znaczenie ekspresywne: poza tym, zresztą»: Człowiek skądinąd postępowy, był przeciwnikiem równouprawnienia kobiet.

skądsiś p. skądciś.

skądś «przysłówek zaimkowy oznaczający miejsce, źródło czegoś bliżej nie określone, nieznane»: Znamy się skądś. Zjawił się tu skądś przypadkiem. Dostali jednak skądś pieniądze.

skądże «wzmocnione *skąd* (tylko w funkcji pytającej i ekspresywnej)»: Skądże weźmiesz tyle pie-

niędzy? Czyś bardzo zmęczony? — Skądże! Ani trochę.

skąpać *dk IX*, skąpię (*nie*: skąpę), skąpaliśmy (p. akcent § 1a i 2) *rzad*. «zanurzyć, wykąpać» częstsze w zn. *przen*. i w formie zwrotnej. □ S. co w czym: Ogrody skąpane w słońcu.

skąpać się «zamoczyć się całkowicie, zwykle mimo woli»: Jeśli nie chcecie się skąpać w potoku, to musicie go obejść.

skąpiara *ż IV reg*. «kobieta skąpa»: Omijali jej dom żebracy, bo była znaną skąpiarą.

skąpiarz *m II, lm D*. skąpiarzy *reg*. «skąpiec»

skąpić *ndk VIa*, skąp, skąpiliśmy (p. akcent § 1a i 2) □ S. komu — czego: Skąpi dzieciom wszystkiego. □ S. komu — na co: Ojciec skąpi nam na rozrywki. □ S. (komu) na czym: Skąpi (sobie) na jedzeniu.

skąpiec *m II, D*. skąpca, *W*. skąpcze, forma szerząca się: skąpcu, *lm M*. skąpcy.

skąpiradło *n III, lm D*. skąpiradeł *pot*. «z niechęcią o kimś skąpym»

skąpy *m-os*. skąpi, *st. w*. bardziej skąpy, *rzad*. skąpszy w zn. «nadmiernie oszczędny» □ S. dla kogo: Skąpy dla rodziny, dla siebie. □ *przen*. S. w czym: Skąpy w pochwałach, w słowach.

skecz *m II, D*. skeczu, *lm D*. skeczy a. skeczów: Grali dowcipne skecze.

skeptycyzm, skeptyczny *przestarz*. p. sceptycyzm, sceptyczny.

Skępe *n* odm. jak przym., *NMs*. Skępem «miejscowość» — skępski.

-ski (rozszerzenia formantu: -ański, -arski, -eński, -iński, -ijski, -owski, -yjski). *-ski* przyrostek tworzący przymiotniki, głównie: **a)** od rzeczowników osobowych męskich rodzimych, zwykle na *-arz* i *-ak*, a także pochodzenia obcego, np.: kreślarz — *kreślarski*, inwestor — *inwestorski*; **b)** od nazw miejscowości na *-ów, -ew, -owo, -ewo, -owa*, np.: Chorzów — *chorzowski*, Tczew — *tczewski*, Działdowo — *działdowski*, Węgorzewo — *węgorzewski*, Częstochowa — *częstochowski*; **c)** od nazw na *-in, -ina, -iny*, np.: Wolin — *woliński*, Pszczyna — *pszczyński*, Chęciny — *chęciński*; **d)** od nazw zakończonych spółgłoską *ż (rz), sz, g, k, ch*, np.: Raciąż — *raciąski*, Racibórz — *raciborski*, Olkusz — *olkuski*, Elbląg — *elbląski*, Malbork — *malborski*, Wałbrzych — *wałbrzyski*; *-ański* przyrostek występujący przede wszystkim w przymiotnikach pochodzących od nazw geograficznych, np.: Zawiercie — *zawierciański*, Tłuszcz — *tłuszczański*; spotykany w wyrazach utworzonych od nazw obcych zakończonych samogłoską *-a*, np.: Kuba — *kubański*, Biafra — *biafrański*, Malta — *maltański*; *-eński, -iński* przyrostki występujące w przymiotnikach pochodnych od nazw miejscowych zakończonych na *-no*, np. Krosno — *krośnieński*, Mielno — *mieleński*, Szczytno — *szczycieński*; podobny typ nazw bywa podstawą przymiotników tworzonych za pomocą przyrostka *-iński*, np.: Chełmno — *chełmiński*, Kępno — *kępiński*. Nie zawsze jednak budowa nazwy geograficznej określa typ przymiotnika pochodnego. W zakresie nazw miejscowych działanie tradycji jest silniejsze, niż w innych dziedzinach słownictwa i tradycję tę należy uwzględniać; np. przymiotniki pochodne od dwu nazw o budowie identycznej, jak *Szczytno* i *Kutno* mają formy różne — *szczycieński* i *kutnowski*. W tych wypadkach, kiedy przymiotnik odpowiada kilku różnym nazwom miejscowym, np. *brzeski*, który łączy się z nazwami *Brześć, Brzesko, Brzeg* — zaleca się używanie nieodmiennych form nazwy podstawowej w połączeniu z rzeczownikami: powiat, okręg itp., np. w powiecie Brzeg.

-ijski (-yjski) przyrostek występujący w przymiotnikach pochodnych od nazw geograficznych, np.: Belgia — *belgijski*, Kongo — *kongijski*, Sofia — *sofijski*, Walia — *walijski*, Galicja — *galicyjski*, Indonezja — *indonezyjski*, Rosja — *rosyjski*.
Przyrostek **-owski** tworzy przymiotniki pochodne **a)** od rzeczowników osobowych, np. marksista — *marksistowski*, społecznik — *społecznikowski*; **b)** od skrótowców, np.: UNRRA — *unrowski*, RWPG — *erwupegowski*, ORMO — *ormowski*. *Por.* -cki.

skiba *ż IV* 1. «wąski pas ziemi odkładany pługiem przy oraniu»: Pług odrzucał równe skiby ziemi. 2. a. **skibka** *ż III, lm D.* skibek «kawałek czegoś odkrajanego (zwykle chleba); pajdka»: Zjadł dwie skiby (skibki) chleba.

Skierniewice *blp, D.* Skierniewic «miasto» — skierniewiczanin *m V, D.* skierniewiczanina — *lm M.* skierniewiczanie, *D.* skierniewiczan — skierniewiczanka *ż III, lm D.* skierniewiczanek — skierniewicki.

skierować *dk IV*, skierowaliśmy (p. akcent § 1a i 2) — *rzad.* **skierowywać** *ndk VIIIa*, skierowuję (*nie*: skierowywam, skierowywuję), skierowywaliśmy: Skierować kogoś, coś w stronę czegoś (*nie*: w kierunku czegoś). Skierować kogoś do adwokata, do lekarza specjalisty. Skierować kogoś na uniwersytet, *ale*: do szkoły (*nie*: na szkołę). Skierować na coś uwagę, wzrok. Skierować sprawę do sądu. *Por.* kierować.

skiff *m IV, D.* skiffu «rodzaj wyścigowej łodzi, także: wyścigi na tych łodziach»: Mistrzostwa w skiffie.

skiffista *m* odm. jak *ż IV, lm M.* skiffiści, *DB.* skiffistów.

skikjöring (*wym.* skijering a. szijering) *m III, D.* skikjöringu; in. jazda włókiem.

skinąć *dk Vb*, skinąłem (*wym.* skinołem; *nie*: skinełem), skinął (*wym.* skinoł), skinęła (*wym.* skineła), skinęliśmy (*wym.* skineliśmy; p. akcent § 1a i 2) □ S. komu — czym «uczynić ruch, gest na znak czegoś»: Skinąć komuś głową, ręką (na znak zgody). □ S. na kogo «przywołać kogoś»: Skinąć na kelnera, na dorożkę.

skinienie *n I* forma rzeczownikowa czas. skinąć: Skinienie głowy, ręki. Czekać na czyjeś skinienie a. czyjegoś skinienia. Przybiegał na każde jej skinienie. △ Jak(by) na skinienie a. za skinieniem różdżki czarodziejskiej «w sposób nieoczekiwany i niezwykły; nagle»

skipieć *dk VIIa*, skipiałby (p. akcent § 4c) *rzad.* «wrząc wypłynąć częściowo z naczynia»: Rosół skipiał.

Skirgiełło *m* odm. jak *ż IV, CMs.* Skirgielle: Współpraca Władysława Jagiełły z księciem Skirgiełłą.

skisnąć *dk Vc*, skiśnie, skiśnij, skisnąłem (*wym.* skisnołem; *nie*: skisnełem), skisł a. skisnął (*wym.* skisnoł); skiśliśmy a. skisnęliśmy (*wym.* skiśliśmy, skisnęliśmy; p. akcent § 1a i 2) «ulec fermentacji, zepsuć się»: Zupa nie nadaje się do jedzenia, już skisła. △ *posp.* Żebyś skisł! △ *przen.* Skiśliśmy (skisnęliśmy) w tej małomiasteczkowej atmosferze. *Por.* kisnąć.

sklasyfikować *dk IV*, sklasyfikowaliśmy (p. akcent § 1a i 2) «dokonać klasyfikacji, posegregować, podzielić»: Sklasyfikowano ziarno i opatrzono worki odpowiednimi napisami. △ *środ.* Sklasyfikowano zawodnika na piątym miejscu.

sklać *dk Xc*, sklnę, sklnie, sklnij, skląłem (*wym.* skląłem; *nie*: sklełem), sklął (*wym.* skloł), sklęła (*wym.* skleła), sklęliśmy (*wym.* skleliśmy; p. akcent § 1a i 2), *rzad.* sklęty: Sklął ich, bo nie zrobili wszystkiego, co im kazał. *Por.* kląć.

skleić *dk VIa*, skleję, sklei, sklej, skleiliśmy (p. akcent § 1a i 2), sklejony — **sklejać** *ndk I*, sklejaliśmy 1. «połączyć coś z czymś za pomocą kleju»: Skleić stłuczony talerz. △ *przen.* Sen, zmęczenie skleja komuś powieki. 2. *pot.* «doprowadzić coś do skutku, zorganizować; ułożyć, zebrać w całość»: Skleić małżeństwo. Skleić partię do brydża. Nie potrafi skleić jednego rozsądnego zdania.

sklejka *ż III, lm D.* sklejek; in. dykta.

sklep *m IV, D.* sklepu 1. «lokal przeznaczony do sprzedawania towarów»: Sklep spożywczy, włókienniczy, komisowy, samoobsługowy. Sklep z zabawkami, z obuwiem (*nie*: sklep zabawek, obuwia). △ *przestarz.* Sklep kolonialny «sklep z artykułami spożywczymi sprowadzanymi z krajów pozaeuropejskich» △ Towar jest w sklepie (*nie*: na sklepie). 2. *reg.* «piwnica» || *D Kult. I, 382; U Pol. (2), 278, 280.*

sklepikarz, *rzad.* **sklepiczarz** *m II, lm D.* sklepikarzy (sklepiczarzy) *wych. z użycia* «właściciel małego sklepu, zwłaszcza spożywczego»: Brał żywność na kredyt u znajomego sklepikarza.

sklepowy przym. od sklep: Wystawa sklepowa. △ *przestarz.* Panna sklepowa «ekspedientka» **sklepowa** w użyciu rzeczownikowym, *częściej*: ekspedientka.

sklerotyk *m III, D.* sklerotyka (p. akcent § 1d), *lm M.* sklerotycy.

skleroza (*nie*: skloroza) *m IV, blm*: Skleroza mózgu, serca. Dostać sklerozy.

sklęsnąć *dk Vc*, sklęśnie, sklęsł a. sklęsnął (*wym.* sklęsnoł), sklęsła (*nie*: sklęsnęła), sklęsnąłby (*wym.* sklęsnołby; p. akcent § 4c) *rzad.* «o obrzękach: stęchnąć». *Por.* klęsnąć.

skład *m IV, D.* składu 1. «pomieszczenie na towary, magazyn; *reg.* sklep»: Skład amunicji. Skład papieru, zboża, żywności. Skład drzewa, węgla. Skład opału a. skład opałowy. △ *reg.* Skład apteczny «drogeria» △ Towary znajdują się, są przechowywane w składzie (*nie*: na składzie). Mieć coś na składzie «mieć zapas czegoś, dysponować czymś» 2. «nagromadzenie»: Skład rupieci, żelastwa. **3.** «całość złożona z poszczególnych elementów»: Skład delegacji. Skład leku. Skład pociągu. Skład zecerski. Skład chemiczny powietrza. Delegacja, komisja itp. w składzie iluś osób... Wchodzić w skład czegoś. Być w pełnym składzie. **4.** *przestarz.* «właściwy układ, porządek, budowa czegoś» dziś żywe w *pot.* wyrażeniach: Bez ładu i składu; ni ładu ni składu, np. Opowiadała to wszystko bez ładu i składu.

składacz *m II, lm D.* składaczy a. składaczów; in. zecer.

składać *ndk I,* składaliśmy (p. akcent § 1a i 2) — **złożyć** *dk VIb,* złóż, złożyliśmy **1.** «zginąć, załamywać»: Składać coś we dwoje, w kilkoro, na krzyż, w kostkę. Składać parasol, leżak. Motyl składa skrzydła. **2.** «kłaść w jednym miejscu, gromadzić» □ S. co na czym a. na co: Składać coś na stole (na stół). Złożyć coś na stos (na stosie). Składać kwiaty na grobie (na grób). □ S. coś na kogo, na co: Składać na kogoś, na coś winę, odpowiedzialność itp. □ S. co — w co: Składać zboże w sterty, w kopy. □ S. co — w czym a. do czego: Składać pieniądze w banku (do banku). Składać coś w depozyt (do depozytu). △ Składać pieniądze na książeczkę PKO, *pot.* na PKO a. w PKO. △ *książk.* Składać kogoś w grobie (do grobu). △ (tylko *dk*) *wych. z użycia* Złożyć głowę «oprzeć się o coś, na czymś, położyć się; schronić się gdzieś»: Na starość nie miał gdzie złożyć głowy. △ *rzad., książk.* Choroba kogoś złożyła; częściej w imiesł. biernym: ktoś złożony chorobą «o kimś obłożnie chorym» **3.** «przekazywać, wręczać»: Składać podanie, projekt, raport. Składać podziękowanie, życzenia. **4.** *książk.* «rezygnować z czegoś» *wych. z użycia:* Składać urząd, godność. △ Składać broń «rezygnować z walki, ubiegania się o coś» *wych. z użycia* S. kogo z czego: Składać (*częściej:* usuwać; *nie:* zdejmować) kogoś z urzędu.

składać się — złożyć się 1. «być elementem całości, albo całością utworzoną z elementów; tworzyć całość» □ S. się z czego: Mieszkanie składa się z czterech pokojów. □ Coś składa się na co: Na program uroczystości złożyły się: deklamacje, śpiew i przemówienia. **2.** zwykle *ndk* «zginąć się»: Składał się jak scyzoryk w ukłonach. Łóżko składało się ze zgrzytem. **3.** «dawać, ofiarowywać zbiorowo» □ S. się na co, na kogo: Składano się na kwiaty, na sieroty. **4.** *przestarz.* «przybierać odpowiednią postawę, pozycję» □ S. się do czego: Składać się do strzału, do cięcia.

składka *ż III, lm D.* składek: Składka (*reg.* wkładka) członkowska, ubezpieczeniowa. Składka miesięczna. □ S. na co, na kogo: Składka na pogorzelców, na pomnik.

***składnia** p.: zdanie; związki rządu, zgody i przynależności.

składnica *ż II wych. z użycia* «skład, magazyn»: Składnica odpadków.

składować *ndk IV,* składowaliśmy (p. akcent § 1a i 2) *środ.* «przechowywać, trzymać gdzieś», *rzad.* umieszczać gdzieś»: Składować kartofle w kopcach.

skłamać *dk IX,* skłamię (*nie:* skłamę), skłamaliśmy (p. akcent § 1a i 2) **1.** «powiedzieć nieprawdę» □ S. komu a. przed kim: Skłamał ojcu (przed ojcem), że był w szkole. □ S. co — tylko w zwrocie:

Nic ci już nie skłamię. **2.** *przestarz.* «udać coś» □ S. co: Skłamać miłość, skruchę.

skłaniać p. skłonić.

skłębić *dk VIa,* skłąb (*nie:* skłęb), skłębiliśmy (p. akcent § 1a i 2) — *rzad.* **skłębiać** *ndk I,* skłębialiśmy, zwykle w imiesł. biernym: Skłębione włosy. Skłębiony nurt rzeki.

Skłodowska-Curie, Skłodowska odm. jak przym., Curie *ndm* (w połączeniu nazwiska panieńskiego z nazwiskiem męża — panieńskie wymienia się na pierwszym miejscu): Światowa sława Marii Skłodowskiej-Curie. // D Kult. II, 507.

skłon *m IV, D.* skłonu **1.** «pochylenie ciała (wyraz używany zwłaszcza w terminologii sportowej)»: Skłony głowy, tułowia. Skłon w przód a. do przodu. Ćwiczyć skłony. **2.** «płaszczyzna nachylona pod pewnym kątem do podstawy (używane zwykle w zn. *przen.*)»: Skłon nieba.

skłonić *dk VIa,* skłoniliśmy (p. akcent § 1a i 2) — **skłaniać** *ndk I,* skłanialiśmy □ S. kogo do czego «wpłynąć na czyjąś decyzję, namówić»: Skłonić kogoś do ofiar, do uległości, do posłuszeństwa. □ *książk.* S. co «pochylić»: Skłonić głowę na piersi. △ *przen.* Skłoniła ku sobie jego serce. △ (tylko *dk*) *wych. z użycia* Nie mieć gdzie głowy skłonić «nie mieć mieszkania, schronienia»

skłonić się — skłaniać się 1. składnia jak: skłonić — skłaniać. **2.** tylko *dk, częściej:* ukłonić się.

skłonność *ż V:* Skłonności artystyczne. Zgubne, złe skłonności. □ S. do czego: Skłonność do przeziębień, do tycia, do żartów, do kieliszka. □ *żart.* S. do kogo: Miał do niej skłonność.

skłonny *m-os.* skłonni □ S. do czego: Skłonny do gniewu, do entuzjazmu, do zwady, do płaczu. □ S. + bezokol.: Skłonny był pogodzić się z nim.

skłuć *dk Xa,* skłuje (*nie:* skole), skłuliśmy (p. akcent § 1a i 2) □ S. co, kogo — czym «podziurawić, poranić, zabić kłując»: Miała ciało skłute igłami strzykawek. Skłuci byli bagnetami. *Por.* kłuć.

SKM (*wym.* eskaem, p. akcent § 6) *ż ndm* a. *m IV, D.* SKM-u «Szybka Kolej Miejska»: Stacja SKM (SKM-u). SKM objęła (objął) swym zasięgiem całe miasto.

sknera (*nie:* sknyra) *m* a. *ż odm. jak ż IV, M.* ten a. ta sknera (także o mężczyznach), *lm M.* te sknery, *D.* sknerów (tylko o mężczyznach) a. skner, *B.* tych sknerów (tylko o mężczyznach) a. te sknery.

-sko p. -isko.

skobel, *reg.* **skóbel** *m I, D.* skobla (skóbla): Zamknąć coś na skobel.

skoczek *m III, D.* skoczka **1.** *lm M.* skoczkowie «ten, kto skacze, uprawia skoki»: Skoczek narciarski, spadochronowy. **2.** *lm M.* skoczki **a)** «zwierzę» **b)** *reg.* «wolna godzina między lekcjami»

skocznie, *rzad.* **skoczno** *st. w.* skoczniej: Orkiestra grała skocznie (skoczno).

skoczność *ż V, blm* **1.** «żywość, raźność»: Skoczność tańca, melodii. **2.** *środ. sport.* «sprawność w wykonywaniu skoków»

Skoczów *m IV, D.* Skoczowa, *C.* Skoczowowi (*ale*: ku Skoczowowi a. ku Skoczowu) «miasto» — skoczowianin *m V, D.* skoczowianina, *lm M.* skoczowianie, *D.* skoczowian — skoczowianka *ż III, lm D.* skoczowianek — skoczowski.

skoczyć p. skakać.

Škoda (*wym.* Szkoda) **1.** *m* odm. jak *ż IV* «nazwisko czeskiego fabrykanta samochodów» **2.** *ndm* «marka samochodów» zwykle w wyrażeniu: Samochód (marki) Škoda.
3. škoda a. skoda (*wym.* skoda, *lepiej*: szkoda) *ż IV, lm D.* škod, skod «samochód marki Škoda»: Kupić škodę, skodę. △ Pisownia i (pośrednio) rozpowszechniona wymowa *skoda* tłumaczy się brakiem znaku graficznego *š* w polskim alfabecie.

skojarzyć p. kojarzyć.

skok *m III, D.* skoku **1.** «oderwanie (się) stóp od ziemi; zeskoczenie z wyższego miejsca na niższe»: Długi, udany skok. Skoki narciarskie, spadochronowe. Skok w dal, wzwyż. Skok o tyczce. Skok na nartach. Skok do wody. Skok ze spadochronem. Skok z trampoliny, z wieży, skok przez przeszkodę. Wykonać skok (*nie*: oddać skok), *lepiej*: skoczyć. Ćwiczyć skoki a. ćwiczyć się w skokach. △ Biec, pędzić skokami, *rzad.* w skokach. Jednym skokiem dopadł do drzwi. **2.** «gwałtowne przejście od jednej sytuacji do drugiej»: Skoki temperatury, cen. **3.** «zwykle w *lm* środ. «w języku myśliwych: nogi zająca»

Skoki *blp, D.* Skoków «miasto» — skokowski.

skołatać *dk IX,* skołacze, *przestarz.* skołace; skołacz, skołataliśmy (p. akcent § 1a i 2), zwykle w imiesłowie biernym: Był skołatany ciągłymi kłopotami. Skołataliście mi głowę waszymi kłótniami.

skołczeć *dk III,* skołczeliśmy (p. akcent § 1a i 2) *rzad., częściej*: zdrętwieć, ścierpnąć, np.: Skołczeć z zimna. Język mu skołczał.

skomasować p. komasować.

skombinować .(*nie*: skompinować) *dk IV,* skombinowaliśmy (p. akcent § 1a i 2) □ S. co (z czego): **a)** *rzad.* «zestawić jakieś elementy w całość»: Skombinować szafę z segmentów. **b)** *pot., częściej*: wykombinować «wywnioskować z czegoś»: Ze słów jego skombinował, że trudno będzie coś zdziałać. **c)** *pot., częściej*: wykombinować «zdobyć coś własnym przemysłem»: Skombinował cegły z domów przeznaczonych na rozbiórkę.

skomleć *ndk VIIa,* skomlij, skomleliśmy (p. akcent § 1a i 2); a. **skomlić** *ndk VIa,* skomlij, skomliliśmy «o niektórych zwierzętach: piszczeć żałośnie» □ S. bez dop.: Kujoty, psy skomlą, skomlały a. skomliły. △ *przen.* «żałośnie, natrętnie prosić, *częściej*: skamłać, skamlać» □ S. o co: Skomlał o pomoc.

skompleksiały a. **zakompleksiały, zakompleksiony** *pot.* «mający kompleksy, zwłaszcza kompleks niższości»: Od dzieciństwa był skompleksiały.

skomplikowany *rzad.,* imiesł. bierny od skomplikować: Sprawa skomplikowana przez ciebie nie dała się rozwikłać.
skomplikowany *st. w.* bardziej skomplikowany (*nie*: skomplikowańszy), w użyciu przymiotnikowym «zawiły, trudny»: Skomplikowany problem. Skomplikowana operacja.

skon *m IV, D.* skonu *przestarz., książk., poet.* «zgon»

skonać *dk I,* skonaliśmy (p. akcent § 1a i 2) — **konać** *ndk,* nieco *książk.* «umrzeć» □ S. bez dop.: Stracił przytomność i skonał. △ Konać z pragnienia, z głodu, z wycieńczenia. △ Skonać w mękach, w konwulsjach.

skoncentrować p. koncentrować.

skonfederować się p. konfederować się.

skonfrontować p. konfrontować.

skonfundować p. konfundować.

skonkretyzować p. konkretyzować.

skonsolidować p. konsolidować.

skonstatować p. konstatować.

skonsternować *dk IV,* skonsternowaliśmy (p. akcent § 1a i 2) — **konsternować** *ndk, lepiej*: zmieszać, zakłopotać (używane zwykle w imiesł. biernym): Był skonsternowany tym nieoczekiwanym i niemiłym spotkaniem. Zła wiadomość skonsternowała wszystkich.

skonstruować p. konstruować.

skonsultować p. konsultować.

skonsumować p. konsumować.

skontaktować *dk IV,* skontaktowaliśmy (p. akcent § 1a i 2) — **kontaktować** *ndk* □ S. kogo z kim: Skontaktował ich ze sobą.

skontrolować p. kontrolować.

skończenie *książk.* «w sposób doskonały; całkowicie, zupełnie»: Była skończenie piękna.

skoordynować *dk IV,* skoordynowaliśmy (p. akcent § 1a i 2) — **koordynować** *ndk* □ S. co z czym: Skoordynować program audycji z programem nauczania.

skopek a. **szkopek** *m III, D.* skopka (szkopka): Wracała ze skopkiem od udoju.

Skopje *n ndm* a. *I, D.* Skopja «miasto w Jugosławii (stolica Macedonii)»: Mieszkać w Skopje (w Skopju). — skopijczyk *m III, lm M.* skopijczycy — skopijka *ż III, lm D.* skopijek — skopijski. // D Kult. II, 543.

skopowina *ż IV,* zwykle *blm reg.* «baranina»

skoro «spójnik rozpoczynający zdanie»: **a)** «określające czas dziania się, odbywania się czegoś; jak tylko, z chwilą gdy»: Skoro usłyszał wołanie, natychmiast wrócił. △ Skoro świt, *rzad.* skoro dzień «wraz ze świtaniem, jak tylko zacznie świtać»: Wyruszyli w drogę skoro świt. **b)** «podające warunek, przyczynę, uzasadnienie czegoś; jeżeli, ponieważ, gdyż»: Skoro nas nie zaprosili, nie będziemy się narzucać. Walka musiała być gwałtowna, skoro runęły tak grube mury.

skorpion *m IV* **1.** «pajęczak z rzędu stawonogów; niedźwiadek»
2. Skorpion *blm* «jeden z gwiazdozbiorów; Niedźwiadek»

skorumpować p. korumpować.

skorupa *ż IV* (*nie*: skarupa, skorłupa) **1.** «powłoka, pokrywa»: Twarda, zakrzepła, gliniana skorupa. Jezioro pokrywała gruba skorupa lodu a. skorupa lodowa. Skorupa ziemska. Skorupa żółwia, ślimaka, jajka. **2.** «kawałek rozbitego przedmiotu z gliny, fajansu, porcelany» □ S. czego a. z czego: Skorupa filiżanki (z filiżanki). **3.** *pot.* «lichy, zwykle gliniany, fajansowy przedmiot (najczęściej: naczynie)»: Mam w domu same skorupy, muszę sobie kupić jakiś ładny serwis.

skory *m-os.* skorzy, *st. w.* bardziej skory, *rzad.* skorszy □ S. do czego: Skory do tańca, do rozmowy, do ofiar.

skorygować p. korygować.

skorzystać *dk I*, skorzystaliśmy (p. akcent § 1a i 2). Składnia jak: korzystać.

skos *m IV, D.* skosu: Falbana, plisa ze skosu. Skos ściany.
na skos, *rzad.* **w skos, skosem** «ukośnie, pod kątem ostrym, na ukos»: Blizna przecinająca na skos policzek.

skostniały imiesł. przeszły od czas. skostnieć.
skostniały *m-os.* skostniali, w użyciu przymiotnikowym: Skostniali więźniowie stali pod murem.

skostnieć *dk III*, skostnieję, skostniał, skostnieli, skostnieliśmy (p. akcent § 1a i 2): Ludzie skostnieli czekając na chłodzie. Skostnieć z zimna, na mrozie. Mięso skostniało w zamrażalniku, na lodzie.

skoszlawić p. skoślawić.

skosztować *dk IV*, skosztowaliśmy (p. akcent § 1a i 2) *wych. z użycia* «spróbować; *przen.* doznać» □ S. czego, *rzad.* co: Skosztował wina (wino). Skosztować bogactwa, słodyczy, życia. *Por.* kosztować.

skoślawić, *rzad.* **skoszlawić** *dk VIa*, skoślawimy, skoszlawimy; skoślawiliśmy, skoszlawiliśmy (p. akcent § 1a i 2) «zrobić koślawym, krzywym; wykrzywić, wykoślawić»: Skoślawić (skoszlawić) buty.

skośnie *st. w.* skośniej a. bardziej skośnie: Miała skośnie osadzone oczy.

skotopaska *ż III, lm D.* skotopasek w zn.: «utwór literacki opisujący życie pasterzy» *częściej*: sielanka.

skowronkowy, skowrończy *książk., poet.*, przym. od skowronek: Skowronkowy (skowrończy) śpiew. Skowrończa piosnka.

skowyczeć *ndk VIIb*, skowyczy (*nie*: skowycze), skowyczeliśmy (p. akcent § 1a i 2); *rzad.* **skowytać** *ndk I*, skowytaliśmy: Psy, hieny skowyczą (skowytają). □ S. z czego: Skowyczeć z bólu, z głodu.

skóbel p. skobel.

skóra *ż IV* **1.** «zewnętrzna powłoka ciała ludzi i zwierząt»: Delikatna, zgrubiała, ciemna skóra. Skóra człowieka, lisa, barana. △ *pot.* Dać komuś w skórę, *rzad.* po skórze «zbić kogoś» △ Drzeć, łupić, obdzierać kogoś ze skóry, do skóry a. drzeć, łupić... z kogoś skórę «wyzyskiwać materialnie» △ Ciarki przebiegają komuś po skórze, *rzad.* przez skórę «ktoś odczuwa dreszcze (ze strachu, z bólu itp.)» △ Skóra na kimś a. komuś cierpnie «ktoś jest przerażony» □ S. na czym: Skóra na rękach, na twarzy. **2.** «produkt

otrzymywany ze skóry niektórych zwierząt»: Skóra na obuwie. □ S. z czego a. jaka: Skóra z lisa a. lisia.

skórguma *ż IV; lepiej*: skóroguma a. gumoskóra. // *U Pol.* (2), 215.

skórka *ż III, lm D.* skórek: Skórka chleba a. od chleba. Skórka na rękawiczki. Skórka królicza a. z królika.

skórkowy «wykonany z delikatnej skóry»: Pantofle, rękawiczki skórkowe. *Por.* skórzany.

skórnictwo *n III, blm techn.* «wyprawianie skór; garbarstwo»

skórnik *m III, lm M.* skórnicy *środ.* **a)** «lekarz chorób skórnych; dermatolog» **b)** «rzemieślnik wyprawiający skóry; garbarz»

skórny «dotyczący skóry»: Nabłonek skórny. Gruczoły skórne. Choroby skórne.

skórzany «wykonany ze skóry; związany z wyrobami ze skóry»: Teczka, kurtka skórzana. Skórzane obuwie. Przemysł skórzany. *Por.* skórkowy.

Skórzec *m II, D.* Skórca «miejscowość» — skórzecki.

skra *ż IV, lm D.* skier *książk., poet.* «iskra»

skracać, *rzad.* **skrócać** *ndk I*, skracaliśmy, skrócaliśmy (p. akcent § 1a i 2) — **skrócić** (*nie*: skródzić) *dk VIa*, skróciliśmy: Skrócić drogę o kilometr. Skracać sobie czas lekturą.

skradać się *ndk I*, skradaliśmy się (p. akcent § 1a i 2): Skradać się na palcach. □ S. się do kogo, czego: Kot skrada się do myszy. □ S. się za kim, czym: Skradali się za nim, tropiąc go wytrwale.

skraj *m I, D.* skraju, *lm D.* skrajów «brzeg, krawędź, koniec, kraniec»: Iść skrajem drogi. Mieszkał na skraju wsi. △ *książk., poet.* Na skraj świata «bardzo daleko, w odległe strony»: Poszłaby za nim na skraj świata. *Por.* kraj.

skrajać p. skroić.

skraplacz *m II, lm D.* skraplaczy a. skraplaczów; in. kondensator — w zn. «chłodnica do zbierania skroplonej pary w silniku parowym»

skraplać (*nie*: skroplać) *ndk I*, skraplaliśmy (p. akcent § 1a i 2) — **skroplić** *dk VIa*, skropl, skropliliśmy: Skroplić parę wodną.

skraść (*nie*: skradnąć) *dk Vc*, skradnę, skradnie, skradł, skradliśmy (p. akcent § 1a i 2), skradziony □ S. co komu (*nie*: coś na szkodę kogoś): Skradziono mu portfel z pieniędzmi. *Por.* ukraść.

skrawać p. skroić.

skredytować p. kredytować.

skręcać *ndk I*, skręcaliśmy (p. akcent § 1a i 2) — **skręcić** *dk VIa*, skręciliśmy. □ S. co — w co «zwijać»: Skręcać papier w rulon. Skręcić włosy w kok. □ S. co z czego «łączyć, zespalać, kręcąc coś razem»: Skręcić linę z włókien konopi. △ Głód, ból itp. skręca kogoś, skręca komuś kiszki, wnętrzności; *pot.* kogoś aż skręca (z głodu, bólu itp.). △ Skręcać w lewo, na lewo «kierować się w bok, w lewą stronę» △ Skręcić w las (do lasu).

skręcać się — skręcić się □ S. się w co «zwijać się»: Skręcać się w kłębek, we dwoje. Włosy skręcały mu się w pierścienie. □ S. się z czego «wić się, kulić się»: Skręcać się z bólu, ze śmiechu.

skręt *m IV, D.* skrętu **1.** «zmiana kierunku poruszania się; zakręt»: Skręt w lewo, w prawo, w bok. Posuwać się skrętami. Robić, wykonywać, *pot.* brać skręt «skręcać»: Motocyklista wziął ostry skręt w prawo. **2.** zwykle w *lm* «sploty, zwoje»: Skręty dymu. Wić się skrętami (w skrętach). Układać się w skręty. **3.** *DB.* skręta *pot.* «papieros skręcony domowym sposobem»: Kurzył grubego skręta. // *D Kult. II, 263.*

Skriabin (*wym.* Skriabin) *m IV, D.* Skriabina (p. akcent § 7): Muzyka Skriabina.

skrobać *ndk IX,* skrobię (*nie:* skrobę), skrobie, skrobaliśmy (p. akcent § 1a i 2) — **skrobnąć** *dk Va,* skrobnąłem (*wym.* skrobnołem; *nie:* skrobnełem, skrobłem), skrobnął (*wym.* skrobnoł), skrobnęła (*wym.* skrobneła; *nie:* skrobła), skrobnęliśmy (*wym.* skrobneliśmy; *nie:* skrobliśmy) □ zwykle *ndk* S. co «zdzierać wierzchnią warstwę; obierać»: Skrobać kartofle. □ S. czym (po czym): Skrobać piórem po papierze. **skrobać się — skrobnąć się** □ S. się w co a. po czym: Skrobać się w głowę (po głowie). □ (tylko *ndk*) *pot.* S. się na co «wdrapywać się»: Skrobać się na drzewo.

skrobia *ż I, D.* skrobi, *blm*; in. krochmal.

skrofuły (*nie:* skrófuły, szkrofuły) *blp, D.* skrofułów *przestarz.* «skrofuloza»: Dziecko chorowało na skrofuły.

skroić *dk VIa,* skroję, skrój, skroiliśmy (p. akcent § 1a i 2); a. **skrajać** *dk IX,* skraj, skrajaliśmy — **skrawać** *ndk I,* skrawaliśmy (forma *ndk* używana zwykle w terminologii technicznej) **1.** «tnąc, krojąc usunąć wierzchnią warstwę z czegoś»: Skroić skórkę z chleba. **2.** tylko *dk* «przyciąć coś według formy i miary; wyciąć, wykroić»: Skrajać, skroić suknię. Dobrze skrojony garnitur. **3.** tylko *dk* «pociąć na kawałki»: Skroić, skrajać kapustę na zupę. **4.** tylko *ndk* «w technice: usuwać warstwę (np. metalu) z powierzchni obrabianego przedmiotu»: Obróbka metali przez skrawanie. // *D Kult. I, 295; U Pol. (2), 240.*

skromnisia *ż I, W.* skromnisiu, *lm D.* skromnisi a. skromniś.

skromność *ż V, blm* □ S. w czym: Skromność w zachowaniu, w ubiorze. △ Przez skromność, ze skromności: Przez skromność spuściła oczy. △ *iron.* Nie grzeszyć skromnością «być zarozumiałym»

skromny *m-os.* skromni, *st. w.* skromniejszy: Skromne dziewczę. Skromny człowiek. Skromny obiad. Był skromnym urzędnikiem. △ S. w czym: Skromny w życiu, w swoich wymaganiach, w zachowaniu.

skroń *ż V, lm D.* skroni, *N.* skrońmi (*nie:* skroniami): Włosy siwiały mu na skroniach.

skroplić p. skraplać.

skroś a. **wskroś** (*reg.* **skróś** a. **wskróś**) *książk.,* zwykle w połączeniach: Na skroś (na skróś), na wskroś (na wskróś) **a)** «na wylot, na przestrzał; przez»: Przestrzelić coś na skroś. □ S. czego: Skroś

mgieł majaczył jakiś kształt. **b)** «całkowicie, zupełnie, do gruntu»: Był na wskroś zdemoralizowany.

skrócić, skrócać p. skracać.

skróś p. skroś.

skrót *m IV, D.* skrótu: Skrót artykułu. Dokonać skrótu. △ Iść skrótem, skrótami (*nie:* na skrót, na skróty): Omijając szosę, szli skrótami przez las.

*skrótowce — wyrazy powstałe ze skrótów — składają się najczęściej z nazw początkowych liter, z początkowych głosek lub sylab wyrazów wchodzących w skład nazw różnych instytucji, organizacji itp., np.: *PKS* (*wym.* pekaes) «Państwowa Komunikacja Samochodowa», *MON* (*wym.* mon) «Ministerstwo Obrony Narodowej», *PAGART* (*wym.* pagart) «Polska Agencja Artystyczna», *Pafawag* (*wym.* pafawag) «Państwowa Fabryka Wagonów». **1.** Wśród skrótowców wyodrębniamy więc: **a)** *skrótowce literowe* (literowce), złożone z nazw pierwszych liter skróconego wyrażenia, np.: *PZPR, MDM, PGR* (odczytywane jako: pezetpeer, emdeem, pegieer); **b)** *skrótowce głoskowe* (głoskowce), składają się z pierwszych głosek skracanego wyrażenia (środkowy człon skrótu jest samogłoską), np. *GUS, PAN, NOT* (odczytywane jako: gus, pan, not); **c)** *skrótowce grupowe* (sylabowe) czyli grupowce (sylabowce), złożone są z grup głoskowych wybranych z wyrazów wchodzących w skład skracanego wyrażenia. Często (ale nie zawsze) są to pierwsze sylaby tych wyrazów, np.: *Pafawag* (Państwowa Fabryka Wagonów), *TORKAT* (Tor Katowicki), *żelbet* (żelazobeton). Czasami skrótowiec grupowy obejmuje także sylabę końcową skracanego wyrazu, tak np. w terminologii wojskowej używa się skrótowców: *baon* (batalion), *dyon* (dywizjon); **d)** *skrótowce mieszane* są kombinacjami dwu lub nawet trzech wyżej wymienionych typów; np. *Arged* (Artykuły Gospodarstwa Domowego) — skrótowiec grupowo-literowo-głoskowy; *CPLiA* a. *Cepelia* (Centrala Przemysłu Ludowego i Artystycznego) — skrótowiec literowo-głoskowy; **e)** *w skrótowcach częściowych* (ułamkowych) występuje cząstka tylko jednego z wyrazów, składających się na dane wyrażenie, np. *sam* (sklep samoobsługowy).

Skrótowce rozpowszechniając się przestają być w świadomości użytkowników odczuwane jako zespoły elementów nawiązujących do poszczególnych części składowych skracanych nazw; „scalają się" niejako w normalne wyrazy o jednolitym, całościowym znaczeniu, niejednokrotnie odbiegającym od znaczenia podstawowego skrótu (np. *PKS* = *pekaes* «Państwowa Komunikacja Samochodowa» i *pekaes* «autobus tej instytucji»). **2.** *Liczba, rodzaj gramatyczny i odmiana skrótowców.* Jeśli chodzi o liczbę i rodzaj gramatyczny, występują tu dwie możliwości: **a)** skrótowiec zachowuje liczbę i rodzaj gramatyczny wyrazu podstawowej nazwy (zwykle — najważniejszego pod względem składniowym), np.: *GRN* (Gromadzka Rada Narodowa) wystąpiła o przydział nawozów; *PLO* (Polskie Linie Oceaniczne) otrzymają nowe statki; *NIK* (Najwyższa Izba Kontroli) skontrolowała budżet przedsiębiorstwa; — traktowane w ten sposób skrótowce są nieodmienne: Członkowie *AZS* (Akademickiego Związku Sportowego) trenują. **b)** o wiele jednak częściej skrótowiec przyjmuje liczbę i rodzaj zgodnie z jego budową i zakończeniem — i włącza się w odpowiednią deklinację, a więc: *GRN* wystąpił o przydział nawozów; *PLO* otrzymało nowe statki; *NIK* skontrolował budżet przedsiębiorstwa. △ Ujmowane w ten dwojaki sposób te same skrótowce mogą być odmienne lub nieodmienne. W tym zakresie można dziś obserwować znaczną chwiejność, uniemożliwiającą rygorystyczne formułowanie zasad normatywnych, a pozostającą w związku z charakterem stylistycznym wypowiedzi oraz ze stopniem usamodzielnienia się skrótowca w stosunku do nazwy podstawowej w świadomości poszczególnych użytkowników języka. Im bardziej ktoś jest przyzwyczajony do wiązania skrótu z pełną nazwą, tym bardziej jest skłonny do zachowywania jej rodzaju gramatycznego i liczby w skrótowcu. Tendencją szerzącą się, zwłaszcza w języku mówionym, jest dążność do odmiany skrótowców zgodnej z ich rodzajem gramatycznym narzuconym niejako przez ich postać (a więc potocznie raczej: PWN wydał... niż: PWN wydało...).

Odmiana skrótowców przedstawia się następująco:
a) odmieniane mogą być wszystkie skrótowce, które w czytaniu (wymawianiu) kończą się na spółgłoskę. Odmieniają się one jak rzeczowniki rodzaju męskiego odpowiedniej grupy deklinacyjnej, a więc: *PGR* — PGR-u; *PKS* — w PKS-ie; *NIK* — NIK-u; *PAP* — w PAP-ie; *MON* — z MON-em (z zachowaniem normalnych wymian spółgłoskowych);
b) nieodmienne (i rodzaju nijakiego) są skrótowce, które w wymowie kończą się samogłoską akcentowaną np.: Referent bhp (*czyt.* behape = bezpieczeństwa i higieny pracy); Działalność PTTK (*czyt.* peteteka = Polskiego Towarzystwa Turystyczno-Krajoznawczego); Przyjęcia na miejscowe WSI (*czyt.* wues-i = do Wyższej Szkoły Inżynierskiej). Wyjątek od tej zasady stanowią skrótowce kończące się w mowie i piśmie) literą i głoską -*a* (nie akcentowaną), np. *Desa, Cepelia* — do Desy, w Cepelii.
Nieodmienne lub odmieniane według wyżej wymienionych wzorów są i te skrótowce, których podstawą są wyrazy w liczbie mnogiej, np. Książka wydana w PZWS-ie a. w PZWS (Państwowych Zakładach Wydawnictw Szkolnych). PZWS wydał a. wydały książkę.

3. *Pisownia skrótowców.* Skrótowce pisze się zasadniczo dużymi literami (z wyjątkiem liter odpowiadających spójnikom i przyimkom), nie stawiając po nich kropek, np.: *PRL, PAN, CDT, LOT, ZBoWiD.* Jeżeli w skład liter skrótowca wchodzi dwuznak literowy (np. *sz, cz, dz, rz*) — to drugą literę dwuznaku opuszcza się, np. *WSP* (Wyższa Szkoła Pedagogiczna; *nie*: WSzP), *PCK* (Polski Czerwony Krzyż; *nie* PCzK); *MDM* (Marszałkowska Dzielnica Mieszkaniowa; *nie*: MDzM); *PRL* (Polska Rzeczpospolita Ludowa; *nie*: PRzL). Jedyny wyjątek stanowi: *DzUPRL* (Dziennik Ustaw PRL). W całości stosuje się jedynie dwuznak *ch* (przy tym: duże *C* i małe *h*), np. *ZSCh* (Związek Samopomocy Chłopskiej), ChRL (Chińska Republika Ludowa). △ Niektóre skrótowce można pisać również małymi literami (tylko początkowa głoska pisana jest dużą literą), a więc: PAGART — obok: *Pagart*; PKS — obok: *Pekaes*; CEZAS — obok: *Cezas* itp.

Jeśli cały skrótowiec pisany jest dużymi literami, końcówki przypadków pisze się po łączniku — małymi literami, przy czym przy skrótowcach zakończonych na *r* lub *d* zaznacza się w miejscowniku wymianę *r, d* w *rz, dz* przez dodanie *z* po łączniku; miękkość przy spółgłoskach zaznacza się dodaniem po łączniku

litery *i* (z ewentualną wymianą spółgłoski, np.: w PWN-ie, w GUS-ie, w ONZ-cie, w ZBoWiD-zie, do PGR-u, w PZPR-ze. Jeśli zaś skrótowiec pisze się małymi literami, przed końcówką nie stosuje się łącznika, np.: w Pafawagu, w Argedzie, w Pekaesie, do Pagartu. △ Skrótowce (także pisane dużymi literami), zakończone literą T, w miejscowniku pisane są zawsze małymi literami, w sposób następujący: *BOT*, BOT-u, w Bocie; *NOT*, do NOT-u, o Nocie. △ Uwaga. Jeżeli skrótowiec występuje w znaczeniu nazwy pospolitej, a nie jednostkowej, pisze się go w całości małymi literami; wyrazy takie mogą występować w liczbie mnogiej; np.: Tu kursują pekaesy (samochody PKS-u); Pracował w kilku pegeerach; Kupić coś w praskim pedecie.

4. *Akcentowanie skrótowców.* W mianowniku wszystkie literowce mają akcent na ostatniej sylabie, np.: ZMS (*wym.* zetemes), BCh (*wym.* becha), PWN (*wym.* pewuen), natomiast głoskowce, grupowce i skrótowce mieszane mają akcent na przedostatniej sylabie, np. ORMO, PAGART, SPATiF, żelbet, CPLiA (*wym.* cepelia). △ W przypadkach zależnych wszystkie skrótowce odmienne mają akcent na przedostatniej sylabie, np. do AZS-u (*wym.* azetesu), w SPATiF-ie (*wym.* spatifie), z PZGS-em (*wym.* pezetgieesem).

5. *Wyrazy pochodne od skrótowców.* Są to rzeczowniki oznaczające zwykle ludzi związanych z instytucją nazwaną danym skrótowcem oraz przymiotniki oznaczające jakość lub przynależność do tej instytucji. Rzeczowniki tworzy się najczęściej za pomocą przyrostków -*owiec, -ówka, -ista* i in.; przymiotniki — za pomocą przyrostków -*wski* lub -*owski*. Sposób zapisywania tych wyrazów jest dwojaki: AK-owiec — obok: *akowiec*, WOP-ista — obok: *wopista*, ORMO-wski — obok: *ormowski*, PIW-owski — obok: *piwowski*. △ W przypadkach zależnych piszemy: GOPR-owca — lub: *goprowca*, BHP--owcy — lub: *behapowcy*, KPP-owcom — lub: *kapepowcom* itd.

Niektóre literowce zapisuje się tak jak się je wymawia, np. *endek* (członek Narodowej Demokracji), *erkaem* (ręczny karabin maszynowy), cekaem (ciężki karabin maszynowy).

6. *Tworzenie skrótowców i ich upowszechnienie.* Nie negując ogromnej przydatności skrótowców w języku codziennym, zwłaszcza w żywej mowie i w języku prasy, nie należy jednak przesadzać w operowaniu nimi. Używając skrótowców w nadmiarze gubimy się w ich gąszczu i czynimy język niekomunikatywnym. Posługiwanie się skrótowcem ma sens tylko wtedy, gdy jest on dostatecznie znany odbiorcom wypowiedzi.

We współczesnej polszczyźnie używa się również wielu skrótowców zapożyczonych, skracających nazwy obcojęzyczne, np. *UNESCO* (skrót ang. United Nations Educational Scientific and Cultural Organization), *NATO* (skrót. ang. North Atlantic Treaty Organization), *FIR* (skrót franc. Fédération Internationale de Résistants). Podlegają one zazwyczaj takiej odmianie jak skrótowce polskie (np. do FIR-u). Niektóre z nich mają wymowę obcą, np. UNESCO (*wym.* junesko). Również i od nich (choć rzadziej) tworzy się wyrazy pochodne, np. NRD-owski (od NRD), NKWD-zista a. enkawudzista (od NKWD). || D Kult. II, 549, 617; GPK Por. 174—175; JP 1958, 339—353; KJP 95; Kl. Ależ 46—50; PJ 1962, 377; 1970, 165—168; U Pol. (1), 70—73.

*skróty — to skrócenia (w piśmie) do jednej lub kilku liter często używanych i ogólnie znanych wyrazów oraz grup wyrazowych. Dokonuje się ich w trakcie zapisywania, a rozwiązuje się je w trakcie odczytywania, tzn. wymawia się w pełnym brzmieniu wyrazowym, np.: *prof.* (profesor), *por.* (porównaj), *tj.* (to jest), *p.* (patrz), *dr* (doktor), *nlb.* (nie liczbowane), *itd.* (i tak dalej).
Pisownia skrótów. Skróty pisze się w zasadzie małymi literami (chyba, że występują na początku zdania lub w innej sytuacji, wymagającej dużej litery). Poszczególne litery skrótu kilkuwyrazowego pisze się łącznie, np.: *itp.*, *tzn.*, *np.*, *cdn.* Wyjątek stanowią niektóre skróty, np.: *m.in.* (między innymi), *k.o.* (kulturalno-oświatowy), *p.n.e.* (przed naszą erą), *d.n.* (dokończenie nastąpi). △ Kropkę stosuje się tylko po skrótach, w których odrzucono końcowe litery wyrazów skróconych; np.: *prof.* (profesor), *tow.* (towarzysz), *kol.* (kolega), *kpt.* (kapitan), *np.* (na przykład), *płd.* (południowy). Wyjątek stanowią konwencjonalne, po części międzynarodowe znaki miar i wag oraz oznaczenia polskich jednostek monetarnych, np. *m* (metr), *km* (kilometr), *kg* (kilogram), *zł* (złoty), *gr* (grosz) — oraz skróty matematyczne i fizyczne, np. *cos* (cosinus), *sin* (sinus), *log* (logarytm) i in. Natomiast po skrótach, których ostatnia litera zamyka skrócony wyraz, nie stawia się kropki, np. *dr* (doktor), *mgr* (magister), *mjr* (major), *płk* (pułkownik), *nr* (numer). △ Uwaga. Kiedy takim skrótem oznacza się przypadek inny niż mianownik, opatruje się skrót kropką lub dodaje do niego końcówkę, np. dr. Zielińskiego albo dra Zielińskiego, dr. Zielińskiemu albo drowi Zielińskiemu (czytane: doktora, doktorowi).
Niektóre skróty — tytuły i nazwy osób — mogą występować w postaci podwojonej (dla zaznaczenia liczby mnogiej). Krótkie, jednoliterowe skróty łączy się, stawiając po nich kropkę, np. *pp.* (państwo, panowie a. panie); pp. Wesołowscy, pp. Wesołowskie; *oo.* (ojcowie), np. oo. jezuici; *ss.* (siostry), np. ss. franciszkanki. Dłuższe, dwuliterowe lub kilkuliterowe skróty powtarza się z zastosowaniem kropki po każdym z nich, np.: *prof.prof.* (profesorowie), *ob.ob.* (obywatele) *kol.kol.* (koledzy — lub: koleżanki i koledzy). Skróty pisane w *lp* bez kropki, w *lm* są podwajane również bez kropek, np. dr dr Zieliński i Majewski (przy wyliczaniu dopuszczalne są też formy odmienne, np.: Na zjazd przybyli drowie: Zieliński, Majewski i Brandt. Zagadnienie opracowane przez drów: Zielińskiego, Majewskiego i Brandta).
Uwagi szczegółowe: Jeżeli skrót opatrzony kropką występuje na końcu zdania, kropki się nie powtarza, np.: Kupowałem tam chleb, bułki, sucharki itp. △ Należy unikać w skrótach znaków graficznych nieliterowych; *lepiej* więc pisać: Krosno n.Wisłokiem (= nad Wisłokiem) — *niż*: Krosno n/Wisłokiem; Robić coś wg (= według) wzoru — *nie*: w/g wzoru. △ Jeżeli w skracanym wyrazie występuje spółgłoska miękka, oznaczana graficznie przez dodanie litery *i*, a skracamy wyraz właśnie na tej spółgłosce, to w skrócie nie zaznaczamy jej miękkości; piszemy więc *godz.* (godzina) [*nie*: godź.], *mies.* (miesiąc) [*nie*: mieś.], *ryc.* (rycina) [*nie*: ryć.] *itd.* △ Skrót wyrazu musi zawsze kończyć się na spółgłoskę, nie na samogłoskę; a więc: *szk.* a. *szkol.* (szkolny) [*nie*: szko.]. △ Poszczególne skróty zostały omówione i umieszczone w miejscu ich alfabetycznego występowania w tekście Słownika. Poza tym pod odpowiednimi wyrazami podano informację o ich używaniu w formie określonego skrótu.

*skróty składniowe p. zdanie (punkt III).

skrucha *ż III, blm*: Akt skruchy. Okazywać, czuć skruchę. Wzbudzić (w sobie) skruchę. Kajać się w skrusze. Ktoś zdjęty skruchą.

skrudlić (*nie*: skródlić) *ndk VIa*, skrudl, skrudliliśmy (p. akcent § 1a i 2) *reg.* «bronować»

skrupiać się *ndk I*, skrupiałby się (p. akcent § 4c) — **skrupić się** *dk VIa*, skrupiłby się △ tylko w 3. os. *lp* i *lm* □ *pot.* S. się na kim, czym «spadać na kogoś, coś; obciążać kogoś, coś (zwykle o niesłusznej karze, o złych skutkach czegoś)»: Cała ich złość skrupiła się na mnie.

skrupulat, *rzad.* **skrupulant** *m IV, lm M.* skrupulaci (skrupulanci): Nieznośni z nich skrupulaci i pedanci.

skrupulatny *m-os.* skrupulatni, *st. w.* skrupulatniejszy a. bardziej skrupulatny: Skrupulatny badacz, kontroler. Skrupulatne badanie, przestrzeganie przepisów. □ S. w czym: Skrupulatny w informowaniu, w prowadzeniu badań, w rachunkach.

skrupuł (*nie*: szkrupuł) *m IV, D.* skrupułu, częściej w *lm*: Skrupuły sumienia. Mieć, odczuwać skrupuły. Pozbyć się, wyzbyć się skrupułów. Robić coś bez skrupułów. Przezwyciężyć skrupuły.

skruszeć *dk III*, skruszałby (p. akcent § 4c), skruszały: Ziemia zeschła i skruszała. Skruszałe mięso szpikowano słoniną.

skruszyć *dk VIb*, skruszyliśmy (p. akcent § 1a i 2), skruszony — *rzad.* **skruszać** *ndk I*, skruszaliśmy, skruszamy: Skruszyć ziemię motyką. Skruszył pieczęć na kawałki a. w kawałki.

Skrwa *ż IV* «rzeka»: Kąpać się w Skrwie. Dopływ Skrwy. — skrwiański — nadskrwiański.

skryba *m* odm. jak *ż IV, lm M.* te skryby, *rzad.* ci skrybowie, *DB.* skrybów: Średniowieczny skryba.

skryć *dk Xa*, skryliśmy (p. akcent § 1a i 2) — **skrywać** *ndk I*, skrywaliśmy, *częściej*: ukryć — ukrywać: Skryć twarz w rękach. □ S. kogo, co przed kim, czym: Skrywać papiery przed rewizją.
skryć się — **skrywać się** □ S. się w czym, w co, do czego: Skryć się w krzaki (w krzakach). Skryć się w norze (do nory). □ S. się za czym a. za co: Skryć się za kotarą (za kotarę). □ S. się przed kim, czym: Skryli się przed pościgiem. □ S. się z czym *rzad.* «nie zdradzić się z czymś»: Skrywała się ze swymi planami.

skrypt *m IV, D.* skryptu, *lm M.* skrypty (*nie*: skrypta): Uczyć się ze skryptów.

skrytość *ż V, blm*: Wrodzona skrytość. △ W skrytości ducha, serca «potajemnie, w głębi serca»: W skrytości ducha podzielał jego zdanie.

skrywać p. skryć.

skrzat *m IV, lm M.* te skrzaty **1.** «malec, brzdąc»: Pięcioletni skrzat. **2.** in. krasnoludek: Domowe skrzaty.

skrzeczeć (*nie*: skrzeczyć) *ndk VIIb*, skrzeczeliśmy (p. akcent § 1a i 2): Żaby skrzeczą.

skrzela a. **skrzele** *blp*, *D.* skrzeli **1.** «narządy oddechowe wielu zwierząt wodnych»: Skrzele raka są wyrostkami kończyn. **2.** *pot.* «płetwy ryb»: Skrobała ryby, trzymając je za skrzela.

skrzepnąć *dk Vc*, skrzepł, *rzad.* skrzepnął (*wym.* skrzepnoł), skrzepła, skrzepłaby (p. akcent § 4c), skrzepły a. skrzepnięty; skrzepnięcie, *rzad.* skrzepnienie: Skrzepła krew. Galareta jeszcze nie skrzepła.

Skrzyczne *n* odm. jak przym., *NMs.* Skrzycznem «szczyt»: Schronisko na Skrzycznem. Zjazd ze Skrzycznego.

skrzyć, *częściej*: **skrzyć się** *ndk VIb*, skrzyj (się), skrzyliśmy (się) (p. akcent § 1a i 2) □ S. (się) czym a. od czego «jaśnieć, błyszczeć»: Niebo skrzy (się) od gwiazd (gwiazdami). Strój skrzył się od klejnotów.

skrzydło *n III*, *lm D.* skrzydeł: Skrzydła ptaka a. skrzydła ptasie. Bić, machać, trzepotać skrzydłami. △ *książk.* Dodawać komuś skrzydeł; przypinać komuś skrzydła «zachęcać kogoś, budzić w nim zapał do działania»: Miłość dodała mu skrzydeł.

Skrzydło *m* odm. jak *ż IV*, *D.* Skrzydły, *CMs.* Skrzydle, *B.* Skrzydłę, *N.* Skrzydłą, *lm M.* Skrzydłowie, *DB.* Skrzydłów.
Skrzydło *ż ndm* — Skrzydłowa *ż* odm. jak przym. — Skrzydłówna *ż IV*, *D.* Skrzydłówny, *CMs.* Skrzydłównie (*nie*: Skrzydłównej), *lm D.* Skrzydłówien.

skrzynia *ż I*, *lm D.* skrzyń: Drewniana, metalowa, blaszana skrzynia. □ S. czego «skrzynia zawierająca coś; ilość czegoś mieszcząca się w skrzyni»: Skrzynia piasku. □ S. na co «skrzynia do przechowywania czegoś»: Skrzynia na węgiel. □ S. do czego «skrzynia do stałego przechowywania, przewożenia itp. czegoś»: Skrzynia do (przewożenia) towarów. □ S. od czego «skrzynia o określonym, stałym przeznaczeniu, opróżniona z czegoś»: W skrzyni od kartofli trzymali węgiel. □ S. po czym, *reg.* z czego «skrzynia, w której coś było»: Skrzynia po owocach. □ S. z czym «skrzynia wraz z zawartością»: Skrzynia z pomidorami.

skrzynka *ż III*, *lm D.* skrzynek: Skrzynka na listy, do listów, skrzynka pocztowa, *rzad.* listowa. Skrzynka do kwiatów, na kwiaty. △ Skrzynka życzeń i zażaleń. □ Poza tym składnia jak: skrzynia.

skrzypaczka *ż III*, *lm D.* skrzypaczek.

skrzypce *blp*, *D.* skrzypiec (*nie*: skrzypców): Koncert na czworo skrzypiec. △ Grać pierwsze skrzypce «mieć w czymś decydujący głos; przewodzić» || *D Kult. II, 466.*

skrzypek *m III*, *D.* skrzypka, *lm M.* skrzypkowie.

skrzypieć *ndk VIIa*, skrzypieliśmy (p. akcent § 1a i 2) — **skrzypnąć** *dk Va*, skrzypnąłem (*wym.* skrzypnołem; *nie*: skrzypnęłem, skrzypłem), skrzypnął (*wym.* skrzypnoł), skrzypnęła (*wym.* skrzypnęła; *nie*: skrzypła), skrzypnęliśmy (*wym.* skrzypnęliśmy; *nie*: skrzypliśmy): Buty skrzypią. Drzwi skrzypnęły. Skrzypiący głos. □ S. czym: Skrzypnąć drzwiami, krzesłem.

skrzywić *dk VIa*, skrzywiliśmy (p. akcent § 1a i 2) — *rzad.* **skrzywiać** *ndk I*, skrzywialiśmy: Skrzywić twarz. Skrzywić usta w podkówkę.
skrzywić się — *rzad.* **skrzywiać się**: Skrzywić się do płaczu. Skrzywić się w uśmiechu. Skrzywić się

z niesmaku a. z niesmakiem. □ S. się na kogo, na co «okazać niechęć, niezadowolenie z czyjegoś powodu»: Skrzywił się na nasz widok.

skrzyżować *dk IV*, skrzyżowaliśmy (p. akcent § 1a i 2) □ S. co «złożyć, ułożyć na krzyż»: Skrzyżować nogi. Skrzyżować ręce na piersiach. □ S. co z czym «połączyć organizmy należące do tych samych lub różnych odmian, ras itp.»: Skrzyżować konia z osłem. △ Skrzyżować z kimś szable, szpady itp. (ale *nie*: skrzyżować rękawice) **a)** «stoczyć walkę na białą broń» **b)** *przen.* «zetrzeć się z kimś w dyskusji»

SKS (*wym.* eskaes, p. akcent § 6) *m IV*, *D.* SKS-u **1. a.** *n ndm* «Szkolne Koło Sportowe»: Zapisać się do SKS (do SKS-u). **2.** «Szkolny Klub Sportowy»: Uczniowie zrzeszeni w SKS-ie. SKS zrzeszał około 50 członków.

skubać *ndk IX*, skubię (*nie*: skubę), skubie, skub, skubaliśmy (p. akcent § 1a i 2) — **skubnąć** *dk Va*, skubnij, skubnąłem (*wym.* skubnołem; *nie*: skubnełem, skubłem), skubnął (*wym.* skubnoł), skubnęła (*wym.* skubnęła; *nie*: skubła), skubnęliśmy (*wym.* skubnęliśmy; *nie*: skubliśmy) □ S. co: Skubać bródkę, wąsy. Skubać pierze, wełnę. Owce skubią trawę. □ S. kogo, co — za co «pociągać, szarpać»: Skubnął siostrę za warkocz. □ Skubać co, ale: skubnąć czego «jeść niewiele; zjeść trochę»: Skubała mięso widelcem. Skubnęła mięsa i kartofli. □ *przen. pot.* S. kogo «wyciągać od kogoś pieniądze»: Skubał ojca i matkę przez całe lata. △ (tylko *ndk*) Skubać kurę, drób itp. «oczyszczać drób z piór» || *D Kult. II, 484.*

skuć *dk Xa*, skuliśmy (p. akcent § 1a i 2) — **skuwać** *ndk I*, skuwaliśmy □ S. kogo z kim: Skuto go z drugim jeńcem. □ S. komu co: Skuli im ręce i nogi. □ S. kogo czym, *rzad.* w co: Więźniów skuto kajdanami. △ *przen.* Zima skuła rzekę lodem. Mróz skuł ziemię.

skulić się *dk VIa*, skuliliśmy się (p. akcent § 1a i 2) □ S. się od czego a. z czego (kiedy mowa o przyczynie zewnętrznej): Siedział skulony z zimna (od zimna). □ S. się z czego (kiedy mowa o przyczynie wewnętrznej): Skulić się z bólu. △ Skulić się w sobie «skurczyć się, zgiąć się»

skumbria (*nie*: skombria) *ż I*, *DCMs.* i *lm D.* skumbrii, zwykle w *lm*: Skumbrie w pomidorach.

skumulować p. kumulować.

skup *m IV*, *D.* skupu, *blm*: Skup zboża. Punkt skupu. △ *niepoprawne* Handel na szczeblu skupu (*zamiast*: skup). || *D Kult. II, 73.*

skupiać *ndk I*, skupialiśmy (p. akcent § 1a i 2) — **I skupić** *dk VIa*, skupiliśmy «zbierać, gromadzić, koncentrować» □ S. kogo, co dokoła, wokół, około kogo, czego, przy kim, czym: Artysta skupiał dokoła siebie grono wielbicieli. Wspólne poglądy skupiały nas przy profesorze. □ S. co na kim, czym: Skupiła na nim wszystkie swoje uczucia. □ S. co w sobie «być uosobieniem czegoś»: Skupiał w sobie wszystkie zalety przywódcy. △ Skupiać (na sobie) czyjeś oczy, zainteresowanie, czyjąś uwagę itp. «zwracać na siebie uwagę wielu osób»
skupiać się — **skupić się** «Skupili się w jednyki miejscu. Dzieci skupiły się przy matce, wokół matm. Młodzież skupia się dokoła orkiestry. □ S. się od

czego «zbierać się, przygotowywać się do czegoś»:
Kot skupia się do skoku. Pianista skupiał się do występu. □ S. się nad czym «koncentrować myśli wokół czegoś»: Skupić się nad pracą, nad odpowiedzią.

II skupić *dk VIa*, skupiliśmy (p. akcent § 1a i 2) — **skupować** *ndk IV*, skupowaliśmy; a. **skupywać** *ndk VIIIa*, skupuję (*nie*: skupywuję, skupywam), skupywaliśmy «zgromadzić kupując»: Skupował zboże po wsiach.

skupszczyna, *lepiej*: **skupsztyna** *ż IV, blm*«parlament w Jugosławii»

skurcz *m II, D.* skurczu, *lm D.* skurczów: Skurcz naczyń krwionośnych. Skurcz mięśni. Skurcz metalu, tkaniny. Skurcz gardła a. w gardle. △ Uczuć, poczuć skurcz. Skurcz chwyta, ściska kogoś.

skurczowy, w terminologii *techn.* także: **skurczny**: Szmer skurczowy serca. Skurczowe (skurczne) właściwości metalu.

skurczyć *dk VIb*, skurczyliśmy (p. akcent § 1a i 2): Skurczyć ramiona. Grymas skurczył mu twarz. **skurczyć się**: Tkanina skurczyła się w praniu. △ Twarz skurczyła mu się z bólu. □ S. się w co: Skurczyć się w kabłąk, w pałąk, we dwoje.

skurzawka *niepoprawne* zamiast: ściereczka do kurzu. // *D Kult. II, 422*.

skurzyć *dk VIb*, skurzyliśmy (p. akcent § 1a i 2) — **skurzać** *ndk I*, skurzaliśmy *reg.* «zetrzeć z czegoś kurz; odkurzyć»: Skurzyć półki z książkami.

skusić *dk VIa*, skuszę, skuś, skusiliśmy (p. akcent § 1a i 2) □ S. czym: Skusił ją obietnicą małżeństwa. □ S. do czego: Skuszono nas do złego. □ S. + bezokol.: Co też go skusiło jechać tak daleko! **skusić się** □ S. się na co: Skuś się na jeden kieliszek.

skuteczny *st. w.* skuteczniejszy a. bardziej skuteczny: Skuteczne działanie. Skuteczna kuracja, reklama, broń. □ S. na co a. przeciw czemu: Lekarstwo skuteczne na różne choroby (przeciw różnym chorobom). △ *niepoprawne* jest stosowanie tego wyrazu do osób, np. skuteczny bokser, zawodnik.

skutek *m IV, D.* skutku: Natychmiastowy, piorunujący skutek. Skutek przepracowania, nieuwagi. Robić coś aż do skutku, ze skutkiem, bez skutku. Odnosić, osiągać skutek. Wywrzeć, wywołać jakiś skutek. Ponosić skutki czegoś. Pociągać za sobą jakieś skutki. Dojść, doprowadzić coś do skutku. Coś jest brzemienne w skutki, uwieńczone skutkiem, zgubne w skutkach. Z czegoś wynikają jakieś skutki.

skutkiem, na skutek «w wyniku, w rezultacie czegoś»

skuter *m IV, D.* skutera, *lm M.* skutery: Jechać skuterem, na skuterze.

skutkować *ndk IV*, skutkowałby (p. akcent § 4c) □ S. bez dop. «wywoływać skutek»: Lekarstwo skutkuje. Perswazje nie skutkowały. □ *środ. praw.* S. co «powodować coś, pociągać coś za sobą»: Uchylanie się od wykonywania kary skutkuje odpowiedzialność karną.

skuwać p. skuć.

skuwka *ż III, lm D.* skuwek. // *D Kult. II, 391; U Pol. (2), 177*.

skwapliwy *m-os.* skwapliwi, *st. w.* skwapliwszy: Skwapliwy ukłon. □ S. do czego: Skwapliwy do posług.

skwar *m IV, D.* skwaru: Skwar słoneczny a. skwar słońca. Niebo, słońce pali, piecze skwarem. Schnąć, usychać od skwaru. Chronić się przed skwarem.

skwarek *m III, D.* skwarka, *lm D.* skwarków; a. **skwarka** *ż III, D.* skwarki, *lm D.* skwarek: Dodać skwarków (skwarek) do zupy.

skwarnie a. **skwarno** *st. w.* skwarniej: Szła burza, było skwarnie i duszno.

skwasić *dk VIa*, skwaszę, skwasiliśmy (p. akcent § 1a i 2) *rzad.*, zwykle w wyrażeniu *przen.*: Skwaszona mina «mina wyrażająca zły humor» **skwasić się** «o produktach żywnościowych: skwaśnieć, skisnąć»: Piwo się skwasiło. *Por.* skisnąć.

skwer *m IV, D.* skweru. // *D Kult. I, 320*.

skwierczeć (*nie*: skwierczyć, skwirczeć) *ndk VIIb*, skwierczałby (p. akcent § 4c): Knot skwierczy w lampie. △ *pot.* Bieda, nędza aż skwierczy (*częściej*: aż piszczy) «jest wielka bieda, nędza»

Skwierzyna *ż IV* «miasto» — skwierzynianin *m V, D.* skwierzynianina, *lm M.* skwierzynianie, *D.* skwierzynian — skwierzynianka *ż III, lm D.* skwierzynianek — skwierzyński.

skwitować *dk IV*, skwitowaliśmy (p. akcent § 1a i 2) □ S. z czego «zrezygnować»: Dawno już skwitował z ambicji młodości. □ S. kogo (z czego) **a)** «zwolnić kogoś z należności przez pokwitowanie»: Skwitowali ją z długu. **b)** «zapłacić komuś należność ze wspólnego majątku, interesu; spłacić kogoś»: Musisz jeszcze skwitować siostrę z ojcowizny. □ *przen.* S. co czym «zareagować na coś w jakiś sposób»: Skwitował moje słowa ironicznym uśmiechem. **skwitować się** □ S. się z kim «zwolnić wzajemnie z zobowiązań; rozliczyć się»: Oddaj mu, coś winien i skwituj się z nim.

SL (*wym.* esel, p. akcent § 6) *m I, D.* SL-u a. *n ndm* «Stronnictwo Ludowe»: Działacze SL-u (SL). W 1949 r. SL zjednoczył się (zjednoczyło się) z PSL. —SL-owiec a. eselowiec *m II, D.* SL-owca (eselowca), *lm M.* SL-owcy (eselowcy) — SL-owski a. eselowski.

slabing *m III, D.* slabingu; *lepiej*: zgniatacz. // *PJ 1968, 460*.

slajd *m IV, D.* slajdu, zwykle w *lm, lepiej*: przezrocze, np. Wyświetlać slajdy (*lepiej*: przezrocza).

slalom *m IV, D.* slalomu △ Slalom gigant, *D.* slalomu giganta.

slalomista *m odm. jak ż IV, lm M.* slalomiści, *DB.* slalomistów; a. **slalomowiec** *m II, D.* slalomowca, *lm M.* slalomowcy.

slang (*wym.* slang a. sleng) *m III, D.* slangu; in. wiech: Mówić slangiem.

slavica (*wym.* slawika) *blp, D.* slawików «pisma w językach słowiańskich lub dotyczące słowiańszczyzny»: Biblioteka zgromadziła cenne slavica. Uczony ten zajmował się przede wszystkim slawikami. // *U Pol. (2), 479*.

slawistyka (*wym.* slawistyka, *nie*: slawistyka, p. akcent § 1c) *ż III, blm* «filologia słowiańska; słowianoznawstwo»

Slawonia (*wym.* Slawońja) *ż I, DCMs.* Slawonii «kraina w Jugosławii» — slawoński.

slide p. slajd.

sliping *m III, D.* slipingu; *lepiej*: wagon sypialny, np. Jechać slipingiem (*lepiej*: wagonem sypialnym). || *U Pol. (2)*, 477.

slipy *blp, D.* slipów: Kupił dwie pary slipów.

slogan *m IV, D.* sloganu: Reklamowy slogan. Operować sloganami.

slow-fox (*wym.* slou-foks) *m IV, DB.* slow-foxa: Tańczyć slow-foxa.

slumsy (*wym.* slamsy a. slumsy) *blp, D.* slumsów «nędzne domy zamieszkiwane przez wielkomiejską biedotę (głównie w Londynie)»

słabeusz *m II, lm D.* słabeuszy a. słabeuszów *pot.* «człowiek słaby fizycznie, duchowo»

słabnąć *ndk Vc*, słabł a. słabnął (*wym.* słabnoł) słabła, słabliśmy a. słabnęliśmy (*wym.* słabneliśmy, p. akcent § 1a i 2): Płacz dziecka słabł zwolna. □ S. od czego (pod działaniem przyczyny zewnętrznej): Słabnąć od upału. □ S. z czego (pod działaniem przyczyny wewnętrznej): Słabnąć z choroby, ze zmęczenia.

słabość *ż V, lm M.* słabości 1. «brak sił, mocy»: Słabość fizyczna. Słabość polityczna państwa. 2. «słaba strona, wada»: Znała wszystkie słabości swych dzieci. 3. «skłonność, sympatia, pociąg do kogoś, upodobanie do czegoś» □ S. do kogo, czego: Zawsze miał słabość do blondynek. Od dziecka miałem słabość do majsterkowania. 4. *blm* «pobłażliwość» □ S. wobec, względem, w stosunku do kogo: Jej słabość wobec dzieci nie wpłynęła dobrze na ich wychowanie. || *KP Pras.*

słaby *m-os.* słabi, *st. w.* słabszy 1. «mający niewielką siłę, moc»: Słaby prąd. Był jeszcze słaby po chorobie. □ *wych. z użycia, pot.* S. na co «chory»: Słaby na serce, na płuca. □ S. w czym «nie mający mocy, siły»: Słaby w rękach, w nogach. □ S. dla kogo «pobłażliwy w stosunku do kogoś»: Rodzice zbyt słabi dla dzieci. □ S. wobec czego «ulegający czemuś»: Słaby wobec pokusy. △ *żart.* Słaba a. słabsza płeć «kobiety»: Nadmiernie lubił słabą płeć. △ Mieć słabą głowę «łatwo się upijać» △ Mieć słabą głowę do czegoś «być tępym w jakiejś dziedzinie»: Do rachunków mam za słabą głowę. △ *pot.* Słaby na umyśle «nierozgarnięty, niemądry, głupi» 2. «niewystarczający, niedostateczny, niezbyt dobry»: Słabe zdrowie. Słaba pamięć.

I słać *ndk IX*, śle (*nie*: szle), ślij (*nie*: szlij), słaliśmy (p. akcent § 1a i 2) *książk.* «posyłać»: Słać do kogoś skargi. Słać pozdrowienia, ukłony. Słać gońców.

II słać *ndk IX*, ściele, ściel, słał, słaliśmy (p. akcent § 1a i 2) △ Słać łóżko, tapczan, posłanie itp. «układać pościel do spania lub po spaniu; *reg.* ścielić»

słać się □ S. się czym (po czym): Kwiaty ścielą się wiankiem wokół wzgórza. Mgła słała się po ziemi. △ *książk.* Słać się (komuś) do nóg, do stóp, pod nogi,

pod stopy **a)** «rosnąć nisko»: Kwiaty do nóg się słały. **b)** «kłaniać się nisko»: Nie lubił słać się nikomu do nóg. △ Droga, życie ściele się komuś różami «komuś się szczęści, układa pomyślnie» △ Sanna się ściele «pada śnieg, zapowiada się sanna» △ *książk.* Słać się trupem; trup się ściele «o wielu (walczących): padać trupem, ginąć; pada wielu zabitych» || *D Kult. I*, 562.

sława *ż IV* 1. *blm* «wielki rozgłos, chwała; opinia, reputacja»: Wieczna, wiekopomna sława. Zyskać sławę. Okryć się sławą. Pianista światowej sławy. △ Mieć jakąś sławę; mieć sławę kogoś, czegoś; cieszyć się jakąś sławą «słynąć z czegoś, słynąć jako ktoś, coś»: Miała złą sławę (*nie*: cieszyła się złą sławą) wśród koleżanek. Cieszył się sławą najlepszego tancerza stolicy. □ *podn.* S. komu, czemu: Sława bohaterom! 2. «ktoś sławny»: Sława medyczna, naukowa. Udał się do doktora, należącego do sław w tej specjalności.

Sława *ż IV* «miasto» — sławski (p.).

sławetny «sławny (z odcieniem ironicznym)»: Sławetny gród (np. o lichej mieścinie). I cóż postanowiło sławetne zgromadzenie?

Sławno *n III* «miasto» — sławnianin *m V, D.* sławnianina, *lm M.* sławnianie, *D.* sławnian — sławnianka *ż III, lm D.* sławnianek — sławieński.

sławny *m-os.* sławni, *st. w.* sławniejszy a. bardziej sławny «mający sławę, rozgłos»: Sławny aktor. □ S. z czego: Gospodyni sławna ze swych wypieków. || *D Kult. II*, 115. *Por.* słynny.

sławski: Zabytki sławskie (*ale*: Jezioro Sławskie, Pojezierze Sławskie).

słodki *m-os.* słodcy, *st. w.* słodszy: Słodki miód. Słodkie mleko. □ S. dla kogo «miły, ugrzeczniony»

słodko *st. w.* słodziej (*nie*: słodzej) △ Na słodko «z cukrem lub innymi słodkimi dodatkami»: Ryż na słodko.

słodko- 1. «pierwszy człon przymiotników złożonych, pisany łącznie, wskazujący na związek ze słodyczą tego, o czym mówi druga część złożenia», np.: słodkomdlący, słodkowodny. 2. «część składowa przymiotników złożonych z członów znaczeniowo równorzędnych, pisana z łącznikiem», np. słodko-kwaśny, słodko-gorzki. △ Wyrażenia, których pierwszym członem jest przysłówek *słodko*, a drugim imiesłów, pisze się rozdzielnie, np. słodko pachnący.

słodycz *ż VI* 1. *blm* «słodki smak»: Słodycz miodu. △ *przen.* Słodycz uśmiechu. 2. tylko w *lm* «słodkie smakołyki, wyroby cukiernicze»: Dzieci lubią słodycze.

słodzić *ndk VIa*, słodzę, słódź a. słodź, słodziliśmy (p. akcent § 1a i 2): Słodzić herbatę cukrem. △ *przen.* Słodzić komuś troski.

słodzieńki *reg.* «słodziutki»

słodziutki (*nie*: słociutki): Słodziutka minka.

słoik *m III, D.* słoika (*wym.* sło-i-ka, *nie*: słojka) □ Składnia jak: słój.

słomiany (*nie*: słomianny) *m-os.* słomiani: Słomiany dach. △ *żart.* Słomiany wdowiec, słomiana wdowa «mąż, żona pozostający w domu czasowo bez współmałżonka» △ *pot.* Słomiany zapał (a. ogień) «zapał powstający nagle i szybko przemijający; krótkotrwałe uczucie»

słomka *ż III, lm D.* słomek 1. «małe źdźbło słomy»: Ptak niósł w dziobie słomkę. 2. «w znaczeniu zbiorowym: specjalnie spreparowana słoma lub tworzywo sztuczne, używane do wyrobu kapeluszy»: Kapelusz ze słomki. 3. *przestarz.* p. słonka.

Słomniki *blp, D.* Słomnik «miasto» — słomniczanin *m V, D.* słomniczanina, *lm M.* słomniczanie, *D.* słomniczan — słomniczanka *ż III, lm D.* słomniczanek — słomnicki.

słonina *ż IV, blm*: Jajecznica ze słoniną a. na słoninie.

słonka *ż III, lm D.* słonek «ptak łowny; *przestarz.* słomka»: Ciąg słonek.

słoń *m I, lm D.* słoni.

słońce (*nie*: słonce) *n I*: Lipcowe słońce. Słońce wschodzi, zachodzi. Słońce świeci. Łąka oświetlona słońcem. △ Na słońcu a. w słońcu «w świetle słonecznym; pod działaniem promieni słonecznych»: Opalać się na słońcu (w słońcu). △ Od słońca **a)** «pod wpływem promieni słonecznych»: Zaróżowić się od słońca. **b)** «chroniąc(y) przed działaniem promieni słonecznych»: Okulary od słońca. Zasłonić się od słońca. △ Pod słońce, *rzad.* do słońca «mając światło słoneczne z przodu»: Fotografować coś pod słońce. △ Pod słońcem «na świecie» zwykle w wyrażeniu: Nic nowego pod słońcem. △ Przed słońcem «przed wschodem słońca»: Wstał jeszcze przed słońcem. △ Ze słońcem «ze wschodem słońca»: Rozpoczynali pracę ze słońcem. △ W terminologii astronomicznej dużą literą: Roczny obrót Ziemi dookoła Słońca. Plamy na Słońcu.

Słowacja *ż I, DCMs.* Słowacji «jedna z republik związkowych Czechosłowacji»: Mieszkać w Słowacji, *daw.* na Słowacji. Jechać do Słowacji, *daw.* na Słowację. — Słowak *m III, lm M.* Słowacy — Słowaczka *ż III, lm D.* Słowaczek — słowacki (p.).

słowacki: Sztuka słowacka (*ale*: Słowacka Rada Narodowa).

Słowaczyzna *ż IV, CMs.* Słowaczyźnie *przestarz.* «Słowacja»: Przebywać na Słowaczyźnie.

Słowenia (*wym.* Słoweńja) *ż I, DCMs.* Słowenii «republika związkowa w Jugosławii»: Osiedlić się w Słowenii. Przybyć do Słowenii. — Słoweniec *m II, D.* Słoweńca, *lm M.* Słoweńcy — Słowenka *ż III, lm D.* Słowenek — słoweński.

Słowianin *m V, D.* Słowianina, *lm M.* Słowianie, *D.* Słowian — Słowianka *ż III, lm D.* Słowianek — słowiański.

słowianofil *m I, lm D.* słowianofilów (*nie*: słowianofili).

słowianoznawstwo *n III, blm* «nauka o Słowianach, ich językach, kulturze i historii; slawistyka»

*słowiańskie nazwiska obce p. nazwiska obce słowiańskie.

Słowiańszczyzna *ż IV, CMs.* Słowiańszczyźnie, *blm* 1. «narody słowiańskie; tereny zamieszkane przez Słowian»: Zwycięstwo Słowiańszczyzny pod Grunwaldem. Słowiańszczyzna wschodnia, zachodnia. 2. słowiańszczyzna «wszystko, co jest związane z życiem, kulturą, językiem i pochodzeniem Słowian»: Studiować słowiańszczyznę. Zabytki słowiańszczyzny.

Słowiniec *m II, D.* Słowińca, *lm M.* Słowińcy «członek grupy ludności pomorskiej, zamieszkującej tereny nad jeziorami Gardno i Łebsko» — Słowinka *ż III, lm D.* Słowinek — słowiński (p.).

słowiński: Dialekt słowiński (*ale*: Wybrzeże Słowińskie, Pobrzeże Słowińskie).

słownictwo *n III, blm* «zasób wyrazów wchodzących w skład jakiegoś języka (czasem w tym zn. używany jest wyraz: słownik)»: Słownictwo specjalne, gwarowe. Mieć ubogie słownictwo.

*słownictwo (zwane także leksyką) to ogół wyrazów i utartych związków wyrazowych danego języka (p. związki frazeologiczne). Zasób leksykalny współczesnej polszczyzny obejmuje słownictwo ogólnopolskie, którym się posługują ludzie wykształceni na całym obszarze kraju, oraz słownictwo gwar, terytorialnych odmian językowych, używanych głównie przez ludność wiejską (tych odmian nasz Słownik — opisujący ponaddzielnicową normę języka polskiego — zasadniczo nie obejmuje). Słownictwo ogólnopolskie i słownictwo gwarowe są w dużym zakresie zbieżne. Zasób wyrazów, za pomocą których porozumiewają się wszyscy Polacy (takich jak np.: *chleb, biały, mówić*) można określić mianem słownictwa powszechnego. Język ogólnopolski nie jest całkowicie jednolity. Można w nim zaobserwować pewne, stosunkowo nieliczne swoiste właściwości w zakresie wymowy, odmiany i budowy wyrazów, składni, a także słownictwa, występujące w mowie inteligencji różnych dzielnic, czyli tzw. regionalizmy (sygnalizowane są one kwalifikatorem *reg.*). W słownictwie znajduje również odbicie zróżnicowanie polszczyzny na mówioną i pisaną. Wyrazy pojawiające się przede wszystkim w tekstach mówionych (oznaczone w Słowniku kwalifikatorem *pot.*) są często ograniczone w swym zasięgu do określonego regionu, często także wiąże się z nimi różnorodne zabarwienie uczuciowe (które w naszym Słowniku określamy odpowiednimi kwalifikatorami, np.: *żart., iron., pogard., lekcew.* itp.). Te cechy słownictwa potocznego są zrozumiałe: język potoczny służy nam przede wszystkim w bezpośrednich, codziennych kontaktach z najbliższym nam środowiskiem (rodzinnym, zawodowym itp.). Jeszcze wyraźniej nacechowane emocjonalnie i bardziej ograniczone ze względu na typ kontaktu z odbiorcą jest słownictwo, określane jako pospolite (kwalifikator *posp.*). Wyrazów w rodzaju *ćpać, pyskować, obszczekać* (kogoś), czy wyrażeń takich, jak: *szlag* (kogoś, coś) *trafia, w krótkich abcugach* itp., mających odcień pewnej ordynarności i znajdujących się często na pograniczu między językiem ogólnopolskim a gwarami, zwłaszcza miejskimi, używamy tylko w sytuacjach szczególnych: kiedy chodzi nam o wyrażenie naszej silnie (i zazwyczaj ujemnie) zabarwionej postawy uczuciowej w stosunku do tego, o czym mówimy i kiedy, z tych czy innych względów, możemy albo nawet nie chcemy się liczyć z uczuciową reakcją słuchacza.

Z wyrazami charakterystycznymi dla języka pisanego (określanymi jako *książkowe*) wiąże się zazwyczaj także pewne wtórne nacechowanie stylistyczne (p. styl), a czasem również emocjonalne. Wprowadzają one niekiedy nastrój podniosłości (np. *oręż, rubieże Rzeczypospolitej* itp.), stanowią w tekście elementy pewnej literackości czy poetyckości (np. *lazur, szata* w zn. dosłownym), *owionąć, gładź* (wodna) itp., występują jako terminy naukowe i techniczne albo wreszcie są swoistymi składnikami pism, które kierujemy do różnych instytucji i urzędów (takie wyrazy opatrujemy kwalifikatorem *urz.*). W obrębie słownictwa specjalnego używanego w takich dziedzinach działalności społecznej jak nauka, technika, sport itp. wyróżnia się (u nas kwalifikatorem *środ.*) wyrazy, których zasięg jest ograniczony do mowy określonych środowisk zawodowych.

Liczba wyrazów wchodzących w skład słownika danego języka jest zmienna. Jedne z nich wychodzą z użycia (początkowe stadia tego procesu sygnalizujemy kwalifikatorami *wych. z użycia* i *przestarz.*; p. archaizmy), inne znów są dotwarzane (p. neologizmy) lub zapożyczane (p. zapożyczenia).

Część zasobu leksykalnego języka, którym rozporządza jednostka stanowi jej słownictwo indywidualne. Składają się na nie wyrazy, którymi dana osoba posługuje się w swoich wypowiedziach (**słownictwo czynne**), i te, których sama nie używa, ale które rozumie (**słownictwo bierne**). Przyjmuje się na ogół, że słownictwo czynne przeciętnego Polaka – inteligenta obejmuje kilka tysięcy wyrazów, słownictwo zaś bierne – kilkanaście tysięcy.

Każdy użytkownik języka powinien zabiegać o rozszerzanie własnego zasobu słownikowego. W dzisiejszych czasach — dzięki środkom masowego przekazu — jest to łatwiejsze niż kiedykolwiek. Trzeba pamiętać, że bogactwo indywidualnego słownictwa czynnego świadczy o poziomie kulturalnym człowieka. *Por.* język i odmiany.

słownik *m III* 1. «zbiór wyrazów ułożonych według pewnej zasady»: Słownik ortograficzny. Słownik dwujęzyczny. 2. *rzad.* p. słownictwo: Ten pisarz ma bardzo bogaty słownik.

słownikarz *m II, lm D.* słownikarzy; in. leksykograf.

słowny 1. «wyrażony mową; ustny (nie pisany)»: Słowne polecenie. Dowcip słowny. 2. *m-os.* słowni, *st. w.* słowniejszy «dotrzymujący słowa»: Jest słowny, zawsze dotrzymuje obietnicy. 3. *przestarz.* «czasownikowy»: Orzeczenie słowne.

słowo *n III, lm D.* słów, *N.* słowami (czasem w utartych wyrażeniach: słowy): Wolność słowa. Pieśń, melodia, muzyka do czyichś, jakichś słów. Słowa do pieśni, do muzyki, do melodii. Odezwać się, przemówić, zagadnąć, zacząć itp. w te słowa a. tymi słowami (*podn.* tymi słowy). Dotrzymać słowa, złamać słowo. Ręczyć, zaręczać słowem. Nie dopuścić kogoś do słowa, nie dać komuś dojść, *rzad.* przyjść do słowa. △ Słowo w słowo, słowo po słowie, słowo za słowem: Tłumaczył mi wszystko dokładnie, słowo w słowo. △ Słowem a. jednym słowem: Byli zdumieni, oczarowani, słowem — przejęci. △ Co do słowa (*częściej:* co do joty) «w całym zakresie»: Przewidywania jego spełniły się co do słowa. △ Innymi słowy «inaczej mówiąc» △ Od słowa do słowa «stopniowo w toku rozmowy, kłótni»: Od słowa do słowa przyszło między nimi do bójki. △ W dwóch słowach «krótko, treściwie»: Opowiedz mi to w dwóch słowach. △ W pół słowa «nie kończąc; nie pozwalając skończyć mówić»: Przerwał mu w pół słowa. △ Słowo honoru «poręczenie honorem za prawdziwość tego, co się mówi; formułka oznaczająca to po-

ręczenie» △ Na słowo, na słowo honoru, uczciwości itp. «na zaręczenie ustne»: Wierzyć komuś na słowo. Zaciągnąć dług na słowo. △ Pod słowem (honoru itp.) «ręcząc słowem, przyrzekając uroczyście»: Oddam ci to jutro, pod słowem. △ Słowo daję (*nie:* jak słowo daję) — treść zwrotu taka jak w *słowo honoru*, ale słabiej podkreślona (czasem zwrot wypowiadany zdawkowo): Słowo daję, ślicznie tu u was. △ Dać komuś słowo na coś (*nie:* za coś) «obiecać, poręczyć komuś coś»: Nie zawiedziesz się, daję ci na to słowo. △ Trzymać, brać kogoś za słowo «zwracać komuś uwagę na to, że jego obietnicę traktuje się poważnie» △ Władać jakimś językiem «mówić i w piśmie «mówić i pisać biegle w jakimś języku» △ Chwytać, łapać kogoś za słowa «zwracać złośliwie uwagę na formę czyjejś wypowiedzi, często wypaczając jej intencję» △ Zamknąć coś w słowa a. w słowach «wyrazić słowami» △ Przysłowie: Mądrej głowie dość dwie słowie (*nie:* na słowie, po słowie). △ *niepoprawne:* Prosić o słowo (*zamiast:* o głos). Dać, odebrać komuś słowo (*zamiast:* głos). △ *wych. z użycia* Słowo osobowe, nieosobowe, posiłkowe «czasownik w formie osobowej, nieosobowej; czasownik posiłkowy»

*słowotwórstwo «nauka o budowie wyrazów i sposobach ich tworzenia» Najbardziej charakterystycznym dla języka polskiego sposobem urabiania nowych jednostek wyrazowych jest słowotwórstwo morfologiczne, które polega na łączeniu w znaczące całości określonych elementów (morfemów) znajdujących się w zasobie naszego języka; elementy te to **tematy wyrazów** już istniejących w języku oraz **przyrostki i przedrostki**. Z tematami wyrazowymi wiąże się podstawowa treść znaczeniowa wyrazu; łączenie przedrostków i przyrostków z tematami odbywa się przez analogię do wyrazów już istniejących i będących w użyciu. Tak więc według wzoru wyrazów *badacz, biegacz, słuchacz*, w których można wydzielić tematy czasownikowe: bad(ać), bieg(ać), słuch(ać) oraz przyrostka *-acz*, możemy utworzyć nowy wyraz dodając ten sam przyrostek do tematu jakiegoś innego czasownika, np. spaw(ać) i utworzyć rzeczownik *spawacz*; na wzór przymiotników *przemiły, prześliczny* możemy za pomocą przedrostka *prze-* urobić nowe przymiotniki: *przeokropny, prześmieszny, przezabawny*. Opierając się na wzorze czasowników *upowszechnić, uszczęśliwić*, w których wyodrębnia się przedrostek *u-*, temat przymiotnikowy (powszechn-y, szczęśliw-y) oraz przyrostek *-ić*, możemy utworzyć nowe czasowniki o takiej samej budowie (niedawno powstały w ten sposób takie wyrazy jak: *uaktualnić, uaktywnić, uatrakcyjnić*). Nowy wyraz można utworzyć także nie przez dodanie, lecz przez odrzucenie pewnych składników zawartych w wyrazie podstawowym, np. rzeczowniki *czołg, dźwig* mają czysty temat czasowników: czołg(ać), dźwig(ać); wyrazy utworzone w taki sposób nazywamy derywatami wstecznymi lub postwerbalnymi. △ Nowe wyrazy mogą powstawać nie tylko za pomocą derywacji, lecz także za pomocą kompozycji, tzn. łączenia w jedną całość dwu tematów wyrazowych; powstają wtedy wyrazy złożone, np. *krwiodawca, jasnowłosy, biało-czerwony*. △ W zasobie słownikowym języka możemy wyróżnić wyrazy, których składniki, tzn. tematy i przedrostki lub przyrostki są łatwe do wyodrębnienia, np.: *badacz, przepiękny, urealnić* i takie, w których elementów składowych wydzielić nie można, np.: *dom, nos, ściana*. Wyrazy mające przejrzystą budowę i słowotwórczo podzielne nazywamy f o r m a c j a m i; wyodrębniający się w nich element formalny (przyrostek, przedrostek, *-o-* łączące dwa tematy w wyrazach złożonych), który różni nowy wyraz od tego, z którego wzięto jego temat, to formant; w derywatach wstecznych mamy do czynienia z formantem zerowym. Wyraz podstawowy, który stał się punktem wyjścia nowej formacji, nazywa się p o d s t a w ą s ł o w o t w ó r c z ą; rzeczownik *biegacz* ma za podstawę słowotwórczą czasownik *biegać*, przymiotnik *domowy* — rzeczownik *dom*, czasownik *zafarbować* — rzeczownik *farba*.

Łączenie przyrostków lub przedrostków z tematami słowotwórczymi odbywa się według norm zwyczajowych; są przyrostki, które się mogą łączyć tylko z tematami czasowników, np. *-acz*, inne zaś możemy dodawać do tematów wyrazów należących do różnych części mowy, np. przyrostek *-ny* tworzy przymiotniki od czasowników: podnosić — *podnośny* i od rzeczowników: żywica — *żywiczny*. Łączliwość elementów słowotwórczych może być ograniczona różnymi czynnikami — znaczeniowymi lub formalnymi. Omawiamy je przy hasłach szczegółowych poświęconych przedrostkom i przyrostkom.

Elementy słowotwórcze w wyrazie pozostają w określonym wzajemnym stosunku, który odgrywa bardzo ważną rolę w funkcjonowaniu wyrazu jako jednostki znaczeniowej. Połączenie na przykład przyrostka *-acz* z tematem czasownika daje nie tylko nowy rzeczownik rodzaju męskiego, lecz rzeczownik o określonym znaczeniu ogólnym; wyrazy *badacz, biegacz, słuchacz* oznaczają wykonawców pewnych czynności, wyrazy *badanie, bieganie, słuchanie* są z kolei rzeczownikowymi nazwami czynności. Tak więc tworząc nowy wyraz według norm zwyczajowych włączamy go jednocześnie do pewnej ogólnej kategorii nazw złączonych wspólną cechą znaczeniową. Przekroczenie reguł słowotwórczych prowadzi w rezultacie do utworzenia wyrazu niepoprawnego, nie spełniającego swego zadania w komunikacji językowej. Omawiając szczegółowe hasła przyrostkowe zwracamy uwagę na to, jakie kategorie nazw dany przyrostek tworzy najczęściej we współczesnym języku polskim, pomijamy zaś te jego funkcje, w których dzisiaj juse występuje lub jest używany bardzo rzadko. *Por.* formant, neologizmy.

słój *m I, D.* słoja, *lm D.* słojów a. słoi w zn. «rodzaj szklanego naczynia» □ S. czego «słój zawierający coś, ilość czegoś równa pojemności słoja»: Słój konfitur. □ S. do czego, *rzad.* na co (*nie*: dla czego): Słój do miodu, na miód. □ S. od czego, s. po czym, *reg.* z czego «słój, z którego usunięto jego zawartość»: Słój po miodzie. □ S. z czym «słój wypełniony czymś»: Słój z miodem. // *D Kult. I, 353.*

Słubice *blp, D.* Słubic «miasto» — słubiczanin *m V, D.* słubiczanina, *lm M.* słubiczanie, *D.* słubiczan — słubiczanka *ż III, lm D.* słubiczanek — słubicki.

słuchacz *m II, lm D.* słuchaczy a. słuchaczów: Pilny, uważny słuchacz. Słuchacz radia. Słuchacz studium zaocznego. Słuchacz filozofii, medycyny

słuchać *ndk I,* słuchaj (*nie*: słuchej), słuchaliśmy (p. akcent § 1a i 2) **1.** «starać się słyszeć, przysłuchiwać się»: Słucham, co opowiadasz. Słuchali, jak grała kapela. Słucha, czy pociąg nie nadjeżdża. □ S. kogo,

czego (*nie*: kogo, co): Słuchać mówcy. Słuchać bajki, wykładu, koncertu. Słuchać radia, słuchać czegoś, np. koncertu przez radio. Słuchać mszy. △ Konstrukcja z biernikiem tylko w zwrotach *środ.*, np. Słuchać chorego, pacjenta, chorą «badać przez osłuchiwanie»: Wczoraj panią słuchałem, w płucach nic nie było. □ S. o czym: Lubiła słuchać o czarach, o duchach, o strachach. △ Nie chcieć o czymś słuchać (*częściej*: słyszeć) «nie zgadzać się na coś, być przeciwnym czemuś»: Słuchać nie chcę o waszym wyjeździe. △ Słuchać jakiegoś przedmiotu nauki «uczęszczać na wykłady z jakiejś dziedziny»: Słuchał literatury francuskiej na uniwersytecie. △ Słucham «w rozmowie, zwłaszcza telefonicznej: o co chodzi; proszę»: Słucham, kto mówi? △ Słuchaj «potoczna forma zwracania się do kogoś, rozpoczynania z kimś rozmowy»: Słuchaj, idziemy do domu. **2.** *pot.* używa się także wzmocnionego, intensywniejszego: słuchać się «być posłusznym»: Bądź pilny i słuchaj (się)! □ S. (się) kogo, czego: Słuchać (się) rodziców, nauczycieli. Słuchać (się) nakazów, poleceń, rad. // *D Kult. I, 152, 353; II, 113; D Myśli 96; PJ 1966, 424; 1968, 494; U Pol. (2), 323.*

Słuck *m III, D.* Słucka «miasto w ZSRR — słucki.

I Słucz *m II, D.* Słucza «rzeka na Ukrainie (dopływ Horynia)»

II Słucz *ż VI, D.* Słuczy «rzeka na Białorusi (dopływ Prypeci)»

sługa *ż* a. *m* odm. jak *ż III, M.* ten a. ta sługa, *lm M. ż* sługi, *m* ci słudzy a. te sługi, *D.* sług, *B.* te sługi *przestarz., książk.* «osoba będąca w służbie u kogoś, obsługująca kogoś lub pracująca w czyimś domu za wynagrodzeniem; służący, służąca»: Stary, wierny, stara, wierna sługa. Być u kogoś, być czyimś, czyjąś sługą. △ *daw.* dziś *żart.* Sługa uniżony; najniższy, pokorny, wierny itp. sługa «wyrażenie grzecznościowe, używane na znak gotowości do spełnienia czyjejś prośby, rozkazu» △ *przen.* «człowiek pracujący dla kogoś, dla czegoś, działający w czyimś interesie»: Sługa ojczyzny, Rzeczypospolitej.

sługus *m IV, lm M.* te sługusy, *rzad.* ci sługusi *pogard.* «ten, kto wysługuje się komuś; fagas»

słup *m IV*: Słup drewniany, betonowy, kamienny, marmurowy. Słupy mostu, sklepienia, ganku. Słup telefoniczny. Słup kilometrowy, graniczny. △ *przen.* Słupy ognia, wody. △ Oczy stanęły komuś w słup a. słupem; postawić, obrócić oczy w słup «oczy komuś znieruchomiały; obrócić oczy ku górze, utkwić w czymś nieruchomo wzrok na skutek zdumienia, przerażenia» △ Stanąć słupa, w słup, dać słupa «o zwierzęciu: stanąć na tylnych nogach, stanąć dęba»

słupem, słupami w użyciu przysłówkowym «jak słup, w kształcie słupa, prosto w górę»: Dym walił słupem.

Słupca *ż II, D.* Słupcy «miasto» — słupczanin *m V, D.* słupczanina, *lm M.* słupczanie, *D.* słupczan — słupczanka *ż III, lm D.* słupczanek — słupecki.

Słupia (Nowa, Stara, Wielka) Słupia *ż I, DCMs.* Słupi; Nowa, Stara, Wielka odm. przym. «miejscowości» — słupski (p.).

Słupsk *m III, D.* Słupska «miasto» — słupszczanin *m V, D.* słupszczanina, *lm M.* słupszczanie,

słupski

D. słupszczan — słupszczanka *ż III, lm* D. słupszcza-
nek — słupski (p.).

słupski przym. od Słupia a. Słupsk: Szkoły słup-
skie (*ale*: Ławica Słupska).

słuszność *ż V*, zwykle *blm*: Przyznać komuś słusz-
ność. Odmówić komuś słuszności. Mieć słuszność.
Słuszność jest przy kimś, po czyjejś stronie. // *D
Kult. II, 264.*

słuszny *st. w.* słuszniejszy a. bardziej słuszny
1. «zgodny z prawdą, uzasadniony, trafny»: Słuszne
uwagi, zarzuty. Słuszny żal, gniew. Słuszna pretensja.
Słuszny pod jakimś względem (*nie*: w jakimś kierunku): To były wnioski pod każdym względem
słuszne. 2. «sprawiedliwy»: Słuszny wyrok. Słuszna
ocena. 3. «odpowiedni, należyty, właściwy»: Słuszna
zapłata. △ *niepoprawne* Mieć słuszną rację (*zamiast*:
mieć rację a. mieć słuszność). 4. *m-os.* słuszni *wych.
z użycia* «o wzroście człowieka: wysoki»: Mężczyzna słusznego wzrostu. // *D Kult. II, 264; U* Pol.
(1), 37, 39.

służalec *m II,* D. służalca, *W.* służalcze, forma
szerząca się: służalcu, *lm M.* ci służalcy a. (z silniejszym zabarwieniem ekspresywnym) te służalce, *D.*
służalców.

służąca *ż* odm. jak przym. *wych. z użycia* «pomoc
domowa, gosposia»: Przyjąć, zwolnić służącą. Służąca do wszystkiego. △ Brać, przyjmować kogoś za
służącą.

służba *ż IV,* częściej *blm* 1. «służenie, spełnianie
pracy służącego (służącej)»: Iść na służbę, do służby,
w służbę. Godzić się do służby. Przyjąć kogoś na
służbę, do służby. △ Wypowiedzieć komuś służbę,
podziękować komuś za służbę **a)** «porzucić pracę służącego» **b)** *żart.* «o ubraniu, rzeczach: zniszczyć się»
□ S. u kogo: Być w służbie (przyjąć służbę) u kup-
ca. □ *przen.* S. komu (czemu), dla kogo (czego):
Służba ojczyźnie, dla ojczyzny. 2. «praca w urzędzie
państwowym, instytucji użyteczności publicznej,
najczęściej w wojsku; taka instytucja, taki urząd»:
rzad. Wstąpić (*nie*: postąpić) do służby sądowej,
nauczycielskiej. △ Być na służbie, pełnić (*nie*: sprawować) służbę «być w określonych godzinach w pracy w urzędzie, w wojsku itp.» △ Służba meteorolo-
giczna, rolna, Służba zdrowia itp. «instytucje obejmujące całokształt zagadnień związanych z daną
dziedziną; pracownicy takich instytucji» △ Służby
zaopatrzeniowe (*lepiej*: służby zaopatrzenia). △ Służba Polsce «młodzieżowe hufce pracy (skrót: SP)»:
Należeć do Służby Polsce. Pracować w Służbie
Polsce. 3. *blm* «zespół ludzi służących u kogoś; słudzy»: Służba dworska, pałacowa, folwarczna, sta-
jenna. Wezwać służbę. Wydać służbie polecenia, rozkazy. // *D Kult. I, 738.*

*służbowe tytuły kobiet p. nazwy i tytuły zawodowe kobiet.

służebny 1. «w dawnej Polsce: dotyczący ludności obowiązanej do określonych posług, odnoszący
się do takiej ludności»: Kolonie, osady służebne.
Obowiązki służebne. 2. *przestarz.* «dotyczący służby,
służenia komuś; będący na służbie u kogoś; przeznaczony dla służby domowej»: Chłopak służebny. Izba
służebna.

Służew *m IV,* D. Służewa «dzielnica Warszawy»:
Jechać na Służew. Mieszkać na Służewie. — słu-
żewski.

Służewiec *m II,* D. Służewca «dzielnica Warszawy»: Jechać na Służewiec. Mieszkać na Służewcu. —
służewiecki.

służka *ż* a. *m* odm. jak *ż III, M.* ten a. ta służka,
lm M. te służki a. ci służkowie (tylko o mężczyznach),
D. służek a. służków (tylko o mężczyznach), *B.* służki
a. służków (tylko o mężczyznach) *przestarz.* zdr. od
sługa: Wierny, wierna służka.

służyć *ndk VIb,* służyliśmy (p. akcent § 1a i 2):
□ S. u kogo — za kogo, jako kto (*nie*: kim) «być
w służbie u kogoś, w jakimś charakterze»: Służył
u gospodarza za parobka, jako parobek. □ S. u kogo,
komu — za co «pracować u kogoś za jakieś wynagrodzenie»: Służył im za nędzne grosze, za życie
i mieszkanie. Służyła zawsze za dobrą pensję. □ S.
komu, czemu — za co, jako co (*nie*: czym) — do
czego (*nie*: na co, dla czego) «być przeznaczonym,
używanym do czegoś»: Służyć komuś za przykład,
jako przykład (*nie*: przykładem). Igła służy do szycia.
△ Coś służy, nie służy komuś «coś wychodzi komuś
na dobre, na złe»: Górskie powietrze mu służyło.
Podróże nie służą ludziom słabym. □ S. komu —
czym «być dla kogoś użytecznym w jakiś sposób»:
Służyć komuś radą, pomocą, pożyczką. □ S. komu,
czemu «działać dla czyjegoś dobra, poświęcać się
jakiejś sprawie»: Służyć narodowi, ludzkości, krajowi itp. Służyć prawdzie. □ S. w czym (gdzie) «odbywać służbę wojskową (dawniej też: pracować
w urzędzie, w instytucji użyteczności publicznej itp.)»:
Służyć w wojsku (*nie*: przy wojsku), w legionach,
w piechocie, w broni pancernej, w lotnictwie, w czoł-
gach. □ S. pod czyim dowództwem, pod czyimi
rozkazami, *pot.* pod kim «mieć kogoś za zwierzchnika w wojsku»: Służyli pod dowództwem Kościuszki,
pot. pod Kościuszką.

słych *m III,* D. słychu; tylko w *pot.* wyrażeniach:
Ani słychu; ani widu, ani słychu; ani słychu, ani
dychu; słych (*częściej*: słuch) o kimś, o czymś zaginął
«nikt nic nie wie, nie słyszał o kimś, o czymś»

słychać (tylko w bezokol., w *nieos.* formach złożonych: będzie słychać, było słychać i w imiesł.
biernym) 1. «coś jest słyszane, daje się słyszeć»: Słychać krzyk, grzmot, kroki. Słychać kogoś daleko
a. z daleka. Przez ścianę, za ścianą było słychać muzykę. 2. «coś jest znane z opowiadań, ze słyszenia,
mówi się o czymś»: Nic o nim nie słychać. Co słychać
z wyjazdem? Słychać, że nie będzie pogody. △ Co
słychać (nowego, dobrego), co u ciebie, u was słychać? «co się dzieje? co porabiasz?» △ *pot.* Słychana
(*częściej*: słyszana) to rzecz, żeby... «o czymś niezwykłym, wywołującym oburzenie» 3. *pot. reg.* «coś
daje się czuć węchem»: Słychać tu naftę, benzynę.
Kiełbasę słychać czosnkiem. △ To mięso już słychać
«już czuć, jest nieświeże» // *D Kult. I, 354.*

słynąć *ndk Vb,* słyń, słynąłem (*wym.* słynołem;
nie: słynełem), słynął (*wym.* słynoł), słynęła (*wym.*
słynęła), słynęliśmy (*wym.* słyneliśmy, p. akcent § 1a
i 2): Słynąć na okolicę, na cały świat. □ S. z czego
a. czym: Słynąć z pracowitości, z rozumu. Słynąć
męstwem, walecznością. □ S. jako kto: Słynął jako
doskonały lekarz.

słynny *m-os.* słynni, *st. w.* słynniejszy a. bardziej słynny: Słynna bitwa, słynne obrazy, dzieła, wydarzenia. □ S. z czego, *książk.* czym: Był słynny z gospodarności, z męstwa. Słynny męstwem, odwagą. □ S. jako kto: Słynny jako pisarz i podróżnik. // *D Kult. II, 116. Por.* sławny.

słyszeć *ndk VIIb,* słyszymy, słysz, słyszeliśmy (p. akcent § 1a i 2) 1. «odbierać wrażenia dźwiękowe»: Słyszeć muzykę, głosy, gwar. Słyszał wołanie przez drzwi. △ Słyszeć jak we śnie a. jak przez sen «słyszeć niewyraźnie» △ *reg.* Pierwsze słyszę «słyszę coś po raz pierwszy» 2. «dowiadywać się o czymś z opowiadania»: Słyszał o nim niejedno. Słyszeli o zbliżających się uroczystościach.

smagać *ndk I,* smagaliśmy (p. akcent § 1a i 2) — **smagnąć** *dk Va,* smagnij, smagnąłem (*wym.* smagnołem; *nie:* smagnełem, smagłem), smagnął (*wym.* smagnoł), smagnęła (*wym.* smagneła; *nie:* smagła), smagnęliśmy (*wym.* smagneliśmy; *nie:* smagliśmy; p. akcent § 1a i 2), smagnięty □ S. kogo, co — czym — po czym a. przez co: Smagnął go pejczem po plecach (przez plecy). Smagał grzbiety końskie długim batem. △ *przen.* Smagały są złośliwe spojrzenia. Ciętą satyrą smagał słabości ludzkie.

smak *m III, D.* smaku 1. «jeden ze zmysłów; właściwość rzeczy działającej na ten zmysł»: Gorzki, kwaśny, słony smak. Dobry, zły smak. Galaretki w różnych smakach. Coś nie ma smaku a. coś jest bez smaku. Smak ogórków, mięsa, owoców. △ *pot.* Smak (smaki) do czegoś «przyprawa do potrawy, do napoju»: Smak do sosów i zup, smaki do ciasta. △ Dodawać czegoś do smaku a. dla smaku «żeby poprawić smak czegoś»: Dodać soli, cukru do smaku. Do tej zupy dla smaku można dodać soku z cytryny. △ Przypaść, trafić komuś do smaku, być komuś do smaku, w smak «smakować; odpowiadać, podobać się komuś» 2. «apetyt; upodobanie»: Stracić smak do czegoś (*nie:* dla czegoś). Nabrać smaku do czytania. Znalazł smak w pracy naukowej, w podróżowaniu. △ *pot.* Obejść się (*nie:* obyć się) smakiem «nie osiągnąć czegoś, czego się pragnie, nie dostać tego, co by się chciało mieć» 3. «poczucie piękna; gust»: Wnętrze urządzone ze smakiem.

smakołyk *m III, D.* smakołyku, *rzad.* smakołyka.

smakosz *m II, lm D.* smakoszy, *rzad.* smakoszów: Był wybrednym smakoszem.

smakować *ndk IV,* smakowaliśmy (p. akcent § 1a i 2) 1. «określać smak czegoś, zwykle potraw, napojów; próbować» □ S. co a. czego: Smakować przekąski, trunki (przekąsek, trunków). △ *przen.* Smakować życia. □ *przestarz.* S. w czym «mieć do czegoś upodobanie, gustować w czymś»: Smakować w trunkach, w wykwintnych potrawach, w zbytkach. 2. tylko w 3. os. «mieć jakiś smak; przypadać komuś do smaku»: Nie wiem, jak smakuje świeża figa. Bardzo mu smakuje razowy chleb, chrupiące pieczywo.

smalec, *reg.* **szmalec** *m II, D.* smalcu (szmalcu). // *D Kult. I, 775, II, 590.*

smalić *ndk VIa,* smaliliśmy (p. akcent § 1a i 2) — **osmalić** *dk* (p.) «przypiekać ogniem, opalać z wierzchu; opalać»: Ogień smalił wierzchołki pobliskich drzew. △ *pot.* Pleść, prawić itp. duby smalone «mówić głupstwa» △ *wych. z użycia:* Smalić (*nie:*

smolić) cholewki, cholewy do kogoś «zalecać się do kogoś»

smarkacz *m II, lm D.* smarkaczy a. smarkaczów.

smarkać *ndk I, rzad. IX;* smarkam, *rzad.* smarczę; smarkaj, *rzad.* smarcz; smarkaliśmy (p. akcent § 1a i 2) — **smarknąć** *dk Va,* smarknie, smarknij, smarknąłem (*wym.* smarknołem, *nie:* smarknełem), smarknął (*wym.* smarknoł), smarknęła (*wym.* smarkneła; *nie:* smarkła), smarknęliśmy (*wym.* smarkneliśmy) *posp.* «wycierać nos, pociągać nosem» □ S. w co: Smarkać w chustkę.

smarować *ndk IV,* smarowaliśmy (p. akcent § 1a i 2) □ S. kogo, co — czym: Smarować chleb masłem, twarz kremem. Smarować chorego spirytusem. □ S. komu — co (czym): Smarował mu plecy spirytusem. □ S. czym — po czym «pisać, rysować niedbale, mazać»: Smarował kredką po papierze. △ *pot.* w zn. «dawać łapówkę»: Smarować komuś łapę (łapy).

smażalnia *ż I, DCMs.* smażalni, *lm D.* smażalni, *rzad.* smażalń: Smażalnia ryb.

smażyć *ndk VIb,* smażymy, smażyliśmy (p. akcent § 1a i 2): Smażyć jaja na maśle. Smażyć mięso na patelni, na ruszcie. Smażyć konfitury.

Smetana (*wym.* Smetana a. Smetana) *m odm. jak ż IV, D.* Smetany (p. akcent § 7): Utwory orkiestrowe Smetany.

smętek *m III, D.* smętku *książk. poet.* «zaduma, smutek»: Nastrój, uczucie smętku.

smętny *m-os.* smętni, *st. w.* smętniejszy a. bardziej smętny *książk. poet.* «smutny, zadumany, melancholijny»: Smętny nastrój, wzrok. Smętne spojrzenie. Smętna melodia.

Smith (*wym.* Smis) *m IV, D.* Smitha, *Ms.* Smisie, *lm M.* Smithowie: Ekonomia Adama Smitha. Smithowie zajmują wiele miejsca w historii nauki i sztuki angielskiej.

smog *m III, D.* smogu «mieszanina spalin z mgłą zatruwająca powietrze dużych miast» // *D Kult. II, 422; PJ 1968, 489.*

smoking *m III, D.* smokingu a. smokinga.

smoktać *ndk I, rzad. IX;* smoktam, *rzad.* smokczę; smoktaj, *rzad.* smokcz; smoktaliśmy (p. akcent § 1a i 2) «ssać, cmokać»: Smoktać cukierek, fajkę, papierosa.

smolarnia *ż I, DCMs.* smolarni, *lm D.* smolarni, *rzad.* smolarń.

smolarz *m II, lm D.* smolarzy.

smolić *ndk VIa,* smól a. smol, smoliliśmy (p. akcent § 1a i 2): Smolić ręce, ubranie węglem, sadzami, smarem.

Smollett (*wym.* Smolet) *m IV, D.* Smolletta (p. akcent § 7), *Ms.* Smolletcie (*wym.* Smolecie): Powieści Smolletta.

smoluch *m III, lm M.* te smoluchy.

smoła *ż IV, rzad.* w *lm, D.* smół: Smoła drzewna, hutnicza, dachowa, sadownicza. Czarny, lepki jak smoła.

Smorgonie *blp, D.* Smorgoni «miasto w ZSRR»: Jechać do Smorgoni. Mieszkać w Smorgoniach. — smorgoński (p.).

smorgoński △ *daw.* (*żart.*) Akademia smorgońska «zakład tresury niedźwiedzi»

smreczyna *ż IV reg.* «świerk, las świerkowy»

smrek *m III, D.* smreka *reg.* «świerk»

smród *m IV* 1. *D.* smrodu «odrażająca woń»: Smród dymu, machorki, wyziewów fabrycznych. 2. *D.* smroda *obelż. wulg.* «młodzik, smarkacz»

smucić *ndk VIa,* smucę, smuć, smuciliśmy (p. akcent § 1a i 2), smucony □ S. *kogo — czym* «martwić, trapić»: Smucił go swoim uporem.
smucić się «być smutnym, martwić się, trapić się» □ S. *się czym* (*nie*: z czego): Smucić się byle czym, wszystkim, czyimś odjazdem.

smug *m III, D.* smugu 1. «pas łąki, czasem pola, lasu; niska, podmokła łąka»: Ze smugów zrywają się kaczki. 2. *przestarz.* p. smuga.

smuga *ż III* «pasmo, wstęga czegoś, zwykle unoszącego się w powietrzu, rzadziej widzianego z daleka lub na tle czegoś»: Smuga światła, dymu, cienia. Smuga lądu. Smuga zapachu. Smuga na szkle, na wodzie, na niebie.

smutek *m III, D.* smutku: Głęboki, bezbrzeżny, niewymowny smutek. Brzemię smutku. Smutek w głosie, w spojrzeniu, na twarzy. Ukoić smutek. Pogrążyć się w smutku (*nie*: w smutek). Smutek ogarnia, przytłacza, trapi kogoś.

smutno a. **smutnie** *st. w.* smutniej (w funkcji orzeczeniowej tylko *smutno*, w funkcji okolicznikowej obie formy): Było mi smutno (*nie*: smutnie), *ale*: Spoglądać smutnie a. smutno. || *D Kult. II, 116.*

smutny *m-os.* smutni, *st. w.* smutniejszy a. bardziej smutny «nacechowany smutkiem, pełen smutku; posępny, żałosny»: Smutny czas, głos, wzrok. Smutny człowiek. Smutna wiadomość, mina.

smycz *ż VI* (*nie*: ta smycza, ten smycz), *lm M.* smycze, *D.* smyczy (*nie*: smycz): Prowadzić psa na smyczy.

smykałka *ż III,* zwykle *blm posp.* «umiejętność, zręczność, spryt» □ S. *do czego*: Smykałka do interesów. △ Mieć (*nie*: wykazywać) smykałkę do czegoś.

smyrgać a. **szmyrgać** *ndk I,* smyrgaliśmy, szmyrgaliśmy (p. akcent § 1a i 2) — **smyrgnąć** a. **szmyrgnąć** *dk Va,* smyrgnij, szmyrgnij; smyrgnąłem, szmyrgnąłem (*wym.* smyrgnołem, szmyrgnołem; *nie*: smyrgnełem, szmyrgnełem, smyrgłem, szmyrgłem); smyrgnęła, szmyrgnęła (*wym.* smyrgneła, szmyrgneła; *nie*: smyrgła, szmyrgła); smyrgnęliśmy, szmyrgnęliśmy (*wym.* smyrgneliśmy, szmyrgneliśmy; *nie*: smyrgliśmy, szmyrgliśmy) *pot.* **a)** «przebiegać szybko, przesuwać się przed czyimiś oczami; przemykać się, czmychać, umykać»: Zając smyrgnął przez drogę. Myszy smyrgały spod snopków zboża. **b)** «rzucać z rozmachem, ciskać» □ S. *czym*: Chłopcy smyrgali kamieniami. □ S. *co — na co, pod co itp.*: Smyrgał snopy na wóz. Smyrgnął buty pod ławkę.

Smyrna *ż IV* «starożytna nazwa miasta Izmir w Turcji» — smyrneński (p.).

smyrneński: Tkaniny smyrneńskie (*ale*: Zatoka Smyrneńska).

SN (*wym.* esen, p. akcent § 6) *m IV, D.* SN-u, *Ms.* SN-ie a. *n ndm* 1. «Studium Nauczycielskie»: Słuchacze SN-u (SN). SN wydał a. wydało absolwentom dyplomy.
2. «Stronnictwo Narodowe»: Należeć do SN (do SN-ü). SN przetrwało (przetrwał) na emigracji.

snajper *m IV, D.* snajpera, *lm M.* snajperzy a. snajperowie; in. strzelec wyborowy.

snąć *ndk Va,* śnie, sną, śnięty (w imiesł. w zn. *dk*) «o rybach: ginąć (po wyjęciu z wody)»: Niektóre ryby sną natychmiast. △ Ryby śnięte «ryby nieżywe»

snob *m IV, lm M.* ci snobi a. (z silniejszym zabarwieniem ekspresywnym) te snoby.

snobizm *m IV, D.* snobizmu, *Ms.* snobizmie (*wym.* ~izmie a. ~iźmie), zwykle *blm.*

snobować się a. **snobizować się** *ndk IV,* snobowaliśmy się, snobizowaliśmy się (p. akcent § 1a i 2) □ S. *się czym*: Snobować się (snobizować się) modnymi prądami w sztuce. □ S. *się na co, na kogo*: Snobować się na oryginalność, na posępnego malkontenta.

snop *m IV, D.* snopa: Snop pszenicy, żyta, słomy. Wiązać (*nie*: związywać) snopy. Wiązać coś w snopy. △ *przen.* Snop iskier, światła.

snopek *m III, D.* snopka.

snopowiązałka *ż III, lm D.* snopowiązałek: Snopowiązałki konne, ciągnikowe.

snowadło *n III, lm D.* snowadeł «wał obrotowy służący do nawijania osnowy»

snowalnia *ż I, lm D.* snowalni «oddział w fabryce»: Pracować w snowalni.

snuć *ndk Xa,* snuję, snuj, snuliśmy (p. akcent § 1a i 2), snuty: Snuć nitkę, przędzę. Snuć pajęczynę, siatkę pajęczą. △ *przen.* Snuć opowieści, domysły, projekty, plany, marzenia (*nie*: perspektywy, wnioski, horoskopy).
snuć się: Pajęczyny babiego lata snuły się po polach. Mgły snują się nad mokrymi łąkami. Ludzie snują się po ulicach.

snycerz (*nie*: sznycerz) *m II, lm D.* snycerzy.

sobą «forma narzędnika zaimka zwrotnego *siebie* (p.)» △ *niepoprawne* Przedstawiać, reprezentować coś sobą (*zamiast*: przedstawiać, reprezentować coś; być jakimś).

sobek *m III, D.* sobka, *lm M.* te sobki, *rzad.* ci sobkowie *pot.* «samolub, egoista» || *D Kult. I, 355.*

sobie (*posp. i gw.* se) 1. «celownik i miejscownik zaimka zwrotnego *siebie* (p.)» 2. «wyraz nadający wypowiedzi charakter potoczny, trochę nieokreślony»: Był sobie zwykłym szarym człowiekiem. △ *Sobie* bywa używane po czasownikach oznaczających ruch dla uwydatnienia braku większego zainteresowania jego kierunkiem lub celem, np.: Poszedł sobie bez pożegnania. Niech sobie idzie. △ Łączy się często z czasownikami oznaczającymi lekceważenie, żarty itp., np.: Kpiliśmy sobie z zakłopotania sąsiadów. Pan sobie chyba żartuje! △ Łączy się często z czasownikami oznaczającymi zaspokojenie jakichś potrzeb, np.: podjeść sobie, pospać sobie. △ Wzmacnia formy trybu rozkazującego: Idź sobie precz. Róbcie sobie, co chcecie. Gadaj sobie, ile chcesz. △ *reg.* zapomniałem sobie (np. zeszytu, parasola). △ Dobry sobie «wyrażenie oznaczające zniecierpliwienie mówiącego w stosunku do kogoś» △ Taki sobie «przeciętny, niczym nie wyróżniający się» △ Tak sobie «przeciętnie, raczej słabo»: Czuła się tak sobie. △ *pot.* Niczego sobie «niezły, nieźle»: Dziewczyna niczego sobie. // D Kult. II, 117, 486.

sobiepan (*wym.* sobiepan a. sobiepan) *m IV, C.* sobiepanu, *Ms.* sobiepanie a. sobiepanu, *lm M.* ci sobiepanowie a. (z silniejszym zabarwieniem ekspresywnym) te sobiepany; a. **sobiepanek** *m III, D.* sobiepanka, *lm M.* te sobiepanki.

Sobieszów *m IV, D.* Sobieszowa, *C.* Sobieszowowi (*ale*: ku Sobieszowowi a. ku Sobieszowu) «miejscowość» — sobieszowianin *m V, D.* sobieszowianina, *lm M.* sobieszowianie, *D.* sobieszowian — sobieszowianka *ż III, lm D.* sobieszowianek — sobieszowski.

Sobieszyn *m IV, D.* Sobieszyna «osada» — sobieszyński.

sobolowy a. **soboli**: Futro sobolowe, *rzad.* sobole. Skóry sobole, *rzad.* sobolowe.

sobota *ż IV, lm D.* sobót.

sobotni (*nie*: sobotny): Sobotni dzień, wieczór. Sobotnie porządki.

sobowtór *m IV, D.* sobowtóra, *lm M.* te sobowtóry.

soból (*nie*: sobol) *m I, D.* sobola, *lm M.* sobole, *D.* soboli △ W zn. «futro, okrycie sobolowe» zwykle w *lm*: Nosić sobole, chodzić w sobolach.

sobótka *ż III, lm D.* sobótek **1.** często w *lm* «tradycyjne święto ludowe obchodzone w noc letniego przesilenia (w wigilię św. Jana); ognisko rozpalane podczas tego święta»: Pieśni śpiewane na sobótkach. Zapalić sobótkę. Błyskają na wzgórzach sobótki. **2.** Sobótka *blm* «miasto»: Jechać do Sobótki. Mieszkać w Sobótce. — sobótkowski.

Sochaczew *m IV, D.* Sochaczewa, *C.* Sochaczewowi (*ale*: ku Sochaczewowi a. ku Sochaczewu), *Ms.* Sochaczewie — sochaczewianin *m V, D.* sochaczewianina, *lm M.* sochaczewianie, *D.* sochaczewian — sochaczewianka *ż III, lm D.* sochaczewianek — sochaczewski.

socjalizm *m IV, D.* socjalizmu, *Ms.* socjalizmie (*wym.* ~izmie a. ~iźmie), zwykle *blm*.

socjalny in. społeczny: Urządzenia, zdobycze socjalne. Akcja socjalna. Fundusz socjalny.

socjolog *m III, lm M.* socjologowie, *rzad.* socjolodzy.

socjologiczny «odnoszący się do socjologii»: Procesy, badania socjologiczne.

Soczi *n ndm* «miasto w ZSRR»: Soczi położone jest nad Morzem Czarnym.

soczysty *st. w.* soczystszy a. bardziej soczysty: Soczysty owoc. Soczysta trawa. Soczyste mięso. △ *przen.* Soczysty kolor, głos. △ Soczysty dowcip, epitet itp. «dosadny, rubaszny»

sodalis *m IV, lm M.* sodalisi a. sodalisowie.

Sofia *ż I, DCMs.* Sofii «stolica Bułgarii»: Jechać do Sofii. Mieszkać w Sofii. — sofijczyk *m III, lm M.* sofijczycy — sofijka *ż III, lm D.* sofijek — sofijski (p.).

sofijski: Budownictwo sofijskie (*ale*: Kotlina Sofijska).

sofistyczny przym. odpowiadający rzeczownikom sofista, sofistyka: Rozumowanie sofistyczne. Sofistyczne wykręty.

sofistyka (*wym.* sofistyka, *nie*: sofistyka, p. akcent § 1c) *ż III,* zwykle *blm*.

sofizmat (*nie*: sofizm) *m IV, D.* sofizmatu, *lm M.* sofizmaty (*nie*: sofizmata).

soja *ż I, DCMs.* soi, zwykle *blm*.

sojka *reg.* p. sójka.

sojusz *m II, D.* sojuszu, *lm M.* sojusze, *D.* sojuszy a. sojuszów: Zawrzeć, zerwać sojusz. □ S. z kim, z czym: Sojusz z Czechosłowacją, ze Związkiem Radzieckim.

sojusznik *m III, lm M.* sojusznicy: Być czyimś (*nie*: dla kogoś) sojusznikiem.

sok *m III, D.* soku: Sok komórkowy, żołądkowy, trzustkowy. Soki trawienne. Wydzielanie soku. Sok jabłeczny, pomarańczowy, porzeczkowy. Sok z jabłek, pomarańczy, marchwi. Soki owocowe i warzywne. Woda z sokiem (*reg.* ze sokiem). Wyciskać sok. △ *pot.* Wyciskać z kogoś, z czegoś (ostatnie) soki «wyzyskiwać kogoś, ciągnąć z kogoś, z czegoś nadmierne zyski»

SOK (*wym.* sok) *m III, D.* SOK-u, *rzad. ż ndm* «Straż Ochrony Kolei»: Pracować w SOK-u (w SOK). — SOK-ista a. sokista *m odm. jak ż IV, CMs.* SOK-iście (sokiście), *lm M.* SOK-iści (sokiści), *DB.* SOK-istów (sokistów).

Soko *m, w lp ndm, lm M.* Sokowie, *D.* Soków «członek jednego z plemion afrykańskich» — Sokijka *ż III, lm D.* Sokijek — sokijski.

Sokołowsko *n II* «miejscowość» — sokołowszczański.

Sokołów (Małopolski, Podlaski), Sokołów *m IV, D.* Sokołowa, *C.* Sokołowowi (*ale*: ku Sokołowowi a. ku Sokołowu), Małopolski, Podlaski odm. przym. «miasta» — sokołowianin *m V, D.* sokołowianina, *lm M.* sokołowianie, *D.* sokołowian — sokołowianka *ż III, lm D.* sokołowianek — sokołowski.

Sokółka *ż III* «miasto» — sokółczanin *m V, D.* sokółczanina, *lm M.* sokółczanie, *D.* sokółczan — sokółczanka *ż III, lm D.* sokółczanek — sokólski.

sokratyczny «charakterystyczny dla filozofii Sokratesa, właściwy szkole Sokratesa» △ Metoda sokratyczna «metoda nauczania pobudzająca ucznia do samodzielnego myślenia i wnioskowania»

solarium *n VI, lm D.* solariów (*nie*: solarii): Opalała się w solarium.

solenizant *m IV, D.* solenizanta, *lm M.* solenizanci. || *D Kult. I, 355.*

solfeggio, solfedżio (*wym.* solfedżjo) *n I, D.* solfeggia (solfedżia) a. *n ndm*; a. **solfeż** *m II, D.* solfeżu.

solić *ndk VIa*, sól, soliliśmy (p. akcent § 1a i 2): Potrawy należy solić solą oczyszczoną.

solidarnie *st. w.* solidarniej a. bardziej solidarnie: Działać, postępować solidarnie. △ Odpowiadać, być odpowiedzialnym solidarnie «odpowiadać zbiorowo i indywidualnie za całość zobowiązania»

solidarność *ż V*, zwykle *blm* **1.** «zgodność w postępowaniu i dążeniach, wspieranie się wzajemne»: Solidarność rodzinna, obywatelska. □ S. z kim, w czym: Solidarność z towarzyszami. Solidarność w poglądach. **2.** *praw.* «odpowiedzialność zbiorowa i indywidualna za wspólne zobowiązanie; współodpowiedzialność»: Przepisy o solidarności.

solidarny *m-os.* solidarni, *st. w.* solidarniejszy a. bardziej solidarny «zgodny z kimś co do poglądów, dążeń, jednomyślny; poczuwający się do współdziałania, współodpowiedzialny» □ S. z kim — w czym: W każdej słusznej sprawie był solidarny z kolegami. △ *praw.* Dłużnik solidarny «dłużnik współodpowiedzialny za całość zobowiązania zbiorowego»

solidaryzować się *ndk IV*, solidaryzowaliśmy się (p. akcent § 1a i 2) «zgadzać się z kimś w jakiejś sprawie, być jednomyślnym; poczuwać się do współodpowiedzialności» □ S. się z kim (w czym): Solidaryzować się ze wszystkimi w jakiejś sprawie.

sollux p. soluks.

solniczka *ż III, lm D.* solniczek: Srebrna, szklana, kryształowa solniczka.

solo *n ndm* **1.** rzad. *n I, D.* sola «utwór (a. jego część) przeznaczony do wykonania przez jeden głos lub instrument, wykonywany przez jednego artystę»: Solo tenorowe, skrzypcowe. Solo na skrzypce, na fortepian. **2.** w funkcji przysłówka lub przymiotnika «(występujący, grający, śpiewający) pojedynczo, nie w zespole»: Tańczyć, wystąpić solo. △ Aria solo (a. aria solowa). || *D Kult. I, 172.*

soluks *m IV, D.* soluksu, *Ms.* soluksie a. (w połączeniu z wyrazem: lampa) *ndm*: Stosowano naświetlania soluksem (lampą soluks).

Soła *ż IV, Ms.* Sole «rzeka»: Płynąć po Sole. Dolina Soły.

Sołowjow (*wym.* Sołowjow) *m IV, D.* Sołowjowa (p. akcent § 7), *lm M.* Sołowjowowie, *D.* Sołowjowów: Dzieła historyczne Sołowjowa.

sołtys *m IV, lm M.* sołtysi: Być sołtysem. Obrać, wybrać sołtysa. Obrać kogoś sołtysem. || *JP 1913, 251.*

Sołżenicyn (*wym.* Sołżenicyn) *m IV, D.* Sołżenicyna (p. akcent § 7): Twórczość literacka Sołżenicyna.

Somali *n ndm* **1.** «półwysep we wschodniej Afryce; Półwysep Somalijski»: Mieszkać, jechać na Somali. △ Somali Brytyjskie, Włoskie «dziś: Somalia» △ Somali Francuskie «dziś: Francuskie Terytorium Afarów i Issów» — Somalijczyk (p.) — Somalijka (p.) — somalijski (p.). **2.** somali «język Somalijczyków»

Somalia *ż I, DCMs.* Somalii «państwo we wschodniej Afryce»: Mieszkać w Somalii. — Somalijczyk (p.) — Somalijka (p.) — somalijski (p.).

Somalijczyk *m III, lm M.* Somalijczycy «mieszkaniec Somali — Półwyspu Somalijskiego; mieszkaniec Somalii»: Somalijczycy wyznają islam.

Somalijka *ż III, lm D.* Somalijek «mieszkanka Somali — Półwyspu Somalijskiego; mieszkanka Somalii»

somalijski: Warunki klimatyczne somalijskie, krajobraz somalijski (*ale*: Półwysep Somalijski, Wyżyna Somalijska, Basen Somalijski, Prąd Somalijski).

sombrero *n III* a. *n ndm*: Chodził w szerokim sombrero (w sombrerze). Po sombrerach (po sombrero) można poznać Brazylijczyków.

somnambulik *m III, D.* somnambulika (p. akcent § 1d), *lm M.* somnambulicy; in. lunatyk.

somnambulizm *m IV, D.* somnambulizmu, *Ms.* somnambulizmie (*wym.* ~izmie a. ~iźmie), zwykle *blm*; in. lunatyzm.

Somosierra a. **Samosierra** (*wym.* Somosjerra, Samosjerra) *ż IV, Ms.* Somosierze (Samosierze) «przełęcz w Hiszpanii»: Szarża szwoleżerów polskich pod Somosierrą.

sonda *ż IV*: Spuścić, zapuścić sondę. Badać za pomocą sondy. △ Sonda echowa, pucharowa, głębinowa.

sondaż *m II, D.* sondażu, *lm D.* sondaży a. sondażów «badanie, pomiary wykonane za pomocą sondy; sondowanie» △ *przen.* Sondaż opinii.

sondować *ndk IV*, sondowaliśmy (p. akcent § 1a i 2) «zapuszczać sondę; badać, mierzyć za pomocą sondy»: Sondować głębokość wody, warstwy atmosfery. Sondować żołądek, ranę. △ *przen.* «badać opinię, wywiadywać się»: Sondować teren, nastroje. △ Sondować wzrokiem «patrzeć badawczo, przenikliwie»

song (*wym.* soŋg) *m III, D.* songu: Zaśpiewać na bis murzyński song.

Sopot (*nie*: Sopoty, Copot, Copoty) *m IV, D.* Sopotu «miasto nad morzem»: Festiwal w Sopocie. — sopocki. || *D Kult. I, 713.*

sopran *m IV* **1.** *D.* sopranu «wysoki głos kobiecy»: Sopran liryczny, dramatyczny, koloraturowy. Śpiewać sopranem. **2.** *D.* soprana «osoba śpiewająca takim głosem»: Kierownik chóru poszukiwał soprana. || *D Kult. I, 651; JP 1966, 19.*

sorabista *m odm. jak ż IV, CMs.* sorabiście, *lm M.* sorabiści, *DB.* sorabistów «specjalista w zakresie sorabistyki»

sorabistyka (*wym.* sorabistyka, *nie*: sorabistyka, p. akcent § 1c) *ż III, blm* «nauka badająca język, literaturę, kulturę i historię Łużyczan (Serbów łużyckich)»

Sorbona (*nie*: Sorbonna) *ż IV*: Chodzić na Sorbonę. Studiować na Sorbonie. — sorboński.

sorgo *n II* a. *ndm*: Uprawa, plantacje sorgo (sorga).

Sorrento *n ndm* «miasto we Włoszech»: Pojechał do pięknego Sorrento. Mieszkał w Sorrento.

sort, sorta *niepoprawne* zamiast: gatunek, rodzaj. || *D Kryt. 55.*

sortyment *m IV, D.* sortymentu, *lm M.* sortymenty; in. asortyment. || *D Kult. I, 452.*

sos *m IV, D.* sosu: Sos chrzanowy, koperkowy, tatarski, waniliowy. Sos do mięsa, do ryby. △ *pot.* Być nie w sosie «nie być w humorze»

sosna *ż IV, CMs.* sośnie, *lm D.* sosen (*nie*: sosn): Sosna karłowata, wysokopienna, wysokogórska.

Sosnowiec *m II, D.* Sosnowca «miasto» — sosnowiecki (*nie*: sosnowicki).

sosrąb, rzad. sosręb *m IV, D.* sosrębu a. sosrąbu *reg.* «w budownictwie drewnianym, zwłaszcza na Podhalu: gruba belka biegnąca przez środek pułapu i podtrzymująca go; siestrzan, siostrzan, tragarz»

sou (*wym.* su), *lm* sous (*wym.* su); a. **su** *m* a. *n ndm*: Jedno a. jeden sou (su). Trzy sous (su).

Souvanna Phouma (*wym.* Suwana Fuma a. Pchuma) *m odm. jak ż IV, D.* Souvanny Phoumy, *CMs.* Souvannie Phoumie, *B.* Souvannę Phoumę, *N.* Souvanną Phoumą: Polityka Souvanny Phoumy.

sowa *ż IV, lm D.* sów: Sowy gnieżdżą się w dziuplach.

sowicie *st. w.* sowiciej, nieco *książk.*, zwykle w zwrotach: Obdarować, nagrodzić kogoś sowicie «obdarować, nagrodzić kogoś suto, hojnie»: Coś (np. ryzyko) opłaca się sowicie.

sowity nieco *książk.*, zwykle w wyrażeniu: Sowita nagroda «suta, hojna nagroda»

sowizdrzał (*nie*: sowiźrzał) *m IV* 1. *lm M.* te sowizdrzały «trzpiot, urwis» 2. *lm M.* te sowizdrzały a. ci sowizdrzałowie «postać żartownisia w literaturze ludowej»

sójka, reg. sojka *ż III, lm D.* sójek (sojek) 1. «ptak»: Sójka jest ptakiem wszystkożernym. △ *pot.* Wybierać się jak sójka (sojka) za morze «wciąż zwlekać z wyjazdem, odkładać ciągle podróż» 2. *pot.* «kuksaniec, szturchaniec»: Dostać sójkę w bok.

sól *ż V, D.* soli: Sól kamienna. Sole mineralne. Szczypta soli. △ *przestarz.* Sole trzeźwiące, orzeźwiające (skrótowo: sole) «używane dawniej środki cucące» △ *pot.* Być komuś solą w oku (*nie*: być solą w czyimś oku): Jego zarobki były kolegom solą w oku (*nie*: solą w oku, oczach kolegów).

SP (*wym.* espe) *n* a. *ż ndm* «Powszechna Organizacja „Służba Polsce"»: Hufce SP. SP pomagało (pomagała) przy budowie osiedla.

spacer *m IV, D.* spaceru: Piesze, konne spacery. Spacer do lasu, nad rzekę, po parku, za miasto. Chodzić na spacer. Spacer łódką, sankami. Spacer z kolegami. △ Iść, jechać itp. spacerem, *częściej*: spacerkiem «iść, jechać itp. wolno, nie spiesząc się»

spać *ndk* śpię (*nie*: spię), śpi (*nie*: spi), śpij (*nie*: spij), śpimy (*nie*: spimy), spaliśmy (p. akcent § 1a i 2): Spać czujnie, lekko, twardo. Spać jak zając. Spać jak kamień, jak suseł (*nie*: jak kłoda, jak pień), jak zabity, jak zarżnięty. Spać na dobre. Spać w naj-

lepsze. Spać pierwszym snem. Spać głębokim, twardym snem. Spać snem zimowym. Spać do rana, do południa. Nie spać po nocach. Spało się komuś dobrze, źle. Spać na tapczanie, spać w fotelu. Spać na łóżku a. w łóżku.

spadać *ndk I*, spadaliśmy (p. akcent § 1a i 2) — **I spaść** *dk Vc*, spadnę, spadliśmy: Deszcz spadł. Spaść z konia, ze schodów. Liście spadają z drzew na ziemię. Spaść w przepaść. Bat spada na grzbiet konia. Jastrząb spada na zdobycz. △ *przen.* Spadło na mnie wiele kłopotów. △ *pot.* Ubranie spada, buty itp. spadają z kogoś «ubranie, buty są bardzo zniszczone» △ tylko *ndk* w zn. «zwisać; tworzyć pochyłość»: Włosy spadały jej na ramiona. Wzgórza spadały ku rzece. △ (tylko *dk*) *rzad.* Spaść na wadze, spaść z ciała «schudnąć, zmizernieć»

spadek *m III, D.* spadku 1. *rzad.* «spadnięcie, upadek (zwykle w terminologii specjalnej)»: Spadek ciała na powierzchnię ziemi. 2. «obniżanie się, zmniejszenie»: Spadek temperatury, ciśnienia, napięcia. Spadek nakładu. Spadek liczby obywateli (*nie*: spadek obywateli), liczby zachorowań 3. «pochyłość; stok»: Mały, stromy spadek. Spadek terenu. 4. «dziedzictwo, spuścizna»: Milionowy spadek. Dostać, odziedziczyć, wziąć spadek; dostać, odziedziczyć, wziąć coś w spadku. Zostawić komuś spadek; zostawić komuś coś w spadku. Coś przypadło komuś w spadku. Spadek po ojcu, po matce.

spadkobierca *m odm. jak ż II, lm M.* spadkobiercy, *DB.* spadkobierców: Spadkobierca matki. Spadkobierca majątku.

spadkobierczyni (*nie*: spadkobierczynia) *ż I, B.* spadkobierczynię (*nie*: spadkobierczynią), *W.* spadkobierczyni (*nie*: spadkobierczynio), *lm D.* spadkobierczyń.

spaghetti (*wym.* spageti) *n ndm*: Zamówił porcję spaghetti z sosem pomidorowym.

spahis *m IV, lm M.* spahisi a. spahisowie; a. **spah** *m III, lm M.* spahowie: Oddział spahisów (spahów).

I spajać *ndk I*, spajaliśmy (p. akcent § 1a i 2) — **spoić** *dk VIa*, spoję, spój, spoiliśmy: Spajać kamienie wapnem. Spajać drut z blachą.

II spajać *ndk I*, spajaliśmy (p. akcent § 1a i 2) — **spoić** *dk VIa*, spoję, spój, spoiliśmy: Spoić kogoś wódką.

spalenizna *ż IV, CMs.* spaleniźnie: Swąd, woń spalenizny. Czuć spaleniznę.

spalić *dk VIa*, spaliliśmy (p. akcent § 1a i 2) — **spalać** *ndk I*, spalaliśmy 1. «zniszczyć ogniem, zniszczyć środkami chemicznymi»: Spalić dom. Spalić włosy wodą utlenioną. 2. częściej *dk* w imiesł. biernym «wysuszyć gorącem, wypalić; mocno opalić» □ Spalony czym, od czego: Trawa spalona żarem (od żaru). Skóra spalona słońcem. 3. częściej *ndk* «zużyć jako paliwo; o organizmie żywym: utlenić substancje pokarmowe»: Auto spala dużo benzyny. △ *pot.* Spaliło (*nie*: spaliło się) na panewce «coś się nie udało» △ *środ.* Punkt, lokal spalony «punkt, lokal zdekonspirowany, nie nadający się do wyszukiwania w akcji konspiracyjnej»

SPAM (*wym.* spam) *m IV, D.* SPAM-u a. *n ndm* «Stowarzyszenie Polskich Artystów Muzyków»:

spamiętać

Pianiści zrzeszeni w SPAMie (w SPAM). SPAM otrzymał (otrzymało) nowy lokal.

spamiętać *dk I*, spamiętaliśmy (p. akcent § 1a i 2) «zachować w pamięci wiele czegoś (zwykle z zaprzeczeniem); *częściej*: zapamiętać»: Nie mogę tego wszystkiego spamiętać.

spaniel *m I, lm D.* spanieli (*nie*: spanielów): Prowadził na smyczy pięknego spaniela.

spaprać *dk IX*, spaprze, *rzad.* I, spapra; spapraliśmy (p. akcent § 1a i 2) *pot.* «zrobić coś źle, niedbale»: Spaprał całą robotę. Nie spaprz (spapraj) obiadu.

sparodiować p. parodiować.

sparring *m III, D.* sparringu.

Sparta *ż IV* — Spartanin (p.) — Spartanka (p.) — spartański.

Spartakus (*wym.* Spartakus) *m IV*: Powstanie, armia Spartakusa.

Spartanin *m V, D.* Spartanina, *lm M.* Spartanie, *D.* Spartan (*nie*: Spartanów) **1.** «obywatel starożytnego państwa spartańskiego» **2.** spartanin «mieszkaniec Sparty — miasta» **3.** spartanin «człowiek prowadzący surowy tryb życia»

Spartanka *ż III, lm D.* Spartanek **1.** «obywatelka starożytnego państwa spartańskiego» **2.** spartanka «mieszkanka Sparty — miasta» **3.** spartanka «kobieta prowadząca surowy tryb życia»

spasać *ndk I*, spasaliśmy (p. akcent § 1a i 2) — **II spaść** *dk XI*, spasę, spasie, spasł, spaśli, spaśliśmy **1.** *środ.* «użytkować jako paszę, skarmiać» □ S. co czym: Spasać siano końmi. □ *rzad.* S. co przez co: Hale są spasane przez stada owiec. **2.** tylko *dk*, zwykle w imiesł. biernym *pot.* «karmiąc utuczyć»: Spasione konie. // *D Kult. II, 114.* Por. skarmiać.

spasować *dk IV*, spasowaliśmy (p. akcent § 1a i 2) «w grze w karty: wycofać się z licytacji, zaprzestać gry» △ w zn. *przen. lepiej*: przestać, przerwać; ustąpić.

I spaść p. spadać.

II spaść p. spasać.

!spat p. I szpat.

SPATiF (*wym.* spatif) *m IV, D.* SPATiF-u, *rzad.* n *ndm* «Stowarzyszenie Polskich Artystów Teatru i Filmu»: Należeć do SPATiF-u. SPATiF przyznał (przyznało) nagrody.

spauperyzować *dk IV*, spauperyzowaliśmy (p. akcent § 1a i 2), zwykle w imiesł. biernym *książk.* «zubożyć»: Spauperyzowana ludność wiejska przenosiła się do miast.

spauzować p. pauzować.

spawacz *m II, lm D.* spawaczy, *rzad.* spawaczów: Spawacz pracuje zwykle w okularach ochronnych.

spawać *ndk I*, spawaliśmy (p. akcent § 1a i 2) — **zespawać** *dk*: Spawać metale.

spazm *m IV, D.* spazmu, *Ms.* spazmie (*wym.* spazmie a. spaźmie): Nerwowy, chorobliwy, śmiertelny spazm. Spazm strachu, szczęścia, wściekłości.

△ tylko w *lm* «gwałtowny płacz»: Dostać spazmów. Przyprawić kogoś o spazmy.

spaźniać się *ndk I*, spaźnialiśmy się (p. akcent § 1a i 2) *reg.* «spóźniać się» // *D Kult. I, 776; U Pol. (2), 26, 217.*

SPD (*wym.* espede) *n a. ż ndm* «skrót niem. nazwy Socjalistycznej Partii Niemiec»: SPD weszło (weszła) w skład rządu. Należeć do SPD.

speaker p. spiker.

spec (*nie*: szpec) *m II pot., lepiej*: specjalista, fachowiec, znawca. □ Składnia jak: specjalista.

specjalista *m odm. jak ż IV, lm M.* specjaliści, *DB.* specjalistów: Wybitny specjalista. Specjalista w zakresie czegoś. □ S. od czego, (niekiedy także: czego): Specjalista od aprowizacji (*nie*: specjalista aprowizacji), *ale*: specjalista chorób (*rzad.* od chorób) dziecięcych. □ S. w czym: Specjalista w biegach, skokach.

specjalistyczny «odnoszący się do specjalisty, specjalizacji, specjalności»: Badania specjalistyczne. Dodatek specjalistyczny (do pensji). △ Wyraz nadużywany *zamiast*: specjalny.

specjalizować *ndk IV*, specjalizowaliśmy (p. akcent § 1a i 2) □ S. kogo w czym: Specjalizować uczniów w matematyce.

specjalizować się □ S. się w czym (*nie*: do czego): Specjalizować się w rysunku. Specjalizować się w językach wschodnich.

specjalnie przysłów. od specjalny △ Wyraz nadużywany *zamiast*: szczególnie, umyślnie, np.: Specjalnie (*lepiej*: szczególnie) cieszył się z tego, że... Przyszedłem tu specjalnie (*lepiej*: umyślnie). △ *niepoprawne* Nic specjalnie szczególnego (*zamiast*: nic szczególnego).

specjalny *m-os.* specjalni «odnoszący się do jednego wybranego przedmiotu, osoby itp.; przeznaczony wyłącznie dla kogoś, czegoś»: Pedagogika specjalna. Pociąg specjalny. Biblioteka specjalna. Specjalny wysłannik. △ Wyraz nadużywany *zamiast*: szczególny, umyślny, osobny, odrębny, np. Nie ma w tym zjawisku nic specjalnego (*lepiej*: nic szczególnego).

specjał *m IV, D.* specjału: Wypiekali mazurki i inne specjały. Coś uchodzi za specjał.

specyficzność *ż V, blm* «swoisty, szczególny charakter; swoistość»: Specyficzność atmosfery. Specyficzność terenu.

specyficzny «właściwy wyłącznie komuś lub czemuś; charakterystyczny dla kogoś, czegoś»: Specyficzny charakter czegoś. Specyficzne warunki. △ Wyraz nadużywany *zamiast*: odrębny, swoisty, szczególny, charakterystyczny, np.: Specyficzna (*lepiej*: szczególna) sytuacja. Specyficzne (*lepiej*: charakterystyczne) cechy.

specyfik *m III, D.* specyfiku «lek»: Kupił ten specyfik w aptece. △ *niepoprawne* w zn. «osobliwość, specyficzność, specjalność», np. Nowa technika skoków to specyfik (*zamiast*: specjalność) zawodników amerykańskich.

specyfika (*wym.* specyfika, *nie*: specyfika, p. akcent § 1c) *ż III, blm*, wyraz nadużywany zamiast:

swoistość, osobliwość, specyficzność, np. Specyfika (*lepiej*: swoisty charakter) sprawy. Specyfika (*lepiej*: swoiste cechy) budownictwa wiejskiego. △ *niepoprawne* w zn. «zakres, specjalność», np.: Spółdzielnie usługowe mają wydzieloną specyfikę (*zamiast*: wydzielony zakres) pracy. Rękodzieło tkackie to specyfika (*zamiast*: specjalność) Lubelszczyzny. △ Często treść wypowiedzi nic nie traci na opuszczeniu wyrazu *specyfika*, np. To zależy od specyfiki wydziału (*zamiast* po prostu: To zależy od wydziału). || D Kult. I, 152; II, 117; KP Pras.

specyfikacja *ż I, DCMs.* i *lm D.* specyfikacji: Przyjmować towar na podstawie specyfikacji.

spedycja *ż I, DCMs.* spedycji, *blm środ.* (*hand.*) «załatwianie przewozu towarów»: Spedycja drewna.

spedycyjny *środ.* (*hand.*) przym. od spedycja: Dokumenty spedycyjne. Zlecenie spedycyjne.

spedytor *m IV, lm M.* spedytorzy *środ.* (*hand.*) «pośrednik handlowy zajmujący się sprawami związanymi z przewozem towarów»

speech p. spicz.

spektakl *m I, D.* spektaklu *książk., lepiej*: przedstawienie, widowisko: Dawać spektakl. Oglądać spektakl. Być na spektaklu.

spektakularny *książk., lepiej*: widowiskowy, pokazowy: Spektakularny (*lepiej*: widowiskowy) charakter uroczystości.

spektro- «pierwszy człon wyrazów złożonych, pisany łącznie, oznaczający: widmo (ciał świecących), widmowy», np.: spektrograf, spektrograficzny, spektroskopia.

spekulacja (*nie*: szpekulacja) *ż I, DCMs.* i *lm D.* spekulacji, częściej w *lm* **1.** «nieuczciwe operacje handlowe»: Spekulacje majątkowe. Spekulacje giełdowe a. na giełdzie. □ S. czym, *rzad.* na czym: Spekulacja zbożem. Spekulacja na akcjach. **2.** *książk.* «myślenie abstrakcyjne, nie opierające się **na** danych doświadczenia»: Spekulacje filozoficzne. Pogrążyć się w spekulacjach.

spekulacyjny (*nie*: szpekulacyjny) **1.** «odnoszący się do nieuczciwych operacji handlowych»: Spekulacyjne podbijanie cen. **2.** p. spekulatywny.

spekulant (*nie*: szpekulant) *m IV, lm M.* spekulanci: Spekulanci skupowali grunty i sprzedawali je z zarobkiem.

spekulatywny a. **spekulacyjny** «odnoszący się do spekulacji — myślenia abstrakcyjnego, nie liczący się z doświadczeniem i praktyką»: Spekulatywne dociekanie. Umysł spekulatywny. Filozofia spekulatywna.

spekulować (*nie*: szpekulować) *ndk IV,* spekulowaliśmy (p. akcent § 1a i 2) **1.** «uprawiać spekulacje handlowe» □ S. czym: Spekulować żywnością. □ S. na czym: Spekulować na dostawach. **2.** *rzad.* «myśleć spekulatywnie»

speleolog *m III, lm M.* speleologowie a. speleolodzy.

spełnić *dk VIa,* spełnij, *rzad.* spełń; spełniliśmy (p. akcent § 1a i 2) — **spełniać** *ndk I,* spełnialiśmy **1.** «wykonać, wypełnić»: Spełnić obowiązek. Spełnić

zadanie. Spełnić obietnicę, przyrzeczenie. Spełnić prośbę, polecenie, rozkaz, żądanie, życzenie. Spełnić czyjeś nadzieje. △ *niepoprawne* Spełnić (*zamiast*: osiągnąć) cel. Spełnić (*zamiast*: odegrać) rolę. **2.** *książk.* «wypić»: Spełnić kielich, puchar.

spełznąć *dk Vc,* spełznie a. spełźnie; spełznij a. spełźnij; spełzłem, *rzad.* spełznąłem (*wym.* spełznołem; *nie*: spełznełem), spełzł, *rzad.* spełznął (*wym.* spełznoł); spełzła, spełzliśmy a. spełźliśmy (p. akcent § 1a i 2), spełzli a. spełźli — **spełzać** *ndk I,* spełzaliśmy **1.** «pełznąc zsunąć się» □ S. z czego: Spełznąć ze wzgórza. △ (tylko *dk*) Coś spełzło na niczym «coś nie dało żadnych wyników, rezultatów, nie doszło do skutku»: Plan, narada, projekt itp. spełzły na niczym. **2.** tylko *dk* «spłowieć»: Sukienka spełzła. □ S. od czego: Spełznąć od słońca.

spencer *m IV, D.* spencera *przestarz., reg.* «krótka kurtka»

Spencer (*wym.* Spenser) *m IV*: Dzieła Spencera.

spencerek *m III, D.* spencerka *przestarz., reg.* zdr. od spencer.

Spencerowski (*wym.* spenserowski) **1.** «należący do Spencera»
2. spencerowski «właściwy Spencerowi, charakterystyczny dla Spencera»: Zgadzał się ze spencerowską koncepcją społeczeństwa.

spenetrować p. penetrować.

spędzić *dk VIa,* spędzę, spędziliśmy (p. akcent § 1a i 2) — **spędzać** *ndk I,* spędzaliśmy **1.** «usunąć» □ S. kogo, co — z czego: Spędzić dzieci z dziedzińca. Spędzić gęsi z drogi. **2.** «pędząc zgromadzić» □ S. kogo co — na co, do czego: Spędzić owce na halę. Spędzić ludzi na plac. **3.** «przeżyć, przebyć»: Wakacje spędził w mieście. □ S. co — na czym, nad czym: Całe dnie spędzał na czytaniu, nad książką.

spiąć *dk Xc,* zepnę, zepnie, zepnij, spiąłem (*wym.* spiołem, *nie*: spiełem), spiął (*wym.* spioł), spięła (*wym.* spieła), spięliśmy (*wym.* spieliśmy, p. akcent § 1a i 2) — **spinać** *ndk I,* spinaliśmy □ S. co czym: Spiąć papiery spinaczem. Spięła wypchaną walizkę paskiem. △ (częściej *dk*) Spiąć konia ostrogami «ubóść konia ostrogami pobudzając go do szybszego biegu»
spiąć się — spinać się *przestarz.* «wspiąć się»

spichrz (*wym.* spichrz a. śpichrz) *m II, D.* spichrza, *lm D.* spichrzy a. spichrzów; a. **spichlerz** (*nie*: szpichlerz; *wym.* spichlerz a. śpichlerz) *m II, lm D.* spichlerzy a. spichlerzów.

spicz *m II, D.* spiczu, *lm D.* spiczów, *rzad.* spiczy *żart.* «przemówienie, mowa»: Przed wychyleniem kielicha wygłosił długi spicz.

spiczasty (*wym.* spiczasty a. śpiczasty), *rzad.* **szpiczasty, śpiczasty**: Spiczasty nos.

spić *dk Xa,* spiliśmy (p. akcent § 1a i 2) — **spijać** *ndk I,* spijaliśmy **1.** «upić górną warstwę płynu, zebrać (płyn) pijąc» □ S. co z czego: Spić śmietanę z mleka. △ *przen.* Słońce spiło rosę z kwiatów. **2.** częściej *dk* «upić kogoś»: Spili go do nieprzytomności. **3.** *przestarz., książk.* «wypić»: Spijano wina na przyjęciach.

spiec *dk XI,* spiekę, spiecze, spiekł, spiekliśmy (p. akcent § 1a i 2), spieczony, *rzad.* spiekły — **spie-**

kać *ndk I*, spiekaliśmy □ (częściej w imiesł. biernym) *S.* czym a. od czego: Wargi spieczone gorączką (od gorączki). Plecy spieczone od słońca. △ *pot.*, *wych. z użycia* Spiec raka, raczka «zaczerwienić się»

spiekota *ż IV*, zwykle *blm*; *pot.* **spieka** *ż III*, zwykle *blm* △ Znużyć się spiekotą. Iść gdzieś w spiekotę. Pracować w spiekocie (w spiece), *rzad.* na spiekocie (na spiece).

spierać *ndk I*, spieraliśmy (p. akcent § 1a i 2) — **sprać** *dk IX*, spiorę, spierze, sprał, spraliśmy, sprany; *rzad.* **zeprać** *dk IX*, zepiorę, zepierze, zeprał, zepraliśmy, zeprany **1.** «piorąc usuwać brud lub farbę z tkaniny»: Spierać plamy. Sprana sukienka. **2.** (tylko *dk*) *pot.* «zbić» □ *S.* kogo, co (czym): Sprał łobuza pasem.

spierzchnąć *dk Vc*, spierzchłaby (p. akcent § 4c), spierzchnięty a. spierzchły: Spierzchnięte (spierzchłe) wargi, usta, dłonie.

spiesznie, spieszno, spieszny p. śpiesznie, śpieszno, śpieszny.

I spieszyć p. śpieszyć.

II spieszyć (*nie*: śpieszyć) *dk VIb*, spieszyliśmy (p. akcent § 1a i 2), częściej w imiesł. biernym «uczynić pieszym»: Spieszyć kawalerię. Spieszone szwadrony ułanów.

spięcie *n I* △ Krótkie spięcie (skrótowo: spięcie) «uszkodzenie sieci elektrycznej; zwarcie» △ *przen.* «nagły spór, starcie, sprzeczka»: Między nami dochodziło często do (krótkich) spięć.

spijać p. spić.

spiker (*nie*: spikier) *m IV*: Spiker podał dokładny czas. || *D Kult. II, 422.*

spinacz *m II*, *lm D.* spinaczy a. spinaczów: Spiąć kartki spinaczem.

spinać p. spiąć.

spinka (*nie*: szpinka) *ż III*, *lm D.* spinek: Spinki do mankietów. Srebrne spinki.

spinning (*wym.* spiniŋ) *m III*, *D.* spinningu: Łowić ryby na spinning.

spinningista (*wym.* spiniŋgista) *m odm. jak ż IV*, *lm M.* spinningiści, *DB.* spinningistów; a. **spinningowiec** (*wym.* spiniŋgowiec) *m II*, *D.* spinningowca, *lm M.* spinningowcy.

Spinoza *m odm. jak ż IV*, *D.* Spinozy: Doktryna filozoficzna Spinozy.

spirea (*nie*: spireja) *ż I*, *DCMs.* spirei, *B.* spireę, *N.* spireą, *lm M.* spiree, *D.* spirei: Ogrodnik przycinał gałęzie spirei.

spirytualia (*wym.* spirytu-alia) *blp*, *D.* spirytualiów (*nie*: spirytualii) *przestarz.*, *żart.* «napoje alkoholowe»

spirytualizm (*wym.* spirytu-alizm) *m IV*, *D.* spirytualizmu, *Ms.* spirytualizmie (*wym.* ~izmie a. ~iźmie), *blm* «idealistyczny pogląd filozoficzny, głoszący, że istota rzeczywistości jest natury duchowej»

spirytus *m IV*, *D.* spirytusu: Spirytus denaturowany, in. skażony. Spirytus rektyfikowany. Spirytus kamforowy, salicylowy.

spirytyzm *m IV*, *D.* spirytyzmu, *Ms.* spirytyzmie (*wym.* ~yzmie a. ~yźmie), *blm* «wiara w duchy, w obcowanie z duchami osób zmarłych, w możliwość ich wywoływania»

spis *m IV*, *D.* spisu: Spis alfabetyczny. Spis nazwisk, telefonów. Układać, sporządzać spis. Umieścić coś w spisie. △ Spis treści, *lepiej*: spis rzeczy. △ Spis ludności. Dokonywać spisu, przeprowadzać spis. || *D Kult. II, 118.*

spisać *dk IX*, spisze, spisz, spisaliśmy (p. akcent § 1a i 2) — **spisywać** *ndk VIIIa*, spisuję (*nie*: spisywam, spisywuję), spisywaliśmy **1.** «dokonać spisu, sporządzić rejestr, wykaz»: Spisać nazwiska, książki. Spisać obywateli. △ *niepoprawne* Czy już zostałeś spisany? (*zamiast*: włączony do spisu, wciągnięty w spis). **2.** «ułożyć tekst pisany z materiałów, notatek, czyichś wypowiedzi itp.»: Spisać zeznania, protokół. Spisać umowę, testament. Spisać, *częściej*: napisać pamiętnik.

spisać się — spisywać się 1. *pot.* «zostać zużytym przez pisanie; *częściej*: wypisać się»: Ołówek się spisał. **2.** «postąpić, zachować się w sposób zasługujący na pochwałę»: Aleś się spisał! Spisać się świetnie, dobrze. || *D Kult. II, 265.*

spisek *m III*, *D.* spisku «tajne porozumienie, sprzysiężenie, zmowa»: Spisek rewolucyjny, wojskowy. Spisek na czyjeś życie, na czyjąś zgubę. Udział w spisku. Knuć spisek. Zawiązać spisek. Wciągnąć, należeć do spisku. □ *S.* przeciw komu, czemu: Spisek przeciw królowi, przeciw rządowi.

spiski: Miasta spiskie (*ale*: Magura Spiska, Pogórze Spisko-Gubałowskie, Nowa Wieś Spiska).

spiskować *ndk IV*, spiskowaliśmy (p. akcent § 1a i 2) □ *S.* przeciw komu, czemu (*nie*: na kogo, na co): Spiskować przeciw królowi (*nie*: na króla).

spiskowiec *m II*, *D.* spiskowca, *W.* spiskowcze, forma szerząca się: spiskowcu, *lm M.* spiskowcy: Spiskowców ujęto i skazano na śmierć.

spisywać p. spisać.

Spisz (*nie*: Śpisz, Spiż, Śpiż) *m II*, *D.* Spiszu «kraina historyczna w Czechosłowacji i Polsce»: Jechać na Spisz. Osadnictwo na Spiszu. △ Spisz Górny, Spisz Dolny. — Spiszak *m III*, *lm M.* Spiszacy — Spiszanka *ż III*, *lm D.* Spiszanek — spiski (p.).

Spitsbergen (*wym.* Szpicbergen) a. **Szpicberg** *m IV*, *D.* Spitsbergenu, Szpicbergu (p. akcent § 7) «archipelag wysp na Morzu Arktycznym» △ Spitsbergen Zachodni «wyspa» — szpicbergeński (p.). szpicberski (p.).

spiż (*nie*: śpiż) *m II*, *D.* spiżu, *blm*: Pomnik ze spiżu. Odlewać broń ze spiżu.

spiżarnia (*wym.* spiżarnia a. śpiżarnia) *ż I*, *lm D.* spiżarni, *rzad.* spiżarń.

splamić *dk VIa*, splamiliśmy (p. akcent § 1 i 2) *książk.* «zrobić na czymś plamę; poplamić» □ *S.* co (czym): Mundur splamiony krwią. △ *przen.*

Splamić ręce krwią, zbrodnią itp. «popełnić zbrodnię, zabić kogoś itp.»

splamić się □ *książk. przen.* S. się czym «zniesławić się, zhańbić się»: Splamić się kłamstwem, niecnym uczynkiem.

splatać p. spleść.

splądrować p. plądrować.

splątać *dk IX*, splącze, splątaliśmy (p. akcent § 1a i 2) — *rzad.* **splątywać** *ndk VIIIa*, splątuję, (*nie*: splątywam, splątywuję), splątywaliśmy: Splątać nici. □ S. co z czym: Splątać nici z pasmami wełny.

splendor *m IV, D.* splendoru *przestarz., książk., podn.* «przepych, świetność, wspaniałość; zaszczyt, honor»: Splendor rodu, nazwiska. Dodać, przydać czemuś splendoru. Dzięki wizycie tak dostojnego gościa wielki splendor spadł na ich dom.

spleść *dk XI*, splotę (*nie*: spletę), splecie, splótł, splotła (*nie*: spletła), spletliśmy (p. akcent § 1a i 2), spletli, spleciony (*nie*: splecony), spleceni (*nie*: splecieni) — **splatać** *ndk I*, splataliśmy □ S. co (w co): Spleść kwiaty w girlandę. Spleść włosy w warkocz. □ S. co (z czego): Splatać wianek z kwiatów, kosz z wikliny. □ S. co z czym a. co i co: *przen.* Splatać sen z jawą (sen i jawę).

spleść się — **splatać się**: Spleść się w uścisku. □ S. się czym: Spleść się ramionami. □ S. się w co: Krzewy splotły się w gąszcz.

splin *m IV, D.* splinu *książk.* «stan przygnębienia, apatii; chandra»

splot *m IV, D.* splotu 1. «zespół elementów, części splecionych ze sobą»: Splot gałęzi, korzeni. △ *przen.* Splot okoliczności, zdarzeń. 2. (tylko w *lm*) *przestarz., książk. a. żart.* «warkocze»: Bujne sploty sięgały jej do pasa.

splunąć *dk Vb*, splunąłem (*wym.* splunołem; *nie*: splunełem), splunął (*wym.* splunoł), splunęła (*wym.* splunęła), splunęliśmy; p. akcent § 1a i 2) — **spluwać** *ndk I*, spluwaliśmy □ S. czym: Spluwać krwią. □ S. na co: Splunął na podłogę.

spłachec *m I, D.* spłachcia *książk.* «część jakiegoś obszaru, powierzchni; kawał, szmat»: Spłachec śniegu, ziemi, roli.

spłata *ż IV*, częściej w *lm*: Długoletnie, długoterminowe spłaty. Rozłożyć spłaty. Kupić, wziąć coś na spłaty.

spławek *m III, D.* spławka 1. zwykle w *lm* «w terminologii technicznej: odpadki unoszące się na powierzchni płynu» 2. *reg.* p. spławik.

spławik *m III* «korek a. część pióra gęsiego przymocowane do żyłki wędki, unoszące się na powierzchni wody i sygnalizujące ruchy haczyka; pławik, pływak»

spłodzić p. płodzić.

spłonąć *dk Vb*, spłonąłem (*wym.* spłonołem; *nie*: spłonełem), spłonął (*wym.* spłonoł), spłonęła (*wym.* spłonęła), spłonęliśmy (*wym.* spłoneliśmy; p. akcent § 1a i 2) 1. «spalić się»: Dom spłonął. Spłonąć żywcem. S. od czego a. w czym: Spłonąć od ognia (w ogniu). □ *przen.* S. czym a. od czego: Spłonąć gniewem, wstydem (od gniewu, od

wstydu). 2. «zaczerwienić się»: Twarz mu spłonęła. □ S. czym: Spłonąć rumieńcem, pąsem, krwią.

spłonić *dk VIa przestarz., książk.* (tylko w imiesł. biernym): Twarz spłoniona od wstydu.

spłonić się, spłoniliśmy się (p. akcent § 1a i 2) *książk.* «zaczerwienić się»: Dziewczyna się spłoniła. □ S. się z czego: Spłonić się z radości, ze wstydu.

spłukać *dk IX*, spłucze, spłukaliśmy (p. akcent § 1a i 2) — **spłukiwać** *ndk VIIIb*, spłukuję (*nie*: spłukiwam, spłukiwuję), spłukiwaliśmy □ S. co — z kogo, z czego: Spłukać brud z ciała. □ S. kogo, co — czym: Spłukać twarz wodą.

spłukać się — **spłukiwać się** *pot.* «stracić, wydać dużo pieniędzy; zgrać się»: Spłukać się na wyścigach. Spłukać się do nitki, do grosza.

spłynąć *dk Vb*, spłynąłem (*wym.* spłynołem; *nie*: spłynełem), spłynął (*wym.* spłynoł), spłynęła (*wym.* spłynęła), spłynęliśmy (*wym.* spłyneliśmy, p. akcent § 1a i 2) — **spływać** *ndk I*, spływaliśmy 1. «ściec z góry na dół, po pochyłej powierzchni» □ S. po czym: Pot spływa po twarzy. □ S. z czego: Rzeka spływa z gór. △ (częściej *dk*) *książk.* Spłynąć krwią «oblać się krwią» □ *przen.* S. na kogo, na co: Sen spływa na kogoś. 2. «popłynąć»: Spłynąć z wodą. □ S. czym a. czym po czym: Spłynąć rzeką (czółnem po rzece). 3. zwykle *ndk* «zwieszać się, opadać»: Włosy spływały jej do pasa.

spocić się *dk VIa*, spociliśmy się (p. akcent § 1a i 2): Ręce spociły się. □ S. się z czego (gdy się wymienia przyczynę wewnętrzną): Spocić się ze strachu, ze zdenerwowania, z wrażenia. □ S. się od czego (gdy się wymienia przyczynę zewnętrzną): Spocić się od aspiryny. □ *pot.* (często *żart.*) Spocić się jak (ruda) mysz.

spocząć *dk Xc*, spocznę, spocznie, spocznij, spocząłem (*wym.* spoczołem, *nie*: spoczełem), spoczął (*wym.* spoczoł), spoczęła (*wym.* spoczęła), spoczęliśmy (*wym.* spoczeliśmy, p. akcent § 1a i 2) — **spoczywać** *ndk I*, spoczywaliśmy *przestarz., podn., książk.* a) «usiąść, położyć się zwykle dla odpoczynku; czasem także: odpocząć» □ S. na czym, w czym: Spoczęła na kanapie. Spoczywał w fotelu. △ Niech pan (pani) spocznie «zwrot grzecznościowy: proszę usiąść» △ Spocznij «komenda wojskowa, odwołująca stanie na baczność» △ Spocząć na laurach «zaprzestać jakiejś działalności, zadowoliwszy się dotychczasowymi osiągnięciami» △ Nie spocząć aż, dopóki, póki... «nie dać za wygraną, nie zaprzestać czegoś; doprowadzić do końca» b) «zostać gdzieś położonym, umieszczonym; znaleźć się gdzieś» □ S. w czym a. na czym: List spoczywał w biurku (na biurku). Dokument spoczywał w zaklejonej kopercie. △ Spocząć w grobie, na cmentarzu «zostać pochowanym»: Spoczął na Powązkach w grobie rodzinnym. △ (częściej *ndk*) Coś spoczywa na czyichś barkach, w czyichś rękach «coś wchodzi w zakres czyichś obowiązków, należy do czyichś kompetencji»

spoczynek *m III, D.* spoczynku *przestarz.* w zn. «odpoczynek, wytchnienie», dziś żywe we *fraz.* i terminach specjalnych. △ Czas, okres, stan spoczynku «u roślin: okres, w którym ich funkcje wegetatywne maleją lub zmniejszają się»: Stan zimowego spoczynku roślin. △ Przejść w stan spoczynku «przejść na emeryturę» △ *podn.* Miejsce (wiecznego) spoczynku «grób» △ *książk.* Iść, udać się itp.

713

spoczywać

na spoczynek «iść, kłaść się spać» △ Być, znajdować się, (po)zostawać w spoczynku «o ciele fizycznym: nie ruszać się»

spoczywać p. spocząć.

spod, spode «przyimek składający się z ubezdźwięcznionego przyimka z i przyimka *pod*, łączący się z rzeczownikami w dopełniaczu» △ Przyimek *spod* jest zwykle nie akcentowany; *spode* (używany tylko z niektórymi wyrazami zaczynającymi się od grupy spółgłosek) jest akcentowany w połączeniu z jednosylabowym zaimkiem *mnie* i w zwrocie: patrzeć spode łba. △ Przyimek *spod* (*spode*): **a)** «łączy się z nazwami czynności, która kieruje się od przedmiotu znajdującego się pod czymś»: Włosy wymykały się jej spod chustki. Krokusy wyglądały spod śniegu. Grunt się obsuwa komuś spod nóg. **b)** «oznacza kierunek czynności zaczynającej się od jakiegoś punktu (z którym łączy się przyimek *pod* określający bliskość przestrzenną)»: Przyjechał spod (spode) Lwowa. **c)** «oznacza podleganie jakiejś władzy, związek z nią, z jej symbolem lub wyjście, usunięcie (się) z zakresu jakichś wpływów»: Towarzysze spod znaku „Baszta", spod różnych chorągwi. Walka o wyzwolenie spod przemocy wroga. Wyjęty spod prawa.

spodek *m III, D.* spodka w zn. «podstawka pod szklankę, filiżankę»: Spodek porcelanowy a. z porcelany. Podać coś na spodku. □ S. czego «spodek czymś wypełniony; ilość czegoś mieszcząca się na spodku»: Spodek mleka, jagód. □ S. do czego «spodek służący do czegoś»: Spodek do szklanki. □ S. od czego «spodek wzięty od czegoś, do czego bywa zwykle używany»: Spodek od szklanki. Spodek od mleka. □ S. po czym, *reg.* z czego «spodek opróżniony z czegoś»: Spodek po miodzie. □ S. z czym «spodek wraz z zawartością»: Spodek z jagodami.

spodenki a. **spodeńki** (*nie*: spodzienki) *blp, D.* spodenek (spodeniek).

spodnie *blp, D.* spodni: Spodnie drelichowe, rypsowe a. z rypsu, z drelichu. Dwie pary spodni.

spodziewać się *ndk I,* spodziewaliśmy się (p. akcent § 1a i 2) □ S. się kogo, czego: Spodziewali się gości. Spodziewał się zmiany pogody. □ S. się +bezokol.: Spodziewała się spotkać ją na wystawie. □ S. się, że...: Spodziewa się, że to załatwi. □ S. się czego — od kogo (gdy się wymienia osobę, od której ma się nadzieję coś dostać): Spodziewa się od niej listu. □ S. się czego — po kim (gdy się wymienia osobę, która ma coś zdziałać, na którą można liczyć pod jakimś względem): Spodziewa się po nim nie byle jakich sukcesów.

spoglądnąć *dk Va* (formy fleksyjne jak: oglądnąć) *reg.,* p. spojrzeć.

I spoić p. I spajać.

II spoić p. II spajać.

spojrzeć (*nie*: spojrzyć, spójrzeć) *dk VIIb,* spojrzyj a. spójrz (*nie*: spojrz, spójrzyj), spojrzeliśmy (p. akcent § 1a i 2) — **spoglądać** *ndk I,* spoglądaliśmy □ S. na kogo, na co: Spoglądać na zegarek. Spojrzeć na ucznia. □ S. po kim, czym: Spoglądać po zebranych. Spojrzeć po sali. □ S. przez co: Spojrzeć przez lornetkę, przez okulary.

□ S. za kim, czym: Spoglądali za odchodzącym. △ *niepoprawne* Gdzie nie spojrzeć (*zamiast*: gdziekolwiek spojrzeć), np. Gdzie nie spojrzeć (*zamiast*: gdziekolwiek spojrzeć) — bezmiar wody.

spojrzeć się — spoglądać się *rzad.*; *lepiej*: spojrzeć (w zn. «popatrzeć»): Spojrzał się (*lepiej*: spojrzał) hardo. // *KP Pras.*

spojrzenie (*nie*: spójrzenie) *n I*: Łagodne, zabójcze spojrzenie. Spojrzenie pełne wyrzutu. Obrzucać kogoś spojrzeniami. Czyjeś spojrzenia krzyżują się. △ Zatonąć spojrzeniem, zatopić spojrzenie «popatrzeć długo, nie mogąc oczu oderwać» △ Od pierwszego spojrzenia «od razu, od pierwszej chwili» △ *przen.* (Jakieś) spojrzenie na kogoś, na coś «ocena kogoś, czegoś; pogląd na coś»: Trzeźwe spojrzenie na świat. Ma krytyczne spojrzenie na ludzi.

spokojny *m-os.* spokojni, *st. w.* spokojniejszy **1.** «zachowujący spokój, zrównoważony; będący wyrazem spokoju»: Był z natury spokojny. Spokojna twarz. Spokojne ruchy. △ Być spokojnym o kogoś, o coś, *rzad.* co do kogoś, co do czegoś «nie martwić się o kogoś, o coś; mieć pewność co do czegoś, co do czyjegoś postępowania, działania itp.»: Była spokojna o syna, bo zajęto się nim troskliwie. Był spokojny co do tej sprawy. △ *wiech.* Spokojna głowa! «bądź spokojny, nie kłopocz się»: Spokojna głowa! — to się da załatwić. **2.** «znajdujący się w stanie spokoju; nieruchomy, nieburzliwy»: Spokojna uliczka. Morze było spokojne. △ W nazwach dużą literą: Ocean Spokojny.

spokój *m I, D.* spokoju, *blm*: Spokój sumienia. Zachować spokój. Żyć w spokoju. △ Dla świętego spokoju «żeby nie mieć z czymś kłopotu, żeby uniknąć konfliktów»: Nie protestuje dla świętego spokoju. △ Ze spokojem «zachowując spokój; spokojnie»: Niepomyślne wieści przyjęła ze spokojem. △ Dać (święty) spokój; dać komuś spokój; dać spokój z kimś, z czymś; dać spokój czemuś «nie wtrącać się do kogoś, czegoś; zaprzestać, zaniechać czegoś»: Nie wypytuj córki, daj jej spokój. Dał spokój ze studiami (studiom). △ Ktoś lub coś nie daje komuś spokoju «ktoś lub coś sprawia kłopot, nęka, gnębi»: Ta myśl nie dawała mu spokoju.

spokrewniony *m-os.* spokrewnieni «związany pokrewieństwem» □ S. z kim: Był z nim spokrewniony. △ Spokrewniony w linii prostej, w linii bocznej.

spolonizować p. polonizować.

spolszczać (*nie*: spalszczać) *ndk I,* spolszczaliśmy (p. akcent § 1a i 2) — **spolszczyć** *dk VIb,* spolszczyliśmy: Spolszczona rodzina niemiecka. Spolszczać obce nazwy.

społeczeństwo *n III*: Społeczeństwo bezklasowe. Dobro społeczeństwa. Być, znaleźć się poza społeczeństwem, poza nawiasem społeczeństwa.

społeczno-ekonomiczny «społeczny i ekonomiczny; dotyczący nauk społecznych i ekonomicznych»: Wydział społeczno-ekonomiczny.

społecznoekonomiczny «odnoszący się do ekonomii społecznej»: Zjawiska społecznoekonomiczne.

społeczność *ż V rzad.* «społeczeństwo»

społeczny *m-os.* społeczni: Praca społeczna. Działacz społeczny. Kontrola społeczna. △ Robić coś w czynie (*nie*: czynem) społecznym, np. Porządkowano zieleńce w czynie (*nie*:˙ czynem) społecznym. △ W nazwach instytucji dużą literą: Zakład Ubezpieczeń Społecznych. ‖ *Pɟ 1967, 12.*

I społem (*nie*: wspołem) *przestarz., książk.* «razem, wspólnie»

II Społem *n ndm* «nazwa instytucji spółdzielczej — Związek Spółdzielni Spożywców „Społem"»: Należeć do Społem. Pracować w Społem. Społem w 1965 r. zrzeszało około 2,5 miliona członków. — społemowiec *m II, D.* społemowca, *lm M.* społemowcy — społemowski. ‖ *U Pol. (2), 342.*

spomiędzy «przyimek składający się z ubezdźwięcznionego przyimka *z* i z przyimka *pomiędzy*, łączący się z rzeczownikami w dopełniaczu»: **a)** «oznacza kierunek od wewnątrz (jakiegoś zbioru) na zewnątrz»: Spomiędzy paproci zerwał się ptak. Woda ciekła spomiędzy kamieni. Wyszedł spomiędzy drzew. **b)** «wskazuje na wybór kogoś, czegoś jednego z wielu ludzi, przedmiotów; spośród»: Książka ta wyróżnia się spomiędzy innych powieści. Wybrali delegatów spomiędzy siebie.

sponad *książk.* «przyimek składający się z ubezdźwięcznionego przyimka *z* i przyimka *ponad*, łączący się z rzeczownikami w dopełniaczu; określa miejsce znajdujące się nad czymś (kimś), z którego dokonuje się jakaś czynność; znad»: Przyglądał mu się sponad okularów. Sponad gór wiały suche wiatry.

spontaniczny *st. w.* bardziej spontaniczny «samorzutny, odruchowy»: Spontaniczna owacja. Spontaniczne oklaski, brawa.

Sporady *blp, D.* Sporad «archipelag wysp greckich na morzu Egejskim»: Sporady Północne. Sporady Południowe.

sporadyczny «zjawiający się, występujący nieregularnie, rzadko; przypadkowy, pojedynczy»: Sporadyczne błędy, zjawiska.

sporo 1. «niemało, dość dużo» 2. *st. w.* sporzej *daw.,* dziś *pot.* (z zabarwieniem ludowym) «szybko, ochoczo, bez ociągania»: Odkąd zaczęli pomagać robota szła sporzej.

sport (*nie*: szport) *m IV* 1. *D.* sportu «ćwiczenia i gry mające na celu podnoszenie sprawności fizycznej»: Sport amatorski, wyczynowy. Sporty wodne, zimowe. Sport automobilowy a. samochodowy. Uprawiać sport. △ *pot.* (Robić coś) dla sportu «dla rozrywki» 2. *DB.* sporta, częściej w *lm* «rodzaj papierosów»: Wypalił paczkę sportów. Palić sporta.

sportsmen *m IV, lm M.* sportsmeni; *lepiej*: sportowiec.˙

sporządzać *ndk I,* sporządzaliśmy (p. akcent § 1a i 2) — **sporządzić** *dk VIa,* sporządziliśmy *przestarz.* (dziś żywe w odniesieniu do różnego rodzaju dokumentów, wykazów, list) «wykonywać, robić coś»: Sporządzała listę. Sporządzili u rejenta umowę. Sporządzał wykaz.

sposobność *ż V:* Sposobność ucieczki. □ S. do czego (*nie*: dla czego): Sposobność do pójścia (*nie*: dla pójścia) na spacer. Dał mu sposobność

do rozmowy. □ S. żeby...: Nadarza się sposobność, żeby go poznać. △ Przy (pierwszej, każdej) sposobności: Zajdź do mnie przy sposobności. Obgadywała go przy każdej sposobności. △ Mieć sposobność czegoś, do czegoś; mieć sposobność + rzecz. odsłowny a. bezokol.: Miał sposobność pomówienia z nią (do pomówienia z nią). Miał sposobność obserwowania wielu kobiet (obserwować wiele kobiet).

sposobny *st. w.* sposobniejszy a. bardziej sposobny *przestarz.* w zn. «nadający się do czegoś; odpowiedni, stosowny» □ S. do czego: Chwila sposobna do zwierzeń.

sposób *m IV, D.* sposobu 1. «określona metoda, forma wykonania jakiejś czynności» □ S. czego: Sposób mówienia. Sposób ubierania się. Sposób bycia. △ Jakim sposobem a. w jaki sposób?: Jakim sposobem (w jaki sposób) tu się dostałeś? △ Na swój sposób (*nie*: w swój sposób): Na swój sposób był nawet miły. △ Na wszystkie sposoby a. wszystkimi (wszelkimi) sposobami (*nie*: we wszystkie sposoby, na każdy sposób): Na wszystkie sposoby (wszelkimi sposobami) usiłował ją zdobyć. △ W taki (ten) sposób, *rzad.* takim (tym) sposobem: W taki sposób, takim (tym) sposobem wszyscy ocaleli. △ W żaden sposób «żadną miarą»: Nie mógł tego dokonać w żaden sposób. 2. «to, co umożliwia uzyskanie, osiągnięcie, wykonanie czegoś; środek, możliwość» □ S. na co, *rzad.* przeciw czemu: Sposób na zabicie nudy. Sposób przeciw bólom. Na wszystko znajdzie się sposób. □ *rzad.* S.˙po temu: Były po temu sposoby. △ Nie sposób (jest) + bezokol. «nie ma możliwości»: Nie sposób przepłynąć w tym miejscu. Nie sposób wytrzymać w tej atmosferze. △ *pot.* Mieć sposób na kogoś «wiedzieć, jak do kogoś trafić, jak kogoś przekonać»: Zmuszę ją do przyjścia, mam na nią sposób.

spospolicieć p. pospolicieć.

spospolitować p. pospolitować.

spostponować p. postponować.

spostrzec *dk XI,* spostrzegę, spostrzeże, spostrzegł, spostrzegliśmy (p. akcent § 1a i 2), spostrzeżony — **spostrzegać** *ndk I,* spostrzegaliśmy «zobaczyć, zauważyć»: Spostrzegł nową książkę. □ S., że...: Spostrzegła, że zrobiła mu przykrość. Spostrzegł, że się ściemnia.

spostrzec się to samo co *spostrzec* w zn. «zdać sobie sprawę; zorientować się» (zwykle z przeczeniem): Nie spostrzegł się, że zapadł zmrok. △ *pot.* Ani się spostrzegł «nie zauważył»: Ani się spostrzegł, że pociąg wjechał na stację.

spostrzeżenie *n I* 1. forma rzeczownikowa czas. spostrzec. 2. «uwaga, obserwacja» □ S. nad czym a. dotyczące czego: Robił spostrzeżenia nad życiem (dotyczące życia) owadów.

spośród «przyimek składający się z ubezdźwięcznionego przyimka *z* i przyimka *ponad*, łączący się z rzeczownikami w dopełniaczu, oznaczający: z większej liczby kogoś, czegoś, spomiędzy kogoś lub czegoś»: Spośród chmur błysnął promień słońca. Jacek był najpoważniejszy spośród zebranych. Spośród kwitnących drzew wychylał się mały domek.

spotkać *dk I,* spotkaliśmy (p. akcent § 1a i 2) — **spotykać** *ndk I,* spotykaliśmy 1. «natknąć się na

spotkanie

kogoś lub coś; zobaczyć się z kimś» □ S. kogo, *rzad.* co: Spotykał na ulicy znajomych. Spotkał po drodze odosobniony dom. △ *przen.* Spotkał na swej drodze inną kobietę. △ *niepoprawne* w zn.: **a)** «witać», np. Spotkano (*zamiast*: powitano) ich chlebem i solą. **b)** «wyjść na czyjeś spotkanie», np. Spotkam cię na stacji (*zamiast*: wyjdę po ciebie na stację). **2.** częściej *ndk* «przekonywać się, że coś się gdzieś znajduje, występuje; znajdować coś gdzieś»: Nie spotykał tego nazwiska. **3.** tylko w 3. os. i bezokol. «zdarzyć się; stać się czyimś udziałem»: Spotykały ją same niepowodzenia. Może go spotkać nieszczęście. □ Coś spotyka kogo ze strony kogo, *rzad.* od kogo «ktoś doznaje czegoś ze strony kogoś»: Spotkała mnie z jego strony przykrość. To, co ją od niego spotkało, nie było zaskoczeniem.
spotkać się — spotykać się to samo co *spotkać — spotykać* (w zn. 1 i 2) □ S. się z kim, czym: Spotykał się z nią w kawiarniach. Nie spotkał się dotąd z taką sprawą. △ Spotkać się z kimś twarzą w twarz, oko w oko, *pot.* nos w nos «zobaczyć się z bliska; zetknąć się z kimś» □ *przen.* S. się z czym «doznać czegoś, otrzymać coś; być potraktowanym w jakiś sposób»: Spotkał się z aprobatą, z uznaniem. Spotykali się z ostrą krytyką. Spotykał się z życzliwością. || *D Kult. II, 121; D Myśli 96.*

spotkanie *n I*: Umawiać się na spotkanie. Miał spotkanie w kawiarni. □ S. czyje (z rzecz. w dopełniaczu) z kim, czym (*nie*: między kim a kim): Spotkanie chłopca z koleżanką. Spotkanie posłów z wyborcami (*nie*: między posłami a wyborcami). △ *przen.* Spotkanie czytelnika z książką. △ *niepoprawne* Wychodzić, iść komuś na spotkanie — w zn. «ułatwiać coś komuś, popierać coś, iść komuś na rękę», np. Tym pomysłom trzeba wyjść na spotkanie (*zamiast*: trzeba poprzeć te pomysły a. trzeba ułatwić ich realizację). || *Kl. Aleź, 62.*

spotniały imiesł. przeszły od czas. spotnieć.
spotniały *m-os.* spotniali, w użyciu przymiotnikowym: Spotniali żniwiarze.

spotnieć p. potnieć.

spotykać p. spotkać.

spoufalić się p. poufalić się.

spoważnieć p. poważnieć.

spowiedź *ż V, lm M.* spowiedzi (*nie*: spowiedzie) □ S. z czego: Spowiedź z popełnionych win, z całego życia. △ Być u spowiedzi (*nie*: w spowiedzi, na spowiedzi). Pójść, przystąpić do spowiedzi. △ Wyznać coś jak na spowiedzi.

spowinowacić się *dk VIa*, spowinowaciliśmy się (p. akcent § 1a i 2) — **spowinowacać się** *ndk I*, spowinowacaliśmy się, zwykle w imiesł. biernym czas. *dk*: Był z nami spowinowacony przez drugą żonę.

spowodować p. powodować.

spoza «przyimek składający się z ubezdźwięcznionego przyimka *z* i przyimka *poza,* łączący się z rzeczownikami w dopełniaczu»: **a)** *książk.* «wskazuje na miejsce kogoś, czegoś znajdującego się za kimś, za jakimś przedmiotem; zza»: Wyglądała do nas spoza pleców matki. Spoza ściany dochodził płacz dziecka. Przyjechał aż spoza Białowieży. Spoza gór i rzek przyszliśmy na brzeg... (piosenka żołnierska). **b)** «wskazuje na przynależność kogoś do innego środowiska»:

Wykłady te cieszyły się sławą nie tylko wśród studentów, ale i wśród młodzieży spoza uniwersytetu.

spożycie *n I, lepiej*: zużycie, w zn. «zużytkowanie czegoś na własne potrzeby»: Spożycie (*lepiej*: zużycie) energii elektrycznej. Spożycie (*lepiej*: zużycie) światła przez rośliny. △ Przedmioty spożycia (*lepiej*: codziennego użytku). || *D Kult. I, 356.*

spożyć *dk Xa*, spożyliśmy (p. akcent § 1a i 2), spożyty — **spożywać** *ndk I*, spożywaliśmy *książk. podn.* «zjeść»

spożytkować *dk IV*, spożytkowaliśmy (p. akcent § 1a i 2) — **spożytkowywać** *ndk VIIIa*, spożytkowuję (*nie*: spożytkowywam, spożytkowywuję) *wych. z użycia* «zużyć coś z pożytkiem dla siebie; wykorzystać coś»: Spożytkować resztki czegoś. Spożytkować swoje wiadomości.

spód *m IV, D.* spodu: Spód szuflady. Spód kołdry. △ Na (sam) spód czegoś: Dokumenty włożyła na (sam) spód walizki. △ Na spodzie (czegoś): Fusy osiadły na spodzie szklanki. △ Od spodu: Ciasto spalone od spodu. Liść różowy od spodu. △ Pod spodem, *wych. z użycia* u spodu (czegoś) «pod czymś, co jest u góry; u dołu, niżej»: Gałęzie pod spodem stawały się rzadsze. Liść białawy u spodu. △ Nosić, mieć coś pod spodem; kłaść, włożyć coś pod spód «nosić, mieć coś pod wierzchnim ubraniem; kłaść, włożyć coś pod nie»

spódnica (*nie*: spodnica) *ż II* △ Trzymać kogoś przy (swojej) spódnicy (o kobiecie) «nigdzie kogoś nie puszczać, uzależniać od siebie»

spójnia *ż I, DCMs.* i *lm D.* spójni.

*spójnik to wyraz nieodmienny, łączący zdania lub ich części. Spójniki nie rządzą żadnymi przypadkami; określają one związki zależności między wyrazami w zdaniu oraz związki między zdaniami. Związki międzywyrazowe określane przez spójniki to zwykle związki między jednorodnymi częściami zdania, np.: Drzewa i krzewy (podmioty) błyszczały od rosy. Jest młody, ale doświadczony (przydawki). Nie jadł ani nie spał (orzeczenia) od dwóch dni.
Zależnie od rodzaju związku, jaki określają, spójniki dzielą się na: **a)** *łączne*, np.: i, oraz, też, także, tudzież; **b)** *rozłączne* albo *alternatywne*, np.: lub, albo, bądź, czy; **c)** *wyłączające*, np.: ani, ni; **d)** *przeciwstawne*, np.: a, ale, lecz, jednak, zaś, natomiast, atoli, wszelako, wszakże, przecież; **e)** *wynikowe*, np.: więc, zatem, tedy, to, toteż, przeto, mianowicie, dlatego; **f)** *synonimiczne*, np. czyli.
Oprócz związków międzywyrazowych spójniki określają też stosunki między zdaniami — zarówno stosunki współrzędne, jak i podrzędne — np. Miasto huczało gwarem i lśniło milionem świateł. Ranki bywały chłodne, choć zaczęło się lato. △ Spójniki określające stosunki współrzędne są takie same w związkach międzywyrazowych, jak i w związkach międzyzdaniowych. Natomiast stosunki podrzędne między zdaniami określane są przez *spójniki podrzędne*; najczęstsze z nich to: że, iż, aby, żeby, ażeby, iżby, jeśli, jeżeli, gdy, gdyby, kiedy, choć, chociaż, choćby, chociażby, aczkolwiek, jakkolwiek, ponieważ, gdyż, bo, bowiem, albowiem; np.: Wstali wcześnie, aby zdążyć na pociąg. Wiem, że nic z tego nie będzie. *Uwagi ogólne.* **1.** Oprócz spójników pojedynczych istnieją także *spójniki podwojone*, używane zwykle

w pewnych utartych zespołach spójnikowych, np. zarówno... jak; dopóki... dopóty; o ile... o tyle; tak... jak. △ Człony takiego zespołu powinny występować łącznie, nie można ich rozbijać, tzn. opuszczać jednego z nich lub zastępować przez inny człon, nie należący do danego zespołu. *Niepoprawna* jest np. wymiana jednego członu spójnikowego w takich zespołach: o ile... to (*zamiast*: o ile... o tyle); tym bardziej... ponieważ (*zamiast*: tym bardziej... że); wprawdzie... zaś (*zamiast*: wprawdzie... jednak, ale); dlatego... ponieważ, dlatego... bo (*zamiast*: dlatego... że). 2. Interpunkcja w zdaniach ze spójnikami omówiona jest pod hasłem: przecinek (p.). // *D Kult. I, 169. Por.* poszczególne hasła spójnikowe.

spólnik *m III, lm M.* spólnicy *przestarz.* «wspólnik»

spólny *m-os.* spólni *przestarz.* «wspólny»

spółczesny *m-os.* spółcześni *przestarz.* «współczesny» // *D Kult. I, 625.*

spółczynnik *m III, D.* spółczynnika *wych. z użycia* «współczynnik»

spółdzielca (*nie*: współdzielca) *m odm. jak ż II, lm M.* spółdzielcy, *DB.* spółdzielców.

spółdzielczy (*nie*: współdzielczy): Własność spółdzielcza. Sklep spółdzielczy.

spółdzielnia (*nie*: wspóldzielnia) *ż I, lm D* spółdzielni, *rzad.* spółdzielń. // *KP Pras.*

spółgłoska (*nie*: współgłoska) *ż III, lm D.* spółgłosek.

***spółgłoski miękkie** (wargowe i wargowo-zębowe) Odpowiednikami miękkimi spółgłosek wargowych: *m, b, p* i wargowo-zębowych: *w, f* są spółgłoski *m, b, p, w, f* — pisane jako: *mi, bi, pi, wi, fi* (np.: miasto, biały, pies, wierzba, fiukać). Spółgłoski takie bywają wymawiane dwojako: **a)** ich *wymowa* tzw. *synchroniczna* polega na jednoczesnym zwarciu warg (lub — przy spółgłoskach *w' f'* — zbliżeniu dolnej wargi do górnych zębów) i zbliżeniu środkowej części języka ku podniebieniu twardemu (ruch decydujący o miękkości), np. m'asto, b'ały, p'es, w'erzba, f'ukać; **b)** ich *wymowa* tzw. *asynchroniczna* polega na niejednoczesnym wykonaniu tych ruchów artykulacyjnych; zbliżenie środkowej części języka ku podniebieniu twardemu trwa jeszcze po zwarciu warg: m'jasto, b'jały, p'jes, w'jerzba, f'jukać. △ Zaleca się jako lepszą — synchroniczną wymowę takich spółgłosek. △ *Niepoprawna* jest wymowa polegająca na zupełnym rozdzielaniu tych ruchów, tzn. wymowa typu: m-jasto, b-jały, p-jes, w-jerzba, f-jukać (*a* nawet: p-ijes, w-ijerzba). △ Powyższe uwagi odnoszą się tylko do wymowy miękkich spółgłosek wargowych i wargowo-zębowych w wyrazach rodzimych. // *GPK Por.* 35—96.

spółka *ż III, lm D.* spółek (skrót: ska, s-ka): Spółka wydawnicza. Spółka akcyjna. △ Wejść z kimś do spółki, *przestarz.* w spółkę «stać się wspólnikiem» △ Do spółki a. na spółkę z kimś «wspólnie, razem z kimś, po połowie»: Trzymali los do spółki.

spółuczestnik *m III, lm M.* spółuczestnicy *przestarz.* «współuczestnik»

spór *m IV*: Przedmiot sporu. □ S. między kim a (i) kim: Powstał spór między bratem i siostrą. □ S.

(z kim) o kogo, co: Toczy się spór o pieniądze, o mieszkanie, o majątek. □ S. z powodu czego, *rzad.* co do czego: Wynikł spór z powodu podziału ziemi (co do podziału ziemi).

spóźniać się, *reg.* **spaźniać się** *ndk I*, spóźnialiśmy się, spaźnialiśmy się (p. akcent § 1a i 2) — **spóźnić się** *dk VIa*, spóźnij się, spóźniliśmy się □ S. się do kogo: Spóźniłem się do was. □ S. się na co: Spóźniać się na lekcję, na obiad, na randkę. Spóźniać się na pociąg (*nie*: spóźniać się do pociągu, spóźnić pociąg). □ S. się do czego: Spóźniać się do biura, do pracy, do teatru, do szkoły. □ S. się z czym «wykonywać coś za późno, z opóźnieniem»: Spóźniła się z radami. Spóźniał się z odpowiedzią na list. △ Spóźnić się (ileś) minut, godzin, dni itp. a. o ileś minut itp.: Zegar spóźnia się pięć minut (o pięć minut). Spóźnił się do kina pół godziny (o pół godziny). // *D Kult. I, 776; U Pol. (2), 84, 217.*

spóźnienie *n I* △ *pot.* Pociąg ma spóźnienie «pociąg jest opóźniony»

SPR (*wym.* espeer, p. akcent § 6) *ż ndm* a. *m IV, D.* SPR-u, *Ms.* SPR-ze «Szkoła Przysposobienia Rolniczego»: Absolwenci SPR (SPR-u). SPR przyjęła (przyjął) w tym roku kilkudziesięciu uczniów.

sprać p. spierać.

spraszać *ndk I*, spraszaliśmy (p. akcent § 1a i 2) — **sprosić** *dk VIa*, sproszę, sprosiliśmy «zapraszać (wiele osób)»: Spraszać gości.

sprawa *ż IV* **1.** często w *lm* «kwestia; wydarzenie; rzecz do załatwienia, interes»: Sprawa osobista. Sprawa służbowa. Sprawy administracyjne, biurowe. Sprawa nas wszystkich, *lepiej*: sprawa wszystkich nas obchodząca *lub*: nasza wspólna sprawa. Sprawy społeczne, międzynarodowe. △ W nazwach instytucji dużą literą: Ministerstwo Spraw Wewnętrznych, Ministerstwo Spraw Zagranicznych. △ Sprawa do załatwienia. Mieć sprawę do kogoś. Zająć się jakąś sprawą. *pot.* Chodzić koło swoich spraw. Sprawa przybiera jakiś (dobry, zły) obrót (*nie*: zwrot). Sprawa znajduje się na porządku dziennym, jest roztrząsana, omawiana (*nie*: stoi na tapecie). □ S. czego (*nie*: z czym): Tak się przedstawia sprawa tegorocznego konkursu (*nie*: z tegorocznym konkursem). □ S. między, pomiędzy kim a (i) kim: To sprawa (po)między mną a bratem. △ *pot.* Na dobrą sprawę «właściwie, prawdę mówiąc»: Na dobrą sprawę powinniśmy już wracać. △ Przystąpić do sprawy «zacząć działać» △ Inna sprawa, że... «rozpatrując to z innej strony..., inna rzecz, że...» △ Zdawać sobie sprawę (*nie*: sprawy) z czegoś (*nie*: o czymś), zdawać sobie sprawę, że..., co..., jak... «uświadamiać sobie coś, orientować się w czymś»: Zdaje sobie sprawę z swego błędu (*nie*: o swoim błędzie). Zdawał sobie sprawę, co robi, jak postępuje. Zdawała sobie sprawę, że jest ciężko chora. **2.** «postępowanie toczące się przed sądem; proces sądowy»: Sprawa cywilna, karna. Akta sprawy. Przebieg sprawy. Świadek w danej sprawie. Mieć sprawę z kimś. Wnieść sprawę do sądu. Prowadzić, umorzyć, wygrać sprawę. □ S. o co: Sprawa o kradzież roweru. □ S. przeciw komu: Toczy się sprawa przeciw zabójcom. **3.** *daw.* «sprawozdanie, relacja z czegoś», dziś żywe w zwrocie: Zdać sprawę z czegoś «zdać relację, złożyć sprawozdanie z czegoś»: Zdawała sprawę ze wszystkiego, co zaszło. // *D Kult. II, 122; KP Pras.*

sprawdzać

sprawdzać *ndk I*, sprawdzaliśmy (p. akcent § 1a i 2) — **sprawdzić** *dk VIa*, sprawdziliśmy: Sprawdzać kasę. Kontroler sprawdził bilety.

sprawdzać się — sprawdzić się «znajdować w czymś potwierdzenie, okazywać się uzasadnionym; spełniać się, potwierdzać się»: Sprawdziły się oczekiwania. Sprawdzają się podejrzenia. △ *niepoprawne* w zn. «okazać się dobrym, właściwym, nie zawieść», np.: Należy częściej wyzyskiwać krytyków, którzy się sprawdzili (*zamiast*: okazali się odpowiedni) w telewizji. Sprawdził się (*zamiast*: okazał się dobry) program telewizyjny. // *D Kult. II, 266.*

sprawdzian *m IV*, D. sprawdzianu **1.** in. kryterium: Sprawdzian wiadomości. **2.** *środ.* (szkolne) «ćwiczenie sprawdzające, rodzaj klasówki»: Dziś będzie sprawdzian z matematyki.

sprawdzić p. sprawdzać.

sprawiać *ndk I*, sprawialiśmy (p. akcent § 1a i 2) — **sprawić** *dk VIa*, sprawiliśmy **1.** nieco *książk.* «być przyczyną czegoś; wywoływać, czynić coś» □ S. co (komu): Sprawiać hałas, szum. Sprawić ból. Sprawić komuś kłopot, zawód. Sprawić niespodziankę (*ale* nie: sensację). Sprawiać komuś radość. □ Ktoś lub coś sprawia, że...: Pani sprawiła, że czuję się lepiej. Zmęczenie sprawiło, że zasnął. △ Sprawiać wrażenie **a)** *częściej*: robić, wywierać (na kimś) wrażenie «wywoływać w kimś jakieś wrażenie»: Sprawił na domownikach jak najlepsze wrażenie. Głos jej sprawiał przykre wrażenie. **b)** *częściej ndk* «wydawać się jakimś lub podobnym do kogoś, czegoś»: Sprawiał wrażenie obłąkanego. Kamień sprawiał wrażenie ametystu. **2.** *wych. z użycia* «kupić coś z własnych funduszów» □ S. co sobie a. komu: Sprawiał jej stroje. Sprawiła sobie futro. **3.** *przestarz.* «urządzać, wyprawiać» dziś żywe w *pot.* zwrocie: Sprawić (tylko *dk*) komuś lanie, manto «zbić kogoś» **4.** *daw.* «przygotowywać coś» dziś żywe w zwrotach: Sprawiać, *częściej*: oprawiać ryby, dziczyznę itp. «patroszyć ryby, dziczyznę»

sprawiać się — sprawić się □ S. się jak (zwykle z określeniami dodatnimi) «postępować w pewien sposób, wywiązywać się z zadania»: Spraw się dobrze! Sprawiali się całkiem dzielnie.

sprawiedliwość *ż V*, *blm*: Wymiar sprawiedliwości. Mieć poczucie sprawiedliwości. □ Składnia jak: sprawiedliwy. △ *książk.* Oddać komuś, czemuś sprawiedliwość, że... «przyznać bezstronnie»: Muszę (jej) oddać sprawiedliwość, że dba o dzieci. △ *pot.* Po sprawiedliwości «sprawiedliwie, słusznie»: Po sprawiedliwości powinien to odpokutować.

sprawiedliwy *m-os.* sprawiedliwi, *st. w.* sprawiedliwszy a. bardziej sprawiedliwy □ S. dla kogo, w stosunku do kogo, *przestarz.* względem kogo: Nie jesteś dla mnie (w stosunku do mnie) sprawiedliwa. □ S. w czym: Sprawiedliwy w sądach, w postępowaniu.

sprawność *ż V* **1.** *blm* «zdolność do wykonywania określonych czynności; zręczność, umiejętność»: Sprawność fizyczna, umysłowa. △ Podnosić, rozwijać sprawność. □ S. w czym: Sprawność w strzelaniu, we władaniu językiem obcym. **2.** «zasób wiadomości, umiejętności w jakimś zakresie zdobyty przez harcerza; odznaka będąca symbolem zdobycia tych umiejętności»: Zdobyła kilka sprawności. Mieć jakieś sprawności.

sprawny *m-os.* sprawni, *st. w.* sprawniejszy a. bardziej sprawny: Sprawne ręce, ruchy. Sprawne zaopatrzenie. Sprawny żołnierz. □ S. w czym: Sprawny w rzemiośle, w strzelaniu, w tańcu.

sprawować *ndk IV*, sprawowaliśmy (p. akcent § 1a i 2) *książk.*, nieco *przestarz.* «wykonywać coś, pełnić»: Sprawować funkcję, godność, władzę, urząd. △ *niepoprawne* Sprawować (*zamiast*: odgrywać) rolę.

sprawozdanie *n I* □ S. z czego (*nie*: o czym): Sprawozdanie z przebiegu uroczystości. Sprawozdanie z pracy biura. △ Składać (*nie*: zdawać) z czegoś sprawozdanie (*nie*: sprawozdawać): Złożę (*nie*: zdam) sprawozdanie z tej narady. △ Sprawozdanie za czas od... do...: Sprawozdanie za maj. Sprawozdanie od maja do końca roku. // *KP Pras.*

sprawozdawać *niepoprawne* zamiast: składać sprawozdanie; informować, zawiadamiać. // *D Kult. I, 455.*

sprawunek *m III*, D. sprawunku, częściej w *lm*: Załatwić, zrobić sprawunek. △ Iść, chodzić po sprawunki (gdy się chodzi do określonych miejsc). △ *pot.* Biegać, chodzić za sprawunkami (gdy się szuka towarów, chodząc w rozmaite miejsca).

sprecyzować p. precyzować.

spreparować p. preparować.

Sprewa (*wym.* Szprewa) *ż IV* «rzeka w NRD»

sprezentować *dk IV*, sprezentowaliśmy (p. akcent § 1a i 2) △ Sprezentować broń «oddać honory wojskowe w postawie na baczność trzymając broń w przepisowej pozycji» △ *żart.* w zn. «zrobić komuś prezent z czegoś», *lepiej*: dać w prezencie, np. Sprezentowała jej (*lepiej*: dała jej w prezencie) materiał na sukienkę.

sprężarka *ż III*, *lm* D. sprężarek; in. kompresor.

sprężyna *ż IV*: Sprężyna mechanizmu. △ *przen.* Sprężyna działania. △ Skoczył, zerwał się jak na sprężynie, jak za naciśnięciem, pociągnięciem sprężyny, jakby podrzucony (*nie*: rzucony) sprężyną. △ Ktoś jest (główną) sprężyną czegoś «ktoś jest inicjatorem, głównym sprawcą czegoś»: Był (główną) sprężyną spisku. △ Poruszyć, *rzad.* nacisnąć wszystkie sprężyny «użyć wszelkich sposobów, żeby osiągnąć cel»

sprężysty *st. w.* sprężystszy, *częściej*: bardziej sprężysty **1.** «elastyczny, giętki»: Sprężysty materac. **2.** *m-os.* sprężyści «energiczny, sprawny»: Sprężyste ruchy. Sprężysta organizacja. □ S. w czym: Sprężysty w ruchach. Sprężysty w działaniu.

sprint *m IV*, D. sprintu «bieg, wyścig krótkodystansowy»: Trenować sprinty. Przebiegł 100 m sprintem. △ *niepoprawne* Biegać sprinty (*zamiast*: brać udział w wyścigach krótkodystansowych).

sprinter *m IV*, *lm* M. sprinterzy; in. krótkodystansowiec.

sprobować p. spróbować.

sprokurować p. prokurować.

sprolongować p. prolongować.

sprosić p. spraszać.

sprostać *dk I*, sprostaliśmy (p. akcent § 1a i 2) *książk.* ☐ S. komu (czym, w czym) «dorównać» (częściej w konstrukcji zaprzeczonej): Nie sprosta mu dowcipem. Nie mógł jej sprostać w nauce. ☐ S. czemu «podołać»: Sprostać obowiązkom, wymaganiom, żądaniom. Czy sprosta temu zadaniu?

sprostować *dk IV*, sprostowaliśmy (p. akcent § 1a i 2) — **prostować** (*nie*: sprostowywać) *ndk.*

sprośny (*nie*: sprosny) *m-os.* sprośni, *st. w.* sprośniejszy a. bardziej sprośny.

sprowadzać *ndk I*, sprowadzaliśmy (p. akcent § 1a i 2) — **sprowadzić** *dk VIa*, sprowadziliśmy 1. «powodować przybycie kogoś, znalezienie się czegoś w jakimś miejscu»: Sprowadzać surowce z zagranicy. Sprowadzać książki, lekarstwa. ☐ S. co czym: Sprowadzać towar wagonami. ☐ S. kogo, co — do kogo, czego: Sprowadzić lekarza do chorego. △ *pot.* Sprowadzić kogoś (komuś) na kark «przyprowadzić kogoś nie w porę, kogoś niemile widzianego» 2. «sprawiać, wywoływać, pociągać coś za sobą»: Gwałtowna odwilż sprowadziła klęskę powodzi. ☐ S. co — na kogo, na co: Nieostrożność sprowadzi na nas nieszczęście. 3. «kierować kogoś, coś ku jakiemuś miejscu (często z góry na dół), na inne miejsce» ☐ S. kogo, co — z czego: Sprowadzić kogoś ze schodów, ze szczytu góry. ☐ S. kogo na co: Sprowadziła dzieci (z kładki) na ziemię. △ *przen.* Sprowadzić rozmowę na inne tory. Sprowadzić kogoś na właściwą drogę. 4. «odnosić coś do czegoś; ograniczać, zacieśniać; przedstawiać, wyrażać w jakiś sposób, w jakiejś postaci» ☐ S. co — do czego: Sprowadzić coś do minimum. Sprowadzić wykład do krótkiej informacji. △ *mat.* Sprowadzić (ułamki) do wspólnego mianownika △ *przen.* Sprowadzić coś do wspólnego mianownika «znaleźć wspólną miarę dającą się stosować w różnych sprawach, wspólne kryterium oceny»
sprowadzać się — sprowadzić się ☐ S. się do kogo, czego: Rodzice sprowadzili się do nas. Sprowadzam się do miasta. ☐ Coś sprowadza się do czegoś «coś ogranicza się do czegoś, polega na czymś, stanowi coś»: Głosił pogląd, że całe życie sprowadza się do walki o byt. △ *przen.* Jego pomoc sprowadza się do zera.

sprowokować p. prowokować.

spróbować, *reg.* **sprobować** *dk IV*, spróbowaliśmy, sprobowaliśmy (p. akcent § 1a i 2) ☐ S. czego «skosztować; *przen.* doznać, doświadczyć»: Spróbować tortu, wina. ☐ S. + bezokol. «postarać się coś zrobić (na próbę)»: Spróbuję przestać palić, zmienić tryb życia. ☐ *wych. z użycia* S. czego, *rzad.* co «wypróbować»: Spróbował ostrości (ostrość) brzytwy. △ Spróbować sił, szczęścia.
spróbować się *wych. z użycia* ☐ S. się z kim «zmierzyć swoje siły, walcząc, mocując się z kimś»: Spróbuj się z nim na pięści. // D Kult. I, 129. Por. próbować.

spryciarz *m II, lm D.* spryciarzy.

spryskać *dk I*, spryskaliśmy (p. akcent § 1a i 2) — **spryskiwać** *ndk VIIIb*, spryskuję (*nie*: spryskiwam, spryskiwuję), spryskiwaliśmy 1. «pokropić, zmoczyć kogoś, coś wodą lub inną cieczą»: Spryskała bieliznę. Ogrodnik spryskiwał rośliny. ☐ S. kogo, co — czym: Spryskać sobie twarz wodą. Spryskał ją wodą

kolońską. 2. *częściej*: opryskać — opryskiwać «o wodzie lub innej cieczy: opaść na kogoś, na coś w postaci kropel»: Błoto spryskało ludzi. Fala spryskiwała brzeg.

spryskiwacz *m II, lm D.* spryskiwaczy a. spryskiwaczów.

sprytny *m-os.* sprytni, *st. w.* sprytniejszy ☐ *pot.* S. do czego «zdatny do czegoś; zręczny»: Był sprytny do wszystkiego. ☐ *przestarz.* S. w czym «przejawiający w czymś spryt»: Sprytny w pozyskiwaniu sobie ludzi.

sprząc p. sprzęgać.

sprzączka (*nie*: sprzążka) *ż III, lm D.* sprzączek.

sprząść (*nie*: sprzęść) *dk XI*, sprzędę, sprzędzie, sprzędź a. sprządź; sprządł, sprzędła, sprzędliśmy (p. akcent § 1a i 2), sprzędziony: Sprząść dużo lnu.

sprzątać *ndk I*, sprzątaliśmy (p. akcent § 1a i 2) — **sprzątnąć** *dk Va*, sprzątnąłem (*wym.* sprzątnołem; *nie*: sprzątnełem, sprzątłem), sprzątnął (*wym.* sprzątnoł), sprzątnęła (*wym.* sprzątneła; *nie*: sprzątła), sprzątnęliśmy (*wym.* sprzątneliśmy) 1. «doprowadzać do porządku, czynić czystym»: Sprzątać podwórze, ulice. ☐ S. co a. w czym: Sprzątać mieszkanie (w mieszkaniu). 2. «usuwać coś z miejsca, na którym nie powinno być; zbierać (zboże, siano) z pola» ☐ S. (co) z czego: Sprzątać (talerze) ze stołu. Sprzątnąć śnieg z ulic. Sprzątnięto zboże. Sprzątać siano z łąk. 3. *pot.* a) «zabierać, porywać komuś kogoś; pozbawiać kogoś tego, na co liczył (często w wyrażeniu: Sprzątnąć coś komuś sprzed nosa)» ☐ S. (komu) kogo, co: Sprzątnął mu narzeczoną. Sprzątnęła jej (sprzed nosa) posadę. b) «jeść z wielkim apetytem»: Sprzątnąć z apetytem śniadanie. Sprząta wszystko z talerza. c) częściej *dk* «zabijać, uśmiercać kogoś» ☐ S. kogo: Sprzątnięto szpiega tego samego dnia.

sprzeciw *m IV, D.* sprzeciwu: Wnosić, zgłaszać sprzeciw. Coś budzi, wywołuje sprzeciw. Mówić do kogoś tonem nie znoszącym sprzeciwu. Bez sprzeciwu: Bez sprzeciwu zgodził się na zastrzyk.

sprzeciwiać się *ndk I*, sprzeciwialiśmy się (p. akcent § 1a i 2) — **sprzeciwić się** *dk VIa*, sprzeciwiliśmy się ☐ S. się komu, czemu «występować przeciw komuś, czemuś; nie zgadzać się na coś; przeczyć czemuś»: Nie śmie się jej sprzeciwiać. Sprzeciwił się jej wyjazdowi. ☐ (tylko *ndk*) *pot.* S. się komu «dokuczać komuś, drażnić się z kimś»: Nie sprzeciwiaj się dziecku.

sprzeczka *ż III, lm D.* sprzeczek: Wdać się z kimś w sprzeczkę. Doszło do sprzeczki. Powstaje, wybucha sprzeczka. ☐ S. z kim — o kogo, co: Sprzeczka z mężem o syna. Sprzeczka z żoną o pieniądze. ☐ S. (po)między kim: Sprzeczka pomiędzy sąsiadami.

sprzeczność *ż V*: Sprzeczność interesów, zdań. ☐ S. między, pomiędzy czym a (i) czym, *rzad.* kim a (i) kim: Sprzeczność między teorią a praktyką. Istnieją sprzeczności między jedną a drugą grupą społeczną. △ Być (po)zostawać (*nie*: stać) w sprzeczności z czymś, kimś: Wywody te pozostawały (*nie*: stały) w sprzeczności z historią. Był w sprzeczności z samym sobą. ☐ S. w czym: W jej zeznaniach zachodzi sprzeczność.

sprzed «przyimek składający się z ubezdźwięcznionego przyimka *z* i przyimka *przed*, łączący się z rzeczownikami w dopełniaczu» □ S. czego: Sprzed domu słychać rozmowy. Samochód ruszył sprzed ganku. Ubiory sprzed pół wieku. △ Sprzed (wielu) lat, *nie*: sprzed (wielu) laty.

sprzedać p. sprzedawać.

sprzedajny (*nie*: przedajny) *m-os.* sprzedajni 1. *wych. z użycia* «taki, którego można przekupić, zdradzający dla korzyści materialnych; właściwy takiemu człowiekowi»: Sprzedajni ludzie. Sprzedajny charakter. 2. *daw.* p. sprzedażny (w zn. b), dziś bywa używane w *książk.* wyrażeniach: Sprzedajna kobieta «prostytutka» △ Sprzedajna miłość «prostytucja» || *D Kult.* I, 534.

sprzedawać *ndk* IX, sprzedaje, sprzedawaj, sprzedawaliśmy (p. akcent § 1a i 2) — **sprzedać** *dk* I, sprzedadzą, sprzedaj, sprzedaliśmy 1. «odstępować za pieniądze; *przen.* zdradzać, wydawać; zaprzedawać»: Sprzedać za bezcen, na raty, za gotówkę. Sprzedawać na wagę, na sztuki. Sprzedać hurtem (*nie*: na hurt). Sprzedać po niskiej cenie. □ S. co (komu): Sprzedać dom. Sprzedawała rzeczy sąsiadom. Sprzedawał tajemnice państwowe obcemu wywiadowi. 2. tylko *ndk* «być sprzedawcą, zajmować się sprzedażą»: Ciotka sprzedaje jarzyny. Po skończeniu szkoły handlowej będzie sprzedawać w sklepie.

sprzedawczyk *m* III, *lm M.* te sprzedawczyki *pot.*, *pogard.* «ten, kto zdradza za pieniądze»

sprzedawczyni (*nie*: sprzedawczynia) *ż* I, *B.* sprzedawczynię (*nie*: sprzedawczynią), *W.* sprzedawczyni (*nie*: sprzedawczynio), *lm D.* sprzedawczyń. || *D Kult.* II, 438.

sprzedaż *ż* VI, zwykle w *lp*: Sprzedaż owoców, drobiu. Sprzedaż na kredyt, na raty, za gotówkę. Mieć, przeznaczyć coś na sprzedaż. △ Coś jest w sprzedaży: Węgiel jest w sprzedaży detalicznej.

sprzedażny *książk.* **a)** «dotyczący sprzedaży»: Umowa sprzedażna. △ Cena sprzedażna. **b)** «taki, który może być sprzedany, sprzedawany»: Produkt sprzedażny. Materiał sprzedażny. || *D Kult.* I, 534; *Por.* sprzedajny.

sprzeniewierzać *ndk* I, sprzeniewierzaliśmy (p. akcent § 1a i 2) — **sprzeniewierzyć** *dk* VIb, sprzeniewierzyliśmy *przestarz.*, *książk.* «przywłaszczać powierzone sobie cudze pieniądze, mienie; defraudować»: Sprzeniewierzyć pieniądze państwowe.
sprzeniewierzać się — sprzeniewierzyć się □ S. się komu, czemu «dopuszczać się zdrady, odstępstwa; nie dotrzymać czegoś»: Sprzeniewierzyć się narodowi. Sprzeniewierzać się obietnicom.

sprzęgać (*nie*: sprzągać) *ndk* I, sprzęgaliśmy (p. akcent § 1a i 2) — **sprząc** *dk* XI, sprzęgę, sprzęże, sprzęż, sprzęgł, sprzęgła, sprzęgliśmy, sprzężony; a. **sprzęgnąć** *dk* Va a. Vc, sprzęgnąłem (*wym.* sprzęgnołem) a. sprzągłem; sprzęgnął (*wym.* sprzęgnoł) a. sprzągł; sprzęgła, sprzęgnęliśmy a. sprzęgliśmy (*wym.* sprzęgneliśmy, sprzęgliśmy); sprzęgnięty □ S. co (z czym) «łączyć coś w pewną całość»: Sprząc konia karego z gniadym. Sprzęgać wagony. Woły sprzężone parami. Turbina parowa sprzęgnięta

z prądnicą. □ (zwykle *przen.*) S. kogo (z kim): Była sprzęgnięta z nimi wspólnym losem. Te same zamiłowania sprzęgły ich z sobą jeszcze silniej.

sprzęgło *n* III, *lm D.* sprzęgieł (*nie*: sprzęgł).

sprzęgnąć p. sprzęgać.

sprzęt (*nie*: sprząt) *m* IV, *D.* sprzętu 1. (zwykle w *lm*) *wych. z użycia* «przedmioty użytkowe, zwłaszcza meble»: Sprzęty domowe. 2. w zn. zbiorowym «przedmioty (maszyny, urządzenia itp.) związane z jakąś dziedziną»: Sprzęt gospodarski, pożarniczy, sanitarny, turystyczny, żeglarski. 3. *blm* «ogół prac związanych ze zbiorem plonów; sprzątanie»: Sprzęt zboża. Sprzęt owoców. Pracować przy sprzęcie żyta. || *D Kult.* I, 358.

sprzętowy *środ.* przym. od sprzęt: Baza sprzętowa. △ Przymiotnik nadużywany zamiast wyrażenia przyimkowego lub dopełniacza rzecz. *sprzęt*, np.: Kluby odczuwają braki sprzętowe (*lepiej*: braki w sprzęcie a. brak sprzętu).

sprzężaj *m* I, *D.* sprzężaju, *lm D.* sprzężajów, *rzad.* sprzężai.

sprzyjać *ndk* I, sprzyjaliśmy (p. akcent § 1a i 2) □ S. komu, czemu «być usposobionym do kogoś, czegoś przychylnie»: Sprzyjała młodej parze. Sprzyjano ich planom. □ (Coś) sprzyja komu, czemu (*nie*: dla kogo, do czego) «odpowiada, dopisuje, służy»: Pogoda sprzyjała żeglarzom (*nie*: dla żeglarzy). Mrok sprzyjał ucieczce (*nie*: dla ucieczki, do ucieczki).

sprzykrzyć *dk* VIb △ tylko w *pot.* zwrocie: Sprzykrzyć coś sobie «zniechęcić się do czegoś, znudzić się czymś»: Sprzykrzyła sobie życie z nim.

sprzykrzyć się p. przykrzyć się.

sprzymierzeniec *m* II, *D.* sprzymierzeńca, *W.* sprzymierzeńcze, forma szerząca się: sprzymierzeńcu, *lm M.* sprzymierzeńcy.

sprzysięgać się *ndk* I, sprzysięgaliśmy się (p. akcent § 1a i 2) — **sprzysiąc się**, *rzad.* **sprzysięgnąć się** *dk* Vc, sprzysięgnę się (*nie*: sprzysiągnę się), sprzysiągłem się, sprzysiągł się, sprzysięgła się, sprzysięgliśmy się, sprzysiężony *przestarz.*, *książk.*, żywe w *przen.* «związywać się pod przysięgą; występować razem z kimś (zwykle przeciw komuś)»: Sprzysięgli się przeciw wrogowi. Byli sprzysiężeni ze sobą na jego zgubę. □ (*przen.* dziś żywa) Coś sprzysięga się przeciw komu, czemu: Wszystko sprzysięgło się przeciw niej.

spuchnąć *dk* Vc, spuchłem, *rzad.* spuchnąłem (*wym.* spuchnołem), spuchł, *rzad.* spuchnął (*wym.* spuchnoł); spuchła, *rzad.* spuchnęła (*wym.* spuchnęła); spuchliśmy, *rzad.* spuchnęliśmy (*wym.* spuchnęliśmy, spuchneliśmy, p. akcent § 1a i 2), spuchnięty (*nie*: spuchły): Twarz mu spuchła. Jeńcy spuchli z głodu. Noga spuchła od maści. || *D Kult.* I, 646.

spuentować p. puentować.

spulchniacz *m* II, *lm D.* spulchniaczy, *rzad.* spulchniaczów; in. kultywator.

spulchniać *ndk* I, spulchnialiśmy (p. akcent § 1a i 2) — **spulchnić** *dk* VIa, spulchnij, spulchnimy, spulchniliśmy: Spulchniać ziemię, zagony. Spulchniać włókna tkaniny. Spulchniać ciasto.

spurt (*nie*: szpurt) *m IV*, *D.* spurtu *sport.*; in. zryw.

spust *m IV*, *D.* spustu △ w zn. «zasuwa przesuwana za pomocą przekręcania klucza» zwykle w *pot.* zwrocie: Zamknąć coś na trzy, cztery, na wszystkie spusty, np. Zamknęła mieszkanie na cztery spusty.

spustoszyć p. pustoszyć.

spuszczać *ndk I*, spuszczaliśmy (p. akcent § 1a i 2) — **spuścić** *dk VIa*, spuszczę, spuściliśmy: Spuścić głowę. Spuszczano szalupy. Spuszczać zasłony. △ Nie spuszczać kogoś, czegoś z oka (z oczu). △ (częściej *dk*) *pot.* Spuścić komuś lanie, manto. △ *pot.* Spuszczać nos na kwintę «tracić humor; martwić się»: Często obrażała się i spuszczała nos na kwintę. △ (częściej *dk*) *pot.* Spuścić z tonu «zmniejszyć swoje wymagania; spokornieć»: Spuścił z tonu, kiedy przedstawiono mu dowody winy.

spuszczać się — spuścić się «schodzić, zstępować, zjeżdżać w dół; być opuszczanym w dół»: Spuścić się w studnię (do studni). Spuszczać się z okna, z wierzchołka (drzewa). Spuścić się na linie (po linie), po rynnie, murze. ☐ *wych. z użycia* S. się na kogo, na co «zdawać się na kogoś, na coś; polegać, opierać się na kimś, na czymś» △ *niepoprawne* Spuszczać się (*zamiast*: schodzić) ze schodów.

spuścizna *ż IV*, *CMs.* spuściźnie «spadek, dziedzictwo; utwory, dzieła autora już nieżyjącego» ☐ S. po kim: Spuścizna po ojcu. Spuścizna po uczonym miała ogromną wartość naukową. △ Dostać, mieć, odziedziczyć, otrzymać coś, przekazać coś komuś w spuściźnie. // D Kult. II, 416. Por. puścizna.

sputnik *m III*, *D.* sputnika, *B.* sputnik (*nie*: sputnika) «sztuczny satelita Ziemi»: Obserwować sputnik. // KP Pras.

spychacz *m II*, *lm D.* spychaczy, *rzad.* spychaczów; a. **spycharka** *ż III*, *lm D.* spycharek.

spychać *ndk I*, spychaliśmy (p. akcent § 1a i 2) — **zepchnąć** *dk Va*, zepchnąłem (*wym.* zepchnołem; *nie*: zepchłem), zepchnął (*wym.* zepchnoł), zepchnęła (*wym.* zepchnęła; *nie*: zepchła), zepchnęliśmy (*wym.* zepchnęliśmy; *nie*: zepchliśmy) «pchając zsuwać, zrzucać; strącać»: Spychać łódkę na wodę. Zepchnąć kogoś ze schodów. △ *przen.* Dawała się spychać na drugi plan. Spychano ją do roli kopciuszka. △ *pot.* Spychać coś (pracę, odpowiedzialność, winę itp.) na kogoś «obarczać kogoś pracą, odpowiedzialnością» △ *pot.* Spychać coś z dnia na dzień «odkładać zrobienie czegoś z dnia na dzień»

spycharka p. spychacz.

spytać *dk I*, spytaliśmy (p. akcent § 1a i 2): Gdzie wyjeżdżasz? — spytała. ☐ S. kogo (w dopełniaczu lub bierniku) — o kogo, co: Spytała siostrę (siostry) o matkę. Spytali ją o wiek. Spytać o przyczynę czegoś. **spytać się** (to samo, co: spytać; dziś *częściej* używane: spytać): Spytał się o drogę. Por. zapytać.

spytki *blp*, *D.* spytek △ tylko w *pot.* zwrocie: Wziąć kogoś na spytki «wypytywać kogoś o coś natarczywie»

srebrno- «pierwsza część wyrazów złożonych wskazująca na srebrny odcień jakiejś barwy albo będąca częścią przymiotnika a. rzeczownika złożonego określającą srebrny kolor tego, co nazywa druga część złożenia», np.: srebrnoszary, srebrnowłosy, srebrnopióry, srebrnodrzew.

srebrny 1. «zrobiony ze srebra»: Srebrny dzban. Srebrne sztućce. **2.** «koloru srebra, taki, jak srebro; srebrzysty»: Srebrny blask księżyca. Srebrny włos. △ *przen.* «dźwięczący jak srebro»: Srebrny dźwięk dzwonu. Srebrny głosik.

srebro (*nie*: srybro) *n III* **1.** *blm* «metal szlachetny; pieniądze, nici ze srebra»: Związki srebra. Puchar ze srebra. Płacić srebrem. Suknie szyte srebrem. △ *przen.* Srebro księżyca. **2.** *lm M.* srebra, *D.* sreber «naczynia, wyroby ze srebra»: Srebro stołowe. Srebra rodzinne. **3.** *środ.* «srebrny medal»

srebrzysty *st. w.* bardziej srebrzysty, *rzad.* srebrzystszy «taki, jak srebro, podobny kolorem do srebra»: Srebrzysta pajęczyna. Srebrzysty mech. △ *przen.* «dźwięczący jak srebro»: Srebrzysty śmiech.

Sri Lanka *ż III*, *D.* Sri Lanki (odmienny tylko drugi człon); a. **Republika Sri Lanka,** Republika *ż III*, Sri Lanka *ż ndm* «państwo w Azji (dawniej: Cejlon)»: Stolicą Sri Lanki (Republiki Sri Lanka) jest Kolombo.

srodze *książk.* «w dużym stopniu, bardzo»: Był srodze zakłopotany, zmartwiony.

srogi *m-os.* srodzy, *st. w.* sroższy **1.** «pozbawiony wyrozumiałości, okrutny; surowy»: Srogie prawo. Sroga kara. Srogi zwierzchnik. ☐ S. dla kogo, czego: Srogi dla ludzi i zwierząt. **2.** «mający duży stopień natężenia: ogromny, silny, niezmierny» △ zwykle w wyrażeniach: Sroga zima. Srogi mróz.

srogo *st. w.* srożej «bezwzględnie, okrutnie»: Karać srogo. Patrzeć na kogoś srogo.

ss p.: dzielenie wyrazów, podwojone głoski.

ss. zob. s.

SS (*wym.* eses) *n*, *rzad.* *ż ndm* «skrót niemieckiej nazwy hitlerowskiej organizacji»: Oddziały SS. SS otrzymało (otrzymała) nowe rozkazy. — SS-owiec a. esesowiec *m II*, *D.* SS-owca (esesowca), *lm M.* SS-owcy (esesowcy) — SS-owski a. esesowski.

S/S a. **s/s** (*wym.* eses) «skrót wyrazów angielskich *steam ship*, oznaczających: statek parowy; stawiany zwykle przed nazwą statku»: W poniedziałek S/S (s/s) „Rybitwa" wypłynął w rejs.

ssać *ndk IX*, ssę (*nie*: ssię, śsię), ssie (*wym.* ssie a. śsie), ssij (*wym.* ssij a. śsij), ssą (*nie*: ssią, śsią), ssaliśmy (p. akcent § 1a i 2): Dziecko ssie pierś matki. Ssać cukierek, smoczek, palec. △ *pot.* Kogoś ssie w dołku «ktoś czuje ból, ucisk w dołku»

st. 1. «skrót wyrazu: *stacja*, pisany z kropką, czytany jako cały, odmieniany wyraz»: Pociąg zatrzymano na st. (*czyt.* stacji) kolejowej w Katowicach. **2.** «skrót wyrazu: *starszy*, pisany z kropką, czytany jako cały, odmieniany wyraz, stawiany zwykle przed innym wyrazem, oznaczającym rangę, stanowisko»: St. sierż. (*czyt.* starszy sierżant) Walasek. Zatrudniono go na stanowisku st. red. (*czyt.* starszego redaktora).

stabilny «mający zdolność powrotu do równowagi po jej zaburzeniu, stateczny» wyraz używany w języku naukowym i technicznym, w języku ogólnym *lepiej*: stały, trwały, nieruchomy. // KP Pras.

staccato (*wym.* stakkato) **1.** *ndm* w użyciu przysłówkowym «w muzyce: sposób gry lub śpiewu polegający na oddzielaniu dźwięków od siebie przez skracanie czasu ich trwania»: Grać jakiś utwór staccato. **2.** *n ndm* a. *III, D.* staccata, *Ms.* staccacie «fragment utworu muzycznego wykonany w taki sposób»: Zabrzmiało perliste staccato. Nie umiał wykonać poprawnie tego staccata (staccato).

stacja *ż I, DCMs.* i *lm D.* stacji (skrót: st.): Stacja kolejowa, autobusowa, lotnicza, wodna. Stacja kolei, samochodów. Stacja przeładunkowa, węzłowa. Stacja nadgraniczna. Iść, jechać na stację. Wysiadać na stacji. Przejeżdżać stacje a. przez stacje. △ Stacja Warszawa Główna, stacja Łódź Kaliska.

stacjonarny «nie zmieniający miejsca; stały»: *meteor.* Niż stacjonarny. △ Studia stacjonarne «studia stałe, nie zaoczne»

stacjonować *ndk IV,* stacjonowaliśmy (p. akcent § 1a i 2) **1.** «o wojsku: przebywać, mieć gdzieś postój»: Oddziały wojska stacjonowały we wsi. **2.** zwykle w imiesł. biernym «w odniesieniu do wojska i wojskowych: wyznaczać miejsce postoju, pobytu, stanowisko»: Był stacjonowany w bazie marynarki wojennej.

stacyjny przym. od stacja: Stacyjne światła. Budynek stacyjny. Perony stacyjne.

staczać p. stoczyć.

stać *ndk,* stoję, stoi, stój, stał, staliśmy (p. akcent § 1a i 2) **1.** «być w pozycji pionowej — o ludziach: opierając się na stopach; o zwierzętach: opierając się na łapach; o przedmiotach: znajdować się, być ustawionym we właściwej pozycji»: Stać na palcach, na rozstawionych nogach. Pies stał na tylnych łapach. Stać na ziemi, w wodzie. Coś stoi na stole. Woda stoi w dzbanku. Stać otworem. Stać pustką a. pustkami. △ *pot.* Stać po coś (*nie:* za czymś) «czekać w kolejce (stojąc)»: Stać po masło (*nie:* za masłem). △ Stać na przeszkodzie komuś, czemuś (*nie:* kogoś, czegoś). △ Stać słupka (*nie:* słupkiem) «o zającu, króliku: stać opierając się tylko na tylnych łapach» △ Stać w miejscu «nie robić postępów» △ Stać na którymś miejscu «zajmować jakąś pozycję (w klasyfikacji)» △ Stać w pąsach (*nie:* w rumieńcach). △ *pot.* Coś stoi czarno na białym, *posp.* jak wół «coś jest napisane, wydrukowane» △ *niepoprawne* Coś stoi (*zamiast:* jest napisane) w gazecie. △ Stać dobrze, źle z czymś: Źle stoimy z pracą. Jak stoisz z pieniędzmi? △ Stać dobrze, źle itp. z czegoś (w odniesieniu do przedmiotu nauczania): Doskonale stoi z matematyki. □ *wych. z użycia* (zwykle z przeczeniem) S. o kogo, o co «dbać o kogoś, przywiązywać wagę do czegoś»: Nie stoi o ich przyjaźń. **2.** «nie funkcjonować, być unieruchomionym, nie posuwać się naprzód»: Maszyna, zegar stoi. Fabryki stoją. Praca stoi. **3.** *wych. z użycia* «przebywać gdzieś czasowo» (*częściej:* stanąć): Stać w hotelu, w gospodzie, stać na stancji, na kwaterze. **4.** *rzad.,* tylko *nieos.* z przeczeniem «braknąć»: Nie stało im matki. △ Kogoś stać na coś «komuś wystarcza na coś, ktoś może zdobyć się na coś»: Stać go na taki wydatek, na taki wysiłek.

stać się *dk,* stanę się, stanie się, staliśmy się (p. akcent § 1a i 2) — **stawać się** *ndk IX,* staje się, stawaj się, stawaliśmy się **1.** «zdarzyć się, przytrafić się, nastąpić»: Stało się nieszczęście. Dobrze się stało, że... △ Coś się stało z kimś, z czymś: Co się z wami stało? △ Coś się stało komuś, czemuś: Stała mu się krzywda. △ Cokolwiek by się stało (*nie:* co by się nie stało): Stało się, jak przewidywał. **2.** «zmienić się, przejść stopniowo w inny stan, zostać czymś, kimś, jakimś»: Stała się lepsza. □ S. się czym, kim (z kogo, z czego): Z chłopca stał się mężczyzną. Stać się czymś obrońcą, przyjacielem. Stać się przyczyną nieszczęścia.

stadium *n VI, lm M.* stadia, *D.* stadiów: Stadium końcowe, początkowe, przejściowe czegoś. Stadium rozwoju, choroby. Znajdować się, być w stadium (*nie:* na stadium) czegoś, np. Instytucja znajdowała się w stadium (*nie:* na stadium) organizacji.

stadło *n III, lm D.* stadeł *książk. żart.* «para małżeńska; małżeństwo»

Staff (*wym.* Staf) *m IV, Ms.* Staffie, *lm M.* Staffowie: Poezja Leopolda Staffa. Staff *ż ndm* — Staffowa *ż* odm. jak przym. — Staffówna *ż IV, D.* Staffówny, *CMs.* Staffównie (*nie:* Staffównej), *lm D.* Staffówien.

stagnacja *ż I, DCMs.* stagnacji, *blm* «zastój» □ S. w czym: Stagnacja w handlu.

stajać *dk IX, rzad. I;* staje, *rzad.* staja; stajałby (p. akcent § 4c): Pod wpływem słońca śnieg jutro staje.

staje *n I, lm M.* staja, *D.* staj; a. **stajanie** *n I, lm D.* stajań; a. **staja** *ż I, DCMs.* stai, *lm M.* staje, *D.* stai «dawna miara długości i powierzchni gruntu»

stajnia *ż I, lm D.* stajni a. stajen: Stajnia dla koni wyścigowych, roboczych.

stale «niezmiennie, zawsze, ciągle»: Mieszkać pracować gdzieś stale. △ *posp.* Stale i wciąż «wzmocnione: stale»: Stale i wciąż się chwalił swoimi dziećmi.

Stalin *m IV, D.* Stalina (*nie:* Stalina, p. akcent § 7).

Stalingrad (*wym.* Stalingrad) *m IV, D.* Stalingradu (p. akcent § 7) «jedna z dawnych nazw Wołgogradu» — stalingradczyk *m III, lm M.* stalingradczycy — stalingradka *ż III, lm D.* stalingradek — stalingradzki.

stalle (*nie:* stalla) *blp, D.* stalli: Siedzieć w stallach. Rzeźbione stalle.

Stalowa Wola, Stalowa odm. przym., Wola *ż I* «miasto» — stalowowolski.

stalować *ndk IV,* stalowaliśmy (p. akcent § 1a i 2) — **obstalować** *dk środ.* (*lepiej:* zamawiać — zamówić): Obstalować buty u szewca, ubranie u krawca.

stalówka *ż III, lm D.* stalówek; *rzad.* **stalka** *ż III, lm D.* stalek *wych. z użycia* «przedmiot umieszczany w obsadce (rączce, trzonku) służący do pisania atramentem»

! staluga p. sztaluga.

stałość *ż V, blm* □ S. czego: Stałość charakteru, przekonań, uczuć. □ S. w czym: Stałość w miłości. □ S. czyja (z rzecz. w dopełniaczu): Nie mogła polegać na stałości swego męża.

stały 1. «nieciekły, nielotny»: Ciała stałe. **2.** *m-os.* stali, *st. w.* stalszy a. bardziej stały «nie ulegający zmianom, wahaniom; ściśle określony; ciągły, nie przerywany»: Stała posada. Stałe ceny. Stałe koryto rzeki. Stały prąd. Stały ląd. Stała pogoda. Stały kontakt z czymś, z kimś. Stały charakter. Stałe uczucia, zasady, przekonania. □ S. w czym: Stały w miłości, w przekonaniach.

Stambuł *m IV, D.* Stambułu, *Ms.* Stambule «miasto w Turcji» — stambulski.

stan *m IV, D.* stanu, *C.* stanowi **1.** «jakość, postać, poziom, liczba a. ilość czegoś, kogoś; położenie, warunki, w których się ktoś lub coś znajduje; nastrój»: Stan faktyczny, liczbowy czegoś. Stan majątkowy a. majątku. Stan zdrowia, interesów (poważny, groźny, zadowalający, opłakany). Stan podniecenia, niepokoju, apatii. Stan ciał (lotny, ciekły, krystaliczny). △ Stan cywilny «rodzinno-prawne stanowisko człowieka» △ Odmienny a. poważny stan «ciąża» △ Stan spoczynku «emerytura»: Przenieść kogoś, przejść w stan spoczynku. △ Stan oskarżenia: Postawić kogoś w stan oskarżenia. △ Być w stanie nietrzeźwym «być pijanym (zwykle jako określenie prawne, urzędowe)» △ Być w stanie (*lepiej*: móc) coś zrobić. △ Żyć ponad stan «wydawać więcej pieniędzy niż się zarabia» **2.** «talia, pas; część sukni, ubrania do pasa»: Krótki, długi stan. Suknia z krótkim stanem. **3.** «jednostka administracyjno-terytorialna w niektórych państwach»: Mieszkać w stanie Dakota, w stanie Teksas (*ale*: w Dakocie, w Teksasie). △ W nazwach dużą literą: Stany Zjednoczone Ameryki Północnej. **4.** *hist.* «warstwa społeczna»: Stan szlachecki, rycerski, mieszczański. Ludzie niskiego stanu. △ W nazwach dużą literą: Stany Generalne «przedstawicielstwo narodu w przedrewolucyjnej Francji» **5.** *daw.* «państwo, rząd» dziś tylko w wyrażeniach: Mąż stanu, racja stanu. Zamach stanu, zdrada stanu. □ Sekretarz, podsekretarz stanu «minister, wiceminister» △ W nazwach dużą literą: Rada Stanu «rada utworzona na podstawie konstytucji Księstwa Warszawskiego»

stanąć *dk Vb,* stanąłem (*wym.* stanołem; nie: stanełem), stanął (*wym.* stanoł), stanęła (*wym.* staneła), stanęliśmy (*wym.* staneliśmy, p. akcent § 1a i 2) — **stawać** *ndk IX,* staje, stawaj, stawaliśmy **1.** «wstać, dźwignąć się na nogi — o istotach żywych; o przedmiotach — znaleźć się gdzieś, zostać ustawionym we właściwej pozycji; por. stać (w zn. 1)» △ Stanąć na nogi, *rzad.* na nogach «wyzdrowieć; usamodzielnić się» △ Stanąć na równe nogi «podnieść się szybko» △ Stanąć dęba «o koniu: stanąć na tylnych nogach podnosząc przednie do góry; *pot.* o włosach: nastroszyć się; *pot. przen.* sprzeciwić się» △ *pot.* Stanąć okoniem, sztorcem «nie zgodzić się na coś, sprzeciwić się» △ Oczy stanęły komuś w słup a. słupem, kołem «oczy komuś znieruchomiały» **2.** «zatrzymać się w ruchu, znieruchomieć; przestać funkcjonować; por. stać (w zn. 2)»: Galaretka stanęła. Rzeki stanęły. Maszyny stanęły, zegar stanął. **3.** «zatrzymać się u kogoś na pewien czas»: Po przyjeździe stanąłem u krewnych. **4.** «przybyć, stawić się»: Stanąć przed komisją, przed czyimś obliczem. Stanąć na wezwanie. □ S. do czego «wziąć w czymś udział; zacząć coś robić»: Stanąć do pracy, do konkursu, do współzawodnictwa. **5.** tylko *dk* «zostać zbudowanym»: Dom stanął przed zimą. **6.** *nieos.*,

częściej *ndk,* z przeczeniem «wystarczać»: Tchu nie staje komuś. Nie stanie mi sił na to. **7.** *przestarz.* «wejść w życie, dojść do skutku, zostać uchwalonym»: Między zwaśnionymi państwami stanął pokój. △ żywe w zwrocie: Stanęło na tym, że... «postanowiono, że...»

stancja *ż I, DCMs.* i *lm D.* stancji *wych. z użycia* «mieszkanie wynajmowane uczniom»: Mieszkać, być na stancji u kogoś.

standard (*nie*: standart) *m IV, D.* standardu, *lepiej*: norma, wzorzec. △ Standard życiowy, *lepiej*: stopa życiowa. // *D Kult. I, 456.*

standardowy *lepiej* niż: standartowy. // *D Kult. I, 456.*

standaryzacja *ż I, blm; lepiej*: ujednolicenie, normalizacja: Standaryzacja produkcji.

Stanek *m III, D.* Stanka, *lm M.* Stankowie: Państwo Stankowie.
Stanek *ż ndm* — Stankowa *ż odm. jak przym.* — Stankówna *ż IV, D.* Stankówny, *CMs.* Stankównie (*nie*: Stankównej), *lm D.* Stankówien.

stangret *m IV, lm M.* stangreci: Powóz ze stangretem ubranym w liberię.

staniol (*wym.* stańjol) *m I, D.* staniolu; in. cynfolia.

Stanisław *m IV, lm M.* Stanisławowie — Staś a. Stasio (*nie*: Stasiu) *m I, lm M.* Stasiowie — Staszek *m III, lm M.* Staszkowie — Stach *m III, lm M.* Stachowie — Stanisławostwo *n III, DB.* Stanisławostwa, *Ms.* Stanisławostwu (*nie*: Stanisławostwie), *blm;* a. Stanisławowie *blp,* D. Stanisławów — Stasiowie, Staszkowie, Stachowie *blp,* D. Stasiów, Staszków, Stachów — Stanisława *ż IV* — Stasia *ż I, W.* Stasiu — Staszka *ż III, lm D.* Staszek — Stacha *ż III, rzad. CMs.* Stasze (*nie*: Stachy).

Stanley (*wym.* Stanlej) *m I, D.* Stanleya: Prace biochemiczne Stanleya.

stanowczość *ż V, blm*: Stanowczość charakteru, decyzji. □ S. w czym: Stanowczość w działaniu, w postępowaniu. Stanowczość w głosie, w rysach twarzy. □ S. czyja (z rzecz. w dopełniaczu): Stanowczość rodziców w stosunku do dzieci.

stanowczy *m-os.* stanowczy, *st. w.* bardziej stanowczy: Stanowczy człowiek. Stanowczy głos, ton. Stanowczy krok. Stanowcze zdanie. □ S. w czym: Stanowczy w postępowaniu, w działaniu.

stanowić *ndk VIa,* stanowię, stanów, stanowiliśmy (p. akcent § 1a i 2) □ S. co a) «tworzyć coś, składać się na coś»: Stanowić część, podstawę czegoś. Dom stanowi cały ich majątek. Stanowili przykładne małżeństwo. △ Często nadużywane w języku urzędowym, np.: Stanowić potwierdzenie czegoś (*zamiast*: potwierdzać coś), stanowić naruszenie czegoś (*zamiast*: naruszać coś). b) *przestarz.* «ustanawiać coś»: Stanowić prawa, podatki. □ S. o czym «decydować, rozstrzygać o czym»: Stanowić o czyimś losie, szczęściu. O smaku piwa stanowi w znacznej mierze skład wody.

stanowisko *n II* **1.** «miejsce działania, pracy, występowania czegoś; miejsce w terenie»: Stanowisko pracy. Stanowisko przy maszynie. Stanowisko artylerii, wojska. □ S. pod co: Stanowisko pod pomidory, pod truskawki. **2.** «pozycja, posada»: Kierownicze stanowisko. Stanowisko drugorzędne. Stanowisko sekretarza, dyrektora. Objąć jakieś stanowisko. △ *niepoprawne* Zdjąć (*zamiast*: usunąć, zwolnić) kogoś ze stanowiska. △ Człowiek na stanowisku «człowiek zajmujący odpowiedzialne stanowisko» △ Człowiek na wysokim stanowisku (*nie*: z wysokim stanowiskiem) □ S. w czym: Stanowisko w społeczeństwie, w świecie, w towarzystwie, w rodzinie. **3.** «sposób zapatrywania się na coś; pogląd»: Dwulicowe, krańcowe, nieprzychylne, oficjalne stanowisko. Zająć jakieś stanowisko (w jakiejś kwestii, sprawie). Bronić swego stanowiska. △ Ze stanowiska (jakiegoś, czyjegoś) «z punktu widzenia» △ Stać na stanowisku, że... «pojmować coś w pewien sposób» □ S. wobec kogo, wobec czego: Stanowisko wobec dyskutanta, jego argumentów.

Stany Zjednoczone, Stany *blp*, *D.* Stanów; Zjednoczone odm. przym. «państwo w Ameryce Północnej (skrót: USA)»

Stańczyk *m III* **1.** *lm M.* Stańczykowie. Stańczyk *ż ndm* — Stańczykowa *ż* odm. jak przym. — Stańczykówna *ż IV*, *D.* Stańczykówny, *CMs.* Stańczykównie (*nie*: Stańczykównej), *lm D.* Stańczykówien (*nie*: Stańczykównej). **2.** stańczyk, *lm M.* stańczycy «członek stronnictwa konserwatywnego działającego w Galicji po upadku powstania styczniowego»

star *m IV*, *DB.* stara **1.** «samochód marki Star»: Jechać starem. Kupić stara. **2.** Star *ndm* «marka samochodu ciężarowego z fabryki w Starachowicach»: Samochód marki Star.

Starachowice *blp*, *D.* Starachowic «miasto» — starachowiczanin *m V*, *D.* starachowiczanina, *lm M.* starachowiczanie, *D.* starachowiczan — starachowiczanka *ż III*, *lm D.* starachowiczanek — starachowicki.

starać się *ndk I*, staraliśmy się (p. akcent § 1a i 2) «być gorliwym w pracy, w działaniu»: Starał się jak mógł, ale wyniki były niezadowalające. □ S. się o co «zabiegać o coś, dążyć do uzyskania czegoś»: Starać się o pozwolenie na coś, o pieniądze. Starać się o czyjąś względy. Starać się o czyjąś rękę a. o kogoś (o pannę, o czyjąś córkę itp.) □ S. się + bezokol.; S. się o + rzecz. odsłowny «usiłować (coś zrobić»: Starał się robić wszystko jak najlepiej. Starał się nie myśleć. Starać się dostać na studia (a. o dostanie na studia) // *KJP 321*.

staranie *n I*, częściej w *lm*: Robić starania. Nie szczędzić starań. Dołożyć starań. △ *przestarz.* Mieć staranie o kogoś, o kimś. □ Starania o co (*nie*: nad czym, w kierunku czego): Czynić starania o mieszkanie.

staranny *m-os.* staranni, *st. w.* staranniejszy a. bardziej staranny. □ S. w czym: Staranny w pracy.

starczać *ndk I*, starczaliśmy (p. akcent § 1a i 2) — **starczyć** *dk VIb*, starczyliśmy □ S. komu na co «występować w dostatecznej ilości, liczbie, wystarczać»: Zapasy starczą nam na tydzień. Zarobki starczają mi na codzienne potrzeby. □ *nieos.* Starcza czego (komu, dla kogo) — na co: Nie starczy nam na wszystko. Pieniędzy starczy tylko na parę dni. □ S. komu — za co, za kogo «zastępować coś, kogoś»: Obfity obiad starczał nam wtedy na cały

dzień, a więc i za kolację. Ja nie starczę za wszystkich.

Stare Miasto, Stare odm. przym., Miasto *n III*, *Ms.* Mieście «stara dzielnica miasta, zwłaszcza Warszawy»: Iść na Stare Miasto. Mieszkać na Starym Mieście. — staromiejski.

stargać *dk I*, stargaliśmy (p. akcent § 1a i 2) dziś zwykle w zwrocie: Stargać nerwy, np. Stargał nerwy przy niebezpiecznej pracy.

Stargard Szczeciński, Stargard *m IV*, *D.* Stargardu, Szczeciński odm. przym. «miasto» — stargardzianin *m V*, *D.* stargardzianina, *lm M.* stargardzianie, *D.* stargardzian — stargardzianka *ż III*, *lm D.* stargardzianek — stargardzki.

staro- «pierwszy człon wyrazów złożonych, pisany łącznie»: **a)** «tworzący przymiotniki od połączenia przymiotnika *stary* z określonym rzeczownikiem», np. staropanieński, starozakonny. **b)** «wskazujący na dawniejszą odmianę tego, co określa drugi człon», np.: starogrecki, staropolski, starodruk, starocerkiewny (*ale*: staro-cerkiewno-słowiański). △ Wyrażenia, których pierwszym członem jest przysłówek *staro*, a drugim imiesłów, pisze się rozdzielnie, np. kobieta staro wyglądająca.

starobułgarski, *częściej*: staro-cerkiewno-słowiański (język).

staro-cerkiewno-słowiański a. **starocerkiewny**, *rzad.* **starobułgarski**.

starocie *n I*, *lm M.* starocia, *D.* staroci **1.** zwykle w *lm pot.* «przedmioty stare, niemodne; graty» **2.** *pogard.* «stary człowiek»

starodawny *m-os.* starodawni *książk.* «dawny»

starodrzew *m IV*, *D.* starodrzewu, *lm M.* starodrzewy, *D.* starodrzewów; a. **starodrzewie** *n I*, *lm M.* starodrzewia, *D.* starodrzewi.

Starogard Gdański, Starogard *m IV*, *D.* Starogardu, Gdański odm. przym. «miasto» — starogardzianin *m V*, *D.* starogardzianina, *lm M.* starogardzianie, *D.* starogardzian — starogardzianka *ż III*, *lm D.* starogardzianek — starogardzki.

starogardzki: Powiat starogardzki (*ale*: Pojezierze Starogardzkie).

starosta *m* odm. jak *ż IV*, *lm M.* starostowie, *DB.* starostów.

starościna *ż IV*, *D.* starościny, *CMs.* starościnie (*nie*: starościnej), *lm M.* starościny (*nie*: starościne).

starość *ż V*, zwykle *blm* **1.** «podeszły, sędziwy wiek»: Starość człowieka, zwierzęcia. △ Być podporą czyjejś starości. △ Na starość «gdy się jest starym»: Zdarza się, że na starość człowiek dziwaczeje. Mieć zapewniony byt na starość. △ Ze starości «wskutek podeszłego wieku»: Ręce mu się trzęsły ze starości. **2.** «stan rzeczy dawno, długo istniejący; dawność»: O starości chałupy świadczyły spróchniałe ściany i porośnięta mchem strzecha.

staroświecki *m-os.* staroświeccy, *st. w.* bardziej staroświecki: Staroświeckie obyczaje. Staroświecki człowiek. Staroświecka suknia.

starotestamentowy przym. od Stary Testament.

starowina *ż* a. *m* odm. jak *ż IV*, *M.* ten a. ta starowina (także o mężczyznach), *lm M.* te starowiny, *D.* tych starowin a. starowinów (tylko o mężczyznach), *B.* te starowiny a. tych starowinów (tylko o mężczyznach).

starożytność *ż V* **1.** *blm* «okres obejmujący historię najstarszych cywilizacji; ludzie żyjący w tej epoce» **2.** zwykle w *lm wych. z użycia* «przedmioty pochodzące z dawnych czasów; antyki»: Sklep ze starożytnościami.

Starówka *ż III pot.* «stara dzielnica miasta, zwłaszcza Warszawy; Stare Miasto»: Warszawska Starówka.

starszak *m III, lm M.* te starszaki a. ci starszacy *środ.* «dziecko z grupy starszych dzieci (w przedszkolu, żłobku)»

starszy *m-os.* starsi **1.** p. stary **2.** (bez stopnia równego) «mający więcej lat niż ktoś inny, mający wyższe stanowisko niż ktoś inny, będący na wyższym stopniu niż coś innego»: Starszy asystent, czeladnik. Starszy brat. Starsza siostra. Starsze klasy. Ktoś starszy od kogoś o rok (*nie:* rokiem). □ S. czym: Starszy wiekiem, doświadczeniem, stopniem, rangą. △ Starsi ludzie «dorośli; staruszkowie» △ Pan starszy, pani starsza «sposób mówienia służących o rodzicach pani lub pana domu» △ *posp.* Panie starszy, pani starsza «forma zwracania się do nieznajomych, starszych osób» *Por.*: stopniowanie, jak, niż.

starszyzna *ż IV, CMs.* starszyźnie, *blm* «ludzie sprawujący władzę nad kimś, zwłaszcza w wojsku»: Starszyzna kozacka. Starszyzna rodowa.

start *m IV, D.* startu: Start balonu, samolotu. Start zawodników. △ *przen.* Start życiowy, literacki. □ S. do czego: Start do skoku, do biegu.

starter *m IV, D.* startera **1.** *lm M.* starterzy «sędzia dający sygnał do rozpoczęcia zawodów; kierownik lotów (w lotnictwie)» **2.** *lm M.* startery «dźwignia w silniku spalinowym; rozrusznik»

staruch *m III, lm M.* ci staruchowie a. (z silniejszym zabarwieniem ekspresywnym) te staruchy, zgr. od staruszek.

staruszek *m III, D.* staruszka, *lm M.* staruszkowie «z sympatią, życzliwością» **a)** «o starym mężczyźnie» **b)** tylko w *lm* «o mężczyźnie i kobiecie w podeszłym wieku, zwykle o starych małżonkach, starych rodzicach»: Jak twoi staruszkowie się mają?

stary *m-os.* starzy, *st. w.* starszy: Najstarszy człowiek nie pamiętał takiej ostrej zimy. Stare drzewo. Stara sukienka. Stare pisma. Stare ubranie, sprzęty, obyczaje. Stare pieczywo. △ zwykle bez *st. w.*: Ktoś jest za stary, coś jest za stare na coś, do czegoś. Ktoś, coś starej daty. Stary fachowiec, kolega, znajomy. Stara gwardia. Stary kawaler, stara panna. △ W nazwach dużą literą: Stary Testament, Stary Świat, Stary Rynek; Zygmunt Stary. △ *niepoprawne* Jak (jest) stary? — Jest stary 40 lat (*zamiast:* ile ma lat? — Ma 40 lat).

Stary Sącz, Stary odm. przym., Sącz *m II* «miasto» — starosądeczanin *m V, D.* starosądeczanina, *lm M.* starosądeczanie, *D.* starosądeczan — starosądeczanka *ż III, lm D.* starosądeczanek — starosądecki.

Stary Testament, *rzad.* **Stary Zakon,** Stary odm. przym.; Testament, Zakon *m IV, D.* Testamentu, Zakonu.

starzec *m II, D.* starca, *W.* starcze, *lm M.* starcy.

starzyk *m III, lm M.* te starzyki *reg.* «dziadek, staruszek»

Staszic (*wym.* Staszyc) a. **Staszyc** *m II, lm M.* Staszicowie, Staszycowie: Pałac Staszica (Staszyca) w Warszawie. || *D Kult. II, 495.*

Staszów *m IV, D.* Staszowa, *C.* Staszowowi (*ale:* ku Staszowowi a. ku Staszowu) «miasto» — staszowianin *m V, D.* staszowianina, *lm M.* staszowianie — staszowianka *ż III, D.* staszowianek — staszowski.

stateczny *st. w.* stateczniejszy a. bardziej stateczny **1.** *m-os.* stateczni «zrównoważony, poważny; świadczący o takich cechach»: Stateczna niewiasta, osoba. Stateczne zachowanie. **2.** «mający zdolność zachowywania równowagi; stabilny»: Stateczny samolot. Stateczna łódź. *Por.* statyczny.

statek *m III, D.* statku **1.** «konstrukcja pływająca przeznaczona do komunikacji»: Statek pasażerski, handlowy. Statek chłodnia. Statek powietrzny, kosmiczny «samolot; pojazd kosmiczny» **2.** *wych. z użycia* zwykle w *lm* «naczynia, szczególnie kuchenne»: Myć statki po obiedzie. **3.** *przestarz.* «powaga, stateczność, umiar»: Statek życiowy. □ S. w czym: Statek w postępowaniu.

statua (*wym.* statua; *nie:* statuja, statuła) *ż IV* a. *I*, *D.* statui, statuy, *CMs.* statui (*nie:* statule), *B.* statuę, *lm M.* statuy, *D.* statui (*nie:* statuj), *C.* statuom; *częściej:* posąg.

statuetka (*wym.* statu-etka) *ż III, lm D.* statuetek.

status *m IV, D.* statusu *książk.* «stan prawny»: Powojenny status Berlina. △ Status quo (*wym.* status kwo, *nie:* statuskwo) *n ndm* «stan faktyczny, dotychczasowy»: Terytorialne status quo. Zachować status quo. △ Status quo ante «stan taki, jak poprzednio»

statut *m IV, D.* statutu, *lm M.* statuty (*nie:* statuta) **1.** «zbiór przepisów dotyczących organizacji, sposobu działania określonej osoby prawnej»: Statut partii, spółdzielni. **2.** zwykle w *lm* «zbiory praw (w dawnej Polsce)»: Statuty nieszawskie.

statyczny 1. «dotyczący statyki, stanu równowagi; będący w stanie równowagi, dobrze utrzymujący równowagę»: Samochody tej marki są statyczne. **2.** «nie ulegający zmianom, będący w bezruchu»: Rzeczywistość nie jest czymś statycznym. *Por.* stateczny.

statysta *m* odm. jak *ż IV, lm M.* statyści, *DB.* statystów «osoba występująca na scenie, w filmie w roli podrzędnej, nie mająca praw aktorskich»: Dla zrealizowania scen walki zatrudniono tłumy statystów.

statystyk *m III, D.* statystyka (*wym.* statystyka, p. akcent § 1d) «specjalista w zakresie statystyki, osoba wykonująca obliczenia statystyczne»

statystyka (*wym.* statystyka), *D.* statystyki (p. akcent § 1c) *ż III*: Statystyka ruchu czytelniczego.

stawać p. stanąć.

stawać się p. stać się.

stawiać

stawiać *ndk I*, stawialiśmy (p. akcent § 1a i 2) **1.** «umieszczać coś gdzieś; przywracać czemuś właściwą pozycję; budować, formułować, przedstawiać co»: Stawiać naczynia, kwiaty na stole a. na stół. Stawiać buty do szafki. Stawiać broń w kozły. Stawiać kołnierz. Stawiać mosty, domy. Stawiać diagnozę, kandydaturę, zarzuty, warunki, żądania. △ Stawiać stopnie uczniom. Stawiać wymagania (*ale* nie: stawiać trudności). △ Stawiać pasjansa, karty, kabałę «układać pasjansa, wróżyć z kart» △ Stawiać kogoś, coś pod pręgierz (pod pręgierzem) «piętnować» △ Stawiać kogoś, coś poza nawias (poza nawiasem) «wyłączać» △ *podn.* Stawiać czoło komuś, czemuś «przeciwstawiać się» △ Stawiać przed oczy a. przed oczami (*nie*: do oczu) «ukazywać, uświadamiać coś komuś» △ Stawiać na nogi «poprawiać stan czegoś, kogoś, wspierać materialnie; zmuszać do działania» △ Stawiać za cel (*nie*: jako cel): Organizacja stawiała za cel (*nie*: jako cel) walkę o wolność. △ Nadużywane w połączeniach: Stawiać (*lepiej*: zadawać) pytanie. Stawiać (*lepiej*: przedstawiać, zgłaszać) wniosek. **2.** «dawać jako stawkę»: Stawiać pieniądze. □ S. na co: Stawiać na jakiś numer, na jakąś kartę, na jakiegoś konia. □ *przen. pot.* S. na co, na kogo «pokładać w kimś, w czymś nadzieję; spodziewać się czegoś po kimś, po czymś»: Stawiano na pomoc państw zaprzyjaźnionych. **3.** *pot.* «fundować, dawać poczęstunek»: Stawiać kolegom kolację. Idziemy na lody, ja stawiam. *Por.* postawić.

stawiać się *ndk I*, stawialiśmy się (p. akcent § 1a i 2) — **stawić się** *dk VIa*, stawię się, staw się, stawiliśmy się **1.** *książk., urz.* «zgłaszać się, przychodzić»: Stawić się do biura a. w biurze. Stawić się na wezwanie. **2.** (tylko *ndk*) *posp.* «zachowywać się zuchwale w stosunku do kogoś, przeciwstawiać się komuś» □ S. się komu, czemu a. wobec kogo, czego: Stawiać się rodzicom, wychowawcom (wobec rodziców, wychowawców).

stawka *ż III, lm D.* stawek **1.** «przedmiot gry» Stawka w wysokości 10 zł. **2.** «podstawowa jednostka obliczeniowa»: Stawka ubezpieczeniowa. Stawka dzienna, godzinowa. □ S. za co: Stawka za godzinę. Stawka za opracowanie czegoś. **3.** *środ.* «zawodnicy (również: konie) startujący w danej konkurencji sportowej; *lepiej*: grupa, zespół»: Sławny trener prowadzi stawkę (*lepiej*: grupę) zawodników.

staż *m II, D.* stażu, *blm* **1.** «okres próbny pracy; praktyka»: Odbywać staż. **2.** «okres pracy, działalności w jakiejś dziedzinie»: Staż na stanowisku kierowniczym. Staż pracy. Długoletni staż.

stąd 1. «z tego miejsca»: Nie wychodź stąd, dopóki nie przyjdę. △ Stąd — dotąd «od tego do tego (innego) miejsca, punktu»: Nauczysz się stąd dotąd. △ *książk.* Stąd i zowąd «zewsząd, i z tego i z innego miejsca»: Stąd i zowąd dobiegały rozmowy. **2.** «z tej przyczyny, dlatego»: Nie przestrzegano higieny, stąd częste były choroby zakaźne. △ Cóż stąd? «co z tego wynika?» △ *pot.* Ni stąd, ni zowąd «bez widocznej przyczyny i nieoczekiwanie»: Ni stąd, ni zowąd przestał do nas przychodzić.

stągiew *ż V, D.* stągwi, *lm M.* stągwie, *D.* stągwi.

stąpać *ndk I*, stąpaliśmy (p. akcent § 1a i 2) — **stąpnąć** *dk Va*, stąpnąłem (*wym.* stąpnołem; *nie*: stąpnełem, stąpłem), stąpnął (*wym.* stąpnoł), stąpnęła (*wym.* stąpnęła; nie: stąpła), stąpnęliśmy (*wym.* stąpnęliśmy; *nie*: stąpliśmy): Stąpać na palcach. Stąpać cicho, ostrożnie, niezdarnie.

stearyna (*nie*: steryna, staryna) *ż IV, blm.*

stebnować p. stębnować.

steelon p. stylon.

Stefan *m IV, lm M.* Stefanowie — Stefek *m III, D.* Stefka, *lm M.* Stefkowie — Stefcio (*nie*: Stefciu) *m I, lm M.* Stefciowie — Stefanostwo *n III, DB.* Stefanostwa, *Ms.* Stefanostwu (*nie*: Stefanostwie), *blm*; a. Stefanowie *blp, D.* Stefanów — Stefkowie, Stefciowie *blp, D.* Stefków, Stefciów — Stefania (*wym.* Stefańja) *ż I, DCMs.* Stefanii — Stefcia *ż I, W.* Stefciu — Stenia *ż I, W.* Steniu — Stefa *ż IV, CMs.* Stefie.

Steinbeck (*wym.* Stajnbek) *m III*: Powieści Steinbecka.

I stek *m III, D.* steku «nagromadzenie, zbiorowisko» dziś żywe tylko w wyrażeniach: Stek wymysłów, obelg, kłamstw, głupstw itp.

II stek *m III, D.* steku «kotlet, zraz»: Stek wieprzowy.

stelaż *m II, lm D.* stelaży a. stelażów □ S. na co, do czego: Stelaż na książki. Stelaż do nut.

stelmach *m III, lm M.* ci stelmachowie, *pot.* te stelmachy *przestarz.* dziś *reg.* «kołodziej, stolarz wiejski»

stempel *m I, D.* stempla **1.** «przyrząd do otrzymywania odcisku, znaku»: Stempel metalowy, kauczukowy. □ S. do czego: Stempel do monet, do medali, do pieczęci. **2.** «pieczęć, znak na czymś, znaczek opłaty skarbowej»: Urzędowy stempel. Materiał ze stemplem.

Stendhal (*wym.* Stądal) *m I, D.* Stendala (p. akcent § 7): Czytać Stendhala.

stenograf *m IV, lm M.* stenografowie (*nie*: stenografi): Praca, obowiązki stenografa.

stentorowy tylko w wyrażeniach: Stentorowy głos, *rzad.* stentorowy śmiech.

sterać (*nie*: styrać) *dk I*, steraliśmy (p. akcent § 1a i 2) «zmarnować, zniszczyć (zwykle zdrowie, siły itp.)» często w imiesł. biernym: Sterać zdrowie nadmierną pracą. Człowiek sterany życiem.

sterczeć *ndk VIIb*, sterczeliśmy (p. akcent § 1a i 2) **1.** zwykle w 3. os. «wystawać ponad coś, odstawać od czegoś»: Kosmyki włosów sterczą mu na czubku głowy. **2.** *pot.* «stać gdzieś bardzo długo, bezczynnie»: Sterczeli godzinę w kolejce. Sterczeć jak słup. Sterczeć nad kimś.

stereo *ndm* «wykonany techniką stereofonii»: Płyty stereo.

stereo- «pierwsza część wyrazów złożonych, utworzonych od rzeczowników obcego pochodzenia, pisana łącznie»: **a)** «wskazująca na trójwymiarowość, przestrzenność tego, co oznacza drugi człon wyrazu», np.: stereofonia, stereometria, stereofoniczny. **b)** *rzad.* «wskazujący na duży stopień stężałości tego, co oznacza drugi człon wyrazu», np. stereochromia.

stereotypowy (*nie*: sterotypowy): Stereotypowe pytanie. Stereotypowa rozmowa, odpowiedź. Stereotypowa forma pozdrowienia.

sterling p. szterling.

sterować *ndk IV*, sterowaliśmy (p. akcent § 1a i 2) □ S. czym «nadawać czemuś kierunek za pomocą steru»: Sterować statkiem, łodzią. □ S. co «kierować pracą jakichś maszyn, regulować coś»: Mechanizm sterujący wlot i wylot pary w maszynie parowej. Hamulec sterowany jest automatycznie.

sterowny «reagujący w sposób właściwy na ruchy steru»: Sterowny samolot.

sterowy «związany ze sterowaniem, dotyczący steru»: Koło sterowe. Drążek sterowy.

sterroryzować p. terroryzować.

sterylizacja (*nie*: sterelizacja) *ż I, blm* 1. «niszczenie drobnoustrojów; wyjaławianie»: Sterylizacja narzędzi chirurgicznych. 2. «pozbawianie zdolności rozrodczej»: Sterylizacja zwierząt.

sterylizować (*nie*: sterelizować) *ndk IV*, sterylizowaliśmy (p. akcent § 1a i 2) — **wysterylizować** *dk*: 1. «niszczyć (w czymś) drobnoustroje; wyjaławiać»: Sterylizować mleko. Sterylizować probówki, narzędzia chirurgiczne. 2. «pozbawiać zdolności rozrodczej»: Sterylizować zwierzęta.

stetryczały *m-os.* stetryczali «zgorzkniały, zdziwaczały, gderliwy»: To już starzy, stetryczali ludzie (*ale*: w 3. os. *lm*: Oni już stetryczeli z braku towarzystwa).

Stevenson (*wym.* Stiwenson) *m IV, D.* Stevensona (p. akcent § 7), *lm M.* Stevensonowie: Powieści Stevensona.

steward (*wym.* stiu-ard) *m IV, lm M.* stewardzi a. stewardowie.

stewardesa (*wym.* stiu-ardesa) *ż IV, lm M.* stewardesy, *D.* stewardes.

stębnować, *rzad.* **stebnować** *ndk IV*, stębnowaliśmy, stebnowaliśmy (p. akcent § 1a i 2): Stębnować, (stebnować) klapy, kołnierz. // *D Kult. I, 778.*

stęchły (*nie*: stęchnięty) imiesł. przeszły czynny od czas. stęchnąć.
stęchły w użyciu przymiotnikowym «charakterystyczny dla wilgotnych pomieszczeń, dla przedmiotów zbutwiałych, spleśniałych; zatęchły»: Stęchły zapach. Stęchłe powietrze.

stęchnąć *dk Vc*, stęchnie, stęchł (*nie*: stęchnął), stęchła (*nie*: stęchnęła), stęchły (*nie*: stęchnięty); stęchłaby (p. akcent § 4c): 1. «zepsuć się w wilgoci, nabrać zapachu wilgoci, pleśni»: Mąka, kasza stęchnie, stęchła w wilgoci. 2. «stracić obrzęk, opuchliznę; otęchnąć»: Obrzęk stęchł.

stękać *ndk I*, stękaliśmy (p. akcent § 1a i 2) — **stęknąć** *dk Va*, stęknie, stęknij, stęknął (*wym.* stęknoł), stęknęła (*wym.* stęknęła; *nie*: stękła), stęknęliśmy (*wym.* stęknęliśmy) 1. «wydawać głośne westchnienia, jęczeć» □ S. z czego: Stękać z bólu, z wysiłku. 2. (tylko *ndk*) *pot.* «uskarżać się na coś, narzekać, wyrzekać»: Powodzi się jej nieźle, a stale stęka. □ S. na co: Od lat stękała na ból krzyża.

stęp *m IV* 1. *DB.* stępa, *blm* «najpowolniejszy, miarowy chód konia», zwykle w zwrotach: Iść, jechać stępa a. stępem: Zmęczone konie szły stępa (stępem). 2. *D.* stępu «tylna część stopy»: Stopa składa się ze stępu, śródstopia i palców.

stępa *ż IV* 1. «dawny prymitywny przyrząd do obtłukiwania lub miażdżenia ziarna»: Utłuc ziarno w stępie. 2. «samotrzask na niedźwiedzie»: Nastawiać stępy.

stępić p. tępić.

stępieć p. tępieć.

Stępień *m I, D.* Stępnia (*nie*: Stępienia), *lm M.* Stępniowie.
Stępień *ż ndm* — Stępniowa *ż odm. jak przym.* — Stępniówna *ż IV, D.* Stępniówny, *CMs.* Stępniównie (*nie*: Stępniównej), *lm D.* Stępniówien. // *D Kult. I, 667; U Pol. (2), 448.*

stępor (*nie*: stąpor) *m IV, D.* stępora.

stęsknić się *dk VIa*, stęsknij się, stęskniliśmy się (p. akcent § 1a i 2) □ S. się do kogo, czego: Stęsknić się do bliskich, do muzyki. □ S. się za kim, czym: Stęsknić się za słońcem, za krajem, za ukochanym.

stiuk *m III, D.* stiuku: Wykładać, pokrywać coś stiukami.

stłamsić p. tłamsić.

stłuc *dk XI*, stłukę, stłucze, stłukł, stłukliśmy (p. akcent § 1a i 2) 1. «zniszczyć przez uderzenie; rozbić»: Stłuc wazon, lustro. Stłuc (*nie*: wydusić) szybę. 2. «uderzyć mocno o coś jakąś częścią ciała, powodując obrażenie» □ S. co (o co): Stłuc głowę, kolano o ławkę, o róg stołu. 3. *posp.* «skatować, zbić żywą istotę» □ S. kogo, co (czym): Stłuc psa kijem.

sto *m-nieos., n i ż, DCMs.* stu, także: *m-os.* w funkcji mianownika — podmiotu (np. stu mężczyzn stoi), *B. m-nieos., n i ż = M., B. m-os. = D., N.* stoma a. stu (zwłaszcza w liczebnikach wielowyrazowych, np. Pojechał ze stoma złotymi, ze stu trzydziestoma złotymi w kieszeni). △ Liczebnik *sto* łączy się z rzeczownikiem (podmiotem) w dopełniaczu i orzeczeniem w *lp*, a w czasie przeszłym w rodzaju nijakim: Stu mężczyzn idzie, szło (*nie*: idą, szli). Sto kobiet idzie, szło (*nie*: idą, szły).

stoa *ż ndm* a. *I, DCMs.* stoi, *B.* stoę, *lm M.* stoy, *D.* stoi «w terminologii architektonicznej: rodzaj portyku, krużganku»

stocznia *ż I, lm D* stoczni: Stocznia okrętowa, remontowa, rybacka.

stoczniowiec *m II, D.* stoczniowca, *W.* stoczniowcu, *lm M.* stoczniowcy «pracownik stoczni»

stoczyć *dk VIb*, stocz, stoczyliśmy (p. akcent § 1a i 2) — **staczać** *ndk I*, staczaliśmy 1. «tocząc zsunąć coś z góry, zepchnąć w dół»: Stoczyć kamień, głaz, beczkę — z góry, w dół, do rowu. Stoczyć armaty z wałów. 2. «rozegrać» tylko w zwrotach: Stoczyć bój, bitwę, walkę, pojedynek (ale *nie*: stoczyć mecz, spotkanie). 3. tylko *dk* «zniszczyć przez toczenie, gryzienie, drążenie»: Robactwo stoczyło drewno. Rdza stoczyła żelazo.

stodoła *ż IV, lm D.* stodół (*nie*: stodoł).

stoicyzm (*wym.* stoicyzm, *nie*: stoicyzm) *m IV, D.* stoicyzmu, *Ms.* stoicyzmie (*wym.* ~yzmie

a. ~yźmie), *blm*: Przyjmować, znosić coś ze stoicyzmem.

stoik *m III, D.* stoika (*wym.* stoika, *nie*: stoika, p. akcent § 1d), *lm M.* stoicy.

stoisko *n II, lm D.* stoisk □ S. z czym a. czego (jakie): Stoisko z nabiałem, z owocami. Stoisko nabiałowe, owocowe, meblowe. Stoisko win owocowych, przemysłu lekkiego. Kupić coś na stoisku, *lepiej*: w stoisku (np. z obuwiem). Pracować w stoisku (*nie*: na stoisku).

stojak *m III* □ S. na co (*nie*: dla czego): Stojak na karabiny, na parasole. □ S. do czego: Stojak do skoków wzwyż.

na stojaka *posp.* «na stojąco; stojąc»: W tramwaju był tłok, trzeba było jechać na stojaka.

stojący *imiesł.* przymiotnikowy od czas. stać (p.). **stojący** w użyciu przymiotnikowym **1.** «znajdujący się w położeniu pionowym w stosunku do czegoś»: Pozycja stojąca. Lampa stojąca. △ *niepoprawne* Na stojący (*zamiast*: na stojąco, stojąc), np. Zjeść co w barze na stojący (*zamiast*: na stojąco, stojąc). **2.** «wymagający stania»: Praca stojąca. Miejsca stojące (*rzad.* miejsca do stania). **3.** «nieruchomy»: Woda stojąca.

stojący, stojąca w użyciu rzeczownikowym «człowiek, który stoi»: Na widowni było dużo stojących. || *U Pol. (1), 209.*

I stokroć «sto a. bardzo wiele razy; wielokrotnie, stokrotnie; bardzo, ogromnie»: Stokroć (*nie*: stokroć razy) lepiej, milej, więcej, lepszy, ładniejszy itp. Praca się stokroć opłaciła. △ Po stokroć «wiele razy»: Po stokroć·go prosiła, żeby wrócił do domu.

II stokroć *ż V, lm M.* stokrocie, *D.* stokroci *poet.* «stokrotka»

stokrotka, *reg.* **stokrótka** *ż III, lm D.* stokrotek, stokrótek (*nie*: stokrotków, stokrótków).

stokrotny, *rzad.* **stukrotny**: Echo stokrotne. Stokrotny plon. Stokrotne zyski. △ *wych. z użycia, książk.* Stokrotne dzięki «formuła podziękowania»

stolarnia *ż I, lm D.* stolarni, *rzad.* stolarń.

stolarz *m II, lm D.* stolarzy.

stolica (*wym.* stolica, *nie*: stolica) *ż II*: Mieszkać w stolicy. △ W nazwie dużą literą: Stolica Apostolska «siedziba papieża; urząd papieski; Watykan»

stolnica (*nie*: stólnica) *ż II, lm M.* stolnice, *D.* stolnic.

stołek *m III, D.* stołka △ (w *pot. fraz. B. = D.*) Podstawić komuś stołka (*nie*: stołek) «zaszkodzić komuś, uknuć przeciw komuś intrygę» △ *pot.* Siedzieć na dwóch stołkach «być dwulicowym» △ *pot.* Siedzieć na jakimś stołku «zajmować jakieś stanowisko, jakiś urząd»

stołowy: Nogi stołowe. Bielizna stołowa. Łyżka stołowa (*ale*: Góry Stołowe). △ *pot.* Głupi jak stołowe nogi «bardzo głupi» △ *reg.* Pokój stołowy «jadalnia»

stołowy w użyciu rzeczownikowym *reg.* «jadalnia»: W stołowym nakrywano już do obiadu.

Stołyhwo *m* odm. jak *ż IV, D.* Stołyhwy, *lm M.* Stołyhwowie, *DB.* Stołyhwów: Prace antropologiczne Stołyhwów.

Stołyhwo *ż ndm* — Stołyhwowa *ż* odm. jak przym. — Stołyhwówna *ż IV, D.* Stołyhwówny, *CMs.* Stołyhwównie (*nie*: Stołyhwównej), *lm D.* Stołyhwówien.

stomatolog *m III, lm M.* stomatologowie a. stomatolodzy.

stomatolog (*nie*: stomatoložka) — o kobiecie, p. nazwy i tytuły zawodowe kobiet.

stonoga (*nie*: stunoga, stonóg) *ż III, lm D.* stonóg (*nie*: stonogów).

I stop *m IV, D.* stopu □ S. czego (i czego, z czym): Stopy aluminium. Stop miedzi i cynku. Stop miedzi z cyną.

II stop *ndm* **1.** «wykrzyknik: stać! zatrzymać się!»: Stop! — ani kroku naprzód. Stop! — wyłączyć maszyny. **2.** «w tekstach depesz zastępuje kropkę lub przecinek»: Sprawa załatwiona stop jutro wracamy.

III stop *m IV, D.* stopu «światło hamowania w pojazdach mechanicznych; światło stopowe»

stopa *ż IV, lm D.* stóp: Drobna, wąska, szeroka stopa. △ Płaska stopa «stopa zniekształcona, o obniżonym sklepieniu; płaskostopie» △ Od stóp do głów, *rzad.* do głowy «od dołu do góry; całkowicie» △ Poczuć grunt pod stopami (*częściej*: pod nogami) «poczuć się pewnie» △ Stopa życiowa «poziom życia, głównie w dziedzinie materialnej»: Podnieść swoją, czyjąś stopę życiową. △ Być, żyć z kimś na jakiejś stopie «być z kimś w jakichś stosunkach»: Być z kimś na stopie przyjacielskiej, wojennej. △ Prowadzić dom, żyć na wysokiej, niskiej stopie, *rzad.* na wysoką, niską stopę «prowadzić dom, żyć wystawnie lub biednie» △ Odpowiadać z wolnej stopy «odpowiadać przed sądem, pozostając na wolności»

stoper (*nie*: sztoper) *m IV, D.* stopera; *in.* sekundomierz.

stopień *m I, D.* stopnia **1.** «pojedynczy element schodów»: Stopnie schodów, ołtarza, tramwaju. **2.** «szczebel w hierarchii służbowej, społecznej, naukowej; stanowisko, godność»: Stopień naczelnika wydziału. Stopień oficerski a. oficera. △ Stopień pokrewieństwa; pokrewieństwo jakiegoś stopnia «rodzaj pokrewieństwa między członkami rodziny»: Ojciec z dzieckiem pozostaje w pierwszym stopniu pokrewieństwa. **3.** «cyfrowa ocena postępów ucznia»: Stopień na świadectwie, w dzienniczku. Stopień dobry, niedostateczny. Stawiać uczniom stopnie. □ S. z czego: Stopień z matematyki, z polskiego. Stopień z klasówki.

***stopień równy, wyższy, najwyższy** p. stopniowanie.

stopka *ż III, lm D.* stopek **1.** także: stópka — w zn. «mała stopa (człowieka)»: Drobna, dziecinna stopka (stópka). △ Stopki pończochy, skarpetki. △ W bajkach: Chatka na kurzej stopce, *częściej*: na kurzej nóżce. **2.** *reg. pot.* «mała szklaneczka alkoholu, także: małe naczynie szklane»: Nalać, wypić stopkę wódki. **3.** «okucie kolby karabinu, fuzji»: Stopka karabinu, fuzji (*nie*: od karabinu, od fuzji) **4.** *reg.* «bezpiecznik instalacji elektrycznej; korek»

stopnieć p. topnieć.

*stopniowanie to tworzenie stopni przymiotników i przysłówków, czyli form określających natężenie cechy jakiegoś przedmiotu lub czynności, nazwanej danym przymiotnikiem lub przysłówkiem, najczęściej w porównaniu z tą samą cechą innego przedmiotu lub czynności. Wyróżniamy następujące stopnie: *równy* (np. młody, chory, kochany), *wyższy* (np. młodszy, bardziej chory, mniej kochany) i *najwyższy* (np. najmłodszy, najbardziej chory, najmniej kochany)

Zasadniczo stopniowaniu podlegają tylko przymiotniki jakościowe, a więc te, które oznaczają cechy bezwzględne określanego przedmiotu, niezależne od jego stosunku do innych przedmiotów (np.: dobry, cichy, interesujący, opalony). Przymiotniki relacyjne, oznaczające względne cechy przedmiotu (są to najczęściej przymiotniki pochodne od rzeczowników, np.: żelazny, roczny, fabryczny), nie podlegają stopniowaniu. Czasem jednak przymiotniki relacyjne, nabierając znaczenia przenośnego, stają się w tym znaczeniu przymiotnikami jakościowymi — można je wówczas stopniować (np. przymiotnik *żelazny*, zasadniczo nie stopniowany w zn. podstawowym «zrobiony z żelaza» — może być stopniowany, kiedy występuje w zn. *przen.* «surowy, twardy, silny, nieugięty»): Miał jeszcze bardziej żelazne nerwy niż brat.

Stopniowanie może być proste i opisowe. Stopniowanie proste (syntetyczne) polega na dodaniu do formy stopnia równego — przyrostka *-szy* lub *-ejszy* w stopniu wyższym (np. stary — starszy, ciepły — cieplejszy) oraz do przedrostka *naj-*, formy stopnia wyższego — w stopniu najwyższym (np. najstarszy, najcieplejszy). Stopniowanie opisowe (analityczne) polega na dodaniu do formy stopnia równego — przysłówka *bardziej* (*nie: więcej*) dla zaznaczenia większego nasilenia cechy a. przysłówka *mniej*, dla zaznaczenia mniejszego nasilenia cechy w stopniu wyższym, przysłówka *najbardziej* (*nie: najwięcej*) a. przysłówka *najmniej* — w stopniu najwyższym (np. interesujący — bardziej interesujący, mniej interesujący — najbardziej interesujący, najmniej interesujący).

Większość przymiotników można stopniować oboma sposobami, np. grzeczny, grzeczniejszy *lub* bardziej grzeczny, najgrzeczniejszy *lub* najbardziej grzeczny. △ Istnieją jednak przymiotniki stopniowane tylko w sposób prosty (np. ładny, ładniejszy, najładniejszy) i takie, które dopuszczają tylko stopniowanie opisowe (np. mokry, bardziej mokry, najbardziej mokry). Szczegółowe informacje zob. pod poszczególnymi hasłami przymiotnikowymi i przysłówkowymi.

Ogólnie można tylko podać następujące wskazówki: **1.** Stopniowaniu opisowemu (analitycznemu) podlegają przede wszystkim: **a)** przymiotniki relacyjne (użyte w zn. przymiotników jakościowych), np.: Miała najbardziej aksamitne ręce wśród wszystkich znanych mu kobiet; **b)** uprzymiotnikowione imiesłowy, np.: kochany — bardziej, najbardziej kochany, opalony — bardziej, najbardziej opalony; błyszczący — bardziej, najbardziej błyszczący; **c)** niektóre inne przymiotniki, np.: płaski, mokry, łysy, zielony, rudy, chory. △ Opisowo stopniują się też przysłówki, utworzone od przymiotników, stopniowanych w ten sposób (np. płasko — bardziej płasko — najbardziej płasko). △ *Niepoprawne* jest proste stopniowanie imiesłowów, np.

pożądańszy, najpożądańszy (*zamiast*: bardziej, najbardziej pożądany). △ Wyjątkami od tej zasady są nieliczne imiesłowy bierne, które nie mogą przybierać form stopniowania prostego w stopniu wyższym, mogą je natomiast tworzyć w stopniu najwyższym; np. ukochany — bardziej ukochany (*nie*: ukochańszy) — najukochańszy (*obok*: najbardziej ukochany); opłakany (w zn.: «żałosny, lichy, zły») — bardziej opłakany — najopłakańszy (*obok*: najbardziej opłakany), np. Takie postępowanie może spowodować najopłakańsze skutki.

Tylko w stopniu najwyższym (przy stopniowaniu prostym) z pominięciem stopnia wyższego używany jest przymiotnik: *rozmaity — najrozmaitszy*, oraz niektóre przymiotniki z przedrostkiem *prze-*, np. *przeróżny — najprzeróżniejszy*, *przewielebny — najprzewielebniejszy*.

2. Zaleca się raczej stosowanie prostych form stopniowania wszędzie tam, gdzie możliwe jest zarówno stopniowanie proste jak i opisowe; a więc: doskonały — doskonalszy — najdoskonalszy (*nie*: bardziej — najbardziej doskonały); korzystnie — korzystniej — najkorzystniej (*lepiej* niż: bardziej — najbardziej korzystnie). △ Zdecydowanie *niepoprawne* jest jednoczesne używanie formy prostej i formy opisowej: np. To jeszcze bardziej trudniejsze (*zamiast*: jeszcze trudniejsze), niż myślałem.

△ Przyrostek *-szy* w formach stopnia wyższego występuje zasadniczo: **a)** w przymiotnikach, których temat kończy się na jedną spółgłoskę, np. chudy — chudszy; **b)** w przymiotnikach zakończonych na *-ki, -eki, -oki*, które to zakończenia znikają w stopniu wyższym i najwyższym, np. słodki — słodszy, głęboki — głębszy, daleki — dalszy; **c)** wyjątkowo w niektórych przymiotnikach mających w zakończeniu tematu zbieg dwóch spółgłosek, np. prosty — prostszy (*nie*: prościejszy), twardy — twardszy (*nie*: twardziejszy), wyrazisty — wyrazistszy. △ Przyrostek *-ejszy* występuje zasadniczo w przymiotnikach, których temat kończy się zbiegiem dwóch lub więcej spółgłosek, np. ładny — ładniejszy, łatwy — łatwiejszy. Czasem występują i formy oboczne na: *-szy || -ejszy*, np. czystszy || czyściejszy; tłustszy || tłuściejszy; gęsty || gęściejszy; mędrszy || mądrzejszy. Przy prostym stopniowaniu przymiotników oprócz wymian spółgłoskowych (twardość — miękkość) mogą zachodzić również wymiany samogłoskowe, a więc wymiany: *a* z *e* (np. biały — bielszy), *o* z *e* (np. czerwony — czerwieńszy), *ą* z *ę* (np. wąski — węższy), *e* z zerem morfologicznym, czyli brakiem samogłoski (np. lekki — lżejszy).

Oprócz przymiotników stopniowanych regularnie w sposób prosty istnieje też kilka przymiotników stopniowanych prosto, ale nieregularnie (za pomocą wyrazów będących odrębnymi jednostkami leksykalnymi): dobry — lepszy — najlepszy; zły — gorszy — najgorszy; duży (a. wielki) — większy — największy; mały — mniejszy — najmniejszy.

Stopniowaniu prostemu za pomocą przyrostka *-ej* i przedrostka *naj-* podlegają przysłówki utworzone od przymiotników stopniowanych w ten właśnie sposób; np. ładnie — ładniej — najładniej, wesoło — weselej — najweselej.

W porównaniach po stopniu wyższym przymiotników i przysłówków używa się spójnika *niż* (*nie*: jak); np. Lepszy niż (*nie*: jak) ty. Dziś cieplej niż (*nie*: jak) wczoraj. △ Spójnik *jak* dopuszczalny jest po stopniu wyższym zaprzeczonym; np. Nic gorszego

stora

niż (a. jak) choroba. Nie więcej niż (a. jak) dwa kilogramy. △ Przed rzeczownikiem lub zaimkiem możliwy jest, zamiast spójnika *niż*, przyimek *od* z dopełniaczem, np. Jan pisze lepiej od ciebie (a. niż ty). || D Kult. I, 530, 605; KJP 254—257. Por. jak, niż, od.

stora (*nie*: sztora) *ż IV, lm D.* stor (*nie*: storów): Podnosić, opuszczać, zapuszczać, rozsuwać story.

storpedować p. torpedować.

stos *m IV, D.* stosu: Stos gazet, żelastwa, śmieci. △ Rzucać coś na stos; składać coś na stos a. na stosie. △ Stos atomowy, in. reaktor atomowy. △ *przestarz.* Stos pacierzowy «kręgosłup»

stosować (*nie*: stósować) *ndk IV,* stosowaliśmy (p. akcent § 1a i 2) — **zastosować** *dk* 1. «wprowadzać w życie; realizować; odnosić do kogo, do czego»: Zasadę tolerancji stosował do wszystkich ludzi. Zastosować wyniki badań naukowych w przemyśle (*nie*: do przemysłu). Do obliczeń zastosowano maszyny matematyczne. 2. *częściej:* dostosowywać: Stosował treść wykładu do poziomu słuchaczy.
stosować się □ S. się do kogo, czego: Stosować się do czyichś życzeń, do przepisów.

stosownie (*nie*: stósownie) *st. w.* stosowniej a. bardziej stosownie: Ubierać się, zachowywać się stosownie. □ S. do czego (*nie*: z czym): Stosownie do rozkazu (*ale*: zgodnie z rozkazem). Zachował się stosownie do okoliczności.

stosowny (*nie*: stósowny) *st. w.* stosowniejszy a. bardziej stosowny: Stosowny czas. Stosowna pora. □ S. dla kogo «nadający się (zgodnie ze zwyczajem, modą)»: Uczesanie stosowne dla młodych dziewcząt. □ S. do czego (*nie*: dla czego) «odpowiedni, pasujący do czegoś»: Strój stosowny do podróży. □ S. na co «odpowiedni na jakąś porę, okazję»: Suknia stosowna na bal.

stosunek (*nie*: stósunek) *m III, D.* stosunku □ S. czego — do czego a. między czym a czym «związek, zależność między różnymi rzeczami, pojęciami»: Stosunek zarobków do wydatków. Stosunek między dochodami a wydatkami. □ S. kogo — do kogo, czego «odnoszenie się do kogoś, do czegoś, zachowanie się względem kogoś, traktowanie kogoś, czegoś»: Stosunek do ludzi, do świata. Stosunek człowieka do bliźnich. Stosunek do zwierząt, do książek. □ (w *lm*) S. z kim, czym, między kim «łączność, kontakty, obcowanie z kimś»: Stosunki z rodziną, z ludźmi, z krajem. Stosunki między braćmi były serdeczne. △ W stosunku do kogoś, do czegoś **a)** «w porównaniu, w zestawieniu z kimś, z czymś»: Ręce miał za długie w stosunku do wzrostu. **b)** «w odniesieniu do kogoś, do czegoś, wobec kogoś, wobec czegoś»: W stosunku do zwierzchników był zawsze ugrzeczniony. △ *niepoprawne*: Odnosić się w stosunku do kogoś, do czegoś (*zamiast*: odnosić się do kogoś, do czegoś). Zajmować jakiś stosunek do kogoś, do czegoś (*zamiast*: zajmować jakieś stanowisko wobec kogoś, czegoś). △ Coś nie stoi w żadnym stosunku do czegoś «coś nie daje się nawet porównać z czymś» △ Zostawać, pozostawać z kimś, z czymś w jakichś stosunkach. Nawiązywać z kimś stosunki. Utrzymywać (*nie*: podtrzymywać) z kimś stosunki. Być, żyć z kimś w dobrych, poprawnych, złych stosunkach.

Stożek *m III, D.* Stożka (*nie*: Stożeka), *lm M.* Stożkowie.
Stożek *ż ndm* — Stożkowa *ż odm.* jak przym. — Stożkówna *ż IV, D.* Stożkówny, *CMs.* Stożkównie (*nie*: Stożkównej), *lm D.* Stożkówien.

stożyć *ndk VIb,* stóż, stożyliśmy (p. akcent § 1a i 2) *reg.* «układać w stóg, w stogi»: Stożyć siano. || D Kult. II, 125.

stóg *m III, D.* stogu: Stóg słomy, siana. Stawiać, układać stogi czegoś a. coś w stogi. △ Szukać czegoś jak igły, szpilki w stogu siana.

stół *m IV, D.* stołu □ S. do czego a. jaki: Stół do brydża a. brydżowy. △ Nakryć stół a. do stołu «przygotować stół do podania posiłku» △ Podać do stołu (*ale*: podać coś, np. zupę na stół). △ Siedzieć, sadzać itp. kogoś przy stole, za stołem, *rzad.* u stołu. △ Kłaść, położyć, postawić coś na stole a. na stół.

str. «skrót wyrazów: *strona, stronica,* pisany z kropką, czytany jako cały, odmieniany wyraz, stawiany przed wymienioną liczbą lub po niej»: Tom liczy 125 str. Znajdziesz to na str. 5.

straceniec *m II, D.* straceńca, *W.* straceńcze, forma szerząca się: straceńcu, *lm M.* straceńcy, *D.* straceńców.

strach *m III* 1. *D.* strachu, *B.* w niektórych *pot.* wyrażeniach: stracha 1. «obawa, lęk» □ S. przed kim, czym (gdy się wymienia przyczynę strachu): Strach przed śmiercią. Strach przed bandytami. □ S. o kogo, o co (gdy się wymienia osobę lub rzecz, o które troska powoduje strach): Strach o dzieci, o majątek. △ *pot.* Blady strach «wielki, ogromny strach» △ *pot.* Mieć stracha. △ *pot.* Napędzić komuś strachu (stracha). △ *wych. z użycia* Strach kogoś zdejmuje, ktoś zdjęty strachem. △ Strach kogoś bierze, chwyta, przejmuje; strach kogoś napada, *pot.* oblatuje, strach pada na kogoś. △ *pot.* Najeść się strachu. Robić coś pod strachem. 2. *D.* stracha «straszydło, czupiradło; upiór, widziadło»: Na polu postawiono stracha na wróble. Widziano stracha w starym zamczysku.

strachajło *n* a. *m odm.* jak *n III, M.* to a. strachajło (tylko o mężczyźnie), *lm M.* te strachajła, *D.* strachajłów, *B.* te strachajła a. tych strachajłów (tylko o mężczyźnie) *pot. żart. pogard.* «tchórz»: Było z niej (z niego) okropne strachajło a. była (był) okropnym strachajłem.

stracić *dk VIa,* stracę, strać, straciliśmy (p. akcent § 1a i 2), stracony: Stracić rodzinę, majątek, zdrowie, wzrok, cierpliwość, wartość. △ Stracić głowę, panowanie nad sobą. Stracić nerwy. △ Stracić kogoś głowę «zakochać się w kimś» △ Stracić serce dla kogoś, do czegoś (*nie*: dla czegoś) «przestać kogoś lubić, kochać; zniechęcić się do czegoś» □ S. na czym **a)** (o osłabieniu właściwej komuś cechy): Stracić na urodzie, na humorze. **b)** «ponieść szkodę, stratę materialną z powodu czegoś»: Stracić na interesach, na kombinacjach. □ S. co — na co, na kogo «ponieść wydatki, koszty czegoś»: Stracić pieniądze, majątek na podróże, na karty, na kobiety.

stragan *m IV, D.* straganu a. stragana: Ustawiać, zwijać stragan. Kupić coś na straganie.

strajk (*nie*: strejk, sztrajk) *m III*, *D.* strajku: Strajk powszechny a. generalny. Strajk polityczny, ekonomiczny, szkolny. Strajk włoski (*nie*: włoski strajk) «rodzaj strajku okupacyjnego» □ S. o co: Strajk o poprawę warunków pracy, o podwyżkę płac. // *D Kult. I, 778*.

strajkować p. zastrajkować.

strapić p. trapić.

Strasburg (*wym.* Strasburg) a. **Sztrasburg** (głoska *sz* jest w tej postaci cechą niemieckiej wymowy nazwy) *m III*, *D.* Strasburga (Sztrasburga) «miasto we Francji» — strasburczyk a. sztrasburczyk *m III*, *lm M.* strasburczycy (sztrasburczycy) — strasburka a. sztrasburka *ż III*, *lm D.* strasburek (sztrasburek) — strasburski a. sztrasburski.

straszliwy *st. w.* straszliwszy **1.** «wzbudzający strach, przerażenie»: To był straszliwy wstrząs dla dziecka. Choroba straszliwa w skutkach. **2.** *pot.* «wielki, ogromny»: Straszliwy głód, upał. Straszliwa klęska, susza.

strasznie *st. w.* straszniej **1.** «w sposób wzbudzający strach, przerażenie; przerażająco, groźnie»: W ciemnościach zrobiło im się jakoś strasznie. **2.** (*nie*: straszno) «bardzo źle, okropnie»: Strasznie dziś wyglądał. Strasznie mówiła po polsku. **3.** *pot.* «bardzo, niezmiernie, nadzwyczaj»: Był strasznie zajęty, zapracowany. Strasznie się ucieszył z przyjazdu rodziców.

straszno *przestarz.* p. strasznie (w zn. 1), dziś żywe w zwrocie: Zrobiło się komuś straszno. // *D Kult. I, 556; II, 117*.

straszny *m-os.* straszni, *m-os.* straszniejszy **1.** «wzbudzający strach, grozę, przerażający»: Straszny postępek, widok. Straszna zbrodnia. □ S. czym: Był straszny swoją siłą. □ S. dla kogo: Rycerze byli straszni dla wrogów. □ S. w czym: Straszny w skutkach. Straszny w gniewie. **2.** «bardzo zły, okropny»: Pisał strasznym stylem. Straszna sytuacja. **3.** *pot.* «bardzo intensywny, ogromny, niezmierny»: Straszny ból, upał, mróz. Straszna radość.

straszyć *ndk VIb*, strasz, straszyliśmy (p. akcent § 1a i 2) □ S. kogo, co (kim, czym): Straszyć dzieci kominiarzem, opowiadaniem o duchach. Straszyć opornych sądem, więzieniem, karami. △ *przen.* Rudera straszyła pustym wnętrzem.

strata *ż IV*: Bolesna, ciężka, niepowetowana strata. Strata moralna, materialna. Duże (*nie*: wysokie) straty. Strata pieniędzy. △ *przen.* Strata czasu. Przynosić stratę, straty. Ponosić straty (*nie*: doznawać strat). Powodować (*nie*: wyrządzać) straty (*ale*: wyrządzać szkody, krzywdę). Straty dochodzą do milionów, sięgają milionów (*nie*: idą w miliony). Pokryć, wyrównać stratę, straty. △ Spisać na straty «uznać za stracone, przepadłe» □ S. kogo «śmierć»: Strata matki, syna.□ S. na czym «ubytek, marnowanie części czegoś»: Strata na czasie, na wadze, na sile. □ (zwykle w *lm*) S. w kim, czym: Straty w ludziach, w zabitych i rannych, w sprzęcie. □ *środ.* S. do kogoś: Kolarz przyjechał do mety z niewielką stratą do zwycięzcy (*lepiej*:... niewiele później niż zwycięzca).

strateg *m III*, *lm M.* stratedzy a. strategowie.

Strauss (*wym.* Sztrau-s) *m IV*, *Ms.* Straussie, *lm M.* Straussowie: Twórczość kompozytorska Straussów.

strawa *ż IV wych z użycia* «pożywienie, pokarm, jedzenie»: Ciepła strawa. Łyżka strawy. △ *przen.* (zwykle *żart.*) Strawa duchowa.

strawić *dk VIa*, straw, strawiliśmy (p. akcent § 1a i 2): Strawić pokarm, posiłek, obiad. △ *pot.* Nie (*móc*) strawić czegoś «nie (móc) znieść czegoś»: Nie mógł strawić jego hałaśliwego zachowania. △ *rzad.* Ogień, pożar strawił coś «zniszczył»: Pożar strawił kilka domów. △ Strawić czas, życie itp. na czymś, nad czymś, przy czymś «spędzić czas, życie itp. robiąc coś»: Strawić życie na podróżach, na zabawach, przy maszynie. Strawić wolny czas na rozmowach, na czytaniu. Całe lata strawił nad pisaniem tej wielkiej pracy.

strawność *ż V*, zwykle *blm*: Strawność pokarmów, składników pokarmowych. Strawność skrobi, tłuszczów.

straż *ż VI*, *lm M.* straże, *D.* straży, zwykle w *lp* «strzeżenie, pilnowanie, dozór, służba wartownicza; człowiek lub grupa ludzi strzegąca, pilnująca kogoś, czegoś; posterunek, warta»: Straż graniczna. Straż przyboczna, honorowa. Straż fabryczna, kolejowa leśna, więzienna. △ Straż ogniowa a. pożarna (skrótowo: straż) «instytucja przeciwpożarowa; ludzie zatrudnieni w takiej instytucji» △ Stać na straży czegoś. Postawić kogoś na straży (czegoś). Zaciągnąć straż. Pełnić, trzymać straż. Osadzić kogoś pod strażą. □ S. nad kim, czym: Straż nad więźniami. // *D Myśli 94; U Pol. (1) 146; PJ 1969, 45*.

strącać *ndk I*, strącaliśmy (p. akcent § 1a i 2) — **strącić** *dk VIa*, strącę, strąciliśmy (p. akcent § 1a i 2), strącony □ S. co, kogo (czym, z czego) «trącając, pchając zrzucić coś, kogoś z czegoś»: Strącać owoce kijem z drzewa. Silnym pchnięciem strącił go ze skały. □ S. co komu z czego «odliczać od należności, od wypłaty pewną sumę pieniędzy; potrącać»: Strącono mu z pensji pożyczkę.

! strejk p. strajk.

streszczać *ndk I*, streszczaliśmy (p. akcent § 1a i 2) — **streścić** *dk VIa*, streszczę, streści, streść, streściliśmy **1.** «zwięźle formułować treść czegoś»: Streszczać opowiadanie, artykuł, film. □ S. co w czym: Streścił cały projekt w jednym artykule. **2.** zwykle *ndk* «zawierać coś w zwartej postaci»: Idee postępowe streszczały dążenia szerokich mas. **streszczać się — streścić się 1.** «wypowiadać się krótko, zwięźle» **2.** tylko *ndk* «mieścić się w zwartej, krótkiej formie» □ S. się w czym (*nie*: do czego): Żądania zebranych streszczają się w kilku punktach.

streszczenie *n I* □ S. czego (*nie*: z czego): Napisał streszczenie powieści.

streścić p. streszczać.

stręczyciel *m I*, *lm D.* stręczycieli **1.** «sutener» **2.** *przestarz.* «pośrednik, faktor»

stręczyć *ndk VIb*, stręczyliśmy (p. akcent § 1a i 2) *wych. z użycia* «polecać, rekomendować kogoś, coś, kupno czegoś itp. (często w związku z prostytucją)»

strip-tease p. striptiz.

striptiz *m IV, D.* striptizu.

striptizerka *ż III, lm D.* striptizerek.

St. RN «skrót wyrażenia: *Stołeczna Rada Narodowa* (skrót pierwszego wyrazu pisany z kropką, skróty następnych wyrazów — bez kropek), czytany jako całe, odmieniane wyrażenie»: Pracować w St. RN (*czyt.* w stołecznej radzie narodowej).

stroić *ndk VIa*, stroję, strój, stroiliśmy (p. akcent § 1a i 2) □ S. kogo w co «elegancko ubierać»: Stroiła jedynaczkę w jedwabie. □ S. kogo, co czym a. w co «ozdabiać, przystrajać»: Stroić pokój kwiatami a. w kwiaty. □ S. kogo do czego, na co: Stroili pannę młodą do ślubu. Młodzież stroiła się już na bal. △ *pot.* Stroić miny, *rzad.* minę «robić, przybierać różne miny, minę» △ *pot.* Stroić kpiny, drwiny, figle, żarty (z kogoś, z czegoś) «kpić, drwić; figlować, żartować» △ *pot.* Stroić ceregiele, fanaberie, fochy, fumy «grymasić, dąsać się»

stroik *m III, D.* stroiku a. stroika, w zn. «rodzaj diademu»: Stroik na głowę. Stroik z jedwabiu i koronki, ze wstążek i tiulu.

strojny *m-os.* strojni, *st. w.* strojniejszy a. bardziej strojny: Strojna kobieta. Strojny kapelusz. □ *książk.* S. w co «ubrany w coś, przybrany czymś»: Panna strojna była w piękną suknię. Pokój strojny w kwiaty. □ *przen. poet.* S. czym: Krzewy strojne kwiatami.

strona *ż IV* **1.** w zn. «powierzchnia coś ograniczająca; bok, brzeg czegoś; miejsce na krawędzi czegoś»: Lewa, prawa strona drogi, rzeki, ulicy. Górna, spodnia, odwrotna strona czegoś. Po lewej, po prawej a. z lewej, z prawej strony. △ Druga a. odwrotna strona medalu «inny, nie uwzględniony (zwykle gorszy) aspekt czegoś» △ Brać, trzymać czyjąś stronę; być, stać, opowiadać się po czyjejś stronie. Coś (np. racja, słuszność, przewaga, wina) jest po czyjejś stronie. Mieć kogoś po swej stronie; przeciągnąć (*nie*: przerobić) kogoś na swoją stronę. Walczyć po czyjejś stronie. □ Odwołać, wziąć kogoś na stronę. **2.** w zn. «określona cecha dająca się wyróżnić; postać; aspekt czegoś»: Dobra, przyjemna, zła, przykra, dodatnia, ujemna itp. strona czegoś. Strona artystyczna, naukowa, widowiskowa, techniczna czegoś. Coś jest znane z najgorszej, najlepszej strony. △ Z jednej strony... z drugiej (strony): Z jednej strony bał się ryzyka, z drugiej — miał wielką chęć na tę niebezpieczną wyprawę. △ Coś jest czyjąś mocną, silną, słabą stroną. Coś ma dobre, złe strony. Zajmować się czymś, przedstawiać coś itp. z jakiejś a. od jakiejś strony. Znać kogoś, coś z jakiejś (dobrej, złej itp.) strony. **3.** w zn. «miejsce, do którego coś zmierza, do którego coś jest zwrócone; kierunek»: Strona południowa, zachodnia. Strony świata. Iść w jakąś stronę (np. w stronę domu, miasta). Rozjeżdżać się, rozchodzić się itp. w różne, we wszystkie (na wszystkie) strony, każdy w swoją stronę. Rozglądać się na wszystkie strony. △ Ze strony kogoś, z czyjejś strony (wyrażenie często nadużywane), np.: Narzekania ze strony mieszkańców (*lepiej*: narzekania mieszkańców). Atak ze strony wroga (*lepiej*: atak wroga). Nadzór ze strony władz (*lepiej*: nadzór władz). Opieka, troska ze strony nauczycieli, rządu (*lepiej*: opieka, troska nauczycieli, rządu). Zagrożenie ze strony odwetowców (*lepiej*:

przez odwetowców). △ Krewny ze strony ojca, matki itp. **4.** in. stronica — w zn. «każda z dwu powierzchni karty papieru (skrót: str.)»: Książka ma 100 stron. Strona tytułowa. **5.** (zwykle w *lm*) w zn. «kraj, okolica, miejscowość»: Strony ojczyste, rodzinne. Nasze, swoje strony. Obce, dalekie, nieznane strony.

stronica (*nie*: stronnica) *ż II*; in. strona (w zn. 4): Stronice książki, tekstu. Stronica tytułowa.

stronić *ndk VIa*, stroniliśmy (p. akcent § 1a i 2) □ S. od kogo, czego (*nie*: przed kim, czym): Stronić od ludzi, od towarzystwa, od zabaw, od kieliszka.

stronnictwo *n III*: Stronnictwo patriotyczne, polityczne. Należeć do jakiegoś stronnictwa. △ W nazwach dużą literą: Polskie Stronnictwo Ludowe, Stronnictwo Demokratyczne.

stronniczy (*nie*: stronny): Stronniczy sąd. Stronnicza opinia. Postępowanie stronnicze.

stronnik *m III, lm M.* stronnicy *wych. z użycia* «zwolennik» □ S. czyj (z rzeczownikiem w dopełniaczu), jaki: Stronnik króla (królewski). □ *przestarz.* S. czego: Zjednał sprawie uwłaszczenia chłopów wielu stronników.

*strony czasownika p. czasownik (punkt IV).

strój *m I, D.* stroju, *lm M.* stroje, *D.* strojów (*nie*: stroi): Strój polski, podróżny, balowy, wieczorowy. Strój do konnej jazdy. Strój ze złotej lamy. △ *pot., żart.* W stroju adamowym a. w stroju Adama «nago»

stróż *m II, lm M.* stróże, *rzad.* (w zn. *przen.*) stróżowie *wych. z użycia* «dozorca, strażnik, wartownik»: Stróż zamykał na noc bramę kamienicy. △ *przen.* Stróż czystości języka. Stróż domowego ogniska. △ Anioł stróż: **a)** «w znaczeniu religijnym» **b)** *iron.* «szpieg» △ *podn.* a. *żart.* Stróż bezpieczeństwa publicznego «milicjant, policjant»

struchlały *m-os.* struchlali (*ale*: struchleli — 3. os. *lm* od struchleć): Struchlały człowiek. Struchlali ludzie.

struchleć *dk III*, struchleję, struchlał, struchleli, struchleliśmy (p. akcent § 1a i 2), struchlały □ S. z czego, na widok czego (*nie*: od czego): Struchleli ze zgrozy na widok okrucieństwa.

strucla (*nie*: sztrucla) *ż I, lm D.* strucli: Strucla z makiem.

struć *dk Xa*, struje, struliśmy (p. akcent § 1a i 2) □ S. kogo czym: Struć kogoś nieświeżą wędliną.

strudel (*nie*: sztrudel) *m I, D.* strudla, *lm D.* strudli (*nie*: strudlów).

strug *m III, D.* struga: Spod noży struga wychodzą spiralne wióry.

strugaczka *ż III, lm D.* strugaczek *rzad.* «temperówka»

strugać *ndk I*, strugam, *rzad. IX*, strużę; strugaliśmy (p. akcent § 1a i 2) □ S. co czym «ociosywać; obierać, skrobać»: Strugać paliki. Strugać deskę, ołówek. △ *pot.* Strugać (*częściej*: ciosać) komuś kołki na głowie, *posp.* na łbie «męczyć, dręczyć kogoś; pozwalać sobie na wszystko w stosunku do kogoś» □ S. co z czego «wycinać, wyrzynać coś z czegoś»: Strugać figurki z drzewa. □ S. kogo *posp.* «udawać kogoś; robić z siebie kogoś»: Strugać (z siebie) wariata, bohatera, niewiniątko.

struktura *ż IV*, zwykle *blm* «układ elementów stanowiących całość; budowa»: Struktura chemiczna witamin. Struktura organizacyjna przedsiębiorstwa.

strumień *m I, lm D.* strumieni (*nie*: strumieniów): Strumienie i potoki dają początek rzekom. Mieszkać nad strumieniem. Strumień wody z kranu. Strumienie deszczu, łez. △ Lać się strumieniem, strumieniami: Pot lał się z nas strumieniami. Wino lało się strumieniami na weselu. △ Bić strumieniem (o źródle).

struna *ż IV*: Struna metalowa, stalowa, barania (a. struna ze stali, z jelita baraniego). Struna fortepianowa, skrzypcowa (a. struna fortepianu, skrzypiec). △ Przeciągać, przeciągnąć strunę (*nie*: struny) «przekraczać dozwoloną granicę; przebierać miarę» △ Trafić w czyjąś czułą strunę «poruszyć sprawy, na które ktoś jest wrażliwy»

strunnik *m III*; in. płużka.

Struve (*wym.* Struwe) *m*, w *lp* odm. jak przym., *NMs.* Struvem, w *lm* jak rzecz., *lm M.* Struvowie, *D.* Struvów: Prace filozoficzne Henryka Struvego.

strużka *ż III, lm D.* strużek, zwykle w *lm* w zn. «wióry, heblowiny; *częściej*: strużyny»

strużyny *blp, D.* strużyn «wióry, heblowiny»

Strwiąż *m II, D.* Strwiąża, a. (z wyrazem: rzeka) *ndm* «rzeka»: Płynąć Strwiążem a. rzeką Strwiąż.

strwonić p. trwonić.

strych *m III, D.* strychu: Strych domu.

strycharz *m II, lm D.* strycharzy, in. ceglarz.

strychulec *m II, D.* strychulca, *lm M.* strychulce, *D.* strychulców (*nie*: strychulcy) △ Podciągać pod jeden a. pod ten sam strychulec «oceniać, traktować jednakowo; mierzyć jedną miarą»: Był wybitną indywidualnością, więc nie można go było podciągnąć pod ten sam strychulec z ludźmi jego środowiska.

stryj (*nie*: stryjo, stryja) *m I, lm M.* stryjowie (*nie*: stryje), *D.* stryjów (*nie*: stryi). || *D. Kult. II, 392*

stryjeczny *m-os.* stryjeczni △ Stryjeczny brat, stryjeczna siostra «dzieci stryja» △ *wych. z użycia* Stryjeczny dziadek, stryjeczna babka «stryj, stryjenka ojca lub matki» △ *wych. u użycia* Stryjeczny stryj «stryjeczny brat ojca»
stryjeczny, stryjeczna w użyciu rzeczownikowym *wych. z użycia* «brat stryjeczny, siostra stryjeczna»: Odwiedziła nas stryjeczna.

stryjek (*nie*: stryjko) *m III, D.* stryjka, *lm M.* stryjkowie.

stryjenka *ż III, lm D.* stryjenek *wych. z użycia* «żona stryja», *częściej*: ciocia. || *D Kult. II, 392.*

stryjostwo *n III, DB.* stryjostwa, *Ms.* stryjostwu (*nie*: stryjostwie), *blm*: Stryjostwo Kowalscy przyszli (*nie*: przyszło).

strz. «skrót wyrazu: *strzelec*, pisany z kropką, stawiany zwykle przed nazwiskiem lub przed imieniem i nazwiskiem, czytany jako cały, odmieniany

wyraz»: Strz. Jaworski. △ St. strz. «starszy strzelec»: St. strz. Jan Wąsik.

strzał (*wym.* stsział a. szczszał, *nie*: szczał) *m IV, D.* strzału, *Ms.* strzale: Strzał armatni, karabinowy. Celny, chybiony strzał. Przygotować broń do strzału (*nie*: na strzał). △ Na strzał, o strzał «na odległość wystrzelonego pocisku» △ *niepoprawne* Oddać strzał (*zamiast*: strzelić). □ S. do kogo, czego, w kogo, co: Strzał do celu, do napastnika. Strzał w okno, w powietrze. Strzał w bramkę, do bramki (*środ.*: na bramkę).

strzała (*wym.* stsiała a. szczszała, *nie*: szczała) *ż IV*: Wypuścić strzałę. Strzała przeszyła pierś, utkwiła w piersi. △ Jak strzała, *książk.* lotem strzały «bardzo prędko, błyskawicznie»: Koń pomknął jak strzała. △ Prosty jak strzała «bardzo prosty»: Droga prosta jak strzała.

strzałka (*wym.* stsiałka a. szczszałka, *nie*: szczałka) *ż III, lm D.* strzałek: Strzałka kompasu, zwrotnicy. △ *niepoprawne* Strzałka (*zamiast*: wskazówka) zegara.

strząsać *ndk I*, strząsaliśmy (p. akcent § 1a i 2) — **strząsnąć** *dk Va*, strząśnie, strząsnął (*wym.* strząsnoł), strząsnęła (*wym.* strząsnęła; *nie*: strząsła), strząsnęliśmy (*wym.* strząsnęliśmy; *nie*: strząśliśmy) — *rzad.* **strząść** *dk XI*, strzęsę, strzęsie, strząś a. strzęś; strząsł, strzęsła, strzęśli, strzęśliśmy □ S. co — z czego «zrzucać potrząsając»: Strząsać owoce z drzewa, popiół z papierosa, pył z ubrania.

strzec *ndk XI*, strzegę, strzeże, strzegą (*nie*: strzeżą), strzegł, strzegliśmy (p. akcent § 1a i 2), strzeżony □ S. kogo, czego (*nie*: kogo, co) «pilnować kogoś, czegoś, opiekować się kimś, czymś»: Strzec dziecka, domu, dobytku. Strzec jak oka w głowie, *podn.* jak źrenicy oka. □ S. kogo — od czego «chronić kogoś od czegoś»: Strzec dziecko od złych wpływów.
strzec się □ S. się kogo, czego (*nie*: od kogo, od czego) «wystrzegać się, unikać»: Strzec się złych ludzi. Strzeż się pociągu.

Strzegom *m I, D.* Strzegomia (*nie*: Strzegoma) «miasto»: Jechać do Strzegomia. Mieszkać w Strzegomiu (*nie*: Strzegomie). — strzegomski.

strzelać *ndk I*, strzelaliśmy (p. akcent § 1a i 2) — **strzelić** *dk VIa*, strzeliliśmy □ S. do kogo, czego: Strzelać do ludzi, do celu. △ Strzelać do bramki, w bramkę (*środ.*: na bramkę). □ (tylko *ndk*) S. co «polując zabijać»: Strzelać zające. □ S. w kogo, w co «strzelając trafiać w kogoś, w coś»: Strzelać w drzewo, w ludzi. △ *pot.* Strzelić komuś w łeb «zabić kogoś» △ (tylko *dk*) *posp.* Strzelić kogoś w twarz, w gębę itp. «mocno uderzyć» △ *przen.* Strzelać w górę, w niebo «wznosić się, sięgać wysoko»: Wieże, drzewa strzelają w niebo. □ S. z czego Strzelać z karabinu, z pistoletu, z dubeltówki, z łuku, z kuszy. △ Strzelać z bicza, z bata, *rzad.* biczem, batem «trzaskać głośno biczem» △ *pot.* Prosto (prosty) jak strzelił «bardzo prosto, bardzo prosty» △ *pot.* Jak z bicza strzelił «bardzo szybko» △ *pot.* Strzelać oczyma «zerkać dookoła, rozglądać się».
strzelać się *pot.* a) «strzelać do siebie w celu samobójczym»: Strzelał się dwa razy, ale go odratowano. b) *przestarz.* «strzelać do siebie wzajemnie,

pojedynkować się na broń palną» □ S. się z kim:
W młodości strzelał się z baronem.

Strzelce (Krajeńskie, Opolskie), Strzelce *blp,
D.* Strzelec; Krajeńskie, Opolskie odm. przym.
«miasta» — strzelczanin *m V, D.* strzelczanina, *lm M.*
strzelczanie, *D.* strzelczan — strzelczanka *ż III, lm D.*
strzelczanek — strzelecki.

strzelec *m II, D.* strzelca, *W.* strzelcze, forma
szersząca się: strzelcu, *lm M.* strzelcy, *D.* strzelców.

Strzelin *m IV, D.* Strzelina «miasto»: Jechać
do Strzelina. Mieszkać w Strzelinie. — strzelinianin
m V, D. strzelinianina, *lm M.* strzelinianie, *D.* strze-
linian — strzelinianka *ż III, lm D.* strzelinianek
— strzeliński.

Strzelno *n III* «miasto»: Jechać do Strzelna.
Mieszkać w Strzelnie. — strzelnianin *m V, D.* strzel-
nianina, *lm M.* strzelnianie, *D.* strzelnian — strzel-
nianka *ż III, lm D.* strzelnianek — strzeleński a.
strzeliński.

strzemiączko, *rzad.* **strzemionko** *n II, lm D.*
strzemiączek (strzemionek): Spodnie ze strzemiączka-
mi (strzemionkami).

strzemienne *n* odm. jak przym. «kielich, toast
spełniony na pożegnanie, przed wsiadaniem na konia, przed rozstaniem», zwykle w zwrocie: Wypić
strzemiennego.

strzemię (*nie:* strzemiono) *n V, D.* strzemienia
(*nie:* strzemia), *lm M.* strzemiona, *D.* strzemion.

strzemionko p. strzemiączko.

strzepnąć *dk Va,* strzepnę, strzepnie, strzepnij,
strzepnął (*wym.* strzepnoł), strzepnęła (*wym.* strzep-
neła; *nie:* strzepła), strzepnęliśmy (*wym.* strzepne-
liśmy, *nie:* strzepliśmy; p. akcent § 1a i 2) — **strze-
pać** *dk IX,* strzepię (*nie:* strzepę), strzepie, strze-
paliśmy — **strzepywać** *ndk VIIIa,* strzepuję (*nie:*
strzepywuję, strzepywam), strzepywaliśmy □ S.
co (z czego, do czego, czym) «trzepiąc zrzucić,
usunąć coś z czegoś, oczyścić z czegoś»: Strzepnąć
popiół z papierosa do popielniczki. Strzepnął czapką
śnieg z ławki. □ tylko: strzepnąć — strzepywać
co «potrząsnąć, wstrząsnąć czymś», zwykle w zwrocie: Strzepnąć piórka (o ptakach).

strzęp *m IV, D.* strzępu «urwany, obdarty kawałek czegoś; w *lm* również: rzecz podarta, łachmany»:
Podrzeć coś na strzępy a. w strzępy. △ Chodzić
w strzępach, mieć na sobie strzępy «być w łachmanach» △ Pójść w strzępy «zniszczyć się» □ S.
czego (*nie:* z czego): Strzęp papieru, tkaniny.
△ *przen.* Strzępy słów, rozmowy «poszczególne słowa, urywki rozmowy»

strzępek *m III, D.* strzępka zdr. od strzęp.

strzępiasty, *wych. z użycia* **strzępiaty:** Strzępiasty wąs. Strzępiaste brwi. Strzępiasty goździk,
liść. △ *przen.* Strzępiaste obłoki, skały.

strzępić *ndk VIa,* strzęp, strzępiliśmy (p. akcent
§ 1a i 2): Strzępić brzeg serwetki igłą. △ *pot.* Strzępić (sobie) język «mówić niepotrzebnie, na próżno,
mówić dużo»
strzępić się: Materiał strzępi się na rękawach,
w szwach.

strzyc *ndk XI,* strzygę (*nie:* strzyżę), strzyże,
strzyż, strzygł, strzygliśmy (p. akcent § 1a i 2), strzyżony: Strzyc trawę nożycami. Strzyc wełnę. Strzyc
włosy na jeża, na chłopaka. △ Strzyc okiem, ocz-
kiem, oczami «zerkać, spoglądać ukradkiem, rzucać
bystre, wesołe spojrzenia» △ Strzyc uchem, uszami «zwykle o zwierzętach: stawiać uszy na sztorc,
nasłuchiwać; nadsłuchiwać» || *KJP 277.*

Strzyżów *m IV, D.* Strzyżowa, *C.* Strzyżowowi
(*ale:* ku Strzyżowowi a. ku Strzyżowu) «miasto»
— strzyżowianin *m V, D.* strzyżowianina, *lm M.*
strzyżowianie, *D.* strzyżowian — strzyżowianka *ż III,
lm D.* strzyżowianek — strzyżowski.

STS (*wym.* estees, p. akcent § 6) *m IV, D.* STS-u,
rzad. ndm «Studencki Teatr Satyryczny»: Przedstawienie STS-u (STS). STS przygotował nowy
program.

stu- (*nie:* sto-) «pierwszy człon rzeczowników,
przymiotników i przysłówków złożonych oznaczających całość składającą się ze stu części, cechę składa-
nia się ze stu elementów», np.: stulecie, stumetrówka,
stużłotowy, stuprocentowy.

Stuart (*wym.* Stjuart, *nie:* Sztuart) *m IV, D.* Stu-
arta (p. akcent § 7), *lm M.* Stuartowie: Dynastia Stu-
artów panowała w Szkocji i Anglii przez długie wieki.
Stuart *ż ndm:* Panowanie Marii Stuart.

student *m IV, lm M.* studenci: Student politechniki, uniwersytetu. Student medycyny, prawa. Stu-
dent (studenci) pierwszego roku. || *D Kult. I,* 157.

studio *n I, lm D.* studiów a. (zwłaszcza w *CMs.
lp) ndm:* Studio radiowe, telewizyjne, filmowe.
Wejść do studia (do studio). Próby odbywały się
w studio (w studiu).

studiować *ndk IV,* studiowaliśmy (p. akcent
§ 1a i 2): Studiować historię, języki, prawo. Studiować na uniwersytecie, na politechnice, na SGPiS-ie,
ale: w Wyższej (*nie:* na Wyższej) Szkole Inżynie-
ryjnej, w Szkole (*nie:* na Szkole) Głównej Planowania
i Statystyki.

studium *n VI, lm M.* studia, *D.* studiów, częściej
w *lm* **1.** «badanie naukowe, studiowanie» □ S. czego (*ale:* Studia nad czym): Filologiczne studium
utworów pisarzy starożytnych. Studia nad staro-
żytnością. **2.** «dzieło naukowe, opracowanie naukowe» □ S. o kim, o czym: Studium o muzyce Chopina. Studium o Żeromskim. **3.** «wydział a. dział
wyższej uczelni»: Studium pedagogiczne. △ W nazwach dużą literą: Studium Nauczycielskie (skrót:
SN): Studiować na Studium (w Studium) Nauczy-
cielskim. **4.** tylko w *lm* «nauka, studiowanie na
wyższej uczelni»: Studia uniwersyteckie. Wyższe
studia. Wstąpić na studia. Być na ostatnim roku studiów. Ukończyć studia.

studnia *ż I, lm D.* studni a. studzien: Cembro-
wana studnia. Cembrowina studni. Kopać, wiercić
studnię. △ (Jak) studnia bez dna «o kimś, kogo nie
można zaspokoić, o czymś, czego nie można zapełnić»: Nigdy nam nie starcza pieniędzy, nasz dom to
studnia bez dna. △ *pot.* Użyć jak pies w studni «mieć
przykrości, kłopoty, źle się gdzieś czuć»

studniówka (*nie:* stodniówka) *ż III, lm D.* stu-
dniówek.

studyjny (*nie*: studialny), zwykle w wyrażeniach: Kino studyjne, seanse studyjne «kino, seanse uwzględniające w swym programie prelekcje o filmach, dyskusje nad filmem, przeglądy filmowe, badania opinii widzów itp.» || *D Kult. II, 372.*

Studzianki *blp*, D. Studzianek «miejscowość»: Bitwa pod Studziankami. Jechać do Studzianek.

stukać (*nie*: sztukać) *ndk I*, stukaliśmy (p. akcent § 1a i 2) — **stuknąć** *dk Va*, stuknąłem (*wym*. stuknołem; *nie*: stuknełem, stukłem), stuknął (*wym*. stuknoł), stuknęła (*wym*. stuknela; *nie*: stukła), stuknęliśmy (*wym*. stukneliśmy; *nie*: stukliśmy) «uderzając powodować charakterystyczny odgłos»; pukać, kołatać» □ S. bez dop.: Otwórzcie, ktoś stuka. Stukają koła pociągu. □ S. czym — w co, o co, po czym: Dzięcioł stuka (dziobem) w drzewo. Stukają obcasami w podłogę (o podłogę). Stuka palcami po stole. Stuknąć w okno. □ tylko *ndk* (*dk*: zastukać) □ S. do kogo, czego (żeby gdzieś wejść, dostać się do kogoś): Stukać do bramy, do mieszkania, do drzwi, do pokoju. Stukają do nas. Stukał do sąsiada. △ *pot. żart.* Stuknęło komuś ileś lat «ktoś skończył ileś lat»: Stuknęła mu pięćdziesiątka. □ *pot.* Stuknąć kogoś po kieszeni «narazić kogoś na duży wydatek» || *U Pol. (2), 426; D Myśli 97.*

stukotać p. zastukotać.

stukrotny p. stokrotny.

stulecie (*nie*: stolecie) *n I, lm D.* stuleci (dopuszczalna pisownia: 100-lecie): Stulecie zwycięstwa (*nie*: stulecie rocznicy zwycięstwa).

stuletni (*nie*: stuletny, stoletni) *m-os.* stuletni: Stuletni starzec. Stuletni miód. △ *niepoprawne* Stuletnia (*zamiast*: setna) rocznica.

stułbia *ż I, lm D.* stułbi.

stupaja *ż* a. *m* odm. jak *ż I*, M. ten *rzad*. ta stupaja (także o mężczyźnie), *lm M.* te stupaje, *rzad*. ci stupaje, D. stupai a. stupajów, B. te stupaje a. tych stupajów; zgr. od stupajka.

stupajka *m* a. *ż* odm. jak *ż III*, M. ten stupajka, *rzad*. ta stupajka, *lm M.* te stupajki, D. stupajek *pogard.* «w czasach carskich: policjant, urzędnik; w ogóle: bezmyślny, tępy służbista»

sturczyć p. turczyć.

Stuttgart (*wym*. Sztutgart) *m IV* «miasto w NRF»: Mieszkać w Stuttgarcie. — stuttgarcki.

Stutthof (*wym*. Sztuthof) *m IV*, D. Stutthofu, Ms. Stutthofie «miejscowość, gdzie był hitlerowski obóz koncentracyjny (dziś: Sztutowo)»

stwardnieć p. twardnieć.

stwarzać *ndk I*, stwarzaliśmy (p. akcent § 1a i 2) — **stworzyć** *dk VIb*, stworzyliśmy, stworzony «powoływać do istnienia; być twórcą czegoś, robić, czynić, wytwarzać»: Stworzyć wielkie dzieło. Stworzyć armię. Stwarzać jakąś atmosferę, jakieś możliwości. △ *niepoprawne* Stwarzać kłopoty (*zamiast*: przysparzać kłopotów). □ S. co komu: Stworzył swojej rodzinie (*nie*: dla swojej rodziny) dobrobyt, dobre warunki. □ Ktoś a. coś (jest jak, jakby) stworzony, stworzone **a)** dla kogo «ktoś a. coś pod każdym względem odpowiada komuś»: Byli dla siebie stworzeni. Sukienka jak dla niej stworzona. **b)**

do czego «ktoś a. coś szczególnie się do czegoś nadaje»: Ręce jakby stworzone do gry. Była (jakby) stworzona do tańca. **c)** na kogo, *rzad*. na co «ktoś ma wszystkie cechy charakterystyczne dla kogoś»: Stworzony na artystę. (Jakby) stworzony na przywódcę. || *KP Pras.*

stwierdzać *ndk I*, stwierdzaliśmy (p. akcent § 1a i 2) — **stwierdzić** *dk VIa*, stwierdzę, stwierdziliśmy «przekonawszy się o czymś, uznawać coś za pewne, prawdziwe; poświadczać, zaświadczać»: Stwierdzać autentyczność czegoś. Stwierdzić fakt. Stwierdzać tożsamość osób. Stwierdzić własnoręczność podpisu (*nie*: własnoręczny podpis). Stwierdzić zgon. □ S. że...: Stwierdził, że ranny już nie żyje. △ *niepoprawne* w zn. «mówić, oświadczać; twierdzić», np.: Oskarżona stwierdzała (*zamiast*: twierdziła), że jest niewinna. Mówca stwierdzał (*zamiast*: oświadczał), że należałoby wzmocnić dyscyplinę pracy. || *D Kult. II, 146; U Pol. (2), 220.*

-stwo, -ctwo (rozszerzenia formantu: -ostwo, -aństwo, -arstwo, -actwo, -alnictwo) przyrostek używany do tworzenia rzeczowników abstrakcyjnych będących nazwami zawodów, specjalności, różnych dziedzin przemysłu, nauki, sztuki itp., np.: *futrzarstwo, piłkarstwo, pamiątkarstwo, muzealnictwo, tchórzostwo.* △ Niekiedy używa się go do urabiania także nazw cech, np. *rutyniarstwo, ryzykanctwo* — wtedy podstawą tych rzeczowników są osobowe nazwy nosicieli cech (rutyniarz, ryzykant). △ W grupie rzeczowników na -stwo mogą występować także znaczenia: **a)** nazw czynności, np. *kreślarstwo* to nie tylko «zawód kreślarza», lecz także synonim *kreślenia; bumelanctwo* to samo co *bumelowanie*; **b)** nazw zbiorowych oraz nazw par małżeńskich, np. *chuligaństwo, obszarnictwo* to «ogół chuliganów, obszarników», *stryjostwo* to «stryj ze stryjenką» △ Uwaga. W wyrazach z przyrostkiem -stwo obowiązuje zarówno pisownia, jak i wymowa: -stwo, niezależnie od tematu wyrazu podstawowego, a więc np.: *męstwo, zwycięstwo, niedołęstwo, łupiestwo* (*nie*: męstwo, męztwo, zwycięstwo, zwycięztwo, niedołęstwo, niedołęztwo, łupiestwo, łupieztwo). *Niepoprawna* jest również pisownia tych wyrazów z cząstką -wstwo, np. myśliwstwo (*zamiast*: myślistwo). *Por.* -wstwo.

stwora *ż IV, częściej*: ten stwór.

stworzonko (*nie*: stworzeńko) *n II, lm D.* stworzonek.

stworzyć p. stwarzać.

stwór *m IV*, D. stworu (*nie*: stwora).

styczeń *m I*, D. stycznia «pierwszy miesiąc roku, w datach pisany słowami, cyframi arabskimi (z kropką) lub rzymskimi»: 15 stycznia 1970 r., 15.1.1970 r., 15 I 1970 r. a. 15.I.1970 r. △ Na pytanie: kiedy? — nazwa miesiąca zawsze w dopełniaczu, nazwa dnia — w dopełniaczu a. (z przyimkami *przed, po*) w narzędniku, np.: Przyjechał piątego stycznia. Przed piątym stycznia (*nie*: przed piątym styczniem). △ Na pytanie: jaki jest (lub był) dzień? — liczba porządkowa dnia w mianowniku a. w dopełniaczu, nazwa miesiąca w dopełniaczu np.: Piąty stycznia (*nie*: piąty styczeń) był dniem powszednim. Dziś jest piąty stycznia a. piątego stycznia (*nie*: piąty styczeń).

styczność *ż V*, zwykle w zwrocie: Mieć z kimś, z czymś styczność, np.: Miał styczność z ministrami. Nie miała styczności ze środowiskiem lekarskim.

stygnąć *dk Vc*, stygłem (*nie*: stygnąłem), stygł a. stygnął (*wym.* stygnoł), stygła, stygliśmy (p. akcent § 1a i 2): Zupa stygła od godziny. △ *przen.* Stopniowo stygła w miłości do męża. Stygł w zapale. △ Krew stygnie (w czyichś) żyłach **a)** «ogarnia kogoś przerażenie, zgroza» **b)** «ktoś się starzeje»

stykać *ndk I*, stykaliśmy (p. akcent § 1a i 2) — **zetknąć** *dk Va*, zetknąłem (*wym.* zetknołem; *nie*: zetknęłem, zetkłem), zetknął (*wym.* zetknoł), zetknęła (*wym.* zetknęła; *nie*: zetkła), zetknęliśmy (*wym.* zetknęliśmy; *nie*: zetkliśmy) □ S. co z czym «powodować dotknięcie, przyleganie czegoś do czegoś, przytykać, przykładać»: Styka drut żelazny z miedzianym. □ S. kogo z kim «powodować spotkanie, znajomość kogoś z kimś, zbliżać z kimś»: Los zetknął ich znowu po latach.
stykać się — zetknąć się □ (tylko w 3. os., bezokol., imiesł.) S. się z czym «dotykać, przylegać, przytykać do czegoś»: Niebo stykało się z morzem. □ S. się z kim, czym «wchodzić z kimś, z czymś w bezpośredni kontakt; spotykać się, zbliżać się»: Stykał się z nimi na zebraniach. Nie zetknęła się dotychczas z taką sprawą.

Styks *m IV, D.* Styksu «w mitologii greckiej: rzeka w Hadesie» — styksowy.

I styl *m I, D.* stylu, *lm D.* stylów (*nie*: styli): Styl lekki, prosty, gładki, górnolotny, kwiecisty, napuszony, lakoniczny, zwięzły, rozwlekły itp. Pisać, mówić jakimś stylem. Mieć dobry, piękny styl. Polepszyć (*nie*: podnieść) swój styl. □ S. czego: Styl książki, listów. Styl budowli, mebli. □ S. w czym: Styl w architekturze, w malarstwie, w muzyce. △ Coś w jakimś stylu: Meble w stylu rokoko. Kościół w stylu romańskim. △ w zn. *pot.* «sposób postępowania, zachowania się, wykonywania czegoś»: Styl pracy. Styl życia. Styl ubierania się. △ Styl jazdy (na nartach, na łyżwach). Pływać jakimś stylem. △ Coś (jest) w czyimś stylu «coś jest charakterystyczne dla kogoś»: Ten rodzaj zachowania się był w jego stylu. △ Ktoś (coś) w dobrym, wielkim itp. stylu «ktoś (coś) o dużej wartości w danej dziedzinie, wysokiej klasy, na wysokim poziomie»: Gra w wielkim stylu. Był turystą w dobrym stylu.

II styl *m I, D.* stylu, *lm D.* stylów *reg.* «rękojeść, trzon; stylisko»

*styl to zespół środków językowych wybieranych przez nadawcę lub nadawców tekstu jako najbardziej przydatne ze względu na cel wypowiedzi. Podłożem zjawisk stylistycznych jest istnienie w języku elementów równoznacznych i bliskoznacznych, spośród których przy tworzeniu tekstów można wybierać. Zasób środków synonimicznych jest różny w różnych działach faktów językowych, np. w odmianie wyrazów znacznie mniejszy niż w słownictwie i składni.
Wyróżnia się na ogół style indywidualne (styl autora, styl utworu) oraz style typowe (np. styl gatunku, prądu literackiego, styl epoki). Szczególnie ważnym rodzajem stylów typowych są style funkcjonalne (zwane także językami funkcjonalnymi). O wyborze środków stosowanych w działalności ję-

zykowej w różnych dziedzinach życia społecznego rozstrzyga cel tej działalności. Powtarzalność wyboru takich, a nie innych elementów językowych w wypowiedziach funkcjonujących w określonej sferze rzeczywistości społecznej prowadzi do wytworzenia się norm stylistycznych, które obejmują zespoły środków, ocenianych jako szczególnie przydatne w danym typie kontaktów językowych, a tym samym do wytworzenia się stylów funkcjonalnych. Przynależność jednostek językowych do tych zespołów określa się jako jeden z rodzajów ich nacechowania stylistycznego (takie nacechowanie wyrazów i wyrażeń sygnalizują słowniki za pomocą tzw. kwalifikatorów, np. *potoczne, urzędowe, poetyckie* itp.).
W rozwiniętym języku ogólnonarodowym można wyróżnić kilka podstawowych stylów funkcjonalnych. Zróżnicowanie współczesnej polszczyzny ogólnej na główne odmiany stylowe bywa przedstawiane rozmaicie. Dyskusyjna jest zwłaszcza pozycja języka czy stylu artystycznego. Niektórzy badacze (głównie językoznawcy) traktują tę odmianę jako jeden ze stylów funkcjonalnych języka pisanego. Przeciwnicy takiego ujęcia (głównie literaturoznawcy) uzasadniają swoiste stanowisko języka artystycznego (poetyckiego) wśród odmian językowych.
Kwestionuje się również często pojęcie stylu dziennikarsko-publicystycznego. Argumentem jest tu przede wszystkim trudność wyabstrahowania z wypowiedzi dziennikarskich (ze względu na wielość funkcji społecznych prasy tak wyraźnie zróżnicowanych językowo, jak np. notatka informacyjna, artykuł publicystyczny, reportaż, felieton) wspólnego im wszystkim zespołu środków stylistycznych.
Najmniej sporne jest istnienie stylu naukowego i stylu urzędowego. Celem pracy naukowej jest wypowiadanie prawdziwych i dostatecznie ogólnych sądów o rzeczywistości. Z potrzebą precyzyjnego formułowania takich sądów wiąże się bezpośrednio m.in. duży udział w wypowiedziach naukowych — terminów (wyrazów zasadniczo jednoznacznych, o ściśle zdefiniowanym i ostrym znaczeniu) oraz złożonych konstrukcji syntaktycznych, zdolnych do ujęcia skomplikowanych stosunków logicznych między treściami zdań składowych. Charakterystyczna jest tu także częstość użycia wyrazów i wyrażeń, określających postawę intelektualną autora wobec jego własnych twierdzeń (*prawdopodobnie, zasadniczo, moim zdaniem, jak sądzę* itp.) oraz pewne, zwyczajowo utarte formy nawiązywania kontaktu z czytelnikiem (*zwróćmy uwagę na..., rozpatrzmy z kolei zagadnienie...* itp.).
Styl urzędowy (oficjalno-urzędowy, urzędowo-kancelaryjny), analizowany niekiedy w obrębie szerzej pojętego języka normatywno-dydaktycznego, obejmuje wypowiedzi, których główną funkcją jest regulowanie stosunków między obywatelami a instytucjami społecznymi i państwowymi. W charakterystyce tej odmiany uwypukla się m.in. takie cechy, jak: częstość ujęć bezosobowych i kategorycznych (*zabrania się, nie jest dozwolone, winien jest, jest obowiązany* itp.), obecność ogólnie przyjętych formuł (np. na początku i w zakończeniu pism urzędowych), schematyczny układ tekstu (np. punkty, podpunkty, paragrafy).
W języku ogólnonarodowym mówionym wyróżnia się zazwyczaj jego postać dialogową jako styl potoczny (konwersacyjny), służący do porozumiewania

się w codziennych kontaktach między ludźmi. Cechuje go swoiste słownictwo, w którego skład wchodzi wiele elementów o zasięgu środowiskowym (regionalizmy, profesjonalizmy) oraz wyrazów i wyrażeń zabarwionych emocjonalnie. W składni stylu potocznego uderzają przede wszystkim konstrukcje syntaktyczne budowane bez dbałości o ścisłą hierarchizację członów składowych), skrótowe i niepełne, zrozumiałe często tylko na tle znanej rozmówcom sytuacji, uzupełniane mimiką i gestem.

Monologowa postać języka mówionego, określana jako styl przemówień lub styl retoryczny, odznacza się wielkim zróżnicowaniem. Jest to widoczne przy porównaniu np. przemówień okolicznościowych (wygłaszanych na przyjęciach dla wywołania nastroju serdeczności czy podtrzymania humoru) z przemówieniami politycznymi albo wykładami, których tekst, zwykle przygotowany na piśmie, po usunięciu zwrotów do słuchaczy i cech uwarunkowanych samą techniką ustnego przekazu łatwo przybiera postać artykułu publicystycznego czy naukowego.

Jak widać z tego szkicowego opisu, granice między stylami funkcjonalnymi nie są ostre. Odmiany stylowe języka różnią się nie tyle poszczególnymi składnikami, ile ich zespołami, ich różnym zhierarchizowaniem w obrębie tych zespołów i odrębnością funkcji pełnionych w poszczególnych typach wypowiedzi.

Jak wynika z definicji stylu, stylistyczną ocenę wypowiedzi trzeba opierać na stwierdzeniu stopnia celowości dokonanego w niej doboru materiału językowego, decydującego o jej cechach charakterystycznych. Nie ma więc właściwie ogólnie obowiązujących zasad dobrego stylu. Tak np. jasność, prostota, zwięzłość uznawane dość powszechnie za zalety stylu, mogą być ze względu na zamierzenia autora wypowiedzi właściwościami niepożądanymi (np. uczestnikom rozmów dyplomatycznych często zależy właśnie na sformułowaniach ogólnikowych i wieloznacznych).

Jeżeli nie zachodzą jednak jakieś okoliczności szczególne, wymienione cechy stylu można istotnie uważać za jego zalety. Za najważniejszą, najbardziej podstawową spośród nich trzeba uznać jasność, czyli komunikatywność. Piszącemu czy mówiącemu chodzi przecież zazwyczaj o to, żeby go jak najlepiej rozumiano. Toteż jest rzeczą oczywistą, że w wyborze środków językowych musi się on liczyć z czytelnikiem czy słuchaczem, z jego możliwością dobrego „odbioru" przekazywanej treści.

W odróżnieniu od komunikatywności stylu, którą się określa ze względu na oddziaływanie tekstu na odbiorcę, prostota stylu stanowi wewnętrzną cechę samego tekstu. Istotę tej cechy najlepiej można uchwycić, zestawiając ją z przeciwstawnymi: zawiłością, ozdobnością, pretensjonalnością. Wypowiedź stylistycznie prosta (w przeciwieństwie do zawiłej) charakteryzuje się przede wszystkim doborem wyrazów najbardziej w danej sytuacji naturalnych i tokiem składniowym wiernie odbijającym najbardziej spontaniczny porządek opisu, narracji czy rozumowania. Jako prosty (w przeciwieństwie do ozdobnego) określi się także styl wypowiedzi, pozbawionej środków stylistycznych wprowadzanych wyłącznie dla podniesienia walorów estetycznych (np. kunsztownych przenośni, porównań, omówień). Z prostotą stylu szczególnie ostro kontrastuje jego pretensjonalność, wynikająca zwykle z pogoni za tanimi efektami stylistycznymi (są nimi np. zbanalizowane przenośnie w rodzaju: *w zaraniu dziejów, opuścić mury uczel-*

ni), z kokietowania czytelnika czy słuchacza snobistycznym, pseudonaukowym czy pseudowytwornym słownictwem (np.: *trend, preferować,* w *permanencji,* poddać *dogłębnej* analizie, rozpatrywać problem we właściwym *kontekście;* nie zdążyłem *skonsumować* zupy, *spoczął* na krześle itp.), z chęci zaskakiwania go niezwykłym układem członów składniowych i zdań.

Wypowiedź sformułowana prosto jest znaczeniowo przejrzysta: uwaga odbiorcy nie zatrzymuje się na jej kształcie słownym, ale skupia wyłącznie na przekazywanej treści. Tak więc prostota stylu stanowi jeden z głównych warunków jego zrozumiałości, a tym samym skutecznego oddziaływania. Z tego przede wszystkim powodu trzeba ją uznać za cenną zaletę wysłowienia.

Prostota stylu wiąże się zwykle z rzetelną postawą autora tekstu w stosunku do własnej działalności, i to nie tylko słownej. Sądy i opinie intelektualnie dopracowane, przemyślane gruntownie najczęściej przybierają właśnie prosty kształt językowy. Tak więc omawiana cecha stylu dobrze świadczy o mówiącym czy piszącym jako o człowieku, któremu istotnie zależy na osiąganiu obiektywnych celów społecznych.

Zwięzłość wypowiedzi polega na niewystępowaniu w niej elementów zbędnych ze względu na jej funkcję komunikatywną i nie pełniących żadnych funkcji stylistycznych. Zwięzłość nie szkodząca zrozumiałości tekstu stanowi jego zaletę, ponieważ oszczędza nadawcy i odbiorcy wypowiedzi wysiłku i czasu potrzebnego do porozumienia się. Do jak największej ekonomii słowa powinno się dążyć przede wszystkim w tekstach pisanych. Wypowiedzi ustne, zwłaszcza obszerniejsze i bardziej skomplikowane treściowo, takie jak: wykład, referat, przemówienie, aby zachować komunikatywność, wymagają na ogół większego „zużycia" materiału słownego, ponieważ słuchacz, inaczej niż czytelnik, nie może wrócić do tych partii tekstu, których od razu nie zrozumiał. Wytrawni wykładowcy i mówcy nie unikają więc powtarzania szczególnie ważnych i trudnych fragmentów swych wypowiedzi (zwykle w odmiennym sformułowaniu) i posługują się często szeregami synonimicznymi po to, żeby dać swemu audytorium czas na zastanowienie się czy po prostu wypoczynek.

Zwięzłości wypowiedzi szkodzi przede wszystkim występowanie pleonazmów (np. *potencjalne możliwości*), wyrazów treściowo pustych (m.in. *teren,* np. na terenie Warszawy zbudowano nowy wieżowiec = w Warszawie zbudowano...; *fakt,* np. trzeba się liczyć z faktem ujemnego wpływu = ...z ujemnym wpływem; *proces,* np. metoda ważna w procesie nauczania = ...w nauczaniu) oraz tzw. wyrażeń opisowych (np. ulec zepsuciu = zepsuć się). *Por.* język i jego odmiany.

stylista *m* odm. jak *ż IV, lm M.* styliści, *DB.* stylistów «pisarz, mówca oceniany ze względu na wartości jego stylu»

stylistyka (*wym.* stylistyka, *nie:* stylistyka; p. akcent § 1c) *ż III, D.* stylistyki.

stylizować *ndk IV,* stylizowaliśmy (p. akcent § 1a i 2) — **wystylizować** *dk:* Stylizować zdania. □ *rzad.* S. kogo (co) na kogo (co) «nadawać komuś, czemuś cechy upodabniające do kogoś, czegoś»: Autor stylizował bohatera na Anglika. **stylizować się** △ zwykle w zwrocie: Stylizować się na kogoś «starać się do kogoś upodobnić, udawać kogoś»: Stylizował się na artystę.

stylon *m IV, D.* stylonu: Sukienka ze stylonu.

stymulować *ndk IV,* stymulowaliśmy (p. akcent § 1a i 2) △ używane zwykle w terminologii biologicznej i medycznej (w języku ogólnym *lepiej*: pobudzać, być bodźcem), np.: Środki stymulujące.

stypendialny przym. od stypendium: Komisja stypendialna. Fundusz stypendialny.

stypendium *n VI, lm M.* stypendia, *D.* stypendiów: Dostać, otrzymać stypendium. Przyznać komuś stypendium.

Styria (*nie:* Sztyria) *ż I, DCMs.* Styrii «kraj związkowy w Austrii»: Mieszkać w Styrii. Jechać do Styrii. — Styryjczyk *m III, lm M.* Styryjczycy — Styryjka *ż III, lm D.* Styryjek — styryjski.

su p. sou.

suahili *n ndm:* Badania nad (językiem) suahili.

sub- «pierwszy człon wyrazów złożonych, oznaczający zależność od kogoś, czegoś, położenie pod czymś», np.: sublokator, subtropikalny.

subarktyczny in. podbiegunowy: Fauna subarktyczna.

subiekcja *ż I, DCMs.* i *lm D.* subiekcji *wych. z użycia* «trud, kłopot»: Zrobić, sprawić komuś subiekcję.

subiekt *m IV, D.* subiekta, *lm M.* subiekci *przestarz.* w zn. «sprzedawca, ekspedient»

subiektywizm *m IV, D.* subiektywizmu, *Ms.* subiektywizmie (*wym.* ~izmie a. ~iźmie), *blm.*

sublokator *m IV, lm M.* sublokatorzy a. sublokatorowie.

subordynacja *ż I, DCMs.* subordynacji, *blm* «karność, posłuszeństwo»: Przestrzegać subordynacji. □ S. wobec kogo: Subordynacja wobec przełożonych.

subskrybować *ndk* a. *dk IV:* Subskrybował encyklopedię. // D Kult. I, 790.

subskrypcja *ż I, DCMs.* i *lm D.* subskrypcji: Rozpisać subskrypcję na nowy słownik. // D Kult. I, 790.

subsoniczny in. poddźwiękowy.

substytut *m IV* **1.** *lm M.* substytutowie a. substytuci *praw.* «zastępca» **2.** *D.* substytutu, *lm M.* substytuty *techn.* «surowiec lub materiał pomocniczy stosowany zastępczo; także: towar zastępczy»

subsydium *n VI, lm M.* subsydia, *D.* subsydiów (*nie:* subsydii); *częściej:* subwencja: Cofnąć, przyznać subsydium. Subsydium na badania eksperymentalne.

subtelny *m-os.* subtelni, *st. w.* subtelniejszy a. bardziej subtelny: Subtelne rysy. Subtelny słuch. Subtelny człowiek. Subtelna (*nie:* cienka) aluzja, sprawa. Subtelny (*nie:* cienki) dowcip. // U Pol. (2), 112.

subtropikalny in. podzwrotnikowy: Okolice subtropikalne.

subwencja *ż I, DCMs.* i *lm D.* subwencji «zasiłek pieniężny, dotacja, subsydium»: Subwencja państwowa. Otrzymać, uzyskać subwencję. Udzielać subwencji. □ S. na co: Subwencja na prace badawcze.

subwencjonować *ndk IV,* subwencjonowaliśmy (p. akcent § 1a i 2) «udzielać subwencji; zasilać pieniężnie»

Sucha (Beskidzka) *ż* odm. jak przym. «miasto»: Mieszka w Suchej (Beskidzkiej). — suski.

suchedni (*wym.* suchedni) *blp, D.* suchedni.

sucho *st. w.* suszej a. bardziej sucho: Tego lata było bardzo sucho. △ *pot.* Coś komuś nie ujdzie na sucho (*rzad.* ujdzie, uszło na sucho) «ktoś poniesie konsekwencje (*rzad.* uniknie, uniknął przykrych następstw)»

suchotnik *m III, lm M.* suchotnicy *wych. z użycia* «gruźlik»

suchoty *blp, D.* suchot (*nie:* suchót, suchotów) *wych. z użycia* «gruźlica»: Chory na suchoty. Mieć suchoty. Dostać, nabawić się suchot.

Suchumi *n ndm* «miasto w ZSRR»: Mieszkać w Suchumi. — suchumski.

suchy *m-os.* susi, *st. w.* suchszy a. bardziej suchy: Suche liście. Suchy wiatr. Ktoś suchy (*częściej:* chudy) jak szkielet. △ *przen.* Suchy wykład. Suche fakty. △ *posp.* O suchej gębie, o suchym pysku «bez jedzenia, picia; na czczo» △ Do sucha: Wytrzeć się do sucha.

Suczawa *ż IV* «miasto w Rumunii»: Mieszkać w Suczawie. — suczawski.

Sudan *m IV, D.* Sudanu «państwo w Afryce» — Sudańczyk *m III, lm M.* Sudańczycy — Sudanka *ż III, lm D.* Sudanek — sudański.

sudecki: Krajobraz sudecki (*ale:* Przedgórze Sudeckie).

Sudety *blp, D.* Sudetów «góry na granicy Polski i Czechosłowacji»: Sudety Środkowe, Wschodnie, Zachodnie. — sudecki.

sueski: Port, przemysł sueski (*ale:* Kanał Sueski, Zatoka Sueska, Przesmyk Sueski).

Suez *m IV, D.* Suezu «miasto w Egipcie» — sueski (p.).

sufiks *m IV, D.* sufiksu; in. przyrostek (p.).

sufler *m IV, lm M.* suflerzy.
sufler — o kobiecie, p. nazwy i tytuły zawodowe kobiet.

suflerka *ż III, lm D.* suflerek **1.** «kobieta — sufler» **2.** *pot.* «zawód suflera»

sugerować *ndk IV,* sugerowaliśmy (p. akcent § 1a i 2) — zasugerować *dk* «podsuwać, poddawać myśl o czymś» □ S. co komu: Sugerował mu odpowiedź negatywną. △ *niepoprawne* w zn. «proponować», np.: Sugerował (*zamiast:* proponował) mi wspólny wyjazd.
sugerować się — zasugerować się □ S. się czym «ulegać czyjejś sugestii, wpływowi czegoś»: Sugerować się opinią innych. // KP Pras.

sugestia (*wym. przestarz.* sugiestja) *ż I, DCMs.* i *lm D.* sugestii **1.** «wpływ, oddziaływanie»: Poddawać się, ulegać sugestii czegoś. Być pod sugestią czegoś. △ Nadużywane w języku prasy (*zamiast*: propozycja, projekt, wniosek), np.: Wysunąć, przyjąć jakąś sugestię (*lepiej*: propozycję). Nie odrzucono tej sugestii (*lepiej*: propozycji). || *D Kult. I*, 157.

sugestionować (*wym. przestarz.* sugiestjonować) *ndk IV*, sugestionowaliśmy (p. akcent § 1a i 2) — **zasugestionować** *dk książk.* «oddziaływać na kogoś za pomocą sugestii, sugerować coś komuś»

sugestywny *m-os.* sugestywni, *st. w.* sugestywniejszy a. bardziej sugestywny: Sugestywny sposób mówienia. □ S. w czym: Umie być sugestywny w motywowaniu.

I Sukarno *m IV*, *D.* Sukarna, *C.* Sukarnowi a. (w połączeniu z wyrazem: prezydent) *ndm*: Przedstawiono go Sukarnowi (prezydentowi Sukarno).

II Sukarno *n ndm* «szczyt w Nowej Gwinei»: Ich oczom ukazało się Sukarno.

sukces *m IV*, *D.* sukcesu, *lm M.* sukcesy (*nie*: sukcesa) «powodzenie, zwycięstwo; osiągnięcie, zdobycz»: Odnieść, osiągnąć sukces. Mieć sukces w czymś. △ *niepoprawne* Sukces (*zamiast*: zwycięstwo) nad kimś, nad czymś. || *KP Pras.*

sukcesja *ż I*, *DCMs.* i *lm D.* sukcesji *wych. z użycia* a) «spadek» □ S. po kim: Sukcesja po ojcu. b) «dziedziczenie praw do tronu; następstwo»: Sukcesja tronu.

sukcesor *m IV*, *lm M.* sukcesorzy *wych. z użycia* a) «spadkobierca, dziedzic» b) «potomek, następca (zwłaszcza: tronu)»

sukcesyjny *wych. z użycia* «dotyczący spadku, spadkowy; związany z następstwem tronu, dziedziczny»: Sprawy sukcesyjne. △ *hist.* Wojny sukcesyjne.

sukcesywny, *lepiej*: stopniowy, kolejny, np. Sprawy te regulowane są w sposób sukcesywny (*lepiej*: stopniowy).

sukiennice *blp*, *D.* sukiennic *daw.* «składy i kramy z suknem; budynki mieszczące je» △ W nazwie budynku zachowanego na Rynku Głównym w Krakowie — dużą literą: W Sukiennicach są liczne sklepy z pamiątkami.

suknia *ż I*, *lm D.* sukni a. sukien (*nie*: sukień), *częściej*: sukienka — w zn. «wierzchni strój kobiecy»: Suknia dobrze, źle leży. △ *niepoprawne* Ubrać (*zamiast*: nałożyć, włożyć) suknię.

sukno *n III*, *lm D.* sukien: Stół obity zielonym suknem.

sukurs *m IV*, *D.* sukursu △ tylko w *książk.* zwrocie: Iść, przyjść komuś, przybyć itp. w sukurs «przyjść komuś z pomocą, z odsieczą» || *D Kult. II*, 270.

Sulechów *m IV*, *D.* Sulechowa, *C.* Sulechowi (*ale*: ku Sulechowowi a. ku Sulechowu) «miasto» — sulechowski.

Sulejów *m IV*, *D.* Sulejowa, *C.* Sulejowi (*ale*: ku Sulejowowi a. ku Sulejowu) «miasto» — sulejowski.

Suliga *m* odm. jak *ż III*, *lm M.* Suligowie, *DB.* Suligów.

Suliga *ż III*, *rzad. ndm* — Suligowa *ż* odm. jak

przym., Suliżyna *ż IV*, *D.* Suliżyny, *CMs.* Suliżynie (*nie*: Suliżynej) — Suliżanka *ż III*, *lm D.* Suliżanek.

Sulla *m* odm. jak *ż I*: Reformy ustrojowe Sulli.

Sullivan (*wym.* Saliwan) *m IV*, *D.* Sullivana (p. akcent § 7), *lm M.* Sullivanowie: Projekty architektoniczne L. Sullivana. Wypisywał z encyklopedii informacje o wszystkich Sullivanach.

sułtan *m IV*, *lm M.* sułtanowie a. sułtani.

suma *ż IV* 1. w zn. «wynik dodawania; zbiór pewnej liczby zjawisk»: Suma kosztów, długów, pieniędzy. Suma wiadomości, doświadczeń, wrażeń. △ W sumie: a) «w wyniku dodawania; *częściej*: razem»: Dwa i pięć to w sumie siedem. b) «na ogół»: W sumie wycieczka była udana. 2. w zn. *kult.* «uroczysta msza»: Być na sumie.

sumariusz *m II*, *lm D.* sumariuszy a. sumariuszów *przestarz.* «wyciąg z jakichś akt, dokumentów, dzieł itp.; skrót, kompendium; także: spis, rejestr, zbiór»

Sumatra *ż IV*, *Ms.* Sumatrze «wyspa indonezyjska»: Mieszkać na Sumatrze. Pojechać na Sumatrę. △ Sumatra Północna, Południowa.

Sumer *m IV*, *D.* Sumeru «w starożytności: część Mezopotamii nad Zatoką Perską» — Sumer *m IV*, *D.* Sumera, *lm M.* Sumerowie; a. Sumeryjczyk *m III*, *lm M.* Sumeryjczycy — Sumeryjka *ż III*, *lm D.* Sumeryjek — sumerski a. sumeryjski, *rzad.* sumerycki.

sumienie *n I*, *CMs.* sumieniu: Spokój sumienia. Rachunek sumienia. Mieć wyrzuty sumienia. △ Brać coś na swoje sumienie «brać na siebie odpowiedzialność za coś» △ Mieć coś a. kogoś na sumieniu «być winnym czegoś; być winnym w stosunku do kogoś, mieć poczucie wyrządzonej komuś krzywdy»: Miał na sumieniu tę kradzież. Będziesz mnie miał na sumieniu! △ *pot.* Sumienie ruszyło kogoś «ktoś, uświadomiwszy sobie własną winę, zmienił postępowanie»

sumienny *m-os.* sumienni, *st. w.* sumienniejszy a. bardziej sumienny: Sumienny pracownik. □ S. w czym: Sumienny w badaniach, w pracy.

sumitować się *ndk IV*, sumitowaliśmy się (p. akcent § 1a i 2) *przestarz., żart.* «tłumaczyć się, usprawiedliwiać»

sumować *ndk IV*, sumowaliśmy (p. akcent § 1a i 2) — **zsumować** *dk* «dodawać, zliczać»: Sumować kolumny cyfr. Zsumować wydatki, wypłacone sumy. △ *przen.* Sumować wrażenia, wnioski.

sumpt *m IV*, *D.* sumptu △ zwykle w *książk.* zwrocie: Zrobić coś własnym sumptem «zrobić coś własnym kosztem, za własne pieniądze»: Własnym sumptem wybudował schronisko.

Sunda *ż IV*, *D.* Sundy; in. Cieśnina Sundajska «cieśnina między Jawą a Sumatrą» — sundajski (p.).

Sundajczyk *m III*, *lm M.* Sundajczycy «przedstawiciel ludu zamieszkującego południowo-zachodnią część Jawy (w Indonezji)»

Sundajka *ż III*, *lm D.* Sundajek «przedstawicielka ludu zamieszkującego południowo-zachodnią część Jawy (w Indonezji)»

sundajski: Krajobraz sundajski (*ale*: Cieśnina Sundajska, in. Sunda; Archipelag Sundajski, in. Archipelag Malajski).

supeł *m IV, D.* supła: Zaciągnąć, zacisnąć supeł. Zawiązać coś na supeł.

super- «pierwszy człon wyrazów złożonych, pisany łącznie, uwydatniający wysoki stopień, wysoką jakość tego, co oznacza druga część złożenia», np.: superfilm, superforteca, supernowoczesny.

superlatyw *m IV, D.* superlatywu, *lm M.* superlatywy 1. «przymiotnik w stopniu najwyższym» 2. zwykle w *lm* «słowa wyrażające najwyższe uznanie, zachwyt»: Mówić, wyrażać się o kimś, o czymś w superlatywach.

suplement *m IV, D.* suplementu, *lm M.* suplementy «dodatek, uzupełnienie (do dzieła)» □ S. do czego: Suplement do słownika, do encyklopedii.

suplika (*wym.* suplika, *nie*: suplika, p. akcent § 1c) *ż III książk.*, często *żart.* «uniżona prośba, zwykle pisemna»: Złożyć komuś suplikę.

Supraśl 1. *ż I, D.* Supraśli «rzeka» 2. *m I, D.* Supraśla «miasto» — supraski (*nie*: supraślski).

supremacja *ż I, DCMs.* i *lm D.* supremacji «przewaga, dominowanie, zwierzchnictwo» □ S. nad czym, nad kim: Wielowiekowa supremacja polityczna Chin nad Japonią.

Surabaja *ż I, DCMs.* Surabai «miasto w Indonezji»

surogat *m IV, D.* surogatu; *częściej*: namiastka.

surojadka p. serojadka.

surowizna *ż IV, CMs.* surowiźnie (*nie*: surowiznie).

surowy *m-os.* surowi, *st. w.* surowszy a. bardziej surowy; w zn. «nie mający wyrozumiałości; bezwzględny» □ S. dla kogo, *rzad.* wobec kogo: Był surowy dla dzieci. Była surowa wobec samej siebie.

surrealizm (nie *wym.* sürrealizm) *m IV, D.* surrealizmu, *Ms.* surrealizmie (*wym.* ~izmie a. ~iźmie), *blm*; in. nadrealizm.

Susłow (*wym.* Susłow) *m IV, D.* Susłowa (p. akcent § 7): Działalność polityczna Susłowa.

susseks (*wym.* saseks a. suseks) *m IV, D.* susseksa, zwykle w *lm* «rasa kur pochodzenia angielskiego»

Sussex (*wym.* Saseks) *m IV, D.* Sussexu, *Ms.* Susseksie a. (zwykle w połączeniu z wyrazem: hrabstwo) *ndm* «hrabstwo w Wielkiej Brytanii»: Mieszkańcy Sussexu (hrabstwa Sussex).

Susz *m II, D.* Suszu «miasto» — suski (*nie*: suszański). // *D Kult. I, 578.*

suszarnia *ż I, lm D.* suszarni, *rzad.* suszarń.

suszka *ż III, lm D.* suszek 1. «przyrząd służący do osuszania papieru z atramentu» 2. zwykle w *lm* «owoce suszone; susz» 3. *reg.* «suche drzewo; sucha gałązka»

suszyć *ndk VIb*, suszyliśmy (p. akcent § 1a i 2) 1. «czynić suchym, pozbawiać wilgoci»: Suszyć grzyby, owoce. Suszyć włosy. △ Suszyć sobie głowę nad czymś «intensywnie myśleć» △ Suszyć komuś głowę o coś «natrętnie przypominać komuś o tym samym, upominać się o coś»: Suszy jej głowę o pieniądze. △ *pot., żart.* Suszyć do kogoś zęby «śmiać się do kogoś zalotnie» 2. «zachowywać ścisły post» □ S. bez dop.: Cały dzień suszyła.

sutanna *ż IV, lm D.* sutann.

suterena, *rzad.* **suteryna** *ż IV, lm D.* suteren (suteryn). // *D Kult. I, 778.*

suto *st. w.* suciej a. bardziej suto *wych. z użycia* «w dużej ilości; obficie; bogato»: Stół suto zastawiony.

suwak *m III* △ Suwak logarytmiczny (skrótowo: suwak). △ *pot.* w zn. «zamek błyskawiczny, ekler»

suwalski (*nie*: suwałecki): Jeziora suwalskie (*ale*: Pojezierze Suwalskie).

Suwałki *blp, D.* Suwałk (*nie*: Suwałek) «miasto» — suwalski (p.). // *U Pol. (2), 605.*

suweren *m IV, lm M.* suwerenowie a. suwereni «niezależny władca, monarcha» *Por.* suzeren.

suwerenność *ż V, blm* «samodzielność polityczna; najwyższa władza, zwierzchnictwo»: Mieć, utracić suwerenność. Suwerenność państwa. Suwerenność elektora brandenburskiego w Prusach.

suwerenny 1. «niezależny od innego państwa; niepodległy»: Suwerenne państwo, terytorium. 2. *m-os.* suwerenni «mający zwierzchnią władzę; panujący»: Suwerenny władca.

Suworow (*wym.* Suworow) *m IV, D.* Suworowa (p. akcent § 7): Zwycięstwa wojenne Suworowa.

suzeren *m IV, lm M.* suzereni a. suzerenowie «w średniowiecznych stosunkach lennych: najwyższy senior — zwierzchnik wasalów» *Por.* suweren.

Svoboda (*wym.* Swoboda a. Svoboda) *m odm. jak ż IV, D.* Svobody (p. akcent § 7): Działalność polityczna Ludwika Svobody.

swada *ż IV, blm* «werwa, zacięcie, temperament (zwykle pisarza, mówcy)»: Swada pisarska. Mówić, pisać, rozprawiać, perorować ze swadą. Robić coś z młodzieńczą swadą.

swary *blp, D.* swarów: Gorszące swary. □ S. o co: Swary o lepsze miejsce.

Swarzędz *m II, D.* Swarzędza «miasto» — swarzędzki (p.).

swarzędzki: Meble swarzędzkie (*ale*: Jezioro Swarzędzkie).

swastyka (*wym.* swastyka) *ż III, D.* swastyki (p. akcent § 1c): Hitlerowska flaga ze swastyką.

swat *m IV* 1. *lm M.* swatowie (*nie*: swaci) «ten, kto swata kogoś z kimś» △ *pot.* (A)ni brat, (a)ni swat «ktoś obcy, nic nie obchodzący kogoś»: Nie będę się zajmował jego sprawami; to ani mój brat, ani swat (a. on mi ani brat, ani swat). 2. tylko w *lm, M.* swaty, *D.* swatów «swatanie»: Małżeństwo jego było rezultatem swatów. △ Jechać, iść do kogoś w swaty «starać się o kogoś, wysłać swaty do kogoś»

swawola *ż I, lm D.* swawoli: Dziecinne swawole. Poskromić, ukrócić swawolę. Dopuszczać się swawoli.

swawolić *ndk VIa*, swawol (*nie*: swawól), swawoliliśmy (p. akcent § 1a i 2): Dzieci swawoliły na łące.

swąd (*nie*: swęd) *m IV, D.* swędu (*nie*: swądu): W kuchni narobiło się dużo swędu. △ *pot.* Psim swędem «łatwo, bez wysiłku; fuksem»

swe forma ściągnięta *M.* i *B.* zaimka dzierżawczego: swoje (p. swój), mająca charakter książkowy.

sweter (*nie*: swetr) *m IV, D.* swetra: Sweter damski, męski. Sweter wełniany, zapinany. Włożyć sweter (*nie*: swetr). ‖ *D Kult. I, 779; II, 472.*

swędzić (*nie*: świędzić) *ndk VIa*, swędziłby (p. akcent § 4c); a. **swędzieć** *ndk VIIa*, swędziałby, tylko w 3. os., bezokol., imiesł.: Ciało go swędziło (swędziało). Noga już jej (*rzad.* ją) nie swędzi. △ *pot.* Kogoś (aż) ręka swędzi «ktoś ma ochotę uderzyć kogoś» △ Język kogoś swędzi «ktoś nie może się oprzeć chęci mówienia»

Swierdłowsk (*wym.* Swierdłowsk a. Swierdłowsk) *m III, D.* Swierdłowska (p. akcent § 7) «miasto w ZSRR» — swierdłowski.

Swietłow (*wym.* Swietłow) *m IV, D.* Swietłowa (p. akcent § 7): Wiersze i poematy liryczne Swietłowa.

Swift (*wym.* Suift) *m IV, D.* Swifta: Słynna powieść Swifta „Podróże Guliwera".

Swinburne (*wym.* Suinbern) *m IV, D.* Swinburne'a (*wym.* Suinberna, p. akcent § 7), *N.* Swinburne'em, *Ms.* Swinburnie: Rozprawa krytyczna o poezji Swinburne'a.

swing *m III, DB.* swinga: Tańczyć swinga. △ Tańczyć swingiem «tańczyć krokiem właściwym dla tego tańca»

swoboda *ż IV, lm D.* swobód 1. w zn. «brak skrępowania, przymusu; niezależność»: Swoboda poruszania się, postępowania. Korzystać ze swobody. 2. (tylko w *lm*) w zn. *książk.* «przywileje, prawa do czegoś»: Swobody szlacheckie, demokratyczne. Utrata swobód. △ *niepoprawne* w zn. «wolność, niepodległość», np. Walczyć za swobodę (*zamiast*: walczyć o wolność, niepodległość) kraju.

swobodnie (*nie*: swobodno; ta *daw.* forma występuje dziś tylko w przysłowiu: Choć głodno, ale swobodno) *st. w.* swobodniej: Swobodnie czymś rozporządzać. Mówić swobodnie jakimś językiem. △ Oddychać swobodnie **a)** «oddychać lekko, pełną piersią» **b)** «mieć uczucie ulgi» △ Komuś jest swobodnie na duszy, na sercu.

swobodny *m-os.* swobodni, *st. w.* swobodniejszy: Swobodny rozwój, wybór. Jest swobodny jak ptak. Swobodna rozmowa. Swobodna przestrzeń. □ S. w czym: Swobodny w ruchach, w rozmowie. □ S. wobec kogo: Swobodny wobec kobiet, wobec przełożonych. △ *niepoprawne* w zn. «wolny», np. Swobodny (*zamiast*: wolny) naród, kraj.

swoisty: Swoisty styl poetycki. Swoiste cechy. Swoiste piękno Tatr. □ Coś (jest) swoiste (*częściej*: typowe) dla kogoś, czegoś: Ten sposób budowania domów jest swoisty (*częściej*: typowy) dla Podhala.

swojak *m III* 1. *lm M.* ci swojacy a. (z silniejszym zabarwieniem ekspresywnym) te swojaki *pot.* **a)** «rodak, krewny, człowiek bliski» **b)** *DB.* swojaka, *lm M.* te swojaki «tytoń preparowany domowym sposobem; papieros z tego tytoniu»: Palić swojaka.

sworzeń *m I, D.* sworznia, *lm D.* sworzni a. sworzniów.

swój *m*, **swoja** a. **swa** *ż*, **swoje** a. **swe** *n* odm. jak przym., *D. m, n* swojego a. swego, *ż* swojej a. swej, *lm M. m-os.* swoi, *ż-rzecz.* swoje a. swe, *D.* swoich a. swych △ Formy ściągnięte (np. swa, swych) na ogół nie są używane w języku potocznym, mają charakter książkowy; występują w zdaniu tylko w pozycji nie akcentowanej. W pozycji akcentowanej używa się form pełnych, np.: Chętnie wypowiadał swe (swoje) poglądy, *ale*: Chętnie wypowiadał swoje (*nie*: swe) poglądy i poglądy sławnych ludzi. △ We *fraz.* często wyłącznie formy pełne: W swoim imieniu. Być na swoim miejscu. Umrzeć swoją śmiercią. Na swój sposób. Swoją drogą. Chodzić swoimi drogami. Mieć swoje lata, swój rozum. △ Z łaski swojej «zwrot grzecznościowy dodawany do prośby» △ W niektórych *fraz.* częstsze formy ściągnięte: Coś (ktoś) swego chowu. Pilnuj swego nosa. Swego czasu a. w swoim czasie. Swego rodzaju a. w swoim rodzaju. △ przysłowie: Nie ma złej drogi do swej niebogi. △ Formy rzeczownikowe mające postać ściągniętą: Pewny swego. Dopiąć swego. Nie darować swego. Pilnować swego. Trafić na swego. 1. «zaimek wyrażający stosunek dzierżawczej przynależności jakiegoś przedmiotu do podmiotu zdania bez względu na jego osobę i liczbę; zastępuje więc zaimki dzierżawcze (odpowiadające wszystkim zaimkom osobowym): *mój, nasz, twój, wasz*, zaimek *jego, jej — ich* (w funkcji dzierżawczej), gdy jest określeniem rzeczownika pozostającego w zależności składniowej od jakiejkolwiek formy czasownikowej nazywającej czynność lub stan podmiotu zdania», np.: Byłem, byłeś, był, była, byliśmy, byliście, byli w swoim mieszkaniu. Uporządkowałem swoje książki. Czy wziąłeś swoje rzeczy? Schował już swoje notes. Czy odszukaliście swoje miejsce? Zrobili już swoją pracę. △ W wielu wypadkach dopuszczalne jest także używanie zaimków *mój, twój, nasz, rzadziej wasz*, np.: Przyniosłam panu moją a. swoją pracę. Po długim błądzeniu zobaczyliśmy wreszcie nasze (a. swoje) schronisko. Gdzie powiesiliście wasze (*lepiej*: swoje) palta? Kiedy mi pokażesz twoje (*lepiej*: swoje) nowe fotografie? △ *Niepoprawne* jest natomiast użycie zaimków *jego, jej, ich*, w takiej funkcji, np. Przyprowadził jego (*zamiast*: swoją) siostrę. △ Często w takich wypadkach użycie zaimka *swój* (jak i odpowiadających mu innych zaimków dzierżawczych) bywa zbyteczne, gdyż rozumie się samo przez się, do kogo dana rzecz, sprawa należy, odnosi się, np.: Wziął swoją („swoją" — zbyteczne) teczkę i wyszedł. Oddaliśmy swoje („swoje" — zbyteczne) głosy na kandydata naszej grupy. Padliśmy na swoje („swoje" — zbyteczne) kolana. 2. *pot.* «rodzimy, swojski, domowy»: Swój człowiek, chłop. Pojechał w swoje strony. Coś swojej roboty. **swój** w użyciu rzeczownikowym «ktoś bliski, należący do tego samego środowiska; znajomy»: Swój ze swoim powinien trzymać. Zyskał u swoich sympatię. △ We *fraz.* formy ściągnięte: Trafił swój na swego «zetknąć się z właściwym partnerem» △ używane w odpowiedzi na zapytanie: kto tam? — Swój! **swoje** w użyciu rzeczownikowym 1. «to, co jest czyjąś własnością lub co się komuś należy»: Upomi-

nali się o swoje. Wrócili na swoje. △ We *fraz.* tylko formy pełne: Pójść na swoje «rozpocząć samodzielnie życie» △ Wyjść na swoje (*nie*: na swoim) «nic nie stracić»
2. «osobiste zdanie, racja»: Obstawał przy swoim. Ja i tak wiem swoje. △ We *fraz.* formy pełne i ściągnięte: Pewny swego «przeświadczony o słuszności własnego zdania» △ Coś zrobiło swoje «coś wywarło spodziewany wynik, poskutkowało» △ Dostać, mieć za swoje «ponieść konsekwencje swego postępowania» △ Postawić na swoim, dopiąć swego «osiągnąć zamierzony cel» △ Nie darować swego «zemścić się» △ Odsiedzieć swoje «odbyć karę» △ Po swojemu «w sposób sobie właściwy, według swego upodobania» || *D Kult. I, 159; GPK Por. 238.*

Syberia *ż I, DCMs.* Syberii «część azjatyckiego terytorium ZSRR»: Mieszkać na Syberii. Jechać na Syberię. — Sybirak (p.) — Sybiraczka (p.) — syberyjski.

Sybilla *ż I, DCMs.* i *lm D.* Sybilli: Proroctwa Sybilli. Świątynia Sybilli.

Sybir *m IV, D.* Sybiru 1. *przestarz.* «Syberia»: Zesłańcy na Sybir. Mieszkać na Sybirze. — sybirski.
2. sybir «gruba, podwójna tkanina z wełny zgrzebnej»

Sybiraczka *ż III, lm D.* Sybiraczek 1. «mieszkanka Syberii»
2. sybiraczka «w carskiej Rosji: kobieta zesłana na Syberię»

Sybirak *m III, lm M.* ci Sybiracy 1. «mieszkaniec Syberii»
2. «w carskiej Rosji: zesłaniec na Syberię»

sycić *ndk VIa,* sycę, syciliśmy (p. akcent § 1a i 2) «czynić sytym, nasycać»: Sycąca potrawa. △ *przen. książk.* Sycić czymś wzrok, oczy, uszy «patrzeć na coś słuchać czegoś do syta, napawać się czymś»: Sycić oczy pięknymi widokami. △ Sycić miód «przerabiać miód pszczeli na pitny»

Syców *m IV, D.* Sycowa, *C.* Sycowowi (*ale*: ku Sycowowi a. Sycowu) «miasto» — sycowianin *m V, D.* sycowianina, *lm M.* sycowianie, *D.* sycowian — sycowianka *ż III, lm D.* sycowianek — sycowski.

Sycylia *ż I, DCMs.* Sycylii «wyspa na Morzu Śródziemnym» — Sycylijczyk *m III, lm M.* Sycylijczycy — Sycylijka *ż III, lm D.* Sycylijek — sycylijski (p.).

sycylijski: Wina sycylijskie (*ale*: Cieśnina Sycylijska).

syczeć (*nie*: syczyć) *ndk VIIb,* syczeliśmy (p. akcent § 1a i 2) — **syknąć** *dk Va,* syknąłem (*wym.* syknołem; *nie*: syknełem, sykłem), syknął (*wym.* syknoł), syknęła (*wym.* sykneła; *nie*: sykła), syknęliśmy (*wym.* sykneliśmy; *nie*: sykliśmy) 1. «wydawać syk»: Gęsi syczały. Para syczy. Tłuszcz syczy na patelni. □ S. z czego: Syknąć z bólu. 2. «mówić ze złością»: Głupstwa mówisz — syknął przez zęby.

syfilis *m IV,* syfilisu, *blm; środ.* (*med.*) kiła.

sygn. «skrót wyrazu: *sygnatura,* pisany z kropką, czytany jako cały, odmieniony wyraz, stosowany w katalogowaniu bibliotecznym»: Sygn. dzieła: B 1025.

sygnalizacja *ż I,* zwykle *blm*: Sygnalizacja uliczna, morska, elektryczna, mechaniczna. Sygnalizacja

wzrokowa a. optyczna. Sygnalizacja dźwiękowa, świetlna. □ S. czym: Sygnalizacja semaforem.

sygnalizować *ndk IV,* sygnalizowaliśmy (p. akcent § 1a i 2) — **zasygnalizować** *dk* □ S. co, *rzad.* o czym: Sygnalizować niebezpieczeństwo (o niebezpieczeństwie). □ S. czym: Sygnalizować semaforem, latarką, chorągiewkami.

sygnał *m IV, D.* sygnału: Sygnał alarmowy, świetlny, flagowy. Sygnały mgłowe. Sygnał straży pożarnej. Nadawać, przesyłać sygnały czymś a. za pomocą czegoś. □ S. do czego: Sygnał do rozpoczęcia czegoś, np. walki, meczu. □ S. na co: Sygnał na zbiórkę, na alarm. □ S. o czym: Sygnały o niebezpieczeństwie.

sygnatariusz *m II, lm D.* sygnatariuszy a. sygnatariuszów.

Syjam (*nie*: Sjam) *m IV, D.* Syjamu «państwo w Azji» — Syjamczyk *m III, lm M.* Syjamczycy — Syjamka *ż III, lm D.* Syjamek — syjamski (p.).

syjamski (*nie*: sjamski): Język syjamski. Kot syjamski (*ale*: Zatoka Syjamska). △ Bracia syjamscy, siostry syjamskie «bliźnięta zrośnięte ze sobą; *przen.* nierozłączni przyjaciele»

Syjon *m IV, D.* Syjonu «wzgórze w Jerozolimie, *podn.* także samo to miasto» — syjoński.

syjonista (*nie*: sjonista) *m odm. jak ż IV, lm M.* syjoniści, *DB.* syjonistów.

syjonizm (*nie*: sjonizm) *m IV, D.* syjonizmu, *Ms.* syjonizmie (*wym.* ~izmie a. ~iźmie), *blm.*

sykać *ndk I,* sykaliśmy (p. akcent § 1a i 2) «wydawać od czasu do czasu syk; syczeć»: Sykał z bólu. Sykać na kogoś.

syknąć p. syczeć.

Sykstus *m IV, D.* Sykstusa, *lm M.* Sykstusowie.

sykstyński zwykle w nazwie: Kaplica Sykstyńska.

sylaba *ż IV,* in. zgłoska.

*sylabowce p. skrótowce.

sylikat *m IV, D.* sylikatu: Materiały budowlane z sylikatu (a. sylikatowe).

sylikatowy: Cegła sylikatowa.

sylikon *m IV, D.* sylikonu.

sylikonowy: Smary sylikonowe (a. z sylikonu).

sylogizm (*nie*: syllogizm) *m IV, D.* sylogizmu, *Ms.* sylogizmie (*wym.* ~izmie a. ~iźmie).

Sylwester *m IV, D.* Sylwestra 1. *lm M.* Sylwestrowie «imię» — Sylwek *m III, D.* Sylwka, *lm M.* Sylwkowie — Sylwestrostwo *n III, DB.* Sylwestrostwa, *Ms.* Sylwestrostwu (*nie*: Sylwestrostwie), *blm*; a. Sylwestrowie *blp, D.* Sylwestrów — Sylwkowie *blp, D.* Sylwków.
2. sylwester, *DB.* sylwestra, *lm M.* sylwestry «dzień 31 grudnia, wieczór, noc z 31 grudnia na 1 stycznia; zabawa, bal odbywające się tej nocy»: Spędzać gdzieś sylwestra. W tym roku nigdzie się nie wybieramy na sylwestra.

sylwetka *ż III, lm D.* sylwetek; *rzad.* **sylweta** *ż IV:* Sylwetka mężczyzny. Sylwetka lasu. Na niebie ukazała się sylwetka samolotu. Mieć zgrabną sylwetkę.

symbol *m I, D.* symbolu, *lm D.* symboli a. symbolów: Symbole chemiczne. Czerń jest symbolem żałoby. Uchodzić za symbol czegoś. Przedstawiać coś za pomocą symboli. Posługiwać się symbolami.

symbolika (*wym.* symbolika, *nie:* symbolika; p. akcent § 1c) *ż III, D.* symboliki, *blm.*

symbolizm *m IV, D.* symbolizmu, *Ms.* symbolizmie (*wym.* ~izmie a. ~iźmie), *blm.*

symetryczny: Figury symetryczne. △ Symetryczny w stosunku do czegoś a. względem czegoś: Punkty symetryczne w stosunku do osi a. względem osi.

Symferopol *m I, D.* Symferopola «miasto w ZSRR» — symferopolski.

symfonia (*wym.* symfońja) *ż I, DCMs.* i *lm D.* symfonii: Orkiestra wykonała symfonię. △ *przen.* Symfonia barw.

symfoniczny: Orkiestra symfoniczna. Koncert symfoniczny. Poemat symfoniczny.

symonia (*wym.* symońja) *ż I, DCMs.* symonii, *blm, hist.* «sprzedawanie i kupowanie za pieniądze beneficjów i stanowisk kościelnych; *rzad.* świętokupstwo»

sympatia *ż I, DCMs.* sympatii, *blm* **1.** «życzliwy, przyjazny stosunek»: Szczera sympatia. Dowody, wyrazy sympatii. Wzbudzić, zdobyć sympatię. Odnosić się do kogoś z sympatią. Cieszyć się czyjąś sympatią a. cieszyć się sympatią u kogoś. □ S. dla kogo, czego a. do kogo, czego: Czuł sympatię dla kolegi (do kolegi). □ S. między kim a. kim: Nie było sympatii między nauczycielem a uczniem. **2.** *lm D.* sympatii *pot.* «przedmiot uczucia, osoba, którą się lubi, kocha»: On jest jej cichą sympatią. Randka z sympatią.

sympatyzować *ndk IV,* sympatyzowaliśmy (p. akcent § 1a i 2) □ S. z kim, z czym: Sympatyzować z ruchem rewolucyjnym. Sympatyzowali ze sobą od dawna.

sympozjum *n VI, lm M.* sympozja; *rzad.* **sympozjon** *m IV, D.* sympozjonu, *lm M.* sympozja (*lepiej* niż: sympozjony): Sympozjum naukowe. Sympozjum współczesnej medycyny. Sympozjon literacki. // D Kult. II, 343.

symptom, *rzad.* **symptomat** *m IV, D.* symptomu, symptomatu, *lm M.* symptomy, symptomaty (*nie:* symptoma, symptomata): Symptom choroby. △ Wyraz nadużywany *zamiast:* objaw, oznaka, przejaw, np.: Symptomy (*lepiej:* oznaki) poprawy zdrowia. Symptomy (*lepiej:* objawy) zmęczenia.

symptomatyczny □ S. dla kogo, czego: Poglądy symptomatyczne dla epoki.

symulować *ndk IV,* symulowaliśmy (p. akcent § 1a i 2): Symulować chorobę.

syn *m IV, WMs.* synu (*nie:* synie), *lm M.* synowie: Rodzony syn. Syn pierworodny. △ *podn.* Syn marnotrawny. Opowiadała o swoim jedynym synu (*nie:*

synie). △ *kult.* Syn Boży, Syn Człowieczy «Jezus Chrystus» △ Nieślubny, *przestarz.* naturalny syn «syn pochodzący ze związku nie zalegalizowanego» △ Określenie: *syn naturalny* bywa dziś używane głównie w odniesieniu do nieślubnych synów władców, arystokratów, magnatów. △ Przybrany, adoptowany (w języku prawniczym także: przysposobiony) syn «chłopiec uznany przez kogoś prawnie za syna»

synagoga *ż III, lm D.* synagog (*nie:* synagóg); in. bożnica a. bóżnica: Zabytkowa synagoga. Modlić się w synagodze.

synagogalny przym. od synagoga: Nabożeństwo synagogalne.

Synaj *m I, D.* Synaju «półwysep między Zatoką Sueską a zatoką Akaba» — synajski.

synchronia (*wym.* synchrońja) *ż I, DCMs.* synchronii, *blm książk.* «współistnienie, jednoczesność (procesów, zjawisk)»

synchronizować *ndk IV,* synchronizowaliśmy (p. akcent § 1a i 2) — **zsynchronizować** *dk* □ S. co z czym: Synchronizować dźwięk z obrazem filmowym.

synchronizować się *rzad.* «o zjawiskach, wydarzeniach, procesach: występować w tym samym czasie, jednocześnie»

syndetikon (*nie:* syntetikon) *m IV, D.* syndetikonu «klej wyrabiany głównie z odpadków rybich»: Kleić coś syndetikonem.

syndyk *m III, lm M.* syndycy a. syndykowie.

syndykalizm *m IV, D.* syndykalizmu, *Ms.* syndykalizmie (*wym.* ~izmie a. ~iźmie), *blm.*

Syngalez *m IV, lm M.* Syngalezi «członek ludu zamieszkującego Cejlon» — Syngalezka *ż III, lm D.* Syngalezek — syngaleski.

synonim *m IV, D.* synonimu; in. bliskoznacznik: Używać synonimów zamiast definicji. △ *przen.* Stać się synonimem czegoś «być równoznacznym z czymś, znaczyć to samo»: Nazwisko Molierowskiego Harpagona stało się synonimem skąpca.

synonimiczność *ż V, blm; rzad.* **synonimia** *ż I, DCMs.* synonimii, *blm. Por.* bliskoznaczność wyrazów.

synonimiczny in. bliskoznaczny: „Odgrywać znaczną rolę" i „mieć duże znaczenie" — to zwroty synonimiczne.

synoptyk *m III, D.* synoptyka (p. akcent § 1d): Dyżurny synoptyk opracował mapę pogody.

synoptyka (*wym.* synoptyka, *nie:* synoptyka, p. akcent § 1c) *ż III, blm:* Wielka rola synoptyki w życiu gospodarczym kraju.

synowa *ż odm.* jak przym., *D.* synowej (*nie:* synowy), *W.* synowo (*nie:* synowa).

syntaktyczny in. składniowy: Człon syntaktyczny, konstrukcja syntaktyczna.

syntetyzować, *rzad.* **syntezować** *ndk IV,* syntetyzowaliśmy, syntezowaliśmy (p. akcent § 1a i 2).

synteza (*wym.* synteza, *nie:* synteza) *ż IV:* Dokonać syntezy. Wnioski końcowe stanowią syntezę tej obszernej rozprawy.

sypać *ndk IX*, sypię (*nie*: sypę), syp, sypaliśmy (p. akcent § 1a i 2) — **sypnąć** *dk Va*, sypnąłem (*wym.* sypnołem; *nie*: sypnełem, syplem), sypnął (*wym.* sypnoł), sypnęła (*wym.* sypneła; *nie*: sypła), sypnęliśmy (*wym.* sypnelíśmy; *nie*: sypliśmy) **1.** w zn. «pokrywać, napełniać coś czymś sypkim» □ S. co — na co, do czego, *rzad.* w co: Sypał piasek na ścieżkę, groch do wiadra. □ (tylko *dk*) S. czego (z dopełniaczem cząstkowym): Sypnął owsa koniom. **2.** w zn. «rzucać czymś sypkim» □ S. czym: Wiatr sypie piaskiem. Sypało śniegiem. □ *przen.* S. czym, *rzad.* co «rozdawać, wydawać wiele czego»: Sypać pieniędzmi (pieniądze). Sypać komplementami, pochwałami (komplementy, pochwały). **3.** *pot.* w zn. «składać obciążające kogoś zeznanie; zdradzać kogoś»

sypać się — sypnąć się 1. (zwykle w 3. os.) w zn. «o czymś sypkim; spadać, wysypywać się» □ S. się z czego: Z torby sypie się cukier. Tynk sypie się ze ścian. □ S. się na kogo, na co: Spadające liście sypały nam się na głowę. △ *przen.* Liczne ciosy sypały się na jego plecy. Na niego sypią się nagrody, kary, pochwały. **2.** (tylko *ndk*) w zn. «niszczyć, kruszeć»: Dom sypał się w gruzy. **3.** w zn. *środ.* «mylić się (zwykle w graniu roli); wyjawiać coś niekorzystnego dla siebie»: Aktor się sypnął na premierze. Podczas śledztwa zaczęli się sypać.

sypialnia *ż I, DCMs.* sypialni, *lm D.* sypialni, *rzad.* sypialń **1.** «pokój, w którym się sypia; pokój sypialny; sypialny»: Mieli słoneczną sypialnię. W internacie były czteroosobowe sypialnie. **2.** «komplet mebli do tego pokoju»: Kupili sypialnię jasny orzech.

sypialny: Pokój sypialny. Wagon sypialny, in. sliping.

sypialny w użyciu rzeczownikowym **1.** p. sypialnia (w zn. 1). **2.** «wagon sypialny»

sypnąć p. sypać.

Syrakuzy *blp, D.* Syrakuz «miasto we Włoszech» — syrakuzanin *m V, D.* syrakuzanina, *lm M.* syrakuzanie, *D.* syrakuzan — syrakuzanka *ż III, lm D.* syrakuzanek — syrakuzański.

Syr-daria *ż I, DCMs.* Syr-darii «rzeka w ZSRR»

syrena *ż IV* **1.** «przyrząd do nadawania sygnałów akustycznych; mitologiczna nimfa morska; samochód osobowy marki Syrena»: Syrena alarmowa. Śpiew syreny (a. śpiew syreni). Jechać syreną. **2.** zwykle w *lm* «rząd ssaków morskich» **3.** Syrena «godło Warszawy» **4.** Syrena *ndm* «marka samochodów osobowych»: Kupić samochód marki Syrena.

syreni przym. od syrena (w zn. «nimfa morska») △ Syreni śpiew (a. śpiew syreny) «śpiew mitycznej syreny, wabiący żeglarzy w niebezpieczne miejsca» △ Syreni gród «Warszawa (od godła miasta)»

Syria *ż I, DCMs.* Syrii «państwo w południowo-zachodniej Azji» — Syryjczyk *m III, lm M.* Syryjczycy — Syryjka *ż III, lm D.* Syryjek — syryjski (p.).

syrop (*nie*: syróp) *m IV, D.* syropu: Syrop truskawkowy a. syrop z truskawek. Syrop kartoflany a. ziemniaczany, skrobiowy.

syryjski: Funt syryjski (*ale*: Pustynia Syryjska).

system, *przestarz.* **systemat** (*nie*: ta a. to systema) *m IV, D.* systemu (systematu), *lm M.* systemy (systematy; *nie*: systemata): System dziesiętny, metryczny, prawny, finansowy. System dróg wodnych. System sygnałów. System płac. △ Robić coś jakimś systemem «robić coś jakimś sposobem, jakąś metodą»: Budował dom systemem gospodarczym.

systematycznie *st. w.* systematyczniej a. bardziej systematycznie; przysłów. od systematyczny: Uczyć się, pracować systematycznie. △ *niepoprawne* w zn. «ciągle, stale», np. Chory miał systematycznie (*zamiast*: stale) podwyższoną temperaturę.

systematyczny *st. w.* systematyczniejszy a. bardziej systematyczny **1.** «uporządkowany według pewnego systemu; regularny»: Prowadzić systematyczne życie. Systematyczna nauka. **2.** *m-os.* systematyczni «skrupulatny, dokładny»: Był bardzo systematyczny w pracy. **3.** bez *st. w.* «dotyczący systematyki (roślin i zwierząt)»: Układ systematyczny. Cecha systematyczna. Jednostka systematyczna.

systematyka (*wym.* systematyka, *nie*: systematyka, p. akcent § 1c) *ż III*: Systematyka grzybów. Systematyka zwierząt i roślin.

systematyzować *ndk IV*, systematyzowaliśmy (p. akcent § 1a i 2) — **usystematyzować** *dk*: Systematyzować wiadomości, materiały.

sytuacja (*wym.* sytu-acja) *ż I, DCMs.* i *lm D.* sytuacji: Sytuacja międzynarodowa, polityczna, finansowa. Sytuacja atmosferyczna. Poważna, krytyczna, napięta sytuacja. Sytuacja bez wyjścia. Sytuacja na froncie była niepomyślna. Być, znaleźć się w jakiejś sytuacji. Opanować sytuację, stać się panem sytuacji.

syty *m-os.* syci, *st. w.* sytszy a. bardziej syty; *książk.* **syt**, tylko w *M. lp* (w funkcji orzecznika a. przydawki okolicznikowej) **1.** «taki, który zaspokoił głód»: Wypoczęty i syty zasnął. △ *przen.* «mający czegoś dość» □ Syty a. syt czegoś: Syty (syt) chwały. **2.** tylko: syty «treściwy, sycący; zasobny w żywność»: Syte jedzenie. Syty kraj.

syty w użyciu rzeczownikowym «człowiek syty»: Syty głodnemu nie wierzy (przysłowie).

do syta 1. «do zaspokojenia głodu»: Najadł się do syta. **2.** «tyle, ile ktoś pragnie; do woli»: Nagadać się do syta.

Syzyf *m IV* «postać mitologiczna»: Praca Syzyfa (a. syzyfowa praca).

syzyfowy △ zwykle w wyrażeniu: Syzyfowa praca «praca ciężka, a nie dająca żadnych wyników»

sz p. dzielenie wyrazów.

szabas (*nie*: szabes) *m IV, D.* szabasu.

I szaber *m IV, D.* szabru, *blm; częściej*: tłuczeń «tłuczony kamień lub cegła»: Szosa wysypana szabrem.

II szaber *m IV pot.* **a)** *D.* szabru «przywłaszczanie rzeczy porzuconych (w okresie wojny, w pierwszych latach po wojnie)»: Wiele jego rzeczy pochodziło z szabru. Jechać na szaber. **b)** *D.* szabra «rodzaj noża; w gwarze złodziejskiej: łom»

szabla *ż I, lm D.* szabli a. szabel «broń sieczna (dziś używana tylko jako broń sportowa)»: Szabla damasceńska. Cięcie szablą. Mistrz na szable a. w szabli. Walka na szable. Rapcie szabli a. od szabli, u szabli. △ *wych. z użycia* Być, występować przy szabli a. z szablą. △ Roznieść kogoś a. coś na szablach «posiekać, pobić w walce na szable» △ *przen.* **a)** «człowiek uzbrojony w szablę; także: szermierz walczący szablą»: Wołodyjowski był pierwszą szablą w Rzeczypospolitej. **b)** «walka na szable; *środ.* rodzaj konkurencji sportowej»: W szabli mało kto mu dorównał. W szabli startowało 20 zawodników.

szablista *m* odm. jak *ż IV, lm M.* szabliści, *DB.* szablistów: Szabliści polscy odnieśli zdecydowane zwycięstwo.

szablon *m IV, D.* szablonu **1.** «wzór, wzornik»: Szablon literniczy, techniczny. Szablon z papieru, z blachy. **2.** «schemat bezmyślnie stosowany w działaniu i myśleniu»: Ulegał modnym szablonom myślowym. Młodemu publicyście trudno się było wyzwolić od szablonu. △ Coś odbiega od szablonu «coś jest oryginalne»

*szablon językowy Termin ten ma kilka zakresów i znaczeń, nie zawsze jasno wyodrębnianych. Najczęściej bywa używany w odniesieniu do związków wyrazowych, których duża powtarzalność w tekstach nie jest dostatecznie uzasadniona względami treściowymi, lecz wypływa z wzorowania się na wypowiedziach jednostkowych lub zbiorowych autorytetów w jakiejś dziedzinie (np. w polityce, twórczości naukowej czy artystycznej) albo też z naśladowania innowacji stylistycznych uznanych za efektowne. Szablonami w tym sensie bywają np. nadużywane często w dzisiejszej prasie polskiej związki: *wlec się w ogonie* (wydarzeń), *pokwitować przemówienie burzliwymi oklaskami, szeroki wachlarz problemów* itp. Omawiany termin niekiedy odnosi się także do konstrukcji składniowych zbyt często się powtarzających i zupełnie nie uzasadnionych w danym tekście lub typie tekstów. Trudno np. czasem znaleźć uzasadnienie dla częstych w wiadomościach prasowych zdań z orzeczeniem w stronie biernej (np. „Przez mieszkańców Torunia oczekiwana jest ciekawa impreza” — *zamiast*: Mieszkańcy Torunia oczekują ciekawej imprezy).

Szablon językowy pozostaje najczęściej w związku ze zjawiskami m o d y j ę z y k o w e j polegającej na okresowym znacznym wzroście częstości użycia wyrazów, połączeń wyrazowych (niekiedy także konstrukcji składniowych) nie spowodowanym przyczynami pozajęzykowymi (za objaw mody językowej nie uznamy częstego ostatnio pojawiania się wyrazu *sputnik* w związku z szybkim rozwojem kosmonautyki). Przyczyną szczególnie częstego wyboru danego elementu językowego spośród elementów bliskoznacznych jest zwykle chęć podniesienia rangi społecznej zjawiska, o którym się pisze czy mówi, przez nazwanie go wyrazem należącym do odmiany stylistycznej o pewnym prestiżu społecznym (np. do stylu oficjalno-urzędowego, naukowego). W języku dzisiejszej prasy polskiej taką właśnie genezę ma m.in. moda na wyrazy takie jak np.: *problem* (używany nierzadko w odniesieniu do spraw tak powszednich, jak np. suszenie bielizny), czy *akcja* (np. rozmowa z autochtonem na Mazurach określona jako „akcja uświadamiająca wśród miejscowej ludności").

Okresowe szerzenie się w mowie pewnych środowisk (np. wśród młodzieży, inteligencji twórczej)

takich np. wyrazów ekspresywnych, jak: *szałowy, bombowy, chałtura, chała* wyrasta głównie z chęci podkreślenia przez mówiących swojej przynależności do tych środowisk, a więc — z pewnego rodzaju snobizmu. Moda taka jest zwykle szczególnie krótkotrwała: tylko niektóre z tych ekspresywnych określeń wychodzą poza granice środowisk i pozostają na dłużej w słownictwie potocznym.

Moda językowa pociąga za sobą zazwyczaj skutki niekorzystne dla kultury języka. Używając wyrazów modnych przekraczamy nieraz utrwalony w zwyczaju językowym zakres ich łączliwości z innymi wyrazami; jako błędy frazeologiczne (p. związki frazeologiczne) należy ocenić takie np. związki, jak: „produkcja dla szerokiego odbiorcy", „poważny spadek temperatury", „w poważnej (lub szerokiej) mierze", „pogłębiać więź Polonii z krajem". △ To z kolei prowadzi do nadmiernej wieloznaczności modnych słów (np. *szeroki* może znaczyć nie tylko «obszerny, rozległy», ale również «różnorodny, wielki, liczny, powszechny, ogólny») albo do ich ogólnikowości, np. wspólnym elementem znaczeniowym przymiotnika *poważny* w wyrażeniach „poważna katastrofa", „poważna część produkcji", „poważny rachunek", „poważny obiekt przemysłowy", jest jedynie element „wielkości". Wyrazy modne ograniczają użycie swoich synonimów, zwykle bardziej precyzyjnych znaczeniowo (np. wzrost częstotliwości przymiotnika *pełny* pociąga za sobą spadek frekwencji bliskoznaczników: *zupełny, cały, całkowity, kompletny, wszystek, wszelki*), czego rezultatem może być zubożenie słownictwa. Takie procesy wywołane modą mogą wpływać ujemnie na zrozumiałość tekstów. Czytelnik gazet, przyzwyczajony już w pewnym stopniu do wieloznaczności przymiotnika *szeroki*, nie wie, czy np. „realizowanie szerokich przedsięwzięć" to realizowanie przedsięwzięć wielkich czy różnorodnych.

Szablon językowy w podanych dotychczas ujęciach ocenia się na ogół ujemnie. Rozpatrywany ze względu na postawę autora wypowiedzi jest zwykle przejawem braku inwencji stylistycznej, niesamodzielności umysłowej, pogoni za łatwizną, wreszcie nierzadko asekur.anctwa. Jeżeli natomiast oceniać go ze względu na odbiorcę wypowiedzi, to choć ułatwia mu zazwyczaj jej rozumienie, to jednak swą monotonią zmniejsza koncentrację uwagi czytelnika lub słuchacza.

Jako szablony językowe traktuje się niekiedy również formuły, uświęcone konwencją przyjętą w danym typie wypowiedzi (np. formuły różnego rodzaju listów, sprawozdań, dokumentów prawnych, powinszowań, kondolencji itp.). Przydatności takich szablonów nie można kwestionować. Ułatwiają one właściwe zachowanie się w określonych sytuacjach życiowych, upraszczają pracę zawodową korespondentów handlowych, sprawozdawców, prawników itp. formułujących teksty, od których oczekujemy nie oryginalności, ale właśnie zgodności z przyjętymi w danych okolicznościach wzorcami językowymi. *Por.* błędy językowe, związki frazeologiczne.

szach *m III* **1.** *D.* szacha, *lm M.* szachowie «monarcha w Iranie i w niektórych krajach Wschodu»: Bogaty jak szach perski. **2.** tylko w *lm, M.* szachy «gra; komplet figur do tej gry»: Grać w szachy. Pięknie rzeźbione szachy. **3.** *D.* szachu a. szacha, *B.* szacha, zwykle *blm* «w tej grze: pozycja atakująca króla lub królową przeciwnika»: Szach królowi. Dać szacha. △ *przen*. Trzymać kogoś w szachu «trzymać kogoś w niepewności, zagrażać mu»

szachownica (*nie*: deska szachowa) *ż II*: Ustawić figury na szachownicy. △ Ułożyć coś w szachownicę. □ *przen*. S. czego: Szachownica pól, łąk.

szachraj *m I*, *lm D*. szachrajów, *rzad*. szachrai.

szacować *ndk IV*, szacowaliśmy (p. akcent § 1a i 2) — **oszacować** *dk*: Szacować coś nisko, wysoko. □ S. kogo, co (na ile): Szacowano jego majątek na milion złotych.

szacowny *m-os*. szacowni, *st. w*. szacowniejszy a. bardziej szacowny, *st. najw*. najszacowniejszy *książk*., często *iron*. «godny szacunku; czcigodny»: Szacowna postać.

szacunek *m III*, *D*. szacunku **1.** *blm* «cześć, poważanie»: Godny szacunku. Otaczać, darzyć kogoś szacunkiem. Robić coś przez szacunek dla kogoś. Cieszyć się u kogoś szacunkiem. △ Łączę wyrazy szacunku «formułka kończąca list» □ S. dla kogo, czego, *rzad*. do kogo, czego: Nabrać do kogoś szacunku. Czuł dla niej głęboki szacunek. Miał szacunek dla nauki. **2.** «oszacowanie, ocena»: Szacunek ziemi ornej, produkcji.

szadź p. sadź.

szafa *ż IV*: Szafa biblioteczna. Szafa dwudrzwiowa, trzydrzwiowa. Szafa z lustrem. Szafa w ścianie. □ S. na co (szafa przeznaczona na coś): Szafa na ubranie, na książki. □ S. z czym (szafa napełniona czymś): Szafa z sukniami, z bielizną.

szafarz *m II*, *lm D*. szafarzy *książk*. «ten, kto zarządza czymś, rozdaje coś; zarządca, rozdawca»: Szafarzem korony królewskiej był w średniowieczu papież.

szafir *m IV* **1.** *D*. szafiru a. szafira «kamień szlachetny koloru ciemnoniebieskiego»: Pierścionek z szafirem. Blask szafiru a. szafira. **2.** *D*. szafiru, zwykle *poet*. «kolor ciemnoniebieski, szafirowy»: Szafir nieba zlewał się z szafirem morza.

szaflik *m III*, *rzad*. **szafel** *m I*, *D*. szafla: Drewniany szaflik. □ S. czego «szaflik zawierający coś; ilość czegoś mieszcząca się w szafliku»: Szaflik kartofli. □ S. na co «szaflik przeznaczony na coś»: Szaflik na zaprawę murarską. □ S. do czego «szaflik do przechowywania czegoś»: Szaflik do wody. □ S. od czego «szaflik o określonym stałym przeznaczeniu, opróżniony z czegoś»: Szaflik od kartofli. □ S. z czym «szaflik wraz z zawartością»: Szaflik z wapnem. □ S. po czym, *reg*. z czego «szaflik opróżniony z czegoś»: Szaflik po pomyjach.

szafot *m IV*, *D*. szafotu: Wejść, prowadzić kogoś na szafot. Zginąć na szafocie.

szafować *ndk IV*, szafowaliśmy (p. akcent § 1a i 2) □ S. czym: Szafować pieniędzmi. △ *przen*. Szafować krwią żołnierzy.

szafran *m IV*, *D*. szafranu **1.** *częściej*: krokus «roślina kwiatowa» **2.** *przestarz*. «pomarańczowy proszek, stosowany w lecznictwie i jako barwnik (zwłaszcza do ciast i do niektórych potraw)»: Ciasto z szafranem. Zaprawić coś szafranem.

Szafraniec *m II*, *D*. Szafrańca (*nie*: Szafranieca), *lm M*. Szafrańcowie.
Szafraniec *ż ndm* — Szafrańcowa *ż* odm. jak przym.— Szafrańcówna *ż IV*, *D*. Szafrańcówny, *CMs*. Szafrańcównie (*nie*: Szafrańcównej), *lm D*. Szafrańcówien.

Szajnocha *m* odm. jak *ż III*, *CMs*. Szajnosze, *lm M*. Szajnochowie, *DB*. Szajnochów.
Szajnocha *ż III*, *rzad*. *ndm* — Szajnochowa *ż* odm. jak przym. — Szajnochówna *ż IV*, *D*. Szajnochówny, *CMs*. Szajnochównie (*nie*: Szajnochównej), *lm D*. Szajnochówien.

szal *m I*, *D*. szala, *lm D*. szali a. szalów: Turecki szal. Szal wełniany a. szal z wełny. Otulić się, owinąć się szalem.

szala *ż I*, *lm D*. szal: Kłaść towar, odważnik na szali. △ *przen*. Przechylić szalę zwycięstwa na czyjąś stronę «zdecydować o zwycięstwie»

Szalapin (*wym*. Szalapin) *m IV*, *D*. Szalapina (p. akcent § 7): Wspaniały bas Fiodora Szalapina.

szalbierstwo *n III książk*., *wych. z użycia* «oszukańczy postępek»: Dopuszczać się szalbierstwa. Odkryć czyjeś szalbierstwo. □ S. w czym: Szalbierstwo w handlu.

szalbierz *m II*, *lm D*. szalbierzy *książk*., *wych. z użycia* «oszust»

szaleć *ndk III*, szaleliśmy (p. akcent § 1a i 2) □ S. z czego «zachowywać się jak szaleniec, nie panować nad sobą»: Szaleć z gniewu, ze szczęścia. □ S. za kim, czym «bardzo kochać, uwielbiać kogoś, coś»: Szalał za swoją żoną. □ S. bez dop. **a)** zwykle w 3. os. «o zjawiskach przyrody, walkach, epidemiach itp.; występować w bardzo ostrej formie»: Burza szaleje. Na świecie szalała wojna. **b)** «bawić się, hulać»: Szalał całą noc.

szalej *m I*, *D*. szaleju, *lm D*. szalejów, *rzad*. szalei: Korzeń szaleju.

szalenie (*nie*: szalennie) *pot*. «bardzo, niezmiernie, ogromnie»: Szalenie miły chłopiec. Szalenie trudno go przekonać.

szaleniec *m II*, *D*. szaleńca, *W*. szaleńcze, forma szerząca się: szaleńcu, *lm M*. szaleńcy, *D*. szaleńców.

szaleństwo *n III* **1.** *blm* «choroba umysłowa, obłęd; stan człowieka nie panującego nad sobą; szał»: Doprowadzić kogoś do szaleństwa. △ Odważny, zakochany (aż) do szaleństwa. **2.** «nierozsądny postępek»: Popełnić szaleństwo. **3.** *pot. żart*. «hulanka, zabawa»: Wybierzmy się dziś na jakieś szaleństwo.

szalony *st. w*. bardziej szalony **1.** *m-os*. szaleni, *rzad. st. w*. szaleńszy «obłąkany, właściwy szaleńcowi, nieobliczalny»: Szalony chłopak. Szalony zamiar. **2.** «ogromny, nadzwyczajny, niesłychany, niebywały»: Szalone powodzenie, szczęście. Szalony upał.

szałamaja *ż I*, *DCMs*. szałamai, *lm D*. szałamai a. szałamaj: Grać na szałamai.

szałaput *m IV*, *lm M*. te szałaputy, *rzad*. ci szałapuci; a. **szałaputa** *m* odm. jak *ż IV*, *CMs*. szałapucie, *lm M*. szałaputy, *D*. szałaputów a. szałaput, *B*. szałaputów a. szałaputy *wych. z użycia* «człowiek lekkomyślny; lekkoduch, szaławiła»: Niepoprawny z niego szałaput (szałaputa). Trzeba przywołać do porządku tego szałaputa (szałaputę).

szałas (*nie*: szałasz) *m IV, D.* szałasu: Szałas z gałęzi.

szałáwiła *m* odm. jak *ż IV, CMs.* szałáwile, *lm M.* szałáwiły, *D.* szałáwiłów a. szałáwił, *B.* szałáwiłów a. szałáwiły; *p.* szałaput: Wielki był z niego szałáwiła a. był wielkim szałáwiłą.

szałwia *ż I, DCMs.* i *lm D.* szałwii: Wywar z szałwii.

szambelan *m IV, lm M.* szambelanowie a. szambelani.

szamotać *ndk IX,* szamocze, *przestarz.* szamoce, *rzad. I,* szamota; szamotaliśmy (p. akcent § 1a i 2) □ *S.* czym: Wiatr szamocze drzewami.
szamotać się □ *S.* się z kim, z czym: Szamotać się z napastnikiem.

Szamotuły *blp, D.* Szamotuł «miasto» — szamotulanin *ż V, D.* szamotulanina, *lm M.* szamotulanie, *D.* szamotulan — szamotulanka *ż III, lm D.* szamotulanek — szamotulski.

szampan *m IV, D.* szampana, *B.* szampan a. szampana: Pić szampana (szampan). Nalewać szampan (szampana) do kieliszków.

Szampania (*wym.* Szampańja) *ż I, DCMs.* Szampanii «kraina we Francji» — szampański.

szampański przym. od szampan i Szampania: Wina szampańskie. △ *przen.* Szampański humor, nastrój.

szampion *m IV, lm M.* szampioni, *rzad.* p. czempion.

szampon (co innego: szampion) *m IV, D.* szamponu «proszek lub płyn do mycia zawierający substancje pieniące»: Szampon ziołowy, jajeczny. Myć głowę szamponem.

Szanajca *m* odm. jak *ż II, lm M.* Szanajcowie, *DB.* Szanajców.
Szanajca *ż II, rzad. ndm* — Szanajcowa *ż* odm. jak przym. — Szanajcówna *ż IV, D.* Szanajcówny, *CMs.* Szanajcównie (*nie*: Szanajcównej), *lm D.* Szanajcówien.

Szanghaj *m I, D.* Szanghaju «miasto w Chinach» — szanghajski.

szaniec *m II, D.* szańca, *lm D.* szańców (*nie*: szańcy): Sypać szańce.

szankier *m IV, D.* szankra.

szanować *ndk IV,* szanowaliśmy (p. akcent § 1a i 2) **1.** «odnosić się do kogoś, do czegoś z szacunkiem; poważać kogoś»: Szanować kogoś jako zacnego człowieka. Szanować kogoś za stałość przekonań. Szanować czyjąś pracę, czyjeś przekonania. **2.** «chronić przed zniszczeniem; oszczędzać»: Szanować ubranie, cudzą własność. Szanujmy zieleń.

szanowny *m-os.* szanowni, *st. w.* bardziej szanowny *rzad.* szanowniejszy △ Wyraz używany w zwrotach grzecznościowych: Szanowny panie, szanowni goście, szanowni państwo itp.

szansa *ż IV, lm M.* szanse: Jedyna, wielka, życiowa szansa. □ *S.* czego, *rzad.* na co: (*nie*: dla czego, do czego): Szansa przydziału (*rzad.* na przydział) mieszkania.

szantaż *m II, D.* szantażu, *lm D.* szantaży a. szantażów: Zmuszać kogoś szantażem do posłuszeństwa.

Szantung *m III, D.* Szantungu a. (z wyrazami: półwysep, prowincja) *ndm* **1.** «półwysep, prowincja w Chinach»: Mieszkać na Szantungu a. na półwyspie Szantung. Mieszkać w Szantungu (w prowincji Szantung). — szantuński.
2. szantung «rodzaj surowego jedwabiu»: Suknia z szantungu.

szantuński: Skały szantuńskie (*ale*: Półwysep Szantuński).

szaradzista *m* odm. jak *ż IV, lm M.* szaradziści, *lm DB.* szaradzistów.

szarańcza *ż II, lm D.* szarańczy «rodzaj owada; także zbiorowo: chmara tych owadów»: Szarańcza zniszczyła całą plantację.

szarawary *blp, D.* szarawarów: Szerokie, bufiaste szarawary.

Szarffenberg a. **Szarffenberger** (*wym.* Szarfenberg, Szarfenberger) *m IV, D.* Szarffenberga, Szarffenbergera (p. akcent § 7), *lm M.* Szarffenbergowie, Szarffenbergerowie, *D.* Szarffenbergów, Szarffenbergerów: Drukarnia Szarffenberga (Szarffenbergera).

szargać *ndk I,* szargaliśmy (p. akcent § 1a i 2) *przestarz.* «brudzić, walać, poniewierać»: Szargać ubranie po ziemi. △ *książk. przen.* (dziś żywe) «bezcześcić, obrażać»: Szargać czyjeś imię, czyjąś opinię. Szargać świętości.

szarlatan *m IV, lm M.* szarlatani.

szarlataneria *ż I, DCMs.* szarlatanerii, *blm*; a. **szarlataństwo** *n III, blm*: Dawna medycyna często się przeradzała w szarlatanerię (szarlataństwo).

szaro *st. w.* bardziej szaro, *rzad.* szarzej: Pomalować coś na szaro. Pióra szaro nakrapiane.

szaro- 1. «pierwszy człon przymiotników złożonych» **a)** «wskazujący na szary odcień koloru określanego przez drugi człon złożenia; pisany łącznie», np.: kolor szaroniebieski, szarozielony. **b)** «wskazujący na szary kolor przedmiotu nazywanego przez drugi, rzeczownikowy człon złożenia; pisany łącznie», np.: szarooki, szaropióry.
2. «pierwszy człon przymiotników złożonych z członów znaczeniowo równorzędnych, pisany z łącznikiem», np. szaro-zielony «szary i zielony»: Materiał szaro-zielony (np. w pasy szare i zielone). △ Wyrażenia, w których pierwszym członem jest przysłówek *szaro*, a drugim imiesłów, pisze się rozdzielnie, np.: szaro nakrapiane pióra, szaro ubrany.

szarogęsić się *ndk VIa,* szarogęszę się, szarogęsiliśmy się (p. akcent § 1a i 2) *pot. iron.* «rządzić się gdzieś samowolnie»: Szarogęsił się w moim mieszkaniu, moimi rzeczami.

szarpać *ndk IX,* szarpię (*nie*: szarpę), szarpie, szarpaliśmy (p. akcent § 1a i 2) — **szarpnąć** *dk Va,* szarpnąłem (*wym.* szarpnołem; *nie*: szarpnełem, szarpłem), szarpnął (*wym.* szarpnoł), szarpnęła (*wym.* szarpnęła; *nie*: szarpła), szarpnęliśmy (*wym.* szarpnęliśmy; *nie*: szarpliśmy) **1.** «urywać po kawałku, rozdzierać na kawałki»: Szarpać na kimś odzież. Psy szarpią padlinę. △ *przen.* Szarpać **nieprzyjaciela.** Szarpać komuś nerwy. 2. «poruszać czymś gwałtownie, ciągnąć z siłą» □ S. co, kogo a. czym, kim: Wiatr szarpał drzewa a. drzewami. Ryba szarpie pływak a. pływakiem. Szarpać lejcami a. lejce. □ S. (kogo) za co: Szarpnąć za cugle, za dzwonek. Szarpał go za rękę.

szarpać się 1. częściej *ndk* «targać na sobie, ciągnąć się z siłą» □ S. się za co: Szarpał się za włosy z rozpaczy. 2. «szamotać się, wykonywać gwałtowne ruchy, zwykle chcąc się skądś wydostać»: Ryby szarpią się w sieci. Psy szarpały się na łańcuchu. □ S. się z kim, z czym «mocować się z kimś»: Szarpać się z napastnikiem. □ (tylko *dk*) *przen.* S. się na co «zrobić coś z wysiłkiem, wielkim kosztem»: Szarpnął się na samochód, na wystawne przyjęcie.

szarpie *blp, D.* szarpi «używany dawniej materiał opatrunkowy»

szary *m-os.* szarzy, *st. w.* bardziej szary: Szary materiał. Szary dym. △ Szare płótno. △ *przen.* Szara godzina. □ S. od czego: Szary od dymu, od kurzu. △ Rządzić się jak szara gęś (a. szarogęsić się). △ Szary człowiek «zwykły, przeciętny człowiek»

szarża *ż II, lm D.* szarż 1. «natarcie, atak, zwykle oddziału kawalerii»: Szarża kawaleryjska (kawalerii). □ S. na co: Szarża na armaty, na barykady. 2. «stopień wojskowy; ranga»: Niska, wysoka szarża.

szastać *ndk I,* szastaliśmy (p. akcent § 1a i 2) — **szastnąć** *dk Va,* szastnąłem (*wym.* szastnołem; *nie:* szastnełem), szastnęła (*wym.* szastnęła; *nie:* szastła), szastnęliśmy (*wym.* szastneliśmy; *nie:* szastliśmy) 1. zwykle *dk* «wykonać zamaszysty ruch nogą»: Chłopczyk szastnął nogą na dzień dobry. 2. tylko *ndk* «być rozrzutnym, wydawać nieoględnie pieniądze»: Szastać tysiącami, gotówką. △ *przen.* Szastać obietnicami.

szaszłykarnia *ż I, lm D.* szaszłykarni, *rzad.* szaszłykarń.

szata *ż IV przestarz.* «ubranie, strój» △ dziś używane zwykle w terminologii i w utartych zwrotach: Szata roślinna. Szata graficzna, typograficzna wydawnictwa. △ Rozdzierać szaty nad czymś, nad kimś «ubolewać, zwykle przesadnie, z jakiegoś, czyjegoś powodu»

szatan *m IV, lm M.* te szatany, *rzad.* ci szatani.

szatniarz *m II, lm D.* szatniarzy.

Szczakowa *ż* odm. jak przym., *D.* Szczakowej (*nie:* Szczakowy), *BN.* Szczakową, *CMs.* Szczakowej (*nie:* Szczakowie) «dzielnica Jaworzna» — szczakowski.

Szczawnica *ż II* «miasto» — szczawniczanin *m V, D.* szczawniczanina, *lm M.* szczawniczanie, *D.* szczawniczan — szczawniczanka *ż III, lm D.* szczawniczanek — szczawnicki.

Szczawno (Zdrój), Szczawno *n III,* Zdrój *m I, D.* Zdroju «miasto» — szczawieński.

szczątek *m III, D.* szczątka a. szczątku, *lm M.* szczątki, *D.* szczątków (*nie:* szczątek): Zachowały się tylko szczątki tego dzieła.

szczebel *m I, D.* szczebla, *lm M.* szczeble, *D.* szczebli: Szczeble drabiny. △ *przen.* Szczeble kariery. □ S. do czego: Szczebel do sławy, do szczęścia.

□ S. w czym: Szczebel w drabinie. △ *przen.* Szczebel w hierarchii społecznej. △ Wyraz nadużywany w języku urzędowym, np. Władza najwyższego szczebla (*lepiej:* władza najwyższa). Zdecydować coś na najwyższym szczeblu (*lepiej:* w najwyższej instancji).

szczebiotać *ndk IX,* szczebiocze, *przestarz.* szczebioce; szczebiotaliśmy (p. akcent § 1a i 2) — **zaszczebiotać** *dk.*

Szczebrzeszyn *m IV, D.* Szczebrzeszyna «miasto» — szczebrzeszynianin *m V, D.* szczebrzeszynianina, *lm M.* szczebrzeszynianie, *D.* szczebrzeszynian — szczebrzeszynianka *ż III, lm D.* szczebrzeszynianek — szczebrzeszyński.

Szczecin *m IV* «miasto» — szczecinianin *m V, D.* szczecinianina, *lm M.* szczecinianie, *D.* szczecinian, *pot.* szczeciniak *m III, lm M.* szczeciniacy — szczecinianka *ż III, lm D.* szczecinianek — szczeciński (p.).

szczecina *ż IV, CMs.* szczecinie, *blm; rzad.* **szczeć** *ż V, blm.*

Szczecinek *m III, D.* Szczecinka «miasto» — szczecinecki.

szczeciński: Port szczeciński. Mieszkać w województwie szczecińskim (*ale:* Zalew Szczeciński). **Szczecińskie** *n* odm. jak przym., *NMs.* Szczecińskiem «województwo szczecińskie, region szczeciński»: Jechać w Szczecińskie. Mieszkać w Szczecińskiem.

szczeć p. szczecina.

szczególnie *st. w.* szczególniej 1. «w sposób szczególny; zwłaszcza»: Witać kogoś szczególnie (*nie:* specjalnie) serdecznie. Potrzebny jest szczególnie teraz. 2. «niezwykle, osobliwie»: Zwracał na siebie uwagę, bo wyglądał dość szczególnie (*nie:* specjalnie).

szczególny *st. w.* szczególniejszy «odznaczający się czymś osobliwym, niezwykły»: Szczególne (*nie:* specjalne) upodobanie, zamiłowanie do czegoś.

szczegół *m IV, D.* szczegółu (*wym.* szczegółu a. szczegółu, p. akcent § 5), *Ms.* szczególe: Ważny, drobny, ciekawy szczegół. Szczegóły wypadku, sprawy.

szczekać *ndk I,* szczekałby (p. akcent § 4c) — **szczeknąć** *dk Va,* szczeknął (*wym.* szczeknoł), szczeknęła (*wym.* szczeknęła), szczeknąłby (*wym.* szczeknołby) «o niektórych zwierzętach: wydawać głos»: Psy, szakale szczekały. □ S. na kogo, na co: Psy szczekały na obcych. △ *przen. posp.* «oczerniać kogoś, coś»: Szczekał na niego do kierownika.

szczelina *ż IV, CMs.* szczelinie: Szczelina skalna, lodowcowa. Węże chowały się w szczelinach skał. Szczelina w skale, w ścianie. Szczeliny między deskami.

szczelnie *st. w.* szczelniej: Szczelnie przylegać. Okna szczelnie pozamykane. △ *przen.* Sala szczelnie wypełniona, napełniona (*nie:* przepełniona).

szczeniak *m III, lm M.* szczeniaki 1. *pot.* «niedorosły pies» *przen.* 2. *lm M.* te szczeniaki, *rzad.* ci szczeniacy, *B.* te szczeniaki a. tych szczeniaków *pot.* «osoba niedorosła, zwykle chłopiec»

szczenię *n IV, D.* szczenięcia, *lm M.* szczenięta, *D.* szczeniąt «młode zwierząt z rodziny psów»: Rasowe szczenię. Szczenię wilka.

Szczepan *m IV, lm M.* Szczepanowie — Szczepcio (*nie:* Szczepciu) *m I, lm M.* Szczepciowie — Szczepanostwo *n III, DB.* Szczepanostwa, *Ms.* Szczepanostwu (*nie:* Szczepanostwie), *blm;* a. Szczepanowie *blp, D.* Szczepanów — Szczepciowie *blp, D.* Szczepciów.

szczepić *ndk VIa*, szczepię, szczepiliśmy (p. akcent § 1a i 2) — **zaszczepić** *dk* 1. «uszlachetniać drzewa, krzewy przez przeniesienie gałązki rośliny szlachetnej na roślinę uszlachetnianą»: Szczepić róże, drzewa owocowe. □ S. co na czym: Szczepić zrazy na dziczkach. 2. «wprowadzać do organizmu ludzkiego lub zwierzęcego osłabione drobnoustroje chorobotwórcze w celach profilaktycznych» □ S. komu co: Szczepić komuś ospę, dyfteryt. □ S. kogo przeciw (przeciwko) czemu: Szczepić kogoś przeciw (przeciwko) ospie, tyfusowi, gruźlicy. □ *przen. rzad.* S. co — w kogo «wpajać» (*częściej:* wszczepiać) w kogoś dobre zasady, nienawiść.

szczery *m-os.* szczerzy, *st. w.* szczerszy a. bardziej szczery: Szczery przyjaciel, kolega. Szczery zamiar. Szczera prawda, krytyka, skrucha. Szczery uśmiech. △ Szczere pole «teren pozbawiony zabudowań, drzew» □ S. w czym: Szczery w wypowiadaniu poglądów. □ S. z kim, wobec kogo: Mógł być z nim (wobec niego) zupełnie szczery.

szczerzyć *ndk VIb*, szczerzyliśmy (p. akcent § 1a i 2): Szczerzyć zęby, kły (o zwierzętach, zwłaszcza o psach). △ Szczerzyć zęby na kogoś, na coś: Psy szczerzyły zęby na obcych. △ *posp.* Szczerzyć zęby do kogoś «uśmiechać się, wdzięczyć się do kogoś»: Szczerzyła zęby do chłopców.

szczeżuja *ż I, DCMs.* i *lm D.* szczeżui «rodzaj małża»

szczędzić *ndk VIa*, szczędzę, szczędź, szczędziliśmy (p. akcent § 1a i 2), zwykle z przeczeniem □ Nie s. czego — komu, dla kogo: Nie szczędziła mu pieniędzy. Nie szczędziła dla syna wysiłków, starań, zdrowia.

szczękać *ndk I*, szczękaliśmy (p. akcent § 1a i 2) — **szczęknąć** *dk Va*, szczęknąłem (*wym.* szczęknołem; *nie:* szczęknełem), szczęknął (*wym.* szczęknoł), szczęknęła (*wym.* szczęknęła; *nie:* szczęknęła), szczęknęliśmy (*wym.* szczęknęliśmy): Drzwi szczęknęły. Łańcuchy szczękają. □ S. czym: Szczękać bronią, garnkami. Szczękać zębami z zimna.

szczęsny *m-os.* szczęśni, *st. w.* szczęśniejszy *rzad. książk.* «szczęśliwy»

Szczęsny *m odm. jak przym., lm M.* Szczęsnowie, *rzad.* Szczęśni «imię» — Szczęsnostwo *n III, DB.* Szczęstnostwa, *Ms.* Szczęsnostwu (*nie:* Szczęsnostwie), *blm;* a. Szczęsnowie *blp, D.* Szczęsnych.

Szczęsny *m odm. jak przym., lm M.* Szczęśni a. Szczęsnowie «nazwisko» — Szczęsny *ż odm. jak przym.; rzad.* Szczęsny *ż ndm* — Szczęsnowa *ż odm. jak przym* — Szczęsnówna *ż IV, D.* Szczęsnówny, *CMs.* Szczęsnównie (*nie:* Szczęsnównej), *lm D.* Szczęsnówien.

szczęściarz p. szczęśliwiec.

szczęścić *ndk VIa*, szczęść, szczęściłby (p. akcent § 4c), zwykle w 3. os. *podn.* «darzyć pomyślnością»: □ S. komu, czemu (w czym): Los szczęści naszemu orężowi.
szczęścić się zwykle *nieos.* «powodzić się, udawać się»: Szczęściło mu się w życiu, w pracy.

szczęście *n I, blm:* Szczęście osobiste, rodzinne, małżeńskie. □ S. do kogo, czego: Mieć szczęście do dobrych współpracowników, do posad. △ Mieć szczęście do ludzi «cieszyć się ogólną sympatią» □ S. u kogo: Szczęście u kobiet. □ S. w czym: Szczęście w życiu, w miłości, w kartach. △ (Całe) szczęście, że... «szczęściem, na szczęście»: Całe szczęście, że byliśmy w domu, kiedy nagle zachorował.
szczęściem, na szczęście «dzięki pomyślnemu zbiegowi okoliczności; szczęśliwie»: Szczęściem nikt go nie zauważył. □ Na s. dla kogo: Na szczęście dla niego nie wezwano go.

szczęśliwiec *m II, D.* szczęśliwca, *W.* szczęśliwcze, forma szerząca się: szczęśliwcu, *lm M.* szczęśliwcy, *D.* szczęśliwców; *pot.* **szczęściarz** *m II, lm D.* szczęściarzy: Był tym szczęśliwcem (szczęściarzem), którego ona wybrała.

szczęśliwy *m-os.* szczęśliwi, *st. w.* szczęśliwszy: Bezgranicznie, niezmiernie szczęśliwy. Bez granic, nad wyraz szczęśliwy. Szczęśliwy człowiek. Szczęśliwe życie, zdarzenie. Szczęśliwy przypadek, pomysł. □ S. w czym: Szczęśliwy w małżeństwie, w miłości, w życiu rodzinnym. □ S. z czego: Szczęśliwy ze spotkania, z otrzymania dobrej posady. Szczęśliwy z czyjegoś szczęścia, powodzenia.

szczęt *m IV, D.* szczętu △ tylko w wyrażeniach: Do szczętu, ze szczętem «całkiem, zupełnie»: Podrzeć, zniszczyć coś do szczętu (ze szczętem), *daw.* na szczęt.

szczotka *ż III, Ms.* szczotce, *lm D.* szczotek: Szczotka druciana, szczotka z włosia. □ S. do czego: Szczotka do butów, do zamiatania (*nie:* od butów, od zamiatania).

Szczuczyn *m IV* «miasto» — szczuczynianin *m V, D.* szczuczynianina, *lm M.* szczuczynianie, *D.* szczuczynian — szczuczynianka *ż III, lm D.* szczuczynianek — szczuczyński.

szczuć *ndk Xa*, szczuję, szczuliśmy (p. akcent § 1a i 2), szczuty «podjudzać psa do gonienia i atakowania zwierząt (na polowaniu), *rzad.* ludzi»: Szczuć zające, wilki. Szczuli go psami. □ *przen.* S. kogo — na kogo, przeciw(ko) komu «podburzać przeciw komuś»: Zawsze znalazł się ktoś, kto z ukrycia szczuł na nas (przeciw nam).

szczudło *n III, Ms.* szczudle, *lm D.* szczudeł, zwykle w *lm:* Chodzić na szczudłach.

szczupleć *ndk III*, szczupleje, szczupleliśmy (p. akcent § 1a i 2) — **zeszczupleć** *dk* «stawać się szczuplejszym; chudnąć»

szczupły *m-os.* szczupli, *st. w.* szczuplejszy «mający lekką budowę ciała; niegruby, smukły»: Szczupła figura. Szczupłe nogi, ręce. Szczupły na twarzy, w biodrach. △ *przen.* «będący w niewielkiej ilości, liczbie»: Szczupłe grono ludzi. Szczupłe zarobki, dochody, zapasy. △ *pot.* Za szczupły «za mały, za ciasny (zwykle o ubraniu)»

szczutek *m III, D.* szczutka; *częściej*: prztyczek.

szczycić się *ndk VIa,* szczycę się, szczyciliśmy się (p. akcent § 1a i 2) □ S. się kim, czym (*lepiej* niż: z kogo, z czego) — wobec kogo, przed kim: Szczycić się dziećmi, swoimi osiągnięciami. Szczycił się przed kolegami swoją odwagą. □ S. się (tym), że...: Szczyciła się (tym), że tak dobrze wychowała swoje dzieci.

szczycieński *przym. od:* Szczytna, Szczytno.

szczygieł *m IV, D.* szczygła, *Ms.* szczygle: Wesoły jak szczygieł.

Szczygieł *m IV, D.* Szczygła (*nie*: Szczygieła), *lm M.* Szczygłowie.
Szczygieł *ż ndm* — Szczygłowa *ż odm. jak przym.* — Szczygłówna *ż IV, D.* Szczygłówny, *CMs.* Szczygłównie (*nie*: Szczygłównej), *lm D.* Szczygłówien.

szczypać *ndk IX,* szczypię (*nie*: szczypę), szczypaliśmy (p. akcent § 1a i 2) — *rzad.* **szczypnąć** *dk Va,* szczypnąłem (*wym.* szczypnołem; *nie*: szczypnęłem, szczypłem), szczypnął (*wym.* szczypnoł), szczypnęła (*wym.* szczypnęła; *nie*: szczypła), szczypnęliśmy (*wym.* szczypnęliśmy; *nie*: szczypliśmy) □ S. kogo (w co) «ściskać kogoś, czyjeś ciało końcami palców (o ptakach: dziobem)»: Gąsiory szczypały napastnika. Chciał się odezwać, ale szczypnęła go w rękę, żeby siedział cicho. △ *przen.* (tylko *ndk,* w 3. os.): Dym szczypie w oczy. △ Oczy szczypią kogoś «ktoś odczuwa ostry ból w oczach» □ (tylko w 3. os.) S. co «o niektórych zwierzętach, ptakach: skubać»: Gęsi szczypią trawę.

szczypce *blp, D.* szczypiec a. szczypców 1. «przyrząd służący do chwytania, przytrzymywania czegoś»: Żelazne szczypce. Sześcioro szczypiec leżało na stole. □ S. do czego: Szczypce do węgla, do cukru. Szczypce do fryzowania włosów. 2. «narząd chwytny niektórych zwierząt; kleszcze»: Szczypce pajęczaków, skorupiaków.

szczypior (*nie*: szczypiór) *m IV, D.* szczypioru, *Ms.* szczypiorze.

szczypiorek *m III, D.* szczypiorku.

szczypnąć p. szczypać.

Szczyrk *m III, D.* Szczyrku «miejscowość»

szczyt *m IV, D.* szczytu 1. «najwyższy punkt czegoś, wierzchołek, najwyżej wzniesiona część góry»: Granitowe, skalne, nagie szczyty. Szczyt góry a. szczyt górski. Szczyt piramidy, wieży. △ Szczyt budowli «górna, zwykle trójkątna płaszczyzna bocznych lub frontowych ścian» 2. *przen.* «najwyższy stopień, górna granica, punkt kulminacyjny»: Napięcie doszło do szczytu. Stać u szczytu sławy, chwały. Szczyt doskonałości, elegancji, marzeń, głupoty, samolubstwa. Szczyt potęgi, kariery. △ To już szczyt (wszystkiego)! △Konferencja, spotkanie na szczycie «konferencja, spotkanie przedstawicieli najwyższych instancji» △ Godziny szczytu «okres największego obciążenia sieci elektrycznej, linii komunikacyjnych» △ Szczyt elektryczny, *lepiej*: Okres szczytowego obciążenia linii elektrycznej.

Szczytna *ż odm. jak przym.* «miejscowość»: Jechać do Szczytnej. Mieszkać w Szczytnej. — szczycieński.

Szczytno *n III* «miasto»: Mieszkać w Szczytnie. — szczycieński.

szczytny *st. w.* szczytniejszy 1. «przynoszący zaszczyt; chlubny, zaszczytny»: Szczytne zadania. 2. «wzniosły, górnolotny»: Szczytne hasła, cele, ideały.

szczytowy 1. «znajdujący się na szczycie, na wierzchołku czegoś; dotyczący szczytu czegoś (np. budynku)»: Szczytowy pęd, pączek rośliny. Szczytowa ściana budynku. 2. *pot.* «odznaczający się najwyższym poziomem, będący punktem kulminacyjnym czegoś»: Szczytowe osiągnięcia w przemyśle. Szczytowa chwila w życiu. Szczytowe obciążenie linii elektrycznej, linii komunikacyjnych.

szef *m IV, lm M.* szefowie «zwierzchnik» □ S. czyj (z rzecz. w dopełniaczu; *nie*: od kogo): Szef grupy produkcyjnej (*nie*: od grupy produkcyjnej). △ Szef rządu.
szef — o kobiecie, p. nazwy i tytuły zawodowe kobiet.

szefowa *ż odm. jak przym., W.* szefowo 1. «żona szefa» 2. *pot.* «kierowniczka, zwierzchniczka»

szefować *ndk IV,* szefowaliśmy (p. akcent § 1a i 2) *pot.* «kierować, być szefem» □ S. komu, czemu (*lepiej*: kierować kimś, czymś).

Szeged (*wym.* Seged) *m IV, D.* Szegedu; a. **Segedyn** *m IV, D.* Segedyna «miasto na Węgrzech»

Szeherezada *ż IV, Ms.* Szeherezadzie «imię bohaterki bajek arabskich»

szejk (*nie*: szeik) *m III, lm M.* szejkowie: Szejk arabski.

Szekspir *m IV, Ms.* Szekspirze; a. **Shakespeare** (*wym.* Szekspir) *m IV, D.* Shakespeare'a (*wym.* Szekspira, p. akcent § 7), *N.* Shakespearem, *Ms.* Shakespearze: Dramaty Szekspira (Shakespeare'a).

szekspirolog *m III, lm M.* szekspirolodzy a. szekspirologowie.

Szekspirowski 1. «należący od Szekspira, napisany przez Szekspira»: Szekspirowski „Hamlet". 2. szekspirowski «przypominający utwory Szekspira lub jego bohaterów»: Cechy szekspirowskie dramatów Słowackiego.

szelak (*nie*: szerlak) *m III, D.* szelaku.

szeląg *m III,* w niektórych utartych zwrotach: *B. = D.* «moneta w dawnej Polsce»: Nie mieć złamanego szeląga, ani szeląga; oddać ostatniego szeląga. Ktoś nie wart szeląga. Znać kogoś jak zły, *rzad.* wytarty szeląg. Nie mieć za szeląg szczęścia.

Szelburg-Zarembina, Szelburg *ż ndm,* Zarembina *ż IV, D.* Zarembiny, *CMs.* Zarembinie (*nie*: Zarembinej): Powieści Ewy Szelburg-Zarembiny.

szelest *m IV, D.* szelestu, *Ms.* szeleście: Szelest liści, sukni. Szelest banknotów.

szeleścić *ndk VIa,* szeleszczę, szeleści, szeleścił, szeleściliśmy (p. akcent § 1a i 2) — **zaszeleścić** *dk*: Liście szeleszczą pod nogami. Suknia szeleści. □ S. czym: Szeleścić jedwabiami. Szeleścić papierami. Wiatr szeleści liśćmi.

szelma *ż a. m* odm. jak *ż IV, M.* ten a. ta szelma (także o mężczyznach), *lm M.* te szelmy, *D.* szelm a. szelmów (tylko o mężczyznach), *B.* te szelmy a. tych szelmów (tylko o mężczyznach): Ostatni, skończony (ostatnia, skończona) szelma z niego.

!szemat p. schemat.

szemrać *ndk IX*, szemrze, szemraliśmy (p. akcent § 1a i 2) **1.** w zn. «wydawać szmer»: Fale, liście szemrzą. Źródło szemrze. **2.** *rzad. ndk I*, szemra, szemrają, szemraj w zn. «narzekać, sarkać» □ S. na kogo, na co: Szemrać na brak porządku. Załoga szemrze (szemra) na nieudolnego kierownika. □ S. przeciw(ko) komu, czemu: Szemrano przeciwko królowi.

szeplenić p. seplenić.

szept *m IV, D.* szeptu, *Ms.* szepcie: Cichy, niewyraźny, stłumiony, zdławiony szept. Szept modlitwy. Mówić szeptem.

szeptać *ndk IX*, szepczę, *przestarz.* szepcę. (*nie*: szeptam); szepcze, *przestarz.* szepce; szepcz (*nie*: szepc), szeptaliśmy (p. akcent § 1a i 2) — **szepnąć** *dk Va*, szepnąłem (*wym.* szepnołem; *nie*: szepnełem, szepłem), szepnął (*wym.* szepnoł), szepnęła (*wym.* szepnęła; *nie*: szepła), szepnęliśmy (*wym.* szepnęliśmy; *nie*: szepliśmy): Szeptać drżącymi ustami. Szeptać na ucho a. do ucha. Szeptać po kątach, po kryjomu. □ S. co, o czym, o kim — komu a. do kogo, że...: Ciągle mi o nim szeptała. Szeptał jej czułe słówka (do ucha). □ S. z kim, między sobą «porozumiewać się z kimś w tajemnicy»: Ustawicznie pomiędzy sobą szeptali. Cały ranek z nim szeptała. □ (zwykle *dk*) S. za kim — do kogo (co) «wstawić się za kimś»: Szepnij za mną (słówko) do kierownika.

szer. 1. «skrót wyrazu: *szeregowiec*, pisany z kropką, stawiany zwykle przed nazwiskiem lub przed imieniem i nazwiskiem, czytany jako cały, odmieniany wyraz»: Szer. Kowalski wystąp! △ St. szer. «starszy szeregowiec»: Meldunek st. szer. (*czyt.* starszego szeregowca) Adama Kłosa. **2.** «skrót wyrazu: *szerokość*, pisany z kropką, czytany jako cały, odmieniany wyraz»: Szer. materiału: 1,20 m. △ Szer. geogr. «szerokość geograficzna»: Znajdowali się na 82 równoleżniku szer. geogr. płn. (*czyt.* szerokości geograficznej północnej).

szereg *m III, D.* szeregu **1.** «osoby, rzeczy stojące w jednej linii obok siebie»: Szereg chłopców. Szereg żołnierzy stanął na baczność. Szereg drzew nad drogą. Stanąć w (*nie*: do) szeregu. Zaciągnąć się do (jakichś) szeregów a. w szeregi (czegoś). **2.** w funkcji liczebnika nieokreślonego (nadużywane), *lepiej*: sporo, niemało, wiele, wiele. Zwiedził szereg (*lepiej*: wiele) krajów. △ W tej funkcji *szereg* łączy się (we wszystkich przypadkach): **a)** z rzecz. w dopełniaczu: *MB.* szereg osób, *D.* szeregu osób, *C.* szeregowi osób (*nie*: szeregu osobom), *N.* z szeregiem osób (*nie*: z szeregiem osobami), *Ms.* o szeregu osób (*nie*: o szeregu osobach). △ W szeregu wypadków (*nie*: wypadkach). **b)** z orzeczeniem w *lp*, a w czasie przeszłym — w rodzaju nijakim: Szereg ludzi odchodzi, odchodziło (*nie*: odchodził) z niczym.

szeregowiec *m II, D.* szeregowca, *W.* szeregowcze, forma szerząca się: szeregowcu **1.** *lm M.* szere-

gowcy (skrót: szer.) «żołnierz nie mający stopnia oficerskiego lub podoficerskiego» **2.** *lm M.* szeregowce «domek wybudowany obok innych takich samych w jednym rzędzie»

szeregowy «ułożony, ustawiony w szeregu, zajmujący kolejne miejsce w szeregu»: Układ szeregowy żarówek. △ *przen.* «zwykły», najczęściej w wyrażeniu: Szeregowi pracownicy.
szeregowy w użyciu rzeczownikowym, *częściej*: szeregowiec.

!szerlak p. szelak.

szermierka *ż III, Ms.* szermierce **1.** *blm* «sztuka władania białą bronią (dziś tylko jako sport); *rzad.* szermierstwo» **2.** *lm M.* szermierki, *D.* szermierek *rzad.* «kobieta władająca białą bronią, uprawiająca ten rodzaj sportu»

szermierstwo *n III, blm; częściej*: szermierka.

szermierz *m II, lm D.* szermierzy: Rozgrywki szermierzy. △ *przen. podn.* S. czego (*nie*: za co): Szermierz wolności, idei, sprawy (*nie*: za wolność, za ideę, za sprawę).

szermować *ndk IV*, szermowaliśmy (p. akcent § 1a i 2) «posługiwać się jakimiś argumentami, hasłami, nadużywać ich» □ S. czym: Szermować hasłem postępu. Szermować demagogicznymi argumentami.

szeroki *m-os.* szerocy, *st. w.* szerszy **1.** «mający duży wymiar poprzeczny»: Szeroki pas. Szeroki łan zboża. Szeroki w pasie, w biodrach. △ Jak długi i szeroki «o jakimś terenie, obszarze, kraju itp.: od krańca do krańca, na całej przestrzeni»: Słynny jak Polska długa i szeroka. **2.** «mający jakiś wymiar poprzeczny» □ S. na ileś..., *rzad.* ileś...: Rów szeroki na dwa (*rzad.* dwa) metry (a. szerokości dwóch metrów). **3.** *przen.* «rozległy, mający duży zasięg, dotyczący różnych spraw; duży, obszerny, różnorodny, powszechny», w tym zn. wyraz nadużywany: Szeroki (*lepiej*: obszerny) temat. Szerokie (*lepiej*: rozległe) wpływy. Szerokie (*lepiej*: różnorodne) zainteresowania.

szeroko *st. w.* szerzej **1.** «na dużą odległość w poprzek; rozlegle»: Rzeka rozlała szeroko. Otworzyć szeroko drzwi, okna. Otworzyć szeroko usta, oczy ze zdziwienia. △ *przen.* Słynąć z czegoś szeroko. **2.** «na określoną odległość w poprzek»: Rzeka rozlała na kilometr szeroko.

szeroko- «pierwsza część przymiotników złożonych, wskazująca na znaczną szerokość tego, co nazywa druga część przestrzeni, pisana łącznie», np.: szerokoekranowy, szerokogłowy, szerokokątny, szerokolistny, szerokoskrzydły, szerokotorowy.
△ Wyrażenia, których pierwszym członem jest przysłówek *szeroko*, a drugim imiesłów pisze się rozdzielnie, np.: szeroko rozłożony, szeroko rozlana rzeka.

szerokość *ż V* (skrót: szer.): Szerokość budynku, ulicy. Otworzyć coś na całą szerokość. Rozdarła sukienkę na szerokość dwóch palców. △ Coś ma ileś metrów, kilometrów itp. szerokości, *rzad.* coś ma szerokość iluś metrów, kilometrów itp. Rzeka szerokości (*nie*: o szerokości) dziesięciu metrów.

Szerpa *m* odm. jak *ż IV, lm M.* Szerpowie «członek plemienia mieszkającego w Himalajach» — Szerpijka *ż III, lm D.* Szerpijek.

szerpentyna *ż IV* p. serpentyna (w zn. 3).

szerszeń *m I*, *lm D.* szerszeni, *rzad.* szerszeniów.

! **szerść** p. sierść.

I szeryf *m IV*, *lm M.* szeryfowie «w USA: urzędnik administracyjny; w Anglii: tytuł honorowy»

II szeryf *m IV*, *lm M.* szeryfy, zwykle w *lm* «zdobniki, krótkie kreski stanowiące zakończenia znaków graficznych niektórych krojów pisma drukarskiego»

szerzyć *ndk VIb*, szerzyliśmy (p. akcent § 1a i 2): Szerzyć zasady, idee. Szerzyć postrach, grozę, zniszczenie.

szesnaście *m-nieos.*, *n* i *ż*, *DCMs.* szesnastu, także: *m-os.* w funkcji mianownika — podmiotu (np. szesnastu chłopców idzie), *B. m-nieos.*, *n* i *ż* = = *M.*; *B. m-os.* = *D.*; *N.* szesnastoma a. szesnastu (np. Uczył się z szesnastoma a. szesnastu kolegami). △ Liczebnik *szesnaście*, jak również liczebniki wielowyrazowe, w których ostatnim członem jest liczebnik *szesnaście*, łączy się z rzeczownikiem (podmiotem) w dopełniaczu i z orzeczeniem w *lp*, a w czasie przeszłym w rodzaju nijakim: Szesnastu chłopców idzie, szło (*nie*: idą, szli). Sto szesnaście książek leży, leżało (*nie*: leżą, leżały) na półkach.

szesnaścioro *D.* szesnaściorga, *CMs.* szesnaściorgu, *N.* szesnaściorgiem «liczebnik zbiorowy odpowiadający liczbie 16, odnoszący się do osób różnej płci, do istot młodych, niedorosłych (których nazwy są zakończone w *lm* na -*ęta*) oraz do niektórych przedmiotów, których nazwy występują tylko w *lm*»: Szesnaścioro dzieci, cieląt, drzwi. △ Liczebnik *szesnaścioro* łączy się z orzeczeniem w *lp*, a w czasie przeszłym — w rodzaju nijakim, np.: Szesnaścioro dzieci idzie, szło (*nie*: idą, szły) do szkoły. Przedszkolanka szła z szesnaściorgiem dzieci (*nie*: dziećmi).

sześc. «skrót wyrazu: *sześcienny*, pisany z kropką, czytany jako cały, odmieniany wyraz, stawiany zwykle po wyrazach oznaczających jednostki miary objętości»: Z terenu budowy wywieziono 200 metrów sześc. (*nie*: sześć.) gruzu.

sześcio- «pierwszy człon wyrazów złożonych (przymiotników, rzeczowników, przysłówków), wskazujący na to, że to, co jest wymienione w drugiej części złożenia, występuje sześć razy, składa się z sześciu jednostek itp.; pisane łącznie», np.: sześciobarwny, sześciobarwnie, sześciobarwność; sześcioboczny, sześciobok; sześcioletni, sześciolatek.

! **sześcioklasista** p. szóstoklasista.

sześcioro *D.* sześciorga. *CMs.* sześciorgu, *N.* sześciorgiem «liczebnik zbiorowy odpowiadający liczbie 6, odnoszący się do osób różnej płci, do istot młodych, niedorosłych (których nazwy są zakończone w *lm* na -*ęta*) oraz do przedmiotów, których nazwy występują tylko w *lm*»: Sześcioro dzieci, kurcząt; sześcioro drzwi, nożyc. △ Liczebnik *sześcioro* łączy się z rzeczownikiem w dopełniaczu: Kwoka z sześciorgiem kurcząt (*nie*: kurczętami). △ Liczebnik *sześcioro* łączy się z orzeczeniem w *lp*, a w czasie przeszłym w rodzaju nijakim: Sześcioro dzieci idzie, szło (*nie*: idą, szły) do szkoły.

sześć *m-nieos.*, *n* i *ż*, *D.* sześciu, także: *m-os.* w funkcji mianownika — podmiotu (np. Sześciu chłopców idzie), *CMs.* sześciu, *B. m-nieos.*, *n* i *ż* = = *M.*; *B. m-os.* = *D.*; *N.* sześcioma a. sześciu (np. Uczył się z sześcioma a. sześciu kolegami). △ Liczebnik *sześć*, jak również liczebniki wielowyrazowe, w których ostatnim członem jest liczebnik *sześć*, łączą się z rzeczownikiem (podmiotem) w dopełniaczu i z orzeczeniem w *lp*, a w czasie przeszłym w rodzaju nijakim: Sześciu chłopców, dwudziestu sześciu, stu dwudziestu sześciu chłopców idzie, szło (*nie*: idą, szli) na wycieczkę. Sześć jabłek, dwadzieścia sześć jabłek, sto dwadzieścia sześć jabłek leży, leżało (*nie*: leżą, leżały) na stole. Kupić sześć biletów.

sześćdziesiąt (*wym.* sześdziesiąt) *m-nieos.*, *n* i *ż*, *D. CMs.* sześćdziesięciu, także: *m-os.* w funkcji mianownika — podmiotu (np. Sześćdziesięciu chłopców idzie), *B. m-nieos.*, *n* i *ż* = *M.*; *B. m-os.* = *D.*; *N.* sześćdziesięcioma a. sześćdziesięciu (np. Uczył się z sześćdziesięcioma a. sześćdziesięciu kolegami). △ Liczebnik *sześćdziesiąt*, jak również liczebniki wielowyrazowe, w których ostatnim członem jest liczebnik *sześćdziesiąt*, łączy się z rzeczownikiem (podmiotem) w dopełniaczu i z orzeczeniem w *lp*, a w czasie przeszłym w rodzaju nijakim: Sześćdziesięciu, stu sześćdziesięciu chłopców idzie, szło (*nie*: idą, szli) na wycieczkę. Sześćdziesiąt, sto sześćdziesiąt książek leży, leżało (*nie*: leżą, leżały) na półkach. △ Sześćdziesiąt jeden (odmienia się tylko pierwszy człon — sześćdziesiąt): Skończył szkołę razem z sześćdziesięciu jeden, *rzad.* sześćdziesięcioma jeden kolegami (*nie*: z sześćdziesięciu, sześćdziesięcioma jednym kolegą).

sześćset (*wym.* sześset, *pot.* szejset) *m-nieos.*, *n* i *ż*, *DCNMs.* sześciuset (*wym.* sześćiuset, *nie*: sześćiuset), także: *m-os.* w funkcji mianownika — podmiotu (np. sześćiuset mężczyzn), *B. m-nieos.*, *n* i *ż* = *M.*; *B. m-os.* = *D.* △ Liczebnik *sześćset*, jak również liczebniki wielowyrazowe, w których ostatnim członem jest liczebnik *sześćset*, łączą się z rzeczownikiem (podmiotem) w dopełniaczu i z orzeczeniem w *lp*, a w czasie przeszłym w rodzaju nijakim: Sześćset, tysiąc sześćset książek leży, leżało (*nie*: leżą, leżały) w szafie bibliotecznej. Sześćiuset, tysiąc sześćiuset żołnierzy idzie, szło (*nie*: idą, szli) tym szlakiem.

sześćsetlecie (*wym.* sześsetlecie; *nie*: sześćiusetlecie) *n I*, *lm D.* sześćsetleci (dopuszczalna pisownia: 600-lecie): Sześćsetlecie zwycięstwa (*nie*: sześćsetlecie rocznicy zwycięstwa).

Szetlandy *blp*, *D.* Szetlandów «wyspy na Oceanie Atlantyckim» — szetlandzki.

szetlandzki: Klimat, krajobraz szetlandzki (*ale*: Rynna Szetlandzka).

szew *m IV*, *D.* szwu, *rzad.* szwa: Szew na okrętkę, *rzad.* szew okrętkowy. Palto pruje się w szwach. Kożuch ozdobiony, wyszyty na *świ* szew: np. po szwach). Obrzucić, poobrzucać szwy. △ *śrоd.* (*med.*): Założyć szew, szwy «zszyć brzegi rany» Wyjąć, zdjąć szwy «usunąć nić chirurgiczną»

szewc *m II*, *W.* szewcze, forma szerząca się: szewcu, *lm D.* szewców (*nie*: szewcy) // *D Kult. II*, 344.

szewcowa *ż* odm. jak przym., *W.* szewcowo «żona szewca»

Szewczenko *m* odm. jak *ż III*: Poezja Tarasa Szewczenki. // *Kl. Aleź 40*; *U Pol. (2)*, 523.

szewro *n ndm*: Zrobić wierzchy obuwia z szewro. Miękkie szewro.

szewrolet *m IV, D.* szewroletu «samochód marki Chevrolet»: Jechać szewroletem (*nie*: w szewrolecie).

szewski (*nie*: szewcki): Szewski punkt usługowy. △*pot.* Szewska pasja. || *D Kult. I, 125; II 344.*

szewstwo (*nie*: szewctwo) *n III, blm*: Zajmował się szewstwem.

szezlong (*wym.* szezloŋg) *m III, D.* szezlonga, *rzad.* szezlongu.

!szkandał p. skandal.

szkaplerz (*nie*: śkaplerz, skaplerz) *m II, lm D.* szkaplerzy, *rzad.* szkaplerzów.

szkarlatyna (*nie*: skarlatyna) *ż IV, blm; środ.* (*med.*) płonica.

szkarłat (*nie*: skarłat) *m IV, D.* szkarłatu «kolor ciemnoczerwony; czerwień, purpura»

szkarpa p. skarpa.

!szkarpetka p. skarpetka.

szkatuła (*nie*: skatuła) *ż IV* △ *książk.* Łożyć, dawać itp. na coś z własnej szkatuły «łożyć na coś własne pieniądze»

Szkatuła *m odm. jak ż IV, lm M.* Szkatułowie, *DB.* Szkatułów.

Szkatuła *ż IV, rzad. ndm* — Szkatułowa *ż odm. jak przym.* — Szkatułówna *ż IV, D.* Szkatułówny, *CMs.* Szkatułównie (*nie*: Szkatułównej), *lm D.* Szkatułówien. || *D Kult. II, 504.*

szkic *m II, D.* szkicu 1. «wstępny rysunek, zarys; w sztuce: studium przygotowawcze»: Szkic perspektywiczny, odręczny. Szkic terenu, domu. Szkic głowy, pejzażu. Szkic ołówkiem a. ołówkowy. Szkic akwarelą a. akwarelowy. Szkic kredką, węglem, *rzad.* kredkowy, węglowy. Szkic z natury. □ S. do czego (*nie*: dla czego): Szkic do portretu. 2. «artykuł, praca literacka (ogólnie ujęte)»: Szkice historyczne. □ S. z czego: Szkice z podróży. □ S. o kim: Szkic o Żeromskim.

szkielet *m IV, D.* szkieletu: Szkielet człowieka, zwierzęcia. △ Szkielet stalowy czegoś, np. mostu, budynku, okrętu «zasadnicza konstrukcja (czegoś)» △ *przen.* Szkielety drzew. Szkielety spalonych domów. *Por.* kościec.

szklak *m III, lepiej*: papier ścierny (*nie*: glaspapier).

szklanica, *przestarz.* **szklenica** *ż II*: Kryształowe szklanice.

szklanka *ż III, lm D.* szklanek □ S. czego «szklanka zawierająca coś; ilość czegoś mieszcząca się w szklance»: Podał mu szklankę wody. □ S. z czym «szklanka wraz z zawartością»: Na stole stała szklanka z wodą. □ S. do czego, *rzad.* na co «szklanka przeznaczona do czegoś»: Szklanka do herbaty, do piwa, *rzad.* na herbatę, na piwo. □ S. po czym, *reg.* z czego «szklanka, w której coś było»: Szklanka po herbacie, po piwie (*reg.* z herbaty, z piwa). □ S. od czego «szklanka o określonym, stałym przeznaczeniu, opróżniona z czegoś»: Szklanka od musztardy.

szklany (*nie*: szklanny) △ Huta szklana, *lepiej*: huta szkła.

szklarnia *ż I, lm D.* szklarni, *rzad.* szklarń.

Szklarska Poręba, Szklarska odm. przym., Poręba *ż IV* «miasto»: Wyjechać do Szklarskiej Poręby. Mieszkać w Szklarskiej Porębie. — szklarskoporębski.

szklarski przym. odpowiadający rzecz. szklarz a. szklarstwo: Majster szklarski. Piaski szklarskie. Przemysł szklarski. △ W nazwach dużą literą: Szklarska Poręba, Przełęcz Szklarska.

szklarz *m II, lm D.* szklarzy △ *pot.* w zn. «ważka o szklistych skrzydłach; szklarka»

szklenica p. szklanica.

szklić (*nie*: śklić) *ndk VIa*, szklij, szkliliśmy (p. akcent § 1a i 2): Szklić okna, drzwi. △ *rzad. pot.* Szklić komuś «blagować»: Ale ci szkli w oczy.

szklić się □ S. się od czego: Trawa szkli się od rosy, od szronu. Oczy szklą się komuś od łez.

szkło *n III, lm D.* szkieł 1. *blm* «przezroczysta nierozpuszczalna substancja; szklana płyta, tafla; szyba»: Huta szkła. Wyroby z kolorowego szkła. Biurko pokryte szkłem. Obraz malowany na szkle. Oprawić coś w szkło. △ Pod szkłem, za szkłem «w oszklonej szafie, w gablotce»: Przechowywać eksponaty pod szkłem, za szkłem. △ Hodować warzywa pod szkłem «hodować w inspektach» △ Jak po szkle «gładko, ślisko» 2. zwykle w *lp* «zbiorowo: naczynia szklane»: Różnobarwne szkło eksportowe. Stół zastawiony kryształowym szkłem. △ Szkło do lampy «klosz» 3. zwykle w *lm* «soczewki w okularach, w przyrządach optycznych»; *pot.* okulary»: Szkła optyczne. Nosić szkła. Chodzić w szkłach. Używać szkieł do czytania. Patrzeć przez szkła, spoza, sponad, zza szkieł. △ *pot.* Patrzeć na coś przez powiększające szkła «oceniać coś przesadnie» △ Patrzeć przez różowe szkła (*częściej*: okulary). || *D Kult. I, 353.*

Szkocja *ż I, DCMs.* Szkocji «kraj będący częścią Wielkiej Brytanii» — Szkot *m IV, lm M.* Szkoci — Szkotka *ż III, lm D.* Szkotek — szkocki.

szkocki: Tradycje, obyczaje szkockie. Wódka szkocka. △ Szkocka krata «wielobarwna krata»: Spódnica w szkocką kratę. △ W nazwach dużą literą: Morze Szkockie.

szkoda *ż IV, lm D.* szkód «strata, uszczerbek»: Narazić kogoś na szkodę. Przynieść, wyrządzić, zrobić komuś szkodę (*nie*: przyczynić szkody). △ Bydło weszło w szkodę «bydło weszło na teren, na który nie powinno mieć dostępu» □ S. dla kogo, czego: Zrobiono to bez szkody dla pracowników. Pracował ciężko ze szkodą dla zdrowia. □ (tylko w *lm*) S. w kim, w czym: Obliczać szkody w ludziach, w sprzęcie, w surowcach. △ Na czyjąś szkodę «w celu szkodzenia komuś»: Działać na szkodę państwa, instytucji. △ *książk.* Ponieść szkodę na czymś (np. na zdrowiu). △ *niepoprawne*: Skraść, zrabować, wyłudzić coś na czyjąś szkodę (*zamiast*: Skraść, zrabować coś komuś, wyłudzić coś od kogoś). Kradzież, defraudacja na czyjąś szkodę, na szkodę czegoś (*zamiast*: kradzież u kogoś, gdzieś), np. Kradzież na szkodę sąsiada (*zamiast*: kradzież u sąsiada). Defraudacja na szkodę banku (*zamiast*: defraudacja w banku).

szkoda w użyciu przysłówkowym «przykro; należy żałować» □ S., że...: Szkoda (*nie*: żal), że nie możesz przyjść. □ S. komu — kogo, S. + bezokol.: Szkoda mi was opuszczać. △ *pot.* Szkoda marzyć, mówić, *posp.* szkoda mrugać «daremny trud; nic z tego nie będzie» □ S. (*nie*: żal) kogo, czego (na co, dla kogo): Szkoda chłopaka, bo się zmarnuje. Szkoda tej dziewczyny dla niego. Szkoda zerwanych kwiatów. Szkoda tego budynku na rozbiórkę. △ *pot.* Szkoda roboty, zachodu. Szkoda słów, szkoda każdej chwili. △ *niepoprawne* Tego dla kogoś za szkoda (*zamiat*: tego dla kogoś szkoda). || *Pŷ 1967, 448; U Pol. (1),403.*

szkodliwy *m-os.* szkodliwi, *st. w.* szkodliwszy: Szkodliwe wyziewy. Szkodliwe wpływy otoczenia. □ S. dla kogo, czego (*nie*: komu, czemu): Wiatr halny jest szkodliwy dla ludzi i dla zwierząt. Praca szkodliwa dla zdrowia. || *U Pol. (1), 159. Por.* szkodny.

szkodnik (*nie*: szkódnik) *m III* **1.** *lm M.* ci szkodnicy, *rzad.* (z silniejszym zabarwieniem ekspresywnym) te szkodniki «człowiek wyrządzający szkody»: Ależ z was szkodniki chłopcy, ciągle coś psujecie. Była szkodnikiem społecznym i nierobem. **2.** *lm M.* szkodniki «zwierzę wyrządzające szkody»: Szkodnik zbożowy. Szkodniki lasów.

szkodny (*nie*: szkódny) *st. w.* bardziej szkodny «tylko o zwierzętach: wyrządzający gdzieś szkody»: Mój kot jest bardzo szkodny. || *Por.* szkodliwy.

szkodzić *ndk VIa,* szkodzę, szkodź (*nie*: szkódź), szkodziliśmy (p. akcent § 1a i 2) — **zaszkodzić** *dk* □ S. komu, czemu: Takim postępowaniem szkodzi sam sobie. To zaszkodzi twoim interesom. □ S. komu — w czym: Szkodzić komuś w karierze, w opinii. □ *pot.* S. na co: Dym szkodzi na płuca. △ Coś szkodzi na zdrowiu, *lepiej*: szkodzi zdrowiu (jest szkodliwe dla zdrowia).

szkoleniowy «dotyczący szkolenia»: Obóz, jacht szkoleniowy. Ośrodek, punkt szkoleniowy, *lepiej*: ośrodek, punkt szkolenia. Akcja szkoleniowa, *lepiej*: akcja szkolenia. || *D Kult. I, 487; Kl. Ależ 23.*

szkolić *ndk VIa,* szkol a. szkól, szkoliliśmy (p. akcent § 1a i 2) — **wyszkolić** *dk* □ S. kogo w czym: Szkolić harcerzy w podchodach. Szkolić kogoś w rzemiośle.

szkolnictwo *n III, blm*: Szkolnictwo wyższe, ogólnokształcące, średnie, podstawowe, zawodowe (ale *nie*: szkolnictwo mechaniczne, elektryczne, hutnicze). || *D Kult. I, 164.*

szkolny *m-os.* szkolni, przym. od szkoła: Szkolny budynek, podręcznik. Świadectwo, boisko szkolne. Szkolni koledzy. Ogródek szkolny.

szkoła *ż IV, lm D.* szkół **1.** w zn. «instytucja zajmująca się kształceniem, jej personel, uczniowie»: Szkoła ogólnokształcąca, średnia. Szkoła podstawowa, *wych. z użycia* powszechna. Szkoła inżynierska a. inżynieryjna. Szkoła baletowa, muzyczna. Chodzić, *książk.* uczęszczać do szkoły. Skończyć, *książk.* ukończyć szkołę. △ Iść całą szkołą na wycieczkę, do kina. △ *pot.* Po szkole, przed szkołą «po lekcjach, przed lekcjami» △ *pot.* Dać komuś szkołę «zmusić kogoś do ciężkiej pracy, dużego wysiłku» □ S. czego (*nie*: dla czego): Szkoła rzemiosł, pływania, gospodarstwa domowego. △ Uczyć się, kształcić się w szkole, np. oficerskiej (*nie*: na szkole oficerskiej; *ale*: studiować na uniwersytecie). □ S. dla kogo: Szkoła dla pracują-

cych. **2.** w zn. «metoda, kierunek; zespół cech reprezentujący taki kierunek» — częściej w *lp*: Szkoła filozoficzna, matematyczna. Flamandzka szkoła malarstwa. Szkoła Pawłowa. Należeć do jakiejś szkoły. □ S. w czym: Reprezentować jakąś szkołę w rzeźbie, w malarstwie. △ W nazwach dużą literą: Wyższa Szkoła Muzyczna; Szkoła im. braci Śniadeckich, *lepiej*: im. Jana i Jędrzeja Śniadeckich. **3.** w zn. «nuty, podręcznik do nauki gry na skrzypcach, na fortepianie itp.» □ S. na co: Szkoła na skrzypce, na fortepian. || *D Kult. I, 165; II, 134, 368, 610.*

szkopek p. skopek.

szkopuł (*nie*: skopuł) *m IV, D.* szkopułu «trudność, przeszkoda, zawada»: Coś stanowi szkopuł. Ominąć, usunąć szkopuł. △ Cały szkopuł w tym, że...

szkorbut (*nie*: skorbut) *m IV, D.* szkorbutu; in. gnilec: Chorować na szkorbut.

szkółkarski «dotyczący szkółkarstwa, hodowli roślin sadowniczych oraz nauki o ich uprawie»: Produkcja szkółkarska. Katalog szkółkarski. Gospodarstwo szkółkarskie.

szkółkowy «dotyczący szkółek hodowlanych, hodowany w szkółce»: Szkółkowe drzewka, sadzonki. △ Gospodarka szkółkowa.

szkuner *m IV, D.* szkunera: Towary płynęły szkunerami.

szkuta *ż IV*: Zboże płynęło do Gdańska szkutami.

szkwał *m IV, D.* szkwału: Gwałtowny szkwał wpędził statek na mieliznę.

szla p. szleja.

szlaban (*nie*: ślaban) *m IV, D.* szlabanu: Opuścić szlaban przed przejazdem pociągu.

szlachcianka (*nie*: ślachcianka) *ż III, lm D.* szlachcianek.

szlachcic (*nie*: ślachcic) *m II, lm M.* ci szlachcice (w zn. zbiorowym używana forma *szlachta*), *D.* szlachciców.

szlachciura (*nie*: ślachciura) *m odm. jak ż IV, lm M.* te szlachciury, *D.* szlachciurów, *B.* szlachciury a. szlachciurów *pogard.* «szlachcic»

szlachectwo (*nie*: ślachectwo) *n III, blm* «tytuł, prawa szlachcica»: Otrzymać szlachectwo. Nadać komuś szlachectwo.

szlachetczyzna (*nie*: ślachetczyzna, szlacheczczyzna) *ż IV, blm* «z niechęcią, ujemnie oceniając: ogół cech szlachty, stan szlachecki» || *D Kult. I, 819.*

szlachetka (*nie*: ślachetka) *m odm. jak ż III, lm M.* te szlachetki, *rzad.* ci szlachetkowie, *D.* tych szlachetków a. tych szlachetek, *B.* tych szlachetków a. te szlachetki «pogardliwie o szlachcicu»: Ubogi szlachetka.

szlachetność (*nie*: ślachetność) *ż V, blm*: Wrodzona szlachetność. Człowiek niezwykłej szlachetności. Szlachetność charakteru, duszy, serca. △ Szlachetność kształtów.

szlachetny (*nie*: ślachetny) *m-os.* szlachetni, *st. w.* szlachetniejszy a. bardziej szlachetny **1.** «bezinteresowny, wspaniałomyślny, prawy; odznaczający się godnością, prostotą, harmonią»: Szlachetny człowiek Szlachetny czyn, zamiar. Szlachetne rysy twarzy. Szlachetne słowa. □ S. w czym: Szlachetny w postępowaniu. 2. «w najlepszym gatunku»: Szlachetny napój, trunek. Szlachetna odmiana porcelany. Meble ze szlachetnego drewna. Metale szlachetne. △ Szlachetny koń «koń rasowy»

szlachta (*nie*: ślachta) *ż IV, blm*: Szlachta rodowa, zaściankowa. Należeć do szlachty. Pochodzić ze szlachty. △ *przestarz.* Dwóch, pięciu szlachty. △ Panowie szlachta, bracia szlachta «dawny, zwyczajowy zwrot» || *D Kult. II, 345.*

szlachtuz (*nie*: ślachtuz) *m IV przestarz.* «rzeźnia»

szlafrok (*nie*: ślafrok) *m III, D.* szlafroka (*nie*: szlafroku) «ubiór domowy (używany także w szpitalach) w rodzaju płaszcza, rzadziej rozpinanej na przodzie sukienki» *Por.* podomka. || *D Kult. I, 557.*

szlag (*nie*: ślag) *m III* △ tylko w *posp.* zwrocie: Szlag kogoś trafił (trafia) «ktoś dostał (dostaje) ataku apopleksji» △ *przen.* «kogoś ogarnia złość»

szlagier (*nie*: szlager) *m IV, D.* szlagiera, *rzad.* szlagieru *pot.* **a)** «modna piosenka, przebój»: Zaśpiewać, zagrać szlagier. **b)** «ostatnia nowość»: Jego powieść stała się szlagierem.

szlagon *m IV, lm M.* te szlagony a. ci szlagoni.

szlak (*nie*: ślak) *m III, D.* szlaku **1.** «motyw dekoracyjny»: Obrus z kolorowym szlakiem. **2.** *książk.* «droga naturalna; trakt; droga, którą ktoś przebył lub ma przebyć; tor (kolejowy) między stacjami»: Szlaki kolejowe, komunikacyjne, handlowe, turystyczne. Kamienisty szlak. Wytyczyć na mapie szlak swojej wędrówki. || *U Pol. (1), 386.*

szlaka (*nie*: ślaka) *ż III wych. z użycia,* częściej: żużel.

szlam (*nie*: ślam) *m IV, D.* szlamu.

szleja, *rzad.* szla (*nie*: szlija, śla) *ż I, DCMs.* i *lm D.* szlei, *rzad.* szli.

szlem *m IV, D.* szlema, *rzad.* szlemu, *B.* szlema △ Zapowiedzieć, zrobić szlema (*nie*: szlem).

Szlezwik *m III, D.* Szlezwiku «miasto w NRF» — szlezwicki.
Szlezwik-Holsztyn, Szlezwik *m III,* Holsztyn *m IV, D.* Holsztynu «kraj związkowy w NRF»: Stolicą Szlezwika-Holsztynu jest Kilonia. — szlezwicko-holsztyński.

szlif (*nie*: ślif) *m IV, D.* szlifu: Szlif brylantów. △ *przen.* Towarzyski szlif.

szlifa (*nie*: ślifa) *ż IV,* zwykle w *lm* «naramienniki na mundurze (wojskowym)»: Szlify oficerskie. △ *książk.* Otrzymać, dostać szlify oficerskie, generalskie itp., dosłużyć się szlif oficerskich, generalskich itp. «zostać oficerem, generałem; dosłużyć się rangi oficera, generała»

szlifiernia (*nie*: ślifiernia) *ż I, lm D.* szlifierni, *rzad.* szlifierń.

szlifierz (*nie*: ślifierz) *m II, lm D.* szlifierzy.

szloch (*nie*: śloch) *m III, D.* szlochu: Zdławiony, rozpaczliwy szloch. Zanieść się, wybuchnąć szlochem. Szloch wydziera się z czyjejś piersi.

szlochać (*nie*: ślochać) *ndk I,* szlochaliśmy (p. akcent § 1a i 2) — **zaszlochać** *dk* □ S. nad czym, nad kim: Szlochał rozdzierająco nad swoim losem.

szlus (*nie*: ślus) *ndm posp.* «koniec; kwita, basta» △ *niepoprawne* Zrobić szlus z kimś lub z czymś (*zamiast*: skończyć, zrobić koniec). || *KP Pras.*

szmalec p. smalec.

szmaragd (*nie*: smaragd) *m IV, D.* szmaragdu **1.** «kamień szlachetny»: Pierścionek ze szmaragdem. **2.** *B.* szmaragda «telewizor marki Szmaragd»: Kupiłem szmaragda. **3.** Szmaragd *ndm* «marka telewizora» || *JP. 1966, 20.*

szmat *m IV, D.* szmata, *rzad.* szmatu «znaczna część jakiejś powierzchni, przestrzeni»: Szmat pola, nieba, wody. △ *przen.* Szmat czasu.

szmata *ż IV* **1.** «łachman, gałgan; w *lm pot.* (lekceważąco, pogardliwie): ubranie, zwłaszcza zniszczone»: Szmaty lniane, bawełniane. Wycierać podłogę mokrą szmatą. Chodzić w szmatach. △ *przen.* «człowiek bez charakteru, bezwartościowy»: Pijaństwo zrobiło z niego szmatę. **2.** *pogard.* «brukowa gazeta»: Okupacyjna szmata. || *U Pol. (1), 237.*

szmelc (*nie*: smelc) *m II, D.* szmelcu, *blm*: Stosy szmelcu. Wyrzucić coś na szmelc. △ Pójść, nadawać się, być przeznaczonym na szmelc «być niezdatnym do użytku, pójść na złom»

szmer *m IV, D.* szmeru: Szmer deszczu, strumyka. Szmer rozmów. △ Szmer uwielbienia, niezadowolenia, niechęci itp. «gwar zebranych, tłumu będący wyrazem tych uczuć»: Na sali rozległ się szmer podziwu.

szmerać *ndk I,* szmerałby (p. akcent § 4c) *rzad.* «wydawać szmer; szemrać»: Wiatr szmerał w liściach.

szmergiel (*nie*: szmergel, szmirgiel, szmyrgiel; śmirgiel; ani *nie*: glaspapier) *m I, D.* szmergla a. szmerglu; *lepiej* papier ścierny: Wygładził ramkę szmerglem.

szminka (*nie*: sminka, śminka) *ż III, lm D.* szminek: Pociągnąć wargi szminką.

szmugiel (*nie*: szmukiel) *m I, D.* szmuglu, *blm*: Zajmować się szmuglem. △ Chodzić, jeździć ze szmuglem «przemycać towary; szmuglować»

szmugler (*nie*: szmukler) *m IV, lm M.* szmuglerzy, *D.* szmuglerów; a. **szmuglerz** (*nie*: szmuglarz) *m II, lm M.* szmuglerze, *D.* szmuglerzy, *rzad.* szmuglerzów «przemytnik, człowiek zajmujący się szmuglem»

szmuklerz (*nie*: szmuklarz) *m II, lm D.* szmuklerzy a. szmuklerzów *wych. z użycia* «rzemieślnik wyrabiający pasmanterię; pasamonik»

szmyrgać p. smyrgać.

sznur *m IV*: Sznur konopny, jedwabny (a. z konopi, z jedwabiu). Związać, okręcić coś sznurem. Bielizna wisi na sznurze. Spuszczać się (z okna) na sznurze a. po sznurze. Sznur korali. Sznur do bielizny. Sznur do żelazka. △ (Jak) pod sznur «równo, prosto»: Umiał orać równo, jak pod sznur. △ *przen.*

«szereg»: Sznur żurawi, dzikich gęsi. Sznur wozów. △ Stać, iść itp. sznurem.

sznurowadło *n III, lm D.* sznurowadeł «tasiemka do sznurowania, wiązania» □ S. do czego (przeznaczone, służące do czegoś): Potrzebne są sznurowadła do butów, do gorsetu. □ S. od czego (zwykle używane do czegoś): Zerwało mi się sznurowadło od buta.

sznurówka *ż III, lm D.* sznurówek *reg.* w zn. «sznurowadło» || *D Kult. I*, 114; *D Kryt.* 62.

sznycel *m I, D.* sznycla 1. «bity kotlet»: Sznycel wiedeński a. po wiedeńsku. 2. *reg.* «kotlet siekany» || *D Kryt.* 61.

sznyt *m IV, D.* sznytu *wych. z użycia* «elegancja, wytworność»: Mieć sznyt. Nabrać sznytu wielkomiejskiego.

szofer *m IV wych. z użycia* «kierowca (zwłaszcza zawodowy)» || *D Kult. II*, 345.

szogun *m IV, lm M.* szoguni a. szogunowie «dowódca armii cesarskiej w feudalnej Japonii»

Szolem Alejchem (*wym.* Szolem Alejchem) *m IV*: Powieści Szolema Alejchema.

Szolnok (*wym.* Solnok) *m III, D.* Szolnoku «miasto na Węgrzech»

Szołochow (*wym.* Szołochow) *m IV, D.* Szołochowa (p. akcent § 7): Powieści Szołochowa.

Szopen p. Chopin.

szopeniana a. **chopiniana** (*wym.* szopeńjana) *blp, D.* szopenianów (chopinianów) «wszystko, co dotyczy życia i twórczości Szopena; pamiątki po Szopenie»

szopenista a. **chopinista** (*wym.* szopenista) *m* odm. jak *ż IV, CMs.* szopeniście (chopiniście), *lm M.* szopeniści (chopiniści), *DB.* szopenistów (chopinistów) «pianista specjalizujący się w grze utworów Szopena»

Szopenowski a. **Chopinowski** (*wym.* Szopenowski) 1. «należący do Szopena»: Mazurek Szopenowski. 2. szopenowski a. chopinowski «właściwy Szopenowi»: Styl szopenowski.

szopkarz *m II, lm D.* szopkarzy.

szor *m IV, D.* szoru, zwykle w *lm* «rodzaj uprzęży»: Para koni w szorach.

szorować (*nie:* szurować) *ndk IV,* szorowaliśmy (p. akcent § 1a i 2) 1. «oczyszczać coś przez tarcie czymś» □ S. co — czym: Szorować podłogę szczotką. 2. «ocierać się, trzeć» □ S. o co: Łódź szoruje o dno. □ S. (czym) po czym, w czym: Konie w galopie szorowały brzuchami niemal po ziemi. Koła wozu szorują w piasku. 3. *pot.* «biec, uciekać»: Szorowaliśmy, ile sił w nogach. Szoruj stąd!

szorstki *m-os.* szorstcy, *st. w.* bardziej szorstki (*nie:* szorstszy): Szorstkie włosy, ręce. Ręcznik szorstki w dotknięciu. △ Szorstki w obcowaniu, w sposobie bycia «niedelikatny, przykry»

szorty *blp, D.* szortów: Chodzić w szortach.

szosa *ż IV, Ms.* szosie, *lm D.* szos: Asfaltowa szosa. Iść szosą. Na szosie (*nie:* na szosy) zderzyły się samochody. Szosą (po szosie) ciągnęły sznury samochodów. || *U Pol.* (2), 410.

szowinizm *m IV, D.* szowinizmu, *Ms.* szowinizmie (*wym.* ~izmie a. ~iźmie).

szóstoklasista (*nie:* sześcioklasista) *m* odm. jak *ż IV, CMs.* szóstoklasiście, *lm M.* szóstoklasiści, *DB.* szóstoklasistów.

szósty odm. jak przym. «liczebnik porządkowy odpowiadający liczbie 6» pisany całym wyrazem a. cyframi bez końcówek — arabskimi z kropką, rzymskimi bez kropki (wyjątki od tej zasady dotyczą godzin, miesięcy i dni miesiąca): Koniec szóstego wieku a. 6. wieku, VI wieku. 6. rocznica a. szósta rocznica (*nie:* 6-a rocznica i *nie:* sześcioletnia rocznica). Dziś szósty a. szóstego kwietnia (*nie:* szósty kwiecień) — pisane zwykle: 6 kwietnia, 6.4.70 r. a. 6 IV 70 r., 6.IV. (*nie:* 6-go kwietnia).

szósta w użyciu rzeczownikowym «godzina szósta» △ Szósta po południu (w języku urzędowym: osiemnasta): Spotkamy się o szóstej po południu (*ale:* Planowany odjazd pociągu: godzina osiemnasta).

szpachla (*nie:* szpachel) *ż I, D.* szpachli, *lm D.* szpachli, *rzad.* szpachel.

szpada *ż IV* «dawna broń kolna; dziś broń sportowa; środ.* konkurencja sportowa»: Bić się, walczyć na szpady. *środ.* Rozgrywki w szpadzie. Szpadę wygrali Łodzianie. △ Skrzyżować szpady «zmierzyć się z kimś w walce na szpady; *przen.* zetrzeć się z kimś, np. w dyskusji»

szpadel *m I, D.* szpadla, *lm D.* szpadli; *in.* rydel △ Sadzić pod szpadel «sadzić kopiąc szpadlem dołki»

szpadzista *m* odm. jak *ż IV, CMs.* szpadziście, *lm M.* szpadziści, *DB.* szpadzistów.

szpagat *m IV, D.* szpagatu 1. w zn. «cienki, mocny, skręcony sznurek»: Związać paczkę szpagatem. 2. «siad rozkroczny»: Zrobić szpagat (*nie:* szpagata).

szpaler *m IV, D.* szpaleru 1. «dwa równoległe szeregi drzew a. krzewów»: Strzyżony szpaler. Ogrodzić działkę szpalerem. Szpaler akacji a. z akacji. 2. «zwarty szereg ludzi»: Zrobić, utworzyć szpaler wzdłuż trasy pochodu.

szpalta *ż IV,* częściej w *lm* «skład drukarski, tekst stanowiący kolumnę; łam»: Korekta w szpaltach. Poprawić błędy na szpaltach. Szpalty gazet, słowników. △ *książk.* Na szpaltach (*częściej:* na łamach) prasy «w gazetach, w czasopismach»

szparagarnia *ż I, lm D.* szparagarni, *rzad.* szparagarń.

szpargał *m IV, D.* szpargału, częściej w *lm:* Ślęczeć nad szpargałami. Siedzieć, tkwić, grzebać się w szpargałach.

szpas *m IV, DB.* szpasa *wych. z użycia, posp.* «złośliwy figiel, kawał»: Zrobić komuś szpasa (*nie:* szpas).

I szpat *m IV, D.* szpatu «dawniej używana w górnictwie nazwa minerałów o doskonałej łupliwości» △ Szpat polny «skaleń» △ Szpat wapienny «kalcyt»

II szpat *m IV, D.* szpatu a. szpata, *B.* szpata a. szpat «schorzenie stawu skokowego konia; włogacizna»

szpecić *ndk VIa*, szpecę, szpeciliśmy (p. akcent § 1a i 2) — **zeszpecić** *dk* □ S. kogo, co (czym): Szrama na twarzy nie szpeciła go wcale. Przybudówki szpeciły domek. Zeszpecił mieszkanie starymi gratami.

szperacz *m II, lm D.* szperaczy a. szperaczów.

szperać *ndk I*, szperaliśmy (p. akcent § 1a i 2) — **wyszperać** *dk* □ S. w czym: Szperać w szufladzie, w papierach, w książkach. □ S. po czym: Szperać po kątach, po kieszeniach. Szperać po archiwach, po słownikach.

szperka (*nie*: sperka, spyrka, szpyrka) *ż III, lm D.* szperek *reg.* «słonina, szczególnie wędzona; kawałek wysmażonej słoniny»: Kartofle ze szperką.

szpic (*nie*: szpica, śpic) *m II* «ostre zakończenie czegoś; czubek»: Szpic buta, noża. // *U Pol. (1), 481.*

szpica (*nie*: śpica) *ż II* «pododdział wojska»: Szpica zwiadowcza. △ Iść na szpicy «iść na czele» △ Iść w szpicy «iść w oddziale ubezpieczającym» △ *niepoprawne* w zn. «szpic», np. Szpica (*zamiast*: szpic) buta, noża.

Szpicberg p. Spitsbergen.

szpicbergeński a. **szpicberski**: Lodowce szpicbergeńskie a. szpicberskie (*ale*: Ławica Szpicbergeńska).

szpicel *m I, D.* szpicla, *lm D.* szpicli a. szpiclów *pogard.* «szpieg, donosiciel»

! **szpichlerz** p. spichrz.

szpiczasty p. spiczasty.

szpieg (*nie*: śpieg) *m III, lm M.* szpiedzy.

szpiegostwo (*nie*: szpiegowstwo) *n III, blm.*

szpiegowski: Afera szpiegowska. Sieć szpiegowska.

szpik (*nie*: śpik) *m III, D.* szpiku △ *pot.* Do szpiku kości «do głębi, całkowicie» używane zwykle w połączeniach: Być kimś, jakimś do szpiku kości. Zepsuty do szpiku kości. Zmarznąć do szpiku kości. Coś (np. zimno, strach) przejmuje kogoś do szpiku kości.

szpikulec (*nie*: śpikulec) *m II, D.* szpikulca.

szpilka (*nie*: śpilka) *ż III, lm D.* szpilek 1. «metalowy pręcik do spinania; *reg.* drewniany ćwieczek szewski»: Wpiąć w coś szpilkę. Upiąć coś szpilkami. Wbijać szpilki w podeszwę. △ Szpilka do włosów. △ *pot.* Coś nie szpilka, coś nie jest szpilką «o czymś niezbyt małym, łatwym do znalezienia» △ Ścisk, tłok, że ani szpilki wetknąć «wielki tłok, ścisk» △ Wsadzać komuś szpilki «dokuczać, dogryzać komuś» △ Siedzieć, stać itp. jak na szpilkach «być niespokojnym, niecierpliwić się» 2. *pot.* «bardzo cienki i wysoki obcas; w *lm*: pantofle na takich obcasach»: Chodzić, tańczyć w szpilkach. Pantofle na szpilkach.

szpilkowy 1. «dotyczący szpilki — cienkiego gwoździa»: Obuwie szpilkowe (w odróżnieniu od klejonego). 2. «taki, jak szpilka»: Obcasy szpilkowe. △ Drzewa szpilkowe (*lepiej*: iglaste).
szpilkowe w użyciu rzeczownikowym, *lepiej*: iglaste «klasa drzew i krzewów o wąskich, twardych, wiecznie zielonych liściach»

szpinak (*nie*: spinak, śpinak) *m III, D.* szpinaku.

szpinet (*nie*: spinet) *m IV, D.* szpinetu: Grać na szpinecie.

szpital (*nie*: śpital) *m I, D.* szpitala (*nie*: szpitalu), *lm D.* szpitali: Szpital miejski, powiatowy, kliniczny. Szpital dziecięcy. Szpital zakaźny a. chorób zakaźnych. Zabrać, odwieźć kogoś do szpitala. Pójść do szpitala. Wypisać się, wypisać kogoś ze szpitala.

szpon (*nie*: ta szpona) *m IV, D.* szpona a. szponu zwykle w *lm* «pazury ptaków drapieżnych»: Jastrząb wbił, zatopił szpony w grzbiet zająca. Orzeł porwał jagnię w szpony, *rzad.* szponami. // *D Kryt. 78.*

szpona (*nie*: szpon) *ż IV, lm D.* szpon «w żeglarstwie: okucie obejmujące maszt»

szprot (*nie*: ta szprota) *m IV, lm D.* szprotów (*nie*: szprot); in. kilka: Szprot jest mniejszy od śledzia. Połów szprotów (*nie*: szprota). Szproty tworzą (*nie*: szprot tworzy) duże ławice. // *PJ 1960, 138.*

Szprotawa *ż IV* «miasto»: Mieszkać w Szprotawie. — szprotawianin *m V, D.* szprotawianina, *lm M.* szprotawianie, *D.* szprotawian — szprotawianka *ż III, lm D.* szprotawianek — szprotawski.

szprotka *ż III, lm D.* szprotek (*nie*: szprotków) *pot.* «szprot»

szpryca *ż II* 1. «przyrząd do rozpryskiwania płynów»: Szpryca do spryskiwania roślin. 2. *reg., lepiej*: strzykawka.

szprycha (*nie*: sprycha) *ż III, lm D.* szprych (*nie*: szprychów): Szprychy kół.

! **szpurt** p. spurt.

szrama *ż IV* «ślad po ranie; blizna»: Długa, głęboka szrama. □ S. na czym, *rzad.* przez co: Szrama na czole, na policzku, przez cały policzek. □ S. od czego, *rzad.* po czym: Szrama od cięcia nożem. Szrama po skaleczeniu.

szranki *blp, D.* szranków (*nie*: szranek) 1. *książk.* w zn. «pole działania»: Fredro w pełni popularności usunął się ze szranków scenicznych. Wstąpić, wejść w szranki np. pracy publicystycznej. 2. *wych. z użycia* «granice, ramy czegoś»: Po odzyskaniu niepodległości zniknęły szranki, ograniczające krążenie książki polskiej po całym kraju. △ Ująć coś w szranki «ograniczyć coś»

szrapnel *m I, lm D.* szrapneli (*nie*: szrapnelów): Artyleria biła szrapnelami.

szreń (*nie*: ten szreń) *ż V, blm*: Narty ślizgały się po szreni. Biała, skrząca się szreń.

szron (*nie*: śron) *m IV, D.* szronu: Siwy, srebrzysty szron. Szron osiada, skrzy się, srebrzy się na drzewach, na dachach.

! **szruba** p. śruba.

sztabowiec *m II, D.* sztabowca *środ.* «oficer sztabowy»

sztacheta (*nie*: ten sztachet) *ż IV, lm D.* sztachet (*nie*: sztachetów): Parkan ze sztachet. Sztachety w parkanie były powyłamywane.

sztaluga (*nie*: staluga) *ż III*, zwykle w *lm*: Malarz pracuje przy sztalugach.

sztama

sztama *ż IV* △ zwykle w *pot.* zwrotach: Zrobić, trzymać z kimś sztamę «popierać się wzajemnie, przyjaźnić się»

sztambuch *m III, D.* sztambuchu a. sztambucha *przestar.* «pamiętnik»

sztanca *ż II, lm D.* sztanc *pot.* «rodzaj tłocznika»

sztandar *m IV, D.* sztandaru: Sztandar narodowy. Sztandar pułku a. pułkowy. △ Sztandar przechodni: Załoga fabryki zdobyła we współzawodnictwie sztandar przechodni. △ W nazwie oznaczenia dużą literą: Order Sztandaru Pracy. △ *książk. podn.* w zwrotach: Walczyć pod jakimiś, czyimiś sztandarami «walczyć w jakimś wojsku, pod czyimś dowództwem»: Walczył pod sztandarami Napoleona. △ Zaciągnąć się pod czyjeś, jakieś sztandary «zaciągnąć się do jakiegoś wojska»: Zaciągnął się pod sztandary włoskie. △ Nieść, rozwijać itp. sztandar czegoś (wolności, niepodległości itp.) «propagować jakąś ideę, przyczyniać się do jej szerzenia»

sztangista *m odm. jak ż IV, lm M.* sztangiści, *DB.* sztangistów: Sztangista wagi lekkiej.

szterling a. **sterling** *m III* △ tylko w wyrażeniu: Funt szterling a. sterling (*nie:* szterlingów, sterlingów). *Por.* funt.

sztokfisz (*nie:* stokfisz) *m II, lm D.* sztokfiszy.

Sztokholm *m IV, D.* Sztokholmu «stolica Szwecji (Stockholm)» — sztokholmczyk *m III, lm M.* sztokholmczycy — sztokholmka *ż III, lm D.* sztokholmek — sztokholmski.

sztolnia *ż I, lm D.* sztolni, *rzad.* sztolń.

szton *m IV, D.* sztona a. sztonu.

! **sztora** p. stora.

sztorc (*nie:* storc) △ tylko w zwrotach: Postawić coś sztorcem, na sztorc; stanąć sztorcem «postawić coś prostopadle; stanąć ostrym końcem do góry» △ *pot.* Stawać sztorcem, stawiać się sztorcem «stanowczo się opierać, sprzeciwiać się czemu»

Sztrasburg p. Strasburg.

! **sztrucla** p. strucla.

sztruks (*nie:* struks) *m IV, D.* sztruksu: Spódnica ze sztruksu.

sztuciec *m II, D.* sztućca (*nie:* sztucca), częściej w *lm; reg.* w zn. «nakrycie (stołowe), tj. nóż, widelec, łyżka»

sztuka *ż III* 1. «twórczość artystyczna»: Sztuka ludowa, narodowa. Sztuka filmowa, pisarska. Dzieła sztuki. Historia, teoria sztuki. Ośrodek, przybytek sztuki. Znawca, miłośnik sztuki. Uprawiać sztukę. Zajmować się sztuką. △ Sztuki piękne (*nie:* sztuka piękna) «sztuki plastyczne oraz muzyka i literatura» △ Sztuki plastyczne (*nie:* sztuka plastyczna) «rzeźba, malarstwo, grafika, rzemiosło artystyczne» △ Sztuka stosowana, użytkowa, zdobnicza «rzemiosło artystyczne» △ Sztuka czysta a. sztuka dla sztuki «sztuka oderwana od życia, służąca tylko celom estetycznym» 2. «utwór dramatyczny, sceniczny»: Napisać sztukę. Grać, dawać, wystawiać sztukę. Zdjąć sztukę z afisza, ze sceny. Sztuka idzie, wchodzi na afisz, schodzi

z afisza. 3. «umiejętność, biegłość w wykonywaniu czegoś; kunszt, mistrzostwo; działanie będące wyrazem umiejętności»: Sztuka pisania, żeglowania, rządzenia, podobania się. Sztuka życia. Sztuka jubilerska, kulinarna. Sztuka wojenna. Dokazać jakiejś sztuki. △ Sztuki magiczne, czarnoksięskie, akrobatyczne, cyrkowe itp. (skrótowo: sztuki) «popisy magików, akrobatów, cyrkowców itp.»: Pokazywać rozmaite sztuki. △ *pot.* Nie sztuka; wielka (mi) sztuka + bezokol. «nic wielkiego, nic nadzwyczajnego» △ Cała sztuka (w tym)... «sedno rzeczy jest w tym...; najważniejsze (i najtrudniejsze) jest...»: Ta praca nie jest trudna, cała sztuka zacząć. 4. *rzad.* «zręczny, postępny czyn, wybieg, figiel; *częściej:* sztuczka»: Spłatać, wypłatać komuś sztukę. △ *pot.* Na raz sztuka «poraz drugi się nie uda» △ Do trzech razy sztuka «można podjąć trzecią próbę (po dwóch nieudanych)» 5. «jedno zwierzę; jeden egzemplarz czegoś, kawałek czegoś»: Miał siedem sztuk bydła. Na płocie wisiało dziesięć sztuk bielizny. △ Sztuka w sztukę «o czymś jednakowym, dobrze dobranym»: Konie silne — sztuka w sztukę. △ Płacić od sztuki «płacić za każdą rzecz osobno» △ Porąbać, pociąć, pokrajać na sztuki, w sztuki «pociąć na kawałki, na części» △ *pot.* Chytra, sprytna, zdolna sztuka «człowiek chytry, sprytny itp. (z uznaniem)» △ *środ.* Sztuka spodni (*lepiej:* para spodni). △ Sztuka mięsa «gotowane mięso wołowe jako potrawa» 6. «zwój tkaniny sprzedawany jako całość; bela»: Sztuka płótna. Trzydziestometrowa sztuka flaneli.

! **sztukać** p. stukać.

sztukamięs (*wym.* sztukamięs, *nie:* sztuka mięs) *m IV pot.* «sztuka mięsa» — p. sztuka.

sztukateria *ż I, DCMs.* i *lm D.* sztukaterii.

Sztum *m IV, D.* Sztumu «miasto» — sztumianin *m V, D.* sztumianina, *lm M.* sztumianie, *D.* sztumian — sztumianka *ż III, lm D.* sztumianek — sztumski.

szturchać (*nie:* sturchać, szturkać) *ndk I,* szturchaliśmy (p. akcent § 1a i 2) — **szturchnąć** *dk Va,* szturchnąłem (*wym.* szturchnołem; *nie:* szturchnęłem, szturchłem), szturchnął (*wym.* szturchnoł), szturchnęła (*wym.* szturchnęła; *nie:* szturchła), szturchnęliśmy (*wym.* szturchnęliśmy; *nie:* szturchliśmy): Szturchali go w tłumie. □ S. kogo, co — czym: Szturchali kolegę łokciami.

szturchaniec (*nie:* szturkaniec) *m II, D.* szturchańca, *B.* = *D., lm D.* szturchańców (*nie:* szturchańcy): Dać, dostać; oberwać szturchańca.

szturm *m IV, D.* szturmu: Szturm piechoty. Odeprzeć szturm. Przypuścić szturm do czegoś. Wziąć, zdobyć coś szturmem. △ *przen.* Zdobyć kogoś szturmem. □ S. do czego: Szturm do miasta, do twierdzy.

szturmować *ndk IV,* szturmowaliśmy (p. akcent § 1a i 2) «przypuszczać szturm; nacierać, atakować» □ S. co (czym): Szturmować miasto. Szturmować fort działami. □ S. do czego: Szturmować do miasta. △ *przen.* Szturmować do redakcji. □ *przestarz., książk.* S. kogo — czym «starać się pozyskać, zdobyć kogoś czymś»: Szturmował ją listami. Szturmował publiczność nowymi powieściami. // *PJ 1966, 238.*

Sztutowo *n III* «miejscowość»: Mieszkać w Sztutowie. — sztutowski. *Por.* Stutthof.

sztych *m III, D.* sztychu 1. «ostry koniec czegoś, zwłaszcza broni białej; pchnięcie, cios zadany szablą, szpadą itp.»: Sztych szabli. Pchnąć, przebić kogoś sztychem. Uderzać sztychem. △ Iść na sztych «o zwierzynie: iść prosto na myśliwego, wyjść na linię strzału» 2. «obraz ryty na płycie metalowej; rycina odbita z takiej płyty»: Stare sztychy. Kolekcja sztychów.

sztycharz *m II, lm D.* sztycharzy.

sztyft *m IV, D.* sztyftu: Przybić coś sztyftami. Płaska główka sztyftu.

sztylpa *ż IV, D.* sztylp (*nie*: sztylpów), zwykle w *lm* «wysokie buty do konnej jazdy; cholewy nakładane na krótkie buty»: Buty ze sztylpami.

sztymować *ndk IV*, sztymowałoby (p. akcent § 4c) *posp.* tylko w 3. os. i bezokol., *lepiej*: pasować, odpowiadać: Coś w tej sprawie nie sztymuje.

sztywniak *m III* 1. *lm M.* te sztywniaki a. ci sztywniacy *pot.* «człowiek sztywny, oschły» 2. *środ.* «kajak ze sklejki (nie składany)»

sztywno, *przestarz.* sztywnie *st. w.* sztywniej a. bardziej sztywno (sztywnie).

sztywny *m-os.* sztywni, *st. w.* sztywniejszy a. bardziej sztywny □ S. od czego «nieelastyczny, niegiętki, twardy»: Kołnierzyk sztywny od krochmalu. □ S. wobec kogo «chłodny, oschły; wymuszony, nienaturalny»: Był sztywny wobec nieznajomych.

Szubin *m IV* «miasto» — szubinianin *m V, D.* szubinianina, *lm M.* szubinianie, *D.* szubinian — szubinianka *ż III, lm D.* szubinianek — szubiński.

szubrawiec *m II, D.* szubrawca, *W.* szubrawcze, forma szerząca się: szubrawcu, *lm M.* szubrawcy.

szufla (*nie*: szufel) *ż I, lm D.* szufli, *rzad.* szufel (*nie*: szuflów).

szuja *ż a. m odm. jak ż I, M.* ten szuja a. ta szuja (także o mężczyznach), *DCMs.* szui, *lm M.* te szuje, *D.* szujów (tylko o mężczyznach) a. szuj, *B.* tych szujów (tylko o mężczyznach) a. te szuje.

szukać *ndk I*, szukaliśmy (p. akcent § 1a i 2) 1. «starać się znaleźć kogoś lub coś»: Szukał w kieszeniach a. po kieszeniach. □ S. kogo, czego (*nie*: kogo, co, za kim, za czym) — gdy się wymienia przedmiot poszukiwań: Szukać postoju taksówek (*nie*: postój taksówek, za postojem taksówek). Szukał jej (*nie*: ją, za nią) po całym mieście. Szukać schronienia. Szukać przestępcy. △ Szukać igły a. szpilki w stogu (w kopie) siana «szukać czegoś (kogoś) bardzo trudnego do znalezienia» △ Takiego drugiego ze świecą szukać «o czymś, o kimś wyjątkowym, rzadko spotykanym» 2. «dążyć, zmierzać do czegoś; starać się o coś» □ S. czego: Szukać okazji, rozrywek. Szukać prawdy, szczęścia. Szukać pociechy, pomocy, rady. △ *pot.* Szukać guza «narażać się na niebezpieczeństwo, na przykrości» || *KP Pras.; U Pol. (2), 329; PJ 1966, 238.*

szuler *m IV, lm M.* szulerzy.

szulernia *ż I, lm D.* szulerni, *rzad.* szulerń *przestarz.* «dom, miejsce gry szulerskiej»

szum *m IV, D.* szumu: Szum drzew, wodospadu. △ *pot.* Narobić koło, wokół kogoś, czegoś szumu; robi się, zrobił się szum «nadać czemuś, czyjejś sprawie rozgłos, narobić zamieszania wokół czegoś; zrobił się zamęt, zamieszanie wokół czegoś»

szumieć *ndk VIIa*, szumiałby (p. akcent § 4c) «powodować, wydawać szum»: Morze, ulewa szumi. □ S. czym: Sala szumi gwarem. △ *nieos.* Szumi, szumiało (gdzieś, w czymś): Szumiało w klasie jak w ulu. Szumi komuś w głowie, w uszach. △ *niepoprawne* w zn. «hałasować», np. Uczniowie szumieli (*zamiast*: hałasowali) w klasie.

szumnie *st. w.* szumniej 1. *poet., książk.* «z szumem; szumiąc»: Potok płynął szumnie między skałami. 2. *przen.* a) «górnolotnie, przesadnie»: Szumnie brzmiące sentencje. Pokój szumnie nazywany był salonem. b) «wystawnie, okazale»: Święta obchodzono szumnie.

szumno *st. w.* szumniej a. bardziej szumno *przestarz.*, dziś *poet.* «szumnie»

szumować p. zszumować.

szurać *ndk I*, szuraliśmy (p. akcent § 1a i 2) — szurnąć *dk Va*, szurnąłem (*wym.* szurnołem; *nie*: szurnełem, szurłem), szurnął (*wym.* szurnoł), szurnęła (*wym.* szurnela; *nie*: szurła), szurnęliśmy (*wym.* szurneliśmy; *nie*: szurliśmy) 1. «trzeć czymś ze szmerem, szelestem; ocierając o coś powodować szmer»: Szurały odsuwane krzesła. Koła szurnęły po żwirze. □ S. czym (o co, po czym): Szurać butami po posadzce. Szurać laską o chropowaty chodnik. 2. (tylko *ndk*) *posp.* «występować zaczepnie, agresywnie»: To dobry chłopak ale zanadto lubi szurać. □ S. przeciwko komu, na co: Szurali na nieporządki w kuchni. 3. (tylko *dk*) *pot.* a) «rzucić coś, posunąć szybkim ruchem»: Szurnął garnek na stół. b) «posunąć się, pobiec, pojechać itp. szybko, z hałasem, ze szmerem, z szelestem»: Kajak szurnął przez szuwary.

szurgać *ndk I*, szurgaliśmy (p. akcent § 1a i 2) — szurgnąć *dk Va*, szurgnąłem (*wym.* szurgnołem; *nie*: szurgnełem, szurgłem), szurgnął (*wym.* szurgnoł), szurgnęła (*wym.* szurgnela; *nie*: szurgła), szurgnęliśmy (*wym.* szurgneliśmy; *nie*: szurgliśmy) *pot.* «szurać»

szurpaty *st. w.* bardziej szurpaty *pot.* «mający niegładką powierzchnię; chropowaty»: Szurpata deska.

szus *m IV, D.* szusu a. szusa 1. «szybki zjazd na nartach po zboczu góry» △ zwykle w wyrażeniu: Jechać, zjeżdżać szusem «szusować» 2. *B. = D. pot.* «wybryki, wyskoki» △ najczęściej w zwrocie: Mieć, miewać szusy.

szustać *ndk I*, szustaliśmy (p. akcent § 1a i 2) — szusnąć a. szustnąć *dk Va*, szuśnie, szustnie; szuśnij, szustnij; szusnąłem, szustnąłem (*wym.* szusnołem, szustnołem); szusnął, szustnął (*wym.* szusnoł, szustnoł); szusnęła, szustnęła (*wym.* szusneła, szustneła; *nie*: szusła, szustła); szusnęliśmy, szustnęliśmy (*wym.* szusneliśmy, szustneliśmy) *pot.* «dawać susa; gwałtownie się poruszać, krzątać»

Szuster *m IV, D.* Szustra (*nie*: Szustera), *lm M.* Szustrowie.

szuter *m IV, D.* szutru, *blm.*

szuwar *m IV, D.* szuwaru **1.** tylko w *lm* «gęste zarośla rosnące nad brzegami wód, bagien, moczarów itp.» **2.** *rzad.* «tatarak, sitowie»

Szwab *m IV* **1.** *lm M.* Szwabi a. Szwabowie «mieszkaniec Szwabii» **2.** *lm M.* Szwaby «z niechęcią o Niemcu»

Szwabia *ż I, DCMs.* Szwabii «kraina historyczna Niemiec» — Szwab (p.) — Szwabka (p.) — szwabski (p.).

Szwabka *ż III, lm D.* Szwabek **1.** «mieszkanka Szwabii» **2.** «z niechęcią o Niemce»

szwabski 1. «związany ze Szwabią i jej mieszkańcami» **2.** «z niechęcią: niemiecki»

szwaczka *ż III, lm D.* szwaczek *przestarz.* «krawcowa; bieliźniarka»

szwagier (*nie*: szwager) *m IV, lm M.* szwagrowie (*nie*: szwagrzy).

szwagierka (*nie*: szwagerka) *ż III, lm D.* szwagierek.

szwagrostwo *n III, blm* **1.** *Ms.* szwagrostwie «powinowactwo ze szwagrem, szwagierką» **2.** *DB.* szwagrostwa, *Ms.* szwagrostwu (*nie*: szwagrostwie) «szwagier z żoną» (z przydawką i orzeczeniem w *lm*): Nasi szwagrostwo przyjechali do nas na święta.

Szwajcar *m IV, lm M.* Szwajcarzy **1.** «obywatel Szwajcarii» **2.** szwajcar, *lm M.* szwajcarowie *przestarz.* «portier, odźwierny»

Szwajcaria *ż I, DCMs.* Szwajcarii — Szwajcar (p.) — Szwajcarka *ż III, lm D.* Szwajcarek — szwajcarski (p.).

szwajcarski: Zegarki szwajcarskie. Ser szwajcarski (*ale*: Wyżyna Szwajcarska).

szwajsować p. szwejsować.

szwalnia *ż I, lm D.* szwalni, *rzad.* szwalń.

szwank *m III, D.* szwanku *wych. z użycia* «szkoda, uszczerbek, krzywda» używane zwykle w utartych zwrotach: Narazić, wystawić kogoś na szwank. Wyjść z czegoś (np. z bitwy) bez szwanku.

szwankować *ndk IV*, szwankowaliśmy (p. akcent § 1a i 2) *wych. z użycia* (zwykle w 3. os. i bezokol.) «nie dopisywać, zawodzić»: Dyscyplina w szkole szwankuje. Zdrowie jego szwankowało. △ *przestarz.* Szwankować na umyśle, na zdrowiu «nie być zupełnie normalnym, zdrowym»

Szwarcwald a. **Schwarzwald** (*wym.* Szwarcwald) *m IV, D.* Szwarcwaldu (Schwarzwaldu) «góry w NRF»: Uzdrowiska Szwarcwaldu (Schwarzwaldu) a. w Szwarcwaldzie (Schwarzwaldzie) a. w górach Szwarcwaldu (Schwarzwaldu).

szwargotać *ndk IX*, szwargocze, *przestarz.* szwargoce; szwargotaliśmy (p. akcent § 1a i 2) *posp.* «mówić, zwykle niezrozumiale, obcym językiem»: Szwargotali różnymi językami (a. w różnych językach). Szwargotał coś po niemiecku.

Szwecja *ż I* «państwo» — Szwed *m IV, lm M.* Szwedzi — Szwedka *ż III, lm D.* Szwedek — szwedzki (p.).

szwedzki: Język szwedzki. Najazdy szwedzkie. Okno szwedzkie. Gimnastyka szwedzka (*ale*: Wyspa Szwedzka).

szwejsować, *rzad.* **szwajsować** (*nie*: szwejcować, szwajcować) *ndk IV*, szwejsowaliśmy, szwajsowaliśmy (p. akcent § 1a i 2); *lepiej*: spawać.

szwindel *m I, D.* szwindla a. szwindlu, *lm D.* szwindlów a. szwindli *posp.* «oszustwo, szachrajstwo»

szwoleżer *m IV, lm M.* szwoleżerowie, *rzad.* szwoleżerzy.

szyber *m IV, D.* szybra (*nie*: szybru): Zasunąć, wsunąć szyber.

szybki *m-os.* szybcy, *st. w.* szybszy: Szybki jak błyskawica, jak piorun. Szybszy ode mnie, niż (*nie*: jak) ja. □ S. w czym: Szybki w ruchach. Szybki w decyzji.

szybko *st. w.* szybciej (*nie*: szybcej).

szybko- «pierwsza część wyrazów złożonych pisanych łącznie»: **a)** «których podstawą jest połączenie wyrazu *szybko* z czasownikiem», np.: szybkobiegacz (od: szybko biegać), szybkowar (od: szybko warzyć). **b)** «których podstawą jest połączenie przymiotnika *szybki* z rzeczownikiem», np.: szybkonogi, szybkoskrzydły. △ Wyrażenia, których pierwszym członem jest przysłówek, a drugim imiesłów, pisze się rozdzielnie, np.: szybko schnący, szybko rosnący (z wyjątkiem utartych terminów, np. stal szybkotnąca).

szybkościowiec *m II, D.* szybkościowca **1.** «budynek zbudowany metodą szybkościową» **2.** *lm M.* szybkościowcy *żart.* «przodownik pracy»

szybkościowy: Budownictwo szybkościowe. Metoda szybkościowa. △ *sport.* Trening szybkościowy.

szybkość *ż V, blm*: Szybkość decyzji. △ Z jakąś szybkością; z szybkością czegoś: Minuty mijały z zawrotną szybkością. Samolot leciał z szybkością strzały. △ W odniesieniu do pojazdów: Nabierać szybkości, rozwijać, zwiększać szybkość, jechać z przyśpieszoną szybkością.

szybkotnący: *techn.* Stal szybkotnąca.

szybkowiążący: *techn.* Cement szybkowiążący.

szyć *ndk Xa*, szyliśmy (p. akcent § 1a i 2) **1.** «wytwarzać, wykonywać coś łącząc szwami odpowiednio wykrojone części tkaniny, tworzywa itp.»: Szyć na maszynie. Szyć w ręku. □ S. bez dop.: Maszyna dobrze szyje. Jego matka szyje. **2.** *książk.* **a)** «lecieć, przelatywać; przeszywać powietrze; pędzić przebiegać (o zwierzynie)»: Słonka szyje prostym lotem. **b)** «wypuszczać pociski; strzelać»: Szyto za nimi strzałami z łuku. **3.** *przestarz., książk.* «wyszywać, haftować» □ S. czym (na czym): Szyć złotem na szkarłacie.

szydło *n III, lm D.* szydeł △ *pot.* Wyszło, wylazło szydło z worka «coś wyszło na jaw, wydało się»

Szydłowiec *m II*, *D.* Szydłowca «miasto» — szydłowiecki.

Szydłów *m IV*, *C.* Szydłowowi (*ale*: ku Szydłowowi a. ku Szydłowu) «miejscowość» — szydłowski.

szyfr *m IV*, *D.* szyfru: Zapisać, podać coś szyfrem.

szyita *m* odm. jak *ż IV*, *lm M.* szyici, *DB.* szyitów.

szyja *ż I*, *DCMs.* szyi, *lm D.* szyj (*nie*: szyi): Objąć kogoś za szyję. Zanurzyć się w wodzie po szyję. △ *pot.* Pobić kogoś na łeb, na szyję «pokonać kogoś całkowicie, bezapelacyjnie» △ *pot.* Biec, pędzić, robić coś (np. pakować się) na łeb, na szyję «biec, pędzić, robić coś bardzo szybko» △ Rzucać się komuś na szyję «ściskając obejmować go ramionami za szyję; *przen.* okazywać komuś serdeczność, zwykle przesadną» △ *pot.* Dać, dawać szyję (*częściej*: głowę) za coś, za kogoś; dać sobie szyję (*częściej*: głowę) uciąć, że..., za to, że... «ręczyć za coś, za kogoś; być czegoś, kogoś zupełnie pewnym» △ *wych. z użycia.* Dać szyję, przypłacić szyją «stracić życie, przypłacić życiem»

I szyk *m III*, *D.* szyku «elegancja, wytworność»: Nabrać szyku. Zajechał z szykiem samochodem. △ *pot.* Zadać szyku «zaimponować elegancją; wystąpić elegancko»
szyk w użyciu przymiotnikowym *przestarz.* «szykowny, elegancki»: Urządził szyk mieszkanko. Szyk panna!

II szyk *m III*, *D.* szyku **1.** *blm* «określony porządek, układ ludzi, pojazdów, samolotów itp.»: Szyk wojska. Iść, maszerować, stawać w szyku. **2.** (tylko w *lm*) *książk.* «wojsko ustawione w określonym porządku; szeregi»: Formować szyki. △ Pomieszać, popsuć, *rzad.* pokrzyżować, poplątać komuś szyki «przeszkodzić komuś w wykonaniu zamiaru»

*szyk wyrazów w zdaniu p. zdanie (punkt II).

szykana *ż IV*, *lm D.* szykan (*nie*: szykanów) **1.** częściej w *lm* «rozmyślne stwarzanie przeszkód, utrudnień w celu dokuczenia komuś; złośliwa przykrość»: Robiono mu szykany. **2.** (tylko w *lm*) *pot.*, *żart.* «to, co ma na celu zwiększenie wystawności, elegancji, szyku (zwykle w wyrażeniu: z szykanami)»: Wesele odbyło się z szykanami. // *D Kult. I, 362.*

szykować *ndk IV*, szykowaliśmy (p. akcent § 1a i 2); *lepiej*: przygotowywać, przyrządzać □ *S.* co (komu, dla kogo): Szykować śniadanie. Szykowała dla nich obiad. Szykował jej niespodziankę.

szykować się □ *S.* się do czego: Szykować się do wyjazdu. // *KP Pras.*

! szyldkret, szyldkretowy p. szylkret, szylkretowy.

szyldwach *m III przestarz.*, *książk.* **a)** *lm M.* szyldwachowie a. szyldwachy «żołnierz stojący na warcie» **b)** *D.* szyldwachu «warta, straż»

szylerowski p. Schillerowski.

szyling *m III*, *D.* szylinga, w niektórych zwrotach: *B. = D.*: Wydać szylinga.

szylkret (*nie*: szyldkret) *m IV*, *D.* szylkretu.

szylkretowy (*nie*: szyldkretowy): Szylkretowe grzebienie. △ W nazwie dużą literą: Wyspy Szylkretowe.

! Szyller p. Schiller.

Szymbork *m III*, *D.* Szymborku a. Szymborka «miejscowość» — szymborski (p.).

szymborski: Zabudowania szymborskie (*ale*: Wzgórza Szymborskie).

szympans *m IV*, *D.* szympansa, *Ms.* szympansie, *lm M.* szympansy (*nie*: szympanse), *D.* szympansów. // *PJ 1969, 297.*

szynel (*nie*: ta szynel) *m I*, *D.* szynela, *rzad.* szynelu «płaszcz specjalnego kroju, noszony przez żołnierzy rosyjskich, niektórych dawnych urzędników rosyjskich i uczniów»

szynkarz *m II*, *lm D.* szynkarzy.

szynszyla *ż I*, *lm D.* szynszyli **1.** «gryzoń o miękkiej, popielatej sierści» **2.** tylko w *lm* «futro ze skórek tego zwierzęcia»: W szynszylach było jej do twarzy.

szyper *m IV*, *D.* szypra, *lm M.* szyprowie.

szyszak *m III*, *D.* szyszaka, *rzad.* szyszaku.

Szyszko *m* odm. jak *ż III*, *D.* Szyszki, *lm M.* Szyszkowie, *DB.* Szyszków.
Szyszko *ż ndm* — Szyszkowa *ż* odm. jak przym. —, Szyszkówna *ż IV*, *D.* Szyszkówny, *CMs.* Szyszkównie (*nie*: Szyszkównej), *lm D.* Szyszkówien.
Szyszko-Bohusz, Szyszko *m* odm. jak *ż III* a. *ndm*, *lm ndm*; Bohusz *m II*, *D.* Bohusza, *lm M.* Bohuszowie, *D.* Bohuszów: Prace konserwatorskie Adolfa Szyszki-Bohusza (Szyszko-Bohusza). Rodzina Szyszko-Bohuszów. Sławni Szyszko-Bohuszowie.

! szyzma p. schizma.

ścianowy przym. od ściana (zwykle w terminologii górniczej): System ścianowy. Wrębiarka ścianowa. Wybieranie ścianowe. *Por.* ścienny.

ściąć *dk Xc*, zetnę, zetnie, zetnij, ściąłem (*wym.* ściołem; *nie*: ścięłem), ściął (*wym.* ścioł), ścięła (*wym.* ścieła), ścięliśmy (*wym.* ścieliśmy, p. akcent § 1a i 2) — **ścinać** *ndk I*, ścinaliśmy 1. «oddzielić coś od czegoś, usunąć coś skądś za pomocą ostrego narzędzia»: Ściąć las. Ścięła włosy. Zetnij trochę kwiatów. Ścięte obcasy. △ (zwykle *dk*) *pot.* Coś ścięło kogoś z nóg «coś spowodowało nagłą utratę sił fizycznych»: Choroba ścięła ją z nóg. 2. «spowodować skrzepnięcie, zamarznięcie czegoś (zwykle cieczy)»: Mróz ściął rzekę. △ (zwykle *ndk*): Coś ścina krew w żyłach «coś wzbudza grozę, przerażenie»: Widok ten ścinał krew w żyłach. 3. *pot., środ.* «dać komuś na egzaminie ocenę niedostateczną»: Ścięto go na (egzaminie) piśmiennym. □ Ś. kogo (z czego): Ścięli ją z matematyki.

ściągacz *m II*, *lm D.* ściągaczy a. ściągaczów.

ściągaczka a. **ściągawka** *ż III*, *lm D.* ściągaczek (ściągawek). || *D Kult. I, 601.*

ściągać *ndk I*, ściągaliśmy (p. akcent § 1a i 2) — **ściągnąć** *dk Va*, ściągnąłem (*wym.* ściągnołem; *nie*: ściągnęłem, ściągłem), ściągnął (*wym.* ściągnoł), ściągnęła (*wym.* ściągnęła; *nie*: ściągła), ściągnęliśmy (*wym.* ściągneliśmy; *nie*: ściągliśmy) 1. w zn. «ciągnąc zdejmować, zsuwać skądś» □ Ś. kogo, co — z czego: Ściągać chłopca z konia. Ściągnąć obrus ze stołu. △ *przen.* Ściągnąć kogoś z placówki, z warty. 2. w zn. «zdejmować z siebie lub z kogoś (zwykle jakąś część ubrania)»: Ściągnęła rękawiczki. Ściągnął buty. □ Ś. co z kogo, z czego: Ściągali z rannego koszulę. Ściągnąć z nóg kozaczki. Ściągnąć skórę z zająca. 3. w zn. «mocno związywać, ściskać czymś; (zwykle *ndk*) o pasie, sznurze itp.: ciasno opasywać»: Pasek ściąga talię. □ Ś. co czym: Ściągnąć walizkę rzemieniem. 4. w zn. «powodować czyjeś przybycie w dane miejsce; sprowadzać» □ Ś. kogo — do kogo, do czego: Ściągnęła ją do siebie na wieś. Występy jej ściągały do teatru tłumy. △ *pot.* Ściągać sobie kogoś na kark «powodować niepożądane przybycie kogoś» △ *przen.* «być sprawcą, przyczyną czegoś (zwykle czegoś złego)» □ Ś. co na kogo: Ściąga na nią gniew ojca. Ściągnęła na siebie nieszczęście. 5. częściej *ndk* w zn. «o wielu: stopniowo przybywać gdzieś z wielu miejsc; schodzić się» □ Ś. bez dop.: Uchodźcy ściągali ze wszystkich stron. Widzowie ściągali do cyrku. 6. tylko *dk* w zn. *pot.* «zabrać po kryjomu cudzą własność; ukraść» □ Ś. (komu) co: Ściągnąć jabłko ze straganu.

ściągawka p. ściągaczka.

ściągnąć p. ściągać.

ścibać *ndk IX*, ścibię (*nie*: ścibę), ścibaliśmy (p. akcent § 1a; i 2); a. **ścibić, ścibolić** *ndk VIa*, ścibię, ścibolę; ścibi, ściboli; ścibiliśmy, ściboliliśmy; *rzad.* **ściubać** *ndk IX*, ściubię, ściubie, ściubaliśmy *pot.* «wykonywać jakąś pracę ręczną (zwłaszcza szyć), często niezręcznie, nieumiejętnie»: Ściboliła do późna w nocy. □ Ś. co: Ścibie dziurawą pończochę. Ścibolił jakieś rysunki.

ścichapęk (*wym.* ścichapęk) *m III*, *lm M.* te ścichapęki *żart.* «ktoś z pozoru cichy, ale mogący się

ś- «postać fonetyczna i graficzna przedrostka *s-* przed *ć*», np.: ściąć, ściągnąć, ściemnieć, ścierać, ścierpnąć, ścinać, ściskać, ściszyć.

ściana *ż IV*: Ściana szczytowa, frontowa. Ściana cieplarni, urwiska. △ *przen.* Ściana lasu, ognia. □ Ś. z czego: Ściana z dykty, z drzewa. △ *pot.* W czterech ścianach «w mieszkaniu»: Znudziło mu się siedzieć całymi dniami w czterech ścianach. △ Być, mieszkać itp. z kimś przez ścianę «być, mieszkać itp. w sąsiednim, przylegającym pokoju, domu» △ *pot.* (Choć) bij, tłucz głową (łbem) o ścianę «wyrażenie podkreślające daremność jakichś wysiłków» △ *pot.* Jak groch a. grochem o ścianę «o słowach, prośbie, perswazji: (być) bez oddźwięku, bez żadnego skutku» △ *pot.* Podpierać ściany, *rzad.* ścianę «stać pod ścianą, nie biorąc udziału w ogólnej zabawie» △ *pot.* Postawić kogoś pod ścianę; pójść pod ścianę «przeznaczyć kogoś na rozstrzelanie; zostać rozstrzelanym» △ *rzad.* Przyprzeć kogoś do ściany (*częściej*: do muru).

zdobyć w pewnej chwili na niespodziewany postępek, wybryk»

ściec p. ściekać.

Ściegienny *m* odm. jak przym., *lm M.* Ściegienni. Ściegienna (*nie*: Ściegiennowa, Ściegiennina) *ż* odm. jak przym.; *rzad.* Ściegienny *ż ndm* — Ściegiennianka (*nie*: Ściegienniówna) *ż III, lm D.* Ściegiennianek.

ściekać *ndk I*, ściekałby (p. akcent § 4c) — **ściec** *dk Vc*, ścieknie, *rzad.* XI, ściekł, ściekłoby; a. **ścieknąć** *dk Vc*, ściekł a. ścieknął (*wym.* ścieknoł), ściekła (*nie*: ścieknęła), ściekłoby a. ścieknęłoby (*wym.* ścieknęłoby): Ściekło kilka łez. Woda ściekała po skałach.

ścielić *ndk VIa*, ścieliliśmy (p. akcent § 7) *reg.*, p. II słać.

ściemniać *ndk I*, ściemnialiśmy (p. akcent § 1a i 2) — **ściemnić** *dk VIa*, ściemnij, ściemniliśmy; *częściej*: przyciemniać.
ściemniać się — **ściemnić się**: Niebo się ściemnia. △ zwykle w formie *nieos.*: Ściemnia się «zapada zmierzch; robi się ciemniej»: Na dworze się ściemnia.

ścienny 1. «znajdujący się w ścianie, na ścianie; przeznaczony do wieszania na ścianie»: Malowidło ścienne. Zegar ścienny. 2. «o materiałach budowlanych: służący do budowania lub wykładania ścian» *Por.* ścianowy.

ścierać (*nie*: ścirać) *ndk I*, ścieraliśmy (p. akcent § 1a i 2) — **zetrzeć** *dk XI*, zetrę, zetrze, zetrzyj, starł, starliśmy, starty 1. «tarciem powodować ubytek czegoś; trąc oczyszczać powierzchnię czegoś» □ Ś. co (z czego): Starł skórę z kolan. Ściera kurz z książek. Zetrzyj wodę z podłogi. 2. zwykle *dk* «trąc rozdrobnić, skruszyć coś»: Starła jarzyny na tarce. △ *przen.* Starto nieprzyjaciela w proch.

ścierka (*nie*: ścirka) *ż III, lm D.* ścierek.

ściernisko *n II, lm D.* ściernisk 1. «pole ze ściernią, pozostałą po zżęciu zboża» 2. *rzad.* p. ścierń (w zn. 1).

ścierń *ż V* 1. «przyziemne części źdźbeł zboża pozostałe po zżęciu» 2. *rzad.* p. ściernisko (w zn. 1).

ścierpieć *dk VIIa*, ścierpieliśmy (p. akcent § 1a i 2) (używane częściej z przeczeniem): Ścierpieć afront. Nie ścierpię niesprawiedliwości. △ Nie móc kogoś ścierpieć «bardzo kogoś nie lubić; nie móc znieść czyjejś obecności»

ścierpnąć p. cierpnąć.

ścierwo *n III* 1. *blm* «padlina» 2. *lm M.* te ścierwa, *rzad.* ścierwy *wulg.* «rodzaj wyzwiska; drań, kanalia»

ścieśniać *ndk I*, ścieśnialiśmy (p. akcent § 1a i 2) — **ścieśnić** *dk VIa*, ścieśnię, ścieśnij, ścieśniliśmy: Ścieśnić pismo. Ścieśnić szeregi. △ Ścieśniać samogłoski.

ścięgno (*nie*: ścięgło) *n III, lm D.* ścięgien.

ścigacz *m II, lm D.* ścigaczy a. ścigaczów.

ścigać *ndk I*, ścigaliśmy (p. akcent § 1a i 2) «biec za kimś, żeby go dogonić; gonić; tropić kogoś w celu ukarania go»: Ścigać uciekającego złodzieja. Psy ścigają zająca. Był ścigany przez prawo. Ścigać kogoś sądownie, urzędowo (a. z urzędu). □ *przen.* Ś. kogo czym: Ścigano go docinkami i śmiechem. △ Ścigać kogoś (coś) oczami, spojrzeniem, wzrokiem «patrzeć na kogoś, na coś uparcie; wodzić za kimś, za czymś wzrokiem»
ścigać się □ Ś. się z kim: Ścigał się z kolegą.

ścinać p. ściąć.

ścinek *m III, D.* ścinka, *lm D.* ścinków «okrawek, skrawek»: Ścinki papieru, materiału.

ścinka *ż III, lm D.* ścinek «w leśnictwie: ścinanie (drzew); w górnictwie: prace w kopalni mające na celu połączenie dwu przodków prowadzonych z dwu przeciwnych stron»

ściskać *ndk I*, ściskaliśmy (p. akcent § 1a i 2) — **ścisnąć** *dk Va*, ściśnie, ścisnąłem (*wym.* ścisnołem; *nie*: ścisnełem, ścisłem) ścisnął (*wym.* ścisnoł), ścisnęła (*wym.* ścisneła; *nie*: ścisła), ścisnęliśmy (*wym.* ścisneliśmy; *nie*: ściśliśmy) 1. «wywierać ucisk; zaciskać, opasywać» □ Ś. co (czym, w czym): Ściskać konia nogami. Ściskać kij w dłoni. Ścisnąć zęby z bólu. Pas ściska biodra. △ Coś ściska kogoś za gardło a. w gardle «ktoś czuje ucisk w gardle, komuś zbiera się na płacz» 2. *częściej ndk* «obejmować, ujmować uściskiem» □ Ś. kogo (za co); ś. co (komu): Ściskał ojca (za nogi). Ściskał mu ręce. 3. *częściej dk* «spowodować ciasne, zwarte ustawienie czegoś, kogoś; stłoczyć»: Ściśnięte szeregi.
ściskać się — **ścisnąć się** 1. «być ściskanym»: Pięści się komuś ściskają. △ Serce się ściska komuś a. w kimś «ktoś odczuwa żal, smutek» 2. «opasywać się» □ Ś. się czym: Ściskać się pasem, gorsetem. 3. *częściej ndk* «obejmować się»: Ściskali się jak bracia. □ Ś. się z kim: Ściskał się z przyjacielem. 4. *częściej dk* «stłoczyć się»: Ścisnąć się w gromadkę.

ścisło p. ściśle (w zn. 1).

ściśle *st. w.* ściślej 1. a. ścisło «ciasno, gęsto»: Pisać ściśle a. ścisło. Chustka zawiązana ścisło (ściśle). 2. «bezpośrednio, nierozerwalnie»: Łączyć się, wiązać się z czymś ściśle. 3. «dokładnie, skrupulatnie; całkowicie, wyłącznie»: Ściśle przestrzegać czegoś. Wypełniać ściśle zalecenia lekarza. Ściśle naukowa praca. △ Ściśle (*nie*: ściślej) mówiąc, ściśle biorąc «właściwie»

ściubać p. ścibać.

ŚFMD (*wym.* eś-efemde, p. akcent § 6) *n* a. *ż ndm* «Światowa Federacja Młodzieży Demokratycznej»: ŚFMD zorganizowało (zorganizowała) międzynarodowy festiwal młodzieży.

ŚFZZ (*wym.* eś-efzetzet, p. akcent § 6) *ż ndm* a. *m IV, D.* ŚFZZ-tu, *Ms.* ŚFZZ-cie «Światowa Federacja Związków Zawodowych»: Przewodniczący ŚFZZ (ŚFZZ-tu). ŚFZZ uchwaliła (uchwalił).

ślad (*nie*: szlad) *m IV, D.* śladu, *Ms.* śladzie 1. «odcisk»: Ślad stopy. Ślady kół. Iść po czyichś śladach. Ślad na piasku. Śladem kogoś, czegoś «na wzór»: Śladem przodków poświęcili się rolnictwu. △ Chodzić, iść w ślad za kimś, za czymś (*lepiej*: śladami kogoś, czegoś) «iść bezpośrednio za kimś, za czymś»: Szedł śladem (śladami) przewodnika. △ Iść, wstępować w czyjeś ślady, *rzad.* iść czyimś śladem, czyimiś śladami «wzorować się na kimś, naśladować kogoś»: Szedł w ślady (śladem, śladami) swego nauczyciela. △ *niepoprawne* W ślad za czymś (*zamiast*: po czymś, w następstwie czegoś, uzupełniając coś), np. W ślad za wystrzeleniem (*zamiast*: po wystrzeleniu) pierwszego sputnika... 2. «pozostałość, resztka, znak świadczący, że coś się działo»: Ślady łez. Ślady wojny. Przepaść, zginąć bez śladu. Zatrzeć ślady. □ Ś. po czym, od czego: Ślady po ospie na twarzy. Ślad od uderzenia. □ Ś. po kim: Zginął wszelki ślad po bandytach.

ślamazara (*nie*: szlamazara) *ż* a. *m* odm. jak *ż IV, M.* ten a. ta ślamazara (także o mężczyznach), *lm M.* te ślamazary, *D.* ślamazarów (tylko o mężczyznach) a. ślamazar, *B.* tych ślamazarów (tylko o mężczyznach) a. te ślamazary: Był okropnym (okropną) ślamazarą.

ślamazarny (*nie*: szlamazarny) *m-os.* ślamazarni, *st. w.* ślamazarniejszy a. bardziej ślamazarny.

Śląsk (*nie*: Szląsk) *m III*: Mieszkać na Śląsku. Jechać na Śląsk. △ Górny Śląsk, Dolny Śląsk, Śląsk Cieszyński. — Ślązak *m III, lm M.* Ślązacy — Ślązaczka *ż III, lm D.* Ślązaczek — śląski (p.).

śląski: Stroje śląskie (*ale*: Nizina, Wyżyna Śląska).

śledzić *ndk VIa*, śledzę, śledziliśmy (p. akcent § 1a i 2): Śledzić coś oczyma, wzrokiem. Czujne oczy śledziły każdy jego krok. □ Ś. kogo, co (*nie*: za kim, za czym): Śledzić zbiega (*nie*: za zbiegiem). △ *przen.* Śledzić czyjeś słowa (*nie*: za czyimiś słowami).

śledztwo *n III, Ms.* śledztwie, zwykle *blm*: Gruntowne, skrupulatne śledztwo. Prowadzić śledztwo. Umorzyć śledztwo. Sprawa jest w śledztwie (*nie*: pod śledztwem). Śledztwo jest w toku. □ Ś. przeciw komu (o co): Wszcząć przeciw komuś śledztwo. Śledztwo przeciw pracownikowi kolei o spowodowanie katastrofy. □ Ś. co do czego, w sprawie czego: Śledztwo w sprawie napadu na bank trwało prawie miesiąc.

śledź *m I, lm D.* śledzi; w zn. «ryba morska»: Ławica, połów, sprzedaż śledzi (*nie*: śledzia). △ *pot.* Gnieść, tłoczyć się jak śledzie w beczce. △ *pot.* Wyglądać jak (wymokły) śledź «wyglądać mizernie» △ *pot.* Dostać, zobaczyć ucho od śledzia «nie dostać, nie zobaczyć nic» △ *pot.* Coś śledzia zjadło «coś zginęło, przepadło bez śladu»

ślepić *ndk VIa*, ślepiliśmy (p. akcent § 1a i 2) **1.** *pot.* «wysilać wzrok, wpatrywać się w coś» □ Ś. nad czym: Ślepić nad książką. □ Ś. w co: Ślepić w mapę. **2.** (tylko w 3. os., bezokol.) *częściej*: oślepiać, razić: Słońce ślepi. △ Ś. czym: Zamieć ślepiła śniegiem.

ślepie *n I, lm M.* ślepia (*nie*: ślepa), *rzad.* ślepie, *D.* ślepiów, *rzad.* ślepi; zwykle w *lm* «oczy zwierzęcia; *posp.* o oczach ludzkich»: Przekrwione, rozjuszone ślepia zwierzęcia. △ *posp.* Wybałuszać na kogoś ślepia. △ Skakać sobie do ślepiów «awanturować się o coś; bić się» △ Przewracać do kogoś ślepia a. ślepiami «zalecać się do kogoś, kokietować kogoś» △ Leźć komuś w ślepia «naprzykrzać się komuś swoim widokiem»

ślepiec *m II, D.* ślepca, *W.* ślepcze, forma szerząca się: ślepcu, *lm M.* ślepcy. || D Kult. I, 362.

ślepki a. **ślepka** *blp, D.* ślepek (ślepków) *pieszcz.* «oczy człowieka lub zwierzęcia»

ślepnąć *ndk Vc*, ślepnie, ślepł (*nie*: ślepnął), ślepła (*nie*: ślepnęła), ślepliśmy (p. akcent § 1a i 2) — **oślepnąć** *dk* «tracić wzrok, stawać się ślepym»

ślepo 1. «bezkrytycznie»: Ślepo posłuszny. Ślepo kogoś słuchać. **2.** «bez wylotu, bez wyjścia»: Ulica ślepo zakończona.

na ślepo 1. «nie patrząc; bez zastanowienia, w sposób odruchowy, żywiołowy»: Robić coś na ślepo. **2.** *rzad.* «szczelnie (*lepiej*: na głucho)»: Zamknięte na ślepo okiennice.

ślepy *m-os.* ślepi **1.** «pozbawiony wzroku; nie mogący widzieć (o człowieku: *lepiej*: niewidomy)»: Ślepe szczenięta. △ *przen.* Ślepe posłuszeństwo, naśladownictwo. Ślepy traf, przypadek. □ Ś. od czego (kiedy się wymienia przyczynę zewnętrzną): Ślepy od słońca, od blasku, od kurzu. □ Ś. z czego (kiedy się wymienia przyczynę wewnętrzną): Ślepy z nienawiści, z miłości. **2.** «nie mający wylotu, otworu»: Ślepy zaułek. Ślepa uliczka. Ślepe okno.

Ślęza *ż IV, CMs.* Ślęzie «rzeka»

Ślęża *ż II, CMs.* Ślęży «góra»

Ślężanin *m V, D.* Ślężanina, *lm M.* Ślężanie, *D.* Ślężan «członek dawnego plemienia zachodniosłowiańskiego»

ślipie *n I, lm M.* ślipia, *rzad.* ślipie, *D.* ślipiów (z silniejszym zabarwieniem ekspresywnym niż *ślepie*).

ślipieć *ndk VIIa*, ślipieliśmy (p. akcent § 1a i 2), *rzad.* **ślipać** *ndk IX*, **ślipiać** *ndk I*, ślipaliśmy, ślipialiśmy *pot.* (ekspresywnie) «wysilać wzrok, wpatrywać się w coś; ślepić» □ Ś. nad czym: Ślipieć nad książką.

śliski (*nie*: ślizgi) *st. w.* bardziej śliski: Śliska posadzka. Droga śliska po deszczu. △ *przen.* Śliska sprawa. □ Ś. od czego: Śliski od błota.

śliwa *ż IV* **1.** «drzewo owocowe» **2.** *rzad.* «owoc tego drzewa; śliwka (zwłaszcza duża)»

śliwka *ż III, lm D.* śliwek **1.** «owoc śliwy» △ *pot.* Wpaść jak śliwka w kompot: **a)** «przyjść gdzieś nie w porę, sprawić komuś kłopot swoim przybyciem» **b)** «znaleźć się w kłopotliwej, nieprzyjemnej sytuacji» **2.** *rzad.* «śliwa (drzewo owocowe)»

ślizgacz *m II, lm D.* ślizgaczy a. ślizgaczów; *rzad.* **ślizgowiec** *m II, D.* ślizgowca, *lm D.* ślizgowców (*nie*: ślizgowcy).

ślizgać się *ndk I*, ślizgaliśmy się (p. akcent § 1a i 2): Ślizgać się na lodzie, po lodzie. Ślizgać się po powierzchni czegoś. Ślizgać się w błocie.

ślub (*nie*: szlub) *m IV, D.* ślubu, *Ms.* ślubie **1.** «zawarcie związku małżeńskiego»: Ślub cywilny, kościelny. Metryka ślubu. Wziąć ślub. Ślub się: Odbędzie się ślub mojej koleżanki z moim bratem. **2.** «uroczyste przyrzeczenie; ślubowanie»: Śluby zakonne (tylko w *lm*). Ślub czystości, ubóstwa. Uczynić ślub. Dochować ślubu.

ślubować (*nie*: szlubować) *ndk IV*, ślubowaliśmy (p. akcent § 1a i 2) □ Ś. (komu) co; ś., że...: Ślubowali sobie przyjaźń. Ślubował, że ufunduje szkołę. □ Ś. + bezokol.: Ślubował pościć o chlebie i wodzie.

ślusarnia (*nie*: szlusarnia) *ż I, lm D.* ślusarni, *rzad.* ślusarń.

ślusarz (*nie*: szlusarz) *m II, lm D.* ślusarzy.

śluz (*nie*: szluz) *m IV, D.* śluzu, *Ms.* śluzie, zwykle *blm.*

śluza (*nie*: szluza) *ż IV, CMs.* śluzie: Ująć rzekę śluzami (w śluzy).

śmiać się *ndk Xb,* śmieję się, śmiej się, śmialiśmy się, *reg.* śmieliśmy się (p. akcent § 1a i 2): Śmiać się beztrosko, szczerze, serdecznie. Śmiać się do rozpuku, od ucha do ucha, w głos. □ Ś. się do k o g o: Dziewczyna śmiała się do chłopca. □ Ś. się z k o g o, c z e g o «wyśmiewać się, drwić z kogoś, z czegoś; lekceważyć kogoś»: Śmiali się z głuptasa. Śmieję się z twoich gróźb.

śmiałek *m III, D.* śmiałka, *lm M.* śmiałki a. śmiałkowie.

śmiało, *przestarz.* **śmiele** *st. w.* śmielej **1.** «odważnie; z rozmachem»: Śmiało spojrzeć prawdzie w oczy. Mówił coraz śmielej. **2.** bez *st. w.* «bez wątpliwości, z całą pewnością»: W tym pokoju zmieści się śmiało kilkanaście osób.

śmiałość *ż V, blm:* Śmiałość poglądów. Zdobyć się na śmiałość. Nie ma śmiałości wejść do ich domu. □ Ś. w czym: Śmiałość w wystąpieniach. △ *pot.* Mieć śmiałość do kogoś «być śmiałym wobec kogoś»

śmiały *m-os.* śmiali, *st. w.* śmielszy: Śmiały pomysł. Śmiała wyprawa. □ Ś. w czym: Śmiały w rozmowie, w postępowaniu z kimś. □ *pot.* Ś. w stosunku do k o g o, wobec k o g o: Jest śmiały w stosunku do swojego kierownika.

śmiech *m III, D.* śmiechu: Gromki, serdeczny śmiech. Wybuch śmiechu. Zanosić się śmiechem a. od śmiechu. Umierać, pękać, pokładać się, tarzać się, zrywać boki od śmiechu a. ze śmiechu. Śmiech kogoś bierze, porywa. △ *pot.* Coś jest śmiechu warte «o czymś niepoważnym» △ Coś do śmiechu «coś śmiesznego, wesołego» □ Ś. z kogo, z czego: Śmiech z przegranej.

I śmieć *m I, lm M.* śmieci a. śmiecie; *rzad.* **śmiecie** *n I, blm:* Kupa śmieci (śmiecia). Kosz do śmieci a. na śmieci. △ *pot.* Na swoich, własnych śmieciach; na starych śmieciach «u siebie, w swoim własnym domu; w swoim dawnym a. dotychczasowym mieszkaniu» || *D Kult. II, 472.*

II śmieć *ndk II,* śmiem (*nie*: śmię), śmieją a. śmią; śmieliśmy (p. akcent § 1a i 2), śmieli (*nie*: śmiali), śmiejąc a. śmiąc **1.** «ośmielić się, odważyć» □ Ś. + bezokol.: Nie śmiał odetchnąć. △ *niepoprawne* w zn. «nie wolno», np.: Nikt nie śmie (*zamiast*: Nikomu nie wolno) tu wejść. Drzwi nie śmią być otwarte (*zamiast*: Nie wolno otwierać drzwi).

śmiele p. śmiało.

śmiercionośny *książk., podn.* «śmiertelny, zabójczy»: Śmiercionośna strzała, kula.

śmierć *ż V, blm:* Bohaterska śmierć. Na łożu śmierci. Zginąć śmiercią tragiczną. Ocalić kogoś przed śmiercią. Śmierć w walce, na polu bitwy. Śmierć pod gruzami. □ Ś. od czego, przez co, z czego, wskutek czego: Śmierć od kuli. Śmierć przez powieszenie. Śmierć z głodu. Śmierć wskutek upływu krwi.

śmierdzieć *ndk VIIa,* śmierdzę, śmierdzieliśmy (p. akcent § 1a i 2) □ Ś. czym: Śmierdzieć piwem, dymem. △ *posp.* Nie śmierdzieć groszem «być bez pieniędzy, nie mieć grosza»

śmietana *ż IV, blm:* Bita śmietana. Pierogi ze śmietaną. △ *reg.*: Słodka śmietana «śmietanka» △ Kwaśna śmietana «śmietana»

śmigło *n III, lm D.* śmigieł: Śmigła samolotu.

śmigłowiec *m II, D.* śmigłowca; in. helikopter. || *D Kult. I, 506.*

śmigus (*nie*: szmigus) *m IV, D.* śmigusa a. śmigusu △ zwykle w wyrażeniu: śmigus-dyngus.

śniadanko (*nie*: śniadańko) *n II, lm D.* śniadanek.

Śniadecki *m odm. jak przym., lm M.* Śniadeccy: Szkoła im. braci Śniadeckich, *lepiej*: Szkoła im. Jana i Jędrzeja Śniadeckich.

Śniardwy *blp, D.* Śniardw «jezioro» — śniardewny.

śnić *ndk VIa,* śnij, śniliśmy (p. akcent § 1a i 2) **1.** *reg.* «to samo, co: śnić się» □ Ś. kogo, co: Śnić sen. Śniła matkę. □ Ś., że...: Śnił, że spotkała go niezwykła przygoda. **2.** «myśleć, marzyć» □ Ś. o kim, o czym: Śnił o niej całymi dniami. Śnić o sławie, o szczęściu. △ Śnić na jawie.
śnić się «ukazywać się we śnie» □ Ś. się komu: Śniła jej się matka. □ Śni się komu, że...: Śniło jej się, że wyjechała w daleką podróż. △ *pot.* Komuś się (coś) nie śniło (+ bezokol., że...) «ktoś w najśmielszych marzeniach nie przewidywał czegoś» △ *pot.* Ani się komuś (nie) śni (+ bezokol.) «ktoś nie ma wcale zamiaru»

śnieć *ż V, lm M.* śniecie «grzyb pasożytniczy wywołujący chorobę zbóż i innych roślin»

śniedź *ż V, blm* «niebieskozielona warstwa pokrywająca powierzchnię wyrobów z miedzi i jej stopów; patyna»

śniegowy «dotyczący śniegu; śnieżny»: Pokrywa śniegowa (*częściej*: śnieżna). Chmury śniegowe. Burza śniegowa (*częściej*: śnieżna).

śnieżka *ż III* **1.** *lm D.* śnieżek «kulka śniegowa» **2.** Śnieżka «szczyt w Karkonoszach»

śnieżnicki: Góry Śnieżnickie, in. Grupa Śnieżnika.

Śnieżnik *m III* «szczyt w Karkonoszach» △ Grupa Śnieżnika «masyw górski w Sudetach Wschodnich» — śnieżnicki (p.).

śnieżny 1. «obfitujący w śnieg, śnieżysty; dotyczący śniegu, śniegowy»: Śnieżny krajobraz. Śnieżna zima. Burza śnieżna. △ Śnieżnej białości «biały jak śnieg»: Zęby śnieżnej białości. **2.** «bardzo biały; *częściej*: śnieżnobiały»: Był we fraku ze śnieżnym gorsem. △ W nazwach dużą literą: Góry Śnieżne, Śnieżne Kotły.

śnieżysty *książk.* «śnieżny, śniegowy»: Śnieżyste chmury. Śnieżysta zamieć. Śnieżysta białość.

śnięty «o rybie: zdechły, nieżywy»: Śnięte karpie.

śp. «skrót wyrażenia: *świętej pamięci*, pisany z kropką, stawiany zwykle przed nazwiskiem lub przed imieniem i nazwiskiem osoby zmarłej, czytany jako całe wyrażenie»: Śp. Kowalski, śp. Jan Kowalski. Wspomniał o śp. (*czyt.* świętej pamięci) Janie Kowalskim.

śpiączka (*nie:* spiączka) *ż III, lm D.* śpiączek **1.** «stan głębokiego i długotrwałego snu, występujący przy cukrzycy, mocznicy itp.»: Śpiączka cukrzycowa. △ Śpiączka afrykańska (skrótowo: śpiączka). **2.** *pot.* «pragnienie, potrzeba snu; senność»: Co chwila ogarniała go taka śpiączka, że nic nie mógł robić.

! śpichlerz, śpichrz (dopuszczalne tylko w wymowie) p. spichrz.

śpiczasty p. spiczasty.

śpiesznie a. **spiesznie** *st. w.* śpieszniej, spieszniej *książk.* «szybko, z pośpiechem»: Iść śpiesznie (spiesznie).

śpieszno a. **spieszno**, używane tylko w wyrażeniu: Śpieszno (spieszno) komuś — do kogoś, do czegoś; Śpieszno (spieszno) + bezokol. «ktoś się śpieszy do kogoś, czegoś a. żeby coś zrobić»: Śpieszno mi zobaczyć rodziców. Śpieszno mu było do roboty.

śpieszny a. **spieszny** *st. w.* śpieszniejszy, spieszniejszy: Śpieszny (spieszny) marsz.

I śpieszyć a. **spieszyć** *ndk VIb,* śpieszyliśmy, spieszyliśmy (p. akcent § 1a i 2) **1.** *książk.* «iść, jechać dokąd szybko»: Kiedy przyszła, śpieszył właśnie na miasto. △ *reg.* Zegar śpieszy, spieszy (p. śpieszyć się). **2.** (częściej w formie zwrotnej) *wych. z użycia* «zabierać się do czegoś z ochotą; kwapić się» □ Ś. z czym: Śpieszyć ze żniwami. Nie śpieszył z odpowiedzią.

śpieszyć się a. **spieszyć się**: Pracuj powoli, nie śpiesz się. □ Ś. się a. śpieszy się komu — do kogo, czego, na co: Nie mogę czekać, bardzo się śpieszę a. bardzo mi się śpieszy do domu, na zebranie. △ Nie śpieszyć się do czego «nie kwapić się, ociągać się»: Nie śpieszy się do odrabiania lekcji. △ Zegar się śpieszy «wskazuje późniejszą godzinę, niż jest istotnie»: Zegarek się śpieszy godzinę (o godzinę).

śpiewać *ndk I,* śpiewaliśmy (p. akcent § 1a i 2) **1.** w zn. «wykonywać głosem melodię, utwór muzyczny; o ptakach: wydawać melodyjne dźwięki»: Śpiewać chórem, solo. Śpiewać na całe gardło, na cały głos. Śpiewać altem, tenorem. Śpiewać w duecie. Śpiewać z akompaniamentem. Śpiewać arię. Ptaki śpiewały w ogrodzie. **2.** *środ., uczn.* w zn. «wydawać, zdradzać coś, sypać; płynnie odpowiadać (na egzaminie)»: Na śledztwie od razu zaczął śpiewać. Z matematyki odpowiadał bardzo dobrze a z chemii po prostu śpiewał.

śpioch (*nie:* spioch) *m III, lm M.* śpiochy: Był wielkim śpiochem, codziennie spóźniał się do szkoły.

śpioszek (*nie:* spioszek) *m III, D.* śpioszka, *lm M.* śpioszki **1.** zdr. od śpioch: Wstawać śpioszki! **2.** tylko w *lm* «ubiór dla niemowlęcia»

śpiwór (*nie:* spiwór) *m IV, D.* śpiwora, *Ms.* śpiworze: Śpiwór brezentowy, futrzany.

! śpiżarnia (dopuszczalne tylko w wymowie) p. spiżarnia.

średnik *m III*: Stawiać średnik. Napisać coś po średniku.

***średnik** (;) znak interpunkcyjny pełniący funkcję pośrednią między funkcją kropki a przecinka. Można go stosować tylko między zdaniami lub członami równorzędnymi. Używa się go między zdaniami (pojedynczymi lub złożonymi) oraz między dłuższymi grupami wyrazowymi (zwłaszcza w wyliczeniach), np.: Dom ich był nie tylko najbogatszy we wsi; był także najlepiej położony. Uwierzą ci, jeśli zrobisz to, coś obiecał; jeśli ułatwisz im wyjazd; jeśli wszystkim dostarczysz funduszów. W obrębie ludzkości wyróżniamy 8 ras geograficznych: 1. Rasa europejska; 2. Rasa afrykańska; 3. Rasa azjatycka i in.

średnio 1. «przeciętnie»: Średnio na osobę wypada po 100 zł. **2.** «pośrednio pod względem wielkości, jakości itp.»: Średnio wydajny. **3.** «miernie, niezbyt dobrze»: Uczył się średnio.

średnio- «pierwsza część wyrazów złożonych, pisanych łącznie» **a)** «wskazująca na średnią wielkość, średni czas trwania itp. tego, co nazywa druga część złożenia», np.: średniometrażowy, średniozamożny. **b)** «których podstawą jest połączenie przymiotnika *średni* z rzeczownikiem», np. średniowiecze. **c)** «których podstawą jest połączenie wyrazu *średnio* z czasownikami», np. *techn.* średnioprzędny (od: średnio prząść). △ Wyrażenia, których pierwszym członem jest przysłówek a drugim imiesłów pisze się rozdzielnie, np. średnio zaawansowany.

średnioroczny *niepoprawne* zamiast: średni roczny, np. Średnioroczny (*zamiast:* średni roczny) wzrost produkcji.

średniowiecze *n I, blm*: Zabytki średniowiecza. Wczesne średniowiecze.

średniowieczny: Średniowieczna Europa. Sztuka, filozofia średniowieczna. Średniowieczne przesądy, zabobony.

średniowieczyzna *ż IV, CMs.* średniowieczyźnie, *blm.*

Śrem *m IV, D.* Śremu «miasto» — śremianin *m V, D.* śremianina, *lm M.* śremianie, *D.* śremian — śremianka *ż III, lm D.* śremianek — śremski.

śreżoga (*nie:* szreżoga) *ż III,* zwykle *blm* **1.** «zwarzenie się liści lub kwiatów wskutek zimna» **2.** «lekka mgła w upalny dzień; wibracje, migotanie powietrza»: Śreżoga słoneczna.

środa (*nie wym.* siroda) *ż IV, lm D.* śród (*nie:* środ): We środę, *rzad.* w środę.

Środa *ż IV* «miasto» — średzki. || D Kult. II, 557.

środek (*nie wym.* sirodek) *m III, D.* środka **1.** «punkt centralny, miejsce, przestrzeń mniej więcej jednakowo oddalone od krawędzi określonej powierzchni»: Środek miasta, pokoju, arkusza papieru. Przez środek a. środkiem polany płynie strumyk. △ *pot.* Środek tygodnia, zimy, lata itp. Ale: Połowa (*nie:* środek) stycznia, lutego, roku, stulecia. △ W środku jakiegoś okresu: W środku lekcji zaczął jeść. W środku roku nie chciał wymówić pracy. **2.** «wewnętrzna część czegoś, wnętrze»: Wejść, wedrzeć się do środka pokoju. Otworzył szufladę i włożył papiery do środka. △ *pot.* W(e) środku «wewnątrz ciała, organizmu»: Coś mnie boli w(e) środku.

3. «to, co ułatwia, umożliwia działanie» □ Ś. czego: Środki upowszechniania informacji. □ Ś. czego a. jaki: Środek komunikacji a. środek komunikacyjny. Środek transportu a. środek transportowy. △ *przen.* «sposób, metoda, rada na coś»: Mandat pieniężny jest środkiem dyscyplinarnym. △ Chwycić się jakiegoś środka. Przedsięwziąć (*nie*: podjąć) jakieś środki.4. «specyfik farmaceutyczny, preparat, substancja chemiczna itp. stosowane w pewnych określonych celach»: Środek dezynfekcyjny, owadobójczy. □ Ś. jaki a. na co: Środek przeczyszczający (na przeczyszczenie). Środek nasercowy (na serce). □ Ś. jakiś a. na co, przeciw czemu (gdy się wymienia to, czemu przeciwdziała środek): Środek przeciwbólowy (na ból, przeciw bólowi). Środek przeciwgorączkowy (na gorączkę, przeciw gorączce). □ Ś. jakiś a. do czego: Środek piorący (do prania). 5. zwykle w *lm* «zasoby materialne, dochody pieniężne, pieniądze, stan posiadania; dobra ekonomiczne»: Nie mieć środków do życia. Dysponować skromnymi środkami. Środki płatnicze. □ Ś. na co (*nie*: do czego): Mieć środki na opłacenie podróży. △ Mieć, zdobyć środki po temu (żeby)...: Chciał się dalej kształcić, ale nie miał po temu środków. 6. *reg.* «małe ogniwo elektryczne; bateryjka»

środkowo- «(pisana łącznie) pierwsza część przymiotników złożonych wskazująca na środkowe, centralne usytuowanie tego, co nazywa druga część złożenia», np.: środkowoeuropejski, środkowopolski, środkowosyberyjski, środkowojęzykowy. △ W nazwach dużą literą: Dolina Środkowochilijska, Basen Środkowoindyjski, Góry Środkowoafgańskie, Środkowoirańskie, Nizina Środkowojakucka, Wyżyna Środkoworosyjska.

środowy (nie *wym.* sirodowy): Środowe koncerty, zebrania.

śród *rzad.* p. wśród.

śród- «pierwszy człon wyrazów złożonych, pisany łącznie, oznaczający środek, wnętrze lub położenie centralne, środkowe tego, co nazywa lub do czego nawiązuje druga część złożenia», np.: śródbrzusze, śródczaszkowy, śródlądowy, śródmieście, śródbłonek.

Śródborów *m IV, D.* Śródborowa, *C.* Śródborowi (*ale*: ku Śródborowowi a. ku Śródborowu) «miejscowość»: Jechać do Śródborowa. Mieszkać w Śródborowie. — śródborowski.

śródmieście *n I, lm D.* śródmieści, *rzad.* śródmieść: Mieszkać w śródmieściu.

śródmózgowie a. **śródmóżdże** *n I, lm D.* śródmózgowi, śródmóżdży.

śródokręcie *n I, lm D.* śródokręci.

śródziemnomorski (*wym.* śród-ziemnomorski) przym. od Morze Śródziemne: Klimat śródziemnomorski. Roślinność śródziemnomorska.

śródziemny (*wym.* śród-ziemny) «położony wśród lądów; śródlądowy»: Jeziora śródziemne (*ale*: Morze Śródziemne). || *D Kult. II, 609.*

śruba (*nie*: szruba) *ż IV*: Śruba napędowa, okrętowa. Dokręcać śrubę kluczem. □ Ś. do czego a. od czego «śruba służąca do zakręcania, zamoco-

wywania czegoś»: Śruba do maszyny (od maszyny). □ Ś. w czym, przy czym, u czego «śruba stanowiąca część składową jakiegoś mechanizmu»: Śruba w broni palnej. Śruba przy drzwiczkach od pieca. Śruba u pompy. △ *pot.* Dokręcać, przykręcać śrubę «wprowadzać obostrzenia, ograniczać w czymś swobodę»

śrubka (*nie*: szrubka) *ż III, lm D.* śrubek: Przykręcić, dokręcić śrubkę. Przykręcić coś śrubką.

śrubować (*nie*: szrubować) *ndk IV,* śrubowaliśmy (p. akcent § 1a i 2) tylko w *pot.* zwrocie: Śrubować ceny «sztucznie podwyższać ceny»

śrut (*nie*: szrut) *m IV, D.* śrutu 1. «drobne kulki ołowiane używane do broni myśliwskiej»: Strzelać śrutem. Strzelba nabita śrutem. 2. p. śruta.

śruta (*nie*: szruta) *ż IV* «ziarno pokruszone na śrutowniku używane jako pasza treściwa; śrut»: Śruta jęczmienna, pszenna, łubinowa (a. śrut jęczmienny, pszenny, łubinowy).

śryz *m IV, D.* śryzu; a. **śryż** *m II, D.* śryżu «zlodowaciałe bryłki śniegu, drobny lód»

św. 1. «skrót wyrazu: *święty*, pisany z kropką, czytany jako cały, odmieniany wyraz»: Św. Piotr, św. Rodzina. Kościół św. Krzyża. △ Ojciec św. «papież» 2. «skrót wyrazu: *świadek*, pisany z kropką, stawiany zwykle przed nazwiskiem lub przed imieniem i nazwiskiem, czytany jako cały, odmieniany wyraz»: Św. Kłosowski, św. Janina Wolska. Zeznania św. (*czyt.* świadka) Janiny Wolskiej.

świadczenie *n I* 1. forma rzeczownikowa czas. świadczyć (p.). 2. zwykle w *lm* «usługi, zobowiązania względem kogoś»: Świadczenia materialne. Świadczenia z zakresu ochrony zdrowia, oświaty. Wymiana świadczeń. Wypełniać (*nie*: wykonywać) świadczenia.

świadczyć *ndk VIb,* świadczyliśmy (p. akcent § 1a i 2) 1. «być objawem, świadectwem czegoś» □ Ś. o czym (*nie*: co, na co): Wypieki na twarzy świadczą o gorączce. △ Świadczyć o kimś źle, dobrze. Jego postępowanie źle o nim świadczy. 2. «składać zeznania, występować w charakterze świadka»: Świadczyć za kimś, przeciw komuś. 3. «czynić komuś coś dobrego» △ zwykle w zwrotach: Świadczyć usługi (często nadużywane): Świadczyć usługi krawieckie, szewskie. *Ale*: leczyć (*nie*: świadczyć usługi lecznicze). △ Świadczyć sobie grzeczności «zachowywać się względem siebie ze szczególną uprzejmością» **świadczyć się** *wych. z* użycia «powoływać się na kogo a. na co» □ Ś. się kim, czym: Świadczę się Bogiem, że mówię prawdę.

świadectwo *n III* 1. «dokument stwierdzający jakiś fakt, prawo do czegoś, a zwłaszcza ukończenie szkoły, kursu, zakończenie jakiegoś okresu nauki» □ Ś. czego: Świadectwo ukończenia szkoły, odbycia praktyki. Świadectwo urodzenia. △ Świadectwo dojrzałości. □ Ś. z czego: Świadectwo z ukończenia kursu, z klasy VII. □ Ś. za co «zaświadczenie za jakiś okres»: Świadectwo za pierwsze półrocze. 2. «stwierdzenie, potwierdzenie, dowód czegoś»: Coś jest świadectwem czegoś (*nie*: na co): Jego sprzeczne zeznania są świadectwem jego winy. 3. «potwierdzenie, stwierdzenie czegoś przez świadka; wiadomości, informacje o czymś»: Świadectwo kilku obecnych osób. □ Ś. o kim, o czym: Świadectwo o minionych wydarzeniach. W swych pamiętnikach dał świadectwo o ludziach swojej epoki. △ Dać świadectwo prawdzie.

świadek *m III*, *D.* świadka, *lm M.* świadkowie, *D.* świadków (także o kobietach, z żeńskimi formami określeń i orzeczenia, np. świadek zeznała, była obecna): Naoczny świadek. Zeznania świadka. □ Ś. kogo, czego: Świadek obrony, oskarżenia. △ Przesłuchać świadka, świadków. Być świadkiem (*nie*: za świadka) w sądzie, na ślubie, w pojedynku. Brać kogoś za świadka (na świadka). Powoływać kogoś na świadka a. w charakterze świadka. || *D Kult. II, 134.*

świadomie *st. w.* bardziej świadomie: Działać, postępować świadomie.

świadomość *ż V*, zwykle *blm*: Świadomość ludzka, świadomość klasowa. △ Mieć świadomość czegoś «zdawać sobie z czegoś sprawę» △ *niepoprawne* Doprowadzać do czyjejś świadomości (*zamiast*: uświadamiać komuś). || *D Kult. II, 271.*

świadomy, *rzad.* **świadom** (tylko jako orzecznik lub przydawka okolicznikowa), *st. w.* bardziej świadomy **1.** *m-os.* świadomi «zdający sobie sprawę z czegoś, wiedzący o czymś»: Świadomy obywatel, naród. □ Ś. czego: Był świadomy (świadom) niebezpieczeństwa, odpowiedzialności. Była świadoma swej urody. Ludzie świadomi swych czynów. **2.** tylko: świadomy «uświadomiony, zamierzony»: Świadomy ruch. Świadoma czynność, świadome postępowanie.

świat *m IV*, *D.* świata, *C.* światu (*nie*: światowi), *Ms.* świecie **1.** «kula ziemska ze wszystkim, co na niej istnieje»: Życie na świecie. Podróżować, wędrować po świecie. △ Nowy Świat **a)** *D.* Nowego Światu «ulica w Warszawie» **b)** *D.* Nowego Świata *książk.* «Ameryka Północna» △ Koniec a. kraj, skraj świata «bardzo daleko, nie wiadomo gdzie»: Poszłaby za nim na koniec (kraj, skraj) świata. △ Ósmy (*nie*: dziewiąty, dziesiąty) cud świata «o czymś niezwykle pięknym, nadzwyczajnym» △ Kochać, lubić nad wszystko na świecie a. nade wszystko w świecie, jak nic na świecie. △ W świecie (poprzedzone przymiotnikiem lub przysłówkiem w *st. najw.*) wzmacnia znaczenie tego przymiotnika lub przysłówka, np. Najlepszy, najgorszy, najzdrowszy w świecie. △ Nikt, nic na świecie, *rzad.* w świecie «absolutnie nikt, nic»: Nic na świecie nie zdoła go pocieszyć. △ *pot.* Kląć na czym świat stoi «kląć dosadnymi wyrazami» △ (Jak) nie z tego świata «zadziwiający, niezwykły; dziwny» **2.** zwykle *blm* «ogół wszystkich ciał niebieskich; wszechświat, kosmos»: W świecie panuje harmonia układów słonecznych. **3.** «otaczająca przestrzeń dostępna dla wzroku»: Świata nie widać w zamieci. **4.** «wyróżniająca się czymś część kuli ziemskiej; rejon, region, okolica»: Bajeczny świat Tatr. **5.** «obce, dalekie strony»: Jechać, iść w świat. **6.** tylko w *lp* «ludzkość, ludzie na ziemi; środowisko ludzi, których coś łączy»: Świat literacki, dyplomatyczny. △ *wych. z użycia* Wejść, wprowadzić kogoś w świat «wejść, wprowadzić kogoś do towarzystwa» △ *wych. z użycia* Bywać w świecie «bywać w towarzystwie» **7.** «zespół żywych organizmów lub tworów nieożywionych mających wspólne cechy»: Świat lasów. Świat kamieni.
świat *pot.* w użyciu przysłówkowym △ tylko w wyrażeniu: Świat drogi «bardzo daleko»

światło *n III*, *Ms.* świetle, *lm D.* świateł: Światło dzienne, naturalne, sztuczne. Błysk, smuga światła. Światło zabłysło, zagasło a. zgasło. □ Ś. czego: Światło gwiazd, księżyca, lampy. △ *przen.* Światło cywilizacji, nauki, oświaty. △ Światło rurki, przewodu, przełyku itp. «przekrój, średnica otworu rurki, przewodu itp.» □ Ś. od czego: Światło od ogniska, od komina. △ Pod światło «twarzą do źródła światła, na tle źródła światła» △ *książk.* Światła i cienie czegoś «dobre i złe strony» △ Przedstawić, ukazać (*nie*: wystawić) kogoś, coś w jakimś świetle, rzucać jakieś światło na kogoś, na coś «ujmować w jakiś sposób»: Powieść ta przedstawia środowisko lekarzy w nienajlepszym świetle. W swojej pracy autor rzucił nowe światło na zagadnienie praojczyzny Słowian. △ *pot.* Wyciągać, wywlekać coś na światło dzienne «ujawniać coś złego, niekorzystnego dla kogoś»

światły *st. w.* światlejszy a. bardziej światły. **1.** *m-os.* światli «wykształcony, oświecony»: Światły człowiek. **2.** «mądry, rozumny (o radach, uwagach itp.)»: Światły sąd, umysł. **3.** *reg. przestarz.* «widny, jasny»: Światłe mieszkanie. Światłe włosy.

światopogląd *m IV*, *D.* światopoglądu, *lepiej*: pogląd na świat. || *U Pol. (1), 239.*

Światowid *m IV*, *D.* Światowida; *lepiej*: Świętowit (forma historycznie poprawna). || *D Kult. II, 516.*

światowiec *m II*, *D.* światowca, *W.* światowcze, forma szerząca się: światowcu, *lm M.* światowcy: Zachowywał się jak prawdziwy światowiec.

światowy 1. «odnoszący się do całego świata — do wszystkich narodów i państw; międzynarodowy, powszechny»: Handel światowy. Wojna światowa. Literatura, sława światowa. **2.** *m-os.* światowi *wych. z użycia* «odnoszący się do tzw. dobrego, lepszego towarzystwa, do środowiska ludzi uprzywilejowanych; dotyczący obycia towarzyskiego»: Człowiek światowy. Światowa dama. Światowe konwenanse.

świąd *m IV*, *D.* świądu «chorobliwe swędzenie skóry»

świątek *m III*, *D.* świątka, *lm M.* świątki **1.** «wizerunek świętego wykonany przez artystę ludowego»: Rzeźbić, rysować świątki. Kapliczka ze świątkiem. **2.** *daw.* «święto, dzień uroczysty» dziś żywe tylko w wyrażeniach: Zielone Świątki, *D.* Zielonych Świątek (*nie*: Świątków). △ *pot.* Świątek czy piątek, świątek i piątek «w dzień świąteczny i powszedni, codziennie»: Pracowali bez wytchnienia, świątek i piątek.

świątobliwość, *rzad.* **świętobliwość** *ż V*, zwykle *blm*: Człowiek wielkiej świątobliwości (świętobliwości). △ Jego świątobliwość «tytuł nadawany papieżowi»

świątobliwy, *rzad.* **świętobliwy** *m-os.* świątobliwi (świętobliwi): Świątobliwy kapłan, człowiek.

świątynia *ż I*, *DCMs.* świątyni, *lm M.* świątynie, *D.* świątyń *podn.* «kościół, dom modlitwy (bez odcienia podniosłości o budowlach przeznaczonych na miejsce kultu bóstw pogańskich)»: Świątynia chrześcijańska, gotycka. Świątynia Apollina, Jowisza. △ W nazwach dużą literą: Świątynia Sybilli. △ *przen.* Świątynia sztuki.

świder *m IV*, *D.* świdra.

I Świder *m IV, D.* Świdra «rzeka»: Mieszkać nad Świdrem. Jechać nad Świder. — świdrzański — nadświdrzański.

II Świder *m IV, D.* Świdra «miejscowość»: Mieszkać w Świdrze. Jechać do Świdra. — świderski.

Świdnica *ż II* «miasto»: Mieszkać w Świdnicy. Jechać do Świdnicy. — świdniczanin (p.) — świdniczanka (p.) — świdnicki.

świdnicki przym. od Świdnica, Świdnik.

świdniczanin *m V, D.* świdniczanina, *lm M.* świdniczanie, *D.* świdniczan «mieszkaniec Świdnicy a. Świdnika»

świdniczanka *ż III, lm D.* świdniczanek «mieszkanka Świdnicy a. Świdnika»

Świdnik *m III* «miasto»: Mieszkać w Świdniku. Jechać do Świdnika. — świdniczanin (p.) — świdniczanka (p.) — świdnicki.

świdrować *ndk IV,* świdrowaliśmy (p. akcent § 1a i 2): Świdrować deski, kamień. □ *Ś. co —* w czym: Świdrować dziury w deskach. △ *pot.* Świdrować kogoś oczami, wzrokiem, spojrzeniem.

Świdrygiełło *m odm. jak ż IV, CMs.* Świdrygielle, *lm M.* Świdrygiełłowie, *DB.* Świdrygiełłów: Świdrygiełło był bratem Władysława Jagiełły.

Świdry (Małe, Nowe, Stare, Wielkie), Świdry *blp, D.* Świdrów; Małe, Nowe, Stare, Wielkie odm. przym. «miejscowości»: Mieszkać w Świdrach Wielkich. Jechać do Świdrów Małych (Starych, Nowych).

Świdwin *m IV, D.* Świdwina «miasto» — świdwinianin *m V, D.* świdwinianina, *lm M.* świdwinianie, *D.* świdwinian — świdwinianka *ż III, lm D.* świdwinianek — świdwiński.

Świebodzice *blp, D.* Świebodzic «miasto» — świebodziczanin *m V, D.* świebodziczanina, *lm M.* świebodziczanie, *D.* świebodziczan — świebodziczanka *ż III, lm D.* świebodziczanek — świebodzicki.

Świebodzin *m IV, D.* Świebodzina (*nie:* Świebodzinia) «miasto» — świebodzinianin *m V, D.* świebodzinianina, *lm M.* świebodzinianie, *D.* świebodzinian — świebodzinianka *ż III, lm D.* świebodzinianek — świebodziński.

świebodzki *daw.* przym. od Świebodzice, tylko w wyrażeniach: Piwo, sukno świebodzkie.

świeca *ż II, lm M.* świece, *D.* świec (*nie:* świecy): Świeca stearynowa, woskowa, łojowa. △ Świeca roratna in. roratka. △ *pot.* Ze świecą takiego (drugiego) szukać «o kimś lub o czymś wyjątkowym, niezmiernie rzadkim» △ Wysoki, prosty jak świeca.

świecić *ndk VIa,* świecę, świeci, świeć, świeciliśmy (p. akcent § 1a i 2) **1.** «być źródłem światła, wysyłać, dawać, roztaczać światło, błyszczeć» □ *Ś.* bez dop.: Latarnia, lampa, słońce świeci. □ *Ś.* czym, od czego: Księżyc świeci odbitym światłem. Szyby świeciły od słońca. **2.** «oświetlać, palić światło» □ *Ś.* czym (komu): Świecić latarką, świecą. Świecił mu, bo było ciemno. Świecili sobie zapałkami. △ *pot.* Świecić oczami za kogoś «wstydzić się»: Za syna pijaka matka musiała świecić oczami. △ Coś świeci pustkami (*rzad.* pustką) «coś jest puste»: Dom świecił pustkami. △ *pot.* Świecić łatami, dziurami itp.

«mieć podarte, dziurawe ubranie, buty» △ *pot.* Świecić golizną, gołym ciałem «mieć na sobie ubranie w dziurach, przez które prześwieca nagie ciało» △ *żart.* Świecić nieobecnością «być gdzieś nieobecnym»

świecić się to samo, co *świecić,* m.in. w połączeniach: Lampa, latarnia, światło itp. się świeci. △ *nieos.* Świeci się «świeci się gdzieś światło, jest jasno od światła (lampy)»: W jego oknie świeciło się do późna.

Świecie *n I, D.* Świecia «miasto» — świecianin *m V, D.* świecianina, *lm M.* świecianie, *D.* świecian — świecianka *ż III, lm D.* świecianek — świecki.

świecki *m-os.* świeccy: Świecki ubiór. Świecki człowiek. △ Świecki ksiądz «ksiądz nie będący zakonnikiem»
świecki w użyciu rzeczownikowym «człowiek świecki»

świecznik *m III:* Zapalić świece w świecznikach. △ Być, stać na świeczniku «być jedną z czołowych postaci w społeczeństwie»

świegot p. świergot.

świegotać p. świergotać.

świekra *ż IV przestarz.* «matka męża, *rzadziej:* żony; teściowa»

Świeradów (Zdrój), Świeradów *m IV, D.* Świeradowa, *C.* Świeradowowi (*ale:* ku Świeradowowi a. Świeradowu); Zdrój *m I, D.* Zdroju «miasto»: Mieszkać w Świeradowie Zdroju. — świeradowianin *m V, D.* świeradowianina, *lm M.* świeradowianie, *D.* świeradowian — świeradowianka *ż III, lm D.* świeradowianek — świeradowski.

świergot, *rzad.* **świegot** *m IV, D.* świergotu (świegotu): Świergot (świegot) wróbli, kanarków.

świergotać, *rzad.* **świegotać** (*nie:* świerkotać) *ndk IX,* świergocze (świegocze), *przestarz.* świergoce (świegoce); świergocz (świegocz), świergotałby, świegotałby (p. akcent § 4c): Za oknem świergoczą (świegoczą) wróble.

świerk *m III, D.* świerka (drzewa) a. świerku (drewna świerkowego): Gałęzie świerka. Stół ze świerku. △ *gw.* w zn. «modrzew»

świerszcz *m II, lm D.* świerszczy a. świerszczów: Ćwierkanie, cykanie świerszcza.

świerzb (*nie:* ta świerzba) *m IV, D.* świerzbu: Dostać świerzbu. Być chorym na świerzb.

świerzbieć *ndk VIIa,* świerzbiał, świerzbiałby (p. akcent § 4c); a. **świerzbić** *ndk VIa,* świerzbił, świerzbiłby (tylko w 3. os. i w imiesł. przymiotnikowym czynnym, bezokol.) △ zwykle w *pot.* zwrocie: Język kogoś świerzbi (żeby...) «ktoś nie może się oprzeć chęci mówienia, powiedzenia czegoś»

świetlany «przesycony światłem, świetlisty»: Świetlany krąg blasku. Świetlana smuga księżyca. △ *przen. podn.* «udochowiony; nieziemski; niezwykle szlachetny»: Świetlana twarz. Na zawsze zostanie nam w pamięci świetlana postać naszego zmarłego nauczyciela. || D Kult. I, 603.

świetlica *ż II:* Świetlica szkolna, harcerska, fabryczna. Pracować, zbierać się, znajdować się, bawić się, być w świetlicy (*nie:* na świetlicy). Chodzić, uczęszczać do świetlicy (*nie:* na świetlicę).

świetlicowy *m-os.* świetlicowi: Działacz świetlicowy. Gry, zabawy świetlicowe. Zespół świetlicowy. Pracownicy świetlicowi.

świetlicowy, świetlicowa w użyciu rzeczownikowym «osoba prowadząca świetlicę»

świetliczanka *ż III, lm D.* świetliczanek «kierowniczka świetlicy, specjalistka w zakresie organizowania, prowadzenia świetlic»

świetlisty *książk. poet.* «utworzony ze światła, pełen światła, świecący, błyszczący»: Świetlisty krąg. Świetlista aureola, smuga. Świetliste oczy.

świetlny «dotyczący światła, utworzony ze światła»: Sygnał, znak świetlny. Reklama świetlna. Fale świetlne.

świetnie *st. w.* świetniej: Świetnie (*nie:* perfekt) jeździł konno. △ *pot. żart.* Trudno, świetnie «jeżeli nie może być inaczej godzę się na to, co jest»

świetny *m-os.* świetni, *st. w.* świetniejszy **1.** «bardzo dobry, najwyższej jakości, doskonały, wspaniały, znakomity»: Świetny lekarz, pisarz, mówca. Świetny dowcip, humor. Świetny interes, urodzaj. Obraz świetny w kolorze. **2.** *wych. z użycia* «uderzający bogactwem, przepychem»: Świetny strój.

świeżo w zn. «niedawno, dopiero co»: Świeżo malowany. Świeżo zerwany. Świeżo rozpoczęty. △ *pot.* (często *żart.*) Świeżo upieczony doktor, inżynier itp. «osoba, która niedawno została doktorem, inżynierem» △ *rażące* Świeżo (*zamiast:* niedawno) zmarły.

świeży *m-os.* świeży (*nie:* świezi), *st. w.* świeższy **1.** w zn. «dopiero co powstały; nie zepsuty, nie używany»: Świeże pieczywo, jarzyny. Świeża bielizna. **2.** w zn. «wyglądający młodo i zdrowo; rześki, wypoczęty»: Wrócili z urlopu świeży, z nowym zapałem do pracy. △ *niepoprawne* w zn. «nowy», np. Świeży (*zamiast:* nowy) pracownik.

Święcajty *blp, D.* Święcajt «jezioro»

święcić *ndk VIa,* święcę, święć, święciliśmy (p. akcent § 1a i 2), święcony **1.** «obchodzić jako święto, świętować»: Święcić Wielkanoc, jubileusz. △ Święcić tryumfy, zwycięstwa (ale *nie:* sukcesy). **2.** — **poświęcić** *dk* «kropić wodą święconą dla nadania czemuś charakteru sakralnego»: Święcić jajka na Wielkanoc. Poświęcić nowy kościół. □ Ś. kogo, co — czym: Święcić medaliki święconą wodą.
święcić się 1. tylko w 3. os. *lp* i bezokol. *pot.* «zanosić się na coś»: Święci się coś niedobrego. **2.** «być obchodzonym uroczyście»: Niech się święci Pierwszy Maja!

święcie «niezawodnie, najpewniej», zwykle w zwrotach: Być święcie o czymś przekonanym. Przyrzec święcie, np. poprawę. Dotrzymać święcie przyrzeczenia.

święcone *n* odm. jak przym.: Przygotowywać święcone. Siadać do święconego. Być u kogo na święconym.

święto *n III, Ms.* święcie, *lm D.* świąt: Święto kościelne, narodowe, pierwszomajowe, rodzinne. Święto plonów, lasu, zwycięstwa. △ W nazwach dużą literą: Święto Wojska Polskiego, Święto Odrodzenia Polski.

świętobliwość p. świątobliwość.

świętobliwy p. świątobliwy.

Świętochłowice *blp, D.* Świętochłowic «miasto» — świętochłowiczanin *m V, D.* świętochłowiczanina, *lm M.* świętochłowiczanie, *D.* świętochłowiczan — świętochłowiczanka *ż III, lm D.* świętochłowiczanek — świętochłowicki.

świętokradca *m* odm. jak *ż II, lm M.* świętokradcy, *DB.* świętokradców.

świętokradczy a. **świętokradzki**: Czyn świętokradczy (świętokradzki). Ręka świętokradcza (świętokradzka).

świętokrzyski przym. od Święty Krzyż: Klasztor świętokrzyski (*ale:* Góry Świętokrzyskie, ulica Świętokrzyska).

Świętopełk *m III, D.* Świętopełka, *lm M.* Świętopełkowie «dawne słowiańskie imię męskie» || *D Kult. I,* 507.

Świętosław *m IV, D.* Świętosława, *lm M.* Świętosławowie «dawne słowiańskie imię męskie» || *D Kult. I,* 507.

świętoszek *m III, D.* świętoszka, *lm M.* te świętoszki a. ci świętoszkowie.

świętość *ż V:* Świętość miejsca. Świętość narodowa, rodzinna. Świętość rycerskiego słowa. △ Prosić, błagać, przysięgać itp. na wszystkie świętości «bardzo gorąco, usilnie błagać, prosić»

Świętowit *m IV, D.* Świętowita «bóstwo Słowian połabskich» || *D Kult. II,* 516.

święty *m-os.* święci, *st. w.* świętszy (skrót: św.): Święty Piotr, święty Paweł (*ale:* Duch Święty, kościół Świętego Piotra, plac Świętego Marka) △ Najświętsza (*rzad.* Święta) Panna «matka Chrystusa, Matka Boska» △ Patrzeć, wpatrywać się w kogoś jak (niby, niczym) w święty obrazek. △ Świętej pamięci «zwrot używany w stosunku do osoby zmarłej»: Moja świętej pamięci babka. △ Na świętego Jana, świętego Grzegorza itd., *rzad.* w świętego Jana, w świętego Grzegorza «w dniu poświęconym przez liturgię katolicką świętemu Janowi, świętemu Grzegorzowi itd.» △ *pot. żart.* Zrobić coś na święty nigdy «zwłóczyć tak z wykonaniem czegoś, że się tego nie wykona nigdy» △ *pot.* Od świętej pamięci «od bardzo dawna» △ Ktoś jest niewart, aby go święta ziemia nosiła. △ Ziemia Święta (*nie:* Święta Ziemia) «kraj, w którym urodził się i działał Chrystus; dawna Palestyna» △ *pot.* Mieć, prowadzić itp. święte życie «mieć, prowadzić życie beztroskie, szczęśliwe, w dobrobycie» △ Coś jest dla kogoś a. u kogoś święte: Słowa jego są dla mnie święte. Prośba matki była u dzieci święta.
święty, święta w użyciu rzeczownikowym «osoba kanonizowana»: Żywoty świętych. △ Dzień Wszystkich Świętych a. Wszystkich Świętych: W dzień Wszystkich Świętych pojechali na cmentarz. Na Wszystkich Świętych wyjeżdża do rodziny.

Święty Krzyż, Święty odm. przym.; Krzyż *m II* «klasztor na Łysej Górze» — świętokrzyski (p.).

świnia *ż I, lm D.* świń (*nie:* świni) △ *niepoprawne* Podłożyć komuś świnię (*zamiast:* zrobić komuś świństwo).

świniopas, *rzad.* **świnopas** *m IV, D.* świniopasa (świnopasa), *lm M.* te świniopasy (świnopasy) *wych. z użycia* «pogardliwie o pastuchu świń»

Świnoujście *n I, D.* Świnoujścia «miasto» — świnoujski. *|| D Kult. I, 579.*

świntuch (*nie:* świńtuch) *m III, lm M.* te świntuchy.

Świsłocz *ż VI, D.* Świsłoczy «rzeka»

świstać *ndk IX,* świszcze (*nie:* świszczy), świszcz; *rzad. I,* śwista, świstaj; świstaliśmy (p. akcent § 1a i 2) — **świsnąć** *dk Va,* świśnie, świśnij, świsnął (*wym.* świsnoł), świsnęła (*wym.* świsneła; *nie:* świsła), świsnęliśmy (*wym.* świsneliśmy; *nie:* świśliśmy), świśnięty 1. «wydawać świst»: Wiatr świszcze (śwista). Kule świszczą (świstają). Kos świstał głośno. 2. *pot.* (zwykle *dk*) «chwycić coś ukradkiem, ukraść»: Świsnął koledze długopis. 3. «machać czymś powodując świst» □ Ś. czym: Świsnąć batem, mieczem, szablą.

świszczypała *m a. ż* odm. jak *ż IV, M.* ten a. ta świszczypała (także o mężczyznach), *lm M.* te świszczypały, *D.* świszczypałów (tylko o mężczyznach) a. świszczypał, *B.* tych świszczypałów (tylko o mężczyznach) a. te świszczypały: Był okropnym (okropną) świszczypałą.

świt *m IV, D.* świtu; a. **świtanie** *n I:* Blady, różowy, wczesny świt. Zbliża się świt (świtanie). △ O świcie (o świtaniu), skoro świt, równo ze świtem.

świtać *ndk I,* świtałoby (p. akcent § 4c) zwykle w 3. os. lub w bezokol. — **zaświtać** *dk:* Dzień, ranek świta. △ Coś komuś świta (w głowie), komuś świta (w głowie), że... «ktoś zaczyna domyślać się czegoś, rozumieć, przypominać sobie coś»

świta, świtało *nieos.* «zaczyna się świt, dnieje»: Świta, świtało na wschodzie.

Świteź *ż V, D.* Świtezi «jezioro w ZSRR»

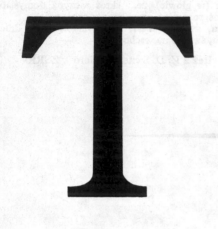

t «skrót wyrazu: *tona*, pisany bez kropki, czytany jako cały, odmieniany wyraz, stawiany zwykle przed wymienioną liczbą»: 25 t zboża.

t. «skrót wyrazu: *tom*, pisany z kropką, czytany jako cały, odmieniany wyraz, stawiany zwykle — zwłaszcza w opisach bibliograficznych — przed wymienioną liczbą»: A. Mickiewicz: Dzieła, t. IV.

ta forma żeńska zaimka *ten* (p.).

tab. «skrót wyrazu: *tabela*, pisany z kropką, stawiany zwykle przed wymienioną liczbą, czytany jako cały odmieniany wyraz»: Tab. 5. przedstawia wykaz nazw. Dane te uwidocznione są w tab. IV.

tabaka *ż III*, zwykle w *lp* «tytoń sproszkowany, używany dawniej do wąchania»: Niuch, szczypta tabaki. Zażyć tabaki. △ *pot.* (Ciemny, głupi) jak tabaka w rogu «zacofany, nieoświecony, głupi»

tabakowy, *rzad.* **tabaczany** «odnoszący się do tabaki (= rośliny, tytoniu)»: Liście tabakowe (*ale*: Sklep tytoniowy, *nie*: tabaczany, tabakowy).

tabela *ż I, lm D.* tabel (*nie*: tabeli), (skrót: tab.) «spis, zestawienie danych liczbowych lub innych, rozmieszczonych w określonym porządku w kolumnach, rubrykach; tablica (w zn. 3)»: Tabela cen, opłat. Tabele statystyczne, podatkowe. // *D Kult. II, 271.* Por. tablica.

tabernakulum (*wym.* tabernakulum) *n ndm, kult.* in. cyborium: Modlić się przed tabernakulum.

tabl. «skrót wyrazu: *tablica*, pisany z kropką, stawiany zwykle przed wymienianą liczbą, czytany jako cały odmieniany wyraz»: Objaśnienia do tabl. 10.

tabletka *ż III, lm D.* tabletek «mały płaski krążek sprasowanego leku; pastylka (co innego: drażetka, pigułka)»

tablica *ż II* 1. «płyta, blat do umieszczenia, umocowania czegoś»: Drewniana, kamienna, metalowa tablica. Tablica ogłoszeń. Tablica rozdzielcza, sygnalizacyjna. Odsłonięcie tablicy pamiątkowej. Umieścić ogłoszenie na tablicy. 2. «szeroka czarna deska w klasie, w sali wykładowej do pisania na niej kredą»: Pisać na tablicy. △ Wywołać, wyrwać ucznia do tablicy. 3. (skrót: tabl.) p. tabela: Tablica chronologiczna. Zestawiać jakieś dane w tablicach. // *D Kult. II, 271.*

tabor (*nie*: tabór) *m IV, D.* taboru «ogół środków transportowych jakiejś instytucji (w wojsku: z wszelkim zaopatrzeniem)»: Tabor kolejowy, samochodowy, tramwajowy, wojskowy. △ Rozłożyć się taborem, *rzad.* rozbić tabor «zatrzymać się na postój, rozbić obóz (dziś zwykle o Cyganach, dawniej także o wojsku)»

taboret (*nie*: taburet, taborek) *m IV, D.* taboretu, *lm M.* taborety: Taboret kuchenny.

tabu (*wym.* tabu) *n ndm*: Cenne zabytki stanowią nienaruszalne tabu. Byli wychowywani bez żadnego, żadnych tabu.

tabun *m IV, D.* tabunu: Tabun koni, *rzad.* bydła.

taca *ż II, lm M.* tace, *D.* tac (*nie*: tacy): Srebrna, drewniana taca. Podać, przynieść coś na tacy a. tacę z czymś. △ Chodzić z tacą, zbierać na tacę «zbierać datki (zwykle w kościele)»

tachometr *m IV, D.* tachometru «przyrząd do mierzenia prędkości obrotowej ciała wirującego»

tachymetr *m IV, D.* tachymetru «przyrząd do zdjęć geodezyjnych budową przypominający teodolit» // *D Kult. II, 592.*

tacka *ż III, CMs.* tacce, *lm D.* tacek: Wnieść, podać coś na tacce, na tackach. Podać tackę z czymś.

Tacyt *m IV, D.* Tacyta (*nie*: Tacyta, p. akcent § 7): Dzieła historyczne Tacyta.

taczać *ndk I*, taczaliśmy (p. akcent § 1a i 2) 1. «tocząc posuwać naprzód, turlać, kulać»: Taczać obręcz, kulę. 2. «tarzać w czymś, przewracać po czymś» □ T. co (*rzad.* kogo) — w czym, po czym: Taczała kotlety w bułce.
taczać się 1. «turlać się, tarzać się»: Taczać się z góry. △ *pot.* Taczać się ze śmiechu. 2. «iść chwiejnym krokiem, *częściej*: zataczać się»: Taczając się wszedł do sieni.

taczka *ż III, lm D.* taczek, częściej w *lm*: Toczyć, pchać taczki (taczkę). Wywozić, wieźć coś na taczkach (taczce). △ *przen.* Pchać taczkę życia, żywota. *|| D Kult. I,* 741.

Tadeusz *m II, lm M.* Tadeuszowie — Tadzio (*nie*: Tadziu) *m I, lm* Tadziowie — Tadzik, Tadek *m III, D.* Tadzika, Tadka, *lm M.* Tadzikowie, Tadkowie — Tadeuszostwo *n III, DB.* Tadeuszostwa, *Ms.* Tadeuszostwu (*nie*: Tadeuszostwie), *blm*; a. Tadeuszowie *blp, D.* Tadeuszów — Tadzikowie, Tadkowie *blp, D.* Tadzików, Tadków.

tadżycki (*wym.* tad-życki a. tadżycki): Stroje, zwyczaje tadżyckie (*ale*: Tadżycka SRR).

Tadżykistan (*wym.* Tad-żykistan a. Tadżykistan) *m IV, D.* Tadżykistanu «Tadżycka Socjalistyczna Republika Radziecka»: Jechać do Tadżykistanu. Mieszkać w Tadżykistanie. — Tadżyk *m III, lm M.* Tadżycy a. Tadżykowie — Tadżyjka *ż III, lm D.* Tadżyjek — tadżycki (p.).

tafelka (*nie*: ten tafelek) *ż III, lm D.* tafelek (*nie*: tafelków): Tafelki glazury, lodu.

tafla (*nie*: ten tafel) *ż I, lm D.* tafli, *rzad.* tafel: Tafla marmuru, szkła, lodu.

Taganrog (*wym.* Taganrog) *m III, D.* Taganrogu (p. akcent § 7) «miasto w ZSRR» — taganroski (p.).

taganroski: Port taganroski (*ale*: Zatoka Taganroska).

Tagore (*wym.* Tagore) *m odm. jak przym., D.* Tagorego (p. akcent § 7) a. (zwykle w połączeniu z imieniem) *ndm*: Twórczość Tagorego. Powieści Tagorego a. Rabindranatha (*wym.* Rabindranata) Tagore.

Tahiti (*wym.* Taiti) *ż ndm* «wyspa na Oceanie Spokojnym»: Jechać na Tahiti. Mieszkać na Tahiti. — Tahitańczyk *m III, lm M.* Tahitańczycy — Tahitanka *ż III, lm D.* Tahitanek — tahitański.

taić *ndk VIa,* taję, tai, taj, taimy, tailiśmy (p. akcent § 1a i 2), tajony — **zataić** *dk* □ T. co — przed kim «nie wyjawiać czegoś, ukrywać coś»: Taiła przed matką wiadomość o chorobie siostry. **taić się** □ T. się z czym «kryć się z czymś (ze swoimi stanami psychicznymi lub fizycznymi)»: Tail się ze swymi uczuciami.

Taine (*wym.* Ten) *m IV, D.* Taine'a (*wym.* Tena), *Ms.* Tainie: Prace historyczne Taine'a.

Taiwan (*wym.* Tajwan) *m IV, D.* Taiwanu (p. akcent § 7) «wyspa chińska»: Jechać na Taiwan. Mieszkać na Taiwanie. — Taiwańczyk *m III, lm M.* Taiwańczycy — Taiwanka *ż III, lm D.* Taiwanek — taiwański (p.).

taiwański (*wym.* tajwański): Przemysł taiwański. Roślinność taiwańska (*ale*: Cieśnina Taiwańska).

tajać (*nie*: tajeć) *ndk IX,* taje (*nie*: taja), tajałby (p. akcent § 4c) — **stajać** *dk* □ T. od czego: Lody tają od wiosennego wiatru. Śnieg taje od słońca. □ *przen.* T. z czego: Serce taje ze szczęścia.

tajemnica *ż II, lm D.* tajemnic: Tajemnica państwowa, służbowa, rodzinna. Cudza tajemnica.

Tajemnica spowiedzi. Tajemnice natury. Wyjawić, zdradzić tajemnicę. Otoczyć coś tajemnicą. Robić z czegoś tajemnicę. Strzec, dochować tajemnicy. Zachować tajemnicę. Trzymać, chować coś w tajemnicy (*nie*: chować, trzymać tajemnicę). Robić coś w tajemnicy. □ T. przed kim (*nie*: od kogo): Tajemnica przed matką, przed dziećmi.

tajemniczy *m-os.* tajemniczy, *st. w.* bardziej tajemniczy «zawierający, kryjący tajemnice, pełen tajemnic; zagadkowy, nieodgadniony»: Tajemnicze (*nie*: tajemne) miejsce, słowa. Tajemniczy (*nie*: tajemny) las, park. Tajemniczy człowiek.

tajemny «utrzymywany w tajemnicy, potajemny, tajny»: Tajemne (*nie*: tajemnicze) przejście. Tajemne myśli, rozmowy, rokowania. Tajemne instrukcje.

tajniki *blp, D.* tajników: Najgłębsze, najskrytsze tajniki czyjegoś życia, czyjejś duszy. Tajniki nauki, sztuki. Badać, zgłębiać tajniki natury, psychiki ludzkiej. Odsłaniać przed kimś tajniki sztuki snycerskiej.

tajny *m-os.* tajni, *st. w.* tajniejszy, *st. najw.* najtajniejszy **1.** «utrzymywany, działający w tajemnicy, nie znany ogółowi, otoczony tajemnicą, niejawny»: Tajna drukarnia, organizacja. Tajne głosowanie, nauczanie. Ściśle tajne. Tajny pakt, układ. Tajny agent. **2.** «głęboko ukryty, nikomu nie znany, utajony, skryty», często w *st. najw.*: Najtajniejsze marzenia, myśli, uczucia. Tajne zakamarki domu, ogrodu; tajne przejście.

tak 1. «wyraz stanowiący odpowiedź twierdzącą, potwierdzenie czegoś, zgodę na coś»: Czy pójdziesz ze mną do kina? — Tak. Lubisz cukierki? — Tak, bardzo. Widzisz teraz, że postąpiłeś źle. — Tak, widzę, ale nie mogłem inaczej. **2.** «odpowiednik przysłówkowy zaimka *taki*»: **a)** «w taki, w ten sposób»: Tak zrobimy. Tak źle i tak niedobrze. Wszedł tak, że go nikt nie widział. △ Tak zwany (skrótowo w piśmie: tzw.) «wyrażenie wprowadzające nazwę nową lub często podające w wątpliwość jej trafność»: Panna z tak zwanego dobrego domu. △ I tak dalej (skrótowo w piśmie: itd.) «tak samo, podobnie w dalszej kolejności» △ Tak a tak, tak i tak «w taki a taki sposób» △ Tak czy owak «niezależnie od okoliczności» △ Że tak powiem, że tak się wyrażę «zdania wtrącone (często niepotrzebnie), osłabiające użyte określenie, wypowiedź» △ Tak jak: Zrobił tak jak kazano. △ Tak, jak... (a. zarówno..., jak...): Przepisy dotyczą tak miasta, jak i wsi (a. zarówno miasta, jak i wsi). △ I tak a) «choćby się nawet tak zrobiło»: Nie pójdę do niego, bo i tak go nie zastanę. **b)** *niepoprawne* w zn. «a więc, a mianowicie», np.: Pada deszcz, i tak (*zamiast*: a więc) zostanę w domu. Otrzymał ostatnio ważne dokumenty, i tak (*zamiast*: a mianowicie): z ambasady wizę, z ministerstwa paszport.

b) «wskazuje na nasilenie tego, co oznacza wyraz, któremu towarzyszy»: Tak dobry, tak piękny, tak wielki. Tak ciemno, długo. Tak błagał, krzyczał. Tak chcieli wracać. Tak się zmęczyłem. a takem się zmęczył. Tak się zamyślił, że nie słyszał wołania. Tak walił w okno, że wszystkich pobudził. △ Tak sobie a) «jako tako, nie bardzo»: Jak się czujesz? — Tak sobie. b) «bez celu, bez powodu»: Powiedział to tak sobie. △ Jak..., tak... a) «podobnie, tak samo»: Jak sobie pościelesz, tak się wyśpisz. b) «wyrażenie (używane często z przeczeniem) wskazujące na trwa-

taki

nie czegoś czas dłuższy bez zmian»: Listu jak nie ma, tak nie ma. Matka budzi go już trzeci raz, a on jak śpi, tak śpi. c) «wyrażenie łączące równorzędne części zdania»: Jak w zeszłym roku, tak i w tym wyjechali nad morze. △ Tak długo..., jak długo..., *lepiej*: tak długo..., dopóki... (*lepiej* tylko: dopóki), np. Pracowałem tak długo, jak długo była otwarta czytelnia (*lepiej*: Pracowałem dopóki była otwarta czytelnia).

taki, taka, takie odm. jak przym., *lm M. m-os.* tacy, *ż-rzecz.* takie **1.** «zaimek nawiązujący do wyrazów użytych już poprzednio w tekście; tego rodzaju»: Jest sprytny, ale takich tu nie potrzeba. Nudne są takie dni. Taki już jest. Taki zawsze skorzysta. Takiemu to dobrze. △ *pot.* Taki a taki, taki to (zamiast dokładnego określenia czegoś): Było to w takim a takim roku. △ W takim razie (*lepiej* niż: w takim wypadku). △ Taki jak a) «wyrażenie porównujące»: Był taki jak wszyscy. Jest taka jak jej matka. b) «wyrażenie oznaczające traktowanie czegoś jako konkretnego przykładu czegoś ogólniejszego»: Rośliny takie, jak rumianek, stokrotka zaliczamy do złożonych. **2.** «zaimek łączący zdanie nadrzędne z podrzędnym, wyrażającym nasilenie czegoś, porównanie z czymś lub skutki czegoś»: Była taka mgła, że samochody wpadały na siebie. Robił taki wrzask, aż uszy puchły. Aż dom zadrżał, taki był grzmot. Taki był uradowany, jakby (jak gdyby) wygrał na loterii. △ Taki..., jaki «zaimki łączące zdanie nadrzędne z podrzędnym porównawczym», np. Chciałbym kiedyś spotkać taką dziewczynę, jaką widziałem wczoraj. Zapłacił taką cenę, jakiej żądano. Jaki pan, taki kram. △ Taki..., który «zaimki łączące zdanie nadrzędne z podrzędnym wyszczególniającym», np. Potrzebny tu jest taki człowiek, który zdobędzie zaufanie wszystkich. **3.** «wyraz o charakterze ekspresywnym, wzmacniający treść wyrazu, któremu towarzyszy»: Taki mądry, młody, znakomity. Darzyła go taką sympatią. Z niego jeszcze takie dziecko. △ Jaki taki, *przestarz.* siaki, taki (taki, siaki) «nie wyróżniający się, przeciętny, nie najgorszy»: Jaki taki porządek. Jakie takie mieszkanie. △ Taki jakiś, jakiś taki «bliżej nie określony, niewyraźny»: Odpowiedź była taka jakaś dziwna. △ Taki tam «wyrażenie lekceważące»: Taki tam z niego mechanik. Taka tam zabawa. △ Taki sobie «nieszczególny, średni»: Taka sobie robota. Taki sobie majster. △ Nic takiego «nic ważnego»: Nic takiego się nie działo.
taki *niepoprawne* w użyciu przysłówkowym w zn. «przecież, jednak, mimo to», np. Nie pozwalasz mi? A taki (*zamiast*: jednak, mimo to) pójdę.

takiż, takaż, takież odm. jak przym., *m* i *n D.* takiegoż, *NMs.* takimże; *ż DCMs.* takiejże; *lm M. m-os.* tacyż, *ż-rzecz.* takież, *DMs.* takichże, *C.* takimże, *N.* takimiż *książk.* «zaimek *taki* wzmocniony partykułą -ż; niekiedy: taki sam»: Miała brązowe futro i takąż czapkę. △ *pot.*, *wych. z użycia* Takiż to i... «byle jaki»: Takiż to i majątek. Takaż to i serdeczność.

tako dziś tylko w wyrażeniach: Jako tako, *rzad.* siako tako «nieźle, nie najgorzej, średnio, w przybliżeniu»: Przyjść jako tako do siebie. Urządzić jako tako nowe mieszkanie.

taksator *m IV, lm M.* taksatorzy a. taksatorowie «rzeczoznawca szacujący co, ustalający taksę na co»

taksować *ndk IV*, taksowaliśmy (p. akcent § 1a i 2) — **otaksować** *dk*: Taksować zniszczenia. Taksować dzieła sztuki. Taksować ludzi.

taksówka *ż III, lm D.* taksówek «samochód osobowy a. niewielki ciężarowy do przewożenia ludzi lub towarów za opłatą według taryfy»: Taksówka osobowa, bagażowa. Prywatna taksówka. Postój taksówek. Złapać, zamówić taksówkę. Jechać taksówką (*nie*: w taksówce). Rozbijać się taksówkami. △ *niepoprawne* w zn. «samochód osobowy» || D Kult. I, 364.

takt *m IV, D.* taktu **1.** tylko w *lp* «umiejętność zachowania się w sposób nie wywołujący nieporozumień, konfliktów»: Człowiek pełen taktu. Komuś brak taktu. Nie grzeszyć taktem. Nie mieć za grosz taktu. **2.** «jednostka podziału utworu muzycznego; podział utworu na takie jednostki»: Takt marsza, walca. Takt na trzy czwarte. Pomylić takt. Wybijać takt. Urwać piosenkę w pół taktu. Podskakiwać w takt (*nie*: pod takt) muzyki. Przytupywać do taktu. **3.** «część cyklu pracy silnika tłokowego; suw»: Silnik pracuje na zasadzie czterech lub dwóch taktów.

taktyka (*wym.* taktyka, *nie*: taktyka; p. akcent § 1c) *ż III, D.* taktyki, zwykle *blm*: Taktyka gry, obrony, ataku. Obrać, przyjąć, zastosować jakąś (np. obronną) taktykę a. taktykę czegoś (np. obrony).

także «również, też»: My także lubimy wycieczki. △ Także żart! Także dowcip! «wyrażenia ironiczne, zawierające ocenę negatywną» △ *niepoprawne* Także samo (*zamiast*: tak samo, również), np. Jutro wyjeżdżamy i oni także samo (*zamiast*: tak samo).

talent *m IV, D.* talentu, *lm M.* talenty (*nie*: talenta) «wybitne zdolności w jakiejś dziedzinie; człowiek obdarzony wybitnymi zdolnościami»: Niepospolity, niezwykły talent. Talent kompozytorski, malarski, krasomówczy. Młode talenty. Rozwijać, marnować, zaprzepaszczać talent. Robić coś z talentem. □ T. do czego (*nie*: dla czego; *nie*: t. czego): Talent do malarstwa, do języków. Talent do robienia na drutach.

talerz *m II, lm D.* talerzy «naczynie stołowe lub zawartość takiego naczynia»: Porcelanowy, blaszany talerz. Talerz głęboki. Talerz płytki a. płaski (*nie*: miałki). □ T. czego «talerz zawierający coś; ilość czegoś mieszcząca się w talerzu»: Talerz zupy, kaszy. Zjeść cały talerz klusek, zupy. □ T. z czym «talerz wraz z zawartością»: Talerz z kluskami.

Talleyrand (*wym.* Talejrã) *m IV, D.* Talleyranda (*wym.* Talejranda, p. akcent § 7), *Ms.* Talleyrandzie, *rzad.* (zwykle z odmienianym tytułem) *ndm*: Polityka zagraniczna Talleyranda. Rozmowa z ministrem Talleyrandem (*rzad.* z ministrem Talleyrand).

Tallinn (*wym.* Tallin) *m IV, D.* Tallinna (*wym.* Tallina, p. akcent § 7) «miasto w ZSRR (stolica Estonii)»: Mieszkać w Tallinnie. Jechać do Tallinna. — tallinnianin *m V, D.* tallinnianina, *lm M.* tallinnianie, *D.* tallinnian — tallinnianka *ż III, lm D.* tallinnianek — talliński (p.).

talliński: Architektura tallińska (*ale*: Zatoka Tallińska).

talmudysta (*nie*: talmudzista) *m* odm. jak *ż IV*, *lm M*. talmudyści, *DB*. talmudystów.

talon *m IV*, *D*. talonu: Sprzedaż na talony. □ T. na co: Talon na samochód, na telewizor. □ T. do czego: Talon do kina, do cedetu.

tałałajstwo, *rzad.* **tałatajstwo** *n III*, zwykle *blm pot. lekcew.* «hołota, motłoch»

Tałty *blp*, *D*. Tałt a. (z wyrazem: jezioro) *ndm* «jezioro»: Być nad Tałtami (nad jeziorem Tałty). — tałtański, *rzad.* tałteński. || *D Kult. I, 569*.

tam 1. «wyraz nawiązujący do użytego w kontekście oznaczenia miejsca lub do odpowiedniej sytuacji; w tamtym miejscu, do tamtego miejsca, w tamto miejsce»: Odpoczywali tam, w cieniu. Poszedł tam, do ogrodu. Wrócili tam, skąd przyszli. Gdzie poszedł, tam spotykał znajomych. △ Tu i tam «w różnych miejscach» △ Tam i z powrotem, tam i na powrót (*nie*: tam i nazad) «w tamtą i tę stronę» △ Tam a tam «w jakimś określonym miejscu» △ Tu... tam... «w tym... w innym miejscu» △ Tu i tam «w różnych miejscach» 2. «wyraz ekspresywny, osłabiający to, o czym mowa, lub uwydatniający niechętny, lekceważący stosunek do kogoś, czegoś»: Ma tam jakieś zasługi. Taka tam ona gospodyni. Jakieś tam wynalazki, pomysły. Jakieś tam kilka lat. △ Co (mi) tam «mniejsza o to, wszystko jedno»: Co (mi) tam, mogę odejść. △ *pot*. Kto (czort, licho) tam wie «o czymś nieznanym, niepewnym i lekceważonym» △ Tam do diabła, do licha itp. «wykrzyknienie oznaczające zniecierpliwienie, gniew»

tama *ż IV*: Tama ochronna. Woda przerwała tamę. △ Kłaść, położyć czemuś tamę «ukrócić, zahamować, wstrzymać coś»: Trzeba położyć tamę jego wybrykom.

tamborek a. **tamburek** *m III*, *D*. tamborka (tamburka): Haftować na tamborku (tamburku).

tamburyn *m IV*, *D*. tamburynu; *rzad.* **tamburyno** *n III*: Uderzać rytmicznie w tamburyn (w tamburyno).

tameczny *m-os.* tameczni *reg.* «tamtejszy»

Tamil *m I*, *lm M*. Tamilowie «przedstawiciel narodu azjatyckiego, zamieszkującego głównie płd. Indię i Cejlon» — Tamilka *ż III*, *lm D*. Tamilek — tamilski.

Tamiza *ż IV* «rzeka w Anglii»: Mieszkać nad Tamizą. Statki płynęły Tamizą (po Tamizie).

tamować *ndk IV*, tamowaliśmy (p. akcent § 1a i 2) — **zatamować** *dk*, w zn. *przen.* częściej: otamować «utrudniać swobodne przejście, przesuwanie się czegoś; hamować, wstrzymywać»: Tamować ruch uliczny. △ Zatamować krew, krwotok.

tampon *m IV*, *D*. tamponu: Tampon z ligniny, z waty.

tam-tam *m IV*, *D*. tam-tamu: Głuche odgłosy murzyńskich tam-tamów.

tamtejszy *m-os.* tamtejsi «dotyczący tamtych, tzn. już wspomnianych miejsc, stron, osób; tam się znajdujący»: Tamtejszy klimat. Tamtejsze szkoły. Tamtejsze władze. △ Wyraz nadużywany w języku urzędowym, np. Odpowiadając na tamtejsze pismo... (*zamiast*: na Wasze pismo...). || *D Kult. II, 136*.

tamten, tamta, tamto (*nie*: tamte) odm. jak przym. *D*. *m* i *n* tamtego, *ż* tamtej; *B*. *ż* tamtą (*nie*: tamtę), *lm M*. *m-os.* tamci, *ż-rzecz.* tamte: Tamten brzeg rzeki. Tamci ludzie. Tamte strony, czasy. Tamto (*nie*: tamte) pole. Tamta wojna. △ *pot*. Tamten świat «według wierzeń: świat pozagrobowy» △ *pot*. Przenieść się na tamten świat «umrzeć» || *U Pol. (1), 409*.

Tananariwa *ż IV*, *D*. Tananariwy «stolica Republiki Malgaskiej»: Mieszkać w Tananariwie. Jechać do Tananariwy.

tancerz *m II*, *lm D*. tancerzy, *r zad.* tancerzów Tancerz zawodowy. Zawołany, świetny tancerz

tandeciarz *m II*, *lm M*. tandeciarze, *D*. tandeciarzy *przestarz.* «handlarz starzyzną», dziś żywe w zn. *pot. przen.* «człowiek pracujący niedbale; partacz»

tandeta *ż IV* 1. «rzecz licha, niedbale wykonana (często w zn. zbiorowym)»: Kupować, sprzedawać tandetę. Jarmarczna tandeta. Robić tandetę. 2. *reg.* «miejsce handlu starzyzną, zwłaszcza w Krakowie»: Kupić, sprzedać coś na tandecie.

Tanew *ż V*, *D*. Tanwi «rzeka»: Tanew jest dopływem Sanu. Malownicza Tanew. Pływała w Tanwi. Łodzie płynęły po Tanwi a. Tanwią.

Tanganika (*wym.* Tanganika, *nie*: Tanganika *ż III*, *D*. Tanganiki a. (w połączeniu z wyrazem: jezioro) *ndm* «kraj w Afryce i jezioro»: Mieszkać w Tanganice. Stan wody w Tanganice (w jeziorze Tanganika). — Tanganijczyk *m III*, *lm M*. Tanganijczycy — Tanganijka *ż III*, *lm D*. Tanganijek — tanganicki.

Tanger (*wym.* Tanger, *przestarz.* Tangier) *m IV*, *D*. Tangeru «miasto w Maroku»: Jechać do Tangeru. Mieszkać w Tangerze. — tangerczyk *m III*, *lm M*. tangerczycy — tangerka *ż III*, *lm D*. tangerek — tangerski.

tango (*wym.* tango) *n II*, *D*. tanga: Grać, śpiewać, tańczyć tango.
tango *ndm* w funkcji przymiotnikowej «pomarańczowo-ceglasty»: Zasłonki koloru tango.

tani *m-os.* tani, *st. w.* tańszy (*nie*: tanszy): Tani produkt, posiłek, tani hotel. Tani pracownik. △ *pot*. Za tanie pieniądze «niedrogo, za bezcen» △ Tanim kosztem «bez dużych nakładów pieniężnych» △ *przen.* Tani rozgłos. Tania sława. △ Tani dowcip «dowcip niewybredny» △ *niepoprawne* Tanie (*zamiast*: niskie) ceny.

taniec *m II*, *D*. tańca, *lm D*. tańców (*nie*: tańcy): Taniec towarzyski, sceniczny, klasyczny, ludowy, narodowy. Skoczny, powolny taniec. Taniec figurowy. Lekcja, nauka tańca. Grać do tańca. Sala tańca a. do tańca. Prosić kogoś do tańca. Pójść, porwać kogoś do tańca a. w taniec. Puścić się w taniec (*nie*: do tańca). △ *pot*. Iść na tańce «iść na zabawę taneczną» △ *pot*. Ktoś do tańca i do różańca «ktoś do rzeczy, do zabawy i do roboty»

Tantal *m I* 1. «mityczny król grecki skazany przez bogów na wieczny głód i pragnienie»: Znosić męki Tantala.
2. **tantal**, *D*. tantalu «pierwiastek chemiczny»

Tanzania (*wym.* Tanzanja) *ż I*, *DCMs*. Tanzanii «państwo w Afryce»: Mieszkać w Tanzanii. Jechać do Tanzanii. — **Tanzańczyk** *m III, lm M.* Tanzańczycy — Tanzanka *ż III, lm D.* Tanzanek — tanzański.

tańcować *ndk IV,* tańcowaliśmy (p. akcent § 1a i 2) — **zatańcować** *dk, wych. z użycia* (używane z zabarwieniem ludowym) p. tańczyć.

tańczyć *ndk VIb,* tańczyliśmy (p. akcent § 1a i 2) — **zatańczyć** *dk:* Tańczyć do upadłego. Tańczyć modne, dawne tańce. Tańczyć mazura, oberka, walca, tango. □ T. z kim: Tańczył na zabawie ze wszystkimi pannami po kolei. □ *pot.* T. koło kogo, czego «nadskakiwać komuś, zabiegać o kogoś, o coś»: Całe życie tańczyła koło wszystkich. △ *pot.* Tańczyć (tak) jak ktoś zagra «być komuś posłusznym» || *D Kult. I, 54, 118.*

TAP (*wym.* tap) *m IV, D.* TAP-u a. *ż ndm* «Turystyczna Agencja Prasowa»: Pracować w TAP-ie (w TAP). TAP ogłosił (ogłosiła) komunikat o rajdzie automobilowym.

tapczan *m IV, D.* tapczanu a. tapczana: Tapczan higieniczny, meblowy, tapicerski. Kłaść się, położyć się na tapczan a. na tapczanie.

tapet tylko w *wych. z użycia* zwrocie: Być na tapecie (*lepiej:* Być tematem, przedmiotem obrad, narad, rozmowy itp.).

tapeta (*nie:* ten tapet) *ż IV, lm D.* tapet (*nie:* tapetów): Ściany wyklejone, pokryte tapetą, tapetami.

tapicer (*wym.* tapicer, *nie:* tapicer) *m IV, D.* tapicera, *lm M.* tapicerzy.

tapirować *ndk IV,* tapirowaliśmy (p. akcent § 1a i 2) — **utapirować** *dk:* Tapirować włosy. Tapirowana fryzura.

tarakan *m IV reg.* «karaluch»

tarapaty *blp, D.* tarapatów: Tarapaty pieniężne, sercowe. Być w tarapatach. Dostać się, popaść, wpaść w tarapaty. Wybrnąć, wydobyć kogoś z tarapatów.

taras *m IV, D.* tarasu; *reg.* **terasa** *ż IV, CMs.* terasie 1. «szeroka niekryta weranda lub taki balkon; płaski dach otoczony balustradą» 2. «płaski poziomy próg na zboczu wzniesienia»: Zielone tarasy (terasy) schodzą ku Wiśle. Tarasy (terasy) nadmorskie.

tarcza *ż II, lm D.* tarcz (*nie:* tarczy): Tarcza zegara, telefonu. Tarcza słoneczna a. tarcza słońca. Tarcza szkolna. △ Strzelać z łuku do tarczy.

tarencki: Zabytki tarenckie (*ale:* Zatoka Tarencka).

Tarent *m IV, D.* Tarentu, *Ms.* Tarencie «miasto we Włoszech» — tarencki (p.).

targ *m III, D.* targu: Targ owocowy, warzywny, *pot.* na owoce, warzywa. Targ bydlęcy, koński, zbożowy. Iść, jechać na targ. Kupować, sprzedawać coś na targu. △ Kupić, sprzedać bez targu «bez targowania się» □ T. o co «umawianie się, spór o cenę towaru (lub o sumę do zapłacenia) między kupującym a sprzedającym»: Targ o towar, o drobną sumę, o cenę czegoś. △ *przen.* Targi o wpływy. △ *pot.*

Krakowskim targiem «tak, że każda z układających się stron odstępuje od części swych żądań» △ Targ w targ «po dłuższym targowaniu się» △ Dobić targu «doprowadzić transakcję handlową do skutku» △ w zn. «wystawa eksponatów na większą skalę z możliwością zawierania transakcji handlowych» zwykle w *lm,* np. Urządzać targi wiosenne. Kupować coś na targach. △ W nazwach dużą literą: Międzynarodowe Targi Książki, Targi Poznańskie.

targać *ndk I,* targaliśmy (p. akcent § 1a i 2) — **targnąć** *dk Va,* targnąłem (*wym.* targnołem; *nie:* targnełem, targłem), targnął (*wym.* targnoł), targnęła (*wym.* targneła; *nie:* targła), targnęliśmy (*wym.* targneliśmy; *nie:* targliśmy) 1. tylko *ndk* «wichrzyć, czochrać»: Targać brodę, wąsy. △ *przen.* Targać nerwy, siły, zdrowie. 2. «ciągnąć silnie, gwałtownie; szarpać»: Targać kogoś za uszy, za rękaw. □ T. czym, *rzad.* co: Targnął lejcami (lejce). Wiatr targał drzewami (drzewa). △ *przen.* (tylko: t. czym) Niepokój targa czyimś sercem. Huk targnął powietrzem. 3. (tylko *ndk*) *pot.* «dźwigać, nieść»: Targać bagaże. 4. (tylko *ndk,* w *dk:* potargać) *reg.* «drzeć, rwać»: Wiatr targa papiery.
targać się — targnąć się 1. «szarpać siebie za coś»: Targał się za brodę ze złości. 2. «poruszać się gwałtownie, szamotać się»: Pies targał się na łańcuchu. △ *książk.* Targnąć się na życie «popełnić samobójstwo»

targować *ndk IV,* targowaliśmy (p. akcent § 1a i 2) *wych. z użycia* «układać się o kupno czegoś»: Targować plac, konia.
targować się «układać się o cenę czegoś»: Targował się zajadle. Nie lubił się targować. □ T. się o co: Targować się o cenę, o każdy grosz.

targowica *ż II* 1. *reg.* «targowisko»
2. **Targowica** «spisek magnatów przeciwko Konstytucji 3 maja»

I tarka *ż III, lm D.* tarek: Trzeć marchew na tarce.

II tarka *ż III, lm D.* tarek 1. «owoc tarniny»: Oczy miała jak tarki. 2. *reg.* «tarnina; zarośla tarniny»

tarło *n III, blm, reg.* w zn. «tarka (do tarcia jarzyn, owoców)»

Tarło *m* odm. jak *ż IV, lm M.* Tarłowie, *DB.* Tarłów.
Tarło *ż ndm* — Tarłowa *ż* odm. jak przym. — Tarłówna *ż IV, D.* Tarłówny, *CMs.* Tarłównie (*nie:* Tarłównej), *B.* Tarłównę (*nie:* Tarłówną), *lm D.* Tarłówien.

tarnka *ż III, lm D.* tarnek *reg.* «tarnina»

Tarnobrzeg *m III, D.* Tarnobrzega «miasto» — tarnobrzeżanin *m V, D.* tarnobrzeżanina, *lm M.* tarnobrzeżanie, *D.* tarnobrzeżan — tarnobrzeżanka *ż III, lm D.* tarnobrzeżanek — tarnobrzeski.

Tarnowskie Góry, Tarnowskie odm. przym., Góry *blp, D.* Gór «miasto» — tarnogórzanin *m V, D.* tarnogórzanina, *lm M.* tarnogórzanie, *D.* tarnogórzan — tarnogórzanka *ż III, lm D.* tarnogórzanek — tarnogórski.

Tarnów *m IV, D.* Tarnowa, *C.* Tarnowowi (*ale:* ku Tarnowowi a. ku Tarnowu) «miasto» — tarno wianin *m V, D.* tarnowianina, *lm M.* tarnowianie, *D.* tarnowian — tarnowianka *ż III, lm D.* tarnowianek — tarnowski.

tarń *ż V, lm M.* tarnie *reg.* «tarnina»

tartka *ż III, lm D.* tartek *reg.*, p. I tarka.

tartynka, *rzad.* **tartinka** *ż III, lm D.* tartynek (tartinek) *przestarz.* dziś *reg.* «kawałek chleba lub bułka z wędliną, serem; kanapka»

taryfa *ż IV*: Niska, ulgowa taryfa. Taryfa bagażowa, przewozowa. Taryfa nocna. □ T. czego a. na co (*nie*: dla czego): Taryfa opłat, podatków. Taryfa na towary, na przewóz czegoś.

Tasmania (*wym.* Tasmańja) *ż I, DCMs.* Tasmanii «wyspa u wybrzeży Australii» — Tasmańczyk *m III, lm M.* Tasmańczycy — Tasmanka *ż III, lm D.* Tasmanek — tasmański.

TASS (*wym.* tas) *m IV, D.* TASS-u a. *ż ndm* «skrót rosyjskiej nazwy agencji prasowej ZSRR»: Komunikat TASS-u (TASS). TASS podał (podała) wiadomość o wystrzeleniu nowego statku kosmicznego.

Tasso *m IV, D.* Tassa, *Ms.* Tassie: Polski przekład poematu Torquata (*wym.* Torkwata) Tassa.

Taszkient a. **Taszkent** *m IV, D.* Taszk(i)entu, *Ms.* Taszk(i)encie «miasto w ZSRR (stolica Uzbekistanu)» — taszk(i)entczyk *m III, lm M.* taszk(i)entczycy — taszk(i)entka *ż III, lm D.* taszk(i)entek — taszk(i)encki.

taśma *ż IV*: Taśma izolacyjna, filmowa, miernicza, magnetofonowa. □ T. do czego: Taśma do wyplatania foteli. □ T. na co: Taśmy na lamówkę.

tata *m* odm. jak *ż IV, lm M.* tatowie, *DB.* tatów; a. **tato** *m* odm. jak *n III, DB.* tata, *C.* tatowi, *lm M.* tatowie, *DB.* tatów «pieszczotliwie o ojcu»: Mój tata (tato) zawsze pamięta o moich urodzinach. △ *pot.* Robić z tata wariata «narażać kogoś na śmieszność»

Tatar *m IV* 1. *lm M.* Tatarzy «członek narodu tatarskiego»
2. tatar, *lm M.* tatary «surowe mięso wołowe mielone z przyprawami; potrawa z tego mięsa»

tatarczany (*nie*: tatarczy) *reg.* «gryczany»: Tatarczana kasza.

Tataria *ż I, DCMs.* Tatarii, *blm* «autonomiczna republika ZSRR» — Tatar (p.) — Tatarka (p.) — tatarski (p.).

Tatarka *ż III* 1. *lm D.* Tatarek «kobieta należąca do narodu tatarskiego»
2. tatarka *blm reg.* «gryka»

tatarski przym. od Tatar, tatar, Tataria: Wojsko tatarskie. △ Befsztyk tatarski. △ W nazwach dużą literą: Cieśnina Tatarska, Przełęcz Tatarska.

taternicki, *rzad.* **taterniczy**: Wyprawa taternicka. Doświadczenie taternickie.

tatko *m* odm. jak *n II, DB.* tatka, *C.* tatkowi, *lm M.* tatkowie, *DB.* tatków; *rzad.* **tatka** *m* odm. jak *ż III, D.* tatki, *C.* tatce, *lm M.* tatkowie, *DB.* tatków «pieszczotliwie o ojcu»: Tatko kochał nas bardzo.

tato p. tata.

Tatra *ż IV, CMs.* Tatrze 1. *blm* «marka samochodu»
2. tatra *lm M.* tatry, *D.* tatr «samochód tej marki»: Jechać tatrą.

Tatry *blp, D.* Tatr «pasmo górskie» — tatrzański (p.).

tatrzański: Górale tatrzańscy, tatrzańska roślinność. △ W nazwach dużą literą: Tatrzański Park Narodowy, Tatrzańska Łomnica.

tatuaż (*wym.* tatu-aż) *m II, D.* tatuażu, *lm D.* tatuaży a. tatuażów.

tatuować p. wytatuować.

tatuś *m I, lm M.* tatusiowie, *D.* tatusiów «pieszczotliwie o ojcu»

Tauryda (*wym.* Tau-ryda) *ż IV, CMs.* Taurydzie «starożytna nazwa Krymu» — taurydzki (p.).

taurydzki: Plemiona taurydzkie (*ale*: Półwysep Taurydzki).

tautologia (*wym.* tau-tologia) *ż I, DCMs.* i *lm D.* tautologii.

taxi (*wym.* taks-i) *n ndm.*

Taylor (*wym.* Tejlor) *m IV, lm M.* Taylorowie: Należał do znanej amerykańskiej rodziny Taylorów. Taylor *ż ndm*: Film z aktorką amerykańską Elisabeth (*wym.* Elizabet) Taylor.

tą razą *niepoprawne* zamiast: tym razem (p. raz).

Tbilisi *n ndm* «miasto w ZSRR (stolica Gruzji, *daw.* Tyflis)» — tbiliski.

tchnąć *ndk* a. *dk Va*, tchnąłem (*wym.* tchnołem; *nie*: tchnełem), tchnął (*wym.* tchnoł), tchnęła (*wym.* tchneła), tchnęliśmy (*wym.* tchneliśmy, p. akcent § 1a i 2) 1. *ndk* «wydzielać coś, zionąć czymś» □ T. czym: Piwnica tchnie chłodem, stęchlizną. △ *przen.* Cała jej postać tchnęła wdziękiem. Wieczór tchnie świeżością. □ Coś tchnie od kogo, z czego: Smutek tchnął od niego. Z całej jej postaci tchnęła radość. 2. (*dk*) *przen. podn.* «wywołać w kimś, czymś jakieś zjawisko, cechę (zwykle oceniane pozytywnie)»: □ T. co — w kogo, w co: Tchnąć życie w zatęchłą atmosferę domu. Tchnąć w kogoś odwagę, nową myśl.

tchnienie *n I* 1. forma rzeczownikowa czas. tchnąć. 2. «powiew»: Balsamiczne, ciepłe, ożywcze, wiosenne tchnienia. Tchnienie wiatru, wiosny. 3. *przestarz., książk.* «oddech»: Wydać ostatnie tchnienie. △ Do ostatniego tchnienia (*częściej*: tchu) «do śmierci»

tchórz *m II, lm D.* tchórzów a. tchórzy.

tchórzostwo *n III*: Nikczemne, podłe tchórzostwo. Zrobić coś z tchórzostwa a. przez tchórzostwo. □ T. wobec kogo, czego: Tchórzostwo wobec zwierzchników, wobec opinii.

tchu, tchem p. dech.

Tczew *m IV, D.* Tczewa, *C.* Tczewowi (*ale*: ku Tczewu a. ku Tczewu) «miasto» — tczewianin *m V, D.* tczewianina, *lm M.* tczewianie, *D.* tczewian — tczewianka *ż III, lm D.* tczewianek — tczewski.

team (*wym.* tim) *m IV, D.* teamu *środ.* «drużyna sportowa»

teatr *m IV, D.* teatru: Teatr dramatyczny, klasyczny. Teatr molierowski. Teatr amatorski, szkolny, objazdowy, wędrowny. Teatr kukiełkowy a. teatr kukiełek. △ *przen. wych. z użycia* Teatr wojny.

Teby *blp, D.* Teb «miasto w Grecji (w starożytności także w Egipcie)» — tebańczyk *m III, lm M.* tebańczycy — tebanka *ż III, lm D.* tebanek — tebański.

techn. «skrót wyrazów: *technik, techniczny* pisany z kropką, czytany jako cały, odmieniany wyraz»: Adam Jaworski, techn. dent. (*wym.* technik dentystyczny). Wóz z obsługi techn. (*wym.* technicznej) rajdu.

technicznoprzemysłowy «odnoszący się do techniki przemysłowej»

techniczno-przemysłowy «dotyczący techniki i przemysłu»

technik *m III, D.* technika (p. akcent § 1d), *lm M.* technicy (skrót: techn.): Technik samochodowy, wodociągowy. Technik odlewnik, technik elektryk (*nie:* technik od odlewnictwa, eletryczności).
technik — o kobiecie, p. nazwy i tytuły zawodowe kobiet.

technika (*wym.* technika, *nie:* technika, p. akcent § 1c) *ż III* 1. *blm* «całokształt czynności związanych z produkcją dóbr materialnych»: Nowoczesna technika. Osiągnięcia techniki. 2. «sposób wykonywania jakichś prac, czynności; metoda»: Technika drzeworytnicza, wydawnicza. Technika pisarska, aktorska. Technika druku, gry na fortepianie, rzutu dyskiem.

technikum (*wym.* technikum, *nie:* technikum) *n VI, D.* technikum, *lm M.* technika (*nie:* technikumy): Technika poligraficzne, rolnicze, samochodowe.

technolog *m III, lm M.* technolodzy a. technologowie. □ T. w dziedzinie, w zakresie czego (*nie:* od czego): Technolog w dziedzinie garbarstwa.

technologia *ż I, DCMs.* i *lm D.* technologii «nauka o metodach przeróbki i obróbki materiałów»: Technologia skóry, drewna. Technologia chemiczna, mechaniczna.

tego p. ten.

Teheran (*wym.* Teheran) *m IV, D.* Teheranu «stolica Iranu» — teherańczyk *m III, lm M.* teherańczycy — teheranka *ż III, lm D.* teheranek — teherański.

teka *ż III* 1. «duża teczka»: Teka do akt. △ Teka redakcyjna «zapas artykułów, prac gromadzonych w redakcji do wydania»: Od pewnego czasu teka redakcyjna naszego czasopisma bywała pusta. △ *książk.* Teka ministra a. ministerialna «stanowisko, urząd ministra» △ Minister bez teki «wyższy urzędnik, któremu przysługuje tytuł ministra, ale który nie kieruje żadnym resortem» 2. «zbiór rysunków, reprodukcji tworzących jakąś całość»: Teka litografii, rysunków. Teka Matejki.

tekakaefowski p. TKKF.

Teksas *m IV* 1. *D.* Teksasu a. (w połączeniu z wyrazem: stan) *ndm* «stan w USA»: Mieszkańcy Teksasu (stanu Teksas). — teksaski, *rzad.* teksański. 2. teksas *blm* «gruba sztywna tkanina bawełniana»: Spodnie z teksasu. 3. teksasy *blp, D.* teksasów «spodnie z takiej tkaniny» — teksasowy.

tekst *m IV, D.* tekstu, *Ms.* tekście: Tekst pisany, drukowany, nieczytelny. Tekst literacki, tekst autorski a. tekst autora. Tekst depeszy, pieśni, przemówienia, zadania. Poprawki, zmiany tekstu a. w tekście. □ T. do czego: Tekst do opery, do melodii.

tekstylia *blp, D.* tekstyliów (*nie:* tekstylii).

tektura (*nie:* techtura, dektura, dyktura) *ż IV, CMs.* tekturze: Tektura falista.

tel. «skrót wyrazu: *telefon* (= numer aparatu telefonicznego) pisany z kropką, stawiany zwykle przed wymienionym numerem lub nazwą właściciela aparatu telefonicznego, czytany jako cały wyraz, zwykle w mianowniku»: Tel. domowy 26 52 31; Pogotowie Ratunkowe — tel. 09.

Tel-Awiw (*wym.* Tel-Awiw) *m IV, D.* Tel-Awiwu (p. akcent § 7) «stolica Izraela»

tele- «pierwsza część wyrazów złożonych (pisana łącznie)»: a) «znacząca: działający, osiągany na odległość, z daleka», np.: telekomunikacja, teleobiektyw; b) «znacząca: telewizyjny», np.: teleekran, teleturniej, telekonkurs.

telefon *m IV, D.* telefonu, *Ms.* telefonie *pot.* w zn. «numer aparatu telefonicznego (skrót: tel.)»: Notować, zapisywać czyjś telefon.

telefonować *ndk IV,* telefonowaliśmy (p. akcent § 1a i 2) — **zatelefonować** *dk:* Telefonował, że nie przyjdzie. Telefonował nam o tym. Zatelefonował po doktora. Zatelefonuję (*nie:* przedzwonię) do ciebie za kilka dni.

telegrafować *ndk IV,* telegrafowaliśmy (p. akcent § 1a i 2) — **zatelegrafować** *dk* «wysyłać telegram, zawiadamiać telegraficznie; depeszować» □ T. o czym, po kogo, że...: Telegrafowano, że zdarzył się wypadek. Telegrafował po nią.

telegram (*nie:* ta telegrama) *m IV, D.* telegramu «tekst przesyłany telegraficznie, blankiet z tym tekstem; depesza»: Telegram imieninowy, gratulacyjny. Pilny, alarmujący telegram. Nadać, wysłać telegram. Wezwać kogoś telegramem. Telegram z życzeniami, ze złymi wiadomościami. Telegram o śmierci, o dniu pogrzebu.

telepać się *ndk IX,* telepię (*nie:* telepę) się, telepią (*nie:* telepą) się, telepaliśmy się (p. akcent § 1a i 2) *pot.* a) «drżeć, trząść się, dygotać; chwiać się»: Telepać się z zimna. b) «iść, jechać powoli, w niewygodnych warunkach; wlec się»: Nie chciało mu się tak daleko telepać po takiej marnej drodze.

teleturniej *m I, D.* teleturnieju, *lm M.* teleturnieje, *D.* teleturniejów (*nie:* teleturniei): Ogólnopolski teleturniej. Teleturniej o Warszawie. Teleturniej na temat kogoś, czegoś (np. na temat Żeromskiego, na temat Warszawy). Teleturniej pt. „Świat współczesny".

telewidz *m II, lm M.* telewidzowie.

telewizja *ż I, DCMs.* i *lm D.* telewizji (skrót: TV) **1.** «przesyłanie na odległość ruchomych obrazów za pomocą fal elektromagnetycznych»: Telewizja czarno-biała, kolorowa. **2.** «instytucja zajmująca się przesyłaniem tych obrazów; studio telewizyjne»: Telewizja warszawska, francuska. Pracownicy telewizji. **3.** *pot.* «program studia telewizji»: Oglądać telewizję a. oglądać coś w telewizji (*nie:* patrzeć na telewizję).

telewizor *m IV, D.* telewizora, *Ms.* telewizorze: Telewizor małoekranowy a. o małym ekranie. Siedzieć przed telewizorem. Całymi wieczorami patrzą w telewizor.

temat *m IV, D.* tematu, *Ms.* temacie: Aktualny, drażliwy, interesujący, ważny temat. Temat przewodni. Tematy polityczne. Przeskakiwać z tematu na temat. Odbiegać od tematu. △ Mówić, pisać na jakiś temat (*nie:* o jakimś temacie). □ T. czego «to, o czym jest, będzie mowa w jakiejś wypowiedzi»: Temat pracy naukowej, referatu, powieści. Temat rozmowy. □ T. do czego (*nie:* dla czego) «to, o czym może być mowa w jakiejś wypowiedzi»: Temat do rozmowy. △ Wyraz nadużywany w mowie potocznej i w języku urzędowym, np. Temat (*lepiej:* przedmiot) sporu, kłótni. Pisać na temat usprawnień (*lepiej:* o usprawnieniach). △ *niepoprawne* Poglądy na temat czyjejś działalności (*zamiast:* na czyjąś działalność).

*temat słowotwórczy «część wyrazu wyodrębniona w nim przez oddzielenie formantu» p. słowotwórstwo.

tematyka (*wym.* tematyka, *nie:* tematyka, p. akcent § 1c) *ż III, blm* «ogół, zasób tematów utworu literackiego, muzycznego, naukowego, sesji, zebrania itp.»: Dzieła o tematyce religijnej, społecznej.

temblak *m III, D.* temblaka a. temblaku: Miał rękę na temblaku.

tembr *m IV, D.* tembru, *Ms.* tembrze: Miły, niski tembr głosu.

Temida *ż IV, CMs.* Temidzie; *rzad.* (zwykle tylko w *M.* i *W.*) **Temis**.

temperament *m IV, D.* temperamentu, *Ms.* temperamencie, *lm M.* temperamenty (*nie:* temperamenta).

temperatura *ż IV, CMs.* temperaturze, *blm* **1.** «stan cieplny ciała, stopień nagrzania czegoś»: Niska, wysoka temperatura. Temperatura pokojowa. Temperatura ciała, powietrza. Temperatura parowania, wrzenia. △ Woda zamarza w (*nie:* przy) temperaturze 0°C. **2.** *pot.* «podwyższony stan cieplny ciała ludzkiego; gorączka»: Mieć temperaturę, mieć podwyższoną, wysoką temperaturę.

temperówka (*nie:* temperaczka) *ż III, lm D.* temperówek «przyrząd do temperowania ołówków; *rzad.* strugaczka»

templariusz *m II, lm D.* templariuszy, *rzad.* templariuszów.

tempo *n III,* zwykle *blm* w zn. «szybkość, z jaką wykonuje się jakąś czynność, z jaką się coś odbywa»: Szybkie, błyskawiczne, rekordowe, powolne, zwolnione, żółwie tempo. Tempo rozwoju, życia, pracy,

marszu, piosenki. Pracować w (jakimś) tempie (*nie:* w jakichś tempach).

ten, ta, to (*nie:* te) odm. jak przym., *D. m* tego, *ż* tej, *B.* tego (*m* żywotne) a. ten (*m* nieżywotne), *ż* tę (*nie:* tą), *n* to, *lm M. m-os.* ci, *ż-rzecz.* te **1.** «zaimek wskazujący, będący określeniem rzeczownika, wyodrębniający odpowiedni (tylko co wspomniany, znany, bliski) desygnat z ogólnego tła sytuacyjnego»: To ten chłopiec był tu wczoraj, nie tamten. Nie był nigdy o tej porze w domu. Napisz coś na ten temat. Odwiedził wreszcie to (*nie:* te) miasto, o którym tyle słyszał. Poproś tę (*nie:* tą) panią. W tę (*nie:* tą) niedzielę pojadę za miasto. Padał deszcz, dął silny wiatr. W tych warunkach nie można było iść dalej. △ W tym miejscu, po tym zdarzeniu, przed tym domem, za tym oknem (*ale:* wtem, potem, przedtem, zatem — p.) △ Zaimek wskazujący *ten, ta, to* może być również umieszczany po rzeczownikach, zwłaszcza w języku książkowym, np.: Uczył się teraz o Tatrach, góry te znał już od dawna z wycieczek. △ Zaimek *ten, ta, to* zwłaszcza w połączeniu z innymi zaimkami ma funkcję podkreślającą, często nadaje ujemne zabarwienie wyrazom, przy których stoi (użycie takie jest właściwe mowie potocznej): Daj już tego ryżu! Pracuje jak ten wół! Nie taki on młody ten cały Janek. Ta wasza praca jest zupełnie niepotrzebna. △ Jeden i ten sam «wyrażenie podkreślające: ten sam; wspólny»: Jechali w tym samym kierunku. △ *książk.* Ten świat, ten padół (płaczu) «życie na ziemi w przeciwstawieniu do zaświatów»: Rozstał się z tym światem w młodym wieku. △ *pot.* W te pędy «bardzo szybko, natychmiast»: Pobiegł w te pędy do domu, gdy usłyszał, co się tam stało. △ Coś w tym rodzaju «coś podobnego» △ W tym wypadku (*lepiej:* tym razem): I w tym wypadku (*lepiej:* I tym razem) okazał się niedołęgą. △ Tym razem (*nie:* tą razą). △ Tym gorzej, lepiej... «jeszcze gorzej, lepiej...» △ Tym bardziej..., że (*nie:* tym bardziej..., ponieważ) «zwłaszcza, że...», np. Jest to tym bardziej godne polecenia, że (*nie:* ponieważ) do tej pory nikt się tym nie zajął. △ *niepoprawne* Tym niemniej — w zn. «mimo to», *zamiast:* niemniej jednak, *książk.* niemniej przeto, np. Zabraniasz mi, tym niemniej (*zamiast:* niemniej jednak) zrobię to. △ Im..., tym (ze stopniem wyższym przymiotników i przysłówków): Im (*nie:* czym) ładniejsza pogoda, tym lepsze zbiory. Im (*nie:* czym) szybciej to zrobisz, tym będzie lepiej.

△ W rodzaju nijakim: **a)** forma dopełniacza *tego* nawiązuje do wielu przedmiotów wyliczanych, do mnóstwa czegoś, np. Miał na swojej głowie konie i krowy, a było tego osiem sztuk. **b)** forma celownika — *temu* używana jest z oznaczeniem czasu «wstecz od czasu, w którym coś się dzieje»: Rok temu było jeszcze nam dobrze. **c)** utarte połączenia z przyimkami: Miałem pieniądze, dom, a prócz tego szczęście. Jeden pokój posprzątany, za to w drugim bałagan. △ Mimo to (*nie:* mimo tego): Była piękna pogoda, ale mimo to (*nie:* mimo tego) nie zdecydował się na wyjazd. △ Poza tym (*wym.* poza tym; *nie:* pozatem, *ale:* poza tym krzesłem «wyrażenie przyłączające inne zdanie o treści zwykle przeciwstawnej lub zamykające szereg wyliczeniowy»: W ogrodzie były kwiaty, krzewy ozdobne, poza tym warzywa. Chłopiec uczył się dobrze, poza tym był to urwis. △ Połączenie *w tym,* łączące dwa człony zdania, z których drugi jest rozwinięciem treści pierwszego członu, jest nadużywane, zwłaszcza w prasie, np.: Miał troje rodzeństwa,

tendencja

w tym dwóch braci (*lepiej*: Miał troje rodzeństwa, dwóch braci i siostrę). Kupił dużo książek, w tym (*lepiej*: między innymi) „Chłopów" Reymonta. △ Mniejsza o to a. z tym. I tym podobne a. i temu podobne (*nie*: i temu podobnie). (Nie)dość a. dosyć na tym (że). △ *pot.* Nie być od tego a. być nie od tego, (żeby) «mieć na coś ochotę»: Młodzież chciała tańczyć, a i starsi nie byli od tego a. byli nie od tego. *Por.* to.
2. «zaimek odnoszący się do rzeczownika wspomnianego uprzednio, pełniący funkcję zastępczą w stosunku do tego rzeczownika»: Poszedł po radę do dowódcy; ten od razu przyznał mu rację. △ W wyrażeniach: Ten..., (i) ten: Ten milczy, ta wzdycha. Ten zły i ten niedobry. △ Ten..., tamten..., ów: Ten się martwi, tamten ma kłopoty, ów jest smutny.
3. «zaimek występujący (przy rzeczowniku) w zdaniu złożonym, stanowiący w jednym ze zdań odpowiednik treści innego zdania» △ Ten..., który (*nie*: ten..., jaki), *pot.* ten, co...; w *lm*: ci..., którzy (*nie*: ci..., jacy), *pot.* ci, co «zaimki używane do wskazania konkretnego przedmiotu, konkretnej osoby», np.: Patrz, to ten, który najlepiej rozwiązał zadanie. To jest ten zeszyt, który (*nie*: jaki) sobie wybrałem. Ten kolega, którego lubiłem najbardziej, wyprowadził się. Ci, u których mieszkał, bardzo go lubili. Mówił tak cicho, że ci, co siedzieli dalej, prawie go nie słyszeli. △ Ten, kto... «zaimki używane do wskazania istotnej cechy (lub cech) osoby lub osób», np.: Ten tylko, kto ma własne dzieci, może mnie zrozumieć. Ten, kto najlepiej rozwiąże zadanie, dostanie nagrodę. △ Ten, czyj (*nie*: którego): Ten, czyi rodzice byli niezamożni, otrzymywał stypendium. Ten wygrywa, czyja (*nie*: którego) sprawa lepsza. △ W utartych wyrażeniach: Był uparty do tego stopnia, że dla nikogo nie zmieniał swoich zwyczajów. Nie przyszedł do nas z tego powodu, że go ktoś zatrzymał. || *D Kult. II, 59, 171, 474; U Pol. (2), 235, 366, 369; GPK Por. 250, 177; KP Pras.*

tendencja *ż I, DCMs.* i *lm D.* tendencji 1. «skłonność, dążność w określonym kierunku; kierunek zarysowujący się w rozwoju czegoś»: Stała, dominująca tendencja. □ T. do czego (*nie*: t. czego, *ani*: w kierunku czego): Tendencja do upraszczania zjawisk. Tendencja do zastępowania form przypadkowych wyrażeniami przyimkowymi. 2. «myśl, idea, teza (często z odcieniem ujemnym)»: Powieść z tendencją moralizatorską.

tender *m IV, D.* tendra, *Ms.* tendrze: Woda wyciekała z tendra parowozu.

Teneryfa *ż IV* «największa z wysp Kanaryjskich»: Mieszkać na Teneryfie.

tenis *m IV, Ms.* tenisie 1. *D.* tenisa «gra sportowa»: Uprawiać tenis. Lubić tenis. △ D. = B. w zwrocie: Grać w tenisa. 2. *D.* tenisu «tkanina wełniana»: Kupić tenis na ubranie.

Tennessee (*wym.* Tenes-i) 1. *ż ndm* «rzeka w USA»: Prawie cała Tennessee jest żeglowna. 2. *n ndm* «stan w USA»: Zachodnie Tennessee leży w dolinie Missisipi. Mieszkać w Tennessee.

Tennyson (*wym.* Tenison) *m IV, D.* Tennysona (p. akcent § 7): Ballady Tennysona.

tenor *m IV, Ms.* tenorze 1. *D.* tenoru «wysoki głos męski»: Miał piękny tenor. 2. *D.* tenora, *lm M.* tenorzy «śpiewak mający wysoki głos»

tenże, taż, toż (*nie*: też) odm. jak przym., *m* i *n D.* tegoż, *ż DCMs.* tejże; *lm M. m-os.* ciż, *ż-rzecz.* też, *D.* tychże, *N.* tymiż *książk.* «zaimek *ten* wzmocniony partykułą ekspresywną *-że, -ż*; ten sam»: Z tegoż dokumentu zaczerpnął autor jeszcze inne wiadomości.

Teodor *m IV, Ms.* Teodorze, *lm M.* Teodorowie — Teodorostwo *n III, DB.* Teodorostwa, *Ms.* Teodorostwu (*nie*: Teodorostwie); *blm*; a. Teodorowie *blp, D.* Teodorów.

teolog *m III, lm M.* teologowie a. teolodzy.

teoria *ż I, DCMs.* i *lm D.* teorii 1. «usystematyzowany zespół twierdzeń z jakiejś dziedziny»: Teoria idealistyczna, materialistyczna. Teorie polityczne, społeczne. Teoria Kopernika, Darwina, Einsteina, Newtona. □ T. czego (*nie*: o czym): Teoria poznania, teoria względności, teoria ewolucji gatunków. Teoria doboru naturalnego. Teoria pochodzenia człowieka. 2. «czyjaś opinia o czymś (zwykle z pretensjami do naukowości)»: Na każdy temat miał swoją teorię.

tepedowiec, tepedowski p. TPD.

terać *ndk I*, teraliśmy (p. akcent § 1a i 2) — **sterać** *dk, przestarz.* (dziś żywa tylko forma *dk*, zwłaszcza w imiesł. biernym) «niszczyć, zużywać»: Ktoś sterany życiem, pracą nad siły.

terakota (*nie*: terrakota) *ż IV, CMs.* terakocie.

terapia *ż I, DCMs.* i *lm D.* terapii; *rzad.* **terapeutyka** (*wym.* terapeu-tyka, *nie*: terapeutyka; p. akcent § 1c) *ż III.*

terasa p. taras.

teraz «w tej chwili; obecnie, współcześnie»: Musisz to zrobić teraz. △ *pot.* Na teraz: Tyle na teraz poleceń. △ *niepoprawne* Do teraz (*zamiast*: dotychczas, dotąd). || *D Kult. II, 239.*

*teraźniejszy czas p. czasownik (punkt II).

tercjan *m IV, D.* tercjana, *lm M.* tercjani *przestarz., reg.* «woźny w szkole»

teren *m IV, D.* terenu, *Ms.* terenie 1. «część powierzchni ziemi; miejsce występowania, zasięgu, odbywania się czegoś; obszar»: Błotnisty, górzysty, stepowy teren. Teren sportowy, kolejowy, nieprzyjacielski. Teren fabryczny a. teren fabryki. Teren kolejowy a. teren kolei. Teren szkoły, budowy, zabaw. Jechać, udać się na teren (*nie*: w teren) budowy, na tereny łowieckie. Mieszkać na terenie fabryki. Teren do lądowania, do zabawy, do odpoczynku. Tereny pod zabudowę. △ Wyraz nadużywany, szczególnie w połączeniu: na terenie, np.: Na terenie powiatu, województwa, dzielnicy (*lepiej*: w powiecie, w województwie, w dzielnicy). Na terenie Mazowsza (*lepiej*: na Mazowszu, na obszarze Mazowsza). △ *niepoprawne* Na terenie biura, pakowni, kuchni itp., *zamiast*: w biurze, w pakowni, w kuchni, np. Na terenie kuchni (*zamiast*: w kuchni) pracowały cztery kucharki. 2. *pot.* «ośrodki prowincjonalne w stosunku do władz, ośrodków centralnych»: Potrzeby, możliwości terenu. Jechać, udać się w teren. Pracować w terenie. || *D Kult. II, 137.*

Teresa *ż IV, CMs.* Teresie, *W.* Tereso — Terenia *ż I, W.* Tereniu.

terkotać *ndk IX*, terkocze, *przestarz.* terkoce; terkocz, terkotaliśmy (p. akcent § 1a i 2) — **zaterkotać** *dk* 1. «wydawać terkot, warkot (o maszynach, motorach itp.)»: Karabin maszynowy, samochód, młyn, budzik terkocze. 2. «szybko, krzykliwie mówić; trajkotać»: Terkotała niezmordowanie przez całą godzinę.

terma *ż IV*, *lm D.* term 1. in. cieplica «źródło o temperaturze wody wyższej od średniej temperatury rocznej danego obszaru» 2. *hist.* (tylko w *lm*) «w starożytnym Rzymie: publiczne zakłady kąpielowe» 3. *pot.* «mały gazowy a. elektryczny grzejnik do wody»

termin *m IV*, *D.* terminu, *lm M.* terminy 1. «czas, w którym jakaś czynność powinna być wykonana»: Krótki, umówiony, roczny termin. Termin gwarancyjny, sądowy. Termin licytacji, płatności, spotkania, przedstawienia, egzaminu. Skończyć coś w terminie a. na termin. 2. «wyraz, połączenie wyrazowe o ściśle ustalonym znaczeniu naukowym, technicznym»: Termin naukowy, filozoficzny, gramatyczny, prawny, techniczny. Termin z zakresu prawa, filozofii, językoznawstwa. 3. *przestarz.* «nauka rzemiosła u majstra»: Być w terminie u szewca, krawca, stolarza.

terminarz *m II*, *lm D.* terminarzy: Terminarz dostaw, kontroli, zajęć.

terminologia *ż I*, *DCMs.* i *lm D.* terminologii «ogół terminów, którymi posługuje się dana dziedzina wiedzy»

***terminologia** p. język i jego odmiany.

I termit *m IV*, *D.* termita, *Ms.* termicie «owad tropikalny»

II termit *m IV*, *D.* termitu, *Ms.* termicie «mieszanina tlenków żelaza z aluminium używana m.in. do spawania metali»

termo- «pierwszy człon wyrazów złożonych, pisany łącznie, wskazujący na związek z ciepłem tego, co oznacza człon drugi», np.: termobeton, termobetonowy, termodynamika, termodynamiczny.

termofor *m IV*, *D.* termoforu, *Ms.* termoforze.

termometr *m IV*, *D.* termometru, *Ms.* termometrze: Termometr lekarski, laboratoryjny, pokojowy, okienny. Termometr Fahrenheita. 25 stopni ciepła na termometrze. Termometr wskazuje 15 stopni poniżej zera.

Termopile *blp*, *D.* Termopil (*nie*: Termopili).

termos *m IV*, *D.* termosu, *Ms.* termosie: Termos z kawą.

terpentyna (*nie*: terpetyna) *ż IV*, *CMs.* terpentynie: Terpentyna balsamiczna. Nacierać komuś plecy terpentyną.

terrarium *n VI*, *lm D.* terrariów (*nie*: terrarii): Terrarium z żabami. Terrarium dla jaszczurek.

terror *m IV*, *D.* terroru, *Ms.* terrorze: Bezwzględny, krwawy terror. Terror gestapowski, hitlerowski. Terror ekonomiczny, policyjny, rasistowski. Wyzwolić się spod terroru. □ T. wobec kogo, w stosunku do kogo: Terror wobec ludności, w stosunku do spokojnej ludności.

terroryzować *ndk IV*, terroryzowaliśmy (p. akcent § 1a i 2) — **sterroryzować** *dk*: Napastnicy sterroryzowali kasjera rewolwerem.

terytorium *n VI*, *lm D.* terytoriów (*nie*: terytorii): Cudze, rozległe, odrębne terytorium. Terytorium językowe, etnograficzne. Terytorium państwowe a. terytorium państwa. Bitwa rozegrała się na (*nie*: w) terytorium nieprzyjaciela.

Tesalia (*nie*: Tessalia) *ż I*, *DCMs.* Tesalii «kraina w Grecji» — tesalski (p.).

tesalski, *rzad.* **tesalijski**: Ziemie tesalskie.

Tesla *m* odm. jak *ż I* 1. «nazwisko»: Transformator Tesli.
2. **tesla** *ż I* «jednostka indukcji magnetycznej»: Indukcja magnetyczna wynosiła 500 tesli.

test *m IV*, *D.* testu, *Ms.* teście: Szczegółowy test. Test psychologiczny, psychotechniczny. □ T. czego a. na co: Test inteligencji (na inteligencję).

testament *m IV*, *D.* testamentu, *Ms.* testamencie: Zmarły nie zostawił ważnego testamentu. Testament notarialny. Testament rodziców, dziadków. Otworzyć, obalić testament. Zapisać coś komuś w testamencie, *rzad.* testamentem. △ W nazwach dużą literą: Stary, Nowy Testament (część Biblii).

testator *m IV*, *Ms.* testatorze, *lm M.* testatorzy a. testatorowie *praw.* «osoba, która sporządza, sporządziła testament»

teściowa *ż* odm. jak przym., *W.* teściowo.

teść *m I*, *lm M.* teściowie (*nie*: teście), *D.* teściów (*nie*: teści).

tetrarcha *m* odm. jak *ż III*, *CMs.* tetrarsze, *lm M.* tetrarchowie, *DB.* tetrarchów.

tetryczeć *ndk III*, tetryczeję, tetryczej, tetryczeliśmy — **stetryczeć** *dk III* «stawać się zgorzkniałym, zgryźliwym, gderliwym»: Stetryczeli w tej samotności. *Por.* stetryczały.

Teuton (*wym.* Teu-ton, *nie*: Te-uton) *m IV*, *Ms.* Teutonie, *lm M.* Teutonowie a. Teutoni «członek jednego ze starożytnych ludów germańskich; ekspresywnie o dawnym Niemcu, zwłaszcza o Krzyżaku» — teutoński.

teza *ż IV*, *CMs.* tezie: Naczelna, zasadnicza teza. Teza referatu. Formułować, wysunąć (*nie*: wysnuć) jakieś tezy. □ T. o czym: Teza o wielkopolskim pochodzeniu języka literackiego.

tezaurus a. **thesaurus** (*wym.* tezau-rus) *m IV*, *D.* tezaurusa, thesaurusa (p. akcent § 7) «dzieło zawierające całą wiedzę z danej dziedziny; słownik obejmujący całe słownictwo danego języka»: Posługiwać się tezaurusem. Czytać tezaurus.

też (*nie*: tyż) 1. «wyraz uwydatniający podobieństwo sytuacji, włączanie czegoś w obręb sytuacji już omówionej, jej uzupełnienie, analogię uzasadnienia, motywów; także, również»: Umie pisać na maszynie, uczyła się też języków. Spodziewałam się, że przyjdziesz. Tak się też stało.
2. «wyraz wzmacniający spójnik (niekiedy inną część mowy), któremu towarzyszy», np. Albo też: Za dług dam ci albo pieniądze, albo też jakiś towar. △ Bo też: Nic nie rozumiesz, bo też i nie słuchasz tego, co mówię.

3. *pot.* «wyraz o charakterze ekspresywnym nadający ujemne zabarwienie wyrazowi, do którego się odnosi, wyrażający wątpliwość, zdziwienie, lekceważenie»: Też pomysł! Też mi robotnik! Też masz zachcianki! Też znalazł sobie temat do żartów! Co ci też przychodzi do głowy! △ Że też: Że też tak mogłam zapomnieć! △ Żeby też: Żebyś też wiedziała, co o tobie mówili!

tęchnąć (*nie*: tęchnieć) *ndk Vc*, tęchnie, tęchł (*nie*: tęchnął), tęchła (*nie*: tęchnęła), tęchłoby (p. akcent § 4c) — **stęchnąć** *dk* 1. «psuć się, nabierać zapachu pleśni» □ T. od czego: Produkty żywnościowe tęchną od wilgoci. 2. «tracić obrzęk, klęsnąć»: Opuchnięta twarz jeszcze mu nie stęchła.

tęcza *ż II, lm D.* tęcz 1. «zjawisko świetlne: barwny łuk na niebie»: Łuk, kolory tęczy. 2. «zespół barw»: Kryształowe żyrandole migotały tęczą blasków.

tędy △ *pot.* Nie tędy droga «nie w ten sposób» △ *pot.* Tędy, (i) owędy **a)** «tu i tam, w różnych kierunkach»: Chodzić, wałęsać się tędy, owędy. **b)** *rzad.* «na różne sposoby; tak lub inaczej»: Próbują to załatwić tędy i owędy. △ *wych. z użycia* Tędy cię wiedli «o to ci chodzi, do tego zmierzasz»

tęgi *m-os.* tędzy, *st. w.* tęższy (*nie*: tęgszy), *m-os.* tężsi 1. «mający dużą tuszę; krzepki, dorodny»: Jest ładna, ale za tęga. Tęgie chłopaki. 2. *pot.* «gruby, masywny»: Tęgi rzemień, hak. △ Tęga zima «mroźna, ostra zima» △ Tęgi wiatr, mróz «silny mróz, wiatr» 3. «ekspresywnie: wybitny, wartościowy»: Tęgi pracownik, prawnik, ekonomista. △ *pot.* Tęga głowa «wybitna inteligencja, duże zdolności; człowiek inteligentny, zdolny»: Warto z nim współpracować, to tęga głowa. // *GPK Por. 105, 178.*

tęgo *st. w.* tężej *pot.* «silnie, mocno»: Tęgo zbić, zdzielić kogoś. △ *rzad.* Tęgo zbudowany «gruby, otyły»

tępić *ndk VIa*, tępię, tęp, tępiliśmy (p. akcent § 1a i 2) 1. — **wytępić** *dk* «wyniszczać, trzebić; prześladować, zgładzać; zwalczać» □ T. co (czym): Tępić chwasty. Tępić (trutką) muchy, szczury. Tępić zło, nadużycia. 2. — **stępić** *dk* «czynić tępym, nieostrym»: Nie tęp noża.

tępić się «stawać się tępym, nieostrym»: Krawędzie nart często się tępią. Narzędzia się tępią.

tępieć *ndk III*, tępieję, tępieliśmy (p. akcent § 1a i 2) — **stępieć** *dk* 1. «stawać się nieostrym; tępić się» □ T. od czego (*nie*: z czego): Od częstego używania nóż tępieje. 2. «stawać się ograniczonym umysłowo; tracić inteligencję; głupieć» W tych warunkach zupełnie tępieję. 3. «o zmysłach, władzach umysłowych: tracić sprawność, słabnąć»: Na starość słuch tępieje. Ostatnio dowcip mu stępiał. Wzrok, słuch tępieje ze starości.

tępo *st. w.* bardziej tępo, *rzad.* tępiej: Tępo zakończony.

tępy *m-os.* tępi, *st. w.* bardziej tępy, *rzad.* tępszy w zn. «ograniczony umysłowo; niezdolny»: Tępy uczeń. Tępa głowa. □ T. do czego: Tępy do nauki, do matematyki.

tęsknić (*nie*: tęschnić) *ndk VIa*, tęsknij, tęskniliśmy (p. akcent § 1a i 2) — **zatęsknić** *dk* □ T. do kogo, do czego: Tęsknić do własnego domu, do

rodziców, do spokoju. □ T. za kim, czym, *przestarz.* po kim, czym (używane w odniesieniu do kogoś, czegoś utraconego): Na obczyźnie tęsknił za krajem. Po rozstaniu się z żoną bardzo za nią tęsknił. // *D Myśli 99.*

tęsknie (*nie*: tęschnie) *st. w.* tęskniej a. bardziej tęsknie: Śpiewać, zawodzić tęsknie. Czekać tęsknie na coś. Wyglądać tęsknie za kimś.

tęskno (*nie*: tęschno) *st. w.* tęskniej a. bardziej tęskno. △ Używane tylko w połączeniach: Jest komuś tęskno, robi się komuś tęskno (na sercu, na duszy) «ktoś odczuwa tęsknotę»: Dziecku było tęskno do domu, do rodziców. □ Składnia jak: tęsknić.

tęsknota (*nie*: tęschnota) *ż IV, lm D.* tęsknot (*nie*: tęsknotów): Chory z tęsknoty. Szarpany, gnany, trawiony tęsknotą a. przez tęsknotę. Oczy pełne tęsknoty. Konać, schnąć, usychać z tęsknoty. □ Składnia poza tym jak: tęsknić.

tęskny (*nie*: tęschny): Tęskny głos, śpiew. Tęskne marzenia. Tęskna melodia, nuta. // *D Kryt. 37.*

tętent *m IV, D.* tętentu: Tętent kopyt końskich a. koński. Tętent stóp, nóg. △ *rzad.* Tętent maszyny, młotów.

tętnić (*nie*: tętnieć) *ndk VIa*, tętniłby (p. akcent § 4c) — **zatętnić** *dk* 1. «wydawać odgłos; dudnić» □ T. od czego: Schody tętnią od ciężkich kroków. □ T. po czym: Kroki tętnią po schodach. Kopyta końskie głucho tętniły po drodze. □ T. czym «być pełnym odgłosów, dźwięków: rozbrzmiewać»: Ulica tętni gwarem, ruchem. 2. «o krwi, o sercu: pulsować»: Krew tętni w żyłach, w skroniach, w uszach. // *PJ 1961, 458.*

tętno *n III, lm D.* tętn «bicie, rytm serca, pulsowanie krwi; puls»: Regularne, przyspieszone, zamierające tętno. Liczyć tętno. Tętna biją, pulsują w skroniach. △ *przen.* Tętno pracy, życia umysłowego.

tężnia *ż I, lm D.* tężni: Tężnie ciechocińskie.

tęższy p. tęgi.

tężyzna *ż IV, CMs.* tężyźnie, *blm* «siła, krzepkość»: Tężyzna fizyczna, żołnierska. △ *przen.* Tężyzna duchowa.

tf p. cząstki wyrazów.

Thackeray (*wym.* Tekerej a. Sekerej) *m I, D.* Thackeraya (p. akcent § 7): Powieści obyczajowe Thackeraya.

Thälmann (*wym.* Telman) *m IV, D.* Thälmanna (p. akcent § 7): Działalność polityczna Ernesta Thälmanna.

thesaurus p. tezaurus.

Thiers (*wym.* Tjer) *m IV, D.* Thiersa (*wym.* Tjersa), *rzad.* (zwykle z odmienianym imieniem lub tytułem) *ndm*: Rozprawa o Thiersie (o prezydencie Thiers).

Thorez (*wym.* Torez) *m IV, D.* Thoreza (p. akcent § 7), *rzad.* (zwykle z odmienianym imieniem lub tytułem) *ndm*: Dyskusja z Thorezem, *rzad.* z Mauricem (*wym.* Morisem) Thorez.

Thorwaldsen (*wym.* Torwaldsen) *m IV, D.* Thorwaldsena (p. akcent § 7): Arcydzieła dłuta Thorwaldsena.

tło

tiara (*wym.* tjara) *ż IV*.

Tien-szan *m IV, D.* Tien-szanu «góry w ZSRR i Chinach» — tien-szański.

Tieriesżkowa (*wym.* Tierieszkowa, *nie:* Tieresz-kowa) *ż* odm. jak przym., *D.* Tieriesżkowej (p. akcent § 7): Spotkanie z radzieckim kosmonautą Walentyną Tieriesżkową.

tik *m III, D.* tiku: Tik nerwowy.

tilbury (*wym.* tilberi) *m, rzad. n ndm* «otwarty powozik o dwóch kołach»: Piękny (piękne) tilbury zaprzężony (zaprzężone) w gniadego konia. Jechać tilbury.

timbre p. tembr.

Timiriaziew (*wym.* Timiriaz-iew) *m IV, D.* Timiriaziewa (p. akcent § 7): Timiriaziew był propagatorem darwinizmu.

Timoszenko *m* odm. jak *ż III, D.* Timoszenki, *lm M.* Timoszenkowie, *DB.* Timoszenków: Walki żołnierzy radzieckich pod dowództwem Siemiona (*wym.* S-iemiona) Timoszenki. Prace naukowe Stiepana Timoszenki.

Tintoretto *m IV, D.* Tintoretta, *C.* Tintorettowi, *Ms.* Tintoretcie (*wym.* Tintorecie): Portrety Tintoretta.

Tirana *ż IV* «stolica Albanii» — tirańczyk *m III, lm M.* tirańczycy — tiranka *ż III, lm D.* tiranek — tirański.

tiret (*wym.* tire) *n ndm* «znak graficzny; dywiz, łącznik»

Tito *m IV, D.* Tita, *C.* Titowi, *Ms.* Ticie a. (zwykle z odmienianym imieniem lub tytułem) *ndm*: Spotkanie z Titem (z prezydentem Tito). Przemówienie prezydenta Tita (prezydenta Tito). *Por.* Broz.

tiul *m I, D.* tiulu, *lm D.* tiulów, *rzad.* tiuli.

Tiutczew (*wym.* Tiutczew) *m IV, D.* Tiutczewa (p. akcent § 7): Zbiór poezji Tiutczewa.

Tivoli (*wym.* Tivoli) *n ndm* «miasto we Włoszech»: Być w Tivoli. Wyjechać do Tivoli.

tj. «skrót wyrazów: *to jest*, pisany z kropką, czytany jako całe wyrażenie»: Późną porą, tj. wieczorem.

tkacz *m II, lm D.* tkaczy, *rzad.* tkaczów.

tkać *ndk I*, tkaliśmy (p. akcent § 1a i 2) — **utkać** *dk* 1. «sporządzać tkaninę na krosnach» □ T. co z czego: Tkać płótno; kapy z wełny. □ T. co w co: Tkać kapy, serwety w piękne wzory, w kwiaty. 2. *posp.* «wpychać, wtykać coś siłą»: Tkać rzeczy w torbę, w walizkę, do torby, do walizki. Tkać rupiecie pod kanapę, za kanapę. Tkał mu gwałtem pieniądze w rękę a. do ręki.

tkalnia *ż I, DCMs.* tkalni, *lm D.* tkalni, *rzad.* tkalń: Tkalnia wyrobów lnianych.

TKJ (*wym.* tekajot, p. akcent § 6) *n ndm* a. *m IV, D.* TKJ-tu «Towarzystwo Kultury Języka»: TKJ wysłało zaproszenia. Należeć do TKJ (do TKJ-tu). Wygłosić referat w TKJ (w TKJ-cie).

TKKF (*wym.* tekakaef, p. akcent § 6) *n ndm* a. *m IV, D.* TKKF-u «Towarzystwo Krzewienia Kul-

tury Fizycznej»: TKKF ogłosiło (ogłosił) zapisy. Należeć do TKKF (do TKKF-u). Załatwić co w TKKF-ie. — TKKF-owski a. tekakaefowski.

TKKŚ (*wym.* tekakaeś, p. akcent § 6) *n, rzad. m ndm* «Towarzystwo Krzewienia Kultury Świeckiej»: Pracował społecznie w TKKŚ. TKKŚ wydało (wydał) broszurę.

tkliwy *m-os.* tkliwi, *st. w.* tkliwszy a. bardziej tkliwy: Tkliwa czułość, opieka. Tkliwe słowa. □ T. dla kogo: Tkliwy dla matki.

tknąć *dk Va*, tknij, tknąłem (*wym.* tknołem; *nie:* tknełem), tknął (*wym.* tknoł), tknęła (*wym.* tkneła), tknęliśmy (*wym.* tkneliśmy, p. akcent § 1a i 2), tknięty (*nie:* tchnięty) — *rzad.* **tykać** *ndk I*, tykaliśmy 1. zwykle *dk* «dotknąć, ruszyć; trącić, uderzyć» □ T. kogo, co (czym): Tknąć go palcem, a już się przewróci. △ *przen.* (tylko z przeczeniem): Nie tknąć pieniędzy, cudzego (mienia). Nie tknąć roboty. Nie tknąć jedzenia, obiadu, trunku. △ Puszcza nie tknięta stopą ludzką, siekierą. 2. (tylko *dk*) *książk.* «opanować, ogarnąć, porazić», tylko w imiesł. biernym i w 3. os. *lp*: Tknęło go podejrzenie. Tknięty przeczuciem. Tknięty apopleksją. Drzewo tknięte zarażą. Jak piorunem tknięty.

tknąć się — *rzad.* **tykać się** forma wzmocniona czas. tknąć — tykać: Czego się tknął, zaraz stłukł. △ *niepoprawne* Tknąć się jakiejś sprawy (*zamiast:* zająć się jakąś sprawą). || *U Pol. (1), 374.*

tko (*wym.* tekao) «skrót wyrażenia: *techniczny nokaut* (w boksie), pisany bez kropki, czytany także jako całe wyrażenie»

tkwić (*nie:* tkwieć) *ndk VIa*, tkwi, tkwij, tkwił (*nie:* tkwiał), tkwiliśmy (p. akcent § 1a i 2), tkwiły (*nie:* tkwiały) — **utkwić** *dk* 1. «być wetkniętym, zagłębionym w coś» □ T. w czym: Gwóźdź mocno tkwi w ścianie. Klucz tkwi w zamku, w drzwiach. △ *przen.* Tkwić w długach po uszy. △ W czymś tkwi (*nie:* leży) problem, trudność, źródło zła. 2. *pot.* «trwać, pozostawać gdzieś długo»: Godzinami tkwiła nad książką.

tleć *ndk III*, tleje, tleją, tlał, tlałoby (p. akcent § 4c) *rzad.* «tlić się»: Ognisko jeszcze tlało. Tlejące węgle, pakuły.

tlenowodorowy przym. od tlenowodór △ Palnik tlenowodorowy «palnik, w którym spala się wodór w tlenie» △ Płomień tlenowodorowy «płomień powstający przy spalaniu wodoru w tlenie»

tleno-wodorowy «składający się z tlenu i wodoru» △ Ogniwo tleno-wodorowe «składające się z elektrod tlenowej i wodorowej»

tlić się *ndk VIa*, tli się, tlą się, tlił się, tliłoby się (p. akcent § 4c) «palić się przytłumionym płomieniem; *rzad.* tleć»: Ognisko jeszcze się tli. Tlące się pakuły wydzielały dym.

tłamsić *ndk VIa*, tłamszę, tłamś, tłamsiliśmy (p. akcent § 1a i 2), tłamszony — **stłamsić** *dk pot.* «gnieść, miąć»: Tłamsił czapkę rękami. Tłamsić pieniądze w ręce, w kieszeni.

tło *n III, rzad. lm D.* teł: Tło ciemne, jasne. Odcinać się, odbijać się na tle ściany, okna.

tłocznia *ż I, DCMs.* i *lm D.* tłoczni «prasa»: Tłocznia śrubowa, hydrauliczna.

tłoczno *st. w.* tłoczniej a. bardziej tłoczno: W wagonie było tłoczno. □ T. od czego: W porcie tłoczno od statków.

tłoczny 1. *st. w.* tłoczniejszy a. bardziej tłoczny «zatłoczony, tłumny»: Szedł tłocznymi ulicami miasta. **2.** «służący do tłoczenia, tłoczący»: Olejarnia, pompa tłoczna.

tłoczyć *ndk VIb,* tłoczyliśmy (p. akcent § 1a i 2) **1.** «wpychać siłą ciśnienia; wyciskać, wygniatać»: Tłoczyć wodę do zbiornika. Wentylatory tłoczyły powietrze do szybu kopalni. Tłoczyć sok z owoców, olej z siemienia. **2.** *książk.* (zwykle archaizujące) «drukować, zwłaszcza druki ozdobne»: Tłoczyć książki. Zbiorek poezji tłoczony na welinowym papierze. Tłoczyć złotem litery, rysunki. △ Tłoczona stal, blacha, skóra «stal, blacha, skóra mające określony kształt, wygląd, ozdobny deseń, wzór, nadany przez tłoczenie w specjalnych prasach»
tłoczyć się «pchać się, cisnąć się»: Tłoczyć się w tramwaju, na ulicy, u drzwi. Tłoczyć się do kasy. □ T. się koło (dokoła) kogo, czego: Owce tłoczą się dokoła pastucha. Koło pomnika tłoczą się ludzie.

tłok *m III* **1.** *D.* tłoku, *blm* «ścisk, ciżba ludzi»: Na ulicach panował tłok nie do opisania. Przeciskać się w tłoku. △ Tłok (*nie:* tłoki) na plaży, na ulicach. Tłok w pociągu, w sklepie. **2.** *D.* tłoka «tłocząca część silnika»: Tłok lokomotywy, pompy. Tłoki pracują, chodzą.

tłokowy przym. od tłok (tylko w zn. 2): Silniki tłokowe. Pompa tłokowa.

tłomacz p. tłumacz.

tłomaczyć p. tłumaczyć.

tłuc *ndk XI,* tłukę (*nie:* tłuczę), tłucze, tłuką (*nie:* tłuczą), tłukący (*nie:* tłuczący), tłucz, tłukł, tłukliśmy (p. akcent § 1a i 2), tłuczony — **stłuc** *dk* **1.** «rozbijać na kawałki; rozgniatać»: Ciągle tłukła szklanki i talerze. □ T. co — czym (w czym, na czym): Tłuc pieprz, cukier w moździerzu. Tłuc wałkiem kotlety na desce. Tłuc kamienie na szosie. **2.** «uderzać, walić; *pot.* bić mocno» □ T. czym (o co, po czym, w co): Konie tłukły kopytami o bruk, po bruku. Wicher tłukł w szyby. Tłukł pięściami w drzwi. □ *pot.* T. kogo — czym (po czym): Tłuc kogoś kijem, pięściami po głowie, po karku.
tłuc się *pot.* **a)** «bić się mocno» □ T. się czym: Tłuc się kijami. **b)** «włóczyć się gdzieś, znosić niewygody, obijać się» □ T. się czym (po czym): Tłuc się dryndą, wozem po wertepach. Tłuc się po świecie. **c)** «robić hałas; obijać się»: Nie daje nam spać, tłucze się po całych nocach.

tłuczeń *m I, D.* tłucznia, *blm:* Tłuczeń do robót drogowych.

tłum *m IV, D.* tłumu: Przepychać się, przeciskać się przez tłum. Zmieszać się z tłumem. Tłumy zalegały plac.

tłumacz (*przestarz.* tłomacz) *m II, lm D.* tłumaczy, *rzad.* tłumaczów: Tłumacz przysięgły, sądowy. Rozmawiać przez tłumacza. Służyć za tłumacza. Tłumacz bajek Andersena, klasyków obcych.
tłumacz — o kobiecie, p. nazwy i tytuły zawodowe kobiet.

tłumaczenie (*przestarz.* tłomaczenie) *n I* «tekst przetłumaczony; przekład»: Dosłowne, ściśle tłumaczenie. Biuro tłumaczeń. Wiersze Puszkina w tłumaczeniu Tuwima. □ Składnia poza tym jak: tłumaczyć (w zn. 2). // U Pol. (2), 197.

tłumaczka (*przestarz.* tłomaczka) *ż III, lm D.* tłumaczek «tłumacz (o kobiecie)»

tłumaczyć (*przestarz.* tłomaczyć) *ndk VIb,* tłumaczymy, tłumaczyliśmy (p. akcent § 1a i 2) **1.** «wyjaśniać; motywować; usprawiedliwiać»: Tłumaczyć coś szeroko, zawile. Tłumaczył mu cierpliwie, żeby ustąpił. □ T. co czym: Tłumaczyć coś względami bezpieczeństwa, taktyki. □ T. kogo: Zawsze go tłumaczył i bronił. Tłumaczy go brak doświadczenia. **2.** «przekładać tekst z jednego języka na drugi» □ T. z czego na co: Tłumaczyć powieść, poezje z francuskiego na (język) polski, *reg.* na polskie. △ Tłumaczyć słowo w słowo «dosłownie»
tłumaczyć się «usprawiedliwiać się» □ T. się czym, przed kim: Tłumaczyć się brakiem czasu, chorobą. Tłumaczyć się przed zwierzchnikiem, przed nauczycielem. △ Coś tłumaczy się samo przez się (*nie:* za siebie). □ T. się z czego: Tłumaczyła się z każdego wydatku. // D Kult. I, 781.

tłumik (*nie:* tłumnik) *m III* **1.** *D.* tłumika «przyrząd, urządzenie do tłumienia dźwięku i hałasu» **2.** *D.* tłumiku «mały tłum»

tłumok (*nie:* tłomok) *m III* **1.** «pakunek, tobół»: Spakować pościel w tłumok. **2.** *pogard.* «nierozgarnięta, prymitywna kobieta»

tłusty *m-os.* tłuści, *st. w.* tłuściejszy, tłustszy a. bardziej tłusty (w odniesieniu do ludzi — rubasznie) △ Tłusty czwartek «ostatni czwartek karnawału»: W tłusty czwartek wszyscy jedzą pączki. △ *pot.* Tłusty kawał, tłusta anegdota «kawał, anegdota nieprzyzwoite»

tłuszcz *m II, D.* tłuszczu, *lm D.* tłuszczów: Tłuszcze zwierzęce, roślinne. △ *pot.* (zwykle z odcieniem niechęci) Obrastać w tłuszcz, porastać tłuszczem «bogacić się»

Tłuszcz *m II, D.* Tłuszcza «miasto»: Mieszkać w Tłuszczu. Jechać do Tłuszcza. — tłuszczański.

tłuścieć *ndk III,* tłuścieliśmy (p. akcent § 1a i 2), (o człowieku zwykle: tyć): Dobrze karmione wieprzki szybko tłuściały.

TMJP (*wym.* teemjotpe, p. akcent § 6) *n ndm* «Towarzystwo Miłośników Języka Polskiego»: Należeć do TMJP. TMJP zorganizowało ciekawy odczyt. W maju 1970 r. TMJP obchodziło pięćdziesięciolecie swojej działalności.

I to p. ten.

II to *ndm* **1.** «wyraz nadający treści zdania charakter ekspresywny, często w połączeniu ze spójnikami i partykułami»: To się strachu najadł. Właściwie to nie wiadomo, po co przyszedł. Albo ci to źle? Pada, no to co? △ A to **a)** «podkreślenie uczucia radości lub oburzenia»: A to mu dociął. A to łobuzy! **b)** *niepoprawne* w zn. «mianowicie», np. Prace jego, a to (*zamiast:* mianowicie) przyrodnicze, matematyczne są bardzo cenne. **2.** «wyraz wiążący orzeczenie (także domyślne) z podmiotem»: Był to mój kolega. To fakt (domyślne: jest). Tak, to ja (domyślne: jestem).

3. «wyraz łączący zdania o charakterze wnioskującym»: Chcesz, to jedz. Daj bluzkę, to ci wypiorę. △ *niepoprawne* O ile... to (*zamiast*: jeżeli..., to), np. O ile (*zamiast*: jeżeli) załatwię tę sprawę, to wszystko będzie dobrze.

toaleta (*przestarz.* tualeta) *ż IV* **1.** *książk.* «strojne ubranie, zwykle damskie»: Elegancka, kosztowna toaleta. Ślubna, wieczorowa toaleta. Toaleta z jedwabiu. Dbać o swoją toaletę. △ *przestarz.* Robić, kończyć toaletę «ubierać się, stroić, kończyć ubieranie się» **2.** «ubikacja w lokalu publicznym»: Toaleta na dworcu a. dworcowa. Iść do toalety. **3.** «stolik z lustrem i przyborami toaletowymi»: Siedzieć, czesać się przed toaletą. // D Kult. II, 592.

toast *m IV, D.* toastu, *Ms.* toaście, *lm M.* toasty: □ T. za co, *rzad.* na co: Wznieść toast za czyjeś zdrowie. Wychylić toast na czyjąś pomyślność, za czyjeś szczęście, *rzad.* na pomyślność, na szczęście. *Ale*: Wznieść toast na czyjąś cześć (*nie*: za czyjąś cześć), np. Wzniósł toast na cześć solenizanta, jubilata.

tobie forma *C.* zaimka *ty* (p.), częściej używana forma ściągnięta *ci*. △ *Niepoprawne* jest użycie pełnej formy zaimka po czasowniku, np. Kupię tobie (*zamiast*: ci) książkę, *ale*: Tobie kupię książkę, a jemu album.

tobogan (*nie*: topogan) *m IV, D.* toboganu: Ratownicy wiozą niefortunnego narciarza na toboganie.

toból (*nie*: toboł) *m IV, D.* tobołu: Zarzucić tobół na plecy. Dźwigać toboły.

Tobruk *m III, D.* Tobruku «miasto w Libii» — tobrucki.

toby «spójnik łączący zdanie podrzędne warunkowe ze zdaniem nadrzędnym wyrażającym spełnienie warunku»: Gdybym miał pieniądze, tobym pojechał na wycieczkę. Gdyby nie twoja pomoc, toby się wszystko spaliło.

toczek *m III, D.* toczka, *rzad.* toczku: Futrzany, aksamitny toczek. Było jej do twarzy w tym toczku.

toczyć *ndk VIb*, toczymy, toczyliśmy (p. akcent § 1a i 2) **1.** «obracając wprawiać w ruch, posuwać»: Toczyć beczkę. △ Toczyć okiem, oczami, wzrokiem «rozglądać się, wodzić oczami» **2.** «obrabiać coś przez skrawanie nożem tokarskim, nadawać czemuś kształt kulisty» □ T. co na czym: Toczyć śruby, nakrętki na tokarce. Toczyć garnki, miski na kole garncarskim. □ T. co z czego: Toczyć korale z bursztynu. Toczyć gałki z chleba. **3.** *książk.* **a)** «prowadzić, wieść, rozwijać»: Toczyć boje, spory, dyskusje. **b)** «spuszczać płyn» □ T. co — z czego, do czego: Toczyć piwo z beczki do kufla.
toczyć się 1. «posuwać się obracając się na kołach, rolkach itp.; wypływać, ściekać» □ T. się po czym: Wagony toczyły się po szynach. Beczki toczyły się po pochylni. Krople deszczu toczyły się po szybach. Łzy toczą się po policzkach. **2.** «przemijać, przebiegać, dziać się, odbywać się»: Życie toczyło się monotonnie. Akcja utworu toczy się w Afryce. Wypadki toczą się błyskawicznie. Dyskusja toczyła się dalej.

toć *przestarz.* dziś *gw.* «przecież»: Toć czas już do pracy. // PJ 1967, 354.

Toeplitz (*wym.* Teplic) *m II, lm M.* Toeplitzowie. Toeplitz *ż ndm* — Toeplitzowa *ż* odm. jak przym. —

Toeplitzówna *ż IV, D.* Toeplitzówny, *CMs.* Toeplitzównie (*nie*: Toeplitzównej), *lm D.* Toeplitzówien.

toga *ż III, lm D.* tóg, *rzad.* tog.

Togliatti (*wym.* Toljatti) *m* odm. jak przym., *D.* Togliattiego: Działalność polityczna Palmira Togliattiego.

Togo *n ndm, rzad. n II* «państwo w Afryce»: Być w Togo (w Togu). — Togijczyk *m III, lm M.* Togijczycy — Togijka *ż III, lm D.* Togijek — togijski.

tok *m III, D.* toku **1.** «przebieg, kierunek jakiegoś działania, jakiejś czynności»: Tok studiów uniwersyteckich. Tok pracy, produkcji, śledztwa. Tok opowiadania, dyskusji. Wprowadzić kogoś w tok sprawy. △ Być w toku, w pełnym toku «być wykonywanym, być w zaawansowanej fazie wykonywania»: Badania są już w (pełnym) toku. **2.** zwykle w *lm* «gra miłosna niektórych ptaków»: Toki głuszca, cietrzewia. **3.** *reg.* **a)** «klepisko»: Gliniany tok w stodole. **b)** «koryto z wydrążonego kloca»: Tok dla koni.

Tokaj *m I, D.* Tokaju **1.** «miasto na Węgrzech» **2.** tokaj *D.* tokaju, *blm* «gatunek wina» — tokajski (p.).

tokajski: Wina tokajskie (*ale*: Góry Tokajskie).

tokarnia *ż I, DCMs.* tokarni, *lm D.* tokarni, *rzad.* tokarń; *lepiej*: tokarka.

tokarz *m II, lm D.* tokarzy.

Tokio *n ndm* «stolica Japonii»: Być w Tokio. Pojechać do Tokio. — tokijczyk *m III, lm M.* tokijczycy — tokijka *ż III, lm D.* tokijek — tokijski.

toledański: Zabytki toledańskie (*ale*: Góry Toledańskie). △ Szpada toledańska «szpada z fabryki broni w Toledo»

Toledo *n ndm* «miasto w Hiszpanii i USA»: Pojechać do Toledo. — toledańczyk *m III, lm M.* toledańczycy — toledanka *ż III, lm D.* toledanek — toledański (p.).

tolerancja *ż I, DCMs.* tolerancji, *blm* w zn. «uznawanie czyjegoś prawa do posiadania poglądów, których nie podzielamy»: Tolerancja religijna. Okazywać daleko idącą tolerancję. // D Kult. II, 273; KP Pras.

tolerancyjny (*nie*: toleranski) *m-os.* tolerancyjni, *st. w.* bardziej tolerancyjny: Był bardzo tolerancyjny wobec cudzych poglądów.

tolerować *ndk IV*, tolerowaliśmy (p. akcent § 1a i 2) «odnosić się z wyrozumiałością do czegoś, nie przeciwdziałać czemuś, co nie jest wyrazem naszych własnych przekonań; znosić kogoś» □ T. kogo, co: Był zaledwie tolerowany. Tolerować czyjeś wybryki, dziwactwa. // D Kult. II, 273.

Tołoczko *m* odm. jak *ż III, lm M.* Tołoczkowie, *DB.* Tołoczków.
Tołoczko *ż ndm* — Tołoczkowa *ż* odm. jak przym. — Tołoczkówna *ż IV, D.* Tołoczkówny, *CMs.* Tołoczkównie (*nie*: Tołoczkównej), *lm D.* Tołoczkówien.

Tołstoj (*wym.* Tołstoj *m I, D.* Tołstoja (p. akcent § 7), *lm M.* Tołstojowie.
Tołstoj *ż ndm* — Tołstojowa *ż* odm. jak przym.

tom *m IV, D.* tomu (skrót: t.): Pierwszy tom encyklopedii, słownika. Wszystkie tomy tego wydawnictwa są oprawne w płótno.

tomahawk (*nie*: tomahawek) *m III, D.* tomahawka: Indianie posługiwali się w walce tomahawkami.

Tomasz *m II, lm M.* Tomaszowie — Tomek *m III, D.* Tomka, *lm M.* Tomkowie — Tomcio (*nie*: Tomciu) *m I, lm M.* Tomciowie — Tomaszostwo *n III, DB.* Tomaszostwa, *Ms.* Tomaszostwu (*nie*: Tomaszostwie), *blm*; a. Tomaszowie *blp, D.* Tomaszów — Tomkowie, Tomciowie *blp, D.* Tomków, Tomciów.

Tomaszów (**Lubelski, Mazowiecki**), Tomaszów *m IV, D.* Tomaszowa, *C.* Tomaszowowi (*ale*: ku Tomaszowowi a. ku Tomaszowu); Lubelski, Mazowiecki odm. przym. «miasta» — tomaszowianin *m V, D.* tomaszowianina, *lm M.* tomaszowianie, *D.* tomaszowian — tomaszowianka *ż III, lm D.* tomaszowianek — tomaszowski.

ton *m IV, D.* tonu 1. «zjawisko akustyczne; *pot.* zwykle w *lm*: dźwięki; wysokość brzmienia dźwięku»: Spiżowe tony dzwonów. Tony marsza. Podnieść głos o ton, o pół tonu. Pokrzykiwali na różne tony. 2. «sposób wypowiadania się; charakter wypowiedzi»: Ton łagodny, mentorski, rozkazujący. Napisać list w napastliwym tonie. △ Spuścić z tonu «stać się mniej pewnym siebie» △ Mieć, przybierać (*nie*: przyjmować) wielkopańskie tony. △ Coś jest w dobrym lub w złym tonie «coś jest zgodne lub niezgodne z przyjętymi zwyczajami towarzyskimi»

tona (*nie*: tonna) *ż IV, lm D.* ton (skrót: t) // *D Kult. I, 820.*

tonacja *ż I, DCMs.* i *lm D.* tonacji: Symfonia w tonacji C-dur. △ Tonacja a-moll. Tonacja molowa. // *U Pol. (2), 493.*

tonąć *ndk Vb,* tonąłem (*wym.* tonołem; *nie*: tonełem), tonął (*wym.* tonoł), tonęła (*wym.* toneła), tonęliśmy (*wym.* toneliśmy, p. akcent § 1a i 2) 1. «pogrążać się w wodzie; iść na dno» □ T. bez dop.: Nie umiał pływać i zaczął tonąć. △ *przen.* Tonąć we łzach, tonąć w długach. △ *pot.* Tonąć w czymś (po uszy) «być czymś bardzo zaabsorbowanym»: Tonął (po uszy) w robocie, w książkach. △ *przen.* Miasto tonęło w powodzi świateł. Tonąć w kwiatach (o przedmiotach ozdobionych kwiatami z zewnątrz), np. Ołtarz tonął w kwiatach. *Ale*: Sala była pełna kwiatów (*nie*: tonęła w kwiatach). 2. «zagłębiać się, grzęznąć» □ T. w czym: Nogi tonęły w miękkim mchu, w sypkim piasku. Tonąć w błocie.

Tonkin *m IV, D.* Tonkinu 1. «dawna nazwa płn. części Wietnamu» — tonkiński (p.). 2. tonkin *blm* «odmiana bambusa»: Wędka z tonkinu.

tonkiński: Bambus tonkiński (*ale*: Zatoka Tonkińska).

! tonna p. tona.

tonsura (*nie*: tonzura) *ż IV*: Klerycy noszą tonsurę.

toń *ż V, lm M.* tonie, *D.* toni *książk. poet.* «obszar wodny (bez odcienia poetyckości w *środ.* zn.: obszar połowów); głębia»: Toń jeziora. Ryby pluskają w ciemnej toni. Dookoła były bezdenne tonie.

topaz *m IV, D.* topazu «minerał»: Pierścień, broszka z topazem.

topialnia (*nie*: topielnia) *ż I, DCMs.* topialni, *lm D.* topialni, *rzad.* topialń; *lepiej*: wytapialnia. // *D Kult. I, 604.*

topić *ndk VIa,* topimy, top, topiliśmy (p. akcent § 1a i 2) 1. «roztapiać, rozpuszczać»: Topić masło. Słońce topi śnieg. 2. «uśmiercać przez zanurzenie w wodzie» □ T. (kogo) co w czym: Topić szczenięta w stawie. △ *przen. książk.* «wbijać, zagłębiać, *częściej*: zatapiać»: Orzeł topi szpony w grzbiecie ofiary. △ *pot. żart.* Topić, *częściej*: zalewać robaka (w wódce) «upijać się ze zmartwienia»

topiel *ż I, lm M.* topiele, *D.* topieli: Wodna topiel. Przepaść, utonąć w grząskiej topieli.

topielec *m II, DB.* topielca, *lm M.* topielcy, *D.* topielców: Wyłowić topielca z jeziora.

toples a. **topless** *m ndm* a. *m IV, D.* toplesu (toplessu) «damski kostium kąpielowy (plażowy) bez okrycia piersi»

topnieć *ndk III,* topniałby (p. akcent § 4c) — **stopnieć** *dk* □ T. bez dop.: Na wiosnę śnieg szybko topnieje. □ T. od czego, *rzad.* z czego: Od słońca topniały śniegi. Masło topniało z upału. △ *przen.* «ubywać»: Pieniądze topniały. W ciągłych utarczkach siły nieprzyjaciela topniały.

topola (*nie*: ten a. ta topól) *ż I, lm D.* topoli, *rzad.* topól.

toponomastyka a. **toponimika** (*wym.* toponomastyka, toponimika, *nie*: toponomastyka, toponimika, p. akcent § 1c) *ż III, blm.*

topór *m IV, D.* topora (*nie*: toporu): Rąbać drwa toporem.

tor *m IV, D.* toru: Tor tramwajowy. Tor kolei a. tor kolejowy. Ułożyć tor. Wjechać na tor. △ Tor wodny «droga wytyczona dla statków» △ *przen.* (zwykle w *lm*): Skierować swą pracę na nowe tory. Sprowadzić, zwrócić rozmowę na inne tory. △ Potoczyć się, biec, iść, swoim utartym, wytkniętym torem «odbywać się tak, jak zwykle, jak dotychczas»

torba *ż IV, lm D.* toreb, *rzad.* torb: Torba skórzana, płócienna, papierowa. Torba lekarska, myśliwska, podróżna. Torba listonosza. □ T. czego «torba zawierająca coś; ilość czegoś mieszcząca się w torbie»: Torba mąki. □ T. na co «torba do przechowywania czegoś»: Torba na narzędzia. □ T. do czego «torba do stałego przechowywania, przewożenia czegoś»: Torba do (noszenia) listów. □ T. od czego «torba opróżniona z czegoś»: Torba od owoców. □ T. po czym, *reg.* z czego «torba, w której coś było»: Torba po jabłkach. □ T. z czym «torba wraz z zawartością»: Torba z cukrem. □ T. z czego «torba wykonana z czegoś»: Torba ze skóry, z papieru. △ *pot.* Coś nie warte torby sieczki. △ *pot.* Pójść z torbami, puścić kogoś z torbami «zubożeć; doprowadzić kogoś do nędzy»

torbiel (*nie*: ten torbiel) *ż V, lm D.* torbieli: Torbiel zastoinowa.

toreador (*nie*: torreador) *m IV, lm M.* toreadorzy (*nie*: toreadorowie).

torebka *ż III, lm D.* torebek: Damska torebka. Torebka balowa. Torebka skórkowa, skórzana a. ze skóry. Torebka miętówek, sody, nasion. □ Składnia jak: torba.

torfiarnia *ż I, DCMs.* torfiarni, *lm D.* torfiarni, *rzad.* torfiarń.

torfiarz *m II, lm D.* torfiarzy.

tornado *n III, D.* tornada a. *ndm* «gwałtowny wir powietrzny; tajfun»: Gwałtowne tornado zniszczyło wiele budynków. Miasto dostało się w sam środek tornada (tornado).

tornister (*nie*: raniec) *m IV, D.* tornistra: Z tornistrem na plecach.

Toronto *n ndm* «miasto w Kanadzie»: Być w Toronto. Jechać do Toronto.

torować *ndk IV,* torowaliśmy (p. akcent § 1a i 2) — **utorować** *dk* △ tylko w wyrażeniu: Torować drogę (komuś, czemuś, czymś, do czegoś, na coś, przez coś): Torować drogę wojsku, pojazdom, do mostu, na most. Torował sobie drogę do bufetu łokciami. Przez dżunglę (zarośla) torowali sobie drogę mieczem. Torować drogę wśród ludzi (tłumu), wśród wozów, *rzad.* między ludźmi, wozami. △ *przen.* Torować komuś (sobie) drogę do sławy, do zaszczytów.

torpedować *ndk IV,* torpedowaliśmy (p. akcent § 1a i 2) — **storpedować** *dk*: Torpedować statek. △ *przen.* Torpedować dyskusję, próby porozumienia, rokowania.

Torricelli (*wym.* Torriczelli) *m odm. jak przym., DB.* Torricellego (p. akcent § 7): Prace fizyczne Torricellego.

torsje *blp, D.* torsji; in. wymioty: Dostać torsji.

tortura *ż IV, CMs.* torturze **1.** częściej w *lm* «męki, cierpienia zadawane komuś»: Poddawać kogoś torturom. Wziąć kogoś na tortury. **2.** «doznawanie cierpień; męczarnia»: Słuchanie jego chaotycznej gadaniny to była tortura.

Toruń *m I, D.* Torunia «miasto» △ Toruń Mokre «dzielnica»: Mieszkać w dzielnicy Toruń Mokre, *ale*: Mieszkać na Mokrem, jechać na Mokre (zwykle opuszcza się nazwę miasta). — torunianin *m V, D.* torunianina, *lm M.* torunianie, *D.* torunian — torunianka *ż III, lm D.* torunianek — toruński (p.).

toruński: Pierniki toruńskie (*ale*: Kotlina Toruńska).

torys *m IV, lm M.* torysi: Stronnictwo, rządy torysów.

TOS *m IV, D.* TOS-u, *Ms.* TOS-ie «Techniczna Obsługa Samochodów»: Odstawić wóz do TOS-u. — TOS-owski a. tosowski.

Tosca (*wym.* Toska) *ż III, D.* Toski «tytuł opery, imię jej bohaterki»: Być na Tosce. Aria Toski.

Toscanini (*wym.* Toskanini) *m odm. jak przym., D.* Toscaniniego (p. akcent § 7): Orkiestra pod batutą Toscaniniego.

Toskania (*wym.* Toskańja) *ż I, DCMs.* Toskanii «kraina we Włoszech» — Toskańczyk *m III, lm M.*

Toskańczycy — Toskanka *ż III, lm D.* Toskanek — toskański (p.).

toskański: Przemysł toskański (*ale*: Wyspy Toskańskie, Archipelag Toskański).

tosowski p. TOS.

totalizator *m IV, DB.* totalizatora, *Ms.* totalizatorze: Totalizator sportowy. Grać w totalizatora.

totek *m III, DB.* totka *pot.* «totalizator sportowy; toto-lotek»: Wygrać, zagrać w totka.

toteż «spójnik rozpoczynający zdania, informujący o skutku, wyniku tego, o czym mowa w innym zdaniu; a więc, wynika stąd, że...»: Przyszedł późno, toteż nie znalazł wolnego miejsca.

to też (pisane rozdzielnie) «to także»: To też ważna informacja. // *D Kult.* I, 807.

totolotek a. **toto-lotek** *m III, DB.* totolotka (toto-lotka) *pot.* «totalizator sportowy»: Grać w totolotka.

Toulouse-Lautrec (*wym.* Tuluz-Lotrek) *m,* Toulouse *ndm,* Lautrec *m III, N.* Lautrekiem: Nowoczesny plakat zawdzięcza wiele Toulouse-Lautrecowi.

tournée (*wym.* turne) *n ndm* «objazd, podróż (artystyczna)»: Odbyć tournée po Polsce, po Europie.

Tours (*wym.* Tur) *n ndm* «miasto we Francji»: Tours jest położone nad Loarą. Mieszkać w Tours. Pojechać do zabytkowego Tours.

tow. 1. «skrót wyrazu: *towarzysz(ka)*, pisany z kropką, stawiany zwykle przed nazwiskiem lub przed imieniem i nazwiskiem, czytany jako cały odmieniany wyraz»: Tow. Kowalski. Tow. Jan Kowalski. Rozmawiał z tow. (*czyt.* towarzyszem) Kowalskim. **2.** «skrót wyrazu: *towarzystwo*, pisany z kropką, używany w nazwach towarzystw (organizacji), czytany jako cały, odmieniany wyraz»: Tow. im. Fr. Chopina.

towar *m IV, D.* towaru: Cena towaru. Eksport, import towarów. Przyjęcie towaru. Towary przemysłowe, tekstylne. Towary przecenione, *lepiej*: Towary objęte zniżką. △ *przestarz., reg.* Sklep towarów mieszanych «sklep wielobranżowy» // *D Kult.* I, 336.

towarowy 1. «odnoszący się do towaru; związany z towarem»: Wymiana towarowa. Obrót towarowy. Gospodarka towarowa. Ekspozycja towarowa, *lepiej*: ekspozycja towarów. △ Centralny Dom Towarowy (CDT). **2.** «służący do przewożenia lub ładowania towarów; związany z przewożeniem towarów»: Pociąg, dworzec towarowy. △ Towarowo-osobowy, towarowo-pasażerski (przymiotniki te jako złożone z członów znaczeniowo równorzędnych pisze się z łącznikiem): Pociąg towarowo-osobowy (= pociąg towarowy i osobowy).

towaroznawstwo (*nie*: towaroznastwo) *n III, blm.*

towarzystwo *n III* **1.** *blm* «czyjaś obecność przy kimś; osoba lub wiele osób stanowiących, mogących stanowić czyjeś otoczenie; przestawanie z kimś, towarzyszenie komuś»: Dotrzymać komuś towarzystwa. Szukać, unikać czyjegoś towarzystwa. △ Dla towarzystwa «aby komuś towarzyszyć»: Dla towarzystwa też pójdę piechotą. △ *przestarz.* Dama, panna do towarzystwa «opiekunka osoby starszej lub chorej, także młodej panny» △ *niepoprawne* Proszę towarzystwa (*zamiast:* Proszę towarzystwy i towarzyszek). **2.** zwykle *blm* «grupa osób zaprzyjaźnionych, bywających u siebie, dawniej: krąg osób należących do klas uprzywilejowanych (np. arystokracji, burżuazji)»: Bawili się w swoim towarzystwie. Panna z towarzystwa. Bywał w najlepszych towarzystwach. Wpaść w złe towarzystwo. □ T. od czego: Towarzystwo od brydża. **3.** (skrót: tow.) «organizacja, zgrupowanie ludzi mających wspólne cele; także spółka handlowa, przemysłowa»: Należeć do różnych towarzystw. Towarzystwo akcyjne. Towarzystwo filantropijne. △ W nazwach dużą literą: Towarzystwo Przyjaciół Nauk, Towarzystwo Rolnicze. △ *niepoprawne* Towarzystwo Maszyn Biurowych (*zamiast:* Towarzystwo Handlu Maszynami Biurowymi). // *D Kult. I, 174.*

towarzysz *m II, lm D.* towarzyszy, *rzad.* towarzyszów: Towarzysz lat dziecinnych. Towarzysz niedoli. Towarzysz broni. △ Towarzysz partyjny «członek partii lub organizacji robotniczej (skrót: tow.); forma (bez przymiotnika) używana przy zwracaniu się do członka partii, lub w wypowiedziach o nim»: Przemawia towarzysz Makowski. Uzasadnijcie swój wniosek, towarzyszu.

towarzyszka *ż III, lm D.* towarzyszek: Towarzyszka podróży. △ Towarzyszka partyjna «członkini partii lub organizacji robotniczej (skrót: tow.); forma (bez przymiotnika) używana przy zwracaniu się do członkini partii, lub w wypowiedziach o niej»: Zabrała głos towarzyszka Kowalska. Czy napisaliście (*nie:* napisałyście) już referat, towarzyszko?

towarzyszyć *ndk VIb,* towarzyszyliśmy (p. akcent § 1a i 2) **1.** «być obecnym przy kimś, przy czymś» □ T. komu, czemu: Towarzyszył jej w drodze do pracy. Towarzyszyć komuś na spacerze. △ *przen.* «zjawiać się, występować jednocześnie z czymś»: Gorączce towarzyszył ból głowy. Słowem jej towarzyszył uśmiech. **2.** «akompaniować (np. w wyrażeniu: z towarzyszeniem fortepianu)»: Grał z towarzyszeniem orkiestry. □ T. (komu) do czego, na czym: Towarzyszono do śpiewu grą na lutni. Towarzyszył śpiewaczce na fortepianie. Towarzyszyć przy fortepianie (*lepiej:* przygrywać) do gimnastyki porannej. // *D Kult. I, 175.*

towianizm *m IV,* towianizmu, *Ms.* towianizmie (*wym.* ~izmie a. ~iźmie), *blm.*

towiańczyk *m III, lm M.* towiańczycy.

towiańszczyzna *ż IV, CMs.* towiańszczyźnie, *blm* «ironicznie o towianizmie»

TOZ (*wym.* toz) *m IV, D.* TOZ-u a. *n ndm* «Towarzystwo Opieki nad Zwierzętami»: Działalność TOZ-u (TOZ). TOZ rozwinął (rozwinęło) nowe formy opieki nad bezdomnymi zwierzętami.

toż *ndm przestarz., książk.* **a)** «wzmocnione *to* nadające zdaniu charakter ekspresywny» △ Toż to... «oto!... to prawdziwy..., to się nazywa...»: Toż to będzie uciecha! **b)** «przecież, wszakże»: Toż czuję, jak z każdym dniem słabnę. Toż ty znasz angielski.

TPD (*wym.* tepede, p. akcent § 6) *n ndm* «Towarzystwo Przyjaciół Dzieci»: TPD zorganizowało ko-

lonie letnie. — TPD-owiec a. tepedowiec *m II, D.* TPD-owca (tepedowca), *lm M.* TPD-owcy (tepedowcy) — TPD-owski a. tepedowski.

TPPR (*wym.* tepepeer, p. akcent § 6) *m IV, D.* TPPR-u, *Ms.* TPPR-ze a. *n ndm* «Towarzystwo Przyjaźni Polsko-Radzieckiej»: TPPR prowadził (prowadziło) lektorat języka rosyjskiego. Działał w TPPR-ze (TPPR).

tracić *ndk VIa,* tracę, trać, traciliśmy (p. akcent § 1a i 2) — **stracić** *dk* □ T. co, kogo «zostawać bez czegoś, bez kogoś; przestawać coś, kogoś mieć»: Tracić majątek, pieniądze. Tracić zdrowie, nadzieję. Stracić rodziców. Tracić liście (o roślinie). Tracić panowanie nad sobą. △ Tracić grunt pod nogami «nie móc dosięgnąć dna»: Kiedy stracił grunt pod nogami zaczął płynąć. △ *przen.* Wszyscy byli przeciw niemu, czuł, że traci grunt pod nogami. △ Tracić miarę (*nie:* miary) w czymś «przesadzać» △ Tracić głowę «przestać postępować rozsądnie; nie wiedzieć co robić, być zdezorientowanym» △ Tracić głowę (dla kogoś) «kochać się w kimś bezkrytycznie» △ Tracić serce dla kogoś, do kogoś, do czegoś (*nie:* dla czegoś) «przestać kogoś lubić, kochać, zniechęcić się do czegoś» □ T. na czym, *rzad.* T. trochę, wiele itp. z czego: Tracić na urodzie, na humorze. Tracić na wadze, na wartości, na znaczeniu. Po chorobie stracił wiele ze swojej bystrości. □ T. na czym «ponieść szkodę, stratę materialną»: Tracić na interesach, na transakcjach. □ T. co — na co, na kogo «wydawać na kogoś, coś niepotrzebnie, rozrzutnie; zużywać nienależycie, trwonić»: Tracił pieniądze, majątek na karty i gry hazardowe. Tracić czas na głupstwa.

tracić się *pot.* «stawać się nieporadnym, nie wiedzieć co robić, mieszać się, gubić się»: Traciła się wśród obcych.

Tracja *ż I, DCMs.* Tracji «kraina historyczna na Półwyspie Bałkańskim» — Trak *m III, lm M.* Trakowie — tracki (p.).

tracki: Rolnictwo trackie. Język tracki (*ale:* Nizina Tracka, Zatoka Tracka).

tracz *m II, lm D.* traczy, *rzad.* traczów.

Traczyk *m III, lm M.* Traczykowie. Traczyk *ż ndm* — Traczykowa *ż odm. jak przym.* — Traczykówna *ż IV, D.* Traczykówny, *CMs.* Traczykównie (*nie:* Traczykównej), *lm D.* Traczykówien.

trade-unionizm (*wym.* trejdjunionizm) *m IV, D.* trade-unionizmu, *Ms.* trade-unionizmie (*wym.* ~izmie a. ~iźmie), *blm.*

tradycjonalny *przestarz.* «tradycyjny»: Tradycjonalne stroje, tradycjonalny dwór szlachecki.

traf *m IV, D.* trafu «przypadek, zbieg okoliczności»: Ocalił go ślepy traf. △ *pot.* Trzeba trafu, że... «tak się składa, tak się zdarzyło, że...»: Trzeba trafu, że ją spotkałem. △ Dziwnym, szczęśliwym trafem «wskutek dziwnego, szczęśliwego przypadku»: Podczas tego strasznego bombardowania z całego domu myśmy tylko dziwnym trafem ocaleli.

Trafalgar (*wym.* Trafalgar) *m IV, D.* Trafalgaru (p. akcent § 7) a. *ndm:* «przylądek w Hiszpanii»: Zwycięstwo Anglii w bitwie pod Trafalgarem (pod Trafalgar).

trafić *dk VIa*, trafię, traf, trafimy, trafiliśmy (p. akcent § 1a i 2), trafiony — **trafiać** *ndk I*, trafialiśmy □ T. do kogo, do czego, w kogo, w co a. (z rzeczownikami żywotnymi) kogo, co «dosięgnąć celu, nie chybić, ugodzić w cel strzelając, rzucając czymś»: Trafić do człowieka, do sarny, do celu, w cel, w tarczę, w bramkę, do bramki. Trafił kaczkę, wilka. △ *niepoprawne* w zn. «spotkać kogoś, znaleźć coś», np.: Trafiłem (*zamiast*: spotkałem) go na ulicy. W sklepie trafiłem (*zamiast*: znalazłem) ładne botki. □ *przen.* T. do kogo (czymś) «zjednać, przekonać kogoś (czymś)»: Nie można było trafić do niej ani prośbą, ani groźbą. △ Trafiać komuś do przekonania: Te argumenty nie trafiają mi do przekonania. △ *pot.* Trafić (jak) kulą w płot «popełnić głupstwo, pomylić się» △ Trafić w sedno «określić trafnie, uchwycić istotę rzeczy» △ Na chybił trafił, *rzad.* na chybi trafi «na oślep, na los szczęścia» □ T. na co «wpaść przypadkowo na coś, znaleźć coś»: Trafić na dobrą książkę. □ T. do czego, do kogo «dostać się, znaleźć się gdzieś»: Trafić do miasta, do znajomych. Po wypadku trafił do szpitala. Trafił do więzienia. △ Trafić z deszczu (*nie*: z dachu) pod rynnę «znaleźć się w położeniu jeszcze gorszym od poprzedniego» △ *niepoprawne* w zn. «wpaść», np. Trafił (*zamiast*: wpadł) pod tramwaj.

trafić się — **trafiać się** 1. «o okolicznościach, faktach (zwykle przypadkowych): zdarzyć się; o osobie: przybyć, zjawić się niespodziewanie; nadarzyć się» □ Ktoś, coś trafia się (komu): Trafiła się (mu) okazja, posada. Trafia się jej dobra partia. Trafił się wreszcie lokator. △ *pot.* Trafiło się (jak) ślepej kurze ziarno, ziarnko «ktoś uzyskał coś niespodziewanie bez starań i zasług» 2. częściej *ndk* «występować, być gdzieś»: Na grządkach trafiały się chwasty.

tragarz *m II*, *lm D.* tragarzy.

tragedia (*wym. przestarz.* tragiedia) *ż I*, *DCMs.* i *lm D.* tragedii.

tragik *m III*, *D.* tragika (p. akcent § 1d), *lm M.* tragicy.

trajektoria *ż I*, *DCMs.* trajektorii, *blm*.

trajkotać, *rzad.* **trejkotać** *ndk IX*, trajkocze, trejkocze, *przestarz.* trajkoce, trejkoce; trajkocz, trejkocz; *rzad. ndk I*, trajkota, trejkota; trajkotaj, trejkotaj; trajkotaliśmy, trejkotaliśmy (p. akcent § 1a i 2) 1. «paplać»: Trajkocze (trajkota) przez godzinę. 2. «wydawać łoskot, warkot, terkotać»

trajluś *m I*, *lm D.* trajlusiów *wiech.* «trolejbus»

trakt *m IV*, *D.* traktu «droga, gościniec»: Konie pędziły szerokim traktem. △ w zn. «ciąg, tok» dziś tylko w wyrażeniu: W trakcie czegoś «w ciągu, w czasie trwania czegoś»: W trakcie czytania zasnęła.

traktat *m IV*, *D.* traktatu, *lm M.* traktaty 1. «układ, umowa»: Traktat pokojowy. Traktat handlowy. Na mocy traktatu. Zawrzeć traktat. □ T. z kim, (po)między kim a kim: Traktat zawarty z Turcją. Traktat pomiędzy Stanami Zjednoczonymi a Wielką Brytanią. 2. «obszerna rozprawa, zwłaszcza naukowa»: Napisać, opracować traktat. □ T. o czym: Traktat Parkosza o ortografii.

traktor *m IV*, *D.* traktora 1. in. ciągnik. 2. *pot.* (zwykle w *lm*) «obuwie na grubej gumowej podeszwie z wrębami»

traktować *n dk IV*, traktowaliśmy (p. akcent § 1a i 2) 1. w zn. «odnosić się do kogoś, czegoś w jakiś sposób; uważać kogoś, coś za kogoś, za coś» □ T. kogo, co jako (jak) kogo, jako co (*nie*: za kogo, za co): Traktować kogoś jako gościa, jak dziecko, jak smarkacza (*nie*: za gościa, za dziecko, za smarkacza). Traktowała obecne zajęcie jako (*nie*: za) zło konieczne. Traktował swój egzamin jako (*nie*: za) ostatnią próbę. □ T. kogo, co (w jakiś sposób): Traktować kogoś, coś dobrze, źle, surowo, po koleżeńsku. Należy tę propozycję traktować poważnie, serio a. na serio. Traktować kogoś po macoszemu. △ Traktować kogoś z góry «lekceważyć» △ Traktować coś pod kątem widzenia czegoś (*nie*: w płaszczyźnie czegoś). △ Traktować (*lepiej*: oceniać) coś bezkrytycznie. 2. w zn. «prowadzić układy» □ *wych. z użycia* T. z kim — o co: Traktować z właścicielem o dzierżawę, o kupno domu. 3. *książk.* w zn. «poruszać jakiś temat; omawiać, opisywać» □ T. o czym: Książka traktuje o rolnictwie. 4. *środ.* w zn. «działać na jakąś substancję inną substancją chemiczną» □ T. czym: Traktować roztwór kwasem solnym. 5. *przestarz.* w zn. «częstować, ugaszczać» □ T. kogo — czym. // *KP Pras.*

! **tralejbus** p. trolejbus.

tramp *m IV* 1. *lm M.* ci trampowie a. te trampy «obieżyświat, włóczęga, wędrowiec» 2. *D.* trampa (*nie*: trampu), *lm M.* te trampy «statek towarowy żeglugi nieregularnej»: Trampy handlowe.

trampka *ż III*, *lm D.* trampek, zwykle w *lm*.

tramwaj (*nie*: tranwaj) *m I*, *D.* tramwaju, *lm D.* tramwajów. // *D Kult. I, 721.*

tramwajarz *m II*, *lm D.* tramwajarzy.

trans- «pierwszy człon wyrazów złożonych, pisany łącznie, oznaczający: przez-, poprzez-; poza-, za-», np.: transalpejski, transpolarny, transatlantycki, transatlantyk.

transakcja (*wym.* tranzakcja) *ż I*, *DCMs.* i *lm D.* transakcji «zawarcie umowy; układ, porozumienie»: Przeprowadzić transakcję. Zawrzeć transakcję z przedsiębiorstwem. Dokonać transakcji.

transkrybować *ndk IV*, transkrybowaliśmy (p. akcent § 1a i 2) — **przetranskrybować** *dk*: Transkrybować tekst rosyjski.

transkrypcja *ż I*, *DCMs.* i *lm D.* transkrypcji «system pisowni opartej na zasadzie ścisłej odpowiedniości głosek i liter (jedna głoska — jedna litera); pisownia fonetyczna»

transliteracja *ż I*, *DCMs.* transliteracji, *blm* «przepisywanie tekstów utrwalonych literami jednego alfabetu za pomocą innego alfabetu na zasadzie ścisłej odpowiedniości literowej wyrazów obu tekstów» // *D Kult. I, 821.*

transmisja *ż I*, *DCMs.* i *lm D.* transmisji: Słuchać transmisji, oglądać transmisję. □ T. (radiowa, telewizyjna) czego «nadawanie audycji lub wizji i fonii spoza studia»: Transmisja meczu, koncertu. □ T. skąd «nadawanie audycji lub wizji i fonii ze studia (danego miasta)»: Transmisja z Łodzi, z Krakowa.

transponować *ndk*, *rzad. dk IV*, transponowaliśmy (p. akcent § 1a i 2) *książk.* **a)** «przekładać, tłumaczyć z jednego języka na inny»: Transponować tekst z polskiego na angielski. **b)** «przenosić z jednej dziedziny do innej, przystosować do czegoś»: Pedagogika transponowała na język dydaktyki podstawowe zasady teorii poznania. **c)** «dokonywać transpozycji utworu muzycznego»: Transponować nuty na inne tonacje. △ *niepoprawne* w zn. «przesyłać, przekazywać, transmitować», np. Transponować (*zamiast*: transmitować) słuchowisko.

transport *m IV, D.* transportu, *lm M.* transporty **1.** «przewóz; środki przewozowe»: Transport kolejowy, morski, powietrzny. **2.** «transportowane osoby lub towary»: Transport wojska, więźniów. Transport owoców cytrusowych. Transport broni, benzyny. △ *wych. z użycia*: Odesłać, odstawić kogoś dokąd transportem.

transporter *m IV, D.* transportera; in. przenośnik w zn. «urządzenie mechaniczne służące do przenoszenia materiałów, najczęściej sypkich, w sposób ciągły»

transportowiec *m II, D.* transportowca **1.** *lm M.* transportowcy «osoba zatrudniona przy transporcie»: Był transportowcem, przewoził towary z hurtowni do sklepów. **2.** *lm M.* transportowce «samolot lub statek służące do transportowania wojska i sprzętu wojennego; także: statek przewożący towary»: Na lotnisku wylądował duży transportowiec. Transportowce ze zbożem zawinęły do portu.

Transwal *m I, D.* Transwalu «prowincja w Republice Południowej Afryki» — transwalski.

Transylwania (*wym.* Transylwańja) *ż I, DCMs.* Transylwanii «kraina historyczna w środkowej Rumunii; Siedmiogród» — transylwański (p.).

transylwański: Szczyty transylwańskie (*ale*: Alpy Transylwańskie «Karpaty Południowe»).

! tranzakcja p. transakcja.

tranzystor *m IV* **1.** «przyrząd półprzewodnikowy pełniący rolę pewnego rodzaju lampy elektronowej»: Radioodbiornik na tranzystorach. **2.** *pot.* «odbiornik (radiowy) tranzystorowy»

tranzyt *m IV, D.* tranzytu: Korzystać z tranzytu. Udzielić tranzytu. △ Jechać tranzytem «odbywać podróż z jednego państwa do drugiego przez terytorium trzeciego bez zatrzymywania się»

traper *m IV, lm M.* traperzy, *rzad.* traperowie.

trapić *ndk VIa*, trapiliśmy (p. akcent § 1a i 2) — **strapić** *dk wych. z użycia* «dawać się we znaki; niepokoić; martwić, nękać, gnębić»: Trapił ją niepokój. □ T. kogo (czym): Trapił nas swoją chorobą. **trapić się** «niepokoić się, martwić się»: Nie trap się, wszystko będzie dobrze. □ T. się o kogo, o co: Trapi się o syna. Trapiła się o swój los. □ T. się, że: Trapili się, że nie wyzdrowieje.

Trapszo *m odm. jak ż II, lm M.* Trapszowie, *DB.* Trapszów.
Trapszo *ż ndm* — Trapszowa *ż odm. jak przym.* — Trapszówna *ż IV, D.* Trapszówny, *CMs.* Trapszównie (*nie*: Trapszównej), *lm D.* Trapszówien.

trasa *ż IV*: Kursować (na wszystkich) trasach (o tramwajach, autobusach itp.). Mieć ustaloną trasę. Przebyć trasę, przejechać jakąś trasę. Trasa biegu, lotu, wyścigu, wycieczki.

trasant *m IV, lm M.* trasanci «wystawca weksla trasowanego»

trasat *m IV, lm M.* trasaci «osoba zobowiązana do zapłacenia sumy określonej w wekslu trasowanym»

trasernia *ż I, DCMs.* traserni, *lm D.* traserni, *rzad.* traserń.

tratwa (*nie*: tratew) *ż IV, lm D.* tratw a. tratew.

Traugutt (*wym.* Trau-gut) *m IV, D.* Traugutta (*wym.* Trauguta, p. akcent § 7), *Ms.* Traugucie, *lm M.* Trauguttowie.
Traugutt *ż ndm* — Trauguttowa *ż odm. jak przym.* — Trauguttówna *ż IV, D.* Trauguttówny, *CMs.* Trauguttównie (*nie*: Trauguttównej), *lm D.* Trauguttówien.

trawa *ż IV*: Soczysta, gęsta trawa. Trawy jednoroczne, wieloletnie. △ *pot.* Wiedzieć, co w trawie piszczy; słyszeć, jak trawa rośnie «orientować się w sytuacji, domyślać się czegoś»

trawić *ndk VIa*, trawiliśmy (p. akcent § 1a i 2) — **strawić** *dk* □ T. bez dop. «przyswajać substancje pokarmowe, przetrawiać»: Żołądek dobrze trawi. Trawić jak struś. □ T. co: Trawić obiad. Źle coś trawić. □ T. kogo, co (czym) «przenikać na wskroś, do głębi, niszczyć; nurtować, dokuczać»: Pożar trawi zabudowania. Trawiona chorobą opadała z sił. Trawił go ciekawość. Trawiony tęsknotą wrócił do kraju. □ T. co (zwykle w odniesieniu do czasu) **a)** na czym (gdy się wymienia czynność, na którą się zużywa czas): Trawić czas na rozmyślaniach. Trawić dnie i noce na pisaniu. Trawiła lata na poszukiwaniu syna zaginionego w czasie wojny. **b)** nad czym (gdy się wymienia jakiś przedmiot, któremu się poświęca czas): Całe godziny trawił nad mapami. Trawił noce nad kartami. △ *książk.* Trawić życie np. w smutku.

trawler (*wym.* trau-ler) *m IV*: Pływał na trawlerze.

trąba *m IV*: Dąć w trąbę. Zadąć na trąbie. △ *posp.* Puścić kogoś, *rzad.* coś w trąbę «porzucić»: Puściła w trąbę narzeczonego. △ Trąby jerychońskie «według Biblii: trąby, przy których dźwięku zostały zburzone mury Jerycha, *przen.* silny, głośny dźwięk» △ *pot. lekcew.* «o kimś niezaradnym»: Ależ z niego trąba.

trąbić *ndk VIa*, trąbiliśmy (p. akcent § 1a i 2) **1.** w zn. «dąć w trąbę; grać na trąbce» □ T. bez dop.: Dozorca trąbił przed zamknięciem parku. Trąbiono do odwrotu. □ T. co: Trąbić hejnał, pobudkę. △ *pot.* Trąbić coś komuś w uszy «powtarzać coś wielokrotnie (zwykle głośno)» **2.** *pot.* w zn. «rozpowiadać na wszystkie strony; rozgłaszać» □ T. o kim, o czym: Trąbić o swoich zaletach, zasługach. Trąbiono o niej w całym miasteczku. □ *rzad.* T. co (plotki, wiadomości, wieści): Trąbili te wiadomości, gdzie się dało. **3.** *posp.* w zn. «pić w dużych ilościach, zwłaszcza napoje alkoholowe»: Trąbić piwo, wino.

trącać *ndk I*, trącaliśmy (p. akcent § 1a i 2) — **trącić** *dk VIa*, trąciliśmy **1.** «lekko uderzać; dotykać, potrącać» □ T. kogo, co — (czym, w co): Trącał pasażerów łokciami. Trącił śpiącego w bok. Trącała struny harfy. **2.** tylko: trącić (w funkcji *ndk*) «wydzielać niemiłą woń, zalatywać; *przen.* zawierać elementy czegoś; odznaczać się czymś w pewnym stopniu» □ T. czym: Wino trąciło pleśnią. △ *przen.* Dowcip jej trącił cynizmem. △ Trącić myszką «być przestarzałym, staroświeckim»: Poglądy jej trącą myszką.

trądzik *m III, D.* trądzika a. trądziku.

trecento (*wym.* treczento) *n ndm* a. *n III, Ms.* trecencie, *blm* «sztuka włoska XIV wieku»: Trecento reprezentowane było na wystawie przez wiele wybitnych dzieł.

trefl *m I, DB.* trefla, *lm D.* trefli: Grać, wychodzić w treflе. Przebić, zabić treflem. Mieć sześć trefli. Licytuję cztery trefle. As trefl a. treflowy.

trejkotać p. trajkotać.

trel *m I, D.* trelu, *lm D.* treli a. trelów **1.** *rzad.* p. tryl (w zn. 1). **2.** (zwykle w *lm*) *poet.* «śpiew (*żart.* w odniesieniu do śpiewu ludzkiego)»: Trele słowicze. Wywodzić, wyśpiewywać trele. △ *pot.* Trele-morele «coś błahego, niepoważnego, nonsens, głupstwo»

Trelleborg (*wym.* Treleborg) *m III, D.* Trelleborga (p. akcent § 7) «miasto w Szwecji» — trelleborski.

trema *ż IV, blm*: Dostać tremy. Mieć, odczuwać tremę. □ T. przed czym: Trema przed występem, przemówieniem.

Trembowla *ż I, DCMs.* Trembowli «miasto w ZSRR» — trembowelski.

tremo *n III, rzad. ndm wych. z użycia* «wysokie stojące lustro w ramach»

tremolando a. **tremolo** *n III* a. *ndm.*

Trenczyn *m IV, D.* Trenczyna «miasto w Czechosłowacji» — trenczyński.

trend *m IV, D.* trendu, *środ.*; w języku ogólnym *lepiej*: tendencja, prąd, kierunek.

trenować *ndk IV,* trenowaliśmy (p. akcent § 1a i 2) **1.** «o trenerach: wyrabiać w sportowcach sprawność w danej dyscyplinie sportu»: Trenować bokserów, pływaków. **2.** «o sportowcach: ćwiczyć systematycznie, przygotowywać się do zawodów» □ T. bez dop.: Trenować na bieżni. □ T. co: Trenować biegi, rzut oszczepem.
trenować się to samo co: trenować w zn. 2: Trenować się na stadionie. Trenowali się gorliwie. □ *rzad.* T. się w czym: Trenował się w biegach, w skokach w dal. // D Kult. I, 41.

trep *m IV, D.* trepa, *lm D.* trepów (*nie:* trep), zwykle w *lm.*

treściwy *st. w.* treściwszy a. bardziej treściwy **1.** «o wypowiedzi (pisemnej lub ustnej): pełen treści, zwięzły, lakoniczny; *rzad.* wysławiający się zwięźle»: Treściwa wypowiedź. Treściwe opowiadanie. Był treściwy w mowie i w piśmie. **2.** «o pożywieniu, paszy: zawierający dużo łatwo przyswajalnych składników pokarmowych»: Treściwe pożywienie. Treściwa pasza, *ale*: Pasze treściwe (jako termin).

trębacz *m II, lm D.* trębaczy, *rzad.* trębaczów.

tręzla (*nie:* trędzla) *ż I, DCMs.* i *lm D.* tręzli.

trick, trickowy p. trik, trikowy.

Triest (*wym.* Trijest a. Tryjest) *m IV, D.* Triestu «miasto we Włoszech» — triesteńczyk *m III, lm M.* triesteńczycy — triestenka *ż III, lm D.* triestenek — triesteński (p.).

triesteński: Przemysł triesteński (*ale*: Zatoka Triesteńska).

Trietjakow (*wym.* Trietjakow) *m IV, D.* Trietjakowa (p. akcent § 7): Utwory literackie Trietjakowa.

trik *m III, D.* triku «chwyt, sztuczka; wybieg, podstęp»: Stosować triki.

trikowy: Zdjęcia trikowe.

trio (*wym.* trijo a. tryjo) *n I, lm D.* triów: Trio fortepianowe. Chciał posłuchać tria na dwoje skrzypiec.

triolet (*wym.* trijolet a. tryjolet) *m IV, D.* trioletu.

triumf p. tryumf.

triumfalny p. tryumfalny.

triumfator p. tryumfator.

triumfować p. tryumfować.

triumwirat (*wym.* tri(j)umwirat a. try(j)umwirat) *m IV, D.* triumwiratu.

Troc p. Trotz.

trocha *ż III przestarz.* «niewielka ilość; odrobina»: Obdarowali córkę trochą mebli. *Por.* trochę.

trochej *m I, lm D.* trochejów a. trochei.

trochę (*nie:* trochu) «niedużo, mało; niedostatecznie, nie bardzo; niedługo, krótką chwilę»: Zebrało się trochę ludzi. Mieć trochę pieniędzy. Mówić trochę po angielsku. Poczekać trochę. △ Ani trochę «ani odrobinę; wcale, zupełnie»: Nie zmęczyłem się ani trochę. △ *pot.* Do diabła i trochę «bardzo dużo»: Mam kłopotów do diabła i trochę. // U Pol. (2), 237. *Por.* trocha.

trocki przym. od Troki: Zamek trocki (*ale*: Jezioro Trockie).

trockizm *m IV, D.* trockizmu, *Ms.* trockizmie (*wym.* ~izmie, a. ~iźmie), *blm.*

troć *ż V* (*nie:* ten troć), *D.* troci: Połów troci.

trofeum *n VI, lm M.* trofea, *D.* trofeów (*nie:* trofei), zwykle w *lm książk.* «zdobycz wojenna, łup»

troglodyta (*nie:* troglodyt) *m odm. jak ż IV, lm M.* troglodyci, *DB.* troglodytów *wych. z użycia* «jaskiniowiec»

troić się *ndk VIa,* tylko w 3. os. *lp* i *lm,* troiłby się (p. akcent § 4c) △ używane zwykle w połączeniu: Troi się komuś (w oczach) «ktoś widzi coś niewyraźnie, potrójnie» △ *pot.* Dwoić się i troić «starać się wszędzie być, uwijać się» △ *pot.* Coś się (komuś) troi w głowie (*nie*: po głowie) «ktoś coś sobie wyobraża, roi, ktoś sobie coś ubrdał»

troisty *przestarz.* a) «złożony z trzech części, potrójny» b) p. trojaki.

Troja *ż I, DCMs.* Troi «w starożytności: miasto — państwo w Azji Mniejszej» — Trojanin *m V, D.* Trojanina, *lm M.* Trojanie, *D.* Trojan; a. Trojańczyk *m III, lm M.* Trojańczycy — Trojanka *ż III, lm D.* Trojanek — trojański.

trojak *m III* **1.** *B. = D.* w zn. «śląski taniec ludowy»: Tańczyć trojaka. **2.** tylko w *lm* w zn. «trzy garnuszki połączone wspólnym uchwytem»

trojaki «będący, dotyczący trzech różnych rodzajów, gatunków; potrójny»: Ten proszek ma trojakie zastosowanie. *Por.* troisty.

troje *D.* trojga, *CMs.* trojgu, *N.* trojgiem «liczebnik zbiorowy odpowiadający liczbie 3, odnoszący się do osób różnej płci, do istot młodych, niedorosłych (których nazwy są zakończone w *lm* na *-eta*) oraz do pewnych przedmiotów, których nazwy występują tylko w *lm*»: Troje ludzi, dzieci, kurcząt, drzwi, sań. Matka z trojgiem dzieci (*nie*: dziećmi). Wsiadano do trojga sań. △ Liczebnik *troje* łączy się z orzeczeniem w *lp*, a w czasie przeszłym w rodzaju nijakim: Troje dzieci jeździło (*nie*: jeździły) na łyżwach. Troje dzieci idzie, szło (*nie*: idą, szły) do szkoły.

trok *m III*, *D.* troku a. troka, zwykle w *lm* «sznurek, tasiemka do wiązania części ubrania; *rzad.* rzemień, pas do przytraczania czegoś»: Troki przy fartuchu. Troki na zwierzynę.

Troki *blp*, *D.* Trok «miasto w ZSRR» — trocki (p.).

trolejbus (*nie*: tralejbus, trojlebus, trojlibus) *m IV*, *D.* trolejbusu (*nie*: trolejbusa).

trombita *ż IV*: Zadąć w trombitę.

tron *m IV*, *D.* tronu: Tron królewski, papieski. Dziedziczność tronu. Następca tronu. Pretendent do tronu. △ Wstąpić na tron, zasiąść na tronie (królewskim), objąć tron. Powołać, wynieść kogoś na tron, osadzić, umieścić na tronie. Zasiadać na tronie. △ Strącić, złożyć, zrzucić kogoś z tronu.

trop *m IV*, *D.* tropu: Świeży, właściwy trop. Trop zajęczy na ziemi, śniegu. △ Być na tropie (czegoś, czyimś). △ Iść, podążać (itp.) w trop, w tropy za kimś, iść czyimś tropem (tropami) «iść, podążać tuż za kimś, tą samą drogą, kierując się jego śladami» △ Iść, chodzić za kimś trop w trop «iść, chodzić za kimś krok w krok, bez przerwy, nie tracąc go z oczu» △ Zbić kogoś z tropu «pozbawić kogoś pewności siebie; zmieszać, stropić»

tropić *ndk VIa*, tropię, tropiliśmy (p. akcent § 1a i 2) □ T. k o g o, co (*nie*: za kim, za czym): Tropić zwierzynę (*nie*: za zwierzyną). Tropić przestępców (*nie*: za przestępcami). △ przen. Tropić błędy językowe (*nie*: za błędami językowymi).

tropik *m III*, *D.* tropiku 1. zwykle w *lm* «zwrotniki (Raka i Koziorożca); strefa położona między zwrotnikami»: Wrócić z tropików. 2. «gatunek cienkiej tkaniny wełnianej»: Suknia z tropiku.

tropikalny «położony między zwrotnikami; właściwy strefie podzwrotnikowej; *rzad.* tropikowy»: Klimat, las tropikalny. Tropikalne słońce. Tropikalny upał. Choroby tropikalne.

tropikowy *rzad.* p. tropikalny: Lasy tropikowe.

troska *ż III*, *lm D.* trosk: Przedmiot troski. Coś napawa kogoś troską. Nie mieć trosk. Przyczyniać komuś trosk. □ T. o k o g o, o co: Troska o byt, o jutro. Troska o powierzone maszyny (*nie*: nad powierzonymi maszynami). Troska o córkę (*nie*: nad córką). △ Coś jest czyjąś troską «coś jest przedmiotem czyichś starań, zabiegów, troszczenia się»: Jego troską były sprawy córki. △ Robić coś w trosce o coś: W trosce o zdrowie pracowników zorganizowano wczasy. △ *niepoprawne* Być w trosce o coś (*zamiast*: troszczyć

się), np. Handel uspołeczniony jest w trosce (*zamiast*: troszczy się) o zaspokojenie potrzeb konsumentów. || *KP Pras.*

troskać się *ndk I*, troskaliśmy się (p. akcent § 1a i 2) *wych. z użycia* «być przejętym troską, myśleć o kimś, o czymś z troską, martwić się» □ T. się o kimś, o czymś z troską, martwić się» □ T. się czym: Troskał się jej zdrowiem. □ T. się o kogo, o co: Nie troskaj się o mnie. Troskała się o ojca.

troskliwość *ż V*, *blm*: Troskliwość synowska, matczyna. Okazywać komuś troskliwość. Zajmować się kimś (z całą) troskliwością. Troskliwość matki. □ T. o kogo, w stosunku do kogo: Troskliwość o dziecko. Troskliwość w stosunku do chorych.

troskliwy *m-os.* troskliwi, *st. w.* troskliwszy: Troskliwy ojciec. Troskliwa opieka. || *D Kult. I, 605*.

troszczyć się *ndk VIb*, troszczyliśmy się (p. akcent § 1a i 2) □ T. się o kogo, o co (*nie*: kim, czym) «przejawiać troskę, dbać o kogoś, o coś; kłopotać się, niepokoić się, martwić się»: Troszczyć się o przyszłość (*nie*: przyszłością) córki. Troszczyć się o chorego (*nie*: chorym). Troszczyć się o gospodarstwo (*nie*: gospodarstwem).

trotuar (*wym.* trotuar; *nie*: trotuar, tretuar) *m IV*, *D.* trotuaru (p. akcent § 7) *wych. z użycia* «chodnik»: Zejść z trotuaru na jezdnię.

Trotz (*wym.* Troc) a. **Troc** *m II*, *D.* Trotza (Troca): Słownik Trotza (Troca).

trój- «pierwszy człon wyrazów złożonych (przymiotników, rzeczowników, przysłówków), wskazujący na to, że to, co jest wymienione w drugiej części złożenia, występuje trzy razy, składa się z trzech jednostek itp.», np.: trójbarwny, trójbarwnie, trójdzielny, trójfazowy, trójnożny, trójząb, trójbieg, trójmiasto.

trójbarwny: Trójbarwna (*nie*: trzybarwna) reprodukcja.

trójca *ż II książk.* «trzy osoby; trójka»: Stanowili nierozłączną trójcę. △ *kult.* Dogmat Trójcy Świętej.

trójka *ż III*, *lm D.* trójek 1. «cyfra oznaczająca trzy; *pot.* tramwaj, pokój, karta do gry itp. oznaczone numerem 3»: Napisać trójkę. Jechać trójką. Mieszkać pod trójką. Wyjść w trójkę. 2. «trzy osoby, przedmioty albo troje zwierząt»: Trójka dziewcząt, koni, samolotów. △ We trójkę, w trójkę «we troje, w trzy osoby»: Pracowali we trójkę. Zasiąść do stołu w trójkę. 3. «ocena szkolna — dostatecznie»: Uczyć się na trójki. □ T. z czego: Trójka z matematyki, z wypracowania. 4. *rzad.* «zaprzęg trójkonny»: Trójka pocztowa. Jechać trójką.

trójmiasto *n III*, *Ms.* trójmieście, *blm* 1. «jakikolwiek zespół trzech miast»: W trójmieście panuje ożywiony ruch. 2. Trójmiasto «zespół miast: Gdańsk, Sopot, Gdynia»

trójnasób tylko w wyrażeniu *książk.*: W trójnasób «trzykrotnie, potrójnie; trzy razy tyle»: Pomnożyć, powiększyć w trójnasób swój majątek.

trójnóg *m III*, *D.* trójnoga, *rzad.* trójnogu.

trójskibowy (*nie*: trzyskibowy): Pług trójskibowy.

! trójstopniowy p. trzystopniowy.

trójząb *m IV, D.* trójzębu (*nie*: trójzęba).

trubadur *m IV, lm M.* trubadurzy, *rzad.* trubadurowie.

Trubieckoj (*wym.* Trubieckoj) *m* odm. jak *przym.*, *D.* Trubieckiego (p. akcent § 7): Szkoła fonologiczna Trubieckiego.

Trubny *m* odm. jak przym., *lm M.* Trubni, *rzad.* Trubnowie.
Trubny *ż ndm, rzad.* Trubna *ż* odm. jak przym. // *PJ 6, 1967.*

truchcik *m III, D.* truchcika a. truchciku, *B.* truchcik, *rzad.* truchcika: Biec, iść, jechać drobnym, lekkim truchcikiem. Konie przeszły z kłusa w truchcik (truchcika).

trucht *m IV, D.* truchtu, *B.* trucht, *rzad.* truchta: Konie szły, biegły truchtem. Konie biegły lekkiego truchta. △ *żart.* Biec, pobiec świńskim truchtem «biec, pobiec drobnymi kroczkami»

trucizna *ż IV, CMs.* truciźnie: Trucizna na muchy, na szczury. Przyrządzić, dać, podać komuś truciznę. Zażyć truciznę a. trucizny. Zaprawić coś trucizną.

truć *ndk Xa,* truję, truj, tru**l**iśmy (p. akcent § 1a i 2), truty: Leki, grzyby trujące. Dawki trujące leku. □ T. kogo, co (czym): Truć ludzi cyklonem. Truć szczury trutkami, zatrutą pszenicą. △ *przen.* «niepokoić, trapić, dręczyć»: Truć kogoś wymówkami, gderaniem.
truć się □ T. się czym: Truć się arszenikiem, weronalem. △ *przen.* Truć się smutnymi wspomnieniami.

trud *m IV, D.* trudu «ciężka praca, wielki wysiłek»: Nadludzki, daremny, próżny trud. Trud nad a. ponad siły. Trudy wojenne. Coś wymaga niemało, wiele trudu. Być wytrzymałym na trudy. Osiągnąć, zdobyć coś z trudem. Koncepcja wypracowana z wielkim trudem, w wielkim trudzie. Robić coś bez trudu. Ponieść trud, ponosić trudy. Zadać sobie wiele trudu a. zadać sobie trud czegoś. Znosić trudy np. podróży. Nie szczędzić, nie żałować trudu, trudów. Wypoczywać po trudach. // *U Pol. (2), 330.*

trudnić się *ndk VIa,* trudnij się, trudniliśmy się (p. akcent § 1a i 2) *książk.* «zajmować się czymś zawodowo (używane zwłaszcza w odniesieniu do pracy fizycznej)»: Trudnić się rolnictwem, rzemiosłem.

trudno *st. w.* trudniej: Trudno było żyć. Nauka szła mu trudno. Coś trudno przychodzi. Trudno czytelny. Trudno strawny. △ Trudno (jest) komuś «ktoś jest w ciężkich warunkach» △ Trudno (jest) o coś, o kogoś «ciężko jest zdobyć, znaleźć coś, kogoś» △ Trudno..., żeby «nie można wymagać, żeby...» △ *pot.* Trudno (i darmo) «inaczej nie może być, nie ma o czym mówić» △ Z cząstką *by* pisze się osobno: Trudno by było to zrobić. □ T. (jest, było) «w połączeniu z bezokol. oznacza, że czynność określona w bezokol. wymaga trudu, przezwyciężenia się»: Trudno było odejść bez pożegnania.

trudność *ż V*: Istotna, poważna, pozorna, wielka trudność. Trudności aprowizacyjne, komunikacyjne, techniczne. Trudność polega na czymś. Stwarzać, robić (*nie*: stawiać), przezwyciężać trudności. Sprawiać trudność. □ (zwykle w *lm*) T. w czym: Chory ma

trudności w oddychaniu, w chodzeniu, w pisaniu. □ (zwykle w *lm*) T. z kim, czym: Trudności ze znalezieniem pracy. Trudności z ludźmi, z robotnikami. □ T. ze strony (*nie*: od strony) kogo, czego. △ Bez trudności «łatwo» □ Z trudnością «trudno, z trudem» △ Trudność jest, tkwi (*nie*: leży) w czymś.

trudny *m-os.* trudni, *st. w.* trudniejszy: Trudny lot, zjazd. Trudny czas, początek. Trudna praca, nauka, jazda. Trudne zadanie, życie. Człowiek trudny w pożyciu. □ T. dla kogo (*nie*: komu): Zadanie było dla niego trudne. □ T. do czego: Tekst, utwór trudny do zrozumienia. Rana, choroba trudna do leczenia. △ *pot.* Trudny chleb, trudny kawałek chleba «z trudem zdobyte środki utrzymania» △ *pot.* Trudna rada «cóż robić, nie ma rady»

trudzić *ndk VIa,* trudzę, trudź, trudziliśmy (p. akcent § 1a i 2), trudzony *książk.* «męczyć, nużyć, fatygować» □ T. kogo (czym): Potrzebował pomocy, ale nie chciał nikogo trudzić swoimi prośbami.

truizm *m IV, D.* truizmu, *Ms.* truizmie (*wym.* ~izmie a. ~iźmie): W referacie nie było nic nowego, same truizmy. // *D Kult. II, 274.*

Trujillo (*wym.* Truchiljo) *n ndm* «miasto i stan w Wenezueli; miasto w Peru»: Trujillo peruwiańskie było częściowo zniszczone wskutek trzęsienia ziemi.

trumienny (*nie*: trumniany): Wieko trumienne.

trumna *ż IV, lm D.* trumien: Trumna drewniana, metalowa. Wieko trumny. Kłaść kogoś do trumny. Leżeć, spoczywać w trumnie. Iść, postępować za trumną. △ Wygląda jakby z trumny wstał, jakby go miano położyć do trumny «wygląda bardzo źle, mizernie» // *D Kult. II, 216.*

trunek *m III, D.* trunku, *lm M.* trunki: Mocny, szlachetny trunek.

trup *m IV, DB.* trupa, *lm M.* trupy, *B.* trupy, *rzad.* trupów: Trup ludzki, zwierzęcy. Krwawy, siny trup. Blady, zimny jak trup. Podobny do trupa. △ Położyć trupem «zabić» △ Paść trupem «umrzeć» △ *pot.* Iść po trupach «zmierzać do celu nie przebierając w środkach» // *D Kult. II, 274.*

trupa *ż IV wych. z* użycia «grupa artystów teatralnych lub cyrkowych występujących w jednym teatrze lub cyrku»: Trupa wędrowna.

trupiarnia *ż I, lm D.* trupiarni, *rzad.* trupiarń (*częściej*: kostnica): Wynieść ciało do trupiarni (*nie*: na trupiarnię).

trusia *ż a. m* odm. jak *ż I, M.* ten a. ta trusia (także o mężczyznach), *W.* trusiu, *lm M.* te trusie, *D.* trusiów (tylko o mężczyznach) a. truś, *B.* tych trusiów (tylko o mężczyznach) a. te trusie: Całe życie być trusią, udawać trusię. △ *reg.* Boża trusia «biedronka»

trust (*wym.* trust a. trast, *nie*: trest) *m IV, D.* trustu, *Ms.* truście: Trust bankowy, kopalniany, tekstylny itp. // *D Kult. I, 771, 782; U Pol. (2), 478.*

truteń (*nie*: trucień) *m I, D.* trutnia, *lm M.* trutnie, *D.* trutni a. trutniów.

truwer *m IV, lm M.* truwerzy, *rzad.* truwerowie.

trwać *ndk I,* trwaliśmy (p. akcent § 1a i 2): Trwać chwilę, długo, krótko, wiecznie, bez końca,

trwały

bez przerwy, całe życie. Trwać w bezruchu a. trwać bez ruchu. Trwać na posterunku, na stanowisku. □ T. w czym: Trwać w postanowieniu, w milczeniu, w uporze. □ T. przy czym: Trwać przy swoim zdaniu. □ T. przy kim: Trwać przy przyjacielu.

trwały *st. w.* trwalszy: Trwały materiał, kolor. Trwałe obuwie. Trwała miłość, przyjaźń. □ T. w czym: Trwały w postanowieniach, w uczuciach. △ *niepoprawne* w zn. «wytrzymały», np. Trwały (*zamiast*: wytrzymały) na wiatr, na działanie promieni.

trwoga *ż III, blm*: Nieopisana, śmiertelna trwoga. Dreszcz, okrzyk trwogi. Trwoga ogarnia, opanowuje, przepełnia, *wych. z użycia* zdejmuje kogoś. Przejmować, przepełniać kogoś trwogą. Budzić, wywoływać trwogę. Drżeć, zamierać z trwogi (*nie*: od trwogi). □ T. o kogo, o co: Trwoga o syna, o przyszłość. □ T. przed kim, czym: Trwoga przed napastnikami, przed napadem, przed pogonią. △ Bić w dzwony, w bębny, strzelać itp. na trwogę «alarmować dzwonieniem, bębnieniem, strzelaniem itp.»

trwonić *ndk VIa*, trwonimy, trwoniliśmy (p. akcent § 1a i 2) — **strwonić** *dk*: Trwonić czas, majątek, pieniądze. Trwonić siły, zdolności, zdrowie.

trwożliwy *m-os.* trwożliwi, *st. w.* trwożliwszy, nieco *książk.* «bojaźliwy, lękliwy; wyrażający trwogę, wywołany nią; niespokojny»: Trwożliwy chłopak. Trwożliwe sarny. Trwożliwe oczy, spojrzenie. Trwożliwe myśli, przeczucia. // D Kult. II, 347.

trwożny *m-os.* trwożni, *st. w.* trwożniejszy a. bardziej trwożny *książk.* «pełen trwogi; zatrwożony, wywołany trwogą» // D Kult. II, 347.

trwożyć *ndk VIb*, trwożymy, trwóż, trwożyliśmy (p. akcent § 1a i 2) *książk.* «przejmować trwogą, wywoływać trwogę, niepokój» □ T. kogo — czym: Trwożyć ludzi ponurymi przepowiedniami. **trwożyć się** □ T. się o kogo, o co «troszcząc się być niespokojnym, bać się o kogoś, o coś»: Trwożyć się o chorego, o swój los. □ T. się czym «przerażać się»: Trwożyć się złym stanem zdrowia ojca.

tryb *m IV, D*. trybu, w zn. «ustalony porządek, metoda postępowania; sposób, system»: Tryb wyborów, postępowania. Ustalony, osiadły, koczowniczy tryb życia. Sprawa sądowa w trybie zwykłym, przyspieszonym, doraźnym. △ *jęz.* Tryb orzekający a. oznajmujący. Tryb przypuszczający a. warunkowy. Tryb rozkazujący. △ *muz.* Tryb majorowy a. tryb dur.

trybun *m IV, lm M*. trybunowie a. trybuni: Rzymscy trybunowie (trybuni). Trybun ludu a. ludowy. Trybun rewolucji.

trybuna *ż IV*: Przemawiać z trybuny. Wchodzić na trybunę. Zajmować miejsca na trybunach. Trybuny z miejscami do siedzenia a. siedzącymi (*nie*: trybuny siedzące). △ *przen.* Prasa stała się trybuną rewolucji.

trybunał *m IV, D*. trybunału □ T. czego a. do czego (*nie*: dla czego): Międzynarodowy Trybunał Sprawiedliwości. Trybunał spraw a. do spraw (*nie*: dla spraw) prasowych.

trybuszon *m IV, D*. trybuszonu *przestarz.* «korkociąg»

*tryby p. czasownik (punkt III).

trychina (*nie*: trychnina) *ż IV, lm M*. trychiny, *D*. trychin, zwykle w *lm*; in. włosień.

Trydent *m IV, D*. Trydentu «miasto we Włoszech (Trento)»: Renesansowe pałace w Trydencie. — trydencki.

tryjer *m IV, D*. tryjera «maszyna do czyszczenia ziarna»

tryk *m III, D*. tryka «baran rozpłodowy»

trykot *m IV, D*. trykotu 1. «tkanina dziana sposobem pończoszniczym»: Trykot bawełniany, wełniany, jedwabny. Bluzka, bielizna z trykotu. 2. (zwykle w *lm*) *wych. z użycia* «odzież z takiego materiału, zwłaszcza obcisły kostium gimnastyczny, kąpielowy, baletowy itp.»: Trykoty gimnastyczne, kąpielowe.

trykotaż *m II, D*. trykotażu, *lm M*. trykotaże, *D*. trykotaży, zwykle w *lm* «odzież, wyroby z trykotu»: Fabryka trykotaży.

tryl *m I, D*. trylu, *lm D*. tryli a. trylów 1. «ozdobnik muzyczny» 2. p. trel (w zn. 2).

trylogia *ż I, DCMs.* i *lm D*. trylogii «trzy połączone tematycznie utwory literackie lub muzyczne»: Bohaterowie trylogii Żeromskiego.

Trynidad (*wym.* Trynidad) *m IV, D*. Trynidadu (p. akcent § 7) a. (w połączeniu z wyrazami: państwo, wyspa) *ndm* «państwo w Ameryce Południowej; wyspa, na której jest ono położone»: Językiem urzędowym w Trynidadzie jest język angielski. Spędzić urlop na Trynidadzie (na wyspie Trynidad).

tryper *m IV, DB*. trypra; in. rzeżączka.

Trypolis *m IV, D*. Trypolisu 1. «miasto w Libanie i w Libii» 2. a. Trypolitania «jednostka administracyjna w Libii»: Mieszkać w Trypolisie. Jechać do Trypolisu.

Trypolitania (*wym.* Trypolitańja) *ż I, DCMs.* Trypolitanii (p. Trypolis w zn. 2). — Trypolitańczyk *m III, lm M*. Trypolitańczycy — Trypolitanka *ż III, lm D*. Trypolitanek — trypolitański.

tryskać *ndk I*, tryskałby (p. akcent § 4c) — **trysnąć** *dk Va*, tryśnie, tryśnij, trysnął (*wym.* trysnoł; *nie*: trysł), trysnęła (*wym.* trysnęła), *rzad.* trysła, trysnąłby (*wym.* trysnołby) «o płynach: wydostawać się, wypływać gwałtownie, z siłą; wyrzucać z siebie jakiś płyn»: Fontanna tryska. □ T. z czego: Wino trysnęło z beczki. Krew tryska z rany. Łzy trysnęły komuś z oczu. □ T. czym: Rynna trysnęła wodą. △ Tryskać zdrowiem «być bardzo zdrowym» △ Tryskać energią «wykazywać wielką energię w działaniu»

tryton *m IV* 1. in. traszka. 2. Tryton «w mitologii greckiej: bożek morski» 3. tryton «posąg takiego bożka (zdobiący często fontanny)»

tryumf a. **triumf** (*wym.* try(j)umf a. tri(j)umf) *m IV, D*. tryumfu (triumfu): Odnieść tryumf. Cieszyć się z czyjegoś tryumfu. △ *przen.* Tryumf dobra nad złem. △ Święcić tryumfy a. tryumf «odnosić sukcesy a. sukces, cieszyć się powodzeniem»

tryumfalny a. **triumfalny** (*wym.* try(j)umfalny, tri(j)umfalny): Tryumfalny pochód, okrzyk; marsz tryumfalny, brama tryumfalna.

tryumfator a. **triumfator** (*wym.* try(j)umfator, tri(j)umfator) *m IV, lm M.* tryumfatorzy (triumfatorzy).

tryumfować a. **triumfować** (*wym.* try(j)umfować, tri(j)umfować) *ndk IV,* tryumfowaliśmy, triumfowaliśmy (p. akcent § 1a i 2) — **zatryumfować, zatriumfować** *dk*: Na bieżni tryumfowali (triumfowali) zawodnicy AZS-u. Tryumfujący (triumfujący) wzrok, tryumfująca (triumfująca) mina itp. □ T. nad kim, nad czym: Prawda zatryumfuje nad fałszem.

trywialny «ordynarny, nieprzyzwoity»: Trywialne wyrażenie. Trywialny gust. △ *niepoprawne* w zn. «nieodkrywczy, oczywisty; banalny (jako ocena intelektualna)», np.: Teza tej pracy jest trywialna (*zamiast:* banalna). Tego twierdzenia nie warto uzasadniać, ponieważ jest trywialne (*zamiast:* oczywiste).

trz △ Na początku wyrazu przed spółgłoską grupę tę wymawia się zwykle jako *cz*, rzadziej jako *tsz* (z t przedniojęzykowo-dziąsłowym) a. *czsz*, np.: trzmiel (*wym.* czmiel, tszmiel a. czszmiel), trznadel (*wym.* cznadel, tsznadel a. czsznadel). △ Na początku wyrazu przed samogłoską oraz w środku i zazwyczaj na końcu wyrazu należy ją wymawiać jako *tsz* a. *czsz* (*nie:* cz), np.: trzeba (*wym.* tszeba a. czszeba, *nie:* czeba); wietrzny (*wym.* wietszny a. wieczszny, *nie:* wieczny); przewietrz (*wym.* przewietsz a. przewieczsz, *nie:* przewiecz); wymowa typu: *tszeba, wietszny, przewietsz* jest uważana za staranniejszą. △ Na początku wyrazu nie pisze się nigdy *tsz*, w środku wyrazu rzadko, np. krótszy.

trza (*wym.* tsza a. czsza, *nie:* cza) *pot.* (z zabarwieniem ludowym), często *żart.* «trzeba»: Trza iść, powiedzieć, zrobić. Na to trza pieniędzy.

trzask (*wym.* tszask a. czszask, *nie:* czask) *m III, D.* trzasku: Głuchy, suchy trzask. Trzask łamanych gałęzi, płonącego ogniska, wystrzału. Trzaski w głośniku, w aparacie. △ *pot.* Z trzaskiem «robiąc hałas; nadając czemuś rozgłos»: Wynieść się skądś, wylecieć z pracy, ze stanowiska z trzaskiem.

trzaska (*wym.* tszaska a. czszaska, *nie:* czaska) *ż III, lm D.* trzask a. trzasek, często w *lm* «cienkie kawałki drewna używane zwykle na podpałkę; szczapy»

Trzaska (*wym.* Tszaska a. Czszaska, *nie:* Czaska) *m odm. jak ż III, lm M.* Trzaskowie, *DB.* Trzasków.
Trzaska *ż III, rzad. ndm* — Trzaskowa (*nie:* Trzaszczyna) *ż odm. jak przym.* — Trzaskówna (*nie:* Trzaszczanka) *ż IV, D.* Trzaskówny, *CMs.* Trzaskównie (*nie:* Trzaskównej), *lm D.* Trzaskówien. // *U Pol.* (*1*), 29.

trzaskać (*wym.* tszaskać a. czszaskać, *nie:* czaskać) *ndk I,* trzaskaliśmy (p. akcent § 1a i 2) — **trzasnąć** (*wym.* tszasnąć a. czszasnąć, *nie:* czasnąć) *dk Va,* trzaśnie, trzaśnij, trzasnąłem (*wym.* trzasnołem, *nie:* trzasnełem), trzasnął (*wym.* trzasnoł), *pot.* (ekspresywnie) trzasł, trzasnęła (*wym.* trzasneła), trzasnęliśmy (*wym.* trzasneliśmy): Coś trzasnęło, trzaska pod

nogami (np. suche gałęzie). △ Trzaskający mróz «bardzo silny mróz» □ T. czym: Trzaskać drzwiami. Trzaskać batem, biczem a. z bata, z bicza. △ *pot.* Jak z bicza trzasł «bardzo szybko (zwykle o przemijaniu czasu)»: Miesiąc urlopu minął jak z bicza trzasł. □ T. od czego a. z czego: Drzewa trzaskały od mrozu (z mrozu). □ *pot.* T. kogo, co (czym — po czym — w co): Trzasnąć konia batem po grzbiecie. Trzasnął go po ramieniu, w plecy.

trząść (*wym.* tszjąść a. czszjąść, *nie:* cząść) *ndk XI,* trzęsę, trzęsie, trzasą a. trzęś; trzęsący, trząsłem (*nie:* trzęsłem), trząsł, trzęsła, trzęśliśmy (p. akcent § 1a i 2), trzęśli, trzęsiony □ T. bez dop. «rzucać, wstrząsać, podrzucać (jadąc nierówno)»: Bryczka, wóz trzęsie. □ T. kim, czym (w niektórych zwrotach także: kogo, co) «powodować drganie, poruszanie się, chwianie»: Trząść głową. Koń trzęsie łbem, grzywą. Wichura trzęsła drzewami. Trząść śpiącym a. śpiącego, żeby się zbudził. △ Trząść jabłka, gruszki itp. z drzew «otrząsać» △ Dreszcze kogoś a. kimś trzęsą, febra, zimno kogoś trzęsie. △ *pot.* Trząść domem, domownikami, całym osiedlem, instytucją itp. «rządzić samowładnie, podporządkowywać sobie»

trząść się □ T. się z czego, od czego: Trząść się z zimna (od zimna). Trząść się od płaczu (z płaczu). △ *Ale* tylko: Trząść się z gniewu, ze strachu. □ *pot.* T. się do czego «bardzo czegoś pragnąć»: Aż się trząsł do podróży, do pieniędzy. □ *pot.* T. się nad kim, czym; o kogo, o co «być przesadnie troskliwym; bać się o kogoś, o coś przesadnie»: Trząść się nad dziećmi, o dzieci. Trząść się nad czyimś zdrowiem, o czyjeś zdrowie. □ T. się na czym, w czym, po czym «jechać niewygodnie, jechać podskakując»: Trząść się w pociągu, na furce, po wybojach. Wozy trzęsły się na kostce. // *D Kult. II, 573.*

Trzcianka (*wym.* Czcianka, *rzad.* Tszcianka a. Czszcianka) *ż III* «miasto i rzeka»: Mieszkać w Trzciance, jechać do Trzcianki. Biwak nad Trzcianką. — trzcianecki.

trzcina (*wym.* czcina, *rzad.* tszcina a. czszcina) *ż IV*: Bujna, wysoka trzcina. Trzcina bambusowa, cukrowa. Wyroby z trzciny. △ Prosty jak trzcina.

trzciniasty (*wym.* czciniasty, *rzad.* tszciniasty a. czszciniasty) «zarośnięty trzciną, pełen trzciny»: Trzciniaste brzegi jeziora.

trzcinowy (*wym.* czcinowy, *rzad.* tszcinowy a. czszcinowy) «zrobiony z trzciny, porosły trzciną»: Maty, wyroby trzcinowe. Pola trzcinowe.

trzeba (*wym.* tszeba a. czszeba, *nie:* czeba) «wyraz używany w połączeniu z wymienionym lub domyślnym *jest, było, będzie* i dopełniaczem lub bezokolicznikiem» a) «powinno się, należy, wypada»: Trzeba myśleć, pracować. Trzeba być uczciwym. Postępować jak trzeba. Trzeba dodać, że... b) «coś jest potrzebne, konieczne, niezbędne; potrzeba» □ T. było, będzie komu — czego — do czego: Trzeba ludziom chleba, pracy do życia. △ Trzeba trafu, nieszczęścia itp., że... «akurat się zdarzyło, że...»

trzeba by *lepiej*: trzeba by było, np. Trzeba by jechać (*lepiej*: trzeba by było jechać). // *D Kult. I, 74, 188; II 348, 565; U Pol.* (*2*), *444, 453.*

Trzebiatów *m IV*, *D*. Trzebiatowa, *C*. Trzebiatowowi (*ale*: ku Trzebiatowowi a. ku Trzebiatowu) «miasto» — trzebiatowianin *m V*, *D*. trzebiatowianina, *lm M*. trzebiatowianie, *D*. trzebiatowian — trzebiatowianka *ż III*, *lm D*. trzebiatowianek — trzebiatowski.

trzebież (*wym*. tszebież a. czszebież, *nie*: czebież) *ż VI*, *D*. trzebieży, *lm M*. trzebieże, *D*. trzebieży *przestarz*. dziś *środ*. a) «wycinanie drzew (w lesie), tępienie zwierzyny»: Trzebież lasu. Trzebież dzików. b) «miejsce po wyciętym lesie»: Na trzebieżach rośnie piękne zboże.

Trzebież *ż VI*, *D*. Trzebieży «miejscowość»: Mieszkać w Trzebieży. Jechać do Trzebieży. — trzebieżanin *m V*, *D*. trzebieżanina, *lm M*. trzebieżanie, *D*. trzebieżan — trzebieżanka *ż III*, *lm D*. trzebieżanek — trzebieski. // *D Kult. II, 531*.

Trzebinia (*wym*. Tszebinia a. Czszebinia, *nie*: Czebinia) *ż I*, *DCMs*. Trzebini «miasto»: Mieszkać w Trzebini. Jechać do Trzebini. — trzebinianin *m V*, *D*. trzebinianina, *lm M*. trzebinianie, *D*. trzebinian — trzebinianka *ż III*, *lm D*. trzebinianek — trzebiński.

Trzebnica (*wym*. Tszebnica a. Czszebnica, *nie*: Czebnica) *ż II* «miasto»: Mieszkać w Trzebnicy. Jechać do Trzebnicy. — trzebniczanin *m V*, *D*. trzebniczanina, *lm M*. trzebniczanie, *D*. trzebniczan — trzebniczanka *ż III*, *lm D*. trzebniczanek — trzebnicki (p.).

trzebnicki (*wym*. tszebnicki a. czszebnicki, *nie*: czebnicki): Szkoły trzebnickie (*ale*: Wzgórza Trzebnickie).

trzech (*wym*. tszech a. czszech, *nie*: czech) p. trzy.

trzechletni p. trzyletni.

trzechpokojowy *niepoprawne* zamiast: trzypokojowy.

trzechsetny (*nie*: trzysetny; *wym*. tszechsetny a. czszechsetny, *nie*: czechsetny): Trzechsetny abonent. Trzechsetna (*nie*: trzechsetletnia) rocznica a. trzechsetlecie.

trzechtysięczny a. **trzytysięczny** (*wym*. tszechtysięczny, tszytysięczny a. czszechtysięczny, czszytysięczny; *nie*: czechtysięczny, czytysięczny): Trzechtysięczny klient, abonent. Trzechtysięczna, trzytysięczna rocznica.

trzeci (*wym*. tszeci a. czszeci, *nie*: czeci) odm. jak przym. 1. «liczebnik porządkowy pisany całym wyrazem a. cyfrą bez końcówki, arabską — z kropką, rzymską — bez kropki; wyjątki od tej zasady dotyczą godzin i dni miesiąca»: Na początku trzeciego wieku a. 3. wieku, a. III wieku. Trzecia rocznica a. 3. rocznica (*nie*: 3-a rocznica, trzyletnia rocznica). Trzeci marca a. trzeciego marca (*nie*: trzeci marzec) — pisane zwykle: 3 marca a. 3.III (*nie*: 3-go marca). 2. «nie zainteresowany w czymś bezpośrednio; inny, obcy, niebezpośredni»: Oddać coś w trzecie ręce. Słyszeć coś z trzecich ust. △ Osoby trzecie, ktoś trzeci «osoby postronne, osoba postronna» **trzecia** rzecz. w użyciu rzeczownikowym «godzina trzecia»: Biła trzecia. Wrócił o trzeciej, przed trzecią. △ Trzecia po południu (w języku urzędowym piętnasta): Spotkamy się o trzeciej po południu (*ale*:

Planowy odjazd pociągu: godzina piętnasta minut dwadzieścia).

trzeciak (*wym*. tszeciak a. czszeciak, *nie*: czeciak) *m III*, *lm M*. te trzeciaki 1. *środ*. *uczn*. «uczeń trzeciej klasy»: Trzeciaki są bardzo niesforne. 2. «w dawnej Polsce: potrójny denar, mała moneta z lichego srebra»

trzecioklasista (*wym*. tszecioklasista a. czszecioklasista, *nie*: czecioklasista) *m odm*. jak *ż IV*, *CMs*. trzecioklasiście, *lm M*. trzecioklasiści, *DB*. trzecioklasistów.

trzecioletni (*nie*: trzecioletny; *wym*. tszecioletni a. czszecioletni; *nie*: czecioletni) *rzad*. «pochodzący z zaprzeszłego roku, sprzed dwu lat»: Miód trzecioletni. Zboże trzecioletnie. △ *niepoprawne* w zn. «będący, przebywający gdzieś trzeci rok, odnoszący się do trzeciego roku», *zamiast*: trzecioroczny. // *D Kult. I, 606*.

trzecioroczny (*wym*. tszecioroczny a. czszecioroczny, *nie*: czecioroczny) «pozostający gdzieś trzeci rok, będący, odbywający się na trzecim roku, przeznaczony na trzeci rok (nauki, studiów)»: Kurs, program trzecioroczny (*nie*: trzecioletni). △ Student trzecioroczny (*nie*: trzecioletni) «student trzeciego roku» △ Uczeń trzecioroczny (*nie*: trzecioletni) «uczeń powtarzający klasę trzeci rok» // *D Kult. I, 606*.

trzeciorzęd (*nie*: trzeciorząd; *wym*. tszeciorzęd a. czszeciorzęd, *nie*: czeciorzęd) *m IV*, *D*. trzeciorzędu, zwykle *blm*.

trzeciorzędny (*wym*. tszeciorzędny a. czszeciorzędny, *nie*: czeciorzędny) «będący pośledniejszego gatunku, podrzędny, marny»: Trzeciorzędny hotel. Trzeciorzędny pisarz. Trzeciorzędna rola.

trzeciorzędowy (*wym*. tszeciorzędowy a. czszeciorzędowy, *nie*: czeciorzędowy) *przym*. od trzeciorzęd: Flora i fauna trzeciorzędowa. △ Okres trzeciorzędowy «trzeciorzęd» // *D Kult. I, 551*.

trzeć (*nie*: trzyć; *wym*. tszeć a. czszeć, *nie*: czeć) *ndk XI*, trę, trze, trą, trzyj, tarł, tarliśmy (p. akcent § 1a i 2), tarty 1. «naciskając przesuwać czymś po czymś, pocierać czymś o coś, szorować po czymś» □ T. o co: Koła tarły o bruk. Kamienie tarły o dno potoku. □ T. co — czym: Trzeć ręką czoło. Trzeć ciało ręcznikiem. 2. «rozdrabniać coś na cząstki, rozgniatać na masę»: Trzeć chrzan. Tarta bułka. □ T. co — na co a) (zamieniając na coś): Trzeć ziarno na mąkę. b) (przeznaczając na coś): Trzeć kartofle na placki. 3. «wyrównywać, wygładzać przez tarcie»: Trzeć obrabianą powierzchnię docierakiem, za pomocą docieraka (*nie*: na docieraku).

trzej, **trzem** p. trzy.

Trzemeszno (*wym*. Tszemeszno a. Czszemeszno, *nie*: Czemeszno) *n III* «miasto»: Mieszkać w Trzemesznie. Jechać do Trzemeszna. — trzemesznianin *m V*, *D*. trzemesznianina, *lm M*. trzemesznianie, *D*. trzemesznian — trzemesznianka *ż III*, *lm D*. trzemesznianek — trzemeszeński.

trzepać (*wym*. tszepać a. czszepać, *nie*: czepać) *ndk IX*, trzepię (*nie*: trzepę), trzepie, trzepaliśmy (p. akcent § 1a i 2) — **trzepnąć** (*wym*. tszepnąć a. czszepnąć, *nie*: czepnąć) *dk Va*, trzepnie, trzepnij, trzepnąłem (*wym.* tszepnołem; *nie*: trzepnełem, trzepłem), trzepnął (*wym.* tszepnoł), trzepnęła (*wym.* tszepneła; *nie*: trzepła), trzepnęliśmy (*wym.* tszepneliśmy; *nie*: trzepliśmy), trzepnięty 1. «uderzać, potrząsać czymś silnie» □ T. czym: Gęsi trzepią skrzydłami. 2. zwykle *ndk* «uderzać w coś, potrząsać czymś w celu oczyszczenia z czegoś» □ T. co (czym): Trzepać koc, dywan trzepaczką, kijem. 3. (zwykle *dk*) *pot.* «zadawać cios, raz; bić» □ T. kogo — w co, po czym: Trzepnąć kogoś w głowę, w kark, po głowie, po karku. 4. (zwykle *ndk*) *pot.* «mówić szybko, często bezmyślnie, bez zastanowienia»: Trzepać wiersz, pacierze. Trzepać po francusku. Trzepać językiem. Trzepać o byle czym.

trzepotać (*nie*: trzepiotać; *wym.* tszepotać a. czszepotać, *nie*: czepotać) *ndk IX*, trzepocze, *przestarz.* trzepoce; trzepocz, trzepotałby (p. akcent § 4c): Trzepotać skrzydłami. Wiatr trzepotał sukienką. Sztandary trzepotały na wietrze.

trzeszczeć (*nie*: trzeszczyć; *wym.* tszeszczeć a. czszeszczeć, *nie*: czeszczeć) *ndk VIIb* (zwykle w 3. os. a. w bezokol.), trzeszczy, trzeszcz, trzeszczał, trzeszczałby (p. akcent § 4c): Deski, schody, suche gałęzie trzeszczą pod nogami. Kiedy przechodzili przez rzekę, lód pod nimi trzeszczał. Wóz aż trzeszczy pod ciężarem. △ *przen.* Głowa a. w głowie komuś (aż) trzeszczy od hałasów, od kłopotów. △ *pot.* Aż trzeszczy w szwach «o czymś (np. o pomieszczeniu) nadmiernie wypełnionym»: Na koncercie sławnego pianisty sala aż trzeszczała w szwach. △ *pot.* Trzeszczeć komuś nad głową, nad uchem «trajkotać, paplać»

trześnia (*wym.* tseśnia a. czsześnia, *nie*: cześnia) *ż I, lm D.* trześni *reg.* «czereśnia»

trzewia (*wym.* tszewia a. czszewia; *nie*: czewia) *blp, D.* trzewi (*nie*: trzewiów); *rzad.* trzewa *blp, D.* trzew *książk.*, często *podn.* «wnętrzności»: Głód szarpał mu trzewia.

trzewik (*wym.* tszewik a. czszewik, *nie*: czewik) *m III wych.* z użycia «sznurowany but z cholewką»

trzewiowy a. trzewny *środ.* (*med.*) przym. od trzewia: Worek trzewiowy. Trzewny układ nerwowy.

trzeźwić (*wym.* tszeźwić a. czszeźwić, *nie*: czeźwić) *ndk VIa*, trzeźwię, trzeźwij, *rzad.* trzeźw; trzeźwiliśmy (p. akcent § 1a i 2), *częściej*: cucić: Trzeźwić rannego, omdlałego wodą. △ *przestarz.* Leki, środki, sole, krople trzeźwiące «leki przywracające omdlałemu przytomność»

trzeźwieć (*wym.* tszeźwieć a. czszeźwieć, *nie*: czeźwieć) *ndk III*, trzeźwiał, trzeźwieli, trzeźwieliśmy (p. akcent § 1a i 2).

trzeźwo (*nie*: trzeźwie; *wym.* tszeźwo a. czszeźwo, *nie*: czeźwo) *st. w.* trzeźwiej a. bardziej trzeźwo △ Na trzeźwo «nie będąc pijanym»: Na trzeźwo był spokojny i rozsądny. △ Trzeźwo myśleć, oceniać coś, patrzeć na życie itp. «myśleć rozsądnie, oceniać rozważnie, rzeczowo»

trzeźwy (*wym.* tszeźwy a. czszeźwy, *nie*: czeźwy) *m-os.* trzeźwi, *st. w.* trzeźwiejszy a. bardziej trzeźwy 1. «nie pijany»: Chociaż wypił sporo wina, był zupełnie trzeźwy. 2. «całkowicie rozbudzony; przytomny»: Ze snu budził się zawsze trzeźwy i wesoły. 3. «kierujący się rozumem, rozsądkiem, trafnie

oceniający rzeczy»: Był człowiekiem trzeźwym, wyrachowanym. Mieć o kimś, o czymś trzeźwy sąd. Patrzeć na kogoś, na coś trzeźwym okiem.
po trzeźwemu «będąc trzeźwym»

trzmiel (*wym.* czmiel, *rzad.* tszmiel a. czszmiel) *m I, lm M.* trzmiele, *D.* trzmieli.

trznadel (*wym.* cznadel, *rzad.* tsznadel a. czsznadel) *m I, D.* trznadla, *lm M.* trznadle, *D.* trznadli.

trzoda (*wym.* tszoda a. czszoda, *nie*: czoda) *ż IV, lm D.* trzód: Trzoda krów, cieląt, wołów. Pędzić trzodę. △ *książk.* Trzoda chlewna, *środ.* trzoda «świnie»

trzon (*wym.* tszon a. czszon, *nie*: czon) *m IV, D.* trzonu: Trzon budowli. Trzon kolumny. △ *przen.* Trzon związku stanowili robotnicy.

trzonek (*wym.* tszonek a. czszonek, *nie*: czonek) *m III, D.* trzonka 1. «rękojeść, uchwyt»: Trzonek noża, kielni, wideł. Dorobił trzonek do wideł. Zgubił trzonek od szpadla. 2. *reg.* «obsadka (do pióra)» || *U Pol. (2), 28.*

trzos (*wym.* tszos a. czszos, *nie*: czos) *m IV, D.* trzosu a. trzosa: Wypchany, pełny trzos. Mieli trzosy złota.

trzpień (*wym.* czpień, *rzad.* tszpień a. czszpień) *m I, D.* trzpienia, *lm M.* trzpienie, *D.* trzpieni: Żelazne trzpienie. Nasadzać coś na trzpień.

trzpiot (*wym.* czpiot, *rzad.* tszpiot a. czszpiot) *m IV, lm M.* te trzpioty.

trzy (*wym.* tszy a. czszy, *nie*: czy) *m-nieos.*, *ż i n*, trzej *m-os.*, *D.* trzech, także *m-os.* w funkcji mianownika — podmiotu; wtedy orzeczenie w *lp*, a w czasie przeszłym w rodzaju nijakim, np. Trzech chłopców idzie, szło (*nie*: idą, szli), *ale*: Trzej chłopcy idą, szli; *ale* tylko: Dwudziestu trzech chłopców (*nie*: Dwadzieścia trzej chłopcy); *C.* trzem, *B. m-nieos.*, *ż i n = M.*; *B. m-os.* = *D.*; *N.* trzema, *Ms.* trzech. △ Liczebnik trzy, jak również liczebniki wielowyrazowe, w których ostatnim członem jest liczebnik trzy, łączą się z rzeczownikiem (podmiotem) w mianowniku i z orzeczeniem w *lm*: Trzy jabłka, trzydzieści trzy jabłka, sto trzydzieści trzy jabłka leżą (*nie*: leży) na stole. △ (Święto) Trzech Króli (*nie*: Królów); na (święto) Trzech Króli, *przestarz.* na Trzy Króle; przed Trzema Królami; po Trzech Królach; w (święto) Trzech Króli, *przestarz.* w Trzy Króle. △ *reg.* Trzy na drugą, na piątą itp. «za kwadrans druga, piąta itp.» △ *pot.* Pleść trzy po trzy «mówić głupstwa» △ *pot.* Nie umieć do trzech zliczyć «być nierozgarniętym, głupim» △ *pot. żart.* Brakuje komuś trzy ćwierci do śmierci «ktoś wygląda bardzo źle, jak ciężko chory» △ *pot.* Wtykać, wsadzać, wściubiać (w coś) swoje trzy grosze «wtrącać się do cudzych spraw, wypowiadać swoje zdanie nie będąc pytanym» || *D Kult. I, 177; II, 192.*

trzyaktowy (*nie*: trzechaktowy; *wym.* tszyaktowy a. czszyaktowy, *nie*: czyaktowy): Sztuka trzyaktowa.

trzydziestka (*wym.* tszydziestka a. czszydziestka, *nie*: czydziestka) *ż III, lm D.* trzydziestek 1. «cyfry stanowiące znak liczby 30»: Napisać trzydziestkę. 2. «zbiór trzydziestu jednostek»: Trzydziestka uczniów. 3. *pot.* a) «trzydzieści lat»: Skończyć, przekroczyć trzydziestkę. Dobiegać trzydziestki. Stuknęła komuś

trzydziestolecie

trzydziestka. **b)** «jakikolwiek przedmiot, np. tramwaj, pokój, oznaczony numerem 30»: Jechać trzydziestką. Klucz od trzydziestki. Mieszkać pod trzydziestką.

trzydziestolecie (*wym.* tszydziestolecie a. czszydziestolecie, *nie:* czydziestolecie) *n I, lm D.* trzydziestoleci (dopuszczalna pisownia 30-lecie). △ Trzydziestolecie pracy, działalności, twórczości «trzydzieści lat czegoś» △ Trzydziestolecie urodzin, śmierci (*nie:* trzydziestolecie rocznicy urodzin, śmierci). // *D Kult. II, 361.*

trzydziestoletni (*nie:* trzydziestoletny; *wym.* tszydziestoletni a. czszydziestoletni, *nie:* czydziestoletni) *m-os.* trzydziestoletni △ Trzydziestoletni człowiek «żyjący, mający trzydzieści lat» △ Trzydziestoletnia wojna, służba «trwająca trzydzieści lat» △ *niepoprawne* Trzydziestoletnia rocznica (*zamiast:* trzydziestolecie a. trzydziesta rocznica).

trzydziestu p. trzydzieści.

trzydziesty (*wym.* tszydziesty a. czszydziesty, *nie:* czydziesty) odm. jak przym. (pisane całym wyrazem a. cyframi bez końcówek, arabskimi — z kropką, rzymskimi — bez kropki; wyjątki od tej zasady dotyczą zwykle dni miesiąca): Trzydziesta rocznica a. 30. rocznica (*nie:* 30-a rocznica, trzydziestoletnia rocznica). Trzydziesty pierwszy a. trzydziestego pierwszego maja (*nie:* trzydziesty pierwszy maj) — pisane zwykle: 31 maja a. 31.V. (*nie:* 31-ego maja). △ Lata trzydzieste jakiegoś wieku «od 30 do 39 roku», *lepiej:* czwarty dziesiątek lat jakiegoś wieku.

trzydzieści (*nie:* trzydzieście; *wym.* tszydzieści a. czszydzieści, *nie:* czydzieści) *m-nieos., ż* i *n, DCMs.* trzydziestu, także *m-os.* w funkcji mianownika — podmiotu (np. Trzydziestu chłopców, mężczyzn), *B. m-nieos., ż* i *n = M., B. m-os. = D.; N.* trzydziestoma a. trzydziestu: Uczył się z trzydziestoma a. z trzydziestu kolegami. △ Liczebnik *trzydzieści* łączy się z podmiotem w dopełniaczu i z orzeczeniem w *lp,* a w czasie przeszłym w rodzaju nijakim: Trzydziestu chłopców idzie, szło (*nie:* idą, szli). Trzydzieści książek leży, leżało (*nie:* leżą, leżały) na półce. △ Trzydzieści jeden (odmienia się tylko pierwszy wyraz), *DCMs.* trzydziestu jeden, *N.* trzydziestu jeden, *rzad.* trzydziestoma jeden: Trzydzieści jeden książek leżało (*nie:* trzydzieści jedna książka leżała a. leżały) na półce. Wyjechał na wycieczkę z trzydziestu jeden, *rzad.* z trzydziestoma jeden kolegami (*nie:* z trzydziestu, trzydziestoma jednym kolegą). △ Trzydziestu dwóch, trzech itp. uczniów (*nie:* trzydzieści dwaj, trzej itp. uczniowie). // *D Kult. I, 251; U Pol. (2), 359.*

trzydzieścioro (*wym.* tszydzieścioro a. czszydzieścioro, *nie:* czydzieścioro) *D.* trzydzieściorga, *CMs.* trzydzieściorgu, *N.* trzydzieściorgiem «liczebnik zbiorowy odpowiadający liczbie 30, odnoszący się do osób różnej płci, do istot młodych, niedorosłych (których nazwy są zakończone w *lm* na ~ęta) oraz do pewnych przedmiotów, których nazwy występują tylko w *lm*» (w liczebnikach wielowyrazowych używany tylko jako człon ostatni): Trzydzieścioro dzieci, sto trzydzieścioro dzieci (*ale:* trzydzieści troje dzieci). Podarował książeczki trzydzieściorgu dzieciom (*ale:* trzydziestu trojgu dzieciom). Kwoka z trzydzieściorgiem kurcząt (*nie:* kurczętami). △ Liczebnik *trzydzieścioro* łączy się z orzeczeniem

w *lp,* a w czasie przeszłym w rodzaju nijakim: Trzydzieścioro dzieci idzie, szło (*nie:* idą, szły) na wycieczkę. // *U Pol. (1), 352.*

trzyklasowy (*wym.* tszyklasowy a. czszyklasowy, *nie:* czyklasowy): Szkoła trzyklasowa.

trzykroć (*wym.* tszykroć a. czszykroć, *nie:* czykroć) *przestarz.* «trzy razy; trzykrotnie» △ Po trzykroć «trzykrotnie; w trójnasób» △ Trzykroć sto tysięcy (skrótowo: trzykroć) «trzysta tysięcy (np. złotych)»

trzykrotnie (*wym.* tszykrotnie a. czszykrotnie, *nie:* czykrotnie) nieco *książk.* «trzy razy; potrójnie»: Trzykrotnie odznaczony. Trzykrotnie większy, wyższy.

Trzy Króle p. trzy.

trzylatek (*nie:* trzechlatek; *wym.* tszylatek a. czszylatek, *nie:* czylatek) *m III, D.* trzylatka, *lm M.* te trzylatki (także dla rodzaju *ż* i *n*) «dziecko lub zwierzę mające trzy lata»: Lubił jeździć na koniu trzylatku. W grupie przedszkolaków były same trzylatki.

trzylecie (*nie:* trzechlecie; *wym.* tszylecie a. czszylecie, *nie:* czylecie) *n I, lm D.* trzyleci (dopuszczalna także pisownia: 3-lecie) **1.** «okres trzech lat»: Powojenne trzylecie. **2.** «trzecia rocznica czegoś»: Trzylecie urodzin, śmierci.

trzyletni (*nie:* trzyletny; *wym.* tszyletni a. czszyletni, *nie:* czyletni; *rzad.* **trzechletni** (*nie:* trzechletny; *wym.* trzechletni a. czszechletni, *nie:* czechletni): Trzyletni (trzechletni) chłopiec. Trzyletni (trzechletni) okres, plan. △ *niepoprawne* Trzyletnia, trzechletnia (*zamiast:* trzecia) rocznica.

trzymać (*wym.* tszymać a. czszymać, *nie:* czymać) *ndk I,* trzymam, trzyma (*nie:* trzymię, trzymie), trzymaj (*nie:* trzym), trzymaliśmy (p. akcent § 1a i 2) □ T. kogo, co — w czym, czym, za co: Trzymać w ręku szklankę. Trzymać kogoś rękami za ramię. Trzymać za klamkę. △ Trzymać kogoś krótko, żelazną ręką, w karbach itp. «stosować wobec kogoś surową dyscyplinę, zmuszać go do posłuszeństwa» △ *pot.* Trzymać kogoś za słowo. △ *pot.* Trzymać kogoś do chrztu «być dla kogoś ojcem chrzestnym lub matką chrzestną; podawać kogoś do chrztu» △ *przestarz.* Trzymać coś w dzierżawie «dzierżawić» △ *pot.* Trzymać fason «nadrabiać miną, postawą» △ *pot.* Trzymać służbę, konie, powóz. △ Trzymać krowy, drób. △ *niepoprawne* Trzymać (*zamiast:* mieć właściwą) miarę, wagę. Trzymać (*zamiast:* prowadzić) sklep, zakład. Trzymać zakład (*zamiast:* zakładać się), np. Trzymam zakład (*zamiast:* założę się), że zdążymy na czas. △ *niepoprawne* (niekiedy używane jako *żart., iron.*) Trzymać mowę (*zamiast:* przemawiać). □ T. co (kogo) — na czym, w czym, pod czym, za czym: Trzymać książki na półkach, porcelanę w serwantce, zapasy w lodówce, pantofle pod łóżkiem, drobiazgi za szkłem. Trzymać dziecko na ręku, ciężar na plecach, papieros a. papierosa w ustach. Trzymać ptaszka w klatce, psa na łańcuchu. Trzymać ludzi w więzieniu. △ *pot.* Trzymać język za zębami «nie rozgłaszać czegoś, milczeć» △ Trzymać rękę na pulsie «śledzić przebieg czegoś, pilnować czegoś» △ Trzymać coś, kogoś pod kluczem «trzymać w zamknięciu» △ *pot.* Trzymać kogoś pod pantoflem, przy spódnicy «o kobiecie: podporządkowywać kogoś (zwykle mężczyznę) swej woli» △ Trzymać kogoś z dala, na odległość, na dystans itp. «nie spoufalać się z kimś, zachowywać dystans» □ T. kogo — do kogo, do czego «o prywatnym pracodawcy: zatrudniać kogoś w jakimś charakterze»: Trzymać nauczycielkę do dzieci, dziewczynę do pomocy. □ T. z kim, t. czyją stronę «być czyimś stronnikiem, sprzymierzać się z kimś; przyznawać rację jednej ze spierających się osób» △ Trzymać za kimś, *lepiej*: Być po czyjejś stronie.

trzymać się 1. «ująwszy ręką przytrzymywać się» □ T. się czego a. za co: Trzymać się poręczy, czyjejś ręki. Trzymać się za sznur. △ Trzymać się za głowę, za brzuch itp. «przykładać ręce do głowy, do brzucha, ujmować głowę w ręce (z bólu, ze śmiechu itp.)» △ *pot.* Trzymać się czyjejś spódnicy «uzależniać się dobrowolnie od jakiejś kobiety» □ T. się kogo «nie odłączać się od kogoś, być przy kimś»: Trzymać się grupy, kolegów, starszych. △ *pot.* Coś się nie trzyma kupy «coś jest chaotyczne, nie uporządkowane» **2.** *przen.* **a)** «nie zmieniać wyznaczonego kierunku»: Trzymać się szlaku, drogi, skraju lasu. **b)** «przestrzegać czegoś, nie odbiegać od czegoś»: Trzymać się przepisów, instrukcji, programu, tematu. **c)** «przebywać gdzieś, gnieździć się, rosnąć»: Ludzie trzymali się żyznych dolin. Kozice trzymają się skalistych zboczy. Olcha trzyma się brzegów wód. △ Trzymać się w karbach, na wodzy, *pot.* w garści «panować nad sobą, być dla siebie surowym» △ Kogoś trzymają się żarty, figle «ktoś lubi żartować, jest wesoły, ma humor» △ Trzymać się na boku, z boku, z dala; na dystans, na odległość itp. «stronić od ludzi, od otoczenia; zachowywać dystans» △ Trzymać się dobrze, dzielnie, dziarsko itp. «mieć pewną kondycję fizyczną, psychiczną; nie być zniszczonym, zrujnowanym»: Babcia trzyma się świetnie. Stary zamek trzyma się mocno.

trzynasty (*wym.* tszynasty a. czszynasty, *nie*: czynasty) odm. jak przym. (pisane całym wyrazem a. cyframi bez końcówek, arabskimi — z kropką, rzymskimi — bez kropki; wyjątki od tej zasady dotyczą godzin i dni miesiąca): Trzynasty dzień urlopu. Trzynasty grudnia a. trzynastego grudnia (*nie*: trzynasty grudzień), pisane zwykle 13 grudnia, 13.XII (*nie*: 13-ego grudnia). Koniec trzynastego wieku a. 13. wieku, XIII wieku (*nie*: 13-ego, XIII-ego wieku).
trzynasta w użyciu rzeczownikowym «trzynasta godzina (używane zwykle w języku urzędowym)»: Planowy odjazd pociągu: trzynasta minut pięć. *Ale*: Obiad jem o pierwszej. Spotkamy się o pierwszej w południe. // D Kult. I, 252.

trzynaście (*wym.* tszynaście a. czszynaście, *nie*: czynaście) m-nieos., ż i n, DCMs. trzynastu, także m-os. w funkcji mianownika — podmiotu (np. Trzynastu chłopców, mężczyzn), B. m-os. = D., B. m-nieos., ż i n = M., N. trzynastoma a. trzynastu: Uczył się z trzynastoma a. trzynastu kolegami. △ Liczebnik *trzynaście* łączy się z rzeczownikiem (podmiotem) w dopełniaczu i z orzeczeniem w *lp*, a w czasie przeszłym w rodzaju nijakim: Trzynastu chłopców idzie, szło (*nie*: idą, szli). Trzynaście książek leży, leżało (*nie*: leżą, leżały) na półce. // D Kult. I, 177. *Por.* trzynaścioro.
trzynaścioro (*wym.* tszynaścioro a. czszynaścioro, *nie*: czynaścioro) D. trzynaściorga, CMs. trzyna-

ściorgu, N. trzynaściorgiem «liczebnik zbiorowy odpowiadający liczbie 13, odnoszący się do osób różnej płci, do istot młodych, niedorosłych (których nazwy są zakończone w *lm* na ~*ęta*) oraz do pewnych przedmiotów, których nazwy występują tylko w *lm*»: Trzynaścioro dzieci, piskląt, drzwi. Opowiadał bajkę trzynaściorgu dzieciom (*nie*: dzieci). Kwoka z trzynaściorgiem kurcząt (*nie*: kurczętami). △ Liczebnik *trzynaścioro* łączy się z orzeczeniem w *lp*, a w czasie przeszłym w rodzaju nijakim: Trzynaścioro dzieci idzie, szło (*nie*: idą, szły) na wycieczkę.

trzysta (*wym.* tszysta a. czszysta, *nie*: czysta) m-nieos., ż i n, D. trzystu, *rzad.* trzechset, także m-os. w funkcji mianownika — podmiotu (np. Trzystu chłopców), CMs. trzystu, B. m-os. = D., B. m-nieos., ż i n = M., N. trzystoma a. trzystu (zwłaszcza w liczebnikach wielowyrazowych), np. Pojechał z trzystoma złotymi w kieszeni. Pojechał z trzystu pięćdziesięcioma złotymi w kieszeni. △ Liczebnik *trzysta* łączy się z rzeczownikiem (podmiotem) w dopełniaczu i orzeczeniem w *lp*, a w czasie przeszłym w rodzaju nijakim: Trzystu mężczyzn z tego miasta idzie, szło (*nie*: idą, szli) do wojska. △ Liczebnik *trzysta* nie występuje jako ostatni człon liczebników porządkowych wielowyrazowych, np. W roku tysiąc trzechsetnym (*nie*: w roku tysiąc trzysta). *Ale*: w roku tysiąc trzysta czterdziestym (w takich użyciach — *ndm*). // KJP 260.

trzystopniowy (*nie*: trójstopniowy, trzechstopniowy; *wym.* tszystopniowy a. czszystopniowy, *nie*: czystopniowy): Trzystopniowa rakieta. Trzystopniowe nauczanie.

trzytysięczny p. trzechtysięczny.

tse-tse (*wym.* tse-tse) *ż ndm*: Mucha tse-tse. Tse-tse jest roznosicielką zarazków.

TŚM (*wym.* teeś-em, p. akcent § 6) *n ndm* a. *m IV*, D. TŚM-u «Towarzystwo Świadomego Macierzyństwa»: Zebranie TŚM (TŚM-u). TŚM uchwaliło (uchwalił). Pracować w TŚM (TŚM-ie). — TŚM--owski.

tt p. podwojone głoski, litery.

tu a. **tutaj 1.** «wyraz oznaczający miejsce znajdowania się, działania osoby mówiącej; w tym miejscu»: Co się tu dzieje? Chodź tu. Tu jesteśmy i tu będziemy. Tutaj się urodziłam i tu mieszkam. △ Wzmocnienie pytania o miejsce: Gdzie tu są drzwi? **2.** «wyraz wyróżniający jakąś sytuację, zdarzenie, w sposób ekspresywny, bez nawiązania do bliskości przestrzennej (częściej w formie *tu*)»: Tu trzeba myśleć. Tu każda chwila jest ważna. Jak tu wybrnąć z trudności. Co tu robić? △ Co tu gadać «nie ma nad czym się zastanawiać» △ Tu i ówdzie a. owdzie, tu i tam «w różnych miejscach» △ Tu... tam: Tu spojrzał, tam posłuchał. Trochę pobył tu, trochę tam. △ Tu a tu «w miejscu już wiadomym, którego mówiący bliżej nie określa»: Mieszka tu a tu.

tualeta p. toaleta.

Tuareg (*wym.* Tu-areg) *m III, lm M.* Tuaregowie (częściej w *lm*) «plemię koczownicze w Afryce Płn.» — Tuareżka *ż III, lm D.* Tuareżek — tuareski.

tubylec

tubylec (*nie*: tybulec) *m II*, *D*. tubylca, *lm M*. tubylcy, *D*. tubylców «człowiek należący do rdzennej ludności miejscowej, zwłaszcza w krajach kolonialnych» // *D Kult. I, 390*.

Tuchola *ż I* «miasto» — tucholanin *m V*, *D*. tucholanina, *lm M*. tucholanie, *D*. tucholan — tucholanka *ż III*, *lm D*. tucholanek — tucholski (p.).

tucholski: Powiat tucholski (*ale*: Bory Tucholskie).

Tucydydes, *rzad*. **Tukidydes** *m IV* «starożytny historyk grecki»

tuczarnia *ż I*, *lm D*. tuczarni, *rzad*. tuczarń.

tuczyć *ndk VIb*, tuczyliśmy (p. akcent § 1a i 2) — **utuczyć** *dk*: Tuczyć drób, świnie. □ T. czym: Tuczyć świnie ospą, drób owsem. △ *przen*. Tuczyć dzieci słodyczami. □ T. na czym (gdy mowa o tuczeniu systematycznym): Gęsi tuczone na owsie.
tuczyć się — **utuczyć się** □ (tylko *ndk*) T. się czym «objadać się czymś»: Tuczyć się obfitymi obiadami. □ T. się na czym «tyć od czegoś»: Tuczył się na jej wikcie.

Tudor (*wym*. Tjudor) *m IV*, *D*. Tudora (p. akcent § 7), *lm M*. Tudorzy a. Tudorowie, *D*. Tudorów «jeden z członków dynastii Tudorów»: Henryk VIII Tudor. — Tudorowie a. Tudorzy, *blp*, *D*. Tudorów «dynastia angielska»: Tudorowie (Tudorzy) panowali w Anglii od XV—XVII wieku.

tudzież *książk*., *wych. z użycia* «a także, i, oraz (łączy współrzędne części zdania i zdania współrzędne)» // *D Kult. I, 98*.

tuja *ż I*, *DCMs*. tui, *lm D*. tuj: Wieniec przybrany gałązkami tui.

tuk *m III*, *D*. tuku *reg*. «tłuszcz»

Tukidydes p. Tucydydes.

TUL (*wym*. tul) *m I*, *D*. TUL-u a. *n ndm* «Towarzystwo Uniwersytetu Ludowego»: Zebranie TUL-u (TUL). TUL uchwalił (uchwaliło) nowy program działania. Porozumiewać się z TUL-em. — TUL-owiec a. tulowiec *m II*, *D*. TUL-owca (tulowca), *lm M*. TUL-owcy (tulowcy) — TUL-owski a. tulowski.

tuleja *ż I*, *DCMs*. i *lm D*. tulei.

tulić *ndk VIa*, tuliliśmy (p. akcent § 1a i 2) □ T. kogo, co — w czym: Tulić kogoś w ramionach, czyjeś ręce w swoich dłoniach. □ T. kogo, co — do czego: Tulić dziecko. Tulić czyjąś głowę do piersi, do serca. □ T. co — w co, pod co: Tulić twarz w poduszkę. Łabędź tulił głowę pod skrzydło. **tulić się** □ T. się do kogo, do czego: Tulić się do matki, do piersi. Tulić się do poduszki, do ciepłego pieca.

tulipan *m IV*, *D*. tulipana (*nie*: tulipanu).

Tulon *m IV*, *D*. Tulonu «miasto we Francji» — tulończyk *m III*, *lm M*. tulończycy — tulonka *ż III*, *lm D*. tulonek — tuloński.

tulowiec, tulowski p. TUL.

Tuluza *ż IV* «miasto we Francji» — tuluzanin *m V*, *D*. tuluzanina, *lm M*. tuluzanie, *D*. tuluzan — tuluzanka *ż III*, *lm D*. tuluzanek — tuluski.

Tuła *ż IV*, *CMs*. Tule «miasto w ZSRR» — tulski.

tułacki p. tułaczy.

tułactwo *n III*, *blm książk*. «tułaczka»: Przez wiele lat tułactwa po świecie nabrał umiejętności postępowania z ludźmi.

tułacz *m II*, *lm D*. tułaczy, *rzad*. tułaczów.

tułaczka *ż III* **1.** *blm* «życie tułacze, tułanie się, włóczęga»: Żołnierska tułaczka. Tułaczka po świecie, po hotelach, od domu do domu. Iść na tułaczkę. **2.** *lm D*. tułaczek «kobieta, która się tuła»

tułaczy *m-os*. tułaczy; *rzad*. **tułacki** *m-os*. tułaccy: Tułacza (tułacka) dola. Tułacze (tułackie) życie. Na opuszczonych ziemiach osiedlili się tułaczy (tułaccy) Cyganie.

tułów *m I*, *D*. tułowia, *lm M*. tułowie (*nie*: tułowia).

tułup, *przestarz*. **tułub** *m IV*, *D*. tułupa (tułuba), *Ms*. tułupie (tułubie) «szerokie futro nie pokryte materiałem»: Chodził w ciężkim tułupie (tułubie).

tum *m IV*, *D*. tumu *reg*. «kościół katedralny, katedra»

tuman *m IV*, *D*. tumanu **1.** częściej w *lm* «kłęby czegoś lotnego, sypkiego»: Tumany śniegu, piasku, kurzu, iskier. **2.** *poet*. «gęsta mgła»: Wszystko tonęło w niebieskim tumanie. Lekki tuman wznosił się nad jeziorem. **3.** *D*. tumana, *lm M*. te tumany *posp*. «człowiek nieinteligentny, tępy»: Skończony tuman.

tumult *m IV*, *D*. tumultu: Piekielny, pijacki, uliczny tumult. Powstał, *rzad*. wszczął się tumult.

tunel *m I*, *D*. tunelu, *lm D*. tuneli a. tunelów: Długi, oświetlony tunel. Pociąg wjechał do tunelu. △ *techn*. Tunel aerodynamiczny, chłodniczy, wodny.

tunetański △ tylko w nazwie: Zatoka Tunetańska.

Tunezja *ż I*, *DCMs*. Tunezji «państwo w Afryce» — Tunezyjczyk *m III*, *lm M*. Tunezyjczycy — Tunezyjka *ż III*, *lm D*. Tunezyjek — tunezyjski (p.), tunetański (p.).

tunezyjski przym. od Tunezja: Szkolnictwo tunezyjskie, rząd tunezyjski (*ale*: Góry Tunezyjskie).

Tunguz *m IV*, *D*. Tunguza, *lm M*. Tunguzi «członek jednego z ludów zamieszkujących tereny od Mandżurii po Morze Ochockie, mówiących językami ałtajskimi; in. także: Ewenk» — Tunguzka (p.) — tunguski.

Tunguzka *ż III*, *lm D*. Tunguzek **1.** forma żeńska od: Tunguz; in. także: Ewenka.
2. Tunguzka (Dolna, Podkamienna) «rzeka w ZSRR»

tunika (*wym*. tunika a. tunika) *ż III*: Rzymska tunika. Tunika do długiej spódnicy, do spodni.

Tunis *m IV, D.* Tunisu «stolica Tunezji» — tuniski.

tupać *ndk IX,* tupię (*nie*: tupę), tupie (*nie*: tupa), tupaliśmy (p. akcent § 1a i 2) — **tupnąć** *dk Va,* tupnąłem (*wym.* tupnołem; *nie*: tupnełem, tupłem), tupnął (*wym.* tupnoł), tupnęła (*wym.* tupnęła; *nie*: tupła), tupnęliśmy (*wym.* tupnęliśmy; *nie*: tupliśmy): Tupał chcąc rozgrzać nogi. □ T. czym: Tupać nogami, drewniakami.

tupet *m IV, D.* tupetu **1.** *blm* «zbytnia pewność siebie, śmiałość, zuchwałość»: Młodzieńczy tupet. Mieć tupet. Komuś nie zbywa na tupecie. **2.** *daw.* dziś *środ.* «mała peruka nakrywająca wierzch głowy nad czołem, stosowana zwłaszcza w teatrze»

Tupolew (*wym.* Tupolew) *m IV, D.* Tupolewa (p. akcent § 7): Odrzutowce pasażerskie konstrukcji Tupolewa.

tupotać *ndk IX,* tupocze, *przestarz.* tupoce; tupotaliśmy (p. akcent § 1a i 2), *częściej*: tupać.

tur *m IV*: Dziki, olbrzymi tur. Silny jak tur. △ Wyglądać jak tur «wyglądać zdrowo, krzepko»

TUR *m IV, D.* TUR-u, *Ms.* TUR-ze a. *n ndm* «Towarzystwo Uniwersytetu Robotniczego»: TUR ogłosił (ogłosiło) zapisy. Należeć do TUR-u (do TUR). — TUR-owiec a. turowiec *m II, D.* TUR-owca (turowca), *lm M.* TUR-owcy (turowcy) — TUR-owski a. turowski.

turbulencyjny a. **turbulentny** «w meteorologii, hydrologii (o ruchu cząstek powietrza i cieczy): burzliwy» // D Kult. II, 348.

Turcja *ż I, DCMs.* Turcji «państwo» — Turek *m III, D.* Turka, *lm M.* Turcy — Turczynka *ż III, lm D.* Turczynek — turecki (p.).

turczyć *ndk VIb,* turczyliśmy (p. akcent § 1a i 2) — **sturczyć** *dk.*

turecczyzna *ż IV, CMs.* turecczyźnie, *blm*: Zamiłowanie do turecczyzny w strojach cechowało dawnych Polaków.

turecki 1. przym. od Turcja, Turek (obywatel Turcji): Języki tureckie.
2. «dotyczący miejscowości Turek»: Powiat turecki (*ale*: Wzgórza Tureckie). // D Kult. II, 557.

I Turek p. Turcja.

II Turek *m III, D.* Turku «miasto» — turczanin *m V, D.* turczanina, *lm M.* turczanie, *D.* turczan — turczanka *ż III, lm D.* turczanek — turecki (p.).

Turgieniew (*wym.* Turgieniew) *m IV, D.* Turgieniewa (p. akcent § 7): Powieści Turgieniewa.

Turgot (*wym.* Türgo) *m IV, D.* Turgota (*wym.* Türgota, p. akcent § 7), *Ms.* Turgocie: Teorie ekonomiczne Turgota.

TURiL (*wym.* turil, p. akcent § 6) *m I, D.* TURiL-u a. *n ndm* «Towarzystwo Uniwersytetu Robotniczego i Ludowego»: TURiL zorganizował (zorganizowało) ciekawe odczyty.

Turkiestan *m IV, D.* Turkiestanu «miasto w ZSRR (Kazachstan)» — turkiestański (p.).

turkiestański: Fabryki turkiestańskie (*ale*: Góry Turkiestańskie).

Turkmenia (*wym.* Turkmenja) *ż I, DCMs.* Turkmenii «republika związkowa w ZSRR» — Turkmen *m IV, lm M.* Turkmeni — Turkmenka *ż III, lm D.* Turkmenek — turkmeński (p.).

turkmeński: Literatura, sztuka turkmeńska (*ale*: Zatoka Turkmeńska).

turkolog *m III, lm M.* turkolodzy a. turkologowie.

turkotać *ndk IX,* turkocze, *przestarz.* turkoce; turkotałby (p. akcent § 4c) — **zaturkotać** *dk*: Wóz turkocze po bruku. Maszyna, kołowrotek turkocze.

turkus *m IV* **1.** *D.* turkusu a. turkusa «minerał, kamień szlachetny»: W pierścionku brak jednego turkusa. **2.** *D.* turkusu «kolor tego minerału (zielononiebieski)»

turnia *ż I, lm D.* turni (*nie*: turń).

turniej *m I, D.* turnieju, *lm M.* turnieje, *D.* turniejów (*nie*: turniei): Turniej siatkówki, turniej szachowy, recytatorski. Rozegrać turniej. □ T. o co: Turniej o mistrzostwo kraju, o puchar przechodni.

turowiec, turowski p. TUR.

Turyn *m IV, D.* Turynu «miasto we Włoszech» — turyńczyk (p.) — turynka (p.) — turyński (p.).

Turyngia (*wym.* Turyngja) *ż I, DCMs.* Turyngii «kraina w NRD» — Turyńczyk (p.) — Turynka (p.) — turyński (p.), *rzad.* turyngeński.

turynka *ż III, lm D.* turynek **1.** «mieszkanka Turynu»
2. Turynka «mieszkanka Turyngii»

turyńczyk *m III, lm M.* turyńczycy **1.** «mieszkaniec Turynu»
2. Turyńczyk «mieszkaniec Turyngii»

turyński przym. od Turyn, Turyngia. △ Las Turyński «pasmo górskie w NRD i NRF»

turystyka (*wym.* turystyka, *nie*: turystyka, p. akcent § 1c) *ż III, blm*: Turystyka nizinna, górska. Turystyka indywidualna, masowa. Turystyka samochodowa.

Tuskulum (*wym.* Tuskulum) *n ndm* «w starożytności: miasto w Lacjum» — tuskulański.

I tusz *m II, D.* tuszu «farba wodna używana zwykle do kreśleń»: Czerwony, czarny tusz. Tusz kreślarski, tusz do pieczęci, *rzad.* pieczęciowy. △ Tusz do rzęs.

II tusz *m II, D.* tuszu *wych. z użycia* «prysznic»: Zimny, gorący tusz. Brać, wziąć tusz. Tusz z zimnej wody.

tusza *ż II* **1.** *blm* «ciało ludzkie ujmowane ze względu na rozmiar»: Osoba dobrej a. o dobrej tuszy. Nabrać tuszy. **2.** *środ.* «ciało zabitego zwierzęcia hodowlanego, np. krowy, świni»: Tusza wieprzowa, wołowa.

tuszować *ndk IV,* tuszowaliśmy (p. akcent § 1a i 2) — **zatuszować** *dk*: Tuszować jakąś aferę.

tutaj (*nie*: tutej, *ale*: tutejszy) p. tu.

tutejszy *m-os.* tutejsi «pochodzący z danego miejsca, dotyczący danego miejsca; miejscowy, lokalny»: Tutejsze warunki. Tutejszy klimat. △ Wyraz nadużywany w języku urzędowym, np. Tutejszy zarząd potwierdza... *zamiast*: Zarząd a. zarząd + nazwa instytucji (w *D. lp* a. *lm*) potwierdza...
tutejszy w użyciu rzeczownikowym: Nie znał go nikt z tutejszych.

Tutenchamon (*wym.* Tutenchamon) *m IV, D.* Tutenchamona (p. akcent § 7): Odkryto grobowiec Tutenchamona.

tutka *ż III, lm D.* tutek 1. «rurka, stożek ze zwiniętego papieru lub tektury»: Przędzę nawija się na tekturowe tutki. 2. *reg., przestarz.* «gilza, zwijka»: Tutki do papierosów, papierosy w tutkach.

tuz *m IV daw.* «najwyższa karta; as» △ *wych. z użycia* w zn. *przen.* «ktoś wpływowy, wyróżniający się»: Ci dwaj komicy to tuzy naszej sceny.

tuzin *m IV* 1. «dwanaście sztuk czegoś»: Tuzin guzików, ścierek. 2. tylko w *lm* «wielka liczba, ilość czegoś» △ zwykle w wyrażeniu: Na tuziny, lub przysłówkowo: tuzinami, np.: Listy przychodziły do niej tuzinami. Na tuziny liczyła swoich adoratorów.

tuż «w bezpośredniej bliskości przestrzennej a. czasowej (często powtórzone)»: Nieprzyjaciel był tuż, tuż. Przyszedł tuż przed ósmą.

tw p. cząstki wyrazów.

twa p. twój.

Twain (*wym.* Twen a. Tuejn) *m IV, D.* Twaina: Powieści dla młodzieży Marka Twaina.

twardnieć *ndk III*, twardnieje, twardniałby (p. akcent § 4c) — **stwardnieć** *dk* □ T. od czego: Ziemia twardnieje od mrozu.

twardy *m-os.* twardzi, *st. w.* twardszy (*nie*: twardziejszy) 1. «nie uginający się pod naciskiem; nieelastyczny»: Twardy chleb. Twarde mięso. Twarda okładka książki. △ Twardy (*nie*: ciężki) orzech do zgryzienia «duża trudność do przezwyciężenia» △ Twardy jak kamień, jak skała, jak żelazo. □ T. od czego: Ręce twarde od pracy. □ T. w czym: Był twardy w pięści. 2. «nieczuły; bezwzględny, nieustępliwy; niewrażliwy, odporny»: Twardy człowiek. Twarde serce. Był twardy dla pracowników, ale i dla siebie.

twaróg (*nie*: twarog) *m III, D.* twarogu.

twarz *ż VI*: Blada, brzydka, nalana, spokojna, okrągła, sympatyczna, szczera twarz. Wyraz twarzy. Czerwony, pełny na twarzy. △ Coś maluje się na czyjejś, *rzad.* w czyjejś twarzy. Uderzyć, całować kogoś w twarz, po twarzy. Radość, ból itp. rozlały się na a. po czyjejś twarzy. △ Komuś jest, nie jest w czymś do twarzy «ktoś w czymś (w jakimś) stroju ładnie, nieładnie wygląda»: W tym kapeluszu było jej do twarzy. Nie do twarzy ci w tym kolorze. △ Mienić się na twarzy, twarz się komuś mieni «rumienić się i blednąć na przemian; objawiać (twarzą) wzruszenie, ból itp.» △ Stanąć, spotkać się, mówić z kimś itp. twarzą w twarz a. twarz w twarz «zetknąć się, spotkać się, mówić itp. z kimś osobiście, odważnie się mu przeciwstawiając»

twe p. twój.

tweed (*wym.* tuid) *m IV*, tweedu: Kostium z tweedu.

tweedowy (*wym.* tuidowy): Tkaniny tweedowe.

twierdzenie *n I*: Fałszywe, prawdziwe, gołosłowne twierdzenie. Twierdzenie naukowe, matematyczne. □ T. o czym: Twierdzenie o kątach przyległych.

twierdzić *ndk VIa*, twierdzę, twierdź, twierdziliśmy (p. akcent § 1a i 2) «podawać coś za rzecz pewną, dowodzić; *pot.* utrzymywać, oświadczać» □ T. że...: Twierdzi, że nie był obecny przy tym zajściu.

twist (*wym.* tuist) *m IV, DB.* twista: Tańczyć twista.

Tworki *blp, D.* Tworek «dzielnica Pruszkowa» — tworkowski.

tworzyć *ndk VIb*, twórz (*nie*: tworz), tworzyliśmy (p. akcent § 1a i 2) 1. «powodować powstanie czegoś; ustanawiać, organizować; składać się na coś, stanowić coś»: Tworzyć armię, rząd, nowy ład. Tworzyć nowe gatunki. Korony drzew tworzyły zielone sklepienie. □ T. co — z kogo: Tworzyli oddziały partyzanckie z chłopów. 2. «być autorem dzieł literackich, utworów muzycznych itp.»: Był szczęśliwy, bo mógł tworzyć. Tworzyć tragedie, muzykę poważną. Tworzył w stylu swoich poprzedników.

tworzywo *n III* «materiał służący do tworzenia czegoś, zwłaszcza przedmiotów o wartości artystycznej»: Kolumny z kamiennego tworzywa. △ *przen.* Tworzywem tej powieści są wspomnienia wojenne autora. △ Tworzywa sztuczne (skrótowo: tworzywa) «związki chemiczne, masy plastyczne zastępujące metale, drewno, szkło itp.»: Płyty, naczynia z tworzyw sztucznych. △ nadużywane w zn. «materiał, surowiec», np.: Najczęstszym tworzywem (*lepiej*: materiałem) do produkcji wielkich bloków jest żużlobeton. Tworzywo wybuchowe (*lepiej*: materiał wybuchowy). || *U Pol.* (2), 144.

twój *m*, **twoja** a. **twa** *ż*, **twoje** a. **twe** *n* odm. jak przym. *D m n* twojego a. twego, *ż* twojej a. twej, *lm M. m-os.* twoi, *ż-rzecz.* twoje a. twe, *D.* twoich a. twych (formy ściągnięte są rzadsze niż formy pełne i mają charakter *książk.*) «zaimek dzierżawczy odpowiadający zaimkowi osobowemu *ty*»: **a)** «należący do tego, odnoszący się do tego, do kogo się mówi: ty; związany z nim węzłami pokrewieństwa, uczucia itp.»: To jest twój syn? Twoja sukienka jest bardzo ładna. Chciałbym zobaczyć twoje mieszkanie. Teraz twoja kolej. Przyszli twoi uczniowie. Zapisałam wszystkie twe (twoje) myśli. **b)** *lekcew.* «taki, o którym ten, do kogo się mówi: ty, właśnie wspominał» (często w wyrażeniu: ten twój): Gdzież są te twoje przysmaki? △ Użycie zaimka *twój* jest zbyteczne, gdy się rozumie samo przez się, do kogo dana rzecz, sprawa należy, odnosi się, np.: Czy wziąłeś kapelusz? (*nie*: twój kapelusz? Czy boli cię ręka? (*nie*: twoja ręka? △ Kiedy sprawcą czynności wyrażonej w zdaniu jest podmiot zdania, lepiej zastępować zaimek *twój* — zaimkiem *swój*, np. Uporządkowałeś twoje (*lepiej*: swoje) książki. *Ale*: Spełniłeś swój (*nie*: twój) obowiązek. △ Dopuszczalne jest używanie w takim wypadku zaimka *twój*, jeśli chcemy wyraźnie podkreślić przynależność, odnoszenie się danej rzeczy do podmiotu zdania, np.: Uporządkowałeś już swoje (a. twoje) książki, to teraz uporządkuj moje. Ty spełniłeś już swój (a. twój) obowiązek, teraz my musimy spełnić swój (a. nasz).

twoi w użyciu rzeczownikowym «ludzie bliscy dla ciebie; rodzina, przyjaciele»

twoje w użyciu rzeczownikowym «to, co należy do ciebie, co ciebie dotyczy» △ zwykle w zwrocie: Na twoje wyszło «ty miałeś rację» || *D Kult. I, 159; U Pol. (2), 224; GPK Por. 238.*

twórczy *m-os.* twórczy **1.** «tworzący, mający zdolność tworzenia, związany z tworzeniem»: Pasja, wyobraźnia twórcza. Możliwości, zdolności twórcze. Twórczy umysł. **2.** «związany z twórcami»: Związki twórcze.

twórczyni (*nie:* twórczynia) *ż I, B.* twórczynię (*nie:* twórczynią), *W.* twórczyni (*nie:* twórczynio), *lm D.* twórczyń.

TWP (*wym.* tewupe) *n ndm* «Towarzystwo Wiedzy Powszechnej»: Pracować w TWP.

ty *DB.* ciebie a. cię, *C.* tobie a. ci, *N.* tobą, *Ms.* tobie «zaimek osobowy oznaczający tego, do kogo jest skierowana wypowiedź, do kogo zwracamy się po imieniu» △ Formy pełne (w *DB.*) ciebie, (w *C.*) tobie są używane zawsze w pozycji akcentowanej: **a)** po przyimkach, np.: Pisałam do ciebie (*nie:* do cię). Ku tobie zwracają się moje myśli. **b)** w wypadkach, kiedy kładziemy na zaimek szczególny nacisk, a także na początku zdania, np.: Ojciec dał to tobie (właśnie tobie), nie jemu, *ale*: Ojciec ci to dał? Uderzył cię, *ale* tylko: Ciebie (*nie:* cię) uderzył, nie jego. △ Form skróconych (w *B., rzad.* w *D.*) cię, (w *C.*) ci, używa się tylko w pozycji nie akcentowanej. △ Formy skrócone nie występują na początku zdania, ani z przyimkami, np.: Wezmę cię z sobą. Kupię ci rękawiczki, *ale*: Tobie kupię rękawiczki, nie jemu. Tylko na ciebie mogę liczyć. △ Formy skrócone i pełne we *fraz.*: Proszę ja ciebie... Powiadam ci... Mam cię! Żeby cię diabli! Niech, bodaj cię...! △ Formy celownika *tobie* (i skróconej: *ci*) używa się potocznie w konstrukcjach nie mających podmiotu w mianowniku (często dla wyrażenia stosunku uczuciowego mówiącego do osoby, do której jest skierowana wypowiedź), np.: Gdzie tobie do takich spraw! A tobie zazdrość! Kozy ci doić! △ *reg.* Co tobie, *lepiej*: co ci jest? △ Masz tobie! «wyrażenie ekspresywne oznaczające zaskoczenie, zdziwienie» △ *pot.* Forma skrócona celownika *ci* używana jest jako partykuła wzmacniająca, np.: Nagle — jak ci rymnie! Chodzi ci taki po świecie nie wiadomo po co. △ Zaimek *ty* w przypadkach zależnych (oprócz mianownika i wołacza) jest zastępowany przez zaimek zwrotny *się* w odpowiednim przypadku, jeżeli oznacza podmiot czynności, o której mowa, tzn. osobę wykonującą tę czynność, np.: Uczysz się odpowiedniego dla siebie (*nie:* ciebie) zawodu (*por.* się). △ Zbędne jest używanie zaimka *ty* przy orzeczeniu, np.: Czy ty odrabiasz już lekcje? (*zamiast:* Czy odrabiasz już lekcje?) Ty byłeś tam (*zamiast:* byłeś tam). △ Użycie zaimka *ty* jest właściwe, gdy przeciwstawiony jest on innemu zaimkowi lub rzeczownikowi, np. Ty to zrobiłeś, nie on. △ Formy *ty* używa się: **a)** z rzeczownikami (w wołaczu), będącymi rozwinięciem, sprecyzowaniem zaimka,

np.: Idźże ty głupcze! Co ty pleciesz, dziewczyno! **b)** w połączeniu z wyrazami *sam, jeden,* np.: Ty jeden mnie zrozumiesz. Ty sam najlepiej wiesz, co zrobić. **c)** w połączeniu z końcówką *-ś* (2. os. cz. przeszłego a. teraźniejszego czasownika: być), np.: Tyś za młody jeszcze! Tyś, *podn.* tyżeś to zrobił?

ty *ndm* — zwykle w zwrotach: Mówić komuś ty (a. per ty), być z kimś na ty, przejść z kimś na ty «zwracać się do kogoś po imieniu»: My już przeszłyśmy na ty. Mów mi ty. || *U Pol. (2), 380; GPK Por. 188. Por.* ci, enklityki.

Tyber *m IV, D.* Tybru «rzeka we Włoszech» — tybrzański.

Tyberiada *ż IV* «starożytne miasto w Galilei» — tyberiadzki (p.).

tyberiadzki △ Jezioro Tyberiadzkie.

Tybet *m IV, D.* Tybetu **1.** «region autonomiczny w Chinach» — Tybetańczyk *m III, lm M.* Tybetańczycy — Tybetanka *ż III, lm D.* Tybetanek — tybetański (p.).
2. tybet «cienka tkanina wełniana czesankowa» — tybetowy.

tybetański: Języki tybetańskie (*ale*: Wyżyna Tybetańska).

Tybinga (*wym.* Tybiŋga) *ż III* «miasto w NRF (Tübingen)»: Uniwersytet w Tybindze.

Tychy *blp, D.* Tych — tychowianin *m V, D.* tychowianina, *lm M.* tychowianie, *D.* tychowian — tychowianka *ż III, lm D.* tychowianek — tyski.

Tycjan *m IV*: Malarstwo Tycjana.

Tycjanowski 1. «należący do Tycjana»: Obrazy Tycjanowskie.
2. tycjanowski «taki, jak na obrazach Tycjana»: Włosy tycjanowskie.

tyczyć *ndk VIb*, tyczyliśmy (p. akcent § 1a i 2) **1.** (częściej w formie *dk*: wytyczyć) «wyznaczać coś tyczkami»: Tyczyć drogę. **2.** «podpierać coś tyczkami»: Tyczyć chmiel. **3.** *przestarz.* (dziś częściej: tyczyć się a. dotyczyć) «mieć związek z czymś, z kimś, odnosić się do kogoś, czegoś»: Pytania tyczyły jego osoby.

tyczyć się to samo, co tyczyć (w zn. 3): To się ciebie tyczyło. △ Co się tyczy (kogoś a. czegoś)... «jeśli chodzi o kogoś, o coś...»: Co się tyczy mnie, to ja umywam ręce.

tyć *ndk X*, tyliśmy (p. akcent § 1a i 2) — **utyć** *dk*
□ T. od czego: Tyła od słodyczy. □ T. wskutek czego: Tyła wskutek złej przemiany materii. □ T. z czego: Tyła nie wiadomo z czego.

tydzień *m I, D.* tygodnia, *N.* tygodniem: Mieć ciężki tydzień. △ W nazwach dużą literą: Światowy Tydzień Młodzieży, Wielki Tydzień. △ Dwa razy w tygodniu (a. dwa razy na tydzień) sprzątać całe mieszkanie. △ (Całe) tygodnie a. (całymi) tygodniami coś robić, czekać na coś itp. △ Tydzień przedtem, potem... △ Tydzień temu «przed tygodniem» △ Co tydzień, *przestarz.* co tygodnia «raz na tydzień» △ Na tydzień a. tydzień przed czymś. △ Od tygodnia «tydzień już upłynął jak...»: Od tygodnia nie miał listu. △ *pot.* W tygodniu «w ciągu dni powszednich, wyłączając niedzielę»

tyfus

tyfus *m IV, D.* tyfusu: Tyfus plamisty, brzuszny. Epidemia tyfusu. Szczepienia przeciw tyfusowi. Szczepić się na tyfus.

tygiel *m I, D.* tygla: Tygiel ogniotrwały, porcelanowy.

tygodnik *m III*: Czytać tygodnik „Nowa Kultura" a. pt. „Nowa Kultura". △ w nazwach dużą literą: Tygodnik Demokratyczny, Tygodnik Powszechny.

tygrys *m IV* **1.** *D.* tygrysa «zwierzę drapieżne z rodziny kotów; czołg niemiecki» **2.** Tygrys, *D.* Tygrysu a. (w połączeniu z wyrazem: rzeka) *ndm* «rzeka w Turcji i Iraku»: Miasto nad Tygrysem a. nad rzeką Tygrys.

tygrysiątko *n II, lm D.* tygrysiątek; a. **tygrysię** *n IV, D.* tygrysięcia, *lm M.* tygrysięta, *D.* tygrysiąt.

I tykać p. tknąć.

II tykać *ndk I,* tykaliśmy (p. akcent § 1a i 2) *pot.* «mówić do kogoś w drugiej osobie, po imieniu, nie „pan"»: Wszystkich tykał.

tykwa *ż IV, lm D.* tykw (*nie*: tykiew).

tyle *m-nieos., n* i *ż, lm DCMs.* tylu, także: *m-os.* w funkcji mianownika (podmiotu); *B. m-nieos., n* i *ż = M.; B. m-os. = D.; N.* tylu a. tyloma △ Z rzeczownikiem w *lp* używany jest tylko *MDB.* tyle: Tu jest tyle śniegu. Nie chcę tyle chleba. Zjadłem tyle zupy. △ Tyle łączy się z rzeczownikiem (podmiotem) w dopełniaczu i w orzeczeniu w *lp*, w czasie przeszłym w rodzaju nijakim: Tyle domów, psów, szkół, osób, tylu chłopców, mężczyzn (*ale*: tyle, *obok*: tylu ludzi; p. ludzie). Tyle książek leży, leżało (*nie*: leżą, leżały). Tylu mężczyzn idzie, szło (*nie*: idą, szli). △ W funkcji dopełnienia dopełniacz utrzymuje się prawie bezwyjątkowo z formami zaprzeczonymi czasowników, w innych wypadkach szerzą się formy dopełnienia w bierniku (jak i w innych liczebnikach nieokreślonych np. wiele): Nie mam tylu (*nie*: tyle) kopert, ile chcesz, *ale*: Potrzeba mi tylu (*częściej*: tyle) kopert. Dokłada·tyle starań, żeby wszystko wypadło jak najlepiej. **1.** «zaimek liczebny (wskazujący), zastępujący liczebniki główne lub nawiązujący do nich»: Czy możesz mi poświęcić 10 min.? — Tyle to mogę. Ilu potrzebujesz robotników, dziesięciu? Tak, tylu mi wystarczy. △ W wyrażeniach utartych, związkach frazeologicznych: Jazdy było trzy tysiące, pieszych — w dwójnasób tyle. Zapłacił dwa razy tyle, co ja. △ Drugie tyle «podwójnie; dwa razy tyle, w dwójnasób» △ Tyle a tyle **a)** «oznaczenie określonej, ale nie wymienionej liczby, ilości»: Powiedziano, że będzie można korzystać z kuchni przez tyle a tyle godzin. **b)** «bardzo dużo, wiele»: Tyle a tyle razy to już słyszał. **2.** «liczebnik nieokreślony uwydatniający wielką liczbę, ilość, wielkie nasilenie czego; tak wiele» (łączy się z rzeczownikami w *lm*, także w *lp*): Wciąż jest tyle zajęć. Tyle mi znoszą książek, ale tylu (*nie*: tyle) mi nie potrzeba. Chorował od tylu miesięcy. Z tylu (a. z tyloma) ludźmi miał do czynienia. △ Z *lp*.: Tyle czasu stracił na próżno. Tyle złota jeszcze nie widział. △ Zwykle powtarzane: Nie widział go tyle, tyle lat. △ Tyle..., ile... a. ile..., tyle «Ile głów, tyle zdań. Dam tyle pieniędzy, ile będzie trzeba. △ O tyle..., o ile... a. o ile..., o tyle... «w takim stopniu, w jakim..., pod tym warunkiem, że...»: Obchodzi ją ta sprawa o tyle,

o ile dotyczy jej rodziny. O ile zwiększy się wydajność, o tyle wzrośnie produkcja. △ O ile..., o tyle «wyrażenie o charakterze symetrycznym, przeciwstawnym lub porównawczym»: O ile ona spała spokojnie, o tyle ja męczyłam się przykrymi snami. △ *pot.* O tyle o ile «w pewnym stopniu»: Lubi ją o tyle o ile. △ Nie tyle..., ile... (*nie*: nie tyle..., co) «wyrażenie przeciwstawiające dwa człony zdania; w mniejszym stopniu, zakresie, niż...»: Pokój był nie tyle duży, ile dość długi. Komplement odnosił się nie tyle do niej, ile do jej włosów. △ W utartych związkach frazeologicznych: Zrobił tyle, co nic, co kot napłakał. Tyle go to obchodzi, co zeszłoroczny śnieg. Tyle to pomoże, co umarłemu kadzidło. △ Tyle mego (twego, itp.), co...: Tyle naszego, co zobaczymy. △ Tyle, co «to samo, co»: Entuzjazm znaczy mniej więcej tyle, co zapał. △ Tyle, że... «z tą różnicą, że...»: Wygląda jak dawniej, tyle że włosy mu trochę posiwiały. △ I tyle «i basta, i już»: Nie chcę tego i tyle. △ Na tyle, *przestarz.* o tyle «w stopniu wystarczającym»: Był na tyle sprytny, że nie powiedział wszystkiego. ‖ *D Kult. I, 190; II, 138; PŻ 1966, 425; U Pol. (I), 304.*

tylekroć *książk.* «tyle razy»

tyleż (odm. p. tyle) *książk.* «tyle wzmocnione partykułą *że*; tyle samo»: Tyleż urlopu bierze, co i ja. *Por.* tyle.

tyli *m-os.* tyli *gw.* «tak wielki albo tak mały; taki»: Tyli chłop i nie dał rady. Chciał mieć własną chatę, choćby tylą.

tylicki: Kościół tylicki (*ale*: Przełęcz Tylicka).

Tylicz *m II* «miejscowość» — tylicki (p.).

tylko 1. «wyraz ograniczający lub wyróżniający pod względem zakresu lub treści to, do czego się odnosi»: Z wielu gatunków olch znam tylko trzy. Tańczyli tylko przy dźwiękach fortepianu. Był tylko cieniem siebie. Obchodzi go tylko dobry materiał. Tylko czeka sposobności, żeby się zemścić. Tylko wskaż drogę, nie fatyguj się! Tylko pamiętaj! ja o niczym nie wiem. △ W połączeniu z bezokolicznikiem *tylko* tworzy zwroty uwydatniające bliskość czegoś, łatwość realizacji czegoś, np.: Tylko zacząć, reszta pójdzie szybko. △ W *pot.* zwrotach i wyrażeniach: Tylko patrzeć, jak... «coś się stanie niebawem»: Tylko patrzeć, jak zostanę dziadkiem. Tylko patrzeć, jak zacznie padać. △ Tylko patrzeć kogoś, czegoś «zaraz ktoś nadejdzie, coś się zdarzy»: Zaraz przyjdzie. Tylko go patrzeć. △ Z zaimkiem, spójnikami, partykułami ma charakter ekspresywny: Biegł, kto tylko mógł. Co tylko żyło, wylęgło na słońce. Jadł, ile tylko wlezie. Tylko tam to kupisz. Wyjdę, jak (kiedy) tylko będę mógł. △ *przestarz.* Li tylko. △ Tylko co «niedawno; przed chwilą»: Nie ma jej, tylko co wyszła. △ Jako wyraz mający znaczenie uwydatniające *tylko* powinno stać bezpośrednio przed wyrazem przez siebie podkreślanym (w wypowiedzi ustnej intonacja wskazuje na wyraz podkreślany); przestawienie go powoduje zmianę sensu wypowiedzi, np.: *Tylko* Jan nam dziś pomoże (*ale*: Jan *tylko* nam dziś pomoże a. Jan nam *tylko* dziś pomoże). △ *Niepoprawne* jest zastępowanie *tylko* partykułą *aby*, np.: Miałem aby (*zamiast*: tylko) walizkę ze sobą. **2.** «spójnik łączący zdania o kontrastowej treści, uwydatniający ograniczenie; stawia się przed nim przecinek»: Był upał, tylko w ogrodzie panował miły chłód. Mało się zmienił, tylko bardzo utył. Nie był zły, tylko lekkomyślny. Idź szybko, tylko uważaj na przejściu! △ Tylko że «wyrażenie przyłączające zdanie wyrażające jakąś negatywną treść, którą łagodzi; stawia się przed nim przecinek»: Pracuje dobrze, tylko że ciągle choruje. △ Nie tylko..., ale (lecz): Nie tylko była ładna, ale i bardzo miła. △ W zdaniach przeciwstawnych, których pierwsza część jest zaprzeczona, można użyć potocznie *tylko*, np.: Nie w teorii, tylko w praktyce. To nie moja, tylko twoja sprawa. △ Dopuszczalne jest używanie *tylko*, częściej: *jak* (*tylko*), po zaprzeczonych przymiotnikach i przysłówkach w stopniu wyższym, jak również po zaprzeczonym przymiotniku *inny*, np. Nie mieli nic innego, lepszego... do roboty, tylko, *częściej*: jak (tylko) grać w karty. || *U Pol.* (2), 93, 373; *KP Pras.*

*tylnojęzykowe n p. n

tylny (*nie*: tylni): Tylna platforma tramwaju; tylne siedzenie, koła.

tylodniowy *m-os.* tylodniowi *rzad.* «istniejący, trwający tyle, tak wiele dni»: Tylodniowa praca poszła na marne. Tylodniowi towarzysze podróży rozstali się w Paryżu.

tyloletni, *rzad.* **tyluletni** *m-os.* tyloletni (tyluletni) «trwający, istniejący tyle, tak wiele lat»: Skończył się jego tyloletni (tyluletni) pobyt zagranicą. Tyloletni (tyluletni) przyjaciele nagle zerwali stosunki.

Tylor (*wym.* Tajlor) *m IV*: Prace etnograficzne Tylora.

tylu p. tyle.

Tylża *ż II* «miasto w ZSRR» — tylżanin *m V, D.* tylżanina, *lm M.* tylżanie, *D.* tylżan — tylżanka *ż III, lm D.* tylżanek — tylżycki.

tył *m IV, D.* tyłu 1. «część przeciwległa do przodu; przestrzeń znajdująca się poza kimś, czymś» □ T. czego (w *lm* zwykle w odniesieniu do czegoś rozległego): Tył głowy, wozu, okrętu, sukni. Tył a. tyły pałacu, domu, ulicy, ogrodu. △ Na tyłach, na tyły czegoś (np. zabudowań, ogrodu itp.): Na tyłach domu był ogród. Dostał się na tyły zabudowań gospodarskich. △ W tyle czegoś **a)** «w tylnej części»: Siedział w tyle wozu. **b)** *rzad.* «z tyłu»: Wlokła się w tyle taboru. △ *przen.* Pozostawać, zostawać w tyle (za kimś, za czymś) «nie dorównywać komuś lub czemuś» △ W tył, do tyłu, *rzad.* ku tyłowi «w kierunku przeciwnym twarzy, w stronę przeciwną niż poprzednia»: Jechać, iść, posuwać się (*nie*: cofać się — pleonazm) w tył (do tyłu, *rzad.* ku tyłowi). Pochylał się w przód i w tył. Zaczesywał włosy do tyłu (ku tyłowi). Założył ręce w tył (do tyłu). △ *niepoprawne* Parę dni, rok temu itp. w tył (*zamiast*: Parę dni temu, rok temu itp., a. przed paru dniami, przed rokiem itp.). △ Wejść, wprowadzić kogoś tyłem, od tyłu «wejść, wprowadzić kogoś drzwiami znajdującymi się w niefrontowej części domu, w tylnej części pojazdu (np. autobusu)» 2. zwykle w *lm* «obszar położony poza frontem; oddziały wojskowe, zakłady i urządzenia przeznaczone do zaopatrywania wojsk na froncie»: Odciąć, zabezpieczyć tyły. Wycofać batalion na tyły. Dekować się na tyłach.

tyłomózgowie *n I, lm D.* tyłomózgowi; a. **tyłomóżdże** *n I, D.* tyłomóżdży.

tyłowy *m-os.* tyłowi △ przymiotnik nadużywany zamiast właściwszego wyrażenia przyimkowego, np.: Tyłowa służba wartownicza (*zamiast*: Służba wartownicza na tyłach). || *Kl. Aleź 23.*

tym 1. p. ten. 2. «wyraz o charakterze uintensywniającym występujący z przymiotnikami i przysłówkami w stopniu wyższym, pisany osobno», np. tym gorzej, tym lepiej, tym większy: Nie przyjdzie? Tym lepiej, byłby z nią kłopot. △ Im..., tym (*nie*: czym... tym): Im więcej osób się dowie, tym większa będzie frekwencja. Im więcej pieniędzy, tym mniej szczęścia. △ Tym..., im: Czuł się tym lepiej, im mniej się nim zajmowano. △ *niepoprawne* Tym niemniej (*zamiast*: niemniej jednak, jednakże, mimo to), np. Zabraniasz mi, tym niemniej (*zamiast*: jednakże) zrobię to. △ W połączeniu z zaimkiem *sam*: Tym samym «w ten sposób, a więc, skutkiem tego»: Często myślę o domu, a tym samym i o tobie.

tymczasem 1. (*nie*: w międzyczasie) «w tym czasie, kiedy dzieje się coś innego»: Przejdźmy do sąsiedniego pokoju, a tu tymczasem nakryje się do stołu. 2. «teraz, obecnie, do chwili aż coś nastąpi»: Może kiedyś się to zrobi, ale tymczasem trzeba się wziąć do pilniejszej pracy. △ *pot.* Na tymczasem «na najbliższy okres»: Na tymczasem starczy mi pieniędzy. 3. «jednak, natomiast, wszakże»: Tak się dobrze zapowiadało, a tymczasem nic z tego nie wyszło.

tymczasowo △ *niepoprawne* w zn. «tymczasem», np.: Miało być ładnie, a tymczasowo (*zamiast*: tymczasem) deszcz pada.

tymianek *m III, D.* tymianku; in. macierzanka.

tympanon (*wym.* tympanon, *nie*: tympanon) *m IV, D.* tympanonu: Portal zwieńczony tympanonem.

Tyniec *m II, D.* Tyńca «miejscowość» — tyniecki.

tynk (*wym.* także: tyŋk) *m III, D.* tynku: Ściany pokryto tynkiem. Tynk pęka, odpada, sypie się.

tynktura (*wym.* także: tyŋktura) *ż IV*: Przyrządzić tynkturę. Sporządzanie tynktur.

typ *m IV* 1. *D.* typu «model, wzór, rodzaj; jednostka systematyczna»: Ciekawy, zabawny, oryginalny typ człowieka. Typ samochodu, fryzury, urody. Typ armenoidalny, laponoidalny. Molierowski typ skąpca. △ Coś jakiegoś typu, w typie czegoś: Broń starego typu. Szkoły wszystkich typów. Romans w typie powieści Coopera. △ Być w jakimś typie, być podobnym w typie do kogoś «przypominać kogoś zewnętrznie, być podobnym do jakiegoś typu fizycznego człowieka»: Była trochę cygańska w typie. Dziewczyna podobna w typie do Greczynki. △ *pot.* Być w czyimś typie, być czyimś typem «podobać się komuś, odpowiadać czyjemuś gustowi, upodobaniom»: Blondynki nie były w jego typie. 2. *D.* typa *pot.* «człowiek bliżej nieokreślony (używane zwykle z odcieniem ujemnym)»: Podejrzany typ. Typ spod ciemnej gwiazdy.

typizacja *ż I, blm, lepiej*: normalizacja, ujednolicenie. || *D Kult. II, 276.*

typować

typować *ndk IV*, typowaliśmy (p. akcent § 1a i 2) — **wytypować** *dk*: Typować zwycięzcę w zawodach sportowych. Typować tereny odpowiednie do uprawy. □ T. kogo, co — na co, na kogo: Typować konia, zawodnika na zwycięzcę. Typować (*lepiej*: wysuwać, wyznaczać) kandydatów na kursy.

tyrać (*nie*: terać) *ndk I*, tyraliśmy (p. akcent § 1a i 2) *pot.* «ciężko pracować; harować»

tyraliera *ż IV*: Iść tyralierą a. w tyralierze. Rozsypać się, rozrzucić się, rozwinąć się w tyralierę. Posuwać się tyralierą.

tyran *m IV*, *lm M.* ci tyrani, *pot.* (ekspresywne) te tyrany.

tyrkotać p. terkotać.

Tyrnowo (*wym.* Tyrnowo) *n III* «miasto w Bułgarii» — tyrnowski.

Tyrol *m I, D.* Tyrolu «kraj związkowy w Austrii» — Tyrolczyk *m III, lm M.* Tyrolczycy — Tyrolka (p.) — tyrolski.

Tyrolka *ż III, lm D.* Tyrolek 1. «mieszkanka Tyrolu»
2. tylko w *lm*: tyrolki, *D.* tyrolek «rodzaj pantofli»

tyrreński, tylko w nazwie: Morze Tyrreńskie.

tys. «skrót wyrazu: *tysiąc*, pisany z kropką, stawiany zwykle po wymienionej liczbie, czytany jako cały odmieniany wyraz»: 25 tys. (*czyt.* tysięcy).

tysiąc *m II, D.* tysiąca, *C.* tysiącowi (*nie*: tysiącu), *Ms.* tysiącu, *lm M.* tysiące (*nie*: tysięce), *D.* tysięcy (*wym.* tysięcy, *nie*: tysięcy; ani *nie*: tysiąców) 1. «liczebnik główny oznaczający liczbę 1000; skrót: tys.»: Brak mi paru tysięcy złotych. △ Liczebnik *tysiąc* we wszystkich przypadkach łączy się z rzeczownikiem w dopełniaczu, np.: Tysiącowi żołnierzy (*nie*: tysiącu żołnierzom). Album z tysiącem ilustracji (*nie*: z tysiąc ilustracjami). O tysiącu żołnierzy (*nie*: o tysiącu żołnierzach). △ Liczebnik *tysiąc* z rzeczownikiem łączy się z orzeczeniem w *lp*, w czasie przeszłym w rodzaju nijakim lub czasem w rodzaju męskim, gdy obok wyrazu *tysiąc* występuje przydawka w rodzaju męskim, np.: Tysiąc żołnierzy idzie, szło (*nie*: idą, szli), *ale*: Cały tysiąc żołnierzy zginął. △ W *lm* liczebnik *tysiąc* łączy się z liczebnikami od 2—4 na podstawie związku zgody, z liczebnikami od 5 — na podstawie związków rządu, z orzeczeniem w *lp*, w czasie przeszłym w rodzaju nijakim: Dwa, trzy, cztery tysiące turystów przybywa, przybyło (*nie*: przybywają, przybyły) do Krakowa. Pięć... dziewięć... tysięcy złotych leży, leżało (*nie*: leżą, leżały) na stole. △ W liczebnikach porządkowych wielowyrazowych liczebnik oznaczający tysiące jest używany w formie liczebnika głównego (w takich użyciach *ndm*), np.: W roku tysiąc dziewięćset (*nie*: tysiącznym dziewięćsetnym) siedemdziesiątym pierwszym (*ale*: w roku tysiącznym). 2. częściej w *lm* «liczebnik nieokreślony: mnóstwo, bardzo dużo, wiele»: Tysiąc a. tysiące spraw czeka na mnie. W tysiącu wypadków. △ *Tysiąc* w tej funkcji łączy się z orzeczeniem w formie *lp*, w czasie przeszłym w rodzaju nijakim, *rzad.* w *lm*: Tysiące ludzi ginie, ginęło, *rzad.* giną, ginęły w czasie wojny. 3. zwykle w *lm* «wielkie sumy pieniędzy; kapitały, bogactwo»: Tysiące przepadły mu podczas wojny. 4. tylko w *lp* B. = D. «gra w karty»: Grać w tysiąca (*nie*: w tysiąc).

|| *D Kult. I, 252, 755; U Pol. (2), 359; GPK Por. 186, 240.*

tysiąckroć (*wym.* tysiąckroć, *lepiej* niż: tysiąckroć; *ale*: częstokroć) *książk.* «tysiąc razy»: Powtarzać coś po tysiąckroć (*nie*: tysiąckroć razy).

tysiąckrotny (*nie*: tysiąckrotny).

tysiąclecie *n I, lm D.* tysiącleci (dopuszczalna pisownia: 1000-lecie): Tysiąclecie Polski.

tysiącletni (*nie*: tysiącletny): Tysiącletnie miasto. △ *niepoprawne* Tysiącletnia rocznica (*zamiast*: tysiąclecie a. tysiączna rocznica).

tysiączłotówka (*wym.* tysiąc-złotówka) *ż III, lm D.* tysiączłotówek: Płacił samymi tysiączłotówkami.

tysiączny (*nie*: tysięczny, *ale*: dwutysięczny, czterotysięczny, wielotysięczny itp.) odm. jak przym., *m-os.* tysiączni «liczebnik porządkowy odpowiadający liczbie tysiąc» (pisane całym wyrazem a. cyframi bez końcówek — arabskimi z kropką, rzymskimi bez kropki): Tysiączna rocznica albo 1000. rocznica (*nie*: 1000-a rocznica; tysiącletnia rocznica — pleonazm). △ W liczebnikach porządkowych wielowyrazowych liczebniki oznaczające tysiące są używane w formie liczebników głównych: Tysiączna stronica, *ale*: stronica tysiąc pierwsza. Rok tysiączny, *ale*: rok tysiąc dziewięćset siedemdziesiąty. *Por.* tysiąc.

Tytan *m IV* 1. *D.* Tytana, *blm* «satelita planety Saturn»
2. tytan, *D.* tytana, *lm M.* tytani, zwykle w *lm* «jeden z 12 gigantów, bóstw greckich; *przen.* człowiek wielki fizycznie lub moralnie»: Strącenie tytanów do Tartaru. △ *przen.* Tytan pracy. 3. tytan, *D.* tytanu, *blm* «pierwiastek chemiczny»: Znak chemiczny tytanu. Stopy tytanu.

tytka *ż III, lm D.* tytek *reg. posp.* «torebka papierowa w kształcie rożka»

tytłać *ndk I*, tytłaliśmy (p. akcent § 1a i 2) — **utytłać** *dk posp.* «brudzić, walać»: Utytłać płaszcz w błocie.

tytoń (*nie*: tytuń) *m I, D.* tytoniu.

tytularny *m-os.* tytularni «mający prawo do używania tytułu, lecz nie pełniący funkcji związanej z tym tytułem; honorowy, nominalny»: Tytularny członek Akademii Nauk. Tytularny biskup. Tytularny urząd.

tytuł *m IV, D.* tytułu (*nie*: tytułu) 1. «nazwa książki, dzieła lub poszczególnych rozdziałów; także samo dzieło»: Tytuł książki. Praca, książka pod tytułem (skrót: pt.): „Wiosna na wsi". W biblioteczce było 4500 tytułów. 2. «nazwa godności, urzędu»: Tytuł naukowy, honorowy. Tytuł arystokratyczny, dziedziczny, szlachecki. Tytuł profesora, doktora, inżyniera. Tytuł hrabiego, księcia. Rektorowi wyższej uczelni przysługuje tytuł: magnificencja. 3. «podstawa prawna czegoś, powód, racja»: Tytuł własności. Tytuł egzekucyjny. □ *przen.* T. do czego «uprawnienie; pretekst»: Tytuł do chwały. △ *książk.* Z tytułu czegoś, z jakiegoś tytułu «z racji czegoś, z jakiejś racji»: Rozporządzał majątkiem rodzinnym z tytułu swojego starszeństwa. △ *książk.* Tytułem czegoś «w charakterze czegoś, jako coś»: Wziął pieniądze tytułem zaliczki. Zrobił to tytułem próby.

tytułować *ndk IV*, tytułowaliśmy (p. akcent § 1a i 2) □ T. kogo kim, czym: Tytułowano go prezesem.

tytułowy 1. «dotyczący tytułu, nagłówkowy»: Strona tytułowa. **2.** *m-os.* tytułowi «wymieniony w tytule»: Tytułowa rola. Tytułowy bohater.

*tytuły zawodowe kobiet p. nazwy i tytuły zawodowe kobiet.

Tyzenhaus *(wym.* Tyzenhau-z) *m IV, D.* Tyzenhausa *(wym.* Tyzenhau-za, p. akcent § 7), *lm M.* Tyzenhausowie.
Tyzenhaus *ż ndm* — Tyzenhausowa *ż* odm. jak przym. — Tyzenhausówna *ż IV, D.* Tyzenhausówny, *CMs.* Tyzenhausównie *(nie:* Tyzenhausównej), *lm D.* Tyzenhausówien.

tzn. «skrót wyrażenia: *to znaczy*, pisany z kropką, czytany jako całe wyrażenie, stawiany zwykle po wyrazie, zwrocie, wymagającym dopowiedzenia, wyjaśnienia»: Zabieram się do innej pracy, tzn. do porządkowania książek.

tzw. «skrót wyrażenia: *tak zwany*, pisany z kropką, czytany jako całe wyrażenie, także w przypadkach zależnych; częste przed wyrazem, który chcemy podać w wątpliwość lub któremu chcemy nadać odcień ironiczny, lekceważący»

I u (pisownia) p. ó.

II u «przyimek łączący się z rzeczownikami (a. innymi wyrazami w ich funkcji) w dopełniaczu; rzeczownik ten może oznaczać»: **1.** «całość, której coś jest uzupełnieniem lub częścią składową»: Klamka u drzwi. Palec u nogi. Klamra u pasa. **2.** «przedmiot, w pobliżu którego coś się znajduje lub dzieje; w znaczeniu tym *u* łączy się głównie z nazwami wejść, wyjść i krańcowych części przedmiotów», np.: u drzwi, u bramy, u wylotu, u źródeł, u nóg, u sufitu, u stóp, u góry, u dołu. △ W języku potocznym zastępowany jest przyimkami: *przy, koło, pod*, np.: przy wejściu, koło drzwi, pod bramą, pod sufitem. **3.** «osobę będącą właścicielem lub użytkownikiem miejsca, w którym coś się znajduje lub dzieje», np.: Mieszkać u rodziców. Wychowywać się u ciotki. Bywać u znajomych. Pieniądze były schowane u babci. **4.** «osobę, która świadczy jakieś usługi, dostarcza czegoś»: Uczyć się u profesora. Zamówić ubranie u krawca, meble u stolarza. Zdawać u profesora, *rzad.* przed profesorem. △ Nic u niego nie wyprosisz (*lepiej*: Nic od niego nie wyprosisz). △ *niepoprawne* Pytać

u kogoś (*zamiast*: Pytać kogoś). △ W okrzykach (np.: u diabła, u licha, u pioruna itp.) *u* występuje obocznie z *do*, np.: do diabła, do licha, do pioruna itp. △ *niepoprawne* jest użycie *u* dla oznaczenia posiadacza, właściciela czegoś, np. U niego jest piękny dom (*zamiast*: On ma piękny dom). || D Myśli 100.

u- 1. «przedrostek tworzący czasowniki pochodne z uwydatnieniem odcieni uzupełniających znaczenie czasownika podstawowego»: **a)** «doprowadzenie czynności do skutku, do wyczerpania możliwości dalszej realizacji», np.: ubić, udręczyć, ugotować, uprosić, ustroić, utkać. **b)** «zabranie, usunięcie czegoś, oddalenie się skądś, zniknięcie», np.: ujść, umknąć, uniknąć, usunąć, uwieźć. **c)** «odjęcie części, zmniejszenie ilości, rozmiarów czegoś», np.: uciąć, ucinać, udrzeć, ukroić, ukruszyć, ułamać. **d)** «ogarnięcie czynnością czegoś, rozszerzenie czynności na coś», np.: umazać, usłać. **e)** «doprowadzenie czynności do pożądanego wyniku, do kresu», np.: ukołysać, ukoić, ubawić, upiec, upić się. **f)** «dokonanie czynności na przekór czemuś, mimo trudności, przeszkód», np.: uleżeć, usiedzieć, ustrzec. **g)** «trwałość, stabilizację czynności», np.: ułożyć się, usadowić się. **2.** «przedrostek tworzący odprzymiotnikowe i odrzeczownikowe czasowniki», np.: ubłocić, umuzykalnić, upewnić, uskrzydlić, uwiecznić, uzupełnić. △ *u-* jest formantem słowotwórczym często dziś stosowanym i tworzącym dużo czasowników tego typu, np.: uatrakcyjnić, urentownić, ukierunkować. **3.** «część składowa formacji utworzonych z wyrażeń syntaktycznych», np.: ubocze, ustronie. || *Kl. Aleź 19.*

uaktualnić *dk VIa*, uaktualnij, uaktualniliśmy (p. akcent § 1a i 2) — **uaktualniać** *ndk I*, uaktualnialiśmy: Uaktualnić jakieś sprawy, tematykę.

uaktywnić *dk VIa*, uaktywnij, uaktywniliśmy (p. akcent § 1a i 2) — **uaktywniać** *ndk I*, uaktywnialiśmy: Uaktywnić załogę, członków organizacji. || *Kl. Aleź 19.*

! uasabiać p. uosabiać.

uatrakcyjnić *dk VIa*, uatrakcyjnij, uatrakcyjniliśmy (p. akcent § 1a i 2) — **uatrakcyjniać** *ndk I*, uatrakcyjnialiśmy □ U. co — (komu): Uatrakcyjnić gościom pobyt. Uatrakcyjnić wykład, zabawę. || *Kl. Aleź 19.*

ubaw *m IV, D.* ubawu *wiech.* «wesoła zabawa, rozrywka; ubawienie się»: Aleście mieli ubaw! △ Ubaw po pachy «wspaniała zabawa, uciecha»

ubawić *dk VIa*, ubawię, ubaw, ubawiliśmy (p. akcent § 1a i 2) □ U. kogo — czym: Ubawić zebranych wesołymi opowiadaniami, dowcipami.

ubezpieczać *ndk I*, ubezpieczaliśmy (p. akcent § 1a i 2) — **ubezpieczyć** *dk VIb*, ubezpieczyliśmy **1.** «zawierać umowę z instytucją ubezpieczeniową dla otrzymania odszkodowania za straty przewidziane w umowie» □ U. kogo, co — od czego: Ubezpieczać budynki od pożaru, pola od gradu, mieszkanie od kradzieży itp. □ U. na co, na wypadek czego: Ubezpieczać na życie, na wypadek choroby. **2.** «chronić, ochraniać (*częściej*: zabezpieczać; osłaniać)» □ U. kogo, co — przed kim, czym: Ubezpieczać wsie przed powodzią, pola uprawne przed dzikami. □ U. kogo, co: Ubezpieczać transport, wywiadowców. Nasz oddział ubezpieczał tyły.

ubezpieczalnia *ż I, lm D.* ubezpieczalni, *rzad.* ubezpieczalń. △ Ubezpieczalnia Społeczna.

ubezpieczenie *n I*: Towarzystwo ubezpieczeń. Agent od ubezpieczeń. △ Ubezpieczenie chorobowe «zapewnienie opieki lekarskiej i materialnej ubezpieczonemu choremu» △ Państwowy Zakład Ubezpieczeń (skrót: PZU). □ Składnia jak: ubezpieczać. △ Ubezpieczenie od ognia, od kradzieży, od wypadku. △ Ubezpieczenie na wypadek choroby. △ Ubezpieczenie na życie «zapewnienie wypłaty odpowiedniej sumy w razie śmierci ubezpieczonego» △ *środ. wojsk.* Ubezpieczenie marszowe «oddział chroniący kolumnę marszową przed nieprzyjacielem» △ Wystawić ubezpieczenie «wystawić oddział ubezpieczający, osłaniający kogoś, coś» □ U. przed czym «urządzenie zapobiegające czemuś»: Ubezpieczenie przed upadkiem, przed lawinami. △ *niepoprawne* w zn. «gwarancja, rękojmia, zabezpieczenie», np. Ubezpieczenie (*zamiast*: zabezpieczenie) wekslowe.

ubezpieczyć p. ubezpieczać.

ubezwładnić *dk VIa,* ubezwładnij, ubezwładniliśmy (p. akcent § 1a i 2) — **ubezwładniać** *ndk I,* ubezwładnialiśmy *przestarz.,* p. obezwładnić: Ubezwładnić (*dziś*: obezwładnić) napastnika.

ubezwłasnowolnić *dk VIa,* ubezwłasnowolnij, ubezwłasnowolnimy, ubezwłasnowolniliśmy (p. akcent § 1a i 2).

ubić *dk Xa,* ubiję, ubij, ubiliśmy (p. akcent § 1a i 2) — **ubijać** *ndk I,* ubijaliśmy; w zn. «zabić (zwierzę)»: Ubić dzika. Ubić na polowaniu dużo zwierzyny. Ubili pod nim konia.

ubiec a. **ubiegnąć** *dk Vc,* ubiegnę, ubiegnie, ubiegnij, ubiegł (*nie*: ubiegnął), ubiegliśmy (p. akcent § 1a i 2) — **ubiegać** *ndk I,* ubiegaliśmy **1.** «biegiem przebyć jakąś odległość; przebiec»: Ubiec sto metrów, kawał drogi. **2.** «przybiec, przyjść, zrobić coś prędzej, wcześniej niż ktoś inny; wyprzedzić» □ U. kogo — w czym: Kolega ubiegł go w staraniach o stypendium zagraniczne. **3.** nieprzech. «o czasie: minąć, upłynąć»: Ubiegł już rok, miesiąc itp. od chwili mojego powrotu.
ubiegać się □ U. się o co «starać się, zabiegać o coś»: Ubiegać się o posadę. || *Kl. Alež 31.*

ubiegły «miniony; zeszły; przeszły»: *książk.* Ubiegłe fakty, wydarzenia itp. Ubiegły rok, miesiąc, tydzień, karnawał, ubiegła zima.

ubierać *ndk I,* ubieraliśmy (p. akcent § 1a i 2) — **ubrać** *dk IX,* ubiorę (*nie*: ubierę), ubierze, ubierz, ubraliśmy **1.** «wkładać (na kogoś a. na coś) odzież, obuwie, nakrycie głowy itp.» □ U. kogo, co — w co: Ubierać dziecko w płaszczyk, w buciki, w ciepłą czapkę. Matka ubrała córeczkę w nową sukienkę. Ubierać pannę młodą do ślubu. □ U. kogo — za kogo, za co «przebierać kogoś za kogoś»: Ubierać chłopca za krasnoludka, dziewczynkę za krakowiankę. △ *przen.* Ubierać myśli w słowa. △ *niepoprawne* w zn. «wkładać, kłaść, nakładać (na siebie), ubierać się w coś», np. Ubrać (na siebie) futro (*zamiast*: włożyć futro, ubrać się w futro). **2.** «sprawiać komuś odzież, obuwie»: Ubrać kogoś elegancko, skromnie. □ U. kogo — w co: Ubierał żonę w futra, w strojne suknie. **3.** «ozdabiać, przystrajać, przybierać» □ U. co — czym, *przestarz.* w co: Ubrać (*częściej*: przybrać) suknię haftem, koronkami. Ubrać choinkę

świecidełkami, *przestarz.* w świecidełka. **4.** tylko *ndk* «szyć dla kogoś odzież»: Krawiec Nowak ubierał wszystkich elegantów w mieście.
ubierać się — ubrać się: Ubierać się ładnie, twarzowo, odpowiednio. □ U. się w co (*nie*: ubierać co) «wkładać coś na siebie»: Ubierać się w fartuch, w kożuch, w wieczorową suknię, w roboczy kombinezon, w kalosze. □ U. się na co, do czego «wkładać odzież odpowiednią do czegoś»: Ubierać się do roboty, do wyjścia, na bal, na wycieczkę. □ (tylko *ndk*) U. się u kogo «być stałym klientem danego krawca, szyć sobie u niego odzież»: Ubierała się u najdroższej krawcowej. △ Umieć się ubrać (*rzad.* ubierać) «umieć ładnie dobrać odzież do typu urody, mieć dobry gust» || *U Pol. (2), 158.*

ubijacz *m II, lm D.* ubijaczy, *rzad.* ubijaczów **1.** «narzędzie ręczne do ubijania ziemi, bruku itp.»: Tłuc ziemię ubijaczem. **2.** *techn.* «robotnik obsługujący ubijarkę lub zatrudniony przy ubijaniu bruku»: Przy brukowaniu ulicy zatrudniono paru ubijaczy.

ubijać p. ubić.

ubijak *m III* **1.** *techn.* «część ubijarki (maszyny do ubijania); narzędzie elektryczne lub ręczne do ubijania nawierzchni, masy odlewniczej itp.»: Nawierzchnie wyrównywano ubijakiem. **2.** «duży tłuczek do ubijania kapusty, rozgniatania owoców itp.»

ubikacja *ż I, DCMs.* i *lm D.* ubikacji **1.** «klozet, ustęp» **2.** *wych. z użycia* «pomieszczenie, pokój»

ubiorek *m III, D.* ubiorka a. ubiorku, *rzad.* zdr. od ubiór.

ubiór *m IV, D.* ubioru *książk.* «ubranie, strój»: Ubiór ranny, domowy. Sklep z ubiorami męskimi.

ubliżać *ndk I,* ubliżaliśmy (p. akcent § 1a i 2) — **ubliżyć** *dk VIb,* ubliżyliśmy □ U. komu — czym: Pijak ubliżał kobiecie najgorszymi słowami. Taka odpowiedź mi ubliża. To ubliża dumie narodowej. Coś jest dla kogoś ubliżające.

ubłagać *dk I,* ubłagaliśmy (p. akcent § 1a i 2) — *rzad.* **ubłagiwać** *ndk VIIIb,* ubłaguję (*nie*: ubłagiwuję, ubłagiwam), ubłagiwaliśmy **1.** «błaganiem uzyskać coś, skłonić kogoś do czegoś; uprosić» □ U. co u kogo: Ubłagał u matki przebaczenie. □ U. kogo o co: Ubłagał dowódcę o pozostanie w jego kompanii. □ U. kogo, żeby...: Ubłagała ojca, żeby jej pozwolił wyjechać. **2.** *częściej*: przebłagać: Starał się ubłagać zagniewaną żonę.

ubocze *n I, lm M.* ubocza, *D.* uboczy; *reg.* **ubocz** *ż VI, lm M.* ubocze *przestarz.* w zn. «okolica, miejsce położone z boku; ustronie» △ dziś żywe w wyrażeniach: na uboczu, z uboczu «Wieś położona na uboczu. △ Iść, oddalić się, usunąć się, zejść na ubocze «iść, oddalić się itp. na bok, na stronę; *przen.* wycofać się z czynnego życia, odsunąć się od dotychczasowego środowiska» △ Być, stać, trzymać się na uboczu (od kogoś, czegoś) «trzymać się z boku, z dala od czegoś, np. od jakiegoś środowiska, od jakichś wydarzeń» △ *rzad.* Przypatrywać się czemuś z ubocza.

ubodnąć p. ubóść.

ubogi *m-os.* ubodzy, *st. w.* uboższy **1.** nieco *książk.* «biedny, niezamożny; świadczący o biedzie; nędzny, lichy»: Ubogi człowiek. Uboga rodzina. **2.** «zawierający czegoś mało, niewielki, nieobfity»: Uboga roślinność, ziemia. □ U. w co «niedostatecznie w coś zaopatrzony, niezasobny»: Okolice ubogie w drzewo, w wodę. Utwór ubogi w treść. △ *książk.* Ubogi duchem «prymitywny, ograniczony»

ubolewać *ndk I*, ubolewaliśmy (p. akcent § 1a i 2) □ U. nad kim, czym: Ubolewać nad chorymi, nad nieszczęściem, nad zniszczeniem.

ubożuchny *m-os.* ubożuchni; a. **ubożutki** *m-os.* ubożutcy: Ubożuchny (ubożutki) staruszek. Ubożuchny (ubożutki) dom.

ubożyć *ndk VIb*, uboż, *rzad.* ubóż, ubożył, ubożyliśmy (p. akcent § 1a i 2) — **zubożyć** *dk* 1. *przestarz.* «czynić uboższym, ubogim, prowadzić kogoś do ubóstwa» □ U. kogo, co (czym). Ubożyć ludność podatkami. Ubożyć podbity kraj. 2. «czynić mniej zasobnym, mniej licznym, mniej różnorodnym»: Zła gospodarka ubaży lasy.

ubój (*nie*: uboj) *m I*, D. uboju, zwykle *blm*: Bydło na ubój. Ubój bydła, świń.

ubóstwiać *ndk I*, ubóstwialiśmy (p. akcent § 1a i 2) — *rzad.* **ubóstwić** *dk VIa*, ubóstwię, ubóstwij, ubóstwiliśmy 1. «czynić bóstwem, uważać za bóstwo, czcić jako bóstwo»: Ubóstwiać siły przyrody. Juliusz Cezar został po śmierci ubóstwiony. 2. tylko *ndk* «czcić, wielbić, uwielbiać»: Ubóstwiać naukę, wiedzę. Ubóstwiać kobiety, sztukę.

ubóstwo *n III*, zwykle *blm książk.* «bieda»: Żyć w ubóstwie. △ Ubóstwo języka, myśli, treści, wyobraźni.

ubóść (*nie*: ubość) *dk XI*, ubodę, ubodzie, ubódź (*nie*: ubodź), ubódł (*nie*: ubodł), ubodła, ubodli, ubodliśmy (p. akcent § 1a i 2), ubodzony, ubodzeni; *rzad.* **ubodnąć** *dk Vc*, ubodnę, ubodnie, ubódł (*nie*: ubodnął), ubodliśmy □ U. kogo — czym «ukłuć, uderzyć mocno czymś ostrym»: Ubóść konia ostrogami. Ubóść kogoś szydłem. Krowa ubodła chłopca rogami. △ *przen.* Ubodła mnie tą złośliwą uwagą. Ubodła mnie jej złośliwa uwaga.

ubrać p. ubierać.

ubranie *n I* 1. «odzież; w węższym zn.: garnitur męski»: Letnie, zimowe, lekkie, ciepłe, wierzchnie ubranie. Mieć dużo, mało ubrania. Kupić, zamówić, uszyć ubranie. Ubranie dobrze, źle na kimś leży. □ U. na co a. jakie: Ubranie na bal, na wieczór, na wizytę a. ubranie balowe, wieczorowe, wizytowe. □ U. do czego a. jakie: Ubranie do podróży, do wyjścia a. ubranie podróżne, wyjściowe. □ U. z czego: Ubranie z jedwabiu, z wełny. □ U. po kim «ubranie pozostałe po kimś a. znoszone przez kogoś»: Synowie nosili ubrania po ojcu. □ U. z kogo «ubranie znoszone przez kogoś»: Ubranie ze starszego brata. 2. *wych. z użycia* «przybranie, upiększenie, ozdoba»: Ubranie sukni, kapelusza.

ubranko (*nie*: ubrańko) *n II*, *lm* D. ubranek «chłopięcy garniturek»: Aksamitne, marynarskie ubranko.

ubyć *dk*, ubędzie, ubył, ubyłby (p. akcent § 4c) — **ubywać** *ndk I*, ubywałby 1. «odejść, oddalić się, przestać być w jakiejś zbiorowości; umrzeć; zostać skądś zabranym»: Ubył nam dobry pracownik. Z pokoju ubyły dwa krzesła. 2. tylko w bezokol. i 3. os. *lp* — zawsze z dopełniaczem: Ubyło, ubywa

czego a. kogo (komu, gdzie) «jest czegoś a. kogoś mniej, coraz mniej»: Z garnka ubyło mleka. Ubyło wody w studni. Komuś ubyło sił. Drużynie ubyło kilka osób. △ Ubyło, ubywa dnia, nocy (*nie*: dzień, noc) «dzień, noc robią się coraz krótsze»

ubytek *m III*, D. ubytku 1. «zmniejszenie się ilości a. liczby; ubycie, ubywanie» □ U. czego: Ubytek sił. Zarząd niepokoił się stałym ubytkiem dochodów przedsiębiorstwa. 2. «to, co ubyło, różnica między tym, co było przed ubyciem, a tym, co jest po ubyciu» □ U. w czym: Strata kilku koni to znaczny ubytek w gospodarstwie. *Ale* tylko: Ubytek na wadze (*nie*: w wadze).

ubywać p. ubyć.

ucałować *dk IV*, ucałowaliśmy (p. akcent § 1a i 2) «pocałować (z odcieniem serdeczności albo w zn. konwencjonalno-towarzyskim)»: Ucałowała dzieci na dobranoc. Ucałować czyjąś dłoń. △ *pot.* Ucałować z dubeltówki «pocałować w oba policzki»

ucapić *dk VIa*, ucapię, ucap, ucapiliśmy (p. akcent § 1a i 2) *pot.* «uchwycić, złapać» □ U. kogo (za co): Ucapił przeciwnika i trzymał go mocno. Ucapił go za kark.

uchaty *m-os.* uchaci; a. **uszaty** *m-os.* uszaci 1. «mający ucho a. ucha»: Uchata (uszata) czapka. Uchate (uszate) naczynie. 2. *częściej* «uszaty «mający duże uszy (o człowieku lub zwierzęciu)»: Uszaty chłopak. Uszaty zając. △ Sowa uszata «gatunek sowy»

ucho *n II* 1. *lm* M. uszy, D. uszu (*rzad.* uszów), C. uszom, N. uszami (*przestarz.* też: uszyma), Ms. uszach «narząd słuchu»: Lewe, prawe ucho. Dwoje uszu (*nie*: dwa uszy). Odstające uszy. Ogłuchnąć na jedno ucho, na oba uszy. Odmrozić ucho, uszy. △ Kłaść, tulić uszy, kłaść uszy po sobie **a)** «o zwierzęciu: zbliżać uszy do głowy» **b)** *pot.* «o człowieku: stawać się potulnym, pokornym» △ Świdrować uszy a. w uszach «wywoływać przykre wrażenie słuchowe» △ Nastawiać, nadstawiać ucha a. uszu «słuchać pilnie, uważnie» △ *pot.* Słuchać jednym uchem (a drugim wypuszczać) «słuchać nieuważnie» △ Strzyc uszami, uchem **a)** «o zwierzęciu: szybko poruszać postawionymi uszami» **b)** *pot.* «o ludziach: nadsłuchiwać, podsłuchiwać» △ Kłaść coś komuś do uszu, w uszy, *rzad.* do ucha, w ucho «przekonywać kogoś o czymś usilnie» △ *pot.* Puszczać coś mimo a. koło uszu «nie słuchać czegoś, nie zważać na to, co ktoś mówi» △ *pot.* Natrzeć komuś uszu (*nie*: uszy) «skarcić kogoś, udzielić komuś nagany» △ *pot.* Po uszy «całkowicie, bardzo»: Zaangażować się w coś po uszy, tkwić w czymś po uszy, zadłużyć się, być w długach po uszy. Zakochać się po uszy. △ Mieć czegoś, kogoś po uszy, po same uszy, powyżej uszu «mieć czegoś (nieprzyjemnego) dość, za dużo, mieć kogoś dość» △ *wych. z użycia* Dobiegać, dochodzić do czyichś uszu, *przestarz.* czyichś uszu: Doszło (do) naszych uszu, że wasz syn dostał się w nieodpowiednie towarzystwo.
2. *lm* M. ucha, D. uch, C. uchom, N. uchami, Ms. uchach «uchwyt w kształcie pałąka, łuku itp. (zwykle uchwyt naczynia)»: Ucho dzbana. Dzban, kubek, rondel z uchem, z uchami, *ale*: Czapka z uszami (*nie*: z uchami) «czapka z klapkami spuszczanymi na uszy» △ Ucho igły «otworek w igle do nawlekania nitki» △ Ucho igielne (tylko w cytacie z Biblii). || *D Kult.* I, 744; *U Pol. (2)*, 243.

uchodzić *ndk VIa*, uchodzę, uchodź, uchodziliśmy (p. akcent § 1a i 2) — **ujść** *dk*, ujdę, ujdzie, ujdą, ujdź, uszedłem (*nie*: uszłem), uszedłeś (*nie*: uszłeś), uszła, uszliśmy **1.** częściej *dk*, *książk.* «odchodzić, uciekać»: Uchodzić skądś w panice. △ Ujść cało, z życiem «szczęśliwie wydostać się z niebezpieczeństwa» □ U. komu, czemu «uciec od kogoś, od czegoś»: Ujść wrogom. Ujść pogoni. □ U. czego, *rzad.* czemu «uniknąć czegoś»: Ujść gniewu, śmierci, niebezpieczeństwa (niebezpieczeństwu), kary (karze). △ Ujść uwagi «zostać nie zauważonym» **2.** «wypływać, wydobywać się skądś»: Dym uchodzi przez komin. Para uchodzi przez ten otwór a. tym otworem. □ U. z czego «Woda ze zbiornika uchodziła do rzeki. Dużo krwi uszło mu z ran. **3.** tylko *dk* «idąc przebyć jakąś drogę»: Uszedł parę kroków. **4.** zwykle *ndk* «być uważanym, branym za kogoś, za coś» □ U. za kogo, za co: Uchodził za głupca. Uchodziła za piękność. Zrobił gest mogący uchodzić za ukłon. **5.** tylko w 3. os. i w bezokol. «nie pociągać za sobą przykrych konsekwencji»: Był lubiany, wiele mu uchodziło. △ Uchodzić na sucho, płazem: Te wybryki nie ujdą ci na sucho. **6.** *pot.* (zwykle *dk* i tylko w 3. os. i bezokol.) «nadać się, nieźle wyglądać» (często w zwrocie: Ujść w tłoku) «Ta sukienka, choć niemodna, mogła jeszcze ujść. Czy to ładna dziewczyna? — Ujdzie w tłoku. △ *przestarz.* Nie uchodzi «nie wypada» **7.** uchodzić *dk*, tylko w *pot.* zwrocie: Uchodzić nogi «bardzo się nachodzić, zmęczyć się chodzeniem»
uchodzić się *dk pot.* «nachodzić się, zmęczyć się chodzeniem»

uchodźstwo (*nie*: uchodztwo) *n III*, zwykle *blm*: Być na uchodźstwie. Wracać z uchodźstwa.

uchować *dk I*, uchowaliśmy (p. akcent § 1a i 2) w zn. «zachować, uchronić, ustrzec» □ U. co — przed kim, czym (*nie*: od kogo, od czego): Uchować zboże przed szkodnikami. Nic nie mogę w domu uchować przed moimi dziećmi. △ *wych. z użycia* Uchowaj Boże, Bóg; niech Bóg uchowa «absolutnie nie, nic podobnego; niech się to nie zdarzy, nie stanie»
uchować się w zn. «ujść zniszczeniu, przechować się, uchronić się, ocaleć»: Dzieła sztuki, pieniądze uchowały się w skrytce. △ *pot.* Ktoś się jakimś uchował «ktoś się ostał, pozostał jako jeden z nielicznych (często *żart.*, *iron.*)»: Gdzie ty się taki naiwny uchował?

uchronić *dk VIa*, uchroń, uchronimy, uchroniliśmy (p. akcent § 1a i 2) □ U. kogo, co — od kogo, czego, *rzad.* przed kim, czym: Uchronić ludzi od chorób, od kary, od nędzy. Uchronić rośliny od zmarznięcia. Uchronić kogoś przed cierpieniem, przed śmiesznością.
uchronić się □ U. się od czego, *rzad.* przed czym: Uchronić się od zimna. Nie uchroniła się przed ludzką zazdrością.

uchwalić *dk VIa*, uchwalimy, uchwaliliśmy (p. akcent § 1a i 2) — **uchwalać** *ndk I*, uchwalaliśmy: Uchwalić budżet, ustawę, rezolucję. Uchwalić coś jednogłośnie, przez aklamację, większością głosów.

uchwała *ż IV*: Doniosła, jednomyślna, zgodna uchwała. Podejmować, podjąć, powziąć uchwałę. Zatwierdzić uchwałę. Głosować za uchwałą, przeciw uchwale. □ U. o czym: Uchwała o ochronie zabytków.

uchwycić *dk VIa*, uchwycę, uchwyć, uchwyciliśmy (p. akcent § 1a i 2) □ U. kogo, co — czym — za co «ująć szybko, złapać, schwytać»: Uchwycić psa za obrożę, konia za uzdę. Uchwycić ręką poręcz.
uchwycić się □ U. się czego, *rzad.* za co: Uchwycić się poręczy, burty statku, gałęzi (za gałąź).

uchybić *dk VIa*, uchybię, uchyb, uchybimy, uchybiliśmy (p. akcent § 1a i 2) — **uchybiać** *ndk I*, uchybialiśmy □ *książk.* U. komu, czemu (w czym) «obrazić kogoś, czyjąś godność, ubliżyć komuś, czemuś»: Uchybić kobiecie, powadze, wiekowi, czyjejś pamięci. Uchybić komuś w grzeczności. □ U. czemu «postąpić niezgodnie z czymś»: Uchybić gościnności.

uchybienie *n I książk.* **a)** «usterka, błąd»: Uchybienia językowe. Uchybienie formalne. **b)** «wykroczenie przeciw jakimś normom, czyn niewłaściwy; ubliżenie komuś» □ U. w czym, wobec kogo: Został usunięty za drobne uchybienie w pracy. Uchybienie wobec zwierzchnika. Dopuścić się uchybienia wobec kogoś. □ U. czemu «niezachowanie czegoś»: Uchybienie regulaminowi, obowiązkom.

uchylić *dk VIa*, uchyl, uchylimy, uchyliliśmy (p. akcent § 1a i 2) — **uchylać** *ndk I*, uchylaliśmy □ U. co a. czego (nieco, trochę): Uchylić drzwi, przyłbicy, powiek. Uchylić okno, firankę, zasłonę a. okna, firanki, zasłony. △ Uchylić czapki, kapelusza «ukłonić się unosząc czapkę, kapelusz» △ Uchylić rąbka tajemnicy «wyjawić częściowo tajemnicę» □ U. co — od czego (*nie*: przed czym) «usunąć coś spod zasięgu czegoś, odchylić w bok, do tyłu»: Uchylić głowę, grzbiet od ciosu, od razów (*nie*: przed ciosem, przed razami). △ Uchylić uchwałę, postanowienie, wyrok itp. «unieważnić»
uchylić się — **uchylać się** □ U. się od czego (*nie*: przed czym) «odsunąć się unikając czegoś; uniknąć czegoś, wymówić się od czegoś»: Uchylić się od ciosu. Uchylić się od odpowiedzialności, od obowiązków.

uchytrzyć się *niepoprawne* zamiast: sprytnie coś zrobić, od czegoś się wykręcić; znaleźć, wymyślić na coś sposób, wybieg.

uciąć *dk Xc*, utnę, utnie, utnij, uciąłem (*wym.* uciołem; *nie*: ucięłem), uciął (*wym.* ucioł), ucięła (*wym.* ucięła), ucięliśmy (*wym.* ucięliśmy, p. akcent § 1a i 2) — **ucinać** *ndk I*, ucinaliśmy **1.** «oddzielić cięciem, odciąć, odrąbać, ściąć»: Uciąć warkocz, ogon. Uciąć gałąź. △ *pot.* Jak uciął, *rzad.* jak nożem uciął **a)** «od razu, nagle»: Wszyscy zamilkli — jak uciął. **b)** «dokładnie, równo»: Kosztowało dziesięć tysięcy — jak uciął. △ *pot.* Uciąć (sobie) rozmowę, pogawędkę itp. «porozmawiać chętnie» △ *pot.* Uciąć sobie drzemkę «pospać jakiś czas, zdrzemnąć się» △ *pot.* Uciąć flirt, romans «poromansować, poflirtować z kimś» △ *pot.* Uciąć koguta «zaśpiewać fałszywie» **2.** «ukłuć czymś ostrym; ukąsić, ugryźć (zwykle o owadach)» □ U. kogo — w co: Osa ucięła go w ucho.

uciążliwy *m-os.* uciążliwi, *st. w.* uciążliwszy a. bardziej uciążliwy. □ U. dla kogo, czego (*nie*: komu, czemu) «dokuczliwy»: Podatek uciążliwy dla płatnika. Był dla nas bardzo uciążliwym gościem. □ U. w czym «trudny, wymagający wysiłku»: Aparat uciążliwy w obsłudze.

ucichnąć

ucichnąć *dk Vc*, ucichnę, ucichnij, ucichł, ucichła, ucichliśmy (p. akcent § 1a i 2) — **ucichać** *ndk I*, ucichaliśmy: Rozmowa ucichła. Ucichły grzmoty. △ *nieos.* Ucichło «zapanowała cisza»: W klasie ucichło.

uciec (*nie*: ucieknąć) *dk Vc*, ucieknę, ucieknie (*przestarz.* uciecze, np. w przysłowiu: Co się odwlecze, to nie uciecze), uciecknij, uciekł, uciekła, uciekliśmy (p. akcent § 1a i 2) — **uciekać** *ndk I*, uciekaliśmy: Uciec szybko, pędem. Uciec z krzykiem, w popłochu. Uciec z niewoli, z więzienia. Uciec z domu. Uciekać lasami, polami a. przez lasy, pola. Uciec samolotem. Uciec do rodziców, do domu. □ U. od kogo, od czego: Uciec od towarzystwa, od zabawy. △ *przen.* Uciec od samotności. □ U. przed czymś (co może nastąpić), przed kimś (ścigającym): Uciec przed pogonią, przed nadciągającą burzą, przed aresztowaniem. Uciec przed prześladowcami, przed policją.
uciec się — **uciekać się** □ *książk.* «posłużyć się czymś; użyć czegoś do jakiegoś celu»: Uciec się do kłamstwa, do podstępu. □ *książk.* U. się do kogo «udać się do kogoś, zwrócić się, odwołać się»: Uciec się do opiekuna, do sędziego, do dyrektora. △ Uciec się pod czyjąś opiekę.

ucieczka *ż III, lm D.* ucieczek: Nagła, paniczna, powszechna, sromotna ucieczka. Ratować się ucieczką. Rzucić się do ucieczki. Szukać ratunku w ucieczce. Plan, próba ucieczki. Zmusić do ucieczki. Ucieczka z domu, z niewoli, z wojska. □ U. od kogo, od czego: Ucieczka od rodziny, od rzeczywistości, od życia. □ U. przed kimś (ścigającym), przed czymś (co może nastąpić): Ucieczka przed nieprzyjacielem, przed pogonią. Ucieczka przed nędzą. △ Mieć w kimś, w czymś ucieczkę «mieć ostoję, ratunek»

uciekać p. uciec.

uciekawienie *niepoprawne* zamiast: uczynienie ciekawym. // *PJ 1968, 478.*

uciekinier *m IV, lm M.* uciekinierzy: Bezładna kupa uciekinierów.

! **ucieknąć** p. uciec.

ucieleśnić *dk VIa*, ucieleśnię, ucieleśnij, ucieleśniliśmy (p. akcent § 1a i 2) — **ucieleśniać** *ndk I*, ucieleśnialiśmy *książk.* «nadać realny kształt, stać się wcieleniem czegoś, urzeczywistnić»: Ucieleśnić dążenia epoki.

uciemiężać *ndk I*, uciemiężaliśmy (p. akcent § 1a i 2) — **uciemiężyć** *dk VIb*, uciemięż (*nie*: uciemiężyj), uciemiężyliśmy *książk.* «gnębić, prześladować, ciemiężyć»: Uciemiężał swoich poddanych. □ U. kogo czym: Uciemiężał mieszczan dużymi podatkami. △ Klasy, warstwy uciemiężone.

ucierać p. utrzeć.

ucierpieć *dk VIIa*, ucierpimy, ucierpiał, ucierpieliśmy (p. akcent § 1a i 2). □ U. od czego «ponieść szkodę»: Miasto ucierpiało od bombardowań. Drzewa ucierpiały od mrozów. □ U. na czym «doznać uszczerbku z powodu czegoś»: Sztuka ucierpiała na skrótach.

ucieszny *m-os.* ucieszni, *st. w.* ucieszniejszy a. bardziej ucieszny; *częściej*: pocieszny, np.: Ucieszny (*częściej*: pocieszny) dzieciak. Opowiadać ucieszne historyjki.

ucieszyć *dk VIb*, uciesz, ucieszyliśmy (p. akcent § 1a i 2) □ U. kogo — czym: Ucieszył dzieci drobnymi upominkami. Ucieszyć kogoś swoją wizytą. △ *książk.* Ucieszyć czymś oczy. Ucieszyć oczy pięknem krajobrazu.
ucieszyć się: Ucieszył się na widok rodzinnego domu. □ U. się czym a. z czego: Ucieszyć się dobrą wiadomością a. z dobrej wiadomości, prezentem a. z prezentu.

ucinać p. uciąć.

uciskać *ndk I*, uciskaliśmy (p. akcent § 1a i 2) — **ucisnąć** *dk Va*, uciśnie, uciśnij, ucisnąłem (*wym.* ucisnołem; *nie*: ucisnełem), ucisnął (*wym.* ucisnoł), ucisnęła (*wym.* ucisneła; *nie*: ucisła), ucisnęliśmy (*wym.* ucisneliśmy; *nie*: uciśliśmy), uciśnięty □ U. co — czym «przyciskać, ugniatać»: Uciskać ziemię rękami dookoła sadzonki w doniczce. Ucisnąć kolanami rzeczy w walizce. □ (tylko *ndk*) Coś kogo uciska (w co); coś uciska komu — co «coś ugniata, ciśnie, gniecie»: Kołnierzyk uciska kogoś w szyję a. uciska komuś szyję. Karabin uciskał mu ramię. △ *przen.* Smutek uciska mu serce. □ (tylko *ndk*) U. kogo, co — czym «nakładać na kogoś ciężary, gnębić czymś (w tym zn. imiesłów bierny: uciskany)»: Uciskać ludność, kraj podatkami.

uciśniony *m-os.* uciśnieni, *daw.* imiesłów bierny od. czas. ucisnąć, dziś żywy w zn. «gnębiony, skrzywdzony»: Naród, lud uciśniony przez zaborcę.
uciśniony w użyciu rzeczownikowym (czasem *iron.*) «osoba gnębiona, ciemiężona, krzywdzona»: Obrońca uciśnionych. Bronić, ratować uciśnionych.

uczcić (*nie*: uććić) *dk VIa*, uczczę, uczci, uczcij, uczciliśmy (p. akcent § 1a i 2), uczczony □ U. kogo, co (czym): Uczcić pamięć poległych minutą ciszy. Uczcić jubilata, uczcić czyjś jubileusz bankietem. Uczcić zwycięstwo salwą z dział. △ Uczcić czyjąś pamięć, czyjeś zasługi (*nie*: czyjąś śmierć). // *D Kult. I, 179.*

uczciwość (*nie*: uććiwość) *ż V*, zwykle *blm*: Bezwzględna, nieskazitelna, zwykła uczciwość. Znany z uczciwości. Wierzyć w czyjąś uczciwość. Słynąć z uczciwości. Odznaczać się uczciwością. △ *pot.* Chodząca uczciwość «ktoś bardzo uczciwy» □ U. w czym: Uczciwość w handlu, w postępowaniu.

uczciwy (*nie*: uććiwy) *m-os.* uczciwi, *st. w.* uczciwszy a. bardziej uczciwy: To najuczciwszy człowiek pod słońcem. Słowo uczciwego człowieka. Z gruntu był uczciwy. Uczciwa twarz. △ *pot.* Uczciwy kawał czegoś (np. drogi), uczciwa porcja «duży kawał, duża porcja czegoś»

uczelnia *ż I, lm D.* uczelni: Wyższa uczelnia. Uczelnia akademicka. Studiować na (wyższej) uczelni. Skończyć, ukończyć uczelnię.

uczennica (*nie*: uczenica) *ż II* **1.** «dziewczyna, kobieta ucząca się (zwykle w szkole podstawowej lub średniej)»: Dobra, pilna, słaba uczennica. Uczennica liceum. Uczennica którejś klasy. △ Pierwsza, ostatnia uczennica. **2.** «praktykantka»: Uczennica u krawcowej, u fryzjera. // *D Kult. I, 824; U Pol. (2), 485.*

uczeń *m I, lm M.* uczniowie, *D.* uczniów, *rzad.* uczni 1. «ten, kto się uczy, kształci, zwykle w szkole podstawowej lub średniej»: Celujący, dobry, średni, słaby, zły uczeń. Młodsi, starsi uczniowie. Uczniowie młodszych, starszych klas. Uczeń pierwszej klasy. Uczniowie pierwszej, drugiej itd. klasy a. pierwszych, drugich itd. klas (np. jeżeli poszczególnych klas jest w szkole więcej). △ Pierwszy, ostatni uczeń. 2. «praktykant, terminator»: Uczeń u krawca, stolarza, ślusarza itp. // *D Kult. I, 157; II, 476.*

uczepić *dk VIa,* uczepię, uczep, uczepiliśmy (p. akcent § 1a i 2) — **uczepiać** *ndk I,* uczepialiśmy □ U. co — na zawsze «przyczepić, przymocować, uwiązać, uwiesić»: Uczepiła firankę na sznurku. **uczepić się** □ U. się czego, za co, *rzad.* u czego (czym) «chwycić się, uwiesić się, złapać się czegoś»: Uczepić się rękami gałęzi, poręczy, za gałąź, za poręcz. Uczepić się czyjegoś ramienia, u czyjegoś ramienia. △ *przen.* Uczepić się jakiejś myśli, jakiegoś tematu.

uczesać p. czesać.

uczestnictwo *n III,* zwykle *blm* □ U. w czym «uczestniczenie, udział w czymś»: Uczestnictwo w wycieczce, w zebraniu. △ Karta uczestnictwa w wycieczce (*nie:* na wycieczkę). Zgłosić swoje uczestnictwo w czymś. Wezwać, zaprosić kogoś do uczestnictwa w czymś. Wycofać się z uczestnictwa w czymś. // *D Kult. I, 179.*

uczestniczyć *ndk VIb,* uczestnicz, uczestniczymy, uczestniczyliśmy (p. akcent § 1a i 2) □ U. w czym «brać w czymś udział; mieć w czymś swój udział»: Uczestniczyć w odbudowie kraju, w życiu społecznym, w wycieczce, w dyskusji. Uczestniczył w dochodach z tej transakcji.

uczestnik *m III, lm M.* uczestnicy: Uczestnik wycieczki, zjazdu, zabawy. △ *niepoprawne* Uczestnik (*zamiast:* członek) organizacji.

uczęszczać *ndk I,* uczęszczaliśmy (p. akcent § 1a i 2) *książk.* «bywać gdzieś często, chodzić gdzieś stale, brać w czymś udział» □ U. na co: Uczęszczać na posiedzenia, na odczyty, na kurs. □ U. do czego: Uczęszczać do biblioteki, do kina. △ Uczęszczać do szkoły (*ale:* uczęszczać na uniwersytet). // *U Pol. (2), 238.*

uczniak *m III, lm M.* ci uczniacy a. (z silniejszym zabarwieniem ekspresywnym) te uczniaki *lekcew.* «uczeń»: Dorośli zachowywali się jak uczniacy.

uczony *m-os.* uczeni, *st. w.* uczeńszy a. bardziej uczony «mający duży zasób wiedzy, erudycji»: Był bardzo skromny, choć taki uczony. Kopernik obcował z najuczeńszymi ludźmi swej epoki. **uczony, uczona** w użyciu rzeczownikowym, odm. jak przym. «ten, którego zawodem jest praca naukowa i który ma w dziedzinie nauki wybitne osiągnięcia»: Sławny, wielki, znany uczony. Uczony dużej miary. Narada uczonych z całego świata. // *U Pol. (2), 151.*

uczta *ż IV, CMs.* uczcie (*wym.* uczcie; *nie:* uccie) *książk.* «wystawne, uroczyste przyjęcie; bankiet»: Urządzić, wyprawić królewską ucztę. Zasiadać do uczty. Siedzieć przy uczcie. △ *przen.* Uczta duchowa, artystyczna.

uczucie *n I, lm D.* uczuć 1. «przeżycie psychiczne będące emocją, a nie refleksją; doznanie fizyczne»: Przykre, przyjemne uczucie. Doświadczać, doznawać jakichś uczuć. Uczucie radości, szczęścia, bólu, gniewu, głodu, zimna. 2. «miłość, przywiązanie, przyjaźń»: Głębokie, przelotne, płomienne uczucie. Stałość uczuć. Darzyć kogoś uczuciem. Zapłonąć do kogoś uczuciem. Wzbudzić uczucie. Odwzajemnić czyjeś uczucie. □ U. do kogo a. dla kogo: Uczucie do ukochanego a. dla ukochanego.

uczuć *dk Xa,* uczuliśmy (p. akcent § 1a i 2) — *rzad.* **uczuwać** *ndk I,* uczuwaliśmy; *częściej:* poczuć, odczuć, np.: Uczuła (*częściej:* poczuła) strach. Uczuć (*częściej:* odczuć) czyjąś niechęć.

uczuleniowiec *m II, D.* uczuleniowca, *W.* uczuleniowcze, forma szerząca się: uczuleniowcu, *lm M.* uczuleniowcy, *DB.* uczuleniowców; *in.* alergik.

uczyć *ndk VIb,* uczyliśmy (p. akcent § 1a i 2) □ U. czego — gdzie (na czym, w czym) «być nauczycielem czegoś»: Uczyć matematyki, angielskiego, muzyki — w szkole, w liceum, na kursach. □ U. kogo — czego a. u. robić co «nauczać kogoś czegoś, przekazywać mu jakąś wiedzę, umiejętność»: Uczył chłopca matematyki. Uczyć kogoś czytać, grać na skrzypcach. Uczyć kogoś grzeczności. Uczył ją piosenek. □ *pot.* U. kogo — na kogo «przygotowywać kogoś do zawodu»: Uczyli go na nauczyciela, inżyniera. **uczyć się** □ U. się czego, o czym, robić co «przyswajać wiadomości, wiedzę, zdobywać umiejętność»: Uczyć się matematyki, krawiectwa. Uczył się o rewolucji francuskiej. Uczyć się tańca a. tańczyć. Uczyć się gry a. grać na skrzypcach. □ U. się z czego: Uczyć się z książki, z opowiadań. □ U. się u kogo «pobierać lekcje u kogoś»: Uczył się u prywatnego nauczyciela. □ U. się od kogo «przejmować umiejętność czegoś od kogoś przez naśladowanie go»: Kląć uczył się od starszego brata. □ *pot.* U. się na kogo «przygotowywać się do jakiegoś zawodu»: Uczyć się na doktora, na stolarza, na inżyniera itp.

uczynek *m III, D.* uczynku *książk.* a. *podn.* «czyn, postępek»: Spełnić dobry, miłosierny uczynek. Popełnił zły uczynek. Sądzić kogoś po uczynkach, według uczynków. △ Schwytać, złapać, przyłapać kogoś na gorącym uczynku: Chłopców schwytano na gorącym uczynku palenia papierosów. Złodziei schwytano na gorącym uczynku.

uczynić *dk VIa,* uczyń, uczyniliśmy (p. akcent § 1a i 2) *książk.* «wykonać, zrobić»: Uczynić komuś krzywdę, przysługę. Uczynić ofiarę. Uczynić wysiłek. □ U. kogo, co — kim, czym, jakim: Wojna uczyniła go biedakiem. Uczynił go swoim zastępcą. Przeżycia uczyniły ją zalęknioną i nieśmiałą. □ U. z kogo, czego — kogo, co: Pijaństwo uczyniło z dobrych robotników bumelantów. △ Uczynić zadość czemuś «spełnić jakieś wymaganie, zadowolić, zadośćuczynić»: Uczynił zadość wymaganiom grzeczności.

uczynny *m-os.* uczynni, *st. w.* uczynniejszy a. bardziej uczynny □ U. dla kogo (*nie:* komu): Uczynny dla sąsiadów, dla obcych.

uczytelniać *ndk I,* uczytelnialiśmy (p. akcent § 1a i 2) — **uczytelnić** *dk VIa,* uczytelnij, uczytelniliśmy

udać

rzad. «czynić coś bardziej czytelnym, zrozumiałym»: Uczytelniać tekst, sztukę, film, obraz.

udać *dk I*, udadzą, udaj, udaliśmy (p. akcent § 1a i 2) — **udawać** *ndk IX*, udaję, udają (*nie*: udawają), udawaj, udawaliśmy «przedstawić się innym, niż się jest w istocie; zwykle w formie *ndk*: naśladować» □ (częściej *ndk*) U. kogo: Udawać wielką damę. Udawać zucha, chorego. Udawać ptaki, zwierzęta. △ *pot.* Udawać Greka, głupiego «pozorować naiwność, głupotę» □ U. co: Udawać chorobę, miłość, gniew. □ U., że...: Udał, że nic nie zauważył. Udawał, że bardzo się spieszy.

udać się — udawać się 1. «powieść się, odbyć się pomyślnie, dobrze wypaść»: Spacer się udał. Zabawa, wyprawa się udała. Zboże się udało (= obrodziło). **2.** *książk.* «skierować się, wybrać się dokąd, pojechać, pójść»: Udać się do miasta, na małą przechadzkę, w podróż, z wizytą. □ U. się do kogo—o co, po co, z czym «zwrócić się do kogoś w jakiejś sprawie»: Udać się do lekarza o poradę a. po poradę. Udać się do kogoś z zapytaniem. Udać się do adwokata z jakąś sprawą.

udały *rzad.*, *reg.* «udany»: Udałe przedsięwzięcie. // *D Kult. I, 614.*

udany *m-os.* udani, imiesł. bierny od czas. udać: Udana choroba. Udany przestrach.

udany w użyciu przymiotnikowym «taki, który się udał, powiódł; dobry, należyty»: Udany dzień. Udany projekt. Udane dzieło. // *D Kult. I, 614.*

udar *m IV*, D. udaru **1.** *techn.* «uderzenie (zwykle — mechaniczne); w elektrotechnice: impuls wysokiego napięcia»: Rozdrabnianie ciał stałych przez udar. Udary hydrauliczne. **2.** *przestarz.*, dziś żywe tylko w niektórych związkach wyrazowych i terminach specjalnych «porażenie» △ Udar słoneczny «zaburzenia organizmu spowodowane nadmiernym nasłonecznieniem» △ Udar serca a. udar sercowy «w języku ogólnym: zawał serca» △ *med.* Udar mózgu a. udar mózgowy «nagłe zaburzenie ukrwienia mózgu; apopleksja»

udaremniać *ndk I*, udaremnialiśmy (p. akcent § 1a i 2) — **udaremnić** *dk VIa*, udaremnij, udaremniliśmy, nieco *książk.* «uniemożliwiać»: Udaremniać plan, zamysł. □ U. co — komu (czym): Udaremnił mu wyjazd swoją chorobą.

udatny *st. w.* udatniejszy a. bardziej udatny *książk.* «dobrze zrobiony, taki, który się udał; udany»: Udatne widowisko, dzieło.

udawać p. udać.

! udawadniać p. udowadniać.

udelikatniać *ndk I*, udelikatnialiśmy (p. akcent § 1a i 2) — **udelikatnić** *dk VIa*, udelikatnij, udelikatniliśmy *rzad.* «czynić bardziej delikatnym, subtelnym»: Udelikatnić ręce przez wcieranie kremu. Udelikatniać uczucia, smak.

udeptać *dk IX*, udepcze, *przestarz.* udepce (*nie* udepta), udepcz, udeptaliśmy (p. akcent § 1a · i 2); *rzad.* **udepnąć** (tylko w zn. «nastąpić na coś, stąpając przygnieść») *dk Va*, udepnij, udepnąłem (*wym.* udepnołem; *nie*: udepnełem), udepnął (*wym.* udepnoł), udepnęła (*wym.* udepła), udepnęliśmy (*wym.* udepnęliśmy; *nie*: udepliśmy) — **udeptywać** *ndk VIIIa*, udeptuje (*nie*: udeptywuje,

udeptywa), udeptuj, udeptywaliśmy □ U. co (czym) «deptaniem, chodzeniem ubić, ugnieść, wydeptać»: Udeptać śnieg nogami. Udeptać (*częściej*: wydeptać) ścieżkę przez pole.

uderzać *ndk I*, uderzaliśmy (p. akcent § 1a i 2) — **uderzyć** *dk VIb*, uderz, uderzymy, uderzyliśmy **1.** «zadawać ciosy, bić» □ U. kogo, co — czym — w co, po czym: Uderzyć kogoś pięścią w plecy, po plecach. Uderzyć kogoś mieczem w głowę, po głowie. Uderzyć konia batem po grzbiecie. △ *pot.* Uderzyć kogoś po kieszeni «narażać kogoś na wydatki» □ U. na kogo, na co «napadać, atakować»: Niemcy uderzyli na Polskę. Uderzyć na nieprzyjaciela, na twierdzę. **2.** «tłuc, walić, stukać» □ U. czym — w co, o co: Uderzać młotem w kowadło. Uderzać obcasami o chodnik, wiosłami o wodę, pięścią w stół. △ Uderzyć w dzwony, w bębny, w struny, w klawisze itp. «dzwonić, bębnić, grać na jakimś instrumencie» △ Uderzać na alarm a. na trwogę «alarmować dzwonieniem, bębnieniem» △ *pot.* Uderzać w płacz, w krzyk itp. «zaczynać głośno płakać, krzyczeć» △ *pot.* Uderzać w pokorę, *rzad.* w prośby «upokarzać się, prosić» △ *rzad.*, *książk.* Godzina (np. dwunasta) uderza, północ, południe uderza; zegar uderza godzinę, północ itp. «zegar bije na oznaczenie danej godziny» △ Serce, tętno, puls uderza «serce bije, tętni; puls, tętno bije» **3.** «występować nagle, gwałtownie, wybuchać; ogarniać, opanowywać»: Z pieca uderza żar. Z izby uderza zaduch. △ *pot.* Powodzenie, sława itp., *iron.* woda sodowa uderza komuś do głowy «ktoś staje się zarozumiały, nieprzystępny» **4.** «zwracać czyjąś uwagę, zastanawiać, zaskakiwać»: Uderzyła wszystkich śmiertelna cisza dokoła. △ Uderzająca brzydota. □ U. czym: Uderzał niezwykłością charakteru. **5.** *pot.* «udawać się, odwoływać się do kogoś, do czegoś o coś» □ U. do kogo, do czego: Uderzał do wuja, do hojności wuja. △ Uderzać do dziewczyny, do panny «zalecać się, starać się o względy»

uderzenie *n I* **1.** «raz, cios, stuknięcie, zetknięcie się czegoś z pewną siłą»: Dotkliwe, krótkie, silne uderzenie. Osłaniać kogoś przed uderzeniem. Zabić, zwalić jednym uderzeniem. Uderzenie pięściarza. Uderzenie młota, pięści. Uderzenie kijem po plecach a. w plecy. △ Uderzenie serca, tętna. △ Uderzenie zegara «wybijanie godziny» △ Uderzenie dzwonu «dzwonienie» △ Uderzenie fali o brzeg. **2.** «natarcie, atak»: Uderzenie czołowe, koncentryczne, oskrzydlające. □ U. na kogo, na co: Uderzenie na nieprzyjaciela, na okopy, na przyczółek.

Udmurcja *ż I* «autonomiczna republika w ZSRR» — Udmurta *m* odm. jak *ż IV*, *lm M.* Udmurci, *DB.* Udmurtów — Udmurtyjka *ż III*, *lm D.* Udmurtyjek — udmurcki (p.).

udmurcki *m-os.* udmurccy: Obywatele udmurccy. Przemysł udmurcki (*ale*: Udmurcka Autonomiczna Socjalistyczna Republika Radziecka).

udo *n III*, *lm D.* ud: Udo wołowe, baranie, gęsie.

udoić *dk VIa*, udoję, udoi, udój, udoimy, udoiliśmy (p. akcent § 1a i 2) «dojąc uzyskać pewną ilość mleka» □ U. czego a. co (ile): Udoić mleka. Udoić kwartę mleka.

udokumentować *dk IV*, udokumentowaliśmy (p. akcent § 1a i 2) «poprzeć coś dokumentami, dowodami, faktami; stwierdzić coś na podstawie dokumentów lub faktów; udowodnić, *rzad.*: zadokumentować»: Udokumentowane dzieje państwa. Udokumentował swoje twierdzenie faktami zaczerpniętymi z dawnych źródeł.

udoskonalić *dk VIa*, udoskonal, udoskonalimy, udoskonaliliśmy (p. akcent § 1a i 2) — **udoskonalać** (*nie*: udaskanalać) *ndk I*, udoskonalaliśmy «uczynić doskonalszym; ulepszyć, poprawić»: Udoskonalić metody produkcji, maszynę.

udostępnić *dk VIa*, udostępnij, udostępnimy, udostępniliśmy (p. akcent § 1a i 2) — **udostępniać** *ndk I*, udostępnialiśmy □ U. co — komu, *rzad.* dla kogo (tylko w odniesieniu do przedmiotów, a nie do czynności): Udostępnić czytelnikom dobrą książkę. Udostępnić teatr masom. △ *niepoprawne* Udostępnić (*zamiast*: umożliwić, ułatwić) zwiedzanie fabryki.

udowodnić *dk VIa*, udowodnij, udowodnimy, udowodniliśmy (p. akcent § 1a i 2) — **udowadniać**, *rzad.* **udowodniać** (*nie*: udawadniać) *ndk I*, udowadnialiśmy, udowodnialiśmy: Udowodnić swoje racje. □ U. co — czym — przez kogo — przez co: Udowodnić prawdę zeznaniem a. przez zeznanie świadków. Udowodnić coś przez świadków. □ U. komu — co: Oskarżonemu udowodniono winę. || *D Kult. I, 179.*

udój *m I*, D. udoju, *lm D.* udojów (*nie*: udoi) «dojenie; mleko z jednego dojenia»: Iść do udoju. Ranny udój zabierano do stołówki.

udręczyć *dk VIb*, udręcz, udręczymy, udręczyliśmy (p. akcent § 1a i 2) — **udręczać** *ndk I*, udręczaliśmy □ U. kogo, co (czym): Udręczyć kogoś stałym gderaniem. Udręczać kogoś ciężką pracą. Upał nas udręczał.

udręka *ż III*: Być, żyć w ciągłej udręce. Być czyjąś udręką. Cierpieć, znosić udrękę. Miała ciągłą udrękę z dziećmi.

udry *blp* △ tylko w *pot.* wyrażeniach: Na udry; udry na udry «na przekór, na złość» △ Iść, pójść z kimś na udry «robić coś wbrew komuś, zdecydować się na otwartą walkę z kimś»

udrzeć *dk XI*, udrę, udrze, udrzemy, udrzyj, udarł, udarliśmy (p. akcent § 1a i 2) — *rzad.* **udzierać** *ndk I*, udzieraliśmy «urwać kawałek czegoś, oderwać, odedrzeć; narwać czegoś trochę, pewną ilość» □ U. co, *rzad.* czego: Udrzeć kawałek szmaty, strzęp gazety. Udrzeć płótna do opatrzenia rany.

udusić *dk VIa*, uduszę, uduś, udusimy, udusiliśmy (p. akcent § 1a i 2) □ U. kogo (czym) «pozbawić kogoś życia dusząc»: Udusić kogoś rękami, sznurem. □ U. co (w czym, z czym) «ugotować na wolnym ogniu w niewielkiej ilości wody lub tłuszczu»: Udusić mięso. Udusić grzyby w tłuszczu, w śmietanie, z cebulą.

udział *m IV*, D. udziału, *Ms.* udziale (*nie*: udziele) **1.** «uczestniczenie w czymś; uczestnictwo» □ U. w czym: Udział w dyskusji, w konkursie, w wycieczce, w zysku. Szeroki (*lepiej*: liczny) udział w czymś. △ Brać (*nie*: przyjmować) czynny udział w rozmowie. △ Wyprzeć się udziału (*nie*: od udziału). △ Z udziałem (*nie*: przy udziale) kogoś: Koncert z udziałem znanych solistów. △ *książk.* Być, stać się czyimś udziałem; przypaść komuś w udziale «być komuś przeznaczonym, stać się czy-

imś zadaniem» **2.** «wkład wspólnika do kapitału przedsiębiorstwa; to, co komuś przypadło z tytułu wkładu»: Udział członkowski. Nabyć, wnieść, wpłacić, wycofać, odstąpić itp. udział. Mieć udział a. udziały w jakiejś spółce. || *KP Pras.; U Pol. (2), 80.*

udziec *m II*, D. udźca, *lm M.* udźce, D. udźców (*nie*: udźcy): Udziec barani. Udziec z dzika, sarny.

udzielić *dk VIa*, udziel, udzielimy, udzieliliśmy (p. akcent § 1a i 2) — **udzielać** *ndk I*, udzielaliśmy □ U. czego (*nie*: co) — komu «dać, dostarczyć, użyczyć czegoś; służyć czymś»: Udzielić pomocy, rady, informacji, kredytu (*nie*: pomoc, radę, informację, kredyt). Udzielić urlopu, gościny, schronienia. Udzielić wywiadu, nagany. △ Udzielić głosu «zezwolić na zabranie głosu, na udział w dyskusji» **udzielać się** (tylko *ndk*) w zn. «obcować z kimś, poświęcać mu czas»: Ostatnio mało się udziela swojej rodzinie. Nie udzielać się (określonemu) towarzystwu. △ Nie udzielać się towarzysko «nie brać udziału w życiu towarzyskim»

udzierać p. udrzeć.

udźwiękowić *dk VIa*, udźwiękowij, udźwiękowimy, udźwiękowiliśmy (p. akcent § 1a i 2) — **udźwiękowiać** (*nie*: udźwiękawiać) *ndk I*, udźwiękowialiśmy «uzupełnić film podkładem dźwiękowym (dialogami i muzyką)»

udźwig *m III*, D. udźwigu: Udźwig samochodu, samolotu. Udźwig żurawia portowego.

Ufa *ż IV* «miasto i rzeka w ZSRR»: Jechać do Ufy. Mieszkać w Ufie. — ufijski (p.).

ufać *ndk I*, ufaliśmy (p. akcent § 1a i 2) □ U. komu, czemu, *rzad.* w co (*nie*: na kogo, na co, w kim): Ufał przyjacielowi bezgranicznie. Ufać ludziom, czyimś obietnicom, słowom. Ufać w swą gwiazdę, we własne siły. || *U Pol. (2), 329.*

ufetować p. fetować.

ufijski: Szkoły ufijskie. Przemysł ufijski (*ale*: Wyżyna Ufijska).

ufność *ż V*, zwykle *blm*: Bezgraniczna ufność a. ufność bez granic. Napełniać, natchnąć ufnością. Pozyskać, zjednać, stracić czyjąś ufność. Zasłużyć na ufność. Z ufnością (coś robić). □ U. do kogo, do czego, *rzad.* dla kogo (*nie*: komu, czemu) «przekonanie o czyjejś uczciwości, życzliwości»: Ufność do ludzi, do losu. Żywić ufność do kogoś, do czegoś. □ U. w kogo, w co «przekonanie o czyjejś zdolności do czegoś, czyichś umiejętnościach, o wartości czegoś»: Ufność we własne siły, w człowieka. □ U. w kim, w czym «nadzieja w kimś, w czymś»: Cała moja ufność w tobie. Pokładać ufność w kimś, w czymś. || *U Pol. (2), 329.*

ufny *m-os.* ufni, *st. w.* ufniejszy a. bardziej ufny: Ufny człowiek. Ufna młodość. Ufne oczy. □ U. w co (*nie*: w czym): Ufny w swą siłę. Ufny w potęgę rozumu.

uformować *dk IV*, uformowaliśmy (p. akcent § 1a i 2) □ U. co «nadać określony kształt, postać; ukształtować»: Uformować klomb pośród trawników. □ U. kogo, co (w co) «zorganizować, utworzyć, uporządkować w pewien sposób»: Uformować ludzi, oddział w szeregi, w czworobok. Uformować szeregi, czworobok, pochód.

uformować się □ U. się w co «ustawić się w pewnym porządku»: Uformować się w szeregi, w kolumny.

ufundować p. fundować.

Uganda *ż IV* «państwo w Afryce»: Jechać do Ugandy. Mieszkać w Ugandzie. — Ugandyjczyk *m III, lm M.* Ugandyjczycy — Ugandyjka *ż III, lm D.* Ugandyjek — ugandyjski.

uganiać, *częściej:* **uganiać się** *ndk I*, uganialiśmy, uganialiśmy się (p. akcent § 1a i 2) **1.** «ganiać, biegać dużo; pędzić»: Uganiać (się) cały dzień. Uganiać (się) z chłopcami po polach. Psy uganiały po dziedzińcu. Uganiał się konno po lesie. **2.** *pot.* «starać się, zabiegać o coś; pragnąć coś zdobyć, osiągnąć» □ U. (się) za czym: Uganiać (się) za groszem, za zarobkiem. Uganiać (się) za rozgłosem, za sławą. **3.** «pędzić za kimś, starać się kogoś, coś złapać» □ U. (się) za kim, czym: Uganiać (się) za krowami. △ *pot.* Uganiać (się) za dziewczętami «bałamucić dziewczęta»

ugaszczać p. ugościć.

ugiąć *dk Xc*, ugnę, ugnie, ugnij, ugiąłem (*wym.* ugiołem; *nie:* ugiełem), ugiął (*wym.* ugioł), ugięła (*wym.* ugieła), ugięliśmy (*wym.* ugieliśmy, p. akcent § 1a i 2) — **uginać** *ndk I*, uginaliśmy □ U. co «gnąc schylić, pochylić, skłonić ku czemuś; przygiąć»: Wiatr uginał wierzchołki drzew. Ugiąć nogi w kolanach. △ Ugiąć kolana a. kolan «klęknąć oddając komuś, czemuś cześć» △ Ugiąć przed kimś, przed czymś czoła, głowy, karku «poddać się czyjejś woli; ulec komuś, czemuś»

ugiąć się — **uginać się** «zostać zgiętym, pochylonym; wygiąć się»: Uginająca się kładka, podłoga, ziemia. □ U. się od czego: Gałęzie uginały się od wiatru. □ U. się pod kim, czym: Koń ugiął się pod jeźdźcem. Ugiąć się pod ciężarem. △ *przen.* Ugiąć się pod brzemieniem trosk. □ U. się przed kim, czym «ulec przemocy, sile, podporządkować się komuś, czemuś»: Ugiąć się przed najeźdźcą.

ugier (*nie:* uger) *m IV, D.* ugru: Ugier stosuje się do wyrobu farb olejnych.

ugłaskać *dk IX*, ugłaszcze, ugłaszcz, ugłaskaliśmy (p. akcent § 1a i 2) — **ugłaskiwać** *ndk VIIIb*, ugłaskuje (*nie:* ugłaskiwuje, ugłaskiwa), ugłaskiwaliśmy □ *pot.* U. kogo — czym: Ugłaskał rozżalonego chłopca słodyczami.

ugnieść *dk XI*, ugniotę (*nie:* ugnietę), ugniecie, ugnieć, ugnieciemy, ugniótł, ugniotła (*nie:* ugnietła), ugnietliśmy (p. akcent § 1a i 2), ugnieciony (*nie:* ugniecony) — **ugniatać** *ndk I*, ugniataliśmy □ U. co — czym «uciskając, gniotąc wygładzić, wyrównać, ubić; nacisnąć, przygnieść mocno»: Ugnieść drogę walcem. □ U. co — z czego «uformować»: Ugnieść kulki z chleba, figurki z plasteliny. △ tylko *ndk* i w 3. os. «uwierać, uciskać»: But ugniata nogę. Czapka ugniata głowę.

ugoda *ż IV, lm D.* ugód: Zawrzeć ugodę. Stanęła ugoda. □ U. między kim a kim: Ugoda między Polską a Francją. □ U. z kim, z czym: Podpisać ugodę z Węgrami. Ugoda z sąsiadem, z robotnikami.

ugodzić *dk VIa*, ugodzę, ugódź, ugodzimy, ugodziliśmy (p. akcent § 1a i 2), ugodzony **1.** *książk.* «uderzyć, trafić czymś; zranić» □ U. kogo, co —

czym, z czego — w co: Pocisk ugodził w dach. Ugodzić zwierzę strzałą, oszczepem, mieczem, z łuku, z pistoletu w głowę, w bok. Ugodził chłopca kamieniem z procy w głowę. **2.** *wych. z użycia* «umówić się z kimś o pracę, o cenę; nająć, zgodzić kogoś»: Ugodzić furmankę. Ugodził służącą na cały rok. Ugodzić niańkę do dziecka.

ugodzić się «dojść z kimś do porozumienia» □ U. się z kim, czym (o co): Ugodzić się z sąsiadami, z rodziną.

ugościć *dk VIa*, ugoszczę, ugość, ugościmy, ugościliśmy (p. akcent § 1a i 2), ugoszczony — *rzad.* **ugaszczać** (*nie:* ugoszczać) *ndk I*, ugaszczaliśmy □ U. kogo — czym «przyjąć kogoś u siebie poczęstunkiem jako gościa»: Ugościł ich serdecznie. Ugościł przyjaciół kolacją. Ugaszczano go winem i ciastkami.

ugotować p. gotować.

ugór (*nie:* ugor) *m IV, D.* ugoru △ Leżeć ugorem «nie być uprawianym (o ziemi)»

ugruntować *dk IV*, ugruntowaliśmy (p. akcent § 1a i 2) — **ugruntowywać** *ndk VIIIa*, ugruntowuje (*nie:* ugruntowywuje, ugruntowywa), ugruntowywaliśmy: Ugruntować pokój, władzę państwową. Ugruntować etykę, zasady moralne. Ugruntować czyjąś sławę.

ugryźć *dk XI*, ugryzę, ugryzie, ugryźliśmy (p. akcent § 1a i 2): Ugryźć kawałek chleba, jabłko. □ U. kogo (w co) «zranić przez ukąszenie; ukąsić»: Pies ugryzł chłopca w nogę. △ *pot.* Coś kogoś ugryzło, giez kogoś ugryzł «ktoś jest nadąsany, urażony»

ugrzęznąć, *rzad.* **ugrząźć** *dk Vc*, ugrzęznę, ugrzęźnie, ugrzęźnij, ugrzązłem a. ugrzęzłem; ugrzązł, ugrzęzła, ugrzęźli, ugrzęźliśmy (p. akcent § 1a i 2) □ U. w czym: Ugrzęznąć w błocie, w zaspach.

uiścić *dk VIa*, uiszczę, uiści, uiść (*nie:* uiszcz), uiścimy, uiściliśmy (p. akcent § 1a i 2) — **uiszczać** *ndk I*, uiszczaliśmy *urz.* «zapłacić, uregulować (należność)» □ U. co (komu, za co): Uiścić rachunek za światło. Uiścić gospodarzowi czynsz za mieszkanie.

uiścić się — **uiszczać się** *przestarz.* □ U. się z czego (komu, za co): Uiścić się z długu. Chciał mu się uiścić z należności za lekcje.

UJ (*wym.* ujot, p. akcent § 6) *m ndm* a. *m IV, D.* UJ-tu, *Ms.* UJ-cie (*wym.* ujocie) «Uniwersytet Jagielloński»: Skierować pismo do UJ (do UJ-tu). Studiować na UJ (UJ-cie). — UJ-owski a. ujotowski.

ujarzmić *dk VIa*, ujarzmię, ujarzmij (*nie:* ujarzm), ujarzmimy, ujarzmiliśmy (p. akcent § 1a i 2) — **ujarzmiać** *ndk I*, ujarzmialiśmy □ U. kogo (czym): Szlachta ujarzmiła chłopów. Ujarzmił chłopców swoją stanowczością.

ujawnić (*nie:* ujawić) *dk VIa*, ujawnij, ujawnimy, ujawniliśmy (p. akcent § 1a i 2) — **ujawniać** *ndk I*, ujawnialiśmy: Ujawnić spisek, tajemnicę. Ujawnić swoje nazwisko.

Ujazd *m IV, D.* Ujazdu, *Ms.* Ujeździe «miejscowość»: Jechać do Ujazdu. Mieszkać w Ujeździe. — ujazdzianin *m V, D.* ujazdzianina, *lm M.* ujazdzianie, *D.* ujazdzian — ujazdzianka *ż III, lm D.* ujazdzianek — ujazdowski (p.).

ujazdowski przym. od Ujazd i Ujazdów △ Aleje Ujazdowskie. Park Ujazdowski.

Ujazdów *m IV, D.* Ujazdowa, *C.* Ujazdowi (*ale*: ku Ujazdowowi a. ku Ujazdowu) «dawna południowa dzielnica Warszawy»: Jechać na Ujazdów. Mieszkać na Ujazdowie. — ujazdowski (p.).

ująć *dk Xc,* ujmę (*nie*: ujmię), ujmie, ujmą (*nie*: ujmią), ujmij, ująłem (*wym.* ujołem; *nie*: ujełem), ujął (*wym.* ujoł), ujęła (*wym.* ujeła), ujęliśmy (*wym.* ujeliśmy, p. akcent § 1a i 2) — **ujmować** (*nie*: ujmywać) *ndk IV,* ujmowaliśmy **1.** *książk.* «wziąć, uchwycić; objąć»: Ująć nóż. Ująć jej rękę. Ująć kogoś pod rękę. □ U. kogo, co (za co): Ująć kogoś za ramię. Ująć konia za cugle. □ U. za co: Ująć za klamkę. Ująć za kij. □ U. co (w co): Ująć głowę w dłonie. △ Ująć rządy, władzę w swoje ręce «zacząć sprawować rządy» △ *pot.* Ująć w garść, w karby, w kluby «podporządkować sobie; ukrócić» **2.** «zawrzeć, zamknąć w czymś; *przen.* podać, przedstawić, wyrazić coś w jakiś sposób» □ U. co — w co, *przen.* także: w czym: Obraz ujęty w ramy. Stawy ujęto w groble. Ująć coś w słowa (w słowach). Ujął swój projekt w punkty (w punktach). Morał ujęty w przysłowie. **3.** «pociągnąć kogoś ku sobie; zjednać» □ U. kogo (czym): Ująć kogoś serdecznością, życzliwością, szczerością. Ujmowała wszystkich swym sposobem bycia. **4.** «odjąć» □ U. co a. czego (komu) a. u. co z czego: Ujął coś z jego słów. Ująć trochę bagażu. Ujęła jej lat.
ująć się — **ujmować się** *książk.* □ U. się za co, pod co: Ujęli się za ręce, pod ręce. Ujął się za głowę. Ujęła się pod boki. □ U. się za kim, za czym «wstawić się za kimś, za czymś; wziąć czyjąś stronę»: Ujmować się za skrzywdzonym.

ujechać *dk,* ujadę, ujedzie, ujedź, ujechał, ujechaliśmy (p. akcent § 1a i 2) — **ujeżdżać** *ndk I,* ujeżdżaliśmy; zwykle *dk* «przejechać, przebyć jakąś część drogi»: Ujechali kilkadziesiąt kilometrów. Ujechać kawał drogi. *Por.* ujeździć.

ujednostajnić *dk VIa,* ujednostajnij (*nie*: ujednostajń), ujednostajniliśmy (p. akcent § 1a i 2) — **ujednostajniać** *ndk I,* ujednostajnialiśmy: Ujednostajniać (*lepiej*: ujednolicać) pisownię. Mrok ujednostajniał krajobraz.

ujeździć *dk VIa,* ujeżdżę, ujeździliśmy (p. akcent § 1a i 2) — **ujeżdżać** *ndk I,* ujeżdżaliśmy **1.** «nauczyć (konia) chodzić pod siodłem, w zaprzęgu»: Ujeździć konia. △ *przen., rub.* Ujeździła męża. **2.** *rzad.* «przez jeżdżenie ubić, wyrównać; wyjeździć (zwykle w imiesł. biernym)»: Sanki mknęły po ujeżdżonej drodze. *Por.* ujechać.

ujeżdżalnia *ż I, DCMs.* ujeżdżalni, *lm D.* ujeżdżalni, *rzad.* ujeżdżalń.

ujęcie *n I,* forma rzeczownikowa czas. ująć (p.): Ujęcie kwestii, tematu, zagadnienia (*lepiej* niż: podejście do kwestii, tematu, zagadnienia). △ *środ.* Ujęcie wody a. ujęcie wodne (o zespole urządzeń hydrotechnicznych).

Ujgur *m IV, lm M.* Ujgurzy, zwykle w *lm* «lud zamieszkujący pogranicze ZSRR i Chin» — Ujgurka *ż III, lm D.* Ujgurek — ujgurski.

ujma *ż IV, blm* «szkoda moralna; uchybienie, zniewaga»: Bez ujmy dla honoru. Przynosić komuś ujmę. △ *niepoprawne* w zn. «strata materialna; naruszenie, pogwałcenie czegoś», np. Prowadzić warsztat rzemieślniczy bez ujmy dla przepisów (*zamiast*: bez naruszania przepisów).

ujmować p. ująć.

ujotowski p. UJ.

ujrzeć (*nie*: ujrzyć) *dk VIIb,* ujrzyj (*nie*: ujrz), ujrzeliśmy (p. akcent § 1a i 2) *książk.* «zobaczyć, spostrzec»: Ujrzał pasmo gór. Ujrzał ją w oddali. Ujrzeć coś na własne oczy, *rzad.* własnymi oczyma (oczami). △ *książk.* Ujrzeć światło dzienne «urodzić się; zostać opublikowanym, ukazać się»
ujrzeć się *książk.* «zobaczyć się»: Ujrzała się w lustrze. Ujrzeć się w sytuacji bez wyjścia. △ *niepoprawne* Ujrzeć się (*zamiast*: zostać) zaskoczonym.

ujście *n I*: Ujście rynny, rzeki. △ Znajdować, znaleźć ujście (w czymś) «znajdować w czymś zaspokojenie, odprężenie; wyładowywać się, uzewnętrzniać się»: Jego bujny temperament znajdował ujście w sportach.

ujść p. uchodzić.

ukamienować p. kamienować.

ukazać *dk IX,* ukażę, ukaż, ukazaliśmy (p. akcent § 1a i 2) — **ukazywać** *ndk VIIIa,* ukazuję (*nie*: ukazywuję, ukazywam), ukazywaliśmy **1.** nieco *książk.* «uczynić widocznym, odsłonić; wskazać, pokazać»: Ukazać zęby w uśmiechu. Ukazać ręką las. **2.** «opisać, scharakteryzować; *częściej*: przedstawić» □ U. kogo, co (jako kogo): Autor ukazuje problemy wsi, bohatera książki ukazuje jako nadczłowieka.
ukazać się — **ukazywać się 1.** *książk.* «stać się widocznym; pojawić się, pokazać się» □ U. się (komu): Ukazać się w oknie. Ukazała się jej we śnie. △ Ukazać się w sprzedaży. **2.** «zostać opublikowanym, wydrukowanym»: Ukazało się pierwsze wydanie słownika. Ukazał się jego artykuł. △ Ukazać się w druku, *rzad.* drukiem «zostać wydrukowanym, wyjść z druku»: W ostatnich latach ukazało się w druku kilka jego prac.

ukąpać *dk IX,* ukąpie, ukąpaliśmy (p. akcent § 1a i 2) *reg.* «wykąpać»: Matka ukąpała dziecko w wannie.

ukąsić *dk VIa,* ukąszę, ukąś, ukąsiliśmy (p. akcent § 1a i 2) □ U. (*częściej*: ugryźć) kogo: Ukąsiła ją żmija. Pies ukąsił dziecko w nogę. □ U. (*częściej*: odgryźć): Ukąsiła kawałek chleba.

UKF (*wym.* ukaef, p. akcent § 6) *m IV, D.* UKF-u a. *rzad. n ndm* «fale ultrakrótkie (w radiofonii i telewizji); stacja nadająca program na takich falach» △ *pot.* Program UKF-u. UKF nadawał (nadawało) muzykę taneczną.

ukierunkować *dk IV,* ukierunkowaliśmy (p. akcent § 1a i 2) «nadać czemuś kierunek» (wyraz nadużywany): Komisja ukierunkowała właściwie działalność (*lepiej*: nadała właściwy kierunek działalności) ognisk. // KP Pras.

ukleja *ż I, D.* uklei, *lm D.* uklei.

uklęknąć p. klękać.

układ *m IV, D.* układu △ w zn. «umowa, porozumienie; zwykle w *lm*: pertraktacje, rokowania»: Zawrzeć układ. Prowadzić układy. Zerwać układy. Przystąpić do układów. Na mocy układu. □ Układ

układać

a. układy (po)między k i m (a k i m): Układ między przyjaciółmi. Układy pomiędzy przedstawicielami rządów. □ Układy z k i m (o co): Układy z rządem (o pokój). △ *niepoprawne* W tym, w takim układzie (*zamiast*: w tych, w takich warunkach, w tej, w takiej sytuacji).

układać *ndk I*, układaliśmy (p. akcent § 1a i 2) — **ułożyć** *dk VIb*, ułóż, ułożyliśmy **1.** «kłaść, umieszczać w pewnej pozie, w pewnym porządku; umieszczać w pozycji leżącej» □ U. kogo, co gdzie (na co, na czym, w czym): Układać kogoś na noszach. Ułożyła dziecko do snu, ułożyła (*częściej*: położyła) dziecko spać. Układała rzeczy na półce. Ułożyć w szufladzie. □ U. co jak: Układać płasko, równo, starannie, rzędami. **2.** «przez składanie tworzyć coś, nadawać czemuś pewien kształt» □ U. co w co: Układać kwiaty w bukiet. Układać drwa w stos. Układać włosy w pukle. Układać usta w grymas. □ U. co z czego: Układać domek z kart. Układać stos z drewna. Układać mur z cegły. △ *przen.* Układać scenariusz. Układać pieśni. Układać plan. **3.** «ćwiczyć, uczyć, tresować» □ U. do czego: Układać psa do polowania. △ Układać komuś rękę «uczyć właściwego trzymania rąk (podczas gry na instrumencie)»: Układał mu rękę do gry na fortepianie.

układać się — ułożyć się □ U. się gdzie (na czym, w czym, pod czym) «umieszczać się w pozycji leżącej; kłaść się»: Układać się na trawie. Kot ułożył się w fotelu. Ułożyć się pod drzewami do snu. □ (*częściej ndk*) U. się w co, *rzad.* do czego «przybierać określony kształt»: Włosy układają się w loki. Suknia ułożyła się w fałdy. Usta układają się do płaczu, do uśmiechu. △ Coś układa się jakoś (dobrze, jako tako, pomyślnie itp.) «coś ustala się w pewien sposób, ma jakiś przebieg»: Sprawy ułożyły się dobrze. Stosunki układają się jako tako. □ U. się z kim (o co) «porozumiewać się; umawiać się»: Układał się z nim o cenę. Ułożyć się z wrogami, z przeciwnikami.

*układ wyrazów w zdaniu p. zdanie (punkt II).

ukłon *m IV, D.* ukłonu: Ukłon pełen uszanowania. Złożyć ukłon. Odpowiadać na ukłony. Rozdawać ukłony. Wymieniać a. zamieniać z kimś ukłony. △ Zasyłać, przesyłać ukłony dla kogoś, od kogoś «pozdrawiać kogoś w liście lub za czyimś pośrednictwem»: Zasyłam ukłony dla pani doktor. Przesyłam ukłony od znajomych. △ Ukłon w czyjąś, w jakąś stronę «komplement, wyrazy uznania, wtrącone mimochodem»

ukłuć *dk Xa*, ukłuje, *rzad.* ukole; ukłuj, *rzad.* ukol; ukłują, *rzad.* ukolą; ukłuliśmy (p. akcent § 1a i 2) □ U. kogo, co (w co): Ukłuła mnie niechcący w palec. △ *przen.* Niesłuszny zarzut ukłuł go boleśnie.

ukochany, ukochana w użyciu rzeczownikowym *książk.* «osoba (mężczyzna, kobieta) ukochana przez kogoś»: Szła na spotkanie z ukochanym. Ukochana zgodziła się zostać jego żoną.

ukoić *dk VIa*, ukoję, ukój, ukoiliśmy (p. akcent § 1a i 2) *książk.*: Ukoić ból, cierpienie.

ukonstytuować p. konstytuować.

ukontentować *dk IV*, ukontentowaliśmy (p. akcent § 1a i 2) *przestarz., książk.* «zadowolić, ucieszyć, uradować» □ U. kogo (czym): Ukontentować gości pięknym przyjęciem. Ukontentowały go jej komplementy.

ukończenie *n I*: Ukończenie studiów, szkoły, pracy nad czymś. △ Być na ukończeniu «być prawie gotowym, skończonym»: Dom był na ukończeniu.

ukończyć *dk VIb*, ukończyliśmy (p. akcent § 1a i 2) *książk.* «skończyć»: Przedsiębiorstwo ukończyło remont w terminie. △ *niepoprawne* Ukończyć (*zamiast*: złożyć) maturę. *Ale*: Ukończyć szkołę, studia. || *D Kult. II, 139.*

ukorzyć się p. korzyć się.

ukos *m IV, D.* ukosu (najczęściej w wyrażeniach przyimkowych lub w użyciu przysłówkowym). **ukosem, na ukos, z ukosa** «po przekątnej, na przełaj; pochyło, ukośnie»: Przeciął drogę na ukos. Szedł ukosem przez plac. Deszcz siekł ukosem (na ukos, z ukosa). △ Spojrzeć, zerknąć na kogoś ukosem, z ukosa «spojrzeć, zerknąć na kogoś ukradkiem lub z niechęcią»

ukostiumować *dk IV*, ukostiumowaliśmy *śród.* (*lepiej*: ubrać w kostium): Ukostiumować aktorów (*lepiej*: ubrać aktorów w kostiumy). || *Kl. Ależ 19.*

ukośnokątny: Rzut ukośnokątny (*lepiej*: rzut ukośny). || *D Kult. II, 430.*

Ukraina (*wym.* Ukraina, *nie*: Ukraina) *ż IV* «republika związkowa w ZSRR»: Mieszkać na Ukrainie (*nie*: w Ukrainie). Jechać na Ukrainę (*nie*: do Ukrainy). — Ukrainiec *m II, D.* Ukraińca, *lm M.* Ukraińcy — Ukrainka *ż III, lm D.* Ukrainek — ukraiński (p.).

ukrainizm *m IV, D.* ukrainizmu, *Ms.* ukrainizmie (*wym.* ~izmie a. ~iźmie).

ukraiński: Pieśni ukraińskie. Język ukraiński. △ Ukraińska Socjalistyczna Republika Radziecka «Ukraina»

ukrajać p. ukroić.

ukraść *dk Vc*, ukradnę, ukradnie, ukradł (*nie*: ukradnął), ukradliśmy (p. akcent § 1a i 2), ukradziony (*nie*: ukradzony, ukradnięty) □ U. co (komu) (*nie*: u kogo): Ukradziono mu (*nie*: u niego) teczkę. Ukradziono mu (*nie*: u niego) dużą sumę pieniędzy.

ukręcić *dk VIa*, ukręcę, ukręciliśmy (p. akcent § 1a i 2) — **ukręcać** *ndk I*, ukręcaliśmy **1.** «silnym skręceniem urwać, oderwać»: Ukręcić guzik. △ *posp.* Ukręcić komuś głowę, łeb «zabić kogoś» △ *pot.* Ukręcić czemuś kark, łeb «udaremnić, zlikwidować coś»: Ukręcić łeb spiskowi. **2.** zwykle *dk* «kręcąc razem złączyć, zespolić, uformować; spleść» □ U. co (z czego): Ukręcić powróz z konopi. Ukręcić gałkę z chleba.

ukroić *dk VIa*, ukroję, ukrój, ukroiliśmy (p. akcent § 1a i 2); a. **ukrajać** *dk IX*, ukraję (*nie*: ukrajam), ukraj, ukrajaliśmy □ U. co a. czego (czym): Ukroić, ukrajać kawałek mięsa. Ukroić chleba nożem.

ukrop *m IV, D.* ukropu, *blm* △ *pot.* Kręcić się, zwijać się jak w ukropie «wykonywać coś bardzo prędko, nerwowo»

ukrócić *dk VIa*, ukrócę, ukróciliśmy (p. akcent § 1a i 2) — **ukracać** *ndk I*, ukracaliśmy □ U. co: Ukrócić samowolę. □ *rzad.* U. kogo: Ukrócono krnąbrnego ucznia.

ukryć *dk Xa*, ukryje, ukryliśmy (p. akcent § 1a i 2) — **ukrywać** *ndk I*, ukrywaliśmy □ U. kogo, co — u kogo, gdzie (w czym, na czym itp.): Ukryć zbiega u przyjaciół. Ukryto go na strychu. Ukryć pieniądze w sienniku. Ukryć list na piersiach. △ *przen.* Ukryć żal w sercu. Ukryć prawdę. □ U. kogo, co — przed kim, czym: Ukryła go przed pościgiem. Ukryć broń przed rewizją. △ *przen.* Ukryła przed synem smutek. △ (częściej *ndk*) Ukrywać coś pod maską, pod płaszczykiem czegoś: Pod płaszczykiem życzliwości ukrywał wrogie wobec nich zamiary.

ukryć się — **ukrywać się** □ U. się gdzie (w czym, na czym, za czym itp.): Ukryć się w lesie, na strychu, za firanką. □ U. się przed kim, czym: Ukryć się przed milicją, pościgiem. □ (zwykle *ndk*) U. się z czym «nie zdradzać się z czymś»: Ukrywała się z tym, co myślała.

ukulturalnić *dk VIa*, ukulturalnij, ukulturalniliśmy (p. akcent § 1a i 2) — **ukulturalniać** *ndk I*, ukulturalnialiśmy *rzad.* «uczynić bardziej kulturalnym, podnieść na wyższy poziom kultury»: Ukulturalnić odległe dzielnice miasta.

ul *m I, lm D.* uli a. ulów.

ulać *dk Xb*, ulaliśmy, *reg.* uleliśmy (p. akcent § 1a i 2) — **ulewać** *ndk I*, ulewaliśmy □ U. czego (*nie*: co) «odlać, wylać trochę płynu»: Ulać wina, wody. □ U. co (z czego) «wykonać coś z roztopionego materiału»: Ulać dzwony z miedzi. △ *pot., wych. z użycia* Ktoś jak ulał, jak ulany «o kimś zgrabnym, dorodnym»: Chłopak jak ulał (jak ulany). △ *pot.* Jakiś strój (leży, pasuje) jak ulał, jak ulany «jakiś strój leży, jest dopasowany doskonale» △ *pot., rzad.* Jak ulał «w sam raz; akurat»: Koń jak ulał do jego zaprzęgu.

ulatniać się *ndk I*, ulatnialiśmy się (p. akcent § 1a i 2) — **ulotnić się** *dk VIa*, ulotnij się, ulotniliśmy się **1.** «o ciałach gazowych, lotnych: rozchodzić się w powietrzu, wyparowywać; wydobywać się» □ U. się z czego: Gaz ulatniał się z butli. **2.** *pot., żart.* **a)** «uciekać, oddalać się niepostrzeżenie»: Ulotnił się z hotelu. **b)** «przepadać, zapodziewać się»: Papiery ulotniły się z szuflady.

ulatywać p. ulecieć.

I ulać się p. ulęgnąć się.

II ulać się p. ulęknąć się.

ulec, *rzad.* **ulegnąć** *dk Vc*, ulegnę, ulegnie, uległ (*nie*: ulegnął), ulegliśmy (p. akcent § 1a i 2) — **ulegać** *ndk I*, ulegaliśmy □ U. komu, czemu «poddać się komuś, czemuś; dać się komuś, czemuś opanować; doznać działania czegoś, podlec czemuś»: Ulegał żonie we wszystkim. Ulec oponentowi. Ulegać czyjemuś autorytetowi, czyjejś woli. Ulegać przemocy, sile. Ulec namowom. Ulegać pokusie, wzruszeniu. △ Nadużywane w połączeniu z rzeczownikiem odczasownikowym, np. Ulec zniszczeniu (*lepiej*: zniszczyć się, zostać zniszczonym). △ *niepoprawne* Ulec poprawie (*zamiast*: poprawić się). Ulec złamaniu nogi (*zamiast*: złamać nogę). △ (Coś) nie ulega wątpliwości «jest rzeczą niewątpliwą, jest pewne»: Nie ulega wątpliwości, że wyzdrowieje. || D Kult. I, 180; KP Pras.

ulecieć *dk VIIa*, ulecę, ulecieliśmy (p. akcent § 1a i 2) — **ulatywać** *ndk VIIIa*, ulatuję (*nie*: ulaty-

wuję, ulatywam), ulatywaliśmy: Ptaki uleciały do swych gniazd. △ Coś uleciało komuś z pamięci «ktoś o czymś zapomniał»

ulegać p. ulec.

uległość *ż V, blm*: Nakłonić, zmusić kogoś do uległości. Znosić coś z uległością. □ U. dla kogo, wobec kogo, w stosunku do kogo, *rzad.* względem kogo: Uległość dla matki. Uległość wobec rodziców. Uległość względem przełożonych. □ U. w stosunku do czego, względem czego: Uległość względem prawa.

ulegnąć p. ulec.

ulem *m IV, lm M.* ulemowie; a. **ulema** *m odm. jak ż IV, lm M.* ulemowie, *DB.* ulemów: Ulemowie wywierali wpływ na życie polityczne i społeczne w państwach muzułmańskich.

ulepić *dk VIa*, ulepiliśmy (p. akcent § 1a i 2) □ U. co (z czego): Ulepić figurę z gliny. △ Ktoś ulepiony z tej samej, z innej, z lepszej gliny «ktoś taki sam, inny, lepszy lub gorszy od kogoś innego»

ulewa, *reg.* **zlewa** *ż IV*: Uciekali przed gwałtowną ulewą.

ulewać p. ulać.

ulęgałka (*nie*: ulężałka) *ż III, lm D.* ulęgałek △ *pot.* Przebierać w czymś, w kimś jak w ulęgałkach «nie móc się zdecydować na wybór, grymasić wybierając»

ulęgnąć się a. **uląc się** *dk Vc*, ulęgnie się, ulęgnął się (*wym.* ulęgnoł się), ulągł a. ulęgł się; ulęgła się, ulągłby (p. akcent § 4c), ulęgły a. ulęgnięty: Ulęgłe (*częściej*: wylęgłe) tego dnia kurczęta. Ulęgnięte gruszki.

ulęknąć się, *rzad.* **uląc się** *dk Vc*, ulęknie się, ulękł się, ulękła się, ulękliśmy się (p. akcent § 1a i 2) *książk.* «przestraszyć się, zlęknąć się» (zwykle z przeczeniem) □ Nie u. się kogo, czego (*nie*: przed kim, przed czym): Nie ulękł się gróźb. Nie ulękła się szantażysty (*nie*: przed szantażystą).

! ulężałka p. ulęgałka.

ulga *ż III* **1.** *blm* «złagodzenie bólu, cierpienia; odprężenie»: Odetchnąć z ulgą. Przynieść, sprawić ulgę. Nieść ulgę w cierpieniu. Doznawać ulgi. **2.** «zmniejszenie ciężaru, obowiązku, zwłaszcza opłat»: Uzyskał ulgę w płaceniu podatków. Korzystał z wszelkich ulg. △ *niepoprawne* Przydzielać (*zamiast*: przyznawać) komuś ulgi podatkowe.

ulica *ż II*: Główna, boczna, brukowana ulica. Ulica Dobra. Ulica Matejki. △ Mieszkać na jakiejś ulicy, *urz.* przy jakiejś (*nie*: w jakiejś) ulicy (*ale*: Mieszkać w rynku, na rynku, *nie*: przy rynku. Wyjść na ulicę. Wjechać, skręcić w ulicę. || D Kult. I, 84.

ulicznik *m III wych. z użycia* «chłopiec wałęsający się po ulicach; andrus, łobuz»

Ulisses (*nie*: Ulises) *m IV; częściej*: Odyseusz (p.).

Uljanow (*wym.* Uljanow) *m IV, D.* Uljanowa (p. akcent § 7), *lm M.* Uljanowowie, *D.* Uljanowów (*nie*: Uljanowych): Aleksander Uljanow brał udział w przygotowaniu zamachu na cara.

Uljanowsk (*wym.* Uljanowsk) *m III* «miasto w ZSRR»: Mieszkać w Uljanowsku. Pochodzić z Uljanowska. — uljanowski.

Ulm *m IV, D.* Ulmu, *rzad. ndm* «miasto w NRF»: Gotyckie zabytki Ulmu. Mieszkać w Ulmie (w Ulm).

ulokować *dk IV*, ulokowaliśmy (p. akcent § 1a i 2) «umieścić, złożyć, położyć»: Ubranie ulokował na krześle. Ulokowała walizkę między tłumokami. // *KP Pras.*

ulotnić się p. ulatniać się.

Ulster *m IV* **1.** *D.* Ulsteru «kraina w Irlandii» — ulsterski.
2. ulster, *D.* ulsteru a. ulstru «tkanina wełniana z grubej zgrzebnej przędzy»

ultimatum (*nie*: ultymatum; *ale*: ultymatywny) *n VI, blm*: Postawić ultimatum.

ultra- «pierwszy człon wyrazów złożonych, pisany łącznie, oznaczający skrajność, najwyższy poziom tego, co wyraża drugi człon wyrazu; nadzwyczaj, skrajnie», np.: ultrademokratyczny, ultramonarchiczny, ultraklerykał, ultrakonserwatysta.

ultrafioletowy a. **ultrafiołkowy, in.** nadfioletowy, nadfiołkowy: Promienie ultrafioletowe (ultrafiołkowe).

ultras *m IV, lm M.* ultrasi, zwykle w *lm* «skrajny zwolennik danej partii politycznej (zwykle: nacjonalistycznej); obrońca kolonializmu we Francji»

ultymatywny: Ultymatywne żądania. // *D Kult.* *I, 825.*

ulubieniec *m II, D.* ulubieńca, *W.* ulubieńcze, forma szerząca się: ulubieńcu, *lm M.* ulubieńcy, *D.* ulubieńców.

ulubiony *m-os.* ulubieni, *st. w.* ulubieńszy, *częściej* bardziej ulubiony, *st. najw.* najulubieńszy a. najbardziej ulubiony: Jabłka to moje najulubieńsze owoce.

ulżyć *dk VIb*, ulżymy, ulżyj, ulżyliśmy (p. akcent § 1a i 2) □ U. komu, czemu: Wziął od niej walizkę, żeby jej ulżyć. Mówił ciągle, żeby sobie ulżyć. Ulżyć doli, cierpieniom człowieka. Szedł koło wozu, żeby ulżyć koniom. □ U. komu w czym: Ulżyć komuś w cierpieniach, w ciężkiej doli, w pracy.

ułamek *m III, D.* ułamka (*nie*: ułamku) **1.** «cząstka, kawałek»: Ułamek szkła, lustra. Ułamek grzebienia. Spóźnić się o ułamek sekundy. **2.** «iloraz dwóch liczb naturalnych»: Ułamek właściwy, niewłaściwy. Ułamki dziesiętne. Dodawać, mnożyć ułamki.

ułamkowy *książk.* w zn. «częściowy, fragmentaryczny»: Ułamkowe badania, doświadczenia, wiadomości. △ Ułamkowe liczebniki (p. liczebnik).

ułan *m IV, lm M.* ci ułani, *pot.* (ekspresywnie) te ułany «żołnierz lekkiej kawalerii»: Służyć w ułanach (*nie*: przy ułanach).

Ułan-Bator *m*, Ułan *ndm*, Bator *ndm* a. *m IV, D.* Batoru «stolica Mongolii»: Pojechać do Ułan-Bator (do Ułan-Batoru). Mieszkać w Ułan-Bator (w Ułan--Batorze).

Ułanowa (*wym.* Ułanowa) *ż* odm. jak przym., *D.* Ułanowej (p. akcent § 7): Kunszt taneczny Ułanowej.

Ułaszyn *m IV, lm M.* Ułaszynowie, *DB.* Ułaszynów.
Ułaszyn *ż ndm* — Ułaszynowa *ż* odm. jak przym. — Ułaszynówna *ż IV, D.* Ułaszynówny, *CMs.* Ułaszynównie (*nie*: Ułaszynównej), *lm D.* Ułaszynówien.

ułatwiać *ndk I*, ułatwialiśmy (p. akcent § 1a i 2), ułatwiaj — **ułatwić** *dk VIa*, ułatwimy, ułatw (*nie*: ułatwij), ułatwcie (*nie*: ułatwijcie), ułatwiliśmy: Trzeba sobie ułatwić pracę. On ci wszystko ułatwi.

ułatwienie *n I* «środek ułatwiający; ulga» □ U. w czym: Doświadczenie, wprawa jest ułatwieniem w pracy. △ (zwykle w *lm*) Robić komuś (*nie*: dla kogoś) ułatwienia. △ *niepoprawne* Dostarczać ułatwień (*zamiast*: ułatwiać, robić ułatwienia). // *KP Pras.*

ułomek *m III, D.* ułomka *rzad.* «kawałek, odłamek» △ zwykle w *pot.* wyrażeniu: Nie ułomek «o kimś wysokim, mocnym, dobrze zbudowanym»: Chłop był duży, a jego brat też nie ułomek.

ułowić *dk VIa*, ułów, ułowiliśmy (p. akcent § 1a i 2) *rzad.* (dziś *częściej*: złowić): Ułowił (*częściej*: złowił) dużego szczupaka. Ułowić (*częściej*: złowić) grubego zwierza. △ Ułowić (*częściej*: złowić) coś uchem «usłyszeć» *Por.* złowić.

ułożyć p. układać.

ułuda *ż IV rzad.*, *książk.* «złudzenie, złuda»: Brać ułudę za rzeczywistość. Ułuda wyobraźni.

ułus *m IV, D.* ułusu: Ułus mongolski.

umacniać *ndk I*, umacnialiśmy (p. akcent § 1a i 2) — **umocnić** *dk VIa*, umocnij, umocnimy, umocniliśmy □ U. co czym: Umocnić rusztowanie belkami. Umocnić wałem brzegi rzeki. △ *przen.* Umocnić swoją władzę. Umocnić przyjaźń (z kimś). △ Umocnić kogoś w czymś «uczynić kogoś bardziej pewnym czegoś»: Umocnić kogoś w postanowieniu, w zamierzeniach.
umacniać się — umocnić się □ U. się na czym a. w czym: Umocnić się na pozycji, na wałach. Umocnić się w okopach. △ *przen.* Umacniać się w przekonaniu.

umaczać p. umoczyć.

umaić *dk VIa*, umaję, umaj, umailiśmy (p. akcent § 1a i 2): Umajone chaty. □ U. co czym: Umaić salę girlandami kwiatów, zielenią.

umalować *dk IV*, umalowaliśmy (p. akcent § 1a i 2) «pokryć coś farbą; dziś zwykle: powlec twarz, usta, powieki szminką (w odniesieniu do przedmiotów *częściej*: pomalować)»: Umalowała usta jaskrawą szminką. Umalowali (*częściej*: pomalowali) ściany zieloną farbą.
umalować się «pokryć szminką usta, czasem również policzki, powieki; *rzad.* pomalować się»: Stanęła przed lustrem i umalowała się dyskretnie.

umarły △ Dostawić, dostać kogoś żywego lub umarłego (*nie*: zmarłego).
umarły, umarła w użyciu rzeczownikowym: Pies szczeka tak głośno, że umarłego by zbudził. // *D Kult. I, 181.*

umarzać p. umorzyć.

umarznąć (*wym.* umar-znąć) *dk Vc*, umarznie (*wym.* umar-znie a. umar-źnie), umarzłem (*wym.* umar-złem; *nie*: umarznołem), umarzł (*wym.* umar-zł), *rzad.* umarznął (*wym.* umar-znoł); umarzła (*wym.* umar-zła; *nie*: umarznęła), umarzliśmy (*wym.* umar-zliśmy, p. akcent § 1a i 2), umarzły (*wym.* umar-zły), *rzad.* umarznięty (*wym.* umar-znięty) *przestarz.* «zamarznąć» || *GPK Por.* 216.

umasowić *dk VIa*, umasów, umasowiliśmy (p. akcent § 1a i 2) — *rzad.* **umasawiać** (*nie*: umasowiać) *ndk I*, umasawialiśmy: Umasowić sport, organizacje młodzieżowe.

umaszczenie *n I, blm* «barwa sierści zwierzęcia; *pot.* częściej: maść»: Umaszczenie królika było szare (*ale pot.*: Królik białej maści). *Por.* maść.

umawiać p. umówić.

umazać *dk IX*, umaże, umaż, umazaliśmy (p. akcent § 1a i 2) □ U. kogo, co — czym, w czym: Umazać buty błotem (w błocie). Ktoś umazany krwią (we krwi). Umazać smarem ręce.

I umbra *ż IV, CMs.* umbrze «brunatno zabarwiona odmiana gliny, stosowana do wyrobu farb; farba z tej gliny»: Malować umbrą.

II umbra *ż IV, CMs.* umbrze *wych. z użycia* «abażur»: Spod umbry pada przyćmione światło.

Umbria *ż I, DCMs.* Umbrii «kraina we Włoszech» — Umbryjczyk *m III, lm M.* Umbryjczycy — Umbryjka *ż III, lm D.* Umbryjek — umbryjski.

UMCS (*wym.* u-emcees, p. akcent § 6) *m ndm* a. *m IV, D.* UMCS-u, *Ms.* UMCS-ie «Uniwersytet Marii Curie-Skłodowskiej»: Wstąpić do (na) UMCS a. do UMCS-u. Studiować na UMCS (na UMCS-ie) w Lublinie.

umiar *m IV, D.* umiaru, *blm*: Artykuł pełen umiaru. Kolory dobrane z umiarem. □ U. w czym: Umiar w dyskusji, w jedzeniu. Zachowywać się wobec kogoś z umiarem. Pić bez umiaru.

umiarkowanie *n I wych. z użycia* «umiar»: Nie znać w czymś umiarkowania.

umiarkowany *st. w.* umiarkowańszy, *częściej*: bardziej umiarkowany 1. «pośredni, nie wygórowany, średni»: Umiarkowany realizm. Umiarkowane poglądy, przekonania, żądania. 2. *m-os.* umiarkowani «powściągliwy, rozważny» □ U. w czym: Jest zawsze umiarkowany w okazywaniu uczuć.

umieć *ndk II*, umiem (*nie*: umię), umie (*nie*: umi), umiemy (*nie*: umimy), umieją (*nie*: umią), umiej (*nie*: um), umieliśmy (p. akcent § 1a i 2), umiejąc (*nie*: umiąc), *rzad.* umiany «mieć praktyczną znajomość czegoś»: Umieć pisać, czytać, tańczyć. Umieć coś na pamięć, na wyrywki, jak pacierz. Umieć sobie radzić. Umieć się znaleźć. Umieć po łacinie, po francusku. △ *pot.* Nie umieć zliczyć do trzech «być nierozgarniętym» △ *niepoprawne* w zn. «znać coś», np. Umieć (*zamiast*: znać) dobrze obcy język. || *D Kult. II*, 488.

umiejętność *ż V, lm D.* umiejętności: Umiejętność wrodzona, gruntowna. Umiejętności fachowe. □ (tylko w *lp*) U. czego: Umiejętność rządzenia, recytacji, współpracy. □ U. w czym: Umiejętność w rzucaniu oszczepem. Umiejętność w posługiwaniu

się młotem. □ *rzad.* (zwykle w *lm*) U. z czego: Popisywał się swymi umiejętnościami z geografii.

umiejscowić *dk VIa*, umiejsców, umiejscowiliśmy (p. akcent § 1a i 2) — **umiejscawiać** (*nie*: umiejscowiać) *ndk I*, umiejscawialiśmy 1. «określić miejsce czegoś» □ U. co gdzie: Umiejscowić akcję sztuki w egzotycznym kraju. △ *przen.* Umiejscowić coś w czasie. 2. zwykle *dk* «ograniczyć do danego miejsca; zlokalizować»: Umiejscowić pożar. Umiejscowić zarazek, bakterie.

umierać *ndk I*, umieraliśmy (p. akcent § 1a i 2) — **umrzeć** (*nie*: umrzyć) *dk XI*, umrę, umrze, umrzyj, umarliśmy: Umrzeć młodo, nagle, po bohatersku. □ U. na co: Umrzeć na serce, na zapalenie płuc. □ U. z czego, wskutek czego: Umrzeć z głodu, z wycieńczenia. Umrzeć z ran, z upływu krwi a. wskutek ran, wskutek upływu krwi. △ *pot.* zwykle *ndk* (czasem z odcieniem *żart.*) Umierać z ciekawości, ze śmiechu, ze strachu, z nudów itp. □ U. dla kogo, czego (dla czyjegoś dobra, dla dobra czegoś): Umrzeć dla ojczyzny. Gotowa umrzeć dla dziecka. □ U. za kogo, za co (w czyjejś obronie, w obronie czegoś): Umrzeć za wolność, za ojczyznę.

umieralność *ż V, blm środ.* (*med.*) «liczba zgonów przypadających w ciągu roku na 1000 osób»: Umieralność z powodu gruźlicy znacznie się zmniejszyła.

umieszczać *ndk I*, umieszczaliśmy (p. akcent § 1a i 2) — **umieścić** *dk VIa*, umieść, umieścimy, umieściliśmy «stawiać, kłaść; kierować dokądś, wyznaczać miejsce»: Umieścić dziecko na krześle. Umieścić coś na półce, na stole, pod stołem. Umieścić obraz nad kanapą. Umieścić stolik przed lustrem. Umieścić artykuł w gazecie. Umieścić syna u krewnych. Umieścić rzeczy u znajomych, przyjaciół. □ U. kogo, co w czym (*nie*: w co): Umieścić dziecko w wózku (*nie*: w wózek).

umilknąć *dk Vc*, umilknij, umilkłem, *rzad.* umilknąłem (*wym.* umilknołem; *nie*: umilknełem); umilkł, *rzad.* umilknął (*wym.* umilknoł); umilkła, umilkliśmy, *rzad.* umilknęliśmy (*wym.* umilkneliśmy, p. akcent § 1a i 2): Umilknij wreszcie. Umilkły rozmowy i śmiechy. Ptaki nagle umilkły.

umiłować *dk IV*, umiłowaliśmy (p. akcent § 1a i 2) *książk.* «gorąco pokochać» □ U. kogo, co (*nie*: u. sobie w kim, w czym): Umiłować dziewczynę. Umiłować piękno.

umiłowanie *n I* □ U. czego (*ale*: zamiłowanie do czego): Umiłowanie języka ojczystego, nauki, piękna.

umizgać się *ndk I*, umizgaliśmy się (p. akcent § 1a i 2) — **umizgnąć się** *dk Va*, umizgnij się, umizgnąłem się (*wym.* umizgnołem się; *nie*: umizgnełem się), umizgnął się (*wym.* umizgnoł się), umizgnęła się (*wym.* umizgnęła się; *nie*: umizgła się), umizgnęliśmy się (*wym.* umizgneliśmy się; *nie*: umizgliśmy się) □ U. się do kogo: Umizgał się do każdej dziewczyny.

UMK (*wym.* u-emka, p. akcent § 6) *m ndm* «Uniwersytet Mikołaja Kopernika»: Wstąpić do (na) UMK w Toruniu. Studiować na UMK. UMK obchodził swój jubileusz.

umknąć

umknąć *dk Va*, umknij, umknąłem (*wym.* um-knołem; *nie*: umknełem), umknął (*wym.* umknoł), umknęła (*wym.* umkneła; *nie*: umkła), umknęliśmy (*wym.* umkneliśmy; *nie*: umkliśmy; p. akcent § 1a i 2) — **umykać** *ndk I*, umykaliśmy *książk.* «uciec»: Zaczęli szybko umykać. □ U. przed kim, czym: Umknąć przed napastnikiem. Umknąć przed karą, przed deszczem. □ U. przez co, czym: Umknąć przez podwórze, przez okno, oknem. □ U. dokąd: Umykać do lasu a. w las. Umknąć w pole a. na pole. □ U. skąd: Umknąć z więzienia. Umknąć z placu boju.

umniejszać *ndk I*, umniejszaliśmy (p. akcent § 1a i 2) — **umniejszyć** *dk VIb*, umniejszyliśmy «czynić kogoś lub coś mniej ważnym»: Umniejszać swoją winę. Umniejszał rolę doświadczenia w życiu.

umocnić p. umacniać.

umocować *dk IV*, umocowaliśmy (p. akcent § 1a i 2) — **umocowywać** *ndk VIIIa*, umocowuje (*nie*: umocowywuje, umocowywa), umocowywaliśmy □ U. co (czym): Umocować żagle. □ U. co na czym, w czym: Umocować antenę na dachu. Umocować tablicę na ścianie. Umocować rurkę w otworze.

umoczyć *dk VIb*, umoczyliśmy (p. akcent § 1a i 2), *rzad.* **umaczać** *dk I*, umaczaliśmy □ U. co w czym: Umoczyć ręcznik w wodzie. Umaczać bułkę w mleku.

umoralniać *ndk I*, umoralnialiśmy (p. akcent § 1a i 2) — **umoralnić** *dk VIa*, umoralnij, umoralniliśmy «usiłować wpłynąć na podniesienie czyjejś moralności (często *iron.*)» □ U. kogo — czym: Umoralniać ludzi słowem, własnym przykładem.

umorusać *dk I*, umorusaliśmy (p. akcent § 1a i 2) *pot.* «ubrudzić, pobrudzić, powalać» □ U. co czym: Umorusali twarze sadzą.

umorzenie *n I*: Umorzenie dochodzenia, sprawy sądowej. Umorzenie (*nie*: amortyzacja) długu, pożyczki. // D Kult. II, 277.

umorzyć *dk VIb*, umorzymy, umórz, umorzyliśmy (p. akcent § 1a i 2) — *rzad.* **umarzać** *ndk I*, umarzaliśmy □ U. co (komu): Umorzyć sprawę sądową. Umorzyć podatek, należność. Umorzyli mi ten dług.

umotywować p. motywować.

umowa *ż IV, lm D.* umów: Umowa autorska, gospodarcza, handlowa. Umowa dobrowolna, obustronna, zbiorowa. Umowa pisemna a. na piśmie. Umowa obowiązująca od dnia... Zawrzeć, podpisać umowę. Zerwać, rozwiązać umowę. Na podstawie (*nie*: tytułem) umowy. Umowa wygasa. W myśl zawartej umowy. Zgodnie z umową. □ U. kogo z kim: Umowa ojca z synem. □ U. o co (*nie*: na co) (jeśli wymienione są świadczenia, do których zobowiązuje się jedna strona): Umowa o sprzedaż, o (*nie*: na) przewóz. Umowa o dzieło. Umowa o pracę. □ *rzad.* U. co do czego: Umowa co do dzierżawy, co do sprzedaży domu. □ U. o czym (jeśli wymienione są świadczenia, do których się zobowiązują obie strony): Umowa o wzajemnej pomocy, o wymianie kulturalnej. // D Kult. II, 139.

umożebnić *dk VIa*, umożebnij, umożebniliśmy (p. akcent § 1a i 2) — **umożebniać** *ndk I*, umożebnialiśmy *przestarz.* «umożliwić»

umożliwić *dk VIa*, umożliwimy, umożliw, umożliwiliśmy (p. akcent § 1a i 2) — **umożliwiać** *ndk I*, umożliwialiśmy □ U. co komu (*nie*: dla kogo): Umożliwić ucieczkę wielu osobom (*nie*: dla wielu osób). Umożliwić (*nie*: udostępnić) człowiekowi opanowanie przyrody. // KP Pras.

umór (*nie*: umor) używane tylko w *pot.* wyrażeniu: Na umór «bez umiaru, bez opamiętania»: Pić na umór (*nie*: do umoru). Zakochać się, kochać się na umór (*częściej*: na zabój).

umówić *dk VIa*, umówimy, umówiliśmy (p. akcent § 1a i 2) — **umawiać** *ndk I*, umawialiśmy, częściej *dk* «postanowić coś wspólnie, zawrzeć umowę»: Przyszedł na umówione spotkanie. Dotrzymać umówionego terminu. □ U. kogo do czego (do jakiejś pracy): Umówić kogoś do sprzątania, do prania. □ U. kogo na co: Umówiła go ze swoim gościem z zagranicy na wspólne zwiedzanie miasta.

umówić się — umawiać się □ U. się z kim o co a. co do czego (wymieniając to, co jest treścią umowy): Umówić się o cenę, o honorarium, o przewóz a. co do ceny, co do honorarium, co do przewozu. □ U. się z kim na co (oznaczając to, co jest wspólnym celem umowy): Umówić się z kimś na spacer, na randkę, na tenisa.

umrzeć p. umierać.

umrzyk *m III, lm M.* umrzyki *posp.* «nieboszczyk»

umyć *dk Xa*, umyliśmy (p. akcent § 1a i 2) — *przestarz.* **umywać** *ndk I*, umywaliśmy □ U. kogo, co (czym): Umyć dziecko. Umyć stół szczotką i mydłem. □ U. kogo, co w czym (*nie*: na czym) (wymieniając naczynie, w którym się myje): Umyć chłopca w wannie, w miednicy (*nie*: na miednicy). Umyć naczynie w misce (*nie*: na misce). □ U. kogo, co pod czym: Umyć dziecko pod prysznicem. Umyć naczynia pod kranem, pod pompą. □ U. z czego: Umyć całe ciało z potu, z kurzu. △ (zwykle *ndk*) Umywać ręce od czegoś «zrzucać z siebie odpowiedzialność za coś»: Od tej sprawy umywam ręce.

umyć się — *przestarz.* **umywać się** △ *pot.* (tylko w formie *ndk* z przeczeniem) Coś, ktoś nie umywa się do czegoś, do kogoś «coś ktoś, nie wytrzymuje porównania z czymś, z kimś»: Nasze nowe mieszkanie nawet się nie umywa do waszego.

umykać p. umknąć.

umysł *m IV, D.* umysłu, *lm M.* umysły «rozum, inteligencja»: Umysł analityczny. Bystry, twórczy, krytyczny, chłonny umysł. Ciasny, ograniczony, płytki umysł. △ Upośledzony, chory na umyśle (*lepiej*: upośledzony, chory umysłowo). △ *przen.* zwykle w *lm*: Tę ideę propagowały wszystkie światłe umysły epoki. Wzburzyć, uspokoić umysły.

umyślić (*nie*: umyśleć) *dk VIa*, umyślimy, umyśl (*nie*: umyślij), umyśliliśmy (p. akcent § 1a i 2): Umyśliliśmy zanocować w najbliższym schronisku.

umyślnie (*wym. pot.*: umyśnie): Umyślnie przyszła, żeby się z nim spotkać.

umyślny (*wym. pot.*: umyśny): Robiła mu umyślne przykrości.

umywać p. umyć.

umywalka *ż III, lm* D. umywalek **1.** a. umywalnia «mebel z przyborami do mycia; muszla do mycia»: Mył się nad białą umywalką (umywalnią). **2.** *rzad.* p. umywalnia w zn. 2.

umywalnia *ż I, DCMs.* i *lm* D. umywalni **1.** p. umywalka. **2.** «pomieszczenie z urządzeniami do mycia»: Chłopcy myli się w obszernej umywalni z natryskami. Ściany umywalni wyłożone były białymi kafelkami.

Unamuno, de *m IV, częściej* (zwłaszcza w połączeniu z imieniem) *ndm*: Poezje i powieści Unamuna, *częściej*: Miguela (*wym.* Migela) de Unamuno.

unaocznić *dk VIa,* unaocznij, unaoczniliśmy (p. akcent § 1a i 2) — **unaoczniać** (*nie*: unaaczniać) *ndk I,* unaoczniališmy □ U. komu — co: Przypadek unaocznił mu bezsens tego projektu. // GPK Por. 106.

unarodowić *dk VIa,* unarodowiliśmy (p. akcent § 1a i 2) — **unaradawiać** (*nie*: unarodawiać, unarodowiać) *ndk I,* unaradawialiśmy **1.** *częściej*: upaństwowić, znacjonalizować: Unarodowić przemysł. **2.** *rzad.* «uczynić narodowym, uwolnić od wpływów obcych»

unaukowić *dk VIa,* unaukowię, unaukowiliśmy (p. akcent § 1a i 2) — **unaukowiać** *ndk I,* unaukowialiśmy *książk.* «uczynić coś naukowym»: Unaukowić metody pracy. Unaukowić jakieś dzieło.

undulacja *ż I, DCMs.* undulacji, *blm* «ruch falowy (światła, głosu), wibracja w instrumentach smyczkowych» (co innego: ondulacja)

UNESCO (*wym.* junesko) *ż* a. *n ndm* «skrót angielskiej nazwy Organizacji Narodów Zjednoczonych do Spraw Oświaty, Nauki i Kultury»: Współpraca Polski z UNESCO. W 1966 r. UNESCO liczyła (liczyło) 120 państw członkowskich. // GPK Por. 174.

unia *ż I, DCMs.* i *lm* D. unii, zwykle w *lp*: Unia religijna, kościelna. Unia lubelska. Zawrzeć, znieść unię. □ U. kogo, czego z kim, z czym: Unia kościoła prawosławnego z Rzymem. Unia Polski z Litwą a. unia polsko-litewska. // GPK Por. 257.

unicestwić *dk VIa,* unicestwij (*nie*: unicestw), unicestwiliśmy (p. akcent § 1a i 2) — **unicestwiać** *ndk I,* unicestwialiśmy *książk.* «zniszczyć, udaremnić»: Unicestwić naród biologicznie. Unicestwić armię wroga. △ Unicestwić czyjeś plany, zamiary.

uniemożliwić *dk VIa, rzad.* uniemożliw (*nie*: uniemożliwij); uniemożliwiliśmy (p. akcent § 1a i 2) — **uniemożliwiać** *ndk I,* uniemożliwialiśmy □ U. co komu (czym): Piaszczysta droga uniemożliwiała mu ucieczkę. Uniemożliwić coś komuś intrygami, podstępem.

unieruchomić *dk VIa,* unieruchom, unieruchomiliśmy (p. akcent § 1a i 2) — **unieruchamiać** (*nie*: unieruchomiać) *ndk I,* unieruchamialiśmy: Lody unieruchomiły statek. □ U. kogo, co w czym: Rannego trzeba było unieruchomić w gipsie. Unieruchomić rękę, nogę w łupkach.

unieść *dk XI,* uniosę (*nie*: uniesę), uniesie, uniosłem (*nie*: uniesłem), uniósł, uniosła (*nie*: uniesła), unieśliśmy (p. akcent § 1a i 2) — **unosić** *ndk*
VIa, unoszę, unosiliśmy **1.** «podnieść, umieścić coś wyżej niż poprzednio» □ U. co lub czego (nieco, trochę): Unieść głowę a. głowy. Unieść kieliszek do góry. **2.** zwykle *dk* (częściej w zwrotach zaprzeczonych) «móc udźwignąć, utrzymać»: Koń ledwie mógł unieść jeźdźca. Gałęzie nie mogły unieść zwałów śniegu. **3.** «zabrać, zagarnąć, porwać»: Woda unosiła ze sobą zerwany most. △ *przen.* Uniosła go duma, uniósł go gniew.

unieść się — unosić się 1. «podnieść się, wzbić się w górę; zostać podniesionym»: Unieść się na palcach a. na palce. Unieść się z poduszek. Samolot uniósł się w powietrze. Kurtyna unosi się w górę. **2.** «dać się opanować jakiemuś uczuciu; wybuchnąć gniewem»: Przepraszam, że się uniosłem. □ U. się czym: Unieść się gniewem, pychą, ambicją, honorem.

unieważniać *ndk I,* unieważnialiśmy (p. akcent § 1a i 2) — **unieważnić** *dk VIa,* unieważnij (*nie*: unieważń), unieważniliśmy: Unieważnić małżeństwo. Unieważnić kontrakt, porozumienie.

uniewinnić *dk VIa,* uniewinnij, uniewinniliśmy (p. akcent § 1a i 2) — **uniewinniać** *ndk I,* uniewinnialiśmy: Sąd wydał wyrok uniewinniający. □ U. kogo (z czego, *rzad.* od czego, *nie*: w czym): Uniewinnić kogoś z (od) jakiegoś zarzutu.

uniezależnić *dk VIa,* uniezależnij, uniezależniliśmy (p. akcent § 1a i 2) — **uniezależniać** *ndk I,* uniezależnialiśmy □ U. kogo — od kogo, od czego: Uniezależnić syna od rodziny. Uniezależnić swą twórczość od spraw pieniężnych.

unifikować *ndk VI,* unifikowaliśmy (p. akcent § 1a i 2) — **zunifikować** *dk* «ujednolicać»

uniform *m IV,* D. uniformu *wych. z użycia* «mundur»: Uniform wojskowy. Uniform woźnego, strażnika.

unik *m III,* D. uniku: Zrobić unik. Bronić się (*nie*: zasłaniać się) unikami.

unikać *ndk I,* unikaliśmy (p. akcent § 1a i 2) — **uniknąć** *dk Va,* uniknąłem (*wym.* uniknołem; *nie*: uniknełem, uniknłem), uniknął (*wym.* uniknoł), uniknęła (*wym.* uniknęła), uniknęliśmy (*wym.* unikneliśmy; *nie*: unikliśmy) □ U. kogo, czego (*nie*: co): Unikać kłótni. Cudem uniknął śmierci. Unikać złych ludzi. Uniknął wielu błędów.

unikalny *niepoprawne zamiast*: jedyny (w świecie, w swoim rodzaju), niepowtarzalny, będący unikatem, unikatowy, np.: Unikalny (*zamiast*: unikatowy) rękopis zabytku. Zapora jest budowlą unikalną (*zamiast*: Jako budowla zapora jest unikatem; a.: Zapora jest budowlą jedyną w swoim rodzaju). // D Kult. II, 277.

unikat *m IV,* D. unikatu, *Ms.* unikacie: Niektóre dzieła w jego bibliotece to unikaty.

unisono *muz.* **1.** w funkcji przysłówka «jednobrzmiąco, jednogłośnie»: Śpiewali unisono. △ *przen.* Pszczoły brzęczały unisono. **2.** *n ndm, rzad. n III* «współbrzmienie co najmniej dwóch równych co do wysokości dźwięków; śpiew jednogłosowy, gra jednogłosowa»: Melodyjne unisono.

uniwerek *m III,* D. uniwerku *pot.* «uniwersytet»: Być na uniwerku. Chodzić na uniwerek.

uniwersalia (nie *wym.*: uniwer-zalia) w *lm, D.* uniwersaliów (*nie*: uniwersalii); *rzad.* w *lp*: uniwersale (*nie*: uniwersalium) *n ndm.*

uniwersalizm (nie *wym.*: uniwer-zalizm) *m IV, D.* uniwersalizmu, *Ms.* uniwersalizmie (*wym.* ~izmie a. ~iźmie), *blm.*

uniwersalny (nie *wym.*: uniwer-zalny) *st. w.* bardziej uniwersalny: Uniwersalne lekarstwo. Coś ma uniwersalne zastosowanie.

uniwersał (nie *wym.*: uniwer-zał) *m IV, D.* uniwersału, *Ms.* uniwersale *hist.* «odezwa» △ W nazwie dużą literą: Uniwersał Połaniecki.

uniwersjada (nie *wym.*: uniwer-zjada) *ż IV || U Pol. (2), 479.*

uniwersytecki (nie *wym.*: uniwerstecki, uniwer- -zytecki): Młodzież uniwersytecka. Studia uniwersyteckie.

uniwersytet (*wym.* uniwersytet, *nie*: uniwersytet, uniwer-zytet, uniwerstet; p. akcent § 7) *m IV, D.* uniwersytetu, *Ms.* uniwersytecie: Iść do uniwersytetu a. na uniwersytet «iść do gmachu uniwersytetu», *ale*: Iść, zapisać się, wstąpić na uniwersytet «wstąpić na studia» △ Pracować w uniwersytecie a. na uniwersytecie, *ale*: Studiować, wykładać na uniwersytecie. △ W nazwach dużą literą: Uniwersytet Warszawski (skrót: UW), Uniwersytet Jagielloński (skrót: UJ), Towarzystwo Uniwersytetu Robotniczego (skrót: TUR).

uniżony *st. w.* uniższy a. bardziej uniżony, w zn. «będący wyrazem braku poczucia godności; przesadnie uprzejmy, układny»: Uniżony aż do upodlenia. Uniżone ukłony. Uniżona postawa. □ U. dla kogo, wobec kogo: Był uniżony wobec przełożonych.

unormować p. normować.

unosić p. unieść.

unosić się 1. p. unieść się (w zn. 1, 2). **2.** «utrzymywać się nad ziemią, na powierzchni czegoś, w czymś»: Dymy, mgły unosiły się nad ziemią, ku górze, do góry a. w górę. Dokoła unosiła się woń bzu. Łódź unosiła się na falach. **3.** «wyrażać uwielbienie, zachwyt» □ U. się nad kim, nad czym: Unosiła się nad swoimi dziećmi.

unowocześnić *dk VIa,* unowocześnij, unowocześniliśmy (p. akcent § 1a i 2) — **unowocześniać** *ndk I,* unowocześnialiśmy «uczynić nowoczesnym; zmodernizować»: Unowocześnić metody produkcji. Unowocześnić maszyny, sprzęt.

UNRRA (*wym.* unra) *ż ndm; pot.* **Unra** *ż IV* «skrót *ang.* nazwy Organizacji Narodów Zjednoczonych do Spraw Pomocy i Odbudowy»: Pracować w UNRRA, *pot.* w Unrze. Otrzymać pomoc z UNRRA, *pot.* z Unry. — *pot.* unrowski.

uodporniać, *rzad.* **uodparniać** *ndk I,* uodpornialiśmy, uodparnialiśmy (p. akcent § 1a i 2) — **uodpornić** *dk VIa,* uodpornij, uodporniliśmy □ U. kogo, co — na co, przeciwko czemu: Szczepionki uodporniają organizm przeciwko zarazkom. Witamina C uodpornia na choroby zakaźne.

uogólniać *ndk I,* uogólnialiśmy (p. akcent § 1a i 2) — **uogólnić** *dk VIa,* uogólnij, uogólniliśmy: Uogólniać zasadę, wnioski.

uosabiać (*nie*: uasabiać, uosobiać, uosabniać) *ndk I,* uosabialiśmy (p. akcent § 1a i 2) — **uosobić** (*nie*: uosobnić) *dk VIa,* uosobiliśmy □ U. co w kim, w czym: Siły przyrody uosabiane były w postaciach bożków. Wszystkie cnoty były w niej uosobione.

UPA (*wym.* upa) *ż ndm* «skrót nazwy: Ukraińska Powstańcza Armia»: Należał do UPA. Bandy UPA. UPA napadała na wsie. — upowiec *m II, lm M.* upowcy — upowski.

upadać *ndk I,* upadaliśmy (p. akcent § 1a i 2) — **upaść** *dk XI,* upadnę, upadnie, upadnij, upadliśmy **1.** «zmieniać nagle pozycję z pionowej na poziomą; przewracać się»: Upadł jak długi. Upadła i nie mogła się podnieść. Potykała się i upadała co chwila. △ *przen.* Upaść nisko, moralnie. △ (tylko *dk*) Upaść przed kimś, przed czymś a. komuś do kolan, do nóg «schylić się nisko, uklęknąć przed kimś, przed czymś (zwykle prosząc, przepraszając kogoś)» △ Upadać na duchu «tracić nadzieję, wiarę w coś» □ U. czym, na co: Upadł na twarz, upadł twarzą na ziemię. Upaść głową na poduszki. Upaść na plecy, upaść plecami na jezdnię. Upadł na rękę i złamał ją. △ Upaść na krzesło, na łóżko itp. «usiąść, położyć się na czymś ciężko, bezwładnie» △ *posp.* (tylko *dk*) Upaść na głowę «stracić rozum, rozsądek; zgłupieć» □ (zwykle *ndk*) U. z czego, pod czym «być bliskim wyczerpania (załamania się) z powodu czegoś»: Upadać ze zmęczenia, z upału. Upadać pod nawałem pracy, trosk. **2.** «opuszczać się z miejsca wyżej położonego; spadać»: Nóż upadł na podłogę. Kapelusz upadł mi w kałużę. Bomba upadła blisko nas. **3.** «chylić się ku upadkowi; marnieć; kończyć się niepowodzeniem»: Rządy, państwa upadają. Sztuka upadła. Wniosek, projekt upadł.

upadek *m III, D.* upadku **1.** w zn. «przewrócenie się, spadnięcie»: Wskutek upadku doznała ciężkich obrażeń. △ Upadek na plecy, na głowę; Upadek na ziemię, na kamienie, w błoto. □ U. z czego: Upadek z konia. **2.** w zn. «ruina, klęska»: Upadek Napoleona. Upadek państwa, powstania. Upadek autorytetu, kultury, obyczajów, handlu. △ Upadek sił, ducha, *rzad.* upadek na siłach, na duchu. Podźwignąć, podnieść coś z upadku.

upadlać p. upodlić.

upadłość *ż V, blm*: Upadłość finansowa. Upadłość banku, przedsiębiorstwa. Ogłosić upadłość.

upadły △ *pot.* Do upadłego «do ostatka, do wyczerpania wszystkich sił, środków»: Walczyć, kłócić się do upadłego. △ *książk., wych. z użycia* w zn. «prowadzący życie niemoralne, nieetyczne»: Człowiek upadły. Kobieta, dziewczyna upadła.

upajać *ndk I,* upajaliśmy (p. akcent § 1a i 2) — **upoić** *dk VIa,* upoję, upój, upoiliśmy «przyprawiać o utratę przytomności» □ U. kogo, co — czym △ zwykle w zn. *przen.* «wywoływać rozmarzenie, zachwyt»: Upajający zapach róż. Upajać czymś wzrok.

upajać się — upoić się □ U. się czym **a)** «rozkoszować się czymś, zachwycać się»: Upajać się muzyką, władzą, własnymi słowami. **b)** *rzad.* «przyprawiać siebie o utratę przytomności»: Upajał się narkotykiem.

! upakarzać p. upokarzać.

upał *m IV, D.* upału, *Ms.* upale: Straszny, lipcowy, nieznośny, piekielny upał. Upał nie do wytrzymania, nie do zniesienia. Omdlewać, popieleć itp. od upału (z upału). Iść, pracować w upale (w upał).

upamiętniać *ndk I,* upamiętnialiśmy (p. akcent § 1a i 2) — **upamiętnić** *dk VIa,* upamiętnij, upamiętniliśmy: Upamiętnić ważne wydarzenie.

upaństwawiać *ndk I,* upaństwawialiśmy (p. akcent § 1a i 2) — **upaństwowić** *dk VIa,* upaństwowiliśmy: Upaństwowić środki produkcji.

upartość *ż V, blm rzad., lepiej:* upór.

uparty *m-os.* uparci, *st. w.* bardziej uparty **1.** «odznaczający się uporem»: Uparty człowiek. △ *pot.* Uparty jak kozioł a. uparty kozioł (o człowieku). □ U. w czym: Był uparty w urzeczywistnianiu swoich planów. **2.** «będący objawem uporu; trwający długo, uporczywie»: Uparte milczenie. Uparta walka.

I upaść p. upadać.

II upaść *dk XI,* upasę, upasie, upasł, upaśliśmy (p. akcent § 1a i 2) — *rzad.* **upasać** *ndk I,* upasaliśmy «dobrze żywiąc utuczyć (zwykle zwierzęta); o ludziach *żart., iron.*» □ U. co (kogo) na czym: Upasła kury na pszenicy. Upasła córkę na zawiesistych zupach.

upatrywać *ndk VIIIa,* upatruję (*nie:* upatrywuję, upatrywam), upatrywaliśmy (p. akcent § 1a i 2) — **upatrzyć** (*nie:* upatrzeć) *dk VIb,* upatrz (*nie:* upatrzyj), upatrzyliśmy □ (*tylko ndk*) U. czego, kogo: Upatrywać stosownej chwili do odezwania się. Upatrywać odpowiedniej tancerki. Upatrywać dogodnego miejsca na postój. □ (*zwykle dk*) U. co, kogo: Upatrzył sobie dogodne miejsce do kąpieli. Upatrzyć stosowną chwilę. Upatrzył już sobie kogoś do tej roli. □ U. kogo w kim: Upatrywał w nim swego zbawcę. || *KJP 312.*

upchać *dk I,* upchaliśmy (p. akcent § 1a i 2); a. **upchnąć** *dk Va,* upchnąłem (*wym.* upchnołem; *nie:* upchnęłem, upchłem), upchnął (*wym.* upchnoł), upchnęła (*wym.* upchneła; *nie:* upchła), upchnęliśmy (*wym.* upchneliśmy, *nie:* upchliśmy) — **upychać** *ndk I,* upychaliśmy □ U. co do czego a. w co: Upchnąć rzeczy do plecaka a. w plecak.

upełnomocnić *dk VIa,* upełnomocnij, upełnomocniliśmy (p. akcent § 1a i 2) — **upełnomocniać** *ndk I,* upełnomocnialiśmy □ U. kogo—do czego: Upełnomocnić kogoś do załatwienia formalności.

upewniać *ndk I,* upewnialiśmy (p. akcent § 1a i 2) — **upewnić** *dk VIa,* upewnij, upewniliśmy □ U. kogo o czym a. co do czego, u. kogo, że... «twierdzić coś z przekonaniem, zapewniać»: Upewnić kogoś o swoich uczuciach a. co do swych uczuć. Upewniła go, że przyjdzie. □ U. kogo «sprawiać, że ktoś stanie się pewny, pewniejszy czegoś»: Jej dziwne zachowanie upewniło go, że czuje się winna.

upędzać się *ndk I,* upędzaliśmy się (p. akcent § 1a i 2) *rzad., tylko w pot.* zwrotach □ U. się za kim, za czym: Upędza się za zarobkiem. Upędzać się za dziewczętami.

upiąć *dk Xc,* upnę, upnie, upnij, upiąłem (*wym.* upiołem; *nie:* upiełem), upiął (*wym.* upioł), upięła (*wym.* upieła), upięliśmy (*wym.* upieliśmy; p. akcent § 1a i 2) — **upinać** *ndk I,* upinaliśmy: Upiąć firanki. Upinać na kimś sukienkę. Upinać włosy w kok.

upichcić p. pichcić.

upić *dk Xa,* upiliśmy (p. akcent § 1a i 2) — **upijać** *ndk I,* upijaliśmy □ U. czego «napić się trochę czegoś; nadpić»: Upić herbaty, wody ze szklanki. □ U. kogo «doprowadzić kogoś do stanu zamroczenia poją go napojami alkoholowymi»: Nigdy nie wmuszał w nikogo wódki, nie lubił upijać ludzi.
upić się — upijać się □ U. się czym: Upił się koniakiem. △ *przen.* Upić się radością, zapachem bzów.

upiec *dk XI,* upiekę, upiecze, upiecz (*nie:* upiec), upiekł, upiekliśmy (p. akcent § 1a i 2): Upiec kurczaka na rożnie. Upiec ciasto, chleb a. upiec ciasta, chleba (z dopełniaczem cząstkowym).
upiec się 1. «zostać upieczonym»: Ciasto już się upiekło. **2.** *pot.,* tylko w 3. os. i *nieos.* «udać się, przejść bez przykrych następstw» □ U. się komu: Kara mu się upiekła. Upiekło mu się, nikt się nie dowiedział o psocie.

upierać się *ndk I,* upieraliśmy się (p. akcent § 1a i 2) — **uprzeć się** *dk XI,* uprę się, uprze się, uprzyj się, uparł się, uparliśmy się. □ U. się przy czym: Upierać się przy swoich poglądach. □ U. się, że, aby...: Uparła się, że sama to zrobi. Nie upieram się, aby już iść.

upiększać *ndk I,* upiększaliśmy (p. akcent § 1a i 2) — **upiększyć** *dk VIb,* upiększ (*nie:* upiększyj), upiększyliśmy □ U. co, kogo (czym): Upiększyć mieszkanie kwiatami. Płyny upiększające twarz.

upijać p. upić.

upinać p. upiąć.

I upiór *m IV, DB.* upiora: Widzieć upiora. Wyglądać jak upiór.

II upiór *m IV, D.* upioru *środ.* «rzeczy uprane w ciągu określonego czasu (w pralni)»: Pralnia miała w tym miesiącu mniejszy upiór niż w poprzednim.

upitrasić *dk VIa,* upitraszę, upitrasiliśmy (p. akcent § 1a i 2) *pot., żart.* «przyrządzić coś do jedzenia na prędce, byle jak»: Upitrasić obiad, kolację. Próbował coś upitrasić, ale bezskutecznie.

uplasować *dk IV,* uplasowaliśmy (p. akcent § 1a i 2) *rzad.* «umieścić gdzieś» częściej w formie zwrotnej.
uplasować się (czasem z odcieniem *żart.*) «zająć gdzieś miejsce»: Uplasował się przy samej trybunie. △ *przen.* «zająć miejsce w jakiejś punktacji»: Nasi zawodnicy uplasowali się na dziewiątym miejscu.

upleść *dk XI,* uplotę (*nie:* upletę), uplotłem, uplótł, uplotła (*nie:* upletła), upletliśmy (p. akcent § 1a i 2) — *rzad.* **uplatać** *ndk I,* uplataliśmy: Upleść wianek z kwiatów. Upleść rzemień, warkocz.

upłynąć *dk Vb,* upłynąłem (*wym.* upłynołem; *nie:* upłynełem), upłynął (*wym.* upłynoł), upłynęła (*wym.* upłyneła), upłynęliśmy (*wym.* upłyneliśmy, p. akcent § 1a i 2) — **upływać** *ndk I,* upływałby (p. akcent § 4c) **1.** tylko *dk* «płynąc przebyć jakąś odległość» □ U. ileś (metrów, kilometrów itp.): Upłynął kilkanaście metrów i zaczął tonąć. **2.** tylko w 3. os. «minąć, przeminąć (w odniesieniu do czasu)»: Godziny, lata

upłynniać

upływają. Termin upłynął. Czas upływa na niczym. **3.** *daw.* «wypłynąć, wyciec (dziś tylko o krwi)»: Rannemu upłynęło dużo krwi. △ *fraz.* (dziś żywa) Upłynęło (upłynie) dużo wody (zanim...), od czasu, gdy... «dużo czasu przeszło od jakiegoś wydarzenia a. przejdzie, zanim coś nastąpi»

upłynniać *ndk I*, upłynnialiśmy (p. akcent § 1a i 2) — **upłynnić** *dk VIa*, upłynnij, upłynniliśmy **1.** «czynić płynnym, rozpuszczać»: Upłynnić pokarm. Upłynniać smołę. **2.** *środ.* «wyprzedawać; pozbywać się (jakichś towarów)»: Upłynniać towar, remanenty (w sklepach).

upływ *m IV, D.* upływu **1.** «upłynięcie, upływanie (krwi)»: Było mu słabo od upływu krwi. **2.** «minięcie, przeminięcie (o czasie)»: Upływ czasu. △ Przed upływem roku (*nie*: do roku): Nie przyjedzie przed upływem roku (*nie*: do roku). △ Z upływem lat, czasu itp. «w miarę upływania, przemijania czasu»

upływać p. upłynąć.

upodabniać, *rzad.* **upodobniać** *ndk I*, upodabnialiśmy, upodobnialiśmy (p. akcent § 1a i 2) — **upodobnić** *dk VIa*, upodobnij, upodobniliśmy □ U. kogo, co — do kogo, czego (*nie*: z kim, z czym): Haczykowaty nos upodabniał ją do czarownicy. Wspólne życie upodobniło ich do siebie (*nie*: ze sobą).

upodlić *dk VIa*, upodlij, upodliliśmy (p. akcent § 1a i 2) — **upadlać**, *rzad.* **upodlać** *ndk I*, upadlaliśmy, upodlaliśmy □ U. kogo — czym, przez co: Upodlić kogoś złym przykładem, przez dawanie łapówek. Upodliło go nadużywanie alkoholu.

upodobać *dk I*, upodobaliśmy (p. akcent § 1a i 2) *przestarz.*, dziś zwykle w wyrażeniu: Upodobać sobie kogoś, coś, *rzad.* w kimś, w czymś «poczuć do kogoś, do czegoś sympatię»: Upodobał sobie to miejsce, *rzad.* w tym miejscu.

upodobanie *n I* **1.** *blm* forma rzeczownikowa czas. upodobać. **2.** *lm D.* upodobań «skłonność, zamiłowanie do czegoś»: Dziecinne, dawne, różnorodne upodobania. Upodobania artystyczne, muzyczne. △ Robić coś z upodobaniem. □ U. do czego, *rzad.* do kogo: Ma upodobanie do przedmiotów humanistycznych. □ U. w czym: Znajdował upodobanie w jej towarzystwie.

upodobniać, upodobnić p. upodabniać.

upoić p. upajać.

upokarzać (*nie*: upakarzać) *ndk I*, upokarzaliśmy (p. akcent § 1a i 2) — **upokorzyć** *dk VIb*, upokórz, upokorzyliśmy: Upokarzać czyjąś dumę, godność, ambicję (*nie*: upokorzyć kogoś w poczuciu własnej dumy, godności, ambicji). □ U. kogo — czym: Upokorzyć kogoś wyniosłym zachowaniem. □ U. kogo — przed kim, czym, wobec kogo, czego: Upokarzał go wobec przełożonych, przed gronem profesorów.

upokarzać się — upokorzyć się □ U. się przed kim, wobec kogo: Upokorzył się wobec ojca i przeprosił go. Upokorzył się przed wrogiem prosząc o litość.

upominać *ndk I*, upominaliśmy (p. akcent § 1a i 2) — **upomnieć** *dk VIIa*, upomnę (*nie*: upomnię), upomni (*nie*: upomnie), upomną (*nie*: upomnią), upomniał (*nie*: upomiał), upomnieliśmy *książk.* «zwracać komuś uwagę; przywoływać kogoś do porządku, strofować»: Upomnieć kogoś surowo. □ U. kogo za co: Upomniała dziecko za nieposłuszeństwo.

upominać się — upomnieć się □ U. się o co «przypominając żądać czegoś, dopominać się»: Upominać się o jedzenie, o zapłatę. △ Upominać się o czyjąś krzywdę «występować w obronie kogoś pokrzywdzonego» □ U. się o kogo, *rzad.* za kim «wstawiać się, stawać w czyjejś obronie, ujmować się za kimś»: Upomniał się o dziecko, *rzad.* za dzieckiem.

upominek *m III, D.* upominku, *nieco książk.* «to, co się komuś darowuje; podarunek, prezent»: Drobny, drogocenny upominek. Upominek imieninowy, urodzinowy. Otrzymać, dać coś w upominku. Dać, podarować, ofiarować (*nie*: zrobić) komuś upominek. □ U. od kogo: Upominek od siostry, od koleżanki.

uporać się *dk I*, uporaliśmy się (p. akcent § 1a i 2) □ U. się z kim, z czym: Prędko uporał się z wierzycielami. Nie mógł się uporać z robotą.

uporczywie *st. w.* uporczywiej: Uporczywie się bronić przed czymś. Uporczywie dopominać się, prosić o coś.

uporczywy *m-os.* uporczywi, *st. w.* uporczywszy, *częściej*: bardziej uporczywy: Uporczywy ból głowy. Uporczywe naleganie, prośby. Uporczywe milczenie.

uposażenie *n I, lm D.* uposażeń *urz.* «stała płaca za wykonywaną pracę; pensja, pobory»: Wysokie, niskie uposażenie. Uposażenie kwartalne, miesięczne.

uposażeniowy: Grupa uposażeniowa, *lepiej*: grupa uposażenia. Siatka uposażeniowa, *lepiej*: siatka uposażeń.

uposażyć *dk VIb*, uposażyliśmy (p. akcent § 1a i 2) — **uposażać** *ndk I*, uposażaliśmy *przestarz.* «zaopatrywać kogoś w środki finansowe» △ dziś *książk.*, bywa używane w imiesł. biernym: Pracownik dobrze, źle uposażony.

upośledzić *dk VIa*, upośledzę, upośledziłby (p. akcent § 4c) — **upośledzać** *ndk I*, upośledzałby, zwykle w 3. os., w bezokol. i imiesł. biernym: Człowiek upośledzony przez naturę.

upoważniać *ndk I*, upoważnialiśmy (p. akcent § 1a i 2) — **upoważnić** *dk VIa*, upoważnij, upoważniliśmy □ U. kogo — do czego: Upoważnić kogoś do podjęcia pieniędzy.

upoważnienie *n I, lm D.* upoważnień, w zn. «pełnomocnictwo, uprawnienie»: Pisemne, ustne upoważnienie. Robić coś z czyjegoś upoważnienia. □ U. do czego a. na co: Upoważnienie do podjęcia a. na podjęcie pieniędzy.

upowiec, upowski p. UPA.

upowszechniać *ndk I*, upowszechnialiśmy (p. akcent § 1a i 2) — **upowszechnić** *dk VIa*, upowszechnij, upowszechniliśmy: Upowszechniać czytelnictwo. Upowszechniać nowe wynalazki.

upój *m I, D.* upoju, *lm D.* upojów *reg.* «wodopój»: Pędził bydło do upoju.

upór *m IV, D.* uporu: Dziecinny, nieprzełamany, zacięty upór. Trwać w uporze. △ Z uporem «uporczywie, wytrwale» □ U. w czym: Upór w realizacji planów.

Uppsala (*wym.* Upsala) *ż I* «miasto w Szwecji» — uppsalczyk *m III, lm M.* uppsalczycy — uppsalka *ż III, lm D.* uppsalek — uppsalski.

uprać *dk XI,* upiorę (*nie:* upierę), upierze, upiorą (*nie:* upierą), upierz, upraliśmy (p. akcent § 1a i 2): Uprać bieliznę w wodzie, w proszku mydlanym.

uprasować p. wyprasować.

upraszać p. uprosić.

upraszczać, *rzad.* **uproszczać** *ndk I,* upraszczaliśmy, uproszczaliśmy (p. akcent § 1a i 2) — **uprościć** *dk VIa,* uproszczę, uprość, uprościliśmy: Uprościć przepisy. Upraszczać ułamki. Upraszczać sprawę, życie.

uprawa *ż IV* 1. *blm* «uprawianie (roślin)»: Uprawa roli. Uprawa buraków cukrowych, zbóż. Przygotowanie gleby pod uprawę. 2. «uprawiane rośliny»: Uprawy szklarniowe. Uprawy zbożowe.

uprawdopodobniać (*nie:* uprawdopadabniać) *ndk I,* uprawdopodobnialiśmy (p. akcent § 1a i 2) — **uprawdopodobnić** *dk VIa,* uprawdopodobnij, uprawdopodobniliśmy *rzad.* «czynić prawdopodobnym»: Uprawdopodobniać niezwykłe pomysły.

uprawiać *ndk I,* uprawialiśmy (p. akcent § 1a i 2) — **uprawić** *dk VIa,* uprawiliśmy 1. «przygotowywać (glebę) przed zasiewem lub sadzeniem roślin; zasiewać, sadzić (rośliny) zapewniając im odpowiednie warunki wzrostu»: Uprawiać rolę. Uprawiać rośliny warzywne. 2. tylko *ndk* «zajmować się czymś, oddawać się czemuś»: Uprawiać boks, gimnastykę, sport. Uprawiać agitację, demagogię.

uprawniać *ndk I,* uprawnialiśmy (p. akcent § 1a i 2) — **uprawnić** *dk VIa,* uprawnij, uprawniliśmy □ U. kogo do czego «dawać prawo, upoważniać»: Matura uprawnia do wstąpienia na uniwersytet. □ *rzad.* U. co «czynić prawnym, prawomocnym, legalizować»: Uprawnić czyjeś małżeństwo.

uprawnienie *n I, lm D.* uprawnień, w zn. «prawo przysługujące komuś, przywilej»: Uprawnienia związane z piastowanym urzędem. Korzystać z różnych uprawnień. □ U. do czego: Uprawnienie do urlopu, do bezpłatnego użytkowania czegoś.

uprawny «uprawiany (o glebie i roślinach użytkowych)»: Uprawne grunty, pola. Pszenica, koniczyna uprawna.

uprawomocnić *dk VIa,* uprawomocnij, uprawomocniliśmy (p. akcent § 1a i 2) — *rzad.* **uprawomocniać** (*nie:* uprawomacniać) *ndk I,* uprawomocnialiśmy: Uprawomocnić wyrok.

uprawowy «odnoszący się do uprawy gleby lub roślin»: Różne czynności uprawowe. Prace uprawowe.

uprosić *dk VIa,* uproszę, uprosiliśmy (p. akcent § 1a i 2) — **upraszać** *ndk I,* upraszaliśmy □ U. kogo, co, aby...: Uprosił matkę, aby darowała dziecku winę. □ U. kogo, co — o co: Upraszać sąd o darowanie kary. △ (tylko *ndk*) *nieos.* w napisach umieszczanych w miejscach publicznych, nakazujących przestrzeganie czegoś, np. Uprasza się o ciszę, o zachowanie czystości.

uproszczać, uprościć p. upraszczać.

uprząść *dk XI,* uprzędę, uprządź, *rzad.* uprzędź; uprządł, uprzędła, uprzędziony a. uprzędzony: Uprząść nici, przędzę.

uprzątać *ndk I,* uprzątaliśmy (p. akcent § 1a i 2) — **uprzątnąć** *dk Va,* uprzątnąłem (*wym.* uprzątnołem; *nie:* uprzątnęłem, uprzątłem), uprzątnął (*wym.* uprzątnoł), uprzątnęła (*wym.* uprzątneła; *nie:* uprzątła), uprzątnęliśmy (*wym.* uprzątneliśmy; *nie:* uprzątliśmy) □ U. co — z czego, po czym, po kim: Uprzątnąć ulicę ze śniegu a. uprzątnąć śnieg z ulicy. Uprzątnąć mieszkanie po malarzach.

uprząż, *rzad.* **uprzęż** *ż V, D.* uprzęży: Koń w uprzęży. Poprawić uprząż, *rzad.* uprzęż na koniu.

uprzeć się p. upierać się.

uprzedni *książk.* «wcześniejszy, poprzedni»: Uchyliła drzwi bez uprzedniego pukania.

uprzednio *książk.* «przedtem, wprzód, wcześniej; poprzednio»: Miejsca należało uprzednio zamawiać.

uprzedzać *ndk I,* uprzedzaliśmy (p. akcent § 1a i 2) — **uprzedzić** *dk VIa,* uprzedzę, uprzedź, uprzedziliśmy 1. «ubiegać, wyprzedzać» □ U. kogo — w czym: Uprzedzić kogoś w zakupach. □ U. co: Uprzedzić czyjeś pragnienia, zamiary. △ (tylko *ndk*) Uprzedzać fakty, wypadki «mówić, przesądzać o czymś przed czasem» 2. «informować, ostrzegać przed czymś zawczasu» □ U. kogo — o czym: Uprzedzać kogoś o wizycie, o czyimś przyjeździe. □ *wych. z użycia:* U. kogo do kogo, czego «usposabiać (zwykle: źle) do kogoś, czegoś»: Uprzedził go nieprzychylnie do przybysza.
uprzedzać się — uprzedzić się «odczuwać niechęć (zwykle niesłusznie), zrażać się» □ U. się do kogo, do czego: Uprzedzać się do obcych.

uprzedzenie *n I, lm D.* uprzedzeń, w zn. «nieuzasadniona niechęć»: Uprzedzenia narodowościowe, klasowe, rasowe. □ U. do kogo, czego, *rzad.* względem kogo, czego: Uprzedzenie do reform, do nowo poznanych ludzi. Uprzedzenia żołnierzy względem cywilów.

uprzejmość *ż V* 1. *blm* «życzliwy stosunek do ludzi; grzeczność» □ U. dla kogo, wobec kogo: Uprzejmość dla kobiet a. wobec kobiet. □ U. w czym: Uprzejmość w sposobie bycia. 2. «uprzejmy zwrot, czyn, postępek»: Wymiana zdawkowych uprzejmości. Podziękowała mu za wszystkie uprzejmości.

uprzejmy *m-os.* uprzejmi, *st. w.* uprzejmiejszy a. bardziej uprzejmy: Uprzejmy pracownik. Uprzejme słowa. Uprzejmy gest, ukłon. Człowiek uprzejmy w obejściu. □ U. dla kogo, wobec kogo, względem kogo: Uprzejmy dla kolegów. Uprzejmy wobec podwładnych.

uprzemysławiać *ndk I,* uprzemysławialiśmy (p. akcent § 1a i 2) — **uprzemysłowić** *dk VIa,* uprzemysłowiliśmy; in. industrializować — zindustrializować: Uprzemysłowić kraj.

uprzemysłowienie *n I, blm;* in. industrializacja.

uprzęż p. uprząż.

uprzyjemniać *ndk I,* uprzyjemnialiśmy (p. akcent § 1a i 2) — **uprzyjemnić** *dk VIa,* uprzyjemnij, uprzyjemniliśmy □ U. komu co — czym: Czytaniem uprzyjemniał choremu czas.

uprzykrzony *m-os.* uprzykrzeni, *st. w.* bardziej uprzykrzony, *rzad.* uprzykrzeńszy «uciążliwy, natrętny, nieznośny»: Uprzykrzone dzieci. Uprzykrzone muchy nie pozwalały zasnąć.

uprzytomnić (*nie*: uprzytomnieć) *dk VIa*, uprzytomnij, uprzytomniliśmy (p. akcent § 1a i 2) — **uprzytomniać** a. **uprzytamniać** *ndk I*, uprzytomnialiśmy, uprzytamnialiśmy □ U. komu co: Uprzytomnić komuś konsekwencje jego postępowania. △ Często w połączeniu z *sobie*: Uprzytomniła sobie nagle przemijanie czasu.

uprzywilejować (*nie*: uprzywiljować) *dk IV*, uprzywilejowaliśmy (p. akcent § 1a i 2) — **uprzywilejowywać** *ndk VIIIa*, uprzywilejowuję (*nie*: uprzywilejowywuję, uprzywilejowywam), uprzywilejowywaliśmy, zwykle w imiesł. biernym: Uprzywilejowane grupy pracowników.

upust *m IV*, D. upustu 1. «urządzenie do przepuszczania wód; śluza»: Młyński upust. 2. tylko w połączeniach: Upust krwi «wypuszczenie krwi choremu w celach leczniczych» △ Dać czemuś upust «pofolgować sobie w czymś, wyładować się w czymś»: Dać upust łzom, goryczy, niechęci.

upychać p. upchać.

Ur *m IV*, D. Uru, częściej *ndm* «starożytne miasto w Mezopotamii»: Pojechać do Ur (do Uru). Słynne wykopaliska w Ur (w Urze).

urabiać *ndk I*, urabialiśmy (p. akcent § 1a i 2) — **urobić** *dk VIa*, uróbć, urobiliśmy 1. «ukształtowywać coś; wpływać na czyjś rozwój, na zmianę, jakość czegoś»: Urobić kogoś na swoją modłę. Urabiać czyjeś sądy, opinię. Urabiać czyjś charakter. △ *przen.* Urobić żeńską nazwę od wyrazu *kucharz*. △ *pot.* Urabiać sobie ręce (po łokcie) «ciężko pracować» 2. «zjednywać, pozyskiwać, przekonywać do czegoś» □ U. kogo, co — dla czego: Urobić kogoś dla jakiejś sprawy, dla jakichś celów.

uradzić *dk VIa*, uradzę, uradziliśmy (p. akcent § 1a i 2) — *rzad.* **uradzać** *ndk I*, uradzaliśmy 1. «postanowić coś, uchwalić»: Uradzili środki obrony. Radzili długo, ale nic nie mogli uradzić. 2. *pot.* «zdołać unieść, udźwignąć»: Chciała podnieść ciężką walizkę, ale nie mogła uradzić.

Ural *m I*, D. Uralu a. (z wyrazem: rzeka) *ndm* «obszar górski, góry i rzeka w ZSRR»: Ural Polarny, Północny, Południowy. Szczyt w górach Uralu. Miasta na Uralu (na obszarze górskim). Mieszkać nad Uralem a. nad rzeką Ural. — uralski.

urastać p. urosnąć.

uratować *dk IV*, uratowaliśmy (p. akcent § 1a i 2): Uratował go stosując sztuczne oddychanie. □ U. kogo, co — od czego: Uratować kogoś od śmierci, od nieszczęścia. Uratować organizm od zakażenia. □ U. co — komu: Uratować komuś życie, zdrowie. □ U. co — z czego: Uratować książki z pożaru. Coś jeszcze da się uratować z majątku.

uraz *m IV*, D. urazu 1. «uszkodzenie ciała»: Uraz oka, nogi. 2. «nadmierne uwrażliwienie, przeczulenie; kompleks»: Zastarzały uraz. Uraz psychiczny. Miał uraz na punkcie swojego niskiego wzrostu.

uraza *ż IV*: Długotrwała, głęboka, śmiertelna uraza. △ *książk.* Żywić urazę. □ U. do kogo, że...:

Miała do niego urazę, że nie przyszedł. □ U. do kogo o co, za co, z powodu czego (*pot.* o kogo, za kogo): Miał urazę do ojca o krzywdę, za krzywdę a. z powodu krzywdy wyrządzonej matce (*pot.* o matkę, za matkę).

urazić *dk VIa*, urażę, uraziliśmy (p. akcent § 1a i 2) — **urażać** *ndk I*, urażaliśmy □ U. kogo, co — w co «dotknąć, uderzyć kogoś w bolące miejsce»: Rżysko urażało bose stopy. Urazić kogoś w ranę, w odcisk. □ U. co — o co «uderzyć dotkliwie»: Uraziła bosą nogę o kamień. □ U. kogo, co (czym) «sprawić przykrość, dotknąć, obrazić»: Urazić czyjąś ambicję. Uraził go lekceważącym tonem.
urazić się — urażać się □ U. się w co «uderzyć się»: Uraziła się w chorą nogę. □ U. się o co «poczuć się obrażonym»: Urażała się o byle drobnostkę.

urąbać *dk IX*, urąbię (*nie*: urąbę), urąbie, urąb, urąbaliśmy (p. akcent § 1a i 2) □ U. czego «rąbiąc zgromadzić; narąbać»: Urąbał drzewa na ogień. □ U. co «oddzielić coś od czegoś»: Urąbać gałąź.

urągać *ndk I*, urągaliśmy (p. akcent § 1a i 2) 1. *pot.* «złorzeczyć, wymyślać komuś» □ U. komu a. na kogo — o co a. za co: Urąga mi o byle głupstwo a. za byle głupstwo. Ciągle na niego uraga. 2. *książk.* «przynosić ujmę, uchybiać» □ U. czemu: Takie postępowanie urąga ludzkiej godności.

urągowisko *n II książk.* «wyśmiewanie, pośmiewisko, drwiny; przedmiot drwin» □ U. z kogo, z czego: Bezlitośni ludzie zrobili sobie z jej uczuć urągowisko.

urbanistyka (*wym.* urbanistyka, *nie*: urbanistyka, p. akcent § 1c) *ż III, blm.*

urbanizować *ndk IV*, urbanizowaliśmy (p. akcent § 1a i 2) — **zurbanizować** *dk*: Urbanizować kraj.

urgens *m IV*, D. urgensu *środ.* «ponaglenie»: Dostać urgens w sprawie zapłacenia rachunku.

urgować *ndk IV*, urgowaliśmy (p. akcent § 1a i 2) *środ.* «ponaglać»

urlop *m IV*, D. urlopu: Dwumiesięczny urlop. Urlop wypoczynkowy, zdrowotny, okolicznościowy. Bezpłatny, miesięczny urlop. Udzielić komuś urlopu (*nie*: urlop). Urlop dla poratowania zdrowia.

urlopować *dk* a. *ndk IV*, urlopowaliśmy (p. akcent § 1a i 2) 1. *dk* «udzielić komuś urlopu (zwykle w imiesł. biernym)»: Urlopowany pracownik. 2. *ndk rzad.* «spędzać urlop»: Urlopować nad morzem.

urna *ż IV* 1. «naczynie do przechowywania popiołów zmarłych»: Urna z prochami przodków. 2. «skrzynka z otworem, do której wrzuca się kartki wyborcze»: Urna wyborcza.

urobić p. urabiać.

uroczystościowy *rzad.* «związany z uroczystością»: Panował nastrój uroczystościowy. Uroczystościowe przygotowania, *lepiej*: Przygotowania do uroczystości.

uroczystość *ż V* 1. *blm* «uroczysty charakter czegoś, podniosły nastrój»: Wyraz *dostojny* nabrał odcienia uroczystości. Uroczystość chwili. 2. «uroczyste święto, uroczysty obchód czegoś»: Wspaniała, wielka uroczystość. Uroczystości dożynkowe, jubileuszowe, państwowe. Uroczystość otwarcia wystawy, teatru.

uroda *ż IV, Ms.* urodzie, *blm*: Klasyczna, posągowa, egzotyczna, lalkowata, chłopięca uroda. Ktoś o wielkiej urodzie a. wielkiej urody. △ *przen.* Uroda życia, młodości.

urodzaj *m I, D.* urodzaju, *lm D.* urodzajów, *rzad.* urodzai □ U. na co: Urodzaj na zboże, na kartofle, na jabłka. △ *niepoprawne* w zn. «plon», np. Z pól zebrano obfity urodzaj (*zamiast*: plon).

urodzenie *n I*: Data, miejsce urodzenia. △ Świadectwo (*przestarz.* metryka) urodzenia. △ *przestarz.* Człowiek niskiego, dobrego, wysokiego urodzenia, znakomity urodzeniem. △ Od urodzenia «od początku życia»: Te wady miał już od urodzenia. △ Z urodzenia **a)** «z natury»: Kokietka z urodzenia. **b)** «rodem skądś»: Warszawiak z urodzenia. △ Należeć do jakiejś sfery z urodzenia.

urodzić *dk VIa*, urodzę, uródź, urodziłyśmy (p. akcent § 1a i 2) **1.** «wydać na świat (dziecko, potomka)» □ U. kogo, co (komu): Urodziła mu syna. Dopiero co urodzone cielę. **2.** *lepiej*: obrodzić, w zn. «wydać plon»: Pszenica urodziła. Ziemniaki w tym roku słabo urodziły.
urodzić się 1. «przyjść na świat»: Dziecko urodziło się zdrowe. Urodził się im syn. **2.** *przestarz.* «urosnąć w wielkiej ilości, obrodzić»: Zboża w tym roku się nie urodziły.

urodziny *blp, D.* urodzin: Wyprawiać urodziny. W maju obchodzimy w naszej rodzinie dwoje urodzin: matki i dziadka.

uroić *dk VIa*, uroję, uroi, urój, uroiliśmy (p. akcent § 1a i 2): Opowiadać o urojonych przygodach, wyprawach. △ Uroić sobie, uroić sobie, że...: Uroił sobie chorobę. Chłopiec uroił sobie, że jest podrzutkiem.

urok *m III, D.* uroku **1.** «powab, czar, wdzięk»: Nieodparty, nieziemski itp. urok. Urok osobisty, duchowy, fizyczny. Góry mają dla nie ogromny urok. Taka przygoda ma swój urok. Piegi dodawały jej tylko uroku. Pełen uroku. Urok dzieciństwa, młodości, muzyki, uroki wsi. **2.** «według dawnych wierzeń magicznych: urzeczenie, czary»: Rzucić, zadać urok, uroki. Odczynić urok. △ *pot.* Na psa urok «formułka (zwykle żart.) mająca odczynić uroki»

urolog *m III, lm M.* urolodzy a. urologowie.

uronić *dk VIa*, uroniliśmy (p. akcent § 1a i 2) *rzad., książk.* dziś zwykle z przeczeniem **a)** «upuścić, zgubić coś małego, drobnego»: Niósł pełną szklankę wody, ani kropli nie uronił. **b)** «opuścić, przeoczyć, pominąć»: Starał się nic nie uronić z pięknego widowiska. Słuchał uważnie, nie uronił ani słowa.

urosnąć, *rzad.* **uróść** *dk Vc*, urosnę, urośnie, urośnij, urósł (*nie*: urosnął), urosła, urośli, uróśliśmy (p. akcent § 1a i 2) — **urastać** *ndk I*, urastaliśmy: Na skale urosły krzewy. △ *przen.* Na stole urosła piramida papierów. □ U. (*częściej*: wyrosnąć) na kogo, na co, w co: Chłopaczek urósł na młodzieńca. Małe sadzonki urosły w spore drzewka. △ Urosnąć do rzędu, rangi czegoś «osiągnąć jakiś poziom»: Działka urosła do rzędu ośrodka doświadczalnego. Miasteczko urosło do rangi powiatowego miasta. △ Urosnąć w sławę, w zaszczyty, w potęgę «zdobyć sławę, zaszczyty itp.» △ Urosnąć we własnych, czyichś oczach «nabrać dobrego mniemania o sobie; zyskać pochlebną opinię u kogoś»

urozmaicić (*wym.* urozmaicić) *dk VIa*, urozmaicę, urozmaiciliśmy (p. akcent § 1a i 2) — **urozmaicać** (*wym.* urozmaicać) *ndk I*, urozmaicaliśmy □ U. co (czym): Urozmaicić treść pisma. Urozmaicać czas pogawędkami, muzyką.

Ursus *m IV, D.* Ursusa **1.** «miasto»: Mieszkać w Ursusie. Jechać do Ursusa. **2.** «marka ciągnika» **3.** ursus, *B.* ursusa «ciągnik marki Ursus»: Kupić na raty ursusa. — ursuski.

Urszula *ż I, W.* Urszulo, *lm D.* Urszul — Urszulka *ż III, lm D.* Urszulek — Ula *ż I, lm D.* Ul — Ulka *ż III, lm D.* Ulek.

uruchomić *dk VIa*, uruchomię, uruchom, uruchomimy, uruchomiliśmy (p. akcent § 1a i 2) — **uruchamiać** a. **uruchomiać** *ndk I*, uruchamialiśmy, uruchomialiśmy: Uruchomić silnik, maszynę, tramwaj. Uruchomić fabrykę, produkcję. Nie wiadomo, czy lekarzom uda się uruchomić sztywny staw.

Urugwaj *m I, D.* Urugwaju a. (z wyrazem: rzeka) *ndm* «państwo i rzeka w Ameryce Południowej»: Mieszkać w Urugwaju, nad Urugwajem. Jechać do Urugwaju, nad Urugwaj (nad rzekę Urugwaj). — Urugwajczyk *m III, lm M.* Urugwajczycy — Urugwajka *ż III, lm D.* Urugwajek — urugwajski.

urwać *dk IX*, urwę (*nie*: urwię), urwie, urwij, urwą (*nie*: urwią), urwaliśmy (p. akcent § 1a i 2) — **urywać** *ndk I*, urywaliśmy **1.** «ciągnąc odłączyć coś od czegoś, oderwać, oberwać» □ U. co (komu): Urwał kawałek płótna. Tak go szarpał, że urwał mu rękaw. □ U. co — z czego, od czego (czym): Urwać owoc z drzewa. Urwać frędzle od serwety. △ *pot., przen.* Urwać łeb czemuś: Trzeba urwać łeb tej niemiłej sprawie. **2.** *pot.* «uszczuplić, zmniejszyć, okroić coś o jakąś część; ująć, odebrać» □ U. czego a. co (z) czego: Urwać komuś zarobków a. sto złotych z zarobków. **3.** «przerwać, nie dokończyć czegoś»: Urwać rozmowę.
urwać się — urywać się: Jabłko urwało się z drzewa. Głazy urywały się od skał. △ *pot.* Urwać się skądś «wymknąć się przed czasem, ulotnić się, uciec»: Urwać się z zebrania, z zabawy, z pracy. △ *pot.* Urwało się komuś «przestało się komuś dobrze powodzić, ktoś przestał czerpać z czegoś korzyści» △ *przen.* Urwała się rozmowa, znajomość z kimś.

urwanie *n I* △ *pot.* Urwanie głowy «zamieszanie, pośpiech, ambaras»: W sezonie mieli urwanie głowy w sklepie. △ *pot.* Mieć z kimś, z czymś urwanie głowy «mieć zmartwienie, kłopot, dużo roboty»

urwipołeć *m I, D.* urwipołcia, *lm M.* te urwipołcie, *D.* urwipołciów *pot., żart.* «psotnik, urwis»

urwis *m IV, lm M.* te urwisy, *DB.* urwisów: Z mojego syna straszny urwis.

urwisty (*nie*: obrywisty) *st. w.* bardziej urwisty: Urwisty brzeg rzeki. Urwiste zbocze. Urwisty wąwóz.

uryna *ż IV wych. z użycia* «mocz»

urywać p. urwać.

urywek *m III, D.* urywka a. urywku □ U. czego a. z czego: Urywek rozmowy, melodii, poematu. Urywek symfonii a. z symfonii; *ale* tylko: Urywek z Mickiewicza, z Żeromskiego (tj. z tekstów tych pisarzy).

urywkowy

urywkowy *książk.* «nie obejmujący całości, będący urywkiem; niepełny, fragmentaryczny»: Urywkowe zdania. Chaotyczna, urywkowa rozmowa.

urząd *m IV, D.* urzędu, *Ms.* urzędzie, *lm M.* urzędy (*nie:* urzęda) **1.** «instytucja, organ władzy publicznej»: Urząd państwowy. Urząd centralny, prowincjonalny. Urząd zatrudnienia. Urząd celny, śledczy. Urząd stanu cywilnego. Pracować w urzędzie. Chodzić po urzędach. Załatwiać sprawę w urzędzie. △ W nazwach instytucji dużą literą: Urząd Rady Ministrów. **2.** «stanowisko, funkcja w instytucji władzy publicznej»: Urząd prokuratora, ministra, kuratora. △ Sprawować, piastować (*nie:* pełnić) urząd. △ Powołać kogoś na jakiś urząd. △ *niepoprawne* Zdjąć z urzędu (zamiast: pozbawić urzędu, usunąć z urzędu). // *D Kult. I, 106; II, 611.*

urządzać p. urządzić.

urządzenie *n I*: Urządzenia alarmowe, klimatyzacyjne, pomiarowe, przeciwpożarowe. Urządzenia kulturalne, socjalne, sportowe. Sieć, system urządzeń. Instalować, montować urządzenia. □ U. czego «wyposażenie jakiegoś pomieszczenia, umeblowanie»: Urządzenie pokoju było bardzo skromne. □ U. do czego (*nie:* dla czego): Urządzenie do pompowania wody.

urządzeniowy *rzad.* przym. od urządzenie «dotyczący urządzenia, przeznaczony do urządzenia czegoś»: Roboty urządzeniowe. △ *niepoprawne* Plany urządzeniowe (*zamiast:* plany urządzenia) gospodarstw rybackich.

urządzić *dk VIa*, urządzę, urządź, urządziliśmy (p. akcent § 1a i 2) — **urządzać** *ndk I*, urządzaliśmy □ U. co (dla kogo a. komu) «utworzyć, uporządkować, zagospodarować»: Urządzić dom, szklarnię. Urządzić mieszkanie dla rodziców a. rodzicom. □ U. co na co (*nie:* dla czego) — gdy się wymienia to, co powstanie po urządzeniu: Urządzić dom na przedszkole. □ U. co (dla kogo a. komu) «zorganizować, przedsięwziąć, zrobić»: Urządzić wystawę, przedstawienie. Urządzić uczniom wycieczkę. Urządzić przyjęcie dla zagranicznych gości. □ *pot.* U. kogo **a)** «stworzyć komuś odpowiednie warunki życia, pracy itp.»: Urządził syna w mieście. **b)** «źle coś komuś przysłużyć»: Urządzili go tak, że nie miał gdzie mieszkać. △ *pot.* Coś kogoś nie urządza «coś nie odpowiada, nie dogadza komuś»
urządzić się — **urządzać się** □ U. się u kogo (gdzie) «zainstalować się, zagospodarować się»: Urządziła się u obcych ludzi. Urządził się na stałe w mieście.

urzec *dk XI*, urzeknę, *rzad.* urzekę; urzeknie, *rzad.* urzecze; urzecz a. urzeknij; urzekł, urzekliśmy (p. akcent § 1a i 2) — **urzekać** *ndk I*, urzekaliśmy, w zn. «oczarować, zachwycić»: Urzekająca uroda, melodia. Urzekło nas piękno gór. □ U. kogo — czym: Urzekła wszystkich swym pięknym głosem.

urzeczywistnić *dk VIa*, urzeczywistnij, urzeczywistniliśmy (p. akcent § 1a i 2 — **urzeczywistniać** *ndk I*, urzeczywistnialiśmy: Urzeczywistnić marzenia, idee.

urzędas *m IV, lm M.* te urzędasy *pogard.* «urzędnik»: Załatwiając sprawy, spotykał się z nieuprzejmością różnych urzędasów.

urzędniczyna *m* odm. jak *ż IV, lm M.* te urzędniczyny, *DB.* urzędniczynów «lekceważąco o urzędniku

na niskim stanowisku»: Zarabiał mało, był skromnym urzędniczyną w ministerstwie. Byle urzędniczyny okazywały petentom swoją wyższość.

urzędnik *m III, lm M.* urzędnicy: Urzędnik pocztowy, bankowy, skarbowy, celny, sądowy, państwowy. Urzędnik na kolei, w sądzie, w radzie narodowej. Urzędnik administracji, poczty (na poczcie), ambasady, ministerstwa (w ambasadzie, w ministerstwie). Pracować jako urzędnik.

urzędować *ndk IV*, urzędowaliśmy (p. akcent § 1a i 2): Urzędować w biurze, w kantorze fabrycznym, przy okienku.

urzędownie *przestarz.* «urzędowo» // *D Kult. I, 615.*

urzędowny *przestarz.* «urzędowy»

urzędowy: Cennik urzędowy. Godziny urzędowe. Język, styl urzędowy. Dokument urzędowy. Sprawa urzędowa. Urzędowy ton. Tytuł urzędowy. // *D Kult. I, 615.*

urznąć a. **urżnąć** *dk Va*, urznę, urżnę; urznij, urżnij; urznął, urżnął (*wym.* użnoł, urżnoł); urznąłem, urżnąłem (*wym.* użnołem, urżnołem; *nie:* urznełem, urżnełem); urznęła, urżnęła (*wym.* użneła, urżneła; *nie:* urzła, urżła); urznęliśmy, urżnęliśmy (*wym.* użneliśmy, urżneliśmy, p. akcent § 1a i 2) — **urzynać** *ndk I*, urzynaliśmy □ U. co a. czego (z dopełniaczem cząstkowym): Urznąć kawał drzewa. Urznąć siekierą gałąź. Urznąć mięsa. △ Urznąć sieczki «pociąć drobno słomę na sieczkę» △ *pot.* Urznąć mazura, obertasa itp. «zagrać z werwą mazura, obertasa itp.»
urznąć się, urżnąć się — **urzynać się** *posp.* «upić się»: Urznąć się w sztok, jak bela. Urżnąć się bimbrem, samogonem.

USA (*wym.* Uesa, *nie:* Usa; p. akcent § 6) tylko w *lm, ndm* «skrót ang. nazwy Stanów Zjednoczonych Ameryki»: Jechać do USA. Mieszkać w USA. USA są największym krajem kapitalistycznym na świecie. // *D Kult. I, 184.*

usadowić *dk VIa*, usadów, usadowimy, usadowiliśmy (p. akcent § 1a i 2) — *rzad.* **usadawiać** *ndk I*, usadawialiśmy: Usadowić kogoś w fotelu, na kanapie, za stołem, przy kominku. Usadowiono wszystkich według godności i starszeństwa.

usadzić *dk VIa*, usadzę, usadź, usadzimy, usadziliśmy (p. akcent § 1a i 2) — **usadzać** *ndk I*, usadzaliśmy **1.** *rzad.* (*częściej:* posadzić, usadowić): Usadzić gości na krzesłach, na fotelach a. w fotelach, na kanapie, przy stole, dookoła stołu, według godności. **2.** (zwykle *dk*) *posp.* «utemperować, poskromić»: Za dużo sobie pozwala, trzeba go usadzić.

usamodzielnić *dk VIa*, usamodzielnij, usamodzielnimy, usamodzielniliśmy (p. akcent § 1a i 2) — **usamodzielniać** *ndk I*, usamodzielnialiśmy: Usamodzielnić syna, dorosłe dzieci. Usamodzielnić kraj pod względem gospodarczym.
usamodzielnić się — **usamodzielniać się** «stać się samodzielnym, uniezależnić się» □ U. się w czym, jako kto: Usamodzielnił się w swoich pomysłach. Usamodzielnił się jako pracownik naukowy. △ *niepoprawne* Usamodzielnić się (*zamiast:* uniezależnić się) od kogoś.

usamowolnić *dk VIa*, usamowolnij, usamowolniliśmy (p. akcent § 1a i 2) — **usamowolniać** a. **usamowalniać** *ndk I*, usamowolnialiśmy, usamowalnialiśmy: Usamowolnić dorosłego syna.

usankcjonować *dk IV*, usankcjonowaliśmy (p. akcent § 1a i 2) «uznać, zatwierdzić, zaaprobować»: Usankcjonować jakiś zwyczaj. Postępowanie usankcjonowane przez opinię publiczną. □ U. co czym: Zwyczaj usankcjonowany tradycją.

usatysfakcjonować *dk IV*, usatysfakcjonowaliśmy (p. akcent § 1a i 2) *wych. z użycia* «sprawić komuś satysfakcję, przyjemność, zadowolić»: Usatysfakcjonować towarzystwo dowcipami, muzyką. || *D Kult. II*, 165.

USC (*wym.* uesce, p. akcent § 6) *m* a. *n ndm* «Urząd Stanu Cywilnego»: USC wydał (wydało) odpowiednie zaświadczenie.

uschnąć *dk Vc*, uschnij, uschnąłem (*wym.* uschnołem) a. uschłem; uschnął (*wym.* uschnoł) a. usechł; uschła (*nie:* uschnęła, usechła), uschło (*nie:* uschnęło, usechło), uschliśmy a. uschnęliśmy (*wym.* uschliśmy, uschneliśmy, p. akcent § 1a i 2), uschły a. uschnięty — **usychać** *ndk I*, usychaliśmy □ U. od czego (gdy się wymienia przyczynę zewnętrzną uschnięcia, usychania): Uschnąć od gorąca. □ (zwykle *ndk*) U. z czego (gdy się wymienia przyczynę wewnętrzną uschnięcia, usychania): Usychać z miłości, z tęsknoty, z żalu. △ Ręka, noga komuś uschła; uschła a. uschnięta ręka, noga «mięśnie zanikły w ręce, w nodze; ręka, noga z zanikłymi mięśniami» △ *pot.* Głowa komuś usycha, mało nie uschnie «ktoś się czymś bardzo martwi»

usiać *dk Xb*, usieję, usiej, usiali, *reg.* usieli; usialiśmy, *reg.* usieliśmy (p. akcent § 1a i 2); zwykle w imiesł. biernym □ U. czym: Niebo usiane gwiazdami, nos usiany piegami.

usiąść *dk XI*, usiądę (*nie:* usiędę), usiądzie (*nie:* usiędzie), usiądź, usiadł, usiadła, usiedli, usiedliśmy (p. akcent § 1a i 2) — *rzad.* **usiadać** *ndk I*, usiadaliśmy: Usiąść w fotelu a. na fotelu (*nie:* w fotel). Usiąść na krześle, na ławce (*nie:* na krzesło, na ławkę). Usiąść przy stole, przy ogniu, u ognia. Usiąść w cieniu. Ptak usiadł na gałęzi. Jaskółki usiadły na drutach. Pies usiadł na ganku, w sieni. Usiąść za biurkiem. □ U. do czego «usiadłszy zabrać się do jakiejś czynności»: Usiąść do śniadania, do nauki, do pracy, do gry, do fortepianu, do maszyny, do kart, do brydża.

usidlić *dk VIa*, usidlę, usidlij, usidlimy, usidliliśmy (p. akcent § 1a i 2); *rzad.* **usidlać** *ndk I*, usidlaliśmy — **usidlać** *ndk I*, usidlaliśmy: Usidlić kogoś podstępem, kłamstwami, wdziękiem, urodą.

usiedzieć *dk VIIa*, usiedzę, usiedź, usiedzimy, usiedzieliśmy (p. akcent § 1a i 2): Ledwo usiedział w domu. △ używane zwykle z przeczeniem: Nie mógł usiedzieć spokojnie na miejscu, na jednym miejscu.

usiłować *ndk IV*, usiłowaliśmy (p. akcent § 1a i 2): Usiłował przeskoczyć mur. Usiłował zasnąć. Usiłuje nie myśleć, zapanować nad sobą.

usiłowanie *n I*, zwykle w *lm*: Usiłowanie zdobycia wiedzy. Daremne, próżne usiłowania. Długotrwałe

usiłowania spełzły na niczym. Skierować, zwrócić usiłowania na coś, ku czemuś. Wszystkie usiłowania rodziców zmierzały do tego, żeby dać dzieciom wykształcenie.

uskutecznić *dk VIa*, uskutecznij, uskutecznimy, uskuteczniliśmy (p. akcent § 1a i 2) — **uskuteczniać** *ndk I*, uskutecznialiśmy *przestarz.*, dziś *wiech.* «doprowadzić do skutku; zrealizować, wykonać»: Uskutecznić projekt, zamiar. Uskutecznić pranie.

usłać (*reg.* uścielić) *dk IX*, uścielę, uściele, uściel, uścielemy, usłaliśmy (p. akcent § 1a i 2), usłany — **uścielać** (*reg.* uścielać) *ndk I*, uścielaliśmy: Usłać posłanie, siedzenie. △ Usłać (komuś) łóżko. △ Ptaki usłały gniazdo. □ U. co czym «ścieląc pokryć coś czymś»: Usłać drogę liśćmi, kwiatami, choiną. Usłać podłogę chodnikami. △ *przen.* Pole bitwy usłane trupami.

usłonecznienie *n I, blm środ.* (*meteor.*) «natężenie promieniowania słonecznego; w języku ogólnym *częściej:* nasłonecznienie»: Usłonecznienie (nasłonecznienie) jest ważnym czynnikiem klimatycznym.

usłuchać *dk I*, usłuchaliśmy (p. akcent § 1a i 2) □ U. kogo, czego (*nie:* co) Usłuchać ojca, matki. Usłuchać dobrej rady, głosu rozsądku.

usłuchany *m-os.* usłuchani *pot., rzad.* «posłuszny, uległy»: Był pracowitym i usłuchanym dzieckiem.

usługa *ż III* 1. «czyn stanowiący pomoc dla kogoś; wyświadczona komuś uprzejmość, grzeczność; przysługa»: Bezinteresowna, drobna, koleżeńska usługa. Wymiana usług. Świadczyć, wyświadczać, oddawać (*nie:* okazywać, wyrządzać) komuś usługę. Korzystać z czyichś usług. Ofiarować swoje usługi. △ Być do czyichś usług «być gotowym do usłużenia komuś» △ *przestarz.* Do usług «wyrażenie grzecznościowe, używane zwłaszcza przy przedstawianiu się»: Kowalski, do usług. △ Być na usługi «być na każde zawołanie» △ Być na czyichś usługach (zwykle w znaczeniu ujemnym) «być czyimś konfidentem, pracować dla kogoś» △ Mieć kogoś, coś na swoich usługach, na swoje usługi «móc rozporządzać kimś, czymś» 2. (zwykle w *lm*) *urz.* «praca, zwykle warsztatów rzemieślniczych, służąca do zaspokojenia potrzeb ludności miasta, kraju»: Usługi krawieckie, szewskie, pralnicze. Usługi w zakresie robót zduńskich. Świadczyć usługi. || *D Kult. I*, 369.

usługiwać *ndk VIIIb*, usługuję (*nie:* usługiwuję, usługiwam), usługiwaliśmy (p. akcent § 1a i 2) — **usłużyć** *dk VIb*, usłużę, usłuż, usłużymy, usłużyliśmy: Usługiwać w kuchni. □ U. komu: Usługiwać gościom, starszym. △ Usługiwać do stołu «podawać potrawy, napoje podczas posiłku»

usługowy «dotyczący usług (p. usługa w zn. 2)»: Działalność usługowa. Punkt usługowy.

usłużny *m-os.* usłużni, *st. w.* usłużniejszy a. bardziej usłużny «chętny do usług, uczynny; wyrażający usłużność, uczynność»: Usłużny kolega. Usłużny gest, uśmiech. Usłużni przewodnicy. Usłużne sprzedawczynie. □ U. dla kogo, wobec kogo: Usłużny dla kobiet. Usłużny wobec przełożonych.

usłużyć p. usługiwać.

usłyszeć *dk VIIb*, usłyszę, usłysz, usłyszymy, usłyszeliśmy (p. akcent § 1a i 2): Usłyszeć huk, wołanie o pomoc. Usłyszeć kroki, kołatanie do drzwi. Usłyszeć nowinę. □ U. o kim, o czym: Więcej o nim nie usłyszysz. □ U. kogo «usłyszeć czyjąś muzykę, śpiew»: Pierwszy raz usłyszał Kiepurę w Wiedniu. Usłyszeliśmy zwycięzców konkursu skrzypcowego.

usmolić *dk VIa*, usmolę, usmól a. usmol, usmolimy, usmoliliśmy (p. akcent § 1a i 2) *pot.* «ubrudzić, umazać, zwłaszcza sadzą, węglem» □ U. kogo, co (czym): Usmolił go miałem węglowym. Usmolić ręce sadzą.

usnąć *dk Va*, usnę, uśnie, uśnij, usnął (*wym.* usnoł), usnęła (*wym.* usneła), uśniemy, uśnieliśmy (*wym.* usneliśmy, p. akcent § 1a i 2) — **usypiać** *ndk I*, usypialiśmy: Usnąć mocno, twardo, jak kamień. Usnąć krótkim, niespokojnym snem. Usnąć na stojąco. Ptaki usypiają na gałęziach drzew. △ *żart.* Usnąć snem sprawiedliwego a. sprawiedliwych «usnąć spokojnie, mocno» △ (tylko *dk*) *podn.* Usnąć na wieki, usnąć snem wiecznym «umrzeć»

! **uspakajać** p. uspokoić.

! **uspasabiać** p. usposabiać.

Uspienski (*wym.* Uspienski) *m* odm. jak przym., D. Uspienskiego (p. akcent § 7): Opowiadania Gleba Uspienskiego.

uspokoić *dk VIa*, uspokoję, uspokoi, uspokój, uspokoimy, uspokoiliśmy (p. akcent § 1a i 2) — **uspokajać** (*nie:* uspakajać) *ndk I*, uspokajaliśmy □ U. kogo, co (czym) «wpłynąć uspokajająco, uciszyć, uśmierzyć»: Uspokoić nerwy walerianą. Uspokoić płaczące dziecko. Uspokoić kogoś dobrym słowem. △ Środki uspokajające. □ U. kogo co do czego: Uspokoił matkę co do losu dzieci. □ U. co «uśmierzyć, stłumić»: Uspokoić bunt, zamieszki.
uspokoić się — **uspokajać się:** Gwar powoli się uspokajał. Wypiła lekarstwo i uspokoiła się. □ U. się o kogo, o co «przestać się martwić o kogoś, o coś»: Uspokoić się o chorego, o wyjazd, o mieszkanie.

usposabiać (*nie:* uspasabiać) *ndk I*, usposabialiśmy (p. akcent § 1a i 2) — **usposobić** *dk VIa*, usposób, usposobimy, usposobiliśmy □ U. do czego «czynić skłonnym do czegoś, podatnym na coś; nastrajać»: Usposabiać do snu, do marzeń, do śmiechu. □ U. kogo (dobrze, źle, życzliwie, wrogo itp.) do kogo, do czego, *rzad.* dla kogo (*nie:* dla czego) «ustosunkowywać, nastrajać kogoś w jakiś sposób»: Usposobił ją dobrze do całej swojej rodziny. △ Być do kogoś, do czegoś dobrze, przyjaźnie, źle itp. usposobionym «ustosunkować się (dobrze, przyjaźnie, źle itp.)» △ Nie być usposobionym do czegoś «nie mieć chęci na coś»: Nie był usposobiony do rozmowy, do zwierzeń.

usposobienie *n I* **1.** «charakter, temperament»: Miłe, pogodne, ponure, żywe itp. usposobienie. Być z usposobienia kimś (np. flegmatykiem, cholerykiem), jakimś (np. wesołym, gwałtownym). Mieć zgodne, pogodne, kłótliwe usposobienie. **2.** *blm wych. z użycia* «chwilowy stan psychiczny; nastrój, humor»: Być w dobrym, w złym, w wesołym, w ponurym usposobieniu. △ Nie być w usposobieniu do czegoś «nie

mieć na coś chęci»: Nie jestem w usposobieniu do zabawy.

usprawiedliwić *dk VIa*, usprawiedliw, usprawiedliwimy, usprawiedliwiliśmy (p. akcent § 1a i 2) — **usprawiedliwiać** *ndk I*, usprawiedliwialiśmy: Nieznajomość prawa nikogo nie usprawiedliwia. □ U. kogo — przed kim «oczyścić kogoś z zarzutów, wytłumaczyć czyjeś postępowanie»: Usprawiedliwić dzieci przed ojcem. □ U. co — czym «umotywować, uzasadnić»: Swój pośpiech usprawiedliwiał daleką drogą. Długą nieobecność usprawiedliwiał chorobą.
usprawiedliwić się — **usprawiedliwiać się:** Usprawiedliwiał się przed każdym. □ U. się z czego (*nie:* od czego): Usprawiedliwić się z niesłusznych zarzutów.

usprawiedliwienie *n I*: Prosić o usprawiedliwienie. Szukał usprawiedliwienia dla swojej niechęci (*lepiej:* Szukał usprawiedliwienia swojej niechęci) do niej. Znaleźć usprawiedliwienie dla swojego postępowania a. swojego postępowania. Powiedzieć coś tonem usprawiedliwienia. Przynieść usprawiedliwienie nieobecności w pracy. △ Mieć, powiedzieć, wynaleźć coś na czyjeś usprawiedliwienie a. na usprawiedliwienie kogoś, czegoś.

usprawnić *dk VIa*, usprawnij, usprawnimy, usprawniliśmy (p. akcent § 1a i 2) — **usprawniać** *ndk I*, usprawnialiśmy: Usprawniać pracę, produkcję, komunikację, handel.

usprawnieniowy *rzad.* «dotyczący usprawnienia, udoskonalenia czegoś; racjonalizatorski»: Projekt usprawnieniowy, *lepiej:* Projekt usprawnienia (czegoś). Prace usprawnieniowe, *lepiej:* Prace nad usprawnieniem (czegoś).

Ussuri *ż ndm* «rzeka w ZSRR»: Miasto leży nad Ussuri. Ussuri płynęła leniwym nurtem.

usta *blp*, D. ust, N. ustami (*przestarz., podn.* usty): Czerwone, blade, sine usta. Szerokie, wąskie, pełne, grube, zacięte usta. Wykrój, zarys ust. Rozchylić, zacisnąć, otworzyć, wydąć, zagryźć, wykrzywić usta. Wziąć, wkładać coś w usta a. do ust. Piana wystąpiła komuś na usta a. na ustach. Położyć, kłaść palec na ustach a. na usta (nakazując tym gestem milczenie). △ Nie mieć nic w ustach (przez jakiś czas) «nic nie jeść» △ *pot.* Nabrać wody w usta a. do ust «milczeć» △ *pot.* Zapomnieć języka w ustach «nie wiedzieć, co rzec» △ Otworzyć usta «zacząć mówić» △ Zamknąć, zawiązać, *pot.* zatkać komuś usta «zmusić kogoś do milczenia» △ Mieć zamurowane, zapieczętowane usta «być zmuszonym do niewyjawiania czegoś» △ *podn.* Kłamstwo nie skalało czyichś ust «ktoś nigdy nie skłamał» △ *książk.* Słowa zamarły na czyichś, *rzad.* w czyichś ustach «ktoś przestał mówić, nie mógł się odezwać (np. ze strachu, z żalu)» △ *książk.* Słowa cisną się komuś, wybiegają, rwą się na usta «ktoś chce koniecznie coś powiedzieć» △ Usta się komuś nie zamykają «ktoś mówi bez przerwy» △ Podawać, powtarzać, przekazywać coś z ust do ust (*nie:* od ust do ust).

ustabilizować *dk IV*, ustabilizowaliśmy (p. akcent § 1a i 2); *lepiej:* ustalić, utrwalić, unormować.

I ustać *dk*, ustanę, ustanie, ustań, ustał, ustaliśmy (p. akcent § 1a i 2) — **ustawać** *ndk IX*, ustaję, ustawaj, ustawaliśmy 1. «przestać trwać; zakończyć się, przeminąć»: Wiatr ustał. Ulewa ustaje. Ból, krwotok ustał. Ustała walka, strzelanina. Ustał hałas. Ustały zmartwienia, kłótnie. △ *urz.* Małżeństwo ustało przez śmierć, wskutek śmierci. 2. «zatrzymać się z wyczerpania; opaść z sił, utrudzić się, zmęczyć się»: Na piaszczystej drodze konie ustały. □ U. od czego, z czego: Ustać od upału, z upału. Nogi ustawały ze zmęczenia. △ Nie ustawać w czymś «ciągle się czymś zajmować»: Nie ustawać w staraniach, w robocie. △ Serce, tętno ustaje «serce, tętno słabnie, zamiera» // *D Kult. II, 62.*

II ustać *dk*, ustoję, ustoi, ustój, ustał, ustoimy, ustaliśmy (p. akcent § 1a i 2) «utrzymać się w pozycji stojącej, wytrwać w jednym miejscu stojąc (częściej w zdaniach zaprzeczonych)»: Nie ustoi o własnej sile. Nie ustoję długo w miejscu. Ledwo mogli ustać na nogach.

ustalić *dk VIa*, ustalę, ustal, ustalimy, ustaliśmy (p. akcent § 1a i 2) — **ustalać** *ndk I*, ustalaliśmy 1. zwykle *dk* «uczynić trwałym, niezmiennym; ugruntować, utrwalić»: Ustalić władzę, porządek. Ustalić swoją przewagę nad kimś. Ustalić swój byt, swoją pozycję społeczną. △ Ustalona opinia, sława «powszechnie uznana opinia, sława» 2. «uczynić nieruchomym, usunąć chwiejność, rozchwianie; umocnić»: Ustalić lotne piaski. Ustalić ster, kierownicę. 3. «szczegółowo coś określić»: Ustalać plany, harmonogramy, ceny, normy, przepisy. 4. «stwierdzić coś po uprzednim zbadaniu»: Ustalił, skąd wzięto pieniądze na inwestycje. Ustalić stan faktyczny. Ustalić fakty.

ustanek *m III, D.* ustanku △ tylko w wyrażeniu: Bez ustanku: Szła całą noc bez ustanku. Deszcz padał bez ustanku.

ustanowić *dk VIa*, ustanowię, ustanów, ustanowimy, ustanowiliśmy (p. akcent § 1a i 2) — **ustanawiać** *ndk I*, ustanawialiśmy 1. «wprowadzić w życie; uchwalić, postanowić, zatwierdzić»: Ustanowić prawa i obowiązki. Ustanowić urzędy. Ustanowić święto. △ Ustanowić rekord «osiągnąć najlepszy wynik» 2. «powołać kogoś na urząd, powierzyć mu stanowisko; wyznaczyć, mianować»: Ustanowić kierownictwo zakładu, radcę prawnego. Ustanowić spadkobiercę.

ustawa *ż IV*: Ustawa państwowa a. ustawa państwa. Ustawa rządowa, sejmowa a. ustawa rządu, sejmu. Ustawa konstytucyjna, skarbowa. Ustawa emerytalna, szkolna. Artykuł ustawy. Projekt ustawy. Dekret z mocą ustawy. Na mocy ustawy. Według ustawy, zgodnie z ustawą, na podstawie ustawy (*nie*: w oparciu o ustawę). Ustawa przejściowa (*nie*: przechodnia). Wydać, zatwierdzić, wprowadzić w życie ustawę. Przedstawić (*nie*: przedłożyć) ustawę. Przestrzegać ustawy (*nie*: ustawę). □ U. o czym, przeciw czemu: Ustawa o współpracy kulturalnej z zagranicą. Ustawa przeciw nadużyciom. △ W nazwie dużą literą: Dziennik Ustaw.

ustawać p. I ustać.

ustawczy a. **ustawny** *techn.* «służący do ustawiania czegoś»: Śruba ustawcza (ustawna).

ustawiacz *m II, lm D.* ustawiaczy, *rzad.* ustawiaczów □ U. czego «pracownik zajmujący się ustawianiem czegoś»: Ustawiacz wagonów. □ U. do czego

«przyrząd służący do utrzymywania czegoś w pozycji stojącej, dający oparcie czemuś»: Ustawiacz do książek.

ustawić *dk VIa*, ustaw, ustawimy, ustawiliśmy (p. akcent § 1a i 2) — **ustawiać** *ndk I*, ustawialiśmy: Ustawić meble, bagaże. Ustawić książki na półce, naczynia w kredensie. Ustawić antenę na dachu. Ustawić gości parami. Ustawić figury na szachownicy. Ustawić żołnierzy czwórkami, w kolumnę, w dwuszeregu (a. w dwuszereg). Ustawić stoły w podkowę. Ustawić kogoś do fotografii. Ustawić kolumny do marszu, do defilady. Ustawić armatę do strzału. △ *niepoprawne* Ustawić (*zamiast*: postawić, sformułować) zagadnienie. Ustawić (*zamiast*: zorganizować) pracę. // *D Kult. I, 123, 185.*

ustawny w zn. *techn.* p. ustawczy.

ustawodawstwo *n III, blm*: Czyn kolidujący z obowiązującym ustawodawstwem.

ustawowy «dotyczący ustawy: określony, przewidziany ustawą»: Ustawowa liczba członków spółdzielni. Ustawowa ochrona macierzyństwa.

ustąpić *dk VIa*, ustąpię, ustąp, ustąpimy, ustąpiliśmy (p. akcent § 1a i 2) — **ustępować** (*nie*: ustępywać) *ndk IV*, ustępowaliśmy □ U. z czego «odejść, wycofać się»: Wróg ustąpił z kraju, z miasta. △ Ustąpić z drogi «zejść z drogi; usunąć się» △ Ustąpić z pola walki «wycofać się; uznać się za pokonanego» △ Ustąpić ze stanowiska, z urzędu «zrezygnować» □ U. przed kim, czym, pod naporem czyim, czego «cofnąć się; ulec komuś, czemuś»: Ustąpić przed nieprzyjacielem. Ustąpić pod naporem wroga △ Coś ustąpiło czemuś «coś zniknęło na rzecz czegoś»: Jego spokój ustąpił gniewowi. □ (tylko *ndk*) U. komu, czemu — czym, co do czego, w czym, pod jakimś względem «być gorszym, słabszym od kogoś, od czegoś»: Ustępować komuś liczebnością, zdolnościami. Ustępować komuś w zręczności, pod względem siły. □ U. od czego «odstąpić od czegoś, zrezygnować z czegoś»: Żądał tysiąca złotych i od tego nie chciał ustąpić. □ U. komu (w czym) «przyznać komuś rację, nie spierać się z kimś»: Ustąpić starszej siostrze. Ustępować komuś w drobiazgach. △ Ustąpić komuś swojego miejsca a. swoje miejsce (w tramwaju, w pociągu). △ *książk.* Coś ustępuje a. ustępuje miejsca czemuś «coś zostaje przez coś zastąpione»: Smutek ustąpił radości. Rudery ustąpiły miejsca blokom mieszkaniowym.

usterka (*nie*: ten usterek) *ż III, lm D.* usterek. Tekst wolny od usterek językowych. Usunąć, poprawić usterki. □ U. w czym: Usterki w budowie, w wykończeniu czegoś.

usterkować, zausterkować *niepoprawne* zamiast: zwracać uwagę na usterki; wskazać, wytknąć usterki. // *D Kult. II, 140.*

ustęp *m IV, D.* ustępu 1. «część, fragment tekstu» □ U. czego, z czego (o czym): Ustęp poematu. Ustęp z „Konrada Wallenroda". Ustęp z „Pana Tadeusza" o grze Wojskiego. 2. «ubikacja»

ustępliwy *m-os.* ustępliwi, *st. w.* ustępliwszy a. bardziej ustępliwy: Być ustępliwym. Mieć ustępliwy charakter.

ustępować p. ustąpić.

ustępstwo *n III*: Być gotowym do ustępstw, *rzad*. na ustępstwa. Skłonny do ustępstw. Robić ustępstwo, ustępstwa. Wymóc na kimś ustępstwa. Zgodzić się na ustępstwa. □ U. od czego, z czego «zrezygnowanie z części czegoś»: Ustępstwo od ceny, ustępstwo z zysków. □ U. na rzecz czyją, a. czego, wobec kogo «zrzeczenie się czegoś na czyjąś korzyść» △ *pot*. Iść na ustępstwa «odstąpić od początkowych żądań, zmniejszyć żądania»

ustokrotnić *dk VIa*, ustokrotnij, ustokrotniliśmy (p. akcent § 1a i 2) — **ustokrotniać** *ndk I*, ustokrotnialiśmy *książk*. «uczynić sto razy większym, intensywniejszym, liczniejszym; pomnożyć, wzmóc, uintensywnić»: Ustokrotnić wysiłki, działalność. Ustokrotniony hałas, zgiełk.

ustosunkować *dk IV*, ustosunkowaliśmy (p. akcent § 1a i 2) — **ustosunkowywać** *ndk VIIIa*, ustosunkowuje (*nie*: ustosunkowywuje, ustosunkowywa), ustosunkowywaliśmy *książk*. □ U. co do czego «ująć w odpowiednim stosunku wzajemnym lub stosunku do czegoś»: Ustosunkować zapłatę do pracy.
ustosunkować się — ustosunkowywać się □ U. się do kogo, do czego «przybrać określoną postawę wobec kogoś, do czegoś; wyrazić swój stosunek do kogoś, czegoś»: Życzliwie ustosunkował się do rodziny żony. Ustosunkować się do wypowiedzi, do referatu.

ustroić *dk VIa*, ustrój, ustroiliśmy (p. akcent § 1a i 2) — *rzad*. **ustrajać** *ndk I*, ustrajaliśmy «uczynić strojnym; ubrać kogoś strojnie (w tym odcieniu znaczeniowym *częściej*: wystroić)» □ U. co czym, *rzad*. w co: Ustroić stół kwiatami, *rzad*. w kwiaty. □ U. kogo (w co) Ustroiła (*częściej*: wystroiła) córkę na bal. Ustroiła (*częściej*: wystroiła) chłopca w nowe ubranko.

ustronie *n I, lm M*. ustronia, *D*. ustroni: Ciche ustronie. Wiejskie, bezludne ustronie.

Ustronie (Morskie), Ustronie *n I, D*. Ustronia, Morskie odm. jak przym. «miejscowość»: Mieszkać w Ustroniu (Morskim). Jechać do Ustronia (Morskiego). — ustroński.

ustroń *ż V, D*. ustroni; *reg. m I, D*. ustronia *rzad*., *poet*. «ustronie»: Zamieszkać, zamknąć się w cichej ustroni (*reg*. w cichym ustroniu).

Ustroń *ż V, D*. Ustroni «miejscowość»: Mieszkać w Ustroni. Jechać do Ustroni. — ustroński.

ustrój *m I, D*. ustroju, *lm D*. ustrojów **1.** «system organizacji państwa, społeczeństwa, jakiejś instytucji»: Ustrój bezklasowy, burżuazyjny, demokratyczny, feudalny, kapitalistyczny, socjalistyczny, komunistyczny, konstytucyjny, gospodarczy, rodowy. Ustrój państwa, miast, rodziny. Ustrój demokracji ludowej. **2.** *środ*. (w języku ogólnym *lepiej*: organizm): Ustrój ludzki, zwierzęcy, roślinny. Wprowadzić coś do ustroju. Reakcje ustroju na coś.

ustrzec *dk XI*, ustrzegę, ustrzeże, ustrzeż, ustrzegliśmy (p. akcent § 1a i 2) □ U. kogo, co — od kogo, czego (gdy się wymienia osobę lub rzecz zagrażające obecnie lub stale) a. przed kim, czym (gdy się wymienia osobę lub rzecz, które mogą zagrozić w przyszłości): Ustrzec dzieci od złych wpływów. Ustrzec czyjeś imię (kogoś) od hańby. Ustrzec kogoś przed chorobą.

ustrzec się □ U. się od czego, przed czym, *rzad*. czego «uchronić się; uniknąć czegoś»: Ustrzec się od choroby a. przed chorobą (*rzad*. choroby). Ustrzec się przed niebezpieczeństwem (*rzad*. niebezpieczeństwa).

ustrzelić *dk VIa*, ustrzelę, ustrzel, ustrzelimy, ustrzeliliśmy (p. akcent § 1a i 2) **1.** «zabić strzałem; zastrzelić (zwykle: zwierzynę)» □ U. kogo, co (z czego, czym): Ustrzelił jelenia. Ustrzelił wronę z flowera. Ustrzelić dzika śrutem. **2.** *częściej*: odstrzelić □ U. co — komu (z czego, u czego): Ustrzelił mu pióro z czapki. Ustrzelili mu palec u nogi.

Ustrzyki (Dolne, Górne), Ustrzyki *blp, D*. Ustrzyk, Dolne, Górne odm. jak przym. «miejscowości»: Mieszkać w Ustrzykach Dolnych (Górnych). — ustrzycki.

usunąć *dk Vb*, usunę, usuń, usunął (*wym*. usunoł), usunęła (*wym*. usuneła), usunęliśmy (*wym*. usuneliśmy; p. akcent § 1a i 2) — **usuwać** *ndk I*, usuwaliśmy □ U. co (z czego, skąd) «zabrać, uprzątnąć, odsunąć; odstawić na stronę, na bok»: Trzeba było usunąć gruzy. Usunąć meble z pokoju. Usunąć kamień z drogi. △ *przen*. Usunąć zło, przyczynę zła, choroby. □ U. kogo z czego (skąd) «zwolnić kogoś z pracy, ze stanowiska; wydalić, odprawić»: Usunięto (*nie*: zdjęto) go ze stanowiska dyrektora. Usunąć ludzi z miasta, z walącego się domu. Usunąć kogoś ze szkoły, z partii. □ U. kogo, co — od kogo, czego «oddalić kogoś, coś od kogoś, od czegoś (żeby zrobić wolne miejsce); odsunąć»: Usunąć tłoczących się ludzi od drzwi. Usunąć (*częściej*: odsunąć) szafę od ściany.
usunąć się — usuwać się □ U. się z czego a. od kogo, czego, przed kim, czym «odstąpić nieco, odsunąć się, cofnąć się (żeby zrobić miejsce)»: Usunąć się z jezdni, z przejścia, od drzwi. Usunęli się przed napierającym tłumem, przed rozpędzonymi końmi. △ *przen*. Usunąć się z życia towarzyskiego, od spraw publicznych. □ U. się spod czego, z czego «obsunąć się, osiąść»: Lawina usunęła się z góry. Ziemia usuwała się spod nóg.

usus *p*. uzus.

usychać *p*. uschnąć.

usynowić *dk VIa*, usynów, usynowimy, usynowiliśmy (p. akcent § 1a i 2) — **usynawiać** a. **usynowiać** *ndk I*, usynawialiśmy (usynowialiśmy) «uznać cudzego syna za swego; adoptować»: Usynowić dziecko, chłopca, sierotę.

usypać *dk IX*, usypię (*nie*: usypę), usyp, usypaliśmy (p. akcent § 1a i 2) — **usypywać** *ndk VIIIa*, usypuję (*nie*: usypywuję, usypywam), usypywaliśmy □ U. co (z czego): Usypać wzgórek, mogiłę. Usypać kopczyk z piasku. □ U. czego (z czego) «sypiąc ująć czegoś, odsypać»: Usypał w torebkę trochę cukierków. Usypać cukru z worka.

usypiać *p*. usnąć, uśpić.

usystematyzować *p*. systematyzować.

usytuowanie *n I, lepiej*: położenie, umiejscowienie, np. Usytuowanie (*lepiej*: położenie) budynku jest bardzo dogodne.

Uszakow (*wym*. Uszakow) *m IV, D*. Uszakowa (p. akcent § 7), *C*. Uszakowowi, *N*. Uszakowem: Słownik Uszakowa. || D Kult. I, 758.

uszanowanie *n I*: Godny (w orzeczniku: godzien) uszanowania. □ U. czego «zachowanie czegoś, liczenie się z czymś»: Uszanowanie pamiątek rodzinnych, czyichś życzeń. □ U. dla kogo, czego «szacunek, poważanie»: Uszanowanie dla starszych, dla tradycji. △ Okazywać komuś uszanowanie. Przyjąć kogoś z uszanowaniem. △ (Moje) uszanowanie panu, pani (*nie*: dla pana, dla pani) «formułka powitania lub pożegnania»

uszaty p. uchaty.

uszczelnić *dk VIa*, uszczelnij a. uszczelń, uszczelnimy, uszczelniliśmy (p. akcent § 1a i 2) — **uszczelniać** *ndk I*, uszczelnialiśmy: Uszczelnić szpary w dnie łodzi. Uszczelnić tłok w cylindrze. □ U. co czym: Uszczelnić okna watą, drzwi listwami.

uszczerbek *m III, D.* uszczerbku: Dotkliwy, poważny uszczerbek. □ U. czego, na czym, *rzad.* w czym: Uszczerbek zdrowia, na zdrowiu (w zdrowiu). △ Pracować społecznie bez uszczerbku dla pracy zawodowej. Pomagał dalszej rodzinie z uszczerbkiem dla własnych dzieci. △ Doznać uszczerbku. Ponieść uszczerbek.

uszczęśliwić *dk VIa*, uszczęśliwimy, uszczęśliwiliśmy (p. akcent § 1a i 2) — **uszczęśliwiać** *ndk I*, uszczęśliwialiśmy □ U. kogo czym: Uszczęśliwił żonę tym prezentem. Uszczęśliwił matkę zdaniem matury.

uszczknąć *dk Va*, uszczknij, uszczknąłem (*wym.* uszczknołem; *nie*: uszczknełem, uszczkłem), uszczknął (*wym.* uszczknoł), uszczknęła (*wym.* uszczknela; *nie*: uszczkła), uszczknęliśmy (*wym.* uszczknneliśmy; *nie*: uszczkliśmy; p. akcent § 1a i 2) □ U. co a. czego (z dopełniaczem cząstkowym): Uszczknąć kwiat, listek. Uszczknąć trawy, owoców.

uszczuplić *dk VIa*, uszczuplij, uszczuplimy, uszczupliliśmy (p. akcent § 1a i 2) — **uszczuplać** *ndk I*, uszczuplaliśmy *książk.* «zmniejszyć (liczbę, ilość czegoś)»: Uszczuplić zapasy, fundusze, siły robocze.

uszczypnąć *dk Va*, uszczypnij, uszczypnąłem (*wym.* uszczypnołem; *nie*: uszczypnełem, uszczypłem), uszczypnął (*wym.* uszczypnoł), uszczypnęła (*wym.* uszczypnela; *nie*: uszczypła), uszczypnęliśmy (*wym.* uszczypnneliśmy; *nie*: uszczypliśmy; p. akcent § 1a i 2); *rzad.* **uszczypać** *dk IX*, uszczypię (*nie*: uszczypę), uszczyp, uszczypaliśmy □ U. kogo, co (czym) — w co: Gąsior uszczypnął dziewczynę w nogę.

uszko *n II, lm M.* uszki a. uszka (o narzędzie słuchu; *tylko*: uszka — dzbana, igły, do barszczu itp.), *D.* uszek.

-uszko p. -ko.

uszkodzić *dk VIa*, uszkodzę, uszkodzi, uszkodź (*nie*: uszkódź), uszkodzimy, uszkodziliśmy (p. akcent § 1a i 2) — **uszkadzać** (*nie*: uszkodzać) *ndk I*, uszkadzaliśmy □ U. co (czym): Uszkodzić maszynę, przewody. Rzeka uszkodziła wały. Młotkiem uszkodził tłok w silniku.

uszlachetnić *dk VIa*, uszlachetnij, uszlachetnimy, uszlachetniliśmy (p. akcent § 1a i 2) — **uszlachetniać** *ndk I*, uszlachetnialiśmy □ U. kogo, co (czym, przez co) «uczynić szlachetnym, szlachet-

niejszym; udoskonalić (np. rasę zwierząt, rośliny)»: Uszlachetniać ludzi, charaktery. Uszlachetniał chłopca dobrym przykładem, odpowiednią lekturą. Uszlachetnić drzewa przez szczepienie. Uszlachetnić rasę bydła przez krzyżowanie.

usztywnić *dk VIa*, usztywnij, usztywnimy, usztywniliśmy (p. akcent § 1a i 2) — **usztywniać** *ndk I*, usztywnialiśmy □ U. co (czym): Usztywnić włosy, fryzurę lakierem. Usztywnić papier klejem.

uszykować *dk IV*, uszykowaliśmy (p. akcent § 1a i 2) *wych. z użycia* **a)** «ustawić w szyku, w określonym porządku» □ U. kogo, co (do czego): Uszykować wojsko, żołnierzy do bitwy. Uszykować kolumnę do marszu. **b)** *lepiej*: przygotować. □ U. co — do czego a. na co: Uszykować wóz do drogi. Uszykować posłanie do spania. Uszykować prowiant na wycieczkę.

uścielać *ndk I*, uścielaliśmy (p. akcent § 1a i 2) *reg.*, p. usłać.

uścielić *dk VIa*, uścielę, uścieli, uściel, uścielimy, uścieliliśmy (p. akcent § 1a i 2), uścielony *reg.*, p. usłać.

uściełać p. usłać.

uścisk *m III, D.* uścisku: Braterski, czuły, serdeczny, mocny uścisk. Spleść się, zewrzeć się, łączyć się w uścisku, uściskiem. Oddać, odwzajemnić uścisk. Wymieniać uściski. Trzymać, tulić kogoś w uścisku. Uwolnić się, wyrwać się z uścisku. △ Łączyć, zasyłać uścisk dłoni, uściski «formułka zakończenia listu»

uścisnąć *dk Va*, uścisnę, uściśnie, uściśnij, uścisnąłem (*wym.* uścisnołem; *nie*: uścisnełem, uścisłem), uścisnął (*wym.* uścisnoł), uścisnęła (*wym.* uścisnela; *nie*: uścisła), uścisnęliśmy (*wym.* uścisneliśmy; p. akcent § 1a i 2; a. **uściskać** *dk I*, uściskaliśmy. Uścisnąć komuś rękę. □ U. kogo (za co): Uścisnął ojca mocno. Uścisnąć kogoś za rękę, za szyję. △ Uściskać kogoś od kogoś (zwykle w formie prośby, polecenia) «przekazać serdeczności od kogoś»: Uściskaj ode mnie żonę i dzieciaki.

uśmiać się *dk Xb*, uśmieję się, uśmiej się, uśmiał się, uśmialiśmy się, *reg.* uśmieliśmy się (p. akcent § 1a i 2), uśmiali się, *reg.* uśmieli się □ U. się z czego: Odezwała się tak naiwnie, że koledzy się z niej uśmiali. Uśmiać się z dowcipnego kawału.

uśmiech *m III, D.* uśmiechu: Beztroski, czarujący, ironiczny, łagodny, przekorny uśmiech. Uśmiech szczęścia. Usta, wargi rozchylone uśmiechem, twarz rozjaśniona uśmiechem. △ Uśmiech przez łzy. △ *przen.* Uśmiech fortuny, losu.

uśmiechać się *ndk I*, uśmiechaliśmy się (p. akcent § 1a i 2) — **uśmiechnąć się** *dk Va*, uśmiechnę się, uśmiechnie się, uśmiechnij się, uśmiechnąłem się (*wym.* uśmiechnołem się; *nie*: uśmiechnełem się), uśmiechnął się (*wym.* uśmiechnoł się), uśmiechnęła się (*wym.* uśmiechnela się), uśmiechnęliśmy się (*wym.* uśmiechneliśmy się), uśmiechnięty: Uśmiechać się beztrosko, czule, drwiąco, mile, sceptycznie, wesoło. Uśmiechać się pod wąsem (*nie*: pod nosem). □ U. się do kogo, do czego: Uśmiechać się do matki, do dzieci, do swoich myśli. △ *pot.* Uśmiechnąć się do kogoś o coś «poprosić kogoś o coś» △ *pot.*

uśpić

Coś się komuś uśmiecha, nie uśmiecha «coś się komuś podoba, nie podoba» △ Fortuna, los, szczęście itp. uśmiecha się, uśmiechnęło się do kogoś «spotyka kogoś powodzenie»

uśpić *dk VIa*, uśpię, uśpij, uśpimy, uśpiliśmy (p. akcent § 1a i 2) — **usypiać** *ndk I*, usypialiśmy □ (tylko *ndk*) U. bez dop.: Usypiali zwykle dopiero przed północą. □ U. kogo (czym): Piosenką, hustaniem uśpiła dziecko. △ *przen.* Uśpić czyjąś czujność, czyjeś podejrzenia.

uświadomić *dk VIa*, uświadomię, uświadom (*nie*: uświadomij)), uświadomiliśmy (p. akcent § 1a i 2) — **uświadamiać** *ndk I*, uświadamialiśmy: Był uświadomiony politycznie. □ U. kogo — co do czego: Uświadomić kogoś co do jego obowiązków. □ U. komu (sobie) co: Uświadomić komuś grożące niebezpieczeństwo. Uświadomić sobie coś jasno. □ U. komu, sobie, że... Uświadomił sobie, że popełnił błąd.

uświęcić *dk VIa*, uświęcę, uświęci, uświęć, uświęciliśmy (p. akcent § 1a i 2) — *rzad.* **uświęcać** *ndk I*, uświęcaliśmy, zwykle w imiesł. biernym **a)** «mający cechy świętości, uwzniosłony»: Miejsce uświęcone krwią Polaków walczących o wolność. **b)** «ogólnie przyjęty, uznany»: Uświęcony autorytet. Uświęcone kłamstwo. Uświęcona formuła. Zwyczaj uświęcony tradycją.

utaić *dk VIa*, utaję, utai, utaj, utailiśmy (p. akcent § 1a i 2), utajony — *rzad.* **utajać** *ndk I*, utajaliśmy □ U. co (przed kim): Zręcznie utajał swoje wady. Utaił swe przeżycia przed kolegami. Utaiła przed matką chorobę. △ Skazy, wady utajone «skazy, wady niewidoczne»

utapirować p. tapirować.

utarczka *ż III*, *lm D.* utarczek *książk.* «krótkie starcie z nieprzyjacielem, potyczka; sprzeczka, spór, kłótnia»: Krwawa utarczka. Często dochodziło między nimi do utarczek. Utarczka słowna. Brać udział w utarczce. □ U. o co «spór, sprzeczka»: Utarczka o drobiazgi. □ U. (po)między kim a (i) kim: Utarczki między rywalami. Utarczka między uczestnikami manifestacji i policją. □ U. z kim: Utarczka z patrolem nieprzyjaciela. △ Mieć, wszcząć z kimś utarczkę.

utemperować *dk IV*, utemperowaliśmy (p. akcent § 1a i 2) *wych. z użycia* «zmitygować, poskromić, uspokoić»: Utemperować rozhukaną młodzież. Utemperować charaktery.

utensylia (*nie*: utenzylia) *blp*, *D.* utensyliów (*nie*: utensylii) *książk.* «narzędzia, przybory»: Utensylia malarskie, gospodarskie, fotograficzne.

utęsknienie *n I* △ tylko w wyrażeniu: Z utęsknieniem: Czekać, wyglądać kogoś z utęsknieniem. Czekać z utęsknieniem na czyjś powrót.

U Thant (*wym.* U Tant) *m IV*, *D.* U Thanta, *Ms.* U Thancie: Pokojowe dążenia U Thanta na forum ONZ.

utkać *dk I*, utkaliśmy (p. akcent § 1a i 2) — **utykać** *ndk I*, utykaliśmy □ U. co czym «zatkać czymś (szpary, dziury itp.); uszczelnić (np. drzwi, okna)»: Utkać szpary w drzwiach warkoczami ze słomy. Utkać okna watą. □ *pot.* U. co w co, w czym a. do czego «powtykać, poustawiać coś

gdzieś»: Utkać rzeczy do kufra, w kufer, w kufrze. □ *rzad.* U. co czym «wypełnić coś czymś»: Utkać pokój meblami. □ (tylko *dk*) U. co (z czego, na czym) «zrobić tkając»: Utkać koc z wełny, z anilany. Utkać ręczniki ze lnu na domowych krosnach. △ *przen.* Kobierzec utkany z kwiatów. *Por.* tkać.

utknąć *dk Va*, utknę, utknij, utknąłem (*wym.* utknołem; *nie*: utknełem), utknął (*wym.* utknoł), utknęła (*wym.* utknela; *nie*: utkła), utknęliśmy (*wym.* utkneliśmy; *nie*: utkliśmy; p. akcent § 1a i 2) — **utykać** *ndk I*, utykaliśmy □ U. w czym a. na czym «uwięznąć, ugrzęznąć»: Utknąć w błocie, w wykrotach. Utknąć na wybojach, na kamieniach. △ *przen.* Rozmowa, dyskusja itp. utyka, utknęła na czymś. △ Coś utknęło na martwym punkcie «coś zostało całkowicie zahamowane» □ (tylko *ndk*) Utykać na nogę «kuleć» □ *pot.* (tylko *dk*) U. gdzie «osiedlić się, ulokować się gdzieś (niekorzystnie, wbrew swoim chęciom, ambicjom)»: Po skończeniu szkoły utknął na wsi, w miasteczku, u rodziny.

utkwić *dk VIa*, utkwię, utkwij, utkwimy, utkwiliśmy (p. akcent § 1a i 2) □ U. w czym «wbić się, uwięznąć»: Sztylet utkwił w plecach. Łódź utkwiła w piachu. △ Coś utkwiło komuś w pamięci, w głowie «coś zostało zapamiętane» △ Utkwić w kogoś, w coś wzrok, oczy, spojrzenie «wpatrywać się» *Por.* tkwić.

utopić *dk VIa*, utopię, utopi, utop, utopimy, utopiliśmy (p. akcent § 1a i 2) **1.** «pozbawić życia przez zanurzenie w wodzie, wrzucenie do wody» □ U. kogo, co w czym: Utopić nowo narodzone kocięta w rzece. △ Ktoś utopiłby kogoś, rad by utopić kogoś w łyżce wody «ktoś nienawidzi kogoś, życzy mu najgorszych rzeczy» △ *niepoprawne* Utopić (*zamiast*: zatopić) okręt. △ *przen.* Troski utopić w kieliszku, w winie. Utopić kraj we krwi. **2.** «zagłębić» □ U. co w czym: Utopić nóż, sztylet w czyimś sercu. △ *przen.* Utopić wzrok, spojrzenie w czyjejś twarzy, w czyichś oczach.

utorować *dk IV*, utorowaliśmy (p. akcent § 1a i 2), zwykle w wyrażeniu: Utorować drogę «uczynić drogę możliwą do przejścia, przetrzeć szlak»: Utorować drogę wśród zasp, przez las. △ Utorować drogę saniami, pługami, spychaczem. △ Utorować komuś drogę do czego «ułatwić komuś osiągnięcie czegoś»: Utorował swoim uczniom drogę do kariery naukowej. *Por.* torować.

utożsamiać *ndk I*, utożsamialiśmy (p. akcent § 1a i 2) — **utożsamić** *dk VIa*, utożsamię, utożsam, utożsamiliśmy □ U. kogo, co z kim, z czym (*nie*: do kogo, do czego): Utożsamiać szczerość z naiwnością.

utracić *dk VIa*, utracę, utraciliśmy (p. akcent § 1a i 2), nieco *książk.* «stracić»: Utracić ojca, rodziców, opiekuna. Utracić siły, zdrowie, wzrok, pamięć. Utracić majątek, prawo do majątku. △ Utracić rozum, zmysły «zwariować» △ Utracić władzę w nogach, w rękach «zostać sparaliżowanym»

utracjusz *m II*, *lm M.* utracjusze, *D.* utracjuszów a. utracjuszy *wych. z użycia* «rozrzutnik»

utrapienie *n I* «kłopot, zmartwienie, zgryzota, udręka»: Ciężkie, prawdziwe, nie kończące się utrapienie. Mieć utrapienie z dziećmi. Utrapienie z tymi osami. □ Ku czyjemuś utrapieniu, na czyjeś utrapienie: Przyjechali tu na moje utrapienie.

utrata *ż IV, blm*: Utrata pamięci. Utrata najbliższych. △ Utrata ważności (*nie*: przepadłość) dokumentu.

utrącić *dk VIa*, utrącę, utrąciliśmy (p. akcent § 1a i 2) — **utrącać** *ndk I*, utrącaliśmy 1. «odbić, odtłuc»: Kieliszek z utrąconą podstawką. Utrącił ucho dzbanka a. u dzbanka. 2. *pot.* (zwykle *dk*) «nie dopuścić kogoś do czegoś, pozbawić stanowiska; odrzucić coś»: Utrącił go przy wyborach i sam został przewodniczącym. Utrącić czyjś projekt.

Utrecht *m IV, D.* Utrechtu, *Ms.* Utrechcie «miasto w Holandii» — utrechcki.

utrudnić *dk VIa*, utrudnij, utrudniliśmy (p. akcent § 1a i 2) — **utrudniać** *ndk I*, utrudnialiśmy □ (częściej *ndk*) U. co komu: Śnieg utrudniał nam wędrówkę. Wysoki stopień utrudniał jej wejście do wagonu.

utrudzić *dk VIa*, utrudzę, utrudziliśmy (p. akcent § 1a i 2) — *rzad.* **utrudzać** *ndk I*, utrudzaliśmy *książk.* «zmęczyć, znużyć» (zwykle w imiesł. biernym): Utrudzony wędrówką, podróżą, pracą.

utrwalacz *m II, lm D.* utrwalaczy, *rzad.* utrwalaczów: Utrwalacz do fotografii, do włosów.

utrwalać *ndk I*, utrwalaliśmy (p. akcent § 1a i 2) — **utrwalić** *dk VIa*, utrwaliliśmy 1. w zn. «nadawać czemuś trwałość; upamiętniać, zachowywać dla potomnych; rejestrować dźwięki, obrazy» □ U. co na czym: Utrwalać ciekawe krajobrazy na kliszy, na taśmie filmowej. Utrwalić przemówienie na płycie. □ U. co w czym: Utrwalić wizje artystyczne w bryle, w kamieniu. △ Utrwalić sobie coś w pamięci. △ Utrwalać (*lepiej*: umacniać) kogoś w jakimś przekonaniu. 2. «werniksować»: Utrwalać obrazy olejne.

utrząść (*wym.* utsząść a. ucząść, *nie*: uczący) *dk XI*, utrzęsę, utrzęsie, utrząś a. utrzęś; utrząsłem (*nie*: utrzęsłem), utrząsł, utrzęsła (*nie*: utrząsła), utrzęśli (*nie*: utrząśli), utrzęśliśmy (*nie*: utrząśliśmy; p. akcent § 1a i 2), utrzęsiony; *rzad.* **utrząsnąć** *dk Va*, utrząśnij, utrząsnąłem (*wym.* utrząsnołem; *nie*: utrząsnełem), utrząsnął (*wym.* utrząsnoł; *nie*: utrzęsnoł), utrząsnęła (*wym.* utrząsneła), utrząsnęliśmy (*wym.* utrząsneliśmy) — *rzad.* **utrząsać** (*nie*: utrzęsać) *ndk I*, utrząsaliśmy 1. «trzęsąc spowodować ciaśniejsze ułożenie się czegoś, opadnięcie na dno» □ U. co w czym: Utrząść jagody w dzbanku. Maszyny utrząsają zapałki w pudełkach. 2. «wstrząsając czymś strącić część czegoś» □ U. czego (z czego): Utrząść jabłek z drzewa. 3. tylko *dk pot.* «zmęczyć trzęsieniem» (często nieos.): Koń utrząsł jeźdźca. Utrzęsło nas na wybojach.

utrząść się, *rzadziej* **utrząsnąć się**, tylko *dk* 1. «zmęczyć się wskutek wstrząsów» □ U. się na czym, w czym: Utrząść się na bryczce, na wozie, w wagonie. 2. *pot.* «wskutek wstrząsów ciaśniej się ułożyć»: Jabłka utrzęsły się w koszu.

utrzeć *dk XI*, utrę, utrze, utrzyj, utarł, utarliśmy (p. akcent § 1a i 2) — **ucierać** *ndk I*, ucieraliśmy 1. «rozetrzeć, rozdrobnić przez tarcie» □ U. co (na czym): Utrzeć chrzan, kartofle (na tarce). □ U. co (czym): Ucierać żółtka, ser (wałkiem, łyżką). △ Utarta droga «droga utorowana» △ Utarty zwyczaj, zwrot «zwyczaj, zwrot rozpowszechniony, od dawna się utrzymujący» 2. *przestarz.* «usunąć

brud, oczyścić coś» dziś żywe tylko w *pot.* zwrotach: Utrzeć nos (np. dziecku). △ (częściej *dk*) Utrzeć komuś nosa (*nie*: nos) «dać komuś nauczkę»

utrzeć się — ucierać się częściej *dk* «upowszechnić się»: Utarł się zwyczaj, że razem szli na ryby. Te nowe nazwy już się utarły.

utrzymać *dk I*, utrzymaliśmy (p. akcent § 1a i 2) — **utrzymywać** *ndk VIIIa*, utrzymywaliśmy 1. częściej *dk* «zachować w nie zmienionym położeniu, stanie; nie dać upaść, wytrzymać ciężar czegoś»: Czy utrzymasz walizę? Cienkie belki nie mogły utrzymać stropu. Nie mógł utrzymać pióra w palcach. 2. częściej *dk* «zatrzymać kogoś na dłużej, przytrzymać» □ U. kogo gdzie: Utrzymać chłopca w domu. Trudno dzieci utrzymać na miejscach, ciągle się kręcą. △ Utrzymać kogoś w garści, w karbach, w karności, w ryzach, w rygorze, na wodzy, *rzad.* w klubach «opanować, poskromić kogoś» △ Utrzymać coś w czystości, w dobrym stanie. 3. częściej *ndk* «zapewniać komuś byt; pokrywać koszty czegoś»: Utrzymywać rodzinę, matkę, cały dom. □ U. kogo, co (czym): Utrzymywać personel własnym kosztem. 4. *książk.* (tylko *ndk*) «twierdzić coś»: Utrzymywał, że ma talent.

utrzymać się — utrzymywać się 1. «pozostać w pewnej pozycji; nie upaść» □ U. się na czym: Utrzymać się na powierzchni wody. Utrzymać się na koniu, na motocyklu. Z trudem utrzymywał się na nogach. 2. «pozostać gdzieś, przy czymś, przetrwać, zachować się»: Utrzymać się na stanowisku, na urzędzie. Nowy dyrektor długo się nie utrzymał. Piękna pogoda utrzymuje się od tygodnia. △ Utrzymać się w formie, w dobrej kondycji «zachować dobrą formę fizyczną» □ U. się przy czym: Utrzymać się przy władzy. △ Utrzymać się przy życiu «zachować życie, nie umrzeć» 3. «wyżyć, wyżywić się» □ U. się z czego: Utrzymywać się z pracy rąk, z pensji, z korepetycji. || *Pf* 1969, 208.

utrzymanek *m III, D.* utrzymanka, *lm M.* ci utrzymankowie a. (z silniejszym zabarwieniem ekspresywnym) te utrzymanki·

utrzymanie *n I* 1. «środki do życia; wyżywienie»: Mieć kogoś na utrzymaniu. Być na czyimś utrzymaniu. Płacić na utrzymanie, za utrzymanie. Mieć utrzymanie dla rodziny. △ Pracować za utrzymanie «pracować za samo wyżywienie» 2. «zachowanie czegoś»: Utrzymanie dotychczasowej liczby etatów.

utuczyć *dk VIb*, utucz, utuczymy, utuczyliśmy (p. akcent § 1a i 2) □ U. kogo, co na czym a. czym: Utuczyć gęsi na kluskach a. kluskami.

utwierdzić *dk VIa*, utwierdzę, utwierdź, utwierdziliśmy (p. akcent § 1a i 2) — **utwierdzać** *ndk I*, utwierdzaliśmy 1. *rzad.* «wsadzić, umocować» □ U. co czym (na czym, w czym): Utwierdzić haki w murze, w skale. 2. «upewnić kogoś, podtrzymać w kimś» □ U. kogo w czym: Utwierdzić kogoś w jakimś przeświadczeniu, w postanowieniu. □ U. co w kim: Próbował utwierdzić we mnie przekonanie, że podołam tej pracy. 3. *wych. z użycia* (zwykle *dk*) «ugruntować, umocnić»: Utwierdzić władzę, panowanie, tron. △ *niepoprawne* Utwierdzić (*zamiast*: zatwierdzić) wybór, ustawę, uchwałę.

utworzyć *dk VIb*, utwórz, utworzyliśmy (p. akcent § 1a i 2) 1. «zorganizować, ustanowić» □ U.

co z kogo, z czego: Utworzyć komitet, komisję z przedstawicieli wszystkich działów. △ *niepoprawne* Utworzyć (*zamiast*: stworzyć) komuś lepsze warunki np. pracy. **2.** «spowodować powstanie czegoś, stworzyć, uformować»: Wiatr utworzył wydmy. Woda utworzyła kałuże.

utworzyć się «uformować się, powstać; ukonstytuować się»: W podłodze utworzyła się szczelina. Utworzył się komitet organizacyjny zjazdu. □ U. się z czego (gdzie): Na rzece utworzył się zator z kry. Z nadmiaru śniegu utworzyły się w lesie jeziorka.

utwór *m IV, D.* utworu w zn. «dzieło literackie lub muzyczne»: Utwory epickie, nowelistyczne. Opublikować utwór. Wykonać, zagrać jakiś utwór. Utwór znanego muzyka, znakomitego pisarza. □ U. na co: Utwory na orkiestrę, na skrzypce, na fortepian.

utyć *dk Xa,* utyliśmy (p. akcent § 1a i 2) □ U. od czego (kiedy się wymienia pokarmy, potrawy tuczące): Utyć od ciastek, od pieczywa, od tłustego mięsa. □ U. z czego (kiedy się wymienia inną przyczynę tycia): Utyć z braku ruchu.

utykać p. utkać, utknąć.

utylitaryzm *m IV, D.* utylitaryzmu, *Ms.* utylitaryzmie (*wym.* ~yzmie a. ~yźmie), *blm.*

utyskiwać (*nie*: utyskować) *ndk VIIIb,* utyskuje (*nie*: utyskiwuje, utyskiwa), utyskiwaliśmy (p. akcent § 1a i 2) □ U. na co: Utyskiwać na bałagan, na drożyznę.

utytłać p. tytłać.

! utyty p. otyły.

UW (*wym.* uwu) *m* a. *n ndm* «Uniwersytet Warszawski»: Chodzić na UW. UW ogłosił (ogłosiło) listy przyjętych na studia.

uwaga *ż III* **1.** *blm* «dyspozycja psychiczna, koncentracja świadomości»: Napięcie, natężenie, skupienie uwagi. Znaleźć się w centrum uwagi. Czytać coś z uwagą. Skierować na coś uwagę. Skupić na czymś uwagę. △ Brać, wziąć coś pod uwagę (*nie*: na uwagę) «uwzględniać coś, liczyć się z czymś» △ Mieć coś na uwadze «pamiętać, myśleć o czymś» △ Poświęcać (*nie*: udzielać) komuś, czemuś (*nie*: na co) uwagę, wiele, dużo uwagi «okazywać zainteresowanie kimś, czymś» △ Zwracać czyjąś uwagę na coś (*nie*: robić kogoś uważnym na coś). △ Zwrócić uwagę na kogoś, na coś. △ Zwrócić na siebie uwagę. △ *książk.* Z uwagi na coś (*lepiej*: ze względu na coś): Polecamy tę książkę z uwagi na jej dużą wartość naukową. △ Coś uszło, nie uszło czyjejś uwagi «coś zostało przez kogoś nie zauważone, zostało zauważone» △ Coś zasługuje na uwagę, jest godne, warte uwagi. **2.** zwykle w *lm* «spostrzeżenie, obserwacja, komentarz; napomnienie»: Szczegółowe, cenne, fachowe uwagi. Trafna uwaga. Nie szczędzić komuś uwag. Robić nieprzyjemne, złośliwe uwagi. △ Zwrócić komuś uwagę, robić komuś uwagi «skarcić, upomnieć, upominać kogoś» || D Kult. I, 32, 224; II, 31; D Myśli 103; KP Pras.

uwalniać p. uwolnić.

uważać *ndk I,* uważaliśmy (p. akcent § 1a i 2) **1.** «skupiać się; zwracać uwagę; pilnować, strzec»: Uważaj, bo upadniesz. W pewnej chwili przestał

uważać. □ U. na kogo, na co: Uważać na dziecko. Uważać na drogę. Uważać na siebie. △ *wiech.* Kogo, co pan uważa? «kogo, czego pan szuka, czego sobie życzy?» **2.** «traktować kogoś, coś w jakiś sposób; sądzić»: Uważam, że nie masz racji. □ U. kogo, co — za kogo, za co (*nie*: jako kogo, co, kim, czym): Uważać kogoś za (*nie*: jako) natręta. Te słowa uważałem za (*nie*: jako) obrazę. Uważać kogoś za godnego czegoś (*nie*: godnym czegoś). △ *niepoprawne* Uważać sobie (*zamiast*: Poczytywać sobie) za zaszczyt. || *Pf* 1966, 240.

uważanie *n I* △ *wiech.* Po uważaniu «zgodnie z tym, co się komuś wydaje słuszne; według swego uznania»: Traktować kogoś po uważaniu.

uważny *m-os.* uważni, *st. w.* uważniejszy a. bardziej uważny: Uważne spojrzenie. Uważny słuchacz. □ U. na co: Uważny na każdy szczegół, na drobiazgi. □ U. w czym: Uważny w mowie, w postępowaniu. △ *niepoprawne* Robić, czynić kogoś na coś uważnym (*zamiast*: Zwracać komuś na coś uwagę).

uwić (*nie*: uwinąć) *dk Xa,* uwiliśmy (p. akcent § 1a i 2) □ U. co z czego: Uwić wieniec z polnych kwiatów. Ptaki uwiły gniazdo z gałązek.

uwidocznić *dk VIa,* uwidocznij, uwidoczniliśmy (p. akcent § 1a i 2) — *rzad.* **uwidaczniać** a. **uwidoczniać** *ndk I,* uwidacznialiśmy, uwidocznialiśmy: □ U. co na czym: Na mapie uwidocznione były główne miasta. Radar uwidocznił na dużej przestrzeni ważniejsze punkty obrony. □ U. co gdzie: Uwidocznić straty, braki w przedsiębiorstwie, w fabryce. Uwidocznić (*lepiej*: wyrazić) opinię w aktach osobowych. **uwidocznić się** — *rzad.* **uwidaczniać się** a. **uwidoczniać się** □ U. się w czym: Talent jego uwidocznił się już w pierwszych pracach.

uwiecznić *dk VIa,* uwiecznij, uwiecznliśmy (p. akcent § 1a i 2) — **uwieczniać** *ndk I,* uwiecznialiśmy: Bohaterstwo powstańców należy uwiecznić. □ U. kogo, co w czym: Uwiecznić bohaterów w sztuce, w poezji. Pisarze uwiecznili jego czyny w swoich dziełach. □ *pot., żart.* (częściej *dk*) U. kogo, co (na czym): Uwiecznić górala, krajobraz górski na kliszy, na fotografii. Uwiecznić kogoś na płótnie «namalować»

uwielbiać *ndk I,* uwielbialiśmy (p. akcent § 1a i 2) — *rzad.* **uwielbić** *dk VIa,* uwielbię, uwielbij, uwielbiliśmy (p. akcent § 1a i 2): Uwielbiała swego męża. Być uwielbianym przez całą rodzinę. □ U. kogo, co za co: Uwielbiał ją za jej dobroć.

uwielbienie *n I, blm*: Powszechne, bezkrytyczne uwielbienie. Szmer uwielbienia. Okazywać komuś uwielbienie. Patrzeć na kogoś z uwielbieniem. □ U. dla kogo, czego: Miał dla matki najwyższe uwielbienie. Cechowało go uwielbienie dla nauki.

uwierzenie *n I, blm,* zwykle w wyrażeniu: Nie do uwierzenia «nieprawdopodobne, niezwykłe; nie do wiary»: Nie do uwierzenia, jak bardzo się zmienił.

uwierzyć *dk VIb,* uwierzyliśmy (p. akcent § 1a i 2) □ U. w co, *rzad.* czemu: Uwierzyć w czyjeś obietnice (czyimś obietnicom). Uwierzyć w plotki, w pogłoski, w bajki (plotkom, pogłoskom, bajkom). *Ale* tylko: Uwierzyć w czyjąś poprawę, szlachetność (*nie*: czyjejś poprawie, szlachetności). □ U. komu: Od razu nam uwierzył. Uwierzyć komuś na słowo.

△ Uwierzyć w kogoś «zaufać komuś, czyimś zdolnościom, możliwościom»

uwieść *dk XI*, uwiodę (*nie*: uwiedę), uwiedzie, uwiodą (*nie*: uwiedą), uwiedź, uwiódł, uwiodła (*nie*: uwiedła), uwiedliśmy (p. akcent § 1a i 2), uwiodły (*nie*: uwiedły), uwiedziony, uwiedzeni (*nie*: uwiedzieni) — **uwodzić** *ndk VIa*, uwodzę, uwodź, uwódź; uwodziliśmy □ U. kogo (czym): Pozory go uwiodły. Uwieść kogoś pozorami. Uwodziła go spojrzeniami, swoim urokiem.
uwieść się — uwodzić się △ Dać, pozwolić się uwieść komuś, czemuś: Nie dajcie się uwodzić demagogom. Dał się uwieść pozorom, frazesom.

uwieźć *dk XI*, uwiozę (*nie*: uwiezę), uwiozą (*nie*: uwiezą), uwieź, uwiózł, uwiozła (*nie*: uwiezła), uwieźliśmy (p. akcent § 1a i 2), uwieźli, uwiozły (*nie*: uwiezły), uwieziony, uwiezieni — **uwozić** *ndk VIa*, uwożę, uwoź, uwoziliśmy, uwożony *książk.* «wywieźć; zawieźć» □ U. kogo, co dokąd: Uwozić zdobycz za granicę. Uwieźć rodzinę w bezpieczne miejsce.

uwiędnąć *dk Vc*, uwiądł, *rzad.* uwiędnął; uwiędła, uwiądłby (p. akcent § 4c), uwiędły, *rzad.* uwiędnięty *książk.* «zwiędnąć»: Kwiaty uwiędły. Uwiędłe liście.

uwięzić *dk VIa*, uwiężę, uwięziliśmy (p. akcent § 1a i 2): Przestępców uwięziono. △ *przen.* Lody uwięziły statek. Deszcz uwięził nas w namiocie.

uwięznąć (*nie*: uwięzgnąć) *dk Vc*, uwiązłem (*nie*: uwięzłem, uwięznełem), uwiązł, uwięzła, uwięźliśmy (p. akcent § 1a i 2), uwięzły, *rzad.* uwięźnięty □ U. w czym: Uwięznąć w zaspach. Koła uwięzły w piasku. Kość uwięzła mu w krtani. △ Słowa uwięzły, głos uwiązł komuś w gardle «ktoś nie mógł nic powiedzieć, nie mógł wydać głosu»

uwijać się *ndk I*, uwijaliśmy się (p. akcent § 1a i 2) «poruszać się żywo w różnych kierunkach; krzątać się» □ U. się po czym, wśród czego, koło czego itp.: Uwijać się po kuchni, wśród sprzętów. Jaskółki uwijały się nad wodą. Koło domu uwijał się pies. △ *pot.* Uwijać się koło kogoś «starać się zbliżyć do kogoś, zabiegać o czyjeś względy»

uwikłać *dk I*, uwikłaliśmy (p. akcent § 1a i 2) «wciągnąć, wplątać podstępnie» □ U. kogo w co: Uwikłać kogoś w intrygi.
uwikłać się 1. «zamotać się, zaplątać się» □ U. się w co a. w czym: Mucha uwikłała się w pajęczynę a. w pajęczynie. **2.** «wmieszać się, wplątać się» □ U. się w co: Uwikłać się w proces, w wojnę. // KP Pras.

uwinąć się *dk Vb*, uwiń się, uwinąłem się (*wym.* uwinołem się; *nie*: uwinełem się); uwinął się (*wym.* uwinoł się), uwinęła się (*wym.* uwineła się), uwinęliśmy się (*wym.* uwineliśmy się; p. akcent § 1a i 2) «szybko coś zrobić; pospieszyć się»: □ U. się przy czym: Uwinęli się przy żniwach. □ U. się z czym: Uwinąć się z robotą, z obiadem.

uwłaczać (co innego: uwłaszczać) *ndk I*, uwłaczaliśmy (p. akcent § 1a i 2) *książk.* «ubliżać, obrażać»: Uwłaczające podejrzenia, domysły. □ U. komu czym (wymieniając przyczynę obrazy): Uwłaczasz mi tym pytaniem, swoją nieufnością. □ U. czemu, *rzad.* komu w czym (wymieniając dziedzinę czyjegoś życia duchowego): Uwłaczać czyjemuś honorowi, czyjejś czci. △ *rzad.* Uwłaczać komuś w jego uczuciach.

---

uwodzić p. uwieść.

uwolnić *dk VIa*, uwolnij, uwolniliśmy (p. akcent § 1a i 2) — **uwalniać** *ndk I*, uwalnialiśmy □ U. kogo, co z czego (wymieniając to, co krępuje fizycznie): Uwolnić kogoś z więzów, z więzienia. Uwolnić rękę z uścisku. △ *przen., przestarz.* Uwolnić (*lepiej*: zwolnić) kogoś z danego słowa. □ U. kogo, co od czego (wymieniając to, co krępuje moralnie, prawnie): Uwolnić kogoś od kary, od odpowiedzialności, od zarzutu. □ U. kogo od kogo: Uwolnić kogoś od natręta, od przykrego towarzystwa. □ U. kogo spod czego: Uwolnić kogoś spod kurateli, spod czyjegoś wpływu, spod czyjejś władzy.

uwozić p. uwieźć.

uwydatniać *ndk I*, uwydatnialiśmy (p. akcent § 1a i 2) — **uwydatnić** *dk VIa*, uwydatnij, uwydatniliśmy: Uczesanie uwydatniło rysy twarzy. Suknia uwydatniająca kształty. Uwydatnić wady opisywanego środowiska.
uwydatniać się — uwydatnić się: Na rękach uwydatniały się grube żyły. Działalność komisji porządkowej uwydatniła się w wyglądzie osiedla.

uwypuklić *dk VIa*, uwypuklij, uwypukliliśmy (p. akcent § 1a i 2) — **uwypuklać** *ndk I*, uwypuklaliśmy: Obcisły sweterek uwypuklał jej kształty. △ *przen.* Światło uwypukliło postacie tancerzy na tle kotary.

uwzględnić *dk VIa*, uwzględnij, uwzględniliśmy (p. akcent § 1a i 2) — **uwzględniać** *ndk I*, uwzględnialiśmy: Uwzględnić nowe zdobycze wiedzy. Uwzględnić czyjeś życzenie, czyjąś prośbę.

uwzględnienie *n I*: Podanie, prośba zasługuje na uwzględnienie. Po uwzględnieniu poprawek maszynopis oddano do druku. Słownik obejmuje wyrazy zapożyczone ze szczególnym uwzględnieniem zapożyczeń nowszych.

uwziąć się (*nie*: uwziąść się) *dk Xc*, uwezmę się (*nie*: uweznę się), uweźmie się (*nie*: uweźnie się), uweźmij się (*nie*: uweź się), uwziąłem się (*wym.* uwziołem się; *nie*: uwzięłem się), uwziął się (*wym.* uwzioł się), uwzięła się (*wym.* uwzieła się), uwzięliśmy się (*wym.* uwzieliśmy się, p. akcent § 1a i 2) «uprzeć się, zawziąć się»: Uwziął się i postawił na swoim. □ U. się na kogo, na co «zacząć kogoś prześladować; zacząć walkę z czymś»: Uwzięła się na niego i ciągle mu dokuczała. Uwzięliśmy się na ten cały bałagan.

uzasadnić *dk VIa*, uzasadnij, uzasadniliśmy (p. akcent § 1a i 2) — **uzasadniać** *ndk I*, uzasadnialiśmy: Uzasadnione (*nie*: zasadne) twierdzenie. Uzasadnił konieczność przeprowadzenia reform. □ U. co czym: Uzasadnił swoje tezy przekonywającymi argumentami, dobrze dobranymi przykładami.

uzasadnienie *n I*: Podał wyczerpujące uzasadnienie swoich tez. Uzasadnienie wyroku, wniosku. Ta opinia znajduje uzasadnienie w faktach. △ *niepoprawne* Z uzasadnienia, że... (*zamiast*: z tej racji, na tej podstawie, że), np. Komisja oddaliła roszczenie z uzasadnienia, że jest sprzeczne z przepisami (*zamiast*: ...na tej podstawie, że jest ono sprzeczne z przepisami a. jako sprzeczne z przepisami). // D Kult. II, 167.

Uzbekistan *m IV*, D. Uzbekistanu «republika związkowa w ZSRR» — Uzbek *m III*, *lm M.* Uzbecy — Uzbeczka, *rzad.* Uzbejka *ż III, lm D.* Uzbeczek (Uzbejek) — uzbecki.

uzbroić *dk VIa,* uzbroję, uzbrój, uzbroiliśmy (p. akcent § 1a i 2) — **uzbrajać** *ndk I,* uzbrajaliśmy «zaopatrzyć w broń; dostarczyć narzędzi pracy, wyposażyć w coś»: Dobrze, źle uzbrojony żołnierz. △ *pot.* Uzbrojony po zęby. □ U. kogo, co — w co, *rzad.* czym: Uzbroić żołnierzy, pułk w broń pancerną. Uzbroić milicję w pałki. Uzbrojeni w motyki ruszyli na pole. Badać stare rękopisy okiem uzbrojonym lupą. Uzbroić przemysł w nowoczesne urządzenia techniczne. △ Uzbroić teren «założyć instalacje» **uzbroić się — uzbrajać się** □ U. się w co: Uzbroili się w kije i pałki. △ *przen.* (zwykle *dk*) Uzbroić się w cierpliwość (*nie*: cierpliwością) «nakazać sobie cierpliwość, opanowanie» □ U. się na co: Uzbrajać się na wyprawę, na wojnę. // *D Kult. I, 186; Kl. Aleź 95.*

uzbrojenie *n I* 1. «sprzęt bojowy»: Uzbrojenie żołnierza, milicjanta. Uzbrojenie polowe, ochronne. Oddział ma w swoim uzbrojeniu (*nie*: na swoim uzbrojeniu) działka przeciwpancerne. 2. «wyposażenie techniczne; instalacja»: Uzbrojenie terenu, ulicy. △ Uzbrojenie sanitarne «wodociągi, kanalizacja» 3. «armatura, osprzęt»: Uzbrojenie kotła parowego. Uzbrojenie statku, okrętu.

uzda *ż IV, Ms.* uździe «część uprzęży z wędzidłem; uździenica (w zn. 1)»: Trzymać, prowadzić konia za uzdę. Ściągnąć koniowi uzdę. *Por.* uździenica.

uzdolnić *dk VIa,* uzdolnij, uzdolniliśmy (p. akcent § 1a i 2) — *rzad.* **uzdolniać** a. **uzdalniać** *ndk I,* uzdolnialiśmy, uzdalnialiśmy *książk.* «uczynić zdolnym do czegoś, przygotować» □ U. kogo do czego: Uzdolnić kogoś do życia, do rzetelnej pracy, do walki.

uzdolnienie *n I*: Niepospolite, wybitne, wszechstronne uzdolnienia. □ U. do czego: Uzdolnienie do matematyki, do malarstwa.

uzdrowić *dk VIa,* uzdrów, uzdrowiliśmy (p. akcent § 1a i 2) — **uzdrawiać** *ndk I,* uzdrawialiśmy □ U. kogo (*nie*: kogo z czego): Uzdrowiło go powietrze górskie. Klimat morski uzdrawiał jej dzieci. // *U Pol. (1), 248.*

uzdrowisko (*nie*: kurort) *n II*: Spędzać urlop w uzdrowisku. // *D Kult. II, 325; U Pol. (2), 142.*

uzewnętrzniać (*wym.* uzewnęczniać) *ndk I,* uzewnętrznialiśmy (p. akcent § 1a i 2) — **uzewnętrznić** (*wym.* uzewnęcznić) *dk VIa,* uzewnętrznij, uzewnętrzniliśmy: Uzewnętrzniać myśli, uczucia w poezji.

uzgodnić *dk VIa,* uzgodnij, uzgodniliśmy (p. akcent § 1a i 2) — **uzgadniać** (*nie*: uzgodniać) *ndk I,* uzgadnialiśmy □ U. co z kim, z czym: Uzgadniać szczegóły wycieczki z kolegami. Uzgodnić kopię dokumentu z oryginałem.

uzmysłowić *dk VIa,* uzmysłów, uzmysłowiliśmy (p. akcent § 1a i 2) — **uzmysławiać** (*nie*: uzmysłowiać) *ndk I,* uzmysławialiśmy □ U. co komu: Uzmysłowić komuś grożące niebezpieczeństwo.

uznać *dk I,* uznaliśmy (p. akcent § 1a i 2) — **uznawać** *ndk IX,* uznaje, uznawaj, uznawaliśmy: Lekarz uznał, że jestem zdrów. Uznać trafność czyichś argumentów. Uznawać czyjś talent, czyjeś zdolności (*nie*: przyznawać komuś talent). □ U. kogo — za kogo (*nie*: kimś, jako kogoś): Uznać (czyjeś dziecko) za syna, za córkę (*nie*: synem, córką). Uznawać kogoś za (*nie*: jako) wielkiego artystę, za geniusza. □ U. kogo — za jakiego (*nie*: jakim, jako, jakiego): Uznać kogoś za zdatnego (*nie*: zdatnym, jako zdatnego) do pracy. Uznać kogoś za winnego (*nie*: winnym, jako winnego). □ U. co — za co, za jakie (*nie*: jako co, jakim): Moje milczenie uznał za (*nie*: jako) zgodę. Uznawać coś za stosowne (*nie*: stosownym). Uznać wyrok za (*nie*: jako) nieważny. △ (tylko *dk*) Uznać dziecko (syna, córkę) «stwierdzić wobec władz, że się jest ojcem danego dziecka» △ Uznać czyjąś winę «orzec, że ktoś jest winny» △ Uznać swoją winę «przyznać się do winy» // *D Kult. I, 186, 282; KP Pras.*

Uznam *m IV, D.* Uznamu a. (w połączeniu z wyrazem: wyspa) *ndm* «wyspa na Morzu Bałtyckim»: Przebywać na Uznamie (na wyspie Uznam). Jechać na Uznam (na wyspę Uznam).

uznanie *n I* 1. «decyzja, zgoda; wola»: Termin odczytu zostawiono do uznania prelegenta. Rozstrzygnięcie sporu zależy od uznania sędziego. 2. «poważanie, szacunek; pochwała»: Szerokie (*lepiej*: powszechne) uznanie. Słowa, wyrazy, szmer uznania. Dyplom uznania. Zasługiwać na uznanie. Przyjąć coś z uznaniem. □ U. dla kogo, czego: Miał wielkie uznanie dla niego i dla jego zasług. □ U. u kogo, wśród (pośród) kogo, z czyjej strony: Zyskał sobie uznanie wśród naukowców. Znalazł uznanie u kolegów, ze strony kolegów (*lepiej*: ... uznanie kolegów). □ U. za co: Wyrażono mu uznanie za wysoki poziom referatu.

uznawać p. uznać.

uzupełniać *ndk I,* uzupełnialiśmy (p. akcent § 1a i 2) — **uzupełnić** *dk VIa,* uzupełnij, uzupełniliśmy: Uzupełnić wykształcenie, badania. Uzupełniając pismo (*nie*: w ślad za pismem) z dnia... □ U. co czym (*nie*: w co): Uzupełnić tekst przypisami, uwagami (*nie*: w przypisy, w uwagi). // *PJ 1969, 91.*

uzupełnienie *n I*: Wprowadzić do tekstu uzupełnienia. Ozdobny pasek był uzupełnieniem stroju. △ *niepoprawne* W uzupełnieniu czegoś, np. badań, wyników (*zamiast*: uzupełniając coś, np. badania, wyniki). // *KP Pras.*

uzus *m IV, D.* uzusu *książk.* «zwyczaj, praktyka»: Odwoływać się do powszechnego uzusu językowego ludzi wykształconych.

uzwiązkowienie *niepoprawne* zamiast: zorganizowanie (np. nauczycieli) w grupach związkowych, zorganizowanie w związek. // *PJ 1968, 478.*

uzwyczajnić *dk VIa,* uzwyczajniliśmy (p. akcent § 1a i 2) △ *rzad.,* tylko w wyrażeniu: Uzwyczajnić profesora nadzwyczajnego, *lepiej*: Awansować profesora nadzwyczajnego na zwyczajnego a. Mianować kogoś profesorem zwyczajnym. // *PJ 1967, 466; KP Pras.*

uzysk *m III, D.* uzysku *środ.* (*techn.*) «to, co uzyskano z czegoś»: Uzysk koksu. Wzrost, zwiększenie uzysku stali. // *D Kult. I, 483; KP Pras.*

uzyskać *dk I,* uzyskaliśmy (p. akcent § 1a i 2) — **uzyskiwać** *ndk VIIIb,* uzyskuje (*nie*: uzyskiwuje, uzyskiwa), uzyskiwaliśmy □ U. co (*nie*: czego): Uzyskać informację (*nie*: informacji) o czymś. Uzyskać zgodę na coś. △ *niepoprawne* w zn. «pozyskać, ująć sobie kogoś», np. Uzyskać (*zamiast*: pozyskać) sobie stronników, kolegów. // *Pჟ 1960, 58*.

uździenica (*nie*: uździennica) *ż II* 1. «uzda» 2. «munsztuk, wędzidło»: Koń gryzie uździenicę. *Por.* uzda.

użalać się *ndk I*, użalaliśmy się (p. akcent § 1a i 2) — *rzad.* **użalić się** *dk VIa*, użaliliśmy się 1. «skarżyć się, ubolewać» □ U. się (przed kim, *rzad.* komu) na co, na kogo: Użalał się przede mną na swój los. Użalać się na sąsiadów. 2. «współczuć, litować się» □ U. się nad kim, nad czym (*nie*: kogo, czego): Użalać się nad sierotą (*nie*: sieroty). Użalać się nad swoją nędzą (*nie*: swojej nędzy). *Por.* pożalić się.

użąć (*nie*: użnąć) *dk Xc*, użnę, użnie, użnij, użąłem (*wym.* użołem; *nie*: użełem, użnołem, użnełem), użął (*wym.* użoł; *nie*: użnoł), użęła (*wym.* użeła; *nie*: użnela), użęliśmy (*wym.* użeliśmy; *nie*: użneliśmy; p. akcent § 1a i 2), użęty (*nie*: użnięty) — *rzad.* **użynać** *ndk I*, użynaliśmy (*częściej*: żąć) □ U. co a. czego (czym): Użąć źdźbła przy samej ziemi. Użąć sierpem trawy.

użycie *n I* 1. «zastosowanie; użytek»: Potoczne, niewłaściwe użycie wyrazu. Zdatny, niezdatny do użycia (*częściej*: do użytku). Zniszczony od użycia (*lepiej*: od używania). Wygodny, przyjemny w użyciu. △ Wyjść z użycia «przestać być używanym» 2. «życie dla przyjemności»: Żądza, chęć użycia. Łaknąć, pragnąć użycia. *Por.* użytek.

użyczyć *dk VIb*, użyczyliśmy (p. akcent § 1a i 2) — **użyczać** *ndk I*, użyczaliśmy *książk.* «oddać coś czasowo do czyjejś dyspozycji; wypożyczyć» □ U. komu czego (*nie*: co): Użyczyć koledze swoich notatek (*nie*: swoje notatki). Użyczyć komuś noclegu (*nie*: nocleg). △ *przen.* Drzewa użyczały wędrowcom cienia i chłodu. // *Pჟ 1966, 282. Por.* pożyczyć.

użyć p. używać.

użynać p. użąć.

użyteczny *m-os.* użyteczni, *st. w.* użyteczniejszy a. bardziej użyteczny «przynoszący pożytek; przydatny, potrzebny» □ U. komu — w czym: Pragnę mu być we wszystkim użyteczny. *Por.* użytkowy.

użytek *m III, D.* użytku 1. «użytkowanie, używanie czegoś» □ Do użytku a. na u. (*nie*: dla użytku): Oddać budynek do (*nie*: dla) użytku. Kupić coś na użytek domowy (*nie*: dla użytku domowego). △ Zrobić z czegoś użytek a) «użyć czegoś»: Musieli zrobić użytek z broni palnej. b) «wykorzystać coś przeciw komuś» 2. (tylko w *lm*) *książk.* «obszary ziemi, będą-

ce w uprawie a. nadające się do uprawy»: Użytki rolne, łąkowe. △ *niepoprawne* w zn. «korzyść, pożytek» np.: Użytek (*zamiast*: korzyść, pożytek) z roślin. Nie będzie z tego użytku (*zamiast*: pożytku). *Por.* użycie.

użytkować *ndk IV*, użytkowaliśmy (p. akcent § 1a i 2) *książk.* «korzystać z czegoś, eksploatować coś»: Użytkować budynki gospodarcze. Użytkować grunty, ziemię. // *D Kult. I, 371. Por.* używać.

użytkowanie *n I książk.* «korzystanie z czegoś, eksploatowanie czegoś»: Oddać coś w użytkowanie, *rzad.* do użytkowania. □ U. czego (*nie*: z czego): Prawo użytkowania łąk, lasów (*nie*: z łąk i lasów). // *D Kult. I, 371*.

użytkownik *m III, lm M.* użytkownicy; *rzad.* **używca** *m odm. jak ż II, lm M.* używcy, *DB.* używców: Użytkownik pojazdu mechanicznego.

użytkowy (*nie*: użytkowny) «przeznaczony do użytku; mający praktyczne zastosowanie; dający się użytkować»: Powierzchnia użytkowa mieszkania. Sprzęty użytkowe. Odpady użytkowe. Rośliny, zwierzęta użytkowe. △ Grafika użytkowa «afisze, plakaty, opakowania artystyczne służące codziennemu użytkowi» // *U Pol. (1), 157. Por.* użyteczny.

używać *ndk I*, używaliśmy (p. akcent § 1a i 2) — **użyć** *dk Xa*, użyliśmy 1. «posługiwać się czymś, użytkować, stosować coś» □ U. czego (*nie*: co): Używać okularów, leków (*nie*: okulary, leki). △ *przen.* Użyć właściwych wyrazów. Użyć perswazji, pretekstu (*nie*: perswazję, pretekst). □ U. czego — do czego (*nie*: dla czego, na co, przy czym — wymieniając czynność, do której wykonania czegoś się używa): Do przewiezienia (*nie*: dla przewiezienia, na przewiezienie) mebli użyto samochodu. Do wyrobu (*nie*: dla wyrobu, na wyrób, przy wyrobie) butów narciarskich używa się dobrej skóry. □ U. czego — na co (gdy wskazuje się na cel użycia): Na namiot użyto nieprzemakalnego materiału. 2. «wyręczać się, posługiwać się kimś» □ U. kogo — jako kogo, za kogo, za co: Używać kogoś jako (za) pośrednika, jako (za) posła. Użyć kogoś za narzędzie swoich intryg. □ U. kogo — do czego: Używać kogoś do pomocy. 3. częściej *ndk* «korzystać z czegoś, doznawać czegoś»: Używać swobody, ruchu. △ Używać życia, świata, używać sobie «korzystać z przyjemności życia; dawać upust swoim upodobaniom» △ *pot.* Używać sobie na kimś «dokuczać komuś» △ *niepoprawne* w zn. «zużyć coś», np.: Użyć (*zamiast*: zużyć) całe zapasy. // *D Kult. I, 186, 371; KP Pras.; Pჟ 1966, 242. Por.* użytkować.

użyźniać *ndk I*, użyźnialiśmy (p. akcent § 1a i 2) — **użyźnić** *dk VIa*, użyźnij (*nie*: użyźń), użyźnijcie (*nie*: użyźńcie), użyźniliśmy □ U. co czym: Użyźnić ziemię, ogródek nawozami.

v. (*wym.* wide) «skrót wyrazu: *vide* = patrz, zobacz (w tekście); pisany z kropką, stosowany jako odsyłacz, czytany jako cały wyraz»

vacat p. wakat.

vademecum p. wademekum.

Valéry (*wym.* Waleri) *m* odm. jak przym., *D.* Valéry'ego (*wym.* Waleriego, p. akcent § 7), *C.* Valéry'emu, *NMs.* Valérym; *częściej* (z odmienianym imieniem) *ndm*: Czytać liryki Valéry'ego a. Paula (*wym.* Pola) Valéry.

van Beethoven p. Beethoven.

Vancouver (*wym.* Wankuwer) *m IV, D.* Vancouveru (p. akcent § 7) **1. a.** (w połączeniu z wyrazem: wyspa) *ndm* «wyspa należąca do Kanady»: Jechać na Vancouver. Przebywać na Vancouverze a. na wyspie Vancouver. **2.** «miasto w Kanadzie»: Jechać do Vancouveru. Mieszkać w Vancouverze.

van Dyck p. Dyck.

van Gogh p. Gogh.

varia (*wym.* waria) *blp, D.* variów *książk.* «rzeczy różne; rozmaitości»

variétés (*wym.* wariete) *n ndm* **1.** «przedstawienie złożone z różnych scenek, przeplatane muzyką, tańcem, recytacją»: Pójść na variétés. Variétés korzysta z różnych środków artystycznych. Ciekawe variétés. **2.** «teatr rozrywkowy»: Pójść do variétés. Dobrze się bawić w variétés.

varsaviana (*wym.* warsawiana) *blp, D.* varsavianów: Kolekcja, katalog varsavianów.

varsavianista (*wym.* warsawianista) *m* odm. jak ż *IV, lm M.* varsavianiści, *DB.* varsavianistów.

Vasco da Gama *m*, Vasco (*wym.* Wasko) *ndm*, da Gama odm. jak ż *IV*: Odkrycie morskiej drogi do Indii przez Vasco da Gamę. Wyprawy morskie Vasco da Gamy.

Vega p. Lope de Vega.

vel (*wym.* wel) *książk.* «albo, czyli (używane tylko przy zestawieniu określeń synonimicznych, zwłaszcza dwu nazwisk tej samej osoby)»: Znana aktorka Pola Negri vel Apolonia Chałupiec.

Velázquez (*wym.* Welaskez) *m IV, D.* Velazqueza (p. akcent § 7): Velazquez był malarzem nadwornym Filipa IV.

Vendryes (*wym.* Wādrijes) *m IV, D.* Vendryesa (p. akcent § 7), *rzad.* (z odmienianym imieniem) *ndm*: Językoznawca Vendryes był członkiem PAN. Prace Józefa Vendryesa (Józefa Vendryes).

Vercors (*wym.* Werkor) **1.** *m IV, D.* Vercorsa (*wym.* Werkorsa; p. akcent § 7), *Ms.* Vercorsie «pseudonim francuskiego pisarza»: Studium o Vercorsie, o powieściach Vercorsa. **2.** *m ndm* «masyw górski we Francji» || *D Kult.* II, 517.

Verdi (*wym.* Werdi) *m* odm. jak przym., *D.* Verdiego (p. akcent § 7): Inscenizować opery Verdiego.

Verlaine (*wym.* Werlen) *m IV, D.* Verlaine'a (*wym.* Werlena, p. akcent § 7), *C.* Verlaine'owi, *Ms.* Verlainie, *rzad.* (zwykle z odmienianym imieniem) *ndm*: Recytować wiersze Verlaine'a a. Paula (*wym.* Pola) Verlaine.

Verne (*wym.* Wern, *nie*: Werne) *m IV, D.* Verne'a (*wym.* Werna; *nie*: Wernego), *C.* Verne'owi, *Ms.* Vernie: Powieść podróżnicza Verne'a.

verte (*wym.* werte) «odwróć (kartkę) na drugą stronę; napis umieszczany dla poinformowania, gdzie jest dalszy ciąg tekstu»

Vespucci (*wym.* Wespuczcz-i) *m* odm. jak przym., *D.* Vespucciego (p. akcent § 7), *Ms.* Vespuccim, *rzad.* (z odmienianym imieniem) *ndm*: Podróże Ameriga Vespucciego (Ameriga Vespucci).

veto p. weto.

via (*wym.* wija) «wyraz wskazujący kierunek: drogą przez...»: Jechać do Paryża via Berlin.

! vice- p. wice-

vice versa (*wym.* wice wersa) «na odwrót; i odwrotnie»: Kiedy piszę, ty chcesz rozmawiać i vice versa.

Vichy (*wym.* Wiszi) *n ndm* «miasto we Francji»: Jechać do Vichy. Przebywać w pięknym Vichy.

△ Pastylki, woda Vichy «pastylki, woda zawierające sól ze źródeł leczniczych z Vichy» △ Rząd Vichy.

vide zob. v.

Vietcong (*wym.* Wietkoŋg) *m III, D.* Vietcongu (p. akcent § 7) «używany na Zachodzie termin, określający siły powstańcze Wietnamu Południowego»: Vietcong zaatakował nieprzyjaciela.

Vigny de (*wym.* Wini) *m* odm. jak przym., *D.* de Vigny'ego (*wym.* de Winiego, p. akcent § 7), *C.* de Vigny'emu, *NMs.* de Vignym a. (zwykle z odmienianym imieniem) *ndm*: Zbiór liryk de Vigny'ego (Alfreda de Vigny).

Villon (*wym.* Wiją) *m IV, D.* Villona (*wym.* Wijona; p. akcent § 7): Ballady Villona.

Violetta (*wym.* Wioletta) *ż IV, CMs.* Violetcie (*wym.* Wiolecie). || *D Kult. II, 518.*

Virtuti Militari (*wym.* wirtuti militari) *n ndm*: Dostać zasłużone Virtuti Militari. Odznaczony orderem Virtuti Militari.

vis p. wis.

vis-à-vis (*wym.* wizawi) «naprzeciwko»: Vis-à-vis mojego okna rośnie drzewo.
vis-à-vis w użyciu rzeczownikowym *n ndm*, zwykle *żart.* «osoba znajdująca się naprzeciw kogoś»: Moje vis-à-vis uśmiechało się do mnie.

vivat p. wiwat.

volapük p. wolapik.

Volksdeutsch p. folksdojcz.

volley p. wolej.

Volta (*wym.* Wolta) *m* odm. jak *ż IV, lm M.* Voltowie, *DB.* Voltów: Ogniwa galwaniczne, stos Volty.

Voltaire p. Wolter.

voto (*wym.* woto) △ tylko w *wych. z użycia* wyrażeniu: Primo, secundo (1°, 2°) voto «z pierwszego, drugiego małżeństwa»: Majewska, primo voto Kowalska.

votum (*wym.* wotum) *n VI*, zwykle w wyrażeniu: Votum separatum «odrębna (i zaprotokołowana) opinia, różniąca się od opinii zatwierdzonej zbiorową uchwałą»: Założyć votum separatum. *Por.* wotum.

I w zob. spółgłoski miękkie.

II w(we) «przyimek łączący się z rzeczownikami (lub z wyrazami występującymi w ich funkcji) w miejscowniku lub bierniku» △ Przyimek *w* występuje w obocznej postaci: *we* przed wyrazami zaczynającymi się od grupy spółgłosek trudnych do wymówienia (zwłaszcza ze spółgłoską wargową *w* na początku), np.: we współzawodnictwie, we wsi, we mnie, we śnie; we trzech, we czterech (w zn. «w grupie trzyosobowej, czteroosobowej» *ale*: w trzech tomach, w czterech miastach); w trójkę a. we trójkę, we czwartek a. w czwartek itp. (*reg.* też: we wodzie, we Wiedniu, we fabryce itp.). △ Przyimek w formie *we* bywa akcentowany przed jednozgłoskowymi zaimkami (np. we mnie); jeśli po przyimku *we* występuje rzeczownik jednozgłoskowy, akcentuje się albo przyimek albo rzeczownik, np.: we śnie a. we śnie. △ W tzw. wyrażeniach przyimkowych przyimek *w* pisze się albo osobno, albo łącznie, np.: *w dal, w tył, w poprzek, w pośrodku, w zamian, w bród*

itd., *ale*: *wprzód, wpośród* itp. Poszczególne więc wyrażenia należy sprawdzać pod odpowiednimi wyrazami lub w słowniku ortograficznym. △ Tylko łącznie piszemy przyimek *w* w połączeniu z innym przyimkiem np.: *wpośród, wśród.*

1. Przyimek *w* w połączeniu z miejscownikiem rzeczowników tworzy wyrażenia odpowiadające na pytanie gdzie? i określające miejsce dziania się, położenie czegoś, przebywanie kogoś gdzieś, zwłaszcza we wnętrzu, w środku, w głębi przedmiotu nazywanego przez ten rzeczownik, np.: w kotlinie, w wąwozie, w kącie, w szufladzie itp. △ W połączeniu z pewnymi rzeczownikami w omówionym znaczeniu przyimka *w* występuje przyimek *na*. Rzeczowniki te to: **a)** nazwy niektórych regionów Polski np.: na Mazowszu, na Podlasiu, na Podhalu, *ale*: w Wielkopolsce, w Małopolsce. △ Tylko przyimek *w* łączy się z nazwami regionów zakończonymi na *-ckie*, *-skie*, np. w Kieleckiem, w Lubelskiem (*ale*: na Kielecczyźnie, na Lubelszczyźnie). △ Przyimka *w* używa się z nazwami państw, części świata, miejscowości, jednostek administracyjnych i topograficznych, traktowanych jako samodzielne całości, np.: W Aninie, we Wrocławiu, w Europie, w Polsce (*ale* tradycyjnie: na Węgrzech, na Ukrainie, na Syberii, na Wołoszczyźnie, na Morawach), *ale*: na Litwie, na Łotwie a. w Litwie, w Łotwie.

b) nazwy wysp, półwyspów, obcych pasm górskich występujące w *lp*, np.: na Kubie, na Islandii, na Korei, na Uralu, na Ałtaju (*ale*: w Beskidzie).

c) nazwy dzielnic miast, np. na Ochocie, na Mokotowie, na Montmartrze.

d) nazwy pewnych części budynku, np.: na poddaszu, na strychu, na piętrze, na parterze, *ale*: w piwnicy. w suterenie.

e) nazwy pewnych instytucji, wodnych środków komunikacji itp., np.: na poczcie, na uniwersytecie, na politechnice (*ale*: w Wyższej Szkole Muzycznej), na stacji, na dworcu, na okręcie, na statku, na łodzi, na widowni. △ Niekiedy wybór przyimka (*na* lub *w*) zależy od znaczenia rzeczownika wieloznacznego, np.: na zamku «w obrębie murów obronnych», w zamku «w obrębie ścian budowli» △ *Niepoprawne* jest często zastępowanie przyimka *w* szerzącym się potocznie przyimkiem *na* w połączeniu z innymi rzeczownikami oznaczającymi pomieszczenia, miejsca pracy itp., np.: na biurze, na zakładzie pracy, na sklepie, na magazynie, na poczekalni itp. (*zamiast*: w biurze, w zakładzie pracy, w sklepie, w magazynie).

2. Przyimek *w* w połączeniu z rzeczownikami w bierniku tworzy wyrażenia odpowiadające na pytanie: dokąd? i określające miejsce, które jest celem jakiegoś ruchu. Wyrażenia te odpowiadają miejscownikowym połączeniom z przyimkiem *w*, np.: być w górach — jechać w góry (rzeczowniki łączące się w miejscowniku z przyimkiem *na* łączą się z nim także w bierniku, np. być na poczcie — iść na pocztę), jednakże dziś są często zastępowane przez połączenia rzeczownika w dopełniaczu z przyimkiem *do*, np.: Wpaść w dół a. do dołu; włożyć kwiaty w wodę, w wazon, *częściej*: do wody, do wazonu.

△ W połączeniu z nazwami pasm górskich, nazwami regionów zakończonych na *-skie*, zbiorów przedmiotów (zwłaszcza roślin) używany jest zwykle przyimek *w* (*nie*: do), np.: Jechać w góry, w Tatry, w Himalaje (*nie*: do gór, do Tatr, do Himalajów); wejść w zarośla (*nie*: do zarośli); wmieszać się w tłum (*nie*: do tłumu).

3. Przyimek *w* tworzy wyrażenia oznaczające czas, porę dziania się czegoś — z miejscownikiem i z biernikiem: **a)** z miejscownikiem np.: W ostatniej chwili, w roku 1970, w zeszłym miesiącu, w młodości, w chorobie itp. △ O nazwach miesięcy: w styczniu, w lutym itd. △ O porze doby: W nocy (tj. nie w dzień), *ale*: W noc sylwestrową, wigilijną itp. (kiedy nie chodzi o określenie pory doby, lecz o jej charakterystykę); rzadziej w połączeniu z zaimkiem wskazującym: w tę noc, *lepiej*: tej nocy. △ W dniu a. w dzień (kiedy chodzi o charakterystykę pory doby, w znaczeniu terminu), np. W dzień a. w dniu ślubu, odjazdu, imienin itp.; △ W dniu jutrzejszym, *lepiej*: jutro (*ale*: tylko: w dzień — z biernikiem — dla oznaczenia pory doby). △ O porach roku: w zimie (*lepiej*: zimą; *nie*: w zimę), w lecie (*lepiej*: latem; *nie*: w lato), w jesieni (a. na jesieni, jesienią); *ale* tylko: na wiosnę, wiosną (*nie*: w wiośnie, w wiosnę). **b)** z biernikiem np.: w żniwa, w pogodę, w deszcz itp. △ O dniach tygodnia: w poniedziałek, we wtorek itd. △ O porach doby: w dzień (p. wyżej); w południe; w wieczór (*lepiej*: wieczorem), *ale* tylko: W wieczór wigilijny, w taki wieczór (kiedy chodzi o charakterystykę tej pory doby); również z zaimkiem wskazującym: w ten wieczór, *lepiej*: tego wieczoru. △ O upływie czasu, o długości trwania czegoś: Zrobił to w godzinę, w rok. W dziesięć lat od poznania przypomniał mi to zdarzenie.

4. Wyrażenia określające postać, charakter, układ, kolor czegoś, np.: **a)** z miejscownikiem: Cukier w kostkach; dzieło wyszło w ósemce, w małej liczbie egzemplarzy; rzeźbić w marmurze; materiał w piaskowym kolorze itp. **b)** z biernikiem: Złożyć coś w kostkę; broń ustawiona w kozły, stoły w podkowę; materiał w kratę, w kwiatki.

5. Wyrażenia związane ze stanami, uczuciami: **a)** z miejscownikiem: W szale, w gorączce, w bólach, we śnie, w rozpaczy, w humorze itp. **b)** z biernikiem: Wpaść w dobry humor, w pasję itp.

6. Wyrażenia funkcjonujące jak przymiotniki lub przysłówki: **a)** z miejscownikiem: Być w modzie, w cenie; żyć w nędzy; chodzić w sławie; iść w podskokach, w milczeniu, w gromadzie itp. **b)** z biernikiem: Iść w pojedynkę, we dwoje; śmiać się w głos; pojąc coś w lot itp.

7. Przyimek *w* łączy się z nazwami ubioru, jego części, narzędzi lub narządu chwytnego **a)** z miejscownikiem: Byli w czapkach, w gumowych butach; trzymać coś w zębach, w rękach; mieć coś w imadle. **b)** z biernikiem: Ubrany był w płaszcz, w gumowe buty.

8. Wyrażenia uściślające treść, zakres wyrazu do którego się odnoszą (tylko z miejscownikiem): Miły w dotknięciu; pochylony w ramionach. Nie uchybiał nikomu w grzeczności. Ostygł w uczuciach.

9. Wyrażenia oznaczające (tylko z biernikiem) **a)** «cel czynności»: Rzucić się w pogoń; iść w odwiedziny, w zawody. **b)** «wynik, skutek czynności, inny niż poprzednio stan czegoś»: Szmer przechodził w hałas. Z nicponia przeobraził się w porządnego człowieka. Połamał stół w drzazgi. Rozpaść się w gruzy, w kawałki.

10. Przyimek *w* występuje w równoważnikach zdań — z biernikiem: Zobaczyła go i w krzyk! i tak w kółko; w nogi! w konie! w górę go!

11. Przyimek *w* występuje w utartych wyrażeniach: **a)** z miejscownikiem: W ciągu, w końcu, w ogóle, w okamgnieniu, w tych dniach (*nie*: na dniach) itp. **b)** z biernikiem: Krok w krok, kropka w kropkę,

chłop w chłopa; w bród, w poprzek, w zamian, ni w pięć, ni w dziewięć itp.

w. «skrót wyrazu: *wiek*, pisany z kropką, stawiany po wymienionej liczbie lub przed nią, czytany jako cały odmieniany wyraz»: W. XV a. XV w.; przed XV w. (*czyt.* wiekiem); technika XX w. (*czyt.* wieku).

w- (obocznie występuje jako: **we-**) «przedrostek tworzący czasowniki pochodne o następujących znaczeniach»: **a)** «wniknięcie do wnętrza czegoś», np.: wbić, wcisnąć, wlecieć, wejrzeć, wejść, wepchnąć. **b)** «objęcie czymś powierzchni przedmiotu tak, by się znalazł wewnątrz czegoś», np. Włożyć rękawiczki, buty. **c)** «znalezienie się na wierzchu górnej części czegoś», np. wbiec, wejść na coś. **d)** «włączenie w całość, w zakres czegoś», np.: wliczyć, wpisać, wszyć. **e)** «uintensywnienie czynności (zwykle z *się*)», np.: wczytać się, wpatrzeć się (w coś). △ *we-* w formach odmiany wymienia się z *w*, np.: wejść — wszedł, wetrzeć — wtarł.

wab *m I, D.* wabia △ używane zwłaszcza w zwrotach *łow.*: Iść na wab «o zwierzynie: reagować na wabienie» △ Polować na wabia a. na wab «polować wabiąc zwierzynę za pomocą naśladowania głosu zwierzęcia» △ *pot.* Na wabia «w celu zwabienia, ujęcia kogoś»: Podłożono mu pieniądze na wabia.

wabić *ndk VIa*, wabię (*nie*: wabę), wab, wabiliśmy (p. akcent § 1a i 2) **1.** «przynęcać ptaki, zwierzęta odpowiednim wołaniem; o zwierzętach: wydawać głos nawołujący» □ W. co: Wabić do siebie, *rzad.* ku sobie zwierzęta. Samiec wabi samiczkę. □ *przen.* W. kogo (czym): Wabiła chłopów zalotnym uśmiechem. **2.** *pot.* «nazywać zwierzę, wołać je jego nazwą»: Psa wabią Ciapek.

wabić się «o zwierzętach: mieć nazwę, nazywać się»: Suka wabiła się Aza.

wabik *m III* «przyrząd (piszczałka, gwizdek), ptak żywy lub wypchany, używany do wabienia zwierzyny»: Polowanie z wabikiem. △ *pot.* Na wabika «w celu zwabienia, ujęcia kogoś, czegoś»: Podrzucić coś na wabika.

wachlarz *m II, lm D.* wachlarzy: Wachlarz z piór, z papieru. Chłodzić się wachlarzem. □ *przen.* (tylko w połączeniu z rzeczownikami oznaczającymi pojęcia oderwane) W. czego: Wachlarz spraw, zagadnień, zainteresowań (*ale* nie: wachlarz miłośników literatury, środków leczniczych, konfekcji). || *KP Pras.*

wachmistrz *m II, lm M.* wachmistrze a. wachmistrzowie.

wachta *ż IV* **1.** «pełnienie służby na statku; dyżur, warta»: Nocna wachta. Zmiana wachty. Stać na wachcie. **2.** «część załogi pełniąca służbę»: Wachta schodzi z pokładu.

Wachtangow (*wym.* Wachtangow) *m IV, D.* Wachtangowa (p. akcent § 7): Teatr Wachtangowa.

waciany a. **watowy** (*częściej*: watowany, z waty): Waciana (watowa) kołdra. Waciany (watowy) kubrak, waciane (watowe) spodnie.

Wacław *m IV, lm M.* Wacławowie — Wacio (*nie*: Waciu) *m I, lm M.* Waciowie — Wacek *m III, D.* Wacka, *lm M.* Wackowie — Wacławostwo *m III, DB.* Wacławowie, *Ms.* Wacławostwu (*nie*: Wacławostwie), *blm*; a. Wacławowie *blp, D.* Wacławów — Waciowie, Wackowie *blp, D.* Waciów, Wacków — Wac-

ława *ż IV* — Wacia *ż I, W.* Waciu — Wacka *ż III, lm D.* Wacek.

wada *ż IV* **1.** «ujemna cecha charakteru»: Przykra, pospolita wada. Wady narodowe, społeczne. Wytykać komuś wady; ganić czyjeś wady. **2.** «defekt czegoś; usterka w czymś» □ W. czego a. w czym: Wady szkła, skóry, materiału a. w szkle, w skórze, w materiale. Wada wykonania czegoś a. w wykonaniu czegoś. △ *przen.* Wady w postępowaniu, w wychowaniu dzieci. **3.** «zniekształcenie, nieprawidłowa budowa, złe działanie jakiegoś narządu organizmu»: Wady morfologiczne drzew. Wada (wrodzona, nabyta) postawy. Wady rozwojowe przewodu pokarmowego. Wada wymowy, słuchu, serca.

wademekum *n ndm* «książka informator»: Podręczne wademekum. Wademekum lekarza a. lekarskie.

wadium *n VI, lm M.* wadia, *D.* wadiów (*nie*: wadii): Wadium w wysokości tysiąca złotych. Wpłacić pełne wadium.

Wadowice *blp, D.* Wadowic «miasto» — wadowiczanin *m V, D.* wadowiczanina, *lm M.* wadowiczanie, *D.* wadowiczan — wadowiczanka *ż III, lm D.* wadowiczanek — wadowicki.

Wadów *m IV, D.* Wadowa, *C.* Wadowowi (*ale*: ku Wadowowi a. ku Wadowu) «osiedle miejskie pod Krakowem» — wadowski.

wadzić *ndk VIa*, wadzę, wadziliśmy (p. akcent § 1a i 2) — **zawadzić** *dk wych. z użycia* «przeszkadzać, zawadzać» □ W. komu — czym, w czym: Był spokojny, nie wadził nikomu swoją obecnością. Weź mnie ze sobą, chyba ci w niczym nie zawadzę. △ *pot.* Nie wadzi(łoby)... «warto, należy, dobrze by było...» *Por.* zawadzać.

wafel *m I, D.* wafla: Wafle czekoladowe. Lody w waflach. Wafle do lodów, do tortów.

Wag *m III, D.* Wagu a. (w połączeniu z wyrazem: rzeka) *ndm* «rzeka w Czechosłowacji»: Płynęli Wagiem (po rzece Wag).

waga *ż III* **1.** «przyrząd do pomiaru masy, ciężaru»: Czuła, dokładna waga. Waga szalkowa, sprężynowa. Waga aptekarska. □ W. do czego: Waga do listów. **2.** «ważenie»: Sprzedawać, kupować coś na wagę. **3.** «ciężar ciała; w sporcie: ciężar ciała zawodnika kwalifikujący go do odpowiedniej klasy»: Waga towaru, zwierzęcia, człowieka. Waga netto, brutto. Waga rzeźna. Zawodnik wagi muszej, ciężkiej. △ *pot.* Wieprz 300 kg żywej wagi. △ Coś, *rzad.* ktoś (jest) na wagę złota «o czymś (kimś) niezwykle cennym, drogim, rzadkim» △ Tracić na wadze, *rzad.* spadać z wagi, *nieos.* ubywa komuś na wadze. △ Przybierać, *rzad.* zyskiwać na wadze; *nieos.* przybywa komuś na wadze. **4.** «ważność, znaczenie, doniosłość»: Przywiązywać, przykładać do czegoś (*nie*: przypisywać czemuś) wagę. △ Coś (jest) jakiejś wagi: Wydarzenie wielkiej, szczególnej itp. wagi.

wagabunda *m odm. jak ż IV, lm M.* te wagabundy, *DB.* wagabundów *książk.* «człowiek lubiący włóczęgę, wałęsający się; włóczęga»

wagon *m IV, D.* wagonu: Wagon kolejowy, tramwajowy. Wagon osobowy, bagażowy, silnikowy. Wagon restauracyjny, sypialny. Wagon towarowy (*nie*: ciężarowy). Wagon chłodnia. Wagon cysterna. Przedział wagonu a. w wagonie. Ładować coś do wagonu,

na (*rzad.* w) wagon. Wsiadać, wsadzać kogoś do wagonu. □ W. dla kogo, czego: Wagon dla palących. Wagon dla bydła. □ W. do (*nie*: dla) czego, *rzad.* na co: Wagon do przewożenia (*nie*: dla przewożenia) trzody. Wagon do węgla, do wapna a. na węgiel, na wapno. □ W. czego (kogo) a. z czym (z kim): Doczepić wagon z dziećmi jadącymi na kolonie. Wagon mięsa, drzewa a. wagon z mięsem, z drzewem. □ W. po czym, *reg.* z czego: Wagon po węglu (z węgla).

wagonokilometr *m IV, D.* wagonokilometra *środ.* (termin stosowany jako jednostka obliczeniowa).

wagonownia *ż I, DCMs. i lm D.* wagonowni.

wagonowy: Przedział wagonowy a. przedział wagonu, w wagonie. △ Wczasy wagonowe.

wahać się *ndk I*, wahaliśmy się (p. akcent § 1a i 2) — *rzad.* **wahnąć się** *dk Va*, wahnął się (*wym.* wahnoł się), wahnęła się (*wym.* wahneła się; *nie*: wahła się), wahnąłby się (*wym.* wahnołby się, p. akcent § 4c) **1.** «kołysać się, poruszać się ruchem wahadłowym»: Furtka wahała się w prawo i w lewo. **2.** tylko *ndk* «nie móc się zdecydować» □ W. się (po)między czym a. czym: Wahał się między chęcią wypoczynku a obowiązkiem. □ W. się w czym: Wahać się w wyborze czegoś, w jakimś postanowieniu. □ W. się, czy...: Wahał się, czy jechać na wycieczkę. □ W. się (z przeczeniem) + bezokol.: Nie wahał się jechać sam. **3.** tylko *ndk* w 3. os. «zmieniać się w jakichś granicach» □ W. się od — do: Temperatura wahała się od 20° do 30°.

wahadło *n III, lm D.* wahadeł: Wahadło zegara.

wahanie *n I* **1.** «niezdecydowanie, niepewność»: Zrobić coś bez wahania, po długim wahaniu a. po długich wahaniach. □ W. w czym: Wahanie w postępowaniu, w podejmowaniu decyzji. □ W. co do czego: Nie miała co do tego wahań. **2.** «zmienność zjawisk, objawów zamykająca się w pewnych granicach»: Wahanie temperatury. Wahanie cen rynkowych.

wahliwość *ż V, lepiej*: chwiejność (w zn. «niezdecydowanie, niepewność»): Wahliwość (*lepiej*: chwiejność) przekonań.

wajcha *ż III środ.* «rozjazd, zwrotnica»

wakacje *blp, D.* wakacji: Spędzić wakacje nad morzem, w górach. Mieć wakacje. Być na wakacjach.

wakans *m IV, D.* wakansu, *lm M.* wakanse (*nie*: wakansy); *częściej*: wakat (w zn. 1).

wakat *m IV, D.* wakatu **1.** «wolne, nie obsadzone stanowisko, wolna posada; wakans» **2.** «nie zadrukowana stronica książki»

wakcynacja *ż I, DCMs. i lm D.* wakcynacji *środ.* (*med.*) «szczepienie (zapobiegawcze), zwłaszcza przeciw ospie»

wakować *ndk IV*, wakowałby (p. akcent § 4c): Wakuje etat nauczyciela matematyki.

walać *ndk I*, walaliśmy (p. akcent § 1a i 2) *pot.* «brudzić, plamić coś; *rzad.* tarzając, wlokąc po czymś brudzić» □ W. co — czym, w czym, o co: Walał palce atramentem. Walał płaszcz w błocie, o brudną ławkę.

walać się 1. «ubrudzić siebie, swoje ubranie; *rzad.* tarzając się, wlokąc się po czymś stawać się brudnym»: Malując walał się farbą olejną. Płaszcz walał się w błocie. **2.** *pot.* «być porozrzucanym, poniewierać się»: Rzeczy walały się po kątach, na podłodze. // *U Pol. (2), 243.*

walc *m II, DB.* walca, *lm D.* walców (*nie:* walcy): Modny, sentymentalny, wiedeński walc. Walc angielski. Walc boston. Walc z figurami, z kotylionami. Tańczyć, grać walca.

I walcować *ndk IV,* walcowaliśmy (p. akcent § 1a i 2) *przestarz.* «tańczyć walca»

II walcować *ndk IV,* walcowaliśmy (p. akcent § 1a i 2) — **zwalcować** *dk* «poddawać metale obróbce plastycznej»: Walcować stal.

walcownia *ż I, DCMs.* i *lm D.* walcowni: Walcownia stali. Walcownia zgniatacz.

walczyć *ndk VIb,* walczyliśmy (p. akcent § 1a i 2) «toczyć walkę; bić się, ścierać się z kimś»: Walczyć dzielnie, zawzięcie, zajadle, do końca, do ostatka, do ostatniej kropli krwi, do upadłego, na śmierć i życie. Walczyć z podniesioną przyłbicą, z bronią w ręku. Walczyć konno, pieszo. Walczyć w pojedynkę. Walczyć ramię w ramię, twarzą w twarz. △ Walczyć pod czyimś dowództwem, pod czyimiś rozkazami (*przestarz.* pod kimś): Walczyli pod rozkazami (pod dowództwem) Napoleona. Walczyć oszczepami, gołymi rękami. Walczyć na białą broń, na szable, na bagnety. □ **W. z kim, z czym**: Walczyć z wrogiem, z napastnikiem. Walczyć z drużyną zagraniczną. △ *przen.* Walczyć z przeciwnościami, z pokusą, ze złem, ze snem. △ Walczyć z wiatrakami «walczyć z urojonymi przeciwnościami, przeciwnikami» □ **W. przeciw(ko) komu, czemu**: Walczył przeciwko dwom napastnikom. □ **W. o co,** *rzad.* o kogo (po to, żeby coś, kogoś zdobyć, coś osiągnąć): Walczyć o wolność. Walczyć o pokój, o wyzwolenie narodowe. Walczył o nią z rozpaczą. △ *książk.* Coś z czymś walczy o lepsze «coś występuje jednocześnie z czymś, konkuruje z czymś»: Zazdrość walczy o lepsze z podziwem. □ **W. za kogo, za co** (broniąc kogoś, czegoś): Walczył za braci, za ojczyznę. Walczyć za prawdę.

Waldemar *m IV, lm M.* Waldemarowie — **Waldek** *m III, lm M.* Waldka, *lm M.* Waldkowie — **Waldemarostwo** *n III, DB.* Waldemarostwa, *Ms.* Waldemarostwu (*nie:* Waldemarostwie), *blp;* a. Waldemarowie *blp, D.* Waldemarów — Waldkowie *blp, D.* Waldków.

walec *m II, D.* walca, *lm D.* walców (*nie:* walcy): Objętość walca. Wyrównywać nawierzchnię drogi walcem.

waleczny *m-os.* waleczni, *st. w.* waleczniejszy «dzielny, odważny, śmiały»: Waleczny wódz, żołnierz.

waleczny w użyciu rzeczownikowym *rzad.* «żołnierz odważny, mężny, śmiały w boju»: Tysiąc walecznych opuszcza Warszawę... (Pieśń z okresu powstania listopadowego). △ W nazwie orderu dużą literą: Krzyż Walecznych.

Walencja *ż I, DCMs.* Walencji «miasto w Hiszpanii» — walencki (p.).

walencki: Zabytki walenckie (*ale:* Nizina Walencka, Zatoka Walencka).

walenrodyzm (*nie:* wallenrodyzm, *ale:* Wallenrod) *m IV, D.* walenrodyzmu, *Ms.* walenrodyzmie (*wym.* ~izmie a. ~iźmie), *blm.*

Walenty *m* odm. jak przym., *lm M.* Walentowie — **Waluś** *m I, lm M.* Walusiowie — **Walek** *m III, D.* Walka, *lm M.* Walkowie — **Walentostwo** *n III, DB.* Walentostwa, *Ms.* Walentostwu (*nie:* Walentostwie), *blm;* a. Walentowie *blp, D.* Walentych — Walusiowie, Walkowie *blp, D.* Walusiów, Walków.

Walerian *m IV, lm M.* Walerianowie — **Walerek** *m III, D.* Walerka, *lm M.* Walerkowie — **Walerianostwo** *n III, DB.* Walerianostwa, *Ms.* Walerianostwu (*nie:* Walerianostwie), *blm;* a. Walerianowie *blp, D.* Walerianów — Walerkowie *blp, D.* Walerków — **Waleria** *ż I, DCMs.* Walerii — **Walerka** *ż III, lm D.* Walerek.

waleriana *ż IV* **1.** «roślina mająca zastosowanie w lecznictwie»: Korzeń waleriany. **2.** *pot.* «lekarstwo otrzymywane z tej rośliny; krople walerianowe»: Napić się waleriany a. kropli walerianowych (*nie:* kropli waleriana).

Walery *m* odm. jak przym., *lm M.* Walerowie — **Walerek** *m III, D.* Walerka, *lm M.* Walerkowie — **Walerostwo** *n III, DB.* Walerostwa, *Ms.* Walerostwu (*nie:* Walerostwie), *blm;* a. Walerowie *blp, D.* Walerych.

walet *m IV, DB.* waleta, *lm M.* walety, *B.* = *M.*: Walet trefl a. walet treflowy. Wyjść w waleta. Zabić waletem. Mieć jednego waleta, *ale:* dwa, trzy... walety (*nie:* dwóch, trzech waletów), pięć (*nie:* pięciu) waletów. △ *pot.* Spać na waleta. △ *środ.* Mieszkać na waleta «mieszkać w czyimś pokoju, zwykle w domu akademickim, nielegalnie»

Walezjusz *m II, lm M.* Walezjusze, *D.* Walezjuszów (*nie:* Walezjuszy) «jeden z członków dynastii Walezjuszów»: Henryk III z dynastii Walezjuszów (a. Henryk Walezy). — Walezjusze *blp, D.* Walezjuszów «dynastia królewska»

Walezy *m* odm. jak przym.: Henryk III Walezy, król Polski. p. Walezjusz.

Walezyjczyk *m III, lm M.* Walezyjczycy «członek jednej z narodowości Szwajcarii» — Walezyjka *ż III, lm D.* Walezyjek — walezyjski.

Walhalla (*nie:* Walhalia) *ż I, D.* Walhalli.

Walia *ż I, DCMs.* Walii «kraj w Wielkiej Brytanii» — Walijczyk *m III, lm M.* Walijczycy — Walijka *ż III, lm D.* Walijek — walijski.

walić *ndk VIa,* waliliśmy (p. akcent § 1a i 2) — **walnąć** *dk Va,* walnąłem (*wym.* walnołem; *nie:* walnełem), walnął (*wym.* walnoł), walnęła (*wym.* walnęła), walnęliśmy (*wym.* walneliśmy) □ (tylko *ndk*) **W. co** (czym) «burzyć, rozwalać»: Walić domy. △ Walić kogoś z nóg «przewracać; odbierać komuś siły»: Każda poważniejsza choroba waliła go z nóg. △ *pot.* Walić coś na kogoś «obarczać kogoś czymś»: Walić na kogoś pracę, obowiązki. □ *pot.* **W. w kogo, w co, do kogo, do czego — czym, z czego** «rzucać czymś, strzelać»: Walnął w niego kamieniem. Walili do nich (w nich) z karabinów maszynowych, z granatników. Walnął pięścią w stół. Walić z armat na wiwat. Walić do drzwi a. w drzwi (kijem). Walić w bębny. □ *pot.* **W. kogo, co** (czym) — **w co, po** ...

czym «bić, tłuc»: Walić kogoś pięściami po plecach. Walnął go kijem w rękę. □ W. bez dop. a) «uderzać, stukać gwałtownie, mocno; strzelać; gwałtownie pulsować»: Bębny, działa walą na wiwat. Wali komuś serce, tętno. △ Serce wali jak młotem, jak na alarm, jak oszalałe. b) (zwykle *ndk*) *pot.* «wydobywać się (skądś) obficie, gwałtownie buchać; spadać w dużej ilości»: Wali gęsty śnieg. Dym wali z pieca. Woda wali rynsztokami. c) (tylko *ndk*) *pot.* «iść, jechać w wielkiej masie, ciągnąć gromadnie»: Wojsko, ciężarówki walą do wsi. Goście do nas walą. △ Walić jak w dym «iść śmiało, bez wahania» d) *pot.* «mówić śmiało, bezceremonialnie»: Wal śmiało, co o tym myślisz, nie pogniewam się.

walić się — walnąć się 1. tylko *ndk* (w 3. os., bezokol., imiesł.) «rozpadać się»: Domy waliły się w gruzy. □ W. się od czego, z czego: Chata waliła się od starości (ze starości). △ *przen.* Cały plan się wali. 2. *pot.* a) «padać całym ciężarem; kłaść się gwałtownie»: Walnął się na łóżko. Walili się ciężko na słomę. △ Walić się jak kłoda, jak wór. □ tylko *ndk, przen.* (w 3. os., bezokol., imiesł.) W. się komu, na kogo, na co: Robota waliła się na niego. Walą się nam goście (na kark, na głowę). b) «uderzać się, bić» □ W. się (czym) — po czym, w co, o co: Walił się pejczem po butach. Walnął się pięścią w pierś; walnął się o kant stołu. c) tylko *ndk* «wydobywać się skąd obficie, gwałtownie; tłoczyć się, iść gromadnie»: Dym wali się kłębami z komina. Ludzie walili się do pokoju.

walka *ż III, lm D.* walk: Bezkompromisowa, bezlitosna walka. Walka zbrojna. Walki partyzanckie, podjazdowe, powietrzne. Walka narodowowyzwoleńcza, dynastyczna. Walka bratobójcza. Walka o wolność, o byt. Toczy się (zawrzała) zacięta, zażarta, uporczywa walka. Polec w walce. Wypowiedzieć, wydać komuś, czemuś walkę. Stanąć, rzucić się do walki. Podjąć, stoczyć walkę. Prowadzić walkę. Rozegrać walkę (sportową). Rozgrywa się walka (np. o władzę). □ Składnia jak: walczyć.

walkower *m IV, D.* walkoweru a. walkowera: Wygrać walkowerem.

Wallace (*wym.* Uoles) *m IV, D.* Wallace'a (*wym.* Uolesa, p. akcent § 7), *Ms.* Wallasie: Powieści kryminalne Wallace'a.

Wallenrod (*wym.* Walenrod; *nie:* Walenrod) *m IV, D.* Wallenroda (p. akcent § 7): Tragiczna postać Konrada Wallenroda.

walnąć p. walić.

walnie *st. w.* walniej *książk.* «w znacznym stopniu; bardzo» △ zwykle w zwrocie: Przyczynić się walnie do czegoś, np.: Artyleria walnie się przyczyniła do zwycięstwa. Poparł walnie projekt komitetu organizacyjnego.

walny 1. «ogólny, powszechny»: Walne zebranie, zgromadzenie. Walny zjazd. Sejm walny. 2. «rozstrzygający, stanowczy, decydujący» zwykle w wyrażeniach: Walna bitwa. Walne zwycięstwo. 3. *książk., wych. z użycia* «ważny, istotny»: Oddał krajowi walne usługi.

Walonia (*wym.* Walonja) *ż I, DCMs.* Walonii «kraina w Belgii» — Walon *m IV, lm M.* Walonowie; a. Walończyk *m III, lm M.* Walończycy — Walonka *ż III, lm D.* Walonek — waloński.

walonki *blp, D.* walonek «wysokie buty wojłokowe»

walor *m IV, D.* waloru 1. «wartość, zaleta»: Walory (*lepiej*: wartości, zalety) polskiej literatury. Walory (*lepiej*: zalety) dyskusji. △ Często używane w wyrażeniach: Walory artystyczne, estetyczne, wychowawcze czegoś, np. filmu, dzieła, sztuki, utworu. 2. zwykle w *lm* «papiery wartościowe» // *KP Pras.*

Walter Scott (*wym.* Walter Skot), Walter *m IV, D.* Waltera; Scott *m IV, D.* Scotta, *Ms.* Scotcie (*wym.* Skocie): Powieści Waltera (*nie:* Walter) Scotta.

walterskotowski (*nie:* walterscotowski): Romans w stylu walterskotowskim.

walterskotyzm *m IV, D.* walterskotyzmu, *Ms.* walterskotyzmie (*wym.* ~yzmie a. ~yźmie), *blm.*

waltornia *ż I, lm D.* waltorni, *rzad.* waltorń: Grać na waltorni.

waluciarz *m II, lm D.* waluciarzy *pot.* «człowiek uprawiający nielegalny handel obcymi walutami»

wał *m IV, D.* wału 1. «nasyp, szaniec»: Wysoki, piaszczysty wał. Wał forteczny, graniczny, obronny, przeciwpowodziowy. Wał fortecy, miasta. Sypać, wznosić wał a. wały. Wał z kamieni, z ziemi. △ W nazwach dużą literą: Wał Trzebnicki, Wał Zielonogórski. 2. «część składowa maszyny, urządzenia»: Ciężki, drewniany, żelazny wał. Wał korbowy, obrotowy, transmisyjny. Wał z żelaza, z drzewa.

Wałbrzych *m III, D.* Wałbrzycha «miasto» — wałbrzyszanin *m V, D.* wałbrzyszanina, *lm M.* wałbrzyszanie, *D.* wałbrzyszan — wałbrzyszanka *ż III, lm D.* wałbrzyszanek — wałbrzyski.

wałbrzyski: Zakłady, kopalnie wałbrzyskie (*ale:* Góry Wałbrzyskie).

Wałcz *m II, D.* Wałcza «miasto» — wałczanin *m V, D.* wałczanina, *lm M.* wałczanie, *D.* wałczan — wałczanka *ż III, lm D.* wałczanek — wałecki (p.).

wałecki: Szkoły wałeckie (*ale:* Pojezierze Wałeckie).

wałkoń *m I, lm M.* ci a. (z silniejszym zabarwieniem ekspresywnym) te wałkonie, *D.* wałkoni a. wałkoniów *pot.* «próżniak, leń (także o kobiecie)»: Była (był) wałkoniem.

wały *blp, D.* wałów *przestarz.* «baty, lanie, cięgi»: Bolesne, tęgie wały. Dostać wały. Sprawić komuś wały.

wamp *m IV, DB.* wampa, *lm M.* wampy.

Wanda *ż IV* — Wandzia *ż I, W.* Wandziu — Wandusia *ż I, W.* Wandusiu.

Wandal *m I 1. lm M.* Wandalowie, *D.* Wandalów a. Wandali «plemię starogermańskie» 2. wandal *lm M.* wandale, *D.* wandali a. wandalów «niszczyciel dóbr kulturalnych»

wanienka (*wym. reg.* wanieńka) *ż III, lm D.* wanienek: Wykąpała dziecko w wanience.

wanilia (*nie:* wanielia) *ż I, DCMs.* i *lm D.* wanilii.

wanna *ż IV, lm D.* wanien «duże, głębokie naczynie do kąpieli»: Blaszana, kamienna, marmurowa, porcelanowa wanna. Kąpiel w wannie. △ *niepoprawne* w zn. «kąpiel», np. Przygotować, przyrządzić, wziąć wannę (*zamiast*: przygotować kąpiel, wykąpać się).

WAP *m IV, D.* WAP-u, *rzad. ż ndm* «Wojskowa Akademia Polityczna»: WAP organizował (organizowała) wykłady. Uczyć się w WAP-ie (*nie*: na WAP-ie), *rzad.* w WAP.

wapienny 1. przym. od wapień: Skały wapienne (*nie*: wapniste, wapniowe). Gleby wapienne. **2.** przym. od wapń a. wapno: Skorupa wapienna jaj. Mleko wapienne. Woda wapienna.

wapień *m I, D.* wapienia «skała osadowa, składająca się głównie z węglanu wapnia»: Płyta z wapienia.

wapniowy przym. od wapń: Węglan wapniowy. Nawozy wapniowe (*nie*: wapienne, wapniste).

wapnisty «zawierający węglan wapnia»: Muł wapnisty.

wapń *m I, D.* wapnia, *blm* «pierwiastek chemiczny»: Wodorotlenek wapnia.

wara □ W. (komu) do kogo, czego a. od kogo, czego: Wara ci do mnie, do niego. Wara od tego (*nie*: ręce precz od tego). □ W. komu + bezokol.: Wara ci wspominać o tym.

warcaby *blp, D.* warcabów (*nie*: warcab): Grać w warcaby.

warchoł *m IV, lm M.* te warchoły, *rzad.* ci warchołowie: Warchoły łamały prawo. Warchołowie zrywali sejmy.

Wareg *m III, D.* Warega, *lm M.* Waregowie — wareski.

wariacja *ż I, DCMs.* i *lm D.* wariacji **1.** *pot.* «choroba umysłowa; obłęd»: Dostać wariacji. **2.** zwykle w *lm* «rodzaj utworu muzycznego»: Wariacje symfoniczne. Wariacje c-mol. Wariacje na temat Haydna. □ W. na co: Wariacje na fortepian. **3.** *przestarz.* «odmiana, wariant»: Wariacje tekstu.

wariant (*nie*: warianta) *m IV, D.* wariantu: Wariant tekstu, planu.

wariat *m IV, lm M.* ci wariaci, *pot.* (z silniejszym zabarwieniem ekspresywnym) te wariaty *pot.* «człowiek chory umysłowo»: Cichy, spokojny, nieszkodliwy wariat. △ Szpital dla wariatów «szpital psychiatryczny» △ *posp.* Robić coś na wariata «robić coś bez przygotowania, licząc na to, że się uda»: Poszedł zdawać egzamin na wariata. △ *posp.* Robić, strugać z kogoś wariata, robić z tata wariata «wmawiać coś w kogoś, narażać kogoś na śmieszność, kpić z kogoś» △ *przen.* «człowiek nierozważny; postrzeleniec»

wariować *ndk IV*, wariowaliśmy (p. akcent § 1a i 2) — **zwariować** *dk pot.* **a)** «ulegać chorobie umysłowej» □ W. wskutek czego, z powodu czego, z czego: Wariować ze zmartwienia, wskutek przejęcia się czymś. △ *przen.* «przejawiać uczucia w sposób nieopanowany»: Wariować z radości, z niepokoju o kogoś. Wariuje z powodu choroby dziecka. □ W. dla kogo, za kim «tracić głowę dla kogoś; kochać, uwielbiać kogoś ponad zwykłą miarę»: Wariuje dla tej artystki. Uczennice wariowały za nauczycielem. **b)** «bawić się hałaśliwie, szaleć (o dzieciach)»: Dzieci wariowały na przerwach w szkole.

Warka *ż III* «miasto» — warecki.

warkocz *m II, lm D.* warkoczy: Bujny, długi warkocz. △ *przen.* Warkocz komety. Warkocz dymu. Warkocze brzozy.

warkotać *ndk IX*, warkocze, warkotałby (p. akcent § 4c): Na jeziorze warkotały łodzie motorowe. Warkoczą kołowrotki.

Warmia *ż I, DCMs.* Warmii «kraina» — Warmiak *m III, lm M.* Warmiacy — Warmiaczka *ż III, lm D.* Warmiaczek — warmiński, *rzad.* warmijski.

warmiński, *rzad.* **warmijski**: Biskupstwo warmińskie. Ignacy Krasicki — książę biskup warmiński (*ale*: Pobrzeże Warmińskie). // *D Kult. I, 579.*

Warna *ż IV* «miasto w Bułgarii» — warneński.

warneński: Plaża warneńska (*ale*: Zatoka Warneńska).

warownia *ż I, DCMs.* i *lm D.* warowni: Mury warowni.

Warren (*wym.* Uoren) *m IV, D.* Warrena (p. akcent § 7): Twórczość Warrena.

Warro a. **Warron** *m IV, D.* Warrona: Dzieła rzymskiego uczonego Warrona.

warstwa *ż IV, lm D.* warstw (*nie*: warstew) **1.** «jednolity pokład czegoś»: Cienka, płaska, lekka warstwa czegoś. Warstwa izolacyjna. Warstwy skalne, wodonośne. Warstwa powietrza, atmosfery, chmur, ziemi. **2.** «część klasy społecznej wyróżniająca się pewnymi cechami»: Warstwa uciskana, upośledzona, uprzywilejowana. Warstwa inteligencji.

Warszawa *ż IV* a. (z wyrazami: stacja, dworzec) *ndm* **1.** «stolica Polski»: Mieszkać w Warszawie. Droga do Warszawy, na Warszawę. △ Warszawa-Okęcie, Warszawa-Mokotów, Warszawa-Praga, Warszawa-Śródmieście. △ Warszawa Główna, Wschodnia (stacje, jednostki administracyjne). △ Pociąg do stacji Warszawa Główna (*ale*: do Warszawy Głównej). — warszawianin *m V, D.* warszawianina, *lm M.* warszawianie, *D.* warszawian — *pot.* warszawiak *m III, lm M.* warszawiacy — warszawianka (p.) — warszawski (p.).
2. *ndm* «marka samochodu osobowego»: Samochód marki Warszawa.
3. warszawa *lm M.* warszawy «samochód tej marki»: Jechać warszawą.

warszawianka *ż III, lm D.* warszawianek **1.** «mieszkanka Warszawy» **2.** Warszawianka «pieśń patriotyczna»

warszawowski *środ.* «odnoszący się do samochodu marki Warszawa» // *D Kult. II, 561.*

warszawski «związany z Warszawą, dotyczący Warszawy»: Warszawskie ulice, place, domy. Mieszkać w województwie warszawskim. △ W nazwach dużą literą: Układ Warszawski, Warszawskie Towarzystwo Muzyczne.
Warszawskie *n* odm. jak przym., *NMs.* Warszawskiem «region warszawski, województwo warszawskie»: Mieszkać w Warszawskiem. Jechać w Warszawskie.

warsztat (*nie*: warstat) *m IV, D.* warsztatu **1.** «pomieszczenie, w którym się wykonuje prace rzemieślnicze, zakład rzemieślniczy»: Warsztat kamieniarski,

stolarski, szewski, tapicerski. Pracować w warsztacie.
2. «stół służący do wykonywania różnego rodzaju prac
ręcznych»: Pracować przy warsztacie. Na warsztacie
leżały różne narzędzia. △ *przen.* «ogół metod stosowanych przez artystów, literatów w ich pracy»:
Warsztat pisarski, malarski. Warsztat pisarza, malarza, grafika. △ Brać coś na warsztat, mieć coś na warsztacie «zabierać się do jakiejś pracy; pracować nad
czymś (zwłaszcza nad jakimś dziełem)»

wart (*nie:* warty), **warta, warte,** *m-os.* warci,
ż-rzecz. warte (używane zwykle w mianowniku
w funkcji orzecznika): Towar wart tysiąc złotych.
Mało, niewiele, dużo (jest) wart. △ Coś (*nie:* czegoś)
wart: Taka obietnica była już coś (*nie:* czegoś) warta.
□ W. czego, kogo: Wart lepszej zapłaty. Wart
nagrody. Zyski warte zachodu. Dobry żart tynfa
wart (przysłowie). Wart (jest) takiej żony. △ Być
wartym (*nie:* wartać): Ktoś jest wart (*nie:* ktoś warta) lepszego losu. Są warci (*nie:* wartają) nagrody.
△ Ktoś jest kogoś wart «ktoś jest taki sam jak ktoś
inny» △ *pot.* Coś jest diabła warte, nie warte złamanego grosza, nie warte funta kłaków «coś nie ma żadnej wartości, nie nadaje się do niczego» △ Coś jest
śmiechu warte «coś jest niepoważne, może wzbudzać
tylko śmiech, politowanie»: Jego pretensje są śmiechu warte. △ Gra warta świeczki «rzecz warta zachodu» □ częściej w formie zaprzeczonej: niewart)
W. (tego), że..., co...: Wart tego, co go spotkało.
□ częściej w formie zaprzeczonej: niewart) W. +
bezokol.: Wart jesteś siedzieć pod kluczem.

warta *ż IV* 1. «człowiek lub grupa ludzi (zwykle
uzbrojonych) pilnujących czegoś lub kogoś; służba
wartownicza; straż honorowa»: Warta honorowa.
Zmiana warty. Stać na warcie. Zaciągnąć wartę, pełnić wartę, odbywać wartę przed Grobem Nieznanego Żołnierza.
2. «praca samorzutnie podjęta dla uczczenia jakiegoś
święta, ważnego wydarzenia»: Warta pokoju. Warta
wyborcza. Podjąć wartę produkcyjną, wykonać
wartę.

Warta *ż IV* «rzeka i miasto» — warcianin *m V, D.*
warcianina, *lm M.* warcianie, *D.* warcian — warcian-
ka *ż III, lm D.* warcianek — warciański.

! wartać *niepoprawne* zamiast: być wartym, p.
wart, warto.

Wartburg *m III, blm* 1. «zamek w NRD»
2. *ndm* «marka samochodu osobowego»: Samochód
marki Wartburg.
3. wartburg *B. = D., lm M.* wartburgi «samochód
tej marki»: Jechać wartburgiem. Kupić wartburga.

warto «godzi się, przystoi, opłaci się, trzeba»
□ W. + bezokol.: Warto się trudzić, warto żyć.
Nie warto o tym wspominać. △ Warto było (*nie:*
wartało) to zrobić. Warto by było (*nie:* wartałoby)
odpocząć. // *D Kult. I,* 187.

wartość *ż V:* Mała, realna wartość czegoś. Wartość moralna człowieka. Wartość artystyczna dzieła.
Wartość kaloryczna pokarmu. Wartość domu, majątku. Poczucie własnej wartości. Coś ma, przedstawia
(*nie:* odgrywa) dużą (*nie:* doniosłą) wartość. Przypisywać czemuś wartość (*nie:* przywiązywać wartość
do czegoś).

wartownia *ż I, lm D.* wartowni: W wartowni (*nie:*
na) wartowni było kilku strażników.

! warty p. wart.

warunek *m III, D.* warunku 1. «to, od czego jest
uzależnione istnienie czegoś innego; wymaganie stawiane przy zawieraniu jakiejś umowy»: Nieodzowny,
istotny warunek. Warunek konieczny, wystarczający.
□ W. czego: Warunek pomyślności, dobrobytu,
szczęścia. △ Zrobić coś pod warunkiem, że... a.
z tym warunkiem, że... △ Pod żadnym warunkiem
(*lepiej:* w żadnym razie). △ Na warunkach (jakichś):
Sprzedawał willę na dogodnych warunkach. △ Postawić komuś warunki, warunek, że..., aby...; postawić coś za warunek, jako warunek a. postawić za
warunek, jako warunek, że (aby)... △ Umówić się
o warunki, co do warunków czegoś. 2. tylko w *lm*
«sytuacja, okoliczności, możliwości»: Dobre, luksusowe, nędzne warunki. Warunki atmosferyczne, materialne, lokalowe, zdrowotne. □ W. czego: Warunki bytu, życia. □ W. do czego (*nie:* dla czego,
na co): Warunki do pracy, do odpoczynku, do leczenia (*nie:* dla pracy, dla odpoczynku, dla leczenia). Załoga może stworzyć warunki pracy a. do pracy
(*nie:* na pracę) bez wypadków. △ Mieć, są itp. warunki do tego, *rzad.* po temu, żeby...: Miał do tego
(po temu) warunki, żeby studiować. △ *niepoprawne*
Pracował w warunkach wyzwolonego kraju (*zamiast:*
w wyzwolonym kraju), *ale* np.: Żył w ciężkich warunkach. 3. tylko w *lm* «zespół cech koniecznych
do czegoś»: Miał wszelkie ku temu warunki, żeby
być ich przywódcą. △ Warunki zewnętrzne «wygląd zewnętrzny, prezencja» □ W. na kogo: Ma
znakomite warunki na komika. // *KP Pras.*

warunkować *ndk IV,* warunkowałby (p. akcent
§ 4c) zwykle w 3. os., bezokol. i imiesł.: Rodzaj podłoża warunkuje rozwój różnych roślin.

warząchew (*nie:* warząchwia) *ż V, DCMs.* i *lm D.*
warząchwi «duża drewniana łyżka kuchenna; chochla»

warzelnia *ż I, lm D.* warzelni, *rzad.* warzelń.

warzęcha *ż III* 1. «roślina warzywna; chrzan»
2. *reg.* «warząchew»

warzyć *ndk VIb,* warzyliśmy (p. akcent § 1a i 2)
1. *przestarz.* «gotować» żywe w terminologii technicznej: Warzyć piwo, sól. 2. *książk.* «powodować
więdnięcie, usychanie roślin (o mrozie, upale)»:
Mróz warzy kwiaty.

warzywniczy «związany z warzywnictwem, uprawą i przetwórstwem warzyw»: Przemysł warzywniczy. Produkcja warzywnicza.

warzywny «odnoszący się do warzyw»: Ogród,
sklep, targ warzywny. Wyciągi warzywne z cebuli,
pietruszki. Gospodarstwo warzywne.

warzywo *n III,* zwykle w *lm* «rośliny jadalne
w stanie surowym lub gotowanym (w stanie gotowanym częściej: jarzyny)» // *D Kult. I,* 372.

wasal *m I, lm M.* wasale (*nie:* wasali), *D.* wasalów
a. wasali.

wasalny *rzad., przen.* «zależny od innego, potęż-
niejszego państwa; podległy»: Kapitalistyczne państwa wasalne.

wasalski *przym.* od wasal: Złożyć hołd wasalski.
Por. lenniczy, lenny.

wasąg *m III, D.* wasągu a. wasąga: Wsiadać do
wasągu, wasąga. Zaprzęgać konie do wasągu, wasąga.

Washington p. Waszyngton.

wasz, wasza, wasze odm. jak przym., *lp ż B.*
waszą, *lm m-os.* wasi, *ż rzecz.* wasze «zaimek dzierżawczy odpowiadający zaimkowi osobowemu *wy*»:
Wasz dom. Wasza ziemia. Wasze pieniądze. Wasz
pułk, związek. Wasi rodzice. Wasze wyzwolenie.
△ Forma grzecznościowa używana w stosunku do
osób, którym się mówi *wy*, np.: Bardzo cenimy wasze zdanie, towarzyszu. △ *daw.* Wasza książęca
wysokość. Wasza wysokość pozwoli. △ Wasza mość
«tytuł grzecznościowy używany dawniej między
szlachtą (skrót od: wasza miłość)» △ *niepoprawne* Po waszemu (*zamiast*: według waszego zdania, waszym zdaniem). △ Jeżeli podmiot zdania
jest posiadaczem tego, do czego się odnosi zaimek
dzierżawczy *wasz*, to używa się zaimka *swój*, np. Czy
byliście w swoim mieszkaniu? △ Użycie formy *wasz*
o ściślejszym znaczeniu dzierżawczym niż zaimek *swój*
trudno rygorystycznie potępiać jako błąd gramatyczny (*por.* swój).
wasze w użyciu rzeczownikowym **a)** «to, co należy
do was»: Waszego nam nie trzeba. **b)** *ndm* «poufały
tytuł używany dawniej między szlachtą (łączony
zwykle z orzeczeniem w 2. os.)»: Co wasze opowiadasz?
wasi w użyciu rzeczownikowym «bliscy wam ludzie,
spokrewnieni z wami, wasza rodzina»: Wasi już
przyjechali. // D Kult. I, 159; U Pol. (1), 232.

waszeć *m* odm. jak *ż V, D.* waszeci, *lm M.* wasze-
cie, *DB.* waszeciów «poufały tytuł używany dawniej
między szlachtą (zwykle łączony z orzeczeniem
w 2. os.)» △ *wych. z użycia* Mówić, ubierać się, wyglądać z waszecia «mówić, ubierać się, wyglądać
itp. jak drobny szlachcic, nie po chłopsku»

waszmość *m* odm. jak *ż V, DB.* waszmości, *lm M.*
waszmoście a. waszmościowie, *DB.* waszmościów
△ *ndm* w wyrażeniach: Waszmość pan, waszmość
pani «tytuł używany dawniej między szlachtą (często
łączony z orzeczeniem w 2. os.)»

Waszyngton a. **Washington** (*wym.* Waszyngton)
m IV **1.** *D.* Waszyngtona, Washingtona (p. akcent
§ 7): Washington był prezydentem USA. △ Rondo
Waszyngtona.
2. *D.* Waszyngtonu, Washingtonu «miasto»: Jechać
do Waszyngtonu, Washingtonu. — waszyngtoński.
// D Kult. I, 779; U Pol. (1), 458.

waść *m* odm. jak *ż V, DB.* waści, *lm M.* waście a.
waściowie, *DB.* waściów «poufały tytuł używany
dawniej między szlachtą (zwykle łączony z orzeczeniem w 2. os.)»

waśnić *ndk VIa,* waśnij, waśniliśmy (p. akcent
§ 1a i 2) *przestarz., książk.* «powodować niezgodę,
niesnaski; kłócić, różnić» □ W. **kogo** — **z kim**:
Rodzice waśnili córkę z mężem.
waśnić się *książk.* «kłócić się, spierać się» □ W.
się **z kim**, **między sobą**: Przyjaciele waśnili się ze
sobą, między sobą. □ W. się **o co**: Spadkobiercy
waśnili się o majątek.

waśń *ż V, lm M.* waśnie *książk.* «niezgoda, kłótnia,
spór» □ W. **z kim**, **między kim a kim**: Waśnie
z sąsiadami, między sąsiadami. □ W. **o co**: Waśnie
o spadek.

wat *m IV, D.* wata «jednostka siły elektrycznej»

WAT (*wym.* wat) *m IV, D.* WAT-u, *Ms.* Wacie,
rzad. ż ndm «Wojskowa Akademia Techniczna»:
Wstąpić do WAT-u (do WAT, na WAT). WAT ogłosił (ogłosiła) warunki przyjęcia. Studiować w Wacie
(na Wacie), w WAT (na WAT).

wataha *ż III, D.* watahy, *CMs.* wataże, *lm M.*
watahy, *D.* watah: Wataha rabusiów. Watahy roz-
bójnicze. // KJP 208.

watalina p. watolina.

watażka *m* odm. jak *ż III, lm M.* ci watażkowie
a. (z silniejszym zabarwieniem ekspresywnym) te
watażki, *DB.* watażków: Kozacki watażka.

Waterloo (*wym.* Waterlo) *n ndm* «miasto w Belgii»: Klęska Napoleona pod Waterloo.

watolina, rzad. watalina *ż IV*: Płaszcz, kurtka
na watolinie (watalinie).

watowy p. waciany.

Watt *m IV, D.* Watta, *Ms.* Watcie (*wym.* Wacie):
Watt założył wytwórnię maszyn parowych. *Por.*
wat.

Watykan (*wym.* Watykan, *nie*: Watykan) *m IV,
D.* Watykanu (p. akcent § 7) «państwo kościelne
na terytorium Rzymu» — watykański.

watykański: Sobór watykański (*ale*: Państwo
Watykańskie).

Wawel *m I* **1.** *D.* Wawelu, *blm* «wzgórze i zamek
w Krakowie»: Mieszkać na Wawelu. Jechać na
Wawel. — wawelski.
2. wawel, *DB.* wawela, *lm M.* wawele, *D.* waweli
«nazwa papierosów»: Palić wawela, wawele.

Wawrzyniec *m II, D.* Wawrzyńca, *W.* Wawrzyń-
cze, forma szerząca się: Wawrzyńcu, *lm M.* Waw-
rzyńcowie, *rzad.* Wawrzyńcy.

waza *ż IV*: Kryształowa, porcelanowa waza.
Waza etruska, sewrska. Wazy japońskie, chińskie,
z marmuru, z majoliki. □ W. **na co** a. **do czego** (*nie*: dla czego) «waza służąca, przeznaczona do
czegoś»: Waza na owoce, do owoców. □ W. **od
czego** «waza o określonym, stałym przeznaczeniu,
opróżniona z czegoś»: Waza od zupy. □ W. **z czym**
«waza wraz z zawartością»: Waza z kruszonem.
□ W. **po czym**, *reg.* **z czego** «waza opróżniona
z czegoś»: Waza po zupie. □ W. **czego** «zawartość,
pojemność wazy»: Zjedli wazę zupy.

Waza *ż IV, CMs.* Wazie, *lm M.* Wazowie «członek dynastii Wazów»: Jan Kazimierz Waza. — Wazowie *blp, D.* Wazów «dynastia królewska (w Szwecji
i w Polsce)»

wazelina *ż IV*: Wazelina biała, apteczna. Smarować ręce wazeliną. △ *przen. pot.* (eufemizm) «lizus,
pochlebca; schlebianie, podlizywanie się komuś
wyżej postawionemu»: Ależ z niego wazelina.

ważki *książk.* «doniosły, ważny»: Ważki argument. Ważkie decyzje, słowa. // D Kult. II, 431.
Por. ważny.

ważniak *m III, lm M.* ci ważniacy a. (z silniejszym zabarwieniem ekspresywnym) te ważniaki
pot. iron. «człowiek udający ważną osobę, zarozumialec»

ważny *m-os.* ważni, *st. w.* ważniejszy **1.** «mający duże znaczenie, grający dużą rolę; doniosły, istotny, poważny»: Ważny dokument, interes. Ważne sprawy, przyczyny. Każdy dzień był dla nas ważny. △ Ważne jest (*nie*: ważnym jest) to, że..., żeby... △ Co (naj)ważniejsze, *przestarz.* co (naj)ważniejsza «przede wszystkim»
2. «o osobach: mający odpowiedzialne stanowisko, duże możliwości; wpływowy»: Ważna osobistość, figura.
3. *pot. iron.* «dumny, zarozumiały»: Ważna mina. Był nadęty i ważny. **4.** «obowiązujący wobec prawa, uznany, honorowany przez prawo, prawomocny; nieprzedawniony»: Ważny dokument, dowód osobisty. Ważna umowa. Kontrakt ważny na pięć lat. Lek ważny do roku 1971. // *D Kult. II, 431.*

ważyć *ndk VIb,* waż, ważyliśmy (p. akcent § 1a i 2) **1.** «określać ciężar (czegoś a. czyjś) w jednostkach wagi»: Ważyć towar na wadze, *rzad.* wagą. △ *przen.* «zastanawiać się nad czymś, rozważać, oceniać»: Ważyć każde słowo. Ważył w sobie każdą decyzję.
2. «mieć pewien ciężar określony w jednostkach wagi»: Paczka waży pięć kilogramów. △ *przen. książk.* «mieć znaczenie, znaczyć»: Każde słowo świadka waży wiele.
ważyć się 1. strona zwrotna czas. ważyć (w zn. 1): Musiał się codziennie ważyć na wadze lekarskiej.
2. «być w stadium ustalania się»: Ważą się czyjeś losy (*ale* np. *nie*: plany). □ W. się na co: Zwycięstwo ważyło się (*częściej*: przechylało się) raz na jedną, raz na drugą stronę. **3.** *książk.* (*dk i ndk*) «decydować się, odważać się» □ W. się na co a. w. się+bezokol. «decydować się, odważać się»: Ważyć się na walkę, na sprzeciw, na szaleństwo. Ważyć się odejść, wyjechać.

Wąbrzeźno *n III,* Ms. Wąbrzeźnie «miasto» — wąbrzeźnianin *m V,* D. wąbrzeźnianina, *lm M.* wąbrzeźnianie, D. wąbrzeźnian — wąbrzeźnianka *ż III, lm D.* wąbrzeźnianek — wąbrzeski.

wąchać *ndk I,* wąchaliśmy (p. akcent § 1a i 2): Wąchać zapachy. Wąchać kwiaty. △ *pot.* Nie wąchać grosza «nie zarabiać, nie dostawać wcale pieniędzy» △ *pot.* (często *pogard.*) Nie wąchać prochu «nie brać udziału w walce zbrojnej» △ *przen. pot.* «wywiadywać się o coś; szpiegować; *częściej*: węszyć»: Wąchał na wszystkie strony, żeby wykryć jakieś nadużycia.

Wąchock *n III* «miejscowość» — wąchocczanin *m V,* D. wąchocczanina, *lm M.* wąchocczanie, D. wąchocczan — wąchocczanka *ż III, lm D.* wąchocczanek — wąchocki.

wądół *m IV,* D. wądołu *wych. z użycia* «parów, wąwóz, jar; dół»: Rzeka płynęła szerokim wądołem. Droga pełna wądołów.

wągier, *rzad.* **wągr** *m IV,* D. wągra, B. wągier, *pot.* wągra, *lm M.* wągry, D. wągrów: Wycisnąć sobie wągier, *pot.* wągra.

Wągrowiec *m II,* D. Wągrowca «miasto» — wągrowczanin *m V,* D. wągrowczanina, *lm M.* wągrowczanie, D. wągrowczan — wągrowczanka *ż III, lm D.* wągrowczanek — wągrowiecki. // *D Kult. I, 712.*

wąs *m IV,* D. wąsa, często B. = D., zwykle w *lm*: Długie, sumiaste wąsy. Najeżyć, nastroszyć wąsy. Zapuścić, zgolić wąsy. △ Podkręcać, przygryzać wąsa (*rzad.* wąs). △ *pot.* Ktoś pod wąsem

«ktoś młody, ktoś, komu już rosną wąsy» // *D Kult. II, 142.*

wąsacz *m II, lm D.* wąsaczy, *rzad.* wąsaczów; a. **wąsal** *m I, lm D.* wąsalów a. wąsali.

wąski *m-os.* wąscy, *st. w.* węższy «mający mały wymiar poprzeczny, nieszeroki»: Wąskie drzwi, przejście. Wąskie usta. Wąska ulica. Wąska suknia. Ktoś wąski w biodrach, w ramionach. △ *środ.* Wąskie gardło «dział hamujący tempo pracy całej instytucji». △ *przen.* «mniej ogólny, bardziej szczegółowy»: Węższe znaczenie wyrazu. △ *niepoprawne* w zn. «ograniczony pod względem umysłowym, świadczący o ograniczeniu umysłowym»: Wąskie (*zamiast*: ciasne) pojęcia, poglądy. Wąski (*zamiast*: ciasny) praktycyzm.

wąsko *st. w.* węziej (*nie*: wężej): Wąsko pocięty papier. △ *przen.* «mniej ogólnie, bardziej szczegółowo»: Niektórzy rozumieją termin *nauka* wąsko jako oznaczający tylko nauki przyrodnicze. △ *niepoprawne* Zbyt wąsko (*zamiast*: jednostronnie), np. Twórczością wokalną Chopina zajmowano się dotychczas zbyt wąsko (*zamiast*: jednostronnie). // *U Pol. (2), 450.*

wąsko- «pierwszy człon wyrazów złożonych pisany łącznie, wskazujący na wąskość tego, co określa człon drugi», np.: wąskolistny, wąskonosy, wąskotorowy; wąskotorówka. △ Wyrażenia, których pierwszym członem jest przysłówek a drugim imiesłów, pisze się rozdzielnie, np. wąsko pocięty papier.

Wąsosz *m II,* D. Wąsosza a. *ż VI, DCMs.* Wąsoszy «osiedle»: Mieszkać w Wąsoszu a. w Wąsoszy. Jechać do Wąsosza a. do Wąsoszy. — wąsoszanin *m V,* D. wąsoszanina, *lm M.* wąsoszanie, D. wąsoszan — wąsoszanka *ż III, lm D.* wąsoszanek — wąsoski.

wątek *m III,* D. wątku: Nie pamiętał już głównego wątku powieści. △ Stracić, *rzad.* zgubić wątek «w trakcie mówienia zapomnieć o czym chciało się mówić, w trakcie słuchania, czytania przestać rozumieć tekst»

wątło, *rzad.* **wątle** *st. w.* wątlej: Wyglądać wątło.

wątpić *ndk VIa,* wątpię, wątp (*nie*: wątpij), wątpimy, wątpiliśmy (p. akcent § 1a i 2) □ W. w kogo, w co, *rzad.* o kim, o czym (*nie*: w czym, w kim) «powątpiewać, nie być przekonanym, nie dowierzać»: Wątpić we wszechpotęgę pieniądza, w czyjąś szczerość (o wszechpotędze pieniądza, o czyjejś szczerości). Wątpić w powodzenie (o powodzeniu). Nikt w to (o tym) nie wątpi. □ Wątpić w to, że...: Wątpię w to, że tak istotnie było. □ W., czy...; nie w., że...: Wątpię, czy jutro wyjedziemy. Nie wątpię, że przyjdziesz na czas. // *D Kult. I, 188; II, 143.*

wątpienie *n I* △ zwykle w *książk.* wyrażeniu: Bez wątpienia «niewątpliwie, na pewno»: Książka bez wątpienia jest bardzo ciekawa.

wątpliwość *ż V, lm M.* wątpliwości: Dręcząca, uzasadniona wątpliwość. Powziąć wątpliwość. Rozstrzygnąć wątpliwość. Nasuwa się, budzi się wątpliwość. Wątpliwość dręczy, nęka kogoś. △ Wysuwać wątpliwości. Podawać (*nie*: poddawać) coś w wątpliwość. Coś nie ulega a. nie podlega wątpliwości.

Nie mieć najmniejszej wątpliwości, że..., *ale*: Mieć wątpliwość, *częściej* wątpliwości, czy..., np. Miał wątpliwości, czy chłopiec mówi prawdę. □ W. czego: Wątpliwość tego twierdzenia jest widoczna. □ W. co do czego (*nie*: na temat czego): Wątpliwości co do motywów czyjegoś postępowania. || *PJ 1965, 76*.

wątpliwy: Wątpliwy wynik. △ Wątpliwa rzecz. △ Jest rzeczą wątpliwą a. jest wątpliwe, czy... (*nie*: jest wątpliwym, czy...; *ale*: jest rzeczą niewątpliwą, jest niewątpliwe, że...). △ *przen.* Wątpliwy zaszczyt. Wątpliwa korzyść, przyjemność.

wątroba *ż IV, lm D.* wątrób: Wątroba cielęca, kurza, wieprzowa. Marskość, powiększenie wątroby. Choroby wątroby. Cierpieć, chorować na wątrobę. △ *pot.* Mieć coś na wątrobie; coś leży, zbiera się komuś na wątrobie «mieć żal do kogoś z czyjegoś, jakiegoś powodu, złościć się, irytować się»

wątrobiany △ Cera wątrobiana, plamy wątrobiane «cera, plamy świadczące o chorej wątrobie» △ Kiełbasa, kiszka wątrobiana «kiszka, kiełbasa zrobiona z wątroby zwierzęcej; *pot.* wątrobianka»

wątrobowy: Przewód wątrobowy. △ Kolka wątrobowa (*nie*: wątrobiana) «ostry ból w okolicy wątroby» △ Wyciąg, preparat wątrobowy (*nie*: wątrobiany), *lepiej*: Wyciąg, preparat z wątroby.

wąwóz *m IV, D.* wąwozu: Wąwóz górski, skalny. Cienisty, lesisty, urwisty wąwóz. Krawędź, wylot wąwozu. △ W nazwach geograficznych dużą literą, np. Wąwóz Karniowski.

wąż *m II, D.* węża, *lm M.* węże, *D.* węży a. wężów 1. *B.* węża «beznogi gad o wydłużonym ciele pokrytym łuskami»: Wąż jadowity, niejadowity. Syk, ukąszenie węża. Kłębowisko węży, wężów. Poskramiać węże. Poskramiacz, zaklinacz wężów. Czołgać się, pełznąć jak wąż. Wić się jak wąż. △ *pot.* Mieć węża w kieszeni «być skąpym» 2. *B.* wąż «elastyczny przewód służący do doprowadzania cieczy lub gazu»: Widział w ogrodzie gumowy wąż do podlewania.

wbić *dk Xa,* wbiję, wbije, wbij, wbiliśmy (p. akcent § 1a i 2) — **wbijać** *ndk I,* wbijaliśmy □ W. co (czym) — w co «bijąc, uderzając zagłębić coś w czymś, wepchnąć w coś»: Wbić gwóźdź (młotkiem) w ścianę. Wbić sobie drzazgę w palec. Wbić ostrogi w boki konia (a. koniowi w boki). △ *przen.* Wbić komuś nóż w plecy «zachować się wobec kogoś podstępnie, zdradziecko» △ Wbić oczy, wzrok w kogoś, w coś «utkwić wzrok w kimś, w czymś» △ *pot.* Wbić coś sobie, komuś w głowę, do głowy, w pamięć «zapamiętać, nauczyć się czegoś, utrwalić coś komuś w pamięci» △ *pot.* Wbić (*częściej*: zabić) komuś ćwieka, klina (w głowę) «zaniepokoić kogoś; dać komuś do myślenia» △ *pot.* Wbić klin (klina) między kogoś «poróżnić kogoś z kimś» △ *środ.* Wbić komuś gola. □ W. co — na co «nasunąć, nadziać»: Wbić czapkę na głowę, na uszy. Wbić obręcz na beczkę.

wbiec a. **wbiegnąć** *dk Vc,* wbiegnę, wbiegnie, wbiegnij, wbiegł, wbiegliśmy (p. akcent § 1a i 2) — **wbiegać** *ndk I,* wbiegaliśmy: Wbiec do pokoju, do ogrodu. Wbiec na schody, na górę, na most. Wbiec po schodach, po drabinie, po pochylni.

w braku (*nie*: w wypadku braku, w razie braku): W braku cytryn do tej sałatki można dodać kwasku cytrynowego.

wbrew □ W. komu, czemu: Postępować wbrew zasadom, wbrew czyjejś woli, wbrew wszystkim i wszystkiemu. || *D Kult. II, 178.*

w bród p. bród.

wcale (zwykle z przeczeniem lub z wyrazami zaprzeczonymi) «całkiem, zupełnie»: Wcale nie słychać, nie widać. Wcale niezły, wcale nieźle. △ *wych. z użycia* Wcale dobry, ładny itp., wcale dobrze, ładnie itp. «dość dobry, ładny, dość dobrze, ładnie» || *D Kult. II, 280.*

w celu p. cel.

wchłonąć *dk Vb,* wchłoń, wchłonąłem (*wym.* wchłonołem; *nie*: wchłonełem), wchłonęła (*wym.* wchłonela), wchłonęliśmy (*wym.* wchłoneliśmy, p. akcent § 1a i 2), wchłonięty — **wchłaniać** *ndk I,* wchłanialiśmy «wciągnąć w siebie, wessać; pochłonąć» □ W. co — czym: Gąbka wchłania wodę całą powierzchnią. Bibuła wchłonęła atrament. Nozdrzami wchłaniał aromaty kwiatów. △ *przen.*: Tłum wchłonął go momentalnie. Miasto wchłonęło w siebie sąsiednie wioski.

wchodzić *ndk VIa,* wchodzę, wchodzi, wchodź (*nie*: wchódź), wchodzimy, wchodziliśmy (p. akcent § 1a i 2) — **wejść** *dk* wejdę, wejdzie, wejdź, wszedłem (*nie*: weszłem), wszedł (*nie*: weszedł), weszła, weszliśmy 1. «idąc, poruszając się dostawać się do wnętrza czegoś, na teren czegoś»: Wchodzić gromadnie, śmiało, cichaczem. □ W. do czego (*rzad.* w co), do kogo, na co: Wchodzić do domu, do ogrodu, do piwnicy. Wchodzić (*lepiej*: wsiadać) do pociągu, do tramwaju. Wchodzić na most, na drogę. △ Pojazd kosmiczny wszedł na orbitę okołoziemską. Sputnik wchodzi w strefę przyciągania. △ Wchodzić do kraju, do miasta, na jakiś teren, w granice kraju, państwa. △ Wchodzić do akcji, do walki, *rzad.* w akcję, w walkę itp. «zaczynać działać, walczyć itp.» △ Wchodzić do rodziny, do domu, *rzad.* w rodzinę, w dom «spowinowacać się z kimś, stawać się członkiem rodziny» △ Wchodzić do komisji, do zarządu, do rządu itp. «stawać się członkiem komisji, zarządu itp., brać udział w ich pracy» Wchodzić do spółki, w spółkę «stawać się wspólnikiem» △ Wchodzić komuś w drogę, *pot.* w paradę «przeszkadzać komuś, utrudniać coś» △ Wchodzić w życie **a)** «zaczynać samodzielne życie» **b)** «uzyskiwać ważność prawną i być stosowanym w życiu»: Ustawa wchodzi, weszła w życie. △ *urz.* Wchodzić w posiadanie czegoś «stawać się właścicielem» 2. «dostawać się z niższego miejsca na wyższe, wspinać się, wznosić się» □ W. na co — po czym: Wchodzić na szczyt, na piętro, na drzewo. Wchodzić po schodach. △ *pot.* Wchodzić komuś na głowę «podporządkowywać kogoś sobie w sposób brutalny» 3. częściej *ndk* «zapuszczać się w głąb czegoś, wcinać się, wrzynać się» □ W. w co: Zatoka wchodzi głęboko w ląd. 4. «zagłębiać się, wsuwać się, wciskać się do środka czegoś, w głąb czegoś» □ W. w co (o substancję stałą lub lotną), do czego a. w co (w substancję płynną), do czego (do jakiegoś pojemnika, pomieszczenia): Gwóźdź wchodzi w ścianę. Samolot wszedł we mgłę. Wchodzić do wody (w wodę). Noga weszła do buta. Rzeczy weszły do walizki. △ Coś weszło, wchodzi komuś w krew «ktoś nabrał, nabiera jakiegoś nawyku, przyzwyczajenia» △ (zwykle *dk*) *pot.* Coś weszło komuś w krzyż, w kolano itp. «kogoś boli krzyż, kolano itp.» △ *książk.* Wejść do historii, do literatury itp. «zostać utrwalonym w historii, literaturze» △ Wchodzić w skład czegoś «być składnikiem czegoś»: W skład tego leku wchodzą witaminy. △ Wchodzić w grę, w rachubę «być branym pod uwagę, liczyć się» △ Wchodzić na ekran, na afisz, na scenę «o filmie, sztuce itp.: zaczynać być granym w kinie, w teatrze»

wciąć *dk Xc*, wetnę, wetnie, wetnij, wciął (*wym.* wcioł), wcięła (*wym.* wcieła), wcięliśmy (*wym.* wcieliśmy, p. akcent § 1a i 2), wcięty — **wcinać** *ndk I*, wcinaliśmy **1.** «tnąc wgłębić w coś, cięciem zrobić rysę, zagłębienie; wernąć» zwykle w *przen.* wyrażeniach: Kobieta, suknia itp. wcięta w pasie «kobieta cienka w pasie, suknia dopasowana w pasie» △ *środ.* Wciąć wiersz, tekst «odsunąć początek wiersza od lewego marginesu» **2.** *żart.*, *pot.* «zjeść chciwie, łapczywie»: Wcięli całą miskę klusek. Wcinali chleb ze skwarkami z wielkim apetytem.
wciąć się — wcinać się «wgłębić się, wernąć się»: Koła wozu wcięły się w piasek. Skały wcinały się w morze.

wciągać *ndk I*, wciągaliśmy (p. akcent § 1a i 2) — **wciągnąć** *dk Va*, wciągnij (*nie*: wciąg), wciągnąłem (*wym.* wciągnołem; *nie*: wciągłem), wciągnęła (*wym.* wciągnęła; *nie*: wciągła), wciągnęliśmy (*wym.* wciągnęliśmy; *nie*: wciągliśmy) □ W. kogo, co — do czego, w co «ciągnąc wprowadzać (zwykle siłą) kogoś, coś dokądś, do środka czegoś»: Z trudem wciągnęła dywan do pokoju. Dzieci wciągały psa do wody, *rzad.* w wodę. △ Wciągać powietrze w płuca a. do płuc, wciągać zapach w nozdrza, do nosa «wdychać» △ *przen.* Wciągać kogoś do spisku, do organizacji, do rozmowy, do pracy. Wciągnąć kogoś w zasadzkę. □ W. co — na co «ciągnąc, dźwigając przenosić z niższego na wyższe miejsce»: Wciągać deski na rusztowanie. Wciągać żagiel na maszt. △ Wciągać sukienkę, spodnie, buty itp. «wkładać sukienkę, buty itp. na siebie»
wciągać się — wciągnąć się □ W. się do czego, w co — w zn. «przyzwyczajać się, przywykać do czegoś, wprawiać się, wdrażać się w coś»: Wciągać się do nauki, w pracę domową.

w ciągu p. ciąg.

wciąż «ciągle, stale, nieustannie, bez przerwy»: Deszcz wciąż padał. Wciąż się martwiła o dzieci. Wciąż jeszcze nie wiem, co chcesz mi powiedzieć. △ *pot.* Wciąż w kółko; stale i wciąż. △ W połączeniu z przymiotnikami i przysłówkami w stopniu wyższym, *lepiej*: coraz, np. Dnie stawały się wciąż (*lepiej*: coraz) dłuższe.

wcielać *ndk I*, wcielaliśmy (p. akcent § 1a i 2) — **wcielić** *dk VIa*, wcielę, wciel, wcielimy, wcieliliśmy □ W. kogo, co — do czego, w co «dołączać do czegoś, zespalać w jedno; przyłączać, włączać»: Wsie wcielano do miasta. Wcielać arcydzieła klasyki do repertuaru teatru. Wcielić oddział wojska do określonego pułku. □ W. co — w co «nadawać czemuś realną postać, urzeczywistniać, wyrażać, ucieleśniać»: Wcielić marzenia w życie, w czyn.
wcielać się — wcielić się □ W. się w co «realizować się, urzeczywistniać się; utożsamiać się z czyjąś

postacią, odtwarzać jakąś postać»: Marzenia wcieliły się w czyn, w życie. Aktor wciela się w graną postać. || D Kult. II, 280.

wcierać *ndk I*, wcieraliśmy (p. akcent § 1a i 2) — **wetrzeć** *dk XI*, wetrę, wetrze, wetrzyj, wetrzemy, wtarł, wtarliśmy □ W. co — w co «przez tarcie powodować przenikanie, wsiąkanie czegoś w coś»: Wcierać krem, maść w skórę.

wcinać p. wciąć.

wciskać *ndk I*, wciskaliśmy (p. akcent § 1a i 2) — **wcisnąć** *dk Va*, wciśnie, wciśnij, wcisnąłem (*wym.* wcisnołem; *nie*: wcisnełem, wcisłem), wcisnęła (*wym.* wcisnęła: *nie*: wcisła), wcisnęliśmy (*wym.* wcisnęliśmy), wciśnięty □ W. co — w co, do czego «wpychać, wgniatać, wtłaczać coś w głąb czegoś, do czegoś»: Wciskać ręce w kieszenie. Wciskać rzeczy do walizki. △ Wciskać głowę w poduszkę. △ Wciskać coś komuś do ręki, w rękę. □ W. co — na co «nasuwać, nakładać coś głęboko»: Wciskać kapelusz na głowę, na oczy. □ W. co (*dk* także: czego — dopełniacz cząstkowy) — do czego «wlewać sok wyciskany z czegoś»: Wcisnąć sok (soku) z pomarańczy, z cytryny do wody, do herbaty.

wczasy *blp*, D. wczasów **1.** «wypoczynek urlopowy ludzi pracy organizowany przez FWP, zakłady pracy, związki zawodowe, zrzeszenia itp.»: Wczasy pracownicze. Wczasy lecznicze, turystyczne, wędrowne. Skierowanie na wczasy. Starać się o wczasy. Dostać, otrzymać wczasy, przydział na wczasy. △ W nazwach dużą literą: Fundusz Wczasów Pracowniczych (FWP). **2.** *przestarz.*, *książk.* «odpoczynek, wytchnienie»: Zażywać wczasów. || D Kult. I, 618.

wczesno- «pierwszy człon przymiotników złożonych wskazujący na wczesność tego, co określa człon drugi, pisany łącznie» np.: wczesnodziejowy, wczesnozimowy.

wczesnojesienny «odnoszący się do wczesnej jesieni»: Wczesnojesienne mgły, roboty. Wczesnojesienny dzień. || D Kult. II, 604.

wczesny *m-os.* wcześni, *st. w.* wcześniejszy **1.** «odnoszący się do początkowego okresu rozwoju kogoś lub czegoś, będący u swego początku, zaczynający się, początkowy»: Wczesny ranek. Wczesna wiosna. Wczesne dzieciństwo, średniowiecze. △ Wczesna godzina «rano» **2.** «ukazujący się na początku właściwej czemuś pory, występujący przed właściwym czasem, przedwczesny»: Wczesne słoty, przymrozki. Wczesny śnieg. Wczesny obiad. Wczesne owoce, warzywa. **3.** tylko w *st. w.* i w *st. najw.* «występujący w okresie poprzedzającym coś; poprzedni»: Wcześniejsi pisarze. Wcześniejsze wydarzenie. Wcześniejsza, najwcześniejsza (*nie*: wczesna) data. || D Kult. I, 784.

wcześniak *m III, lm M.* wcześniaki (*nie*: wcześniacy): Oddział wcześniaków.

wcześnie (*nie*: wcześno) *st. w.* wcześniej: Wcześnie wstać. Wcześnie iść spać. Wcześnie zacząć pracować. Jest bardzo wcześnie. Zmrok zapada wcześnie. Za wcześnie przyszedłeś. △ w zn. «uprzednio, przedtem, kiedyś w przeszłości» tylko w *st. w.*, np.: Wiedział o tym wcześniej. Szkoda, że wcześniej go nie zawiadomiono. Zdarzyło się to dużo wcześniej. △ w zn. «przed jakimś określonym terminem» tylko w *st. w.* i w *st. najw.* np.: Przyjdź wcześniej niż za tydzień. Najwcześniej za godzinę będę w domu. △ Nie wcześniej, niż... (*nie*: nie wcześniej, zanim...).

w części p. część.

wczoraj (*nie*: wczorej) «poprzedniego dnia»: Wczoraj wrócili z podróży. Wczoraj padało. Widzieliśmy się wczoraj. △ Wczoraj wieczór (wieczorem). △ *przen.* «niedawno, w przeszłości»: Wczoraj mała wioska, dziś bogate osiedle.
wczoraj *n ndm* w użyciu rzeczownikowym «dzień wczorajszy»: Wczoraj było podobne do dziś. △ *przen.* «przeszłość»: Wczoraj stało się nieważne wobec dzisiejszych wydarzeń. // *D Kult. I, 47.*

wczorajszy (*nie*: wczorejszy) *m-os.* wczorajsi: Wczorajszy wieczór. Wczorajsze spotkanie. Wczorajsza gazeta. △ *przen.* Wczorajsi bohaterowie, zwycięzcy. △ Wczorajszy dzień **a)** «dzień miniony; wczoraj»: Wczorajszy dzień był piękny. Od wczorajszego dnia czuł się źle. △ W dniu wczorajszym (to wyrażenie zawiera ton pewnej urzędowości w porównaniu z: wczoraj, wczorajszego dnia): W dniu wczorajszym zdarzyło się kilka wypadków na ulicach Warszawy. △ *pot.* Szukać wczorajszego dnia «szukać nie wiadomo czego, marnować czas» **b)** *przen.* «minione lata, przeszłość» // *D Kult. I, 47.*

wdać się *dk I*, wdam się, wdadzą się, wdaj się, wdaliśmy się (p. akcent § 1a i 2) — **wdawać się** *ndk IX*, wdaję się, wdawaj się, wdawaliśmy się □ W. się w co «wziąć w czymś udział, wtrącić się, wmieszać się do czegoś, wplątać się w coś» Wdać się w rozmowę, w dyskusję, w sprzeczkę, w awanturę. Wdać się w wojnę. △ Wdać się w szczegóły «zająć się czymś drobiazgowo, szczegółowo, wniknąć w coś» □ *pot.* (tylko *dk*) W. się w kogo «być podobnym do kogoś, wrodzić się w kogoś»: Syn wdał się w matkę. □ *przestarz.* W. się z kim «wejść w bliższe stosunki, zadać się z kimś»: Nie trzeba się wdawać z byle kim.

w dal(i) p. dal.

! wdechać p. wdychać.

wdepnąć *dk Va*, wdepnąłem (*wym.* wdepnołem; *nie*: wdepnełem, wdepłem), wdepnęła (*wym.* wdepneła; *nie*: wdepła), wdepnęliśmy (*wym.* wdepnęliśmy; *nie*: wdepliśmy; p. akcent § 1a i 2) □ *pot.* W. w co «idąc wejść w coś, nastąpić na coś»: Wdepnąć w błoto. △ *przen.* Wdepnąć w awanturę, w podejrzane towarzystwo. □ *pct. żart.* W. do kogo, do czego «zajść do kogoś, gdzieś po drodze; wstąpić»: Przy okazji wdepniemy do was na chwilę. // *D Kult. I, 221.*

wdeptać *dk IX*, wdepcze, *przestarz.* wdepce, wdepcz, wdeptaliśmy (p. akcent § 1a i 2) — **wdeptywać** *ndk VIIIa*, wdeptuję (*nie*: wdeptywuję, wdeptywam), wdeptywaliśmy □ W. co — w co «depcząc wcisnąć, wgnieść w coś (zwykle w ziemię)»: Wdeptać kwiaty w ziemię, w błoto.

w dodatku p. dodatek.

wdowa *ż IV, lm D.* wdów: Być, zostać wdową. □ W. po kim: Wdowa po profesorze, po dwóch mężach. △ *żart.* Słomiana wdowa (a. wdówka) «mężatka, której mąż jest czasowo nieobecny»

wdowiec *m II, D.* wdowca, *W.* wdowcze, forma szerząca się: wdowcu, *lm M.* wdowcy, *D.* wdowców: Być, zostać wdowcem. △ *żart.* Słomiany wdowiec «żonaty mężczyzna, którego żona jest czasowo nieobecna»

wdrapać się *dk IX*, wdrapię się (*nie*: wdrapę się), wdrapie się, wdrap się, wdrapaliśmy się (p. akcent § 1a i 2) — **wdrapywać się** *ndk VIIIa*, wdrapuję się (*nie*: wdrapywuję się, wdrapywam się), wdrapywaliśmy się □ W. się na co: Wdrapać się na drzewo, na górę. Kot wdrapał mu się na ramię.

wdrażać *ndk I*, wdrażaliśmy (p. akcent § 1a i 2) — **wdrożyć** *dk VIb*, wdrożę, wdroży, wdróż, wdrożyliśmy □ W. kogo — do czego «zaprawiać kogoś do czegoś, przyzwyczajać, przyuczać»: Wdrażać uczniów do samodzielnego myślenia, do nauki. Wdrażać ludzi do pracy. □ W. kogo — w co «uczyć czegoś, wpajać, wszczepiać komuś coś»: Wdrażać młodych w sprawy publiczne. □ W. (*lepiej*: wprowadzać, stosować) co — do czego: Wdrożyć (*lepiej*: wprowadzić, zastosować) wyniki badań naukowych do produkcji. □ W. kogo — w co, do czego (*nie*: w. co — komu, w kogo; *ale*: wpajać, wszczepiać coś — komuś, w kogoś): Wdrażać kogoś do posłuszeństwa, do obowiązków (*ale*: Wszczepiać komuś posłuszeństwo, obowiązki). △ *praw.* Wdrażać postępowanie sądowe, śledztwo «rozpoczynać urzędowo dochodzenie sądowe»
wdrażać się — wdrożyć się □ W. się do czego, w co: Wdrażać się w nową robotę. Wdrażać się do nauki, do samodzielnego życia.

w drodze p. droga.

WDT (*wym.* wudete, p. akcent § 6) *n a. m ndm*; a. *m IV, D.* WDT-u, *Ms.* Wudecie «Wiejski Dom Towarowy»: Poszedł do WDT, do WDT-u. Kupić coś w WDT (w Wudecie). Zbudowano nowe a. nowy WDT. — wudet (p.) — wudetowski.

wdychać (*nie*: wdechać, *ale*: wdech) *ndk I*, wdychaliśmy (p. akcent § 1a i 2), wdychany (*nie*: wdechany): Wdychać powietrze, zapachy ziół, kwiatów.

wdychiwać *ndk VIIIb*, wdychuję (*nie*: wdychiwuję, wdychiwam), wdychiwaliśmy (p. akcent § 1a i 2), *rzad.* p. wdychać.

wdziać *dk Xb*, wdzieję, wdziej, wdział, wdzialiśmy, *reg.* wdzieliśmy (p. akcent § 1a i 2) — **wdziewać** *ndk I*, wdziewaliśmy *wych.* z użycia «włożyć co na siebie; ubrać się w coś» □ W. co — na co: Na nogi wdział stare sandały, na głowę lekką czapkę. Wdziać, *częściej*: włożyć (*nie*: ubrać) futro, sukienkę. // *U Pol. (1), 250.*

wdzierać się *ndk I*, wdzieraliśmy się (p. akcent § 1a i 2) — **wedrzeć się** *dk XI*, wedrę się, wedrze się, wedrzyj się, wdarł się, wdarliśmy się: Nieprzyjaciel wdarł się do miasta. Żołnierze wdarli się na mury obronne. Alpiniści wdzierali się po stromych zboczach. △ *przen.* Przez otwarte okna wdzierał się porywisty wiatr. Zimno wdzierało się pod ubranie. Wdzierać się w czyjeś tajemnice.

wdzięczność *ż V*, zwykle *blm*: Dozgonna, głęboka wdzięczność. Wdzięczność ludzka. Wdzięczność narodu, uczniów, potomnych. Wyrazić, okazać komuś wdzięczność. □ W. dla kogo a. wobec kogo (*nie*: do kogo) — za co: Wdzięczność dla ludzi, wobec rodziny (*nie*: do ludzi, do rodziny) za okazaną pomoc.

Wdzydze *blp*, *D*. Wdzydzów a. (z wyrazem: jezioro) *ndm* «jezioro»: Mieszkać nad Wdzydzami (nad jeziorem Wdzydze).

we p. w

we- p. w-

!weck p. wĕk.

Wedel *m I*, *D*. Wedla, *lm M*. Wedlowie, *D*. Wedlów: Kupić czekoladę Wedla.
Wedel *ż ndm* — Wedlowa *ż* odm. jak przym. — Wedlówna *ż IV*, *D*. Wedlówny, *CMs*. Wedlównie (*nie*: Wedlównej), *B*. Wedlównę (*nie*: Wedlówną), *lm D*. Wedlówien (*nie*: Wedlównych).

wedle *wych. z użycia* «według», żywe w przysłowiu: Wedle stawu grobla. // *D Kult. II, 144*.

według (skrót: wg) «odpowiednio, stosownie do czegoś, zgodnie z czymś, zależnie od czegoś, kierując się czymś» ☐ W. czego: Według umowy. Według przepisu. Według planu. Według instrukcji. Według ostatniej mody. Według chęci, potrzeby. ☐ W. kogo «czyimś zdaniem»: Według mnie (*nie*: po mojemu) referent nie ma racji. *Por.* podług.

wedrzeć się p. wdzierać się.

weekend (*wym.* u̯ikend) *m IV*, *D*. weekendu: Wybrać się, wyjechać na weekend. Byliśmy na weekendzie.

weekendowy (*wym.* u̯ikendowy): Wycieczki, wyjazdy weekendowe.

wegetarianin *m V*, *lm M*. wegetarianie, *D*. wegetarianów; in. jarosz.

wegetarianizm *m IV*, *D*. wegetarianizmu, *Ms*. wegetarianizmie (*wym.* ~izmie a. ~iźmie), zwykle *blm*.

wegetariański: Kuchnia wegetariańska.

wegnać *dk I*, wegnaliśmy (p. akcent § 1a i 2), *rzad.* **wgonić** *dk VIa*, wgonię, wgoń, wgoniliśmy — **wganiać** *ndk I*, wganialiśmy ☐ W. kogo, co — w co a. do czego (z nazwami pomieszczeń tylko: do czego): Wegnać bydło do wody a. w wodę, do rzeki a. w rzekę, do obory.

wehikuł *m IV*, *D*. wehikułu *daw.* dziś *żart.* «wszelki środek lokomocji, pojazd»: Staromodny wehikuł. △ Wehikuł kosmiczny (tu bez odcienia żartobliwości).

Weimar (*wym.* Wajmar) *m IV*, *D*. Weimaru «miasto w NRD»: Jechać do Weimaru. Mieszkać w Weimarze. — weimarczyk *m III*, *lm M*. weimarczycy — weimarka *ż III*, *lm D*. weimarek — weimarski.

Wejherowo *n III* «miasto» — wejherowianin *m V*, *D*. wejherowianina, *lm M*. wejherowianie, *D*. wejherowian — wejherowianka *ż III*, *lm D*. wejherowianek — wejherowski.

wejrzeć *dk VIIb*, wejrzę, wejrzy, wejrzyj, wejrzał, wejrzeliśmy (p. akcent § 1a i 2), *reg.* **wglądnąć** *dk Va*, wglądnąłem (*wym.* wglądnołem; *nie*: wglądnełem), wglądnęła (*wym.* wglądneła), wglądnęliśmy (*wym.* wglądneliśmy) — **wglądać** *ndk I*, wglądaliśmy **1.**

«wniknąć w coś, gruntownie zająć się, zainteresować się czymś» ☐ W. w co: Wejrzeć w czyjąś pracę, w wychowanie dzieci, w cudze życie. **2.** *przestarz.*, *podn.* (tylko *dk*) «zwrócić na kogoś, na coś uwagę, okazać komuś łaskę, litość» ☐ W. na kogo, na co: Król wejrzał na nędzę poddanych.

wejrzenie *n I wych. z użycia* «wzrok, spojrzenie»: Dziewczyna o łagodnym wejrzeniu. △ Od pierwszego wejrzenia «od chwili zobaczenia kogoś pierwszy raz»: Zakochać się od pierwszego wejrzenia.

wejście (*nie*: wchód) *n I* **1.** «miejsce, otwór, przez który się wchodzi (drzwi, brama, furtka itp.)»: Główne, frontowe wejście a. wejście od frontu. Wejście kuchenne a. od kuchni. Osobne, niekrępujące wejście. Stanąć, zatrzymać się przy wejściu a. u wejścia. ☐ W. do czego: Wejście do mieszkania, do pokoju, do piwnicy. ☐ W. na co: Wejście na dach, na strych. **2.** *częściej*: wstęp: Wejście na wystawę kosztuje 10 zł. Wejście bezpłatne (*nie*: wolne).

wejść p. wchodzić.

wek (*nie*: weck) *m III*, *D*. weku a. weka: Przechowywać kompoty, marynaty itp. w wekach. Podano kompot z weku (weka).

weka *ż III reg.* «bułka używana na kanapki, bułka barowa»

wekować *ndk IV*, wekowaliśmy (p. akcent § 1a i 2) — **zawekować** *dk* «zamykać,- konserwować, przechowywać produkty w wekach»: Wekować owoce, jarzyny, mięso itp. Zawekowała masę truskawek i śliwek.

weksel *m I*, *D*. weksla, *lm M*. weksle, *D*. weksli, *rzad.* wekslów: Wystawca weksla. Wystawić, podpisać weksel. Pożyczyć pieniądze na weksel. Płacić wekslami. Poręczać, żyrować weksel. Weksel na jakąś sumę. Weksel bez pokrycia.

Welles (*wym.* Uels) *m IV*, *D*. Wellesa (*wym.* U̯elsa): Wybitna rola teatralna Orsona Wellesa.

I Wellington (*wym.* U̯elington) *m IV*, *D*. Wellingtona (p. akcent § 7): Zwycięstwo Wellingtona pod Waterloo.

II Wellington (*wym.* U̯elington) *m IV*, *D*. Wellingtonu (p. akcent § 7) «stolica Nowej Zelandii»: Pojechać do Wellingtonu. Mieszkać w Wellingtonie.

wellington (*wym.* welington) *m IV*, *D*. welingtona (p. akcent § 7), zwykle w *lm*, *M*. wellingtony «wysokie buty gumowe»

Wells (*wym.* U̯els) *m IV*: Powieści fantastyczno-naukowe Wellsa.

wełna *ż IV*, *lm D*. wełen: Wełna merynosowa, angorska, kozia, owcza, wielbłądzia. Wełna czesankowa, zgrzebna. Stuprocentowa, czysta (*nie*: żywa) wełna. Motek, kłębek wełny. Garnitur, koc materiał z wełny. Czesać, gręplować, prząść wełnę.

wełniany (*nie*: wełniany) «zrobiony z wełny; produkujący wyroby z wełny»: Wełniany szalik. Wełniana suknia. Wełniane rękawiczki. Przemysł wełniany a. wełniarski.

wełniarski «dotyczący wełniarstwa, czyli produkcji wyrobów z wełny»: Przemysł wełniarski a. wełniany. // *D Kult. II, 356*.

wełnisty «pokryty, porośnięty obficie wełną; skręcony, kędzierzawy»: Wełniste owce. Wełniste włosy. Wełnista grzywa.

Wełtawa *ż IV* «rzeka w Czechosłowacji»: Mieszkać nad Wełtawą. Jechać nad Wełtawę. — wełtawski.

wena *ż IV książk.* «zdolność, łatwość tworzenia»: Wena poetycka. Dopisuje komuś, ponosi, nie opuszcza kogoś wena.

Wende *m odm. jak przym., NMs.* Wendem, *lm M.* Wendowie, *DB.* Wendów, *rzad.* (z odmienianym imieniem lub tytułem) *ndm*: Przemówienie Jana Karola Wendego (Jana Karola Wende). Wende *ż ndm* — Wendowa *ż odm. jak przym.* — Wendówna *ż IV, D.* Wendówny, *CMs.* Wendównie (*nie*: Wendównej), *B.* Wendównę (*nie*: Wendówną), *lm D.* Wendówien (*nie*: Wendównych).

wendeta (*nie*: wendetta) *ż IV książk.* «zemsta rodowa (zwłaszcza na Korsyce i Sycylii)»: Krwawa wendeta.

Wenecja *ż I* «miasto i region we Włoszech» — Wenecjanin (p.) — Wenecjanka (p.) — wenecki (p.).

Wenecjanin *m V, D.* Wenecjanina, *lm M.* Wenecjanie, *D.* Wenecjan **1.** «mieszkaniec Wenecji — regionu»
2. wenecjanin «mieszkaniec Wenecji — miasta»

Wenecjanka *ż III, lm D.* Wenecjanek **1.** «mieszkanka Wenecji — regionu»
2. wenecjanka «mieszkanka Wenecji — miasta»

wenecki (*nie*: wenecjański): Szkło weneckie. △ Okna weneckie. △ *żart.* Jakiż z niego psotnik, istne półdiablę weneckie. △ W nazwach dużą literą: Zatoka Wenecka, Republika Wenecka. || *D Kult. II, 560.*

Wened *m IV, D.* Weneda, *lm M.* Wenedowie a. Wenedzi, zwykle w *lm* «starożytna nazwa Słowian; *rzad.* Wenet» — wenedzki.

Wenera *ż IV* p. Wenus (w zn. 1).

Wenet *m IV, D.* Weneta, *lm M.* Wenetowie a. Weneci, zwykle w *lm* **1.** «lud starożytnej Italii» **2.** *rzad.*, p. Wened. — wenetyjski.

Wenezuela (*wym.* Wenezu-ela; *nie*: Wenecuela) *ż I* «państwo w Ameryce Południowej» — Wenezuelczyk *m III, lm M.* Wenezuelczycy — Wenezuelka *ż III, lm D.* Wenezuelek — wenezuelski.

wenezuelski: Klimat wenezuelski. Roślinność wenezuelska (*ale*: Zatoka Wenezuelska).

wentyl *m I, D.* wentyla, *rzad.* wentylu, *lm M.* wentyle, *D.* wentyli a. wentylów; *in.* zawór.

wentylować *ndk IV*, wentylowaliśmy (p. akcent § 1a i 2) częściej w imiesł. biernym: wentylowany «oczyszczać, odświeżać powietrze (zwykle za pomocą wentylatorów); przewietrzać»: Pomieszczenie dobrze wentylowane. Hala fabryczna musi być wentylowana ze względów zdrowotnych. △ *wych. z użycia, środ.* Wentylować sprawę, kwestię itp. «rozstrząsać, rozpatrywać sprawę»

Wenus *ż ndm* **1.** *rzad.* Wenera «imię rzymskiej bogini miłości»: Wenus z Milo. **2.** «druga według oddalenia od Słońca planeta Układu Słonecznego»: Badania atmosfery na Wenus.

wenusjański «odnoszący się do planety Wenus»: Rakieta wenusjańska.

weń *książk.* «przyimek *w(e)* w połączeniu z elementem *-ń* jako cząstką składową formy *niego*» poprawny tylko w formie biernika rodz. męskiego *lp*, np. Poderwał się, jakby weń piorun strzelił. || *U Pol. (1), 408.*

wepchnąć *dk Va*, wepchnę, wepchnie, wepchnij, wepchnął (*wym.* wepchnoł), wepchnęła (*wym.* wepchneła; *nie*: wepchła), wepchnęliśmy (*wym.* wepchneliśmy; p. akcent § 1a i 2), *rzad.* **wepchać** *dk I*, wepchaj, wepchaliśmy — **wpychać** *ndk I*, wpychaliśmy □ W. co — w co (w substancję stałą a. lotną), w co a. do czego (w substancję płynną), do czego (do jakiegoś pojemnika, pomieszczenia): Wepchnąć komuś nóż w plecy. Koledzy wepchnęli bojaźliwego chłopca do wody (w wodę). Wepchnąć rzeczy do walizki. W ostatniej chwili wepchnął go do wagonu. Siłą wepchnął ucznia do klasy.

weprzeć *dk XI*, weprę, weprze, weprzyj, wparł, wparliśmy (p. akcent § 1a i 2) — **wpierać** *ndk I*, wpieraliśmy (zwykle *ndk* w zn. *pot.*) «uparcie coś komuś wmawiać» □ W. co — w kogo: Wpierał w niego chorobę.

weranda (*nie*: werenda) *ż IV*: Siedzieć na (*nie*: w) werandzie. Iść, wejść na werandę (*nie*: do werandy).

werbena (*nie*: werwena) *ż IV* **1.** «roślina kwiatowa»: W ogrodzie pachniały werbeny. **2.** «woda toaletowa o zapachu kwiatów tej rośliny»: Wychodząc na bal skropił się obficie werbeną.

Wereszczaka *m odm. jak ż III, lm M.* Wereszczakowie, *DB.* Wereszczaków. Wereszczaka *ż III, rzad. ndm* — Wereszczakowa *ż odm. jak przym.* — Wereszczakówna *ż IV, D.* Wereszczakówny, *CMs.* Wereszczakównie (*nie*: Wereszczakównej), *lm D.* Wereszczakówien.

Werfel *m I, D.* Werfla: Wiersze i dramaty Werfla.

Wergiliusz (*nie*: Wirgiliusz) *m II; rzad.* **Wergili** *m odm. jak przym.*: Wiersze Wergiliusza (Wergilego).

wermiszel *m I, D.* wermiszelu, *rzad.* wermiszlu *wych. z użycia* «rodzaj makaronu, dziś raczej: nitki»

wernisaż *m II, D.* wernisażu: Odbył się wernisaż znanego malarza. Wziąć udział w wernisażu.

Wersal *m I, D.* Wersalu **1.** «miasto we Francji; pałac królów francuskich» — wersalczyk (p.) — wersalka (p.) — wersalski.
2. wersal *blm pot., żart.* «przesadna grzeczność, wytworność, przesadne ceremonie»

wersalczyk *m III, lm M.* wersalczycy **1.** «mieszkaniec Wersalu» **2.** *pot.* «człowiek przesadnie uprzejmy, układny»

wersalka *ż III, lm D.* wersalek **1.** «mieszkanka Wersalu» **2.** «kanapa rozkładana, mogąca służyć do spania»

werznąć a. **werżnąć** *dk Va*, werznąłem, werżnąłem (*wym.* werznołem, werżnołem; *nie*: werznełem, werżnełem); werznął, werżnął (*wym.* werznoł, werżnoł); werznęła, werżnęła (*wym*. werzneła, werżneła); werznąłby, werżnąłby (*wym*. werznołby, werżnołby, p. akcent § 4c) — **wrzynać** *ndk I*, wrzynałby □ *posp*. (tylko *dk*) W. komu «zbić, sprawić lanie»

werznąć się a. **werżnąć się — wrzynać się** □ W. się w co: Kajdanki wrzynały się w ręce. Nóż głęboko werżnął się w metal. Koła wozu wrzynały się w piasek.

wes- p. ws-

wesele *n I* 1. «przyjęcie z okazji czyjegoś ślubu»: Skromne, huczne wesele. Wyprawić komuś wesele. △ Srebrne, złote, brylantowe wesele. 2. *blm przestarz.*, *książk*. «radość, wesołość»

Wesoła *ż* odm. jak przym. «osada»: Pojechać do Wesołej. Mieszkać w Wesołej.

wesołek *m III, D.* wesołka, *lm M.* ci wesołkowie a. (z silniejszym zabarwieniem ekspresywnym) te wesołki.

wesoło *st. w.* weselej a. bardziej wesoło: Bawić się wesoło. Wesoło śpiewać, tańczyć.

wesoły, rzad. wesół (tylko w funkcji orzecznika, a. przydawki okolicznikowej) *m-os.* weseli, *st. w.* weselszy: Wesoły człowiek. Wesoły uśmiech. Wesołe spojrzenie. Wesołe kolory. Wesołych Świąt. Wesoły z natury, z usposobienia. Bądź wesół i zdrów. Po miłej wizycie wesół (wesoły) poszedł do domu.

wespół *książk*. «razem, wspólnie z kimś, z czymś» □ W. z kim, z czym: Pracował wespół z wszystkimi.

wesprzeć *dk XI*, wesprę, wesprzyj, wsparł, wsparliśmy (p. akcent § 1a i 2) — **wspierać** *ndk I*, wspieraliśmy *książk*. «oprzeć, podtrzymać» □ W. co — na czym, o co: Wesprzeć głowę na rękach. Dom wsparty na kolumnach. Wesprzeć wiosło o ziemię. □ W. kogo (czym): Wesprzeć kalekę ramieniem. Wsparł go, boby upadł. △ *przen*. «udzielić komuś pomocy»: Wspierał ubogich, potrzebujących. Wesprzeć kogoś pożyczką, radą. Wesprzeć kogoś w biedzie, w chorobie.

wessać *dk IX*, wessę, wessie, wessij, wessał, wessałby (p. akcent § 4c) — **wsysać** *ndk I*, wsysałby: Odkurzacz wessał kurz. Ziemia wsysa wilgoć.

westchnąć (*nie*: wzdychnąć) *dk Va*, westchnąłem (*wym*. westchnołem; *nie*: westchnełem, westchłem), westchnęła (*wym*. westchneła; *nie*: westchła), westchnął (*wym*. westchnoł), westchnęliśmy (*wym*. westchnełiśmy; *nie*: westchliśmy; p. akcent § 1a i 2) — **wzdychać** *ndk I*, wzdychaliśmy: Westchnąć ciężko. Wzdychała z ulgą, gdy przychodził. □ (tylko *ndk*) W. do kogo, do czego, w. za kim, za czym (nieobecnym) «pragnąć kogoś, czegoś, tęsknić do kogoś, do czegoś»: Wzdychać do wypoczynku, do swobody. Wzdychać za mężem, za utraconą swobodą.

western (*wym*. uestern a. western) *m IV, D.* westernu: Ten aktor często grywa w westernach.

Westerplatte (*wym*. Westerplate) *n ndm* «półwysep nad Zatoką Gdańską»: Walki na Westerplatte. Obrona Westerplatte.

Westfalia *ż I, DCMs.* Westfalii «kraina w NRF» — Westfalczyk *m III, lm M.* Westfalczycy — Westfalka *ż III, lm D.* Westfalek — westfalski.

Westminster (*wym*. Uestminster a. Westminster) *m ndm* a. *m IV, D.* Westminsteru (p. akcent § 7) «dzielnica Londynu»: Pałac królewski w Westminster (Westminsterze). Pojechać do Westminster (Westminsteru) — westminsterski (p.).

westminsterski (*wym*. uestminsterski a. westminsterski): Opactwo westminsterskie.

westybul (*nie*: westibul) *m I, D.* westybulu, *lm D.* westybuli a. westybulów *przestarz*. «obszerny przedpokój, poczekalnia w dużym gmachu; hall»

wesz (*nie*: wsza) *ż VI, D.* wszy, *lm M.* wszy, *D.* wszy (*nie*: wesz, wszów): Wesz głowowa, odzieżowa. △ *posp*. Rzucać się jak wesz na grzebieniu «awanturować się, przeciwstawiać się komuś w sposób arogancki»

wet *m IV, D.* wetu △ tylko w wyrażeniu: Wet za wet «odwzajemniając tym samym (zwykle złem za doznane zło)»

weterynaria *ż I, DCMs.* weterynarii, *blm* 1. «nauka o leczeniu zwierząt»: Wydział weterynarii. Lekarz weterynarii (*pot.* weterynarz). Studiować weterynarię. 2. *pot.* «wydział wyższej uczelni»: Absolwent weterynarii. Chodzić na weterynarię.

weterynarz (*nie*: weteryniarz) *m II, lm D.* weterynarzy *pot.* «lekarz weterynarii»

wetknąć *dk Va*, wetknąłem (*wym*. wetknołem; *nie*: wetknełem, wetkłem), wetknął (*wym*. wetknoł), wetknęła (*wym*. wetkneła; *nie*: wetkła), wetknęliśmy (*wym*. wetknełiśmy; *nie*: wetkliśmy; p. akcent § 1a i 2) — **wtykać** *ndk I*, wtykaliśmy: Wetknąć kwiaty za obrazek. △ Nie wtykaj nosa do cudzego prosa (przysłowie). △ *przen. pot*. Wetknąć nos w gazetę, w książkę. □ *pot*. W. co — komu «dać coś komuś, zwłaszcza wbrew jego woli»: Wtykała nam zepsuty towar. Matka wtykała im słodycze do kieszeni.

weto *n III*: Chciał studiować, ale rodzice założyli weto. Prawo weta (*ale*: Liberum veto — p.).

wetrzeć p. wcierać.

wety *blp, D.* wetów *przestarz*. «deser»: Na wety podano owoce.

wewnątrz (*wym*. wewnącz, *rzad*. wewnątsz, wewnączsz): Wewnątrz samochodu. Wewnątrz pudła. △ Do wewnątrz «do wnętrza czegoś»: Wpuścić kogoś do wewnątrz. △ Od wewnątrz «od wewnętrznej strony; od środka»: Drzwi były zamknięte od wewnątrz.

wewnątrz- «pierwszy człon przymiotników złożonych wskazujący na występowanie, dzianie się czegoś we wnętrzu tego, co określa drugi człon, pisany łącznie», np.: wewnątrzfabryczny, wewnątrzwyrazowy.

wewnętrzny (*wym*. wewnęczny, *rzad*. wewnętszny, wewnęczszny): Wewnętrzny dziedziniec zamku. Wewnętrzna strona okładki. Choroby wewnętrzne. Obrażenia wewnętrzne. Polityka wewnętrzna kraju. Przeżycia wewnętrzne człowieka. Dyscyplina wewnętrzna.

Weygand (*wym*. Wegã) *m IV, D.* Weyganda (p. akcent § 7): Uderzenie wojsk francuskich pod dowództwem generała Weyganda.

Weyssenhoff (*wym.* Wajsenhof) *m IV, D.* Weyssenhoffa (p. akcent § 7), *lm M.* Weyssenhoffowie. Weyssenhoff *ż ndm* — Weyssenhoffowa *ż* odm. jak przym. — Weyssenhoffówna *ż IV, D.* Weyssenhoffówny, *CMs.* Weyssenhoffównie (*nie*: Weyssenhoffównej), *lm D.* Weyssenhoffówien.

wez- p. **ws-**

wezbrać *dk IX,* wzbierze, wzbiorą, wezbrałby (p. akcent § 4c) — **wzbierać** *ndk I,* wzbierałby □ W. bez dop.: Rzeki wzbierają. △ *przen.* Gniew, wściekłość, litość w kimś wzbiera. □ *książk.* W. czym: Oczy wzbierają łzami. △ *przen.* Głos wzbiera uczuciem. Pierś wezbrała dumą.

Wezera *ż IV* «rzeka w NRF»: Miasta nad Wezerą.

wezgłowie (*nie*: węzgłowie) *n I, lm D.* wezgłowi (*nie*: wezgłów): Wezgłowie łóżka.

wezwać *dk IX,* wezwę (*nie*: wezwię), wezwie, wezwą (*nie*: wezwią), wezwij, wezwaliśmy (p. akcent § 1a i 2) — **wzywać** *ndk I,* wzywaliśmy □ (tylko *ndk*) W. czego: Wzywać opieki, pomocy, ratunku. □ W. kogo, co: Wezwać lekarza, pogotowie, milicję. □ W. kogo — do czego, na co: Wezwać kogoś do biura, na naradę. Wezwać kogoś do pomocy a. na pomoc. □ W. kogo — na kogo a. jako kogo: Wzywano go do sądu na świadka (jako świadka). Wezwać kogoś na eksperta (jako eksperta).

wezwanie *n I* **1.** *blm* forma rzeczownikowa czas. wezwać. **2.** «ustny lub pisemny nakaz stawienia się gdzieś; apel, odezwa» □ W. do czego: Wezwanie do stawienia się w sądzie. □ W. na co: Wezwanie na rozprawę, na śledztwo. **3.** «nazwa, tytuł»: Kościół pod wezwaniem (*nie*: o wezwaniu) św. Wojciecha.

wezykatoria (*nie*: wizykatoria, wyzykatoria) *ż I, DCMs.* i *lm D.* wezykatorii *przestarz.* «plaster używany jako środek leczniczy»

wezyr *m IV, lm M.* wezyrowie (*nie*: wezyrzy): Wezyr turecki. Wielki wezyr.

węch *m III, D.* węchu, *blm*: Subtelny, delikatny, wyostrzony węch. Rozpoznawać coś węchem. △ *pot.* Psi węch «wyjątkowa domyślność, bystra orientacja»

wędkarz *m II, lm D.* wędkarzy.

wędliniarnia *ż I, DCMs.* wędliniarni, *lm D.* wędliniarni, *rzad.* wędliniarń **1.** «sklep, w którym się sprzedaje wędliny» **2.** *przestarz.* «wytwórnia wędlin»

wędrowiec *m II, D.* wędrowca, W. wędrowcze, forma szerząca się: wędrowcu, *lm M.* wędrowcy; *rzad.* **wędrownik** *m III, lm M.* wędrownicy *książk.* «turysta, podróżnik»

wędzarnia *ż I, DCMs.* wędzarni, *lm D.* wędzarni, *rzad.* wędzarń: Wędzarnia ryb.

węgiel *m I, D.* węgla **1.** *blm* «pierwiastek chemiczny»: Dwutlenek węgla. **2.** *blm* «pozostałość po prażeniu substancji roślinnych i zwierzęcych bez dostępu powietrza»: Węgiel aktywny a. aktywowany. Węgiel drzewny. Węgiel kostny. **3.** *blm* (*reg.* także w *lm*) «rodzaj skały używanej jako opał»: Węgiel brunatny, kamienny. Kupić węgiel (*reg.* węgle) na opał. △ Biały węgiel «woda jako siła napędowa» **4.** zwykle w *lm* «zwęglone, rozżarzone ka-

wałki nie dopalonego drzewa, węgla»: Węgle do żelazka, do samowara. Stać jak na rozżarzonych węglach.

węgielny przym. od węgiel «narożny, kątowy» △ dziś zwykle w wyrażeniu: kamień węgielny **a)** «w budynkach kamień narożny, na którym opiera się węgieł» **b)** «pierwsza cegła lub pierwszy kamień wmurowane w fundament budowli»

węgieł *m IV, D.* węgła «róg, narożnik»: Wyglądać zza węgła. △ Wiązać, łączyć belki na węgieł.

Węgierka *ż III, lm D.* Węgierek **1.** «kobieta narodowości węgierskiej» **2.** węgierka «odmiana śliwy; owoc tego drzewa»

Węgierko *m* odm. jak *ż III, lm M.* Węgierkowie, *DB.* Węgierków. Węgierko *ż ndm* — Węgierkowa *ż* odm. jak przym. — Węgierkówna *ż IV, D.* Węgierkówny, *CMs.* Węgierkównie (*nie*: Węgierkównej), *lm D.* Węgierkówien.

węgierski: Wino węgierskie (*ale*: Nizina Węgierska).

węglarz *m II, lm D.* węglarzy **1.** «sprzedawca węgla; ten, kto rozwozi węgiel» **2.** *in.* karbonariusz.

węgorz *m II, lm D.* węgorzy: Węgorze wędrują na tarło do morza. △ *pot.* Wić się jak węgorz.

Węgorzewo *n III* «miasto» — węgorzewianin *m V, D.* węgorzewianina, *lm M.* węgorzewianie, *D.* węgorzewian — węgorzewianka *ż III, lm D.* węgorzewianek — węgorzewski.

Węgrów *m IV, D.* Węgrowa «miasto» — węgrowianin *m V, D.* węgrowianina, *lm M.* węgrowianie, *D.* węgrowian — węgrowianka *ż III, lm D.* węgrowianek — węgrowski.

Węgry *blp, D.* Węgier, *Ms.* Węgrzech «państwo w Europie»: Mieszkać na (*nie*: w) Węgrzech; *ale*: Rozmawiać o Węgrach — mieszkańcach Węgier. Jechać na Węgry (*nie*: do Węgier). — Węgier *m IV, D.* Węgra, *lm M.* Węgrzy, *Ms.* Węgrach — Węgierka (p.) — węgierski (p.).

węgrzyn *m IV, DB.* węgrzyna, *lm M.* węgrzyny «wino węgierskie»: Pić węgrzyna.

Węgrzyn *m IV, lm M.* Węgrzynowie. Węgrzyn *ż ndm* — Węgrzynowa *ż* odm. jak przym. — Węgrzynówna *ż IV, D.* Węgrzynówny, *CMs.* Węgrzynównie (*nie*: Węgrzynównej), *lm D.* Węgrzynówien.

węzeł *m IV, D.* węzła, *Ms.* węźle **1.** «zaciągnięta pętla; supeł»: Gruby, podwójny węzeł. Węzeł marynarski. △ Przeciąć węzeł gordyjski «zdecydowanie rozstrzygnąć zawiłą sprawę» △ *przen.* «to, co łączy ludzi; związki, więzy»: Węzły przyjaźni, sympatii. Węzły krwi, pokrewieństwa. **2.** «miejsce, gdzie krzyżują się ważne arterie, szlaki komunikacyjne»: Węzeł kolejowy. Węzeł komunikacyjny. **3.** «jednostka szybkości statku równa 1 mili morskiej na godzinę»: Prędkość statku: 12 węzłów (*nie*: 12 węzłów na godzinę).

węzłowato w zn. «zwięźle» — tylko w wyrażeniu: Krótko i węzłowato, np. Na jego wywody odpowiedział krótko i węzłowato.

węzłowaty «pełen węzłów, zgrubień; węźlasty»: Węzłowate łodygi. △ *przen.* «zwięzły (tylko w wyrażeniu: krótki i węzłowaty)»: Rozmowa ich była krótka i węzłowa.

węzłowy przym. od węzeł (zwykle w zn. 2): Stacja węzłowa. Punkt węzłowy. △ *przen.* «ważny, podstawowy»: Węzłowe problemy, zagadnienia.

WFM (*wym.* wuefem, p. akcent § 6) *ż ndm*, a. *m IV, D.* WFM-u, *Ms.* WFM-ie **1.** «Warszawska Fabryka Motocykli»: Pracownicy WFM (WFM-u). WFM wypuściła (wypuścił) nową serię motocykli. **2.** tylko *ndm* «marka motocykla»: Motocykle (marki) WFM. — WFM-owski a. wuefemowski.

wg «skrót wyrazu; *według*, pisany bez kropki, czytany jako cały wyraz»: Wypełnić coś wg załączonego wzoru.

wganiać p. wegnać.

wgiąć *dk Xc*, wegnę, wegnie, wegnij, wgiąłem (*wym.* wgiołem; *nie:* wgiełem), wgięła (*wym.* wgieła), wgięliśmy (*wym.* wgieliśmy, p. akcent § 1a i 2) — **wginać** *ndk I*, wginaliśmy: Wgiąć główkę kapelusza.

wgląd *m IV, D.* wglądu, *blm*: Otrzymać coś (np. akta) do wglądu. Wyłożyć listy wyborcze do wglądu. □ W. do czego: Miał wgląd do korespondencji. □ W. w co: Wgląd w czyjąś pracę, w gospodarkę.

wglądać p. wejrzeć.

wglądnąć p. wejrzeć.

wgłębiać się *ndk I*, wgłębialiśmy się (p. akcent § 1a i 2) — **wgłębić się** *dk VIa*, wgłąb się, wgłębiliśmy się □ W. się w co: Świdry wgłębiały się w skałę. △ *przen.* Wgłębiać się w stare rękopisy.

wgonić p. wegnać.

whisky (*wym.* ujski; ta whisky, *nie:* te whisky) *ż ndm*: Szkocka whisky. Whisky z wodą sodową.

Whitehead (*wym.* Uajthed) *m IV, D.* Whiteheada (p. akcent § 7): Dzieła filozoficzne Alfreda Whiteheada.

Whitman (*wym.* Uitmen) *m IV, D.* Whitmana (p. akcent § 7): Monografia o twórczości poetyckiej Whitmana.

wiać *ndk Xb*, wialiśmy, *reg.* wieliśmy (p. akcent § 1a i 2) □ W. bez dop. **a)** «o powietrzu, o zapachach: przesuwać się»: Wiatr wieje z południa, z zachodu a. od południa, od zachodu. Oknami wiał zapach goździków. △ *nieos.* Wieje, wiało (a. wieje, wiało czym): Wieje od okna; wiało na nas. Z piwnicy wiało wilgocią. △ *przen.* Wieje od niej obcością. Z ekranu wiało nudą. **b)** *pot.* «uciekać»: Trzeba wiać, żeby nas nie złapali. △ Wiać aż się kurzy. Wiać, gdzie pieprz rośnie. □ W. co «oddzielać zanieczyszczenia (z omłóconego zboża)»: Wiać żyto.

wiadomo: Nie było wiadomo, czy przyjedzie. Nie wiadomo, która godzina. Wiadomo, że... (*nie:* wiadome, wiadomym jest, że...). △ Częste w wyrażeniach: Jak wiadomo, o ile (komuś) wiadomo, nie wiadomo jak, kiedy i gdzie, nigdy nic nie wiadomo.

wiadomość *ż V* **1.** «informacja o czymś; wieść»: Aktualna, ciekawa, dokładna, poufna, sensacyjna wiadomość. Wiadomości z frontu, ze świata. Nie miał wiadomości od syna. □ W. o kim, o czym: Wiadomość o zaginionym. Wiadomość o wypadku. **2.** tylko w *lm* «zasób wiedzy w jakiejś dziedzinie»:

Elementarne, podstawowe, praktyczne, teoretyczne wiadomości. □ W. z czego: Wiadomości z geografii.

wiadomy: Spotkali się w wiadomym miejscu. △ Jest rzeczą wiadomą, że... (zwykle w wypowiedziach oficjalnych) a. wiadomo, że... (*nie:* jest wiadome, wiadomym, że...). □ W. komu: List pisany do wiadomej ci osoby.

wiadro *n III, Ms.* wiadrze (*nie:* wiedrze), *lm D.* wiader: Wiadro z drewna a. drewniane, z blachy a. blaszane. □ W. czego «wiadro zawierające coś; ilość czego mieszcząca się w wiadrze»: Wiadro wody, węgla. □ W. do czego, na co «wiadro do przechowywania, przenoszenia czego»: Wiadro do wody, na węgiel. □ W. od czego «wiadro o określonym stałym przeznaczeniu, opróżnione z czego»: Wiadro od śmieci. □ W. po czym, *reg.* z czego «wiadro, w którym coś było»: Wiadro po wapnie. □ W. z czym «wiadro wraz z zawartością»: Wiadro z wodą.

wiadukt (*wym.* wjadukt) *m IV, D.* wiaduktu, *Ms.* wiadukcie: Pociągi przejeżdżały pod wiaduktem.

wiara *ż IV, CMs.* wierze **1.** *blm* «przeświadczenie, pewność, że coś jest prawdziwe; zaufanie»: Dziecięca, głęboka, niewzruszona, niezłomna wiara. △ Przyjąć, powtórzyć coś na wiarę «przyjąć, powtórzyć coś bez dowodu» △ *książk.* Coś znajduje u kogoś wiarę «ktoś wierzy komuś, wierzy w coś»: Najbardziej fantastyczne pogłoski znajdowały wiarę w tym bezkrytycznym środowisku. □ W. w co, w kogo: Wiara w ideały, w szczęśliwą gwiazdę, w Boga. **2.** *książk.* **a)** «religia, wyznanie»: Wiara chrześcijańska, muzułmańska. Wyznanie wiary. **b)** *książk.* «wierność, stałość (zwłaszcza w stosunku do osoby kochanej)»: Dochować komuś wiary. Złamać komuś wiarę.

wiarogodność a. **wiarygodność** *ż V, blm*: Wiarogodność (wiarygodność) opinii, źródeł historycznych. Stwierdzić wiarogodność (wiarygodność) podpisu.

wiarogodny a. **wiarygodny** *st. w.* wiarogodniejszy, wiarygodniejszy a. bardziej wiarogodny, wiarygodny: Wiarogodne (wiarygodne) wieści. Wiarogodny (wiarygodny) świadek.

wiarołomca *m odm. jak ż II, lm M.* wiarołomcy, *DB.* wiarołomców *książk., wych. z użycia* «zdrajca, odstępca»

wiarus *m IV, Ms.* wiarusie, *lm M.* te wiarusy *pot.* «stary albo dziarski żołnierz»

wiaterek *m III, D.* wiaterku a. wiaterka.

wiatr (*nie:* wiater) *m IV, D.* wiatru, w zn. «ruch warstw powietrza, strumień powietrza»: Silny, gwałtowny, ostry, ciepły, łagodny wiatr. Wiatr północny, południowy. Wiatr halny (a. halny). △ *przen.* Pomyślny, przychylny wiatr. △ Wiatry o kierunkach zmiennych (*nie:* z kierunków zmiennych). △ *pot.* Iść, przegnać, przepędzić kogoś na cztery wiatry. △ *posp.* Wystawić kogoś do wiatru «oszukać, zwieść, nabrać kogoś» □ W. od czego, z czego: Wiatr od morza. Wiatr z gór, z północy.

wiatromierz *m II, lm D.* wiatromierzy, *rzad.* wiatromierzów; in. anemometr.

wiatrowy «pozostający w związku z wiatrem» (zwykle w terminologii specjalnej): Szyb wiatrowy. Sztygar wiatrowy. Maszyna wiatrowa. *Por.* wietrzny.

wiąz *m IV, D.* wiązu: Odwieczne wiązy. Drewno wiązu.

wiązać *ndk IX*, wiąże, wiązaliśmy (p. akcent § 1a i 2) **1.** «łączyć coś z czymś, umocowywać coś na czymś»: Wiązać zerwane nici. Wiązać chustkę na głowie. Wiązać krawat. □ W. co z czym: Wiązali ze sobą belki. △ *pot.* Wiązać koniec z końcem «z trudem dawać sobie radę pod względem materialnym» △ *przen.* Wiązać z kimś, z czymś nadzieje (*nie*: przywiązywać nadzieje do kogoś, do czegoś). Wiązać pracę zawodową z pracą społeczną. Sieć autobusowa wiąże przedmieścia ze śródmieściem. **2.** «obwiązywać; krępować» □ W. co, kogo — czym: Wiązać paczkę sznurkiem. Wiązać konie postronkiem. △ *przen.* Wiązać kogoś przysięgą, zobowiązaniem, przyrzeczeniem. □ W. co — w co: Wiązać zboże w snopki. Wiązać papiery w paczkę.

wiązać się 1. «łączyć się, nawiązywać kontakt, łączność, organizować się» □ *rzad.* W. się w co: Wiązać się w stowarzyszenia, w konfederacje. □ W. się z kim, z czym (czym): Wiązać się z nieprzyjacielem, z partyzantami. Wiązać się z kimś ślubem, przysięgą, sojuszem. △ Wiązać się z mężczyzną, kobietą «nawiązywać trwały stosunek miłosny» **2.** tylko w 3. os., bezokol., imiesł. «mieć związek z czymś; kojarzyć się» □ W. się z czym, z kim: Załatwienie tej sprawy wiąże się z trudnościami. Ta historia wiąże się z moim przyjacielem.

wiązadło a. **więzadło** *n III, Ms.* wiązadle (więzadle), *lm D.* wiązadeł (więzadeł), w zn. anat.: Wiązadła (więzadła) głosowe.

wiązar (*lepiej* niż: więzar) *m IV, Ms.* wiązarze: Wiązar dachowy, mostowy. // D Kult. I, 623.

wice- (*nie*: vice-) «cząstka rzeczowników złożonych pisana łącznie, tworząca nazwę» **a)** «zastępcy kogoś», np. wicedyrektor, wiceminister. **b)** «kogoś zajmującego drugie miejsce w eliminacjach, zawodach», np. wicemistrz.

wicehrabia (*nie*: vicehrabia, wice-hrabia) *m, D.* wicehrabiego, *przestarz.* wicehrabi, *C.* wicehrabiemu, *przestarz.* wicehrabi, *B.* wicehrabiego, *W.* wicehrabio, *N.* wicehrabią, *przestarz.* wicehrabim, *Ms.* wicehrabi, *przestarz.* wicehrabim, *lm M.* wicehrabiowie, *DB.* wicehrabiów, *C.* wicehrabiom, *N.* wicehrabiami, *Ms.* wicehrabiach.

wicemin. «skrót wyrazu: *wiceminister*, pisany z kropką, stawiany przed imieniem i nazwiskiem, czytany jako cały, odmieniany wyraz»: Rozmawiał z wicemin. (*czyt.* wiceministrem) Brzozowskim.

wiceminister (*nie*: viceminister, wice-minister) *m IV, D.* wiceministra, *lm M.* wiceministrowie (skrót: wicemin.).

wicemistrz (*wym.* wicemistrz, *nie*: wicemistrz) *m II, lm M.* wicemistrzowie, *D.* wicemistrzów (*nie*: wicemistrzy): Został wicemistrzem świata w podnoszeniu ciężarów.

wiceprzewodniczący (*nie*: wice-przewodniczący) *m odm. jak przym.*: Wiceprzewodniczący Miejskiej Rady Narodowej.

wicher, *rzad. poet.* **wichr** *m IV, D.* wichru: Huraganowy wicher powyrywał drzewa z korzeniami. △ Lecieć, pędzić jak wicher.

I wić *ż V, lm M.* wici (*nie*: wicie) «długa, cienka gałązka»: Wić brzozowa, wierzbowa a. wić z brzozy, z wierzby. **2.** zwykle w *lm* «w dawnej Polsce: wezwanie zwołujące pospolite ruszenie»: Rozsyłać wici.

II wić *ndk Xa*, wiliśmy (p. akcent § 1a i 2): Wić wianki. Ptaki wiją gniazda.

wić się 1. «poruszać się jak wąż, wyginać się w różne strony»: Żmija, gąsienica wije się. **2.** «o ludziach: wykonywać nieskoordynowane ruchy, zwykle pod wpływem bólu» □ W. się z czego: Wić się z bólu. □ W. się w czym: Wić się w boleściach, w drgawkach, w konwulsjach. **3.** «tworzyć skręty, układać się spiralnie» □ W. się czym: Droga wije się serpentynami. Rzeka wije się meandrami. **4.** *rzad.* «o włosach: układać się w loki, kędziory; kręcić się»

wid *m IV, D.* widu △ tylko w *pot.* wyrażeniu: Ani widu, ani słychu (o czymś, o kimś) «nie ma żadnych wiadomości o czymś, o kimś»: Przeszukano cały las, ale ani widu, ani słychu o chłopcu.

widać 1. *nieos.*, także w połączeniu z: było, będzie «można zobaczyć; (jest) widoczne»: Niedługo będzie widać pola. Wszystko było widać, jak na dłoni. Widać już stawy. Statku nie było widać we mgle. □ W. (po kim, po czym a. z czego) co a. W., że...: Nie widać po nim zmęczenia. Widać po twojej twarzy a. z twojej twarzy, po twojej minie a. z twojej miny, że masz coś na sumieniu. Widać, że jesteś zmęczony. **2.** «widocznie, zapewne, okazuje się»: Nigdy już widać nie dojdziemy do porozumienia. Widać go głowa bolała, bo brał proszki.

widelec *m II, D.* widelca, *lm D.* widelców (*nie*: widelcy).

widły *blp, D.* wideł (*nie*: widłów) **1.** «narzędzie rolnicze»: Dwoje, troje wideł leży (*nie*: leżą). Widły do podawania zboża, do roztrząsania nawozu. Widły od gnoju. △ *pot.* Robić z igły widły «wyolbrzymiać coś, przesadzać» **2.** «rozgałęzienie utworzone przez dwie rzeki, drogi, ulice itp.»: Miasto leżało w widłach rzeki.

widmo *n III, lm D.* widm **1.** «mara, zjawa» **2.** w zn. optycznym: Widmo Słońca, gwiazd a. widmo słoneczne, gwiezdne.

widnokrąg (*nie*: widnokręg) *m III, D.* widnokręgu *książk.* «horyzont»: Nad widnokręgiem, na widnokręgu. △ *przen.* Rozszerzył swoje widnokręgi dzięki samodzielnym studiom.

widoczny *m-os.* widoczni, *st. w.* widoczniejszy a. bardziej widoczny «dający się widzieć»: Drzewa za oknem stawały się coraz widoczniejsze. W stanie chorego nastąpiła widoczna poprawa. Położył książkę na widocznym miejscu. △ W tym jest widoczne (*nie*: z tego widoczne jest) niedbalstwo. *Por.* widzialny.

widok *m III, D.* widoku **1.** «widziana przestrzeń, to, co się widzi; obraz, wygląd»: Ciekawy, piękny, niezwykły widok. Głodny, zdziczały pies przedstawiał żałosny widok. Tęsknił za widokiem Wisły. Jej widok go drażnił. △ *pot.* Na widoku «na widocznym miejscu» △ *pot.* Mieć coś na widoku «mieć coś upatrzonego» △ *pot.* Za widoku, *rzad.* po widoku «dopóki jest widno; za dnia»: Trzeba już ruszać, jeżeli chcemy dojechać na miejsce za widoku. △ W nazwie ulicy *ndm* i dużą literą: Ulica Widok. Mieszkać

widomy

na (ulicy) Widok. □ W. na co: Pokój z widokiem na morze. □ W. z czego: Widok z lotu ptaka, z okien. **2.** zwykle w *lm* «plany, zamiary, perspektywy, szanse»: Mieć widoki na przyszłość. □ W. na co: Widoki na poprawę bytu. △ Otwierają się przed kimś a. dla kogoś widoki. △ *pot.* Marny (czyjś) widok a. marne widoki «źle będzie (z kimś), biada (komuś)»

widomy *wych. z użycia* «widzialny, widoczny; oczywisty» △ zwykle w wyrażeniach: Widomy znak, objaw, symbol czegoś.

widownia *ż I, lm D.* widowni **1.** «część sali teatralnej przeznaczona dla widzów»: Pusta, wypełniona po brzegi widownia. Widownia teatralna, kinowa. Widownia na 1000 miejsc a. widownia dla 1000 osób. △ *przen. książk.* Ukazać się na widowni życia politycznego. **2.** «widzowie»: Sztuka podbiła widownię.

widz *m II, lm M.* widzowie (*nie*: widze; *ale*: krótkowidz, krótkowidze).

widzenie *n I* **1.** *blm* forma rzeczownikowa czas. widzieć. **2.** *pot.* a. **widzenie się** «odwiedziny, spotkanie z kimś (zwłaszcza w więzieniu)»: Podczas widzenia (się) (*nie*: na widzeniu). △ *pot.* Dostać widzenie «uzyskać zgodę na zobaczenie się z więźniem» □ W. (się) z kim: Widzenie (się) z więźniem. △ Do widzenia panu itp. (*nie*: do widzenia się z panem, do widzenia dla pana) «forma pożegnania» **3.** «widziadło, mara, przywidzenie»: Senne widzenie.

Widzew *m IV, D.* Widzewa «dzielnica Łodzi» — widzewski.

widziadło *n III, lm D.* widziadeł *książk.* «widmo, mara, upiór»

widzialny «dający się widzieć, będący w zasięgu wzroku»: Gwiazdy widzialne gołym okiem. Promieniowanie widzialne, czyli światło. *Por.* widoczny.

widzieć *ndk VIIa,* widzę, widział, widzieliśmy (p. akcent § 1a i 2), widziany, w zn. «oglądać, dostrzegać» □ W. bez dop.: Widzieć dobrze, jak przez mgłę, niewyraźnie. Patrzył, ale nie widział. □ W. kogo, co: Widzieć ludzi przy pracy. Widziałem piękny zegar na wystawie. Widzieć psy, domy, ulice, miasta. Widzieć coś gołym okiem, kątem oka. Widzieć coś na własne oczy. △ Nie chcieć kogoś widzieć na oczy. △ Ktoś mile, źle widziany (*ale* nie: dobrze, źle kogoś widzieć). □ W., że..., jak...: Widział, jak chłopiec rzucił kamieniem i uciekł. Widziałem, że patrzył na nią. □ W. kogo, co — w kim, w czym «upatrywać coś, uważać za kogoś, za coś»: Widział w niej anioła, cały świat. Widzieć swoje szczęście w nauce. △ *niepoprawne* Dać się widzieć (*zamiast*: ukazać się), np. W dali dał się widzieć (*zamiast*: ukazał się) las.
widzieć się 1. str. zwrotna czas. widzieć: Widzieć się w lustrze, w szybie. △ *pot.* Widzi mi się, że..., «zdaje mi się, że...» △ *niepoprawne* Widzieć się zmuszonym (*zamiast*: być zmuszonym). **2.** «spotkać się» □ W. się z kim: Chciał się widzieć z gospodarzem. **3.** *pot. reg.* «podobać się» △ Coś się widzi komuś: Jak ci się widzi mój kostium?

widzimisię (*wym.* widzimisię, *pot.* widzimisie) *n ndm, pot.* «własne upodobanie, kaprys, zachcianka»: Kierować się własnym widzimisię, robić coś według swego widzimisię (*ale*: widzi mi się, że... «zdaje mi się, że...»).

wiec *m II, D.* wiecu, *lm D.* wieców (*nie*: wiecy): Wiec protestacyjny, przedwyborczy. Zwołać wiec. Przemawiać na wiecu.

Wiech *m III, D.* Wiecha **1.** «pseudonim literacki Stefana Wiecheckiego»
2. wiech, *D.* wiechu «gwara miejska»: Nie znać wiechu. Mówić wiechem.

wiecheć *m I, D.* wiechcia, *lm D.* wiechci □ W. czego a. z czego: Wiecheć słomy a. wiecheć ze słomy. △ *przen.* Wiechcie wąsów.

wieczerza *ż II, lm D.* wieczerzy *przestarz., książk.* «kolacja» △ Wieczerza wigilijna; ostatnia wieczerza.

wieczny 1. «nieograniczony w czasie, trwający bez końca»: Wieczna chwała zwycięzcom. Życie wieczne. Wieczny ogień. Wieczna lampka. △ Wieczny odpoczynek, wieczny spoczynek «spokój po śmierci; śmierć» △ *podn., wych. z użycia*: Na wieczną (*nie*: na wiecznej) rzeczy pamiątkę «dla trwałego upamiętnienia czegoś» △ Wieczne pióro. Wieczna (*częściej*: trwała) ondulacja. △ *niepoprawne* Wieczna (*zamiast*: wietrzna) ospa. **2.** *pot.* «ciągły, długotrwały»: Wieczne kłopoty, zmartwienia.

wieczorny *m-os.* wieczorni «odbywający się wieczorem, związany z wieczorem — końcem dnia»: Wieczorna cisza, rosa. Wieczorne wiadomości. Dziennik wieczorny. Wieczorny pociąg. Wieczorni goście. △ W nazwach dużą literą: Express Wieczorny.

wieczorowy «związany z zabawą, przyjęciem, odbywającymi się wieczorem»: Suknia wieczorowa. Strój wieczorowy. Wieczorowe ubranie. △ Szkoła wieczorowa, kursy wieczorowe «szkoła, kursy dla pracujących, w których zajęcia odbywają się po południu»

wieczór *m IV* **1.** *D.* wieczora a. wieczoru «koniec dnia»: Letni, listopadowy, ciepły wieczór. Wieczór sylwestrowy, wigilijny. △ Pewnego wieczora a. wieczoru. (*Ale* tylko: wieczora — w wyrażeniach: Od rana do wieczora; z wieczora.) △ Co wieczór, *przestarz.* co wieczora. △ Wieczorem (*nie*: w wieczór, *ale*: w wieczór wigilijny, sylwestrowy, w taki wieczór — kiedy chodzi o charakterystykę tej pory; w ten wieczór — *lepiej*: tego wieczora. Dziś, jutro wieczorem a. dziś, jutro wieczór. △ Dobry wieczór komuś (*nie*: dla kogo). **2.** *D.* wieczoru «przyjęcie, impreza, zabawa wieczorna»: Tańcujący wieczór. Wieczór autorski. Wieczór ku czci wieszczów. Wieczór na cele dobroczynne. Wieczór dla młodzieży.

wieczysty *przestarz., książk.* «wieczny» △ w terminologii prawniczej: Księgi wieczyste. Wieczysta dzierżawa. Wieczysty zapis.

Wiedeń *m I, D.* Wiednia «stolica Austrii»: Mieszkać w Wiedniu (*reg.* we Wiedniu). — wiedeńczyk *m III, lm M.* wiedeńczycy — wiedenka *ż III, lm D.* wiedenek — wiedeński.

wiedza *ż II, blm* **1.** «ogół wiadomości z jakiejś dziedziny zdobytych przez naukę»: Wiedza filozoficzna, polityczna, techniczna, wojskowa itp. Zasób wiedzy. Zdobywać wiedzę. Czerpać wiedzę z książek, z życia. Człowiek dużej, głębokiej wiedzy. □ W. o kim, o czym: Wiedza o świecie, o Polsce współczesnej, o Mickiewiczu. **2.** «znajomość, uświadamianie sobie czegoś» △ zwykle w wyrażeniach: Bez czyjejś wiedzy «nie zawiadamiając kogoś, bez czyjejś zgody»: Wziął bardzo cenną książkę bez wiedzy właściciela. △ Z wiedzą a. za wiedzą czyjąś «mając czyjąś zgodę»: Wyszedł z biura z wiedzą (za wiedzą) kierownika.

wiedzieć *ndk*, wiem, wiesz, wie, wiemy, wiecie, wiedzą, wiedzcie, wiedzmy, wiedzący, wiedział, wiedzieli, wiedzieliśmy (p. akcent § 1a i 2) «mieć wiadomości, być świadomym czegoś, orientować się w czymś, zdawać sobie sprawę z czegoś»: Wiedzieć dobrze, dokładnie, dużo, najlepiej, mało co, niewiele. Wiedzieć na pewno, z pewnością. □ W. (co) — z czego, od kogo: Wiedzieć coś z gazet, ze słyszenia, z książek, z radia. Wiedzieć coś od matki, od nauczyciela, od ludzi. □ W. (co) o kim, o czym; Wszyscy to o nim wiedzą. Wiedzieć o wszystkim. Wiedzieć o niebezpieczeństwie. □ W., że..., co...: Wiedziała, że musi wyjechać. Wiem, co mówią o mnie. △ *pot.* Po raz nie wiem, *rzad.* nie wiedzieć który «bardzo wiele razy»: Prosiłem cię po raz nie wiem (nie wiedzieć) który, żebyś tego nie robił. △ *pot.* Choćby nie wiem (*rzad.* nie wiedzieć) jak, co, ile, kto... «zwroty podkreślające jakieś zapewnienie, twierdzenie»: Nie zrobię tego, choć byście mnie nie wiem (nie wiedzieć) jak prosili. △ *pot.* Jak nie wiem co «bardzo, ogromnie; ogromny»: Napracowaliśmy się jak nie wiem co. Był mróz jak nie wiem co.

wiek *m III*, D. wieku 1. w zn. «okres stu lat, stulecie (skrót: w.); okres wyróżniający się czymś znamiennym; epoka»: Wiek bieżący. Ubiegły wiek. Dawne wieki. Początek, połowa, koniec wieku. XX a. 20. wiek. Na przełomie XIX i XX wieku. Wiek odrodzenia, oświecenia. Wiek wielkich odkryć. △ Wieki średnie «średniowiecze» △ Złoty wiek «okres największego rozwoju czegoś» △ Na wieki «na zawsze» △ Od wieków, *przestarz.* od wiek wieków «bardzo długo, od bardzo dawna» △ Przed wiekami «bardzo dawno temu» △ Przez wieki «w ciągu bardzo długiego czasu» △ Wieki, całe wieki «długi, dłużący się czas»: Czekam tu wieki. 2. w zn. «lata czyjegoś życia, liczba przeżytych lat; czas istnienia czegoś»: Dziecięcy, młody, młodzieńczy, dojrzały, męski, średni, podeszły, późny wiek. Wiek przedszkolny, szkolny, poborowy. □ Być jednego z kimś wieku, być w czyimś wieku. △ W sile wieku «w pełni sił» △ Nad a. ponad wiek mądry, rozwinięty, dojrzały itp. «mądry, rozwinięty, dojrzały itp. więcej, niż to jest właściwe jego wiekowi» △ Dojść do jakiegoś wieku «osiągnąć ileś lat życia» △ Z wiekiem «w miarę dorastania, starzenia się»

wiekowy *m-os.* wiekowi, *st. w.* bardziej wiekowy **1.** «liczący, trwający wiele lub kilka wieków, bardzo wiele lat; o ludziach: bardzo stary»: Wiekowa kultura, tradycja. Wiekowe drzewa, budowle. Wiekowy starzec. **2.** *rzad.* «dotyczący lat życia, istnienia»: Gimnastyka korekcyjna dla określonych grup wiekowych (*lepiej:* wieku).

wiekuisty *książk., podn.* **a)** «nieograniczony w czasie, wieczny, nieśmiertelny (używane zwykle w odniesieniu do pojęć religijnych)»: Wiekuiste szczęście. △ *kult.* Światłość wiekuista, życie wiekuiste, żywot wiekuisty. **b)** «trwały, niezmienny, odwieczny»: Wiekuista prawda. △ *żart.* Wiekuisty kłopot z tobą.

wielbiciel *m I, lm M.* wielbiciele, D. wielbicieli (*nie:* wielbicielów): Wielbiciel muzyki, teatru. Żarliwy wielbiciel płci pięknej, kobiet.

wielbić *ndk VIa*, wielbię, wielbij (*nie:* wielb), wielbiliśmy (p. akcent § 1a i 2) □ W. kogo, co (za co): Wielbić sztukę, przyrodę. Wielbił żonę za jej wielkie serce.

wielbłąd (*nie:* wielbląd) *m IV*: Karawana wielbłądów.

wielce *książk.* «bardzo, w wysokim stopniu»: Był wielce zmartwiony. Miał wielce urzędową minę. △ Wielce szanowny «formuła grzecznościowa, używana zwłaszcza w nagłówkach listów»

wiele 1. odm. jak liczebnik, *m-nieos., ż i n, DCMs.* wielu, także: *m-os.* w funkcji mianownika — podmiotu (np. Wielu mężczyzn idzie); B. *m-nieos., n i ż = M.* (np. Kupiłem wiele książek.), B. *m-os.* = D. (np. Widzę wielu (*nie:* wiele) chłopców); N. wieloma a. wielu «liczebnik nieokreślony oznaczający wielką liczbę kogoś, czegoś»: Wiele a. dużo naczyń stało na stole. Załatwiłem wiele a. dużo spraw (*ale:* Poświęcam się wielu sprawom, *nie:* dużo sprawom). Nie dostał wielu (*nie:* wiele) listów. *Ale:* Wiele a. wielu ludzi trzeba zatrudnić (*por.* ludzie, liczebnik). △ *Wiele* łączy się z rzeczownikiem (podmiotem) w dopełniaczu i orzeczeniem w *lp*, a w czasie przeszłym w rodzaju nijakim: Wielu chłopców idzie, szło (*nie:* idą, szli). Wiele książek leży, leżało (*nie:* leżą, leżały) na półce. **2.** w użyciu przysłówkowym, *st. w.* więcej «oznacza wielkie nasilenie czegoś; dużo»: Wiele pracował. Wiele czytał. *Por.* więcej.

wielekroć (*wym.* wielekroć a. wielekroć; *nie:* wielokroć) *książk.* «wiele razy, często»: Wielekroć jeździł za granicę. △ *niepoprawne* Wielekroć razy, *zamiast:* wiele razy a. wielekroć.

wielicki: Żupa wielicka (*ale:* Pogórze Wielickie).

Wieliczka *ż III* «miasto»: Jechać do Wieliczki. Mieszkać w Wieliczce. — wielicki (p.).

Wielka Brytania (*wym.* Brytańja), Wielka odm. przym., Brytania *ż I, DCMs.* Brytanii «Zjednoczone Królestwo Anglii, Szkocji i Płn. Irlandii; nieoficjalnie: Anglia»: Umowa handlowa między PRL a Wielką Brytanią. — wielkobrytyjski, *częściej:* brytyjski.

Wielka Niedźwiedzica, Wielka odm. przym., Niedźwiedzica *ż II* «gwiazdozbiór nieba północnego; *pot.* Wielki Wóz»

Wielkanoc (*wym.* Wielkanoc) *ż VI, DCMs.* Wielkiejnocy a. Wielkanocy, N. Wielkanocą a. Wielkanocą, *blm*: Spotkamy się na Wielkanoc a. w Wielkanoc.

wielkanocny (*nie:* wielkonocny): Święta wielkanocne. Baby wielkanocne. Mazurek wielkanocny. △ W nazwach dużą literą: Wyspa Wielkanocna.

wielki *m-os.* wielcy, *st. w.* większy: Wielki dom, plac. Wielkie drzewo. Wielki tłum. Wielki majątek. Wielkie czyny, dni. Wielki post. Wielki artysta, polityk. Wielka a. duża litera △ *hist.* Hetman wielki koronny. △ (często *iron.*) Wielki świat «ludzie wpływowi, elita» △ Wielka figura, *pot.* wielka fisza «dygnitarz» △ *pot.* Po większej części «przeważnie» △ *pot.* Większa połowa (*lepiej:* więcej niż połowa, większa część). △ *pot.* Wielkie rzeczy, wielka (mi) rzecz, sztuka itp. «nic ważnego, trudnego; głupstwo, drobiazg» △ Wielki (*częściej*: najwyższy) czas, np. jechać, żebyś już wyszedł itp. △ *książk.*, *wych. z użycia* Wielki duchem, sercem. △ W nazwach wielką (a. dużą) literą: np. Wielka Brytania, Wielka Kopa, Wielki Październik, Wielkie Księstwo (Litewskie, Poznańskie), Wielki Czwartek, Wielki Tydzień (*ale*: wielki post); Wielka Niedźwiedzica, *pot.* Wielki Wóz; Sejm Wielki, Kazimierz Wielki.

wielki w użyciu rzeczownikowym *książk.* (często *iron.*) «sławny, wpływowy człowiek»: Wielcy tego świata.

*wielkie litery p. litery duże (wielkie) i małe.

Wielkie Łuki, Wielkie odm. przym., Łuki *blp*, D. Łuk (*nie*: Łuków) «miasto w ZSRR»: Jechać do Wielkich Łuk.

wielko- «pierwszy człon wyrazów złożonych, których podstawą jest połączenie przym. *wielki* z rzeczownikiem», np.: wielkogłowy, wielkomiejski, wielkorządca.

wielkolud (*wym.* wielkolud) *m IV, lm M.* te wielkoludy: Przyszły te wielkoludy.

Wielkopolska *ż III* «kraina» — Wielkopolanin *m V,* D. Wielkopolanina, *lm M.* Wielkopolanie, D. Wielkopolan — Wielkopolanka *ż III, lm D.* Wielkopolanek — wielkopolski (p.).

wielkopolski: Gwary wielkopolskie (*ale*: Nizina Wielkopolska).

Wielkorus *m IV, lm M.* Wielkorusi «członek grupy wschodniosłowiańskiej, z której powstał naród rosyjski» — wielkoruski.

wielmoża *m* odm. jak *ż II, lm M.* ci wielmoże, *DB.* wielmożów «możnowładca, magnat»: Rządy wielmożów.

wielmożny «tytuł grzecznościowy, dodawany czasem (wraz z wyrazem *pan*) przed nazwiskiem adresata listu lub przesyłki (skrótowo: WPan albo WP)» || *D Kult. II, 145; U Pol. (1), 334.*

wielo- «pierwszy człon wyrazów złożonych wskazujący na wielość, różnorodność tego, co nazywa człon drugi», np.: wielobarwny, wielodniowy; wielokąt, wielokierunkowość, wielożeństwo.

wieloboista *m* odm. jak *ż IV, lm M.* wieloboiści, *DB.* wieloboistów; *rzad.* (choć lepsze) **wielobojowiec** *m II, D.* wielobojowca, *lm M.* wielobojowcy, *D.* wielobojowców «sportowiec specjalizujący się w wieloboju»

*wielokropek *m III, D.* wielokropka «znak interpunkcyjny, używany»: **1.** przy przerywaniu toku mowy, niedomówieniu, np.: Wiele jeszcze chciałabym ci powiedzieć, ale... — urwała zmieszana. Może wyjadę do Francji lub na Węgry... zresztą, to jeszcze nic pewnego. **2.** przed wyrazami niespodziewanymi dla czytelnika dla podkreślenia ironii, rozczarowania, komizmu sytuacji itp., np. Myśliwy złożył się, wycelował starannie, strzelił i podniósł... szyszkę zestrzeloną z drzewa. (*Por.* myśliwy). **3.** w nawiasie — przy cytowaniu, w miejsce opuszczonych wyrazów, np. Punkt 6. regulaminu dla podróżnych mówi o tym, że: „Kto bez uzasadnionej przyczyny spowoduje zatrzymanie pojazdu (...) podlega karze grzywny lub aresztu (...)". △ Uwaga. Nie należy

mylić wielokropka użytego w tej funkcji z tzw. wykropkowaniem, czyli użyciem w obrębie wyrazu kropek (bez nawiasu) w miejsce liter, których czytelnik ma się domyślić.

*wielokrotność czasowników p. czasownik (punkt VII).

wielokrotny (*nie*: wielekrotny, wielokrotni) *m-os.* wielokrotni *książk.* «częsty, kilkakrotny»: Wielokrotne upomnienia. Wielokrotny laureat, zdobywca pucharu. △ Postać, forma wielokrotna czasownika.

wieloletni (*nie*: wieloletny) *m-os.* wieloletni: Wieloletni pracownicy. Wieloletni plan. Wieloletnie doświadczenie. Rośliny wieloletnie.

wielomówny (*nie*: wielomowny) *m-os.* wielomówni *książk.* «lubiący wiele mówić, gadatliwy»: Wielomówny sąsiad. Wielomówna staruszka.

wielowarstka, *rzad.* **wielowarstwka** *ż III, lm* wielowarstek, wielowarstwek «w oponach samochodowych: element składający się z kilku warstw tkaniny nagumowanej, różnej szerokości i średnicy» || *D Kult. II, 434.*

wieloznaczny (*nie*: wieleznaczny): Wyraz *statek* jest wyrazem wieloznacznym.

wielożeństwo *n III*, zwykle w *lp*; in. poligamia.

wielu p. wiele.

Wieluń *m I, D.* Wielunia, C. Wieluniowi (*ale*: ku Wieluniowi a. ku Wieluniu) «miasto» — wielunianin *m V, D.* wielunianina, *lm M.* wielunianie, D. wielunian — wielunianka *ż III, lm D.* wielunianek — wieluński.

wieniec *m II, D.* wieńca, *lm M.* wieńce, D. wieńców (*nie*: wieńcy): Wieniec dożynkowy, nagrobny. Przybrać coś wieńcami. Złożyć wieniec pod pomnikiem, na grobie. Wieniec róż a. z róż. Wieniec kwiatów a. z kwiatów. Upleść wieniec z liści, z kłosów. △ Wieniec laurowy, wawrzynowy a. z wawrzynu «symbol zwycięstwa, sławy; *przen.* sława, zwycięstwo» △ *książk. przen.* Otoczyć kogoś, coś wieńcem «otoczyć dookoła»

wieńczyć *ndk VIb*, wieńczę, wieńcz, wieńczyliśmy (p. akcent § 1a i 2) *książk.* **a)** «nakładać wieniec, okalać wieńcem, ozdabiać (zwłaszcza głowę) kwiatami, roślinami» □ W. kogo, co — czym: Wieńczyć głowy bohaterów liśćmi wawrzynu. **b)** «stanowić zakończenie, szczyt jakiejś budowli; dekorować górną część czegoś»: Drzewa wieńczą szczyt góry. Bramę wieńczą zębate blanki.

wieprz *m II, D.* wieprza, *lm M.* wieprze, D. wieprzów a. wieprzy **1.** «wytrzebiony samiec świni»: Młody, tuczny wieprz. Zabić dwa wieprze (*nie*: dwóch wieprzów). **2.** *reg.* «dzik»

Wieprz *m II, D.* Wieprza, B. = M. «rzeka»: Jechać nad Wieprz. — nadwieprzański.

wierch (*nie*: wirch) *m III, D.* wierchu *reg.* a. *książk.* «wierzchołek, szczyt górski»: Wierchy tatrzańskie. Błyszczą w słońcu ośnieżone wierchy. △ W nazwach dużą literą: Kasprowy Wierch.

wiercić *ndk VIa*, wiercę, wierciliśmy (p. akcent § 1a i 2) «drążąc, świdrując robić w czymś otwór»: Wiercić studnię, szyb. Wiercić w zębach. △ *pot.*

Wiercić komuś dziurę w brzuchu «nudzić kogoś o coś, natrętnie upominać się o coś» △ *przen.* Przykry zapach wiercił w nosie. Ból wierci w stawach.
wiercić się «kręcić się, poruszać się niespokojnie»: Wiercić się na kanapie, w fotelu, po pokoju.

wiercipięta *m* a. *ż* odm. jak *ż IV, M.* ten wiercipięta a. ta wiercipięta (także o mężczyznach), *lm M.* te wiercipięty, *D.* wiercipiętów (tylko o mężczyznach) a. wiercipięt, *B.* tych wiercipiętów (tylko o mężczyznach) a. te wiercipięty: Był okropnym (okropną) wiercipiętą.

wierność *ż V,* zwykle *blm* 1. «pozostawanie wiernym komuś, czemuś; oddanie, przywiązanie»: Dozgonna, wypróbowana wierność. Trwać, wytrwać w wierności. Przysięgać, ślubować wierność. Przysięga wierności a. na wierność. Dochować komuś, czemuś wierności. □ W. k o m u a. w o b e c k o g o; c z e m u, *rzad.* wobec *czego:* Wierność żonie, wobec żony. Wierność królowi, wobec króla. Wierność ideałom. 2. «zgodność z rzeczywistością, z oryginałem; dokładność, ścisłość»: Oddać, opisać coś z całą wiernością. Wierność przekładu, rysunku, relacji.

wierny *m-os.* wierni, *st. w.* wierniejszy 1. «dochowujący komuś, czemuś wiary; będący wyrazem tej cechy, zaufany, pewny»: Wierny przyjaciel, mąż, sługa. Wierny syn ojczyzny. Wierna miłość, przyjaźń. Wierne oczy. Wierny jak pies. □ W. k o m u, c z e m u: Wierny towarzyszowi, przyjacielowi, żonie. Wierny krajowi, ojczyźnie, zasadom. □ W. w c z y m: Wierny w przyjaźni, w miłości. 2. «dokładny, zgodny z rzeczywistością, z oryginałem»: Wierny naśladowca. Wierna kopia. Wierne tłumaczenie.
wierny w użyciu rzeczownikowym *książk.* «wyznawca jakiejś religii»: Wierni gromadzą się w świątyni.

wiersz *m II, lm M.* wiersze, *D.* wierszy (*nie:* wierszów) 1. «utwór poetycki pisany mową wiązaną; w *lm* także: poezja»: Wiersz patriotyczny, miłosny, okolicznościowy. Uczyć się wiersza na pamięć. Recytować, deklamować wiersz. Pisać, układać wiersze. Pisać, mówić wierszem. □ W. d o k o g o «wiersz skierowany do kogoś»: Wiersz do ukochanej. □ W. d l a k o g o «wiersz przeznaczony dla kogoś»: Wiersze dla dzieci. □ W. n a c o «wiersz napisany na jakąś okoliczność»: Wiersz na cześć jubilata. □ W. o k i m, o c z y m «wiersz mający kogoś, coś za temat»: Wiersz o bohaterach, o powstańcach. Wiersz o wiośnie, o miłości. 2. «linijka pisma lub druku»: Stronica maszynopisu ma 30 wierszy. List zawierał tylko kilka wierszy. Zacytował kilkanaście wierszy „Pana Tadeusza". △ Od wiersza «od początku nowej linijki»: Napisać zdanie od wiersza. △ *pot.* Czytać między wierszami «domyślać się tego, co nie jest napisane wyraźnie, wprost»

wierszokleta *m* odm. jak *ż IV, lm M.* ci wierszokleci a. (z silniejszym zabarwieniem ekspresywnym) te wierszoklety, *DB.* wierszokletów; *rzad.* **wierszorób** *m IV, D.* wierszoroba, *lm M.* wierszoroby, *pogard.* «człowiek układający kiepskie wiersze, marny poeta»

wiertło *n III, lm D.* wierteł: Wiertło stalowe, diamentowe. Wiertło do drzewa, do metalu.

wiertniczy «dotyczący wiertnictwa, służący do wiercenia»: Szyb wiertniczy. Otwór, przewód wiertniczy. Roboty wiertnicze. Świder wiertniczy.

wiertniczy w użyciu rzeczownikowym, *lm M.* wiertniczowie «specjalista w zakresie robót wiertniczych; wiertacz»

Wieruszów *m IV, D.* Wieruszowa, *C.* Wieruszowi (*ale:* ku Wieruszowowi a. ku Wieruszowo) «miasto» — wieruszowianin *m V, D.* wieruszowianina, *lm M.* wieruszowianie, *D.* wieruszowian — wieruszowianka *ż III, lm D.* wieruszowianek — wieruszowski.

wierzch (*wym.* wieszch; *nie:* wirzch, wierszch) *m III, D.* wierzchu: Wierzch stołu, muru, stopy. Wierzch tkaniny, futra, czapki, buta. △ Po wierzchu a. z wierzchu «na powierzchni czegoś, z zewnątrz»: Droga obeschła po (z) wierzchu. △ Do samego wierzchu, po a. pod sam wierzch, równo z wierzchem «po brzegi, do górnego krańca» △ *pot.* Coś wychodzi na wierzch, *częściej:* na jaw. △ *pot.* Czyjeś jest na wierzchu «ktoś ma rację, tryumfuje» △ Koń pod wierzch (*nie:* do wierzchu) «koń używany do jazdy na nim; wierzchowiec» △ Jeździć wierzchem «jeździć konno»

wierzchni (*nie:* wierzchny, wirzchni, wierszchni): Wierzchnia warstwa czegoś. Wierzchnia odzież. *Por.* zwierzchni.

wierzchowiec (*nie:* wierszchowiec) *m II, D.* wierzchowca, *W.* wierzchowcze, forma szerząca się: wierzchowcu, *lm M.* wierzchowce, *D.* wierzchowców (*nie:* wierzchowcy): Wierzchowiec pełnej krwi, półkrwi, krwi angielskiej. Osadzić, ujeżdżać wierzchowca.

wierzchowy (*nie:* wierzchowy) «używany, służący do jazdy wierzchem»: Koń, wielbłąd wierzchowy.

wierzeje *blp, D.* wierzei *przestarz., książk.* «dwuskrzydłowa brama, wrota stodoły otwierające się na dwie strony»: Wierzeje rozwarły się szeroko. Wierzeje stodoły, spichrza.

wierzgać (*nie:* wirzgać, wierżgać) *ndk I,* wierzgałby (p. akcent § 4c) — **wierzgnąć** *dk Va,* wierzgnął (*wym.* wierzgnoł), wierzgnęła (*wym.* wierzgneła; *nie:* wierzgła), wierzgnąłby: Koń wierzgał kopytami.

wierzyciel *m I, lm M.* wierzyciele, *D.* wierzycieli (*nie:* wierzycielów): Spłacić wierzyciela.

wierzyć *ndk VIb,* wierz (*rzad. książk.* wierzaj), wierzyliśmy (p. akcent § 1a i 2) □ W. b e z d o p. «wyznawać jaką religię»: Całe życie nie przestał wierzyć. □ W. w k o g o, w c o «być przekonanym o czymś, być pewnym kogoś, czegoś; ufać komuś, czemuś bezwzględnie»: Wierzyć w Boga, w życie pozagrobowe, w sny. Wierzyć w ludzi. □ W. k o m u, c z e m u «mieć do kogoś, do czegoś zaufanie, dawać czemuś wiarę»: Wierzyć ludziom, informacjom, komunikatom. △ Nie wierzyć własnym oczom, uszom «być zaskoczonym, zdziwionym» □ W., ż e «mieć nadzieję, pewność, że...»: Wierzę, że dotrzymasz słowa.

Wiesbaden (*wym.* Wisbaden) *n ndm* «miasto w NRF»: Mieszkać w Wiesbaden. Pojechać na kurację do Wiesbaden. Wiesbaden było od dawna znanym uzdrowiskiem.

Wiesław *m IV, lm M.* Wiesławowie — Wiesio (*nie:* Wiesiu) *m I, lm M.* Wiesiowie — Wiesiek *m III*, *D.* Wieśka, *lm M.* Wieśkowie — Wiesławostwo *n III*, *DB.* Wiesławostwa, *Ms.* Wiesławostwu (*nie*: Wiesławostwie), *blm*; a. Wiesławowie *blp*, *D.* Wiesławów — Wiesiowie *blp*, *D.* Wiesiów — Wiesława *ż IV* — Wiesia *ż I*, *W.* Wiesiu — Wieśka *ż III*, *lm D.* Wiesiek. // *D Kult. I, 699.*

wieszać *ndk I*, wieszaliśmy (p. akcent § 1a i 2) □ W. co (na czym, do czego, w czym): Wieszać bieliznę na sznurze, palto na wieszaku, obrazy na ścianie. Wieszać ubranie do szafy a. w szafie. △ *pot.* Psy na kimś (*nie*: na kogoś) wieszać «obmawiać, oczerniać kogoś» □ W. kogo: Morderców wieszano na szubienicy.

wieszać się □ W. się na czym: Wieszać się na drążkach, na trapezie. △ *pot.* (zwykle *żart.* a. *iron.*) Wieszać się komuś na szyi. △ Wieszać się czyjejś a. u czyjejś klamki «żyć czyimś kosztem; wysługiwać się komuś z nadzieją otrzymania wynagrodzenia»: Wieszać się u pańskiej klamki.

wieszcz *m II*, *lm M.* wieszczowie a. wieszcze, *D.* wieszczów *książk.* «genialny, natchniony poeta; człowiek natchniony, przepowiadający przyszłość»: Trzech wieszczów to: Mickiewicz, Słowacki, Krasiński.

wieszczka *ż III*, *lm D.* wieszczek *książk.* «kobieta przepowiadająca przyszłość; wróżka, wróżbiarka; w bajkach: czarodziejka»

wieś *ż V*, *D.* wsi, *lm M.* wsie, *rzad.* wsi, *D.* wsi: Cicha, biedna, bogata, uboga wieś. Wieś górska, podgórska, podleśna, rybacka, kościelna. Wieś rodzinna. △ Na wsi (*wym.* na wsi) «nie w mieście, poza miastem»: Mieszkać na wsi. △ We wsi (*wym.* we wsi — kiedy wyraz *wieś* występuje bez określeń): We wsi pełno było wojska. *Ale*: Mieszkać we wsi (*wym.* we wsi) Lipce. △ Na wieś (*wym.* na wieś) «do jakiejś wsi, poza miasto»: Jechać na wakacje na wieś. *Ale*: Atak na wieś (*wym.* na wieś) Janów. △ Ze wsi (*wym.* ze wsi) «z osady rolniczej, spoza miasta»: Pochodził ze wsi. *Ale*: Przyjechał ze wsi (*wym.* ze wsi) Borki. // *D Kult. II, 74.*

wieścić *ndk VIa*, wieszczę, wieść, wieściliśmy (p. akcent § 1a i 2), wieszczony *książk. podn.* «podawać do wiadomości; głosić, obwieszczać»: Wieścić zwycięstwo, pokój.

I wieść *ż V*, *lm M.* wieści, *D.* wieści *nieco książk.* «wiadomość»: Alarmująca, nagła, pomyślna, radosna, smutna, tragiczna, dobra, zła wieść. Odebrać, otrzymać wieści od kogoś. Posłać wieść komuś (przez kogoś). Posłać kogoś z wieścią do kogoś. △ Hiobowa wieść «wiadomość o nieszczęściu, wiadomość tragiczna» △ Zginąć, przepaść bez wieści, wieść o kimś zaginęła «nie wiadomo, co się z kimś stało, ślad po kimś zaginął» □ W. o kim, o czym: Nie miał żadnej wieści o bracie. Wieść o zwycięstwie, o czyjejś śmierci.

II wieść *ndk XI*, wiodę (*nie*: wiedę), wiedzie, wiedź, wiodą (*nie*: wiedą), wiodłem (*nie*: wiedłem), wiódł, wiodła (*nie*: wiedła), wiedliśmy (p. akcent § 1a i 2), wiedziony, wiedzeni (*nie*: wiedzieni) 1. *książk.* **a)** «idąc razem z kimś pokazywać drogę, być przewodnikiem; prowadzić»: Mały chłopiec wiódł starca. Kwoka wiodła pisklęta. △ *przen.* Wiedziony intuicją, sympatią. Wieść do złego, do klęski. △ Wieść skądś ród «pochodzić, wywodzić się skądś» **b)** «iść na czele, prowadzić będąc do-

wódcą, przewodzić»: Wieść wojsko, pułki do ataku. △ Wieść prym, wieść (*częściej*: wodzić) rej «przodować, przewodzić» △ *przestarz.* Wieść poloneza, tańce «być wodzirejem» 2. *częściej*: wodzić «przeciągać, przesuwać czymś po jakiejś powierzchni» □ W. czym — po czym, wzdłuż czego: Wodzić dłonią po stole. △ Wieść (*częściej*: wodzić) za kimś, za czymś, po czymś oczami, spojrzeniem, wzrokiem «patrzeć za kimś, za czymś, przyglądać się czemu» 3. w funkcji nieprzech. *książk.* «stanowić dojście, przejście, wejście dokądś; prowadzić w jakimś kierunku»: Droga wiedzie przez las, do wsi, ku miastu. 4. *książk.* «realizować to, co jest wyrażone w dopełnieniu»: Wieść spór, wojnę. △ Wieść życie «żyć»: Wiódł wesołe życie.

wieść się tylko w 3. os., w bezokol., *nieos.* «darzyć się, udawać się, szczęścić się»: Komuś się wiedzie dobrze, źle. Wszystko mu się wiodło. Wiodło mu się w grze.

Wietnam *m IV*, *D.* Wietnamu «kraj w Azji»: Demokratyczna Republika Wietnamu. Wietnam Południowy. — Wietnamczyk *m III*, *lm M.* Wietnamczycy — Wietnamka *ż III*, *lm D.* Wietnamek — wietnamski.

wietrzeć (*wym.* wietszeć a. wietczeć; *nie*: wietczeć) *ndk III*, wietrzeje, wietrzał, wietrzałby (p. akcent § 4c), zwykle w 3. os., bezokol. 1. «tracić zapach, świeżość wskutek ulatniania się niektórych składników»: Herbata, kawa wietrzeje. Perfumy wietrzeją. 2. «rozpadać się, kruszyć się»: Skała wietrzeje.

wietrznik (*wym.* wietsznik a. wiecszsznik, *nie*: wiecznik) *m III*, *lm M.* wietrzniki 1. *lepiej*: wywietrznik. 2. *lm M.* ci wietrznicy a. (z silniejszym zabarwieniem ekspresywnym) te wietrzniki *przestarz.* «człowiek lekkomyślny, niepoważny, lekkoduch»

wietrzny (*wym.* wietszny a. wiecszsny, *nie*: wieczny): Wietrzny dzień. Wietrzna pogoda. Wietrzna (*nie*: wieczna) ospa. // *D Kult. I, 622.*

wietrzyć (*wym.* wietszyć a. wiecszsyć, *nie*: wieczyć) *ndk VIb*, wietrz (*nie*: wietrzyj), wietrzyliśmy (p. akcent § 1a i 2) □ W. co «przewietrzać coś»: Wietrzyć pokój, magazyn. Wietrzyć pościel. □ W. kogo, co «o zwierzęciu: wyczuwać węchem»: Pies wietrzył obcego, zwierzynę. Wietrzyć krew, żer. □ *przen.* W. kogo, co — w kim, w czym «podejrzewać»: W każdym wietrzył przestępcę. We wszystkim wietrzył intrygę, podstęp, niebezpieczeństwo.

wietrzyk (*wym.* wietszyk a. wiecszsyk, *nie*: wieczyk) *m III*, *D.* wietrzyka a. wietrzyku: Ciepły wietrzyk. Powiew wietrzyka (wietrzyku).

wiew *m IV*, *D.* wiewu, zwykle *blm książk.*, *rzad.* «powiew, podmuch»: Ciepły, zimny, lekki, wiosenny wiew. Wiew chłodu. △ *przen.* Wiew historii, wolności, przeszłości, wspomnień.

wieźć *ndk XI*, wiozę (*nie*: wiezę), wiezie, wiozą (*nie*: wiezą), wieź, wieziemy, wiozłem (*nie*: wiózłem, wiezłem), wiózł, wiozła (*nie*: wiezła), wieźliśmy (p. akcent § 1a i 2), wieziony, wiezieni: Wieźć pasażerów autobusem. Wieźć towar pociągiem, ciężarówką. Wieźć kartofle na wozie. Wieźć rzeczy w walizce. Wiózł nas po kamienistej drodze.

wieża *ż II*: Widać już wieżę kościoła (*ale*: Mysia Wieża).

wieżowiec *m II*, *D.* wieżowca, *lm M.* wieżowce, *D.* wieżowców (*nie*: wieżowcy): Budować wieżowce. Mieszkać w wieżowcu.

więc «spójnik»: **a)** «oznaczający, że to, co po nim następuje jest skutkiem lub wnioskiem względem tego, co go w wypowiedzi poprzedza»: Było ciemno, więc szli (a. szli więc) ostrożnie. △ W połączeniu: a więc «rozpoczyna wyliczenie, podanie przykładów na to, co ten wyraz poprzedza»: Zgromadziła się cała rodzina, a więc teściowie, ciotki, kuzyni. **b)** «ma charakter ekspresywny, zwykle uwydatniający kontrast, zdziwienie, czasem służy do nawiązania rozmowy»: Więc mamy tu zostać. Więc dokąd pójdziemy? No więc, podaj swój plan. △ Z cząstką *-by* spójnik pisze się łącznie: więcby.

więcej *st. najw.* najwięcej «stopień wyższy od: *wiele, dużo*» **1.** «oznacza zwiększoną względem czegoś ilość, miarę, liczbę»: Więcej czasu, chleba, ludzi. Więcej pracować, jeść, zarabiać. **2.** «oznacza zwiększony stopień nasilenia lub zakresu zastosowania czegoś, *lepiej*: bardziej»: Coraz więcej (*lepiej*: coraz bardziej) zniechęcał się do wszystkiego. Ktoś jest więcej (*lepiej*: bardziej) zamyślony, zmęczony. △ *Niepoprawne* w stopniowaniu opisowym przymiotników (*zamiast*: bardziej), np.: więcej czerwony, więcej chory (*zamiast*: bardziej czerwony, bardziej chory).
△ Więcej od, więcej niż (*nie*: więcej jak, więcej czegoś): Więcej niż godzinę (*nie*: więcej jak godzinę, więcej godziny). Uczył się więcej od brata, więcej niż brat (*nie*: więcej jak brat, więcej brata). △ Więcej niż połowa (*lepiej niż*: większa połowa). △ Więcej niż o... (*nie*: o więcej niż...): Więcej niż o sto złotych (*nie*: o więcej niż sto złotych). △ Mniej więcej (*nie*: gdzieś) «w przybliżeniu, prawie»: Wrócę mniej więcej (*nie*: gdzieś) za godzinę. // *D Kult. I*, 190.

więcierz *m II*, *lm M.* więcierze, *D.* więcierzy: Zastawić więcierze. Łowić ryby więcierzem.

więdnąć (*nie*: więdnieć) *ndk Vc*, więdnie, więdną- cy (*nie*: więdniejący), wiądł, *rzad.* więdnął; więdła (*nie*: więdnęła), więdłaby (*nie*: więdłaby, p. akcent § 4c): Kwiaty więdły z upału, od upału. △ *przen.* Wskutek choroby więdła z każdym dniem. △ *pot.* Aż (że) uszy więdną «aż nieprzyjemnie słuchać»: Wymyślał tak, że aż uszy więdły.

większość *ż V*, zwykle *blm*: Nieznaczna, ogromna, znakomita większość. Bezwzględna, przytłaczająca, większość (np. głosów). Stanowić, tworzyć większość. Większość osób słyszała (*nie*: słyszało). △ W większości wypadków «przeważnie» □ W. kogo, czego (*nie*: z kogo, z czego): Większość uczestników (*nie*: z uczestników). Większość gruntów (*nie*: z gruntów) to użytki leśne. // *KJP* 347.

większy «stopień wyższy od przymiotników: *wielki, duży*»: Większy pokój. Większe miasto. Większy mróz. Większy kłopot, błąd. Większy majątek. △ Większy o ile (*nie*: na ile): Większy o metr (*nie*: na metr). △ Większy niż..., większy od... (*nie*: większy jak...): Mróz większy niż wczoraj. Był większy od brata a. niż brat (*nie*: jak brat). Większa połowa (*lepiej*: większa część, więcej niż połowa). △ *wych. z użycia* Po większej części «przeważnie, głównie, najczęściej, zwykle» // *D Kult. I*, 191.

więzadło p. wiązadło.

więzar *m IV* (*lepiej*: wiązar): Więzar mostowy. // *D Kult. I*, 623.

więzić *ndk VIa*, więżę, więzi, więżą (*nie*: więzią), więź, więziliśmy (p. akcent § 1a i 2), więziony (*nie*: więżony): Więzić kogoś w twierdzy. △ *przen.* Więzić kogoś przy sobie.

więzienie (*nie*: ta, ten więzień) *n I*, *lm D.* więzień: Ciężkie, dożywotnie więzienie. Więzienie karne, śledcze. Kara (np. 5 lat) więzienia. Karać więzieniem. Wtrącić do więzienia. Chronić kogoś przed więzieniem, od więzienia. Skazać kogoś na (np. dożywotnie) więzienie. Osadzić, zamknąć, trzymać kogoś w więzieniu (*nie*: w więźniu). Siedzieć w więzieniu. Uwolnić, wypuścić z więzienia. Powrócić, wyjść z więzienia.

więzień *m I*, *D.* więźnia, *lm M.* więźniowie, *D.* więźniów: Więzień polityczny. Więzień kryminalny. Uwolnić więźnia.

więznąć *ndk Vc*, więźnie, wiązł (*nie*: więzł), więzła, więzłyby (p. akcent § 4c) — **uwięznąć** *dk* □ W. w czym: Ość uwięzła mu w krtani. Pociski więzną w murze. △ Słowa, wyrazy więzną w gardle, głos, krzyk więźnie w gardle «ktoś nie może mówić, krzyczeć, pod wpływem wzburzenia, zdenerwowania itp.»

więzy *blp*, *D.* więzów *książk.* «sznury, rzemienie itp., którymi związano, skrępowano człowieka, zwierzę; pęta, okowy»: Mocne więzy. Oswobodzić, uwolnić kogoś z więzów. Zerwać, rozciąć, przeciąć więzy. △ *przen.* Więzy małżeńskie, rodzinne. Więzy miłości a. miłosne. Rozluźnić, zerwać więzy rodzinne. Zacieśnić (*nie*: pogłębić) więzy przyjaźni.

więź *ż V*, *lm M.* więzi (*nie*: więzie), *D.* więzi «to, co łączy, jednoczy ludzi ze sobą, związek, powiązanie (z kimś, z czymś)»: Mocna, nierozerwalna, żywa więź. Więź duchowa, ideowa, polityczna, rodzinna. □ W. między kim (a kim), czym (a. czym): Więź między ludźmi, między rodzicami a dziećmi, między wydarzeniami. □ W. z kim, z czym: Więź ze społeczeństwem, z masami ludowymi. Więź nauki z życiem. Umacniać, wzmacniać, zacieśniać (*nie*: pogłębiać) więź z kimś, z czymś.

więźniarka *ż III*, *lm D.* więźniarek **1.** «kobieta więziona»: Więźniarki z Ravensbrück. **2.** «wagon kolejowy, samochód do przewożenia więźniów»: Więźniarka wjechała na podwórze więzienne. // *U Pol. (1)*, 253.

wig *m III*, *D.* wiga, *lm M.* wigowie: Walka polityczna torysów i wigów.

wigilia, wilia *ż I*, *DCMs.* i *lm D.* wigilii (wilii) **1.** *wych. z użycia* «dzień poprzedzający inny dzień, zwłaszcza jakieś święto, jakieś wydarzenie»: Wigilia (wilia) Zielonych Świątek. Wigilia (wilia) ślubu, wyjazdu, imienin. **2.** «uroczysta wieczerza w dniu poprzedzającym święto Bożego Narodzenia»: Był u nas na wigilii (wilii). Zasiąść do wigilii (wilii). **3.** Wigilia, Wilia «dzień poprzedzający święto Bożego Narodzenia»: W samą Wigilię urodził im się syn. // *D Kult. II*, 281.

wigonia (*wym.* wigońja) *ż I*, *DCMs.* i *lm D.* wigonii «rodzaj przędzy lub tkanina z tej przędzy; wigoń»

wigoń *m I* **1.** *D.* wigonia «zwierzę z rodziny wielbłądowatych; wikunia» **2.** *D.* wigoniu, p. wigonia.

Wigry *blp, D.* Wigier, a. (z wyrazem: jezioro) *ndm* «jezioro»: Jechać nad Wigry. Mieszkać, spędzać lato nad Wigrami (nad jeziorem Wigry). — wigierski. || *D Kult. II, 560.*

wij *m I, D.* wija, *lm M.* wije, *D.* wijów.

wikariusz *m II, lm D.* wikariuszy, *rzad.* wikariuszów; *pot.* **wikary** *m* odm. jak przym., *lm M.* wikarzy, *rzad.* wikarowie, *D.* wikarych.

wiking *m III, lm M.* wikingowie: Wyprawy morskie rozbójniczych wikingów.

wikłać *ndk I,* wikłaliśmy (p. akcent § 1a i 2) □ W. co «czynić splątanym, plątać, gmatwać»: Wikłać nici. △ *przen.* Wikłać plany, sprawę. □ W. kogo — w co «wciągać kogoś w coś kłopotliwego, mieszać do czegoś; wplątywać» **wikłać się:** Sprawa wikłała się coraz bardziej. □ W. się w czym «wplątywać się w coś, więznąć w czymś»: Nogi wikłały mu się w splątanych trawach. △ *przen.* Wikłać się w zeznaniach. □ *przen.* W. się w co «wdawać się w coś kłopotliwego, mieszać się do czegoś»: Wikłać się w niebezpieczne sprawy.

wikt *m IV, D.* wiktu, zwykle w *lp wych.* z użycia «całodzienne wyżywienie, utrzymanie»: Wikt domowy, żołnierski. Mieć u kogoś wikt. Pracować za wikt. △ *żart.* Wikt i opierunek «całkowite utrzymanie»

Wiktor *m IV, lm M.* Wiktorowie, *rzad.* Wiktorzy — Wiktorek *m III, D.* Wiktorka, *lm M.* Wiktorkowie — Wiktorostwo *n III, DB.* Wiktorostwa, *Ms.* Wiktorostwu (*nie:* Wiktorostwie), *blm;* a. Wiktorowie *blp, D.* Wiktorów — Wiktorkowie, Witkowie *blp, D.* Wiktorków, Witków. — Wiktoria *ż I, DCMs.* i *lm D.* Wiktorii — Wikta *ż IV* — Wiktusia *ż I, W.* Wiktusiu.

wiktuały *blp, D.* wiktuałów *wych.* z użycia «produkty spożywcze, żywność»

wikunia (*wym.* wikuńja) *ż I, DCMs.* i *lm D.* wikunii p. wigoń (w zn. 1).

Wilanów *m IV, D.* Wilanowa, *C.* Wilanowowi (*ale*: ku Wilanowowi a. ku Wilanowu) **1.** «rezydencja podwarszawska Jana III Sobieskiego» **2.** «dzielnica Warszawy»: Jechać do Wilanowa. Mieszkać w Wilanowie. — wilanowski.

wilczura *ż IV* «wyprawiona skóra z wilka; okrycie z takich skór»: Okryć się wilczurą. Chodzić w wilczurze.

wilczyca *ż II, lm M.* wilczyce «samica wilka; suka z rasy owczarków niemieckich»

wilczysko *n, rzad. m* odm. jak *n II, lm D.* wilczysków: Stare (stary) wilczysko.

Wilde (*wym.* Uajld) *m IV, D.* Wilde'a (*wym.* Uajlda), *N.* Wildem, *Ms.* Wildzie: Utwory Oscara (*wym.* Oskara) Wilde'a.

Wilder (*wym.* Uajlder) *m IV, D.* Wildera (p. akcent § 7): Pisarstwo Thorntona (*wym.* Torntona) Wildera.

wilegiatura, *rzad.* **wiledżiatura** (*nie:* wiligiatura) *ż IV, CMs.* wilegiaturze (wiledżiaturze) *wych.*

z użycia «pobyt na wsi, na świeżym powietrzu dla odpoczynku; letnisko»

wileński: Szkoły wileńskie. Młodzież wileńska (*ale:* Pojezierze Wileńskie).

Wileńszczyzna *ż IV, CMs.* Wileńszczyźnie «ziemia wileńska»: Mieszkać na Wileńszczyźnie. Jechać na Wileńszczyznę.

wilgnąć *ndk Vc,* wilgnie, wilgnął (*wym.* wilgnoł), a. wilgł; wilgła, wilgłoby (p. akcent § 4c) *rzad.* p. wilgotnieć.

wilgociomierz *m II, lm M.* wilgociomierze, *D.* wilgociomierzy, *rzad.* wilgociomierzów; in. higrometr.

wilgotnieć *ndk III,* wilgotniałby (p. akcent § 4c) «stawać się wilgotnym, nasiąkać wilgocią»: Herbata wilgotnieje w morskiej podróży. Wilgotnieje od deszczu. △ Oczy, źrenice komuś wilgotnieją (z czegoś) «łzy napływają komuś do oczu»: Oczy jej często wilgotnieją ze smutku.

Wilhelm *m IV, lm M.* Wilhelmowie — Wiluś *m I, lm M.* Wilusiowie — Wilhelmostwo *n III, DB.* Wilhelmostwa, *Ms.* Wilhelmostwu (*nie:* Wilhelmostwie), *blm;* a. Wilhelmowie, *blp, D.* Wilhelmów — Wilusiowie *blp, D.* Wilusiów.

wilia p. wigilia.

wilk *m III, DB.* wilka, *lm M.* wilki (*nie:* wilcy), *B.* wilki (*nie:* wilków) **1.** «zwierzę»: Widziałem wilka. Widziałem dwa wilki (*nie:* dwóch wilków). △ Wilk morski «ekspresywnie: stary, doświadczony marynarz» △ *pot.* Patrzeć, spoglądać wilkiem, jak wilk «patrzeć ponuro, wrogo, nieufnie» **2.** *ogr.* «pęd drzewa wyrosły z podkładki; dzik»: Ogrodnik obciął wilka (*nie:* wilk).

Wilk *m III, D.* Wilka, *lm M.* Wilkowie. Wilk *ż ndm* — Wilkowa *ż* odm. jak przym. — Wilkówna *ż IV, D.* Wilkówny, *CMs.* Wilkównie (*nie:* Wilkównej), *B.* Wilkównę (*nie:* Wilkówną), *lm D.* Wilkówien.

willa (*nie:* wila) *ż I, lm D.* will a. willi: W uzdrowisku było kilka drewnianych will (willi) w stylu zakopiańskim.

wilnianin *m V, D.* wilnianina, *lm M.* wilnianie, *D.* wilnian **1.** «mieszkaniec Wilna» **2.** Wilnianin «mieszkaniec Wileńszczyzny»

wilnianka *ż III, lm D.* wilnianek **1.** «mieszkanka Wilna» **2.** Wilnianka «mieszkanka Wileńszczyzny»

Wilno *n III* «miasto w ZSRR (stolica Litwy)»: Mieszkać w Wilnie. — wilnianin (p.) — wilnianka (p.) — wileński (p.).

Wilson (*wym. rzad.* Uilson) *m IV, D.* Wilsona, *lm M.* Wilsonowie: Prezydent Wilson. Plac Wilsona.

Wimbledon (*wym.* Uimbledon) *m IV, D.* Wimbledonu (p. akcent § 7) «dzielnica Londynu» — wimbledoński.

wina *ż IV* **1.** «zły czyn, wykroczenie, przewinienie, występek»: Drobna, wielka wina. Niezbite dowody winy. Dowieść komuś a. dowieść czyjejś winy. Być, cierpieć bez winy. Nie być bez winy. Przyznać się do winy. Wyznać winę. Odkupić, zmazać winę, winy. 2. «moralna odpowiedzialność za zły czyn»: Poczucie, świadomość winy. Poczuwać się do winy. Wina spada na kogoś. Wina jest a. leży po czyjejś stronie. Udowodnić komu winę. Wziąć winę na siebie. Złożyć, zrzucić, *pot.* zwalić winę na kogoś. □ W. wobec (względem) kogo, czego: Wina wobec (względem) podwładnych. □ W. za co: Wina za krzywdy. 3. «przyczynianie się do złego, przyczyna, powód a. skutek, następstwo czegoś złego»: Coś dzieje się z czyjejś winy: Chorujesz z własnej winy. Nie szukaj winy w innych. △ *niepoprawne* Z winy czegoś (*zamiast*: z powodu, wskutek czegoś), np. Nie skończył studiów z winy (*zamiast*: wskutek, z powodu) ciężkich warunków.

Wincenty (*nie*: Wicenty) *m* odm. jak przym., *lm M.* Wincentowie — Wicek *m III, D.* Wicka, *lm M.* Wickowie — Wicuś *m I, lm M.* Wicusiowie — Wincentostwo *n III, DB.* Wincentostwa, *Ms.* Wincentostwu (*nie*: Wincentostwie), *blm*; a. Wincentowie *blp, D.* Wincentych — Wickowie *blp, D.* Wicków — Wicusiowie *blp, D.* Wicusiów.

Windawa *ż IV* «miasto (Ventspils) i rzeka (Venta) w ZSRR» — windawski (p.).

windawski: Szkoły windawskie (*ale*: Kanał Windawski).

Windsor (*wym.* Uindsor) *m IV* 1. *D.* Windsoru (p. akcent § 7) «miasto w Wielkiej Brytanii i w Kanadzie»: Zabytki Windsoru. Mieszkać w Windsorze. Edward, książę Windsoru. 2. *D.* Windsora, *lm M.* Windsorowie a. Windsorzy «jeden z członków dynastii angielskiej; w *lm*: ta dynastia»: Panowanie Jerzego VI Windsora.

windziarz *m II, lm M.* windziarze, *D.* windziarzy.

winiarnia *ż I, lm D.* winiarni, *rzad.* winiarń.

winiarz *m II, lm M.* winiarze, *D.* winiarzy.

winić *ndk VIa,* winię, wiń, winiliśmy (p. akcent § 1a i 2) □ W. kogo — za co, o co (*nie*: w czym) «przypisywać komuś winę z powodu czegoś»: Winić kogoś za lekkomyślność, za nierozwagę. Winić kogoś o spowodowanie wypadku.

winien, winna, winno p. I winny.

winkiel (*nie*: winkel) *m I, D.* winkla, *lm M.* winkle, *D.* winkli a. winklów 1. *lepiej*: węgielnica, kątownik, ekierka. 2. *środ., lepiej*: narożnik, węgieł. 3. *środ.* «trójkąt, jako oznaka na ubraniu więźnia hitlerowskich obozów koncentracyjnych» || *D Kult. I, 471.*

I winny *m* a. **winien** *m* (tylko w funkcji orzecznika), **winna** *ż,* **winne** *n, m-os.* winni, *ż-rzecz.* winne; także z zakończeniami osobowymi: winienem, winieneś; winnam; winniśmy (p. akcent § 4b) itd. 1. *m* tylko: winien «mający zobowiązania z tytułu pożyczki» □ Winien komu: Był winien sąsiadowi metr zboża. Koleżanki są mi winne (*nie*: winny) pieniądze. Winnaś mi a. jesteś mi winna 10 zł. Nie (jest) winien nam ani grosza. △ *przen.* Winnam ci szczerość. Winienem mu życie. 2. «będący sprawcą, przyczyną czegoś; taki, który zawinił, popełnił coś złego»: Jestem winny (winien). Czuł się winny (winien). *Ale*: Winny (*nie*: winien) człowiek. □ Winien (winny) komu, czemu, wobec kogo, czego, *rzad.* przed kim, czym: Czuł się wobec niej winny (winny). Przed matką byłyśmy obie winne (*nie*: winny). △ Być winnym czegoś «spowodować co»:

Był winny nieszczęścia; *ale*: On był winny (winien) temu wszystkiemu. △ Uznać kogoś za winnego (*nie*: winnym). 3. winien, winna, winno, *m-os.* winni, *ż-rzecz.* winny *książk. urz., lepiej*: powinien □ W. (także z zakończeniami osobowymi) + bez-okol.: Obywatel winien się podporządkować obowiązującym przepisom. Zgodnie z traktatem pokojowym wojska nieprzyjaciela winny się wycofać z zajętych obszarów. Winniście to zrozumieć. || *D Kult. I, 191.*

II winny przym. od wino: Grono winne. Winna jagoda. Zapach winny. Ocet winny. Drożdże winne. △ Winna latorośl p. winorośl. △ *niepoprawne* Kwas winny (*zamiast*: winowy). △ *przestarz.* As, król, kolor itp. winny «as, król, kolor itp. pikowy»

wino *n III* 1. «trunek z winogron»: Wino białe, czerwone, wytrawne, deserowe, stołowe. Wino gronowe. △ Wino owocowe «wino z soku innych owoców niż winogrona» 2. *pot.* «winorośl»: Sadzić, uprawiać wino. 3. *przestarz.* «kolor pikowy w kartach; pik»: Wyjść w wino.

Winogradow (*wym.* Winogradow) *m IV, D.* Winogradowa (p. akcent § 7), *C.* Winogradowowi (*nie*: Winogradowu), *N.* Winogradowem (*nie*: Winogradowym), *Ms.* Winogradowie, *lm M.* Winogradowowie, *DB.* Winogradowów (*nie*: Winogradowych), *N.* Winogradowami (*nie*: Winogradowymi), *Ms.* Winogradowych (*nie*: Winogradowych): Referat profesora Winogradowa.

winorośl *ż V, D.* winorośli, *lm M.* winorośle, *D.* winorośli «roślina pnąca o jadalnych owocach — winogronach»: Uprawiać winorośl. Dzika winorośl.

winowajczyni (*nie*: winowajczynia) *ż I, B.* winowajczynię (*nie*: winowajczynią), *W.* winowajczyni (*nie*: winowajczynio), *lm D.* winowajczyń.

winowy: przym. od wino, używany tylko w wyrażeniu: Kwas winowy.

winszować (*nie*: wienszować), *ndk IV,* winszowaliśmy (p. akcent § 1a i 2) □ W. komu a) «składać mu życzenia»: Winszowali jej w dniu imienin, z okazji imienin (*nie*: do imienin). □ *wych. z użycia* W. komu — czego a) «życzyć»: Winszowali mu pomyślności w życiu. b) «składać gratulacje»: Winszować komuś awansu.

wiodący *niepoprawne* w zn. «główny, przewodni, przodujący, kierujący, kierowniczy, czołowy», np.: Wiodąca (*zamiast*: kierownicza) rola uniwersytetu. Przedmiot wiodący (*zamiast*: główny) na egzaminie. Zakład wiodący (*zamiast*: kierujący, przodujący).

wiola *ż I* 1. «dawny instrument smyczkowy» 2. *pot.* «altówka»

wiolonczela (*nie*: wielonczela) *ż I, lm D.* wiolonczel a. wiolonczeli.

wionąć *dk Vb,* wionął (*wym.* wionoł), wionęła (*wym.* wionęła), wionąłby (p. akcent § 4c) *książk.* a) «powiać, zalecieć czymś; przypłynąć z powietrzem, z wiatrem»: Do wagonu wionął wicher ze śniegiem. □ W. czym (na kogo): Izba wionęła na nich zapachem chleba. Wiosna wionie ciepłem. △ *nieos.* Z piwnicy wionie stęchlizną. □ Coś wionie (wionęło) od kogo, od czego: Wionęła od niej woń perfum. Chłód wionie od morza. △ *przen.* «przebiec lekko»: Wionęła jak motyl przez pokój.

wiosna *ż IV, lm D.* wiosen **1.** «pora roku przed latem, po zimie»: Ciepła, pogodna, wczesna, spóźniona wiosna. Na wiosnę, wiosną, tej, tamtej itp. wiosny, *podn., wych. z użycia* o wiośnie. △ Podczas wiosny ludów a. Wiosny Ludów. △ *przen.* Wiosna życia. **2.** *przestarz., książk., podn.* a. *żart.* «rok życia»: Liczyć sobie ileś wiosen. △ W którejś wiośnie (tylko o młodym wieku): Zmarła w szesnastej wiośnie.

wioszczyna (*nie:* wioszczyna) *ż IV:* Mała, nędzna wioszczyna.

wioślarz *m II, lm D.* wioślarzy.

wiośniany *poet.* «właściwy młodości; młodzieńczy»: Wiośniana uroda. Wiośniany uśmiech.

wiotczeć *ndk III,* wiotczałby (p. akcent § 4c) — **zwiotczeć** *dk* □ W. od czego, z czego: Skóra wiotczeje ze starości. Liście wiotczeją z braku wody. Liście zwiotczały od upału.

wiór (*nie:* wióro) *m IV, lm M.* wióry (*nie:* wióra), *D.* wiórów (*nie:* wiór): Cienkie, długie wióry. Wióry stalowe. □ W. z czego: Wiór z drewna, z żelaza. △ *pot.* Wyschnąć na wiór a. jak wiór «stać się bardzo chudym»

wiórek *m III, D.* wiórka, *lm M.* wiórki (*nie:* wiórka), *D.* wiórków (*nie:* wiórek): Wiórki szklane, metalowe.

wiórkować, *reg.* **wiórować** *ndk IV,* wiórkowaliśmy, wiórowaliśmy (p. akcent § 1a i 2): Wiórkować (wiórować) podłogę.

wiraż *m II, D.* wirażu **1.** «zakręt drogi, toru sportowego»: Ostry wiraż. Minąć kogo na wirażu. **2.** «zmiana biegu jazdy, lotu; skręt»: Wiraż w lewo. Wziąć wiraż (o samochodzie). Wyjść z wirażu. Wykonać wiraż (o samolocie).

Wirginia (*wym.* Wirginia) *ż I, DCMs.* Wirginii a. (w połączeniu z wyrazem: stan) *ndm* «stan w USA»: Mieszkać w Wirginii (w stanie Wirginia).

wirówka *ż III, lm D.* wirówek, *lepiej niż:* centryfuga.

Wirtembergia (Południowa, Północna), Wirtembergia *ż I, DCMs.* Wirtembergii; Południowa, Północna odm. przym. «kraina w NRF» — Wirtemberczyk *m III, lm M.* Wirtemberczycy — Wirtemberka *ż III, lm D.* Wirtemberek — wirtemberski.

wirtuoz *m IV, lm M.* wirtuozi a. wirtuozowie: W filharmonii wystąpi skrzypek, sławny wirtuoz. △ *przen.* Wirtuoz wiersza.

wirtuozeria *ż I, DCMs.* wirtuozerii, *blm;* a. **wirtuozostwo** (*nie:* wirtuozowstwo) *n III, blm; przestarz.* **wirtuozja** *ż I, blm.*

wirtuozka *ż III, lm D.* wirtuozek.

wirtuozowski, *przestarz.* **wirtuozyjny:** Talent, utwór wirtuozowski.

wirus *m IV, D.* wirusa, *B.* wirusa a. wirus: Wirusy są zarazkami przesączalnymi. Oglądać wirusa (wirus) pod mikroskopem. || *D Kult. II, 476; KJP 180.*

wirydarz *m II, lm D.* wirydarzy.

wis *m IV, D.* wisa a. wisu, *B.* wisa, *rzad.* wis «typ pistoletu»

wisieć (*nie:* wiśsieć, wisić) *ndk VIIa,* wiszę, wisieliśmy (p. akcent § 1a i 2) **1.** «być zawieszonym, zaczepionym gdzieś» □ W. na czym, u czego, przy czym: Bielizna wisi na sznurach. Latarnia wisi na haku. Lampa wisi u sufitu. Klucze wiszą u pasa, przy drzwiach. △ Coś wisi na włosku a) «coś jest niepewne, zagrożone» «Życie jej wisiało na włosku. b) «coś lada chwila nastąpi, wybuchnie»: Kłótnia wisi na włosku. △ Coś wisi nad kimś jak miecz Damoklesa «coś komuś stale zagraża» △ *pot.* Wisieć przy kimś «być od kogoś zależnym, być na czyimś utrzymaniu» △ Wisieć przy telefonie «rozmawiać długo lub często przez telefon» **2.** «unosić się»: Mgła wisi nad polami. W powietrzu wisi kurz. △ Coś wisi w powietrzu «zanosi się na coś, coś ma nastąpić»: Burza wisi w powietrzu. **3.** «o ubraniu: być zbyt luźnym, zwisać luźno na kimś» Po chorobie ubranie na nim wisiało. Płaszcz wisiał na nim jak worek. Suknia wisiała na niej jak na kiju. **4.** «być powieszonym, uśmierconym przez powieszenie»: Za taką zbrodnię powinien wisieć.

! wiskać p. iskać.

I Wisła *ż IV* «rzeka»: Kąpać się w Wiśle. — wiślany (p.) — nadwiślański.

II Wisła *ż IV* «miasto»: Mieszkać w Wiśle. — wiślański (p.).

Wisłok *m III, D.* Wisłoka «dopływ Sanu» — wisłocki.

Wisłoka *ż III, D.* Wisłoki «dopływ Wisły» — wisłocki.

Wismar *m IV, D.* Wismaru «miasto w NRD» — wismarski (p.).

wismarski: Przedmieście wismarskie (*ale:* Zatoka Wismarska).

wist *m IV, DB.* wista «dawna gra w karty»: Grać w wista.

wisus *m IV, lm M.* te wisusy *pot.* «urwis»

Wisztyniec *m II, lm D.* Wisztyńca «miasto w ZSRR» — wisztyniecki (p.).

wisztyniecki: Zabudowania wisztynieckie (*ale:* Jezioro Wisztynieckie).

Wiślanin *m V, D.* Wiślanina, zwykle w *lm, M.* Wiślanie, *D.* Wiślan «plemię słowiańskie»

wiślany: Skarpa wiślana (*ale:* Zalew Wiślany).

wiślański «związany z Wisłą — miastem a. z plemieniem Wiślan»: Okolice wiślańskie (*ale:* Gazeta Wiślańska). || *D Kult. I, 580.*

wiśnia (*nie:* wisznia) *ż I, lm D.* wiśni a. wisien (*nie:* wisień).

witać *ndk I,* witaliśmy (p. akcent § 1a i 2) □ W. kogo, co (czym): Witać znajomych. Witał całe towarzystwo. Witano ją oklaskami. △ *podn.* Witaj, witajcie nam (mi).
witać się □ W. się z kim, z czym: Witał się ze wszystkimi.

witamina (*nie:* ten witamin) *ż IV:* Przyjmował witaminę C i B forte.

witaminizować, *rzad.* **witaminować** *ndk IV,* witaminizowaliśmy, witaminowaliśmy (p. akcent

§ 1a i 2): Witaminizować produkty żywnościowe. Witaminizowana margaryna.

Witebsk *m III, D.* Witebska «miasto w ZSRR» — witebski.

witeź *m I, lm D.* witeziów a. witezi **1.** *lm M.* te witezie «motyl» **2.** *lm M.* ci witezie a. witeziowie *podn.* «rycerz, wojownik, bohater»

Witold (a. Witołd — o wielkim księciu litewskim) *m IV, lm M.* Witoldowie — Witek *m III, D.* Witka, *lm M.* Witkowie — Witoldostwo *n III, DB.* Witoldostwa, *Ms.* Witoldostwu (*nie:* Witoldostwie), *blm*; a. Witoldowie *blp, D.* Witoldów — Witkowie *blp, D.* Witków.

witraż *m II, D.* witrażu a. witraża, *lm D.* witraży, *rzad.* witrażów.

witryna *ż IV książk.* «wystawa sklepowa»: Oglądać książki w witrynie (*nie:* na witrynie) księgarni.

Wittenberga (*wym.* Witenberga) *ż III* «miasto w NRD» — wittenberski.

wiwarium *n VI, lm D.* wiwariów (*nie:* wiwarii) «pomieszczenie przeznaczone do hodowli zwierząt w warunkach zbliżonych do naturalnych»: Urządzić wiwarium. Obserwować rozwój owadów w wiwarium.

wiwat *m IV, D.* wiwatu, *częściej w lm* «okrzyki wyrażające radość, uznanie»: Huczne wiwaty. Wznosić wiwaty. □ W. dla kogo: Wiwaty dla zwycięzców. □ W. za co: Wiwaty za zdrowie, za zwycięstwo. △ Strzelić, wypalić na wiwat «strzelić na czyjąś cześć lub z jakiejś uroczystej okazji»

wiwat! *ndm* «okrzyk oznaczający: niech żyje»: Wiwat młoda para!

wiwatować *ndk IV,* wiwatowaliśmy (p. akcent § 1a i 2): Wiwatować na cześć bohaterów.

wiza *ż IV:* Wiza wyjazdowa a. na wyjazd; wiza wjazdowa a. na wjazd. Wiza dyplomatyczna, pobytowa; wiza tranzytowa a. przejazdowa. Wiza na wyjazd do Włoch.

! wizawi p. vis à vis.

wizerunek *m III, D.* wizerunku *książk.* «podobizna, portret, obraz»: Wizerunki królów polskich.

wizja *ż I, DCMs. i lm D.* wizji **1.** zwykle w *lm* «przywidzenie, majaki»: Dręczące, kuszące wizje. **2.** «wyobrażenie, obraz czegoś»: Wizja przyszłości. Wizja malarska, poetycka, teatralna. **3.** «obraz telewizyjny» △ *środ.* Być na wizji «być widocznym na ekranie telewizyjnym» **4.** «urzędowe oględziny czegoś» △ zwykle w wyrażeniu: Wizja lokalna, np.: Wizja lokalna w terenie, na miejscu zbrodni. Przeprowadzać wizję, dokonywać wizji.

wizować *ndk IV,* wizowaliśmy (p. akcent § 1a i 2): Wizować paszport. Wizować kontrakt, weksel, rachunek.

wizualny, *lepiej:* wzrokowy.

Wizygot *m IV, D.* Wizygota, *lm M.* Wizygoci — wizygocki.

wizyta *ż IV:* Ceremonialna, oficjalna wizyta. Wizyta lekarska. Zamówić wizytę u lekarza. Złożyć komuś wizytę. Pójść, udać się, wybrać się z wizytą, *rzad.* na wizytę. Wizyta u znajomych. Wizyta u cho-

rego. Wizyta w zaprzyjaźnionym domu. Lekarz miał jeszcze kilka wizyt na mieście.

wizytator *m IV, lm M.* wizytatorzy a. wizytatorowie: Wizytator szkolny. Wizytator z ramienia Ministerstwa Oświaty.

wizytka *ż III, lm D.* wizytek **1.** zdr. od wizyta: Iść z wizytką. **2.** «członkini zakonu; w *lm:* klasztor, kościół tych zakonnic»: Odbywała nowicjat u wizytek. △ W nazwach dużą literą: Była w kościele Wizytek.

wjechać *dk,* wjadę, wjedzie (*nie:* wjadzie), wjechał, wjechaliśmy (p. akcent § 1a i 2) — **wjeżdżać** *ndk I,* wjeżdżaliśmy □ W. czym, na czym: Wjechać samochodem, bryczką. Wjechać na koniu a. koniem, na rowerze a. rowerem. □ W. do czego, w co «jadąc znaleźć się wewnątrz czegoś, pośród czegoś»: Wjechać do miasta, do ogrodu, do hali, do obozu. Wjechać w aleję, w granice miasta, w śnieg, w kałużę, *ale:* Wjechać do rzeki a. w rzekę, do lasu a. w las. □ W. na co «jadąc znaleźć się na płaskiej powierzchni czegoś, na powierzchni czegoś wysokiego»: Wjechać na plac, na peron, na dziedziniec, na drogę. Wjechać na pagórek, na górę, na pierwsze piętro (windą). △ *przen., żart.* Na stół wjeżdża zupa. □ W. na kogo, na co: «jadąc wpaść» △ *przen. posp.* «skrzyczeć, zwymyślać kogoś»: Wjechał na chłopca niesłusznie.

WKD (*wym.* wukade, p. akcent § 6) *n ndm, rzad. blp ndm* «Warszawskie Koleje Dojazdowe»: Jeździ do pracy WKD. WKD wydało (wydały) nowy rozkład jazdy.

WKKF (*wym.* wukakaef, p. akcent § 6) *m IV, D.* WKKF-u a. *m ndm* «Wojewódzki Komitet Kultury Fizycznej»: Warszawski WKKF. Pracować w WKKF (w WKKF-ie). WKKF ogłosił kalendarz imprez sportowych na nowy rok.

wkleić *dk VIa,* wkleję, wklei, wklej, wkleiliśmy (p. akcent § 1a i 2) — **wklejać** *ndk I,* wklejaliśmy □ W. co — do czego «umocować coś za pomocą kleju wewnątrz czegoś»: Wkleić znaczki, fotografie do albumu. □ *pot.* W. co — komu «namówić kogoś do kupna, przyjęcia czegoś wbrew jego chęci; wlepić»: Wkleili mi pończochy ze skazą.

wklęsnąć *dk Vc,* wklęśnie, wklęsł a. wklęsnął (*wym.* wklęsnoł); wklęsła (*nie:* wklęsnęła), wklęsłaby (p. akcent § 4c), wklęsły a. wklęśnięty — *rzad.* **wklęsać** *ndk I,* wklęsałby: Wklęsły (wklęśnięty) brzuch. Wklęsłe (wklęśnięte) policzki. Chatka wklęsająca w ziemię.

wkład *m IV, D.* wkładu **1.** «to, co się wkłada, inwestuje w jakieś przedsięwzięcie; nakład, wydatek poniesiony w związku z czymś»: Robić wkłady. □ W. na co: Wkład na mieszkanie własnościowe, na garaż. Zgromadzić wkład na domek jednorodzinny. □ W. w co (*nie:* w czym), *rzad.* do czego «współuczestniczenie, udział w czym.ś»: Wkład obywateli w odbudowę (do odbudowy) kraju. Wkład Polski w kulturę światową (do kultury światowej). Czyjś cenny, trwały wkład w upowszechnienie wiedzy. □ W. czego: Wkład pracy, energii, inicjatywy. **2.** zwykle w *lm* «pieniądze złożone w banku» □ W. w czym: Wkłady w banku, w PKO. **3.** «element wymienny; zapas» □ W. do czego: Wkład do

wkładać

długopisu, do notesu, do termosa. △ Wkład (*częściej*: wkładka) do buta. // *D Kult. II, 282*.

wkładać *ndk I*, wkładaliśmy (p. akcent § 1a i 2) — **włożyć** *dk VIb*, włóż, włożyliśmy **1.** «umieszczać coś wewnątrz czegoś; kłaść» □ W. co — do czego, *rzad.* w co: Wkładać rękę do kieszeni (*lepiej* niż: w kieszeń); włożyć list do koperty (*lepiej* niż: w kopertę). Wkładać klucz do zamku (w zamek), kwiaty do wody (w wodę). *Ale* tylko: Wkładać coś do kredensu, do szuflady, do torebki; wkładać coś w zanadrze. △ Wkładać pieniądze do czegoś, na coś «składać, oszczędzać»: Wkładać pieniądze do banku, do skarbonki, na książeczkę PKO, do (na) PKO.△ Wkładać pieniądze (majątek itp.) w coś «inwestować w coś»: Włożyła masę pieniędzy w hodowlę jedwabników. △ *przen.* W pracę wkładała całą pasję. △ *pot.* (tylko *dk*) Nie mieć co do garnka do ust włożyć «głodować» △ Wkładać coś komuś (łopatą) do głowy, *rzad.* w głowę «tłumaczyć coś komuś, uczyć kogoś czegoś w sposób bardzo przystępny, jak najprostszy» △ (tylko *dk*) Włożyć coś między bajki «uznać coś za rzecz niemożliwą, nieprawdopodobną, zmyśloną» **2.** «ubierać (się) w coś; nakładać»: Wkładać (*nie*: ubierać) sukienkę, pończochy, pantofle, rękawiczki. □ W. co — na co, na kogo: Wkładać czapkę na głowę, płaszcz na ramiona. △ *przen.* Wkładać ciężar na czyjeś barki, obowiązki, zadania na kogoś.

wkładka *ż III, lm D.* wkładek *reg.* w zn. «składka (np. członkowska, partyjna)»

wkoło przyimek (pisany łącznie, łączący się z rzeczownikami w dopełniaczu) «dookoła, naokoło czegoś, wokół» □ W. czego, kogo: Biegać wkoło domu, trawników. Tańczyli wkoło sali.

w koło wyrażenie przysłówkowe (pisane rozdzielnie) «okrążając coś, wracając do punktu wyjścia»: Pies w koło obiegł dom. △ *przen.* **a)** «na wszystkie strony»: Oglądał się w koło. **b)** «ciągle powtarzając coś; *pot.* w kółko»: Mówił w koło to samo.

wkopać *dk IX*, wkopię (*nie*: wkopę), wkopie, wkop, wkopaliśmy (p. akcent § 1a i 2) — **wkopywać** *ndk VIIIa*, wkopuję (*nie*: wkopywam, wkopywuję), wkopywaliśmy □ W. co (w co) «zagłębić w ziemię»: Wkopać słupy w ziemię. □ *pot.* W. kogo (czym) «zdradzić, wydać; wsypać»: Wkopał ich swoimi zeznaniami.

WKP(b) (*wym.* wukapebe, p. akcent § 6) *n a. ż ndm* «Wszechzwiązkowa Komunistyczna Partia (bolszewików) — nazwa Komunistycznej Partii Związku Radzieckiego w latach 1925—52»: Członek WKP(b). WKP(b) skupiało (skupiała) w swych szeregach miliony ludzi.

WKR (*wym.* wukaer, p. akcent § 6) *m IV, D.* WKR-u, *Ms.* WKR-ze, *rzad. ż ndm* «Wojskowa Komenda Rejonowa»: Dostać wezwanie do WKR-u a. do WKR. Meldować się w WKR-ze. WKR przysłał (przysłała) mu nakaz stawienia się.

wkraczać *ndk I*, wkraczaliśmy (p. akcent § 1a i 2) — **wkroczyć** *dk VIb*, wkroczyliśmy **1.** «wchodzić, dostawać się gdzieś, zwłaszcza uroczyście; o wojsku: zajmować zbrojnie jakieś tereny» □ W. do czego, na co, w co: Wróg wkroczył w nasze granice. Delegacja wkroczyła do sali, na dziedziniec. △ *przen.* Rozmowa wkracza na śliskie tory.

2. «przedsiębrać jakieś kroki; interweniować, ingerować» □ W. w co: Wkraczać w czyjeś sprawy, w czyjeś życie. Wkraczać w czyjeś kompetencje.

wkradać się *ndk I*, wkradaliśmy się (p. akcent § 1a i 2) — **wkraść się** *dk Vc*, wkradnę się, wkradnie się, wkradliśmy się «wchodzić, dostać się gdzieś ukradkiem» □ W. się do czego: Wkradać się do spiżarni. △ *przen.* Do artykułu wkradł się błąd. Niepokój wkrada się do duszy. △ Wkraść się w czyjeś łaski, do czyjegoś serca «zjednywać sobie kogoś»

w krąg p. krąg.

wkroczyć p. wkraczać.

wkrótce *książk.* «niedługo»: Wkrótce odbędzie się ich ślub. Wkrótce po tym wydarzeniu wyjechał.

WKS (*wym.* wukaes, p. akcent § 6) *m IV, D.* WKS-u a. *m ndm* «Wojskowy Klub Sportowy»: Należeć do WKS-u (WKS).

wkuć *dk Xa*, wkuliśmy (p. akcent § 1a i 2) — **wkuwać** *ndk I*, wkuwaliśmy **1.** «umieścić coś w czymś kując» □ W. co — w co: Wkuć hak w ścianę. **2.** *pot.* «nauczyć się czegoś z wysiłkiem; (*ndk*) intensywnie się uczyć» □ W. co: Wkuć nowy materiał do egzaminu. Wkuwać coś na pamięć.

wkuć się — wkuwać się 1. «kując dostać się w głąb czegoś, do czegoś» □ W. się — do czego, w co: Wkuć się do jakiegoś pomieszczenia. Wkuć się w skałę. **2.** *pot.* forma wzmocniona czas. wkuć — wkuwać (w zn. 2): Wkułem się porządnie. Wkuwałem się łaciny.

wkupić się *dk VIa*, wkup się, wkupiliśmy się (p. akcent § 1a i 2) — **wkupywać się** (*nie*: wkupować się) *ndk VIIIa*, wkupuję (*nie*: wkupywuję, wkupywam), wkupywaliśmy □ W. się do czego, w co: Wkupić się do czyjegoś towarzystwa. Wkupywać się w czyjeś łaski.

wkurzać *ndk I*, wkurzałby (p. akcent § 4c) — **wkurzyć** *dk VIb*, wkurzyłby *posp.* «gniewać, drażnić, denerwować»: Ta historia mnie wkurzyła.

wkuwać p. wkuć.

wlać *dk Xb*, wlaliśmy, *reg.* wleliśmy (p. akcent § 1a i 2) — **wlewać** *ndk I*, wlewaliśmy □ W. co — do czego, w co: Wlać mleko do filiżanek a. w filiżanki. Rzeki wlewają swe wody do morza. △ Wlewać coś w kogoś «zmuszać kogoś do wypicia dużej ilości czegoś» △ *przen.* Wlewać otuchę, nadzieję w kogoś, w czyjeś serce. □ (tylko *dk*) *posp.* W. komuś «zbić go»

wlatywać *ndk VIIIa*, wlatywaliśmy (p. akcent § 1a i 2) — **wlecieć** *dk VIIa*, wlecę, wlecieliśmy **1.** «lecąc, unosząc się w powietrzu dostawać się do wnętrza czegoś; spadając zagłębiać się w coś» □ W. do czego, w co: Muchy wlatywały do pokoju. Samolot wleciał w chmury. Rękawiczka wleciała w błoto. △ *przen.* Przez okna wlatywał zapach bzu. **2.** *pot.* (*częściej dk*) «wbiegać, wjeżdżać gdzieś pędem, szybko, nagle»: Wleciał jak bomba, jak wicher, jak piorun. □ W. do czego, na co: Wleciał do pokoju. Ekspres wleciał na stację. □ W. na kogo, na co «zderzać się»: Wleciał na mnie całym impetem.

wlec *ndk XI*, wlokę, *rzad.* wlekę; wlecze, wloką, *rzad.* wleką; wlecz; wlokłem, *rzad.* wlekłem; wlókł, *rzad.* wlekł, wlokła, *rzad.* wlekła; wlokło, *rzad.* wlekło; wlekliśmy (p. akcent § 1a i 2), wlokły, *rzad.* wlekły □ W. co «ciągnąć coś po czymś»: Wlec sieci. Wlókł skrzynię po ziemi. △ Wlec nogi (za sobą), ledwie wlec nogami «iść ciężko, powoli» □ W. kogo «prowadzić przemocą»: Wlekli więźnia przed sąd. **wlec się 1.** «być wleczonym, ciągniętym» □ W. się po czym: Poła płaszcza wlokła się po ziemi. **2.** «iść, jechać powoli»: Ledwie się wlókł drogą. △ *pot.* Wlec się jak za pogrzebem, wlec się noga za nogą «posuwać się bardzo powoli» △ *środ.* Wlec się w ogonie czegoś, *lepiej:* pozostawać w tyle «nie nadążać za rozwojem czegoś; nie dotrzymywać kroku innym» **3.** «odbywać się powoli; dłużyć się, przedłużać się»: Obrady wlokły się przez 6 tygodni. Czas, noc się wlecze.

wlecieć p. wlatywać.

wlepiać *ndk I,* wlepialiśmy (p. akcent § 1a i 2) — **wlepić** *dk VIa,* wlepiliśmy □ W. co — do czego «umocowywać coś za pomocą kleju; w zn. dosłownym *częściej:* wkleić»: Wlepić wkładki do butów. Wlepiać fotografie do albumu. △ *pot.* Wlepiać w kogoś, w coś oczy, spojrzenie, wzrok «wpatrywać się uporczywie» □ *pot.* W. co — komu **a)** częściej *dk* «zmuszać kogoś do kupna, przyjęcia czegoś wbrew jego chęci»: Wlepili mu nieświeże mięso. **b)** tylko *dk* «zbić kogoś, sprawić lanie»: Wlepił mu porządnie. **c)** częściej *dk* «wymierzyć jakąś karę»: Nauczyciel wlepił mu dwójkę z matematyki. Wlepić komuś mandat.

wlewać p. wlać.

w lewo p. lewo.

wleźć *(nie:* wliźć*) dk XI,* wlezę *(nie:* wlizę*), przestarz.* wlazę; wlazł, wleźliśmy (p. akcent § 1a i 2) — **włazić** *ndk VIa,* włażę, włazi, wlaziliśmy *posp.* «wejść» Składnia jak: wejść. △ (tylko *ndk*) Włazić drzwiami i oknami «o osobach natrętnie nachodzących, napastujących kogoś»: Reporterzy włażą drzwiami i oknami. △ Wleźć komuś w oczy «nawinąć się, pokazać się komuś»: Jak jest zły, nie trzeba mu włazić w oczy. △ Wleźć komuś za skórę «dokuczyć, dopiec komuś» △ Wleźć w długi «znaleźć się w kłopotach pieniężnych» △ Wleźć w kabałę, awanturę, w biedę «narazić się lekkomyślnie na kłopoty, nieprzyjemności» △ Ile (tylko) wlezie, wlazło «ile się tylko da, ile się chce, do woli»: Najadł się, ile wlezie. Używali na nim, ile tylko wlazło.

wlot *m IV, D.* wlotu **1.** «przedostawanie się czegoś do czegoś; wlecenie» □ W. czego: Wlot pary (do rur). **2.** «miejsce, przez które coś przedostaje się do czegoś» □ W. czego a. do czego: Wlot kanału (do kanału). □ W. czego — w co: Stał u wlotu Hożej w Marszałkowską.

władać *ndk I,* władaliśmy (p. akcent § 1a i 2) *książk.* «rządzić, panować» □ W. czym, kim: Rzym władał światem starożytnym. △ Objąć, wziąć kogoś, coś we władanie «zdobyć władzę nad kimś, nad czymś; zapanować gdzieś» △ *przen.* Władała nim zawiść. △ Władać bronią (szablą, mieczem itp.) «umieć się posługiwać bronią» △ Władać nogą, ręką itp. «móc poruszać ręką, nogą itp. (używane częściej z przeczeniem)»: Nie władał palcami lewej ręki. △ Władać jakimś językiem «umieć się posługiwać jakimś językiem, znać go»: Władał wspaniale czterema językami.

władca *m* odm. jak *ż II, lm M.* władcy, *DB.* władców *książk.* «ten, kto sprawuje władzę; monarcha, król»: Władca absolutny, dziedziczny. Mieszko — pierwszy historyczny władca Polski. △ *przen.* Lew to prawdziwy władca pustyni. Władca ludzkich serc.

władczyni *(nie:* władczynia*) ż I, B.* władczynię *(nie:* władczynią*), W.* władczyni *(nie:* władczynio*), lm D.* władczyń *książk.* «kobieta sprawująca władzę, królowa»

władny *książk.* «mający prawo, upoważniony do czegoś», zwykle w zwrocie: być władnym + bezokol., np. Sejm jest władny odroczyć wybory.

władyka *m* odm. jak *ż III, lm M.* władycy a. władykowie, *DB.* władyków *hist.* **a)** «władca, zwierzchnik» **b)** «biskup obrządku greckiego»

Władysław *m IV, lm M.* Władysławowie — Władzio *(nie:* Władziu*) m I, lm M.* Władziowie — Władek *m III, D.* Władka, *lm M.* Władkowie — Władysławostwo *n III, DB.* Władysławostwa, *Ms.* Władysławostwu *(nie:* Władysławostwie*), blm;* a. Władysławowie *blp, D.* Władysławów — Władziowie, Władkowie, *blp, D.* Władziów, Władków — Władysława *ż IV* — Władzia *ż I, W.* Władziu — Władka *ż III, lm D.* Władek.

Władysławowo *n III, C.* Władysławowu «miejscowość»: Skierować się, zbliżyć się ku Władysławowu. — władysławowski.

władza *ż II* **1.** *blm* «rządzenie, panowanie, rządy»: Najwyższa, niepodzielna, nieograniczona władza. Władza absolutna, despotyczna. Władza królewska, rodzicielska. Władza najwyższego szczebla (*lepiej:* władza najwyższa). Sprawować (*nie:* wykonywać) władzę. □ W. nad czym, nad kim: Władza nad ludem. Władza ojca nad synem. Miała nad nim całkowitą władzę. **2.** zwykle w *lm* «instytucje, organy rządzące; kierownictwo; rząd»: Władze wojskowe, szkolne, sądownicze. **3.** «zdolność panowania nad czynnościami, pracą poszczególnych części ciała» □ W. w czym: Stracił władzę w nogach. Nie miał władzy w rękach. △ Władze umysłowe «zdolność myślenia, rozumowania, odczuwania» △ Być w pełni władz umysłowych «być normalnym psychicznie»

włamać się *dk IX,* włamię się *(nie:* włamę się*),* włamaliśmy się (p. akcent § 1a i 2) — **włamywać się** *ndk VIIIa,* włamuję się *(nie:* włamywuję się, włamywam się*),* włamywaliśmy się □ W. się do czego: Włamano się do magazynu, do kasy pancernej.

włamywacz *m II, lm D.* włamywaczy, *rzad.* włamywaczów.

! włanczać p. włączać.

własność *ż V* **1.** «rzecz należąca do kogoś; prawo rozporządzania nią»: Cudza własność. Własność osobista, społeczna. Własność ruchoma, nieruchoma. Własność ziemska. Akt własności, prawo własności. △ Dać, zapisać, oddać coś na własność. △ Mieć, posiadać coś na własność. **2.** *lepiej:* właściwość — w zn. «cecha czegoś»: Własności (*lepiej:* właściwości) chemiczne, fizyczne ciał. || D Kult. I, 377; II, 284.

własny *m-os.* właśni: Własny dom. Własne dobro. Własne dziecko. Koszty własne. Coś własnej roboty. Doręczyć coś komuś do rąk własnych. Ktoś we własnej osobie. △ Imię własne. Miłość własna. △ Chodzić własnymi drogami, *książk.* (zwykle z odcieniem aprobaty) iść własną drogą «nie wzorować się na innych w postępowaniu; myśleć, rozumować samodzielnie» △ Robić coś na własną rękę «robić coś bez porozumienia z kimkolwiek, samodzielnie»: Przeprowadził wywiad na własną rękę. △ Na własny koszt a. własnym kosztem «samemu pokrywając koszty» △ Nie wierzyć własnym oczom, własnym uszom, «być czymś bardzo zdziwionym, zaskoczonym» △ *żart.* Na własnych śmieciach «u siebie» △ O własnych siłach «bez niczyjej pomocy fizycznej lub materialnej»: Chory wstał z łóżka o własnych siłach. Kształcić się o własnych siłach. △ Własnymi siłami «bez niczyjej pomocy, zwłaszcza materialnej, wojskowej»: Studenci wydawali pismo własnymi siłami. △ Widzieć, oglądać coś na własne oczy a. własnymi oczyma «widzieć coś osobiście; być naocznym świadkiem czegoś» △ Własnymi rękami a. własną ręką «sam osobiście, bez niczyjej pomocy»: Zbudował ten domek własnymi rękami. △ *pot.* Znać coś jak własną kieszeń, *rzad.* jak własne pięć palców «znać coś (zwykle jakiś teren, jakąś miejscowość) bardzo dokładnie»

właściciel *m I, lm D.* właścicieli (*nie*: właścicielów): Właściciel gruntu, ogrodu, domu.

właściwie 1. *st. w.* właściwiej «w odpowiedni sposób, poprawnie»: Właściwie coś ocenić, rozumieć. 2. «ściśle biorąc, prawdę mówiąc, w rzeczywistości»: Był zmęczony, a właściwie nic nie zrobił.

właściwość *ż V* «cecha czegoś»: Właściwości chemiczne, fizyczne ciał. Właściwości palne ropy naftowej. ‖ *D Kult. II, 284. Por.* własność.

właściwy *m-os.* właściwi, *st. w.* właściwszy a. bardziej właściwy 1. «taki, jaki powinien być, stosowny, odpowiedni»: Właściwy trop. Właściwe określenie, sformułowanie. Być na właściwym miejscu. Uważać, uznać coś za właściwe. □ W. na co: Czas teraz właściwy na polowanie. □ *urz.* W. do czego «kompetentny, powołany prawnie»: Sądy powiatowe są właściwe do przeprowadzania pojednania stron. 2. «charakterystyczny, typowy» □ W. komu, czemu: Zapach właściwy lasom. Postępował z właściwym sobie spokojem. 3. «zgodny z faktami; rzeczywisty, faktyczny»: Właściwe jego nazwisko brzmi: Kowalski. Właściwe (*lepiej* niż: miarodajne) władze. △ Ciężar właściwy. △ Ciepło właściwe.

właśnie «przysłówek potwierdzający, uściślający, wzmacniający treść zdania lub członu tego zdania, któremu towarzyszy» a) «rzeczywiście, istotnie, naprawdę»: Tego właśnie mi trzeba. Właśnie dlatego to zrobiłem. △ No właśnie a. właśnie «a jakże; zapewne; rozumie się, tak jest»: Myślisz, żeśmy zapomnieli? — No właśnie. b) «w danym momencie; akurat»: Właśnie nadchodzi. Zaczęło właśnie świtać. △ *niepoprawne* w zn. «tylko co»: np. Po pokryciu właśnie (*zamiast*: tylko co) wspomnianych kosztów w kasie zostanie kwota tysiąca złotych.

właić p. wleźć.

włączać (*nie*: wlanczać) *ndk I*, włączaliśmy (p. akcent § 1a i 2) — **włączyć** *dk VIIb*, włączyliśmy □ W. co «łączyć ze źródłem energii elektrycznej, uruchamiać coś»: Włączać światło. Włączyć maszynkę elektryczną, radio, telewizor. □ W. kogo, co — do czego (*lepiej* niż: w co) «wliczać w skład czegoś»:

Włączono do miasta nowe tereny. Poeta włączył do zbioru ostatnie swoje utwory. Włączyć kogoś do akcji. Nauczyciel włączył swoją klasę do akcji (*lepiej* niż: w akcję) zbiórki makulatury.

włącznie «włączając w coś, obejmując czymś również to, co zostało wymienione jako ostatnia możliwość, ostatni termin, data, cyfra itp.» □ Do czego w. (*nie*: w. do czego): Termin odbioru towaru do piątku włącznie (*nie*: włącznie do piątku). Urlop mam do 30 czerwca włącznie. Mógł jeść wszystko, do tłustego schabu włącznie.

I Włochy *blp, D.* Włoch (*nie*: Włoszech), *Ms.* Włoszech (*nie*: Włochach) «państwo»: Jechać do Włoch. Mieszkać we Włoszech. Przyjechać z Włoch (*nie*: z Włoszech). — Włoch *m III, lm M.* Włosi, *D.* Włochów — Włoszka *ż III, lm D.* Włoszek — włoski.

II Włochy *blp, D.* Włoch, *Ms.* Włochach (*nie*: Włoszech) «dzielnica Warszawy»: Mieszkać we Włochach. Jechać do Włoch. — włochowianin *m V, D.* włochowianina, *lm M.* włochowianie, *D.* włochowian — włochowianka *ż III, lm D.* włochowianek — włochowski.

Włocławek *m III, D.* Włocławka «miasto» — włocławianin *m V, D.* włocławianina, *lm M.* włocławianie, *D.* włocławian — włocławianka *ż III, lm D.* włocławianek — włocławski.

Włodawa *ż IV* «miasto»: Mieszkać we Włodawie. — włodawianin *m V, D.* włodawianina, *lm M.* włodawianie, *D.* włodawian — włodawianka *ż III, lm D.* włodawianek — włodawski.

Włodek *m III, D.* Włodka, *lm M.* Włodkowie «nazwisko»

Włodek *ż ndm* — Włodkowa *ż odm. jak przym.* — Włodkówna *ż IV, D.* Włodkówny, *CMs.* Włodkównie (*nie*: Włodkównej), *lm D.* Włodkówien.

I Włodzimierz *m II, lm M.* Włodzimierzowie, *D.* Włodzimierzów, *rzad.* Włodzimierzy — Włodzio (*nie*: Włodziu) *m I, lm M.* Włodziowie — Włodek *m III, D.* Włodka, *lm M.* Włodkowie — Włodzimierzostwo *n III, DB.* Włodzimierzostwa, *Ms.* Włodzimierzostwu (*nie*: Włodzimierzostwie), *blm*; a. Włodzimierzowie *blp, D.* Włodzimierzów — Włodziowie, Włodkowie *blp, D.* Włodziów, Włodków.

II Włodzimierz *m II* «miasto w ZSRR»: Mieszkać we Włodzimierzu. — włodzimierski.

włok *m III, D.* włoka a. włoku 1. a. włók «sieć rybacka»: Zarzucić włok. 2. a. włók, włóka, zwykle w *lm* «sanie chłopskie»

włos *m IV* 1. «zrogowaciałe włókno na ciele ssaków»: Włos owczy, koński. Włosy blond w lokach. Włosy zaczesane do tyłu, z czoła, na uszy, za uszy. △ *zbiorowo* «owłosienie ciała ludzkiego lub zwierzęcego»: Ręka pokryta jasnym włosem. Kożuch włosem do góry. △ *przestarz.* Dziewczyna z pięknym, jasnym włosem. △ Pod włos «w kierunku przeciwnym niż układają się włosy» △ *pot.* Ani na (jeden) włos a. ani o włos «ani trochę, nic a nic»: Nie był ani na włos a. ani o włos lepszy od swojego poprzednika. △ (Choć, ani) na włos «choć, ani odrobinę, trochę»: Nigdy jej ani na włos nie ustąpił. △ O (mały) włos «mało brakowało»: O mały włos zdarzyłby się przykry wypadek. △ Włosy się komuś jeżą, zjeżyły, stają na głowie, stają, stanęły dęba; strach, groza podnosi, jeży włosy na głowie «kogoś ogarnia strach, przerażenie» △ *pot.* Brać, wziąć kogoś pod włos «starać się uzyskać coś u kogoś działając na jego ambicję, schlebiając mu» **2. tylko w** *lp* **a)** «szczecina naturalna lub ze sztucznego włókna»: Szczotka, pędzel z wytartym włosem. **b)** «puszysta powierzchnia tkaniny»: Dywan z długim włosem. Ciemny szal z jasnym włosem.

włosiany (*nie:* włosianny) «zrobiony z włosia; włosienny»: Włosiana szczotka. Włosiany materac.

włosie, *reg.* **włósie** *n I, blm:* Końskie włosie. Materac z włosia.

włosiennica (*nie:* włosienica, włósienica, włósiennica) *ż II.*

włosienny (*nie:* włósienny) △ *rzad.* Sito włosienne, *częściej:* z włosia.

włosień (*nie:* włósień, ta włosień) *m I* **1.** *D.* włośnia a. włosienia «trychina»: Włośnie otorbione. **2.** *D.* włosienia *przestarz.* «włosie»: Kita z końskiego włosienia.

włosiny *blp, D.* włosinów, *rzad.* włosin: Miała bardzo marne włosiny.

włosisko *n II, lm D.* włosisków, *rzad.* włosisk, *częściej w lm:* Miał gęste, czarne włosiska.

włosisty *rzad.* «pokryty, obrośnięty gęstymi włosami, włoskami; kosmaty (zwykle o roślinach)»: Włosiste liście. Włosista łodyga. Włosista ręka, twarz.

włosowy △ tylko w terminologii specjalnej: Cebulka włosowa. Higrometr włosowy (*ale:* peruka z włosów, *nie:* włosowa).

Włoszczowa *ż* odm. jak przym. «miasto»: Mieszkać we Włoszczowej (*nie:* Włoszczowie). — włoszczowianin *m V, D.* włoszczowianina, *lm M.* włoszczowianie, *D.* włoszczowian — włoszczowianka *ż III, lm D.* włoszczowianek — włoszczowski.

włoszczyzna *ż IV, CMs.* włoszczyźnie, *blm* **1.** «warzywa do zup»: Zapach włoszczyzny. **2.** *rzad.* «kultura włoska, język włoski»

włościanin *m V, D.* włościanina, *lm M.* włościanie, *D.* włościan *wych. z użycia* «rolnik, chłop»

włościaństwo *n III, blm wych. z użycia* «wieśniacy, chłopi; chłopstwo»: Panowie uciskali włościaństwo.

włość *ż V, lm M.* włości (*nie:* włoście) *książk.* (zwykle w *lm*) «posiadłość ziemska; majątek»: Dziedzic wielkich włości.

włośnica *ż II,* w zn. techn. *lepiej* niż: laubzega.

włożyć p. wkładać.

włóczęga 1. *ż III* «wałęsanie się; piesza wycieczka»: Beztroska, miła włóczęga. Wybrać się, wyruszyć, pójść na włóczęgę. □ W. po czym: Włóczęga po mieście, po polach, po górach. **2.** odm. jak *ż III, M.* ten a. ta włóczęga (także o mężczyznach), *lm M.* te włóczęgi a. ci włóczędzy (tylko o mężczyznach), *D.* włóczęgów (tylko o mężczyznach) a. włóczęg, *B.* tych włóczęgów (tylko o mężczyznach) a. te włóczęgi «człowiek nie mający stałego miejsca pobytu, włóczący się po świecie»: Bezdomny włóczęga. Widziałeś tych małych włóczęgów?

włócznia *ż I, DCMs* i *lm D.* włóczni: Rycerz uzbrojony we włócznię.

włóczyć *ndk VIb,* włóczyliśmy (p. akcent § 1a i 2) «wlec, ciągnąć po czymś; *pot.* brać kogoś ze sobą niepotrzebnie, wbrew jego woli»: Koń włóczył lejce po piasku. Włóczyła dziecko ze sobą po sklepach. △ *pot.* Ledwo nogami, *rzad.* nogi włóczyć (*częściej:* powłóczyć) «iść z wysiłkiem; być osłabionym»

włóczyć się 1. «wałęsać się, chodzić, wędrować bez celu»: Włóczyć się samopas. Włóczyła się z chłopcami po kawiarniach, po balach. △ *pot.* Włóczyć się po sądach «procesować się» **2.** *rzad.* «unosić się, snuć się»: Nad łąkami włóczyły się mgły. Pod sufitem włóczył się dym z papierosów.

włóczykij *m I, lm D.* włóczykijów *pot.* «ten, kto się włóczy, włóczęga»

włók *m III, D.* włóka a. włóku **1.** a. włok «sieć rybacka» **2.** a. włok, włóka, zwykle w *lm* «sanie chłopskie» **3.** a. włóka «rodzaj narzędzia rolniczego»

włóka (*nie:* włoka) *ż III* **1.** *wych. z użycia* «miara powierzchni gruntu ornego» **2.** a. włók «narzędzie rolnicze» **3.** a. włok, włók, zwykle w *lm* «sanie chłopskie»: Jechać na włókach.

włókienko (*nie:* włókieńko) *n II, lm D.* włókienek.

włókienniczy «mający zastosowanie we włókiennictwie»: Przemysł, surowiec włókienniczy. Rośliny włókiennicze.

włókienny «tworzący włókno; zrobiony z włókna»: Komórki włókienne. Liny włókienne.

włókniarz *m II, lm D.* włókniarzy *pot.* «pracownik zatrudniony w przemyśle włókienniczym»: Łódzcy włókniarze podjęli nowe zobowiązania produkcyjne. || *JP, 1966, 23.*

włóknisty «składający się z włókien a. z elementów przypominających włókna»: Tkanka, substancja włóknista. Len włóknisty. Minerał o budowie włóknistej.

włókno *n III, lm D.* włókien **1.** zwykle w *lm* «włoskowate utwory w organizmie ludzkim i zwierzęcym, zdrewniałe komórki roślinne»: Włókna mięśniowe, nerwowe, sprężyste. Włókna lnu, łyka, konopi. **2.** *blm* «surowiec, z którego się wyrabia przędzę»: Włókno bawełniane, kokosowe, lniane, konopne. Włókno przędzalne, naturalne, syntetyczne. Sztuczne włókno.

włosie p. włosie.

wmawiać *ndk I,* wmawialiśmy (p. akcent § 1a i 2) — **wmówić** *dk VIa,* wmówiliśmy **1.** «skłaniać do uznania za prawdę rzeczy nieprawdziwej» □ W. co w kogo, w. w kogo, że...: Wmawiała w siebie chorobę. Wmawiał w niego, że potrafi to zrobić. Wmówił w siebie, że jest winien. □ (*częściej dk*) W. co komu (zwykle z przeczeniem): Nikt mi nie wmówi, że to prawda. Nie pozwolił sobie tego wmówić. △ *pot.* Wmawiać coś jak w chorego jajko «wmawiać coś komuś usilnie» **2.** *przestarz.* «wmuszać» □ W. co w kogo: Wmówił w niego kieliszek wódki.

w miarę p. miara.

wmieszać (*nie:* wmięszać) *dk I,* wmieszaliśmy (p. akcent § 1a i 2) «wplątać, wciągnąć kogoś do czegoś» □ W. kogo w co, *rzad*. do czego: Wmieszać kogoś w przykrą sprawę, aferę.

wmieszać się 1. «wejść (między ludzi)» □ W. się w co: Wmieszać się w tłum. Wmieszać się w grupę ludzi, w grono tańczących. **2.** «wziąć udział w czymś» □ W. się do czego, *rzad*. w co: Wmieszać się do rozmowy, do dyskusji. Wmieszać się w przykrą sprawę.

w międzyczasie *niepoprawne* zamiast: w tym czasie, tymczasem, np. Porozmawiaj z naszym gościem, a ja w międzyczasie (*zamiast*: tymczasem) przygotuję kolację. || D Kult. I, 613; U Pol. (2), 56.

wmówić p. wmawiać.

w myśl p. myśl.

wmyślać się *ndk I*, wmyślaliśmy się (p. akcent § 1a i 2) — **wmyślić się** (*nie*: wmyśleć się) *dk VIa*, wmyśl się (*nie*: wmyślij się), wmyśliliśmy się: Wmyślać się w czyjąś sytuację. Wmyślić się w treść utworu.

w najlepsze p. lepszy.

w następstwie p. następstwo.

! w nawiązaniu p. nawiązać.

wnet *wych. z użycia, reg.* (żywe) «niedługo, wkrótce, zaraz»: Wnet nadejdzie wiosna. Gdyby wcześniej przyszli, zebranie wnet by (*nie*: wnetby) się skończyło.

wnętrzarski (*wym.* wnętszarski a. wnęczszarski, *nie*: wnęczarski) a. **wnętrzowy** (*wym.* wnętszowy a. wnęczszowy, *nie*: wnęczowy) *środ.* «dotyczący wnętrza budynku, pomieszczenia (rozumianego jako artystyczna całość)»: Elementy wnętrzarskie (wnętrzowe). Sprzedaż drobiazgów wnętrzarskich (wnętrzowych).

wnętrzarz (*wym.* wnętszarz a. wnęczszarz, *nie*: wnęczarz) *m II, lm D.* wnętrzarzy *środ.* «specjalista w zakresie urządzenia wnętrz»: Wydział architektury kształci wielu wnętrzarzy.

wnętrze (*wym.* wnętsze a. wnęczsze, *nie*: wnęcze) *n I, lm D.* wnętrz (*nie*: wnętrzy): Wnętrze kufra. Wnętrze domu, sklepu, wagonu. We wnętrzu ziemi. Oświetlone wnętrze. Urządzenie, dekoracja wnętrza, wnętrz. △ Do wnętrza «do środka, do wewnątrz (czegoś)»: Zaprosić kogoś do wnętrza (*częściej*: do środka). △ *rzad.* Od wnętrza «od wewnątrz (czegoś)»: Owoce często psują się od wnętrza. △ Architektura wnętrz.

wnętrzności (*wym.* wnętszności a. wnęczszności, *pot.* wnęczności) *blp, D.* wnętrzności: Ból, rozpacz itp. przeszywa, rozdziera wnętrzności; ból szarpie, targa wnętrzności a. wnętrznościami. Głód (*rzad.* pragnienie) skręca, ssie, szarpie, ściska wnętrzności. △ *pot.* Wnętrzności przewracają się komuś a. w kimś «ktoś bardzo się denerwuje, oburza, złości»

wnętrzowy p. wnętrzarski.

wniebogłosy *pot.* «bardzo głośno, przeraźliwie»: Wydzierać się wniebogłosy.

wniebowstąpienie *n I, blm* «według wierzeń chrześcijańskich: wstąpienie Chrystusa do nieba»: Obraz przedstawiający wniebowstąpienie Chrystusa. △ Wniebowstąpienie Pańskie «święto kościelne»

wniebowzięcie *n I, blm* «według niektórych wierzeń chrześcijańskich: wzięcie Matki Boskiej do nieba wraz z ciałem»: Legenda o wniebowzięciu Matki Boskiej. △ Wniebowzięcie (Najświętszej Panny), *pot.* Dzień Matki Boskiej Zielnej «święto kościelne» △ *przen.* «uczucie błogości; uniesienie, zachwyt»

wniebowzięty *żart.* a. *iron.* «przejęty radosnym uniesieniem; zachwycony»: Twarz wniebowzięta. Oczy, spojrzenie wniebowzięte.

wnieść *dk XI*, wniosę (*nie*: wniesę), wniesie, wniósł, wniosła (*nie*: wniesła), wnieś, wnieśliśmy (p. akcent § 1a i 2), wniesiony — **wnosić** *ndk VIa*, wnoś, wnosiliśmy **1.** «niosąc umieścić gdzieś, we wnętrzu, na wierzchu czegoś» □ W. kogo, co (na czym) do czego (*nie*: w co): Wnieść chorego na noszach do karetki. Wnosić krzesła do sali. Wnieść bagaż do wagonu. △ *urz.* Wnieść opłatę, składkę, podatek, należność do kasy, do banku. △ *urz.* Wnieść poprawkę do ustawy (*nie*: w ustawę). △ Wnieść (*nie*: wstawić) jakąś sumę, pozycję do budżetu. □ W. co na co: Wnieść walizkę na piętro. Wnieść drabinę na dach. Wnosić dekorację na scenę. △ *urz.* Wnieść pieniądze na książeczkę PKO. △ *wych. z użycia* Wnieść (komuś) posag a. coś w posagu (*skrótowo*: wnieść coś komuś) «w odniesieniu do kobiety: powiększyć majątek małżeński o własny kapitał, o własne mienie» □ *przen.* W. co do czego a. w co: Jego zeznania nic wniosły do sprawy nic nowego. Gwar głosów wniósł ożywienie w ciszę lasu. Wnieść werwę, humor w środowisko kolegów. **2.** *urz.* «przedstawić do rozpatrzenia, załatwienia»: Wnieść skargę, sprzeciw, zażalenie, podanie do władz, do urzędu. □ W. co o co: Wnieść podanie, prośbę o wyjazd (*nie*: wnieść o wyjazd). Wnieść sprawę o rozwód (*nie*: wnieść rozwód). **3.** (*tylko ndk*) *książk.* «wnioskować, domyślać się» □ W. z czego (o czym a. że...): Z tych faktów można wnosić, że sprawa będzie załatwiona pomyślnie.

wnikać *ndk I*, wnikaliśmy (p. akcent § 1a i 2) — **wniknąć** *dk Va*, wniknij, wniknąłem (*wym.* wniknołem; *nie*: wniknełem), wniknął (*wym.* wniknoł), wnikęła (*wym.* wnikneła; *nie*: wnikła), wniknęliśmy (*wym.* wniknęliśmy, *nie*: wnikliśmy), *częściej ndk* □ W. do czego (przez co): Światło, słońce wnika przez firanki do pokoju. □ W. w co: Korzenie wnikają w głąb ziemi. △ *przen.* Wnikać w tajniki wiedzy.

wniosek *m III, D.* wniosku **1.** «projekt do rozważenia; propozycja»: Pisemny wniosek. Wolne wnioski. Narada nad wnioskiem. Rozpatrywać, uwzględnić, zmienić wniosek. Przedstawiać, zgłaszać, podać, wysunąć (*nie*: przekładać, przedkładać) wniosek. Wystąpić z wnioskiem zorganizowania (*nie*: wnioskować zorganizowanie) narady. Głosować za wnioskiem. △ *niepoprawne* Odmówić wnioskowi (*zamiast*: odrzucić wniosek). □ W. o co (*nie*: na co, czego): Wniosek o (*nie*: na) skierowanie do sanatorium. Wniosek o (*nie*: na) przydział mieszkania. Wniosek o zamknięcie (*nie*: zamknięcia) dyskusji. □ *rzad.* W. co do czego, dotyczący czego: Wniosek co do jakiejś sprawy a. dotyczący jakiejś sprawy, czyjejś wypowiedzi. **2.** «wynik rozumowania: twierdzenie, konkluzja»: Słuszny, fałszywy wniosek. Logiczny, oczywisty wniosek. □ W. z czego: Wyciągnąć, wysnuć wniosek z czyjegoś postępowania, zachowania się. Wyprowadzić wniosek z jakichś przesłanek, sądów. △ Dojść (*nie*: przyjść) do wniosku «wywnioskować» △ *niepoprawne* Wyciągnąć surowe wnioski w stosunku do kogoś, wobec kogoś (*zamiast*: Pociągnąć kogoś do odpowiedzialności, ukarać). △ *niepoprawne* w zn. «podanie, prośba», np. Napisać wniosek (*zamiast*: podanie, prośbę) o posadę. // *D Kult. I, 378; KP Pras.*

wnioskować *ndk IV*, wnioskowaliśmy (p. akcent § 1a i 2) — **wywnioskować** *dk* «wyciągać wnioski» □ W. co z czego (wymieniając treść wniosku i jego przesłankę): Z jego zachowania wywnioskował, że jest zdenerwowany. □ W. z czego o czym (wymieniając to, czego wniosek dotyczy): Z pracy można było wywnioskować o inteligencji autora. Z artyleryjskiej kanonady wnioskowali o bliskości frontu. △ *niepoprawne* Wnioskować coś (*zamiast*: występować z wnioskiem o coś), np. Wnioskowano podwyższenie pensji (*zamiast*: Wystąpiono z wnioskiem o podwyższenie pensji).

wniwecz tylko w *książk.* zwrocie: Obrócić coś wniwecz «pozbawić wszelkiego znaczenia, unicestwić, zniszczyć»: Wszelkie starania zostały obrócone wniwecz.

wnosić p. wnieść.

WNT (*wym.* wuente, p. akcent § 6) *n ndm* «Wydawnictwa Naukowo-Techniczne»: Pracować w WNT. WNT wydało (wydały) nową książkę.

wnuczę *n IV*, częściej w *lm książk.* «wnuczek albo wnuczka»: Babcia zajmowała się wnuczętami.

wnuczek *m III*, D. wnuczka, *lm M.* wnuczkowie (*nie*: wnuczki).

wnuczuś *m I*, D. wnuczusia, *lm M.* wnuczusie, D. wnuczusiów a. *ż V*, D. wnuczusi, W. wnuczuś, *lm M.* wnuczusie: Drogi (droga) wnuczuś.

wnuk *m III*, *lm M.* ci wnukowie a. te wnuki.

wnyk *m III* 1. zwykle w *lm* «pętla używana do chwytania zwierzyny»: Zastawić wnyki. Łowić we wnyki. 2. (tylko w *lm*) *rzad. pot.* «lanie, baty, cięgi»: Dostać wnyki. Zasłużyć na wnyki.

woal (*nie*: wual) *m I*, D. woalu, *lm D.* woali a. woalów 1. «tkanina»: Woal jedwabny. 2. *przestarz.*, *książk.* «welon»: Kapelusz z woalem.

woalka (*nie*: wualka) *ż III*, *lm D.* woalek: Woalka koronkowa, tiulowa. Nosić kapelusz z woalką.

woalować p. zawoalować.

wobec 1. «w czyjejś obecności» □ W. kogo: Wygłosić przemówienie wobec publiczności. △ *wych. z użycia, żart.* Wszem wobec, wszem wobec i każdemu z osobna «do wiadomości wszystkich» 2. «w stosunku do kogoś, czegoś; ze względu na coś lub na kogoś; z powodu»: Okrutny wobec słabszych. Wobec groźby napastnika musiał się cofnąć. △ Wobec tego, *urz.* wobec powyższego «z tego powodu, z tej racji» 3. «w porównaniu z czymś»: Siły polskie wobec nieprzyjacielskich były stosunkowo małe. // *D Kult. I, 631.*

woda *ż IV*, *lm D.* wód: Woda morska, rzeczna, deszczowa, źródlana. Woda mineralna. Szklanka, kropla wody. Chlapać się, namoczyć coś w wodzie. △ Głębia, toń wód. Przybór, spadek wody. Lustro, tafla wody. Płynąć wodą. Brodzić, chodzić po wodzie. Spuścić łódź na wodę. Jaskółki latają nisko nad wodą.

Siedzieć nad brzegiem wody, nad wodą. Utrzymywać się na wodzie. △ Wody terytorialne, śródlądowe, stojące, zamknięte, otwarte. □ W. do czego (kiedy się wymienia czynność, którą ma się za pomocą wody wykonać): Woda do prania, do picia. □ W. na co (kiedy się wymienia to, na co woda jest przeznaczona): Postawić wodę na herbatę, na kluski. △ Woda bieżąca «woda płynąca, ciekąca» △ *kult.* Chrzest z wody, ochrzcić kogoś z wody. △ *pot.* Cicha woda «ktoś pozornie spokojny, potulny, nieśmiały» △ *pot.* Coś idzie jak woda «coś się rozchodzi łatwo, szybko»: Pieniądze idą u nich jak woda. △ *pot.* Coś spływa po kimś jak woda po gęsi, po kaczce a. po psie «ktoś się czymś zupełnie nie przejmuje, coś nie robi na kimś wrażenia» △ *pot.* Dużo (wiele) wody upłynie (upłynęło) zanim, nim... (coś się stanie) «minie, minęło dużo czasu»: Dużo wody upłynie, zanim znajdzie właściwą drogę. △ *pot.* Dziesiąta a. dziewiąta woda po kisielu «bardzo dalekie pokrewieństwo» △ Kamień (brylant, szmaragd itp.) czystej a. pierwszej wody «kamień bez skazy» △ *pot.* Krew nie woda (u kogoś, w kimś) «o wrodzonym temperamencie dającym o sobie znać» △ Mącić (komuś) wodę «przeszkadzać; robić intrygi» △ Na wodzie pisane «o czymś niepewnym» △ Nabrać wody do ust, w usta «przestać mówić (na jakiś temat), zamilknąć» △ *pot.* Oblać kogoś zimną wodą, wylać komuś kubeł a. wiadro zimnej wody na głowę «pozbawić kogoś złudzeń, ostudzić czyjś zapał» △ Przepaść, zginąć jak kamień w wodę, *rzad.* w wodzie «przepaść, zginąć bez śladu» △ Woda na czyjś młyn «pomyślna dla kogoś sytuacja» △ *pot.*, *iron.* Woda sodowa uderza (uderzyła) komuś do głowy «ktoś staje (stał) się zarozumiały, nieprzystępny po osiągnięciu sukcesów życiowych» △ Płynąć z wodą «z prądem, w dół rzeki» △ Płynąć pod wodę, *rzad.* przeciw wodzie «pod prąd, w górę rzeki» △ Pójść pod wodę «zanurzyć się, opaść na dno (rzeki, morza itp.)» △ Wypływać, puszczać się na szerokie, *rzad.* na wielkie wody (*nie*: na szeroką, wielką wodę) «zacząć działać w szerszym zakresie; robić karierę» △ *przestarz.* Jechać do wód (*nie*: do kąpiel), być, leczyć się u wód «jechać do miejscowości mającej źródła mineralne, być, leczyć się w takiej miejscowości» // *KP Pras.*

wodewil *m I*, D. wodewilu, *lm D.* wodewilów: Grać, występować w wodewilu.

w odniesieniu p. odniesienie.

wodnisty, *reg.* **wodnity** «zawierający zbyt dużo wody»: Wodnista zupa. Wodniste owoce, kartofle.

wodnopłatowiec *m II*, D. wodnopłatowca; *rzad.* **wodnopłat** *m IV*, D. wodnopłatu; in. hydroplan.

wodo- «pierwszy człon rzeczowników i przymiotników złożonych, określający związek z wodą tego, co oznacza druga część wyrazu», np.: wodowstręt, wodomierz, wodociąg, wodolecznictwo, wodoleczniczy, wodoodporny.

wodociągowiec *m II*, D. wodociągowca, *lm M.* wodociągowcy, D. wodociągowców (*nie*: wodociągowcy) *śród.* «pracownik zajmujący się zakładaniem i konserwacją wodociągów»

wodonieprzepuszczalny *niepoprawne* zamiast: wodoszczelny. // *D Kult. I, 331.*

wodoodporny: Przędza, tkanina wodoodporna. Klej wodoodporny.

wodopój

wodopój *m I, D.* wodopoju, *lm D.* wodopojów.

wodotrysk *m III, D.* wodotrysku (*częściej*: fontanna): Wodotrysk wyrzucał kaskadę wody.

wodować *ndk IV,* wodowaliśmy (p. akcent § 1a i 2) **1. — zwodować** *dk* «spuszczać nowy statek z pochylni stoczni na wodę»: W stoczni wodowaliśmy dziś nowy rudowęglowiec. **2.** wodować *ndk* a. *dk* «o wodnopłatowcu: osiadać na wodzie; także: powodować osiadanie (wodnopłatowca) na wodzie»: Lotnik musiał wodować. Nasz wodnopłatowiec będzie wodować u ujścia Wisły.

w odpowiedzi p. odpowiedź.

w odróżnieniu p. odróżnienie.

wodza *ż II, lm D.* wodzy **1.** zwykle w *lm* «lejce, cugle»: Ściągnąć wodze. △ *książk.* Puszczać wodze czemuś (zwykle: fantazji, marzeniom) «folgować czemuś, nie hamować czegoś» △ (tylko w *lp*) Trzymać kogoś, coś na wodzy; trzymać się na wodzy «hamować kogoś, powściągać coś; panować nad sobą» △ *książk.* Pod czyjąś wodzą «pod czyimś dowództwem»: Legiony pod wodzą Dąbrowskiego.

wodzić *ndk VIa,* wodzimy, wódź, wodziliśmy (p. akcent § 1a i 2) **1.** «przesuwać, przeciągać czymś po jakiejś powierzchni» □ W. czym po czym: Wodzić ręką po ścianie. Wodzić patykiem po piasku. △ Wodzić okiem, oczami, wzrokiem, spojrzeniem po kimś, po czymś, za kimś. **2.** «prowadzić, oprowadzać» △ zwykle w zwrotach: Wodzić rej, *rzad.* prym «przewodzić; wybijać się na czoło»: Wodził rej wśród swoich rówieśników. △ *pot.* Wodzić kogoś na pasku, za nos «podporządkowywać sobie kogoś; kierować, rządzić kimś»: Był energiczny, nie dał się nikomu wodzić na pasku.
wodzić się *pot.* «bić się, mocować się; bijąc się tarzać się» △ zwykle w *pot.* zwrotach: Wodzić się za łby, za czuby, za bary «mocując się, bijąc się przeciągać jeden drugiego z miejsca na miejsce»

wodzirej *m I, lm D.* wodzirejów *wych. z użycia* «ten, kto kieruje tańcami na balu»

Wodzisław Śląski, Wodzisław *m I, D.* Wodzisława, *Ms.* Wodzisławiu; Śląski odm. przym. «miasto»: Mieszkać w Wodzisławiu Śląskim. — wodzisławianin *m V, D.* wodzisławianina, *lm M.* wodzisławianie, *D.* wodzisławian — wodzisławianka *ż III, lm D.* wodzisławianek — wodzisławski.

Wogezy *blp, D.* Wogezów (*nie*: Wogez) «góry we Francji»

w ogóle p. ogół.

w ogólności *wych. z użycia* «w całości, ogólnie biorąc; w ogóle, na ogół»

woj *m I, lm M.* wojowie a. woje, *D.* wojów «rycerz polski we wczesnym średniowieczu»: Uzbrojeni w kusze wojowie (woje).

woj. «skrót wyrazu *województwo,* pisany z kropką, stawiany przed nazwą, czytany jako cały, odmieniany wyraz»: Mieszkać w woj. (*czyt.* województwie) poznańskim.

wojak *m III, lm M.* ci wojacy a. (z silniejszym zabarwieniem ekspresywnym) te wojaki *iron., żart.* «żołnierz»

wojaż *m II, D.* wojażu, *lm D.* wojaży a. wojażów *przestarz., żart.* «podróż» || *KP Pras.*

wojażer *m IV, lm M.* wojażerowie *przestarz., rzad. żart.* «podróżnik, turysta»: Powrócił wreszcie nasz niezmordowany wojażer. Tłumy wojażerów odwiedzały Paryż.

Wojciech *m III, lm* Wojciechowie — Wojtek *m III, D.* Wojtka, *lm M.* Wojtkowie — Wojtuś *m I, lm M.* Wojtusiowie — Wojciechostwo *n III, DB.* Wojciechostwa, *CMs.* Wojciechostwu (*nie*: Wojciechostwie), *blm;* a. Wojciechowie *blp, D.* Wojciechów — Wojtkowie, Wojtusiowie *blp, D.* Wojtków, Wojtusiów.

wojenny *m-os.* wojenni «dotyczący wojny, bojowy, militarny»: Przemysł, sprzęt wojenny. Przygotowania, działania, straty wojenne. Flota, marynarka wojenna. Jeniec, inwalida, korespondent wojenny. Podżegacz, zbrodniarz wojenny. △ Sąd wojenny «sąd wojskowy spełniający swe funkcje w czasie trwania działań wojennych» △ Być z kimś na stopie wojennej «prowadzić z kimś wojnę; *przen.* być z kimś pokłóconym, żyć z kimś w niezgodzie» *Por.* wojskowy.

wojewoda *m odm. jak ż IV, lm M.* wojewodowie, *DB.* wojewodów.

wojewodzina *ż IV, CMs.* wojewodzinie (*nie*: wojewodzinej).

wojewódzki *m-os.* wojewódzcy: Komitet, sąd wojewódzki. Miasto wojewódzkie. △ W nazwach dużą literą: Wojewódzka Rada Narodowa (np. w Łodzi).

województwo *n III* (skrót: woj.): Mieszkać w województwie zielonogórskim.

wojna *ż IV, lm D.* wojen: Wojna światowa. Wojna domowa. Wojna rosyjsko-japońska, niemiecko-polska. Wojna zaczepna, agresywna (*nie*: agresyjna). Wojna bakteriologiczna (*nie*: bakteryjna). Wypowiedzieć wojnę. Przystąpić do wojny. Prowadzić wojnę. Wygrać, przegrać wojnę. Wyruszyć, pójść na wojnę. Być, zginąć na wojnie. Wojna w obronie ojczyzny, wojna narodowa. Wojna ojczyźniana (p. ojczyźniany). □ W. o co: Wojna o wolność, o niepodległość. □ W. czyja (z rzeczownikiem w dopełniaczu) z kim: Wojna Jagiełły z Krzyżakami. Wojna Polski z Niemcami. □ W. przeciw (przeciwko) komu (czemu): Wojna przeciw imperialistom. □ W. (po)między kim, czym: Między obu państwami toczyła się wojna. △ *przen.* «spór, kłótnia»: Pomiędzy braćmi zaczęła się wojna. △ Znać kogoś sprzed wojny. △ *pot.* Na po wojnie: Zostawić, odłożyć coś na po wojnie. △ *niepoprawne* W wojnę (*zamiast*: w czasie wojny), np. Poznała go w wojnę (*zamiast*: w czasie wojny). △ *niepoprawne* Do wojny (*zamiast*: przed wojną), np. Do wojny (*zamiast*: przed wojną) skończyłem studia. || *D Kult. I, 195.*

wojować *ndk IV,* wojowaliśmy (p. akcent § 1a i 2) *wych. z użycia, książk.* **a)** «brać udział w wojnie; walczyć»: Wojować w różnych krajach, na lądzie, na morzu. □ W. pod kimś «pod czyimś dowództwem» △ *przen. pot.* Ma nieznośny charakter, ciągle ze wszystkimi wojuje. **b)** *częściej*: walczyć «dążyć do czegoś» □ Składnia jak: walczyć.

wojownik *m III, lm M.* wojownicy **1.** «uczestnik walki toczącej się między plemionami pierwotnymi»:

878

Wytatuowani wojownicy, uzbrojeni w dzidy i łuki. **2.** *przestarz., książk.* «żołnierz, zwłaszcza waleczny, doświadczony»

wojsko *n II*: Wojsko frontowe, liniowe. Koncentrować, formować wojsko. △ Być, służyć w wojsku (*nie*: przy wojsku). △ *pot.* Ktoś przed wojskiem, po wojsku «ktoś przed służbą wojskową, po służbie wojskowej» △ Wojsko Polskie (*nie*: Polskie Wojsko): Pułkownik Wojska Polskiego. || *D Kult. II, 248; U Pol. (2), 74.*

wojskowy *m-os.* wojskowi «związany z wojskiem, dotyczący wojska, przeznaczony dla wojska»: Mundur, ekwipunek wojskowy. Sprzęt, tabor wojskowy. Jednostka wojskowa. Patrol, posterunek, wywiad wojskowy. Dyscyplina, mapa, książeczka wojskowa. Defilada, orkiestra wojskowa. Odznaczenia wojskowe. Komendant wojskowy (*nie*: wojenny). △ Honory wojskowe «salutowanie, prezentowanie broni, salwy honorowe» △ Sąd wojskowy «sąd sprawujący w siłach zbrojnych wymiar sprawiedliwości w sprawach karnych» △ *niepoprawne* Powinność (*zamiast*: służba) wojskowa.
wojskowy w użyciu rzeczownikowym «człowiek służący w wojsku»: Przedział dla wojskowych. *Por.* wojenny.

Wojwodina *ż IV, D.* Wojwodiny (*nie*: Wojwodinej), *Ms.* Wojwodinie «region autonomiczny w Jugosławii»

wokalistyka (*wym.* wokalistyka, *nie*: wokalistyka, p. akcent § 1c) *ż III, blm*: Śpiewaczka propagowała polską wokalistykę za granicą.

wokanda *ż IV* «spis spraw sądowych; kolejność spraw w danym dniu»: Postawić sprawę na wokandzie. Sprawa jest na wokandzie. Pierwsza sprawa z wokandy.

wokoło *a.* **wokół 1.** «wzdłuż obwodu czegoś, okrążając coś; dokoła, naokoło»: Biegali wokoło (wokół) klombu. **2.** «na wszystkie strony, ze wszystkich stron; w (czyimś) otoczeniu; dookoła»: Wokoło (*rzad.* wokół) panowała zima. Rozejrzał się wokoło (*rzad.* wokół).

wola *ż I, blm*: Świadoma, nieugięta, niezachwiana, stalowa, żelazna wola. Być panem swej woli. Postępować według własnej woli. △ Działać w złej woli «działać w złej intencji» △ *przestarz.* Z dobrej (a. nieprzymuszonej) woli, po dobrej woli «dobrowolnie» △ Wolna (*nie*: swobodna) wola. △ Do woli «wystarczająco, do syta»
mimo woli «bez uprzedniego zamiaru, bezwiednie, odruchowo»: Obejrzeć się, usłyszeć coś mimo woli.

Wola *ż I* **1.** «dzielnica Warszawy»: Mieszkać na Woli. Jechać na Wolę. **2.** «nazwa wielu miejscowości (często z przym., np. Wola Lipowska, Pawłowska, Adamowa)»: Mieszkać w Woli. Jechać do Woli. — wolski.

wolapik *a.* **volapük** (*wym.* wolapik) *m III, D.* wolapiku, volapüku (*wym.* wolapiku, p. akcent § 7) «sztuczny język międzynarodowy (nie upowszechnił się)»

Wolbórz *m II, D.* Wolborza «miejscowość» — wolborski.

Wolbrom *m I, D.* Wolbromia «miasto»: Jechać do Wolbromia. Mieszkać w Wolbromiu. — wolbromianin *m V, D.* wolbromianina, *lm M.* wolbromianie, *D.* wolbromian — wolbromianka *ż III, lm D.* wolbromianek — wolbromski.

wole (*nie*: ten wól) *n I, lm M.* wola, *D.* woli (*nie*: wól).

woleć (*nie*: wolić) *ndk VIIa*, wolimy, wolą (*nie*: woleją), (formy trybu rozkazującego nie używane), woleliśmy (p. akcent § 1a i 2): Dzieci wolały biegać niż siedzieć. || *D Kult. I, 380.*

wolej *m I, D.* woleja, *lm M.* woleje, *D.* wolejów: Mieć efektowny wolej. Grać wolejami. Strzelić z woleja w bramkę. Wolej padł na linię.

Wolin *m IV* **1.** «wyspa»: Pojechać na Wolin. **2.** «miasto»: Pojechać do Wolina. Mieszkać w Wolinie. — wolinianin *m V, D.* wolinianina, *lm M.* wolinianie, *D.* wolinian — wolinianka *ż III, lm D.* wolinianek — woliński (p.).

woliński: Przemysł woliński (*ale*: Woliński Park Narodowy).

I wolno *st. w.* wolniej **1.** «powoli, z wolna»: Iść, jechać wolno, zbyt wolno. Czas płynie wolno. **2.** «swobodnie, luzem»: Puścić wolno cugle. △ Bloki wolno stojące «stojące oddzielnie» △ *wych. z użycia* Wolno praktykujący lekarz «mający prywatną praktykę»

II wolno △ Będzie, było, byłoby wolno «jest dozwolone»: Czy wolno zapytać? Może wolno by było tam pójść. □ W. komu co (z zaimkiem a. bezokol.): Jemu wszystko wolno. Niech mi będzie wolno powiedzieć... Janowi już wolno wychodzić po chorobie. △ Nie wolno aby..., żeby... «niedopuszczalne, aby...» □ Nie w. komu czego (tylko z zaimkiem): Tego ci nie wolno.

wolno- «pierwszy człon przymiotników i rzeczowników złożonych, wskazujący na niezależność, niezawisłość, swobodę tego, co wyraża druga część wyrazu», np.: wolnoclowy «wolny od cła», wolnorynkowy «dotyczący wolnego rynku», wolnomyśliciel «uznający zasadę wolności myśli» △ Wyrażenia, których pierwszym członem jest przysłówek, a drugim imiesłów, pisze się rozdzielnie, np.: wolno stojący, wolno praktykujący.

wolność *ż V, lm M.* wolności **1.** *blm* «niepodległość, niezawisłość, suwerenność»: Walczyć o wolność narodu, kraju. Wywalczyć wolność. **2.** «niezależność osobista, swoboda»: Wolności obywatelskie. Wolność osobista. △ Wolność słowa «prawo do swobodnego wypowiadania się» △ Wolność sumienia, wyznania «swoboda przekonań i praktyk religijnych» △ *hist.* Dać, nadać wolność, obdarzyć wolnością «uwolnić od pańszczyzny, poddaństwa» △ Na wolności «nie w zamknięciu»: Żyć na wolności. △ Puścić, wypuścić na wolność «wypuścić z zamknięcia, z więzienia; oswobodzić, uwolnić»

wolny *m-os.* wolni **1.** «znajdujący się na wolności; niezależny, niezawisły, swobodny»: Jesteś wolny, możesz iść. Wolny jak ptak. Wolny naród. △ Wolny słuchacz «słuchacz uczęszczający na wykłady uniwersyteckie, ale nie mający pełnych praw studenckich» △ Wolne wnioski «wnioski, które mogą być zgłaszane po wyczerpaniu porządku dziennego zebrania» △ Wolny zawód «zawód lekarza, adwokata itp. wykonywany prywatnie» △ Wolny handel a) «han-

del międzynarodowy, nie ograniczony cłami» **b)** «handel prywatny» △ Wolny rynek «handel, którego ceny .nie są normowane przez państwo» △ *urz.* Stan wolny «stan mężczyzny nieżonatego, kobiety niezamężnej» △ Odpowiadać z wolnej stopy «odpowiadać przed sądem nie będąc aresztowanym» **2.** *st. w.* wolniejszy «uwolniony od czegoś, nie obarczony czymś»· □ W. od czego: Rzeka wolna od lodów. Zapatrywania wolne od przesądów. △ Dać, zostawić komuś wolną rękę, mieć wolną rękę «pozwolić komuś działać; mieć swobodę działania» **3.** *st. w.* wolniejszy «nie zajęty»: Wolny czas. Mieć wolną, wolniejszą chwilę. **4.** «otwarty; nie zabroniony»: Wolne przejście. Pociąg ma wjazd wolny. △ Wstęp wolny «dozwolony dla wszystkich; bezpłatny» △ *pot.* Wolne żarty «chyba żartujesz, nie biorę tego na serio» △ *niepoprawne* Wolny (*zamiast:* bezpłatny) bilet. **5.** *st. w.* wolniejszy «powolny; niespieszny»: Wolny rytm marsza. Puls wolny, regularny. Iść wolniejszym krokiem.
wolnego w użyciu przysłówkowym *pot.* «nie spiesz się; powoli»: Wolnego, nie tak prędko.

Wolsztyn *m IV* «miasto»: Mieszkać w Wolsztynie. — wolsztynianin *m V, D.* wolsztynianina, *lm M.* wolsztynianie, *D.* wolsztynian — wolsztynianka *ż III, lm D.* wolsztynianek — wolsztyński.

wolt *m IV, lm M.* wolty, *D.* woltów (*nie:* wolt) «jednostka napięcia elektrycznego»: Sto woltów.

wolta *ż IV, lm M.* wolty, *D.* wolt «zręczny zwrot, obrót ciała; unik»: Ćwiczyć wolty. △ *przen.* Wolta (*lepiej:* zwrot) ku współczesności. // *KP Pras.*

Wolter a. **Voltaire** (*wym.* Wolter) *m IV, D.* Woltera, Voltaire'a (*wym.* Woltera, p. akcent § 7), *Ms.* Wolterze (Voltairze): Koncepcje filozoficzne Woltera (Voltaire'a).

wolterianin *m V, D.* wolterianina, *lm M.* wolterianie, *D.* wolterianów (*nie:* wolterian); *przestarz.* **wolterianista** *m* odm. jak *ż IV, lm M.* wolterianiści, *DB.* wolterianistów.

wolterianizm *m IV, D.* wolterianizmu, *Ms.* wolterianizmie (*wym.* ~izmie a. ~iźmie), *blm.*

wolteriański «dotyczący wolterianizmu a. wolterianina»: Wolteriański racjonalizm.

Wolterowski 1. «należący do Woltera»: Dzieła Wolterowskie.
2. wolterowski «charakterystyczny dla Woltera, taki jak u Woltera»: Kąśliwe, wolterowskie kpiarstwo. △ Fotel wolterowski «fotel o niskim siedzeniu i wysokim oparciu»

woltyżer *m IV, Ms.* woltyżerze, *lm M.* woltyżerowie, *rzad.* woltyżerzy.

wolumen a. **wolumin** *m IV, D.* woluminu, *lm M.* woluminy a. wolumina **1.** «tom jako jednostka biblioteczna»: Kilka broszur zawartych w jednym woluminie. **2.** tylko: wolumen, *D.* wolumenu *środ.* «objętość»

*wołacz jest przypadkiem, którego zakres użycia ulega stale zwężeniu na rzecz mianownika (p.). **1.** Wołacz liczby pojedynczej rzeczowników męskich równy jest miejscownikowi (p.), przybiera więc końcówkę *-e* (dla rzeczowników twardotematowych) lub *-u* (dla miękkotematowych, stwardniałych i zakończonych na *k, g, ch*), np.: Sąsiedzie! bracie! królu! mężu! chłopaku! △ Odstępstwem od tej reguły są rzeczowniki zakończone na *-ec*, przybierające trady-

cyjnie końcówkę *-e*, np.: Chłopcze! ojcze! starcze! malcze! Dziś formy z tą końcówką mają zazwyczaj charakter książkowy, natomiast końcówkę *-u* szerzącą się w mowie potocznej można już uznać — w niektórych wyrazach — za poprawną (p. poszczególne rzeczowniki). △ Tytuły naukowe i zawodowe wspólne dla mężczyzn i kobiet używane są w formie wołacza, przy zwracaniu się do mężczyzny, np. panie ministrze! panie profesorze! panie docencie! △ Przy zwracaniu się do kobiety używana jest forma mianownika, np.: pani minister! pani profesor! pani docent!

2. Rzeczowniki rodzaju nijakiego mają wołacz równy mianownikowi, np.: dziecko! pole! okno!

3. W wołaczu *lp* rzeczowników żeńskich występuje końcówka *-o* w rzeczownikach zakończonych na *-a* (np.: żono! matko! ziemio!) oraz końcówka *i//y* w rzeczownikach zakończonych na spółgłoskę, np.: łódź — łodzi! noc — nocy! krew — krwi! △ Nieliczne już rzeczowniki żeńskie na *-i* mają w wołaczu końcówkę *-i*, np. gospodyni! radczyni! Rzeczowniki żeńskie zdrobniałe, miękkotematowe mają w wołaczu zawsze końcówkę *-u*, np. gosposiu! ciociu!

4. Wołacz liczby mnogiej ma we wszystkich typach deklinacji formę równą mianownikowi, np. sąsiedzi — *lm W.* sąsiedzi! dzieci — *lm W.* dzieci! kobiety — *lm W.* kobiety!

5. Wołacz imion i nazwisk: **a)** Imiona męskie i żeńskie niezdrobniałe oraz zdrobniałe twardotematowe mogą występować w wołaczu w formie mianownika, np.: Słuchaj, Tadeusz. Chodź tu, Piotrek. Michał! Jadwiga! Ewka! Hanka! △ Forma wołacza jest obowiązkowa przy połączeniu tych imion z rzeczownikiem *pan, pani, panna* lub przymiotnikiem *drogi, kochany, mój* itp., np.: panie Tadeuszu! (*nie:* panie Tadeusz), drogi Michale, panno Jadwigo! kochana Ewko! pani Hanko!

△ Imiona zdrobniałe miękkotematowe oraz twardotematowe o zabarwieniu pieszczotliwym przybierają zwykle końcówkę wołacza zgodnie z ogólną zasadą deklinacji, do której należą. Tak więc imiona męskie oraz żeńskie miękkotematowe mają końcówkę *-u*, np.: Pawełku! Jureczku! Piotrusiu! Michasiu! Ewuniu! Jadwisiu! Zosiu! Marysiu! — natomiast imiona żeńskie twardotematowe mają końcówkę *-o*, np.: Haneczko! Basieńko! Halinko!

b) Nazwiska żon (od nazwisk męskich zakończonych na spółgłoskę lub samogłoskę) na *-owa, -ina* i *-yna* (np. Walczakowa, Baryczkowa, Puzynina, Rogożyna), córek na *-anka* i *-ówna* (np. Woźniakówna, Skarżanka) oraz nazwy żon na *-owa,* utworzone od imion męskich (np. Adamowa, Stefanowa) mają w wołaczu końcówkę *-o*; w języku potocznym forma wołacza równa jest mianownikowi (np. Walczakowo, *pot.* Walczakowa; Puzynino, *pot.* Puzynina; Skarżanko, *pot.* Skarżanka; Woźniakówno, *pot.* Woźniakówna; Adamowo, *pot.* Adamowa). △ Forma wołacza występuje także przy połączeniu tych nazwisk z rzeczownikiem *pani, obywatelka, towarzyszka, koleżanka, panna* lub przymiotnikiem *drogi, kochany, mój* itp., np. pani (obywatelko, towarzyszko, koleżanko) Woźniakowo, *pot.* pani (obywatelko itd.) Woźniakowa; panno (koleżanko) Skarżanko, Woźniakówno; pani Adamowo, *pot.* pani Adamowa.

c) Nazwiska zakończone na spółgłoskę występujące w wołaczu zwykle z rzeczownikiem *obywatel, towarzysz, koleżanka* itp. mają tu zawsze postać mianownika, np.: obywatelu Rawicz (*nie*: obywatelu Rawiczu!), kolego Nowak! towarzyszu Zielak! obywatelko Ludwiczak! *Por.* imiona, mianownik, nazwiska polskie.

wołać *ndk I*, wołaliśmy (p. akcent § 1a i 2) **1.** «głośno prosić, żądać, domagać się» □ W. o co, *rzad.* czego (*nie*: za czym): Wołać o pomoc, o ratunek, *rzad.* pomocy, ratunku (*nie*: za pomocą, za ratunkiem). △ Coś woła o pomstę (*nie*: pomsty) do nieba «coś jest oburzające, godne potępienia» **2.** «głośno wzywać, przyzywać; krzyczeć» □ W. bez dop.: Już woła z daleka. Wołam i·wołam, a ty nie słuchasz. □ W. kogo: Wołać bagażowego, gońca. △ *pot.* Wołać (*lepiej*: wzywać) lekarza. □ W. kogo — na co, *rzad.* do czego (wymieniając czynność, do której się kogoś wzywa): Wołajcie już dzieci na obiad. Wołać koleżanki, dziewczynki (*nie*: koleżanek, dziewczynek) na zbiórkę. Wołać kolegę do telefonu. □ W. na kogo, do kogo: Wołał na niego, żeby poczekał. Zaczęła do nich wołać. □ W. za kim: Zagniewany wołał za uciekającym chłopcem. **3.** *pot.* «zwracać się do kogoś wymieniając jego imię, nazwisko; nazywać kogoś jak»: Wołają mnie (na mnie) Jaś (*nie*: wołają mnie Jasiem).

Wołga *ż III* **1.** «rzeka w ZSRR» — wołżański — nadwołżański (p.). **2.** «marka samochodu osobowego»: Samochód marki Wołga.
3. wołga, *lm M.* wołgi «samochód tej marki»: Jechać wołgą.

Wołgograd *m IV*, *D.* Wołgogradu «miasto w ZSRR (dawniej: Stalingrad)»· — wołgogradczyk *m III*, *lm M.* wołgogradczycy — wołgogradka *ż III*, *lm D.* wołgogradek — wołgogradzki.

Wołogda *ż IV* «miasto w ZSRR»: Mieszkać w Wołogdzie. — wołogodzki (*nie*: wołogdzki).

Wołomin *m IV*, *D.* Wołomina «miasto»: Jechać do Wołomina. Mieszkać w Wołominie. — wołominianin *m V*, *D.* wołominianina, *lm M.* wołominianie, *D.* wołominian — wołominianka *ż III*, *lm D.* wołominianek. — wołomiński.

wołoski: Jazda wołoska (*ale*: Nizina Wołoska).

Wołoszczyzna *ż IV*, *CMs.* Wołoszczyźnie «kraina w Rumunii»: Mieszkać na Wołoszczyźnie. Jechać na Wołoszczyznę. — Wołoch *m III*, *lm M.* Wołosi — Wołoszka *ż III*, *lm D.* Wołoszek — wołoski (p.).

Wołów *m IV*, *D.* Wołowa, *C.* Wołowowi (*ale*: ku Wołowowi a. ku Wołowu) «miasto»: Mieszkać w Wołowie. — wołowski (*nie*: wołoski).

Wołyń *m I* «region Ukrainy»: Jechać na Wołyń. Mieszkać na Wołyniu. — Wołynianin *m V*, *D.* Wołynianina, *lm M.* Wołynianie, *D.* Wołynian, *pot.* Wołyniak *m III*, *lm M.* Wołyniacy — Wołynianka *ż III*, *lm D.* Wołynianek. — wołyński (p.).

wołyński: Wąwozy wołyńskie (*ale*: Wyżyna Wołyńska).

womitować *ndk IV*, womitowaliśmy (p. akcent § 1a i 2) *przestarz.* «wymiotować»

womity *blp*, *D.* womitów *przestarz.* «wymioty» || *D Kult. I, 474.*

won (*nie*: wont) *posp.* «precz; idź precz»: Won z mojego domu!

woń *ż V*, *lm M.* wonie *książk.* «zapach»: Smakowita, ostra woń. Woń kwiatów.

WOP (*wym.* wop) *m IV*, *D.* WOP-u «Wojsko Ochrony Pogranicza»: Służyć w WOP-ie. WOP rozpoczął manewry. — WOP-ista a. wopista *m* odm. jak *ż IV*, *CMs.* WOP-iście (wopiście), *lm M.* WOP-iści (wopiści), *DB.* WOP-istów (wopistów). || *Kl. Ależ 48.*

! w oparciu p. oparcie.

Worcell *m I*, *D.* Worcella a. Worclla (*wym.* Worcla) *lm M.* Worcellowie: Rozprawa Stanisława Worcella (Worclla).
Worcell *ż ndm* — Worcellowa *ż* odm. jak przym. — Worcellówna *ż IV*, *D.* Worcellówny, *CMs.* Worcellównie (*nie*: Worcellównej), *lm D.* Worcellówien. || *D Kult. I, 668.*

woreczek *m III*, *D.* woreczka **1.** «mały worek»: Płócienny woreczek. △ Woreczek żółciowy a. pęcherzyk żółciowy. **2.** *wych. z użycia* «torebka damska»: Skórkowy, aksamitny woreczek. △ Woreczek na pieniądze «portmonetka» □ Składnia jak: worek.

worek *m III*, *D.* worka, w zn. «duża, zwykle prostokątna torba z płótna, skóry itp. do przechowywania a. transportu czegoś» □ W. z czego «worek zrobiony z czegoś»: Worek z płótna, z folii, z juty. □ W. czego «worek zawierający coś, ilość czegoś mieszcząca się w worku»: Worek kartofli, mąki. □ W. na co, *rzad.* do czego: «worek do przechowywania, przewożenia czegoś»: Worek na kartofle (do kartofli). Worek (podróżny) na rzeczy. □ W. od czego «worek o określonym, stałym przeznaczeniu, opróżniony z czegoś»: Worek od mąki, od cukru. □ W. po czym, *reg.* z czego «worek, w którym coś było»: Worek po cukrze, po mące. △ *pot.* Dziurawy worek, worek bez dna «coś wymagającego wielkich nakładów pieniężnych» △ *pot.* Kupować kota w worku «kupować coś bez obejrzenia, bez sprawdzenia» △ *pot.* Wyszło, wylazło szydło z worka «coś wyszło na jaw, wydało się» || *U Pol. (2), 309.*

Wormacja *ż I* «miasto w NRF (Worms)»: Mieszkać w Wormacji. — wormacki.

Woroneż *m II*, *D.* Woroneża **1.** «miasto w ZSRR»: Mieszkać w Woroneżu. **2.** «rzeka w ZSRR»: Być nad Woroneżem. Płynąć Woroneżem. — woroneski.

Woroszyłow (*wym.* Woroszyłow) *m IV*, *D.* Woroszyłowa (p. akcent § 7), *N.* Woroszyłowem (*nie*: Woroszyłowym).

wotum *n VI*, *lm M.* wota, *D.* wotów (*nie*: wot) **1.** *blm* «decyzja powzięta w głosowaniu»: Wyrazić, udzielić komuś wotum zaufania. Wniosek o wotum zaufania dla kogoś. Zgłosić wniosek o wotum nieufności dla zarządu. **2.** «w kościele katolickim: drobny przedmiot zawieszony na ołtarzu, obrazie, ofiarowany w jakiejś intencji»: Złożyć złote monety jako wotum. *Por.* votum.

wozak *m III*, *lm M.* ci wozacy, *rzad.* te wozaki **1.** «robotnik zatrudniony przy obsłudze wozu w transporcie konnym»: Wozacy rozwozili węgiel po domach. **2.** «robotnik pracujący w kopalni przy transporcie urobku wózkami kopalnianymi» || *D Kult. I, 379. Por.* woźnica.

wozić *ndk VIa*, wożę, wozimy, wóź, *rzad.* woź; woziliśmy (p. akcent § 1a i 2), wożony □ W. kogo,

co — czym, na czym, w czym (po czym, przez co): Wozić towary koleją, ciężarówką. Wozić kogoś łódką po jeziorze. Wozić dziecko wózkiem a. w wózku po ulicy. Wozić pasażerów promem przez rzekę. Wozić kogoś na ramie roweru.
wozić się *pot.* «jeździć» □ W. się z czym: Woził się zawsze z paką książek.

woziwoda *m* odm. jak *ż IV, CMs.* woziwodzie, *lm M.* woziwody, *rzad.* woziwodowie, *DB.* woziwodów.

woźnica *m* odm. jak *ż II, lm M.* woźnice (*nie*: woźnicy), *DB.* woźniców «ten, kto powozi końmi, furman»: Woźnica zaciął konie i wóz ruszył.

wódka *ż III, lm D.* wódek 1. «napój alkoholowy»: Pić wódkę. Częstować wódką, *pot.* stawiać wódkę. △ Jeść coś pod wódkę. Pić wódkę pod coś (pod jakąś zakąskę). 2. *pot.* «porcja, kieliszek tego napoju»: Wypić dwie wódki.

wódz *m II, D.* wodza, *lm M.* wodzowie: Obrać, mianować wodza. Obrać, mianować kogoś wodzem, *rzad.* na wodza.

wójt *m IV lm M.* wójtowie, *rzad.* wójci: Wójt stał na czele gminy.

wójtówna *ż IV, D.* wójtówny, *CMs.* wójtównie (*nie*: wójtównej), *lm D.* wójtówien.

Wólka *ż III, lm D.* Wólek «nazwa wielu miejscowości (często z przym., np. Wólka Lesiowska)» — wólczański.

wół *m IV, DB.* wołu (*nie*: woła), *C.* wołowi, *Ms.* wole △ *pot.* Pracować, harować jak wół «pracować bardzo ciężko» △ Ryczeć jak wół «ryczeć głośno» △ *pot.* Coś, ktoś pasuje, *rzad.* ktoś jest zdatny jak wół do karety «coś, ktoś wcale się nie nadaje do czegoś» △ *pot.* Coś jest napisane, stoi jak wół «coś jest wyraźnie napisane» △ *posp.* Wół roboczy «człowiek ciężko pracujący fizycznie»

wór *m IV, D.* wora, *rzad.* woru: Przyniósł na plecach wór mąki. □ Składnia jak: worek.

wówczas nieco *książk.* «wtedy, w tym, owym czasie»: Mieszkał wówczas w Warszawie. △ Wówczas gdy (*nie*: wówczas jeżeli, jeśli): Pracował tylko wówczas, gdy miał ochotę. *Por.* wtenczas.

wóz *m IV, D.* wozu, *rzad.* woza: (Jechać, siedzieć itp.) na wozie (kiedy mowa o pojeździe konnym). (Jechać, siedzieć itp.) w wozie (kiedy mowa o samochodzie lub tramwaju). △ Jechać, podróżować itp. wozem (konnym lub mechanicznym). △ Wsiąść na wóz (konny), *ale*: wsiąść do wozu (mechanicznego). △ Prowadzić, parkować, hamować wóz (tylko pojazd mechaniczny). △ *pot.* Piąte koło u wozu a. u woza «o kimś, o czymś niepotrzebnym, zbytecznym»

wózek *m III, D.* wózka: Jeździć wózkiem a. na wózku. △ *pot.* Jechać z kimś na jednym wózku «być w podobnej sytuacji, mieć z kimś wspólny los»

wózkarz *m II, lm D.* wózkarzy 1. «robotnik obsługujący wózki, pracujący przy transporcie towarów wózkami»: Wózkarz zrzucił ładunek z wózka. 2. *pot.* «handlarz uliczny sprzedający z wózka owoce, warzywa itp.»: Wózkarze zachwalali swoje owoce.

wpadać *ndk I*, wpadaliśmy (p. akcent § 1a i 2) — **wpaść** *dk Vc*, wpadnie, wpadnij, wpadł, wpadła, wpadliśmy □ W. do czego a. w co (*przen.* tylko: w co): Wpadać do wody a. w wodę. Wpaść w dół a. do dołu. △ *przen.* Wpaść w biedę, w tarapaty. Wpaść w dobry humor, w zachwyt, w zadumę, w gniew. △ Wpadać do oka (dosłownie): Muszka wpadła mu do oka. △ *przen.* Wpadać w oko «dawać się łatwo zauważyć; zwracać na siebie uwagę, podobać się»: Piękny nieznajomy od razu wpadł jej w oko. △ Wpadać komuś w słowo, *lepiej*: przerywać komuś (mówiącemu). △ Coś komuś wpada w rękę, w ręce a. do ręki, do rąk «coś dostaje się komuś przypadkowo, bez starań z jego strony» △ Wpaść w czyjeś ręce «dostawać się we władzę kogoś wrogo usposobionego»: Wpadł w ręce wroga. △ (tylko *ndk*) Wpadać w jakiś odcień, kolor «mieć jakiś odcień, przymieszkę jakiegoś koloru»: Obicie mebli było szare, wpadające w kolor niebieski. △ (tylko *ndk* o rzekach) Wpadać do morza, do rzeki, do jeziora. □ W. przez co, *rzad.* czym: Wpadać przez okno, *rzad.* oknem. Wpadać przez otwór w dachu, *rzad.* otworem w dachu. □ W. na kogo, na co «zderzać się z kimś, z czymś»: Wpaść na przechodnia. Wpaść na przeszkodę. △*przen.* Wpaść na pomysł, na myśl, na ślad, na trop. □ *pot.* (częściej *dk*) W. bez dop. «zostać przyłapanym na czymś; zostać zdekonspirowanym» Ściągał na klasówkach i nigdy nie wpadł. Wpadł na kradzieży i odsiaduje teraz karę.

wpadka *ż III, lm D.* wpadek 1. *pot.* «ujawnienie się czyjejś konspiracyjnej a. przestępczej działalności; wsypa»: Po wpadce musiał odsiedzieć długą karę. 2. *karc.* «niewzięcie koniecznej liczby lew w kartach»

wpajać *ndk I*, wpajaliśmy (p. akcent § 1a i 2) — **wpoić** *dk VIa*, wpoję, wpój, wpoiliśmy □ W. co — komu a. w co: Wpajał (*nie*: wdrażał) dzieciom poczucie obowiązku. Wpajać w umysły młodzieży szczytne ideały.

wpaść p. wpadać.

wpatrywać się *ndk VIIIa*, wpatruję się (*nie*: wpatrywuję się, wpatrywam się), wpatruj się (*nie*: wpatrywaj się), wpatrywaliśmy się (p. akcent § 1a i 2) — **wpatrzyć się** *dk VIb*, wpatrz się, wpatrzyliśmy się: Wpatrzył się w okno. △ *pot.* Wpatrywać się w kogoś jak w obraz, jak w tęczę «wpatrywać się z podziwem, z zachwytem»: Była piękna, ludzie wpatrywali się w nią jak w obraz. Matka wpatrywała się jak w tęczę w dawno nie widzianego syna.

w pełni p. pełnia.

wpędzać *ndk I*, wpędzaliśmy (p. akcent § 1a i 2) — **wpędzić** *dk VIa*, wpędzę, wpędź, wpędziliśmy □ W. kogo, co — na co, w co a. do czego: Wpędził konia na podwórze. Wpędzić wroga w pułapkę. Wpędzać bydło do obory. △ *przen.* Wpędzać kogoś w chorobę, w biedę, w kłopoty. △ *przen.* Wpędzić kogoś do grobu (*nie*: w grób).

wpiąć *dk Xc*, wepnę, wepnie, wepnij, wpiąłem (*wym.* wpiołem; *nie*: wpiełem), wpiął (*wym.* wpioł), wpięła (*wym.* wpieła), wpięliśmy (*wym.* wpieliśmy, p. akcent § 1a i 2) — **wpinać** *ndk I*, wpinaliśmy □ W. co w co (*nie*: do czego): Wpiąć kwiaty we włosy.

wpić *dk Xa*, wpiję, wpiliśmy (p. akcent § 1a i 2) — **wpijać** *ndk I*, wpijaliśmy: Wpić paznokcie w ciało.

wpić się — wpijać się □ W. się (czym) w co: Kołnierzyk wpijał się w szyję. △ *przen.* Wpijać się oczami w ciemność.

wpierać p. weprzeć.

wpierw *pot.* «najpierw, wprzód»: Tyle tu ładnych rzeczy, że nie wiadomo na co wpierw patrzeć.

wpinać p. wpiąć.

wpisać *dk IX*, wpiszę, wpisaliśmy (p. akcent § 1a i 2) — **wpisywać** *ndk VIIIa*, wpisuję (*nie*: wpisywuję, wpisywam), wpisuj (*nie*: wpisywaj), wpisywaliśmy □ W. co do czego: Wpisać wiersz do sztambucha, zadanie do zeszytu, zeznanie do protokołu. □ W. kogo — na co: Wpisać kogoś na listę członków. □ W. co — w co: Wpisać koło w trójkąt. △ Często nadużywane w *przen.* Wpisać dzieło w stosunki epoki (*zamiast*: Ukazać dzieło na tle epoki).

wplatać *ndk I*, wplataliśmy (p. akcent § 1a i 2) — **wpleść** *dk XI*, wplotę (*nie*: wpletę), wplecie, wplótł, wplotła (*nie*: wpletła), wpletliśmy □ W. co w co a. do czego: Wpleść wstążkę we włosy. a. do włosów.

wplątać *dk IX*, wplączę, wplątaliśmy (p. akcent § 1a i 2) — **wplątywać** *ndk VIIIa*, wplątuję (*nie*: wplątywuję, wplątywam), wplątuj (*nie*: wplątywaj), wplątywaliśmy □ (zwykle *przen.*) W. kogo w co: Wplątać kogoś w awanturę, w kłopoty.

wpleść p. wplatać.

wpłacać *ndk I*, wpłacaliśmy (p. akcent § 1a i 2) — **wpłacić** *dk VIa*, wpłacę, wpłać, wpłaciliśmy □ W. do czego, na co: Wpłacać pieniądze do kasy. Wpłacać na konto bankowe.

wpłata *ż IV*: Dokonać wpłaty. Dowód wpłaty. □ W. na co: Wpłata na nowe meble.

wpłynąć *dk Vb*, wpłynąłem (*wym.* wpłynołem, *nie*: wpłynełem), wpłynął (*wym.* wpłynoł), wpłynęła (*wym.* wpłynęła), wpłynęliśmy (*wym.* wpłyneliśmy, p. akcent § 1a i 2) — **wpływać** *ndk I*, wpływaliśmy □ W. do czego, *rzad.* w co: Statek wpłynął do zatoki (w zatokę). Wpłynąć do portu (*nie*: w port). □ W. na kogo, na co «wywrzeć wpływ»: Wpływał wychowawczo na dzieci. Warunki pracy wpływały na stan zdrowia pracowników.

wpływ *m IV, D.* wpływu 1. zwykle w *lp* «oddziaływanie»: Mieć, wywierać (*nie*: okazywać, odgrywać) wpływ. Ulegać wpływowi. Stracić wpływ (*nie*: wpływy) na kogoś. □ W. kogo, czego — na kogo, na co (*nie*: nad kim, czym): Nie miał wpływu na syna (*nie*: nad synem). Wywierać (*nie*: wyciskać) wpływ na coś. 2. tylko w *lm* «możliwości poparcia, stosunki»: Zdobył stanowisko dzięki dużym wpływom ojca. Mieć szerokie (*lepiej*: wielkie) wpływy. 3. «wpływanie (pieniędzy, towarów); zwykle w *lm*: wpływające kwoty»: Zmniejszył się wpływ podatków do skarbu państwa. Niskie wpływy kasowe. // *D Kult. I, 197.*

wpływowy *m-os.* wpływowi, *st. w.* bardziej wpływowy (w *st. najw.* czasem używana forma: najwpływowszy) «mający wpływy, stosunki»: Miał bardzo wpływowe znajomości. △ *niepoprawne* w zn. «ulegający wpływom», np. Łatwo go było przekonać, był bardzo wpływowy (*zamiast*: łatwo ulegał wpływom).

*wpływy obce w języku p.: neologizmy, zapożyczenia.

w pobliżu p. pobliże.

wpoić p. wpajać.

w pojedynkę p. pojedynka.

w poprzek □ W p. czego: W poprzek drogi leżał pień drzewa. *Ale*: Stawać w poprzek czemuś «przeszkadzać, sprzeciwiać się»: Stawał w poprzek ich wygórowanym żądaniom.

w porównaniu □ W p. z czym (*nie*: do czego): W porównaniu z innymi moimi uczniami (*nie*: do innych moich uczniów) on jest geniuszem.

w postaci p. I postać.

w powołaniu się na co *niepoprawne zamiast*: powołując się na co, np. W powołaniu (*zamiast*: powołując się) na poprzednie pismo. // *D Kult. I, 84.*

w pół «w połowie czegoś»: Zatrzymali się w pół drogi. Wykonał pracę w pół dnia (*ale*: wpółprzymknięte oczy).

wpół «w połowie, pośrodku; częściowo, niezupełnie»: O wpół do pierwszej skończył pracę (*ale*: W pół godziny uporał się z tym zadaniem). △ Objął ją wpół. Zgiął się wpół. Na wpół (*wym.* na wpół) a. wpół «częściowo»: Był (na) wpół przytomny.

wpół- *częściej*: pół- «pierwszy człon wyrazów złożonych, pisany łącznie, określający częściowe, połowiczne posiadanie właściwości wyrażonej w drugim członie złożenia», np.: wpółciepły, wpółdarmo, wpółdrzemać. *Por.* pół-

wpraszać się *ndk I*, wpraszaliśmy się (p. akcent § 1a i 2) — **wprosić się** *dk VIa*, wproszę, wprosiliśmy się: Wprosił się na obiad. Wprosiła się w gościnę. □ W. się do kogo, *rzad.* do czego: Na lato wprosił się do krewnych. Wprosić się do czyjegoś towarzystwa. △ *przestarz.* Wprosiła się im na tydzień.

wprawa *ż IV, blm*: Mieć wprawę, dojść do wprawy. Robić coś z wprawą, dla wprawy. Wyjść z wprawy. □ W. w czym: Nabrać wprawy w czytaniu.

wprawdzie △ Wprawdzie..., ale, lecz...: Wprawdzie chodził do szkoły, ale (lecz) niczego się nie nauczył. △ Wprawdzie..., jednak, jednakże...: Wprawdzie zmarzł, jednak się nie rozchorował.

wprawiać *ndk I*, wprawialiśmy (p. akcent § 1a i 2) — **wprawić** *dk VIa*, wprawię, wpraw, wprawiliśmy □ W. co w co «osadzać, oprawiać»: Wprawić kamień w pierścień. □ W. kogo w co «wywoływać jakiś stan fizyczny lub psychiczny»: Jego zachwyty wprawiły ją w zakłopotanie. Wprawiać w zdumienie, w zły humor, w podziw. □ (nieco *przestarz.*) W. kogo do czego, *rzad.* w co «doprowadzać kogoś do nabycia wprawy, ćwiczyć w czymś»: Wprawiać uczniów do czytania, *rzad.* w czytanie.

wprawiać się — wprawić się □ W. się w co a. w czym «nabywać wprawy»: Wprawiał się w strzelanie z łuku. Wprawiać się w pisaniu.

wprawny *m-os.* wprawni, *st. w.* wprawniejszy a. bardziej wprawny: Wprawny rzemieślnik. Wprawna ręka. Zrobić coś wprawnym ruchem. □ W. w czym: Wprawny w czytaniu i pisaniu.

w prawo a. **na prawo** p. II prawo.

wprosić się p. wpraszać się.

wprost 1. w zn. «naprzeciwko» nieco *przestarz.*, częściej: *na wprost*, np. Siadła wprost (*częściej*: na wprost) okna. **2.** jako wyraz ekspresywny precyzujący coś, zwracający na coś uwagę — często wymienne z wyrażeniem: *po prostu*, np.: Była wprost (a. po prostu) zachwycająca. Nie mógł wprost (a. po prostu) w to uwierzyć.

wprowadzać *ndk I*, wprowadzaliśmy (p. akcent § 1a i 2) — **wprowadzić** *dk VIa*, wprowadzę, wprowadź, wprowadziliśmy **1.** w zn. «wchodzić gdzieś prowadząc kogoś, coś» □ W. kogo, co — do czego, na co, w co (w zwrotach *przen.* zwykle: w co): Wprowadzić gości do salonu. Wprowadzić oddział na plac. Wprowadzić kogoś do swojego domu. Wprowadzić babcię na piętro. Wprowadzić kogoś w zakłopotanie, w stan osłupienia, w zdumienie. Wprowadzać w tajniki nowego zawodu. △ Wprowadzać kogoś w błąd «dezorientować, oszukiwać» △ Wprowadzać kogoś w życie, w świat «dopomagać komuś w poznawaniu życia» △ Wprowadzić coś w życie, w czyn «realizować»: Chciał swoje plany wprowadzić w życie. △ *niepoprawne* Wprowadzać kogoś w coś (*zamiast*: zapoznawać kogoś z czymś): Wprowadził go w nowe obowiązki (*zamiast*: Zapoznał go z nowymi obowiązkami). **2.** w zn. «zaczynać stosować, oddawać do użytku»: Wprowadzać w mieście komunikację autobusową. Wprowadzić nowe środki płatnicze. Wprowadzać nowości do sprzedaży. △ *niepoprawne* Wprowadzać (*zamiast*: puszczać) w obieg.

wprząc *dk XI*, wprzęgę (*nie*: wprzągę), wprzęże, wprzągł, wprzęgła, wprzęgliśmy (p. akcent § 1a i 2), wprzężony; **wprzęgnąć** (*nie*: wprzągnąć) *dk Vc*, wprzęgłem a. wprzęgnąłem (*wym.* wprzęgnołem; *nie*: wprzęgnełem, wprzągnąłem, wprzągłem), wprzągł (*nie*: wprzęgł), *rzad.* wprzęgnął (*wym.* wprzęgnoł); wprzęgła, wprzęgliśmy — **wprzęgać** (*nie*: wprzągać) *ndk I*, wprzęgaliśmy □ W. do czego: Wprzągł (wprzęgnął) konia do wozu. □ *przen.* W. do czego a. w co: Człowiek wprzęga przyrodę do swojej służby a. w swoją służbę.
wprząc się, wprzęgnąć się — wprzęgać się (zwykle *przen.*). □ W. się do czego a. w co: Wprząc się w jakąś, czyjąś służbę. Wprzęgać się do roboty.

w przedmiocie p. przedmiot.

w przedzie, *lepiej*: na przedzie, np. Nasi zawodnicy wciąż byli w przedzie (*lepiej*: na przedzie). △ *niepoprawne* W przedzie (*zamiast*: w przodzie) czegoś, np. W przedzie (*zamiast*: w przodzie) wozu stał motorniczy.

w przejeździe p. przejazd.

w przelocie p. przelot.

wprzęgać, wprzęgnąć p. wprząc.

w przód «do przodu, na przód»: Wysunąć ramię w przód (a. do przodu). *Por.* przód.

wprzód (*przestarz.* **wprzódy**) *wych. z użycia* «najpierw»: Wprzód zjadł śniadanie, potem wyszedł. Sprawa taka sama jak wprzódy.

! w przypadku p. przypadek.

! w przypomnieniu p. przypomnienie.

wpuszczać *ndk I*, wpuszczaliśmy (p. akcent § 1a i 2) — **wpuścić** *dk VIa*, wpuszczę, wpuści, wpuściliśmy □ W. kogo, co — do czego, *rzad.* w co: Wpuścić gości do domu. Wpuszczał spodnie w buty a. do butów. □ W. co — czym a. przez co: Wpuścił oknem a. przez okno świeże powietrze do pokoju.

wpychać p. wepchnąć.

wracać *ndk I*, wracaliśmy (p. akcent § 1a i 2) — **wrócić** *dk VIa*, wrócę, wróć, wróciliśmy □ W. do czego: Wracać do domu, do pracy. Wracać do sił, do zdrowia. △ Wrócić do siebie **a)** «do swego mieszkania, kraju»: Wyszedł, ale już po chwili wrócił do siebie i zaczął pracować. **b)** «odzyskiwać przytomność, dobre samopoczucie»: Po wielu zabiegach chory wrócił do siebie. □ W. (*częściej*: zwracać) komu co: Słońce wróciło mu zdrowie. △ *niepoprawne* (pleonazm) Wrócić z powrotem (*zamiast*: wrócić), np. Wrócił z powrotem do domu (*zamiast*: Wrócił do domu).
wracać się — wrócić się *wych. z użycia* forma wzmocniona czas. wracać: Nie pójdę dalej, wrócę się już do domu. △ Coś się komuś wraca, *dziś częściej*: Coś się komu zwraca «ktoś dostaje coś (zwykle pieniądze) z powrotem, komuś opłaca się wydatek» || D Kult. II—113; U Pol. (2), 323.

Wrangel *m I*, D. Wrangla (*nie*: Wrangela), *lm M.* Wranglowie: Odkrycia geograficzne Wrangla. △ Wyspa Wrangla, Góry Wrangla.

wrastać *ndk I*, wrastaliśmy (p. akcent § 1a i 2) — **wrosnąć**, *rzad.* **wróść** *dk Vc*, wrosnę, wrósł, wrosła, wrośliśmy, wrośnięty a. wrosły □ W. w co: Drzewa mocno wrosły w grunt. △ *przen.* Jego wiersze mocno wrastają w pamięć. △ *pot.* Nogi komuś wrosły w ziemię a. ktoś wrósł w ziemię «ktoś nie może się poruszyć (zwykle z wielkiego wrażenia)»

wraz *książk.* «razem, wspólnie (z kimś, z czymś)»: Cieszył się wraz z innymi. Wraz z kwiatami wręczono jej list.

w razie □ W razie czego: W razie niebezpieczeństwa należy pociągnąć za hamulec.

wrażenie *n I*: Żądza wrażeń. Dostarczać miłych wrażeń. Zemdleć z wrażenia. △ Wywierać, sprawiać, robić, czynić wrażenie na kimś, na czymś (*nie*: na kogoś, na coś): Wywarł na niej (*nie*: na nią) jak najlepsze wrażenie. △ Sprawiać, robić wrażenie kogoś, czegoś: Ona robi wrażenie dobrej pracownicy. △ Mam, odnoszę wrażenie (*lepiej*: wydaje, zdaje mi się), że...

wrażliwy (*nie*: wrażliwy) *m-os.* wrażliwi, *st. w.* wrażliwszy a. bardziej wrażliwy: Miał bardzo wrażliwy słuch. □ W. na co: Wrażliwy na zmiany atmosferyczne. Wrażliwy na piękno, na ból.

wraży *m-os.* wraży *książk. podn.* «wrogi, nieprzyjacielski»: Paść od wrażej kuli.

wrąb *m IV*, D. wrębu: Belka z głębokimi wrębami.

wredny *m-os.* wredni, *st. w.* wredniejszy a. bardziej wredny *posp.* «zły, odrażający, paskudny»: Wredny człowiek.

w regule *niepoprawne* zamiast: z reguły, np. Narady były w regule (*zamiast*: z reguły) burzliwe.

wreszcie (*nie*: wreście) w zn. «po długim oczekiwaniu; nareszcie»: Wreszcie (a. nareszcie) się zjawiłeś!

w rezultacie p. rezultat.

wręczać *ndk I*, wręczaliśmy (p. akcent § 1a i 2) — **wręczyć** *dk VIb*, wręczyliśmy «podać komuś do rąk w sposób oficjalny, uroczysty»: Uczniom wręczono świadectwa dojrzałości.

Wright (*wym.* Rajt) *m IV*, *D*. Wrighta, *lm M*. Wrightowie: Muzeum zbudowane przez Wrighta. Bracia Wrightowie (bracia Wright) byli pionierami lotnictwa.

WRL (*wym.* wu-erel, p. akcent § 6) *ż ndm* «Węgierska Republika Ludowa»: WRL podpisała układ z Polską. Mieszkać w WRL. Być obywatelem WRL.

WRN (*wym.* wu-eren, p. akcent § 6) *ż ndm* a. *m IV*, *D*. WRN-u, *Ms*. WRN-ie «Wojewódzka Rada Narodowa»: Załatwiać sprawy mieszkaniowe w WRN (w WRN-ie). Urzędnik WRN (WRN-u). WRN wydała (wydał) okólnik.

Wrocław *m I*, *D*. Wrocławia «miasto»: Jechać do Wrocławia. Mieszkać we Wrocławiu (*nie*: w Wrocławiu). —.wrocławianin *m V*, *D*. wrocławianina, *lm M*. wrocławianie, *D*. wrocławian, *pot*. wrocławiak *m III*, *lm M*. wrocławiacy — wrocławianka *ż III*, *lm D*. wrocławianek. — wrocławski (p.). // *U Pol. (2)*, 454.

wrocławski: Ratusz wrocławski. Województwo wrocławskie.

Wrocławskie *n* odm. jak przym., *NMs*. Wrocławskiem «region wrocławski, województwo wrocławskie»: Mieszkać we Wrocławskiem (*nie*: w Wrocławskiem).

wrodzić się *dk VIa*, wrodzę się, wródź się, wrodziliśmy się (p. akcent § 1a i 2) □ W. się w kogo: Syn wrodził się w ojca.

wrogi *m-os*. wrodzy, *st. w*. bardziej wrogi: Zapanowały wrogie stosunki. Wrogie samoloty zrzucały bomby. □ W. komu, czemu, *rzad*. dla kogo, czego: Nastroje wrogie rewolucji, *rzad*. dla rewolucji.

Wronki *blp*, *D*. Wronek «miasto»: Mieszkać we Wronkach (*nie*: w Wronkach). Jechać do Wronek. — wroniecki. // *D Kult. II*, 561.

Wrono *m* odm. jak *n III*, *DB*. Wrona, *C*. Wronowi, *lm M*. Wronowie, *DB*. Wronów.
Wrono *ż ndm* — Wronowa *ż* odm. jak przym. — Wronówna *ż IV*, *D*. Wronówny, *CMs*. Wronównie (*nie*: Wronównej), *lm D*. Wronówien.

wrosnąć p. wrastać.

wrota *blp*, *D*. wrót: Wchodzić, wjeżdżać przez wrota. Wjeżdżać we wrota (*nie*: w wrota). Stać we wrotach (*nie*: w wrotach). □ W. czego, *rzad*. do czego: Wrota stodoły (do stodoły) stały otworem. △ *pot*. Patrzeć jak cielę (*rzad*. jak wół) na malowane wrota «gapić się bezmyślnie»

wrotki *blp*, *D*. wrotek: Jeździć na wrotkach.

w rozsypce p. rozsypka.

wróbel *m I*, *D*. wróbla, *lm D*. wróbli: Świergot wróbli na dachu. Strach na wróble. △ *pot*. Stary wróbel «człowiek doświadczony; wyga»

Wróbel *m I*, *D*. Wróbla (*nie*: Wróbela) *lm M*. Wróblowie.
Wróbel *ż ndm* — Wróblowa *ż* odm. jak przym. — Wróblówna *ż IV*, *D*. Wróblówny, *CMs*. Wróblównie (*nie*: Wróblównej), *lm D*. Wróblówien. // *U Pol. (2)*, 448.

wrócić p. wracać.

wróg *m III*, *D*. wroga, *lm M*. wrogowie: Stawiać opór przeważającym siłom wroga. △ Mieć wielu wrogów. Uczynić sobie z kogoś wroga. △ Być, stać się wrogiem czegoś, być, stać się czyimś wrogiem; *rzad. książk*. być, stać się komuś wrogiem: Był zaciętym wrogiem wszelkich reform. Stał się jego nieprzejednanym wrogiem. Nie była mu wrogiem, lecz przyjacielem.

wróść p. wrastać.

wróżba *ż IV*, *lm D*. wróżb: Zjawiska te uznano za wróżbę końca świata.

wróżbiarka *ż III*, *lm D*. wróżbiarek p. wróżka (w zn. 1).

wróżbiarz *m II*, *lm D*. wróżbiarzy p. wróżbita.

wróżbita *m* odm. jak *ż IV*, *lm M*. wróżbici, *DB*. wróżbitów «ten, kto wróży; wróżbiarz»

wróżka *ż III*, *lm D*. wróżek **1.** «kobieta, która wróży, wróżbiarka»: Iść do wróżki. **2.** «w bajkach: czarodziejka»: Dobra, zła wróżka.

wróżyć *ndk VIb*, wróżyliśmy (p. akcent § 1a i 2) — **wywróżyć** *dk* **1.** «przepowiadać przyszłość» □ W. komu co: Wróżył mu świetną karierę. □ W. z czego: Wróżyć z kart, z ręki. **2.** tylko *ndk* «być oznaką, zapowiedzią czegoś»: Czerwono zachodzące słońce wróży wiatr.

wryć *dk Xa*, wryliśmy (p. akcent § 1a i 2), tylko w *przen*. oraz w wyrażeniu: Jak wryty «nieruchomo» □ W. w co: Wryć sobie coś w pamięć. △ Stanął, zatrzymał się jak wryty.
wryć się: Pług wrył się głęboko w ziemię. △ *przen*. Wryć się komuś w pamięć, w serce, w duszę.

wrzask *m III*, *D*. wrzasku: Chłopcy podnieśli wrzask. Chciał zagłuszyć dzikie wrzaski dzieciarni. Narobić wrzasku.

wrzasnąć *dk Va*, wrzaśnij, wrzasnąłem (*wym.* wrzasnołem; *nie*: wrzasnełem, wrzasłem), wrzasnął (*wym.* wrzasnoł; *nie*: wrzasł), wrzasnęła (*wym.* wrzasneła; *nie*: wrzasła), wrzasnęliśmy (*wym.* wrzasneliśmy; *nie*: wrzaśliśmy; p. akcent § 1a i 2) — **wrzeszczeć** *ndk VIIb*, wrzeszczeliśmy «wrzeszczeć głośno, przeraźliwie» □ W. na kogo **a)** zwykle *ndk* «wymyślać komuś»: Wrzeszczała na dzieci cały dzień. **b)** zwykle *dk* «przywołać kogoś wrzaskiem»: Wrzasnął na syna, żeby mu pomógł.

wrzawa *ż IV*, zwykle *blm*: Podnieść, *książk*. wzniecić wrzawę. Narobić wrzawy. Dzieci napełniły cały dom wrzawą.

wrzeć *ndk XI*, wrze a. wre; wrzący a. wrący; wrzał, wrzeliśmy (p. akcent § 1a i 2): Woda na ogniu wrze (*rzad*. wre). △ *przen*. Krew w kimś wrze. Bitwa wrzała. W pokoju wrzało jak w ulu. Praca wre. □ W. czym: Ulica wrzała gwarem. □ W. z czego (zwykle na oznaczenie stanu fizycznego lub psychicznego jako przyczyny wrzenia): Wrzeć z gniewu, że złości, z podniecenia. □ W. od czego (zwykle na oznaczenie zewnętrznej przyczyny wrzenia): W mieście wre (wrze) od przygotowań do festynu.

wrzesień *m I, D.* września, *lm M.* wrześnie, *D.* wrześniów a. wrześni «dziewiąty miesiąc roku, w datach pisany słowami, cyframi arabskimi (z kropką) lub rzymskimi»: 10 września 1970 r., 10.9. 1970 r., 10 IX 1970 r. a. 10.IX.1970 r. △ Na pytanie kiedy? — nazwa miesiąca zawsze w dopełniaczu, nazwa dnia — w dopełniaczu a. (z przyimkiem *przed, po*) w narzędniku, np.: List przyszedł dziesiątego września. Przed dziesiątym września (*nie*: przed dziesiątym wrześniem) △ Na pytanie: który jest (był) dzień? — liczba porządkowa dnia w mianowniku a. dopełniaczu, nazwa miesiąca w dopełniaczu, np.: Dziesiąty września (*nie*: dziesiąty wrzesień) był dniem świątecznym. Dziś jest dziesiąty września a. dziesiątego września (*nie*: dziesiąty wrzesień).

Wrzeszcz *m II* «dzielnica Gdańska»: Mieszkać we Wrzeszczu (*nie*: w Wrzeszczu). Pojechać do Wrzeszcza. — wrzeszczański a. wrzeszczowski. // *D Kult. I, 571.*

wrzeszczeć p. wrzasnąć.

Września *ż I* «miasto»: Mieszkać we Wrześni (*nie*: w Wrześni). — wrześnianin *m V, D.* wrześnianina, *lm M.* wrześnianie, *D.* wrześnian — wrześnianka *ż III, lm D.* wrześnianek — wrzesiński.

wrzód *m IV, D.* wrzodu □ W. czego, na czym, w czym: Wrzód żołądka. Wrzód na głowie. Wrzód w gardle.

wrzucać *ndk I,* wrzucaliśmy (p. akcent § 1a i 2) — **wrzucić** *dk VIa,* wrzucę, wrzuciliśmy □ W. kogo, co — do czego a. w co (do jakiegoś płynu): Wrzucać kamień w wodę (do wody). □ W. do czego (do jakiegoś pojemnika): Wrzucić list do skrzynki. Wrzucić rzeczy do walizki, do torby.

wrzynać p. werznąć.

ws- (wz-) △ cząstka *ws-* występuje przed spółgłoskami bezdźwięcznymi, *wz-* przed spółgłoskami dźwięcznymi. Cząstki te tworząc czasowniki wyrażają doprowadzenie do skutku tego, co oznacza czasownik podstawowy a. uintensywnienie czynności podstawowego czasownika (wprowadzają również inne dodatkowe znaczenia), np.: wspiąć się, wstrzymać, wstrząsnąć, wspomóc itp. — wzbogacić, wzburzyć, wzgardzić itp. △ Cząstki *ws-, wz-* wymieniają się z *wes-, wez-* w koniugacji, np.: wspiąć się — wespnie się; wspiera się — wesprzeć; wzbierać — wezbrać itp.

wsadzić *dk VIa,* wsadzę, wsadziliśmy (p. akcent § 1a i 2) — *rzad.* **wsadzać** *ndk I,* wsadzaliśmy □ W. co do czego, *rzad.* w co: Wsadzić ręce do kieszeni. Wsadzić papierosa do ust (w usta). △ *pot.* Wsadzić nos w książkę, w gazetę, w talerz «zacząć czytać, jeść nie zwracając uwagi na nic innego» □ W. co na co: Wsadzić kapelusz na głowę. □ W. kogo do czego, na co «pomagać komuś wsiąść, wejść do czegoś»: Wsadzić gości do auta. Wsadzić dziecko do tramwaju (*nie*: w tramwaj). Wsadzić podróżnych na statek. Wsadzić chłopca na konia. △ *pot.* Wsadzić kogoś (do więzienia) «uwięzić, zamknąć w więzieniu»: Wsadzili go za nadużycia. Wsadzono go na dwa lata do więzienia.

wsch. «skrót wyrazów: *wschód, wschodni,* pisany z kropką, czytany jako cały, odmieniany wyraz, stosowany w tekstach geograficznych, atlasach, na mapach itp.»: Wiatr płd.-wsch. (*czyt.* południowo-wschodni). Na płd.-wsch. (*czyt.* południowo-wschód a. południowy wschód) od Warszawy. △ W nazwach dużą literą: Stacja Warszawa Wsch. (*czyt.* Wschodnia).

wschodni (*skrót*: wsch.): We wschodniej Polsce (*nie*: w wschodniej Polsce). Ze wschodniej Polski (*nie*: z wschodniej Polski). Wschodnie obyczaje. Wschodnia kultura. *Ale*: Europa Wschodnia (dużą literą).

wschodnio- «pierwszy człon przymiotników złożonych, wskazujący na położenie czegoś na wschodzie, pochodzenie czegoś ze wschodu, związek czegoś ze wschodnią częścią kraju, kontynentu itp.; pisany łącznie», np.: wschodnioeuropejski, wschodnioazjatycki (*nie*: wschodnio-europejski, wschodnio-azjatycki).

wschodzić *ndk VIa,* wschodziłby (p. akcent § 4c) — **wzejść** *dk,* wzejdzie, wzejdź, wzeszedł, wzeszła, wzeszedłby: Słońce wcześnie teraz wschodzi. △ Zboże już wzeszło.

Wschowa *ż IV, D.* Wschowy, *CMs.* Wschowie (*nie*: Wschowej) «miasto»: Jechać do Wschowy (*nie*: do Wschowej). Wracać ze Wschowy (*nie*: ze Wschowej). Mieszkać we (*nie*: w) Wschowie (*nie*: w Wschowej). — wschowianin *m V, D.* wschowianina, *lm M.* wschowianie, *D.* wschowian — wschowianka *ż III, lm D.* wschowianek — wschowski.

wschód *m IV, D.* wschodu (skrót: wsch.) **1.** «ukazanie się słońca nad horyzontem; część horyzontu; wczesna pora dnia»: Wschód słońca. Noc mija, wschód już blisko. △ O wschodzie słońca, *rzad.* ze wschodem słońca «bardzo wczesnym rankiem» **2.** «strona świata przeciwległa zachodowi»: Wiatr ze wschodu (*nie*: z wschodu). Kierować się na wschód a. ku wschodowi. Od wschodu nadchodzi burza. △ Na wschodzie «we wschodniej części świata; we wschodniej części kraju, kontynentu» **3.** Wschód a. wschód «kraje wschodnie jako całość kulturalno-geograficzna»: Jechać na Wschód a. na wschód. Mieszkańcy Wschodu a. wschodu. △ Bliski Wschód, Daleki Wschód. Mieszkać na Bliskim Wschodzie. Jechać na Daleki Wschód. **4.** (tylko w *lm*) *roln.* «wschodzenie, kiełkowanie roślin; to, co wzeszło»: Przerywać zbyt gęste wschody. Bronować uprawę po wschodach.

WSE (*wym.* wu-ese, p. akcent § 6) *ż, rzad. n ndm* «Wyższa Szkoła Ekonomiczna»: Studiować na WSE. Skończył poznańska (poznańskie) WSE. WSE wykształciła (wykształciło) wielu specjalistów.

WSI (*wym.* wu-es-i, p. akcent § 6) *ż, rzad. n ndm* «Wyższa Szkoła Inżynierska»: Studiować na WSI. Ukończył tutejszą (tutejsze) WSI. WSI dokonała (dokonało) reformy studiów.

wsiać *dk Xb,* wsieję, wsiali, *reg.* wsieli; wsialiśmy, *reg.* wsieliśmy (p. akcent § 1a i 2) — **wsiewać** *ndk I,* wsiewaliśmy □ W. w co a. do czego: Wsiać ziarno w ziemię (do ziemi). Wsiać seradelę w żyto.

wsiadać *ndk I,* wsiadaliśmy (p. akcent § 1a i 2) — **wsiąść** *dk,* wsiądę (*nie*: wsiędę), wsiądzie, wsiądź, wsiadł, wsiedliśmy □ W. do czego (*nie*: w co) «wchodzić do środka jakiegoś pojazdu»: Wsiąść do powozu, do tramwaju, do autobusu, do pociągu (*nie*: w powóz, w tramwaj itp.). □ W. na co «wejść na pokład jakiegoś pojazdu lub na zwierzę»: Wsiadać na okręt, na statek, na łódź (do łodzi). Wsiąść na konia. △ *posp.* Wsiąść na kogoś (z góry) «skrzyczeć kogoś, nawymyślać komuś» △ *pot.* Wsiadać komuś na kark «nacierać na kogoś uciekającego» △ *pot.* Wsiąść komuś na głowę «całkowicie poddać kogoś swojej woli» || *D Kult. I, 201.*

wsiąkać *ndk I*, wsiąkałby (p. akcent § 4c) — **wsiąknąć** *dk Vc*, wsiąkł a. wsiąknął (*wym.* wsiąknoł), wsiąkła, wsiąkłby a. wsiąknąłby □ W. w co: Woda wsiąkła w ziemię. Atrament wsiąka w papier.

wsiąść p. wsiadać.

wsiewać p. wsiać.

wsiowy *m-os.* wsiowi *pot.* «pochodzący ze wsi, właściwy wsi; wiejski»: Wsiowa kobieta. Wsiowe zwyczaje.

wskakiwać *ndk VIIIb*, wskakuję (*nie*: wskakiwuję, wskakiwam), wskakiwaliśmy (p. akcent § 1a i 2) — **wskoczyć** *dk VIb*, wskoczyliśmy □ W. do czego (*nie*: w co): Wskoczyć do tramwaju, do autobusu (*nie*: w tramwaj, w autobus). *Ale*: Wskoczył do wody, *rzad.* w wodę. □ W. na co: Wskakiwać na rower, na konia, na krzesło. △ Wskoczyć w ogień (używane zwykle w trybie warunkowym) — dla kogoś, za kimś «być gotowym do największych poświęceń dla kogoś»: Wskoczyłby za nią w ogień.

wskazać *dk IX*, wskażę, wskaż, wskazaliśmy (p. akcent § 1a i 2) — **wskazywać** *ndk VIIIa*, wskazuję (*nie*: wskazywuję, wskazywam), wskazywaliśmy □ W. kogo, co a. na kogo, na co «zwrócić czyjąś uwagę na coś, pokazać»: Wskazał palcem na czoło. Wskazywano na konieczność reform. △ Coś jest (nie jest) wskazane «coś jest, nie jest pożądane, coś się zaleca, stosuje; czegoś się nie zaleca, nie stosuje»

wskazówka (*nie*: skazówka) *ż III, lm D.* wskazówek □ W. czego: Wskazówka zegara, wagi, amperomierza. □ W. dla kogo: Wskazówki dla zwiedzających miasto. □ W. co do czego (*nie*: o czym): Udzielić wskazówek co do dalszego postępowania (*nie*: o dalszym postępowaniu). Kierował się jego wskazówkami co do miejsca pobytu zbiega (*nie*: o miejscu pobytu zbiega).

wskaźnik *m III*, wyraz nadużywany w zn. «oznaka, objaw, dowód»: To wydarzenie jest wskaźnikiem (*lepiej*: jest dowodem) zżycia się załogi.

wskoczyć p. wskakiwać.

w skos p. skos.

wskórać *dk I*, wskóraliśmy (p. akcent § 1a i 2) □ (*częściej* z przeczeniem) W. co u kogo (czym): Złością nic u niego nie wskórasz.

wskroś (*reg.* wskróś) *książk.* «na wylot, przez»: Przedzierać się wskroś krzaków.

na wskroś, *reg.* na wskróś «na wylot, do głębi; całkowicie, zupełnie»: Ostrze przeszło na wskroś, przebiło pancerz. Był na wskroś uczciwy.

wskutek a. **na skutek** «przyimek łączący się z rzeczownikiem w dopełniaczu, oznaczający przyczynę; w wyniku, w następstwie czegoś, z powodu czegoś» □ W. czego: Zmarł wskutek (na skutek) nieszczęśliwego wypadku (*nie*: dzięki nieszczęśliwemu wypadkowi). △ Wskutek tego «dlatego»: Przemarzł i wskutek tego zachorował.

wsławiać *ndk I*, wsławialiśmy (p. akcent § 1a i 2) — **wsławić** *dk VIa*, wsławię, wsław, wsławiliśmy □ W. kogo, co — czym: Wsławić imię Polski. Miejscowość wsławiona bohaterstwem mieszkańców.

wsłuchać się *dk I*, wsłuchaliśmy się (p. akcent § 1a i 2) — **wsłuchiwać się** *ndk VIIIb*, wsłuchuję się (*nie*: wsłuchiwuję się, wsłuchiwam się), wsłuchiwaliśmy się □ W. się w co: Wsłuchiwała się w plusk fal. Wsłuchiwać się w śpiew słowika.

WSM (*wym.* wu-esem, p. akcent § 6) *m IV, D.* WSM-u, *rzad.* *ż ndm* «Warszawska Spółdzielnia Mieszkaniowa»: Mieszkał w domu WSM-u (WSM). Złożyć wniosek w WSM-ie (w WSM). WSM zbudował (zbudowała) wiele nowych bloków mieszkalnych. — WSM-owiec a. wuesemowiec *m II, D.* WSM-owca (wuesemowca), *lm M.* WSM-owcy (wuesemowcy) — WSM-owski a. wuesemowski.

WSP (*wym.* wu-espe, p. akcent § 6) *ż a. n ndm* «Wyższa Szkoła Pedagogiczna»: Studiować na WSP (*ale*: w Wyższej Szkole Pedagogicznej; *nie*: na Wyższej Szkole Pedagogicznej). Miejscowa WSP wykształciła (miejscowe WSP wykształciło) wielu młodych pedagogów.

wspak, *częściej*: na wspak *wych.* *z użycia* a) «w tył, wstecz, od tyłu» dziś używane zwykle w zwrocie: czytać coś wspak, na wspak, np. Jego wiersze można było czytać wspak (na wspak). b) «nie tak, jakby należało; na opak»: Wszystko szło mu w życiu wspak (na wspak).

wspaniałomyślny (*wym. pot.* wspaniałomyśny; *nie*: spaniałomyślny) *m-os.* wspaniałomyślni, *st. w.* wspaniałomyślniejszy a. bardziej wspaniałomyślny: Wspaniałomyślny postępek. Wspaniałomyślny człowiek. □ W. dla kogo: Zwycięzca był wspaniałomyślny dla zwyciężonych.

wspaniały (*nie*: spaniały) *m-os.* wspaniali, *st. w.* wspanialszy a. bardziej wspaniały: Wspaniały człowiek, aktor. Wspaniały bankiet, utwór, pomysł.

wspiąć się (*nie*: spiąć się) *dk Xc*, wespnę się, wespnie się, wespnij się, wspiąłem się (*wym.* wspiołem się, *nie*: wspiełem się), wspiął się (*wym.* wspioł się), wspięła się (*wym.* wspieła się), wspięliśmy się (*wym.* wspieliśmy się, p. akcent § 1a i 2) — **wspinać się** (*nie*: spinać się) *ndk I*, wspinaliśmy się □ W. się na co «wdrapać się z trudem na coś wysokiego»: Wspiął się na wysoką górę. Wspięła się na tylne siedzenie bryczki. △ Wspiąć się na palce a. na palcach «stanąć na czubkach palców» △ Wspiąć się na tylne łapy a. na tylnych łapach «o zwierzętach czworonożnych: stanąć na tylnych łapach podnosząc przednie do góry»

wspierać p. wesprzeć.

wspomagać *ndk I*, wspomagaliśmy (p. akcent § 1a i 2) — **wspomóc** *dk XI*, wspomogę, wspomoże, wspomóż, wspomógł, wspomogła, wspomogliśmy: Wspomagać rodziców materialnie. □ W. kogo — czym: Wspomagał kolegów dobrą radą.

wspominać *ndk I*, wspominaliśmy (p. akcent § 1a i 2) — **wspomnieć** *dk VIIa*, wspomnę (*nie*: wspomnię), wspomni, wspomnij, wspomną (*nie*: wspomnią), wspomnieliśmy □ W. kogo, co, *rzad.* o kim, o czym «przywodzić na pamięć, przypominać sobie»: Wspominać szkolne lata. Wspominać o dawnych kolegach. Wspomnieć dawne czasy. □ (częściej *dk*) W. o kim, o czym «zrobić wzmiankę, napomknąć»: W rozmowie nie wspomniał o dawnej umowie. Wspomniała mimochodem o wspólnych znajomych. △ Że wspomnę tylko kogoś, coś a. żeby tylko wspomnieć o kimś, o czymś «zdanie wtrącone zwracające uwagę na to, że wymienia się tylko jedną z wielu osób, rzeczy»: Napisał dużo, że wspomnę tylko jego utwory historyczne i obyczajowe.

wspominki *blp, D.* wspominków, *rzad.* wspominek *pot.* często *żart.*, *iron.* «wspominanie czegoś, wspomnienie»: Słuchać czyichś wspominków. Zebrało mu się na wspominki. □ W. o czym, o kim a. czego, kogo: Snuł wspominki o latach młodości. Wspominki dawnych zabaw.

wspomnąć *dk Va*, wspomnę (*nie*: wspomnię), wspomnij, wspomną (*nie*: wspomnią), wspomnęliśmy (p. akcent § 1a i 2) *przestarz.* «wspomnieć»

wspomnieć p. wspominać.

wspomnienie *n I* 1. «to, co sobie ktoś przypomina»: Żyć wspomnieniami. Wracać wspomnieniem do czegoś. □ W. kogo, czego a. o kim, o czym: Wspomnienie dawnych lat. Wspomnienie o zmarłej matce. 2. «notatka, wzmianka; napomknięcie» □ W. o kim, o czym: Napisał wspomnienie o zmarłym pisarzu. Na wspomnienie o tej krzywdzie, jeszcze dziś robi mi się przykro.

wspomnieniowy «poświęcony wspomnieniom, zawierający wspomnienia»: Literatura wspomnieniowa. Książka miała charakter wspomnieniowy.

wspomóc p. wspomagać.

wspólnie (*nie*: spólnie): Trzeba się wspólnie (*nie*: wspólnie razem) nad tym zastanowić.

wspólnik (*nie*: spólnik) *m III* □ W. czyj; w. czego a. w czym «osoba wnosząca swój kapitał do spółki»: Był wspólnikiem dużego przedsiębiorstwa a. w dużym przedsiębiorstwie. □ W. czyj — w czym (*nie*: do czego): Stał się jej wspólnikiem we wszystkich przedsięwzięciach.

wspólność (*nie*: spólność) *ż V, blm*; a. **wspólnota** (*nie*: spólnota) *ż IV*, w zn. «społeczność, związek, zrzeszenie» *częściej*: wspólnota, np.: Wspólność (wspólnota) interesów. Wspólność (wspólnota) pochodzenia. *Ale*: Tworzyć wspólnotę językową. Ustrój wspólnoty pierwotnej. Należeć do wspólnoty gminnej.

wspólny (*nie*: spólny) *m-os.* wspólni: Wspólne dobro. Robić coś wspólnymi siłami. Wspólni znajomi. □ W. komu, czemu: Ten pogląd był wspólny obu dyskutantom. △ Mieć z kimś, z czymś coś, wiele wspólnego; nie mieć z kimś nic wspólnego. △ Mieć, znajdować z kimś wspólny język «móc, umieć dojść z kimś do porozumienia»

współ- (*nie*: spół-) «pierwszy człon wyrazów złożonych, pisany łącznie, wskazujący na wspólną z kimś cechę, na wspólne z kimś występowanie w jakimś charakterze, na wspólne działanie, zacho-

wanie się itp.», np.: współlokator, współtowarzysz, współpraca, współodpowiedzialność, współwinny, współubiegać się, współrządzić.

współautor (*wym.* współau-tor; *nie*: współa-u-tor, spółautor) *m IV, lm M.* współautorzy, *rzad.* współautorowie: Współautor powieści. Współautor scenariusza filmowego. △ *niepoprawne* w zn. «wspólny sprawca», np. współautor zwycięstwa, wygranej.

współczesny (*nie*: spółczesny) *m-os.* współcześni: Współcześni twórcy. Współczesna sytuacja polityczna. Współczesne malarstwo. □ W. komu: Nie szczędził krytyki współczesnym sobie poetom.

współczucie (*nie*: spółczucie) *n I, blm*: Patrzeć ze współczuciem. Okazywać komuś współczucie. Budzić współczucie. Wyrazy współczucia. □ W. dla kogo, czego: Miał wiele współczucia dla chorego kolegi.

współczuć (*nie*: spółczuć, współczuwać) *ndk Xa*, współczuję, współczuliśmy (p. akcent § 1a i 2) □ W. komu, czemu, *rzad.* z kim, z czym: Współczuł ludziom dotkniętym nieszczęściem. Współczuła serdecznie choremu mężowi (z chorym mężem). || *D Kult. I, 198.*

współczynnik (*nie*: spółczynnik) *m III*: Współczynnik tarcia. Współczynnik rozszerzalności ciał. Współczynnik liczbowy.

współdziałać (*nie*: spółdziałać) *ndk I*, współdziałaliśmy (p. akcent § 1a i 2) □ W. z kim — w czym (*nie*: do czego, w kierunku czego): Nasza organizacja współdziałała z władzami w tworzeniu (*nie*: do tworzenia) nowego ośrodka.

współdziałanie (*nie*: spółdziałanie) *n I* □ W. (czyje) z kim, z czym a. w. między kim, czym — w czym (*nie*: do czego, w kierunku czego): Współdziałanie kierownictwa z pracownikami w przestrzeganiu bezpieczeństwa pracy. △ *niepoprawne* Wzajemne współdziałanie (pleonazm), *zamiast*: współdziałanie. || *KP Pras.*

współistnieć (*nie*: spółistnieć) *ndk III*, współistnieliśmy (p. akcent § 1a i 2) □ W. z kim, z czym: Stare, przeżytkowe formy gramatyczne często długo współistnieją z nowymi.

współistnienie (*nie*: spółistnienie) *n I, blm* «istnienie razem z kimś, czymś, obok kogoś, czegoś (*lepiej* niż: koegzystencja)»: Współistnienie różnych form językowych. Pokojowe współistnienie państw o różnym ustroju społecznym. □ W. z kim, czym: Zgodne współistnienie z krajami kapitalistycznymi.

współplemieniec (*nie*: spółplemieniec) *m II, D.* współplemieńca, *W.* współplemieńcze, forma szerząca się: współplemieńcu, *lm M.* współplemieńcy; *rzad.* **współplemiennik** *m III, lm M.* współplemiennicy «członek jakiegoś plemienia w stosunku do innych jego członków»

współpraca (*nie*: spółpraca) *ż II, blm* □ W. (czyja) z kim, z czym a. w. między kim, czym — w czym, przy czym: Ścisła współpraca rodziców ze szkołą w wychowywaniu dzieci. Współpraca projektantów przy projekcie nowego ośrodka zdrowia. △ *niepoprawne* Wzajemna współpraca (pleonazm), *zamiast*: współpraca.

współpracować (*nie*: spółpracować) *ndk IV*, współpracowaliśmy (p. akcent § 1a i 2) □ W. z kim, z czym — w czym, przy czym: Kilku architektów współpracowało ze sobą przy odbudowie centrum miasta.

współpracownik (*nie*: spółpracownik) *m III*, *lm M*. współpracownicy: Był współpracownikiem kilku pism stołecznych. Jego żona jest jednocześnie jego najlepszym współpracownikiem.

współrzędny (*nie*: spółrzędny) «jednakowy, równorzędny, jednoczesny»: Współrzędna uprawa dwu gatunków roślin.
współrzędna w użyciu rzeczownikowym *mat*. Układ współrzędnych.

współudział (*nie*: spółudział) *m IV*, *D*. współudziału, *blm*: Bez czyjegoś współudziału. □ W. w czym: Współudział w zyskach przedsiębiorstwa. Zaprosić kogoś do współudziału w przedsięwzięciu.

współwinowajca (*nie*: spółwinowajca) *m odm.* jak *ż II*, *lm M*. współwinowajcy, *DB*. współwinowajców.

współzawodnictwo (*nie*: spółzawodnictwo) *n III*, *blm*: Brać udział we współzawodnictwie. □ W. z kim — w czym, o co: Współzawodnictwo w zdobywaniu nagród, w konkursie. Współzawodnictwo o tytuł mistrza. Stanęli do współzawodnictwa z innymi brygadami o tytuł najlepszej brygady w fabryce.

współzawodniczyć (*nie*: spółzawodniczyć) *ndk VIb*, współzawodnicz, współzawodniczyliśmy (p. akcent § 1a i 2) □ W. z kim — o co, w czym: Współzawodniczyli ze sobą o tytuł najlepszej brygady. Równoległe klasy współzawodniczyły ze sobą w osiąganiu dobrych wyników w nauce.

współzawodnik (*nie*: spółzawodnik) *m III* □ W. w czym: Był jego współzawodnikiem w konkursach, w staraniach o rękę panny.

wstać *dk* wstanę, wstań, wstał, wstaliśmy (p. akcent § 1a i 2) — **wstawać** *ndk IX*, wstaje, wstawaj, wstawaliśmy 1. «zmienić pozycję (z siedzącej, leżącej) na stojącą; podnieść się» □ W. z czego: Wstać z fotela, z klęczek, z łóżka, z ławki, z miejsca. △ *pot*. (Ktoś) wygląda jakby z grobu a. z trumny wstał «ktoś wygląda bardzo źle, mizernie» □ W. od czego: Wstać od biurka, od lekcji, od obiadu. 2. «opuścić posłanie po śnie; zacząć dzień»: Wstać o świcie. Wstać późno, wcześnie. △ *pot. żart*. Wstać lewą nogą «mieć zły humor»

wstawiać *ndk I*, wstawialiśmy (p. akcent § 1a i 2) — **wstawić** *dk VIa*, wstawię, wstaw, wstawiliśmy □ W. co — do czego, rzad. w co a) «umieszczać wewnątrz czegoś»: Wstawić talerze do szafki. Wstawić masło do lodówki. Wstawić kwiaty do wazonu, do wody, *rzad*. w wazon, w wodę. b) «umieszczać jakieś brakujące, dodatkowe części»: Wstawić szyby. Wstawić kliny do spódniczki. △ *niepoprawne* Wstawić (*zamiast*: wnieść) jakąś pozycję, sumę do budżetu. □ W. co — na co; do czego (w jakimś celu) «postawić coś na ogniu, żeby się ugotowało, podgrzało»: Wstawić wodę na zacierki, do prania.

wstawiać się — **wstawić się** 1. «brać kogoś w obronę» □ W. się za kim — do kogo, u kogo: Wstawił się za nim do ojca (u ojca). 2. *pot*. «upić

się» (często w imiesł. biernym): Wstawił się już po jednym kieliszku. Często bywa wstawiony.

wstąpić *dk VIa*, wstąpię, wstąp, wstąpiliśmy (p. akcent § 1a i 2) — **wstępować** (*nie*: wstępywać) *ndk IV*, wstępowaliśmy 1. «zajść gdzieś lub do kogoś (zwykle po drodze); przechodząc zajść» □ W. do kogo, do czego — na co: Wstąpił do znajomych. Wstąpiła do kawiarni na kawę. Wstąpić na lody, na czekoladę. 2. *książk., podn*. «idąc dostać się na miejsce wyżej położone, do wnętrza czegoś; wejść, wkroczyć» □ W. na co, w co: Mówca wstąpił na podium. Orszak królewski uroczyście wstępował na stopnie pałacu. △ Zwroty używane bez odcienia podniosłości: Wstąpić na tron «zostać panującym» △ Wstępować w czyjeś ślady «naśladować kogoś» △ *urz*. Wstąpić w związki małżeńskie «ożenić się, wyjść za mąż» □ *przen*. Coś wstępuje w kogoś «ktoś nabiera w nią radość, otucha, spokój». △ *pot*. Diabeł, szatan w kogoś wstąpił «ktoś się złości, ktoś działa, postępuje źle, jak szalony» 3. «zostać członkiem jakiejś społeczności»: Wstąpić do organizacji, do partii, do wojska, do służby dyplomatycznej. Wstąpić do klasztoru, do zakonu.

wstążka *ż III*, *lm D*. wstążek: Jedwabna, kolorowa wstążka. Wstążka do włosów. △ *przen*. Wstążka dymu.

wstecz «w kierunku przeciwnym do kierunku poprzedniego lub właściwego; w tył, za siebie»: Obejrzeć się wstecz. △ *niepoprawne* Cofać się wstecz (pleonazm), *zamiast*: cofać się. △ *przen*. Sięgnąć pamięcią 50 lat wstecz. △ *niepoprawne* Ten wypadek zdarzył się 50 lat wstecz (*zamiast*: ... 50 lat temu).

wsteczny 1. *m-os*. wsteczni «hołdujący temu, co dawne, przeciwstawiający się postępowi»: Wsteczne poglądy. Wsteczna ideologia. Grupa wstecznych polityków. 2. *przestarz*. «posuwający się wstecz, w tył, działający wstecz» △ żywe w terminologii specjalnej: Erozja wsteczna. Moc wsteczna (przepisu, uchwały). Ruch wsteczny (ciał niebieskich).

*****wsteczny derywat** p. derywat wsteczny.

wstęga *ż III*, *lm D*. wstęg a. wstąg: Wieniec żałobny z czarnymi wstęgami. △ *przen*. Wstęga rzeki, drogi.

wstęp *m IV*, *D*. wstępu 1. «wejście, prawo uczestniczenia w czymś»: Karta, bilet wstępu. △ (Obcym) wstęp wzbroniony. △ Wstęp wolny «bezpłatne wejście» □ W. na co, do kogo, czego: Wstęp na wystawę, na widownię. Wstęp do klubu. Każdy miał wstęp do dyrektora. 2. «początek, wstępne przygotowanie do czegoś; początkowa część tekstu wprowadzająca w jego treść»: Przystąpić bez wstępów do sprawy. Ciekawy, długi wstęp. Wstęp autora, wydawcy. Umieścić coś we wstępie. □ W. do czego: Wstęp do zbiorku poezji, do pracy naukowej. Wstęp do rozmowy. △ Na (samym) wstępie «na (samym) początku, zaczynając coś»: Na wstępie wyjaśnił powód swego przyjścia. // U Pol. (2), 254.

wstępniak *m III* 1. *środ*. «artykuł wstępny» 2. *przestarz*. *lm M*. ci wstępniacy a. te wstępniaki «uczeń klasy wstępnej»

wstępować p. wstąpić.

wstręt *m IV*, *D*. wstrętu 1. *blm* «bardzo silne uczucie niechęci, odrazy»: Patrzeć na kogoś ze wstrętem. Budzić (w kimś) wstręt. □ W. do kogo, czego: Czuć, *książk.* żywić do kogoś wstręt. Miał wstręt do płazów, do kłamstwa. **2.** *przestarz.* «przeszkoda, trudność» △ dziś używane tylko w zwrocie: Robić, czynić komuś wstręty «utrudniać komuś coś, przeszkadzać w czymś»

wstrętny *m-os.* wstrętni, *st. w.* wstrętniejszy a. bardziej wstrętny: Wstrętny wygląd, postępek. □ W. dla kogo, czego, *rzad.* komu, czemu «budzący w kimś wstręt, odrazę»: Wstrętny dla mnie jest ten pijak. Stał jej się wstrętny. Sam widok tłustego mięsa był mu wstrętny.

wstrząs *m IV, D.* wstrząsu **1.** «silne, gwałtowne drgnięcie, wstrząśnięcie»: Wstrząs pojazdu. Wstrząsy skorupy ziemskiej a. w skorupie ziemskiej. △ Wstrząs mózgu «nagłe, chwilowe zahamowanie czynności mózgu wskutek urazu czaszki» **2.** «bardzo silne wzruszenie, przeżycie; szok»: Wstrząs psychiczny. Doznać wstrząsu.

wstrząsać *ndk I,* wstrząsaliśmy (p. akcent § 1a i 2) — **wstrząsnąć** *dk Va,* wstrząśnie, wstrząśnij, wstrząsnąłem (*wym.* wstrząsnołem; *nie:* wstrząsnełem, wstrząsłem), wstrząsnął (*wym.* wstrząsnoł; *nie:* wstrząsł), wstrząsnęła (*wym.* wstrząsneła; *nie:* wstrząsła), wstrząsnęliśmy (*wym.* wstrząsneliśmy; *nie:* wstrząśliśmy) □ W. czym, kim «poruszać gwałtownie»: Wstrząsnąć butelką. Wstrząsać głową. Grzmot, huk wstrząsnął murami. □ W. kim **a.** kogo «silnie wzruszać; robić duże wrażenie»: Wstrząsnęła nim ta straszna wiadomość. Widok ten wstrząsnął go. Wstrząsnęła ją ta piosenka. △ Wstrząsnąć czymś sumieniem, sercem.

wstrząsać się — **wstrząsnąć się** □ W. się od czego, z czego (kiedy się wymienia przyczynę): Wstrząsać się od zimna, ze strachu. △ Wstrząsać się ze wstrętem, z odrazą.

wstrząśnięcie *n I,* w zn. «silne drgnięcie, ruch czegoś (np. w skorupie ziemskiej)» *lepiej:* wstrząs.

wstrzemięźliwość *ż V, blm:* Wstrzemięźliwość płciowa. Zachować wstrzemięźliwość. □ W. w czym «umiar, powściągliwość»: Wstrzemięźliwość w piciu, w jedzeniu.

wstrzykiwać (*nie:* wstrzykać) *ndk VIIIb,* wstrzykuję (*nie:* wstrzykiwuję, wstrzykiwam), wstrzykiwaliśmy (p. akcent § 1a i 2) — **wstrzyknąć** *dk Va,* wstrzyknąłem (*wym.* wstrzyknołem; *nie:* wstrzyknełem, wstrzykłem), wstrzyknął (*wym.* wstrzyknoł; *nie:* wstrzykł), wstrzyknęła (*wym.* wstrzykneła; *nie:* wstrzykła), wstrzyknęliśmy (*wym.* wytrzykneliśmy; *nie:* wstrzykliśmy): Choremu wstrzyknięto morfinę.

wstrzymać *dk I,* wstrzymaliśmy (p. akcent § 1a i 2) — **wstrzymywać** *ndk VIIIa,* wstrzymuję (*nie:* wstrzymywuję, wstrzymywam), wstrzymywaliśmy: Wstrzymać ruch. Wstrzymać konia. Wstrzymać bieg pociągu. Wstrzymać nieprzyjaciela. Wstrzymać wykonanie wyroku. △ Wstrzymać oddech, łzy. □ W. kogo — od czego: Wstrzymał (*częściej:* powstrzymał) ją od tego kroku.

wstrzymać się — **wstrzymywać się** □ W. się od czego «obejść się bez czegoś, nie pozwolić sobie na coś»: Wstrzymywać się od pokarmów ciężko strawnych. Wstrzymać się od śmiechu. △ Wstrzymać się od głosu «nie głosować» □ W. się z czym «zaniechać czegoś na pewien czas»: Wstrzymać się z odpowiedzią.

-wstwo końcowa cząstka niektórych rzeczowników, będąca połączeniem głoski *w* należącej do tematu podstawowego rzeczownika lub czasownika oraz przyrostka *-stwo,* np.: *szewstwo* (szewc + *-stwo*), *znawstwo* (znawca + *-stwo*), *rybołówstwo* (od rybołówca a. od łowić ryby). Tylko w tak zbudowanych wyrazach poprawna jest pisownia i wymowa cząstki *-wstwo,* w innych wyrazach jest niepoprawna, np.: profesorostwo (*nie:* profesorowstwo), lenistwo (*nie:* leniwstwo). *Por.* -stwo.

wstyd *m IV, D.* wstydu, *blm:* Okryć się wstydem. Przynosić wstyd. Rumieniec wstydu. □ W. przed czym: Powstrzymał mnie od tego wstyd przed śmiesznością. □ W. komu (jest) — za co, za kogo: Wstyd mi za ciebie, za ten nieporządek w domu. □ W. komu (jest) — czego: Wstyd mi swojej głupoty. □ W. komu (jest) — przed kim (czym), wobec kogo (czego): Wstyd mu było przed kolegami, wobec całej klasy. □ W. komu (jest) — że...: Wstyd mi, że to powiedziałem. □ W. komu (jest) + bezokol.: Czy ci nie wstyd chodzić w brudnym ubraniu?

wstydliwy *m-os.* wstydliwi, *st. w.* wstydliwszy a. bardziej wstydliwy: Wstydliwy chłopiec. Wstydliwe spojrzenie, wstydliwy uśmiech. Rzecz, sprawa wstydliwa.

wstydzić *ndk VIa,* wstydzę, wstydziliśmy (p. akcent § 1a i 2); *częściej:* zawstydzać □ W. kogo (co) — przed kim, czym, wobec kogo, czego: Nauczycielka wstydziła (*częściej:* zawstydzała) ich przed kolegami, wobec całej klasy.

wstydzić się □ W. się kogo, czego, za kogo, za co (kiedy się wymienia rzecz lub osobę, która jest przyczyną wstydu): Wstydzić się własnych rodziców. Wstydzić się łez, wzruszenia. Wstydzić się za swoje dzieci, za czyjeś postępowanie. □ W. się kogo, czego a. wobec kogo, czego, *rzad.* przed kim, czym (kiedy się wymienia osobę, wobec której czuje się wstyd): Wstydzi się teraz matki (przed matką), której wyrządziła przykrość. □ W. się + bezokol.: Wstydzi się tak dużo jeść. Wstydził się to (*nie:* tego) robić.

wsunąć *dk Vb,* wsunąłem (*wym.* wsunołem; *nie:* wsunełem), wsunął (*wym.* wsunoł), wsunęła (*wym.* wsuneła), wsunęliśmy (*wym.* wsuneliśmy, p. akcent § 1a i 2) — **wsuwać** *ndk I,* wsuwaliśmy **1.** «suwając, posuwając umieścić coś wewnątrz czegoś, włożyć» □ W. co — do czego, na co, w co: Wsunąć ciasto do pieca. Wsunąć pieniądze za pazuchę. Wsunąć nogi w pantofle. Wsunąć pierścionek na palec. □ W. co — komu «dać coś ukradkiem»: Wsunęła mu do kieszeni parę złotych. **2.** *pot.* «zjeść dużo, z apetytem»: Wsunął cały talerz zupy.

WSW (*wym.* wu-eswu, p. akcent § 6) *n* a. *ż ndm* **1.** «Wojskowa Służba Wewnętrzna»: WSW interweniowało (interweniowała). **2.** «Wytwórnia Silników Wysokoprężnych»

wsyp *m IV, D.* wsypu **1.** «urządzenie do wsypywania materiałów sypkich» □ W. na co: Wsyp na opał. **2.** *reg.* p. wsypa (w zn. 1).

wsypa *ż IV* **1.** «worek na pierze» □ W. na co: Wsypa na pierzynę, na poduszkę. **2.** *pot.* «zdekonspirowanie się kogoś, czegoś; wpadka»

wsypać *dk IX*, wsypię (*nie*: wsypę), wsypaliśmy (p. akcent § 1a i 2) — **wsypywać** *ndk VIIIa*, wsypuję (*nie*: wsypywuję, wsypywam), wsypuj (*nie*: wsypywaj), wsypywaliśmy □ W. co — do czego, *rzad.* w co «sypiąc umieścić wewnątrz czegoś»: Wsypać mąkę do torby (w torbę). Wsypać soli do zupy. □ *pot.* W. komu «zbić kogoś»: Wsypał mu porządnie. Wsypał każdemu po pięć kijów. Wsypać komuś baty. □ *pot.* W. kogo «zdradzić, zdekonspirować»: Swoim okrzykiem wsypał wszystkich.

wsypka *ż III*, *lm D.* wsypek: Wsypka na jasiek.

wsysać p. wessać.

wszak *książk.* «przecież» (zwykle stoi na początku zdania): Jak mógł ich tak zawieść? Wszak ufali mu bez granic.

wszcząć *dk Xc*, wszcząłem (*wym.* wszczołem, *nie*: wszczełem), wszczął (*wym.* wszczoł), wszczęła (*wym.* wszczeła), wszczęliśmy (*wym.* wszczeliśmy, p. akcent § 1a i 2); formy czasu przyszłego i trybu rozkazującego nie są używane — **wszczynać** *ndk I*, wszczynaliśmy *książk.* «rozpocząć, zapoczątkować»: Wszcząć obrady, rokowania, śledztwo. Wszcząć dyskusję, spór, kłótnię. △ Wszcząć kroki «zacząć działać»

wszczepiać *ndk I*, wszczepialiśmy (p. akcent § 1a i 2) — **wszczepić** *dk VIa*, wszczepię, wszczepiliśmy □ W. co — do czego, *rzad.* w co «zaszczepiać, wprowadzać przez szczepienie»: Wszczepiać zraz w łodygę bzu. □ *przen.* W. co komu a. w kogo «wpajać»: Nauczyciele wszczepiali nam (w nas) wiarę we własne siły.

wszech- «pierwszy człon wyrazów złożonych, pisany łącznie, wskazujący na powszechność, nieograniczoność, największe nasilenie tego, co wyraża drugi człon złożenia», np.: wszechświat, wszechmoc, wszechludzki, wszechzwiązkowy, wszechmiłosierny, wszechogarniający.

wszechmogący *książk.* «mający nieograniczoną moc; wszechmocny (używane zwykle w odniesieniu do Boga)»

wszechnica *ż II książk.* «wyższa uczelnia; uniwersytet»: Wszechnica Jagiellońska. Wolna Wszechnica. △ dziś żywe w wyrażeniu: Wszechnica radiowa «wykłady popularnonaukowe nadawane przez radio»

wszechstronny *m-os.* wszechstronni, *st. w.* wszechstronniejszy a. bardziej wszechstronny: Wszechstronne badania, studia. Wszechstronny rozwój. Wszechstronne zdolności, zainteresowania. Był wszechstronny w swoich zainteresowaniach.

wszechświat *m IV, D.* wszechświata, *C.* wszechświatowi, *Ms.* wszechświecie, *blm*: Ogrom wszechświata.

wszego (zaimek zachowany w formie dopełniacza) *m n C.* wszemu, *B.* wszego, *NMs.* wszem; **wszej** *ż CMs.* wszej, *lm* (dla wszystkich rodzajów), *DMs.* wszech, *C.* wszem, *B.* wsze, *N.* wszemi *daw.* «wszystek» △ dziś żywe (tylko w *lm*) w *książk.* wyrażeniach: ze wszech stron, na wsze strony, po wsze czasy. △ Wszem wobec «do wiadomości wszystkich» △ Ze wszech miar «pod każdym względem, w najwyższym stopniu»

wszelaki *przestarz., książk.* «wszelki»

wszelako *przestarz., książk.* «jednak, pomimo to, wszakże»: Zrozumiała wymówkę, nie dała wszelako znać tego po sobie.

wszelki w zn. «jakikolwiek, jaki tylko może być» występuje tylko w zdaniu twierdzącym (w przeczącym zastępowany przez *żaden*): Uwzględnia się wszelkie zgłoszenia. *Ale*: Nie uwzględnia się żadnych zgłoszeń. △ Na wszelki wypadek: Zostawił jej na wszelki wypadek trochę pieniędzy. △ Za wszelką cenę: Chciał ją za wszelką cenę ratować.

wszerz «w kierunku poprzecznym; w poprzek»: Podwórko małe — dwa kroki wzdłuż, dwa wszerz. △ Wszerz i wzdłuż «na całej przestrzeni, wszędzie»

wszędzie 1. «w każdym miejscu, w każdej sytuacji»: Wszędzie był porządek. 2. «do każdego miejsca, w każdym kierunku»: Z tobą poszedłbym wszędzie. △ Przysłówek *wszędzie* występuje tylko w zdaniach twierdzących, w zdaniach przeczących zastępowany jest przez *nigdzie*: Wszędzie to znajdziesz, *ale*: nigdzie tego nie znajdziesz. △ Uwaga. *Wszędzie* pisze się rozdzielnie z *nie*, np. Nie wszędzie był porządek.

-wszy p. cząstki wyrazów.

wszyć *dk Xa*, wszyliśmy (p. akcent § 1a i 2) — **wszywać** *ndk I*, wszywaliśmy □ W. co — w co, do czego: Wszyć łatę do spodni. Wszyć spódnicę w pasek a. wszyć pasek do spódnicy.

wszystek, wszystka, wszystko (*nie*: wszystkie) odm. jak przym., *lm m-os.* wszyscy (*nie*: wszystcy), *ż-rzecz.* wszystkie: Wszystek owies zwieziono. Nie zużyj wszystkiej wody. Wszystko (*nie*: wszystkie) mleko się zsiadło. △ *książk.* Po wszystkie czasy «zawsze» △ *pot.* Za wszystkie czasy «jak nigdy dotąd, doskonale» △ W nazwie dużą literą: Dzień Wszystkich Świętych.
wszyscy w użyciu rzeczownikowym «ogół osób»: (łączy się z orzeczeniem we wszystkich osobach *lm*). Wszyscy z tobą pójdziemy; wszyscy pójdziecie do kina. Wszyscy pójdą na spacer. Wszyscy co do jednego. Wszyscy jak jeden mąż. Wszyscy, którzy..., *pot.* co... (*nie*: wszyscy, kto...): Wszyscy, którzy (co) się zgłosili, zostali przyjęci.
wszystko *blm* w użyciu rzeczownikowym «ogół rzeczy, spraw (o których mowa)»: Mieć wszystkiego dość. Na wszystko są sposoby. Wszystko będzie dobrze. △ Błagać kogoś na wszystko (co święte, co drogie). △ Ktoś do wszystkiego (często *iron.*) «ktoś, komu poleca się wszelkie prace» △ Ktoś zdolny do wszystkiego «ktoś gotów, mogący popełnić najgorszy czyn» △ Jest (już) po wszystkim «rzecz, sprawa, jakaś czynność jest (już) skończona» △ *pot.* Wszystko jedno «bez różnicy, obojętne»: Jest mi wszystko jedno, czy przyjdziesz rano czy wieczorem. △ Przede wszystkim: Podejmując pracę doktorską, zapoznał się przede wszystkim z literaturą przedmiotu. △ *książk.* Nade wszystko «najbardziej»: Dobrze się czuł w towarzystwie przyjaciół, ale nade wszystko lubił samotność. △ *pot.* Nie ze wszystkim «nie całkiem, niezupełnie» △ Ze wszystkim «całkiem, zupełnie»: On już ze wszystkim zwariował, robi same głupstwa. △ Wszystkiego..., *lepiej*: zaledwie: Miała wszystkiego 20 lat. Byli nad morzem wszystkiego (*lepiej*: zaledwie) dziesięć dni.

wszystkoizm *m IV, D.* wszystkoizmu, *Ms.* wszystkoizmie (*wym.* ~izmie a. ~iźmie), *blm pot., iron.* «dążenie do ogarnięcia zbyt wielu spraw, problemów itp. w jednym utworze, tekście»

wszystkowiedzący *m-os.* wszystkowiedzący a. **wszechwiedzący** *m-os.* wszechwiedzący: Zabierał głos w każdej sprawie, zdawał się być wszystkowiedzącym.

wszyściutki, wszyściuteńki, *rzad.* **wszyściuchny** — formy zdrobniałe o odcieniu intensywnym od *wszystek*: Przeczytał wszyściutkie książki. Nie miał czasu, wszyściuteńkie dni zajmowała mu praca.

wszywać p. wszyć.

wścibiać a. **wściubiać** *ndk I*, wścibialiśmy, wściubialiśmy (p. akcent § 1a i 2) — **wścibić** a. **wściubić** *dk VIa*, wścibię, wściubię; wścibiliśmy, wściubiliśmy *pot.* «wkładać, wsuwać z trudem» □ W. co — w co, do czego, między co: Nie wścibisz już do· sali ani jednej osoby. △ Wścibiać nos w coś «zajmować się czymś gorliwie; zatopić się w czymś»: Wścibił nos w książkę. △ Wścibiać w coś a. do czegoś (swoje) trzy grosze «do wszystkiego się wtrącać; wypowiadać swoje zdanie nie będąc pytanym»

wścibstwo *n III, blm* «bycie wścibskim, wtrącanie się do cudzych spraw»: Jego wścibstwo było denerwujące, o wszystkim chciał wiedzieć.

wściec *dk Vc*, wścieknie, wściekliśmy (p. akcent § 1a i 2) — **wściekać** *ndk I*, wściekaliśmy *pot.* «spowodować czyjś gniew, złość»: Wścieka go byle co. **wściec się — wściekać się 1.** «zachorować na wściekliznę»: Pies się wściekł. △ (tylko *dk*) *przen. posp.* «nie udać się, przepaść»: Premia w tym miesiącu się wściekła. **2.** *pot.* «wpaść w złość, w furię; rozgniewać się» □ W. się na kogo, na co: Wściekał się na dzieci o byle co. △ Można się wściec (np. z nudów).

wściekłość *ż V, blm*: Wpaść we wściekłość. Nie posiadać się z wściekłości. Krzyczeć z wściekłością. □ W. na kogo, na co: Ogarnęła go wściekłość na wszystkich, na siebie.

wściekły 1. «chory na wściekliznę»: Wściekły pies. **2.** *pot. m-os.* wściekli, *st. w.* bardziej wściekły, *rzad.* wścieklejszy **a)** «bardzo rozgniewany; będący oznaką gniewu»: Wściekłe spojrzenie. Wściekły głos. □ W. na kogo, na co: Wściekły na przyjaciela, na złą pogodę. **b)** «bardzo intensywny, gwałtowny»: Wściekła awantura. Wściekły ruch. Wściekły upał.

wściubiać, wściubić p. wścibiać.

w ślad p. ślad.

wślizgnąć się, wślizgnąć się *dk Va*, wślizgnie a. wśliźnie się, wślizgnie się; wślizgnąłem się, wślizgnąłem się (*wym.* wślizgnołem się, wślizgnołem się; *nie:* wślizgnełem się, wślizgłem się); wślizgnął się, wślizgnął się (*wym.* wślizgnoł się, wślizgnoł się); wślizgnęła się, wślizgnęła się (*wym.* wślizgneła się, wślizgneła się; *nie:* wślizła się, wślizgła się); wślizgnęliśmy się, wślizgnęliśmy się (*wym.* wślizgneliśmy się, wślizgneliśmy się, p. akcent § 1a i 2) — **wślizgiwać się** *ndk VIIIb*, wślizguję się (*nie:* wślizgiwam się, wślizgiwuję się), wślizgiwaliśmy się □ W. się w co, do czego, pod co «wpełza-

jąc dostać się gdzieś, wkraść się, wsuwać się dokądś ukradkiem, zręcznie»: Wąż wślizgnął się (wśliznął się) do koszyka. Wśliznął się (wślizgnął się) do mieszkania na palcach. Wślizgnęła się (wślizgnęła się) pod kołdrę.

wśród, *rzad., książk.* **śród** «przyimek łączący się z rzeczownikami (lub innymi wyrazami o ich funkcji) zwykle w dopełniaczu (rzadko także w bierniku)»: Dobrze się czuł wśród swoich.

wtajemniczać *ndk I*, wtajemniczaliśmy (p. akcent § 1a i 2) — **wtajemniczyć** *dk VIb*, wtajemnicz, wtajemniczyliśmy □ W. kogo w co: Wtajemniczał żonę we wszystkie swoje sprawy.

wtargnąć *dk Va*, wtargnąłem (*wym.* wtargnołem; *nie:* wtargnełem, wtargłem), wtargnął (*wym.* wtargnoł), wtargnęła (*wym.* wtargneła; *nie:* wtargła), wtargnęliśmy (*wym.* wtargneliśmy; *nie:* wtargliśmy; p. akcent § 1a i 2) □ W. do czego, *rzad. książk.* w co: Wtargnął do cudzego mieszkania. Wróg wtargnął w nasze granice. △ *przen.* Wicher wtargnął do pokoju.

wtaszczać *ndk I*, wtaszczaliśmy (p. akcent § 1a i 2) — **wtaszczyć** *dk VIb*, wtaszcz, wtaszczyliśmy *pot.* «z trudem wnosić coś dokądś»: Wtaszczyła ciężki stół do pokoju. Ciężko dysząc wtaszczyła walizę na górę. **wtaszczać się — wtaszczyć się** *pot.* «wchodzić gdzieś z trudem, z wysiłkiem»: Codziennie musiała wtaszczać się na czwarte piętro.

wtedy «w tym czasie, wtenczas, wówczas» △ zwykle w połączeniu z *kiedy (gdy), i, a*: Obudził się dopiero wtedy, kiedy zacząłem go szarpać za ramię. Przyjdę, i wtedy wszystko ci opowiem. Zaczekaj do jutra, a wtedy wszystko się wyjaśni. // KP Pras.

wtem (*nie:* w tym) «nagle»: Było zupełnie cicho, wtem rozległ się strzał.

wtenczas «w tym czasie, wówczas, wtedy» △ Wtenczas... gdy, kiedy (*nie:* jeśli, jeżeli): Odwiedzę was dopiero wtenczas, kiedy skończę pilną pracę. *Por.* wówczas.

wtłaczać *ndk I*, wtłaczaliśmy (p. akcent § 1a i 2) — **wtłoczyć** *dk VIb*, wtłoczyliśmy □ W. co, *rzad.* kogo — do czego «siłą umieszczać; wpychać»: Wentylator wtłacza świeże powietrze do pomieszczeń. Wtłoczono nas do komórki.

wtorek *m III, D.* wtorku: Spotkamy się we wtorek. △ Co wtorek, *rzad.* co wtorku «w każdy wtorek»

wtór *m IV, D.* wtóru, *blm* △ zwykle w wyrażeniach: Przy wtórze czegoś, *wych. z użycia* do wtóru komuś, czemuś, np.: Śpiewał przy wtórze gitary. Prosił, żeby zaśpiewała mu do wtóru.

wtórować *ndk IV*, wtórowaliśmy (p. akcent § 1a i 2) *przestarz.* □ W. komu, czemu — na czym «akompaniować, grać, śpiewać z kimś razem»: Wtórować śpiewakowi (na gitarze, na organach). △ *przen.* (dziś żywa) Jego dowcipnym anegdotom wtórowały wybuchy śmiechu.

wtrącać *ndk I*, wtrącaliśmy (p. akcent § 1a i 2) — **wtrącić** *dk VIa*, wtrąciliśmy □ W. co — do czego «dodać coś do czyjejś (lub swojej) wypowiedzi»: Wtrącić uwagę do dyskusji. △ Wtrącić kogoś do lochu, do więzienia itp. «uwięzić w lochu, zamknąć w więzieniu»

wtrącać się — wtrącić się □ (częściej *ndk*) W. się do kogo «narzucać się komuś ze swoimi uwagami; zdaniem»: Nie wtrącaj się do mnie. □ W. się do czego a. w co «zajmować się czymś wbrew woli zainteresowanych, mieszać się do czegoś»: Wtrącać się do rozmowy, do czyichś spraw, interesów, do cudzego życia. Wtrącać się w nieswoje sprawy, interesy.

wtryniać *ndk I*, wtrynialiśmy (p. akcent 1a i 2) — **wtrynić** *dk VIa*, wtryniliśmy *posp.* **a)** «wkładać coś gdzieś, zapodziewać»: Nie wiem, gdzie wtryniłam tę starą suknię. **b)** «dawać coś komuś wbrew jego woli, przemocą; wtykać; sprzedawać komuś coś mało wartościowego»: Ekspedientka wtryniła jej jakieś zleżałe pończochy.

wtryniać się — wtrynić się *posp.* «wejść gdzieś siłą, bezczelnie wcisnąć się gdzieś»: Mimo tłumu kupujących zawsze potrafił się wtrynić do sklepu.

wtykać p. wetknąć.

w tył p. tył.

wudet *m IV*, D. wudetu *pot.* «Wiejski Dom Towarowy (WDT)»: Poszedł do wudetu. Kupić coś w wudecie.

wudetowski p. WDT.

wuefemka *ż III, lm* D. wuefemek *pot.* «motocykl marki WFM»: Kupił sobie wuefemkę.

wuefemowski p. WFM.

wuesemowiec, wuesemowski p. WSM.

wuj (*nie*: wujo) *m I, lm* M. wujowie, D. wujów.

wujaszek *m III*, D. wujaszka, *lm* M. wujaszkowie.

wujcio (*nie*: wujciu) *m I, lm* M. wujciowie, D. wujciów: Przyszedł wujcio (*nie*: wujciu) Janek.

wujek *m III*, D. wujka, *lm* M. wujkowie.

wujostwo *n III, DB.* wujostwa, *Ms.* wujostwu (*nie*: wujostwie), *blm*: Kochani (*nie*: kochane) wujostwo przyszli (*nie*: przyszło) do nas w odwiedziny.

Wukśniki *blp*, D. Wukśnik a. (w połączeniu z wyrazem: jezioro) *ndm* «jezioro na Pojezierzu Iławskim»: Pojechać nad Wukśniki (nad jezioro Wukśniki). Pływać po Wukśnikach (po jeziorze Wukśniki).

wulgaryzm *m IV*, D. wulgaryzmu, *Ms.* wulgaryzmie (*wym.* ~yzmie a. ~yźmie).

***wulgaryzmy** to wyrazy lub wyrażenia nie używane w mowie środowisk kulturalnych, prostackie, ordynarne. Występują one przeważnie w mowie ludzi o niskim poziomie kulturalnym i umysłowym, ale także np. w mowie środowisk młodzieżowych (uczniowskiej, studenckiej). Tłumaczy się to ekspresywnością słownictwa wulgarnego stanowiącą o jego „atrakcyjności" jako środka komunikacji. Wulgaryzmy to przede wszystkim przekleństwa, wyrazy i wyrażenia o treści obscenicznej i skatologicznej (nazwy narządów i czynności płciowych, słownictwo związane z wydalaniem itp.), a także ekspresywne synonimy wyrazów nie nacechowanych emocjonalnie. Oto pary takich wyrazów: smarkacz — *wulg.* gówniarz; dziewczyna — *wulg.*

siksa; *pot.* odczepić się — *wulg.* odpieprzyć się. Wulgaryzmy przenikają również do języka prasy, filmu, literatury pięknej. Nadużywanie słownictwa wulgarnego przez publicystów czy pisarzy pozostawia zwykle u odbiorcy wrażenie niesmaku.
Na pytanie: „Czy wulgaryzm jest błędem językowym?" trzeba odpowiedzieć przecząco. Używanie wulgaryzmów jest wykroczeniem nie przeciw normom językowym, ale przeciw normom społeczno--obyczajowym.

wulgaryzować *ndk IV*, wulgaryzowaliśmy (p. akcent § 1a i 2) — **zwulgaryzować** *dk*: Wulgaryzować zagadnienie.

wulkan *m IV* **1.** D. wulkanu «wzgórze z kraterem, przez który wydobywają się gazy, lawa itp.»: Czynny, wygasły wulkan. Wybuchy wulkanu. △ Tańczyć, *rzad.* bawić się na wulkanie «zachowywać się lekkomyślnie, być beztroskim mimo grożącego niebezpieczeństwa»
2. Wulkan, D. Wulkana, *blm* «w mitologii rzymskiej: bóg ognia»

Wundt (*wym.* Wunt) *m IV*, D. Wundta, *Ms.* Wundcie: Psychologia eksperymentalna Wundta.

Würzburg (*wym.* Würcburg) *m III*, D. Würzburga (p. akcent § 7) «miasto w NRF»: Mieszkać w Würzburgu. Zwiedzać zabytki Würzburga. — würzburski.

Wuttke *m*, w *lp* odm. jak przym., D. Wuttkego, *NMs.* Wuttkem, w *lm* M. Wuttkowie, D. Wuttków: Geografia dla szkół podstawowych Wuttkego.

ww. (*nie*: w/w) «skrót wyrażenia: *wyżej wymieniony*, pisany z kropką, czytany jako całe wyrażenie (drugi wyraz odmieniany), stosowany w pismach urzędowych»: Ww. (*czyt.* wyżej wymienionego a. wyżej wymienionych) prosi się o zgłoszenie...

wwieźć *dk XI*, wwiozę (*nie*: wwiezę), wwiozłem (*nie*: wwiezłem), wwiózł, wwiozła (*nie*: wwiezła), wwieźliśmy (p. akcent § 1a i 2) — **wwozić** *ndk VIa*, wwożę, wwoź a. wwóź, wwoziliśmy: Wwieźć zboże do stodoły. Wwozić (*częściej*: importować) towary z zagranicy.

wwóz *m IV*, D. wwozu *rzad.* «przywożenie (towarów) z zagranicy; to, co się przywozi; *częściej*: import»: Wwóz (*częściej*: import) owoców południowych wzrósł o 50 procent.

w wypadku p. wypadek.

wy *DBMs.* was, *C.* wam, *N.* wami **1.** «zaimek osobowy skierowany do wielu osób (w *MW.* używany bywa tylko dla podkreślenia, że nadawcy wypowiedzi chodzi o te, a nie inne osoby)»: Wy tego nie zrobicie tak jak oni. To wy jesteście winni. Mam was na oku. Chcę wam pomóc. Kto z was to zrobił? △ Z ruchomą końcówką czasownika: Czy wyście (wy żeście) to mówili? △ *pot.* z wołaczem: Ej, wy tam! co robicie? **2.** «zaimek osobowy skierowany do jednej osoby; używany w niektórych środowiskach zamiast: *pan, pani*; dawniej również zamiast: *ty* (dla wyrażenia szacunku lub pewnego dystansu)»: Towarzyszu, przyślę wam tę książkę. Czy to wy, matko (Janie), wzięliście klucze? △ W formach zwracania się używany z czasownikiem w *lm* rodzaju męskiego również w stosunku do kobiety: Koleżanko, czy wyście to napisali (*nie*: napisały, napisała)?

wy- «przedrostek czasownikowy»: **1.** «wskazuje na ruch w kierunku od wewnątrz na zewnątrz, od dołu ku górze», np.: wychodzić, wyjechać, wyrastać, wyrzucać, wymiatać. **2.** «wskazuje na osiąganie celu, wyniku (czynności)», np.: wybłagać, wybudować, wysuszyć. **3.** «w połączeniu z zaimkiem *się* wskazuje na wzmożenie intensywności tego, co oznacza czasownik podstawowy z odcieniem znużenia, przesytu, dosytu itp.», np.: wybiegać się, wycierpieć się, wyspać się.

wyasygnować p. asygnować.

wybadać *dk I*, wybadaliśmy (p. akcent § 1a i 2) — *rzad.* **wybadywać** *ndk VIIIa*, wybaduję (*nie:* wybadywuję, wybadywam), wybadywaliśmy □ W. kogo (o co): Wybadywał ją o wszystko.

wybałuszać *ndk I*, wybałuszaliśmy (p. akcent § 1a i 2) — **wybałuszyć** *dk VIb*, wybałuszyliśmy △ tylko w *posp.* zwrotach: Wybałuszać oczy, ślepia (na kogoś, na coś).

wybawca *m* odm. jak *ż II, lm M.* wybawcy, *DB.* wybawców, *rzad.* **wybawiciel** *m I, lm D.* wybawicieli (*nie:* wybawicielów).

wybawić *dk VIa*, wybawiliśmy (p. akcent § 1a i 2) — **wybawiać** *ndk I*, wybawialiśmy □ W. kogo — z czego «uwolnić, wyratować»: Wybawić kogoś z kłopotu. □ *podn.* W. kogo, co — od czego «uchronić przed czymś»: Wybawić kogoś od śmierci, od zguby. Żołnierze wybawili obóz od pewnej zagłady.
wybawić się — wybawiać się 1. *rzad.* strona zwrotna czas. wybawić — wybawiać. **2.** tylko *dk* «użyć zabawy, nabawić się»: Wybawili się za wszystkie czasy.

wybić *dk Xa*, wybiliśmy (p. akcent § 1a i 2) — **wybijać** *ndk I*, wybijaliśmy □ W. co a) «uderzając, bijąc w coś wypchnąć, wysadzić, wytrącić»: Wybić szybę, wybić dno beczki, z beczki. Wybić (komuś) oko, ząb. Wybić otwór, drzwi, okno (w ścianie). △ Wybić piłkę. △ Wybić rękę, nogę (ze stawu). △ *pot.* Wybić coś komuś z głowy «wyperswadować»: Wybij mu te plany z głowy. △ *pot.* Wybić klin klinem «zwalczyć podobne podobnym» b) tylko *ndk* «wystukiwać, wybębniać»: Wybijać rytm, tempo. Wybijać hołubce. Żołnierze równomiernie wybijali krok. c) «o zegarze: wydzwonić godziny»: Zegar wybił ósmą. Zegar wybija północ. △ Wybiła druga, piąta itp. «zegar wybił daną godzinę» △ *podn.* Wybiła godzina czegoś «nadeszła chwila ważna, przełomowa»: Wybiła godzina czynu. □ W. co — (na czym) «odcisnąć, wycisnąć, wytłoczyć; nadrukować»: Wybić medal pamiątkowy. Wybić deseń na płótnie. □ W. co — (czym) «wylepić, wyłożyć; wysłać coś czymś»: Wybić ściany adamaszkiem. □ (zwykle *dk*) W. co, *rzad.* kogo: «wygubić doszczętnie; zniszczyć wiele lub wielu; pozabijać»: Wybito wszystkie wilki w okolicy. Wybito cały oddział żołnierzy. Grad wybił zboże. △ Wybić do nogi «pozabijać wszystkich» □ (tylko *dk*) W. kogo «sprawić komuś lanie; *częściej:* zbić»: Ojciec wybił mnie za ten figiel.
wybić się — wybijać się «dojść do znaczenia, wysokiego stanowiska, sławy, wyróżnić się» □ W. się czym a. dzięki czemu: Wybił się zdolnościami i pracą a. dzięki zdolnościom i pracy. □ (częściej *ndk*) W. się w czym: Wybijał się w matematyce. □ (częściej *dk*) *pot.* W. się na kogo: Wybił się na kierownika działu. △ Wybić się na czoło, na pierwsze miejsce,

na pierwszy plan «zająć najwyższą pozycję, pierwsze miejsce, wysunąć się na pierwszy plan»

wybiec a. **wybiegnąć** *dk Vc*, wybiegnę, wybiegnie, wybiegłem, wybiegliśmy (p. akcent § 1a i 2) — **wybiegać** *ndk I*, wybiegaliśmy □ W. z czego, do czego, na co, przed co: Wybiec z domu, z pracy. Wybiegać na próg, przed dom. Wybiec na spotkanie kogoś. Pies wybiegł do ogrodu. △ *przen.* Wybiec myślą w przyszłość.

wybierać *ndk I*, wybieraliśmy (p. akcent § 1a i 2) — **wybrać** *dk IX*, wybiorę, wybierze, wybraliśmy □ W. co — z czego «wyjmować, wyciągać, usuwać z wnętrza, ze środka czegoś»: Wybierać ryby z sieci. Wybierać jaja ptasie z gniazd. □ W. co, kogo — spośród czego (kogo), między czym a czym «dokonywać wyboru; wyróżniać»: Nauczyciel wybrał go spośród wszystkich swoich uczniów. □ W. kogo — na kogo (*nie:* kim), do czego «przeznaczać (zwykle przez głosowanie) na jakieś stanowisko»: Wybrać kogoś na prezesa (*nie:* prezesem). Wybrano posłów do sejmu.
wybierać się — wybrać się 1. «przygotowywać się do wyruszenia dokądś, udawać się do kogoś, dokądś, w jakimś celu»: Wybierać się na bal, na polowanie. Wybrać się na wycieczkę. Wybierać się w drogę, w podróż. Wybierać się w odwiedziny. □ W. się do kogo, do czego: Wybrałem się wreszcie do nich z wizytą. Wybierali się do teatru. △ *pot.* Wybierać się gdzieś jak sójka za morze «wybierać się gdzieś opieszale» **2.** *wych. z użycia* «zamierzać coś zrobić, zabierać się do czegoś» □ W. się + bezokol.: Wybierałem się napisać do nich długi list. △ Wybierać się za mąż. **3.** (zwykle *dk*) *pot.* «wystąpić z czymś»: Wybrał się niepotrzebnie z tą uwagą. Alem (aleś, ale itd.) się wybrał «wykrzyknienie oznaczające, że ktoś nie w porę z czymś wystąpił»

wybierka a. **wybiórka** *ż III, lm D.* wybierek (wybiórek), w zn. *pot.* «rzeczy liche, wybrakowane» zwykle w *lm*.

wybijać p. wybić.

wybiórczy, *rzad.* **wybiorczy** (*nie:* wybierczy); in. selektywny: Automat pracujący systemem wybiórczym (wybiorczym).

wybitka *ż III, lm D.* wybitek *przestarz.* «bójka» △ Dziś żywe w *pot.* wyrażeniu: Ktoś (dobry, skory itp.) do wypitki i do wybitki «o kimś lubiącym wypić, skorym do bójki»

wybitnie *st. w.* wybitniej «nieprzeciętnie, w sposób wyróżniający się»: Wybitnie zdolny człowiek. △ Nadużywane w stosunku do rzeczy, spraw błahych lub w zdaniach zaprzeczonych, np.: Warunki atmosferyczne wybitnie (*zamiast:* zupełnie) nie sprzyjały w osiągnięciu lepszych wyników.

wybitny *m-os.* wybitni, *st. w.* wybitniejszy: Wybitny uczony. Wybitne zdolności. □ W. w czym: Wybitny w matematyce.

wybladły *m-os.* wybladli (*nie:* wybledli): Wybladłe twarze chorych. Byli wybladli i chudzi (*ale:* ludzie przez zimę wybledli).

wyblaknąć *dk Vc*, wyblaknie, wyblaknął (*wym.* wyblaknoł) a. wyblakł; wyblakła, wyblakli, wyblaknąłby (*wym.* wyblaknołby) a. wyblakłby (p. akcent § 4c) «stracić właściwą sobie barwę; wypełznąć, wypłowieć, zblaknąć»: Zielone zasłony wyblakły na słońcu a. od słońca.

wybłagać *dk I*, wybłagaliśmy (p. akcent § 1a i 2) — **wybłagiwać** *ndk VIIIb*, wybłaguję (*nie*: wybłagiwuję, wybłagiwam), wybłagiwaliśmy □ W. co — u kogo, *rzad*. od kogo: Wybłagać u matki (od matki) zgodę na małżeństwo.

wybłysnąć *dk Va*, wybłyśnie, wybłysnął (*wym*. wybłysnoł; *nie*: wybłysł), wybłysnęła (*wym*. wybłysneła) a. wybłysła; wybłysnąłby (*wym*. wybłysnołby, p. akcent § 4c) — **wybłyskiwać** *ndk VIIIb*, wybłyskuję (*nie*: wybłyskiwuję, wybłyskiwam), wybłyskiwałby; *rzad*. **wybłyskać** *dk I*, wybłyskałby *książk*. «ukazać się jako błysk, zacząć świecić, migotać; zabłysnąć»: Na niebie wybłysnęły gwiazdy. Czerwone światła wybłyskiwały znienacka.

wyborczyni (*nie*: wyborczynia) *ż I*, *B*. wyborczynię (*nie*: wyborczynią), *W*. wyborczyni (*nie*: wyborczynio), *lm M*. wyborczynie, *D*. wyborczyń (*nie*: wyborczyni) *rzad*. forma żeńska od wyborca.

Wyborg *m III*, *D*. Wyborga «miasto w ZSRR» — wyborski (p.).

wyborny «bardzo dobry; wspaniały»: Wyborny napój. Wyborne jedzenie. Jabłka wyborne w smaku. Wyborna myśl, okazja. □ W. do czego, na co: Truskawki wyborne na konfitury. Buty wyborne do konnej jazdy.

wyborowy «będący w najlepszym gatunku, stanowiący wybór»: Wyborowe wojsko. Wyborowe towarzystwo. Wyborowy gatunek (czegoś). △ Wódka wyborowa. △ Strzelec wyborowy, in. snajper.

wyborski: Przedmieście wyborskie (*ale*: Zatoka Wyborska).

wybój *m I*, *D*. wyboju, *lm D*. wybojów a. wyboi, zwykle w *lm*: Droga pełna wybojów. Wóz trzęsie na wybojach.

wybór *m IV*, *D*. wyboru 1. «wybranie czegoś, kogoś»: Swobodny, trudny, trafny wybór. Poezje w wyborze autora. Zrobić dobry, zły wybór. □ W. kogo, czego: Wybór zawodu. Wybór delegata. □ W. kogo — na co, na kogo: Wybór kogoś na prezesa, na prezydenta. Wybór Nowaka na stanowisko dyrektora był trafny. □ W. między k i m a k i m, między czym a. czym: Wybrać między dobrem a złem. △ Mieć wybór, nie mieć wyboru «móc a. nie móc wybierać» △ Mieć coś do wyboru: Masz do wyboru: urlop nad morzem albo w górach. △ Bez wyboru «nie wybierając, po kolei»: Czytał bez wyboru wszystko, co było w domowej bibliotece. 2. zwykle w *lm* «akcja polityczna mająca na celu powierzenie określonych funkcji w drodze głosowania»: Prawomocne wybory. Wybory powszechne, tajne. □ W. do czego: Wybory do rad narodowych, do sejmu. □ W. kogo: Wybory prezydenta. 3. «zestaw wybranych pod pewnym kątem utworów»: Wybór poezji, felietonów. 4. *hand*. «zespół cech kwalifikujących dany towar (zwykle produkt rolniczy, artykuł spożywczy) do określonej grupy; rodzaj (*lepiej niż*: asortyment)»: Zaliczać owoce do danego wyboru. Pierwszy wybór gęsi.

wybrać p. wybierać.

wybrakować p. brakować.

wybraniać p. wybronić.

wybraniec *m II*, *D*. wybrańca, *W*. wybrańcze, *lm M*. wybrańcy *przestarz*., dziś zwykle w wyrażeniu: Wybraniec losu «osoba, której poszczęściło się w życiu»

wybredny *m-os*. wybredni, *st. w*. wybredniejszy a. bardziej wybredny: Wybredny smakosz. Wybredny gust. □ W. w czym: Wybredny w jedzeniu.

wybredzać *ndk I*, wybredzaliśmy (p. akcent § 1a i 2) □ W. w czym: Wybredzać w jedzeniu.

wybrnąć *dk Va*, wybrnąłem (*wym*. wybrnołem, *nie*: wybrnełem), wybrnął (*wym*. wybrnoł), wybrnęła (*wym*. wybrneła), wybrnęliśmy (*wym*. wybrneliśmy, p. akcent § 1a i 2) □ W. z czego: Wybrnąć z kłopotów, z biedy, z długów.

wybronić *dk VIa*, wybroniliśmy (p. akcent § 1a i 2) — *rzad*. **wybraniać** *ndk I*, wybranialiśmy □ W. kogo od czego: Wybronić kogoś od kary.

wybrzeże *n I*, *lm D*. wybrzeży: Piaszczyste, kamieniste wybrzeże. △ U wybrzeży (*nie*: wybrzeża) Anglii, Zatoki Biskajskiej itp. (*ale*: Statek zatonął u samego wybrzeża).

Wybrzeże Kości Słoniowej, Wybrzeże *n I* (dalsze składniki nazwy pozostają we wszystkich przypadkach nie zmienione) «republika w Afryce»: Podrównikowy klimat Wybrzeża Kości Słoniowej. Mieszkać w Wybrzeżu Kości Słoniowej.

wybrzydzać *ndk I*, wybrzydzaliśmy (p. akcent § 1a i 2) *pot*. «wyrażać niezadowolenie z czegoś» □ W. na co: Wybrzydzać na pogodę, na obiady w stołówce.

wybrzydzać się forma wzmocniona czas. wybrzydzać: Wybrzydza się na moją nową sukienkę.

wybuchać *ndk I*, wybuchaliśmy (p. akcent § 1a i 2) — **wybuchnąć** *dk Va* a. *Vc*, wybuchnąłem (*wym*. wybuchnołem; *nie*: wybuchnełem) a. wybuchłem; wybuchnął (*wym*. wybuchnoł) a. wybuchł; wybuchnęła a. wybuchła; wybuchnęliśmy (*wym*. wybuchneliśmy) a. wybuchliśmy 1. «rozerwać się na skutek zajścia reakcji chemicznej (*lepiej* niż: eksplodować)»: Wybuchła bomba. Amunicja wybuchła. △ *przen*. Wybuchła wojna, awantura. 2. «o gazie, płynie: wydostawać się w sposób gwałtowny» □ W. z czego: Dym wybucha z komina, z pieca. 3. «dać czemuś wyraz w sposób nieopanowany»: Nie mów do mnie w taki sposób! — wybuchnął. □ W. czym: Wybuchać gniewem, potokiem gorzkich słów, płaczem, śmiechem.

wybulić p. bulić.

wyburzać *ndk I*, wyburzaliśmy (p. akcent § 1a i 2) — **wyburzyć** *dk VIb*, wyburzyliśmy: Wyburzyć ulicę, dom.

wyburzeć *dk III*, wyburzałby (p. akcent § 4c) *reg*. «stracić kolor, spłowieć, wyblaknąć»: Nosiła starą suknię, która wyburzała od słońca.

wybyć *dk*, wybędę, wybędzie, wybądź, wybył, wybyliśmy (p. akcent § 1a i 2) — **wybywać** *ndk I*, wybywaliśmy □ (zwykle *dk*) *rzad*. *pot*. W. u kogo, gdzie «pozostać, dotrwać gdzieś do końca, do pewnego czasu»: U niej nikt długo nie wybędzie. △ *niepoprawne* w zn. «wyjść, wyjechać», np. Wybył

wycelować

(*zamiast*: wyjechał a. wyszedł) w niewiadomym kierunku.

wycelować p. I celować.

wycerować *dk IV*, wycerowaliśmy (p. akcent § 1a i 2) «cerując naprawić coś w wielu miejscach lub naprawić wiele rzeczy; pocerować»: W ciągu godziny wycerowała wszystkie pończochy. Nosiła wycerowaną sukienkę.

wychładzać *ndk I*, wychładzaliśmy (p. akcent § 1a i 2) — **wychłodzić** *dk VIa*, wychłodzę, wychłódź, *rzad.* wychłodź; wychłodziliśmy: Ale wychłodziliście mieszkanie!

wychłeptać *dk IX*, wychłepcze, *przestarz.* wychłepce; wychłepcz, wychłeptaliśmy (p. akcent § 1a i 2) — *rzad.* **wychłeptywać** *ndk VIIIa*, wychłeptuję (*nie*: wychłeptywuję, wychłeptywam), wychłeptywaliśmy: Pies wychłeptał miskę zupy.

wychłodnąć *dk Vc*, wychłodł a. wychłódł; wychłodła, *rzad.* wychłódła; wychłodłby a. wychłódłby (p. akcent § 4c), wychłódły, *rzad.* wychłodły; *rzad.* «stać się chłodnym; *częściej*: wystygnąć, oziębić się, wyziębić się»: Mleko wychłodło (*częściej*: wystygło) w szklance. Wszedł do wychłodłego (*częściej*: wyziębionego) pokoju.

wychłostać p. chłostać.

wychodne *n* odm. jak przym. *wych. z użycia* «prawo spędzenia czasu poza domem udzielane przez pracodawcę zwykle pomocy domowej»: Mieć wychodne. △ *pot.* Na wychodnym (*nie*: wychodnem) «w chwili wyjścia, wychodząc skądś»: O tej sprawie przypomniał sobie dopiero na wychodnym.

wychodzić *ndk VIa*, wychodzę, wychodź (*nie*: wychódź), wychodziliśmy (p. akcent § 1a i 2) — **wyjść** *dk*, wyjdę, wyjdzie, wyszedłem (*nie*: wyszłem), wyszłam, wyszedł, wyszła, wyszliśmy (*nie*: wyśliśmy), wyszli (*nie*: wyśli) **1.** «opuszczać jakieś pomieszczenie (udając się dokąd zwykle w jakimś celu); wydostawać się na zewnątrz czegoś»: Wyjść oknem a. przez okno. Dym wychodził wszystkimi szparami, *rzad.* przez wszystkie szpary. Wychodzić do ogrodu, do pokoju. Wyjść na ulicę, na spacer. Wychodzić z domu. Wychodzić w pole. Statek wychodzi w morze, *ale*: statek wychodzi na Morze Północne. △ Wychodzić (*lepiej*: wysiadać) z tramwaju, z pociągu, z autobusu itp. △ *pot.* Coś wychodzi komuś bokiem, gardłem. △ Coś wychodzi komuś na korzyść, na dobre, na zdrowie. *rzad.* Coś wyszło na jaw. △ Coś wyszło na jaw. △ Książka, broszura, rozprawa itp. wyszła (drukiem). △ *książk.* spod prasy: Powieść ta wyszła w wielkim nakładzie. Monografia autora o baroku w Polsce wyszła drukiem w tym roku. △ *karc.* Wychodzić w asa, w króla; *rzad.* asem, królem. △ Wychodzić z wojska, ze szpitala itp. «opuszczać wojsko, szpital» △ zwykle *dk* Nie móc wyjść z podziwu, osłupienia, zdumienia itp. △ *pot.* Wychodzić z siebie **a)** «tracić panowanie nad sobą, denerwować się» **b)** a. wychodzić ze skóry «usilnie się starać, dawać z siebie wszystko» △ Wychodzić, *częściej*: pochodzić z ludu, z rodziny chłopskiej, z inteligencji. △ Coś komuś wyszło z pamięci, z głowy. △ *pot.* Coś (ktoś) z kogoś wychodzi «w kimś stają się widoczne jakieś cechy»: Wyszło z niego skąpstwo a. wyszedł z niego skąpiec. △ Wychodzić od czegoś «brać coś za podstawę»: Autor roz-

prawy wyszedł od szczegółowej analizy zebranego materiału. △ *niepoprawne* Wychodzić (*zamiast*: występować) z wnioskiem, z propozycją itp. □ W. po co (*nie*: za czym): Wyjść po zakupy (*ale*: *pot.* Wyjść za interesem, za swoją potrzebą). □ W. naprzeciw kogo (*nie*: komu): Wyszłam naprzeciw ojca (*nie*: ojcu). △ *niepoprawne* Wychodzić komuś, czemuś naprzeciw w zn. «iść komuś na rękę, popierać kogoś, coś», np. Wychodzić naprzeciw czyimś zainteresowaniom (*zamiast*: Popierać czyjeś zainteresowania). **2.** (tylko: wychodzić *dk*) *pot.* «zdobyć, uzyskać coś chodząc gdzieś wielokrotnie» □ W. co: Wychodził sobie podwyżkę. **3.** tylko *ndk* «prowadzić, być skierowanym w jakąś stronę»: Okna wychodzą na podwórze. **4.** *pot.* **a)** *lepiej*: udawać się, np. Praca społeczna mu nie wychodzi (*lepiej*: nie udaje się). **b)** «kończyć się»: Zapasy już wychodzą.

wychodźca *m* odm. jak *ż II*, *lm M.* wychodźcy, *DB.* wychodźców; *częściej*: emigrant.

wychodźstwo (*nie*: wychodźctwo, wychodztwo) *n III*, *blm* **1.** «wyjazd z ojczyzny, opuszczenie granic kraju; emigrowanie»: Powstania wywołały tłumne wychodźstwo z kraju. Wychodźstwo do Ameryki. **2.** *częściej*: emigracja «pobyt stały lub czasowy poza granicami kraju; ogół osób będących poza granicami kraju»: Wychodźstwo polskie we Francji.

wychować *dk I*, wychowaliśmy (p. akcent § 1a i 2) — **wychowywać** *ndk VIIIa*, wychowuję (*nie*: wychowywuję, wychowywam), wychowywaliśmy «zapewnić osobie niedorosłej osiągnięcie rozwoju fizycznego i psychicznego»: Rodzice wychowali nas troje. Wychować dobrze swoje dzieci. □ W. kogo na czym «ukształtować czyjś umysł, charakter według czegoś»: Wychowano go na wzorach klasycznych. Wychować kogoś na zdrowych zasadach. △ Ktoś dobrze (źle) wychowany «ktoś (nie) umiejący się zachowywać» □ W. kogo — na kogo: Wychowywał dzieci na świadomych obywateli. Nie wychowuj go na gbura. △ Wychować kogoś na ludzi, na człowieka «pokierować kimś właściwie» □ W. kogo w czym «wpoić w kogoś coś»: Wychować kogoś w miłości do ojczyzny, w poszanowaniu starszych.

wychowanek *m III*, *D.* wychowanka, *lm M.* wychowankowie, *D.* wychowanków: Wychowanek szkoły, internatu, zakładu.

wychowanica *ż II* «osoba (dziewczynka, kobieta) wychowywana, wychowana nie przez rodziców; *rzad.* wychowanka»

wychowaniec *m II*, *D.* wychowańca, *lm M.* wychowańcy *przestarz.* «wychowanek»

wychowanka *ż III*, *lm D.* wychowanek **1.** «dziewczynka uczęszczająca do szkoły, zakładu, mieszkająca w internacie; absolwentka szkoły, osoba wychowana przez zakład»: Zjazd byłych wychowanek szkoły. Wychowanka domu dziecka. **2.** *rzad.* p. wychowanica.

wychowawczyni (*nie*: wychowawczynia) *ż I*, *B.* wychowawczynię (*nie*: wychowawczynią), *W.* wychowawczyni (*nie*: wychowawczynio), *lm D.* wychowawczyń: Wychowawczyni przedszkola. Wychowawczyni młodzieży. Zaangażowali wychowawczynię do dzieci. Była wychowawczynią jej dzieci.

wychowywać p. wychować.

wychód *m IV, D.* wychodu *przestarz., reg.* «wyjście»

wychrzcić się (*nie:* wykrzcić się) *dk VIa,* wychrzczę się, wychrzciliśmy się (p. akcent § 1a i 2): Ożenił się z wychrzczoną żydówką.

wychrzta (*nie:* wykrzta) *ż a. m odm. jak ż IV, M.* ten a. ta wychrzta (także o mężczyznach), *lm M.* te wychrzty, *D.* wychrztów (tylko o mężczyznach) a. wychrzt, *B.* tych wychrztów (tylko o mężczyznach) a. te wychrzty.

wychudły (*nie:* wychudnięty) «bardzo chudy»: Wychudły człowiek, wychudła twarz, wychudłe ręce.

wychudnąć *dk Vc,* wychudnę, wychudnie, wychudnij, wychudł (*nie:* wychudnął), wychudliśmy (p. akcent § 1a i 2): Wychudnąć na szczapę, na wiór.

wychudzić *dk VIa,* wychudzę, wychudź, wychudzimy, wychudziliśmy (p. akcent § 1a i 2), wychudzony *przestarz.* «uczynić chudym» △ dziś żywe w imiesł. biernym: Nie poznała go, tak był wychudzony. Wychudzona twarz.

wychylać *ndk I,* wychylaliśmy (p. akcent § 1a i 2) — **wychylić** *dk VIa,* wychylę, wychyl, wychylimy, wychyliliśmy: Wychylać głowę z okna, z powozu, przez okno, zza drzwi. △ *pot.* Wychylić głowę, nos, nosa (skądś, na coś) «wyjeżdżać, wydostawać się skądś»: Ledwie wychylił nos (nosa) z domu, a już musiał wracać. △ Wychylić kieliszek, kielich, szklankę «wypić do dna, zwykle jednym haustem, duszkiem»

wychynąć *dk Vb,* wychynąłem (*wym.* wychynołem; *nie:* wychynęłem), wychynął (*wym.* wychynoł), wychynęła (*wym.* wychynęła), wychynęliśmy (*wym.* wychynęliśmy; p. akcent § 1a i 2) *książk.* «ukazać się spoza czegoś, na powierzchni czegoś; wyłonić się, wynurzyć się, wychylić się» □ W. z czego, spoza czego, zza czego, spomiędzy czego: Z krzaków wychynęła czyjaś głowa. Zza chmur wychynęło słońce. Nagle spomiędzy drzew wychynął jeleń.

wyciąć *dk Xc,* wytnę, wytnie, wytnij, wyciąłem (*wym.* wyciołem; *nie:* wyciełem), wycięła (*wym.* wycieła), wycięliśmy (*wym.* wycieliśmy; p. akcent § 1a i 2), wycięty — **wycinać** *ndk I,* wycinaliśmy (p. akcent § 1a i 2) 1. «pozabijać bronią sieczną, wymordować»: Wycięto połowę oddziału. △ Wyciąć w pień, (co) do nogi «wymordować (bronią sieczną) wszystkich»

wyciąg *m III, D.* wyciągu □ W. jaki a. z czego (*nie:* czego) a) «przepisany fragment tekstu, wypis»: Wyciąg bankowy (z konta bankowego). Wyciąg z dzieła, z księgi hipotecznej, meldunkowej. b) «roztwór otrzymany w wyniku ekstrakcji»: Wyciąg ziołowy (z ziół). Wyciąg wątrobowy (z wątroby). □ W. czego «w terminologii technicznej» odprowadzanie, usuwanie czegoś»: Wyciąg spalin.

wyciągać *ndk I,* wyciągaliśmy (p. akcent § 1a i 2) — **wyciągnąć** *dk Va,* wyciągnę, wyciągnij (*nie:* wyciąg), wyciągnąłem (*wym.* wyciągnołem; *nie:* wyciągnęłem, wyciągłem), wyciągnęła (*wym.* wyciągnęła; *nie:* wyciągła), wyciągnęliśmy (*wym.* wyciągliśmy; *nie:* wyciągnęliśmy; *nie:* wyciągnięty (*nie:* wyciągniony) 1. w zn. «ciągnąc wyjmować, wydobywać skądś, z czegoś»: Wyciągać sieć, wiadro wody. Wyciągnąć szufladę. □ W. co — z czego, spod czego — czym: Wyciągnąć szablę z pochwy, ręce z kie-

szeni, rzeczy z plecaka. Wyciągnąć nogi spod kołdry. Wyciągać ryby siecią. △ Wyciągnąć wnioski z czegoś (*nie:* w stosunku do czegoś) «logicznie wnioskować na podstawie jakichś przesłanek» △ Wyciągać kasztany z ognia cudzymi rękami «narażać kogoś dla własnego interesu» △ Wyciągać pierwiastek «obliczać pierwiastek danej liczby; pierwiastkować» △ Wyciągać konsekwencje w stosunku do kogoś, wobec kogoś «reagować na czyjeś niewłaściwe postępowanie» △ Wyciągać kogoś na słowa, wyciągać z kogoś wiadomości, prawdę, tajemnicę «podstępnie skłaniać kogoś do wyjawienia czegoś» △ *przen.* Wyciągnąć kogoś z nałogu, z nędzy. □ W. co — komu, od kogo, z kogo «wyzyskiwać kogoś materialnie»: Wyciągać z niego ostatnie grosze. 2. w zn. «prostować coś na całą długość, rozciągać, wydłużać; wystawiać, wysuwać»: Wyciągać tkaninę, sprężynę. Wyciągnąć zmęczone kości, ręce, szyję. △ (zwykle *ndk*) *pot.* Wyciągać nogi «iść szybko, spieszyć się» △ (zwykle *dk*) *posp.* Wyciągnąć nogi, kopyta «umrzeć» △ Wyciągnięty krok, kłus, galop «szybki krok, kłus itp.» △ Wyciągnąć do kogoś (życzliwą, pomocną itp.) dłoń, rękę «zaproponować mu pomoc» △ (tylko *ndk*) Wyciągać rękę «żebrać» △ Wyciągać rękę, ręce po coś «chcieć coś zabrać, wziąć do ręki»: Wyciągnął rękę po szklankę.

wyciągać się — **wyciągnąć się** □ (częściej *dk*) W. się na czym, w czym «kłaść się na czymś, w pozycji wyprostowanej»: Wyciągnąć się na tapczanie, na ziemi, w łóżku. □ W. się w co «wydłużać się»: Dym wyciągał się w cienką smugę. Oddział wyciągnął się w tyralierę.

wyciec *dk Vc,* wycieknie, *rzad. dk XI,* wyciecze, wyciekłby (p. akcent § 4c) — **wyciekać** *ndk I,* wyciekałby □ W. z czego (przez co, do czego, na co): Woda wyciekała z beczki przez szpary. Strumyk wyciekał z boku góry. Krew wyciekła z rany na podłogę.

wycieczka *ż III, lm D.* wycieczek: Wycieczka krajoznawcza, turystyczna, naukowa; górska, morska; samochodowa. Wycieczka do Kazimierza, w góry. Odbywać, organizować wycieczki. Brać kogoś na wycieczkę. Brać udział w wycieczkach. Być gdzieś z wycieczką. Chodzić, jeździć na wycieczki. □ W. czym: Wycieczka autem, koleją, końmi, statkiem, rowerem.

wycier *m IV, D.* wycieru 1. *rzad.* wycior «młode larwy ryb świeżo wylęgłe z ikry»: Wycier pstrąga, szczupaka. 2. *przestarz.* «otwór w ścianie prowadzący do przewodu kominowego»

wycierać (*nie:* wycirać) *ndk I,* wycieraliśmy (p. akcent § 1a i 2) — **wytrzeć** *dk XI,* wytrę (*nie:* wytrzę), wytrze, wytrzyj, wytarł, wytarliśmy □ W. co — czym, o co, w co: Wytrzeć twarz ręcznikiem. Wytrzeć ręce fartuchem, o fartuch, *rzad.* w fartuch. Wycierać nogi o słomiankę. Wycierać nos w chustkę, *rzad.* chustkę. □ W. co (czym) — z czego: Wycierać (wytrzeć) rękawem pot z czoła. △ *posp.* Wycierać sobie kimś, czymś gębę, buzię, *rzad.* zęby «mówić o kimś, o czymś bez uszanowania» △ w zn. «niszczyć przez długie użycie» — zwykle *dk* i w imiesł. biernym: Wytarty garnitur. Ubranie wytarte na łokciach, na kolanach. Wytarte łokcie, kolana. Wytarte fotele, kanapy. △ *wych. z użycia* Wytarte czoło; człowiek z wytartym czołem «brak skrupułów,

wycinać

bezczelność; człowiek bezczelny, bezwstydny, bez skrupułów»

wycinać p. wyciąć.

wycinek *m III, D.* wycinka □ W. czego, z czego: Wycinek tekstu (z tekstu, z gazety). Wycinek trasy. Wycinek koła, kuli.

wycinkowy «mający charakter wycinka, części jakiejś całości; fragmentaryczny»: Analiza sytuacji jest niecałkowita, bo zrobiona na podstawie wycinkowego materiału, z kilku tylko powiatów.

wycior *m IV, D.* wycioru 1. «przyrząd do czyszczenia przewodu lufy broni palnej» 2. p. wycier.

wyciosać *dk I, rzad. IX*, wyciosam, *rzad.* wyciosz ę a. wycieszę; wyciosaj, *rzad.* wyciosz a. wyciesz; wyciosaliśmy (p. akcent § 1a i 2) — **wyciosywać** *ndk VIIIa*, wyciosuję (*nie:* wyciosywam, wyciosywuję), wyciosywaliśmy □ W. co — z czego, na czym, w czym: Wyciosać posąg z marmuru, z kamienia. Wyciosać znaki na pniach drzew. Wnęka wyciosana w caliźnie.

wyciskać *ndk I,* wyciskaliśmy (p. akcent § 1a i 2) — **wycisnąć** *dk Va*, wycisnę, wyciśnie, wyciśnij, wycisnąłem (*wym.* wycisnołem; *nie:* wycisnęłem, wycisłem), wycisnął (*wym.* wycisnoł), wycisnęła (*wym.* wycisneła; *nie:* wycisła), wycisnęliśmy (*wym.* wycisneliśmy; *nie:* wyciśliśmy), wyciśnięty □ W. co — z czego «wydobywać przez gniecenie, uciskanie»: Wyciskać sok z owoców, olej z nasion rzepaku. Wycisnąć krem z tubki. △ *przen.* Wycisnąć z kogoś pieniądze. Wyciskać łzy z oczu. □ W. co a. co z czego «przez ugniatanie usuwać z czegoś płyn, osuszać, wyżymać coś»: Wyciskać cytrynę, twaróg a. serwatkę z twarogu. Wyciskać (*częściej:* wyżymać) bieliznę. Wycisnąć ropień a. ropę. □ W. co — na czym a. w czym «odciskać, odbijać, zostawiać na czymś (zwłaszcza miękkim) wklęsły ślad, znak»: Wycisnąć ślady na piasku a. w piasku. Wycisnąć pieczęć na dokumencie. △ *przen.* Wyciskać piętno na czymś (*nie:* na coś): Wielki artysta na każdym swoim dziele wyciska piętno swej indywidualności. △ Wycisnąć na czyimś czole, policzku itp. pocałunek.

wyciszać *ndk I,* wyciszaliśmy (p. akcent § 1a i 2) — **wyciszyć** *dk VIb*, wyciszę, wycisz, wyciszymy, wyciszyliśmy: Wyciszyć głośnik, silnik, maszynę. △ Wyciszać (*lepiej:* zmniejszać, przytłumiać) hałas.

wycofać (*nie:* wycofnąć) *dk I,* wycofaliśmy (p. akcent § 1a i 2) — **wycofywać** *ndk VIIIa,* wycofuję (*nie:* wycofywuję, wycofywam), wycofywaliśmy □ W. kogo, co — z czego (dokąd, skąd) «spowodować czyjeś cofnięcie się, powrót na dawne miejsce; wyeliminować, wyłączyć z czegoś»: Wycofać oddział z frontu na tyły. Wycofywać jakiś artykuł z rynku, ze sprzedaży. Wycofać coś z użycia, z obiegu. △ *niepoprawne* Wycofać do tyłu (pleonazm), *zamiast:* wycofać.

wycofać się — wycofywać się: Dywizja wycofała się na tyły (*nie:* do tyłu). □ W. się do czego (dokąd), z czego «wyjść skądś, opuścić jakieś miejsce, pozycję; ustąpić»: Wycofać się do drzwi, do swego pokoju. Wycofać się z sali, z zebrania. △ *przen.* «usunąć się od czegoś»: Wycofać się z pracy społecznej, z interesów, z gry, z walki.

wycyzelować p. cyzelować.

wyczekać *dk I,* wyczekaliśmy (p. akcent § 1a i 2) — **wyczekiwać** *ndk VIIIb,* wyczekuję (*nie:* wyczekiwuję, wyczekiwam), wyczekiwaliśmy 1. «poczekać pewien czas, odczekać»: Wyczekać (*częściej:* odczekać) dzień, godzinę, z godzinę. Wyczekiwać w ukryciu. 2. tylko *ndk* «niecierpliwie czekać na kogoś, na coś, spodziewać się, oczekiwać kogoś» □ W. kogo, czego, *pot.* na kogo, na co: Wyczekiwać gości, wiadomości, nowin (na gości, na wiadomości, na nowiny).

wyczerpać (*nie:* wyczerpnąć) *dk IX,* wyczerpię (*nie:* wyczerpę), wyczerpie, wyczerp, wyczerpaliśmy (p. akcent § 1a i 2) — **wyczerpywać** *ndk VIIIa,* wyczerpuję (*nie:* wyczerpywuję, wyczerpywam), wyczerpywaliśmy 1. «czerpiąc wybrać płyn, opróżnić z płynu» □ W. co (z czego): Wyczerpać wodę ze studni, zupę z garnka. Wyczerpać studnię. 2. «zużyć, zużytkować coś w całości»: Wyczerpać zapasy, środki materialne. △ Wyczerpać nakład, wydanie książki «rozprzedać wszystkie egzemplarze książki»: Pierwszy nakład został wkrótce wyczerpany. △ Wyczerpać kogoś a. czyjeś siły «mocno zmęczyć, osłabić, znużyć»: Długa choroba wyczerpała jego siły.

wyczesać *dk IX,* wyczesze, wyczesaliśmy (p. akcent § 1a i 2) — **wyczesywać** *ndk VIIIa,* wyczesuję (*nie:* wyczesywuję, wyczesywam), wyczesywaliśmy 1. «czesząc usunąć, oczyścić coś z czegoś»: Wyczesywać paździerze z lnu. Wyczesać robactwo z sierści psa. Wyczesać psa. 2. *przestarz.* «uporządkować włosy na głowie; uczesać»

wyczesek (*nie:* ta wyczeska)·*m III, D.* wyczeska, *lm D.* wyczesków (*nie:* wyczesek) 1. zwykle w *lm* «krótkie włókna lnu lub innych surowców pozostałe jako produkt uboczny po czesaniu»: Wyczeski lniane, bawełniane. 2. (tylko w *lm*) *rzad.* «włosy wyczesane podczas rozczesywania»: Z wyczesków robi się peruki.

wyczucie *n I* □ W. czego (*nie:* dla czego): Mieć wyczucie czasu, współczesności (*nie:* dla współczesności).

wyczuć *dk Xa,* wyczuję, wyczuj, wyczuliśmy (p. akcent § 1a i 2) — **wyczuwać** *ndk I,* wyczuwaliśmy □ W. co — czym «stwierdzić, rozpoznać którymś ze zmysłów, odczuć»: Dotykiem wyczuł coś ciepłego. Instynktem wyczuć niebezpieczeństwo. □ W. co — z czego, w czym, w kim «zdać sobie sprawę z czegoś na podstawie bezpośredniego wrażenia, intuicji»: W jego głosie wyczuwał radość.

wyczyn *m IV, D.* wyczynu 1. «niecodzienne, wybitne osiągnięcie, zwłaszcza w sporcie»: Wyczyn sportowy. Niezwykły, wspaniały wyczyn. Dokonać wyczynu. Zdobyć się na wyczyn. 2. *pot.* «wybryk»: Chuligańskie, pijackie wyczyny.

wyczytać *dk I,* wyczytaliśmy (p. akcent § 1a i 2) — **wyczytywać** *ndk VIIIa,* wyczytuję (*nie:* wyczytywuję, wyczytywam), wyczytywaliśmy: Wyczytał wszystkie książki z domowej biblioteki. □ W. co — w czym, na czym, z czego «czytając dowiedzieć się o czymś»: Wyczytać jakąś wiadomość w gazecie, jakieś nowiny z listu. △ *przen.* Wyczytywać jakieś myśli w czyichś oczach. Wyczytać coś na czyimś czole.

wyć *ndk Xa,* wyję, wyj, wyliśmy (p. akcent § 1a i 2): Wilk, pies wyje. Syrena, pocisk wyje. Wyć jak (dziki) zwierz. □ W. z czego: Wyć z bólu, z rozpaczy. □ W. na kogo, na co: Psy wyją na włóczęgów, na księżyc (także: do księżyca).

wyćwiczyć p. ćwiczyć.

wydać *dk I*, wydadzą, wydaj, wydaliśmy (p. akcent § 1a i 2) — **wydawać** *ndk IX*, wydaję, wydają (*nie*: wydawają), wydawaj, wydawaliśmy □ W. co — na co, na kogo «zużyć na coś pieniądze; zapłacić, ponieść koszty»: Wydał kilka złotych na chleb. Wydawać pieniądze na dom, na utrzymanie, na stroje. Wydają na dzieci tysiące. □ W. co — komu «przydzielić coś komuś, zaopatrzyć kogoś w coś; zwrócić»: Wydać żołnierzom prowiant. △ Wydać resztę a. (ileś) reszty: Kasjerka wydała klientowi resztę, dwa złote reszty. △ Wydać przyjęcie, bal itp. «urządzić przyjęcie, bal» △ Wydać owoce, plony «przynieść pożytek, korzyść»: Prace te wydadzą owoce dopiero po wielu latach. △ Wydać ustawę, dekret, zarządzenie itp., wydać orzeczenie, opinię, sąd, wyrok «ogłosić, ustanowić, podać do wiadomości; zaopiniować, orzec» △ Wydać polecenie, zakaz, rozkaz, komendę «polecić, zakazać, rozkazać, zakomenderować» □ W. kogo, co — na co «narazić na coś, dopuścić do czegoś»: Wydać kogoś na poniewierkę, na czyjąś łaskę i niełaskę. △ Wydać na łup, na pastwę, *rzad.* na zatracenie itp. «spowodować zniszczenie, narazić na zgubę itp.» △ *książk.* Wydać kogoś na świat «urodzić» △ Wydać kogoś za mąż (za kogoś) «oddać za żonę»: Wydać córkę za mąż za górnika. □ W. kogo, co — przed kim «zdradzić kogoś, ujawnić coś»: Wydać towarzyszy, kolegów. Wydać czyjeś nazwisko. △ Wydać sekret, tajemnicę, *wych. z użycia* wydać kogoś z sekretu «zdradzić, ujawnić (czyjś) sekret, (czyjąś) tajemnicę» **wydać się — wydawać się:** Wydawała się młodszą (a. młodsza) niż była w istocie. Ten pogląd wydaje mi się słuszny (*nie:* ... wydaje się dla mnie słuszny). □ W. się z czym (*nie:* z czego) «zdradzić się»: Wydać się z jakimś projektem. □ W. się komu — czym «być przez kogoś widzianym w jakiś sposób, przybierać w czyichś oczach postać czegoś»: Chłopiec wydawał się bardzo zmęczony (*nie:* wydawał się być bardzo zmęczony). Łąka wydawała mu się jeziorem (*nie:* wydawała mu się być jeziorem). △ *nieos.* Wydaje się (wydawało się, wydało się) komuś «ktoś przypuszcza, sądzi (przypuszczał, sądził)»: Wydaje mi się, że mnie dobrze zrozumiał. || *D Kult. II, 149, 286.*

wydajać p. wydoić.

wydajność *ż V*, zwykle *blm*: Duża, mała wydajność. Wydajność dzienna. Zwiększyć, podnieść wydajność. Wzrost, zwiększenie, podniesienie (*nie:* podwyżka) wydajności. □ W. czego: Wydajność hodowli, maszyny. Wydajność jezior, gleby, ziemi (z hektara). Wydajność pracy.

wydajny *st. w.* wydajniejszy a. bardziej wydajny: Wydajna praca, maszyna. Wydajna gleba.

wydalać *ndk I*, wydalaliśmy (p. akcent § 1a i 2) — **wydalić** *dk VIa*, wydalę, wydal, wydalimy, wydaliliśmy □ *urz.* W. kogo — z czego (skąd) «usunąć skądś, kazać komuś opuścić jakieś miejsce»: Wydalić (*nie:* zdjąć) pracownika. Wydalić ucznia ze szkoły. □ W. co — w czym, z czym, przez co «wydzielać, usuwać jakieś pozostałości»: Wydalamy dwutlenek węgla z każdym wydechem. Organizm

wydala w moczu a. z moczem związki azotu. Wydalać (jakieś substancje) przez skórę.

wydalać się — wydalić się *urz.* «opuszczać jakieś miejsce, wychodzić, wyjeżdżać skądś»: Jeńcom nie wolno się wydalać poza teren obozu. *Ale* nie: Matka wydaliła się (*zamiast:* wyszła) z pokoju.

wydanie *n I* 1. zwykle *blm* forma rzeczownikowa czas. wydać: Wydanie żywności, pieniędzy. Wydanie zbrodniarza. Wydanie kogoś (np. córki) za mąż, za kogoś (np. za lotnika). △ *pot.* Panna na wydaniu «kandydatka do małżeństwa» 2. «ogół egzemplarzy dzieła drukowanych z tego samego składu»: Wydanie albumowe „Pana Tadeusza". Książkowe wydanie artykułów znanego publicysty. Nowe, ostatnie wydanie. Wydanie poranne, wieczorne, nadzwyczajne gazety. Pierwsze, drugie itd. wydanie powieści, monografii itp. Wydanie zostało wyczerpane.

wydarzenie *n I* «zdarzenie (zwłaszcza ważne)»: Wielkie, doniosłe wydarzenie. Wydarzenie dziejowe. Bieg, zbieg wydarzeń. Koncert tego wybitnego pianisty był ważnym wydarzeniem w życiu kulturalnym stolicy. △ Wydarzenie dnia, sezonu: Wystawienie tej sztuki stało się wydarzeniem dnia.

wydarzyć się *dk VIb*, wydarzyłby się (p. akcent § 4c) — **wydarzać się** *ndk I*, wydarzałby się 1. tylko w 3. os., w bezokol. i imiesł. czynnym «stać się, zajść, zdarzyć się, przytrafić się»: Kłótnie wydarzały się w tym domu często. To są często wydarzające się wypadki. 2. (częściej *dk*) *pot., wych. z użycia* «wypaść dobrze, udać się»: Zboże się wydarzyło w tym roku. Placki ładnie wydarzone.

wydatek *m III*, D. wydatku 1. «suma, którą ma być wydana a. suma wydana na coś»: Pieniądze na drobne wydatki, na wydatki bieżące. Mieć (*nie:* ponosić), planować, *pot.* opędzać wydatki. Ograniczyć wydatki a. ograniczyć się w wydatkach. Narażać kogoś na wydatki. Obarczyć, obciążyć kogoś wydatkiem. □ W. na kogo, na co: Wydatek na dziecko, na jakiś cel, na zakup czegoś. Wydatki na dom, na utrzymanie. 2. *środ.* «ilość czegoś wytworzonego, uzyskanego z czegoś»: Wydatek cukru z przerobionych buraków.

wydatkować *dk i ndk IV*, wydatkuje (*nie:* wydatkowuje), wydatkowaliśmy (p. akcent § 1a i 2) *środ.* (*urz.*) «wydawać na coś pieniądze»: Instytucja wydatkowała wszystkie fundusze przeznaczone na cele socjalne. Co miesiąc szkoły wydatkują określone sumy na utrzymanie porządku.

wydatnie *st. w.* wydatniej *książk.* «skutecznie, znacznie»: Pomagać komuś wydatnie. Wydatnie wzrosnąć.

wydatny *st. w.* wydatniejszy a. bardziej wydatny 1. «wystający, sterczący, wypukły»: Wydatny nos, biust. Wydatne kości policzkowe, szczęki. Wydatny garb szczytu górskiego. 2. «pokaźny, znaczny»: Wydatna pomoc. Wydatny dochód, zysk. || *D Kult. II, 287.*

wydawać p. wydać.

wydawca *m odm. jak ż II, lm M.* wydawcy, *DB.* wydawców: Wydawca książek, czasopism.

wydawczyni (*nie:* wydawczynia) *ż I, B.* wydawczynię (*nie:* wydawczynią), *lm D.* wydawczyń *rzad.* «wydawca (o kobiecie)» || *D Kult. II, 438.*

wydąć

wydąć *dk Xc*, wydmę (*nie*: wydmię), wydmie, wydmij, wydął (*wym.* wydoł), wydęła (*wym.* wydeła), wydęliśmy (*wym.* wydeliśmy, p. akcent § 1a i 2) — **wydymać** *ndk I*, wydymaliśmy: Wydąć wargi, policzki. Wiatr wydymał żagle. □ W. co — z czego «dmąc uformować, nadać pewien kształt»: Wydąć bańkę z mydła.

wydążyć *dk VIb*, wydąż (*nie*: wydążyj), wydążyliśmy (p. akcent § 1a i 2) — **wydążać** *ndk I*, wydążaliśmy (używane zwykle w konstrukcjach o zn. zaprzeczonym) □ W. z czym «zdołać wykonać coś o oznaczonym terminie; *częściej*: nadążyć, zdążyć»: Ledwie wydążam z robotą. □ W. za kim, za czym «móc dotrzymać komuś kroku; *częściej*: nadążyć, zdążyć»: Nie mogła za nimi wydążyć, tak szybko szli.

wydedukować p. dedukować.

wydelegować *dk IV*, wydelegowaliśmy (p. akcent § 1a i 2) — **wydelegowywać** *ndk VIIIa*, wydelegowuję (*nie*: wydelegowywuję, wydelegowywam), wydelegowywaliśmy: Wydelegować kogoś na zjazd, do załatwienia sprawy w dyrekcji.

wydeptać *dk IX*, wydepcze, *przestarz.* wydepce (*nie*: wydepta); wydepcz (*nie*: wydeptaj), wydeptaliśmy (p. akcent § 1a i 2) — **wydeptywać** *ndk VIIIa*, wydeptuję (*nie*: wydeptywuję, wydeptywam) **1.** «ubić, zniszczyć chodząc (*rzad.* jeżdżąc) po czymś»: Wydeptać przejście, ścieżkę. Wydeptany śnieg. Wydeptany dywan. Wydeptane schody. □ W. co — czym: Ciężkimi butami wydeptali cały trawnik. **2.** «zniszczyć (buty) przez długie chodzenie (zwykle w imiesł. biernym)»: Wydeptane pantofle. **3.** *pot.* «załatwić coś przez długie starania, chodzenie»: Wydeptać zezwolenie, kredyty na budowę garaży.

wydezynfekować a. **zdezynfekować** *dk IV*, wydezynfekowaliśmy, zdezynfekowaliśmy (p. akcent § 1a i 2): Wydezynfekować (zdezynfekować) pomieszczenia, rany.

wydębić *dk VIa*, wydębię, wydęb, wydębimy, wydębiliśmy (p. akcent § 1a i 2) — *rzad.* **wydębiać** *ndk I*, wydębialiśmy *pot.* «uzyskać z trudem, wymusić coś naleganiem, prośbami» □ W. co — od kogo, na kim: Wydębił od wuja trochę grosza. Wydębić na kimś obietnicę, przyrzeczenie czegoś

wydłubać *dk IX*, wydłubię (*nie*: wydłubę), wydłubie, wydłub, wydłubiemy, wydłubaliśmy (p. akcent § 1a i 2) — **wydłubywać** *ndk VIIIa*, wydłubuję (*nie*: wydłubywuję, wydłubywam), wydłubywaliśmy □ W. co — czym — w czym «dłubiąc zrobić wgłębienie, otwór itp.; wydrążyć, wyżłobić, *pot.* także: wyrzeźbić»: Wydłubać gwoździem dziurę, szparę w murze. Wydłubać kozikiem figurkę w drewnie. □ W. co — z czego a. w czym (czym) «dłubiąc wydostać, usunąć, wygrzebać; wyjąć, wybrać»: Wydłubać z ciasta rodzynki.

wydma *ż IV*, *lm D.* wydm: Piaszczyste wydmy. Wydmy nadmorskie, pustynne, ruchome, wędrowne.

wydmuchać *dk I*, wydmuchaliśmy (p. akcent § 1a i 2), **wydmuchnąć** *dk Va*, wydmuchnę, wydmuchnij, wydmuchnąłem (*wym.* wydmuchnołem; *nie*: wydmuchnełem, wydmuchłem), wydmuchnął (*wym.* wydmuchnoł), wydmuchnęła (*wym.* wydmuchneła; *nie*: wydmuchła), wydmuchnęliśmy (*wym.* wydmuchnelismy; *nie*: wydmuchliśmy) — **wydmuchiwać** (*nie*: wydmuchywać) *ndk VIIIb*, wydmuchuję (*nie*: wydmuchiwuję, wydmuchiwam), wydmuchiwaliśmy □ W. co — z czego, przez co «dmuchając usunąć, wyrzucić»: Wydmuchać plewy z ziarna. Wicher wydmuchał ciepło przez szpary. □ W. co (z czego) «dmuchając zrobić, uformować coś»: Wydmuchać bańkę z mydła.

wydmuchów *m IV*, *D.* wydmuchowa *pot.* **a)** «miejsce nie zabudowane, wystawione na działanie wiatru; wygwizdów»: Do domu musiała iść nie zabudowaną ulicą, przez okropny wydmuchów. **b)** «miejsce mało zamieszkane, odległe od zamieszkanego centrum; peryferie; *częściej*: wygwizdów»: Mieszka na wydmuchowie, wszędzie od niej daleko.

wydobrzeć *dk III*, wydobrzej (*nie*: wydobrzyj), wydobrzeliśmy (p. akcent § 1a i 2): Wydobrzał już po długiej chorobie.

wydobyć *dk*, wydobędę, wydobędzie, wydobądź, wydobył, wydobyliśmy (p. akcent § 1a i 2), wydobyty — **wydobywać** *ndk I*, wydobywaliśmy: Załoga kopalni wydobyła wiele ton węgla ponad plan. □ W. co — z czego (spod czego) «wydostać coś (często z trudem) z wnętrza na powierzchnię, wyciągnąć, wyjąć»: Wydobyć papiery z szuflady. Wydobył chleb z plecaka. Wydobyć kłębek wełny spod szafy. Wydobywać piasek z Wisły. △ Wydobyć głos, dźwięk, itp. «przemówić, wydać dźwięk, ton»: Z trudem wydobył głos ze ściśniętego gardła. △ Wydobyć coś na jaw, na światło (dzienne), z zapomnienia «uczynić coś wiadomym, ujawnić coś, przypomnieć o czymś» △ Wydobyć z biedy, z nędzy, z niewoli itp. «wyzwolić z biedy, z niewoli itp.» □ W. co — od kogo, z kogo «uzyskać, wydostać z trudem od kogoś»: Wydobyć od kogoś pieniądze. Nie można z niego słowa wydobyć.

wydobyć się — **wydobywać się** □ W. się czym, przez co — spod czego — na co «wymknąć się, wyjść skądś z trudem»: Wydobyć się wąskim otworem (przez otwór) na podwórko. Wydobywać się spod gruzów. Wydobyć się na powierzchnię, na zewnątrz. □ W. się z czego «wygrzebać się, wygramolić się, wyleźć; *przen.* wybrnąć z czegoś, uwolnić się od czegoś»: Wydobyć się z pledów, z głębokiego dołu. Wydobyć się z biedy, z kłopotów, z matni, z potrzasku.

wydoić *dk VIa*, wydoję, wydój, wydoiliśmy (p. akcent § 1a i 2) — *rzad.* **wydajać** *ndk I*, wydajaliśmy (*w ndk częściej*: doić): Wydoili już krowy. Wydoiłam 5 litrów mleka od swojej krowy.

wydojowy *środ.* «mogący być dojonym»: Zwierzęta wydojowe.

wydolność *ż V*, zwykle *blm* «zdolność organizmu, organu, maszyny do prawidłowego funkcjonowania»: Wydolność organizmu, serca, krążenia. Wydolność maszyny. || *KP Pras.*

wydołać *dk I*, wydołaliśmy (p. akcent § 1a i 2) «poradzić sobie z czymś, sprostać czemuś; *częściej*: podołać» □ W. czemu: Był szybki w pracy, wszystkiemu wydołał (*częściej*: podołał). Konie były słabe, nie mogły wydołać (*częściej*: podołać) tak ciężkiej pracy.

wydorośleć *dk III*, wydorośleliśmy (p. akcent § 1a i 2): Synowie nam już wydorośleli (*ale w imiesł.* przeszłym: Wydoroślali synowie).

900

wydoskonalić *dk VIa*, wydoskonaliliśmy (p. akcent § 1a i 2) — **wydoskonalać** *ndk I*, wydoskonalaliśmy; *częściej*: udoskonalić, np. Wydoskonalić (*częściej*: udoskonalić) metody pracy. ·

wydostać *dk*, wydostanę, wydostanie, wydostań, wydostał, wydostaliśmy (p. akcent § 1a i 2) — **wydostawać** *ndk IX*, wydostaję, wydostawaj, wydostawaliśmy □ W. co — z czego, spod czego (skąd) «wyjąć, wydobyć, wyciągnąć to, co jest wewnątrz czegoś, pod czymś»: Wydostać narzędzia ze skrzynki, pudełko spod łóżka. △ Wydostać kogoś z czyichś rąk «uwolnić, oswobodzić kogoś» □ W. co — od kogo «wydobyć, uzyskać coś z trudem»: Wydostać od kogoś wiadomości, zeznania. Wydostał od ojca pieniądze.

wydostać się — **wydostawać się** □ W. się z czego, spod czego, przez co — na co «wydobyć się na zewnątrz, z wnętrza czegoś»: Woda wydostaje się ze skały małymi strumyczkami. Lawa wydostaje się z wulkanu kraterem a. przez krater. Przez przekop wydostali się na ulicę.

wydój *m I*, D. wydoju, *lm* D. wydojów (*nie*: wydoi); *częściej*: udój, np. Wydój (*częściej*: udój) dzienny.

wydra *ż IV*, *lm* D. wydr a. wyder △ *pot*. Ni pies, ni wydra «ni to, ni owo, nie wiadomo kto, co»

wydrapać *dk IX*, wydrapię (*nie*: wydrapę), wydrapie, wydrap, wydrapaliśmy (p. akcent § 1a i 2) — **wydrapywać** *ndk VIIIa*, wydrapuję (*nie*: wydrapywuję, wydrapywam), wydrapywaliśmy □ W. co — z czego «drapiąc usunąć coś, oczyścić z czegoś»: Wydrapać błoto z podłogi. □ W. co — na czym (czym) «wyskrobać na czymś (kreski, litery, ozdoby itp.)»: Wydrapać litery szpilką na pudełku. Wydrapać inicjały na drzewie, na ławce. □ W. komu — co «wydrzeć paznokciami» zwykle w zwrocie: Wydrapać komuś oczy (używanym zazwyczaj jako pogróżka).

wydrapać się — **wydrapywać się** □ *pot*. W. się (*lepiej*: wdrapać się) na co, w zn. «wejść wspiąć się na górę, w górę»: Wydrapać się na szczyt, na wieżę.

wydrwigrosz *m II*, *lm* M. ci a. (z silniejszym zabarwieniem ekspresywnym) te wydrwigrosze, D. wydrwigroszów a. wydrwigroszy *pot*. «człowiek wyłudzający od ludzi pieniądze; oszust»

wydrzeć *dk XI*, wydrę (*nie*: wydrzę), wydrze, wydrzyj, wydarł, wydarliśmy (p. akcent § 1a i 2) — **wydzierać** *ndk I*, wydzieraliśmy □ W. co — z czego «szarpnięciem wyrwać, usunąć»: Wydrzeć kartkę z notesu. Wydzierać chwasty z zagona, z ogórków. □ W. kogo, co — skąd «uwolnić, oswobodzić, wybawić»: Wydrzeć ofiarę z rąk napastnika. □ W. kogo, co — komu, czemu «zabrać siłą, przemocą»: Wydrzeć chłopu ziemię, matce dziecko. △ Wydrzeć komuś, *rzad*. od kogoś tajemnicę «zmusić kogoś do wyjawienia tajemnicy»

wydrzeć się — **wydzierać się** □ W. się skąd, w. się komu, czemu «wyrwać się, wydostać się siłą, wyzwolić się, uciec»: Wydrzeć się z czyichś objęć, ramion. Wydrzeć się oprawcom. △ Wydrzeć się śmierci «ocaleć, uniknąć śmierci» □ *pot*. W. się z czego (z odzieży, butów itp.) «podrzeć, zniszczyć całkowicie»: Wydrzeć się z bielizny, z pościeli, z butów. Dzieci mi się ze wszystkiego wydarły.

wydusić *dk VIa*, wyduszę, wydusiliśmy (p. akcent § 1a i 2) — **wyduszać** *ndk I*, wyduszaliśmy **1.** «uśmiercić wiele istot przez uduszenie (zagryzienie)»: Lisy wydusiły nam prawie wszystkie kury. **2.** *pot*. **a)** «wypowiedzieć coś z trudem»: Ledwie wydusił z siebie słowa przeproszenia. **b)** «zmusić kogoś do powiedzenia, zrobienia czegoś»: Wydusiła z syna przyznanie się do winy. **c)** *lepiej*: wycisnąć: Wydusiła czyrak.

wydychać (*nie*: wydechać) *ndk i dk I*, wydychaliśmy (p. akcent § 1a i 2), — *rzad*. **wydychiwać** *ndk VIIIb*, wydychuję (*nie*: wydychiwuję, wydychiwam), wydychiwaliśmy: Wydychać powietrze, kłęby dymu.

wydymać p. wydąć.

wydział *m IV*, D. wydziału, *Ms*. wydziale (*nie*: wydziele): Wydział administracyjny, finansowy, polityczny. Wydział zdrowia. Wydział humanistyczny. Wydział prawny a. prawa. Wydział architektury, mechaniki. Pracować w wydziale administracyjnym. Studiować na wydziale humanistycznym, na wydziale ekonomii.

wydzielać *ndk I*, wydzielaliśmy (p. akcent § 1a i 2) — **wydzielić** *dk VIa*, wydzielę, wydziel, wydzielimy, wydzieliliśmy □ W. co (z czego) «wydawać coś z siebie»: Wydzielać ciepło, zapach, soki trawienne. Kwiaty wydzielają z koron olejki eteryczne. □ W. co komu a. dla kogo «wyznaczać, wydawać komuś ograniczoną ilość czegoś»: Wydzielać robotnikom (dla robotników) racje dzienne. Wydzielił synowi część gospodarstwa. □ W. co (pod co, na co) «dzieląc przeznaczać na coś»: Wydzielać plac pod budowę czegoś. Wydzielić działkę na sad.

wydzierać p. wydrzeć.

wydziergać *dk I*, wydziergaliśmy (p. akcent § 1a i 2) «dziergając obszyć brzegi materiału, wzoru specjalnym ściegiem; *częściej*: obdziergać; skończyć dzierganie czegoś»: Wydziergała serwetkę kolorowymi nićmi. Wydziergała (obdziergała) dziurki u sukni.

wydzierżawić *dk VIa*, wydzierżawię, wydzierżaw, wydzierżawimy, wydzierżawiliśmy (p. akcent § 1a i 2) — **wydzierżawiać** *ndk I*, wydzierżawialiśmy □ W. co — od kogo a. u kogo «wziąć w dzierżawę»: Wydzierżawić warsztat od właściciela. Wydzierżawił kawałek łąki od sąsiada (u sąsiada). □ W. co — komu «oddać w dzierżawę»: Wydzierżawić dom, pracownię, warsztat rzemieślnikowi

wydziobać *dk IX*, wydziobie, wydziobią (*nie*: wydziobą), wydziob, *rzad*. wydziób; wydziobałby (p. akcent § 4c), wydziobany — **wydziobywać** *ndk VIIIa*, wydziobuję (*nie*: wydziobywuję, wydziobywa), wydziobywałby «dziobiąc wybrać, wyjeść, wydłubać coś»: Kury wydziobały okruchy, pędraki, robaki. □ W. co — z czego: Wróble wydziobały ziarno z kłosów. Szpaki wydziobują robactwo z drzew. □ W. co komu: Kruk krukowi oka nie wydziobie, *częściej*: nie wykole (przysłowie).

wydzióbać *dk IX*, wydzióbie, wydzióbią, wydzióbałby (p. akcent § 4c) — **wydzióbywać** *ndk VIIIa*, wydzióbuje (*nie*: wydzióbywuje, wydzióbywa), wydzióbywałby *reg*. p. wydziobać — wydziobywać.

wydziwiać *ndk I*, wydziwialiśmy (p. akcent § 1a i 2) **1.** *pot.* **a)** «wyrabiać brewerie, awantury; kaprysić, grymasić»: Nie wydziwiaj, ale zabierz się do roboty. **b)** «wygadywać, wyrzekać» □ W. na kogo, na co: Wydziwiać na nieporządki, na niepogodę. **2.** *daw.*, dziś *reg.* «podziwiać»: Koleżanki wydziwiały jej nową suknię.

wydźwięk *m III*, D. wydźwięku «sens w czymś zawarty, odczuwany jako puenta»: Sztuka ta ma wydźwięk polityczny. Film o wydźwięku (z wydźwiękiem) społecznym. || U Pol. (1), 188.

wydźwignąć *dk Va*, wydźwignę, wydźwignij, wydźwignąłem (*wym.* wydźwignołem; *nie*: wydźwignełem, wydźwigłem), wydźwignął (*wym.* wydźwignoł), wydźwignęła (*wym.* wydźwignęła; *nie*: wydźwigła), wydźwignęliśmy (*wym.* wydźwignęliśmy; *nie*: wydźwigliśmy; p. akcent § 1a i 2) — **wydźwigać** *ndk* a. *dk I*, wydźwigaliśmy — *rzad.* **wydźwigiwać** *ndk VIIIb*, wydźwiguję (*nie*: wydźwigiwuję, wydźwigiwam), wydźwiguj, wydźwigiwaliśmy **1.** *rzad.* «dźwignięciem unieść» △ zwykle w *przen.* «podnieść na wyższy poziom; pomóc komuś w trudnej sytuacji» □ W. kogo, co — z czego: Wydźwignąć kogoś, coś z ruiny, z niedoli, z upadku. **2.** *książk.*, *podn.* «wybudować, wznieść; odbudować»: Na gruzach miast wydźwignęliśmy nowe wspaniałe budowle.
wydźwignąć się — **wydźwigać się**, *rzad.* **wydźwigiwać się 1.** *rzad.* «podnieść się, unieść się (zwykle w *książk.*, *podn. przen.*)»: Na ruinach wydźwigały się (wydźwigiwały się) powoli nowe miasta. **2.** «utworzyć się, uformować się (o górach)»: Góry Sowie wydźwignęły się w trzeciorzędzie.

wyegzekwować p. egzekwować.

wyeksmitować p. eksmitować.

wyekspediować *dk IV*, wyekspediuję, wyekspediuj, wyekspediowaliśmy (p. akcent § 1a i 2); *lepiej*: wysłać, wyprawić, np. Wyekspediować (*lepiej*: wysłać) rzeczy, ludzi.

wyeksploatować *dk IV*, wyeksploatowaliśmy (p. akcent § 1a i 2) «wyzyskać całkowicie»: Wyeksploatować lasy, ziemię. Wyeksploatować siłę roboczą, sprzęt.

wyeksponować *dk IV*, wyeksponowaliśmy (p. akcent § 1a i 2) *książk.* **a)** «wysunąć na pierwszy plan; uwydatnić»: Wyeksponować jakąś scenę w sztuce teatralnej. Wyeksponować fasadę gmachu. **b)** *lepiej*: wystawić, np. Wyeksponować (*lepiej*: wystawić) obrazy w muzeum.

wyekwipować p. ekwipować.

wyeliminować *dk IV*, wyeliminowaliśmy (p. akcent § 1a i 2) — *rzad.* **wyeliminowywać** *ndk VIIIa*, wyeliminowuję (*nie*: wyeliminowywuję, wyeliminowywam), wyeliminowywaliśmy □ W. kogo, co — z czego «usunąć, wyłączyć z czegoś»: Wyeliminować zawodnika z konkurencji. Wyeliminować towar z rynku, ze sprzedaży.

wyemancypować *dk IV*, wyemancypowaliśmy (p. akcent § 1a i 2) «uniezależnić, usamodzielnić»: Wyemancypować kobiety. □ W. kogo, co — spod czego: Wyemancypować młodzież spod władzy rodzicielskiej.

wyemigrować p. emigrować.

wyewakuować p. ewakuować.

wyfasować *dk IV*, wyfasowaliśmy (p. akcent § 1a i 2) *środ.* **a)** «otrzymać, pobrać z magazynu wojskowego żywność, ubranie, broń itp.»: Wyfasował dla plutonu chleb i marmoladę. **b)** «wydać z magazynu wojskowego żywność, ubranie, broń itp.»: Wyfasowano rekrutom nowe mundury i broń.

wyfiokować (się) *dk IV*, wyfiokowaliśmy (p. akcent § 1a i 2), *rzad.* **wyfioczyć** (się) *dk VIb*, wyfioczyliśmy (używane zwykle w imiesł. biernym) *pot.* «ufryzować (się) pretensjonalnie; wystroić (się) przesadnie elegancko»: Wyfiokowane (wyfioczone) elegantki.

wyforować się *dk IV*, wyforowaliśmy się (p. akcent § 1a i 2) *książk.* «wysunąć się (na pierwsze, na czołowe miejsce); *częściej*: wysforować się»: Zawodnik wyforował się na czoło szafety. Kraj wyforował się na czołowe miejsce w eksporcie węgla.

wyforsować *dk IV*, wyforsowaliśmy (p. akcent § 1a i 2) *przestarz.* «zdobyć, uzyskać z trudem» △ *niepoprawne* Wyforsować (*zamiast*: wylansować) aktorkę.

wyfrunąć *dk Vb*, wyfrunąłem (*wym.* wyfrunołem; *nie*: wyfrunełem), wyfrunął (*wym.* wyfrunoł), wyfrunęła (*wym.* wyfrunęła), wyfrunęliśmy (*wym.* wyfrunęliśmy, p. akcent § 1a i 2) — **wyfruwać** *ndk I*, wyfruwaliśmy □ W. skąd (dokąd): Kura wyfrunęła z kurnika na podwórze. △ *przen.* Ich dzieci są już dorosłe, już wyfrunęły w świat.

wygadać *dk I*, wygadaliśmy (p. akcent § 1a i 2) — **wygadywać** *ndk VIIIa*, wygaduję (*nie*: wygadywuję, wygadywam), wygadywaliśmy *pot.* **1.** zwykle *dk* «wyjawić coś, zdradzić tajemnicę, wypaplać»: Wygadać wszystko, cały sekret. **2.** zwykle *ndk* **a)** «mówić bez sensu, bez zastanowienia; pleść»: Wygadywać bajki, niestworzone rzeczy. **b)** «mówić o kimś, o czymś źle; obmawiać, oczerniać kogoś» □ W. na kogo, na co: Wygadywać na męża, na kierownika. Wygadywać na stosunki w biurze, na warunki mieszkaniowe.
wygadać się □ *pot.* W. się z czym (przed kim) «zdradzić się z czymś przez gadulstwo»: Niepotrzebnie się wygadał z tą sprawą przed kolegami. □ *pot.*, *rzad.* W. się przed kim «zwierzyć się komuś» □ *pot.* W. się (*częściej*: nagadać się) z kim: Wygadał się z bratem za wszystkie czasy.

wygadzać p. wygodzić.

wygajać p. wygoić.

wygalać p. wygolić.

wyganiać p. wygnać.

wygarnąć *dk Va*, wygarnę, wygarnij, wygarnąłem (*wym.* wygarnołem; *nie*: wygarnełem), wygarnął (*wym.* wygarnoł), wygarnęła (*wym.* wygarnęła), wygarnęliśmy (*wym.* wygarnęliśmy, p. akcent § 1a i 2) — **wygarniać** (*nie*: wygarnywać) *ndk I*, wygarnialiśmy □ W. co — z czego «garnąc wyjąć, wydostać»: Wygarnąć popiół z pieca. △ *przen.* Wygarnąć ludzi z domów, z pociągu. □ *środ.* W. z czego «wystrzelić»: Wygarnąć z pistoletu, z pepeszy, z obu luf. □ *pot.* W. komu «powiedzieć w przykry, ostry sposób, bez ogródek»: Wygarnąć komuś (całą) prawdę (w oczy).

wygasić *dk VIa*, wygaszę, wygaś, wygasiliśmy (p. akcent § 1a i 2) — **wygaszać** *ndk I*, wygaszaliśmy «pogasić, zgasić»: Wygasić ogień, pożar, światło. Wygaszać lampy, piec. △ Wygaszone okna, domy «okna, domy, w których nie palą się światła» △ Wygasić pod kuchnią, pod blachą «stłumić ogień pod kuchnią» △ Wygasić motor, silnik «wyłączyć motor, silnik» □ W. co — czym: Wygasić ogień strumieniem wody, gaśnicą.

wygasnąć *dk Vc*, wygaśnie, wygasł, wygasłby (p. akcent § 4c) — **wygasać** *ndk I*, wygasałby: Ogień wygasa. Ognisko wygasło. Wygasły wulkan. Wygasający pożar. △ *przen.* Pamięć o kimś, o czymś wygasła. Uczucie wygasło. Ród, dynastia wygasa. Upoważnienie wygasa w przyszłym miesiącu.

wygiąć (*nie*: wygnąć) *dk Xc*, wygnę, wygnie, wygnij, wygiął (*wym.* wygioł), wygięła (*wym.* wygieła), wygięliśmy (*wym.* wygieliśmy, p. akcent § 1a i 2) — **wyginać** *ndk I*, wyginaliśmy: Wygiąć kij. Wygiąć wargi w uśmiechu. Wyginane krzesła. □ W. co — w co, jak co «gnąc nadać czemuś jakiś kształt»: Wygiąć pręt w obręcz (jak obręcz). Wygiąć coś w pałąk.

wygibas *m IV*, D. wygibasa, zwykle w *lm*, *pot.*: Demonstrował różne dziwaczne wygibasy taneczne. Wyczyniać wygibasy.

wyglansować p. glansować.

wygląd *m IV*, D. wyglądu, zwykle w *lp*: Dbać o swój wygląd. △ Być jakimś z wyglądu a. mieć jakiś wygląd, mieć wygląd kogoś, czegoś: Nie był przystojny, ale miał sympatyczny wygląd. Miała wygląd kabaretowej aktorki. △ Przypominać kogoś, coś z wyglądu a. wyglądem. △ Sądzić (kogoś) z wyglądu: Sądząc z wyglądu, nie był już człowiekiem młodym.

wyglądać *ndk I*, wyglądaliśmy (p. akcent § 1a i 2) — **wyjrzeć** (*nie*: wyjrzyć) *dk VIIb*, wyjrzę, wyjrzyj, wyjrzyjmy, wyjrzeliśmy; *reg.* **wyglądnąć** *dk Va*, wyglądnę, wyglądnij, wyglądnął (*wym.* wyglądnoł), wyglądnęła (*wym.* wyglądnęła), wyglądnęliśmy (*wym.* wyglądnęliśmy) 1. «patrzeć, spoglądać, często wychyliwszy się skądś; być widocznym na zewnątrz» □ W. czym, przez co, z czego, zza czego, spod czego — na co: Wyglądać przez okno, przez szparkę, zza drzwi, z sieni. Wyglądać oknem na ulicę. Pies wygląda z budy. △ *przen.* Fartuch wyglądał spod płaszcza. Z dziurawych butów wyglądały palce. Słońce wyjrzało zza chmur. 2. tylko *ndk* «mieć jakąś powierzchowność, przedstawiać się jakoś»: Wyglądać dobrze, źle, młodo, staro, mizernie, eleganckо. □ W. na kogo, na co a. jak kto, jak co: Wyglądać na starca. Wyglądać jak samo zdrowie. Coś wygląda na drwiny. Wyglądał jak pijany. 3. tylko *ndk* «czekać, spodziewać się; oczekiwać» □ W. kogo, czego: Z niecierpliwością wyglądała listonosza. Wyglądać wieści, pomocy, listu. Wyglądać gości.

wygładzać p. wygładzić, wygłodzić.

wygładzić *dk VIa*, wygładzę, wygładź, wygładzimy, wygładziliśmy (p. akcent § 1a i 2), wygładzony — **wygładzać** *ndk I*, wygładzaliśmy 1. «zrobić gładkim; wyrównać» □ W. co — czym: Wygładzić fałdy sukni ręką. Wygładzić drewno papierem ściernym. 2. *przestarz.* «usunąć; wyniszczyć, wytępić»: Wygładzić napastników, tubylców. Wygładzić coś z pamięci, z serca.

wygłaszać p. wygłosić.

wygłodzić *dk VIa*, wygłodzę, wygłodź a. wygłódź, wygłodzimy, wygłodziliśmy (p. akcent § 1a i 2), wygłodzony — **wygładzać** *ndk I*, wygładzaliśmy: Zostawię ci mojego psa pod opiekę, ale go nie wygłodź (wygłódź).

wygłosić *dk VIa*, wygłoszę, wygłoś, wygłosimy, wygłosiliśmy (p. akcent § 1a i 2), wygłoszony — **wygłaszać** *ndk I*, wygłaszaliśmy: Wygłosić referat, mowę, kazanie, wiersz. Wygłaszać swoją opinię, swój sąd o czymś.

wygłupiać się *ndk I*, wygłupialiśmy się (p. akcent § 1a i 2) — **wygłupić się** *dk VIa*, wygłupię się, wygłup się, wygłupiliśmy się *pot.* «robić z siebie głupca; wyprawiać, mówić głupstwa; błaznować»

wygnać *dk I*, wygnaliśmy (p. akcent § 1a i 2), **wygonić** *dk VIa*, wygonię, wygonimy, wygoń, wygoniliśmy — **wyganiać** *ndk I*, wyganialiśmy □ W. kogo, co (skąd) «wypędzić»: Wygnać bydło ze szkody, na pastwisko. △ *przen.* Awantura wygoniła go z domu. △ *pot.* Wygnać (*częściej*: rozpędzić) na cztery wiatry «wypędzić precz»: Jak będziecie tak hałasować, to was wygnam na cztery wiatry.

wygnanie *n I*: Lata wygnania. Pójść na wygnanie. Skazać kogoś na wygnanie. Żyć, być, umrzeć na wygnaniu. Wrócić z wygnania.

wygnaniec *m II*, D. wygnańca, W. wygnańcze, forma szerząca się: wygnańcu, *lm* M. wygnańcy, D. wygnańców.

wygnić *dk Xa*, wygnije, wygniłby (p. akcent § 4c), wygniły (*nie*: wygniły) 1. «ulec zepsuciu w dużej ilości, na dużej przestrzeni»: Cała pszenica mu wygniła. Jabłka przechowywane na strychu wygniły. 2. «gnijąc przedziurawić się, zgnić w środku»: Dużo pni drzewnych wygniło.

wygnieść *dk IX*, wygniotę (*nie*: wygnietę), wygniecie, wygnieć, wygniótł, wygniotła (*nie*: wygnietła), wygnietliśmy (p. akcent § 1a i 2), wygnieciony (*nie*: wygniecony), wygnieceni (*nie*: wygniecieni) — **wygniatać** *ndk I*, wygniataliśmy □ W. co — z czego (czym) «gniotąc wycisnąć»: Wygniatać sok z owoców. □ W. co — czym — na czym, w czym «gniotąc, naciskając zostawić na czymś ślad, ukształtować coś»: Wygniatać ślady na śniegu (w śniegu). Wygnieść litery na okładce książki.

wygoda *ż IV*, *lm* D. wygód 1. «udogodnienie, ułatwienie»: Mieć z kimś (*rzad.* z kogoś) wygodę. Robić coś dla wygody. Zapewnić komuś wszelkie wygody. Dbać o wygody życia. Przywyknąć do wygód. 2. tylko w *lm* «urządzenia sanitarno-higieniczne i techniczno-użytkowe (w mieszkaniu)»: Mieszkanie z wygodami, bez wygód.

wygodniś *m I*, *lm* M. wygodnisie, D. wygodnisiów (*nie*: wygodnisi) *iron.* «człowiek lubiący wygody; wygodnicki»: Nie znosił wygodnisiów, dbających tylko o siebie. Nieznośni wygodnisie.

wygodny *st. w.* wygodniejszy 1. «dający wygodę»: Wygodny fotel. Wygodne mieszkanie, życie. Wygodne obuwie. □ W. dla kogo, *rzad.* komu: Przyjazd brata był dla niego wygodny. □ W. do czego (*nie*: dla czego): Pokój wygodny do pracy. 2. *m-os.* wygodni «lubiący wygodę»: Z pewnością ci nie pomoże w tej żmudnej pracy, jest na to za wygodny.

903

wygodzić *dk VIa*, wygodzę, wygodź a. wygódź, wygodzimy, wygodziliśmy (p. akcent § 1a i 2) — **wygadzać** *ndk I*, wygadzaliśmy *przestarz.* «spełnić czyjeś życzenia, dogodzić komuś» □ W. komu, czemu: Wygodzić czyimś chęciom. Był bardzo uczynny, chciał wygodzić każdemu.

wygoić *dk VIa*, wygoję, wygój, wygoiliśmy (p. akcent § 1a i 2), wygojony — **wygajać** *ndk I*, wygajaliśmy □ W. co — czym «spowodować zagojenie się»: Wygoić rany maścią. □ W. kogo — z czego a. w. komu — co «wyleczyć»: Wygoić kogoś z ran; wygoić komuś rany.

wygolić *dk VIa*, wygolę, wygól, *reg.* wygol; wygoliliśmy (p. akcent § 1a i 2) — **wygalać** *ndk I*, wygalaliśmy: Wygolić brodę. Był świeżo wygolony. Wygolić włosy spod pachy.

wygonić p. wygnać.

wygospodarować *dk IV*, wygospodarowaliśmy (p. akcent § 1a i 2) — **wygospodarowywać** *ndk VIIIa*, wygospodarowuję (*nie*: wygospodarowywuję, wygospodarowywam), wygospodarowywaliśmy «właściwie gospodarując uzyskać (oszczędności, fundusze na coś)»: Wygospodarować fundusze i materiały na przebudowę, na unowocześnienie fabryki.

wygotować *dk IV*, wygotuję, wygotuj, wygotowaliśmy (p. akcent § 1a i 2) — **wygotowywać** *ndk VIIIa*, wygotowuję (*nie*: wygotowywuję, wygotowywam), wygotowywaliśmy 1. «gotując uczynić coś odpowiednim do czegoś, poddać coś gotowaniu; gotując wydobyć, usunąć coś z czegoś»: Wygotować narzędzia chirurgiczne. □ W. co — w czym: Wygotować bieliznę w kotle. □ W. co — z czego: Wygotować smak z jarzyn. Wygotować plamy z obrusa. 2. *przestarz.* «przygotować, sporządzić»: Wygotować list, raport, pismo itp.

wygrać *dk I*, wygraliśmy (p. akcent § 1a i 2) — **wygrywać** *ndk I*, wygrywaliśmy 1. «zdobyć wygraną» □ W. co — na czym, w co: Wygrać motocykl na loterii. Wygrać milion w totka. Wygrywać na wyścigach, na giełdzie. Wygrać w pokera. □ W. co — od kogo: Wygrał od sąsiada niemałą sumę pieniędzy. 2. «pokonać, zwyciężyć kogoś; wyjść zwycięsko z czegoś»: Wygrać bitwę, wojnę. Wygrać jakąś konkurencję sportową, zawody. Wygrać spór, strajk. △ Wygrać coś, kogoś przeciw komuś «wyzyskać coś, kogoś jako narzędzie przeciw komuś» 3. «wykonać melodię, utwór muzyczny na jakimś instrumencie; o instrumentach muzycznych: wydać dźwięki melodii»: Wygrywać mazura na fortepianie. Wygrywać rzewne melodie na fujarce. Trąby wygrały sygnał. Harmonia wygrywała skoczne melodie.

wygramolić się p. gramolić się.

wygrana *ż* odm. jak przym.: Główna, najwyższa wygrana. △ Dać za wygraną (*nie*: za wygranę, za wygrane) «zrezygnować z czegoś, pogodzić się z czymś»: Ubiegał się o awans, ale musiał dać za wygraną.

wygrawerować p. grawerować.

wygrywać p. wygrać.

wygryźć *dk XI*, wygryzę, wygryzie, wygryź, wygryźliśmy (p. akcent § 1a i 2) — **wygryzać** *ndk I*, wygryzaliśmy □ W. co — w czym «gryząc wyjeść, wydrążyć wnętrze czegoś»: Mysz wygryzła dziurę

w serze. □ *przen. pot.* W. kogo «dokuczając, intrygując zmusić kogoś do odejścia, do ustąpienia»: Intryganci wygryźli zasłużonego pracownika.

wygrzać *dk Xb*, wygrzeje, wygrzali, *reg.* wygrzeli; wygrzaliśmy, *reg.* wygrzeliśmy (p. akcent § 1a i 2) — **wygrzewać** *ndk I*, wygrzewaliśmy «mocno rozgrzać ogrzewając stopniowo, przez dłuższy czas; nagrzać»: Polana wygrzana przez słońce. Przy ogniu wygrzewaliśmy zziębnięte kości.

wygrzmocić *dk VIa*, wygrzmocę, wygrzmoć, wygrzmociliśmy (p. akcent § 1a i 2), wygrzmocony *pot.* «obić kogoś mocno» □ W. kogo — czym (po czym): Wygrzmocił go kijem po plecach.

wyguzdrać się *dk IX* a. *I*, wyguzdrzę się a. wyguzdram się, wyguzdraj się, wyguzdraliśmy się (p. akcent § 1a i 2) *pot.* «zrobić coś po długim czasie, guzdrząc się»: Minęła godzina, nim się wreszcie wyguzdrała z ubieraniem.

wygwieździć *dk VIa*, wygwieździłby (p. akcent § 4c), wygwieżdżony — *rzad.* **wygwieżdżać** *ndk I*, wygwieżdżałby *książk.* «pokryć (niebo) gwiazdami»: Letnia, pogodna noc wygwieździła niebo. Wygwieżdżona noc.
wygwieździć się — **wygwieżdżać się** *książk.* «stać się błyszczącym, jasnym od gwiazd, zalśnić gwiazdami (o nocy, niebie)»: Wieczorami niebo się wygwieżdżało.

wygwizdać (*nie*: wygwizdnąć) *dk IX*, wygwiżdżę, wygwiżdż, wygwizdaliśmy (p. akcent § 1a i 2) — **wygwizdywać** *ndk VIIIa*, wygwizduję (*nie*: wygwizdywuję, wygwizdywam), wygwizdywaliśmy 1. «gwiżdżąc wykonać melodię»: Wygwizdać piosenkę, refren. Wygwizdywać walca, kujawiaka. 2. «gwizdaniem wyrazić niezadowolenie, ujemną ocenę»: Wygwizdać aktora, mówcę. Wygwizdać przedstawienie, grę zespołu.

wygwizdów *m IV*, D. wygwizdowa *pot.* a) «miejsce nie zabudowane, wystawione na działanie wiatru; wydmuchów»: Na tym wygwizdowie stale hulają wichry. b) «teren mało zamieszkany, oddalony od centrum»: Mieszkał gdzieś na wygwizdowie.

wyhaftować p. haftować.

wyhamować *dk IV*, wyhamowaliśmy (p. akcent § 1a i 2) — *rzad.* **wyhamowywać** *ndk VIIIa*, wyhamowuję (*nie*: wyhamowywuję, wyhamowywam), wyhamowywaliśmy *środ.* «częściowo, stopniowo zmniejszyć prędkość (pojazdu)»: Wyhamować prędkość samolotu. Jechał bardzo szybko, na próżno starał się wyhamować.

wyhołubić *dk VIa*, wyhołubiliśmy (p. akcent § 1a i 2) *reg.* «wychować troskliwie; wypieścić»

wyimek *m III*, D. wyimka *książk.* «urywek z tekstu; wyjątek»: Czytał wyimki ze swoich artykułów. Wyimek z książki, z powieści, z wiersza.

wyiskać p. iskać.

wyjadacz *m II*, lm M. wyjadacze, D. wyjadaczy, *rzad.* wyjadaczów *pot.* «człowiek obrotny, doświadczony; spryciarz»: Stary z niego wyjadacz. △ *niepoprawne* (z dopełnieniem), np. Stary wyjadacz myślistwa, brydża.

wyjadać *ndk I*, wyjadaliśmy (p. akcent § 1a i 2) — **wyjeść** *dk*, wyjem, wyje, wyjedzą, wyjedz, wyjadł, wyjedliśmy (*nie*: wyjadliśmy; p. akcent § 1a i 2), wyjedzony □ W. co — z czego «wybierając coś z czegoś zjadać»: Wyjadać zupę z garnka. Wyjeść rodzynki z ciasta. □ W. (*częściej*: wygryzać) co — w czym: Mole wyjadły (*częściej*: wygryzły) dziury w materiale.

wyjałowić *dk* VIa, wyjałowię, wyjałów, wyjałowiliśmy (p. akcent § 1a i 2) — **wyjaławiać** (*nie*: wyjałowiać) *ndk* I, wyjaławialiśmy **1.** «uczynić jałowym, nieurodzajnym»: Wyjałowić glebę, wody. △ *przen.* Nuda wyjaławia umysł. **2.** «zniszczyć w czymś bakterie; wysterylizować» □ W. co — czym, przez co a. w czym: Wyjaławiać narzędzia chirurgiczne, środki opatrunkowe w autoklawie, w wysokiej temperaturze, przez gotowanie. Gaza wyjałowiona.

wyjaśnić *dk* VIa, wyjaśnię, wyjaśnij, wyjaśniliśmy (p. akcent § 1a i 2) — **wyjaśniać** *ndk* I, wyjaśnialiśmy □ W. co (*nie*: o czym) — komu «uczynić coś zrozumiałym; wytłumaczyć»: Wyjaśnić sprawę, zagadnienie, wątpliwość; przyczyny czegoś. Wyjaśnić (*nie*: wyłuszczyć) swoje stanowisko. Wyjaśnił zwierzchnikowi przyczynę awarii.
wyjaśnić się — **wyjaśniać się 1.** «stać się zrozumiałym, wyraźnym, wyjść na jaw»: Sprawa się wyjaśniła. **2.** «stać się jaśniejszym, jasnym, rozjaśnić się», zwykle w połączeniach: Niebo, horyzont się wyjaśnia. △ *nieos.* Wyjaśnia się, wyjaśniło się «rozpogadza się, rozpogodziło się, staje się, stało się jaśniej, pogodniej»: Po deszczach się wyjaśniło.

wyjaśnienie *n* I: Wyczerpujące, fachowe, sprzeczne wyjaśnienia. Udzielić wyjaśnienia, wyjaśnień. □ W. czego a. co do czego (co do kogo): Wyjaśnienie nieporozumienia, sytuacji. Wyjaśnienia co do okoliczności pożaru. Dać, dawać wyjaśnienie czegoś. Złożyć wyjaśnienie w jakiej sprawie. Szukać w czymś wyjaśnienia czegoś.

wyjazd *m* IV, D. wyjazdu, Ms. wyjeździe **1.** zwykle *blm* «wyjechanie, wyruszenie dokądś, jakimś środkiem lokomocji»: Czas, dzień, termin wyjazdu. Zwlekać, spieszyć się z wyjazdem. Dać znak do wyjazdu (*nie*: na wyjazd). **2.** «podróż»: Wyjazd naukowy, służbowy. □ W. dokąd (czym): Wyjazd samochodem na wczasy, na wieś, do sanatorium, w teren. Wyjazdy za granicę. □ W. skąd: Wyjazd z Krakowa, ze wsi, z miasta. △ *niepoprawne* Na wyjeździe (*zamiast*: przed samym wyjazdem, na wyjezdnym); być na wyjeździe (*zamiast*: być w podróży, wyjechać gdzieś).

wyjąć *dk* Xc, wyjmę (*nie*: wyjmię), wyjmie, wyjmij (*nie*: wyjm), wyjął (*wym.* wyjoł), wyjęła (*wym.* wyjeła), wyjęliśmy (*wym.* wyjeliśmy, p. akcent § 1a i 2), wyjąwszy, wyjęty — **wyjmować** (*nie*: wyjmywać, wyjmać) *ndk* IV, wyjmowaliśmy **1.** «wydostać, wydobyć, wyciągnąć» □ W. co — z czego, spod czego, spoza czego: Wyjąć pieniądze z kieszeni, list ze skrzynki. Wyjmować rzeczy z walizki. Wyjąć obrazek zza szkła. Wyjąć ser spod prasy. **2.** zwykle w imiesł. biernym «wydzielić część z całości, wyodrębnić» □ W. co — z czego: Cytat wyjęty z Pana Tadeusza. Rozdział wyjęty z powieści. **3.** *przestarz.* «wyłączyć, wykluczyć, zrobić wyjątek» △ dziś tylko w wyrażeniu: Wyjąć kogoś spod prawa «skazać kogoś na utratę praw, pozbawić kogoś opieki prawnej» △ *książk.* Wyjąwszy kogo, co «prócz, z wyjątkiem kogoś, czegoś»

wyjątek *m* III, D. wyjątku: Wszyscy pili bez umiaru, tylko gospodarz był chlubnym wyjątkiem. Wyjątki potwierdzają regułę (utarte powiedzenie). □ W. od czego: Wyjątek od zasady, od reguły. □ W. czego a. z czego «część całości, zwykle część utworu»: Wyjątek wiersza (z wiersza). △ Bez wyjątku «nie wyłączając nikogo, niczego» △ Z wyjątkiem (*nie*: za wyjątkiem) «z wyłączeniem kogoś a. czegoś, wyjąwszy kogoś, coś»: Cała rodzina, z wyjątkiem (*nie*: za wyjątkiem) mojego brata, przeniosła się do Warszawy. △ *niepoprawne* W drodze wyjątku (*zamiast*: wyjątkowo).

wyjątkowo 1. «w sposób wyjątkowy, niezwykle»: Wyjątkowo dobry, ładny, mądry, sprytny. Wyjątkowo korzystny. **2.** «bardzo rzadko kiedy, w wyjątkowych wypadkach»: Wyjątkowo zdarza się tak wczesna zima. Dzikie zwierzęta tylko wyjątkowo atakują ludzi. △ Wyjątkowo (*nie*: w drodze wyjątku): Ponieważ interesantowi bardzo zależało na czasie, więc urzędnik załatwił jego sprawę wyjątkowo (*nie*: w drodze wyjątku) już po godzinach służbowych.

wyjątkowy *m-os.* wyjątkowi «będący wyjątkiem, niezwykły, bardzo rzadki, szczególny»: Wyjątkowy umysł. Wyjątkowy człowiek. Wyjątkowy kraj. Wyjątkowe okoliczności, warunki. Wyjątkowa okazja. Mieć wyjątkowe znaczenie, szczęście. △ Stan wyjątkowy (*nie*: wyjątkowy stan) «stan prawny, w czasie którego zostają zawieszone określone prawa jednostki i swobody obywatelskie zagwarantowane konstytucją»

wyjąwszy p. wyjąć.

wyjec *m* II, D. wyjca, *lm* M. wyjce, D. wyjców (*nie*: wyjcy): Stado wyjców.

wyjechać *dk*, wyjadę, wyjedzie (*nie*: wyjadzie), wyjedź (*nie*: wyjadź), wyjechaliśmy (p. akcent § 1a i 2) — **wyjeżdżać** *ndk* I, wyjeżdżaliśmy **1.** «udać się dokądś jakimś środkiem lokomocji (a. konno); o pojazdach: ruszyć skądś» □ W. czym, na czym: Wyjechać autobusem, pociągiem, samochodem. Wyjechać na motocyklu, na rowerze. □ W. dokąd: Wyjechać do miasta, na wieś, nad morze, w góry, za granicę. □ W. skąd: Wyjechać z domu, z miasta. Samochód wyjechał zza zakrętu. Wyjechać z lasu na polanę. □ W. do kogo: Wyjechać do krewnych, do znajomych. □ W. od kogo: Wyjechać od rodziców, od znajomych. □ W. (razem, wraz) z kim: Wyjechali z dziećmi, razem z resztą gości. □ W. po co: Wyjechać po towar, po zakupy (*nie*: za towarem, za zakupami), *ale*: Wyjechać za interesami. **2.** *posp.* «wystąpić z czymś, wyrwać się, odezwać się, zwłaszcza nietaktownie, niepotrzebnie» □ W. z kim, z czym: Wyjeżdżać z przechwałkami, z wymówkami, z morałami. △ *wulg.* Wyjechać z gębą, z buzią, z pyskiem «odezwać się ordynarnie, zwymyślać kogoś»

wyjednać *dk* I, wyjednaliśmy (p. akcent § 1a i 2) — **wyjednywać** *ndk* VIIIa, rzad. I, wyjednuję, *rzad.* wyjednywam (*nie*: wyjednywuję), wyjednywaliśmy □ W. co — komu a. dla kogo — u kogo (*nie*: od kogo): Wyjednać u władz pomoc dla sierot. Wyjednał mu u rodziców przebaczenie.

wyjeść p. wyjadać.

wyjezdne *n* odm. jak przym. *przestarz.*, dziś żywe tylko w wyrażeniu: Na wyjezdnym «przed (samym) wyjazdem»: Przypomniał sobie o tym dopiero na wyjezdnym (*nie*: na wyjeździe).

wyjeżdżać p. wyjechać.

wyjmować p. wyjąć.

wyjrzeć p. wyglądać.

wyjście *n I, lm D.* wyjść 1. «miejsce, otwór, przez który się wychodzi; drzwi»: Frontowe, główne, boczne, zapasowe wyjście. Droga, zaułek bez wyjścia. Obstawić, odciąć, tarasować, zamykać wyjście. Otworzyć, odnaleźć wyjście. Pilnować, strzec, szukać wyjścia. Cisnąć się, tłoczyć się, przepychać się do wyjścia. Iść, kierować się do wyjścia, w stronę wyjścia, ku wyjściu. Stać, zatrzymać się przy wyjściu, przed wyjściem, u wyjścia. □ W. do czego, na co (dokąd): Wyjście do ogrodu, na taras. □ W. z czego (skąd): Wyjście z parku, ze stadionu, z domu. 2. «rozstrzygnięcie jakiejś sprawy, załatwienie czegoś w jakiś sposób»: Wyjście kompromisowe, połowiczne. Wyjście z sytuacji. Położenie, sytuacja bez wyjścia. Jest jakieś wyjście, nie ma wyjścia; jest jedyne wyjście, są dwa wyjścia. △ Punkt wyjścia czegoś (*nie:* dla czegoś): Punkt wyjścia jego rozważań (*nie:* dla jego rozważań) stanowi szczegółowa analiza materiału.

wyjść p. wychodzić.

Wyka *m odm. jak ż III, lm M.* Wykowie, *DB.* Wyków.

Wyka *ż III, rzad. ndm —* Wykowa *ż odm. jak przym. —* Wykówna *ż IV, D.* Wykówny, *CMs.* Wykównie (*nie:* Wykównej), *lm D.* Wykówien.

wykańczać, *rzad.* **wykończać** *ndk I,* wykańczaliśmy, wykończaliśmy (p. akcent § 1a i 2) — **wykończyć** *dk VIb,* wykończę, wykończ, wykończyliśmy □ W. co a) «wykonywać końcowe czynności przy czymś, doprowadzać do końca; nadawać czemuś ostateczną formę»: Wykończyć pracę, budowlę, suknię, obraz. b) *pot. rzad.* «zużywać coś do końca, całkowicie»: Wykończył cały zapas papierosów i nie miał co palić. □ *posp.* (zwykle *dk*) Wykończyć k o g o (czym) «spowodować czyjąś śmierć, złamać komuś karierę, zniszczyć kogoś»: Wspólnicy grozili, że go wykończą za tę wsypę. // *D Kult.* I, 630; II, 262.

wykańczalnia, *rzad.* **wykończalnia** *ż I, lm D.* wykańczalni (wykończalni), *rzad.* wykańczalń (wykończalń).

wykańczalnictwo, *rzad.* **wykończalnictwo** *n III, blm* «wykańczanie tkanin»: Wykańczalnictwo jedwabiu. Uczył się wykańczalnictwa.

wykańczarka, *rzad.* **wykończarka** *ż III, lm D.* wykańczarek, wykończarek «maszyna do wykańczania tkanin»: Pracować przy wykańczarce.

wykapany *pot.* «bardzo, całkowicie podobny do kogoś»: Ten chłopiec to wykapana matka.

wykaraskać się *dk I,* wykaraskaliśmy się (p. akcent § 1a i 2) *pot.* «wyjść skądś z trudem, z wysiłkiem (częściej w *przen.*)» □ W. się z czego: Obładowany paczkami nie mógł wykaraskać się z wagonu. △ *przen.* Wykaraskać się z tarapatów, z długów. // *D Kult.* I, 474.

wykarmić *dk VIa,* wykarmię, wykarm (*nie:* wykarmij), wykarmiliśmy (p. akcent § 1a i 2) — *rzad.* **wykarmiać** *ndk I,* wykarmialiśmy 1. «wyhodować potomstwo karmiąc je własnym mlekiem»: Suka wykarmiła szczenięta. Mimo słabego zdrowia wykarmiła troje dzieci. 2. «wychować dostarczając pożywienia»: Pracowali oboje, aby wykarmić kilkoro dzieci.

wykastrować p. kastrować.

wykaszać p. wykosić.

wykaszlać a. **wykaszleć,** *rzad.* **wykasłać** *dk IX,* wykaszlę (*nie:* wykaszlam), wykaszlesz; wykaszle, *rzad.* wykaszla, wykasła; wykaszlemy, *rzad.* wykaszlamy; wykaszlecie, *rzad.* wykaszlacie; wykaszlą, *rzad.* wykaszlają; wykaszl, *rzad.* wykaszlaj, wykasłaj; wykaszlał, *rzad.* wykasłał; wykaszlaliśmy, *rzad.* wykasłaliśmy (p. akcent § 1a i 2) — **wykaszliwać** *ndk VIIIb,* wykaszliwuję (*nie:* wykaszliwuję, wykaszliwam), wykaszliwaliśmy; *rzad.* **wykasływać** *ndk VIIIa,* wykasłuję (*nie:* wykasływuję, wykasływam), wykasływaliśmy: Wykaszlać flegmę, ślinę. Wykasływać płuca.

wykaz *m IV, D.* wykazu: Wykaz alfabetyczny, cyfrowy. Wykaz nazwisk, książek, wydatkowanych sum. Prowadzić, sporządzać wykaz.

wykazać *dk IX,* wykażę, wykaż, wykazaliśmy (p. akcent § 1a i 2) — **wykazywać** *ndk VIIIa,* wykazuję (*nie:* wykazywuję, wykazywam), wykazywaliśmy 1. «udowodnić, uzasadnić»: Wykazać autorowi nieścisłości. 2. «dać czemuś wyraz, pokazać, okazać, uzewnętrznić»: Wykazać zainteresowanie tematem. Wykazać energię w kierowaniu przedsiębiorstwem. Wykazać takt, opanowanie.

wykazać się — wykazywać się □ W. się czym (*nie:* z czego): Wykazać się fachowością (ale *nie* np.: lenistwem). △ Wykazać się kwitem, rewersem, dyplomem.

wykąpać *dk IX,* wykąpię (*nie:* wykąpę), wykąp, wykąpaliśmy (p. akcent § 1a i 2), *reg.* **ukąpać** *dk IX,* ukąpię, ukąp, ukąpaliśmy □ W. kogo, co — w czym: Wykąpać dziecko w ciepłej wodzie, w wannie.

wykierować *dk IV,* wykierowaliśmy (p. akcent § 1a i 2) — *rzad.* **wykierowywać** (*lepiej:* kierować) *ndk VIIIa,* wykierowuję (*nie:* wykierowywuję, wykierowywam), wykierowywaliśmy 1. «zwrócić w jakimś kierunku, w jakąś stronę, skierować» □ W. co — do czego, ku czemu: Wykierować działo, armatę ku miastu. 2. *pot.* «nadać jakiś kierunek, obrót; pokierować»: Wierzył rodzinie, a ona go źle wykierowała. △ Wykierować jakoś sprawę, interes (*lepiej:* pokierować jakoś sprawą, interesem). □ W. kogo — na kogo: Wykierował syna na lekarza. Wykierował dzieci na ludzi. Wykierować kogoś na dziada, na durnia.

wykipieć (*nie:* wyskipieć) *dk VIIa,* wykipi, wykipiało, wykipiałby (p. akcent § 4c): Mleko wykipiało na dużym ogniu.

wykitować *dk IV,* wykitowaliśmy (p. akcent § 1a i 2) 1. *posp.* «umrzeć» □ W. bez dop.: Nie haruj tak, bo wykitujesz. 2. *rzad.* «wylepić kitem; *częściej:* okitować»: Wykitował wszystkie okna.

wyklarować *dk IV,* wyklarowaliśmy (p. akcent § 1a i 2) 1. «uczynić jakiś płyn przezroczystym, klarownym»: Wyklarować wino. 2. *pot.* a) «uczynić zrozumiałym, jasnym; wyjaśnić coś»: Wyklarować swój sąd o kimś. Wyklarować sytuację. b) «wytłumaczyć coś komuś»: Musiał mu wyklarować, o co chodzi.

wykląć (*nie:* wyklnąć) *dk Xc,* wyklnę, wyklnie, wyklnij, wykląłem (*wym.* wyklełem), wyklął (*wym.* wykloł), wyklęliśmy (*wym.* wykleliśmy, p. akcent § 1a i 2), wyklęty — **wyklinać** *ndk I,* wyklinaliśmy: Wyklął nieposłusznego syna i wydziedziczył go.

wykluczać *ndk I*, wykluczaliśmy (p. akcent § 1a i 2) — **wykluczyć** *dk VIb*, wykluczyliśmy □ W. kogo, co — z czego (*nie*: od czego), *rzad.* spośród kogo, czego: Wykluczono go z organizacji, z partii. Wykluczyć kogoś z gry (*nie*: od gry). △ To (jest) wykluczone, *lepiej*: To (jest) niemożliwe, np. Nie mogę się na to zgodzić, to wykluczone (*lepiej*: to niemożliwe).

wykluć się (*nie*: wyklóć się) *dk Xa*, wykluje się, wyklułby się (p. akcent § 4c) — **wykluwać się** (*nie*: wykłuwać się) *ndk I*, wykluwałby się: Kurczęta wykluły się z jaj.

wykład *m IV*, *D*. wykładu **1.** «jednostka zajęć szkoleniowych, zwykle na wyższych uczelniach» □ W. z czego, *rzad.* czego: Słuchał wykładu z historii Polski. Prowadzić, mieć wykłady z fizyki (*rzad.* fizyki), z literatury polskiej (*rzad.* literatury polskiej). □ W. o czym: Zaczął wykład o prawie finansowym. **2.** *blm książk.* «przedstawienie, zreferowanie, komentowanie, tłumaczenie»: Dzieło odznacza się przystępnością wykładu. □ W. czego: Wykład przepisów prawnych.

wykładać *ndk I*, wykładaliśmy (p. akcent § 1a i 2) — **wyłożyć** *dk VIb*, wyłóż, wyłożyliśmy □ W. co — z czego — na co «wyjmując (z czegoś) kłaść na coś, rozkładać»: Wyłożyć książki z szuflady na stół. Wyłożyć towar na ladę. △ *pot.* Wykładać coś na patelnię, na talerz, jak na patelni, jak na łopacie «tłumaczyć bardzo dokładnie, bardzo przystępnie; mówić bez osłonek, niczego nie tając» □ W. co — czym «wyściełać powierzchnię czegoś»: Wyłożyć łazienkę kafelkami, schody dywanem. Pokój wyłożony boazerią. □ W. co — na co (pieniądze, fundusze itp.) «ponosić koszty czegoś, łożyć na coś»: Wyłożyć pieniądze na mieszkanie. □ W. co — komu, przed kim «podawać do wiadomości, przedstawiać coś w mowie lub piśmie, tłumaczyć»: Wyłożył przed kierownictwem swój plan działania. Wykładać myśl przewodnią utworu. Wyłożyłem wszystko jasno i zwięźle. □ (tylko *ndk*) W. co (*nie*: czego) «mieć wykłady z czegoś, nauczać, uczyć czegoś»: Wykładał filozofię (*nie*: filozofii) na uniwersytecie. Wykładać polską gramatykę historyczną (*nie*: polskiej gramatyki historycznej).

wykładnia *ż I*, *lm D*. wykładni *rzad. książk.*, *lepiej*: interpretacja, wyjaśnienie, wytłumaczenie czegoś, np. Wykładnia (*lepiej*: interpretacja) wyroku sądu.

wykładowca *m odm. jak ż II*, *lm M*. wykładowcy, *DB*. wykładowców: Był wykładowcą języka polskiego na uniwersytecie.

wykłosić się *dk VIa*, wykłoszą się, wykłosiłby się (p. akcent § 4c) — *rzad.* **wykłaszać się** *ndk I*, wykłaszałby się (*częściej*: kłosić się): Zboże już się wykłosiło. Jęczmień się wykłasza (*częściej*: kłosi się).

wykłuć *dk Xa*, wykłuję a. wykolę, wykłuj a. wykol, wykłuliśmy (p. akcent § 1a i 2) — **wykłuwać** (*nie*: wykalać, wykłać) *ndk I*, wykłuwaliśmy — W. Wykłuć komuś oko. Kruk krukowi oka nie wykole (przysłowie). △ Ciemno choć oko wykol. △ *pot.* (tylko *ndk*) Wykłuwać komuś czymś oczy «wytykać, wymawiać

coś komuś»: Wykłuwał ludziom oczy swoją wspaniałomyślnością.

wykokosić się *dk VIa*, wykokoszę się, wykokosiliśmy się (p. akcent § 1a i 2) *pot.* **a)** «usadowić się po dłuższym niespokojnym kręceniu, wierceniu się» **b)** «zrobić coś po dłuższym marudzeniu; wyguzdrać się»: Po godzinie wykokosiła się wreszcie i wyszła z domu.

wykoleić *dk VIa*, wykoleję, wykolej, wykoleiliśmy (p. akcent § 1a i 2) — **wykolejać** *ndk I*, wykolejaliśmy: Wykoleić pociąg, tramwaj. □ W. kogo «wytrącić z normalnego trybu życia; zmarnować czyjeś możliwości, czyjeś życie» (często w imiesł. biernym): Był zupełnie wykolejony. Wojna wykoleiła wielu ludzi.

wykołatać *ndk IX*, *rzad. I*, wykołacze, *przestarz.* wykołace, *rzad.* wykołata; wykołataliśmy (p. akcent § 1a i 2) *pot.* «osiągnąć coś zabiegami, prośbami, kołataniem; wyprosić» □ W. co od kogo (dla kogo, komu): Wykołatał mu posadę w ministerstwie. Wykołatała te pieniądze od rodziców.

wykon *m IV*, *D*. wykonu *środ.* «to, co zostało wykonane, wynik pracy»: Wykon dzienny górników. ‖ *D Kult. I, 628.*

wykonać *dk I*, wykonaliśmy (p. akcent § 1a i 2) — **wykonywać** *ndk VIIIa*, *rzad. I*, wykonuję, *rzad.* wykonywam (*nie*: wykonywuję); wykonujący, *rzad.* wykonywający (*nie*: wykonywujący); wykonywaliśmy: Wykonać polecenie, rozkaz. Wykonano plan produkcji. Architekt wykonał projekt budynku. □ W. co czym, z czego, w czym: Wykonał obraz farbami olejnymi. Wykonał rzeźbę z drzewa a. w drzewie. ‖ *D Kult. II, 489; U Pol. (2), 50, 415.*

wykonanie *n I*, *blm*: Trudny (łatwy) do wykonania, w wykonaniu. □ W. (*nie*: wykonawstwo) czego: Świetne wykonanie (*nie*: wykonawstwo) utworu. △ *niepoprawne* Wprowadzić coś w wykonanie (*zamiast*: wykonać coś). ‖ *D Kult. I, 629.*

wykonawca *m odm. jak ż II*, *lm M*. wykonawcy, *DB*. wykonawców: Wykonawca projektu, planu. Wykonawca poleceń dyrektora.

wykonawczyni (*nie*: wykonawczynia) *ż I*, *B*. wykonawczynię (*nie*: wykonawczynią), *W*. wykonawczyni (*nie*: wykonawczynio), *lm D*. wykonawczyń: Była wykonawczynią ostatniej woli zmarłego.

wykonawstwo (*nie*: wykonastwo) *n III*, *blm* «ogół zagadnień, prac związanych z wykonywaniem projektów budowlanych, realizowanie projektów budowlanych»: Inżynierowie pracujący w dziale wykonawstwa, *pot.* w wykonawstwie. △ *niepoprawne* w zn. «wykonywanie, wykonanie», np. Wykonawstwo (*zamiast*: wykonanie) tego utworu było znakomite. ‖ *D Kult. I, 629.*

wykoncypować p. koncypować.

wykonywać p. wykonać.

wykończać p. wykańczać.

wykończalnia p. wykańczalnia.

wykończalnictwo p. wykańczalnictwo.

wykończarka p. wykańczarka.

wykończyć p. wykańczać.

wykopać

wykopać *dk IX*, wykopię (*nie*: wykopę), wykopie, wykopaliśmy (p. akcent § 1a i 2) — **wykopywać** *ndk VIIIa*, wykopuję (*nie*: wykopywuję, wykopywam), wykopywaliśmy □ W. co «kopiąc zrobić coś»: Wykopać rów, dół, kanał. △ *przen.* Ta kłótnia wykopała między nami przepaść. □ W. co (z czego) «kopiąc wydobyć»: Wykopać (z ziemi) korzenie drzewa.

wykorzystać *dk I*, wykorzystaliśmy (p. akcent § 1a i 2) — **wykorzystywać** *ndk VIIIa*, wykorzystuję (*nie*: wykorzystywuję, wykorzystywam), wykorzystywaliśmy; *lepiej*: wyzyskać, zużytkować coś, użyć czegoś, np.: Wykorzystać (*lepiej*: wyzyskać) najnowsze urządzenia. Wykorzystać coś jako surowiec, *lepiej*: użyć czegoś jako surowca. □ W. kogo «wyciągnąć zysk z czyjejś pracy, z czyichś usług; *lepiej*: wyzyskać kogoś»: Wykorzystywał (*lepiej*: wyzyskiwał) swoich robotników. // *KP Pras.*

wykosić *dk VIa*, wykoszę, wykosiliśmy (p. akcent § 1a i 2) — *rzad.* **wykaszać** *ndk I*, wykaszaliśmy: Wykosić całą trawę. Wykosić łąkę, pole.

wykoślawiać, *rzad.* **wykoszlawiać** *ndk I*, wykoślawialiśmy, wykoszlawialiśmy (p. akcent § 1a i 2) — **wykoślawić**, *rzad.* **wykoszlawić** *dk VIa*, wykoślawiliśmy, wykoszlawiliśmy: Chodzić w wykoślawionych butach. Wykoślawił obcasy.

wykpić *dk VIa*, wykpię, wykpij, wykpiliśmy (p. akcent § 1a i 2) — **wykpiwać** *ndk I*, wykpiwaliśmy «wyśmiać, ośmieszyć»: Wykpił niefortunny pomysł. Wykpiono nieudolnego zawodnika.

wykpić się — **wykpiwać się** □ *pot.* W. się od czego «wykręcić się»: Wykpił się od tej pracy.

wykraczać *ndk I*, wykraczaliśmy (p. akcent § 1a i 2) — **wykroczyć** *dk VIb*, wykroczyliśmy □ W. przeciw czemu «naruszać obowiązujące przepisy, zasady, prawa»: Wykroczyć przeciw prawu. □ W. poza co «nie trzymać się ustalonych granic»: To, co robił, wykraczało poza normalne obowiązki służbowe.

wykradać *ndk I*, wykradaliśmy (p. akcent § 1a i 2) — **wykraść** *dk Vc*, wykradnę, wykradł, wykradliśmy, wykradziony (*nie*: wykradzony), wykradzeni (*nie*: wykradzieni) □ W. co, kogo (komu, skąd): Wykradł ojcu pieniądze z biurka.

wykrajać, wykrawać p. wykroić.

wykres *m IV*, D. wykresu: Sporządził wykres przedstawiający wzrost produkcji. Przedstawić coś na wykresie, w postaci wykresu, za pomocą wykresu.

wykreślać *ndk I*, wykreślaliśmy (p. akcent § 1a i 2) — **wykreślić** *dk VIa*, wykreśl, wykreśliliśmy □ W. co na czym «rysować»: Wykreślał granice państwa na mapie. □ W. co z czego «usuwać to, co zostało napisane; skreślać, przekreślać»: Wykreślić czyjeś nazwisko z listy uczestników. Wykreślić jakiś ustęp z maszynopisu książki.

wykręcać *ndk I*, wykręcaliśmy (p. akcent § 1a i 2) — **wykręcić** *dk VIa*, wykręcę, wykręć, wykręciliśmy □ W. co — z czego: «kręcąc wyjmować, wyciągać z czegoś»: Wykręcić żarówkę z lampy. Wykręcić śrubę. □ W. co «obracać w koło, kręcąc wyginać»: Wykręca ciało w prawo i w lewo. Wykręcać szyję. Wykręcać (*częściej*: wyżymać) bieliznę. □ W. bez dop. «zmieniać kierunek ruchu, robić zakręt, obrót; *częściej*: skręcać»: Samochód wykręcił w lewo.

wykręcać się — **wykręcić się** 1. «kręcąc się zmieniać kierunek, położenie, obracać się»: Wykręcił się do okna. Wykręcał się na wszystkie strony. 2. *pot.* «wymawiać się od czegoś» □ W. się od czego, *rzad.* z czego — czym: Wykręcił się od niemiłej wizyty. Kłamstwem wykręciła się od lekcji. △ Wykręcić się sianem «sprytnie się od czegoś uchylić, wymigać się, wykpić się»

wykrętas *m IV*, D. wykrętasa *pot.* «zawinięta, skręcona, zakręcona linia; zakrętas»: Kreślić wykrętasy na papierze. Napisał swoje nazwisko z zamaszystym wykrętasem.

wykroczenie *n I*: Popełnić wykroczenie. □ W. przeciw komu, czemu (*nie*: czego): Dopuścił się wykroczenia przeciw przepisom drogowym (*nie*: wykroczenia przepisów drogowych).

wykroczyć p. wykraczać.

wykroić *dk VIa*, wykroję, wykrój, wykroiliśmy (p. akcent § 1a i 2), *rzad.* **wykrajać** *dk IX*, wykraję (*nie*: wykrajam), wykrają (*nie*: wykrajają), wykraj (*nie*: wykrajaj), wykrajaliśmy — **wykrawać** *ndk I*, wykrawaliśmy: Wykroić model z papieru. Wykroić otwór w desce. Wykroić zakalec z chleba.

wykrój *m I*, D. wykroju, *lm* D. wykrojów (*nie*: wykroi).

wykrzesać *dk IX*, wykrzeszę, wykrzesz, *rzad. I*, wykrzesam, wykrzesaj, wykrzesaliśmy (p. akcent § 1a i 2) — **wykrzesywać** *ndk VIIIa*, wykrzesuję (*nie*: wykrzesywuję, wykrzesywam), wykrzesywaliśmy □ W. co z czego (czym): Wykrzesać iskrę z kamienia. △ *przen.* Nie mógł wykrzesać z siebie ani odrobiny radości.

wykrzyknąć *dk Va*, wykrzyknąłem (*wym.* wykrzyknołem; *nie*: wykrzyknełem, wykrzykłem), wykrzyknął (*wym.* wykrzyknoł), wykrzyknęła (*wym.* wykrzyknela; *nie*: wykrzykła), wykrzyknęliśmy (*wym.* wykrzykneliśmy; *nie*: wykrzykliśmy; p. akcent § 1a i 2) — **wykrzykiwać** *ndk VIIIb*, wykrzykuję (*nie*: wykrzykiwuję, wykrzykiwam), wykrzykiwaliśmy 1. «wydać okrzyk»: Stój! — wykrzyknął głośno. 2. tylko *ndk* «krzyczeć, śpiewać coś głośno»: Wykrzykiwać piosenkę. Wykrzykiwać przekleństwa, groźby.

*wykrzyknik to znak interpunkcyjny używany: 1. Po okrzykach, zawołaniach oraz po rozkazach i życzeniach, które mają żywą treść ekspresywną, lub które chcemy szczególnie uwydatnić, np.: Co za pogoda! Ach, co ty robisz! Natychmiast stąd uciekaj! △ Wykrzyknik umieszcza się nie tylko po zdaniach w trybie rozkazującym, lecz również po zdaniach w trybie orzekającym, warunkowym lub po bezokoliczniku, jeśli mają one charakter rozkazu lub polecenia, np.: W tej chwili weźmiesz to lekarstwo! Odczepiłbyś się od niego! Wynosić się! △ Natomiast po rozkazach i poleceniach obojętnych uczuciowo nie stawia się wykrzyknika, choćby były wyrażone w trybie rozkazującym, np. Siądź tu i opowiedz o sobie.

2. W nawiasie: a) dla zwrócenia uwagi na pewien fakt, dla zaznaczenia, że nie zachodzi pomyłka, przy podawaniu faktów zadziwiających, zaskakujących itp., np. Koncertował publicznie po raz pierwszy, mając 6 lat (!). b) dla zaznaczenia, że w cytowanym tekście jest błąd, który przytacza się świadomie; cza-

sem dodaje się tu jeszcze wyraz: sic (*wym.* s-ik),
np. Podano w prasie, że grupę krwi „0" dziedziczy
się tylko wtedy, gdy oboje rodzice mają tę właśnie
grupę (!); nazajutrz błąd sprostowano.
3. Po wyrażeniach zawierających wyrazy wykrzyknikowe, np. *hop, hyc, buch, trach*; np.: Hop do wody!
Stąpnęli, a tu deska — trach!

wykształcenie *n I, blm* **1.** forma rzeczownikowa
czas. wykształcić: Wykształcenie dzieci kosztowało
go wiele trudu i wyrzeczeń. **2.** «zasób wiedzy zdobytej przez kogoś»: Dać, dawać komuś wykształcenie. Mieć, zdobyć wyższe, średnie wykształcenie.
Był prawnikiem z wykształcenia. Otrzymać, odebrać
(*nie*: pobrać) wykształcenie.

wykształcić *dk VIa,* wykształcę, wykształciliśmy
(p. akcent § 1a i 2) — *rzad.* **wykształcać** *ndk I,*
wykształcaliśmy □ W. co «ukształtować, wyćwiczyć»:
Ćwiczenia wykształciły jego mięśnie. Wykształcić
czyjś słuch, wzrok. □ (tylko *dk*) W. kogo (na kogo) «dać komuś wiedzę, pomóc w uzyskaniu wiedzy»:
Wykształcili wielu specjalistów. Wykształcić syna
na inżyniera.

wykuć *dk Xa,* wykuliśmy (p. akcent § 1a i 2)
— **wykuwać** *ndk I,* wykuwaliśmy □ W. co —
z czego «kując zrobić»: Wykuć zbroję ze stali.
□ W. co — w czym «kując wydrążyć otwór;
kując wyrzeźbić w czymś»: Wykuć okno w ścianie.
Stopnie wykute w skale. Wykuć w granicie (*nie*:
z granitu) rzeźbę. □ (częściej *dk*) *pot.* W. co «nauczyć
się czegoś w sposób mechaniczny i bezmyślny»: Wykuł lekcję na pamięć.

wykupić *dk VIa,* wykupię, wykup, wykupiliśmy
(p. akcent § 1a i 2) — **wykupywać** (*nie*: wykupować)
ndk VIIIa, wykupuję (*nie*: wykupywuję, wykupywam), wykupywaliśmy: Wykupić weksel. Wykupić
bilet. Wykupiono wszystkie książki.

wykurować p. kurować.

wykusz *m II, D.* wykusza, *rzad.* wykuszu, *lm D.*
wykuszy, *rzad.* wykuszów: Zabytkowy dom z wykuszami.

wykuwać p. wykuć.

wykwint *m IV, D.* wykwintu, *blm*: Wykwint życia. Urządzić pokój z wielkim wykwintem.

wykwintny *m-os.* wykwintni, *st. w.* wykwintniejszy
a. bardziej wykwintny: Wykwintny strój. Wykwintny
obiad. Wykwintne życie. Wykwintni panowie.

wykwit *m IV, D.* wykwitu **1.** *blm* w zn. *książk.*
«najwyższe osiągnięcie twórczości artystycznej»:
Wspaniały wykwit poezji. **2.** zwykle w *lm* w zn.
«plamy, wysypka»: Alergiczne wykwity skóry a.
na skórze.

wykwitać *ndk I,* wykwitałby (p. akcent § 4c)
— **wykwitnąć** *dk Vc,* wykwitł, *rzad.* wykwitnął
(*wym.* wykwitnoł); wykwitła, wykwitły, *rzad.* wykwitnęły (*wym.* wykwitnęły); wykwitłby: Krokusy
wykwitały spod śniegu.

wylać *dk Xb,* wyleję, wylaliśmy, *reg.* wyleliśmy
(p. akcent § 1a i 2) — **wylewać** *ndk I,* wylewaliśmy
□ W. co — z czego (do czego; na co, na kogo)
«lejąc usunąć płyn z jakiegoś naczynia; spowodować
rozlanie się płynu»: Wylał mleko z butelki do garnka.
Wylała na siebie całą butelkę perfum. Wylała zupę

na podłogę. △ *przen.* Wylać na kogoś swój żal,
swoją złość. Wylać przed kimś swoje uczucia. △ *posp.*
Wylać kogoś z pracy, ze szkoły «usunąć, wyrzucić
kogoś (z pracy, ze szkoły)» □ W. co — czym
«pokryć roztopioną, krzepliwą cieczą»: Wylać ulicę
asfaltem. □ W. bez dop. «o rzece: wystąpić z brzegów»: Rzeki wylewają na wiosnę. || *U Pol. (2), 428.*

wylatać *dk I, daw.* też *ndk,* wylataliśmy (p. akcent
§ 1a i 2) **1.** *dk* «latając (zwykle samolotem) przebyć określoną liczbę kilometrów, spędzić na lataniu
określoną liczbę godzin»: Pilot wylatał 1000 kilometrów. **2.** *dk pot.* «zabiegając o coś załatwić coś»:
Wylatał sobie dobrą posadę. **3.** *ndk daw., poet.*
«wzbijać się w górę; wylatywać»
wylatać się tylko *dk* «nalatać się; *pot.* nabiegać
się»

wylatywać *ndk VIIIa,* wylatuję (*nie*: wylatywuję,
wylatywam), wylatywaliśmy (p. akcent § 1a i 2) —
wylecieć *dk VIIa,* wylecę, wylecieliśmy □ W.
z czego (gdzie, na co) **a)** «lecąc, fruwając wydostawać się skądś»: Ptactwo wyleciało z lasu na
pole. △ *pot.* Coś wyleciało komuś z pamięci, z głowy «ktoś zapomniał o czymś» **b)** *pot.* «biegnąc wydostawać się skądś, wybiegać»: Wyleciał pędem
z domu. Wszyscy ludzie wylecieli na ulicę. **c)** (zwykle
dk) *pot.* «być zwolnionym (z pracy), usuniętym (np.
ze szkoły)»: Za to nadużycie wyleciał z posady.
d) *pot., lepiej*: wypadać, np.: Wyleciały (*lepiej*: wypadły) wszystkie szyby z okien. Dziecko wyleciało
(*lepiej*: wypadło) z wózka na podłogę.

wyląc się p. wylęgać się.

wylądować *dk IV,* wylądowaliśmy (p. akcent
§ 1a i 2) «o samolocie i jego pasażerach: osiąść na
ziemi; o pojeździe kosmicznym i kosmonautach:
osiąść na powierzchni (Księżyc , planety); wysiąść
na ląd ze statku» □ W. na czym: Samolot wylądował na lotnisku. Rozbitkowie wylądowali na
bezludnej wyspie. △ *przen.* często *żart.*: Po wielu
podróżach wylądował w rodzinnym mieście.

wyląg, *rzad.* **wylęg**, *m III, D.* wylęgu: Wczesny
wyląg (wylęg) piskląt.

wylec a. **wylegnąć** *dk Vc,* wylegnie, wyległ
(*nie*: wylegnął), wyległa, wylegliśmy (p. akcent
§ 1a i 2) — **wylegać** *ndk I,* wylegaliśmy **1.** «wyjść
tłumnie»: Tłumy wyległy (*nie*: wylęgły) na ulice.
2. «o zbożu: położyć się wskutek deszczu, wiatru»:
Całe zboże wyległo.

wylecieć p. wylatywać.

wylegitymować p. legitymować.

wylegiwać p. wyleżeć.

wylegiwać się *ndk VIIIb,* wyleguję się (*nie*:
wylegiwuję się, wylegiwam się), wylegiwaliśmy się
(p. akcent § 1a i 2): Długo wylegiwał się w łóżku.

wylegnąć p. wylec.

wylenić się p. lenieć.

wylenieć, wylinieć p. lenieć.

Wyler (*wym.* Uajler) *m IV, D.* Wylera: Nowy
film Wylera.

wylewać p. wylać.

wyleźć (*nie*: wyliźć) *dk XI*, wylezę, *przestarz.* wylazę (*nie*: wylizę), wylezie, wylazł, wyleźliśmy (p. akcent § 1a i 2) — **wyłazić** *ndk VIa*, wyłażę, wyłaziliśmy **1.** *pot.* «wyjść, wydobyć się, wysunąć się skądś» □ W. z czego, spod czego: Wylezć z kryjówki. Kret wylazł spod ziemi. Palec wylazł mu z buta. □ W. czym, przez co: Wyleźć oknem (przez okno). **2.** *pot.* «wspiąć się, wejść, wdrapać się gdzieś» □ W. (*lepiej*: wleźć) na co: Wyleźć na dach, na drzewo. || D Kult. I, 785.

wyleżeć *dk VIIb*, wyleżeliśmy (p. akcent § 1a i 2) — *rzad.* **wylegiwać** *ndk VIIIb*, wyleguję (*nie*: wylegiwuję, wylegiwam), wylegiwaliśmy **1.** «wygnieść coś przez długie leżenie»: Wyleżał wgłębienie w stogu siana. **2.** tylko *dk* a) «wytrzymać w pozycji leżącej»: Wyleżała z trudem do wieczora. Nie mógł dłużej wyleżeć w łóżku. b) *pot.* «(w odniesieniu do chorób) przebyć dostatecznie długo leżąc w łóżku»: Grypę trzeba wyleżeć.

wylęg p. wyląg.

wylęgać się *ndk I*, wylęgałby się (p. akcent § 4c) — **wylęgnąć się, wyląc się** *dk Vc*, wylęgnie się, wylągł się (*nie*: wylęgnął się), wylęgła się, wylągłby się: Pisklęta wylęgły się wiosną.

wylęgarnia *ż I*, *lm D.* wylęgarni, *rzad.* wylęgarń □ W. czego (*nie*: dla czego): Wylęgarnia drobiu. Wylęgarnia kurcząt.

wylęgiwać się *ndk VIIIb*, wylęguje się (*nie*: wylęgiwuje się, wylęgiwa się), wylęgiwałby się (p. akcent § 4c), *lepiej*: wylęgać się (p.).

wylęgnąć się p. wylęgać się.

wylinieć p. lenieć.

wylizać się p. lizać.

wylosować *dk IV*, wylosowaliśmy (p. akcent § 1a i 2) — **wylosowywać** *ndk VIIIa*, wylosowuję (*nie*: wylosowywuję, wylosowywam), wylosowywaliśmy: Wylosował wielką wygraną.

wylot *m IV*, *D.* wylotu **1.** «otwór, wyjście, ujście»: Wylot kanału, wąwozu. Dom stał u wylotu, *rzad.* przy wylocie ulicy. **2.** *rzad.* «wylecenie, odlot»: Wylot ptaków. △ Być na wylocie «być gotowym do odlotu, do wyjścia, wyjazdu skądś» **3.** tylko w *lm* «rozcięte, szerokie rękawy (kontusza)» **na wylot** «na przestrzał, na wskroś; całkowicie»: Przebić coś na wylot. Znać kogoś, coś na wylot.

wyłabudać się *dk I*, wyłabudaliśmy się (p. akcent § 1a i 2) *reg.*, często *żart.* «wyplątać się, wybrnąć z czegoś; wykaraskać się»: Wyłabudać się z biedy. || D Kult. I, 474.

wyładować *dk IV*, wyładowaliśmy (p. akcent § 1a i 2) — **wyładowywać** *ndk VIIIa*, wyładowuję (*nie*: wyładowywuję, wyładowywam), wyładowywaliśmy □ W. co «opróżnić»: Wyładować wagon, statek. □ W. co z czego «wyjąć (ładunek)»: Wyładować towar ze statku. □ W. co «napełnić»: Wyładował wóz drzewem. □ W. co w czym «zużyć coś, dać upust czemuś»: Wyładowywał swoją energię w wytężonej pracy. □ W. co na kim (*nie*: na kogo) «wywrzeć na kimś, skierować na kogoś (gniew, niezadowolenie itp.)»: Wyładowywał swoją złość na otoczeniu (*nie*: na otoczenie).

wyładować się — wyładowywać się □ W. się w czym, gdzie «dać ujście gwałtownym uczuciom, energii itp.»: Wyładowywać się w pracy. Musiał się gdzieś wyładować. □ W. się na kim (*nie*: na kogo) «o uczuciach: skierować się na kogoś»: Zły humor wyładował się na dzieciach (*nie*: na dzieci). □ *pot.* W. się z czego «o większej grupie osób» wyjść, wydostać się skądś»: Pasażerowie wyładowali się z wagonu.

wyłamać *dk IX*, wyłamię (*nie*: wyłamę), wyłamie, wyłam, wyłamaliśmy (p. akcent § 1a i 2) — **wyłamywać** *ndk VIIIa*, wyłamuję (*nie*: wyłamywuję, wyłamywam), wyłamywaliśmy: Wyłamać drzwi.

wyłamać się — wyłamywać się □ W. się spod czego «przestać ulegać czemuś»: Wyłamywać się spod czyjejś kurateli, spod czyjegoś wpływu.

!wyłanczać p. wyłączać.

wyłaniać *ndk I*, wyłanialiśmy (p. akcent § 1a i 2) — **wyłonić** *dk VIa*, wyłoniliśmy □ *książk.* W. kogo (spośród kogo) «wybierać ze swego grona»: Wyłonić delegację. Krajowa Rada Narodowa wyłoniła 22 lipca 1944 r. rząd ludowy.

wyłaniać się — wyłonić się □ W. się z czego, zza, spoza czego «stawać się widocznym, ukazywać się»: Wyłonić się z ciemności. Słońce wyłoniło się zza (spoza) chmur.

wyłapać *dk IX*, wyłapię (*nie*: wyłapę), wyłapie, wyłapaliśmy (p. akcent § 1a i 2) — **wyłapywać** *ndk VIIIa*, wyłapuję (*nie*: wyłapywuję, wyłapywam), wyłapywaliśmy: Wyłapano wszystkich przestępców. △ *pot.* Wyłapać błędy w tekście.

wyłatać *dk I*, wyłataliśmy (p. akcent § 1a i 2) «naprawić przyszywając, umocowując łaty w wielu miejscach, na wielu przedmiotach; połatać»: W ciągu dnia wyłatano cały dach. Wyłatać ubranie, sukienkę. Wyłatać wszystkie buty.

wyławiać *ndk I*, wyławialiśmy (p. akcent § 1a i 2) — **wyłowić** *dk VIa*, wyłowię, wyłów, wyłowiliśmy □ W. co z czego (czym): Wyłowić ryby ze stawu (siecią). Wyłowić mięso z zupy. △ *przen.* Wyławiać najzdolniejszych uczniów. Wyławiali uchem odgłosy walki.

wyłazić p. wyleźć.

wyłączać (*nie*: wyłanczać) *ndk I*, wyłączaliśmy (p. akcent § 1a i 2) — **wyłączyć** *dk VIb*, wyłączyliśmy: Wyłączyć motor, radio, telewizor itp. □ W. kogo, co — z czego (*nie*: od czego): Wyłączyć wspólnika ze spółki (*nie*: od spółki). Wyłączyć kogoś z towarzystwa. △ Nie wyłączając kogoś, czegoś «razem, łącznie z kimś, z czymś»: Przybyli wszyscy, nie wyłączając dzieci. △ Wyłączyć kogoś poza nawias czegoś (zwykle: społeczeństwa) «uznawać kogoś za zbytecznego, szkodliwego; eliminować go z jakiejś wspólnoty» || D Kult. II, 439.

wyłgać się *dk IX*, wyłżę się (*nie*: wyłgę się, wyłgam się), wyłże się (*nie*: wyłga się), wyłżyj się, wyłgaliśmy się (p. akcent § 1a i 2) — **wyłgiwać się** *ndk VIIIb*, wyłguje się (*nie*: wyłgiwuje się, wyłgiwa się), wyłgiwaliśmy się □ W. się od czego: Wyłgać się od kary.

wyłoić *dk VIa*, wyłój, wyłoiliśmy (p. akcent § 1a i 2) △ zwykle w *pot.* zwrocie: Wyłoić komuś skórę (*nie*: kogoś po skórze) «zbić, obić kogoś»

wyłom *m IV, D.* wyłomu □ W. w czym, *rzad.* czego: Przedostał się przez wyłom w murze (*rzad.* przez wyłom muru). △ *przen.* Zrobić wyłom, dokonać wyłomu w czymś (np. w czyichś przekonaniach, pojęciach).

wyłonić p. wyłaniać.

wyłowić p. wyławiać.

wyłożyć p. wykładać.

wyłóg *m III, D.* wyłogu, dziś zwykle w *lm*: Żakiet z dużymi wyłogami.

wyłów *m IV, D.* wyłowu *rzad.* «połów, wyławianie, łowienie czegoś»: Wyłów ryb.

wyłudzać *ndk I,* wyłudzaliśmy (p. akcent § 1a i 2) — **wyłudzić** *dk VIa,* wyłudzę, wyłudziliśmy □ W. co od kogo: Wyłudzał od matki pieniądze na kino.

wyłupać *dk IX,* wyłupię (*nie:* wyłupę), wyłupie, wyłup, wyłupaliśmy (p. akcent § 1a i 2) — **wyłupywać** *ndk VIIIa,* wyłupuję (*nie:* wyłupywuję, wyłupywam), wyłupywaliśmy □ W. co z czego: Wyłupał nożem drzazgę ze stołu.

wyłupiasty tylko w wyrażeniach: Wyłupiaste oczy, *pot.* ślepia, gały «oczy osadzone wypukło, na wierzchu»: Zwrócił na nią swe blade, wyłupiaste oczy.

wyłupić *dk VIa,* wyłupię, wyłupi, wyłup, wyłupiliśmy (p. akcent § 1a i 2) — *rzad.* **wyłupiać** *ndk I,* wyłupialiśmy «wydrzeć, wyłupać, wydłubać», zwykle w zwrocie: Wyłupić komuś oczy «oślepić wyjmując oczy» △ *pot.* Wyłupić (*częściej:* wytrzeszczyć, wybałuszyć) oczy na kogoś, na coś: Wyłupiła na niego z przerażeniem oczy.

wyłupywać p. wyłupać.

wyłuskać *dk I,* wyłuskaliśmy (p. akcent § 1a i 2), *rzad.* **wyłusknąć** *dk Va,* wyłusknąłem (*wym.* wyłusknołem; *nie:* wyłusknełem, wyłuskłem), wyłusknął (*wym.* wyłusknoł), wyłusknęła (*wym.* wyłusknela; *nie:* wyłuskła), wyłusknęliśmy (*wym.* wyłuskneliśmy; *nie:* wyłuskliśmy; p. akcent § 1a i 2) — **wyłuskiwać** *ndk VIIIb,* wyłuskuję (*nie:* wyłuskiwuję, wyłuskiwam), wyłuskiwaliśmy: Wyłuskać fasolę ze strąków. △ *przen.* Wyłuskał z kieszeni garść pieniędzy.

wyłuszczać *ndk I,* wyłuszczaliśmy (p. akcent § 1a i 2) — **wyłuszczyć** *dk VIb,* wyłuszczyliśmy 1. *książk.* «przedstawiać coś szczegółowo»: Wyłuszczyć cel wizyty. Rzecz całą wyłuszczył. △ *niepoprawne* Wyłuszczać (*zamiast:* wyjaśniać) swoje stanowisko, swój punkt widzenia. 2. *częściej:* wyłuskiwać (p. wyłuskać).

wymachiwać (*nie:* wymachywać) *ndk VIIIb,* wymachuję (*nie:* wymachiwuję, wymachiwam), wymachiwaliśmy (p. akcent § 1a i 2) □ W. czym: Idąc wymachiwał rękami. Wymachiwać kijem, laską.

wymadlać p. wymodlić.

wymagać *ndk I,* wymagaliśmy (p. akcent § 1a i 2) □ W. czego (*nie:* co) — od kogo — dla kogo: Wymagał od dzieci spełniania obowiązków. Dom wymagał nadzoru i opieki. Czego można (*nie:* co można) wymagać od takiego niedołęgi? Wymagała od ludzi szacunku dla siebie.

wymagający (*nie:* wymagalny) *m-os.* wymagający, *st. w.* bardziej wymagający: Cała klasa lubiła tego nauczyciela, choć był wymagający. □ W. względem kogo, w stosunku do kogo: Był bardzo wymagający w stosunku do dzieci. □ W. co do czego: Wymagająca co do stroju.

wymaganie *n I,* częściej w *lm*: Stawiać wymagania. Sprostać wymaganiom. Zaspokoić czyjeś wymagania. Mieć wymagania. □ W. czego: Wymagania dobrego tonu. Wymagania higieny. □ W. wobec kogo, czego, w stosunku do kogo, czego: Miał duże wymagania w stosunku do własnych dzieci.

wymakać p. wymoknąć.

wymalować *dk IV,* wymalowaliśmy (p. akcent § 1a i 2) — *rzad.* **wymalowywać** *ndk VIIIa,* wymalowuję (*nie:* wymalowywuję, wymalowywam), wymalowywaliśmy 1. *rzad.* «pokryć coś farbą; *częściej:* pomalować»: Wymalować (*częściej:* pomalować) drzwi, ściany, pokój. △ Wymalować komuś usta, policzki, oczy «pokryć szminką; umalować» □ W. kogo «uszminkować, umalować»: Wymalowano ją tak, że na scenie trudno ją było poznać. 2. *rzad.* «wykonać dzieło malarskie farbami; *częściej:* namalować»: Wymalował dziwny obraz. □ W. kogo «sportretować» △ dziś częste: Wypisz, wymaluj «dokładnie taki sam, tak samo»: Córka, wypisz, wymaluj, cała matka. 3. «zużyć na malowanie»: Malował okna i wymalował całą farbę.

wymalować się «mocno się uszminkować; *częściej:* umalować się»: Wymalowała się tak, że zwracała uwagę przechodniów.

wymamić (*nie:* wymanić) *dk VIa,* wymamię, wymamiliśmy (p. akcent § 1a i 2); *lepiej:* wyłudzić. □ W. co od kogo: Wymamił (*lepiej:* wyłudził) pieniądze od rodziny.

wymamlać a. **wymamleć** *dk IX,* wymamlę, wymamlaj, wymamlaliśmy (p. akcent § 1a i 2) «powiedzieć coś niewyraźnie, niezrozumiale»

wymarsz *m II, D.* wymarszu, *lm D.* wymarszów: Wymarsz wojsk.

I **wymarzać** (*wym.* wymar-zać) *ndk I,* wymarzałby (p. akcent § 4c) — **wymarznąć** (*wym.* wymar-znąć) *dk Vc,* wymarznie (*wym.* wymar-znie a. wymar-źnie), wymarzł, *rzad.* wymarznął (*wym.* wymar-znoł); wymarzły a. wymarznięty (*wym.* wymar-znięty a. wymar-źnięty), wymarzłby: Zimą wymarzły wszystkie drzewa.

II **wymarzać** p. wymorzyć.

wymawiać *ndk I,* wymawialiśmy (p. akcent § 1a i 2) — **wymówić** *dk VIa,* wymów, wymówiliśmy: Wyraźnie wymawiał słowa przysięgi. Wymawiać coś dźwięcznie, dobitnie, głośno. □ W. co — komu a) (*częściej ndk*) W. komu, że... «robić wyrzuty, wymówki»: Wprawdzie dał mi te pieniądze, ale mi je potem wiele razy wymawiał. Mąż wymawiał jej, że za dużo wydała. b) «zawiadamiać o zerwaniu umowy»: Wymówił lokatorom mieszkanie. Wymówić robotnikom pracę. △ Wymówić komuś dom «zabronić komuś bywać u siebie» □ (zwykle *dk*) *wych. z użycia* W. sobie co (u kogo) «zastrzec coś w umowie»: Wymówił sobie pierwszeństwo zakupu: **wymawiać się — wymówić się** □ W. się (*nie.*

odmawiać się) od czego (czym): Wymawiać się od poczęstunku. Wymówiła się od wizyty zmęczeniem.

wymazać *dk IX*, wymaże, wymazaliśmy (p' akcent § 1a i 2) — **wymazywać** *ndk VIIIa*, wymazuję (*nie*: wymazywuję, wymazywam), wymazywaliśmy □ W. co — czym, w czym «ubrudzić, powalać»: Spodnie wymazane farbą a. w farbie. □ W. co «mażąc zużyć»: Wymazał cały zapas farby. □ W. kogo, co — z czego «mażąc zetrzeć, usunąć»: Wymazać nazwisko z listy członków. Wymazać błąd z rachunku. △ *przen.* Wymazał z pamięci urazę do brata.

wymiamlać *dk IX*, wymiamlę, wymiamlaj, wymiamlaliśmy (p. akcent §. 1a i 2), p. **wymamlać**.

wymiana *ż IV* 1. «danie lub otrzymanie czego[ś] za coś innego; wymienienie się czymś»: Wymiana handlowa, gospodarcza, kulturalna. Biuro wymiany waluty. △ Wymiana strzałów, ognia. □ W. (czego, kogo) między kim, czym (a kim, czym): Wymiana dóbr kulturalnych między narodami, między Polską a krajami socjalistycznymi. Wymiana not, jeńców między państwami. Urwała się wymiana myśli między przyjaciółmi. □ W. (czego) z kim, z czym: Wymiana kulturalna, gospodarcza z zagranicą. Wymiana towarowa a. towarów z krajami kapitalistycznymi. □ W. czego, kogo — na co, na kogo, za co: Wymiana jednych towarów na inne, za inne. Wymiana zepsutej części na nową. 2. «w językoznawstwie: występowanie w pokrewnych formach elementów stanowiących o .różnicach między tymi formami; oboczność» □ W. czego — z czym (*nie*: w co): Wymiana *a z e* w formach: świat//świecie.

wymiar *m IV, D.* wymiaru □ W. czego a) «rozmiar, wielkość»: Wymiar odzieży. Wymiar bryły geometrycznej. Mieć określone wymiary. b) «wymierzenie; to, co wymierzono»: Wymiar sprawiedliwości. Łagodny wymiar kary.

wymiarkować *dk IV*, wymiarkowaliśmy (p. akcent § 1a i 2) *pot.* «domyślić się; wywnioskować»: Wymiarkowałem, co on zamyśla. Wymiarkowali, że chcemy uciec.

wymiatać *ndk I*, wymiataliśmy (p. akcent § 1a i 2) — **wymieść** *dk IX*, wymiotę (*nie*: wymietę), wymiecie, wymiótł, wymiotła (*nie*: wymietła), wymieciony (*nie*: wymieciony), wymietliśmy □ W. co (z czego, spod czego, zza czego): Wymieść śmiecie spod szafy, zza szafy. △ *pot.* Jak wymiótł «bardzo pusto (*nie*: bardzo cicho)»: Rozglądał się za nimi po placu, ale na placu — jak wymiótł.

wymiąć (*nie*: wymnąć) *dk Xc*, wymnę, wymnie, wymnij, wymiąłem (*wym.* wymiołem; *nie*: wymiełem), wymięła (*wym.* wymieła), wymięliśmy (*wym.* wymieliśmy, p. akcent § 1a i 2), zwykle w imiesł. biernym: Książki i zeszyty miał wymięte, poplamione, podarte. Chodził stale w wymiętym ubraniu.

wymielać p. **wymleć**.

wymieniać *ndk I*, wymienialiśmy (p. akcent § 1a i 2) — **wymienić** *dk VIa*, wymieniliśmy 1. «dawać lub otrzymywać coś za coś innego» □ W. kogo, co — na kogo, co, za kogo, co: Wymie-

niać stare rzeczy na nowe. Wymienił kosztowności za zboże. Wymieniać jeńców za duży okup. □ W. co (z kim): Wymieniać znaczki z kolegą. △ *przen.* Wymieniać myśli, poglądy. Wymieniać serdeczności, uściski. Wymienili spojrzenia z bratem. 2. «wyliczać, podawać nazwisko, nazwę»: Wymienił uczestników zebrania. Wymienić kogoś po nazwisku, po imieniu a. z nazwiska, z imienia.

wymienny: Handel wymienny. Części wymienne (*lepiej*: zamienne) maszyn a. do maszyn. Nasza biblioteka prowadzi akcję wymienną (*lepiej*: akcję wymiany) z bibliotekami zagranicznymi.

wymierać *ndk I*, wymierałby (p. akcent § 4c) — **wymrzeć** *dk XI*, wymrze, wymarł, wymarłby □ W. na co: Wszyscy w domu wymarli na tyfus.

wymieralność *ż V, blm* «liczba zgonów na określoną liczbę ludności; *częściej*: umieralność»

wymiernik *m III, rzad., lepiej*: miernik, sprawdzian.

wymierzać *ndk I*, wymierzaliśmy (p. akcent § 1a i 2) — **wymierzyć** *dk VIb*, wymierzyliśmy 1. «dokonywać pomiarów»: Wymierzać grunty. Wymierzyć pokój, działkę. 2. «określać wielkość czegoś, wyznaczać coś w określonej wielkości»: Wymierzać ludności podatki. Wymierzył mu karę. △ Wymierzać sprawiedliwość «orzekać o karze i jej wykonaniu» 3. «brać na cel, celować» □ W. w co, do kogo — z czego a. w kogo, w co: Wymierzył w niego rewolwer. Wymierzył do napastnika z rewolweru. △ Wymierzyć komuś policzek, cios «uderzyć kogoś»

wymiesić *dk VIa*, wymieszę, wymieś, wymiesiliśmy (p. akcent § 1a i 2): Wymiesić glinę, ciasto.

wymieszać (*nie*: wymięszać) *dk I*, wymieszaliśmy (p. akcent § 1a i 2): Dosyp soli do zupy i wymieszaj. □ W. co — z czym «połączyć ze sobą jakieś składniki»: Wymieszać wapno z piaskiem.

wymieść p. **wymiatać**.

wymię *n V, D.* wymienia, *lm M.* wymiona, *D.* wymion.

wymigać się *dk I*, wymigaliśmy się (p. akcent § 1a i 2); *rzad.* **wymignąć się** *dk Va*, wymignąłem się (*wym.* wymignołem się; *nie*: wymignęłem się), wymignęliśmy się (*wym.* wymignęliśmy się) — **wymigiwać się** *ndk VIIIb*, wymiguje się (*nie*: wymigiwuje się, wymigiwa się), wymigiwaliśmy się □ *pot.* W. się od czego (czym): Od poważnej rozmowy wymigał się żartami. Wymigiwać się od pracy, od obowiązków.

wymioty *blp, D.* wymiotów (*nie*: wymiot): Zbiera się komuś na wymioty. || *D Kult. I*, 474.

wymknąć się *dk Va*, wymknąłem się (*wym.* wymknołem się; *nie*: wymknęłem, wymkłem się), wymknęła się (*wym.* wymkneła się; *nie*: wymkła się), wymknęliśmy się (*wym.* wymkneliśmy się, p. akcent § 1a i 2) — **wymykać się** *ndk I*, wymykaliśmy się: Wymknąć się skądś ukradkiem, chyłkiem. □ W. się (komuś) z czego, skąd, spod czego: Książka wymknęła mu się z ręki. Włosy wymykały jej się spod kapelusza. Wymknął się z pokoju. □ Komuś coś się wymknęło «ktoś powiedział coś nieopatrznie, bez zastanowienia»

wymleć (*nie*: wymielić, wymlić) *dk XI*, wymielę, wymielesz (*nie*: wymielisz), wymiele (*nie*: wymieli), wymełł (*nie*: wymleł, wymioł, wymielił, wymlił), wymełli (*nie*: wymleli, wymiołli, wymielili, wymlili), wymielony, *rzad.* wymełty (*nie*: wymelony, wymlety); wymełliśmy (*nie*: wymieliliśmy, wymielliśmy; p. akcent § 1a i 2) — *rzad.* **wymielać** *ndk I*, wymielaliśmy: Młynarz wymełł ze 100 kg ziarna 70 kg mąki.

wymłócić *dk VIa*, wymłócę, wymłóciliśmy (p. akcent § 1a i 2) — *rzad.* **wymłacać, wymłócać** *ndk I*, wymłacaliśmy, wymłócaliśmy: Maszyna sprawnie wymłóciła zboże.

wymodlić *dk VIa*, wymódl (*nie*: wymodlij), wymodliliśmy (p. akcent § 1a i 2) — *rzad.* **wymadlać, wymodlać** *ndk I*, wymadlaliśmy, wymodlaliśmy.

wymoknąć *dk Vc*, wymoknął (*wym.* wymoknoł) a. wymókł; wymokła (*nie*: wymoknęła), wymókłby (p. akcent § 4c) — *rzad.* **wymakać** *ndk I*, wymakałby: Łąki wymokły wskutek deszczu.

wymorzyć *dk VIb*, wymórz, wymorzyliśmy (p. akcent § 1a i 2) — *rzad.* **wymarzać** *ndk I*, wymarzaliśmy «wycieńczyć, osłabić głodem»

wymościć *dk VIa*, wymoszczę, wymościliśmy (p. akcent § 1a i 2) — *rzad.* **wymoszczać** *ndk I*, wymoszczaliśmy □ W. co — czym: Wymościć wóz sianem.

wymóc *dk XI*, wymogę, wymoże, wymóż (*nie*: wymóc) wymógł, wymogła, wymogliśmy (p. akcent § 1a i 2) □ W. co — na kim «wydobyć coś od kogoś usilnymi staraniami, natarczywymi żądaniami; wymusić»: Wymogli na nim przyznanie się do winy. Wymóżcie na matce zgodę na wasz wyjazd.

wymóg (*nie*: wymoga) *m III*, D. wymogu, *lm* D. wymogów (*nie*: wymóg), zwykle w *lm, lepiej*: wymagania, np. Sprostać, odpowiadać wymogom (*lepiej*: wymaganiom).

wymówić p. wymawiać.

wymrażać *ndk I*, wymrażaliśmy (p. akcent § 1a i 2) — **wymrozić** *dk VIa*, wymrożę, wymroź, wymroziliśmy 1. częściej *dk* «powodować wymarznięcie czegoś, wystudzić, wyziębić»: Silne mrozy wymroziły całe plantacje. Wymrozić mieszkanie. 2. zwykle *ndk* «mrożąc otrzymywać coś z czegoś»: Wymrażać sól z wody morskiej.

wymrzeć p. wymierać.

wymurować *dk IV*, wymurowaliśmy (p. akcent § 1a i 2) 1. «wyłożyć cegłą, kamieniem itp. wnętrze czegoś»: Wymurować piec cegłą ogniotrwałą. 2. *wych. z użycia* «wybudować»: Wymurować dom.

wymusić *dk VIa*, wymuszę, wymuś, wymusiliśmy (p. akcent § 1a i 2) — **wymuszać** *ndk I*, wymuszaliśmy □ W. co — na kim, *rzad.* od kogo (czym) «uzyskać wywierając nacisk; wymóc»: Wymuszać zeznania. Wymusili na nim tę pożyczkę natarczywymi prośbami. △ Wymusić pierwszeństwo przejazdu.

wymuskać *dk I*, wymuskaliśmy (p. akcent § 1a i 2) — *rzad.* **wymuskiwać** *ndk VIIIb*, wymuskuję (*nie*: wymuskiwuję, wymuskiwam), wymuskiwa-

liśmy, zwykle w imiesł. biernym: Wymuskany strój. Mówił gładką, wymuskaną francuszczyzną.

wymusztrować (*nie*: wymustrować) *dk IV*, wymusztrowaliśmy (p. akcent § 1a i 2): Wymusztrować rekrutów. Wymusztrowana służba.

wymyć *dk Xa*, wymyję, wymyliśmy (p. akcent § 1a i 2) — **wymywać** *ndk I*, wymywaliśmy 1. «umyć»: Wymyć ręce w ciepłej wodzie. □ Składnia jak: umyć. 2. «o wodzie płynącej: wydrążyć, wyżłobić»: Strumień wymywa wąwóz w podłożu. 3. «przez przemywanie wydobyć skądś, wypłukać»: Wymyć złoto z piasku.

wymykać się p. wymknąć się.

wymysł *m IV*, D. wymysłu 1. «zmyślenie, urojenie; to, co wymyślone»: Czczy wymysł. Te plotki są wymysłem. 2. *pot.* (tylko w *lm*) «obelgi, złorzeczenia»: Obrzucić kogoś wymysłami. Przywitali ich stekiem wymysłów.

wymyślać *ndk I*, wymyślaliśmy (p. akcent § 1a i 2) — **wymyślić** (*nie*: wymyśleć) *dk VIa*, wymyśliliśmy 1. «wpadać na jakiś pomysł, odkrywać coś»: Wymyślić nowy sposób przyrządzania potrawy. Wymyślić coś z głowy. △ *pot., lekcew.* Prochu nie wymyśli «o kimś mało inteligentnym» 2. «zmyślać, fantazjować»: Wymyślił jakąś bajkę o tobie. Kłamał i wymyślał niestworzone rzeczy. 3. *pot.* (tylko *ndk*) a) «ubliżać komuś» □ W. komu: Wymyślał wszystkim nie licząc się ze słowami. □ W. komu od kogo: Wymyślano mu od niedołęgów, od ostatnich. b) «wygadywać na kogoś»: Był niezadowolony z pracy i stale wymyślał na swoich zwierzchników.

wymyślny *st. w.* wymyślniejszy a. bardziej wymyślny: Wymyślny strój. Gotowała im najwymyślniejsze potrawy.

wymywać p. wymyć.

wynagradzać (*nie*: wynadgradzać) *ndk I*, wynagradzaliśmy (p. akcent § 1a i 2) — **wynagrodzić** *dk VIa*, wynagrodzę, wynagrodzą a. wynagrodzi; wynagrodziliśmy □ W. komu — co: Los wynagrodził mi straty. Wynagrodzono mu krzywdy, których doznał. □ W. kogo, co — za co: Los go za jego dobroć szczodrze wynagrodził. Wynagrodzono go za poniesioną stratę.

wynagrodzenie (*nie*: wynadgrodzenie) *n I* 1. «forma rzeczownikowa czas. wynagrodzić» □ W. czego komu: Wziął go na kilkudniową wycieczkę dla wynagrodzenia mu braku urlopu. 2. «zapłata za pracę, pensja; odszkodowanie» □ W. za co: Wysokie, marne wynagrodzenie. Wynagrodzenie za sprzątanie, za prace zlecone. Otrzymał wynagrodzenie za poniesione straty.

wynająć *dk Xc*, wynajmę (*nie*: wynajmię), wynajmie, wynajął (*wym.* wynajołem; *nie*: wynajełem), wynajął (*wym.* wynajoł), wynajęła (*wym.* wynajeła), wynajęliśmy (*wym.* wynajeliśmy, p. akcent § 1a i 2) — **wynajmować** (*nie*: wynajmywać) *ndk IV*, wynajmowaliśmy □ W. kogo do czego: Wynająć robotników do żniw. Wynajmować kogoś do prania, do sprzątania. □ W. co — do czego, na co: Wynająć pokój na pracownię. Wynająć wóz do przewiezienia mebli.

wynajdywać, *rzad.* wynajdować *ndk VIIIa*, wynajduje (*nie*: wynajdywuje, wynajdywa), wynajdy-

wynajem

waliśmy (p. akcent § 1a i 2) — **wynaleźć** *dk XI*, wy-
najdę, wynajdzie, wynajdź (*nie*: wynaleź), wynalazł,
wynaleźliśmy **1.** «wybierać, znajdować po długich
poszukiwaniach»: Wynalazł odpowiednie miejsce na
biwak. Umiał wynajdywać odpowiednich ludzi. **2.** tylko *dk* «wymyślić, odkryć coś nowego i zastosować
w praktyce»: Gutenberg wynalazł druk.

wynajem (*nie*: wynajm) *m IV*, D. wynajmu, *blm*
urz. «wynajęcie, wynajmowanie»: Wynajem lokalu,
sprzętu turystycznego. △ W nazwach dużą literą:
Centrala Wynajmu Filmów. || D Kult. II, 439.

wynajmować p. wynająć.

wynalazca *m* odm. jak *ż II, lm M.* wynalazcy, *DB.*
wynalazców «ten, kto dokonał wynalazku»: Genialny, sławny wynalazca. Wynalazca radia.

wynalazczy *m-os.* wynalazczy: Wynalazczy umysł.
△ *środ.* Prawo wynalazcze (*lepiej*: prawo o ochronie
wynalazków a. prawo dotyczące ochrony wynalazków).

wynalazek *m III*, D. wynalazku: Genialny, cudowny wynalazek. Wynalazek Gutenberga, Edisona.
Wynalazek druku, elektryczności, prochu. Wynalazek
w dziedzinie (z dziedziny) techniki, chemii. Dokonać
wynalazku.

wynaleźć p. wynajdywać.

wynarodowić *dk VIa*, wynarodów, wynarodowi-
liśmy (p. akcent § 1a i 2) — **wynaradawiać**, *rzad.*
wynarodawiać, wynarodowiać *ndk I*, wynarada-
wialiśmy, wynarodawialiśmy, wynarodowialiśmy:
Wynarodowić kraj, młodzież.

wynędznieć *dk III*, wynędznieliśmy (p. akcent
§ 1a i 2): Wynędznieli na skutek długiego głodowa-
nia (*ale* w imiesł. przeszłym: Wynędzniali jeńcy kopali rowy).

wynieść *dk XI*, wyniosę (*nie*: wyniesę), wyniesie,
wyniosłem (*nie*: wyniesłem), wyniósł, wyniosła, wy-
nieśliśmy (p. akcent § 1a i 2) — **wynosić** *ndk VIa*,
wynoszę, wynosiliśmy **1.** «niosąc usunąć coś skądś
i umieścić gdzieś indziej» □ W. co — z czego (dokąd): Wynosić rzeczy z pokoju. Wynieść kwiaty na
balkon. △ *przen.* Wrażenia wyniesione z teatru. Wyniósł staranne wychowanie z domu. △ *pot.* (ekspresywnie) Wyniosło kogoś gdzieś «ktoś dokądś wyszedł» △ Wynosić wiadomości, plotki itp. «mówić
o czymś niepotrzebnie»: Wynosił różne wiadomości
z pracy. **2.** «wznieść, podźwignąć do góry, wysoko»:
Statek „Wostok" wyniesiony został w przestrzeń ko-
smiczną. △ (zwykle *ndk*) Wynosić kogoś, coś pod
niebiosa, pod obłoki «wychwalać, wysławiać» △ Wynieść kogoś na piedestał «uznać za doskonałość»
△ Wynieść kogoś na tron «uczynić królem, władcą»
△ *kult., podn.* Wynieść kogoś na ołtarze «zaliczyć
w poczet świętych» **3.** tylko w 3. os. i w bezokol.,
nieco *książk.* «o cenie, koszcie, wartości, sumie czegoś itp.: stanowić»: Należność wyniesie 200 zł. Cena

książki (*nie*: książka) wynosi 10 zł. Koszt przebudowy
(*nie*: przebudowa) wyniesie około tysiąca złotych.
wynieść się — wynosić się 1. *pot.* «wyjść skądś,
opuścić jakieś miejsce, wyprowadzić się»: Wynieść
się cichaczem, pośpiesznie. Trzeba będzie się wynieść
z tego mieszkania. △ (tylko *dk*) *pot., żart.* Wynieść
się na tamten świat, do Abrahama na piwo «umrzeć»
2. tylko *ndk* «wywyższać się, pysznić się» □ W. się
nad kogo, nad co: Jeden nad drugiego się wynosi.

wynik *m III*, D. wyniku **1.** «to, co jest następstwem
działania jakiejś przyczyny, rezultat, skutek»: Pomyślny, pozytywny, ostateczny, marny, słaby, niedostateczny wynik. Wynik remisowy. □ W. czego:
Wynik analizy, doświadczenia. Wynik śledztwa, głosowania, współzawodnictwa. Wynik spotkania, zebrania. Wynik działania matematycznego (dodawania, mnożenia itp.). △ W wyniku czego: W wyniku
starań, badań. **2.** zwykle w *lm* «osiągnięcia» □ W.
w czym: Wyniki w pracy, w sporcie, w dziedzinie
rolnictwa.

wynikać *ndk I*, wynikałby (p. akcent § 4c) — **wyniknąć** *dk Vc*, wynikł a. wyniknął (*wym.* wyniknoł),
wynikła, wynikłby a. wyniknąłby (*wym.* wyniknoł-
by) «powstawać jako rezultat czegoś; wyłaniać się»:
Podczas rozmowy wynikł spór. Na zebraniu wynikła
nowa sprawa. □ W. z czego: Jedno z drugiego
wynika. Z braku dozoru wynikły kłopoty. □ Z czegoś wynika, że... «okazuje się, wypływa jako wniosek»: Z różnych wzmianek wynika, że sprawa budzi zainteresowanie. Z doświadczenia wynikło, że założenia były słuszne.

wyniosły *m-os.* wyniośli, *st. w.* wynioślejszy **1.** «wy-
noszący się nad innych, pyszny; będący wyrazem
pychy»: Wyniosłe zachowanie, spojrzenie. □ W.
wobec kogo (czego): Wyniosły wobec podwładnych. **2.** *rzad., książk.* «bardzo wysoki»: Wyniosła
postać. Wyniosłe topole.

wynos *m IV*, D. wynosu, tylko w *pot.* (trochę wie-
chowym) wyrażeniu: Na wynos «w odniesieniu do
produktów żywnościowych: do zabrania ze sobą poza
lokal (a nie do spożywania na miejscu)»: Ciastka na
wynos.

wynosić p. wynieść.

wyobcować (się) *dk IV*, wyobcowaliśmy (się; p.
akcent § 1a i 2), zwykle w imiesł. biernym i w formie
zwrotnej □ W. kogo — z czego: Niechęć kolegów
wyobcowała go z ich środowiska.

wyobrazić *dk VIa*, wyobrażę, wyobraziliśmy
(p. akcent § 1a i 2) — **wyobrażać** *ndk I*, wyobraża-
liśmy **1.** *książk.* tylko *ndk* w 3. os. i w bezokol., *częściej*: przedstawiać (o obrazie, rzeźbie itp.): Statuetka
wyobrażała siedzącą kobietę. **2.** zwykle z zaimkiem:
sobie «zobaczyć w wyobraźni, uzmysłowić sobie»
□ W. sobie kogo, co — jako kogo, co, *przestarz.*
kim, czym: Wyobrażała go sobie jako starca (starcem). □ W. sobie, że... Wyobrażał sobie, że jest
na wycieczce. △ Wyobraź sobie, proszę sobie wyobrazić «zwrot używany jako wstęp do zakomuniko-
wania czegoś, najczęściej zaskakującej wiadomości»

wyobrażenie *n I* **1.** forma rzeczownikowa czas.
wyobrazić (zwykle z zaimkiem: *sobie*): Wyobrażenie
sobie rozstania z żoną było ponad jego siły. **2.** «pojęcie, pogląd»: Wyobrażenia estetyczne. Wyobrażenia
oderwane, słuchowe, wzrokowe. △ Coś przechodzi

ludzkie wyobrażenie «coś jest nieprawdopodobne, niezrozumiałe» □ W. o czym: Opis tego procesu dawał wyobrażenie o wymiarze sprawiedliwości w dawnych czasach. △ Nie mieć wyobrażenia o czymś «nie znać czegoś zupełnie, nic nie wiedzieć o czymś» △ Mieć jakieś wyobrażenie o kimś, o czymś «przedstawiać sobie kogoś, coś — jakimś» △ *wiech.* Czy masz wyobrażenie? «czy wiesz? czy sobie wyobrażasz?» 3. *przestarz.* «podobizna, wizerunek»: Pieczęć z wyobraże niemkróla, orła.

wyodrębniać *ndk I*, wyodrębnialiśmy (p. akcent § 1a i 2) — **wyodrębnić** *dk VIa*, wyodrębnij, wyodrębniliśmy □ W. co — z czego: Wyodrębnić wodór z gazu wodnego. □ W. co — w czym: Wyodrębnić w wyrazie rdzeń, przyrostek.

wyolbrzymiać *ndk I*, wyolbrzymialiśmy (p. akcent § 1a i 2) — **wyolbrzymić** *dk VIa*, wyolbrzym (*nie:* wyolbrzymij), wyolbrzymiliśmy: Wyolbrzymiać fakty. Wyolbrzymiać czyjeś wady, zasługi.

wyorać *dk IX*, wyorzę (*nie:* wyoram), wyorz (*nie:* wyórz, wyoraj), wyoraliśmy (p. akcent § 1a i 2) — **wyorywać** *ndk VIIIa*, wyoruję (*nie:* wyorywuję, wyorywam), wyorywaliśmy □ W. co — z czego «orząc wydobyć coś na powierzchnię»: Wyorać kamienie z pola, z ziemi. □ W. co — w czym «orząc zrobić wgłębienie»: Wyorywać bruzdy w glebie.

wyosabniać a. **wyosobniać** (*nie:* wyasabniać) *ndk I*, wyosabnialiśmy, wyosobnialiśmy (p. akcent § 1a i 2) — **wyosobnić** *dk VIa*, wyosobnij, wyosobniliśmy *wych. z użycia* «oddzielać, wyodrębniać» □ W. kogo, co — z czego, od czego, jako co: Wyosobniono go z grona kolegów. Wyosobnić jedne odcienie barw od drugich. Gramatykę historyczną wyosobniono jako samodzielny przedmiot wykładowy.

wypacać p. wypocić.

wypad *m IV, D.* wypadu: Wypad pieszy, samochodowy a. samochodem. Zrobić wypad na pozycje nieprzyjaciela. Wypad w góry, za miasto, za granicę.

wypadać *ndk I*, wypadaliśmy (p. akcent § 1a i 2) — **I wypaść** *dk Vc*, wypadnę, wypadnie, wypadł (*nie:* wypadnął), wypadliśmy □ W. z czego a) «wysuwać się; oddzielać się od czegoś padając w dół»: Pióro wypadło mi z ręki. Z gniazda wypadł ptak. Włosy, zęby wypadają komuś. △ *pot.* Coś wypadło komuś z głowy, z myśli, z pamięci «ktoś zapomniał o czymś» △ Coś wypada z planu «coś zostaje skreślone w planie, przesunięte na dalszy termin» △ Wypadać z rytmu, z kursu «tracić właściwy rytm, kurs» △ Wypadać z roli «odstępować od określonego sposobu zachowania się» △ *pot.* Nie wypaść sroce spod ogona «nie być byle kim» △ *przestarz.* Wypadać z łask, z łaski «tracić czyjeś łaski, względy» b) «ukazywać się nagle, wybiegać skądś z impetem»: Wypadać z pokoju. Pociąg wypadł z tunelu. Z popielnika wypadł snop iskier. □ W. na kogo «dostawać się komuś, przypadać (w udziale)»: Kolej przemawiania wypadła na niego. Wypada na każdego po 100 zł. □ (tylko w 3. os.) W. komu «zdarzać się, bywać, przytrafiać się»: Jeśli mi coś wypadnie, nie przyjdę. Dyżur wypada mu w niedzielę. Egzamin wypadł mu dobrze. △ *nieos.* Wypada, wypadło: a) tylko *ndk* «należy, trzeba, jest wskazane; należy do dobrego tonu» często z przeczeniem: jest niestosowne, nie przystoi)»: Wy-

pada nam zapoznać się z jego pracami. Wypada przeprosić za spóźnienie. Nie wypada, żebyś teraz odchodził. b) tylko *dk* «trafiło się, zdarzyło się»: Wypadło nam zatrzymać się po drodze. □ W. na kogo: Wypadło na mnie zawiadomić rodzinę o wypadku.

wypadek *m III, D.* wypadku 1. «zdarzenie, zajście, fakt»: Nieprzewidziany, odosobniony wypadek. Wypadki historyczne. Mnożyły się wypadki samowoli, niekarności. △ Na wszelki wypadek, *wych. z użycia*, *pot.* Od wypadku: Trzeba wziąć ze sobą na wszelki wypadek trochę pieniędzy. △ Na wypadek, w wypadku czegoś (*nie:* na przypadek, w przypadku), *lepiej:* w razie czegoś. △ *niepoprawne* Wypadkiem — w zn. «czasem, może», *zamiast:* przypadkiem, np.: Czy nie pójdziesz wypadkiem (*zamiast:* przypadkiem) do sklepu? △ Od wypadku do wypadku (*zamiast:* od czasu do czasu, nieregularnie, niesystematycznie). 2. «nieszczęśliwe zdarzenie; katastrofa»: Nieszczęśliwy, ciężki, tragiczny wypadek. Wypadek przy pracy, w drodze do pracy. Wypadek miał miejsce, *lepiej:* zdarzył się, przytrafił się. △ Wypadek losowy «niepowodzenie, nieszczęście» || D Kult. I, 337; U Pol. (2), 201. Por. przypadek.

wypadkowość *ż V, blm środ.* «obliczona statystycznie liczba wypadków»: Wypadkowość na drogach, w mieście. Wskaźniki wypadkowości.

wypaplać *dk X, rzad. I*, wypaplę, *rzad.* wypaplam; wypaplaj, wypaplaliśmy: Wypaplał cudze tajemnice.

wypaproszać, wypaproszyć p. wypatroszyć.

wyparskać *dk I*, wyparskaliśmy (p. akcent § 1a i 2), **wyparsknąć** *dk Va*, wyparsknąłem (*wym.* wyparsknołem; *nie:* wyparsknęłem), wyparsknął (*wym.* wyparsknoł), wyparsknęła (*wym.* wyparskneła; *nie:* wyparskła), wyparsknęliśmy (*wym.* wyparskneliśmy) — **wyparskiwać** *ndk VIIIb*, wyparskuję, wyparskiwaliśmy: Konie wyparskiwały resztki owsa.

wypasać *ndk I*, wypasaliśmy (p. akcent § 1a i 2); *rzad.* **wypasywać** *ndk VIIIa*, wypasuję (*nie:* wypasywuję, wypasywam), wypasywaliśmy, wypasywany — **II wypaść** *dk X*, wypasę, wypasie, wypasł, wypaśliśmy, wypasiony □ W. co (*żart.* kogo) a) — na czym a. czym «karmić; tuczyć»: Wypasł krowy na koniczynie a. koniczyną. b) — czym «zużywać coś na paszę, *częściej:* spasać, skarmiać»: Wszystko siano wypasł końmi. c) tylko *ndk* «paść na pastwisku»: Wypasać owce na halach.

I wypaść p. wypadać.

II wypaść p. wypasać.

wypatroszyć, *rzad.* **wypaproszyć** *dk VIb*, wypatroszyliśmy, wypaproszyliśmy (p. akcent § 1a i 2) — **wypatraszać**, *rzad.* **wypatraszać**, **wypaproszać** *ndk I*, wypatroszaliśmy, wypatraszaliśmy, wypaproszaliśmy: Wypatroszyć ryby, drób, upolowaną zwierzynę.

wypatrywać *ndk VIIIa*, wypatruję (*nie:* wypatrywuję, wypatrywam), wypatrywaliśmy (p. akcent § 1a i 2) — **wypatrzyć** (*nie:* wypatrzeć) *dk VIa*, wypatrzyliśmy. □ (tylko *ndk*) W. kogo, czego «uważnie patrząc szukać, starać się wypatrzyć wzrokiem; wyglądać, wyczekiwać»: Lwy w puszczy wypatrywały zdobyczy. Wypatrywać gości. Czego ty wypatrujesz

wypchać

na drodze? △ Wypatrywać odpowiedniej chwili, okazji itp. (*ale*: wypatrzyć odpowiednią chwilę, okazję itp.). △ Wypatrywać oczy **a)** «patrzeć uważnie, z natężeniem (żeby kogoś zobaczyć)» **b)** «niszczyć oczy ciągłym wpatrywaniem się w coś» △ Wypatrywać (sobie) oczy (za kimś) «interesować się kimś bardzo» □ (zwykle *dk*) Wypatrzyć co «odnaleźć, wyszukać wzrokiem, upatrzyć»: Wypatrzyli sobie miejsce do obozowania. Wypatrzył stylowy sekretarzyk. Wypatrzyła ładny materiał.

wypchać *dk I*, wypchaliśmy (p. akcent § 1a i 2); **wypchnąć** *dk Va*, wypchnąłem (*wym.* wypchnołem; *nie*: wypchnełem, wypchłem), wypchnął (*wym.* wypchnoł), wypchnęła (*wym.* wypchnęła; *nie*: wypchła), wypchnęliśmy (*wym.* wypchnęliśmy; *nie*: wypchliśmy) — **wypychać** *ndk I*, wypychaliśmy **1.** tylko: wypchać — wypychać □ W. co — czym **a)** «napełnić coś czymś»: Wypchać siennik słomą, poduszki pierzem. △ Wypchać zwierzę, ptaka «napełnić czymś skórę zabitego zwierzęcia, nadając jej kształt tego zwierzęcia» **b)** «umieścić gdzieś dużą ilość czegoś»: Plecak wypchany rzeczami. Kieszenie wypychał zawsze cukierkami. Portfel wypychany pieniędzmi. △ *pot.* Wypchać (sobie) kieszenie, kabzę «wzbogacić się» **2.** tylko: wypchnąć — wypychać □ W. kogo co — z czego (dokąd) «siłą usunąć kogoś, coś skądś; przesunąć gdzieś indziej»: Wypchnięto go z sali. Wypchnął bryczkę z wozowni przed dom.

wypełnić *dk VIa*, wypełń a. wypełnij; wypełniliśmy (p. akcent § 1a i 2) — **wypełniać** *ndk I* □ W. co — czym (*nie*: przez co) «uczynić coś pełnym czegoś»: Wypełnić teczkę książkami. Walizki były wypełnione (*nie*: przepełnione) po brzegi. △ *przen.* Miłość do niej wypełniała mu cały świat. □ W. co **a)** «wywiązać się z czegoś; spełnić (zwykle: obowiązek, zadanie, czyjąś wolę)» **b)** «wpisać do czegoś odpowiedni tekst»: Wypełnić ankietę, formularz, raport.

wypełznąć *dk Vc*, wypełzł, *rzad.* wypełznął (*wym.* wypełznoł), wypełzła, wypełzliśmy (p. akcent § 1a i 2) — **wypełzać** *ndk I*, wypełzaliśmy **1.** «pełzając wydostać się skądś»: Wąż wypełzł z ukrycia. **2.** zwykle *dk* «stracić intensywność barwy, wypłowieć, spłowieć»: Sukienka wypełzła na słońcu, od słońca.

wypędzać *ndk I*, wypędzaliśmy (p. akcent § 1a i 2) — **wypędzić** *dk VIa*, wypędzę, wypędziliśmy □ W. kogo, co z czego: Wypędził syna z domu. Wypędzać bydło z obory na pastwisko. △ *pot.* Pogoda, że psa nie wypędzić a. że psa by nie wypędził.

wypiąć *dk Xc*, wypnę, wypnie, wypnij, wypiąłem (*wym.* wypiołem; *nie*: wypiełem), wypiął (*wym.* wypioł), wypięła (*wym.* wypieła), wypięliśmy (*wym.* wypieliśmy, p. akcent § 1a i 2) — **wypinać** *ndk I*, wypinaliśmy: Wypiąć brzuch, piersi.

wypić *dk Xa*, wypiliśmy (p. akcent § 1a i 2) — **wypijać** *ndk I*, wypijaliśmy «pijąc wchłonąć jakiś płyn»: Wypić kawę. Wypić coś duszkiem, do dna. △ Wypić czyjeś zdrowie a. za czyjeś zdrowie, za pomyślność, za zgodę itp. a. na pomyślność, na zgodę itp. □ (zwykle *dk*) W. bez dop. «wypić jakiś napój alkoholowy»: Lubił (sobie) wypić po obiedzie.

wypiec *dk XI*, wypiekę, wypiecze, wypiekł, wypiekliśmy (p. akcent § 1a i 2) — **wypiekać** *ndk I*, wypiekaliśmy **1.** zwykle *dk* «zupełnie, całkowicie

upiec»: Chleb dobrze wypieczony. **2.** zwykle *dk* «zużyć na pieczenie»: Wypiekła wszystką mąkę. **3.** zwykle *ndk* (w zn. *dk* częściej: upiec) «piekąc wyprodukować, przyrządzić coś»: Wypiekała smaczne bułeczki. Cukiernik wypiekł wspaniały tort.

wypielać p. wypleć.

I wypierać *ndk I*, wypieraliśmy (p. akcent § 1a i 2) — **wyprzeć** *dk XI*, wyprę, wyprze, wyprzyj, wyparł, wyparliśmy □ W. kogo — z czego «prąc usuwać siłą; wypychać»: Wyprzeć wroga z kraju. △ *przen.* Złota moneta wypierała srebrną.
wypierać się — **wyprzeć się** □ W. się czego «zaprzeczać temu, że się coś zrobiło, popełniło»: Narobił drobnych świństw, a potem się wszystkiego wyparł. △ Wypierać się czegoś w żywe oczy. □ W. się kogo, czego «odstępować od kogoś, od czegoś, zwykle w sposób niegodny»: Wyparł się własnego ojca. Wyparł się swoich dawnych zasad.

II wypierać p. wyprać.

wypijać p. wypić.

wypiłować *dk IV*, wypiłowaliśmy (p. akcent § 1a i 2) — **wypiłowywać** *ndk VIIIa*, wypiłowuję (*nie*: wypiłowywuję, wypiłowywam), wypiłowywaliśmy □ W. co — w czym: Wypiłować kraty w oknie, otwór w desce.

wypinać p. wypiąć.

wypis *m IV*, D. wypisu **1.** «wyciąg z jakiegoś dokumentu» □ W. z czego: Wypis z akt. **2.** zwykle w *lm* «podręcznik zawierający zazwyczaj fragmenty utworów różnych autorów»: Wypisy z literatury powszechnej.

wypisać *dk IX*, wypisze, wypisaliśmy (p. akcent § 1a i 2) — **wypisywać** *ndk VIIIa*, wypisuję (*nie*: wypisywuję, wypisywam), wypisywaliśmy □ W. co **a)** «pisząc sporządzić coś; wypełnić»: Wypisać kwit, rachunek, zaświadczenie. **b)** «pisząc zużyć coś»: Wypisać atrament. □ W. co — z czego «przepisać coś z większej całości»: Wypisywał z katalogu numery książek. Wypisał wiersz ze zbioru poezji. □ (zwykle *ndk*) W. co — na kogo «napisać, donieść»: Wypisywał na niego różne bzdury. □ (zwykle *dk*) W. kogo — z czego «wyłączyć kogoś z listy zapisanych»: Wypisać dziecko ze szkoły, chorego ze szpitala.

wypitka *ż III*, lm D. wypitek *pot.* «pijatyka» △ Ktoś (dobry, skory) do wypitki i do wybitki «o kimś lubiącym wypić, skorym do bójki»

wyplatać *ndk I*, wyplataliśmy (p. akcent § 1a i 2) — **wypleść** *dk XI*, wyplotę (*nie*: wypletę), wyplecie, wyplotłem (*nie*: wypletłem), wyplótł, wyplotła (*nie*: wypletła), wypletliśmy □ W. co — z czego **a)** zwykle *ndk* «plotąc robić coś»: Wyplatać koszyki, krzesła (z wikliny). △ *przen.* Wyplatać głupstwa, bzdury. **b)** «wyjmować coś wplecionego»: Wypleść wstążki z warkoczy.

wyplątać *dk IX*, wyplącze (*nie*: wypląta), wyplątaliśmy (p. akcent § 1a i 2) — **wyplątywać** *ndk VIIIa*, wyplątuję (*nie*: wyplątywuję, wyplątywam), wyplątywaliśmy □ W. kogo, co — z czego: Wyplątywać owcę z gęstych zarośli. △ *przen.* Wyplątać z kłopotów.

wypleć *dk XI*, wypielę, wypielesz (*nie*: wypielisz, wyplisz), wypiele (*nie*: wypieli, wypli), wypełłem (*nie*: wypieliłem), wypełł (*nie*: wypielił, wyplił, wypleł), wypełliśmy (*nie*: wypieliliśmy, wypliliśmy; p. akcent § 1a i 2), wypielony, *rzad.* wypełty (*nie*: wyplony, wyplety, wypelony) — *rzad.* **wypielać** *ndk I*, wypielaliśmy: Wypleć chwasty. Wypleć grządki.

wypleniać *ndk I*, wyplenialiśmy (p. akcent § 1a i 2) — **wyplenić** *dk VIa*, wypleniliśmy: Wypleniać zielsko. △ *przen.* Wyplenić złe nawyki, zło.

wypleść p. wyplatać.

wyplewić *dk VIa*, wyplewiliśmy (p. akcent § 1a i 2) *reg.* «wypleć»

wypluć *dk Xa*, wypluje, wypluj, wypluł, wypluła, wypluliśmy (p. akcent § 1a i 2); **wyplunąć** *dk Vb*, wyplunie, wypluń, wyplunąłem (*wym.* wyplunołem; *nie*: wyplunełem), wyplunęła (*wym.* wyplunęła), wyplunęliśmy (*wym.* wyplunełiśmy) — **wypluwać** *ndk I*, wypluwaliśmy: Wypluł krew z ust. △ *pot.* Mieć wyplute płuca «mieć płuca zniszczone przez gruźlicę» △ *pot.* Wypluń (wypluj) to słowo «nie mów tego, nie kuś losu; oby się to nie stało»

wypłacić *dk VIa*, wypłacę, wypłaciliśmy (p. akcent § 1a i 2) — **wypłacać** *ndk I*, wypłacaliśmy □ W. co — komu: Wypłacić pensje pracownikom. Wypłacać komuś należność. □ *książk.* Wypłacić a. wypłacić się (komu) czym — za co: Wypłacił mi czarną niewdzięcznością za moje dobre serce. **wypłacić się — wypłacać się** □ *książk.* W. się czym — komu «odwdzięczyć się, odwzajemnić się»: Niewdzięcznością mu się za życzliwość wypłacili.

wypłakać *dk IX*, wypłacze, wypłakaliśmy (p. akcent § 1a i 2) — **wypłakiwać** *ndk VIIIb*, wypłakuję (*nie*: wypłakiwuję), wypłakiwaliśmy «płacząc wylać (łzy)»: Doznała tak wielu nieszczęść w swoim życiu, że wypłakała już wszystkie łzy. △ *przen.* Wypłakać oczy. Wypłakać z siebie duszę. □ W. co — komu «płacząc wyznać coś»: Wypłakiwała matce swoje zmartwienia, żale. □ W. co — od kogo «płacząc uzyskać coś»: Wypłakała od ojca pozwolenie na wyjazd za granicę.

wypłaszać *ndk I*, wypłaszaliśmy (p. akcent § 1a i 2) — **wypłoszyć** *dk VIb*, wypłoszyliśmy □ W. kogo, co — z czego: Wypłoszyć złodzieja z mieszkania. Wypłoszyli lisa z nory.

wypłata *ż IV* 1. zwykle w *lp* «wypłacanie należności przez instytucję»: Wypłata pensji. Zawiesić wypłatę. 2. «wypłacane pieniądze; pieniądze do wypłacenia»: Całotygodniowa wypłata. Dostać, podjąć, wziąć wypłatę. 3. *przestarz.* «płacenie należności» △ Na wypłatę a. na wypłaty (*nie*: na wypłat) «na raty»

wypłatać *dk I*, wypłataliśmy (p. akcent § 1a i 2) △ zwykle w zwrotach: Wypłatać figla, psikusa.

wypłoszyć p. wypłaszać.

wypłowieć *dk III*, wypłowiałby (p. akcent § 4c) «stracić intensywność barwy; spłowieć» □ W. od czego, na czym: Sukienka wypłowiała od słońca a. na słońcu.

wypłuczyny *blp*, D. wypłuczyn; *rzad.* **wypłuczki** *blp*, D. wypłuczek.

wypłukać *dk IX*, wypłuczę, wypłukaliśmy (p. akcent § 1a i 2) — **wypłukiwać** *ndk VIIIb*, wypłukuję (*nie*: wypłukiwuję, wypłukiwam), wypłukiwaliśmy 1. częściej *dk* «płucząc obmyć, oczyścić»: Wypłukać gardło. Wypłukać bieliznę. Wypłukać coś w wodzie, pod bieżącą wodą, w roztworze soli. Wypłukała włosy wywarem z ziół. 2. «o wodzie: płynąc wyżłobić coś, usunąć coś»: Deszcze wypłukiwały szczeliny w skałach. △ Wypłukać żołądek. □ W. co — z czego: a) «pozbawić coś czegoś»: Wody wypłukują glebę z soli. b) «uzyskać coś z czegoś»: Wypłukać złoto z piasku.

wypłynąć *dk Vb*, wypłynie, wypłynąłem (*wym.* wypłynołem; *nie*: wypłynełem), wypłynął (*wym.* wypłynoł), wypłynęła (*wym.* wypłynęła), wypłynęliśmy (*wym.* wypłynełiśmy; p. akcent § 1a i 2) — **wypływać** *ndk I*, wypływaliśmy □ W. z czego a) «płynąc opuścić jakieś miejsce»: Wypłynął na jachcie z zatoki. Statki wypływają z portów. b) «wyciec; w formie *ndk* (o wodach bieżących): mieć, brać początek»: Łzy wypłynęły jej spod powiek. Rzeki wypływają ze źródeł. △ *przen.* zwykle *ndk* (tylko w 3. os.) «stać się następstwem, wynikiem czegoś; wynikać»: Jego czyny nie wypływały ze złych zamiarów. Wnioski powinny wypływać z doświadczeń. □ W. na co: a) «wydostać się na rozległą przestrzeń wody»: Rybacy wypłynęli już na morze. Kajaki wypływały na jezioro. b) «ukazać się na powierzchni cieczy, wynurzyć się»: Nurkują i co chwila wypływają na powierzchnię. Oliwa na wierzch wypływa (przysłowie). △ *pot., przen.* (zwykle bez dop.) «zdobyć pozycję w świecie; wyjść z tarapatów»: Człowiek tak zaradny jak on, zawsze wypłynie.

wypocić *dk VIa*, wypocę, wypociliśmy (p. akcent § 1a i 2) — **wypacać** *ndk I*, wypacaliśmy «pocąc się stracić coś, wydzielać coś»: Ciężko pracując, wypacał z siebie tłuszcz. △ *pot., przen.* «zrobić, napisać coś z wielkim trudem»: Wypocił wreszcie list do rodziny. **wypocić się** — *rzad.* **wypacać się** «spocić się obficie»

wypocząć *dk Xc*, wypocznę, wypocznie, wypocznij, wypocząłem (*wym.* wypoczołem; *nie*: wypoczełem), wypoczął (*wym.* wypoczoł), wypoczęła (*wym.* wypoczęła), wypoczęliśmy (*wym.* wypoczeliśmy, p. akcent § 1a i 2) — **wypoczywać** *ndk I*, wypoczywaliśmy: Wypoczął po pracy. Wypoczywał przed podróżą.

wypogadzać (*nie*: wypagadzać) *ndk I*, wypogadzaliśmy (p. akcent § 1a i 2) — **wypogodzić** *dk VIa*, wypogodzę, wypogódź, wypogodziliśmy «(zwykle w *przen.*) czynić pogodnym; rozchmurzać, rozjaśniać»: Wypogadzać twarz, oczy. Wypogodzić czoło. **wypogadzać się — wypogodzić się** 1. «o niebie stawać się pogodnym, bezchmurnym»: Niebo wypogodziło się po burzy. △ *nieos.* Wypogadza się, wypogodziło się «ustala się (ustaliła się) dobra pogoda» 2. *rzad.* «rozchmurzać twarz»

wypominać *ndk I*, wypominaliśmy (p. akcent § 1a i 2) — **wypomnieć** (*nie*: wypomnąć) *dk VIIa*, wypomnę, wypomnij, wypomniał, wypomnieliśmy □ W. co (*nie*: o czym) — komu; w. komu, że...: Wypomniała mu wszystkie krzywdy, jakich od niego doznała. Wypominał jej ciągłe spóźnienia. Wypomniał mu, że mu zrobił dużo dobrego.

wyposażać *ndk I*, wyposażaliśmy (p. akcent § 1a i 2) — **wyposażyć** *dk VIb*, wyposażyliśmy □ W. kogo, co — w co «zaopatrywać w coś»: Wyposażono nas w niezbędny sprzęt. Apteczka dobrze wyposażona. □ *wych. z użycia* W. kogo «dawać posag»: Ojciec jeszcze za życia wyposażył córkę.

wyposażenie *n I*: Armia ma rakiety w swoim (*nie*: na swoim) wyposażeniu.

wypośrodkować *dk IV*, wypośrodkowaliśmy (p. akcent § 1a i 2) — **wypośrodkowywać** *ndk VIIIa*, wypośrodkowuję (*nie*: wypośrodkowywuję, wypośrodkowywam), wypośrodkowywaliśmy: Wypośrodkować (*lepiej*: wyznaczyć, ustalić) granicę między sąsiadami. Na podstawie wybranych prac wypośrodkować (*lepiej*: ustalić) koncepcję budowy.

wypowiadać *ndk I*, wypowiadaliśmy (p. akcent § 1a i 2) — **wypowiedzieć** *dk*, wypowiem, wypowie, wypowiedz, wypowiedzą, wypowiedział, wypowiedzieliśmy, wypowiedziany **1.** «wygłaszać, oznajmiać; podawać coś do wiadomości słowami»: Szczerze wypowiadali swoje poglądy. Nie sposób wypowiedzieć tego uczucia. △ Wypowiadać wojnę (*ale* nie: bój, kampanię). □ W. co — czym: *przen.* Aktor wypowiedział cały swój ból jednym wyrazistym gestem. **2.** «unieważniać coś, rozwiązywać jakąś umowę» □ W. co — komu: Wypowiedzieć pracę, miejsce, służbę, mieszkanie. △ Wypowiedzieć komuś posłuszeństwo.

wypowiadać się — wypowiedzieć się 1. «formułować swoje myśli w słowach; wyrażać opinię, zabierać głos»: Umiał się jasno i zwięźle wypowiadać. Wypowiedzieć się na jakiś (czyjś) temat, w jakiejś sprawie. □ W. się o czym, o kim: Wypowiadał się o nim bardzo życzliwie. □ W. się za czymś, *rzad.* za kimś: Wypowiadał się za jego kandydaturą. **2.** *rzad.* «zwierzać się» □ W. się przed kim: Było jej ciężko, ale nie miała się przed kim wypowiedzieć.

wypowiedź *ż V, lm M.* wypowiedzi: Krytyczna, szczera, ogólnikowa wypowiedź. Wypowiedź prasowa, radiowa. Wypowiedź osoby urzędowej. Wypowiedź o sytuacji powodziowej, na temat powodzi.

wypożyczać *ndk I*, wypożyczaliśmy (p. akcen § 1a i 2) — **wypożyczyć** *dk VIb*, wypożyczyliśmy «pożyczać coś (z wyjątkiem pieniędzy) w sposób oficjalny, zorganizowany, zwykle — za pokwitowaniem, poręczeniem terminu zwrotu itp.» □ W. co (*nie*: czego; *ale*: pożyczać co a. czego): Wypożyczyć książkę z biblioteki. Wypożyczyć obraz na wystawę.

wypożyczalnia *ż I, lm D.* wypożyczalni, *rzad.* wypożyczalń: Wypożyczalnia książek, sprzętu sportowego, naczyń.

wypracować *dk IV*, wypracowaliśmy (p. akcent § 1a i 2) — **wypracowywać** *ndk VIIIa*, wypracowuję (*nie*: wypracowywuję, wypracowywam), wypracowywaliśmy: Wypracować własną metodę pracy.

wyprać *dk IX*, wypiorę (*nie*: wypierę), wypierze, wyprał, wypraliśmy (p. akcent § 1a i 2) — **wypierać** *ndk I*, wypieraliśmy **1.** tylko *dk* «oczyścić coś z brudu za pomocą wody i mydła (albo innych środków piorących); uprać»: Wyprać bieliznę, sukienki. △ (tylko w imiesł. biernym) *przen.* Ktoś wyprany z honoru, z ambicji. **2.** «piorąc wywabić»: Wypierać plamy z serwety.

wyprasować a. **uprasować** *dk IV*, wyprasowaliśmy, uprasowaliśmy (p. akcent § 1a i 2): Wyprasować sukienkę, spodnie.

wypraszać *ndk I*, wypraszaliśmy (p. akcent § 1a i 2) — **wyprosić** *dk VIa*, wyproszę, wyprosiliśmy □ W. co — od kogo, u kogo «wyjednywać coś prośbami»: Wyprosił u matki przebaczenie. Wypraszał pieniądze od rodziców. □ *rzad.* W. kogo — od czego «prośbami uwalniać od czegoś»: Siostra często wypraszała brata od kary. □ W. kogo — skąd «zmuszać do opuszczenia jakiegoś miejsca»: Wyprosił natrętów z domu. △ Wypraszam sobie coś (*nie*: czegoś): Wypraszam sobie takie żarty (*nie*: takich żartów).

wyprawa *ż IV* **1.** w zn. «podróż zorganizowana w określonym celu; *pot.* (z odcieniem żartobliwym): wycieczka, eskapada»: Wyprawa naukowa, przyrodnicza, górska. Wyprawa na Spitsbergen, do puszcz brazylijskich, w Himalaje. Wyprawa na ryby, na polowanie. Wyprawa Argonautów po złote runo. △ Wyprawy krzyżowe. □ W. przeciw komu: Wyprawa przeciw Krzyżakom. **2.** *wych. z użycia* w zn. «rzeczy, które dostaje z domu dziewczyna wychodząca za mąż»: Dać córce wyprawę a. coś na wyprawę. **3.** w zn. «wyprawianie, garbowanie (skór)»: Oddać skóry do wyprawy. △ *przysłowie*: Nie opłaca się, *rzad.* nie staje skórka za wyprawę (a. za wyprawkę) «coś nie jest warte włożonych kosztów, starań» **4.** w zn. «warstwa tynku, materiał, którym się wykłada piece, kadzie itp.; zaprawa»: Wyprawa wapienna, cementowa, ogniotrwała.

wyprawiać *ndk I*, wyprawialiśmy (p. akcent § 1a i 2) — **wyprawić** *dk VIa*, wyprawiliśmy □ W. kogo, co — do kogo, czego, po kogo, co, z czym «wysyłać»: Wyprawiać dziecko do domu, do rodziców, na wieś. △ (zwykle *dk*) *pot.* Wyprawić kogoś na tamten świat «przyczynić się do czyjejś śmierci» □ W. co (komu) «urządzać coś własnym kosztem»: Wyprawić córce wesele. Wyprawić imieniny, bal, przyjęcie. △ Wyprawiać awantury, krzyki, brewerie itp. «zakłócać spokój awanturami, krzykami itp.» □ (tylko *ndk*) W. co — z kim, z czym «zachowywać się niepoważnie; dokazywać, wyrabiać»: Co ty z nim wyprawiasz, ręce mu połamiesz!

wyprawka *ż III, lm D.* wyprawek △ w zn. «wyprawianie, wyprawa, garbowanie (skóry)» — zachowane w przysłowiu: Nie opłaca się, *rzad.* nie staje skórka za wyprawkę (a. za wyprawę) «coś nie jest warte włożonych kosztów, starań»

wyprawować *dk IV*, wyprawowaliśmy (p. akcent § 1a i 2) *wych. z użycia* «uzyskać coś prawując się o to z kimś» □ W. co — od kogo: Wyprawowała swoją należność od instytucji.

wyprobować, wyprobowywać p. wypróbować.

wyprosić p. wypraszać.

wyprost *m IV, D.* wyprostu *środ.* (*sport.*) «wyprostowanie»: Wyprost nóg, tułowia.

wyprostować *dk IV*, wyprostuj, wyprostowaliśmy (p. akcent § 1a i 2) — **wyprostowywać** *ndk VIIIa*, wyprostowuje (*nie*: wyprostowywuje, wyprostowywa), wyprostowywaliśmy: Wyprostować drut. Wyprostowywał nogi, plecy.

wyprowadzić *dk VIa*, wyprowadzę, wyprowadź, wyprowadziliśmy (p. akcent § 1a i 2) — **wyprowa-**

dzać *ndk I,* wyprowadzaliśmy □ W. kogo, co — z czego «prowadząc usunąć skądś, pomóc komuś wyjść skądś»: Wyprowadziła płaczące dziecko z sali. Wyprowadzić konie ze stajni. △ Wyprowadzić coś ze ślepego zaułka «wydobyć z zastoju, z impasu» △ *przen.* Wyprowadzić kogoś z błędu. Wyprowadzać kogoś z równowagi, z cierpliwości. △ Wyprowadzić kogoś w pole «zwieść, oszukać kogoś» △ Wyprowadzić coś na czyste wody «doprowadzić do porządku; wyjaśnić (coś mętnego, pogmatwanego)»: Dopomógł im wyprowadzić księgowość przedsiębiorstwa na czyste wody. □ W. co: a) «dojść do czegoś przez rozumowanie; wysnuć coś»: Wyprowadzać dowód, twierdzenie. Wyprowadzić wzór matematyczny. △ Wyprowadzać swój (czyjś) rodowód od kogoś, z jakiegoś rodu «określać, wywodzić swoje pochodzenie od kogoś» b) «zbudować»: Wyprowadzili już dom pod dach.

wyprowadzka *ż III, lm D.* wyprowadzek *pot.* «wyprowadzanie się; wyprowadzenie się»: Po twojej wyprowadzce w mieszkaniu się rozluźniło.

wypróbować, *reg.* **wyprobować** *ndk IV,* wypróbowaliśmy (p. akcent § 1a i 2) — **wypróbowywać,** *reg.* **wyprobowywać** *dk VIIIa,* wypróbowuję (*nie:* wypróbowywuję, wypróbowywam), wypróbowywaliśmy □ W. co, *rzad.* kogo «poddać próbie»: Wypróbować broń, samochód. Wypróbowywać czyjąś uczciwość.

wypróżniać (*nie:* wypróżniać) *ndk I,* wypróżnialiśmy (p. akcent § 1a i 2) — **wypróżnić** (*nie:* wypróżnić) *dk VIa,* wypróżnij, wypróżniliśmy *wych. z użycia:* Wypróżniać (*częściej:* opróżniać) kieszenie, szuflady.

wypruć *dk Xa,* wypruliśmy (p. akcent § 1a i 2) — **wypruwać** *ndk I,* wypruwaliśmy □ W. co — z czego «Wypruwać nici ze szwów. Z palta wypruł zaszyte pieniądze. △ (zwykle *ndk*) *pot.* Wypruwać z kogoś (z siebie) żyły (*posp.* flaki) «wymagać od kogoś nadmiernego wysiłku; pracować ciężko dla osiągnięcia czegoś»

wypryskać *dk I,* wypryskaliśmy (p. akcent § 1a i 2), **wyprysnąć** *dk Va* a. *Vc,* wpryśnie, wypryśnij, wyprysnąłem (*wym.* wyprysnołem; *nie:* wyprysnełem, wyprysłem), wyprysnął (*wym.* wyprysnoł) a. wyprysł; wyprysnęła (*wym.* wyprysneła) a. wyprysła; wyprysnęliśmy (*wym.* wyprysneliśmy; *nie:* wypryśliśmy), wyprysnęły (*wym.* wyprysneły) a. wyprysły — **wypryskiwać** *ndk VIIIb,* wypryskuje (*nie:* wypryskiwuje, wypryskiwa), wypryskiwaliśmy □ (tylko: wypryskać — wypryskiwać) W. co «pryskając zużyć coś»: Wypryskałaś mi wszystką wodę kolońską. □ (tylko: wyprysnąć — wypryskiwać) W. bez dop.: a) «wytrysnąć w postaci drobnych cząsteczek, kropel»: Wypryskiwały w górę rakiety, siejąc snopami iskier. b) *pot.* «wybiec, wyskoczyć skądś»: Wyprysnęli z bramy.

wyprząc *dk XI,* wyprzęgę (*nie:* wyprzągę), wyprzęże, wyprzęż, wyprzągłem, wyprzągł, wyprzęgła, wyprzęgliśmy (p. akcent § 1a i 2); a. **wyprzęgnąć** *dk Vc,* wyprzęgnąłem (*wym.* wyprzęgnołem; *nie:* wyprzęgnełem) a. wyprzągłem; wyprzęgnął (*wym.* wyprzęgnoł) a. wyprzągł; wyprzęgła, wyprzęgnęliśmy (*wym.* wyprzęgneliśmy) a. wyprzęgliśmy — **wyprzęgać** *ndk I,* wyprzęgaliśmy: Wyprzęgać konie. Wyprząc wóz.

wyprząc się, wyprzęgnąć się — wyprzęgać się □ W. się — z czego: Koń niedbale zaprzężony wyprzęgnął się z wozu. △ *przen.* Wyprzągł się wreszcie z jarzma obowiązków.

wyprząść *dk XI,* wyprzędę, wyprzędź, *reg.* wyprządź; wyprzędłem, *reg.* wyprządłem; wyprządł, *reg.* wyprzędl; wyprzędła, wyprzędliśmy (p. akcent § 1a i 2), wyprzędziony a. wyprzędzony «prządąc wysnuć; przędąc zużyć»: Wyprzędła cały motek lnu.

wyprzątać *ndk I,* wyprzątaliśmy (p. akcent § 1a i 2) — **wyprzątnąć** *dk Va,* wyprzątnąłem (*wym.* wyprzątnołem; *nie:* wyprzątnełem, wyprzątłem), wyprzątnął (*wym.* wyprzątnoł), wyprzątnęła (*wym.* wyprzątneła; *nie:* wyprzątła), wyprzątnęliśmy (*wym.* wyprzątneliśmy; *nie:* wyprzątliśmy) «sprzątać całkowicie, dokładnie»: Wyprzątnięte (*częściej:* wysprzątane) mieszkanie. □ W. co — skąd «sprzątając wyrzucać»: Wyprzątać z mieszkania śmiecie. Wyprzątać z komórki zbędne przedmioty.

I wyprzeć p. I wypierać.

II wyprzeć *dk III,* wyprzałby (p. akcent § 4c) □ W. od czego: Od nadmiernego pocenia się wyprzała mu skóra między palcami nóg.

wyprzedać (*nie:* wysprzedać) *dk I,* wyprzedaliśmy (p. akcent § 1a i 2) — **wyprzedawać** (*nie:* wysprzedawać) *ndk IX,* wyprzedaje, wyprzedawaj, wyprzedawaliśmy: Wyprzedała wszystkie stare meble. **wyprzedać się — wyprzedawać się** □ W. się — z czego: Wyprzedała się ze wszystkiego, żeby wykształcić córkę. ‖ D Kult. I, 634.

wyprzedaż (*nie:* wysprzedaż, *ale:* przedsprzedaż) *ż VI:* Posezonowa wyprzedaż letnich sukien. ‖ D Kult. I, 635; U Pol. (2), 40.

wyprzedzać *ndk I,* wyprzedzaliśmy (p. akcent § 1a i 2) — **wyprzedzić** *dk VIa,* wyprzedzę, wyprzedziliśmy □ W. kogo, co «idąc, jadąc prześcigać; iść, jechać przed kimś»: Na swojej motorówce wyprzedzał wszystkie jachty. □ *przen.* W. kogo — w czym: Wyprzedził kolegów w karierze zawodowej.

wyprzęgać, wyprzęgnąć p. wyprząc.

wypsnąć się *dk Va,* wypsnąłby się (*wym.* wypsnolby się, p. akcent § 4c) *pot.* «zostać wypowiedzianym niechcący; wyrwać się»: Wypsnęło mu się to słowo.

wypuszczać *ndk I,* wypuszczaliśmy (p. akcent § 1a i 2) — **wypuścić** *dk VIa,* wypuszczę, wypuściliśmy □ W. co — z czego «przestawać coś trzymać; upuszczać»: Wypuścić z rąk książkę, talerz. Wypuścić z ust fajkę. △ *przen.* Nie trzeba było wypuszczać z rąk tej wspaniałej okazji. □ W. kogo, co — skąd (dokąd) «pozwalać na odejście, umożliwiać wydostanie się skądś»: Wypuszczać bydło z zagrody. Wypuścić ptaka z klatki. Wypuszczać kogoś z więzienia, z niewoli (na wolność). Wypuścić wodę ze zbiornika. △ *pot.* Słuchać jednym uchem, a drugim wypuszczać «słuchać nieuważnie» □ W. co — na co «wykładać jakieś części ubrania na inne»: Wypuściła bluzkę na spodnie. □ *przestarz.* W. co — komu «odstępować komuś na zasadzie najmu, dzierżawy itp.» — dziś zwykle w zwrocie: Wypuszczać w dzierżawę. □ W. co a) «produkując wprowadzać coś do sprzedaży, do użytku publicznego»: Wypuszczono nową serię znaczków pocztowych. Nasza fabryka nie wypuszcza

wypychać

towaru z brakami. Wypuścić coś na rynek. △ *przen.* Szkoły wypuściły znów nowych maturzystów. **b)** «o roślinach: wydawać z siebie (pędy, liście, kwiaty itp.)»: Róża wypuściła nowy pęd.

wypychać p. wypchać.

wypytać *dk I*, wypytaliśmy (p. akcent § 1a i 2) — **wypytywać** *ndk VIIIa*, wypytuje (*nie*: wypytywuje, wypytywa), wypytywaliśmy □ W. kogo — o kogo, o co (*nie*: o kim, o czym): Wypytywał go o nowiny z domu.

wyrabiać *ndk I*, wyrabialiśmy (p. akcent § 1a i 2) — **wyrobić** *dk VIa*, wyrobię, wyrób, wyrobiliśmy **1.** zwykle *ndk* «wytwarzać, wykonywać, produkować» □ W. co (z czego): Wyrabiać trykotaże. Wyrabiać cegły, garnki z gliny. Wyrabiać meble (z drzewa). △ Wyrabiać (wyrobić) plan, normę «wykonywać tyle, ile jest zaplanowane, wyznaczone» △ (tylko *ndk*) *pot.* Wyrabiać awantury, brewerie, hece itp. «awanturować się» **2.** «uzyskiwać coś pracą, ćwiczeniami, zabiegami; udoskonalać, wypracowywać; kształtować, formować» □ W. co — komu, *rzad.* dla kogo: Wyrobić sobie mięśnie przez gimnastykę. Wyrabiać komuś (sobie) styl, język. △ *przen.* Wyrobił sobie dobrą markę w pracy. Wyrobić komuś (sobie) dobrą, złą opinię. Wyrabiała synowi (dla syna) paszport. Wyrobił mu posadę. □ *przen.* W. co — w kim: Wyrobić w sobie (w kimś) zamiłowanie do porządku. Wyrabiać w młodzieży samodzielność. Wyrobić sobie charakter. △ Wyrobić sobie pogląd, sąd, opinię. **3.** zwykle *dk*, w imiesł. biernym «uczynić kogoś biegłym w czymś»: Człowiek wyrobiony życiowo, towarzysko, politycznie, społecznie. Jest mało wyrobiony, nieśmiały. **4.** «odpowiednio przygotowywać»: Wyrabiać glinę. Wyrobić ciasto na kluski, na placki. **5.** tylko *dk* «zużytkować coś» □ W. co (na co): Wyrobiła cały motek wełny na szal.
wyrabiać się — wyrobić się 1. (tylko w 3. os. i w bezokol.) «wyżłabiać się, wycierać się przez używanie»: Zawiasy się wyrobiły. **2.** «nabierać doświadczenia, jakichś umiejętności»: Jeszcze jest młody, ale się wyrobi. Wyrobić się towarzysko. □ W. się na kogo: Wyrobił się na dobrego fachowca, pracownika. **3.** (tylko w 3. os. i w bezokol.) «rozwijać się»: Wyrobiły mu się mięśnie od dźwigania ciężarów. Wyrobiła się w niej samodzielność. Wyrobiło się w nim przekonanie o własnej wartości. **4.** tylko *ndk* (w 3. os. i w bezokol.) *pot.* «dziać się»: Co się tu u was wyrabia?

wyrachować *dk IV*, wyrachowaliśmy (p. akcent § 1a i 2) — **wyrachowywać** *ndk VIIIa*, wyrachowuję (*nie*: wyrachowywuję, wyrachowywam), wyrachowywaliśmy *wych. z użycia* «wyliczyć, obliczyć»: Wyrachować pieniądze na życie, na podróż.

wyradzać się *ndk I*, wyradzaliśmy się (p. akcent § 1a i 2) — **wyrodzić się** *dk VIa*, wyrodzę się, wyródź się, wyrodziliśmy się □ (częściej *dk*) W. się od kogo, od czego a. z kogo, z czego «urodzić się innym (zwykle gorszym) niż reszta potomstwa, różnić się od innych»: Wyrodzić się od rodziny (z rodziny), z całej (od całej) generacji. □ W. się w co «przekształcać się w coś gorszego; degenerować się»: Uprawna roślina wyrodziła się w chwast. △ *wych. z użycia* w zn. «zjawiać się, powstawać»: Wskutek nienormalnych warunków życia wyrodziła się w dziecku chorobliwa nerwowość.

wyrajać p. wyroić.

wyrastać *ndk I*, wyrastaliśmy (p. akcent § 1a i 2) — **wyrosnąć**, *rzad.* **wyróść** *dk Vc*, wyrosnę, wyrośnie, wyrośnij, wyrósł (*nie*: wyrosnął), wyrosła, wyrośliśmy, wyrośnięty a. wyrosły **1.** W ogrodzie wyrosły śliczne kwiaty. □ W. z czego «rozwijać się, rosnąć»: Z małego nasionka wyrosło okazałe drzewo. △ Wyrastać z ubrania, z butów itp. «dorastając przestawać się mieścić w ubraniu, butach itp.» △ Wyrastać z dzieciństwa, z lat dziecinnych «przestawać być dzieckiem» □ W. na czym «rozwijać się, rosnąć, powiększać swoje rozmiary w pewnych warunkach»: Ciasto dobrze wyrosło na drożdżach. □ W. na kogo, na co «stawać się kimś, czymś»: Dziewczynka wyrosła na kobietę.

wyratować *dk IV*, wyratowaliśmy (p. akcent § 1a i 2) □ W. kogo, co — od czego, z czego: Wyratować kogoś od śmierci, od zguby, z toni morskiej, z niewoli, z kłopotów pieniężnych. Wyratować rzeczy, dobytek z pożaru, z ognia.

wyraz *m IV, D.* wyrazu **1.** «słowo»: Wyraz polski, obcy. Brzmienie wyrazu. △ Nad wyraz «ogromnie, niewypowiedzianie»: Była nad wyraz sympatyczna, W całym (*nie*: w pełnym) znaczeniu (tego) wyrazu «wyrażenie podkreślające trafność, dokładność użytego określenia»: Była w całym znaczeniu tego wyrazu piękna. △ (tylko w *lm*) Wyrazy szacunku, poważania (zwykle w formułach grzecznościowych używanych w zakończeniu listów): Łączę wyrazy poważania, głębokiego szacunku itp. △ Serdeczne wyrazy współczucia; *lepiej*: Wyrazy serdecznego współczucia. **2.** «uzewnętrznienie, wymowa czego; obraz, odbicie, przejaw»: Chytry, dobroduszny wyraz twarzy, oczu. Wyraz lęku, radości, cierpienia (w oczach, w spojrzeniu, na twarzy). △ Dać, dawać czemuś (*nie*: czegoś) wyraz «uzewnętrznić coś»: W swojej wypowiedzi dał wyraz oburzeniu (*nie*: oburzenia) na nieudolne kierownictwo. △ Coś znalazło w czymś wyraz (*nie*: akcent): W utworach poety znalazły wyraz jego poglądy na sztukę.

wyraziciel *m I, lm D.* wyrazicieli (*nie*: wyrazicielów): Mówca był wyrazicielem opinii wszystkich zebranych.

wyrazić *dk VIa*, wyrażę, wyraź, wyraziliśmy (p. akcent § 1a i 2), wyrażony — **wyrażać** *ndk I*, wyrażaliśmy □ W. co — czym (*nie*: przez coś): Wyrażać zachwyt oklaskami (*nie*: przez oklaski). Wyrazić coś słowami (*nie*: przez słowa). □ W. co — w czym: Kochanowski wyraził w „Trenach" swoją rozpacz po stracie córki. □ W. komu — co: Wyrazić komuś swoją wdzięczność. △ Wyrazić protest, zgodę itp. (*lepiej*: zaprotestować, zgodzić się itp.). △ *niepoprawne* Wyrazić komuś słowa uznania (*zamiast*: Wyrazić komuś uznanie.
wyrazić się — wyrażać się □ W. się o kim, o czym — jak: O ludziach wyrażał się życzliwie. □ (tylko w 3. os. i bezokol.) W. się w czym «znaleźć w czymś swoje odbicie; uwidocznić się, ukazać się»: W komediach tych wyraził się talent satyryczny pisarza.

wyrazisty *st. w.* wyrazistszy a. bardziej wyrazisty **1.** «pełen wyrazu, ekspresji»: Wyrazista twarz. Wyraziste oczy, spojrzenie, rysy. **2.** *rzad.* «łatwy do rozróżnienia, wyraźny»: W tym oświetleniu kontury drzew stały się wyraziste.

*wyraz pochodny «wyraz utworzony od innego wyrazu» p. słowotwórstwo.

*wyrazy obce p. zapożyczenia.

*wyraz zdrobniały p. zdrobnienie.

*wyraz zgrubiały p. zgrubienie.

*wyraz złożony p. złożenie.

wyraźny *st. w.* wyraźniejszy a. bardziej wyraźny «łatwy do rozpoznania lub zrozumienia, oczywisty, niewątpliwy, nie budzący wątpliwości»: Wyraźny ślad. Wyraźne pismo. Wyraźna instrukcja, odpowiedź.

wyrażać p. wyrazić.

*wyrażenia p. związki frazeologiczne.

wyrażenie *n I* 1. zwykle w *lp*, forma rzeczownikowa czas. wyrazić: Wyrażenie radości, wdzięczności itp. 2. «związek wyrazowy, w którym wyrazem nadrzędnym jest rzeczownik, przymiotnik lub przysłówek; *pot.* związek wyrazowy, połączenie wyrazów»: Wyrażenie książkowe, potoczne, gwarowe. Dobierać, używać obrazowych, dosadnych wyrażeń. „Czarna rozpacz" to jedno z utartych wyrażeń języka polskiego. △ *niepoprawne* w zn. «wyraz», np. Definicja wyrażenia (*zamiast:* wyrazu) „kultura".

wyrąb (*nie:* wyręb) *m IV, D.* wyrębu 1. «wyrąbanie, wyrąbywanie (drzew)»: Drzewa przeznaczone na wyrąb a. do wyrębu. Pracować przy wyrębie lasu. 2. *częściej:* wyręba, poręba «obszar lasu, z którego wyrąbano drzewa»: Zalesianie wyrębów.

wyrąbać *dk IX*, wyrąbię (*nie:* wyrąbę), wyrąb, wyrąbaliśmy (p. akcent § 1a i 2) — **wyrąbywać**, *reg.* **wyrębywać** *ndk VIIIa*, wyrąbuję, wyrębuję (*nie:* wyrąbywuję, wyrębywuję; wyrąbywam, wyrębywam), wyrąbywaliśmy, wyrębywaliśmy □ W. co — w czym «rąbiąc czymś, zrobić otwór, zagłębienie, usunąć coś z czegoś; wyciąć, wybić»: Wyrąbać dziurę, przejście. Wyrąbać dziurę w płocie. □ *pot.* W. co — komu «powiedzieć lub napisać bez ogródek, prosto w oczy»: Wyrąbać komuś prawdę w oczy.

wyreperować, *przestarz.* **wyreparować** *dk IV*, wyreperowaliśmy, wyreparowaliśmy (p. akcent § 1a i 2): Wyreperował wszystkie stare buty.

wyręba *ż IV, lm D.* wyręb «obszar w lesie, na którym wyrąbano drzewa; *częściej:* poręba»

wyrębywać p. wyrąbać.

wyręczać *ndk I*, wyręczaliśmy (p. akcent § 1a i 2) — **wyręczyć** *dk VIb*, wyręczyliśmy □ W. kogo — w czym «zastępować kogoś, robić coś za kogoś»: Córka wyręczała matkę w pracy domowej. **wyręczać się — wyręczyć się** □ W. się kim «używać kogoś do wykonania pracy, którą miało się zrobić a. zwykle się robi samemu»: W drobniejszych sprawach dyrektor wyręczał się sekretarką.

wyręczenie *n I* 1. zwykle w *lp*, forma rzeczownikowa czas. wyręczyć: Wyręczenie matki w zakupach. 2. *pot.* «osoba wyręczająca kogoś, wyręczyciel» zwykle w zwrotach: Być dla kogoś wyręczeniem (*częściej:* wyręką). Mieć w kimś wyręczenie (*częściej:* wyrękę).

wyręczyciel *m I, lm D.* wyręczycieli (*nie:* wyręczycielów): Wolał wszystko zrobić sam, nie ufał wyręczycielom.

wyręczyć p. wyręczać.

wyręka *ż III* zwykle w zwrotach: Mieć z kogoś a. w kimś wyrękę (w czymś); być dla kogoś (*wych. z użycia:* komuś) wyręką: W gospodarstwie miała wyrękę z dorastającej córki. Nie mieć z nikogo wyręki. Zdolny czeladnik był dla niego wyręką w warsztacie.

wyrobić p. wyrabiać.

wyrocznia *ż I, lm D.* wyroczni: Być dla kogoś wyrocznią. Mieć, uważać kogoś za (*nie:* jako) wyrocznię.

wyrodek *m III, D.* wyrodka, *lm M.* te wyrodki.

wyrodny (*nie:* wyrodni) *m-os.* wyrodni: Wyrodny syn. Wyrodni ojcowie.

wyrodzić się p. wyradzać się.

wyroić *dk VIa*, wyroję, wyroi, wyrój, wyroiliśmy (p. akcent § 1a i 2) — *rzad.* **wyrajać** *ndk I*, wyrajaliśmy *wych. z użycia* «wysnuć w marzeniach; uroić, wymarzyć, wymyślić»: Wyroił sobie świetlaną przyszłość. **wyroić się — wyrajać się** «o owadach: wylecieć gromadnie z ula w poszukiwaniu nowego miejsca na osiedlenie się; *przen.* wyjść, wylecieć gromadnie» □ W. się skąd, z czego: Pszczoły wyroiły się z kilku uli. △ *przen.* Uczniowie wyroili się z klas.

wyrok *m III, D.* wyroku 1. «orzeczenie sądu o winie lub karze albo orzeczenie rozstrzygające spór»: Łagodny, surowy, sprawiedliwy, niesłuszny wyrok. Wyrok skazujący, uniewinniający. Prawomocny wyrok, wyrok zaoczny. Na mocy, na podstawie wyroku. Odczytać, ogłosić, wydać wyrok. Cofnąć, uchylić wyrok. Odroczyć, zaskarżyć wyrok. Wykonać wyrok. Czekać na wyrok. Wyrok zapada. Apelacja, odwołanie się od wyroku. Wyrok podlega apelacji, kasacji, zaskarżeniu. Wyrok pozostaje w mocy. Wyrok ciąży na kimś, grozi komuś. Został skazany wyrokiem sądu na dożywotnie więzienie. Wyrok w sprawie o nadużycia gospodarcze. △ *pot.* Odsiadywać wyrok. □ W. na kogo, przeciwko komu, czemu — za co: Wyrok na zbrodniarzy wojennych. Wyrok za długi, za przestępstwo. 2. *częściej* w *lm* «los, przeznaczenie» △ zwykle w *książk., podn.* wyrażeniach: Wyroki losu, opatrzności, np. Niezbadane są wyroki losu (utarte powiedzenie).

wyrokować *ndk IV*, wyrokowaliśmy (p. akcent § 1a i 2) «wydawać wyrok, orzekać; wypowiadać sąd, opinię o czymś, zabierać głos decydujący»: Ten szczegół sprawy pozostawiono ocenie sądu wyrokującego. Wójt wyrokował sam w sprawach małej wagi. □ (zwykle *przen.*) W. o kim, o czym, w jakiejś sprawie: Wyrokować o czyimś losie. Trudno mu było wyrokować w tej skomplikowanej sprawie.

wyrosnąć p. wyrastać.

wyrostek *m III, D.* wyrostka, *lm M.* te wyrostki 1. *wych. z użycia* «dorastający chłopiec»: Smukły, wiejski wyrostek. 2. «utwór kostny, skórny itp. znajdujący się w organizmie»: Wyrostki kręgosłupa. △ Wyrostek robaczkowy, *pot.* ślepa kiszka.

wyrozchodować *dk IV*, wyrozchodowaliśmy (p. akcent § 1a i 2) *środ., lepiej:* zapisać na rozchód.

wyrozumiałość *ż V*, zwykle *blm*: Wzajemna wyrozumiałość. Odnosić się do kogoś, do czegoś z wyrozumiałością. □ W. dla kogo, czego: Mieć wyrozu-

wyrozumieć

miałość dla chorego. Wyrozumiałość dla błędów młodości. Okazywać komuś a. dla kogoś wyrozumiałość. □ W. w czym: Wyrozumiałość w sądzeniu, w orzekaniu winy.

wyrozumieć *dk II*, wyrozumiem, wyrozum,' *rzad.* wyrozumiej; wyrozumieliśmy (p. akcent § 1a i 2) — **wyrozumiewać** *ndk I*, wyrozumiewaliśmy *wych. z użycia* «zrozumieć, pojąć»: Mówił tak zawile, że nic nie można było wyrozumieć.

wyrób *m IV, D.* wyrobu **1.** «wyrabianie, wytwarzanie, produkowanie»: Wyrób obuwia, mebli, środków chemicznych. **2.** częściej *lm* «produkt, wytwór»: Wyroby przemysłowe, chałupnicze. Wyroby gotowe. Wyroby cukiernicze, dziewiarskie, stolarskie, drewniane, żelazne. □ W. z czego: Wyroby z drzewa, z gliny, z(e) lnu, z ciasta. △ Sprzedawać (*nie*: prowadzić) jakieś wyroby. || D Kult. II, 153.

wyrój *m I, D.* wyroju, *lm D.* wyrojów, *rzad.* wyroi: Pszczoły na wyroju.

wyróść p. wyrastać.

wyrównać *dk I*, wyrównaliśmy (p. akcent § 1a i 2) — **wyrównywać** *ndk VIIIa, rzad. I*, wyrównuję, *rzad.* wyrównywam (*nie*: wyrównywuję), wyrównywaliśmy □ W. co «zrobić coś równym, gładkim, prostym; usunąć nierówności»: Wyrównać drogę. Wyrównać papier, tkaninę. △ Wyrównać dług, należność «spłacić dług, należność» △ Wyrównać krzywdy «naprawić krzywdy» △ Wyrównać rachunek «uregulować rachunek» △ Wyrównać zaległości «odrobić, uzupełnić zaległości» △ Wyrównać krok «zacząć iść jednakowym z kimś krokiem»

wyróżniać *ndk I*, wyróżnialiśmy (p. akcent § 1a i 2) — **wyróżnić** *dk VIa*, wyróżnij, wyróżniliśmy **1.** «dawać komuś, czemuś pierwszeństwo, obdarzać kogoś szczególnymi względami»: Dyrektor wyróżniał lepszych pracowników. **2.** «odróżniać, wyodrębniać» □ W. kogo, co — spośród a. wśród kogo, czego, od kogo, od czego: Strój wyróżniał ich spośród (wśród, od) innych mieszkańców wsi. **wyróżniać się — wyróżnić się** □ W. się spośród (wśród) kogo, czego, od kogo, od czego — czym «wyodrębniać się (zwykle w sensie dodatnim)»: Zdolnościami wyróżniał się spośród (wśród) kolegów. △ *niepoprawne* Wyróżnić się (*zamiast*: wybić się) ponad przeciętny poziom.

wyrugować *dk IV*, wyrugowaliśmy (p. akcent § 1a i 2) □ W. kogo, co — z czego (skąd): Książę wyrugował Krzyżaków ze swoich posiadłości. Zaborcy wyrugowali język polski ze szkół i urzędów.

wyrwać *dk IX*, wyrwę (*nie*: wyrwię), wyrwie, wyrwą (*nie*: wyrwią), wyrwij, wyrwaliśmy (p. akcent § 1a i 2) — **wyrywać** *ndk I*, wyrywaliśmy **1.** «rwąc wydobyć, wyciągnąć; wydrzeć» □ W. co (*przen.* kogo) — z czego: Wyrwać kartkę z zeszytu. Wyrwać rękę z czyjejś dłoni. Wyrwać chwasty z grządek. △ Wyrwać sobie z rozpaczy włosy z głowy. △ *przen.* Wyrwać kogoś ze snu, z zamyślenia, z zadumy. △ Wyrwać kogoś z nędzy, z niewoli, z rąk prześladowców. △ *książk., podn.* Wyrwać kogoś śmierci. **2.** *pot.* **a)** *nieprzech.*, zwykle *ndk* «biec szybko»: Chłopak wyrwał, aż się kurzyło. **b)** «niespodziewanie wywołać (ucznia do odpowiedzi)»: Wyrwać ucznia do tablicy.
wyrwać się — wyrywać się 1. zwykle *dk* «wydobyć

się, wyzwolić się siłą; wypaść, wymknąć się, uciec» □ W. się z czego: Oddział wyrwał się z okrążenia. Chłopiec wyrwał się z rąk łobuzów. Wyrywać się z uścisku, z objęć. Ptak wyrwał się z klatki. □ *pot.* W. się dokąd «pójść gdzieś, wyjechać (porzucając chwilowo obowiązki)»: Wyrwać się na wycieczkę, do kina. **2.** *pot.* «wystąpić z czymś nie w porę, powiedzieć coś niepotrzebnie, popełnić nietakt» □ W. się z czym: Wyrwać się z głupim pytaniem, z nieodpowiednim prezentem. △ Wyrwał się jak filip z konopi.

wyrwidąb (*wym.* wyrwidąb) *m IV, D.* wyrwidęba, *lm M.* te wyrwidęby.

wyryć *dk Xa*, wyryliśmy (p. akcent § 1a i 2) □ W. co — na czym, w czym **a)** «zrobić w czymś bruzdy, dziury; wykopać, wyżłobić»: Woda wyryła bruzdy w skałach. Dziki wyryły głęboki dół na łące. **b)** «wyrznąć litery, ornament, rysunek itp. na jakiejś twardej powierzchni; wyrzeźbić, wyrytować»: Wyryć napis na tablicy mosiężnej, rysunek na kamieniu, w marmurze a. w kamieniu, w marmurze. △ *przen.* Wyrył sobie słowa matki w sercu.

wyrywać p. wyrwać.

wyrywek *m III, D.* wyrywka *rzad.* «urywek, fragment»: Zachowało się tylko kilka wyrywków z tego dokumentu.

wyrywka *ż III*, tylko w *pot.* wyrażeniu: Na wyrywki **a)** «nie wszystko (*rzad.* nie wszyscy a. nie wszystkich) po kolei, to stąd, to stamtąd»: Nie miał czasu przeczytać całej powieści, czytał ją więc to tu, to tam, na wyrywki. **b)** «jeden przez drugiego, wyrywając do czegoś»: Niech pani przyjdzie do nas — prosiły dzieci na wyrywki.

wyrządzać *ndk I*, wyrządzaliśmy (p. akcent § 1a i 2) — **wyrządzić** *dk VIa*, wyrządzę, wyrządziliśmy □ W. komu — co: Wyrządzić komuś przykrości, krzywdę, szkodę (*ale*: spowodować, *nie*: wyrządzić stratę).

wyrzec *dk Vc*, wyrzeknę, wyrzekł, wyrzekliśmy (p. akcent § 1a i 2) — **wyrzekać** *ndk I*, wyrzekaliśmy **1.** (tylko *dk*) *książk.* «wypowiedzieć, powiedzieć, wymówić»: Był tak wzburzony, że nie zdołał wyrzec ani słowa. **2.** tylko *ndk* «narzekać, skarżyć się głośno, utyskiwać» □ W. na kogo, na co: Wyrzekała na dzieci. Chłopi wyrzekali na suszę.
wyrzec się — wyrzekać się □ W. się kogo, czego «zerwać z kimś, z czymś, wyprzeć się kogoś, czegoś, zrzec się, zrezygnować z czegoś»: Wyrzec się syna, przyjaciół. Wyrzekać się władzy, przyjemności, wygód.

wyrzeźbić p. rzeźbić.

wyrznąć a. **wyrżnąć** *dk Va*, wyrznąłem, wyrznąłem (*wym.* wyżnołem, wyrżnołem; *nie*: wyżnełem, wyrznełem, wyżłem, wyrżłem); wyrznął, wyrżnął (*wym.* wyżnoł, wyrżnoł); wyrznęła, wyrżnęła (*wym.* wyżnela, wyrznela; *nie*: wyżła, wyrżła); wyrznęliśmy, wyrżnęliśmy (*wym.* wyżneliśmy, wyrżneliśmy; p. akcent § 1a i 2) — **wyrzynać** *ndk I*, wyrzynaliśmy **1.** «wyciąć, wymordować» □ W. kogo, co: Wyrznąć drób, bydło, konie, woły. Wyrznąć ludzi, jeńców. △ Wyrznąć kogoś (coś) do nogi, w pień «pozabijać wszystkich (bronią sieczną)» **2.** «wyciąć, wyrzeźbić» □ W. co — w czym, na czym, z czego: Wyrznął otwór w desce, napis na kamieniu. Wyrznął figurkę z drewna. **3.** (tylko *dk*) *posp.* «mocno uderzyć» □ W. kogo (czym) — w co, po czym: Wyrżnął go pięścią w twarz, głową w brzuch. Wyrżnęła chłopca kijem po plecach. □ W. czym — w co, o co: Wyrżnąć pięścią w stół, głową o mur a. w mur.

wyrzucić *dk VIa*, wyrzucę, wyrzuć, wyrzuciliśmy (p. akcent § 1a i 2) — **wyrzucać** *ndk I*, wyrzucaliśmy □ W. kogo, co — z czego (skąd), na co (skąd) «szybko pozbyć się kogoś, czegoś; usunąć, wydalić, wypędzić»: Wyrzucić natrętów z mieszkania, na ulicę. Wyrzucać odpadki na śmietnik, do kosza. Wyrzucić kogoś z pracy, ze szkoły. △ *posp.* Wyrzucić kogoś na zbity łeb, pysk. △ Wyrzucać pieniądze «wydawać niepotrzebnie, rozrzutnie» △ Wyrzucić kogoś na bruk «pozbawić kogoś mieszkania, środków do życia» △ Wyrzucić kogoś z serca, z pamięci «przestać kogoś kochać, zapomnieć o kimś» □ W. co — z czego, spod czego «cisnąć, rzucić»: Wyrzucić kamień z procy. Konie wyrzucały śnieg spod kopyt. □ (tylko *ndk*) W. co — komu «robić komuś wymówki, wymawiać coś»: Wyrzucać komuś zatwardziałość, zdradę. △ Wyrzucać coś sobie «żałować swego postępowania, być niezadowolonym z siebie»

wyrzut *m IV, D.* wyrzutu **1.** «żal, pretensja, ostra wymówka, zarzut uczyniony komuś wprost»: Bolesny, gorzki, niemy wyrzut. Spojrzenie pełne wyrzutu. Patrzeć na kogoś z wyrzutem. Wyrzuty sumienia. □ Wyrzuty za co: Robiła córce wyrzuty za niewdzięczność. □ *rzad.* Wyrzuty o co: Wyrzuty o pieniądze. **2.** «wyrzucenie, wyrzucanie czegoś na odległość; silny ruch kończyn lub głowy»: Wyrzut dysku, oszczepu. Wyrzut głowy, ramion. **3.** zwykle w *lm* «krosty, wysypka»: Wyrzuty na skórze, na rękach, na twarzy. Dostać, pozbyć się wyrzutów.

wyrzutek *m III, D.* wyrzutka, *lm M.* te wyrzutki: Wyrzutek społeczeństwa.

wyrzynać p. wyrznąć.

Wyrzysk *m III, D.* Wyrzyska «miasto»: Mieszkać w Wyrzysku. Jechać do Wyrzyska. — wyrzyski.

wyrżnąć p. wyrznąć.

wys. «skrót wyrazu: *wysokość*, pisany z kropką, czytany jako cały, odmieniany wyraz»: Słup wys. (*czyt.* wysokości) 10 m.

wysadzać *ndk I*, wysadzaliśmy (p. akcent § 1a i 2) — **wysadzić** *dk VIa*, wysadzę, wysadziliśmy **1.** «umożliwiać komuś wyjście z pojazdu, pomagać mu w tym, zmuszać go do tego» □ W. kogo — z czego: Wysadzał wszystkich z autobusu, tam, gdzie sobie życzyli. Milicjant wysadził z tramwaju pijaka. △ Wysadzić kogoś z siodła «usunąć kogoś ze stanowiska, pozbawić go oparcia w życiu» △ Wysadzić kogoś z majątku, z urzędu itp. «pozbawić kogoś majątku, urzędu itp.» **2.** «wysuwać, wytykać, wyjmować, wystawiać coś skądś» □ W. co — z czego, za co, przez co: Wysadzać głowę z okna, przez lufcik. Wysadził rękę za okno. Wysadzać chleb, ciasto z pieca. **3.** «powodować gwałtowne wypadnięcie, rozpadnięcie się czegoś» □ W. co — z czego: Zgubiła klucz i trzeba było wysadzić drzwi. Szampan wysadza korki z butelek. **4.** «burzyć, niszczyć za pomocą materiałów wybuchowych»: Cofające się wojska wysadzały (w powietrze) fabryki, obiekty wojskowe, mosty. **5.** «przesadzać rośliny ze szklarni, inspektów itp. do gruntu»: Wysadzać rozsadę, pomidory, kapustę

w pole, na grzędy. **6.** częściej *ndk* w imiesł. biernym «obsadzać, sadzić dokoła, wzdłuż czegoś; nabijać, ozdabiać coś czymś» □ W. co — czym: Aleja wysadzana starymi dębami. Klamra wysadzana drogimi kamieniami.

wysadzać się — wysadzić się □ *pot.* W. się na co «silić się na coś, robić coś na pokaz»: Wysadzali się na zbytki, na wystawność. Wysadzał się na dowcipy.

wyschnąć *dk Vc*, wyschłem a. wyschnąłem (*wym.* wyschnołem; *nie* wyschnełem, wysechłem); wysechł a. wyschnął (*wym.* wyschnoł, *nie*: wysechnął); wyschła (*nie*: wyschnęła, wysechła); wyschliśmy a. wyschnęliśmy (*wym.* wyschliśmy, wyschneliśmy; *nie*: wysechliśmy; p. akcent § 1a i 2); wyschnięty a. wyschły — **wysychać** *ndk I*, wysychaliśmy: Zapach wysychającego siana. Rozwiesiła upraną bieliznę, żeby wyschła. Tytoń wyschnął (wysechł) na pieprz. Kiełbasa wyschła na kość. △ *przen.* W czasie choroby wyschła jak szczapa. □ W. od czego (zwykle kiedy się wymienia przyczynę zewnętrzną): Wyschnąć od gorąca, od wiatru. □ W. z czego (zwykle kiedy się wymienia przyczynę wewnętrzną): Usta wyschły komuś z pragnienia, z goryczki.

wysforować się *dk IV*, wysforowaliśmy się (p. akcent § 1a i 2) — *rzad.* **wysforowywać się** *ndk VIIIa*, wysforowuję się (*nie*: wysforowywuję się, wysforowywam się), wysforowywaliśmy się: Chłopcy wysforowali się na czoło gromady. □ W. się przed kogo, co: Kmicic wysforował się ze swoimi Tatarami przed wojsko księcia Bogusława.

wysiać *dk Xb*, wysieję, wysiej, wysiejemy, wysialiśmy. *reg.* wysieliśmy (p. akcent § 1a i 2); wysiali, *reg.* wysieli — **wysiewać** *ndk I*, wysiewaliśmy □ W. co — w czym, do czego a. w co: Wysiać fiołki w inspektach. Wysiewać nasiona do żyznej gleby (w żyzną glebę).

wysiadać *ndk I*, wysiadaliśmy (p. akcent § 1a i 2) — **wysiąść** *dk XI*, wysiądę, wysiądzie, wysiadł, wysiedliśmy □ W. z czego «opuszczać jakiś środek lokomocji»: Wysiadać (*lepiej* niż: wychodzić) z tramwaju, z autobusu, z pociągu (na peron), ze statku na ląd. △ *pot.* Silnik, aparat itp. wysiadł «przestał funkcjonować, zepsuł się» △ *posp.* Ktoś wysiada, wysiadł «ktoś przestaje, przestał brać w czymś udział, pracować (zwykle z powodu choroby, przemęczenia)» || D Kult. I, 201; II, 38.

wysiadka *ż III, lm D.* wysiadek *posp.* **a)** używane jako wykrzyknienie w zn. «trzeba wysiadać!» **b)** «niepowodzenie; klapa; w okresie okupacji hitlerowskiej: śmierć» || KP Pras.

wysiadywać *ndk VIIIa*, wysiaduję (*nie*: wysiadywuję, wysiadywam), wysiadywaliśmy (p. akcent § 1a i 2) — **wysiedzieć** *dk VIIa*, wysiedzę, wysiedzi, wysiedź, wysiedzieliśmy, wysiedzieliśmy **1.** «spędzać dużo czasu na siedzeniu gdzieś, u kogoś» W. gdzie, u kogo, nad czym: Wysiadywać nad książką, w kawiarni. Wysiadywać u kogoś całymi dniami. Nie mógł wysiedzieć w domu, na jednym miejscu. **2.** «niszczyć coś przez długie siedzenie»: Wysiadywane spodnie, fotele. Wysiedziane palto. Wysiedziana kanapa. **3.** «o ptakach: siedzieć na jajkach, żeby wykluły się pisklęta»: Kwoka wysiaduje, wysiedziała kurczęta.

wysiąkać 1. *dk I*, wysiąkaliśmy (p. akcent § 1a i 2) «wydmuchać wydzielinę (z nosa)»: Wysiąkać nos (w chusteczkę). **2.** *rzad. ndk I* — **wysiąknąć** *dk Va*

a. *Vc*, wysiąkł a. wysiąknął (*wym.* wysiąknoł); wysiąkła a. wysiąknęła (*wym.* wysiąknęła); wysiąkłby (p. akcent § 4c); (tylko w 3. os. i w bezokol.) «wysączyć się, wyciekać» □ W. z czego: Wilgoć wysiąka z muru.

wysiąść p. wysiadać.

wysiec *dk XI*, wysiekę (*nie*: wysieczę), wysiecze, wysiekł, wysiekliśmy (p. akcent § 1a i 2). **1.** «zabić (wszystkich) bronią sieczną, *rzad.* wystrzelać, wybić»: Kawaleria wysiekła wroga szablami. Wysiekli cały oddział z karabinu maszynowego. **2.** «wysmagać, wychłostać» □ W. kogo — czym: Wysiekli niewolników rózgami.

wysiedlać *ndk I*, wysiedlaliśmy (p. akcent § 1a i 2) — **wysiedlić** *dk VIa*, wysiedlę, wysiedl (*nie*: wysiedlij), wysiedliliśmy: Wysiedleni chłopi biedowali w obcej wsi. □ W. kogo — z czego (skąd): Wysiedlać ludność z terenów okupowanych, zagrożonych powodzią. Wysiedlono lokatorów z mieszkań przeznaczonych do rozbiórki.

wysiedleniec *m II, D.* wysiedleńca, *lm M.* wysiedleńcy, *D.* wysiedleńców (*nie*: wysiedleńcy).

wysiedzieć p. wysiadywać.

wysiewać p. wysiać.

wysięk (*nie*: wysiąk) *m III, D.* wysięku: Wysięk ropny, surowiczy, gruźliczy, pourazowy. Wysięk w płucach, w kolanie.

wysilać *ndk I*, wysilaliśmy (p. akcent § 1a i 2) — **wysilić** *dk VIa*, wysil, wysilimy, wysililiśmy: Wysilać pamięć, mózg, spryt, fantazję.
wysilać się — **wysilić się** □ W. się na co; w. się, żeby (aby)...: Wysilać się na uprzejmość, na dowcip. Wysilał się, żeby udawać wesołość.

wysiłek *m III, D.* wysiłku: Duży, nadludzki wysiłek. Daremny, próżny wysiłek. Zbiorowy, zespołowy, wspólny wysiłek. Wysiłek mięśni, nóg, mózgu, woli. Nie szczędzić wysiłku a. wysiłków. Robić coś bez wysiłku, z ogromnym wysiłkiem, ostatnim wysiłkiem. Robić wysiłek a. wysiłki, żeby... (np. wstać z łóżka). Męczyć się, pocić się od wysiłku a. z wysiłku. △ Udaremniać (*nie*: przekreślać) czyjeś wysiłki.

wysiółek *m III, D.* wysiółka *reg.* «odrębne skupienie domów, nie należących do właściwej wsi; *lepiej*: przysiółek»

wyskakać *dk IX*, wyskacze, wyskakaliśmy (p. akcent § 1a i 2) *rzad., żart.* «skacząc osiągnąć, zdobyć coś»: Nasze zawodniczki wyskakały (sobie) na tych zawodach złote medale.
wyskakać się «naskakać się, natańczyć się do zmęczenia, do woli»: Młodzież lubi się wyskakać.

wyskakiwać p. wyskoczyć.

wyskamlać a. **wyskamłać** *ndk I*, wyskamla, wyskamła; a. *ndk IX*, wyskamle, wyskamlaliśmy, wyskamłaliśmy (p. akcent § 1a i 2) *pot.* «uzyskać coś usilnie prosząc, molestując, skamląc; wyprosić» □ W. co (od kogo): Wyskamlała od ojca pieniądze na wycieczkę.

! wyskipieć p. wykipieć.

wyskoczyć *dk VIb*, wyskoczyliśmy (p. akcent § 1a i 2) — **wyskakiwać** *ndk VIIIb*, wyskakuję (*nie*: wy-

skakiwuję, wyskakiwam), wyskakiwaliśmy. □ W. z czego (skąd) — do czego, w co, na co: **a)** «skacząc wydostać się skądś, znaleźć się gdzieś»: Wyskoczył z płonącego domu na bruk. Wyskoczyli z łódki do wody. Wyskakiwać z pociągu. Płochliwe sarny wyskakiwały z lasu na łąkę. **b)** «zostać wyrzuconym, wypaść, wylecieć skądś»: Pociąg wyskoczył z szyn. Korek wyskoczył z butelki. Drzwi wyskoczyły z zawiasów. △ *pot.* Wyskoczyć z posady. △ *posp.* Wyskoczyć na kogoś, do kogoś z buzią, z pyskiem itp. «nawymyślać komuś, napaść, nakrzyczeć na kogoś» □ *pot.* W. z czym «wystąpić z czymś niepotrzebnie, popełnić nietakt»: Wyskoczyć z niesłusznym zarzutem. △ *pot.* Wyskoczyć (z czymś), *częściej*: wyrwać się jak filip z konopi. □ *pot.* W. dokąd, po co «pobiec dokądś na krótko, żeby coś załatwić»: Wyskoczyć do sklepu, do kolegi; wyskoczyć po chleb, po papierosy. □ W. zza kogo, zza czego «raptem, nagle się ukazać»: Wyskoczyć zza drzewa.

wysok *m III, D.* wyskoku **1.** «skok w górę a. w bok»: Wysok do przodu. Wysok na konia, na skrzynię. **2.** «wybryk, *rzadziej*: gwałtowny objaw czegoś, wybuch»: Nieobliczalne wyskoki rozkapryszonego chłopca. Wysok czułości.

wyskokowy tylko w wyrażeniu: Napoje wyskokowe.

wyskrobać *dk IX*, wyskrobię (*nie*: wyskrobę), wyskrobie, wyskrob, wyskrobaliśmy (p. akcent § 1a i 2) — **wyskrobywać** *ndk VIIIa*, wyskrobuję (*nie*: wyskrobywuję, wyskrobywam), wyskrobywaliśmy □ W. co — z czego **a)** «skrobiąc wydrapać, oczyścić coś z czegoś»: Łyżką wyskrobał resztki kaszy z garnka. **b)** W. co — na czym, w czym «skrobiąc, drapiąc ostrym narzędziem zrobić zagłębienie, napisać, narysować coś»: Wyskrobać napis szpilką na drewnianym pudełku.

wyskubać *dk IX*, wyskubię (*nie*: wyskubę), wyskubie, wyskub, wyskubaliśmy (p. akcent § 1a i 2); *rzad.* **wyskubnąć** *dk Va*, wyskubnąłem (*wym.* wyskubnołem; *nie*: wyskubnęłem, wyskubłem), wyskubnął (*wym.* wyskubnoł), wyskubnęła (*wym.* wyskubnęła; *nie*: wyskubła), wyskubnęliśmy (*wym.* wyskubnęliśmy) — **wyskubywać** *ndk VIIIa*, wyskubuję (*nie*: wyskubywuję, wyskubywam), wyskubywaliśmy □ W. co — z czego, spomiędzy czego (czym) «skubiąc usunąć skądś»: Koń wyskubywał resztki trawy z pastwiska. Wyskubała nitkę z szala. Wyskubywać rodzynki z ciasta. □ W. co — w czym «skubiąc zrobić otwór»: Wyskubać dziurę w swetrze.

I wysłać *dk IX*, wyślę (*nie*: wyszlę), wyśle (*nie*: wyszle), wyślij (*nie*: wyszlij), wysłaliśmy (p. akcent § 1a i 2) — **wysyłać** *ndk I*, wysyłaliśmy □ W. kogo — dokąd, skąd, z czym, po co: Wysłano gońca z listem. Wysłali syna do miasta na studia. Wysłać delegację na zjazd, do jubilata. Wysyłać dzieci do szkoły. Wysyłać kogoś na zwiady. Wysyłać służącą po zakupy. □ W. co — do kogo, komu, dokąd: Wysłać list do brata, wysłać zawiadomienie przez gońca, przez okazję, pocztą, ekspresem. Wysyłać rodzinom pieniądze.

II wysłać (*reg.* wyścielić) *dk IX*, wyścielę, wyściele, wyściel, wysłał, wysłaliśmy (p. akcent § 1a i 2) — **wyściełać**, *reg.* **wyścielać** *ndk I*, wyściełaliśmy, wyścielaliśmy □ W. co — czym «pokryć czymś powierzchnię czegoś; usłać, wymościć»: Wysłać podłogę dywanem. Wysłano wóz sianem. △ Meble wyścielane «miękkie meble» △ Coś wyściela jakąś powierzchnię «coś tworzy warstwę pokrywającą coś»: Mech wyściełał całe wzgórze. Dywan wyściełał cały pokój. △ *przen.* Wysłać (*częściej*: usłać) komuś życie kwiatami, różami.

wysłaniec *m II*, D. wysłańca, W. wysłańcze, forma szerząca się: wysłańcu, *lm* M. wysłańcy, D. wysłańców (*nie*: wysłańcy) *książk.* «człowiek wysłany z jakimś poleceniem, posłaniec; poseł»

wysłannik *m III*, *lm* M. wysłannicy «poseł, delegat»: Wysłannik rządu. Wysłannicy króla a. od króla.

wysławiać *ndk I*, wysławialiśmy (p. akcent § 1a i 2) — **wysławić** *dk VIa*, wysław, wysławiliśmy: Wysławiać bohaterów w pieśniach. △ Wysławiać kogoś, coś pod niebiosa.

wysłodki *blp*, D. wysłodków; a. **wysłodziny** *blp*, D. wysłodzin: Buraczane wysłodki (wysłodziny).

wysłowić *dk VIa*, wysłów, wysłowiliśmy (p. akcent § 1a i 2) — *rzad.* **wysławiać** *ndk I*, wysławialiśmy *książk.* «wypowiedzieć, wyrazić»: Trudno wysłowić urok tej okolicy.
wysłowić się — **wysławiać się** «wypowiedzieć się»: Trudno było cudzoziemcowi wysłowić się po polsku. Wysławiać się płynnie, z trudnością.

wysłuchać *dk I*, wysłuchaliśmy (p. akcent § 1a i 2) — **wysłuchiwać** *ndk VIIIb*, wysłuchuję (*nie*: wysłuchiwuję, wysłuchiwam), wysłuchiwaliśmy □ W. czego a. co «posłuchać do końca»: Wysłuchać kazania, audycji a. kazanie, audycję. Wysłuchać skargę a. skargi. □ *książk.* (tylko *dk*) W. kogo, czego a. co «spełnić (czyjąś prośbę, żądanie)»: Wysłuchaj mnie, mojej prośby a. moją prośbę. // *U Pol. (2), 334.*

wysługa *ż III*, zwykle w wyrażeniu: Wysługa lat «długie lata pracy na jakimś stanowisku»: Dodatek za wysługę lat.

wysłużyć *dk VIb*, wysłużyliśmy (p. akcent § 1a i 2) — **wysługiwać** *ndk VIIIb*, wysługuję (*nie*: wysługiwuję, wysługiwam), wysługiwaliśmy □ W. co a) (zwykle *dk*) «pracując zarobić, otrzymać, osiągnąć coś»: Wysłużył emeryturę, awans, nagrodę, zaszczyty. b) (tylko *dk*) «spędzić, przebyć określony czas na służbie; przepracować (zwykle z określeniem liczby przepracowanych lat)»: Wysłużył dwadzieścia lat jako nauczyciel w szkole podstawowej. Wysłużył wojsko.
wysłużyć się — **wysługiwać się** □ (tylko *dk*) W. się u kogo (komu), gdzie «spędzić długi czas w służbie u kogoś, napracować się służąc»: Wysłużyła się u obcych. Wysłużył się jako stajenny po dworach. □ (tylko *dk*) W. się komu «(o rzeczach) być długo używanym, zniszczyć się wskutek długiego użycia»: Te buty dobrze mu się wysłużyły. □ (tylko *ndk*) W. się komu (za co) «usługiwać komuś pochlebiając, nadskakując mu, być na czyjeś usługi»: Wysługiwał się możnym, bogaczom. Wysługiwał się zwierzchnikowi za obietnicę awansu. □ (tylko *ndk*) W. się kim (z odcieniem dezaprobaty) «wyręczać się kimś»: Profesor wysługiwał się asystentami. Wysługiwała się młodszą koleżanką.

wysmarkać *dk I*, wysmarkaliśmy (p. akcent § 1a i 2) *posp.* «wysiąkać», tylko w zwrocie: Wysmarkać nos.
wysmarkać się *posp.* «wysiąkać nos»

wysmolić *dk VIa*, wysmol a. wysmól, wysmoliliśmy (p. akcent § 1a i 2) *pot.* «ubrudzić, powalać»: Wysmolić ręce węglem, sadzami. Wysmolić ubranie.

wysmukły *m-os.* wysmukli, *st. w.* wysmuklejszy a. bardziej wysmukły: Wysmukła postać. Wysmukłe topole.

wysmyknąć się *dk Va*, wysmyknąłem się (*wym.* wysmyknołem się; *nie*: wysmyknełem się, wysmykłem się), wysmyknął się (*wym.* wysmyknoł się), wysmyknęła się (*wym.* wysmyknęła się; *nie*: wysmykła się), wysmyknęliśmy się (*wym.* wysmyknęliśmy się; *nie*: wysmykliśmy się; p. akcent § 1a i 2) — *rzad.* **wysmykiwać się** *ndk VIIIb*, wysmykuje się (*nie*: wysmykiwuje, wysmykiwa się) wysmykiwaliśmy się □ W. się z czego, skąd a) «wysunąć się, wyślizgnąć się, wypaść»: Kubek wysmyknął się jej z ręki. b) «opuścić ukradkiem jakieś miejsce; wymknąć się»: Wysmyknąć się z pokoju, z domu.

wysnuć *dk Xa*, wysnuliśmy (p. akcent § 1a i 2) — **wysnuwać** *ndk I*, wysnuwaliśmy 1. «wyciągnąć z czegoś nić, skręcić nić z przędziwa; uprząść» □ W. co — z czego: Wysnuć nici z wełny. Pająk wysnuwa z siebie pajęczynę. 2. «ułożyć, sformułować coś w myśli, w słowach»: Wysnuwać opowiadanie z fantazji, ze wspomnień. △ Wysnuć wniosek «sformułować wniosek na podstawie przesłanek» △ *niepoprawne* Wysnuć (*zamiast*: sformułować) tezę, argument.

wysoce *książk.* «wielce, wybitnie»: Ktoś wysoce uzdolniony, kulturalny. Rzecz wysoce pożądana, interesująca.

wysoki *m-os.* wysocy, *st. w.* wyższy (*wym.* wyższy; *nie*: wyszy), *m-os.* wyżsi (*nie*: wyźsi) 1. «mający jakąś a. znaczną odległość między podstawą a wierzchołkiem; mający duży wzrost»: Wysoki budynek. Wysoka góra. Wysoki mężczyzna. □ W. na ile: Iglica wysoka na pięć pięter. Wieża wysoka na trzydzieści metrów. a. trzydzieści metrów wysoka. (Konstrukcji bez przyimka *na* można użyć obocznie, kiedy się wysokość określa w jednostkach miary). △ Być o ileś wyższym od kogoś, od czegoś: Był o 10 cm wyższy od brata a. wyższy niż brat. △ Wysokie progi (często *iron.*) «o domu, środowisku ludzi zamożnych, dygnitarzy, arystokratów»: Nie bywam u państwa dyrektorostwa, za wysokie to dla mnie progi. 2. «znajdujący się wysoko ponad innymi rzeczami, wznoszący się nad jakimś poziomem»: Wysokie piętro domu. △ *przen.* Wysoki szczebel rozwoju. △ Ktoś wyższy ponad coś «ktoś odnoszący się do czegoś z lekceważeniem, nie interesujący się czymś»: Był wyższy ponad zwykłą codzienność. 3. «zajmujący lepsze miejsce w jakiejś hierarchii, mający dużą wartość, duże znaczenie; wybitny, znakomity»: Wysoka kultura, nota, ocena. Wysoki gatunek, poziom. Wysokie odznaczenie. Wysoki urząd. Wysokie stanowisko, władze wyższe, najwyższe (*nie*: wysokie). △ Wyższa uczelnia, szkoła; wyższe wykształcenie, studia. △ Spotkanie na najwyższym (*nie*: na wysokim) szczeblu «spotkanie szefów państw» △ Sąd Najwyższy «naczelny organ sądowy» △ Wysoki Sądzie «zwrot grzecznościowy używany przy zwracaniu się do sędziego podczas rozprawy» △ Izba wyższa «w parlamencie dwuizbowym: izba lordów, senat» △ Wysoka Izbo «zwrot grzecznościowy używany przy zwracaniu się do zgromadzenia sejmu» 4. «duży, wielki, znaczny (zwykle pod względem natężenia, intensywności)»:

Wysoka cena. Wysoka gorączka, temperatura. Wysokie napięcie. Najwyższe uniesienie, oburzenie. Najwyższy zachwyt, zapał. △ W wysokim, najwyższym stopniu, do najwyższego (*nie*: do wysokiego) stopnia «bardzo, niezmiernie» △ Najwyższy (*lepiej*: wielki) czas «ostatni termin czegoś, czas na coś» △ Wyrażenia *niepoprawne*: Wysokie (*zamiast*: dobre) rezultaty. Wysoka (*zamiast*: dobra, doskonała) forma zawodników. Wysoka (*zamiast*: duża) frekwencja. Wysokie (*zamiast*: duże, znaczne) zagęszczenie mieszkań. Wysokie (*zamiast*: obfite) plony. **5.** często w *st. w.* «szlachetny, wzniosły, szczytny, górnolotny»: Wyższy cel. Wyższe ideały.

z wysoka «z pewnej, z dużej wysokości, z góry»: Spaść z wysoka. Żeby nie potknąć się na grudzie, stawiał nogi z wysoka. △ *przen.* Patrzeć na kogoś z wysoka; zachowywać się w stosunku do kogoś z wysoka. || D Kult. II, 154; KP Pras.

Wysokie Mazowieckie *n* odm. jak przym., *D.* Wysokiego Mazowieckiego, *Ms.* Wysokiem Mazowieckiem «miasto» — wysokomazowiecki.

wysoko *st. w.* wyżej (*nie*: wyszej) «w górze ponad innymi rzeczami, w dużej odległości, na dużą odległość od jakiegoś poziomu»: Księżyc ukazał się wysoko na niebie. Latać wysoko. Wysoko rzucić piłkę. △ Wyżej od czegoś, niż coś; w niektórych wyrażeniach: wyżej czegoś: Topole wyrosły wyżej niż wiązy. Woda sięgała wyżej (a. powyżej) kolan. Miał bliznę wyżej (*częściej*: powyżej) łokcia. △ *pot.* Mieć czegoś, kogoś wyżej (a. powyżej) uszu, dziurek od nosa «nie móc czegoś a. kogoś dłużej znosić» △ Wysoko kwalifikowany (*lepiej*: wykwalifikowany) pracownik. Wysoko notowany zawodnik. △ *przestarz.* Wysoko urodzony. △ *książk., wych. z użycia* Jak się wyżej rzekło «jak zostało napisane w poprzedniej części tekstu» △ *książk.* Wyżej wspomniany, wymieniony «wspomniany, wymieniony w poprzedniej części tekstu pisanego» △ Co najwyżej, najwyżej **a)** «nie więcej niż»: Miał najwyżej 20 lat. **b)** «w ostatecznym razie, ostatecznie»: Co najwyżej nie pojadę na urlop. △ Cenić, stawiać kogoś, coś wysoko «bardzo cenić» △ Dojść, zajść, *pot.* zajechać wysoko «zrobić karierę, wybić się» △ Stać wyżej od kogoś, od czegoś (o całe niebo) «mieć (o wiele) większą wartość»: Pod względem intelektualnym stała o całe niebo wyżej od męża. △ Wysoko postawiona osoba «osoba na ważnym stanowisku» △ Wysoko mierzyć «mieć ambitne plany» △ *środ.* Grać wysoko «grać (w karty, w gry hazardowe) o dużą stawkę» △ *środ.* Przegrać, wygrać wysoko **a)** «przegrać, wygrać dużą sumę (w karty, w gry hazardowe)» **b)** «przegrać, wygrać z dużą różnicą punktów»: Nasi piłkarze wysoko wygrali ten mecz. △ *niepoprawne*: Wysoko (*zamiast*: znacznie) przekroczyć plan. || D Kult. I, 425; KP Pras.

wysoko- «pierwszy człon przymiotników złożonych» **a)** «wskazujący na znaczną wysokość, związek ze znaczną wysokością tego, co określa druga część złożenia», np.: Wysokogórski (od: wysokie góry), wysokopienny (od: wysoki pień). **b)** «wskazujący na dużą wartość czegoś lub duże natężenie jakiejś cechy tego, co określa druga część złożenia», np.: wysokobiałkowy (wysokobiałkowa pasza), wysokokaloryczny (wysokokaloryczne potrawy).

wysokościomierz *m II, lm D.* wysokościomierzy, *rzad.* wysokościomierzów.

wysokościowiec *m II, D.* wysokościowca «wielopiętrowy budynek mieszkalny»: Mieszkać w wysokościowcu.

wysokościowy przym. od wysokość: Gmach wysokościowy. Winda wysokościowa. Wysokościowy przelot szybowca.

wysokość *ż V* **1.** «wymiar pionowy czegoś liczony od podstawy w górę (skrót: wys.)»: Wysokość człowieka. Wysokość komina fabrycznego, wieży. △ Dom wysokości (*nie*: o wysokości) 15 metrów. Coś ma wysokość iluś metrów, centymetrów itp. a. coś ma ileś metrów, centymetrów itp. wysokości: Drzewo miało 5 metrów a. 5 metrów wysokości. **2.** «punkt, miejsce położone wysoko, odległość od punktu znajdującego się w górze»: Wysokość lotu. Znajdować się na dużej wysokości. △ Na wysokości czegoś **a)** «na takim poziomie jak coś, na równym poziomie z czymś»: Na wysokości oczu. Na wysokości II piętra. △ *przen.* Stanąć na wysokości zadania «sprostać czemuś» **b)** «w terminologii żeglarskiej: na trawersie»: Byliśmy na wysokości Półwyspu Helskiego. △ Wysokość nad poziomem (*nie*: nad poziom) morza. △ *środ.* Nabierać wysokości, wytracać wysokość «wznosić się coraz wyżej; zniżać się (o samolocie, lotniku)» △ *podn.* Na wysokości a. na wysokościach «w niebie» **3.** «ilość, liczba, natężenie czegoś, wielkość, stopień»: Wysokość płac, zarobków. Wysokość nakładu dzieła. Wysokość kary, cen. △ Wasza, Jego, Jej wysokość «zwrot grzecznościowy używany przy zwracaniu się do osób z rodziny królewskiej lub książęcej i mówieniu o nich»: Jego wysokość raczył (*nie*: raczyła) przyjąć poselstwo. Jej królewska wysokość Elżbieta II zaszczyciła swą obecnością raut.

wyspa *ż IV, CMs.* wyspie (*nie*: wyśpie): Bezludna wyspa. Wyspa wulkaniczna, koralowa. Mieszkać na wyspie. Płynąć na wyspę. Przybić do wyspy. △ W nazwach dużą literą: Wyspy Hawajskie, Wyspy Owcze, Wyspy Szczęśliwe, Wyspa Świętej Heleny.

wyspać się *dk*, wyśpię się (*nie*: wyspię się), wyśpij się (*nie*: wyspij się), wyspaliśmy się (p. akcent § 1a i 2) — **wysypiać się** *ndk I*, wysypialiśmy się: Wyspać się dobrze, znakomicie, za wszystkie czasy. Wysypiali się po trudach dnia. Wyspać się przed ciężką pracą.

wyspecjalizować *dk IV*, wyspecjalizowaliśmy (p. akcent § 1a i 2), często w imiesł. biernym. □ W. kogo — w czym: Należy wyspecjalizować robotników w różnych kierunkach. Wyspecjalizowani robotnicy budowlani.
wyspecjalizować się □ W. się w czym: Wyspecjalizować się w architekturze przemysłowej, w pracy przewodnika.

wyspiarski «odnoszący się do wyspy lub wyspiarzy»: Wyspiarskie gatunki owadów. Wyspiarski charakter kraju. Ludy wyspiarskie. *Por.* wyspowy.

wyspiarz *m II, lm D.* wyspiarzy: Malajscy wyspiarze. Anglicy są wyspiarzami.

wyspowiadać *dk I*, wyspowiadaliśmy (p. akcent § 1a i 2) □ W. kogo «wysłuchać czyjejś spowiedzi»: Ksiądz wyspowiadał umierającego.
wyspowiadać się □ W. się u kogo (z czego) «odbyć spowiedź»: Wyspowiadał się u opata. □ W. się komu a. przed kim (z czego) «wyznać coś, zwierzyć się z czegoś»: Wyspowiadał się matce a. przed matką ze swych najskrytszych uczuć.

wyspowy: Klimat wyspowy. *Por.* wyspiarski.

wysprzątać *dk I*, wysprzątaliśmy (p. akcent § 1a i 2) «dokładnie posprzątać; wiele czegoś sprzątnąć»: Wysprzątać pokój na przyjęcie gości. Wysprzątała całe biuro.

!wysprzedać p. wyprzedać.

wyssać *dk IX*, wyssę, wyssie (*nie*: wyssa), wyssij, wyssaliśmy (p. akcent § 1a i 2) — **wysysać** *ndk I*, wysysaliśmy □ W. co — z czego: Wyssać mleko z piersi matki. Wyssał sok z pomarańczy. Pszczoły wysysały nektar z kwiatów. △ *przen.* Wyssać z kogoś życie, siły, krew. △ Wyssać coś z mlekiem (*nie*: z mleka) matki «o czymś wpojonym od urodzenia» △ *pot.* Wyssać coś z palca «zmyślić»: Cała ta historia była wyssana z palca.

wystać *dk*, wystoję, wystoi, wystój, wystoimy, wystaliśmy (p. akcent § 1a i 2), wystany, *rzad.* wystały — **wystawać** *ndk IX*, wystaje, wystawaliśmy □ W. bez dop. **a)** «pozostać w pozycji stojącej jakiś czas, spędzić długi czas na staniu»: Wystaliśmy całą godzinę na peronie czekając na przyjazd pociągu. **b)** zwykle *ndk* «stać często i długo, spędzać wiele czasu na staniu»: Wystawać przed czyimiś oknami, przed lustrem. Wystawać na moście, na przystanku. □ (tylko *ndk*) W. z czego, spod czego, zza czego «sterczeć na zewnątrz, być widocznym»: Kamienie wystawały z wody. Halka wystaje spod sukni.

wystać się 1. «spędzić wiele czasu na staniu»: Wystałam się w kolejce. □ W. się po co (*nie*: za czym) «spędzić wiele czasu na staniu, czekać na coś długo stojąc»: Wystał się po bilety na tę głośną sztukę. **2.** tylko w 3. os. i w bezokol. «o płynach: stojąc dostatecznie długo, nabrać pewnych właściwości»: Wino już się wystało.

wystarać się *dk I*, wystaraliśmy się (p. akcent § 1a i 2) □ W. się o co, o kogo: Wystarać się o pracę, o pieniądze, o urlop. Wystarać się o księgowego, o zastępcę.

wystarczać *ndk I*, wystarczaliśmy (p. akcent § 1a i 2) — **wystarczyć** *dk VIb*, wystarczy, wystarczyliśmy □ W. na co, do czego: Zarobki wystarczały na ich potrzeby. Dwie godziny wystarczą na wykonanie pracy. □ *nieos.* Wystarczy, wystarcza czego — komu (dla kogo, na co, do czego): Jedzenia wystarczy dla wszystkich. Wystarczyło im drzewa na opał. Nie wystarczyło im sił do przebycia tak dużej odległości. □ *nieos.* Wystarczy, wystarcza + bezokol.: Wystarczyło nacisnąć dzwonek i drzwi się otwierały. □ W. za co: Samo jego nazwisko wystarczało za reklamę. △ Wystarczać (samemu) sobie «nie czuć potrzeby towarzystwa»: Nie żalili się na samotność, wystarczali samym sobie.

wystartować *dk IV*, wystartowaliśmy (p. akcent § 1a i 2): Samolot wystartował z lotniska. Zawodnik wystartował w biegu a. do biegu na 100 metrów. △ *przen.* Młode pokolenie wystartowało bardzo pomyślnie. Teatr wystartował sztuką Czechowa.

wystawać p. wystać.

wystawiać *ndk I*, wystawialiśmy (p. akcent § 1a i 2) — **wystawić** *dk VIb*, wystaw, wystawiliśmy **1.** «wydobywać, wyjmować, wydostawać coś skądś, wykładać na zewnątrz»: Wystawiać naczynia, butelki z kredensu na stół. Wystawić kwiaty na balkon. Wy-

stawić buty przed drzwi. △ Wystawiać straż, czaty, posterunki, wartę «rozmieszczać straż, wartę itp. we właściwych miejscach» △ Wystawiać kogoś na pośmiewisko, na drwiny itp. «narażać kogoś na pośmiewisko, na drwinę itp.» △ Wystawiać kogoś, coś na próbę «wypróbowywać»: Wystawiać na próbę czyjąś cierpliwość. △ *posp.* Wystawić kogoś do wiatru «oszukać, zawieść kogoś» △ Wystawiać coś na sprzedaż, na licytację «przeznaczać na sprzedaż, na licytację i udostępniać kupującym» **2.** «wysuwać coś poza obręb czegoś, w jakimś kierunku»: Ślimak wystawia rogi. Wystawić głowę z okna wagonu. Wystawić twarz na słońce. △ Wystawiać kogoś, coś na działanie czegoś «poddawać działaniu czegoś»: Gleba wystawiona na działanie wiatru. **3.** «urządzać wystawę czegoś; posyłać eksponaty na wystawę» □ W. co — gdzie: Wystawiać swoje obrazy w galerii. Wystawiać maszyny na targach krajowych. **4.** «przygotowywać do grania na scenie (sztukę teatralną); grać»: Teatr Narodowy wystawił w tym sezonie kilka sztuk współczesnych. Wystawiać komedię, dramat, operę, rewię. **5.** zwykle *dk* «wybudować, zbudować, wznieść»: Wystawić pałac, pomnik. △ *wych. z użycia* Wystawić armię, pułk itp. «wyekwipować własnym kosztem; zorganizować» **6.** «wypisywać, wypełniać, wydawać»: Wystawiać czeki, rachunki, weksle. △ Wystawiać komuś, czemuś jakieś świadectwo «świadczyć o kimś, o czymś, potwierdzać coś»: Wystawić komuś świadectwo moralności.

wystawiennictwo *n III, blm* «organizowanie, urządzanie wystaw»: Zajmować się wystawiennictwem. Sukcesy naszego wystawiennictwa za granicą.

wystawienniczy «dotyczący wystawiennictwa»: Udział architektów w pracach wystawienniczych. △ *niepoprawne* w zn. «wystawowy», np. Obrazy umieszczono w salach wystawienniczych (*zamiast*: wystawowych) Związku Plastyków.

wystawny *st. w.* wystawniejszy a. bardziej wystawny: Wystawny dom, obiad. Wystawna uczta, kolacja. Wystawne przyjęcie, życie.

wystawowy «odnoszący się do wystawy (*nie*: wystawienniczy)»: Pawilon wystawowy. Sala wystawowa. Szyba wystawowa. Teren wystawowy, *lepiej*: teren wystawy.

wystąpić *dk VIa*, wystąp, wystąpiliśmy (p. akcent § 1a i 2) — **występować** (*nie*: wystepywać) *ndk IV*, występowaliśmy, występujący **1.** «wyjść, wysunąć się na zewnątrz, poza obręb czegoś, naprzód» □ W. z czego: Wystąpić z szeregu. Wystąpić z tłumu na środek placu. △ Wystąpić z brzegów «o rzece: przelać się przez brzegi»: Wisła wystąpiła z brzegów. **2.** «ukazać się otoczeniu, dać się poznać w jakiejś roli, zacząć działać, pokazać się»: Wystąpić na wiecu, w sądzie. Wystąpić z przemówieniem, z referatem, z krytyką. Występował na tym przyjęciu jako gospodarz. Wystąpić w obronie kolegów, w obronie słusznej sprawy. Wystąpić w czyimś imieniu. Występować przeciw nadużyciom, przeciw nacjonalistom. □ *urz.* W. do kogo, do czego — o co «zwrócić się w jakiejś sprawie»: Wystąpić do kwaterunku o przydział mieszkania. **3.** «dać występ, popisać się czymś publicznie: o aktorach: zagrać swą rolę»: Występować na scenie, na estradzie. Wystąpić z recitalem. W roli Hamleta wystąpił znany aktor. Występuje jako klaun w cyrku. **4.** «przestać być członkiem

wystąpienie

czegoś, przestać należeć do czegoś, wycofać się z czegoś» □ W. z czego: Wystąpić z wojska, z partii, ze spółki. // *D Kryt. 44.*

wystąpienie *n I* △ *niepoprawne* Wygłosić wystąpienie (*zamiast*: przemówienie).

wysterczać *ndk I*, wysterczałby (p. akcent § 4c); **wysterkać** *ndk I*, wysterkałby; **wysterkiwać** *ndk VIIIb*, wysterkuje (*nie*: wysterkiwuje, wysterkiwa), wysterkiwałby — *rzad.* **wysterknąć** (*nie*: wysterczeć) *dk Va*, wysterknie, wysterknął (*wym.* wysterknoł), wysterknęła (*wym.* wysterkneła), wysterknąłby (*wym.* wysterknołby) *rzad.* «sterczeć, wystawać, wznosić się ponad coś» □ W. z czego, ponad co: Skały wysterczały z morza. Z zieleni wysterka wysmukła wieża. Drzewa wysterczają ponad dachy.

wysterylizować p. sterylizować.

występ *m IV, D.* występu **1.** «publiczny popis, wystąpienie artysty na scenie»: Występ solowy. Gościnne występy artystów zagranicznych. Przyjechać, wyjechać na występy. **2.** «wystająca część czegoś»: Występ skały a. występ skalny. Występ muru.

występek *m III, D.* występku: Popełnić występek. Dopuścić się występku. Sprowadzić kogoś na drogę występku.

występny *m-os.* występni, *st. w.* bardziej występny, *rzad.* występniejszy *książk.* **a)** «popełniający występki, skłonny do popełniania występków»: Człowiek występny. Występna matka. **b)** «będący występkiem, przewinieniem; pełen występków»: Występny czyn. Występne życie. Występna miłość.

występować p. wystąpić.

wystosować (*nie*: wystósować) *dk IV*, wystosowaliśmy (p. akcent § 1a i 2): Wystosować do kogoś pismo, prośbę, pozew.

wystraszyć *dk VIb*, wystrasz, wystraszyliśmy (p. akcent § 1a i 2) — *rzad.* **wystraszać** *ndk I*, wystraszaliśmy □ W. (*częściej*: przestraszyć) kogo (czym): Nagły grzmot wystraszył zebranych. Wystraszyć dzieci krzykiem. □ W. kogo, co — z czego, *rzad.* od kogo «wypłoszyć»: Wystraszył złodzieja z ogrodu. Strach na wróble wystraszył szkodniki ze zboża. Kłótnia rodzinna wystraszyła od nich gości.

wystroić *dk VIa*, wystroję, wystrój (*nie*: wystroj), wystroiliśmy (p. akcent § 1a i 2) — *rzad.* **wystrajać** (*nie*: wystroiwać) *ndk I*, wystrajaliśmy □ W. kogo w co: Wystroić dziewczynkę w białą sukienkę.

wystrój *m I, D.* wystroju, *lm M.* wystroje, *D.* wystrojów *środ.* «elementy architektoniczne tworzące trwałą dekorację budowli, wnętrza»: Sala balowa zamku ma wystrój z marmuru. Wystrój elewacji.

wystrychnąć *dk Va*, wystrychnie, wystrychnij, wystrychnąłem (*wym.* wystrychnołem; *nie*: wystrychnełem, wystrychłem), wystrychnął (*wym.* wystrychnoł; *nie*: wystrychł), wystrychnęła (*wym.* wystrychneła; *nie*: wystrychła), wystrychnęliśmy (*wym.* wystrychneliśmy; *nie*: wystrychliśmy; p. akcent § 1a i 2) — **wystrychać** *ndk I*, wystrychaliśmy; *rzad.* **wystrychiwać** *ndk VIIIb*, wystrychuję (*nie*: wystrychiwuję, wystrychiwam), wystrychiwaliśmy △ *tylko w pot.* wyrażeniach: Wystrychnąć kogoś na dudka, *rzad.* na durnia, na głupca «zakpić z kogoś, oszukawszy go»

928

wystrzał *m IV, D.* wystrzału, *Ms.* wystrzale: Wystrzał karabinowy, armatni a. wystrzał z karabinu, z armaty. △ Zająć, zdobyć coś (np. miasto) bez wystrzału «zająć bez walki»

wystrzegać się *ndk I*, wystrzegaliśmy się (p. akcent § 1a i 2) □ W. się kogo, czego (*nie*: przed kim, przed czym): Wystrzegać się złego towarzystwa, złodziei. Wystrzegać się zaziębienia, hulanek, wódki. △ Wystrzegać się czegoś jak ognia.

wystrzelić *dk VIa*, wystrzel, wystrzeliliśmy (p. akcent § 1a i 2) — **wystrzelać** *ndk I*, wystrzelaliśmy — **wystrzeliwać** *ndk VIIIb*, wystrzeliwuję (*nie*: wystrzeliwywuję, wystrzeliwa), wystrzeliwaliśmy □ W. bez dop. a. w. z czego «dać ognia z broni palnej; o broni palnej: wyrzucić z siebie pocisk; zostać wystrzelonym»: Wystrzelić w górę, w powietrze. Wystrzelić z karabinu, z pistoletu. Pistolet wystrzelił. Rakieta wystrzeliła w górę. □ W. co «wyrzucić z siłą z wyrzutni»: Wystrzelić nabój, pocisk. Wystrzelić rakietę statek kosmiczny. □ (*zwykle dk*) W. do kogo, do czego, *rzad.* w kogo, w co (z czego) «strzelić celując w kogoś, w coś»: Wystrzelić z pistoletu do przeciwnika (w przeciwnika). Wystrzelić do tarczy (w tarczę).
wystrzelać (*dk*) — **wystrzeliwać** (*ndk*) □ W. co «zużyć strzelając»: Wystrzelać amunicję, kule, pociski. □ W. kogo, co «wybić po kolei dużo a. wszystkich (wszystkie) strzałami»: Wystrzelać zakładników, jeńców. Wystrzelali wrony w okolicy.

wystrzępić *dk VIa*, wystrzęp (*nie*: wystrzępij), wystrzępiliśmy (p. akcent § 1a i 2) — *rzad.* **wystrzępiać** *ndk I*, wystrzępialiśmy «porobić strzępy na brzegu czegoś (zwykle w imiesł. biernym)»: Przez długie noszenie wystrzępił nogawki spodni. Nosił wystrzępione palto. △ *pot., żart.* Wystrzępić sobie język «bardzo dużo powiedzieć, nagadać się»

wystrzyc *dk XI*, wystrzygę (*nie*: wystrzyżę), wystrzyże, wystrzyż, wystrzygł, wystrzygliśmy (p. akcent § 1a i 2), wystrzyżony (*nie*: wystrzygnięty) — **wystrzygać** *ndk I*, wystrzygaliśmy □ W. co «strzygąc usunąć; dokładnie ostrzyc»: Wystrzyc trawę, włosy. Wystrzyc trawnik. □ W. co — z czego «strzygąc, tnąc zrobić, uformować coś»: Wystrzygać gwiazdki z papieru. □ W. co — w czym «strzygąc, wyciąć»: Wystrzyc dziurę w materiale.

wystygnąć *dk Vc* wystygnie, wystygł (*nie*: wystygnął), wystygła (*nie*: wystygnęła), wystygłby (p. akcent § 4c), *rzad.* wystygły (*nie*: wystygnięty) — **wystygać** *ndk I*, wystygałby «stać się zimnym, chłodnym»: Obiad wystyga na stole. Zupa wystygła. Napił się wystygłej herbaty. △ *przen.* Uczucia w niej wystygły.

wystylizować p. stylizować.

wysunąć *dk Vb*, wysuń, wysunąłem (*wym.* wysunołem; *nie*: wysunełem), wysunął (*wym.* wysunoł), wysunęła (*wym.* wysuneła), wysunęliśmy (*wym.* wysuneliśmy; p. akcent § 1a i 2) — **wysuwać** *ndk I*, wysuwaliśmy □ W. co — z czego, zza czego, spod czego: Wysunąć szufladę z komody. Wysunął krzesło zza szafy, spod stołu. Wysunąć rękę z mufki. Wysunął szablę z pochwy. □ W. co — na co (dokąd), za co: Wysunęli stół na środek pokoju. Wysunąć skrzynkę za drzwi. △ Wysunąć jakąś sprawę na czoło, na pierwszy plan, na pierwsze miejsce «uznać sprawę za najważniejszą, poświęcić jej najwięcej uwagi» △ Wysunąć kogoś na jakieś stanowisko, wysunąć czyjąś kandydaturę «zaproponować kogoś na jakieś stanowisko, zgłosić czyjąś kandydaturę»: Wysunięto go na kierownika. Wysunąć pomysł, projekt, propozycję, wniosek itp. «przedstawić, podać jakiś pomysł, projekt, zaproponować coś» △ Wysunięty odcinek frontu, wysunięte pozycje, wysunięta placówka itp. «odcinek frontu, pozycje sięgające w głąb terenów wroga, leżące blisko tych terenów»

wyswobodzić *dk VIa*, wyswobodzę, wyswobódź, *rzad.* wyswobodź; wyswobodziliśmy (p. akcent § 1a i 2) — **wyswobadzać** a. **wyswabadzać** *ndk I*, wyswobadzaliśmy, wyswabadzaliśmy □ W. kogo, co — z czego, spod czego, od czego «uwolnić, wyzwolić»: Wyswobodzić kraj, naród z niewoli, spod jarzma tyranii. Wyswobodzić kogoś z więzów. Wyswobodzić lud spod ucisku a. od ucisku.

wysychać p. wyschnąć.

wysyłać p. I wysłać.

wysyłka *ż III, lm D.* wysyłek 1. «wysyłanie, wysłanie»: Bagaże, listy gotowe do wysyłki. Wysyłka prasy, towarów. 2. «to, co jest (zostało) wysłane; *częściej*: przesyłka»: Otrzymał jakąś tajemniczą wysyłkę.

wysyp *m IV, D.* wysypu 1. *rzad.* «pagórek utworzony przez wysypywanie czegoś na jedno miejsce; usypisko»: Gliniany wysyp. Wysyp z żużlu. 2. *środ.* **a)** «urządzenie do dozowania urobku z przenośnika do wozów kopalnianych» **b)** *blm* «pojawienie się w wielkiej ilości (zwłaszcza na rynku) owoców, warzyw itp. w okresie ich dojrzewania»: Wysyp truskawek, pieczarek. Masowy wysyp owoców. // U Pol. (2), 165.

wysypać *dk IX*, wysypię (*nie*: wysypę), wysypie, wysypaliśmy (p. akcent § 1a i 2) — **wysypywać** *ndk VIIIa*, wysypuje (*nie*: wysypywuje, wysypywa), wysypywaliśmy □ W. co — z czego (na co, do czego) «sypiąc wytrząsnąć coś skądś, umieścić w innym miejscu»: Wysypał popiół z fajki. Wysypała cukier na podłogę. △ *przen., pot.* Szofer wysypał nas do rowu. □ W. co — czym «obficie posypać czymś»: Wysypać brytfannę mąką. Wysypać drogę żwirem. □ *pot.* W. kogo (przed kim) «zdradzić czyjąś tajemnicę; wydać»: Wysypała brata przed matką.

wysypiać się p. wyspać się.

wysysać p. wyssać.

wyszarpać *dk IX*, wyszarpię (*nie*: wyszarpę), wyszarpaliśmy (p. akcent § 1a i 2); **wyszarpnąć** *dk Va*, wyszarpnij (*nie*: wyszarp), wyszarpnąłem (*wym.* wyszarpnołem, *nie*: wyszarpnełem, wyszarpłem), wyszarpnął (*wym.* wyszarpnoł), wyszarpnęła (*wym.* wyszarpnela; *nie*: wyszarpła), wyszarpnęliśmy (*wym.* wyszarpneliśmy, *nie*: wyszarpliśmy; p. akcent § 1a i 2) — **wyszarpywać** *ndk VIIIa*, wyszarpuje (*nie*: wyszarpywuje, wyszarpywa), wyszarpywaliśmy □ W. co — z czego: Złodziej wyszarpnął jej torebkę z ręki. □ (tylko *dk*: wyszarpać) W. kogo, co (za co) «wytarmosić»: Wyszarpała go za uszy.

wyszarzany, *rzad.* **wyszarzały** *st. w.* bardziej wyszarzany (wyszarzały) «o tkaninie, ubraniu: wytarty, wypłowiały wskutek długiego noszenia, używania»:

Wyszarzana (wyszarzała) marynarka. Wyszarzane (wyszarzałe) obicia.

wyszczególniać *ndk I*, wyszczególnialiśmy (p. akcent § 1a i 2) — **wyszczególnić** *dk VIa*, wyszczególnij, wyszczególniliśmy *książk.* «wyliczać, wymieniać coś dokładnie; wykazywać szczegółowo»: W spisie należy wyszczególnić towary znajdujące się w magazynie.

wyszczerzać *ndk I*, wyszczerzaliśmy (p. akcent § 1a i 2) — **wyszczerzyć** *dk VIb*, wyszczerzyliśmy «o zwierzętach, *pot.* o ludziach: pokazywać zęby»: Psy szczekały, wyszczerzając na dzieci zęby. Śmiał się wyszczerzając zęby. △ *posp.* (tylko *ndk*) Wyszczerzać (*częściej*: szczerzyć) zęby do kogoś «robić zalotne miny, wdzięczyć się do kogoś»: Wyszczerzała zęby do chłopców.

wyszeptać *dk IX*, wyszepcze, *przestarz.* wyszepce; wyszepcz (*nie*: wyszeptaj), wyszeptaliśmy (p. akcent § 1a i 2); *rzad.* **wyszepnąć** *dk Va*, wyszepnij, wyszepnąłem (*wym.* wyszepnołem; *nie*: wyszepnełem, wyszepłem), wyszepnął (*wym.* wyszepnoł), wyszepnęła (*wym.* wyszepnela; *nie*: wyszepła), wyszepnęliśmy (*wym.* wyszepneliśmy; *nie*: wyszepliśmy) — *rzad.* **wyszeptywać** *ndk VIIIa*, wyszeptuje (*nie*: wyszeptywuje, wyszeptywa), wyszeptywaliśmy: Wyszeptała jej do ucha sekret.

wyszkolić *dk VIa*, wyszkol (*nie*: wyszkól), wyszkoliliśmy (p. akcent § 1a i 2) — *rzad.* **wyszkalać**, **wyszkolać** *ndk I*, wyszkalaliśmy, wyszkolaliśmy: Wyszkolony personel. □ W. kogo — w czym, na kogo: Wyszkolić kogoś w jakimś rzemiośle. Wyszkolił go sobie na dobrego pomocnika.

Wyszków *m IV, D.* Wyszkowa, C. Wyszkowowi (*ale*: ku Wyszkowowi a. ku Wyszkowu) «miasto» — wyszkowianin *m V, D.* wyszkowianina, *lm M.* wyszkowianie, *D.* wyszkowian — wyszkowianka *ż III, lm D.* wyszkowianek — wyszkowski.

wyszlifować *dk IV*, wyszlifowaliśmy (p. akcent § 1a i 2) — **wyszlifowywać** *ndk VIIIa*, wyszlifowuje (*nie*: wyszlifowywuje, wyszlifowywa): Wyszlifować kamień, szkło.

Wyszogród *m IV, D.* Wyszogrodu «miejscowość»: Mieszkać w Wyszogrodzie. — wyszogrodzki.

wyszorować *dk IV*, wyszorowaliśmy (p. akcent § 1a i 2): «szorując oczyścić» □ Składnia jak: szorować (w zn. 1).

wyszperać p. szperać.

wyszukać *dk I*, wyszukaliśmy (p. akcent § 1a i 2) — **wyszukiwać** *ndk VIIIb*, wyszukuje (*nie*: wyszukiwuje, wyszukiwa), wyszukiwaliśmy □ W. kogo, co, *rzad.* czego: Wyszukać odpowiednią gospodynię. Wyszukać potrzebny adres. Kury chodziły po podwórzu, wyszukując ziarna (ziarn).

wyszukanie *st. w.* bardziej wyszukanie, *rzad.* wyszukaniej: Wyrażać się wyszukanie. Ubierał się coraz bardziej wyszukanie.

wyszukany, *st. w.* wyszukańszy a. bardziej wyszukany «wykwintny, wytworny»: Wyszukana grzeczność, uprzejmość. Uczta składała się z najwyszukańszych potraw.

wyszykować *dk IV*, wyszykowaliśmy (p. akcent § 1a i 2) *pot.* **a)** «przygotować, przyszykować» □ W. co — komu, dla kogo: Wyszykowała dla gości pokój. Wyszykował synowi mieszkanie. □ W. kogo: Wyszykowała dzieci do szkoły. Wyszykować kogoś w podróż. **b)** «z odcieniem ujemnym: wykierować, urządzić kogoś»: Aleś mnie wyszykowała! Zostałem bez pieniędzy.

wyścibiać a. **wyściubiać** *ndk I*, wyścibialiśmy, wyściubialiśmy (p. akcent § 1a i 2) — **wyścibić** a. **wyściubić** *dk VIa*, wyścib, wyściub, wyścibiliśmy, wyściubiliśmy *rzad.*, *pot.* «wysuwać, pokazywać coś»: Jeszcze było zimno, rośliny ledwie wyścibiały (wyściubiały) listki z pąków. △ zwykle w wyrażeniu: Nie wyścibiać (wyściubiać) skądś nosa «nie wychodzić skądś, nigdzie się skądś nie oddalać»: Było bardzo zimno, więc nosa nie wyścibił (wyściubił) z domu.

wyścielać, wyściełać p. II wysłać.

wyścielić *dk VIa*, wyścieli, wyścieliliśmy (p. akcent § 1a i 2) *reg.*, p. II wysłać.

wyścig *m III, D.* wyścigu **1.** «ubieganie się o pierwszeństwo, zwycięstwo w jakiejś dziedzinie»: Wyścig zbrojeń. Wyścig pracy. △ Na wyścigi «starając się wyprzedzić innych; bardzo szybko»: Jedli na wyścigi. **2.** «zawody sportowe, podczas których każdy z zawodników stara się prześcignąć innych»: Wyścig kolarski, samochodowy, motocyklowy. Wyścigi konne. Wyścig a. wyścigi kajaków, łodzi. Wyścig a. wyścigi na rowerach. □ W. z kim, z czym: Wygrać wyścig z rumuńskimi motocyklistami. △ *przen.* Wyścig z czasem. □ W. o co: Wyścig o nagrodę przechodnią. **3.** (tylko w *lm*) *pot.* «teren, na którym odbywają się wyścigi konne»: Pracował na wyścigach.

wyścignąć *dk Va*, wyścignij, wyścignąłem (*wym.* wyścignołem; *nie*: wyścignęłem, wyścigłem), wyścignął (*wym.* wyścignoł; *nie*: wyścigł), wyścignęła (*wym.* wyścigneła; *nie*: wyścigła), wyścignęliśmy (*wym.* wyścigneliśmy; *nie*: wyścigliśmy; p. akcent § 1a i 2) — **wyścigać** *ndk I*, wyścigaliśmy *przestarz.* «prześcignąć»: Chciał rowerzystę wyścignąć na koniu.

!wyścigować się p. ścigać (się).

wyściółka (*nie*: wyściełka, wyściłka) *ż III*, *lm D.* wyściółek: Wyściółka papierowa a. z papieru. Wyściółka z gąbki, z materiału.

wyściubiać, wyściubić p. wyścibiać.

wyślizgać *dk I*, wyślizgaliśmy (p. akcent § 1a i 2) — **wyślizgiwać** *ndk VIIIb*, wyślizguje (*nie*: wyślizgiwuje, wyślizgiwa) □ W. co «uczynić śliskim» (zwykle w imiesł. biernym): Wyślizgany lód. Wyślizgana posadzka. △ *pot.* Wyślizgać kogoś z pracy, ze stanowiska itp. «przyczynić się do usunięcia kogoś z pracy, ze stanowiska»
wyślizgać się — wyślizgiwać się 1. «zostać wyślizganym»: Droga wyślizgała się od sań. **2.** tylko *dk* «spędzić dłuższy czas na ślizganiu się, naślizgać się do woli» **3.** *rzad.*, tylko *ndk*; w formie *dk* — wyśliz(g)nąć się (p.) **a)** «wypadać, wysuwać się z czegoś»: Piłka mu się ciągle wyślizgiwała z rąk. **b)** «wychodzić skądś niepostrzeżenie»: Kiedy chory

zasypiał, pielęgniarka cicho wyślizgiwała się z pokoju.

wyśliznąć się, *rzad.* **wyślizgnąć się** *dk Va*, wyśliz(g)nę się, wyśliźnie (wyślizgnie) się, wyśliźnij (wyślizgnij) się, wyśliz(g)nąłem się (*wym.* wyśliz(g)nołem się; *nie*: wyśliz(g)nełem się, wyśliz(g)łem się), wyśliz(g)nął się (*wym.* wyśliz(g)noł się), wyśliz(g)nęła się (*wym.* wyśliz(g)neła się; *nie*: wyśliz(g)ła się), wyśliz(g)neliśmy się (*wym.* wyśliz(g)neliśmy się, p. akcent § 1a i 2) □ W. się z czego, skąd **a)** «wypaść, wysunąć się z czegoś»: Talerz wyśliznął się (wyślizgnął się) jej z rąk. **b)** «wyjść skądś cicho, niespostrzeżenie»: Wyślizgnęła się (wyślizgnęła się) z domu, nie zauważona przez nikogo.

wyśmiać *dk Xb*, wyśmialiśmy, *reg.* wyśmieliśmy (p. akcent § 1a i 2); wyśmiali, *reg.* wyśmieli — **wyśmiewać** *ndk I*, wyśmiewaliśmy □ W. kogo, co (za co): Wyśmiewać czyjeś nieuzasadnione obawy. Wyśmiewali go za jego zabobonność.
wyśmiać się — wyśmiewać się 1. «odnieść się do kogoś, czegoś drwiąco, z szyderstwem, wykpić» □ W. się z kogo, z czego: Wyśmiał się z jej skrupułów. **2.** tylko *dk* «naśmiać się do woli»

wyśmienity *m-os.* wyśmienici, *st. w.* wyśmienitszy (*rzad.* w odniesieniu do ludzi): Wyśmienity obiad, deser. Wyśmienity humor. Wyśmienita pogoda.

wyśpiewać *dk I*, wyśpiewaliśmy (p. akcent § 1a i 2) — **wyśpiewywać** *ndk VIIIa*, wyśpiewuje (*nie*: wyśpiewywuje, wyśpiewywa), wyśpiewywaliśmy: Wyśpiewywał na cały głos wesołą piosenkę. △ *przen.* Jest bardzo gadatliwy, wyśpiewa każdą tajemnicę.

wyświadczać *ndk I*, wyświadczaliśmy (p. akcent § 1a i 2) — **wyświadczyć** *dk VIb*, wyświadczyliśmy: Wyświadczać (*nie*: wyrządzać) komuś przysługi, uprzejmości, grzeczności.

wyświecić *dk VIa*, wyświecę, wyświeciliśmy (p. akcent § 1a i 2) — *rzad.* **wyświecać** *ndk I*, wyświecaliśmy □ W. co **a)** «uczynić świecącym, błyszczącym, wyglansować»: Wyświecić podłogę, pantofle. **b)** «wytrzeć, ubrudzić ubranie (aż do połysku)»: Wyświecił rękawy na łokciach. □ *hist.* W. kogo skąd «wypędzić kogoś skądś (w średniowieczu — przy zapalonych świecach)»: Wyświecić z miasta heretyka, przestępcę.

wyświetlarnia *ż I*, *lm D.* wyświetlarni, *rzad.* wyświetlarń: Wyświetlarnia rysunków technicznych.

wyświęcać *ndk I*, wyświęcaliśmy (p. akcent § 1a i 2) — **wyświęcić** *dk VIa*, wyświęcę, wyświęciliśmy □ W. kogo — na kogo «udzielać święceń»: Wyświęcić kogoś na kapłana. □ *rzad.* W. co «uroczyście święcić, *częściej*: poświęcać»: Wyświęcać palmy, kościół.

wytaczać *ndk I*, wytaczaliśmy (p. akcent § 1a i 2) — **wytoczyć** *dk VIb*, wytoczyliśmy **1.** «tocząc wyprowadzać skądś» □ W. co — z czego (dokąd): Wytaczać beczkę z piwnicy. Wytaczać wóz z szopy. Wytoczyć armaty na wały. **2.** «ściągać płyn (z jakiegoś większego naczynia)» □ W. co — z czego: Wytaczać piwo z beczki. △ Wytoczyć z kogoś krew «zranić kogoś śmiertelnie» **3.** «przedstawiać (skargę, zarzut, argument itp.)»: Prokurator wytaczał coraz to nowe dowody winy oskarżonego. △ Wytaczać komuś proces, sprawę. **4.** «kształtować coś tocząc (na tokarce, na kole garncarskim)»: Wytoczył nogi do stołu na tokarce. Garncarz wytoczył wiele kształtnych naczyń.

wytaczać się — wytoczyć się □ W. się z czego (do czego, na co) «tocząc, zataczając się wysuwać się, wydostawać się skądś (o czymś mającym koła, także o kimś otyłym, ciężkim, z trudem idącym)»: Pociąg wytoczył się na peron. Bryczka wytoczyła się z alei. Pijak wytoczył się z baru.

wytargać *dk I*, wytargaliśmy (p. akcent § 1a i 2); *rzad.* **wytargnąć** *dk Va*, wytargnąłem (*wym.* wytargnołem; *nie*: wytargnełem, wytargłem), wytargnął (*wym.* wytargnoł), wytargnęła (*wym.* wytargnela; *nie*: wytargła), wytargnęliśmy (*wym.* wytargnęliśmy; *nie*: wytargliśmy) □ tylko: Wytargać kogo — za co «szarpnąć wiele razy, wytarmosić»: Wytargał go za uszy, za włosy. □ *pot.* W. co — z czego (dokąd) «dźwigając, ciągnąc wynieść, wyciągnąć coś skądś»: Sam wytargał ten ciężar z piwnicy. Konie wytargnęły działo na szosę.

wytargować *dk IV*, wytargowaliśmy (p. akcent § 1a i 2) — *rzad.* **wytargowywać** *ndk VIIIa*, wytargowuje (*nie*: wytargowywuje, wytargowywa), wytargowywaliśmy □ W. co «targując się obniżyć wysokość zapłaty za coś o jakąś sumę, kupić coś po obniżonej cenie»: Wytargował 5 zł na kilogramie. Wytargowała sukienkę za pół ceny. □ W. co — od kogo «wymusić, uzyskać usilnymi prośbami»: Wytargować ustępstwa od matki. Wytargować od ojca pieniądze na kino.

wytaszczyć *dk VIb*, wytaszczyliśmy (p. akcent § 1a i 2) □ *pot.* W. co — skąd, dokąd «wynieść, wyciągnąć coś z trudem»: Podczas odnawiania mieszkania sam wytaszczył wszystkie rzeczy z pokoju (na korytarz, do przedpokoju).

wytatuować (*wym.* wytatu-ować) *dk IV*, wytatuowaliśmy (p. akcent § 1a i 2) — **tatuować** (*wym.* tatu-ować) *ndk* □ W. kogo a. co — komu: Wytatuował go na całym ciele. Wytatuował sobie kotwicę na ręce. Więźniowie obozów koncentracyjnych byli tatuowani.

wytchnąć *dk Va*, wytchnąłem (*wym.* wytchnołem; *nie*: wytchnełem, wytchłem), wytchnął (*wym.* wytchnoł), wytchnęła (*wym.* wytchnela; *nie*: wytchła), wytchnęliśmy (*wym.* wytchnęliśmy; *nie*: wytchliśmy; p. akcent § 1a i 2) *wych. z użycia* «odpocząć, wypocząć»: Chciał wytchnąć godzinkę po całodziennej pracy.

wytępić p. tępić.

wytkać *dk I*, wytkaliśmy (p. akcent § 1a i 2) *rzad.* «utkać»

wytknąć *dk Va*, wytknąłem (*wym.* wytknołem; *nie*: wytknełem, wytkłem), wytknął (*wym.* wytknoł), wytknęła (*wym.* wytknela; *nie*: wytkła), wytknęliśmy (*wym.* wytknęliśmy; *nie*: wytkliśmy; p. akcent § 1a i 2) — **wytykać** *ndk I*, wytykaliśmy □ W. co — z czego «wysunąć na zewnątrz czegoś»: Wytknął głowę z lufcika. △ *pot.* Nie wytknąć nosa skądś «nie wyjść nigdzie» □ W. co — komu «zrobić komuś zarzut z czegoś»: Wytykać wady. Wytknął jej zarozumialstwo. △ (tylko *ndk*) Wytykać kogoś palcami «potępiać, ganić kogoś publicznie, piętnować» □ (zwykle *dk*) W. co (częściej w imiesł. biernym) «wyznaczyć, wytyczyć»: Wytknął (*częściej*: wytyczył)

granice swojej posiadłości. Szedł po wytkniętej kamieniami drodze. △ *przen.* Wytknąć sobie cel, kierunek postępowania.

wytłoczyny *blp, D.* wytłoczyn; a. **wytłoki** *blp, D.* wytłoków: Wytłoczyny (wytłoki) buraczane, malinowe.

wytłuc *dk XI*, wytłukę (*nie*: wytłuczę), wytłucze, wytłukliśmy (p. akcent § 1a i 2) — *rzad.* **wytłukiwać** *ndk VIIIb*, wytłukuje (*nie*: wytłukiwuje), wytłukiwaliśmy □ W. co a) «stłuc dużo czegoś»: Wytłukła mi prawie wszystkie szklanki. b) «o opadach atmosferycznych: bijąc połamać jakieś rośliny»: Grad wytłukł całe zboże. c) «uderzeniem wypchnąć; wybić»: Wytłuc szybę, okno. □ *pot.* (tylko *dk*) W. kogo, co a) «sprawić lanie, zbić»: Po pijanemu wytłukł psa. b) «zabić wiele, wielu»

wytłumaczyć (*przestarz.* wytłomaczyć) *dk VIb*, wytłumaczyliśmy (p. akcent § 1a i 2). □ Składnia jak: tłumaczyć (w zn. 1).

wytłumić *dk VIa*, wytłum (*nie*: wytłumij), wytłumiliśmy (p. akcent § 1a i 2) — **wytłumiać** *ndk I*, wytłumialiśmy, *rzad.*: Płyty perforowane wytłumiają (*częściej*: tłumią) hałas.

wytłuścić *dk VIa*, wytłuszczę, wytłuściliśmy (p. akcent § 1a i 2) — **wytłuszczać** *ndk I*, wytłuszczaliśmy □ W. co, kogo — czym «wybrudzić czymś tłustym»: Zasmoleni, wytłuszczeni smarami, prosto od roboty. Wytłuścić ubranie smarem. □ *środ.* W. co «wydrukować coś grubą czcionką»

wytłuścić się — *rzad.* **wytłuszczać się** □ W. się o co, czym «wybrudzić się czymś tłustym»: Dziecko wytłuściło się trzymanym w rączce kawałkiem kiełbasy. Wytłuścił się o ladę w sklepie z mięsem.

wytoczyć p. wytaczać.

wytracić *dk VIa*, wytracę, wytraciliśmy (p. akcent § 1a i 2) — **wytracać** *ndk I*, wytracaliśmy 1. «zmniejszyć (szybkość jazdy), obniżyć (wysokość lotu)»: Samolot wytracił wysokość i zaczął lądować. 2. *książk.* «pozabijać wiele osób, zwierzyny; zgładzić»

wytrapiać p. wytropić.

wytrąbić *dk VIa*, wytrąb, wytrąbiliśmy (p. akcent § 1a i 2) — *rzad.* **wytrąbiać** *ndk I*, wytrąbialiśmy; *rzad.* **wytrąbywać** a. **wytrębywać** *ndk VIIIa*, wytrąbuje a. wytrębuje (*nie*: wytrąbywuje, wytrąbywa, wytrębywuje, wytrębywa); wytrąbywaliśmy a. wytrębywaliśmy 1. «odegrać coś na trąbie, rogu»: Wytrąbić hasło. 2. *pot.* «wypić dużo czegoś»: Wytrąbiłem mnóstwo wina.

wytrącać *ndk I*, wytrącaliśmy (p. akcent § 1a i 2) — **wytrącić** *dk VIa*, wytrącę, wytrąciliśmy □ W. co — (komu) z czego a) «trąciwszy powodować wypadnięcie czegoś»: Wytrącić komuś filiżankę, szablę z ręki. △ Wytrącać komuś (jakąś kwotę) z pensji, z zapłaty itp. «odejmować część zapłaty z jakiegoś powodu; *częściej*: potrącać» b) «w chemii, fizyce: wyodrębniać, oddzielać»: Kwasy mineralne wytrącają garbniki z roztworów. □ W. kogo — z czego «wyrywać kogoś z jakiegoś stanu»: Wytrącać kogoś z normalnego trybu życia, z równowagi.

wytropić *dk VIa*, wytropiliśmy (p. akcent § 1a i 2) — *rzad.* **wytrapiać** a. **wytropiać** *ndk I*, wytrapialiśmy, wytropialiśmy: Wytropić zwierzynę.

wytrwać

wytrwać *dk I*, wytrwaliśmy (p. akcent § 1a i 2): Wytrwali mimo trudności. □ W. w czym: Wytrwać w postanowieniu, w dobrem.

wytrwałość *ż V, blm*: Pracował z żelazną wytrwałością. □ W. w czym: Wytrwałość w zamierzeniach, w nauce.

wytrwały *m-os.* wytrwali, *st. w.* wytrwalszy a. bardziej wytrwały: Wytrwała praca. Wytrwały gracz. □ W. w czym: Wytrwały w przedsięwzięciach, w pracy, w dążeniach.

wytrych *m III*, *D.* wytrycha a. wytrychu.

wytryskać *ndk I*, wytryskałby (p. akcent § 4c); a. **wytryskiwać** *ndk VIIIb*, wytryskuje (*nie:* wytryskiwuje), wytryskiwa), wytryskiwałby — **wytrysnąć** *dk Va*, wytryśnie, wytryśnij, wytrysnął (*wym.* wytrysnoł; *nie:* wytrysł), wytrysnęła (*wym.* wytrysneła), *rzad.* wytrysła; wytrysnąłby (*wym.* wytrysnołby) □ W. z czego, spod czego: Źródło wytryska spod kamieni. Krew wytrysnęła (wytrysła) z rany.

wytrzaskać (*wym.* wytszaskać a. wyczszaskać; *nie:* wyczaskać) *dk I*, wytrzaskaliśmy (p. akcent § 1a i 2) □ *pot.* W. kogo (po czym) «wybić (zwykle dłonią), spoliczkować»: Wytrzaskał chłopca po twarzy za małe przewinienie.

wytrzasnąć (*wym.* wytszasnąć a. wyczszasnąć; *nie:* wyczasnąć) *dk Va*, wytrzaśnie, wytrzaśnij, wytrzasnąłem (*wym.* wytrzasnołem; *nie:* wytrzasnełem, wytrzasłem); wytrzasnął (*wym.* wytrzasnoł; *nie:* wytrzasł); wytrzasnęła (*wym.* wytrzasneła; *nie:* wytrzasła); wytrzasnęliśmy (*wym.* wytrzasneliśmy; *nie:* wytrzaśliśmy; p. akcent § 1a i 2) *pot.* «wystarać się, wyszukać, zdobyć»: Skąd to wytrzasnęłaś? Trzeba wytrzasnąć skądś trochę pieniędzy.

wytrząchać (*wym.* wytszącháć a. wyczszącháć; *nie:* wyczącháć) *ndk I*, wytrząchaliśmy (p. akcent § 1a i 2); a. **wytrząchiwać** *ndk VIIIb*, wytrząchuje (*nie:* wytrząchiwuje), wytrząchiwaliśmy — **wytrząchnąć** *dk Va*, wytrząchnąłem (*wym.* wytrząchnołem; *nie:* wytrząchnełem, wytrząchłem), wytrząchnął (*wym.* wytrząchnoł; *nie:* wytrząchnęła (*wym.* wytrząchneła; *nie:* wytrząchła), wytrząchnęliśmy (*wym.* wytrząchneliśmy; *nie:* wytrząchliśmy) *reg.* «wytrząsać, wytrząsnąć»

wytrząsać (*wym.* wytszsać a. wyczszsać; *nie:* wyczsać) *ndk I*, wytrząsaliśmy (p. akcent § 1a i 2) — **wytrząsnąć** *dk Va*, wytrząśnie, wytrząśnij, wytrząsnąłem (*wym.* wytrząsnołem; *nie:* wytrząsnełem, wytrząsłem), wytrząsnął (*wym.* wytrząsnoł; *nie:* wytrząsł), wytrząsnęła (*wym.* wytrząsneła; *nie:* wytrząsła), wytrząsnęliśmy (*wym.* wytrząsneliśmy; *nie:* wytrząśliśmy); **wytrząść** *dk XI*, wytrzęsę, wytrzęsie, wytrząś, wytrząsł, wytrzęsła, wytrzęśliśmy □ W. co z czego: Wytrząsać okruchy z kieszeni. Wytrząsać popiół z fajki. Wytrząsać (wytrząść) piasek z buta. △ *pot.* Wytrząsać coś z rękawa «zdobywać coś bez wysiłku, robić coś bez trudu (zwykle z przeczeniem)»: Takich dużych sum nie wytrząsa się z rękawa.
wytrząsać się *pot.* «wymyślać komuś, krzyczeć na kogoś, natrząsać się z kogoś, z czegoś» □ W. się nad kim, nad czym: Nie pozwolę ci tak się wytrząsać nad starą kobietą.

wytrzeć p. wycierać.

wytrzeszczać (*wym.* wytszeszczać a. wyczszeszczać; *nie:* wyczeszczać) *ndk I*, wytrzeszczaliśmy (p. akcent § 1a i 2) — **wytrzeszczyć** *dk VIb*, wytrzeszczyliśmy △ zwykle w *pot.* zwrocie: Wytrzeszczać oczy «szeroko otwierać oczy»: Wytrzeszczył oczy ze zdziwienia. △ Wytrzeszczać oczy na kogoś, na coś «patrzeć na kogoś, na coś z ciekawością»

wytrzeźwić (*wym.* wytszeźwić, wyczszeźwić; *nie:* wyczeźwić) *dk VIa*, wytrzeźwij, wytrzeźwiliśmy (p. akcent § 1a i 2) — *rzad.* **wytrzeźwiać** *ndk I*, wytrzeźwialiśmy: Świeże powietrze wytrzeźwiło go.

wytrzeźwieć (*wym.* wytszeźwieć, wyczszeźwieć; *nie:* wyczeźwieć) *dk III*, wytrzeźwiej, wytrzeźwieliśmy (p. akcent § 1a i 2): Był pijany, ale prędko wytrzeźwiał. □ W. po czym: Jeszcze nie wytrzeźwiał po libacji.

wytrzymać (*wym.* wytszymać, wyczszymać; *nie:* wyczymać) *dk I*, wytrzymaliśmy (p. akcent § 1a i 2) — **wytrzymywać** *ndk VIIIa*, wytrzymuje (*nie:* wytrzymywuje, wytrzymywa), wytrzymywaliśmy □ W. co «wytrwać w czymś, przetrzymać coś»: Wytrzymać ból. Wytrzymać natarcie nieprzyjaciela. Te kwiaty wytrzymują kilkustopniowe mrozy. △ Coś nie wytrzymuje krytyki, porównania «coś jest złe, słabe» □ W. z kim, z czym «znieść, ścierpieć kogoś, coś (często z przeczeniem)»: Nie mogła już wytrzymać z tym pijakiem. □ W. kogo (gdzieś) «zmusić kogoś do pozostawania, czekania gdzieś»: Wytrzymał syna dwa dni w domu za karę. Wytrzymać kogoś za drzwiami, w przedpokoju.

wytrzymałościowy (*wym.* wytszymałościowy, wyczszymałościowy; *nie:* wyczymałościowy): Maszyny wytrzymałościowe, wytrzymałościowe próbki metali «maszyny, próbki stosowane do badań wytrzymałości» △ Trening wytrzymałościowy (*lepiej:* trening wytrzymałości). || *D Kult. I, 636.*

wytrzymałość (*wym.* wytszymałość, wyczszymałość; *nie:* wyczymałość) *ż V, blm*: Wytrzymałość nerwowa, psychiczna, fizyczna. Próba wytrzymałości. □ W. na co: Wytrzymałość na ból, na cierpienie. △ Wytrzymałość materiałów na skręcanie, zginanie, ściskanie.

wytrzymały (*wym.* wytszymały, wyczszymały; *nie:* wyczymały) *m-os.* wytrzymali, *st. w.* wytrzymalszy a. bardziej wytrzymały □ W. na co a) «o rzeczach: odporny na działanie czegoś»: Włókna lniane są wytrzymalsze na zużycie od bawełnianych. b) «o ludziach: zdolny do przetrzymania czegoś»: Był wytrzymały na największe trudy. Wytrzymały na zimno, na głód.

wytrzymanie (*wym.* wytszymanie, wyczszymanie; *nie:* wyczymanie) *n I*, forma rzeczownikowa czas. wytrzymać. △ Coś nie do wytrzymania: Ból, zaduch, zimno nie do wytrzymania.

wytrzymywać p. wytrzymać.

wytwarzać *ndk I*, wytwarzaliśmy (p. akcent § 1a i 2) — **wytworzyć** *dk VIb*, wytwórz, wytworzyliśmy **1.** częściej *ndk* «produkować, fabrykować coś»: Wytwarzać meble, obuwie, artykuły przemysłowe. **2.** «tworząc wydawać z siebie; kształtować, tworzyć»: Gałązka wierzby włożona do wody zawsze wytworzy korzonki. Umiała wytworzyć wokół siebie atmosferę spokoju.

wytworniś *m I, lm M.* ci wytwornisie, *D.* wytwornisiów (*nie*: wytwornisi) *żart., iron.* «mężczyzna przesadnie elegancki; elegant, strojniś»

wytworność *ż V, blm*: Wytworność potraw, strojów □ W. w czym: Wytworność w obejściu, w postępowaniu.

wytworny *m-os.* wytworni, *st. w.* wytworniejszy a. bardziej wytworny: Wytworny gust. Wytworne maniery, ruchy. Wytworne towarzystwo, przyjęcie, potrawy. Wytworny hotel. □ W. w czym: Wytworny w obejściu, w ruchach.

wytworzyć p. wytwarzać.

wytwór *m IV, D.* wytworu: Wytwór fantazji, wyobraźni, kultury. Wytwory (a. produkty) spalania rozmaitych ciał.

wytwórca *m odm. jak ż II, lm M.* wytwórcy, *DB.* wytwórców «ten, kto prowadzi przedsiębiorstwo wytwarzające, produkujące coś; producent»: Prywatni, drobni wytwórcy. Wytwórca sztucznej biżuterii.

wytwórczość *ż V, blm* **1.** «wytwarzanie»: Wytwórczość rolnicza, przemysłowa. Środki wytwórczości (*częściej*: środki produkcji). **2.** «ogół wytwórców»: Przedstawiciele drobnej wytwórczości.

wytwórczy «wytwarzający coś, związany z wytwarzaniem czegoś; produkcyjny»: Zakład wytwórczy. △ Siły, środki wytwórcze. Zdolności wytwórcze. Narada wytwórcza (*częściej*: narada produkcyjna).

wytwórnia *ż I, lm D.* wytwórni: Wytwórnia wędlin, papierosów. Wytwórnia narzędzi precyzyjnych. △ Wytwórnia papierów wartościowych. △ Wytwórnia filmowa.

wytwórniany *rzad.*, przym. od wytwórnia: Robotnik, pracownik wytwórniany, *lepiej*: robotnik, pracownik wytwórni.

wytwórstwo *n III, blm rzad.* **a)** «wytwarzanie, produkowanie»: Wytwórstwo flaszek, tranu. **b)** «ogół wytwórców, wytwórczość»: Przedstawiciele drobnego wytwórstwa.

wytyczać *ndk I*, wytyczaliśmy (p. akcent § 1a i 2) — **wytyczyć** *dk VIb*, wytyczyliśmy: Wytyczyć trasę kolei. Wytyczać ulicę. △ *przen.* Wytyczać linię postępowania, kierunek działania.

wytyczna *ż odm. jak przym.*, częściej w *lm* «podstawowe założenie, kierunek działania»: Wytyczne postępowania, polityki. □ W. dla kogo: Wytyczne dla pracowników propagandy. □ W. do czego: Wytyczne do pracy przy spisie ludności.

wytyczyć p. wytyczać.

wytykać p. wytknąć.

wytypować p. typować.

wyuczyć *dk VIb*, wyuczyliśmy (p. akcent § 1a i 2) — *rzad.* **wyuczać** *ndk I*, wyuczaliśmy □ W. kogo — czego (*nie*: co): Wyuczyć kogoś wiersza (*nie*: wiersz). △ Zawód wyuczony «zawód, do którego wykonywania ktoś ma odpowiednie wykształcenie» □ W. kogo — na kogo: Wyuczył synów na swoich pomocników.

wywabiać *ndk I*, wywabialiśmy (p. akcent § 1a i 2) — **wywabić** *dk VIa*, wywabiliśmy □ W. kogo (skąd) «skłaniać do wyjścia»: Wywabił kolegę z domu. □ W. co (z czego) «usuwać (plamiące substancje, plamy)»: Wywabiła atrament z sukienki. Wywabiać plamy chemicznie.

wywalać *ndk I*, wywalaliśmy (p. akcent § 1a i 2) — **wywalić** *dk VIa*, wywaliliśmy □ W. **a)** «wyrzucać»: Wywalił kartofle z koszyka. **b)** «przewracać; wyłamywać»: Koń wywalił wóz z sianem. Wywalili drzwi i wpadli do pokoju. **c)** «wysuwać, wystawiać na zewnątrz (zwykle język), wytrzeszczać (oczy)»: Pies wywalił czerwony język i ział.

wywarzać *ndk I*, wywarzaliśmy (p. akcent § 1a i 2) — **wywarzyć** *dk VIb*, wywarzyliśmy □ W. co z czego «uzyskiwać przez warzenie, gotowanie»: Wywarzać sól z solanek.

wyważać *ndk I*, wyważaliśmy (p. akcent § 1a i 2) — **wyważyć** *dk VIb*, wyważyliśmy **1.** «siłą wypychać, wyrywać, wysadzać»: Wyważać okiennice, drzwi. △ Wyważać otwarte drzwi «występować do walki o sprawę dawno rozstrzygniętą; mówić, pisać o czymś znanym jak o rewelacji» **2.** «dokładnie ważyć»: Wyważać środek ciężkości. Wyważać towar po aptekarsku.

wywąchać *dk I*, wywąchaliśmy (p. akcent § 1a i 2) — *rzad.* **wywąchiwać** *ndk VIIIb*, wywąchuje (*nie*: wywąchiwuje, wywąchiwa), wywąchiwaliśmy **1.** *częściej*: wywęszyć: Psy wywąchały zająca. **2.** *pot.* «wybadać, wykryć, wytropić»: Wywąchał grożące niebezpieczeństwo.

wywczasować się *dk IV*, wywczasowaliśmy się (p. akcent § 1a i 2) *rzad.* «należycie wypocząć»

wywczasy *blp, D.* wywczasów «odpoczynek wakacyjny; dłuższa przerwa w pracy lub w nauce»: Pojechali na wywczasy nad morze.

wywiad *m IV, D.* wywiadu **1.** «rozmowa dla uzyskania informacji»: Wywiad prasowy a. wywiad dla prasy. Udzielić wywiadu (dziennikarzom, prasie). □ W. z kim: Przeprowadzić wywiad ze znanym aktorem, politykiem. Lekarz w wywiadzie z chorym poznał przebieg choroby. **2.** «instytucja mająca na celu zbieranie za granicą wiadomości o danym kraju; zbieranie takich wiadomości; ludzie pracujący w tej instytucji»: Wywiad gospodarczy, polityczny. Wywiad obcego mocarstwa. Agent, as wywiadu. Pracować w wywiadzie. *Por.* zwiad.

wywiadowca *m odm. jak ż II, lm M.* wywiadowcy, *DB.* wywiadowców «agent tajnego wywiadu» *Por.* zwiadowca.

wywiadywać się *ndk VIIIa*, wywiaduje się (*nie*: wywiadywuje się, wywiadywa się), wywiadywaliśmy się (p. akcent § 1a i 2) — **wywiedzieć się** *dk*, wywiem się, wywie się, wywiedzą się, wywiedział się, wywiedzieliśmy się. □ W. się o kogo, o co: Wywiadywać się o zaginione osoby.

wywiązać się *dk IX*, wywiąże się, wywiązaliśmy się (p. akcent § 1a i 2) — **wywiązywać się** *ndk VIIIa*, wywiązuje się (*nie*: wywiązywuje się, wywiązywa się), wywiązywaliśmy się □ W. się z czego **a)** «spełnić coś, sprostać czemuś; dotrzymać czegoś»: Wywiązać się z powierzonej misji. Wywiązać się z obowiązków, z zadania. Wywiązać się z obietnicy, z danego słowa. **b)** «wyniknąć, powstać»: Z rozmowy wywiązała się sprzeczka. Z przeziębienia wywiązała się grypa.

wywichnąć *dk Va*, wywichnąłem (*wym.* wywichnołem; *nie:* wywichnełem, wywichłem), wywichnął (*wym.* wywichnoł; *nie:* wywichł), wywichnęła (*wym.* wywichneła; *nie:* wywichła), wywichnęliśmy (*wym.* wywichneliśmy; p. akcent § 1a i 2); częściej: zwichnąć: Wywichnąć rękę, nogę, palec.

wywiedzieć się p. wywiadywać się.

wywierać *ndk I*, wywieraliśmy (p. akcent § 1a i 2) — **wywrzeć** *dk XI*, wywrę, wywrze, wywrzyj, wywarł, wywarliśmy □ W. co — na co «działać siłą, cisnąć na coś»: Wywierać ciśnienie, ucisk. Woda wywiera nacisk na dno naczynia. □ *przen.* W. co — na kogo, na co: Wywrzeć na kogoś presję. Wywrzeć na kogoś, na coś wpływ (ale *nie:* piętno): Średniowieczna literatura czeska wywarła znaczny wpływ na polską. □ W. co — na kim (*nie:* na kogo) «wywoływać, sprawiać»: Ponaglenie wywarło pożądany skutek. Wywierać na kimś dobre, złe wrażenie. Film wywarł duże wrażenie na widzach. △ *wych. z użycia* (częściej *dk*): Wywrzeć na kimś złość, gniew, zemstę.

wywieszka *ż III, lm D.* wywieszek: Umieścić wywieszkę na bramie. Wywieszka z zawiadomieniem o godzinach przyjęć lekarza.

wywieść *dk XI*, wywiodę (*nie:* wywiedę), wywiedzie, wywiodłem (*nie:* wywiedłem), wywiódł, wywiodła (*nie:* wywiedła), wywiedliśmy (p. akcent § 1a i 2) — **wywodzić** *ndk VIa*, wywodzę, wywódź (*nie:* wywodź), wywodziliśmy □ *książk.* W. kogo, co — z czego (dokąd) «wyprowadzić»: Hitlerowcy wywiedli skazańca na miejsce kaźni. △ Wywieść kogoś w pole «zwieść, oszukać kogoś» □ *książk.* W. co — z czego, od kogo, od czego «uznać coś za źródło, za początek czegoś»: Zwyczaje ludowe etnologowie wywodzą często z pogańskich jeszcze czasów. Wywodził swój ród od szlachty. □ (zwykle *ndk*) *książk.* W. co **a)** «wyjaśniać, tłumaczyć, dowodzić, opowiadać»: Wywodził długo, że działał w dobrej wierze. **b)** «wyśpiewywać, wydawać przeciągłe dźwięki»: Słowik wywodził swe trele. Skrzypce wywodziły smutną melodię.

wywietrznik (*wym.* wywietsznik, wywieczsznik; *nie:* wywiecznik) *m III* **1.** in. wentylator. **2.** in. wietrznik.

wywieźć *dk XI*, wywiozę (*nie:* wywiezę), wywiezie, wywiozłem (*nie:* wywiezłem), wywiózł, wywiozła (*nie:* wywiezła), wywieźliśmy (p. akcent § 1a i 2) — **wywozić** *ndk VIa*, wywożę, wywoziliśmy **1.** «wioząc zabrać skądś, wysłać dokądś jakimś środkiem komunikacji»: Wywoził śmiecie z podwórek. Wywiózł żonę nad morze. Został wywieziony do obozu koncentracyjnego. **2.** zwykle *ndk* «eksportować»: Polska wywozi węgiel kamienny.

wywijać *ndk I*, wywijaliśmy (p. akcent § 1a i 2) — **wywinąć** *dk Vb*, wywinąłem (*wym.* wywinołem; *nie:* wywinełem), wywinął (*wym.* wywinoł), wywinęła (*wym.* wywineła), wywinęliśmy (*wym.* wywineliśmy) □ W. czym «machać, kręcić»: Wywijać laseczką. Pies wywija ogonem. □ *pot.* W. co **a)** (częściej *ndk*) — z kim (a. bez dop.) «tańczyć z zapałem, wirować w tańcu»: Wywijać walca, oberka. Wywijała z nim

cały wieczór. △ Wywijać kozły, koziołki. **b)** — na co «wykładać, odwracać na zewnątrz»: Wywinąć kołnierzyk na sweter. Buty z wywijanymi cholewami. **wywijać się** — **wywinąć się** □ W. się z czego «nie dawać się złapać; wymykać się»: Wywinąć się z matni, z zasadzki. Zręcznie wywinęła się z jego objęć.

wywijas *m IV, D.* wywijasa: Podpisał się jakimś wywijasem.

wywikłać *dk I*, wywikłaliśmy (p. akcent § 1a i 2) □ W. kogo z czego: Trudno go będzie wywikłać z tej sytuacji. **wywikłać się:** Nie mogła się wywikłać z długów.

wywinąć p. wywijać.

wywlec *dk XI*, wywlokę, *rzad.* wywlekę; wywlecze, wywlokłem, *rzad.* wywlekłem; wywlókł, *rzad.* wywlekł; wywlokła, *rzad.* wywlekła; wywlekliśmy (p. akcent § 1a i 2) — **wywlekać** *ndk I*, wywlekaliśmy; *rzad.* **wywłóczyć** *ndk VIb*, wywłóczyliśmy: Wywlec kogoś z kryjówki. Wiatr wywlekał (wywłóczył) słomę spod desek. △ Wywlec igłę. △ *przen.* (zwykle *ndk*) Wywlekał dawno zapomniane sprawy.

wywłaszczyć *dk VIb*, wywłaszczyliśmy (p. akcent § 1a i 2) — **wywłaszczać** *ndk I*, wywłaszczaliśmy □ W. kogo (z czego) «pozbawić kogoś prawa własności, odebrać komuś własność, zwykle na rzecz państwa»: Wywłaszczyć obszarników. Wywłaszczyć kogoś z posiadłości. □ W. co «odebrać ziemię, posiadłość od właściciela»: Wywłaszczyć tereny naftowe.

wywłoka *m a. ż odm. jak ż III, M.* ten a. ta wywłoka (także o mężczyznach), *lm M.* te wywłoki, *D.* wywłoków (tylko o mężczyznach) a. wywłok, *B.* tych wywłoków (tylko o mężczyznach) a. te wywłoki **1.** *pot.* «zwierzę wychudłe, marne» **2.** *posp.* «kobieta o złej reputacji; o mężczyźnie: nicpoń, łobuz»: Jakiś wywłoka poczęstował go szturchańcem. Wziął za żonę jakąś wywłokę.

wywłóczyć *dk a. ndk VIb*, wywłóczyliśmy (p. akcent § 1a i 2) *rzad.* **a)** *dk* «poprowadzić kogoś w wiele miejsc» **b)** *dk* «wybronować» **c)** *ndk*, częściej: wywlekać.

wywnioskować p. wnioskować.

wywodować *dk IV*, wywodowaliśmy (p. akcent § 1a i 2) □ W. co «spuścić na wodę statek; zwodować» □ W bez dop. «osiąść na wodzie»: Blisko brzegu wywodował hydroplan.

wywodzić p. wywieść.

wywołać *dk I*, wywołaliśmy (p. akcent § 1a i 2) — **wywoływać** *ndk VIIIa*, wywołuję (*nie:* wywoływuję, wywoływam), wywoływaliśmy **1.** «wołaniem skłonić do wyjścia dokądś, opuszczenia czegoś» □ W. kogo (co) — z czego (dokąd): Wywołać kogoś z szeregu, z zebrania. Wywołać aktora na scenę. △ Wywołać ucznia (do odpowiedzi, do tablicy). △ *pot.* Nie wywołuj wilka z lasu «nie prowokuj zła mówiąc o nim» △ *przen.* Wywoływać z pamięci czyjś obraz, obrazy przeszłości. **2.** «spowodować coś, stać się przyczyną czegoś»: Wywołać sprzeciw. Wywołać podziw, wzruszenie, sensację. **3.** *fot.* «oddziałać na błonę, kliszę fotograficzną w celu otrzymania obrazu»: Wywołać film, błonę, kliszę.

wywozić p. wywieźć.

wywód *m IV, D.* wywodu *książk.* w zn. «dowodzenie czegoś, argumentacja»: Zawiły wywód. Słuchał długich wywodów przyjaciela. □ W. o czym: Wywód Frycza Modrzewskiego o prawach Polski do Prus.

wywóz *m IV, D.* wywozu 1. «wywożenie»: Bezpylny wywóz śmieci. 2. «wywożenie towarów za granicę na zasadzie wymiany handlowej; wywożone towary; *częściej:* eksport»: Nadwyżka wywozu nad przywozem.

wywózka *ż III, blm pot.* «wywóz»: Wywózka śmieci. Wywózka na roboty do Niemiec.

wywracać *ndk I,* wywracaliśmy (p. akcent § 1a i 2) — **wywrócić** *dk VIa,* wywrócę, wywróciliśmy 1. «powodować upadek; przewracać»: Wichura wywracała drzewa. △ Wywracać kozły, koziołki. 2. «odwracać, przewracać»: Wywracać płaszcz na drugą stronę. Łódź wywrócona do góry dnem. △ Wywracać wszystko do góry nogami. △ *pot.* Wywracać kota ogonem «przedstawiać coś w sposób fałszywy, wykrętny»

wywrotek *m III, D.* wywrotka, *lm D.* wywrotków, zwykle w *lm* «obuwie, zwykle domowe, szyte po lewej stronie i wywracane na prawą; wywrotka»: Para skórzanych wywrotków (wywrotek).

wywrotka *ż III, lm D.* wywrotek 1. «wagonik albo samochód ciężarowy ze skrzynią mogącą się przechylać»: Wywrotka budowlana. 2. *środ.* «wywrócenie się łodzi żaglowej; upadek zawodnika w czasie zawodów» 3. p. wywrotek.

wywrotny *st. w.* bardziej wywrotny, *rzad.* wywrotniejszy «łatwo się wywracający»: Wywrotna łódź.

wywrotowiec *m II, D.* wywrotowca, *W.* wywrotowcze, forma szerząca się: wywrotowcu, *lm M.* wywrotowcy: Uchodzić za wywrotowca. Uznać kogoś za wywrotowca.

wywrotowy *m-os.* wywrotowi 1. «mający na celu przewrót społeczny, dążący do niego»: Działacze wywrotowi. Organizacja wywrotowa. 2. *rzad.* «wywracający się» △ Wózek wywrotowy, *częściej:* wywrotka (w zn. 1).

wywrócić p. wywracać.

wywrót *m IV, D.* wywrotu, dziś żywe w zn. specjalnych: Pilot robił samolotem wywroty i zawroty. Zwozić z lasu wywroty — drzewa powalone przez wichurę. △ *przestarz.* w zn. «wywrócenie czegoś, wywrócenie się»
na wywrót w użyciu przysłówkowym *przestarz.* «na lewą stronę, spodem do góry; na odwrót, opacznie»

wywróżyć p. wróżyć.

wywrzaskiwać *ndk VIIIb,* wywrzaskuję (*nie:* wywrzaskiwuję, wywrzaskiwam), wywrzaskiwaliśmy (p. akcent § 1a i 2) — **wywrzeszczeć** *dk VIIb,* wywrzeszczeliśmy; *rzad.* **wywrzasnąć** *dk Va,* wywrzaśnij, wywrzasnąłem (*wym.* wywrzasnołem; *nie:* wywrzasnełem, wywrzasłem), wywrzasnął (*wym.* wywrzasnoł), wywrzasnęła (*wym.* wywrzasnęła; *nie:* wywrzasła), wywrzasnęliśmy (*wym.* wywrzasneliśmy; *nie:* wywrzaśliśmy): Donośnym głosem wywrzaski-

wał swoje pretensje i żale. Na jej pytania wywrzeszczał wreszcie, o co mu chodziło.

wywrzeć p. wywierać.

wywyższać *ndk I,* wywyższaliśmy (p. akcent § 1a i 2) — **wywyższyć** *dk VIb,* wywyższyj, wywyższyliśmy □ W. kogo, co — nad kogo, nad co: Jego postawa moralna wywyższała go nad innych. Bolesław Krzywousty wywyższył Kraków nad inne grody. □ W. kogo, co — wobec kogo, czego: Wywyższał jego zasługi wobec ludzi.

wywzajemniać się *ndk I,* wywzajemnialiśmy się (p. akcent § 1a i 2) — **wywzajemnić się** *dk VIa,* wywzajemnij się, wywzajemniliśmy się *rzad.* «odwzajemniać się»: □ W. się komu (czym — za co): Wywzajemniał się matce za miłość.

wyzbyć się *dk,* wyzbędę się, wyzbędzie się, wyzbądź się, wyzbył się, wyzbyliśmy się (p. akcent § 1a i 2) — **wyzbywać się** *ndk I,* wyzbywaliśmy się; *częściej:* pozbyć się. □ W. się czego (*nie:* z czego): Chce się wyzbyć starych rzeczy. △ *przen.* Wyzbyć się skrupułów, wątpliwości. △ Wyzbyty honoru.

wyzdrowieć *dk III,* wyzdrowieliśmy (p. akcent § 1a i 2) □ W. bez dop. (po czym, *nie:* z czego): Był chory, ale już wyzdrowiał (po grypie, *nie:* z grypy). □ W. od czego: Od tego lekarstwa na pewno wyzdrowiejesz.

wyzierać *ndk I,* wyzieraliśmy (p. akcent § 1a i 2) *książk.* «wychylając się spoglądać na zewnątrz; wyglądać (częściej *przen.*)»: Wyzierać przez okno, zza płotu. △ *przen.* «być widocznym, ukazywać się, wyłaniać się»: Niepokój wyzierał z jej oczu. Bieda wyzierała z każdego kąta.

wyziew *m IV, D.* wyziewu, zwykle w *lm* □ W. czego a. z czego: Wyziewy kominów, kotłowni, fabryk a. z kominów, z kotłowni, z fabryk.

wyziębić *dk VIa,* wyziębię, wyzięb, wyziębiliśmy (p. akcent § 1a i 2) — **wyziębiać** *ndk I,* wyziębialiśmy: Zamknij okno, nie wyziębiaj mieszkania. Wyziębiony pokój.

wyziębnąć *dk Vc,* wyziąbłem (*nie:* wyziębłem), *rzad.* wyziębnąłem (*wym.* wyziębnołem; *nie:* wyziębnełem); wyziąbł a. wyziębnął; wyziębła, *rzad.* wyziębnęła (*wym.* wyziębnęła); wyziębliśmy, *rzad.* wyziębnęliśmy (*wym.* wyziębneliśmy, p. akcent § 1a i 2); wyziębły, *rzad.* wyziębnięty: Pod gołym niebem wszyscy wyziębli. Jedzenie już wyziębło. Grzał przy piecu wyziębłe (wyziębnięte) kości.

wyzionąć *dk Vb,* wyzionąłem (*wym.* wyzionołem; *nie:* wyzionełem), wyzionął (*wym.* wyzionoł), wyzionęła (*wym.* wyzioneła), wyzionęliśmy (*wym.* wyzioneliśmy; p. akcent § 1a i 2) △ zwykle w *książk.* zwrotach: Wyzionąć ducha, *rzad.* dech, życie «umrzeć»

wyzłocić *dk VIa,* wyzłocę, wyzłociliśmy (p. akcent § 1a i 2) — **wyzłacać** *ndk I,* wyzłacaliśmy: Wyzłocić ramy obrazu. Wyzłacana zbroja. △ *przen.* Słońce wyzłociło polanę.

wyznaczyć *dk VIb,* wyznaczyliśmy (p. akcent § 1a i 2) — *rzad.* **wyznaczać** *ndk I,* wyznaczaliśmy «wytyczyć, wskazać» □ W. co (na co, pod co): Wyznaczyć trasę pochodu. Wyznaczyć miejsce na ogródek, na boisko. Wyznaczyć teren pod budowę.

△ Wyznaczyć odległość planety od Słońca. Wyznaczyć ciężar czegoś. □ W. komu co: Wyznaczyć komuś miejsce przy stole. Wyznaczyć komuś spotkanie. □ W. kogo do czego: Wyznaczyć (nie: desygnować) kogoś do pracy, do nadzorowania, do pilnowania czegoś. Wyznaczyć kogoś do drużyny (sportowej). □ W. kogo na co, na kogo: Wyznaczyć (nie: zaszeregować) kogoś na stanowisko dyrektora, na kierownika budowy. || D Kult. I, 213.

wyznać dk I, wyznaliśmy (p. akcent § 1a i 2) — wyznawać ndk IX, wyznaję, wyznawaj, wyznawaliśmy 1. «przyznać się do czegoś; zwierzyć się, ujawnić coś» □ W. co (komu): Wyznać winy. Wyznał mu całą prawdę. △ książk. Wyznać komuś miłość. 2. tylko ndk «uznawać coś za prawdziwe, wierzyć w coś»: Wyznawać jakąś religię, filozofię. Wyznawać jakąś zasadę.
wyznać się — wyznawać się □ (częściej ndk, zwykle z przeczeniem) W. się (lepiej: orientować się) w czym: Nie wyznaję się w jego sprawach.

wyznanie n I 1. «wyjawienie czegoś w słowach; zwierzenie się, przyznanie się»: Utwór pełen osobistych wyznań autora. Wyznanie całej prawdy. △ książk. Uczynić wyznanie. Wyznanie miłosne. 2. «religia»: Wyznanie chrześcijańskie, rzymskokatolickie, mojżeszowe, ewangelickie, muzułmańskie. Swoboda, wolność wyznania. Zmienić, przyjąć jakieś wyznanie. △ Wyznanie wiary «zespół artykułów wiary; przen. zespół czyichś poglądów, przekonań; kredo»

wyznawczyni (nie: wyznawczynia) ż I, B. wyznawczynię (nie: wyznawczynią), W. wyznawczyni (nie: wyznawczynio), lm D. wyznawczyń: Wyznawczyni katolicyzmu. Wyznawczyni zasad wolnościowych. △ żart., iron. Gorliwa wyznawczyni nowej mody.

wyzuć dk Xa, wyzuję, wyzuliśmy (p. akcent § 1a i 2) — rzad. wyzuwać ndk I, wyzuwaliśmy książk. «wywłaszczyć» □ W. kogo — z czego: Wyzuć kogoś z majątku, z ojcowizny, z dziedzictwa.

wyzwać p. wyzywać.

wyzwalacz m II, lm D. wyzwalaczy, rzad. wyzwalaczów: Wyzwalacz migawki (w aparacie fotograficznym). Wyzwalacz spadochronu.

wyzwalać ndk I, wyzwalaliśmy (p. akcent § 1a i 2) — wyzwolić dk VIa, wyzwól, wyzwoliliśmy 1. «przywracać wolność» □ W. kogo, co — z czego, spod czego: Wyzwalać kraj, naród z niewoli, spod okupacji, spod czyjejś władzy. Wyzwolić z jarzma (nie: spod jarzma) niewoli. Wyzwolić więźniów z obozu, z czyichś rąk. △ Wyzwalać kogoś na majstra, na czeladnika, rzad. wyzwalać majstra, czeladnika «dawać komuś uprawnienia majstra, czeladnika» 2. częściej ndk «powodować ujawnienie się czegoś» □ W. co w kim, w czym: Trudności wyzwoliły w nim zapał, chęć do czynu. Wyzwolić energię w reaktorze.
wyzwalać się — wyzwolić się □ W. się z czego, od czego: Wyzwolić się z czyichś objęć (nie: od czyichś objęć). Wyzwolić się z przesądów, ze strachu a. od przesądów, od strachu. △ Wyzwalać się na majstra, na czeladnika «uzyskiwać uprawnienia majstra, czeladnika» || Kl. Ależ 101.

wyzwanie n I: Rzucić wyzwanie całemu światu. Przyjąć wyzwanie. Wyzwanie na pojedynek.

wyzwierać się ndk I, wyzwieraliśmy się (p. akcent § 1a i 2) — rzad. wyzwierzyć się dk VIb, wyzwierzyliśmy się posp. «gniewać się, złościć się na kogoś»: Wpadł w złość i wyzwierał się na żonę.

wyzwolenie n I pot. w zn. «odzyskanie przez Polskę wolności po drugiej wojnie światowej»: Po wyzwoleniu osiedlił się na Mazurach.

wyzwoleńczy: Ruch wyzwoleńczy. Wojska wyzwoleńcze. △ Wojna, walka wyzwoleńcza «wojna, walka o wyzwolenie kraju, narodu» || PJ 1966, 289.

wyzwoliciel m I, lm D. wyzwolicieli (nie: wyzwolicielów): Wyzwoliciele narodu z niewoli.

wyzwolić p. wyzwalać.

wyzysk m III, D. wyzysku, blm: Bezwzględny, nieludzki wyzysk. Wyzysk ekonomiczny, gospodarczy. △ Wyzysk człowieka przez człowieka.

wyzyskać dk I, wyzyskaliśmy (p. akcent § 1a i 2) — wyzyskiwać ndk VIIIb, wyzyskuję (nie: wyzyskiwuję, wyzyskiwam), wyzyskuj, wyzyskiwaliśmy: Wyzyskać wszelkie możliwości, każdą okazję, sposobność. □ W. co dla czego, dla kogo: Wyzyskać siły przyrody dla dobra człowieka, dla człowieka. □ W. co do (nie: dla) czego (wymieniając czynność lub przedmiot): Wyzyskać spadek wody do uruchomienia młyna. Do swojej pracy wyzyskał wszelkie źródła historyczne. □ (częściej ndk) W. co na co: Pogodne dni wyzyskiwali na spacery. Każdą wolną chwilę wyzyskiwała na naukę. □ (częściej ndk) Wyzyskiwać kogo «osiągać zysk z cudzej pracy, cudzym kosztem» || U Pol. (1), 230.

wyzyskiwacz m II, lm D. wyzyskiwaczy, rzad. wyzyskiwaczów.

wyzywać ndk I, wyzywaliśmy (p. akcent § 1a i 2) — wyzwać dk IX, wyzwę (nie: wyzwię), wyzwie, wyzwą (nie: wyzwią), wyzwij, wyzwaliśmy 1. pot. «obsypywać wyzwiskami, wymyślać komuś»: Był wściekły, klął i wyzywał wszystko i wszystkich. □ W. kogo od kogo: Wyzywać kogoś od głupców, od najgorszych (nie: od głupca, od najgorszego). Pokłócił się z sąsiadem i wyzywał go od najgorszych. 2. «wzywać do wzięcia udziału (w walce, zapasach itp.)»: Wyzwać kogoś na pojedynek, na pięści. □ wych. z użycia W. bez dop. «wyzwać na pojedynek»: Czuł się przez niego znieważony, więc wyzwał go. △ niepoprawne w zn. «wywoływać», np. Wyzywać (zamiast: wywoływać) sprzeciw, opozycję.

wyż m II, D. wyżu, lm D. wyżów (nie: wyży): Wyż baryczny (barometryczny) «obszar wysokiego ciśnienia barometrycznego» △ Wyż demograficzny «okres największej liczby urodzeń»

wyżalić się dk VIa, wyżaliliśmy się (p. akcent § 1a i 2) — rzad. wyżalać się ndk I, wyżalaliśmy się (częściej: użalać się, żalić się) «zwierzyć się ze swych zmartwień, kłopotów»: Mówiła dużo o sobie, chciała się wyżalić. □ W. się przed kim: Nie miał się przed kim wyżalić. □ W. się na co, na kogo: Wyżalała się (częściej: użalała się, żaliła się) na swoje osamotnienie.

I wyżąć dk Xc, wyżmę, wyżmie, wyżmij, wyżąłem (wym. wyżołem; nie: wyżęłem), wyżął (wym. wyżoł) wyżęła (*wym.* wyżeła), wyżęliśmy (*wym.* wyżeliśmy, p. akcent § 1a i 2) — **wyżymać** (*nie:* wyzymać) *ndk I,* wyżymaliśmy: Wyżąć bieliznę. □ *rzad.* W. co (zwykle wodę) — z czego: Wyżymać wodę z przemoczonego ubrania.

II wyżąć (*nie:* wyżnąć) *dk Xc,* wyżnę, wyżnie, wyżnij, wyżąłem (*wym.* wyżołem; *nie:* wyżełem, wyżnołem), wyżął (*wym.* wyżoł; *nie:* wyżnoł), wyżęła (*wym.* wyżeła; *nie:* wyżnęła), wyżęliśmy (*wym.* wyżeliśmy; *nie:* wyżneliśmy; p. akcent § 1a i 2), wyżęty (*nie:* wyżnięty) — **wyżynać** *ndk I,* wyżynaliśmy: Wyżąć łan żyta. □ W: co (czym): Wyżąć żyto, owies, trawę (sierpem, kosą).

wyżebrać *dk IX,* wyżebrzę, wyżebrz, *rzad.* wyżebraj, wyżebraliśmy (p. akcent § 1a i 2) — **wyżebrywać** *ndk VIIIa,* wyżebruję (*nie:* wyżebrywuję, wyżebrywam), wyżebrywaliśmy. □ W. co (u kogo): Wyżebrywał u dobrych ludzi drobne datki. Pieniądze na wycieczkę wyżebrał u matki. || *U Pol. (1), 323.*

wyżej p. wysoko.

wyżeł *m IV,* D. wyżła, *Ms.* wyżle: Polowanie z wyżłem.

wyżerać p. wyżreć.

wyżłobić *dk VIa,* wyżłobię, wyżłób, wyżłobiliśmy (p. akcent § 1a i 2) — *rzad.* **wyżłabiać** *ndk I,* wyżłabialiśmy: □ W. co (czym) — w czym, na czym: Wóz wyżłobił koleiny w piachu, na piaszczystej drodze.

wyżłopać p. żłopać.

wyżni *przestarz.* «górny, wysoko położony» wyraz zachowany w wielu górskich i podgórskich nazwach geograficznych, np.: Wyżni Groń, Wyżnia Polana, Wyżnia Równia, Wyżnie Pole.

wyżółknąć *dk Vc,* wyżółkłem, wyżółkł, wyżółkła, wyżółkliśmy (p. akcent § 1a i 2) *rzad.,* *częściej:* zżółknąć, pożółknąć, np.: Obrus wyżółkł (*częściej:* zżółkł) od starości. Wyżółkłe (*częściej:* pożółkłe) kartki książki. Wyżółkła (*częściej:* pożółkła) cera.

wyżreć *dk XI,* wyżrę, wyżryj, wyżarł, wyżarliśmy (p. akcent § 1a i 2) — **wyżerać** *ndk I,* wyżeraliśmy □ W. co (komu) — z czego: Krowy wyżarły trawę. Pies wyżera kurom kartofle z koryta. △ *wulg.* (o ludziach): Wszystko wyżarli z lodówki. △ *przen.* Dym wyżerał oczy. Płuca wyżarte przez pylicę.

wyższość (*wym.* wyszszość; *nie:* wyszość) *ż V, blm:* Poczucie wyższości. □ W. nad kim, czym: Czuł jego wyższość nad sobą. △ Z wyższością «protekcjonalnie»: Patrzeć na kogoś z wyższością.

wyższy p. wysoki.

***wyższy stopień** p. stopniowanie.

wyżyłować *dk IV,* wyżyłowaliśmy (p. akcent § 1a i 2) — **wyżyłowywać** *ndk VIIIa,* wyżyłowuję (*nie:* wyżyłowywuję, wyżyłowywam), wyżyłowywaliśmy 1. «oczyścić (mięso) z żył, twardych włókien, ścięgien»: Wyżyłować mięso. 2. *pot.* «zmusić do pracy ponad siły»: Wyżyłowywał swoich pracowników.

wyżymaczka (*nie:* wyzymaczka) *ż III, lm D.* wyżymaczek.

wyżymać p. I wyżąć.

wyżyna *ż IV:* Klimatyczne właściwości wyżyn Tybetu. Wyszli na wyżynę poprzecinaną jarami. △ W nazwach dużą literą: Wyżyna Małopolska, Wyżyna Lubelska, Wyżyna Krakowsko-Częstochowska (*ale:* wyżyna Pamir — gdy drugi człon może stanowić samodzielną nazwę). △ *przen., książk.* (zwykle w *lm*): Poeta wzbił się na wyżyny dostępne tylko geniuszom. Patrzył na ludzi i wypadki z wyżyn swego dostojeństwa.

wyżynać p. II wyżąć.

wz- p. ws-.

wzajem *przestarz.* «nawzajem»

wzajemnie p. nawzajem.

wzajemność *ż V, blm:* Pozyskać czyjąś wzajemność. Kochać z wzajemnością, bez wzajemności. □ W. w czym: Wzajemność w miłości.

wzajemny 1. «obopólny, obustronny»: Wzajemna miłość, pomoc. Wzajemne przysługi. △ *niepoprawne* Wzajemna współpraca, wzajemne współdziałanie (pleonazmy), *zamiast:* współpraca, współdziałanie. 2. *m-os.* wzajemni *wych. z użycia* «odwzajemniający uczucie» □ W. komu: Kochała go i on był jej wzajemny. || *Kl. Aleź 96.*

w zakresie p. zakres.

w zamian p. zamian.

wzbić *dk Xa,* wzbiliśmy (p. akcent § 1a i 2) — **wzbijać** *ndk I,* wzbijaliśmy «unieść, podrzucić w górę»: Jadąc szybko wzbijaliśmy tumany kurzu. Wiatr wzbił w górę pożółkłe liście.

wzbić się — **wzbijać się** «wzlecieć ponad ziemię, unieść się w górę»: Za samochodem wzbijał się tuman kurzu. Siedzieli w samolocie i wzbijali się coraz wyżej.

wzbierać p. wezbrać.

wzbogacić *dk VIa,* wzbogacę, wzbogaciliśmy (p. akcent § 1a i 2) — **wzbogacać** *ndk I,* wzbogacaliśmy 1. «powiększyć ilość, zasób czegoś» □ W. co w co (*nie:* o co): Łubin wzbogaca glebę w azot (*nie:* o azot). □ W. co czym: Wzbogacić bibliotekę nowymi książkami. △ Wzbogacać kopaliny (np. rudę, węgiel) «zwiększać w nich zawartość substancji użytkowej» 2. «uczynić bogatszym, majętniejszym»: Spadek bardzo ich wzbogacił.

wzbogacić się — **wzbogacać się** 1. «stać się bogatym» □ W. się na czym (kiedy się wymienia środki wzbogacania się): Wzbogacić się na dostawach dla wojska, na hodowli drobiu. □ *rzad.* W. się czym (kiedy się wymienia bezpośrednią przyczynę wzbogacenia się): Wzbogacić się wygraną sumą, spadkiem. 2. «stać się bardziej zasobnym, zyskać coś» □ W. się o co, *rzad.* w co, czym: Biblioteka wzbogaciła się o nowe książki (*rzad.* w nowe książki, nowymi książkami).

wzbraniać *ndk I,* wzbranialiśmy (p. akcent § 1a i 2) — **wzbronić** *dk VIa,* wzbroniliśmy △ zwykle w *urz.* wyrażeniach: Wstęp wzbroniony, palenie wzbronione.

wzbraniać się *książk.* «wymawiać się od czegoś, nie chcieć czegoś zrobić»: Wzbraniał się zagrać przed publicznością, choć go namawiano. Wzbraniał się wypić kieliszek. □ *rzad.* W. się od czego, przed czym (*nie:* czego): Wzbraniał się od picia wódki, przed piciem wódki (*nie*: Wzbraniał się picia wódki).

wzburzenie *n I*: Gwałtowne wzburzenie ogarnęło tłum. Drżeć ze wzburzenia. Mówić ze wzburzeniem. □ W. wśród kogo, *rzad*. między kim: Wzburzenie wśród ludzi (między ludźmi) rosło.

wzdąć *dk Xc*, wezdmę, wezdmie, wezdmij, wzdął (*wym*. wzdoł), wzdęła (*wym*. wzdeła), wzdęliśmy (*wym*. wzdeliśmy; p. akcent § 1a i 2) — **wzdymać** *ndk I*, wzdymaliśmy *wych*. *z użycia* «nadać, wydąć, dmąc wzbić do góry»: Wiatr wzdymał powierzchnię morza. Wzdymać usta, policzki. △ *pot*. Wzdęty brzuch. △ *nieos*. Konia, krowę itp. wzdęło.
wzdąć się — wzdymać się «stać się wypukłym, wydąć się»: Brzuch wzdął się chorobliwie. Żagle wzdymały się od wiatru.

wzdłuż 1. «równolegle do czegoś» □ W. czego: Iść, biec wzdłuż drogi. Wzdłuż ściany stały ławy. **2.** «na całą, przez całą długość»: Las ciągnie się pięć kilometrów wzdłuż. △ Wzdłuż i wszerz «od krańca do krańca, we wszystkich kierunkach»: Przemierzył całe Chiny wzdłuż i wszerz.

wzdragać się *ndk I*, wzdragaliśmy się (p. akcent § 1a i 2) *wych*. *z użycia* «wzbraniać się»: Wzdragał się przyjąć tak kosztowny dar. □ W. się przed czym (*nie*: od czego): Wzdragał się przed podjęciem stanowczej decyzji. // *D Kult. I, 637.*

wzdrygać się *ndk I*, wzdrygaliśmy się (p. akcent § 1a i 2) — **wzdrygnąć się** *dk Va*, wzdrygnij się, wzdrygnąłem się (*wym*. wzdrygnołem się; *nie*: wzdrygnęłem się, wzdrygłem się), wzdrygnął się (*wym*. wzdrygnoł się), wzdrygnęła się (*wym*. wzdrygnęła się; *nie*: wzdrygła się), wzdrygnęliśmy się (*wym*. wzdrygnęliśmy się; *nie*: wzdrygliśmy się) «drgać, wstrząsać się»: Wzdrygać się nerwowo. Wzdrygnąć się z obrzydzenia. □ W. się na co: Wzdryga się na wspomnienie niemiłej rozmowy. Wzdrygnął się na ten straszny widok. // *D Kult. I, 637.*

wzdychać p. westchnąć.

wzdymać p. wzdąć.

wzejść p. wschodzić.

wzgarda *ż IV, blm książk.* «pogarda»: Okazywać komuś wzgardę. Zasługiwać na wzgardę. Odwrócić się ze wzgardą. □ W. dla kogo, *rzad*. dla czego, do czego: Mieć wzgardę dla ludzi. Czuć wzgardę dla (do) świata.

wzgląd *m IV, D.* względu **1.** «zwracanie uwagi na kogoś, na coś; częściej w *lm*: powody, przyczyny»: Względy bezpieczeństwa, oszczędności, względy materialne, grzecznościowe. Liczyć się z różnymi, z wieloma względami. Kierować się jakimiś względami. □ W. na co: Wzgląd na zdrowie zmusił go do wyjazdu. △ Mieć wzgląd na coś, na kogoś «liczyć się z czymś, z kimś» △ Ze względu (przez wzgląd) na kogoś, na coś (*lepiej* niż: z uwagi na kogoś, na coś) «licząc się z kimś, z czymś; z powodu czegoś»: Ze względu, przez wzgląd (*lepiej* niż: z uwagi) na dziecko trzeba było jechać wolno. △ *książk*. Mieć coś na względzie «pamiętać o czymś, stawiać sobie coś za cel»: Mieć na względzie dobro instytucji. **2.** tylko w *lm* «przychylność, życzliwość, sympatia, wyrozumiałość, pobłażanie»: Cieszyć się czyimiś względami. Darzyć kogoś względami. Okazywać

komuś względy. Starać się, zabiegać o czyjeś względy. □ W. dla kogo: Prosić o względy dla chorego, dla kaleki. □ W. u kogo: Zdobyć, zaskarbić sobie względy u zwierzchnika. **3.** «punkt widzenia, strona czegoś; aspekt — zwykle w wyrażeniu: pod względem (i podobnych)» △ Pod względem czegoś, pod tym względem (*nie*: w odniesieniu do czegoś) «w danym zakresie, w danej dziedzinie»: Górował nad innymi pod względem (*nie*: w odniesieniu do) sprawności. △ Pod każdym względem, *rzad*. pod wszystkimi względami «wszechstronnie, zupełnie, całkowicie»: Była pod każdym względem wartościowsza od swoich koleżanek. △ Pod pewnym względem, pod pewnymi względami, pod wielu, wieloma względami «w pewnym, w znacznym stopniu, w niektórych, w wielu sprawach, cechach»: Była pod wieloma względami przeciwieństwem swojej matki. △ Pod żadnym względem «w żadnej dziedzinie, w niczym; w żadnym razie, wcale»
względem w użyciu przyimkowym «w stosunku (do czegoś)»: Krawędź narty symetryczna względem (*rzad*. do) osi nart. Wielkości proporcjonalne względem (*rzad*. do) siebie. △ Względem kogoś, *częściej*: wobec kogoś, w stosunku do kogoś: Bywał niegrzeczny względem matki. // *D Kult. I, 224; U Pol. (1), 75; KP Pras.*

względnie 1. «umiarkowanie, dość, stosunkowo»: Wynik egzaminu był względnie dobry. Traktować kogoś względnie łagodnie. Pogoda była względnie ładna. **2.** *pot*. «dość dobrze, nieźle, znośnie»: Na wakacjach było względnie, nie można narzekać. △ *niepoprawnie* używane zamiast spójników: lub, albo, bądź (też), np.: Pokój do wynajęcia z meblami względnie (*zamiast*: lub, albo) bez nich. Kupisz to za gotówkę, względnie (*zamiast*: bądź też) na raty. Spędzimy urlop w Sopocie względnie (*zamiast*: lub) w Oliwie. // *D Kult. II, 291, 598; D Myśli 106; KP Pras.*

względny 1. «zależny od różnych względów, relatywny»: Względna wartość. Wysokość względna. **2.** «dość dobry, dosyć duży; umiarkowany»: Względna zamożność pozwalała mu na wyjazdy. Zapowiadano względną pogodę. Cieszył się względnym zdrowiem. **3.** *m-os.* względni, *st. w.* względniejszy a. bardziej względny *wych*. *z użycia* «życzliwy, wyrozumiały» □ W. dla kogo: Na egzaminie profesor był dla niego względny, więc zdał.

wzgórze *n I, lm D.* wzgórz.

wziąć p. I brać.

wziewać *ndk I*, wziewaliśmy (p. akcent § 1a i 2) — **wzionąć** *dk Vb*, wzionąłem (*wym*. wzionołem; *nie*: wzionełem), wzionął (*wym*. wzionoł), wzionęła (*wym*. wzioneła), wzionęliśmy (*wym*. wzioneliśmy) *książk*. «wdychać, wchłaniać; *środ*. wchłaniać rozpylone substancje»: Z rozkoszą wziewał (*częściej*: wdychał) świeże powietrze. Wziewać eter, tlen, nowokainę.

wzięcie *n I* △ Kobieta, panna (*rzad*. mężczyzna, kawaler) do wzięcia «osoba wolna, mogąca wstąpić w związki małżeńskie» □ W. u kogo «powodzenie, popularność»: Miał wzięcie, cieszył się wzięciem u kobiet. Lekarz zdobył duże wzięcie (u pacjentów).

wziętość *ż V, blm przestarz*. p. wzięcie.

wzięty *m-os.* wzięci «mający wzięcie, uznanie; popularny, poszukiwany»: Wzięty lekarz, adwokat.

wzionąć p. wziewać.

wzlatywać *ndk VIIIa,* wzlatuję (*nie:* wzlatywuję, wzlatywam), wzlatywaliśmy (p. akcent § 1a i 2); *wych. z użycia* **wzlatać** *ndk I,* wzlataliśmy — **wzlecieć** *dk VIIa,* wzlecę, wzlecieliśmy: Barwne rakiety wzlatywały wysoko w górę, pod niebo. Balon wolno wzleciał w powietrze. □ W. nad co a. nad czym: Skowronek wzleciał nad skiby przeoranej roli. Jaskółki wzlatywały nad wodą.

wzmacniacz *m II, lm D.* wzmacniaczy, *rzad.* wzmacniaczów **1.** *techn.* «przyrząd do zwiększania natężenia albo amplitudy drgań elektrycznych; amplifikator»: Wzmacniacz lampowy, elektronowy, tranzystorowy. Wzmacniacz mocy. **2.** *muz.* «część składowa niektórych instrumentów muzycznych; rezonator»: Wzmacniacz dźwięku.

wzmacniać *ndk I,* wzmacnialiśmy (p. akcent § 1a i 2) — **wzmocnić** *dk VIa,* wzmocnij, wzmocniliśmy: Wzmacniać siły. Wzmacniać mięśnie. Wzmocnić straż, ochronę czegoś. △ Ćwiczenia, lekarstwa wzmacniające. □ W. kogo, co — czym: Wzmocnić dziecko dobrym odżywianiem. Wzmacniać (*częściej:* umacniać) brzegi rzeki wałem.

wzmagać *ndk I,* wzmagaliśmy (p. akcent § 1a i 2) — **wzmóc** *dk XI,* wzmogę, wzmoże, wzmóż (*nie:* wzmóc), wzmógł, wzmogła, wzmogliśmy *książk.* «zwiększać»: Słone potrawy wzmagają pragnienie. Pracować ze wzmożonym zapałem. Wzmagać czujność, dozór, wysiłki, pracę. // *D Kult. I,* 475.

wzmianka *ż III, lm D.* wzmianek: Fakt, zjawisko zasługuje na wzmiankę. □ W. o kim, o czym (*nie:* kogo, czego): Wzmianka o autorze, o sławnej miejscowości (*nie:* sławnej miejscowości). □ W. w czym (gdzie): Wzmianka o tym wypadku, zamieszczona w gazecie, wzbudziła ogólne zainteresowanie.

wzmiankować *ndk IV,* wzmiankowaliśmy (p. akcent § 1a i 2) *książk., wych. z użycia* «czynić wzmiankę, nadmieniać»: □ W. o kim, o czym (gdzie): Wzmiankowaliśmy już o tym, że w Genewie wychodziły wówczas dwa pisma socjalistyczne.

wzmocnić p. wzmacniać.

wzmóc p. wzmagać.

wznak, tylko w wyrażeniu: na wznak (p.).

wznawiać *ndk I,* wznawialiśmy (p. akcent § 1a i 2) — **wznowić** *dk VIa,* wznowię, wznów, wznowiliśmy: Wznawiać obrady, przedstawienie. Wznowić rozmowę, działalność.

wzniecać *ndk I,* wzniecaliśmy (p. akcent § 1a i 2) — **wzniecić** *dk VIa,* wzniecę, wznieciliśmy, wzniecony *książk.* «zapalać, niecić (ogień)» □ W. co (czym): Pociąg (iskrami) wzniecił pożar lasu. △ *często w przen.* Wzniecić bunt, niepokój, rozruchy. Wzniecić miłość, uczucie, zapał.

wznieść *dk XI,* wzniosę (*nie:* wzniesę), wzniesie, wzniosą (*nie:* wzniesą), wzniósł, wzniosła (*nie:* wzniesła), wznieśliśmy (p. akcent § 1a i 2) — **wznosić** *ndk VIa,* wznoszę, wznosiliśmy *książk.* **a)** «unieść coś wyżej, podnieść» □ W. co (do czego): Wznieść rękę, sztandar (do góry). △ Wznieść okrzyk, toast. **b)** «postawić, zbudować (coś wysokiego, okazałego)»: Wznosić barykady na ulicach. Wznieść pomnik. Wznoszono pałace i świątynie.

wznieść się — **wznosić się** «ulecieć, wzlecieć»: Słup dymu wznosił się w powietrze. Skowronek wzniósł się wysoko w górę.

wznios *m IV, D.* wzniosu *środ.* **a)** «wzniesienie (się) czegoś»: Wznios skrzydeł płatowca. **b)** «kąt lub kierunek największego nachylenia pokładu w kopalni»: Wznios chodnika. *Por.* wznos.

wzniosły *m-os.* wzniośli, *st. w.* wznioślejszy a. bardziej wzniosły: Wzniosły charakter. Wzniosłe ideały, teorie, zasady. △ Wzniosłe słowa, przemówienie.

wznos *m IV, D.* wznosu *środ. sport.* «wznoszenie, podnoszenie czegoś (zwłaszcza w czasie ćwiczeń gimnastycznych)»: Wznos ramion. // *D Kult. II,* 442. *Por.* wznios.

wznosić p. wznieść.

wznowić p. wznawiać.

wzorcowy «stanowiący wzorzec, ustalony według wzorca»: Wzorcowe wyroby. Wzorcowy kilogram, metr. Wzorcowy sklep, punkt usługowy. // *D Kult. I, 382, 456; II, 431. Por.* wzorowy.

wzorek *m III, D.* wzorku «deseń, motyw»: Jedwab w delikatny wzorek.

wzorowy *m-os.* wzorowi, *st. w.* bardziej wzorowy «mogący służyć za wzór; przykładny, doskonały; bez zarzutu»: Wzorowy porządek. Wzorowe gospodarstwo. Wzorowy ojciec, uczeń, pracownik. Wzorowe sprawowanie. // *D Kult. I, 382; II, 431. Por.* wzorcowy.

wzorzec *m II, D.* wzorca, *lm M.* wzorce, *D.* wzorców (*nie:* wzorcy) **1.** «wzór, schemat, prototyp; model»: Wzorzec deklinacyjny, koniugacyjny. Ustalony, jednolity wzorzec. Wzorce kaligraficzne. **2.** «przedmiot o stałej wielkości, służący do porównywania innych wielkości tego samego rodzaju»: Wzorzec miar. Wzorzec metra, kilograma. // *D Kult. I, 382; II, 432.*

wzór *m IV, D.* wzoru **1.** «rysunek, motyw, szablon; model, prototyp»: Wzór kwiatowy, geometryczny. Wzór ludowy. Nowe wzory biurek, zegarów. Wzory ceramiki użytkowej. Wyszywać, odbijać, wystrzygać coś według wzoru. □ W. na co (kiedy się wymienia przedmiot, który ma być zrobiony): Wzór na kilim, na obrus. □ W. do czego (kiedy się wymienia czynność): Wzór do wyszywania, do haftu, do odbijania. □ W. na czym: Wzór na dywanie, na jedwabiu. △ (tylko w *lm*) Tkać, wyszywać coś we wzory. **2.** «ten, kto może służyć za przykład; ideał»: Wzór (*nie:* wzorzec) obywatela, uczonego. Wzór obowiązku, dobroci, elegancji. △ Stawiać komuś kogoś za wzór (*nie:* jako, na wzór). □ W. dla kogo: Odwaga dowódcy była wzorem dla żołnierzy. △ Brać wzór z kogoś, z czegoś, brać kogoś, coś za (*nie:* na) wzór; trzymać się jakiegoś wzoru; iść za czyimś wzorem «naśladować kogoś, coś» △ Na wzór (kogoś, czegoś), wzorem (*rzad.* za wzorem) czyimś, czegoś «wzorując się na kimś, na czymś, podobnie do czegoś» **3.** w matematyce, chemii: symbol, formuła»: Wzór chemiczny barwnika. Wyprowadzić wzór (matematyczny). Obliczać coś za pomocą wzoru. // *D Kult. I, 382; II, 433.*

wzrastać *ndk I*, wzrastaliśmy (p. akcent § 1a i 2) — **wzrosnąć**, *rzad.* **wzrość** *dk Vc*, wzrosnę, wzrośnie, wzrośnij, wzrósł (*nie*: wzrosnął), wzrosła (*nie*: wzrosnęła), wzrośliśmy 1. *książk.* (częściej *ndk*) «rosnąć, wychowywać się»: Wzrastać wśród ludzi życzliwych. Wzrastać na wsi, w mieście. 2. «powiększać się, wzmagać się, nasilać się»: Ceny wzrastają. Liczba czytelników w wypożyczalni wzrosła do ośmiuset. Zainteresowanie książką ciągle wzrasta (*nie*: ...wzrasta na sile).

wzrok *m III*, *D.* wzroku, *blm* 1. «zdolność widzenia»: Bystry, słaby, krótki wzrok. Stracić, odzyskać wzrok. 2. «spojrzenie, oczy»: Badawczy, przenikliwy, błagalny, bezmyślny wzrok. Wytężać, natężać wzrok. Obrócić, skierować wzrok na kogoś, na coś. Zatrzymać wzrok na kimś, na czymś. Podnieść wzrok (na kogoś), utkwić wzrok w kimś, w czymś. Porozumiewać się wzrokiem. Odprowadzać kogoś, wodzić za kimś, za czymś wzrokiem. △ Krytyczny wzrok «spojrzenie oceniające, wyrażające krytykę» // *D Kult. I, 297.*

wzrost (*nie*: rost) *m IV*, *D.* wzrostu, *Ms.* wzroście, *blm* 1. «wymiar pionowy, wysokość (człowieka, zwierzęcia)»: Mieć niski wzrost. Mieć dwa metry wzrostu. Być słusznego, średniego wzrostu. Równy z kimś wzrostem. Najwyższy wzrostem wśród kolegów. Górować nad kimś wzrostem. Przewyższać kogoś, coś wzrostem. 2. «wzrastanie»: Bujny, szybki, nadmierny wzrost. Hamować wzrost. △ *przen.* Wzrost zachmurzenia. Wzrost produkcji o 25% w stosunku do roku ubiegłego. // *D Kult. I, 447; KP Pras.*

wzrość p. wzrastać.

wzruszać *ndk I*, wzruszaliśmy (p. akcent § 1a i 2) — **wzruszyć** *dk VIb*, wzrusz, wzruszyliśmy 1. «przetrząsać, poruszać, spulchniać» □ W. co — czym: Wzruszać siano widłami. Wzruszyć ziemię łopatą. Wzruszać pościel (rękami). △ Wzruszać ramionami «ruchem ramion wyrażać lekceważenie, obojętność» 2. «przejmować, rozczulać» □ W. kogo — czym, jak: Wzruszyć kogoś prośbami, spojrzeniem. Wzruszać kogoś prawdziwie, mocno, głęboko. Wzruszyć kogoś do głębi (serca), do łez. **wzruszać się** — **wzruszyć się** □ W. się kim, czym (*nie*: nad kim, nad czym, *ale*: rozczulać się nad kim, nad czym): Wzruszać się biednym dzieckiem. Wzruszył się widokiem jej zapłakanej twarzy.

wzruszenie *n I*: Szczere wzruszenie. Hamować, okazywać wzruszenie. Blady, zmieniony ze wzruszenia (*nie*: od wzruszenia). Słuchać czegoś ze wzruszeniem. Nadmiar wzruszeń.

wzuć *dk Xa*, wzuliśmy (p. akcent § 1a i 2) — **wzuwać** *ndk I*, wzuwaliśmy *przestarz.* (dziś z zabarwieniem ludowym) «włożyć na nogi (obuwie)»: Wzuć pantofle, buty, chodaki. Wzuł kalosze na bose nogi. Wzuła dziecku nowe buciki.

wzwyczaić *dk VIa*, wzwyczaję, wzwyczaimy, wzwyczaj, wzwyczailiśmy (p. akcent § 1a i 2) — **wzwyczajać** *ndk I*, wzwyczajaliśmy *przestarz.* «przyzwyczaić» □ W. kogo do czego (*nie*: w co): Wzwyczaić kogoś do roboty, do posłuszeństwa.

wzwyż «do góry, coraz wyżej»: W lecie i na wiosnę drzewa rosną wzwyż i wszerz o wiele szybciej niż w innych porach roku. Skok wzwyż.

wzywać p. wezwać.

wżenić się *dk VIa*, wżeniliśmy się (p. akcent § 1a i 2) *pot.* «stać się współwłaścicielem czegoś (*rzad.* wejść do jakiegoś środowiska) przez ożenek» □ W. się w co: Wżenić się w sklep, w gospodarstwo. △ *rzad.* Wżenić się w ziemiaństwo, w mieszczaństwo.

---

x (*czyt.* iks) *m ndm* a. *m IV*, *D.* x-a **1.** «litera alfabetu łacińskiego używana w dawnej pisowni polskiej dla oznaczenia połączenia spółgłosek *ks* i *gz*)»: Niektóre nazwiska są tradycyjnie pisane przez x, np. Axentowicz, Jaxa. **2.** «w matematyce: znak niewiadomej lub zmiennej zależnej (funkcji)»: Jedną z osi prostopadłych nazwano osią x-ów. Wynik wyniósł 5x (*czyt.* iks, *nie*: iksów). **3.** *pot.* «jakiś, pewien, wiele; ktoś bliżej nie określony»: Chodził do x sklepów i nie znalazł tego, co chciał. △ W odniesieniu do osób dużą literą: Rozmawia z panem X (a. z X-em). △ Promienie X «promienie rentgenowskie» *Por.* iks.

x. «skrót wyrazów: *ksiądz*, *książę*, pisany z kropką, czytany jako cały, odmieniany wyraz»: X. proboszcz Kowalski. X. Józef Poniatowski. △ w *lm*: X. Kowalski i x. Wiśniewski (*nie*: x.x. Kowalski i Wiśniewski), *ale*: xx. (*czyt.* księża) pallotyni.

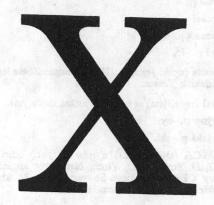

---

y (*czyt.* igrek) *m ndm* albo: *m III*, *D.* y-a; rzadziej *m IV* (jeżeli czytane: ipsylon, ypsylon), *D.* y-a **1.** «litera alfabetu łacińskiego odpowiadająca samogłosce *y* lub w niektórych wyrazach obcych w nagłosie przed samogłoską — spółgłosce *j*»: Yeti piszemy przez y. Y-i (*czyt.* igreki) w tekście będziemy podkreślać. **2.** (*czyt.* tylko: igrek) «w matematyce: znak niewiadomej lub zmiennej zależnej (funkcji)»: Funkcja y. Zliczył wszystkie y-i; wynik wyniósł 10 y (*czyt.* igrek, *nie*: igreków). **3.** *pot.* (używane zwłaszcza w połączeniu z tak samo użytym *x*) «jakiś, pewien, wiele; ktoś bliżej nie określony»: Przebywał w miejscowości y. △ W odniesieniu do osób dużą literą: Rozmawiał z panem X i z panem Y (a. z X-em i z Y-em). *Por.* igrek, ipsylon.

-y (rozszerzenia formantu: **-czy**, **-iczy**) przyrostek urabiający przymiotniki od rzeczowników z końcową głoską tematyczną *-k-* lub *-c-*, np.: obróbka — *obróbczy*, lutnik — *lutniczy*, martwica — *martwiczy*, osiedleniec — *osiedleńczy*, prasoznawca — *prasoznawczy*; najczęściej stosowany do tworzenia przymiotników od nazw osobowych na *-ec*, *-ca*.
-iczy występuje przede wszystkim w przymiotnikach odpowiadających rzeczownikom na *-nia*, np. ciepłownia — *ciepłowniczy*.

yacht (*wym.* jacht) *m ndm* tylko w nazwie: Yacht-Klub Polski (ostatni wyraz jest dopełniaczem od: Polska): Konferencja w Yacht-Klubie. Należeć do Yacht-Klubu. △ w zn. «łódź» tylko: jacht. // *D Kult.* II, 50.

yard p. jard.

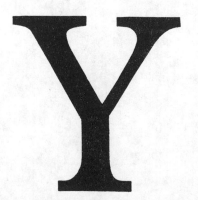

-yca

-yca p. -ica.

-yciel p. -iciel.

-yczek p. -ek.

-yć p. -ić.

Yeats (*wym.* Jejts) *m IV, D.* Yeatsa: Zbiór legend irlandzkich Yeatsa.

yeti (*wym.* jeti) *m ndm*: Napotkać ślady yeti.

-yjny p. -ny.

-yjski p. -ski.

YMCA (*wym.* imka) *ż ndm* a. (*pot.*) odm. jak *ż III, D.* Ymki, *CMs.* Ymce, *blm* «skrót angielskiej nazwy Chrześcijańskiego Stowarzyszenia Młodzieży Męskiej»: Zajęcia w Ymce. Iść do Ymki.

-yna p. -ina.

York (*wym.* Jork) *m III* 1. *D.* Yorku «miasto (w Anglii i USA)»: Zabytki Yorku. Mieszkać w Yorku. 2. *D.* Yorka, *lm M.* Yorkowie «nazwisko; członek dynastii angielskiej»: Yorkowie wywodzili się od Edmunda, syna pierwszego księcia Yorku.

Young (*wym.* Jang) *m III, D.* Younga, *lm M.* Youngowie: Wiersze satyryczne Edwarda Younga. Falowa teoria światła zapoczątkowana przez Tomasza Younga. Prace ekonomiczne Artura Younga.

Ypres (*wym.* Ipr) *n ndm* «miasto w Belgii»: Ypres powstało w X wieku. W czasie I wojny światowej toczono pod Ypres ciężkie walki.

ypsylon p. ipsylon.

-ysko p. isko.

-ysta p. -ista.

-yzna p. -izna.

I z (*czyt.* zet)«ostatnia litera alfabetu łacińskiego»
△ Od a do z «od początku do końca; wszystko»

II z (ze) «przyimek łączący się z rzeczownikami (lub wyrazami w ich funkcji) w dopełniaczu lub w narzędniku»

△ Przyimek w postaci *ze* używany jest zwykle przed wyrazami zaczynającymi się od zbiegu spółgłosek, np.: z sali, z zabawy itp., *ale*: ze słomy, ze złota, ze szczypiorem, ze źdźbłem itp. (*nie*: z słomy, z złota, z szczypiorem, z źdźbłem), lub w pewnych tradycyjnych zwrotach, np.: ze mną (*ale*: z tobą), ze mnie (*ale*: z ciebie), ze sobą a. z sobą (*ale*: z siebie). △ Zgodne ze zwyczajem regionalnym, nie zaś powszechnym jest używanie postaci *ze* zamiast *z* przed wyrazami zaczynającymi się od spółgłosek: s, z, ź, ż, gdy występują one przed samogłoskami, np.: ze Zamościa, ze Żywca, ze ziemi, ze sokiem itp. (*zamiast*: z Zamościa, z Żywca, z ziemi, z sokiem itp.). △ Postać *ze* bywa akcentowana tylko przed wyrazami jednozgłoskowymi, np.: ze mną, ze mnie, ze wsi, ze snu. △ Przyimek *z* (*ze*) pisze się osobno w pewnych wyrażeniach, które zbliżają się znaczeniem do przysłówka, np.: ze wszech miar, z czasem, z pomocą, z powodu, z wyjątkiem, ze względu, z pośrodka, z naprzeciwka, z zewnątrz itp. (*ale*: zewnątrz, zewsząd, zrazu, znienacka). △ Pisownia rozłączna obowiązuje także przy przymiotnikach użytych w dawnej formie dopełniacza, np.: z daleka, z rzadka, z wolna itd. (p. poszczególne hasła). △ Łącznie pisze się przyimek *z* z innymi przyimkami, np.: znad, zza.

I. Przyimek *z* łączy się z rzeczownikami w dopełniaczu; tworzy wyrażenia oznaczające m.in. **a)** «punkt wyjścia ruchu przestrzennego, kierunek z wnętrza czego, z jakiejś powierzchni, strony», np.: Wyjechać z Wrocławia. Wyjść z pokoju. Wydobyć coś z zanadrza. Chustka spada jej z ramion. △ Z prawej i z lewej strony drogi. △ Niekiedy w połączeniu z nazwą tego, co jest usuwane, zabierane, np.: Otrząsnąć się z deszczu; otrzeć twarz z potu; zetrzeć korę z drzewa, wyłączyć kogoś z towarzystwa itp. (*ale*: zwolnić kogoś z a. od przysięgi, odpowiedzialności, opłat itp.). △ Często *niepoprawne* jest zastępowanie przyimka *z* przyimkiem *od*, np. Oczyszczanie gazu od naftalenu (*zamiast*: z naftalenu).

b) «okres miniony dziania się czegoś, początek czegoś w czasie»: List z grudnia. Rachunek był z ubiegłego roku, tygodnia. △ Z rana i z rano (*ale*: rankiem; wieczorem, *przestarz.* z wieczora).

c) «motyw, rację czegoś, przyczynę, zwykle wewnętrzną (w przeciwieństwie do przyimka *od* wskazującego zwykle na przyczynę zewnętrzną)»: Głowa bolała go ze (*nie*: od) zdenerwowania; nie mógł mówić ze (*nie*: od) wstydu; zemdleć z głodu, z braku powietrza (*nie*: od głodu, od braku powietrza) itp. (*ale*: zarumienił się od mrozu, od żaru kuchennego, *nie*: z mrozu, z żaru). △ *rzad.* (o przyczynie wewnętrznej) Twarz rozpalona od (*nie*: z) gorączki. △ O aktach prawnych: Zakład zamknięty z rozporządzenia (*rzad.* rozporządzeniem) DRN (*ale*: na mocy, rzad. z mocy ustawy). △ O podstawie wymiaru, pomiaru, oceny czegoś: Kmieć płacił podatek z łanu. Uzyskał 23 kwintale żyta z hektara. (Dziś także używany w tej funkcji przyimek *od*, np.: płacić od strony, procent od sumy itd.).

d) «grupę, środowisko; całość, do której ktoś lub coś należy, w której obrębie jest coś wyróżnione»:

Kolega z mojej brygady. Pochodził z dobrej rodziny. Skórka z pomarańczy, łupiny z orzechów. △ W funkcji tej używane są także konstrukcje dopełniaczowe bez przyimka, np. fragment wiersza a. fragment z wiersza. △ Mieć coś z kogoś «przypominać kogoś, być do kogoś podobnym pod jakimś względem» △ W odniesieniu do opakowań, pojemników opróżnionych z czego użycie przyimka *z* zamiast *po* — jest regionalne, np.: butelka z piwa (*zamiast*: po piwie); puszka z sardynek (*zamiast*: po sardynkach) itp. △ Ze stopniem najwyższym: Był najmłodszy z dzieci. Najlepszy z pokoi. △ Z wyrazami ograniczającymi albo uogólniającymi, np.: jeden z ...; niektórzy z ...; któryś z ...; ktoś z...; każdy z ...; nikt, żaden z ...; pierwszy z ...; wielu z ... itp.

II. Przyimek *z* łączy się z rzeczownikiem w narzędniku, odpowiada na pytanie: z kim? z czym?, tworzy wyrażenia oznaczające: **a)** «osobę towarzyszącą, przedmiot towarzyszący, współuczestniczący w czymś»: Szedł z koleżanką. Wracał z paczkami do domu. Padał śnieg z deszczem. △ Wyrażenia z przyimkiem *z*, pełniące funkcję podmiotu, łączą się z orzeczeniem w *lm*, jeśli ich człony składowe są

943

pod względem znaczeniowym równorzędne, np. Ojciec z matką poszli na spacer. Natomiast w wypadku nierównorzędności tych członów orzeczenie może mieć formę *lp*, np. Ojciec z dziećmi wsiedli a. wsiadł do wagonu. *Por.* orzeczenie.
b) «stan, czynność towarzyszącą innemu działaniu, innemu stanowi»: Słuchano go z wytężoną uwagą. Odzywał się z niecierpliwością.
III. Przyimek *z* tworzy m.in. następujące utarte wyrażenia: Z wyjątkiem (*nie*: za wyjątkiem); z pomocą (a. przy pomocy) kogoś (*ale*: za pomocą czegoś) itp. △ Z początkiem września, roku, zimy. Z nastaniem mrozów, wiosny, suszy.

III z(ze) w funkcji przysłówkowej — łączy się z biernikiem rzeczowników oznaczających w przybliżeniu miarę czegoś lub przeciąg czasu «około; mniej więcej»: Z godzinę musisz poczekać. Zjadł ze trzy talerze zupy. Pożycz mi ze 100 zł. Las ciągnął się z milę.

z- (ze-) «przedrostek występujący przed spółgłoskami dźwięcznymi, a także przed *s, sz, ś, h* (przed grupami spółgłosek — zazwyczaj postać *ze-*)», np.: zbieleć, zdziwić, zgonić — zegnać, zhołdować, zmykać — zemknąć, znieść, zrywać — zerwać, zsunąć, zszyć, ześliznąć się, *rzad.* zśliznąć się; także: zemleć, zemdlić, zepchnąć, zepsuć itd. (*ale*: zmniejszyć, zmrozić, zmrok).
1. «przedrostek tworzący czasowniki dokonane od niedokonanych», np.: zgubić (od gubić), zszyć (od szyć), zestarzeć się (od starzeć się) itd.
2. «przedrostek tworzący czasowniki oznaczające najczęściej: a)** «złączenie w jedną całość, zgromadzenie w jedno miejsce», np.: zestawić, z(e)szyć, ześrubować, zlecieć się, zbiec się, zsypać.
b) «usunięcie czegoś, oddalenie się od czegoś», np.: zbiec, zeskoczyć, zjechać, zdrapać, zedrzeć, zgolić, zmyć.
3. «składnik przyimkowy wyrazów pisanych łącznie», np.: zewnątrz, znad, zza; zewsząd, zgoła, zinąd, znikąd, zowąd, znienacka, znowu, znów, zrazu, zresztą. *Por.* s-, ś-

z. «skrót wyrazu: *zobacz*, pisany z kropką, czytany jako cały wyraz, stosowany jako odsyłacz»

za «przyimek łączący się z rzeczownikami w dopełniaczu, bierniku i narzędniku» △ Przyimek *za* jest na ogół nie akcentowany, np. za dnia, za dom, za stołem. △ Akcentuje się przyimek *za* tylko przed jednozgłoskowymi zaimkami, np.: szedł za nią; Za mną! — lub w utartych zwrotach, np.: Wyjść za mąż, wodzić kogoś za nos; wyrzucić kogoś za drzwi itp.
1. «przyimek tworzący z dopełniaczem, biernikiem i narzędnikiem rzeczowników wyrażenia oznaczające określenia czasu, pełniące w zdaniu funkcję okolicznika czasu» △ Z dopełniaczem rzeczowników — często w wyrażeniach typu: za czyjegoś panowania, za czyichś rządów, za czyjejś kadencji, za czyichś czasów, *skrótowo*: za, np. za (króla) Zygmunta Augusta; poza tym w utartych wyrażeniach: za młodych lat, za mojej pamięci, za naszej bytności (w Zakopanem) — i in. △ Z narzędnikiem rzeczowników — «zaraz po»: Za drugim dzwonkiem podniosła się kurtyna. △ W połączeniu z wyrazami: *każdy, jeden*: Za każdym razem, poruszeniem (liści), skrzypnięciem (drzwi) itd., za jednym zamachem, uderzeniem. △ Przyimek *za* z biernikiem rzeczowników oznacza: **a)** że coś zacznie się dziać po upływie

jakiegoś czasu od chwili mówienia, np.: za rok, za godzinę, za moment, za chwilę. △ Gdy punktem odniesienia nie jest chwila mówienia, używamy przyimka *po* z miejscownikiem, np. Poznali się w grudniu i po miesiącu byli już dobrymi przyjaciółmi. **b)** niepełne godziny, np. za kwadrans ósma, za dwadzieścia (minut) dziesiąta itp.: Przyszedł dopiero za dziesięć ósma (*rzad.* ósma za dziesięć).
2. «przyimek łączący się z rzeczownikami w bierniku i narzędniku, tworzący wyrażenia oznaczające miejsce z tyłu lub z przeciwnej strony kogoś, czegoś» **a)** «odpowiada na pytanie: gdzie? i łączy się z narzędnikiem rzeczowników», np.: Za oknem mżył deszcz. Za pasem miał nóż. Stać za drzewem. Dom za lasem. △ Siedzieć za biurkiem, za stołem (*lepiej*: przy biurku, przy stole). **b)** «odpowiada na pytanie: dokąd? i łączy się z biernikiem rzeczowników», np.: Wywędrował za morze. Słońce zaszło za las. Wyrzucił ich za drzwi. Zatknął nóż za pas. △ W związkach z niektórymi czasownikami przyimek *za* może być używany z narzędnikiem a. z biernikiem rzeczowników, np.: Posadził kogoś za stołem a. za stół. Słońce skryło się za lasem a. za las.
3. «przyimek łączący się z rzeczownikami w narzędniku i bierniku, tworzący wyrażenia oznaczające cel czynności» **a)** Z narzędnikiem (jeżeli cel jest osiągany w różnych miejscach, a czasownik oznacza przenoszenie się z miejsca na miejsce; tylko w utartych potocznych wyrażeniach», np.: Chodzić za sprawunkami, za pracą (*ale*: iść po wodę, po chleb itp. — gdy wiadomo, że można coś dostać w jednym miejscu). Pójść za interesem. △ *Niepoprawne*: Poszukiwania za zaginionym (*zamiast*: zaginionego). Kolejka za mięsem (*zamiast*: po mięso). Stać za mięsem, za chlebem itp. (*zamiast*: po mięso, po chleb itp.). Chodzić za sukienką, za pantoflami itp. (*zamiast*: chodzić w poszukiwaniu sukienki, pantofli itp.) **b)** Z biernikiem: Pić za zdrowie, za pomyślność. Walczyć za wolność. △ Przyimek *za* rządzący narzędnikiem lub biernikiem rzeczowników występuje w składni rządu niektórych czasowników, np.: z biernikiem: Wydać, wyjść za kogoś (za mąż). Służyć za przykład (*nie*: przykładem). △ Z narzędnikiem: Prosić, przemówić za kimś, za czymś. Byli za ostatnim kandydatem. Mieć za sobą większość głosów. Obejrzeć się, rozglądać się, tęsknić, szaleć, przepadać za kimś, za czymś.
4. «przyimek tworzący — tylko z biernikiem rzeczowników — wyrażenia oznaczające»: **a)** «części rzeczy, przedmiotów służące do trzymania, chwytania», np.: Trzymać kogoś za rękę. Chwycić kogoś za kołnierz, za kark. Brać (się) kogoś za głowę, za ucho. Wziąć konia za grzywę, za uzdę. Wziąć garnek za ucha. Tarmosić kogoś za włosy.
△ *Niepoprawne* użycie przyimka *za* zamiast: *do* z nazwami czynności, np.: Brać się za robotę, za czytanie, za jedzenie itp. (*zamiast*: brać się do roboty, do czytania, do jedzenia itp.).
5. «przyimek tworzący — tylko z biernikiem — wyrażenia oznaczające przedmiot zamiany, transakcji, odpowiedzialności itp.»: Płacić za usługę, za pracę, za obiad. Odpowiadać za zakłócenie porządku publicznego, za wyrządzone szkody, za kradzież; nagroda za pilność. Przyszła za matkę do pracy. Często papieros starczał mu za obiad.
6. «przyimek tworzący (z biernikiem) wyrażenia oznaczające (tylko z określonymi czasownikami) odgrywaną rolę, pełnioną funkcję»: Uchodzić za

człowieka bogatego, za marnotrawcę, za specjalistę w danej dziedzinie (*nie*: jako człowiek bogaty, marnotrawca, specjalista...). Brali go za (*nie*: jako) wariata. Przebrała się za mężczyznę. △ *Niepoprawne* dla oznaczenia czyjejś funkcji, zawodu, np.: Być za bileterkę, za magazynierkę (*zamiast*: być bileterką, magazynierką). Pracować za służącą, za kucharkę (*zamiast*: pracować jako służąca, jako kucharka).

za «w funkcji przysłówka — pisane oddzielnie, dodawane do przymiotników lub przysłówków»: zbyt, zanadto, nadmiernie»: Za ciężki ten kamień dla ciebie. Przyszedł za wcześnie. Za młody, za słaby, za głupi itp. Za dobrze, za mało, za stromo itp.

za- 1. «przedrostek tworzący czasowniki (lub rzeczowniki odczasownikowe) od tematów czasownikowych, nadający następujące odcienie znaczeniowe»: **a)** «osiągnięcie rezultatu czynności», np.: zakleić, zakopać, zakurzyć, zahamować, zanieść, zaostrzyć, zapylić, zaszkodzić, zanurzyć, zatknąć. △ Rezultatem czynności może być: zniszczenie czegoś, śmierć kogoś, np.: zabić, zadusić, zamęczyć, zaucuś, zatłuc, zatrzeć (ślady), zamazać (litery); △ zdobycie czegoś, przywłaszczenie, np.: zabrać, zagarnąć, zająć. △ Rezultat czynności może być tylko częściowy, niezupełny, np.: zadrapać, zaciąć, zachwiać się. △ Przedrostek *za*- występuje jako znamię dokonaności w czasownikach na -*ować* o tematach obcych, np.: zaobserwować, zaakcentować, zaatakować, zagwarantować, zainstalować, zareklamować, zatarasować. △ Przedrostek *za*- w niektórych wypadkach zwiększa intensywność czasownika dokonanego (bez przedrostka), np.: zaofiarować się (od ofiarować się), zapodziać się (od podziać się), zapozwać (od pozwać), zaprzestać (od przestać), zawezwać (od wezwać). △ Niekiedy przedrostek *za*- wymienia się z innymi przedrostkami, głównie z przedrostkiem *z-* (*s-*), np.: zamącić//zmącić, zabraknąć//zbraknąć, zadecydować//zdecydować, zadeptać//zdeptać, zapytać//spytać; △ z przedrostkiem *roz-*, np.: zaśmiać się//roześmiać się, zakwitnąć//rozkwitnąć; △ z przedrostkiem *u-*, np.: zatonąć//utonąć, zamilknąć// umilknąć. △ z przedrostkiem *o-*, np.: zagłuchnąć//ogłuchnąć, zachrypnąć//ochrypnąć. **b)** «przejaw chwilowy czynności», np.: zabłysnąć, zadzwonić, zapachnieć, zaśpiewać. △ Niekiedy z uwydatnieniem początku czynności, stanu mającego trwać dłużej, np.: zachorować, zakwitnąć, zawisnąć, zamieszkać, zamilknąć. **c)** «umieszczenie czegoś — wewnątrz czegoś», np.: zamurować, zagrzebać, zawalić. **d)** «pokrycie powierzchni czegoś, jakiejś przestrzeni», np.: zabudować (plac); zadrukować, zapisać, zamalować (papier); zarosnąć; zasnuć, zakryć, zastawić (coś czymś), *przen.* zarzucić, zasypać pytaniami, obelgami. **e)** «przekroczenie właściwych, dopuszczalnych granic czynności, zwiększenie nasilenia (w połączeniu z czasownikami zwrotnymi)», np.: zagadać się, zapracować się, zasiedzieć się, zadłużyć się; zadumać się, zapatrzeć się, zasłuchać się. **f)** «osiągnięcie granicy, kresu przestrzennego», np.: zabrać, zajść, zajechać. **g)** «w odniesieniu do ruchu przestrzennego — odległość, kierunek od czegoś», np.: zabiec, zajechać (komuś drogę), zagrodzić (komuś przejście), zajść (od tyłu); zadać, zarzucić (coś na plecy, na ramię).
2. «przedrostek tworzący czasowniki (lub rzeczowniki pochodne od nich) od innych części mowy», np.: zabagnić, zabłocić, zadrzewić, zapiaszczyć, zarybić, zadeszczyć się, zadłużyć się.

3. «przedrostek tworzący wyrazy, zwykle rzeczowniki i przymiotniki, od wyrażeń syntaktycznych», np.: zaalpejski (od: za Alpami), zagraniczny (od: za granicą), zaduszny (od: za duszę).

zaabonować p. abonować.

zaabsorbować *dk IV*, zaabsorbowaliśmy (p. akcent § 1a i 2) □ Z. co, kogo — czym (*nie*: w czym): Był całkowicie zaabsorbowany swoimi myślami (*nie*: w swoich myślach), więc nie zauważał, co się wokół niego dzieje. Zaabsorbować czyjąś uwagę. // *KP Pras.*

zaadaptować p. adaptować.

zaadoptować p. adoptować.

zaadresować p. adresować.

zaagitować p. agitować.

zaakcentować *dk IV*, zaakcentowaliśmy (p. akcent § 1a i 2) **1.** «położyć akcent (na sylabie wyrazu, na wyrazie w zdaniu)»: Spiker niepoprawnie zaakcentował nazwisko rosyjskiego pisarza. **2.** «położyć nacisk na coś, uwydatnić, podkreślić»: Trzeba szczególnie zaakcentować zasługi jubilata na polu popularyzacji nauki. □ Z. co — czym: Swoje słowa zaakcentował wymownym gestem. □ Z. co — przez co: Arkady zostały zaakcentowane przez pogrubienie muru.

zaakceptować p. akceptować.

zaaklimatyzować p. aklimatyzować.

zaalarmować p. alarmować.

zaałtajski: Flora, fauna zaałtajska (*ale*: Góry Zaałtajskie).

zaanektować *dk IV*, zaanektowaliśmy (p. akcent § 1a i 2): Zaanektować tereny przygraniczne.

zaangażować p. angażować.

zaanonsować *dk IV*, zaanonsowaliśmy (p. akcent § 1a i 2) *wych. z użycia* «zapowiedzieć czyjeś przybycie, wejście; ogłosić»: Zaanonsować gościa. Zaanonsować premierę sztuki teatralnej.

zaapelować p. apelować.

zaaplikować p. aplikować.

zaaportować p. aportować.

zaaprobować p. aprobować.

zaaprowidować p. aprowidować.

zaaranżować p. aranżować.

zaaresztować p. aresztować.

zaasekurować p. asekurować.

zaasymilować *niepoprawne zamiast*: zasymilować.

zaawansować (*wym.* zaawãsować) *dk IV*, zaawansowaliśmy (p. akcent § 1a i 2) **1.** «dostać awans» □ Z. na co, *pot.* na kogo: Zaawansował na stanowisko dyrektora, *pot.* na dyrektora. **2.** *rzad.* «dać komuś awans» □ Z. kogo — na kogo, na co: Zaawansowali (*częściej*: awansowali) go na dyrektora, na wyższe stanowisko.

zaawansowany w użyciu przymiotnikowym «mający już pewne doświadczenie, osiągnięcia w jakiejś dziedzinie; nie początkujący, znajdujący się nie w począstkowej fazie rozwoju»: Kraj zaawansowany gospodarczo. □ Z. w czym: Zaawansowany w matematyce, w studiach. Kraj zaawansowany w rozwoju handlu. △ Zaawansowana ciąża, choroba.

zaawansowany w użyciu rzeczownikowym «osoba mająca już pewien zasób wiadomości, nie początkująca w jakiejś nauce»: Lekcje, książki przeznaczone dla zaawansowanych.

zaawizować p. awizować.

zababrać *dk IX*, zababrze, zababrz; *rzad. I*, zababra, zababraj, zababrał, zababraliśmy (p. akcent § 1a i 2) *pot.* «zabrudzić, zawalać» □ Z. co — czym: Zababrać ręce, suknię ziemią, smarem.

zabagnić *dk VIa*, zabagnię, zabagnimy, zabagnij, zabagniliśmy (p. akcent § 1a i 2); zwykle w imiesł. biernym: Zabagnione tereny, łąki. △ *przen.* Stosunki między ludźmi były w miasteczku zabagnione. Zabagnili całą sprawę.

Zabajkale *n I* «kraina w ZSRR»: Prowadzić badania na Zabajkalu. — zabajkalski.

zabarkować *dk IV*, zabarkowaliśmy (p. akcent § 1a i 2) *rzad.* «załadować na barkę»: Zabarkować towary.

zabarwić *dk VIa*, zabarwię, zabarwimy, zabarw (*nie*: zabarwij), zabarwiliśmy (p. akcent § 1a i 2) — **zabarwiać** *ndk I*, zabarwialiśmy: Zabarwić coś na czerwono, na niebiesko (na kolor czerwony, niebieski). □ Z. co — czym: Zabarwić wodę, lemoniadę sokiem, syropem. △ *przen.* Pytanie zabarwione ironią. □ Z. co — w czym: Zabarwić jajka w odwarze z cebuli.

zabawa *ż IV*: Wesoła, beztroska, szampańska zabawa. Zabawa taneczna, *rzad.* tańcująca. Zabawa sylwestrowa, szkolna. Zabawa z dziećmi, z psem. Zabawa dla młodzieży. Bywać na zabawach. Pójść na zabawę. □ Z. czym (kiedy się wymienia przedmiot, którym się ktoś bawi): Zabawa klockami, lalkami. □ Z. w co (kiedy się wymienia rodzaj zabawy): Zabawa w berka, w sklep, w chowanego. △ Dla zabawy «dla rozrywki, nie na serio»: Mocował się z chłopcami dla zabawy. △ Robić sobie z czegoś zabawę «traktować coś lekko, niepoważnie»

zabawiać *ndk I*, zabawialiśmy (p. akcent § 1a i 2) — **zabawić** *dk VIa*, zabawię, zabawimy, zabaw, zabawiliśmy **1.** częściej *ndk* «uprzyjemniać komuś czas; bawić kogoś» □ Z. kogo (czym): Zabawić gościa rozmową. Zabawić dziecko grzechotką. **2.** *wych. z użycia* «rozśmieszać, rozbawiać»: Zabawiło ją to tak, że się śmiała do rozpuku. **3.** *książk.* (tylko *dk*) «spędzić gdzieś, u kogoś jakiś czas»: U przyjaciół na wsi zabawił tylko tydzień.

zabawiać się — **zabawić się** □ Z. się z kim (gdzie): Zabawiać się z kolegami na wczasach. □ Z. się w kogo «udawać kogoś»: Pozwól, że się zabawię w gospodarza i naleję wszystkim wina. □ Z. się czym: «zajmować się czymś dla zabawy, niezbyt poważnie»: Nasze prababki niezbyt chętnie zabawiały się książką i piórem. □ Składnia poza tym jak: zabawa.

zabawka *ż III, lm D.* zabawek: Zabawki dla dzieci, zabawki dziecinne a. dziecięce. △ Dziecinna (*nie*: dziecięca) zabawka «rzecz łatwa»: błahostka, głupstwo»: Zjechać na nartach z tego stromego zbocza to dla niego dziecinna zabawka.

zabawkarski (*nie*: zabawczarski): Przemysł zabawkarski, *rzad.* zabawkowy. *Por.* zabawkowy.

zabawkarstwo (*nie*: zabawczarstwo) *n III, blm.*

zabawkarz (*nie*: zabawczarz) *m II, lm DB.* zabawkarzy.

zabawkowy *rzad.* **a)** «służący do zabawy»: Zegarek, telefon zabawkowy.
b) «dotyczący zabawek»: Przemysł zabawkowy. *Por.* zabawkarski.

zabawny *st. w.* zabawniejszy: Zabawna mina. Zabawna historia. Zabawne figle. □ Z. dla kogo: Zabawny dla otoczenia. Nie boję się go, dla mnie jest on tylko zabawny. □ Z. z czym «śmieszny, dobry sobie»: Zabawny jesteś ze swymi pretensjami, żalami. △ *niepoprawne* w zn. «lubiący się zabawić»

zabawowicz *m II, lm DB.* zabawowiczów (*nie*: zabawowiczy) *pot., żart.* «człowiek biorący udział w zabawie, lubiący zabawy»

zabawowy *pot.* «przeznaczony do zabawy, dotyczący zabawy»: Teren, plac zabawowy (*lepiej*: teren, plac zabaw). Urządzenia zabawowe (*lepiej*: urządzenia do zabaw) w ogródkach dziecięcych.

zabazgrać *dk IX*, zabazgrze, zabazgrz a. zabazgraj; zabazgraliśmy (p. akcent § 1a i 2) — *rzad.* **zabazgrywać** *ndk VIIIa*, zabazgruję (*nie*: zabazgrywuję, zabazgrywam), zabazgrywaliśmy: Zabazgrana kartka. Zabazgrał zeszyt koślawymi literami, nieudolnymi rysunkami.

zabełkotać, *rzad.* **zabełgotać** *dk IX*, zabełkocze, zabełgocze, *przestarz.* zabełgoce (*nie*: zabełkota, zabełgota); zabełkotaliśmy, zabełgotaliśmy (p. akcent § 1a i 2): Zabełkotał coś niewyraźnie, pod nosem.

za bezcen «bardzo tanio»: Sprzedać, oddać, kupić coś za bezcen.

zabezpieczać *ndk I*, zabezpieczaliśmy (p. akcent § 1a i 2) — **zabezpieczyć** *dk VIb*, zabezpiecz, zabezpieczymy, zabezpieczyliśmy **1.** «czynić nie zagrożonym, ochraniać, osłaniać» □ Z. kogo, co — od kogo, od czego a. przed czym: Silne posterunki zabezpieczają od napaści, od wroga. Wały zabezpieczają Powiśle od powodzi. Ciepły kożuch zabezpieczał mnie przed zimnem. Zabezpieczyć zamek przed ruiną. □ Z. co — czym: Zabezpieczyć drzwi słomą, okna watą. Zabezpieczyć studnię obmurowaniem. □ Z. co — na czym «zapewniać zaspokojenie roszczenia»: Zabezpieczyć pożyczkę, sumę na hipotece, na majątku. **2.** «czynić takim, który (w niczym) nie zagraża»: Wypadek spowodowany rozsadzeniem nie zabezpieczonego kotła. Zabezpieczyć karabin, rewolwer, minę itp. △ *niepoprawne* w zn. **a)** «zapewniać, gwarantować», np. Zabezpieczać (*zamiast*: zapewniać) paszę, dostawę, zakwaterowanie. **b)** «zaopatrywać», np. Zabezpieczyć (*zamiast*: zaopatrzyć) składnicę w towary. **c)** «zaspokajać», np. Zabezpieczać (*zamiast*: zaspokajać) potrzeby ludności. || D Kult. II, 292; Kl. Alež 16; KJP 25; KP Pras.; PJ 1968, 477.

zabezpieczenie *n I* **1.** «to, co stanowi ochronę, zapewnia bezpieczeństwo» □ Z. kogo, czego — od kogo, od czego a. przed kim, przed czym: Zabezpieczenie ludności od napastników, przed napastnikami. Zabezpieczenie terenów przed powodzią. 2. «gwarancja, rękojmia (*nie*: ubezpieczenie)»: Zabezpieczenie wekslowe. List przewozowy jest wystarczającym zabezpieczeniem dostawy towaru. // *D Kult. II, 292; KP Pras.*

zabić *dk Xa*, zabiję, zabijemy, zabij, zabiliśmy (p. akcent § 1a i 2) — **zabijać** *ndk I*, zabijaliśmy **1.** «uśmiercić kogoś; spowodować śmierć»: Lawina zabiła turystę. Gotowanie wody zabija w niej zarazki. Zabił go na miejscu. Zabić kogoś w pojedynku, na wojnie. □ Z. kogo — czym: Zabić kogoś mieczem, uderzeniem w głowę, strzałem z rewolweru. □ Z. kogo, co — z czego (kiedy się wymienia broń palną): Zabijał wrony z flowERU. □ Z. kogo — za co: Zabili go za szpiegostwo. △ *przen.* Zabić niemiły smak czegoś. Zabijać czas czytaniem kryminałów. □ Z. co — w kim: Zabić w kimś chęć do pracy, inicjatywę, zapał. **2.** «uderzając wtłoczyć w coś; wbijając gwoździe umocnić, zamknąć coś» □ Z. co — w co (czym): Zabijać kołki w ziemię (siekierą). □ Z. co — czym: Zabić deskami, dyktą okno, drzwi. Zabić pakę gwoździami. △ *pot.* Zabić komuś (czymś) klina, ćwieka (w głowę), *rzad.* zabić komuś czymś głowę «zmusić kogoś do ciągłego myślenia o czymś, do zastanawiania się nad czymś»: Zabiła mu klina tym kłopotliwym pytaniem. △ Świat zabity deskami, kąt, wieś, miasteczko itp. zabite deskami (od świata) «miejscowość bardzo odległa od ośrodków wielkomiejskich»: Po przejściu na emeryturę zaszył się w jakimś kącie zabitym deskami od świata. **3.** tylko *dk* «uderzyć; zacząć dźwięczeć»: Gdzieś daleko zabiły dzwony. W pokoju zabił zegar. △ Serce zabiło mocno, gwałtownie, z radości, ze wzruszenia, ze strachu. △ *przen.* Serce zabiło nadzieją, radością. **4.** tylko *ndk* «wycieńczać, wyczerpywać»: Zabija go samotność, smutek, ciężka praca.
zabić się — **zabijać się 1.** «pozbawić się życia, ponieść śmierć»: Wypadł z jadącego tramwaju i zabił się na miejscu. Groził rodzicom, że się zabije. Zabić się na śmierć (*wym.* na śmierć a. na śmierć), *lepiej*: zabić się. **2.** tylko *ndk* «tracić zdrowie, męczyć się, usilnie o coś zabiegając» □ Z. się czym (dla kogo): Zabijać się bieganiną, pracą (dla rodziny). □ *pot.* Z. się o co: Zabijać się o wysokie stanowisko. Nikt się o to nie będzie zabijał. // *D Kult. II, 157.*

zabiedzony *m-os.* zabiedzeni «źle wyglądający wskutek niedojadania; bardzo mizerny»: Bezpańskie, -zabiedzone psy. Wyszli z obozu koncentracyjnego zabiedzeni i chorzy.

zabieg *m III, D.* zabiegu **1.** «czynna interwencja mająca wywołać określony skutek»: Bolesny, drobny, przykry zabieg. Zabieg chirurgiczny a. operacyjny. Zabiegi konserwatorskie. Dokonać zabiegu. Zrobić zabieg. Poddać się zabiegowi. **2.** tylko w *lm* «starania, zabieganie o coś»: Chytre, daremne zabiegi. Jego zabiegi o awans spełzły na niczym.

zabiegać *ndk I*, zabiegaliśmy (p. akcent § 1a i 2) — **zabiec**, *rzad.* **zabiegnąć** *dk Vc*, zabiegnę, zabiegnie, zabiegł (*nie*: zabiegnął), zabiegła (*nie*: zabiegnęła), zabiegnij, zabiegliśmy (*nie*: zabiegnęliśmy) **1.** zwykle *dk* «biegnąc dotrzeć do czegoś»: Zabiegła na skraj ogrodu. Konie zabiegły daleko w las. △ Zabiec komuś drogę «biegnąc przeciąć komuś drogę» **2.** częściej *ndk* «wstępować gdzieś na krótko, w pośpiechu» □ *rzad.* Z. do kogo, do czego (dokąd): Zabiegała czasami do sąsiadów. **3.** tylko *ndk* «dążyć do uzyska-

nia czegoś; starać się o coś» □ Z. o co, *rzad.* o kogo: Zabiegać o czyjeś względy. Zabiegać o sympatię kolegów. Zabiegał o rękę córki (o córkę) swojego zwierzchnika.

Zabiełło *m* odm. jak *ż IV, CMs.* Zabielle, *lm M.* Zabiełłowie, *D.* Zabiełłów.
Zabiełło *ż ndm* — Zabiełłowa *ż* odmieniaj jak przym. — Zabiełłówna *ż IV, D.* Zabiełłówny, *CMs.* Zabiełłównie (*nie*: Zabiełłównej), *lm D.* Zabiełłówien.

zabierać *ndk I*, zabieraliśmy (p. akcent § 1a i 2) — **zabrać** *dk IX*, zabiorę (*nie*: zabierę), zabierze, zabraliśmy □ Z. co — komu «pozbawiać kogoś czegoś»: Zabrał koleżance przez pomyłkę pióro. △ (częściej *ndk*) Zabierać komuś czas «zajmować kogoś swoimi sprawami» △ Coś zabiera ileś czasu «na coś potrzeba ileś czasu» □ Z. co, kogo — z czego (dokąd) «usuwać coś skądś; wyprowadzać kogoś dokądś; brać kogoś, coś udając się dokąd»: Zabierz z mojego biurka swoje rzeczy. Krew zabiera produkty przemiany materii. Aresztowanych zabrano na Pawiak. Na tę wizytę zabierzcie ze sobą dzieci. □ Z. kogo, co «o pojazdach: przyjmować pasażerów, ładunek»: Autobus zabiera pięćdziesięciu pasażerów.
zabierać się — **zabrać się** □ Z. się do czego (*nie*: za co) «rozpoczynać coś»: Zabieram się teraz do roboty, do czytania (*nie*: za robotę, za czytanie). □ *pot.* Z. się do kogo «zaczynać się kimś zajmować»: Zabrał się do ucznia ostro i ten poprawił się z matematyki. □ (zwykle *dk*) Z. się z kim «pojechać, pójść razem z kimś» □ *pot.* (zwykle *dk*) Z. się (czym) «pojechać jakimś środkiem lokomocji»: Zabrałem się w końcu ostatnim autobusem. Nie zabrał się do tramwaju.

zabijać p. zabić.

zabijaka *m* odm. jak *ż III, lm M.* te zabijaki, *DB.* zabijaków *pot.* «awanturnik, zawadiaka»

zabiletować *dk IV*, zabiletowaliśmy (p. akcent § 1a i 2) △ *środ.* Zabiletować wóz, autobus, tramwaj «sprzedać bilety wszystkim pasażerom autobusu, tramwaju» △ *niepoprawne* Zabiletować pasażera (*zamiast*: sprzedać pasażerowi bilet).

zabiór *m IV, D.* zabioru *środ.* (*górn.*) **a)** «jednorazowa ilość urobku» **b)** «droga jednego cyklu urabiania»

zabity *m-os.* zabici, imiesł. bierny od czas. zabić: Został zabity przez samochód.
zabity w użyciu rzeczownikowym: W katastrofie samochodowej był jeden zabity i jeden ranny.
zabity w użyciu przymiotnikowym *wych. z użycia* «zawzięty, zagorzały»: Zabity z niego warszawiak. Był zabitym nieprzyjacielem nowej mody.

zablefować p. blefować.

zabliźniać *ndk I*, zabliźniałby (p. akcent § 4c) — **zabliźnić** *dk VIa*, zabliźnij, zabliźniłby, tylko w *przen.*: Czas zabliźnia rany.
zabliźniać się — **zabliźnić się**: Rany zabliźniały się powoli.

zabłądzić *dk VIa*, zabłądzę, zabłądziliśmy (p. akcent § 1a i 2) □ Z. gdzie (z *Ms.*) «zboczyć z właściwej drogi; zabłąkać się»: Zabłądziła w nieznanym mieście. Zabłądzić w lesie. □ Z. dokąd (z *B.*) «chodząc bez celu, dotrzeć»: Spacerując po wsi, zabłądziła na cmentarz.

zabłąkać się

zabłąkać się *dk I*, zabłąkaliśmy się (p. akcent § 1a i 2) □ Składnia jak: zabłądzić.

zabłocić *dk VIa*, zabłocę, zabłociliśmy (p. akcent § 1a i 2) «zabrudzić błotem; *rzad.* ubłocić»: Zabłocić buty. Uważaj, bo mi zabłocisz podłogę. Był cały zabłocony, przemoczony.

zabłysnąć *dk Va* a. *Vc*, zabłyśnie, zabłyśnij, zabłysnąłem (*wym.* zabłysnołem; *nie*: zabłysnełem) a. zabłysłem; zabłysnął (*wym.* zabłysnoł) a. zabłysł; zabłysnęła (*wym.* zabłysneła) a. zabłysła; zabłysnęliśmy, *rzad.* zabłyśliśmy (*wym.* zabłysneliśmy, zabłyśliśmy; p. akcent § 1a i 2) «zacząć błyszczeć, jaśnieć, palić się»: Zabłysły pierwsze gwiazdy. Zabłysła lampa w mroku. □ *przen.* Z. komu «pojawić się nagle»: Zabłysła nam nadzieja ocalenia. □ Z. — czym, jako kto «zrobić wrażenie, olśnić»: Zabłysnął jako śpiewak. Zabłysła humorem, talentem.

zabłyszczeć (*nie*: zabłyszczyć) *dk VIIb*, zabłyszczeliśmy (p. akcent § 1a i 2): W trawie zabłyszczał kawałek stłuczonego szkła. △ *przen.* Oczy zabłyszczały mu szczęściem. □ Składnia jak: błyszczeć.

zaboleć p. boleć.

zabój *m I*, D. zaboju △ tylko w *pot.* zwrocie: Kochać się, zakochać się w kimś na zabój «(za)kochać się bardzo mocno, szalenie» △ *niepoprawne* Pić na zabój (*zamiast*: pić na umór).

zabójczy *st. w.* bardziej zabójczy **1.** «szkodliwy, niebezpieczny dla życia» □ Z. dla kogo, dla czego: Klimat zabójczy dla ludzi, dla zdrowia. **2.** *m-os.* zabójczy, *żart.* «zalotny, kokieteryjny (*rzad.* jako określenie ludzi)»: Zabójczy wąsik. Zabójcze spojrzenie. *rzad.* Zabójczy eleganci.

zabójczyni (*nie*: zabójczynia) *ż I*, B. zabójczynię (*nie*: zabójczynią), W. zabójczyni (*nie*: zabójczynio), *lm* D. zabójczyń: Zabójczyni dziecka.

zabójstwo *n III*: Jawne, skryte, rozmyślne zabójstwo. Zabójstwo w afekcie. Dokonać zabójstwa prezydenta, brata (*nie*: na prezydencie, na bracie). *Por.* morderstwo.

zabór *m IV*, D. zaboru **1.** «część kraju okupowana przez obce państwo (zwłaszcza część Polski w okresie rozbiorów); zabranie, zajęcie (zwykle obcego terytorium); sprawowanie władzy przez zaborców»: Moi dziadkowie mieszkali wówczas w zaborze austriackim. Czasy, okres zaborów. **2.** (tylko w *lp*) *przestarz.*, dziś tylko w języku prawniczym «zabranie, przywłaszczenie sobie cudzej rzeczy»: Akt oskarżenia zarzuca oskarżonemu zabór jednego tylko przedmiotu.

zabóść (*nie*: zabość) *dk XI*, zabodzie, zabódłby (p. akcent § 4c) *rzad.* □ Z. kogo (co): Krowa zabodła dziecko na śmierć.

zabrać p. zabierać.

zabraknąć p. braknąć.

zabrnąć p. brnąć.

zabronić *dk VIa*, zabroniliśmy (p. akcent § 1a i 2) — **zabraniać** *ndk I*, zabranialiśmy □ Z. komu robić co a. robienia czego: Zabronił synowi wychodzenia (wychodzić) z domu. *Por.* bronić.

zabrukać *dk I*, zabrukaliśmy (p. akcent § 1a i 2) *przestarz.* «zabrudzić; *książk.* zbrukać»

zabrząkać, *rzad.* **zabrzękać** *dk I*, zabrząkaliśmy, zabrzękaliśmy (p. akcent § 1a i 2) □ Z. czym: Zabrząkał (zabrzękał) kluczami, pieniędzmi. □ Z. w co, z. co — na czym: Zabrząkał (zabrzękał) w struny. Zabrząkał (zabrzękał) jakąś melodię na mandolinie.

zabrząknąć a. **zabrzęknąć** *dk Va* a. *Vc*, zabrząknąłem, zabrzęknąłem (*wym.* zabrząknołem, zabrzęknołem; *nie*: zabrząknełem, zabrzęknełem) a. zabrząkłem, zabrzękłem; zabrząknął, zabrzęknął (*wym.* zabrząknoł, zabrzęknoł); zabrząknęła, zabrzęknęła (*wym.* zabrząknela, zabrzęknela) a. zabrząkła, zabrzękła; zabrząknęliśmy, zabrzęknęliśmy (*wym.* zabrząknełiśmy, zabrzęknełiśmy; p. akcent § 1a i 2) *rzad.* **a)** p. zabrząkać, zabrzękać: Zabrząknął na lutni. Zabrząknął ostrogami. **b)** p. zabrzęczeć (w zn. 1): Szyby zabrzękły.

Zabrze *n I* «miasto» — zabrzanin *m V*, D. zabrzanina, *lm* M. zabrzanie, D. zabrzan — zabrzanka *ż III*, *lm* D. zabrzanek — zabrski.

zabrzęczeć (*nie*: zabrzęczyć) *dk VIIb*, zabrzęczeliśmy (p. akcent § 1a i 2) **1.** zwykle w 3. os. i bezokol. «wydać dźwięk; zadźwięczeć»: Trzasnął drzwiami, aż szyby zabrzęczały w oknach. Zabrzęczały natrętne muchy. △ *przen.* Zabrzęczały mi w głowie słowa przestrogi. **2.** *rzad.* «spowodować powstanie dźwięku, brzęczenie czegoś; *częściej*: zabrzękać» □ Z. czym: Zabrzęczał kluczami, ostrogami.

zabrzękać p. zabrząkać.

zabrzęknąć p. zabrząknąć.

zabrzmieć p. brzmieć.

zabudowa *ż IV*, *lm* D. zabudów **1.** *blm* «zabudowywanie, zabudowanie»: Planowa zabudowa. Zabudowa terenu. **2.** zwykle *blm* «budynki znajdujące się na danym terenie»: Zwarta, drewniana, murowana zabudowa.

zabudować *dk IV*, zabudowaliśmy (p. akcent § 1a i 2) — **zabudowywać** *ndk VIIIa*, zabudowuję (*nie*: zabudowywuję, zabudowywam), zabudowywaliśmy: Zabudować pusty plac. Zabudować ścianę pokoju.

zabulgotać p. bulgotać.

zaburzenie *n I*, zwykle w *lm* «zakłócenia, nieprawidłowości w działaniu czegoś»: Zaburzenia elektromagnetyczne, tektoniczne. Zaburzenia żołądkowe, hormonalne, wzrokowe, czynnościowe. Zaburzenia systemu nerwowego, krążenia, oddychania. Zaburzenia w pracy silnika, serca. Zaburzenia w atmosferze.

zaburzyć *dk VIb*, zaburzyliśmy (p. akcent § 1a i 2) *reg.* w zn. «zapukać, zakołatać»

Zabuże *n I* «tereny położone za Bugiem» — zabużanin *m V*, D. zabużanina, *lm* M. zabużanie, D. zabużan — zabużanka *ż III*, *lm* D. zabużanek — zabużański.

zabytek *m III*, D. zabytku: Zabytek architektoniczny, urbanistyczny. Zabytki kultury, języka polskiego.

zacałować *dk IV*, zacałowaliśmy (p. akcent § 1a i 2) — **zacałowywać** *ndk VIIIa*, zacałowuję (*nie*: zacałowywuję, zacałowywam), zacałowywaliśmy

1. zwykle *ndk* «obsypywać pocałunkami» **2.** *rzad.* «pocałunkami załagodzić coś»

zacenić *dk VIa*, zaceniliśmy (p. akcent § 1a i 2) «podać cenę czegoś (zwykle wyższą)»: Zaceniła suknię 1000 zł, ale oddała ją za 900 zł.

zach. «skrót wyrazów: *zachodni, zachód*; pisany z kropką, czytany jako cały, odmieniany wyraz, stosowany w tekstach geograficznych, atlasach, na mapach itp.»: Wiatr płd.-zach. (*czyt.* południowo-zachodni). W zach. (*czyt.* zachodniej) Polsce. △ Na płd.-zach. (*czyt.* południowy zachód) od Warszawy. △ W nazwach dużą literą: Stacja Warszawa Zach. (*czyt.* zachodnia).

zachachmęcić *dk VIa*, zachachmęciliśmy (p. akcent § 1a i 2) *pot.* «zarzucić, zagubić coś»: Zachachmęciłam gdzieś list od siostry i nie mogę go odnaleźć.

zachcieć się *dk*, zachce się, zachciałoby się (p. akcent § 4c) — **zachciewać się** *ndk I*, zachciewałoby się; tylko w formie *nieos.*, *pot.* (czasem z odcieniem dezaprobaty) □ Z. się komu — czego, z. się + bezokol.: Zachciało mi się spać. Zachciewa ci się gwiazdki z nieba.

zachęta *ż IV*: Coś jest zachętą dla kogoś. □ Z. do (*nie*: dla) czego: Zachęta do oszczędzania, do udziału w pracy. △ W nazwie dużą literą: Towarzystwo Zachęty Sztuk Pięknych w Warszawie (w tej nazwie wyraz *zachęta* jest użyty w dawnym zn.«popieranie»).

zachichotać (*nie*: zachychotać) *dk IX*, zachichocze, *przestarz.* zachichoce (*nie*: zachichota), zachichocz, zachichotaliśmy (p. akcent § 1a i 2) — **chichotać** *ndk*, chichotaliśmy.

zachlapać *dk IX*, zachlapie, zachlapaliśmy (p. akcent § 1a i 2) — **zachlapywać** *ndk VIIIa*, zachlapuję (*nie*: zachlapywuję, zachlapywam), zachlapywaliśmy: Zachlapać sukienkę, podłogę atramentem.

zachlupotać, *rzad.* **zachlubotać** *dk IX*, zachlupocze, zachluboce, *przestarz.* zachlupoce, zachluboce; zachlupocz, zachlubocz; zachlupotałby, zachlubotałby (p. akcent § 4c): Fale zachlupotały (zachlubotały) o brzeg. Krupnik zachlupotał (zachlubotał) w garnku.

zachłysnąć się (*nie*: zachłystnąć się) *dk Va*, zachłyśnie się, zachłyśnij się, zachłysnąłem się (*wym.* zachłysnołem się; *nie*: zachłysnełem się, zachłysłem się), zachłysnął się (*wym.* zachłysnoł się), zachłysnęła się (*wym.* zachłysneła się; *nie*: zachłysła się), zachłysnęliśmy się (*wym.* zachłysneliśmy się; *nie*: zachłysliśmy się; p. akcent § 1a i 2) — **zachłystywać się** *ndk VIIIa*, zachłystuję się (*nie*: zachłystywuję się, zachłystywam się), zachłystywaliśmy się: Zachłysnąć się wodą. △ *przen.* Zachłysnąć się powodzeniem, wolnością.

zachodni (skrót: zach.): Poznał dobrze zachodnie ziemie Polski (ale w nazwie dużą literą: Osiedlił się na Ziemiach Zachodnich). Półkula zachodnia. Wiatr zachodni. Kierunek południowo-zachodni, północno-zachodni (*nie*: zachodnio-południowy, zachodnio-północny). Kraje zachodnie, kultura zachodnia.

zachodnio- «pierwsza część przymiotników złożonych, wskazująca na położenie czegoś na zachodzie, pochodzenie z zachodu, związek z zachodnią częścią kraju, kontynentu itp.; pisana łącznie», np.: zachod-

nioeuropejski, zachodniosłowiański (*nie*: zachodnio--europejski, zachodnio-słowiański). △ W nazwach dużą literą: Niż Zachodniosyberyjski.

zachodzić *ndk VIa*, zachodzę, zachodź (*nie*: zachódź), zachodziliśmy (p. akcent § 1a i 2) — **zajść** *dk*, zajdę, zajdzie, zajdź, zaszedłem (*nie*: zaszłem), zaszedł, zaszła, zaszliśmy. □ Z. dokąd «docierać, dochodzić dokądś»: Do miasta zaszli dopiero pod wieczór. Zajdą na miejsce o oznaczonej godzinie. Zaszliśmy głęboko w las. △ (zwykle *dk*) Zajść daleko, wysoko «zdobyć wysokie stanowisko» △ (tylko *ndk*) *pot.* Zachodzić w głowę «starać się coś odgadnąć»: Zachodzę w głowę, co go mogło zatrzymać w pracy tak długo. □ Z. do kogo «wstępować, odwiedzać kogoś przechodząc»: Zajdź do mnie na chwilę. □ (zwykle *dk*) Z. kogo, *rzad.* komu jak, skąd «podejść do kogoś niepostrzeżenie»: Udało mi się zajść nieprzyjaciela. Zajść kogoś z boku. Chciał mu zajść od tyłu, ale tamten się spostrzegł. △ *przen.* Noc zaszła mnie przy robocie. △ Zajść komuś drogę «wszedłszy na drogę, nie pozwolić komuś przejść, przejechać» □ Coś zachodzi czym «coś powleka się, pokrywa się czymś»: Szkła zaszły mgłą. Oczy zachodzą łzami. □ Coś zachodzi na co, za co «coś sięga dokądś, przykrywa coś częściowo»: Buty zachodzą za kostkę. Listwy zachodzą na siebie. □ Z. bez dop. «zdarzać się»: Zaszła pomyłka. Zaszedł straszny wypadek. Zachodzi konieczność wezwania pogotowia. Zachodzi reakcja chemiczna. Coś zaszło między nimi.

zachorować p. chorować.

zachorowalność *ż V*, *blm środ.* «liczba zachorowań pierwszorazowych, przypadająca na tysiąc a. dziesięć tysięcy osób; zapadalność»: Służba zdrowia bada zachorowalność na grypę w różnych środowiskach. △ *niepoprawne* w zn. «częstość zachorowań; zachorowanie», np. «Chory na gruźlicę jest przyczyną zachorowalności (*zamiast*: zachorowania) osób stykających się z nim.

zachować *dk I*, zachowaliśmy (p. akcent § 1a i 2) — **zachowywać** *ndk VIIIa*, zachowuję (*nie*: zachowywuję, zachowywam), zachowywaliśmy **1.** «przetrzymać coś w stanie nie naruszonym, utrzymać»: Zachować coś na pamiątkę. Nasiona zachowały zdolność kiełkowania. Zachować żal, urazę do kogoś. Zachować spokój, zimną krew. **2.** zwykle *ndk* «przestrzegać czegoś, wypełniać coś»: Zachowywać dietę, post.

zachować się — **zachowywać się 1.** «zostać zachowanym; przetrwać»: Zachowały się dawne obyczaje, zwyczaje. **2.** «postąpić w pewien sposób» □ Z. się jak — wobec, względem kogo, czego: Zachował się wobec niej niewłaściwie. Zachowywać się biernie wobec wypadków dziejowych.

zachowanie *n I*, w zn. «sposób bycia, postępowania»: Skromne, spokojne zachowanie. □ Z. wobec, względem kogo, czego: Zachowanie uczniów wobec (względem) nauczyciela.

zachowawca *m odm. jak ż II, lm M.* zachowawcy, *DB.* zachowawców *wych. z użycia* «człowiek o konserwatywnych przekonaniach, *częściej*: konserwatysta»

zachowawczość *ż V, blm; częściej*: konserwatyzm.

zachowawczy *m-os.* zachowawczy **1.** «mający na celu zachowanie, utrzymanie czegoś» △ zwykle w wy-

949

rażeniach: Leczenie zachowawcze «leczenie nieoperacyjne» △ Instynkt zachowawczy «podświadomy odruch obrony własnej w chwili niebezpieczeństwa; instynkt samozachowawczy» 2. «przywiązany do tradycji, przeciwny reformom; *częściej*: konserwatywny»: Zachowawczy przedstawiciele emigracji.

zachowywać p. zachować.

zachód *m IV, D.* zachodu 1. a. zachód słońca: Kończyć pracę o zachodzie a. z zachodem słońca. Słońce chyli się ku zachodowi. 2. (skrót: zach.) «zachodnia strona świata»: Południowy, północny zachód. Wiatr wieje z zachodu a. od zachodu. Na zachód od Warszawy. Skierować się na zachód a. ku zachodowi.
3. Zachód a. zachód «kraje Europy zachodniej i Ameryki, ujmowane jako całość kulturalna, polityczna»: Nowiny z Zachodu (z zachodu). 4. «starania, zabiegi; fatyga»: Załatwienie tej sprawy kosztowało dużo zachodu. △ *pot.* Za jednym zachodem «przy okazji, jednocześnie»: Jak będę robić zakupy, to za jednym zachodem kupię coś i tobie.

zachrapać *dk IX*, zachrapię (*nie*: zachrapę), zachrapie, zachrapaliśmy (p. akcent § 1a i 2) 1. «zacząć chrapać; *żart.* zasnąć»: Ledwie przyłożył głowę do poduszki, zaraz zachrapał. 2. «o niektórych zwierzętach: wydać chrapliwy głos»: Konie trwożliwie zachrapały.

zachrobotać *dk IX*, zachroboce, *przestarz.* zachroboce (*nie*: zachrobota); zachrobocz, zachrobotałby (p. akcent § 4c): Zachrobotał klucz w zamku.

zachrypieć, *rzad.* **zachrzypieć** *dk VIIa*, zachrypię, zachrzypię (*nie*: zachrypę, zachrzypę); zachryp, zachrzyp; zachrypieliśmy, zachrzypieliśmy (p. akcent § 1a i 2) □ Z. co «powiedzieć coś chrapliwym głosem»: Zachrypiał (zachrzypiał) coś niezrozumiale. □ *rzad.* (tylko w 3. os. i bezokol.) Z. z czego, od czego «stać się chrapliwym»: Głos mu zachrypiał (zachrzypiał) ze złości.

zachrypnąć *dk Vc*, zachrypł (*nie*: zachrypnął), zachrypła (*nie*: zachrypnęła), zachrypliśmy (*nie*: zachrypnęliśmy; p. akcent § 1a i 2), zachrypły a. zachrypnięty. □ Z. od czego, z czego: Zachrypnąć od krzyku. Zachrypnąć z zimna.

zachrzęścić p. chrzęścić.

zachwaszczać *ndk I*, zachwaszczaliśmy (p. akcent § 1a i 2) — **zachwaścić** *dk VIa*, zachwaszczę, zachwaściliśmy: Zachwaszczać pole, ogród. △ *przen.* Zachwaszczać język germanizmami.

zachwiać p. chwiać.

Zachwieja *m* odm. jak *ż I, DCMs.* Zachwiei (*nie*: Zachwieji), *lm M.* Zachwiejowie.
Zachwieja *ż I, rzad. ndm* — Zachwiejowa *ż* odm. jak przym. — Zachwiejówna *ż IV, D.* Zachwiejówny, *CMs.* Zachwiejównie (*nie*: Zachwiejównej), *lm D.* Zachwiejówien.

zachwierutać p. chwierutać.

zachwycać *ndk I*, zachwycaliśmy (p. akcent § 1a i 2) — **zachwycić** *dk VIa*, zachwycę, zachwyciliśmy: Zachwycała go urodą, wdziękiem.

zachwyt *m IV, D.* zachwytu «uczucie podziwu, uznania dla kogoś, dla czegoś; w *lm*: słowa uznania, podziwu»: Szczery, nie tajony zachwyt. Wzbudzać w kimś zachwyt. Wpaść w zachwyt. △ *pot.* Cielęcy zachwyt «głupi, bezkrytyczny zachwyt» □ Z. nad kim, czym: Zachwyty nad własnym dzieckiem.

zachybotać p. chybotać.

zaciąć *dk Xc*, zatnę, zatnie, zatnij, zaciąłem (*wym.* zaciołem; *nie*: zaciełem), zaciął (*wym.* zacioł), zacięła (*wym.* zacieła), zacięliśmy (*wym.* zacieliśmy, p. akcent § 1a i 2) — **zacinać** *ndk I*, zacinaliśmy □ Z. co, kogo — czym «skaleczyć»: Zaciąć kogoś brzytwą, nożem. △ *przen.* Zaciąć konia batem. △ *pot.* Zaciąć zęby «trwać w uporze, postanowić wytrwać» □ (zwykle *ndk*) Z. bez dop.: Deszcz, wiatr zacina.
zaciąć się — zacinać się □ Z. się czym: Zaciąć się żyletką, scyzorykiem. □ (zwykle w 3. os.) Coś się zacięło: Zaciął się zamek, karabin. △ *przen.* Zaciąć się w uporze, w gniewie.

zaciąg *m III, D.* zaciągu «werbowanie ludzi do wojska, do pracy»: Zaciąg ochotników, *przestarz.* żołnierza. □ Z. do czego: Zaciąg do wojska, do hufców pracy.

zaciągnąć *dk Va*, zaciągnąłem (*wym.* zaciągnołem; *nie*: zaciągnęłem, zaciągłem), zaciągnął (*wym.* zaciągnoł; *nie*: zaciągł), zaciągnęła (*wym.* zaciągnęła; *nie*: zaciągła); zaciągnęliśmy (*wym.* zaciągnęliśmy; *nie*: zaciągliśmy; p. akcent § 1a i 2) — **zaciągać** *ndk I*, zaciągaliśmy □ Z. kogo, co — dokąd «ciągnąc doprowadzić kogoś dokądś, przesunąć coś»: Zaciągnąć tapczan pod okno. Zaciągnąć bryczkę do wozowni. □ *przen.* (zwykle *dk*) Z. kogo «nakłonić do pójścia ze sobą»: Koledzy zaciągnęli go do kawiarni. △ Zaciągnąć u kogoś dług, pożyczkę. △ *przen.* Zaciągnąć dług wdzięczności. △ Zaciągnąć wartę, straż. □ Z. co — czym «powlec, posmarować coś czymś»: Zaciągnąć podłogę olejną farbą. □ (zwykle *ndk*) Z. bez dop. **a)** *pot.* «mówić ze szczególną intonacją»: Zaciąga z wileńska, z rosyjska. **b)** «o powietrzu: wiać, zawiewać (także *nieos.*)»: Chłodny wiatr zaciągał od północy. Od rzeki zaciągało chłodem.
zaciągnąć się — zaciągać się □ Z. się (czym) «paląc tytoń wciągnąć dym w płuca»: Zaciągnął się dymem. Palił nie zaciągając się. □ Coś się zaciąga czym (także *nieos.*: zaciągnęło się) «o niebie: pokrywać się chmurami; także *nieos.*»: Niebo zaciągnęło się czarnymi chmurami. Zaciągnęło się, pewnie będzie padał deszcz. □ Z. się dokąd «wstąpić (do wojska, do organizacji o charakterze wojskowym)»: Zaciągnęli się do Legii Cudzoziemskiej.

zaciążyć, *rzad.* **zacieżyć** *dk VIb*, zaciążyliśmy, zacieżyliśmy (p. akcent § 1a i 2) □ Z. komu «stać się dla kogoś ciężkim»: Poczuł zmęczenie, walizka zaciążyła mu w ręku. △ *przen.* Zaciążyła mu tajemnica. □ Z. na kim, czym a. nad kim, czym «wywrzeć ujemny wpływ, ujemnie się odbić»: Upadek państwa wielkomorawskiego zaciążył na dalszych dziejach (nad dalszymi dziejami) Słowiańszczyzny.

zacichnąć *dk Vc*, zacichłby, *rzad.* zacichnąłby (*wym.* zacichnołby; p. akcent § 4c) — **zacichać** *ndk I*, zacichałby *książk.* «ucichnąć»: Pod wieczór walka zacichła. Wiatr zacichał.

zaciec *dk Vc*, zaciecze, *rzad. XI*, zaciecze; zaciekłby (p. akcent § 4c); a. **zacieknąć** *dk Vc*, zaciekł a. zacieknął (*wym.* zacieknoł); zaciekła (*nie*:

zaciekła) — **zaciekać** *ndk I*, zaciekałby: Dach zacieka. Trzeba naprawić dach, bo sufit zacieknie.
zaciec się, *rzad*. **zacieknąć się** — **zaciekać się** «zapamiętać się w czymś; *częściej*: zawziąć się, zaciąć się»: Zaciec się w gniewie.

zaciekawiać *ndk I*, zaciekawialiśmy (p. akcent § 1a i 2) — **zaciekawić** *dk VIa*, zaciekaw, zaciekawimy, zaciekawiliśmy: Zaciekawił wszystkich swoim opowiadaniem.

zaciekle *st. w.* bardziej zaciekle a. zacieklej: Walczyć zaciekle. Bronić się zaciekle. Psy szczekały coraz zacieklej.

zaciekły *m-os.* zaciekli, *st. w.* bardziej zaciekły a. zacieklejszy «zawzięty, zacięty, zażarty»: Zaciekli przeciwnicy. Zaciekły opór. Zaciekła walka. Spór stawał się coraz bardziej zaciekły. □ Z. w czym: Był zaciekły w swym uporze, nie dał się przekonać.

zacieknąć p. zaciec.

zaciemniać *ndk I*, zaciemnialiśmy (p. akcent § 1a i 2) — **zaciemnić** *dk VIa*, zaciemnij (*nie*: zaciemń), zaciemniliśmy: Pokój zaciemniony zasłonami. Pogodnego nieba nie zaciemniała żadna chmurka.

zaciemnienie *n I* 1. «czynienie ciemnym; obowiązkowe zasłanianie okien wieczorem i niepalenie widocznych z daleka świateł na ulicach»: Ze względu na możliwość ataków lotnictwa nieprzyjacielskiego w mieście nakazano zaciemnienie. 2. «to, co służy do zaciemnienia»: Odsunął zaciemnienie i wyjrzał na ulicę. 3. «miejsce zaciemnione, ciemna plama»: Zaciemnienie na fotografii, na kliszy. △ Zaciemnienie w płucach «plamy na zdjęciu płuc świadczące o zmianach chorobowych»

zacienie *n I*, *lm D*. zacieni *poet.* «miejsce zacienione; cień»: Leśne zacienia. Dom stał w zacieniu odwiecznych dębów. △ Zacienia klasztorne, zamkowe.

zacierać *ndk I*, zacieraliśmy (p. akcent § 1a i 2) — **zatrzeć** *dk XI*, zatrę (*nie*: zatrzę), zatrze, zatrzyj, zatarł, zatarliśmy 1. «trąc czynić coś niewidocznym, zamazywać»: Zatrzeć plamy na podłodze. Nogi przechodniów zatarły namalowane na chodniku napisy. △ Zacierać ślady za kimś, po kimś, czymś «usuwać dowody czyjejś bytności gdzieś, czyjejś działalności (zwykle przestępczej)» 2. «tuszować, łagodzić; także: maskować, ukrywać»: Nic nie zdoła zatrzeć w nim tego przykrego wrażenia. Autor zaciera w swej rozprawie rzeczywiste przyczyny antagonizmów społecznych.

zacierka *ż III*, *lm D*. zacierek, zwykle w *lm* «drobne kluski; potrawa z tych klusek»: Pszenne, żytnie zacierki. Zacierki na wodzie, na mleku.

zacieśniać *ndk I*, zacieśnialiśmy (p. akcent § 1a i 2) — **zacieśnić** *dk VIa*, zacieśnij, zacieśniliśmy *książk.* (zwykle w *przen.*) a) «czynić ściślejszym»: Zacieśniać (*nie*: pogłębiać) przyjaźń, stosunki kulturalne między narodami, więzy rodzinne. b) «ograniczać do węższego zakresu, zwężać; zmniejszać»: Zacieśniać krąg obserwacji, badań.

zacietrzewiać się *ndk I*, zacietrzewialiśmy się (p. akcent § 1a i 2) — **zacietrzewić się** *dk VIa*, zacietrzewię się, zacietrzew się, zacietrzewiliśmy się *pot.* «zapamiętywać się w uniesieniu, w gniewie; za-

perzać się»: Zacietrzewiał się bez widocznego powodu. Zacietrzewić się w dyskusji.

I zacięcie *n I*, w zn. *pot.* a) «skłonność i uzdolnienie do czegoś»: Aktorka o zacięciu komediowym. Miał zacięcie do pracy społecznej. b) «zapał, werwa»: Pisał swoje artykuły żywo, z zacięciem.

II zacięcie *st. w .*bardziej zacięcie «z zaciętością; zaciekle, nieustępliwie»: Kłócili się, bili się zacięcie.

zacięty 1. imiesł. bierny od czas. zaciąć. 2. *m-os.* zacięci, *st. w.* zaciętszy a. bardziej zacięty: Zacięty przeciwnik. Zacięty opór. Zacięta walka, dyskusja. Był zacięty w gniewie.

zaciężyć p. zaciążyć.

zacinać p. zaciąć.

zacios *m IV*, *D*. zaciosu □ Z. w czym, na czym: Zacios na korze (w korze), na drzewach.

zaciosać *dk I*, zaciosa, *rzad. IX*, zaciosze a. zaciesze; zaciosaliśmy (p. akcent § 1a i 2) — **zaciosywać** *ndk VIIIa*, zaciosuję (*nie*: zaciosywuję, zaciosywam), zaciosywaliśmy: Zaciosać kołek.

zaciskać *ndk I*, zaciskaliśmy (p. akcent § 1a i 2) — **zacisnąć** *dk Va*, zaciśnie, zaciśnij, zacisnąłem (*wym.* zacisnołem; *nie*: zacisnełem, zacisłem), zacisnął (*wym.* zacisnoł), zacisnęła (*wym.* zacisneła; *nie*: zacisła), zacisnęliśmy (*wym.* zacisneliśmy; *nie*: zaciśliśmy) «ściągać, zwierać, ściskać»: Zaciskać pętlę. Skurcz zaciska mu gardło. Zaciskać zęby, usta, pięści. Zacisnął pas, bo był za luźny; *ale* w *pot. fraz.*: Zaciskać pasa «ograniczać wydatki, zwłaszcza na jedzenie; oszczędzać»

zacisze *n I*, *lm D*. zaciszy: Górskie, leśne zacisze. Zacisze domowe. Prowadził spokojne życie w wiejskim zaciszu.

Zacisze *n I* 1. «miejscowość»: Mieszkać w Zaciszu. Jechać do Zacisza. 2. «dzielnica Warszawy»: Mieszkać w Zaciszu, *rzad*. na Zaciszu. Jechać do Zacisza, *rzad*. na Zacisze.

zaciszny *st. w.* zaciszniejszy a. bardziej zaciszny: Zaciszna zatoka, dolina. △ *przen.* Zaciszna cukierenka. Zaciszny kącik w pokoju.

zacność *ż V*, *blm* wych. z użycia «prawość, szlachetność»: Zacność charakteru. △ *pot.* Zacności człowiek «człowiek bardzo zacny, szlachetny»

zacofaniec *m II*, *D*. zacofańca, *W*. zacofańcze, forma szerząca się: zacofańcu, *lm M*. zacofańcy, *D*. zacofańców.

zacukać się *dk I*, zacukaliśmy się (p. akcent § 1a i 2), **zacuknąć się** *dk Va*, zacuknąłem się (*wym.* zacuknołem się; *nie*: zacuknełem się), zacuknął się (*wym.* zacuknoł się), zacuknęła się (*wym.* zacuknęła się), zacuknęliśmy się (*wym.* zacuknęliśmy się) *reg.* «zakłopotać się, stropić się»

zacz △ tylko w *książk.*, *żart.* połączeniach: Co zacz, kto zacz: Co on zacz, jakich przekonań?

zaczaić się p. czaić się.

zacząć *dk Xc*, zacznę, zacznie, zacznij, zacząłem (*wym.* zaczołem; *nie*: zaczełem), zaczęła (*wym.* zaczeła), zaczęliśmy (*wym.* zaczeliśmy, p. akcent § 1a i 2) — **zaczynać** *ndk I*, zaczynaliśmy □ Z.+ bezokol. a. z rzeczownikiem (w bierniku), oznaczającym czynność «przystąpić do działania, do wykonywania czegoś; rozpocząć»: Zacząć pisać list (a. zacząć pisanie listu). Zacząć pracować (a. zacząć pracę). Zacząć żyć (a. zacząć życie) na nowo. □ Z. od czego (*nie*: z czego): Zaczęliśmy degustację od koniaku, a skończyliśmy na żytniówce. Zaczął od oszczędzania. □ Z. jako kto, *pot.* od kogo «być kimś na początku swojej kariery, swego samodzielnego życia»: Nasz dyrektor handlowy zaczynał jako sprzedawca (od sprzedawcy) w sklepie. △ Zaczynając od... a kończąc na... «wszystko, wszyscy bez wyjątku»: Wszyscy poszli do żniwa, zaczynając od dzieci a kończąc na babci. △ *pot.* Zacząć z innej beczki; zaczynać to z tej, to z tamtej beczki «zmienić temat; przerzucać się w rozmowie z tematu na temat, zmienić (zmieniać) sposób przedstawienia sprawy» **zacząć się — zaczynać się** «mieć początek; powstać, pojawić się»: Zaczynał się świt. Zaczęły się tańce. □ Z. się od czego, *rzad.* czym (*nie*: z czego): Choroba zaczęła się od (*nie*: z) przeziębienia. Nowe zdanie zaczyna się dużą literą (*nie*: z dużej litery). *Ale*: Wyraz, nazwisko zaczyna się na jakąś literę, np. Nazwiska zaczynające się na A są umieszczone na początku listy.

zaczekać *dk I*, zaczekaliśmy (p. akcent § 1a i 2): Zaczekać chwilę, minutę, godzinę itp. □ Z. na kogo, na co: Musisz zaczekać na obiad, jeszcze nie jest gotowy. Zaczekać na spóźniających się.

zaczepiać *ndk I*, zaczepialiśmy (p. akcent § 1a i 2) — **zaczepić** *dk VIa*, zaczepię, zaczep, zaczepimy, zaczepiliśmy: Zaczepić sznurek na gwoździu, o gwóźdź. △ *pot.* Nie mieć o co rąk zaczepić «nie mieć możliwości rozpoczęcia pracy zarobkowej» □ Z. czym — o co: Zaczepiła nogą o drut i przewróciła się. □ Z. kogo a) «zatrzymywać kogoś dla nawiązania rozmowy, zapytania o coś»: Dozorca zaczepił ją w bramie i zapytał, kogo szuka. b) «zaczynać spór, bójkę z kimś; występować agresywnie w stosunku do kogoś»: Zaczepiali dziewczęta na ulicy. Pijak zaczepiał przechodniów.

zaczerpnąć *dk Va*, zaczerpnąłem (*wym.* zaczerpnołem; *nie*: zaczerpnełem, zaczerpłem), zaczerpnął (*wym.* zaczerpnoł), zaczerpnęła (*wym.* zaczerpneła; *nie*: zaczerpła), zaczerpnęliśmy (*wym.* zaczerpneliśmy, p. akcent § 1a i 2; *nie*: zaczerpliśmy) — **zaczerpywać** *ndk VIIIa*, zaczerpuje (*nie*: zaczerpywuje, zaczerpywa), zaczerpywaliśmy □ Z. czego (*nie*: co — kiedy mowa o materiałach sypkich, o czymś płynnym): Zaczerpnąć wody (*nie*: wodę) ze studni. Zaczerpnąć powietrza (*nie*: powietrze). □ *przen.* Z. co (*nie*: czego): Materiał do pracy autor zaczerpnął z dokumentów archiwalnych. Historia zaczerpnięta z życia.

zaczerwienić się *dk VIa*, zaczerwieniliśmy się (p. akcent § 1a i 2) **1.** «stać się czerwonym» □ Z. się od czego (zwykle kiedy się wymienia przyczynę zewnętrzną): Nos jej się zaczerwienił od płaczu. Woda zaczerwieniła się od krwi. **2.** «dostać silnych rumieńców» □ Z. się z czego (zwykle kiedy się wymienia przyczynę wewnętrzną): Zaczerwienić się z gniewu, ze wstydu.

zaczesać *dk IX*, zaczesze, zaczesaliśmy (p. akcent § 1a i 2) — **zaczesywać** *ndk VIIIa*, zaczesuję (*nie*:

zaczesywuję, zaczesywam), zaczesywaliśmy **1.** «czesząc włosy, ułożyć je w pewien sposób»: Zaczesać włosy do tyłu, do góry. **2.** *reg.* «uczesać»

za czym *niepoprawne* zamiast: zanim, np. Za czym (*zamiast*: zanim) ty wrócisz, ja ugotuję obiad.

zaczynać p. zacząć.

zaćmić *dk VIa*, zaćmij, zaćmiliśmy (p. akcent § 1a i 2) — **zaćmiewać** *ndk I*, zaćmiewaliśmy: Niebo nie zaćmione ani jedną chmurką. △ *przen.* Zaćmić kogoś sławą. Złość zaćmiła mu umysł.

zaćmić się — zaćmiewać się □ Z. się od czego, czym: Oczy zaćmiły się łzami. Słońce zaćmiło się od dymu kominów fabrycznych. △ Komuś zaćmiło się w oczach z osłabienia, z gniewu, z wrażenia.

zadać *dk I*, zadam, zadadzą, zadaliśmy (p. akcent § 1a i 2) — **zadawać** *ndk IX*, zadaje, zadawaj, zadawaliśmy **1.** «wyznaczyć coś do nauczenia się»: Nauczyciel zadał uczniom wypracowanie, napisanie wypracowania (*nie*: napisać wypracowanie). Co zadane z polskiego? △ Zadać pytanie «zapytać» △ Zadać komuś zagadkę «powiedzieć komuś zagadkę, żeby ją rozwiązał» **2.** «dać, sprawić, zwłaszcza coś złego» zwykle w utartych zwrotach: Zadać cios. Zadać ból, katusze, śmierć. Zadać klęskę. Zadawać nieprzyjacielowi straty. Zadać sobie trud. △ Zadać sobie gwałt, przymus: Nie cierpiał jej, musiał sobie zadawać gwałt, żeby z nią rozmawiać. △ *książk.* Zadać czemuś kłam «zaprzeczyć czemuś» (zwykle *przen.*): Smutna rzeczywistość zadała kłam jego marzeniom o szczęściu. △ *pot.* Zadać szyku «popisać się czymś dla zaimponowania komuś; wystąpić szykownie» **3.** *środ.* «nałożyć, nasypać (pokarmu, paszy) zwierzętom»: Zadać koniowi owies (owsa). △ *pot.* Zadać komuś bobu «dać komuś nauczkę, dać się komuś we znaki» **4.** *pot.* «założyć sobie, komuś ciężar (na plecy)»: Zadał mu worek z kartoflami na plecy. **5.** *środ.* «dodać nowy składnik dla otrzymania reakcji chemicznej a. wywołania zmian fizycznych w danej substancji» □ Z. co — czym: Brzeczka zadana drożdżami.

zadać się — zadawać się □ (częściej *ndk*) *pot.* Z. się z kim «utrzymywać z kimś znajomość, bliskie stosunki; mieć z kimś do czynienia»: Nie lubił zadawać się ze smarkaczami.

zadanie *n I* **1.** w zn. «to, co należy wykonać, osiągnąć; obowiązek, cel»: Odpowiedzialne zadanie. Zadanie bojowe, produkcyjne. Zadanie do spełnienia, do wykonania. To zadanie dla całych pokoleń, nie dla jednostek. △ Postawić komuś a. przed kimś zadanie. △ Mieć zadanie a. za zadanie wykonanie czegoś a. wykonać coś: Oddział miał za zadanie sforsowanie szosy (a. sforsować szosę). △ Mieć z kimś, z czymś trudne, ciężkie zadanie. △ Podołać, sprostać zadaniu. △ Wywiązać się z zadania. △ Stanąć na wysokości zadania «sprostać czemuś, osiągnąć trudny cel» **2.** w zn. «zagadnienie dane do rozwiązania, do opracowania; ćwiczenie szkolne, zwłaszcza matematyczne»: Trudne, zawiłe zadanie. Zadanie algebraiczne, arytmetyczne (a. zadanie z algebry, arytmetyki). Zadanie z fizyki. Zadania dla szkół podstawowych. Zadania na drugą klasę. △ *pot.* Zadanie wychodzi (*nie*: wypada). *Ale*: Ile ci wypadło (wyszło) z zadania?

zadanko, *rzad.* **zadańko** *n II*, *lm D.* zadanek (zadaniek): To łatwiutkie zadanko.

Zadar *m IV, D.* Zadaru «miasto w Jugosławii» — zadarski (p.).

za darmo p. darmo (w zn. 1).

zadarski: Ulice, domy zadarskie (*ale*: Kanał Zadarski).

zadaszenie *n I, środ.; lepiej*: pokrycie dachem, dach.

zadaszony *środ.; lepiej*: mający dach, pokryty dachem.

zadatek *m III, D.* zadatku □ Z. na co, *przen.* także: na kogo: Zadatek na mieszkanie, na meble. △ *przen.* (często w *lm*) Mieć zadatki na wielkiego człowieka. Ten fragment to zadatek na wspaniały poemat.

zadawać p. zadać.

! zadawalać, zadawalniać p. zadowalać.

zadąć *dk Xc*, zadmę (*nie*: zadmię), zadmie, zadmą (*nie*: zadmią), zadmij, zadąłem (*wym.* zadołem; *nie*: zadełem), zadęliśmy (*wym.* zadeliśmy, p. akcent § 1a i 2) □ Z. bez dop. «o wietrze: zacząć dąć»: Zadął silny wiatr z północy. □ Z. co «o śniegu, kurzu: zasypać, pokryć coś (także *nieos.*)»: Śnieg zadął wszystkie drogi a. zadęło wszystkie drogi (śniegiem). □ Z. w co «zagrać na jakimś instrumencie dętym»: Zadąć w piszczałki, w trąby.

zadbać *dk I*, zadbaliśmy (p. akcent § 1a i 2): Zadbać o dom. □ *pot.* Ktoś zadbany «ktoś starannie ubrany, wypielęgnowany, czysty, uczesany itp.»: Zadbane dziecko.

zadebiutować p. debiutować.

zadecydować a. **zdecydować** *dk IV*, zadecydowaliśmy, zdecydowaliśmy (p. akcent § 1a i 2) □ Z., że... «powziąć co do czegoś decyzję»: Zdecydował (zadecydował), że wyjedzie rannym pociągiem. □ Zadecydować (*rzad.* zdecydować) o czym «przesądzić»: O wyborze przez nią zawodu zadecydowały względy praktyczne.
zdecydować się (*zadecydować* nie ma formy zwrotnej) □ Z. się na co a. Z. się + bezokol. «powziąć decyzję»: Zdecydować się na wyjazd, na kupno samochodu (a. zdecydować się wyjechać, kupić samochód).

zadedykować *dk IV*, zadedykowaliśmy (p. akcent § 1a i 2): Zadedykował jej swój ostatni utwór.

zadeklarować *dk IV*, zadeklarowaliśmy (p. akcent § 1a i 2) «wyrazić gotowość do czegoś, zobowiązać się do czegoś»: Zadeklarować miesięczną składkę. Zadeklarować pomoc. △ Zadeklarować (*lepiej*: zgłosić) swój udział w wycieczce.
zadeklarować się (*częściej*: zdeklarować się) «opowiedzieć się za kimś, za czymś» □ Z. się po czyjej stronie: W sporze z dyrekcją zadeklarował się po stronie pokrzywdzonych pracowników.

zademonstrować p. demonstrować.

zadenuncjować p. denuncjować.

zadepeszować p. depeszować.

zadeptać *dk IX*, zadepcze, *przestarz.* zadepce; zadepcz (*nie*: zadeptaj), zadeptaliśmy (p. akcent § 1a i 2) — **zadeptywać** *ndk VIIIa*, zadeptuje (*nie*:

zadeptywuje, zadeptywa), zadeptywaliśmy □ Z. co: **a)** «depcząc stratować, zgnieść; rozdeptać, zdeptać»: Zadeptać niedopałek papierosa. **b)** «depcząc zabrudzić coś»: Zadeptać podłogę. *Por.* deptać.

zadiustować p. adiustować.

zadłużać się *ndk I*, zadłużaliśmy się (p. akcent § 1a i 2) — **zadłużyć się** *dk VIb*, zadłużyliśmy się □ Z. się u kogo: Zadłużył się u lichwiarzy. □ Z. się na ile: Zadłużyć się na 10 tysięcy złotych.

zadni *przestarz.* (dziś tylko *pot.* o nogach, tułowiu i mięsie zwierząt) «tylny»: Zadnie nogi konia. Zadni schab, zadnia szynka.

Zadnieprze *n I* «kraina w ZSRR» — zadnieprzański.

zadomowić się *dk VIa*, zadomów się, zadomowiliśmy się (p. akcent § 1a i 2) — *rzad.* **zadomawiać się, zadomowiać się** *ndk I*, zadomawialiśmy się, zadomowialiśmy się: Jeszcześmy się nie zadomowili w nowym mieszkaniu. Kuzynka zadomowiła się u nas na dobre. Zadomowione zwierzęta.

zadość △ tylko w *książk.* zwrotach: Czynić zadość wymaganiom, dążeniom, chęciom itp. «odpowiadać wymaganiom, zaspokajać dążenia, chęci itp.»: Czyniła zadość jego estetycznym wymaganiom. △ Stało się zadość sprawiedliwości, czyimś pragnieniom, żądaniom itp. «stało się tak, jak wymagała sprawiedliwość, jak ktoś pragnął, żądał itp.»

zadośćuczynić, *rzad.* **zadosyćuczynić** *dk VIa*, zadośćuczyniliśmy, zadosyćuczyniliśmy (p. akcent § 1a i 2) □ *książk.* Z. czemu, komu: Zadośćuczynić formalnościom, czyjejś woli, żądaniom, prośbom «spełnić je»

zadośćuczynienie, *rzad.* **zadosyćuczynienie** *n I* **1.** forma rzeczownikowa czas. zadośćuczynić, zadosyćuczynić □ *książk.* Z. czemu: Zadośćuczynienie czyimś prośbom, czyjejś woli, czyimś pragnieniom «spełnienie ich» **2.** «odszkodowanie, rekompensata (używane zwykle w języku prawniczym)» □ Z. za co: Sąd przyznał poszkodowanemu stosowną sumę jako zadośćuczynienie za krzywdy moralne.

zadowalać (*nie*: zadawalać, zadawalniać, zadowalniać) *ndk I*, zadowalaliśmy (p. akcent § 1a i 2) — **zadowolić** (*nie*: zadowolnić) *dk VIa*, zadowól, zadowoliliśmy (*nie*: zadowolniliśmy): Zadowolić czyjeś wymagania, czyjąś ambicję, próżność. Połowiczne załatwienie sporu nie zadowala żadnej ze stron.
zadowalać się — zadowolić się □ Z. się czym: Zadowalał się tym, co miał.

zadowolenie (*nie*: zadowolnienie) *n I* **1.** forma rzeczownikowa czas. zadowolić: Zadowolenie własnej próżności. **2.** «uczucie przyjemności doznawane z powodu spełnienia się pragnień, powodzenia» □ Z. z czego: Zadowolenie z życia, z pracy.

! zadowolnić p. zadowalać.

zadowolony (*nie*: zadowolniony) *m-os.* zadowoleni, *st. w.* bardziej zadowolony «wesoły; świadczący o zadowoleniu»: Zadowolona mina. □ Z. z czego: Zadowolony z siebie, ze swej pracy.

zadra *ż IV, lm D.* zadr a. zader.

zadrapać *dk IX*, zadrapię (*nie*: zadrapę), zadrapaliśmy (p. akcent § 1a i 2), *rzad.* **zadrapnąć** *dk Va*,

zadrasnąć

zadrapnąłem (*wym.* zadrapnołem; *nie:* zadrapnełem, zadrapłem), zadrapnął (*wym.* zadrapnoł), zadrapnęła (*wym.* zadrapnęła; *nie:* zadrapła), zadrapnęliśmy (*wym.* zadrapnęliśmy) — *rzad.* **zadrapywać** *ndk VIIIa*, zadrapuje (*nie:* zadrapywuje, zadrapywa), zadrapywaliśmy: Kot zadrapał ją w rękę pazurem.

zadrasnąć *dk Va*, zadraśnie, zadraśnij, zadrasnąłem (*wym.* zadrasnołem; *nie:* zadrasnełem, zadrasłem), zadrasnął (*wym.* zadrasnoł), zadrasnęła (*wym.* zadrasła), zadrasnęliśmy (*wym.* zadrasneliśmy, *p.* akcent § 1a i 2; *nie:* zadraśliśmy): Fryzjer zadrasnął go brzytwą w policzek. Zadrasnął sobie rękę o szkło. △ *przen.* Zadrasnąć czyjąś dumę, miłość własną.

zadrażnić (*nie:* zadraźnić) *dk VIa*, zadrażnij, zadrażniliśmy (*p.* akcent § 1a i 2) — **zadrażniać** *ndk I*, zadrażnialiśmy: Zadrażnić sytuację. Zadrażnione stosunki między ojcem i synem.

zadrobnieć *dk III*, zadrobniałby (*p.* akcent § 4c), zwykle w 3. os., imiesł.; *pot.* «najczęściej o owocach, warzywach, płodach rolnych: stać się drobnym; skarłowacieć»: Jabłka zadrobniały na skutek suszy.

zadrwić *dk VIa*, zadrwij, zadrwiliśmy (*p.* akcent § 1a i 2) □ Składnia jak: drwić.

zadrzeć *dk XI*, zadrę (*nie:* zadrzę), zadrze, zadrzyj, zadarł, zadarliśmy (*p.* akcent § 1a i 2) — **zadzierać** *ndk I*, zadzieraliśmy **1.** «oderdzeć brzeg czegoś»: Zadrzeć sobie skórkę przy paznokciu. **2.** *pot.* **a)** «unieść»: Zadrzeć głowę. Kot zadarł ogon. △ *ale* (zwykle *ndk*): Zadzierać nosa (*nie:* nos) «wynosić się nad innych» **b)** «pokłócić się z kimś, narazić się komuś» □ Z. z kim: Nie lubili go, bo ciągle z nimi zadzierał.

zadrżeć (*nie:* zadrżyć) *dk VIIb*, zadrżyj, zadrżeliśmy (*p.* akcent § 1a i 2) □ Składnia jak: drżeć.

zaduch (*nie:* zaducha) *m III*, D. zaduchu, *blm:* W izbie panował zaduch.

zadudnić *dk VIa*, zadudnij, zadudniliśmy (*p.* akcent § 1a i 2) «wywołać a. wydać głuchy odgłos»: Zadudniły na bruku podkute buty żandarmów. Pociąg zadudnił na moście. Most zadudnił pod kołami pociągu.

zadudnieć *dk VIIa*, zadudniałby, zadudniałaby (*p.* akcent § 4c) «wydać głuchy odgłos; *częściej:* zadudnić»: Uderzył się w piersi, aż zadudniało (*częściej:* zadudniło). □ Z. od czego, pod czym: Schody zadudniały (*częściej:* zadudniły) od szybkich kroków.

zadufany *m-os.* zadufani *pot.* «zarozumiały, pewny siebie»: Zadufany bogacz. □ Z. w co a. w czym «gruntujący, opierający zbytnią pewność na czymś»: Zadufany we własny majątek (we własnym majątku). △ Często w zwrocie: Zadufany w sobie.

zaduma *ż IV*: Melancholijna, bolesna, głęboka zaduma. Pogrążyć się w zadumie (w zadumę). Paron trzeć na coś w zadumie (z zadumą). □ Z. nad czym: Zaduma nad światem, nad niedolą ludzką.

zadusić *dk VIa*, zaduszę, zaduś, zadusiliśmy (*p.* akcent § 1a i 2) □ Składnia jak: dusić.

Zaduszki *blp,* D. Zaduszek *pot.* «Dzień Zaduszny»

zadygotać *dk IX*, zadygocze, *przestarz.* zadygoce (*nie:* zadygota); zadygotaliśmy (*p.* akcent § 1a

i 2): Nogi komuś zadygotały. Podłoga zadygotała od wstrząsów.

zadysponować *p.* dysponować (w zn. 2).

zadyszeć się (*nie:* zadyszyć się) *dk VIIb*, zadyszeliśmy się (*p.* akcent § 1a i 2): Biegł szybko, aż się zadyszał.

zadziabać *dk IX*, zadziabię (*nie:* zadziabę), zadziab, zadziabaliśmy (*p.* akcent § 1a i 2) *reg.,* *posp.* «zatłuc czymś ostrym; zarąbać»: Zadziabali go nożami.

zadziać *dk Xb*, zadzieję, zadzialiśmy, *reg.* zadzieliśmy (*p.* akcent § 1a i 2) — *rzad.* **zadziewać** *ndk I*, zadziewaliśmy *pot., reg.,* *p.* zapodziać: Gdzie, u licha, zadziałeś tę książkę?

zadziałać *dk I*, zadziałaliśmy (*p.* akcent § 1a i 2) **1.** *pot.* «zacząć działać»: Trzeba energicznie zadziałać w tej sprawie. **2.** «zastosować coś dla wywołania odpowiedniej reakcji (zwykle chemicznej)» □ Z. czym na co: Zadziałać kwasem na jakąś substancję.

zadzierać *p.* zadrzeć.

zadzierzgać *ndk I*, zadzierzgaliśmy (*p.* akcent § 1a i 2), *rzad.* **zadzierzgiwać** *ndk VIIIb*, zadzierzguję (*nie:* zadzierzgiwuję, zadzierzgiwam), zadzierzgiwaliśmy (*p.* akcent § 1a i 2) — **zadzierzgnąć** (*nie:* zadzierzgnąć) *dk Va*, zadzierzgnąłem (*wym.* zadzierzgnołem; *nie:* zadzierzgnełem, zadzierzgłem), zadzierzgnęła (*wym.* zadzierzgnęła; *nie:* zadzierzgła), zadzierzgnęliśmy (*wym.* zadzierzgneliśmy, *nie:* zadzierzgliśmy) *przestarz.,* dziś żywe w *przen.:* Zadzierzgnąć węzły przyjaźni, przyjacielskie stosunki.

zadzierzysty (*nie:* zadzierżysty) *m-os.* zadzierzyści, *st. w.* zadzierzystszy a. bardziej zadzierzysty: Zadzierzysty chłopak. Zadzierzyste usposobienie. Zadzierzysta mina.

zadziewać *p.* zadziać.

zadziobać, *reg.* **zadzióbać** *dk IX*, zadziobie (zadzióbie), zadziobałby, zadzióbałby (*p.* akcent § 4c).

zadzior *m IV*, D. zadzioru a. zadziora, *Ms.* zadziorze: W murach zbombardowanego schronu tkwiły żelazne zadziory.

zadziora *ż* a. *m* odm. jak *ż IV, M.* ten a. ta zadziora (także o mężczyznach), *lm* te zadziory, D. zadziorów (tylko o mężczyznach) a. zadzior, B. tych zadziorów (tylko o mężczyznach) a. te zadziory *pot.* «człowiek zadziorny, zaczepny»: Był okropnym okropną) zadziorą, ze wszystkimi się kłócił.

zadzwonić *dk VIa*, zadzwoniliśmy (*p.* akcent § 1a i 2): Zadzwonił telefon. Konie zadzwoniły podkowami o bruk. □ Z. do kogo, czego: Ktoś zadzwonił do drzwi. Zadzwonić do Kowalskich (do drzwi ich mieszkania). □ Z. na kogo, na co: Baron zadzwonił na lokaja. Zadzwonić na kolację. Wszystkie dzwony zadzwoniły na alarm. □ *pot.* Z. (*nie:* przedzwonić) do kogo «zatelefonować»

zadźgać, *rzad.* **zaźgać, zażgać** *dk I*, zadźgaliśmy, *rzad.* zaźgaliśmy, zażgaliśmy (*p.* akcent § 1a i 2) □ *posp.* Z. kogo — czym: Zadźgał wroga sztyletem.

zadźwięczeć (*nie:* zadźwięczyć) *dk VIIb*, zadźwięczałby (*p.* akcent § 4c): Zadźwięczały łańcuchy, ostrogi. Zadźwięczał hymn narodowy. W jego głosie zadźwięczała nuta żalu.

zadżumiony (*nie wym.* zad-żumiony) *m-os.* zadżumieni: Zadżumione miasto.
zadżumiony w użyciu rzeczownikowym «człowiek chory na dżumę»: Izolować zadżumionych.

ZAF (*wym.* zaf) *m IV*, *D.* ZAF-u. *Ms.* ZAF-ie, *rzad. m ndm* «Zespół Autorów Filmowych»: Współpracować z ZAF-em (ZAF). ZAF zrealizował nowy film.

zafascynować p. fascynować.

zafasować *dk IV*, zafasowaliśmy (p. akcent § 1a i 2) *środ.* «wziąć z magazynu wojskowego; *pot.* dostać skądś, zdobyć»: Zafasowali żywność dla całej kompanii. △ *przen. żart.* Wyrok zapadł, zafasowali po pięć lat więzienia.

zafiksować *dk IV*, zafiksowaliśmy (p. akcent § 1a i 2) *środ.; lepiej:* ustalić, zatwierdzić, np.: Zafiksować (*lepiej:* ustalić) termin zebrania. Zafiksować (*lepiej:* zatwierdzić) poprawki do projektu planu produkcji.

zafrapować p. frapować.

zafrasować *dk IV*, zafrasowaliśmy (p. akcent § 1a i 2) *wych. z użycia* «zmartwić» △ Zafrasowana mina.
zafrasować się □ Z. się czym, o co: Bardzo się zafrasował moją chorobą.

zafundować p. fundować.

zagabnąć *dk Va*, zagabnąłem (*wym.* zagabnołem; *nie:* zagabnełem, zagabłem), zagabnęła (*wym.* zagabnela; *nie:* zagabła), zagabnęliśmy (*wym.* zagabneliśmy, p. akcent § 1a i 2; *nie:* zagabliśmy) — **zagabywać** *ndk VIIIa*, zagabuję (*nie:* zagabywuję), zagabywaliśmy *wych. z użycia* «zacząć z kimś rozmowę, zwykle zwracając się do niego z pytaniem, propozycją, prośbą; zagadnąć»: Zagabnąć kogoś w jakiejś sprawie.

zagadać *dk I*, zagadaliśmy (p. akcent § 1a i 2), **zagadnąć** *dk Va*, zagadnąłem (*wym.* zagadnołem; *nie:* zagadnełem, zagadłem), zagadnęła (*wym.* zagadnela; *nie:* zagadła), zagadnęliśmy (*wym.* zagadneliśmy; *nie:* zagadliśmy) — **zagadywać** *ndk VIIIa*, zagaduję (*nie:* zagadywuję), zagadywaliśmy □ *pot.* Zagadać, zagadywać (*nie:* zagadnąć) do kogo «powiedzieć coś do kogoś»: Jestem całymi dniami sam, nie mam do kogo zagadać. □ *pot.* Zagadnąć, zagadywać kogoś — o co «powiedzieć coś do kogoś; zwrócić się do kogoś z jakimś pytaniem»: Zagadnął go na ulicy. Zagadnęła matkę o powód zmartwienia. □ *pot.* Zagadać, zagadywać kogo, co «gadaniem zmusić do milczenia, odwrócić od czegoś uwagę»: Jest tak gadatliwy, że trudno go zagadać. Chcesz zagadać to kłopotliwe pytanie, ale nic z tego. □ *pot.* Zagadać bez dop. «odezwać się głośno; zacząć mówić»: Po chwilowym milczeniu zagadali wszyscy naraz.

zagadka *ż III*, *lm D.* zagadek: Rozwiązać zagadkę. Zadać komuś zagadkę.

zagadnienie *n I* «kwestia wymagająca zastanowienia, myślowego rozstrzygnięcia»: Podstawowe zagadnienia filozofii. Zagadnienia wagi państwowej.

Istota zagadnienia. Analizować, opracowywać jakieś zagadnienie. △ Postawić, wysunąć, poruszyć (*nie:* podnieść) jakieś zagadnienie. △ *Niepoprawne* w odniesieniu do spraw błahych, codziennych, do kwestii, których rozstrzygnięcie nie wymaga większego wysiłku intelektualnego, np. Zastanawiał się nad zagadnieniem, czy warto pójść na ten film (*zamiast:* zastanawiał się, czy warto...). || *KP Pras.*

zagadnieniowy △ *niepoprawne* Spis zagadnieniowy (*zamiast:* spis zagadnień).

zagadywać p. zagadać.

zagaić *dk VIa*, zagaję, zagaj, zagailiśmy (p. akcent § 1a i 2) — **zagajać** *ndk I*, zagajaliśmy: Zagaić obrady, *żart.* rozmowę.

zaganiać *ndk I*, zaganialiśmy (p. akcent § 1a i 2) — **zagnać** *dk I*, zagnaliśmy; a. **zagonić** *dk VIa*, zagoń, zagoniliśmy: Zaganiać konie do stajni, bydło do obory. Wiatr zagnał żaglowiec na skały. △ *przen.* Trudno go zagonić do roboty. Wojna zagnała całą rodzinę aż pod Ural.

zaganiany p. zagoniony.

zagarnąć *dk Va*, zagarnąłem (*wym.* zagarnołem; *nie:* zagarnełem), zagarnęliśmy (*wym.* zagarneliśmy, p. akcent § 1a i 2) — **zagarniać** *ndk I*, zagarnialiśmy: Zagarnąć czyjś majątek. Zagarnąć władzę, rządy. Zagarnąć (zwykle jakiś obszar) pod swoje berło, panowanie, zwierzchnictwo, pod swoją władzę.

zagasać p. zagasnąć.

zagasić *dk VIa*, zagaszę, zagasiliśmy (p. akcent § 1a i 2) — *rzad.* **zagaszać** (*częściej:* gasić) *ndk I*, zagaszaliśmy «spowodować, że coś przestanie się palić, świecić; zgasić»: Zagasić (a. zgasić) lampę; zagasić ogień.

zagasnąć *dk Vc*, zagaśnie, zagasnął a. zagasł, zagasła (*nie:* zagasnęła), zagasłby (p. akcent § 4c), zagasły (*nie:* zagaśnięty) — *rzad.* **zagasać** (*częściej:* gasnąć) *ndk I*, zagasałby «przestać się palić, świecić; *częściej:* zgasnąć»: Świeca zagasła. Ogień na kominku zaczął zagasać (*częściej:* gasnąć).

zagdakać *dk IX*, *rzad. I*, zagdacze (zagdaka), zagdakałaby (p. akcent § 4c): Spłoszone kury zagdakały.

zagiąć *dk Xc*, zagnę, zagnie, zagnij, zagiąłem (*wym.* zagiołem; *nie:* zagiełem), zagięliśmy (*wym.* zagieliśmy, p. akcent § 1a i 2) — **zaginać** *ndk I*, zaginaliśmy: Zagiąć róg serwety, kartki. □ *pot.* Z. kogo «zaskoczyć kłopotliwym pytaniem; wprawić kogoś w zakłopotanie, ujawniając jego niewiedzę»: Dyskutantom nie udało się zagiąć prelegenta. △ Zagiąć na kogoś parol «uwziąć się na kogoś, powziąć względem niego jakiś zamiar»: Postanowiła wydać córkę za mąż i zagięła parol na mojego brata.

zaginąć *dk Vb*, zaginąłem (*wym.* zaginołem; *nie:* zaginełem), zaginęliśmy (*wym.* zaginęliśmy, p. akcent § 1a i 2), zaginiony (*nie:* zaginięty) «przepaść, nie dając znaku życia, nie wiadomo gdzie; zostać zgubionym; zginąć»: Dokumenty te zaginęły (a. zginęły) podczas wojny. Ojciec zaginął w czasie wojny, znaleźli go dopiero po wyzwoleniu. Zaginął (a. zginął) mi gdzieś drugi tom tej powieści. △ Słuch o kimś, o czymś a. ślad po kimś, po czymś

zaglądać

zaginął «ktoś zniknął bez wieści, coś znikło bez śladu» *Por.* zginąć.

zaglądać *dk I*, zaglądaliśmy (p. akcent § 1a i 2) — **zajrzeć** (*nie:* zajrzyć) *dk VIIb*, zajrzyj, zajrzeliśmy; *reg.* **zaglądnąć** *dk Va*, zaglądnąłem (*wym.* zaglądnołem; *nie:* zaglądnełem), zaglądnął (*wym.* zaglądnoł), zaglądnęła (*wym.* zaglądnęła), zaglądnęliśmy (*wym.* zaglądnęliśmy): Zajrzeć pod łóżko. Zaglądać w każdy kąt. Zaglądać komuś w oczy. □ Z. do czego (przez co, *rzad.* czym): Zaglądać do pokoju przez okno (oknem). △ *pot.*, *żart.* Zaglądać do kieliszka, do butelki «często pić alkohol» □ (zwykle *ndk*) Z. do kogo, do czego «odwiedzać kogoś przy okazji; zachodzić gdzieś, do kogoś»: Codziennie zaglądał do chorej. Długo nie zaglądał do rodzinnego miasta. Zajrzyj kiedyś do nas. // *D Kult. I, 640.*

zagłada *ż IV*: Zagłada ludzkości, narodu. Ulec zagładzie. Skazać na zagładę. Ocalić, uratować przed zagładą, od zagłady.

zagładzać p. zagłodzić.

zagłębiać *ndk I*, zagłębialiśmy (p. akcent § 1a i 2) — **zagłębić** *dk VIa*, zagłęb (*nie:* zagłąb), zagłębiliśmy □ Z. co — w co: Zagłębić wiosło w wodę. **zagłębiać się** — **zagłębić się** □ Z. się w co «zanurzać się, wchodzić, wjeżdżać w głąb czegoś»: Świder zagłębił się w metal. △ *przen.* Zagłębili się w ciasne uliczki miasta. △ *książk.* Zagłębić się w fotelu (*nie:* w fotel) «usadowić się wygodnie w fotelu» □ Z. się w czym, *rzad.* w co «zatapiać się, pogrążać się w czymś»: Zagłębić się w lekturze, w marzeniach (w marzenia).

zagłębie *n I, lm D.* zagłębi: Zagłębie węglowe.

Zagłębie (Dąbrowskie, Krośnieńsko-Jasielskie), Zagłębie *n I, lm D.* Zagłębi; Dąbrowskie, Krośnieńsko-Jasielskie odm. przym. «okręgi górnicze w Polsce»: Mieszkać w Zagłębiu Dąbrowskim.

zagłodzić *dk VIa*, zagłodzę, zagłodź a. zagłódź, zagłodziliśmy (p. akcent § 1a i 2) — *rzad.* **zagładzać** *ndk I*, zagładzaliśmy: Zagłodzić kogoś na śmierć.

zagłówek *m III, D.* zagłówka *reg.* **a)** «poduszka lub materac pod głowę, wypchane sianem, słomą itp.; podgłówek»: Sypiał bez zagłówka. **b)** «tytuł, nagłówek (w tekście)»

zagnać p. zaganiać.

zagniatać *ndk I*, zagniataliśmy (p. akcent § 1a i 2) — **zagnieść** *dk XI*, zagniotę (*nie:* zagnietę), zagniecie, zagniótł, zagniotła (*nie:* zagnietła), zagnietliśmy, zagnieciony (*nie:* zagniecony): Zagnieść ciasto. Zagniótł palący się niedopałek.

zagnić *dk Xa*, zagniłby (p. akcent § 4c) — **zagniwać** *ndk I*, zagniwałby, zwykle w 3. os. *lp* i *lm* «nieco zgnić; nadgnić»: Zboże zagniło.

zagniewany *m-os.* zagniewani, *st. w.* bardziej zagniewany □ Z. na kogo, na co — za co: Była zagniewana na klasę za jej niegrzeczne zachowanie się. Był zagniewany na brata. □ Z. — czym (*rzad.* na co): Zagniewany jego uporem (na jego upór).

zagnieździć się *dk VIa*, zagnieżdżę się, zagnieźdź się (*nie:* zagnieżdzij się), zagnieździliśmy się (p. akcent § 1a i 2) — *rzad.* **zagnieżdżać się** *ndk I*, zagnieżdżaliśmy się: Jaskółki zagnieździły się pod

dachem stodoły. △ *przen.* Rezydenci na dobre zagnieździli się we dworze.

zagoić *dk VIa*, zagoję, zagój (*nie:* zagoj), zagoiliśmy (p. akcent § 1a i 2): Zagoić ranę, skaleczenie.

zagon *m IV, D.* zagonu: Zagon ziemniaków.

zagonek *m III, D.* zagonka: Zagonek rzodkiewki, z rzodkiewką.

zagonić p. zaganiać.

zagoniony a. **zaganiany** *m-os.* zagonieni, zaganiani *pot.* «zmuszony do ciągłego pośpiechu na skutek wielu zajęć; zapracowany»: Nikt nie miał czasu, wszyscy byli zagonieni (zaganiani).

zagorzalec *m II, D.* zagorzalca, *W.* zagorzalcze, forma szerząca się: zagorzalcu, *lm M.* zagorzalcy.

zagorzały *m-os.* zagorzali, *st. w.* zagorzalszy, *częściej:* bardziej zagorzały: Zagorzały zwolennik, wielbiciel. Ucinał najbardziej zagorzałe (najzagorzalsze) dyskusje.

zagorzeć *dk III*, zagorzeje, *rzad.* zagorze; zagorzeliśmy (p. akcent § 1a i 2) *książk., wych. z użycia* «zajaśnieć światłem, zapłonąć»: Całe miasto zagorzało od świateł. △ *przen.* Zagorzeli młodzieńczym entuzjazmem.

zagościć *dk VIa*, zagościłby (p. akcent § 4c) *książk.* (zwykle o uczuciach, stanach przyjemnych, także o ich objawach): Spokój zagościł w ich sercach. Od tego czasu uśmiech nigdy nie zagościł na jego twarzy.

zagotować *dk IV*, zagotowaliśmy (p. akcent § 1a i 2) — *rzad.* **zagotowywać** *ndk VIIIa*, zagotowuję (*nie:* zagotowywuję), zagotowywaliśmy: Zagotowała wodę (wody) na herbatę.

Zagórz *m II* «miejscowość» — **zagórzanin** *m V, D.* zagórzanina, *lm M.* zagórzanie, *D.* zagórzan — zagórzanka *ż III, lm D.* zagórzanek — zagórski.

Zagórzany *blp, D.* Zagórzan «miejscowość» — zagórzanin *m V, D.* zagórzanina, *lm M.* zagórzanie, *D.* zagórzan — zagórzanka *ż III, lm D.* zagórzanek — zagórzański.

zagórzański **1.** «dotyczący miejscowości Zagórzany»: Obywatele zagórzańscy. Zagórzański dom kultury. **2.** *rzad.* «położony, mieszkający za górami, na zagórzu»: Wieś zagórzańska.

zagrabki *blp, D.* zagrabków «zgrabione z pola resztki zżętego zboża; zgrabki»

zagrać *dk I*, zagraliśmy (p. akcent § 1a i 2) □ Z. w co «wziąć udział w grze sportowej, hazardowej lub towarzyskiej»: Zagrać w siatkówkę, w piłkę nożną. Zagrać w brydża, w pokera, w domino. △ Zagrać w otwarte karty «mówić szczerze nic nie ukrywając; ujawnić swoje zamiary» △ Zagrać na zwłokę «celowo przewlec jakąś sprawę» □ Z. co (na czym) «wykonać utwór muzyczny (na jakimś instrumencie)»: Zagrać walca, mazurka, poloneza, tango. Zagrać na fortepianie, na skrzypcach, na flecie. △ *pot.* Tańczyć (*rzad.* skakać), jak ktoś zagra a. jak zagrają «dostosowywać się do kogoś, nie mając własnego zdania; być posłusznym, uległym» △ Zagrać na czyjejś ambicji, dumie itp. «wykorzystać czyjąś ambicję, dumę itp. do własnych celów; odwołać się do czyjejś ambicji» △ Zagrać komuś na nerwach «zdenerwować kogoś, wytrącić kogoś z równowagi» △ Duma, krew zagrała w kimś «ktoś uniósł się dumą, rozgniewał się, wzburzył się» □ Z. kogo, co «odtworzyć jakąś postać sceniczną»: Zagrać rolę Papkina w „Zemście". Zagrać Otella. Sztuka dobrze zagrana.

zagradzać *ndk I*, zagradzaliśmy (p. akcent § 1a i 2) — **zagrodzić** *dk VIa*, zagrodzę, zagródź, zagrodziliśmy: Zagrodzić komuś drogę. Plac zagrodzony deskami.

zagranica *ż II, blm* «kraje leżące poza granicami danego państwa»: Wrócić z zagranicy (*ale*: wrócić zza granicy, tj. zza linii granicznej). Jeździć po zagranicy. Stosunki z zagranicą (*ale*: Być za granicą; mieszkać za granicą; jechać za granicę; przesyłka za granicę, *nie*: do zagranicy). || *D Kult. I, 808; KP Pras.; U Pol. (2), 255.*

zagranicznik, zagraniczniak *m III, lm M.* ci zagranicznicy, zagraniczniacy a. (z silniejszym zabarwieniem ekspresywnym) te zagraniczniki, zagraniczniaki *pot. żart.* a. *lekcew.* «cudzoziemiec, obcokrajowiec»

zagrażać *ndk I*, zagrażaliśmy (p. akcent § 1a i 2) — **zagrozić** *dk VIa*, zagrożę, zagroź, *rzad.* zagróź; zagroziliśmy □ Z. komu, czemu (czym): Ludziom zagrażał głód. Zagroził mu zemstą.

zagrobowy *przestarz.* «według wierzeń religijnych: istniejący w zaświatach; pozagrobowy»: Wiara w życie zagrobowe.

zagroda *ż IV, lm D.* zagród: Wypuścić konie z zagrody. Szlachcic na zagrodzie równy wojewodzie (przysłowie).

zagrodzić p. zagradzać.

zagrozić p. zagrażać.

zagruchotać *dk IX*, zagruchocze, *przestarz.* zagruchoce; zagruchotaliśmy (p. akcent § 1a i 2): Zagruchotała salwa karabinowa. Zagruchotać żelastwem.

zagrypiony *m-os.* zagrypieni, *st. w.* bardziej zagrypiony *pot.* «chory na grypę»: Musiał się położyć do łóżka, bo był zagrypiony.

zagryzać *ndk I*, zagryzaliśmy (p. akcent § 1a i 2) — **zagryźć** *dk XI*, zagryzę, zagryzie, zagryzł, zagryźliśmy □ (częściej *dk*) Z. co, kogo: Myszy zagryzły Popiela. Lis zagryzł kury. □ Z. co — czym «zakąsić czymś»: Pił mleko i zagryzał plackiem.
zagryzać się — zagryźć się *pot.* «bardzo się czymś martwić; w *dk*: stracić zdrowie lub życie ze zmartwienia»: Zagryzć się ze zmartwienia. Zagryzała się chorobą ojca.

zagrzać *dk Xb*, zagrzali, *reg.* zagrzeli; zagrzaliśmy, *reg.* zagrzeliśmy (p. akcent § 1a i 2) — **zagrzewać** *ndk I*, zagrzewaliśmy □ Z. co «uczynić ciepłym; podgrzać»: Zagrzać mleko na ogniu. △ *pot.* Nie zagrzać gdzieś miejsca «po krótkim pobycie gdzieś przenieść się gdzie indziej»: W ciągu roku zmienił kilka posad, pewnie i w naszym biurze nie zagrzeje miejsca. □ (częściej *ndk*) *przen.* Z. kogo do czego «pobudzać, zachęcać»: Dowódca zagrzewał żołnierzy do walki.

Zagrzeb *m I, D.* Zagrzebia «miasto w Jugosławii (stolica Chorwacji)» — zagrzebianin *m V, D.* zagrze-

bianina, *lm M.* zagrzebianie, *D.* zagrzebian — zagrzebianka *ż III, lm D.* zagrzebianek — zagrzebski.

zagrzechotać p. grzechotać.

zagrzewać p. zagrzać.

zagrzmieć p. grzmieć.

zagubić *dk VIa*, zagub, zagubiliśmy (p. akcent § 1a i 2) p. zgubić.

zagulgotać *dk IX*, zagulgocze, *przestarz.* zagulgoce; zagulgotałby (p. akcent § 4c) «wydać gulgoczący dźwięk»: Indyk zagulgotał.

zagwarantować p. gwarantować.

zagwazdać *dk I*, zagwazdaliśmy (p. akcent § 1a i 2) *rzad.* «zabazgrać, zagryzmolić»: Zagwazdany świstek.

zagważdżać, *rzad.* **zagwożdżać** *ndk I*, zagważdżaliśmy, zagwożdżaliśmy (p. akcent § 1a i 2) — **zagwoździć** *dk VIa*, zagwożdżę, zagwoźdź, zagwoździliśmy: Zagwoździć armatę, działo.

zagwizdać *dk IX*, zagwiżdże, zagwizdaliśmy (p. akcent § 1a i 2) □ Z. bez dop.: Zagwizdał pociąg. Chłopiec zagwizdał cicho. □ Z. co: Zagwizdać piosenkę, arię. □ Z. na kogo, na co «przywołać gwizdnięciem»: Wyjrzał oknem i zagwizdał na kolegów. Zagwizdać na psa.

zagwoździć, zagwożdżać p. zagważdżać.

zahaczać *ndk I*, zahaczaliśmy (p. akcent § 1a i 2) — **zahaczyć** *dk VIb*, zahaczyliśmy □ Z. co — o co, *rzad.* na czym «zawieszać na czymś sterczącym, wystającym; zaczepiać»: Zahaczył drabinę o dach. Zahaczał liny na skałach. □ Z. o co — czym «zawadzać czymś o coś spiczastego, wystającego»: Kotwica zahacza o dno. Zahaczyć rękawem o gwóźdź. □ (zwykle *dk*) *wych. z użycia* Z. co «zamknąć na haczyk, na skobel»: Zahaczyć okno, okiennice. Zahaczył drzwi na skobel. □ (*przen., pot.*) Z. co, *rzad.* kogo «zakwestionować coś; *rzad.* zaczepić kogoś, zwracając się do niego z kłopotliwym pytaniem»: To dobry projekt, trudno w nim coś zahaczyć. □ (tylko *dk*) Z. kogo — o co «zadać mu pytanie na określony temat; nawiązać do czegoś»: W rozmowie zahaczył go o sprawy osobiste. □ Z. o co «wstąpić na krótko»: Po drodze zahaczyli o Łomżę.

zaharować się *dk IV*, zaharowaliśmy się (p. akcent § 1a i 2) — **zaharowywać się** *ndk VIIIa*, zaharowuję się (*nie*: zaharowywuję się, zaharowywam się) *pot.* «zapracować się»: Uważaj, bo się zaharujesz na śmierć.

zahartować p. hartować.

zahipnotyzować (*nie*: zahypnotyzować) *dk IV*, zahipnotyzowaliśmy (p. akcent § 1a i 2): Chodził jak zahipnotyzowany.

zahurgotać, zahurkotać p. hurkotać.

ZAIKS a. **Zaiks** *m IV, D.* ZAIKS-u (Zaiksu) «Związek Autorów i Kompozytorów Scenicznych (ten skrót został, chociaż zmieniła się nazwa stowarzyszenia, która brzmi: Stowarzyszenie Autorów „ZAIKS")»: Pracował w ZAIKS-ie (Zaiksie). ZAIKS (Zaiks) ufundował stypendium dla młodego kompozytora.

*zaimek to wyraz funkcjonujący jako równoważnik rzeczownika, przymiotnika, liczebnika lub przysłówka. W odróżnieniu od wymienionych części mowy zaimek nie oznacza desygnatu, ale na niego wskazuje. △ Ze względu na to, którą z części mowy w zdaniu zastępują zaimki, dzielimy je na: **a)** zaimki rzeczownikowe, np.: *kto, co, nikt, nic, ja, on*; **b)** zaimki przymiotnikowe, np.: *jaki, który, czyj, mój, swój*; **c)** zaimki liczebne, np. *ile, tyle*; **d)** zaimki przysłówkowe, np.: *tam, jak, kiedy, gdzie, nigdy*.

△ Zaimki (z wyjątkiem przysłówkowych, które są nieodmienne) odmieniają się według deklinacji przymiotnikowej lub rzeczownikowej. Zaimki odmienne dzielą się na rodzajowe (a. różnorodzajowe) i bezrodzajowe (a. jednorodzajowe). Każdy z zaimków różnorodzajowych ma w *M. lp* trzy formy rodzaju gramatycznego, np.: *ten — ta — to; sam — sama — samo; mój — moja — moje.* △ Grupę zaimków jednorodzajowych stanowią zaimki o jednej tylko formie rodzaju gramatycznego — odpowiedni rodzaj nadają im wyrazy, z którymi łączą się w zdaniu, np.: *kto, co, nikt, nic* — jednakowe w odniesieniu do osób i rzeczy o różnych rodzajach gramatycznych. Zaimki: *kto, co* — nie mają nie tylko rodzaju, ale i liczby — odnoszą się zarówno do jednej osoby, jak i do wielu osób.

△ Odmiana zaimków różnorodzajowych jest zasadniczo taka sama jak odmiana przymiotników; występują w niej takie same oboczności tematów, a końcówki są identyczne (p. przymiotnik). Zaimki jednorodzajowe, do których należą zaimki względne i pytające: *kto, co,* zaimki osobowe i zwrotne osobowe oraz zaimki nieokreślone: *nikt, nic, ktoś, coś, ktckolwiek, cokolwiek* — mają swą własną odmianę (np. zaimki: *ja — my*).

△ Ze względu na pełnione funkcje dzielimy zaimki na: **a)** Zaimki wskazujące — wskazują one na przedmioty lub właściwości przedmiotów, które się już bliżej oznaczyło bądź ma zamiar oznaczyć, albo na które wskazuje się odpowiednim gestem, np.: *ten, tamten, ów, taki, tu, tam, dotąd, tędy.* **b)** Zaimki względne i pytające (a. pytajne) — wskazują na przedmioty lub właściwości przedmiotu, o których była lub będzie mowa w zdaniu; ustalają one stosunki między wyrazami, które łączą, np.: *jaki, który, kto, czyj, gdy, gdzie, co, kiedy, ile.* **c)** Zaimki nieokreślone — wskazują na przedmiot lub właściwości przedmiotu, które nie zostały bliżej określone, np.: *nikt, nic, ktoś, coś, jakiś, każdy, żaden, niczyj, ileś, gdzieś, wszędzie, nigdy.* **d)** Zaimki dzierżawcze — wskazują na przynależność do czegoś lub na posiadanie czegoś; np.: *mój, swój, nasz.* **e)** Zaimki osobowe — wskazują na osobę w zdaniu, np.: *ja, on, wy.* **f)** Zaimki zwrotne — zaimek zwrotny osobowy, wskazujący na przedmiot, na który się zwraca jego własna czynność, np.: *siebie, się, sobie, sobą* oraz zaimek zwrotny dzierżawczy o odmianie przymiotnikowej, np.: *swój, swoja, swoje.*

△ *Wykolejenia fleksyjno-składniowe.* Wykolejenia w odmianie zaimków mogą być związane na przykład z istnieniem dwóch typów końcówek w przymiotnikowej deklinacji zaimków rodzaju nijakiego *-e* i *-o* (np. *nasze, moje; to, tamto, same)*. Często zdarza się błędne narzucanie końcówki *-e* zaimkom z poprawną końcówką *-o,* np.: *same dziecko, te okno (zamiast: samo dziecko, to okno).* △ Pospolitym błędem jest mieszanie form *B.* rodzaju nijakiego

zaimka *ono* z *B.* rodzaju męskiego zaimka *on*: *je — go*; np. Zerwał jabłko i chciał go *(zamiast:* je) zjeść (p. on). △ Podobnie ujednolicany bywa błędnie *B. lm* zaimków *oni* i *one*: ich — je, np. Pełno tam uczennic, widzę ich *(zamiast:* je) wszędzie. △ Po pewnych przyimkach rządzących biernikiem i dopełniaczem używana jest skrócona forma zaimka *on,* np.: weń, przezeń, doń. △ Błędne jest użycie form skróconych w odniesieniu do *lm* i do rzecz. rodzaju żeńskiego, np.: Nalej wody i wsyp doń *(zamiast:* do niej) garść soli. △ Zaimek względny odnosi się zawsze do rzeczownika, który stoi najbliżej niego w zdaniu, dlatego *niepoprawne* są konstrukcje typu: Siedziałem z dziewczyną na ławce, którą poznałem u Marka *(zamiast:* Siedziałem na ławce z dziewczyną, którą poznałem u Marka). △ Zbyteczne jest używanie zaimków osobowych w funkcji podmiotu, np. Czy ty idziesz spać? *(zamiast:* Czy idziesz spać?), jeśli nie chodzi o szczególne uwydatnienie osoby działającej (np. przy przeciwstawianiu, wyliczaniu, podkreślaniu). △ Nadużywane bywają zaimki dzierżawcze, np.: Uklękli na swoje kolana *(zamiast:* na kolana); Wziąłem mój kapelusz *(zamiast:* Wziąłem kapelusz) i wyszedłem. △ Przyczyną potknięć stylistycznych bywa czasami używanie zaimków dzierżawczych: *mój, twój, nasz, wasz* itd. zamiast ogólnodzierżawczego zaimka *swój,* np. Miałem pod moim *(zamiast:* pod swoim) dachem miłego gościa. △ Zaimków: *mój, twój* itd. należy używać wówczas, gdy zachodzi obawa nieporozumienia, tj. kiedy zaimek mógłby być odniesiony do kilku rzeczowników występujących w zdaniu. △ Kłopoty poprawnościowe sprawiają również formy użycia zaimków *nic* i *co*; np. oboczne: Nic nie słyszał // Niczego nie słyszał; Czego chcesz // *pot.* Co chcesz (p. nic, co). △ Wykolejenia i potknięcia językowe związane z używaniem zaimków omówione są szczegółowo pod poszczególnymi hasłami zaimkowymi. △ Pisownia zaimków omówiona jest pod hasłem: pisownia łączna i rozdzielna (p.). // *KJP 265—268, 378—385.*

zaimponować p. imponować.

zainaugurować p. inaugurować.

zainfekować p. infekować.

zainicjować *dk IV,* zainicjow**a**liśmy (p. akcent § 1a i 2); *częściej*: zapoczątkować, np. Zainicjować *(częściej*: zapoczątkować) loty kosmiczne.

zainkasować p. inkasować.

zainteresować *dk IV,* zainteresowaliśmy (p. akcent § 1a i 2) □ Z. kogo (czym): Zainteresował władze swoim wynalazkiem. △ Być w czymś zainteresowanym «mieć w czymś swój interes»: Nie jestem zainteresowany w tej sprawie, więc mogę być zupełnie obiektywny.
zainteresować się □ Z. się kim, czym: Zainteresować się kinem, teatrem, powieścią. Zainteresowała się poważnie swoim uniwersyteckim kolegą.

zainteresowanie *n I* **1.** «chęć dowiedzenia się o czymś lub zobaczenia czegoś; ciekawość»: Wzbudzać w kimś a. wzbudzać czyjeś zainteresowanie. Czytać, obserwować, patrzeć, słuchać z zainteresowaniem. △ Cieszyć się zainteresowaniem «wzbudzać czyjąś życzliwą ciekawość»: Wystawa cieszy się dużym zainteresowaniem publiczności. □ Z. czym, kim (*nie*: dla czego, kogo): Objawiał wielkie zainteresowanie muzyką (*nie*: dla muzyki). **2.** zwykle w *lm* «zakres spraw, dziedzina, którą się ktoś interesuje»: Zainteresowania artystyczne, językowe, naukowe. Mieć wszechstronne zainteresowania. Był pozbawiony zainteresowań.

zainterpelować p. interpelować.

zainterweniować p. interweniować.

zainwestować p. inwestować.

zaistnieć *dk III*, zaistnieliśmy (p. akcent § 1a i 2) **1.** *lepiej*: zjawić się, pojawić się, powstać; zdarzyć się, np.: Zaistniały (*lepiej*: powstały) nowe okoliczności, warunki. Zaistniała (*lepiej*: powstała, pojawiła się) jakaś możliwość. Może zaistnieć fakt (*lepiej*: może się zdarzyć), że... **2.** *rzad.* «zacząć istnieć»: Odkąd zaistniała w jego życiu, była jego jedyną miłością. // *D Myśli 107; U Pol. (2), 258; KP Pras.*

zaizolować *dk IV*, zaizolowaliśmy (p. akcent § 1a i 2) *środ.* «opatrzyć materiałem izolującym»: Zaizolować drut, przewód elektryczny.

zajad (*nie*: zajada) *m IV*, D. zajadu, *lm* D. zajadów: Bolesne zajady w kącikach ust.

zajadle *st. w.* zajadlej a. bardziej zajadle: Bić się, pracować zajadle.

zajadły *m-os.* zajadli, *st. w.* zajadlejszy, *częściej*: bardziej zajadły: Zajadły szowinista. Zajadły spór. Zajadła walka.

zajaśnieć *dk III*, zajaśniałby, zajaśniałaby (p. akcent § 4c): Zajaśniały gwiazdy na niebie. □ Z. czym, *rzad.* od czego: Niebo zajaśniało gwiazdami. Dom zajaśniał od świateł. △ *przen.* Oczy zajaśniały szczęściem.

zajazd *m IV*, D. zajazdu, *Ms.* zajeździe, w zn. «zbrojna egzekucja orzeczenia sądowego»: Zajazd posiadłości przez sąsiada.

zając *m II*, *lm* D. zajęcy, *rzad.* zajęców: Zabił dwa zające (*nie*: dwóch zajęcy).

zająć *dk Xc*, zajmę (*nie*: zajmię), zajmie, zajmą (*nie*: zajmią), zajmij, zająłem (*wym.* zajołem; *nie*: zajełem), zajęła (*wym.* zajeła), zajęliśmy (*wym.* zajeliśmy, p. akcent § 1a i 2) — **zajmować** (*nie*: zajmywać, zajmać) *ndk IV*, zajmowaliśmy — □ Z. co «zapełnić jakąś powierzchnię, jakieś miejsce; wziąć w użytkowanie, w posiadanie»: Stół zajmował cały środek pokoju. Zajął część pola pod uprawę zboża. Wróg zajął miasto. Zająć miejsce w teatrze, w tramwaju, w kolejce, na trybunie. △ *przen.* Zająć miejsce czyjeś, *rzad.* czegoś «przejąć czyjeś funkcje; nastąpić po kimś, po czymś»: Zajął miejsce zmarłego dyrektora. △ Zająć stanowisko «objąć posadę, stanowisko; stanąć na wyznaczonym stanowisku» △ Zająć jakieś stanowisko (wobec, *rzad.* względem kogoś, czegoś) «ustosunkować się w pewien sposób do kogoś, czegoś»: Wobec chuliganów zajął stanowisko nieprzejednane. □ Z. kogo (czym) «zainteresować»: Zajął dzieci ciekawym opowiadaniem. □ (tylko *dk*) *przestarz.* Z. kogo gdzie: «zatrudnić, dać pracę»: Zajął go u siebie.

zająć się — **zajmować się** □ Z. się czym «zabrać się do czegoś, do jakiejś pracy; w *ndk* wykonywać ją»: Na starość zajął się ogrodnictwem. □ Z. się kim «zainteresować się, zaopiekować się kimś; zwró-

cić uwagę na osobę płci odmiennej»: Matka mało zajmowała się dziećmi. Zajął się nowo poznaną dziewczyną. □ Z. się bez dop. «zacząć się palić»: Dach się zajął w kilku miejscach.

zająknąć się *dk Va*, zająknąłem się (*wym.* zająknołem się; *nie*: zająknełem się, zająkłem się), zająknęła się (*wym.* zająknęła się; *nie*: zająkła się), zająknęliśmy się (*wym.* zająknęliśmy się, p. akcent § 1a i 2; *nie*: zająkliśmy się) — *rzad.* **zająkiwać się** *ndk VIIIb*, zająkuję się (*nie*: zająkiwuję się), zająkiwaliśmy się: Nie zająknął się ani razu. Mówił z trudem, ciągle się zająkując. △ *pot.* Ani się (*nie*) zająknąć «mówić płynnie; kłamać bez wahania» △ *pot.* Nie zająknąć się, ani się zająknąć o czymś «nie wspomnieć o czymś ani słowa»

zająknienie *n I* △ tylko w *pot.* zwrotach: Odpowiadać, kłamać bez zająknienia (a. bez zająknięcia) «odpowiadać płynnie, kłamać bez wahania»

Zajdel *m I*, D. Zajdla (*nie*: Zajdela), *lm M.* Zajdlowie, D. Zajdlów.

Zajdel *ż ndm* — Zajdlowa *ż odm. jak przym.* — Zajdlówna *ż IV*, D. Zajdlówny, *CMs.* Zajdlównie (*nie*: Zajdlównej), *lm* D. Zajdlówien. // *D Kult. II, 494.*

zajechać *dk*, zajadę, zajedzie (*nie*: zajadzie), zajechał, zajechaliśmy (p. akcent § 1a i 2) — **zajeżdżać** *ndk I*, zajeżdżaliśmy — □ Z. dokąd (czym) «przybyć jadąc; przyjechawszy zatrzymać się»: Wcześnie zajechał do domu. Zajechał do miasta na obiad. Samochody zajeżdżały przed hotel. △ *pot.* Ktoś daleko nie zajedzie, niedaleko zajedzie «ktoś niewiele osiągnie, do niczego nie dojdzie» △ Zajechać komuś drogę «wjechawszy na drogę nie pozwolić komuś przejść, przejechać» □ *posp.* Z. kogo (czym) «uderzyć kogoś»: Zajechać kogoś kijem po grzbiecie. △ *posp.* Zajechać komuś pod siódme, piąte żebro «dokuczyć komuś, dotknąć go do żywego» □ często *ndk* (zwykle w 3. os. a. *nieos.*) *posp.* Z. — od kogo, czego; z czego; czym «o nieprzyjemnych woniach: zalatywać, cuchnąć»: Zajeżdżał od niego ostry zapach wódki. Z kanału zajeżdżało odorem zgnilizny. □ *przestarz.* Z. kogo, co «dokonać zajazdu»: Zajechał wieś sąsiada.

zajęcie *n I* **1.** forma rzeczownikowa czas. zająć. **2.** «czynność, robota, praca; w *lm*: wykłady, ćwiczenia»: Rozwiązywanie krzyżówek uważał za ciekawe zajęcie. Zajęcia praktyczne. Zajęcia na politechnice. Dzień wolny od zajęć. Nawał zajęć. Rozkład zajęć. Mieć, prowadzić zajęcia na uniwersytecie. □ Z. z czego «zajęcia praktyczne z ogrodnictwa, z mechaniki. **3.** *wych. z użycia* **a)** «praca, posada»: Znalazł sobie dodatkowe zajęcie. Być bez stałego zajęcia. Dostać zajęcie w biurze. **b)** «zainteresowanie, uwaga»: Wzbudzać powszechne zajęcie. Słuchać czegoś z ogromnym zajęciem. □ Z. czym (*nie*: dla czego, do czego): Okazywał duże zajęcie tymi badaniami (*nie*: do, dla tych badań).

zajęciowy *środ.* «związany z zajęciami; przeznaczony do zajęć»: Terapia zajęciowa. △ Sala zajęciowa (*lepiej*: Sala zajęć a. do zajęć).

zajętość *ż V*, tylko w odniesieniu do telefonu, linii telefonicznej — w wyrażeniu: Sygnał zajętości.

zajmować p. zająć.

zajrzeć p. zaglądać.

zajście *n I* «wydarzenie, w którym dochodzi do jakiegoś konfliktu; incydent»: Doszło między nimi do zajścia. Miał przykre zajście ze swoim kolegą biurowym. Autor pamiętnika opowiada o zajściach w swoim mieście w czasie strajku szkolnego.

zajść p. zachodzić.

zakalec *m II*, *D.* zakalca, *lm D.* zakalców (*nie*: zakalcy): Ciasto z zakalcem. △ *przen.* Napisał sążnisty a nudny artykuł, prawdziwy zakalec.

zakała *ż IV*, *CMs.* zakale *wych. z użycia* «to, co kompromituje, przynosi wstyd (dziś zwykle o człowieku kompromitującym swoje środowisko)»: Rozgniewany ojciec nazwał go zakałą rodziny.

zakałapućkać *dk I*, zakałapućkaliśmy (p. akcent § 1a i 2), zwykle w imiesł. biernym *pot. reg.* «zagmatwać, zaplątać»: Takie miał zakałapućkane życie.

zakamieniały *m-os.* zakamieniali «uparty, zawzięty, nieugięty»: Zakamieniały reakcjonista.

zakamuflować *dk IV*, zakamuflowaliśmy (p. akcent § 1a i 2), zwykle w imiesł. biernym «ukryć coś, nadając mu pozór czegoś innego; zamaskować»: Ta powieść to właściwie zakamuflowana autobiografia.

zakańczać p. zakończyć.

zakarbować *dk IV*, zakarbowaliśmy (p. akcent § 1a i 2) *przestarz.*, dziś żywe w zn. «utrwalić coś w pamięci»: Zakarbował nas sobie dobrze. Zakarbować sobie czyjeś słowa (w głowie, w pamięci).

zakarpacki: Tereny zakarpackie (*ale*: Obwód Zakarpacki; Ruś, Ukraina Zakarpacka).

zakasać *dk IX*, zakaszę, zakasz, zakasaliśmy (p. akcent § 1a i 2) — **zakasywać** *ndk VIIIa*, zakasuję (*nie*: zakasywuję, zakasywam), zakasywaliśmy □ Z. co, *rzad.* czego: Przy przechodzeniu przez strumień zakasała wysoko spódnicę. △ *pot.* Zakasać rękawy a. rękawów «zabrać się ostro do roboty; zająć się czymś z zapałem»

zakasłać p. zakaszlać.

zakasować *dk IV*, zakasowaliśmy (p. akcent § 1a i 2) — *rzad.* **zakasowywać** *ndk VIIIa*, zakasowuję (*nie*: zakasowywuję, zakasowywam), zakasowywaliśmy *pot.* «przewyższyć, zaćmić» □ Z. kogo — czym: Urodą zakasowała wszystkie obecne panie.

zakaszlać a. **zakaszleć**, *rzad.* **zakasłać** *dk IX*, zakaszlę (*nie*: zakaszlam, zakaszłam); zakaszle, *rzad.* zakaszla, zakaszlą, *rzad.* zakaszlają, zakasłają; zakaszl, *rzad.* zakaszlaj, zakasłaj; zakaszlał, *rzad.* zakasłał; zakaszlaliśmy a. zakaszleliśmy, *rzad.* zakasłaliśmy (p. akcent § 1a i 2).

zakatrupić *dk VIa*, zakatrupiliśmy (p. akcent § 1a i 2) *posp.* «zabić»

zakaukaski: Roślinność, fauna zakaukaska (*ale*: Zakaukaska Federacyjna Socjalistyczna Republika Radziecka).

Zakaukazie *n I*, *D.* Zakaukazia «kraina w ZSRR»: Pojechać na Zakaukazie. Mieszkać na Zakaukaziu. — zakaukaski.

zakaz *m IV*, *D.* zakazu: Przestrzegać zakazów. Wydać, uchylić zakaz. Złamać zakaz. Wyszedł zakaz

sprzedaży alkoholu nieletnim. Obowiązuje zakaz stosowania przemocy.

zakazać *dk IX*, zakaże, zakaż, zakazaliśmy (p. akcent § 1a i 2) — **zakazywać** (*nie*: zakazować) *ndk VIIIa*, zakazuję (*nie*: zakazywuję, zakazywam), zakazywaliśmy □ Z. komu — czego, z. + bezokol.: Zakazać dzieciom czytania kryminałów a. czytać kryminały. Zakazać wstępu do hali produkcyjnej. △ *niepoprawne* Mieć zakazane coś robić, np.: Miała zakazane (*zamiast*: zakazano jej) wracać późno. Uczniowie tej szkoły mają zakazane (*zamiast*: uczniom tej szkoły zakazuje się) nosić długie włosy.

zakażenie *n I* □ Z. czego, kogo — czym: Zakażenie człowieka dżumą. Zakażenie wody w studni. Unikać zakażenia grypą. □ Z. bez dop.: Organizm walczył z zakażeniem. Wywiązało się zakażenie.

zakąsić *dk VIa*, zakąszę, zakąsiliśmy (p. akcent § 1a i 2) — *pot.* **zakąszać** (*nie*: zakanszać, zakąsać) *ndk I*, zakąszaliśmy □ Z. co — czym: Wypił i zakąsił kiszonym ogórkiem.

zakąska *ż III*, *lm D.* zakąsek, częściej w *lm* «lekka potrawa podawana przed głównym posiłkiem lub do wódki; *rzad.* przekąska»: Gorące, zimne zakąski. Zakąski z sera i ze śledzia. △ Na zakąskę a. jako zakąskę: Na zakąskę (jako zakąskę) podano kanapki z szynką.

zakisić *dk VIa*, zakiszę, zakisiliśmy (p. akcent § 1a i 2) — *rzad.* **zakiszać** *ndk I*, zakiszaliśmy; p. zakwasić.

zakisły «zastały, gnijący, cuchnący»: Zakisłe bajoro.

zakisnąć *dk Vc*, zakiśnie, zakisł a. zakisnął; zakisła (*nie*: zakisnęła), zakisłby a. zakisnąłby (*wym.* zakisnołby, p. akcent § 4c), zakiśnięty a. zakisły: Ogórki zakisły po trzech dniach.

zaklaskać *dk IX*, zaklaszcze, *rzad.* I, zaklaska; zaklaskaliśmy (p. akcent § 1a i 2): Zaklaskać w ręce, w dłonie. △ *przen.* «wydać dźwięk przypominający klaskanie»: Zaklaskały strzały z pistoletów. Czyjeś kroki zaklaskały na bruku.

zakląć *dk Xc*, zaklnę, zaklnij, zakląłem (*wym.* zaklełem; *nie*: zaklełem), zaklął (*wym.* zakloł), zaklęła (*wym.* zakleła), zaklęliśmy (*wym.* zakleliśmy, p. akcent § 1a i 2) — **zaklinać** *ndk I*, zaklinaliśmy □ Z. kogo — w co, w kogo (w bajkach): Zły czarownik zaklął królewnę w żabę. △ Milczeć jak zaklęty «milczeć uporczywie» □ *przen.* Z. co — w czym, *rzad.* w co: Piękno zaklęte w heksametrach Homera. □ (zwykle *ndk*) Z. kogo (na co): Zaklinał go na wszystkie świętości, żeby tego nie robił. □ (tylko *dk*) Z. bez dop.: Zaklął brzydko. Rozzłościł się i zaklął pod nosem. **zakląć się** — **zaklinać się** □ (częściej *ndk*) Z. się (na co), że...: Zaklinał się, że nigdy go tam nie było.

zaklekotać p. klekotać.

zaklepać *dk IX*, zaklepię (*nie*: zaklepę), zaklepaliśmy (p. akcent § 1a i 2) — **zaklepywać** *ndk VIIIa*, zaklepuje (*nie*: zaklepywuje, zaklepywa), zaklepywaliśmy 1. «klepiąc umocować, rozpłaszczyć»: Zaklepać nit. 2. *pot.* «załatwić, omówić»: Zaklepać sprawę. Zaklepać interes.

zaklęsnąć *dk Vc*, zaklęśnie, zaklęsł a. zaklęsnął (*wym.* zaklęsnoł); zaklęsła (*nie*: zaklęsnęła), zaklęsłby a. zaklęsnąłby (p. akcent § 4c), zaklęśnięty a. zaklęsły — *rzad.* **zaklęsać** *ndk I*, zaklęsałby: Chata zaklęsła w ziemię. Oczy jej zaklęsły.

zaklinacz *m II, lm D.* zaklinaczy, *rzad.* zaklinaczów: Zaklinacz wężów.

zaklinać p. zakląć.

zakład *m IV, D.* zakładu: Zakład przemysłowy, wychowawczy, poprawczy. □ Z. czego (*nie:* dla czego): Zakład żywienia (*nie:* dla żywienia) zbiorowego. △ W nazwach dużą literą, np.: Zakład Ubezpieczeń Społecznych, Zakład Narodowy im. Ossolińskich, Państwowe Zakłady Graficzne. □ Z. o co: Zakład o tysiąc złotych. △ Iść, pójść z kimś o zakład: Idę z wami o zakład, że nie zgadniecie, kogo dziś spotkałam. △ *niepoprawne* Trzymać, podjąć zakład (*zamiast:* zakładać się, założyć się). □ Z. w czym, u czego: Zakład w spódnicy (u spódnicy).

zakładać *ndk I*, zakładaliśmy (p. akcent § 1a i 2) — **założyć** *dk VIb*, załóż, założyliśmy **1.** «urządzać, organizować, budować»: Założył własną drukarnię. Ptaki zakładają już gniazda. △ Zakładać rodzinę «zawierać związek małżeński» **2.** «umieszczać, umocowywać, przyczepiać; nakładać, wkładać»: Założył ręce za pas, za kark, za siebie. Zakładać włosy za uszy. Zakładała nogę na nogę. Założyć ręce na piersiach. △ *pot.* Siedzieć z założonymi rękami, założyć ręce «nic nie robić, leniuchować» △ Zakładać słuchawki na uszy, okulary na nos. Założyć konie do wozu. Założyć baterię do latarki. △ *niepoprawne* Założyć (*zamiast:* włożyć) płaszcz, buty. □ (częściej *dk*) Z. co — czym **a)** «pokryć czymś jakąś powierzchnię»: Założyła całe biurko papierami. Nawet krzesła w pokoju założone były rupieciami. **b)** «zaznaczyć miejsce w książce włożywszy coś między jej kartki»: Otworzył powieść na stronicy założonej zakładką. □ *przen.* Z. co a. z., że..., *lepiej:* opierać się na założeniu, wychodzić z założenia, przypuszczać, planować co, a. przypuszczać, planować, że...: Zakładał istnienie żywych organizmów na Księżycu (*lepiej:* Przypuszczał, że istnieją żywe organizmy na Księżycu). Zakładać (*lepiej:* planować) wzrost produkcji. □ *pot.* Z. co, ile — za kogo «wpłacać (pieniądze) zamiast kogoś»: Nie miał pieniędzy, więc koledzy założyli za niego dwadzieścia złotych.
zakładać się — założyć się □ Z. się (z kim) o co «robić zakład; iść o zakład»: Zakładał się o znaczne sumy, że jego koń zwycięży na wyścigach.

zakładowy: Zakładowa organizacja związkowa. Rada zakładowa. Komisja zakładowa (*nie:* przyzakładowa). Zakładowy (*nie:* przyzakładowy) zespół pieśni i tańca.

zakładzik *m III, D.* zakładziku: Pracował w zakładziku usługowym.

zakłopotać się *dk IX*, zakłopocze się, *przestarz.* zakłopoce się; zakłopocz się, zakłopotaliśmy się (p. akcent § 1a i 2) — często w imiesł. biernym: Był bardzo zakłopotany tym pytaniem.

zakłopotanie *n I, blm:* Wprawić kogoś w zakłopotanie. Uśmiechać się z zakłopotaniem. Odczuwa wobec niej zakłopotanie.

zakłócać *ndk I*, zakłócaliśmy (p. akcent § 1a i 2) — **zakłócić** *dk VIa*, zakłócę, zakłóciliśmy: Niczym nie zakłócona cisza. Nic nie zakłócało jego szczęścia, spokoju.

zakłócenie *n I* **1.** forma rzeczownikowa czas. zakłócić □ Z. czego (przez kogo): Zakłócenie porządku publicznego, ciszy. **2.** zwykle w *lm* «nienormalny stan rzeczy, odchylenie od normy, zamieszanie, zamęt»: Wszystko odbyło się bez zakłóceń. Usunąć zakłócenia. Zakłócenia atmosferyczne, telekomunikacyjne. □ Z. w czym a. czego: Zakłócenia ruchu, komunikacji a. zakłócenia w ruchu, w komunikacji. Zakłócenia odbioru radiowego a. w odbiorze radiowym.

zakłóceniowy: Fale zakłóceniowe (*lepiej:* Fale powodujące zakłócenia), np. w odbiorze radiowym. Podatność (aparatu) na zakłócenia (*nie:* Podatność zakłóceniowa). || *Kl. Aleź 24.*

zakłócić p. zakłócać.

zakochać się *dk I*, zakochaliśmy się (p. akcent § 1a i 2) — *rzad.* **zakochiwać się** *ndk VIIIb*, zakochuję się (*nie:* zakochiwuję się), zakochiwaliśmy się: Zakochać się od pierwszego wejrzenia. □ Z. się w kim, w czym: Zakochała się w swoim kuzynie. Zakochał się wprost w swojej pracy. Zakochać się w kimś na śmierć, na zabój, bez pamięci, *żart.* po uszy.

zakole *n I, lm D.* zakoli: Rzeka płynęła tworząc zakola.

zakołatać *dk IX*, zakołacze, *przestarz.* zakołace; *rzad. I*, zakołata; zakołataliśmy (p. akcent § 1a i 2) «zastukać (kołatką); zapukać — częste w znaczeniu przenośnym» □ Z. do czego — w co: Zakołatano do drzwi. △ Zakołatać do kogoś, do czyjegoś serca «zwrócić się z prośbą do kogoś» △ Serce (komuś) zakołatało «serce mocno zabiło» △ Śmierć zakołatała do ich drzwi.

zakompleksiały, zakompleksiony p. skompleksiały.

zakomponować *dk IV*, zakomponowaliśmy (p. akcent § 1a i 2) **1.** *lepiej:* wkomponować «umieścić gdzieś, włączyć do czegoś jakiś element kompozycji» □ Z. co na czym, w czym: Na ścianach sali zakomponowano (*lepiej:* w ściany sali wkomponowano) lustra. **2.** «opracować pod względem kompozycyjnym, wypełnić kompozycją plastyczną»: Zakomponować wnętrze budynku. Zakomponować przestrzeń sceniczną.

zakomunikować p. komunikować.

zakon *m IV, D.* zakonu: Być w zakonie. Wstąpić do zakonu. Zakon jezuitów, franciszkanów, bernardynów. Zakon krzyżacki. *Ale*: Stary, Nowy Zakon «Stary, Nowy Testament»

zakonkludować p. konkludować.

zakonnica (*nie:* zakonica) *ż II, lm D.* zakonnic.

zakonotować *dk IV*, zakonotowaliśmy (p. akcent § 1a i 2) *przestarz.*, dziś *żart.* «zapamiętać»: Obiecał zakonotować sobie tę wiadomość.

zakonspirować p. konspirować.

zakontraktować p. kontraktować.

zakończyć (*nie:* zakonczyć) *dk VIb*, zakończyliśmy (p. akcent § 1a i 2) — *rzad.* **zakończać** a. **zakańczać** *ndk I*, zakończaliśmy, zakańczaliśmy: Zakończyć pracę, dzieło. Zakończyć sprawę. Sygnał zakończył polowanie. △ nieco *podn.* Zakończyć życie «umrzeć» □ Z. co — czym **a)** «skończyć ostatecznie, załatwić definitywnie»: Zakończyli spory układem. Dyskusję zakończono podsumowaniem (*ale*: Na tym, *rzad.* tym, zakończono dyskusję). **b)** «dodać do czegoś zakończenie»: Zakończyła szal frędzlami. **zakończyć się** — *rzad.* **zakończać się** a. **zakańczać się** □ Z. się czym, *rzad.* na czym: Wyprawa zakończyła się fiaskiem. Wszystko zakończyło się na strachu.

zakopać *dk IX*, zakopię (*nie*: zakopę), zakopie, zakopaliśmy (p. akcent § 1a i 2) — **zakopywać** *ndk VIIIa*, zakopuję (*nie*: zakopywuję), zakopywaliśmy □ Z. co, kogo — w czym, *rzad.* w co: Zakopać skarb w ziemi, *rzad.* w ziemię. △ Zakopać talent, zdolności «zmarnować, zaprzepaścić je» **zakopać się** — **zakopywać się** □ Z. się w czym, *rzad.* w co: Zakopał się w sianie (w siano) i zasnął. △ *przen.* Zakopać się na wsi, w małym mieście.

Zakopane *n* odm. jak przym., *NMs.* Zakopanem (*nie*: Zakopanym) «miasto»: Mieszkać w Zakopanem (*nie*: w Zakopanym). — zakopianin *m V, D.* zakopianina, *lm M.* zakopianie, *D.* zakopian — zakopianka *ż III, lm D.* zakopianek. — zakopiański. // *D Kult. II, 534, 553; U Pol. (2), 810.*

zakopcić *dk VIa*, zakopcę, zakopciliśmy (p. akcent § 1a i 2) **1.** «pokryć, pobrudzić kopciem, sadzą; okopcić, zadymić»: Zakopcona lampka. Zakopcona izba. **2.** *pot.* **a)** «wypełnić dymem»: Palili papierosy i zakopcili cały pokój. **b)** «zapalić (papierosa, fajkę)»: Chciało mu się zakopcić, ale nie miał papierosów.

zakopywać p. zakopać.

zakordować (*wym.* z-akordować; *nie*: zaakordować) *dk IV*, zakordowaliśmy (p. akcent § 1a i 2) *środ.* «oprzeć (pracę) na akordzie»: Zakordować roboty drogowe.

zakos *m IV, D.* zakosu, używane zwykle w *N. lm*: Droga prowadzi zakosami. Podchodzić pod górę zakosami. Zjeżdżać z góry zakosami.

zakpić *dk VIa*, zakpię, zakpij, zakpiliśmy (p. akcent § 1a i 2) □ Z. z kogo, z czego: Zakpił sobie z całego świata. Zakpiła (sobie) z niego.

zakradać się *ndk I*, zakradaliśmy się (p. akcent § 1a i 2) — **zakraść się** *dk Vc*, zakradnie się, zakradnij się, zakradł się (*nie*: zakradnął się), zakradliśmy się □ Z. się do kogo, do czego: Zakradł się do nich nocą. Lis zakrada się do kurnika. △ *przen.* Do serca zakradł się niepokój.

zakrakać *dk IX*, zakracze, zakrakaliśmy (p. akcent § 1a i 2) **1.** «o niektórych ptakach: wydać charakterystyczny głos, krakanie»: Zakrakała wrona. **2.** *pot.* zagadać, zakrzyczeć kogoś sprzeciwiając mu się»: Chciał coś powiedzieć, ale go wszyscy zakrakali.

zakrapiać *ndk I*, zakrapialiśmy (p. akcent § 1a i 2) — **zakropić** *dk VIa*, zakropiliśmy □ Z. co (czym) **a)** «zaprawiać kropiąc czymś; skrapiać»: Zakrapiać rybę octem. **b)** *pot.* «popijać przy jedzeniu napoje alkoholowe; zapijać alkoholem»: Obiad zakrapiany winem. Lubił kolację dobrze zakropić. **zakrapiać się** — **zakropić się** *pot.* «popijać napoje alkoholowe; upijać się»: Zakropił się nieźle w towarzystwie kolegów.

zakraść się p. zakradać się.

zakrawać *ndk I*, zakrawałby (p. akcent § 4c) △ tylko w połączeniach: Coś zakrawa na kpiny, na ironię, na bezczelność «coś jest podobne do kpin, ironii, jest prawie bezczelne»

zakres *m IV, D.* zakresu, *lm M.* zakresy, w zn. «granica zasięgu danego zjawiska, faktu»: Zakres uprawnień sejmu. Zakres znaczeniowy wyrazu. Zwęzić, zmniejszyć zakres czegoś. △ Coś wchodzi w zakres czyichś obowiązków. △ Z zakresu czegoś «z jakiejś dziedziny»: Książki z zakresu ekonomii politycznej. △ Wyraz nadużywany, zwłaszcza w wyrażeniu: w zakresie, np. Braki w zakresie zaopatrzenia (*lepiej*: Braki w zaopatrzeniu). // *KP Pras.*

zakreślać *ndk I*, zakreślaliśmy (p. akcent § 1a i 2) — **zakreślić** *dk VIa*, zakreśl (*nie*: zakreślij), zakreśliliśmy: Zakreślił czerwonym ołówkiem na mapie miejscowości, które zwiedził. Zakreślać ważniejsze ustępy w podręczniku. △ *przen.* Ta sprawa przekracza ramy, które autor zakreślił (dla) swej pracy.

zakręcić *dk VIa*, zakręcę, zakręci, zakręć, zakręciliśmy (p. akcent § 1a i 2), zakręcony — **zakręcać** *ndk I*, zakręcaliśmy **1.** częściej *dk* «obrócić w koło, nadać czemuś ruch obrotowy» □ Z. czym: Zakręcić korbą. Wiatr zakręcił śniegiem, kurzem, piaskiem. △ (tylko *dk*) Zakręcić komuś w głowie «spowodować zawrót głowy»: Mocne wino zakręciło mu w głowie. △ (Coś) zakręciło go w nosie «coś podrażniło błonę śluzową nosa» **2.** «zwinąć coś, skręcić, nadać czemuś spiralny kształt» □ Z. co — na co: Zakręcać włosy na papiloty (a. zakręcać papiloty). **3.** zwykle *dk* «kręcąc docisnąć coś, zamknąć dokręcając gwint, nakrętkę»: Zakręcić kran, kurek. △ Zakręcić wodę, gaz. **4.** w funkcji nieprzech. «wykonać zakręt zmieniając kierunek drogi»: Kierowca zwolnił i zakręcił. Tramwaje zakręcały na pętli. △ *przen.* (zwykle *ndk*) «o drodze, rzece itp.: wyginać się, tworzyć zakręt»: Ścieżka zakręca w lewo. Korytarz zakręcał kilka razy. **zakręcić się** □ *pot.* Z. się koło czego «poczynić starania w jakiejś sprawie»: Zakręcić się koło posady, koło mieszkania. □ Z. się koło kogo «zacząć się starać o czyjeś względy, w celu uzyskania czegoś; zakrzątnąć się»: Zakręcił się koło panny i wkrótce odbył się ich ślub.

zakręt *m IV, D.* zakrętu: Duży, nagły, niebezpieczny, ostry zakręt. Zakręt rzeki, szosy. Samochód zarzucał na zakrętach. △ Brać zakręt, zakręty «jadąc skręcać»

zakrętas *m IV, D.* zakrętasa: Podpis z zakrętasem.

Zakroczym *m I, D.* Zakroczymia (*nie*: Zakroczyma), *Ms.* Zakroczymiu (*nie*: Zakroczymie) «miasto» — zakroczymianin *m V, D.* zakroczymianina, *lm M.* zakroczymianie, *D.* zakroczymian — zakroczymianka *ż III, lm D.* zakroczymianek — zakroczymski.

zakrojony tylko w wyrażeniach: Zakrojony na wielką skalę, na szerszą miarę «zamierzony, zaplanowany z rozmachem»: Budownictwo zakrojone na wielką skalę. Poemat zakrojony na szerszą miarę.

zakropić p. zakrapiać.

zakrwawić *dk VIa*, zakrwawię, zakrwawi, zakrwaw, zakrwawiliśmy (p. akcent § 1a i 2), zakrwawiony — *rzad.* **zakrwawiać** *ndk I*, zakrwawialiśmy: Zakrwawić bandaż. Zakrwawić (sobie) głowę, nos.

zakryć *dk Xa*, zakryję, zakryj, zakryliśmy (p. akcent § 1a i 2), zakryty — **zakrywać** *ndk I*, zakrywaliśmy □ Z. kogo, co — czym «zasłonić, okryć czymś»: Zakryć twarz rękami, nogi pledem. □ Z. kogo, co — przed kim, przed czym «zasłaniając ukryć, osłonić»: Zakryła twarz grubym welonem przed ciekawymi spojrzeniami. Zakryć żywność przed muchami.

zakrystia (*nie*: zachrystia) *ż I, DCMs.* i *lm D.* zakrystii: Wszedł do kościoła przez zakrystię.

zakrystian (*nie*: zachrystian, zakrystianin) *m IV*, *D.* zakrystiana, *Ms.* zakrystianie, *lm M.* zakrystianie, *D.* zakrystian: Zakrystian zgasił świece po nabożeństwie.

zakrywać p. zakryć.

zakrzątnąć się *dk Va*, zakrzątnę się, zakrzątnij się, zakrzątnąłem się (*wym.* zakrzątnołem się; *nie*: zakrzątnęłem się, zakrzątłem się), zakrzątnął się (*wym.* zakrzątnoł się), zakrzątnęła się (*wym.* zakrzątnęła się; *nie*: zakrzątła się), zakrzątnęliśmy się (*wym.* zakrzątnęliśmy się; *nie*: zakrzątliśmy się; p. akcent § 1a i 2), *rzad.* **zakrzątać się** *dk I*, zakrzątaliśmy się □ Z. się koło czego «żwawo zająć się czymś, szybko, sprawnie coś wykonać»: Zakrzątnąć się koło kolacji. Musiała się zakrzątnąć koło prania. △ *przen.* «zatroszczyć się o coś, przypilnować czegoś»: Zakrzątnąć się koło posady. □ Z. się koło kogo «zacząć się starać o czyjeś względy w celu uzyskania czegoś»: Zakrzątnąć się koło panny, koło osoby wpływowej.

zakrzepnąć *dk Vc*, zakrzepnie, zakrzepł (*nie*: zakrzepnął), zakrzepłby (p. akcent § 4c), zakrzepły, *rzad.* zakrzepnięty: Bandaż brunatny od zakrzepłej krwi. Tłuszcz zakrzepł na kluskach.

zakrzyczeć *dk VIIb*, zakrzyczę, zakrzycz, zakrzyczał, zakrzyczeliśmy (p. akcent § 1a i 2); a. **zakrzyknąć** *dk Va*, zakrzyknę, zakrzyknij, zakrzyknąłem (*wym.* zakrzyknołem; *nie*: zakrzyknełem, zakrzyknkłem), zakrzyknął (*wym.* zakrzyknoł), zakrzyknęła (*wym.* zakrzyknęła; *nie*: zakrzykła), zakrzyknęliśmy (*wym.* zakrzyknęliśmy; *nie*: zakrzykliśmy) — **zakrzykiwać** *ndk VIIIb*, zakrzykuję (*nie*: zakrzykiwuję, zakrzykiwam), zakrzykiwaliśmy □ (zwykle *dk*) Z. bez dop. *częściej*: krzyknąć: Chłopiec zakrzyczał i upadł. Pali się! — zakrzyknęła przestraszona. □ Zakrzyczeć, *częściej*: (za)krzyknąć na kogo: Zakrzyczał z gniewem na syna. Zakrzyknąć na służbę. □ Zakrzyczeć, zakrzykiwać kogo, co «zagłuszyć coś krzykiem, nie dać komuś dojść do słowa»: Chciałem coś powiedzieć na jego obronę, ale mnie wszyscy zakrzyczeli.

zaktywizować *dk IV*, zaktywizowaliśmy (p. akcent § 1a i 2) — **aktywizować** *ndk* «uczynić aktywnym, pobudzić do działania»: Aktywizowano wszystkich działaczy społecznych. Zaktywizować naród.

zaktywować *dk IV*, zaktywowaliśmy (p. akcent § 1a i 2) — **aktywować** *ndk, chem.* «zwiększyć działanie, zdolność działania ciał chemicznych, cząsteczek materii»

zakumulować p. akumulować.

zakup *m IV, D.* zakupu **1.** zwykle *blm* nieco *książk.* «(za)kupienie, nabycie czegoś»: Fundusze na zakup książek, mebli, materiałów budowlanych. **2.** częściej w *lm* «rzeczy nabyte na własność, kupione; sprawunki»: Załatwiać, robić (*nie*: przeprowadzać) zakupy. Iść po zakupy do miasta, na bazar.

zakupić *dk VIa*, zakupię, zakup, zakupiliśmy (p. akcent § 1a i 2), zakupiony — **zakupywać** (*nie*: zakupuwać) *ndk VIIIa*, zakupuję (*nie*: zakupywuję, zakupywam), zakupywaliśmy; nieco *książk.* «kupić zwykle coś wartościowego a. większą ilość czegoś» □ Z. co, czego (z dopełniaczem cząstkowym) — za co: Zakupić meble, majątek ziemski, plac. Zakupić żywność (*ale*: Zakupić żywności za tysiąc złotych).

zakusy *blp, D.* zakusów: Wrogie zakusy a. zakusy wroga. Bronić się przed czyimiś zakusami. △ Mieć, robić zakusy na co (*nie*: o co) «usiłować coś uzyskać, zagarnąć»

zakutać *dk I*, zakutaliśmy (p. akcent § 1a i 2) *pot.* «zawinąć, opatulić»: Widać było zakutane po uszy postacie. □ Z. w co: Zakutać w koc, w chustę, w kożuch.

zakuty *m-os.* zakuci, imiesł. bierny od czas. zakuć. **zakuty** w użyciu przymiotnikowym, zwykle w *pot.* wyrażeniu: Zakuta głowa, zakuty łeb «człowiek nieinteligentny, tępy»: To taki zakuty łeb, nigdy się niczego nie nauczy.

zakwakać *dk IX*, zakwacze (*nie*: zakwaka), zakwakałby (p. akcent § 4c): W trzcinach zakwakała kaczka.

zakwalifikować *dk IV*, zakwalifikowaliśmy (p. akcent § 1a i 2) □ Z. kogo, co — do czego, jako kogo, jako co «zaliczyć osobę lub rzecz do pewnej kategorii, określić jako kogoś, coś»: Zakwalifikował ucznia do grupy początkujących. Zakwalifikowano go jako fachowca. Zakwalifikować pracę do druku. **zakwalifikować się**: *środ.* Drużyna zakwalifikowała się do półfinału, do rundy finałowej.

zakwasić *dk VIa*, zakwaszę, zakwaś, zakwasiliśmy (p. akcent § 1a i 2), zakwaszony — **zakwaszać** *ndk I*, zakwaszaliśmy **1.** «wywołać proces fermentacji kwaśnej w niektórych produktach spożywczych»: Zakwasić kapustę, ogórki, mleko. **2.** «uczynić coś kwaśnym, kwaśniejszym» □ Z. co — czym: Zakwasić barszcz śmietaną, cytryną.

zakwestionować p. kwestionować.

zakwitnąć *dk Vc, rzad. Va*, zakwitł, *rzad.* zakwitnął (*wym.* zakwitnoł); zakwitłby, *rzad.* zakwitnąłby (*wym.* zakwitnołby); zakwitłaby, *rzad.* zakwitnęłaby (*wym.* zakwitnęłaby — p. akcent § 4c), zakwitłyby, *rzad.* zakwitnięty — **zakwitać** *ndk I*, zakwitałby: Jabłonie, kwiaty łąkowe zakwitły. □ Z. czym (częściej *przen.*): Twarz zakwitła rumieńcem.

zalać *dk Xb*, zaleję, zalej, zalaliśmy, *reg.* zaleliśmy (p. akcent § 1a i 2) — **zalewać** *ndk I*, zalewaliśmy □ Z. co — czym **a)** «lejąc płyn pokryć nim coś; o płynie, wodzie, rzece: wylawszy się, wypłynąwszy skąd pokryć, napełnić, zatopić coś»: Wezbrana rzeka zalała dolinę. Zalać owoce syropem, ogórki słoną wodą. △ *przen.* Tłumy zalały ulice. Słońce zalało polanę. △ *pot.* Zalać pałkę, pałę «upić się» △ *pot.* Zalać robaka «upić się, żeby zapomnieć o kłopotach, zmartwieniach itp.» **b)** «zamoczyć, splamić coś płynem; o płynie: zmoczyć, splamić coś»: Zalać stół, zeszyt atramentem. Zalać obrus sosem. △ Krew zalała komuś policzki «ktoś dostał silnych rumieńców» △ *posp.* Krew kogoś zalewa «ktoś wpada we wściekłość, odczuwa gwałtowne oburzenie»: Krew mnie zalewa, jak widzę takie marnotrawstwo. **c)** «lejąc zalepić, zatkać czymś»: Zalać szpary smołą, korki pakiem. △ *pot.* Zalać komuś sadła za skórę «dokuczyć komuś» □ (zwykle *ndk*) *pot.* Z. bez dop. «mówić, opowiadać bzdury, rzeczy zmyślone; kłamać, bujać»: Mówię, jak było, nie umiem zalewać. △ *posp.* Zalewać głodne kawałki «opowiadać nieprawdopodobne brednie» **zalać się — zalewać się 1.** «oblać się czymś»: Zalać się wodą, zupą. △ *przen.* Zalać się łzami, krwią, potem. **2.** *posp.* «upić się»

zalac się a. **zalęgnąć się** *dk Vc*, zalęgnie się, zalęgnął się (*wym.* zalęgnoł się), zaląge się a. zalęgł się; zalęgła się; zalągłby się (p. akcent § 4c), zalęgły, zalęgnięty a. zalężony — **zalęgać się** *ndk I*, zalęgałby się **1.** «o drobnych zwierzętach: zagnieździć się, rozmnożyć się»: W magazynach zalęgły się myszy. Mole zalęgły się w mące. **2.** zwykle w imiesł. «o jaju: być zapłodnionym, mieć zarodek»: Jaja już się zalęgły, były zalęgłe (zalęgnięte a. zalężone).

zalec *dk Vc*, zalęgnę, zalęgnie, zaległ, zaległiśmy (p. akcent § 1a i 2) — **zalegać** *ndk I*, zalegaliśmy □ (tylko w 3. os.) Z. co, *rzad.* na czym «pokryć, zająć jakąś przestrzeń, zapełnić jakieś miejsce»: Chmury zalegały niebo. Śnieg zalegał pola. Ciemność zaległa izbę. Tłumy zaległy ulice. △ Zaległa cisza, zaległo milczenie «zrobiło się cicho» □ (zwykle *ndk*) Z. z czym, *rzad.* w czym «opóźniać wykonanie, nie wykonywać czegoś, nie płacić za coś w terminie; mieć w czymś zaległości»: Zalegać z opłatą (w opłacie). Zalegać z podatkami (w podatkach), *ale*: Zalegać z robotą, z prenumeratą (*nie*: w robocie, w prenumeracie). △ Zalegać (z opłatą) za jakiś czas «Płatnik zalegał za dwa miesiące. □ (tylko *ndk*, 3. os.) Z. gdzie «o złożach minerałów, pokładach: występować»: Węgiel zalega głęboko pod skałami. Warstwy ilaste zalegają nad wapieniami. || D Kult. I, 282.

zalecać *ndk I*, zalecaliśmy (p. akcent § 1a i 2) — **zalecić** *dk VIa*, zalecę, zaleci, zaleć, zaleciliśmy, zalecony □ Z. komu co: **a)** «radzić w sposób autorytatywny; polecać»: Lekarz zalecił choremu kąpiele, branie lekarstw (*ale*: Lekarz polecił brać lekarstwa). **b)** (zwykle *ndk*) wych. z użycia «zachwalać, rekomendować»: Kupiec zalecał klienteli swoje towary. **zalecać się 1.** «starać się o względy osoby płci odmiennej» □ Z. się do kogo: Zalecał się do koleżanki. **2.** *wych. z użycia, książk.* «odznaczać się jakąś zaletą» Z. się czym: Styl tego autora zaleca się prostotą.

zalecenie *n I*: Zalecenie wyjazdu na kurację. Otrzymać zalecenie. Przestrzegać zaleceń lekarza. Postąpić wbrew zaleceniu zwierzchnika.

zaledwie, *rzad.* **zaledwo 1.** «wyraz określający daną ilość czegoś jako bardzo małą; nie więcej niż, tylko»: Przeczytał zaledwie pół rozdziału. Wykonaliśmy zaledwie 50% planu. Spał zaledwie parę godzin. **2.** «z trudem»: Taki był słaby, że zaledwie mógł się utrzymać na nogach. **3.** «w chwilę po czymś, gdy tylko...»: Zaledwie uszedł kilka kroków, usłyszał za sobą wołanie. △ Zaledwie... (a) już: Zaledwie przyszedł, a już musiał odejść. Zaledwie spojrzał, już wiedział, z kim ma do czynienia. △ Zaledwie... gdy: Zaledwie usnęli, gdy trzeba było wstawać.

zalegać p. zalec.

zalegalizować p. legalizować.

zaległość *ż V*: Zaległość podatkowa. Ściągnąć zaległości. Uiścić zaległości. Wyrównać zaległości. □ Z. czego, w czym: Zaległość czynszu (w czynszu). Zaległości w nauce, w pracy.

zalesiać *ndk I*, zalesialiśmy (p. akcent § 1a i 2) — **zalesić** *dk VIa*, zalesię, zalesi, zaleś, zalesiliśmy, zalesiony (*nie*: zaleszony): Zalesić wydmy, piaski. Zalesione nieużytki, bagna.

Zalesie *n I, D.* Zalesia «miejscowość»: Zalesie Dolne, Zalesie Górne. — zaleski. || U Pol. (2), 556.

zalesienie *n I* **1.** zwykle *blm*, forma rzeczownikowa czas. zalesić: Zalesienie nieużytków. **2.** «lasy porastające jakiś teren»: Górskie tereny mają naturalne zalesienie. Wzrost, rozwój zalesień.

zalesieniowy: Prace zalesieniowe (*lepiej*: zalesianie). || KJP 86.

Zaleszczyki *blp, D.* Zaleszczyk «miasto w ZSRR» — zaleszczycki.

zaleta *ż IV* «dodatnia cecha»: Zaleta umysłu, charakteru, serca. Opanowanie to duża zaleta. △ *niepoprawne* Złe zalety (*zamiast*: złe cechy).

zalew *m IV, D.* zalewu **1.** «zalewanie terenu wodą; teren zalany wodą»: Okresowe zalewy rzek. Rzeka tworzyła zakola i zalewy. △ *przen.* Zalew towarów zagranicznych. **2.** «teren sztucznie zalany, sztuczne jezioro (w nazwach dużą literą)»: Zalew Zegrzyński. **3.** «zatoka morska, mierzeja»: Morze utworzyło tu zalew. △ W nazwach dużą literą: Zalew Wiślany, Zalew Kuroński. **4.** *lepiej*: zalewa (p.): Zalew cukrowy, octowy (*lepiej*: zalewa cukrowa, octowa). || U Pol. (1), 266.

zalewa *ż IV* «płyn będący roztworem różnych substancji, służący do konserwowania owoców, jarzyn, ryb itp.»: Śliwki w zalewie octowej. || U Pol. (1), 266.

zalewać p. zalać.

zalewny, *częściej*: zalewowy (w zn. 2).

zalewowy 1. «dotyczący zalewu, zatoki morskiej»: Ryby zalewowe. **2.** «często zalewany przez wodę, zatapiany; *rzad.* zalewny»: Tereny zalewowe (zalewne). Pola, łąki zalewowe (zalewne). **3.** *rzad.* «polegający na zalewaniu»: Nawadnianie zalewowe.

zaleźć (*nie*: zaliźć) *dk XI*, zalezę (*nie*: zalizę, zalazę), zaleź, zalazł, zaleźliśmy (p. akcent § 1a i 2) — **załazić** *ndk VIa*, załażę, załaziliśmy *pot.* «idąc wolno dotrzeć gdzieś»: Był tak zmęczony, że ledwie zalazł do domu. △ Zaleźć komuś za skórę «dokuczyć komuś, dać się we znaki»

zależeć *ndk VIIb*, zależymy, zależeliśmy (p. akcent § 1a i 2) □ Z. od kogo, od czego «być zależnym»: Całkowicie zależeliśmy od gospodarzy. Wszystko zależało od humoru opiekuna. Wyniki pracy zależą od sumienności pracowników. □ Komuś zależy na czym, na kim «coś jest dla kogoś istotne, ważne, ktoś jest ważny, potrzebny»: Zależy mu na pieniądzach, na pracy, na czasie, na pośpiechu, na czyichś względach. Bardzo mi na nim zależy.

zależnie □ Z. od czego: Zależnie (a. w zależności) od warunków, od możliwości, od okoliczności. Zależnie od pogody, od temperatury wybiorę się na wycieczkę lub na plażę.

zależność *ż V* □ Z. od kogo, od czego: Zależność robotników od pracodawcy. △ Pozostawać w zależności od kogoś, od czegoś: Wysokość zarobków pozostaje w zależności od kwalifikacji pracownika. △ W zależności od czegoś «zależnie od czegoś»: Nauczyciel podzielił uczniów na grupy w zależności (a. zależnie) od stopnia zaawansowania. □ Z. między czym a czym (*nie*: czego z czym): Zależność między samopoczuciem a ciśnieniem atmosferycznym (*nie*: zależność samopoczucia z ciśnieniem atmosferycznym).

zalęgać się, zalęgnąć się p. zaląc się.

zalęknąć się (*nie*: zaląc się) *dk Vc*, zalęknę się, zalęknij się, zalękłem się (*nie*: zalękłem się), zalękł się, zalękła się, zalękliśmy się (p. akcent § 1a i 2) «przestraszyć się»: Tak się zalękł, że nie mógł głosu z siebie wydobyć.

zalęknienie *n I, blm książk.* «przestrach, lęk»: Widział jej zalęknienie i starał się ją ośmielić. Czuć zalęknienie.

zalękniony *m-os.* zalęknieni, *st. w.* bardziej zalękniony; nieco *książk.* «przestraszony, pełen lęku»: Był nieśmiały i zalękniony. △ Zalękniony wyraz twarzy. Zalęknione oczy.

zaliczać p. zaliczyć.

zaliczenie *n I* △ Zaliczenie studentowi ćwiczeń, wykładów «stwierdzenie podpisem, że student słuchał wykładu, brał udział w ćwiczeniach»: Student uzyskał wszystkie obowiązujące go zaliczenia. △ Wysłać, dostarczyć coś za zaliczeniem pocztowym, kolejowym (skrótowo: za zaliczeniem) «wysłać coś żądając od adresata wpłacenia podanej sumy przy odbiorze przesyłki» || U Pol. (1), 316.

zaliczka *ż III, lm D.* zaliczek: Wziąć zaliczkę. Wypłacić zaliczkę. Zaliczka na pensję, na poczet należności.

zaliczyć *dk VIb*, zaliczę, zalicz, zaliczyliśmy (p. akcent § 1a i 2) — **zaliczać** *ndk I*, zaliczaliśmy □ Z. kogo, co — do kogo, do czego «włączyć do czegoś, ocenić jako kogoś lub coś; w *ndk*: uważać za kogoś, za coś (z dopełnieniem w *lm* a. oznaczającym zbiorowość)»: Zaliczam go do bliskich przyjaciół. Zaliczył tych pracowników do grupy przodującej. □ Z. komu — co «zatwierdzić, uznać z korzyścią dla kogoś, wliczyć»: Więźniowi zaliczono areszt tymczasowy. Wykładowca zaliczył studentowi egzamin, *pot.* także: student zaliczył egzamin u wykładowcy. **zaliczać się** «należeć do jakiejś całości, grupy, kategorii, uważać się za kogoś, być kimś, jakimś» □ Z. się do kogo, do czego: Zaliczać się do ludzi postępowych. Zaliczam się do najmłodszych absolwentów tej uczelni. △ Książka ta zalicza się do najlepszych (*nie*: do jednej, *ani*: jednych z najlepszych). || U Pol. (1), 331; KP Pras.

zaloty *blp, D.* zalotów: Przyjmować życzliwie czyjeś zaloty. □ Z. do kogo: Obserwowałem z rozbawieniem jego bezskuteczne zaloty do mojej córki.

zaludniać *ndk I*, zaludnialiśmy (p. akcent § 1a i 2) — **zaludnić** *dk VIa*, zaludnię, zaludnij, zaludniliśmy, zaludniony □ Z. co (kim — tylko o ludziach): Przybysze zaludniali opustoszałe wsie. Okolica słabo zaludniona. Zaludniono kraj kolonistami.

zaludniać się — **zaludnić się** □ Z. się kim «stawać się zamieszkanym przez ludzi a. pełnym ludzi»: Po okresie urlopów Warszawa znów się zaludniła.

zał. «skrót wyrazów: *załącznik, założony, założył*, pisany z kropką, czytany jako cały, odmieniany wyraz»

załagodzić *dk VIa*, załagodzę, załagodź a. załagódź, załagodziliśmy (p. akcent § 1a i 2), załagodzony — *rzad.* **załagadzać** *ndk I*, załagadzaliśmy: Gniew rodziców załagodził obietnicą poprawy.

załam *m IV, D.* załamu w zn. «zakręt, zagięcie, wnęka» *częściej*: załom, np. Czekał na niego za załamem (*częściej*: załomem) muru.

załamać *dk IX*, załamię (*nie*: załamę), załamie, załam, załamał, załamaliśmy (p. akcent § 1a i 2) — **załamywać** *ndk VIIIa*, załamuję (*nie*: załamywuję, załamywam), załamywaliśmy □ Z. co **a)** «przez złamanie zawalić, uszkodzić (częściej w imiesłowie biernym)»: Śnieg załamał dach starego schroniska. Załamane przęsło mostu. **b)** «zgiąć»: Załamać karton, okładkę. △ Załamać ręce, *książk.* dłonie (na znak przerażenia, rozpaczy). □ Z. kogo «pozbawić kogoś odporności psychicznej, doprowadzić do rozpaczy»: Nieszczęścia i choroba załamały go całkowicie.
załamać się — **załamywać się 1.** w zn. «zawalić się, runąć, zapaść się» □ Z. się pod czym, pod kim: Drewniany most załamał się pod ciężarem czołgów. Jest tak tęgi, że krzesła się pod nim załamują. **2.** w zn. «przechodząc, przejeżdżając (przez most, po lodzie itp.) zapaść się wraz z walącym się mostem, pękającym lodem» □ Z. się na czym: Załamać się na moście, na zgniłych belkach.

załamek *m III, D.* załamka, *rzad.* załamku; a. **załomek** *m III, D.* załomka, *rzad.* załomku, *zdr.* od załam, załom: Załamek skóry. Załamek (załomek) muru, papieru. Załamek (załomek) na sukni, na tkaninie.

! załanczać p. załączyć.

załaskotać *dk IX*, załaskoczę, *przestarz.* załaskocę (*nie*: załaskotam); załaskocz (*nie*: załaskotaj), załaskotaliśmy (p. akcent § 1a i 2) □ Z. kogo, co — w co, po czym, *rzad.* w czym: Rozwiane włosy załaskotały ją po twarzy. Delikatnie załaskotał dziecko w szyję. Załaskotało go coś w gardle. Przyjemny zapach załaskotał nozdrza.

załatwiać *ndk I*, załatwialiśmy (p. akcent § 1a i 2) — **załatwić** *dk VIa*, załatw (*nie*: załatwij), załatwiliśmy □ Z. co «doprowadzać do skutku, dokładając starań»: Załatwiać interesy, formalności. Załatwiać sprawy urzędowe. Załatwiać sprawunki, zakupy. △ Załatwiając podanie, prośbę... (*nie*: w załatwieniu podania, prośby...) donosimy uprzejmie, że... □ Z. kogo «obsługiwać»: Załatwiać interesantów, klientów, pacjentów.

załatwiać się — **załatwić się** □ Z. się — z kim, z czym «pozbywać się czegoś, likwidować, kończyć coś»: Chciał się szybko załatwić ze sprawozdaniem i zająć się innymi sprawami. △ *przen. pot.* «rozprawiać się z kimś, unieszkodliwiać kogoś»: Nasze działa szybko się załatwiły z nieprzyjacielskim czołgiem.

załatwienie *n I* △ *niepoprawne* W załatwieniu czegoś, np. podania, prośby (*zamiast*: Załatwiając podanie, prośbę)... || D Kult. I, 34.

załazić

załazić p. zaleźć.

załącznik *m III* (skrót: zał.): Załącznik do podania, do protokołu, do ustawy.

załączyć *dk VIb*, załączę, załącz, załączyliśmy (p. akcent § 1a i 2) — **załączać** (*nie*: załanczać) *ndk I*, załączaliśmy □ Z. co — do czego «przesłać coś łącznie z czymś, dodać do czegoś»: Do zamówienia należy załączyć dowód wpłaty. △ Załączam pozdrowienia, ukłony, wyrazy szacunku itp. «zwroty grzecznościowe, umieszczane zwykle na końcu listu» △ *niepoprawne* W załączeniu przesyłam... (*zamiast*: załączam). || D Kult. I, 203.

załgać się *dk IX*, załżę się (*nie*: załgę się, załgam się), załże się, załżą się (*nie*: załgą się, załgają się), załżyj się (*nie*: załgaj się), załgaliśmy się (p. akcent § 1a i 2), załgany — **załgiwać się** *ndk VIIIb*, załguję się (*nie*: załgiwuję się, załgiwam się), załgiwaliśmy się, *rzad. pot.* «uwikłać się w łgarstwa; zakłamać się»: Załgał się do ostatecznych granic, już sam nie wie, kiedy mówi prawdę.

załom *m IV, D.* załomu «zakręt, zagięcie, wnęka»: Załom skały a. skalny; załom, *rzad.* załam muru, ulicy.

załomek p. załamek.

załomotać *dk IX*, załomoczę, *przestarz.* załomocę (*nie*: załomotam); załomotaliśmy (p. akcent § 1a i 2) «mocno zastukać» □ Z. w co, *rzad.* do czego (czym): Załomotał w drzwi (do drzwi). Załomotać pięścią w okno (do okna). △ Serce komuś (w kimś) załomotało.

załopotać *dk IX*, załopocze, *przestarz.* załopoce (*nie*: załopota); załopotałby (p. akcent § 4c): Załopotały flagi na wietrze. □ Z. czym: Ptak załopotał skrzydłami.

założenie *n I*, w zn. «podstawa, zasada»: Błędne, słuszne założenie. Autor sformułował we wstępie teoretyczne założenia pracy. △ Przyjmować założenie a. przyjmować coś jako założenie (*nie*: za założenie). Opierać się na założeniu. △ W założeniu: Koncepcja w założeniu słuszna, ale w szczegółach nie przemyślana. △ Wychodzić z jakiegoś założenia (np. w rozumowaniu, w rozważaniach). □ Z., że...: Założenie, że język jest systemem znaków, stanowi podstawę dalszych rozważań autora. □ (tylko w *lm*) Z. czego: Założenia planu (gospodarczego). □ (tylko w *lm*) Z. do czego: Założenia do projektu (architektonicznego).

założyciel *m I, lm M.* założyciele, *D.* założycieli (*nie*: założycielów): Założyciel szkoły, teatru, uniwersytetu, nowej dynastii.

założyć p. zakładać.

zamach *m III, D.* zamachu **1.** «targnięcie się na czyjąś własność, władzę, na czyjeś życie»: Zamach polityczny, zbrodniczy, samobójczy. Zorganizować zamach. Dokonać zamachu. Zginąć w zamachu. △ Zamach stanu «próba obalenia rządu» □ Z. na kogo, na co: Zamach na niepodległość kraju, zamach na czyjś majątek. Zamach na prezydenta. **2.** «szybkie machnięcie, zamachnięcie się»: Mocny, potężny zamach. Szeroki zamach. □ Z. czego a. czym: Zamach miecza, szabli, ramienia. Zamach pałaszem, kijem. △ *pot.* Za jednym zamachem «od razu, szyb-

ko, za jednym zachodem»: Za jednym zamachem załatwiła kilka spraw.

zamachowiec *m II, D.* zamachowca, *W.* zamachowcze, forma szerząca się: zamachowcu, *lm M.* zamachowcy, *D.* zamachowców.

zamaczać p. zamoczyć.

zamagazynować, *częściej*: **zmagazynować** *dk IV*, zamagazynowaliśmy, zmagazynowaliśmy (p. akcent § 1a i 2): Zamagazynowano (*częściej*: zmagazynowano) duże zapasy żywności.

zamajaczyć *dk VIb*, zamajaczyliśmy (p. akcent § 1a i 2); *rzad.* **zamajaczeć** *dk III*, zamajaczeliśmy **1.** «ukazać się niewyraźnie, mgliście»: W oddali zamajaczyły (zamajaczały) pierwsze domy osiedla. **2.** tylko: zamajaczyć, *rzad.* «odezwać się majacząc, bredząc»: Chory zamajaczył i umilkł.

zamakać p. zamoknąć.

zamamrotać *dk IX*, zamamrocze, *przestarz.* zamamroce; zamamrotaliśmy (p. akcent § 1a i 2): Zamamrotał coś przez sen.

zamanifestować p. manifestować.

zamarynować p. marynować.

zamarzać p. zamorzyć.

zamarzalnia p. zamrażalnia.

zamarznąć (*wym.* zamar-znąć) *dk Vc*, zamarznie (*wym.* zamar-znie a. zamar-źnie), zamarzł (*wym.* zamar-zł), *rzad.* zamarznął (*wym.* zamar-znoł); zamarzła; zamarzłby (p. akcent § 4c), zamarzły a. zamarznięty (*wym.* zamar-znięty a. zamarźnięty) — **zamarzać** (*wym.* zamar-zać) *ndk I*, zamarzaliśmy □ Z. bez dop.: Kałuże zamarzły. Porzucone pisklęta zamarzły. □ Z. z czego (zwykle na oznaczenie przyczyny wewnętrznej): Zamarznąć z wyczerpania, z braku sił. □ Z. od czego (zwykle na oznaczenie przyczyny zewnętrznej): Zamarznąć od mrozu (*nie*: z mrozu). *Por.* zmarznąć.

zamaszysty *m-os.* zamaszyści, *st. w.* bardziej zamaszysty: Zamaszysty krok. Złożyć zamaszysty podpis. Zamaszysty cios, policzek. △ *rzad.* Zamaszysty junak. Zamaszysta postać.

zamawiać *ndk I*, zamawialiśmy (p. akcent § 1a i 2) — **zamówić** *dk VIa*, zamówię, zamów, zamówimy, zamówiliśmy □ Z. co (u kogo): Zamawiać meble u stolarza, ubranie u krawca, wizytę u lekarza. Zamówić towar. Zamówić rozmowę telefoniczną. Zamawiać kawę, obiad (w kawiarni, w restauracji). □ Z. kogo (do czego): Zamówić kosiarzy do koszenia koniczyny. Zamówić stolarza, malarza.
zamawiać się — **zamówić się** □ Z. się do kogo «zapowiadać swoje przyjście, zapraszać się do kogoś»: Zamówił się do znajomych na karty, na noc. || D Kult. II, 124.

zamazać *dk IX*, zamażę, zamaże, zamaż, zamazaliśmy (p. akcent § 1a i 2) — **zamazywać** *ndk VIIIa*, zamazuję (*nie*: zamazywuję, zamazywam), zamazywaliśmy: Zamazywać szpary gliną. Zamazać napis na murze.

zamącić *dk VIa*, zamącę, zamąci, zamąć, zamącimy, zamąciliśmy (p .akcent § 1a i 2), zamącony — *rzad.* **zamącać** (*nie*: zamancać) *ndk I*, zamącaliśmy:

966

Zamącić wodę w studni. △ *pot*. Nie zamącić nikomu wody «nikomu nie zrobić najmniejszej przykrości, nie zakłócić nikomu spokoju» △ *przen*. Zamącić czyjś spokój, czyjeś szczęście. △ Zamącić komuś w głowie «zdezorientować kogoś»

zamążpójście *n I* «wyjście za mąż»: Zamążpójście córki. Rok po zamążpójściu, przed zamążpójściem.

Zambezi (*wym*. Zambez-i) *ż ndm* «rzeka w Afryce»: Zambezi jest żeglowna.

Zambia *ż I, DCMs*. Zambii «państwo w Afryce» — Zambijczyk *m III, lm M*. Zambijczycy — Zambijka *ż III, lm D*. Zambijek — zambijski.

Zambrów *m IV, D*. Zambrowa, *C*. Zambrowowi (*ale*: ku Zambrowowi a. ku Zambrowu) «miasto» — zambrowianin *m V, D*. zambrowianina, *lm M*. zambrowianie, *D*. zambrowian — zambrowianka *ż III, lm D*. zambrowianek — zambrowski.

zamczysko *n II, lm D*. zamczysk: Ogromne, ponure zamczysko. Mury starego zamczyska.

zamczysty *rzad. książk*. «opatrzony zamkiem, zamkami»: Zamczyste drzwi, wrota. Zamczysta brama, skrzynia.

Zamech *m III, D*. Zamechu «Zakłady Mechaniczne (w Elblągu)»: Pracować w Zamechu.

zameczek *m III* **1**. *D*. zameczku «mały zamek, pałacyk»: Wysoka wieża zameczku. **2**. *D*. zameczka «urządzenie do zamykania»: Włożyła kluczyk do zameczka.

zamek *m III* **1**. *D*. zamku «obronna budowla; królewska, książęca, magnacka rezydencja»: Zamek królewski. Bramy, mury zamku. Obwarować, oblegać zamek. Mieszkać w zamku a. na zamku. Goście zjechali do zamku a. na zamek. △ *pot*. Zamki na lodzie «rzeczy nierealne, nieziszczalne» **2**. *D*. zamka a. zamku «urządzenie zamykające» □ Z. od czego (zwykle chodzi o określony zamek): Zepsuł się zamek od drzwi wejściowych. □ Z. do czego: Kupić zamek do szuflady. **3**. *D*. zamka a. zamku «urządzenie w broni palnej» □ Z. czego, u czego: Zamek karabinu, pistoletu a. u karabinu, u pistoletu. // *D Kult*. II, 212.

zameldować *dk IV*, zameldowaliśmy (p. akcent § 1a i 2) □ Składnia jak: meldować.

Zamenhof (*wym*. Zamenhof) *m IV, D*. Zamenhofa (p. akcent § 7): Publikacja o Zamenhofie.

zamęście *n I przestarz*. «zamążpójście»

zamęt *m IV, D*. zamętu, zwykle *blm* «zamieszanie, chaos; nieporządek, rozgardiasz»: Nieopisany zamęt, a. zamęt nie do opisania. Zamęt pojęciowy. Zamęt w myślach, w głowie. Zamęt bitwy, walki. Robić, siać, szerzyć, wywoływać zamęt. Pogrążyć się w zamęcie. Wyjść, wyrwać się z zamętu. Wszczął się, powstał gdzieś zamęt.

zamężna «mająca męża, będąca mężatką»: Kobieta zamężna. □ Z. z kim, *przestarz*. za kim: Ciotka zamężna z adwokatem (za adwokatem).

zamian tylko w zwrotach: Dać, dostać itp. coś w zamian za coś: Te książki dostałem od niego w zamian za album znaczków.

zamiana (*nie*: podmiana) *ż IV, DCMs*. zamianie, zwykle *blm*: Ubiegali się o zamianę swojego mieszkania na większe.

zamiar *m IV, D*. zamiaru: Niecny, niezłomny, ambitny, szczery, ukryty, niewczesny zamiar. Zamiary na przyszłość. Zamiar napisania pracy doktorskiej. Wprowadzić zamiar w życie. Udaremnić, przekreślić czyjś zamiar a. czyjeś zamiary. Pokrzyżować czyjeś zamiary. Odwieść kogoś od jakiegoś zamiaru. △ Kończy się, skończyło się na zamiarach. △ Mieć zamiar coś robić (*nie*: zamiar robienia czegoś): Mieć zamiar pójść (*nie*: pójścia) do kina, *ale*: *książk*. Powziąć zamiar czegoś, np. Powziął zamiar wyjazdu. △ Trwać, umocnić się, utwierdzić się w zamiarze. Odstąpić od zamiaru. △ Robić coś z zamiarem (*nie*: w zamiarze) czegoś: Wyszedł z domu z zamiarem (*nie*: w zamiarze) załatwienia kilku spraw, *ale*: Robić coś w dobrych lub złych zamiarach. □ Z. co do kogo, co do czego, względem, *rzad*. wobec kogo, w stosunku do kogo: Zamiary co do kształcenia dzieci, a. w stosunku do dzieci, względem (wobec) dzieci. △ *przestarz*. Mieć poważne zamiary w stosunku do panny.

zamiast □ Z. kogo, czego: Ciotka przyszła zamiast matki. Chleb zamiast bułki. Prycze zamiast łóżek. □ Z. z rzeczownikiem (w innym przypadku niż dopełniacz) zależnym od użytego dalej czasownika i przyimka: Zamiast drogą idą polami. Zamiast na ścieżkę skręcili w las. □ Z. + bezokol.: Zamiast spać, pracował całą noc. △ *wych*. *z użycia* Zamiast żeby: Zamiast żeby się troszczyć o dom, podróżował po świecie.

zamiatacz *m II, lm M*. zamiatacze, *D*. zamiataczy *rzad*. zamiataczów: Zamiatacz ulic.

zamiataczka *ż III, lm D*. zamiataczek; a. **zamiatarka** *ż III, lm D*. zamiatarek **1**. «przyrząd ręczny albo maszyna do zamiatania»: Produkcja mechanicznych zamiataczek (zamiatarek) do zamiatania ulic. **2**. tylko: zamiataczka «kobieta zamiatająca ulice»: Na ulicy kręciły się zamiataczki z miotłami w rękach.

zamiatać *ndk I*, zamiataliśmy (p. akcent § 1a i 2) — **zamieść** *dk XI*, zamiotę (*nie*: zamietę), zamiecie, zamieć, zamiótł, zamiotła (*nie*: zamietła), zamietli, zamietliśmy, zamieciony (*nie*: zamiecony): Zamiatać pokój, ulicę. Zamiatać podłogę szczotką. Już późno, a mieszkanie nawet jeszcze nie zamiecione.

zamiauczeć (*wym*. zamiau-czeć; *nie*: zamiauczyć) *dk VIIb*, zamiauczałby (p. akcent § 4c) «wydać miauknięcie; miauknąć»: W ciszy nocnej zamiauczał kot.

zamieć *ż V, lm M*. zamiecie, *rzad*. zamieci: Zamieć śnieżna. Na dworze szalała zamieć.

zamienić (*nie*: podmienić) *dk VIa*, zamienię, zamieni, zamień, zamienimy, zamieniliśmy (p. akcent § 1a i 2) — **zamieniać** (*nie*: podmieniać) *ndk I*, zamienialiśmy □ Z. (*nie*: podmienić) kogo, co — na kogo, na co (*nie*: kim, czym) «dać, otrzymać coś w zamian za coś, zastąpić kogoś, coś — kimś, czymś»: Zamienić praktykantów na fachowców. Zamienić armaty na pługi. Zamienić towar na pieniądze. △ Zamienić stary bilet na nowy (*nie*: nowym; *ale*: Zastąpić stary bilet nowym). □ Z. co — w co «przekształcić, przeobrazić, przemienić»: Nalot zamienił miasto

967

w kupę gruzów. Zamienić mały warsztat w dużą fabrykę. Mróz zamienia wodę w lód.
zamienić się — zamieniać się □ Z. się z k i m — na co (*nie*: czym) «dać sobie coś wzajemnie, dokonać między sobą wymiany; wymienić się»: Zamienić się na książki, na miejsca. □ Z. się w co (*nie*: na co) «przekształcić się, przeobrazić się, przemienić się»: Znajomość zamieniła się w przyjaźń. Kraj zamienił się w ruinę. Świt zamienia się w poranek. △ Zamienić się w słuch, we wzrok «bardzo uważnie słuchać, patrzeć» △ Zamienić się w słup soli «znieruchomieć z wrażenia» || *U Pol. (2), 331.*

zamiennik *m III ekon.* «produkt rolny dostarczony do punktu skupu zamiast innego artykułu w ramach dostaw obowiązkowych» *Por.* zmiennik.

zamienny «podlegający zamianie, przeznaczony do zamiany, dający się zamieniać; wymienny»: Handel zamienny. Części zamienne (*lepiej* niż: wymienne).

zamierać *ndk I,* zamieraliśmy (p. akcent § 1a i 2) — **zamrzeć** *dk XI,* zamrę, zamrze, zamrzyj, zamarł, zamarliśmy **1.** «przestawać żyć, martwieć, obumierać»: Organizm, narząd zamiera. Tkanki, rośliny, kwiaty zamierają. △ *przen.* Ruch uliczny stopniowo zamierał. △ Dech zamiera (w piersi) «ustaje oddychanie» △ Serce zamiera «serce przestaje bić» **2.** «nieruchomieć, zastygać w bezruchu»: Zamierać w oczekiwaniu na wybuch. Zamrzeć bez ruchu. □ Z. z czego: Zamierać ze strachu, z przerażenia.

zamierzać (*nie*: zamiarować) *ndk I,* zamierzaliśmy (p. akcent § 1a i 2) — *rzad.* **zamierzyć** *dk VIb,* zamierzyliśmy (w *dk.* zwykle w imiesł. biernym) «mieć zamiar, planować, zamyślać»: Zamierzał zbudować nowy dom (*nie*: zamierzał zbudowanie, budowę nowego domu). Dążył do zamierzonego celu. Myślał o zamierzonym wyjeździe.
zamierzać się — zamierzyć się: Zamierzył się, żeby zadać cios. □ Z. się czym — na kogo, na co: Zamierzył się kijem na psa. Zamierzył się szablą na przeciwnika.

zamierzchły *książk.* «bardzo dawny» zwykle w połączeniach: Zamierzchła przeszłość. Zamierzchłe czasy, dzieje.

zamiesić (*nie*: zamięsić) *dk VIa,* zamieszę, zamiesi, zamieszą, zamieś, zamiesimy, zamiesiliśmy (p. akcent § 1a i 2), zamieszony: Zamiesić ciasto na chleb. Zamiesić glinę, zaprawę.

zamieszać (*nie*: zamięszać) *dk I,* zamieszaliśmy (p. akcent § 1a i 2): Zamieszać herbatę łyżką. Zamieszać cukier w herbacie. Zamieszać w garnku. △ *przen.* Zamieszać komuś w głowie. □ Z. kogo — w co «wplątać, wciągnąć»: Zamieszać kogoś w zbrodnię.

zamieszanie (*nie*: zamięszanie) *n I, blm* w zn. «niepokój, zamęt, nieporządek»: Wywołać, szerzyć zamieszanie. Narobić zamieszania △ *niepoprawne* w zn. «zakłopotanie, zmieszanie», np. Zaczerwienić się z zamieszania (*zamiast*: ze zmieszania, z zakłopotania).

zamieszkać *dk I,* zamieszkaliśmy (p. akcent § 1a i 2), zamieszkany a. zamieszkały — *rzad.* **zamieszkiwać** *ndk VIIIb,* zamieszkuję (*nie*: zamieszkiwuję, zamieszkiwam), zamieszkiwaliśmy: Zamieszkać w zamku a. na zamku. Zamieszkać w internacie (*ale*: za-

mieszkać na stancji). △ Zamieszkać na (ulicy) Pięknej, *urz.* przy ulicy Pięknej. Zamieszkać na rynku a. w rynku (*nie*: przy rynku). □ (zwykle *dk*) Z. co «zająć coś na mieszkanie»: Zamieszkać opuszczony domek, narożny pokój. □ (zwykle *dk*) Z. u kogo, z k i m: Zamieszkać u krewnych. Zamieszkać z bratem. △ *niepoprawne* Zamieszkiwać (*zamiast*: mieszkać) gdzieś, np. w mieście.

zamieszkały «mieszkający gdzieś stale, osiadły gdzieś»: Przyjechała do ciotki zamieszkałej w Warszawie.

zamieszkany «będący miejscem czyjegoś zamieszkania, zajęty przez kogoś na mieszkanie»: Dom zamieszkany przez robotników. || *D Kult. I, 206, 641.*

zamieszkanie *n I urz.* «miejsce pobytu; mieszkanie»: Podać miejsce (*nie*: adres miejsca) zamieszkania.

zamieszki *blp, D.* zamieszek: Zamieszki uliczne Stłumić zamieszki.

zamieszkiwać p. zamieszkać.

zamieść p. zamiatać.

zamigotać p. migotać.

zamilczeć (*nie*: zamilczyć) *dk VIIb,* zamilczę, zamilczy, zamilcz, zamilczymy, zamilczał, zamilczeliśmy (p. akcent § 1a i 2) — *rzad.* **zamilczać** *ndk I,* zamilczaliśmy □ Z. o czym, co «nie rozgłosić czegoś, przemilczeć, zataić coś»: Lepiej zamilczeć o tej przygodzie. Zamilczeć prawdę. □ (tylko *dk*) Z. bez dop. «przestać mówić, *częściej*: zamilknąć»: Zamilcz wreszcie, bo chcę odpocząć.

zamilknąć *dk Vc,* zamilknę, zamilknij, zamilkłem, *rzad.* zamilknąłem (*wym.* zamilknołem; *nie*: zamilknełem); zamilkł, *rzad.* zamilknął (*wym.* zamilknoł); zamilkła, zamilkliśmy (p. akcent § 1a i 2): Zobaczył, że go nikt nie słucha, więc zamilkł. Rozmowy zamilkły. △ *przen.* Armaty nagle zamilkły.

zamiłowanie *n I* □ Z. do czego, *przestarz.* w czym: Zamiłowanie do sztuki, do polowania, do sportu. Mieć zamiłowanie do porządku. Rozwijać, wzbudzać w kimś zamiłowanie do czegoś. Rysował z zamiłowania. △ Być kimś z zamiłowania (*nie*: z zamiłowaniem) «być kimś z upodobania, z powołania»: Być lekarzem, nauczycielem z zamiłowania.

zamiłowany *m-os.* zamiłowani, *st. w.* bardziej zamiłowany: Był zamiłowanym ogrodnikiem. □ *rzad.* Z. w czym: Był człowiekiem zamiłowanym w nauce.

zamknąć *dk Va,* zamknę, zamknie, zamknij, zamknąłem (*wym.* zamknołem; *nie*: zamknełem, zamkłem), zamknął (*wym.* zamknoł), zamknęła (*wym.* zamknela; *nie*: zamkła); zamknęliśmy (*wym.* zamknęliśmy, *nie*: zamkliśmy, p. akcent § 1a i 2); zamknięty — **zamykać** *ndk I,* zamykaliśmy □ Z. co **a)** «zasłonić, zasunąć, zatrzasnąć wejście, wlot, otwór»: Zamknąć bramę, drzwi, okna. Zamknąć pokój, mieszkanie. △ Zamknąć komuś drzwi przed nosem. △ Zamknąć coś na głucho, na cztery spusty. △ Zamknąć biuro, sklep itp. «przerwać działalność na określone godziny»: Sklepy zamykają o godz. 19, biura o 15. △ Zamknąć granicę, granice (państwa) «nie przepuszczać przez granicę» △ Przy drzwiach zamkniętych «bez udziału publiczności (o sposobie odbywania się rozpraw sądowych, posiedzeń, narad)»: Rozprawa sądowa odbywała się przy drzwiach za-

mkniętych. △ Zamknąć usta, oczy. △ Zamknąć na coś oczy, *rzad.* uszy «starać się nie zauważać, nie widzieć, nie słyszeć czegoś»: Nie zamykajmy oczu na to niebezpieczeństwo. Nie należy zamykać uszu na głosy opinii publicznej. △ *posp.* Zamknąć buzię, *wulg.* gębę «zamilknąć» **b)** «zlikwidować»: Okupanci zamknęli wszystkie szkoły, wszystkie pisma polskie. **c)** «doprowadzić do końca, zakończyć»: Zamknąć dyskusję, posiedzenie, zebranie. Zamknąć sesję sejmową. Zamknąć rachunki, obliczenia. □ Z. co — na co (wymieniając narzędzie, którym się zamyka): Zamknąć drzwi na klucz, na zamek, na haczyk, na zasuwkę. □ Z. co — czym **a)** «zatkać»: Zamknąć beczkę pokrywą, butelkę korkiem. **b)** «zagrodzić, zastawić, obudować czymś»: Zamknąć przejazd szlabanem. Dziedziniec zamknięty budynkami. △ Zamknąć ulicę, ruch na ulicy «zakazać przechodzenia, przejazdu przez ulicę, wstrzymać ruch na ulicy» △ Zamknąć (komuś) drogę, dostęp do czegoś «uniemożliwić komuś osiągnięcie, zdobycie czegoś»: Protestantom zamknięto dostęp do urzędów ziemskich. △ Zamknąć komuś odwrót «utrudnić, uniemożliwić komuś odwrót» □ Z. co — w czym: Zamknąć rzeczy w walizce, ubranie w szafie. △ *przen. książk.* Zamknąć coś w słowach a. w słowa «wyrazić, wypowiedzieć» □ Z. co — przed kim «ukryć, schować»: Zamknąć słodycze przed dziećmi. Zamykać drzwi przed złodziejami. □ Z. kogo, co — w czym (gdzie) «umieścić gdzieś i pozbawić możliwości wyjścia»: Zamknąć dzieci w domu. Zamknąć bydło w oborze, psa w budzie. Zamknąć więźnia w celi. □ *pot.* Z. kogo «uwięzić»
zamknąć się — zamykać się: Zamknąć się w pokoju, w domu. Zamykać się na klucz. △ Zamknąć się w sobie «stać się skrytym» △ *książk.* Zamknęły się za kimś bramy więzienia. △ *pot.* (tylko *ndk*) Usta się komuś nie zamykają «ktoś (za) dużo mówi»

zamknięcie *n I* △ Trzymać kogoś, coś w zamknięciu (*nie*: pod zamknięciem; *ale*: Trzymać coś pod kluczem).

zamlaskać *dk I*, zamlaska a. *dk IX*, zamlaszcze; zamlaskaliśmy (p. akcent § 1a i 2): Zamlaskał (wargami) na widok smacznego deseru.

zamoczyć *dk VIb*, zamoczę, zamoczy,. zamocz; zamoczymy, zamoczył, zamoczyliśmy (p. akcent § 1a i 2) — *rzad.* **zamaczać** *ndk* a. *dk I*, zamaczaliśmy: Zamoczyć ręce, rękawy. □ Z. co — w czym (*nie*: do czego): Zamoczyć bieliznę w mydlinach. Zamoczył a. zamaczał pióro w atramencie. □ Z. co — czym: Zamoczyć suknię wodą. // *D Kult. II, 98.*

Zamojski p. Zamoyski.

Zamojszczyzna *ż IV, CMs.* Zamojszczyźnie: Mieszkać na Zamojszczyźnie. Pojechać na Zamojszczyznę.

zamoknąć *dk Vc*, zamoknie, zamókł, *rzad.* zamoknął (*wym.* zamoknoł); zamokła (*nie*: zamoknęła), zamókłby (p. akcent § 4c), zamokły a. zamoknięty — **zamakać** *ndk I*, zamakałby: Zboże zamokło na polu. Zapalniki zamokły na deszczu.

zamordyzm *m IV, D.* zamordyzmu, *Ms.* zamordyzmie (*wym.* ~yzmie a. ~yźmie), *blm pot.* «rządy „twardej ręki"; despotyzm»

zamorzyć *dk VIb*, zamorzy, zamórz, zamorzymy, zamorzyliśmy (p. akcent § 1a i 2) — *rzad.* **zamarzać** *ndk I*, zamarzaliśmy: Zamorzyć kogoś głodem. △ Zamarzanie kokonów (jedwabnika) «zabijanie poczwarek w kokonach przez morzenie» // *D Kult. I, 641.*

Zamość *m I, D.* Zamościa «miasto»: Pojechać do Zamościa. Zamieszkać w Zamościu. Wrócić z Zamościa. — zamościanin *m V, D.* zamościanina, *lm M.* zamościanie, *D.* zamościan — zamościanka *ż III, lm D.* zamościanek — zamojski.

zamotać *dk I*, zamotaliśmy (p. akcent § 1a i 2) — *rzad.* **zamotywać** *ndk VIIIa*, zamotuję (*nie*: zamotywuję, zamotywam), zamotywaliśmy □ Z. kogo, co — czym a. w co: Zamotać dziecko kocem (w koc). Zamotać szyję szalem (w szal). □ Z. co około czego, na czym: Zamotać szal dokoła szyi. Zamotać sznur na gałęziach.

Zamoyski, Zamojski *m odm. jak przym.* Zamoyska, Zamojska *ż odm. jak przym.* // *D Kult. I, 794; U Pol. (2), 504, 580.*

zamożny *m-os.* zamożni, *st. w.* zamożniejszy: Zamożny gospodarz, kupiec. Zamożny dom. Zamożna okolica. △ *niepoprawne* w zn. «zasobny, obfitujący w coś», np. Jeziora zamożne (*zamiast*: obfitujące) w ryby.

zamówić p. zamawiać.

zamówienie *n I*: Otrzymać, przyjąć, wykonać zamówienie. Zrobić coś na zamówienie. □ Z. na co: Zamówienie na roboty ślusarskie, na dostawę towarów. Malarz dostał zamówienie na portret.

zamrażalnia, *rzad.* **zamarzalnia** (*wym.* zamarzalnia) *ż I, DCMs.* i *lm D.* zamrażalni (zamarzalni): Mrożono ryby w zamrażalni (w zamarzalni).

zamrozić *dk VIa*, zamrożę, zamrozi, zamróź, zamrozimy, zamroziliśmy (p. akcent § 1a i 2) — zamrożony — **zamrażać** *ndk I*, zamrażaliśmy: Zamrozić rybę, mięso. △ Zamrozić kapitały, towary, rezerwy surowców «uniemożliwić ich eksploatację, użytkowanie, sprzedaż» △ Zamrozić płace «nie dopuścić do podwyżki płac»

zamróz *m IV, D.* zamrozu **1.** «zamrożona wilgoć na powierzchni czegoś»: Zamróz na szybie, na murze. **2.** *przestarz., książk.* «przenikliwe zimno, chłód»: Wilgotny, przenikliwy zamróz ciągnął od pól.

zamrzeć p. zamierać.

zamsz *m II, D.* zamszu, *lm D.* zamszów (*nie*: zamszy): Pantofle z zamszu. Paltka dziecinne uszyto z różnych zamszów.

zamurować *dk IV*, zamurowaliśmy (p. akcent § 1a i 2) — **zamurowywać** *ndk VIIIa*, zamurowuję (*nie*: zamurowywuję, zamurowywam), zamurowywaliśmy □ Z. co — czym: Zamurować otwór, dziurę gliną, gipsem, cegłami. □ Z. co — w czym: Zamurować skarb we wnęce muru.

zamustrować *dk IV*, zamustrowaliśmy (p. akcent § 1a i 2) *środ.* (składnia jak: mustrować) **a)** «zaangażować kogoś jako członka załogi statku»: Zamustrowano już całą załogę na statek. **b)** a. **zamustrować się** «zaangażować się jako członek załogi statku»: Zamustrowałem (zamustrowałem się) na „Gdańsk" w charakterze starszego marynarza.

zamydlić *dk VIa*, zamydlę, zamydli, zamydl (*nie*: zamydlij), zamydliliśmy (p. akcent § 1a i 2) — za-

zamykać

mydlać *ndk I*, zamydlaliśmy △ tylko w *pot.* zwrocie: Zamydlić komuś oczy «wprowadzić kogoś w błąd, stwarzając mylące pozory»: Nie dam sobie zamydlić oczu twoimi opowiadaniami.

zamykać p. zamknąć.

zamysł *m IV*, *D.* zamysłu, dziś częściej w *lm*, *książk.* «projekt, zamierzenie, zamiar»: Zamysły twórcze, dynastyczne, polityczne, wojenne. Powziąć, urzeczywistnić, wykonać zamysł. Odkryć, wyjawić (czyjeś) zamysły. Odstąpić od zamysłu, zaniechać zamysłu, pokrzyżować czyjeś zamysły.

zamyślenie *n I*, *blm*: Głębokie zamyślenie. Robić coś w zamyśleniu. Pogrążyć się w zamyśleniu. Otrząsnąć się, obudzić się z zamyślenia. Stukanie do drzwi wyrwało go z zamyślenia.

zamyślić (*nie*: zamyśleć; *ale*: myśleć) *dk VIa*, zamyślę, zamyśli, zamyślimy, zamyśliliśmy (p. akcent § 1a i 2) — **zamyślać** *ndk I*, zamyślaliśmy □ *wych. z użycia* Z. co (*ndk* także — o czym), z. co + bez-okol. «zamierzyć, zaplanować, postanowić»: Zamyślił daleką podróż (o dalekiej podróży). Zamyślił osiąść na wsi. Chcę wiedzieć, co zamyślasz.
zamyślić się — **zamyślać się** □ Z. się bez dop. «pogrążyć się w myślach, w zadumie»: Zamyślił się głęboko, smutno. □ Z. się nad kim, nad czym: Zamyślić się nad przyszłością. □ Z. się o kim, o czym: Zamyślić się o dalekich krajach, o dawnych przyjaciołach.

zanadrze (*nie*: zanadra) *n I*, zwykle w *lp*: Wyjąć, wydostać, wydobyć coś z zanadrza, schować w zanadrze, znaleźć w zanadrzu. △ *przen.* Mieć, chować coś, kryć coś w zanadrzu «mieć coś w pogotowiu»: Zawsze miał w zanadrzu niezwykłą opowieść, kawał, niespodziankę.

zanegować *dk IV*, zanegowaliśmy (p. akcent § 1a i 2) □ *książk.* Z. co (*nie*: czemu): Zanegował konieczność (*nie*: konieczności) operacji. Zanegował, jakoby (*nie*: temu, że) nie wykonał planu.

zaniebieścić *dk VIa*, zaniebieszczę, zaniebieść (*nie*: zaniebieścij), zaniebieściliśmy (p. akcent § 1a i 2); a. **zaniebieszczyć** *dk VIb*, zaniebieszczyliśmy 1. «zabarwić, zafarbować na niebiesko»: Zmrok zaniebieścił (zaniebieszczył) szyby. □ Z. co — czym: Zaniebieściłaś (zaniebieszczyłaś) bieliznę farbką. 2. *części*: zaniebieścić się, zaniebieszczyć się (w zn. 2): Oczy jej zaniebieściły (zaniebieszczyły) szkliście.
zaniebieścić się a. **zaniebieszczyć się** 1. «stać się niebieskim»: Zaniebieścił się (zaniebieszczył się) już len. □ Z. się od czego, *rzad.* czym a) «stać się niebieskim, wyglądać niebiesko»: Łąka zaniebieściła się (zaniebieszczyła się) od niezapominajek. b) «zafarbować»: Bielizna zaniebieściła się (zaniebieszczyła się) od farbki, *rzad.* farbką. 2. «odbić się od tła jako niebieska plama; *rzad.* zaniebieścić, zaniebieszczyć; zaniebieścieć, zaniebieszczeć»: Przed nami na łące zaniebieściły się (zaniebieszczyły się) dzwonki. W oddali zaniebieściły się czapeczki dzieci.

zaniebieścieć a. **zaniebieszczeć** *dk III*, zaniebieściałby, zaniebieszczałby (p. akcent § 4c), *części*: zaniebieścić się, zaniebieszczyć się «stać się niebieskim; odbić się od tła jako niebieska plama»: Len już zaniebieściał (zaniebieszczał). Zaniebieściały (zaniebieszczały) przed nami hortensje.

zaniechać *dk I*, zaniechaliśmy (p. akcent § 1a i 2) □ Z. czego (*nie*: co): Zaniechać zamiaru, budowy, projektowanego wyjazdu. Zaniechać starań. // *D Kult. I*, 642.

zanieczyścić *dk VIa*, zanieczyszczę, zanieczyści, zanieczyścić, zanieczyścimy, zanieczyściliśmy (p. akcent § 1a i 2), zanieczyszczony — **zanieczyszczać** *ndk I*, zanieczyszczaliśmy: Wodę w rzece zanieczyszczono ściekami. Zanieczyścić zboże chwastami.

zaniedbać *dk I*, zaniedbaliśmy (p. akcent § 1a i 2) — **zaniedbywać** *ndk VIIIa*, zaniedbuję (*nie*: zaniedbywuję, zaniedbywam), zaniedbywaliśmy □ Z. kogo, co: Zaniedbać rodzinę, dzieci. Zaniedbywać naukę, obowiązki, pracę. □ Z. + rzecz. odsłowny (w dopełniaczu): Autor zaniedbał przeczytania kilku podstawowych opracowań tego tematu.
zaniedbać się — **zaniedbywać się** □ Z. się w czym: Zaniedbać się w nauce, w pracy, w obowiązkach.

zaniedbanie *n I* □ Z. kogo, czego: Zaniedbanie obowiązków, rodziny, interesów. □ Z. w czym: Zaniedbanie w wyglądzie, w ubiorze.

za niedługo *niepoprawne* zamiast: niezadługo, niedługo, wkrótce.

zaniemeński «położony za Niemnem, pochodzący z tamtych stron»: Lasy zaniemeńskie. Ludność zaniemeńska.

zaniemóc *dk XI*, zaniemogę, zaniemoże, zaniemógł, zaniemogła, zaniemogliśmy (p. akcent § 1a i 2) *książk.* «zachorować»: Ciężko, obłożnie zaniemóc. □ Z. z czego: Zaniemóc z przemęczenia, ze wzruszenia.

zaniemówić *dk VIa*, zaniemówię, zaniemów, zaniemówimy, zaniemówiliśmy (p. akcent § 1a i 2) □ Z. z czego (kiedy się podaje wewnętrzną przyczynę zaniemówienia): Zaniemówić z gniewu, ze zdziwienia, ze strachu. □ Z. od czego (kiedy się podaje przyczynę zewnętrzną): Zaniemówić od mrozu, od kurzu.

Zaniemyśl *m I*, *D.* Zaniemyśla «miejscowość» — zaniemyski.

zanieść *dk XI*, zaniosę (*nie*: zaniesę), zaniesie, zanieś, zaniesiemy, zaniósł, zaniosła (*nie*: zaniesła), zanieśliśmy (p. akcent § 1a i 2), zaniesiony — **zanosić** *ndk VI*, zanoszę, zanosi, zanoś, zanosimy, zanosiliśmy «niosąc dostarczyć dokądś, do kogoś» □ Z. co a. kogo — dokąd: Zanieść buty do szewca, bieliznę do pralni, list na pocztę. Zanieść dziecko do lekarza. △ *przen. książk.* Zanosić do kogoś prośby, skargi. □ Z. co — komu: Zanieść komuś kwiaty, list, obiad. △ *przen.* Zanieść komuś wiadomość, nowinę, pozdrowienie. □ (zwykle *dk*) tylko w 3. os., bezokol., imiesł., i *nieos.* Z. (co) czym «zawiać, zasypać»: Wicher zaniósł śniegiem, piaskiem pola, drogi. (*nieos.*) Śnieżyca szalała, chałupę zaniosło śniegiem pod sam dach.
zanieść się — **zanosić się** □ Z. się od czego a. czym: Zanosić się od płaczu, od śmiechu, od kaszlu (płaczem, śmiechem, kaszlem) □ (*nieos.*) Zanosi się na co «zbiera się na coś, coś ma nastąpić»: Zanosiło się na deszcz, na awanturę.

zanikać *ndk I*, zanikałby (p. akcent § 4c) — **zaniknąć** *dk Va* a. *Vc*, zanikł a. zaniknął (*wym.* zaniknoł); zanikła a. zaniknęła (*wym.* zaniknęła); zanikłby, zaniknąłby (*wym.* zaniknołby), zwykle w 3. os. lub w bezokol.: Gwary ludowe w Polsce zanikają.

zanim «wpierw niż, nim»: Zanim wyjedziesz, pozałatwiaj pilne sprawy. Zmarzniemy zanim (*nie:* za czym) się ociepli. △ *niepoprawne* Zanim nie (*zamiast:* dopóki nie) zjesz, nie możesz wstać od stołu.

zaniżyć *dk VIb,* zaniżę, zaniży, zaniż, zaniżymy, zaniżyliśmy (p. akcent § 1a i 2), zaniżony — **zaniżać** *ndk I,* zaniżaliśmy *środ.* «obniżyć, zmniejszyć bez dostatecznego uzasadnienia, niesłusznie»: Zaniżyć plan, normy. Zaniżone ceny, stawki. || *Kl. Ależ* 20; *KP Pras.*

zanosić p. zanieść.

zanurzać *ndk I,* zanurzaliśmy (p. akcent § 1a i 2) — **zanurzyć** *dk VIb,* zanurzę, zanurzy, zanurzymy, zanurzyliśmy, zanurzony □ Z. kogo, co — w co, w czym: Zanurzyć ręce w wodę (w wodzie). **zanurzać się — zanurzyć się** □ Z. się w co, w czym: Pływak zanurzył się w wodę (w wodzie). Zanurzyć się w głębokim fotelu.

Zanzibar (*wym.* Zanz-ibar) *m IV, D.* Zanzibaru «wyspa u wschodnich wybrzeży Afryki; stolica i port tej wyspy»: Mieszkać na Zanzibarze (na wyspie) a. w Zanzibarze (w mieście). — zanzibarski (p.).

zanzibarski: Wybrzeże zanzibarskie (*ale:* Kanał Zanzibarski).

zań «skrócona książkowa forma połączenia przyimka *za* z elementem -*ń* jako cząstką składową formy *niego*; za niego (poprawna tylko w rodzaju męskim)»

zaobserwować p. obserwować.

Zaodrze *n I* «ziemie leżące za Odrą»: Mieszkać na Zaodrzu. Jechać na Zaodrze. — zaodrzański.

zaofiarować *dk IV,* zaofiarowaliśmy (p. akcent § 1a i 2) — *rzad.* **zaofiarowywać** *ndk VIIIa,* zaofiarowuję (*nie:* zaofiarowywuję), *rzad. ndk I,* zaofiarowywam; zaofiarowywaliśmy △ Składnia jak: ofiarować.

zaognić *dk VIa,* zaognij (*nie:* zaogń), zaogniliśmy (p. akcent § 1a i 2) — *rzad.* **zaogniać** *ndk I,* zaogialiśmy **1.** *rzad.* «zarumienić»: Twarze zaognione alkoholem. **2** «wywołać stan zapalny»: Niewłaściwie zastosowane lekarstwo jeszcze bardziej zaogniło ranę. △ *przen.* Zaognić sprawę, sytuację, stosunki. **zaognić się** «zacząć się jątrzyć»: Rana się zaogniła.

zaokrąglać (*nie:* zaokranglać) *ndk I,* zaokrąglaliśmy (p. akcent § 1a i 2) — **zaokrąglić** *dk VIa,* zaokrąglij, zaokrągliliśmy: Zaokrąglić rogi kołnierzyka. △ Zaokrąglić liczbę, cenę.

Zaolzie *n I* «ziemie leżące za Olzą»: Mieszkać na Zaolziu. Jechać na Zaolzie. — zaolziański.

zaondulować *dk IV,* zaondulowaliśmy (p. akcent § 1a i 2) — **ondulować** *ndk, wych. z użycia* «ułożyć włosy; uczesać się w fale, w loki; zrobić ondulację»: Miała starannie zaondulowane włosy.

zaopatrywać *ndk VIIIa,* zaopatruję (*nie:* zaopatrywuję, zaopatrywam), zaopatrywaliśmy (p. akcent § 1a i 2) — **zaopatrzyć** (*nie:* zaopatrzeć) *dk VIb,* za-opatrzyliśmy □ Z. kogo, co — w co (*nie:* czym): Zaopatrzyć żołnierzy, wojsko w broń. Zaopatrywać sklepy w towary. Zaopatrywać miasto w gaz, w wodę, w materiały budowlane. Zaopatrywać kogoś w narzędzia, w pomoce naukowe. Zaopatrywać książkę, powieść itp. we wstęp, w komentarz (*lepiej:* opatrzyć wstępem, komentarzem). Zaopatrzyć dokument w pieczęć, w stempel (*lepiej:* opatrzyć pieczęcią, stemplem). □ Z. kogo, co — na co: Zaopatrzyć kogoś na drogę, na podróż. △ Zaopatrzyć (*częściej:* opatrzyć) budynek, okna itp. na zimę. *Por.* opatrzyć.

zaopatrzenie *n I* △ *urz.* Zaopatrzenie emerytalne «emerytura»

zaopatrzeniowiec *m II, D.* zaopatrzeniowca, *W.* zaopatrzeniowcze, forma szerząca się: zaopatrzeniowcu, *lm M.* zaopatrzeniowcy *środ.* «pracownik działu zaopatrzenia»

zaopatrzyć p. zaopatrywać.

zaopiekować się p. opiekować się.

zaopiniować p. opiniować.

zaoponować p. oponować.

zaorać *dk IX,* zaorze, zaoraliśmy (p. akcent § 1a i 2) — **zaorywać** *ndk VIIIa,* zaoruję (*nie:* zaorywuję, zaorywam), zaorywaliśmy: Zaorać ziemię (pługiem, traktorem). Zaorać pole pod żyto, pod kartofle. **zaorać się — zaorywać się 1.** «zaryć się»: Kry zaorują się w piaszczyste brzegi. **2.** (zwykle *ndk*) *pot.* «zapracować się»: Zaorywał się po nocach, żeby utrzymać rodzinę.

zaordynować p. ordynować.

zaostrzyć *dk VIb,* zaostrz (*nie:* zaostrzyj), zaostrzyliśmy (p. akcent § 1a i 2) — **zaostrzać** *ndk I,* zaostrzaliśmy **1.** «uczynić coś ostrym» □ Z. co (czym, o co, na czym): Zaostrzył ołówek nożem. △ *przen.* Choroba zaostrzyła mu rysy. **2.** «wzmóc coś, spotęgować»: Śledź zaostrzył mu apetyt. Zaostrzyć czyjąś ciekawość. **3.** «uczynić coś surowszym, bardziej rygorystycznym»: Zaostrzyć dyscyplinę pracy. Zaostrzyć przepisy. △ Zaostrzyć stosunki, sytuację itp. «spowodować pogorszenie się stosunków z kimś, jakiejś sytuacji»

zapacać się p. zapocić się.

zapachnieć *dk* zapachnie, zapachniał, zapachniałby (p. akcent § 4c); *reg.* **zapachnąć** *dk Va,* zapachnie, zapachnął (*wym.* zapachnoł), zapachnęła (*wym.* zapachnęła; *nie:* zapachła), zapachnąłby (*wym.* zapachnołby): Zapachniał przyniesiony bez. △ *pot.* Coś komuś zapachniało «ktoś poczuł na coś ochotę, komuś się czegoś zachciało» □ (zwykle *nieos.*) Z. (od kogo) — czym: Zapachniało od niej dobrymi perfumami. Zapachniało igliwiem.

zapadać *ndk I,* zapadaliśmy (p. akcent § 1a i 2) — **zapaść** *dk Vc,* zapadnę, zapadnie, zapadnij, zapadł (*nie:* zapadnął), zapadła (*nie:* zapadnęła), zapadliśmy (*nie:* zapadnęliśmy), zapadły a. zapadnięty **1.** «osuwać się w głąb, opuszczać się, stawać się wklęsłym»: Kurtyna zapadła. Choremu psu zapadły boki. □ Z. (albo: z. się) w co: Po kolana zapadaliśmy (a. zapadaliśmy się) w śnieg. △ *przen.* Zapadać w sen, w drzemkę. Jego słowa głęboko zapadły mi w pamięć. △ Klamka zapadła «stało się coś, czego nie można odwołać» □ *książk.* (zwykle *dk*) Z. na co: Zapadł na zapalenie płuc, ospę. △ Zapadać na zdrowiu

«chorować»: Tej zimy często zapadał na zdrowiu. **2.** «nastawać, następować, stawać się»: Zapadło milczenie. Zapada noc, zmrok. △ Wyrok, uchwała itp. zapada «wyrok zostaje wydany, uchwała zostaje powzięta»
zapadać się — zapaść się «**1.** «niszczeć, zawalać się; rozpadać się»: Zapadł się dach starej chałupy. **2.** «zagłębiać się w coś; wpadać»: Zapaść się w błoto. △ (tylko *dk*) Lepiej się pod ziemię zapaść, niż... «lepiej zniknąć, nie istnieć, niż...» △ Chcieć się pod ziemię zapaść (ze wstydu).

zapalać p. zapalić.

zapalenie *n I* △ Zapalenie mózgu, spojówek, płuc. Zapalenie w prawym płucu (*lepiej*: prawego płuca).

zapaleniec *m II, D.* zapaleńca, *W.* zapaleńcze, forma szerząca się: zapaleńcu, *lm M.* zapaleńcy, *D.* zapaleńców (*nie*: zapaleńcy).

zapalić *dk VIa*, zapaliliśmy (p. akcent § 1a i 2) — **zapalać** *ndk I*, zapalaliśmy «sprawić, że coś zaczyna się palić»: Zapalić światło, świecę, gaz. Zapalić ogień. Zapalić papierosa, fajkę. △ Zapalić choinkę «zapalić świeczki, lampki na choince» △ Zapalić silnik «uruchomić, włączyć silnik» △ Silnik zapalił «zaczął pracować» □ *przen.* Z. do czego «rozbudzić zapał»: Zapalić żołnierzy do walki. Książki zapalały młodzież do nauki.

zapalny *st. w.* zapalniejszy **1.** *częściej*: łatwo palny, np. Materiały zapalne (*częściej*: łatwo palne). △*przen.* Sytuacja zapalna. Punkt zapalny. **2.** *m-os.* zapalni «łatwo unoszący się; gwałtowny»: Zapalny człowiek. Zapalny temperament, charakter. **3.** «dotknięty zapaleniem (o tkankach), będący zapaleniem»: Stan zapalny wyrostka robaczkowego. W okolicy rany wytworzył się stan zapalny.

zapał *m IV, D.* zapału, *Ms.* zapale, *blm*: Młodzieńczy, słomiany zapał. Zapał bojowy. □ Z. do czego (*nie*: dla czego): Zapał do nauki, do pracy.

zapałać *dk I*, zapałaliśmy (p. akcent § 1a i 2) △ tylko w *książk.* zwrotach: Zapałać miłością, gniewem, zemstą, żądzą itp. □ Składnia jak: pałać.

zapałczarnia *ż I, lm D.* zapałczarni; *częściej*: fabryka zapałek.

zapamiętać *dk I*, zapamiętaliśmy (p. akcent § 1a i 2) — **zapamiętywać** *ndk VIIIa*, zapamiętuję (*nie*: zapamiętywuję, zapamiętywam), zapamiętywaliśmy: Zapamiętać treść przeczytanej książki.
zapamiętać się — zapamiętywać się □ Z. się w czym: Zapamiętać się w pracy, w rozpaczy. Zapamiętywać się w ponurych rozmyślaniach.

zapamiętały *m-os.* zapamiętali, *st. w.* bardziej zapamiętały, *st. najw.* najbardziej zapamiętały a. najzapamiętalszy: Zapamiętały myśliwy. □ Z. w czym: Zapamiętały w pracy, w gniewie.

za pan brat △ tylko w *pot.* zwrocie: Być z kimś za pan brat «być z kimś w poufałych, zażyłych stosunkach».

zapanować *dk IV*, zapanowaliśmy (p. akcent § 1a i 2) — *rzad.* **zapanowywać** (*częściej*: panować) *ndk VIIIa*, zapanowywaliśmy (*nie*: zapanowywuję), zapanowywaliśmy □ Z. nad czym, nad kim (*częściej* w zn. *przen.*) «zawładnąć kimś, czymś»: Ledwie zapanował nad rozhukanymi końmi. △ *przen.* Zapanować nad

wzburzeniem, nad wzruszeniem. △ Zapanować nad sobą «nie okazać swych uczuć» □ Z. bez dop. «nastać, powstać»: Zapanowała cisza, ciemność. Zapanowało milczenie.

zapaprać *dk IX*, zapaprze, zapaprz (*nie*: zapapraj), zapapraliśmy (p. akcent § 1a i 2) — *rzad.* **zapaprywać** *ndk VIIIa*, zapapruję (*nie*: zapaprywuję), zapaprywaliśmy *pot.* «zabrudzić»: Uważaj, nie zapaprz sobie ubrania.

zaparcie *n I* **1.** *in.* obstrukcja, zatwardzenie: Chroniczne zaparcia. Cierpiał na zaparcie. **2. a.** zaparcie się; *wych. z użycia* zaparcie się siebie, siebie samego «pełne wysiłku, ofiarne działanie; poświęcenie, samozaparcie»: Pracować z niesłychanym, z całym zaparciem a. zaparciem się (z zaparciem się siebie, siebie samego).

za pas p. I pas.

zapas *m IV, D.* zapasu **1.** «pewna ilość czegoś, przeznaczona do (z)użycia w przyszłości, zasób»: Zapas a. zapasy drzewa, węgla, mąki, rudy, soli. Zapas pieniędzy. Mieć coś w zapasie. Wziąć coś na zapas. △ Żelazny zapas. △ tylko w *lm* «żywność zgromadzona z myślą o przyszłym zużyciu»: Zapasy na zimę, na podróż. □ Z. w czym «szeroki obręb u dołu lub w szwach ubrania pozostawiony dla poszerzenia, podłużenia danej części garderoby»: Zapas w bocznym szwie. **2.** «element wymienny, wkład» □ Z. do czego: Zapas do długopisu, do szminki. **3.** tylko w *lm* «mocowanie się z przeciwnikiem, zmaganie się, walka»: Był mistrzem w zapasach. △ Krwawe, ciężkie zapasy. Zapasy na śmierć i życie. △ *książk.* Iść z kimś w zapasy «decydować się na walkę z kimś»

zapasać *ndk I*, zapasaliśmy (p. akcent § 1a i 2) — **zapaść** *dk XI*, zapasę, zapasie, zapasł, zapaśliśmy (często w imiesł. biernym): Zapaść konia. Zapasione świnie.

I zapaść p. zapadać.

II zapaść p. zapasać.

III zapaść *ż V, lm M.* zapaści «stan ostrej niewydolności krążenia»: Dostać zapaści. Chory miał zapaść, czuje się źle.

zapatrywać się *ndk VIIIa*, zapatruję się (*nie*: zapatrywuję się), zapatrywaliśmy się (p. akcent § 1a i 2) — **zapatrzyć się** (*nie*: zapatrzeć się) *dk VIb*, zapatrzyliśmy się **1.** częściej *dk* «zatrzymać na kimś, na czymś wzrok; wpatrzyć się» □ Z. się na kogo, na co, w kogo, w co: Zapatrzył się na nią tak, że zapomniał o wszystkim. Zapatrzyć się w czyjeś okna. **2.** częściej *ndk* «brać przykład z kogoś, wzorować się na kimś» □ Z. się na kogoś: Nie zapatruj się na innych, postępuj tak, jak sam uważasz za słuszne. □ (tylko *ndk*) Z. się na co «mieć pewien pogląd, sądzić o czymś jakoś»: Jak się zapatrujesz na te sprawy?

zapatrywanie *n I*, często w *lm*: Podzielać czyjeś zapatrywania. Różnić się z kimś w zapatrywaniach. □ Z. na co: Zapatrywanie na jakąś sprawę, np. na wychowanie dzieci.

zapchać (*nie*: zapchnąć) *dk I*, zapchałem (*nie*: zapchłem), zapchał (*nie*: zapchnął), zapchała (*nie*: zapchła, zapchnęła), zapchaliśmy (*nie*: zapchliśmy, zapchnęliśmy) — **zapychać** *ndk I*, zapychaliśmy □ Z. co — czym: **a)** «zamknąć czymś jakiś otwór, zatkać»: Zapchać zlew resztkami jedzenia. Zapychać szpary mchem. △ *przen. pot.* Zapychać kimś dziury «posługiwać się kimś w sprawach, które mogą być załatwione przez kogokolwiek» b) zwykle *dk* (w imiesł. biernym) «zająć, zapełnić jakąś przestrzeń całkowicie»: Pociąg był zapchany podróżnymi i ich bagażami. Półki zapchane były książkami. □ Z. co — dokąd: «pchając umieścić coś gdzieś, posunąć»: Zapchał ławkę aż na koniec ogrodu.

zapełniać *ndk I*, zapełnialiśmy (p. akcent § 1a i 2) — **zapełnić** *dk VIa*, zapełnij (*nie*: zapełń), zapełniliśmy □ Z. co «zajmować sobą całą przestrzeń, powierzchnię»: Lał deszcz, woda zapełniała największe nawet wgłębienia. Publiczność zapełniła wszystkie miejsca. □ Z. co — czym «umieszczać coś na czymś, w czymś»: Zapełnił kartkę drobnym pismem. Stolik był zapełniony drobiazgami. △ *przen.* Zapełnić pustkę, życie, czas rozrywkami, pracą.

zaperzać się *ndk I*, zaperzaliśmy się (p. akcent § 1a i 2) — **zaperzyć się** *dk VIb*, zaperzyliśmy się *pot.* «unosić się gniewem, wpadać w złość; zacietrzewiać się» □ Z. się bez dop., *rzad.* na kogo, na co (za co): Zaperzył się na nią za ten pomysł.

zapewne (*nie*: zapewnie) *książk.* «prawdopodobnie, być może; pewnie, pewno»: Wrócę zapewne wieczorem. △ Zapewne; zapewne, że... (ale jednak) «oczywiście, niewątpliwie, z pewnością (z wyrażonym a. nie dopowiedzianym zastrzeżeniem)»: Zapewne, człowiek może się obejść bez wielu rzeczy. Zapewne, że dla oszczędności można by było pojechać drugą klasą, ale jednak kupiłem bilety pierwszej klasy.

zapewniać *ndk I*, zapewnialiśmy (p. akcent § 1a i 2) — **zapewnić** *dk VIa*, zapewnij (*nie*: zapewń), zapewniliśmy □ Z. kogo — o czym «utwierdzać w przekonaniu o czymś, upewniać»: Zapewniać kogoś o swoich uczuciach, o swojej lojalności. □ Z. co — komu «gwarantować coś komuś, zaopatrywać kogoś w coś»: Zapewniać (*nie*: zabezpieczać) komuś utrzymanie, bezpieczeństwo, mieszkanie, zapewniać przedsiębiorstwu ciągłość dostaw.

zapędzić *dk VIa*, zapędziliśmy (p. akcent § 1a i 2) — **zapędzać** *ndk I*, zapędzaliśmy (p. akcent § 1a i 2) □ Z. co, kogo — dokąd «zmusić do pójścia, wejścia gdzieś»: Zapędził krowy do obory. △ *pot.* Zapędzić kogoś w kozi róg «wykazać swoją bezwzględną przewagę nad kimś» △ Zapędzić kogoś w ślepy zaułek «postawić go w sytuacji bez wyjścia» △ *przen.* Los zapędził go do Afryki. □ *pot.* Z. kogo — do czego; *rzad.* Z. + bezokol. «zmusić, przynaglić»: Zapędziła wszystkich do pomocy. Ojciec zapędził nas spać.

zapędzić się — **zapędzać się** «pędząc znaleźć się gdzieś daleko; zapuścić się»: Zapędził się za zwierzyną w głąb lasu. △ *przen.* «dać się porwać zapałowi, namiętności; zagalopować się»: Widzę, że się zapędziłem i powiedziałem głupstwo.

zapiać p. piać.

zapiąć (*nie*: zapnąć) *dk Xc*, zapnę, zapnie, zapnij, zapiąłem (*wym.* zapiołem; *nie*: zapiełem), zapiął (*wym.* zapioł), zapięła (*wym.* zapieła), zapięliśmy (*wym.* zapieliśmy; p. akcent § 1a i 2) — **zapinać** *ndk I*, zapinaliśmy: Zapiąć zatrzaski, guziki. □ Z. co (na co, czym): Zapiąć śniegowce, rękawiczki na zatrzaski, na guziki. Zapięła bluzkę broszką.

zapiec *dk XI*, zapiekę, zapiecze, zapiecz (*nie*: zapiec), zapiekliśmy (p. akcent § 1a i 2) — **zapiekać** *ndk I*, zapiekaliśmy 1. «doprowadzić do zrumienienia, przypieczenia się czegoś»: Zapiec makaron. □ Z. co — w czym: Śliwki zapiekane w cieście. 2. tylko *dk* «zacząć piec, boleć; zacząć mocno grzać»: Łzy zapiekły pod powiekami. Rana zapiekła. Słońce zapiekło mocno.

zapiec się — **zapiekać się** △ *przestarz.* Zapiec się w złości, w gniewie, uporze, nienawiści, egoizmie itp. «zaciąć się, trwać w gniewie, uporze itp.»

I zapierać *ndk I*, zapieraliśmy (p. akcent § 1a i 2) — **zaprać** *dk IX*, zapiorę (*nie*: zapierę), zapierze, zaprał, zapraliśmy «prać częściowo; spierać z czegoś plamę»

II zapierać *ndk I*, zapieraliśmy (p. akcent § 1a i 2) — **zaprzeć** *dk XI*, zaprę, zaprze, zaprzyj, zaparł, zaparliśmy 1. «tamować, wstrzymywać (oddech)»: Mróz zapierał nam oddech. Czuł, że mu coś dech zapiera. △ *nieos.* (Aż) dech komuś zapiera «(aż) ktoś nie może swobodnie oddychać (np. z podziwu, ze zdumienia, ze szczęścia)» △ Z zapartym tchem «z napięciem, z największą uwagą»: Ten film ogląda się z zapartym tchem. Słuchał tych wiadomości z zapartym tchem. □ Z. co — w co «mocno opierać»: Zaparł nogi w ziemię i nie ruszył się.

zapierać się — **zaprzeć się** □ Z. się czym «oprzeć się mocno»: Zaparł się nogami ciągnąc linę. Zaparli się wiosłami o brzeg. □ Z. się czego, *rzad.* kogo «nie przyznawać się do czegoś, przeczyć czemuś; *częściej*: wypierać się kogoś»: Gotów był zaprzeć się wszystkiego. Zaparł się (*częściej*: wyparł się) własnych rodziców.

zapinać p. zapiąć.

zapis *m IV, D.* zapisu 1. «zapisanie czegoś; to, co zostało zapisane»: Dokładny, czytelny zapis. Zapis dźwięku. 2. zwykle w *lm* «wciąganie kogoś na listę uczestników czegoś, reflektantów na coś»: Przyjmować zapisy. Zapisy trwają, odbywają się. □ Z. do czego, na co: Zapisy do szkół. Zapisy na uniwersytet. □ Z. na co: Zapisy na ziemniaki, na węgiel. 3. «przeznaczenie komuś czegoś w testamencie; to, co ktoś przeznaczył komuś w testamencie; legat»: Hojny zapis. Zapis w kwocie 20 tys. zł. □ Z. na kogo, co, na rzecz kogo (czego): Zapis na szkoły, na cele społeczne. Zapis na rzecz żony, dzieci.

zapisać *dk IX*, zapisze, zapisaliśmy (p. akcent § 1a i 2) — **zapisywać** *ndk VIIIa*, zapisuję (*nie*: zapisywuję), zapisywaliśmy □ Z. co a) «zapełnić pismem»: Zapisać cały zeszyt. b) «utrwalić coś pisząc, zanotować»: Zapisać melodię. Zapisać czyjś adres. △ Coś jest (*nie*: stoi) zapisane. △ *przen.* Zapisać coś w pamięci, w myśli. △ Zapisać coś na czyjeś konto «uznać coś za czyjąś zasługę, zaletę» □ Z. co — komu a) «zrobić zapis, legat»: Zapisał cały majątek żonie. △ Coś jest komuś zapisane, *częściej*: pisane (w górze, na górze) «jest przeznaczone» b) «o lekarzu: dać lekarstwa, wskazówki leczenia»: Lekarz zapisał mu antybiotyki. □ Z. kogo — do czego, na co «umieścić na liście uczestników, reflektantów»: Zapisać dziecko do szkoły, na lekcje tańca.

zapisać się — **zapisywać się** 1. «zostać członkiem, uczestnikiem czegoś, zgłosić się do kogoś, do czegoś, wstąpić gdzieś» □ Z. się do czego, na co: Zapisać się do partii. Zapisać się na kurs angielskiego. Zapisać się do lekarza. △ Zapisać się do głosu. △ *przen.* Zapisać się w czyjejś pamięci «utrwalić się w czyjejś pamięci» △ *przen. podn.* Zapisać się złotymi zgłoskami (np. w dziejach narodu) «chlubnie się upamiętnić»

zapisek *m III, D.* zapisku, *lm D.* zapisków; a. **zapiska** *ż III, D.* zapiski, *Ms.* zapisce, *lm D.* zapisek (zwykle w *lm*): Zapiski kronikarskie, pamiętnikarskie.

zapisywać p. zapisać.

zaplanować p. planować.

zaplatać p. zapleść.

zaplątać *dk IX*, zaplącze, zaplątaliśmy (p. akcent § 1a i 2) — *rzad.* **zaplątywać** *ndk VIIIa*, zaplątuję (*nie*: zaplątywuję, zaplątywam) □ Z. co «poplątać, splątać»: Zaplątać nici. □ Z. co — w czym, w co: Zaplątać nogi w liny, w łodygi kartofli. □ *przen.* (tylko *dk*) Z. kogo — w co: Zaplątał kolegę w nieprzyjemną sprawę.

zaplątać się — zaplątywać się: Przy szyciu zaplątała się nitka. □ Z. się w czym, w co: Komar zaplątał się w sieć pajęczą a. w sieci pajęczej. Zaplątała się w fałdy sukni a. w fałdach sukni. △ *przen.* (tylko *dk*) Zaplątać się w zeznaniach. □ *przen.* (tylko *dk*) Z. się w co «uwikłać się w kłopotliwą sytuację»: Zaplątał się w romans, w awanturę.

zaplecze *n I, lm D.* zapleczy: Pułk nasz wycofał się na zaplecze. Zaplecze gospodarcze. Techniczne zaplecze transportu samochodowego. Zaplecze sklepu, portu. Zaplecze sceny.

zapleść *dk XI*, zaplotę (*nie*: zapletę), zaplecie, zaplotłem (*nie*: zapletłem), zaplótł, zaplotła (*nie*: zapletła), zapletliśmy (p. akcent § 1a i 2) — **zaplatać** *ndk I*, zaplataliśmy: Zapleść włosy, warkocze.

zaplombować p. plombować.

zapłacić *dk VIa*, zapłacę, zapłaciliśmy (p. akcent § 1a i 2) □ Składnia jak: płacić.

zapłakać *dk IX*, zapłacze, zapłakaliśmy (p. akcent § 1a i 2) □ Składnia jak: płakać.

zapłata *ż IV, Ms.* zapłacie: Zapłata w pieniądzach, w naturze. □ Z. za co: Zapłata za pracę.

zapłonąć *dk Vb*, zapłonąłem (*wym.* zapłonołem; *nie*: zapłonełem), zapłonął (*wym.* zapłonoł), zapłonęła (*wym.* zapłoneła), zapłonęliśmy (*wym.* zapłoneliśmy; p. akcent § 1a i 2): Zapłonęły ogniska. Zapłonęły latarnie. Zapłonęły świeczki na choince. □ *przen.* Z. czym (z czego): Zapłonąć ku komuś miłością. Zapłonął rumieńcem ze wstydu.

zapłonić się *dk VIa*, zapłoniliśmy się (p. akcent § 1a i 2) — **płonić się** *ndk, książk.* «zaczerwienić się, zarumienić się»: Zapłoniła się ze wstydu.

zapobiec, rzad. zapobiegnąć *dk Vc*, zapobiegnę, zapobiegnie, zapobiegnij (*nie*: zapobież; *ale*: zapobieżenie), zapobiegł, zapobiegliśmy (p. akcent § 1a i 2) — **zapobiegać** *ndk I*, zapobiegaliśmy □ Z. czemu: Zapobiec wojnie, kłótni, chorobie.

zapobiegawczy «zapobiegający czemuś; profilaktyczny»: Środki zapobiegawcze.

zapobiegliwy *m-os.* zapobiegliwi, *st. w.* zapobiegliwszy a. bardziej zapobiegliwy: Zapobiegliwy gospodarz.

zapobiegnięcie, *rzad.* **zapobieżenie** *n I, blm*: Zapobiegnięcie (zapobieżenie) wypadkom, kłótniom.

zapocić się *dk VIa*, zapocę się, zapociłby się (p. akcent § 4c), zapocony — *rzad.* **zapacać się** *ndk I*, zapacałby się **1.** «pokryć się wilgocią» □ Z. się od czego: Szyby zapociły się od pary. *Por.* spocić się.

zapoczątkować *dk IV*, zapoczątkowaliśmy (p. akcent § 1a i 2) — **zapoczątkowywać** *ndk VIIIa*, zapoczątkowuję (*nie*: zapoczątkowywuję, zapoczątkowywam), zapoczątkowywaliśmy «zacząć, zainicjować»: Zapoczątkować badania nad grupami krwi. Zapoczątkować nowy kurs w polityce.

zapodać *niepoprawne* zamiast: oświadczyć, zeznać, podać.

zapodziać *dk Xb*, zapodzieje, zapodzialiśmy, *reg.* zapodzieliśmy (p. akcent § 1a i 2) — **zapodziewać** *ndk I*, zapodziewaliśmy «zarzucić, zawieruszyć; podziać»: Zapodziać klucz, notes.

zapole *n I, lm D.* zapoli, *rzad.* zapól «przedział w stodole, gdzie się składa zżęte zboże; sąsiek»

zapomnieć *dk VIIa*, zapomni, zapomną (*nie*: zapomnią), zapomnij, zapomniał, zapomnieliśmy (p akcent § 1a i 2) — **zapominać** *ndk I*, zapominaliśmy **1.** «przestać pamiętać, myśleć o kimś, o czymś; przestać coś umieć» □ Z. o kim, o czym; kogo, co a. (zwykle w utartych zwrotach) czego: Ja ciebie (o tobie) nigdy nie zapomnę. Zapomniał o przestrogach matki (przestróg matki). Zapomniała wszystkie dowcipy, które opowiadano. Zapomniałem już (język) niemiecki (*rzad.* języka niemieckiego), którego uczyłem się w dzieciństwie. *Ale* tylko *pot.* Zapomnieć języka w gębie «nie wiedzieć co powiedzieć» △ *pot.* Na śmierć o czymś zapomnieć «zapomnieć zupełnie, zwykle przez roztargnienie»: Prosiła, żebym przyniósł jej książkę, ale ja na śmierć o tym zapomniałem. □ Z. + bezokol.: Nie zrobię ci tego swetra, bo zapomniałam robić na drutach. **2.** «wybaczyć, nie zachować w pamięci (zwykle z przeczeniem)»: Nie zapomnę ci tego, że tak nas skrzywdziłeś. Nie zapomnę ci tej przysługi, którą mi wyświadczyłeś. **3.** «przestać się troszczyć; zaniedbać coś» □ Z. o kim, o czym: Przy zabawie zapomniał o swych obowiązkach, o chorej matce. **4.** «nie wziąć czegoś przez nieuwagę, roztargnienie» □ Z. czego, *reg.* z. sobie czego (*nie*: co): Zapomnieć chusteczki do nosa, książki, parasola (*nie*: chusteczkę, książkę, parasol). □ Z. + bezokol. (z dopełnieniem uzależnionym od tego bezokolicznika): Zapomnieć włożyć sweter, napisać list (*nie*: włożyć swetra, napisać listu).

zapomnienie *n I* **1.** forma rzeczownikowa czas. zapomnieć: Przez zapomnienie nie wziąłem tej książki. **2.** «brak pamięci o kimś, o czymś; niepamięć»: Sławny aktor na starość żył w zapomnieniu w jakimś zapadłym kącie. Wydobyć coś z zapomnienia. Pójść w zapomnienie. **3.** «stan utraty poczucia rzeczywistości»: Rzucił się w wir zajęć szukając zapomnienia. Tańczyli aż do zapomnienia.

za pomocą p. pomoc.

zapomoga *ż III, Ms.* zapomodze, *lm D.* zapomóg: Bezzwrotna zapomoga. Zapomoga w wysokości tysiąca złotych. □ Z. na co: Zapomoga na zagospodarowanie się. □ Z. dla kogo: Zapomoga dla bezrobotnych.

zapora *ż IV, Ms.* zaporze, *lm D.* zapór: Zapora betonowa, podwodna, lodowa, przeciwczołgowa, wodna. □ Z. z czego: Zapora z drutu kolczastego, z bali, z kamieni. □ Z. dla czego: Łańcuchy górskie stanowią zaporę dla wiatrów. △ *przen.* Zapora dla ekspansji obcego mocarstwa. □ Z. przeciw czemu, komu: Zapora przeciw nieprzyjacielskim wojskom, czołgom.

zaporoski 1. «odnoszący się do miasta Zaporoża»: Obwód zaporoski. **2.** «odnoszący się do historycznego obszaru nad dolnym Dnieprem i jego mieszkańców»: Kozacy zaporoscy.

I Zaporoże *n I* «miasto w ZSRR» — zaporożanin *m V, D.* zaporożanina, *lm M.* zaporożanie, *D.* zaporożan — zaporożanka *ż III, lm D.* zaporożanek — zaporoski (p.).

II Zaporoże *n I* «historyczny obszar nad dolnym Dnieprem, zamieszkiwany przez Tatarów, później Kozaków» — Zaporożec *m II, lm M.* Zaporożcy, *D.* Zaporożców — zaporoski (p.).

Zápotocký (*wym.* Zapotocki *a.* Zapotocki) *m* odm. jak przym., *D.* Zápotockiego (p. akcent § 7): Działalność polityczna Ladislava i Antonina Zapotockich.

zapotrzebować *dk IV,* zapotrzebuje (*nie:* zapotrzebowuje), zapotrzebowaliśmy (p. akcent § 1a i 2) *urz.* «zamówić»: Zapotrzebować materiały piśmienne dla instytucji.

zapotrzebowanie *n I urz.* □ Z. na co a) «potrzeba posiadania czegoś; popyt na coś»: Zapotrzebowanie na aluminium pokrywał import. Zaspokajać (*nie:* zabezpieczać) zapotrzebowanie na coś. △ *przen.* Zapotrzebowanie na twórczość rozrywkową. b) «zamówienie»: Wypisał zapotrzebowanie na 10 kg pasty do podłóg.

zapowiadacz *m II, lm D.* zapowiadaczy, *rzad.* zapowiadaczów *pot.* «konferansjer; spiker»

zapowiadać *ndk I,* zapowiadaliśmy (p. akcent § 1a i 2) — **zapowiedzieć** *dk,* zapowiem, zapowie, zapowiedzą, zapowiedz, zapowiedział, zapowiedzieliśmy, zapowiedziany □ Z. co: **a)** a. kogo «oznajmiać o czyimś przybyciu, czyichś występach, o czymś, co ma nastąpić»: Zapowiedzieć program koncertu. Spiker zapowiedział audycję. Zapowiadać występujących artystów. Zbliża się zapowiedziany bal. **b)** zwykle *ndk* «zwiastować, wróżyć»: Nic nie zapowiadało awantury. Grzmoty zapowiadają burzę. □ Z. komu, że... «uprzedzać kategorycznie o czymś; komunikować»: Zapowiedziała, że nie przyjdzie na obiad.

zapowiadać się — **zapowiedzieć się** □ Z. się do kogo (na co) «zawiadamiać o zamiarze przybycia»: Zapowiedział się na wieczór do przyjaciół. □ (tylko *ndk*) Z. się jak, na kogo, na co «mieć dane, żeby w przyszłości być jakimś, kimś, czymś»: Pogoda zapowiadała się piękna. Interes zapowiadał się świetnie. Zapowiadał się na dobrego malarza.

zapowiedź *ż V, lm M.* zapowiedzi (*nie:* zapowiedzie) **1.** w zn. «ogłoszenie czegoś, co ma nastąpić; wróżba, oznaka» □ Z. czego (*nie:* na co): Zapowiedź audycji. Zapowiedź wojny, katastrofy. **2.** w zn. «ogło-

szenie publiczne w kościele o zamiarze wstąpienia w związek małżeński określonych osób»

za powrotem p. powrót.

zapoznać *dk I,* zapoznaliśmy (p. akcent § 1a i 2) — **zapoznawać** *ndk IX,* zapoznaję, zapoznawaj, zapoznawaliśmy □ Z. kogo — z czym «umożliwić komuś poznanie czegoś»: Zapoznać kogoś z obsługą telewizora. Zapoznać uczniów z dziełami klasyków literatury. □ Z. kogo — z kim «przedstawić komuś kogoś»: Zapoznała go z wszystkimi gośćmi. □ Z. kogo **a)** *lepiej:* poznać kogoś «zawrzeć z kimś znajomość»: Zapoznałam (*lepiej:* poznałam) miłą panią. **b)** *przestarz.* «nie ocenić należycie, nie docenić» △ dziś zwykle w imiesł. biernym, w użyciu przymiotnikowym: Zapoznany człowiek, talent (*lepiej:* człowiek, talent niedoceniony, nie uznany).

zapoznać się — **zapoznawać się** □ Z. się z kim (*lepiej:* poznać kogoś). □ Z. się z czym «poznać coś dokładnie»: Zapoznał się z obsługą telewizora. *Por.* poznać. // *D Kult. I, 383.*

zapożyczać *ndk I,* zapożyczaliśmy (p. akcent § 1a i 2) — **zapożyczyć** *dk VIb,* zapożyczyliśmy □ Z. co — od kogo, z czego «przejmować, przyswajać sobie»: Wyraz zapożyczony z łaciny. Zapożyczyć zwyczaje od sąsiadów.

zapożyczać się — **zapożyczyć się** «zaciągać długi» □ Z. się u kogo: Zapożyczył się u przyjaciół. □ Z. się na co: Zapożyczył się na kupno mieszkania. *Por.* pożyczyć.

*zapożyczenia (pożyczki językowe) to wyrazy, związki wyrazowe, struktury składniowe (rzadziej — elementy gramatyczne) przejęte z języka obcego albo wzorowane na nim. Zapożyczenia, zależnie od tego, z jakiego języka pochodzą, noszą nazwę germanizmów, galicyzmów, rusycyzmów, latynizmów, czechizmów i in. Zapożyczenia możemy klasyfikować według kilku kryteriów. Oto dwa najważniejsze:
I. *Kryterium przedmiotu zapożyczenia.* Jeśli zapożycza się zarazem formę i znaczenie wyrazu, mówimy o z a p o ż y c z e n i a c h w ł a ś c i w y c h, np.: *handel* — z niem. *Handel*; *nylon* — z ang. *nylon*, trolejbus — z ang. *trolleybus.* Jeśli zapożycza się tylko strukturę wyrazu, w ten sposób, że zostaje ona wypełniona elementami rodzimymi (wskutek czego otrzymujemy jak gdyby przekład dosłowny konstrukcji obcej), mamy do czynienia z k a l k a m i (replikami), np.: *czas-o-pismo* — z niem. *Zeit-schrift; nasto-lat-ek* — z ang. *teen-ag-er; ognio-trwały* — z niem. *feuer-fest.* Jeśli zapożycza się tylko treść wyrazu, nadając nowe znaczenie wyrazowi rodzimemu na wzór jego obcego odpowiednika, mówimy o z a p o ż y c z e n i a c h s e m a n t y c z n y c h, np. w wyrazie *zamek* zn. «budowla obronna» jest przeniesione z niem. *Schloß,* któremu wyraz polski odpowiadał w zn. «urządzenie do zamykania»; nowe zn. «subtelny, finezyjny» przymiotnika *cienki* „cienki żart, cienka aluzja", powstało pod wpływem analogicznego znaczenia jego rosyjskiego odpowiednika *tonkij* (przykład ostatni jest wykroczeniem przeciwko normie języka polskiego). Wreszcie, jeśli zapożycza się tylko elementy składowe, tworząc konstrukcję zgodną z językiem, z którego pochodzą, mamy do czynienia z z a p o ż y c z e n i a m i s z t u c z n y m i. Należą tu wszystkie wyrazy pochodzenia grecko-łacińskiego, powstałe w czasach nowożytnych, jak np.: *biologia, telewizja, kosmonauta.*

△ Należy unikać kalkowania obcych struktur składniowych, np.: ,,Wstydzić się przed kim'' (pod wpływem niem.: sich vor jemandem schämen) — *zamiast*: wstydzić się kogo; ,,Odnośnie czego'' (pod wpływem ros.: otnositelno czego) — *zamiast*: odnośnie do czego, *lepiej*: w odniesieniu do czego; ,,Dwadzieścia jedna książka'' (rusycyzm) — *zamiast*: dwadzieścia jeden książek; ,,Oto statek, na pokładzie którego przybyli nasi goście'' (rosyjski układ wyrazów w zdaniu po zaimku *który*) — *zamiast*: Statek, na którego pokładzie przybyli nasi goście.

II. *Kryterium stopnia przyswojenia.* Wyrazy lub wyrażenia zachowujące w tekście polskim swoje obce brzmienie lub obcą pisownię nazywamy c y t a t a m i (wtrętami), np. ang. *fair play, five o'clock;* franc. *à propos, par excellence, désintéressement;* łac. *explicite, expressis verbis, status quo.* △ Zapożyczenia c z ę ś c i o w o p r z y s w o j o n e to takie wyrazy, które są używane powszechnie, ale ze względu na swą postać fonetyczną są nieodmienne, np. *kakao, spaghetti* «rodzaj makaronu», (kawa) *espresso, kakadu* «ptak» △ Wyrazy pochodzenia obcego, które otrzymują polskie końcówki, tzn. zostają wciągnięte w obręb rodzimej fleksji, to zapożyczenia całkowicie przyswojone, np.: *sweter, trolejbus, rondo, scherzo, album, planeta, biuro.* △ Należy unikać nadmiaru obcych wtrętów. Posługiwanie się nimi bez potrzeby jest manierą, fałszywym popisem erudycji. Co do zapożyczeń przyswojonych, należy je, o ile to możliwe, odmieniać, np.: słuchać scherza (*nie*: scherzo), w Polskim Radiu (*rzad.* Radio), utwór z opusu 27 (*nie*: z opus 27). △ Z drugiej strony — formy: ,,tych radyj'', ,,z kakauem'' są błędne, gdyż tak odmienianych wyrazów w języku polskim nie ma. Należy unikać formy *D. lm* od rzeczownika *radio,* wyrazu *kakao* zaś w ogóle się nie odmienia. △ Zapożyczenia odgrywają dużą rolę w rozwoju każdego języka, wzbogacają go — z tym należy się liczyć przy ich ocenie poprawnościowej. Wśród zapożyczeń niektóre są usprawiedliwione, a nawet godne poparcia, inne zaś są zbyteczne, błędne. Decydują o tym następujące względy:

1. Tradycja historycznojęzykowa, która utrwala przyjęte w ciągu wieków wyrazy obce (czasem nawet skazując na zapomnienie odpowiednie wyrazy rodzime), jak np.: *gazeta, papier, harmonia, handel, gmina, sobór, weranda;* wyrazy te weszły na stałe do zasobu polskiego słownictwa i nie budzą dziś żadnych zastrzeżeń poprawnościowych.

2. Potrzeba nazwania nowych rzeczy lub zjawisk (często są to wynalazki, odkrycia naukowe itp.), dla których nie powstały od razu określenia polskie, np.: *tramwaj, radio, atom, orbita, sputnik, deglomeracja;* sztuczne dotwarzanie brakujących wyrazów rzadko daje dobre wyniki.

3. Potrzeba nazywania rzeczy lub zjawisk obcych, u nas nie występujących; stosuje się wówczas wyraz z języka tego kraju, w którym występuje dany desygnat, np.: *derwisz, kowboj, fiord, tam-tam.*

4. Dążenie do ułatwienia wymiany myśli naukowej i technicznej między narodami i do uprzystępnienia tekstów naukowych i technicznych czytelnikom — cudzoziemcom uzasadnia stosowanie, zwłaszcza w tekstach fachowych, wyrazów międzynarodowych, tzw. internacjonalizmów. △ Warto dodać, że niekiedy wyrazy zapożyczone są bardziej zrozumiałe dla ogółu niż wyrazy rodzime, np. *szkarlatyna* jest bardziej znana niż *płonica, tyfus* — niż *dur, koklusz* — niż *krztusiec.* Ale posługując się terminami naukowymi,

używanymi w wielu krajach, trzeba zachować umiar. Używane już u nas powszechnie terminy polskie należy uznać za lepsze od obcych, np. iniekcja (*lepiej*: zastrzyk), inkubacja (*lepiej*: wylęganie), ekstrakt (*lepiej*: wyciąg). ,,Potrzebne są takie wyrazy obce, które są pożytecznymi narzędziami pracy wykonywanej w jakimś środowisku społecznym i które się w tym środowisku ukazały dlatego, że bez nich w danej dziedzinie pracy nie można się było obejść'' — D Kult. II, 197.

5. Snobizm i chęć zaimponowania znajomością wyrażeń obcych, uważanych za lepsze, bardziej eleganckie i wyszukane niż ich rodzime odpowiedniki, jest jedną z najczęstszych przyczyn nadużywania zapożyczeń. Zwłaszcza w prasie roi się od takich wyrazów i zwrotów, jak: city (*zamiast*: śródmieście), gros (*zamiast*: większość), ewidentny (*zamiast*: oczywisty), wizualny (*zamiast*: wzrokowy), eksponować (*zamiast*: wystawiać), prezentować (*zamiast*: przedstawiać), spektakl (*zamiast*: przedstawienie teatralne), generalny (*zamiast*: ogólny). Snobizm i moda na wyrazy obce często utrudniają zrozumienie wypowiedzi, szczególnie gdy znajomość ich jest tylko powierzchowna i prowadzi do zniekształceń, przekręcania lub użyć wręcz błędnych (miesza się np. *adaptację* z *adoptacją, redagowanie* z *korygowaniem* itp.).

6. Brak staranności w posługiwaniu się językiem, brak dbałości o stronę estetyczną wypowiedzi, często — lenistwo, niechęć do zadania sobie trudu, aby znaleźć odpowiedni wyraz lub wyrażenie polskie; posługiwanie się utartymi szablonami. Dotyczy to szczególnie dziedziny kalk i zapożyczeń składniowych. Postawa taka prowadzi często do wykolejeń, np. kiedy zamiast polskiego przyimka *przeciw* używa się łacińskiego *contra,* ale w składni właściwej przyimkowi polskiemu: ,,Słonie contra samolotom''. △ Dwie ostatnie grupy zjawisk: snobizm i moda oraz nieuctwo, lenistwo, uleganie szablonom i sztampie — są przyczynami większości wykolejeń i błędów (zwłaszcza składniowych) w użyciu zapożyczeń. || D Kryt. 23—42; D Kult. I, 18, 304; II, 197; Kl. Ależ. 26—37; U Pol. (1), 89. *Por.* galicyzmy, germanizmy, rusycyzmy, idiomatyzmy, neologizmy, błędy językowe, związki frazeologiczne.

za pół darmo a. **pół darmo** «bardzo tanio; za połowę ceny»: Kupić, sprzedać co za pół darmo (pół darmo). *Por.* darmo.

zapóźniony *m-os.* zapóźnieni, *st. w.* bardziej zapóźniony «taki, który się spóźnił; spóźniony»: Zapóźnieni przechodnie, goście. □ Z. w czym: Zapóźniony w rozwoju.

zapracować *dk IV,* zapracowaliśmy (p. akcent § 1a i 2) — **zapracowywać** *ndk VIIIa,* zapracowuję (*nie*: zapracowywuję, zapracowywam), zapracowywaliśmy; częściej *dk* «zdobyć coś pracą; zarobić» □ Z. co (tylko pieniądze): Ciężko zapracowany grosz. □ Z. na co: Zapracować na utrzymanie, na własne potrzeby.
zapracować się — **zapracowywać się** częściej *ndk* «ciężko pracować, przemęczać się pracą» □ Z. się dla kogo: Zapracowywał się dla rodziny.

zaprać p. I zapierać.

zapragnąć *dk Va,* zapragnąłem (*wym.* zapragnołem; *nie*: zapragnęłem), zapragnęła (*wym.* zapragnela), zapragnęliśmy (*wym.* zapragneliśmy, p. akcent § 1a i 2): Zapragnął spokoju. Zapragnął wyjść z tej sali. △ Ile, czego dusza zapragnie «ile, co się chce»: Mam wszystko, czego dusza zapragnie. □ Składnia jak: pragnąć.

zapraszać *ndk I*, zapraszaliśmy (p. akcent § 1a i 2) — **zaprosić** *dk VIa*, zaproszę, zaprosiliśmy: Zaprosić kogoś w gości, w gościnę. □ Z. k o g o d o c z e g o, d o k o g o: Zapraszać kogoś do jedzenia, do stołu, do tańca. Zaprosić do siebie gości. □ Z. k o g o n a c o: Zapraszać kogoś na wieczorek taneczny, na obiad.

zaprawa *ż IV* □ Z. d o c z e g o **a)** «to, czym się coś zaprawia; przyprawa»: Zaprawa do zup, do sałatek. **b)** «ćwiczenia stosowane dla zdobycia sprawności, umiejętności w czymś, przygotowanie, trening»: Zaprawa do skoków, do biegów. Zaprawa do służby wojskowej. □ Z. w c z y m «biegłość w czymś nabyta przez ćwiczenie, doświadczenie; wprawa»: Zaprawa w chodzeniu po górach.

zaprawiać *ndk I*, zaprawialiśmy (p. akcent § 1a i 2) — **zaprawić** *dk VIa*, zapraw, zaprawiliśmy □ Z. c o — c z y m «dodawać coś do czegoś dla nadania odpowiedniego smaku, wyglądu itp.»: Zaprawić zupę śmietaną. □ Z. k o g o — d o c z e g o «przyzwyczajać, wdrażać do czegoś, ćwiczyć w czymś»: Zaprawiać ucznia do samodzielnej pracy.

zaprenumerować p. prenumerować.

zaprezentować p. prezentować.

zaprogramować p. programować.

zaprojektowanie *n I* △ *niepoprawne* w zn. «projekt», np. Wykonać zaprojektowanie (*zamiast*: projekt) urządzenia sklepu.

zaproponować p. proponować.

zaprosić p. zapraszać.

zaprotestować p. protestować.

zaprotokołować p. protokołować.

zaprowadzić *dk VIa*, zaprowadzę, zaprowadziliśmy (p. akcent § 1a i 2) — **zaprowadzać** *ndk I*, zaprowadzaliśmy □ Z. k o g o — d o k ą d «prowadząc dojść z kimś, z czymś do określonego miejsca»: Zaprowadzić dziecko do przedszkola. Zaprowadzić konia do stajni. △ *przen.* Kradzież zaprowadziła go do więzienia. □ Z. c o «zorganizować coś, wprowadzić w życie»: Zaprowadzić ład w domu. Zaprowadzić gdzieś nowe porządki, zmiany. **b)** *wych. z użycia, lepiej*: zainstalować, założyć, np. Zaprowadzić (*lepiej*: zainstalować, założyć) światło w nowym mieszkaniu.

zaprowidować *dk IV*, zaprowidowaliśmy (p. akcent § 1a i 2) — **prowidować** *ndk daw.* «zaopatrzyć w żywność»

zaprószyć *dk VIb*, zaprószyliśmy (p. akcent § 1a i 2) □ Z. c o — c z y m «zanieczyścić coś czymś sypkim; zasypać»: Przesiewała mąkę i zaprószyła nią całą podłogę. Zaprószyła sobie czymś oczy. Piasek zaprószył mu oczy.

zaprzaniec *m II*, D. zaprzańca, W. zaprzańcze, forma szerząca się: zaprzańcu, *lm M.* zaprzańcy

książk. «odstępca, odszczepieniec»: Zaprzaniec wiary, rodziny.

zaprząc *dk XI*, zaprzęgę (*nie*: zaprzągę), zaprzęże zaprzęż, zaprzągłem (*nie*: zaprzęgłem), zaprzągł, zaprzęgła, zaprzęgliśmy (p. akcent § 1a i 2); a. **zaprzęgnąć** *dk Vc*, zaprzęgnąłem (*wym.* zaprzęgnołem; *nie*: zaprzęgnełem) a. zaprzągłem, zaprzęgnął (*wym.* zaprzęgnoł) a. zaprzągł, zaprzęgła, zaprzęgnęliśmy (*wym.* zaprzęgneliśmy) a. zaprzęgliśmy — **zaprzęgać** *ndk I*, zaprzęgaliśmy: Wóz zaprzężony w parę koni. □ Z. c o — d o c z e g o: Zaprząc konie do bryczki. Zaprzęgano woły do pługa. □ *przen.* Z. k o g o — d o c z e g o: Zaprząc kogoś do pracy.

zaprząg p. zaprzęg.

zaprzątać *ndk I*, zaprzątaliśmy (p. akcent § 1a i 2), *rzad.* **zaprzątywać** *ndk VIIIa*, zaprzątuję (*nie*: zaprzątywuję, zaprzątywam), zaprzątywaliśmy — **zaprzątnąć** *dk Va*, zaprzątnąłem (*wym.* zaprzątnołem; *nie*: zaprzątnełem, zaprzątłem), zaprzątnął, zaprzątnęła (*wym.* zaprzątneła; *nie*: zaprzątła), zaprzątnęliśmy (*wym.* zaprzątneliśmy; *nie*: zaprzątliśmy) □ Z. k o g o — c z y m «zajmować, absorbować czymś»: Zaprzątać kogoś swoimi sprawami, kłopotami. △ Zaprzątać sobie czymś głowę «myśleć o kimś, o czymś, przejmować się kimś, czymś» △ *książk.* Coś zaprząta czyjąś uwagę, *rzad.* coś zaprząta kogoś «coś pochłania, skupia na sobie czyjąś uwagę»: Kwestia ta od dawna zaprząta uwagę badaczy.

zaprzeczenie *n I* □ Z. c z e g o (*nie*: czemu).

zaprzeczyć *dk VIb*, zaprzeczyliśmy (p. akcent § 1a i 2) — **zaprzeczać** *ndk I*, zaprzeczaliśmy □ Z. c z e m u (*nie*: czego, co) «zakwestionować prawdziwość czegoś»: Zaprzeczać faktom. Zaprzeczał temu, co mówiono. □ Z. k o m u «odmówić komuś słuszności»: Nie zaprzeczał jej przez grzeczność, choć nie miała racji.

zaprzeć p. II zapierać.

zaprzedać *dk I*, zaprzedaliśmy (p. akcent § 1a i 2) — **zaprzedawać** *ndk IX*, zaprzedaje, zaprzedawaj, zaprzedawaliśmy *książk.* «zdradzić dla własnych korzyści; sprzedawszy zatracić»: Zaprzedać ojczyznę. Twardowski zaprzedał duszę diabłu.

zaprzepaszczać *ndk I*, zaprzepaszczaliśmy (p. akcent § 1a i 2) — **zaprzepaścić** *dk VIa*, zaprzepaszczę, zaprzepaściliśmy: Zaprzepaścić majątek, spuściznę. △ *przen.* Zaprzepaścić zdolności, szansę czegoś.

zaprzestać *dk*, zaprzestanę, zaprzestanie, zaprzestaliśmy (p. akcent § 1a i 2) — **zaprzestawać** *ndk IX*, zaprzestaje, zaprzestawaj, zaprzestawaliśmy □ Z. c z e g o: Dziecko nagle zaprzestało figlów i zaczęło płakać. Zaprzestań tych uwag! □ Z. + bezokol.: Nie zaprzestawał jej dokuczać.

zaprzęg a. **zaprząg** *m III*, D. zaprzęgu: Psi zaprzęg. Wóz z zaprzęgiem. Chodzić w zaprzęgu.

zaprzęgać p. zaprząc.

zaprzęgnąć p. zaprząc.

zaprzychodować *dk IV*, zaprzychodowaliśmy (p. akcent § 1a i 2) *środ.* «zapisać (coś) na przychód»

zaprzyjaźnić się *dk VIa*, zaprzyjaźnij się a. zaprzyjaźń się, zaprzyjaźniliśmy się (p. akcent § 1a i 2) — *rzad.* **zaprzyjaźniać się** *ndk I*, zaprzyjaźnialiśmy się □ Z. się z kim, z czym: Zaprzyjaźniła się z rodziną męża.

zaprzysiąc a. **zaprzysięgnąć** *dk Vc*, zaprzysięgnę, zaprzysięgnie, zaprzysięgnij, zaprzysiągłem (*nie*: zaprzysięgłem), zaprzysiągł, zaprzysięgła, zaprzysięgliśmy (p. akcent § 1a i 2), zaprzysiężony (*nie*: zaprzysięgnięty), zaprzysięgły — **zaprzysięgać** *ndk I*, zaprzysięgaliśmy □ Z. komu, czemu — co «zapewnić pod przysięgą»: Zaprzysięgli sobie wierność, pomoc w nieszczęściu. Zaprzysięgam ci zemstę! □ Z. kogo — na co, żeby... «odebrać od kogoś przysięgę, zobowiązać do czego pod przysięgą»: Zaprzysiągł go na wierność ojczyźnie. Zaprzysiągłem go, żeby dotrzymał tajemnicy.

zaprzysiężony *imiesł.* bierny od zaprzysiąc: Żołnierze zostali już zaprzysiężeni.

zaprzysiężony w użyciu przymiotnikowym, *częściej*: **zaprzysięgły** «niezachwiany, zagorzały, zapamiętały»: Zaprzysięgły wróg kotów.

zapuchnąć *dk Vc*, zapuchłem, *rzad.* zapuchnąłem (*wym.* zapuchnołem; *nie*: zapuchnełem); zapuchnął (*wym.* zapuchnoł) a. zapuchł; zapuchła, zapuchliśmy (p. akcent § 1a i 2), zapuchły a. zapuchnięty □ Z. od czego (zwykle o twarzy lub jej częściach): Oczy zapuchły im od snu. Zapuchła od płaczu. *Por.* spuchnąć.

zapusty *blp*, *D.* zapustów *wych. z użycia* «ostatnie dni karnawału; ostatki»

zapuszczać *ndk I*, zapuszczaliśmy (p. akcent § 1a i 2) — **zapuścić** *dk VIa*, zapuszczę, zapuściliśmy □ Z. co — w co, do czego «umieszczać w czymś, wpuszczać»: Zapuszczać sondę w głąb morza. Zapuszczać krople, lekarstwo do oczu. △ *przen.* Zapuścić wzrok, spojrzenie do ogrodu. Tatarzy zapuszczali zagony aż do Niemiec. △ *pot. żart.* Zapuścić żurawia do czegoś «zaglądać ukradkiem, podglądać» □ Z. co a) «spuszczać zasłaniając coś»: Zapuścić rolety, żaluzje, firanki. △ *przen.* Zapuszczać na coś zasłonę, kurtynę. b) «wprawiać w ruch silnik, motor» c) «pozwalać rosnąć»: Zapuszczać włosy, brodę, warkocze. d) «zaniedbywać coś»: Zapuścić ogród, gospodarstwo, mieszkanie.
zapuszczać się — zapuścić się □ Z. się — dokąd «docierać»: Zapuścili się aż na koniec wsi.

zapychać p. zapchać.

zapytać *dk I*, zapytaliśmy (p. akcent § 1a i 2) — **zapytywać** *ndk VIIIa*, zapytuję (*nie*: zapytywuję, zapytywam), zapytywaliśmy (*ndk częściej*: pytać). □ Składnia jak: pytać.
zapytać się — zapytywać się to samo co: zapytać (w zn. «zadać pytanie»). *Por.* spytać.

zapytanie *n I* 1. forma rzeczownikowa czas. *zapytać*: Zapytanie jej (*nie*: ją) o to dużo mnie kosztowało. 2. *częściej*: pytanie, *ale* tylko: Znak zapytania (*nie*: pytania): Postawić znak zapytania. Opatrzył cały ten akapit znakami zapytania na marginesie. △ *pot.* Stawiać, postawić coś pod znakiem zapytania; znaleźć się, stać, być pod znakiem zapytania «uznać coś za niepewne, podać w wątpliwość; stać się, być niepewnym, wątpliwym»: Podważenie tego

podstawowego twierdzenia autora stawia pod znakiem zapytania wartość całej pracy. Jego dalsza kariera znalazła się pod znakiem zapytania.

zapyzieć *dk III*, zapyzieliśmy (p. akcent § 1a i 2), zapyzieli, zapyziały *posp.* «stać się zaniedbanym, niechlujnym, wynędzniałym, *przen.* zaskorupiałym»: Zapyzieli na tej prowincji (*ale* — w imiesł. przeszłym: Wszyscy byli jacyś zapyziali).

zarabiać *ndk I*, zarabialiśmy (p. akcent § 1a i 2) — **zarobić** *dk VIa*, zarób, zarobiliśmy **1.** w zn. «otrzymać wynagrodzenie za pracę» □ Z. bez dop. Skończył szkołę i zaczął już zarabiać. □ Z. co: Zarobił przez cały miesiąc tylko tysiąc złotych. Nie zarobiłem dziś ani grosza. Zarabia duże pieniądze. □ Z. na co, na kogo: Zarabiać na życie, na utrzymanie, na dzieci. △ *przen.* Zarobił na niełaskę rodziny. □ (zwykle *ndk*) Z. na czym: Sporo zarobił na tej transakcji. □ Z. czym (np. piórem, pędzlem) «trudnić się zawodowo (np. pisarstwem, malarstwem)» **2.** w zn. «naprawiać uszkodzenie w dzianinie, zwykle w pończosze»: Zarabiać (a. podnosić) oczka w pończosze, *pot.* zarabiać pończochy.

zarachować *dk IV*, zarachowaliśmy (p. akcent § 1a i 2) *środ.* «obliczyć, policzyć, zaliczyć na poczet czegoś»: Każdy wydatek musi być zarachowany.

zaradny *m-os.* zaradni, *st. w.* zaradniejszy a. bardziej zaradny: Zaradny człowiek. Zaradna gospodyni.

zaradzić *dk Va*, zaradzę, zaradziliśmy (p. akcent § 1a i 2) — *rzad.* **zaradzać** *ndk I*, zaradzaliśmy □ Z. czemu, *rzad.* na co: Czuł się źle, ale nie mógł temu zaradzić. Starał się zaradzić złu. △ *rzad.* Tylko ona może coś na to zaradzić.

zaranie *n I*, *lm D.* zarani a. zarań *książk.* «wschód słońca, świt» △ zwykle w *przen.* wyrażeniach: W zaraniu, od zarania czegoś «w pierwszym okresie, od początku czegoś»: Od zarania dziejów, w zaraniu czyjejś młodości.

zarastać *ndk I*, zarastałby, zarastałaby (p. akcent § 4c) — **zarosnąć**, *rzad.* **zaróść** *dk Vc*, zarośnie, zarośnij, zarósł, zarosła, zarośliby, zarosłaby, zarośnięty, *rzad.* zarosły □ Z. czym a. bez dop.: «pokrywać się (niepotrzebnie) roślinami, włosami»: Ogród zarósł zielskiem. Pole zarosło perzem. Przez wakacje nie golił się, twarz mu zarosła. △ *przen.* Dom zarósł brudem. □ Z. co «o roślinach, włosach: rozprzestrzeniać się na czymś»: Trawa zarosła wszystkie ścieżki. Tatarak zarasta stawy. □ Z. bez dop.: «pokrywać się nabłonkiem; goić się; zasklepiać się»: Rana szybko zarosła. Dziecku już zarosło ciemiączko.

Zaratustra *m odm. jak ż IV, CMs.* Zaratustrze; a. **Zoroaster** *m IV, D.* Zoroastra, *Ms.* Zoroastrze: Zaratustrze (Zoroastrowi) przypisuje się autorstwo najstarszej części Awesty.

zaraz 1. «prawie w tej samej chwili; niezwłocznie, natychmiast»: Zaraz przyjdę. Nie odkładaj lekcji, zrób je zaraz. Wracaj zaraz do domu. △ *pot.* Od zaraz: Pokój do wynajęcia od zaraz (*lepiej*: Pokój do natychmiastowego wynajęcia). 2. «tuż, bezpośrednio; tuż koło czegoś»: Zaraz po zachodzie słońca. Zginął zaraz na początku wojny. Wejdziesz zaraz po nim. **3.** *pot.* «chwilę, za chwilę»: Zaraz, zaraz, idę. Zaraz! czekaj! Pytaj po kolei. // D Kult. I, 92.

zaraza *ż IV* **1.** «choroba (roślin, bydła)»: Zaraza ziemniaczana. Zaraza racicowa a. zaraza racic. **2.** «choroba zakaźna, zwłaszcza dżuma lub cholera, występująca masowo»: Jeńców dziesiątkowała zaraza. Zawlec gdzieś zarazę. Wybuchła, szerzy się zaraza. △ *przestarz.* Morowa zaraza «dżuma» △ Unikać, bać się kogoś, czegoś itp. jak zarazy.

zarazek *m III,* D. zarazka: Zarazek chorobotwórczy. Zarazek malaryczny a. zarazek malarii. Wykryto nowy zarazek (*nie:* nowego zarazka).

zarazić *dk VIa,* zarażę, zaraź, zarazimy, zaraziliśmy (p. akcent § 1a i 2) — **zarażać** *ndk I,* zarażaliśmy □ Z. kogo, co — czym: Zarazić brata grypą. △ *przen.* Zarazić kogoś śmiechem, ziewaniem.
zarazić się — zarażać się □ Z. się czym (*nie:* na co) od kogo: Zaraził się tyfusem (*nie:* na tyfus) od kolegi.

zaraźliwy (*nie:* zarażliwy) *st. w.* bardziej zaraźliwy: Zaraźliwa choroba. △ *pot.* Zaraźliwy chory △ *przen.* Zaraźliwy śmiech. Ziewanie jest zaraźliwe.

zardzewieć (*nie:* zardzawieć) *dk III,* zardzewieje, zardzewiałby (p. akcent § 4c) — **rdzewieć** *ndk* (zwykle w 3. os. lub w bezokol.): Stare zawiasy zardzewiały.

zareagować p. reagować.

zarechotać *dk IX,* zarechocze, *przestarz.* zarechoce; zarechocz, zarechotaliśmy (p. akcent § 1a i 2): Zarechotały żaby w stawie. △ *przen. rub.* Zarechotać śmiechem. Zarechotać z uciechy.

zarekomendować *dk IV,* zarekomendowaliśmy (p. akcent § 1a i 2) *wych. z użycia* «polecić; przedstawić» □ Z. kogo komu: Zarekomendował kierownikowi swego kolegę jako dobrego fachowca. Zarekomendować towarzystwu nowo przybyłego gościa.

Zaremba odmiana i formy pochodne podobne jak pod: Zaręba.

zareplikować p. replikować.

zareprezentować *niepoprawne zamiast*: «zaprezentować, przedstawić», np. Zareprezentowano (*zamiast:* zaprezentowano) nowe urządzenie fabryki. // KP Pras.

zarezerwować p. rezerwować.

Zaręba *m* odm. jak *ż IV, lm* M. Zarębowie, DB. Zarębów.
Zaręba *ż IV* — Zarębina *ż IV,* D. Zarębiny, CMs. Zarębinie (*nie:* Zarębinej); *rzad.* Zarębowa *ż* odm. jak przym. — Zarębianka *ż III, lm* D. Zarębianek; *rzad.* Zarębówna, D. Zarębówny, CMs. Zarębównie (*nie:* Zarębównej), *lm* D. Zarębówien. // D Kult. I, 674. U Pol. (2), 526.

zaręczać *ndk I,* zaręczaliśmy (p. akcent § 1a i 2) — **zaręczyć** *dk VIb,* zaręczyliśmy □ Z. co — komu «dawać gwarancję czegoś»: Zaręczał mu wolność. □ zwykle *dk* (w *ndk* częściej: ręczyć) Z. za kogo, za co (czym): Zaręczyła za przyjaciółkę dużą sumą pieniędzy. Zaręczył za niego słowem honoru, że jest przyzwoitym człowiekiem. □ Z. (komu),

że... «zapewniać o czymś»: Zaręczam ci, że on tego nie zrobił. Zaręczał, że się nie spóźni. □ (częściej *dk*) Z. kogo z kim «doprowadzać do zaręczyn»: Zaręczyli go z posażną panną.
zaręczać się — zaręczyć się □ Z. się z kim «przyrzekać sobie wzajemnie małżeństwo»: Zaręczyła się ze swoim szkolnym kolegą.

zaręczyny *blp,* D. zaręczyn: Wyprawili zaręczyny córki z młodym sędzią. Zerwała zaręczyny z kuzynem. W tym roku odbyło się w naszej rodzinie dwoje zaręczyn.

zarobaczyć *dk VIb;* a. **zarobaczywić** *dk VIa,* zwykle w imiesł. biernym a. w rzecz. odsłownym **1.** «zakazić pasożytami»: Zarobaczony przewód pokarmowy. Człowiek zarobaczony tasiemcem. Zarobaczywienie organizmu. **2.** *tylko:* zarobaczywić «zapuścić gdzieś robactwo»: Zarobaczywione mieszkanie.

zarobek *m III,* D. zarobku **1.** «wynagrodzenie za pracę»: Miesięczny, dzienny zarobek. Podwyższyć komuś zarobki. Małe, niskie zarobki. Robić coś dla zarobku. △ *przestarz.* Chodzić na zarobek, po zarobkach «najmować się do pracy fizycznej» **2.** *tylko w lp* «praca, zajęcie»: Szukać zarobku (*nie:* za zarobkiem). Znaleźć dobry zarobek. **3.** «zysk»: Sprzedać coś z zarobkiem. □ Z. na czym (*nie:* z czego; *ale:* dochód z czego): Na sprzedaży lasu miał niewielki zarobek.

zarobić p. zarabiać.

zarobkować *ndk IV,* zarobkowaliśmy (p. akcent § 1a i 2) *wych. z użycia* «zarabiać na życie»: Jeszcze w szkole zaczęła zarobkować. Źródło zarobkowania.

zarodek *m III,* D. zarodka: Zarodek nowego organizmu. △ *przen.* Nosić w sobie zarodek choroby. Zarodki nowej idei. Zdusić, stłumić, zniszczyć coś w zarodku.

zaroić się *dk VIa,* zaroją się, zarój się, zaroiłby się (p. akcent § 4c) □ Z. się gdzieś «pojawić się w dużej liczbie, zacząć się gromadnie poruszać, krążyć»: Pszczoły zaroiły się w ulu. Na ulicy zaroił się tłum ludzi. □ Z. się od kogo, czego a. kim, czym «zapełnić się dużą liczbą kogoś, czegoś»: Plac zaroił się od ludzi a. ludźmi. Park zaroił się od ptaków a. ptakami.

zarosnąć p. zarastać.

zarost *m IV,* D. zarostu, *blm:* Zapuszczać zarost. Nosić, golić zarost. Zarost na twarzy, policzkach.

zarośle *n I, lm* M. zarośla, D. zarośli, zwykle w *lm:* Wejść w gęste zarośla. Paproć tworzyła zwarte zarośla. Nad rzeką ciągnęły się zarośla trzciny.

zarozchodować *dk IV* *środ.* «zapisać na rozchód»

zarozumiale (*nie:* zarozumiało) *st. w.* zarozumialej a. bardziej zarozumiale: Odezwać się, zachować się zarozumiale.

zarozumialec *m II,* D. zarozumialca, W. zarozumialce, forma szerząca się: zarozumialcu, *lm* M. zarozumialcy, D. zarozumialców (*nie:* zarozumialcy): Wyglądać na zarozumialca.

zaróść p. zarastać.

zarówno tylko w wyrażeniu: zarówno..., jak (i): Po polsku ubierali się zarówno mieszczanie, jak i szlachta (*nie*: tak mieszczanie, jak i szlachta). △ *niepoprawne* w zn. «równie, tak samo»: Zarówno (*zamiast*: tak samo a. równie) dobrze można by powiedzieć nieprawdę.

zaróżowić *dk VIa*, zaróżowiliśmy (p. akcent § 1a i 2): Obłoki zaróżowione słońcem.

zaróżowić się □ Z. się od czego (kiedy się wymienia przyczynę zewnętrzną): Policzki zaróżowiły się od mrozu. □ Z. się z czego (kiedy się wymienia przyczynę wewnętrzną): Twarz zaróżowiona ze zmęczenia.

zaróżowieć *ndk III*, zaróżowiałby (p. akcent § 4c), zwykle w 3. os.; a. zaróżowić się: Na niebie zaróżowiała jutrzenka. Nos zaróżowiał jej od mrozu.

zartretyzmowany a. **zartretryzowany** *m-os.* zartretyz(m)owani, *st. w.* bardziej zartretyz(m)owany: *rzad.* Zartretyz(m)owane ręce, nogi.

zarwać *dk IX*, zarwę (*nie*: zarwię), zarwie, zarwij, zarwaliśmy (p. akcent § 1a i 2) — **I zarywać** *ndk I*, zarywaliśmy □ Z. co «spowodować załamanie się, zapadnięcie się czegoś»: Zarwać kruchy lód. Woda zarwała strop chodnika (w kopalni). □ (zwykle *dk*) Z. kogo (w czym); *nieos., wych. z użycia* zarwało kogo «zaboleć gwałtownie, krótko; coś kogoś tak zabolało»: Zarwało go w nodze. Chora ręka nagle go zarwała. □ Z. kogo (na co) «nie dotrzymać zobowiązania pieniężnego»: Długów nie płacił, zawsze wszystkich zarywał i to na duże sumy. △ Zarwać nocy «spędzić część nocy na pracy, zabawie itp.»: Pracował do późna, zawsze zarywał nocy.

zarwański tylko w *pot.* wyrażeniu: Zarwańska ulica «miejsce pełne zamieszania, zamętu»: Ależ w tym sklepie zamieszanie, zarwańska ulica.

zaryć (się) *dk Xa*, zaryliśmy (się) (p. akcent § 1a i 2) — *rzad.* **II zarywać (się)** *ndk I*, zarywaliśmy (się) □ Z. czym, *rzad.* co — w co a. w czym: Konie zaryły (się) kopytami w piasek (w piasku). □ Z. się (czym) w co a. w czym: Bryczka zaryła się w błocie (w błoto).

zarys *m IV*, D. zarysu **1.** «kontur, sylwetka»: Z ciemności wyłonił się zarys budynku. **2.** «szkic; praca podająca wiadomości w formie szkicowej; zbiór podstawowych wiadomości z danej dziedziny»: Książka stanowi zarys historii nowożytnej. △ Przedstawić, oddać coś, opisać itp. w ogólnych, w głównych zarysach «przedstawić, oddać itp. coś szkicowo, niewyczerpująco»

zarysować *dk IV*, zarysowaliśmy (p. akcent § 1a i 2) — **zarysowywać** *ndk VIIIa*, zarysowuję (*nie*: zarysowywuję, zarysowywam), zarysowywaliśmy □ Z. co (czym) **a)** «pokryć coś rysunkami, kreskami»: W zadumie zarysował cały arkusz papieru. Słup zarysowany hieroglifami. **b)** «zrobić na czymś rysę»: Ostrym nożem zarysował gładki blat stołu. **c)** «narysować, uwidocznić kontury, zarysy czegoś»: Blask ognia zarysował w ciemności kształt jego głowy.

zarysować się — zarysowywać się 1. «pokryć się rysami, zostać zarysowanym, podrapanym»: Ściana szczytowa kamienicy zarysowała się. **2.** «stać się widocznym, odciąć się od tła»: W dali zarysowała

się sylwetka okrętu. △ *przen.* Zarysowują się jakieś projekty, różnice.

I zarywać p. zarwać.

II zarywać p. zaryć (się).

zaryzykować (*nie*: zarezykować) *dk IV*, zaryzykowaliśmy (p. akcent § 1a i 2) □ Z. co (*nie*: czym): Zaryzykować życie (*nie*: życiem).

zarząd *m IV*, D. zarządu □ Z. czego «jednostka organizacyjna, zespół ludzi, kierujących czymś»: Wybrano nowy zarząd towarzystwa. △ Udzielono absolutorium ustępującemu zarządowi. □ Z. czym, *rzad.* czego «zarządzanie czymś»: Zarząd fabryką, *rzad.* fabryki. △ Objąć, mieć, sprawować, przejąć zarząd nad czymś: Objął zarząd nad majątkiem siostry. △ Być pod czyimś zarządem (*nie*: w czyimś zarządzie). △ Dać, oddać, otrzymać coś w zarząd, pod zarząd: Otrzymał w zarząd prowincje rzymskie. Oddanie zakładów przemysłowych pod zarząd państwowy. || D Myśli, 105; D Kult. I, 211.

zarządca *m* odm. jak *ż II*, *lm* M. zarządcy, DB. zarządców □ Z. czego (*nie*: czym): Był zarządcą majątku ziemskiego.

zarządczyni *ż I*, B. zarządczynię (*nie*: zarządczynią), W. zarządczyni (*nie*: zarządczynio), *lm* D. zarządczyń □ Z. czego (*nie*: czym): Objęła funkcję zarządczyni folwarku.

zarządzać *ndk I*, zarządzaliśmy (p. akcent § 1a i 2) — **zarządzić** *dk VIa*, zarządzę, zarządź, zarządzimy, zarządziliśmy □ Z. co «kazać coś wykonać»: Dowódca zarządził alarm. Zarządzono mobilizację. □ (tylko *ndk*) Z. czym «sprawować nad czymś zarząd, kierować czymś»: Rząd zarządza państwem. Sam zarządzał swoim majątkiem.

zarządzający imiesł. przymiotnikowy czynny od czas. zarządzać □ Z. czym: Zwolnił rządcę zarządzającego jego majątkiem.

zarządzający w użyciu rzeczownikowym □ Z. czego: Zarządzająca hotelu (*nie*: hotelem) sporządziła listę gości.

zarządzenie *n I*: Zarządzenie mobilizacji. Nie respektował zarządzeń dyrektora. Wydać, wykonać zarządzenie.

zarzecki przym. od Zarzecze a. Zarzeka.

zarzec się *dk Vc*, zarzeknę się, zarzeknij się, zarzeknie się, zarzekł się, zarzekliśmy się (p. akcent § 1a i 2) — **zarzekać się** *ndk I*, zarzekaliśmy się *wych. z użycia* □ Z. się czego, *rzad.* przed czym «wyrzec się czegoś, zapewnić, że się czegoś nie zrobi, nie będzie robić»: Zarzekł się picia wódki. Przed niczym nie trzeba się zarzekać. □ Z. się, że...: Zarzekał się, że nigdy jego noga u nich nie postanie.

zarzecze *n I* «obszar za rzeką»: Mieszkać na zarzeczu. Pojechać na zarzecze.

Zarzecze *n I* «miejscowość»: Mieszkać w Zarzeczu. Pojechać do Zarzecza. — zarzeczanin *m V*, D. zarzeczanina, *lm* M. zarzeczanie, D. zarzeczan — zarzeczanka *ż III*, *lm* D. zarzeczanek — zarzecki (p.).

Zarzeka *ż III* «miejscowość»: Mieszkać w Zarzece. Pojechać do Zarzeki. — zarzeczanin *m V*, D. zarzeczanina, *lm* M. zarzeczanie, D. zarzeczan — zarzeczanka *ż III*, *lm* D. zarzeczanek — zarzecki (p.).

zarzekać się p. zarzec się.

zarzewie (*nie*: żarzewie) *n I, lm M.* zarzewia, *D.* zarzewi «żarzące się węgle, żar» △ zwykle w *książk. przen.* Zarzewie wojny, niezgody.

zarznąć p. zarżnąć.

zarzucać *ndk I,* zarzucaliśmy (p. akcent § 1a i 2) — **zarzucić** *dk VIa,* zarzucę, zarzuć, zarzucimy, zarzuciliśmy □ Z. co na co (na kogo) «rzucając zawieszać, kłaść na czymś; wkładać szybko, niedbale na kogoś, na coś»: Zarzucić narzutę na tapczan. Zarzucać bieliznę na sznurek. Zarzucić worek na plecy. Zarzucić szal na ramiona. △ Zarzucić komuś ręce na szyję. △ Zarzucić na coś zasłonę «przestać mówić o czymś drażliwym, przykrym» △ Zarzucić (*lepiej*: rzucić) kotwicę. △ Zarzucić koniom, bydłu siana, koniczyny itp. «dać rzuciwszy na drabinkę nad żłobem» □ Z. co (kogo) czym «rzucając pokrywać czymś gęsto»: Zarzucić scenę kwiatami. △ *przen.* Zarzucić kogoś pytaniami. □ Z. co komu «mieć coś komuś za złe, formułować jako zarzut»: Zarzucała mu kłamstwo. □ *pot.* Z. bez dop., często *nieos.* «o pojazdach: ślizgać się tylnymi kołami, przechylać się tylną częścią nadwozia, ostatnimi wagonami przy gwałtownym skręcaniu»: Samochód zarzucał na zakręcie. Wozy zarzucało na śliskiej jezdni.

zarzucajka *ż III, lm D.* zarzucajek, p. zarzutka (w zn. 2).

zarzut *m IV, D.* zarzutu: Odpierać, obalać zarzuty. □ Z. czego (kiedy się wymienia treść zarzutu): Obawiał się zarzutu tchórzostwa. □ Z. co do czego (kiedy się wymienia to, czego zarzut dotyczy): Zarzuty co do zakresu wyzyskanego w rozprawie materiału. □ Z. przeciw komu: Wysuwać, kierować przeciw komuś zarzuty. Wystąpić z zarzutem przeciw komuś. △ Robić, stawiać komuś zarzut. △ Stanąć (zwykle przed sądem) pod zarzutem czegoś «być o coś obwinionym» △ Spotkać się z jakimś zarzutem. Jakiś zarzut ciąży na kimś. △ Bez zarzutu «doskonale, nie budząc żadnych zastrzeżeń»: Był ubrany bez zarzutu. △ Być wobec kogoś bez zarzutu «zachowywać się nienagannie»

zarzutka *ż III, lm D.* zarzutek **1.** *reg.* «lekki płaszczyk; pelerynka zarzucana na ramiona» **2.** a. zarzucajka (zwykle *blm*) *pot.* «zupa kartoflana z dodatkiem kapusty, zacierek»

zarżeć p. rżeć.

zarżnąć, *rzad.* **zarznąć** *dk Va,* zarżnę, zarznę; zarżnij, zarznij; zarżnąłem, zarznąłem (*wym.* zarżnołem, zarznołem; *nie*: zarżnełem, zarznełem, zarżłem; zarżnął, zarznął (*wym.* zarżnoł, zarznoł); zarżnęła, zarznęła (*wym.* zarżneła, zarzneła; *nie*: zarżła, zarzła); zarżnęliśmy, zarzneliśmy (*wym.* zarżneliśmy, zarzneliśmy; p. akcent § 1a i 2) — **zarzynać** *ndk I,* zarzynaliśmy □ Z. kogo, co (czym): Krzyczał, jakby go zarzynano. Zarżnął kurę nożem. △ *pot.* Spać jak zarżnięty.

zasada *ż IV* □ Z. czego «podstawa, na której coś się opiera, reguła, norma (zwłaszcza norma postępowania)»: Główne zasady fizyki. Ustalać zasady poprawnej wymowy. Mieć swoje, niewzruszone, zdrowe zasady. Człowiek bez zasad. △ Z zasady «zgodnie ze swoimi przekonaniami»: Takim petentom z zasady odmawiał. △ Robić coś dla zasady «..., żeby pozostać

w zgodzie ze swoimi przekonaniami etycznymi» △ Mieć coś za zasadę, uznawać jakąś zasadę, trzymać się zasady (*nie*: stać na zasadzie).

zasadniczo «całkowicie, z gruntu; właściwie, na ogół»: Różnili się między sobą zasadniczo. Zasadniczo nie sprzeciwiał się projektowi. △ *niepoprawne* w zn. «zwykle», np. Zasadniczo (*zamiast*: zwykle) jadał w restauracji, ale czasem przychodził na obiad do domu.

zasadniczy: Zasadniczy argument. W sposób zasadniczy. △ Wyraz używany czasem w połączeniach, w których właściwsze by były określenia: główny, podstawowy, najważniejszy, np. Zwrócić zasadniczą (*lepiej*: główną) uwagę na coś.

zasadny wyraz używany w języku prawniczym, w języku ogólnym *lepiej*: uzasadniony, umotywowany, np. Prośbę petenta uznano za zasadną (*lepiej*: umotywowaną). || KP Pras.

zasadzić *dk VIa,* zasadzę, zasadź, zasadzimy, zasadziliśmy (p. akcent § 1a i 2) — **zasadzać** *ndk I,* zasadzaliśmy □ Z. co w czym, na czym «umieścić (roślinę) w ziemi»: Zasadził wiele drzew w ogrodzie. Zasadzić kwiaty na klombie. □ Z. kogo do czego (w *pot.* zwrotach): Zasadzić kogoś do jakiejś roboty (np. do pisania) «zmusić kogoś do robienia czegoś, do jakiejś roboty (zwykle takiej, którą się wykonuje na siedząco)»: Zasadziła dzieci do obierania kartofli. **zasadzić się** — **zasadzać się** □ (ty!ko *ndk*) *książk., wych. z użycia* Z. się na czym «polegać na czymś, mieć coś za podstawę»: Cały ten spór zasadza się na nieporozumieniu.

zasadzka *ż III, lm D.* zasadzek: Urządzić zasadzkę na wroga. Wpaść w zasadzkę. Zwabić kogoś w zasadzkę.

zasalutować p. salutować.

zasapać się *dk IX,* zasapię się (*nie*: zasapę się), zasapie się, zasap się, zasapaliśmy się (p. akcent § 1a i 2) □ Z. się od czego, *rzad.* czym (kiedy przyczyna jest zewnętrzna): Zasapał się od szybkiego biegu (szybkim biegiem). □ Z. się z czego (zwykle kiedy przyczyna jest wewnętrzna): Zasapał się z irytacji, ze zmęczenia.

zasądzać *ndk I,* zasądzaliśmy (p. akcent § 1a i 2) — **zasądzić** *dk VIa,* zasądzę, zasądź, zasądzimy, zasądziliśmy □ Z. kogo na co: Sąd zasądził ją na dziesięć lat więzienia. □ Z. co od kogo: Zasądzono od niego dużą sumę jako zwrot kosztów.

zaschnąć *dk Vc,* zaschnął (*wym.* zaschnoł) a. zasechł; zaschła; zaschnęły (*wym.* zaschnęły) a. zaschły; zaschnąłby (*wym.* zaschnołby) a. zasechłby (p. akcent § 4c), zaschnięty a. zaschły — **zasychać** *ndk I,* zasychałby □ Z. od czego (kiedy przyczyna jest zewnętrzna): Gardło mu zaschło od krzyku. □ Z. z czego (kiedy przyczyna jest wewnętrzna): W ustach mu zaschło z pragnienia.

zasiać *dk Xb,* zasieję, zasiej, zasiali, *reg.* zasieli; zasialiśmy, *reg.* zasieliśmy (p. akcent § 1a i 2) — **zasiewać** *ndk I,* zasiewaliśmy □ Z. co (w co, na czym) «rzucić nasiona w glebę»: Zasiał owies w świeżo zoraną ziemię. Zasiać kwiaty na klombie. □ Z. co czym «obsiać»: Zasiano pole żytem. △ *przen.* (zwykle w imiesł. biernym, *częściej*: usiać) Niebo zasiane

zasiadać

gwiazdami. Dolina zasiana kamieniami. △ Cicho jak makiem zasiał.

zasiadać *ndk I*, zasiadaliśmy (p. akcent § 1a i 2) — **zasiąść** *dk XI*, zasiądę (*nie*: zasiędę), zasiądzie (*nie*: zasiędzie), zasiadł, zasiedli, zasiedliśmy: Zasiadł za biurkiem. Wszyscy zasiedli do stołu. Zasiąść do jakiejś pracy, do wykonywania jakiejś czynności (np. do obliczeń, do gry w karty). △ Zasiadać w komisji, w radzie, w sejmie itp. «być członkiem komisji, rady, sejmu»

zasiąg p. zasięg.

zasiec *dk XI*, zasiekę (*nie*: zasiekam), zasiecze, zasiecz, zasiekł, zasiekliśmy (p. akcent § 1a i 2), zasieczony: Zasiec psa batem, kijami.

zasiedziały *m-os.* zasiedziali (*nie*: zasiedzieli), *st. w.* bardziej zasiedziały, *rzad.* zasiedzialszy: Pochodził z zasiedziałej rodziny. Zasiedziały dom. Byli zasiedziali na wsi (*ale*: Zasiedzieli się na wsi cały miesiąc).

zasiek (*nie*: zasieka) *m III, D.* zasieku *reg.* w zn. «miejsce w stodole, gdzie się składa zżęte zboże; sąsiek, zapole»

zasiewać p. zasiać.

zasięg, *rzad.* **zasiąg** *m III, D.* zasięgu: Zasięg fal radiowych. Dziecko bawiło się w zasięgu wzroku matki.

zasięgać *ndk I*, zasięgaliśmy (p. akcent § 1a i 2) — **zasięgnąć** *dk Va*, zasięgnąłem (*wym.* zasięgnołem; *nie*: zasięgnełem, zasięgłem), zasięgnął (*wym.* zasięgnoł), zasięgnęła (*wym.* zasięgnęła; *nie*: zasięgła), zasięgnęliśmy (*wym.* zasięgneliśmy; *nie*: zasięgliśmy) △ zwykle w zwrotach: Zasięgać informacji, opinii, rady, *pot.* języka u kogoś, od kogoś.

zasilać *ndk I*, zasilaliśmy (p. akcent § 1a i 2) — **zasilić** *dk VIa*, zasilę, zasil, zasilimy, zasililiśmy □ Z. co czym (*nie*: w co): Elektrownia zasila całe miasto swą energią (*nie*: w energię). ‖ *D Kult. I, 211.*

zasilosować (*wym.* zas-ilosować) *dk IV*, zasilosowaliśmy (p. akcent § 1a i 2) — **silosować** (*wym.* s-ilosować) *ndk*: Zasilosować zielony nawóz.

zasiłek *m III, D.* zasiłku: Otrzymać zasiłek. Dać, przyznać komuś zasiłek. Mieć prawo do zasiłku. △ *przestarz.* Wydać jakieś dzieło z zasiłku a. z zasiłkiem (np. Kasy Mianowskiego).

zaskakiwać p. zaskoczyć.

zaskamlać a. **zaskamłać** *dk I* a. *IX*, zaskamla (zaskamła) a. zaskamle; zaskamlałby, zaskamłałby (p. akcent § 4c), *częściej*: zaskomleć, zaskomlić: Pies zaskamlał żałośnie.

zaskarbić *dk VIa*, zaskarbię, zaskarb, zaskarbiliśmy (p. akcent § 1a i 2) — **zaskarbiać** *ndk I*, zaskarbialiśmy △ zwykle w zwrotach: Zaskarbić sobie czyjeś łaski, względy, życzliwość, szacunek, przyjaźń itp.

zaskarżać *ndk I*, zaskarżaliśmy (p. akcent § 1a i 2) — **zaskarżyć** *dk VIb*, zaskarżę, zaskarż, zaskarżymy, zaskarżyliśmy: Zaskarżyć wyrok w sądzie. □ Z. kogo za co (do sądu, w sądzie; *nie*: postawić kogoś w stan oskarżenia): Zaskarżył go do sądu za kradzież.

zaskoczyć *dk VIb*, zaskoczę, zaskocz, zaskoczymy, zaskoczyliśmy (p. akcent § 1a i 2) — **zaskakiwać** *ndk VIIIb*, zaskakuję (*nie*: zaskakiwuję, zaskakiwam), zaskakiwaliśmy □ Z. kogo, co «zastać, spotkać kogoś nieoczekiwanie»: Wojna zaskoczyła go za granicą. Zaskoczył ją nagły deszcz. □ Z. kogo czym «wprawić w zakłopotanie czymś niespodziewanym»: Zaskoczył ją nieoczekiwanym pytaniem. □ Z. bez dop. «o mechanizmach, elementach mechanicznych: wpaść we właściwy otwór, zaczepić za coś w odpowiednim miejscu»: Silnik, zamek zaskoczył.

zaskomleć *dk VIIa*, zaskomli, zaskomlałby (p. akcent § 4c); a. **zaskomlić** *dk VIa*, zaskomliłby: Pies zaskomlał za drzwiami.

zaskorupiały imiesł. przeszły od czas. zaskorupieć.

zaskorupiały *m-os.* zaskorupiali, w użyciu przymiotnikowym *pot.* «nie podlegający zmianom, wsteczny, konserwatywny»: Zaskorupiały partykularyzm. Zaskorupiałe poglądy, zasady. Byli to ludzie zaskorupiali w swojej obojętności dla spraw ogólnych.

zaskorupieć *dk III*, zaskorupieje, zaskorupiał, zaskorupieli, zaskorupieliśmy (p. akcent § 1a i 2): Ziemia zamarzła i zaskorupiała. △ *przen.* W tym środowisku ludzie zaskorupieli w swoim tradycjonalizmie.

zaskórny (*nie*: zaskórni): Wody zaskórne.

zaskrzeczeć (*nie*: zaskrzeczyć) *dk VIIb*, zaskrzeczy, zaskrzeczeliśmy (p. akcent § 1a i 2): W klatce zaskrzeczała papuga.

zasłabnąć *dk Vc*, zasłabłem, *rzad.* zasłabnąłem (*wym.* zasłabnołem), zasłabł, *rzad.* zasłabnął (*wym.* zasłabnoł); zasłabła (*nie*: zasłabnęła), zasłabliśmy, *rzad.* zasłabnęliśmy (*wym.* zasłabneliśmy; p. akcent § 1a i 2) □ Z. od czego (kiedy przyczyna jest zewnętrzna): Zasłabł od płaczu od krzyku. □ Z. z czego (kiedy przyczyna jest wewnętrzna): Zasłabła ze wzruszenia. □ *książk.* Z. bez dop. «zachorować»: Jeden z aktorów zasłabł nagle i przedstawienie odwołano.

I zasłać p. zasyłać.

II zasłać *dk IX*, zaściele, zaściel, zasłaliśmy (p. akcent § 1a i 2) — **zaściełać**, *reg.* **zaściełać** *ndk I*, zaściełaliśmy, zaścielaliśmy: Puszysty, kolorowy dywan zaścielał podłogę sali. Śnieg zasłał pola i łąki. □ Z. co czym «ścieląc rozłożyć na czymś, pokryć coś czymś w wielkiej ilości»: Łóżko zasłane kapą. Zasłać stół obrusem. Zasłać podłogę ścinkami. △ Zasłać, *reg.* zaścielić łóżko «uporządkować łóżko po spaniu, *rzad.* przygotować je do spania»

zasłaniać *ndk I*, zasłanialiśmy (p. akcent § 1a i 2) — **zasłonić** *dk VIa*, zasłonię, zasłoń, zasłonimy, zasłoniliśmy, zasłonięty **1.** «okrywać, zakrywać czymś, przeszkadzać w widzeniu czegoś»: Odsuń się, bo mi zasłaniasz. Zasłonić okno (*nie*: zasłonić firankę, zasłonę). □ Z. co — czym: Zasłaniać drzwi portierą. Zasłonić ręką usta. **2.** «osłaniać, ochraniać, bronić» □ Z. kogo, co — od kogo, czego a. przed kim, czym: Zasłaniać oczy od słońca. Zasłonić ojczyznę od nieprzyjaciela (przed nieprzyjacielem).

zasłona *ż IV* □ Z. na co, do czego: Zasłona na okno, do okien. □ Z. na czym, u czego: Zasłony na drzwiach, u drzwi. □ Z. przed czym, od czego: Zasłona od wiatru, od słońca, przed wiatrem.

zasługa *ż III* □ Z. czyja: Znane były jego zasługi. Ta inwestycja była zasługą zmarłego prezydenta. □ Z. dla kogo, czego, wobec kogo, czego, *rzad.* przed kim, czym: Położył wielkie zasługi dla kraju. Uważał to za zasługę wobec przyszłych pokoleń. Miał duże zasługi przed potomnością. □ Z. czego, w czym: Jemu przypisywano zasługę pogodzenia zwaśnionych. Zasługi w krzewieniu oświaty.

zasłużony *m-os.* zasłużeni, *st. w.* bardziej zasłużony, *rzad.* zasłużeńszy **1.** «mający dużo zasług»: Zasłużony żołnierz, pedagog. **2.** «należący się komuś»: Udał się na zasłużony urlop, odpoczynek.

zasłużony w użyciu rzeczownikowym △ W nazwie dużą literą: Aleja Zasłużonych (na cmentarzu).

zasłużyć *dk VIb*, zasłużę, zasłuż, zasłużymy, zasłużyliśmy (p. akcent § 1a i 2) — **zasługiwać** *ndk VIIIb*, zasługuję (*nie*: zasługiwam, zasługiwuję), zasługiwaliśmy □ Z. czym — na co (*nie*: czego): Zasłużyć swoją pracą na pochwałę. Zasłużyć swoim postępowaniem na naganę.

zasłużyć się — zasługiwać się □ Z. się komu, czemu **a)** zwykle *dk* «położyć zasługi»: Swą pracą zasłużył się krajowi. **b)** zwykle *ndk* «zdobywać czyjeś łaski, względy, zabiegać o nie»: Każdemu się zasługiwał, żeby zdobyć popularność.

zasłynąć *dk Vb*, zasłynę, zasłyń, zasłynąłem (*wym.* zasłynołem, *nie*: zasłynełem), zasłynął (*wym.* zasłynoł), zasłynęła (*wym.* zasłynęła), zasłynęliśmy (*wym.* zasłyneliśmy, p. akcent § 1a i 2) □ Z. czym, *rzad.* z czego: Zasłynął swymi surowymi zasadami. Dywizjon 303 zasłynął z bohaterstwa. □ Z. jako kto, jako co: Zasłynąć jako lekarz, adwokat. Miejscowość ta zasłynęła jako uzdrowisko.

zasłyszeć *dk VIIb*, zasłyszeliśmy (p. akcent § 1a i 2) *rzad.* «usłyszeć, posłyszeć» □ Z. co, *rzad.* o czym: Opowiadała wszystko, co zasłyszała na mieście. Niedawno zasłyszał o nowym wynalazku.

zasmakować *dk IV*, zasmakowaliśmy (p. akcent § 1a i 2) □ Z. w czym «polubić coś»: Chłopiec zasmakował w majsterkowaniu. □ (tylko w 3. os.) Z. komu «przypaść do smaku»: Zasmakowały jej skromne obiady w domu.

zasmarkać *dk I* a. *IX*, zasmarkam a. zasmarczę, zasmarkaj a. zasmarcz, zasmarkaliśmy (p. akcent § 1a i 2) *posp.* **a)** częściej w imiesł. biernym «zabrudzić wydzieliną z nosa»: Chory zasmarkał wszystkie chusteczki. Zasmarkane dzieciaki. Zasmarkany nos. **b)** *rzad.* «zacząć smarkać; smarknąć»: W kącie sali ktoś zasmarkał głośno.

zasnąć *dk Va*, zasnę, zaśnie, zaśniemy, zaśnij, zasnąłem (*wym.* zasnołem, *nie*: zasnełem), zasnął (*wym.* zasnoł), zasnęliśmy (*wym.* zasneliśmy, p. akcent § 1a i 2) — **zasypiać** *ndk I*, zasypialiśmy: Zasnąć mocno, twardo, głęboko. □ *podn.* Zasnąć na wieki, snem wiecznym, wiekuistym «umrzeć» □ Z. nad czym, przy czym: Zasnąć nad książką (przy książce). Zasypiać nad robotą.

zasobny *m-os.* zasobni, *st. w.* zasobniejszy a. bardziej zasobny: Zasobny gospodarz. Zasobne gospodarstwo. □ Z. w co: Rzeka zasobna w wodę. Kraj zasobny w bogactwa naturalne.

ZASP (*wym.* zasp) *m IV*, D. ZASP-u «Związek Artystów Scen Polskich»: Był czynnym członkiem ZASP-u. ZASP otrzymał nowy lokal. Pracował w ZASP-ie.

zaspać *dk*, zaśpię (*nie*: zaspię), zaśpi (*nie*: zaspi), zaśpij (*nie*: zaspij), zaśpimy (*nie*: zaspimy), zaspał, zaspaliśmy (p. akcent § 1a i 2) — **zasypiać** *ndk I*, zasypialiśmy □ Z. bez dop. «nie obudzić się w porę»: Nie zdążyła na umówione spotkanie, bo zaspała. □ Z. co «zaniedbać coś przez spanie; *przen. pot.* zaniedbać coś, nie wykorzystać czegoś» — zwykle w zwrocie: Nie zaspać sprawy. △ *pot.* Nie zasypiać (*nie*: nie zaspać) gruszek w popiele «nie zaniedbywać spraw wymagających załatwienia»

zaspokoić *dk VIa*, zaspokoję, zaspokoi, zaspokój, zaspokoimy, zaspokoiliśmy (p. akcent § 1a i 2) — **zaspokajać** (*nie*: zaspakajać) *ndk I*, zaspokajaliśmy □ Z. co (czym): Tymi wiadomościami zaspokoił jej ciekawość. Zaspokoić czyjeś potrzeby, pragnienie. △ Zaspokoić czymś głód, pragnienie. △ Zaspokoić wierzyciela «zwrócić mu dług»

zassać *dk IX*, zassę (*nie*: zassię, zaśsię), zassie (*wym.* zassie a. zaśsie), zassą (*nie*: zassią, zaśsią), zassij (*wym.* zassij a. zaśsij), zassaliśmy (p. akcent § 1a i 2) — **zasysać** *ndk I*, zasysaliśmy △ w języku ogólnym tylko w *pot.* zwrocie: Zassało kogoś w dołku. △ *środ. techn.* «wchłonąć, wciągnąć coś wskutek zmiany ciśnienia»: Dmuchawa zasysająca.

zastać *dk*, zastanę, zastanie, zastań, zastał, zastaliśmy (p. akcent § 1a i 2) — **zastawać** *ndk IX*, zastaję, zastawaj, zastawaliśmy □ Z. kogo, co — gdzie, przy czym, na czym: Nie zastał nikogo w domu. Stale zastawała go przy robocie. Był pewien, że zastanie matkę na modlitwie. □ Z. kogo — kim, czym: Po powrocie do kraju zastał siostrę mężatką.

zastały *st. w.* bardziej zastały «taki, który się zastał; zatęchły, zakisły, nieruchomy»: Zastałe wody. Zastałe powietrze.

zastanawiać *ndk I*, zastanawialiśmy (p. akcent § 1a i 2) — **zastanowić** *dk VIa*, zastanów, zastanowimy, zastanowiliśmy □ Z. kogo «dawać mu do myślenia»: Te fakty bardzo go zastanawiały. Zastanowiło ją nagłe zmieszanie męża.

zastanawiać się — zastanowić się □ Z. się nad czym: Zastanawiał się nad wyborem pracy.

zastanowienie *n I*, zwykle w *lp*: Robić coś bez zastanowienia. Chwila zastanowienia. □ Z. (*częściej*: Z. się) nad czym, nad kim: Zastanowienie (się) nad nową sytuacją było konieczne.

zastany imiesł. bierny od czas. zastać.

zastany w użyciu przymiotnikowym «istniejący dawno»: Krytykował zastane w fabryce stosunki.

zastaw *m IV*, D. zastawu △ Dać, oddać coś w zastaw, *rzad.* na zastaw, w zastawie «dać coś jako zabezpieczenie długu; zastawić»: Dał biżuterię w zastaw (na zastaw, w zastawie) lichwiarzowi. △ Pożyczyć coś pod zastaw czegoś «pożyczyć komuś (pieniądze) biorąc od niego jakąś rzecz jako zabezpieczenie długu» △ Pójść w zastaw a. na zastaw «zostać zastawionym»: Wszystkie kosztowności matki poszły w zastaw (na zastaw).

zastawa *ż IV wych. z użycia* «naczynia i nakrycia stołowe»: Wykwintna zastawa do kawy.

Zastawa *ż IV* **1.** *ndm* «marka samochodu produkcji jugosłowiańskiej»

zastawać

2. zastawa «samochód marki Zastawa»: Kupić używaną zastawę.

zastawać p. zastać.

zastawiać *ndk I*, zastawialiśmy (p. akcent § 1a i 2) — **zastawić** *dk VIa*, zastawię, zastawimy, zastaw, zastawiliśmy □ Z. co (kogo) czym «stawiając zapełniać, zasłaniać czymś; zamykać dostęp do czegoś»: Zastawić stół rupieciami. Zastawić drzwi szafą. Zastawiać kogoś własnym ciałem, własną piersią. □ Z. co (u kogo, gdzie) «dać w zastaw»: Z biedy zastawił wszystkie cenniejsze przedmioty u lichwiarza i w lombardzie.
zastawiać się — **zastawić się** □ Z. się czym (przed czym, od czego): Zastawił się tarczą od ciosu przeciwnika.

zastawniczy *rzad.* «dotyczący zastawu; zastawiania czegoś»: Prawo zastawnicze.

zastąpić *dk VIa*, zastąpię, zastąpimy, zastąp, zastąpiliśmy (p. akcent § 1a i 2) — **zastępować** (*nie*: zastępywać) *ndk IV*, zastępowaliśmy □ Z. kogo, co — w czym, przy czym «wyręczyć»: Zastępował często ojca w pracy, w gospodarstwie (przy gospodarstwie). Musiał zastąpić chorego kierownika. □ Z. komu kogo «zająć (w stosunku do kogoś) czyjeś miejsce»: Po śmierci rodziców zastępował chłopcu ojca. □ Z. kogo, co — kim, czym (*nie*: przez kogo, przez co) «użyć jednego zamiast drugiego»: Drewniane elementy budowli zastąpiono metalowymi (*nie*: przez metalowe). Usuniętego pracownika zastąpiono innym. △ Zastąpić komuś drogę «zatrzymać kogoś stając mu na drodze» □ *niepoprawne* Z. kogo, co — w zn. «być czyimś przedstawicielem, reprezentować kogoś, coś», np. Na zjeździe naszą instytucję zastępował dyrektor administracyjny (*zamiast*: Przedstawicielem naszej instytucji na zjeździe był dyrektor administracyjny). || *D Kult. I, 212; U Pol. (2), 92.*

zastebnować, *rzad.* **zastębnować** *dk IV*, zastebnowaliśmy, zastębnowaliśmy (p. akcent § 1a i 2): Zastebnować (zastębnować) fałdę spódnicy.

zastęp *m IV*, D. zastępu *książk.* «liczna grupa, duże grono; hufiec, w *lm podn.*: armia»: Pracował cały zastęp specjalistów. Na polu bitwy starły się wrogie zastępy.

zastępca *m* odm. jak *ż II*, *lm M.* zastępcy, *DB.* zastępców «osoba zastępująca, wyręczająca kogoś w czymś»: Był zastępcą szefa. △ *niepoprawne* w zn. «przedstawiciel, reprezentant»: Był zastępcą (*zamiast*: reprezentantem) socjalistów w parlamencie. || *U Pol. (2), 92.*

zastępczyni (*nie*: zastępczynia) *ż I*, *B.* zastępczynię (*nie*: zastępczynią), *W.* zastępczyni (*nie*: zastępczynio), *lm M.* zastępczynie, *D.* zastępczyń.

zastępowa *ż* odm. jak przym., *D.* zastępowej (*nie*: zastępowy), *W.* zastępowa (*nie*: zastępowo) || *U Pol. (2), 395.*

zastępować p. zastąpić.

zastępstwo *n III*, zwykle w *lp* «zastępowanie, wyręczanie kogoś»: Przybył na naradę w zastępstwie szefa. △ *niepoprawne* w zn. «reprezentacja, przedstawicielstwo», np.: Każdy odłam miał swoje zastępstwo (*zamiast*: przedstawicielstwo) w parlamencie. Miał

zastępstwo (*zamiast*: przedstawicielstwo) fabryki samochodów Fiat. || *D Kult. I, 212; U Pol. (2), 92.*

zastopować *dk IV*, zastopowaliśmy (p. akcent § 1a i 2) *pot.* «zatrzymać, zahamować»: Zastopował lecącą piłkę.

zastosować (*nie*: zastósować) *dk IV*, zastosowaliśmy (p. akcent § 1a i 2) — **zastosowywać** *ndk VIIIa*, zastosowuję (*nie*: zastosowywuję, zastosowywam), zastosowywaliśmy □ Z. co do czego (gdzie, w czym): Zastosować elektryczność do ogrzewania mieszkań. W fabryce zastosowano wiele jego pomysłów. W produkcji zastosowano nowe metody.
zastosować się — **zastosowywać się** □ Z. się do czego: Zastosował się do woli ojca, do otoczenia.

zastosowanie *n I* □ Z. czego — w czym, do czego: Szerokie zastosowanie penicyliny w leczeniu (do leczenia) stanów zapalnych. Zastosowanie radia w nauce (do nauki) języków. △ Mieć, znaleźć zastosowanie (*lepiej*: Być stosowanym, używanym, zostać zastosowanym). △ Z zastosowaniem (*nie*: przy zastosowaniu) czegoś: Przeprowadził sprawę z zastosowaniem (*nie*: przy zastosowaniu) wszelkich formalności.
zastosowanie się △ *niepoprawne* W zastosowaniu się (*zamiast*: stosując się) do zalecenia...

zastrajkować (*nie*: zastrejkować) *dk IV*, zastrajkowaliśmy (p. akcent § 1a i 2) — **strajkować** (*nie*: strejkować) *ndk* «ogłosić strajk; przestać pracować na znak strajku»: Zastrajkowali dokerzy w portach włoskich. △ *przen.* Zastrajkowała winda i trzeba było drapać się pieszo na dziesiąte piętro.

zastrugać *dk I*, zastrugaliśmy (p. akcent § 1a i 2) — *rzad.* **zastrugiwać** *ndk VIIIb*, zastruguję (*nie*: zastrugiwuję, zastrugiwam), zastrugiwaliśmy «strugając zakończyć coś ostro, spiczasto; w odniesieniu do ołówka, kredki — *częściej*: zatemperować»

zastrzec *dk XI*, zastrzegę, zastrzeże, zastrzeż, zastrzegł, zastrzegliśmy (p. akcent § 1a i 2) — **zastrzegać** *ndk I*, zastrzegaliśmy □ Z. sobie co, z. sobie, żeby... Zastrzegł sobie poufność rozmowy. Pisarz zastrzegał sobie, żeby nie drukowano jego listów za życia.
zastrzec się — **zastrzegać się** □ Z. się przeciw czemu (*nie*: przed czym): Zastrzegł się przeciw publicznemu roztrząsaniu tej sprawy.

zastrzeżenie *n I*: Uznać, przyjąć coś bez zastrzeżeń. Zgłosić zastrzeżenia. Coś nasuwa zastrzeżenia. □ Z. co do czego, wobec czego, przeciw czemu: Miał zastrzeżenia co do formy listu. Wysuwał zastrzeżenia przeciw uznaniu uzurpatora za króla. Podnosiła zastrzeżenia wobec przedstawionego projektu. △ Z tym zastrzeżeniem, że..., żeby...: Plan przyjęto z tym zastrzeżeniem, że w kilku punktach zostanie zmieniony.

zastrzyk *m III*, D. zastrzyku: Zastrzyk domięśniowy, dożylny, przeciwbólowy. □ Z. czego (*nie*: z czego): Zastrzyk morfiny (*nie*: z morfiny).

zastrzyknąć *dk Va*, zastrzyknąłem (*wym.* zastrzyknołem; *nie*: zastrzyknełem, zastrzykłem), zastrzyknął (*wym.* zastrzyknoł; *nie*: zastrzykł), zastrzyknęła (*wym.* zastrzyknęła; *nie*: zastrzykła), zastrzyknęliśmy (*wym.* zastrzyknęliśmy; *nie*: zastrzykliśmy;

p. akcent § 1a i 2) — **zastrzykiwać** *ndk VIIIb*, zastrzykuję (*nie*: zastrzykiwuję, zastrzykiwam), zastrzykiwaliśmy □ Z. co — komu: Zastrzyknął choremu morfinę.

zastukotać *dk IX*, zastukocze, *przestarz.* zastukoce; zastukotaliśmy (p. akcent § 1a i 2) — **stukotać** *ndk*: Bryczka zastukotała na moście. Maszerujący żołnierze stukotali podkutymi butami o bruk.

zastygać *ndk I*, zastygaliśmy (p. akcent § 1a i 2) — **zastygnąć** *dk Vc*, zastygłem (*nie*: zastygnąłem), zastygł, *rzad.* zastygnął (*wym.* zastygnoł), zastygła (*nie*: zastygnęła), zastygliśmy (*nie*: zastygnęliśmy) **1.** «krzepnąć, twardnieć»: Szybko zastygająca masa. Żywica zastygła na drzewach. **2.** «nieruchomieć»: Zastygać w bezruchu, w jakiejś pozie, pozycji.

zasugerować *dk IV*, zasugerowaliśmy (p. akcent § 1a i 2) □ Z. co — komu (*nie*: zrobić, uczynić sugestię) «podsunąć komuś jakąś myśl, pomysł»: Umiał zasugerować całemu zespołowi swoje koncepcje. △ *niepoprawne* w zn. «zaproponować», np. Przewodniczący zasugerował (*zamiast*: zaproponował) przerwę w obradach. *Por.* sugerować.

zasugestionować p. sugestionować.

zasunąć *dk Vb*, zasunę, zasuń, zasunąłem (*wym.* zasunołem; *nie*: zasunełem), zasunął (*wym.* zasunoł), zasunęła (*wym.* zasuneła), zasunęliśmy (*wym.* zasuneliśmy; p. akcent § 1a i 2) — **zasuwać** *ndk I*, zasuwaliśmy: Zasunąć firanki, zasłony. □ Z. co — czym: Zasunąć drzwi szafą. □ Z. co — gdzie, dokąd: Zasunąć ręce w rękawy płaszcza.

zasuwka *ż III, lm D.* zasuwek: Zamknąć drzwi na zasuwkę. Odsunąć zasuwkę. // D Kult. I, 814; U Pol. (2), 177.

zaswędzić *dk VIa*, zaswędzi, zaswędziłby (p. akcent § 4c), *rzad.* **zaswędzieć** *dk VIIa*, zaswędzi, zaswędziałby — *rzad.* **zaswędzać** *ndk I*, zaswędzałby **1.** tylko *dk*, w 3. os. lub *nieos.* «dać się uczuć jako swędzenie»: Zaswędziła go chora noga. Zaswędziło (zaswędziało) go w uchu. **2.** tylko — zaswędzić — zaswędzać *rzad.* «napełniać swędem»: Zaswędzić mieszkanie spalenizną.

zasychać p. zaschnąć.

zasygnalizować p. sygnalizować.

zasyłać *ndk I*, zasyłaliśmy (p. akcent § 1a i 2) — *rzad.* I **zasłać** *dk IX*, zaślę (*nie*: zaszlę), zaśli (*nie*: zaszlij), zasłaliśmy △ zwykle w zwrotach (często używanych w zakończeniu listów): Zasyłać komuś ukłony, pozdrowienia, życzenia, wyrazy szacunku.

zasymilować (*nie*: zaasymilować) p. asymilować.

zasypać *dk IX*, zasypię (*nie*: zasypę), zasyp, zasypaliśmy (p. akcent § 1a i 2) — **zasypywać** *ndk VIIIa*, zasypuję (*nie*: zasypywuję, zasypywam), zasypywaliśmy □ Z. kogo, co — czym «sypiąc zapełnić otwór, rzucając coś w dużej ilości pokryć tym jakąś powierzchnię»: Zasypać dół ziemią, podłogę okruchami. △ *przen.* Zasypywać kogoś prezentami, podarunkami, listami. Zasypywać kogoś pytaniami, wymówkami. □ *pot.* Z. kogo «zdradzić, wydać kogoś; *częściej*: wsypać»: Bał się, że koledzy go zasypią.

zasypiać p. zasnąć, zaspać.

zasysać p. zassać.

zaszczebiotać p. szczebiotać.

zaszczepić p. szczepić.

zaszczycać *ndk I*, zaszczycaliśmy (p. akcent § 1a i 2) — **zaszczycić** *dk VIa*, zaszczycę, zaszczyć, zaszczyciliśmy □ Z. kogo, co — czym: Zaszczycała go swoimi względami. Prezydent zaszczycił swoją obecnością noworoczny bal.

zaszczyt *m IV, D.* zaszczytu **1.** «powód do dumy; honor»: Przynosić komuś zaszczyt. Dostąpić zaszczytu. Poczytywać (*nie*: uważać) sobie za zaszczyt. □ Z. czego: Przypadł mu w udziale zaszczyt witania gości. △ Mieć zaszczyt + bezokol.: Mam zaszczyt złożyć państwu uszanowanie. **2.** zwykle w *lm* «wysoki urząd, dostojeństwo»: Obsypać kogoś zaszczytami. Rywalizować ze sobą o różne zaszczyty.

zaszczytny *st. w.* zaszczytniejszy a. bardziej zaszczytny: Zaszczytne wyróżnienie. Zaszczytna misja. Ten utwór zapewnił poecie zaszczytne miejsce w polskiej literaturze.

zaszeleścić p. szeleścić.

zaszeregować *dk IV*, zaszeregowaliśmy (p. akcent § 1a i 2) — *rzad.* **zaszeregowywać** *ndk VIIIa*, zaszeregowuję (*nie*: zaszeregowywuję, zaszeregowywam), zaszeregowywaliśmy «wcielić do szeregów; *przen.* zaliczyć do czegoś»: Zaszeregowano go do grupy malarzy awangardowych. △ *niepoprawne* w zn. «wyznaczyć na kogoś, na coś; umieścić w pewnej kolejności», np.: Zaszeregowano go do stanowiska (*zamiast*: wyznaczono go na stanowisko a. powierzono mu stanowisko) kierownika działu. Zaszeregować (*zamiast*: umieścić) kogoś na ostatnim miejscu. // D Kult. I, 212; KP Pras.

zaszkodzić p. szkodzić.

zaszlochać p. szlochać.

zaszłość *ż V* «w języku prawniczym: to, co zaszło; fakt, wydarzenie, wypadek, zdarzenie; w księgowości: zapis, pozycja»

zaszwargotać *dk IX*, zaszwargocze, *przestarz.* zaszwargoce; zaszwargotaliśmy (p. akcent § 1a i 2) *posp.* «powiedzieć coś niezrozumiale, w obcym języku»: Zaszwargotać po niemiecku. Zaszwargotać obcym językiem (*częściej*: w obcym języku).

zaś 1. «spójnik zestawiający zdania współrzędne (lub ich równoważniki) z odcieniem przeciwstawnym; umieszcza się go zawsze na drugim miejscu w zdaniu, a nie na początku zdania»: Zbocza porasta las, w dole zaś (*nie*: zaś w dole) płynie rzeka.
2. *gw.* «partykuła wzmacniająca o charakterze ekspresywnym; w języku literackim niepoprawna»: Nie po to pracował całe dnie, żeby zaś (*zamiast*: żeby) wszystko stracić. Gdzie zaś się podział (*zamiast*: gdzie się podział) ten łobuz? // D Kult. II, 160; U Pol. (2), 265.

zaścianek *m III, D.* zaścianka, *rzad.* zaścianku: Wywodzić się z zaścianka (z zaścianku). Mieszkać w zaścianku (*nie*: na zaścianku).

zaścielać, zaściełać p. II zasłać.

zaścielić *dk VIa*, zaścieliliśmy (p. akcent § 1a i 2) *reg.* p. II zasłać.

zaślepieniec *m II, D.* zaślepieńca, *W.* zaślepień-cze, forma szerząca się: zaślepieńcu, *lm M.* zaślepień-cy, *D.* zaślepieńców.

zaślepiony *m-os.* zaślepieni: Zaślepiona matka. □ Z. w kim, w czym: Była zaślepiona w swoich dzieciach, w miłości do dzieci. □ (zwykle z przecze-niem) Z. co do czego: Nie jestem zaślepiony co do moich zasług.

zaślubić (*nie:* zaszlubić) *dk VIa,* zaślubię, zaślu-bimy, zaślub, zaślubiliśmy (p. akcent § 1a i 2) — *rzad.* **zaślubiać** (*nie:* zaszlubiać) *ndk I,* zaślubialiśmy *przestarz., książk.* **a)** «wziąć z kimś ślub, zawrzeć małżeństwo»: Zaślubił córkę sąsiadów. Zaślubiła biednego chłopca. **b)** «wydać za kogoś» □ Z. kogo — komu: Zaślubili ją bogatemu człowiekowi.

zaślubiny (*nie:* zaszlubiny) *blp, D.* zaślubin *prze-starz., podn.* «ceremonia ślubu; ślub»: Zaślubiny książęcej pary. || *GPK Por. 174.*

zaśmiać się *dk Xb,* zaśmialiśmy się, *reg.* zaśmie-liśmy się (p. akcent § 1a i 2), zaśmiali się, *reg.* zaśmieli się: Zaśmiać się radośnie, na całe gardło. □ Z. się z czego: Sam zaśmiał się ze swojego pomysłu. □ *rzad.* Z. się do kogo: Zaśmiał się do niego przy-jaźnie.

zaśmiardnąć a. **zaśmierdnąć** *dk Vc,* zaśmiardł a. zaśmierdł, *rzad.* zaśmiardnął, zaśmierdnął (*wym.* zaśmiardnoł, zaśmierdnoł); zaśmiardła a. zaśmierdła (*nie:* zaśmiardnęła, zaśmierdnęła), zaśmiardłby a. zaśmierdłby, *rzad.* zaśmiardnąłby, zaśmierdnąłby (*wym.* zaśmiardnołby, zaśmierdnołby; p. akcent § 4c) *pot.* «stać się śmierdzącym wskutek zepsucia»: Te ryby już zaśmiardły.

zaśmiecać *ndk I,* zaśmiecaliśmy (p. akcent § 1a i 2) — **zaśmiecić** *dk VIa,* zaśmiecę, zaśmiecimy, za-śmieć, zaśmiecony **1.** «zanieczyszczać, śmiecić» □ Z. co — czym: Turyści zaśmiecają lasy odpad-kami. Ulica zaśmiecona papierami. **2.** tylko *ndk* «leżeć gdzieś w postaci śmieci»: Słoma zaśmieca po-dwórze.

zaśmiewać się *ndk I,* zaśmiewaliśmy się (p. akcent § 1a i 2): Zaśmiewać się do łez, do rozpuku. □ Z. się z czego: Zaśmiewali się z jego przygody.

zaśniedziały imiesł. przeszły od czas. zaśniedzieć. **zaśniedziały** *m-os.* zaśniedziali, w użyciu przymiot-nikowym «pozbawiony szerszych zainteresowań; za-skorupiały, zacofany»: Utraciwszy wszelki kontakt ze swoim środowiskiem zawodowym, stał się zaśnie-działym wiejskim konowałem.

zaśniedzieć *dk III,* zaśniedzieję, zaśniedział, zaśniedzieliśmy (p. akcent § 1a i 2) «pokryć się śnie-dzią»: Zaśniedziałe łyżki, lichtarze. □ Z. od czego: Posążek zaśniedział od wilgoci. △ *przen.* Zaśniedzieli w pracy, w kłopotach, w domu.

zaśnieżyć *dk VIb,* zaśnieżyłoby (p. akcent § 4c) — *rzad.* **zaśnieżać** *ndk I,* zaśnieżałoby, zwykle *dk* w imiesł. przymiotnikowym: Zaśnieżone okno, za-śnieżone drogi, góry.
zaśnieżyć się — **zaśnieżać się** *rzad.* «zostać zasypa-nym warstwą śniegu»: Kuropatwy podczas zawiei śnieżnej pozwalają się zaśnieżyć.

zaśrubować (*nie:* zaszrubować) *dk IV,* zaśrubo-waliśmy (p. akcent § 1a i 2) — *rzad.* **zaśrubowywać**

ndk VIIIa, zaśrubowuję (*nie:* zaśrubowywuję, za-śrubowywam), zaśrubowywaliśmy «zamknąć coś za pomocą śrub»: Zaśrubować skrzynię. Zaśrubować piec.

zaświadczenie (*nie:* zaświarczenie) *n I:* Zaświad-czenie lekarskie, szkolne. Zaświadczenie tożsamości. Przedstawić, wydać, wystawić zaświadczenie. □ Z. o czym: Zaświadczenie o chorobie, o niezdolności do pracy.

zaświadczyć (*nie:* zaświarczyć) *dk VIb,* zaświad-czę, zaświadczyliśmy (p. akcent § 1a i 2) — *rzad.* **zaświadczać** (*nie:* zaświarczać) *ndk I,* zaświadcza-liśmy: Zaświadczył, że byłem chory. Wszyscy mogą zaświadczyć, że to prawda. □ Z. o czym (*nie:* cze-mu): To najlepiej zaświadczy o mojej szczerości. Ma-nifestacja wymownie zaświadczyła o sympatiach (*nie:* sympatiom) dla narodów uciskanych. △ Coś jest zaświadczone (gdzieś) «coś zostało użyte, zano-towane»: Wyrazy zaświadczone w starych tekstach. □ *książk., wych. z użycia.* Z. co czym: Swoje po-glądy zaświadczył czynem.

zaświat *m IV, D.* zaświata, *rzad.* zaświatu, *Ms.* zaświecie, częściej w *lm podn.* «świat uznawany za istniejący poza przestrzenią, nadprzyrodzony, poza-grobowy»: Głos z zaświata (z zaświatów). Ulatywać w zaświaty. △ Odejść w zaświaty «umrzeć»

zaświecić *dk VIa,* zaświecę, zaświeciliśmy (p. akcent § 1a i 2) — *rzad.* **zaświecać** *ndk I,* zaświeca-liśmy □ Z. co «zapalić»: Zaświecić lampę, świecę, zapałkę. □ Z. bez dop.: Zaświeć, bo ciemno. Słońce zaświeciło. □ Z. komu — czym «zabłysnąć światłem»: Zaświecić komuś latarką w twarz, w oczy. □ (tylko *dk,* w 3. os. i bezokol.) Z. czym (z podmio-tem nieosobowym «zajaśnieć, zabłysnąć»: Niebo zaświeciło łuną. Brzoza zaświeciła w ciemności białą korą. △ Oczy zaświeciły gniewem, radością, znie-cierpliwieniem, zapałem a. w oczach zaświecił gniew, zapał, zaświeciła radość, zaświeciło zniecierpliwienie itp. || *U Pol. (2), 38, 259; GPK Por. 55.*

zaświegotać *dk IX,* zaświegoce, *przestarz.* za-świegoce, *rzad. dk I,* zaświegota; zaświegotałby (p. akcent § 4c); *częściej:* zaświergotać.

zaświergotać *dk IX,* zaświergoce, *przestarz.* zaświergoce, *rzad. dk I,* zaświergota; zaświergotałby (p. akcent § 4c): Ptaki zaświergotały w zaroślach.

zaświerzbieć *dk VIIa,* a. **zaświerzbić** *dk VIa* (tylko w 3. os. a. w bezokol.), zaświerzbi, zaświerz-biał, *rzad.* zaświerzbił; zaświerzbiałby (p. akcent § 4c): Zaświerzbiała (zaświerzbiła) go gojąca się rana. △ *pot.* Zaświerzbiała (zaświerzbiła) kogoś ręka, dłoń «ktoś poczuł chęć uderzenia kogoś» △ *pot.* Zaświerz-biał kogoś język «ktoś poczuł chęć powiedzenia cze-goś, zdradzenia sekretu»

zaświstać *dk IX,* zaświszcze, zaświstaliśmy (p. akcent § 1a i 2), *rzad.* **zaświsnąć** *dk Va,* zaświśnie, zaświśnij, zaświsnąłem (*wym.* zaświsnołem; *nie:* za-świsnęłem), zaświsnął (*wym.* zaświsnoł), zaświsnęła (*wym.* zaświsnęła; *nie:* zaświsła), zaświsnęliśmy (*wym.* zaświsneliśmy): Zaświstać donośnie, przeraźliwie. Statek zaświstał i odjechał. □ Z. na czym: Zaświ-stać na palcach, na świstawce. *Por.* świstać.

zaświszczeć *dk VIIb,* zaświszczy, zaświszczeli-śmy (p. akcent § 1a i 2) *pot.* «wydać świst, zaświstać (zwykle o przedmiotach martwych)»: Zaświszczały kule. Wiatr zaświszczał w kominie.

zaświtać p. świtać.

zataczać p. zatoczyć.

zataić *dk VIa*, zataję, zataj, zatailiśmy (p. akcent § 1a i 2) — **zatajać** *ndk I*, zatajaliśmy □ Z. co przed kim: Zataił swój postępek przed rodziną. △ Zataić dech, oddech (w piersiach) «wstrzymać dech, oddech (zwykle z emocji)» *Por.* taić.

zatamować p. tamować.

zatańcować p. tańcować.

zatańczyć p. tańczyć.

zatapiacz *m II, lm D.* zatapiaczy, *rzad.* zatapiaczów: *środ.* Żarówkarz-zatapiacz.

zatapiać p. zatopić.

zatapialnia *ż I, lm D.* zatapialni, *rzad.* zatapialń.

zatarg *m III, D.* zatargu: Przykry, ostry zatarg. Zatarg międzynarodowy. Wywołać, załagodzić, zażegnać zatarg. Doszło do zatargu. □ Z. z kim, między kim — o co, o kogo, na tle czego: Zatarg z sąsiadami o łąkę. Zatarg o dzieci między matkami. Miewał zatargi z kolegami na tle różnicy poglądów politycznych.

zatargać *dk I*, zatargaliśmy (p. akcent § 1a i 2) **1.** «gwałtownie pociągnąć, szarpnąć, zatrząść; targnąć»: Chwycił go za włosy i zatargał. □ Z. czym: Wiatr zatargał drzewami. Zatargał mocno zamkniętymi drzwiami. △ *przen.* Utwór poety zatargał sumieniami. Zatargał nią niepokój. **2.** *posp.* «zanieść coś z trudem; zataszczyć»: Ledwie zatargał szafkę na piętro.

zataszczyć *dk VIb*, zataszczyliśmy (p. akcent § 1a i 2) *pot.* «z trudem ciągnąc, niosąc umieścić gdzieś; zaciągnąć, zawlec»: W pocie czoła zataszczył worek kartofli do piwnicy.

zatatrzański: Tereny zatatrzańskie.

zatchnąć się *dk Va*, zatchnąłem się (*wym.* zatchnołem się; *nie*: zatchnełem się, zatchłem się), zatchnął się (*wym.* zatchnoł się); zatchnęła się (*wym.* zatchnęła się; *nie*: zatchła się); zatchnęliśmy się (*wym.* zatchnęliśmy się; *nie*: zatchliśmy się; p. akcent § 1a i 2) □ *wych. z użycia* Z. się czym a. od czego: Zatchnąć się wiatrem, duszącym zapachem (od wiatru, od duszącego zapachu).

zatelefonować p. telefonować.

zatelegrafować p. telegrafować.

zatem (*nie*: zatym) *książk.* «więc, przeto»: Materiały zostały zebrane, można zatem przystąpić do ich opracowywania. // *GPK Por. 177.*

zaterkotać p. terkotać.

zatęchnąć *dk Vc*, zatęchnie, zatęchł (*nie*: zatęchnął), zatęchła (*nie*: zatęchnęła), zatęchłby (p. akcent § 4c) — *rzad.* **zatęchać** *ndk I*, zatęchałby «przesiąknąć zapachem pleśni, zepsuć się (wskutek wilgoci); stęchnąć»: Słoma zatęchła od wilgoci. Zatęchły zapach. Zatęchłe powietrze. △ *przen.* Zatęchła atmosfera mieszczańskiego domu.

zatęsknić p. tęsknić.

zatętnieć p. tętnić.

zatkać *dk I*, zatkaliśmy (p. akcent § 1a i 2); a. **zatknąć** *dk Va*, zatknę, zatknij, zatknąłem (*wym.* zatknołem; *nie*: zatknełem, zatkłem), zatknął (*wym.* zatknoł), zatknęła (*wym.* zatknęła; *nie*: zatkła), zatknęliśmy (*wym.* zatknęliśmy; *nie*: zatkliśmy), zatknięty — **zatykać** *ndk I*, zatykaliśmy **1.** «wetknąwszy coś zamknąć dostęp do czegoś, przepływ czegoś» □ Z. co — czym: Zatkać butelkę korkiem. Zatkać uszy dłońmi. △ *nieos. pot.* Zatkało, *rzad.* zatknęło, zatykało kogoś (z czegoś) «ktoś nie mógł złapać tchu, nie mógł przemówić (z oburzenia, ze zdziwienia)» **2.** tylko: zatknąć — zatykać «umieścić, umocować coś»: Zatknąć flagę na dachu. Zatknąć rękę za pasek.

zatlić się *dk VIa*, zatliłby się (p. akcent § 4c): W kominie zatliły się sadze. △ *przen.* W sercu zatliła się nadzieja. □ Z. się czym: Gwiazdy zatliły się słabym blaskiem.

zatłamsić *dk VIa*, zatłamszę, zatłamś (*nie*: zatłamsij), zatłamsiliśmy (p. akcent § 1a i 2); *pot.*, *częściej*: stłamsić.

zatłoczyć *dk VIb*, zatłoczymy, zatłocz, zatłoczyliśmy (p. akcent § 1a i 2), zatłoczony — *rzad.* **zatłaczać** *ndk I*, zatłaczaliśmy: Ludzie zatłoczyli stację, plac. Zatłoczony tramwaj.

zatłuc *dk XI*, zatłukę (*nie*: zatłuczę) zatłucze, zatłucz, zatłukł, zatłukliśmy (p. akcent § 1a i 2) **1.** *pot.* «tłukąc zabić» □ Z. kogo, co — czym: Zatłukli węże kijami. **2.** *rzad.* «uderzyć wiele razy; zacząć mocno uderzać (o sercu, tętnie)»: Serce zatłukło mocno (z radości, z trwogi itp.).

zatłuścić *dk VIa*, zatłuszczę, zatłuści, zatłuścimy, zatłuść, zatłuściliśmy (p. akcent § 1a i 2), zatłuszczony — *rzad.* **zatłuszczać** *ndk I*, zatłuszczaliśmy; zwykle w imiesł. biernym: Zatłuszczony papier. Zatłuszczone ręce. □ Z. co — czym: Zatłuścić ubranie olejem.

zatoczyć *dk VIb*, zatoczę, zatoczymy, zatocz, zatoczyliśmy (p. akcent § 1a i 2) — **zataczać** *ndk I*, zataczaliśmy **1.** częściej *dk* «tocząc przesunąć, umieścić gdzieś»: Zatoczyć beczkę do piwnicy. Zatoczyć wóz do szopy. **2.** zwykle *ndk*; tylko w zwrotach: Zataczać koło, półkole, łuk itp. «zakreślić koło, półkole, łuk itp., mieć kształt koła, półkola, łuku itp.» △ *przen.* Wieści zataczały coraz szersze kręgi.

zatoczyć się — **zataczać się** «stracić równowagę; o saniach, wozie: ześlizgnąć się z prostej drogi; w *ndk*: iść chwiejnym krokiem, iść zygzakiem»: Zatoczył się jak pijany. Pchnęli go tak mocno, że zatoczył się na ścianę. □ Z. się od czego (kiedy mowa o przyczynie zewnętrznej): Zatoczyć się od ciosu. □ Z. się z czego (kiedy mowa o przyczynie wewnętrznej): Zataczać się z osłabienia.

zatoka *ż III* w zn. «część morza a. jeziora wcięta w ląd»: Zatoka morska. Miasto nad zatoką. Wpłynąć do zatoki. △ W nazwach dużą literą: Zatoka Gdańska, Zatoka Gwinejska, Zatoka Meksykańska.

zatokowy *przym.* od zatoka △ Prąd Zatokowy «ciepły prąd morski wypływający z Zatoki Meksykańskiej; Golfsztrom»

zatopić *dk VIa*, zatopię, zatopimy, zatop, zatopiliśmy (p. akcent § 1a i 2) — **zatapiać** (*nie*: zatopiać) *ndk I*, zatapialiśmy **1.** «zalać, pokryć całkowicie wodą»: Kopalnia ma być zatopiona. **2.** «spowodować zatonięcie czegoś» □ Z. co (w czym): Zatopić okręt. Zatopić skrzynię w stawie. △ *przen.*, *książk.* Zatopić kraj we krwi. **3.** «wbić coś ostrego» □ Z. co — w czym (w co): Zatopić ostrze noża w drzewie. Jastrząb zatopił szpony w grzbiecie (w grzbiet) kurczęcia. △ *przen.*, *książk.* Zatopić w kimś, w czymś oczy, wzrok, spojrzenie.

zator *m IV*, *D.* zatoru: Zator z wozów na jezdni, na ulicy. Zatory z lodów (a. lodowe) na rzekach.

Zator *m IV*, *D.* Zatoru «miasto»: Jechać do Zatoru. — zatorski.

zatrajkotać, *rzad.* **zatrejkotać** *dk IX*, zatrajkocze, zatrejkocze, *przestarz.* zatrajkoce, zatrejkoce; zatrajkocz, zatrejkocz; *rzad. dk I*, zatrajkota, zatrejkota; zatrajkotaj, zatrejkotaj; zatrajkotaliśmy, zatrejkotaliśmy (p. akcent § 1a i 2) *pot.* **a)** «zacząć wydawać terkot, łoskot»: Zatrajkotały maszyny do pisania. **b)** «zacząć trajkotać, mówić coś bardzo szybko»: Zatrajkotała jak przekupka. **c)** «zagłuszyć kogoś trajkocząc»: Zatrajkotała wszystkie koleżanki.

zatrata *ż IV*, *blm wych. z użycia* **a)** «zagłada, zguba, zniszczenie»: Siły nieprzyjaciela były tak wielkie, że atakować go byłoby oczywistą zatratą. **b)** *częściej*: utrata: Zatrata niepodległości.

zatrącać *ndk I*, zatrącaliśmy (p. akcent § 1a i 2) *rzad.* **zatrącić** *dk VIa*, zatrącę, zatrącimy, zatrąciliśmy **1.** «wspominać o czymś mimochodem; napomykać» □ Z. o co: Próbował w rozmowie z nią zatrącić o tę drażliwą sprawę. **2.** «przypominać coś w pewnym stopniu» □ Z. czym (*nie*: o co): Wczesne utwory Mickiewicza zatrącają wpływami pseudoklasycyzmu. △ Często w zwrotach: Zatrącać gwarą, rosyjskim, niemieckim, z rosyjska, z niemiecka itp. «mówić (*rzad.* pisać) w sposób zdradzający wpływ gwary, rosyjskiego, niemieckiego itp.»: Choć mieszka już od dawna w mieście, zatrąca jeszcze gwarą (*nie*: o gwarę).

zatriumfować, **zatryumfować** p. tryumfować.

zatroskać się *dk I*, zatroskaliśmy się (p. akcent § 1a i 2) *wych. z użycia* «odczuć niepokój, troskę; zmartwić się»: Zatroskał się nagle. □ Z. się czym: Zatroskał się chorobą syna.

zatroskany «zaniepokojony; będący objawem troski»: Zatroskany wzrok. Zatroskana mina. □ Zatroskany o kogo, o co: Zatroskany o syna. Zatroskany o swoje sprawy.

zatroszczyć się *dk VIb*, zatroszczę się, zatroszczymy się, zatroszcz się, zatroszczyliśmy się (p. akcent § 1a i 2) «okazać troskę o kogoś, o coś; zająć się kimś, czymś» □ Z. się o kogo, o co: Zatroszczyć się o dzieci, o dom. Przed wyjazdem zatroszczyła się o wszystkie drobiazgi.

zatruć *dk Xa*, zatruję, zatrujemy, zatruj, zatruliśmy (p. akcent § 1a i 2) — **zatruwać** *ndk I*, zatruwaliśmy □ Z. (kogo) co — czym: Zatruć rzeki odpływami. Zatruć dziecko nieświeżym mlekiem. Zatruwać powietrze spalinami. □ *przen.* Z. komu co (czym): Zatruwać komuś życie awanturami.

zatrudniać *ndk I*, zatrudnialiśmy (p. akcent § 1a i 2) — **zatrudnić** *dk VIa*, zatrudnię, zatrudnimy, zatrudnij, zatrudniliśmy; nieco *książk.*, *urz.* «przyjmować kogoś do pracy; mieć kogoś jako pracownika»: Fabryki zatrudniają tysiące ludzi. Został zatrudniony jako konstruktor a. w charakterze konstruktora. Wypłacić premię pracownikom zatrudnionym jako blacharze (*nie*: zatrudnionym jako blacharzom). □ Z. kogo — gdzie: Zatrudnić kogoś w sklepie. Zatrudniła u siebie sprzątaczkę. △ *niepoprawne* w zn. «przyczyniać komuś kłopotów; absorbować, utrudzać kogoś czymś», np. Zatrudniać (*zamiast*: absorbować) kogoś drobnymi sprawami. || *D Kult. I, 213.*

zatrudnienie *n I*, nieco *książk.*, *urz.* **a)** forma rzeczownikowa czas. zatrudnić: Zatrudnienie kogoś w charakterze pomocnika maszynisty. **b)** «zajęcie, posada, praca»: Miejsce zatrudnienia. △ Znaleźć zatrudnienie w fabryce, w biurze. △ *niepoprawne* w zn. «trudności, kłopoty», np. Mieć z czymś wielkie zatrudnienie (*zamiast*: trudności, kłopoty). || *D Kult. I, 484.*

zatrudnieniowy: Polityka zatrudnieniowa. Wydział zatrudnieniowy (*lepiej*: Wydział zatrudnienia).

zatruwać p. zatruć.

zatrwożyć *dk VIb*, zatrwożę, zatrwożymy, zatrwóż, zatrwożyliśmy (p. akcent § 1a i 2), zatrwożony — **zatrważać** *ndk I*, zatrważaliśmy *książk.* «zaniepokoić, przestraszyć»: Zatrważająca cisza. □ Z. kogo — czym: Zatrwożyć kogoś złymi wieściami.

zatrzask *m III*, *D.* zatrzasku, *lm D.* zatrzasków (*nie*: zatrzasek) **1.** «zamek sprężynowy»: Zatrzask do drzwi. Drzwi zamykane na zatrzask. Otworzyć mieszkanie, drzwi z zatrzasku. **2.** częściej w *lm* «rodzaj guzików, zwykle metalowych, składających się z dwóch części wchodzących jedna w drugą; *reg.* zatrzaska»: Rękawiczki zapinane na zatrzaski. Nie mogła odpiąć zatrzasków przy (u) spódnicy. **3.** *środ.* «potrzask»: Stawiać zatrzask na wilka.

zatrzaska *ż III*, *lm D.* zatrzasek *reg.* «zatrzask (w zn. 2)»

zatrzasnąć *dk Va*, zatrzasnę, zatrzaśnij, zatrzasnąłem (*wym.* zatrzasnołem; *nie*: zatrzasnełem, zatrzasłem), zatrzasnął (*wym.* zatrzasnoł; *nie*: zatrzasł), zatrzasnęła (*wym.* zatrzasnęła; *nie*: zatrzasła), zatrzasnęliśmy (*wym.* zatrzasnęliśmy; *nie*: zatrzaśliśmy; p. akcent § 1a i 2), zatrzaśnięty — **zatrzaskiwać** *ndk VIIIb*, zatrzaskuję (*nie*: zatrzaskiwuję, zatrzaskiwam), zatrzaskuj, zatrzaskiwaliśmy: Zatrzasnął za sobą furtkę.

zatrząść *dk XI*, zatrzęsę, zatrzęsie, zatrząsł a. zatrzęsł; zatrząsłem (*nie*: zatrzęsłem), zatrząsł, zatrzęsła, zatrzęśliśmy (*nie*: zatrząśliśmy; p. akcent § 1a i 2), zatrzęsiony; *rzad.* **zatrząsnąć** *dk Va*, zatrząśnij, zatrząsnąłem (*wym.* zatrząsnołem; *nie*: zatrząsnełem), zatrząsnął (*wym.* zatrząsnoł; *nie*: zatrzęsnął), zatrząsnęła (*wym.* zatrząsnęła; *nie*: zatrząsła), zatrząsnęliśmy (*wym.* zatrząsnęliśmy), zatrząśnięty □ Z. kim, czym: Chwyciwszy za ramię zatrząsł nim silnie. Wichura zatrzęsła domem.

zatrząść się, *rzad.* **zatrząsnąć się** □ Z. się od czego (kiedy mowa o przyczynie zewnętrznej): Od huku armat zatrzęsły się mury. △ *przen.* Miasto zatrzęsło się od plotek. Sala zatrzęsła się od braw. □ Z. się z czego (kiedy mowa o przyczynie wewnętrznej): Zatrząść się z gniewu, oburzenia, ze strachu, ze złości.

zatrzeć p. zacierać.

zatrzepotać *dk IX*, zatrzepocze, *przestarz.* zatrzepoce; zatrzepocz, zatrzepotaliśmy (p. akcent § 1a i 2): Na maszcie zatrzepotała flaga. □ Z. czym: Bocian zatrzepotał skrzydłami.

zatrzęsienie *n I*, *blm pot.* «mnóstwo, mrowie, chmara»: W ogrodzie było zatrzęsienie ptaków. // *D Kult. I, 384.*

zatrzymać *dk I*, zatrzymaliśmy (p. akcent § 1a i 2) — **zatrzymywać** *ndk VIIIa*, zatrzymuję (*nie:* zatrzymywuję, zatrzymywam), zatrzymywaliśmy **1.** w zn. «zahamować; wstrzymać ruch, działanie; nie pozwolić odejść, wyjść»: Zatrzymać zegar, pociąg, auto. Zatrzymać oddech (w piersi). □ Z. kogo — gdzie: Zatrzymać kogoś w przejściu, na ulicy, w domu. □ Z. kogo — na czym, *rzad.* na co: Zatrzymać kogoś na noc, na nocleg. Zatrzymać kogoś na obiedzie, na kolacji, *rzad.* na obiad, na kolację. △ Zatrzymać na czymś, na kimś wzrok, spojrzenie, oczy, myśl, uwagę «spojrzeć uważnie; skupić myśl, uwagę» **2.** w zn. «nie oddać, nie zwrócić czegoś; zachować, zarezerwować coś»: Zatrzymam tę książkę dla siebie a. sobie. Zatrzymać dla kogoś pokój, miejsce.
zatrzymać się — zatrzymywać się 1. w zn. «stanąć; przestać się posuwać, funkcjonować»: Zatrzymać się w miejscu. Nagle ktoś się przed nim zatrzymał. Zatrzymywać się przy wystawach. Zatrzymać się u wejścia. △ *przen.* Z. się nad czym: Autor nie zatrzymuje się nad szczegółami tego wydarzenia. **2.** w zn. «przerwać jakąś czynność» □ Z. się na czym (kiedy się wymienia przedmiot, na którym się czynność przerywa): Zatrzymałem się na drugim rozdziale, na opisie bitwy.

zatupać *dk IX*, zatupię (*nie:* zatupę), zatupaliśmy (p. akcent § 1a i 2) «zacząć tupać; tupnąć parę razy»

zatupotać *dk IX*, zatupocze, *przestarz.* zatupoce, zatupotaliśmy (p. akcent § 1a i 2) «mocno zatupać; dać się słyszeć jako tupot»: Zatupotał głośno butami. Zatupotały ciężkie kroki na schodach.

zaturkotać p. turkotać.

zatuszować p. tuszować.

zatwardziały *m-os.* zatwardziali (*nie:* zatwardzieli), *st. w.* zatwardzialszy a. bardziej zatwardziały: Zatwardziały grzesznik. Zatwardziałe serce. Zatwardziały upór. □ Z. w czym: Zatwardziały w uporze, w gniewie.

zatwierdzić *dk VIa*, zatwierdzę, zatwierdzimy, zatwierdź, zatwierdziliśmy (p. akcent § 1a i 2) — **zatwierdzać** *ndk I*, zatwierdzaliśmy: Zatwierdzać budżet, plan. Zatwierdzić kogoś na stanowisku (na stanowisko) sekretarza, dyrektora itp.; *pot.* zatwierdzić kogoś na sekretarza, dyrektora itp.

zatykać p. zatkać.

zaufanie *n I*, *blm*: Całkowite, bezgraniczne, powszechne, ślepe zaufanie. Człowiek godny zaufania. Budzić, wzbudzać, stracić zaufanie. Darzyć kogoś zaufaniem. Zyskać, zdobyć czyjeś zaufanie. Okazywać komuś (*nie:* do kogoś) zaufanie. Nadużyć czyjegoś zaufania. Zawieść czyjeś zaufanie. □ Z. (czyjeś) do kogo, do czego (*nie:* w stosunku do kogo, do czego, dla kogo, dla czego): Zaufanie uczniów do wy-

chowawcy ciągle wzrastało. Mieć, żywić zaufanie do kierownictwa. Nabrał zaufania do kolegi i do jego rad. Stosunki w biurze opierał na zaufaniu (*nie:* o zaufanie) do współpracowników. □ Z. u kogo: Zdobyć sobie zaufanie u ludzi. △ Mąż zaufania «osoba (także kobieta) wybrana przez grupę związkową dla załatwiania różnych spraw tej grupy»: Została wybrana mężem zaufania. △ Powiedzieć coś komuś w zaufaniu (licząc na dyskrecję). △ Wotum zaufania p. wotum. // *KP Pras.*

zaufany *m-os.* zaufani, *st. w.* zaufańszy, *lepiej*: bardziej zaufany **1.** «cieszący się czyimś zaufaniem, godny zaufania»: Zaufany przyjaciel. **2.** *przestarz.* «ufający, ufny» □ Z. w co: Zaufany w swoje szczęście. △ Zaufany w sobie (*nie:* w siebie) «pewny siebie, zarozumiały»
zaufany w użyciu rzeczownikowym *książk.* «powiernik»: Zaufany króla, prezydenta.

zaułek *m III*, *D.* zaułka (*nie:* zaułku) **1.** «uliczka, odnoga ulicy (często bez wylotu)»: Szli zaułkami miasta. △ Ślepy zaułek «sytuacja bez wyjścia» **2.** *rzad.* «kąt, zakamarek»: Zaułek podwórza.

Zaurale *n I*, *D.* Zaurala «kraina w ZSRR»: Mieszkać na Zauralu. — zauralski.

zausterkować *niepoprawne* zamiast: usunąć usterki (błędy).

zauważać *ndk I*, zauważaliśmy (p. akcent § 1a i 2) — **zauważyć** *dk VIb*, zauważ, zauważymy, zauważyliśmy **1.** «spostrzegać»: Zauważyć kogoś na ulicy. Zauważył w pokoju zmiany. Czasami zauważał w nim (a. u niego) odruchy niechęci. Zauważył u niego kosztowny pierścień. **2.** «robić uwagę, odzywać się» □ Z. bez dop.: Zauważył mimochodem, że już późno. △ Wyraz nadużywany w pismach urzędowych, np. Ministerstwo zauważa (*lepiej*: stwierdza), co następuje... // *D Kult. I, 214.*

zawada *ż IV* zwykle w zwrotach: Być komuś a. dla kogoś zawadą, stać komuś na zawadzie «zawadzać, przeszkadzać»

zawadiaka *m*, *rzad. ż* odm. jak *ż III*, *M.* ten a. ta zawadiaka (także o mężczyznach), *lm M.* te zawadiaki, *rzad.* ci zawadiacy (tylko o mężczyznach) a. zawadiaków (tylko o mężczyznach) a. zawadiak, *B.* tych zawadiaków (tylko o mężczyznach) a. te zawadiaki.

zawadzać *ndk I*, zawadzaliśmy (p. akcent § 1a i 2) — **zawadzić** *dk VIa*, zawadzę, zawadzimy, zawadź, zawadziliśmy **1.** «potrącać coś, zaczepiać o coś» □ Z. o co (czym): Zawadził nogą o stopień. △ *przen. pot.* Po drodze zawadził o Kraków. **2.** częściej *ndk* «utrudniać, przeszkadzać; sprawiać kłopot» □ Z. komu — w czym: Długi kożuch zawadzał mu w chodzeniu. Zawadzać komuś w pracy. △ (tylko *dk*) *pot.* Nie zawadzi «dobrze będzie (coś zrobić); nie zaszkodzi»

Zawadzkie *n* odm. jak przym., *D.* Zawadzkiego, *NMs.* Zawadzkiem «miasto»: Jechać do Zawadzkiego. Mieszkać w Zawadzkiem (*nie:* w Zawadzkim).

I zawalać *dk I*, zawalaliśmy (p. akcent § 1a i 2) □ Z. co — czym «zabrudzić»: Zawalać płaszcz smarem, palce farbą.

II zawalać p. zawalić.

zawalczyć *niepoprawne* zamiast: nawiązać walkę, zacząć (z kimś) walczyć. // *KP Pras.*

zawalić *dk VIa*, zawaliliśmy (p. akcent § 1a i 2) — **II zawalać** *ndk I*, zawalaliśmy **1.** «zasypać, przywalić» □ Z. co — czym: Zawalić dół ziemią. Otwór zawalili kamieniami. △ *pot.* Ktoś jest zawalony pracą, robotą «ktoś jest zapracowany» **2.** zwykle *ndk* «zapełniać, pokrywać całą przestrzeń; tarasować»: Sterty papieru zawalały biurko. Głazy zawalały przejście. **3.** *pot.* «opóźnić wykonanie a. nie wykonać czegoś»: Zawalić plan, robotę. Zawalić termin «przekroczyć» △ *niepoprawne* w zn. «zawieść (z podmiotem nieosobowym)», np. Wszystko się uda, jeśli nie zawali (*zamiast*: nie zawiedzie) organizacja produkcji. // *KP Pras.*

zawalidroga *ż* a. *m* odm. jak *ż III*, M. ten a. ta zawalidroga (także o mężczyznach), *lm M.* te zawalidrogi, D. zawalidrogów (tylko o mężczyznach) a. zawalidróg, B. tych zawalidrogów (tylko o mężczyznach) a. te zawalidrogi.

zawarować *dk IV*, zawarowaliśmy (p. akcent § 1a i 2) — **zawarowywać** *ndk VIIIa*, zawarowuję (*nie*: zawarowywuję, zawarowywam), zawarowywaliśmy *książk.* «zastrzec, zapewnić, zagwarantować»: Prawa zawarowane w konstytucji. □ Z. co — komu a. dla kogo: Zawarować komuś (dla kogoś) prawo pierwszeństwa. // *D Kult. I, 214.*

zaważyć *dk VIb*, zaważyłby (p. akcent § 4c) □ Z. na czym, w czym: Zaważyć na czyimś losie, na rozwoju czegoś. To niepowodzenie zaważyło na jego (w jego) życiu.

zawczasu «już wcześniej; naprzód, z góry»: Należy zawczasu wysłać zawiadomienie. Kupić zawczasu bilety. △ Spostrzec się zawczasu «spostrzec w porę»

zawczoraj (*nie*: zawczorej) *wych. z użycia* «przedwczoraj»

zawdziać *niepoprawne* zamiast: wdziać.

zawdzięczać *ndk I*, zawdzięczaliśmy (p. akcent § 1a i 2) □ Z. co — komu a. czemu: Dobre wyniki w nauce zawdzięczał własnej pracy. Zawdzięczała wiele bratu, ale zupełnie nie liczyła się z jego zdaniem. △ *niepoprawne* Zawdzięczając (*zamiast*: dzięki) komuś, czemuś, np. Zawdzięczając (*zamiast*: dzięki) przyjacielowi załatwiliśmy sprawę pomyślnie. // *U Pol. (2), 53.*

zawdzięczenie *n I* △ tylko w zwrocie: Mieć komuś coś do zawdzięczenia «być zobowiązanym do wdzięczności za coś»: Nie lubił swej nauczycielki, choć miał jej wiele do zawdzięczenia.

zawekować p. wekować.

zawezwać *dk IX*, zawezwę (*nie*: zawezwię), zawezwie, zawezwą (*nie*: zawezwią), zawezwij, zawezwaliśmy (p. akcent § 1a i 2) *książk.* «wezwać, przywołać kogoś, zwykle służbowo» □ Składnia jak: wezwać.

zawęzić *dk VIa*, zawężę, zawęzimy, zawęź (*nie*: zawęzij), zawęziliśmy (p. akcent § 1a i 2), zawężony — **zawężać** *ndk I*, zawężaliśmy *książk.* «zwykle w odniesieniu do pojęć oderwanych: ograniczyć, zmniejszyć zakres czegoś» □ Z. co — do czego: Zawęzić kontakty z ludźmi do grona najbliższych. △ Program

działania zawężony (*lepiej*: ograniczony) do najważniejszych spraw. // *KP Pras.*

zawiać *dk Xb*, zawieje, zawiałby (p. akcent § 4c), zawiali, *reg.* zawieli; zawiany — **zawiewać** *ndk I*, zawiewałby **1.** «o wietrze: powiać, zadąć, dmuchnąć powiewem»: Od północy zawiał zimny wiatr. △ *pot.* (*nieos.*) Zawiało kogoś «zimny wiatr, przeciąg wywołał u kogoś bóle, np. w plecach, w krzyżu» **2.** «wiejąc zasypać czymś, zwykle śniegiem; o śniegu: zasypać, pokryć zaspami»: Śnieg zawiał drogi. Wiatr zawiewał świeże ślady. **3.** w funkcji nieprzechodniej «przylecieć z wiatrem, dać się odczuć jako powiew» □ Z. od czego (czym): Od wody zawiał chłód. Wiatr zawiewał od bagien wilgocią. △ *nieos.* Zawiewa, zawiało czym: Od okien zawiewało chłodem. Od ogniska zawiało dymem.

zawiadamiać (*nie*: zawiadomiać) *ndk I*, zawiadamialiśmy (p. akcent § 1a i 2) — **zawiadomić** *dk VIa*, zawiadomię, zawiadomimy, zawiadom (*nie*: zawiadomij), zawiadomcie (*nie*: zawiadomijcie), zawiadomiliśmy □ Z. kogo o czym (przez kogo, przez co): Zawiadomić personel o zebraniu (przez gońca). Zawiadomić kogoś o chorobie telefonicznie a. przez telefon (*nie*: telefonem). □ Z. kogo — czym (o czym): Zawiadomić kogoś depeszą, listem a. listownie (o przyjeździe).

zawiadowca *m* odm. jak *ż II*, *lm M.* zawiadowcy, *DB.* zawiadowców △ tylko w wyrażeniu: Zawiadowca odcinka drogowego, stacji (*nie*: odcinkiem drogowym, stacją).

zawiadywać (*nie*: zawiadować) *ndk VIIIa*, zawiaduję (*nie*: zawiadywuję, zawiadywam), zawiaduj (*nie*: zawiadywaj, zawiadywuj), zawiadywaliśmy (p. akcent § 1a i 2) *wych. z użycia* «zarządzać, administrować»: Zawiadywać folwarkami, kancelarią.

zawias *m IV*, D. zawiasu, *lm D.* zawiasów; *rzad.* **zawiasa** *ż IV*, D. zawiasy, *lm D.* zawias, zwykle w *lm*: Kute zawiasy. Furtka na zawiasach. Drzwi wyskoczyły z zawiasów (z zawias). Rama okienna osadzona na jednym zawiasie (na jednej zawiasie). // *D Kult. I, 748.*

zawiązać *dk IX*, zawiążę, zawiąż, zawiążemy, zawiązaliśmy (p. akcent § 1a i 2) — **zawiązywać** *ndk VIIIa*, zawiązuję (*nie*: zawiązywuję, zawiązywam), zawiązuj (*nie*: zawiązywaj, zawiązywuj), zawiązywaliśmy **1.** «zrobić węzeł, supeł: wiążąc owinąć coś»: Zawiązać komuś kokardę, krawat, szalik. Zawiązać szalik na kokardę. Zawiązać chustkę na głowie, na krzyż. Tasiemki od kaptura zawiązała pod brodą. Zawiązać sznurowadło u buta. △ Zawiązać komuś los, świat, życie «zamknąć komuś drogę do lepszej przyszłości (zwykle przez małżeństwo)» △ *pot.* Ktoś trafiłby dokądś z zawiązanymi oczyma «ktoś zna doskonale drogę dokądś» △ Zawiązać (*częściej*: związać) komuś ręce (p. związać). **2.** «zawinąć i związać, zapakować» □ Z. co — czym: Zawiązać paczkę sznurkiem. □ Z. co — w co: Zawiązać rzeczy w tobół. **3.** «zorganizować», zwykle w zwrotach: Zawiązać spółkę, spisek, konfederację (*ale*: założyć organizację, towarzystwo, związek).

zawiązek *m III*, D. zawiązku a. zawiązka, *lm D.* zawiązków «zalążek, zarodek»: Zawiązek owocu, kwiatu. Zawiązek płodu. △ *przen. książk.* Statki te stanowiły zawiązek polskiej floty.

zawiązka *ż III, lm D.* zawiązek **1.** *gw.* «zawiniątko, tobołek» **2.** *daw.* «to, co służy do zawiązywania, tasiemka, kokardka»

Zawichost *m IV, D.* Zawichostu, *Ms.* Zawichoście «miejscowość» — zawichojski.

zawieja *ż I, DCMs.* zawiei (*nie:* zawieji), *lm D.* zawiei (*nie:* zawiej): Zawieja śnieżna.

zawierać *ndk I,* zawieraliśmy (p. akcent § 1a i 2) — I **zawrzeć** *dk XI,* zawrę, zawrze, zawrzyj, zawarł, zawarliśmy, zawarty **1.** częściej *ndk* «mieć coś jako składnik; mieścić w sobie»: Woda zawiera tlen i wodór. List zawierał ważną wiadomość. □ (zwykle *dk*) Z. co — w czym «objąć, zmieścić, wyrazić, zwykle w jakimś tekście»: Główne myśli pracy autor zawarł w podsumowaniu. **2.** «ustanawiać coś wspólnie, zobowiązywać się do czegoś» □ Z. co z kim, zwykle w zwrotach: Zawrzeć pokój, sojusz, przymierze, rozejm, umowę, kontrakt. △ *urz.* Zawrzeć z kimś związek małżeński. △ *książk.* Zawrzeć znajomość, przyjaźń «poznać się z kimś, zacząć się z kimś przyjaźnić»

Zawiercie *n I* «miasto»: Wyjechać z Zawiercia. — zawiercianin *m V, D.* zawiercianina, *lm M.* zawiercianie, *D.* zawiercian — zawiercianka *ż III, lm D.* zawiercianek — zawierciański.

zawierucha *ż III, CMs.* zawierusze: Jesienna, zimowa zawierucha. △ *przen.* Zawierucha dziejowa. Rozpętać zawieruchę wojenną.

zawierzyć *dk VIb,* zawierzę, zawierzymy, zawierz, zawierzyliśmy (p. akcent § 1a i 2) — **zawierzać** *ndk I,* zawierzaliśmy *książk.* «zaufać» □ Z. czemu, komu (w czym): Zawierzyć fałszywym pogłoskom. Nie zawierzał swojej pamięci. W tej sprawie można mu zawierzyć całkowicie. □ *wych. z użycia* Z. co — komu «powierzyć»: Zawierzyć komuś pieniądze, dobytek.

zawiesisty *st. w.* zawiesistszy a. bardziej zawiesisty: Zawiesista zupa. Zawiesisty sos.

zawieszać *ndk I,* zawieszaliśmy (p. akcent § 1a i 2) — **zawiesić** *dk VIa,* zawieszę, zawiesimy, zawieś, zawiesiliśmy **1.** «przyczepiać» □ Z. co — gdzie, na czym (*nie:* na co), nad czym, w czym, u czego: Zawiesić lampę w izbie, na haku (*nie:* na hak), nad stołem, u sufitu. Zawieszać firanki w oknach, zasłony w drzwiach. Zawiesić torbę u pasa, szablę u boku. Zawiesić torbę, strzelbę przez plecy, przez ramię. **2.** «zasłaniać, zapełniać powieszonymi przedmiotami» □ Z. co — czym: Drzwi zawieszone ciężką portierą. Zawiesić ściany dywanami, pokój obrazami. **3.** częściej *dk* «odroczyć, odłożyć, wstrzymać (tylko w odniesieniu do czynności urzędowych)»: Zawiesić śledztwo, działalność. △ Zawiesić karę. △ Zawiesić kogoś w pracy, w czynnościach, w urzędowaniu.

zawieszenie *n I* △ w zn. «warunkowe niewykonanie orzeczonej przez sąd kary»: Dostał pół roku z zawieszeniem. Skazany na rok więzienia z zawieszeniem na dwa lata. △ Zawieszenie broni «rozejm» △ Pozostać w zawieszeniu «nie zostać rozstrzygniętym» — zwykle w związku: Sprawa pozostała w zawieszeniu.

zawieść *dk XI,* zawiodę (*nie:* zawiedę), zawiedzie, zawiodą (*nie:* zawiedą), zawiedź, zawiodłem (*nie:* zawiedłem), zawiodła (*nie:* zawiedła), zawiedli, zawiodły (*nie:* zawiedły), zawiedliśmy (p. akcent § 1a i 2), zawiedziony, zawiedzeni (*nie:* zawiedzieni) — **zawodzić** *ndk VIa,* zawodzę, zawodzi, zawodzimy, zawódź, zawodziliśmy **1.** «sprawić zawód, nie spełnić czegoś»: Zawieść czyjeś zaufanie, oczekiwania. Jeśli mnie pamięć nie zawodzi... On nigdy nie zawiedzie. □ Z. kogo — w czym: Zawieść kogoś w nadziejach (a. zawieść czyjeś nadzieje). Zawiedzeni w miłości, w rachubach. **2.** *książk.* «zaprowadzić» □ (często w *przen.*) Z. kogo — dokąd: Droga, ścieżka zawiodła kogoś dokąd. **3.** tylko *ndk* «płacząc biadać; śpiewać przeciągle»: Zawodzić na głos (w głos), płaczliwie, w niebogłosy. Zawodzić rzewne pieśni. □ Z. nad czym: Zawodzić nad swoim losem, nieszczęściem. **zawieść się** □ Z. się na kim, na czym: Zawiódł się na kolegach. Zawieść się na czyichś obietnicach. □ Z. się w czym: Zawieść się w swoich rachubach, w nadziei, w miłości.

zawiewać p. zawiać.

zawieźć *dk XI,* zawiozę (*nie:* zawiezę), zawiezie, zawiozą (*nie:* zawiezą), zawieź, zawiozłem (*nie:* zawiezłem, zawiózłem), zawiózł, zawiozła (*nie:* zawiezła), zawieźli, zawiozły (*nie:* zawiezły), zawieźliśmy (p. akcent § 1a i 2) — **zawozić** *ndk VIa,* zawożę, zawozi, zawozimy, zawóź a. zawoź, zawoziliśmy □ Z. kogo, co — dokąd (czym, na czym, w czym): Zawieźć kogoś bryczką w pole, do lasu. Zawieźć walizkę taksówką do domu. Zawieźć dziecko wózkiem (w wózku) do żłobka. Zawieźć kamienie taczkami (na taczkach) na budowę.

zawijać p. zawinąć.

zawijas *m IV, D.* zawijasa, *lm D.* zawijasów: Nie mógł odczytać jego zawijasów. Pismo miał nieczytelne, z zawijasami. Rysował sobie jakieś zawijasy.

zawile (*nie:* zawiło) *st. w.* bardziej zawile: Tłumaczyć coś zawile.

zawilgnąć *dk Vc,* zawilgnął (*wym.* zawilgnoł) a. zawilgł; zawilgła (*wym.* zawilgnęła), zawilgłby (p. akcent § 4c) «stać się wilgotnym»: Tytoń zawilgł.

zawilgocić *dk VIa,* zwykle w imiesł. biernym i w rzecz. odsłownym: Zawilgocone ziarno. Zawilgocenie ścian.

zawiły *st. w.* zawilszy a. bardziej zawiły: Zawiły problem. Zawiły styl.

zawinąć *dk Vb,* zawinę, zawiniemy, zawiń, zawinąłem (*wym.* zawinołem; *nie:* zawinęłem), zawinęła (*wym.* zawineła), zawinęliśmy (*wym.* zawineliśmy, p. akcent § 1a i 2), zawinięty — **zawijać** *ndk I,* zawijaliśmy **1.** «owinąć, otulić; opakować» □ Z. kogo, co — w co a. czym: Zawinąć dziecko w koc (kocem). Zawinąć paczkę w papier a. papierem (*nie:* do papieru). □ *rzad.* Z. komu — co (czym): Zawinąć sobie głowę szalem. Zawinąć pacjentowi skaleczony palec bandażem. **2.** «o statku: dopłynąć, wpłynąć» □ Z. do czego: Zawinąć do portu, do przystani, do Gdańska. **3.** (tylko *ndk*) *pot.* «jeść szybko, ze smakiem»: Zawijać bigos z apetytem. **zawinąć się 1.** *częściej:* uwinąć się; zakrzątnąć się □ Z. się koło (około) czego: Zawinąć się koło swoich spraw. **2.** *pot.* «umrzeć nagle»: Zawinął się w dwa dni.

zawinić *dk VIa,* zawinię, zawinimy, zawiń, zawiniliśmy (p. akcent § 1a i 2) □ Z. czym — wobec kogo, *rzad.* względem kogo: Wobec ciebie bardzo zawinił swoim postępowaniem. □ Z. przeciw komu:

zawiniony

Coś zawinił przeciw niej? □ Z. (komu) w czym: W czym on ci zawinił? W tej całej sprawie bardzośmy zawinili.

zawiniony «taki, który się zdarzył, powstał z czyjejś winy»: Zakłócenia czynności psychicznych nie zawinione przez sprawcę przestępstwa.

zawisły *m-os.* zawiśli *książk.* «zależny» □ Z. od kogo, od czego: Zawisły od czyjejś decyzji.

zawisnąć *dk Vc*, zawiśnij, zawisłem, *rzad.* zawisnąłem (*wym.* zawisnołem); zawisł a. zawisnął (*wym.* zawisnoł); zawisła (*nie:* zawisnęła), zawiśliśmy a. zawisnęliśmy (*wym.* zawisneliśmy, p. akcent § 1a i 2); zawisły — *rzad.* **zawisać** *ndk I*, zawisaliśmy **1.** «zostać zawieszonym; uwiesić się»: Zawisnąć nad przepaścią. Lampa zawisła na haku pod sufitem. Zawisnąć komuś na szyi. △ *przen.* Wszystkie oczy zawisły na twarzy mówcy. Czyjeś życie zawisło na włosku; czyjś los zawisł na włosku (*rzad.* na nitce). **2.** «zatrzymać się lecąc, w locie, znieruchomieć nad czymś»: Uniesiona łopata zawisła w powietrzu. Skowronek zawisł nieruchomo w chmurach. △ Coś zawisło nad kimś (jak chmura, jak miecz Damoklesa) «coś zagraża komuś» **3.** (tylko *dk*) *książk.* «być od kogoś, od czegoś zależnym» □ Z. od kogo, czego: Jego los zawisł od rodziny. Wszystko zawisło od jego woli. // *D Kult. I, 646; GPK Por. 232.*

Zawisza *m odm. jak ż II, lm M.* Zawiszowie, *DB.* Zawiszów △ Zawisza Czarny. △ Polegać na kimś jak na Zawiszy.
Zawisza *ż II, rzad. ndm* — Zawiszyna *ż IV, D.* Zawiszyny, *CMs.* Zawiszynie (*nie:* Zawiszynej), *rzad.* Zawiszowa *ż odm. jak przym.* — Zawiszanka *ż III, lm D.* Zawiszanek — *rzad.* Zawiszówna.

zawiść *ż V*, zwykle w *lp*: Ludzka, małostkowa zawiść. Poczuć, budzić zawiść. Oczernić kogoś przez zawiść (z zawiści). Patrzeć na coś z zawiścią. Miał powody do zawiści wobec kolegów. Sprawa odznaczeń wywołała zawiść wśród kolegów (między kolegami).

zawity «w języku prawniczym: nieodwołalny, prekluzyjny»: Termin, okres zawity. Stawić się w sądzie w terminie zawitym. // *D Kult. II, 295.*

zawlec *dk XI*, zawlokę, *rzad.* zawlekę; zawlecze; zawloką, *rzad.* zawleką; zawlecz; zawlokłem, *rzad.* zawlekłem; zawlókł, *rzad.* zawlekł; zawlokła, *rzad.* zawlekła; zawlekliśmy (p. akcent § 1a i 2) — **zawlekać** *ndk I*, zawlekaliśmy **1.** zwykle *dk* «wlokąc zaciągnąć w jakieś miejsce»: Zawlekli go nad rzekę, do lasu. Zawlec worek kartofli do piwnicy. **2.** «przenieść na inny teren»: Nasiona zawleczone przez wiatr (a. wiatrem). Ospę zawlekli turyści z krajów tropikalnych.
zawlec się — zawlekać się 1. *książk.* «zostać zasłoniętym; zasnuć się» □ Z. się czym: Niebo zawlekało się chmurami. Pola zawlokły się mgłą. **2.** (tylko *dk*) *pot.* «z trudem dojść» □ Z. się dokąd: Zawlec się do domu, na piąte piętro.

zawnioskować *dk IV*, zawnioskowaliśmy (p. akcent § 1a i 2) *środ., lepiej:* zgłosić wniosek, wystąpić z wnioskiem. // *KP Pras.*

zawoalować *dk IV*, zawoalowaliśmy (p. akcent § 1a i 2) — **woalować** *ndk książk.* (zwykle w imiesł. biernym) «zakryć coś (zwykle twarz) woalem, zasło-

ną; zasłonić sobie twarz woalką»: Wsiadła do samochodu jakaś zawoalowana kobieta. △ *przen.* Zawoalować rzeczywistość. Zawoalowana aluzja.

zawodniczo *rzad.* «jako zawodnik»: Uprawiać jazdę na nartach zawodniczo.

zawodniczy przym. od zawodnik: Sport zawodniczy. Spadochron zawodniczy.

*zawodowe tytuły kobiet p. nazwy i tytuły zawodowe kobiet.

zawodzić p. zawieść.

Zawoja *ż I, DCMs.* Zawoi «miejscowość»: Mieszkać w Zawoi. — zawojski.

zawołać *dk I*, zawołaliśmy (p. akcent § 1a i 2) □ Z. kogo, co: Zawołać kelnera. Zawołał Zosię (*nie:* Zosi). Zawołać taksówkę. □ Z. na kogo: Zawołał na mnie, żebym się pospieszył. □ Z. za kim: Zawołał coś za mną.

zawołanie *n I* △ Być na (każde) zawołanie «być zawsze do czyjejś dyspozycji» △ Mieć coś na (każde) zawołanie «mieć coś zawsze w pogotowiu, na podoredziu, w każdej chwili» △ Mieć kogoś na (każde) zawołanie «mieć kogoś zawsze na swoje usługi» △ *rzad.* Robić coś (jak) na zawołanie «od razu, bez wahania»: Rumieniła się jak na zawołanie.

zawołany *m-os.* zawołani «znakomity, wytrawny»: Zawołany gospodarz, tancerz, myśliwy, karciarz, sportowiec.

Zawołże *n I, D.* Zawołża «kraina w ZSRR»: Mieszkać na Zawołżu. Jechać na Zawołże. — zawołżański.

zawora *ż IV, lm D.* zawór «zasuwa, rygiel»: Drewniana, żelazna zawora.

zawozić p. zawieźć.

zawód *m IV, D.* zawodu **1.** «specjalność»: Zawód wyuczony, wykonywany. Być z zawodu technikiem. Pracować w swoim zawodzie. Chwytać się różnych zawodów. Zawód rolnika, lekarza. **2.** «rozczarowanie»: Zawód życiowy. Sprawiać, robić komuś zawód. Doznać zawodu w czymś (np. w swoich uczuciach). **3.** tylko w *lm* «rodzaj imprezy sportowej»: Zawody kolarskie, konne, żeglarskie, saneczkowe, narciarskie. Zawody międzynarodowe. △ Brać udział, zdobywać nagrody w zawodach. Na (w) tegorocznych zawodach narciarskich w Zakopanem wziął pierwszą nagrodę. □ Z. o co: Zawody o mistrzostwo Polski, o jakiś puchar. □ Z. w czym: Zawody w podnoszeniu ciężarów, w skokach. △ *książk.* Iść z kimś w zawody «współzawodniczyć, rywalizować z kimś» △ *książk., wych. z użycia* Biec, lecieć z wiatrem w zawody «biec szybko, pędzić jak wiatr»

zawój *m I, D.* zawoju, *lm D.* zawojów (*nie:* zawoi): Biały, jedwabny zawój. Zawój z szalika.

zawór *m IV, D.* zaworu «urządzenie regulujące przepływ płynu, gazu przez przewody»: Zawór ssący, wylotowy, przepływowy.

zawracać *ndk I*, zawracaliśmy (p. akcent § 1a i 2) — **zawrócić** *dk VIa*, zawróciliśmy □ Z. bez dop. «zmienić kierunek drogi na przeciwny»: Zawrócił z przystanku tramwajowego do domu, bo zapomniał klucza. Zawróciła usłyszawszy wołanie matki. △ *niepoprawne* Zawrócić z powrotem (pleonazm, *zamiast*: zawrócić). □ Z. kogo «skłaniać do zmiany drogi»: Nie uszedł daleko, zawrócono go (z drogi). △ *przen.* Rodzice perswazją, prośbami chcieli ją zawrócić ze złej drogi. △ *pot.* Zawracać komuś głowę a) «bałamucić kogoś»: Zawracał smarkuli głowę (*rzad.* w głowie). b) «zajmować, zaprzątać czymś niepotrzebnie»: Zawracał mu głowę głupstwami. △ (z oceną ujemną, dezaprobatą) *pot.* Zawracać sobie kimś, czymś głowę «kochać się w kimś; zajmować się czymś» △ *pot.* Nie zawracaj głowy! «nie nudź, nie pleć głupstw»

zawracać się — zawrócić się (częściej *dk*); *rzad.* to samo, co: zawracać — zawrócić (bez dop.). △ Zawróciło się komuś w głowie «ktoś uczuł zawrót głowy»

Zawrat *m IV*, D. Zawratu «przełęcz w Tatrach Wysokich»: Na Zawracie leżał jeszcze śnieg.

zawrotny △ często w wyrażeniach: Zawrotna szybkość, zawrotne tempo, zawrotny pęd, taniec. Zawrotne ceny, liczby. Zawrotna kariera.

zawrócić p. zawracać.

zawrót *m IV*, D. zawrotu △ Zawrót głowy «wrażenie utraty równowagi»: Miewa często zawroty głowy. △ *przen.* Myśl o tym przyprawia go o zawrót głowy.

zawrzasnąć *dk Va*, zawrzaśnie, zawrzaśnij, zawrzasnąłem (*wym.* zawrzasnołem; *nie*: zawrzasnełem, zawrzasłem), zawrzasnął (*wym.* zawrzasnoł; *nie*: zawrzasł), zawrzasnęła (*wym.* zawrzasneła; *nie*: zawrzasła), zawrzasnęliśmy (*wym.* zawrzasneliśmy; *nie*: zawrzaśliśmy; p. akcent § 1a i 2); *częściej*: wrzasnąć, zawrzeszczeć (w zn. 1). □ Składnia jak: wrzasnąć.

I zawrzeć p. zawierać.

II zawrzeć *dk XI*, zawrę, zawrze, *rzad.* zawre; zawrzyj, zawrzał, zawrzeliśmy (p. akcent § 1a i 2) □ Z. bez dop. *wych. z użycia* w zn. «zacząć wrzeć»: Woda w końcu zawrzała. △ (*częściej* w *przen.*) Krew zawrzała mu w żyłach. Zawrzała gorączkowa praca. Zawrzało w klasie jak w ulu. Zawrzeć gniewem, oburzeniem. *Por.* wrzeć.

zawrzeszczeć *dk VIIb*, zawrzeszczeliśmy (p. akcent § 1a i 2) 1. «zacząć wrzeszczeć, powiedzieć coś wrzeszcząc; zawrzasnąć»: Zawrzeszczeć przeraźliwie. Zawrzeszczeć na kogoś. △ *przen.* Zawrzeszczały wrony, sójki. □ Składnia jak: wrzasnąć. 2. *posp.* «wrzeszcząc zagłuszyć kogoś, coś» □ Z. kogo, co: Został przez wszystkich zawrzeszczany.

zawstydzać *ndk I*, zawstydzaliśmy (p. akcent § 1a i 2) — **zawstydzić** *dk VIa*, zawstydzę, zawstydziliśmy □ Z. kogo — czym: Zawstydzasz mnie swoją pobłażliwością, swoją uprzejmością. □ Z. kogo — wobec kogo (czego), przed kim (czym): Nauczyciel zawstydził go przed całą klasą (wobec całej klasy). *Por.* wstydzić.

zawsze 1. «przysłówek znaczący: w ciągu całego czasu, który się ogarnia myślą; wciąż, stale, nieustannie»: Budził się zawsze o siódmej. Spotykamy się tam, gdzie zawsze. △ Przysłówek *zawsze* (jako nie pochodzący od przymiotnika) pisze się rozdzielnie z *nie* (np. Los nie zawsze nam sprzyjał). Używa się go tylko w zdaniach twierdzących; w zdaniach przeczących jest zastępowany przysłówkiem *nigdy* (np. zawsze tak było — nigdy tak nie było). △ W zdaniach z tym przysłówkiem występują w orzeczeniu czasowniki *ndk*, np. Zawsze szanowałem (*nie*: uszanowałem) cudze poglądy. 2. «partykuła ekspresywna; bądź co bądź, w każdym razie, jednak, pomimo wszystko»: Mało to jest, ale zawsze coś zarobię. Jaka jest, to jest, zawsze to pomoc.
na zawsze «na stałe»: Wyjeżdża z kraju na zawsze. △ Raz na zawsze «w sposób nieodwołalny»: Rozstajemy się raz na zawsze.

! za wyjątkiem p. wyjątek.

zawyżać *ndk I*, zawyżaliśmy (p. akcent § 1a i 2) — **zawyżyć** *dk VIb*, zawyżyliśmy *środ.* «podwyższać, zwiększać coś ponad miarę, ponad możliwości; wyśrubowywać»: Zawyżać plan produkcyjny, normy. || KP Pras.

zawziąć się (*nie*: zawziąść się) *dk Xc*, zawezmę się, zaweźmie się, zaweźmij się (*nie*: zaweź się), zawziąłem się (*wym.* zawziołem się; *nie*: zawziełem się), zawziął się (*wym.* zawzioł się), zawzięła się (*wym.* zawzieła się), zawzięliśmy się (*wym.* zawzieliśmy się, p. akcent § 1a i 2) — *rzad.* **zawzinać się** *ndk I*, zawzinaliśmy się □ Z. się na kogo «stać się dla kogoś nieprzejednanie niechętnym, nieprzyjaznym; *częściej*: uwziąć się»: Niesłusznie zawział się na brata, który nic mu nie zawinił. △ *przen.* Los się na nas zawział, ciągle sypią się nieszczęścia. □ Z. się, że... «uprzeć się przy czymś»: Zawziął się, że skończy pracę wcześniej niż inni. △ *wych. z użycia* Zawziąć się w gniewie, w złości, w uporze «zapamiętać się w gniewie, trwać w uporze»

zawzięcie *st. w.* bardziej zawzięcie, *st. najw.* najbardziej zawzięcie, *rzad.* najzawzięciej: Spierać się o coś zawzięcie. Pracować zawzięcie.

zawzięty *m-os.* zawzięci, *st. w.* bardziej zawzięty, *rzad.* zawziętszy «taki, który się zapamiętał w czymś, zawział na kogoś, zażarty, zacięty; uporczywy; *rzad.* pełen zapału do czegoś, zapalony»: Nie lubił ludzi zawziętych. Zawzięci wrogowie boksu. Zawzięta walka. Zawzięte ujadanie psów. Zawzięty gracz, tancerz. □ Z. na kogo, na co: Był zawzięty na niego za jego lekkomyślność. △ Zawzięty w gniewie, w złości, w uporze.

zawzinać się p. zawziąć się.

! zazdraszczać p. zazdrościć.

zazdrosny *m-os.* zazdrośni, *st. w.* bardziej zazdrosny: Zazdrosny mąż. □ Z. o kogo, o co: Jest zazdrosna o swoją przyjaciółkę. Szlachta zazdrosna była o swe przywileje.

zazdrościć (*nie*: zazdraszczać) *ndk VIa*, zazdroszczę, zazdrościliśmy (p. akcent § 1a i 2) □ Z. komu — czego, kogo: Zazdrościć komuś powodzenia, majątku. Zazdrościł mu żony.

zazdrość *ż V*, *blm*: Bezprzedmiotowa, chorobliwa, bezpodstawna zazdrość. △ Zrobić coś z zazdrości a. przez zazdrość. △ *pot.* Komuś (jest) zazdrość (że...): Zrobił to lepiej niż ty, a tobie teraz zazdrość! Innym jest zazdrość, że nie ich wybrano. □ Z. o kogo, o co: Zazdrość o żonę, o czyjeś sukcesy.

zazębiać się *ndk I*, zazębiałby się (p. akcent § 4c) — **zazębić się** *dk VIa*, zazębiłby się «łączyć

zaziębić

się za pomocą zębów, wcięć, ząbkowanych brzegów; zachodzić wzajemnie na siebie»: Tryby zazębiają się o siebie. △ *przen.* «uzależniać się, splatać się ze sobą»: Te sprawy ściśle się o siebie (*nie*: ze sobą) zazębiają.

zaziębić *dk VIa*, zazięb, zaziębiliśmy (p. akcent § 1a i 2) — **zaziębiać** *ndk I*, zaziębialiśmy: Zaziębiła dziecko w kąpieli.
zaziębić się: Zaziębił się i teraz kaszle.

zaznaczyć *dk VIb*, zaznaczyliśmy (p. akcent § 1a i 2) — **zaznaczać** *ndk I*, zaznaczaliśmy □ Z. co «postawić na czymś znaczek»: Zaznaczył datę przyjazdu ojca. Zaznaczyć coś na marginesie. △ Używane także *przen.* w zn. «zrobić dodatkową uwagę» □ (zwykle *dk*) Z., że... «stwierdzić z naciskiem; podkreślić, zrobić uwagę»: Zaznaczył, że przyjedzie punktualnie. Swej metody autor szczegółowo nie opisał, zaznaczył tylko, że często się ją obecnie stosuje. △ *zaznaczyć — zaznaczać* w zn. «powiedzieć, mówić» ma odcień wiechowy, np. Kolega zaznacza, że to ładne widowisko.
zaznaczyć się — zaznaczać się «wystąpić, pojawić się w widoczny sposób»: Zaznaczyły się między nimi różnice poglądów.

zaznać *dk I*, zaznaliśmy (p. akcent § 1a i 2) — **zaznawać** *ndk IX*, zaznaje, zaznawaj, zaznawaliśmy □ Z. czego: Zaznać biedy, głodu. Zaznać rozkoszy, cierpienia, spokoju.

zaznajamiać *ndk I*, zaznajamialiśmy (p. akcent § 1a i 2) — **zaznajomić** *dk VIa*, zaznajom (*nie*: zaznajomij), zaznajomiliśmy □ Z. kogo — z czym: Zaznajamiać kogoś z czyjąś działalnością, z nowymi metodami pracy. □ *wych. z użycia* Z. kogo — z kim: Zaznajomiono (*częściej*: poznano) ją z wybitnymi osobistościami.

zaznawać p. zaznać.

za zwrotem p. zwrot.

zaźgać p. zadźgać.

zażalenie *n I* □ Z. na kogo, *rzad.* przeciwko komu: Zażalenie na niesumiennego pracownika. □ Z. na co, *częściej*: z powodu czego: Wniósł zażalenie na niegrzeczne traktowanie klientów, *częściej*: z powodu niegrzecznego traktowania klientów.

zażarty *m-os.* zażarci, *st. w.* bardziej zażarty, *rzad.* zażartszy: Zażarty spór, bój. Zażarty przeciwnik czegoś.

zażądać *dk I*, zażądaliśmy (p. akcent § 1a i 2) — **żądać** *ndk* □ Z. czego (*nie*: co): Zażądać satysfakcji, zapłaty. Zażądać herbaty (*nie*: herbatę).

zażegać *ndk I*, zażegaliśmy (p. akcent § 1a i 2) — **zażec** *dk XI*, zażegł, zażegliśmy (formy czasu przyszłego — nie używane) *przestarz., rzad. książk.* «podpalać, zapalać»

zażegnać *dk I*, zażegnaliśmy (p. akcent § 1a i 2) — **zażegnywać** *ndk VIIIa*, zażegnuję (*nie*: zażegnywam, zażegnywać), zażegnywaliśmy △ często w zwrotach: Zażegnać awanturę, zatarg. Zażegnywać niebezpieczeństwo.

zażgać p. zadźgać.

zażyć p. zażywać.

zażyły *st. w.* bardziej zażyły, *rzad.* zażylszy «bliski uczuciowo, przyjacielski, poufały» △ zwykle w wyrażeniach: Zażyłe stosunki. Zażyła przyjaźń.

zażywać *ndk I*, zażywaliśmy (p. akcent § 1a i 2) — **zażyć** *dk Xa*, zażyliśmy □ Z. co, *rzad.* czego «zwykle o lekarstwach: używać»: Często zażywała krople uspokajające (kropli uspokajających). Zażył proszek przeciwbólowy. Zażył trucizny (truciznę). △ Zażyć tabaki «wciągnąć do nosa niuch tabaki» □ *książk.* Z. czego «doznawać czegoś dobrego, przyjemnego, korzystać z czegoś, cieszyć się czymś»: Zażywać kąpieli słonecznych, świeżego powietrza, swobody, spokoju. △ *przestarz.* Zażywać praw, przywilejów.

zażywny *m-os.* zażywni, *st. w.* zażywniejszy a. bardziej zażywny *wych. z użycia* «tęgi»: Zażywny mężczyzna.

ząb *m IV, D.* zęba w zn. «twór kostny służący do gryzienia pokarmów»: Górne, dolne zęby. Sztuczny, złoty ząb. Ząb trzonowy, mleczny. Ząb mądrości. △ *przen.* Ząb czasu. △ Koński ząb (*D.* zębu) «roślina, odmiana kukurydzy»: Pola końskiego zębu. △ *pot.* wyrażenia i zwroty: Ani w ząb «zupełnie nic, wcale, ani trochę»: Nie umiał lekcji ani w ząb. △ (Choć) zęby wbij w ścianę **a)** «o sytuacji trudnej, nie do rozwiązania» **b)** «o sytuacji, kiedy nie ma nic do jedzenia» △ Coś na (jeden) ząb «o jedzeniu: odrobina czegoś, kęs» △ Kłócić się ząb za ząb «kłócić się zawzięcie» △ Nie mieć czego na ząb położyć. △ Ostrzyć sobie na coś zęby «mieć ochotę na coś» △ Ostrzyć sobie na kimś, na czymś zęby «wyśmiewać kogoś, coś, krytykować złośliwie» △ Szczerzyć, *posp.* suszyć zęby (do kogoś) «uśmiechać się, zwłaszcza zalotnie; wdzięczyć się, kokietować kogoś» △ Złamać sobie na kimś, na czymś zęby «nie móc sobie z kimś, z czymś poradzić» △ Trzymać język za zębami «nie wydawać sekretu, milczeć» △ Uzbrojony po zęby «uzbrojony od stóp do głów» △ Wziąć kogoś na ząb «zacząć obmawiać» △ Zaciąć, zacisnąć zęby «nie odzywać się, nie reagować na coś przykrego; mimo trudności, z uporem robić swoje. △ Zjeść zęby na czymś «mieć doświadczenie w jakimś zakresie; znać się dobrze na czymś» △ *posp.* Dać komuś w zęby, porachować komuś zęby.

Ząbki *blp, D.* Ząbek «miejscowość»: Ząbki pod Warszawą. — ząbkowski.

Ząbkowice (Śląskie, Będzińskie), Ząbkowice *blp, D.* Ząbkowic, Śląskie, Będzińskie odm. przym. «miasta» — ząbkowicki.

zbaczać *ndk I*, zbaczaliśmy (p. akcent § 1a i 2) — **zboczyć** *dk VIb*, zboczyliśmy: Zboczyć na lewo. Zboczyliśmy w pole. □ Z. z czego — do czego: Zbaczać z drogi, z obranego kursu. △ *przen.* Zbaczać z tematu.

zbałamucić p. bałamucić.

Zbaraż *m II, D.* Zbaraża «miasto w ZSRR» — zbaraski.

zbawca *m odm. jak ż II, lm M.* zbawcy, *DB.* zbawców **1.** «ten, kto ocalił, uratował kogoś, coś; wybawca»: Zbawca ojczyzny. **2.** Zbawca *kult.* p. Zbawiciel.

zbawczy «niosący zbawienie, ratunek; zbawienny»: Uciekający zbliżali się już do zbawczego lasu. Zbawczy (*częściej*: zbawienny) lek, sen.

zbawczyni (*nie*: zbawczynia) *ż I, B.* zbawczynię (*nie*: zbawczynią), *W.* zbawczyni (*nie*: zbawczynio), *lm M.* zbawczynie, *D.* zbawczyń *rzad.* «kobieta — zbawca»

Zbawiciel *m I kult.* «tytuł nadawany Chrystusowi»

zbawić *dk VIa,* zbawiliśmy (p. akcent § 1a i 2) — **zbawiać** *ndk I,* zbawialiśmy □ Z. kogo, co — od czego **a)** *częściej*: wybawić «ocalić, uratować»: Każdy chciał zbawiać kraj na własną rękę. Zbawić kogoś od śmierci. △ *przen.* Ta suma i tak cię nie zbawi. **b)** «w religii chrześcijańskiej: ocalić od potępienia wiecznego»: Zbawić swą duszę. Pragnął być zbawionym.

zbawienie *n I* △ Czekać, wyglądać kogoś, czegoś jak zbawienia, czekać na coś jak na zbawienie «czekać z upragnieniem, z niecierpliwością»

zbawienny «dobroczynny w skutkach, pożyteczny, skuteczny»: Zbawienna rada, myśl. Zbawienny wpływ. □ Z. dla kogo, czego: To zbawienny dla niego lek. Posunięcia zbawienne dla państwa.

Zbąszyń *m I, D.* Zbąszynia «miasto» — zbąszynianin *m V, D.* zbąszynianina, *lm M.* zbąszynianie, *D.* zbąszynian — zbąszynianka *ż III, lm D.* zbąszynianek — zbąszyński (p.).

zbąszyński: Domy, ulice zbąszyńskie (*ale*: Jezioro Zbąszyńskie).

zbereźnik (*nie*: zbereżnik, *ale*: zbereżeństwo) *m III, lm M.* te zbereźniki *pot.* «nicpoń, hultaj»

zbereżeństwo *n III przestarz.* «bezeceństwo»

zbesztać p. besztać.

zbezcześcić *dk VIa,* zbezczeszczę, zbezcześciliśmy (p. akcent § 1a i 2) — **zbezczeszczać** *ndk I,* zbezczeszczaliśmy «sprofanować»: Zbezcześcić czyjeś zwłoki. Zbezcześcić świątynię.

zbić *dk Xa,* zbiliśmy (p. akcent § 1a i 2) — **zbijać** *ndk I,* zbijaliśmy □ (tylko *dk*) Z. kogo (po czym) «zadać wiele ciosów, wychłostać»: Zbito go kolbami po głowie. △ *pot.* Zbić kogoś na kwaśne jabłko. □ (tylko *dk*) Z. (sobie) co **a)** «uszkodzić, nadwerężyć; uderzyć się w coś»: Zbić sobie kolano, łokieć. **b)** «stłuc, rozbić na kawałki»: Zbić szybę. △ Zbić kogoś z nóg «uderzywszy przewrócić; *przen.* pozbawić sił, obezwładnić» △ Zbić kogoś z tropu, tropu z pantałyku «pozbawić kogoś pewności siebie; stropić, zmieszać» △ Zbić czyjeś twierdzenie, argumenty «udowodnić ich niesłuszność» △ (tylko *ndk*) *pot.* Zbijać bąki «próżnować, wałęsać się» △ *pot.* Zbijać majątek, forsę «bogacić się»

zbiec, *rzad.* **zbiegnąć** *dk Vc,* zbiegnę, zbiegnie, zbiegnij, zbiegł, zbiegła, zbiegliśmy (p. akcent § 1a i 2) — **zbiegać** *ndk I* (w zn. «przewędrować» *dk*), zbiegaliśmy: Zbiec po schodach, ze zbocza, do piwnicy, na podwórze. △ Krew zbiegła mu do serca (ze strachu). □ (tylko *dk*) nieco *książk.* Z. z czego «uciec»: Zbiec z więzienia, z obozu. □ *wych. z użycia* Z. bez dop. «przeminąć»: Czas szybko mi zbiegł. □ *wych. z użycia* Z. co «przewędrować»: Zbiegał cały kraj w poszukiwaniu wrażeń.

zbiec się — zbiegać się 1. «biegnąc zgromadzić się w jednym miejscu»: Zbiegło się dużo ludzi do pomocy. **2.** «złączyć się w jednym punkcie»: Ulice zbiegają się w rynku. □ *przen.* Z. się z czym:

Ślub jej zbiegł się z zaręczynami siostry. **3.** «skurczyć się, zmniejszyć się»: Ten materiał się zbiega w praniu.

zbiedzony *m-os.* zbiedzeni, *st. w.* bardziej zbiedzony □ Z. czym: Był zbiedzony długim więzieniem. Konie zbiedzone podróżą.

zbieg *m III* **1.** *D.* zbiega, *lm M.* ci zbiegowie «ten, kto zbiegł, uciekł skądś»: Zbieg z obozu, z więzienia. **2.** *D.* zbiegu, *lm M.* te zbiegi «zetknięcie się, miejsce styku czegoś»: Mieszkał u zbiegu dwóch uliczek. Zbieg spółgłosek w wyrazie. △ Zbieg okoliczności «przypadek»

zbiegać, zbiegnąć p. zbiec.

zbieleć *dk III,* zbielał, zbieleliśmy (p. akcent § 1a i 2) — **bieleć** *ndk* □ Z. od czego, z czego: Kwiaty zbielały od słońca. Włosy zbielały od zgryzot. Zbielał ze strachu jak płótno. △ *pot.* (To; że) komuś oko zbieleje «ktoś się ogromnie zdziwi, zachwyci»: Dowiesz się takich rzeczy, że ci oko zbieleje. Jak zobaczycie nasz nowy samochód, to wam oko zbieleje (*nie*: oczy zbieleją).

zbieracz *m II, lm D.* zbieraczy, *rzad.* zbieraczów **1.** in. kolekcjoner: Zbieracz monet, znaczków pocztowych. **2.** «ten, kto zbiera grzyby, zioła, owoce itp.»

zbierać *ndk I,* zbieraliśmy (p. akcent § 1a i 2) — **zebrać** *dk IX,* zbiorę (*nie*: zbierę), zbierze, zbiorą (*nie*: zbierą), zebraliśmy □ Z. co, kogo «gromadzić w jednym miejscu, skupiać gdzieś»: Zbierać maliny, grzyby. Zwierzęta zbierają zapasy na zimę. Zbierać antyki, znaczki pocztowe. Zebrać dzieci w sali. Zbierać wiadomości, informacje. △ Zbierać grosz do grosza. △ Zbierać myśli «skupiać się» △ Zbierać siły «zmuszać się do wysiłku» △ *książk.* Zbierać laury «odnosić sukcesy» △ *pot.* Zbierać manatki «przygotowywać się do odejścia skądś» △ Dzieła zebrane «wydanie zawierające wszystkie dzieła jednego autora» □ Z. co — skąd «usuwać, sprzątać»: Zebrała naczynia ze stołu. Zbierała gąsienice z liści. Zebrać śmietanę z mleka. □ Z. co — w co «ściągać razem»: Zbierać włosy w węzeł, suknię w fałdy. △ Zebrać coś (o odzieży) w szwach, w bokach itp. «zwęzić»: Zebrała spódnicę w bokach, bo była za szeroka.

zbierać się — zebrać się □ Z. się — gdzie «pojawiać się w większej ilości, liczbie»: Woda zbierała się w zagłębieniach. Wszyscy zebrali się w pokoju. □ Z. się na co «gromadzić się w jakimś celu»: Zbierać się na naradę. □ Z. się do czego «przygotowywać się»: Zbierać się do wyjścia. △ Zebrać się na odwagę «odważyć się» △ *pot.* Zebrać się w kupę «opanować się» △ *nieos.* Zbiera się komuś na wymioty, na płacz. △ Zbiera się na deszcz, na burzę.

Zbigniew *m IV, lm M.* Zbigniewowie — Zbyszek *m III, D.* Zbyszka, *lm M.* Zbyszkowie — Zbysio (*nie*: Zbysiu) *m I, lm M.* Zbysiowie — Zbigniewostwo *n III, DB.* Zbigniewostwa, *Ms.* Zbigniewostwu (*nie*: Zbigniewostwie), *blm*; a. Zbigniewowie, *blp, D.* Zbigniewów — Zbyszkowie, Zbysiowie, *blp D.* Zbyszków, Zbysiów.

zbijać p. zbić.

zbilansować p. bilansować.

zbiorczy «taki, w którym coś się zbiera, skupiający kogoś, coś; sumujący»: Szkoła zbiorcza. Arkusz zbiorczy. Lista zbiorcza.

zbiorowy «odnoszący się do pewnej grupy osób lub zbioru rzeczy, złożony z wielu jednostek»: Zakład zbiorowego żywienia. Zbiorowe wydanie dzieł pisarza. Zbiorowa fotografia. Praca zbiorowa. Liczebniki, rzeczowniki zbiorowe.

zbiór *m IV, D.* zbioru 1. «całość składająca się z jakichś jednostek; w *lm*: kolekcja»: Zbiór nowel, poezji, praw, zadań matematycznych. Zbiory muzealne, biblioteczne, numizmatyczne. 2. «zbieranie czegoś»: Zbiór chmielu, jagód. 3. zwykle w *lm* «to, co zebrano z pola, sadu itp.»: Dobre, złe zbiory.

zbiórka *ż III, lm D.* zbiórek □ Z. czego — na co «zbieranie czegoś na określony cel»: Zbiórka makulatury. Zbiórka (pieniędzy) na sierociniec, na Centrum Zdrowia Dziecka. □ Z. kogo «zebranie się pewnej liczby osób»: Zbiórka harcerzy a. harcerska. Zbiórka pracowników w hallu. △ Robić zbiórkę.

zbir *m IV, lm M.* te zbiry: Zamordowały go jakieś zbiry. Wynajął zbirów, którzy zamordowali jego rywala.

zbladnąć p. blednąć.

zblaknąć p. blaknąć.

zblamować się p. blamować się.

zblednąć, zblednieć p. blednąć.

z bliska p. bliski.

zbliżać *ndk I*, zbliżaliśmy (p. akcent § 1a i 2) — zbliżyć *dk VIa*, zbliżyliśmy □ Z. (*częściej*: przybliżać) co do czego «przysuwać»: Zbliżać twarz do lustra, do szyby. Zbliżyć język do zębów. □ Z. kogo do kogo «przyczyniać się do powstania bliskich stosunków, zażyłości»: Wspólne przejścia zbliżyły ich do siebie. zbliżać się — zbliżyć się □ Z. się do czego: Zbliżyła się do wystawy. □ Z. się do kogo, z kim: Z nikim się nie zbliżył. Zbliżał się tylko do tych, których uważał za ludzi wartościowych. □ (*częściej ndk*) Coś się zbliża «coś staje się coraz bliższe, nadciąga, następuje»: Zbliża się sztorm. Front się zbliża. Zbliża się koniec roku. □ (zwykle *ndk*) Coś zbliża się do czego (czym) «jest podobne»: Kropla rtęci zbliża się kształtem do kuli.

zbliżenie *n I* 1. forma rzeczownikowa czas. zbliżyć: Zbliżenie twarzy do lustra. 2. «przyjacielskie, poufałe stosunki z kimś» □ Z. z kim: Szukał zbliżenia z ludźmi. 3. «zdjęcie filmowe wykonane z bardzo bliskiej odległości»

zbłaźnić p. błaźnić.

zbłądzić p. błądzić.

zbłąkany *książk.* «taki, który zabłądził, zabłąkał się, nie mogący znaleźć drogi; zabłąkany»: Był zbłąkany na bezdrożu. Czuł się jak zbłąkane dziecko. △ Zbłąkana kula, zbłąkany pocisk «kula, pocisk rażące kogoś poza polem obstrzału, przypadkowo»

ZBM (*wym.* zetbeem, p. akcent § 6) 1. *m ndm* a. *m IV, D.* ZBM-u «Zarząd Budynków Mieszkalnych»: Poszedł do ZBM (do ZBM-u). ZBM zarządził, żeby... 2. *n ndm* a. *m IV, D.* ZBM-u «Zjednoczenie Budownictwa Miejskiego»: Nasze ZBM wybudowało... (nasz ZBM wybudował). Załatwić coś w ZBM (w ZBM-ie).

zbocze *n I, lm D.* zboczy: Zbocze góry, jaru.

zboczeniec *m II, W.* zboczeńcze, forma szerząca się: zboczeńcu, *lm M.* zboczeńcy.

zboczyć p. zbaczać.

zbogacić *dk VIa*, zbogacę, zbogaciliśmy (p. akcent § 1a i 2) — zbogacać *ndk I*, zbogacaliśmy *rzad.* p. wzbogacić (w zn. 2).

zbombardować p. bombardować.

zborgować p. borgować.

ZBoWiD (*wym.* zbowid) *m IV, D.* ZBoWiD-u, *Ms.* ZBoWiD-zie «Związek Bojowników o Wolność i Demokrację» — ZBoWiD-owiec a. zbowidowiec *m II, D.* ZBoWiD-owca (zbowidowca), *lm M.* ZBoWiD-owcy (zbowidowcy), *D.* ZBoWiD-owców (zbowidowców) — ZBoWiD-owski a. zbowidowski.

zboże *n I, lm D.* zbóż: Zboże ozime, jare. Sterta zboża. Omłot zboża. Garniec, worek zboża.

zbój *m I, lm D.* zbójów (*nie*: zbói) *wych. z użycia* «bandyta», częste w porównaniach: Patrzyli na niego, jak na zbója. Co tak patrzysz, jak zbój?

zbójca *m odm. jak ż II, lm M.* zbójcy, *DB.* zbójców *przestarz.* «bandyta, rozbójnik»

zbójecki 1. «związany z rozbojem; zbrodniczy, bandycki»: Zbójeckie eskadry hitlerowskie. Zbójecka strzała. 2. «dotyczący rozbójników, bandytów, zbójców»: Jaskinie zbójeckie.

Zbójna *ż IV, D.* Zbójny (*nie*: Zbójnej), *CMs.* Zbójnie (*nie*: Zbójnej), *B.* Zbójnę (*nie*: Zbójną) «miejscowość»

zbójnicki «dotyczący zbójników — członków góralskich band rozbójniczych w okresie pańszczyźnianym»: Taniec zbójnicki. Strzelby, noże zbójnickie. zbójnicki w użyciu rzeczownikowym «taniec góralski w Tatrach i na Podhalu»: Tańczyć, puścić się zbójnickiego.

zbraknąć p. braknąć.

zbrodnia *ż I, lm D.* zbrodni 1. «ciężkie przestępstwo przeciwko normom społeczno-etycznym»: Ciężka, haniebna, karygodna zbrodnia. Zbrodnie wojenne. Zbrodnia ludobójstwa. Zbrodnia stanu. Popełnić zbrodnię. △ Zbrodnia doskonała «zbrodnia tak obmyślana, że nie dostarcza żadnych poszlak» □ Z. przeciw(ko) komu, czemu: Zbrodnia przeciwko ludzkości, narodowi, pokojowi. 2. «czyn zasługujący na potępienie»: To zbrodnia tak powiedzieć! Zbrodnią byłoby zabronić jej się uczyć.

zbrodniarz *m II, lm D.* zbrodniarzy: Okrutny, zwyrodniały zbrodniarz. Zbrodniarz wojenny.

I zbroić *ndk VIa*, zbroję, zbrój, zbroiliśmy (p. akcent § 1a i 2) — uzbroić *dk* □ Z. kogo, co — w co «zaopatrywać w broń; uzbrajać»: Zbroić żołnierzy w broń pancerną. Zbroić oddziały leśne. □ Z. co «umacniać coś czymś; zakładać armaturę, przewody, umocnienia itp. na terenach przeznaczonych do zabudowy a. w budowlach»: Zbroić beton, szkło. Zbroić teren, ulicę. Zbroić dom.

II zbroić *dk VIa*, zbroję, zbrój, zbroiliśmy (p. akcent § 1a i 2) □ Składnia jak: broić.

zbroja *ż I, DCMs.* zbroi, *lm D.* zbroi: Ciężka, stalowa, żelazna zbroja. Zbroja husarska, rycerska. Zbroja z ciężkiej blachy, ze stali, z żelaza. Robili zbroje dla rycerzy i na konie. △ Pełna zbroja «całkowite uzbrojenie rycerza»

zbrojeniowy 1. «związany ze zbrojeniem — produkcją broni»: Przemysł zbrojeniowy. Koncern zbrojeniowy. Wydatki zbrojeniowe (*lepiej*: Wydatki na zbrojenia). Fabryka zbrojeniowa (*lepiej*: Fabryka broni). 2. «służący do wzmacniania (zbrojenia) konstrukcji żelazobetonowych»: Elementy zbrojeniowe.

zbrojnie (*nie*: zbrojno): Wystąpić zbrojnie przeciw komuś. Przeciwstawić się komuś zbrojnie.

zbrojny 1. *m-os.* zbrojni *książk.* «zaopatrzony w broń; uzbrojony»: Zbrojna drużyna. Zbrojny tłum. Zastępy zbrojne. △ Siły zbrojne (państwa) «armia, wojsko danego państwa» △ Zagarniać coś, sięgać po coś zbrojną ręką. □ Z. w co: Rycerze zbrojni w miecze. △ *przen.* Ludzkość zbrojna w oręż nauki. 2. «związany z użyciem broni, z walką»: Zbrojna pomoc, interwencja. Zbrojny opór.

zbrojownia *ż I, DCMs.* i *lm D.* zbrojowni.

zbrudzić *dk VIa*, zbrudzę, zbrudziliśmy (p. akcent § 1a i 2); *częściej*: zabrudzić, pobrudzić, ubrudzić.

zbrukać p. brukać.

zbrzydnąć *dk Vc*, zbrzydłem (*nie*: zbrzydnąłem), zbrzydła, zbrzydliśmy (p. akcent § 1a i 2) — **brzydnąć** *ndk* □ Z. bez dop. «stać się brzydkim»: Schudła i zbrzydła. □ Coś komu zbrzydło, *rzad.* brzydnie «coś się znudziło, sprzykrzyło, obrzydło»: Życie jej zbrzydło. Zbrzydł mi świat.

zbrzydzić *dk VIa*, zbrzydzę, zbrzydziliśmy (p. akcent § 1a i 2) *wych. z użycia* «obrzydzić»: Zbrzydził (*częściej*: obrzydził) sobie próżniactwo i zabrał się do pracy.

zbudować p. budować.

zbudzać, zbudzić p. obudzić.

zbuntować p. buntować.

zburzyć *dk VIb*, zburzyliśmy (p. akcent § 1a i 2): Zburzyć dom, mur. △ *przen.* Zburzyć czyjeś szczęście, spokój.

zbyć *dk*, zbędę, zbędzie, zbądź, zbył, zbyliśmy (p. akcent § 1a i 2) — **zbywać** *ndk I*, zbywaliśmy □ *urz.* Z. co (— za co) «sprzedać, zwłaszcza po niskiej cenie»: Zbyć towary na wolnym rynku. □ Z. kogo, co — czym «zareagować na czyjeś pytanie, czyjąś prośbę w sposób zdawkowy, wymijający, lekceważący»: Zbył jej pytanie milczeniem. Zbywali petentów byle czym. △ *pot.* Robić coś byle a. aby zbyć «robić coś niedbale» □ *nieos.* (tylko z przeczeniem) Nie zbywa komu na czym «ktoś nie jest pozbawiony czegoś»: Nie zbywa komuś na bezczelności, na dobrych chęciach, na pieniądzach, na niczym. □ *rzad., wych. z użycia* (tylko *ndk*) Zbywa komu co a. czego (jakiejś substancji) «ktoś ma nadmiar czegoś; coś pozostaje (jako nadwyżka)» (*częściej* w imiesł. czynnym): Zbywa mi cukru, możesz go wziąć. Mam zbywający pokój, który chcę wynająć.

I zbyt *m IV, D.* zbytu, *blm*: Rynek zbytu. Cena zbytu. Coś (jakiś towar) ma zbyt. □ Z. czego: Kupcy liczyli na łatwy zbyt towaru. □ Z. na co (*nie*: w czym): Sadownik ma już zbyt na owoce (*nie*: w owocach).

II zbyt «za bardzo, nazbyt, zanadto»: Artykuł był zbyt obszerny. Działał zbyt pochopnie. Dajesz mu zbyt wiele. Zbyt mu ufała.

zbytek *m III, D.* zbytku 1. «przepych, luksus; zbyteczny wydatek»: Przedmioty zbytku. Na zbytki ci nie starczy. □ Z. w czym: Zbytek w ubraniu, w jedzeniu. 2. «nadmiar czegoś (często *iron.*)» □ Z. czego: Zbytek łaski. Nie grzeszył zbytkiem cierpliwości. 3. tylko w *lm* «figle, psoty, dokazywanie»: Jemu tylko zbytki w głowie.

zbytkować *ndk IV*, zbytkowaliśmy (p. akcent § 1a i 2) *wych. z użycia* «dokazywać»

zbytkowny *st. w.* zbytkowniejszy *wych. z użycia* «bogaty, wystawny, luksusowy»: Zbytkowny strój. Zbytkowne przyjęcie.

zbytni «zbyt duży, nadmierny», zwykle w zdaniach zaprzeczonych: Nie grzeszył zbytnią pięknością. Nie cieszył się zbytnią sympatią. Zbliżył się bez zbytniej ciekawości.

zbytnio to samo co: zbyt (ale używane tylko z czasownikami): Nie bierz sobie tego zbytnio do serca. Upał zaczął zbytnio dokuczać. Zbytnio mu ufała. △ *niepoprawne* Nie był zbytnio (*zamiast*: zbyt) pracowity.

zbytny *m-os.* zbytni *gw.* «skory do żartów, zbytków»

zbywać p. zbyć.

z cicha *książk.* «w sposób mało słyszalny; cicho, po cichu»: Z cicha westchnęła, zapłakała. △ *pot.* Odezwać się, powiedzieć coś z cicha pęk (*nie*: z cicha pęk) «zrobić zaskakująco dowcipną, trafną uwagę, udając przy tym niezorientowanie się w sytuacji» △ *Ale*: ścichapęk (p.) «o człowieku tak się zachowującym»

z cudzoziemska «na sposób cudzoziemski, w sposób przypominający cudzoziemca»: Mówić, wyglądać z cudzoziemska.

z czasem «w miarę upływu czasu»: Z czasem będzie ci lepiej.

z czeska «na sposób czeski, podobnie jak po czesku»: Akcentował wyrazy z czeska.

zdać *dk*, zdam, zdadzą, zdaj, zdaliśmy (p. akcent § 1a i 2) — **zdawać** *ndk IX*, zdaje, zdawaj, zdawał, zdawaliśmy □ Z. co (komu, do czego, na co) «przekazać, oddać»: Zdać broń dowódcy. Zdawać pieniądze do kasy. Zdać walizki na bagaż. △ *przen.* Zdawać z czegoś sprawę, relację, raport. △ Zdać sobie z czegoś sprawę «uświadomić sobie coś» □ Z. co — na kogo, na co (zwykle w imiesł. biernym) «powierzyć coś komuś; skazać na coś, pozostawić w sytuacji zmuszającej do korzystania z czegoś»: Wszystko zdała na córkę. W tej dziedzinie jesteśmy zdani na import. Zdany na czyjąś łaskę, na własne siły, na siebie. □ Z. co a. bez dop. «złożyć egzamin; w *ndk*: przystępować do egzaminu»: Zdał z matematyki. Zdawać na uniwersytet, do szkoły średniej, do technikum. Zdawać egzamin, maturę, poprawkę. □ Zdać do następnej klasy «uzyskać promocję na podstawie egzaminu», *ale*: Przejść (*nie*: zdać) do następnej klasy (bez egzaminu, na podstawie ocen uzyskanych za naukę w ciągu roku).

zdać się — zdawać się □ Z. się — na kogo, na co «zaufać, zawierzyć komuś, czemuś»: Trzeba się było zdać na instynkt. Zdaję się zupełnie na ciebie. □ (*zwykle ndk*) *książk.* Z. się — czym, jakim; z. się + bezokol. «wyglądać jakoś, wywoływać wrażenie czegoś; wydawać się»: Dzieciństwo zdawało się krainą bajki. Zdawał się spać. △ Zdaje się (a. wydaje się), *książk., wych.* z *użycia* zda się komuś, że, jakby...: Zdaje mi się, że masz mnie dosyć. Zda się, że tańcząc płynie w powietrzu. Zdawało mu się, jakby ktoś mignął przed oknem. △ Nie zdaje się komuś, żeby... «ktoś ma wątpliwości co do czegoś»: Nie zdaje mi się, żeby miał rację. △ (*nieos.*) Zdaje się, że... «wygląda na to, że..., prawdopodobnie; wydaje się»: Zdaje się, że ktoś puka. □ *pot.* tylko *dk* (dziś częściej w trybie warunkowym) Z. się komu — na co, do czego itp. «przydać się, nadać się»: To mi się na nic nie zda. Zdałoby się trochę pieniędzy na drogę. *Por.* wydać się, wydawać się.

z dala, z dali p. dal.

z daleka «z pewnej odległości»: Widzę go z daleka. Z daleka słychać głosy. △ Trzymać się z daleka od kogoś, czegoś «unikać kogoś, czegoś»

zdanie *n I* **1.** *blm* forma rzeczownikowa czas. zdać: Zdanie pieniędzy do kasy. **2.** «pogląd, opinia»: Słuszne, rozsądne, negatywne zdanie. Różnica zdań. Podzielać, przytoczyć czyjeś zdanie. △ *rzad.* Zasięgnąć czyjegoś zdania (*częściej*: czyjejś opinii). □ Z. o kim, o czym: Jakie jest twoje zdanie o nim? Wyrobić sobie zdanie o czymś, o kimś. Nie ma o niczym własnego zdania. △ Być zdania, że... «uważać» △ Czyimś zdaniem «według czyjejś opinii»: To, moim zdaniem, dobra książka. △ Nie ma dwóch (dwu) zdań, że... «jest oczywiste, że...» △ Zdania są podzielone (co do kogoś, czegoś) «nie ma jednomyślności»

*zdanie to zespół wyrazów wykazujących gramatyczną zależność od siebie, w którym występuje orzeczenie w formie osobowej czasownika. **I.** *Rodzaje zdań.* Zdania, w których podmiot lub orzeczenie mają określenia (w postaci przydawek, dopełnień lub okoliczników) — to zdania rozwinięte, np. *Młody chłopak kopał piłkę na boisku.* △ Zdania bez tych określeń — to zdania proste lub nierozwinięte, np. *Chłopiec pisze.* △ Zdania, zawierające tylko jedno orzeczenie — to zdania pojedyncze, np. *Ojciec ciężko pracuje.* △ Zdania składające się z dwóch lub więcej zdań pojedynczych albo ich równoważników — to zdania złożone, np. *Pogoda była piękna, słońce świeciło jasno. Nie wiedziałam, że jesteś chory.* △ Zdania pojedyncze, składające się na zdanie złożone, są powiązane składniowo w jedną całość w sposób współrzędny lub podrzędny. Zdanie złożone współrzędnie składa się ze zdań wzajemnie się uzupełniających, ale składniowo niezależnych. Łączą się one albo bezpośrednio, albo za pomocą spójników współrzędnych, np.: *Słońce zaszło, zapadła noc. Był młody, ale wiele już przeżył. Koło domu przepływał strumień i rosły wielkie drzewa.* △ Natomiast zdania złożone podrzędnie składają się ze zdań pozostających względem siebie w stosunkach zależności: zdanie podrzędne jest tu

zależne od zdania nadrzędnego i bliżej je określa. Zdanie podrzędne łączy się ze zdaniem nadrzędnym za pomocą zaimków względnych, pytajnych, spójników podrzędnych, partykuł pytajnych i in., np.: *Nie wiem, kto przyszedł. Ciekawa jestem, czy uda się nasza wyprawa.* △ Zdanie podrzędnie złożone może się składać z kilku zdań; jedno z nich, nadrzędne w stosunku do reszty, jest zdaniem głównym, pozostałe zaś zdania podrzędne są zdaniami pobocznymi, np. *Mam nadzieję, że zrobicie wszystko co możliwe, aby dotrzymać terminu.*

△ Ze względu na znaczenie zdania podrzędne dzielą się na podmiotowe, orzecznikowe i określające. Zdanie podmiotowe zastępuje podmiot zdania nadrzędnego, np. *Co się stało, to się nie odstanie.* △ Zdania orzecznikowe zastępują orzecznik zdania nadrzędnego, np. *Nie był wcale taki, jak się wydawał.* △ Zdania określające zastępują określenia zdania nadrzędnego — czyli dopełnienia, przydawki i okoliczniki. Zależnie od tego, co zastępują — dzielą się więc na zdania dopełnieniowe, przydawkowe i okolicznikowe. Zdania okolicznikowe z kolei, zależnie od rodzaju okolicznika, który zastępują — dzielimy na zdania okolicznikowe: **a)** miejsca, np. *Gdziekolwiek wstąpił, wszędzie witano go z radością;* **b)** czasu, np. *Nim słońce wzejdzie, rosa oczy wyje;* **c)** sposobu, np. *Jak sobie pościelesz, tak się wyśpisz;* **d)** stopnia, np. *W miarę jak się zbliżał, widok stawał się wyraźniejszy;* **e)** celu, np. *Wstał z krzesła, by się przywitać;* **f)** przyczyny, np. *Nie lubię go, ponieważ jest nieuczynny;* **g)** warunku, np. *Gdybyś nie wyjechał, nie minęłaby cię ta okazja;* **h)** przyzwolenia, np. *Choćbym chciał, nic z tego nie będzie.* (*Por.* okoliczniki). △ Zarówno wśród zdań pojedynczych, jak i złożonych mogą występować tzw. zdania bezpodmiotowe, np.: *Na horyzoncie widać góry. Słyszy się często narzekania na młodzież.* (*Por.* podmiot, orzeczenie).

Ze względu na cel wypowiedzi dzielimy zdania na oznajmujące, pytające i rozkazujące. W zdaniu oznajmującym wypowiadamy sądy o czymś, np.: *Wiedza to potęga. Nie mam czasu.* △ W zdaniu pytającym zwracamy się z pytaniem i oczekujemy na nie odpowiedzi, np.: *Kto tam stoi? Ile masz lat?* △ W zdaniu rozkazującym wypowiadamy rozkazy, polecenia, życzenia, prośby, np.: *Idźcie już! Przestałbyś się dąsać!* (*Por.* tryby).
II. *Układ wyrazów w zdaniu.* Zdanie dzieli się zasadniczo na dwie grupy wyrazów: **1)** grupę podmiotu oraz **2)** grupę orzeczenia (wraz z określeniami). Stosunki między wyrazami wewnątrz tych grup wyrażają się poprzez związki rządu, związki zgody i związki przynależności (p.). Najczęściej w zdaniu grupa podmiotu poprzedza grupę orzeczenia, np. *Wujek Józef przynosił dzieciom cukierki.* △ Częste są jednak konstrukcje, w których na pierwszym miejscu znajduje się grupa orzeczenia, zwłaszcza wówczas, kiedy chodzi o logiczne wyróżnienie podmiotu (np. na końcu zdania), np. *Zakończyły się właśnie narciarskie mistrzostwa świata.* △ Nie należy jednak stosować takiego układu w zdaniach bardzo rozwiniętych, w których podmiot byłby nadmiernie oddalony od orzeczenia, np. „Miłym zaskoczeniem był dla kibiców rozgrywanego w Warszawie meczu hokeistów polskich i rumuńskich wynik 3 : 0 dla Polaków" (zamiast: *Wynik meczu hokeistów polskich i rumuńskich, rozgrywanego w Warszawie, był miłym zaskoczeniem dla kibiców: 3 : 0 dla Polaków*). △ W konstrukcjach,

w których podmiot wtrącony jest w obręb grupy orzeczenia, trzeba unikać umieszczania orzeczenia na drugim miejscu, po okoliczniku, np. „W tym domu przebywał wielki uczony aż do śmierci" (lepiej: *W tym domu wielki uczony przebywał aż do śmierci*). △ Rzadko i raczej tylko w języku pisanym, stylizowanym zdarza się szyk przestawny z orzeczeniem w środku grupy podmiotu, na przykład: *Dzienne umilkły już gwary*. △ Z powyższych przykładów wynika, że w języku polskim układ wyrazów w zdaniu jest zasadniczo swobodny, nie ma charakteru gramatycznego, nie rozstrzyga bowiem o funkcji składniowej poszczególnych członów zdania. Konstruując zdanie, należy liczyć się z tym, że pozycje początkowa i końcowa w zdaniu są pozycjami zaakcentowanymi logicznie. Na tych pozycjach należy więc umieszczać wyrazy znaczeniowo najważniejsze (*por.* np. *Koniecznie przynieś mi ten list!* i *Przynieś mi ten list koniecznie!*). Nie powinny się natomiast znajdować na początku ani na końcu zdania wyrazy znaczeniowo niesamodzielne (m.in. nie akcentowane zaimki), np. „Mam kilku braci, ale nie ma tu ich" (*zamiast:* ...ale ich tu nie ma).

△ Wyjątkowo układ wyrazów w zdaniu ma wartość gramatyczną, funkcjonalną, kiedy: **a)** Podmiot i dopełnienie nie różnią się formalnie od siebie, tzn. mają tę samą postać w mianowniku i w bierniku. Należy wówczas stawiać bezwzględnie podmiot na pierwszym miejscu, aby uniknąć nieporozumień, jak np. w zdaniu: „Ślub kościelny winien poprzedzać ślub cywilny" (zamiast: *Ślub cywilny winien poprzedzać ślub kościelny*); lepiej jeszcze (dla uniknięcia dwuznaczności): *Ślub kościelny, winien być poprzedzony ślubem cywilnym*.

b) Kiedy podmiot jest imiesłowem użytym w funkcji rzeczownika, musi stać na drugim miejscu, po przydawce, aby zachować nadrzędną wartość składniową; np. *Ociemniali uczeni opisali swoje doświadczenia* (tj. uczeni, którzy nie widzą...); gdyby się zmieniło kolejność członów zdania na: „Uczeni ociemniali..." odnosiłoby się ono wówczas nie do ociemniałych uczonych — pracowników naukowych, ale do ludzi ociemniałych wykształconych, mających duży zasób wiedzy.

c) Przydawka dopełniaczowa i przyimkowa musi stać bezpośrednio po określanym rzeczowniku, inaczej bowiem może być rozumiana jako określenie innego wyrazu w zdaniu, np. *Wspólna zabawa uczniów dwóch liceów w nowym budynku szkolnym* (*nie*: Wspólna zabawa w nowym budynku szkolnym uczniów dwóch liceów).

△ W ramach zasadniczo swobodnego układu wyrazów w zdaniu należy więc przestrzegać pewnych norm zwyczajowych. Ważne jest niewprowadzanie w obręb danej grupy składniowej (np. grupy podmiotu, grupy orzeczenia, grupy dopełnienia) składników ubocznych, nie należących do tej grupy — aby uniknąć nielogiczności i komplikacji w rozumieniu sensu zdania, np. *Przyjęto wiele podań w sprawie przyjęcia na kurs, składanych przez delegatów przybyłych na zjazd* (*nie*: Przyjęto wiele podań składanych przez delegatów przybyłych na zjazd w sprawie przyjęcia na kurs.)

△ W grupach składniowych złożonych z przymiotnika lub przysłówka w stopniu wyższym i wyrażenia porównawczego (zaczynającego się od *niż, jak*) — przymiotnik ten (lub przysłówek) powinien stać bezpośrednio obok wyrazu porównywanego, np. *Była to sprawa jeszcze trudniejsza niż poprzednia* (*nie*: Była to jeszcze trudniejsza sprawa niż poprzednia). △ Nie należy też oddzielać rzeczownika od towarzyszącego mu przyimka przydawką rozwiniętą, zwłaszcza, gdyby miało wówczas dojść do zbiegu dwóch przyimków, np. *Nie wolno naginać sytuacji do teorii wymyślonych z góry* (*nie*: ...do z góry wymyślonych teorii). △ Jeżeli w skład wyrażenia przyimkowego wchodzi przydawka liczebnikowa, nie należy przysłówka stopnia lub miary, określającego tę przydawkę, umieszczać bezpośrednio po przyimku; poprawnie więc powiemy: *Starczy nam żywności co najmniej na dwa tygodnie* (*nie*: ...na co najmniej dwa tygodnie). △ Jeśli chodzi o kolejność dopełnień, wyrażanych różnymi przypadkami, to dopełnienia celownikowe mają zwykle pierwszeństwo przed biernikowymi, a biernikowe— przed narzędnikowymi i wyrażeniami przyimkowymi, np. *Kupiła dzieciom zabawki* (*nie*: ...zabawki dzieciom). *Obciążono go odpowiedzialnością za ten wypadek* (*nie*: ...za ten wypadek odpowiedzialnością). △ Szczególnie często zdarzają się wykolejenia w układzie wyrazów zdania przy stosowaniu przydawek. Sprawa ta omówiona jest szczegółowo w haśle: przydawka (p.). △ Jeśli chodzi o miejsce okoliczników w zdaniu, to umieszcza się je często po obu stronach orzeczenia, zwłaszcza, jeśli są to okoliczniki niejednorodne (np. przyczyny i miejsca, czasu i sposobu itd.), np. *Po przerwie sędziowie udali się ponownie na naradę* (*nie*: Po przerwie ponownie sędziowie udali się...). △ Natomiast okoliczniki jednorodne występują łącznie — po orzeczeniu lub przed nim, np. *Wieczorem podróżni byli już u celu, w gospodzie* (p. okoliczniki).

△ Wiele trudności sprawia również umieszczanie zaimka zwrotnego *się* (szczegółowe omówienie — p. się). Jest to wyraz nie akcentowany, nie używa się go więc nigdy na początku zdania; należy też unikać umieszczania go na końcu zdania. Najwłaściwsze jego miejsce to miejsce przed czasownikiem, nawet oddzielonym innymi wyrazami, np. *Będzie to, jak mi się już od dawna zdawało, ostatnia sprawa tego rodzaju*. Razi umieszczanie zaimka *się* w pozycji po czasowniku, szerzące się zwłaszcza w języku prasowym, np. Na pytanie, jak czuje *się* (*zamiast*: jak się czuje) nie odpowiedział nic. △ Do wyrazów, których lokalizacja w zdaniu nastręcza trudności, należą też zaimki względne (np. *który, jaki*), niektóre spójniki, zwłaszcza podwojone — oraz partykuły. Partykuły powinny stać bezpośrednio przed wyrazem przez nie określanym, np. *Prawie całe życie widywała tych ludzi* (*nie*: Całe życie prawie widywała tych ludzi). △ Jeśli w zdaniu występuje obok siebie kilka enklityk lub proklityk, kolejność ich jest następująca: na pierwszym miejscu umieszcza się partykuły: *-że, no*, po nich — ruchome końcówki osobowe czasowników: *-em, -bym* itp., następnie formy celownikowe zaimków osobowych: *mi, ci, mu, jej, nam, wam, im* — a na końcu zaimek zwrotny *się*, np. *Dał byś jej się pobawić tą piłką!*

△ W zdaniach złożonych (wielokrotnie) należy unikać zbytniego rozbudowywania, a zwłaszcza powtarzania podobnych lub analogicznych członów składowych. Rażące są np. zdania wielokrotne złożone zaczynające się od tych samych spójników i zaimków względnych, np. Wystarczyło, by ojciec odmówił mu czegokolwiek, by (*zamiast*: a) wpadał w szał złości. △ Równie niezręczne bywa jednak także łączenie członów takiego rozbudowanego zdania różnymi spójnikami podrzędnymi, np. „Skutki tej lekkomyśl-

ności są fatalne, bo nie dość, że stamtąd nie można się wydostać taksówką do miasta, ale również nie można taksówką wrócić, ponieważ kierowcy nie chcą w tamtą stronę jechać, gdyż nie mają się gdzie zatrzymać, aby złapać pasażera z powrotem". △ W takim wypadku lepiej jest użyć kilku zdań krótszych, np.: *Skutki tej lekkomyślności są fatalne. Nie tylko nie można stamtąd się wydostać taksówką do miasta, ale również nie można taksówką wrócić. Kierowcy nie chcą jechać w tamtą stronę, gdyż nie mają się gdzie zatrzymać, aby znaleźć następnego pasażera.* △ Przy nadmiernej rozbudowie zdań złożonych zdarza się często, że końcowe części zdania nie są zestrojone z jego częścią początkową, np. „Dziewczyna z ostatniej klasy liceum chemicznego, która pojawiła się następnie na estradzie, swój występ, przerywany często oklaskami przez zachwyconych widzów, zakończyła go wśród owacji zebranych". III. *Skróty składniowe.* W zdaniach rozwiniętych, zarówno pojedynczych, jak i złożonych, zdarzają się różnorodne skróty składniowe. Niekiedy są one celowym zamierzeniem stylistycznym (chodzi o maksymalną skrótowość wypowiedzi), kiedy indziej wynikają z niedostatecznej znajomości prawideł językowych. Do skrótów takich zaliczamy: 1. Równoważniki zdań; tu najczęściej zdarzają się wykolejenia w zakresie imiesłowowych równoważników zdań, np.: Wracając (*zamiast*: Kiedy wracał) do domu, spotkała go niemiła przygoda. Przedstawiając dyplom (*zamiast*: Po przedstawieniu dyplomu) została przyjęta do pracy. (Szczegółowe omówienie tego typu wykolejeń — p. równoważniki zdań).
2. Konstrukcje złożone z przyimka i rzeczownika odsłownego; np. *Po powrocie do domu Andrzej zaczął wszystko wyjaśniać.* △ Konstrukcje takie są skrótami rozwiniętych zdań podrzędnie złożonych, w tym wypadku — zdania okolicznikowego czasu (tj. *Kiedy Andrzej wrócił do domu, zaczął wszystko wyjaśniać*). Podobnie jak przy równoważnikach zdań (np. *Wróciwszy do domu, Andrzej zaczął wszystko wyjaśniać*), obowiązuje w takich konstrukcjach zasada tożsamości podmiotu w obu członach zdania (tj. *Andrzej wrócił i Andrzej zaczął wyjaśniać*). △ *Niepoprawne* są więc konstrukcje sprzeczne z tą zasadą, np. „Przed dojściem do pełnoletności majątek nie mógł przejść w moje ręce" (zamiast: *Przed dojściem do pełnoletności nie mogłem przejąć majątku w swoje ręce*; albo: *Dopóki nie stałem się pełnoletni, majątek nie mógł przejść w moje ręce*). △ Różne podmioty możliwe są wtedy, gdy wykonawca czynności wyrażonej rzeczownikiem odsłownym został wymieniony po tym rzeczowniku, np. *Po odejściu klienta od kasy reklamacje nie będą uwzględniane* (*nie*: Po odejściu od kasy reklamacje uwzględniane nie będą).
3. Tzw. anakoluty — czyli zdania nie mające prawidłowej konstrukcji składniowej, co bywa niekiedy skutkiem zamierzenia stylistycznego, np. chęci odtwarzania potocznej mowy, podkreślenia spontaniczności wypowiedzi itp.; częściej jednak brak tu po prostu właściwego, uświadamianego powiązania składniowego poszczególnych członów zdania, np.: „Te pieniądze, to wolałbym, żebyś ich nie wydał" (zamiast: *Wolałbym, żebyś nie wydał tych pieniędzy*). „Bramki strzelili: Radosz, Karwacki i jedna samobójcza" (zamiast: *Bramki strzelili Radosz i Karwacki; ponadto padła jedna bramka samobójcza*).
4. *Niepoprawne* jest łączenie z jednym rzeczownikiem dwóch przyimków, zwłaszcza — o różnej łączliwości składniowej, np. „Bywałem tam przed i po wojnie"

(zamiast: *Bywałem tam przed wojną i po wojnie*). *Niepoprawne* jest także pomijanie przyimka przy czasownikach o różnej składni, np.: „Wchodziłem i wychodziłem z domu" (zamiast: *Wchodziłem do domu i wychodziłem z niego*). „Jak dbać i pielęgnować fryzurę" (zamiast: *Jak dbać o fryzurę i pielęgnować ją*). W takich konstrukcjach należy bądź po pierwszym przyimku użyć rzeczownika, po drugim zaś — odpowiedniego zaimka, bądź po obu przyimkach użyć tego samego rzeczownika w odpowiednich przypadkach (p. przyimek).
5. *Niepoprawne* jest łączenie jednego dopełnienia z dwoma orzeczeniami, gdy czasowniki w tych orzeczeniach mają inny rząd, np. „Poznał i zachwycił się piękną dziewczyną" (zamiast: *Poznał piękną dziewczynę i zachwycił się nią*). Należy wówczas użyć przy pierwszym orzeczeniu dopełnienia rzeczownikowego, przy drugim zaś — zaimkowego. Łączenie takich dopełnień jest możliwe tylko wówczas, gdy oba czasowniki rządzą tym samym przypadkiem, np. *Znał i cenił literaturę angielską.* (p. związki rządu, zgody i przynależności). || D Kult. I, 233; KJP 385—411; Kl. Ależ, 79—87; KP Pras. Por. błędy językowe.

zdanko, *rzad.* **zdańko** *n* II, *lm D.* zdanek (zdaniek).

zdarzać *ndk* I, zdarzałby (p. akcent § 4c) — **zdarzyć** *dk* VIb, zdarzyłby (zwykle w 3. os. i nieos.) *książk.* «sprawiać, zsyłać (zazwyczaj coś korzystnego), być przyczyną czegoś» △ zwykle w zwrotach: Los, przypadek itp. zdarzył, np.: Czekał, co los zdarzy. Traf zdarzył, że był tam wówczas.
zdarzać — zdarzyć się (zwykle w 3. os., *nieos.* i bezokol.) «bywać, wydarzać się; trafiać się»: Zdarzył się ciężki wypadek. Zdarzały się jeszcze dni bardzo słoneczne. Był wesoły, co się nie zdarzało często. Zdarzają się tacy nieobowiązkowi pracownicy. □ Coś się zdarza, zdarzyło komu, u kogo: Zdarzyło się to u moich znajomych. Zdarzyła mu się przygoda. □ *nieos.* Zdarza się, zdarzyło się komu + bezokol.: Zdarzało mu się późno wracać do domu. □ *nieos.* Zdarza się, zdarzyło się, że... (*częściej z przeczeniem*: nie zdarzyło się, żeby...): Zdarza się, że nie przychodzi do pracy. Nie zdarzyło się, żeby nie dotrzymał słowa. △ *wych. z użycia* Co się zdarzy, gdzie, jak się zdarzy «cokolwiek, byle co; gdziekolwiek, byle gdzie, co, gdzie, jak popadnie»: W gniewie rzuca talerzami, garnkami, czym się zdarzy. Pracuje dorywczo, gdzie się zdarzy. Jechali trochę jakąś ciężarówką, trochę chłopską furmanką, jak się zdarzyło.

zdatny *st. w.* zdatniejszy a. bardziej zdatny □ Z do (*nie*: dla) czego (kiedy się wymienia czynność): Buty jeszcze zdatne do noszenia. Woda zdatna do picia. □ Z. na co (kiedy się wymienia przedmiot): Skóra zdatna na zelówki.

zdawać p. zdać.

zdawczo-odbiorczy *urz.* «związany ze zdawaniem, przekazywaniem i odbieraniem czegoś»: Protokół zdawczo-odbiorczy. Komisja zdawczo-odbiorcza.

z (dawien) dawna p. dawny.

zdążać *ndk* I, zdążaliśmy (p. akcent § 1a i 2) — **zdążyć** *dk* VIb, zdążę, zdąż, zdążymy, zdążyliśmy □ (zwykle *dk*) Z. + bezokol. a. z. z czym «zdo-

łać coś zrobić w określonym czasie»: Nie zdążył skończyć roboty. Na ogół zdążał z wykonaniem wszystkiego. □ (zwykle *dk* i z przeczeniem) Nie zdążyć za
kim, za czym «pozostać w tyle; *częściej*: nie nadążyć»: Pędził tak szybko, że nie mogła za nim zdążyć. □ (tylko *ndk*) *książk.*, *wych. z użycia* Z. do
czego «posuwać się w jakimś kierunku; podążać»:
Szybko zdążał do domu. △ *przen.* W życiu zawsze
zdążał do jakiegoś celu. □ (tylko *dk*) Z. gdzie,
dokąd «przybyć dokądś na czas, w terminie»:
Chciał zdążyć przed zmrokiem do celu podróży.

zdechlak *m III*, *lm M.* te zdechlaki, *rzad.* ci zdechlacy: Nie było wśród nich chłopców silnych, same
zdechlaki (sami zdechlacy).

zdechły 1. imiesł. przymiotnikowy przeszły od
czas. zdechnąć.
zdechły *pot.* «słaby fizycznie, cherlawy»: Był taki
zdechły, stale chorował. △ Pod zdechłym psem, *żart.*
Azorkiem «zupełnie zły, marny»: Pogoda, obiad,
film pod zdechłym psem.

zdechnąć *dk Vc*, zdechnę, zdechnij, zdechł (*nie*:
zdechnął), zdechliśmy (p. akcent § 1a i 2) — **zdychać**
(*nie*: zdechać) *ndk I*, zdychaliśmy «o zwierzętach:
skończyć życie, paść; *przen. i rub.* także o ludziach»:
Wszystkie krowy zdechły. □ Z. z czego: Zdychać
z głodu, z zimna, z wyczerpania. △ *przen. pot.* Zdychać z nudów, ze śmiechu. △ *pot.* Zdechł pies «wszy-
stko przepadło» || *D Kult. I, 185.*

zdecydować p. decydować, zadecydować.

I zdecydowanie *n I*: Postępować ze zdecydowa-
niem.
II zdecydowanie 1. «w sposób zdecydowany, wyrażający zdecydowanie»: Podał mu dłoń mocno, zdecydowanie. Przeciwstawić się komuś, czemuś zdecydowanie. Ten wniosek należy zdecydowanie odrzucić. **2.** «wyraźnie, niewątpliwie»: Ten płaszcz ma fason zdecydowanie (*lepiej*: wyraźnie) młodzieżowy.
3. *lepiej*: o wiele, znacznie, np. Pracował zdecydowanie (*lepiej*: znacznie, o wiele) gorzej niż dawniej.

zdecydowany *m-os.* zdecydowani **1.** «taki, który
się zdecydował; stanowczy, będący wyrazem zdecy-
dowania, stanowczości»: Jest to człowiek energiczny
i zdecydowany. Odsunął talerz zdecydowanym ruchem. □ Z. na co: Być zdecydowanym na wyjazd,
na ustępstwa, na wszystko. **2.** «wyraźny, niewątpliwy; bezwzględny, znaczny»: To zdecydowany pe-
symista. Mieć nad kimś zdecydowaną przewagę.
Zdecydowana większość (ale *nie*: zdecydowana część)
zebranych.

zdefektować *dk IV*, zdefektowaliśmy (p. akcent
§ 1a i 2), *lepiej*: uszkodzić, np. Zdefektowany (*lepiej*:
uszkodzony) rękopis.

zdefraudować p. defraudować.

zdegenerować p. degenerować.

zdegustowany *m-os.* zdegustowani, *st. w.* bardziej
zdegustowany «zrażony, zniechęcony»: Wrócił z wycieczki zdegustowany. □ Z. do czego: Był zdegustowany do swojej pracy.

zdejmować (*nie*: zdejmywać, zdejmać) *ndk IV*,
zdejmowaliśmy (p. akcent § 1a i 2) — **zdjąć** *dk Xc*,
zdejmę (*nie*: zdejmię), zdejmie, zdejmą (*nie*: zdejmią),

zdejmij (*nie*: zdejm), zdjąłem (*wym.* zdjołem; *nie*:
zdjełem), zdjął, zdjęła (*wym.* zdjeła), zdjęliśmy (*wym.*
zdjeliśmy) **1.** «zabierać skądś coś nałożonego na coś,
przytwierdzonego do czegoś»: Zdjąć płaszcz, chustę,
marynarkę. □ Z. co z kogo, z czego: Zdejmować
obrazy ze ściany. Zdjąć z kogoś przemoczone ubranie.
△ Zdjąć komuś kamień z serca, kłopot z głowy.
△ Zdjąć pychę z serca «przestać być pysznym»
△ Zdjąć (*lepiej*: wycofać) sprawę z porządku dziennego. △ *niepoprawne* w zn. «pozbawiać stanowiska,
urzędu; zwalniać, usuwać z posady», np.: Zdjąć (*zamiast*: zwolnić) kogoś ze stanowiska. Naszego dyrektora zdjęli (*zamiast*: zwolnili, usunęli). **2.** *książk.*
«o uczuciach, stanach: ogarniać kogoś»: Zdejmuje
kogoś przerażenie, gniew, odraza, tęsknota. □ Coś
zdejmuje kogoś czymś: Jego gniew zdejmował ją
strachem. △ Zdjęty litością. **3.** *pot.* «fotografować»:
Lubił zdejmować różne ciekawe obiekty na tle przy-
rody. || *D Kult. I, 216; KP Pras.*

zdeklarowany *m-os.* zdeklarowani «nie budzący
wątpliwości; wyraźny; zdecydowany»: Był zdeklaro-
wanym przeciwnikiem nowej mody. Zdeklarowany
cynik.

zdekonspirować p. dekonspirować.

zdementować p. dementować.

zdenerwować się p. denerwować się.

zdeponować p. deponować.

zdeprymować *dk IV*, zdeprymowaliśmy (p. akcent § 1a i 2), *lepiej*: przygnębić, zniechęcić.

zdeptać *dk IX*, zdepcze, *przestarz.* zdepce (*nie*:
zdepta); zdepcz, zdeptaliśmy (p. akcent § 1a i 2):
Zdeptać butem niedopałek. Zdeptana trawa.

zderzenie a. **zderzenie się** *n I*: Nastąpiło zderzenie
(zderzenie się) motocykla z samochodem.

zdesperowany *m-os.* zdesperowani, *st. w.* bardziej
zdesperowany *wych. z użycia* «ogarnięty rozpaczą;
świadczący o czyjejś rozpaczy; zrozpaczony»: Zde-
sperowane spojrzenie. Był zdesperowany, bliski samobójstwa.

zdetonować p. detonować.

zdewaluować p. dewaluować.

zdewastować *dk IV*, zdewastowaliśmy (p. akcent
§ 1a i 2), *lepiej*: zniszczyć, spustoszyć, zrujnować, np.
Zdewastowany (*lepiej*: zniszczony) tabor kolejowy.

zdezawuować p. dezawuować.

zdezelować *dk IV*, zdezelowaliśmy (p. akcent
§ 1a i 2) *rzad.*; *lepiej*: zniszczyć, zużyć, np.: Miał na
nogach mocno zdezelowane (*lepiej*: zniszczone) buty.
Zdezelować (*lepiej*: uszkodzić) maszynę. *KP Pras.*

zdezerterować p. dezerterować.

zdezintegrować (*wym.* zdez-integrować), *rzad.*
zdezyntegrować *dk IV*, zdezintegrowaliśmy (p. akcent
§ 1a i 2) *rzad.* **zdezyntegrować** (p. akcent § 1a i 2) — **dezintegrować**, *rzad.* **dezyntegrować** *ndk* «pozbawić jed-
nolitości, spoistości»: Zdezintegrowane środowisko.

zdezorganizować *dk IV*, zdezorganizowaliśmy
(p. akcent § 1a i 2) «wprowadzić gdzieś dezorganizację»: Wskutek śnieżycy transport został zdezorgani-
zowany. Powódź zdezorganizowała życie w mieście

zdezynfekować

△ *niepoprawne* w zn. «rozwiązać jakąś organizację», np. Po jakimś czasie zdezorganizowano (*zamiast*: rozwiązano) kółko muzyczne.

zdezynfekować p. wydezynfekować.

zdębieć *dk III*, zdębieję, zdębiejemy, zdębiał, zdębieliśmy (p. akcent § 1a i 2) *pot.* «zdumieć się, osłupieć»: Zdębiał na widok tylu wspaniałości.

zdjąć p. zdejmować.

zdjęciowy «dotyczący zdjęć, zwłaszcza zdjęć filmowych»: Materiał zdjęciowy. Opracowanie zdjęciowe filmu. Ekipa zdjęciowa.

zdmuchnąć *dk Va*, zdmuchnę, zdmuchnij, zdmuchnąłem (*wym.* zdmuchnołem; *nie*: zdmuchnełem, zdmuchłem), zdmuchnął (*wym.* zdmuchnoł), zdmuchnęła (*wym.* zdmuchneła; *nie*: zdmuchła), zdmuchnęliśmy (*wym.* zdmuchneliśmy; *nie*: zdmuchliśmy; p. akcent § 1a i 2) — **zdmuchiwać** *ndk VIIIb*, zdmuchuję (*nie*: zdmuchiwuję, zdmuchiwam), zdmuchiwaliśmy: Zdmuchnąć lampę, płomień, świecę. □ Z. co — z czego «dmuchając usunąć»: Zdmuchnąć okruchy z obrusa, popiół z papierosa. □ *przen. pot.* Z. co (kogo) komu «Konkurent zdmuchnął mu pannę. Zdmuchnąć komuś (np. posadę) sprzed nosa. △ *pot.* Jakby (go) kto zdmuchnął «o czymś nagłym zniknięciu»

zdobić *ndk VIa*, zdobię, zdób, zdobimy, zdobiliśmy (p. akcent § 1a i 2) □ Z. kogo, co — czym: Zdobić ściany malowidłami, ubiór świecidełkami. Uśmiech zdobił jej twarz. Piękne rzeźby zdobią wnętrze pałacu. △ *przen. książk.* Zdobiły go wielkie cnoty.

zdobniczy «zdobiący, dekoracyjny»: Sztuka zdobnicza. Motywy zdobnicze. Element zdobniczy. △ *niepoprawne* w zn. «ozdobny», np. Zdobniczy (*zamiast*: ozdobny) strój.

zdobny □ *książk.* Z. w co, *wych. z użycia* czym «ozdobiony czymś»: Ściany zdobne w piękne malowidła (pięknymi malowidłami). △ *niepoprawne* w zn. «ozdobny», np. Zdobna (*zamiast*: ozdobna) biżuteria.

zdobycz *ż VI, lm M.* zdobycze, *D.* zdobyczy 1. «to, co zostało zdobyte w walce, po wielu staraniach itp.; łup»: Zdobyczy wojenna. Czatować na zdobycz. Walczyć o zdobycz. 2. zwykle w *lm* «to, co zostało osiągnięte w jakiejś dziedzinie; dorobek, osiągnięcia»: Zdobycze cywilizacji. Zdobycze socjalne. Zdobycze w dziedzinie nauki.

zdobyć *dk*, zdobędę, zdobędzie, zdobądź, zdobył, zdobyliśmy (p. akcent § 1a i 2) — **zdobywać** *ndk I*, zdobywaliśmy □ Z. co (czym): Zdobyć twierdzę, ziemię, łupy. Zdobyć odznaczenie. Ciężką pracą zdobywał majątek. Zdobyć bilety na występ sławnego pianisty. △ *przen.* Zdobyć sympatię, szacunek, miłość, przyjaźń. □ Z. co na kim «wydrzeć coś komuś siłą»: Zdobyć wiele łupów na wrogu. □ Z. kogo «pozyskać czyjeś względy»: Umiał zdobywać kobiety. Nie starała się, żeby zdobyć nowych przyjaciół.
zdobyć się — zdobywać się □ Z. się na co «osiągnąć coś z wysiłkiem pokonując zewnętrzne lub wewnętrzne przeszkody»: Zdobył się na nowy samochód. Zdobyć się na odwagę. Zdobyć się na dokonanie obrachunku z przeszłością.

zdobywczyni (*nie*: zdobywczynia) *ż I, B.* zdobywczynię (*nie*: zdobywczynią), *W.* zdobywczyni (*nie*: zdobywczynio), *lm M.* zdobywczynie, *D.* zdobywczyń: Zdobywczyni pierwszego miejsca w zawodach.

zdolność *ż V* 1. zwykle w *lm* «talent, uzdolnienia»: Mieć duże zdolności. Zdolności literackie, artystyczne, aktorskie, pianistyczne. Człowiek o niepospolitych zdolnościach a. niepospolitych zdolności. □ Z. do czego: Zdolności do nauki, do matematyki, do tańca. 2. «umiejętność, możność» □ Z. czego: Zdolność myślenia, formułowania czegoś. Zdolność trafnej analizy, obserwacji. Zdolność kwitnienia, owocowania.

zdolny *m-os.* zdolni, *st. w.* zdolniejszy a. bardziej zdolny 1. «mający uzdolnienia, uzdolniony»: Jest zdolnym uczniem, ale siostra jest od niego zdolniejsza. □ Z. do czego: Zdolny do matematyki, do sportu, do nauki. 2. «taki, który może (coś robić)»: □ Z. + bezokol.: Był zdolny zrobić wiele dla ludzi. Na placu zdolnym pomieścić tysiące było pusto. □ Z. do czego: Zdolny do wysiłku, do pracy, do poświęceń.

zdołać *dk I*, zdołaliśmy (p. akcent § 1a i 2) □ (nieco *książk.*) Z. + bezokol.: Ledwie zdołali ocalić życie. Nie wiedział, czy zdoła opanować tremę.

zdominować *dk IV*, zdominowaliśmy (p. akcent § 1a i 2); często w imiesł. biernym, *lepiej*: wziąć górę nad kimś, opanować coś, np. Ta dziedzina życia została zdominowana (*lepiej*: opanowana) przez młodzież.

zdopingować p. dopingować.

zdrada *ż IV*: Zdrada małżeńska. Oskarżać, obwiniać, podejrzewać, posądzać kogoś o zdradę. □ Z. kogo, czego, *rzad.* wobec kogo, czego: Dopuścił się zdrady kraju. Zdrada tajemnicy, ideałów. Zdrada wobec przyjaciela. △ Zdrada stanu «przestępstwo polegające na zamachu na bezpieczeństwo kraju, na jego ustrój» □ Z. przeciw komu, czemu: Knuli zdradę przeciw własnemu stronnictwu.

zdradliwy *m-os.* zdradliwi, *st. w.* zdradliwszy a. bardziej zdradliwy 1. «grożący jakimś niebezpieczeństwem; wywołujący niespodziewane skutki; *rzad.* zdradziecki»: Pierwsze chłody są bardzo zdradliwe. Zdradliwy (zdradziecki) trunek zwalił ich z nóg. Droga pełna zdradliwych (zdradzieckich) wybojów. 2. *książk.* «skłonny do zdrady, nie zasługujący na zaufanie; *rzad.* zdradziecki»: Nie ufaj jej, to kobieta zdradliwa (zdradziecka).

zdradzać *ndk I*, zdradzaliśmy (p. akcent § 1a i 2) — **zdradzić** *dk VIa*, zdradzę, zdradź, zdradzimy, zdradziliśmy □ Z. kogo, co (dla czego) «dopuszczać się zdrady, sprzeniewierzać się komuś, czemuś»: Zdradzać ojczyznę, naród. Zdradzać dla kariery dawne ideały. □ Z. kogo — z kim «nie dochować wierności małżeńskiej, wierności w uczuciach dla kogoś»: Zdradzała męża ze swoim biurowym kolegą. □ Z. kogo — dla kogo «opuścić dla kogoś innego»: Zdradził ukochaną dla bogatej wdówki. □ Z. co — komu «wyjawiać, ujawniać»: Zdradził mu sekret żony. Nie chciał zdradzić tajemnicy. □ (zwykle *ndk*) Z. (*lepiej*: przejawiać, okazywać) co: Zdradzał (*lepiej*: przejawiał) wielki talent aktorski. Nie zdradzał (*lepiej*: nie okazywał) ochoty do rozmowy.

zdradzać się — zdradzić się □ Z. się (przed kim) czym — z czym (*rzad.* z czego), że...: Zdradziła się spojrzeniem, że go kocha. Nie zdradził się ze swoimi przypuszczeniami przed nikim. △ *rzad.* Niechcący zdradził się ze swego niepokoju. □ (tylko *ndk*) Z. się bez dop. «zdradzać się wzajemnie»: Byli niedobranym małżeństwem i zdradzali się bez skrupułów.

zdradziecki *m-os.* zdradzieccy, *st. w.* bardziej zdradziecki **1.** «dokonany przez zdrajcę, właściwy zdrajcy; będący zdrajcą»: Zdradziecki zamach, czyn. Zdradzieccy przyjaciele wydali go w ręce wroga. **2.** *częściej:* zdradliwy (p.).

zdrajczyni (*nie:* zdrajczynia) *ż I, B.* zdrajczynię (*nie:* zdrajczynią), *W.* zdrajczyni (*nie:* zdrajczynio), *lm M.* zdrajczynie, *D.* zdrajczyń.

zdrapać *dk IX,* zdrapię (*nie:* zdrapę), zdrapie, zdrap, zdrapaliśmy (p. akcent § 1a i 2) — **zdrapywać** *ndk VIIIa,* zdrapuję (*nie:* zdrapywuję, zdrapywam), zdrapywaliśmy: Paznokciem zdrapał z szyby krople farby. Zdrapać tynk ze ściany.

zdrętwiały (*nie:* strętwiały) *m-os.* zdrętwiali (*nie:* zdrętwieli) imiesł. przeszły od czas. zdrętwieć: Wokół stali ludzie zdrętwiali z zimna.

zdrętwieć p. drętwieć.

*zdrobnienie a. **wyraz zdrobniały** «wyraz utworzony za pomocą odpowiedniego formantu, oznaczający przedmiot mniejszy w stosunku do przedmiotu, którego nazwa stała się podstawą słowotwórczą zdrobnienia», np.: dom — *domek,* okno — *okienko,* książka — *książeczka.* △ Wyrazy zdrobniałe mogą oznaczać nie tylko przedmioty małe, lecz także wyrażać stosunek uczuciowy, zwykle dodatni, pieszczotliwy, osoby mówiącej do przedmiotu wypowiedzi, np. matka — *mateczka,* syn — *synek,* ucho — *uszko.* Por. -ek, -ik, -ka, -ko.

zdrowie *n I, blm:* Zdrowie fizyczne, cielesne, psychiczne, duchowe. Być słabego, wątłego, delikatnego zdrowia, *rzad.* być w złym, w dobrym zdrowiu. Coś szkodzi zdrowiu a. na zdrowiu. Źle się czuć ze zdrowiem, *rzad.* na zdrowiu. Podreperować zdrowie a. podreperować się na zdrowiu. Odzyskać zdrowie, wracać, przychodzić do zdrowia. Coś jest potrzebne, szkodliwe dla zdrowia. Niszczyć zdrowie. Robić coś kosztem zdrowia, *książk.* z uszczerbkiem dla zdrowia. Robić coś dla zdrowia. Zapadać na zdrowiu. W czyimś zdrowiu nastąpiła poprawa. Żelazne, *rub.* końskie zdrowie. Wyglądać jak samo zdrowie. △ Ktoś kwitnący zdrowiem. Okaz zdrowia «o człowieku bardzo zdrowym»: Jest rumiany, barczysty, ruchliwy — okaz zdrowia. △ Coś kosztuje kogoś dużo zdrowia. Coś komuś idzie, wychodzi na zdrowie. △ Pić, wypić, wznieść czyjeś zdrowie, za (na) czyjeś zdrowie «spełnić toast życząc zdrowia» △ Na zdrowie! Wasze, twoje zdrowie!

zdrowy *m-os.* zdrowi, *st. w.* zdrowszy **1.** *rzad.* **zdrów** *st.w.* bardziej zdrów, forma używana tylko w orzeczniku lub przydawce okolicznikowej «odznaczający się zdrowiem, niechory»: W zdrowym ciele zdrowy duch (przysłowie). Był zdrów (zdrowy) na ciele i umyśle. Być przy zdrowych zmysłach «być przytomnym» △ Zdrowy (zdrów) jak ryba, jak rydz, *rub.* jak koń. △ Bądź, bywaj zdrów (zdrowy), bywajcie zdrowi «zwrot pożegnalny (nieco podniosły)» △ *pot.* Gadaj zdrów (*nie:* zdrowy) «nie wierzę w to, co mówisz, nie biorę tego na serio» △ Żebym tak zdrów był «rodzaj zaklęcia» **2.** tylko: zdrowy **a)** «rozsądny, rozumny»: Zdrowy sąd o rzeczy. Zdrowa myśl, rada, krytyka. △ Zdrowy rozsądek «zdolność do prostego, rzeczowego ujmowania spraw» △ *pot.* Wziąć coś na zdrowy rozum «ocenić trzeźwo, praktycznie» **b)** «służący zdrowiu»: Zdrowy klimat. Zdrowe pożywienie. Zdrowe powietrze. **c)** *pot.* (ekspresywne) «duży, znaczny, prawdziwy; zdecydowany (jako określenie ludzi)»: Zarobił na tym zdrową forsę. Ależ z niego zdrowy idiota.

zdrożeć *dk III,* zdrożałby (p. akcent § 4c) «stać się droższym; podrożeć»

zdrożny *st. w.* zdrożniejszy a. bardziej zdrożny *książk. wych.* z użycia «niemoralny, godny potępienia»: Zdrożny postępek. Zdrożne rozrywki. Nie widzieć w czymś nic zdrożnego.

zdrój *m I, D.* zdroju, *lm D.* zdrojów (*nie:* zdroi) *książk.* **a)** «źródło»: Spragnione zwierzęta biegną do zdroju. Czyste wody zdroju. **b)** «obficie płynąca woda, ciecz; struga, strumień czegoś»: Wylewać zdroje łez. Lać się obfitym zdrojem. △ W nazwach dużą literą: Busko Zdrój, Duszniki Zdrój.

zdrów p. zdrowy.

zdróweczko (*nie:* zdrówieczko) *n II, blm* «z odcieniem familiarnym, poufałym o czyimś zdrowiu»: Jak twoje zdróweczko? △ Zdróweczko solenizanta, jubilata itp. «familiarna, żartobliwa formuła przy wznoszeniu toastu»

zdruzgotać *dk IX,* zdruzgocze, *przestarz.* zdruzgoce (*nie:* zdruzgota); zdruzgocz, zdruzgotaliśmy (p. akcent § 1a i 2): Piorun zdruzgotał stare drzewo. △ *przen.* Był zdruzgotany tą straszną wiadomością.

zdumieć *dk III,* zdumieje, zdumiej, zdumieliśmy (p. akcent § 1a i 2) — **zdumiewać** *ndk I,* zdumiewaliśmy □ Z. kogo — czym: Zdumiał wszystkich swoją erudycją. Jego talent zdumiewał oryginalnością. **zdumieć się — zdumiewać się** □ Z. się czym: Zdumiewano się jego fenomenalną pamięcią.

zdumienie *n I* «silne zdziwienie»: Wprawić kogoś w zdumienie. Patrzeć ze zdumieniem. Osłupieć, oniemieć ze zdumienia. Ku jego zdumieniu natychmiast zgodziła się na wyjazd. □ Z. nad kim, nad czym: Z trudem opanował zdumienie nad bezczelnością przybysza.

zdun *m IV, lm M.* zduni a. zdunowie «rzemieślnik stawiający i konserwujący piece; *reg.* kaflarz» // D Kryt. 59.

Zduńska Wola, Zduńska odm. przym., **Wola** *ż I* «miasto»: Mieszkać w Zduńskiej Woli. Jechać do Zduńskiej Woli. — zduński.

zdusić *dk VIa,* zduszę, zdusi, zduś, zdusimy, zdusiliśmy (p. akcent § 1a i 2) □ Z. kogo, co (czym) **a)** «dusząc uśmiercić; *częściej:* zadusić, udusić»: Dziecko zduszone w tłumie. **b)** «ścisnąwszy coś zgnieść, zniszczyć, stłumić»: Zdusić ogień kocem. △ *przen.* Zdusić powstanie, bunt. Zdusić rozruchy represjami. Zdusić w sobie ból, gniew, płacz. △ Zduszony głos, jęk, szept.

zdwajać *ndk I,* zdwajaliśmy (p. akcent § 1a i 2) — **zdwoić** *dk VIa,* zdwoję, zdwoi, zdwój, zdwoimy, zdwoiliśmy, zdwojony; w zn. dosłownym *częściej:* podwoić. △ *przen.* Zdwajać wysiłki, stara-

zdybać

nia. Zdwoić gorliwość, ostrożność. Robić coś ze zdwojoną siłą, energią.

zdybać *dk IX*, zdybię (*nie*: zdybę), zdybie, zdyb a. zdybaj, zdybaliśmy (p. akcent § 1a i 2) *pot.* «przychwycić kogoś znienacka, zwłaszcza na jakimś złym uczynku»: Zdybali złodzieja w samą porę. □ Z. kogo na czym: Zdybała go na wyjadaniu konfitur w spiżarni.

zdychać p. zdechnąć.

zdymisjonować p. dymisjonować.

zdyskontować p. dyskontować.

zdyskredytować p. dyskredytować.

zdyskwalifikować p. dyskwalifikować.

zdystansować p. dystansować.

zdziadzieć (*wym.* zdziadzieć a. ździadzieć) *dk III*, zdziadzieliśmy (p. akcent § 1a i 2), zdziadzieli *pot.* «zestarzeć się, opuścić się w widoczny sposób (tylko o mężczyznach)»: Nie poznawał swoich dawnych kolegów, tak zdziadzieli (*ale* w imiesł. przeszłym: Byli zdziadziali, oklapnięci).

zdziczeć (*wym.* zdziczeć a. ździczeć) *dk III*, zdziczeliśmy (p. akcent § 1a i 2), zdziczały — **dziczeć** *ndk*: Drzewo zdziczało i przestało owocować. Ludzie zdziczeli w samotności (*ale* w imiesł. przeszłym: Zdziczali ludzie rzucili się łapczywie na jedzenie).

zdziecinnienie (*wym.* zdziecinnienie a. ździecinnienie) *n I, blm*; a. **zdziecinniałość** (*wym.* zdziecinniałość a. ździecinniałość) *ż V, blm*: Widać już u niego zdziecinnienie (zdziecinniałość). Objawy zdziecinnienia (zdziecinniałości).

zdzierać (*wym.* zdzierać a. ździerać) *ndk I*, zdzieraliśmy (p. akcent § 1a i 2) — **zedrzeć** *dk XI*, zedrę (*nie*: zedrzę), zedrze, zedrzyj, zdarł (*nie*: zedarł), zdarliśmy, zdarty □ Z. co (z czego, *rzad.* z kogo): Zedrzeć korę z drzewa. △ *przen.* Zedrzeć z kogoś maskę. Zedrzeć komuś łuskę z oczu. □ Z. (co) z kogo, *rzad.* od kogo «wyzyskiwać kogoś biorąc wygórowane opłaty, ceny»: Zdarli z niego (od niego) olbrzymią sumę. □ Z. co «niszczyć przez używanie»: Zdzierać buty, ubranie. △ *przen.* Zdzierać głos, gardło, nerwy, siły, zdrowie.

zdzierca (*wym.* zdzierca a. ździerca) *m odm. jak ż II, lm M.* zdziercy, *DB.* zdzierców: Był zdziercą i skąpcem.

zdziesięciokrotnić (*wym.* zdziesięciokrotnić a. ździesięciokrotnić) *dk VIa*, zdziesięciokrotnij, zdziesięciokrotniliśmy (p. akcent § 1a i 2) — **zdziesięciokrotniać** *ndk I*, zdziesięciokrotnialiśmy: Zdziesięciokrotnić wysiłki, wydajność, tempo.

Zdzisław (*wym.* Zdzisław a. Ździsław) *m IV, lm M.* Zdzisławowie — Zdzisiek *m III, D.* Zdziśka, *lm M.* Zdziśkowie — Zdzisio (*nie*: Zdzisiu) a. Zdziś *m I, lm M.* Zdzisiowie — Zdzisławostwo *n III, DB.* Zdzisławostwa, *Ms.* Zdzisławostwu (*nie*: Zdzisławostwie), *blm*; a. Zdzisławowie, *blp, D.* Zdzisławów — Zdziśkowie, Zdzisiowie *blp, D.* Zdziśków, Zdzisiów — Zdzisława *ż IV* — Zdzisia *ż I, W.* Zdzisiu. || *U Pol. (1),* 472.

zdziwaczały (*wym.* zdziwaczały a. ździwaczały) *m-os.* zdziwaczali «taki, który zdziwaczał, stał się dziwakiem»: Zdziwaczali staruszkowie nie przyjmowali prawie nikogo (*ale*: Zdziwaczeli, odsunąwszy się od przyjaciół).

zdziwaczeć p. dziwaczeć.

zdziwić (*wym.* zdziwić a. ździwić) *dk VIa*, zdziwię, zdziw, zdziwimy, zdziwiliśmy (p. akcent § 1a i 2), zdziwiony: Być mile, nieprzyjemnie zdziwionym. □ Z. kogo (czym): Zdziwił go jej wygląd. Zdziwiła wszystkich swoimi słowami. Zdziwić (*częściej*: zadziwić) kogoś męstwem, zdolnościami.

zdziwić się: Zdziwiła się, że już tak późno. Zdziwi się, kiedy się okaże, że nie ma już pieniędzy. □ Z się czym: Zdziwił się odwagą swego syna.

zdziwienie (*wym.* zdziwienie a. ździwienie) *n I, blm*: Wprawić kogoś w zdziwienie. Patrzeć ze zdziwieniem. Nie móc wyjść ze zdziwienia. Osłupieć, oniemieć ze zdziwienia. Ku swojemu zdziwieniu zamiast nagany otrzymał nagrodę.

ze p. z

ze- p. z-

zebra (*nie*: żebra) *ż IV, lm D.* zebr 1. «zwierzę» 2. zwykle w *lm, pot.* «białe, równoległe pasy na jezdni oznaczające miejsce, gdzie wolno przechodzić na drugą stronę»: Namalować zebry na jezdni. Przechodzić po zebrach.

zebrać p. zbierać.

zebranie *n I*, w zn. «zgromadzenie wielu osób»: Być na zebraniu, uczestniczyć w zebraniu. Zwołać zebranie członków organizacji.

zebranko (*nie*: zebrańko) *n II, lm D.* zebranek «żartobliwie o (niezbyt licznym) zebraniu»

Zebrzydowice *blp, D.* Zebrzydowic «miejscowość»: Mieszkać w Zebrzydowicach. Wyjechać z Zebrzydowic. — zebrzydowicki.

zebrzydowski : Pola zebrzydowskie (*ale*: Kalwaria Zebrzydowska).

Zebrzydów *m IV, D.* Zebrzydowa, *C.* Zebrzydowi (*ale*: ku Zebrzydowowi a. Zebrzydowu) «miejscowość» — zebrzydowski (p.).

zecer *m IV, lm M.* zecerzy «pracownik drukarni składający tekst; składacz»

zechcieć *dk* zechcę, zechce, zechcej, zechciał, zechcieliśmy (p. akcent § 1a i 2), zechcieli: Przychodził, ile razy zechciał. □ Z. + bezokol.: Nie wiem, czy dyrektor zechce się zgodzić na mój urlop. △ Zechce pan, pani; może by pan zechciał..., pani zechciała...; Niech pan, pani itp. łaskawie (*nie*: uprzejmie) zechce... «zwroty grzecznościowe»: Zechce pani przyjąć moje najlepsze życzenia. Może pan zechce zamknąć drzwi. △ *pot. nieos.* Komuś się zechce (coś robić): Odda ci ten dług, kiedy mu się zechce.

zedrzeć p. zdzierać.

zefir *m IV, D.* zefiru 1. *poet.* «ciepły, łagodny wiatr»: Wiew zefiru. Lekki zefir kołysał gałęzie drzew. 2. Zefir, *D.* Zefira «postać z mitologii greckiej»

zegar (*nie*: zygar) *m IV, D.* zegara: Nakręcić zegar. Zegar chodzi, stoi, spóźnia się (*reg.* późni się), śpieszy się. Wskazówki zegara. Na zegarze wybiła północ. || *D Kult. I,* 478.

zegarek *m III, D.* zegarka: Zegarek na rękę, kieszonkowy. Zegarek chodzi punktualnie. Nakręcić zegarek. Dewizka od zegarka. △ *pot.* Coś idzie jak w zegarku (*nie*: jak z zegarka) «coś jest wykonywane systematycznie, terminowo, skrupulatnie»: W ich domu wszystko idzie jak w zegarku. △ Za pięć, dziesięć itp. minut z zegarkiem w ręku «dokładnie za pięć, dziesięć minut»

zegarmistrz *m II, lm M.* zegarmistrze a. zegarmistrzowie, *D.* zegarmistrzów (*nie*: zegarmistrzy): Oddać zegarek do zegarmistrza. // *D Kult. II, 350.*

zegarmistrzostwo (*nie*: zegarmistrzowstwo, *ale*: zegarmistrzowski) *n III, blm*: Trudnił się zegarmistrzostwem.

zegarmistrzyni (*nie*: zegarmistrzynia) *ż I, B.* zegarmistrzynię (*nie*: zegarmistrzynią), *W.* zegarmistrzyni (*nie*: zegarmistrzynio), *lm M.* zegarmistrzynie, *D.* zegarmistrzyń *rzad.* «kobieta zegarmistrz»

zegnać *dk I*, zegnaliśmy (p. akcent § 1a i 2), **zgonić** *dk VIa*, zgonię, zgoń, zgonimy, zgoniliśmy — **zganiać** *ndk I*, zganialiśmy □ Z. kogo, coś, z czego; dokąd, na co «goniąc usunąć; goniąc zgromadzić razem»: Zegnać konie z pastwiska. Zgonić muchy ze stołu. Zganiali ludzi z całej okolicy na plac przed kościołem. □ Z. kogo, co (wszystkie formy *dk*) «zmęczyć gonieniem»: Nie chciał konia zegnać. Zgonił go tą wędrówką po mieście. □ (tylko: zgonić — zganiać) *pot.* **a)** Z. co — na kogo «złożyć na kogoś winę za coś»: Obaj zawinili, a teraz jeden zgania na drugiego. **b)** (obie formy *dk*) Z. co «chodząc szybko, przemierzyć coś wielokrotnie; schodzić»: Całe miasto zgonił szukając tej książki.
zgonić się — zganiać się (obie formy *dk*) *pot.* «zmęczyć się szybkim chodzeniem, bieganiem»: Tak się zganiał, że brakło mu tchu.

Zegrze *n I, D.* Zegrza «miejscowość» — zegrzanin *m V, D.* zegrzanina, *lm M.* zegrzanie, *D.* zegrzan — zegrzanka *ż III, lm D.* zegrzanek — zegrzyński.

zegrzyński: Twierdza zegrzyńska (*ale*: Jezioro Zegrzyńskie, Zalew Zegrzyński).

Zeiss (*wym.* Cajs) *m IV, D.* Zeissa, *lm M.* Zeissowie: Carl (*wym.* Karl) Zeiss był założycielem zakładów optycznych w Jenie.

zejście *n I △ przestarz., urz.* Akt zejścia «akt zgonu»

zejść p. schodzić.

Zelandia *ż I, DCMs.* Zelandii **1.** «wyspa duńska»: Mieszkać na Zelandii. Jechać na Zelandię. **2.** «prowincja Holandii»: Mieszkać w Zelandii. Jechać do Zelandii. — Zelandczyk *m III, lm M.* Zelandczycy — Zelandka *ż III, lm D.* Zelandek — zelandzki.

zelant *m IV, lm M.* zelanci *książk., przestarz.* «gorliwiec, gorliwy wyznawca czegoś»: Zelanci katolicyzmu.

zelektryzować p. elektryzować.

Zelmot *pot.* p. ZEM.

zelówka (*nie*: zylówka) *ż III, lm D.* zelówek: Skórzana, gumowa zelówka.

zelżeć *dk III* (tylko w 3. os.) zelżeje, zelżał, zelżałby (p. akcent § 4c): Mróz, upał, ból zelżał.

zelżyć p. lżyć.

zelgać *dk IX*, zelżę (*nie*: zelgę, zelgam), zelże (*nie*: zelga), zelżyj (*nie*: zelgaj), zelgał, zelgaliśmy (p. akcent § 1a i 2) *pot.* «skłamać»: Zelgał, że był chory. Jeśli zelże, trzeba będzie go ukarać.

ZEM *m IV, D.* ZEM-u, *Ms.* ZEM-ie a. *ndm; pot.* **Zelmot,** *m IV, D.* Zelmotu, *Ms.* Zelmocie «Zakłady Elektroniki Motoryzacyjnej»: Sprzęt wyprodukowany w ZEM-ie (w ZEM), w Zelmocie. Pójść do ZEM-u (do ZEM), do Zelmotu. Pracował w Zelmocie. Produkcja Zelmotu. — ZEM-owski.

zemdleć (*nie*: zemgleć) *dk III*, zemdleje, zemdlej, zemdleliśmy (p. akcent § 1a i 2), zemdlony, *rzad. książk.* zemdlały: Zemdleć z głodu, ze zmęczenia. △ *przen.* Kwiaty zemdlałe od upału.

zemdlić (*nie*: zemglić) *dk VIa*, (tylko w 3. os., *nieos.* i w bezokol.) zemdliłby (p. akcent § 4c) □ Coś kogoś zemdliło: Zemdlił go chciwie zjedzony barszcz. □ *nieos.* Zemdliło kogoś (od czegoś, z czegoś): Zemdliło kogoś od słodyczy, z głodu.

zemknąć p. zmykać.

zemleć p. mleć.

ze mną (*wym.* ze mną) p. z

ze mnie (*wym.* ze mnie) p. z

zemrzeć *dk XI*, zemrę, zemrze, zemrzyj, zmarł, zmarłaby (p. akcent § 4c): Zmarł śmiercią samobójczą. □ Z. na co, od czego, z czego: Zmarł na zapalenie płuc, z głodu, od ciosu sztyletem. △ *pot.* Komuś się zmarło «ktoś umarł» △ Bezokol. *zemrzeć*, rozkaźnik *zemrzyj* i formy czasu przyszłego mają zabarwienie ludowe; bywają używane żartobliwie, ekspresywnie: Powiadasz, że się zmęczyłeś? Tylko nam nie zemrzyj. // *D Kult. II, 162.*

zemsta *ż IV, blm*: Krwawa zemsta. Pragnienie, żądza zemsty. Zrobić coś przez zemstę. △ *książk.* Pałać chęcią zemsty. Poprzysiąc zemstę. □ Z. na kim, za kogo, za co: Zemsta na wrogu za śmierć ojca.

zemścić się *dk VIa*, zemszczę się, zemścij się (*nie*: zemść się), zemścimy się, zemściliśmy się (p. akcent § 1a i 2) □ Z. się na kim, za kogo, za co: Zemścił się na nim za krzywdzące podejrzenia. Zemściła się za to, że ją porzucił.

zenit *m IV, D.* zenitu, *blm*: Słońce stoi w zenicie, dobiega zenitu. △ *przen.* Dojść do zenitu, (do)sięgać zenitu «osiągać najwyższy stopień intensywności, nasilenia»: Zabawa sięgała zenitu. Przestrach nasz doszedł do zenitu, gdy zobaczyliśmy, że jesteśmy w pułapce.

Zenobia *ż I, DCMs.* Zenobii — Zenia *ż I, W.* Zeniu — Zenka *ż III, lm D.* Zenek.

Zenon *m IV, lm M.* Zenonowie — Zenek *m III, D.* Zenka, *lm M.* Zenkowie — Zenonostwo *n III, DB.* Zenonostwa, *Ms.* Zenonostwu (*nie*: Zenonostwie), *blm*; a. Zenonowie *blp, D.* Zenonów — Zenkowie *blp, D.* Zenków — Zenona *ż IV.*

zeń *książk.* «z niego (*nie*: z niej, z nich)»: Miał do tego prawo i pragnął zeń skorzystać. // *U Pol. (1), 408.*

zepchnąć p. spychać.

Zeppelin (*wym.* Cepelin) *m IV, D.* Zeppelina (p. akcent § 7) **1.** «nazwisko niemieckiego konstruktora sterowców»
2. zeppelin (*wym.* cepelin) «statek powietrzny; sterowiec»: Niemieckie zeppeliny krążyły nad miastem.

zeprać p. spierać.

zepsuć *dk Xa,* zepsuję, zepsuj, zepsuliśmy (p. akcent § 1a i 2), zepsuty: Zepsuć maszynę, rower. □ Z. sobie co — czym (zwykle: oczy, wzrok, żołądek, zęby) «doprowadzić do stanu chorobowego, nadwerężyć»: Czytając w ciemności zepsuł sobie wzrok. Słodyczami zepsuł sobie zęby. △ Zepsuć sprawę «pogorszyć sprawę» □ Z. kogo — czym «zdemoralizować»: Pochlebstwami zepsuli dziecko. Był zepsuty powodzeniem.

zerknąć *dk Va,* zerknąłem (*wym.* zerknołem; *nie*: zerknełem, zerkłem), zerknął, zerknęła (*wym.* zerkneła; *nie*: zerkła), zerknęliśmy (*wym.* zerkneliśmy; *nie*: zerkliśmy; p. akcent § 1a i 2) — **zerkać** *ndk I,* zerkaliśmy: Zerknął ukradkiem na zegarek. Zerknęła do lusterka. Zerkał często na wypracowanie siedzącego obok kolegi.

zero *n III*: Dopisać do cyfry jedno zero. Temperatura 10 stopni poniżej zera. △ Coś spada, maleje, sprowadza się do zera; coś równa się zeru «coś przestaje istnieć, coś właściwie nie istnieje»: Frekwencja spadła do zera. Jego pomoc sprowadzała się do zera. Ich wkład w tę pracę równa się zeru. △ Ostrzyc kogoś na zero «ściąć komuś włosy przy samej skórze» △ Być (kompletnym, skończonym, całkowitym) zerem «o człowieku: nie mieć żadnej wartości, żadnego znaczenia»: Był kompletnym zerem, nikt się z nim nie liczył.

zeroekran *m IV, D.* zeroekranu *środ.* (słowotwórczo niepoprawne) «kino zeroekranowe; kino, w którym się wyświetla filmy premierowe»

zerwać *dk IX,* zerwę (*nie*: zerwię), zerwie, zerwij, zerwiemy, zerwą (*nie*: zerwią), zerwaliśmy (p. akcent § 1a i 2) — **zrywać** *ndk I,* zrywaliśmy: Wiatr zrywa dachy. Rzeka zerwała mosty. Zerwana struna. □ Z. co z kogo, z czego: Zerwać owoc z drzewa. Zerwał z niego przemoczone ubranie. △ Zerwać komuś maskę (z twarzy) «zdemaskować kogoś» △ *przen.* «unieważnić coś, przerwać trwanie czegoś»: Zerwać umowę, przymierze, układy, sojusz, spółkę. Zerwać przyjaźń, znajomość, związek. Zerwać sejm, obrady. □ Z. z kim «zaprzestać stykać się z kimś, na zawsze z kimś rozstać»: Zerwała z narzeczonym. □ Z. z czym «zaprzestać czegoś, odciąć się od czegoś»: Chciał całkowicie zerwać z przeszłością. Zerwać z piciem. △ Z. (sobie) co «osłabić, nadwerężyć»: Zrywać sobie płuca (krzykiem, głośnym mówieniem). △ Zrywać (sobie) boki (od śmiechu a. ze śmiechu) «śmiać się serdecznie»
zerwać się — zrywać się: To prawdziwy, lniany sznurek — na pewno się nie zerwie. □ Z. się z czego, do czego «gwałtownie stanąć na nogach; nagle ruszyć»: Zerwał się z krzesła na powitanie gości. Ptaki zerwały się do lotu. △ Zerwać się na równe nogi. Zerwał się jak oparzony. □ Z. się bez dop. «wstać rano z łóżka»: Zerwał się wcześnie i wyruszył w drogę.

zerznąć (nie *wym.* zer-znąć) a. **zerżnąć** *dk Va,* zerznąłem a. zerżnąłem (*wym.* zerznołem a. zerżno-

łem, *nie*: zerznełem, zerżnełem); zerznął a. zerżnął (*wym.* zerznoł a. zerżnoł); zerznęła a. zerżnęła (*wym.* zerzneła a. zerżneła); zerznęliśmy a. zerżnęliśmy (*wym.* zerzneliśmy a. zerżneliśmy, p. akcent § 1a i 2) — **zrzynać** *ndk I,* zrzynaliśmy □ Z. co (skąd, z czego) «ściąć»: Zerżnął gałąź z drzewa. Zrzynać łubin, trawę. □ *posp.* Z. kogo; z. komu co «zbić mocno, sprawić komuś lanie»: Ojciec zerżnął mu skórę. Zerżnęła nieposłuszne dziecko. □ *posp.* Z. co od kogo, z czego «przepisać i podać jako swoje»: Zerżnął zadanie od kolegi, z zeszytu kolegi.

! zesadzać, zesadzić p. zsadzać.

zeschnąć (*nie*: zsechnąć) *dk Vc,* zeschnie, zeschnij, zeschnął (*wym.* zeschnoł) a. zesechł; zeschła (*nie*: zeschnęła), zeschnąłby (*wym.* zeschnołby) a. zesechłby (p. akcent § 4c), zeschły a. zeschnięty — **zsychać** *ndk I,* zsychałby.
zeschnąć się — zsychać się: Kora zeschła się na chorym drzewie. Podniósł z ziemi zeschły liść. Zwilżył językiem zeschłe wargi. □ Z. się z czego, od czego: Krzewy zeschły się z braku deszczu. Ziemia zeschła się od słońca.

! zesiąść p. zsiadać.

! zesinieć p. zsinieć.

zeskrobać *dk IX,* zeskrobię (*nie*: zeskrobę), zeskrobie, zeskrob, zeskrobaliśmy (p. akcent § 1a i 2) — **zeskrobywać** *ndk VIIIa,* zeskrobuję (*nie*: zeskrobywuję, zeskrobywam), zeskrobywaliśmy □ Z. co z czego (czym): Zeskrobał z drzewa żywicę.

zeskubać *dk IX,* zeskubię (*nie*: zeskubę), zeskubie, zeskub, zeskubaliśmy (p. akcent § 1a i 2) — **zeskubywać** *ndk VIIIa,* zeskubuję (*nie*: zeskubywuję, zeskubywam), zeskubywaliśmy: Zeskubać zeschnięte błoto z płaszcza.

zeslawizować *dk IV,* zeslawizowaliśmy (p. akcent § 1a i 2) *książk.* «nadać czemuś cechy słowiańskie; uczynić Słowianinem; zesłowiańszczyć»

zesłać *dk IX,* ześle (*nie*: zeszle), ześlij (*nie*: zeszlij), zesłaliśmy (p. akcent § 1a i 2) — **zsyłać** (*nie*: zesyłać) *ndk I,* zsyłaliśmy □ *podn.* Z. kogo, co (komu, na kogo): Los zesłał krajowi męża opatrznościowego. Bóg zesłał na kogoś karę, niedolę, nieszczęście. □ Z. kogo gdzie: Wielu dekabrystów zesłano na Sybir (na Syberię). Powstańcy kościuszkowscy zostali zesłani na Kamczatkę. Zesłać kogoś na wygnanie.

zesłaniec *m II, D.* zesłańca, *W.* zesłańcze, *lm M.* zesłańcy, *DB.* zesłańców (*nie*: zesłańcy): Benedykt Dybowski mieszkał na Syberii jako zesłaniec polityczny.

zesłowaczyzować *dk IV,* zesłowaczyzowaliśmy (p. akcent § 1a i 2) *rzad. książk.* «nadać czemuś cechy słowackie; uczynić Słowakiem»: Zesłowaczyzowane terminy węgierskie.

zesmutnieć *dk III,* zesmutnieliśmy (p. akcent § 1a i 2), zesmutniały *przestarz.* «stać się smutnym; posmutnieć»

zespalać *ndk I,* zespalaliśmy (p. akcent § 1a i 2) — **zespolić** *dk VIa,* zespolę, zespól, zespolimy, zespoliliśmy □ Z. kogo, co — z kim, czym: Wspólnie przeżyte nieszczęście zespoliło go z przyjaciółmi. □ Z. kogo, co (w co): Wilgoć zespala ziarnka minerałów.

zespawać p. spawać.

zespół *m IV*, *D.* zespołu: Zespół amatorski, instrumentalny, wokalny. Tworzyć, utworzyć zespół. Pracować w zespole, należeć do zespołu. Wstąpić do zespołu. △ W nazwach dużą literą: Państwowy Zespół Ludowy Pieśni i Tańca „Mazowsze".

zestandaryzować *dk IV*, zestandaryzowaliśmy (p. akcent § 1a i 2), *lepiej*: znormalizować, ujednolicić.

zestarzeć, *częściej* **zestarzeć się** *dk III*, zestarzeliśmy, zestarzeliśmy się (p. akcent § 1a i 2), zestarzały: Jego rodzice ostatnio bardzo (się) zestarzeli (*ale w imiesł.* przeszłym: Przedwcześnie zestarzali więźniowie obozów koncentracyjnych).

zestawiać *ndk I*, zestawialiśmy (p. akcent § 1a i 2) — **zestawić** *dk VIa*, zestawię, zestaw, zestawimy, zestawiliśmy □ Z. co — z czego «zdejmować i stawiać niżej»: Zestawił świecznik z półki. □ Z. co (z czego, w co) «składać poszczególne elementy w jedną całość, ustawiać blisko siebie»: Pociąg zestawiony z kilkunastu wagonów. □ Z. kogo, co — z kim, z czym «porównywać»: Zestawić tekst maszynopisu z rękopisem.

zestawienie *n I* □ Z. czego «spis, wykaz czegoś»: Zrobił zestawienie swoich wydatków. □ W zestawieniu z kim, czym «w porównaniu z kimś, czymś»: Chłopiec, w zestawieniu z rówieśnikami, uderzał wybitną inteligencją.

*zestawienie «rodzaj złożenia będący połączeniem dwóch lub kilku wyrazów samodzielnych w jedną całość znaczeniową», np. Zielone Święta, leniwe pierogi, żywe srebro. *Por.* złożenie, kompozycja.

zestroić *dk VIa*, zestroję, zestroi, zestrój, zestroimy, zestroiliśmy (p. akcent § 1a i 2) — **zestrajać** *ndk I*, zestrajaliśmy □ Z. co (z czym, w co): Architekt zestroił elewacje budynku z jego otoczeniem. Malarz zestroił barwy w harmonijną całość.

ze strony p. strona.

zestrój *m I*, *D.* zestroju, *lm D.* zestrojów (*nie*: zestroi) □ Z. czego: Harmonijny zestrój elementów dekoracyjnych.

zestrugać *dk I*, zestrugaliśmy (p. akcent § 1a i 2) — **zestrugiwać** *ndk VIIIb*, zestruguję (*nie*: zestrugiwuję, zestrugiwam), zestrugiwaliśmy: Zestrugał z deski zewnętrzną warstwę drewna. Trzeba było zestrugać listwy bardzo cienko.

zestrzał *m IV*, *D.* zestrzału *środ.* «strącenie samolotu»: Walczył w lotnictwie przez całą wojnę; miał wiele pewnych zestrzałów.

zestrzelić *dk VIa*, zestrzelę, zestrzel, zestrzeliliśmy (p. akcent § 1a i 2) — **zestrzelać** *ndk a. dk I* zestrzelaliśmy, **zestrzeliwać** *ndk VIIIb*, zestrzeliwuję (*nie*: zestrzeluję, zestrzeliwam), zestrzeliwaliśmy «strzałem strącić na ziemię»: Zestrzelono samolot. Zestrzelił mu czapkę z głowy △ (zwykle *dk*) *przen. podn.*, *wych.* z użycia «skoncentrować, skupić» □ Z. co w czym a. w co: Zestrzelili całą energię, wszystkie swoje siły w działaniu dla dobra ogólnego.

zestrzyc *dk XI*, zestrzygę, zestrzyże, zestrzyż, zestrzygł, zestrzygliśmy (p. akcent § 1a i 2), zestrzyżony — **zestrzygać** *ndk I*, zestrzygaliśmy: Zestrzygli mu włosy z czubka głowy.

zesumować *dk IV*, zesumowaliśmy (p. akcent § 1a i 2) *przestarz.* «zsumować»

zesunąć, zesuwać p. zsunąć.

zeswojszczyć *dk VIb*, zeswojszczyliśmy (p. akcent § 1a i 2) *rzad.* «nadać czemuś swojskie cechy»: Zeswojszczyć zapożyczone wyrazy.

zesypać *dk IX*, zesypie, zesypaliśmy (p. akcent § 1a i 2) — **zesypywać** *ndk VIIIa*, zesypuję (*nie*: zesypywuję, zesypywam), zesypywaliśmy *rzad.* p. zsypać.

ze szczętem p. szczęt.

zeszczupleć *dk III*, zeszczupleliśmy (p. akcent § 1a i 2) **1.** «stać się szczupłym, szczuplejszym niż poprzednio; wysmukleć, wyszczupleć»: Przez wakacje zeszczuplała, nabrała linii. **2.** «stać się szczupłym, chudym; schudnąć»: Zeszczuplała tak, że ubranie na niej wisiało.

zeszkapieć *dk III*, zeszkapiałby (p. akcent § 4c), zeszkapiały: Niedożywiony koń zeszkapiał. △ *przen. posp.* «zniedołężnieć»: Zeszkapieli, podupadli na siłach.

zeszło- «pierwszy człon przymiotników złożonych, charakteryzujących człon drugi jako odnoszący się do okresu minionego», np.: zeszłotygodniowy, zeszłoroczny.

zeszłoroczny, *rzad.* przeszłoroczny: Zeszłoroczna zima. Zeszłoroczne liście, ubranie.

zeszły «miniony, ubiegły, przeszły»: Zeszłego miesiąca, tygodnia. W zeszłą niedzielę byliśmy na wycieczce. Koniec zeszłego roku.

zeszpecić p. szpecić.

zeszycie *n I*, *częściej*: zszycie.

zeszyć — zeszywać, *częściej*: zszyć — zszywać (p.).

zeszyt *m IV*, *D.* zeszytu, *lm M.* zeszyty: Zeszyt w kratkę, w linię. □ Z. do (*nie*: dla) czego: Zeszyt do wypracowań, do przyrody, do rachunków. ‖ *U Pol. (2)*, 26.

ześcibić *a.* **ześcibolić** *dk VIa*, ześcibiliśmy, ześciboliliśmy (p. akcent § 1a i 2) — **ześcibiać** *ndk I*, ześcibialiśmy *pot.* «ścibiąc, ściboląc uszyć coś»

ześlizgiwać się (*nie*: ześlizgać się) *ndk VIIIb*, ześlizguję się (*nie*: ześlizgiwuję się, ześlizgiwam się), ześlizgiwaliśmy się (p. akcent § 1a i 2) — **ześlizgnąć się, ześlizgnąć się** *dk Va*, ześlizgnie (ześliźnie) się, ześlizgnij (ześliźnij) się; ześlizgnąłem się, ześlizgnąłem się (*wym.* ześlizgnołem się, ześliznołem się, *nie*: ześlizgnełem się, ześliznełem się, ześlizgłem się, ześliżłem się); ześlizgnął się, ześliznął się (*wym.* ześlizgnoł się, ześliznoł się), ześlizgnęła się, ześliznęła się (*wym.* ześlizgnela się, ześliznela się; *nie*: ześlizgła się, ześliżła się); ześlizgnęliśmy się, ześliznęliśmy się (*wym.* ześlizgneliśmy się, ześlizneliśmy się, *nie*: ześlizgliśmy się) □ Z. się z czego: Nogi ześlizgiwały się ze stopni. Ześlizgnąć się ze schodów. □ Z. się po czym: Z dachu ześliznął się po rynnie. Narty ześlizgiwały się po pochyłości.

zeświecczać *ndk I*, zeświecczaliśmy (p. akcent § 1a i 2) — **zeświecczyć** *dk VIb*, zeświecczyliśmy «uczynić świeckim, laickim»

zeświecczenie *n I*, *częściej*: laicyzacja, np. Zeświecczenie (*częściej*: laicyzacja) życia społecznego.

zet *ndm* «nazwa litery *z*» △ Od a do zet «od początku do końca, wszystko»

zetemesowiec, zetemesowski p. ZMS.

zetempowiec, zetempowski p. ZMP.

zeteselowiec, zeteselowski p. ZSL.

zetknąć p. stykać.

zetleć *dk III*, zetlałby (p. akcent § 4c), zetlały 1. «tląc się powoli spalić się»: Krokwie zetlały na węgiel. 2. «rozpaść się wskutek starości; spróchnieć; *rzad.* zetlić się»: Zetlałe płótno, dokumenty.

zetlić *dk VIa*, zetliłby (p. akcent § 4c) *rzad.* «doprowadzić coś do rozkładu»: Czas zetli nasze kości.

zetlić się «spłonąć lub rozpaść się wskutek starości; *częściej*: zetleć»

zetrzeć p. ścierać.

zetwuemowiec, zetwuemowski p. ZWM.

zeuropeizować (*wym.* zeu-ropeizować) *dk IV*, zeuropeizowaliśmy (p. akcent § 1a i 2).

Zeus (*wym.* Zeus) *m IV*, D. Zeusa (*wym.* Zeu-sa).

zew *m IV*, D. zewu, *rzad.* zwu, zwykle *blm książk.* «wezwanie, hasło; odgłos»: Zew trąbki. Zew przyrody. Na zew wodza rycerze poszli w bój. □ Z. czego, *częściej*: do czego: Rzucić zew walki, *częściej*: do walki. △ Zew krwi «dziedziczna skłonność do czegoś»

zewidencjować, zewidencjonować p. ewidencjować.

zewlec, zewlekać *przestarz.* dziś *gw.* «zwlec»

zewnątrz (*wym.* zewnącz, *rzad.* zewnątsz, zewnączsz), zwykle w wyrażeniach: Na zewnątrz, z zewnątrz, *rzad.* od zewnątrz (czegoś), np.: Po wybiciu szyby wydostał się na zewnątrz. Zwiesić nogi na zewnątrz okna. Krzyk dochodzący z zewnątrz (budynku). Otworzyć furtkę z zewnątrz, *rzad.* od zewnątrz. △ Reprezentować państwo na zewnątrz «poza granicami kraju» △ *przen.* Nie ujawniał na zewnątrz swych uczuć. Przynosić wiadomości z zewnątrz.

zewnętrzny (*wym.* zewnęczny, *rzad.* zewnętszny, zewnęczszny): Zewnętrzna warstwa czegoś (np. tynku). Zewnętrzna ściana budynku. Zewnętrzne obrażenia ciała. Warunki zewnętrzne. △ Polityka zewnętrzna państwa «polityka dotycząca spraw zagranicznych»

zewrzeć *dk XI*, zewrę, zewrze, zewrzyj, zwarł, zwarliśmy (p. akcent § 1a i 2), zwarty — **zwierać** *ndk I*, zwieraliśmy: Zewrzeć usta, zęby. Zwierać pięści. □ Z. co — w co: Zewrzeć dłonie, ręce w pięści.

zewrzeć się — zwierać się □ Z. się w co: Ludzie zwarli się w gromadę. □ *książk.* Z. się w czym:

Zewrzeć się w uścisku, w pocałunkach. □ Z. się dokoła, koło, wokół, wokoło czego, kogo itp.: Lody zwarły się wokół statku. Uczniowie zwarli się koło nauczyciela. Ręce żołnierzy zwarły się na kolbach karabinów. □ (zwykle *dk*) Z. się (ze sobą) «zacząć walkę, zapasy»: Chłopcy zwarli się ze sobą. Wojska zwarły się w walce.

ze względu p. wzgląd.

zez (*nie*: zyz) *m IV*, DB. zeza, Ms. zezie, *blm*: Miał zeza w jednym oku. Zrobić zeza. △ Patrzeć zezem «patrzeć zezując» △ Patrzeć, spoglądać zezem na kogoś, na coś a) «patrzeć kątem oka, nieznacznie» b) «patrzeć, traktować niechętnie»

zeznać *dk I*, zeznaliśmy (p. akcent § 1a i 2) — **zeznawać** *ndk IX*, zeznaje (*nie*: zeznawa), zeznawaj, zeznawaliśmy: Zeznać wszystko, całą prawdę, zeznać coś pod przysięgą. □ Z. (co) przed kim, przed czym: Zeznawać przed sędzią, przed sądem.

zeznanie *n I*: Fałszywe, dobrowolne, obciążające zeznanie. Zeznania świadków. Złożyć zeznanie. Wymusić, wymóc na kimś zeznanie. Wydobyć z kogoś zeznanie. Uchylić się od zeznań. Odwołać zeznania. Obciążyć kogoś swoimi zeznaniami. □ Z. co do czego (*nie*: na co): Zeznania co do jakiejś okoliczności (*nie*: na jakąś okoliczność). // D Kult. II, 72.

zezować (*nie*: zyzować) *ndk IV*, zezowaliśmy (p. akcent § 1a i 2): Zezować jednym okiem. □ Z. na co, na kogo «patrzeć nieznacznie, kątem oka» Zezowała zazdrośnie na moje nowe futro.

zezuć *dk Xa*, zezuliśmy (p. akcent § 1a i 2), *częściej*: zzuć.

zezwalać *ndk I*, zezwalaliśmy (p. akcent § 1a i 2) — **zezwolić** *dk VIa*, zezwól, zezwoliliśmy *książk.* «pozwalać (zwykle: oficjalnie, urzędowo)» □ Z. komu+ bezokol.: Lekarz zezwolił choremu wyjść na spacer. □ Z. (komu) na co: Dowódca zezwolił żołnierzowi na wyjście z koszar.

zezwolenie *n I urz.* «pozwolenie» □ Z. na co (skąd, od kogo): Wydać zezwolenie na broń. Otrzymać od władz zezwolenie na wyjazd za granicę. Na urlop musisz mieć zezwolenie dyrektora (od dyrektora).

zeżreć *dk XI*, zeżre (*nie*: zeźre), zeżryj (*nie*: zeźryj), zeżarł a. zżarł; zeżarliśmy a. zżarliśmy (p. akcent § 1a i 2), zeżarty a. zżarty — **zżerać** *ndk I*, zżeraliśmy: Psy zeżarły prędko swoją porcję. △ *przen.* «zniszczyć» (zwykle w imiesł. biernym) □ Żarty, zżerany przez co a. czym: Zżerany nędzą, chorobą (przez nędzę, przez chorobę). Palce żarte solą i wrzątkiem. Płuca zżerane, żarte przez pylicę (pylicą).

zębaty 1. «opatrzony ostrymi, tnącymi kolcami, zębami»: Zębate grabie. Zębate koła maszyny. Zębate ostrze noża. 2. «uzębiony»: Zębata paszcza wilka. 3. «mający nierówne kontury»: Zębaty łańcuch gór. Zębate liście.

zębiasty *rzad.* p. zębaty: Zębiaste mury. Zębiaste koła maszyn.

zębowy «odnoszący się do zębów (ludzkich lub zwierzęcych)», tylko w terminologii anatomicznej i językoznawczej: Komora zębowa. Spółgłoski zębowe.

zęza (*nie*: zensa) *ż IV, CMs.* zęzie «miejsce na dnie statku, gdzie się zbiera przeciekająca woda, rozlane smary itp.; ciecz gromadząca się w tym miejscu»

ZG «skrót wyrazów: *Zarząd Główny*, pisany bez kropki, stawiany zwykle przed nazwą instytucji, czytany jako całe odmieniane wyrazy, albo: zetgie (*m ndm*)», np. Pismo ZG (*czyt.* Zarządu Głównego a. zetgie).

zgadać się *dk I*, zgadaliśmy się (p. akcent § 1a i 2) □ Z. się o kim, o czym: Dobrze, żeśmy się zgadali na ten temat. △ (często *nieos.*) Był cały czas milczący, ożywił się dopiero, kiedy się zgadało o jego ulubionym psie.

zgadnąć *dk Vc*, zgadnij, zgadłem (*nie*: zgadnąłem), zgadł (*nie*: zgadnął), zgadła, zgadliśmy (p. akcent § 1a i 2) — **zgadywać** *ndk VIIIa*, zgadywuję, zgadywam, zgadywaliśmy: Zgadnij, co ci przyniosłem. △ (tylko *ndk*) Zgadywać czyjeś myśli, chęci «spełniać czyjeś nie wyjawione życzenia, pragnienia»

zgaduj-zgadula, zgaduj *ndm*, zgadula *ż I, lm D.* zgaduli a. zgadul: Krajoznawcza zgaduj-zgadula. Zgaduj-zgadula z dziedziny techniki.

zgadzać się *ndk I*, zgadzaliśmy się (p. akcent § 1a i 2) — **zgodzić się** *dk VIa*, zgódź się, zgodziliśmy się **1.** «przystawać na coś, przyznawać rację» □ Z. się na co, na kogo: Zgodzić się na kupno czegoś. Zgadzać się na ustępstwa, na kompromis. Zgadzamy się na tego przewodnika. □ Z. się z czym, z kim (w czym): Zgodzić się z czyimś zdaniem, z czyimiś poglądami. Zgadzać się z kimś w poglądach. W sprawach finansowych nie zawsze się z bratem zgadzał. △ (tylko *ndk*) Zgadzać się ze sobą «żyć w zgodzie, nie różnić się w poglądach»: Zawsze się ze sobą zgadzali. **2.** zwykle *ndk* «wykazywać zgodność» □ Z. się z czym: Spis zgadza się ze stanem faktycznym. Zeznania świadków zgadzają się z zeznaniami oskarżonego. **3.** tylko *dk* «nająć się do pracy fizycznej, do służby» □ Z. się do kogo, do czego: Zgodzić się do dziecka, do licznej rodziny. Zgodzić się do pomocy, do żniw.

zganiać p. zegnać.

zganić p. ganić.

zgarbić (się) *dk VIa*, zgarbiliśmy (się) (p. akcent § 1a i 2): Prostować zgarbione plecy. □ Z. się pod czym: Zgarbił się pod ciężarem worka.

zgasić *dk VIa*, zgaś, zgasiliśmy (p. akcent § 1a i 2): Zgasić światło, gaz. △ Zgasić silnik «wyłączyć go» △ *przen.* **a)** «osłabić, stłumić»: Niepowodzenie zgasiło nasz zapał. **b)** *pot.* «zbić z tropu, pozbawić pewności siebie» □ Z. kogo czym: Swoimi argumentami zgasił przeciwnika.

zgasnąć p. gasnąć.

zgeneralizować (*wym. przestarz.* zgjeneralizować) *dk IV*, zgeneralizowaliśmy (p. akcent § 1a i 2), *lepiej*: uogólnić.

zgermanizować (*wym. przestarz.* zgjermanizować) *dk IV*, zgermanizowaliśmy (p. akcent § 1a i 2) —

germanizować *ndk*: Niemcy germanizowali podbite narody.

zgęstnieć (nie *wym.* zgjęstnieć) *dk III*, zgęstnieje, zgęstniałby (p. akcent § 4c) — *wych. z użycia* **zgęstnąć** *dk Vc*, zgęstnie, zgęstnął (*wym.* zgęs(t)noł) a. zgęstł; zgęstła (*nie*: zgęstnęła), zgęstłby: Konfitury zgęstniały.

zgiąć (*nie*: zegnąć) *dk Xc*, zegnę, zegnie, zegnij, zgiąłem (*wym.* zgiołem; *nie*: zgiełem), zgiął (*wym.* zgioł), zgięła (*wym.* zgieła), zgięliśmy (*wym.* zgieliśmy, p. akcent § 1a i 2), zgięty — **zginać** *ndk I*, zginaliśmy: Zgiąć drut. Zgiąć pręt w łuk. Wiatr zginał drzewa do ziemi. Zgiąć rękę w łokciu, nogę w kolanie.
zgiąć się — zginać się: Zgiąć się w ukłonie. Zgiąć się wpół, w pas, we dwoje, w kabłąk. □ Z. się pod czym: Gałęzie sosny zginały się pod ciężarem śniegu.

zgiełk *m III*, D. zgiełku, *blm*: Zgiełk głosów, maszyn. Miasto huczało codziennym zgiełkiem.

Zgierz *m II*, D. Zgierza «miasto»: Mieszkać w Zgierzu. Wyjechać do Zgierza. — zgierzanin *m V*, D. zgierzanina, *lm M.* zgierzanie, D. zgierzan — zgierzanka *ż III, lm D.* zgierzanek — zgierski.

zginać p. zgiąć.

zginąć *dk Vb*, zgiń, zginąłem (*wym.* zginołem; *nie*: zginęłem), zginął (*wym.* zginoł), zginęła (*wym.* zginęła), zginęliśmy (*wym.* zginęliśmy, p. akcent § 1a i 2) **1.** «stracić życie w walce, w wypadku, katastrofie» : Zginąć śmiercią lotnika. Zginąć śmiercią walecznych. Zginął (*lepiej*: zmarł) śmiercią tragiczną. Zginąć w bitwie, w powstaniu, w wypadku samochodowym. Zginąć w Oświęcimiu. Zginąć na froncie, na wojnie, *podn.* na polu chwały. □ Z. od czego: Zginąć od kuli, od bomby. □ Z. za co: Zginąć za ojczyznę, za wolność. **2.** «zniknąć; zapodziać się»: Zginąć z oczu, sprzed oczu. □ Z. w czym: Zginąć w tłumie, w mroku. Słowa zginęły w tumulcie, w hałasie. △ *niepoprawne* w zn. «umrzeć (śmiercią naturalną)», np.: Zginąć (*zamiast*: umrzeć) w szpitalu na gruźlicę. Zginąć (*zamiast*: umrzeć)) z upływu krwi. || *D Kult. II, 162.*

zgliszcze *n I, lm D.* zgliszcz, *rzad.* zgliszczy (*nie*: zgliszczów), zwykle w *lm*: Zgliszcza wojenne. Odbudować miasto ze zgliszcz. || *GPK Por. 131.*

zgłaszać *ndk I*, zgłaszaliśmy (p. akcent § 1a i 2) — **zgłosić** *dk VIa*, zgłosimy, zgłoś, zgłosiliśmy (p. akcent § 1a i 2): Zgłosić coś ustnie, na piśmie. Zgłosić sprzeciw. □ Z. co do czego, do kogo: Zgłosić projekt, plan do oceny, do zatwierdzenia. Zgłosić czyjąś kandydaturę do zarządu. Zgłosić (*nie*: złożyć) akces do organizacji. Zgłaszać (*lepiej* niż: deklarować) udział w wycieczce, w zabawie.
zgłaszać się — zgłosić się: Zgłosić się na czyjeś wezwanie. □ Z. się do kogo (z czym), do czego: Zgłosić się do kogoś z prośbą o pracę. Zgłaszać się do wojska na ochotnika. □ Z. się do kogo — po co (*nie*: o co): Zgłaszać się do kogoś po odpowiedź, po paczkę.

zgłębić *dk VIa*, zgłęb (*nie*: zgłąb), zgłębiliśmy (p. akcent § 1a i 2) — **zgłębiać** *ndk I*, zgłębialiśmy, w zn. «zbadać, poznać, zrozumieć do głębi»: Zgłębić jakąś teorię, jakieś zagadnienie. Zgłębić tajemnicę.

zgłodnieć

zgłodnieć *dk III*, zgłodnieliśmy (p. akcent § 1a i 2): Cały dzień nic nie jedli i bardzo zgłodnieli (*ale* w imiesł. przeszłym: Zgłodniali chłopcy rzucili się na jedzenie).

zgłosić p. zgłaszać.

zgłoska (co innego: głoska) *ż III*, *lm D.* zgłosek; in. sylaba.

zgłupieć p. głupieć.

zgnębić *dk VIa*, zgnęb, zgnębiliśmy (p. akcent § 1a i 2) □ Z. kogo (co) czym (często w imiesł. biernym): Zgnębiony niepowodzeniami. Kraj zgnębiony okupacją. Ta smutna wiadomość zgnębiła go do reszty.

zgnić *dk Xa*, zgniłoby (p. akcent § 4c), zgniły (*nie*: zgnity) **1.** «zepsuć się»: Zgniłe liście. □ Z. od czego, *rzad.* z czego: Podłoga zgniła od wilgoci (z wilgoci). **2.** *posp.* «zmarnieć, szczeznąć», zwykle w zwrotach: Zgnić w kryminale, w więzieniu.

zgnieść *dk XI*, zgniotę (*nie*: zgnietę), zgniecie, zgniotą (*nie*: zgnietą), zgnieć, zgniotłem (*nie*: zgnietłem), zgniótł, zgniotła (*nie*: zgnietła), zgniotły (*nie*: zgnietły), zgnietliśmy (p. akcent § 1a i 2), zgnieciony, zgnieceni (*nie*: zgniecieni) — **zgniatać** *ndk I*, zgniataliśmy: Zgnieść papier w ręce. Zgnieść kogoś w tłoku. Zgnieść orzech młotkiem. Zgnieść nogą robaka. △ *przen.* Zgnieść rewolucję, bunt siłą, terrorem.

zgnilizna *ż IV, CMs.* zgniliźnie, zwykle w *lp*: Woń, zaduch zgnilizny. Cuchnąć zgnilizną.

zgniły (*nie*: zgnity): Zgniły zapach. Zgniłe powietrze. △ Zgniły kolor «zielonobrunatny»

zgnoić *dk VIa*, zgnoję, zgnój, zgnoiliśmy (p. akcent § 1a i 2) **1.** «spowodować zgnicie czegoś»: Zgnojona słoma. **2.** *posp.* «zniszczyć kogoś (zwykle w więzieniu)»

zgnuśnieć *dk III*, zgnuśnieliśmy (p. akcent § 1a i 2): Zgnuśnieć w samotności, w nieróbstwie. Zupełnie zgnuśnieli z nudów (*ale* w imiesł. przeszłym: Zgnuśniali mężczyźni siedzieli bezczynnie).

zgoda *ż IV, blm*: W rodzinie, w domu, między rodzeństwem panowała przykładna zgoda. Być, żyć w zgodzie z otoczeniem. Kiwnąć głową na zgodę. Na to potrzebna zgoda wszystkich członków. Wykorzystać dane za (*rzad.* ze) zgodą autora. Bez zgody nauczyciela nic nie uzyskamy. □ Z. (*nie*: akceptacja) na co: Uzyskać zgodę (*nie*: akceptację) na wyjazd. △ W nazwach dużą literą: Zgoda «nazwa licznych wsi, osad»: Mieszkać w Zgodzie. Wyjechać ze Zgody.

zgodny *m-os.* zgodni, *st. w.* zgodniejszy a. bardziej zgodny: Zgodny charakter. Zgodne usposobienie. Zgodni sąsiedzi. □ Z. z czym, *rzad.* z kim (*nie*: w zgodzie z czymś): Odpis zgodny z oryginałem. Zgodny z duchem czasu, ze stanem faktycznym. Zeznania zgodne (*nie*: pozostające w zgodzie) z prawdą. Tym razem byli zgodni ze wszystkimi. □ Z. w czym (kiedy się wymienia dziedzinę, czynność itp., w których zachodzi zgodność): Zgodni w działaniu, w poglądach, w opiniach.

*****zgody związki** p. związki rządu, zgody i przynależności.

zgodzić *dk VIa*, zgódź, zgodziliśmy (p. akcent § 1a i 2) *wych. z użycia* «przyjąć kogoś do pracy (zwykle fizycznej); wynająć coś»: Zgodzić konia, bryczkę. □ Z. kogo — do kogo, do czego (za co): Zgodzić niańkę do dzieci. Zgodzić ludzi do żniw za dużą dniówkę. Zgodzić kogoś do pomocy za życie, za kilkaset złotych.

zgodzić się p. zgadzać się.

zgoić się *dk VIa*, zgoiłby się (p. akcent § 4c) *przestarz.* «zagoić się», dziś zwykle w *żart.* powiedzeniu: Do wesela się zgoi «to nic groźnego, prędko się zagoi, przestanie boleć»

zgolić *dk VIa*, zgól, zgoliliśmy (p. akcent § 1a i 2): Zgolić zarost, włosy.

zgoła (tylko w połączeniu z przeczeniem) *książk.* «całkiem, zupełnie, absolutnie»: To zgoła nie ten sam człowiek. Pretensje, obawy zgoła nieuzasadnione (ale *nie*: pretensje, obawy zgoła uzasadnione). || *D Kult. II, 608.*

zgon *m IV, D.* zgonu *książk.* «śmierć»: Przedwczesny, tragiczny zgon. Zgon znanego pisarza. △ *urz.* Stwierdzić zgon. Akt zgonu. || *D Kult. I, 384.*

zgonić p. zegnać.

zgorszenie *n I*: Siać zgorszenie. Zachował się niestosownie ku zgorszeniu obecnych.

zgorzeć *dk III*, zgorzałby (p. akcent § 4c) *przestarz., książk.* «spalić się, spłonąć»: Miasto zgorzało ze szczętem a. do szczętu.

zgorzel *ż V, D.* zgorzeli; in. gangrena.

Zgorzelec *m II, D.* Zgorzelca «miasto» — zgorzelczanin *m V, D.* zgorzelczanina, *lm M.* zgorzelczanie, *D.* zgorzelczan — zgorzelczanka *ż III, lm D.* zgorzelczanek — zgorzelecki.

zgorzknialec (*wym.* zgoszknialec, *nie*: zgorszknialec) *m II, D.* zgorzknialca, *W.* zgorzknialcze, forma szerząca się: zgorzknialcu, *lm M.* zgorzknialcy, *D.* zgorzknialców.

zgorzkniały (*wym.* zgoszkniały, *nie*: zgorzkniały) *m-os.* zgorzkniali, imiesł. przeszły od czas. zgorzknieć: Zgorzkniali ludzie ciągle narzekają.

zgorzknieć p. gorzknieć.

z górą, z góry p. góra.

zgrabny *m-os.* zgrabni, *st. w.* zgrabniejszy **1.** «mający proporcjonalne kształty, wymiary»: Zgrabna dziewczyna. Zgrabne nogi. Zgrabny płaszcz. **2.** «odznaczający się zwinnością, zręcznością»: Zgrabny chód. Zgrabne ruchy. □ Z. w czym: Zgrabny w ruchach. Zgrabny w tańcu. □ *rzad.* Z. (*częściej*: zręczny) do czego: Zgrabny do wszelkich robót domowych.

zgrać się *dk I*, zgraliśmy się (p. akcent § 1a i 2) — **zgrywać się** *ndk I*, zgrywaliśmy się **1.** częściej *dk* «przegrać dużą sumę, wszystko»: Zgrać się w karty. Zgrać się na wyścigach. △ Zgrać się do (ostatniego) grosza, do nitki. **2.** (tylko *dk*) często w imiesł. biernym «utworzyć zharmonizowany, zgodny zespół»: Zgrany kolektyw. Zgrane grono kolegów. Zgrana orkiestra. □ Z. się z kim: Aktorzy zgrali się ze sobą znakomicie. Jakoś nie mógł się z nim zgrać. **3.** (tylko *ndk*) *pot.* «popisywać się, wygłupiać się;

pozować na kogoś, udawać kogoś»: To nieprawda, on się tylko tak zgrywa. Zgrywać się jak błazen. □ Z. się na kogo: Zgrywać się na głupka.

zgraja ż I, D. zgrai, lm D. zgraj (nie: zgrai): Zgraja łobuzów.

zgromadzenie n I 1. wych. z użycia «gromada, zebrane towarzystwo»: Nowo przybyły gość w tym naszym zgromadzeniu nikogo nie znał. 2. częściej «zebranie»: Zgromadzenie publiczne. Walne zgromadzenie. 3. «przedstawicielstwo większej społeczności»: Zgromadzenie miejskie, gminne, ludowe. Zgromadzenie ustawodawcze. Zgromadzenie starszyzny. △ Zgromadzenie zakonne «kongregacja» △ Zgromadzenie Narodowe «w niektórych państwach: parlament»

zgromić p. gromić.

zgroza ż IV, blm: Zgroza wojny. Dreszcz, okrzyk zgrozy. Pełen zgrozy. Przejęty zgrozą. Budzić zgrozę. Krzyknąć, patrzeć ze zgrozą. Skamienieć, osłupieć ze zgrozy.

zgrubieć dk III, zgrubiał, zgrubieliśmy (p. akcent § 1a i 2), zgrubiały: Zgrubiałe liście, łodygi. □ Z. od czego (kiedy mowa o przyczynie zewnętrznej): Od pracy fizycznej zgrubiała mu skóra na dłoniach. □ Z. z czego (kiedy mowa o przyczynie wewnętrznej): Zgrubieć z lenistwa, z obżarstwa.

***zgrubienie** a. **wyraz zgrubiały** «wyraz pochodny utworzony za pomocą odpowiedniego formantu, oznaczający przedmiot większy w stosunku do tego przedmiotu, którego nazwa jest podstawą zgrubienia», np. dom — domisko, gmach — gmaszysko. △ Wyrazy zgrubiałe mają zawsze określone zabarwienie uczuciowe — negatywne, ironiczne lub żartobliwe, np.: sztuka — sztuczydło, ptak — ptaszysko; p. -dło, -isko.

z grubsza p. gruby.

zgruchotać dk IX, zgruchocze, przestarz. zgruchoce (nie: zgruchota), zgruchocz (nie: zgruchotaj), zgruchotaliśmy (p. akcent § 1a i 2): Góra lodowa silnym uderzeniem zgruchotała statek. Zgruchotać most bombami, pociskami.

zgrywać się p. zgrać się.

zgryzota ż IV, zwykle w lp: Ciężka, nieustanna zgryzota. Nie sypiać, chorować ze zgryzoty. pot. Zgryzota z tymi łobuzami.

zgryźć dk XI, zgryzę, zgryzie, zgryź, zgryzł, zgryźliśmy (p. akcent § 1a i 2) — rzad. **zgryzać** ndk I zgryzaliśmy: Zgryźć orzech, pestkę (w zębach). Twardy (nie: ciężki) orzech do zgryzienia «trudna sprawa»
zgryźć się (tylko dk) pot. «bardzo się zmartwić» □ Z. się czym: Zgryźć się złymi wieściami. Zgryziony ciągłymi kłopotami.

zgrzebło n III, Ms. zgrzeble, lm D. zgrzebeł.

zgrzeszyć p. grzeszyć.

zgrzybieć dk III, zgrzybieję, zgrzybieliśmy (p. akcent § 1a i 2); przestarz. dziś żywe w imiesł.: Z nędzy i zgryzoty zgarbił się, zgrzybiał jak starzec. Zgrzybieli już od tej harówki (ale w imiesł. przeszłym: Zgrzybiali starcy).

zgrzytać ndk I, zgrzytaliśmy (p. akcent § 1a i 2) — **zgrzytnąć** dk Va, zgrzytnij, zgrzytnąłem (wym. zgrzytnołem: nie: zgrzytnełem, zgrzytłem), zgrzytnął (wym. zgrzytnoł), zgrzytnęła (wym. zgrzytneła; nie: zgrzytła), zgrzytnęliśmy (wym. zgrzytneliśmy; nie: zgrzytliśmy): Zgrzytnęły hamulce. Tramwaj zgrzytał na zakrętach. Wozy zgrzytały kołami po piasku. Czołgi zgrzytały gąsienicami po asfalcie. Klucz zgrzytnął w zamku. Piasek zgrzytał pod butami. Łódź zgrzytnęła o żwir. △ Zgrzytać (zębami) z gniewu, ze złości, z wściekłości. △ żart. Płacz i zgrzytanie zębów (nie: zębami).

zguba ż IV 1. zwykle w lp «rzecz zgubiona»: Szukać zguby. Spostrzec, odzyskać, znaleźć zgubę. Zwrot zguby za nagrodą. 2. tylko w lp «zagłada, klęska»: Nieuchronna, niechybna zguba. Iść na pewną zgubę. Przynieść komuś zgubę. Czyhać, dybać na czyjąś zgubę. Spisek na zgubę ojczyzny. □ Z. dla kogo: Takie małżeństwo to dla niego zguba.

zgubić dk VIa, zgubiliśmy (p. akcent § 1a i 2) 1. «stracić coś przez nieuwagę»: Zgubić coś w tłoku, na ulicy, po drodze, w drodze. Zgubić portmonetkę z torby. Zgubić wstążkę z warkocza. △ Zgubić (częściej: stracić) kogoś z oczu. 2. «doprowadzić do upadku, do klęski»: Zgubiła ją jej dobroć. Zgubiły go kobiety, karty. □ Z. kogo, co (czym): Zgubić kogoś jednym nieopatrznym słowem.
zgubić się: Zgubić się w lesie, we mgle. △ przen. Zgubić się w szczegółach.

zgubny: Zgubny wpływ alkoholu. Posunięcie zgubne w skutkach.

zgwałcić p. gwałcić.

zhańbić dk VIa, zhańb (nie: zhańbij), zhańbiliśmy (p. akcent § 1a i 2) książk. «znieśławić» □ Z. co (kogo) czym: Swoim postępowaniem zhańbił nazwisko, rodzinę. Zhańbić kogoś oszczerstwem.
zhańbić się □ Z. się czym: Zhańbić się tchórzostwem, ucieczką. iron. Nie zhańbił się nigdy pracą.

zhardzieć dk III, zhardzieliśmy (p. akcent § 1a i 2): Synowie tak zhardzieli, że nie chcieli słuchać rad ojca (ale w imiesł. przeszłym: Zhardziali synowie nie słuchali rad ojca).

zharmonizować p. harmonizować.

zhierarchizować p. hierarchizować.

ZHP (wym. zethape, p. akcent § 6) m a. n ndm «Związek Harcerstwa Polskiego»: Należeć do ZHP. ZHP zorganizował (zorganizowało) obozy letnie.

ziać ndk Xb, zieje (nie: ziaje), ziej (nie: ziaj), ział, ziali, reg. zieli; zialiśmy, reg. zieliśmy (p. akcent § 1a i 2) — książk. **zionąć** dk a. ndk Vb, zionie, zioń, zionąłem (wym. zionołem, nie: zionełem), zionął (wym. zionoł), zionęła (wym. zioneła), zionęliśmy (wym. zioneliśmy) 1. tylko: ziać «dyszeć ze zmęczenia»: Pies ział ze zmęczenia. 2. «buchać, wydzielać (się), chuchać (w odniesieniu do niemiłej woni, gazów itp.)» □ Z. czym: Zionął mu w twarz alkoholem. Piec ziejący, zionący ogniem. Lokomotywa ziała parą. □ Z. z czego: Z piwnicy zionęła wilgoć. △ nieos. Z piwnicy zionęło a. ziało wilgocią. △ Ziać, zionąć pustką; pustka skądś zieje «coś jest opustoszałe, wyludnione» △ przen. (w odniesieniu do wrogich uczuć): Zionąć złością, nienawiścią. Z jego oczu ziała nienawiść. ‖ D Kult. II, 332; GPK Por. 227, 233.

Ziaja *m* odm. jak *ż I*, D. Ziai (*nie*: Ziaji), *lm M.* Ziajowie, *DB.* Ziajów.
Ziaja *ż I, rzad. ndm* — Ziajowa *ż* odm. jak przym. — Ziajówna *ż IV*, D. Ziajówny, *CMs.* Ziajównie (*nie*: Ziajównej), *lm* D. Ziajówien. // *U Pol. (2)*, *454; Kl. Aleź 40.*

ziajać *ndk IX*, ziaje, ziaj, ziajał, ziajaliśmy (p. akcent § 1a i 2) *wych. z użycia* «dyszeć, ziać»: Pies ziajał.

ziarnko (*wym. pot.* ziarko) a. **ziarenko** *n II, lm* D. ziarnek (ziarenek): Ziarnko (ziarenko) pszenicy, pieprzu, piasku. △ *przen.* Ziarnko prawdy. // *GPK Por. 43, 44.*

ziarno *n III, lm* D. ziaren a. ziarn «nasienie; w *lp* także w zn. zbiorowym»: Dorodne, doborowe, dojrzałe, sypkie ziarno. Ziarno siewne, kwalifikowane, pastewne. Ziarno grochu, kawy, pszenicy. Kłosy pełne ziaren. Obsiewać pole ziarnem. Ziarno wschodzi, kiełkuje. □ Z. na co (kiedy się wymienia produkt otrzymany z ziarna): Ziarno na mąkę, na kaszę. □ Z. do czego, niekiedy także: na co (kiedy się wymienia czynność, której ziarno jest przedmiotem): Ziarno do siewu, do zasiewu a. na siew, na zasiew. △ *przen. książk.* Ziarno mądrości, niezgody, nieufności. // *GPK Por. 131.*

ziąb *m IV*, D. ziąbu, *blm*: Na dworze panuje przejmujący, dokuczliwy ziąb. Ziąb przenika przez ubranie. △ Ziąb chodzi, przechodzi, przebiega komuś po kościach, po krzyżu, po plecach.

zidentyfikować (*wym.* z-identyfikować) *dk IV*, zidentyfikowaliśmy (p. akcent § 1a i 2): Zidentyfikować szpiega, prowokatora. Zidentyfikować czyjeś pismo.

zidiocieć (*wym.* z-idiocieć) *dk III*, zidiocieliśmy (p. akcent § 1a i 2).

Zieja *m* odm. jak *ż I*, D. Ziei (*nie*: Zieji), *lm* M. Ziejowie, *DB.* Ziejów.
Zieja *ż I, rzad. ndm* — Ziejowa *ż* odm. jak przym. — Ziejówna *ż IV*, D. Ziejówny, *CMs.* Ziejównie (*nie*: Ziejównej), *lm* D. Ziejówien. // *D Kult. II, 498.*

zielarstwo (*nie*: ziolarstwo) *n III. blm* «wiedza o ziołach; zbieranie, uprawa ziół; zawód zielarza»: Rozwijać zielarstwo. Trudnić się zielarstwem.

zielarz (*nie*: ziolarz) *m II, lm* D. zielarzy: Chory leczył się u zielarza.

ziele *n I, lm* M. zioła (*nie*: ziela), D. ziół 1. częściej w *lm* «roślina zielna, *rzad.* zioło»: Aromatyczne zioła. Zioła lecznicze. Hodować, zbierać, suszyć zioła. △ W *lp* także w zn. zbiorowym: Ścieżka zarosła zielem. 2. zwykle w *lm* «ususzone rośliny zielne lub ich części; napar, wywar z nich»: Paczka, szklanka ziół. Pić zioła. Leczyć się ziołami. Zioła na kaszel a. przeciw kaszlowi. △ Angielskie ziele «angielski pieprz»

zielenić się *ndk VIa*, zieleniłby się (p. akcent § 4c) «stawać się zielonym, odcinać się zielenią od tła; zielenieć»: Oziminy się zielenią. Na zagonach zieleniła się sałata. □ Z. się czym: Sad zielenił się młodym listowiem. Pola zieleniły się oziminą.

zieleniec *m II*, D. zieleńca; in. skwer, skwerek. // *D Kult. I, 320.*

zielenieć *ndk III*, zieleniałby (p. akcent § 4c) 1. p. zielenić się: Pola zieleniały oziminą. 2. — zzie-

lenieć *dk* «nabierać zielonego odcienia; o twarzy: pokrywać się ziemistą bladością»: Szynka psując się zielenieje. □ Z. z czego: Ze strachu twarz mu zzieleniała.

zielenina *ż IV*, *CMs.* zieleninie 1. «warzywa, zielone, jadalne części roślin, zielona pasza; *rzad.* zielona roślinność» 2. *reg.* «włoszczyzna»

zieleniutki a. **zieloniutki**, *rzad.* **zieleniuchny** a. **zieloniuchny** formy zdr. o odcieniu intensywnym od: zielony: Zieleniutka (zieloniutka) trawa. △ *rzad.* Zieleniuchna (zieloniuchna) choineczka.

zieleń *ż V* 1. zwykle w *lp* «barwa, barwnik»: Głęboka, intensywna, ostra, spłowiała zieleń. Malarz stosuje zielenie o różnych odcieniach. 2. *blm* «zielona roślinność; zielone gałęzie»: Wiosenna, majowa zieleń. Zwarta, bujna zieleń lasu. Pas zieleni. Przybrać domy zielenią.

zielny *przestarz.* przym. od ziele (dziś używany w terminologii botanicznej), np. Łodyga, roślina zielna. △ W nazwach dużą literą: *pot.* Matka Boska Zielna «święto katolickie»

Zielona Góra, Zielona odm. przym., Góra *ż IV* «miasto»: Mieszkać w Zielonej Górze. — zielonogórzanin *m V*, D. zielonogórzanina, *lm* M. zielonogórzanie, D. zielonogórzan — zielonogórzanka *ż III*, *lm* D. zielonogórzanek — zielonogórski (p.).

zielonawo- «pierwszy człon przymiotników złożonych, pisany łącznie, wskazujący na lekko zielony odcień barwy, oznaczonej drugim członem złożenia», np.: zielonawobrązowy, zielonawożółty.

zielonawy, *częściej*: **zielonkawy** «lekko zielony, o zielonym odcieniu»: Miała duże, zielonkawe (zielonawe) oczy. Zielonkawe (zielonawe) światło.

Zielone Świątki, *rzad.* **Zielone Święta**, *blp*, D. Zielonych Świątek (Świąt): Na Zielone Świątki wyjeżdżał zwykle do domu. — zielonoświątkowy (p.).

zieloniuchny, zieloniutki p. zieleniutki.

zielono *st. w.* zieleniej (*nie*: zieloniej): Na polach i łąkach, w sadach jest już zielono. W altanie było zielono od dzikiego wina. Pomalować coś na zielono. // *GPK Por. 107.*

zielono- «pierwszy człon wyrazów złożonych»: a) «w przymiotnikach oznacza kolor lub odcień zielony barwy określanej przez drugi człon złożenia, pisany łącznie», np.: zielonobiały, zielononiebieski, zielonoszary. b) «w przymiotnikach i rzeczownikach o charakterze dzierżawczym wskazuje na zielony kolor przedmiotu nazywanego przez drugi człon złożenia, pisany łącznie», np.: zielonooki, zielononóżka. c) «część przymiotników złożonych z członów znaczeniowo równorzędnych, pisana z łącznikiem», np.: Chorągiewka zielono-biała. Zielono-niebieski fartuch. △ Wyrażenia, których pierwszym członem jest przysłówek a drugim imiesłów, pisze się rozdzielnie, np.: zielono malowany, zielono nakrapiany.

zielonogórski: Powiat zielonogórski. Mieszkać w jednym z zielonogórskich osiedli mieszkaniowych (*ale*: Wał Zielonogórski).
Zielonogórskie *n* odm. jak przym., *NMs.* Zielonogórskiem (*nie*: Zielonogórskim) «województwo zielonogórskie»: W Zielonogórskiem każdego lata są liczne obozy młodzieżowe.

zielonoświątkowy *rzad.*, *m-os.* zielonoświątkowi: Zielonoświątkowe przybranie domów. Zielonoświątkowi wycieczkowicze.

zielony *m-os.* zieleni, *rzad.* zieloni, *st. w.* zieleńszy, *częściej*: bardziej zielony □ Z. od czego: Miał ręce zielone od farby. □ Z. z czego: Zielony ze złości, z przerażenia «bardzo blady» △ (zwykle w *lm*) Tereny zielone «skwery, trawniki, parki w mieście» △ *pot.* Zielone pojęcie (*nie*: wrażenie) o czymś «brak wiadomości o czymś, orientacji w czymś (często z przeczeniem)»: Jest zupełnie nieprzygotowany do pracy w tym zawodzie, nie ma o niej zielonego pojęcia. △ W nazwach dużą literą: Zielona Góra, Zielone Świątki. **zielone** *blm* w użyciu rzeczownikowym 1. «ozdobne gałązki do wiązanek»: Przybrać róże zielonym. △ Gra w zielone «gra młodzieżowa» 2. *reg.* «włoszczyzna» ‖ U Pol. (2), 179; GPK Por. 157, 173.

ziemia *ż I* 1. *blm* «glob ziemski, siedlisko życia organicznego»: Wnętrze, powierzchnia ziemi. △ Trzęsienie ziemi. △ *pot.* Nie z tej ziemi «niebywały, niesłychany»: Opowiadał historie nie z tej ziemi o swoich przygodach w młodości. △ Poruszyć niebo i ziemię «starać się o coś wszelkimi sposobami, środkami» △ *pot.* Bodaj a. żeby cię święta ziemia (*nie*: ziemia święta) nie nosiła «rodzaj przekleństwa» 2. *częściej w lp* «wierzchnia warstwa skorupy ziemskiej; gleba, grunt, teren uprawny»: Żyzna, gliniasta, piaszczysta, licha ziemia. Garść, łopata ziemi. Hektar, działka ziemi. Nawozić, spulchniać, uprawiać (*nie*: obrabiać) ziemię. Nadać komuś ziemię. △ *pot.* Czarny jak święta ziemia «bardzo brudny»: Ręce czarne jak święta ziemia. △ *pot.* Gryźć ziemię «nie żyć»: Gdyby nie to lekarstwo dawno bym już ziemię gryzł. △ Niech mu (jej itp.) ziemia lekką będzie «zwrot odnoszący się do zmarłego» 3. *blm* «powierzchnia lądu; to, po czym się chodzi, *pot.* także: podłoga»: Samolot oderwał się od ziemi. Rzucić czymś o ziemię. Łyżka upadła ze stołu na ziemię. △ Płaszcz, suknia do samej ziemi. △ Pracować pod ziemią «pracować bezpośrednio przy wydobywaniu kopalin» △ Siedzieć, leżeć, spać na gołej ziemi «bezpośrednio na ziemi, bez posłania, *pot.* także: na podłodze» △ Zrównać coś z ziemią «zniszczyć całkowicie» △ Ktoś chciałby się zapaść, skryć pod ziemię (*nie*: w ziemię) ze wstydu. 4. *częściej w lp* «obszar stanowiący pewną całość; *podn.* ojczyzna»: Polska — ziemia moich ojców. Tułać się po obcej ziemi. Ziemia piastowska. Ziemia krakowska, ziemia wieluńska, ziemia kielecka (*ale*: Ziemia Lubuska, Ziemia Proszowska «geograficzno-historyczne nazwy krain Polski»). Objąć w posiadanie ziemie nad Odrą i Nysą. △ W nazwach dużą literą: Ziemia Święta (*nie*: Święta Ziemia) «Palestyna», Ziemie Zachodnie, Ziemie Północne. 5. Ziemia *blm* «planeta»: Historia Ziemi. Nauka o Ziemi. Obrót Ziemi dokoła swojej osi. ‖ D Kult. I, 576; U Pol. (2), 122, 611; KP Pras.

ziemianin *m V*, D. ziemianina, *lm M.* ziemianie, D. ziemian 1. «właściciel majątku ziemskiego» 2. *rzad.* «człowiek jako mieszkaniec Ziemi»: Dla nas ziemian Słońce jest gwiazdą. ‖ U Pol. (1), 398.

ziemianka *ż III*, *lm D.* ziemianek 1. «właścicielka majątku ziemskiego» 2. *rzad.* «mieszkanka Ziemi» 3. (*nie*: ziemlanka) «prymitywne pomieszczenie wykopane w ziemi»: Przed bombami kryli się w ziemiankach.

ziemiański «odnoszący się do ziemian — właścicieli majątków»: Pochodzić z rodziny ziemiańskiej.

ziemniaczanka *ż III reg.* «zupa ziemniaczana, kartoflana; kartoflanka»

ziemniak (*nie*: ziemiak, zimniak) *m III*, in. kartofel. ‖ D Kult. II, 319; U Pol. (2), 36; GPK Por. 77.

ziemnowodny «przystosowany do życia zarówno na lądzie, jak i w wodzie»: Płazy, rośliny ziemnowodne.

ziemny «dotyczący gleby, powierzchni ziemi lub jej wnętrza»: Nasyp, wał ziemny. Roboty ziemne. Gaz ziemny. Orzeszki ziemne.

Ziemowit *m IV*, *Ms.* Ziemowicie, *lm M.* Ziemowitowie.

ziemski 1. «dotyczący planety — Ziemi»: Glob ziemski. Kula ziemska. Skorupa ziemska. Atmosfera ziemska. 2. «dotyczący ludzi, ich natury, ich życia na ziemi»: Ziemskie sprawy. Ziemskie szczęście. 3. «dotyczący roli, własności rolnej»: Majątek ziemski. Własność ziemska. △ *przestarz.* Obywatel ziemski «ziemianin» 4. «dotyczący ziemi — jednostki administracyjnej w dawnej Polsce»: Sejm, sejmik ziemski. Urząd ziemski (np. podkomorzy ziemski, sędzia ziemski).

Zientara *m* odm. jak *ż IV*, *CMs.* Zientarze, *lm M.* Zientarowie, *DB.* Zientarów.
Zientara *ż IV*, *rzad. ndm* — Zientarowa *ż* odm. jak przym. — Zientarówna *ż IV*, D. Zientarówny, *CMs.* Zientarównie (*nie*: Zientarównej), *lm D.* Zientarówien.
Zientara-Malewska, Zientara *ż IV*, Malewska odm. jak przym.: Wiersze i reportaże Marii Zientary-Malewskiej.

Zierhoffer (*wym.* C-irhofer) *m IV*, D. Zierhoffera (p. akcent § 7), *Ms.* Zierhofferze: Prace z zakresu geografii zaludnienia i demografii prof. Zierhoffera.

zięba *ż IV*, *lm M.* zięby, D. zięb «ptak»

Zięba *m* odm. jak *ż IV*, *lm M.* Ziębowie, *DB.* Ziębów.
Zięba *ż IV*, *rzad. ndm* — Ziębowa *ż* odm. jak przym. — Ziębówna *ż IV*, D. Ziębówny, *CMs.* Ziębównie (*nie*: Ziębównej), *lm D.* Ziębówien.

ziębić *ndk VIa*, ziębiłby (p. akcent § 4c): Lód ziębił mu ręce. △ *pot.* Coś, ktoś kogoś ani grzeje, ani ziębi «coś, ktoś nic kogoś nie obchodzi»

ziębnąć *ndk Vc*, ziębnąłem (*wym.* ziębnołem; *nie*: ziębnełem) a. ziębłem, ziąbłem; ziębnął (*wym.* ziębnoł) a. ziębł, ziąbł; ziębła, ziębliśmy (p. akcent § 1a i 2) — **zziębnąć** *dk* □ Z. bez dop.: Ręce mu ziębły na wietrze. Ziębnął na samą myśl, że musi wyjść na wichurę. □ Z. od czego: Plecy mu ziębły od opierania się o zimny mur.

zięć *m I*, *lm M.* zięciowie, D. zięciów.

zignorować (*wym.* z-ignorować) *dk IV*, zignorowaliśmy (p. akcent § 1a i 2) — **ignorować** *ndk*: Zignorować kogoś. Zignorować czyjeś pytanie, przestrogę.

zilustrować (*wym.* z-ilustrować) *dk IV*, zilustrowaliśmy (p. akcent § 1a i 2) — **ilustrować** *ndk*: Zilustrować książkę. △ *przen.* Z. co czym: Zilustrować swoją tezę przykładem.

1013

ZIŁ, ZiŁ (*wym.* z-ił) *m IV*, *D.* ZIŁ-u (ZiŁ-u), *Ms.* Zile a. *m ndm* **1.** «skrót rosyjskiej nazwy Moskiewskiej Fabryki Samochodów im. Lichaczewa» **2.** *ndm* «marka samochodu»
3. ził, *D.* ziła, *Ms.* zile «samochód tej marki»: Jechał nowym ziłem.

zima *ż IV*: Ostra, sroga, surowa, tęga, śnieżna zima. Zima kalendarzowa. △ Zimą a. w zimie (*nie*: w zimę) «w czasie zimy» △ *pot.*, *wych.* z *użycia* Ma się ku zimie «zbliża się zima» △ *wych.* z *użycia* Pod zimę «w porze zbliżania się zimy»: Pod zimę chłopi sprzedali dużo drobiu.

zimnica *ż II*, *blm* **1.** *środ.* (*med.*) «malaria» **2.** *pot.* «zimno, chłód»: Ale tu zimnica!

I zimno *st. w.* zimniej, *przysł.* od zimny: Zrobiło się już zimno na dworze. △ *przen.* Przywitać kogoś zimno, spojrzeć na kogoś zimno. △ (Jest) gdzieś, komuś zimno: Jest mi zimno a. zimno mi, więc idę do domu. Zimno (jest) w domu, na dworze. □ Z. komu na co: Zimno mi w ręce. △ Na zimno **a)** «bez podgrzewania, w stanie zimnym»: Miedź jest kowalna na zimno. Zjadł kurczaka na zimno. **b)** «z rezerwą, obojętnie; bez zdenerwowania»: Rozpatrzmy tę sprawę na zimno.

II zimno *n III* «niska temperatura; pogoda charakteryzująca się niską temperaturą; chłód»: Przenikliwe, przejmujące zimno. Drżeć, skostnieć z zimna. Wieje zimno a. wieje skądś zimnem. △ Na zimnie «na otwartej przestrzeni (podczas chłodów)» △ W zimnie «w zimnym pomieszczeniu» △ Wyraz używany także w *lm* (poza *D.*) w zn. «okres chłodu»: Jesienne zimna. Okropne zimna przeżyliśmy tego roku.

zimnowojenny *m-os.* zimnowojenni *środ.* «odnoszący się do zimnej wojny, mający charakter zimnej wojny»: Zimnowojenne hasła, wystąpienia. Kampania zimnowojenna. △ *rzad.* Zimnowojenni politycy.

zimny *st. w.* zimniejszy, w zn. «mający niską temperaturę, taki, w którym panuje niska temperatura, ziębiący»: Zimny wiatr. Zimna woda. Zimne ręce. Zimny pokój, dzień. Zimne kraje. △ Zimny jak lód. △ *przen.* Zimna krew. △ Zimna wojna «stan wrogości, napięcia w stosunkach międzynarodowych w czasie pokoju» △ *pot.* Oblać kogoś zimną wodą, wylać komuś wiadro, kubeł zimnej wody na głowę «otrzeźwić kogoś, pozbawić go złudzeń»
zimne w użyciu rzeczownikowym, tylko w *pot.* zwrocie: Dmuchać na zimne «zachowywać się przesadnie ostrożnie»

Zimny *m* odm. jak przym., *lm M.* Zimni.
Zimna *ż* odm. jak przym., *rzad.* Zimny *ż ndm* — *rzad.* Zimnowa (*nie*: Zimnina) *ż* odm. jak przym. — *rzad.* Zimnówna (*nie*: Zimnianka) *ż IV*, *D.* Zimnówny, *CMs.* Zimnównie (*nie*: Zimnównej), *lm D.* Zimnówien.

zimoodporny (*nie*: zimnoodporny) *środ.* «o roślinach: odporny na nie sprzyjające warunki zimowe»: Zimoodporny krzew. Zimoodporna winorośl.

zimować *ndk IV*, zimowaliśmy (p. akcent § 1a i 2) □ Z. bez dop. **a)** «przebywać (gdzieś) przez zimę»: Polarnicy zimowali u Eskimosów. Rośliny z mocnym korzeniem łatwiej zimują. △ *pot.* Pokazać komuś, gdzie raki zimują «dać się komuś we znaki» **b)** *pot.* «pozostawać na drugi rok w tej samej klasie»: Nie

zimował w żadnej klasie. □ Z. co «hodować rośliny, zwierzęta przez zimę»: Stokrotki zimujemy w inspektach.

zindywidualizować (*wym.* z-indywidualizować) *dk IV*, zindywidualizowaliśmy (p. akcent § 1a i 2).

zintegrować (*wym.* z-integrować) p. integrować.

zintensyfikować (*wym.* z-intensyfikować) p. intensyfikować.

zinterpretować (*wym.* z-interpretować) *dk IV*, zinterpretowaliśmy (p. akcent § 1a i 2) — **interpretować** *ndk książk.* **a)** «wyjaśnić, wytłumaczyć; skomentować»: Zinterpretować jakiś przykład, jakieś zdanie. **b)** «wykonać utwór muzyczny lub literacki uwydatniając to, co się samemu uznaje za istotne w danym dziele»: Świetnie zinterpretował rolę Cyda.

zinwentaryzować (*wym.* z-inwentaryzować) *dk IV*, zinwentaryzowaliśmy (p. akcent § 1a i 2) — **inwentaryzować** *ndk*: Zinwentaryzować bibliotekę. Zinwentaryzować zabytki architektoniczne.

zioło *n III*, *Ms.* ziole (*nie*: ziele, ziołu), *lm D.* ziół; *częściej*: ziele (p.).

ziołolecznictwo *n III*, *blm* «leczenie chorób środkami roślinnymi; *rzad.* fitoterapia»: Mięta jest stosowana w ziołolecznictwie.

ziomek *m III*, *D.* ziomka, *lm M.* ziomkowie: To mój ziomek, jesteśmy z tego samego miasta.

zionąć p. ziać.

ziółko *n II*, *lm D.* ziółek **1.** «forma zdrobniała od zioło, ziele; w lm — ususzone zioła lecznicze lub używane do przypraw; napar, wywar z tych ziół» □ Ziółka na co, przeciw czemu: Ziółka przeciw kaszlowi, na poty. **2.** *pot.* «gagatek, ananas»: Ale z ciebie ziółko! *Por.* zicle.

Ziółko *m ndm* a. odm. jak *ż III*, *D.* Ziółki, *C.* Ziółce, *B.* Ziółkę, *N.* Ziółką, *Ms.* Ziółce, *lm M.* Ziółkowie, *DB.* Ziółków.
Ziółko *ż ndm* — Ziółkowa *ż* odm. jak przym. — Ziółkówna *ż IV*, *D.* Ziółkówny, *CMs.* Ziółkównie (*nie*: Ziółkównej), *lm D.* Ziółkówien.

zipać *ndk IX*, zipie, zipaliśmy (p. akcent § 1a i 2) — **zipnąć** *dk Va*, zipnąłem (*wym.* zipnołem; *nie*: zipnełem, ziplem), zipnął, zipnęła (*wym.* zipneła; *nie*: zipła), zipnęliśmy (*wym.* zipneliśmy; *nie*: zipliśmy) *pot.* «oddychać; dyszeć», zwykle w połączeniach: Ledwie zipie. Tak się zmęczył, że ledwie zipie. △ Ani (nie) zipnął «nie wydał jęku, nie zdążył odetchnąć, westchnąć»: Od ciosu upadł od razu na ziemię, ani zipnął.

zirytować (*wym.* z-irytować) *dk IV*, zirytowaliśmy (p. akcent § 1a i 2) — **irytować** *ndk*: Jest ostatnio tak rozdrażniony, że byle czym można go zirytować.
zirytować się □ Z. się na kogo: Zirytował się na dzieci.

ZIS (*wym.* z-is) *m IV*, *D.* ZIS-u, *Ms.* ZIS-ie a. *m ndm* **1.** «skrót rosyjskiej nazwy Moskiewskiej Fabryki Samochodów im. Stalina» **2.** *ndm* «marka samochodu»
3. zis, *D.* zisa, *Ms.* zisie «samochód tej marki»: Jechać nowym zisem.

ziszczać się (*wym.* z-iszczać się) *ndk I*, ziszczałby się (p. akcent § 4c) — **ziścić się** (*wym.* z-iścić się) *dk VIa*, ziściłby się *książk.* «spełniać się, urzeczywistniać się»: Ziściły się czyjeś nadzieje, marzenia, plany.

Żižka (*wym.* Žižka) *m* odm. jak *ž III*: Zwycięstwo husytów pod wodzą Jana Žižki.

zj p. cząstki wyrazów.

zjadacz *m II, lm D.* zjadaczy, *rzad.* zjadaczów △ zwykle w ekspresywnym wyrażeniu: Zjadacz chleba «człowiek żyjący powszedniością, nie mający szerszych zainteresowań»

zjadać *ndk I*, zjadaliśmy (p. akcent § 1a i 2) — **zjeść** *dk* zjem, zje, zjedzą, zjedz, zjadł, zjadła, zjedliśmy: Zjeść coś szybko, łapczywie, z apetytem, ze smakiem. Zjeść śniadanie, obiad. △ *przen. pot.* Zjadać litery, końcówki. △ (tylko *ndk*) Zjadać (*częściej*: pożerać) książki «czytać szybko, dużo» △ (tylko *dk*) *pot.* Zjeść na czymś zęby «zdobyć, mieć duże doświadczenie w jakimś zakresie» △ *pot.* Zjeść z kimś beczkę soli «mieć z kimś dużo wspólnych przeżyć, doświadczeń» △ *iron.* Ktoś (myśli, że) wszystkie rozumy zjadł. △ *przen. pot.* Ten piec zjada dużo węgla. Kogoś zjadają nerwy. Rdza zjadła żelazne okucia.

Zjawny *m* odm. jak przym., *lm M.* Zjawni, *D.* Zjawnych.

Zjawna *ž* odm. jak przym., *rzad.* Zjawny *ž ndm* — *rzad.* Zjawnowa (*nie*: Zjawnina) *ž* odm. jak przym. — *rzad.* Zjawnówna (*nie*: Zjawnianka) *ž IV, D.* Zjawnówny, *CMs.* Zjawnównie (*nie*: Zjawnównej), *lm D.* Zjawnówien.

zjazd *m IV, D.* zjazdu, *Ms.* zjeździe **1.** w zn. «zgromadzenie; zgromadzenie się przedstawicieli jakiejś grupy ludności, zwykle w celu obrad»: Zjazd międzynarodowy. Zjazd partii, organizacji. Obradować na zjeździe. Wytyczne na zjazd. Zjazd koleżeński. **2.** w zn. «zjeżdżanie, zjechanie skądś»: Zjazd narciarzy z Kasprowego. Ćwiczyć się w zjazdach. Zjazd w dół do kopalni. Zjazd kolejką, windą. Zjazd na sankach, na nartach. **3.** *środ.* w zn. «zjechanie pojazdu mechanicznego z trasy do garażu»: Zjazd tramwaju do zajezdni.

zjechać *dk*, zjadę, zjedzie (*nie*: zjadzie), zjedź (*nie*: zjadź), zjechał, zjechała, zjechaliśmy (p. akcent § 1a i 2) — **zjeżdżać** *ndk I*, zjeżdżaliśmy: Zjechał z góry na nartach. Zjeżdżać zboczem. Zjechać windą na II piętro. △ *pot.* Na święta zjeżdżała do nas cała rodzina. □ Z. co a) *tylko dk* «przebyć, odwiedzić wiele miejscowości»; zjeździć: Zjechał już pół Polski na swoim rowerze. b) *pot.* «ostro coś skrytykować»: Zjechali mój artykuł w prasie.

zjednać *dk I*, zjednaliśmy (p. akcent § 1a i 2) — **zjednywać** *ndk VIIIa*, zjednuję (*nie*: zjednywuję), *rzad. ndk I*, zjednywam; zjednywaliśmy □ Z. kogo, co — czym: Zjednać (sobie) kogoś prezentami, pochlebstwami. Zjednał sobie publiczność swym wystąpieniem. □ Z. co, kogo — komu, dla kogo, dla czego: Powieść zjednała autorowi popularność. Umiał zjednywać ludzi dla spraw, którymi się entuzjazmował.

zjednoczeniowy «odnoszący się do zjednoczenia, mający na celu zjednoczenie»: Akcja zjednoczeniowa. Kongres zjednoczeniowy. Polityka zjednoczeniowa.

zjednoczyć p. jednoczyć. △ W nazwach dużą literą: Organizacja Narodów Zjednoczonych, Polska

Zjednoczona Partia Robotnicza, Stany Zjednoczone Ameryki Płn.

zjednolicić *dk VIa*; zjednolicę, zjednoliciliśmy (p. akcent § 1a i 2), *częściej*: ujednolicić.

zjednywać p. zjednać.

zjeść p. zjadać.

zjeździć *dk VIa*, zjeżdżę, zjeździliśmy (p. akcent § 1a i 2) **1.** «jeżdżąc zwiedzić, odwiedzić wiele miejsc; objechać, zjechać»: Zjeździć wiele krajów, miast. **2.** *pot.* «zużyć częstym jeżdżeniem» (zwykle w imiesłowie biernym): Zjeżdżone opony. Zjeżdżona droga.

zjeżdżać p. zjechać.

zjeżdżalnia *ž I, lm D.* zjeżdżalni, *rzad.* zjeżdżalń: Zjeżdżalnia dla dzieci.

ZKJ (*wym.* zetkajot, p. akcent § 6) *m ndm, rzad. m IV, D.* ZKJ-tu, *Ms.* ZKJ-cie «Związek Komunistów Jugosławii»: Był działaczem ZKJ (ZKJ-tu).

z kolei «w kolejności, kolejno, następnie»: Był senny po drugiej z kolei nie przespanej nocy. Z kolei on zaczął przemawiać. △ *wych. z użycia* Z kolei rzeczy «w następstwie czegoś»: Minął semestr, z kolei rzeczy nadszedł okres egzaminów.

z kretesem p. kretes.

zlać *dk Xb*, zlaliśmy, *reg.* zleliśmy (p. akcent § 1a i 2), zlali, *reg.* zleli — **zlewać** *ndk IX*, zlewaliśmy □ Z. co — z czego, do czego «odlać, ulać trochę, nadmiar czegoś»: Zlała wino z gąsiora do butelek. □ Z. kogo, co — czym «oblać, zmoczyć»: Zlewała obficie kwiaty wodą. Budził się zlany potem. △ *przen. rub.* «zbić kogoś»: Ojciec zlał go za nieposłuszeństwo pasem. □ *książk.* Z. co — na kogo «przenieść, przekazać»: Całą miłość zlała na syna. Fortuna zlała na niego wszelkie łaski.

zlać się — **zlewać się** □ Z. się czym «polać się, skropić się obficie»: Zlewano się wonnościami. □ Z. się z czym, w co «płynąc połączyć się — o rzekach» (*częściej w przen.*): Widnokrąg zlewał się z błękitem nieba. Dwie partie zlały się w jedną.

zlatać *dk I*, zlataliśmy (p. akcent § 1a i 2) *pot.* «zwiedzić, obejść wiele miejsc»: Zlatała już pół wsi.
zlatać się *pot.* «zmęczyć się długim, szybkim chodzeniem; nabiegać się; nalatać się»

zlatywać *ndk VIIIa*, zlatuję (*nie*: zlatywuję, zlatywam), zlatywaliśmy (p. akcent § 1a i 2) — **zlecieć** (*nie*: zlecić) *dk VIIa*, zlecę, zlecieliśmy □ Z. z czego a) na co, w co «spadać, uwalniać się z umocowania, odrywać się od czegoś»: Kapelusz zleciał mu z głowy. Obraz zleciał ze ściany. Liście zlatywały z drzew. Zeszyt zleciał na ziemię ze stołu. Zleciał w przepaść. b) *pot.* a. po czym — do czego, na co «zbiegać szybko na dół»: Zleciał po schodach jak wiatr. Zlatywał zawsze do budki po gazetę. c) *wych. z użycia, częściej*: sfruwać (o ptakach): Gołębie zlatywały z dachu na parapet. □ *pot.* Z. z kogo «o ubraniu: być zniszczonym»: Sukienki już zlatują ze mnie. □ (zwykle *dk*) Z. bez dop. a. z. na czym «upływać, mijać — o czasie»: Dzień szybko mi zleciał. Czas przyjemnie zleciał na pogawędce.
zlatywać się — **zlecieć się 1.** «przyfrunąć gromadnie»: Zleciały się ćmy zwabione światłem. **2.** *pot.* «o ludziach: przybywać, zbiegać się»: Zaraz zlecą się tu ciekawi.

zląc się

zląc się p. zlęknąć się.

zlec p. zlegnąć.

zlecać *ndk I*, zlecaliśmy (p. akcent § 1a i 2 — zlecić *dk VIa*, zlecę, zleciliśmy □ Z. komu co a. z. + bezokol.: Zlecić komuś pracę. Zlecono mi zaprowadzić cię tam, gdzie trzeba.

zlecenie *n I* 1. forma rzeczownikowa czas. zlecić a. zlecieć. 2. «polecenie; pismo zlecające coś komuś»: Ustne, pisemne zlecenie. Wydać zlecenie. □ Z. na co: Zlecenie na podjęcie pieniędzy. □ Z. czego: Zlecenie wypłaty.

zleceniodawca *m* odm. jak *ż II, lm M.* zleceniodawcy, *DB.* zleceniodawców.

zlecić p. zlecać.

zlecieć p. zlatywać.

! z ledwością p. ledwość.

zlegnąć a. zlec *dk Vc*, zlegnę, zlegnie, zlegnij, zlegliśmy (p. akcent § 1a i 2) *przestarz., książk.* a) «przewrócić się, paść» b) «położyć się; zachorować obłożnie»

zlekceważyć p. lekceważyć.

z lekka p. lekki.

zlepieniec *m II, D.* zlepieńca, *lm M.* zlepieńce, *D.* zlepieńców (*nie:* zlepieńcy): Skała zbudowana ze zlepieńców.

zlewa *ż IV reg.* «ulewa»

z lewa p. lewy.

zlewać p. zlać.

zlewek *m III, D.* zlewku a. zlewka, *lm D.* zlewków 1. «kruszec odlany w sztabkę»: Zlewek złota. Srebro w zlewkach. 2. a. zlewka *ż III, D.* zlewki, *lm D.* zlewek, zwykle w *lm pot.* «zlane resztki płynów, płynnych pokarmów»: W kubłach pełno było zlewków a. zlewek.

zlewka *ż III, lm D.* zlewek 1. «naczynie używane w laboratoriach chemicznych» 2. p. zlewek (w zn. 2).

zleźć (*nie:* zliźć) *dk XI*, zlezę (*nie:* zlizę, *przestarz.* zlazę), zlazł, zleźliśmy (p. akcent § 1a i 2) — złazić *ndk VIa*, złażę, złaziliśmy *pot.* «zejść» □ Składnia jak: zejść — schodzić (p. schodzić).

zlęknąć się, *rzad.* zląc się *dk Vc*, zlęknę się, zlęknie się, zlęknij się, zląkł się, zlękła się, zlękliśmy się (p. akcent § 1a i 2) □ Składnia jak: lękać się.

zlicytować p. licytować.

zliczyć *dk VIb*, zliczyliśmy (p. akcent § 1a i 2) — zliczać *ndk I*, zliczaliśmy □ Z. co, kogo «dodając obliczyć, zsumować; policzyć»: Ma jeszcze zliczyć kilka kolumn cyfr. Zliczyć straty. Nie zliczyłbyś wszystkich jej adoratorów. △ *pot.* Ktoś nie umie do trzech zliczyć «o kimś nierozgarniętym».

zlikwidować p. likwidować.

zlizać *dk IX*, zliże, zlizaliśmy (p. akcent § 1a i 2) — zlizywać *ndk VIIIa*, zlizuje (*nie:* zlizywuje), zlizywaliśmy □ Z. co — z czego: Zlizał krem z łyżeczki.

zlokalizować p. lokalizować.

ZLP (*wym.* zetelpe, p. akcent § 6) *n* a. *m ndm* «Związek Literatów Polskich»: Działał w ZLP.

zł «skrót wyrazu: złoty (w zn. «jednostka monetarna»), pisany bez kropki, stawiany zwykle po wymienionej liczbie, czytany jako cały, odmieniany wyraz»: 1 zł (*czyt.* jeden złoty), 2 zł (*czyt.* dwa złote), 5 zł (*czyt.* pięć złotych).

złachać *dk I*, złachaliśmy (p. akcent § 1a i 2) *posp.* «zniszczyć (ubranie) częstym używaniem (często w imiesł. biernym)»: Zupełnie złachał spodnie. Chodził w złachanym garniturze. Złachane buty. Złachana odzież.

złachmanić *dk VIa*, złachmaniliśmy (p. akcent § 1a i 2) *pot.* «zniszczyć (ubranie); zwykle w imiesł. biernym»: Złachmaniony płaszcz. Złachmaniona czapka.

zładować *dk IV*, zładowaliśmy (p. akcent § 1a i 2) 1. *częściej:* wyładować: Zładować węgiel z wagonu. 2. *rzad.* «ładując zgromadzić gdzieś»: Zładowali bagaże w kącie korytarza.

złagodzić *dk VIa*, złagodzę, złagodź a. złagódź, złagodziliśmy (p. akcent § 1a i 2) — *rzad.* złagadzać *ndk I*, złagadzaliśmy (*ndk* częściej: łagodzić) □ Z. co (czym): Złagodzić ból lekarstwem. Abażur złagodził ostre światło lampy.

złamać *dk IX*, złamię (*nie:* złamę), złamaliśmy (p. akcent § 1a i 2): Złamać ołówek. Burza złamała drzewo. Złamać (sobie) rękę, nogę. △ *pot.* Nie mieć złamanego grosza «nie mieć zupełnie pieniędzy» △ *książk.* Złamać pióro «zaniechać pracy pisarskiej» △ *przen.* Złamać czyjś upór. Złamać komuś życie, serce. △ Złamać słowo, przysięgę, przyrzeczenie, obietnicę itp. «nie dotrzymać słowa, przysięgi itp.» △ Złamać prawo, przepisy itp. «przekroczyć je» △ Złamać post «naruszyć go» □ Z. kogo «znękać kogoś fizycznie lub moralnie; pognębić»: Nieszczęścia go złamały. △ Był zupełnie złamany.

złamać się w zn. *pot.* «ulec namowom; ustąpić»: Długo ją namawialiśmy, aż wreszcie się złamała i poszła na tę zabawę.

! złanczać p. złączyć.

złapać *dk IX*, złapię (*nie:* złapę), złapaliśmy (p. akcent § 1a i 2) «uchwycić, schwytać, zatrzymać, przytrzymać siłą»: Złapać piłkę. Złapać złodzieja. Złapać zwierzę w potrzask. Złapać rybę na wędkę. △ *pot.* Złapać kogoś na plewy «przynęcić, skusić byle czym» △ Złapać kogoś wpół. △ *przen., pot.* Złapać chorobę. Złapać dwóję. Złapać taksówkę, pociąg. Złapać falę, stację, audycję (radiową). Ból, atak złapał kogoś. Burza, ulewa złapała kogoś w drodze. Złapać kogoś prąd. △ *środ.* Złapać gumę «jadąc samochodem, motocyklem, rowerem przebić dętkę» □ *pot.* Z. kogo za co: Złapać kogoś za kołnierz, za kark. Złapać kogoś za szyję. △ *iron.* Cieszy się, jakby Pana Boga za nogi złapał. △ Złapać kogoś za rękę «stać się świadkiem dokonywania przez kogoś kradzieży» △ Złapać kogoś za słowo, słówko «przyczepić się do czyichś słów, wykorzystać je przeciw niemu» □ Z. kogo na czym «zastać kogoś w chwili wykonywania jakiejś czynności (wbrew chęci tej osoby)»: Nauczyciel złapał ucznia na ściąganiu. △ Złapać kogoś na gorącym uczynku. □ *posp.* Z. za co «gwałtownie coś ująć, wziąć w rękę»: Złapał za szczotkę i zaczął zamiatać.

złapać się 1. «ująć się, schwycić się»: Złapać się za głowę, za brzuch. △ Złapać się z kimś za bary «zacząć się mocować» □ Z. się na czymś «uświadomić sobie coś nagle»: Złapała się na tym, że ciągle myśli o przeszłości. □ *pot.* Z. się za coś «zająć się czymś czasowo»: W biedzie złapał się za handel owocami. △ Złapać się za portfel «okazać gotowość płacenia wyciągając portfel» **2.** «zostać złapanym, pozbawionym wolności»: Muchy złapały się na lep. Lis złapał się w pułapkę.

złaz m IV, D. złazu *środ.* «impreza sportowa polegająca na schodzeniu się turystów z różnych miejsc do jednego wyznaczonego punktu» // D Kult. II, 443.

złazić p. zleźć.

złącze (*nie*: ta złącz) n I, lm D. złączy: Złącza wagonów.

złączyć dk VIb, złączyliśmy (p. akcent § 1a i 2) — rzad. **złączać** (*nie*: złanczać) ndk I, złączaliśmy (w ndk częściej: łączyć) «spoić, zespolić ze sobą; połączyć» □ Z. co — z czym: Złączyć jeden koniec przewodu z drugim. □ Z. (*częściej*: połączyć) co — w co: Obie szkoły złączono w jedną. □ Z. co — w czym: Złączyli ręce w uścisku. Usta złączone w pocałunku. □ Z. kogo, co — czym △ *książk.* Złączyć dłonie, ręce stułą. △ Złączyć kogoś węzłem małżeńskim «dać komuś ślub»

zł dew. «skrót wyrazów: *złoty dewizowy*, stawiany zwykle po wymienionej liczbie, czytany jako całe, odmieniane wyrazy»: 10 ml zł dew. (*czyt.* złotych dewizowych).

zło n III, D. zła, C. złu, B. zło, N. złem (*nie*: złym), Ms. złu, rzad. lm M. zła, D. zeł: Zło społeczne, moralne. Zło konieczne. Zażegnać zło. Wyrządzić komuś zło, wiele zła. Doznać od kogoś wiele zła. Zaradzić złu. Płacić złem za dobro. *Por.* złe (pod: zły).

złocień m I, D. złocienia; in. margerytka: Bukiet złocieni.

złocisty st. w. złocistszy a. bardziej złocisty: Złociste włosy. Złocisty miód. Złocista monstrancja. Złocisty pas.

złociście st. w. złociściej a. bardziej złociście: Słońce świeciło złociście. Metalowe naczynie zamigotało złociście.

złoczyńca m odm. jak ż II, lm M. złoczyńcy, DB. złoczyńców *książk.* «przestępca, zbrodniarz»

złodziej (*nie*: zlodzij) m I, lm D. złodziei, rzad. złodziejów: Notoryczny złodziej. Złodziej kieszonkowy. Złodziej drobiu. △ *pot.* (Jak) ocet siedmiu złodziei «o czymś bardzo kwaśnym; o kimś wiecznie niezadowolonym, o czymś świadczącym o czyimś niezadowoleniu»

złodziejaszek m III, D. złodziejaszka, lm M. te złodziejaszki *pot.* «złodziej dokonujący drobnych kradzieży»

złoić dk VIa, złoję, złój, złoiliśmy (p. akcent § 1a i 2) △ zwykle w *pot.* zwrocie: Złoić (*częściej*: wyłoić) komuś skórę.

złom m IV, D. złomu **1.** blm «zniszczone przedmioty metalowe»: Zbiórka złomu. **2.** «odłamany kawał skały; gałąź, łodyga odłamana na skutek silnego

wiatru, gradu itp.»: Złomy granitu. Zbierać w lesie złomy po burzy.

złomek m III, D. złomka rzad., *książk.* «odłamek, ułomek»: Znalazła złomek lusterka. Złomek skały, kamienia.

złościć ndk VIa, złoszczę, złościliśmy (p. akcent § 1a i 2) □ Z. kogo (czym): Złościł mnie swoim postępowaniem.

złościć się □ Z. się na kogo, na co: Złościł się na wszystkich i na wszystko. □ Z. się o co: Złościł się o byle co.

złość ż V: Bezsilna złość. Robić coś w złości, ze złości, ze złością. Wpaść w złość, *pot.* pienić się, pękać ze złości. Wywrzeć złość na kimś, na czymś. Wyładować złość na kogoś, na coś a. na kimś, na czymś. △ *pot.* Na złość komuś «na przekór» □ *pot.* Z. do kogo, do czego: Ogarniała go złość do wszystkich, do całego świata. □ Z. na kogo, na co: Porwała ją złość na męża.

złośliwiec m II, D. złośliwca, W. złośliwcze, forma szerząca się: złośliwcu, lm M. złośliwcy, D. złośliwców (*nie*: złośliwcy): Był znany jako niebezpieczny złośliwiec — paszkwilant.

złośliwy m-os. złośliwi, st. w. złośliwszy a. bardziej złośliwy: Złośliwy człowiek. Złośliwy przytyk, żart. Złośliwe docinki. Złośliwa krytyka. △ Anemia złośliwa. Nowotwór złośliwy.

I złoto n III, blm: Czyste, szczere złoto. Złoto dukatowe. Złoto malarskie. Złoto listkowe a. w listkach. Trzos pełen złota. Strój kapiący od złota, rzad. złotem. △ Ktoś, coś (jest) na wagę złota «o kimś, o czymś bardzo rzadkim, mającym wielką wartość»

II złoto st. w. bardziej złoto (rzad. złociej) rzad. «jak złoto, złociście»: Słońce złoto prześwieca przez liście.

złoto- «pierwsza część wyrazów złożonych» **a)** «pisana łącznie, wskazująca na złoty odcień określanej barwy, określająca złoty kolor tego, co nazywa druga, rzeczownikowa część złożenia, lub wskazująca na zawartość złota w czymś», np.: złotorudy, złotopióry, złotonośny. **b)** «pisana z łącznikiem jako część przymiotnika złożonego o członach znaczeniowo równorzędnych», np. złoto-czerwony ornament. △ Wyrażenia, których pierwszym członem jest przysłówek *złoto*, a drugim imiesłów, pisze się rozdzielnie, np. złoto pomalowany.

złotogłów m I, D. złotogłowiu, Ms. złotogłowiu, lm M. złotogłowia, D. złotogłowi a. złotogłowiów; a. m IV, D. złotogłowu, Ms. złotogłowie, lm M. złotogłowy, D. złotogłowów **1.** «tkanina o wątku ze złotych nici; altembas»: Kontusze ze złotogłowiu (złotogłowu). **2.** «roślina z rodziny liliowatych»: Kwiat złotogłowiu (złotogłowu).

Złotoryja ż I, DCMs. Złotoryi (*nie*: Złotoryji) «miasto» — złotoryjski.

złotousty m-os. złotouści *książk.* «odznaczający się wielkim talentem oratorskim»: Złotousty kaznodzieja.

Złotów m IV, C. Złotowowi (*ale*: ku Złotowowi a. ku Złotowu) «miasto» — złotowianin m V, D. złotowianina, lm M. złotowianie, D. złotowian — złotowianka ż III, lm D. złotowianek — złotowski.

złotówka *ż III, lm D.* złotówek: Miał w kieszeni trzy złotówki (a. trzy złote). *pot.* Zapłacić za podróż za granicę w złotówkach. *Ale:* zapłacił trzy złote (*nie:* trzy złotówki).

złoty «zrobiony ze złota; mający kolor złota; taki jak złoto; najlepszy, doskonały» △ Często w użyciach *przen.* i we *fraz.*: Złote wesele, złoty interes. Złoty środek, złote ręce, złote serce. Złote myśli. △ *pot.* Mój złoty, moja złota «poufała forma zwracania się do kogoś» △ W nazwach dużą literą: Złoty Krzyż Zasługi. △ Złote Wybrzeże «część wybrzeża nad Zatoką Gwinejską» △ Złoty Róg «zatoka przy południowym wejściu do cieśniny Bosfor» △ Góry Złote «pasmo gór w Sudetach» **złoty** w użyciu rzeczownikowym (skrót: zł), *B.=D.* «jednostka monetarna Polski»: Jeden złoty; dwa, cztery złote; pięć, sześć złotych (*nie:* złoty). Dać złotego (*ale:* dać jeden złoty). Dać każdemu po złotemu, *rzad.* po jednym złotym. Cukierki po złotemu, *rzad.* po jeden złoty. △ Kupić, sprzedać coś za złotego, *rzad.* za jeden złoty; za dwa, trzy... złote. △ Sprzedawać coś po złotemu, *rzad.* po jeden złoty; po dwa, trzy złote (*nie:* na jeden złoty, na dwa, trzy złote).

Złoty Stok, Złoty odm. przym., Stok *m III, D.* Stoku «miasto» — złotostocki.

złowić *dk VIa,* złów, złowiliśmy (p. akcent § 1a i 2) □ Składnia jak: łowić.

złowieszczy *st. w.* bardziej złowieszczy «będący zapowiedzią czegoś złego; złowróżbny, złowrogi»: Miała złowieszczy sen. Złowieszcze przeczucia.

złowrogi *st. w.* bardziej złowrogi **1.** «będący zapowiedzią czegoś złego; złowieszczy, złowróżbny»: Panowała złowroga cisza. Złowrogie przeczucie ścisnęło serce. **2.** «zły, groźny»: Złowrogie spojrzenie.

złowróżbny *książk.* «złowieszczy, złowrogi (w 1 zn.)»: Złowróżbne wieści, przeczucie. Złowróżbna cisza.

złoże *m I, lm D.* złóż, *rzad.* złoży w zn. «skupienie minerałów, skał użytecznych; pokład»: Złoże węgla, soli, ropy naftowej.

*złożenie a. wyraz złożony «wyraz składający się z dwu (lub więcej) tematów wyrazowych połączonych elementem *-o-* (np. *językoznawstwo, małoobrazkowy*) lub elementem *-i(y)-* (np. *woziwoda, liczykrupa*)» p. kompozycja, słowotwórstwo.

złożony imiesł. bierny od złożyć: Bielizna była starannie złożona. Stracił wszystkie pieniądze nie złożone na książeczce oszczędnościowej. △ *książk.* Złożony był ciężką chorobą. **złożony** w użyciu przymiotnikowym, *st. w.* bardziej złożony **1.** «mający wiele elementów w swoim składzie»: Substancje, ciała złożone. Zdanie, orzeczenie złożone. □ Z. z czego: Oddział złożony z dwudziestu żołnierzy. Mieszkanie złożone z kilku izb. **2.** «skomplikowany, zawiły»: Złożony mechanizm. Złożony problem. Złożone zagadnienie.

złożyć p. składać.

złóg *m III, D.* złogu, zwykle w *lm*: Przy niektórych zatruciach w śledzionie odkładają się złogi różnych substancji.

złudzenie *n I* **1.** «wrażenie nie będące właściwą reakcją na pewien bodziec»: Ulegał złudzeniu, że słyszy czyjeś kroki. Złudzenie optyczne. Być podobnym do kogoś, do czegoś, przypominać kogoś, coś do złudzenia. **2.** często w *lm* «mrzonki, urojenia»: Rozwiać czyjeś złudzenia. Żyć w złudzeniach. △ Z. co do kogo, co do czego (*nie:* na punkcie kogoś, czegoś): Stracił co do niego wszelkie złudzenia.

złupić p. łupić.

zły *m-os.* źli, *st. w.* gorszy **1.** w zn. «ujemny pod względem moralnym, nieetyczny»: Nie był człowiekiem złym, ale bezmyślnym. Zły uczynek. Złe skłonności. Zły wpływ. △ Zły to ptak, co własne (a. swoje) gniazdo kala (przysłowie). **2.** w zn. «zagniewany, rozzłoszczony» □ Z. na kogo, na co (za co): Był zły na kolegę za to, że mu nie pomógł. **złe** w użyciu rzeczownikowym, *D.* złego, *C.* złemu, *B.* złe, *NMs.* złem (*nie:* złym) △ zwykle w utartych zwrotach: Namawiać kogoś do złego. Coś wychodzi komuś na złe. Poczytywać, mieć coś komuś za złe. Wyrządzić komuś, doznać od kogoś wiele złego (a. zła). Płaci złem (*nie:* złym) za dobre. △ Wybierać, woleć coś z dwojga złego. △ Na domiar złego: Ma kłopoty finansowe, a na domiar złego zachorował. △ Złe występuje w dopełniaczu z wyrazami: dużo, mało, co, nic itp., np.: Nic złego tu się nie stało. Dużo złego tu zdziałał. Czy stało się coś złego? Siła złego na jednego (wyrażenie przysłowiowe). *Por.* zło.

zm. «skrót wyrazu: *zmarł, zmarły*; pisany z kropką, czytany jako cały, odmieniany wyraz»

zmaczać *dk I,* zmaczaliśmy (p. akcent § 1a i 2) *rzad.,* p. zmoczyć.

zmagać p. zmóc.

zmagazynować p. magazynować.

zmajoryzować *dk IV,* zmajoryzowaliśmy (p. akcent § 1a i 2) *książk.* «uzyskać przewagę liczebną nad kimś, przegłosować kogoś» □ Z. kogo (*rzad.* co): Młodzież zmajoryzowała starszych członków organizacji. Partia przeciwna usiłowała zmajoryzować obrady.

zmarły *m-os.* zmarli, imiesł. przymiotnikowy przeszły od zemrzeć: Dziedziczył gospodarstwo po zmarłym ojcu. **zmarły** w użyciu rzeczownikowym nieco *książk.* «człowiek nie żyjący; umarły»: Uznać kogoś za zmarłego. Pamięć o zmarłych.

zmarnotrawić p. marnotrawić.

zmarszczka (*nie:* ten zmarszczek) *ż III, lm D.* zmarszczek (*nie:* zmarszczków), zwykle w *lm*: Zmarszczki na czole, pod oczami, koło ust. Twarz poorana zmarszczkami. Zmarszczki na obrusie.

zmartwić p. martwić.

zmartwieć p. martwieć.

zmartwienie *n I* **1.** forma rzeczownikowa czas. zmartwić a. zmartwieć: Chciał uniknąć zmartwienia nas tą wiadomością. △ *biol.* Zmartwienie komórek. **2.** «kłopot, zgryzota»: Ciężkie zmartwienie. Dzielić z kimś zmartwienia. Przysporzyć, oszczędzić komuś zmartwień. Schudnąć, rozchorować się ze zmartwienia (*nie:* od zmartwienia). △ Mieć zmartwienie z kimś, z czymś «ktoś, coś przysparza komuś kłopotu» △ Zmartwienie o kogoś, o coś «smutek przeżywany z czyjegoś, jakiegoś powodu»

zmartwychwstać, *rzad.,* *książk.* **zmartwychpowstać** *dk,* zmartwychwstanie, zmartwychpowstanie; zmartwychwstałby, zmartwychpowstałby (p. akcent § 4c) — **zmartwychwstawać,** *rzad.* *książk.* **zmartwychpowstawać** *ndk IX* zmartwychwstaje, zmartwychpowstaje; zmartwychwstawałby, zmartwychpowstawałby.

zmartwychwstanie *n I* **1.** forma rzeczownikowa czas. zmartwychwstać.
2. Zmartwychwstanie *rzad.* «święto wielkanocne; Wielkanoc»: Pierwszy dzień Zmartwychwstania.

zmarzlak (*wym.* zmar-zlak) a. **zmarzluch** (*wym.* zmar-zluch) *m III, lm M.* te zmarzlaki, zmarzluchy *pot.* «człowiek łatwo marznący, nie znoszący zimna»

zmarzlina (*wym.* zmar-zlina) *ż IV;* a. **zmarzłoć** (*wym.* zmar-złoć) *ż V;* in. marzłoć: Wieczna zmarzlina (zmarzłoć, marzłoć) wokół bieguna północnego.

zmarznąć (*wym.* zmar-znąć) *dk Vc,* zmarznie (*wym.* zmar-znie a. zmarźnie), zmarzł, *rzad.* zmarznął (*wym.* zmar-znoł); zmarzła, zmarzliśmy (*wym.* zmar-zliśmy a. zmarźliśmy; p. akcent § 1a i 2), zmarznięty (*wym.* zmar-znięty a. zmarźnięty) a. zmarzły **1.** «zostać przenikniętym mrozem, zimnem; zziębnąć»: Bardzo dziś zmarzłem. Zmarznąć na kość a. do szpiku kości. □ Coś zmarzło komu: Zmarzły mi ręce i nogi. **2.** a. zamarznąć «ściąć się od mrozu»: Ziemia już zmarzła, nie można kopać. Zmarznięty śnieg. W ogrodzie zmarzł krzak róży. *Por.* marznąć.

zmasakrować p. masakrować.

zmasować *dk IV,* zmasowaliśmy (p. akcent § 1a i 2) — *rzad.* **zmasowywać** *ndk VIIIa,* zmasowuję (*nie:* zmasowywuję, zmasowywam), zmasowywaliśmy; zwykle w imiesł. biernym i jako określenie wyrazów: atak, ogień: Zmasowany ogień nieprzyjacielski.

zmawiać p. zmówić.

zmazać *dk IX,* zmaże, zmazaliśmy (p. akcent § 1a i 2) — **zmazywać** *ndk VIIIa,* zmazuję (*nie:* zmazywuję, zmazywam), zmazywaliśmy «zetrzeć, wytrzeć» □ Z. co z czego: Zmazać napis gąbką z tablicy. △ często *przen.* «naprawić, okupić coś jakimś czynem»: Pokutą zmażesz swe winy. Zniewagę zmazał krwią.

zmechacieć *dk III,* zmechaciałby (p. akcent § 4c) **1.** «o przędzy, tkaninach: stać się mechatym, kosmatym»: Stary sweter zupełnie zmechaciał. Zmechaciały materiał. Zmechaciała wełna. **2.** *rzad.* «porosnąć mchem, stać się podobnym do mchu; zmechowacieć»: Zmechaciała strzecha.

zmechowacieć *dk III,* zmechowaciałby (p. akcent § 4c) *rzad.* p. zmechacieć.

zmi cząstka wyrazów wymawiana poprawnie: *zm'* (*nie:* *żm'*), np.: *zmiana* (nie *wym.* *żmiana*), *zmieścić* (nie *wym.* *żmieścić*) itp. *Por.* ź

zmiana *ż IV* **1.** «fakt, że ktoś, coś staje się lub stało się innym»: Decydująca, chwilowa, doniosła zmiana. Zmiana pogody. Zmiana poglądów. Zmiana trybu życia. Zmiana na lepsze, na gorsze, na korzyść. △ zwykle w *lm:* Zmiany gruźlicze w płucach.

2. «zastąpienie kogoś, czegoś kimś, czymś; zamiana, wymiana»: Zmiana posady. Zmiana warty. Zmiana dekoracji. □ Z. czego na co: Zmiana mieszkania na większe. **3.** «czas pracy jednej części pracowników; pracownicy zatrudnieni w tym czasie»: Fabryka pracowała na trzy zmiany. Do kopalni zjechała druga zmiana.
na zmianę «jeden po drugim; na przemian» □ Na z. z kim: Czuwał przy chorej matce na zmianę z żoną.

zmiarkować p. miarkować.

zmiatać *ndk I,* zmiataliśmy (p. akcent § 1a i 2) — **zmieść** *dk XI,* zmiotę (*nie:* zmetę), zmiecie, zmiotą (*nie:* zmetą), zmiotłem (*nie:* zmetłem), zmiótł, zmiotła (*nie:* zmetła), zmietliśmy. □ Z. co — z czego: Zmiatać okruchy ze stołu. Zmiatać śmieci z podłogi. △ *przen.* Wszystko zmietli z talerzy, tak byli głodni. □ *pot.* Z. bez dop. «uciekać»: Zmiatali, co sił w nogach. *Por.* zamiatać.

zmiatka *ż III, lm D.* zmiatek *rzad.* «zmiotka»

zmiąć (*nie:* zmnąć, zmniąć) *dk Xc,* zemnę (*nie:* zemnię), zemnie, zemnij, zmiąłem (*wym.* zmiołem, *nie:* zmiełem), zmiął (*wym.* zmioł), zmięła (*wym.* zmieła), zmięliśmy (*wym.* zmieliśmy; p. akcent § 1a i 2): Zmiął ze złością nieprzyjemny list. △ Zmięta cera, twarz «cera, twarz nieświeża, zniszczona»

z miejsca p. miejsce.

zmieniacz *m II, lm D.* zmieniaczy.

zmieniać *ndk I,* zmienialiśmy (p. akcent § 1a i 2) — **zmienić** *dk VIa,* zmieniliśmy **1.** «przeobrażać, przekształcać»: Zmieniać poglądy. Zmienić swoje postępowanie. Zmienić sens czyjejś wypowiedzi. □ Z. kogo, co — w kogo, w co: Ciężkie warunki, kłopoty zmieniły ją w jędzę. **2.** «zastępować czymś innym; wymieniać»: Zmienić obuwie, bieliznę. Zmieniła wodę w wazonie. Zmienić książkę w bibliotece. Zmienić religię. △ Zmieniać pieniądze «dawać lub otrzymywać za monetę lub banknot równowartość w monetach lub banknotach o mniejszej wartości» □ Z. co na co: Zmienił sto złotych na drobne.
zmieniać się — zmienić się 1. «stawać się innym, przybierać inny kształt, inną postać»: Zmienił się na korzyść, na lepsze. Zmienić się na twarzy. Zmienić się w czyichś oczach. Zmienić się nie do poznania (*rzad.* do niepoznania). □ Z. się w kogo: Niechęć zmieniła się we współczucie. Gąsienica zmieniła się w poczwarkę. **2.** częściej *ndk* «zastępować jeden drugiego; następować jedno po drugim»: Światła na skrzyżowaniu szybko się zmieniały. Zmienialiśmy się przy chorym.

zmiennik *m III środ.* «ten, kto pełni służbę na zmianę z kimś innym»: Chciał skończyć służbę, ale musiał czekać na swojego zmiennika. *Por.* zamiennik.

zmienny 1. «ulegający zmianom, zmieniający się»: Zmienny prąd. Zmienna pogoda. **2.** *m-os.* zmienni, *st. w.* bardziej zmienny «o ludziach: niezrównoważony; niestały» □ Z. w czym: Zmienny w uczuciach, w upodobaniach.

zmierzać *ndk I,* zmierzaliśmy (p. akcent § 1a i 2) □ *książk.* Z. do kogo, czego; w zn. dosłownym także: w kierunku czego «kierować się; podążać»: Pochód zmierza właśnie do gmachu Rady

Miejskiej. Oddział wojska zmierzał w kierunku lasu. △ *przen.* Wysiłki zarządu zmierzają do ożywienia (*nie*: w kierunku ożywienia) działalności organizacji.

zmierzch *m III, D.* zmierzchu «pora ściemniania się; zmrok»: Zmierzch zapada. Wrócił dopiero o zmierzchu. □ *przen.* Z. czego: Zmierzch życia «starość»

zmierzchać, *częściej:* **zmierzchać się** *ndk I* — **zmierzchnąć,** *częściej:* **zmierzchnąć się** *dk Vc,* zmierzchł (*rzad.* zmierzchł się); zmierzchła (się) — zwykle *nieos.* a. w bezokol.: Zaczęło się zmierzchać. Już się zmierzchło.

zmierzić p. mierzić.

zmierznąć p. mierznąć.

zmierzwić *dk VIa,* zmierzwij, zmierzwiliśmy (p. akcent § 1a i 2), zwykle w imiesł. biernym: Zmierzwione włosy, zmierzwione zboże.

zmierzyć *dk VIa,* zmierzyliśmy (p. akcent § 1a i 2) □ Z. co, kogo — (czym) «określić wielkość»: Zmierzyć długość, objętość czegoś miarką. Zmierzyć temperaturę termometrem. Zmierzyć obuwie, sukienkę. △ Zmierzyć kogoś wzrokiem «spojrzeć badawczo, krytycznie, niechętnie» □ Z. bez dop. a. z. (*częściej:* wymierzyć) do kogo, czego «skierować broń na kogoś, na coś»: Podniósł broń, zmierzył i pociągnął za cyngiel.
zmierzyć się □ Z. się z kim «stanąć z kimś do walki, do zawodów»: Sportowcy nasi zmierzą się z drużyną zagraniczną. *Por.* mierzyć.

zmieszać (*nie*: zmięszać) *dk I,* zmieszaliśmy (p. akcent § 1a i 2) □ Z. co z czym «połączyć ze sobą; pomieszać»: Zmieszała mąkę ze wszystkimi potrzebnymi składnikami. △ Zmieszać kogoś z błotem «naubliżać komuś, zniesławić go» □ Z. kogo — czym «wprawić w zakłopotanie»: Zmieszał ją swymi uwagami. *Por.* mieszać.

zmieścić *dk VIa,* zmieszczę, zmieściliśmy (p. akcent § 1a i 2): Wszystko zmieściła w jednej torbie.

zmieść p. zmiatać.

zmięk *m III, D.* zmięku *gw.* «odwilż»

zmiękczalnia *ż I, lm D.* zmiękczalni, *rzad.* zmiękczalń: Zmiękczalnia wody (przy elektrociepłowni).

zmiękczyć *dk VIb,* zmiękczyliśmy (p. akcent § 1a i 2) — **zmiękczać** *ndk I,* zmiękczaliśmy □ Z. co — czym: Zmiękczyć wodę sodą. □ *przen.* Z. kogo — czym «skłonić do ustępstw; wzruszyć»: Zmiękczył ojca prośbami.

zmięknąć *dk Vc,* zmiękł a. zmięknął (*wym.* zmięknoł); zmiękła (*nie*: zmiękněła), zmiękliśmy (p. akcent § 1a i 2) □ Z. od czego «stać się miękkim»: Asfalt zmiękł od upału. △ *posp.* Rura, *rzad.* trąba komuś zmiękła «ktoś spuścił z tonu, spokorniał» □ Z. bez dop. «stać się skłonnym do ustępstw, spokornieć; złagodnieć; wzruszyć się»: Po długich prośbach ojciec wreszcie zmiękł i pozwolił mu pojechać na wycieczkę. △ Zmięknąć jak wosk.

zmiętosić *dk VIa,* zmiętoszę, zmiętosiliśmy (p. akcent § 1a i 2); często w imiesł. biernym, *pot.* «zmiąć»: Zmiętoszona sukienka. Zmiętoszone ubra-

nie. △ Zmiętoszona twarz, cera «nieświeża, zniszczona twarz, cera»

zmilczeć (*nie*: zmilczyć) *dk VIIb,* zmilczał, zmilczeliśmy (p. akcent § 1a i 2) «znieść coś w milczeniu, zareagować na coś milczeniem»: Nic nie odpowiedział na niesłuszne zarzuty żony, zmilczał dla świętego spokoju. □ *rzad.* Z. o czym: Zmilczał o tej drażliwej sprawie. *Por.* zamilczeć.

zmiłować się *dk IV,* zmiłowaliśmy się (p. akcent § 1a i 2) «okazać miłosierdzie, zlitować się, ulitować się» □ Z. się nad kim, nad czym: Błagała, żeby się nad nią zmiłował, żeby jej nie gubił. △ *pot.* Zmiłuj się «zastanów się; daj spokój»: Zmiłuj się! Co ty pleciesz? Zmiłujcie się! Przestańcie się kłócić.

zmiotek *m III, D.* zmiotka, *lm D.* zmiotków (*nie*: zmiotek), zwykle w *lm* «zmiecione resztki czegoś» □ Z. z czego: Zmiotki ze stołu. Zmiotki ze stodoły.

zmiotka *ż III, lm D.* zmiotek (*nie*: zmiotków) «szczotka do zmiatania»

zmitrężyć p. mitrężyć.

zmitygować p. mitygować.

zmobilizować *dk IV,* zmobilizowaliśmy (p. akcent § 1a i 2) — **mobilizować** *ndk* 1. «powołać do służby wojskowej»: Zmobilizować rezerwistów, młodzież zdolną do służby wojskowej. 2. «pobudzić do działania, uaktywnić»: Zmobilizował wszystkie siły, żeby podołać zadaniu. Zmobilizowano wszystkich do akcji żniwnej.

zmoczyć *dk VIb,* zmoczyliśmy (p. akcent § 1a i 2) «uczynić mokrym, pomoczyć» □ Z. co — czym, w czym: Zmoczył ręcznik w wodzie. Zmoczyła włosy szamponem. *Por.* zamoczyć.

zmoknąć p. moknąć.

zmontować p. montować.

zmora *ż IV, lm D.* zmor a. zmór «dręczące widziadło senne, ciężki sen z uczuciem duszności; widmo, zjawa, upiór»: Dusi kogoś zmora. △ *pot.* Wyglądać jak zmora «wyglądać bardzo mizernie, źle» □ *przen.* Z. czego: Zmora wojny, głodu, bezrobocia.

zmorzyć *dk VIb,* zmorzyłby (p. akcent § 4c) — **morzyć** *ndk,* zwykle w połączeniu: Sen kogoś zmorzył «ktoś usnął, zapadł w sen»

zmotyczkować, zmotyczyć, zmotykować p. motykować.

zmowa *ż IV, lm D.* zmów: Tajemna, cicha zmowa. △ Zmowa milczenia «niechętne, wrogie milczenie, przemilczanie czegoś» □ Z. z kim: Złodziej był w zmowie z jakąś szajką. □ Z. przeciw komu: Zmowa uczniów przeciw wychowawcy.

zmóc *dk XI,* zmogę, zmoże, zmógł, zmogła, zmogliśmy (p. akcent § 1a i 2) — *rzad.* **zmagać** *ndk I,* zmagaliśmy 1. *wych. z użycia* «zwyciężyć, pokonać, zwalczyć»: Nie zmogły go przeciwności. Zmogło ich zmęczenie. 2. *reg.* «dać radę, podołać czemuś»: Sam zmoże tę robotę.

zmówić *dk VIa,* zmówiliśmy (p. akcent § 1a i 2) — **zmawiać** *ndk I,* zmawialiśmy 1. «wypowiedzieć tekst modlitwy; odmówić»: Zmówić pacierz, zdrowaśkę. 2. *wych. z użycia* «namówić do czegoś; namówiwszy zebrać»: Zmówił kolegów, żeby razem z nimi spłatać figla nauczycielowi.

zmówić się — zmawiać się w zn. «wejść z kimś w zmowę, uknuć spisek; porozumieć się co do czegoś» □ Z. się z kim — przeciwko komu, na kogo; z. się, że...: Zmawiali się na nie lubianego kolegę, przeciw niesprawiedliwemu wychowawcy. Zmówili się, że pójdą na wagary. Przyszli punktualnie, jakby się zmówili.

ZMP (*wym.* zetempe, p. akcent § 6) *n, rzad. m ndm* «Związek Młodzieży Polskiej (w Polsce w latach 1948—57, we Francji w latach 1943—50)»: ZMP skupiało (skupiał) w swych szeregach wiele młodzieży akademickiej. — ZMP-owiec a. zetempowiec *m II,* D. ZMP-owca (zetempowca), *W.* ZMP-owcze (zetempowcze), forma szerząca się: ZMP-owcu (zetempowcu), *lm M.* ZMP-owcy (zetempowcy) — ZMP-owski a. zetempowski.

zmrok *m III,* D. zmroku «pora ściemniania się; zmierzch»: Szary, gęsty zmrok. Zmrok zapada. Szli w gęstniejącym zmroku. O zmroku zapalają się uliczne latarnie.

zmrozić *dk VIa,* zmrożę, zmroziliśmy (p. akcent § 1a i 2) «przejąć, ściąć mrozem; zamrozić»: Wiatr ze śniegiem zmroził młode pędy. △ *środ.* Śnieg był dobrze zmrożony. △ częściej *przen.*: Zmrozić komuś dobry nastrój, zmrozić czyjś zapał. Zmroziło mnie jej niechętne spojrzenie. △ Zmrozić krew w żyłach «przerazić»

zmrużyć *dk VIb,* zmrużyliśmy (p. akcent § 1a i 2) — *rzad.* **zmrużać** *ndk I,* zmrużaliśmy (w formie *ndk częściej:* mrużyć) «niezupełnie przysłonić oczy powiekami; przymrużyć»: Od silnego blasku zmrużyli oczy. △ Nie zmrużyć oka, oczu «nie zasnąć ani na chwilę» △ Bez zmrużenia oka, oczu «bez wahania, bez namysłu»

ZMS (*wym.* zetemes, p. akcent § 6) *m IV,* D. ZMS-u, *Ms.* ZMS-ie; *rzad. m ndm* «Związek Młodzieży Socjalistycznej»: ZMS otrzymał nową świetlicę. Działał w ZMS-ie (w ZMS). — ZMS-owiec a. zetemesowiec *m II,* D. ZMS-owca (zetemesowca), *W.* ZMS-owcze (zetemesowcze), forma szerząca się: ZMS-owcu (zetemesowcu), *lm M.* ZMS-owcy (zetemesowcy) — ZMS-owski a. zetemesowski.

! **zmudny** p. żmudny.

zmurszeć *dk III,* zmurszałby (p. akcent § 4c), zmurszały. □ Z. od czego a. z czego: Płot zmurszał od (ze) starości. △ *przen.* Zmurszałe tradycje szlacheckie.

zmusić *dk VIa,* zmuszę, zmusiliśmy (p. akcent § 1a i 2) — **zmuszać** *ndk I,* zmuszaliśmy □ Z. kogo, co — do czego: Zmusić kogoś do ustępstw, do pracy. Zmusić kogoś do zapłacenia grzywny (*nie:* zapłacić grzywnę).

ZMW (*wym.* zetemwu, p. akcent § 6) *n a. m ndm* «Związek Młodzieży Wiejskiej»: ZMW wydało (wydał) odezwę.

zmyć *dk Xa,* zmyliśmy (p. akcent § 1a i 2) — **zmywać** *ndk I,* zmywaliśmy □ Z. co (z czego) «umyć coś, usunąć coś (zwłaszcza brud) z czegoś»: Zmyć naczynia. Zmyć podłogę. Zmyć ceratę a. zmyć z ceraty ślady brudnych naczyń. △ *pot.* Zmyć komuś głowę «złajać kogoś, nawymyślać ko-

muś» △ Ktoś poszedł, wyszedł jak zmyty «ktoś wyszedł zawstydzony, upokorzony» □ Z. kogo, co — z czego «o falach, deszczu itp.: unieść kogoś, coś ze sobą»: Fale zmyły z pokładu człowieka. Wody deszczowe zmywają ze skał roślinność.

zmykać *ndk I,* zmykaliśmy (p. akcent § 1a i 2) — *rzad.* **zmknąć** *dk Va,* zemknąłem (*wym.* zemknołem; *nie:* zemknęłem, zemkłem), zemknął (*wym.* zemknoł), zemknęła (*wym.* zemknęła; *nie:* zemkła), zemknęliśmy (*wym.* zemknęliśmy) *pot.* «uciekać; umykać»: Zmykał jak zając. □ Z. skąd — dokąd: Zmykać z pola do lasu.

! **zmyłka** p. omyłka.

zmysł *m IV,* D. zmysłu, *Ms.* zmyśle 1. «zdolność reagowania na określone bodźce; uzdolnienia, skłonności»: Zmysł powonienia a. węchu. Zmysł smaku, słuchu, wzroku, dotyku. Zmysł humoru. Zmysł orientacji. Zmysł artystyczny, estetyczny. △ Szósty zmysł «wyjątkowa wrażliwość, intuicja» □ Z. do czego: Zmysł do majsterkowania, do robót ręcznych. 2. tylko w *lm* a) «popęd płciowy»: Zaspokojenie zmysłów. W dziewczynie obudziły się zmysły. b) *pot.* «przytomność, świadomość»: Być przy zdrowych zmysłach. Stracić, odzyskać zmysły. Odchodzić od zmysłów (z radości, z trwogi o kogoś itp.). Pomieszanie (*nie:* obłąkanie) zmysłów.

zmyślać *ndk I,* zmyślaliśmy (p. akcent § 1a i 2) — **zmyślić** (*nie:* zmyśleć) *dk VIa,* zmyśliliśmy: Nie wierz mu, zmyśla. Zmyślone fakty, historie.

zmyślny *st. w.* zmyślniejszy a. bardziej zmyślny *wych. z użycia* a) «sprytny, odznaczający się sprytem, orientacją; przemyślny»: Miał wyjątkowo zmyślnego psa. □ Z. do czego: Była szczególnie zmyślna do ręcznych robót. b) «pomysłowy»: Kupiła sobie bardzo zmyślny robot kuchenny.

zmywacz *m II, lm* D. zmywaczy, *rzad.* zmywaczów 1. «człowiek zajmujący się zmywaniem, myciem czegoś»: Zmywacz samochodowy (*lepiej:* samochodów). 2. «płyn, przyrząd do zmywania»: □ Z. do czego: Zmywacz do paznokci.

zmywać p. zmyć.

zmywalnia *ż I, lm* D. zmywalni, *rzad.* zmywalń: Myć naczynia w zmywalni. Zmywalnia restauracji, stołówki.

znachodzić *ndk VIa,* znachodzę, znachodziliśmy (p. akcent § 1a i 2) *daw.,* dziś *reg.* «znajdować»: W grotach skalnych często znachodzono ciekawe, bardzo stare przedmioty. // D Kult. I, 481.

znachor *m IV, lm̃ M.* znachorzy: Leczyła się ziołami u znachora.

znacjonalizować p. nacjonalizować.

znaczek *m III,* D. znaczka: Znaczek pamiątkowy. Znaczek pocztowy, stemplowy. Znaczek kontrolny. Znaczek organizacji.

znaczenie *n I* 1. forma rzeczownikowa czas. znaczyć: Znaczenie bielizny, drzew. 2. «wartość, ważność»: Kapitalne, ważne (*lepiej:* doniosłe, istotne, ogromne, duże) znaczenie. Nabierać znaczenia. Tracić na znaczeniu. Sprawa bez znaczenia. Znaczenie rozwoju przemysłu dla państwa. Po tym śmiałym wystąpieniu w obronie pokrzywdzonego kolegi jego znaczenie w klasie wzrosło. △ Przywiązywać do czegoś znaczenie (*częściej*: wagę): Nie przywiązywał znaczenia do drobiazgów. △ Coś ma (*nie*: odgrywa) znaczenie (*ale*: coś odgrywa rolę). **3.** «elementy treściowe związane z formą językową»: Znaczenie dosłowne, przenośne wyrazu. △ W pełnym, *lepiej*: w całym tego słowa znaczeniu — tak bywa wyrażana pewność, że dane określenie czegoś zostało użyte najwłaściwiej, np.: Uniwersytet krakowski w XV i XVI w. to w całym tego słowa znaczeniu uniwersytet na miarę europejską.

znaczkownia *ż I, lm D.* znaczkowni: Znaczkownia fabryki, kopalni.

znacznie: Po kawie wszyscy się znacznie ożywili. △ *Znacznie* łączy się z przymiotnikami i przysłówkami tylko w stopniu wyższym: Znacznie lepszy, znacznie lepiej.

znaczny *m-os.* znaczni, *st. w.* znaczniejszy **1.** «dość duży, pokaźny»: Znaczny kapitał. Znaczne korzyści, straty. Znaczna (*nie*: wybitna) większość, np. zebranych. Nastąpiło znaczne oziębienie. **2.** *wych. z użycia* «znakomity, wybitny, ważny»: Na odczyt znanego publicysty przyszły wszystkie co znaczniejsze osobistości. **3.** *reg.* «wyróżniający się czymś, widoczny»: Znaczny był z daleka w swoim jasnym palcie.

znaczyć *ndk VIb*, znaczyliśmy (p. akcent § 1a i 2) □ Z. bez dop. **a)** «mieć znaczenie, zwłaszcza duże, odgrywać (ważną) rolę»: Cóż on by znaczył bez swojej mądrej żony. Jego pomoc wiele dla nas znaczy. △ Mało (nic nie) znaczący «błahy, nieważny» **b)** «być znakiem czegoś, mieć jakąś treść, wyrażać coś»: *W czambuł* — znaczyło dawniej: w jedną gromadę. △ *pot.* Co to ma znaczyć? «jak należy to rozumieć?» △ To znaczy (*nie*: znaczy się) «czyli, a więc, to jest»: Po upływie doby, to znaczy za 24 godziny. Jest zielone światło, to znaczy (*nie*: znaczy się), że można przejść przez jezdnię. △ *niepoprawne* w zn. «nazywać się», np. Co znaczy (*zamiast*: jak się nazywa) po rosyjsku kołdra? □ Z. co — czym «robić na czymś znaki»: Znaczyła bieliznę kolorowymi nićmi. Znaczyć towar pieczątką. △ *przen.* Znaczyć ślad, drogę własną krwią.
znaczyć się, *częściej*: być widocznym, zaznaczać się: Na horyzoncie ciemną linią znaczyły się lasy. || D Kult. II, 164; KP Pras.

znać *ndk I*, znaliśmy (p. akcent § 1a i 2) □ Z. kogo, co (z czego, jako kogo, co) «mieć pewien zasób wiadomości, jakieś pojęcie o kimś, o czymś»: Znać kogoś z nazwiska, z widzenia. Znać kogoś osobiście, powierzchownie, na wylot, od lat. Znać czyjeś nazwisko, czyjąś sytuację materialną, czyjś adres. Znał go jako dobrego lekarza, rzemieślnika. Człowiek znany z uczynności. △ Nie znać lęku, trwogi. △ *pot., żart.* Znać kogoś jak zły szeląg. △ *pot.* Znać coś (zwykle jakąś miejscowość, okolicę) jak swoje pięć palców, jak własną kieszeń. △ Dać komuś znać «powiadomić kogoś, przekazać komuś jakąś informację» □ Z. co **a)** umieć, mieć coś w pamięci»: Znać jakiś język. Majster znał swoje rzemiosło. △ Znać coś (np. wiersz) na pamięć. **b)** *przestarz.* «wiedzieć» żywe w utartych połączeniach: *książk.* Nie znać dnia ani godziny «żyć w niepewności, nie wiedząc co nastąpi» △ Serce nie sługa, nie zna, co to pany (przysłowie).

znać (tylko w bezokol., w zwrocie:) Jest, było znać po kimś, po czymś, na kimś, na czymś, z czegoś, coś a. że... «jest widoczne, daje się zauważyć, można się domyślić»: Miał w tym roku wspaniały urlop, ale już wcale tego po nim nie znać. Jego pochodzenie z kresów znać po wymowie. Znać było po niej, że płakała. Na tym materiale wcale nie znać plam. Zrobione dobrze, znać fachową rękę. Znać z postawy, że był żołnierzem.
znać się △ *pot.* Z. się jak łyse konie «znać się kimś bardzo dobrze» □ Z. się z kim: Znały się ze sobą od dziecka. Znać się z kimś osobiście. □ Z. się na kim, czym «mieć gruntowną wiedzę w jakiejś dziedzinie, być znawcą czegoś»: Znał się na koniach jak nikt. Znać się na ludziach. △ Znać się na rzeczy «być dobrym znawcą czegoś; *pot.* umieć na coś zareagować zgodnie z przyjętymi zwyczajami, zwłaszcza towarzyskimi»: Gdyby się znał na rzeczy, toby ci osobiście podziękował za tę przysługę. △ Znać się na żartach «mieć poczucie humoru»

znad «przyimek łączący się z rzeczownikami w dopełniaczu, oznacza: z miejsca położonego nad czymś, powyżej czegoś lub w pobliżu czegoś»: Zdjął obraz znad kominka. Słońce wyszło znad obłoków. Wróciła znad morza (*ale*: z nadludzką cierpliwością, *nie*: znad ludzką cierpliwością). || D Kult. II, 166.

z nagła *książk., wych. z użycia* «niespodziewanie; znienacka»: Wypadli z ukrycia i z nagła zaatakowali nieprzyjaciela.

znajda *m* a. *ż* odm. jak *ż IV, M.* ten a. ta znajda (także o mężczyznach), *lm M.* te znajdy, *D.* znajdów (tylko o mężczyznach) a. znajd, *B.* tych znajdów (tylko o mężczyznach) a. te znajdy *pot.* «dziecko znalezione, niewiadomych rodziców»: Nie mając własnych dzieci, wychowali dwoje znajdów.

znajdować *ndk IV*, znajdowaliśmy (p. akcent § 1a i 2), *rzad.* **znajdywać** *ndk VIIIa*, znajduję (*nie*: znajdywuję, znajdywam), znajdywaliśmy — **znaleźć** (*nie*: znajść) *dk XI*, znajdę, znajdzie, znajdź (*nie*: znaleź), znalazł, znalazła, znaleźliśmy. □ Z. kogo, co (gdzie): Znalazł skradzione rzeczy w piwnicy. W drzwiach znalazł kartkę do siebie. Po długich poszukiwaniach znalazł odpowiednie mieszkanie △ Znajdować w czymś zadowolenie, przyjemność, cel itp. Był tak wzruszony, że trudno mu było znaleźć odpowiednie słowa. Znaleźć w kimś przyjaciela, obrońcę. Znalazła nauczycielkę do dzieci. Znaleźć kogoś do sprzątania. Znalazł zrozumienie u słuchaczy. Znalazł uznanie wśród kolegów. Znajdować schronienie u rodziny. △ Znaleźć wyjście z sytuacji, sposobność. △ *pot.* Kogoś, coś trudno ze świecą znaleźć a. nie znaleźć «kogoś ze świecą «o kimś, czymś rzadkim, niezwykle wartościowym, dobrym»: Jakaż to dobra córka, drugą taką trudno ze świecą znaleźć. △ Czasownik: znajdować (znaleźć) — jest często nadużywany w połączeniach z rzeczownikami odsłownymi, np.: Urządzenie to znalazło zastosowanie (*lepiej*: zastosowano) w przemyśle. Badania te znalazły zrozumienie w radzie naukowej, *lepiej*: Rada naukowa zrozumiała potrzebę a. znaczenie tych badań itp. □ *przestarz.* Z. co, kogo — jakim, kim, czym «uznawać, uważać za kogoś, za coś»: Kiedy przyjechał, znalazł ją już zdrowszą. □ *przestarz.* (zwykle *ndk*) Z., że... «uważać, że...»: Krytycy znajdowali, że jest to utwór wysoce oryginalny.

znajdować się, *rzad.* **znajdywać się — znaleźć się**
1. w *ndk* tylko: znajdywać się «być odszukiwanym»:
Zgubione rzeczy znajdywały się w najbardziej nie-
oczekiwanych miejscach. **2.** zwykle *dk* «być wyszu-
kanym, uzyskanym dzięki staraniom»: Znajdzie
się praca i dla ciebie. △ Znajdzie się na coś, na kogoś
rada, sposób «można będzie sobie z kimś, z czymś
poradzić» **3.** zwykle *dk* «pojawić się»: W sprzedaży
znalazł się już pierwszy zeszyt wydawnictwa. **4.** zwykle *ndk* «być w jakimś miejscu; mieścić się», w tym
znaczeniu wyraz bywa nadużywany: Dom znajduje się
(*lepiej*: stoi) na pustkowiu. W odbudowanym pałacy-
ku znajduje się (*lepiej*: mieści się) biblioteka. W czytelni znajdują się (*lepiej*: są) najnowsze czasopisma.
Znajdować się w czyimś władaniu (*lepiej*: Być pod
czyjąś władzą). **5.** «pozostawać w jakimś stanie» □ Z.
się w czym: Znaleźć się w niebezpieczeństwie,
w krytycznej sytuacji. △ Znaleźć się w kropce
a) «znaleźć się w kłopotliwej sytuacji» **b)** *rzad.*
«zręcznie z czegoś wybrnąć, właściwie zachować się
w jakiejś sytuacji» **6.** (tylko *dk*) *wych. z użycia* «zachować się»: Nie umiał się znaleźć w towarzystwie.
|| *D Kult. I, 189, 481; KP Pras.*

znajomek *m III, D.* znajomka, *lm M.* ci znajomko-
wie a. (z silniejszym zabarwieniem ekspresywnym)
te znajomki *pot.* «znajomy»: Sprowadza mi do domu
różnych swoich znajomków.

znajomość *ż V* **1.** «fakt, że się kogoś zna»: Przelotna, krótka znajomość. △ Mieć znajomości «mieć
znajomych, za których pośrednictwem można załatwiać jakieś sprawy» □ Z. z kim: Zawarła znajomość
z interesującym człowiekiem. Nawiązać z kimś znajomość. **2.** «wiedza, biegłość w czym»: Gruntowna,
powierzchowna, wszechstronna znajomość czegoś.
□ Z. czego (*nie*: jaka): Znajomość języka (*nie*: językowa). Znajomość zawodu (*nie*: zawodowa). □ Z.
czyja (z rzeczownikiem w dopełniaczu; *nie*: Z. przez
kogo) — czego: Jego znajomość (*nie*: znajomość
przez niego) psychiki ludzkiej.

znajomy w zn. «taki, którego się zna; nieobcy»:
Na zjeździe spotkał wielu znajomych architektów
i plastyków. △ Jako określenie rzeczowników nieosobowych *częściej*: znany, np. Po powrocie do rodzinnego miasta rozpoznawał bez trudu znajome
(*częściej*: znane) domy, ulice.
znajomy, znajoma w użyciu rzeczownikowym
«osoba znana przez kogoś, pozostająca z kimś w stosunkach towarzyskich»: Bliski znajomy. Mieć wspólnych znajomych. *Por.* znany.

! znajść p. znajdować.

znak *m III, D.* znaku «to, co daje znać, informuje
o czymś; oznaka, objaw, dowód czegoś»: Znak
drogowy. Znak rozpoznawczy. Znak fabryczny,
ochronny. Znaki korektorskie, nawigacyjne. □ Z. na
czym: Znaki na wodzie wskazują drogę statkom.
Znaki na skrzydłach samolotu. △ Znaki na niebie i na
ziemi «niezwykłe zjawiska atmosferyczne interpreto-
wane przez ludzi przesądnych jako zapowiedź niepowodzeń, klęsk itp.» □ Z. czego: Znak jakości.
Znak zapytania. Znak równości, dodawania, mnożenia. Znak krzyża. Machnął ręką, co było u niego znakiem złego humoru. △ Na znak czegoś «dla zamani-
festowania, wyrażenia czegoś»: Na znak dojścia do porozumienia podali sobie ręce. △ Dawać znaki życia
a) «oddychać, poruszać się itp. i dzięki temu poka-

zywać, że się żyje» **b)** częściej w *lp* z przeczeniem
«nie przysyłać wiadomości o sobie»: Wyjechał i od
kilku lat nie daje znaku życia. △ *pot.* Dawać się komuś we znaki «być uciążliwym, przykrym dla kogoś»:
Grypa w tym roku dobrze nam się dała we znaki.
□ Z. do czego «sygnał»: Dać znak do wstania od
stołu, do odejścia, do rozpoczęcia wyścigu. □ Z.
po czym (*częściej*: ślad): Miał znaki po ospie.
△ (Nie ma, nie zostało) ani znaku czegoś a. po
czymś, po kimś: Zupełna ruina, ani znaku dawnych
bogactw! Wyjechali wszyscy na długo, ani znaku po
nich nie zostało. △ *niepoprawne* Znakiem tego (*zamiast*: wobec tego, to, a więc), np. Mieliśmy iść,
znakiem tego (*zamiast*: to) chodźmy.

*znaki przestankowe p.: cudzysłów, dwukropek,
kropka, łącznik, myślnik, nawias, przecinek, pytajnik, średnik, wielokropek, wykrzyknik.

znakomity *m-os.* znakomici, *st. w.* znakomitszy a.
bardziej znakomity «wybitny, słynny; wyborny,
wyśmienity»: Znakomity specjalista. Znakomite
potrawy, wino. Był w znakomitym humorze.
△ *książk., wych. z użycia* w zn. «ogromny, przeważa-
jący», np. Wniosek przeszedł znakomitą większością
głosów.

znalazca (*nie*: znalaźca) *m odm. jak ż II, lm M.*
znalazcy, *DB.* znalazców: Uczciwy znalazca zgubio-
nej teczki otrzyma nagrodę.

znaleźć p. znajdować.

znamienity *m-os.* znamienici, *st.w.* znamienitszy
a. bardziej znamienity *przestarz.*, dziś *książk., podn.*
«wybitny, znakomity»: Znamienity ród, wódz.

znamienny *st. w.* bardziej znamienny, *rzad.* zna-
mienniejszy *książk.* «charakterystyczny»: Znamienne
cechy charakteru. (Jest) rzeczą znamienną, że... □ Z.
dla czego, dla kogo: Dzieła znamienne dla danej
epoki. Sposób odczuwania przyrody znamienny dla
romantyka.

znamię *n V* **1.** «plama, guzek na skórze będące
wynikiem zmian skórnych»: □ Z. na czym: Ma na
twarzy owłosione znamię. **2.** «cecha charakterystyczna; oznaka, objaw czegoś» □ Z. czego: Odstający
i ruchomy wielki palec u nóg jest znamieniem indiańskiego pochodzenia. Końcówka mianownika liczby
mnogiej -*i*- w rzeczownikach męskich określonego
typu jest znamieniem męskoosobowości. Dzięki śmiałym przenośniom jego styl nabiera znamion oryginalności.

znany *m-os.* znani, imiesł. bierny od czas. znać:
Duża część książek w spisie lektury była mu znana.
Cała ta rodzina była wszystkim znana z gościnności.
znany w użyciu przymiotnikowym «słynny, sławny»:
W zjeździe uczestniczą znani uczeni. Był znanym le-
karzem. *Por.* znajomy.

z naprzeciwka p. z przeciwka.

znarowić *dk VIa*, znarów, znarowiliśmy (p. akcent § 1a i 2): Znarowić konia. △ *przen., pot.* Znarowić kogoś prezentami.

znawczyni *ż I, B.* znawczynię (*nie*: znawczynią),
W. znawczyni (*nie*: znawczynio), *lm D.* znawczyń:
Znawczyni w dziedzinie mody. Znawczyni potraw.

znawozić *dk VIa*, znawożę, znawoź a. znawóź,
znawoziliśmy (p. akcent § 1a i 2) *środ.* «zasilić (glebę)
nawozem; wynawozić»

znawstwo (*nie*: znastwo) *n III, blm*: Znawstwo przedmiotu.

znęcać się *ndk I*, znęcaliśmy się (p. akcent § 1a i 2) «zadawać komuś cierpienia (zwłaszcza osobie bezbronnej), dręczyć kogoś, pastwić się nad nim» □ Z. się n a d kim, n a d czym: Hitlerowcy znęcali się nawet nad chorymi kobietami.

znękać *dk I*, znękaliśmy (p. akcent § 1a i 2) □ Z. czym (zwykle w imiesł. biernym): Był znękany ciągłymi kłopotami. Znękany fizycznie i moralnie załamał się.

znicz *m II, lm D.* zniczów a. zniczy: Znicz olimpijski. Znicze nagrobkowe.

zniebieszczeć a. **zniebieścieć** *dk III*, zniebieszczałby, zniebieściałby (p. akcent § 4c); zniebieszczały, zniebieściały: Len już zniebieszczał (zniebieściał).

zniechęcać *ndk I*, zniechęcaliśmy (p. akcent § 1a i 2) — **zniechęcić** *dk VIa*, zniechęcę, zniechęciliśmy □ Z. kogo — czym — do czego, do kogo: Niesłusznymi zarzutami zniechęcić kogoś do pracy.

znieczulać *ndk I*, znieczulaliśmy (p. akcent § 1a i 2) — **znieczulić** *dk VIa*, znieczuliliśmy □ Z. co «powodować, że coś przestaje boleć»: Znieczulić ranę. □ Z. kogo — na co «czynić niewrażliwym»: Wojna znieczuliła go na własne cierpienia.

znieczulica *ż II książk.* «brak wrażliwości na cierpienia, potrzeby ludzi»: Zwalczać znieczulicę społeczną.

zniedołężnieć *dk III*, zniedołężnieliśmy (p. akcent § 1a i 2): Rodzice jego już zniedołężnieli (*ale* w imiesł. przeszłym: zniedołężniali starcy).

znielubić *dk VIa, rzad.* znielub (*nie*: znielubij), znielubiliśmy (p. akcent § 1a i 2) *pot., rzad.* «przestać lubić» □ Z. kogo — za co: Znielubili go za jego złośliwość.

zniemczeć *dk III*, zniemczeliśmy (p. akcent § 1a i 2) «stać się Niemcem; *częściej*: zniemczyć się»: Był długo w Niemczech i zupełnie zniemczał (*częściej*: zupełnie się zniemczył). Ci ludzie zniemczeli na emigracji (*ale* w imiesł. przeszłym: Zniemczali emigranci już nie powrócili do kraju).

znienawidzić p. nienawidzić.

znieruchomieć *dk III*, znieruchomieliśmy (p. akcent § 1a i 2) □ Z. z czego: Wszyscy znieruchomieli z przerażenia (*ale* w imiesł. przeszłym: Znieruchomiali chłopcy wyglądali jak posągi).

znieść *dk XI*, zniosę (*nie*: zniesę), zniosłem (*nie*: zniesłem), zniósł, zniosła (*nie*: zniesła), znieśliśmy (p. akcent § 1a i 2) — **znosić** *ndk VIa*, znoszę, znosiliśmy △ *niepoprawne* Znieść (*zamiast*: usunąć) kogoś z urzędu.

zniewalać p. zniewolić.

zniewieścieć *dk III*, zniewieścieliśmy (p. akcent § 1a i 2): Żyjąc w zbytku mężczyźni zniewieścieli (*ale* w imiesł. przeszłym: Zniewieściali mężczyźni budzili w niej wstręt).

zniewolić *dk VIa*, zniewol, *rzad.* zniewól; zniewoliliśmy (p. akcent § 1a i 2) — **zniewalać** *ndk I*, zniewalaliśmy *książk.* **a)** «zjednać sobie kogoś, czyjąś sympatię»: Wszystkich zniewalał swoim urokiem

osobistym. Zniewalający uśmiech. **b)** «zmusić» □ Z. kogo do czego: Nie chcieli go zniewalać do przyjęcia ich poglądów za własne. **c)** «pozbawić wolności, ujarzmić, podbić»: Imperialiści dążą do eksploatacji zniewolonych narodów.

znikać *ndk I*, znikaliśmy (p. akcent § 1a i 2) — **zniknąć** *dk Va* a. *Vc*, zniknąłem (*wym.* zniknołem, *nie*: zniknełem) a. znikłem; zniknął a. znikł; zniknęła (*wym.* zniknęła) a. znikła; zniknęliśmy (*wym.* zniknęliśmy) a. znikliśmy (*wym.* zniknęliśmy): Znikać we mgle, w mroku. Samolot wystartował i wkrótce znikł nam z oczu. □ Z. skąd «odchodzić, wychodzić skądś (zwykle niepostrzeżenie)»: Znika z domu na całe godziny. △ *książk.* Zniknąć z widowni «wycofać się z czynnego życia, porzucić jakąś działalność» △ Zniknąć z powierzchni ziemi «przestać istnieć»: Warszawa miała zniknąć z powierzchni ziemi.

znikąd «z żadnego miejsca; od nikogo»: Znikąd nie dochodziły żadne odgłosy. Znikąd by nie otrzymała pomocy, gdyby nie on.

znikczemnieć *dk III*, znikczemnieliśmy (p. akcent § 1a i 2): Nie znikczemnieli mimo złych warunków życia (*ale* w imiesł. przeszłym: Znikczemniali ludzie nie mieli żadnych skrupułów).

zniknąć p. znikać.

znikomo «w bardzo małym stopniu (w połączeniu z przymiotnikami i przysłówkami, określającymi małość, krótkość czegoś)»: Znikomo krótki okres. Jadła znikomo mało.

zniszczeć *dk III*, zniszczałby, zniszczałaby (p. akcent § 4c) □ Z. od czego: Dachy całkiem zniszczały od długotrwałych deszczów.

zniszczenie *n I* △ w zn. «ruina, spustoszenie» — często w *lm*: Zniszczenia wojenne. Mimo dużych zniszczeń miasto szybko się odbudowało.

zniszczyć p. niszczyć.

zniwelować p. niwelować.

zniżać *ndk I*, zniżaliśmy (p. akcent § 1a i 2) — **zniżyć** *dk VIa*, zniżyliśmy: Samolot zniżył lot. Pułk zniżył sztandar przed trybuną honorową. Zniżać (*częściej*: obniżać) ceny czegoś. △ Zniżać głos. △ *książk.* Zniżać przed kimś czoło.
zniżać się — zniżyć się □ Z. się do czego (do kogo): **a)** «dostosowywać się, naginać się»: Wychowawczyni umiała się zniżyć do poziomu dziecka. **b)** «poniżać się, upokarzać się»: Zniżał się do próśb, do pochlebstw.

zniżka *ż III, lm D.* zniżek: Zniżka tramwajowa, kolejowa. Zniżka cen artykułów przemysłowych a. zniżka cen na artykuły przemysłowe, *pot.* skrótowo: zniżka na artykuły przemysłowe. □ *pot.* Z. na co, do czego: Zniżka na tramwaj, na pociąg. Zniżka do kina, do muzeum.

zniżyć p. zniżać.

znormalizować p. normalizować.

znosić p. znieść.

znowu a. **znów 1.** «na nowo, ponownie»: Obudził się i znowu (znów) zasnął. Deszcz padał z rana i teraz znowu (znów) zaczął padać. △ Cóż to (tam) znowu, *rzad.* znów «wyrażenie oznaczające zdziwienie, znie-

cierpliwienie, protest»: Co to znowu za figle!
△ Raz..., to znowu (znów)...; niekiedy..., to znowu
(znów)...; to..., to znowu (znów)... «na przemian;
to..., to...»: Orgia barw: żółte, czerwone, to znów
(znowu) zielone, fioletowe. 2. «wyraz wtrącony»
a) w zdaniach przeczących «w rzeczywistości; właściwie»: Nie taki on znowu (znów) zły. b) «natomiast,
zaś»: Wpada w rozpacz, potem znowu szaleje z radości.

znowuż «wzmocnione *znowu* (p.).»

znój *m I*, D. znoju, *lm* D. znojów *książk., podn.*
«trud, ciężka praca»: W trudzie i znoju budowali
lepszą przyszłość.

znów p. znowu.

zobaczenie *n I* △ Do (miłego, rychłego itp.) zobaczenia (*nie*: do zobaczenia się z wami, z panem,
panią itp.) «zwrot używany czasem przy pożegnaniu;
częściej: do widzenia»

z obca p. obcy.

zobojętnieć p. obojętnieć.

zobopólny *przestarz.*, p. obopólny.

zobowiązać *dk IX*, zobowiąże, zobowiąż, zobo-
wiązaliśmy (p. akcent § 1a i 2) — **zobowiązywać**
ndk VIIIa, zobowiązuje (*nie*: zobowiązywuje), zo-
bowiązywaliśmy □ Z. kogo — do czego: Zobowiązał go do zachowania tajemnicy. □ Z. kogo —
czym (żeby...): Zobowiązał go prośbami, żeby
wszystkiego dopilnował.

zobowiązanie *n I* △ w zn. «to, do czego ktoś jest
zobowiązany a. do czego się zobowiązał»: Zobowiązania względem rodziny, wobec sprzymierzeńców,
w stosunku do dzieci. Zobowiązania płatnicze, finansowe. Zobowiązania zespołowe, indywidualne, pierwszomajowe. Podjąć, wykonać zobowiązanie (produkcyjne). Wywiązać się ze zobowiązań (np. płatni-
czych). Złożył uroczyste zobowiązanie, że będzie pomagał dzieciom zmarłej siostry, ale tego zobowiązania nie wypełnia. Zaciągnąć względem (wobec) kogoś
zobowiązanie. □ Z. czego: Zobowiązanie zwiększenia wydajności pracy, przedterminowego wykonania
planu (*ale*: Zobowiązanie się do czegoś, np. do spłacenia pożyczki). □ *pot.* Z. na co: Podpisał zobowiązanie na dalsze pięć lat służby w lotnictwie.

zobowiązywać p. zobowiązać.

zoczyć *dk VIb*, zoczyliśmy *przestarz.*, dziś
książk. «spostrzec, zobaczyć»

z oddali *książk.* «z daleka, z dala»

zodiak *m III*, D. zodiaku; in. zwierzyniec niebieski: Znaki zodiaku.

zodiakalny, *przestarz.* **zodiakowy**: Pas zodiakalny.

Zofia *ż I, DCMs.* i *lm* D. Zofii — Zosia *ż I, W.*
Zosiu — Zosieńka *ż III, lm* D. Zosieniek — Zośka
ż III, lm D. Zosiek.

zogniskować p. ogniskować.

zohydzać *ndk I*, zohydzaliśmy (p. akcent § 1a
i 2) — **zohydzić** *dk VIa*, zohydzę, zohydziliśmy:
Nieustannymi awanturami zohydziła mu dom i rodzinę.

zoil (*wym.* zo-il) *m I*, D. zoila (*wym.* zoila), *lm M.*
ci zoile a. zoilowie, D. zoilów, *rzad.* zoili *książk.,
wych. z użycia* «niesprawiedliwy, zjadliwy krytyk,
zwłaszcza literacki»

z okładem p. okład.

zokulizować p. okulizować.

Zola *m* odm. jak *ż I*: Słynny cykl powieściowy
Emila Zoli.

zołza *ż IV* 1. zwykle w *lm*, D. zołz a. zołzów
«choroba zakaźna źrebiąt i młodych koni; *przestarz.*:
gruźlica węzłów chłonnych szyi u dzieci; skrofuloza» 2. *wulg.* «kłótliwa, dokuczliwa kobieta»

ZOM (*wym.* zom) *m IV*, D. ZOM-u «Zakład
Oczyszczania Miasta»: ZOM odpowiednio przygotował się do zimy.

Zonn *m IV*, D. Zonna (*wym.* Zona), *lm M.* Zonno-
wie (*wym.* Zonowie).
Zonn *ż ndm* — Zonnowa (*wym.* Zonowa) *ż* odm. jak
przym. — Zonnówna (*wym.* Zonówna) *ż IV*, D.
Zonnówny, *CMs.* Zonnównie (*nie*: Zonnównej),
lm D. Zonnówien.

zoo *n ndm pot.* «ogród zoologiczny»; jako nazwa
określonego ogrodu zoologicznego dużą literą:
Warszawa lubi swoje Zoo. || *KP Pras.*

zoo- «pierwszy człon wyrazów złożonych wskazujący na ich związek znaczeniowy ze światem zwierzęcym», np.: zoogeografia, zoopsychologia.

z o.o. «skrót wyrażenia: *z ograniczoną odpowiedzialnością*, czytany jako całe wyrażenie, używany
w terminologii handlowej»: Spółka z o.o.

zoolog *m III* 1. *lm M.* zoolodzy a. zoologowie «specjalista w zakresie zoologii» 2. D. zoologu, *lm M.*
zoologi; *częściej*: ogród zoologiczny.
zoolog — o kobiecie, p. nazwy i tytuły zawodowe
kobiet: Irena Kowalska, znany zoolog polski. Dostałem książkę od znanej zoolog, Ireny Kowalskiej.

ZOR (*wym.* zor) *m IV*, D. ZOR-u, *Ms.* ZOR-ze
a. *ndm* «Zakład Osiedli Robotniczych (działający
w latach 1948–51)»: Pracowali w ZOR-ze (w ZOR).

zorać *dk IX*, zorze, zorz (*nie*: zórz, zoraj), zorali-
my (p. akcent § 1a i 2) — **zorywać** *ndk VIIIa*,
zoruje (*nie*: zorywuje), a. *ndk I*, zorywa; zorywaliśmy
«zakończyć orkę; zaorać»: Zorać pole. □ Z. co —
pod co: Zorał zagon pod kartofle. △ *przen.* «porobić
bruzdy, poryć»: Zorali lód łyżwami. Zorana zmarszczkami twarz.

zordynarnieć *dk III*, zordynarnieliśmy (p. akcent
§ 1a i 2) — **ordynarnieć** *ndk*: Chłopcy zordynarnieli
w tym chuligańskim towarzystwie (ale w imiesł.
przeszłym: Zordynarniali ludzie nie zwracali uwagi
na formy grzecznościowe).

zorganizować *dk IV*, zorganizowaliśmy (p. akcent § 1a i 2) — **organizować** *ndk* □ Z. co: Zorganizować pracę, wystawę, wyprawę, wycieczkę.
□ (zwykle w imiesł. biernym) Z. kogo — w czym
«skupić, zrzeszyć w organizacji»: Młodzież zorganizowana w ZMS-ie. □ Z. kogo — w co «utworzyć
z kogoś jakąś jednostkę organizacyjną»: Ochotników
zorganizowano w oddziały. △ *pot., środ.* w zn.
«sprytnie zdobyć; wykombinować»: Zorganizować
forsę na kino.

zorientować

zorientować p. orientować.

Zoroaster p. Zaratustra.

zorywać p. zorać.

zorza *ż II, lm D.* zórz: Zorza poranna, wieczorna. Zorza polarna.

z osobna *wych. z użycia* «oddzielnie, osobno»: Każdy z osobna był wzywany do dyrektora. △ *wych. z użycia, żart.* Wszem wobec i każdemu z osobna «wszystkim bez wyjątku (do wiadomości)»

zostać *dk,* zostanę, zostanie, zostań, został, zostaliśmy (p. akcent § 1a i 2) — **zostawać** *ndk IX,* zostaje, zostawaj, zostawaliśmy 1. (*pot.* używane także w formie zwrotnej: zostać się — zostawać się) «nie odejść skądś, pozostać gdzieś» □ Z. gdzie (z miejscownikiem): Nie poszła na spacer, została w domu. Został na obiedzie i na kolacji (*nie:* na obiad, na kolację) u przyjaciół. □ Z. (się) na co (z określeniami czasu w bierniku): Została na noc u koleżanki. Został na drugi rok w piątej klasie. Zostali jeszcze na dwa dni. 2. (*pot.* także: zostać się — zostawać się) «być pozbawionym czegoś, znaleźć się w przykrej sytuacji» □ Z. bez czego, bez kogo: Został bez pracy, bez środków do życia. Zostali bez pieniędzy. Oddział został bez dowódcy. 3. «stać się resztą, pozostałością; pozostać»: Ze starych mebli została nam tylko szafa. Zostało dużo chleba. Zostało trochę czasu. 4. tylko *dk:* zostać «łącznik w orzeczeniu złożonym; stać się»: **a)** w połączeniu z rzeczownikami w narzędniku: Został już ojcem. Zostanie niedługo lekarzem. **b)** w połączeniu z imiesłowami, przymiotnikami i niektórymi zaimkami — w mianowniku (*nie:* w narzędniku): Został dobrze zrozumiany (*nie:* zrozumianym). Samochód został uszkodzony (*nie:* uszkodzonym). Zostało zelektryfikowanych, *rzad.* zelektryfikowane dwadzieścia wsi (*lepiej:* Zelektryfikowano dwadzieścia wsi). Został samotny (*nie:* samotnym) po śmierci żony. *Ale:* Został samotnym człowiekiem. Została sama (*nie:* samą). || D Kult. I, 220; II, 165, 194; KP Pras.

zostawić *dk VIa,* zostawiliśmy (p. akcent § 1a i 2) — **zostawiać** *ndk I,* zostawialiśmy: Rzeczy zostawił w hotelu, a sam poszedł zwiedzić miasto. Zboża nie zdążyli zwieść do stodół, zostawili na polu. Zostawił go na dworcu bez pożegnania. Zostawił dzieciom majątek ziemski. △ w zn. *pot.* «wstrzymać się od działania w stosunku do kogoś, do czegoś», *lepiej:* zaprzestać czegoś; dać komuś, czemuś spokój, np. Zostaw go, nie ponaglaj! (*lepiej:* Przestań go ponaglać!). Zostaw te żarty (*lepiej:* Daj spokój tym żartom).

Zoszczenko *m odm. jak ż III, D.* Zoszczenki: Nowele satyryczne Michaiła Zoszczenki.

zowąd tylko w zestawieniach: i stąd, i zowąd; ni stąd, ni zowąd, p.: stąd, ni.

ZOZ (*wym.* zoz) *m IV, D.* ZOZ-u, *Ms.* ZOZ-ie, *rzad. ż ndm* «Zakładowa Organizacja Związkowa»: ZOZ uchwalił (uchwaliła) nagrody dla wyróżniających się pracowników. Działać w ZOZ-ie (w ZOZ).

z pewnością «na pewno, bez wątpienia»: Z pewnością mi nie uwierzysz, ale mówię szczerą prawdę.

z pomocą p. pomoc.

z powrotem p. powrót.

z pozoru p. pozór.

z prawa p. prawy.

z przeciwka, *rzad.* z naprzeciwka: Sąsiad z przeciwka (z naprzeciwka). Z przeciwka (z naprzeciwka) dobiegały dźwięki muzyki. *Por.* naprzeciwko.

z przyczyny p. przyczyna.

z pyszna p. pyszny.

zrabować *dk IV,* zrabowaliśmy (p. akcent § 1a i 2) □ Z. co (z czego): Złodzieje zrabowali mieszkanie. Odnaleziono cenne starodruki zrabowane z biblioteki. *Por.* rabować.

zracjonalizować p. racjonalizować.

zradlić p. zredlić.

zranić *dk VIa,* zraniliśmy (p. akcent § 1a i 2) □ Z. kogo, co — w co; *rzad.* z. co — komu: Kula zraniła go w rękę (zraniła mu rękę). □ *przen.* Z. kogo — w czym: Głęboko go zraniła w jego dumie. □ Z. co (kogo) czym: Napastnik zranił go nożem. Zranił nogę szkłem. □ Z. co — o co: Spadł z drzewa i zranił głowę o kamień.

zrastać się *ndk I,* zrastałby się, zrastałaby się (p. akcent § 4c) — **zrosnąć się**, *rzad.* zróść się *dk Vc,* zrośnie *się,* zrósł się (*nie:* zrosnął się), zrosła *się* (*nie:* zrosnęła się), zrośli się, zrosłaby się: Pęknięta kość zrosła się. □ (Jakby) zrośnięty z koniem «o człowieku: pewnie jeżdżący na koniu» □ *przen.* Z. się z czym: Zrósł się z tymi zwyczajami od dziecka.

zraszać *ndk I,* zraszaliśmy (p. akcent § 1a i 2) — **zrosić** *dk VIa,* zroszę, zrosiliśmy 1. tylko *dk* (zwykle w imiesł. biernym) «pokrywać rosą»: Zroszona trawa. 2. «opryskiwać; oblewać, skrapiać»: Pot zrosił mu czoło. □ Z. co — czym: Zraszali kwiaty wodą. △ *książk., podn.* Zraszać ziemię krwią «walcząc odnosić rany; ginąć» △ Urządzenie zraszające «urządzenie mechanicznie rozpryskujące wodę»

zraz *m IV* 1. *D.* zraza, zwykle w *lm* «potrawa z mięsa»: Zrazy z kaszą. Zrazy po nelsońsku. Nie mógł dokończyć tego zraza. 2. *D.* zrazu «pęd rośliny drzewiastej, używany do szczepienia»: Szczepić zrazy.

zrazić *dk VIa,* zraziliśmy (p. akcent § 1a i 2) — **zrażać** *ndk I,* zrażaliśmy □ Z. kogo, czym: Zraził go opryskliwą odpowiedzią. △ Zrazić kogoś do siebie a. sobie: Swoimi dziwnymi pretensjami zraził do siebie (zraził sobie) wszystkich.
zrazić się — **zrażać się** □ Z. się do kogo, do czego: Zraził się do kolegów, widząc ich lekkomyślność. Łatwo zrażał się do pracy.

zrazu *książk., wych. z użycia* «na razie, w pierwszej chwili; początkowo»: Nie pojął zrazu, o co chodzi.

zrąb (*nie:* zręb) *m IV, D.* zrębu 1. zwykle w *lm* «ściany, szkielet, wiązanie budowli» △ *przen.* Budować zręby ustroju. Te tezy stanowią główny zrąb rozprawy. 2. «brzeg, krawędź»: Statek zawadzał o ostre zręby lodowe. 3. «obszar leśny przeznaczony do wyrębu a. taki, z którego wyrąbano drzewa; poręba»

zrąbać *dk IX,* zrąbię (*nie:* zrąbę), zrąbaliśmy (p. akcent § 1a i 2) — *rzad.* **zrąbywać** (*nie:* zrębywać) *ndk VIIIa,* zrąbuje (*nie:* zrąbywa, zrąbywuje), zrąbywaliśmy: Zrąbać siekierą drzewo, gałęzie.

zrealizować p. realizować.

zreasumować p. reasumować.

zrecenzować p. recenzować.

zredlić, *rzad.* **zradlić** *dk VIa*, zredlij (zradlij) a. zredl (zradl); zredliliśmy, zradliliśmy (p. akcent § 1a i 2); *częściej*: obredlić.

zredukować *dk IV*, zredukowaliśmy (p. akcent § 1a i 2) □ Z. co — do czego: Zredukować siły zbrojne do kilku dywizji. Zredukować personel do minimum. Zredukować obszar zasiewów do kilku zagonów. □ Z. co — o ile: Zredukować wydatki o dwadzieścia procent, o połowę (do połowy). □ Z. kogo: Opuścił tyle dni bez usprawiedliwienia, więc się bał, że go zredukują.

zreferować p. referować.

zreflektować p. reflektować.

zregenerować p. regenerować.

z reguły p. reguła.

zrehabilitować *dk IV*, zrehabilitowaliśmy (p. akcent § 1a i 2) — **rehabilitować** *ndk*, rehabilitowaliśmy 1. «przywrócić do czci osobę niewinnie skazaną; uznać czyjeś wartości, zasługi poprzednio zaprzeczane; przywrócić komuś szacunek, uznanie»: Zrehabilitowano wielu byłych więźniów politycznych. Ten śmiały czyn zrehabilitował go w oczach kolegów. 2. «przywrócić choremu sprawność fizyczną; *lepiej*: zrewalidować» || *D Kult. I, 345.*

zrejterować *dk IV*, zrejterowaliśmy (p. akcent § 1a i 2) *przestarz., żart.* «uciec, wycofać się»: Widząc, że nie dadzą starszym kolegom rady, zrejterowali w popłochu.

zrekapitulować p. rekapitulować.

zrekonstruować p. rekonstruować.

zrelacjonować p. relacjonować.

ZREMB (*wym.* zremb) *m IV*, D. ZREMB-u, *Ms.* ZREMB-ie «Zakłady Remontu Maszyn Budowlanych»: Narada produkcyjna w ZREMB-ie. ZREMB przyjął nowych pracowników.

zremisować p. remisować.

zreperować, *przestarz.* **zreparować** *dk IV*, zreperowaliśmy, zreparowaliśmy (p. akcent § 1a i 2): Zreperować buty, ubranie.

zreumatyzmowany a. **zreumatyzowany**: Zreumatyzmowane (zreumatyzowane) palce, nogi.

zrewanżować się p. rewanżować się.

zrewidować p. rewidować.

! **zręb** p. zrąb.

zręcznościowy *przym.* od zręczność: Gry, zabawy, popisy zręcznościowe.

zręczny *m-os.* zręczni, *st. w.* zręczniejszy a. bardziej zręczny: Zręczny chłopiec. Zręczne ruchy. □ Z. do czego (kiedy się wymienia to, z czym ktoś potrafi się zręcznie obchodzić, do czego wykazuje uzdolnienie): Szermierz szczególnie zręczny do floretu. Chłopiec zręczny do stolarki. □ Z. w czym (kiedy się wymienia czynność, w której ktoś wykazu-

je zręczność, spryt): Zręczny w ruchach, w tańcu. Zręczny w zabiegach o awans.

ZRK (*wym.* zeterka, p. akcent § 6) *blp, ndm* «Zakłady Radiowe im. M. Kasprzaka»: Pracować w ZRK. ZRK przyjęły nowych pracowników.

zrobić *dk VIa*, zrobimy, zrób, zrobiliśmy (p. akcent § 1a i 2): Wszystko umiał zrobić. Zrobić obiad. Zrobić zastrzeżenie, poprawkę. △ Zrobić, *lepiej*: wykonać (*nie*: oddać) skok. △ Zrobić (*nie*: zdjąć) odpis. △ Zrobić komuś na złość, na przekór. △ Zrobić z kogoś człowieka; *przestarz.* zrobić kogoś człowiekiem «wpoić w kogoś zasady etyczne, dobrze go wychować» △ *pot.* Zrobić dyplom, magisterium, doktorat «uzyskać dyplom, magisterium, doktorat» — ale *niepoprawne*: Zrobić magistra, doktora. △ *niepoprawne* Zrobić mistrza (*zamiast*: zostać mistrzem) w sporcie.

zrobić się □ *pot.* Z. się na kogo, na jakiego: Zrobić się na bóstwo, na piękną. □ Składnia poza tym jak: robić. || *D Kult. I, 89; KP Pras., GPK Por. 208.*

zrolować, *rzad.* **zrulować** *dk IV*, zrolowaliśmy, zrulowaliśmy (p. akcent § 1a i 2) — **rolować**, *rzad.* **rulować** *ndk*, rolowaliśmy, rulowaliśmy □ Z. co «zwinąć w rolkę, rulon»: Zrolować koc, dywan, bandaż. □ (tylko *dk*) Z. bez dop. «wywinąć kozła»: Koń zrolował przy skoku.

zropieć *dk III*, zropiałby (p. akcent § 4c) □ Z. z czego, *rzad.* od czego: Rany zropiały z brudu (od brudu).

zrosić p. zraszać.

zrosnąć się p. zrastać się.

*zrost «rodzaj złożenia polegający na zespoleniu w jedną całość dwóch lub trzech wyrazów, z których każdy zachowuje właściwe sobie cechy formalne», np.: *Białystok, Krasnystaw.* △ Człony składowe zrostu są odmieniane według zasad obowiązujących tę część mowy, do której należą, np. Białegostoku, Białymstokiem; Krasnegostawu, w Krasnymstawie. △ Cechą charakterystyczną zrostu jest to, że jego składniki nie zachowują w mianowniku *lp* właściwego sobie akcentu, lecz łączy je jeden wspólny akcent.

zrozpaczony «ogarnięty rozpaczą; wyrażający rozpacz»: Jestem zrozpaczony. Zrozpaczony głos. Zrozpaczone spojrzenie. △ *niepoprawne* w zn. «rozpaczliwy, beznadziejny», np. Zrozpaczone (*zamiast*: beznadziejne) położenie.

zrozumiały *m-os.* zrozumiali, *st. w.* zrozumialszy a. bardziej zrozumiały: Sens tej wypowiedzi jest całkowicie zrozumiały. Zrozumiałe powody, pretensje. □ Z. dla kogo (*nie*: przez kogo): Jego zastrzeżenia nie były dla wszystkich zrozumiałe. △ Zrozumiała rzecz a. zrozumiałe (*nie*: zrozumiałym jest): Sytuacja jest trudna, zrozumiałe, że trzeba się naradzić. △ Rzecz sama przez się zrozumiała. || *PJ 1966, 288.*

zrozumieć (*nie*: zrozumić) *dk II*, zrozumiem (*nie*: zrozumię), zrozumiesz (*nie*: zrozumisz), zrozumie (*nie*: zrozumi), zrozumieją (*nie*: zrozumią), zrozum, *rzad.* zrozumiej; zrozumcie, *rzad.* zrozumiejcie; zrozumieliśmy (p. akcent § 1a i 2): Zrozumieć jakiś tekst, sens czegoś. Zrozumieć coś w lot. □ Z. (co)

zróść się

z czego: Zrozumiałem z jego tonu, że sprawa jest trudna. □ Z. kogo: Nie mógł go zrozumieć, bo mówił niewyraźnie. Czy zrozumiałeś mnie dobrze? // *U Pol. (1), 415; GPK Por. 201, 206, 228.*

zróść się p. zrastać się.

zrównać *dk I*, zrównaliśmy (p. akcent § 1a i 2) — *rzad.* **zrównywać** *ndk VIIIa*, zrównuję (*nie*: zrównywam, zrównywuję), zrównywaliśmy **1.** «wygładzić, wyrównać»: Zrównać plac, teren pod budowę. △ Zrównać coś z ziemią «zupełnie zburzyć»: Większość domów na tej ulicy została w czasie bombardowania zrównana z ziemią. **2.** «nadać te same uprawnienia» □ Z. kogo (z kim) w czym: Kobiety zostały zrównane w prawach z mężczyznami. Zrównać wszystkie klasy społeczne.

zróżnicować p. różnicować.

zróżniczkować *dk IV*, zróżniczkowaliśmy (p. akcent § 1a i 2) «wyznaczyć różniczki danych funkcji» △ *niepoprawne* w zn. «podzielić coś na różniące się między sobą elementy; zróżnicować», np. Gwary niemieckie są bardzo zróżniczkowane (*zamiast*: zróżnicowane). *Por.* różnicować.

zrucać, zrucić *daw.*, dziś *gw.* «zrzucać, zrzucić»

zrujnować (*nie*: zru-inować) *dk IV*, zrujnowaliśmy (p. akcent § 1a i 2): Huragan zrujnował domy w całej wsi. Wojna zrujnowała go doszczętnie. Zrujnować zdrowie, czyjeś szczęście.

zrulować p. zrolować.

zrusyfikować *dk IV*, zrusyfikowaliśmy (p. akcent § 1a i 2); *rzad.* **zruszczyć** *dk VIb*, zruszczyliśmy — **rusyfikować** *ndk*, rusyfikowaliśmy; *rzad.* **ruszczyć** *ndk*, ruszczyliśmy: Rusyfikować podbity kraj. Zrusyfikowany Litwin.

zrutenizować *dk IV*, zrutenizowaliśmy (p. akcent § 1a i 2) — **rutenizować** *ndk*, rutenizowaliśmy *rzad.* «poddawać wpływom ukraińskim»: Rutenizować szkoły na kresach.

zrutynizować *dk IV*, zrutynizowaliśmy (p. akcent § 1a i 2) — **rutynizować** *ndk*, rutynizowaliśmy: Zrutynizowany nauczyciel.

zrutynowany *częściej*: zrutynizowany: Zrutynowane nauczanie.

zrywać p. zerwać.

zrywny *st. w.* zrywniejszy a. bardziej zrywny: Zrywny samochód, motocykl.

zrządzenie *n I*, zwykle w wyrażeniach: Zrządzenie losu, opatrzności, zrządzenie boskie. Było to fatalnym zrządzeniem losu, że nie spotkaliśmy się już nigdy.

zrządzić *dk VIa*, zrządziłby (p. akcent § 4c) — *rzad.* **zrządzać** *ndk I*, zrządzałby; zwykle w wyrażeniach: Los, przypadek, traf zrządził, że... △ W języku prawniczym: Zrządzone szkody, uszkodzenia ciała.

zrzec się (*nie*: zrzeknąć się) *dk Vc*, zrzeknę (*nie*: zrzekę) się, zrzeknie (*nie*: zrzecze) się, zrzeknij (*nie*: zrzecz) się, zrzekł (*nie*: zrzeknął) się, zrzekła się, zrzekliśmy się (p. akcent § 1a i 2) — **zrzekać się** *ndk I*, zrzekaliśmy się □ Z. się czego: Zrzekli się wszelkich korzyści materialnych. Zrzec się praw do

spadku. Zrzekam się tych pieniędzy. △ Z. się czego (*nie*: z czego) na rzecz (czyjąś): Bracia zrzekli się na rzecz siostry części swego majątku ziemskiego.

zrzednąć, zrzednieć p. rzednąć.

zrzeszać *ndk I*, zrzeszaliśmy (p. akcent § 1a i 2) — **zrzeszyć** *dk VIb*, zrzeszyliśmy: Organizacje polityczne i zawodowe zrzeszają obywateli.

zrzeszać się — zrzeszyć się □ Z. się w czym (w organizacji już przedtem istniejącej): Zrzeszać się w związkach zawodowych, w organizacjach społecznych. Chłopi zrzeszeni w Kółku Rolniczym postanowili... □ Z. się w co (tworząc nową organizację): Zrzeszać się w związki zawodowe, w federacje.

zrzeszenie *n I* «związek, stowarzyszenie, organizacja»: Zrzeszenie zawodowe, młodzieżowe. Zrzeszenie artystów, prawników. // *U Pol. (1), 273.*

zrzęda *m* a. *ż* odm. jak *ż IV*, M. ten a. ta zrzęda (także o mężczyznach), *lm M.* te zrzędy, D. zrzędów (tylko o mężczyznach) a. zrzęd, B. tych zrzędów (tylko o mężczyznach) a. te zrzędy: Był nieznośnym a. nieznośną zrzędą. Czy widziałeś tego starego a. tę starą zrzędę?

zrzędny *m-os.* zrzędni, *st. w.* bardziej zrzędny, *rzad.* zrzędniejszy: Zrzędna staruszka. Zrzędne narzekania.

zrzędzić *ndk VIa*, zrzędź, zrzędziliśmy (p. akcent § 1a i 2) □ Z. na kogo, na co: Ciągle zrzędził na dzieci, na nieporządki.

zrzucać (*gw.*: zrucać) *ndk I*, zrzucaliśmy (p. akcent § 1a i 2) — **zrzucić** (*gw.*: zrucić) *dk VIa*, zrzuciliśmy; *rzad.* zrzućmy — z czego: Zrzucić desant. Zrzucili ładunek na rampę kolejową. Zrzucali kartofle do piwnicy. □ Z. kogo, co — z czego: Zrzucić kogoś ze schodów. Zrzucali śnieg z dachu. Zrzucić talerz ze stołu na podłogę. Zrzuciła chustkę z głowy. Zrzucić szal, płaszcz z ramion. Zrzucić z siebie suknię, ubranie, kołdrę. △ *przen.* w zwrotach: Zrzucić maskę (obłudy, uprzejmości itp.) «przestać udawać, np. uprzejmość» △ Zrzucić (z siebie) winę, odpowiedzialność (na kogoś). △ Zrzucić mundur «przejść do cywila» △ Zrzucić sutannę, habit «przestać być duchownym, zakonnikiem» // *D Kult. I, 786; GPK Por. 65.*

zrzutek *m III*, D. zrzutka, *lm M.* ci zrzutkowie, *rzad.* te zrzutki «skoczek spadochronowy zrzucony nad terytorium nieprzyjacielskim»: Dywersja zapoczątkowana przez zrzutków.

zrzutka *ż III*, *lm D.* zrzutek «w kartach: dodanie do lewy specjalnej karty; karta dodana w specjalnej sytuacji»: Miał same kiery i jedną zrzutkę.

zrzynać p. zerznąć.

zrzynek *m III*, D. zrzynka zwykle w *lm* «skrawki, ścinki» □ Z. czego (*nie*: od czego): Zrzynki drewna, desek. // *D Kult. II, 454.*

zrzyny *blp*, D. zrzyn a. zrzynów «w terminologii leśniczej, technicznej: odpady powstające przy rżnięciu drewna»

zsadzać (*nie*: zesadzać) *ndk I*, zsadzaliśmy (p. akcent § 1a i 2) — **zsadzić** (*nie*: zesadzić) *dk VIa*, zsadź, zsadziliśmy □ Z. kogo z czego: Zsadził dziecko z roweru.

zsiadać *ndk I*, zsiadaliśmy (p. akcent § 1a i 2) — **zsiąść** (*nie*: zesiąść) *dk XI*, zsiądę (*nie*: zsiędę), zsiądzie, zsiądź, zsiadł, zsiedliśmy, zsiadłszy. □ Z. z czego: Zsiadać z roweru, z motoru, z konia, z wozu (*ale*: wysiadać z pociągu, z samolotu, z auta). **zsiadać się — zsiąść się** «o niektórych płynach: ścinać się, tężeć»: Mleko się zsiadło. // *GPK Por. 225.*

zsiadły, zwykle w wyrażeniach: Zsiadłe mleko. Zsiadły śnieg.

zsiec *dk XI*, zsiekę, zsiecze, zsieką, zsiecz, zsiekł, zsiekliśmy (p. akcent § 1a i 2), zsieczony *reg.* «zżąć, skosić»: Zsieczona trawa.

zsiekać *dk I*, zsiekaliśmy (p. akcent § 1a i 2), *rzad., częściej*: posiekać, pociąć □ Z. co czym (na co): Drzewa zsiekane pociskami. Zsiekać coś tasakiem.

Zsigmondy (*wym.* Szygmondi) *m odm. jak przym.*, *D.* Zsigmondyego (*wym.* Szygmondiego, p. akcent § 7): W 1925 r. profesorowi Zsigmondyemu przyznano nagrodę Nobla.

zsinieć (*nie*: zesinieć) *dk III*, zsinieliśmy (p. akcent § 1a i 2), zsinieli □ Z. z czego, od czego: Policzki mu zsiniały od chłodu. Żołnierze aż zsinieli z mrozu (ale w imiesł. przeszłym: Zsiniali z zimna żołnierze ledwo mogli utrzymać broń w rękach).

ZSL (*wym.* zetesel, p. akcent § 6) *m I*, *D.* ZSL-u a. *n ndm* «Zjednoczone Stronnictwo Ludowe»: Należeć do ZSL (do ZSL-u). ZSL ogłosił (ogłosiło) apel do chłopów. — ZSL-owiec a. zeteselowiec *m II*, *D.* ZSL-owca (zeteselowca), *lm M.* ZSL-owcy (zeteselowcy) — ZSL-owski a. zeteselowski: Koła ZSL-owskie. // *Kl. Ależ 49.*

ZSP (*wym.* zetespe, p. akcent § 6) *n ndm* «Zrzeszenie Studentów Polskich»: ZSP wysłało studentów do pomocy przy żniwach.

ZSRR (*wym.* zeteserer, p. akcent § 6) *m ndm* «Związek Socjalistycznych Republik Radzieckich»: ZSRR zaproponował zwołanie europejskiej konferencji bezpieczeństwa. Wyjechać do ZSRR. // *Kl. Ależ 47.*

zstępny używane tylko w terminologii prawniczej: Krewny w linii zstępnej «potomek w linii prostej, np. wnuk w stosunku do dziadka»

zstępować (*nie*: zstępywać, zestępować) *ndk IV*, zstępowaliśmy (p. akcent § 1a i 2) — **zstąpić** (*nie*: zestąpić) *dk VIa*, zstąpiliśmy *książk.* «schodzić, zwykle wolno, uroczyście» □ Z. z czego (na co): Zstępował wolno ze schodów. Wygląda jakby zstąpiła ze starego portretu. △ *przen.* Zmrok zstępował na ziemię. // *GPK Por. 64.*

zsumować *dk IV*, zsumowaliśmy (p. akcent § 1a i 2): Zsumować wydatki, kolumnę liczb.

zsunąć a. **zesunąć** *dk Vb*, zsuń, zesuń; zsunąłem, zesunąłem (*wym.* zsunołem, zesunołem; *nie*: zsunęłem, zesunęłem); zsunął, zesunął (*wym.* zsunoł, zesunoł); zsunęła, zesunęła (*wym.* zsuneła, zesuneła); zsunęliśmy, zesunęliśmy (*wym.* zsuneliśmy, zesuneliśmy; p. akcent § 1a i 2) — **zsuwać** a. **zesuwać** *ndk I*, zsuwaliśmy, zesuwaliśmy: Zsuwali stoliki, żeby mieć miejsce do tańca. Zsunąć zasłony. □ Z. co z czego (na co): Zsunąć chustkę z ramion.

Zsunął kapelusz z czoła na tył głowy. Zsuwać łódkę z brzegu na wodę. // *GPK Por. 109.*

zsychać p. zeschnąć.

zsyłać p. zesłać.

zsyłka *ż III*, *lm D.* zsyłek *pot.* «zesłanie, deportacja»: Grozi komuś zsyłka. Iść na zsyłkę.

zsynchronizować p. synchronizować.

zsypać (*rzad.* zesypać) *dk IX*, zsypię (*nie*: zsypę), zsypiemy, zsypaliśmy (p. akcent § 1a i 2), zsypany — **zsypywać** (*rzad.* zesypywać) *ndk VIIIa*, zsypuje (*nie*: zsypywuje, zsypywa) □ Z. co (z czego): Zsypywać śmiecie, niedopałki z popielniczki do wiadra. Po wymłóceniu zsypano zboże do worków. Trzeba zsypać węgiel do piwnicy. Kamienie zsypywano z wozu na ziemię.

zsypny «dający się zsypywać»: Zboże było suche, zsypne.

zsypowy «służący do zsypywania czegoś»: Rynna, rura zsypowa (w magazynie zbożowym).

ZSZ (*wym.* zetes-zet, p. akcent § 6) *ż ndm, rzad. m IV*, *D.* ZSZ-tu, *Ms.* ZSZ-cie «Zasadnicza Szkoła Zawodowa»: ZSZ przyjęła dużo uczniów. Zdawać do ZSZ (ZSZ-tu).

zszarpać *dk IX*, zszarpię (*nie*: zszarpę), zszarpie, zszarpaliśmy (p. akcent § 1a i 2) — *rzad.* **zszarpywać** *ndk VIIIa*, zszarpywaliśmy **1.** «zniszczyć coś, szarpiąc»: Pies zszarpał mu ubranie. △ *przen.* Zszarpać siły, zdrowie, nerwy. **2.** «zdjąć coś, szarpiąc» □ (zwykle *ndk*) Z. co z kogo, czego: Zszarpuje z wieszaka płaszcz i wybiega. Zszarpuje z siebie odzież i skacze za tonącym.

zszumować *dk IV*, zszumowaliśmy (p. akcent § 1a i 2) — **szumować** *ndk*, szumowaliśmy: Zszumować rosół. △ *rzad.* Zszumować pianę z czegoś.

zszyć albo **zeszyć** *dk Xa*, zszyliśmy, zeszyliśmy (p. akcent § 1a i 2) — **zszywać** albo **zeszywać** *ndk I*, zszywaliśmy, zeszywaliśmy: Zszywać skórki królicze. □ Z. co czym: Zszyć buty dratwą. Zszywać płótno grubą igłą, kolorową nitką. □ Z. co z czym: Zszyj równo, brzeg z brzegiem. □ Z. co z czego: Zszyli kurtynę z dwóch kotar.

! zubażać p. zubożyć.

zuber *m IV*, *DB.* zubera «woda mineralna»: Pić zubera.

zubożeć *dk III*, zubożeliśmy (p. akcent § 1a i 2), zubożeli «stać się uboższym, zbiednieć»; Podczas okupacji ludzie zubożeli (ale w imiesł. przeszłym: Przyjechali do nich zubożali krewniacy). // *GPK Por. 228.*

zubożyć *dk VIb*, zubożyliśmy (p. akcent § 1a i 2) — **zubożać** (*nie*: zubażać) *ndk I*, zubożaliśmy *książk.* «doprowadzić do ubóstwa»: Wojna zuboża narody. △ *przen.* Przesadny puryzm zuboża język. // *GPK Por. 228.*

zuch *m III*, *lm M.* te zuchy (*nie*: zuchowie): Ale zuch z tego chłopca. Udawać zucha. □ Z. do czego: Do bójki, do zwady to on zuch nie lada.

zuchwalec *m II*, *D.* zuchwalca, *W.* zuchwalcze, forma szerząca się: zuchwalcu. // *GPK Por. 120.*

zuchwalstwo *n III, Ms.* zuchwalstwie, zwykle w *lp*; *rzad.* **zuchwałość** *ż V*, zwykle w *lp*: Odważny aż do zuchwalstwa. Zuchwalstwo tych chłopców przechodzi wszelkie granice. Było dużo zuchwałości w jego zachowaniu. □ Z. wobec kogoś: Zuchwalstwo dzieci wobec rodziców.

zuchwały *m-os.* zuchwali, *st. w.* zuchwalszy a. bardziej zuchwały: Zuchwały młokos. Zuchwała odpowiedź. Zuchwałe zachowanie. Zuchwały napad.

z ukosa p. ukos.

Zulus *m IV, lm M.* Zulusi «członek plemienia afrykańskiego» — Zuluska *ż III, lm D.* Zulusek — zuluski.

zunifikować p. unifikować.

zupa *ż IV, CMs.* zupie: Rzadka, zawiesista, wodnista zupa. Zupa jarzynowa, owocowa, pomidorowa a. zupa z jarzyn, z owoców, z pomidorów. Zupa grochowa a. grochówka. Zupa kartoflana a. kartoflanka. □ Z. na czym: Zupa na rosole, na mięsie. Zaprawić, przyprawić zupę śmietaną, mąką. Gotować zupę.

zupak *m III, lm M.* te zupaki *pot., pogard.* «zawodowy podoficer»

zupełnie *st. najw.* najzupełniej (*st. w.* nie używany): Leżał zupełnie wyczerpany. Jestem najzupełniej zdrów. Taki sposób załatwienia sprawy najzupełniej by mnie zadowolił. Pokój zupełnie (*lepiej:* kompletnie) umeblowany. Zupełnie (*nie:* kompletnie) wyłączył się z gry. // D Kult. I, 223; Kl. Ależ 32; U Pol. (1), 156.

zupełność *ż V, blm,* zwykle w wyrażeniu: W zupełności «zupełnie, całkowicie»: W zupełności podzielam twoje zdanie. Moje nowe mieszkanie odpowiada mi w zupełności.

zupełny *st. najw.* najzupełniejszy, *rzad. st. w.* zupełniejszy: Na wsi pozostawiono dzieciom zupełną swobodę. Miałeś najzupełniejszą rację. Zupełna równość wszystkich obywateli. Zupełne zadowolenie. Zupełne wydanie dzieł pisarza. // Pj 1969, 91.

zupowy, zupny *rzad.,* przym. od zupa: Koncentraty, przyprawy zupowe (*lepiej:* Koncentraty zup, przyprawy do zup).

zurbanizować p. urbanizować.

ZURT a. **ZURiT** (*wym.* zurt, zurit) *m IV, D.* ZURT-u, ZURiT-u, *Ms.* Zurcie, Zuricie «Zakład Usług Radiotechnicznych i Telewizyjnych»: Pracować w Zurcie (Zuricie). ZURT przyjął telewizor do reperacji.

Zurych (*wym.* Curych) *m III, D.* Zurychu «miasto w Szwajcarii»: Studiować w Zurychu. — zuryski (p.).

zuryski (*wym.* curyski; *nie:* zurychski): Uniwersytet zuryski (*ale:* Jezioro Zuryskie). // GPK Por. 98.

ZUS (*wym.* zus) *m IV, D.* ZUS-u, *Ms.* ZUS-ie «Zakład Ubezpieczeń Społecznych»: Złożyć reklamację w ZUS-ie. Iść do ZUS-u.

z uwagi na co p. uwaga.

Zuzanna (*nie:* Zuzana) *ż IV, lm D.* Zuzann — Zuzia *ż I, W.* Zuziu.

zużyć *dk Xa,* zużyliśmy (p. akcent § 1a i 2) — **zużywać** *ndk I,* zużywaliśmy «zrobić z czegoś jakiś użytek, posłużyć się czymś, zużytkować coś; zużywając zniszczyć»: Węgiel przeznaczony na zimę zużyliśmy już w jesieni. W powieści tej autor pomysłowo zużył (*częściej:* zużytkował) materiał zaczerpnięty z pamiętników. □ Z. co na co: Resztę pieniędzy zużyliśmy na drobne sprawunki. □ Z. co do czego: Cały zapas mąki zużyła do (pieczenia) babek wielkanocnych.

zużyć się — zużywać się 1. «zniszczyć się przez używanie»: Koła roweru już się zużyły. Wszystko się zużywa z biegiem lat. 2. *częściej ndk* «stracić siły, wyczerpać się»: Zużywać się nerwowo. □ Z. się w czym: Zużywał się w ciężkiej pracy. // D Kult. I, 187.

zużytkować *dk IV,* zużytkowaliśmy (p. akcent § 1a i 2) — *rzad.* **zużytkowywać** *ndk VIIIa,* zużytkowuje (*nie:* zużytkowywuje, zużytkowywa); zużytkowuj, zużytkowywaliśmy «zużyć z pożytkiem, wyzyskać»: Wszystkie notatki zużytkował w następnym wydaniu pracy. □ Z. co — na co: Na doskonalenie tej metody zużytkowywał cały swój czas i całą energię. □ Z. co — do czego: Do uprawy tego pola zużytkowano (*częściej:* zużyto) całe tony nawozów.

zużyty *m-os.* zużyci 1. imiesł. bierny od czas. zużyć: Śmietana zużyta do zupy. 2. «wyczerpany, wyniszczony fizycznie, psychicznie; świadczący o wyczerpaniu, wyniszczeniu»: Na jego udział w tej pracy nie można liczyć, to człowiek całkowicie zużyty. Zużyta twarz. □ Z. czym: Zużyty życiem, nadmierną pracą, hulankami. □ Z. w czym: Nerwy zużyte w borykaniu się z losem. 3. «banalny, wyświechtany»: Zużyte dowcipy, koncepty, tematy.

zużywać p. zużyć.

ZW (*wym.* zetwu, p. akcent § 6) *m ndm* «Zarząd Wojewódzki», np.: ZW LOK (= Ligi Obrony Kraju), ZW LPŻ (= Ligi Przyjaciół Żołnierza)

zwać *ndk IX,* zwę (*nie:* zwię), *rzad.* zowię; zwie, *rzad.* zowie, zwą (*nie:* zwią), *rzad.* zowią; zwij, zwaliśmy (p. akcent § 1a i 2) *książk.* «nazywać; dawać nazwę», zwykle w imiesł. biernym □ Z. kogo, co — kim, czym: Karol zwany Lolem. Zwano go niespokojnym duchem. Skromny pokój, zwany szumnie salonem. △ Tak zwany (skrót: tzw.) «używana przed wyrazem (określeniem), które należy rozumieć z pewnym zastrzeżeniem, albo przed terminem, który się właśnie wprowadza do danego tekstu»: Był to tak zwany wódz grupy. We współczesnej polszczyźnie pojawiło się sporo zapożyczeń znaczeniowych, tzw. neosemantyzmów.

zwać się *książk.* «nazywać się»: Oszlifowany diament zwie się brylantem. △ *pot.* Co się zowie «w całym znaczeniu tego słowa; jak należy»: Wyprawił przyjęcie co się zowie. // GPK Por. 233.

zwada *ż IV, CMs.* zwadzie *książk.* «kłótnia, spór; zatarg»: Skłonny, pierwszy do zwady. □ Z. o co: O byle drobiazg wszczynał zwadę. □ Z. z kim: Szukał ciągle okazji do zwady z kolegami. □ Z. między kim (a, i kim): Zwady między rywalami nie ustawały.

zwalać *ndk I,* zwalaliśmy (p. akcent § 1a i 2) — **zwalić** *dk VIa,* zwaliliśmy 1. «zrzucać, zsypywać bezładnie w jedno miejsce» □ Z. co (z czego) — gdzie: Zwalać kamienie z wozu na szosę. Zwalić gruz do rzeki. **2.** częściej *dk* «przewrócić, obalić; zrzucić»: Silny podmuch wiatru zwalił komin z dachu na podwórze. △ Zwalić kogoś z nóg. △ *przen.* Atak serca zwalił go z nóg. **3.** *pot.* «obarczać kogoś czymś» □ Z. co — na kogo: Zwalił całą winę, całą odpowiedzialność na kierownictwo instytucji. Koledzy często zwalali na niego robotę.

zwalać się — zwalić się (częściej *dk*) *pot.* **a)** «spaść, stoczyć się, runąć; upaść» □ Z. się z czego: Zwalił się ciężko z konia. □ Z. się na kogo (czym): Zwaliły się na niego wielkie bryły ziemi. Zapaśnik całym ciężarem zwalił się na przeciwnika. △ *przen.*, *pot.* Cała rodzina zwaliła mu się na kark, na głowę. **b)** «przybyć, zgromadzić się»: Koledzy zwalili się tłumnie na zjazd absolwentów. □ Z. się do kogo, do czego (skąd): Właśnie zwalili się do naszego domu goście z prowincji.

zwalcować p. II walcować.

zwalczać *ndk* I, zwalczaliśmy (p. akcent § 1a i 2) — *rzad.* **zwalczyć** *dk* VIb, zwalczyliśmy: Zwalczać przesądy społeczne. Silny organizm sam zwalczył zarazki. Zwalczać w sobie pychę, egoizm. □ Z. kogo, co (czym): Zwalczał przeciwników swoim ciętym piórem.

zwalić p. zwalać.

zwalisty *m-os.* zwaliści, *st. w.* bardziej zwalisty *pot.* «tęgi, ciężki, masywny»: Zwalista postać. Zwalisty chłop. Zwalisty pień drzewa.

zwalniacz *m* II, *lm D.* zwalniaczy, *rzad.* zwalniaczów: Zwalniacz spadochronu.

zwalniać *ndk* I, zwalnialiśmy (p. akcent § 1a i 2) — **zwolnić** *dk* VIa, zwolnij, zwolniliśmy **1.** w zn. «zmniejszać szybkość; hamować»: Zwalniać kroku. Uciekający dopiero przed samym domem zwolnił nieco biegu. *Ale:* Jeździec zwolnił bieg konia. Zwalniać tempo. □ Z. bez dop.: Pociąg już zwalnia. **2.** «uwalniać kogoś od jakiegoś zobowiązania, obowiązku» □ Z. kogo — od czego: Zwalniać kogoś od (zapłacenia) podatku, od opłat za coś. Zwolnili go od wszelkich uciążliwych robót. Zwolnić kogoś od odpowiedzialności a. z odpowiedzialności. Zwalniać kogoś od (*lepiej*: z) egzaminu. □ Z. kogo — z czego: Zwolnić kogoś z danego słowa, z przysięgi. Zwolnić kogoś z dyżuru, z lekcji (*nie*: od dyżuru, od lekcji). △ Zwalniać kogoś z posady, z pracy (skrótowo: zwalniać). **3.** częściej *dk* «wypuścić na wolność»: Zwolnić więźnia za kaucją. □ Z. kogo — skąd: Zwolnić kogoś z więzienia, z aresztu, z niewoli.

zwariować *dk* IV, zwariowaliśmy (p. akcent § 1a i 2) *pot.* «dostać obłędu; zacząć się zachowywać dziwacznie, nierozsądnie» □ Z. z czego: Zwariować z rozpaczy. Ogromnie się ucieszyłem, myślałem, że zwariuję z radości. □ Z. dla kogo «stracić głowę, rozsądek uwielbiając, kochając bezkrytycznie»: Ma młodą, uroczą żonę i zupełnie dla niej zwariował. Zwariować na jakimś (czyimś) punkcie — p. zwariowany.

zwariowany *m-os.* zwariowani *pot.* «niezrównoważony, nieopanowany; nieobliczalny»: To jakiś zwariowany typ. △ Być zwariowanym na jakimś (czyimś) punkcie «zajmować się czymś, kimś w sposób prze-

sadny»: Matka zwariowana na punkcie syna. Byli zupełnie zwariowani na punkcie swojej działki.

zwarty *m-os.* zwarci, *st. w.* bardziej zwarty: Zwarty szyk. Zwarta zabudowa. Zwarty front.

zwarzyć *dk* VIb, zwarzyłby (p. akcent § 4c) **1.** «zwiędnąć pod wpływem zimna, słońca», zwykle w imiesł. biernym □ Zwarzony czym: Poskręcane, zwarzone upałem liście. Kwiaty zwarzone mrozem. Zima zwarzyła ostatnią zieleń. **2.** «popsuć komuś (humor, nastrój)»: Ta smutna wiadomość zwarzyła nam humory. □ Z. kogo: Był w dobrym nastroju, ale jej uszczypliwa uwaga zwarzyła go od razu.

zwarzyć się (tylko w 3. os. *lp*, w bezokol. i w imiesł. biernym) «o niektórych artykułach spożywczych: zepsuć się wskutek ogrzania»: Mleko się zwarzyło. Nie mogę dolać do kawy zwarzonej śmietanki.

zważać *ndk* I, zważaliśmy (p. akcent § 1a i 2) — **zważyć** *dk* VIb, zważyliśmy *książk.* «brać coś pod uwagę, mieć na względzie» □ Z. na kogo, na co (często z przeczeniem): Nie zważaj na niego, to człowiek nierozsądny. Wcale nie zważał na rady lekarzy. Nie zważając na przestrogi (*lepiej*: mimo, pomimo przestróg), postanowił wziąć udział w tej niebezpiecznej wyprawie. △ *książk.* Zważywszy na...: Porzucę pracę zarobkową, zważywszy na to, że inaczej nie ukończę studiów w terminie. Zważywszy na to, że były deszcze, myślę, że będzie urodzaj. △ Ale to samo wyrażenie jest *niepoprawne* w zdaniach odnoszących się do obiektywnych związków między faktami, nie do ich myślowej interpretacji, np. Drogi są suche, zważywszy na to, że nie było deszczu (*zamiast*:... bo nie było deszczu). // *D Kult.* I, 226; *D Kryt.* 87.

zwąchać *dk* I, zwąchaliśmy (p. akcent § 1a i 2) *pot.* «wyczuć, domyślić się»: Zwąchali od razu, co się dzieje. □ Z. kogo — w kim: Zwąchał w nim krętacza. △ Zwąchać pismo nosem «zorientować się, co się święci»: Chcieli go nabrać, ale zwąchał pismo nosem.

zwąchać się *pot.* «nawiązać kontakt, porozumieć się, zmówić się między sobą» □ Z. się z kim: Zwąchał się z łobuzami.

zwątpić *dk* VIa, zwątp (*nie*: zwątpij), zwątpiliśmy (p. akcent § 1a i 2) □ Z. w kogo (*nie*: o kim): Zwątpić w siebie. □ Z. w co, *przestarz.* o czym: Zwątpić w szczerość przyjaźni. Zwątpiła już w jego karierę. Zwątpić w czyjeś uczucia (o czyichś uczuciach). Zwątpić w możliwość (o możliwości) zwycięstwa.

Zweig (*wym.* Cwajg) *m* III, *D.* Zweiga, *lm M.* Zweigowie: Arnoldowi Zweigowi przyznano Nagrodę Leninowską.

zwekslować *dk* IV, zwekslowaliśmy (p. akcent § 1a i 2) □ Z. co na co: Zwekslować pociąg (skład) na boczny tor. △ *przen.* Zwekslować rozmowę na inne tory. △ *niepoprawne* Dyskusja zwekslowała (*zamiast*: zeszła) na sprawy wczasów. // *KP Pras.*

zwęszyć p. węszyć.

zwężać *ndk* I, zwężaliśmy (p. akcent § 1a i 2) — **zwęzić** (*nie*: zwężyć) *dk* VIa, zwęziliśmy □ Z. co o ile (*nie*: ile, na ile): Zwęzić suknię o 4 cm (*nie*: 4 cm i *nie*: na 4 cm). △ *przen.* Autor zanadto zwęża zagadnienie. Wyraz zwężił znaczenie w języku współczesnym.

zwi cząstka wyrazów wymawiana poprawnie: zw' (*nie:* żw'), np.: *zwierzęcy* (nie *wym.* żwierzęcy), *zwięzły* (nie *wym.* żwięzły), *zwijać* (nie *wym.* żwijać) itp. *Por.* ż

zwiać *dk Xb*, zwiali, *reg.* zwieli; zwiej, zwialiśmy, *reg.* zwieliśmy (p. akcent § 1a i 2) — **zwiewać** *ndk I*, zwiewaliśmy **1.** «usunąć podmuchem» □ Z. co z czego: Wiatr zwiewał śnieg z dachu, piasek z drogi. **2.** *pot.* «uciec»: Zwiewali ile sił w nogach. Zwiał z domu od rodziców. Zwiać z niewoli. Chcieli mnie zatrzymać, ale zwiałem im sprzed nosa. **3.** tylko *dk* «oddzielić ziarno od plew»: Zwiać żyto.

zwiad *m IV, D.* zwiadu, *Ms.* zwiadzie **1.** «pododdział rozpoznawczy»: Wysłać zwiad. Zwiad jechał trójkami. **2.** «prowadzenie rozpoznania»: Dokonać zwiadu. □ Z. dla kogo: Partyzanci przeprowadzili zwiad dla Armii Czerwonej. △ W języku wojskowym: Pójść, iść, wysłać, wyprawić (patrol) na zwiad. △ W języku ogólnym (także *przen.*): Pójść, wybrać się, wysłać kogoś na zwiady.

zwiastować *dk* a. *ndk IV*, zwiastowaliśmy (p. akcent § 1a i 2) **1.** *książk.* (*ndk*) «być zapowiedzią czegoś»: Bezchmurne niebo zwiastuje piękną pogodę. **2.** *przestarz.*, dziś *książk.* (*dk*) «obwieścić, oznajmić coś uroczyście» □ Z. co komu: Zwiastować komuś dobre wieści, wielką nowinę.

zwiastun *m IV, Ms.* zwiastunie *książk.* **a)** *lm M.* ci zwiastunowie «ten, kto oznajmia, obwieszcza coś»: Zwiastun klęski. Zwiastunowie dobrych wieści. **b)** *lm M.* te zwiastuny «oznaka, zapowiedź, prognostyk»: Skowronki — zwiastuny wiosny. Ból głowy to zwiastun choroby.

związać *dk IX*, związaliśmy (p. akcent § 1a i 2) — **związywać** *ndk VIIIa*, związuje (*nie:* związywuje), związywaliśmy **1.** «wiążąc połączyć końce czegoś; zawiązać, ściągnąć» △ Z. co: Związać chustkę, szalik pod brodą. Związać sznurowadła na supełek. Związać wstążkę na kokardę, *rzad.* w kokardę. □ Z. co czym: Związać paczkę sznurkiem, włosy wstążką. □ Z. co w co «wiążąc połączyć wiele czegoś w jedną całość»: Związać rzeczy, drobiazgi w paczkę, w tobołek. Związać zboże w snopki. Związać siano w płachtę. △ *pot.* Nie móc związać końca z końcem; trudno związać koniec z końcem «z trudem się utrzymywać, nie móc wystarczyć (nie wystarcza) na konieczne wydatki» **2.** «skrępować kogoś» □ Z. kogo (czym): Związali go i wrzucili do lochu. Związać jeńców sznurem. □ Z. komu co (czym): Związali mu ręce do tyłu. Związać komuś ręce i nogi (liną, łańcuchem). △ Mieć związane ręce «nie mieć swobody działania» △ *przen.* Związany słowem, tajemnicą, przysięgą. **3.** tylko w imiesł. biernym «mający związek, coś wspólnego z kimś, z czymś» □ Związany (*nie:* powiązany) z kim, z czym: Rewolucjoniści rosyjscy byli związani (*nie:* powiązani) z proletariatem międzynarodowym. Wydatki, kłopoty związane (*nie:* powiązane) z wyjazdem, z przeprowadzką. **związać się — związywać się** w zn. «nawiązać bliski kontakt z kimś, zaangażować się w czymś»: Po kilku latach zaczął żałować, że się związał z tą kobietą. Związał się ściśle z pracą na budowie. △ *książk.*, *podn.* Związać się z kimś węzłem małżeńskim. || *Kl. Aleź* 102; *PJ* 1960, 55.

związek *m III, D.* związku **1.** w zn. «stosunek rzeczy, zjawisk łączących się ze sobą»: Związki pokrewieństwa między wyrazami. □ Z. (czego) z czym: Związek teorii z praktyką. Epizody nie mające związku z całością. □ Z. między czym a czym: Szukam związku między tym, co mówisz, a tym, co robisz. △ W związku z czymś (*lepiej* niż: odnośnie do czegoś) «z powodu czegoś; nawiązując do czegoś»: W związku z tą sprawą (*lepiej* niż: odnośnie do tej sprawy) muszę stwierdzić, że... △ Być, pozostawać (*nie:* stać) w związku z czymś: Ta sprawa pozostaje (*nie:* stoi) w związku z poprzednim wypadkiem. **2.** częściej w *lm* w zn. «kontakt, łączność z kimś, znajomość, pokrewieństwo, przyjaźń»: Związki kulturalne, rodzinne. Związek duchowy. Związki krwi a. pokrewieństwa. Związki przyjaźni. △ *urz.* Zawrzeć związek małżeński; *uroczyste:* Wstąpić w związek małżeński a. w związki małżeńskie. □ Związki czyje z kim, z czym: Związki dekabrystów z polskim ruchem rewolucyjnym. **3.** w zn. «zrzeszenie, organizacja»: Rybacy tworzą odrębne związki zawodowe. Być członkiem związku. Wstąpić, zapisać się do związku. Organizacja Narodów Zjednoczonych to najważniejszy związek międzynarodowy. △ W nazwach dużą literą, np.: Centralna Rada Związków Zawodowych; Związek Socjalistycznych Republik Radzieckich (skrót: ZSRR) a. Związek Radziecki.

***związki frazeologiczne** (frazeologizmy) to utarte, ustalone zwyczajem językowym połączenia wyrazowe. Używając w mowie lub piśmie pewnych związków wyrazowych, takich, jak np.: *biały kruk; uciekać, gdzie pieprz rośnie; przytrzeć komuś rogów* — nie tworzymy ich każdorazowo, ale odtwarzamy je z pamięci tak jak poszczególne wyrazy. Znaczenie całości takich związków nie jest sumą znaczeń ich składników (np. znaczenia zwrotu: *rzucić okiem* nie otrzymamy sumując to, co znaczą wyrazy: *rzucić* i *oko* oraz końcówka narzędnika).
Z punktu widzenia składniowego możemy wyróżnić trzy typy związków frazeologicznych: **a)** Wyrażenie to połączenie wyrazowe, którego ośrodkiem jest rzeczownik lub przymiotnik (czasem przysłówek), np.: *czarna rozpacz, głupi jak but, ciemno choć oko wykol.*
b) Zwrot to połączenie wyrazowe, którego ośrodkiem jest czasownik (niekiedy imiesłów przysłówkowy), np.: *spać jak suseł, wpaść w rozpacz, wziąć coś za dobrą monetę, wziąć pod uwagę, prawdę mówiąc.*
c) Fraza to połączenie wyrazowe mające postać zdania, np. *Mróz bierze. Ani oko nie widziało, ani ucho nie słyszało. Łuska spadła komuś z oczu.* Frazami są przysłowia, sentencje, maksymy.
Istotniejsza jest jednak klasyfikacja oparta na innej podstawie, mianowicie dokonana ze względu na stopień ustabilizowania związku wyrazowego.
1. Związki, których składników nie można wymieniać ani modyfikować nazywamy związkami stałymi, np.: *anielskie włosy* «ozdoba choinkowa», *chodząca kronika* «doskonały informator o bieżących wydarzeniach», *zbijać bąki* «próżnować», *prosto z mostu* «wprost, bez ogródek».
Źródłem związków frazeologicznych stałych są m.in. naturalne przenośnie (np.: *zadzierać nosa, nie zmrużyć oka*), Biblia (np.: *ciemności egipskie, sól ziemi, manna z nieba*), mitologia, literatura i historia

starożytna (np.: *syzyfowa praca, pięta Achillesa, pirrusowe zwycięstwo*), europejska literatura klasyczna (np.: *walczyć z wiatrakami, w tym szaleństwie jest metoda*). Wiele takich związków jest wspólnych językom narodów o tych samych tradycjach kulturalnych. Oprócz tego każdy język ma własny zasób połączeń wyrazowych, nieprzetłumaczalnych dosłownie na żaden inny język. Takie związki nazywamy **idiomatyzmami** (np.: *spiec raka, smalić cholewki, pleść duby smalone* — to idiomatyzmy polskie).

Związki stałe należy dobrze zapamiętać w całości. Nie wolno także zmieniać elementów takich połączeń; np.: Wpaść z deszczu (*nie*: z dachu) pod rynnę); twardy (*nie*: ciężki) orzech do zgryzienia. **2.** Takie połączenia wyrazowe, w których dopuszczalna jest wymiana jednego lub kilku elementów w obrębie ograniczonej grupy wyrazów, zwykle synonimicznych, nazywamy **związkami łączliwymi**, np.: *wziąć się w garść, w kluby, w ryzy* (ale *nie* np. w rękę); *żywić nadzieję, pogardę, obawę* (ale *nie*: zazdrość, miłość, strach); *broczyć krwią, juchą, posoką* (ale *nie*: potem).

△ Błędy w zakresie związków łączliwych zwykle polegają na przekraczaniu granic wymienności poszczególnych członów, a także na tzw. **kontaminacji**, czyli skrzyżowaniu dwóch poprawnych związków frazeologicznych. Wykolejenie powoduje wymiana jednego ze składników związku na inny, nie używany w tej funkcji. Może to być: **a)** składnik pozornie bliskoznaczny, np.: Snuć perspektywy (*zamiast*: snuć plany); poszerzyć (*zamiast*: powiększyć, zwiększyć) plan; **b)** składnik utworzony przez analogię do innego, utartego związku frazeologicznego, np. ognisko pokoju — na wzór: *ognisko wojny*; **c)** składnik wymieniony pod wpływem zwrotu obcojęzycznego, np. Stanowić nieprzebytą ścianę (*zamiast*: nieprzebyty mur); **d)** składnik wymieniony przez kontaminację (skrzyżowanie) dwóch poprawnych związków frazeologicznych, np.: odgrywać znaczenie (*zamiast*: odgrywać rolę, *ale*: mieć znaczenie), odnieść porażkę (*zamiast*: ponieść porażkę, *ale*: odnieść zwycięstwo), stoczyć mecz (*zamiast*: rozegrać mecz *ale*: stoczyć walkę,), zdać sprawozdanie (*zamiast*: złożyć sprawozdanie, *ale*: zdać sprawę).

Do wykolejeń prowadzi także łączenie związków frazeologicznych o charakterze wyraźnie przenośnym z takimi elementami zdania, których znaczenie pozostaje w sprzeczności z dosłownym znaczeniem składników danego frazeologizmu. Takie sąsiedztwo powoduje przypomnienie dosłownego znaczenia wyrazów wchodzących w skład związku frazeologicznego i wywołuje efekty humorystyczne. Oto przykład: Ziemniaki wyszły z fali mrozów obronną ręką (ręce ziemniaków?!). △ Innym rodzajem błędów frazeologicznych są zwroty i wyrażenia pleonastyczne, złożone z wyrazów zawierających te same elementy treści; np.: wzajemna współpraca; podróżujący pasażer; skuteczny efekt; zapach pełen aromatu; poprawić się na lepsze; nadal kontynuować; pełny komplet; wracać z powrotem. || *Kl. Ależ* 88; *PŻ 1960*, *12—29, 49—67. Por.* idiomatyzmy, zapożyczenia.

*związki rządu, zgody i przynależności Wyrazy pozostają w zdaniach w stosunkach współrzędności (kiedy są od siebie niezależne) lub w stosunkach podrzędności (kiedy jeden wyraz jest zależny od drugiego). Stosunki podrzędne między wyrazami w zdaniu (tworzącymi grupę podmiotu i grupę orzeczenia) wyrażane są przez związki: rządu, zgody i przynależności (związki te zwane są czasem również składnią rządu, zgody i przynależności). **1.** *Związki rządu* (in. rekcja) oznaczane są za pomocą form przypadków i polegają na tym, że wyraz podrzędny musi być w takim przypadku (z przyimkiem lub bez przyimka), jakiego wymaga wyraz nadrzędny. W związki rządu łączą się: **a)** Czasownik z rzeczownikiem, np.: Jem obiad. Słucham muzyki. Myślę o matce. **b)** Rzeczownik z rzeczownikiem, np.: Los człowieka. Ulica Moniuszki. Dom bez dachu. Uczenie dzieci. **c)** Przymiotnik lub imiesłów przymiotnikowy z rzeczownikiem, np.: Pełen wody. Potrzebujący pieniędzy. Podobny do ojca. Dyszący zemstą. △ W połączeniach tych wyraz określający (podrzędny) przybiera stałą formę przypadkową, niezależną od zmieniających się form fleksyjnych wyrazu określanego (nadrzędnego), ale przez niego wymaganą.

△ Jeśli chodzi o czasowniki, to często określony rząd jest stałą właściwością danego czasownika (wiąże się to z jego znaczeniem lub budową słowotwórczą): **a)** najczęstszą konstrukcją czasowników przechodnich jest rząd biernikowy (np.: Czytać książkę, pisywać listy, wybierać delegata), przy czym każda konstrukcja biernikowa — w zdaniu zaprzeczonym — staje się konstrukcją dopełniaczową, np.: Nie czytam książki (*nie*: nie czytam książkę), nie wybieram delegata. △ Obecnie można zaobserwować szerzenie się dopełnień biernikowych w konstrukcjach zaprzeczonych. Biernik w konstrukcji zaprzeczonej — poprawny jest wtedy, gdy dopełnienie zajmuje w strukturze zdania pozycję dostatecznie odległą od orzeczenia (np.: Nie uważał za konieczne zatrzymać nowinę przy sobie. Nie mam obowiązku znać to zarządzenie); nie jest jednakże poprawny w dopełnieniu bliższym, np. Nie lubię pisać listy (*zamiast*: listów).

b) Forma zwrotna nadana czasownikowi przechodniemu zmienia jego rząd na dopełniaczowy (przy jednoczesnej zmianie znaczenia lub nacechowania stylistycznego), np.: Trzymać sznur, *ale*: trzymać się sznura; wyrzec ważne słowa, *ale*: wyrzec się przyjemności; pytać matkę, *ale*: pytać się matki. △ Często dzieje się to przy równoczesnym dodaniu przedrostka do czasownika, np.: Robić co, *ale*: dorobić się czego; pić co, *ale*: napić się czego (*por.* do-, na-).

c) Stały rząd dopełniaczowy mają czasowniki tzw. partytywne, oznaczające czynność cząstkową, nie obejmującą całego przedmiotu (np.: skosztować zupy, nasypać cukru, dolać mleka) oraz czasowniki o znaczeniu ujemnym albo przeczącym, np.: zaprzestać działalności, unikać zwady. △ Stały rząd dopełniaczowy mają również liczne czasowniki przedrostkowe, utworzone za pomocą przedrostków *do-*, *na-*; np.: Chować książkę do szuflady, *ale*: dochować wierności. Piec chleb, *ale*: napiec chleba (*por.* dopełniacz, dopełnienie, biernik).

d) Rząd celownikowy cechuje wiele czasowników o ogólnym znaczeniu „sprzyjania" lub „szkodzenia"; np. Ufać, sprzyjać ludziom, grozić, dokuczać sąsiadom (*por.* celownik).

e) Czasowniki o znaczeniu „rządzenia", „kierowania" zwykle łączą się z narzędnikiem, np.: Dowodzić wojskiem, kierować zespołem (*por.* narzędnik). △ Wiele czasowników cechuje rząd bezpośredni (bez pomocy przyimka) obok rządu przyimkowego, np.: Wierzyć czemu a. wierzyć w co; (*por.* przyimek).

△ Niektóre czasowniki zależnie od znaczenia (nieraz również w tym samym znaczeniu) rządzą różnymi formami dopełnienia (rząd dwojaki), np.: Uciekać od czego a. uciekać przed czym; chronić od czego a. chronić przed czym; tęsknić za czym a. do czego. △ Niektóre czasowniki mają rząd podwójny, to znaczy wymagają dla pełności treści dwóch dopełnień, np. Obrać szlachcica królem (konstrukcje: obrać królem a. obrać szlachcica — nie obejmują całości informacji). △ Poprawne i błędne związki rządu właściwe poszczególnym czasownikom podane zostały pod odpowiednimi hasłami.

2. *Związki zgody* to związki, w których wyraz podrzędny upodabnia swe formy do form wyrazu nadrzędnego, tj. występuje w tym samym rodzaju, liczbie, przypadku lub osobie. W związki zgody łączą się w zdaniu przede wszystkim zasadnicze człony zdania: podmiot i orzeczenie. Orzeczenie zgadza się z podmiotem pod względem osoby i liczby, a w formach czasu przeszłego i trybu warunkowego — także pod względem rodzaju; np.: Piotr pisze; uczennice, uczniowie piszą; rodzice pisali; siostry pisały (p. orzeczenie, orzecznik, podmiot).

W związki zgody łączą się także przydawki przymiotnikowe i rzeczownikowe z określanymi przez nie rzeczownikami. Oznacza to, że rzeczownik z określeniem — wyrażonym przymiotnikiem, zaimkiem przymiotnikowym, liczebnikiem przymiotnikowym, imiesłowem przymiotnikowym lub drugim rzeczownikiem — musi być zgodny co do liczby, przypadka, najczęściej także — rodzaju; np.: Ulica Marszałkowska — na ulicy Marszałkowskiej. Tamten dom — tamte domy. Odkryta głowa — z odkrytą głową. Pierwsza gwiazda — pierwsze gwiazdy. Matka żywicielka — matce żywicielce (p. przydawka). △ W związki zgody wchodzą też niektóre liczebniki główne; np. dwa stoły — trzech stołów — z czterema stołami (p. liczebnik). *Wykolejenia* w zakresie związków zgody są najczęściej spowodowane rozbieżnością między formą a znaczeniem łączących się w nie wyrazów. W języku polskim obowiązuje na ogół zasada zgody formalnogramatycznej, a nie realnoznaczeniowej (p. rodzaj gramatyczny). △ Zdarzają się jednak wyjątki od tej zasady; np. tytuły: *Jego Eminencja, Jego Magnificencja* itp. wiążą się z innymi członami zdania na zasadzie zgody realnoznaczeniowej: Jego Ekscelencja wyjechał (*nie:* wyjechała); Jego Magnificencja przyjął (*nie:* przyjęła) delegację. △ Czasami ustalenie właściwego typu połączenia w związku zgody jest trudne do tego stopnia, że wymaga przeredagowania wypowiedzi, aby uniknąć konstrukcji rażących lub śmiesznych; np. w zdaniu: „Bawił (bawiła) wszystkich dusza towarzystwa, pan Kowalski" — należy tak zmienić szyk wyrazów, żeby wyraz *dusza*, użyty przenośnie, nie „ciążył" nad orzeczeniem, lecz stał się tylko dopowiedzeniem: Bawił wszystkich pan Kowalski, dusza towarzystwa. △ Podobnie zdanie: „Asy wyścigu, Jankowski i Królak, już się wycofali (wycofali)" — lepiej zmienić na: Wycofali się już Jankowski i Królak, asy wyścigu. △ Zakłócenia powstają również przy stosowaniu liczby mnogiej grzecznościowej, np.: Koleżanko, czy byłyście (*zamiast:* byliście) tu wczoraj? (p.

liczba gramatyczna). △ Wiele kłopotów w zakresie związków zgody sprawiają też formy orzeczeniowe przy tytułach i nazwach zawodowych kobiet (p. nazwy i tytuły zawodowe kobiet), oraz składnia skrótowców (p. skrótowce) i nowych wyrazów zapożyczonych (p. neologizmy).

3. *Związki przynależności* to związki, w których wyraz podrzędny nie ma formalnych cech zależności od wyrazu nadrzędnego, lecz łączy się z nim tylko pod względem znaczeniowym. O związku wyrazu określanego z wyrazem określającym decyduje więc kontekst wypowiedzenia, z formalnych zaś względów — tylko miejsce tego wyrazu podrzędnego w zdaniu. W związki przynależności wchodzą: **a)** Przysłówki i imiesłowy przysłówkowe z czasownikiem; np.: Pisać porządnie. Szedł kulejąc. **b)** Przysłówki z przymiotnikiem lub z innym przysłówkiem; np.: Bardzo ładny dzień. Zupełnie dobrze to zrobił. **c)** Rzeczowniki z przydawką rzeczownikową w mianowniku; np. Ulica Podwale, na ulicy Podwale; Powiat Końskie, w powiecie Końskie. △ We wszystkich tych połączeniach wyraz określający nie ma formalnego połączenia z wyrazem określanym, a więc nie zmienia się zależnie od zmian wyrazu nadrzędnego. || D Kult. II, 533; KJP 329—340.

związkowiec *m II, D.* związkowca, *W.* związkowcze, forma szerząca się: związkowcu, *lm M.* związkowcy. || D Kult. I, 525.

związkowy *m-os.* związkowi, przym. od związek, tylko w zn. «organizacja»: Władze, instancje związkowe. Działacz związkowy. △ Republika związkowa «republika wchodząca w skład Związku Radzieckiego, Czechosłowacji lub Jugosławii»

związywać p. związać.

zwichnąć *dk Va*, zwichnij, zwichnąłem (*wym.* zwichnołem; *nie:* zwichnęłem), zwichnął (*wym.* zwichnoł), zwichnęła (*wym.* zwichneła; *nie:* zwichła), zwichnęliśmy (*wym.* zwichneliśmy, p. akcent § 1a i 2): Zwichnąć nogę w kostce. △ *przen.* Zwichnąć sobie życie. Nieuleczalna choroba zwichnęła mu karierę.

zwidywać się *ndk VIIIa*, zwidywałby się (p. akcent § 4c) — **zwidzieć się** *dk VIIa*, zwidziałby się; zwykle w 3. os. *lp* i *lm* oraz w bezokol. □ Coś się komuś zwiduje: Po nocach zwidywały mu się jakieś mary. Co ci się zwidziało?

zwidzieć się *dk*, zwiem się, zwie się, zwiedzą się zwiedz (*nie:* zwiedź) się, zwiedział się, zwiedzieliśmy się (p. akcent § 1a i 2) *pot.* «dowiedzieć się czegoś w sposób nieoficjalny» □ Z. się o kim, o czym, z. się, że... Jak się o mnie zwiedzą, zaraz przyjdą. Już się zwiedzieli o wypadku. Zwiedzieli się od razu, że dostałem pieniądze.

zwieńczyć *dk VIb*, zwieńczyliśmy (p. akcent § 1a i 2) — **zwieńczać** *ndk I*, zwieńczaliśmy «zamknąć, udekorować szczyt jakiejś budowli lub jej elementu» △ Zwykle w imiesł. biernym: Baszta zwieńczona blankami. *Por.* wieńczyć.

zwieracz *m II, lm D.* zwieraczy, *rzad.* zwieraczów.

zwierać p. zewrzeć.

zwierciadlany (*nie:* źwierciadlany) **1.** *książk.* «gładki, lśniący, odbijający jak zwierciadło»: Zwierciadlana toń jeziora. Zwierciadlana woda. △ Zwierciadlana sala «sala mająca ściany z luster» 2. «w terminologii specjalnej: zaopatrzony w zwierciadła, mający części podobne do zwierciadeł»: Teleskop zwierciadlany. Anteny zwierciadlane.

zwierciadło (*nie*: źwierciadło) *n III, Ms.* zwierciadle (*nie*: zwierciedle), *lm D.* zwierciadeł *przestarz., książk.* «lustro; *przen.* gładka powierzchnia odbijająca światło»: Czarodziejskie, magiczne zwierciadło (w baśniach). Zwierciadło jeziora. Posadzka błyszczy jak zwierciadło. △ W terminologii specjalnej: Zwierciadło sferyczne a. kuliste. Zwierciadło wklęsłe, wypukłe. △ Ukazywać coś w krzywym zwierciadle «przedstawiać w sposób karykaturalny»: Autor ukazał w krzywym zwierciadle środowisko intelektualistów. // *D Kult. I, 749; GPK Por. 70.*

zwierciadlowy *rzad.* przym. od zwierciadło: Odbicie zwierciadlowe (wzoru, rysunku itp.). △ Przyrządy zwierciadlowe. *Por.* zwierciadlany.

zwierz (*nie*: źwierz) *m II, lm M.* zwierze 1. «zwierzę, szczególnie dzikie, bestia»: Drapieżny, rozjuszony zwierz. 2. *blm, wych. z użycia* «zwierzyna»: Bory pełne zwierza. Bagna zaroiły się drobnym zwierzem. Polowanie na grubego zwierza (tj. na zwierzęta, do których strzela się kulami). // *U Pol. (2), 486; GPK Por. 56. Por.* zwierzę.

zwierzać *ndk I,* zwierzaliśmy (p. akcent § 1a i 2) — **zwierzyć** *dk VIb,* zwierzyliśmy *książk.* «wyznawać coś poufnie» □ Z. co komu: Zwierzały sobie różne sekrety. Zwierzyć komuś tajemnicę.
zwierzać się — **zwierzyć się** □ Z. się komu, *rzad.* przed kim (*nie*: do kogo) z czego, *rzad.* z czym (*nie*: o czym): Zwierzała się jej (*nie*: do niej) z najtajniejszych myśli. Zwierzył się przyjacielowi ze swoich kłopotów i zmartwień (*nie*: o swoich kłopotach i zmartwieniach).

zwierzak *m III pot.* «zwierzę»: Znosi do domu koty, psy i inne zwierzaki.

zwierzchni (*nie*: zwierzchny): Zwierzchnia (*nie*: zwierzchna) władza. Zwierzchni nadzór. △ *przestarz.* Zwierzchnia odzież. *Por.* wierzchni.

zwierzchnictwo *n III, blm* «władza zwierzchnia, nadrzędna; kierownictwo» □ Z. nad kim: Objąć, mieć zwierzchnictwo nad wojskiem.

zwierzchność *ż V, blm* 1. *książk., wych. z użycia* p. zwierzchnictwo: Książęta pomorscy podlegali zwierzchności Polski, księcia polskiego. 2. *przestarz.* «zwierzchnicy, władza»: Zwierzchność miejska, szkolna. W okresie zaborów stancje szkolne były pod nadzorem zwierzchności szkolnej.

zwierzę (*nie*: źwierzę) *n IV*: Dzikie zwierzę; zwierzę domowe, leśne, pociągowe, futerkowe. Czujny jak zwierzę. Pogromca dzikich zwierząt. Hodować, tresować zwierzęta. △ *książk.* Król zwierząt «lew» // *D Kryt. 73. Por.* zwierz.

zwierzętarnia *ż I, lm D.* zwierzętarni, *rzad.* zwierzętarń «pomieszczenie dla zwierząt (zwłaszcza doświadczalnych)»: Budowa nowych zwierzętarni przy laboratoriach.

zwierzostan *m IV, D.* zwierzostanu: Bogaty, obfity zwierzostan. Wyrządzić szkody w zwierzostanie.

zwierzyć p. zwierzać.

zwierzyna (*nie*: źwierzyna) *ż IV, Ms.* zwierzynie, *blm* «zwierzęta żyjące na wolności»: Zwierzyna łowna. Drobna, leśna, wodna zwierzyna. W knlei było mnóstwo zwierzyny. Polować na zwierzynę. △ Gruba zwierzyna «zwierzęta, do których strzela się kulami» // *D Kryt. 76.*

zwierzyniec (*nie*: źwierzyniec) *m II, D.* zwierzyńca *wych. z użycia* «ogród zoologiczny» △ Zwierzyniec niebieski p. zodiak. // *GPK Por. 70.*

zwierzyniecki △ Konik zwierzyniecki, in. lajkonik.

zwierzyńcowy △ Pas zwierzyńcowy p. zodiakalny.

zwiesić (*nie*: zwieśsić) *dk VIa,* zwieszę, zwiesiliśmy (p. akcent § 1a i 2) — **zwieszać** *ndk I,* zwieszaliśmy «opuścić ku dołowi, spuścić»: Drzewa zwieszały nisko gałęzie. □ Z. co — na co: Zwiesił głowę na piersi. △ *pot.* Zwiesić nos (na kwintę) «stracić humor, posmutnieć»
zwiesić się — **zwieszać się** «opaść, zwisnąć; zwykle w formie *ndk*: być zawieszonym» □ Z. się z czego: Z sufitu zwiesza się lampa. □ Z. się nad czym: Nad wodą zwieszały się zielone gałęzie wierzby.

zwieść *dk XI,* zwiodę, zwiedzie, zwiedź, zwiodłem, zwiódł, zwiodła, zwiedli, zwiedliśmy (p. akcent § 1a i 2), zwiedziony, zwiedzieli (*nie*: zwiedzieni) — **zwodzić** *ndk VIa,* zwodzę, zwódź, zwodziliśmy □ Z. kogo (czym) «wprowadzić w błąd, oszukać»: Zwodził ją pięknymi słówkami. △ Jeżeli mnie pamięć nie zwodzi (a. nie zawodzi) «jeżeli dobrze pamiętam» △ Zwieść kogoś na manowce «zdemoralizować, wykoleić; *także*: wprowadzić w błąd»

zwiewać p. zwiać.

zwiewny *st. w.* zwiewniejszy a. bardziej zwiewny 1. «unoszący się w powietrzu za lada powiewem; lekki, powiewny»: Zwiewna sukienka, tkanina. 2. «dający się łatwo zwiać; lotny»: Zwiewny pył, piasek.

zwieźć *dk XI,* zwiozę (*nie*: zwiezę), zwiezie, zwiózł, zwiozła (*nie*: zwiezła), zwieźliśmy (p. akcent § 1a i 2) — **zwozić** *ndk VIa,* zwożę, zwoz a. zwóz, zwoziliśmy □ Z. kogo, co — gdzie: Zwieźli zboże do stodoły. Zwozili ludzi na plac przed fabrykę. □ Z. kogo, co — skąd: Zwozili drzewo ze szczytu góry w dolinę.

zwiędnąć *dk Vc,* zwiądł, *rzad.* zwiędnął; zwiędła (*nie*: zwiędnęła), zwiędliśmy (p. akcent § 1a i 2), zwiędły, *rzad.* zwiędnięty: Kwiaty w wazonie zwiędły. Szeleściły pod nogami zwiędłe (zwiędnięte) liście. Cera jej zwiędła, pokryła się zmarszczkami.

zwiększać *ndk I,* zwiększaliśmy (p. akcent § 1a i 2) — **zwiększyć** *dk VIb,* zwiększ (*nie*: zwiększyj), zwiększyliśmy (p. akcent § 1a i 2) «czynić większym; powiększać»: Zwiększyć szybkość. Zwiększył swój majątek. □ Z. co o ile (*nie*: na ile): Zwiększył swój stan posiadania o trzy (*nie*: na trzy) hektary.

*zwięzłość wypowiedzi p. styl.

zwięzły (*nie*: źwięzły) *st. w.* zwięźlejszy a. bardziej zwięzły 1. «treściwy, krótki»: Zwięzły raport. Zwięzłe przemówienie. 2. «mający zwartą strukturę, konsystencję»: Zwięzła gleba.

zwijać

zwijać *ndk I*, zwijaliśmy (p. akcent § 1a i 2) — zwinąć *dk Vb*, zwinąłem (*wym.* zwinołem; *nie*: zwinełem), zwinął (*wym.* zwinoł), zwinęła (*wym.* zwineła), zwinęliśmy (*wym.* zwineliśmy) □ Z. co (w co) «składać w kilkoro, skręcać»: Zwinąć papier w rolkę. Zwijać wełnę w kłębek. Zwijać włosy w węzeł, w kok. △ (częściej *dk*) *pot.* Zwinąć chorągiewkę, *rzad.* żagle «wycofać się, zrezygnować z czegoś, zmienić decyzję, zdanie» □ Z. co — na co «nawijać»: Zwinąć nici na szpulkę. □ Z. co «likwidować, rozwiązywać»: Zwinąć (*lepiej* niż: likwidować) obóz. Zwijać (*częściej*: likwidować) sklep, mieszkanie, oddział (biura).
zwijać się — zwinąć się □ Z. się w co «przybierać kształt kuli, kłębka, rulonu, spirali»: Papier ciągle zwijał się w rulon. Włosy zwinęły się w loki. △ Zwijać się w kłębek (o zwierzętach), *żart.* o człowieku. □ *pot.* (zwykle *ndk*) Z. się (koło czego, przy czym itp.) «robić coś szybko, sprawnie, krzątając się, uwijać się»: Trzeba było zwijać się z robotą. Zwijała się cały dzień koło kuchni. Szybko zwijał się przy pakowaniu rzeczy. △ *pot.* Zwijać się jak mucha w ukropie «robić coś bardzo szybko, gorączkowo»

zwijka *ż III, lm D.* zwijek; *in.* gilza: Zwijka do papierosów. Papierosy w zwijkach.

zwilgotnieć *dk III*, zwilgotnieliśmy (p. akcent § 1a i 2); *rzad.* **zwilgnąć** *dk Vc*, zwilgnął (*wym.* zwilgnoł) a. zwilgł; zwilgła (*nie*: zwilgnęła), zwilgnęliśmy (*wym.* zwilgneliśmy) a. zwilgliśmy «przejść, nasiąknąć wodą, wilgocią, stać się mokrym, wilgotnym»: Powietrze zwilgotniało, *rzad.* zwilgło. □ Z. od czego: Ziemia zwilgotniała, *rzad.* zwilgła od deszczu. □ *rzad.* Z. z czego: Cały zwilgotniał ze strachu. △ Oczy (komuś) zwilgotniały «oczy napełniły się łzami»

zwilżacz *m II, lm D.* zwilżaczy, *rzad.* zwilżaczów: Zwilżacz do kaloryferów.

zwinąć p. zwijać.

Zwinger (*wym.* Cwinger) *m IV, D.* Zwingeru «pałac w Dreźnie»: Zwiedzić Zwinger. Galeria malarstwa w Zwingerze. Wejść na dziedziniec Zwingeru.

Zwingli (*wym.* Cwingli) *m odm. jak przym., D.* Zwingliego, *NMs.* Zwinglim; *rzad.* **Zwingliusz** (*wym.* Cwingljusz) *m II*: Działalność Zwingliego w okresie reformacji.

zwinglianin (*wym.* cwinglianin) *m V, D.* zwinglianina, *lm M.* zwinglianie (*nie*: zwingliani), *D.* zwinglian (*nie*: zwinglianów).

zwinny *m-os.* zwinni, *st. w.* zwinniejszy a. bardziej zwinny: Zwinna tancerka. Zwinne zwierzątko. Zwinne ręce, ruchy.

zwiotczeć p. wiotczeć.

zwisać *ndk I*, zwisaliśmy (p. akcent § 1a i 2) — **zwisnąć** *dk Vc*, zwisnąłem (*wym.* zwisnołem; *nie*: zwisnełem) a. zwisłem; zwisnął (*wym.* zwisnoł) a. zwisł; zwisła (*nie*: zwisnęła), zwisnęli (*wym.* zwisneli) a. zwiśli; zwisnęliśmy (*wym.* zwisneliśmy) a. zwiśliśmy; zwisły □ Z. na czym «wisząc być zaczepionym»: Skoczył i zwisnął na rękach. □ Z. na co «być opuszczonym»: Głowa zwisała mu na piersi. □ Z. z czego (zwykle *ndk*) «być zawieszonym u czegoś»: Lampa zwisała z sufitu. □ (zwykle *ndk*) Z. nad czym

«być zawieszonym, pochylonym»: Nagie skały zwisały nad wodą.

zwitek *m III, D.* zwitka, *rzad.* zwitku: Zwitek pomiętych banknotów. Zwitek papieru.

zwlec *dk XI*, zwlokę, *rzad.* zwlekę; zwlecze; zwloką, *rzad.* zwleką; zwlecz, zwlokłem, *rzad.* zwlekłem; zwlókł, *rzad.* zwlekł; zwlokła, *rzad.* zwlekła; zwlokło, *rzad.* zwlekło; zwlekliśmy (p. akcent § 1a i 2) — **zwlekać** *ndk I*, zwlekaliśmy □ Z. co — z kogo, czego «zdjąć, ściągnąć, zedrzeć»: Zwlekli z niego ubranie. □ Z. co (dużą liczbę czegoś) — gdzie «włokąc zgromadzić»: Zwlekli pnie drzew na jedno miejsce, na polanę. Wykopano dół i zwleczono do niego wszystkie trupy. □ (tylko *ndk*) Z. bez dop. a. z. z czym «odkładać na później, opóźniać»: Jeszcze się namyślał, jeszcze zwlekał. Długo zwlekała z odpowiedzią na ten list.
zwlec się — zwlekać się □ Z. się z czego «zejść powoli, z trudnością»: Rano ledwie zwlókł się z łóżka. □ Z. się dokąd «o wielu: zgromadzić się powoli w jednym miejscu»: Ludzie zwlekli się wreszcie na plac przed ratuszem.

zwłoka *ż III, blm* «opóźnienie wykonania czegoś, zwlekanie z czymś»: Przyjść natychmiast bez chwili zwłoki. Ulec zwłoce. Sprawa nie cierpiąca zwłoki. □ Z. w czym: Chciał uniknąć zwłoki w załatwianiu tej sprawy. △ Działać, grać na zwłokę «opóźniać umyślnie jakąś decyzję, załatwienie czegoś»

zwłoki *blp, D.* zwłok «ciało zmarłego człowieka»: Pochować zwłoki. Sekcja, ekshumacja zwłok.

zwłóczyć *ndk* a. *dk VIb*, zwłóczyliśmy (p. akcent § 1a i 2) □ *dk* Z. co «wyrównać (glebę, rolę) za pomocą włóki»: Wcześnie zwłóczono pole. □ *wych. z użycia, ndk* a) Z. co — z kogo, czego «ściągać, zwlekać»: Zwłóczyli z niego odzienie. b) Z. kogo, co — gdzie «włokąc gromadzić; zwlekać»: Wycinali drzewa i zwłóczyli je na brzeg rzeki.

ZWM (*wym.* zetwuem, p. akcent § 6) *m IV, D.* ZWM-u, *Ms.* ZWM-ie a. *m ndm* 1. «Związek Walki Młodych»: ZWM istniał do roku 1948. Należeć do ZWM-u (do ZWM). — ZWM-owiec a. zetwuemowiec *m II, D.* ZWM-owca (zetwuemowca), *W.* ZWM-owcze (zetwuemowcze), forma szerząca się: ZWM-owcu (zetwuemowcu), *lm M.* ZWM-owcy (zetwuemowcy) — ZWM-owski a. zetwuemowski. 2. a. *blp* «Zakłady Wyrobów Metalowych»: Był zatrudniony w ZWM-ie (w ZWM). ZWM wyprodukował a. wyprodukowały nowe części maszyn.

zwodować p. wodować.

zwodzić p. zwieść.

zwojować *dk IV*, zwojowaliśmy (p. akcent § 1a i 2) *pot.* «osiągnąć, uzyskać coś, dokazać czegoś; wskórać»: Złością, groźbami niewiele zwojujesz. Tyle zwojował, że termin płatności odłożono mu na kilka miesięcy.

Zwoleń *m I* «miasto»: Mieszkać w Zwoleniu. Wyjechać ze Zwolenia. — zwoleński.

z wolna «powoli; stopniowo, po trochu»: Z wolna zapadał zmierzch.

zwolnić p. zwalniać.

zwolnieć *dk III*, zwolniały *wych. z użycia* «stać się wolniejszym, zmniejszyć szybkość; spowolnieć»: Krok jego zwolniał. Tempo pracy zwolniało.

zwolnienie *n I* 1. forma rzeczownikowa czas. zwolnić a. zwolnieć. 2. «dokument zwalniający z czegoś»: Dostał zwolnienie lekarskie. Zwolnienie ze stanowiska. Uzyskać zwolnienie od podatku gruntowego. △ *niepoprawne* Być na zwolnieniu (lekarskim) — *zamiast*: Mieć zwolnienie (lekarskie).

zwołać *dk I*, zwołaliśmy (p. akcent § 1a i 2) — **zwoływać** *ndk VIIIa*, zwołuję (*nie*: zwoływuję), zwoływaliśmy: Wszystkich pracowników zwołano na naradę. Zwoływał ludzi do roboty. Zwołać sesję sejmową, sejm, zjazd, kongres, sobór, wiec, zebranie.

zwora *ż IV, lm D.* zwór.

zwozić p. zwieźć.

zwój *m I, D.* zwoju, *lm D.* zwojów (*nie*: zwoi): Zwój drutu, papieru, pergaminu.

zwracać *ndk I*, zwracaliśmy (p. akcent § 1a i 2) — **zwrócić** *dk VIa*, zwrócę, zwróciliśmy □ Z. co — ku komu, czemu, na kogo, co «kierować, obracać w jakąś stronę, skręcać w jakimś kierunku»: Zwróciła twarz ku mówiącemu. Często zwracał wzrok na nieznajomą (ku nieznajomej). Okna zwrócone na wschód (ku wschodowi). △ Zwracać uwagę na kogoś, na coś «interesować się kimś, czymś; w formie *dk*: popilnować kogoś, czegoś»: Zwiedzając zabytki zwracał uwagę na każdy szczegół. Proszono go, żeby zwrócił uwagę na pozostawioną na chwilę walizkę. △ Zwracać komuś uwagę «upominać, strofować go» △ Coś zwraca czyjąś uwagę «coś przyciąga wzrok, zaciekawia»: Dom zwracał uwagę swym niezwykłym wyglądem. □ Z. co komu (za co) «oddawać czyjąś własność, oddawać pożyczoną, założoną przez kogoś sumę»: Nigdy nie zwracał pożyczonych książek. Chciała mu zwrócić pieniądze za wypitą kawę. Zwrócono mu dług. △ Zwracać komuś słowo «zwalniać kogoś z obietnicy małżeństwa» □ *pot.* Z. co «wymiotować»: Chore dziecko zwracało jedzenie.

zwracać się — zwrócić się □ Z. się ku czemu, do czego «obracać się ku komuś, czemuś, kierować się w jakąś stronę»: Wojska nieprzyjacielskie zwróciły się ku zachodowi. Zwrócił się twarzą do okna (ku oknu). □ Z. się do kogo — (z czymś, o coś) «odzywać się; udawać się z jakąś sprawą»: Do wszystkich zwracała się uprzejmie. Zwrócił się do ojca z prośbą o pomoc. Zwrócił się do lekarza o poradę.

zwrot *m IV, D.* zwrotu 1. w zn. «zwrócenie się, obrócenie się; obrót, skręt»: Samolot wykonał nagły zwrot. Zwrot do tyłu, w tył a. ku tyłowi. Zwrot na lewo, na prawo a. w lewo, w prawo. △ W tył zwrot! W lewo, w prawo zwrot! △ *przen.* **a)** «zainteresowanie, zajęcie się czymś» □ Z. ku czemu, *rzad.* do czego: W epoce Oświecenia następuje zwrot ku historii (do historii). Zwrot ku ludowości. **b)** «zmiana, odmiana»: Zwrot na lepsze a. ku lepszemu. □ Z. w czym: Zwrot w polityce, w opinii publicznej. 2. w zn. «zwrócenie, oddanie»: Zwrot długu. Zwrot kosztów. Domagał się zwrotu książki. △ *pot.* Za zwrotem czegoś «po zwróceniu czegoś»: Otrzymał przesyłkę za zwrotem kosztów.

***zwrotna forma** p. czasownik (punkt IV).

zwrotniczy *m odm. jak przym., lm M.* zwrotniczowie: Zwrotniczy nastawiał zwrotnicę.

zwrotnik *m III*: Mieszkał gdzieś pod zwrotnikiem. Pod zwrotnikami rośnie bujna roślinność. △ Zwrotnik Koziorożca «zwrotnik południowy» △ Zwrotnik Raka «zwrotnik północny»: Na zwrotniku Raka Słońce stoi w czerwcu prostopadle.

zwrotny *st. w.* zwrotniejszy a. bardziej zwrotny w zn. «szybko, łatwo wykonujący zwroty»: Zwrotny statek, pojazd, koń.

***zwroty** p. związki frazeologiczne.

zwrócić p. zwracać.

zwulgaryzować p. wulgaryzować.

ZWUT *m IV, D.* ZWUT-u, *Ms.* Zwucie, a. *blp, ndm* «Zakłady Wytwórcze Urządzeń Telefonicznych»: Pracował w ZWUT (w Zwucie). Był pracownikiem ZWUT-u. ZWUT wyprodukował (wyprodukowały) nowy typ telefonu.

zwycięstwo *n III*: Odnieść zwycięstwo. □ Z. nad kim, nad czym: Rocznica zwycięstwa nad faszyzmem. Zawodnicy mogli się poszczycić znacznym (*nie*: wysokim) zwycięstwem nad przeciwnikami. Niewielkie (*nie*: niskie) zwycięstwo nad drużyną gospodarzy. △ *przen.* Zwycięstwo nad sobą. △ *książk.* Pirrusowe zwycięstwo «zwycięstwo opłacone niewspółmiernie dużymi stratami» △ *książk.* Szala zwycięstwa przechyla się na czyjąś stronę «ktoś zwycięża»

zwycięzca *m odm. jak ż II, lm M.* zwycięzcy, *DB.* zwycięzców: Napoleon — zwycięzca spod Austerlitz.

zwyciężać *ndk I*, zwyciężaliśmy (p. akcent § 1a i 2) — **zwyciężyć** *dk VIb*, zwyciężyliśmy: Dywizja zwyciężyła nieprzyjaciela w ciężkiej walce. △ *przen.* (*częściej*: przezwyciężać): Zwyciężać własną słabość, swoje lenistwo, uprzedzenia.

zwyciężczyni *ż I, B.* zwyciężczynię (*nie*: zwyciężczynią), *W.* zwyciężczyni (*nie*: zwyciężczynio), *lm D.* zwyciężczyń: Została zwyciężczynią w biegach na 100 metrów.

zwyczaj *m I, D.* zwyczaju, *lm D.* zwyczajów (*nie*: zwyczai): Stosować się do przyjętych zwyczajów. Panuje, utrwala się, rozpowszechnia się, upowszechnia się gdzieś jakiś zwyczaj. Postąpić jak każe zwyczaj, wbrew zwyczajowi. △ Mieć jakiś zwyczaj, *wych. z użycia*: mieć coś w zwyczaju: Miał zwyczaj palenia papierosów przy posiłkach. Miał zwyczaj notowania ważnych wydarzeń. △ Coś wchodzi (komuś) w zwyczaj: Spanie po obiedzie weszło mu w zwyczaj. △ Coś jest w zwyczaju, jest uświęcone zwyczajem a. przez zwyczaj. △ Czyimś zwyczajem: Staropolskim zwyczajem wypili strzemiennego. Swoim zwyczajem przyszedł w ostatniej chwili przed odjazdem pociągu.

***zwyczaj językowy** p.: błędy językowe, norma językowa.

zwyczajnie 1. *st. w.* zwyczajniej «w sposób nie odbiegający od normy; normalnie, pospolicie»: Zachowywał się całkiem zwyczajnie. 2. *st. najw.* najzwyczajniej (*st. w.* — nie używany), *wych. z użycia* «po prostu, tak jak zawsze w danych okolicznościach (wyraz podkreślający typowość danej sytuacji)»: Bolała ją głowa, zwyczajnie, z przemęczenia. Szukałem go wszędzie, a on najzwyczajniej w świecie siedział u siebie w domu. 3. *przestarz., lepiej*: zazwyczaj, zwykle, np.: Zwyczajnie (*lepiej*: zwykle) pracował do późnej nocy. Jeździł do pracy zwyczajnie (*lepiej*: zwykle) autobusem. *Por.* zwykle.

zwyczajny *m-os.* zwyczajni, *st. w.* zwyczajniejszy **1.** *m-os.* zwyczajni «pospolity, przeciętny, zwykły»: Nie silił się na krasomówstwo, używał prostych sformułowań, mówił zwyczajnym (a. zwykłym) głosem. Włożył zwyczajne (a. zwykłe) robocze ubranie. To nie choroba serca, to najzwyczajniejsze (a. najzwyklejsze) zmęczenie. Był człowiekiem zwyczajnym (a. zwykłym), niczym się nie wyróżniał. △ Profesor zwyczajny «najwyższy tytuł naukowy nadawany samodzielnym pracownikom wyższych uczelni oraz instytutów naukowo-badawczych» **2.** «wyraz podkreślający treść znaczeniową wyrazu po nim następującego; po prostu..., nic innego jak...»: Zrobił to przez zwyczajną (a. zwykłą) przekorę. Było to zwyczajne (a. zwykłe) kłamstwo. △ *niepoprawne* w zn. «przyzwyczajony», np. Nie jest zwyczajny żyć (*zamiast*: przyzwyczajony do życia) w dużym mieście. *Por.* zwykły.

zwyczajowy «oparty na zwyczaju, zgodny ze zwyczajami»: Prawo zwyczajowe.

z wyjątkiem p. wyjątek.

zwykle 1. «najczęściej, przeważnie, zazwyczaj»: Poszedł jak zwykle do pracy. Zwykle chodził piechotą. **2.** *rzad.* p. zwyczajnie (w zn. 1): Ubierał się całkiem zwykle, nie dbał o elegancję.

zwykły *st. w.* zwyklejszy **1.** *m-os.* zwykli, p. zwyczajny (w zn. 1): Nie drżyj tak przed nimi, to przecież zwykli śmiertelnicy. Był zwykłym (a. zwyczajnym) szarym człowiekiem. Zawinął paczkę w zwykły (a. zwyczajny) papier. Chodził w najzwyklejszym (a. najzwyczajniejszym) płóciennym ubraniu. **2.** p. zwyczajny (w zn. 2): Była to zwykła (a. zwyczajna) nieostrożność. Zwykły (a. zwyczajny) rozsądek nakazywał tak postąpić. **3.** «właściwy komuś, należący do czyjegoś zwyczaju; taki, jak zawsze»: To jego zwykły sposób mówienia, jego zwykły tryb życia. Usiadł na swoim zwykłym miejscu.

zwyknąć *ndk Vc*, zwykł (*nie*: zwyknął), zwykła, zwykliśmy (p. akcent § 1a i 2) *książk.*, czas. używany tylko w czasie przeszłym w połączeniu z bezokolicznikiem: Zwykli chodzić codziennie na spacery. Zwykła dużo mówić o sobie. Na przyjęciach zwykło się dużo jeść.

zwyrodnialec *m II, D.* zwyrodnialca, *W.* zwyrodnialcze, forma szerząca się: zwyrodnialcu, *lm M.* zwyrodnialcy: Zwyrodnialec okrutnie znęcał się nad swoją ofiarą.

z wysoka p. wysoki.

zwyżka *ż III, lm D.* zwyżek: Niespodziewana zwyżka cen. Zwyżka temperatury ciała. Zwyżka ciśnienia (*rzad.* w ciśnieniu) krwi.

zwyżkować *ndk IV*, zwyżkowałbym (p. akcent § 4c); *lepiej*: iść w górę, podnosić się, np. Temperatura zwyżkuje (*lepiej*: podnosi się) z dnia na dzień.

zydel *m I, D.* zydla, *lm D.* zydli a. zydlów: Usiąść na zydlu. Wstać z zydla.

Zygmunt *m IV, lm M.* Zygmuntowie — Zygmuś *m I, lm M.* Zygmusiowie — Zygmuntostwo *n III, DB.* Zygmuntostwa, *Ms.* Zygmuntostwu (*nie*: Zygmuntostwie), *blm*; a. Zygmuntowie *blp, D.* Zygmuntów — Zygmusiowie *blp, D.* Zygmusiów.

zygmuntowski «właściwy Zygmuntowi, szczególnie: właściwy okresowi, związany z okresem panowania ostatnich Jagiellonów: Zygmunta Starego i Zygmunta Augusta»: Zygmuntowskie czasy. Wiek, okres zygmuntowski.

zygzak, *rzad.* **gzygzak** *m III*: Rysował na papierze przedziwne zygzaki (gzygzaki). Droga biegła zygzakami (gzygzakami) w górę.

zysk *m III, D.* zysku «zarobek, dochód»: Coś przynosi duży (*nie*: wysoki) a. mały (*nie*: niski) zysk. Zrobił to dla zysku. Mam z tego trzy tysiące złotych czystego zysku. □ Z. z czego: Ciągnął zyski z nielegalnego wyszynku. Miał duże zyski z handlu owocami. □ *rzad.* Z. na czym (zwykle kiedy się wymienia przedmiot przynoszący zysk): Osiągnął znaczny zysk na sprzedanych obrazach.

zyskać *dk I*, zyskaliśmy (p. akcent § 1a i 2) — **zyskiwać** *ndk VIIIb*, zyskuję (*nie*: zyskiwuję, zyskiwam), zyskiwaliśmy □ Z. kogo, co «stać się posiadaczem czegoś; ująć sobie kogoś; pozyskać kogoś, zdobyć coś»: Umiał zyskać szacunek otoczenia. Zyskała w nim przyjaciela. Organizacja zyskiwała nowych członków. Piosenka zyskała poklask. □ Z. na czym, *rzad.* na kim **a)** «osiągnąć zysk, zarobić»: Wiele zyskał na sprzedaży swoich książek. Nie chciał zyskiwać na przyjaciołach. **b)** «osiągnąć, zdobyć więcej czegoś, wypaść korzystniej pod jakimś względem»: Trzeba było zyskać na czasie. Po przeróbce sukienka zyskała na elegancji. □ (częściej *ndk*) Z. bez dop. «wypaść korzystniej niż poprzednio»: Nowy nasz pracownik zyskiwał przy bliższym poznaniu. Jej twarz zyskała przy dziennym świetle.

zyskowny *st. w.* zyskowniejszy a. bardziej zyskowny: Zyskowny interes. Zyskowna produkcja. Zyskowne zajęcie.

! **zyz** p. zez.

zza (*nie*: z za) «spoza czegoś; poprzez coś» □ Zza czego: Zza rogu domu wyjechał wóz. Przywozili towary zza morza. Zza firanek widać było wnętrze pokoju. △ Zza granicy (spoza linii granicznej), *ale*: z zagranicy (z obcych krajów).

z zewnątrz p. zewnątrz.

zziajać się *dk IX*, zziaje się, zziajał się, zziajaliśmy się (p. akcent § 1a i 2): Biegał cały dzień, aż się zziajał. Tak był zziajany, że nie mógł tchu złapać. □ Z. się czym, od czego: Zziajał się szybkim biegiem (od szybkiego biegu).

zzielenieć *dk III*, zzielenieliśmy (p. akcent § 1a i 2) □ Z. od czego, *rzad.* z czego (kiedy przyczyna jest zewnętrzna): Ser zzieleniał od wilgoci (z wilgoci). □ (często *przen.*) Z. z czego (kiedy przyczyna jest wewnętrzna): Zzielenieć ze złości, ze strachu, z zazdrości.

zziębnąć p. ziębnąć.

zzuć *dk Xa*, zzuliśmy (p. akcent § 1a i 2) — **zzuwać** *ndk I*, zzuwaliśmy △ tylko w odniesieniu do obuwia: Zzuć (*częściej*: zdjąć) buty, pantofle, kapcie.

zżąć *dk Xc*, zeżnę, zeżnie, zeżnij, zżąłem (*wym.* zżołem; *nie*: zżełem), zżął (*wym.* zżoł), zżęliśmy (*wym.* zżeliśmy; p. akcent § 1a i 2) — **zżynać** *ndk I*, zżynaliśmy: Zżąć pszenicę na polu. Zżynała (*częściej*: żęła) sierpem chwasty.

zżerać p. zeżreć.

zżółcieć p. żółcieć.

zżółknąć *dk Vc*, zżółkł (*nie*: zżółknął), zżółkła, zżółkliśmy (p. akcent § 1a i 2) «stać się żółtym» □ Z. od czego, *rzad.* z czego (kiedy przyczyna jest zewnętrzna): Liście zżółkły od gorąca (z gorąca). □ Z. z czego (kiedy przyczyna jest wewnętrzna): Starzec zżółkł ze zgryzoty.

zżółknieć *dk III*, zżółknieliśmy (p. akcent § 1a i 2) *rzad.*, p. zżółknąć: Zboża zżółkniały od słońca. Zżółknieć z niewyspania.

zżuć *dk Xa*, zżuliśmy (p. akcent § 1a i 2) — *rzad.* zżuwać *ndk I*, zżuwaliśmy: Zżuł jedzenie zębami.

△ Zżuć gniew, przekleństwo itp. «stłumić w sobie gniew, wstrzymać się od przekleństwa»

zżyć się *dk Xa*, zżyliśmy się (p. akcent § 1a i 2) — zżywać się *ndk I*, zżywaliśmy się △ Z. się z kim, z czym: W szkole zżył się z kolegami. Mieszkając w leśniczówce zżył się z samotnością.

zżymać się *ndk I*, zżymaliśmy się (p. akcent § 1a i 2) — *rzad.* zżymnąć się *dk Va*, zżymnąłem się (*wym.* zżymnołem się; *nie*: zżymnełem się); zżymnęliśmy się (*wym.* zżymnęliśmy się): Zżymał się z niecierpliwości, z gniewu. □ Z. się na kogo, na co: Ojciec zżymał się na nieporządki w domu. Zżymała się na upartą córkę.

zżynać p. zżąć.

zżywać się p. zżyć się.

ź «przedostatnia litera polskiego alfabetu; spółgłoska szczelinowa, miękka, dźwięczna» △ W *niepoprawnej* wymowie właściwej niektórym Polakom z dawnych kresów wschodnich spółgłoska ta zastępuje *z* przed spółgłoskami miękkimi, np.: Ź Mińska (*zamiast*: z Mińska), źmiana (*zamiast*: zmiana), ź niego (*zamiast*: z niego), źjeść (*zamiast*: zjeść), źwierzę (*zamiast*: zwierzę) itp. || U Pol. *(2), 486.*

ździebełko, *rzad.* **ździebko** *n II, lm D.* ździebełek (ździebek): Ździebełko trawy. △ *pot.* Ździebełko, *częściej*: ździebko (w użyciu przysłówkowym) «troszeczkę, odrobinkę, cokolwiek»: Miała ździebko (ździebełko) krzywe nogi. Chciał jeszcze ździebko (ździebełko) pospać.

ździbło, *rzad.* **ździebło** *n III, D.* ździbła (ździebła), *lm D.* ździbeł (ździebeł): Wiatr kołysał żółte ździbła (ździebła) zbóż.

żgać *ndk I,* żgaliśmy (p. akcent § 1a i 2) — **żgnąć** *dk Va,* żgnąłem (*wym.* żgnołem; *nie:* żgnełem, żgłem), żgnął (*wym.* żgnoł), żgnęła (*wym.* żgneła; *nie:* żgła), żgnęliśmy (*wym.* żgneliśmy) *rzad.,* p. żgać.

źle *st. w.* gorzej **1.** «nie tak jak należy, niedobrze, nieodpowiednio»: Źle wykonany. Źle mówiący po polsku. Źle uszyta sukienka. Źle płatny pracownik. Wyglądać, czuć się źle. △ Jest z czymś źle «nie ma, brakuje czegoś; coś się układa niepomyślnie»: Z pieniędzmi było nadal źle. △ Jest z kimś źle (*nie:* ktoś jest źle) «ktoś jest bardzo chory, jest w złej sytuacji»: Chorował długo i było z nim już bardzo źle. **2.** «ujemnie w sensie moralnym»: Nie należy bliźnich źle sądzić. Mówiono o niej źle. **3.** «niepomyślnie»: To się źle skończy. △ Źle się dzieje komuś, *rzad.* z kimś; ktoś ma się źle «czyjeś sprawy układają się niepomyślnie, nie wiedzie się komuś» △Ktoś na czymś źle wychodzi. **4.** «niemiło, smutno; nieżyczliwie, niewłaściwie»: Było mu źle poza domem. Źle życzył sąsiadom. Źle traktował służących. △ *pot.* Komuś źle z oczu patrzy «ktoś nie budzi zaufania, wygląda na nieuczciwego»

! żmija p. żmija.

źrebak *m III* a. **źrebię** (*nie:* żrebię) *n IV* «młode zwierząt jednokopytnych, głównie konia»: Kupił dwuletniego źrebaka. Przygotował siano dla źrebiąt. Źrebię lamy.

źrebiec *m II, D.* źrebca *przestarz.* «młody koń, ogier»

źrebna «o klaczy, rzadziej o samicy innych jednokopytnych: będąca w ciąży, ciężarna»: Źrebna kobyła, klacz.

! żreć p. żreć.

źrenica (*nie:* żrenica) *ż II* **1.** «otwór w tęczówce oka»: Zwrócił na nią oczy z rozszerzonymi źrenicami. △ *książk.* Strzec kogoś, czegoś jak źrenicy oka (*rzad.* jak źrenicy w oku) «strzec bardzo troskliwie» **2.** *książk.* «oczy, wzrok; tęczówka oka»: Miał duże oczy o niebieskich źrenicach. Utkwiła w nim swoje błyszczące źrenice.

źródlany «dotyczący źródła (wody)»: Pić źródlaną wodę. Ryby źródlane.

źródło *n III, lm D.* źródeł □ (często w *lm*) Ź. czego, w zn. *przen.* także: do czego: Miasto leżało u źródeł Wisły. Miał liczne źródła dochodu. Źródła do dziejów Polski. Był źródłem wszelkich plotek. Wiadomość pochodzi z najlepszego źródła.

źródłowy «będący podstawą do badań, studiów, oparty na źródłach, dotyczący źródeł»: Opierać się na materiałach źródłowych. Prowadzić badania źródłowe.

ż (pisownia i wymowa) p. rz

-ż «postać partykuły wzmacniającej *-że*, używana w połączeniu z niektórymi wyrazami zakończonymi na samogłoskę», np.: toż, taż, takiż, kiedyż, gdzież, czyż. *Por.* partykuła, *-że*

żabot *m IV, D.* żabotu: Suknia z koronkowym żabotem.

żachnąć się *dk Va*, żachnąłem się (*wym.* żachnołem się; *nie*: żachnełem się), żachnął się, żachnęła się (*wym.* żachneła się; *nie*: żachła się), żachnęliśmy się (*wym.* żachneliśmy się; p. akcent § 1a i 2) — *rzad.* **żachać się** *ndk I*, żachaliśmy się □ Ż. się bez dop. a. ż. się na kogo, co (*nie*: przed kim, przed czym): Żachnął się na te ostre słowa. Żachnął się, ale zaraz się opanował.

żaden (*nie*: żadny), **żadna, żadne 1.** «zaimek występujący w zdaniach przeczących, oznaczający zupełne wyłączenie kogoś, czegoś; ani jeden, nikt; wcale»: Nie miał żadnego przyjaciela. Nie poczuwał się do żadnej winy. Nie miała żadnego pojęcia o sztuce. △ W żadnym razie, w żadnym wypadku (*nie*: na żaden wypadek), w żaden sposób, *książk.* żadną miarą, *pot.* za żadne pieniądze, za żadną cenę, za żadne skarby (świata) «za nic, zupełnie, w ogóle nie» △ Nie należy używać wyrazu *żaden* w zdaniach twierdzących typu: To żadne zwierzę (*zamiast*: to nie jest zwierzę). To jest żaden dowód — *zamiast*: To nie jest (żaden) dowód. Ale *pot.* dopuszczalne: To żadna sztuka «każdy potrafi zrobić to samo» **2.** «w zdaniach twierdzących — wyraz używany jako zaprzeczenie właściwości, cechy kogoś lub czegoś; bez wartości, do niczego niezdatny, nijaki»: Jego udział w gospodarstwie domowym był żaden. Była szara, niepozorna, żadna. △ W tym znaczeniu wyrazu *żaden* nie powinno się używać z przeczeniem, np. Treść sztuki nie była żadna (*zamiast*: treść sztuki była żadna).
żaden w użyciu rzeczownikowym «nikt, żadna osoba»: Żaden się nie cofnął przed wypełnieniem rozkazu. Prosiłam, żeby się któraś zajęła gospodarstwem, ale żadna nie chciała zostać w domu. Wołano dzieci na obiad, ale żadne nie posłuchało. Żadna z kobiet (*nie*: nikt z kobiet) na to się nie odważy. || D Kult. I, 176, 202.

Żagań *m I, D.* Żagania «miasto» — żagański.

żagiel *m I, D.* żagla, *lm D.* żagli (*nie*: żaglów): Płynąć pod pełnymi żaglami. Wiatr wzdyma żagle. Marynarze zwijali żagle. △ *przen.* Zwinąć żagle (*częściej*: chorągiewkę) «zrezygnować, wycofać się z czegoś, zmienić decyzję, zdanie»

żagiew (*nie*: żagwia) *ż V, D.* żagwi: Z płonącego dachu leciały ogniste żagwie.

żak *m III, lm M.* ci żacy a. te żaki *hist.* a. *żart.* «uczeń, student»: Ze szkoły wracali weseli żacy.

żakieria (*nie*: żakeria) *ż I, DCMs.* żakierii, *blm* **1.** «powstanie chłopskie (zwłaszcza francuskie z r. 1358), rebelia»: Francuska żakieria wybuchła w czasie wojny stuletniej. **2.** «zbiorowo: uczestnicy takiego a. tego powstania»: Zbuntowana żakieria podpaliła zamek.

żakiet (*nie*: żakietka) *m IV, D.* żakietu, *lm M.* żakiety (*nie*: żakieta): Włożyła jasny żakiet od kostiumu.

żakinada (*nie*: żakiniada) *ż IV rzad.* «igrzyska studenckie»: Barwna żakinada młodzieży uniwersyteckiej.

żal *m I, D.* żalu, *lm D.* żalów **1.** «uczucie smutku»: Płakać z żalu. Myślał z żalem o szczęśliwej przeszłości. Dusiły go łzy żalu. □ Ż. po kim, czym a. za kim, czym: Żal po stracie przyjaciela. Ogarnął go żal za tym, co minęło. □ Ż. nad kim, nad czym: Chwycił ją żal nad nieszczęśliwym człowiekiem. □ Komuś (jest) ż. kogo, czego: Było im żal zapracowanego ojca. Zrobiło mu się żal straconej szansy. △ *niepoprawne* Żal (*zamiast*: szkoda), że już tak późno. **2.** «skrucha» □ Ż. za co: Żal za grzechy, za popełnione czyny. **3.** «uraza, pretensja» □ Ż. do kogo, czego — o co, *rzad.* za co: Czuła żal do męża o nie spełnioną obietnicę. Miał żal do losu za zmarnowaną młodość. **4.** zwykle w *lm* «skargi, narzekanie, lament»: Wysłuchiwać czyichś żalów. △ *iron.* (z niechęcią) Rozwodzić swe żale.

żalić się *ndk VIa*, żaliliśmy się (p. akcent § 1a i 2) □ Ż. się przed kim a. komu na kogo, na co: Żalił się przed ojcem na trudności w nauce. Wciąż jej się żalił na swój los.

żaluzja (*nie*: zaluzja) *ż I, DCMs.* i *lm D.* żaluzji: Na okna spuszczono drewniane żaluzje.

żałoba *ż IV, blm* □ Ż. po kim: Nosił żałobę po siostrze. △ Chodzić, być w żałobie «nosić czarny strój przez pewien okres po śmierci kogoś bliskiego»

żałosny (*nie*: żałośny) *st. w.* żałośniejszy a. bardziej żałosny: Wydała żałosny jęk. Żegnał dom żałosnym spojrzeniem. Ze wspaniałego zamku zostały tylko żałosne ruiny.

żałość *ż V, blm książk.* «smutek, żal» □ Ż. nad kim, nad czym: Ogarnęła go żałość nad własnym losem. □ Ż. po kim, po czym: Nie czuł żałości po stracie majątku.

żałośliwy *st. w.* żałośliwszy a. bardziej żałośliwy *wych. z użycia*, p. żałosny.

żałować *ndk IV*, żałowaliśmy (p. akcent § 1a i 2) □ Ż. czego (*nie*: za czym) **a)** «odczuwać smutek, żal»: Żałuję, że nie widziałam tego świetnego przedstawienia. Niczego w życiu nie żałował. **b)** a. ż. za co «odczuwać skruchę, żal; wyrzucać sobie coś»: Żałował swego wybuchu gniewu. Żałował za grzechy. □ Ż. (komu) czego «skąpić, oszczędzać»: Jest skąpy, żałuje każdego grosza na cele publiczne. Żałował żonie pieniędzy na ubranie. □ Nie żałować czegoś «dawać, używać bez ograniczeń, dużo czegoś stosować»: Nie żałował pieniędzy na dom. Nie żałowała rąk do pracy. Nie żałowali dzieciom upomnień i kar. □ Ż. kogo «współczuć komuś, litować się nad kimś»: Po jego zwolnieniu się z pracy wszyscy go żałowali. Nie miał kogo żałować.

żandarm *m IV, lm M.* żandarmi: Żandarmi zatrzymali na mieście żołnierza bez przepustki.

żanr (*wym.* żãr) *m IV, D.* żanru, *Ms.* żanrze a. *ndm rzad.*, p. genre.

żardynierka, *rzad.* **żardinierka** *ż III, lm D.* żardynierek (żardinierek): Trójnożna żardynierka pełna była kwitnących azalii.

Żarki *blp, D.* Żarek (*nie*: Żarków) «miejscowość»: Jechał do Żarek. Wracał z Żarek (*nie*: ze Żarek). — żarecki.

żarliwiec *m II, D.* żarliwca, *W.* żarliwcze, forma szerząca się: żarliwcu: Trudno było dyskutować z zacietrzewiającymi się łatwo żarliwcami.

żarliwy *m-os.* żarliwi, *st. w.* żarliwszy: Żarliwy wielbiciel. Żarliwa modlitwa. Żarliwe słowa podziękowania.

żarłok *m III, lm M.* te żarłoki: Był żarłokiem, jadał bardzo dużo. Te żarłoki wszystko zjadły.

żarna *blp, D.* żaren a. żarn: Mleć zboże w żarnach a. na żarnach.

Żarnowiec *m II, D.* Żarnowca «miasto i wieś»: Mieszkać w Żarnowcu. Wyjechać z Żarnowca. — żarnowiecki.

Żarnów *m IV, C.* Żarnowowi (*ale*: ku Żarnowowi a. ku Żarnowu) «wieś»: Mieszkać w Żarnowie. Wyjeżdżać z Żarnowa. — żarnowski.

żart *m IV, D.* żartu, *Ms.* żarcie «figiel; dowcip; w *lm* także: żartowanie»: Obrażały go żarty na temat jego osoby. Trzymały się go różne żarty i figle. △ Ro-

bić coś dla żartu, żartem «robić coś nie na serio, dla zabawy»: Przekomarzała się z nim dla żartu. Nie masz powodu do obrazy, nazwałem cię tak tylko żartem. △ Obracać coś w żart «potraktować niepoważnie»: Cały ten nieprzyjemny incydent obrócił w żart. △ Nie na żarty, *rzad.* nie żartem «na serio, poważnie; bardzo mocno»: Przestraszył się nie na żarty. △ Stroić żarty **a)** z kogoś, czegoś «naśmiewać się, żartować»: Nie gniewał się, gdy strojono z niego żarty. **b)** *rzad.* z kimś, z czymś (zwykle z przeczeniem) «lekceważyć kogoś, pobłażać komuś»: Jeżeli się nie poprawisz, to nie będę z tobą stroił żartów, tylko spuszczę ci lanie. △ Z kimś, z czymś nie ma żartów «trzeba kogoś, coś brać poważnie, nie lekceważyć»: Z grypą nie ma żartów, trzeba leżeć w łóżku.

żartować *ndk IV*, żartowaliśmy (p. akcent § 1a i 2): Śmiano się i żartowano wesoło. □ Ż. z kogo, z czego «pokpiwać, drwić z kogoś, z czegoś»: Wszyscy żartowali z pechowych kolegów. Żartował często z własnego losu. □ Nie ż. (z kim, z czym) «nie pobłażać komuś, być srogim, bezwzględnym; nie lekceważyć czegoś»: Nauczyciel nie żartował, wymagał od uczniów rzetelnego wysiłku. Z chorobą nie ma co żartować.

żartowniś *m I, lm M.* ci żartownisie, *D.* żartownisiów (*nie*: żartownisi): Był człowiekiem poważnym i nie lubił żartownisiów.

Żary *blp, D.* Żar «miasto»: Jechał do Żar. Wracał z Żar. Mieszkał w Żarach. — żarski. // *D Kult. I, 717.*

! żarzewie p. zarzewie.

żąć (*nie*: żnąć) *ndk Xc*, żnę, żnie, żnij, żąłem (*wym.* żołem; *nie*: żełem); żął (*wym.* żoł); żęła (*wym.* żeła) żęliśmy (*wym.* żeliśmy, p. akcent § 1a i 2): Żniwiarze żęli zboże.

żądać *ndk I*, żądaliśmy (p. akcent § 1a i 2) — **zażądać** *dk*: Żądał, żeby dokładnie wypełniano jego polecenia. □ Ż. kogo, czego (*nie*: ż. kogo, co): Żądała od dzieci posłuszeństwa (*nie*: żądała posłuszeństwo). Zażądał dużej sumy pieniędzy (*nie*: dużą sumę pieniędzy). // *D Kult. II, 160.*

żądło *n III, lm D.* żądeł: Ukłucie żądła. Pszczoła zapuściła mu żądło w rękę.

żądny *st. w.* żądniejszy □ *książk.* Ż. czego: Żądny wrażeń, wiedzy.

żąp *m I, D.* żąpia *środ.* (*górn.*) «dolna część szybu»: W żąpiu zbierała się woda.

I Żdanow (*wym.* Ždanow) *m IV, D.* Żdanowa (p. akcent § 7), *lm M.* Żdanowowie: Działalność rewolucyjna Żdanowa.

II Żdanow *m IV* «miasto w ZSRR» — żdanowski.

że **1.** «spójnik łączący ze zdaniem nadrzędnym zdania podrzędne lub ich równoważniki»: **a)** «w połączeniu z wyrazami oznaczającymi przekazywanie wiadomości, myślenie, doznania, stany uczuciowe»: Powiedział, że za tydzień wyjeżdża do Francji. Wierzę, że osiągniesz swój cel. Rozeszły się pogłoski, że stary profesor coś przygotowuje. **b)** «w połączeniu z pewnymi formami nieosobowymi»: Zdarza się, że dorosły człowiek zachowuje się jak dziecko. **c)** «w połączeniu z zaimkami wskazującymi»: Skończyło się na tym, że wszyscy mieli jeszcze więcej wątpliwości

niż przed dyskusją. Mówił z takim wzruszeniem, że nikt nie mógł go słuchać obojętnie. Był taki przygnębiony, że nawet wnuczka nie zdołała go rozweselić. Tak się zamyślił, że wszedł na jezdnię przy czerwonym świetle. △ Dlatego, że... «spójnik podwójny o znaczeniu przyczynowym»: Wybrał polonistykę dlatego, że interesuje go nasza literatura. Nie kupię tych książek dlatego, że nie mam już miejsca na półkach. △ *Niepoprawne* jest używanie w tym znaczeniu połączeń: dlatego, bo; dlatego, ponieważ; dlatego, gdyż, np.: Nie będę mówić o naszych planach dlatego, bo (*zamiast*: dlatego, że) wszyscy już je znają.
2. «wyraz o charakterze ekspresywnym, rozpoczynający zdanie wyrażające niezadowolenie, zdumienie»: Że mi to wcześniej na myśl nie przyszło! Że też oni zawsze muszą się spóźniać!
3. «partykuła pisana osobno, wchodząca w skład wyrażeń spójnikowych lub modalnych» *książk.* Jako że: Pierwszy zabrał głos, jako że był w tym gronie najstarszy. △ Mimo że: Odnosili się do niego z szacunkiem, mimo że nie wyróżniał się wiekiem ani stanowiskiem. △ Tyle że: Wyglądał jak dawniej, tyle że przygarbił się nieco. △ Tylko że: Podobni są bardzo, tylko że Paweł jest trochę wyższy.
△ Przed *że* w funkcji spójnika (zn. 1) stawiamy przecinek; przed *że* w funkcji partykuły (zn. 3) nie stawiamy przecinka.

-że (po samogłoskach: -ż) «partykuła wzmacniająca (wyrażająca zniecierpliwienie), pisana łącznie z wyrazem poprzedzającym»: Kiedyż wreszcie nas odwiedzicie? Idźże stąd i przestań mi przeszkadzać! △ Partykuła *że* wyrażająca zniecierpliwienie, zdziwienie itp. może się łączyć także z ruchomymi końcówkami osobowymi czasownika, np.: Dlaczegożeś o tym nie mówił? Gdzieżeście byli tyle czasu? △ *Niepoprawne* natomiast jest łączenie tych końcówek z formą *że*, jeśli nie pełni ona tej funkcji, np.: Kiedy żeśmy (*zamiast*: kiedyśmy) przyjechali nad morze, pogoda zaczęła się psuć. Dopiero żeście przyszli (*zamiast*: dopieroście przyszli a. dopiero przyszliście) i już chcecie uciekać?

żebraczy △ Chodzić, pójść o żebraczym chlebie, o żebraczym kiju, *rzad.* na żebraczy chleb, z żebraczym kijem, z żebraczą torbą «być, zostać żebrakiem»: Na starość poszedł w świat o żebraczym kiju.

żebrać *ndk IX*, żebrze (*nie*: żebra), żebrzą (*nie*: żebrają), żebrz, żebraliśmy (p. akcent § 1 ia 2) □ Ż. bez dop. «prosić o jałmużnę, utrzymywać się z jałmużny»: Musiał żebrać, żeby nie umrzeć z głodu. □ Ż. (u kogo) czego a. o co «usilnie prosić o coś»: Marnotrawny syn żebrał u ojca litości. Żebrała o jedno dobre słowo.

żebrak *m III, lm M.* ci żebracy, *pogard.* te żebraki: Żebracy wyciągali ręce po jałmużnę. Natrętne żebraki obsiadły wejście na cmentarz.

żebro *n III, lm D.* żeber △ *pot.* Można komuś policzyć żebra «ktoś jest bardzo chudy» △ *posp.* Policzyć, porachować komuś żebra «zbić kogoś»

żebry *blp, D.* żebrów △ zwykle w *pot.* zwrotach: Iść, chodzić na żebry a. po żebrach «prosić o jałmużnę; żebrać»: Z kijem w ręku chodził po żebrach. Stracił wszystko i na starość musiał iść na żebry.

żeby p. aby.

Żegiestów (Zdrój) *m IV, C.* Żegiestowowi (*ale*: ku Żegiestowowi a. ku Żegiestowu), Zdrój *m I, D.* Zdroju «miejscowość»: Mieszkać w Żegiestowie (Zdroju). Wyjechać z Żegiestowa (Zdroju). — żegiestowski.

żeglarz *m II, lm D.* żeglarzy: Starożytni Grecy byli śmiałymi żeglarzami.

żeglować *ndk IV*, żeglowaliśmy (p. akcent § 1a i 2) *książk.* «o statku: płynąć; o ludziach: prowadzić statek»: Niebezpiecznie było żeglować po wzburzonym oceanie.

żeglowny *st. w.* bardziej żeglowny, *rzad.* żeglowniejszy: Żeglowna rzeka. Żeglowne szlaki.

żeglugowy: Sztormy przerwały wszelką komunikację żeglugową z innymi krajami. Rzeka o dużym znaczeniu żeglugowym (*lepiej*: dla żeglugi).

żegnać *ndk I*, żegnaliśmy (p. akcent § 1a i 2) □ Ż. kogo, co (czym): a) «rozstawać się z kimś»: Żegnał wszystkich skinieniem głowy i uśmiechem. b) «błogosławić kogoś»: Ksiądz żegna znakiem krzyża ludzi zebranych w kościele.
żegnać się □ Ż. z kim, z czym a. bez dop. «rozstawać się z kimś»: Długo żegnał się z rodziną. Żegnali się w milczeniu. △ *książk.* Żegnać się ze światem a. z życiem «umierać» □ Ż. się bez dop. «kreślić ręką (na sobie) znak krzyża»: Żegnali się, wchodząc do kościoła.

żelazko *n II, lm D.* żelazek: Prasować sukienkę żelazkiem. Włączyć, wyłączyć, zagrzać żelazko.

Żelazko *m odm. jak ż III, lm M.* Żelazkowie, *DB.* Żelazków: Mieszkanie pana Żelazki. Żelazko *ż ndm* — Żelazkowa *ż odm. jak przym.* — Żelazkówna *ż IV, D.* Żelazkówny, *CMs.* Żelazkównie (*nie*: Żelazkównej), *lm D.* Żelazkówien.

żelazny *m-os.* (*rzad.*) żelaźni: Pręty żelazne. Rudy żelazne. △ Mówić, słuchać jak o żelaznym wilku «mówić o czymś sobie nie znanym, osobliwym; słuchać z niedowierzaniem nieprawdopodobnej historii» △ *przen.* Żelazne zdrowie. Żelazna konsekwencja. Rządzić żelazną ręką. △ List żelazny «dokument zapewniający dawniej nietykalność osobistą, bezpieczny przejazd itp.; glejt» △ *wych. z użycia* Kolej, droga żelazna. Sklep żelazny. △ Żelazny (a. wieczny) student.

Żelazny *m odm. jak przym., lm M.* Żelaźni. Żelazna *ż odm. jak przym., rzad.* Żelazny *ż ndm* — Żelaznowa (*nie*: Żelaźnina) *ż odm. jak przym.* — Żelaznówna (*nie*: Żelaźnianka) *ż IV, D.* Żelaznówny, *CMs.* Żelaznównie (*nie*: Żelaznównej), *lm D.* Żelaznówien. // *U Pol.* (2), 525.

żelazo *n III*: Hartować, kuć żelazo. Żelazo lane. Żelazo kowalne a. kute. Krata z żelaza (a. żelazna). △ *przen.* Serce z żelaza. △ Ktoś, coś (jest) jak z żelaza, jak żelazo «o kimś wytrzymałym, silnym pod względem fizycznym lub moralnym; o czymś mocnym, trwałym» △ Kuć żelazo póki gorące «korzystać z pomyślnego układu okoliczności» △ *książk.* Ogniem i żelazem «w sposób bezwzględny, używając wszystkich środków stosowanych na wojnie»

żelbet, *rzad.* **żelazobeton** *m IV, D.* żelbetu (żelazobetonu), *blm.*

żelbetowy, *rzad.* **żelazobetonowy**: Konstrukcja żelbetowa (żelazobetonowa). Płyty żelbetowe (żelazobetonowe).

żenada *ż IV, blm* △ tylko w *pot.* wyrażeniu: Bez żenady «bez skrępowania»: Jeżeli będziesz chciał ode mnie pożyczki, to powiedz mi o tym bez żenady.

żeniaczka *ż III, blm pot.* «ożenienie się; małżeństwo»: Śpieszno mu było do żeniaczki.

żenić *ndk VIa,* żeniliśmy (p. akcent § 1a i 2) — **ożenić** *dk* □ Ż. kogo (z kim): Żenił swojego syna z siostrzenicą przyjaciela. Za wszelką cenę chciała ożenić swojego bratanka.
żenić się — ożenić się: Ożenić się z miłości. □ Ż. się z kim: Ożenił się ze swoją koleżanką biurową. △ *niepoprawne* o kobiecie (*zamiast*: wychodzić za mąż).

żeniec *m II, D.* żeńca, *W.* żeńcze, *lm M.* żeńcy (*nie:* żeńce) *ksiażk., wych.* z użycia «żniwiarz»

żenować *ndk IV,* żenowaliśmy (p. akcent § 1a i 2); często w imiesł. przymiotnikowym czynnym: Żenujące zwierzenia. Jego płaszczenie się wobec zwierzchników było żenujące. □ Ż. kogo — czym: Żenował ją swoją przesadną uprzejmością.
żenować się *wych.* z użycia «krępować się, wstydzić się» □ Składnia jak: krępować się.

*żeńskie nazwiska p. nazwiska polskie.

*żeński rodzaj p. rodzaj gramatyczny.

żeń-szeń (*ale:* żeńszeniowy) *m I, D.* żeń-szenia: Korzeń żeń-szenia. Krem z żeń-szenia (*częściej:* krem żeńszeniowy).

żer *m IV, D.* żeru, zwykle *blm*: Szukać żeru, wychodzić na żer (o zwierzętach).

Żerań *m I* «dzielnica Warszawy»: Jechać na Żerań. Pracować na Żeraniu. — żerański.

żerdź *ż V, lm M.* żerdzie: Płot z żerdzi.

żeremie *n I, lm D.* żeremi: Bobry założyły nowe żeremia.

żeromszczyzna *ż IV, CMs.* żeromszczyźnie, *blm* (zwykle z odcieniem niechęci) «to, co jest charakterystyczne dla twórczości, ideologii Żeromskiego»

żeton (*nie:* dżeton) *m IV, D.* żetonu, *Ms.* żetonie.

żgać *ndk I,* żgaliśmy (p. akcent § 1a i 2) — **żgnąć** *dk Va,* żgnąłem (*wym.* żgnołem; *nie:* żgnęłem), żgnął (*wym.* żgnoł), żgnęła (*wym.* żgnęła; *nie:* żgła), żgnęliśmy (*wym.* żgnęliśmy; *nie:* żgliśmy) □ Ż. kogo, co — czym (w co) «uderzać czymś ostrym; kłuć, dźgać»: Żgać konia ostrogami. Bandyta żgnął go nożem w bok. △ *przen.* Słowa jej żgnęły go w serce.

żigolak *m III, lm M.* te żigolaki, *rzad.* ci żigolacy.

Żiwkow (*wym.* Żiwkow) *m IV, D.* Żiwkowa (p. akcent § 7): Przemówienie premiera Żiwkowa.

Żiżka p. Žižka.

żleb *m IV, D.* żlebu, *Ms.* żlebie: W wąskich żlebach leżał jeszcze śnieg.

żłobek *m III, D.* żłobka 1. «mały żłób do karmienia zwierząt» 2. «zakład dla dzieci do lat trzech»: Umieściła dziecko w żłobku. 3. zwykle w *lm* «wąski rowek, podłużne zagłębienie»: Nacinać żłobki.

żłobiarka a. **żłobkarka** *ż III, lm D.* żłobiarek, żłobkarek: Płyty żłobkuje się na żłobiarce (żłobkarce).

żłobić *ndk VIa,* żłób, żłobiliśmy (p. akcent § 1a i 2) □ Ż. co — (w czym, na czym) «tworzyć wgłębienia; drążyć»: Woda żłobi bruzdy w skałach. Koła ciężkich wozów żłobiły koleiny. □ Ż. co (czym) «pokrywać coś żłobkami; rzeźbić w żłobki, rowki»: Żłobić drzewo (rylcem). Żłobione kolumny.

żłobkować *ndk IV,* żłobkowaliśmy (p. akcent § 1a i 2), zwykle w imiesł. biernym: Żłobkowane listwy. Żłobkowane płyty kamienne. □ Ż. na czym: Żłobkować na żłobiarce.

żłopać *ndk IX,* żłopię (*nie:* żłopę), żłopie, żłopaliśmy (p. akcent § 1a i 2) — *rzad.* **żłopnąć** *dk Va,* żłopnąłem (*wym.* żłopnołem; *nie:* żłopnęłem), żłopnął (*wym.* żłopnoł), żłopnęła (*wym.* żłopnęła; *nie:* żłopła), żłopnęliśmy (*wym.* żłopnęliśmy); **wyżłopać** *dk* «o zwierzętach (ordynarnie, pogardliwie o ludziach): pić łapczywie»: Konie żłopały wodę. Żłopał wódkę.

żłób *m IV, D.* żłobu 1. «podłużna skrzynia, służąca do karmienia zwierząt» △ *przen., posp.* «źródło łatwych i dużych dochodów (zwykle z funduszów publicznych); koryto»: Być u żłobu, bliżej żłobu. Dorwać się do żłobu. Odsunąć kogoś od żłobu. 2. «podłużne wyżłobienie w ziemi, skale; żleb» 3. *DB.* żłoba *wulg.* «człowiek nieokrzesany, nierozgarnięty, ordynarny, głupi»

żłóbek *m III, D.* żłóbka *reg.* «żłobek»

żmigrodzki: Drogi, ulice żmigrodzkie (*ale:* Kotlina Żmigrodzka).

Żmigród *m IV, D.* Żmigrodu «miasto» — żmigrodzki (p.).

żmija (*nie:* żmija) *ż I, DCMs.* żmii, *lm D.* żmij.

żmudny (*nie:* zmudny) *st. w.* żmudniejszy a. bardziej żmudny: Żmudna praca. Żmudne dochodzenia, badania.

żmudzki (*nie:* żmudziński): Krajobraz żmudzki (*ale:* Pojezierze Żmudzkie).

Żmudź *ż V* «historyczna kraina Litwy» — Żmudzin *m IV, D.* Żmudzina — Żmudzinka *ż III, lm D.* Żmudzinek — żmudzki (p.). || *U Pol.* (2), 612.

Żmurko *m odm. jak ż III, lm M.* Żmurkowie, *DB.* Żmurków.
Żmurko *ż ndm* — Żmurkowa *ż odm. jak przym.* — Żmurkówna *ż IV, D.* Żmurkówny, *CMs.* Żmurkównie (*nie:* Żmurkównej), *lm D.* Żmurkówien.

! żnąć p. żąć.

Żnin *m IV, D.* Żnina «miasto» — żninianin *m V, D.* żninianina, *lm M.* żninianie, *D.* żninian — żninianka *ż III, lm D.* żninianek — żniński.

żniwiarz *m II, lm D.* żniwiarzy: Żyto kładzie się pod kosami żniwiarzy.

żniwo *n III* 1. zwykle w *lm* «żęcie zboża, zbieranie plonów»: Pomagać przy żniwach. 2. (zwykle w *lp*) *przen.* «obfity plon, zbiór»: Śmierć zbierała krwawe żniwo. △ Coś przynosi (obfite) żniwo «coś przynosi znaczną korzyść, zysk materialny»

ŻOB (*wym.* żob) *ż ndm* a. *m IV, D.* ŻOB-u, *Ms.* ŻOB-ie «Żydowska Organizacja Bojowa»: Odezwa ŻOB (ŻOB-u). ŻOB stanowiła (stanowił) główną siłę wojskową powstańców warszawskiego getta.

! żokej p. dżokej.

Żoliborz a. **Żolibórz** *m II, D.* Żoliborza «dzielnica Warszawy»: Jechać na Żoliborz (Żolibórz). Mieszkać na Żoliborzu. — żoliborski.

żołądek *m III, D.* żołądka: Zdrowy żołądek. Bóle, nieżyt żołądka. Chorować na żołądek. △ Strusi żołądek «żołądek zdrowy, bardzo dobrze trawiący» △ O pustym żołądku, z pustym itp. żołądkiem (coś robić) «(robić coś) bez zjedzenia czegokolwiek, na czczo» △ Zjeść coś, zapalić papierosa itp. na pusty żołądek «zjeść coś, zapalić papierosa na czczo» △ Oszukać żołądek «zaspokoić chwilowo głód» △ Popsuć żołądek «spowodować chorobę żołądka»

żołądź (*nie:* żołędź; *nie:* ten żołądź) *ż V, DCMs.* i *lm D.* żołędzi: Świnie jedzą żołędzie.

żołd *m IV, D.* żołdu, zwykle *blm:* Dostawać, otrzymywać żołd. Wypłacać żołd. △ *przen.* Być na czyimś żołdzie «być czyimś płatnym stronnikiem»: Był na żołdzie niemieckich faszystów.

żołdactwo *n III, blm* «pogardliwie o żołnierzach dopuszczających się gwałtów, grabieży»: Rozbestwione żołdactwo hitlerowskie gwałtami znaczyło swój przemarsz.

żołdak *m III, lm M.* ci żołdacy. a. te żołdaki *pogard.* «żołnierz»

żołędny *przestarz.* a) p. żołędziowy. b) «w kartach: treflowy»: As żołędny.

żołędziowy «dotyczący żołędzi, zwłaszcza zrobiony z żołędzi»: Żołędziowe figurki.

żołna *ż IV, lm D.* żołn (*nie:* żołen).

żołnierka *ż III, lm D.* żołnierek **1.** *pot.* (*blm*) «służba wojskowa; wojowanie»: Wyruszyć na żołnierkę. **2.** często z odcieniem *lekcew.* «kobieta żołnierz» **3.** *przestarz.* «żona powołanego do wojska» // *D Kult. I, 609.*

żołnierski *m-os.* (*rzad.*) żołnierscy: Żołnierskie piosenki. Mundur żołnierski.
po żołniersku «w sposób właściwy żołnierzowi»: Ubrał się w ciągu trzech minut — po żołniersku. Zasalutował po żołniersku.

żołnierz *m II, lm D.* żołnierzy: Żołnierz zawodowy, frontowy. Waleczność polskich żołnierzy a. (w zn. *lm*) polskiego żołnierza. △ W nazwach dużą literą: Liga Przyjaciół Żołnierza, Grób Nieznanego Żołnierza.

żołnierzyk *m III, lm M.* te żołnierzyki, *rzad.* ci żołnierzykowie: Małe żołnierzyki dzielnie walczyły (*rzad.* mali żołnierzykowie dzielnie walczyli). △ Ołowiany, cynowy żołnierzyk «zabawka»

żołnierzysko *n* a. *m* odm. jak *n II, M.* to a. ten żołnierzysko, *lm M.* te żołnierzyska, *D.* żołnierzysków, *B.* te żołnierzyska a. tych żołnierzysków «z politowaniem, poufale o żołnierzu»: Ranne żołnierzysko z radością słuchało o zwycięstwach swojego oddziału. △ *rzad.* Stary żołnierzysko nie mógł już walczyć.

żona *ż IV:* Być, zostać czyjąś żoną. Rozejść się, rozwieść się z żoną. △ Mieć kogoś za żonę: Miał za żonę istną piekielnicę. △ *książk.* Wziąć, *uroczyście:* pojąć kogoś za żonę «ożenić się» △ *wych. z użycia* Dać kogoś komuś za żonę. △ (często *żart.*) Ślubna żona «żona prawnie zaślubiona»

żongler *m IV, lm M.* żonglerzy (*nie:* żonglerowie).
żongler — o kobiecie (*częściej:* żonglerka), p. nazwy i tytuły zawodowe kobiet.

żonglerka *ż III, lm D.* żonglerek **1.** *blm* «żonglowanie czymś; sztuka żonglowania» **2.** «kobieta żongler»

żonin, żoniny *rzad.* (w tym zn. używa się zwykle *D. lp:* żony): Żonin ogródek. Żonine listy. // *D Kult. II, 168.*

żonisko *n II* «poufale, z politowaniem o żonie»: Żonisko mu się rozchorowało.

żonkil (*nie:* dżonkil) *m I, lm D.* żonkili (*nie:* żonkilów).

żonkoś *m I, lm D.* żonkosiów (*nie:* żonkosi) *żart., iron.* «mężczyzna żonaty, zwłaszcza od niedawna»

***żon** nazwiska p.: nazwiska polskie, -ina, -yna, -owa.

żonobójca *m* odm. jak *ż II, lm M.* żonobójcy, *DB.* żonobójców *rzad.* «zabójca własnej żony»

żonusia a. **żonunia** *ż I, W.* żonusiu, żonuniu «pieszczotliwie, żartobliwie o żonie»

Żory *blp, D.* Żor a. Żorów «miasto» — żorski.

żółcieć *ndk III,* żółcieje, żółciałby, żółciałaby (p. akcent § 4) **1.** «być żółtym, odbijać od tła żółtą barwą»: Z daleka żółcieje rzepak. □ Ż. czym: Dojrzałe żyta żółciały gamą tonów. **2.** — zżółcieć *dk rzad.* «żółknąć»: W chorobie twarz mu zżółciała (*częściej:* zżółkła).

żółciutki a. **żółciuchny** *m-os.* (*rzad.*) żółciutcy, żółciuchni; formy zdr. o odcieniu intensywnym od żółty: Żółciutkie (żółciuchne) kurczątko.

żółć *ż V* **1.** *blm* a) «sok trawienny wytwarzany w wątrobie» b) *przen.* «gorycz; gniew, irytacja, złość»: Wyl(ew)ać żółć na kogoś, na czyjąś głowę. Napoić kogoś żółcią. △ Człowiek bez żółci «człowiek łagodny, spokojny, niezawistny» △ *pot.* Wzbiera, burzy się, gotuje się w kimś żółć; zalewa kogoś żółć «ktoś się złości» **2.** *rzad., środ.* «żółta barwa, żółty kolor»: W obrazie przeważały żółcie.

Żółkiew *m V, D.* Żółkwi «wieś»: Pochodzić z Żółkwi. — żółkiewski.

żółknąć *ndk Vc,* żółkł a. żółknął (*wym.* żółknoł), żółkła (*nie:* żółknęła), żółkliśmy (p. akcent § 1a i 2) **1.** «nabierać żółtej barwy, stawać się żółtym» □ Ż. od czego: Żółknąć od słońca. □ *przen.* Ż. z czego: Żółknąć z zazdrości. **2.** *rzad.* p. żółcieć (w zn. 2).

żółto- **1.** «pierwszy człon wyrazów złożonych»: a) «oznaczający żółty odcień koloru, określanego przez drugi człon złożenia (pisany łącznie)», np.: żółtobrunatny, żółtopomarańczowy. b) «będący częścią przymiotników lub rzeczowników o charakterze dzierżawczym, wskazujący na żółty kolor, zabarwienie tego, co nazywa druga część złożenia

(pisany łącznie)», np.: żółtooki, ·żółtopióry, żółtodziób. **2.** «część przymiotników złożonych z członów
znaczeniowo równorzędnych (pisana z łącznikiem)»,
np.: żółto-czarny szal, żółto-fioletowa sukienka.

żółtodziób *m IV, D.* żółtodzioba a. żółtodzióba,
lm M. te żółtodzioby a. żółtodzióby *iron.*, *żart.*
«człowiek młody, niedoświadczony»

żółty *st. w.* żółtszy a. bardziej żółty: Żółte kwiaty.
Żółty jak cytryna. Łubin żółty. □ Ż. od czego
(kiedy zabarwienie wiąże się z przyczyną zewnętrzną»:
Łąka żółta od kaczeńców. □ Ż. z czego (kiedy
zabarwienie wiąże się z przyczyną wewnętrzną):
Żółty z przemęczenia.

żółw *m I, lm D.* żółwi (*nie:* żółwiów) △ Iść, jechać itp. jak żółw «iść, jechać itp. bardzo wolno»

żółwi *przym.* od żółw: Żółwie jaja. Żółwi pancerz. △ Iść, wlec się, posuwać się żółwim krokiem
«iść, wlec się, posuwać się bardzo powoli»

żółwiowy «zrobiony z żółwia»: Zupa żółwiowa.

! żrebię p. źrebak.

żreć (*nie:* żreć) *ndk XI*, żrę, żryj, żarł, żarliśmy
(p. akcent § 1a i 2) **1.** «o zwierzętach: jeść (ordynarnie także o ludziach)»: Żarł łapczywie mięso. Żarło
go robactwo. Konie żarły owies. **2.** «trawić, prze-
żerać»: Rdza żre żelazną kratę. △ Żreć w oczy «powodować pieczenie, ból oczu»: Dym żre w oczy.
△ *przen.* «gryźć, trapić»: Żarła go tęsknota, rozpacz,
gorączka.
żreć się □ Ż. się — o kogo, o co «gryźć się
(częściej przen.)»: Psy żarły się o łup. △ *przen.* Ż.
się z kim, między sobą, *rzad.* ze sobą: Żarła
się z sąsiadami. Ciągle żarli się między (ze) sobą.

! żrenica p. źrenica.

żuaw *m IV, lm M.* ci żuawi (dawniej także: te
żuawy): Batalion żuawów.

żubrowy a. **żubrzy** *wych. z użycia* «odnoszący
się do żubra, dotyczący żubrów»: Rogi żubrowe a.
żubrze (dziś *częściej* z rzeczownikiem w dopełniaczu:
rogi żubra). △ Trawa żubrowa (*częściej:* żubrówka).
|| U Pol. (2), 268.

żuk *m III, DB.* żuka **1.** «chrząszcz» **2.** *pot.* «samochód marki Żuk»: Pojechali na wycieczkę żukiem.
3. *ndm* Żuk «marka samochodu»

żulik *m III, lm M.* te żuliki *reg.*, *wych. z użycia*
«łobuziak, chuligan; złodziejaszek»

żuława *ż IV,* zwykle w *lm*: Na żyznych żuławach
wspaniale rośnie pszenica. Powierzchnia żuław.

Żuławy (Elbląskie, Gdańskie, Wiślane), Żuławy *blp, D.* Żuław; Elbląskie, Gdańskie, Wiślane
odm. przym. «okolice Gdańska, Elbląga, Tczewa,
Malborka — część pobrzeża wschodniopomorskiego
w delcie Wisły»: Jechać na Żuławy. — żuławski.

żur *m IV, D.* żuru, *Ms.* żurze; *częściej* **żurek**
m III, D. żurku.

żuraw *m I, D.* żurawia, *lm D.* żurawi △ *żart.*
Zapuszczać żurawia (do czegoś) «zaglądać ukradkiem;
podglądać»

żurawina *ż IV* **1.** «roślina o jadalnych owocach»:
Jagody żurawiny. Stok był pokryty żurawinami.

Wyrwał z ziemi jedną żurawinę. **2.** zwykle w *lm*
«owoce tej rośliny»: Kupiła pół kilograma żurawin (*nie:* żurawiny). Kisiel z żurawin (*nie:* z żurawiny) a. kisiel żurawinowy. Żurawiny do mięsa.

żurnal *m I, D.* żurnalu a. żurnala, *lm D.* żurnali,
rzad. żurnalów △ Jak z żurnalu «podług najśwież-
szej mody; elegancko»: Ubrana jak z żurnalu (żurnala).

żurnalista *m odm. jak ż IV, lm M.* żurnaliści,
DB. żurnalistów *przestarz.* «dziennikarz, publicysta»

żurnalistyka (*wym.* żurnalistyka, *nie:* żurnalistyka; p. akcent § 1c) *przestarz.* «dziennikarstwo,
prasa»

Żuromin *m IV* «miasto» — żurominianin *m V,
D.* żurominianina, *lm M.* żurominianie, *D.* żuromi-
nian — żurominianka *ż III, lm D.* żurominianek —
żuromiński.

żużel *m I, D.* żużla a. żużlu: Wyścigi na żużlu.

żwacz *m II, lm D.* żwaczy, *rzad.* żwaczów: Ze
zdenerwowania żwacze chodziły mu pod skórą.

żwawy *m-os.* żwawi, *st. w.* żwawszy a. bardziej
żwawy: Żwawy staruszek. Żwawe konie. Żwawe
ruchy.

żwir *m IV, D.* żwiru, *Ms.* żwirze: Żwir kopalny.
Żwir na podsypkę.

Żwirko *m odm. jak ż III, lm M.* Żwirkowie,
DB. Żwirków.
Żwirko *ż ndm* — Żwirkowa *ż odm. jak przym.* —
Żwirkówna *ż IV, D.* Żwirkówny, *CMs.* Żwirkównie
(*nie:* Żwirkównej), *lm D.* Żwirkówien.

Żychlin *m IV* «miasto» — żychlinianin *m V, D.*
żychlinianina, *lm M.* żychlinianie, *D.* żychlinian —
żychlinianka *ż III, lm D.* żychlinianek — żychliński.

życie *n I,* zwykle *blm* **1.** «stan organizmu żywego, istnienie»: Długie, krótkie życie. Życie osobiste, prywatne. Życie psychiczne, wewnętrzne.
Bieg, tempo życia. Tryb, sposób życia. Iść, przejść
przez życie. Mieć, stworzyć sobie własne, swoje życie. Pozbawić kogoś życia; odebrać komuś życie.
Pozostać, utrzymać się przy życiu. Przywrócić
komuś życie a. kogoś do życia. Kochać kogoś, coś
nad życie. Oddać, dać, poświęcić, złożyć (za kogoś,
coś) życie (w ofierze). Przypłacić, okupić coś życiem.
△ Póki życia «póki ktoś będzie żyć»: Nie zapomnę
tego póki życia. △ Za (czyjegoś) życia «kiedy ktoś
żył»: Ożenił się jeszcze za życia wuja. △ Być nie do
życia: **a)** «być niezaradnym, niepraktycznym, do
niczego» **b)** «być beznadziejnie, ciężko chorym»
△ Nie dawać znaku życia: **a)** «sprawiać wrażenie
martwego; omdleć» **b)** «nie przysyłać o sobie żadnych wiadomości; nie odzywać się» △ Ujść z życiem
«uniknąć śmierci; wyjść z czegoś cało» △ Wejść,
wchodzić w życie: **a)** «o ustawach, rozporządzeniach
itp.: stać się obowiązującym, nabrać mocy prawnej»:
Rozporządzenie weszło już w życie. **b)** (*częściej:*
wchodzić w życie) «o kimś, kto zaczyna życie samodzielne»: Mój syn wchodzi już niedługo w życie.
△ Wprowadzić, wcielić coś w życie «praktycznie coś zastosować; doprowadzić do urzeczywistnienia»: Swoje pomysły wprowadził, wcielił
w życie. △ Czyjeś życie wisi, zawisło na włosku
«ktoś jest, znalazł się w śmiertelnym niebezpieczeń-

stwie»: Życie jej wisiało na włosku. △ *pot.* Mieć (z kimś) święte, rajskie życie «mieć (z kimś) życie wygodne, przyjemne» **2.** «werwa, energia, żywotność; ożywienie, ruch»: Miasto pulsuje, tętni życiem. W tym młodym otoczeniu nabierał życia. Wnosił do naszego grona wiele życia. △ Być pełnym życia «mieć werwę, temperament» △ *pot.* (Robić coś) z życiem «żywo, z temperamentem»: Tańczyli z życiem. **3.** *pot.* «utrzymanie, wyżywienie»: W wielkim mieście życie jest droższe niż na prowincji. Wydawać dużo na życie. Miała 1000 zł pensji i życie.

życiowy 1. «związany z życiem organicznym; biologiczny»: Procesy, funkcje życiowe. **2.** «dotyczący życia, warunków jego istnienia; zdarzający się w życiu»: Wskazówki życiowe. Kariera życiowa. Mądrość życiowa. Rekord życiowy. △ Stopa życiowa. *Ale*: Poziom życiowy (*lepiej*: poziom życia). **3.** *pot.* «umiejący sobie radzić; obrotny, praktyczny»: Był człowiekiem życiowym. Miała życiowy pogląd na te sprawy. △ *niepoprawne* Życiowy (*zamiast*: praktyczny) strój na zimę. || *D Kult. II, 299; Kl. Aleź 23.*

życzenie *n I* **1.** «to, czego ktoś sobie życzy; chęć, pragnienie»: Spełniać, uprzedzać, zaspokajać czyjeś życzenia. Mam jedno życzenie: wyspać się porządnie. Miała (wyraziła) życzenie, aby pochowano ją w rodzinnej wsi. △ Na (czyjeś, własne) życzenie: Zwolniono go na własne życzenie. Na życzenie dyrektora zwołano naradę. △ Coś pozostawia wiele do życzenia; coś nie pozostawia nic do życzenia «coś jest niezadowalające; coś jest bez zarzutu»: Twoje zachowanie pozostawia wiele do życzenia. Tłumaczenie książki nie pozostawiało nic do życzenia. △ *książk.* Czyjemuś życzeniu staje się zadość «czyjeś życzenie się spełnia» **2.** zwykle w *lm* «to, czego się komuś życzy (ustnie lub na piśmie); powinszowanie»: Życzenia szczęścia, pomyślności, spełnienia pragnień. Życzenia od przyjaciół. Życzenia imieninowe, noworoczne, świąteczne. Przesłać dla kogoś życzenia. Przyjmować od kogoś życzenia. Składać, złożyć komuś życzenia. △ Najlepsze życzenia świąteczne zasyłają Drogim Państwu — Kowalscy.

życzliwość *ż V, blm*: Doznać od kogoś życzliwości; spotkać się z życzliwością z czyjejś strony. Mieć dla kogoś życzliwość. Okazywać komuś życzliwość. Potraktować, przyjmować kogoś z życzliwością. □ Ż. dla kogo, czego, wobec kogo (*nie*: do kogo, czego): Życzliwość dla ludzi i świata. Życzliwość wobec bliźnich. Radzić coś komuś przez życzliwość (z życzliwości).

życzliwy *m-os.* życzliwi, *st. w.* życzliwszy a. bardziej życzliwy □ Ż. dla kogo, *wych. z użycia* ż. komu, czemu: Nauczyciel życzliwy dla uczniów (uczniom). Nasz kierownik jest tej sprawie życzliwy.

życzyć *ndk VIb*, życzyliśmy (p. akcent § 1a i 2) **1.** «pragnąć czegoś dla kogoś lub dla siebie; składać komuś życzenia» □ Ż. komu a. sobie czego: Życzyła siostrze lepszego losu, niż jej własny. Życzył jej wesołych świąt. Życzę ci szczęścia. Życzył sobie zdania egzaminu. □ Ż. (komu), żeby: Życzę jej, żeby dostała interesującą pracę. Życzył komuś źle, dobrze. **2.** tylko: życzyć sobie «chcieć, żądać czegoś» □ Ż. sobie czego (*nie*: co) a. ż. sobie co robić: Klient życzył sobie jesionki. Ojciec życzy sobie mówić z tobą. On sobie tego nie życzy. △ Czego

(*nie*: co) Pan, Pani sobie życzy? △ *niepoprawne* Czego pan życzy (*zamiast*: czego pan sobie życzy)? || *D Kult. II, 103.*

żyć *ndk Xa*, żyliśmy (p. akcent § 1a i 2) **1.** «być żywym, istnieć»: Żyć długo, krótko. Żyć w czyjejś pamięci, we wspomnieniach. △ (Wszystko) co żyło, co żyje; kto żył «wszyscy co do jednego (zebrani w danym miejscu, w danej chwili)» **2.** «wieść, prowadzić życie; bytować w jakichś warunkach»: Żyć wygodnie, skromnie, ciężko. Żyć jak w raju. Żyć nad (*rzad.* ponad) stan. Żyć na czyjś koszt, czyimś, cudzym kosztem. Żyć w biedzie, w nędzy. Żyć w dobrobycie. Żyć w ciągłym strachu. □ *przen.* Ż. czym, *rzad.* kim «być czymś, kimś zaabsorbowanym, pochłoniętym; znajdować w kimś, czymś treść istnienia»: Żyć jedną myślą, wspomnieniami, sztuką. Jest nadzwyczaj kochającą matką, żyje tylko swoimi dziećmi. △ Żyć swoim własnym życiem. Żyć dla siebie. △ Żyć pełnym życiem a. pełnią życia. □ Ż. dla kogo, czego: Żyła tylko dla syna, dla sztuki. □ Ż. z czego: Żył z emerytury. Żyli tylko z pensji ojca. △ Nie mieć z czego żyć. **3.** «utrzymywać z kimś stosunki, współżyć» □ Ż. z kimś **a)** «przestawać, obcować z kimś»: Umiała żyć z ludźmi. Żyć z kimś dobrze, źle. Żyć z kimś w zgodzie, w przyjaźni. **b)** *pot.* «mieć z kimś stosunki płciowe» △ Żyć z kimś na wiarę, *posp.* na kocią łapę «żyć bez ślubu»

Żyd *m IV* **1.** «członek narodu żydowskiego» **2.** żyd «wyznawca religii mojżeszowej» — żydowski.

żydowski przym. od Żyd (żyd): Narodowość żydowska. Pochodzenie żydowskie. Święto żydowskie. △ Język żydowski «język pochodzenia germańskiego używany przez Żydów w Europie Wschodniej; jidysz» △ Ryba po żydowsku.

Żydówka *ż III, lm D.* Żydówek **1.** «członkini narodu żydowskiego» **2.** żydówka «wyznawczyni religii mojżeszowej»

żylasty 1. «mający wydatne i widoczne żyły»: Żylaste ręce i nogi. Żylasta szyja. **2.** *rzad.* p. żyłowaty.

żyła *ż IV, CMs.* żyle, w zn. «naczynie krwionośne»: Zwapnienie żył. Wstrzyknąć coś w żyłę a. do żyły. Otworzyć, przeciąć sobie żyły. △ Coś mrozi, ścina krew w żyłach; krew stygnie, krzepnie komuś w żyłach «coś napełnia przerażeniem; kogoś ogarnia przerażenie» △ *książk.* W czyich żyłach płynie jakaś, czyjaś krew; ktoś ma w żyłach jakąś krew «ktoś pochodzi z jakiejś grupy etnicznej, od kogoś»: W żyłach Chopina płynęła krew polska i francuska. △ *pot.* Wypruwać z kogoś, z siebie żyły «przemęczać kogoś (dla własnych korzyści) lub siebie nadmierną pracą»

żyłować *ndk IV*, żyłowaliśmy — **wyżyłować** *dk* □ Ż. co «usuwać żyły, oczyszczać z żył»: Żyłować mięso. □ *przen.*, *pot.* (częściej *dk*) Ż. kogo «przemęczać kogoś pracą dla własnych korzyści»

żyłowaty «zwykle o mięsie: zawierający dużo żył; *rzad.* żylasty»

Żymierski *m odm. jak przym.*
Rola-Żymierski *m*, Rola odm. jak ż *I* a. *ndm*, Żymierski odm. jak przym.: Rozkaz marszałka Roli-Żymierskiego (Rola-Żymierskiego).

żyrandol *m I, D.* żyrandola (*nie*: żyrandolu), *lm D.* żyrandoli (*nie*: żyrandolów).

żyrant *m IV, lm M.* żyranci; in. poręczyciel.

Żyrardów *m IV, C.* Żyrardowi (*ale*: ku Żyrardowowi a. ku Żyrardowu) «miasto» — żyrardowianin *m V, D.* żyrardowianina, *lm M.* żyrardowianie, *D.* żyrardowian — żyrardowianka *ż III, lm D.* żyrardowianek — żyrardowski.

żyro *n III, Ms.* żyrze, *lm M.* żyra, *D.* żyr «poręczenie»

żyroskop, *rzad.* **giroskop** *m IV, D.* żyroskopu (giroskopu).

żyrować *ndk IV,* żyrowaliśmy (p. akcent § 1a i 2) — **podżyrować** (*wym.*: pod-żyrować) *dk*: Żyrować weksel.

żytni, *reg.* **żytny:** Chleb żytni. Mąka żytnia.

żyw △ tylko w *wych. z użycia* połączeniach: Kto żyw «kto tylko żyje, wszyscy»: Kto żyw, biegnie na pomoc. △ Póki(m) żyw «póki żyje (żyję)»: Pókim żyw nie pogodzę się z nim.

żywcem 1. «jako żywego»: Spalić, pogrzebać kogoś żywcem. **2.** *pot.* «nic nie zmieniając, dosłownie»: Przepisał żywcem z książki.

żywicowy «zrobiony, otrzymany z żywicy»: Werniks żywicowy.

żywiczny «dotyczący żywicy»: Przewody żywiczne w drewnie drzew iglastych. Żywiczne sęki. Żywiczny powiew, zapach.

żywić *ndk VIa,* żywiliśmy (p. akcent § 1a i 2) **1.** «dostarczać pożywienia, dawać na życie; odżywiać, karmić» □ Ż. kogo (czym): Żywiła całą rodzinę z marnej pensji. Żywił więźniów po kryjomu. Żywiono chorego witaminami w płynie. **2.** *książk.* «odczuwać coś, doznawać czegoś w stosunku do kogoś, czegoś; mieć, czuć (w połączeniu z nazwami stanów psychicznych, zwłaszcza emocjonalnych)» □ Ż. co — dla kogo, czego, do kogo, czego: Żywił dla niej sympatię i szacunek. Żywił pogardę dla pieniędzy. Żywiła do niego urazę. Żywił żal do całego świata. Żywiła podejrzenie, że syn coś ukrywa.

żywiec *m II, D.* żywca **1.** *blm* «zwierzęta przeznaczone na rzeź»: Skup żywca. **2.** «mała rybka (zasadzona na haczyk) służąca jako przynęta»: Łowić ryby na żywca. △ *pot.* Operować, krając itp. na żywca «operować nie usypiając pacjenta» △ *niepoprawne* Transmitować na żywca (*zamiast*: na żywo).

Żywiec *m II, D.* Żywca **1.** «miasto»: Przyjechać z Żywca. — żywczanin *m V, D.* żywczanina, *lm M.* żywczanie, *D.* żywczan — żywczanka *ż III, lm D.* żywczanek — żywiecki (p.). **2.** żywiec, *DB.* żywca *pot.* «piwo żywieckie»

Żywiecczyzna *ż IV, CMs.* Żywiecczyźnie «ziemia żywiecka»: Mieszkać na Żywiecczyźnie.

żywiecki: Powiat żywiecki, przemysł żywiecki (*ale*: Kotlina Żywiecka, Jezioro Żywieckie).

żywieniowy «dotyczący żywienia»: Metody żywieniowe (*lepiej*: metody żywienia). Dawki żywieniowe.

żywioł *m IV, D.* żywiołu, *lm M.* żywioły: Groźny żywioł. △ *przen.* Żywioły (*częściej*: elementy) np. konserwatywne. △ Coś jest czyimś żywiołem «coś jest czyimś naturalnym środowiskiem, stanowi sferę czyichś zamiłowań lub zainteresowań»: Muzyka była jej żywiołem. △ Być, (po)czuć się, znaleźć się w swoim żywiole «znaleźć się w odpowiednich dla siebie warunkach; czuć się gdzieś doskonale» △ *posp.* Puścić coś na żywioł «pozostawić własnemu biegowi, pozwolić się rozwijać samorzutnie»: Sprawy te puszczono na żywioł (*lepiej*: pozostawiono własnemu biegowi).

żywiołowy 1. «dotyczący żywiołów przyrody, wywołany nimi»: Klęski żywiołowe. **2.** «niepohamowany, gwałtowny»: Żywiołowa nienawiść. Żywiołowy temperament. Żywiołowy (*nie*: burzliwy) rozwój np. przemysłu. **3.** *lepiej*: samorzutny, spontaniczny, nie zorganizowany; np. Żywiołowy (*lepiej*: samorzutny) strajk robotniczy. || KP Pras.

żywnie tylko w *pot.* połączeniu: Co a. jak się (komuś) żywnie podoba «co a. jak kto chce»: Możesz kupić, co ci się żywnie podoba.

żywo *st. w.* żywiej a. bardziej żywo: Żywo gestykulować, rozprawiać. Żywo się czymś interesować. △ *książk.* Co żywo «jak najszybciej, natychmiast»: Bierzmy się co żywo do pracy! △ *przestarz.*, dziś *żart.* Jako żywo «wyrażenie wzmacniające o charakterze ekspresywnym; z całą pewnością, oczywiście, na pewno»: Jako żywo nie zrobiłem tego. △ *pot.* Transmitować, nadawać itp. coś na żywo «transmitować, nadawać itp. bezpośrednio, nie z zapisu, nie z taśmy» △ *pot.* Operować, krając itp. na żywo (a. na żywca).

żyworódka a. **żyworodka** *ż III, lm D.* żyworódek, żyworodek; *rzad.* **żyworodek** *m III, D.* żyworodka «zwierzę żyworodne»

żywotny (*nie*: żywotni) *st. w.* żywotniejszy a. bardziej żywotny: Żywotna natura. Siły żywotne. △ *przen.* «bardzo ważny, aktualny»: Sprawa żywotna dla mieszkańców naszego miasta.

żywy *m-os.* żywi **1.** w zn. «żyjący»: Żywy organizm. Istota żywa. Żywe komórki. Na pół a. na wpół żywy. Ledwie, ledwo żywy. △ *pot.* Wszystko co żywe «wszyscy bez wyjątku»: Wszystko co żywe wybiegło na jego powitanie. △ Dotknąć kogoś, *pot.* dogryźć, dopiec komuś do żywego «dokuczyć komuś, bardzo dotliwie kogoś urazić» △ Kłamać, zaprzeczać, wypierać się (*wych. z użycia* mówić coś komuś) w żywe oczy «kłamać, zaprzeczać, wypierać się, mówić otwarcie, bezczelnie, w obecności osoby, której sprawa dotyczy» **2.** *st. w.* żywszy a. bardziej żywy, w zn. «pełen życia; ruchliwy, prędki»: Żywe usposobienie. △ Żywy jak iskra (*nie*: jak srebro, jak rtęć). △ *pot.* Żywe srebro «o kimś bardzo ruchliwym» △ *pot.* Kląć, przeklinać w żywy kamień «kląć dosadnie, z pasją» △ *pot.* W żaden żywy sposób, żadnym żywym sposobem «wzmocnione: w żaden sposób; absolutnie, zupełnie nie»

żyzny (*nie*: żyźny) *st. w.* żyźniejszy a. bardziej żyzny: Żyzna gleba.

WYKAZ HASEŁ NIEKTÓRYCH TYPÓW

1. Głoski, grupy głosek (wymowa, pisownia)

am	dz	-(e)śmy	ia	kk	luks-	nn	q	tt	z
an	dż	ex	ie	kom-	ł	ń-	rr	tw	zj
ą	-ea	ę	io	kon-	łł	om	rz	u	zmi
b	-eja	f	iu	krz	-łszy	on	sj	w	zwi
ch	em	g	-ji	ksz	m	ó	ss	-wstwo	ź
chrz	-(e)m	grz	ju	kw	mm	p	sz	-wszy	ż
chw	en	gż	k	l	-my	prz-	tf	x	-ż
cj	-(e)ś	h	ke	li	n	psz-	trz	y	-że
cz	-(e)ście	i	kie	ll					

2. Przedrostki, przyrostki i człony wyrazów złożonych

a-	-ątko	czwarto-	geo-	kilku-	-ny
-acja	-berczyk	-czy	gorzko-	kilkudziesięcio-	o-
-actwo	-berg	-czyk	granatowo-	kilkunasto-	ob-
-acz	-bergia	ćwierć-	helio-	kilo-	obco-
-aczka	-berka	daleko-	hetero-	ko-	obe-
-ać	-berski	de-	higro-	-ko	od-
-adło	bez-	decy-	hiper-	-kolwiek	ode-
aero-	beze-	deka-	homo-	kontr-	ognisto-
agro-	bi-	dez-	hydro-	kontra-	ogólno-
-ak	biało-	dia-	-ica	kosmo-	około-
-alnia	bio-	-dło	-iciel	krio-	osiemdziesięcio-
-alnictwo	blado-	długo-	-iczek	-kroć	osiemnasto-
-alnik	błękitno-	do-	-iczny	krótko-	ostro-
-alność	-borczyk	drobno-	-iczy	-lecie	-ostwo
-alny	-borg	drugo-	-ić	lewo-	-ość
alo-	-bork	dwu-	-idło	makro-	ośmio-
-ałka	-borka	dys-	-ijczyk	mało-	-owa
-anie	-borski	-dziesiąt	-ijski	mega-	-ować
-anin	brązowo-	dziesięcio-	-ik	miedziano-	-owaty
-anina	brudno-	-e	-ina	między-	-owicz
-anka	-burczyk	-ec	-inąd	mikro-	-owiec
-ans	-burg	-eczek	indo-	mili-	-owisko
anty-	-burgia	-eczka	inno-	multi-	-ownia
-any	-burka	-eczko	-iński	na-	-ownik
-ański	buro-	-eć	ir-	nad-	-owski
-aństwo	-burski	egzo-	-isko	nade-	-owy
arcy-	cało-	-ek	-ista	naj-	-ówka
-arka	centy-	eks-	-istyczny	-naście	-ówna
-arnia	-cie	ekstra-	-iwo	neo-	paleo-
-arny	ciemno-	elektro-	-izm	neuro-	pan-
-arski	-cki	endo-	-izna	-nia	para-
-arstwo	-ctwo	-enie	izo-	niby-	paro-
-arz	czarno-	-eński	jaskrawo-	nie-	pełno-
astro-	czerwono-	ferro-	jasno-	-nik	pierwo-
-asty	czterdziesto-	fito-	jedno-	nisko-	pierwszo-
auto-	czternasto-	fizjo-	-ka	nitro-	pięcio-
-awy	cztero-	foto-	kilko-	nowo-	pięćdziesięcio-

piętnasto-	proto-	samo-	ś-	wice-	-yć
płasko-	prze-	-set	średnio-	wielko-	-yjny
po-	przeciw-	siedemdziesięcio-	środkowo-	wielo-	-yjski
pod-	przed-	siedmio-	śród-	wodo-	-yna
pode-	przede-	-ski	tele-	wolno-	-ysko
poli-	przenaj-	-sko	termo-	wpół-	-ysta
polsko-	przeszło-	słodko-	trans-	ws-	-yzna
południowo-	przy-	spektro-	trój-	wschodnio-	z-
ponad-	pseudo-	staro-	u-	współ-	za-
post-	psycho-	stereo-	ultra-	wszech-	zachodnio-
poza-	radio-	stu-	-uszko	wy-	ze-
pół-	rdzawo-	-stwo	w-	wysoko-	zeszło-
północno-	roz-	sub-	wąsko-	wz-	zielonawo-
pra-	roze-	super-	wczesno-	-y	zielono-
prawo-	równo-	szaro-	we-	-yca	złoto-
pre-	różno-	szeroko-	wes-	-yciel	zoo-
pro-	rudo-	sześcio-	wewnątrz-	-yczek	żółto-
prosto-	s-	szybko-	wez-		

3. Hasła problemowe

akcent
archaizmy
aspekt czasownika
bezokolicznik
bierna strona
biernik
bliskoznaczność wyrazów
błędy językowe
budowa słowotwórcza wyrazu
celownik
córek nazwiska
cudzysłów
cyfrowy zapis liczebników
czasownik
czasy
cząstki wyrazów
części mowy
czynna strona
daty
deklinacja
derywacja
derywat wsteczny
dialekty
dialektyzmy
dokonane czasowniki
dopełniacz
dopełnienie
duże litery
dwuczłonowe nazwiska
dwukropek
dzielenie wyrazów
enklityki
e ruchome
eufemizmy
fleksja
formacja słowotwórcza
formant
forma zwrotna
formy enklityczne zaimków
  osobowych
formy grzecznościowe
formy nieosobowe czasownika
formy opisowe stopniowania
frazeologizmy
frazy

galicyzmy
geograficzne nazwy
germanizmy
głoskowce
grupowce
grzecznościowe formy
gwara
idiomatyzmy
imiesłowowy równoważnik
  zdania
imiesłów
imię i nazwisko
imiona
innowacje językowe
internacjonalizmy
interpunkcyjne znaki
jednokrotność czasowników
język i jego odmiany
kalki językowe
kobiet nazwiska
kompozycja (słowotwórcza)
koniugacja
kontaminacja
końcowe cząstki wyrazów
końcówki czasownikowe
  (ruchome)
kropka
kryteria poprawności językowej
liczba gramatyczna
liczebniki
literacki język
literowce
litery duże (wielkie) i małe
łączna pisownia
łącznik
małe litery
małżeńskich par nazwy
męski rodzaj
mężczyzn nazwiska
mianownik
miejscowe nazwy
miejscownik
mieszkańców nazwy
moda w języku
mówiony język

myślnik
najwyższy stopień
narzędnik
naukowe tytuły kobiet
nawias
nazwiska obce niesłowiańskie
nazwiska obce słowiańskie
nazwiska polskie
nazwy instytucji, przedsiębiorstw, szkół, hoteli, pensjonatów itp.
nazwy i tytuły zawodowe kobiet
nazwy języków
nazwy miejscowe (geograficzne)
nazwy mieszkańców (miast, wsi, dzielnic, części świata)
nazwy organizacji, zrzeszeń, związków, towarzystw itp.
nazwy par małżeńskich
nazwy własne jako rzeczowniki pospolite
neologizmy
neosemantyzmy
niedokonane czasowniki
nieosobowe formy czasownika
niesłowiańskie nazwiska obce
nijaki rodzaj
norma językowa
nowotwory
nowoznaczniki
obce imiona
obce nazwy miejscowe (geograficzne)
obce (niesłowiańskie) nazwiska
obce (słowiańskie) nazwiska
obce wyrazy
oboczność
odmiana nazwisk
odmiana wyrazów
odmiany języka
odpowiedniki
okoliczniki
opisowe formy stopniowania
organizacje

orzeczenie
orzecznik
osoby
par małżeńskich imiona
par małżeńskich nazwy
partykuła
pauza
pisany język
pisownia łączna i rozdzielna
pleonazm
początkowe cząstki wyrazów
podmiot
podstawa słowotwórcza
podwojone głoski, litery
polskie imiona
polskie nazwiska
polskie nazwy miejscowe
  (geograficzne)
połączenia wyrazowe
poprawność językowa
postać czasownika
potoczny język
pożyczki
produktywność słowotwórcza
proklityki
prowincjonalizmy
przecinek
przedrostek
przenoszenie wyrazów
przenośnia
przeszły czas
przydawka
przyimek
przymiotnik
przynależności związki
przypadki po przyimkach
przyrostek
przysłówek
puryzm

pytajnik
regionalizmy
repliki
rodzaje zdań
rodzaj gramatyczny
rozdzielna pisownia
rozkaźnik
równoważniki zdań
równy stopień
ruchome e
ruchome końcówki czasownikowe
rusycyzmy
rządu związki
rzeczownik
samogłoski nosowe
składnia
skrótowce
skróty
skróty składniowe
słowiańskie nazwiska obce
słownictwo
słowotwórstwo
służbowe tytuły kobiet
spójnik
spółgłoski miękkie
stopień równy, wyższy, najwyższy
stopniowanie
strony czasownika
styl
sylabowce
szablon językowy
szyk wyrazów w zdaniu
średnik
temat słowotwórczy
terminologia
tryby
tylnojęzykowe n

tytuły zawodowe kobiet
układ wyrazów w zdaniu
wielkie litery
wielokropek
wielokrotność czasowników
wołacz
wpływy obce w języku
wsteczny derywat
wulgaryzmy
wykrzyknik
wyraz pochodny
wyrazy obce
wyraz zdrobniały
wyraz zgrubiały
wyraz złożony
wyrażenia
wyższy stopień
zaimek
zapożyczenia
zawodowe tytuły kobiet
zdanie
zdrobnienie
zestawienie
zgody związki
zgrubienie
złożenie
znaki przestankowe
zrost
związki frazeologiczne
związki rządu, zgody i przynależności
zwięzłość wypowiedzi
zwrotna forma
zwroty
zwyczaj językowy
żeńskie nazwiska
żeński rodzaj
żon nazwiska

4. Skróty i skrótowce

a	BCh	c. at.	CO (C.O, c. o.)	dkm
aa	B-cia	c. cz.	COPIA (Copia)	dl
abp	b.d.	cd.	CPLiA	dł.
adm.	bhp	CDD	CPN	dm
ADM	bł.	CDM	CRS	dn.
AFP	błp.	cdn.	CRZZ	d.n.
AGH	bm.	CDT	CSH	doc.
AGPOL	BN	CDU	CSI	dok. nast.
a.i.	b.opr.	CEKOP	CSRS	DOKP
AIBA	BOS	CENTO	ČTK	DPT
AK	BOT	Cepelia	CUGW	dr
AL	bp	CEZAS (Cezas)	CWF	dr hab.
arch.	br.	cf.	CWKS	dr h.c.
arcybp	b.r.	cg	c. wł.	dr med.
Arged	b.r.w.	CGT	dag	DRN
ark.	Bryg. (bryg.)	chor.	dam	ds. (d/s)
art.	BSPO	ChRL	dca (d-ca)	DS
AWF	BTA	CHZ	dcg	dypl.
AZS	BTMot	CIECH	dcl	dyr.
b.	BTS	ck	dcm	DzU (DzUPRL)
b.a.	BUW	CK	dcn.	EFTA
BBC	c. (ca)	ckm	dg	egz.
BBWR	CAF	cl	dh	EKD
BCG	cal.	cm	dkg	EKG

em.	JM	m.b.	NRF	PKS (Pekaes)
etc.	JO (J.O.)	mbar	NSDAP	pkt
ew.	jun.	MBP	NSZ	PKWN
EWG	jw.	MChAT	o.	pl.
FAO	JW	MCK	OAS	PLO
FBS	k.	MDK	OB	płd.
FDJ	kadm.	MDM	ob.	płk
FDP	kan.	med.	obj.	płn.
FIR	kand. n.	MEN (MENA)	odb.	pm
FIS	kard.	mg	ogn.	PMH
FJN	kb	MGK	OHP	PMRN
f-ka (F-ka)	kbk	mgr	OIRT	PMW
FPK	kbks	MHD	OJA	p.n.e.
FSO	KBW	MHM	ok.	p.o.
f. szt.	KC	MHW	OKP	POM
FWP	KD	MHZ	OM TUR	POP
g	KERM	mies.	ONR	por.
g.	kg	m.in.	ONZ	pos.
gat.	KG	min	oo.	POSTiW
gen.	KKF	min.	op.	POW
geogr.	kl.	Min.	OPA	pow.
GIOP	km	mjr	op.cit.	poz.
GKKF	KM	MKOl	ORMO	pp.
GKKFiT	kmdr	m kw.	ORN	ppłk
GKS	kmdt	ml	ORP	p.p.m.
GL	KNiT	mld	ORS	ppor.
godz.	k.o.	mln	ORT	PPR
GON	kol.	mł.	ORZZ	PPRN
GOP	KOP	mm	os.	PPS
GOPR	KP	m n.p.m.	osk.	PPTS
GOT	KPP	MO	OSP	prez.
gr	kpr.	MON	OZN (Ozon)	PRL
GRN	kpt.	MOP	p.	PRM
GS	KPZR	MOPR	Pafawag	PRN
GUC	KRLD (KRL-D)	MOSTiW	PAGART (Pagart)	PRO
GUGiK	KRN	MPA	PAGED (Paged)	prob.
GUM	ks.	MPIA	PAL	proc.
GUS	KS	MPK	PAN	prof.
ha	k.tyt.	MPO	PAP	PRZZ
h.c.	KU	m p.p.m.	par.	PS
hg	KUL	MPT	PAR	PSL
hl	kur.	MRL	PAU	PSM
hm	kw.	MRN	PCH	PSS
hon.	kW	M/S (m/s)	pchor.	PST
hr.	KW	m.st.	PCK	pt.
ib. (ibid.)	kWh	MSW	PDK	P.T.
IBJ	KZ	MSZ	PDT	p-ta
IBL	KZMP	MTI	pg	PTE
IBM	l	MWG	PGR	PTJ
id.	l.	m. woj.	PHZ	PTTK
IGiK	l.at.	MZBM	pie.	PTWK
i in.	l.c.	MZK	PIH	PUPiK
im.	l.dz.	MZS	PIHM	PUR
IMER	lek.	NATO	PIPS	PWM
IMiD	lkm	nb.	PIS	PWN
in.	LKS	NBP	PISM	PWRN
i nn.	log	ND	PIW	PWSA
inż.	LOK	n.e.	PKC	PWSM
IPM	l.p.	NEP	PKF	PWSP
ITB	LPA	NIK	PKiN	PWST
itd.	LPŻ	NKWD	PKL	PZGS
itp.	LZS	N.N.	PKN	PZKol (PZK)
IUNG	ŁKS	NOT	PKO	PZKR
IWP	m	np.	PKOl	PZLA
JCM	m.	NPD	PKP	PZMot (PZM)
JE	mar.	n.p.m.	PKPG	PZPR
JKM	margr.	nr	PKPS	PZU
JKW	marsz.	NRD	PKR	PZWS

PZŻ
PŻM
q
r.
rb.
red.
red.nacz.
red.nauk.
ref.
reż.
RFSRR
Rh
rkm
RKS
rozdz.
RPA
RPK
RRL
RSW „Prasa"
r.szk.
rtm.
r.ub.
rubr.
RWPG
ryc.
rys.
s.
SA
SA (S.A.)
SARP
SD
SDH
SDKPiL
SDP
SDT

SEATO
sek.
sekr.
sen.
SFOS
SFRJ
SGGW
SGPiS
SHL
sierż.
SIMCA
ska (s-ka)
SKM
SKS
SL
SN
SOK
SP
SPAM
SPATiF
SPD
SPR
ss.
SS
S/S (s/s)
st.
str.
St.RN
strz.
STS
sygn.
szer.
sześc.
ŚFMD
ŚFZZ

śp.
św.
t
t.
tab.
tabl.
TAP
TASS
techn.
tel.
tj.
TKJ
TKKF
TKKŚ
tko
TMJP
TOS
tow.
TOZ
TPD
TPPR
TŚM
TUL
TUR
TURiL
TWP
tys.
tzn.
tzw.
UJ
UKF
UMCS
UMK
UNESCO
UNRRA (Unra)

UPA
USA
USC
v.
w.
WAP
WAT
WDT
WFM
wg
wicemin.
WKD
WKKF
WKP(b)
WKR
WKS
WNT
woj.
WOP
WRL
WRN
wsch.
WSE
WSI
WSM
WSP
WSW
ww.
wys.
x.
YMCA
z.
zach.
ZAF

ZAIKS (Zaiks)
zał.
Zamech
ZASP
ZBM
ZBoWiD
ZEM (Zelmot)
ZG
ZHP
ZIŁ (ZiŁ)
ZIS
ZKJ
ZLP
zł
zł dew.
ZMP
ZMS
ZMW
ZOM
z o.o.
ZOR
ZOZ
ZREMB
ZRK
ZSL
ZSP
ZSRR
ZSZ
ZURT, ZURiT
ZUS
ZW
ZWM
ZWUT
ŻOB

BIBLIOGRAFIA

D. Buttler, *Wyrazy modne*, „Przegląd Humanistyczny" 1962, nr 4.

D. Buttler, *Semantyka a składnia w związkach wyrazowych*, „Poradnik Językowy" 1966, nr 6, 7, 9 i 10; 1967, nr 1 i 2.

D. Buttler, H. Kurkowska, H. Satkiewicz, *Wykaz błędów najczęściej spotykanych w prasie*, Warszawa 1962.

D. Buttler, H. Kurkowska, H. Satkiewicz, *Kultura języka polskiego*, Warszawa 1971.

D. Buttler, H. Satkiewicz, *Uwagi o frazeologii prasowej*, „Kwartalnik Prasoznawczy" 1957, nr 3.

D. Buttler, H. Satkiewicz, *O typach błędów frazeologicznych*, „Poradnik Językowy" 1960, nr 1 i 2.

H. Chmielewski, *Międzynarodowy układ jednostek miar SI*, Warszawa 1969.

W. Doroszewski, *Myśli i uwagi o języku polskim*, Warszawa 1937.

W. Doroszewski, *Kryteria poprawności językowej*, Warszawa 1950.

W. Doroszewski, *O kulturę słowa. Poradnik językowy*, Warszawa 1962; t. II, Warszawa 1968.

W. Doroszewski, *Podstawy gramatyki polskiej*, cz. I, Warszawa 1963.

W. Doroszewski, *Wśród słów, wrażeń i myśli*, Warszawa 1966.

W. Doroszewski, B. Wieczorkiewicz, *Zasady poprawnej wymowy polskiej*, Warszawa 1947.

A. Furdal, *W sprawie zasięgu niektórych właściwości polskiego dialektu kulturalnego*, „Rozprawy Komisji Językowej WTN", Wrocław 1965.

A. Furdal, *Podział polskich dialektów miejskich*, „Rozprawy Komisji Językowej WTN", Wrocław 1966.

A. Furdal, *Z polskich regionalizmów słownikowych i składniowych*, seria *Językoznawstwo*, „Zeszyty Naukowe WSP", Opole 1967.

H. Gaertner, A. Passendorfer, W. Kochański, *Poradnik gramatyczny*, Warszawa 1962.

„Język Polski", dwumiesięcznik.

Język polski. Poprawność — piękno — ochrona, Bydgoskie Towarzystwo Naukowe, Bydgoszcz 1969.

S. Jodłowski, W. Taszycki, *Słownik ortograficzny i prawidła pisowni polskiej*, Wrocław 1971.

Z. Klemensiewicz, *O różnych odmianach współczesnej polszczyzny*, Warszawa 1953.

Z. Klemensiewicz, *W trosce o język prasy polskiej*, „Prasa Współczesna i Dawna" 1959, nr 1/2.

Z. Klemensiewicz, *Próba poradnictwa językowego*, „Prasa Polska" 1961, nr 3.

Z. Klemensiewicz, *Zarys składni polskiej*, Warszawa 1963.

Z. Klemensiewicz, *Higiena językowego obcowania*, „Język Polski" 1965, nr 1.

Z. Klemensiewicz, *Pogadanki o języku*, Wrocław 1966.

Z. Klemensiewicz, M. Kniagininowa, W. Pisarek, *Ależ tak się nie pisze...*, Kraków 1964.

M. Kniagininowa, *Niektóre błędy gramatyczne w prasie*, „Zeszyty Prasoznawcze" 1960, nr 2/3.

M. Kniagininowa, *Niedostatki stylu dziennikarskiego*, „Zeszyty Prasoznawcze" 1960, nr 5/6.

M. Kniagininowa, W. Pisarek, *Poradnik językowy. Podręcznik dla pracowników prasy, radia i telewizji*, Kraków 1969.

W. Kopaliński, *Słownik wyrazów obcych i zwrotów obcojęzycznych*, Warszawa 1968.

A. Krasnowolski, *Najpospolitsze błędy językowe, zdarzające się w mowie i piśmie polskim*, Warszawa 1920.

A. A. Kryński, *Jak nie należy mówić i pisać po polsku*, Warszawa 1920.

M. Kucała, *O słownictwie ludzi wyzbywających się gwary*, „Biuletyn PTJ" Wrocław 1960, zeszyt XIX.

H. Kurkowska, *Uwagi krytyczne o języku prasy*, seria *Prasoznawstwo*, „Zeszyty Naukowe UW" 1956, nr 1.

H. Kurkowska, S. Skorupka, *Stylistyka polska. Zarys*, Warszawa 1964

B. Lasocka, *O pracy nad słownictwem dziennikarskim*, seria *Prasoznawstwo*, „Zeszyty Naukowe UW" 1956, nr 1.

T. Lehr-Spławiński, *Język polski. Pochodzenie, powstanie, rozwój*, Warszawa 1951.

Nazwy i nazwiska, red. S. Urbańczyk, Wrocław 1964.

N. Nalepińska, *Jak mówić i pisać poprawnie*, Warszawa 1963.

K. Nitsch, *Wybór pism polonistycznych*. Tom II, *Studia wyrazowe*, Wrocław 1955.

Ortografia polska, Towarzystwo Miłośników Języka Polskiego, Wrocław 1968.

J. Paruch, *Słownik skrótów*, Warszawa 1970.

A. Passendorfer, *Z pobojowiska „błędów językowych"*, Wrocław 1964.

Pisownia polska. Przepisy — słowniczek, Polska Akademia Nauk, wyd. XII, Wrocław 1957.

Polskie nazewnictwo geograficzne świata, oprac. L. Ratajski, J. Szewczyk, P. Zwoliński, Warszawa 1959.

Polszczyzna piękna i poprawna, red. S. Urbańczyk, wyd. 1, Wrocław 1963; wyd. 2, Wrocław 1966.

„Poradnik Językowy", miesięcznik.

Prawidła poprawnej wymowy, Kraków 1958.

E. Przyłubska, F. Przyłubski, *Język polski na co dzień*, Warszawa 1968.

S. Reczek, *Nasz język powszedni*, Wrocław 1957.

S. Rospond, *Słownik nazw geograficznych Polski Zachodniej i Północnej*, Wrocław 1951.

Z. Saloni, *Błędy językowe w pracach pisemnych uczniów liceum ogólnokształcącego*, Warszawa 1971.

H. Satkiewicz, *Kilka uwag o języku „Trybuny Mazowieckiej"*, „Prasa Polska" 1955, nr 7.

S. Skorupka, *Dobór wyrazowy a dobór frazeologiczny*, „Poradnik Językowy" 1951, nr 1.

S. Skorupka, *Frazeologia a semantyka*, „Poradnik Językowy" 1952, nr 7 i 8.

S. Skorupka, *Frazeologia a stylistyka*, „Poradnik Językowy" 1960, nr 3.

S. Skorupka, *Słownik frazeologiczny języka polskiego*, tom 1, Warszawa 1967; tom 2, Warszawa 1968.

S. Słoński, *Słownik polskich błędów językowych*, Warszawa 1947.

Słownik języka polskiego, red. W. Doroszewski, Tom I—XI, Warszawa 1958—1969.

Słownik wyrazów bliskoznacznych, red. S. Skorupka, Warszawa 1957.

Słownik wyrazów obcych PWN, Warszawa 1971.

Spis miejscowości Polskiej Rzeczypospolitej Ludowej, Warszawa 1968.

S. Szober, *Na straży języka. Szkice z zakresu poprawności i kultury języka polskiego*, Warszawa 1937.

S. Szober, *Gramatyka języka polskiego*, opr. W. Doroszewski, Warszawa 1957.

S. Szober, *Wybór pism*, Warszawa 1959.

S. Szober, *Słownik poprawnej polszczyzny*, Warszawa 1968.

B. Wieczorkiewicz, *Sztuka mówienia*, Warszawa 1970.

A. Wierzbicka, P. Wierzbicki, *Praktyczna stylistyka*, Warszawa 1968.

Wydawnictwo Naukowe PWN
Wydanie osiemnaste dodruk
Arkuszy: wydawniczych 161,5, drukarskich 68,5
Druk ukończono we wrześniu 1994 r.
Druk i oprawa:
Olsztyńskie Zakłady Graficzne
Zam. nr 679/94